KB087518

韓國新聞

THE KOREA PRESS
1945～1963年度

THE KOREAN RESIDENTS UNION
IN JAPAN GENERAL HEAD OFFICE

在日本大韓民国居留民団中央機関紙

上

韓国新聞社 発行

発刊辞

民族力量 大噴出期와 우리의 피와 땀

한알의 보리가 썩지 않으면—— 이는「앙드레 지이드」가 그의 精神的 編歴에서 到達한 마지막 境地에서 나온 左右銘이다。봄(春)、여름(夏)、가을(秋)、겨울(冬) 四季를 通한 **生成**과**消滅**의 現象에有心히 귀기울이면 보리 한알이 아니라 **個人**、**民族**、**人類**가 걸어야 하는 소중한 法則을 깨닫게된다。消滅이 없이는 生成이 없고、죽음이 없이는 삶이 없다。오늘의 우리 民族의 삶은 어제의 죽음의 **오메가**요、오늘 우리 犠牲의 結果는 来日의 우리 民族의 삶의 **알파**이다。많은 말을 하지 말자。

우리는 이 時代를 어떻게 부를 것인가?

아픔을 참고 땀을 흘리는 生成의 時代인가?

즐거움에 **陶酔**하고 **享楽**에 지새는 消滅의 時代인가?

우리 時代는 生成의 時代이다。아니 **民族力量**의 **大噴出期**가 바로 우리의 時代가 아닌가。그언제 우리 民族이 伍仟萬을 헤아일 수 있었으며、언제 우리 民族이 바다로나 陸地로나 딴나라에 **軍隊**를 내보낼 수 있었던가? 언제 우리 民族이 **「스포오츠」**種目에서 世界를 **制覆**한 일이 있었던가? 보다 더 重要한 것이 있다。언제 우리 民族이 우리 時代만큼 일을 많이 한적이 있었던가?

亡国의 서러움도 **分断**의 아픔도 **克己**하는 우리 民族、눈보라 치는 추운 民族의 겨울에 우리는 **草家지붕**도 많이 헐어냈고、겨레를 지키는 힘도 길렀고 손발이 부르트면서 **工場**도 많이 세웠고、어느나라 부럽지 않은 **高速道路**와 **地下鉄**도 우리 손으로 만들어 놓았다。

우리 時代가 흘린 땀이 結局 무엇을 為한 땀이었는 지를、우리 時代가 흘린 피가 結局 누구를 為한 피였는지를 歴史는 証明해 줄것이다。

憎悪의 **衝動**에서 움튼 **思想**이 支配하는 社会가、사랑의 손길에서 움튼 思想이 支配하는 社会를 끝내 이길수 없다는 **真理**도 **悠久**한 우리 民族의 슬기는 歴史의 現場에서 밝혀주리라。

봄(春)이 멀지 않았겠지! 햇빛 따사로운 **陽地**에 눈이 녹듯이 슬기로운 우리 民族의 成員의마음도 누그러지겠지!

언젠가 **太極旗** 휘날리는 하늘아래、**三千里 錦繡江山** 方方谷谷에서 메아리치는 **自由**와 **平和**의 喊声을 들을 수 있겠지。在日同胞여! 우리는 民族力量의 **大噴出期**를 맞은 우리 時代의 가장 **緊要**한 **課題**인 **南北統一**의 그날까지 우리의 아픔과 설음을 참고 우리의 피와 땀을 송두리채 바쳐 来日의 民族의 統一과 繁栄을 為해 우리 모두 한알의 보리알이 됩시다。

一九七五年三月一日

〈民団中央機関紙〉韓国新聞社

社長 **尹 達 鏞**

一九七五年은 維新民團 飛躍의 해

謹賀新年

새해本國同胞에게드리는人事말씀

一九七五年을 맞이하여 祖國의 平和統一達成과 祖國의 繁榮을 위해 晝夜로 盡力하고 계시는 國內同胞여러분께 새해人事를 드립니다

지난 一年동안은 過去의 어떤 때보다도 多事多難한 해였읍니다 特히 北傀의 露骨的인 武力挑發과 南韓侵透를 위한 日本을 基地로한 迂廻作戰이 어느때보다도 熾烈했던 해였읍니다 北傀는 西海에서 平和的으로 漁撈하는 우리의 漁船을 무작정 砲擊拉致했고 東海에서는 까닭도 없이 警備艇을 攻擊擊沈했읍니다 平和統一을 바라는 民族의 希望의 窓口였던 南北赤十字會談에 對해서도 생떼를 쓰면서 妨害하기 시작했읍니다 심지어 그들은 우리의 英明한指導者 朴正熙大統領의 狙擊陰謀를 꾸며내어 無知蒙昧한 文世光을 殺人狂으로 만들었으며 民族의 尊敬과 愛慕를받으시던 大統領令夫人 陸英修女史를 殺害했던것입니다 이러한 天人共怒할 붉은 이리떼들의 潛行에 對하여 全民族의 슬픔과 憤怒는 불꽃처럼 일어나 團結과 總和의 巨大한 소용돌이가 하늘을 찔렀읍니다

故陸英修女史 追悼民團中央大會에는 二萬餘 民團員이 一堂에 모여 陸英修女史의 逝去를 哀悼했고 繼續하여 日本全國坊坊谷谷에서 殺人鬼를 조종한 朝總連과 北傀를 糾彈하는 喊聲은 衝天하여 民團의 巨大한 組織과 底力이 內外에 誇示되었읍니다

非武裝地帶에 地下턴넬을 파 武力侵透의 秘密通路를 뚫으려다가 우리民政 警察隊에 摘發된 北傀의 惡辣한 策動은 우리의 團合과 總和앞에 여지없이 부서지고야 말았읍니다 特히 포드大統領의 訪韓으로 韓美間의 血盟의 友誼를 굳게 다진 오늘 우리는 自由와 平和를 지키는 反共의 堡壘로서의 決意를 더욱 다짐하는 바입니다

지난해 우리 民團이 이룩해 온 값진 成果는 첫째 日本言論의 偏向報道를 徹底히 糾彈하여 自肅하게 한 일입니다 또한 未入團者 入團運動에 包含된 戶籍整理在外國民登錄申請과 旅券所持運動의 促進으로 民團의 團勢가 크게 擴充된 일입니다 또한 우리의 長時日間의 念願이였던 中央會館이 着工되어 現在工事가 進行中에 있읍니다 靑年會의 結成과 擴大로 우리 二·三世의 健全한 育成의 基盤이 닦여가고 있읍니다 새해에는 우리가 이룩한 지난해의 모든 成果를 발판삼아 더욱 눈부신 發展을 期해야 겠읍니다

◇完工을서두르는中央會館조감도

첫째로 우리는 日本을발판으로하여 朝總連과 北傀가 끊임없이 노리고있는 侵透破壞工作을 徹底히 粉碎하기 위해精神을 武裝하고 組織을 強化하는데 힘을 써야겠읍니다

둘째로 우리의 念願이던 中央會館의 完工을 위해 組織의 總力을 다해야 겠읍니다

셋째로 우리는 오끼나와에서 열리는 海洋博覽會를 맞아 本國家族을 招請하고 安全하게 見學滯日 할수 있도록 最善을 다해야 겠읍니다

넷째로 二、三世의 民族敎育의 拔本的인 길을 打開하여야 하는 同時에 組織의 基幹要員養成에 더욱 追車를 加해야겠읍니다

그리고 우리 民團組織을 더욱 近代化하고 日本社会에서 우리의 子女와 同胞가 享有해야할 經濟、民生、文化、敎育의 權利를 더욱 넓히고 굳히기 위해 全力을 다하는 前進의 해가 되도록 노력합시다

새해에 國內同胞여러분과 여러분의 家庭에 香福있으시기를 祈願합니다

新年度民團의指標

一、北傀의 앞잡이 朝總連의 惡辣한 破壞工作을 粉碎하자。

二、民團의 組織強化로 祖國의 安保體制를 鞏固히하자。

三、二·三世敎育에 置重하고 靑年會를 育成強化하자。

四、오끼나와 海洋博覽會에서 國威를 宣揚하자。

五、民團員의 福祉向上을 위해 努力하자。

六、民團과 本國政府와의 紐帶를 더욱 强化하자。

七、우리들의 念願인 中央會館完工을 서두루자。

八、民團의 五大綱領具顯을 위해 온갖 組織力을 動員하자。

一九七五年 元旦

在日本大韓民國居留民團

中央本部團長 尹 達 鏞

創団三十年史에 즈음하여

民族과 国家는 그 歴史를 記録으로 保存하여오며 또 그記録을 通하여 지난날의 事実과 文化를 거울삼아 現在의 諸般問題를 対処하고 未来의 発展을 経綸하기도 합니다。

一九七五年을 맞는 民団은 創団 三十年을 맞이하게 되는 해입니다。

回顧하면 千余曲折이 많었던 지난날이라 感慨無量하며 解放된 기쁨과 団結이란 旗幟을 높이들고 自己充実을 위한 몸부림、民族愛와 피로써 물드린 反共闘争! 不当한 日政에 対한 抗争! 等 그燦爛한 歴史! 한토막 한토막씩 엮어온 빛나는 民団의 三十年史를 整理하고 記録으로 남겨놓을 一大事業이겠읍니다。其間에 写真으로보는 二十年史를 이미 発行하였으나 三十年史編集에 있어서는 写真은 勿論 記録을 主로하여 一九四五年八月十五日의 解放을 基点으로하여 六・二五動乱等의 祖国의 運命과 더불어 같이 呼吸한 各級組織先輩들의 最近에 이르기 까지의 闘争과 活動을 可能한限 詳細하고 一目瞭然하게 刊行하려고 하는바이다。

이 三十年史의 記録을 後孫들에게 두고 두고 伝하여 在日同胞의 喜怒哀楽의 証言의 記録이 될것을 믿어 마지않는바이다。

一九七五年三月一日

創団三十年史編纂委員会 委員長 尹達鏞

事務局長 金秉錫

編集委員名単：丁賛鎮、曺寧柱、李裕天、張聡明、韓晛相、呉基文、金信三、金光男、金煕明、金龍煥、金晋根、金正柱、金英俊、金海成、金仁洙、金允中、朴性鎮、蔡洙仁、鄭泰柱、朴太煥、呉敬福、張 暁、尹奉啓、尹致夏、尹翰鶴、鄭達鉉、金学鳳、金致淳、尹達鏞、金秉錫

諮問委員名単：曺圭訓、金聖銖、金鍾在、権 逸、鄭 哲、李禧元、姜学文、李彩雨、李 根、李聖根、姜桂重、許雲龍、李春植、朴準龍、鄭煥麒、金在沢、金泰燮、金世基、金聖闇、李吉燮、卞先春、李甲寿、姜吉章、朱洛弼

在日大韓民國居留民團

中央本部

誠金모아 建設하자 中央殿堂

團長・中央會館建設委員長 尹達鏞
副團長 金仁洙
副團長 李鐘鳴
副團長 徐永昊
事務總長 呉敬福
事務次長兼設委事務局長 宋鎬用
總務局長 李聖南
組織局長(兼) 呉敬福
經濟局長 李建鎬
民生局長 安商權
文教局長 姜仁煥
宣傳局長 鄭達鉉
青年局長 沈種孝
30年史編纂局長 金秉錫
組織專門委員長 蔡洙仁
經濟專門委員長 金昶輝
民生專門委員長 姜永彰
青年專門委員長 李点守
議長 朴太煥
副議長 崔成源
副議長 白丁赫
監察委員長 鄭泰柱
監察委員 柳甲録
監察委員 朴炳憲

東京地方本部 團長 金致淳
神奈川縣地方本部 團長 朴成準
千葉縣地方本部 團長 曺允具
山梨縣地方本部 團長 鄭鎭烈
栃木縣地方本部 團長 辛容祥
茨城縣地方本部 團長 裵永桓
埼玉縣地方本部 團長 李根
三多摩地方本部 團長 鄭鳳基
群馬縣地方本部 團長 魯德文
静岡縣地方本部 團長 康民善
長野縣地方本部 團長 李東富
新潟縣地方本部 團長 李元世
宮城縣地方本部 團長 徐正書
北海道地方本部 團長 孫桂雲
青森縣地方本部 團長 沈載明
山形縣地方本部 團長 趙鏞珠
岩手縣地方本部 團長 金東洙
秋田縣地方本部 團長 朴碩道
福島縣地方本部 團長 朴秀烈
愛知縣地方本部 團長 權會俊
岐阜縣地方本部 團長 金浩範
三重縣地方本部 團長 陳且祚
石川縣地方本部 團長 崔季守
福井縣地方本部 團長 金順永
富山縣地方本部 團長 姜且生
大阪府地方本部 團長 黃七福
兵庫縣地方本部 團長 金基祿
京都府地方本部 團長 張熙日
奈良縣地方本部 團長 金東俊
滋賀縣地方本部 團長 朴洙性
和歌山縣地方本部 團長 金押・基
廣島縣地方本部 團長 姜文熙
岡山縣地方本部 團長 林鏞信
鳥取縣地方本部 團長 朴尙甲
島根縣地方本部 團長 朴熙澤
山口縣地方本部 團長 朴鍾
福岡縣地方本部 團長 權赫斗
長崎縣地方本部 團長 韓永出
佐賀縣地方本部 團長 朴鳳斗
大分縣地方本部 團長 南在碩
宮崎縣地方本部 團長 張斗玉
熊本縣地方本部 團長 裵八岩
鹿兒島縣地方本部 團長 金周八
對馬島縣地方本部 團長 康東玉
愛媛縣地方本部 團長 朴振業
德島縣地方本部 團長 金鏞南
高知縣地方本部 團長 徐仁泰
香川縣地方本部 團長 尹寄炳
沖縄縣地方本部 團長 全世均
在日本大韓婦人會中央本部 會長 金信三
大韓民國 在鄕軍人會 日本特別支會 會長 李麟基
在日大韓體育會 會長 鄭建永
在日韓國人商工會聯合會 會長 許弼奭

在日本大韓民国居留民団中央歴代団長の顔

故朴烈初代団長2・3・4・5代
（忠北・明大）
6.25動乱時拉北して1974.1.17平壌で逝去

鄭翰景氏（6代）
現・在米生活中

曺 圭 訓中央顧問(7・8代)
（済州・浪華商）

金載華氏(9・10・13・14・15・16・20・21代)
元新民党国会議員
（慶南・神学）

故 元心昌氏(11・12代)
統一朝鮮新聞社主筆
（1971・7・4 逝去）

金光男中央顧問(団長団時代)
（慶北・日大・牧師）

丁賛鎮氏中央顧問(17・18・19代)
（慶南・日大）

故 鄭寅錫元中央顧問(22・23代)
（慶北・早大)1974.1.11逝去）

曺寧柱中央顧問(24代)
民主祖国統一協議会代表委員
（慶北・京大）

権　逸氏(25・26・28・29代)
現民主共和党国会議員
法学博士・弁護士(慶北・明大）

金令石氏(27代)
民主共和党中央常任委員
（全南・明大）

李裕天中央常任顧問(30代)
在日本大韓体育会常任顧問
（慶北・専大）

李禧元中央顧問(31・32代)
（咸南・立教大）

金正柱氏(33代)
名誉文学博士・韓国史料研究所長
（慶南・明大）

尹達鏞中央団長(34代)
建設委員長・編集委員長）
（京畿・専大）

ありし日の在日朝鮮建国青年同盟中央総本部洪賢基委員長

特集 解放二周年記念

解放二周年記念日に際して

建國促進青年同盟中央總本部
委員長　洪　賢　基

朝鮮解放二週年の記念すべき八月十五日はまさに訪れんとしている、思えば陰惨なる第二次世界大戦による混沌と動揺のもとにあえいでいた世界各国は、一九四五年八月十五日の終戦により漸く平和がとりもどされ世界の帝国主義、軍國主義のため呻吟された弱少民族に世界的解放の年であり、自由を約束せられた年であつた、就中、最も苛酷なる壓迫のもとに呻吟せし朝鮮はポツダム宣言に於いて、聯合國に依り日本帝国主義のきはんより脱して、その民族的自由と獨立とを公約せられ、完全開放を迎へるに至つたのである、建國の希望に輝く解放朝鮮は有史以来の意義深きものを銘し、この日を以て八・一五解放記念日と制し、本國はもとより、海外に於ける朝鮮同胞は與つてこれが記念行事をもよほし、民族的感激を以てこの日を慶祝し開放の再意義を認識するとともに、過去をしのび、建國の意識を將来に向つて昂揚せんとするものである

建青各本部、支部に於いても例年と同様にこの記念すべき日に厳粛にして平和なる儀式を挙げ、盟員挙つて解放を完成した連合國軍将兵に対し敬げんなる感謝の意を捧げ、獨立志士の血のにじむごとき辛苦をあらためてめい想し、民族的感謝と感激の情を捧げると共に、建國精神の昂揚とその實現の責任をひとしほ強めるべく盛大なる行事を行はんとするものである

中總に於ては日比谷その他の廣場に於いて在日朝鮮同胞はもとより、連合軍司令部當局者、日本政府當局者その他知名の来賓の参席の下、開放の意義を強調すると共に、世界恒久平和の確立を希求し、友邦親善をはかるべく、厳粛にして秩序ある儀式を行ひ、十五日を中心とする一週間にわたる文化、演藝その他の平和的行事を行つて慶祝の意を表せんとするものである、更に場合によつては平和的な街頭行進を行はれんとしている

この行事は國際的に意義深いものである

故に、同胞の誰彼を問はず一致協力のもと平和友好裡に行事を終了すべく、感情をすてて、親睦の精神を大局的見地に立つて慶祝の意を表すると共に、われわれを解放に導いた聯合各國の人士に對する敬意の念を忘れず、民族的自重と秩序を以て國際親善を高める唯一の機会を十二分に活用することを望んでやまないものである

われわれは八月十五日の終戦によつて日本帝國主義のき束より解放せられ、正義と自由の將来に向つて約束せられた、われわれは眞に民族的感激を以てこれを喜ばずには居られない、然も祖國朝鮮が眞に自主的に國際場裡に進出するのは専ら今後の努力と精進に俟つのほかはない、連合國に依り自由と解放をもたらされた朝鮮が自らの努力の足らざる故に、國際社會に伍し得べき資質を具へ得ないごときことに至つたならば、これはど大なる國際的不信はないであろう、われわれは今更の如く八・一五解放二周年記念日にあたり、自らの責務の大なるを今更の如く銘肝するものである

八・一五記念日はわれわれにとつて慶祝措く能はない日であるとともに、更にまた今後の多難ないばらの道への出發の決意を再び新にすべき嚴粛な日でなければならない。

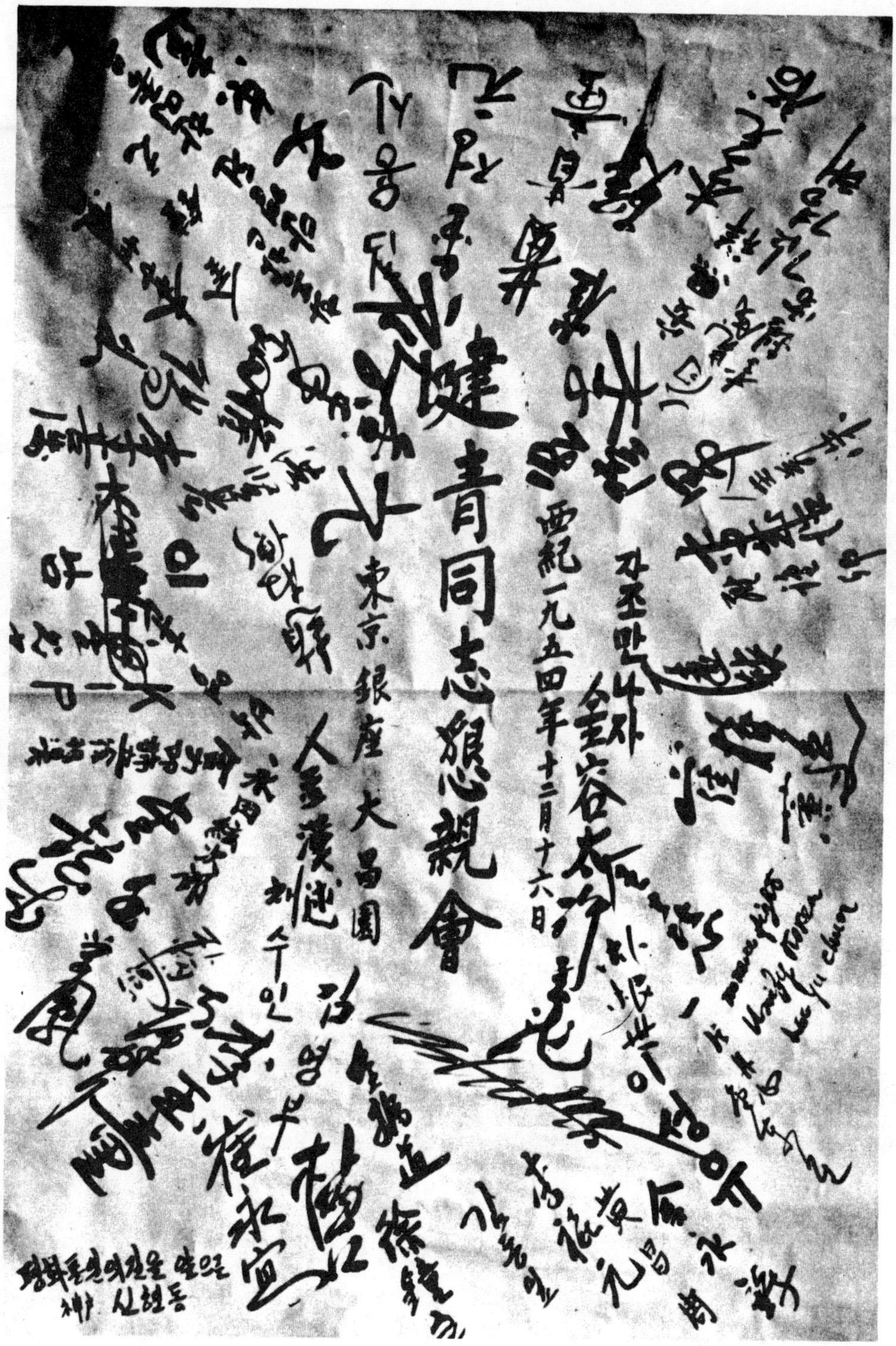

建青同志懇親会（一九五四年十二月十六日・於東京銀座大昌園）

第拾回全体大會後執行部を强化すべく門戸を大いに開放し熱意を重ねて左記の如く改組致しましたので玆に發表通告致します。

檀紀四二八三年十一月一日

在日本大韓民國居留民團
中央總本部
中央執行委員會

各縣本部貴中

記

團長 金載華
副團長 李元京
〃 〃 朴宗根
企劃室長 張孝一
企劃室委員
團長秘書長 河一清
委員（民生） 金守哲
〃 〃 金格中
〃 〃 李京集
委員（組織） 丁賛鎬
〃（文教） 金鍾在
〃（外務） 李裕天
〃 〃 鄭築
委員（兼） 劉虎一
企劃室書記 李承裕
企劃室非常任委員 白武
〃 〃 李鐵
〃 〃 全萬洙
〃 〃 金陸男
〃 〃 丁榮宇
〃 〃 李源万
〃 〃 吳宇泳

前列：李裕天氏、孫芳鉉氏、金宇哲氏、朴宗根氏、金載華氏、金鍾在氏、朴良祚氏、河一清氏、丁賛鎮氏、朴性鎮氏、呉基文氏　中列：鄭築氏、金洛中氏、李亨集氏、金聖煥氏、曺允求氏、金景泰氏、金禹錫氏、高溶潤氏、姜徳才氏、柳東烈氏

賀　統一完遂　国土再建　正

大韓民国駐日代表部
公使 金溶植
参事官 柳泰夏
総領事 崔圭夏
僑民部長 辛徹善

大韓民国駐日代表部
大阪出張所
領事 卞鐘捧

大韓民国駐日代表部
福岡支部
領事 兪鎭容

在日本大韓民国居留民団中央総本部
団長 丁贊鎭
副団長 金熙明
副団長 梁炳斗
事務総長署理 金正柱
議長 金光男
副議長 洪賢基
監察委員長 朴根世
監察委員 李裕天
監察委員 徐相夏

韓国人商工会
会長 徐甲虎
副会長 鄭天義

大韓青年団
団長 趙鏞珌
副団長 李元範
副団長 郭東儀

大韓婦人会
会長 呉基文

韓国学生同盟
代表委員 金九설

韓国学院
院長 金鐘在

京都韓国中学校
校長 金聖언

金剛小学校
校長 趙淵渙

大韓民国居留民団島根県本部 松江市雑賀町二ノ五
大韓民国居留民団高知県本部 高知市南新町四ノ九二
大韓民国居留民団島根県本部 松江市雑賀町二의五
大韓民国居留民団和歌山県本部 和歌山市屋形町二의九
大韓民国居留民団奈良県本部 大和高田市日之出町二
大韓民国居留民団愛媛県本部 松山市萱町八의二
大韓民国居留民団滋賀県本部 大津市石山一丁目
大韓民国居留民団兵庫県本部 神戸市兵庫区福原町一의一
大韓民国居留民団岐阜県本部 岐阜市金町六의二〇
大韓民国居留民団大分県本部 大分県北海部郡坂之市町
大韓民国居留民団愛知県本部 名古屋市東区長塀町[illegible]의一〇
大韓民国居留民団岡山県本部 岡山市大供[illegible]田町六二六四
大韓民国居留民団群馬県本部 桐川市岸町一七五
大韓民国居留民団三多摩本部 立川市錦町一의一五
大韓民国居留民団香川県本部 香川県高松市新町三의五九
大韓民国居留民団石川県本部 金沢市[illegible]坂辻通二六
大韓民国居留民団福島県本部 福島県平市仲間五六
大韓民国居留民団新潟県本部 新潟市古町丸和会館三階
大韓民国居留民団秋田県本部 秋田市土崎港[illegible]通四一의二
大韓民国居留民団福井県本部 福井市豊島中町一一九
大韓民国居留民団北海道本部 札幌市南二條西四丁目
大韓民国居留民団東京本部 東京都文京区本郷二의四
大韓民国居留民団青森県本部 青森市長島町一一九
大韓民国居留民団富山県本部 富山市旅町四昭和会館三階

大韓民国居留民団長野県本部 松本市神田丙七五八
大韓民国居留民団大阪府本部 大阪市北区中崎町四三
大韓民国居留民団山口県本部 下関市長崎町山手六三二
大韓民国居留民団福岡県本部 福岡市呉服町
大韓民国居留民団熊本県本部 熊本市本山町五의四七七
大韓民国居留民団長崎県本部 長崎市浜口町二[illegible]
大韓民国居留民団佐賀県本部 佐賀県松原町五二
大韓民国居留民団対馬島本部 対馬島厳原町中村五七九
大韓民国居留民団徳島県本部 徳島県小松島市[illegible]通
大韓民国居留民団埼玉県本部 浦和市常盤町二의七八
大韓民国居留民団三重県本部 三重県津市[illegible]町
大韓民国居留民団鹿児島県本部 鹿児島市塩屋町[illegible]
大韓民国居留民団宮崎県本部 宮崎市本町一의二二
大韓民国居留民団広島県本部 広島市大須賀町一八五
大韓民国居留民団京都本部 京都市中京区烏丸丸太町[illegible]八
大韓民国居留民団静岡県本部 静岡市[illegible]町五四
大韓民国居留民団岩手県本部 盛岡市大通四의一二七의一
大韓民国居留民団宮城県本部 仙台市東一番町十二
大韓民国居留民団山梨県本部 甲府市柳町二의一〇
大韓民国居留民団山形県本部 山形市旅籠町大宝寺二六四
大韓民国居留民団神奈川本部 横浜市西区藤棚町一의三
大韓民国居留民団栃木県本部 栃木市操町一의一、二〇〇
大韓民国居留民団茨城県本部 水戸市西原町三二一〇
大韓民国居留民団千葉県本部 千葉市院内町三〇

教養こそ獨立の前提

朝鮮新聞社々長　李　允　求

解放二箇年にして朝鮮は世界史的試験臺となつたのである。ポツダム宣言の反響が大きすぎた時代には朝鮮こそは二十世紀の解放國となり典型的な獨立を約束された有數國の一であると見做されたのである

亦朝鮮民族三千萬こぞつて兩手をあげて解放の喜びに一世紀の光榮を滿喫したのであつた、然るに斯かる事實は刹那を支配する歡喜の嵐にすぎなかつたのである

朝鮮人なれば誰とてこの嵐にさらされなかつた者がゐよう。併し歡びは朝鮮をして獨立の前提とはなさしめなかつたのである

大きな喜びの後には、より大いなる試錬が待期して居たのである。一九四六年には南北に分割させられた同胞は完全に支配者の走狗と化し民族を忘れた政治理念に全力を注ぎ、國家を無視し政策の先端を走ることを政治家の名譽と考へ、準備時代の青年を暴力團の花形たらしめることを天恵と誤解するの類が三千萬民族の中に數少いとは言へないのである

現在の混沌狀態に陥入れたのは少數の政治家の責任でもなければ、强力なる權力者の支配故でもないのである。この責任こそは自他を問はず朝鮮人總員の責めであり、保守的時代的錯誤と名利主義者であり、個人至上主義者である吾等の責任である、十年の豫斷のなき青年が百年の大計を論じ一日の計畫なき政治家が英雄の夢を見ては夢遊病者のまねごとを白晝演ずるがごときである現狀を冷觀すると、吾等は建設的理念に則りて著實な一歩を踏みしめなければならないのである常に繰返すことは反省かさもなくば進歩がなければならないのである

此際に解放二箇年を迎へるに際し余は吾等があゆんで來た過去を詳察するとき悲噴慨懷にたへないのである敗戰國日本に留まらざるを得ない事實を否定することの出來ないのは、未だ君も僕も朝鮮人でありながら解放の正しき解釋に迷つたのである、若し吾をして此の大綱を正しく理解したとすれば二箇年前に朝鮮は國際國家市場へ强力に前進したことであらう

個人個人の朝鮮人が世界民族に伍例して尙其の上を行くことを證明した事實は、枚擧にいとまがない程である、然るに何故に黨派的な分裂と民族結合が完全な組織體となつて國際國家の地位を確保出來なかつたであろうか、それは封建的な思想の流れのしからしむるものでもない、ましてや民族に團結力が缺乏してゐるからでもない、一言で言へば教養が足りないのである、文化國家としての水準がレベル以下であるからだ

吾等の深刻な體驗は過去二箇年間に痛切に身に應へたのである、それは彼我恥ずべき教育の果せし分野がせまかつたことである、政治とは何ぞや、との問に答へることの出來ない自稱政治家と倶に虛榮の屋上で踊らずに現實を正しく理解する眞劍な態度が必要である

朝鮮新聞は全魂を打込んで文化運動を助成して來たのである、其の業績が微々たるものでも使命の前には常に從僕的であつたのである

今余は聲を大にして叫ぶのである、總べてを放棄しても學理と眞理の前に國家的得策として學問を身につけることが權力主義者に依存する樂觀主義よりもはるかに困難ではあろうが解放二箇年が吾等の前に要求した最大のものである學問を身につけることを忘れては獨立は自信を持たざる騎手の前途を見る樣であることを忘れてはならないのである

社長・李允求氏は日本学徒兵に出征し解放後明大卒、大韓体育会の理事長を経て現在白泉社印刷業を営む

目次内容

民主新聞

発行人　金載華

民主新聞

発行人　丁賛鎮

韓国新聞

発行人　張聡明

韓日新報

（東京本部機関紙・東民新聞改名）

発行人　元心昌

韓日新報

発行人　鄭哲主幹

協同戦線

（東京本部機関紙）

発行人　丁賛鎮団長

東本時報

（東京本部機関紙）

発行人　丁賛鎮団長

千葉民団時報

発行人　申　允　具

解放第1周年記念祝賀

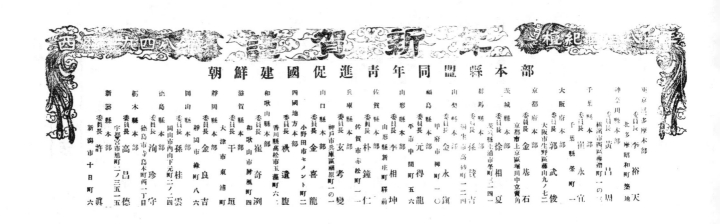

西紀一九四八年 謹賀新年 檀紀

朝鮮建國促進青年同盟縣本部

東京三多摩本部 委員長 李裕天 北多摩昭和町築地

神奈川縣本部 委員長 黃昌周 橫濱市西區藤棚町一の三

千葉縣本部 委員長 崔永宣 千葉縣榮町一

大阪府本部 委員長 郭武俊 大阪市生野區藤山九ノ七二

京都府本部 委員長 金基石 京都市上京區堀川中立賣角

茨城縣本部 委員長 徐相夏 茨城縣土浦市榮町三一四一

群馬縣本部 委員長 孫陸吉 桐生市高砂町一二四

山梨縣本部 委員長 金永鎭 甲府市柳町一〇

福島縣本部 委員長 元得龍 平市中間町五六

山形縣本部 委員長 李相坤 山形縣新庄町驛前

佐賀縣本部 委員長 朴鐘仁 佐賀市赤松町一一

兵庫縣本部 委員長 玄考燮 神戸市兵庫區福原町一の一

山口縣本部 委員長 金喜龍 小野田市セメント町二

四國地方本部 委員長 秋遺腹 香川縣高松市玉藻町六二

和歌山縣本部 委員長 崔奇洌 和歌山市屛風町四

滋賀縣本部 委員長 干垣 大津市東浦町

靜岡縣本部 委員長 金良吉 靜岡市綠町八六

岡山縣本部 委員長 孫桂雲 岡山市內山下元町二ノ二四

德島縣本部 委員長 洵珍守 德島市寺島本町西一丁目

栃木縣本部 委員長 高昌德 宇都宮市旭町二ノ三五一五

新潟縣本部 委員長 許眞 新潟市十日町六

初代中央団長朴烈氏（一九七四年一月十七日平壌で逝去）

謹賀新年

大韓民國居留民團 中央總本部

團長 朴烈
副團長 高順欽
黃性弼
事務總長 裵正
次長 權逸
外務部長（兼） 權逸
內務部長 崔永洛
地方部長 河一清
次長 金學鳳
文敎部長 朴到春
情報宣傳部長 朴性鎭
次長 尹相源
新聞部長 朴準
婦女部長 李淑子
經濟部長（兼） 裵正
青年部長 李裕天
社會部長（兼） 裵正
次長 高潤浴
議長團 洪賢基
金光男
徐相漢
中央監察局長 金鍾在
次長 丁賛鎭

朝鮮新聞

發行所
東京都赤坂區青山一丁目
朝鮮建國促進同盟本部
編輯兼印刷發行人 全萬洙
電話赤坂〇六五六番

「朝鮮新聞」は朝鮮語活字出來まで日本語版を發行します

朝鮮建國促進青年同盟趣旨並綱領

趣旨

戰爭は終つた。人類史上未だ類例無き慘澹たる第二次世界大戰も、今や日本敗戰と共に終幕を告げると同時に、侵略的惡政魔手も白日正義の下に葬られ、永遠に其姿を消したのである。

顧みれば四十年近き帝國主義的秕政、彈壓の下に、萬般苦痛を重ねて來た我朝鮮に、こゝに完全なる自由獨立が新らしく約束されたのである。我等三千萬同胞の悅び如何ばかりか。手舞足踊極まりなき其欣喜は表現に窮する所である。然し北緯三十八度線を境界に南北に二分され、米蘇兩國の分割的軍政を施いたのは遺憾千萬限りなしとせざるを得ない。勿論かやうなる狀態が恒久に存續され樣とは信じないが、此期間が出來得る限り短縮せずには居られようか否出來得れば今日卽時之を撤廢されん事を心から焦慮せざるを得ぬ次第である。然し之は我等の實力如何、更に精神力如何により決定されるものなるが故に、錯綜偏向された國內の凡ゆる狀勢及思想を克服し、我目的の統一、並に獨立國朝鮮として成し得る諸般訓練に一意專心せん事を望んで止まぬ。一分一刻を爭ふ此の時、希望と目的を共にする青年同志を廣く糾合し、完全なる自主獨立國朝鮮建設を目途に、理論研究並に實踐運動を展開せんとす。

江湖の青年同志諸兄！私事的累系をば全的放擲し目的達成の爲に奮然蹶起せよ！

綱領

一、我等は完全なる自主獨立國家の急速實現の爲、朝鮮青年の大同團結を期す。

一、我等は眞正なる民主主義國家の實現に獻身せん。

一、我等は官治の範圍を簡略し、自治を擴大し、青年の創造性を最大に發揮せしめ新朝鮮建設の礎石たらんことを期す。

一、我等は教育の革新を期し民族文化の永遠發達を圖らん。

一、我等は國家的事業推進の爲、青年建設隊の編成を期す。

一、我等は輕薄なる享樂的生活を排擊し、健全なる勤勞精神の培養を期す。

檀紀四二七八年十一月十六日

朝鮮建國促進青年同盟

發刊の辭

朝鮮建國促進青年同盟委員長 洪賢基

我々朝鮮同胞は世界の審判に依つて今や四十年來の宿望であつた、自主獨立の歡びと使命を與へられた。此の宏大な使命達成の爲には、三千萬同胞の總力を結集して、建國に邁進し、世界の平和建設に貢獻を爲さねばならない。我が朝鮮建國促進青年同盟も此の絕對使命を帶び、微力乍ら若き青年の至純な情熱と良心を以て全身全靈建國促進運動に突進してゐる。我々の用ひる方針は飽くまで誠實と、同胞愛であり、我々の窮極の希望は世界平和である。民族統一を口にして虛僞と彈壓をその手段とする者がゐるとすれば、それは大きな誤謬であり、又彼は必然的に失敗を見るであらう。

此の意味に於て我々の公にする朝鮮新聞も終始一貫輿論に順應し道德を堅持し、眞相の確報をモットーにして、進まんことを天下に誓ふものである。唯々在日同胞諸賢の高見と鞭撻を以て建國の輿論界の一助にしたいものである。

米國に聽く朝鮮問題

朝鮮問題研究委員會委員長ベン・C・リム大佐は過日「朝鮮共產主義者は隣國の手先の如き行動をとり、更に恐喝、竊盜までやつてをり、一般朝鮮人は彼等から離れつゝある又託治も反對だ」と述べた。

百般調査後事實を究明
朴憲永賣國言動の眞相

二月十九日米軍政當局發表

去る一月五日朝鮮共產黨責任秘書朴憲永とニューヨークタイムス特派記者ジョンストン氏との問答に依ると朝鮮は將來蘇聯邦に包含されるを希望せんとの朴憲永賣國言動に對し其後朝鮮同胞の深刻なる激奮に周章狼狽せる國賊分子達は凡る辯明を盡して大衆の激昂を欺瞞しようと努力したけれども、その事實は本紙が既報の如く隱蔽され得ないのだ。見よ、昨十八日發表の米軍政聽報道を。又當日ハッヂ中將を非難攻擊したのみならずその後朴は良心的恐怖を感じたかジョンストン氏を放逐しようとハッヂ中將の許に書面を以て提出した。

米軍政廳報道發表

米國人記者に對する非難を解く爲め次の如き記事を發表す。

一月二十六日朴憲永氏はニューヨークタイムス紙記者ジョンストン氏の朝鮮國外追放を要求するとの公文書を、朝鮮共產黨責任秘書の資格を以て、署名捺印し、米軍司令官に提出し同時に、朝鮮人記者數名もジョンストン氏に對する非難書に各々署名した。卽ち朴氏は一月五日記者團會見席上、自分の發表した聲明書中にジョンストン氏は完全に共產黨々首の聲明を誤解引用したとの事實を特別に非難した。米軍司令官は斯樣なる問題に關し、發生した記事並最近論爭の事實の正確性に大なる關心を持つて居る關係上、この非難を大變重大なる事件と思ひ、其事實を究明せんと萬般調査を爲した。其調査の結果の事實は次の如し。

朝鮮共產黨正式代辯者として朴氏は一月五日記者團會見に米國人記者を招請し三名の米紙特派員ジョンストン氏、マソック氏、コンウォル軍曹は米軍司令部P.R.O將校タッカ大尉と同伴し正式に記者團會見に出席した。米國人記者會見席上には悉く英語を使用した。當時記錄されたタッカ大尉及ジョンストン氏の手記中に質問應答の記事がある。その內容は正確なるものとコンウォル軍曹も其後その正確性を認定した。（マソック氏は既に朝鮮に居ないが其當時同氏は同僚達との談話中に同氏は之と同樣なる問答を聞いたと言ふ）卽ち朴氏及朝鮮人記者の非難中引用された內容は次の樣である是は寸分違はぬ事實である

問（ジョンストン氏） 朝鮮を蘇聯國の信託統治下に置く問題に對しては如何なる關心を持つてゐるか？

答（朴氏は英語で） 私はその問題に對しては何等異議がない。卽ち我等は蘇聯一國信託統治に異議がない。

問 將來朝鮮の政治的發展過程に對する意見如何？

答 我等は蘇聯化された社會主義的經路の下に十年乃至二十年內に自主獨立民主々義國家に發展せん事を希望する。

問 之は結局近い將來に於いて朝鮮をソ聯邦の一聯邦國として朝鮮をソ聯化する樣に爲すことではないか？

答 左樣、然し只今は不可能だ。

問 只今不可能とは何故か？

答 現在朝鮮人は悅ばないばかりでなく亦は地理的關係から見て只今ソ聯邦に包含される事は不可能だらうと思ふ。

記者團會見席上英語を以て語り以上の外は朴氏がハッヂ中將は「朝鮮の眞相民主主義精神を抑制してゐる」と積極的に攻擊したのが大部分であると、出席した米國人記者達は承認した。ジョンストン氏の會見全內容を送信したけれども、ニューヨーク送信中一部のみ選擇された爲め全部發表出來なかつた。朴氏が、ジョンストン氏私有文書を如何に知得するかは知らないが之はジョンストン氏及ニューヨークタイムス紙の絕對的私有物なるが故朝鮮には發表されない。然し調査中ジョンストン氏は調査材料として此記者團會見に關し發表しなかつた記事を提供した。朴氏との問答に關する引用文はこゝに發表した亦當時參席した他の信用出來る米國人記者の手記及發表に依り證明した事實なり。

朴氏の記者團會見數日後、ジョンストン氏は一月五日發表の記事を朴氏が否認すると他の記事を出したが、それは既にニューヨークタイムス紙に發表された。夫が故に前記記事を見ても、ジョンストン氏は一月五日發表中朴憲永と會見內容の誤解引用したとの重大なる責任を免かれるやうになつた。

「大東新聞記載」

朝鮮人は託治に憤慨

マ元帥抗議す

〔ワシントン特電十五日發〕マッカーサー元帥は十四日米國陸軍省に對し朝鮮南北分斷の繼續に關しつぎのやうに嚴重な抗議を發した。

多くの朝鮮人は國際信託統治に憤慨してゐる。朝鮮を人爲的に米、ソ兩占領地域に分割していまなほこの狀態をつゞけてゐるが、これは物資、住民および情報の自由な交流の障壁となつてゐる。

朝鮮の米、ソ兩軍當局は一、二月中すでに十五回にわたる會議を開催、三十八度境界線の撤廢その他、重要問題を討議し、今後さらに種々の問題檢討のため米、ソ常設委員會を設置するに意見一致をみたが、現狀は南北間に依然重大な障碍があり、その急速な撤廢が各方面から強く要望されてゐる。（讀賣報知より）

右の記事にあるマッカーサー司令部の抗議文は我青年同盟主催による一月二十一日開催の信託統治反對民衆大會決議文手交其他本同盟の熱意に動かされたる結果と信ぜられる。

同民衆大會の決議としても發表せられた如く、我青年同盟の主張は一、三十八度線撤廢、二、信託統治絕對反對の二點に要約せられる。

世界の革命界を震撼せし

三烈士追悼會開催

故李奉昌氏は大韓民國臨時政府主席金九先生の命令を受け一九三一年一月八日櫻田門前に於て、日本天皇に二個の爆彈を投擲、一個は不發、一個は馬の前脚に命中、遂に目的を果せなかつた。然し其の偉大なる犧牲的精神と烈々たる祖國愛は、萬人の胸中を震撼し、三千萬朝鮮民衆をして革命民衆としての使命を新たにせしめた。同年十月死刑、其の英靈、遺骨は浦和刑務所墓地で怨恨の眠りを續けてゐた。

一九三一年不敬記事問題を口實に上海に上陸、數萬の中國良民を殺戮し、尙文化施設を破壞せる責任者、白川大將は同年四月二十九日上海新公園に於て所謂天長節祝賀式を[illegible]行するのであつた[illegible]

併し是は事實上祝賀式ではなく日本軍國主義の罪惡史を正當化せんとする虛飾的示威運動の一種であつた。そこで大韓民國臨時政府主席金九先生は正義の衝動抑へ難く、又革命意識を皷揚すべく、その最も信頼する同志、尹奉吉義士をして白川大將を爆殺する樣命じた。尹氏の計は成り、投じた爆彈は白川大將に的中、遂に所望を達した。此の事件は當時世界に傳播、日本帝國主義を憎惡する世界人士の痛快感は限りなく大なるものであつた。尹義士は同年金澤で銃殺の受刑、遺骨は今まで他國の地で遺恨の永眠を強要されてゐた。又當時荒木陸軍大臣は有吉公使に多額の機密費を[illegible]失意政客と敗殘軍閥を買收せんと策謀した。その爲一九三二年三月十七日夜上海共同租界虹口大白亭に於て日本軍人政客、中國親日分子等を集め鳩首會議を續けてゐた。當時南華韓人青年聯盟の責任者李康勳氏は此の情報を聞き、在接有吉公使暗殺を主唱した。其時白正基等同志八人は義憤に燃え我先にと自願した結果抽籤方で李康勳、白正基が當選實行に掛りしも計破れ、兩人は武器彈藥携帶の儘逮捕され長崎裁判所にて判決服役中遂に一九三二年六月白正基氏は獄死した。前記三殉國志士に對する朝鮮民衆の敬慕は至大なるも、八月十五日後半個年に亘る今日迄未だ解放された祖國に訪れ得なかつた遺骨に對して朝鮮人有志は殉國烈士遺骨奉還會を組織、[illegible]の間奉還準備を進めてゐた所今や抱恨の三英靈の遺骨は朝鮮建國促進青年同盟の祭壇に安置するを得た。遇々出獄後歸國せし李康勳氏は現大韓民國臨時政府主席金九先生の遺骨奉還に關する信任狀を受け來訪してゐるので後は唯々京城まで三英靈を安置する樣、努力する事のみが、殘された仕事である。我々朝鮮人は過去無謀積惡な日本軍國主義打破の爲め殉國犧牲せし志士の爲めの「はなむけ」として現日本政府と聯合軍司令部との好意に依り最後の目的を達成する樣渇望して居る。かくて二月十九日神田共立講堂に於て朝鮮建國促進青年同盟では李康勳、朴烈の兩氏を中心に遺骨奉還會、其他朝鮮人諸團體參集の上今は故き三烈士の追悼會を開催、其の犧牲の功に答へ、解放朝鮮の建國を祈願

朴烈 李康勳氏歡迎
人民大會

朝鮮建國促進青年同盟兵庫縣本部主催朴烈李康勳兩氏の歡迎人民大會は二十一日正午から海員會館で開催、朴烈氏は病氣の爲缺席青年同盟幹部並に李康勳氏の演說終了後、信託統治反對の旗印をかゝげ決議文を作成した。右決議文をマッカーサー司令部に傳達の豫定。

銀座支部結成さる

去る三月七日午前十一時京橋公會堂に於て、李康勳先生を始め、本同盟委員長洪賢基氏並びに各地方支部長臨席の下に華々しく結成された。この日開催を待つて集まつた同胞一千餘名は會場をせまい迄に埋め盡し各新聞社寫眞班各映畫會社のまばゆいフラッシュを浴び誉てない盛大さで滿場拍手の裡に幕をおろした。

こゝ銀座支部は地理的に好適の場所であり、今後の活躍は大いに期待すべきものがある。

銀座支部スローガン

一、信託統治絕對反對
一、三十八度境界即時撤廢
一、北鮮に言論の自由を與へよ
一、朝鮮獨立萬歲
一、朝鮮民主主義國家確立
一、民族反逆者打倒
一、吾人は完全なる自主獨立を期す
一、信託統治支持者は賣國奴なり

廣告募集

本紙掲載の廣告を募集します詳細は本同盟情報部新聞課に御問合せ下さい。

朝鮮建國促進青年同盟本支部所在地

本部	東京都赤坂區青山一丁目（舊陸大） 電話赤坂(48)六五六 〇五四〇—九（三月廿日ヨリ使用）
東京支部	東京都中野區城山町二一三 電話中野(38)三四七八
多摩川支部	東京都大森區田園調布二ノ一(一一〇)
城東支部	東京都向島區寺島町四ノ一〇〇
三多摩支部	東京都西多摩郡福生町永田 電話福生一五〇
神田支部	東京都麴町區麴町一ノ九九段下（元憲兵分隊） 電話九段三〇二三
銀座支部	東京都京橋區銀座西七丁目二番地 電話銀座(57)四四七二
山武支部	千葉縣山武郡大網町
安房支部	千葉縣館山市眞倉二三五六
君津支部	千葉縣君津郡木更津市大和田町岡本旅館
下總支部	千葉縣市川市管野八四 電話北八幡一四八
横濱支部	神奈川縣横濱市保土ヶ谷一ノ三三
鶴見支部	神奈川縣横濱市鶴見區上末吉町一三七九
相模原支部	神奈川縣高座郡相模原町下粟原
川崎支部	神奈川縣川崎市日之出町二九
土浦支部	茨城縣土浦市下高津町一ノ三
水海道支部	茨城縣水海道町横町二六六〇
前橋支部	群馬縣勢多郡大胡町
秋田縣支部	秋田縣大舘郡大町二〇
松本支部	長野縣松本市本町四ノ一四〇
大町支部	長野縣北安曇郡大町
兵庫支部	兵庫縣神戸市兵庫區福原町一ノ一
大阪支部	大阪市生野區金利寺町二ノ四三一ノ一
京都支部	京都市中京區姉小路新町

殉國烈士追悼號 近日出來！

月刊 青年

內容

目次

烈士略歷と經過……金海成編
追悼文……朴烈 李康勳
追悼會謹記……洪萬基
× × ×
吾族は統一された……李承晩博士
託治か？託亂か？……金東仁

發行所 東京都赤坂區青山一丁目（舊陸大） 朝鮮建國促進青年同盟

朝鮮新聞

發行所
東京都淀橋區戸山一丁目
朝鮮新聞社
編輯兼印刷發行人　全萬洙
電話九段〇五四二番
振替東京一〇七〇一五番

日本語版
二號合併號

在日本朝鮮人居留民團結成

輿望を擔つて 居留民團 —結成さる—

去る十月三日午前十時から日比谷公會堂で在日本朝鮮人居留民團結成式が華々しく擧行された。夜來の雨は止まず、雨中を全國各地から多數參集して會衆本氏司會の儀式は進められた。

各團體代表者及來賓の臨席はしたが、時間の關係上これを約し議長選擧に入つたが、議長に高順欽氏副議長に建青中總委員長の洪賢基氏が當選され、つゞいて國內の情勢報告があつた。この時國外情勢報告が時間の關係上司會者側から約すことにしたところ反對が出て一時場內は騷然となつたがことなく收まつた。

朴根世氏からの居留民團結成主旨及提案經過報告がなされた後、この日意義ある居留民團最初の團長として重荷をになふべく人として選擧されたのが新朝鮮建設同盟委員長朴烈氏、副委員長李康勳氏が副團長に擧げられた。次に民生安定に關する件、教養向上に關する件、國際親善に關する件等の討議があつて二時半無事結成大會は終へた。尙當日居留民團が宣言した宣言書は左の通りである。

居留民團 結成まで

建青が昨年の十一月十六日田村町の飛行館で結成されてから近々一年足らずの今日、過去を省に其の間政治運動に乘り出したり、社會方面への活動をやつたり、時には在留同胞の代表機關ともなり民生問題に提つたり、短時日間千變萬化して來たが、これは時事を追つた現實的變化に過ぎずその中點たる青年運動には何ら變りはなかつた。時には青年の熱情から範圍を乘り越えては與分子たる反對派から攻撃されたこともあつたが、しかし日を追ふに從つてその功績は廣く世の中に認められ、發展の一路をたどり今日全國的縣本部及び支部を持つこと六十三、集りたる青年の數實に十五萬にのぼり躍進は目醒しいものがあり、一躍日本での朝鮮人を代表すべき大組織を持つ機關となつた。

しかるに昨今の四圍の情勢に依る現實と在留全同胞の輿論に諸青自體が直面したのは何であつたか、それは匡習同胞の民生安定と云ふ重大事である。今日我々がこの民生問題の安定なくして、何が成され何があらうか？終戰と同時に朝鮮人聯盟と云ふわれ／＼を代表すべき團體が出現一年を經たにも拘らず右に關しては充分に解決を見なかつたことは殘念であり、現在不利な立場に立たざるを得なかつたことは、甚だ慚愧に堪えないことである。これに建青が主唱各團體を網羅し大衆の輿論に應へてその主動力になり在日同胞の眞の代表機關となるべき居留民團の組織に當つた、去る九月二十日、中央總本部で中央委員會を開き滿場一致で組織することを決に附した。越えて二十五、六日の兩日に亘り麹町永田國民學校で第一回準備委員全國大會を開き噴くなる熱烈に討議を重ねた。

この會議を通して常に討議の中心事となつたのは一つは居留民團を組織すること、もう一つは居留民團組織に當り建青の態度であつた。

前者は討議に議を見ず可決されたが後者は即ち建青の死活事と云つてもよかるべき重大事であるが故に深重な進め方だつた。現に角青年運動の脳體化を懼れて大部分が反對の意表であつた二十五、六日の會議では保留と云ふ形を取つてゐるが兩者間の見解の相異もあつた。

何れにしても建青さ云ふ大世帶變革や解消は日常茶飯事の如く簡單に行くまいし、民團運營上から見ても青年運動組織體制限解消は考へられないことである。

この點から建青が歩む道は變らず青年層の文化向上、技術獲得に體力鍛錬保持の三線に沿つて活動するのであらうと見られる。

同盟論說

居留民團生る

日本に在る朝鮮人はこの一年實に目覺ましき奮鬪と努力を續けてきた。日本官憲の壓迫を排除し、各自の權利を立派に主張し、獨立民族たるの自覺は吾々すらも信ぜられぬ程の、吾々の底力の顯在を、世界に確認せしめるこさを得さしたのであつた。

併し一方顧みて過去一年の吾々の努力は何であつたかを沈思反省する必要はないであらうか。而してその場合已自らに慚愧たるものが果してないであらうか。獨立途上にある吾々が之でいゝのか。……だが、このやうな個人的な問題にはこゝでは深く觸れまい。何故ならこの種の反省と、それによる已むに止まれぬ熱望とが、この度、在日本朝鮮居留民團を生み、これこそ吾々の正しい反省と自覺と、希望とが自然發生的に凝固し結集した、その結果だと思ふからである。

吾々は不當なる壓迫を日本官憲から受けた。吾々の正當なる權利の主張も屢々蹂躙された場合もあつた。吾々はこれに對して唯日本の不正を鳴らすだけでいゝだらうか。吾々自身、彼に乘ぜらるゝ隙を與へはしなかつたであらうか。個人的利益の個人的追及、社會性團結性の不足、このやうなものが彼に隙を與へたのではなかつたか。結成された諸種の團體の中にも、相反目するもの、民生問題を捨てゝ顧ぬもの、又はその團體を利用して已が私利を貪らんとするもの、このやうな存在すべからざるものゝ存在に、吾々は惱まねばならなかつたのではあるまいか。

茲に於て在日本朝鮮居留民團は生れたのだ。再び云ふが、自然發生的に、大衆の輿望に支持せられつゝ結成されたのだ。故にこの團體は無色である。勿論、個人的には左右何れの思想も自由であるが、それだけに團體的には何等のイズムに偏するものではない。而して團體自身の利益とか、之に屬する者の利益を謀ふものでないことも、謂ふまでもないのである。唯之はその名の示す通り居留民全體の權益擁護にある、民生の安定にある。故に在日朝鮮人の總てが、之に合流し之によつて活動すべきが本當である。吾々は之によつて吾々の理想を實現しなければならないのである。

が、この主旨についても反對する者は云ふであらう。理想は實に結構だ。實現が難しいと。その通りだ。だからこそ吾々は云ふのだ。吾々の理想を實現すべく、も早今までの行きがゝりと云ふやうな小さなものを捨て、一つに結集すべきだと。そして利害打算を超越し、今にして結束して邦家の爲に万全の努力を致されば、悔を千歲に遺すであらう、と。而して、居留民團の理想とする處を實現し得るか否かも、かゝつて今後の吾々の團結と努力にあるのである、と。

行きがゝりを忘れよう、個人的な不滿も全のために忍ばう。かくて居留民團を支持し、發展せしむることが、却て後の吾々に大きな利益となるべきことを銘記しよう。

居留民團結成後も 青同は存續す

居留民團結成に就て、巷間には之に青同が合流するといふ噂が流布されてゐる。之に對して青同はそのやうな噂を否定し、「居留民團結成後も尙青同は存續す」る旨、發表した。

在日朝鮮居留民團 宣言書

祖國解放以來早や一個星霜を經過した今月に至り未だ日本には大拾萬餘の同胞が在留してゐる。これは本國に於いて多端なる國情に由來することと少くないが、在留同胞各自の人的經濟的其他現在の狀態では止むに止まれぬ諸般の環境にて當分の間は日本に在留することを餘儀なくされてゐることとである。客觀的に且つ公正にこれを考察した場合絕對絕命の現象だと斷定できるもので一方關係當局と一般の理解と同情が猛烈に要求してゐる。それにも拘らず現狀これを冷靜に在留同胞の現狀を觀察すれば甚だ憂慮するところである。我々には時日の推移に從ひ、當然な基本的人權が尊重出來ないし、當然な居住の自由が保障できず、言論、結社、信教の自由を行使する機會と條件が削減しつゝある。そして其の法律的地位は極めて不安定だし經濟的には破綻線上に彷徨してるだけでなく社會的ではかへつて日本帝國主義時代に逆行してゐる狀態で、又見實教育其他文化的方面に於いてもその停滯は甚極せんと云へざるを得ないし、其他各般に亘り錯綜混亂甚だしく同胞の苦痛は莫甚たるものである。

こゝに於いて更に歷史的現實關係、經濟政治的關聯性に於いて客觀した場合相互間に一層深い考慮がなければならない。日本官民一部の理解もなくもつと形而上下に同胞の狀態は惡化しつゝある。

本國では外來の影響と多端な國情にて在留同胞問題までは手を延ばされ難き狀態にある。それとて本國が獨立して其の主權が對外發動にあるを期待してるのはあまりにも深酷で緊急な課題である。此儘放任すれば社會的にも國際的にも面白くない問題が惹起しないと斷言出來よう。

在留同胞は決して政治に思想運動に奔走して、主義主張を絕叫する時ではなく、又場所でもない。先に我々は緊急問題を解決しなければならない。我々は誰を信じ誰を賴りにするか。我々大拾萬在留同胞自身以外にはない。そして一方我々は現在外國に居住してゐる。そして民族、風土、歷史が異なる上、そして思惟して生活する形式と內容が違ふ一筋の血を持つ我々は異民族の中で、必然的結合さ共通た目的達成の爲、深き固い團結をし、そして凡ての過去を過去に葬り、相互理解親善を保全し、共存共榮と東洋の平和を期さんとする在留同胞は義務を履行し、道義と法令を遵守し、人格的に行動しなければならない。

こゝに朝鮮居留民團を結成されたことは軍政當局の好意ある指導の下、我々同胞が歸國する日迄一致團結して我々の權益を忠實に遂行し、自治しつゝ我々に當然賦與される權利を享有して國際信義を回復して祖國の榮譽を保全せんとする。我々の目的とするところは次の通りである。

一、我々在留同胞の民生安定を期す
一、我々は在留同胞の教養向上を期す
一、我々は國際親善を期す

以上の目的を確實に且つ強力に實現して同時に其純粹以外の活動一切を拒否し、左の基本要領を明白にする。

一、本團は在留同胞全體を構成員に包含し、同胞各自は其の決議と執行に參加するに當り、均等なる機會と中等なる條件が確保して、各團體はそれが誠實に此れに參加する意志を表明したときは何時でも包容できる。

一、本團は日本全國を通じ在留同胞の總意と要求を且つ正確に迅速に集中把握して此れに基礎する諸企劃及施策を一層よりよく實明に効果的に執行出來得る組織體と規約を強力に推進させる。

一、本團は自體が決して一種の思想でも政治團體でもなく、又本國或は海外に於いて如何なる思想と政治の主流にも傾倒しないで、其中の一つを支持するか或は此れに加擔しないのである。

一、本團は在留同胞の協同に基く自治組織であつて將來本國及其の外の必要な關係當局が承認する自治團體に發展するとか、或は斯樣な官廳機關の補助機關に成るを目標とするものである。

一、本團は在留の生活が極度に切迫した狀態にあるを正確に把握して、血

（裏面に續く）

韓日交易再開

東信公社の活躍に期待

經濟の安定は國本の基礎である。世界何れの國たるを問はず、經濟の安定なき處國家の發展はない。まして建國途上にある吾が朝鮮に於て、それは緊要欠くべからざる大事である。故に吾々は一日も早き經濟の安定を目指して先づ設備を確立し資源を確保し、次いで生產を振興しなければならないのである。然らばその爲には何が第一になされねばならないであらうか。資源、機械設備の交流である。卽ち交易の再開こそ生產を軌道に乘せる爲の先驅となるものである。

顧るに一九三四年(昭和九年)の朝鮮の對外貿易は輸出四億六千五百萬圓、輸入五億一千九百萬圓であるが、その九割までが對日交易であつた。

而して日本敗戰後の韓日交易は、凡てマ司令部を通じて行はれてゐるが、九月十日現在で日本の對鮮輸出總額三億七千萬圓餘、輸入は僅か百七十萬圓である。輸出の大半は石炭で、之に次ぐものは機械類、部分品及び被服類。

又日本側の輸出は對外輸出累計十五億九千萬圓の中、朝鮮向は米國に次いで第二位となつてゐる。その統計表は次の通り。

輸出實績(對朝鮮)九月十日現在 (單位千圓)

石炭	三八四〇三五噸	二、三三一五四六
ピッチ	九七七二個	三七二〇
シガレットペーパー	三九二〇〇四立方米	三五三七
毛織物	二二九三七五米	二三九七八
絹織物	一四八七二五碼	二八〇五
綿織物	九八一七九五六〃	四五三三
海軍服	三〇〇〇〇組	五八五三
蒸汽機關車	五臺	一三三四六
〃部分品	二三個	四五五九
ボイラ	四臺	三五三一
硫黃鐵鑛	八〇〇四噸	二三五七
竹材	五八〇三一束	一九六八
眞空管	一一七〇個	一一六三
電球	八五六〇〇個	一一一二
撮映機	六臺	五〇〇〇
自轉車部分品	六五七五〇個	五八三三
硝實	四三六八噸	四六六六
エアブレーキ	三三九個	一〇五三五
自動車タイヤー	一三〇〇個	一三四一
各種藥品		九一七〇
其の他		一六三九八
計		五七四〇六五

米國、香港、支那、ソ聯、濠洲

總計	一三九四五六四

輸入實績(對朝鮮)九月十日現在

鹽	八五八一噸	八八一
黑鉛	九八五五噸	八三三
計		一七〇五

香港、北阿、支那、米國

總計	一八八五七五六

以上の統計に見る如く、朝鮮は日本の石炭、機械類を受け、之が輸入されねばその工業は停止することになるが、日本も朝鮮より黑鉛を仰がねば電極も作れず鉛筆もなくなるのである。又この他天草も日本の需要の七割までを朝鮮が充してゐるのであるが、之も纖維品の增產と共に益々要求を增すであらう。

このやうに韓日關係は交易の面で深い繫りを持つてゐるのであり、現在は管理貿易で、曾ての活潑なるそれに比肩し得べきもないが、それでも聯合軍側の理解ある態度により、次第に繁榮を取戾さうとしてをり、既に朝鮮軍政廳でも對外貿易百件を許可してゐる現狀で、この方面では樂觀的な觀測も可能である。

併し一方では、この見透しにより早くも日本人はもとより、在日朝鮮人も對朝鮮貿易の準備に鎬を削る競爭を開始してゐる。大小無數の貿易商の內、何れが眞の成功を收めるであらうか。

この中、東京丸ビル內に本社を持つ東信交易公社では、いち早く九月二十日付を以て朝鮮軍政廳の許可を得て、十月早々朝鮮人の手に依る初の輸入品を朝鮮に送りこむ。

何はともあれ、交易再開こそ經濟安定の鍵である。一日も早き新築の活潑化を吾々は待望してゐる。前記會社の活動なども吾々はこの意味から期待するのである。

居留民團より各國大使館及本國に贈れる

決議文

仁慈にして敬愛なる閣下

本日茲に日本在留同胞の總意と要望を結集したる在日本朝鮮居留民團結成大會の名に於て閣下に對し滿腔の敬意と感謝を捧げ併せて切なる在留五十餘萬同胞の熱望を呈上する光榮を許容し給へ。

解放後一年余りの間我等は日本に居つてあらゆる不遇なる環境と境遇に置かれ乍らも健鬪し來るは一重に閣下の御愛護と御惠澤に依るものと厚く御禮申し上げます。

然し現實は支配國民であつた日本人は容易に我々の意を解せず一部官僚は理解も同情もなく侮蔑さ排斥を事とし、議會問答にさへその例を見たのである。我等の現狀を推察下され、願はくば我等が眞に解放された國民としての資格を保障明示され我等が居住の自由を確保され國際間に於て相互に信義と友愛を結び平和な生活が出來るやうお願ひ申し上げます。

本國の情勢は外國に居る我々にも强く響き自らの內にも色々矛盾と過誤の多いのを遺憾に思ひ日本に居る我々は一致團結したいと今度朝鮮建國促進青年同盟及朝鮮建設同盟は相謀つて各團體を糾合し民衆の要望に應へ在留朝鮮人の統合體(單一體)としての本民團結成を決意し茲に盛會を見るに至つたのであります。我等は在留同胞の代表機關として民生安定と國際信義向上に邁進致し合せて閣下の御意に副ひ度いと思ひます。一層の御自愛の程切にお願ひ申す次第であります。

一九四六年十月　日

在日本朝鮮居留民團結成大會

議長　高順欽

洪賢基

元心昌

朝鮮へ野菜種積出しを指令

(總司令部八日發表) 總司令部は八日日本政府に對し來春の收穫に間に合ふやう朝鮮へ一萬七千四百磅の野菜種を積出す樣指令した。(單位磅)

人蔘	七、九〇〇
サウクセウシヨン玉菜	六、三〇〇
不二玉菜	一、〇〇〇
中野玉菜	五八〇
かぶらた	一、六二〇

食糧不足に伴ふデマ

外國へ輸出の事實なしと

中央食糧行政所聲明

(漢城發) 中央食糧行政所では朝鮮米を他國へ輸出してゐると云ふデマに就いて、五日次の如き聲明を發した。

「他-では米を日本或は米國へ送つてゐると云ふ風說が飛んでゐるが、之は全くのデマだ。之は中傷であり、外國との親善關係を破壞せんとする策動分子の根據なき逆宣傳である。釜山から江原道三陟には、船で送つたことはある。三陟は朝鮮に於ける唯一の石炭の產地であり米が不足して困つてゐるところである。他の交通機關を利用するより船の方が便利だから之を利用したことはある。

昨年、濟州島に船で送つたことはある。然し、米國に積み出した覺えはない。船積を見てかゝるデマを飛ばすのである。日本に米を密輸出してゐる向もあるが之は決して名譽なことではない筈だ。

當局は密輸出の未然防止に努力してゐる。數次發表されたラーチ少將へルザ中將の聲明を支持するものである。

(K・I・P)

都合により「民主の鐘」休載

居留民團結成にあたりて

中華人の喧嘩は腕力に訴へることとなく口論を聞はし見物が集ると喧嘩の當人はそれ〴〵見物に向つて自己の正當なることを主張し合ひ、見物が聞き飽きて散つて了ふと喧嘩も亦終りになるといふ式を、戰前心なき日本人は勇氣なき民族の喧嘩と稱して嗤笑したものであるが、喧嘩に方法があるとすればこの式こそ物の道理に適つたいはゞ民主々義的な方法であらうと思ふ。腕力に訴へる江戶前の喧嘩は好戰的軍國主義的國民にとつては勇氣あることとせられ稱讚されたことであらうが、これはつまり、問答無用式の武力を背景に道理をも壓迫した暴力政治に通ずるもので、文明の進んだ今日に於ては誠に沒常識的な野蕃な行爲である。

日本議會で推戴代議士が同胞をさしていかにも闇屋の本のやうに暴行好きの民族のやうに攻擊したが、日本民族こそ三十六年間我が祖國に於て何をし近く、支那大陸、南洋地域に於て何をしたかに思ひ到れば、かゝる非難は天に向つて唾を吐くと同じく、日本人たる彼自身にもふりかゝつてくることである。ましてや我が同胞が若しかゝる惡行の汚名を着るとせば、その責任の大半は三十六年間我が民族をそれ式に改惡せしめた日本人自身が負ふべきものだ。實際又、必ずしも我が同胞のみが、かゝる闇行爲や惡行徒でないことは日々の都下の日本紙の報ずる殘忍極まる日本人の犯罪を見ればわかることだ。

米軍占領後、吾が同胞の密行者の多いことを報じてゐるが、その動機から見れば、戰後私財を擲つて本國に歸還したものが生活苦から再び日本へ歸らうとする哀れなものが多いので、純然たる密貿易は統計の示すところでは日本人が斷然多いのである。

今後日本の國土は海外民の引揚により狹き國土は益々狹隘さなり、日本人の生活狀態のみならず我が在留同胞の生活も制約され窮屈になることは論を俟たない。實際我が同胞間にも失業者は多く今後の見透しに不安が多いのは無理もない。併し日本は國內の經濟狀態の安定に懸命の努力を續けてをり民主々義の旗の下、勞働攻勢の刺戟もあり漸次民主化の方向に向ふものと一應考へて行けば、自ら我が同胞の有り方も決定されてくる。

從つて今後本國に獨立政府が出來る樣になり、我が民族の國際場裡に融踊する日も遠くないことゝ思ふが、その日に我が民族が、國際間に道義的國民として交際して行くに足るだけの信用と誇りを、今の內から植えつける必要があると思ふ。茲に於て眞に奮起一番して、青山登故鄕のみにあらんや、の氣慨を以て隣國中華民國の南洋に於ける經濟的權厚ならはなくとも、平和裡に經濟場裡に日本人と角逐して行く態の氣構が必要と思ふ。

一刻も早く、三十六年間の日本の惡き殘滓を拭ひ去るべく、各自反省し諸民に答へるべく同朋の團結をはからねばならぬ時が來たと思ふ。

(表面より續く)

藥を持たせ、食糧及生活必需品の確保と住宅緩和の爲に、緊急に一層效果的對策を樹立して其の解決に最善の努力を盡す。

一、本團は將來國家の發展を圖謀して更に其の恵澤を享受せんが爲、在留同胞が諸般の企業を發展させ此れを育成せんとを積極的に援助し指導して國際貿易に協力する。

一、本團は在留同胞が朝鮮國民である自覺と國際人として須べからく敎育を實施し、智、德、體の完全な發達と人格の爲に全力を傾注する。

一、本團は祖國が朝鮮他國に比し水準下されてゐる諸方面の急速的進步と國家の健全な運營と發展を目標として、特に靑年として其の創意と能力を最大に發揮出來るやうにし、其の訓練を完全にして活發で堅實なる青年運動を積極的に展開して、同時に女性の地位と實的向上を期す。

一、本團は國際及國際人間の理解と友好を促進して、其の親善を圖謀する爲、在留同胞は信、義、愛のモットーの下、生への指導を活動する。

一、本團は常に在留同胞の總意を綜合把握して在留同胞及各方面の助言と幾を得直接活動部分自體の間斷無き觀察と思考により目的遂行に良き適切なる科學的主要と施策を創造して此れを强力に實踐する生命體である

以上目的と基本要領に依り、本團は一日も早く速に諸般問題を解して、各方面の進步向上を促進させ、歷史的階に興した我が民族の偉大なる發展を期し、人類理想達成に貢献せんとするものである。

一九四六年十月三日

在日朝鮮居留民團

同胞技術者に告ぐ!!

今般祖國建設に關して十月三日附朝鮮軍政廳の要求に依り日本に居留する朝鮮人、土木、建築、灌漑、精密機械、紡織、染織等の技術、技能者登錄の照會あり、右技能者は至急本協會宛履歷書を提出の事 右告ぐ

一九四六年十月九日

東京都下谷區御徒町二ノ三七

信川ビル

在日本朝鮮科學技術協會本部

電 下谷(83)三二四七

純粹朝鮮料理

美味・豐富・低廉

御家庭の延長に

—聚　林　樓—

金　聚　煥

川崎市二子町82

大井線二子新地(見番橫)

朝鮮新聞

發行所
東京都千代田區九段下一ノ三
朝鮮新聞社
編輯兼發行人印刷人 全萬洪
電話九段〇五四二番
振替東京一〇七一〇五番
日本語版

南北境界線撤廢・即時獨立を國際聯合朝鮮代表要求

＝任女史、ホッヂ將軍聲明の眞僞をス首相にたゞす！＝

ニューヨーク二月二十六日(UP) 國際聯合代表ルイス任女史はスターリン首相に電報を發して「ソ聯は五〇萬朝鮮人に對し軍事訓練を與へんとす」なるホッヂ中將の聲明に關しその眞僞を問ひただした。而して此の報道の眞相調査の爲め國際聯合は之れが調査委員を派遣すべき事を要請した。

金女史はスターリン首相に報じて曰く「朝鮮の即時統合、即時獨立、米ソ管理地帶の間に横たはる人爲的境界線の撤廢こそは、ソ聯と米國民間の友誼を更に一層促進するに役立つであろう」と

國際聯合の書記長宛の覺書中女史は、若し此の徴兵制の報道が間違ひでなければ、國際聯合の規約及國際法の侵犯に對する充分なる制裁を國際聯合として發動すべきであると述べて居る

女史は又斯る行動が抗議されるゝ事なく放任せらるゝのであれば、とりもなほさず國際聯合の敗北であり、聯合國の宣言せる目的のじうりんに外ならずと警告した

女史又曰く「朝鮮も又樞軸國家に對して戰へる諸國民と同等の權利を要求するのである。實に朝鮮は敵性國家の敗北を導く機援助した諸國家のうちに座して榮譽の位置を占るにあたひするのである。何となれば朝鮮こそは日本と戰つた最初の國家であるからである。

三千萬朝鮮人民の名に於て關係諸國及國際聯合に對し、現在の混迷停とん狀態の逼續、恐るべき事が民族の飢餓、外國國家による朝鮮人の徴兵制は恐らくは流血の慘を結果するであろう」と警告を發した。(星條旗二月二十七日)

金東成氏 マ長官と會見

(漢城發K―P)ワシントンより合同通信に入つた報道によれば、合同通信社長金東成氏はマーシャル國務長官、歸國中のホッヂ軍司令官と會見後次のような談話を發表した。

「私はマーシャル國務長官とホッヂ軍司令官が朝鮮の完全獨立に對し全努力を傾注していることを知つた。彼等の朝鮮に對する援助努力には朝鮮人として毛頭疑念を持つ必要はない。ホッヂ中將は現在ワシントンに於て有力者と朝鮮獨立の爲夜を分たず奔走している。ホッヂ中將は朝鮮の食糧と産業に關する資金獲得のため努力している。マーシャル國務長官はモスコー外相會議に出席のため多忙の内にも朝鮮問題に留意し、ホッヂ中將と數回に渉つて協議をした。」

ソ聯の朝鮮徴集軍隊を ホッヂ將軍指摘

―一七より二五の適齢者―

ワシントン二月廿五日(UP) 朝鮮米軍指揮官ヂョン・R・ホッヂ中將は廿五日「ソ聯は一七歳から二五歳の朝鮮人を徴集相當規模の軍隊を編成してゐる」と語つた

彼は次の如くいつてゐる「余の見積る所では朝鮮のソ聯地帶には五十萬のこの年齢に該當する朝鮮人がゐる、余は朝鮮に於ては如何なる大きさの徴兵軍隊も之を必要とする理由を知り得ない

此等の軍隊は日本軍からの押收品で武裝されてゐるらしい、中國共產黨軍隊の人々がソ聯地帶朝鮮軍の中核として使用されてゐる、朝鮮に於ける局地的對ソ折衝は望み薄のやうである、朝鮮に於けるソ聯の鐵のカーテンは少しも上げ下し出來ないと語つた

ホッヂ將軍は朝鮮事情の總觀を告げる爲今日トルーマン大統領を訪れた

氏は更に「朝鮮の極右團體の信託統治反對に關する最近の紛爭は解決された」と語つた

記者の「ソ聯は如何に振舞ひつゝあるか」の問に對し將軍は「變化なし」と答へた

將軍はホワイトハウスへ陸軍長官ロバート・パターソンと同行したが、長官は「ホッヂ將軍は國務陸軍兩省の朝鮮事情總研究の準備を援助する爲に一時的に召喚されたのである、報告は豫定されるヂョーヂ・マーシャル國務長官のモスコー訪問に特別な關係を持つものではない」と語つた(星條旗紙二月二十六日)

この綱は我々の力で引きはづすべきだ

社說 團結と連絡

最近建青の各支部の活躍目ざましいものがあることは、慶賀すべきである。かくてこそ建青の基礎は愈々固く、ひいては在日同胞の上に明るい將來が約束されるのである。民生における建青の目標とする處は、今更云ふまでもなく、在日同胞の權益確保生活安定のみならず、その知識啓發文化的向上を圖るにもある。この意を體して、或支部の如きは研究會その他の文化的諸施設を整備するばかりでなく、少年部を設け第二の國民訓育にまで手を伸ばし實に涙ぐましい奮鬪を續けてゐる處もある。

このやうな現狀を知るにつけ、吾々は建青支部の偉大なる實行力には満こうの敬意を表するのであるが、併しかゝる絶大なる努力にも拘らず、各支部に共通する重大なる缺陷を、又吾々は看取するのであつて、之については敢て一言して、一顧を希ふものである。

最近大阪方面某支部に於てそれが解散するといふうわさと共に本部そのものまでに變動があるやうなデマが飛んだことがあつた。之は勿論デマであることは、微動もしない本部の健在が實證してゐると共に、又一時その支部が本當に閉鎖されることがあつたとしても建青支部が現地大衆の輿論によつて誕生するものである以上、其處には再び新發足の新支部が現れるであらうことは火をみるより明かであるが、これにつけても吾々の考へることは、支部と本部、又は支部と支部との連らくの緊密ならざる點である。

相ご連らくの必要なることは、茲に喋々する要はあるまい。吾々が團結の必要なることはしばしば說いてゐる。この團結の第一要因は先づ連らくの緊密なることである。處が、その必要性を何人も理解してゐながら、ともすればそれに遺憾な點があるのは、それに伴ふ煩さがあるからである。そればかりでなく、之も或支部の一れいであるが、其の內情を知られるのを怖れて、できるだけ連らく通信を絶つて孤立しようとしてゐる。このやうな明朗ならざる支部も又存在してゐるのである。

團結の必要とその爲の通信、連らくの肝要―、多少の煩さを忍んでも、相ご連らくによつて多大の利益を受けることも、又弊害を怖れて孤立することの不可も之は說明の要なき自明の理である。本部と支部、又は支部と支部は、今後連らくを緊密にしなければならない。それによつて、支部で解決できないことが本部で解決される場合がある。一支部では手に餘る問題が、他支部の援助により解決されることもある。かくて建青の基礎は益々固く、その將來における發展と飛躍が期待できるのである。

モスコー會談に朝鮮問題上提せぬか

國務省官邊では南鮮米軍司令官ホッヂ中將の歸米は米國の朝鮮政策を何等變更するものでないと言明した。又同筋では米國は第一には南鮮の完全な經濟開發を欲してをり又それに向つて努力するつもりであり、第二には現在完全なる立法議會の出現に近づいていることが最善の政治的手段であると言明した。ホッヂ中將は國務長官マーシャル將軍と短時間の會見の際、モスコー會談には朝鮮問題の上提は何ら論議されないことを知つたと言明した。

ホッヂ中將は歸米中の時間の大ぶ分を朝鮮の現在の統治に關し陸軍省側の擔當官と協議するに費していると云はれる。(星條旗紙)

任務達成の爲の資金要請を

―ホッヂ將軍言明―

ワシントン二月廿五日UP 南鮮米軍指揮官ジョン・R・ホッヂ中將は「三月四日の議會豫算委員會の前に朝鮮占領續行の爲の十分な資金を要請するつもりである、その占領政策は南鮮政府を三月一日迄に確立する目的を持つてゐるのである」と言明した。

氏は又次の如く語つた。「ソ聯は『自由に出入する事を許されてゐる彼等の所謂民主々義者』の外は米ソ占領地帶の境界を越えようとする朝鮮人の大ぶ分を逮捕してゐる」と(星條旗紙二月二十六日)

中國人は日本刑法を適用せず

(渉外局發表K―P)在日中國人の內、中國代表ぶ發行の身分證明書を所持するものは連合國々民として日本刑法の適用を受けない旨二十八日SCAPより日本政府へ通告した。但し民事々件に關して訴訟、被訴訟の對象たり得る。

三十八度線撤廢は絶望？

…萬全を盡したと語る ホッヂ中將…

漢城發―ワシントン發合同の傳えるところによれば、朝鮮駐とん米軍ホッヂ司令官は米本國に於てマーシャル國務長官、パターソン陸軍長官と會談記者團に次の如く語つた。

朝鮮駐とんソ連軍は北鮮に於て十七歳より二十五歳までの若人を選拔登錄、三十八度線の後方では軍隊を編成しているが凡そ百萬乃至百五十萬と推定される。三十八度線の撤廢は絶望に近い。朝鮮人の信託問題に關する見解は樣々で過去一ケ年を通じ共同委員會の問題は一向進ちよくしていない。またソ連側もその主張を全く讓歩しない。余は朝鮮に於ては盡すべきは盡したと信ずる。

三十八度線以南で米ソ兩軍衝突說

(漢城發) 電の傳へるところによれば米ソ兩軍は二十五日中部朝鮮の米ソ兩占領地接觸地帶で十四時間にわたつて砲火を交えたがそう方ともに損害はなかつたといわれる、なお米軍情報ぶでは此報道は全く誇張されたものであると述べている、即ち朝鮮側の情報ではソ連兵廿八名と米兵十一名は廿五日午後一時から同日深更にいたるまで三十八度線の南側二哩にある黄海道白川附近で砲火を交え、更に此交戰中ソ連戰鬪機も同地上空に飛來した、しかし米軍情報ぶは次のように說明している。

「米國境監視隊はソ連兵七名が黄海道白川を小銃で射撃中であるとの朝鮮側の報告をうけて同地視察に赴いた監視隊が同地に近づいたときソ連兵二名があわてゝ立去るのが見えたが、町には他のソ連兵を見かけなかつた朝鮮警察の報告によれば南北鮮の警官は二十六日二十分間に亘つて同地附近で交戰したが、これは北鮮人が南鮮側から牛を盗もうとしたゝめといわれる。

對朝鮮政策は變化せず

ワシントン二月廿五日(UP) 國務省官邊は「南鮮米軍指揮官ジョン・ホッヂ中將の歸還は米國の朝鮮政策を少しも變へるものではない、米國は第一に南鮮に於ける健全なる經濟の發展を欲し、又その爲の仕事を繼續する、第二に立法ぶへの歩みは現在に於ては最上の政治的な動きであると信ずる」と語つた。

ホッヂ將軍は國務長官ヂョーヂ・マーシャル將軍と簡單な會見を行つた、この會見ではモスコー會談に於ける朝鮮問題の採決に就てはろん議されなかつた。

ホッヂ將軍は大ぶ分の時間を陸軍省における係りの將校との日々の朝鮮管理に關する會議に費してゐる。(星條旗紙二月廿六日)

管理は米本國の指令

―ラーチ少將書簡公開―

(漢城發) 軍政長官ラーチ少將は本日立法議院に右の如き書簡を寄せた。

立法議院に於て敵產管理に關する協議が行われるとゆうが、日本人財產處分は現在の狀態に於ては朝鮮だけで行うことは出來ない。我々軍政廳としてもワシントンよりの指示により管理するだけである。銀行預金、果樹園、工場等を始めこれらの處分は朝鮮國家が統一されてからのことである。現在處分を要するものは米本國の同意を要さねばならぬ。

統一國家を說く

警察廳長

(漢城發)―首都警察廳長張澤相氏は次の如き談話を發表した。

「首都に於ける警察の行績は偉大なものがある。我々の目的は完全な統一國家の樹立の礎のため獻身することにある余は國民治安を合法的に維持せんがために管下の諸氏と共に決死的努力を約束する。」

一九四七年三月一日

アメリカ合衆國大統領

トルーマン 閣下

三・一獨立運動記念大會 會長 朴 烈

親愛なるトルーマン大統領 一九一九年三月一日は世界の大勢に大なる示唆と機會とを得た朝鮮民族が其の強烈なる獨立意欲を以て一大獨立運動を展開した朝鮮民族にとつては千秋に記憶さるべき日である。茲に解放後此の偉大なる獨立運動の第二回目の記念日を迎へて我等朝鮮建國促進青年同盟在日本朝鮮居留民團及朝鮮人民主々義諸團體聯合主催の下に在留同胞は日比谷公會堂に於て一大記念大會を開催し本大會の決議を閣下に次の如く傳達する。此のわが民族の強烈なる欲求であつた朝鮮の解放が貴國政府並に貴國民の積極的援助と聯合軍の輝しい勝利によつてもたらされ、且、祖國朝鮮が遂次民主化されつつある事に對し我等は常に深じんなる感謝の念を有してゐる事を表明する光榮を賜りたいと思ふ。我等の先輩は凡ゆる困難なる條件を克服して獨立獲得の爲に最も英雄的に且決死的に闘つたのであるが、我々も此精神を體として完全なる獨立獲得の爲に最も方途に於て最善の努力を盡したいと強く決意するものである。我々は完全なる自主獨立の急速實現の爲に次の如く強く要望して止まぬものである。即ち貴國政府とソ聯政府が世界平和の保障と弱少民族解放の立場に於て速かに朝鮮に對して共同政策を議定し之を實施する事である。此の共同政策の議定が次の各項に副つてなされる事は必要且當然の事と確信する

一、北緯三十八度線の撤廢 兩國政府が決定した共同政策を、南北鮮を通じて均しく實施する事によつて、人的物的の自由な交派を可能にし朝鮮の全住民は共に朝鮮の全地域に於て何等かの條件によつて妨げられる事なく、言ろんと結社の自由が有されるべきである。斯くする事によつて、朝鮮のかん全獨立を阻害しきよう威する最大且決定的條件である人爲的三十八度線を撤廢してゆくべきである。

二、統一立法機關の設立 朝鮮の全住民の凡ゆる階級は平等に投票に參加し、己の代表を選出する全き自由を保障すべきである。此保障に基いて設立された立法機關は現在及將來に於て朝鮮の住民自らが之を履行し自らの生命財産を保護し、權利を確保すべき諸法令の制定に當らしむべきである 同一民族と同一國土にたゞ一つの統一立法機關こそ全朝鮮住民の要望である。

三、統一政府の樹立 叙上の立法機關を通じ、機會民主々義の原則によつて朝鮮に統一された臨時政府を樹立し、其の行せい機構を整備強化してゆくべきである。我々の統一せい府の實現に對する強烈な希望と自然的な民族意識は、北せんと南せんが各々單獨にせい府を持つ事に賛成するには、餘りにも徑庭を有し過るのである。我々は、朝鮮にたゞ一つの統一せい府が樹立される以外は如何なるせい府の出現も之に歡迎しないのである。

四、米ソ兩軍の同時撤退 朝鮮人の立法機關が設立され、それ自らが改定する法律が施行され、朝鮮人の手による統一せい府が樹立された時は、當然米ソ兩軍は朝鮮から同時に撤退すべきものである。

管に、米ソ兩國せい府が相携へて共同せい策を朝鮮に實施し、三十八度線を撤廢する事こそは、完全獨立への最も確實なるしよ光であり、世かい平和の力強き保障であると信ずる。而して之は、兩國せい府の誠意と妥協とを以てすればかん全に可能である。此の三月、モスコーに於て開催される外相會議に對して我々は大いなる期待を有してゐるものである。

親愛なる閣下 閣下が朝鮮民族に對し深き友情と、朝鮮の獨立に對して積極的援助の念とを有しておられる事は、我々のよく知悉する所である。願はくは、一日も速かに叙上の目的が實現せられるよう、閣下の大なる努力と援助を切に懇願するものである。

完全獨立と民族繁榮のために

—新しい覺悟と使命—

咸 龍 俊 博 士（講演要旨）

過去をふり返つて見る時およそ帝國主義のもとにおいて民主主義の新世かいの爲に、世かい人類共同の幸福獲得の爲に戰つてきて居るのであります。我々は永く帝國主義のものにぢうりんされて居ましたが、今や韓國は、この帝國主義からかん全に解放されましたのは世かい平和に對する民主主義の輝しい勝利の一つの現れであり、私はここでこれを強調し確信するものであります。（拍手）

私は韓國青年の獻身的な努力と活躍が韓國獨立をそく進の爲にこう獻する處極めて多大である事を信じ、感賞に堪へないのであります。（拍手）私は韓國人の子孫の一人として、努力することが韓國の爲であり、皆さんの爲であり又私自身を輓たつの言葉とするものであることを信ずるものであります。（拍手）

私は皆さんに二つの事を要求いたしたいと思ひます。もし韓國の獨立を要求するならば、朝鮮の領土を獲得し、諸君の民族の繁榮を要求するならば、又世かい人類の平和にこう獻しようとするならば、そこには新らしい覺悟と新しい使命が伴はなければならないことを私はここで諸君の前に聲を大に要求するものであります。（拍手）徹底した獨立を要求するには、徹底した獨立平和を要求するには、それは全く朝鮮人我々自身がおたがひに努力する事によつてのみ可能なのであります。朝鮮の青年は自からその獨立を要求し、そのこう獻の爲に努力せんとするならば、たがひに讓り合ひ、その讓り合うと云ふ事はおたがひの兄弟を信じ、姉妹を助け合ひ、おたがひに提携し以て助け合うという事で、これは諸君の重大なる使命であり責務でなければなりません。（拍手）

私は自己と云う者の存在を意識し、自己一人の努力によつて自己と云う者の生活を保證し、自己と云うものの全人格をかん成する事ができたならば、人げんとしての價ちがはじめて生まれて來ると思うのであります

私は韓國青年諸君に、今日諸君が、諸君自身のことを解決し諸君自ら與へられたことを的確に解決すると云うことは、自分達の足もとを解決する、即ち韓國の爲であることを意識なさるでありませう。（拍手）過去においては祖國朝鮮を求めるに或る者はロシアにおいて求め、或る者は日本においてこれを求めましたが、而し我々は今後、これらのなしたと同じ樣な事をくり返してはなりません。自分の足もとにおいて、我々自身において解決しなければならないと思ひます。[illegible]を終ります。（本社速記）

建青・朝聯共に大成功！

—始めて見せた朝鮮人の秩序—

この日早ちようより綿雪が降り出した。どんよりした空模様は十時頃より幾分晴れまを見せて來た。

△先づ學生同盟をのぞいたら學期末の試驗とあつて出席者の數はりようりようたるものであつた。式終了後花飾りトラック一臺に全員が便乘。日比谷原頭へ出かけるところであつた。

△日比谷原頭前はちよう聯主催の會場である。天候がたたつてこの種、會合としては餘り多い集りではなかつた。ちよう聯主催の會合には先づ赤旗が大きく目に映るのだが、今日は太極旗をちよう心に兩側同じ大きさの四連合國の旗が仲よく並んでいた。會場の周圍にはM・Pのヂープ數臺が行きつもどりつ、演壇近くにはソ聯代表團のみどり色のセダン型が一臺ポツンと殘つてゐた。ヂープでは一人の米兵が片手にハンドル、片手で電話連らくをしてゐる、まもなくみどり色のセダンは何處かへ消えた。示威行進は十二月事件の經驗がものを云つて愼重そのもの堂々と且つ秩序整然たるうちに三時解散

△日比谷公會堂、茲は建青民團の會場、演壇の上はライトで目もまぶしいばかり人の出入はげしい樂屋口にはスターズアンドストライプス紙の他外人記者が質問に詰めかけてゐる、朝聯に日本共産黨の來客があつたと思つたら、此處には日本社會黨のお客さんが見えている。此の會場での壓卷は何と云つても咸博士の縱横無盡の辯舌で萬場のちよう衆は一々相槌を打つのみであつた。博士のかん國人への忠告は「奉公」「和合」の二字であつた、これを巧みな話術に乘せてちよう衆を醉はせてしまつた。また他の演說ちう財産稅の問題が出て來るとちよう衆は緊張するのであつた。今日一日を通じて建青、民團、ちよう聯を通じて實に秩序あり成功であつたことを斷言したい、僅か解放後一年半の訓練で斯くも進歩するものかと心ある人を喜ばせた。

劇的な會場風景

▷三・一記念日點描◁

—拍手萬雷のもとに幕を開けた三・一運動記念日當日の日比谷公會堂—數千の在日同胞の期待に立上つた講演者諸氏の熱辯は聞く人をして感動熱涙をもつて數時かん盡きるを知らず。

此處に劇的一場面、二度目に演壇に立つた建青企かく部に席を置く白眉の青年、若冠（二十五歲）（朴根世君）の「三・一革命運動ノ考察」と題してその經路を雄辯に講演する時かん餘りてちよう衆の感情をいやが上にも興奮のルツボに卷こんだ。—熱演最中にカメラは廻るライトに照らしだされた朴青年の紅顏は遠方からもハツキリわかる程の熱汗がいまだ三月初じゆんの餘寒のりん氣候にもかゝわらずりとほほを傳つてゐる、聞く人、見る人をして感動せしめた。

會場は次から次と出演する雄辯者の講演に其のふん圍氣がクライマツクスに達した頃來賓席より出演された咸龍俊氏其の堂々たるタイプは見る人をして引きつける魅力がある。此人の人格がそうさせるのだらうかとうとうと講演する同胞の團結と世かい的飛躍した民族として高揚をはかるべく、そこには熱あり、力あり、そして又、ゆとりあるユーモアも含まれて實に味のある講えんだつた成龍俊氏の講えんを聞いて居る觀衆の顏を見るに、感情のおもむく儘ほほは紅潮し共の聞く處に於て感淚に、又微笑に樣々と顏の形が變つた程である——そして意義ある記念日の熱辯が進行する內、そ今一つ劇的場面を見た、それはかつての古い侵略せい治のからをすつかり捨去つた日本代表社會黨の田原春次氏が出場した時、過去を許容したる朝鮮民衆の新らしい隣保友愛の感情が拍手となつて此の人を迎へ又田原氏も熱意ある處の雄辯をもつて過去の日本の過ちを率直に詫びた後、今改めて建國に邁進する朝鮮の前途を祝し彼らん萬丈の現在日本せい局を押しきつて朝鮮建國そく進にぜん面的な協力を誓ひ、倘又今後共朝鮮との友愛を求める結びに萬雷の拍手を受けて退場した熱！熱！情熱と力は必ずや事を成すそして多くの人々を引きつける引力ともなる「財産稅反對」演說に立上つた建青の李海龍君は幾度となく自からの熱演に感きわまつて演壇に兩手を打つ事十數回、そのたびに筆者すでに演壇の破損をおそれた程の力があつたと思ふ。そしてその度に場內の隅々に至るまで觀衆の萬雷の拍手を送られる……幾度となく劇的場面をくりかへし、いつはてるともなく三・一運動記念大會は續けられていつた。此の日を忘れず此の日あるを期し朝鮮同胞の祖國建設そく進を誓つて一路邁進する建青雄士及朝鮮同胞諸君の健闘を祈つてペンを置く（日比谷公會堂にて 紫兒夫）

（一）幾度となく演壇に[illegible]朴根世氏。[illegible]を受けた同君の紅顏から[illegible]（紫兒夫）

[illegible]の樣な汗が流れる……[illegible]（紫兒夫）

熱せる李海龍氏

1・劇的なテーブル破り！

2・妙齢の婦人から ハンカチを贈られた人 四〇度の朴根世氏

北鮮クラブ・ムグンフアン洋服店

斬新なデザイン！ ユニークなスタイル！

弊店は在日朝鮮人唯一のテーラーにして特に同胞諸兄の來店大歡迎！

店主 李 得 春

本店 東京都杉並區天沼一ノ四七番地
分店 東京都杉並區一谷町三七前地
電話荻窪五五一二番

全世界の耳目は 我々の擧措に

―ラーチ長官の公開狀―

(漢城發 ―) ラーチ軍政長官は朝鮮人の無秩序の言動に關して次のやうな公開狀を發表した。

「全世界の耳目は朝鮮の自由と平和に基いた完全獨立に集中してゐる。この鏡にかゝつてゐる朝鮮人の言動は重大である。朝鮮人の動向はこの世界の視野に反映するのである。日本帝國の野心を連合軍の手に依つて粉碎された今、解放された朝鮮の活動は意義あるものでなければならぬ、朝鮮人の間にはこれを忘れ暴言暴動をなす者がゐるが、これは世界列國によくない餘波を及ぼすことになる。朝鮮人の無秩序な言動は我が米國及び米國人に朝鮮人は自主獨立の特權を放棄したものと見做される、朝鮮人諸氏は眞の愛國心を持つてゐるならばこのようなぼう言ぼう動をなす分子に注意を拂ひ祖國再建に正しい路を發見する事を望んでやまぬ」

光・若さと共に 祖國を盛り立つ力の泉

―朝鮮の少年團と靑年運動―

・躍動する少年團・

(漢城發) 朝鮮に於ける少年團の活躍が警察力の補助物に過ぎない劣等な地位にあつた多年に亘る日本占領の時代を經て今や少年團は米國の指導の下、民主的國際少年團の方針に沿つて再び活氣づけられてゐる。

靑年キリスト敎會の努力により一九二二年始めて朝鮮に組織された少年團は一九二九年乃至一九四〇年迄宣敎しの監督の下にその活動が營まれた。當時日本は少年團をその活動範圍が國際少年團の標準からは凡そかけ離れたものである少年警察隊に轉身せしめた。その日本でも此等の所謂少年團に存在の餘地は與へた。

一九四五年十一月米國の朝鮮上陸後直ちに少年團の活動を完全に解散して民主主義の方向に從つて再組織する事が必要となつた。再組織の當時朝鮮の少年團はあらゆる國際少年團の組織が十八歲を最高年齡とするのに比べて、六歲から四十歲迄の人々を擁する警察補助團體に墮落してゐた。

朝鮮の少年團の活動は適當な設備制限指揮者訓練資材等の不足により大いに妨げられてゐたが、民主日本の出版者ウム・ハンスブ氏の指導により、その組織は南鮮の殆どすべての地方に一萬六千六百餘名の團員を擁する迄に至つた。

現在少年團は朝鮮の少年團〃び全世界の解放された諸國家の少年團々員の爲絶對に必要な制服を手に入れる爲、「吾々のシャツを脫げ」といふ運動を實施してきてゐる。

大部分が以前少年團員であつた米國兵が全朝鮮特に邊びな地方に於て團體指導者の役割を果してゐる。此等の米國兵は手工藝安全厚生文學演劇運動の種々な少年團の課程の敎授を援助してゐる。

・將來の市民を訓練する 朝鮮靑年運動・

―一九四六年の設立以來 二萬餘の會員を獲得―

二萬を超える十八歲から三十歲迄の朝鮮靑年が「朝鮮愛國靑年運動」によつてその國家意識表現の手段を學び同時に將來國家の活動的市民と成り指導者となるべき訓練を受けてゐる。

一九四六年三月軍政廳當局により若い人々の間に民主的理念を知らしめ國家觀念をは把握せしめかくて彼等自身の政治運營に積極的關心を持たしめるべく此の運動が開始された。現在それは二萬餘の會員を有し五萬の靑年が近い將來に於て會員に成る様豫定されてゐる狀態に迄到達した。

正確な訓練計畫は朝鮮靑年の間に著名なリーブンスク氏によつて定められた。彼は日本の占領初期日本に對する戰ひを指揮する爲に故國朝鮮を離れた後支那軍隊に參加將主席の下に陸軍中將に迄榮進した人である此の團體は現在京畿道水原に指導者訓練學校を有してゐる。此の學校では全南鮮の各地方支部から選拔された團體員がかれ等の團體の主義目的組織的手順靑年心理、彼等の國家の歷史現在の地位朝鮮の要求および彼等が此の要求に答ふるに如何に重要な役割をなし得るかといふ事、團體指導の方法敎授法等の訓練を受けてゐる。

此の課程を終へると此等の指導者達は彼等の出身地方や町に派遣され町の近邊各地に位置する組織體の百名一團の指導者となる。此等の團體は更に十名の班に分れる。此の班は討議會に參加し更に大きな團體と合流して手工藝を習ひ土壤の保存、耕植林、道路補修といふ様な共同作業に從事し應急救助奉志願消防隊といふ様な常備應急隊として活動する。

此等隣組團體の第一の目的は若い人々の內に何等政治色のない市民としての責任觀念を培養させる事である。

靑年運動の會員はわざわざ異る生活かい級から選ばれ其の內幾人かは各種政黨に屬してゐても組織それ自體は全く政黨的に無色である。それは靑年達の間に政府に對する責務をよりよく理解させ、彼等をより良き市民たらしめ様とする方針に沿つて敎育する點に力を注いでゐるのである。

明らかに何物かゞ昨年以來の運動によつて成就された此の運動の始まる以前は靑年達は混迷狀態にあつて目的なく迷つてゐたが今や彼等は彼等の目的の何たるかを知り自分自身および國家に對する責任を明確にしてゐる。

文盲退治に全力を注ぐ

(漢城發) 解放後何より緊急問題は文盲退治强化事業である。過去日政時代の敎育政策によつて我が民族の旣敎育者は極く少數である爲、當局は文盲退治と義務敎育の施設に全力を注いでゐるが現在京畿道內の敎育機關をみれば國民學校は公私併せて四六二校、約三二萬名の兒童を收容してゐるが全學齡兒童の收容には未だ相當遠い、故に二部制を實施したが現在五ケ所增加し約五萬名が收容されてゐるが依然として入學難はまぬがれぬ狀態で文敎當局は一般の絕大な協力を望んでゐる。

世界 經・濟・短・報

―(二月十六日…二月二十六日)―

〇朝鮮

〇米農務省は十六日、鮮日の供米は順調であるが、今秋の收穫期までの食糧輸入必要量は大して減少しないだらうと發表した。

〇國際緊急食糧委員會は二十一日本年の世界砂糖生產豫想高を、三千二百萬ショート・トンと發表し、この內朝鮮への割當は四萬、日本へは五萬、比島へ十二萬五千、各ショート・トンである。

〇日本

〇米政府は舊敵國との民かん貿易を急速に回復する計畫の一步として、日本に大量の棉花賣却取引を民かん業者の手に復歸せしむべく考慮中である。

〇米國は極東委員會に對し日本賠償總額の三〇パーセントを關係十一ケ國に即時分配すべしといふ計畫を提出した。

〇チーフレー濠首相は十四日、對日羊毛供給問題は日本との完全な協定に到らぬため議會の討議へかけられぬと聲明した。

〇日本經濟の再建の爲目下華府に在るマ司令部貿易課長ピーター・マグターモット氏は、日本の生糸貿易の將來は極めて暗いものであると、述べた。

〇中國

〇現下の經濟危機を調整中の立法院の九人委員會は、十四日立法院に對して報告書を提出、政府の經濟政策に激しい批判を加へ、特に國有企業の非合法支出、不當な管理上の浪費を攻擊した。

〇國府の國防最高委員會は十六日開催、金輸出禁止法幣の對米相場引上等の重要決定を含む政府命令を公布した。

〇十七日、駐米中國大使顧維きん氏は、國務長官と會談して、ちう國の經濟危機を救ふ爲の援助を要請した。

〇過去七ケ月かんちう國比島かんに進められてきた、中比友好通商條約交涉は、中國側の通告により、打切られた。

〇比島

〇ニューヨーク金融界では一般に近く比政府が金の自由輸出を許可するものと觀測してゐる。

〇ロハス大統領は二十四日比島のクローム、粘土、石灰、鐵鑛生產地を國有化する法令に署名した。

〇米國

〇十九日、ト大統領はル前大統領の公布した百二法令の廢止又は修正を議會に要請、之によつて戰時統制廢止は一步前進した。

〇二十一日の紐育株式は一ぶ會社の增配、自動車生產高の上昇等により二月七日以來の好況を呈した。

〇ソ聯

〇二十二日南京發電によると、大連のソ軍は、市內および附近の工業施設、醫藥品、等を撤去しつゝある。

〇英國

〇石炭危機突破の爲、サウス・ウエールス州某炭鑛の二千人の勞働者が日曜就業を決議した事がきつかけとなり、十五日には全英に各炭鑛で職場大會が開かれ、全英の炭鑛、鐵道、船舶、ドックの各勞働者が、自發的に休日を返上して働かうとする運動が起つてきた。

〇アト自治領相は二十日上院で、英國が食糧危機に見舞はれる危險があることをし摘した。

〇佛蘭西

〇佛國ではインフレ防止の爲賃金を抑制しようとする政府と、物價騰貴による賃金値上を要求する勞働者との對立が容易に解決できないので、政府は曾て勞組の値上要求に對し物價の一率五分の値下を斷行して、賃金要求を抑へたが、再び新聞印刷工は要求を提出して十三日夜からひ業に入り、全國の官公吏も新聞ひ業と提携して、十四日午後約一時かんデモひ業を敢行した。

〇ラマディエ首相は二十四日第二次の五パーセント物價切下を二十六日より斷行すると發表した。

〇官公り百三十萬、炭鑛勞働者五萬が二十二日賃金ね上を要求した。

〇伊太利

〇伊太利のアルゼンチンへの大量移民に關する伊ア協定が二十一日ローマで調印された。

〇伊太利はパン配給削減を二十日から斷行したが、之に對し南佛全域に二十日主婦達の食糧ぼう動が勃發した。

〇ベルギー

〇ベルギーせい府はちかく二パーセント乃至五パーセントの物價切下を實施する。

〇獨逸

〇石炭電力不足と資金難でドイツ工業の大半は緊急必要ぶ門を除き目下閉鎖の止むなきに至つてゐる。

印度臨時政府問題

獨立運動展望

イギリスの閣僚使節團とウエーヴエル總督のもたらした五月十六日の白書に依つて、印度は正式に獨立案を附與せられたのであるがこの白書のなかには憲法制定までの短期的ちゆうかんせい府の設置を規定してあるが、その構成に於て、國民會議派と回敎徒聯盟と同數であつた爲國民會議派の拒否する處となり、ウ總督は暫定的に「一世話役」せい府を設置して、英官りが之に當つた。回敎徒聯盟はそこでかゝる英國の態度にあきたらずちゆうかんせい府案の承諾を七月二十八日に到つて撤回した。その結果、ウ總督は國會派を主軸とするちゆうかんせい府の任命と强行、その就任宣誓式を九月二日總督官邸で擧行した、この爲回敎徒聯盟は九月一日デモを行ひ、黑旗を揭げてせい府反對の意を表し、ボンベイ全市に紛擾が發生、以來一ケ月半、諸都市に回印兩敎徒の血なまぐさい衝突が續發したのであつた。

しかし兎も角も印度人による印度せい治が始つたので、自己の年來の主張を公然發表し得る機會を獲得し十二日には全アジア會議を開催、十月六日には英軍の即時撤退を要求した。而して新憲法制定を前にして、最大の障害となつてゐた國會と回聯の對立は、ウ總督のネール(國會)とジンナー(回聯)の會見以來、急速に妥協的となり回聯は十三日に至り、ちゆうかんせい府に參加することになり、それもちゆうかんせい府閣僚の割當が、ウ總督當初の提案通り會議派六、聯盟五、其の他三名となつたのである。

かくて回敎徒聯盟の英國の獨立案への步みよりによつて、獨立工作に大きな光明が投じられ、いち早く米國は十月二十二日米印兩國かんに正式外交關係を結ぶこととなつた。

フイリツピン獨立の考察

マゼラン上陸以來一世紀に垂んとする比島の獨立鬪爭は、日本軍との血の歷史を越え、昨年七月四日に到つてくわん結した。今獨立前後の經過をたどつてみよう。比島に獨立を約束したタイディングス・マクダフィー法は、國防的に無力な比島の保全と太平洋の平和確保の爲に獨立後の比島を永世ちゆう立化しようとしたが、之は結局否認された。アメリカは一九三五年五月時の參謀總長マッカーサー元帥を主席とする軍事使節團を派して國防計かく樹立に當らせたが、更に昨年六月二十六日比米援助法を制定して今後五ケ年陸海軍兵員の訓練と、軍用資材の供給および軍備整備の爲千萬ドルを貸與することになつた。更にアメリカは比島貿易法と戰爭損害補償法を制定した、前者は比島が經濟的に自主するまでのあひだ之に特惠貿易を許すもので獨立後の八年かんはくわん全なる自由貿易を認め以後二十年かんに比島商品に對する關稅を每年五パーセントづゝ累進的に課稅し、結局二十八年後、外國並の取扱をしようといふのである。後者は比島が戰爭で受けた損害を保障する一方、道路港灣橋梁等の公共施設についての復興計畫を實施するもの總額六億二千五百萬ドルの[illegible]在比米[illegible]る。然るに比國の如く內部的紛爭に惱んでゐる。それはちゆう部ルソンのパクパハップの一派を除いて一萬五千の武裝團員と十五萬の不平分子が[illegible]支持を得て同地方に自治せい治を樹立しようとする工作は今後のせい治の最も大な仕事と見られてゐる。

カザックスタン

・地・方・誌・

カザックスタン――正式に云ふとカザック自治社會主義ソヴイート聯邦のことである。この聯邦は所謂ステップ(草原地帶)と呼ばれるアクモリンスク、オレンブルグウラル、セミパラチンスク、トウルガイおよびザカスピースの六縣から成るものである。住民の大部分はキルギス人で多くは遊牧の民である。

カザックスタン地方は太古は海であつたと云はれてゐるが現在は際限のない草原が展開されてゐる。この太古の海の名殘りが現在のカスピ海でありアラル海である。(二ッとも海と呼んで居るが實は湖である)その他無數の湖がある外に只今は水のない[illegible]まが到る處に散在し乾いた海底には[illegible]他多くの貴重な地[illegible]つてゐる。

かういふ地域が約三百萬平方キロメートルも占めてゐる。

カザックスタン東北地方即ちセミパラチンスク縣は[illegible]であるが沙漠或は荒地[illegible]および[illegible]である。

この地方の[illegible]は變り易く、[illegible]六〇度[illegible]が住つてゐる[illegible]が多い。[illegible]

文化のページ

人生の友「讀書の意義」
―深く・廣く且つ睽き―

文化部　X・Y・Z

・・書籍は世界の文化の寳庫・・

朱子は「學は求書を讀むに非ず、然れども書を讀まざれば學を成す所以の道を知るべからず」と云つた。讀書そのものが、何も人生ではない、しかし人生を考へる上の指導者として相談相手として讀書は最上の先覺であると共に最上の友である、誰にも語れないことを讀書に於てあからさまに語り誰にも問ひ兼れることも讀書にて遠慮なく問ふことが出來る、それでこそ讀書が何よりたのしいのである。遂にたどりつく最後は眞暗な死であつても人生はそれ以外に目的のない一本道ではない。人間の活動そのものが目的活動であつて、明日への希望をかけるところに人間の生活が成り立つ、將來に望みがなければ人間は生きて行かれない。これをそうした人間の生き方から云へば人生は計畫である。計畫のないところに人生はあることが出來ないといふことが解つてくる。而らば「こうして將來に向つて人生を企畫したらよいか人それぞれに行き方は異ふにしても要するに人生とは何んであるか、人生とはどうあるべきものかを考へなければならない。この場合これを吾々に指示し吾々と共に考へてくれなければならない。この場合これに考へてくれるのが讀書である。讀書に於て吾々はいつも自分のことを考へざるを得ない。先覺の思想に自分の思想を見出し先覺の行爲と自分の行爲を引き出してくるところにけん實な人生計畫が生れるのである、この意味からも人生に讀書を缺かすことが出來ない。獨歩は手記の中にかく云つて居る。

「書籍は一個の世界なり
こゝに山川草木あり
こゝに英雄豪傑、朋友知人あり
こゝに人情の流れあり
こゝに人情の泉あり
こゝに春風吹き夏木繁る
しかもこゝに一種の寂寞あり
人をして靜念　默想せしむ
此の世界の涙は心より湧き
此の世界の笑ひは肺肝より溢る
世界を得るもの幸なるかな
まことの富この中にあり
まことの快樂この中にあり」と。

けだし吾々はより深くより廣く人生を生き得られるのである。歴史家ギボンをして「書籍の趣味は私の生命である。たとひ印度の富を擧げても之と換へることは出來ない」と叫ばせたのもほかではない。ソローの云ふやうに「書籍は世界の文化の寳庫である」からである。時間と空間を超えて讀書の世界は限りなく廣い、けだし自分のこさいで古代の英雄と會見し海外の偉大なる藝術家と親しく話をすることが出來るのも讀書のおかげである。全く吾々は讀書に依つて人生の價ちを發見する。退屈に思つた人生がどれ程生き生きと蘇生つて來るだらう。本を讀む迄は自分では氣が付かず人も話して與れなかつた世の中の表裏世界の動き、歴史の意味人生の價ちといつたやうなものが初めて見る繪のやうにして吾々の心に入つて來る、人生とはこんなにも深味のあるものかと知つて日々の生活に生甲斐を覺えるやうになるではなからうか――

單に人生の友としても讀書に優る友はない。

總ゆる場合に友人以上である。かん難の時不遇の日友人が皆背き去ることがあつても、書籍だけは吾々を見棄てない、不幸失意にあつては書籍こそ何より親しき伴侶である。ケーベル博士は彼がたとへば一年間を無人島に配流の身となつた場合を假定するとして愛好書の中から持つて行く書籍を選り出すとすれば「私は先づ第一に聖書とトーマス・ア・ケムピスとを旅行鞄の中に入れるであらう

それに次いではゲーテのファウスト・ホメール、リッケルトの婆羅門の智惠、ドンキホーテ、ニイチエのもの二三冊とハイドン及びベートーヴェンのげん樂四ぶ合奏曲の小判の總譜本をこれだけあれば私は一年間或ひはそれ以上を過すのに充分であるばかりでなく、また世間が戀しくなるやうなことは少しもなかろうと思ふ。それどころか私は自ら進んでかうした配流の身となりたい程である」と述べてゐる。

讀書の世界は無限に深くいまゝで知らなかつた人生價ちに自覺する時生きてゐる悦びが感じられて來る。現實が如何に不幸であつても、その不幸の中に生きる道が見出される。生きることに人生は價ちがあるのを讀書によつて學ぶのである人生は誰にも一度しかないよりよく生きることを考へよ。

自分のために考へるべく讀書せよである。

……雨……

今竹章

降り止まぬ雨　鼎に拔け毛を拾ふ。
白い頰が暗にすれ違つて　雨の匂。
雨に更けて　冷い蒲團が待つてゐる。
春雨　古い歌を唄つて見る。
雨　あでやかに觸れあつた街の灯。

（自由律俳句）

「感動のリズム」（二）
――文藝夜話――

田中のぶる

3

感動のリズムの表現は詩である

詩は人間の生活から、感動から生れる。感動のリズムを伴つて――。

文學と云ひ、詩と名付ける私達は特別の世かいの樣に考へる。これは感動のリズムを忘れてゐるからである。詩は生活の中に、その感動の叫びの中に、吐息の中に秘められてゐる。

詩的な感動は、古今の詩俳句、短歌、いや日常の言葉の中に表現されてゐる。美しいリズムを以て、――

その中で俳句、短歌は皆のリズムに依つて、その表現形式に限かい性が與へられる。西洋詩、支那詩の押韻や平仄も同じである。即ち、感動のリズムを一つの形式に入れる事に依つて、詩的境地に變化を與へようとする技巧である。同時にそれは表現力の乏しさを助け詩的表現を充實させるものと云へよう。

むづかしいことは拔きにして、今ここに一つのれいを上げて見よう。

こちら向け我も淋しき秋の暮、と松尾ばしよう（江戸時代の俳人）は秋のやるせない淋しさを泣いた。秋の淋しさは感のポエジーである。それが俳句といふ形に依つて、沈せんした靜かな境地を表現し得てゐる。

げに我は　うらぶれて
ここかしこ　さだめなく
飛び散らふ　落葉かな
（上田敏譯）

これは佛國十九世紀末の詩人、ポオルヴエルレエヌの「落葉」といふ作品の一ぶである。淋しさやる方ない身を秋の落葉に象徴化して歌ひ上げた詩といへる。表現こそ違へ內ぶにある、うらぶれた秋のうれへはばしようの句と同樣である。これらは同じ樣に、秋、物悲しい人生の悲哀、淋漠を歌つてゐるのである。そこには表現形式こそ違へすゝり泣く樣な悲しみのリズが靜かに秋の憂ひをかなでてゐるではないか。

4

私はここに詩を說かうといふのではない。詩は詩的感動の表現であり、それは感動の中に、生活の中にリズムを以つて湧き上つて來る人間の感情のメロデーなのである。

私達は生活の中に詩があることを知る。詩は人間の感情の叫びであり吐息である。私達はそれによつて人間の美しさを生活の樂しさを味ふのである。俳句、短歌、自由詩等、形式は決して問題にすべきではない。要は感動のリズムなのである。

生活に、戀愛に、風物に、勞働に、私達は詩を見つけよう、人間の美しい感情を歌はう。そして文學する生活を、美しい人生を創造して行くのだ。（終）

……勝利は誰か●
君のラケツトはおしまいだ●

〜映・畫・時・評〜
「征服」其の他

人間は眞實を求める。現在の生活がいくら苦しくても絶望しないのは、常に理想をもつてゐるからだ。眞實の人間生活を信じ、それを明日に望んでゐるからだ。眞實は人げんを美くする。

人げんが藝術に求めるのも眞實である。もちろんそれは單なる現實の現象ではない。それは人生の眞理でなくてはならない。

世に娛樂映畫と稱するものがある。娛樂はあくまで娛樂である。しかしその內ぶに流れてゐるものが、虛僞に依つて色彩られてゐたのでは何にもならない。笑ひは腹の底から湧き上り、淚がむねにこみ上げて來なくては眞の娛樂にはならない。

「征服」はナポレオンの戀物語である。こゝには歴史の英雄ナポレオンを描いてゐるのではない。むしろ、ナポレオンでなくても良かつた。常に權勢と世界征服を夢みる男と、平和と愛情に生きようとする女との戀は悲劇である。「戀は女の一生ではあるが、男にはエピソードにしか過ぎない」といふ眞理を、華々しい歴史的人物ナポレオンの物語として描き出したのである。

我々はドラマに溺れるよりも、先づこの人生の主題に心して、眞實の人げんの愛情に凝視すべきである。

象を喰つたため三十時かん以內に死なゝくてはならぬ人々は何をするであらうか、といふとてつもない問題を中心に構成したのは「象を喰つた連ちう」である。底ぬけた明るさのある喜劇といふべきだが、そこには死に臨んだ人々の眞劍な悲哀が、我々の如き死を前提としない生活と對象して笑ひが生ずるのであつて、そこにも眞實の人げん像のあることを意識しなければならぬ。たゞ、この映畫では、喜劇に流れ、悲喜劇の態度だけに終始してゐるのは、主とすべき人げん像が單なる愛欲の權化や、甘い生活世界に入り込めなかつた缺點を暴露してゐる。

斯かる意味に於て青年は戀愛からく眞理を求める事に躊躇してはならない。矢を求める事が正しければ藝術には國境がない事を知る、特に文化方面に志す朝鮮の青年は單に映畫をとほしても捉へ得る眞理探究の道のある事を忘れてはならぬ。

文化部長會議開催

○中央總本部文化部主催
○三月十五日　午後一時ヨリ

各地方本支ブ文化ブ長各位ハ、萬障オクリ合セノ上是非御出席下サイ、尙、資料、特選事項等御用意ヲ願ヒマス、

尙御上京ノ折ノ宿舍等諸準備ハ完了ニ付キ、御案ジナク

機關雜誌「靑年」四月號ヨリ一地方版一新設、各地方本支ブニ於テ特別ノ諸士トノ相ゴ連ラク、意見交換、文化向上等ニ資シ度ク、來ル四月號ヨリ「地方版」ヲ新設イタシマス

奮ッテ御投稿下サイ

〔詩〕「古典のひゞき」

金景岷

一つの幻影が
七つの海を渡つて
私の前に立ち誇がつた

沈默が
美しい心の五琴線を
一つ一つ鳴らし
逝く春の足音の如く
靜かに過ぎ行く
強烈にも過ぎる　甘美な
眞實を落して……

それは
古典のひびき
永遠の美であつた

……和洋料理……
中華料理……　平和料理店
淺草區千束一丁目
吉原病院手前
陳福東

朝鮮新聞
發行所 朝鮮新聞社
東京都千代田區九段下一ノ三
編輯兼印刷發行人 金 乗 錫

在鮮米軍半減か

國會首腦者も殘留を希望

茲數日の動きを注視

【京城發AP＝共同】南鮮國會は六日憲法草案の逐條審議を終り、三週間以内に新政府を樹立する運びとなつたが、合衆國ではここ二、三週間の國會活動の進展如何によつて、在鮮米占領軍の撤退が可能になるのではないかとみて「新政府が成功とわかれば米國の使命も極く少數の人々で達成できることになる」と述べている。もつとも韓國指導者は「ソ連とそのかいらいの共產軍が北鮮を支配している間は、米軍の完全撤退は合理的な措置ではない」と反對しており、李承晩博士並びに國會首腦連は「南鮮政府が自分の保安隊を訓練し終るまで米國軍の若干が殘留するよう希望する」と語つている。以上のことから米國當局が行う措置としては、完全撤退よりもむしろ兵力減少の方に可能性が多いわけである。ちなみに米軍司令部當局は五月に將兵家族の本國引揚をはじめているが、今日までに既に千二百三十名が引揚げ、未引揚者も大半八月一日までには歸還するものとみられる

朝鮮問題、九月の國連總會へ

【ニューヨーク發AFP＝共同】國連小委會は八月、朝鮮問題を來る九月の國連總會に議題として上程することに決定した

解放記念日に獨立祝典

新憲法發布は八月十日頃か

南鮮國會は八日憲法草案の審議を事實上終了したが、九日の共立通信の放送によると、十二日憲法草案審議の第三讀會を開き同日通過し、李承晩議會議長の署名をえて同日效力の發生をみるものといわれる。一方政府組織法草案も七日專門委員會の手により起草委員會に回付され目下討議を急いでいる。これも七月末までには正副大統領任命の運びになる模樣である。なお新憲法の正式宣布の時期は八月十日とみられるが、ついで八月十五日の第三回解放記念日には盛大な獨立祝典を催す予定で諸般の準備が進められている（共同）

兩金氏の統一運動に背を向けた柳林氏

統協全國大會を前のいざこざ

最近のソウル情報によれば、去る六月二十七日開催豫定であつた南北協商會議に際し、個人指導者から南北「統協」全國大會代表者大會は金九、金奎植兩氏が主席、兩主席に就任したが、金剛大會の召集に對する不滿が高かつたことに對する不滿が高かつた……柳氏は豫て……者の態度に出たのでやむなく無期延期に入つた

兩金氏を中心に統一運動はこれを契機に從來の浮動層を根本的に清算して自派に還元し各政黨、社會團體を中心に強力な連合體を構成し、革新的な統一運動工作に再着手するものとみられる

一方兩金氏は去月二十……

裏切者に影響されず

民連代辯人談

「民族統一運動は幾人かの個人の反對意見のために挫折するものではなく、無條件に要請される民族的至上命令である。これを契機に吾々の歴史的課題を果敢にして革新的な方向に前進せしめるであろう。從つて吾々は（一）全國政治運動者會議召集（二）統一機構の擴大強化の既定方針通りに……

十四日南鮮連合大會という名目で地方警……

極東の學校教員に米國から救濟金

稱して職業人マーシャル・プラン

【クリーヴランド發AP＝共同】ユニテリアン派のミード氏が七月發表した所によれば、これは「職業人マーシャル・プラン」なる計畫のもとに集められた資金で、極東向けに予定されている二十五ドルの援助の第一回分である、その內譯は次の通り

▲フイリツピン向小包購入費 一五、〇〇〇ドル
▲日本向文房具小包購入費 一〇、〇〇〇ドル
▲朝鮮向食糧小包購入費

▲中國四川省三千名の困窮教員向資金 二、五〇〇ドル
▲中國二大教員連盟向資金 三〇、〇〇〇ドル
六、〇〇〇ドル

このほか全米教育連盟は各戰災國向けの新聞購入費として一萬五千ドル、寄付によつて集められた書籍十萬部をこれら諸國に輸送する費用として二萬ドルを……

朝鮮に二千五百ドル

日本教員に一万ドル

いかなる交渉も交通再開が先決

米、對ソ抗議文の內容發表

【ワシントン發AP＝共同】マーシャル米國務長官は六日パニューシキン・ソヴエト大使を通じ、ベルリン問題についてソヴエト政府に抗議文を送つたが、國務省は九日夜その內容を次の通り發表した

占領國中の一國がベルリン市民に對し封鎖行爲に出ることは許すべからざることである、從つて米國政府は現存の協定に關しベルリンと西ドイツ間の貨物、旅客輸送の完全な回復を要求せざるを得ない、ベルリンの一般民衆の困窮は急迫狀態に達しており、これら重要交通機關回復の遲延は許されない、また米國は脅迫や壓力その他の行爲によつてベルリンにおける自國の權利を放棄するものではない、なお米國政府はベルリンの紛爭についてソヴエトおよび他の占領國と進んで交渉する意圖をもつている。しかしベルリンと西ドイツ間の交通の再開はいかなる交渉にとつても先決條件となるものである

西歐側空輸を妨害か

【ベルリン發UP＝共同】米國筋の報ずる所によれば、ソヴエト當局は西歐側に對し、もし西歐側輸送機が航行中に、幅二十マイルのベルリン・西ドイツ間航空路を外れた場合には、これら飛行機を强制的に着陸させるかも知れないとの口頭警告を發した……

獨人民會議新憲法起草

【ベルリン發AP＝共同】統一……

一、ドイツは各州連合よりなる單一不可分の基本的な共和國である
一、ドイツ共和國議會は上下兩院から成り、下院は各州議會の代表をもつて構成される
一、憲法制定のための議會を九月一日に開く

南北連席會議終了

東亞通信の傍受したペンヤン放送によれば、第二回南北朝鮮政黨社會團體指導者協議會は去る六月二十九日から七月五日までペンヤンで開かれ、五日次の決定を發表した

一、南朝鮮單獨選擧による國會を……これを反對とする南朝鮮政府が組織されれば、われわれはこれを決定的に……
……

アラブの強い鼻息に武力干渉の警告

安保緊急理事會で米代表が

【ニューヨーク發USIS＝共同】國連安全保障理事會は八日パレスチナ問題について緊急會議を開いたが、米代表ジエサップ氏は、アラブ側が停戰延長を拒否を固執すれば、米國は國連憲章第七章の規定に從つて行動する用意がある、この規定によればアラブ側は侵略者と呼ばれ、經濟制裁と國際連合の武力干渉をうけることになろう、しかし米國としては安保理事會に憲章七章による停戰命令の發動を求める前に、ベルナドツト國連調停官の新しい報告を待つつもりである

これに對しシリア代表クーリー氏は「たとえ我々は國際連合の手で威嚇されようとも、われわれ自身を防衛する以外に途はない、アラブ諸國は侵略者ではなく、傳來のアラブ……」

國連調停本部聲明

【ロードス島發ロイター＝共同】ロードス島の國連パレスチナ調停本部は八日、アラブ側の停戰延長拒否に關し次のように聲明した

ユダヤ側は三十日間の停戰延長に賛成したが、アラブ側はこれを拒絶した、ベルナドツト調停官は國連派遣員全部に對し九日までにパレスチナから引揚げるよう指令した……

停戰監視員死亡

【ニューヨーク發ロイター＝共同】國連本部は七日パレスチナ派遣中の國連停戰監視員ルネ・ラバリエル中佐（フランス人）が七日ハイファ東南二十七マイルのアフレー地區で、停戰違反行爲の事實を調査中受けた傷が因で死亡したと發表した

アラブ宣言

【カイロ發UP＝共同】アラブ連盟のアザム・パシヤ事務總長は……

(說)(解) 又蒸し返す天皇退位論

【ニューヨーク發UP＝共同】スクリップス・ハワード系新聞は五日、日本天皇を退位さすなと主張する評論家ウイリアム・P・シムス氏の要旨次のような記事を掲げている

▽「日本天皇が間もなく退位するとの情報が前に傳えられたことがあつたが、最近ソヴエト側が共產主義者に對し、天皇退位の工作を行うよう指令したことに關連して天皇退位問題が論議されるに至つた

共產主義は現在の制度のようなものが存續する限り日本に足場を獲得することは不可能でないまでも困難であろう天皇の勢力が一掃されるなら、日本はソヴエト側に傾くだろうと消息筋でみる向もある

▽日本天皇を戰犯裁判に付すべきだと主張するものが少くないが、マツカーサー元帥はこれに同意していない、マ元帥は天皇の精神的勢力は惡にも善にも利用できるとの意見を抱いており、天皇の存在はマ元帥にとつて二十個師團にも匹敵する價値があるとみる向もある

▽今日全アジアに火がついており、共產主義者や共產軍は滿洲、朝鮮、中國、インドシナ、マライおよびインドネシアで躍進中である、かくてアジアはソヴエトからの壓力増大に直面している

世界に流れた大波紋

退位說から改宗說に及ぶ

日本天皇の退位說が最初に日本に傳わつたのは去る五月二十六日のメルボルン放送で、これは〃ニューヨーク放送〃によれば〃と前おきして

「いま日本では天皇の退位問題に關する臆測が次第に高まつており、その臆測に總司令部に入る情報を基礎として行われている……

「東京來電によれば降伏記念日たる八月十五日を期して天皇の退位が行われるであろうとの噂が東京で强まつている……」

同月二十七日發のロイター電報は……

世界の通信網

双務協定を痛烈に非難

調印の日の英新聞

われわれは双務協定の調印されたこの悲しむべき歴史的瞬間を、深い哀悼と僅しいざんきの念をもつて銘記するだろう、一度憤慨する機会がつけばこの協定をやめることは難しくなる

ドナウ會議

三十日召集と發表

【ベオグラード發AP＝共同】ユーゴスラヴィア政府は、米英佛ソ四國政府の要請に應じ、七月三十日ベオグラードにおいてドナウ河自由航行問題に關する國際會議を招集することを發表した……同會議には四大國の外ドナウ……ブルガリア、ハンガリー、ルーマニア、ユーゴスラヴィア、チエコスロヴァキヤが參加し、オーストリアはオブザーヴァーの資格で出席する

ソ元帥歸國か

【ベルリン發ロイター＝共同】ドイツのソヴエト軍政府と關係の深い筋では七日夜、ソコロフスキー・ソヴエト軍政長官はモロトフ外相に報告のため、一兩日中にモスクワに赴く……ソコロフスキー軍政長官のモスクワ行はベルリン問題に關する……のブルガーニン・ソヴエト……

ソ連の肚はトテモ複雜

ベルリン封鎖の裏面に潜むもの

……

對日問題大急ぎ

【ワシントン發AP＝共同】極東委員會筋では七日、同委員會が八月中休會となれば對日關係の多數提案は未決定のまま殘されるだろうと語つた……

中國の立法委員

【ナンキン發ロイター＝共同】……

印刷工員急募
印刷工——熟練者並見習若干名
文撰工——熟練者若干名
給料その他委細面談
朝鮮建國促進青年同盟
事業部
東京都千代田區九段下一ノ三

城京支局新設
從來ありました分局を廢止して今般左記に支局を新設いたしましたから、何卒よろしくお願い致します
東京都城田區蒲田町一ノ十
朝鮮新聞社城京支局
支局長 金 光 洙

廣告
五輪大會選手寫眞に就て
建青中央總本部

不動產の賣買は是非弊社へ
日光不動產株式會社
東京本社
大田區蒲田町二ノ四五〇

高麗產業株式會社
營業案內
一、不動產部 土地建物賣買
二、商事部
三、社會事業部
社長 鄭 甲 植

在日朝鮮人居留民團

梅田組 孫 海 圭

美國汽船產業株式會社 社長 成 泰 鎬

國際法律事務所 辯護士 權 逸

民主新聞 主筆 朴 準

共和通信 尹 東 鎬

朝鮮圖書出版協會 會長 李 允 求

文教新聞 主筆 崔 鮮

朝鮮情報社 社長 金 允 仲

五輪大會派遣選手に寄せられた同胞の熱意

歡迎の第一線に起つた

蔡、李兩氏當時の感激を語る

◇…今夏七月二十九日から八月十四日までの十七日間、英京ロンドンの近郊ウエンブレーの「エンパイア・スタヂアム」を中心として、世界五十九カ國約八千の代表選手參加のもとに華麗絢爛たるオリムピツク大會が繰り擴げられようとしている、時やよし祖國朝鮮の發聲と大韓民族のきん持を賭けて大會に出場のわれらがホープ六十數名の選手團一行が歡呼の嵐に送られて横濱港をあとに大壯途についたのは去る六月二十六日であつた

◇…日本寄港中は短時間に制約、むしろ選手團一行の英氣の休養と士氣の昂揚に主眼をおかれたので、滯在中はこれが全面的に歡迎陣に犬馬の勞をとつた在日朝鮮體育協會側としての勞苦の程もうかがわれ、關係筋より深く感謝されているが、在日各朝鮮人團體及び有志諸賢から寄せられた選手團一行えの數々の厚情、友誼、熱誠こそわが同胞愛の自然的具現で數々の感謝感激的エピソードを生んでいる

◇…終始歡迎陣の第一線にあつて活躍の在日朝鮮體育協會會長蔡洙仁氏及び歡迎準備委員の李裕元兩氏はこの寄附收支一切の明細を別項の通り發表するを兼ねて公表すると共に、交々左の如く語つた

「世界オリムピツク創始以來わが朝鮮が正式に選手を送つたことは今度が始めてであり われわれ同胞の歡喜に堪えないところであります、その選手團が渡歐の途次日本寄港のこと決定するや、在日同胞六十萬は欣喜雀躍、各地はおいて盛大な歡迎會を予定せられたのでありますが、何分にも選手團一行の滯在時間の緊迫という様な事情のため、日本寄港中はまことに不本意ながら本體育協會があげて萬端の準備斡旋にあたつた次第であり、委員の微力は御期待に添い得なかつたことも多々あり遺憾に思う次第でありますが、幸にも在日各朝鮮人團體及び有志諸賢をはじめ在日同胞多數より選手團一行へ多額の寄附金寄贈品等を委員會宛よせられましたことは感謝感激の極みです、同時に本國出發以來選手團一行に與えられた米軍當局の御援助に對し絶大の感謝と敬意を表するものでありますす、又日本陸上競技聯盟より在日朝鮮體育協會を通して選手團へ寄贈品あつたことは、吾協の友誼親善に更に錦上花を添えたものとして如何なる平和會議に優るとも劣るものでないとの確心を固くする次第であります」

五輪大會派遣選手歡迎寄附金

金五萬圓也	李元燮	金二萬圓　國際タイムス社
金一萬圓	國際事業協團	金一萬圓　金東春
金一萬圓	錦在賢	金五萬圓　大平洋ゴム會社
金五千圓	朝鮮文化教育會	金五萬圓　梅田工業株式會社
金一萬圓	國際平和文化教育會	孫海圭
金一萬圓	[illegible]	金五萬圓　張　樂
金一萬圓	高武權	金五萬七千圓　金相哲
金五千圓	張仁鎭	金五萬圓　三多摩有志
金一萬圓	國際企業社伊樂會	金一萬圓　張斗川
金一萬圓	民留民團	金一萬圓　柳　勳
金一萬圓	東京商銀連合會會長	金一千圓　藤本仁祚
金一萬圓	林以文	金二萬圓　民主新聞社
		金五千圓　白山新聞社
		金一萬圓　[illegible]
金二萬圓	朝鮮新聞社	金二萬圓　林奇植
金一萬圓	李允求	金二萬圓　高柱淳
金一萬圓	鄭東祥	金三萬圓　在日本朝鮮人商工會
金一萬圓	桂仕年	金二千圓　吳基文
金一萬圓	桑原一	金五百圓　[illegible]
金五千圓	崔野権	金三千圓　三千里貿易
金一萬圓	安藤龍	金[illegible]　金洋祚
金二萬圓	趙鏞石	金一萬圓　三越地下道料理業朱
		合計　六十四萬三千五百圓也

五輪大會選手歡迎寄贈品收支明細書

品名	數量	單價	計
ザツカユニホーム	一七着	三五、〇〇	六二〇、〇〇
籠球ユニホーム	九着	二三、〇〇	二〇七、〇〇
サツカスタツキング	一七人分	六、〇〇	一〇二、〇〇
籠球スタツキング	九人分	六、〇〇	五四、〇〇
兼オリムピツク用	七〇	二、五〇	一七五、〇〇
サポータ	六五	七三	四七、四五
アングル	三二	一、二〇	三八、四〇
ニーカツプバント	二〇	二、八〇	五六、〇〇
エルボバント	二〇	三、二〇	六四、〇〇
ヒーカツプバント	二〇	二、八〇	五六、〇〇
ヒキツピンクローブ	一〇	三、五〇	三五、〇〇
アンカ	一五	七、〇〇	一〇五、〇〇
アブスユーズ	一〇	三、八〇	三八、〇〇
マウスピース	四個	八、〇〇	三二、〇〇
ヘートマスク	四個	三、五〇	一四、〇〇
ロートワク靴	四足	二八、〇〇	一一二、〇〇
サルチール	三〇打	二、四〇	七二、〇〇
ワゼリン	五〇封度	一、二〇	六〇、〇〇
アルコール	—	—	二〇、〇〇
フイルムライカー プローニ	二〇〇個	八七、八〇	一七五、六〇
ライカ	一個	九五〇、〇〇	九五〇、〇〇
記念寫眞	—	三八〇、〇〇	三八〇、〇〇
コンサイス（英和和英）四〇冊		五、〇〇	二〇〇、〇〇
マホー瓶	一〇個	一二〇、〇〇	一二〇〇、〇〇
安全ピン	二〇〇個	二五	五〇、〇〇
針ト糸	一組	一二、五〇	一二、五〇
朝鮮代表選手御名簿五〇〇冊		三〇	一五〇、〇〇
案內狀	五〇〇枚	五〇、〇〇	五〇、〇〇
愛國歌	五、〇〇〇枚		
オリムピツク歌五、〇〇〇枚		三〇、〇〇	三〇、〇〇
太極マーク	五〇個	三、〇〇	一五〇、〇〇
テープ	三四〇	二三	七八、二〇
墨汁、筆大小四本、オシピン、ノリ		二、七六	二、七六
リボン	二〇〇	七〇	一四〇、〇〇
包紙	五〇枚	一〇	五、〇〇
テープ（布）	—	一、八〇	一、八〇
贈呈用ホウソウ紙	—	一、六〇	一、六〇
花束	一八本	—	九〇、〇〇
オリムピツク記念章印	一個	五、〇〇	五、〇〇
オリムピツク參加印	一個		
オリムピツク旗	一本	三五、〇〇	三五、〇〇
體育會旗	一本	一〇〇、〇〇	一〇〇、〇〇
ペラント	三個	七〇、〇〇	二一〇、〇〇
體育會腕章	五枚	四、〇〇	二〇〇、〇〇
旗桿	一本	七、五〇	七、五〇
ネクタイ	七五本	二、五〇	一八七、五〇
榮養	—	—	一二〇、〇〇
乘用自動車	一臺	一日分	五〇、〇〇
乘用自動車專用	一臺	一日分	七〇〇、〇〇
合乘用			三〇〇、〇〇
選手團歡迎歡送諸雜費（榮士銘壽、宿泊料、交通費等）			四〇〇、〇〇
同　消耗品購入諸雜費		—	三〇〇、〇〇
合計			六、九三〇、三一

ヤリ三本
圓盤・男女各一個　ハンマー　日本體育協會よりの贈呈品
バツヂオリムピツク用　贈呈
在留同胞團體[illegible]
ライカ　一個　李裕元氏寄贈

偉勳輝やかしく ア中將近く歸國

太平洋戰に出征して六カ年

噂にのぼる後任の人々

【第八軍司令部特別發表】第八軍司令部ロバート・アイケルバーガー中將は九日、近く退役に先立ちワシントンで新しい任務につくため歸國する旨發表したが、中將は八月四日横濱出帆の米陸軍輸送船バクナー號でマニラ經由歸米する

……◇……

アイケルバーカー中將が日本を去れば、現第九兵團長チャールズ・W・ライダー少將が第八軍司令官代理になるものと思われる、一部にはライダー少將が正式の第八軍司令官に任命される と推測する向きもあるが、同少將もあまり遠くない將來に歸米する模様なので、その可能性はあまりないという意見もある

また一部には第一騎兵師團長ホツヂ中將が第八軍司令官後任に任命されるとみる向もあるが確認されてはいない、涉外局では後任については一切明答をさけている、第八軍ではライダー少將がアイケルバーンで特にフツトボールを愛好している（UP＝共同）

中將は一八八六年オハイオ州に生れ、日本流に數えて本年六十三歲、一九〇九年陸軍士官學校卒業、かつて陸軍士官學校長時代、教育方法の近代化を斷行、新しい將校を養成したが、この成果は第二次世界大戰において如實に證明されたのであつた

【第八軍司令部發表】アイケルバーガー中將は「日本を離れることはいろいろ心殘りも多かつたが、漸く決心した」と語つた

中將は過去六年間引續いて軍務のため太平洋に勤務し、そのうち三カ年は第八軍第一兵團長として對日戰を指揮し、次の三カ年は第八軍司令官及び日本占領軍地上部隊司令官の職にあつた

第八軍史の完成に專念

ア中將は歸國後間もなく軍職を離れる豫定だが、退役後は務途に專念したい意向で、かつて米陸軍省に提出された一九一八年以來太平洋における同中將の經歷を中心とする『第八軍史』を十卷に一層詳細な第八軍史を完成する計畫である

ボツプおじさん

誰とでも氣輕に語る中將 部下から敬慕の的

◇…アイケルバーガー中將は終戰直後、マツカーサー元師の厚木着陸の數分前、第十一空挺師團の先遣隊と共に同飛行場に到着、その後横濱に第八軍司令部を置き占領行政の實施を擔當、指揮下にある各軍政部を通して機實敏速に遂行し輝かしい成果を擧げた

◇…特に神戶における騷擾事件下では自ら現地に乘り込んだことは世人の記憶に新しいところである、中將はマ元師が大統領選擧のため歸米するのではないかとみられていた折には、マ元師の後任者と目されていた

◇…中將はだれとでも氣輕に談り、GIたちの間では「アンクル・ボツプ」（ボツプおじさん）として敬慕の的となつている、部下に對する思いやりが深く部下の名前もよく記憶していて、下級將校などは不意に中將から直接名を呼ばれて面喰うこともあつた

◇…中將は大のスポーツ・フアン……

建設省發足

大臣一松氏 次官岩澤氏

建設省は第二日本國會で同省設置法が成立したので建設院と、戰前內務省から吸收した建設工事本部を合體して十日發足したが同省は大臣官房總務、河川、道路、都市、建築、特別建設の一官房六局から成り、初代建設大臣には一松建設院總裁が就任した、また岡部建設院總務長官は建設院廢止を機會に勇退することとなり、新建設省次官には岩澤建設院技監が內定した

西尾氏公判

十六日開廷 鈴木茂三郎氏らを告訴

政令違反と收賄罪で起訴された前副總理西尾末廣氏の第一回公判は來る十六日午前十時から東京地裁で同刑事第三部長谷川成二判事（中瀨辰男、伊達秋雄兩陪席判事）が裁判長となり開廷されることに決定した、辯護人は元代議士三輪壽壯氏

經濟復興會議幹事中叔淨吉氏は自由法曹團會長辯護士ら三名を代理人として九日東京地檢に對し總同盟會長松岡駒吉氏を背任、詐欺、社會黨代議士鈴木茂三郎氏を背任、三田村四郎氏を詐欺罪でそれぞれ告訴した

ヤミ撲滅に軍政部の援動

富山で檢擧三千四百余名

（涉外局發表）富山縣當局は目下ヤミぼく滅運動を展開しているが、縣警察部では六月をヤミぼく滅強化の月に指定、經濟統制を特に嚴重にし大成功を收めた、これは富山軍政部長エドウイン・C・ヒツクマン中佐および軍政部員の提案、督勵により實施されたもので六月中ヤミ犯人三、四九八名が檢擧され、うち二、四七二名が檢察廳送りとなつた、なお縣當局では八月を配給改善の月とし、軍政部の協力のもとに着々準備を進めている

軍放出物資の調査

（涉外局發表）終戰後の軍放出物資の行方を徹底的に調査するため、今回第八軍の關係記錄を檢討する許可が最高司令部に與えられた

問題の物資は終戰直後日本政府から連合軍に引渡されたが、その後兵器類を除いて民需用として返還された物資の一部がヤミに流れ、今日これを追及しようとしても日本側の記錄がデタラメで正確のつかみようがないので、返還物資の詳細な內容を知るためには、連合軍の記錄による外なく日本側の要請によつて今回の決定となつたもの

罰金の見積り四億圓也

昨年度は二億六千万圓余

日本法務廳會計課に集計された二十二年度の罰金科料の徵收額は昨年四月から本年三月までに二億六千九百三十四萬二千餘圓と驚くべき數字に達した、大藏省では二十三年度歲入豫算に一億九千餘萬圓を徵收額として繰り入れることにしているが、これは前年度の實額が分らなかつたため內輪に見積つたもので、この分で行くと本年度は四億圓を突破する見込みである、東京地檢管內だけでも二千萬圓を超えており、筆頭は食糧管理法違反（詐欺、かつぎ屋、食料品店）つぎが賭博となつている

“神港に名の高い”社長の小浪さん”

若い國際事業家として めざましい婁在潤氏

往き來る人波がごつた返えす國際港神戶驛前の新開地にデンとそびえた五階建ビルデング新聞會館、こゝに本據を構えたダンスホール、キヤバレ〝神戶クラブ〟は港都フアンの人氣の中心だが、この經營を牛耳る代表者にわが同胞婁在潤君がある、君は京阪神の事業界に活躍するゆ壯實業家だ、長軀白晳の典型的ゼントルマン、大きなロイド眼鏡の奥には柔和な眼が人なつこく輝き、その世話好きな大きい抱擁力を持つた人となりからよわれ、同胞は素より同業日本人からも「社長の小浪さん」の愛稱をもつて敬愛されている、氏は幾多の民生、社會問題にも貢獻し、新聞事業にも理解が深く現に朝鮮新聞社兵庫支局長として取材通信に、營業面に華かな活動ぶりをみせ、同胞の民生問題解決、文化啓蒙等に示す熱意は並々ならぬものがある、今や本國における內外情勢とみに重大を加える折柄、氏の如き秀れた力倆手腕を持ち、しかも人格の圓治された國際事業家の今後の活躍にこそ、眞に期待するどころ極めて大なるものがある【寫眞は婁在潤氏】

杖の先ぬば轉

次の地震は秩父地方と 井上博自說を發表

「關東地震說を聽く會」九日午後二時から東大二十五番教室で聽衆八百名を集めて開かれた、今度の福井地震を豫知してセンセイションを起した中央氣象臺井上宇胤理博は滿場の拍手を浴びて登壇「これは全く私の學問上の假說ですが…」と前提して關東地震說を次のように述べた

▽「地震によつて一つのブロツクが低下するとその壓力が地殼中の流動性部分の中を移轉するのであるが、その速さを測定することにより地震を豫知するわけである

▽私は明治以來の大地震と火山活動の時間と距離の關係をグラフに描いて見てこの影がある一定の法則を示していることに氣がつき、これによつて地殼中の不安な個所を測定することに着目した

▽皆さんに御心配をかけるのは申譯ないが近い將來における不安な個所は東經一三九度北緯三六度の秩父の山地で大體の時期は八月末か九月の初めである、震度は三級くらいのもので中心は數十軒程度倒れると思われる

▽しかし私の研究は問題の性質上發表を非常に急がねばならず、私に對して相當の非難もあるようだが、私としてはこれを否定する材料がないので殘念ながらこう申上げるほかはない

時の話題

一息ついたか〝沈みゆく東京〟の地

北陸大震災に又ぞろ問題

さきに關東配電ビルが、ヒサの斜塔のように傾いて話題を投げた東京の地盤沈下は、北陸の震災と共に再び都民の口先きにのぼりはじめたが、〝沈みゆく東京〟の近況と、これに不斷の調査のメスをふるう科學陣の活躍ぶりを調べてみよう

◇…東京に地盤測量のメスが振われたのは關東大震災直後だつたが、當時は一般の關心は全くなく、初めて街の話題となつたのは昭和十四、五年の沈下量の一番激しい時代であつた

◇…そのころ龜戶邊りでは道に割れ目ができたり、井戶の鐵管が一メートル近くもその層を見せたり二、三の建築が傾いて街の人眼を驚かせたが、激しい戰爭に都民の關心が向いてしまいいつとはなしに世人の記憶から忘れられていた

◇…しかし測量技師らの熱心な研究調査はいささかも緩りなく測定所で毎月二回の測量のほか二年に一度の水準基標測量など燒失した測定所巡回測量、極端な人手不足と戰いながらも着々と研究を進めている

◇…ところで沈下狀況は、昭和十六年から二十一年までの五年間の統計を見ると、沈下現象を示している地域は相當廣範圍にわたつており江戶川、江東、墨田、葛飾、足立の城東方面から中央、港、澁谷、中野、大田、品川、世田谷の各區が深淺の差こそあれ軒並にじりじりと低くなつている、最高は江東、大田兩區の四〇センチで、その他は最低一〇ミリから二〇センチまでとなつている

その間にも測量は不斷に續けられ、昭和十五年には都內に九カ所の測定所が完成、その他四百による水準基標が各所に分布されて測量陣の完璧を誇つたが、終戰時殘つた測定所は日比谷と深川の僅か二カ所、試驗室その他研究設備さえない貧弱なものとなつてしまつた

◇…特に地盤の柔かい地點や海岸近接地などはひどく二年間に三八センチ落ちたところもあり、部分的には一メートルも陷落した例もある

注目されるのは昭和十六年から十八年までは城東地區の沈下現象が活潑だつたのが、その後次第に西南部えと移動しつ昭和十九年から二十一年までは江東區を除く城東地區はむしろ一－五ミリ地盤が隆上つて來ており、大田區をはじめ北西部地區の沈下が激しくなつたという奇現象を示している

その中で一貫して沈下を續けているのは江東、大田兩區で今後の測量對象はこの二區に限定されるものと測量陣は見ている

◇…だが今日では各地とも沈下がピタリと止り、前記二區が極く僅かな動きを記錄に示しているほかは全くの靜止狀態、これは京濱、城東兩工業地帶の燒失で、工場の地下水汲み上げが全然なくなつたためと見られるが、再び同地帶に大工場が續々建設され、林立するエントツから吐き出される煤煙が東京の空をおおうころ、この沈下現象も再び始まるのではないかという豫想もなにか皮肉な話である

◇…この靜止狀態が續くかぎり建築物に對する影響も現在のところ全然問題にならず、また沈下現象が再開しても今すぐどうこうということはないが江東、太田兩區は元來が低地帶であり將來水害に對する警戒を余儀なくされるのではないかという見透しはある

◇…傾いたといわれる關配本社の場合、其礎がしつかり岩盤に下されている高層建築が、沈下によつて傾くということはあり得ないので、特に地盤が弱いか、あるいはその他に原因があるのではないかと測量陣は見ている

全官公勞協 調停申請

八組合が一本となつて 中央勞委に

全官公勞協は去る六月十二日政府に對し、四月以降の給與として五、二〇〇圓の支給を要求交涉を重ねていたが、遂に決裂したので七月中勞委に對して國鐵全遞、日教組、全官、自治勞連、專勞連、大藏三現、全財の八組合が一本で調停の申請を行つた

これは全官公吏の給與の標準で働くに必要な給與として五、二〇〇圓を四月分より國庫支給すること

これは全官公吏の給與の標準で業種別平均賃金ではない、ただし右は次の諸項を絕對條件とする

（1）本年四日現在においての金額とし手取であること
（2）物價改訂はしないこと
（3）大衆課稅を撤廢すること
（4）給與處理機關は設けないこと
（5）首切り行政整理をしないこと
（6）最高賃金制は設定しないこと

これに對し中勞委では十二日に臨時總會を開いて調停を受理するか否かを決定すると共に今後の調停方針を協議する

配給たより

放出綿布の使途決定す

今度放出許可になつた輸出向綿布九千萬ヤールの使途について、經濟安定本部では九月繊維各省と協議した結果職域用、一般勞務用に重點をおき、早いのは今月末ごろから配給を開始する

放出綿布の種類は天じく、綿布、あら布でこれを平方ヤールに換算すると八千八百六十三萬六千平方ヤールになり、職域用として五千二百七十九萬平方ヤール、一般勞務用三千三百六十五萬三千平方ヤール、一般用二百十九萬三千平方ヤールを割當てた

職域用のものは紺色に染め、布のまゝで大部分を職場世話團を通し鉢、じやがいも、野菜などのリンク用として配給、一般勞務用はカーキ色または紺に染め、作業シヤツ、ズボンに、一般用はたび、手ぬぐいなどに加工一般配給ルートを通じて配給する

食料油

農林省ではこの程放出になつた鯨油六千四百トンと大豆油、菜花生油、ヤシ油など二千トン計八千四百トンを人造バター、食用油として全國の一般家庭に配給する

配給量は都市および町ではバター一人當り二百十グラム、農村では食用油一人當り九十グラム

十日から配給をはじめ九月末までに全國の配給を終了するなお來年三月までに食用油に換算して都市一人當り五百四十グラム、農村二百七十グラムを一般家庭に配給する豫定でこれは戰前の半分に當る量である

米五日分

都では第四十回主食配給として米五日分を十日から十七日までに配給する、これで七月は十九・八日まで配給ずみとなる

殘り十・二日分は砂糖三日分、エジプト米二日分、小麥粉四、五日ないし七、八日分その他輸入食糧によつてうめられ大體八月五日ごろまでの配給が確保される見込み

ライター

◇福井地震によつて北陸の溫泉にいろんな異變がおこつた、その一つは、富山縣婦負郡の山田溫泉で、地震があつてからは湯量が激增して一四五度ともなり、湯の出口も倍加した、同溫泉では久しく閉鎖していた沼泉プールも開こうという景氣

◇その二つは、石川縣江沼郡の片山津溫泉で、地震以來湯泉旅館のある柴山潟のなかに溫泉が湧出し潟のあるところでは入浴できるほどの溫度になつた

お歷々の結婚相談所

見合から育兒の事まで

遊園地や河原を利用して、まじめく眞面目をかく集團見合が流行している時

元日本女子大校長井上秀子、元厚相相川勝六、元文部省社會局長關屋龍吉、作家石坂洋次郎、厚生省近藤桂子衛生局長などのお歷々の手によつて結婚相談はもとより、適正な結婚斡旋、そして成立後は健全な夫婦生活調和の傳授をはじめ、生れた子供の育兒相談まで引受けるという「模範結婚相談所」が神宮外苑にある結婚式場明治記念館の中に開業され、十日から一般の相談に乘ずることになつた

相談受付時間は毎日午前十時から午後三時まで、手數料金は一人三百圓、相談手續は戶籍謄本又は抄本ならびに自筆履歷書、最近の寫眞を持參する

演技斷想

──杉山誠教授の近著に促されて

押川昌一

例えば新劇が甚だ面白くない迷であるのにいろく暗示を與えられた。誤解を生ずるおそれという原因の中には無性格ということがある。演技に限定するならが、新劇の演技は專ら世界性の追從ということに力をそゝいで來た。吾々の社會環境の後進性といつたところから起つて來た目標なのだが、言語の演技の世界性なるものと具體的なイメージがつかめない爲に、最もリアルな藝術家たる俳優諸氏は超遠的な努力を以つて模索を繼續しつゞけた。

今日この「世界性」に刻々近似する演技が舞台の彼方に演ぜられているのだがその世界性的演技は實に各流各派である。ポール・ムニを彷ふつせしめるかと思えばシヤルル・ボワイエかとまがうばかりである。それで一向に人氣が出ず新劇は貧乏である。

そもそも演技の世界性という命題は進歩的イデオロギーの標に提唱して掲げられたものであつたらしいが、訓練の內容は、近代性の獲得だとか醫學心理學だとか歷史の探究だとか發聲法とかダンス及び最新マッサージの習得といつたことに力をそゝぎ、さてサンプルとしてはいきなり具體的にヨーロッパの舞台俳優が掲げられたりした。

俳優諸氏の猛訓練にも拘らず新劇の演技というものは凡そ力というもののない育ち方をした。つまり俳優としての無性格という性格が出來上つた。演じらるべき人物が抽象的な普遍性の上でつかまえられその上で演じられるものだからこの世のものとは思えない人物が（第一國籍が不明である。あるものはそれらしい年齡と男女別だけ）舞台を橫行することになり、たまたま演ずる俳優と演じられる新劇中の人物の性格が似ている場合に演技が生彩を放ち、またそれがその俳優の「正當なコース」での精進の「刀」の獲ものと誤認されたりし勝ちだつた。

だから新劇が面白くなく人氣のない原因のうち最も大きな責任の一つが俳優（及びそれをかく指導した演出家）に歸せられるようである。

早稻田大學の杉山誠教授の近著「新劇現況論の論理的研究」に依れば、このような問題が經濟學のような科學の世界にもあるらしく、この書物は全く學問的な論

「切離民いはそれを觀念化した學問というものは『外から與えられるものではなくて內から生れるもの、他から教えられるものではなくて自ら創るもの』でなければならない。

從つて知識や學問の中には、その人、その民族の「生活の仕方、あるいは氣分」というものが微かににじみ出ているもので なければならぬ」（同書第一部）と云つておられる。

また「資本主義の發達について見ても、西洋人の尺度と進歩の哲學を以つてすれば、東洋は資本主義的に未發達であり、アジア的停滯に相違ないが、若し質の違つたものであるならば、一概にそれで割り切つて了うことは出來ないであろう。經濟心理が質的に違うとしたら、如何にその影響を受けたとしてもその發達に限度があろう。」つまり自分を自分の眼で改めてよく見つめることを教授は強調される。その結果がどう出て來るかはまだ分らないのだが、すくなくもこうした公平な自立的な再檢討を開始するのでなければ、吾々の精神の植民地的後進性は依然として續く他はないのだろう。借りものを借りもの一切として受取つて使う位簡單なことはない。吾々はその便利さと容易さに慣れすぎて來た。

最近こうした再檢討が新しい再檢討が……あるならば……現實の正しい……することを……まで……劇の演技など……外面的に……足して、そ……あるかどう……批判する……たなかつた……象的人物な……などには……吾々はまず……活の中から……られること……大な俳優……のものとし……市井の人物……中に力強い……すことだろう。

文化

時はいのちなり

私はいいたい

李都京

朝鮮人や日本人ぐらい時間に對する觀念に乏しい民族はない。それが證據には何時如何なる場合の如何なる會合でも定刻にはじまつたためしはない。まあ強いてあるとすれば、それは集團見合大會ぐらいのものであろう

これはうそを平氣でいう民族性の現れなのか、それとも自分一人ぐらい遲れてもといい氣な……

[illegible]長過ぎる、他家を訪れた場合にしても、何等用件には觸れず、空模樣のこと、衣食住のこと、子供のこと、はては姑の扱下し、亭主の自慢等々、何時になつたら歸るのか……

などといつてさつさと歸つてしまう、勿論、これには〝ほんとにそうでござアますわネ〟式の相槌を、いとも氣長に打ち續けるのが……

う無自覺がそうさせるのか、限りがない、その間お互に……何れにしても文化人の……なつた以上、この惡弊は……に是正されなければならぬ……大體、朝鮮人や日本人は……的には……〝いずれまた〟……

もう一つ、大……會話が多過ぎる……代だから會話の……限らぬから、こ……中みたいな形式……度を過ぎると……結果の……るべく……一人前の……一番の……

夏芝居お化け競演

假めしや、坊屋のお岩なども入亂れて「四谷怪談」だけでも五座

夏はお化けのシーズンとあつても序幕の地獄宿を明治五年以來都內の各劇場では七月から八月にかけて一せいにウラメシヤを出演させる

今月新橋演舞場で新生新派が『淺草女房』の劇中劇に『四谷怪談』の髮すき場だけをチョッピリ見せたが、七月は『四谷怪談』だけでも五劇場で上演される

まず三越劇場が昭和十五年上演以來八年ぶりの通し上演でしかも苦心して新規に作製中

お岩様が東京中を暴れ回るというわけ……

久方ぶりに復活させるもしほのお岩、染五郎の伊右衞門、團藏の直助は無論初役で、先代梅幸の弟子だつた梅朝を相談役に高麗屋羽屋系のやり方でやるが隱亡堀の戶板返しや蛇山具は全部戰災で燒失してしまつたので舞臺機構の完備していない三越劇場でできる範圍に目下

『四谷怪談』は……のチョウチンぬけ等の仕掛け道……やつぱりお化……

一方王子に新……場でも時蔵の……演を計畫して……ヨウは今月の……劇子のお岩……を豫定し、松……十日初日で坊……茶花究の伊右……直助權兵衞で……談」（淀橋太……座のショウ劇……から五日間……丘興の伊右……悅、ラッヤ……

喜劇映畫二つ

エノケンとシミキン

○松竹の「シミキンの探偵王」は子供の探偵マンガから一歩も出ていない、失敗ばかりする探偵社、X團と稱する珍妙なギヤング團探偵の女房、金融家の身のしろ金、馬車と自動車の追っかけ合ひ等々常とう的で手法も古い、息子の探偵社に惱む父親や、堺駿二の警官が生彩を見せる程度である

はもつとつゝこんでもよかつた陸とく物資をめぐるあたりは氣がきいている、例によつてエノケンの麻裝ヤンリを廻つての道行がかけづこの如きは古い、しかしエノケン映畫としては無理がなくスマートに出來上つている

○大映の「エノケンのびつくりしやつくり時代」は山本嘉次郎の脚本だけあつて、發想もヴアリエテも新鮮、ギヤツグリを合の手にした主題歌は成功している、しかしヴアリエテに富んだ場面も表面的で、折角の諷刺もピリリツと感ぜられない

○わけのわからぬ金をもらつたり出したりする政治家への諷ち……（伸）

五郎一座解散か

ほそぼそながら蓄積

（大阪）曾我廼家五郎丈が再起不能の瀨戶際に立つたとのうわさが飛び大きな話題となつたが、大阪松竹側と折衝の結果八月は十日から名古屋御園座出演、ついで東海道筋と一興の延長は大島松竹……

藝能便り

◇東寶のスケジュールでは今度……十六日に帝國……ねているが……博覽出の「……都內事業場……岡田九……三郎演出で……海公演及び……

◇プロダクション……ル今度……ン・オリ……長は大島……

◇文藝九月……新協劇團一行は……錦糸町で……

……命令が內定し……の再起は相當……

新朝鮮新聞

發行所　新朝鮮新聞
東京都小石川區江戸川町九番地
電話小石川二二八三番
發行兼編輯人　吳宇泳
印刷人　富澤嘉吉
定價　一部　金五拾錢
發行日　毎月二回

祖國獨立の基本問題

現實に即して理論に走らず民族の總力・凝集にこぞれ

一、三つの基本的運動

祖國の危急、今日より深刻なる秋はない。民族の存亡、今日より重大岐路にたつ秋はない。即ち世界大戰の必然的結果として祖國朝鮮の獨立は約束されたけれども、これが實現には相當の距離を有し萬一この道程において一步を誤らんか、祖國は再び獨立の好機を逸し、何時の日にか光輝あるその日を迎へ得るであらう。またこの機會において民族再建の大業を成就しないならば、歷史と民族の繁榮は何時の日に約束されるであらう。今こそ祖國再建のために全民族が結束を堅くし、眞一文字ひたむきに新しき世紀の朝鮮史を身をもつて描き出さなくてはならない。

しかしながら、具體現實的な祖國再建運動は必ずしも眞實に展開されてはゐない。その理由は祖國朝鮮の現實、そして將來再建の見透しが決定的でないことなど、さらにまたわれわれ同志が他國に生活し、祖國獨立運動を率直眞摯に展開出來ない幾多の障害を持つ點など、また言ふならば、われわれは經濟生活において、政治活動において極めて限定された世界に生きてゐる點などを擧げることが出來る。しかし、いまは、さうした一切の障害を突破克服して新しい方途を策し、新朝鮮建設に蹶起しなくてはならない。

いま當面するわれわれの直接任務を一瞥するならば、大要つぎの三點に要約される。即ち、

一、各地に散在する同胞の結束强化であり、各地域毎に互に連繫强化を策することである。ソ聯にある同胞、中國にある同胞、臺灣、日本にある同胞などあらゆる地域の同胞は民族的結束を堅めて理念を一にし、一路祖國朝鮮獨立建國に進むべく地域毎に結束し横の連絡を密にし、各團體機關等のセクト的障害を逐次除去しなくてはならず、出來るだけ統一組織ある運動を進めなくてはならない。この各地域の結合體が次第に横の結合を密にしつゝ中央としての政治的組織體が自然に凝結するやう活動の努力がつゞけらるべきである。

二に、以上の組織的活動に對する思想的理念の統一は、極めて現實の要求であるが、どれを一々せんさくしては理論倒れに終る危險がある。左翼も右翼も、勿論そのまゝでよいとは言はないが、獨立のために聯合委員會が結成されるまでは、民族の總力が、獨立の一點に集中さるべきであらう。これなくして徒らに論議をくり返すにおいては獨立の大眼目を失ふの愚をくり返し、民族再興の機會を失ふ。建國の理想は運動途上において確實に消化され把握されなくてはならない。

三は、經濟立國の基礎を策定することである。新朝鮮の文化も敎育も社會理想も凡てこの線から發生しまづ朝鮮獨立の礎石たる經濟的自存自立を確立しなくてはならぬと信ずる。

二、總力結集の具體的問題

軍國主義下に蹂躙されること久しかつた祖國の同胞は、黃土の悲慘なる生活をのがれて、東洋の各地に散在してゐる。しかも同胞は現時局下に各地から祖國に集まりつゝあるが、今なほ日本在住同胞は六十餘萬に達する。例へばこの同胞だけでも組織あり統一ある獨立運動に總力をあげるならば、本國に樹立さるべき政府の一細胞として最も强力なる一翼となるであらう。それ故、東洋各地の同胞はまづ所在地域において、それ自體有力なる建國細胞となる運動を展開しなくてはならない。それが各々横の線に結合された時、この聯合體は初めて民意に即し民意の盛上りによる一政府樹立に進み得るであらう。現階梯においては地域毎の組織强化運動に專念さるべきである。しかもこの組織活動は、文化的思想的活動の裏づけによつて、同胞自身諸外國人の信頼を獲得するものである。今日中國にあつても、日本にあつても、しばしば一部同胞の不評をきくことは事實無根のことではない。この風說を一掃することは、自省とか反省とかいふ生やさしいものでは達成されない。組織ある活動によつて自衛手段により、これら不法の徒を撲滅すべきである。われわれは祖國再建の大業の前に、自らを眞直にたゞすと同時に、他からの信頼を獲得するに足る姿態をもたなくてはならない。

かくて、東洋各地域に散在する同胞は次第にその總力を獨立の一點に凝集し來るであらう。

三、思想の純化と歸一運動

かゝる平面的、地域的運動の推進につれて運動の中心課題は當然問題となるであらう。しかも全世界がかつて經驗しなかつた未曾有の大戰爭の線に今日を迎へたわれわれは、一瞬、一擧にして世界環視の只中に立たされるに至つた。それ故、祖國再建の思想分野は極めて廣範にわたり、或ひはまた極めて素朴原始的の狀態ですらある。かゝる現象については、その理由、原因を各方面に求めることが出來るが、何れにせよ、民族意志の分裂今日より甚だしきはない。或ひは左翼と稱し、或ひは右翼と稱し、また親米・英・親ソ派たりで自ら歸一するところを知らない有樣である。もとより立國、建國の思想理念をその何れかに求めて思想の鮮明化、純化を行ふことそれ自身はむしろ當然といへる。けれども立國、祖國再建のための思想歸一が今日の要請であつて、思想の純化がこの一線に即しないやうであつては祖國の運命に無關心といはざるを得ない。思想と理念はあくまでも純化されなくてはならない。それと同時に祖國再建の大道にはあくまでも即したものでなくてはならない。その本末を顚倒しては思想のための思想、理念のための理念に終るであらうし民族の興隆に寄與することにはならない。

純化された思想そのものはもとより尊い。それ自身が民族の興亡に無關心だとしても至尊に通じるかも知れない。また一部左翼論者のやうに基本的立國の銘題を決するために、思想的規準を鮮明にするといふ理論も、ある意味においては基本理念であり、尊ばるべきものであり、その情において同感であるが、その理性と現實に即して反對せざるを得ない。凡そ世界に位する一國はそれ自體立國の自由と同樣に、またそれ以上に立國の必然性をもつのである。その必然を無視して無理な理想主義をかざすならば、必ずや破滅がくる。祖國は今、與へられた好機を完全に把握して世紀の大業を完成せんとしてゐる秋、われわれは虛心、問題の所在をはつきりと認識し、われわれの民族の歷史をわれわれの父祖の血につながる民族の血をもつて祖國再建の一途に凝集さるべきであらう。

四、經濟立國の大策を樹立せよ

第三點とし指摘する經濟立國の提唱は、祖國の限られた國土から生まれる。祖國の貧土は原始的農業をもつてしては、如何にしても自存自立自衛の手段をとることが出來ない。自存し得ない祖國は必然に產業立國を選ぶべく、その企業は重輕工業であると商業であるとを問はず立體企業でなくてはならぬ。立體企業とは科學、技術を基礎とした近代產業を意味し、東洋においては朝鮮こそ最も立地條件に適した地域といへる。現在直ちにこれを具現することは困難であるが、全鮮が一面工業、一面貿易の面に組織ある國家的活動を展開するにおいては、朝鮮は東洋の資庫としての役割を十分に果すであらう。

祖國が立體的產業基地となるためには朝鮮人自身のすぐれた文化敎育の普及を前提とし、これを徹底化しなくてはならないが、それと同時に貿易における朝鮮の役割も輕視出來ない。一つの例をとるならば、朝鮮を中核として北支那、臺灣、日本等を結ぶ東洋の貿易路線は地理的に最も自然であり、その發展には、いさゝかの無理もない。しかも商略にたけた民族の習性も十分に發揮することが出來るし、その方途は自づと規定されるであらう。たゞ問題は今日現在においてその十分なる準備に支障を來すであらうが、方向が決し、具體的に交易種目が限定されるにおいては、やがて貿易大規模に展開し得るであらうし、準備は旣に開始されなくてはならない。

これを要するに、朝鮮の工業と商業は自づと勃興すべく約束されてゐるが、これらの事業が徒らに自由放任に委せられたとすれば經濟立國の實は擧らない。諸多の事業が國家を裨益し、事業そのものが國の繁榮と繋がる組織が講じられなくてはならない。立國の基礎に商工業をもとめることは甚だ危險性を伴ふものであるが、國土狹隘な朝鮮においては自然とその經路を步まなくてはならない。

五、同志的支援に訴ふ

祖國再建活動の基本問題は、必ずしもこれに限定されない。むしろ直面した問題は他にもとめられるかも知れぬ。しかしながら、われわれが、敢て杜撰なる素描を行つて讀者に訴へる所以はこれによつて、同志諸君の建國的熱情が互に交流し合ひ、よりすぐれた同志の思想と企畫と熱情とを鍛錬し、祖國再建の一點に凝固させたいからである。

とくに一項、同志の組織擴大强化策については詳細なる方法論がなくてはならず、その用意もされてゐる。これについても全同志諸君から熱烈な支援をうけたいと思ふ。さらに思想問題については紙幅の都合上、十分意をつくしてゐないし、とくに左翼各派の意向には相當相反した論述がなされてゐる。この點では將來十分檢討の用意がある。最後に經濟立國說についても內容はより具體的でなくてはならないし、われわれはもとより精細な私案を用意してゐる。これを發表し得ないことは殘念であるが、現在いたし方ないところである。各項に亙る細部については、今後詳論してゆきたいが、ともあれ、われわれは祖國危急の今日、歷史はじまつて以來の危局にある今日、われわれ同胞は擧つて難局突破のために、あらゆるその持てるものを醸出して祖國再建運動に挺身しなくてはならぬと考へる。われわれの念願も亦この一點にある。（李　文守）

高麗物産商會
小石川區江戸川町九
電話小石川二二八三

曹又儀萬

丁遠鎭

祖國再建の使徒

民族の興亡を背負ひ健闘を期待される

人間朴烈氏批判

赤裸な人間朴烈氏

新朝鮮建設同盟委員長朴烈氏に對する世評は必ずしも一致してゐない。もとより世評などはとるに足らないものであるが、こと政治的社會的運動の部面に活動するとなると、このとるに足らぬ世評は相當大きく評價される。

烈氏は、二つの面から冷嚴に評價さるべきである。一つは人間朴烈氏であり、一つは革命の使徒としての烈氏である。

さて人間朴烈氏については最近小冊子も刊行されたが、あの書物は人間としての烈氏を物語つてはゐない。しかも彼が牢獄につながれる前の面目は全然傳へられてゐない。

人間である以上、長所と短所はもとよりだが、先づ朴烈氏ぐらゐ長所短所のはつきりしてゐる者は少ない。なぜなら彼はその二つを併有していつも默々として行動してゐるからだ。

やゝ具體的に言ふと、人情に厚く情義にはもろく、自尊心は強く、他人に屈することを知らず、他人を信ずることが深いが容易に信じない……等の人間的反面は彼の美はしさである。牢獄に送られる以前恰度關東大震災を前後とした時代は彼がその前世紀で最も働いた時だがその折にも、彼のさうした性格がしばしば問題となつた。謂はゞ彼は以上の長所をあまりにはつきりと出し過ぎるのである。即ち彼の長所はそのまゝ短所となる場合が多かつたからである。

「過ぎたるは及ばざるが如し」と言はれるが有體に言へば、朴烈氏の人間性についても同樣である。仁義に富み、且つ他に屈しない等々の性格はそのまゝもつて今日の彼を築きあげたのであるが、今日彼の置かれてゐる立場を反省するならば、この人間性だけでは大成出來ない。ありのまゝの自然人としての在り方だけでは彼自身に負はされてゐる民族の任務を遂行することは出來ないと言へる。

では具體的にはどうか。

彼は彼の人間性に溺れるのである。彼の強さに徹しすぎ、またその弱さに溺れすぎるのである。情に溺れ、理に徹しすぎるのである。即ち彼の人間性をその生活全部の中に明確に出しすぎて、のつぴきならぬものにしてゐるのである。人間は正直でなくてはならぬ。けれども正直を遂行するには方便もあり曲折もある。方便や曲折にとらはれてはならぬが、正直を遂行するために、さうした道程のあることを感じてもよい。

人間朴烈氏は、いまやその時代に遠してゐる。

二、祖國再建の使徒朴烈氏

もう一つの面は革命の使徒朴烈氏である。以前の彼の任務は別として、今日置かれてゐる立場は「朝鮮の完全獨立」と「朝鮮の再建」である。

かつて彼は一思想の行者であつたが、今日では朝鮮民族全體の使徒である。強く言へば民族の興亡を双肩に負つて戰つてゐるのである。牢獄生活二十餘年……彼は沈默の中に人生を戰つてきたが、今度は生きた社會で、彼の苦衷の思想を實現するのである。舞臺はなはだ廣く、理想ははなはだ前途多難である。けれども今や彼はその一線から一歩も後に退けない。たゞ前進、そして前進があるだけである。この、のつぴきならない彼に必要な要素は何かといへば！

一、朝鮮人同志戰線の結束擴大
二、有力なる文教機關の設置
三、有力なる經濟機關の開設
四、政治的活動部面の擴大
五、速かなる新政府設立工作

などであつて、彼個人に關するものと、さらに彼をふくめて民族全體に關するものとが、凡て彼に襲ひかゝつてゐる。これは到底彼一人の力量においてやり切れる問題ではない。即ち、

△同志の完全なる協力と同協活動
△彼の百パーセントの政治力の發揚
△同志の嚴正なる規律ある行動と廣く社會性ある問題の把握
△祖國との全的活動の連繫實現
△同志體の再強化、再教育、青年層の教育、組織強化、經濟的自主

などにおいて、まだまだ多難の前途がある。

これらの懸案を彼は打開して行けるか。即ち革命の使徒としての彼にその實力ありやなしや。

彼は、必ずやり遂げるであらう。しかしそれには條件がある。彼の同志が全面的に彼を支援し、協力して行くことである。勝手な批判や無責任な行動やによつて、いゝ加減な同盟活動に終らせないことである。

兎角、勝手なこと。責任のないことは自由であり、場合によつてはさうした者の活動が却つて世間の喝采を浴びることさへある。しかしこれは永續するものではなく必ず時が解決する。朝鮮の再建といふ大問題はもとより民族全體に負はされてゐる任務で、國民の一人でもこれに背を向けてゐては、何時までたつても實現されない。ましてや祖國の獨立そのものが困難な任事である今日、祖國獨立のためにはあらゆる黨派、あらゆる機關團體、個人までが一齊に起つてこれに協力し、黨派を機關團體を、個人そのものゝ利害をすべて超越して、場合によつてはその利益を殺しても獨立達成に協力したくてはならない。獨立なくして、如何なる政治も經濟も文化も教育もあり得ない。一個人の商業がどれだけ繁昌したとしても、祖國の獨立なくして、どこに生活の安泰があり、民族の保障があり、生命の安心があるであらうか。

祖國再建のために、あらゆる階層を網羅する朝鮮人同志の結束はいまや焦眉の急である。獨立の前提である。これをなしとげるために革命の使徒としての朴烈氏であるが、彼はその熱情、その正義感、その內に潜めたくはへられた理智において決して人後に落ちるものではない。またこれをやりとげる同志の支持、その智謀、作戰、戰略において決して不可能なことは一つもない。彼は立派にやりとげる自信を持ち彼の周邊は擧つて彼を支援し實現させるであらう。彼の手腕も亦立派に同盟委員長としての役割を果すであらう。

三、祖國の運命を負ふ朴氏

たゞ最後に言ふべきことは、彼の果すべき任務、役割は彼一人のものではなく、祖國朝鮮全體の民族の運命そのものであるといふことだ。朝鮮の思想界、政界、社會運動の世界は、いはゞ四分五裂である。現在は解放された瞬間にあつて、如何にして新生の方途を發見し、再建の方略を見出すべきかについてその意見は各種各樣である。また團體、機關等の活動も同樣である。だがその目標は一つである。その方向は決定されてゐなくてはならない。現在これらの活動力を統合することなどは思ひも及ばないし、また統合されなくとも、一向に差支はないであらう。しかし祖國獨立のためには、左翼も、右派も、親米・英・ソ派も親日派もさうした一切の寄りどころは一應拋棄して獨立目的を達成し、その上にたつて論議鬪爭をくり返しつゝ次第に立派な祖國を建設して行くべきではないか。一歩も實現しないうちから、百歩先のことを議論してもはじまらないのである。朴烈氏は、この間に處して、革命の使徒としての熱情を、ひたむきに全的にこれに注ぎ込んでゐる。彼の大業を成就させることは、とりも直さず、祖國朝鮮再建を成就させることである。

この意味で彼にそゝがれてゐる期待は多きく、彼個人の行動にも重大な責任が負はされてゐる。彼一個の業でない民族の大業のために、われわれは彼の成功を支援し、また目的達成に全幅の努力を惜しまない。（寫眞は朴烈氏）

徹底的民主へ

一

朝鮮の惡夢であつた日本軍閥は壞滅し、その溫床であつた財閥の運命も混沌としてゐる。その再起は相當困難であらうが、いまや彼等は最後のあがきをもつて所謂保守勢力の牙城により政府をつくり反動性を濃化してゐる。口に民主々義を言つてゐるが、財閥の行爲のどこに民主的のものがあらうか。日本政府のどこに民主政治確立への努力の跡があらうか。大財閥は解體されたが彼等は一庶民になり切つたのではない。同胞戰災者、海外引揚民の多くはその衣食住の根本問題に困りはて闇商賣と社會不安は日毎に激増してゐるがこれに對する拔本塞源的對策は全然樹てられてゐない。むしろ反對に軍需補償打切り、國鐵賃金並に郵便料金の値上げ、大衆徴税等の形態をもつて國家の要求は悉く國民大衆の負擔によつて支辨され、財閥は沈默して颱風一過を待望してゐる現狀である。

二

朝鮮における民主勢力は日本軍閥の崩壞と同時に急速に結集されてゐるが、世界政局の縮圖としての性格を脱却することは出來ない。さらに日本支配の殘滓を一掃するために朝鮮同胞の反動勢力も掃蕩されなくてはならない。また朝鮮自給自存體制を確立するための産業開發計畫、民心を歸一すべき民主政治確立への方策、土地制度改革案など、數へきたれば朝鮮獨立の根本的課題は今日いまだことごとく未着手のまゝと言つてよい。とくに獨立の光榮を把握すべきわれわれ朝鮮民族の政治理論乃至社會建設の具體方略については、もつと積極的に、もつと眞劍に研究討議さるべきではないか。口に獨立を云々しても、獨立に伴ふ民族自存の方略が、われわれ自身によつて、はつきりと把握確立されてゐない嫌ひがありはしないか。

三

鮮日兩國民共通の問題は、一にかゝつて國內の保守反動勢力を驅逐して眞に世界平和確立に貢獻することの出來る民主的勢力の結集にある。とくに朝鮮民族にとつて過去數十年間日本の壓政下に苦吟した歷史を顧れば、慄然膚に粟を生ずるものがあるが日本無産階級も亦日本の壓政にあつて苦吟し、いまや新時代の脚光下に新しき鬪爭段階に入つてゐる。これを思へばわれわれは東亞のためと言はんより、世界の眞の和平を把握するために鮮日を聯ねる國民的共通の建國戰線を張らなくてはならぬ。過去の思ひ上つた日本人が、われわれに與へた壓政と輕蔑と、われわれを苦吟せしめたその責任は當然日本人に歸すべきものであるが、いまやその責は反動勢力凡ての追及に向けらるべく、そして民主世界確立の前に民主戰線が急速に結成提携されてゆかなくてはならない。建國の炬火の前に、過去の一切を投じてもつて熱情の凡てを建國民主戰線の擴大に當らなくてはならない。（朴正範）

事實を無視する暴論

朝日新聞社說の輕擧に與ふ

(一)

營利以外に何物でもない現代新聞の本質が、正しくないといふ事は我等はよく知つて居る。小新聞よりも、大新聞の方がなほさらそうである。新聞と云ふものは、時と環境によつて化ける。或る時は滿面眞白い化粧と、香水の香をふり散らしながら大衆に接する——心にもない媚を呈しアユをしたり、事實を變造し、粉飾して、しかもやはらかな音聲で語り出す。正に市井の笑婦である。又或る時は塗りつけた化粧と香水を洗ひ去つて、今度はモーニングか、フロックコートに身なりをやつし、如何にも世人の云ふ紳士に化けてしまふ。そして腕を振ひながら聲高らかに人倫を論じ、道德を語る。——政治を批し、經濟を評する。——國家を憂ひ、民族を慮ふ。かと思ふと、さつと變つて政府を非難したり、ブルジョア階級に罵聲をあびせかける。又時と場合によつてはブルジョアジーの懐に抱かれたり、政府の提燈持ちをしたりするのである。

一旦戰爭の起らうとする時、又は起つた時の所謂大新聞の態度はどうであつたか。古い歷史となつた日淸戰爭や日露戰爭はさて置き、日本國內に於てすらも、屍山血河をなした此の恐しい人命殺滅の第二次世界戰の起らうとした時の、又起つた時の態度は何うであつたか。固く抱き合つた政府とブルジョア階級は『勝利の時期、致富の好期來たれり』とばかり、直ちに新聞の力を拜借して、戰爭宣傳のラッパを吹出した。——天皇至上主義と神權思想を强化し、大和魂を誇張し、神民意識を擴大した。東亞盟主を自稱し、八紘一字を高揚した。——世界平和を叫び、東亞安定を高唱した。美しい夢想である。噴飯すべき假面である。

(二)

ラッパは吹き續ける。——勝利の準備は急いでゐる。それ、滅私奉公だ。やれ、根こそぎ動員だ。——可憐な中學の一年生から女學生、大學生に至るまで、その學園を捨てねばならなかつた。女中も、主婦も、勞働者も、乞食の娘に至るまで引つぱり出された。

大中小を問はず、ありとあらゆる工場のモーターの音は活氣を付けられた。晝夜の分別なく人間の膏血は、いやが上にも搾取されて行く。大砲小銃、軍艦、戰車、爆彈等々續々と生産された。

しかし、此の犧牲——此の努力も、遂に効なく、日本民族に取つて、血と淚の歷史的忌念日——昨年八月十五日と云ふ日を迎へねばならなかつた。

(三)

宣傳ラッパの曲調は驚く程急變した。まさに掌を返すやうであつた。即ち八月十四日の新聞論調と、僅か十時間を隔てる翌十五日の新聞論調が如何に變つてゐたかを、讀者諸氏の記憶に殘つてゐると思ふ。この變調振りについては、紙面の關係、又は時勢に對する言論の調理上、こゝに書くことを遠慮する。が、しかし百年近い永い間、日本民族が育てられたその道德や、倫理や、又、人間としての日本民族の民族的節操が一朝一夕にして變つてしまふとは、誰れも思つてゐない。唯だ變つたものは、所謂言論機關と稱する新聞のみであらう。千變萬化實に老狸にひとしいものである。如何に營利化されたものとは云ひ、如何にヂャアナリズムとは云へ、この樣な變貌振りには、いさゝか嘔吐を禁じ得なかつた。

此の妖婦——此の娼婦——所謂大新聞が、如何に喧傳し、如何に喋々しやうとも、この本質をよく知り盡してゐる吾等は、何も氣に留めることはない。しかし、東亞に於て最も隣接せる朝日兩民族が眞なる世界平和を念願するならば、今後に於ける兩國の國家的交誼や、民族的友好がなくてはならぬ。斯る意味に於て、その娼婦たるところの性格も理解せず、この妖論をして、正當なる公論としか呑込まぬ人々に及ぼす影響をわれわれは憂へる。

(四)

去る七月十三日、朝日新聞社說「朝鮮人の取扱について」——の下に、(中略)「朝鮮人が、戰爭中わが戰力增强の爲め、いくたの犧牲を拂つたことや、內地在留の彼等が、軍需生産部門に尨大な勞働力を提供したことについて、われらは感謝するものである。しかし戰後の生活振りに就ては、率直にいつて日本人の感情を不必要に刺戟したものも少なくなかつた。たとへば一部のものが闇市場に根を張り、物資の出廻りや、物價をかき亂したこと等、これである」と。また(中略)政府の食糧、物價政策などに惡影響を及ぼしてゐる」と。

これこそ、率直にいつて、第一次世界戰以前にも、朝鮮人は侵略的日本國家、又は特權階級やブルジョア階級に對して、決して好感を持つてゐたのではない。所謂日韓合併のその日から、侵略日本は朝鮮民族に取つて、不倶戴天の敵であつた。失つた祖國を奪還すべく、或ひは敵國の鐵窓の下に仆れ、或は敵國の斷頭臺に血を流した。これ、民族の鮮血に彩どられた吾が獨立運動史の語るところである。

まして、敵國日本が侵略的軍國主義や、世界制覇の野望を以て開戰した時、たゞ一人の朝鮮人も、心から日本の戰勝を祈り、戰力增强に應援したのではなく、又生産部門に勢力を提供したものでもない。あの狂氣的軍閥の壓迫や政府の强制力に依つて、無理やりに引つぱり出されたのである。心にもない汗を流し、心にもない犧牲を拂つたのである。であるから朝鮮人としては、日本から感謝を受けるべき理由は一つもない。

(五)

又、朝鮮の闇取引商人が、物資の出廻りや、物價を攪亂して政府の政策遂行に影響を及ぼすものと斷定してゐるが、そも／＼資本主義經濟機構から畸形兒として生れたこの闇取引は、戰時中日本の行詰つた經濟が生み出したのである。統制經濟そのものが、既にこの畸形兒を孕んで來たことを誰れが否定し得るであらうか。この統制經濟機構の下に日本政府自身も自繩自縛的に苦んできたことは事實である。戰爭中に戰爭遂行上、必要缺くべからざる幾多の軍需物資がどうしても必要であつたが國民はこの國家の要求に應じなかつた。そこで日本の陸海軍はともに相競つて民間に散在するこれらの資材を所謂闇價格で購入したその實例は全く枚擧に遑なしである。

(六)

世上、幾多の波瀾を引起した闇市場の商人は大多數が無産階級である。軍需工場から失職したもの、戰災に店舖を燒かれたもの、戰地から復員したものなどが多い。

そこで闇市場に根を張るといふ朝鮮人の數を調べて見ると、一例を示せば、上野で百三十人、新橋が六十人、澁谷が十八人であつた。(毎日平均出店者の數) この數字を日本商人の數にくらべれば至つて少數である。資本額も問題にならない。その商品もわざ／＼朝鮮から運んでくるのではなくして、凡て日本人により生産され、その商品は公定價格で買入れられる道理はない。朝鮮人の手に入る時において既に闇價格である。闇で賣られたものを闇で賣るに過ぎない。

さらに又、朝鮮人が故意に日本經濟界を攪亂するために商賣するのではない。日本人と同樣、生きんがために生活實感からその必要に迫られてのことである。

(七)

現在のわれわれ朝鮮人は現今の日本に對し反感や怨恨を少しも持つものではない。それは昔日の夢と消えた。又商業行爲を以つて闇市場を利用し、日本經濟を攪亂しやう等とケチな考えも持つてゐない。むしろ八月十五日以後、ありとあらゆる日本の現象を直視する時、人間としての正義感に胸迫る思ひである。朝鮮解放か？ あゝ解放よ喜んでもゐない。威張つてもゐない。我等の自力をもつて日本軍閥と戰つたのでもない。むしろ自分に恥づるのである。却つて日本人から偏見をもつて見られるのが苦しい位だ。

かゝる實情を直視するならば、日本現下の經濟體制又は配給機構の不圓滿が露骨に現はれてゐることが明瞭となり、これは日本政府が如何に苛酷の法律をもつて取締らうとも、また如何なる巧妙な術策をたてやうとも、この闇取引が根絶されないことは朝日新聞社自身も知る筈である。

(八)

最後に言ひたいことは、この根本問題を無視した朝日の論說は、兩民族のあるべき本然の融和をむしろ阻害し、却つて相互反目させる結果となつてゐるではないか。

世界の和平、民族の友愛は、われわれの希願してやまないものであるが、朝日新聞社もこれを無視しないであらう。然りとすれば問題を提示して民族を對立せしめ、解決することの出來ない根本問題に目をふれずに、枝葉末節の朝鮮人問題だけをとり上げてこれを責める態度は、まさに妄動である。暴論である。戰爭中の融和は表面上、形の上の問題で心と心との結合でなかつたことは誰も知るであらう。そして今日、朝鮮獨立を前に、折角兩民族の眞の結合が期待される時、この暴論を持ち出す朝日新聞社の眞意は奈邊にあるであらうか。

われわれは率直に眞意を訊したいのである。

本社出版事業に御協力乞ふ

本紙は旬刊紙の發行と同時に、ここに出版部を確立し、毎月一回程度の刊行物を發行し、本社の事業完遂に當ります。從つて本紙と刊行物を合せて半ケ月百圓、一ケ年二百圓を前納する會員を募り御支援を願ひたいと思ひます。目下豫定されてゐる刊行物は、一、朝鮮獨立論集　二、日本植民罪惡史　三、民主思想の本義　四、朝鮮政治の根本問題　五、朝鮮經濟開發論　六、朝鮮數學論等であり、以下最適者を選んでさらに計畫を進めてゐます。朝鮮民族運動の現段階を諒解せられ、率先御協力を願ひます。

新朝鮮新聞社

高級喫茶　ベーカリー
銀座四丁目
東周黃

朝鮮建國問題の管見

自由に伴ふ責任の自覺

朝鮮民族ばかりでなく東亞否世界の凡ての人々に取つて重大な問題の一つに朝鮮獨立問題がある。我々は日本の敗北と共に即時獨立を考へたにも拘らず、色々の事情に依り信託統治に委ねられた祖國の姿を發見しなければならぬのは淋しいことである。暴虐な日本の帝國主義から我々を解放した朝鮮革命家達や闘爭的民衆及び自由の爲の闘ひに、血を流した聯合國々民に對する感謝の念を禁じ得ないけれども、即時獨立の祖國の姿を夢見た吾人に取つては意外の感に打たれたことを茲に率直に告白せざるを得ない。

◇

思ふに一部朝鮮民衆の英雄的獨立運動にも拘らず、日本の暴政の前に屈服して戰爭に協力した大部分の民衆に對する自己反省と再出發への準備として數年間の信託統治なるものが必要であるかも知れない。又、よその國民に劣らない我々の政治的紛爭も我々の即時獨立を妨げてゐることは事實であらう。だが、朝鮮人が戰爭に協力したとしても努力に依る犧牲に過ぎず、日鮮一體の官製運動に一部の朝鮮人が協力したとしても、夫は、被支配者たる朝鮮人が日本人の地位にまで向上して支配を零ならしむる一種の消極的反抗運動であつたので、嘗つての對日協力者の幾人が日本ファシズムの再興を夢見、それに協力するだらうか。長い間日本の虛僞の宣傳に騙された民衆は今や眞に民族の自由に目覺めて、侵入者日本に對する憎しみを新にして生れ變つたのだ。自由人として朝鮮人として新世界に登場したのだ。若しも朝鮮や日本に於て日本帝國主義の犧牲となり、職を奪はれて飢えに迫り、破廉恥的犯罪を犯す一部の朝鮮人があつたにせよ、それを以つて朝鮮人の自由民族への成長を否認するものがあつたら、それは近視眼的觀察と云はなければならぬ。平和のみを長い間愛した朝鮮人は日本國家の朝鮮人に加へた惡虐すら許して日本の反省を期待した程、餘りにも純潔だつた。或るフランス人は「貧しくやさしい朝鮮」――ポーヴル・エ・ドウズ・コレーと云つたが、朝鮮人程平和を愛し、人道を愛した民族はないのだ。アメリカのジョージ・ヒーパー・ジョーンズ博士は東洋の三民族を評して、曰く「中國人は商人を思はせ、日本人は武士を思はせ、朝鮮人は學者を思はせる」と語つたが、この言葉こそ朝鮮人の性格を最もよく示してゐる。世界平和の樹立に於て最も偉大なる功績を殘したもう一人は朝鮮人であり、これからも人類の平和と自由の爲の最大の功勞者の一人となる資格を持つてゐる。たゞ朝鮮人に取つて反省すべきことは自由を憧れる者は、自由への責任が重く、時には自由の爲には生命を棄てなければならぬことである。自由は與へられるものではなく自ら取ると云ふ哲理を忘れてはならぬ。又自由を要求する者は、自由を要求するにふさはしい實力を備へることである。

◇

バーナード・ショウはフランス革命は成功したものであり、ロシア革命は失敗したものだと言つた。何故ならば、フランスに於てはブルジョアジーの力量が、支配階級だつた貴族よりもすぐれてゐたが、ロシアのプロレタリアートはロシアのブルジョアジーよりも實力を持つてゐなかつたと彼は言ふ。ルソー・モンテスキュー・ヴオルテール・ラボゼーの能力はルイ王や貴族よりすぐれてゐたから、貴族を仆しても自立したが、ロシア革命に於ては、ブルジョアの技師を殺してドイツ、アメリカから技師を雇入れなければ產業の經營が出來なかつたと彼は云ふ。自由と云ふものは努力するものに自然に與へられると云ふことを我々は自覺してゐる。

◇

要之、生れ變つて、自由と責任を意識する新しい朝鮮人を世界は新しく見直せと云ふのが我々の主張である。

次に政治的闘爭に就いて一言したい。現在朝鮮に於て政治的黨派多く、統一なきことを語る識者は多い。けれども、何處の國に於ても黨派は多く、自由の意識の强ければ强い程意見の相違はあるものであつて、李朝政爭の遺傳として現在の政爭を見ることは妥當ではない。だが、反對黨に對して寬容を知らないならば、それは恥づべきことである。スペイン、イタリア、フランス、ベルギーに於て、政爭は多いが、アメリカ、イギリスに於てこれが目立たないのは注目すべく、學ぶべきものがある。我々は國共の闘爭を遺憾に思ひ、スペインの內亂を悲しんだ。朝鮮に於て共產派と民主派が爭ふとき流血の慘事のないやうに期待し、民族同胞の反省を促したい。民族全體の利益の爲には左右兩翼共同戰線を結成してもよいのである。我々は一日も早く大民族としての誇りを持ちたい。

◇

政爭と關聯して考へたいのは三十八度線の問題であつて、一日も早くこの線はなくすべきであらう。先に引用したショウはそのパンフレット「愛蘭問題」に於て「アルスター地方はアイルランドより離れて英國の領土たらんとするが、アイルランドより離れてはならぬ、又アイルランドはイギリスと離れるな、イギリスとアイルランドが大英社會主義共和聯邦を組織すればいゝ」と語つてゐる。北鮮と南鮮が分れて二つの政治形態を持つことは不可である。南北鮮は一體である。朝鮮人の政爭と云ふものも、三十八度線の撤廢に依り消滅はしないけれども幾分軟化する筈である。朝鮮人自身自分の姿が分らぬことと粗苦しいことはなく、又相互理解を妨げるものはない。理解のある所に爭ひは少ない。（呉宇泳）

（つゞく）

在日同胞生活安定に關する一考察

一國の建設は、政治屋の机上プランや、街角の雄辯だけでは成り立たない。

その國家を構成すべき凡ての民衆の一人一人が、自覺の上に、自己に賦課された義務の遂行が、該國家建設理念の線に沿はねばならないのである。

いま我々在日同胞は冷嚴なる本國の現狀を直視し、各人の義務が奈邊にあるやを速かに認識すると共に各個の生活維持よりさらに本國產業建設に如何に寄與すべきかを考究せねばならない。

然るに、日本に居住する同胞の現狀は、一時的興憤より醒めたとは謂へ、未だ確乎たる生活基準を建てず、徒らに明日の現象を昨日の夫と混同し、今日此の瞬間蝕ばまれ行く自己經濟に陶醉し架空の夢に生きてゐるのではあるまいか。

一、勤勞意慾の昂揚

日本國民は敗戰と云ふ苛烈な事實と失業群に依る社會的混亂に有りながらも、尙働かう、祖國再建の爲ひたすら働かうとする意慾に燃えてゐるでは無いか。故に解放國民たる自負心と、建國の偉業に携はると云ふ、神聖なる義務とを考へないでも我等は、日本の彼等より何十倍、何百倍、働かねばならないのである。

若し五〇萬の同胞中、働き得る凡ての者が一心になつて勤勞するとせば、七〇%三十萬人月收五〇〇圓として一億五千萬の最低生活費の確立は難なく確保さるべきである。

二、生產機關の設立

在留同胞の戰時中に於ける經濟基盤は、戰災若くは終戰に依つて、其の大部分は消滅し、僅かに一部の土木事業及若干の特殊工業が低調乍ら餘命を保ちつゝ有る。

幸ひにも、朝鮮人商工會なる先驅の慧眼に基く團體の組織を見、各般に亙る生產設備の擴充及び充實に日夜努力しつゞけてゐるが、その實績速かなるを念願すると共に、在留工業家は擧げて各個の責任分擔と特殊技能を十二分に發揮し、生產設備の急速なる擴張を企圖し、且責任ある機關と團體は擧げて此等の企圖を助長すべく、陰に陽に援助すべきである。

尙其の擴張は、簡易なる輕工業より始まり、小規模なりとも、緊急必需物資の生產より始まり、本國における製紙、製絲、紡績、自轉車製作、農機具製作等々及び秀れた若干の人々に依る土建及び特殊工業への突進により、在留同胞の民生問題解決と同時に本國工業建設の基礎を作るべきである。

三、生產設備の運營

世界平和の確立と持續とは各個の國家內における、自國の產業安定を前提條件とする。交易に依る世界經濟圈は必要であり、且又爲さゞるを得ない所であるが、交易は自國內の特殊產物、餘剩產物なくしては成り立たない。故に我々は先自國民の生活安定と謂ふ初步的にして而も基本的なる路線に沿ふべき、生產設備及びその運營を爲すべきであり、在日居留問題に關しても、その基準は、在日同胞の生活安定を以つて爲すべきである。故に生產設備の運營は人的或ひは物的の獨占に非ずして、協同體であり、其處に携はれたる、資本家、技術、勞力及び其他一切は該產業に携はる凡ての人格上の結合となすべきである。一例を擧げれば一九三八年四月、日本軍占領下の上海において僅か六人に依つて結成された中國工業合作社は、苛酷な戰爭中、中國產業の三分の一を擔當する偉大な貢獻を爲し、戰後中國產業の中樞として、中國に適合せる復舊に邁進しつゝある。

我が在日同胞も、これに倣ひ小規模にして且つ、着手簡易なる生產設備を作り、互の共同經營となし、その收益より消却及び資金返還を除き殘餘は在日同胞の共同利用とすべき學校、技術訓練所、病院等の基金及び費用と又一部は是に携る全員の技能、勞力の割合に應じたる分配をなし、明朗なる生產を助長せしめ在留同胞の生活安定と進んで本國產業建設に寄與すべきである。

四、消費面の節約

個人經濟は收入に依る支出豫算である。然るに在日同胞の現狀は收入を無視した支出面が視かれる傾向がある。それは或る特殊な奢侈の面のみでなく生活必需物資の闇買賣と不要不急品の購買意慾の增進とに依り生活費用は破綻的危機に瀕してゐる。

故に必需物資の共同購入及び共同利用設備の共有化を計り、其の反面個々の費用節減に留意し個人經濟安定の策を速かに樹立せねばならない。

尙一つ消費節約に關し、生產及び消費、利用の全部門に亙る有機的連關性の保持が必要である。即ち、農工商の各部門は互に結び合ひ平面的な組合形式と相俟つて立體的な相互扶助に依る費用の循環經路を直ちに他の生產面に利用し得る樣、極小範圍に消極的維持を爲すべきと思ふ。（金斗鉄）

編輯後記

△各地の有志から發行が遲れてゐるので激勵の便りをもらつた。相濟まないが、今後ははつきり月二回刊行、旬刊といふように前進する。御寬恕を乞ふ。

△本誌は都合あつて「自由論戰」を新朝鮮新聞に題名を變へて創刊したものである。自由論戰の讀者は引きつゞいて本誌の讀者となり協力して貰ひたい。

△原稿は出來るだけ各方面の方に執筆してもらうつもりで依賴してゐる。しかし建設的なよい原稿であれば投書でもどしどし載せるから送つて貰ひたい。

△なほ本誌は論說ばかり多かつたが、今後はもつと廣く各方面に取材して理論と實際、研究と話題を兩立させるやうに努力するつもりである。

（T生）

1947年2月21日發行　　第一號

民團新聞
THE MINDAN SHINBUN

在日朝鮮居留民團中央總本部
東京都牛込區若松町 21
發行兼編輯者　朴　準
電話九段(33)2843　定價壹部金參圓

創刊の辭

人類歴史上に前例のない悲慘なる犠牲に依り、虐げられ、呪はれたる半世紀もの暗黒時代に新らしき曙光が射し、平和と自由の歌、高らかに我が三千萬は解放された。喜びと感激に滿ち溢れ、一路祖國再建へと邁進したものである。殊に在留二百萬同胞の氣慨正に天を衝き太極旗を押し立てて、祖國の自主獨立へと、熱情を集中した。然るに現に我々の得たもの見せ付けられたるものは何であるか？　一部自稱指導者權利欲輩並び謀利輩と其の手先の策動に依り純眞な民衆の熱情は、浪費され、勝ち得た民族的名譽と國際信義は、地に墜ちて、不幸のどん底に蹴き落されたのである。甚だしき者は、革命先輩に對し、民族反逆者反動等惡口放縱の言行を辨する事に依りて自ら犯した過誤と、其の責を他に轉嫁すべく汲々して居る仕末である。此の眞中にて、呱々の聲を擧げたる民團は斯る罪を生れ乍ら背負はされて、凡ゆる惡口の嵐の前に立たされた一部の團體では撲滅が決議され、其の他の面では反動の巣窟と攻擊された。戰爭中、日本帝國侵略政治の强制に依り「我は帝國臣民なり、忠誠以つて君國に奉ぜん」と高らかに讀み上げたる口先にて、朴烈氏が獄中にて何を言つたと言つて、ある事ない事を取り上げて、彼を埋葬すべく、あせつて居る其の淺ましき、哀れさは全く何を以つて答へて良いか？　知らない。言はすだけ言はせて見よ誰の罪を追求したり敵對する時期でない、我々は外國に生きる者として失墜したる民族的名譽と、國際信義を取り戻さなければならない。生活はどうならう共、凡ゆる能力と時間を政治的に動員され、他國の內閣打倒を叫んだ擧句犯罪者として處斷されるのはあまりに情けない。居留民團は、出發後今日迄三ヶ月間の默々として、此處に複雜なる國際情勢と占領下の、特殊情勢下に於ける在留同胞の動態を正しく把握し、新らしき事態に對處すべく民團新聞を發行する事にした。勿論居留民團自體が、如何なる政治理念にも政治運動に遍重しない如く、民團新聞も如何なる主義主張に固執する事なく民生問題、文化向上、國際親善の實を擧げるべく邁進して行く積りである。

目次

在日同胞に告ぐ

今般國際聯合總會に對し朝鮮の立場を説明すると共に、朝鮮の要請を提訴する計畫にて渡米する途中暫く東京に滯留する事になりました、何よりも先づ同胞の皆様に個別に訪問したい氣持ちは、山々でありますが滯留時間が餘りにも短い關係上、意を果す事が出來ないことは遺憾に堪へないものであります。然し今後又苦しみと希望に充ちた皆様と親しく語る機會があることを信じて、此處書面を以つて御挨拶申上げます。日本と云ふ國は、私個人は勿論朝鮮の全民族が、特に大なる關心をもつてゐることは、否定することは出來ないことであると思ひます。この國に於いて未だ殘留してゐる同胞皆様に對しては、本國でも充分考慮はして居ります。現在迄海外に殘留してゐる同胞の中、中國各地に於いて奮闘した同胞は旣に歸國を完了し、滿州方面に於ける同胞は、近い將來に全部歸還するやう計畫と手續を終了致しました。日本に殘留してゐる同胞の皆様は、從來の日本人と朝鮮人の畸形的關係が歴史的歸結によつて、一時に解決した關係上種々な軋轢が多少發生するものと推測されます。然し過去四十年に近い長い時間がもたらした、日本と朝鮮の關係を急速に忘却することは、出來ない狀態に置かれて居る事が吾々に取つて一つの宿命とも云へませう。私個人の主觀としては、日本に殘留する同胞皆様は財産處理或は、生活維持するに甚大な支碍と困難があると思ひます。兎角一日も早く歸還して餓へても食べても建國の然め苦樂を共にして下さる事を切望する次第であります。然し個別的に見て經濟的に政治的に、又文化的に失權を開拓するに獨自の能力をもつて、可能な同胞達は無理に歸國する必要はないと思ひます。こう云ふ時には殘留同胞に對しての警察權等は日本人に依存すべきでなく、居留同胞自體がこれを行使すべく適切な方法を要求したいのです。吾等の政府を急速に樹立して、我等の意志で政策を施行する日が速に來ることを願ふものであります。建國途上にある我等の內地で、現在最も問題になるのは、一部激烈な分子が北方から連續潛入し、善良な民心を煽動して平穩な秩序を攪亂し、其上殺人放火陰謀等の非行をもつて、破壞工作を敢行する惡弊があつて、一時憂慮されたが、只今は南鮮全部の男女同胞が、組織的に此れを排擊して鎭壓したから、皆様は此の點は安心して下さい。我等は何時も此のやうな野卑と弊害は又と繰返さないやう願ふものであり、平和なる香りと穩健な方法で津々浦々に同胞が、大同團結して失つた我等の國權を回復し、汚損した信義を昂揚するのが我々の急務であることを良く理解して下さい。日本にても亦此のやうな意味で、同じ理念と同じ路線を持つて、外部に對し一面聯合軍當局の占領政策に順應して、他面民族相互の不必要な相剋を避け內部に居つては同胞各位が一體統合し、同一の戰線下に於て一心協力して、建國を促成させることを衷心より期待すると同時に、各位の前途に御幸運と御健康有らんことを願ふ次第であります。

九四六年十二月五日

東京帝國ホテルニテ

李　承　晩

在日朝鮮居留民大會を通じて
同胞各位に告ぐ

本國情勢聽取會

新聞ラヂオを通じて多少知り得る外、本國との連絡不充分のため本國情勢、建國途程の正しき動態を知り難く、不安焦慮の際、去る一月二十二日偶然大韓獨立促成國民會所屬の趙成植氏並李承晩博士秘書中鶴風兩氏が渡來挨拶の爲め本民團中央本部を來訪したのを機會中總事務所にて本國情勢聽取會を催した、兩氏は最近迄の祖國情勢と動きに對して報告説明があり、一般問答もあつたが、話は非常國民會議から民主主義民族戰線の出發、發展と現在の立法議院を廻つての左右合作に對して語つたが、左右合作は意外にも初志を果さずに終り、其の機能役割も同時に色々と制約され、現下政治問題中重大なる民生關係は未だに軍政廳にあつて僅かに四級以上の朝鮮人官吏の資格審査權があるとの事であつた、隨がつて政治的關心は全ら左右合作と云ふ根本問題に向いて、直接政黨運動より離れて民衆同盟と云ふ樣な別團體が現はれる樣になり、青年運動も方向を變へて京城內の青年團體が合流して青年黨と云ふ政黨を組織したとの事である、共青年黨は全ら新しき試として所謂三均主義なるものを旗印にして出發したが、共三均主義なるものは中國の三民主義とも趣が違つて、近代文化政治の新らしき理念とでも云はうか、均知、均富均權と云ふ風になつて居るとの事である。

新聞關係者招待懇談會

中央總本部では新年の挨拶及民團今後の運動方向並に決意を披瀝すると共に各意見を聽取し度く、東京の主要新聞記者、關係者を去る一月十六日午後五時、小石川涵德亭に招待した處、中華日報を始め朝日、讀賣、朝鮮情報、國際新聞、國際タイムス、自由新聞社等の各代表者が參席し民團運營を始めとし、朝鮮の建國、國際問題為夜遲くまで討議懇談した。

中央總本部からは團長を始め幹部役員多數參席し民團の運營の新しき決意と覺悟を披攊した。

朝鮮人生活權擁護大會
被檢者救出運動連絡會議

去年ノ十二月二十日宮城前廣場デ開カレタ朝鮮人生活權擁護大會後、檢束サレタ當大會ノ交渉代表委員十名ノ救出運動ガ各方面ニデ展開サレテ居ルガ一月十一日正午ヨリ新橋驛前平和グリルニテ在日朝鮮人居留民團、朝鮮建國促進青年同盟、商工會等ノ代表十一名參集ノモトニ期鮮人生活權擁護大會被檢者救出運動連絡會議ヲ開催シ午後二時迄討議ノ結果次ノ如キ決議ヲ見タ。

決議事項

一、救出運動基本理念

1、今般大會ハ居留民團、同胞ノ代表的且總意ニデ開催シタト云フ主張ヲ是認シナイ

2、該大會ノ方法ト內容ヲ問ワズ

3、思想ヲ超越シタ民族的共同立場カラ救出運動ヲ展開スル

二、運動方法

1、法的手續ト對策ハ全的ニ朝聯自體ガ之ヲ續行ス

2、各團體ノ代表ハ外廓ニデ政治的部面ヲ合法、且、强力ニ遂行スル

3、陳情書提出ヲ行フ

A、起草委員

B、提出先

マ司令部　第八軍司令官
朝鮮軍政廳　對日理事會
米、英、蘇、中、佛代表團

C、提出日

一月十六日

マ元帥ニ提出セシ陳情書ハ次ノ通リデアル。

陳　情　書

聯合軍最高司令官、ダグラス・マッカーサ元帥閣下、

一九四六年十二月二十日、宮城前廣場に於て、在日本朝鮮人生活權擁護委員會が開催した。人民大會に於けるデモンストレーションに依つて主催者側と日本政府との間に惹起された事件に關して、われら在日本朝鮮居留民團、期鮮建國促進青年同盟、在日本朝鮮人商工會、朝鮮科學技術協會は閣下に次の如く、陳情するものである。

1、隷屬から解放された朝鮮市民に對し閣下が常々深き理解と有誼を有つて在日本朝鮮居留民の歸國と處遇に關して種々好意ある配慮をお與へ下さつた事を深く感謝するものである。

斯かる好意の基本的意識を沒却し日本政府當局は、所屬其の有利な立場を利用して、我々朝鮮人に對して必要以上の不當なる措置を講ずべく企んだり常に貴聯合軍、その他に對し誇張と虚僞の報告や宣傳をなして、我等を窮地に陷れんとする等、その侵略的野欲と侵越的非望の未だに消えざる彼等の心情は、正義と人道の前に悄まるべきものと我々均しく遺憾に思ふ所であります。

十二月二十日のあの人民大會の意圖せる所は、貴聯合軍に對し、之等好ましからざる現象を陳情し、且つ日本政府當局の眞摯なる反省を促すにあつたと我々は思惟するものであります。固より我々の各團體は直接、本大會に參加はしてなかつたし、且又本大會の內容と方法に就ては聊さか檢討すべき數々の要素を包含して居たにせよ、その目的とする所は、日本に殘留する全朝鮮居留民の共通概念である事を我々は卒直に認めるものであります。

這般の事情を勘案して僞された該大會のデモンストレーションに於て首相官邸を回る、日本官憲の計畫的行動と思われる威嚇的で、侮辱的な挑發は、遂に兩者間の小競合となつて現はれ、旗竿が倒れ硝子がこわれ、警官が空砲を發射し且つ若干の負傷を出すに到つたが、それも瞬時にして治まりデモ隊の行進は依然續けられたのであります此の間、M・Pは終始公正なる方法と峻嚴なる態度で秩序維持に當つて居られた事は衆人の感服した所でありませう。然るに、その後大會側交渉委員十名は日本警官の無理なる拘引に依り、警視廳に拘留され、二十六日、貴第八軍第一師團第二旅團、副團長による軍事裁判が判決に依つて一人當五ヶ年の徴役及七萬五千圓の罰金を課せられたのであるが、第一師團長は之を、裁判するに當つて、一ヶ年に減刑したので

中央總本部
緊急座談會開催した

中央總本部に於ては一月七・八兩日間關東信越各本支部長を本部事務室に招き、民團出發後の經過を報告檢討し、新年に於ける中央總本部を中心とした各本支部の運營及び發展方針並に民團の態度に關し愼重に討議すると共に、特に中央總本部幹部の缺員を補充した、之は特に本部と各地方本支部と連絡を緊密にし民團の運營に萬全を期するに存つた一つの現はれとして今後大きな期待がある。

幹部の補充は次の通り

團長　朴烈
副團長　李康勳
議長　高順欽
副議長　洪賢基
事務總長　元心昌
次長　金熙明
內務部長　金鍾在
次長　朴明玉
涉外部長　金正柱
次長　金洛中
財政部長　玄熙
次長　丁遠鎭
文敎部長　鄭哲
次長　朴準
地方部長　金在華
次長　全用道
社會部長　裵正
次長　李玉童
次長　劉虎一
會計監督　全斗銖
同　徐鍾實

あります。

親愛なる閣下、

以上の結果は法的根據は別論とするも我々全朝鮮民衆の感情的意識よりしても、遺憾千萬であり納得さえ付き兼ねる所であります事を御諒承下さい。

解放民族が、舊敵國の不當な處遇に反抗し敢然自己の生活權擁護を絶叫せる結果として、不慮の重刑に遭遇せる事は、社會正義に悖る不合理と考へるのみならず、民族の榮譽を此の上もなく損ひ延ては、國際的にも、その影響する所、少なからずと思ふのであります。政治的に社會的に、地位と實力の微弱なる朝鮮居留民の前途に之以上の暗影と陰鬱は在り得ない筈であります我等の敬仰する閣下、

如何にして該大會が開かれ、現在朝鮮居留民は何を考へ、また今後の方途を如何に觀てゐるか、そしてまた拙劣な純情が齎らしたる過重な刑罰が、如何なる有形無形の失望と、自暴を與へたか此っ間の事情を篤と御緊察の程切に御願ひするものであります。

閣下、

閣下不變にして聖なる弱少に對する憐憫の厚情を今一度可視狀態に進ませ何卒之等被檢者並に追加拘留中の者計十三名に對し、特赦を以て釋放の恩典に欲されん事を、

民族同綠の自然發露として玆に懇願の、陳情を出すものであります。

幸ひ我々の衷情を汲み取られ被檢者總員が出所の幸運に惠まれるとすれば今後は二度と斯かる好ましからざる事態は、惹起せしめず、且つ我等協意を以て彼等の進退に付有效適切なる措置を講ずべき事を玆に、重ねて申上ぐるものであります。

末尾に閣下並閣下麾下の將兵が遂行中の占領政策に不側のトラブルと心慮を掛けました事を在六十萬同胞に代り深く陳謝する所であります。

無任所　鄭周和
無任所　徐忠臣
同　朴性愼
同　丁思民
同　琴錫龍
同　徐相漢

廣告原稿募集

本民團新聞は當分の間國文活字が準備出來ない故日本文のみにて發行する計劃であるが國文、日本文に拘らず民團の活動を十分活かせ建國運動の「力」となり得る原稿を左記の範圍内にで廣く募集す。

但し原稿の內容如何に依つては編輯技術上、筆者の意志を無視しない限内にて加筆或は一部削除する場合並應募原稿は一切返送出來ない點宜敷しく諒解して戴き度い。尙掲載分は薄謝進呈す。

左　記

論文（哲學、思想、宗教、科學）詩、小說

隨筆（特に地方情勢と同胞の生活淸勢を材料とした作）

朴烈團長李承晩博士と會見

朴烈團長は去る十二月十日午前十一時、東京帝國ホテルに於て、聯合軍賠償會に朝鮮參加を要請する爲渡米途中の李承晩博士を訪問要談した後次のやうな見解と談話を發表した。先づ本國情勢に入つて博士は今般南鮮暴徒事件は純全なる政權獲得に狀躍する小數分子の策動であり、それに從ひ小數群衆の煽動もあつて、多數の犧牲をも出したが、全民衆の冷靜なる態度と沈着なる協力に依つて速に鎭壓された。

又左右合作問題は極少數過激分子を除外した後ある程度の成功を見、目下米蘇共同委員會開會と臨時政府樹立促進に全民衆は全力を盡してゐる。

其の次は海外居留同胞對策に對しては非常に憂慮してゐるが我々の臨時政府樹立される迄は何の具體的對策を講ずることが出來ないことは非常に遺憾である。從つて在日同胞皆樣にお願することは絶對的右翼、左翼云々、又絶對的支持等よりは飽くまで政治的、文化的諸訓練に努力すると共に文明國民としての襟度を保ち、南北統一左右合作、完全自主獨立等に努力して下さることである。

それからマッカアサー司令官が博士を通じて在日本朝鮮同胞の意向を知りたいとの要請に對し朴烈團長は在日同胞合體の立場として朝鮮人法的地位及待遇を改善し、生活權を擁護し、朝鮮人歸國輸送荷物制限を徹廢すると共に、毎日定期船と同じ施設を十二月十五日後にも特別に考慮を願ふ等色々當面に切實な問題を博士を通じて、要請した後、博士よりの在日同胞に送る「メッセージ」を頂き午後一時頃別れた。

在日同胞居留民大會

生活危機を突破すべく

日比谷を震動した同胞の雄叫

暗雲に包まれたる祖國の前途と、刻々と急迫する在留六十萬同胞の生活危機に對處すべく過ぎたる十二月十三日に在日朝鮮居留民團並び朝鮮建國促進青年同盟の共同主催のもと、日比谷公會堂に開かれたる在日朝鮮人居留民大會は、さすがに緊張した同胞の眞劍な態度と熱心なる討議に依り絶大な盛況であつたが、本大會の新らしき意義を持たらした事はGHQ法務課マーガレット、アレン女史が特に出席して民主主義と朝鮮婦人の使命に對して熱々なる激勵の言葉があり、今度GHQに新しく轉任して來た咸龍俊中尉(朝鮮人)の感激の挨拶から上海方面に居留した同胞の近狀に對する説明あつた事であつた、大會は益々緊張し山積したる問題が討議されたが、先ず國際情勢の現狀に鑑み國際連合に對して「世界平和の爲に朝鮮問題を急速に解決し、米ソ兩國は國際正義に立脚し、朝鮮獨立の公約を履行せよ」「計畫輸送終了後も本國との航路を設けよ」「當然なる利權を擁護せんが爲我等は團結し統一されたる強力な代表機關を持たう」等のスロガンのもと討議し、國連並び各國代表團に決議文を送る事にした、殊に朝鮮現狀と三千萬の意志を國際連合に呼訴すべく渡米したる李承晩博士も本大會に參席出來ない事を遺憾とし、居留民團長朴烈氏を通じ一般居留民に導し熱情を込めたるメッセージを送つて吳れて當大會に朗讀され、一段と會場を感激せしめた。

以下、決議文

親愛なる閣下、我々在日朝鮮人居留民は、連合軍の偉大なる勝利に依つて解放されて以來、閣下を始め貴代表團員始め貴國民より與へられた指導と援助に對し滿腔の敬意と感謝を捧げる、今後も我等は朝鮮民族の榮譽を背負ひ信と義と愛にて貴代表團及貴國民と交際し指導を受けて深き友好を確保せんと願つて止みません、何卒親切と愛とを以て我々の微衷汲まれん事を、且また緊密なる交際と交歡あらん事を期待し確信するものであります

今、十二月十三日東京日比谷公會堂にて在日朝鮮人居留民代表と一般居留民等に依つて開催された、本在日本朝鮮人居留民大會は、閣下に對して敬意と感謝を捧げ併せて衷心を披瀝する事を光榮と存じます

一九四七年十二月十二日

在日本朝鮮人居留民大會

英國
米國
ソ聯
中國
佛國
代表團長殿

廣告 第三回常識講座

民團中央總本部文教部主催で每週土曜日にある常識修養講座の第二回講座は來る二月十五日土曜日午後一時から中總講堂にて催すが 講師に朝鮮古代藝術研究の世界的權成である柳宗悅氏で講題も「世界に於ける朝鮮藝術の位置」である。 聽講大觀迎

一般同胞の輿論調査

國際情勢の微妙に動く今日、在日同胞の急迫なる生活問題と同時に起る色々な輿論を調査し純然なる態度と方針を決定し度、今般中央總本部では在日同胞の輿論を左記の如き範圍內に於て調査を開始した

一、朝鮮と日本との親善關係
一、支持思想と政治的理念
一、民團と朝聯とに對する見解
一、自主獨立と信託統治に對する見解
一、民生問題に對する解決方針
一、殘留事情と理由

第一次常識修養講座

計劃豫定中であつた常識修養講座は去一日二十五日午後一時より中總本部事務室にて第一次講座を持つたが講師は元京城大學教授現東大教授尾高朝雄氏で題目は國民總意に依る政治であつた。本講座は以後繼續して每土曜日午後一時から催す積りであるが、講堂に收容し得る限り一般聽講を歡迎する、尙是非聽き度い題目並講師に對する要請があれば、文書或は直接本民團文教部宛傳へて吳れれば出來得る限り應請する積りである、尙第一講座の重要部分は本紙面講座に掲載してある。

朝聯第九回中央委員會

朝聯では去る一月二十八九兩日中總にて第九回中央委員會を開催し、一般活動報告及今後方針に就いて色々と討議したが、特に今後運動方針に對して色々と論議され從來的政治方面より民生問題に主力を注ぐべく意見が多分に出で今後の朝鮮人團體に統一に新らしき曙光が見えたとの事である。其の具體的方針に就いては未だ發表する時機でないが。何れにしても其の樣な論議があつたと云ふ事實だけでも現實的情勢が大きく反映したと云ふ事は無視出來ないのみならず、大きな期待を持つ事も、無理な期待でもないらしい

居留民團は果して强盗團

反動團體であるか？

「朝鮮は民主主義諸團體と共に「ヒデハラ」内閣と鬪つた。之は今後共變らない方針である、過去三十六年間と全く本質を同じくする日本政府の彈壓下に於いて、あの偉大な犧牲を拂つて迄も六十萬同胞の生活權擁護の爲めに朝聯は屈せず鬪かつて居る」以上は「民靑旗バル」第二號二面に掲載されたる「居留民團の朴根世に與ふ」と云ふ姜永吉氏の返迫文にも類する記事の一節である、姜永吉氏と民靑と朝聯とは如何なる關係があるかは知らぬが、記事の内容から見て民靑も朝聯も一體の如く同一意見と態度と見らるるを以つて以下は民靑も朝聯も同一なる見地にて話を進めて行く積りである、其理由としては朝聯は居留民團を反動團體として撲滅すべく決定したのと同様に氏も居留民團をを不良や詐欺團體として反動團體と確言した、文面を見てでも分る事である、氏は話を續けて朝鮮本國には、右翼とか、左翼とか言ふ樣な存在がなく、あれば賣國奴親日派民族反逆者のみであつて其を稱して右翼であると大見得を切つた、現在斯る記事を讀んで居る氣持ちと、又何かに付けて返答を書かなければならない、自分も氏の言葉通りの賣國奴であり、親日派であり、民族反逆者である、一人を免かれる事の出來ないらしいが、其の何れにしても惡口に對するのみでなく共、斯る惡口を吐かなければ、運動も建國も成立しないと思はれるらしい考方と其等の動きに對する時、實に情けないし嘆かはしい至りである、同紙の社說にも政治的反動的不安が增大する現象を嘆いたが其社會的不安の增大が何が原因であるかを、共に眞劍に考へなければならないと思ふ、彼は過去三十六年間と八月十五日以後の朝鮮並び朝鮮人を同様に見るが、何が故に現在解放民族として、獨立が世界戰勝國に依つて保障され、三十六年間と同樣な屬國的關係は完全になくなつて外國人である事を、自他共に是認し乍ら、外國政府の内政に、干涉し反動政府と惡口しなければならない理由と其の様な運動の爲めに得る處何んであるか？ 日本人と同樣な法的支配を受ける理由がないと叫び、日本に於いて選擧權を得る對價として、市民稅を拂ふと云ふのが最近朝聯の態度であるらしいが、其の何れが眞實であるか分らないし、其の魂たんが何處にあるか知らない、最近日本政府の聲明として昨年十二月十五日以後、朝鮮人に對する對遇を日本人と同樣にすると云つて、吾人を大いに驚あくさせた事實があるが、其をして反動内閣と云つて吾人が倒閣運動をやる必要があるか？ 其を決定するのは今の日本に於ては内閣でなく、マ司令部である、凡てが其の通りである事は三尺の童子でも分り切つた事である、彼の說の通り反動吉田内閣を打倒して、共產黨内閣が出來れば朝鮮人に特別な對遇をして吳れるとでも思ふのか？ 成程共產主義者、共產黨員に云はしむれば、朝鮮が解放しても獨立しても彼等の黨の國家にならない限り反動であり反逆者であるだらうから、其の樣な政治思想鬪爭と吾人が思ふ建國運動とは其の主旨が大いに違ふ譯であるし、又逆ふから朝鮮をソ聯の一聯邦にする事が朝鮮民族の解放だと云ふ結論も生れて來る筈である。それであるから朝鮮本國であらう共、外國である日本であらう共、同一なる立場から所謂階級を看板にして鬪爭をする、然し彼等の云ふ通り反動であり民族反逆者であると如何なる惡口を受け乍らも、そう云ふ風には行かないし、又思ふ譯には行かない、我々が日本に殘留して居る理由が何であらう共、我々は常に外國人として、其の都度政府を相手にすべきであつて自分勝手な政府を選擇する權利もないし必要もない。我々に取つて唯一の方法は、其の政府と出來る丈け協調し親善を結ぶのが、政治であり生活であると思ふ、日本政府に對す

第四回常任中央執行委員會

去一月三十一日午後二時より約二時間の間中總涉外部事務室にて開催されたが主として二月分臨時豫算を再編成して現在缺員中である事務局長として金熙明氏を推薦したとの事である

第五回常任中執央行委員會

二月四日午後一時から約二時間半中總涉外部事務室にて常任中央執行委員會を催したが當日は來る三月一日の革命紀念行事及紀念事業に就いて各部から出たる起案を討議したが本年は形式的な行事よりもむしろ三一革命精神を十二分生かすべく紀念事業に主力を注ぐべく大體意見が纒り先ず三一科學研究室を設け一般科學問題に就いて實際的に研究する事になつたが人材關係で當分は日本の斯界權威者を成可く網羅する事にした、又色々と外部論議されて居る本民團に對する惡評されて居る事に對して實際運動を通じて返答すべく中總强化は勿論の事各地方本支部ともつと連絡する樣にと色々と討議された

朝鮮人生活權擁護委員會

ニュースを讀んで

居留民團に對し或る一部團體では親日派民族反逆者の「クルブ」であると宣傳をなし、自分の團體が唯一な代表團體であると實に情けないと主張をするが、此の度朝鮮人生活權擁護委員會ニュースに於いても情けなくも或る團體を攻擊し他の團體を擁護し樣としたのは遺憾千萬である。反動團體であるかないかは妙共解放後今日に於いて言論集會の自由な世の中なるからには民衆自體が見て知る事であつて自分が良い子で他の人が惡いと云ふ事は云ふべき事でない、今ニュース記事の通り朝鮮人聯盟が大きな團體で居留民團が小さいと

る成る交渉や主張が必要である場合、其の強弱は本國政府の實力强弱如何に依つて左右されるものであつて、在留する者が左右し得るものでない、人類歴史の凡ゆる悲劇の原因の殆んどが此の點の喰ひ違いから來る盲動にあつたのである、我々は我が祖國を如何にすれば、進歩的且つ自主獨立國家を樹立し得るか？ と云ふ一點にある。解放後に於ける特殊環境は種々な好ましくない事態を演じ、其上一つの理論的指導の爲め其の度を過し徒らに、國際親善を害し、與へられたる特權迄喪失せざるを得ない口實を造り好しくない事態を生みつゝある、我々に取つての社會的不安とは、全く此の事である。我々の三十六年間の鬪爭は、我々を奴隷とする軍國政府であつて、日本でもなければ、日本人でもない、其にも拘らず現在も同樣に思い且つ爭ふと云ふ事は、日本政府の奴隷であると云ふ事を自認する事であり解放も無視する事である。氏は又同胞の生活權擁護の爲めに鬪かつて居ると見得を切るか、成る程朝聯の働きと、功績を認めるも、其は朝鮮人の爲め、朝鮮民族と自主獨立をすると云ふ、路線にて鬪かつた時の事であつて、外國政府を叫彈し內閣打倒を叫んだが故でないのみならす、其等の活動と運動が返つて功績を薄らいたのである。不安のどん底にて苦しむ同胞に、生活權を擁護してやる、やる方法だと云つて飢えた腹をかゝへた同胞を引きづり廻つて、何が與へられたと云ふのだ、偉大なる犧牲には違ひないが、其の偉大たらしむる理由が何であるか？ 中には眞劍な氣持にて鬪かつた人も居るが、其等の眞劍な氣持に對して、巾譯が必要ではなからうか？ 其の犧牲を解放前に受けた犧牲と同樣に見る譯には行かない、主義思想の立場から見れば同樣であらうか、今我々は建國理念に對して理屈を云い度くない、唯敗戰後占領下たる日本に殘留して居る我々同胞が、國際情勢の動きに歩調を如何に合せつつ、生活すべきであるかが、目下の重大事である。居留民團が反動團體であるとか、强盜團であると云ふ樣な言葉に對して、應酬をする氣は毛頭ない、唯現在もそうであり又、將來もあうであらう處の民團が反動團體であるなら、强盜團であるなら、甘んじて其の言葉を引受け樣、そして其意味での强盜團にならう。

云つて見た處で祖國を思ふ同胞を思ふ心は同じである筈だ、朝聯が祖國を思い在留六十萬を思ふと同じく居留民團が思つたと云つて何が惡いと云ふのだ、居留民團は未だに朝聯を反動團體と稱して居ない理由は朝聯內に反動分子がないからでなく、朝聯全體の動きに對して敬意を表するからであり、祖國同胞の爲働くと云ふ精神を認めるからである。

唯民團が彼等自身が最近指摘した通り政治運動に主力を注ぎ、まるで政黨的存在であるから政黨的見解が違ふ他の團體が生れ、斯る政治運動を超越したる居留民團の出發があつただけである、居留民團としては民團が、政治理念の固執を抛棄する時は何時でも合流してもいいと云ふ度量は何時でも持つて居る、之は辯解でない朝鮮人生活權擁護會も一つの政治運動に偏重する事なく一つの團體を固執する事なく全同胞を包かんされたい希望で以つて全文の返事とし度い。

祝創刊

在日
朝鮮人商業聯盟中央總本部
東京都淀橋區新宿二丁目七七
委員長 崔 鳳 大
副委員長 秦 太 一

團長歸還

政權慾のあまり派別的野望の犧牲から漸次覺醒しつつある在日同胞は徒らなる政治理念主義主張の盲動より日常生活を廻つての居住權問題民生問題國際親善の現實的要懇に應じ地方有志並に一般同胞の活動が積極化し、民團結成が到る處猛烈に展開しつつあるが、今般朴烈團長の地方出張が出獄以來方々から要請されたるも中總の事務事業の多忙の爲關西以西南地方は一度も出られなかつたが、今度特に餘暇を得て九州地方に迄行かれたるを機會に九州小倉支部を始め福岡縣本部、佐賀縣本部、大阪本部、旭支部、河內支部、都島支部、布施支部、東淀川支部、京都等の各地方本支部の結成式に參席して去一月八日に無事東京に歸還した、歸還感想として次の樣に語つた。

地方にて同胞達に始めて會ふ感激は、嬉しさ、悲しさ、云ひ切れないものあつた、民衆の叫びはあまりにも甚酷であり、到る處で暗涙を禁じ得なかつた、一部の同胞は、或る一部虛亡棒大の宣傳に惑され、自分を反動だと反逆者であると盲動する向もあつたが過つて話せば直ぐ分つて哭れて嬉しかつた事も多々あつたるも、斯る場面に出會ふ度每に凡ゆる妨害を超越して最後迄奮鬪する覺悟が深まつて來ると語つた。

常識講座

國民總意に依る政治

尾高朝雄

民主主義と言ふものは、一言で民主主義と言つても內容は非常に複雜であつて、それにはいろ〳〵な形がありまたその中にはいろいろなむずかしい問題が含まれているのでありまして、民主主義ならば何でも立派な政治になるというように考へるならば、それは大きな間違ひであります。民主主義は正しい民主主義が正しいのであつて正しくない民主主義の運用はむしろ非常に危險な弊害を伴いやすいのでありますから、將來の完全な獨立に備えていかなる民主主義の國家形態をとるのが適當であるか、その場合にどうすればその民主主義に伴いやすい弊害を除去して正しい民主主義を十分に研究しておいでなるということは大へん必要なことである。

民主主義とは、一言でいえば國民の意志によつて政治をするという國家組織の原理なのであります。國民の意思によつて政治をやつて行く。だから國民の政治であり、國民のための政治であります。

ところで民主主義ではどういう政治をするか政治はすべて力によつて行われる。政府というものがあつて、その政府がたとへば警察力をもち刑罰權をもつて人々を規律統制して政治をやつて行くのでありますから、政治には必ず力があるわけであります。そうゆう權力がよく行われれば大へんいい政治になるのですが權力というものはとかく間違つた、方向に權力をもつている人の勝手に用いられる危險が多いのでありまして、それを權力の濫用と言います。いかに國民の意思による政治であると言つても、國民が政治のやり方を一々みなで考へてその通り政府にやらせることは不可能ですから、やはり政府があつて、政府の首腦者が政治をやつて行くことになるがその場合に政治のやり方が權力の濫用になると、國民のための政治でなく國民の利益を奪うという政治になる惧れがあるから、そこで民主主義では權力の用いられる筋道をあらかじめはつきり定めておくということが必要であるということになつてきます。

國民の意思による政治とは、言ひかえれば國民の意思によつて法律をつくつて政治を行つて行くことにするということにほかならないのであります。

しからば國民の意思による法律のつくり方はどうするか。國民の意思と言つても、たゞ一人の國民の意志をもつて法律をつくつたのでは專制政治になつてしまつて、決して民主主義政治ではない。また國民の一部の人々、一部の階級だけが法律を制定して政治をやるのもやはり一つの專制政治になつてしまう。そこで民主主義では、國民の總意によつて法律をつくつて、その國民のみなの意思によつてでき上つた法律によつて政治をやつて行く、ということに根本の原則が定まつてくるのであります。從つて國民の總意による立法そうして國民の總意によつて政治をやつて行くということが民主主義の精神であることになります。

それでは民主主義の政治の上に一番大事な役割を演ずる國民の總意というのは一體何でありませうか。文字通りに考へると、國民の總意というのは國民のすべての意思だということになります。しかし人間の考へ方は非常に區々でありますから、一つの事柄についても國民のみなの意思が一致するということは到底あり得ないことです。

それではどうすればいいか。大勢の國民の中には贊成するものもあり反對するものもあるが、贊成するものが多ければ、それによつて法をきめ、それによつて政治をやつて行くのが國民の總意による政治だというように考へることが出來る。しかし實際にはここが民主主義のいろいろなやり方のわかれるところでありますが、實際問題としては國民の多數が何を望んでいるかということはなかなか捉えることがむず

在日本朝鮮居留民團宣言書

祖國解放以來こゝに一個星霜を經過した今日、いま尙日本に六十萬同胞が在留してゐるのである、これは本國の國情に由來することが少くないが、在留同胞各自の人的、經濟的、其他現實的な諸般の環境によつて、當分の間日本に在留を餘儀なくされてゐる現狀である、これを客觀的に公正に考察する時、已む得ぬ現象であると斷定する外なく、その一方關係當局や一般の理解と同情を察すべきものであるが、それにもかゝはらず只今在留同胞の現狀を冷靜に觀察する時、誠に憂慮するに堪えないものがあるのである。我々は時代の推移に從ふ立場にある丈に當然な基本的人權が尊重されてゐないことは言ふまでもなく、當然なる居住の自由も保障され得ず、言論結社、信仰の自由を行使する機會とその條件さへ削減されてゐる現狀であり、その上法律的地位は極めて不安定であり、經濟的には破綻線上に彷徨してゐるばかりでなく、社會的に於て日帝時代に逆行してゐる狀態である。もう一面兒童敎育、其の他文化的に於けるその傍滯は誠に遺憾に堪へないものであり、その他各方面に於ても事々錯綜混亂するもの多く同胞の苦痛は事更に痛感するものである。

こゝに於て、ましてや歷史的現實關係とか經濟、政治的關聯性を見ても當然相互に深く考慮すべきものなるにもかゝはらず、日本官民一部の理解さへ得られず、其上各分野に於ける同胞の狀態は益々惡化してゐるばかりである。賴るべき本國は外來の影響と多端なる國情に依り在留同胞の問題迄手をのはすことの出來ない狀態にある而しながらそうかと言つて本國が獨立しその主權が對外發動に依る迄只期待してゐることは餘りにも深刻であり緊急なる問題である、この儘放任するならば社會的にも國際的にも非常に複雜な問題が起らないとは誰が斷言し得よう。

在留同胞に於きましては決して政治とか思想等の運動に奔走し主義主張を絕叫する時でもなく、場所でもないのである。其づ我々はこの焦慮すべき緊急深刻を速に解決しなければならない。我々は誰を信じ誰を賴らうか？こゝに我々の問題を解決するものは唯六十萬在留同胞自身である、そしてある一方我々は現在外國に生活を營むものであつて民族風土が異なり歷史が違ふ以上、我々が思惟し生活

かしい。輿論調査などといつても、一部の人の意見が出てくるだけのことで、國民のみながどう思つているかということはなかなかわかりません。また民主主義の一つの徹底した形である直接民主主義というのがある。直接民主主義というのはスイスあたりで實行している民主主義のやり方で、これは議會というものがあつても、議會で法律の決定を最後的に行うのでなくして、法律の案を國民の投票によつて決定する。ある法律案について國民が投票をして、賛成者が半分以上あればそれが法律になるという行き方であります。そういう國民投票の制度による直接民主主義を實行すれば、國民の過半數が何を望んでゐるかによつて決定する。ところがこれもまた實際にはなかなか行われないことで一々細かい法律や政治の問題について、投票させることは大へん複雑なことで技術的にほとんど不可能だと言つてもいい。スイスのやうな小さい國だからそれが出來やすいが、比較的大きな國だつたらそれはできない。そこで今日多くの民主主義の國家では直接民主主義によらないで議會制度を設けて、議會というものが國民に代つて法律を制定し、その法律によつて政治が政治をやつて行くということになつているのであります。議會というものが中心にあつて、國民は議會の議員を選び出しその議員が議會で法律を多數決できめて行くからこれを間接民主主義と言ふのであります。實際の國民總意となつて現われるものは、一部の選ばれた少數の人の議會、國會というもので法律がつくられるのが、普通であります。そうして議會の決定はどうするかといえば、議會には共産黨もあるし、右翼の黨派もあるし、社會主義の比較的穩健な黨派もある。そのいろいろな黨派の對立している意見は多數できめて行くことになる。それが民主主義の非常にむずかしい問題で民主主義と言えばすぐ總意々々と言いますが、はたして何が國民の總意なのかということは、非常にむずかしい問題であります。

　これについて古く民主主義の發達してくる歴史の上で大きな役割を演じた學者に有名なルソーという人がいますがルソーは國民の總意は決してたゞ單なる國民すべての意思ではない。國民すべての一致した意見であつてもそれは國民の總意となし得ない場合が少くないと言つている。そういう場合に國民みなの意見が一致するということは、むしろ國民の精神が健全でなくて墜落している時、奴隷根性になつている時にはすべての意思が一致することはきわめて容易である。なぜならば、國民が奴隷根性になつている時は政治を行つている權者のいうことなら、どんな無理なことでも聽く。權力者に媚びへつらつて、自分はそれに反對であつても反對と言わないで賛成々々と言うようになつてしまう。そういうやうになつてしまえば國民すべての意思は一致することが可能だ。さような國民すべての一致した意見は正しい意見ではないからだ、とルソーは説いているのであります。これは最近までのドイツのナチスの政治とか、日本における東條軍閥の翼賛議會の有様を見ると成ほどそうであつて、さすがにルソーは偉い人だと思わざるを得ない。ナチスなどでは、ヒトラーの言うことをみなハイル・ヒトラーと言つて手をあげて賛成するが、國民がみな足並みをそろへて意見が一致してゐるようであつても、實は反對すればゲシュタポという秘密警察に捕まるのが恐いから表向き賛成しているにすぎない。從つて國民がすべてヒトラーに賛成してもそれが國民の總意とは言えない。斯る場合の議會の意志決定は必ずしも正しくなかつた。それでは國民の總意とは何であるかということになると、ルソーは國民の總意とは結局正しい政治の意思だと言つている。政治は正しかるべきものであり、政治の筋途を立てるのは先ほど申した通り法律であるから、法律が正しくなければならないが、その場合につくられた法律をさらに、制定する國民の總意が正しくなければならぬ。正しいということが國民總意の根本の特色だ、ということをルソーは説いているのであります。これは非常に含蓄のある言葉でありますが、それと同時にここに非常にむずかしい問題がある。なぜかと言いますと、成ほど民主主義をやつて行くための國民の總意は正しくなければな

する形式と内容が違ふのは當然である。

　同じ血は繋る我々の民族は異邦民族の間に於て必然的結合と共通する目的達成の爲大きく團結をしなければならず之が又我々同胞各自が本當に要望してゐるものである。そして凡ゆる過去は過去に葬り相互に理解して親善を保持し同時に共存共榮と東洋の平和を期するべきである、依つて在留同胞は行ふべき義務を遂行し守るべき道義と法令を遵守して人格的に行動しなければならない。こゝに朝鮮居留民團を結成するに當り軍政當局の指導の下に我々同胞が歸國する日迄一致團結し、我々の義務を忠實に實行し、自治すると共に我々の當然に賦與さるべき權利を享有すと同時に我々に關聯する凡ゆる問題を解決し、當面する難局を突破して國際信義を回復し祖國の榮譽を保全したいと思ふのである。

　我々の目的するものは次の通りである。

　一、我々は在留同胞の民住安定を期す
　一、我々は在留同胞の教養向上を期す
　一、我々は國際親善を期す

　以上の目的を確實にし強力に實現させると同時にその範圍外は活動を一部拒否するものである、依つて左の基本要領を明白にするものである。

一、本團は在留同胞全體をその構成員として同胞各自は其の決議と執行に參加するに當り均等なる機會と平等なる條件を確保すると共に各團體にも誠實に參加する意志を表明する時は何時でも包容出來るものである。

一、本團は日本全國を通じ在留同胞の總意と要求を極めて正確なものとし迅速に集中把握すると同時にこれに依る諸企劃及施策を極力賢明、效果的に執行するべき組織體と規約を持つものである。

一、本團自體は決して一種の思想、政治團體ではなく又本國或は海外のある思想、政治の主流にも偏倚するものでもなくその中のある一つを支持し或はこれに加擔するものでもないのである。

一、本團は在留同胞の協同に基き自治組織にして將來本國及びその外の必要なる關係當局の承認する自治團體として發展し或はこのやうな官設機關の補助機關になることを目標とするものである。

一、本團は在留同胞の生活が極度に切迫する狀態にあることを正確に把握し生業を持たしめ、食糧及生活必需品を確保すると共に住宅難の緩和の爲に緊急且つ效果的對策を樹立しその解決に最善の

らないことは確かです。しかしながら、その正しい考へ方は何できめるか。全國民が一致しても正しくない場合があるとすれば、國民が多數でそれがいいと言つても正しくない場合があります。多數の言うことが間違つていて、少數の意見の方が正しいこともしばしばあり得る。むしろただ一人の一番すぐれた人の考へが一番正しいということが決して稀れではありません。そうなつてくると、國民の總意とは正しい意志だとするならば、それをきめるのはどうしてきめるか。何も國民の投票によつてきめる必要もないし或は多數決できめる必要もない。むしろ國民の中で一番賢明な先の見透しのついている偉人の考へが正しいのであるからそれを國民の總意として政治をやつて行けばいいではないか、という結論になつてきやすい。ところがそこに民主主義の大きな落し穴があることを忘れてはなりません。ことに西洋の政治哲學の基礎をなしているギリシャ時代のプラトンという有名な哲學者の說いた理想國家というのは、何もわからずに目先きのことばかり考えて行う政治は愚民政治であつて、そういうデモクラシイはむしろ國を誤る、だからただ一人の偉大な賢人特に哲學的な深い學問のある人の意見によつて政治を行つて行く方がいいということを二千年以上も前に力說している。それは政治の理想を說いたものとしては、確かに傾聽に値する意見ですが、しかしこれは政治の理想であつて現實ではありません。なぜならば、プラトンの言うような哲人政治を現實に行おうとすると、必ずそれは獨裁政治になるからであります。ナチス、フアツショ、日本の軍閥などの政治は、言ふところはプラトンの言うような哲人政治を目指しているが、實際にはそれが行われないで非常な獨裁政治になつてしまつて國を誤る結果に陷るからであります。

なぜそういう獨裁政治はいけないか。成るほど、ヒトラーという人は相當偉い人だつたでしょう。ムソリニでもイタリヤ國民の中では、偉い政治家であつたことは確かでしょう。しかしながら、そういう政治家がどんな偉い人でも、理想の雲に乗つているうちはいいが現實に政治の上に實際の力を用いると必ず墮落する。何を見て墮落するかと言えば、權力というものを見て墮落する。權力を自分のものにして長いこともつていると、どうしても人間は墮落して惡い考へを起すようになる。ほんとうに他の言を容れて正しい政治をすることが出來ないようになつてしまうよしんばその獨裁者が一生懸命正しい政治をやらうと思つても獨裁政治は非常に危險である。なぜ危險であるかと言えば、獨裁政治は成功して行かないとまずい。成功の上に成功を積み重ねるならいいが、失敗すると國民がついてこなくなる。失敗があつてもその失敗を國民に知らせまいとして隱す。そうしていい方面ばかり宣傳するようになるのであります。ところが實際にはそんなに人間のやることがいつも成功することはありません。必ず失敗が出てくる。その失敗を隱そうとすれば無理が重つてくる。

だから少數の意見の方が多數よりも正しいことがあり得るが、さればといつて少數の人、一人の人に政治の實權をまかせてしまう獨裁政治に決して陷つてはならないのであります。しかし國民がみなで「わいわい政治をやる」といつても出來ないことですから、そこで國民を代表する議會というものがあつて、その議會が中心になつて政治をやつて行く。議會の議員達は國民の中のすぐれた人達であつて、それが國民の聲を聽きながら法律をつくつて政治をやつて行く。意見が違つている場合には多數決できめるというのが民主主義の普通の型になつてくる。議會の多數で決したことが或は違つているかも知れない、正しくないかも知れないが、それをもつて國民の總意とすることにならざるを得ないのであります。この點がまた非常にむずかしい問題で、そういふやり方で議會政治がうまく行けばいいがまずくやるととんでもないことになる。民主主義、議會政治では、どんな多數黨でも失敗すればその失敗はすぐ明るみに出る。國民がすぐにそれに氣がつく。多數黨であつても反對黨が默つていないから政府の政策はこういう致命的な失敗に終つたではないかと言い立てるから、國民もみなその失敗を知る

努力を爲すものである。

一、本團は將來國家の發展を企圖し又その恩惠を享受する爲に在留同胞が諸般の企業を起し又これを育成することに積極的に援助し指導して國際貿易に協助するものである。

一、本團は在留同胞が我國國民としては勿論、國際人としての必須なる教養を實施し知德體の完全な發達と人格具有の爲に全力を傾注するものである。

一、本團は我々民族と國土が異邦に比し後進したる諸方面を急速に進步させると共に國家の健全なる運營と發展を目標とし特に靑年に於けるその創意と能力を最大に發揮出來るやうその訓練を完全にし、剛義賢實なる靑年運動を積極的に展開すると同時に女性の地位や質的向上を期するものである。

一、本團は「國際」及「國際人」間の理解と友好を促進させその親善を期する爲に在留同胞が信義愛に生きる樣指導するに努力するものである。

一、本團は常に在留同胞の總意を綜合把握し在留同胞及び各方面の助言と決議を奉じ直接活動部門自體の間斷なき觀察と思考によつて目的遂行に極めて適切なる科學的主要施策を創造しこれを强力に實踐することを生命體としてゐるものである。

以上は目的と基本要領に依つて本團は一日も速く諸般の問題を解決し各方面の進步向上を促進すると共に歷史的段階にゐる我々民族の偉大なる發展を期すると同時に人類理想達成に貢獻する覺悟である。

一九四六年三十月三日

在日朝鮮居留民團

南鮮臨時政府樹立要求
日本から賠償取立必要

李承晩博士聲明を發表

〔ワシントン發UP共同〕滯米中の朝鮮民團議長李承晩博士は一月二十八日南鮮臨時政府の即時樹立を要求してつぎのような聲明を發表した。

朝鮮民衆は朝鮮占領問題その他について米ソ兩國と直接交渉する

ことになる。從つて失敗が隱せないと同時に、失敗があつた場合に、その失敗を別のやり方で改めて行く。しかしながら、その强味はまた他面から言えば弱點でもあるのであります。どう云ふ弱點かと云うと、議會政治は多數決で何でもそれを通すといふことになると、ルソーの言ふ國民の總意は正しいものでなければならぬという强い信念がなくなつて、何が正しいかわからない。人間には到底何が正しいかわからないから、何でもいいから多數できめたことを法律にしてそれで政治をやつて行けばいいのだというお座なり主義になる。これを英語でオポチュニズムと言います。何でもかまわない、とにかく數さえたくさんになればそれに政權をわたしてやらせてみるということになるから、議會政治が混亂することがあり得る。國內の事情が逼迫すればするほどそういうやうになる危險が少くない。第一次歐洲戰爭前までのドイツは帝政で、獨のカイゼルが皇帝で威張つていた。議會はあつたけれども、ほんとうの立憲政治ではなくて軍閥と官僚の勢力の强い君主國でありました。日本によく似た國柄だつたがそれが無謀な戰爭を始めて世界を相手に四年間戰つて破れてしまつた。今度のドイツや日本の敗戰のごとき慘憺たる敗戰ではないが、とにかく一敗地にまみれた。日本は、今度は天皇制が維持されているが、その時のドイツは思ひ切つてカイゼルを放逐して共和制にした。そうして國權は國民がもつているという國民主權主義、國民の總意による政治を標榜して、そういう憲法がゲーテの生れたワイマールでできたから、ワイマール憲法という有名な憲法でありますが、その第一條に「ドイツ國は共和國なり、國權は國民より出ず」と規定して國民主權の主權をとつて民主主義の徹底をすることになつた。たゞしその場合に、國民は主權をもつているけれども、直接に國民が主權を使うのではなくて、國民代表の議會というものを設けてやるという間接民主主義をとりました。ところが議會政治のドイツにはいろいろな黨派が對立していたばかりでなく、その當時のドイツはいろいろな事情で苦しい立場にありました。インフレーションもひどかつた。そういうわけで財政的にも經濟的にも非常に困難な狀態において、ドイツの議會は何をしていたかと言うと數に從つていた。共產黨が景氣がよくなれば共產黨に從う右翼が强くなれば右翼に從う。國家の政治方針が左に行つたり右に行つたりしていた。さらに小さい政黨がたくさんに分立してゐた。小さい黨派に分かれていがみ合うようになると議會政治は失敗に終る危險がある。ワイマール憲法後のドイツもそういう有様だつた。小さい黨派が右左に分かれて相爭うので酒呑みのように方向が定まらない。そこで國民は、議會は何をしているのか、議會の基礎の上に立つている政治は何をやつているのか、彼らはただ議會の御機嫌取りばかりやつていて國家全體の利害を少しも念頭におかない、一貫した强力な政治をやる力がない、というように議會政治に愛想をつかしてきた。その虛に乘じて興つてきたのがナチスの運動であります。そこでヒトラーが現われて、議會政治の惡口と言ひ、ヴエルサイユ條約のような屈辱的な條約は破棄しなければならないとい〻ような演說をやるから、議會政治に愛想のつきていた國民は、ほんとうの信念をもつて國民をひつぱつてくれる政治に渴望しているから唸つてしまつて、俺は明日から斷然ナチだというのでみなナチになつてしまつた。そうして全國的な大運動になつて、到頭ドイツの議會を乘つ取つてしまつて、總選擧の時にはそれまで第一黨だつた社會民主黨を蹴飛ばしてナチスが第一黨となり、ヒトラーが內閣を組織することになつた。そこでヒトラーは、議會を解散してもう一遍總選擧をやり直してもつとたくさんの黨員を集めて劃期的な法律を拵えた。主權法と言つて議會の立法權を政府にやつてしまつた。そうなると政府は思う通りに、法律が拵えられるから獨裁政治ができる。ナチスもたちが惡いが、それを支持したのはドイツ國民である。そうしてなぜドイツ國民がナチスの運動に心をひかれて行つたかと言えば、議會政治というものが小さな黨派に分かれていがみ合つて統一がつかず、議員達が節操も何もなく多數を得さえすればいいということで合從連衡に

權限をもつ南鮮臨時政府の卽時樹立を要求する。しかしソヴェト軍が北鮮から撤退しない間は米軍も南鮮に駐在すべきである。朝鮮經濟の復興を助けるため　近い將來日本から賠償を取立てることが必要である。

李博士は米國に於いての活動情勢に就いて特に私信にて朴烈團長宛知らせて來たるも其の內容に就いては發表する時機でないが國際聯合並に米國務省は再び猛烈なる運動を展開して居るとの事である

祝創刊

東京西本部

立川市紫崎町三ノ六八

團長	鄭周和
副團長	金普經
議長	徐相漢
副議長	王是福
〃	徐運權
事務局總長	金普經
事務次長	鄭鎭克
內務部長	宋基潤
〃次長	金漢祚
財政部長	李亨集
〃次長	李英誠
經濟部長	徐相漢
〃次長	梁健模
地方部長	尹勳
〃次長	金演植
涉外部長	李裕天
次長	秋道燁
青年指導部長	徐運權
次長	宋賢淑
社會部長	金思倍
勞働部長	王是福
次長	吳世良
文教部長	李載善
次長	韓錫鏡
婦人次長	朴榮河

浮身をやつしていたから强力な政治でこれを押切ろうということを國民が待望するようになつたからナチスの勢力が拧ち上つてしまつた。結局多數決による議會政治は獨裁政治にひつくりかえつてしまつたわけであります。多數決による議會政治は獨裁政治のような危険を避けて多數できめて行く。失敗しても强くまた起ち上るという堅實な政治のやり方によらなければならないが、しかし多數できめたことが何でもいいとして、何が正しいかについての信念がないということが陥りやすい民主主義の致命的な缺陷であつて、そういう弊害が生ずるとたちまちにしてナチスのようなものに乘つ取られてしまう。議會政治、政黨政治は相對主義です。つまりいくつかある考えの中でどれがいいのか共産主義がいいのか、右翼がいいのか、自由黨がいいのか、どれにも言ひ分がある。どれが本當に正しいのか人間にはわからない。どつちも五分五分だから、結局多數を得たものにやらしてみようというのが相對主義です。ところがそれにあきたらないのでいると、たとへば、ナチスでなければいかぬという絶體主義の政治動向が入つてくる。そうして數さえ得れば民主主義を滅してしまうようなものでも門をあけて中に迎え入れる。そうすると絶對主義の政黨が議會の中に入りこんで、その勢力が多數を得れば議會政治を潰して思う通りの獨裁政治を實行する。民主主義は國民の總意によると言ひながら、多數決で數さえあれば左に右にどつちにでも從うという無定見な政治をやつていると、絶對ができるようになる。絶對主義には二つの種類がある。民主主義を食い破つて民主主義を破滅に導く獨裁主義、いいか惡いかは別問題だが、とにかく民主主義を崩壞させてしまう二つの種類がある。極右のホトトギスはすでにドイツで例のあつたようなナチスのような右翼獨裁主義、軍國主義で、ほかの政治はどんなものでもみな排斥するという絶對主義です。ドイツの議會はこれに乘つ取られてしまつた。共産主義にもいろいろある。議會政治、デモクラシイと調和してやつて行く社會主義もあるそれが社會民主主義の左派というものですが、マルクス、エンゲルスの共産黨宣言に現われている精神、またはソヴイエトにおけるレーニンの考へ方、マルクス、レーニン主義こうゆう立場は妥協を許さない。自分の立場だけが絶對に正しいとする絶對主義です。だからプチブルでもインテリでも少しでも桃色がかつたのはみないけないとし、議會政治との妥協を排撃して、共産黨の天下になつたならば、獨裁政治でやつて行こうとする。そして此の二つが議會政治をむしばむことになるから、その點について民主主義の運用は十分に心得て行かなければならない。つまり民主主義議會政治は多數決できめるけれども、その多數によつて得られたものはやはり國民の總意であり正しくなければならない。何が正しいか。正しいものをふめようとする切實な意欲を失つて、數の赴くところには易々諾々として從う態度に議會政治がなつてしまつたならば、これは議會政治の消滅であります。されば一體根本問題の正しいということは何だろうかということです。國民の總意は正しくなければならないとルソーは言いました。私どももそう思ひます。正しいものであつて欲しい。そうかと言つて、それを一人できめても正しければそつちの方がいいのだということになると、獨裁政治になるから、やはり議會政治で多數決でやつてゆく。正しくない場合があつたらやり直してやつて行くというようにして正しい方向に政治をもつて行くのが健全な民主主義であります。ところが正しいとは何か、これは非常にむずかしい問題ですが、正しいということは要するに人間の平等ということに歸着する。ルソーなどは國民公衆の福祉が正しいということだと言つておりますが、一部の人が幸福になつて他のものを犠牲になるのは正しくない。みなが幸福になるつまり平等です。イギリスの學者で、ジエレミー・ベンタムという人は最大多數の最大幸福ということを言つた。できるだけ多くのものができるだけ幸福になるのが政治の目的だと説きました。しかしアメリカやイギリスのような物のある國なら最大多數の最大幸福ということが望まれるかも知れないけれども、これから先の日本、或は朝鮮でも同じよう

祝創刊

京都市中京區丸太町烏丸西入ル
電話(3)一一三七番

在日本朝鮮居留民團京都本部役員氏名

團長	金元守
副團長	權五燮
副團長	李　鏞
議長	李鏞澤
副議長	金聖洙
副議長	李章兆
監事長	李壽根
副監事長	崔鐘榮
事務總長	趙思濟
次長	裵雲瓊
庶務部長	許敬位
次長	孫相烈
財政部長	朴基出
次長	李世榮
文教部長	申東植
次長	趙一濟
涉外部長	李四甲
次長	金致洙
經濟部長	梁在根
次長	李仁永
社會部長	金榮述
來長	朴震模
地方部長	朴數道
次長	朴震模
青年指導部長	李　鏞
次長	朴數導
勞働部長	李雲厦
次長	金春學

な狀態で、あんなにみなが鼓腹撃壌の幸福を得るということは望まれない。殊に國家を建設して狂瀾怒濤の國際政治の中をやつて行くにはみんなが苦しまなければならないが、その苦しみもできるだけ平等でなければならない。中國の言葉に同甘同苦という言葉があります。この敗戰後の日本、朝鮮にしてもこれから先いろいろな苦しみがある。その苦しみは共に苦しむ。乏しきを憂えず等しからざるを憂う。少いから物がないからということが心配なのではない。ない物が一部のものに壟斷されて多くのものが苦しむというのがいけない。今の世の中はでこぼこがありすぎる。これを平等にするのが正しい政治です。しかしこれは皆さんに申上げたい。その平等とは何であるか。これもむずかしい議論があるのですが、先ほど申上げたプラトンと並んでギリシャの大哲學者アリストテレスまたはアリストートルは、政治は平等だけれども、平等には二つの種類があると言つてゐる。言いかえれば政治には二種類ある。第一の種類の平等は頭割の平等である。これをアリストテレスは平均的正義と言います。しかしそれだけでは惡平等になる。なぜならば人間には値打の違いがある。それをみな同じにしてしまふのはよくない。人間の値打に應じて段をつける。これを配分的正義とアリストテレスは言う。一つは平均的正義であり、もう一つは配分的正義であつて、人間の値打に從つて變つて行くところにほんとうの正しさがあるとアリストテレスが言つた。それ以來西洋では各人にすべての場合彼にふさわしい生活を與えるのが正しいのだということを申します。しかし人間の値打をはかるのにどういう物差で區別するか。先ず國家に於ては國家に大いに貢献のあつた人が偉いことになつている。戰爭の時大いに日本の權威を輝かせた人は大勳位になつたり男爵や侯爵になつたりする。これに反して國家を破壞するような思想を宣傳した人間、就中共產主義者は一番惡いというので牢屋にぶちこむ。ところが世の中が變つたから困る。戰爭中に負けて一昨年の八月十五日以來どうなつたかと言えば、それまで日本の國を掻き廻していた總理大臣とか參謀總長だなんて威張つていた人達は今日は巢鴨の刑務所で配所の月を見るに反して、共產主義者の方は治安維治法が撤廢されて、德田球一氏、志賀義雄氏、今十八年の獄窓から出て議政壇上で押しも押されもせぬ左翼の政治家になつている。世の中がひつくりかえるとこういうふうになるから困る。だから配分的正義をどういうふうに考えるかということは非常にむづかしいことで經濟上の自由主義の盛んであつた時代には、人生は競爭なのだから、初めから身分によつてハンデ、キャップをつけるのは封建主義である。封建主義を打破してみな同じスタートに並ばす。つまり法律の前ではみな平等であるということです。だがそれからあとは勤勉にふさわしき彼のものを得たからである。これに反して、いくら働かせようとしても怠けて酒ばかり呑んだくれて失業者になつているルンペンは自業自得身から出た錆である、という考え方が一時自由經濟的な主張とともに說かれた。それが正しき配給であるというのが、自由主義的な資本主義的な考へ方です。十九世紀は半ば頃迄はそれでよかつたが、だんだん資本主義の弊害がひどくなつてくるにつれて、それはどうもいけない、金持になるのは偉いから金持になるのではなくて資本さえあれば、いくらでも肥つて行く。これに反して資本のないものはいくら働いてもうだつはあがらない、こうゆう不合理、不平等はない、スタートだけそろえてゝれで人間が平等だというのは大きな間違いだとされて、十九世紀の終りから二十世紀の初め現代的な平等というのは法律の前の平等、封建主義の打破ではなくて、經濟的に實質的に人間を平等にしようという主張が強くなつてきている。日本の憲法でも國民の權利義務というところに平等ということが書いてありますが、一つはスタートだけ平等にするという形式的な平等であり、もう一つは實際の効果があまり不平等になるのを是正して人間の最低生活を保障しようという新しい平等である。とにかくそうゆう平等が正しいのであるが、それもまだ何でもならした平均的平等でいいというのではない。やはり斜面になつているのがほ

民團ごよみ

十月三日　日比谷公會堂にて在日朝鮮居留民團結成大會
十月十五日　朴烈後援會にて外國新聞記者團との懇談會
〃　〃　六區聯合支部結成
十月十六日　五區聯合支部結成
　船橋支部結成
十月十七日　GHQ朝鮮局訪問、居留民團主旨傳達又は登錄
十月十八日　各國代表機關を訪問、メッセーヂ傳達
十月十九日　日本政府訪問、居留民團登錄
十月廿日　司法省訪問、日本憲法發布記念特赦に依る收容前胞の取扱について協議
〃　〃　厚生省訪問、在日朝鮮人藥劑士問題について協議
十月廿三日　館山支部結成
十月廿七日　東京西本部結成
十月廿九日　上野防犯ポスター事件、內閣內務省警視廳抗議文提出
十一月三日　千倉分會設置
十一月七日　團長千葉小管刑務所訪問收容同胞見舞
十一月十五日　新潟縣本部結成大會
〃　〃　神奈川縣本部結成大會
〃　〃　府中支部支部結成
十一月廿日　川崎支部結成
十一月廿五日　相模原支部結成
十二月八日　民團本部事務所青山より牛込若松町舊陸軍

んとうでしょう。だがその斜面もあまりひどい斜面は人間の社會的對立を深刻化させるから、富士山の三合目ぐらいのなだらかさで、人間の經濟上の生活が少し差別がありながら大體平等になつて行くのが、同甘同苦の社會だと言うことができるでありませう。

ただそれについて申し上げなければならぬのは、それはかなりに社會主義的な平等でありますが、しかしながらその平等をあまり急いでやろうとするために、何でもかでも平等だどいふので今迄の既存の勢力をやつつけることにのみ急であると、ならした効果、富士山の三合目ぐらいのなだらかさに人間の生活が平等になるならいいがそうも行かないとすると、生産は落ちインフレーションはひどくなりみんな食えなくなつてどうにもならなくなる。經濟的な破綻を生じて、海の底に日本國が沈沒して平等になつてもしようがない。そこで一つの經濟的な基礎を築いて、その上に平等をはかつて行くのでなければ本末顚倒です。それにはどうするか。共産主義もそういう新しい政治を狙つているのは確かです。資本主義もだんだん修正されて社會主義的な要素を加えてきつつある行きつくところは同じ人間の正しさでしようが、日本にしても朝鮮にしても、經濟の水準をあげてとにかく各人が等しく人間らしい生活をするどいうことを自分の國の力だけでやることは非常に困難である。どうしても大きな世界經濟の枠の中に入りこんでやつて行かなければならない立場に日本も朝鮮もおかれているのであります。その時にどつちを選ぶか、共産主義は人間の平等の政治を徹底してやる、ブルジョアをひつくりかえしてみな勤勞階級が配分をするのだから一番正しいと單純に考えるのは危險であつて、徹底した共産主義で行くより民族國家としての自立性を犧牲にしても共産主義を選ぶか。それでなければ一つの獨立國としての形を存して、しかも大きな世界的な經濟の中でできるだけの貢獻をしてその地位を高めて、大へんな豪奢なことは、できないとしても國民が富士山の三合目ぐらいのところでみな福祉をことほぐようにする。それにはやはりアメリカ的な世界經濟のサークルの中に入つてやつて行くべきか。これは日本としてもこの分岐點は非常にむずかしいところであります。朝鮮はなほさらにそこに三十八度線がありますから余計切實な問題だと思ひます。同じ人間の平等正義を目指して、正しい政治をやつて行くにしてもその正しさというのは何か。ただ不合理を打ち壞すだけでなくこつちの途を選べばこうなる、この途を選べばこうなるということをよく見透して政治の方向をきめて行かれることが建設朝鮮のために何よりも必要であると確信するものであります。

祝創刊

東京都京橋區銀座四ノ三

朝鮮國際新聞社

電話京橋四二五〇

社長　朴魯楨

會長　許宗軫

十二月十日　經理學校跡に移轉す
〃　上野ポスター事件國際的に提出す
十二月十三日　朴烈團長李承晩博士と會見
　日比谷公會堂にて居留民大會あり支司令部
　始め各國代表へ決議文傳達
十二月十五日　杉並支部結成
〃　下總支部結成
十二月十六日　山武支部結成
十二月廿日　福岡縣本部結成大會
十二月廿四日　小倉支部結成
十二月廿五日　佐賀縣本部結成大會
〃　〃　日本橋支部結成大會
十二月廿六日　豐島支部結成
十二月廿七日　北海道旭川支部結成
一月一日　大阪本部結成大會(團長臨席)
一月二日　旭支部結成
一月三日　生野支部結成
〃　〃　東淀川支部結成
〃　〃　布施支部結成
一月四日　河內支部結成
一月五日　都島支部結成
一月八日　中總緊急座談會開催
　(役員改選)
一月十日　京都本部結成大會
一月十日　南多摩支部結成
〃　〃　五日市支部結成
〃　〃　青梅支部結成

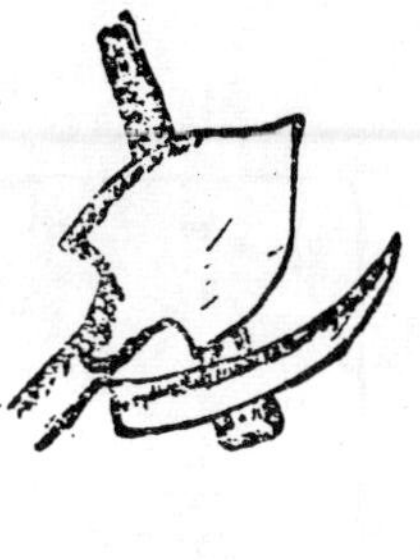

四十年の嵐（一）

黑　丘

オレは土方の、金明善というものだ。もちろん今は、わが解放朝鮮の、有爲な國民の一人だ。どうもオレのことばが荒いが、まあがまんしてくれ。オレは、二十六まで、日本語を知らなかつた。それかといつて、朝鮮語もうまくない。なに？それは朝鮮語は、うまいさ、キミたちのように、品のいい、ソウル辯がつかえないということさ。なに？　やあ、キミも金海出身か、オレは進永郡だ。お互いに、南鮮辯は、荒つぽいからな。もちろん、荒ぽくたつて、構わないさ。ヘツへへ。

オレはね、日本の奴ら、どうしてくれようと、しよつ中、そう思つていたよ。日本が負けたら、片つ端から、切り捨ててやろうと思つた、奴らの白刄に倒れた同胞の數だけ、少くとも、このオレが、この眼で、はつきり見屆けた數だけ、奴らを殺してやらうと思つたのさ。ところが、ねえ、日本が降參したとなると、そうも出來なかつたね。敗戰國民の姿は、哀れだからなあ。泣面に蜂ということがあるだろう、毆らうとしたが、ふと、そんな氣がして、手をひつこめたよ。

しかし、だ。オレは、時々、夢にうなされるんだ、それはね、きまつて、日本人に切られる夢なんだ。それほどオレ達は、奴らに虐められたからな。うん、今日は一つ、そのことを、あらいざらい。ぶちまけよう。どんなに虐められたか、はつきり思い返すのは、無駄ぢやねえからな。

話は、むかしにかえるが、オレが日本に來たのは、オレが二十六歲の時だ。ところが、オレは日本語が出來なかつたんだ。どうして、日本語が出來なかつたかというと、どういうわけがあるんだ。

オレが、學齡になつて、學校に上ろうとしたらね、オレの祖父が、絕對に、反對ぢや、と、いわれるのさ。オレの祖父はね、日韓併合後忠臣不事二君、といつてな、一歩も門の外へも出ないんだ。七十四歲で、亡くなるまで、それをまげなかつた。會いに來る日本人がいても、もちろん會わないのさ。オレの父は、親孝行だつたから、もちろん、日本人と交きあわなかつたよ。そういふわけで、オレのうちは、年々窮迫していつた。だからオレは、日本語が習えなかつた、僅かばかりの田畑を耕して、口に糊して、やつとくらしていたんだ。ところが、その田畑も賣りつくして、仕方なく、オレは日本にいつて、働とうと、考えたんだ。

その頃の、朝鮮人は、生活に窮するものが、年々ふえていつた。街には、農村から流れていつた失業者が、溢れていた、一日五錢で、家族五人が食べてゐた、といふ事實を、キミも同じ朝鮮人だから、おぼえているだらう。

その五錢のかねがなくて、乞食になるものが多かつた。朝晩になると、バカチをかかえて、家から家へ、殘飯をもらいに歩くものが、ぞろぞろと歩いていたものだ。

この頃、上野あたりを、うろついているルンペンを、見かけると、あの頃の、都會の乞食を思い出すよ。

〃　〃　武藏野支部結成
〃　〃　田無支部結成
〃　〃　北多摩支部結成
〃　〃　立川支部結成
一月十六日　涵德亭にて新春新聞記者團との懇談會
〃　〃　朝鮮人生活權擁護人民大會代表被檢者救濟運動團體代表會議
一月十七日　朝鮮人生活權擁護人民大會代表被檢者救濟運動團體會議決議文並に陳情書マ司令部始め各國代表機關へ提出
一月廿日　中央總本部役員補選
一月廿二日　民團總員懇談會
　　　　　　大韓獨立促成國民會趙成植祖國情勢報告
一月廿五日　常識講座を設置
　　　　　　東大教授尾高朝雄氏の講演あり

祝創刊

朝鮮民間放送協會

東京都芝區琴平町一

會長　高　成　權

祝創刊

世界の平和は朝鮮の完全獨立から

朝鮮の完全獨立は民族統一戰線によつて

朝鮮建國促進靑年同盟中央本部

東京都麴町區九段下一ノ三

代表電話九段(33)三四七二番

1947年2月28日發行 第二號

民團新聞
THE MINDAN SHINBUN

在日朝鮮居留民團中央總本部
東京都牛込區若松町 21
發行兼編輯者 朴 準
電話九段(33)2843 定價壹部金參圓

獨立宣言書

吾等は玆に、我が朝鮮が獨立國であり、
我朝鮮民族は自由民である事を宣言す

之で以つて子孫萬代を通じて一民族自存の正權を保有し樣とするものである。五千年の歷史に懸けて之を宣言し、二千萬民衆の忠誠を合せて之を宣明し、民族の恒久如一なる自由發展の爲め之を主張し、人類的良心の發露に基いたる世界改造の大機運に順應竝進する爲め之を提唱するものであつて、是卽ち、天命であり、時代の大勢が然らしむるもので、人類共存共榮と其の生存權の正當なる發動であり、天下何物なり共之を阻止抑制し能はざるものなり、

舊時代の遺物なる侵略主義强權主義の犧牲になり有史以來幾千年始めて異民族の壓制に苦しむ事旣に十年になつた。我が生存權が剝奪された事幾何ぞ、新鋭獨創にて世界文化の大潮流に寄與貢獻さるべき機會を奪はれし事幾何ぞ、噫！十年來の鬱積を宣揚し樣とすれば、現下の苦痛から脫け樣とすれば將來の脅威を排除せんとすれば、國家的廉義の壓縮銷殘なるを伸張せんとすれば、各個の人格の正當な發達を遂げ樣とすれば、可憐な子弟に恥辱的財產を殘さず永久完全なる慶福を與へ樣とするなら、最大急務が民族的獨立を確立する事で、二千萬各自が、方寸の刄を懷し人類通性と時代良心が正戰の軍と人道の干戈にて淸援する今日、吾人は進んで取り何んぞ强なるを挫く事能はざらん、退いて作つて何んで志を貫徹ならざらんや。

丙子修好條約以來、時々種々なる全面盟約を破つたとして日本の不信を責め樣とするものではない。學者は講壇にて、政治家は實際に我が祖宗世業を植民地視し、我が文化的民族を土昧人遇して、只管征服者をしての喜びを貪るのみ我が久遠な社會基礎と、卓犖なる民族性を無視せんとする日本の小義なるを責め樣とするものでもない。自身を策勵する事に忙がしくて他人を怨む暇がない。

現實の綢繆に急ぐ吾人が、宿昔の懲辨する餘暇がない。今日吾人の急務は唯自己建設あるのみで決して他を顧みる暇がない。嚴肅な良心の命令に依つてその新らしき運命を開拓すべきであつて、決して舊怨と一時的感情に囚はれ徒らに嫉逐排斥せんとするのでない。古思想古き勢力に羈縻されたる日本爲政者の功名的犧牲になつた不自然であり不合理な、錯綜狀態を改善匡正して自然にして合理的な、正經大原に歸還せしめ樣とするのだ。全然民衆民族的要求でない兩國合併の結果が、壓政と差別から來る不幸と利害相反する兩民族間に永遠に同和する事の出來ない怨溝を益々深からしむる今來の實蹟を見よ勇氣果敢なる態度で舊誤を廓正し、眞正なる理解と同情に基いた友好的新局面を打開する事に依つてのみ相互間禍を遠ざけ、福利を計る捷徑なる事知する事である。含憤蓄怨せる二千萬民衆を威力にて拘束するは、唯、東洋永遠の平和を念ずる事でないのみならず、之に依つて東洋安危の主たる支那四億民衆をして日本に對し危懼と猜疑を深からしめ、結果、東洋全局が共倒同亡の悲運を招致する事である。今日吾等の朝鮮獨立は朝鮮人をして正當な生存繁榮せしむる同時に日本をして邪路より出でて東洋平和の確立の責を全うせしむる事にあり支那をして夢寐にも忘れる事の出來ない不安恐怖から脫けせしむる事に依りて東洋平和より世界人類幸福に導く階段ならしむるものである。之が如何にして些少なる感情の問題と云へ樣。アゝ新天地が眼前に展開する。

威力の時代は去つて道義の時代が來るのだ、過去全世紀間錬磨長養されたる人道的精神が絕えず新文明の曙光を人類歷史に投射し始め、新春の世界が來て事物の回蘇を促すのである。

凍氷寒雪の呼吸を閉蟄する事が彼一時の勢あるとするなら、和風暖陽に氣眠を振舒するは一時の勢なれば、天地の復運に際し、世界の變潮に乘じたる吾人は何を躊ふ必要があらう。そして何も忌憚する事も更にない。我等の固有なる自由を保全して生の樂しみを飽享すべきであらう。我等の獨創力を發揮して、春滿なる大界に民族的精神を結紐すべきである。吾等は玆に奮起せざるを得ない。我等眞理と共に生き發進すべきである男女老幼を問はず陰鬱なる巢を蹴飛ばして活々として同族民衆と共に欣快なる復活の道を開くのだ千百世祖の靈が我等を祐け全世界氣運が之等を護れば成功をめざして光明へと邁進するのみである。

居留民團結成に際し朝鮮人聯盟を去りつつ

我々は過去一年四ケ月間祖國の自主獨立は大同團結に依つてのみあり得ると大同團結の絶實な必要性を提唱し其の線に沿つて全日本を通じて、解放直後雨後竹筍の如く發生したる各團體を網羅して合流結成されたのが、朝鮮人聯盟であつたのである、隨がつて朝聯は一定の政治理念たる主義思想主張に固定する事なく在日同胞の全部を包擁する代表機關となし、一切の社會民生問題を取り上げて計劃輸送を始め一般的指導と協調に最善の努力を爲したのだ然し解放直後の過渡的瞬間が過ぎるに隨つて祖國再建の政治理念に對する必要性の問題が一部に起き人民共和國對韓國臨時政府、信托統治問題が起るや、

朝聯も此處に重大な過誤を犯したのである。

即ち大同團結の必要性を高唱しながら、政治理念の高唱のあまり分裂の內的矛盾である獨善主義、排他主義的になつた點である、顧るに、政治理念に對する討議のあまり、朝聯の必要性と使命を忘却して、何んの爲めに大同團結を唱へたかすら忘れて獨善主義に走り、反動と民族反逆者を亂造し、人民共和國を死守し信托統治問題に飛込み、居留民團撲滅と云ふ結論を生み出したのである。之は取りも直さず、朝聯の正しき發展に大きな支障であり、幹部としての大きな怠慢であつたのである。殊に地方に居る我々は中央の斯る流れを遺感とするも、地方としては中央が如何なる事を謀まう共地方は地方として適當にやればいいとなし、大同團結の名目に執着し、形式的な組織體を維持した。然し昨年十二月十五日以後に於ける我々在日同胞の現實問題を解決する上に、斯る形式的團結に固執し、內的矛盾並び分裂を傍觀する事が、結果から見て如何に過誤、を積み後日の憂ひを胚胎する事であるかを確つきり醒つたのである。朝鮮建國の建前からも、在日同胞の生活からも、國際情勢の動きからも、先づ民生安定、國際親善、文化向上に依つて建國もあり得るを痛感し、徒らに政治思想理念に盲從する態度を改めるべく立上つたのである。結論的に民戰の內容には反對し乍ら外面贊同する振りや居留民團を內容に贊同し乍ら外椽にて撲滅云々が如何なる盲想であるか?例へ居留民團に許す事が出來ない不純分子が居るとすれば其は居留民團全體が容易に解決する事が出來る事である事を以て意を決し居留民團結成をし、又同胞諸氏に聲明するものである。何よりも最近居留民團を撲滅決議して以來朴烈氏李康勳氏を民族反逆者となし、甚たしきは、朴烈後援會とか?促進青年同盟の名を盜用し下らない辱說に貴重な運動を汚すは我々の良心の許す處でない。

金敬天氏の反迫文と云ふ聲明書等には調子に乘り過ぎたか?「强盜團や暴力團を驅り立てて誠實に同胞の爲めに働く朝聯に喧嘩を吹きかけ」云々とある文面を讀む時に、皮肉にも朝聯自治隊が數百名動員し、民團幹部を襲擊、捕縛したと云ふ情報が二ケ所もあつた(馬鹿〳〵しくて地名も人名も擧げない)我々は朝聯を去ると云つたつて朝聯全體を重傷し樣とするものでない、唯大同團結と正しき建國理念に沿ふべく、名目的統一に甘へ明日の過誤を犯す事を心よしとせず、生活人の正しき信念に生きべく此處に意を決し、同胞に告ぐのである。

崔南善著

朝鮮及朝鮮民族 第一集

朝鮮史學會

四六倍版(B5版)頭註付九四頁

定價貳拾圓

民團文敎部宛註文

朝鮮詩集 百人首 (朝鮮國文)

(A5版)五〇頁縮入美本謄寫

定價拾五圓

民團文敎部宛註文

目次

團長朴烈氏結婚

所謂朴烈大逆事件に依り世界の耳目を驚かし、朝鮮民族性を抹殺し、日本帝國の統治に依つてのみ朝鮮は安寧と平和が保持されるんだと云ふ實に言語道斷な日本帝國主義侵略政策の對外デマと野望を打ち破るべく、朝鮮人、不逞鮮人此處に居ると爆彈を持つて日本天皇になぐり込んで投獄されたる朴烈氏！無論當然と死刑に處せられるべきであつたらうが何處迄下劣野心滿々なる時の政府は氏を生かし野望達成の具にし樣との犧牲となつて二十三年間獄中に居たが氏の二十三年間の法延鬪爭監獄鬪爭はあまりにも有名で紹介する迄もないが、惡天に衝かず遂に日本侵略主義國家の敗北に依つて又新たに祖國同胞と相見新たな鬪爭の歴史が始まつたのである。一昨年十月二十七日秋田刑務所より出獄されて以來、實に二十三年間の監獄のアカを落す暇もなく建國運動に投身し甚だしきに到つては民族反逆者の汚名をも享受し默々と精進して來たるも、日常生活に於いては席が暖る暇もなく東奔西走し、一身の慰安は愚か日頃の生活の便宜をすら得られず、接近する者をして憂慮せしめて居た處、丁度先生の思想と生活に深き理解と尊敬の念を持つて陰乍ら協力して居た張義淑孃と急速度に話が纏り婚約から式へと去る二月十五日の吉日を以つて結婚式を擧行した。時正に珍らしく白雪に潔められたる東京都杉並區天沼朝鮮建國促進青年同盟合宿講堂にて質素にも嚴肅裡に擧行された。

極く内密にとの積りであつたが、あまりにも有名な先生であるだけ、惡路に拘らず三百名の來賓と同志に依つて式場が埋められ、同日午後一時半頃終了した。參席の來賓や同志達も喜色安どの色深く兩氏の前途の多幸と益々熱力培加の上建國に挺身されん事を望まれた。

マーシャル國務長官朝鮮問題提議か

(ソウル二・一三日發)ワシントンAP合同報道によれば、朝鮮軍司令官ハッヂ中將のワシントン訪問について、滯米中の李承晩博士は「今回ハッヂ中將の米國務省、陸軍省訪問は我が朝鮮獨立の進捗を意味するもので我々は大いに期待をかけてゐる」と云ひ朝鮮外事協會々長金龍中氏は「來る三月十日モスコーの外相會談に於て、マーシャル新國務長官は朝鮮に關する基本問題を提議するだらう」と述べた。

在米朝鮮經濟委員動靜

(ソウル二・一四日發)ラーチ軍政長官は記者團會見に於て左の如く語つた「朝鮮經濟委員會は現在米國に於て資金獲得に活躍してゐるが之には朝鮮人も參加してゐる。然しその參加による變動はない。」

代表的朝鮮語辭典出ん

(ソウル二・二〇日發)朝鮮特信の報ずる處に據れば、朝鮮語學會では、一九三〇年十二月二十八日に起案せる「朝鮮語辭典」の發行計劃は、時の總督府當局の彈壓干渉に依り中斷され、一九四二年十月一日にはその主幹者李允宰氏始め同志多數拘禁されてゐた處、李氏外數人の同志獄死、解放後も、その發刊は諸種の事情上容易ならざる狀態にあつたが、此程京城驛の倉庫に於て原稿を發見、關係者一同は欣喜雀躍、用紙獲得に奔走中であるが、今秋迄には代表的朝鮮語辭典の發行を見るとの事。

ゼネストと朝鮮人團體

二月一日全國的にゼネスト斷行す我々は實に二月一日が近づくに隨がつて云ひ切れない不安を感じ、到る處にはり付けたる「ポスタ」ビラ檄文を見て實に複雜な感じに囚はれたものである。一體どうし樣とするのか?、それでどうなるのか? 我慢が出來ないとの苦しみの叫ひがあの「ゼネスト」と云ふ言葉に織り込められて居る事を誰もが感ずるも不安と複雜な感じとは單な斯る叫びのみでない、單にそれのみでないと云ふ處に餘計な何物かが横たはつて居るし考へ方も色々となり瞬昧になつて來る、果して二月一日を寸前にして「ゼネスト」中止と云ふ悲壯な現實にたゝき付けられたのである。此の中止の蔭には問題が複雜であればある程、多彩な事柄が伏在して居る事は忘れる事は出來ない。然し一旦中止となつて見ると凡ての不安の複雜性は消えて、苦しみの叫びのみが大きく浮ひ上つて仕舞い、見るものをして感慨無量ならしめるのである。政治は斯くも複雜である日常生活の單純な問題が斯くなる複雜な政治に左右されて居る限り、此の複雜な不安から脫け切る事は出來ない我々は此處に現實問題が生れるし、現實政治と云ふ事も生れて來る、現實は無視されるべき予盾に滿たされて居ることも、現實を無視しては生きる事が出來ない、正しき眞理、よき思想が夢想であると、ユートピアであると云はれたる原因も此處にあるのである。だが人類は常に一ト處に止る事なく一進一退しつつも、進んで居る、其の證據には色々な夢と思はれた事柄が生活の上に現れ來るを夢せ

ある、話しは戻つてゼネストを廻つての事柄中唯今咽喉がかはいて死につつある人に、井戸を堀るべく勸めて見たら、どう云ふ風になるだらう、ゼネストに參加する流れは一つでない、お前七百圓ぢや喰えないから、千圓を請求するんだと言ふ事と、お前が七百圓しか儲からないのは主人が惡いから、主人を變へろと云ふ事が一樣でない樣にゼネストを廻つての經濟闘爭と政治闘爭は現實問題として見る時に、距離が近い筈なものであつても現實問題としてはあまりにも遠い、其處に苦悶がある、ゼネストを廻つての或朝鮮人團體の活躍が勇しかつた事を色々な面で見るが吾々は此處に大きな苦しみと不安の種ねを蒔かれるのである。

朝鮮が解放國家民族となつて早や一ケ年と六ケ月間の建國闘爭が、現實問題としてあまりに懸け離れた異質の二つの形態が同型の如く見らるる事に依つて全く混沌となつたのである。

「祖國獨立を妨害して居る李承晩一派と日本に於いて亦同胞の團結を妨害する朴烈一派の反動派を徹底的に破壞セネばならない」以上は解放新聞一月二十五日發行の川崎人民大會記事として掲載されたる裵畑錫氏の雄辯の一句である、我々の祖國再建と同胞の大同團結の言葉は斯る風に横に流れて居る、混沌たる建國運動を外處にして、建國の民主化を叫び倒閣運動をやり乍ら、自分が正しき愛國者と自稱し、飢餓と不安とに苦しむ同胞を引きづり廻し、生活權を擁護するんだと云ひ開かせつつ、他國の政黨の手先きになつて有頂天になつて居る、他國であつても正しきものに協力する事は隣國と云ふ建前からも、人類と云ふ建前からも良い事には違いない、だが其は他國隣國が反動政府であつては獨立政府を造つても無駄だから、先ず他國を民主化して自分の國は後で造ると云ふ論法では・なからうか？　我々は反動でも何んでも、日本政府から解放されるべく凡ゆる犧牲を甘へて闘爭して來たのだ、我々は日本が如何なる民主國家であつてもそれはあくまで日本人の爲めであり、我々の自由も幸福もないと信じたからであつた。それであるから今日解放されたから、には先ず自主獨立する事のにのみ努力する事である、そして同等な地位にて隣國世界をも論ずる事である、日本人自身でさへも、ゼネストをやれない現實に處せられて居るのに我々が何故に自ら其眞中に飛込まねばならないのか？　其の新聞記事には日本の民主的團體から喜ばれたと云つて大變喜でゐる樣に書かれてあるが、其は我々の建國運動にもならない、大同團結の方法でもない、我々は斯る流れと態度が李承晩氏をして獨立を妨害し、朴烈氏が團結を妨害すると云ふ樣な「どてつ」もない結論を生み出するである、成る程外國の反動勢力と闘爭するのも闘爭には違いないが、其と解放前の闘爭とは全く同質ではない。

人事往來

二月十六日　中總社會部裵正氏
新潟縣本部臨時大會參席ノタメ新潟行

二月二十一日　大阪朝鮮新聞社々長
柳洙鉉氏
人事次來訪

二月二十五日　中華民國陸軍少將
宋天成閣下
人事次來訪

廣告　第四回常識修養講座

中總文教部にて計劃實施中の常識修養講座の第四回講座は來三月八日土曜日午後一時より中總事務室にて左の如く開催するが一般來聽を歡迎する尙是非聽講したき講師並講題の註文があれば直接或は文面で文敎部宛知らして吳れゝば出來得る限り實施する積りである。

題目　世界經濟の動向から見た東洋に及ぼす影響

講師　共同通信社外信部長　小椋廣勝氏

時日　三月八日午後一時より

民團曆

二月一日　神奈川縣鎌倉支部結成

〃　二日　〃　小松支部結成

〃　三日　中總地方部長、各本支部との連絡を緊密にし、民團運營に萬善を期する爲都內各本支部巡回訪問

〃　〃　六區聯合支部小石川分會設置

〃　四日　神奈川縣津久井支部結成

〃　〃　第五回常任中央執行委員會

〃　五日　建靑民團との役員懇談會

〃　七日　横濱支部結成

〃　〃　大阪生野支部長、金龍漢氏地方情勢報告兼事務連絡の爲來訪

〃　八日　第二次常識修養講座

〃　〃　神奈川縣鶴見支部結成

〃　九日　横須賀支部結成

〃　十日　神奈川縣山北支部結成

〃　〃　新潟縣本部社會部長、尹麗潤氏

新潟市支部社會部長、柳熙福氏

地方情勢報告並に全體大會準備に關する報告討議の爲來訪

〃　十日　第六回常任中央執行委員會

〃　〃　千葉縣東葛飾支部結成

〃　十二日　第七回常任中央執行委員會

三・一記念日を迎へて

朴　烈

帝國主義日本が、祖國朝鮮を合併してから十年の後、我が民族は烈々たる獨立の熱情やみがたく、遂ひに蹶起して所謂三月一日事件の勃發となつたがその記念日として知られる此の日、三・一記念日はめぐり來つた。

顧るに、帝國主義侵略國であつた日本はあらゆる好餌を以て祖國朝鮮を釣り、祖國の文化全般が低調であつた事を最も良き機會なりとし、此れを合併してしまつた。然し、祖國の獨立を失ふことは民族滅亡を意味するものなりと確心してやまなかつた我等の同志先輩達は、合併後十年と經た時、猛然起つて反擊した。その戰ひは誰も知つてゐる通り、遂ひに敗北してしまつたが、私は、此の一大反擊が成功したとしても、また失敗したとしても何等意に介さない。只、私は、どんな好餌を以つて釣られやうとも、どんな强力政策に依つて彈壓されやうとも、何時でも何等かの機會さへあれば、此の、民族的不合理と暴壓に對して猛然反擊すると云ふ民族的熱情を絕對に失つてはゐなかつかのだ——といふことを知れば良いと思ふのである。

其の後幾變遷を經て、合併後三十六年、遂ひに獨立の榮譽をかち得たのであるが、誰も充分知つてゐられる通り、此の獨立は完全なものではない。ポツダム宣言に依つて世界的に公約されてはゐるが、事實の問題として、此の問題に重大な關係を有する米ソの國境交涉は容易に纏ることなく、從つて完全獨立への途はまだ〳〵遠いのである。

此の現實を熟知するとき、我々には祖國の先輩が敎へる言葉——

「父祖の失敗はその子孫が負はねばならぬ」と云ふことを銘記すべきだと思ふ。

我々は、その父祖が債務を負つて亡くなつてしまへば、その子孫が當然その債務を返却しなくてはならない慣習を持つてゐる。同時に、父祖が歲代持ちつゞけた榮譽と光榮とは、子孫たるものは汚れなくこれを傳承しなくてはならない。

正にその通り、我々は、父祖の失敗、負債である民族と祖國の獨立とを完全に樹立しなければならない。我々子孫の代に到つて、完全に獨立した朝鮮のあの太極旗を朝鮮の蒼天高々と翻さねばならない。

此れは、我々子孫に與へられた義務である。

今や、我々は帝國主義三十六年の統治下から完全に解放されたが、それは獨立への第一歩にすぎぬ。完全獨立に依り大朝鮮の光榮の日を獲得するのは、我等に殘されてゐる大きな責任である。若し、此の完全獨立が我々の時代に不可能だつたとすれば、それこそ、日本在留の朝鮮同胞の民生問題も解決されない。ましてや、隣邦中國と結び日本、ビルマ、フイリツピン等々の各東洋の國々に對しても、さらにソ聯、英國、米國との間にも、獨立國としての正しい交涉を保つ事は出來ないのである。

即ち、世界に濶歩することの出來ない朝鮮民族となつてしまふのである。

我々は、獨立の契機を摑んで以來、昨年に於ては世界情勢を反映した極めて混沌たる中にあつて、我々の思想、文化、民生の諸問題を解決すべく鬪爭した。今日、その結果が凡てにわたり成功だつたとは言ひ難い。

然し、今年こそは、昨年に倍した大きな光明を眼前にして、獨立の榮譽を斷じて獲得し民族悠久の礎石をしつかと打ち込まねばならぬ。

三月一日の記念日、我々は、父祖先輩の此の日を期して蹶起したる獨立の大衆とその熱情をば、今日我々全體の大衆として、一段の結束を固め、その父祖の熱情に應へなければならぬと堅く信じてやまないのである。

—○—

誤植訂正

本民鬪新聞一號六頁下段第四回中央執行委員會の處事務局長として金熙明氏とは事務局次長事なるを以つて此處に訂正す

三・一運動記念大會

居留民團に於いては三・一運動紀念日に對して、大體二つの路線で準備を進めて居た。即ち第一は紀念行事に止る事なく現實の狀勢に鑑み、其の運動の精神を生かすべく、紀念事業に重點を置く事と第二は居留民團は居留民の立場から在東京各團體が合流して、紀念行事を擧行し樣とした事だ、そして各團體に交涉を進めて居た處、朝聯民青側では合流する意志がないと拒絕するため、今年もやはり二つに別れるの已むなきに至つた。そして朝聯の方では、日比谷小音樂堂を集合場所と定め、民團側では日比谷公會堂でする事になつた。公會堂では、居留民團促進青年同盟商工會、商業聯盟の外同主唱の下にある各文化、經濟團體の共同主催で三月一日正午より開會して紀念式典を行ふ事になつた。

在東京文化團體協議會結成

在日朝鮮團體が政治的見解の相違から、朝鮮人の分裂の如き誤解を招き、依然たる對立狀態になつて、同胞間の憂慮の的になつて、各團體に於いても運動方針と態度に就き再檢討をし、相倚り近き將來合流が期待されて居る際、在東京文化團體に於いても、文化性高揚と建國途程の混亂に率先一大投石となるべく、一先ず在東京文化團體協議會を結成する事になつて、二月二十日日本橋精養軒で結成式をする事になつて一般同胞の注目の的になつて居る。

祝發展

自由社會新聞

東京都小石川區新諏訪町二

三・一運動紀念と吾人の態度

太林人

朝鮮民族の解放と自主獨立を考へる時には同時に、三・一運動を連想する、三一運動は斯くも朝鮮歷史の上からも將來朝鮮の上からも重大であり、意義高尙な革命運動の根源であつたのである。三一運動をして、あの「ヴイルソン民族自決主義」の派生的事實や朝鮮獨立萬歲の搔擾事件と見るのは大きな誤りである。甚だしきに到つては朝鮮同胞の有識者に於いてさへ斯る見解を持たされるのは全く今日の政治的混亂と行き方に對する重大な責任を持たなければならないと思ふ、若しも三一運動がなかつたなら今日の朝鮮の位置はどうであつたらう、あの運動を通じてのあの叫びあの死にもの狂いの闘いそしてあの慘狀を通じて生み出したる朝鮮は之は世界人類解放史上又如何なる革命運動の上にて燦然たる光を放つものある、其は一つの事件でなく一つの運動であり、其の後に於ける朝鮮民族の生方から見て三一革命と稱し樣とするものである、其の革命運動が侵略國日本の壓迫に對する抵抗のみでなく、其の性格、型態と結果から見る時、革命史、社會運動史、引いては凡ゆる科學圈に新らしい光と課題を與へたものであると云ふ言葉が單なる諧辭でない事は歷史的事實を科學的に分析する時に證左されるものであると信ずる。斯る課題は後日の學者に讓る事にして、現實問題として、解放朝鮮が現在の動態と行き方の立場から此の偉大なる革命日を如何に紀念し又如何なる態度と心構で臨むべきであるか。

三一運動紀念のスロガンとして民族的大同團結を叫びそうかと思へば其の反面に自己流の思想を固執する意味と方便として利用し樣とするのすら見受けられる、民族解放後二回目の此の偉大なる紀念日を迎へて、各自の感激必す同一でなく、無數な相違を見せ付けらるるは實に遺感千萬である。斯る立場と意味から此の紀念日を歷史的に又は概念的に追求するよりは現實朝鮮を二十八年の昔に一段返して見る必要があると思ふ、其の昔日に返すと云つても單に對外的な意味として國際的位置狀勢からでなく對內的卽ちあの運動が殆んど自然發生的に起らざるを得なかつた理由と狀勢と各自の態度を究明し把握すると云ふ意味であり、斯る意味から三一革命の正しき理解と、紀念式や紀念日に對する正しき態度が生れて來ると思ふ、其運動を契期として文化的、產業經濟面に實に驚く程の革新發展を見らるる、一端の例としても物產獎勵、學院增設等の大運動があの死骸の眞中から湧き出た如きである。其等の事柄は如何なる數字的、或は政略的理論的、指導や强制に依るものでなく民族的良心と人類的良心に依る一丸たる「力」であつたのだ、あの事件に依る犧牲者だけでも數百萬を數へるが、其精神が受繼ぐ運動に依る犧牲は實に莫大なものであるそれ故にポツダム宣言からカイロ宣言に朝鮮の獨立が誓約され終戰と同時に解放の喜びを受たのである。然るに解放後早や二年の今日の建國過程を見るに、三一紀念日を迎へる態制と、政治的混亂、經濟的不安、文化的停とん等の現狀に對し如何に對處し、紀念すべきであるか？　口先で大同團結を叫び自主獨立を叫び如何にも尤もらしく三一運動精神を高調しつつも實際的動態は何處迄、紀念式として行事に止まり、其行事を賣物にし樣とする樣な偏狹な獨善的傾向を見らるるは三一運動の冒瀆であり眞なる紀念行事にさへもなれない、政黨の亂立から一應の整理合流を見、立法議院に對する左右合作が論ぜらるるが本當の意味にての建國過程であり、三一精神の受繼ぎと見られない大きな拔穴がある、直ぐ三十六年間の勞苦を口にし日本帝國主義侵略政策を論ずるも、三一運動は其の眞中にて生れまして一大革命運動の根源たらしめたるを何んと見て答へるか？　今日の建國運動が紀念行事として利用し自個運動に有利ならしめ樣と吸々する日和見的、利己的、獨

公約三章

一、今日吾等の此の擧は正義人道生存尊榮を求める民族的要求なれば自主的精神を發揮し決して排他的感情に走る勿れ、

一、最後の一人迄最後の一刻迄民族の正當なる意志を發表すべし、

一、一切の行動は最も秩序を尊重して吾人の主張と態度をして何處迄も光明正大ならしむべし。

朝鮮民族代表（三十三人）

孫秉熙　權東鎭
羅仁協　羅龍煥
李鍾勳　申錫九
崔麟　吳世昌
林禮煥　權秉昭
李鍾一　洪基兆
李甲成　洪秉箕
朴準承　金完圭
梁漢默　李寅煥
朴熙道　崔聖模
申洪植　梁甸伯
李明龍　吉善宙
金昌俊　李弼柱
吳華英　鄭春洙
朴東完　金秉祚
劉如大　韓龍雲
白相奎

善的流れと見るが、過誤な見方であらうか？紀念行事を壮大にし、大勢を動員する事に依り面目を護持し、「ロ」にて獨立宣言書を朗讀する事に依つて三一精神に報へると云へ樣か？

我々が三月一日の紀念行事に甘へたり、止つたりするなら其は取りも直さず三一革命に對する冒瀆であると云ひ度い、其は三一運動は日本に束縛されたからこそあるもので解放後の今日には紀念する事でいいと見る事と何等變らないし、今日の朝鮮に何等責任も義務も持たないからである。我々は三月一日を如何に生かし、建國運動の根源たらしめるかと云ふ事である、朝鮮の自主獨立は、建國運動と云ふよりは革命運動であると同時に如何なる革命過程を歩いて居るかを正視しなければならない、我々が革命先輩や其の流した血に報ゆる道として、又今日解放の榮冠を汚辱させないが爲めに、今一度二十八年の昔の朝鮮に歸つて、三月一日を思ひ、反省しなければならない事も多い筈だ。

三・一運動の追憶

布施辰治

(1) 私の心からの喜び

獨立運動の記念日を迎へて、わたくしの喜びを禁じ得ないことは、ボツタム宣言によつてその運動が報いられた朝鮮獨立の確保である。

わたくしは、ボツタム宣言によつて確保された朝鮮の獨立に就て、一般の人が考へておるやうなウワベの喜びでなく心の底から喜びに堪へない二つの意義を喜んでいる。

その一つは朝鮮が獨立國家として再建されなければならない國際的な、立地條件が認められたと云うことである。此の點に就ては政治地理學的に考察される現在の國際關係、特に中國と日本との間に介在する朝鮮の特殊的な自然條件や歴史的に見た中國と日本の文化興隆を媒介した朝鮮の立場にいろいろな意味があり、朝鮮が獨立國家として文化を創造した諸條件が今更めて再建の基礎つけを更新されねばならない朝鮮民族の自覺と憤起に躍る喜びである。

その二は朝鮮民族に朝鮮國家を再建する完全國立の實力が認められたと云う喜びである。

朝鮮民族に朝鮮國家を完全に再建する獨立實力が認められないとしたらボツタム宣言は絕對に朝鮮獨立を約束する筈がなく、絕對に獨立の確保を聲明しなかつたであろう、朝鮮民族に朝鮮國家を再建する獨立的實力があることを認めたからこそその「ボツタム」宣言と「カイロ」宣言であるかくして獨立の確保を約束されたのだということを思う時、朝鮮民族はその獨立的實力を認められたカイロ、ボツタムの兩宣言に背いではならない完全獨立の朝鮮再建に潑溂たる實力の發揮を示す意義に燃えるであろうことを喜んでいる。

(2) 先覺者の犧牲

所で朝鮮民族に朝鮮國家再建の獨立的實力があることを認められたのは、ソモソモ何人の功績であろうか、又如何なる事實に即應した認識なのであろうか。

わたくしは此の點に就てこそ三、一運動を思出深く記念すべき先覺者の偉大な犧牲を偲ぶべきだと思う、朝鮮が日本帝國主義の侵略政策によつて、その獨立を踏みにじられた歴史的經緯は今ここに詳述しないが朝鮮民族を實際的に支配した日本帝國主義の迎合者が壓倒的に多かつたと云う事實を見逃すことは出來ない多數の民族が祖國を失ふ國民的悲劇を充分に理解する文化をもたなかつたいふ事實の指摘である。此の間少數の先覺者が銃劍と牢獄の犧牲と彈壓を越えて祖國の獨立を守り、あるいは祖國の獨立を願つて倒れた人達の多かつたことを、そしてそういう獨立運動が三十六年間の日本帝國主義侵略支配の下に於ても絕えず繼續して朝鮮民族の魂をまもる獨立運動が認められたからこそ朝鮮民族に祖國再建の獨立的實力が認められたのだと云うことを特筆すべきだからである。

(3) 正義の勝利

わたくしは、三、一獨立運動の犧牲者として日本に於ける學生同盟の獨立宣言發表が出版法違反に問はれた十一人の獨立運動者を辯護した體驗を追憶したい。

わたくしはその法廷で丁度チエコスロバキヤの獨立を保護すると云う名義で日本が滿洲に出兵した事實を指摘し、チエコスロバキヤの獨立運動者が日本を通過するのを迎へて時の政友會總務、床次竹次郎が田中首相にかわつて歡迎の宴を開いたと言う事實を擧げ、日本はチエコスロバキヤの獨立を援助しながら何故に朝鮮獨立運動をすることを援助しないのかと檢事に質問したことが問題となつて法廷をさわがし、被告諸君が檢事に肉迫した光景のものすごさが今尙彷彿として描き出される。

そういう法廷經過は辯護のための辯護として被告達の刑を輕くすることならず、かへつていろいろな名義のもとにガリ板で獨立宣言を印刷した被告達の總べてを編輯人の資格、發行人の資格、責任を結合させて嚴罰に處した彈壓の犧牲を要求されたが、そういう彈壓にひるむ色もなく、ムシロその犧牲が三十六年の陰慘な亡國放浪を迎り結局日本帝國主義の沒落による朝鮮の獨立が確保されて、三、一運動の犧牲が輝かしい勝利の記念日として三千萬朝鮮民族から追憶されることはほんとにうれしい正義の勝利だと思う。

祝發展

朝鮮新聞社

東京都麹町區九段下一ノ三

電話九段(33)三四七三

振替口座東京一〇七一〇五

三・一獨立革命運動追想

九峰山人

今を去る二十八年前の一九一九年三月一日！　我等の祖國朝鮮が、解放と獨立を約束されて以來、既に二歳目の三・一記念日も、目前に迫まり來たのである。この日こそ、我が朝鮮民族が眞に近代史的意味に於て、諸外國人をして一民族としての朝鮮人を、新たなる觀點から見なほさせ、國際政治の舞臺の上に話題を投げかけ、日帝及びその中央政府並にその出店たる朝鮮總督に向つて自主獨立を宣言し彼等の飽く事を知らぬ永年に亙る壓迫と搾取の桎梏から脱却して、自存自立の生存權を血と肉彈を以つて、全民族皆滅の覺悟にて、强要した日である。世に、朝鮮獨立記念日とも云ひ、三・一革命記念日とも云ひ、かつて日本政府の所謂朝鮮人の萬歳騷動とも云はれたる日なのである。朝鮮及び朝鮮民族はこの日を契機として、大きく動き且つ一大轉換をして行つたのである。今からみると一昔の事ながら、あの一九一九年の三月一日當時の事を、靜かに追想してみる時に記憶の絲はそれからそれへと亂れ飛ひ、萬感交々懷舊の念に堪え難きものがある。

筆者　當時十九の多情多感な中學出た許りの若者、將來大宗教家を夢みて親の反對にも屈せずに、京城の某聖經學院の一隅にて、基督教の研學に餘念がなかつたのである。その歳の年頭たる新年號の日本人新聞大阪每日新聞はその紙上第一面全頁を割いて、當時北米合衆國大統領ウツトロー・ウイルソン氏の第一次世界大戰の跡始末會議たる巴里ヴエルサイユ國際平和會議に臨む基本精神として、具體的構想を宣言したる一大文章を特報したのであつた。その論文中に、民族問題處理の理想として「民族自決主義」を强調したのであつた。これ正さに、我等朝鮮民族のみならず、同じ運命に悩む弱少民族、被征服民族に取りては天來の福音救命の警鐘として讀んだのであつた。

天は自ら助くる者を助く。この偉大なる人道の戰士ウイルソン氏——然かも國際政情の上からみて、一大勢力で影響力を持つアメリカ大統領たる彼の信念と熱烈なる氣魄に滿ちたる一大文字であつてみれば、何んで我等默すべき我叫ばずば石叫んだであらう。我等朝鮮民族は決然と立ち上り、日帝に戰ひを宣したのであつた。この民族自決主義に刺戟された我等は、この千載一遇の好機逸すべからず始めて自主獨立の雄叫びを血に餓えたる日本政權に向ひ、その帝國主義陰謀の牙城に對して生命奪還の革命の烽火を高々と揭げる捌口を見出したのであつた。この出來事があつてからと云ふものは、我等朝鮮民族の間には異狀な興奮狀態と情熱的雰圍氣に包まれて行つたのであつた。時恰も李太王の國葬事件が發生したのであつた。李太王の死を廻つて毒殺陰謀説が擴がつた。嘗ての昔、李王（純宗）盛毒陰謀事件・閔妃の日本政府の陰謀に依る燒殺事件と云ひ。また今度の李太王毒殺事件と云ひ、同一の手口に依る陰謀は、彌が上にも朝鮮民族國民的感情の火に油をさしたものであつた。日本及び、その出店たる朝鮮總督に依る永きに亙る搾取に對する憎しみ、その追拂ひを誓ひ復讐の念をあふり、獨立運動への全國的情熱は火の玉となつて、日一日と灼熱化して行つたのであつた。一九一九年一月上旬より、李太王の死を境として、我等の間に釀し出されて行つた國權恢匡の獨立への念願この革命事業完遂への聖なる情熱は絕對後退を許さぬどうにも出來ぬ生命本然の情熱的奔流は、黨派、階級、生活相の異同を超克して、たつた一つ火となり、一つ言葉となり、一つ行動となつて行つたのであつた。獨立宣言の盟約三章の一句にある通りに、我等民族の最後の一人までもが、最後の一刻まで、獨立をのみ念願し、それの戰取のためには、水火不問、たゞ死を誓ひつゝひたすらその日の來る日を今や遲しと三秋の思ひで待ち焦げるのであつた。

そうして萬漏なき作戰計畫に餘念なく、準備に忙殺されて行つたのであつた。一方二月に這入つてからは、李太王の死體が奉安されてゐた德壽宮正門

朝鮮問題解決の軌道に呈上されたか？

ハツチ中將急遽歸還

米ソ共同委員會の會談が中止されて以來朝鮮問題は一どん挫に墜ちた如く再開の見透しさへなく、朝鮮は勿論の事、國際的注目の的になつて、各政界現在軍當局の努力も期待薄く朝鮮内の政治的統一をめざして、左右合作と云ふ現實的解決へと努力したるも、出來上つたる立法議院も期待にはずれ、昨年十月、民主議院議長李承晩博士が國際連合に朝鮮の要請を提訴すべく渡米して、世界の輿論に訴へ、各界との折衝を重ね大きな期待を持たされて居た際、南鮮占領軍司令官ハツチ中將が急遽歸還される様になつて、何かに連結されて居るが如く、政界はもつぱら新たな活氣を帶び、共同委員會の再開から朝鮮問題の全面的解決の曙光が見えた氣がする

十二日のUP電の報ずる處に依ると朝鮮問題は現地關係者のみでは解決する見込がなくなり、より高所から再檢し解決點を見出す必要あるかの如く、ワシントン政界は觀測して居るとの事である。

祝發展

新潟本部

新潟市古町新潟ビル四階

團長　方斗翰
議長　裵正
事務總長　〃
〃次長　崔大元
内務部長　李榮

前の廣場に、日夜男女老若を問はず、不幸な帝王への國民的哀悼を痛哭を以つて敬弔し、民族的感情を統一させ、國民的獨立念願への感情を、純一なものにして行つたのであつた。

そうしてゐる中に、李太王の葬儀を國葬儀にする事及び、その日取りを、三月一日と決定した旨が發表されたのであつた。我等の首惱部に於ても獨立宣言の日を、李太王の國葬儀と同じ日に、決行する事に決定して、各關係方面へ指令を發したのであつた。愈々當日たる三月一日はやつて來た。筆者は學徒連絡員の一兵卒として學友二人と一緒に前夜半から翌朝六時頃迄に傳令役に走らせた。夜が明けてみれば、三月一日・中天は雲一なき晴天、正午を期して京城市民の民衆的親しみの集合場たるパコダ公園の八角堂に於て、孫秉熙氏を首として各界各派の頭領株三十三人の連署になつた「朝鮮獨立宣言書」が代表者に依つて朗讀頒布され、大韓獨立萬歲(三唱)が、天地も轟かん許りに高く强く叫ばれたのであつた。お！何んとあの瞬間の强かりし事よ！その場で殺されても〇、K。今だに青春の若き血汐の湧き沸る思ひがする。パコダ公園での、この獨立宣言の國民儀式が行はれた同時刻に、一方孫氏等三十三人の首領達は、當時料亭であつた泰和館の奥廣間(この料亭は、その後米人女宣教師M・マヤース女史が、金二十數萬圓を投じて買收して改造の上泰和女子館セッツルメントを經營し、歴史的に記念すべき獨立運動首領達が捕へられたこの廣間を、泰和女子館の一番大事な室として保存に務めたものであつたが、あの中日戰爭發生後、日帝の基督教迫害の犧牲となつて、京城鍾路警察署の臨舍に、八・一五解放の日に至る迄徵用されたのであつた)に於て、最も嚴肅、敬虔に、朝鮮獨立宣言式を行ふと同時に、朝鮮總督に向ひ正式に、獨立宣言を發したのであつた。兩處の宣言式が終つてから示威行列に移り數十萬の大衆は、鍾路通、南大門通、本町通を經由して、南山麓にあつた總督官邸へと、國旗を手に手に、獨立歌を、獨立萬歲を高らかに絶叫しつゝ國民的一大示威行列を最も成功裡に行つたのであつた。京城に發生したこの獨立の爆彈宣言は、その革命の烽火は數日を出ずして全國の津々浦々に擴がり、各地各所に於て優秀なる指導者に依つて、適當な方法を以つて、最も有效に獨立鬪爭運動を開始したのであつた。筆者は、三月五日午頃、同志R君と朝鮮銀行前にて街頭連絡中巡查に捕えられて豚箱にお預けとなつた故、その後の外部の狀況を明細に出來ないが當時日本軍の、武裝警官の、浪人輩の銃劍、野蠻的大量虐殺の暴壓にも屈せず、老若男女を問はず、日帝の鐵鎖城壁に向つて身命を賭しての英雄的死鬪記錄は、朝鮮民族の獨立念願の、如何に强烈であり、その意思力、鬪爭力の如何に激しくも、耐久的であるかを、物語るものであつた。

三月一日の獨立宣言が行はれる日迄は、日帝は、朝鮮貧食以來、その代辯者たる時の中央政府とその出店の番頭格の歴代朝鮮總督をして、植民地政策の最も典型的舊き行方たる鐵蹄暴壓の武斷的憲兵專制政治を、我が祖國及び同胞の上に强行させたのであつた。朝鮮歴史は抹殺され、良俗民風、言語等古來傳統性ある民族性は、日本色にカムフラジュされ、一種の操り人形みたい變質を遂げさせたのであつた。その上に、諸外國に向つて訴えるに口もなく力もないのを、勿怪の幸ひとして、朝鮮人は民族として自主自立の獨立能力なく、日本の保護指導あつてこそ、始めて安寧と秩序が維持され、東洋平和も保たれると。そして朝鮮人は一人の例外なしに所謂一視同仁の仁政に、心から悦服してゐると、常に高言して憚らなかつたのであつた。そしてその裏付けの既成事實を作るため多くの立身出世、利己亡者共の蛆蟲輩に甘い餌を與へては、陣太鼓をたゝかせ、多くの所謂親日派、民族叛逆者、賣國奴を製造して行つたものであつた。處が誰か知らん、至つて羊の如く柔順な朝鮮民族が民族として決然立ち上り、自主獨立を叫び、自決自由の權利恢匡を日帝に向つて正面切つて强要し、且つ世界の輿論を正義人道の名に於て訴えて民族自決主義の原則を、朝鮮民族の上にも適用されん事を、巴里の國際平和會議に迄、强調要求したのであつた。時の日政當局者達の啞然として、なす處を知らざりし有樣は、正に言語に絶したものであつた。この獨立革命運動が發生したる三月一日から、國の內外

財政部長	鄭奎星
地方部長	方載元
涉外部長	金容府
文教部長	李東湖
青年指導部長	裵重煥
社會部長	尹麗潤
勞働部長	尹成光
財政監査	金地鎬
〃	尹柱伯

祝發展

五區聯合支部

都內中野區昭和通三丁目三十一番地

電中野（38）三五七九

團長	徐忠臣
副團長	韓雄東
副團長	金顯國
總務部長	金養坤
財務部長	李源吉
外務部長	朴南薫
社會部長	宋　定
文教部長	李源寧
青年指導部長	李慶容
宣傳部長	李昇鎬
總務部次長	梁大錫
財務部次長	崔鐘玉
外務部次長	宋　定
社會部次長	金鐘基
青年部次長	李重煥
宣傳部次長	韓成雄

に於て生起したる大小様々の革命烽起及び、尊い殉國烈士達の英雄的鬪爭記錄は、この短き追想記では到底不可能なのである。この運動の背景歴史や、文化史的意義やその他については、他の同人が書く事になつてゐるから、筆者は獨立運動に關する挿話及び一般に割りに知られてない事柄について、微かな記憶を辿りながら、追想記を綴つてみたいのである。

× × ×

京城、平壤、大邱等を中心に、全國に擴大强行せる國內に於ける三一獨立革命運動に就いては、割合に一昨年八・一五解放以後、文章にせる記錄に依つて一般に知られてゐる。然し當時日本に於ける我等同胞の運動については全然知られてゐないのである當時日本に於ける我等の運動と云つても、それは日本に留學してゐた東京を中心として動いた我等の先輩、留學生の運動を書けば日本在留同胞の運動傾向を物語る事が出來るのである。と云ふのは、今は東京よりは大阪を筆頭に日本全國に百萬近き同胞が、一般社會生活階級人として津々浦々に這入り込んでゐるけれども、當時たる一九一九年夏迄は、東京の留學生約三千內外が筆頭數で、一般社會人は未だに同胞の中心階層なり、中心勢力と迄には至つてゐなかつたのであつた。從つて當時朝同胞と云へば東京留學生諸君の事であり、同胞の動きと云へば留學生の運動がそれの代表だつたのである。聊か餘談になるけれども、參考迄に當時の同胞社會の情勢を書きたい。團體としては各學校在學中の學生を網羅して朝鮮留學生「學友會」を組織して同胞相互間の親睦を主として集合してゐたのと基督敎側の在日本朝鮮基督敎青年會在日本朝鮮耶蘇敎聯合敎會の二大集團があつた外には、何等集團としては皆無だつた。そして學友會も青年會も敎會も眞に未分化の民族主義一色に思想も傾向も、因つてゐたものであつた。文化活動としては學友會に機關誌「學之光」があり、基督敎青年會に機關誌「基督青年」があるだけであつた。集會は本國內地よりは幾分自由性があつて時々文化學術問題の講演會があつたものゝ、之れも臨檢の犬共に依つて演士の注意中止、檢束、解散をよく喰つたものであつた。

東京はさすが日本政府の首都であり東洋に於ける國際政治の中心動脈を摑んでゐるので國際政情や日本の政治動向等をキャッチするのには、朝鮮本國に比べて誠に好都合であり、正確敏速でもあつたので從つて當時世界第一大戰後の巴里の講和會議を廻つて樂屋內外に於ける國際政客の巨星達の動きも東京の我が留學生達には、誠に手に取るやうに分り且つ刺戟されたのであつた。從つて東京に於ては我が本國に先んじて一九一九年二月八日に當時神田區今川小路にあつた在日本朝鮮基督敎青年會館に於て、白寛洙、宋繼白、尹昌錫、崔八鏞、徐椿、李光洙(六人失名)等十二人の學生代表が連名朝鮮獨立宣言書を發布、獨立萬歲を唱ると共に、代表者を本國と上海等の同志達へ派遣したのであつた。

× × ×

この挿話は東京の獨立宣言式より先立ち、一九一九年一月頃平壤崇實大學長米人尹山溫博士が安息年の休暇明けで本國米國より歸つて來る途中、東京で數日間滯在中李光洙、張德秀、白南薰等の敎會や青年會關係の友人達と會合し、歐米各國の國際政治の動向や日本中國、朝鮮等の現狀、將來の見通しについて種々意見の交換を行つた後、本國各地への連絡の重大使命を帶びて朝鮮へ向つたのであつた。連絡の符牒としては「商賣は旨く行つてゐる」との傳言を以つて金山、大邱、京城、沙里院平壤、定州義州等地にゐる主に基督敎徒の同志達に傳達したのであつた。この符牒傳達に依る連絡は上首尾に行き互り百パーセントの效果を生じたのであつた。東京と本國との連絡も相成り朝鮮內地にゐる各地の同志達の結束を固めさせ、三月一日のあの一大示威運動への導火線の役目を果したのであつた。――この挿話は一九三二年の夏、尹山溫博士が米本國へ歸る途中東京で會見の折り筆者直接同氏より聽いた話である。

× × ×

朝鮮の近代史を回顧してみる時に、公平な立場からみて、基督敎の影響は實に大きい。殊に、その中でも文化史上に及ぼしたる功績は、特筆すべきものがある。けれども、玆にはその史論や論評を試みるのが目的でないか

祝發展

神奈川縣本部

神奈川縣川崎市濱町四ノ一

團長	朴魯楨
副團長	金正大
〃	李元京
議長	金相奎
副議長	金正善
〃	李康元
事務部長	金泳圭
內務部長	尹德善
財務部長	李泰豪
渉外部長	李太欣
文教部長	申貞植
經濟商工部長	金桂善
青年指導部長	金正大
社會部長	鄭容洛
勞働部長	林春善
地方部長	張在述
宣傳部長	李泰豪
婦人部長	金命連
事務部次長	張在述
內務部次長	李健郎
財務部次長	朴鏞大
渉外部次長	具文會
文教部次長	崔定守
經濟部次長	伊永準
社會部次長	姜慶述
勞働部次長	朴四權
地方部次長	姜石道
宣傳部次長	金基渶
婦人部次長	見貞根

ら、それには觸れないことにするが、三・一獨立革命運動と基督敎との關係も、中々緊密な連關性を持つてゐるのである。三・一獨立革命運動が、國内に於いて活潑に激烈に發展して行く事が出來た裏面には、當時朝鮮に宣教の使命で來駐してゐた米英の基督敎男女宣敎師達の、同情後援の隱れた働きも見逃すことの出來ないものであつた。

彼等は、その愛隣人類愛精神に基いた弱きもの、虐げられたもの、いと小さきものへの同情心の自然的發露からではあるけれども、彼等が、我等朝鮮同胞の生きんがための獨立革命の運動に對して、國內に於いては精神的に物質的に援助激勵し、運動戰野に傷き倒れたる鬪士のためには、萬憾の涙を流してやさしく勞り、手厚く弔ふ一方或は亡命鬪士のためには衣、食、住を與へた許りでなく、一方進んでは、我が祖國內の運動實況を、米英等歐米諸國へいち早く報道して世界の輿論喚起に、絕大の便益を與へてくれたのも、やはり彼等宣敎師達の犧牲的援助の賜物であつた。このために彼等が當時總督府當局より、受けたる迫害や不當な待遇は相當深刻なものがあつたのであつた。惜しい事には、今手元にこれらの事柄に關する材料がなく、また記憶も不確かなために、この誌上に報告が出來ないのを遺憾に思ふけれども、あの當時の彼等宣敎師達が、朝鮮を愛する麗はしき友情、救援活動の並々ならぬものがあつたのである。

彼等の活動努力を物語る一例として、筆者の知人で、當時京城セブランス病院に勤務してゐた米人醫師ドクトル・スコフキルド氏のことを書きたい。同氏があの特長ある容姿、不自由な跛足を棒にしながら、獨立示威行進があれば、いつでも飛び出して、その示威狀況を、或は犧牲者が出れば、その慘狀を、カメラにキャッチしたりして京城を中心に各地各所の鬪爭記錄を收拾保存の上、彼一流の特別な方法を以つて、上海、ハワイ或はその本國なりへ送付したりして、宣傳に大童となつて活動したのであつた。この活動の影響を喰つて、彼はその後總督府外事課により、その本國へ追放の憂目に遭つたのであつたが、本國へ歸つてからも、彼は引き續き朝鮮問題のために講演行脚に或は有志の同情說得に、異常な活動をしてくれたのであつた。これは義人ドクトル・スコフキルド氏の犧牲的好意のほんの一例に過ぎないけれども、彼等宣敎師達及びその同志が如何に偉大なる貢獻を、朝鮮解放運動のために盡してくれたか側り知らないのである。

月刊雜誌
青年　一、二月合同號
朝鮮建國促進青年同盟機關誌
發行所　東京都麴町九段下百三
朝鮮建國促進青年同盟中總文化部

祝發展
國際タイムス
東京都芝區琴平町一
電話　芝（43）1410（代表）

祝發展
朝鮮情報社
東京都杉並區高圓寺4の563
電話　中野（38）2167番

廣告

本民團中總事務所の不備のため電話の設備も不完全で色々と不自由であつたが、今度左記の通り全部開通する様になつた。

本部直通　九段（33）
- 二九九八番　團長、事務局、財政部、涉外部、文敎部
- 二六九四番　內務部、地力部、社會部
- 二八四三番　醫務室

電話　九段（33）
- 二二一番　一一九番　二〇四七番
- 一一七番　一一六七番　二〇五一番
- 一一八番　一一六八番　二〇八一番

內線左記如

團長　二三
事務總長　二二
內務部長　三〇
財政部長　三五
涉外部長　二五
地力部長　二九
社會部長　二八
事務局　二〇、三六、三七
內務部　三二、二六
財政部　二四
涉外部　二七
地力部　三三
社會部　三一
編輯局　五六、五七
文敎部　二一
謄寫專用　三四

協同組合の理念と實踐

東京都生活協同組合購買利用組合連合會
本間清子

常識講座

協同組合の理念と實際と申しましても、協同組合そのものの理念がどうのこうのというように初めから理論があつてやるものではなくて、どういうようにしたら自分達が物質的にも精神的にも人間らしい生活ができるようになるかということから新しくいろいろな形で理念というものが生れてくるのであつて、こういう理念があるから協同組合はそうしなければならぬというものではないと考えるのであります。この戰爭前も、また戰爭後も、民族的な國境というものを抜きにしても、或は國境をもつていても、今までいかにゆがめられた不自然な行き方を繼續した歷史であつたかということは、私が感ずるよりも皆さんはそれをより以上强く感じていらつしやるのではないかと思うのです。そこで過去のことを今かれこれいうのではなくて、今日以後のこと、そうして自分ばかりでなく自分達の子供、またその子供達のために、いかに此の世の中をつくつて行くかということが私達に與えられている大きな課題だと思ふのです。その一つの行き方として私達は日夜皆さんに呼ひかけて協同組合をつくつて行こうとしているのであります。協同組合はどうしてつくるかといえば、今まで私達はいろいろの形で正しい消費生活が出來なかつた。また生産においてもそうです。自分達が一生懸命につくりながらほんとうに自分達の利益になつていなかつた。その間違いを自覺した人達がこれではならぬと起ち上つたのが協同組合であります。協同組合には、七つの部門があります。第一の生産組合は生産者が主體となつてでております。第二の消費組合は消費者を主體として多く都市に發展しております。第三の信用組合は金融のためにできております。第四の販賣組合は生産者と消費者の連繫としてできております。第五の共濟組合は醫療厚生のためにお互ひが助け合つて行くためのものであります。第六の保險組合は組合員の健康と將來を保障するためのものであります。第七の利用組合はいろいろな利用のための機關があります。協同組合は大體この七つに分けられるのですが、たとえばこの民國なら民國の中にその七つの組合が必ずなければならぬというのではなく、そのうちのどれか一つをつくつて他のそういう組合と連繫して行けばいいのであります。なぜこの七つの組合が緊密な連繫をもつて行かなければならないかと言いますと、これを大體私達の體に譬えてみると、生産組合は私達の筋肉であり、消費組合は胃とか腸のような消化器であり、信用組合は靜脈、動脈のような血管であるし、販賣組合は呼吸器の役割をずる。保險組合が骨格、利用組合は神經系統の役割をする。共濟組合は心臟とか泌尿器の役割をするというように分けてくると、そのうちのどれか一つ缺陷があつても、身體は健康でなくなるわけですから、そういう身體的な譬えから例へても七つの部門に分かれている協同組合がそれぞれ緊密な連繫をもつて行かなければならないということがわかつていただけると思います。

では何故こういう協同組合が生れてきたかと思しますと、皆さん御存じの通り、第一次歐洲大戰後の一九一八年頃、英國のロッチデールの織物工場の職工さん達が歐洲大戰後の非常な不況によつて自分達の生活がどうしてもやつて行けないという時に、二十八人の職工さんがわずかの金を出し合つて共同してものを買つてき共同でものをつくるというようなたゞ生活を守るというところから生れた。もちろんその前にもそれぞれ違つた形の相互扶助的な形であつたのですが、協同組合といふ一つのはつきりした形態をそなえて發展したものがこのロッチデールの協同組合であります。このロッチデールの協同組合が非常に組織的であるということは、第一に各人に利益を拂戻しするということ、第二はお互ひの持分を制限しているということ、第三は出資額の多少に依らないで一人一票の投票權をもつということ、この三つを原則として實行していることです。從つてこの組合をたくさん利用するものほど利益が返つてくる。この三原則を堅實に守つて行きそれがだん／＼發展して來て、ただお互ひの生活を守るだけでなく、餘分の利益があつた場合には社會事業的なものに使うというように、社會的相互扶助というところまで發展してきたのであります。

日本ではずつと昔に賴母子講とか無盡とかいふものがありましたが、いわゆる協同組合の組織をもつて發展して來たものに戰爭前に江東に江東消費組合というのがありました。これは昭和三年から八年頃までのあの不況時代に生産から消費からすべてのものをやつてきたのでありますが、戰爭中消費組合の經營が全然成り立たなくなつて一時中止していたのであります。ところが終戰後また協同組合が生れてきた。それが日本協同組合同盟であります。

日本協同組合同盟はどういうことをするかと申しもすと、これはほとんど全國的な組織になつておりまして、宣傳、啓蒙、教育方面のことを主に擔當しております。私のいる東京都連と申しますのは、實務機關であつて、東京都の各組合の全部集まつたものの連合會として主に實際の仕事を取扱つているのであります。一般の情勢としては關西方面がよく發達しておりまして、今のところでは各府縣の連合會が全國連合會をつくろうという段階にまで發展してきております。私も普段非常に忙がしくてあまりそういうものの勉强が足りないで、それが政治的にどういうようになつてるかというところまで詳しくお話できないのは殘念で申譯けないのですが、大體此の產業組合法を議會で新らしく協同組合法にかえるところまで行つたのではないかと思います。

私達の協同組合の任務としてはいろいろなことがあります。私達の生活の消費面を安定するというだけでなく、できれば自分同志ある固まつた組織の力をもつて他のいろいろな社會的な仕事をやつて行くという大きな役割があると思ふのです。ただ私達は今日戰後のこういう經濟の混亂狀態の中にあるために、資金がなくて何か仕事をやりたくても困難であるし、政治的な面ではあらゆるものが統制されている。そうして統制されているものを協同組合にやらさせてくれないために、協同組合として取扱うものが非常に少い。そこで獲得運動と申しますか、あるものを買つてきて皆さんに配給するのではなくして、それを獲得する實際にやつているわけであります。魚でも野菜でも政府の配給にまかせておいてはいつどうなるかわからぬので、組合員が力を合せてものを獲得しようというところから魚も野菜も配給權をとつたのでありますが、政府の方でも協同組合を何んとか日本の民主化のためにもうまく利用して行かなければならぬということが最近わかつてきたらしいのであります。またこのところ町會廢止に伴つて今日町會でやつて來たいろいろな消費經濟面の仕事を協同組合が擔當しなければならず、また擔當するようにこちらも努力しなければならないと思いますが、そういう方面に協同組合が注目されて來ているようであります。

問、そのうちの生産組合は、協同組合の運營方針としては將來は民有工場などの生産機關も協同組合で管理するといふ方針で行かれるのですか。現在は單に組合員の生産を管理するという方針ですか。

本間、今の段階では協同組合で生産工場をもつというところまで行つておらない。けれども協同組合のほんとうのありがたさから申しますと、生産方面も協同組合をつくらなければ、いかに經濟の面だけで協同組合をつくらせても、それはほんとうに正しい民主的な利益にならないわけですが、今の段階ではまだつくられておりません。中國では生産合作社などがありますが——

問、デンマーク、あたりの農村などでは協同組合ですべてを管理している。共同作業場ももつているということが本に出ておりましたが——

本間、デンマーク、スエーデン、ノルウエーあたりではすべて協同組合でもつております。現在ロシヤでも協同組合が發達して、購買、配給の面は全部國家が協同組合にさせるというようになつているらしい。

問、協同組合の理想とか精神みたいなものは社會改良とか改革の理想なしに成立しないことはもちろん考えられる。理念においてはそうだと思いますが、今日の朝日新聞によると協同組合それ自體は勞働組合運動と直結しなければその使命をはたすことができないということがありました。そうするとこの協同組合の全國的政治的動向が勞働組合運動と直結して發展して行くその過程において、この總選擧において協同組合運動を一つの政治的政策をして發生した黨まであるのですが、協同黨なる政治鬪爭運動と今後發生する全國の協同組合連合體と勞働組合連合體との直結のその運動のあり方はどういうようになりましようか。日本の現在の政治的動向について、御説明願いたいと思ひます。

本間、これはあくまでも私だけの考えですが、今日本に發展してゐる遠同組合は全然政治的な色彩をもつていない。もちろん協同組合の中に働いている職工とかそれを擔當している人達の中には、個人の立場で政治的な政黨に入つている人はいると思ふのですが、協同組合の性格はあくまでもどの政黨政派にも偏しないむしろ偏しているといつたら宗教的な精神内容をもつたものと私は思ふのです。協同黨の場合は今できている協同組合の名前をとつているのですが、協同黨と協同組合は何の關係もない。ですから今後も協同黨とは手を結んで行くということはおそらくあり得ないと私は考えるのです。それから今朝の朝日新聞の記事は私の方の鈴木眞洲雄さんが發表したものですが、現在の日本の政治的な段階においては、勞働組織が非常に發展してきて、輸送の面においても、物資の生産の面においても、たとえば肥料、農機具、衣料等の工場で生産されるものについては勞働組合が權利をある程度までもつている。そこで今後協同組合が統制會社なんか無視して直接農村から野菜を安く買入れてきたいという場合、農村では衣料や肥料を見返りに欲しいというが、協同組合は何にももつていないという時には、勞働組合と話合つて、農村で肥料を欲しいというから何とか肥料を賣つてくれないかというわけで、生産と消費を民主化するためには今の日本の現狀では協同組合はやはり勞働組合の協力を求めないではやつて行けない。そういう意味では協同黨とは手を結べないでしようが、勞働組合とはそういう面で協力してもらう。そうして勞働者も會社にいれば勞働組合員ですが、各住居に歸るとそれぞれ協同組合員なのです。

また一般人民大衆が協同組合員であるということが利益になることですから、そういう意味からどうしても勞働組合に協力してもらうということで行かないと、今の段階では協同組合は何にももつていないので發展するのに非常に弱い。これは輸送の面でも、國鐵或は交通等は勞働組合がある程度迄イニシアテイヴをもつているから、そこに何とか頼むというようにもつて行けば、こつちが民主的な運動であり民主的な團體ですから、勞働組合あたりでもやはり協力してくれるようになつております。そういう意味で直結というよりもむしろ協力してもらうということになるのではないかと思ふのです。今の日本の段階ではそうしなければ協同組合はどうしても伸びて行かない。資金も八・一ストップ以來封鎖されていて非常に困難している上に、農村や漁村ではある程度まで物交を要求してくる。ところが都會では何にももつていないのですから……

問、將來協同組合が一國の生産を管理し統轄することが可能でしようか。

本間、それはその時とかその地域とかいろいろなものに影響されると思います。だから協同組合の七つの部門が一度に同じ場所に發展するのではなくて、それぞれみな分散して發展して行つて、それが緊密な連繫をとるというのですから、ある所では生産共同組合が實權を握つてうまくやれるところがあつても、それが必ず他の地域にも實行されるとは限らない。他の地域には消費組合が發達しているけれども生産組合がなかなか發達しないということになるのではないかと思います。日本の場合には理想としては生産協同組合が發達しているけれども生産組合がなかなか發達しないということになるのではないかと思います。日本の場合には理想としては生産協同組合が大いに發達し得る可能性があるように思ひますが、そこまで行くには相當の期間がかかる。まだまだ道遠しという氣がするのです。

問、協同組合が現地に行つて買う場合にももちろん公で定は買い得ないと思ひます。あれだけ統制會社が鐵桶の陣を布いてやつても買へないものが協同組合に買へる道理がないと思います。そこで經濟違反ということになると政府は協同組合ばかり默認しますか。

本間　なぜ農民が政府に公定價格で出さないか、或は公定價格以上の値段でも出さないかといふことは、まづ政府が一つの統制を設けて國民をある一つの枠の中に入れてしまつて、政府だけの考へで國民の實情を全然酌み取つていないからです。たとへば農民は米を公定價格で出す以上は肥料も公定價格で欲しいところが今までは農民は肥料とか衣料とか農機具は闇で買つている。けれども農民は醇朴ですから供出の量だけはいやいやながらでも出してゐる。戰爭の時にも戰爭に勝とうという氣持から供出は正直な氣持でやつていたが、農民は非常な犠牲を拂つている。だからこういう情勢になつてくると政府のいうことを聞きようがない。それでは協同組合はどうしてゐるかというと、農民がじくつりと納得の行くように話合う。消費者もこれならやつて行けるという私達の話も聞いてもない、農民のいうことも聞いて、農民がこれだけ出すから肥料をこれだけ欲しいといわれれば、こつちの力だけで肥料が何とかならない時には、農民の代表として政府にぶつかつて行つている。だからお互いに話合つている。政府の場合は頭から强權をもつてこれだけのものを出せとやるから農民の反感を買うのではないかと思います。しかも農業會に納めたらすぐ支拂をやるかといえばそうではない。昭和十八年ぐらいのものをまだ支拂つていない現狀ですから、農民としてはやはり反感を感ずるのだろうと思ひます。組合の標語をみると、「協同すれば成り立つ、協同せざれば滅びる」という言葉が書いてあるそうですが、初めから營利を目的とする營業體ではなく、組合員の利益をはかるといふ便宜のためにできている。しかも株主あつて利潤の追求をすることがない。組合員が市價より二割でも安ければ助かる。五分でも安ければ助かるというところが出發點ではないかと思ひます。だからこういう過渡期においては公定價格と同じには買えないとしても、農村の人達も、こういう混亂狀態のどん底に肉體的にも精神的にも突き落された時に何を與へるかというと人間としての平和な氣持ちなのです。協同組合精神の究極の根柢をなすものは大きな愛と平和を願ふ氣持だと思ふのですが、農民もこういう時には儲けるとか何とかいうことよりももつと氣持よくつくつたものを分けてやりたい、自分の必要なものを買いたいという氣持が本能的に起きているのです。それで人間は一人でも生きられないということを痛切に感じているのではないかと思います。

朝鮮歴史講座

第一章　上古史

雞林兒　編

第一節　民族の移動と配置

(A)　序　言

朝鮮人は、日本統治下の四十年間、正しい自民族の歴史を學ぶ機會に惠まれなかつた。四十年という長い間、われわれが學び得たのは、極く斷片的な、歴史上の一節であり、それすら、日本の統治政策に、都合のいいように、歪曲したもので、系統的に、そのあるがままの姿が、自民族の歴史を、知つている朝鮮人は、實に少數である。

四十年といえば、今日、五十歳以下の、朝鮮人の大部分がその歪められた歴史、故意に知らさない政策による、日本統治の歴史教育によつて、育つた人である。

その中の、極く少數の人が、日本官憲の、監視の眼をくぐり、乏しい資料を、賴つて、自民族の歴史を、學ぼうとし、若干の成果を、收めたに過ぎないのである。

それで、今日、われわれは、系統的に、自分の歴史を、知らないばかりか、日本人の自慢の、日本が萬世一系の國家であるのに、ひきかえて、朝鮮は、古來、大陸諸民族とその國家の壓迫によつて、興亡常ない、不幸な民族であり、自力で立ち得ない、弱少民族なりと、力んで敎えた、その暗示を、今なお清算し切れないでいることと思う。

それで、編者は、四十年間の日本統治の、そうした心理的な弊害を、われわれの心から、淸掃し、且つ又、從來の日本の歴史家が、朝鮮民族の發展、又は、發達に、最も緊密であつた、滿洲諸民族と朝鮮民族を、別個のものとして、取扱つて來た過誤を、是正したく思ひ、むしろ、滿洲諸族の血を、受けついで出來た朝鮮民族の、正しい在り方を、表明するつもりである。

こうして、われわれは、自分というものが、どのような民族に、所屬し、そして、自分というものの、最も正しい姿を、科學的に、見極めることが、出來るようにしたいと思う。

それは、同時に、朝鮮民族だけが、優秀な民族で、朝鮮を中心に、世界を再建すべし、という、極右的な、理論からも、解放されなければならない。

たとえば、五千年前に、妙香山に、君臨した檀君は、神の子であり、神の愛と、神の意志を、受けついで、人間統治に、天降つたという、誇張した説があるが、これは、日本の天照大神の唯我獨尊的神性說が、日本の天皇を、現神なりとする、又、せざるを得なかつた、滑稽な理論を、出したと同じことになる惧れがあるからである。

われわれは、朝鮮民族という一つの特異な民族に、所屬していると同時に、世界の人類にも、つながつていると、いうことを、忘れてはならないのである。

日本の神武天皇以前の、彼らのいう神々がその正體を洗つてみれば、單に、石器時代に生棲した未開人であつたように、わが檀君も、世界の人類發達史に、照し合せれば、やはり石器時代に相當する、未開人であつたことは、否定出來ないのである。

ここで最も正しい歴史の研究方法は、唯物史觀によつて生れることがわかるのである。

だから、私は、今後、この講座を、執筆する態度を、唯物史觀に根據を置いて、朝鮮に於いて、極右的な民族主義の、偶像的、神性説の發生を拒否すると同時に、朝鮮民族は、とるに足りない弱少民族なりという恐るべき暗示を、根柢から、覆して、朝鮮民族の弱點を究明するばかりでなく、その優秀性を明かにして、今後の、われわれが果さなければならない、朝鮮民族の再建という、大きな仕事を、支障なく、もつとも賢明に、また賞讃されながら、成しとげるのに、役立たせたいと考えるのである。

われわれは、いろいろと困難な現實に、ぶつつかつているが、それに興奮することなく、冷靜に、科學的に、處理しなければならないが、また一方では、われわれの過去、われわれの血に、つながる祖先の、在り方を、いろいろな角度から、再批判し、再認識することが、今後のわれわれの行動に、正しい方向を與える、原動力ともなるのである。

（B）朝鮮民族の祖先となつた諸民族。

朝鮮民族は、單一な血族でなく、實に多數の種族の混血民族であつた。現代では、最も多數の血を混血して出來た民族というと、われわれは、アメリカ人を想ひ出すのだが、古代の混血民族の代表の一つに、わが朝鮮民族を、あげることが出來る。朝鮮半島は、その地形が敎える通りに、諸民族の、混血の、るつぼであつた。それは、ちようど數多の河川を、呑んでいる海のようなものであつた。

古い記錄に見出されるだけでも、夫餘族、挹婁族、濊族、貊族、沃沮族、韓族、苗族、漢族、という多數の民族が、北鮮から滿洲にかけて、そして南鮮からその近海の諸島嶼に住むことになつたのである。そして、夫餘族は、南夫餘、北夫餘となり、更に高句麗、百濟族と分派し、沃沮は、北沃沮、南沃沮の兩族、挹婁は靺鞨、女眞となり、濊族、貊族は、それら雜多の種族に同化しながら、却つて胚族の血の中軸となり、そして、韓族の中から出た、馬韓、辰韓、弁韓の諸族が、北方の諸族と混血して、百濟、新羅族となるに及んで、種族は更に、混血し、進化し、發展していく。

以上、廣くいつて、ウラルアルタイ系諸族とは、全く對立な族性を、持つている、昆崙系諸族、中でも、漢民族の東進は、朝鮮民族の血に、重要な部分を、占めることになる。

箕子朝鮮、衛滿朝鮮という千數百年に亘る漢民族が主軸になつて、つくつた國家が、西北部朝鮮から、西南滿洲、即ち今の遼東半島に、またがつて、存在したこと、そして、大同江を中心にして、漢の四郡が三百年に亙つて、存立し、世界に冠絶する文化を、有した事實を考える時、今日の朝鮮人がどのように自民族の獨自性、純粹性、を主張しても、漢民族と夫餘系、濊貊系諸族の混血族であること、割合からいつて、その三割以上が、漢民族の血を混血したことを、否認することは出來ないのである。

その漢民族との混血の度合は、從來、日本の御用學者が、日本人の血の三分の一が、朝鮮系であることを楯に、その逆に朝鮮人もまた日本種の血を混え、從つて日鮮同族なりとする理論よりも、遙かに適確に、朝鮮は日本族よりも、漢族に近いということが出來る。しかし、日本種族の血の三分の一が朝鮮種でありながら、朝鮮種族の血には日本族の血の混血が、日本海、朝鮮海峽沿岸を除いては、殆ど混つていないように、漢民族の血にも朝鮮族の血は殆ど混つていないのである。

この事實を、われわれは記憶しておくことが、大事である。

大陸との關係は、ほぼ上記の通りであるが、南方の韓種との、倭族、苗族インドネシア諸種族との混血も、また無視してはならないのである。

苗族やインドネシア系諸族が、黑潮に乘つて、一は日本列島の南岸に達し、もう一つは、朝鮮海峽にはいつて、北九州と南部朝鮮沿岸に到達したことは、北方大陸からの諸族の流入と同樣の意義がある北方から流入した説族は、概して、文化を持つていたのに反して、南方系諸族は、蠻性的な勇氣を導入したことと考える。ことに濊貊族の、溫和性や漢族の文化性に、比較すると、この南方系種族の勇敢性は、目立つ存在である。

朝鮮民族は、實にこのような南北兩種の、全然違つた諸種族の混血した、種族ということが出來る。

今日の朝鮮民族の特性を、知るために、貊者は、しばらく各種族の特性について、個々に檢討したいと思う。

祝　發　展

同友社
東京都本鄕區西片町一〇
電話小石川(85)三〇八三

國際貿易協會
東京都麴町區
九段下一ノ一
電話代表九段(33)五二五四
代表　李　錫　雷

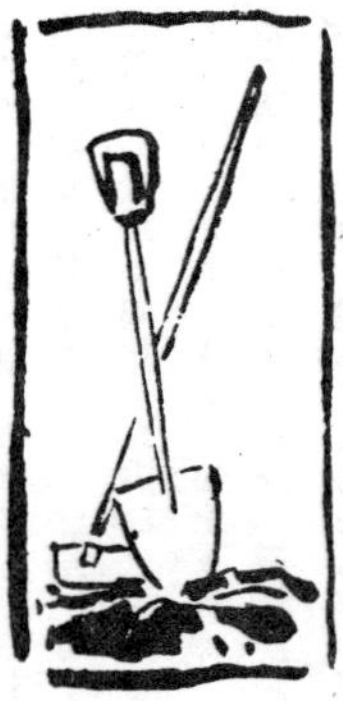

四十年の嵐（二）

黒　丘

お前達に、ヨボ、ヨボと、嘲り罵られる度に、オレ達は、齒をくいしばつたものだ。そして、腹の中で、

「畜生、いつか、仕返しするから、おぼえてやがれ」

オレは、そう怒號しなかつた、が、オレはチゲの勞働者、相手は金ピカだ、オレはあきらめて、じつと腹の虫を、おさめた。オレは、いわば卑屈だつた、が、喰えなかつた。

オレ達の財産に、年々減つていく、その財産は十中八まで、日本人の高利貸の手に落ちることは、今さらいうまでもないことだ。朝鮮の大地主の八割は日本人だつたからな。あらゆる利權は、政治力を持ている日本人が、握つていたからな。

オレは、チゲ（背負つ子）をかついで、釜山の街を、うろついていたんだ。棧橋や、驛前をうろついてな、御客の荷物を、ひつたくるようにして、オレのチゲにのせて、運んでやるんだ。金廻りのいい日本人のことだから、と思つて最初の日オレは五十錢くれ、と、ふへかけたよ、そしたらね、バカヤロウと、ぴんたを、はられた、そして、五錢玉を、ぴーんとなげつけてくれる。それを、拾つたらね、ヨボは毆つて、おどかすに限る、と、ぬかしやがつたよ。ヨボ、というのは、日本人が、オレ達を、經蔑して呼ぶことばさ。惡いこと、汚いこと、いけないことみんなヨボの仕事なんだ。

ヨボ、ヨボ、へ——ああ、あ、はらわたが、千切れをよ。おい、朝鮮に住んでいた日本諸君！お前達が、オレ達のことを、どれだけ、ヨボ、ヨボといつていたか、一つ、じつくりと、思い出してくれ。

（民鬪新聞）

三一革命精神涵養週間

在日本朝鮮居留民團
本支部役職員一同

在日本朝鮮建國促進青年同盟
本支部役職員一同

我等の革命記念日三月一日を通じて民族統一戰線を確立せよ

在日本朝鮮文化團體連合會

在日本朝鮮人商業連盟
本支部役職員一同

1947年3月20日發行　第三號

民團新聞
THE MINDAN-SHIMBUN

東京都新宿區若松町21
電話九段(33)２８４３
在日朝鮮居留民團中央總本部
發行權編集者　朴　準
定價壹部金參圓

第廿八回三・一獨立記念式典

日比谷を震はす五千同胞の叫び

革命運動精神を永久に發揮せん

暗澹たる祖國の現狀と國際情勢の微妙なる今日、我が朝鮮獨立を決定的たらしめた愛國烈士の數々の革命運動の中、最も大きく全世界の耳目を震駭したる一九一九年三月一日の全國的獨立運動（己未年萬歳事件）を記念し、先烈同志を追悼すると共に今なほ續く革命運動の精神を永久に昂揚すべく解放以來、第二回目の記念式典を意氣も嚴に五千の同胞參列の下に沈默の內盛大に擧行された。朝よりしと〱降る春雨は逝きし愛國烈士の涙の如く會場は聯合國の國旗が翻り中にも燦然と輝く祖國の太極旗のひらめきは特に色彩をはなち五千同胞は今更の如く感激の涙を新たにした。定刻午后一時各聯合國並に在日各團體、日本各團體の來賓出席の下に、開會宣言とともに嚴肅裡に開幕された。式順に從ひ先づ建青委員長、洪賢基氏の開會より議長選擧に移り、今より二十八年前の當日當時刻即ち午后二時を期し會員默禱の內、朴烈團長の悲壯な獨立宣言書が朗讀されるや、滿場の同胞感涙にむせび各自思ひ〱の感を深くした。續いて建青朴根世君の三・一獨立運動考察があつて後、次の如き聯合國への獨立請願決議文を採擇して滿場一致を以つて議決した。

一、極東委員會に送る獨立請願書

一、米國大統領に送る獨立請願書

一、蘇聯大統領に送る獨立請願書

一、マッカアサー司令官に送る獨立請願書

一、駐朝鮮米國軍司令官に送る獨立請願書

一、駐朝鮮蘇聯軍司令官に送る獨立請願書

一、對日理事會五國代表團長に送る獨立請願書

續いて各メッセーヂの朗讀が終るや、各國來賓の特別講演に入り中華民國駐日代表團長代理王武閣下の挨拶があり續いて米國陸軍大尉

社說

民族統一戰線と三・一運動

朝鮮の自主獨立は民族統一戰線に依ると云ふ叫びと、スローガンが建國運動線上にて大きな意義を持つものであると云ふ事は今更論ずる迄もない、然し其の民族統一戰線に對する見解とは必ずしも同一でなくかへつて曲解する向さへ見受けられる。

「居留民團の名稱があるから居留民團的性格を持ち、朝聯の名が付くから居留民團的性格がないと云ふ樣な事は云へない」

「民族統一戰線なるものが提出された場合に於ても全民族が主義主張を全く同一にせよとの沒常識な事を云つて其の意味での民族の統一を要望したいとも思はない」「三・一革命記念日も間近く迫つて居る今日波なき處に波ある如く見せる事は異國に居住する朝鮮同胞に取つては賢明な策とは云へない」

以上は國際タイムス二月十三日付社說の中の一部である。

我々は何が故に民族統一戰線を要望するか！　同時に如何なるものを民族統一戰線と稱するか！と云ふ根本問題を檢討しなければならない、同社說に揭げたる通り民族統一戰線が提唱された場合全民族が同一主義主張にせよとは沒常識な事であつて自分の主義が正しいと思つたから其の主義に統一し樣としたり甚だしき時はそれに從はないからと云つて反逆者と云ふ樣な事は、一見統一戰線を主唱するが如く見えても其れは分裂を招來するものである。つまるところ强制と獨善に過ぎないのである現在居留民團性格云々の同社說の言葉も居留民團的性格を持つのと居留民團であると云ふ事は勿論名稱にこだはらない場合でも自ら違つて來るのであつて、居留民團的仕事をするから居留民團であると云ふ言葉は說敎をするから牧師であると云ふ言葉と同樣であつて、むしろ斯る矛盾する主張を固執する事自體が其の運動を賣物にし樣とするに過ぎない。極端な例で云ふなら殺人强盜が他の人に百圓や千圓をやつたから彼が慈善事業家とは云へないのと同樣である。統一戰線を叫び乍ら統一出來ない事が統一戰線に對する理解がない事と其の文字や言葉に依る「イカサマ」に迷はされるが故である。居留民團でないものが居留民團と名乘るのはやはり政治的謀略であつて居留民團の看板を利用し樣とする野心に過ぎない。成る程三・一革命記念を廻つての各團體の動きは同一な步調を取る事が出來ないで、波を立たせるが如き觀あるもそれは波なき處でなく、見えない底波が現はれる事であり、其の底波に對する警告、注意すべき點から見て先ず統一戰線を亂すとは云へない、あにはからんや三・一運動記念大會は全く對立する二つの流れを表面化し統一戰線の妨害物は果して何であるかを知る大きな意義を持つて居ると云へる。朝聯側の大會決議文は斯る意味に於て大きな示唆を與へて吳れるものである。

感傭俊氏の熱烈なる愛國の熱辯があり、軍政廳連絡官の挨拶があつた。講演に入つては、民團事務局總長、元心昌氏の革命家の一人として雄々しく戰つた當時の實情と現世界の動向を指摘して同胞の奮起を促し、建靑季海龍君が意氣天を衝く愛國靑年の本分を力說した。續いて在日各團體代表の挨拶に移り在日文化團體連合會代表朴魯植氏、朝鮮人商業聯盟代表奏太一氏並に各代表の挨拶と所感があつた。順序を變へ特に現實我々の緊急問題として、建靑副委員長李禧元氏より在日同胞の敗戰日本の賦課財產稅納入拒否の特別請願案の提示があり、滿場の同胞と共に討議し絕對拒否の決議文を滿場一致議決して、マ司令部に傳達することとし若し今月十五日迄マ司令部より賦課稅解決回答がなかつた場合は代表は斷食を以て飽くまで初志の貫徹を期すべく決意を表明した。感激と感銘の内に次々と式典は進行され、朴烈團長の主唱に依り獨立萬歲の三唱が日比谷を震はすや五千同胞感激の内革命精神を永久に發輝すべく各自覺悟を新にし、三・一獨立運動の遺業をついで祖國再建に寄與すべく同胞各自の誓と覺悟が場内に張り午後四時議長の閉會の辭で意義深き記念式典はとどこほりなく終了した。

特別當大會に於いて感龍俊博士は今日記念行事と祖國建國運動に對する新なる示唆を與へたが、博士の豐富な思想で現實の動きに對する鋭い解剖と反省を促がした。今日の建國運動の大部分が根底を忘れて徒らに遠い事や知らない處にて求め樣とし足元の祖國の眞姿と眞髓を忘れたる愛國者や政治思想ブローカーに對する反省を促し、其等の我が儘や夢に憧れ果て政治的混亂と不安を招いた事を痛擘した。

日比谷公會堂に集つた熱心な同胞の大聽衆

外にはしと〳〵と冷雨降りしきり逝きし愛國烈士の靈を悼むかのよう、内には場内を埋めた同胞の大聽衆が肅然として記念式典の進行を見詰める、しはぶき一つもない靜寂の中に朴團長の悲愴な獨立宣言書が朗々として讀み上げられるや突然感極まつた鳴えつがそこゝから湧き上つて來る、やがて靜から動へと感激の記念式典は息づまる緊張と昂奮の波を打たせて高潮して行く。

在日本朝鮮人聯盟主催
三・一獨立記念大會

在日本朝鮮人聯盟でも今日午前十一時より日比谷公園音樂堂前廣場に於て、三・一獨立記念大會を催した會衆約一千名、開會當時には緊張してゐた會場も折惡しく降り出した雨のため屋外會場の惡條件に災されて會途中に大分散じ去つたのは殘念であつた。

記念大會鄭本文氏司會の下に於て予定順序通り進行し華僑聯裡代表陳禮敬氏、日本共產黨代表松島松太郎、朝鮮民主靑年代表其他來賓の祝辭のあと文化、經濟、教育問題に對する特別講演があり、午后二時獨立萬歲を三唱默禱して大會を閉じ示威行列に移つた。

三・一運動記念大會
新潟市に於て盛大に擧行さる

三・一運動記念式典が全國的に各地にて擧行されたが、新潟市でも在日本朝鮮居留民團新潟縣本部主催で新潟市日本海會館で盛大に嚴々かに擧行された。式典は冬の新潟としては稀に見る晴天で新潟市在住同胞の五分三と云ふ殆んど全部が午前十一時を期し會場に參集し、崔大文氏司會で想起せよ三・一革命、確保せよ三・一精神のスローガンの下、式典が始まり、地方有志、言論機關から多數の來賓の祝辭、總本部から參席した鄭哲、金用道兩氏の講演があり三・一精神を體得すべく緊張裡に午后一時頃終了した。當日は新潟市に於いても大會が分裂され朝聯側は東寶劇場にて擧行したが朝聯側は終了後市內デモ迄した。朝聯側に參加したる多數の同胞が、三・一式典に共產主義を宣傳すると云ふ事に不滿を持ち中途退場して日本海會館に參集したことは各方面に、新らしき話題を投げた。

大會終了後は引き續き在留同胞慰安大會が催されたが、當日は珍らしく見られる朝鮮映畫、朝鮮ニュースを通じ故國の情緒に思い切り浸りやがては飛入、聲樂會に鍵つて、咽喉自慢の雄辯もあるといふ賑かさで大會の緊張した氣持ちをすつかりほぐして三時すぎ和かな記念行事を終つた。

民團新潟縣本部では社會部と日本政府當局との積極的交涉に依り、去る一月二十五日新潟刑務所に收容されて居た同胞四十名を出獄させ身柄を引受け、身の上の一切の面倒を見て無事一同を歸國させたが六日にも同樣、朝鮮に本籍を有する六名を出獄させ同九日歸國させるべく萬端の準備手續を整へて居るとの事である。

南鮮の經濟援助
米が六億ドル支出

ワシントン十九日發UP（共同）報道によれば南鮮米軍占領地區の三ケ年計畫で南鮮に是高六億ドルの援助を與へようとする內容を持つ經濟援助勸告案が國務長官代理アチソン、海軍長官フォレスタル、陸軍長官パターソン三氏によつて檢討されたといはれてゐるが、右によれば鐵道網の再建紡績工場の修理再開その他產業復興を目的として取り不敢第一年に二億ドルの支出が豫定されてゐる。

ニュース

支部續々と誕生

日本全國に同胞の活躍目覺し

澁谷支部結成

祖國の暗澹、[illegible]と國際情勢の微妙なる動き[illegible]殊な事情に於ける在留同胞の現狀は居住權の確立經濟上の生活保障もなく貧に悲慘なるものであつた。この現狀を解決すべく在日朝鮮人各團體が相集つてこの對策を講ずべく、居留民團の結成以來尠からず支障もあつたが、各地方に於ては支部が相次いで誕生し、今年になつてから早くも三十幾支部が結成されたが、東京澁谷地區に於ても有志の活動と一般同胞の要請に依り三月五日午前十時澁谷區千駄ケ谷に於て澁谷の支部結成大會を開催した。地區同胞二百名が參席し、特に中央總本部地方部長臨席のもとに擧行され、先づ金瑢九氏議長に選出されて議事討論、役員選出の後いとも盛大に結成式を終了したが、特に選出役員の民團使命に對する新なる覺悟と披瀝に一同尠からず感銘を與へられた。

選出役員

團長　未定
副團長　金瑢九
議長　金瑢九
總務部長　李杜鉉
社會部長　金周洪
涉外部長　蕭德模
財政部長　金周洪
文務部長　李根詰

八幡支部結成

去年團長巡回の後九州地方の有志並一般同胞、新なる活動を展開して來たる處今般中總地方部長の出張の機會に九州地方でも同胞の集中地なる八幡地區で民團支部結成の準備がなり、結成大會開催を取急いで居た處、朝聯の一部悪質的血迷分子が結成準備委員を暴力をもつて不法拘引して、暴行し重傷を負せる等我々人間性民族愛をもつて到底理解し難い行爲を重ねるに至つた。而して民團の準備委員は祖國の暗澹たる現狀と在留同胞の現狀を打解すると云ふ精神的結合の祖國愛がこれ等の暴力にどうして屈服し得ようか？　これ等の妨害と暴力總ゆる犠牲にも不拘らず逆つて地區同胞の信義を得て二月二十五日盛大に結成式を終了した。

中央總本部に於て團長以下各責任者はこの英雄的行爲と祖國愛に燃えたこれ等準備委員に滿腔の謝意を表すると共に、中央總本部は勿論各地方本支部はこの八幡支部準備委員の如き熱烈なる精神をもつて活動を展開したならば、民團に負はされてゐる使命と本分は日ならずして達成されるものと指摘し、中總の部員に警告すると共に各地方本支部の猛省を促すものである。

群馬縣太田支部結成

さる三月十日を期して群馬縣太田にも支部結成に必要な萬端の準備が出來た。

新宿支部結成

去る二月二十八日東京都新宿に於いて新宿支部の結成式があつた。

建靑聲明書

朝連は、日本政府が在留朝鮮同胞に對して、選擧權及び被選擧權を賦與すべきことを決議要求したが、これは明らかに、在日同胞の意志に背いたものであり、且つ三千萬同胞の民族意志に叛くものである

日本に在留する同胞の一人々々が、朝鮮國の人民として、外國の地日本に居住しているということは、在留同胞すべての、また本國のわれわれの同胞すべての普遍的常識に屬する事實であり、また信念である。此の事は去る十一月の國籍問題で、本國の言論機關が論じ盡したところであり、また本國内の各界もこれに共鳴したのである。日本に於ても、わが建靑はこれが爲に、死力を盡して鬪ひ、關係當局も之を確認した、朝鮮も敢て此に反對出來なかつたのである。われわれは此の根本事實に基いて、財産税の免除と、準連合國民の待遇を要求しているのである

然るに何たることか二十八回三・一記念日を日比谷音樂堂で開催、選擧權、被選擧權を要求したことは、自ら日本國民たらんことを欲しているものと、諸外國に見られても辯解の余地はあるまい

世界の歷史を通じて、その國の國籍を有しない者が、その國の選擧權、被選擧權を行使することは決してないのである斯の如き認識を外國人に與へることは、その結果實に恐るべきものがあり、尙此の事實は、朝連の言つていることが總て、空念物であることを如實に示しているものである

三月三日の星條旗紙がその記事に明らかに載せているように、彼等は共産黨員としか認められていないのだ。共産黨員はいゝが在留同胞と三千萬民族の名を亂用して、かくの如く振舞うことは、その罪まさに萬死に値するものがある

朝連に一言懇切に告げたい。朝連のとのような詐術で日本共産黨の走狗たらんとすることがいかに外國人に誤解を

朝鮮問題解決の五方式

ワシントン發ＵＰ電報の報ずる處に依ると、南朝鮮民主議院議長李承晩博士は、今度朝鮮問題解決のため、左の如き長文の正式聲明書を發表した。

一、南朝鮮臨時政府樹立の爲めに、即時選擧を實施すべし
二、朝鮮に完全な通商權を賦與すべし
三、國際爲替制度に基く朝鮮通貨を安定さすべし
四、南朝鮮過渡政府に對しては、占領其他重要問題に關してソ連及米國と交渉する權利を賦與すべし
五、米國軍はソ連軍が北朝鮮にいる間南朝鮮に駐屯することを希望する

この報告書に對してウートル博士は次の如く語つてゐる。

現在の米ソ間の交渉停頓狀態が長く繼續するならば、ソ連は既に「鐵のカーテン」の中に這入つてゐる北朝鮮に對して勢力を發揮するであらうから、李博士の要求を承認する時が來た、朝鮮人は既に民衆によつて選出された指導者を通じて自治の能力があるといふ適當な證據を見せてくれた、朝鮮を繼續的に二地帶に分割してゐるのは、本質的に北朝鮮に依存してゐる南朝鮮の農業及ひ產業經濟を頽廢させてゐる。南朝鮮の朝鮮人臨時政府は米軍當局よりも何有效な共產主義者の煽動を鎭壓することが出來る、南朝鮮に民主主義的政府を選出するならば、これは國民が共產主義政府を望まないといふことと、朝鮮の再統一を遲延させるのは米國ではないといふことが昰示されるであらう。

尙右の聲明は米軍進駐の一九四五年九月より一九四六年七月迄、朝鮮軍政府の法制顧問首席エメリトウートル博士の作成した書類を證據資料として使用した。

指導者の訓練學校

二月二十三日漢城發電報の報ずる處に依ると、朝鮮青年に建國精神を體得させて、有能な青年運動の指導者を養成するため、今度「指導者訓練學校」を開校したとの事。

目下二十歲より三十歲迄の青年二萬餘が應募され、諸種の訓練を受けてゐる。其の發展とよき結實を祈るものである。

モスコー會議に關心

在米朝鮮外事協會々長 金龍中氏談話を發表す

三月五日發漢城電報に依ると、ワシントンよりの報道として、モスコー外相會議に對して、在米朝鮮外事協會會長金龍中氏は、朝鮮問題の協議の責任があると云つて、左の如く輿論に訴へたとのこと。

モスコーに於ける外相會談において米ソ兩外相は正式に朝鮮問題を協議しないと云ふが、兩外相は非公式にでも朝鮮問題を協議すべき責任をもつてゐる。それには次のような案を提訴する

一、朝鮮を二分する不自然的三十八度線を即時撤廢すること
二、米ソ兩國の干涉なき人民の要望による臨時政府を樹立させるように協約すること
三、米ソ兩軍は朝鮮臨時政府樹立と同時に徹退することを約束すること
四、朝鮮が建全な民主國家になるまでの其の育成に兩國は顧問及び各方面の技術を以て援助することを約束すること
五、朝鮮における何らの主權をも要求することなきよう約束すること

招き、また民族の不當な意志に基く運動が妨害されており、在留同胞に迷惑を及ぼし、民族の榮譽を汚しつゝあるかを知つて戴きたいと

われわれ建青は今一度茲に明かに言う

われわれ在留同胞は、いうまでもなく、朝鮮國の人民であり、日本にとつては全く外國人である。われわれの欲するものは、日本の選擧權でも被選擧權でもなく、實に、われわれが外國人として準連合國人の待遇を受けることである！、制限が撤廢されゝば、本國へ歸る朝鮮人民として、また侵略戰争の最大の被害者として、國內外を通じて鬪争して來た連合國の一構成員として當然財產稅法の適用から除外されることこそわれわれの要求はこゝにあるのだ

同胞よ！

民族榮譽の保全の爲に

われわれは正當なる要求貫徹の爲に

反逆者を葬らう

三月五日

朝鮮建國促進青年同盟

關東地方民團各本支部巡行

民團中央總本部地方部に於ては各本支部と連絡を緊密にし民團の運營と使命を充實に履行すべく總ゆる努力をして來た處、今般意見の一致を見特に各地方本支部の要請もあつて二月三日を期し一週間に一回づゝ各本支部を巡回して密接なる連絡のもと相互相鞭韃して全的に民團活動を展開すると云ふ。その具體的な目的は次の通りであるが巡回は全國的に實行したい計劃であるが人員の不足と其他色々不便な爲取敢えず關東地方一圓を通じて實施中である。

目的

一、各本支部の輿論調査
一、各本支部の活動實體を明確に把握
一、各本支部の中總に對する要請と提案の取受各本支部の緊密なる連絡

三・一獨立革命運動以降 民族烽起對日抗戰年表

去る三月一日、我等朝鮮民族は國の內外を問はず各地各處に於て、二十八年前の朝鮮民族獨立記念三・一大會を開催したのであるが、この三・一革命運動が烽起されてから殉國烈士の祖國恢匡への犧牲は數限りなく繼續して來た事は、我等生を朝鮮に享けたものゝ深く銘してゐる事である。今當時の事を追想する記念として對日抗戰の年代記を手元にある材料より左に略記す。

○三・一獨立運動のために日帝番兵共に虐殺されたる殉國無名烈士百五十七萬以上。

○三・一巳未獨立運動以後國境鴨綠江豆滿江沿岸に於て義烈團其他獨立黨が無慮數百回に亙り日本の軍警共と勇戰奮鬪をなす。

○一九一九年四月十一日中華民國上海法租界に於て李承晩、李東輝、李東寧、安昌浩、李始榮、曹成、煥申、圭植金圭植、伯麟、文昌範氏等相謀り、各界各派等に依り大韓民國臨時政府の母體たる大韓民國臨時議政院を組織す。

○一九二三年九月一日日本關東大震災に依り約四千名の朝鮮同胞が日本軍警に依り虐殺され朴烈、金子文子氏等に依り舊帝殺害事件發生す。

○一九二六年一月金祉燮氏の日本宮城二重橋爆件。

○一九二八年十二月二十八日羅錫疇氏の殖產銀行東洋拓殖會社爆件。

○一九三二年一月八日李奉昌氏日本天皇を虎の門に於て狙件。

○一九三二年四月二十九日尹奉吉氏上海に於て日人白川陸軍大將爆殺。

○一九三三年三月十日李康勳、白貞基元心昌氏等に依有吉明駐日本公使暗殺事件發生。

○一九四一年十二月九日中國重慶に於て大韓民國臨時政府主席金九氏對日宣戰布告を發す。その宣戰布告文左の如し。

大韓民國臨時政府對日宣戰

聲明書

吾人は三千萬韓國民と政府を代表して謹んで中・英・美・加・濠・和其他諸國の對日宣戰が日本を退けて東西を再建する最も有効なる事を祝賀すると共に特に左の如く聲明するものなり。

一、韓國全人民は現在既に反侵略戰線に參加したるを以て一戰鬪單位として樞軸國に對して宣戰す。

二、一九一〇年の合併條約及一切不等條約の無効なる事を宣布すると共に併せて反侵異國家が韓國內に於ける合理的既得權益を尊重す。

三、韓國中國及西太平洋より倭國を完全に驅逐するために最后の勝利を得る迄血戰す。

四、日本勢力下に造成されたる長春、(滿洲國)及南京政權を絕對に承認せず。

五、ルーズベルト、チャーチルの宣言の各條を堅決に主張し韓國獨立を實現せんため之が適用をなし民主陣營の最后勝利を念願す。

大韓民國二十三年十二月九日

大韓民國臨時政府

主席　金　九

○一九三三年三月以降一九四一年十二月に至る間の對日抗戰の年表はこの原稿〆切り迄に手元材料なきため收錄出來ないのを遺憾とするが、例へば新幹會運動及びその指導による光州學生事件、朝鮮語學會事件、朝鮮興業倶樂部事件、オリムピック、マラソン選手孫基禎氏の寫眞に因んだ東亞日報停刊事件、朝鮮總督南次郎の舊鮮一體野蠻政策强行に依る創氏制度、國語抹殺政策の犧牲に依る東亞日報朝鮮日報等朝鮮國文日刊紙廢止事件、國の內外に於ける大韓民國臨時政府及び無政府主義者、共產黨員獨立黨等の地下叛逆運動等數限りなくあるなれば、次號以下收錄せんとす。

在東京朝鮮實業團體と懇談會開催

民團中央總本部に於ては三月三日夜在東京朝鮮人實業團體並商工關係の一般有志を招待し在留同胞の民生問題に關聯する商工、企業問題と民生福利問題を檢討する爲懇談會を開催した處各代表熱烈な意見を交換し非公式ながらある程度の意見一致を見て今後の活動に資するものと云はれる。

參席者

在日本朝鮮商工會關東本部副理事長

朝鮮海運株式會社長

東信交易公社

〃

朝鮮人商工會

朝鮮人商業聯盟

等の代表を始め一般有志事業家諸氏であった。

京都本部事務局總長逝去さる

民團京都本部事務局總長趙思濟氏は病氣療養中の處去る二月二十五日午後九時逝去された。氏の民團結成以來今日に至るまでの多大の功績に對しては各方面より惜しまれて居る。尙葬儀は去る二十六日午後三時民團葬を以て嚴肅に擧行された。

朝鮮軍政廳駐日總公官長新任

朝鮮軍政廳駐日連絡官長曹正煥氏は既報の通り歸國命令により招致され後任として「韓星郁氏が決定され二月二十八日次長林胤英氏と共に正式就任の挨拶の爲民團中央總本部を訪れた。

第九回常任中央執行委員會

民團中央總本部に於ては三月三日午前十一時より約一時間常任中央執行委員會を開催した處、九州地方出張より歸團したる地方部長より九州地方情勢の報告があり續いて、新潟縣支部三一獨立運動記念大會に參席したる文政部長より東北信越地方の同胞生活狀況と大會盛況に關する報告があった。

聲明書

選擧權獲得の陰謀を粉碎せよ

去る三月一日、在日本朝鮮人聯盟が三・一記念大會において、聲明を發表し、日本政府へ提出したと云はれてゐる決議文はその後われ〳〵在日朝鮮同胞の各界にわたり、大なるセンセイションを捲き起し、「朝聯」は、今ひとたび民族的分裂者として、大衆的輿論にクローズアップされるに至つた。われ〳〵は、こゝに「朝聯」の犯したる過誤の正體について、その一端を檢討し、あはせて三・一決議の僞瞞と謀略について、一、二を指摘して大衆的輿論に應えたい。

「朝聯」の已往における過渡的役割は兎も角として、現下朝聯は、敗戰日本の思想的混亂といふ外部的惡條件に乘ぜられ、しかも內部に潛む一部の分派主義者の謀略に禍ひされて、その指導的主動性がいまや哀れにも、危險なる關頭に直面してゐるものゝ如くである。排他より孤立へ、孤立より獨善へと、ひたすら自壞のコースを踏み越え、いまはただ、のツぴきならぬ轉落の一條が殘されてゐる。獨善の危險性と、それより釀し出されるヒロイズムの悲劇は、最近においてわれ〳〵がヒツトラーや、東條等によつて滿喫した痛手ではなかつたか？　目下「朝聯」傘下の一部の團體や、大衆が心意上にある種の動搖を波起したとしても、決して偶然ではない。われ〳〵はこれが何ものから原因し、また何ものを指向してゐるかを諒解し、言明するのに容易である。

この度「朝聯」の三・一記念大會における決議事項は、相當長文に亘るもので、その全文を批判する時間的餘裕をもち合はせてないが、その若干を要約して究明しよう。

「朝聯」は、この決議文を宣示するにあたり「……本大會ハ在留六十萬朝鮮人民ヲ代表シ三千萬朝鮮民族ノ名ニ於テ左ノ通リ決議ス」と、決議してゐる。だがわれ〳〵はこゝに僞瞞と獨善を見る。在日朝鮮同胞第二十八周年三・一記念大會開催に先立ち、われ〳〵の陣營では民族戰線統一と、自主的完全獨立を促進する念願で「朝聯」に對し、共同主催を慫慂したにもかゝわらず、彼等は、これに應ずることとなく、單獨にて分裂大會を強行するにいたつたのである。これによつて見ても

「在留六十萬ノ朝鮮人民ヲ代表シ」といふのは、僞瞞であり「三千萬朝鮮民族ノ名ニ於テ……」と大見得をきつたのも、一つの術策にすぎない。

これこそ民族的反逆行爲といへるであらう。現在「朝聯」が有つところの、イデオロギーと、その組織分野は、本國と、日本と問はず、部分的であり僅少の數にすぎないことは、過般行はれた、南鮮における民主選擧の結果が示す、慘敗がこれを物語り、日本の各地においてぼうばいとして簇出する、反朝鮮的民主勢力が、これを立證するにあまりある。決議はつゞいて

「日本政府ハソノ朝鮮支配ノ全期間ヲ通ジ政策的ニ又軍事警察的ニ朝鮮民族ノ經濟的發展ヲ完封シ文化的進步ヲ阻害シ以テ民族トシテノ生存ヲ破壞シタル責任ヲ負フベキコト」

といふのである。これは自他共に否定することが出來ない事實ではある。だが、この決議事項によつて、何を求めようとするのか？　その「責任」として「何」を「如何」なる方法において追求せんとするのか。問題を具體的に提示し、解明する責任が必要である。

「在留朝鮮人ガ正當ニソノ生活權ヲ主張シ又ハソノ利益ヲ擁護センガタメノ權利卽チ選擧權並ニ被選擧權ヲ與ヘルコト」

といふ項において、われ〳〵は、始めて決議文の心意が、那邊にあるかを演繹することが可能である。卽ち前項の責任追求は、選擧權並びに被選擧權賦與の恩典に浴せんとする前提として、並べたてた、淋しい伏線であつたのだ。解放獨立の朝鮮人民が、敗戰日本と過去において、如何なる因緣關係にあつたにせよ、今日では、否定出來ない外國人であり、また外國人としての、生活權を確保し、その權益を擁護する立場に置かれてゐる。外國日本の內政に關與する、選擧權並びに被選擧權獲得のための運動は、自らが日本人化する希望を表明するもので「朝聯」の日常愛用する親日派的行爲より、更に一步を前進するものであらう。「朝聯」が、理論的に內包する矛盾をほゝかむりして、これを強要する裡面を探索すれば、その理由はきわめて簡單である。在留同胞の、投票を集中して、同一イデオロギーの日本政黨にサービスせんとする謀略であるが、これは明らかに思ひあがつた

（民團新聞）

獨善的誤算に過ぎない。友誼政黨の黨勢擴張と、援護のため、在日同胞を日本人化までしても、得票をプレゼントせんとし、朝鮮國人民としての民族的統一戰線を分裂に導こうとする行爲は、民族的反逆行爲ではなからうか！ともあれ、われ〲は、いかなる角度から見ても、朝鮮國人民であり、日本に居留してゐるにしても、それであり、日本國にとつては、外國人の立場にある。われ〲は、外國人が他の國の選擧權の行使した國際的、政治的、歷史も、政治理論も、理解せぬものではない。けれども現段階に於ける、朝鮮民族の日本國選擧權行使は、絕對に拒否する立場をとるものである。

さて、sp stars and stripes「星條旗」三月付の三・一獨立運動記念日に關する記事の一部によると「(上略)…日比谷公園に於ては約一千萬の朝鮮共產黨員の大會がこれを記念し…」と報じてゐる。われ〲は、これによつても「朝聯」がすでに國際的に「朝鮮共產黨」として悉知せられてゐることを理解したのである。われわれは、共產黨そのものについてとやかくいふ狹量な者ではない。たゞ大衆の公益事業團體としてこれを認識し、またそれでなければならない同聯盟が大衆の輿論を無視して、共產黨そのものとして活動し、その主動性が、それえ集中するものとしたら、これは、明らかに大衆を裏切る非民主主義的行爲であることを言明する。われ〲は、現下多くの思想的に迷える在日同胞大衆を直視してゐるのである。これがために、われ〲は、常に謂えるが如く、分派分黨的主義思想を捨てゝ民族戰線の統一と、完全獨立促進のために鬪ひ、居留民の民生福利を最高度に解決せんとして鬪ひつゝあるものである。

われ〲の門戶は、いま、朝鮮民族のために大きく開放されてゐる！民族と國家のため鬪ひ、居留民として民生問題を眞に憂慮する同志の堅き約束をなす時は今である。われ〲には、いつでも熱き握手の用意があることを附言するものである。

(檀紀四二八〇年三月五日在日本朝鮮居留民團)

餅と繪

SC生

君！ポカンとしてるね、一つ聞いて見ようか
時に君は餅の喰べ方を知つてるかね
エ餅の喰べ方だつて？
そういふ君は餅とは何であるかを知つてるかね
餅をかい、それは知つてるとも……

◈……◈

今度は君、僕の方から聞くとしやう
君は繪の觀方を知つてるかね
ウン！繪ぐらい觀られるね
そういふ君は一體、繪そのものを知つてるのか
繪をかい？どうやら知つてるなあ……

◈……◈

これが我々の會話だ、いやむしろ我々の社會だ
餅と繪―それは我々にとつて貴重なものだ、併し
我々の内部に果して……
この餅と繪を區別出來る人が幾何ぞ
その喰べ方と觀方を知つてる人が又幾何ぞ

◈……◈

終戰後我々には幾度か、餅と繪を與へられた
だけど結局、我々は一度たりとも！
餅が喰べられなかつた、繪が觀られなかつた
餅を繪として觀、繪を餅として喰べた事もあつた
我々は餅として喰べ、繪を繪として觀るべきだ、

文化團體紹介

東京都杉並區高圓寺四ノ五六三	朝鮮特信社
京都市上京區松尾町中立賣上り	朝鮮國際タイムス總本部
東京都芝區琴平町一番地	朝鮮國際タイムス社
東京都京橋區銀座四ノ三(電京橋七〇一二 七〇一四)	朝鮮國際新聞社
東京都麴町區九段一ノ三	自由新聞社
東京都杉並區高圓寺四ノ五六三	朝鮮情報社
福岡市下小山三五	世紀新聞社
高崎市外中豐宮九	青年時報社
札幌市南二條西一ノ一	東亞時論社
東京都麴町區丸ノ內仲十四號館十一號	朝鮮文化倶樂部
東京都神田區一ツ橋二ノ九	在日本朝鮮教育文化社
東京都大森區南千束町二ノ六一洗足地會館內	東洋文化研究社
東京都京橋區西銀座四ノ三數寄屋橋ビル四階	朝鮮國際文化社
東京都神田區旭町一ノ三	朝鮮文化協會
東京都京橋區木挽町八ノ四	朝鮮青年文化協會
東京都澁谷區大和町九七　財團法人	國際平和文化協會
東京都神田區神保町三ノ五	朝鮮東西文化研究同盟
東京都本郷區西片町一〇	同友社
東京都芝區琴平町三	實業之朝鮮社
江戸川區小岩町三ノ宮四八	朝鮮國際文化振興協會
葛飾區本田若宮町十神田局四七二電本田(118)二〇四	新朝鮮出版社
足立區興野町六六四	人民政治新聞社
芝區田村町一ノ三	鮮放新聞社
芝區田村町一ノ三	民衆映畫社、中外民報社
千葉市今井町九七〇	民主青年社
橫濱市鶴見町東寺尾町一五二三	高麗見覺文化研究所
橫濱市橫須賀市大津一五一三	朝鮮文化社
京京都神田區旭町一三、電(25)一六九六	京北朝鮮社
東都都神田區猿樂町二ノ四	朝鮮基督教會
東京都神田區猿町二ノ四	朝鮮文普及會
東京都神田區神保町二ノ三	國際自由文化協會
東京都京橋區木挽町三ノ二(日輪ビル)	東京朝鮮日報社
東京都京橋區銀座西四ノ三	京華新聞社
東京都京橋區銀座四ノ三	朝鮮國際映畫株式會社
東京都京橋區木挽町一ノ十三(電京橋四五三一)	朝鮮國際文化聯盟

再び朝・日兩國民衆に訴う

朴　烈

一、共通の立場に就て

世界第二次大戰が終るまでの三十六年間は、私達朝鮮民族は、帝國主義侵略國日本の馬蹄にふみにじられて、實に言語に絶する苦難をなめたのであります。この苦難の結末は、大戰終了と同時に全世界の正當に認めるところとなり、新しき朝鮮として獨立の地位を獲得し、今日着々と國際的新秩序の進展とともに完全なる獨立に邁進してゐるのであります。

一方、日本の今日は、占領諸國の聯合軍管理下にありますが、聯合軍總司令部が、しばしば聲明しています通りに、日本に報復する考えは毛頭なく、日本が平和國家として立派に立つてゆけるように、生産工業においても財政方面においても、食糧方面においても、出來るだけの支援を約束してゐるのでありまして、日本は新憲法の下に武裝なき平和國家として出發する前夜にあります。

朝鮮と日本とは、このように世界的地位としての相違はありましょうが、これから世界の民主主義國家の間に伍して、光輝ある獨立國の榮譽を完成する意味で全く同じ立場にあると私は考えます。從つて、朝鮮と日本の兩國民衆は、今後どの樣にして立派な獨立國の體制を築き上げるか——具體的に申しますと、民主主義國朝鮮、そして日本を築き上ぐべきかについて緊密なる提携を望むべきであります。

私どもは、朝鮮民族の一人として、過去三十六年間、全く言語に絶する苦慘を經驗しておりますが、いま、それを詮議しようとは思わない。むしろ、過去に捉われて物を考えるよりも、今後どうすればこの怨根から解放されるかについて、建設的、進歩的な考え方をしなくてはならない時だと思います。

また、日本民衆諸君も、朝鮮人がかつてこうだつたとか、現在こうした生活をしているとかいう、個々の末梢な事柄を捉えてこれを非難すべき時ではない。今後どのようにして、兩國民衆と血と血で連なる民族的な結合をどう解決してゆくか、どのように建設してゆくべきかについて、はつきりと考え直さなくてはならないのであります。

目先の個々のことがらに捉われて、百年の大計を見失つてはならぬ。兩國民衆ともに、帝國主義の絆から完全に解放されているのであるから、どの樣にして民主主義國の國民として、徹底的に手を組んでゆくかについて、眞面目に建設的な考え方をしなくてはならない——これが、兩國民衆の現在與えられている共通的な課題であると私は考えます。

二、現實はどうであるか

ところが、實際の現實はどうでありましようか。甚だ殘念ながら、民衆双方とも全く對立した形であり日本全國的の事實からとり上げると衝突事件は頻々として起つている。或ところでは共に爭つて双方に多數の負傷者を出したり、或ところでは家屋や機材が破壞されたり、また或ところでは對立して全く手のつけようもないという事柄が起つております。

日本人側に言わせるならば、日本の敗戰後急に朝鮮人は威張り出して來て、昔の恨を晴らすのはこの時であるといふ態度をとつている。生活も正業についていない闇の賣買や不正業者が澤山いる。外國人となつて外國に來ているのなら、外國人らしく、優越した民族ならば、優越民族らしく、我々以上に立派な生活態度をとつて居住して貰いたい——といつたように、まことに自分側の方に都合のよい事ばかりを並べ立てています。

また、朝鮮人民衆に言わせますと、日本の敗戰後、朝鮮は獨立したのだから、威張るといふのは當らない。今まで帝國主義的權力で抑えつけられていたから、皆我慢

全體定期大會

新潟縣本部で

二月十八日民團新潟縣本部では全體大會兼地區同胞の要請に依り朝鮮人大會を新潟市日本海會館に於て開催した。就中祖國の現狀と國際情勢報告、又在留同胞の現狀と民團の經過報告があり、特に中央總本部特派員社會部長の民團の性格と其の進路に就ての説明等滿場の同胞拍手喝采の內式順に從ひ議事進行中、朝鮮人聯盟新潟縣本部總務部長外五名の幹部は朝聯の細胞團體たる民主青年同盟の靑年約四十名を引率して參會し會場の一隅に集結して根據のない彌次を飛ばし呼號騷亂甚しく自己獨裁と大衆の自由を無視する彼等は破壞的行爲未だ止まず只一部幹部に盲從して附和雷同そのものであり、この大會にも同じ手段を用ひて破壞に導こうといふ野蠻的行爲をあへてし議事進行に大なる支障を期したので不本意ながらも技術的に大會を終了する爲朝聯幹部及一部民靑員の退場を促し場內整理をした後議事を續行し民生、教育等の在留同胞の緊急問題を討議し充實せる意見を交換して議決した後議長發聲のもとに朝鮮完全獨立の萬歲を三唱して議事進行を終り、早くより獲得保管中の皮靴を一足づゝ全員に分配し特に生活難に苦しむ同胞に對しては救濟品を施す等和氣靄々の內に意義ある大會を終了した。

民青中央本部結成大會

民主青年同盟では去る六、七日兩日を通じて東京都京橋公會堂にて全國結成大會を開催した。

六、七兩日約二百五十人の代議員並びに傍聽員の參集で一般情勢報告、支部組織等今後の運動方針に就き色々と討議されたが、其の中に殊に注目された事は在留同胞の選擧權、被選擧權の要求等全く朝聯と歩調を共にするばかりでなく初日である六日には日本共產黨選擧費を一部負擔援助する事を決定した事である。

して默つていたのだ、若しその怨を晴らすとなれば、血腥い事件はもつと正規模に頻發して、こんな生易しいものではない。我々は今、怨を晴していると思つてはいない。また闇商賣上についても、闇商人に一人の朝鮮人が居れば、これを賣つた一人の日本人はいるし、またこれを買つた一人の日本人が必ずいるわけであつて、朝鮮人の一人の闇商人のためには、二人の日本人が働いているので、一體どつちが惡いというのか。さらにまた、我々朝鮮人は外國人に相違はないが、この日本から引揚げようにも引揚ずられないではないか——。過去の敎育もそうだし、十年二十年と日本に生活したものが、一朝一夕にどうやつて引揚げられるであろうか。生活態度が惡わないのは、今日までの反動であつて、時間の問題によつて解決するより外はない。

といつたように、双方ともどもに、立派な理窟をもつているのでありまして、實際上に表れた個々の事柄だけを拾つて見ては、凡て根本的に意見は對立するばかりであり問題は解決出來ないのであります。

三、共通の問題を見よ

そこで、私が兩國民衆に訴えたいと思う根本的な課題は次の三點であります。卽ち、

第一は大戰の結果明かになつたように、東洋の文化は西洋の文化にくらべて立遅れている。この立遅れが東洋の貧困をもたらし西洋の勝利を約束したのであります。そこで我々は、東洋人として先ずこの立遅れた文化を西洋の高さにまで高め、そして東洋文化の粋を東洋人自身、我々の力によつて開發しなくてはならないこと。

第二に、當面している我々の急務は、如何にして世界平和に寄興することの出來る民主主義國家を築き上げるかということでありますから、東洋文化に根をもつた東洋的な民主社會をつくり、民主的生産樣式をつくり、また民主的貿易機構を生み出すというように、凡て兩國共通の利害によつて堅く結ばれてこなくてはならないこと。

第三に、こうした文化的、生産的な結合の前提として相互に缺點を暴き合つてはならない。その反對に美點長所を相互に認め合つて、どのように結合してゆくかについて、各團體、各地方組織は、官民の別なく共同して、具體的問題、直接目の前にある問題について、謙虚な氣持で研究協議し合う態度をとらなくてはならないこと。

私は、極めて平凡なことではあるが、以上の三點について忠實な研究を進め、眞劍に建設への努力をつゞけるならば、日ならずして兩國民衆間にあるわだかまりは一掃されると信じて疑いません。

現在は、どんなに立派な理窟を言つても駄目でありますし、又どんなに上から下に命令して見ても駄目であります。民主主義の根本は、お互に私共自身、一人一人が何人からも命令されずに、何人からも支配されずに、お互にやるべきことを自分で知つて、忠良に自分自身が正しい道をゆくこと。民主主義の道を切り開いてゆくより外に殘された道はないのであります。

四、相互に目的を發見せよ

朝鮮の同胞、民衆諸君——

我々は、外國人として日本の土地に居住しているが、それは日本人ばかりが相手ではない。世界の國民が我々の態度を凝と見ている。

朝鮮人のすぐれているか、劣等であるかを見ているのであります。とりも直さず、世界人の批判の的となるのであります。そして、たしかに獨立できる民族であるかどうかを後日必ずや批判するでありましょう。

我々は、この批判を恐れない。驚かない。優れた獨立國の國民としての朝鮮人の名に恥じない立派な生活態度をとるべきであります。朝鮮國の代表にふさわしい朝鮮人の態度をとりたいと思います。

日本の內政に立入る必要は毫もありません。我々は、それ〲所謂正業をもち、正しい方法によつて生活の資を得ることにし、勤勉なる民族として今日まで知られたその誇りを誤つた考えから捨て去つてはならない。必ずや正業によつて、正しく生産し、生活する態度をとること——それは、祖國にある同胞朝鮮民衆の名を恥ずかしめない所以であると思うのであります。

日本國民衆にあつても、凡て自ら反省することなく、他人のみを責める態度はやめなくてはならぬ。官廳においても、過去に行われたような祕密機關で祕密裡に動靜をさぐつたり、故意に惡意に滿ちた宣傳をやつて見たり、わざと兩民衆が反目するような言論や、行動をやらせるというような、姑息な手段はこの際、ピッタリとやめなくてはならないのであります。

五、建設を目標に革命遂行

私共は、かくして、朝鮮民族の統一と解放に邁進するのでありますが、一部の階級論者がいうやうに、階級闘爭の戰術等においてではなく、祖國大多數の正しい民族の興隆を欲する勤勞階級を一丸とした民族愛、救國の熱情によつて、偉大な解放を遂行してゆくのであります。

私は、結論として最後に申上げるが、大破壞を伴つた戰爭は終り今日は大建設を目標にした革命のまつ最中である。それは朝鮮も日本も、ともに同樣な運命におかれておりますし、隣國中國も同樣であります。

私共が、この革命を成就させるということは、眞に民主主義國家に據つて、國民一人一人が平和を樂しみ、そして自由を愛し、そして生産を振興することによつて、自分も、また隣人もともに幸福をうけることの出來るよう一人一人が民主主義朝鮮人に、民主主義日本人にその本來の姿を改めてゆくことなのであります。私どもの運命を開く途は、實にこの途以外にはなく、この一つの途によつてのみ、朝鮮、日本はもとより、わが東洋の輝かしい發展が約束されてゐると思うのであります。

常識講座

世界藝術に於ける朝鮮の位置

柳 宗 悅

歴史の變化と進歩するに隨つて世界といふものが一つに結合しなければならない時期にきているのであります。この度の戰爭が契機となつて、世界が一つに團結するような機運が向いてきたように思うのであります。これは人類全般の理想としておのおのの人が心に深く抱いておくべきことだと思います。

しかしこの世界の結合の前に、私の考えではどうあつても東洋といふものが結合することが先決問題であると思われます。世界のすべてが結びつくといふことは望ましいことでありますけれども、まだそういう時期にはならない。幾世紀かを經なければならないかもしれないのでありますが、そういう境地に至るまでにまずもつて東洋というものが團結しなければいけない、というのは私の前からの考へであります。東洋が團結するということはどういうことを意味するかというと、これは支那、朝鮮、日本がまず結び合うということを意味すると思います。この支那、朝鮮、日本が結び合わない限りは世界は結合する準備ができないのだと私には思われるのであります。取りわけ日本と朝鮮とは地理的に近いのでありますし、また人種的にも近いのでありますし、また文化上でもその交流は昔から非常に密接なものでありまして、特に朝鮮と日本が結び合わなければならないという考えを私は前からもつていて、そのために實はいろいろの仕事をしてまいつたわけであります。そのために私は朝鮮びいきだというのでしばらくの間刑事に跡をつけられていろいろ困つたこともあるのであります。

そういう話は別といたしまして、ともかくも支那、朝鮮、日本はどうあつてもこれから結び合わなければならないのでありますが、その円く結び合うのにはいろいろの途があると思います。私の考えでは、結び合うということの基礎はどういうことかというと、まずお互いが尊敬し合うということだろうと思う。

何か尊敬すべき要素をお互いの中に見出すということがその結合の基本的な條件だと思います。たとえば私が親しい友達をもつということは、やはり尊敬し合う友達をもつているということだろうと思います。缺點ばかり指摘しているとかあるいは輕蔑しているという場合には友達になれるわけはないのでありまして、何か尊敬し合う點を見出して、それに對する敬念によつて結合されるということがどうあつても私は必要だろうと思うのであります。

朝鮮と日本、あるいは支那が結び合う途にはいろいろあるだろうと思います。しかしそのうちで一番容易であり、また平和な途であり、また素直に了解できるのは藝術というものを媒介にするということではないかと思うのであります。われわれは朝鮮の藝術が非常に意味の深いものであるということをほとんど無條件に認識することができるわけでありますが、ただわれわれ日本人側でそれを考えるのみならず、朝鮮の方みずからが自分の國の藝術が世界の中でどういう位置を占めているものかということをよく了解していただくことが肝要ではないかと思うのであります。私も長い間朝鮮の藝術を通して朝鮮の意義というものを考え、また說いてきたものの一人でありますから、今日は藝術史における朝鮮の位置というものについて簡單にお話してみたいと思うのであります。

朝鮮の藝術がきわめて重要な意義をもつているということは私の考えでは三つの點にあるように思われるのであります。

第一は、幸いにもこの二、三十年この方、いろいろな學者が寄り集まり、またそれらの人々の努力によつて、朝鮮の古代藝術の姿が大へんはつきりしてまいつたわけであります。

ここで古代と申しますのは、支那の時代で申せば漢から六朝にかけてであります。今からざつと二千年前頃であります御承知の通り東洋の藝術は支那が歴史が古いためにすべて先鞭をつけているわけであります。支那はいろいろな意味においてわれわれの兄であるわけであります。ところで支那の文化は非常に古いものでありますが、周時代の孔子などがおられた頃のものは多少今日遺物が殘つているけれども、そう詳しく知られておらないわけであります。しかしそれからだんだん進んで漢、六朝のような時代になると、幸いにもいろいろな事情が明かになつていて、いかにその時期が偉大なものであるかということがはつきりしてきたわけであります。ところが特にその中でも漢時あのものは、時代も古いせいでありますが、支那は國が廣いのと、また長い歴史の間に度々戰亂があつたために、古い古蹟が大へんに荒されて、今日殘存している遺物はそうたくさんないのであります。

それで支那人みずからが支那の古代文化を調査する上に資料が乏しいためにその全貌を明かにすることができなかつたのであります。

ところが朝鮮の研究が進むにつれて、支那の漢の文化がいかに偉大なものであるかということが朝鮮を通してわかるようになつてきたのであります。それで朝鮮の研究なくして東洋の古代藝術を研究することはできないような事情が非常にはつきりしてきたのであります。この意味において朝鮮の古代藝術はこれから重要な位置を占めてくるわけであります。

たとえば朝鮮の文化でもつとも重要な時期はいわゆる樂浪時代と高句麗時代であります。

大體西洋紀元一世紀前後から二、三世紀頃の間でありまして、その時代の文化は多かれ少なかれ漢の影響を受けているわけでありますが、支那においてその史蹟がほとんど湮滅しているのに、朝鮮では幸いなるかなその史蹟が非常に豐富に殘存しているのであります。

特に平壤を中心とした一つの區域と、鴨綠江をへだてて通溝というところが昔の朝鮮の都のあつたところであります。これは滿洲の一部にはいつておりますが、朝鮮の文化がそこで發達しているのであります。古代文化を知る上にはもとより古墳というものが重要な役割を務めておりますが、有難いことには、朝鮮では先祖の墓を大切にするという風習のおかげで古代の墳墓が實は驚くべき數において今日殘つているのであります。そして古墳の發掘調査が進むにつれて、いかに朝鮮の古代の藝術が偉大なるものがあるかということがわかつてきたわけであります。たとえば繪畫の例をとると、人間の肉筆で描いた繪畫でもつとも鮮明に殘つている東洋最古のものは朝鮮に遺つているものであります。少くとも量において質において朝鮮に遺つているものがおそらく一番いいのであります。そういうものを通じて、われわれは初めて漢時代の藝術がいかなるものであつたか十分にうかがうことができるわけであります。

ところでそういう古墳が現にどれだけあるかと言いますと平壤附近だけでも古墳が二千に垂んとしているのでありますそれから滿洲よりの方も非常な數であります。しかし今日までに發掘された數は非常にわずかなものであります。しかるにそのわずかな率がすでに大した姿を示してまいりまして、今では朝鮮の古い時代のものを研究せずして東洋の文化を研究することは全くできないのであります。從つて朝鮮の古代藝術が東洋美術史それ自身を解釋する上にいかに重要なものであるかということは言うまでもないのであります。朝鮮を度外視してわれわれは東洋美術史を研究することは絶對にできないと言つてもいいのであります。ただ材料があるというだけではなく、非常に立派な材料があるのであります。私も度々古墳を訪れて實情を見ているものの一人でありますが、將來、東洋美術史を編集して十分な挿畫でも入れて刊行されるとするならば、その初代のものは非常に多くが朝鮮に現存しているもので示されるだろうと思うのであります。

そこで先程も申しました通り、まず東洋というものが理解し合わなければならないということが第一條件であるとするならば、朝鮮の古代藝術を理解するということが絶對必要な條件となつてまいるわけであります。このことがともかくも世界美術史上における朝鮮の位置を非常に高めているのであります。つまり朝鮮の藝術を研究することなくして、東洋美術史を調べ上げることは到底できないのであります。それもただ材料があるというだけでなく、內容それ自身が非常に立派なものであります。從つて支那人といえども漢時代の歷史を書く場合にはどうしてもそれらの朝鮮の材料を用いるのであります。ほとんど朝鮮あつての支那美術史となりつつあるのであります。このことをまず皆さんはよく了得されて、いかに貴重なものが自分の國にあるか。そして不思議にもそれらのものがいかによく遺されているかを知つていただきたい。さらに面白いことは、先ほど申しました通りに、古墳群は非常な數であるから、將來の學者の研究對象となる材料がまだ地下に非常にたくさん埋れているわけであります。ために東洋美術史の重さが非常にその度を增すに違いないのであります。それで今日お話したいと思う事柄の中で第一のことは、朝鮮の古代藝術が東洋美術史上に占めている位置がきわめて重大であつて、それを度外視してはほとんど研究はできないということをお互いに知りたいということであります。

第二のことはある意味ではもつと重要なことかもしれないのであります。それはどういうことかと申しますと、支那は非常に大きな國で、いわば巨大な文化をもつて、おつた國であります。從つて國が大きく、また昔は國力も非常に大きなものでありますから、支那の政治的な力もしくは經濟的な力は東洋においては壓倒的なものであつたということは歷史的に皆さんも御存じだろうと思うのです。これにくらべて日本は小さな島國でありますが、海でかこまれていたために、比較的他國の戰亂を受けることが少く、そのために內亂は相當にありましたけれども、海のおかげでこの國土を安全に守ることができたわけであります。それで長い間歷史が續いておつたわけであります。ところが朝鮮は地理的に支那と日本との間にはさまれた國でありまして、皆さんも御存じの通り、朝鮮の歷史をひもどいてみますと、外國との斷えざる爭ひがあつて、そのために朝鮮は歷史的には非常に苦しい時代を幾度かすごさざるを得なかつたのであります。私も東洋の歷史を讀みまして、その中で朝鮮の歷史ほど一面においては苦しみの多いまた悲しみの多い歷史はないような感をしばしば受けました。一番平和が缺けていたのは朝鮮の歷史であります。

しかるに、政治的な意味において歷史はそういう事情にありましたけれども、藝術の方面を見ますといろいろ興味深い特質が現はれているのでありますが、中で私が今日特に强調したいと思いますのは、そのように日本、支那の間にはさまれておりながら朝鮮は非常に獨創的な藝術をもつておつた點であります。ちよつと考えますと、地理的に支那の影響を受けるべきはずであります。また日本との交流が多かつたのであるから、日本の影響も受けるべきはずであります。實際、多少はそういう影響は受けているのでありますが、全體から申しますと朝鮮の藝術は非常に獨自的なものであります。一見して朝鮮のものだと言える朝鮮獨自の美しさをもつているのであります。ただ古代においては精神的な面において今までの歷史の中で東洋全體が非常によく文化的に統一されていた時代であります。御承知の通り佛敎藝術の初期のものを見ますと、支那の六朝、朝鮮では三國から新羅、日本では推古天平の頃は文化的にほとんどよく統一された時代でありますおのおの多少異つたところもありますが、一つの文化の流れというものがよく表現されているのであります。

ところがだんだん時代が進むに從つて、おのおのの國がおのおのの特色を發揮してきたのであります。そして朝鮮は政治的には非常な苦痛を受けながら、決して他の國を摸倣することなく、獨自の文化を少くとも藝術を通して表現したということは著しいことであると存ずるのであります。最近朝鮮の獨立のことがやかましく言はれますが、そういう運動を起される上において藝術的に獨立した要素が明確にあるのだという意識が皆さんの中にあるということは非常に望ましいことだと思うのであります。少くとも藝術に關する限りにおいては遠慮されることは何もないのでありまして、全く朝鮮自體のものを多量にもつているのであります。

（以下次號に續く）

（民團新聞）

注目の的米の新外交政策

トルーマン聲明と朝鮮の獨立問題

同胞の一致協力を期待

歷史的なモスクワ外相會議は世界の注視を浴びて十日開幕したが、米國代表マーシャル國務長官と英國代表ベヴイン外相とがこの會議を機にギリシヤ援助問題につき重要會談を遂げることゝなつてゐることはわが朝鮮獨立問題に微妙な關聯を持つてゐることを注目せねばならない。

大戰終了に伴ふ歐洲並ニ東洋の戰後處理問題は米、英、ソ、中、彿間に話合が進められ、特に米、ソ二大强國の協調なくしてはその目的の達成は不可能とされてをり、さればこそ對歐洲問題、殊に對獨講和問題は世界注視の裡にモスクワ會議の形に於いて解決への第一步を踏み出したが、全體主義的潮流と民主主義的潮流との協調が如何なる形で、又如何なる線で纒められるかは各方面の頗る注目するところであり、折も折米國の外交政策がギリシヤ、トルコの積極的援助といふ方向に於いて新たな展開を示し始めたことは吾等の重大な關心を呼ぶ。

◈……◈

トルーマン大統領は正義を基礎として平和のために協力する政策と全體主義陣營の膨脹を防ぐために重要地帶で經濟的な干與を行ふ政策の二ツを以て今後の國際情勢打開を目途してゐるが、モスクワ會議に於いてマーシャル代表がソ聯を相手に講和問題の討議を始めると同時に一方ワシントンではトルーマン大統領がギリシヤとトルコ兩國に對し、**借款供與**と軍事顧問派遣承認を議會に求めたことは米國が從來の微溫的な外交文書政策では不充分なりとして實力を以てする抗議外交政策を採用したことを暗示する、而もマーシヤル代表がモスクワの講和會議に於いて英國代表と前記第二の政策遂行に關する打合せを行はんとすることは、マシヤル代表が如何に强力な本國政府の意圖を反映してゐるかを窺はせる。

◈……◈

英國がバルカンに於ける唯一の防共勢力圈たるギリシヤの擁護に手を盡してゐるにも拘らず現在のような狀況下に於ける彼としては殆んど不可能の狀態にあり依つて米國の財政的經濟的援助を必要とするに至つたが、マーシヤル代表はモスクワ會議出席に當つて下院歲出委員會に對し、ギリシヤのみならず、地中海東部全域に對し積極的に責任を負ふ新政策を遂行するに必要な豫算を請求した。

果然トルーマン大統領は十一月上下兩院合同會議でギリシヤのみならず、トルコに對しても合計四億ドルに上る借款の供與と軍事顧問派遣の承認を要請する重大演說を行ひ、

若しも獨立國としてのギリシヤが消滅するならば戰火の破壞のあとを復興しつゝ自由と獨立確保のために多大の困難とたゝかつてゐる歐洲諸國に圖り知れぬ影響を及ぼすであらう。又トルコの將來も世界の自由愛好諸國民にとつてギリシヤの將來に劣らず重大である。

と事の重大性を强調したが、この米國の防共に對する積極的政策は同國の對外政策が、

一新紀元を畫せるものと言ふも決して過言ではなく全體主義陣營に對して「平和のため協力か」然らずんば「經濟干與政策」かの二ツを突きつけた米國の決意は決して輕視出來ない。

◈……◈

斯くて本國政府の强力な支持と激勵をうけたマーシヤル代表はモスクワ會議に於ける講和問題の推進と並行してギリシヤ問題についてはベヴイン英外相と協議するが、米國の防共政策に對する斷乎たる決意が兩者會談の意義を一層重大なものとなす。而してマーシヤル代表が、モスクワ出發以前から南鮮米軍占領地域を自給自足させようとする新計畫を持ち、これはギリシヤに對する緊急援助問題の解決後に具體化されるものと期待されてゐることは、兩代表會談の成行に對し、吾等の關心を一層高めさせずにはおかない。

◈……◈

トールマン大統領の聲明にもある如く、多數者の意志に基き自由な政體、代議政府、自由選擧、個人的自由の保障、言論、信教の自由、政治的抑壓からの自由を標榜する米國は敢然とて、武裝せる少數者や國外からの壓迫に反抗しつゝある自由な國民を支持する。

ことをその對外政策の根幹となしなしてをり、從つて米國はこれがためには第一に財政的、經濟的援助を以てこれ等に臨むであらうと確信されてゐる。

◈……◈

過般南鮮米軍司令官ホッヂ中將及び米軍政長官ラーチ少將が、

米軍は南北朝鮮を一體とする臨時政府が樹立されるまで占領をつゞけるであらう

と語つたことは、わが朝鮮の獨立は內爭を捨てて朝鮮民族の自覺と努力に加へ、米ソ兩國の一致せる

援助政策によつて始めて完遂されるものなることを暗示したが、特に吾々はトルーマン聲明によつて明かにされた米國外交政策の新展開と特に最近に於ける米國の朝鮮政策を重視する要がある。卽ちギリシヤに對する緊急援助計畫とともに、朝鮮に對し、南鮮の鐵道、交通の再建、纖維工場その他の修理に要する資金供給案が議會に提出されるであらうとの消息や前記ホッヂ中將、ラ長官が

全朝鮮人は信託統治下の五ケ年間に政治、經濟、社會的發展をはかり、將來安定した民主政府を樹立し國家の獨立を完成するため全力をあげるべきで、米國政府は南北朝鮮が統一され、臨時政府が樹立されるまで、米軍の南鮮占領をつゞけるであらうとなし、更に占領地事務擔當の米國務次官補ヒルドリング氏が最近デトロイト實業家の集會で

米國はあくまで南北朝鮮の統一問題解決につき悲觀はしてゐない、朝鮮の現狀は世界外交の全分野のうちで、われ〳〵が最も恐るべき挑戰をうけてゐる地域の一である。朝鮮が再び

危い地點となり、戰爭の原因侵略の踏み臺とならぬ樣にわれ〳〵は朝鮮を自由民主の獨立國とし、東亞の安定を維持する積極的要素となるやうにせねばならぬ。われ〳〵は朝鮮の統一が出來るまでは、米國は南鮮で獨自の行動をとるべきで、一方われ〳〵は常にソ聯と政治、經濟全面に亘つて朝鮮の復興に協力する用意がある。

旨語つたことは米國新外交政策の展開するところ、わが朝鮮獨立の前提をなすべき政治、經濟、復興の日が近きにあることを確信させると同時に、吾々同胞が如何にしてこの複雜多岐なる國際情勢の潮流に掉して米國外交政策をうけ入れるべきか、周到なる用意と決意を要請される所以である。

日本色放逐

鐵道線の驛名を改稱

（平壤二、二〇發）北朝鮮人民委員會運輸局では、舊日本の同化政策に由來を持つ鐵道線名及驛名を變更することにした。感鏡線は元山より羅津迄を元羅本線とし、京城線は上下線とし鎭南浦と平壤間は松義線と改稱した。驛名の變更したものは、逢川、黃卅、善稿里東ペンヤン、城川、南浦（鎭南浦）利原、新城津、黃京等である。

居留同胞の產業機關等 對日賠償より除外

（ソウル二、二〇發）ワシントンからの報道に依れば、米國對日賠償委員は日本の產業施設の中より朝鮮に工業資產機會等を分讓することにする在日本朝鮮同胞の產業機關等に類するものは對日賠償より除外するとの事。

佐賀縣本部初等學院

初等學校經營方針は現在我々自體が經營する中學校の無い關係上色々と頭痛の種子となつて居り、民團中總に於いても、未だに具體的方針態度が軌道に乘らず、各地方本支部で適當にやつて居る始末で、各地の現狀、方針と希望を調査の上決定的態度と方針を定める積りで居り、教材も民團として特に編輯する事なく本國のものを取り寄せて複寫する積りで見本の來るのを待つて居る。

昨年暮に結成した九州、佐賀縣本部では日本師範學校校舍の一部を借り受け先ず八十名位の限度で去る一月二十五日に開校した。現在の處では先生は四人である。

特に教育方針としては日本國民學校に準じた教育方針で其上國語や歷史等の特殊課目を追加して居る。そして同學校卒業生は優先的に日本中學校に編入學出來る樣に手續迄すましたとの事である。

懸賞論文募集

戰史未曾有の第二次世界大戰が事實上終りを告げて早くも三年、勝てる者も負ける者も一意戰後處理に忙殺され、平和建設への新たな大事業に突入してゐる。わが朝鮮同胞も自由と、獨立の大目標を指向して劃期的な活動を開始してをり、各國注目の的となつてゐる。この歷史的な時期を擔當すべき若き世代の責務やまさに重大である。朝鮮青年の負ふべき使命は層一層加重されんとしてゐる、この秋に當り當民團では「現下朝鮮青年の使命」の論題の下に廣く同胞の論文を募り以てわれ等青年の行くべき途を再確認せんとするものである。

論題　現下朝鮮青年ノ使命（四百字詰三拾枚内外）
用語　朝鮮文、日本文（兩種同時）
賞金　一等一人五千圓也、二等二人千圓也
　　　佳作　若干名百圓
〆切期日　一九四七年四月末日
發表　一九四七年五月第三次當新聞紙上
銓衡　當民團新聞編輯部有志
應募資格　朝鮮人
但應募原稿は理由如何を問はず返送せず、當選作品は當新聞に掲載す。

米國大統領宛獨立請願決議全文

別項大會記事の如く、三・一獨立運動記念大會の決議により、朴會長よりトルーマン米國大統領に送致せる獨立請願決議文は左の通りである。

一九四七年三月一日

アメリカ合衆國大統領

トルーマン閣下

親愛なるトルーマン大統領

一九一九年三月一日は、世界の大勢に大なる示唆と機會とを得た朝鮮民族が其の强烈なる獨立意欲を以て一大獨立運動を展開した朝鮮民族にとつては千秋に記憶さるべき日である。

玆に解放後此の偉大なる獨立運動の第二回目の記念日を迎へて我等朝鮮建國促進靑年同盟、日本在朝鮮居留民團及朝鮮人民主々義諸團體聯合主催の下に在日同胞は日比谷公會堂に於て一大記念大會を開催し本大會の決議を閣下に次の如く傳達する。

此のわが民族の强烈なる欲求であつた朝鮮の解放が貴國政府並に貴國民の積極的援助と聯合軍の輝しい勝利によつて齎らされ、且、祖國朝鮮が逐次民主化されつゝある事に對し我等は常に深甚なる感謝の念を有してゐる事を表明する光榮を賜りたいと思ふ。

我等の先輩は、凡ゆる困難なる條件を克服して、獨立獲得の爲に最も英雄的に且決死的に戰つたのであるが、我々も此精神を體として、完全なる獨立獲得の爲に最も方法に於て最善の努力を盡したいと强く決意するものである。

我々は完全なる自主獨立の急速實現の爲に次の如く强く要望して止まぬものである。

卽ち貴國政府とソ聯政府が世　の平和の保障と弱少民族の立場に於て速かに朝鮮に對して共同政策を議定し之を實施する事である。

此の共同政策の議定が次の各項に副つてなされる事は必要且當然の事と確信する。

1、北緯三十八度線の撤廢

兩國政府が決定した共同政策を南北鮮を通じて均しく實施する事によつて、人的物的の自由な交流を可能にし朝鮮の全住民は共に朝鮮の全地域に於て何等かの條件によつて妨げられる事なく、言論と結社の自由が、有さるべきである。斯くする事によつて、朝鮮の完全獨立を阻害し世界平和の保障を脅威する最大且決定的條件である人爲的三十八度線を撤退してゆくべきである。

2、統一立法機關の設立

朝鮮の全住民の凡ゆる階級に平等に投票に參加し、己の代表を選出する全き自由を保障すべきである。此の保障に基いて設立された立法機關は現在及將來に於て朝鮮の住民自らが之を履行し、自らの生命財產を保護し權利を確保すべき諸法令の制定に當らしむべきである。同一民族と同一國土にたゞ一つの統一立法機關こそ全朝鮮住民の要望である。

3、統一政府の樹立

叙上の立法機關を通じ、議會民主々義の原則によつて朝鮮に統一された臨時政府を樹立し、其の行政機構を整備强化してゆくべきである。我々の統一政府の實現に對する强烈な希望と自然的な民族意欲に北鮮と南鮮が各々單獨に政府を持つ事に贊成するには、餘りにも經庭を有し過るのである。我々は、朝鮮にたゞ一つの統一政府が樹立される以外は如何なる政府の出現も之に歡迎しないのである。

4、米ソ兩國の同時撤退

朝鮮人の立法機關が設立され、それ自らが決定する法律が施行され、朝鮮人の手による統一政府が樹立され

財產稅反對

斷食實行延期

去る三月一日三・一記念大會の時緊急動議で朝鮮人に財產稅を、賦課するのは不當であるから、先ずマ司令部に陳情書を提出し、十五日迄何等誠意ある解答がない場合は斷食を以つて鬪爭する旨決議されたが、動議した建國促進靑年同盟副委員長李嬉元氏を中心として交涉を續け、準備中であつたが、G・H・Qから一週間ばかり待つて吳れとの通達があり、一先ず一週間延期する事になつた。

豊島支部

東京都豐島區池袋二ノ一一六七、豐島區では、かねてから殘留同胞民生安定のため、李炳甲、金仁洙、金炯吉諸氏が中心となり活躍して居たが、現在民團豐島支部を結成、全支部を中心として猛活動をして居るが、現民團支部役員は左の通りである。

支團長	金仁洙
副支團長	黃榮烈
分務部長	李炳年
次長	黃學年
財政部長	金炯吉
次長	趙雲龍
社會部長	朴承鎬
次長	黃龍澤
文教部長	朴承鎬
次長	張善狹
婦人部長	張順玉
次長	金國禮
涉外部長	黃學烈
次長	朴永駿

た時には、當然米ソ兩國は、朝鮮から同時に撤退すべきものである。

實に、米ソ兩國政府が相携へて共同政策を實施し、三十八度線を撤廢する事こそは、完全獨立への最も確實なる曙光であり、世界平和の力强き保障であると信ずる而して之は、兩國政府の誠意と妥協とを以てすれば完全に可能である。

此の三月、モスコーに於て開催される外相會議に對して我々は大いなる期待を有してゐるものである。

親愛なる閣下

閣下が朝鮮民族に對し深き友情と、朝鮮の獨立に對して積極的援助の念とを有しておられる事は、我々のよく知悉する所である。願はくば、一日も速かに叙上の目的が實現せられるよう、閣下の大なる努力と援助を切に切に懇願するものである。

特別請願書

親愛なるマッカーサー元帥

我等は三・一獨立記念大會に於る特別なる決議を以て、閣下に對し一九四六年十一月、日本政府の公布に係る財產稅法並に其後公布の之に附屬せる法令の適用を、在日本朝鮮人より除外せられん事を請願するものである。

此財產稅は、日本の終戰處理、戰後復興等に必要な國庫收入の確保を目的とせるものにして、日本が侵略戰爭を遂行し、而して敗北せる爲に自から課さねばならなかつた劃期的な法令である。

我々朝鮮人は、侵略戰爭による最大の被害者であると同時に、國內外を通じて之に抗戰して來たものである。故に解放せられた我々は、賠償を要求する事こそあるにせよ、斷じて戰爭負擔を負ふべき筈はないものと確信する且、客觀的情勢によつて、日本に殘留を餘儀なくされてゐる在日同胞の大部分も早晚は歸國するものなれば、在日同胞が、一定期間後の此の財產稅が齎す恩惠に與る事は無いであらう。

又在日本朝鮮人の所有する財產は、之を自國の疲弊と己の同胞の貧民との救濟に宛てるべく考慮さるべきである而して、此財產稅は敗戰國民を除外しては、日本に居住する如何なる國民にも實質的には賦課されないのである我々は解放民族の榮譽にかけても、この不穩當な、しかも屈辱的な財產稅法の適用に服する事は到底堪え難い苦痛であり、不可能なものである尙之は去る十二月十三日日比谷公會堂に於ける在日本朝鮮居留民大會に於ても、之を請願し、其後閣下に仁慈ある處置を渴望して今日に至つたのである。

賢明なる閣下

深き理解と同情を以て、本請願を許容せられん事を懇願仕る。

尙、閣下の此請願に對する仁慈に滿てる御回答を、來る三月十五日迄に拜受の榮を賜り度いと願ふ、若し夫迄に御回答に接し得られぬ場合は、正當なる民族意志の表明と、正當なる民族の權利享有の爲に、止むなく、在日同胞は、本稅の不拂を決議實行すると共に、我等は解放民族である在日同胞の代表者としての責務を全うし得られず、閣下の回答にすら接し得られなかつた事を、在日同胞に御詫申さんが爲、斷食を實行して、閣下の賢明仁慈なる御配慮に委ねんとするものである。

今一度此請願が必ず許容せられん事を強く懇願するものである。

南鮮丈けでは不可
敵產處分にラ少將の見解

二月二十日漢城發電報に依ると、軍政長官ラーチ少將は本月立法院に左の如き書翰を寄せた。

立法院議會に於て敵產管理に關する協議が行はれるとの事であるが、日本人の財產處分は現在の狀態では南鮮だけで行ふ譯けには行かぬ、我々軍政府としてもワシントンよりの指令に依り管理するだけである、銀行預金、果樹園、工場等を始めこれらの處分は、朝鮮國家が統一されてからである。現在處分を要するものは米本國の同意を要さねばならぬ、

梶東鎭先生逝去

天道教首領の一人であり、三・一獨立運動當時宣言書に署名した三十三人の一人で我が祖國獨立運動史上忘れられぬ指導者の一人、梶東鎭氏は去る三月九日漢城市內自宅で逝去した。享年七十三、謹んで吊意を表す、同氏の生前の功勞を敬して各團體合同葬を三月十五日漢城市內慶雲洞大道教講堂に於いて盛大、嚴肅に行つた。金九・金圭植氏以下各政黨の要人等多數參列があつた由。

原稿募集

本民團新聞は當分の間國文漢字が準備出來ない故日本文のみにて發行する計劃であるが國文、日本文に拘らず民團の活動を十分活かし建國運動の「力」となり得る原稿を左記の範圍內にて廣く募集す。

但し原稿の內容如何に依つては編輯技術上、筆者の意志を無視しない限內にて加筆或は一部削除する場合並應募原稿は一切返送出來ない點宜敷しく諒解していたゞき度い。尙掲載分は薄謝進呈す。

左　記

論文（哲學、思想、宗敎、科學）詩、小說

隨筆（特に地方情勢と同胞の生活情勢を材料とした作）

四十年の嵐（三）

黒丘

喰えない朝鮮人は、年々数百萬となく、ふえていく。それから喰えない朝鮮人は、みんな一度は自殺を思いたつた、が、幼い子の顔、老いた親の眼を、見ると、自殺も出來なかつた、だから、殘された道は、喰えるところへ、流れていくよりほかないんだ、その、喰えるところへいこう、という、幻が、オレ達を、死の淵から、救い上げたんだ。

その幻は、二つあつた、一つは、滿洲、もう一つは日本だ。

滿洲は、寒く、暗い氣がした、番賊の噂さを、きくと、ぞつとした。

日本は、暖いところだが、そこには、監獄部屋と、カツとなると、斬捨てご免の、親方の白刃があるという。

オレは、考えた、考えて、考えて、考えぬいた、が答えは、一つであつた。

「喰えれば、そんな、おつかねえ、ところへは、いきたくねえ」

オレは、何とかして、そんなところへ、いかないで喰へて、生きのびたい、と思つたが、つまるところ、朝鮮にゐては、喰へない、という結論しか出て來なかつた。

「おい、見ろよ、こんなに、仲間がふえちや、どうも喰へないな」

と、崔龍出という、オレの先輩が、埠頭に群りよつた、チゲ軍を見渡していつた。喰えない連中は、チゲとからだを資本に、みんな埠頭に集つた。

「みんな、五錢で、滿足するからいけねえんだ、斷然、五十錢とるべきだ」

と、オレはいつた。そして、今でいえば、ストライキを、やつたんだ。が、オレは、暴動煽動者だというので、忽ち豚箱だつた。

豚箱から出て、オレは少しは、度胸が出來た。

「豚箱なんて、ちつとも、こわくねえ」

全くだ。あそこへは、はいる前のほうが、よつぽど、こわいんだ。びんたも、殴られる瞬間が、こわい。殴られてしまえば、もつと、殴れ、という度胸が出てくる。

豚箱から、出て來ると、崔龍出が、しみじみとこういつた。

「惡かつたな。オレが煽らなければねえ」

「なあに、同じことだよ」

オレは、そう答えた。

「明善よ、日本にいこう」

「日本へ？」

「そうだ、そうするよりほか、仕方がないよ」

（民闘新聞）

崔南善著

朝鮮及朝鮮民族 第一集

朝鮮史學會

四六倍版（B5版）頭註付九四頁

定價貳拾圓

民團文敎部宛註文

朝鮮詩集 百人首（朝鮮國文）

（A5版）五〇頁繪入美本謄寫

定價拾五圓

民團文敎部宛註文

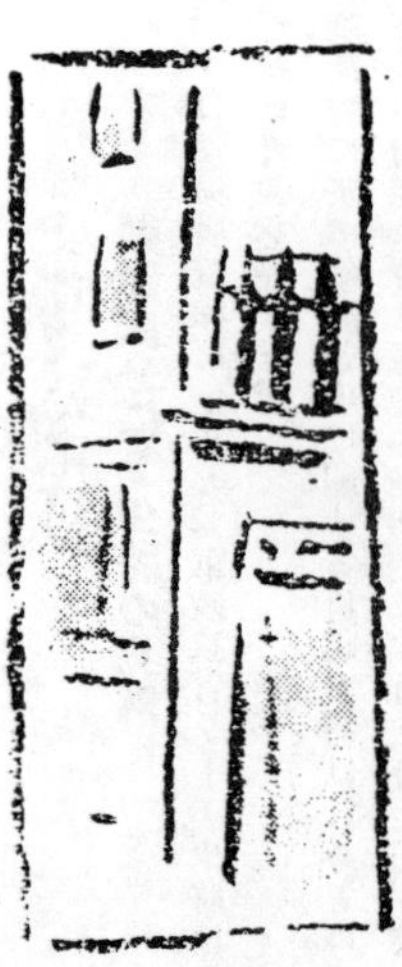

1947年3月30日發行　第四號

民團新聞

THE MINDAN-SHIMBUN

東京都新宿區若松町21
電話九段(33)２６９４
在日朝鮮居留民團中央總本部
發行兼編集者　朴　準
定價壹部金參圓

總選擧と朝鮮人團體

太林人

終戰後の日本の民主化は、中止になつた二・一ゼネストを期して又新たな段階に入つたと言へるが、今度行はれる總選擧も其の中の一つである。格別なる說明を弄する迄もなく今度又總選擧をなさしめたる原因動機に對しては分り過ぎる程分つて居る事であるが、此の總選擧を通じて各政黨の動き政界の動きは我々朝鮮人に取つても注目に値するものがある。就中共產黨が社會黨に對して共同鬪爭を申し込んだ事に對し拒否した事は格段新らしい事實とは云へないかも知れないが、其の拒否の理由としての條件は慥かに新らしき課題と興味を持たすものと云へる。其の條項の中に

「貴黨はゼネストは經濟復興の「かぎ」であると主張されて來たが、わが黨は政治的ゼネストは絕對に反對である」

「貴黨は社共に依る民主政治はすべて人民の熱望であると云はれるがわが黨は之に反對であると」

此の二つの項目に盛られて居る意味と主張は日本政治の現象と將來に對する見解と方向に新たな示唆を與へるものと云へる。人民の熱望とか？ 民主政治と云ふものが、何處迄正しく理解實踐され、且つ叫ばれて居る事であるか？と云ふ問題に對する解答とも云へる。

勿論筆者は斯る他國政治政黨の問題を干與し樣とするものでないから之以上深入りし度い氣持は毛頭ないが、此の問題と事實は建設段階に於て、古い或は過度的政治觀念に新たな立場と主張を持たなければならない一人として關心を持つて臨まざるを得ないのである。

それと云ふのも日本の總選擧を通じての斯る現象と朝鮮團体並びに各自の運動線上の動きと相似して居ると云ふ點があると云ふのみでなく、其の影響が大きな支障や過誤の根源たらしむる點を無視する事が出來ないのである。

政治が政治理念に囚はれ過ぎて、人民を置ぎ放りにする事、又は跋扈する場合が人民の最も不幸な時代であつて、其等の政治こそ全く煽動政治とも云へるもので、ほゝ冠式强制や獨善主義に陷る事である。建設途上にある我々に取つて人民の味方であるとか？代表であるとか？民族戰線とかとの義名を先頭にして轉換期にある生活面に喰い込み、如何なる手段をも使ふ事に依つて自分の陣營にさへ入れればいいと云ふ事で滿足する政治行動、之を鍍金政治と命名するなら、斯る鍍金政治をすら容認せざるを得ない現實に對する一つの冒瀆と云はざるを得ないのである。

一つの例として去る三月一日の記念大會の時、朝聯側は勝手な決議文（六十萬の代表だの三千萬の意志だのとトテツもない事を云つて』に就いて朝鮮各團体が聲明書を出して居るも同じく居留民團に於いても其の不當を聲明したが、彼等の日頃叫んで居る人民の味方だの民族戰線なるものが、自己流の政治行動に利用すべく使用した「スローガン」に過ぎなかつた事を疑ふ餘地がなく明白になつたのである。

第一彼等の云ふ市民權、選擧權獲得なるものが共產黨（進步的政黨なる言葉が今度の社會黨の返答によつて共產黨なる事を知る）の手先きになり票をプレゼントする行爲である事が、其の選擧費を民主青年同盟の全國大會にて決議された事實や朝聯自体が直接援助した事實、殊に最近莫大なる資金が共產黨に流れたと云ふ點で調べを受けて居る事實等を見て明らかである。

我々は共產黨の手先きになつて經濟的に朝聯自体が援助を受けて居ると思つたら、其の反對である場合、其の市民權運動の正体が何んであるかを論究する餘地がない

社會黨の言葉を其の儘借りるにしても朝聯や民青が朝鮮人の名や代表と云ふ名に依る行動殊に政治行動は朝鮮民衆の熱望でないし、建國運動の正しき行動と認める譯には行かないと云ふ點と、彼等の市民權なるものが、選擧費迄つけての票數のプレゼンド行爲である事實を朝鮮人の名に依りて確める必要がある。日本の憲政の神と迄云はれる尾崎行雄氏が東京都長選擧應援演說に、國家を黨利や私利に利用するは盜人であると云つた相であるが正に其であり、我々として唯斯る文字のみにて通ずるは寬大過ぎる位である。

（一九四七・三・二五）

民團幹部に私刑加ふ

新津町支部結成日に流血の事件

朝聯又も自己欺瞞の暴行

かねてその矯激な行動については在留同胞からひんしゆくされてゐた朝聯幹部が、協力一致祖國再建を圖らねばならない重大なる時期をも省みず遂ひに多数の暴力團を使嗾、わが民團幹部役員に對し不法拉致の上暴行を加へる許りでなく、在留同胞の總意を踏みにぢり、民團と朝聯の「合流人民大會」を强制開催するといふ不祥事件を惹起成行を重視されてゐる。

三月廿一日、新潟縣新津町で在住同胞の要望に應へて支部を結成するため新潟縣東部役員鄭少穆、金地浩、尹柱伯、崔大元、尹麗潤、鄭奎星、許判石、柳熙福、高麗玉、李東湖、李榮の諸氏が午前十一時四十分頃新津驛に到着したところ、民青の暴力團二十餘名に忽ち包圍され、朝聯新津支部事務所に不法拉致された、事務所内部には朝聯新潟縣東部總務部長金寛了、本部副委員長兼新津支部委員長金判根、本部文化部長李鳳勳、財政部長李康玉、婦女部長崔三龍、中央委員兪甲洙、新潟支部總務孫某民青縣本部總務吳仲哲、信越委員長柳鳳熙その他民青幹部數名と行動隊と稱する青年五十餘名がゐて先づ新津町在住の民團副團長高聖玉氏に對し、民族の反逆者なりとして私刑を加へ、次いで監禁せる民團役員全部に對しても同樣の名目で一人々々に暴行、民團某役員が暴力行爲制止を要望したところ、朝聯總務金寛了は「これも青年大衆の總意であるからやむを得ない、大衆の力として當然の行爲である」との暴言を吐き、血に狂へる青年達を嗾かして午後一時半から四時に至るまで言語道斷な私刑を加へた、暴行一段落を告げるや四時すぎ笑止にも新潟縣に在住する朝鮮人の總意により人民大會を開き、朝聯と民團との合流問題を討議しようと提案民團役員は大衆の總意に反する旨を主張したが結局彼等の暴力によつて一方的な人民大會が開かれ、而も民團と朝聯との合流に關する共同聲明なるものを作製、强制捺印させた上、同夜八時頃散會した。

民團役員の訴へにより軍政廳では事件を重視、關係者を招致した上で極力眞相取調べ中、

（民團新聞）

……△名稱戰犯△……

◇名は「体」を現わすといい、亦人の姓名は其の人の運命をも支配するとゆうので姓名學も問題にするところである。そこでおギャアと吾が子が產まれると、男なら男性的な太郎だとか、亦はわが子が幸運であつて慾しいとか、出世してもらいたいとかで姓名學者にたのんで、幸雄だとか、英雄だとか名をつけて貰う事もあるのである。一方團体か會社などの新設の場合も同じ事で、唯單に「体」を現わす場合と、將來其の團体の大成を願つて不釣合な名稱をつけるようなこともあるようだ。

◇敗戰以前――つまり日本帝國主義の羽振りのよかつた時期は、國體或は會社の名稱にしても「大日本帝國何々」「大東亞何々」、「大日本何某株式會社」といつた具合に、實に世界を呑んだような名稱が多かつた。それはとりもなほさず、日本人は世界を支配すべき大和民族であり、日本帝國は世界に冠する一等國であるとのうぬぼれから、日本民族及び日本國ふの「体」を現わしたつもりの名稱であろう。

◇處でB29や原子爆彈によつて大日本軍國はペシヤンコにされ、マ元帥に依つては一等國であるはずの日本は四等國なりと宣告されては、さすがの天狗連も大概は「大日本帝國」だの、「大日本何々」の看板を隱すのに事實忙しく名稱を變更したものである、またそうあるべき筈でもある。

◇以後帝國主義フワッショは解體され、民主々義國家であらねば通してくれぬ第四等國である自覺は日本人に充分ついているはずの今日に至つてなおも「帝國何々」「大日本何々」の帝國主義的な名稱を平然とかゝげているのをよく見受けるが之れを滑稽だといゝ、或は無智曚昧なる者のやる事だといつてしまえばそれ迄だが、それは未だベンベンたる未練からくるものであり、一條の同情にすら値するが、

◈兎に角これ等の名稱を愛用する彼等は未だに大日本帝國主義全盛時代の惡夢より醒めやらず、日本民主革命の邪魔をなしてゐる、當然彼等は名稱戰犯の看板を背負わさるべきであると同時に、彼等及びかゝる名稱は日本帝國主義支持の殘存分子として、各層の戰犯追放がすでに終りつゝある今日、民主主義日本より日本人自身が逐放すべきではなかろうか。

……▽名は體を現はす▽……

主張

公約の實現が和平の鍵

モスクワ會議に重大關心

去る十日から、モスクワに開かれてゐる四國外相會議に關しては、主題が西歐新秩序案をめぐるものであるだけに、やがて東洋に波及する基本策が協議されると見られ、我々は重大な關心をよせてゐる。

特に開催間もなくソ聯は、中國問題の討議をもこの外相會議にかけんとして問題となり、遂に意外の波瀾をよび中國各地では、反ソ聯的示威行動が頻々と行はれてゐるやうである。根本的に考へてソ聯は中國問題を議するといふのに、中國外相を加へずして協議せんとしたことは、大きな誤りであり、中國の反感を買ふのは理の當然と言はなくてはならぬ。

これに關聯して我々の言はんとするのは、カイロ、ポツダム宣言の速急なる實現が世界和平への唯一の隧道なのであるから、世界への公約を公約として是非とも急速に解決して欲しいことだ。そのことは卽ち世界和平をそれだけ早く實現することであり、世界の進歩を促すことである。從つて、西歐秩序と同時併行的に東洋諸懸案も解決すべく、モスクワ會議には中國代表はもとより、東洋に立國する獨立國たる朝鮮代表をも參加せしめ、米ソ兩國間の諸懸案を一掃解決に邁進すべきである。

これには、

一、モスクワ會議を裏付けるべく、會議に強い決定權能を賦與すること。

二、その上で、西歐東洋にまたがる就中米ソ兩大國の懸案をば、根本的に解決する、例へば中國の國共相剋調停問題などは、この協議により、締めくゝりがつけられなくてはならないし、朝鮮三十八度線問題などは眞先に協議事項として取上ぐべきである。

三、インド、フイリッピン等をはじめ東洋獨立國外交代表は何等かの形で招聘すべく、中國、朝鮮などを、缺席協定に服させよゐとする意圖など絕對に排されなくてはならぬ。

四、世界和平を招來すべき國際會議に、苟も權力的、壓服的な非民主性が現はれるとすれば反對であるどこまでも公正、明朗に、世界の輿論を反映して行はるべきことを繰返し繰返し、表明する。

五、世界は一なりの根本的和平思想は夢想ではない。そのためには世界の公約は公約として實現し、東西兩洋の問題を個々別々の問題として解決することは困難である。故に凡て、世界は一なりとの根本的和平思想より發して、東西兩洋の新世界秩序を同時に全般的に構築する大なる世界の意志が必要である。特に米ソ兩大國にこれを希望したい。

要するに現況より見て、我々はモスクワ會議に大きな期待は寄せられない言つても通じない部分があり、會議の構成もさうなつてゐる樣である。然し朝鮮完全獨立への希求は何時でも、如何なる場合でも、夢寢の間にも忘却するものではない。この民族的熱望を達成するの一契機ともなれば幸であり、その意味で我々は、その成果に期待は寄せないが會議そのものには重大な關心をよせてゐる。

訂正＝三號十五頁下段の梶東鎭先生逝去とあるは權東鎭氏の誤りにつき訂正

朝鮮だより

江界放送局完成

祖國再建途上にある人民に世界の聲を聞かせる爲準備中の江界放送局が完成、二十日午後〇時半から開局式が擧行された、關係者の言明によれば、今回の江界放送局の設置は國內は勿論、中國東部に於いて祖國完全獨立を待つ同胞には特に北鮮の歩みがはつきり解るであらう、北鮮委員教育部では戰災により流離彷徨する二十才未滿の孤兒を各道で經營する孤兒收容所に收容。民主主義の原則に基いた教育を施し國家再建に有爲なる人物を養成することに決し、各道市人民委員會に指令を發した(ペンヤン二十日發)

各地の米穀蒐

中央食糧行政處の發表によれば去る八日現在地方より報告された米穀蒐集量は八三・二パーセントであるが、之は四月五日迄中央に集荷すべきものである。之を道別にみれば次の通りである。

忠北	一六〇、一二一石	八九%
忠南	四二八、四〇〇石	九一%
慶北	五六一、九〇〇石	九三・六%
慶南	四八二、五〇六石	六八%
全北	四七〇、〇八八石	六〇%
全南	六四八、八六四石	八六・五%
京畿	七一五、〇〇〇石	九七・八%
江原	一〇五、三〇〇石	一七・五%
濟州	一、二〇〇石	四八%

(ソウル二十二日發)

各地に公務出張の宿舍

民政長官安在鴻氏は、官吏の公務出張の便宜を圖り各地に指定宿舍を設備することを發表した。これによれば一人の宿泊料百七十五圓以下で利用出來るとの事である。(ソウル二十一日發)

北鮮の農試場長會議

北朝鮮農林局では最近各道農事試驗場長會議を開催、近代科學による農村復興問題につき意見の交換があつた。

朝鮮三代表來京

印度の汎亞細亞會議に出席

目下印度ニューデーリーで開催中の汎亞細亞會議に朝鮮代表として出席するためさる十七日東京着、十九日空路マニラ經由目的地に向つた白樂濬、河敬德、高凰京の三氏は十九日午後宿舍の第一ホテルで左の如く語つた。

今回の會議は政治問題を除く一般的な會議で協議の部門は女子問題勞働移民保健厚生、榮養、民族運動等多方面に亘つてゐる、出席者は民間國體からの推薦、政府からの派遣及び同會からの招聘の三種となつてゐるが、吾々は政府のオブザーバーの資格で米軍政廳から派遣された。

なほ一行中の白樂濬氏は國立大學案反對問題につき次の如く語つた。

元來朝鮮では何事をやるにも事前に發表すれば、成功した例がない、そこそ一週間前に發表したのが反對側の感情を刺戟したようだ、昔の盟休は學校當局對學生であつたがいまでは盟休學生と非盟休學生の鬪爭となつてゐる。

三氏略歷

白樂濬（延禧大學總長、米國エール大學出身、哲學博士）

河敬德（ソウル新聞社長、米國ハーバード大學出身哲學博士）

高凰京（軍政廳婦女局長、米國ミズリー州大學出身、哲學博士）

自主獨立への再教育

同胞の喜びに應へて國民校續々生る

館山の國民校第一回卒業式

祖國解放の喜びはやがて祖國再建へのひたむきな熱意を同胞の胸にきざみつける、特に日本に在つてその日の來るのを千秋の想ひで待ちつゞけて來たわれ等在留同胞の歡喜は大きい、それ丈けにこれまで日本の教育をうけて來た同胞子弟にとつては壓迫の過去を一掃して自主獨立への再教育が切實な問題となつて押し出される、中總てはこれに鑑み次代を背負ふ第二世國民の教育の切り換へにつき終戰以來あらゆる惡條件と戰ひ、努力をつゞけて來たが、最近では各地に同胞のための國民學校設立が次々と實現三月に入つて終業式或は卒業式を行つたものは相當數に達した、特に東京近郊では千葉縣の館山で民團安房支部所屬の朝鮮建國々民學校が晴れの第一回卒業式を行ひ、關係者一同に多大の感銘を與へた、

高臺にある白ペンキ塗の簡素な校舍は暖かい陽射しを浴びて嬉々と庭にたはむれる百餘の兒童のいろとりどりの朝鮮服とすがすがしい對照をなしてゐた、春陽麗かに映える三月廿日午前十一時、あざやかな太極旗の下、高らかな愛國歌の合唱が一しほ感激を誘ふ中を萬國旗に飾られた式場には東京から中總文教部長臨席、各團体代表、各地一般同胞各學校父兄等參集、先づ教務主任高仲桓先生の開會の辭に次ぎ、祖國遙拜、祖國獨立祈願、朴校長の式辭あり、卒業生の證書授與、進級生の賞品、賞狀授與更に建青縣本部、中總團長の賞狀傳達あつて後來賓の祝辭に入り、中總文教部長の祝辭、千倉分團長、父兄代表の學校當事者への感謝並びに兒童の使命について挨拶があつた、最後に朴校長の發聲で獨立萬歲を三唱、

過去われ等が三十六年間希求し、懇願して來たわれ等の道德の眞の教育がわれ等自らの手で行はれるといふ感激に溢れた意義深ひ第一回卒業式は午後一時盛大裡に終了した

特別講演と同胞慰安

—呼物の舞踊に滿場大喝采

廿三日立川で

計劃中であつた特別講演會並びに慰安大會は去る二十三日午前十一時から立川市錦座で開催されたが、最近民團の活動に多大の期待を持つてゐる一般在留同胞は早朝から、會場を埋めつくし太極旗の飜る正門に吸ひ込まれ、開會前すでに立錐の餘地もない盛況を呈した、

特別講演として民團中總副團長李康勳先生が「現下の國際情勢と我々の立場に就いて」と題して約一時間に亘り熱烈に說き、次いで民團中總代表並びに建青本部、各團體有志の祝辭あり、特別講演會を濟ませた、引き續き慰安大會に移り、金燦石樂團の故國情緒溢れる民謠、樂團演奏、飛入りとしてのど自慢の青年男女が舞臺をいやが上にも賑やはした

特に當日餘興番組として新進舞踊家金洋子、金郁子兩孃の出演があつたが、舞臺設備も照明、裝飾もない狹い舞臺で陽山道を始め龍恐 美をよく踊りこなし、破れんばかりの喝采を博した

兩孃は語る

「自分達は未だに一度も故國に行つた事もなく同時に朝鮮舞踊については何等研究する機をすら持たなかつたゝめ、朝鮮舞踊とは云へないですが、朝鮮風の舞踊の積りで試たのです、今後一生懸命勉強して舞踊報國する覺悟です」

朝鮮舞踊であるかないかは兎も角樂しい嬉しい躍動をあれほど豐富に而も光明に表現した兩孃の舞踊には立派に朝鮮的感情と香りが漂ひ滿場の絕讚を博した

財産税撤廢問題で

バ大佐と朴氏の一問一答

在留朝鮮人各團體は一致して日本政府の在留朝鮮人に對する財産税賦課問題に關し、昨年十二月十三日の居留民大會と本年三月一日の三・一運動記念大會に於て絶對反對の決議を行ふと同時にマ司令部に對してこれが撤廢の請願をなすところがあつたが、更に三月十八日、三・一記念大會で決定した代表朴根世、安熙祥、康順弼の三氏は直接マ司令部に出向いてマ元帥幕僚長バンカー大佐と會見、問題の解決につき懇請するところがあつた、以下はバ大佐との一問一答である、なほ民團では右會合の翌十九日、朝鮮軍連絡事務所からマ司令部と直接連絡の途が拓けたのでいままでの決議文の寫しを持つて來る樣にとの命令に接した。

バ大佐 二回に亘る書面は元帥に傳達した「財産税の事に就いては自分の部下と交渉して頂き度い」これは元帥の言葉です。貴下の同盟員はどの位ゐますか。

朴 近頃の統計はハツキリしないが日本に在留してゐる朝鮮人は約六十餘萬人です。

バ大佐 そのうち二十三萬餘の青年が貴下の同盟員であるわけですね。

朴 そうです。

バ大佐 元帥は三月十五日以外の請願書はみてゐません。

朴 十二月十三日の居留民大會と、三月一日の三・一運動記念大會で請願したのですが、

バ大佐 何處を通して出しましたか、

朴 朝鮮軍政廳事務所を通じて出しました。

バ大佐 (うなづく)

朴 實はこの運動は昨年の二月頃から始めました。昨年の二月も資金が封鎖され、また財産税が公布されることを知つてわれ〳〵は民衆大會の決議で閣下に請願しました、そして昨年十二月十三日の居留民大會の請願でわれ等が守るべき義務を果すことを約束すると同時に閣下に五つの條件の實現を懇請したのであります、その守るべき義務の一つとして在日朝鮮人の手による犯罪の拂拭を目途してゐますが、その後犯罪は殆んどなくなつてをります、われ〳〵はこの義務を履行することを閣下に約束すると共に五ケ條の原案條件の一つとしてこの財産税からの除外を懇願したのでありました。そしてさる三月一日もこれを提出したのです。

バ大佐 貴下の同盟はそうゆう犯罪の防止に務めてゐるのですか、犯罪はなくなりますか。

朴 日本政府側の言明で既に八、九割の減少となつてをり、惡質の犯罪は絶無に近いとのことでありますが、勿論私達の同盟でもこのやうな運動をやつてをりますが、これは在日同胞が義務と權利に目覺めた結果だと思ひます。

バ大佐 朝鮮人はどの位本國へ歸へりますか、

朴 約八割は歸國すると思ひます。

バ大佐 在日朝鮮人が本國に歸へれないのはこの財産税問題のためですか、

朴 日本政府が財産の持ち歸へりを禁止してゐるのはその最も大きな原因ですが他にも理由があります。即ち、

◇その一は、いま言つた經濟的な問題です。財産の持ち歸へりが出來ないと日本に相當の經濟的な地盤を有してゐる者にとつては忍び難いことです。

◇その二は、人的な問題です。妻が日本人であつたり、又は日本人と密接な繋りを持つてゐる人は未だ民族的感情が完全に消え去らない、本國に歸へることをこの上もない苦痛と考へてゐます。

◇その三は、日本に永年住みついた人は言語習慣など本國のそれになじまないため歸國を躊躇してゐます、われ〳〵はこれ等の人を教育してゐるのです。

◇その四は、本國の治安行政が整はず又生活條件が劣惡なことが傳へられてゐるため勞働者も歸國を見合せてゐる。

◇その五は、修學中の學生、一定の技術の修得者等の特殊な人々であります。

バ大佐 貴下の考へでは南北が統一すればどの位の朝鮮人が歸へると思ひますか。

朴 殆んど全部が歸へると思ひます、北鮮の人はいくらもゐません、さきに言つたやうな條件が解除され南鮮の行政でも整へば相當多數の同胞が歸國すると思ひます。

バ大佐 どうして北鮮の人は少ないですか。

朴 外地に出る人は大抵出稼ぎが多い、北鮮の人は南滿洲、中國の方へ働きに行つてをり、日本に來てゐる人は學生など特別なもの丈けです。

バ大佐 どの位ゐますか、

朴 はつきりした數字は記憶してゐません、ほんの僅かです。

バ大佐 それでは一寸お待ち下さい、これは元帥の配慮ですが(電話を掛ける)廿日午後三時にアチソン氏(對日理事會の議長)に會つて下さい。いま御紹介して置きます、これは元帥の言葉ですが元帥がこのやうな異例の擧に出られたのは決して貴下たちが斷食をやるといふからではなく、大變理の通つた請願書

解説

米の新外交政策擴大と朝鮮獨立援助の計畫

金 光 史

一、世界平和とトルーマン演説

ギリシャ、トルコ兩國に對する四億ドル借款供與と、軍事顧問派遣の承認を、上下兩院に要請したトルーマン大統領の演説は、目下上級外交委員會において、鋭意討議されてゐると報じてゐるが、われ〳〵は、この演説において、アメリカの新らたなる世界政策と、その國民的關心を具體的に表明したものとして、世界的注目のもとにこれを見るものである。

われ〳〵は、この演説を、戰後アメリカが國家的信念の下に、國民の總意をもつて表明せるものとして、また世界平和と國際連合に對する確固たる信念として、これを價値づけることが出來るのである。

◇……◇

大統領が、この演説で指摘した、世界各國が當面している、二つの生活方式について見ると、その第一のものは、多數者の意志に基き自由な政體、代議政府、自由選擧、個人的自由の保障、言論信教の自由、政治的抑壓からの自由がその特長であり、第二のものは、多數者に對し、强制的に加えられる少數者の意志に基いており、その手段はテロ彈壓、出版彈壓、出版ならびに放送に對する檢閲、選擧干渉および個人自由の抑制である。

「そしていまやほとんどすべての國民がこの點について、生活方式の二つのうち一つを撰ぶことに迫られているが、その選擇は必らずしも自由に行われているとはいえない」

といつている。そのために、アメリカは、いま第一において指摘したところの生活方式を守護するために、またこれを希望しながら、守護すべくして、守護し得ない不幸な小國および後進國のために、決意を表明して、精神的、經濟的、軍事的援助をなし、民主々義擁護のために鬪はんとするものである。またこれがために支拂はれる犧牲は、元よりアメリカ國民が、これを負擔すべきことを忘れるものでないといふのである。

◇……◇

戰後における弱少進國、特にその代表的立場に置かれている國家群を見るとき、歐洲のギリシャ、トルコ、極東の朝鮮の如きがそれであろう。中國も、その内政的事情からして、多分にこれに洩れず、ハンガリア、イタリアもこの中に加えられる。

トルーマン大統領の演説に從えば、これらの後進諸國は、その國民の最大多數が指摘したところの第一方式の民主々義的生活を希求しているにもかゝわらず、ある分派的少數者のなす、階級的または政治的利害に基き、他の强國の援助を得て、精神的、經濟的、軍事的自由を抑壓し、民主々義的生活の發展を阻害して、ついに國際的平和の支障を招來するものとしている。各自の國家は、その當面せる政治的、社會的、經濟的、軍事的事情が、それ〳〵別他ではあるが、もし不幸にして第二生活方式に基き彈壓を强行せられてゐるものとしたならば、國際正義を現實に確保し、國際憲章とその連合の目的を尊重貫徹するために、かゝる障害を根本的に除去せざるを得ないのである。大統領は、これについて「事態は、緊急をつゞけているにもかゝわらず、國際連合ならびにその關係機關は十分な援助ができない狀態である」といつている。

それでアメリカは、國家的犧牲を拂つても、これをなし遂げ、國際平和維持に貢獻せんがため決意せるもので、この問題の重要性は、實にこゝに存するのである。またこれについて波起する國際間の反響と動向、小國間の推移は、今後多彩な話題を提起せずにはおかないであらう。

二、各國における反響

いまや世界の注視の眼は、このトルーマン大統領の重大な發言に向けられてゐる。時あたかも、波瀾を胎んでゐる三ケ國外相會議がモスクワで開催されている矢先とて、さらにその反響の大なるものがある。各國の輿論は、勿論滿足、不滿足、愼重の三つに大別されているが、以下その若干を參考に資したい。

トルコ

（アンカラ十五日發＝FAP）トルーマン大統領がトルコに約束した經濟的および軍事的援助は領土保全の保障に等しいもので、中東におけるソ連勢力伸張政策の來るべき展開に際してトルコを西歐デモクラシーの前衞基地とするものと見られる。

アメリカ

（プラザヴィル放送十三日發＝RP）トルーマン大統領の演説は一種の外交爆彈として全世界に大きな反響をよび起している、まづ米國では大體において好感をもつて迎えられ元下院外交委員長だつたブルーム議員（民主黨）は、

大統領の演説は世界情勢についての卓見ある繪圖を描いたもので米國が援助にあたらぬかぎりギリシャは共産主義者にふみにじられるだろう、われ〳〵はヨーロッパ救濟者としての任務を再びとりあげ、今度はスターリンがヨーロッパとアジアを征服するのを防がねばならぬ。

と論じている、外交政策でバーンズ方式に反對したウォーレス前國務長官ですら經濟的社會的復興のためにギリシャに借款を與えることには反對せず、たゞこれが反動的政權の擁護にならぬよう警告しているにとゞまつている。

トルーマン演説に對して批判的なのは進歩派グループ（社會黨）だけでその意見によれば、

トルーマンの新外交政策は一つの世界という理想に基くアメリカの政策に終止符を打ち、地球を二つの鋭く對立する陣營に分ち、戰爭への道を開くものだ。

としている。

（シドニー放送十三日＝RP）ト

ルーマン演説についての米國の主な新聞論調は次の通りであると。

▽ニューヨーク・ヘラルド・トリビユウン紙＝大統領演説は共産主義に對する宣戰布告である、トルーマン大統領は共産主義のこれ以上の强壓に對して斷乎抵抗する決意を示した、モスクワ會議の最中にかゝる決意を示したことは、マーシャル代表がこれと同調してソ連と西歐諸國との對立解決の最善の方法を見出す行動をとる用意あることを確信したからに外ならぬ。

▽ニューヨーク・デイリ・メイル紙＝これは一九一七年ロシヤ革命以後最も大膽な反共演說だ、とある。

英　國

（ロンドン十三日發＝AFP）英外務省筋ではトルーマン演説を非常な好感で迎へて英國も亦ポーランド、ルーマニア、ブルガリアの政體についての見解をこれら政府への覺書の中で明確に述べた事を指摘している

さらにギリシャ政府がパルチザン部隊に大規模な攻擊を開始せんとしている現在、この演説を强化するだろうと述べている、トルコについては外務省筋では經濟情勢がかなり緊迫している、トルコがトルーマン演説で「一息つく」可能性が與へられたものとなしている。

一方英國の各紙はトルーマン演説に各種各樣の態度をとり「タイムス」や「デイリーテレグラフ」などの保守系新聞は無條件にこれを贊美しているに對し自由黨系の「デイリ・エクスプレス」は若干の懸念を示し、米國政策はこれまで表面には出なかつた國際對立を浮び上らせた、もしも豫想される衝突が益々せん銳化すれば英國としては得るところは何もなく失うものばかりだ。

と論じている、又勞働黨機關紙、「デイリ・ヘラルド」はトルーマン演説を「ソ連に對する歯に衣をきせぬ挑戰」となしている。

（ロンドン十二日發AFP）ロンドン政界の一般的空氣はこの演説に依り米國が以前にもましてヨーロッパ問題に大きな恒久的介入政策をとる決意を示したものとなしている。

（タイムス紙）大統領演説は歷史的文書で、モスクワ會議に於ける卒直さと「リアリズエ」を增加させるであらう、此れに依つて英國は豫定より早くギリシャから撤兵出來る樣になつた。

（フランスパリ十三日發＝AFP）トルーマン演説はパリでは相當重要性をもつ出來事と見られているが此れの反響は黨派によつて各種各樣である、外交筋では此れが米國の傳統的な「形勢傍観」政策を一掃し民主主義の原則を守る爲に積極的介入政策をとるに至つたことを物語るものと見ている、他方ギリシャに文武官の顧問を派遣する事はデリケートな問題を含んでいると見られ、さらにトルーマン演説が國際情勢にどう響くかはモスクワの出方を待たねばならぬとされている、ともあれ此れはさしあたり米ソ問題の關係のわく内の問題でフランスは此れに口を入れる必要がなかろうと言ふのがフランス外交筋の見解だ。

ソ　連

（モスクワ十三日發AP）ギリシア、トルコ援助に關するトルーマン大統領の演説に對しソヴイエト側がいかなる反響を示すかはモスクワ外相會議の見透しと關連して極めて注目されているが、タス通信は十三日ソヴイエト各新聞社にトルーマン演説の第一報を報じ、此の演説は露骨にギリシア國內民主主義分子に敵對する意圖で行われたものであると攻擊的批評を加へている。

中　國

（上海十三日發＝RP）トルーマン大統領の演説は、モスクワ會議に於けるモロトフ提案が中國に衝動を與へたに反し國民政府方面の士氣を甚だしく高めた、中國側では、米國の新外交政策を全面的に反映するものであり、此れは極東にも適用されるを信じ、かつ輸出入銀行にイヤマークされたまゝ凍結されている五億ドルの借款を獲得出來る望が生じたと見ている、消息通の多くは中國の現狀とトルーマン大統領が述べたギリシアの情勢は似かよつているとし「ギリシアは共産黨員によつて指導された數千名の武裝反政府軍によつておびやかされている」と述べたがその點も數百萬の中共軍が國府軍の經濟復興と政治の民主化への努力をさまたげているのと同樣であると主張している。

アメリカ後報

（ワシントン十五日發ロイター）米紙アーミー・アンド・ネーヴイ・ジャーナルは十五日の紙上でトルーマン大統領の對外援助計畫について次のように報告している。

トルーマン大統領の計畫している對外援助の總費用は五十七億五千萬ドルの巨額に上るだろうと推定されている、その配分狀況は次のようになるものと見られている。

ギリシアおよびトルコ四億ドル、中國五億ドル、朝鮮二億ドル、オーストリヤ一億五千五百萬ドル、バルカン諸國二億ドル、獨四億七千五百萬ドル

トルーマン大統領はこの決定をなすに當つて陸海空軍關係の顧問から報告を聽取すると共にマーシャル國務長官の意見を十分取入れている。

「朝鮮靑年の使命」懸賞論文募集

戰史未曾有の第二次世界大戰が事實上終りを告げて早くも三年、勝てる者も負ける者も一意戰後處理に忙殺され、平和建設への新たな大事業に突入してゐる。わが朝鮮同胞も自由と、獨立の大目標を指向して劃期的な活動を開始してをり、各國注目の的となつてゐる。この歷史的な時期を擔當すべき若き世代の責務やまさに重大である。朝鮮靑年の負ふべき使命は層一層加重されんとしてゐる、この秋に當り當民國では「現下朝鮮靑年の使命」の論題の下に廣く同胞の論文を募り以てわれ等靑年の行くべき途を再確認せんとするものである。

論題　現下朝鮮靑年ノ使命（四百字詰三拾枚內外）　用語　朝鮮文、日本文（兩種同時）

賞金　一等一人五千圓也、二等二人千圓也、佳作若干名百圓　〆切期日　一九四七年四月末日

發表　一九四七年五月第三次當新聞紙上　銓衡　當民國新聞編輯部

應募資格　朝鮮人（但應募原稿は理由如何を問はず返送せず、當選作品は當新聞に掲載す。）

（ワシントン十五日發AP）米議會有力筋ではトルーマン聲明にもとづく對外援助擴大の可能性につき十五日つぎのように語つた。

・ギリシヤ、トルコ兩國のほかソ連周邊地帶で共產主義の擴大を防止するため米政府の援助を要請する國はさらに少くも五カ國に上るだろう、すなわちイラン、シリヤ、レバノン、ハンガリヤ、パレスティナは近く米國にたいし借款もしくは現金贈與のかたちで援助を求めてくるものとみられる、ギリシヤ、トルコ援助費四億ドルをはじめその他歐洲各國や中國への援助費を合計すると對外援助に要する費用の總額は結局十億ドルを優にこえるものと考えられる。

（ワシントン廿日發AP）米下院外交委員會は廿日からギリシア、トルコ援活法案の審議を開始、ディーン・アチソン國務次官は同案に關する政府の態度を說明するとともにギリシア、トルコ援助から戰爭の危險が生ずるとは思わないと證言し、さらに南朝鮮にも援助を與える意圖を明らかにし、中國との關係については中國とギリシアとの事情は異ると言明した、同國務次官の證言つぎの通り、

一、共產主義に對抗してギリシアとトルコに援助を與えようとする提案が戰爭を導く可能性があるとは考えない、地方ギリシア、トルコ援助のため速かに行動にでなければ共產主義支配と戰いつつある他の諸外國の間に米國にとつて不利な反響が生ずるだろう。

一、議會に要求した豫算四億ドルの中約三億ドルはギリシアに、殘餘はトルコに與えられる。

一、米國占領下南朝鮮の現狀を維持するためさらに若干の資金が必要となろう、ただしこの金額については、まだ決定をみていない。

一、政府は中國の情勢をギリシアと同樣のものとは考えていない、中國共產黨は廣大な地域を支配し、自己の政府および軍隊を持つている。

一、ギリシア、トルコ援助はモンロー主義を全世界にわたり擴張したものとみなしてはならない、ギリシア、トルコ援助は兩國政府の要請にもとずいたものであり內政干涉ではない

一、ギリシア、トルコ援助を行うからといつて同樣の政策が他國にたいして、とられるとは限らない。

なおアチソン氏は外交委員會退出後記者團にたいし「五億ドルの援助を南朝鮮に與えるとの新聞報道は決して事實ではない」と語つた。

三。朝鮮の執るべき道

ワシントン十三日發AP通信の傳えるところによれば「トルーマン演說によつて表明された米國の外國援助政策は今後ギリシヤ、トルコのみならずさらに各國に擴大される可能性があるがその場合朝鮮およびハンガリアが、まず第一の對象として選ばれることになろう、兩國はギリシヤと同樣國內的に危機狀態にあり、この狀態は少くとも一部分にはソヴイエト膨脹政策の壓迫によつて生じたものと考えられているが、米政府關係當局は既にハンガリア朝鮮兩國援助の具體案につき研究を進めており、ハンガリアにたいしては無條件借款四千萬ドル、米綿買付用商業クレジット五百萬ドルを與える計畫をたてゝいるといわれ、また朝鮮にたいしては南朝鮮における鐵道、工場その他生產施設の修理に援助を與える計畫であり、これは共同信託統治をめぐる米ソ紛爭の成行いかんにかゝわらず、南朝鮮の自立を圖ろうとする意圖にでたものとみられている、なお歐州戰終結以來米國が行つてきた對外援助のやり方からみると、トルーマン大統領の外交新政策は、さらに中國およびイタリアにも擴大される觀測が有力であると報じている。

◇……◇

以上のように、朝鮮援助の計畫は、目下着々と進捗中のものと諒解されるが、これに際して、われ〳〵朝鮮國民のとるべき態度は、自ら愼重であり、しかも民族的犧牲と責任において協力しなければならぬ。われ〳〵は、アメリカが、その國民的犧牲を顧みず、世界平和維持のため蹶起して、小國民および後進國民の自由の保障のため鬪はんとする好意と、誠意ある人道的正義感に對し、無限の共感を送り、最大の敬意を表するものである。そして、トルーマン大統領の指摘せる第一の生活方式が、人類生活の普遍的目標であることを信じ、またこれを守り通す民族

隨想

誠實と愛で生長

…豫防醫學の重要性に就いて…

個人と個人との間の問題で、解決し難いこと、と云ふのは總て誠實と愛とが足りないからではないかと私は考へる。誠實と愛とがあれば、利己主義に陥る事も、我慾にとらはれる事もなく、それに依つて總ての事は圓滑に向ひ、爭ひの原因となるものも消えてゆくのではなからうか？

何故私が誠實と愛とを唱へるかと云へば、他の科學と同樣醫學も亦、總てのものに對する誠實、人類愛より生じ生長するものであり、特に社會生活に必要な豫防醫學は此の精神なくしては如何に豫防法等を以つて規定しても効果があがらないからである。

我々が健全な國民として發展し、健全な民族、人類として、生きるもの〻生存理由を實現してゆく爲には、身體の健全さといふ面より考へた場合何よりも先づ豫防醫學の重要さを感じるのである。豫防醫學、これは決してむつかしいものではない。

◈……◈

自分に對して愛を持たないものは居ないであらう。社會人として、眞に正しい愛、誠實を以つて自分に對する時、自から自分の生存する社會の總てに對して正しい愛が發現する筈である。此の精神が日常觸れる事々に滲み透つた時個人の生活の科學化合理化となり、一切の矛盾を除去し、肉體的にも精神的にも豐かな生活が生れる。現在我々が呼吸して居る祖國解放後の、混沌とした空氣の中で、物質的精神的な空虚に圍まれて身動きも出來ず、其の結果自分に對する誠實、愛をも忘れて最も危險な生活を徒らに過してゐる人々もゐるのではなからうか。例へば、性病等で苦惱し、或は生活の疲勞の擧句結核菌に犯されて發病すると

的自覺を强く感ずる。

◇……◇

われ〳〵は、未だ完成せざる朝鮮の獨立といふ建國の理想と、道程において、少數者の權力による一切のテロ行爲や、自由の壓制に對し、あくまで鬪ひを宣するものである。

アメリカ上院外交委員長共和黨幹部の一人であるヴァンデンバーグ氏が、トルーマン大統領の演說を評して「帝國主義に陷らぬよう、國際連合憲章の精神にそむかぬよう、完全なる政策を推しすゝめる必要がある」といつてゐるが、われ〳〵も、またその精神を尊重じ、その理想を信賴するが故に、また、そのかぎりにおいて、アメリカの新外交政策實施に對して、支持せざるを得ないものである。しかして、われわれは、現在朝鮮の民族戰線統一に障害物として橫はる第二の生活方式を拂拭し、また、かゝる生活方式のイデオロギーを發生せしめた統經濟、政治的、社會的、國際的原因を、速かに除去して、朝鮮獨立の完成を期するものである。

◇……◇

われ〳〵は、トルーマン大統領によつて提起され、國際的に要請せられたこの問題の本質が、活潑に展開されて、國際連合の關係機關により、かつ國際憲章の精神に則つて、一日も早く解決に向ふことを希望して止まぬものである。（三・二〇）

いふ——。

不規則な生活と、不潔な身體、この狀態が體內で病菌を克服することが出來ず發病する好條件となる。此の一事の注意だけで、社會人としての責任を果すことが出來る。消極的に言へば他に迷惑を及ぼさぬこと、積極的には他を愛することゝなる。

◈…………◈

尙不幸にして發病した時には、直ぐ醫者に診て貰ひ完全な治療をせねばならない。

徒らに種々の藥を與へてみたり、或は「風邪をひいたのだらう——」等と一人決めにして放つて置く、不幸にして病狀が惡化した場合は最早旣に治療も困難である上に、又經濟的にも大いに支障が伴ふのである。

◈…………◈

一般に我が同胞は社會的な施策に對して關心を有つ事が少いと思ふ。殊に保健衛生に對しては極めて冷淡であると私は見る。醫者或はその方面の人々が如何に公衆衛生に努めても各自が社會に對する此の責任を感じ、保健衛生に就いて誠實と愛とを以つて、個人から公衆へと發展する實踐が無くては、解放國朝鮮に課せられた問題の一つをも解明することが出來ない。「愛と誠實の覺醒」に依つて保健衛生の問題の緖口を見出して、我々は强く生きることを自覺し、新朝鮮建設の爲に大いに努力する事を希ふのである。

（孫 衡 連）

一部煽動者の仕業

—濟州島事件の眞相を發表—

去る三月一日起つた濟州島事件に關し警務局長趙炳玉氏は記者團の質問に對し次のように語つた、一部煽動者のため事件發生後濟州島の治安は惡化し、各方面に罷業まで起つたが檢察當局の積極的努力の結果現在殆どおさまつた、十八日現在で百五十名のこれ等煽動謀略者が檢擧されている、道玄病院前發砲事件は住民の財產生命を保護せんとする警察の正當防衛であつた、かれ等煽動分子は良民をしてデモの先頭たらしめ、その指揮に盲從させた爲に十一名の死傷者を出すに至つた。（ソウル二十一日發）

常識講座

特にこういう要素が顯著に
以後であります。たとえば高
ば、すぐ高麗青磁のことが想
ます。青磁はもともと中國で
まして、青磁は中國の宋時代
多かれ少かれ朝鮮にも影響
ところが朝鮮で青磁がつく
ら中國の眞似をしたかと申
のを生んでいるのでありま
は日本でも非常に珍重され、
かましく說かれた。青磁は中國と朝鮮の
めに、日本の藝術家達は支那および朝鮮
くろうとずいぶん努力したものでありま
ことは中國の青磁にはかなり近づくこ
ります。特に京都あたりでは今でもそ
が、むしろ中國の青磁とちよつと見別
はある。ということは中國の青磁は模
ろまで可能だという意味にもなる。と
度は朝鮮の青磁をずいぶん眞似しよう
す。これは三百年の間いろいろの陶工が
をやりました。しかし不思議なことに
ものがない。朝鮮の青磁は全く眞似す
だという結論が出ているわけでありま
も眞似することのできない獨自なもので
鮮の青磁それ自身がただ生地であるとか
とのほかに、何かつくる場合の心の問題、
ることのできない獨特のものがあるのであ

界獨 世界 史に れて かと つの して 。い あり その わけ ばも この 通の もつ こと 、東 要な その はこ を調 とい 經で の長 の海

印寺というお寺に遺つております。聞くところによると、その版本を積み重ねると日本の富士山よりもまだ高いということであります。板を積み重ねて富士山よりも高いということは、その當時いかに努力したかがわかるわけであります。日本では明治この方藏經の編纂が三回なされているが、それは何を據りどころにするかというとすべて高麗藏經であります。高麗の藏經によらずして佛敎の經文を編集することは今日では絕對にできないのであります。それほど高麗の藏經は學問的に見て價値のあるものであります。ちよつと考えると、佛敎は中國からきたのでありますから、中國の經文によつてやりそうなものであります。朝鮮の坊さん達は獨自の研究によつて正確な原文をつくり、それを版木に刻つて行つたわけであります。

そこで私が第二に重要と考えることは、朝鮮の藝術の獨自性ということなのであります。どこにも模倣がないし、また他からも容易に模倣できない要素が多いのであります。最近の時代ではもとより李朝五百年の文化が考えられるのでありますが、この李朝五百年の文化において朝鮮はまた非常に獨自なものを生んでいるのであります。時代が下ると藝術は墮落してきたようにお考えになるかもしれませんが、少くとも朝鮮においては高麗に續く李朝の時代はこれまた獨自性の上において著しい存在であります。

前に高麗青磁のことをお話しましたから、ついでに李朝時代の燒物のことを話しますと、李朝に相應する中國の時代は明から清にかけてでありますが明の時代にいわゆる染付という磁器、つまり磁器の上に藍の色で繪の描いてあるものがさかんになつて、その藝術が朝鮮に傳わつたわけであります。中國は大國でありますし、作品は非常に多く、またさかんでありましたから、朝鮮においてその模倣をしそうなものであります。ところが李朝の染付は全然中國と違つたものを生み出しているということなのであります。また燒物の上に赤、黃、紫、綠、青というようないろいろ多彩な色を用いるいわゆる赤繪というものが支那および日本で發達した。ところが朝鮮は不思議なことに二つの國にはさまれておりながらそういうものには目もくれずに獨自のものだけを生んでいるので

あります。ちよつと考えると、きれいでありますから、すぐ眞似しそうなものでありますし、赤繪をつくるということはそう困難ではないのであります。しかし朝鮮はそういうことを顧みることなく獨自の燒物を長い間續けてつくつておりまして、ほとんど他國の眞似をするということがありません。繪畫の例で申しますと、この問題はまだ日本の學者も十分に檢討しておらないのでありますが、將來非常に面白い問題と考えられることがある。それは朝鮮においても繪畫にはいわゆる中國風のものがあるのであります。それで多くの學者は朝鮮には獨自の繪畫がないと言つておつたのであります。しかし私ども長い間朝鮮に行つてその藝術に親しんでおりますと全く中國あるいは日本にない繪畫がいろいろあるのだということが漸次はつきりしてきた。未だに世界からその存在を認められておりませんけれども、私どもなども將來そういう本を殘して行きたいと思うのであります。このことはまたいろいろな方面において言へるのでありまして、たとえば工藝の領域、木工の世界でこれまた朝鮮の存在は非常に明確なものがあります。要するに朝鮮獨自の藝術があること、しかもその獨自性は非常に明確なものでありまして、ほかで模倣することのできないような要素が非常に多いのであります。なぜそういうふうになつたかという心理的な原因の調査は、これまた非常に興味深い將來の題材であろうと思います。ただ私どもがかなり心配いたしましたことは、朝鮮の方が朝鮮の作品の世界的位置というものをお知りにならないために、今までは粗末にされるような風習なしとしなかつた。

あんなに美しいものが朝鮮にあるのに、朝鮮の方がそれを集めて美術館をつくろうという考えをもつておられる方がほとんどなかつたという事實は、私達に一つの驚きであり、また何か淋しい感じを與えたものであります。

さらにもう一つお話したいことがあります。それは現在の朝鮮に獨自の藝術を發揮するだけの要素があるかという問題です。私どもの長い經驗では大いにあるというのがその結論なのであります。ところが多いにあるというその理由についておそらくはいろいろな批評が集まるのではないかと思います。それは中國、朝鮮、日本を通じて考えると、一番傳統を重んずるのは、中國ももちろんそういう習慣はあるけれども、朝鮮が一番濃いのであります。傳統をよく崩さないという點で朝鮮は非常に特筆せらるべき國のように思います。私は朝鮮のずいぶん田舍を旅して、農村の生活あるいは樣式、あるいは現につくられているものを調べてみましたが、朝鮮ほど傳統を重んずる國はないということがだんだんはつきりしてまいつたのであります。たとえば私がかつて慶尙南道を旅いたしましたところが、百姓が特殊な形の鎌で草を刈つている。ところがほどなく吉州の博物館にまいりますと、新羅の古墳から出た鎌が並んでいるが、その形はほとんど何ら變りがない。これは驚くべきことなのです。つまり新羅時代の形の鎌の樣式は今なほ民間で持續しているということなのです。これはいかに傳統を强く重んずるかということの一つの證據になるだろうと思う。其の他革細工や石工品を通じて伺知る事が出來る。そういうことはいかに朝鮮の文化が傳統性を强くもつているかということを意味するのであります。これは見方によつてはあまり變化がないから進歩がないと評する人もあるかと思うのであります。しかしいい點から見ますと、漢時代に生めたような驚くべき形やいろいろの繪畫を今でも生む力があるということを證據立てているのだろうと思います。昔で終つたのではなく、今でもそういう立派な力を持續しているという證據になるだろうと思ひます。これを廣い意味にとると、時間の變遷がないというふうに言うかも知れない。だいたい朝鮮は昔を守る風習が强い。たとえば佛教においても中國でも、佛教の宗派がたくさんあるが、また日本でも佛教の宗派はなかなかたくさんある、現在でも十いくつかあります、しかるに朝鮮は御承知の通り二つしかない、それは華嚴宗と禪宗とでありましてそれも華嚴一致という言葉などがあるように、ほとんど一宗に混合されているような趣きがある、佛教は日鮮を通じて長い歷史をもつているのでありますが、一番昔のままの形が崩れておらないのは朝鮮であります。御承知の通り日本の佛教は今はお寺が葬式を取扱うような場所になつているが、元來は寺はそういうものでなかつたはずであります。修行の道場であるはずであります。ところが朝鮮の寺が葬式を取扱わないことは皆さんも御存じのところであります。あるいはこれを儒教に見てもそうであります。儒教は中國では明この方二大流派が發達して朱子學と陽明學があるはずである。日本でも德川時代に朱子學と陽明學が發達してこの二派が大いに論爭しているわけであります。ところが朝鮮はそうではなく、一番古い赤子學一式であります。多少陽明學に注意した人もあるかも知れませんが、學派として發展したのではなく朱子學一本であります。つまりそういう古い格を習慣的に滅多に崩さないのであります。例へば朝鮮の靴の特色として先に曲線がある。足袋の形もそうであります。あれは非常に古い樣式であります。日本でもたとえば神武天皇を描いた繪などはそういう靴を描いてある。神武天皇は朝鮮から敎わつたのだろうと思うが、ともかく日本のごく古い繪畫によるとあの靴の形が見出される。ところが朝鮮は歷史を變えないで依然として今でもその樣式を保つている。それは何も靴ばかりではない。小刀でも必ず先が曲つている。純朝鮮の小刀の樣式は柄の方は右に曲ると身の方は左の方に曲つている。必ず曲線がある。あれは非常に古い樣式で、眞直ぐになつて形が味氣なくなつたのは近頃のことです。たとえば皆さんによく知つていただきたいことの一つは紙であります、つまり楮からつくる手すきの紙は今では朝鮮と日本がいいのであります。中國は竹紙と言つて竹を材料に使うようになつてから紙質が非常におとろえて、今でも中國でいい紙を使う場合には高麗紙とよんでおります。高麗時代に出た紙の傳統が續いていて、それが非常に見事な紙であつたために、いい紙というと高麗紙と言う。北京あたりでも少し金持の障子などに張るいい紙はみな高麗紙を用いている。ただ惜しいことにこの二、三十年この方だんだん質惡くなつてまいりました。それは外國の影響を受けたからで、西洋のやり方を採り入れたためであります。これは日本でも同じであります。何かずるい方法を考え出して安く賣ろうということばかり考えているのでありますが、朝鮮の在來のつくり方は非常に正直なつくり方であるために仕事が特別いいのであります。だいたい朝鮮のもののよさは自然と融合しているところでありまして、日常生活の凡ゆる道具を始め建築樣式、手段が自然其の儘を利用（以下十二頁下段へ）

新朝鮮生活革新運動の提唱（一）

朴　烈

第一節　民族的缺陷の反省

我々は他を批判することも必要だがそれは、事態を正しく建設する爲に、誤りなく公正な態度を以つてし、その目標は常により高きものへの建設を念願とすべきものである。

同時に、自己批判を忘れてはならぬしかも、自己批判は冷酷に己れを鞭打つものとして、心魂に、骨身に徹するものでなくてはならぬ。それは、卒直に、大膽に、しかも假惜するところなく、徹底的に、昔の修行者が己れに加へたやうに、また、牢獄に捕はれたものが、自由を得んと欲する熱情をひたむきに壓へて忍苦する――それのやうに深刻なものでなければならぬ。私は此の意味で、自己批判としての苦言を贈りたい。

即ち、一、二の民族的缺陷を實際生活の面から取り上げれば、我が同胞中には、己れ自ら何々長の長を熱望してやまない傾向がある。何でも頭たることは惡くない。古語にも、

「牛尾となるより鶏頭たれ――」と言はれる程であるから、長たるものそれ自體は惡くはないし、長たりたいことも惡いとは言へぬ。然し、長たるには、長たるべき條件がそれ自體の中に備はつてゐなくてはならぬ。長は、長たらむとしてなるのではなく、自らの内に長たるの素質が發揚、培養されて、自然に長となるのであつて、長は自然たり、大勢の赴くところから發するものである。

だが、同胞中には、初めから事に臨んで何でも自ら長でなければ承知しない傾向があり、長たらんとして無理をする。他の長を誹謗したり、自己推薦をしてみたり、側から見ると、長でなくては承知出來ないかの態度である。これでは、三千萬の同胞に、三千萬の何々長とならねば承知出來ないことであつて、愚も亦極まれりと言ふべきである。私は、かゝる傾向を全面的には否定しない。一面を見れば、長たらんとする程の熱意や、努力やの傾向は良いであらうが、その反面、地下に埋れても正義の行者となるの謙虚さ、誠實さがあつても良いではないか。

長は、彼自身の内なるものが發して正しく表現された場合、そこに座すのであつて、自ら他を押し除けて横合ひから飛び出してもぎ取つて座につくべきものではない。正しいものゝ在り方を見逃しては意味をなさない。

……◈……

また、我が同胞は相爭ふことが餘りにも多過ぎる。それは個人と個人との場合は、禮節を重しとするが、多數集團となつた場合、直ぐに冷靜を失し、群集心理に卷き込まれてしまふことである。古人は、

「君子は和して同ぜず」と云ひ、また「群れて黨せず」とも言つた。その正しい意味が何處にあるか私は知らぬが群集心理に動き、徒らに雷動することは、己れを持する道を知らぬ暴擧である。我が同胞一人一人の素質を取り上げて見れば、全く善良である。一個人としての素質は極めて秀でてゐるにも拘らず、二人ともなれば相爭ふ。何れかゞ英雄たらむとするか、乃至は長とならんとする。そこに爭ひが起る。そして三人合へば最早混亂し、目標を失ひそこには三人の馬鹿がゐるだけである。私は遺憾にたへぬ。一個人の素質が優れて優秀であればある程、二より三人合して最も公平にして所謂衆智を集めた結果となるのではないか一人ゐれば賢人となり、二人居れば爭鬪者となり、三人寄れば愚者となる。此れでは相寄り相扶けて結實すべき祖

する。一例を擧げると朝鮮の床張りであるが其は曲つたところはつたなりで張つてしまう。そこにまた非常な美しさがある。

また柱のようなものでも、日本では必ず角の柱できちんと寸法通りに組んで行く。ところが朝鮮の柱は太いのもあり細いのもあり曲つているのも眞つ直ぐなのもあつて、そんなことはどうでもいい。そういう自由さがあるわけですが、その自由さからくる非常に特殊な美しさがある。たとえば朝鮮の建築でわれわれが心をひかれるのは屋根の線が非常にきれいなことです。日本の屋根を見るとみな上が平らですが、あれは計算からくるから平らになつてしまう。ただ兩脇に鬼瓦というものをのせてある。これはまた心理的にいろいろ問題があると思いますが、ただ眞つ直ぐな屋根の兩脇に鬼瓦をのせただけである。ところが朝鮮在來の屋根で曲線の出來ない屋根はない。朝鮮の屋根の曲線が美しいのは自然が美しくさせていると言つてもいい。日本の屋根は實に人工的なものです。あんな眞つ直ぐな線は實際の自然ではそうたくさんあるわけはないのですから、朝鮮のやり方は萬事自然に即した素直なものであります。それが日本に見出しがたい特殊な美を生んでいる。また朝鮮の作品で日本で古來から有名なのは茶器であります。日本には朝鮮にはない茶の湯というのがありますが、茶の湯で一番大事にするものは茶碗の類でありまして、それの大名物と稱するものは大半が朝鮮の品です。最近では何百萬圓とするものがあるがそれは私の調べたところでは朝鮮の南の方の貧乏人の使つた飯茶碗です。しかし茶人は何に美しさを見たかということです。茶人は面白い人達で、美しさを見るのにするどい目をもつていたが、彼らが貧乏人の使う飯茶碗に何の美しさを見たかどうしてそれをそんなに珍重するかというと、要するにそれは自然の美しさなのです。ともかく朝鮮は今でもほかの國の人のできないようなつくり方とか心のもち方とかいうものを今なお續いてもつているという事實を私は何とかして生かしたいのであります。これを生かすことができるならば、朝鮮はこれは朝鮮のものだというものを世界に示すことができるだろうと思う。ところが認識がないとするならば、おそらく朝鮮は將來世界の眞似をしなければならないだろうと思います。つまり獨自性のないものをつくつて行くことになつてしまうわけであります。しかしそうならずにすむ要素が現在の朝鮮にも多分にある、というのは私どもの長い間の經驗から得た結論なのであります。そこで以上申上げた三つのことすなわち

國の前途を前にして大建設は何時の日―か寒心にたへないのである。我々は祖國の運命を負つて居る。昔から、「父祖の負債はその子が負へ」と、我々は教へられて來た。父祖の負債を今負つた我々は、此れを返へさねばならぬ帝國主義の桎梏から解放され、その負目を正しい姿に現はさねばならぬ。此れが、最も重大な我々の役目であつて、その負債を支拂ふべきときに、兄弟相爭ふことを恥じないやうでは大事は成就しない。

思ふに、一人ゐて賢者である、その賢者が修業至らぬからである。岩を見て岩と見、水を見て水と見る――平凡な理に徹するならば、木の葉落つるを見て慌てゝ逃げ出したといふ物語の兎にはならぬ筈である。どうしても、岩は岩であり、水は水である。この平凡な理を正しく理解把握して動じない生活態度をとるものでなければ事は成せない。そして、二人、三人相共に相寄り相扶けて、そこから初めて大規模な事業も成就するのである。爭ふは容易である。併し一度爭つてしまへば和することは大變な勞苦が必要なのである。我々は、簡單に爭ふ前に、我々の眼前する大きな目的の前に忍苦することが必要だらう。

徒らに相剋して友を失ひ、同志を分散させ、同胞相食むに至れば、その前途、何であるかは想到するに難くはない。一人の賢者は二人の賢者たり、三人でも賢者たり、群居しても決して群衆とはならぬであらう。

……◆……

私はまた、積極性の缺如を指摘したい。積極的能動的に發動性を持つことは、ことの如何を問はず不可缺の要素である。我々東洋人は、古來から共通した素質、父祖から受け繼いた血脈の中に、孔子的、老子的教養が多分に交つてをり、或年齢に達すれば早くも老込んでしまふ。そして、或は孔子的に道を語り、或は老子的に悟りの世界に沒入してしまふ。勿論、道も悟りも惡ではなく、善の善への階梯である。何等道を知らざるの徒が、一民族の運命を負ふことは出來ないし、善惡、世上の混沌たる中に悟道に入るていの深い省察がなければならぬが、それが極めて容易に、直ちに行ひすまし、直ちに悟り顏してしまふとはどうした譯であらうか。いや、それ許りなら未だ良いとして、自ら行ひ悟りすました顏をして、一方で他を誹謗するの態度が往々見受けられる。

これは道ではなく、悟りではない。似而非なる邪道であるが、かゝるものに限りがくがくの議論を好み、他面、他を非難することも人一倍痛烈なのである。これでは、自らの立脚點を忘れて、徒らに他の缺點のみを探す小人の輩であつて、斷じて道をゆき、悟りの世界に住する者の眞姿ではない。

私はむしろ、半可通のかゝる態度を積極的に打破して、自ら實踐の行者となり、思想の堅持者たることを希望する。

そして、何處でも良い、どんな會合でも良い、自ら積極的に進んで出掛けて行き、正しく議論し合ふ態度、その積極的で能動的で卒直な態度が最も必要とされてゐる、と信ずる。

東洋人に共通したかゝる惡幣を一掃したい。由來此の點で西洋人は積極的である。

例へば、一つの會議がある。そこに自分が遲れて出席したとすれば、彼は先づ自分の責任を問ふのである。そして、その責任を果す爲に、自ら進んで會議記録を操り、此れを調べる。なほ諒解されなければ、列席者にたゞして自己の責任を飽くまで果さうとするのである。この態度は、一面最も民主的であると共に積極的であり、會議の成果を百パーセント發揮するものであるところが、我々は往々にしてそれとは反對に、會議に遲刻すれば遲刻した理由ありとして少しも自己の責任を負はぬ。そして自ら會議記録を積極的に調べようともせずに、その内容を他から知らされなければ、自らオミットされたものとして勝手に判斷し憤慨する。甚しきは會議そのものゝ不公平を云々し、會議の内容を非難するのである。

私は、公平に見て、西歐人の積極性を愛し、これに與みする。よし如何なる理由があつたにせよ、直接會議に必要な用件の爲に遲刻したにせよ、會議全體は、多數の意見を一に方向ずける爲の多數の會合であり、多數の意見を内容としてゐる。自己の遲刻原因如何を問ふことなく、まづ進んで自らの義務に忠實

た一は朝鮮の研究なくして東洋文化、藝術の研究は全く不可能だということ、第二は朝鮮の藝術には中國および日本にない全く獨自な要素が著しく現われているという事實、第三にはそういう獨自なものをつくり得る性質とか要素とか條件が實は今なお具わつているということでありますが、これから將來朝鮮が藝術を通して世界に自分みずからを語ることができるとするならば、これら三つのことに對する深い反省が私はどうしても必要だろうと思うのであります。

それでは最初のことに戻りまして、私は東洋が結合するということがわれわれお互いの將來にとつてもつとも必要な條件だと思うのであります。どうしても日本と朝鮮と中國は仲よくならなければ駄目です。そしてお互いが助け合わなければいけないと思います。獨立するとか何とか言つても、お互い東洋人自身が仲が惡かつたらしようがないのでありまして、何とかして相たずさえて進む途を見つけなければならない。そして將來何か世界に貢獻することがあれば、それは東洋的なものをもつて貢獻するよりしかたがないのであります。それにはお互いがお互いをまず尊敬し合わなければならない。尊敬するものを少くとも見出して行かなければならない。少くともそれでは何を尊敬し得るか。藝術を尊敬するという途は非常に明確なこればかりは誰でももち得る途ではないかと思う。日本人はすべて朝鮮の藝術を尊敬することによつて朝鮮の心に近づくべきだと思います。また朝鮮の方々は日本の文化にそれが何であろうと何ものかを見出して、それを通して日本に近づき、また中國においてもこの點は同じであります。それによつてお互いが手をたずさえて進む途を何とかして見出さなければならない。

―朝鮮の古典演劇
東京で好評博す―

在京米軍兵士のため朝鮮の劇的戀愛物語「烈女傳」が國立音樂院所屬の歌手、俳優、樂手等により演ぜられたが、朝鮮の古典演劇のうち最も有名な「春香傳」として知られるこのオペラは米人には未知の朝鮮人の生活を現はしてゐる丈けに好評を博した。（三・二〇）

であつてこそ、會議全體の成果が期待されるのである。從つて、私は、飽く迄も己れに謙虚にして、先づ進んでその内容を知る方法を選んでこそ目的が達せられると思ふ。

その態度は、かくしてこそ、會議全體の上に最も好結果を約束するものである。

……◈……

最後に私は、女性の消極性に一言したい。

東洋女性は、此の消極的態度を美德と教育されて來た。何ごとも控へ目であり、受動的であり●甚しきは、男性に對して奴隷的であることさへも、女性の美德と敎へられて來た。

これで良いであらうか。

中國では昔は纒足の女性があり、自由に步行さへも出來なかつた。これは美人の型であると詐稱されて、女性はことごとくその習慣に甘じて來た。最近、蔣主席の新生活運動が提唱される時迄、平常のこととして制度化され、現在もなほ、山間僻地では行はれてゐる。日本でも下婢、家庭の女性は內にあつて家を護るとの美名の下に、社會上の出來事は何一つ敎へられず、男性から相談もされず、朝から夜まで、家事萬般に奴隷の如く立働いて、その働き振りの良い女性が賢婦人などゝ言はれこれを表彰したり、世間一般が賞讃じたりしてゐたのである。

朝鮮の女性も亦これに類似して、門外不出が女性の美德とされ、家に座し家事に追はれ、世相がどんなに移り變ると雖も、凡ぞ女性には緣遠きものとされたのである。性生活に於ても、これは隷從であり、座して男性の積極的に働きかけるを待つのが美はしい婦德であり、一家を成してすらも、男性のなすがまゝに言ふがまゝに、婦人は附屬物として生存する。

これでは、女性そのものに何等の進步も齎らさず、家庭そのものに何等の改革も行はれない。ましてや、女性が自ら、男女の不平等感を一掃して、明らかに正しい地位を占め、その上に立つて一家を護り、一面にあつては女性の分野を自ら分擔して社會全般の事象に積極的關心を示めすべき此の時代にあつて、これまでのかゝる消極的態度を美德とする習慣が殘存してゐることは意味をなさない。

世界を通じて、女性の分擔すべき任務がとみに大となり、進步する國家民族にあつてはその表徵を女性に見るとさへ言はれてゐる。女性は、進步前進を約する時代の標識であり、彼女達が東洋的僞善の退嬰消極の世界に坐居する限り、世界の半ばは前進を阻まれると言へる。

むしろ、女性の美德は、女性の持つ優雅さ、女性の持つ細心な世事への關心に於て積極的であり、男性の行はんとして行ひ得ない、また男性の容易に想到出來ない事柄に就いて此れを分擔するところに見出さるべきである。

具體的には活動分野は廣く、一般女性が積極的に、男性に從屬する立場から解放された時に自から道は開ける。

私はあまねく祖國の女性に訴へて、かつての誤られたる美德なる槪念を一擲し、新しき世紀が待望してゐる世界にあつて、自由に女性の職分が發揮されることを熱望してやまない。特に、祖國の運命を救ふものは我等同胞にかゝつてゐる今日、女性も亦その持場に於て、祖國危急の實態を良く認識し、その持てる能力を遺憾なく發揮されることを希求して止まないのである。

南鮮の盟休騷動對策

立法議院會議て重視

總長を朝鮮人とし、人事は軍政廳部處長會議で推薦することとして一應落着した國立大學案反對問題に絡む南鮮各地の盟休騷動事件に就いては南朝鮮過渡立法議院第三十四次本會議でも重視し、二十日午後一時から金議長司會の下に開催、直ちに國大案反對同盟休校對策を協議、善後策を講ずることゝなつた。なほ國立大學案反對の理由としては、

一、文教部當局幹部が官僚であること

二、總長を米人とせること

等である。(ソウル廿一日發)

立法議院第卅四次議會

南朝鮮過渡立法議院第三十四次本會議は廿日開催、國大案反對同盟休校對策の外民族反逆者處斷法律草案の審議を行つた(ソウル二十一日發)

…(九頁より續く)…を提出したからです、これからも決して斷食をやるなどといふやうな方法ではなく、このやうな理の通つた交涉をして下さい。

朴 勿論われ〲は斷食などを決して欲するものではありません。今回のわれ〲の正當なる請願に對して各方面の留意と關心を促さんがために行つたに外なりません。われ〲の言葉に耳を籍して頂ければそれでいゝのです何も斷食やデモの必要は毛頭ありません。

バ大佐 今後はこのやうな問題は朝鮮軍政廳連絡事務所を通ずることなく直接幕僚長の處へ來て下さい。

朴 よく判りました。大變有難うございました。

民團曆

三月　一日　三、一獨立運動記念大會
三月　二日　京都兩丹支部結成
三月　三日　在東京實業家有志懇談會
三月　四日　團長軍政廳訪問
三月　五日　英會話講座開始
同　澁谷支部結成
三月　七日　部長會
三月　八日　京都在京支部結成
同　第四回常議修養講座
三月　十日　太田支部結成
三月　十三日　常任中央執行委員會
同　小石川分團所屬少年團結成
三月　十五日　北巨摩支部結成
三月　十七日　民團新聞對策懇談會

選擧運動是否

金海聲

アリストテレスの言葉を借りるまでもなく我等は政治的動物である。支配を否定するアナーキズム運動でも立派な政治運動だ。

選擧は近代國家に於ける最も具體的な政治運動である。誕生さるべき新朝鮮國家に於て、選擧運動は華々しく展開されるであらうが、海外に居留する我等が、即ち外國人が、外國の政治に參與することは、國籍卽ち市民權を喪失する唯一な方法である。完全獨立國家人の資格がないからとて、舊敵國と見做してもよい日本の市民權乃至國籍を要求することは、世界各國に類を見ない異常行動である。

我等は財産稅賦課に反對する、何となれば、日本帝國主義の最初、最大の犧牲者は我等朝鮮人であるから。聯合國人として對日戰に參加しないとは云へ、我等三千萬同胞の大部分は、日本帝國主義達の捕虜であつたことは否定出來ない事實だ。

スキヤップも朝鮮人を完全な聯合國人として取扱はないが準聯合國人として取扱ふことは事實である。卽ち舊敵國人たる日本人としては決して取扱はない事實を想起しよう。

共產黨に好意を持つことは世界人の自由かも知れないが、それだからと云つて、日本人と全く同じく行動すると云ふことは、餘りにも親日的であつて、沒落した舊ファシスト共を喜ばせる以外の何ものでもない。共產黨的に行動したにせよ。

我等は要求すべき者を多く持つ、三十六年間日本帝國に依り不具者となり病人となり、一文なしの貧乏人となつたことに對して我等は世界各國に訴へると共に「日本帝國」に依る賠償を要求せざるを得ない。併しこの運動は日本の政治機構に這入ることではなく、獨立國人としての實力を養ふことと、聯合國の占領目的に協力することに依つてのみ可能である。北鮮に於てはロシア占領目的に從ひ、南鮮及び日本に於ては、アメリカ其他の占領軍の目的に忠實であるべきだ。奴隷根性から斯く語るのではなく、自由と平和を愛し、勤勉な世界的新國民とならぬが爲に斯く語るのだ。

「建國運動」の原稿募集

本民團新聞は當分の間國文漢字が準備出來ない故日本文のみにて發行する計劃であるが國文、日本文に拘らず民團の活動を十分活かし建國運動の「力」となり得る原稿を左記の範圍内にて廣く募集す。

但し原稿の內容如何に依つては編輯技術上、筆者の意志を無視しない限度內にて加筆或は一部削除する場合並應募原稿は一切返送出來ない點宜敷しく諒解していたゞき度い。尙揭載分には薄謝を進呈す。

左記

論文（哲學、思想、宗敎、科學）詩、小說

筆隨（特に地方情勢と同胞の生活情勢を材料とした作）

西本部の活躍

陣容を刷新して再出發

東京西本部は昨年十二月二十七日結成して以來立川に本據を置き既に七部と三學院を擁し銳意、民團の主旨と使命を果すべく幾多の事業を成し遂げつゝ今日に至つたが、昨今の深刻化しつゝある世相に鑑み積極的活動を展開すべく非常措置として去る十日に臨時大會を開催、執行部として團長の下に內務部、民生部、文敎部、涉外部の四部に臨時改編し、決議機關に本支部の外廓團體代表並びに有志を網羅して三十名を選出する等の一大革新を斷行した。

新團長は前朝聯三多摩委員長と建同中總社會部長を通じ敏腕を振つた鄭周和氏が選任せられ名實共に完璧を成し一般居留民から絕太なる期待を持たれて居る。

一方民生問題解決の第一步として、府中支部では府中新興マーケットを建設する事に決定、府中町新宿中央廣場に二千五百坪あまりの土地を借りて去る十五日民團側並びに一般日本朝野代表多數參列の下地鎭祭を行ひ、翌十六日から早速建築に取り掛つた。

延期は許されぬ

南氷洋捕鯨期あと一週間

フイナンシャル・タイムス紙のオスロ電報が報ずるところによると、南氷洋の捕鯨船隊本年の捕獲高は許可量の一萬六千頭に達し得ないものと見られるに至つた、これは脂肪の世界的不足を緩和し、戰時中の貧弱な實績を補ふために許可量を故意に高くしたためである。

捕鯨期は四月七日に終るが、捕獲時期を延ばすことは問題にならない、なほ本期の鯨油はノルウエーの七浮動工場と一地上工場から約九十六萬バレルが生產される豫定となつてゐるが、三月廿三日迄の生產高は七十九萬八百廿バレルである。（UP特電ロンドン卅日發）

四十年の嵐（四）

黒　丘

だがおかしいことだと思つた、日本人のために喰えなくなつたオレ達が日本に喰いにくいとは！すると崔龍出がこういつた、とにかく日本にいくと儲かるんだドンネルも掘れば石炭も掘ろう、掘りさえすれば金になるんだ、それに同胞は多いからな、日本人の親方なんか、へいちやらだよ、それでオレはその氣になつて父に手紙を出した、

お父うさんこの不孝な子供をお許し下さい、ここにいては何うも喰えそうにないので、日本にいくことにしました、お父さんやお母さんの膝元を遠く離れていくことを考えますと涙が血のように、眞赤になりそうです。しかし、お父さん、日本に行つたら骨が折れるまではたらきます。はたらいてははたらいてははたらきぬきます。そして、お金をちんとためてかえりますからまつていて下さい、ではお父さんも、お母さんもお達者で

漢字と朝鮮文字を交ぜて、オレはそのような文章を綴つたよ、オレが文章を習つたのは、遠い親戚に書堂の教師をやつている人がいたので、月謝の代りに薪を伐つていつて教えてもらつたのだ。手紙を出してオレは何だか悲しくなつて、チゲの下に坐つて泣いた、すると龍出がこういつた。

お前の氣持はよくわかるよ、オレだつて、親兄弟が居ればきつと泣くだろうよ、だがな、ここにいたつて喰えねえオレ達だ、どうせ飢え死するなら、一とはたらきやつてから死のうぢやないか、

何が何だかわけのわからない理屈であつたか、如何にもつともらしく聞えたので

ほんとだ、どうせ飢え死するならひとふんばりやつてみよう。

オレはもう自分をはげましたが、さて日本にいとうにも船賃がないのは、どうしたものだろう。そいつあ困つたな、だが、まあ何とかなるだろうよ。

龍出は樂天家らしくそういつた。

と、ある日龍出が泡をくつてとんで來て、おい、いいことがあるぞ、早く來て見ろよと、ぐいぐいオレの腕をひつぱつていく——。

電話番號變更お知らせ

今回左記の如く電話番號を變更致しました、御諒承下さい。

本部直通九段（33）
二九九八番　事務局
二六九四番　内務部　文教部
二八四三番　宿直室

電話九段（33）
一〇四六　二〇九五　二四三九
三一八六　二五四三　一一六八
二〇五一

内線

團長	〇	事務局	六　一二、二三
事務總長	一一	内務部	一一、一三
内務部長	一〇	地方部	一五、一六
財政部長	二	社會部	一九
渉外部長	三	編輯局	五六、五七
地方部長	一四	文教部	四、五
社會部長	一八	謄寫專用	二〇

崔南善著
朝鮮及朝鮮民族第一集　朝鮮史學會
（四六倍版B５版）頭註付九四頁
定價貳拾圓
民團文教部宛註文

朝鮮詩集　百人一首（鮮朝國文）
（A５版）五〇頁繪入美本謄寫
定價拾五圓
民團文教部宛註文

1947 年 4 月 20 日 發行　　第五號

民團新聞
THE MINDAN-SHIMBUN

東京都新宿區若松町21
電話九段(33) 2694
在日朝鮮居留民團中央總本部
發行兼編集者　朴　準
定價壹部金參圓

日本の四月總選擧に當りて

四月を期して、日本では一齊に各級選擧を行ふが、言ふまでもなく、これは敗戰後改められた新憲法の精神に則り、廣く民意を問ひ庶政一新を期さうとするものである。

この總選擧實施にあたり、我々が注目し且協力せんとする諸點をのべるならば

一、選擧を通じ、日本國民は世界の民主主義に對しどの程度に眞劍な理解を示してくるか。即ち、民主主義に對する國際的理解の如何である。

二、いかなる層の人物を選出し民主政治の實際をいかなる人物に擔當させようとするか。即ち、その人物の所屬政黨はどんな分野を示してくるか。これは課題となつてゐる日本の講和條約案があるだけに、政黨歸趨は全國民の恐らく最大關心事であると思ふからだ

三、保守、進歩の二大政黨が決定的ではなく、無黨派その他思想的、政策的立場をはつきりしないものが相當多く、その間、共産黨極左勢力が擡頭しつゝあるが、國民は日本的民主主義の方向をどの線で見出してくるか。即ち、保守勢力と極左勢力、それに伍する中間勢力はどんな政治勢力の分布を示してくるか。

注目すべき點は少くない。然乍ら我々はこの總選擧を一つの興味として眺めてゐるのではなく「世界民主化の戰線上に於て日本の民主化がどの程度に確立されるか」我々はこれに期待してゐる。そして將來この民主化勢力と堅く結合せんとするからである。

▽……△

我々は日本政治の民主化が最も速かに樹立され、日本民族の諸文化が民主體制を以て、わが朝鮮民族と美はしく交流すべきことを念願とし、我々はこれを絕對に支持する。それは全世界から暴力と侵略、不正と不合理とを一掃して、世界正義の基本的政治を策定する道であると信ずるからである。

故に我々は日本民主政治確立のためには、全幅的な協力を惜しまず、これに反するものに對しては全幅の努力を拂つてこれを打倒しなくてはならないと信じてゐる。從つて我々の支援協力とは、現政府を倒せ——とか、ゼネストを斷行せよ——とか言つて、日本國內政治そのものに直接干涉し、これに立入らうとするものではない。又日本國內に存する階級的對立の中に深入りして、一方的にこれと結託し、階級的對立を激化させようとすることではない。

我々は日本が正しい民主主義を完成することを欲するのであり、帝國主義、獨裁政治をもつことに反對するのである、なぜなら、帝國主義は侵略を條件とし、獨裁政治は多數の國民に對して少數の資本と權力とが結託してこれを支配するからである。かゝる政治は明らかに世界の進步に反逆し、人類の幸福に反するのである。

▽……△

我々はこの意味で日本民主主義が速かに正しく成長せんことを希望してゐるし、同時に我々についていふならば、朝鮮民族も徒らに祖國の獨立だけを叫んでも意味をなさないと思ふ。

即ち、日本に優れた學術、文化技術が存してゐるが、これらは朝鮮獨立の爲に學びとらなくてはならぬ。今は日本國內政治の問題に立入つて相爭ふべき時代ではなく、我々は政治意見を暫く溫存培養すべき時代である。そしてたゞ獨立を完成すべく、その完成の爲に、あらゆる手段を盡してその條件を取得すべきであつて、他國の政治に容喙、干涉すべき時代ではない。それは自ら自國の獨立に對し、尊嚴を傷つけるものと言はなくてはならない。我々は最も合理的に獨立を完成し、生存の自由を戰ひ、祖國の榮光を負ふために相爭ふべきでなく、結ぶべきは結び、協力すべきは協力して、世界進步の方向に正しい前進を行はなくてはならない。

かうした意味から、我々は日本が速かに民主政治を確立して世界民主主義に對し、新しい地點を占めなくてはならぬと考へ、その一段階である四月總選擧に多大の期待をよせるのである。

☆　☆
☆
☆　☆

朝鮮問題に深き理解

マ元師と會見

昨秋渡米以來約半ケ年間、米國朝野に朝鮮問題の認識の徹底化につき活躍中の朝鮮合同通信社々長金東成氏は、此の程その任務を終了、歸國の途次、三月二十七日東京に立寄つたが、同日正午から約五十分間に至る連合軍總司令マ元師との會見を遂げた後大界左の如くその會見談の内容を發表した。

金東成氏語る

私は初めてマッカーサー元師に會つたが、文武兼備の人格はさすが驚いた、特に朝鮮問題については絶大な同情と理解を持つている、朝鮮問題に對し斯くも理解があり、朝鮮人の立場より以上に朝鮮を考えていることに對し敬服の外はない、マ元師は、「人は誰でも自由を愛好する、然も人は自分のことを自分で處理すべき權利を持つている、現在朝鮮人は政治的經驗がないから獨立が出來ないという法はないと思う、朝鮮問題は朝鮮人自身で解決させなければならない」と語つた。マ元師は更に「私は子供の時から朝鮮には緣が深い、私の父がかつて朝鮮の光武年間の青銅鎧を二箇持つていた、その遺物を私が保存していたが、今次大戰でマニラの戰災のため消失した、私も一九〇五年武官時代何回も朝鮮に行つたから朝鮮人の心理は良く解る、特に朝鮮人は自負心の強い國民であることをよく知つている」と語つた。終戰後朝鮮國王の玉衙返還に對し感謝の意を述べたが、マ元師は「日本が朝鮮から持去つた古物等も今後見付け次第返還する積りだ。それに日本は絶へず地震等の天災もあり古美術保存の意味に於いても必らず返還する。次いで對日賠償會議、平和會議にも朝鮮は當然參加すべき權利がある」と語つた。なを日本の現狀に就いてマ元師は一般日本人は戰前より、よりよい自由を獲得している、但し特權階級に不自由かも知れないが、一般大衆は眞の自由を得ている、と答えた。

排他主義的ファッショを葬れ

……解放新聞を讀んで……

主張

さすがに平和の世の中ともなりや誰もが平和論者になり、朝鮮が獨立すると云ふ段になると誰も愛國者になりすさして、ウドン屋の廣告看板にも太極旗や建國と愛國の文字や言葉を盛らせ、エロ、グロ新聞雑誌にも色情豊やかな建國論調を書き入れる事を忘れない、ましてや政治を語る者、猫も杓子も自分が最も愛國者である事を主張する事は何も不思議な事でなく、まさに愛國者の洪水時代を呈して居る、處が實際には斯る無數の愛國者に反して建國途程は樂觀を許せない混亂狀態を誰、もが認めざるを得なくなつた、一部利己主義者達は斯る混亂の責任を他に轉化すべく世界情勢や國內情勢を得手勝手に語るのだ、世界を擧げて二大潮流を語り、是認する事が一種の常識に迄なつて居るが、本當の處はどうであらうか？ 口車に任せる彼等愛國者達が其の愛國(職業)を看板にし建國を處世術の具にする所謂職業政治家、日和見的排他主義者に依る壟斷であり、成上り愛國者達の賣族行爲に外ならないのである。

……△……

世界の二大潮流を二大陣營に作り上げ、其の何れかに付いて居なければ具合が惡いと思ふ彼等が、一夜にして共産主義者に爲つたり、民主主義を論じたりして、正しき共産主義や民主主義を冒瀆する事や、又其に沿ふて其等の陣營に於いても自己勢力增强にあせつての餘り昨日迄反動と云つて居た者でも自己陣營に入れるO・K主義が、過日の鬪爭史の上で節操を守ると云ふ彼ら迄も今日は吐氣を催す腐はいぶりを示して居る三月二十五日付の解放新聞の投書欄に「斷食する勇氣があれば」と云ふ論調も正に斯る傾向を丸出しして居るのだ。

其の文書の意味は、朝鮮人生活擁護委員會なるものが朝鮮民族と云ふ固執念に依る鬪爭であつて財産税に反對するものであるから、朝鮮民族であるからには同委員會に協力すべきである。殊に斷食する勇氣があれば斯る大衆運動に協力すべきであるのに別個に斷食云々は笑止千萬であると云はんばかりである、彼自身は朝鮮民族が幸福になるやには日本共産黨が天下を取らなければならないから、先ず財産税反對も赤旗をふり吉田內閣打倒運動をするのが、朝鮮人の生活權擁護運動であり、財産税反對の手段であると云ふ、共産黨の天下になれば（社會黨とも協調出來ない）朝鮮人が特別日本人より待遇がよくなつて財産税が免ぜらるると假定してみた處で其は何時の日の事と云ふのだ、又彼等は氣持の上では建青の斷食の決意に感激した樣な口振りで語つて居るも實際には果して其の通りであらうか？ 彼等は其の日に其の現場に行く事を忘れない程の熱心であるも其の後の運動經過を調べて見た上で「書類を出し放し」云々を云つて居るのか？假りに其が實行されなかつたとしても其の決意に感激する者として皮肉な惡口を新聞に迄書かねばならなかつたらうか？

かんじんな處は此處である、運動を職業にする輩の素性は斯る時に曝露されるのである、斯る皮肉な惡口を書く樣な彼等であれば其の運動が實踐されて成功する事を恐れ、燒餅燒いて現場に行つた事であり、同時にざまを見ろと新聞に迄載せる程痛快であつたに違いない、何故激勵の手紙は一本書けずに惡口を言はねばならないのか、我々はなさねばならない色々な事柄がある、財産税の

（六頁下段へつゞく）

あゝ先烈安重根

第二次世界大戰の終了とゝもにわが朝鮮は解放から更に獨立への巨歩を踏み出さうとしてゐる固より前途は遼遠であり、多難である、同胞の協力一致が切實に要請される、三十八度線を境とする南北兩斷のわが祖國が統一國家として獨立し得る日は果していつぞ、混沌たる世界情勢の中に大きく搖り動かされる祖國を見るにつけ、想ひ出されるのはわが先烈安重根先生である、一九一〇年三月廿六日安重根氏が旅順の地に露と消え去つてから星霜流れてこゝに三十有七年希望に満ちた光復第三年の春を迎ふるに當り、祖國解放のため大義に殉じた彼の第卅七回目の命日に際し、轉た感慨無量なるものがある。

祖國解放の大義に殉ず
逝ひてこゝに三十有七年

丈夫處世兮其志大矣
天下雄視兮何日成業
念慨一去兮必目的成
豈計此至兮時勢固然
萬歲萬歲兮大韓獨立

時英雄造兮英雄造時
東風漸寒兮壯士義滅
鼠竊〇〇兮豈肯此命
同胞同胞兮速成大業
萬歲萬々歲大韓同胞

（註）
丈夫世ニ處スルヤ其ノ志大ナリ
天下ノ雄視ル何ノ日ニカ業ヲ成サン
慨ヲ念ヒテ一去スルヤ必ズ目的成ル
豈此ニ至ルヲ計ラン時勢固ヨリ然リ
萬歲々々大韓獨立

時英雄ヲ造リ英雄時ヲ造ル
東風漸ク寒ク壯士義ニ滅ス
鼠竊　豈此ノ命ヲ肯ゼンヤ
同胞同胞速ヤカニ大業成サン
萬歲萬々歲大韓同胞

寫眞說明＝上は安重根先生、下は夫人と子供たち

この詩は一九〇九年十月二十四日（哈爾濱事件ノ二日前）安重根氏が浦鹽の大東共報社李剛氏に宛てた書翰の終に附したもので氏の意氣雄壯にして決然たる俤を伺ふに足るものである。

（一）

秋たけた 北滿洲の朝の空氣は透徹刺すが如く冷い。浦鹽から哈爾濱に向ふ東清鐵道列車三等席の一角に外套の襟に深く首を埋めて惹きつけられるが如く新聞の面を追ひつゞける一乘客、彼こそ東洋政局の悲しむべき趨勢と我が祖國の衰へ行く前途を憂ひ、慨嘆措く能はず、大志を抱き數年の間海外に遊說の旅を續けつゝあつた他ならぬ安重根その人であつた。彼が射るが如く見つめつゝあるその新聞には東洋分割の陰謀を抱いて日本とロシャとの勢力圈を折衝すべく、露帝全權と會見のため哈爾濱に向ふ伊藤博文の寫眞とその記事を掲載せる文面であつた。

一九〇九年十月二十六日のこと。北滿洲の曠野を驀進、無事祭家溝（南滿洲鐵道長春哈爾濱間にあり同志禹德淳氏之を待ち構えた所）を通過し、哈爾濱に向ひつゝあつた

特別列車 には五ケ條條約等によつて朝鮮侵略第一段階を築き、今や之を完全に自國の植民地化せんとし延いては淸國東部をも侵さんと野望の夢を描きつゝあつた伊藤博文、時も時飽くなき日本の侵略に憂國の情如何ともなし難く、策謀家伊藤博文を打倒して祖國の獨立を回復し、以て素志を貫徹せんものと大義の情熱に燃えて東清鐵道を西進する安重根南から北へ策謀家。東から西へ憂國の士。寒風荒ぶ北滿洲に運命の一瞬が強く堅く刻一刻織りこまれてゆく晩秋の日。

日本の政治家伊藤博文來るとの報に哈爾濱驛頭に集つた群衆は驛に餘り構内に充ち溢れた。彼のため淸掃されたプラット・ホームには歡迎の意を表すべく整然と居並ぶ帝政ロシャの儀仗兵一個中隊、警戒森嚴なる警官の包圍、コーカス出身騎兵憲兵の警衞にハルビン驛は宛ら一國の大官を迎へるに唯ならぬ雰圍氣の中に包されてゐたそのあまりにも嚴重なる警戒に冷く静まりかへつた構内の沈默を破り、一聲の汽笛と共に伊藤を乘せた特別列車は辷り込み、伊藤は下車するや滿場の視線を一身に集めつゝロシャ儀仗兵を閲兵し、次に諸國外交官連と握手を交はした、その群の中にあつて多年日本の侵略的行爲及伊藤の策動を憎む忠烈安重根の胸中や如何ばかり。彼の視線は瞬刻も忽がせにせず、伊藤の一身に釘づけされて伊藤の行動と共にあり、機會を狙つて三年來の彼の宿願を果さんものと意氣込んでゐた。機や來れり、伊藤は彼の身に迫れる一期も知らずに政治的絶頂にあり、

81

得意なる彼が、**領事團と**握手を終へ、向をかへんとした刹那、電光の如く安重根の射ち放つた三發の銃彈は伊藤の野望に滿ちあふれた厚き胸に見事命中したのであつた。安重根は願ひに願つた使命を遂げた拳銃を伊藤の冥途の餞けに投げすてゝ「コリヤ・フラリ」（大韓萬歲）を三唱し、彼を取りまいた露憲兵の縛に泰然としてついたのであつた。かくて伊藤は約三十分の後六十九歲の政治的策謀に富んだ一期の幕を閉ぢたのである、彼は朝鮮に對してなした自分の行爲の當然の報ひと觀念してか「當前だ」と最後の語を殘して絕命した。（檢事の論告によれば十分で絕命したとある）同じ時ハルピン驛より南二十粁の地點に位する顧鄕屯驛で伊藤がハルピンで倒されたことをロシヤの巡警よりきゝ之を再三確めた上「大韓萬歲」を三唱し縛についた人彼こそ安重根氏の堅き同志禹德淳氏であつたのである。

一九一〇年二月二十四日旅順の日本關東都督府地方法院において安重根氏は死刑、禹德淳氏は懲役三年の判決をうけた。同年三月二十六日義士安重根氏は刑の執行によつて既に以前より覺悟してゐた通りの淸く高き殉國の道についたのであつた。

（三）

安重根氏は一八八〇年黃海道信州南部淸溪洞に生れた。祖父は安仁壽といひ、鎭海郡守たりしこともあり父泰勳氏は早くより進士に及第してその文名は各地に廣く知られてゐた。氏は幼にして司馬遷の資治通鑑及四書等を學び優れた文才も廣く認められる一方、**武勇にも**長じてゐた。一八九四年父泰勳氏觀察使の命をうけて東學黨の亂に當り、之を征定してその名を天下に現はしたのであつたが、時に安重根氏は年少であつたにも拘らず隊長として部下を率ひ鎭定に參加、赫々たる武勳をたて世人を瞠目たらしめたものであつた。

一八九七年（十七歲）天主敎の敎理を研究し、佛人神父ジョセフウイルヘルム（洪神父）に領洗聖事（洗禮）を受けて信者となり、敎名を「トマス」といつた。ジョセフウイルヘルム神父とは段々親交を結ぶに至つたが、その間氏は彼に從つてフランス語を研究する一方世界の諸狀勢をも研究し、以て東洋の情況並びに傾きつゝある我が國運に憂憤、常に彼の胸を痛めるところとなつた。

當時先覺者にして排日雄辯家で名聲カク〳〵たる故安昌浩先生の愛國演說を數度聞くに及んでその感化深く安重根氏に及び、愛國の情熱は益々强く固く大となり、石となつて日本の侵略に對する憤激は愈々確固たる信念と力を彼に與へたのであつた。國運は既に傾き、所謂五ケ條々約及七ケ條々約等によつて朝鮮の獨立は**有名無實**となり、日本帝國の侵略の野望は四千年の麗はしき歷史と香り高き無窮花をもつ三千里槿域を將に掩ひ盡さんとし、長き傳統に輝く東洋の一君子國はその魔手により併呑されんとする形勢にあつた、是においてか安重根氏は憤怒禁ずる能はず遂ひに意を決し、憤然起つて露領シベリヤに渡り、獨立愛國運動に彼の身を投じたのであつた。或ひは義兵を起して日本軍と兵火を交へ、或ひは各地を巡歷して同胞の愛國心の昂揚を計り、時に敎育の振興と啓蒙を身を以てなし、處に從ひ同志の契を固めつゝ彼の沒我的全身力は一途に光復運動に傾注して惜まなかつたのである。

義士安重根は實に我が獨立運動史上に燦然と不滅の光を永久にはなつ先覺の士であつた、氏は日本帝國の飽くなき壓迫と野望の犧牲として、**異鄕の地**に昇天の輝ける一生を終へた、固より氏はかねてより悠々之あらんことを秘かに期して彼の命を祖國の永遠の繁榮を祈りつゝ輕毛に歸したのであつた。勿論我々は不覺の後輩と雖も先烈の死を痛み悲しむこと切なるを覺ゆるものであるが、彼の大志は今に生きて或ひは我等の道を明示し、或は動もすれば吹く風に靡かんとする弱き民を鼓舞し、氏は時と共に我等にあり、今にして益々强く先烈の偉大にして高き精神の脈々として我等の中に流るゝを覺ゆるものである。

亞世の蛩を低く見て天下の憂ひに孤り泣き、祖國を掩ひつくさんとする日本壓迫と野心を見て憤然時と處に從ひて遊說、敎育の振興と愚鈍にして不敏なる民を啓蒙し、我をかへり見ず祖國の繁榮を祈りつゝ俗人の手に倒れた彼は恰も一時アフリカに逃れ、後再びイスラエルにかへり、限りなき暴逆に堪へしのびつゝ罪深き民のため海に山に川に神の慈み深き愛を說きつゝ神の御惠のあらんことを願ひつゝも憐れむべき俗人の手により、**昇天し**たかのキリストの倣を偲ばすべく、又眞理のため己れの智をつくし、民を啓蒙し、導かんとしつゝも俗吏のため捕へられ泰然毒杯を傾けて眞理に殉じたかの哲人ソクラテスの孤高にして高き操を大先覺安重根の中に我等は見るのである。

今や多年念願の解放はなされたと雖も世界情勢日に複雜に國內政情混沌落ちつくを知らざる時、獨立運動の先烈安重根氏の第三十七回の命日を迎へるにあたり我等顔あらば一顧の反省をなし、奮起し以て祖國の大業を全せんことを誓はねばならない

事態は既に手遅れ
壯擧果して憂鬱な安重根

思へば安重根の氣持はどんなに遣瀨ない苦しいものであつたらう。彼が伊藤博文をやつつけた時には本當のところ事態は既に手遅れだつたのである。所謂、第二韓日協約は既に前々年調印されて日本統監が韓國政府の內治外交一切の權利をにぎり、韓國政治の實權は僅か六ケ條の協約こようてすべて日本統監の掌裡に移つてしまつてゐたのである、だが安重根の氣持は火のようにもえて居たのである、もうぎり〳〵一杯だつたのだ。

二十一歲、ウラヂオに渡つて以來思へば苦節十年、彼は遂に同志禹德淳、曹道先、劉東夏外三十人と共に起ち上つたのである。西歷一九〇九年十月二十六日である、彼は最初誰を目當てとするか考へた。

……△……

當時日本統監は伊藤去つて曾彌であつた、が、韓國を日本の隷屬下に置かしめた張本人は何と言つても伊藤であつた。

一九〇五年韓國に來た伊藤は先づ露國との戰の辛勝を利して一氣に、**强制的に**第一韓日協約を結ばせて外交權を强奪し、自ら第一代の統監の位置に坐つたのである。朝鮮侵略の第一步を進めたのは全く伊藤だ

つたのである。かくて中央のみならず地方でも排日の氣勢はいやが上にも昂つた。朝鮮人民の心情は決して中央政府の腰の弱さを默認して居たのではないのである。一九〇六年の洪州の擧兵に始まり、翌年七月京城でも民衆は蜂起したのである。この様な朝鮮民衆の反對に逢ひながら更に伊藤は所謂ヘーグ密使事件をたてにとつて韓國皇帝の責任を問ひ强硬に讓位の止むなきに至らしめてしまつたのである。處がこれに對しての朝鮮人民の反擊を更に押しやり、伊藤は更に又朝鮮侵略の一歩を進め、遂に前述の第二韓日協約によつて朝鮮民族の自由を全く奪ひ去つてしまつたのである。その上彼は皇太子太師と稱して年若い太子を日本に連れ韓皇の巡幸と言つては自己の朝鮮侵略政策を各地で辨明に努め、朝鮮民衆の歡心さへ買おうとしたのである全く老かいな人間であつた。その精力的な外交手段によつて徐々に眞綿で首をしめるように朝鮮民族の獨立を奪ひ去つたのである。

……△……

この様な伊藤の朝鮮民族への仕打を考へて見る時、安重根が日本帝國主義の代表者としての伊藤をやつつけたのは決して彼一人の氣持ではなく、日本の壓迫が加はる度に反擊に立ち上つた朝鮮民衆全體の氣持に他ならなかつたのである。だから、彼の**壯擧が**たとへ日本の侵略を食ひ止めるには役立たなかつたにせよ、その報が朝鮮全國に傳はつた時には全朝鮮民衆はりゆう飲の下る思ひであつた。手遲れでもよかつたのであるたゞ伊藤をやつつけろ、そう思つてゐた彼の氣持が遂げられれば三十二歳の若さで雄々しく散つた彼は今も朝鮮民衆の心の中に生きて居るのである。一九一〇年二月十四日關東都督府地方法院が死刑の判決を下してから、三月二十六日、日本陸軍の手で銃殺されたと傳へられる迄、彼は本當に朝鮮民衆のためによいことをやつたと自負しながら、牢獄に暮してゐたであらう。

……△……

だが、この安重根の立派な壯擧が完全に成功しながらも最早や、日本の朝鮮侵略を打破る事が出來なかつたとは何としたことであらう。思へば獄中の安重根の氣持はどんなに遣瀬ない苦しいものであつたであらう。

彼が**死刑に**處せられてからたつた五ケ月後、朝鮮民族の暗たんたる歴史は始まつたのである。三月二十六日、めぐりめぐつて、今や歴史は回轉した、遠く祖國でも追悼記念式は盛大に擧行されてゐることであらう。われわれは靜かに彼の冥福を祈り、今日の朝鮮民族解放のよろこびを彼に傳へ、彼のまごころをわれわれは今こそきもにめいじなければならい。

侵略に對し共同防衛

第一回亞細亞大會で決議

ニューデリーＡＰ發電報に依ると過般全地に於いて開催した亞細亞大會に參席した朝鮮代表團を代表して白樂濬博士は朝鮮事情に就き詳細報告して議員一同の注目を引いたが報告演說の中で

「朝鮮は連合軍の勝利に依つて解放され、朝鮮人は解放當時完全自由獨立を期待していたが、米ソ兩國の分割統治に依つて我が同胞の望みは達し得ず、現在に至つている」

と報告した

尙ほ外電の報ずる處に依れば全大會は亞細亞諸民族の獨立相互援助を約束し、如何なる侵略政策にも隷屬されないようにすべきだと主張し、若し不幸にしてこのような事態が發生した場合は共同防衛することとし、この意味に依る亞細亞民族に對する援助は拒絕すべしと協議したといはる

第二回の亞細亞大會は一九四九年に開催する事、會議地を北京とすることに決定した尙ほこの大會への參加を許される國家は亞細亞通商を協約し、經濟の共同發展をはかる國家に限る

朝鮮代表團活躍

南鮮米軍の三倍

北鮮のソ聯兵力

ワシントン筋の情報によれば、ソヴイエトは北鮮に約五十萬の朝鮮人軍を組織せんとしているといわれるが、これが正規軍であるか否かは不明である。

北鮮のソヴイエト兵力は南鮮の米軍兵力の三倍であるとみられてゐる

ワシントン官邊が目下研究中の南鮮經濟再建計劃に依れば一九四七年度二億ドル、一九四八年度一億五千萬ドル、一九四九年一億五千萬ドルでこの數字はソヴイエト側の協力が得られない場合單獨で南鮮に民主的政權を育成するためのものである。

（ニューヨーク發三月三十一日ＡＦＰ）

本部の巡回診療

施療人員二千人以上

民團中總本部では昨今の流行病に鑑み三月廿六日から三十一日にかけ都下多摩郡一帶居住の同胞に對し發疹チブス、天然痘の豫防の巡回施療を行つたが、痲疹、流感、肺炎、胃腸病等の患者にも施療、患者總數は二千餘に上り、好評を博した、施行狀況左の通り

日時	場所
第一日（廿六日）	淺川支部管內（四個部落）
第二日（廿七日）	立川西本部（立川市內三個所）
第三日（廿八日）	昭和町中神一帶（四個所）
第四日（廿九日）	三多摩本部一帶（四個所）
第五日（三十日）	福生一帶（三個所）
第六日（卅一日）	福生日向和田方面

恩義に酬ひる納骨塔

遺志を生かし朝鮮人の墓地移轉

横濱で除幕式と追悼法要

昨年五月死去した在留同胞の恩人故村尾履吉氏を表彰するとともに故人の遺志を千秋に生かすべく神奈川縣下在留の朝鮮同胞及び横濱愛隣園長李誠七並びに建青中總本部委員長洪賢基、建青神奈川本部長金琮斗氏外有志の發起で、かねて横濱市内三ツ澤の朝鮮同胞の共同墓地を同市港北區菊名町蓮勝寺境内へ移轉すると共に、故人の納骨塔建立計畫が進められてゐたが、去る三月廿五日の吉日をトして盛大なる除幕式並びに追悼の法要を開催、關係各方面に多大の感銘を與へた。

義人故村尾氏に 在留同胞の感謝

今を距る二十四年前の九月一日、日本關東地區を襲つた彼の關東大震災當時、在留同胞約四千名が日本軍警及無知な民衆のため虐殺された事は未だに生々しく吾人の記憶に殘つてゐるが、當時周圍の迫害、危險を考へると、不びんなわが被害同胞のためその無緣佛のため慰靈とか納骨とかは思ひも寄らぬ事であつた。然し奇特にも日本人故村尾履吉氏は隣人愛のほとばしるのを禁ずる能はず、世人の冷酷な仕打ちに義憤を感じ、奮然と立ち上り、獨力を以つて一九二四年(大正十四年)九月一日の震災一週忌を期して被虐殺同胞を慰靈するため、横濱市内三ツ澤東横濱市營共同墓地内に木塔を建立すると共に、昭和八年には前記三ツ澤共同墓地に僅か二坪ではあるが朝鮮同胞のための墓地を購入、朝鮮同胞の無緣佛を埋葬して納骨塔を建立した、義人村尾氏は昨年五月七十四歳を以つて忽然永眠した。

この日昨夜來の雨やまず、式の進行には非常な不便を感じたが、關係者を初め朝日兩國有志三百餘名の參列があり、廿四年振りに被虐殺同胞たちの怨靈を慰めるとともに故村尾氏の生前の偉大なる篤行と隣人愛の精神を偲んだ。

式は先づ午前十時から納骨慰靈法要式を以て始まり、記念碑除幕式から、一般燒香主催者の挨拶あり、記念撮影を以て終了、次いで十一時から故村尾氏の追悼會に移り、張聰明氏司會の下に法要、李誠七氏の故人の履歷紹介、建青神奈川縣本部委員長金琮斗氏の追悼の辭、朝鮮居留民團長朴烈氏の弔辭、横濱市長、朝鮮米軍政廳外務處外務官總公館長韓星邦、横濱工業專門學校名譽教授鈴木達治、神奈川縣知事内山岩太郎、建青中央總本部委員長洪賢基諸氏の弔辭を終り、村尾家遺族への記念品贈呈、遺族總代の挨拶あつて正午閉會、次いで參列者一同齋餐に移り、一時すぎ散會した。

なほ蓮勝寺境内に移された同胞の共同墓地の墓碑名は「朝鮮同胞納骨塔轉移改葬記念碑」(寫眞は記念碑)

マラソンの孫氏ら ボストン大會へ出場

一九三六年伯林オリムピック世界大會に於てマラソン競技に全世界の猛者連を壓倒して優勝したマラソン界の至寶孫基禎、一九二九年度ロサンゼルス・オリムピック世界大會マラソン選手南昇龍及徐潤福等三氏は今般米洲ボストン市で四月十九日から開催される第三十一回マラソン大會朝鮮代表として參加のため渡米すべく四月三日午后二時ソウルより空路羽田港に到着、在日總公館長韓星邦大阪・博多在日公館長の外建青中央總本部委員長洪賢基氏及各新聞通信社代表達に迎えられて丸の内アメリカンクラブ在日總公館に立寄り小憩の後同夜十二時半空路ボストンへ直行した。今回のボストン・マラソン大會は第二次世界大戰中は米國一國だけで行はれたが今度はフインランド、トルコ、ギリシヤ、朝鮮の四ケ國が招聘された。このマラソン大會の成績に依り來るべきオリムピック世界大會へ朝鮮代表の參加可能性もますます強くなるわけである。尙ほ孫氏一行の今度の旅費一切は元漢鄉氏の特志寄附に依るといはれる。

朝鮮民間放送協會

東京第二放送で放送開始

東京朝鮮民間放送協會では「マ司令部」の諒解の上朝鮮語放送を開始する事になつたが、日本總選擧を四月にひかへて居るので選擧が終る迄待つて貰い度との事で、來る五月上旬から毎日約四時間に亘り、祖國情報並一般放送が出來る樣になつた。民間放送協會會長高成樓氏の談話に依ると「マ司令部」の認可は既に昨年末にあつたのであるが、その間ストのため遲延したものである、尙演藝協會が既に組織されて現文藝部長金龜煥氏が全般的責任を持つ、同協會總裁は朴烈氏。

(二頁よりのつゞき)

問題も其の一つではあるのだが其の必要な事柄と犧牲が他の政治行爲に利用される事だけは我々は嚴戒せねばならない、口で反動的惡口を弄する者は恐るるに足らないが口で具合のいい事を云つて腹が黑い排他主義的フアツショこそ民衆の敵であり、民族の敵である、同時に排他主義フアツショの正體も把握しなければならないと信ずる。

八宣教師故國へ

四十年の迫害から蘇へる

韓末當時より約四十年間、日本帝國主義的植民地政策の暴壓下に凡ゆる辛酸苦勞を重ねつゝ、朝鮮民衆への宣教と文化啓蒙に半生を捧げて奉仕生活を續けた揚句、中日戰爭中朝鮮を引揚げた北米長老派宣教師朴又萬、甘富兌氏等八名は此の程解放された朝鮮へ還へる事となつた。同一行中朴又萬女史は語る。

「日本が大東亞戰爭を起してから歸國途中、フイリツピンで日本兵に捕はれ、三十一ヶ月間拘留の末、死刑の宣告を受け、執行前日米國軍飛行機の特別救助法に依り同僚と共に救出された。私は戰爭中なじみの慶北安東に歸ることを望んでいたが、之から安東に行くに就いては何の豫定もない。たゞ過去と何ら變りなき氣持で餘生を捧げたい。

三・一獨立革命運動以降 民族烽起對日抗戰年表

○一九一九年六月二十八日　佛國巴里郊外「ベエルサイユ」宮殿に於いて第一次世界大戰の獨墺等同盟國對英米等二十二ヶ國間に講和條約成立。

○仝年七月　瑞西に於いて萬國社會黨大會開かれ、趙鏞殷朝鮮代表として出席。

○同年九月二日午后五時十分　第三代朝鮮總督齋藤及政務總督水野等一行の赴任を南大門驛に迎えて馬車に乘車せんとするものを老志士姜宇奎その馬車に爆彈を投ぐ。姜志士仝月十七日就縛死刑。

○同年十一月　日本政府の招聘に依つて臨時政府外務次長呂運亨等日京東京に赴き朝鮮獨立の趣旨宣傳をなす。

○一九二〇年一月六日　東亞日報朝鮮日報の發行許可。

○仝年三月一日　獨立記念一週年の記念式が各地に於いて盛大に行はれ、培材・培花・崇德・崇實等各男女學生に依り獨立萬歲の示威再演す。

○仝年八月二十四日　J・H・モール氏を團長とする米國上下議員團九名及びその家族三十八名の遠東視察團入京、國內の各界團體及び有志に依る朝鮮獨立に對する一大宣傳戰行はれる。

○仝年十月十二日　獨立軍一隊が露中兩國の軍官及び馬賊と連絡の上間島地方琿春の日本領事分館を襲擊して燒拂ふと共に一大激戰を交す。世に謂ふ琿春事件は是なり

○同年十月三十日　三一運動主謀孫秉熙以下四十八人に公判決定す。

○一九二一年五月　中共第一回全國大會上海法界に開かる。

○同年九月十二日　金益相倭城臺總督府官邸正面に投彈。

○仝年十一月十二日　米國ワシントンに於て英米提唱の海軍軍縮及極東問題解決に關する太平洋會議開かれ、日本東京に於いて我が留學生代表金敏徹、金松殷等九名署名の獨立宣傳に關する文書を全會議に送ると共に一大獨立示威運動を行ふ。

○一九二二年三月八日　上海にて金益相日人陸軍大將田中義一狙擊

○同年四月　朝鮮青年聯合會內の左傾分子に依り共產系の「ソウル青年會」を結成す。

○仝年五月　孫秉熙逝去。

○仝年十月　ムツソリニ等に依るローマ進軍。

○一九二三年一月十二日　海外侵入の義烈團員に依り京城鍾路警察署に投彈。

○六月　上海臨時政府內に思想的分裂起り、民族主義對共產主義と實力發成派對過激行動派等抗爭。

○七月　夏休歸省の東京留學生に依り新思想研究會を起し、文化運動並びに左傾運動盛んに行はれる

○十月　吉林地方に於て統義府以下解放戰線各團體合同して正義府を結成す。

○十一月　臨時政府國民大會召集憲法制定す。

○米國前大統領ウイルソン逝去。

○一九二四年一月二十日　ニコライ・レーニン死去。

○仝年四月五日　吉林に於て高麗革命黨結成す。黨員數萬を算し一大勢力をなす。

○國內に於ける新思想研究會分裂して共產系の北風會結成し、ソウル青年會と勢力抗爭を極む。

○仝年六月十六日　中國の黃埔軍官學校開校−我が革命志士達多數參加す。

○一九二五年三月十日　寧安に於て北滿地方解放戰線大同團結して新民府を結成。

○仝年四月　黑旗聯盟朝鮮共產黨、高麗共產青年會等結成。

○仝年六月十日　總督府警務局長三矢と中國東北政權との間に奉天に於て所謂國境警備に關する協定成る。

○仝年八月二十二日　中國蔣介石中國共產黨に對するクーデター斷行。

○仝年十一月　第一次朝鮮共產黨事件發生す。

「朝鮮靑年の使命」懸賞論文募集

戰史未曾有の第二次世界大戰が事實上終りを告げて早くも三年、勝てる者も負ける者も一意戰後處理に忙殺され、平和建設への新たな大事業に突入してゐる。わが朝鮮同胞も自由と、獨立の大目標を指向して劃期的な活動を開始してをり、各國注目の的となつてゐる。この歷史的な時期を擔當すべき若き世代の責務やまさに重大である。朝鮮青年の負ふべき使命は層一層加重されんとしてゐる、この秋に當り當民團では「現下朝鮮青年の使命」の論題の下に廣く同胞の論文を募り以てわれ等青年の行くべき途を再確認せんとするものである。

論題　現下朝鮮青年ノ使命（四百字詰三拾枚內外）　用語　朝鮮文、日本文（兩種同時）

賞金　一等一人五千圓也、二等二人千圓也、佳作若干名百圓　〆切期日　一九四七年四月末日

發表　一九四七年五月第三次當新聞紙上　銓衡　當民團新聞編輯部

應募資格　朝鮮人（但應募原稿は理由如何を問はず返送せず、當選作品は當新聞に掲載す。）

解放から自主獨立へ

世界平和確立と朝鮮の立場

第二次世界大戰は戰史未曾有の破壞を敢へてした、併し偉大なる破壞の跡から偉大なる建設が生れようとしてゐるのだ。

「破壞は建設への第一步である」

◇……………◇

少數者の強制された意思に基きテロと壓迫によつて個人の自由を無視した第二の生活方式を排拭し、多數の意思に基き、自由な諸制度、人民代表の形づくる政府、自由な選擧、個人的自由の保障、言論、信敎の自由、政治壓迫からの自由を特徵とする第一の生活方式を打ち樹てんとする米國の新モンロー主義は今次大戰により抽出された所產であり、戰災からの復興を計りつゝ自由と獨立維持のため大きな困難とたゝかふ弱小國家群や特に未だ獨立と自由の立場にさへ置かれてゐない被壓迫民族に大きな力と指針を與へた、ギリシヤ、トルコへの援助政策發表を契機とする米國外交の新轉換こそは世界平和確立を指向する大膽且具體的な對策の表現であり、事實上國連の主軸をなす米國の國際安全保障方式の率直な表明と言へるであらう。

◇……………◇

わが朝鮮民族は第二次世界大戰の結果解放された、そして自由と獨立の國家建設へと多難の第一步を踏み出した、經濟的にも政治的にも未完成、未成熟の祖國を統一された完全なる國家に作り上げるには相當の時日を覺悟せねばならない、又獨力よく目的を達成することは殆んど不可能の事に屬する、それほど國內、國際情勢は複雜多岐である。

第二次世界大戰は一應ファッシズムと帝國主義とを一掃した、そして弱小國家の再建、被壓迫民族の解放といふ新たな傾向を齎らした。

和蘭に征服されて以來三百五十餘年、八千萬インドネシア民族はスカルノ氏を大統領とし、シャリル氏を首相として和蘭本國をしてつひにその主張するジャワ、スマトラ、マドエラを版圖とする新國家を正式承認せしめた、本年三月廿五日の出來事である、而も共和國外の東インドネシア國、ボルネオ等のインドネシア連邦內諸地域をも呼應する空氣にある丈けにシャリル首相をして調印後「これは完全獨立への第一步だ」と語らせたのも宜なる哉と言へよう、民族團結の力と米英民主國家の援助に負ふところのものである。

◇……………◇

老大國インドに對して英國が期限付で獨立を約束せることは未だ耳新らしい、完全獨立への期待と喜びに沸き立つインドの首都ニューデリーが全アジア會議の最初の開催地となつたことは吾々に深き示唆を與へる、そして民族の解放、自由獨立を目途する惱みの民族卅八ケ國代表が三月廿三日を期して民族平等の叫びを上げた歷史的事實を吾々は銘記すべきである。

西は埃及、東はオーストラリア、ヒリッピンに亘るアジアとその近隣地域の三十二ケ國、アジア內のソヴエート共和國としてアゼルバイジャン、ジョルジャ等六共和國わが朝鮮も三代表を送つて人種的差別の撤廢、獨立獲得のため鬪爭をつゞける國への具體的援助方法の討議「全アジア國家は帝國主義支配排擊のため適切なる處置を取り、アジアの國を從屬化さんとする植民地支配國家に對する協力を拒否する」といふ宣言を採擇、祖國復興の信念を一層深めさせた。

◇……………◇

併し乍ら世界平和の確立といふ大目標への道は險しく且遠い、トルーマン聲明が率直に認めた二つの世界の對立といふ現實の難問題が行手に大きく立ち塞がつてをり、これから生起すべき國際關係の微妙な進展は弱小民族、國家群の前途に一層多難の運命を約束づける。

經濟的にも政治的にも近代化されない後進國に於いて又複雜な階級的利害關係を民主々義的に解決し得ないところに於いて左右いずれかの勢力が暴力的に他を壓迫しようとする生活方式の生み出される現象を吾々は否定出來ない、しかもこのことは經濟的自給力の缺けた小國に於いては特に著しくなる傾向があり、又國際的な利害關係がこれに絡むならば一層甚だしくなるのである。

そしてこれはわが朝鮮も例外たり得ない現狀に置かれてゐる。

◇……………◇

國際關係を改善し、國際間の安全を保障することによつて世界平和の確立といふ大目標に導く仕事が國際連合に課せられた、また國際連合が大きく揭げてゐる目的であり、世界各國、殊に弱小後進諸國が希求してやまないところのものである。

經濟的自給力の缺けた小國、殊にわが朝鮮の如く解放はされたものゝ自主獨立への實力を未だ充分培養してゐないところに於いて民族の近代的政治敎育を高め、左右への偏向を是正するためには經濟的援助と安定を與へられることがより切實に望ましい。

ギリシヤ、トルコへの四億ドル借款供與と軍事顧問派遣を決定した米國新外交政策は、その世界政策を極めて具體的に明示したものとして注目されたが、要は國際關係の改善對策に就いて國際連合がその本來の目的を實行に移し得ないところから發した世界平和維持を窮極の目的とするアメリカの緊急措置として認められるところのものであり、而もこの措置は中國オーストリア、朝鮮、バルカン諸國、ドイツ、日本等に對し豫定される總額八十億ドルに垂んとする新借款供與の形に於いて第二の生活方式拂拭の線に沿ふて世界的規模で發展せんとしてをり、二つの世界の對立を愈よ鮮明に描き出そうとしてゐる。

〔……〕

卅八度線を境として南北に兩斷された祖國の現狀は二つの世界の對立をそのまゝ反映したものである。民族解放の戰ひを戰つた先進國家が國連の名に於いてそれの育成、完整を推進せんとする態度を否定するものではないが、生活方式の相違によつて分離され、統一政府の早急樹立を阻まれてゐる祖國の現實に吾々は鋭い批判と反省とを强要されるであらう。世界の民主々義陣營の代辯者としての米國が單獨よく弱小民族の解放、自主獨立の達成に果しつゝある世界史的役割を吾々は直視せねばならない。

〔……〕

米軍統治下の南鮮に對し三ケ年計畫で計六億ドルの經濟援助が行はれることになつてゐるが、更に最近の報道によれば、南鮮援助金六千八百萬ドルを含む二億ドルが米軍占領地帶の緊急救濟金豫算額として米下院豫算編成委員會で可決されたといはれる。統一政府の樹立が難關に逢着した折柄丈けに米の南鮮に對するこのような經濟援助强化は政治的意義を一層盛り上らせる。卽ちホッヂ中將は歸國中下院に於いて左の如く朝鮮政策の變更を說いたがラーチ長官も米軍の駐屯は朝鮮を統一的な完全獨立國家にし、聯合國と同等の地位に導かんとする目的による旨敷衍するところがあつた。

米國がいかなる狀況のもとにでも朝鮮から手を引くならば米國が朝鮮に關心を失つたことを示すものとして、全アジアに重大な反響を呼ぶであらう。朝鮮の臨時立法機關は目下選擧の制定を進めている。選擧法が完成すれば直ちに米軍占領地域に總選擧を行う豫定である。

朝鮮は鐵のカーテンでソ連軍とアメリカ軍占領地區に二分されている、ソヴイエトが何故にこのような態度を固執しているかは自分にはわからない。

消息筋から得た情報によれば、五十萬に上る徴集の軍隊はどの點からいつても强制徴集軍隊で、ソヴイエトが朝鮮統一の義務を果すとは全然考えられない、ソヴイエト軍が五十萬の强制徴集軍隊の訓練が終つた時、南鮮に進駐するという可能性は考えられないでもないが、われ〳〵が南鮮における生活を民主化することに成功すれば、北鮮にとつては羨望の的とならう。

操縱法と人生味

CIS.

彼の妻は所謂大衆の中の一人である、智性も理性も、共に、頭角を表してゐるとは思へない、

併し素朴な考へ方から芽生えた一種獨特の豐富な常識と圓滿な判斷力を體得したのは確かだ、

×・×・×・×

最初彼の妻に對する態度はトテモ嚴格であつた、そして一日の課題を命令し、話題を限定した、彼女の地位を規定し、報償を確定した、つまり凡てが定量と定額で機械的に働いてゐた、

半年足らずで、彼女は、抑へられる嫌味と、ゆとりのない無味とは、まるで人生の牢獄で暮してゐると訴へ出した、

×・×・×・×

彼は徐ろに自己の失敗と過誤を悟り始めた、早速新たな、別な方法で接したのは云ふ迄もない今度は凡ての抑壓と强味を外して仕舞つた、つまり一切を自由と任意で情愛的に報ゐて見た、

半月足らずで彼女ははれ〳〵とした愉快とのび〳〵として爽快とはこれで人生の妙味を覺えてると言ひ出した、

×・×・×・×

私の狙ひは所謂進步の中の一群である、理念も方法も共に生活に則してるとは思へない、併し無茶なやり方から生れ出た、一種獨自の强靱な粘性と不斷の實行力を感知したのは確かだ、

〔……〕

在米韓人連盟の招聘で渡米中であつた李承晩博士はさき頃歸國に際し、途中東京及び南京に立ち寄り、マ元帥、蔣主席とも會見する旨明かにしたが、特に蔣主席とは朝中間の政治問題に關し協議する旨傳へてゐる、全アジア會議に指導的役割を果した中國との政治的折衝が李博士によつて具體的な進行を見る日も遠くはあるまいが、米國の一年有餘に亘る調停も空しく、國共合作の分裂からいまや重大な國內戰の發展に惱みつゞけてゐる中國の現狀は協力一致、統一國家形成を目指す吾々の關心を嵩めずにはおかない、そして祖國の現狀と照應して反省の切なるを覺えるのである。

〔……〕

「全アジア國家は帝國主義支配排擊のため適切な處置を取り、アジアの國を從屬化さんとする植民地支配國家に對する協力を否定する」といふ全アジア會議の宣言を吾々は忘れてはならぬ「帝國主義に陷らぬよう、國際連合精神にそむかぬよう、完全な政策を推しすゝめる必要がある」これはトルーマン演說に對する上院外交委員長ヴァンデンバーグ氏の批評である、われ〳〵は世界平和の維持がアメリカの窮極の目的であり、アメリカを主軸とする國際連合の役割であることを知つてゐる、破壞は終つた、そして復興と建設の時代は始まつてゐる、對外的には先進國家の民族解放への同情と協力を前提とし、對內的には民族的結合の下、世界民主々義國家に伍して恥じない文化的實力を發成「個」の完成をはかるとともに、組織の力を結集して正に協力一致、自力更生の意氣を燃え立たせねばならない、かくて世界平和建設の一翼を擔當すべき祖國朝鮮の完全獨立への大道は自ら拓けるであらう。

建青第四回大會

建國促進青年同盟では去る二十一日二日兩日間、東京永田町永田國民學校講堂で三國代議員三百名參集の上全國大會を開催、同日は在日各團體代表並一般有志も參席、安熙祥氏の司會の下に現中總委員長洪賢基氏が議長となり、副議長金綜斗、梁權高兩氏が推薦され、式順通り議事進行した。役員滿期改選に委員長は現委員長、副委員長は金容太、李嬉元兩氏

世界經濟の在り方

共同通信 小林廣勝

日本は新しい平和な民主主義國家として出發し直さなければいけないのであります。中國とか朝鮮とか、今後アジアの民族が共に新しい民族國家を建ててゆかなければならぬわけでありますが、その場合に一番われ〳〵が考えることは先ず國際的な協力、つまりお互いに協力し合つてゆくということだろうと思う、今度の**世界戰争**を通じて今世界の經濟の上に出て來た新しい思想は、「一つの世界」という思想だろうと思います。世界は一つだという考えが一番強く一番はつきりと言つたのは、もう既に亡くなりましたけれども、この前の一九四〇年の選擧のときに共和黨の候補者として戰かつたウェンデル・ウイルキーという人でありますが、このウイルキーは一九四〇年の選擧のあとで、アメリカの大統領の特別使節になつて、アメリカからロシヤと重慶を訪問したが、特に日本の東亜における侵略に對して、アメリカ及び中國、それからソ連、こういうものがどういうふうに提携してゆくかということを協議するために、大統領の特別の代表としてモスコーと重慶を訪問したがその道筋も、あの當時は太平洋からまわつてヨーロッパを通つてモスコーへ行くというのが普通の行き道でありましたが、ウイルキーはそういうふうな道を通らないで、アメリカからアラスカを通りアラスカからロシヤのカムチヤツカ半島に出まして、それから新疆を通つて重慶へ行つたわけです。つまり表道を通らずに裏の道を通つて重慶とモスコーへ行つたわけであります。それがその使命を果してやはり同じ道を通つてアラスカへ歸りアアラスカから西海岸のサンフランシスコへ歸つたときに、第一番に言つた言葉は世界は一つだということであります。つまりなぜ世界が一つだということ、まだその當時**原子爆彈**というようなものはできておりません。しかし飛行機の發達というものは相當なものであつて昔ならば六十日もかかつてやつと着くことのできた土地へ、わずか三日か四日で行くことができる。世界の廣さは昔のような廣いものじやないそこで小さな國の民族というようなものにあまりわれ〳〵は強く執着することはできない。世界の民族はみな一つにならなければならぬ。そういうことを言つたのであります。この考へがアメリカの言論界でも非常に廣くなりまして、政治の上にも經濟の上にもそのほか文學とか社會とかそういうものの上にも、非常に强く言い表わされるようになつたのであります。この一つの世界という考へ方が、結局戰争後の新しい世界をつくるという場合に根本的な一つの基礎になつているのであります。その後機械の發達はます〳〵速度を早めて來まして、とう〳〵戰争を終らせた原子爆彈ができたわけでありますがこの原子力を利用してどういうふうに汽車や汽船を動かすことができるか。つまり工業用にこの原子力を使へばどういうことができるかということは御存じの通りであります。つまりこういうふうにだん〳〵交通機關といわず一般の經濟的な生産力が發達して來ますと、もはやひとつ遅れた技術をもつてつくつた品物は、進んだ技術をもつてつくつた品物に對抗することができない。單に交通機關で距離が短かくなつたというばかりでなくて、品物と品物とが世界市場で競争するという場合にとうてい敵わなくなつてくる。これは日本のたとえば工業であるとか、あるいは農業とかについても言わなければならぬことであるし、東洋の各國の生産業、あるいは商業について言わなければならないことだと思うのであーます。

▽……△

こういうふうに世界はだん〳〵一つになつてゆく。これはわれ〳〵の生活が豊かになることであり、消費者というわれ〳〵の立場から言いますと、より安い金でよりよい品物が買えるということになるわけでありますが**生産業者**としてみますと簡單にはゆかない。つまりわれ〳〵も新しい技術を自分で發明して、そうして經濟の生産力を高めなければいけない。こういう必要が出てくるわけであります。つまり經濟の上で一つの世界ということはそういうようなことになる。これをまづ記憶していただきます。ただそういうふうには言いますが、それでは戰争で強いものが弱いものに勝つ。經濟力でも強いものが弱いものに勝つ。たとえばアメリカのような生産力の高度に發達した國が、東洋の各國のようにまだ生産力の發達がそれほどでないような國をむやみに經濟力で負かして、その民族工業の發達を抑えつけるようなことになりわしないか。こういう疑問が出ますが、これはしかし違うのであつて、一つの世界という理想は決してそういう無制限の競争、弱肉强食というようなことをやるのではない。それはつまり新しい「一つの世界」という組織をつくらなければいけない。政治上でも經濟上でもそういう組織をつくつて、世界全體として均等な發展を遂げるようにしなければいけない。こういう考えが「一つの世界」といふ考えのもう一つの面であります。それは現在世界に既にできており、あるいはまたこれからできようとしておるところのいろ〳〵な世界の政治機構、あるいは經濟機構というようなものにできているのであります。それはどういうものかというと、第一に**國際連合**というものができております。これは日本のような敗戰國はまだはいつておらない。しかしこの前の戰争で連合國として日獨と戰かつた國、それから中立國は全部加盟しておりまして、その下に社會經濟理事會であるとか、あるいは原子力委員會であるとか、いろ〳〵機關があつて世界の政治的な協力を確保して、民主主義と平和を維持するために働いているのであります。しかしこれは政治のことでありますから私はこまかいことは言わないことにいたします。

▽……△

それでは經濟の點ではどういう組

機があるかといえば、まずブレトンウッヅ機構というものがあります。これはどういうものかと言いますと、一九四四年にアメリカのブレトン・ウッヅというところで會議が行われたのでありますが、この會議できまつた機構でありますから、ブレトンウッヅ機構というわけでありますが、これは結局世界の金融、通貨それから資本というようなものを組織的に動かして行こうというので、各國が勝手に動かすことによつて競爭を行うことを防止して、世界の金融を自由にかつ統一あるところの運營のもとに營もうとするところの機構なのでありますが、これはひとつは世界通貨基金と言いまして、たとえばアメリカとイギリスが商賣をする場合にその代金の支拂いを今までは各國がお互いに、**爲替相場**を立てて、その爲替相場によつて支拂いをやつていたのでありますが、各國別にやらずに一つの世界通貨基金をつくつて支拂いをやらうという考え方であります。もう一つは國際復興開發銀行のことであります。この銀行でもつて各國が開發と復興をやる。つまり戰爭で受けた損害を立直す國民經濟の復興、それから新しい企畫のもとに建設をやるのであります。つまり戰災復興や新しい開發に對して基金を貸してやる。その金も各國がお互いの約束でやるのではなくて、そういう新しい國際的な銀行を立ててやる。こういう通貨基金と銀行と、二つの機關がありますが、この二つの機關で昔のような帝國主義的な經濟手段と言いますか、一つの民族が他の民族を自分の下に隷屬させるために經濟的手段が使われるのを防いで、世界全體としての通貨資金の流通を公平に行う。こういう趣旨でつくつたものが、この國際通貨基金どそれから復興開發銀行であります。この通貨基金の方は三月一日から仕事を始めるようになりました。銀行の方はまだ仕事を實際に始めるまでには至つておりませんが、この國際復興開發銀行と國際通貨基金をひつくるめてブレトン・ウッヅ機構と言いますが、これが一つであります。

▽……△

それからもう一つは國際世界貿易機構と言いますか、つまり金を動かすものに對してこれは物の方を動かすのであります。今まで國際貿易というものは、既に世界各國、各民族の生活にとつて欠くべからざるものでありますが、それにもかかわらず貿易というものはとかく一つの國とほかの國の間の競爭になり、火花を散らして國と國とが經濟戰をやる。たとえば日本でつくつた紡績品の市場を求めるのに、他の國の競爭を排除して自分の國だけで獨占しようとする。そういうものとして植民地をつくらうとする。こういうふうに世界の貿易戰というものの帝國主義政策の基礎になり、それがあるいは世界戰爭の基礎になる。こういう昔のような**世界貿易**を改めて戰爭や帝國主義の基礎にならないような機構をつくる必要があるというので、世界貿易機構をつくらうとして、おるわけであります。しかしこの貿易機構はまだできておりません。これからできるわけであります。

この世界貿易機構をつくるところの世界貿易予備會議は、昨年の十一月にロンドンで開かれました。それからこの四月に第二回目の予備會議がスイスのジュネーヴで行われることになつております。それから第三回目のほんとうの會議が今年の秋にアメリカで行はれることになつております。もしこのアメリカで行はれるところの世界貿易會議がうまく〜いけば、世界貿易機構というものができまして、先ほどの通貨機構と銀行と、ちようど表と裏のような關係になつて新しい世界の經濟機構をつくることができます。

またそのほかに經濟上の世界機構としてこれからつくられようとしておるものはいろ〜あるわけであります。世界農業機構というものができようとしております。世界の製品の中で農業が一番うまく調節できない。工業製品はそれほどではないが農業製品というものはとかくすると多過ぎる、それは多くつくり過ぎて結局賣れない。そうなると値段が下るつ農業恐慌が起る。日本で言いますと昭和の初めあたりに農業恐慌が非常にひどく、農村が窮乏のどん底だということは御存じの通りでありますが、そういうふうに農業恐慌が起り、また一方では不作で米なり麥なりがとれない。これはどういうことになるかというと**食糧危機**が起ります。食糧というものはとかく過不足に陥りやすい。そこでこの食糧農産物を世界的に統制する必要があるというので、世界的の統制機構として世界農業機構ができようとしておるのであります。それから世界民間航空機構、これは世界の航空手を統一するものであります。それから世界の船舶機構、船を統制する機構でありますが、こういうふうにいろ〜な經濟的な機構ができようとしております。

そのほか勞働組合で言いますと、既に世界勞働組合連盟、これは今まで言ひましたように國際連合と關係のある機構でなくて、むしろ世界の勞働組合が自由につくつているものでありますが、世界勞働組合連盟というようなものがあります。新しい世界的な協力をつくる機構というようなものは、こういうふうにして既にできておるものがあり、またどん〜できていく。今それをつくる過程にあるものはたくさんあるのでありますが、つまりこれは新しい世界の生産力の發達を世界の各國が均等に昔のような帝國主義的な弱肉強食ということ、もつとそれが極端になるということ、こういうものに陷ることなしに、つまり平和と民主主義を確保して、世界の生産力の發展を確保する。またその發展の基礎をお互いに**世界民族**がわけて樂しむ、こういうものをつくらうという機構なのであります。これがわれ〜が今後世界の中に立つて獨立して、日本民族なり朝鮮民族なりとしてやつていく場合に考えておかなければならない一つの世界の經濟趨勢なのであります。

▽……△

これが一つの私のお話しようとする初めの半分なのであります。しかしながら實際の世界經濟というものは、こういうふうな理想を實現するようにいろ〜な努力が行われているのでありますが、實際の世界經濟は必ずしもその通りにはいかないという問題があるのであります。つまり世界の今の動きが東洋方面、日本なり中國なり朝鮮なりへどういうふうに響いてくるかということ。これは十分に考へておかなければならぬ事柄どと思います。

今世界はどういうふうな關係にあるか世界經濟の上で大事なことは、なんと言つても品物に對するところの需要と供給あるいは生産と消費、この二つが食違わずに調和されて進んで行くということなのでありますが、なか〳〵實際にそれが調和されていない。先ほど農業生産物のことで言いましたが、あるところでは物が餘り過ぎてあるところでは物が足りない。こういう狀態にある。それから物と金で言いますと、現在の世界の狀態は、物が足りなくて通貨が非常に多過ぎる。つまり

インフレというような狀態で各國を支配しているのであります。それではなぜ物が足りなくて通貨が多くなっているかというと、これはここで話をする直接の題目にはなりませんが、戰爭の結果なのであります、御存じのように戰爭というものは非常に金のかかるもので、軍備は非常な額に上るものである。その軍事的な支出で買われた品物が何に使われるかというと、飛行機でも大砲でもこれは生産的な用途に役立つものでなくて、そのまま消費されてしまう。そのままなくなってしまう。生産的な用途に使われるというのはその次の生産に役立つということであります。

戰爭というものは收獲になって歸ってくるものではない。處がこういうふうな大きな戰爭が五年も六年も續きますと、世界の必要なあるいは貴重な物資は非常に浪費されて、その代りに殘るものはそういう物資をつくるために發行された紙幣だけということになってくるのであります。これがつまり戰爭經濟の殘したインフレーションでありまして、世界のいろ〳〵な國が皆このインフレーションに多かれ少かれ惱まされておるのであります。

それではどのくらいなインフレーションが世界を支配しておるかというと、イギリス、アメリカ、それから戰爭に直接はいらなかった國、たとえばヨーロッパでいいますと、スエーデンというような國は割合に通貨の膨脹がひどくなっておりません。大體戰爭の前の年――戰爭といっても、戰爭にはいった年は各國必ずしも同じではありませんが、一九三九年を一〇〇としますと、イギリスでは去年の秋をとりますと、通貨は二六六、ですから二、六倍であります。アメリカは三九六、スエーデンは二三七、つまり

中立國スエーデンは一番通貨の膨脹が少ないのでありますが、アメリカなどは大體戰爭の被害を受けることが少かった國でありますけれども、それにもかかわらず、三九六、ですから大體四倍くらいに殖えておるわけであります。しかし、これはまだ非常に健全な狀態にある國で、ほかの國はもっとひどく膨脹してゐるのであります、フランスが大體五〇〇〇、それからイタリアは樞軸國にはいって途中で連合國に一番早く降伏した國でありますが、これが一九七九、ですから二〇倍であります。日本は二四六八、大體二五倍、それからバルカン半島（ギリシャ三二二九、ルーマニアは四〇―二、四〇倍であります。しかしルーマニアの四〇倍というのはまだひどくはない方でありまして、一番ひどくインフレに見舞われたのはハンガリーであります。ハンガリーは三八四二三九七というような大變なものであります。中國のインフレーションはハンガリーに次ぐのであります。こういうふうな三、八四二〇〇〇という大變な數字になりますと、これはもうインフレーションが一番ひどくなった狀態であります。

▽……△

さつきも言いましたように、インフレーションというのは、結局物が少くて通貨が多くなるということであります。從って、物の値段が上って、金の値段が下るのであります。物の値段の上り方がひどくなると、だん〳〵われ〳〵が通貨を信用しなくなる。札なんかもらったってなんの役にも立たない。札よりは物でもらいたいということになってくるのであります。今ヨーロッパの國ではだん〳〵札なんかもらうよりはアメリカのタバコをもらった方がいいという狀態が多いのであります。それをタバコ本位というふうに言っておるようでありますが、こういう狀態はまだいい方なんであります。しまいには金をとらなくなってくる。もらっても金はすぐ離して品物にかえてしまおうとする。これは日本でも**ある程度**まで今行われておりますがそういうことが、だん〳〵ひどくなってきますと、今日よりは明日の方が物が高くなる。今日千圓で買えたものが明日は二千圓出さなくては買えなくなる。こういう狀態が續いているのは、ハンガリーなどがその例なのであります。こういうことはこの前の戰爭のあとではドイツで起ったのであります。ドイツなどではその當時千圓とか、あるいは一萬圓とかいう單位では物が買えなくなった。從って百萬圓という單位の札ができてくる。インフレーションがひどくなってきますと、札では商賣ができない。物でなければ物の取替えもなにもできなくなってくる。從って、勤勞者階級は非常に困る。一國の經濟がまるで破壞されてしまう。こういう病的な狀態になるのであります。今の世界各國は、こういうインフレに陥らないように、必死の努力をやっておるわけであります。日本などでも、このインフレーションの防止をめぐって、議會等ではいろいろな討論が行われておることは、皆樣も御存じの通りであります。

▽……△

こういうふうなインフレを防止するにはどうすればよいかというと、これは先ほども言いましたように、物がなくて通貨が多すぎるのでありますから、これはどうしても物をつくるより仕方がない。そこで**生産増強**というような運動が起ってき（るのであります。これはフランスでもそうでありますし、イギリスでもそうであります。世界の各國全部が生産をどういうふうにして殖やすかということに苦心をしておるのでありますが、それから出てきたところの一つの著しい事實というのは、日本あるいは各國に行われておるところの資本主義制度、これを修正して、社會主義制度を全面的にかあるいは一部分であるか、いずれにせよ取入れて、生産增強をやろうということでありまして、これが一つの特徴なのであります。

社會主義制度は必ずしも全面的に取入れているばかりとは限りません。ソヴイエートというような國では全面的に社會主義制度を行っているのでありますが、これは前の戰爭の後からずっと實施されておりますが、ほかの國の社會主義經濟はきわめて新しいもので、特にこの第二次世界戰爭の後から始まったものが多いのでありますが、この社會主義生産はどういうことが特徴であるかというと大體重要産業を國家がもつということでありまして、その重要産業の經濟に對して、一般の資本家というふうな人々がこれを管理するのではなくて、國家か國民あるいは民族全體を通じて管理するという方式を行うのであります。そうしないと生産の增强ができない。

（次號へ續く）

新朝鮮生活革新運動の提唱

朴　烈

第二節　社會を發見せよ

政治における民主主義は、君主主義に反してその民自らの力によつて政治することを意味し、また君主政體が君主の名により壓政、專斷等をつきものとするに反し、民主政體は自由と平等、國民の福祉を目標とするといへる。

我々個人にとつていふ、民主主義者とは、われ〱個人の自由を愛し、尊重し、その基礎の上に立つてのみ政治も經濟も文化も成立つと考へる。個人の、個性の尊重されないところに自由はなく、そして人としての人權が尊重されない所に正義はなく、正しい社會はない。この意味から個人を尊重することは民主主義の第一歩であり、これを否定した自由社會、平等の世界はあり得ない。己を愛することは人間の本性であるが、それを尊重する、そして尊重の上に立つて社會的秩序を考へることは人間のすぐれた社會性を意味するであらう。即ち我々は、凡ての合理性を言ふ前に個人の自由を主張する。その尊重を主張する。これは個人としての我を愛し、我を全く生かすことによつてのみ社會の正義が實現すると考へるからである。

そこで私は、先づ自分を愛せと言ひたい。己を自覺し、己への強い愛情を感じないものが、己の延長である社會、國家、民族を愛することは出來ないからだ。まづ己を熱愛する……そこからわれ〱の自由の世界は出發すると考へる。世に言ふ個人主義なるものがあるが個人主義などゝ言ふ主義ありとするのが不思議であり、如何なる時代に於ても、個人の爲の主義などが存在し、許容される筈はない。個人、その人は自らを尊重し、同時に個人の自由を尊重するだらう。しかしこの場合の個人とは、他の個人をも同様に尊重しその生活組織化されたる社會をも同様に尊重するところの、謂はゞ、社會的個人の意味である。即ち己れ個人を自覺するといふことは、他人個人をも己と同様に尊重さるべきことを自覺することであり、社會我の發見を意味してゐる。

私は、この一點を言はんとして、先づ私個人を熱愛せよ――といふのだ。己を熱愛することは、共に他を熱愛することの同意語である。言葉を換へれば、己に徹せよ――といつてもよい。昔から多くの哲學者が、我あるが故に我ありとか、我の否定の上に我ありとか、東西兩洋の哲學者、學者、宗敎家などが、この我に徹することの認識を、いろ〱と言葉を變へて言つてゐる。だがその時代、その國によつて哲理の表現を異にしてゐるが、哲理そのものに變化はない。即ち、我と言ふ自己の認識に徹せよ、そこからあらゆるものゝ思考が生れるとしたのだ。私は、最初にこの我個人己自身を熱愛せよといふ。そのことは個人なる我への愛情が、他の我と同様に熱愛することを意味し、それは即ち社會愛ともいふべき、社會の發見の基礎となるからである。

◇　◇

次に私は隣人を愛せよといふ。やゝ表現がキリスト敎徒的であるが、この隣人とは、朝鮮同胞が今日、日本に在住しており、そして祖國朝鮮が完全なる獨立を得てゐないといふ現實的な時代の背景を深く考へて見たい〱ふ。隣人とは、必ずしも具體的に周圍の他人を指してゐない。朝鮮獨立の榮譽のために民族的國境を越えてヨーロッパ人でさへも朝鮮の現實に眞面目な考へを現はしてくれてゐる。隣接國たる中國にも、また日本にも、朝鮮の現實に對して衷心から獨立完成のために力たらんとしてくれる有形無形の同志は澤山ゐる。私はこれら多くの隣人に對して心からの敬意を送るが、同時にこの敬意は私が私の祖國を愛すると同じ熱情をもつて、これらの同志に熱愛を感ずるのだ。それは民族的感情を越えて心と心との觸れ合ふ同志的感情である。時に言語を越え民族を越え、信仰、信念を越えてすらも、私はこの意味の私の隣人を熱愛すべきだと言ふ。私が己を熱愛すればする程、かゝる隣人は私の心魂にふれて堅い志と共に結ぶであらう。隣人を熱愛し得ない私といふものありとすれば、私は祖國と談じ、民族を論ずるの資格なきものといふ。私一個人が隣人を一體として社會に通じ、それが祖國と民族に通ずることをはつきりと意識するならば、隣人は私の延長であり、私は隣人と共にあることによつて一個の完成されたる社會人たるであらう。

このことは、逆に隣人の立場をはつきり認めることになる。なぜなら我と同様に、隣人も尊重され、隣人の立場も亦尊重にして犯すべきものではないからだ。自己の主張をはつきり言論し、その言說に責任をもつとすれば、隣人の言論も亦その意味で尊重されるからである。相互の立脚地が、相互にはつきり犯し難いことは同時にその言說に責任を負ふといふことだ。今日ほど自分の言說に無責任なものゝ多い時代はない。自分勝手な言說は場所と時とを選ばず公にされるが、それに對する責任は全く持たぬ。自分にさうであるやうに他人の言說をもこの意味で輕く批判し、お互に責任を持合はないのであるから、勝手な議論が勝手放題に橫行して收拾がつかない。どれが本當か、どれが噓でどこまでが本當か。どれが風說か、それら一切のものゝ區別がなくて、世に眞實なるものはないといふ悲しむべき安易なニヒリズムが氾濫し、極端にいふならば噓ばかりが、本當のやうな顏をして橫行してゐるのだ。

これでは眞實は永遠に埋沒し、同時に朝鮮の完全獨立も、眞實なる姿は現はれることなく、生命のない單に形だけのものに終るであらう。私は隣人を愛するといふ、最も平凡な言葉を宗敎家臭く言つたが、これは世上混渾として摑みどころのない浮說ばかり橫行し、そこには何の眞實性もないことを殘念に思ふ。そこで眞實性がお互にないといふことはお互同志、隣人への眞の熱愛を感じてゐるないからだ。その時々の勝手な言論をもつて、無責任に放言し合つてゐるにすぎないからだと思ふのである。

こゝで繰返していふが、朝鮮獨立民族の眞の解放は、未だ遠しといはねばならぬ。この意味で、隣人を熱愛せよ。一切の虚飾を去り、一切の策謀を排して、虚心眞裸の個人我に立返つて己と共にその隣人を愛すべきことを言ふのである。

◈　◈

以上のことから、私は更に進んでその社會公共を愛せと言ふ。この原理も極めて平凡である。かつてキリストは「己のなされんと欲する如く他人になせ」と言つた。即ちキリストは宗教としての道を説いたから、自分がかくの加く他人からして貰ひたい、それの如く他人になせ……と説いて他に奉仕すべき道を説いたのでゝる。佛教では無常觀を説いた。

世の**無情**に徹して我を觀ずるならば、我に執着することと自體が錯覺であり我を捨てゝ世の無常を觀じ、そこから大我を發見し即ち世上萬物の大肯定が生れると説いたのだ。一方的に言へば正反對のことのやうであるが結論に於て大いなる生を肯定し、强く現在に生きる道理から言へば同じ軌道である。私は敢へて宗教的意味からかういふのではなく、生々潑溂たる現世現實の世界に於て、眼前にある祖國獨立を完成することを目標として、公共社會への熱愛を言ふのだ。大要、既に言つた様に、我、そして隣人を熱愛することは直ちにそこに生れる社會性、公共性を熱愛するの謂である。若し我々にして公共福祉とか、公共團體とか、公共事業とかいふ公共を愛するの心情が前提とならないとしたならばどうか。

近代生活に缺くことの出來ない萬人と共に、萬人を愛するの生活體は成立たないではないか。勞働組合、政黨政派、各種團體それ〴〵相寄り相扶けて、組合、政派、團體は、成立つ。しかしそれは、同一の主張、同一の利害、同一の宗派を一にすればこそ各結合體は生れるのだ。だがこの結合體も單にかゝる目的にのみよつて結ばれてゐたとすれば、その主張、利害が相反した時に、簡單に分散してしまふだらう。

分散ばかりでなく、相喰む紛爭すら惹起するであらう。

それだけでは意味をなさない。

私は祖國危急の現實を前にして同胞はかゝる主張や、利害や、宗派、信條といふべきものを生かす、生かさねばならぬ。そしてより强く、より正しく生かす意味に於て、公共社會を愛すといふ、公に殉ずるの精神を力説したいのである。

特に今日の世情は、我々の否定する個人的な利害中心で動く事柄が非常に多い。何の節操もなく、何の信念もなく、何の高い理想もなく、たゞ現實に生活することにばかり狂氣となつてゐる。その結果、各種各樣の犯罪が行はれ、摩擦が生じ、離合集散が行はれてゐる。これでは人類生活における進歩が約束されないばかりか、現實の祖國を救ふことすら覺束ないであらう。

公共が何ものであるかは言はずして明らかである。若し我々の世界に個人の己のみあつて他の隣人たる個人あるを忘れ、そして社會があり、社會福祉があつて、我々の個人生活が成立つのだといふ、かゝる**平凡**極まる道理を理解しない者ありとすれば、我々は同胞と呼びたくない。共に祖國の危急を語ることは出來ないと思ふ。私は、資本主義の罪惡を痛烈に非難する。なぜなら、彼等資本家とか、大地主とか言ふものは凡て個人の前に、他人を犧牲にするからだ。資本とか、土地とか物そのものは何等罪惡とはならないが、それを所有することにより、彼等は多數の賃銀生活者を犧牲として私を肥やし、地主は多くの小作人を動かすことによつて、自ら無限の富を生み、他の困苦に充てる生活を顧みないからだ。

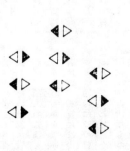

□……………□

これらは、全く利あるを知つて、隣人、そして社會あるを知らない。知つたとしても知つたとしない。何故ならそれは自己矛盾となり、自己否定を伴ふからだ。社會公共、あるを彼等が體得するならば、公共福祉の中に己を置くべきであり、自己の爲に公共福祉を無視する筈はないのである。かゝる徒が存在する限り、我々の社會は正しく、光明あるものとはならない。

公共社會は、萬人により成り、萬人を稗益するのである。更に又、我々自身も、その思想行動の中に常により、高きを求めるこの高きものとは、より社會公共に殉ずるの謂である。私一個人の**勞作**が即ち多くの他の個人に、社會公共の爲に捧げられることを求めるからだ。我々は常に念々の間にこれを意識しないであろう。だが無意識の間にも常に我々は自省しつゝ、より高きものを求めてゐる。これは即ちより多く社會公共への働きを本能的に感じるからである。

私は、他に奉仕するとか、殉ずるとかいふ言葉が大嫌ひである。そして常にこの言葉を用ひない。私は自分が欲するから、かうする。その隣人が求めるから、かうすると言ふ風に凡て私自身がなすべきことを當然のこととして極めて、當然のことを日常生活して行つてゐるにすぎない。從つて私は、他に「かく〳〵せよ」と强制はしない。嫌がるものを無理にせよと求めることはしない。しかし若し他の一人が來て、我々の仕事なり、信念なり、運動なりに對し、勝手氣[illegible]な批判を下し、勝手な言説をなすのをきく時、「それならば君はどうする、君はどう考へる、何をしてゐるか——」と反問するのである。即ち私は無責任に他人を批判することが嫌ひである。從つて、他人はどうでも、己自身これを正しいと判斷すれば行ひ、正しいと考へるならば協力もする。たとへどんな馬鹿々々しい樣な、外見くだらないことであつても私は平氣でそれをやる。私は自分で忠實であることを念願としてゐる。

このことは、私自身がやゝ分析的に私の思想行動を見た場合、私は惡いと信ずることを思想し行動しないから、常に隣人、そして社會公共を念願してゐると信じてゐるのである。私は人一倍**祖國**の危急を身に泌みて感得する。それ故に今こそ我も他人も擧げて公共社會を正しく見、その中に己をおくことによつてのみ、祖國完全獨立と民族解放は、成就すると信ずる。そして私はその信念の前に私自身を捨てゝゐるのである。（終）

協同組合生る

在日同胞の生活安定策

在日同胞六十萬の生活を安定し、親睦を計るのを目的とする在日本居留民團協同組合は四月十五日午后二時から中總本部會議で開催

先づ中總事務總長立つて

長い間懸案となつてゐた協同組合の設立に當りわが同胞の現下の情勢の下で民生安定のため一番有利で且最善の方法としてこれが誕生を喜ぶとともに將來とも各位の絕大なる御協力をお願します。

開會の挨拶が終り、次いで議長選擧に移り、中總文敎部長の指名で涉外部長が滿場一致議長となり議事の進行に入る、中總事務局次長から大要左の如き經過報告があつた。

本組合の組織並に發足上の諸案に對し、微力乍ら本日草案を得るま

力して來た、設立上組合の名稱を消費組合又は購買組合等にしたいと考へたが、日本政府の產業組合法に抵觸するためこれを廢し、協同組合と名づけることゝしました、本組合の理念は主觀的には在日六十萬同胞の生活合理化客觀的には本組合の健全なる發展に伴ふわが在日居留民團の外郭團體としてより以上な結束を計らしめたい。

次いで議案の審議に入り

1. 設立趣意書
2. 規　程
3. 帳簿組織及勘定科目表
4. 庶務規定草案

第五條、第十一條、第三十二條修正後、全案可決

民團人事異動

社會部長　金熙明（兼）
同　次長　鄭東祚（補充）
地方部長　孫案秀（補充）
財政次長　崔裕尊（補充）
辭　任　社會部長　裴正

在日本朝鮮同胞に告ぐ！

財產稅賦課除外の請願は東京の總司令部で決定することでないのでワシントンの極東委員會に提議されてあります。

此の請願は東京で正當な請願といふことが認められ、またマ元帥も幕僚長も非常に好意と關心とをもつて居り、希望裡に進められつゝ居ります。

また在留同胞は財產稅納八期限も過ぎたが、總司令部の善處を待つて此の財產稅を納付してゐないことをも言上してあります。

此の問題について、左の通り會議したいと思ひますから財產稅に關係のある方は洩れなく御參席下さい。

1、日　時　一九四七年四月二十五日（金曜日）午後一時
2、場　所　東京銀座五丁目平和グリル 省線新橋都電銀座七丁目降
3、內　容　經過報告と今後の方針討議意見の聽取
4、參席者　財產稅を納付する者
　　建靑、民團及商工會の此の問題の關係者

御參席の時は左の事項の報告をお願ひ申し上ます

1、所有財產高　2、財產稅額申告してゐない方は見込高
3、旣納未納の別　4、住所、職業、氏名

御參席不能の方は是非必要に付右事項を速達で御報告下さい

報告並に此の問題に關する問合せの一切は建靑中總企劃局宛御願ひ致します。

一九四七年四月十日

朝鮮建國促進青年同盟中央總本部
在日本朝鮮居留民團
在日本朝鮮人商工會

朝聯關東地方全體大會

去る四月十二日午後一時より朝聯中總本部に於いて朝聯關東地方大會が開かれ各部經過報告の後、左記事項の討議決定を見た。

1　東京支部整理に關する件

現在支部三十六を整理の上十六支部とし統一の上實際に即した運動を展開する事

2　南鮮臨時政府に對する態度

日本に在る團體のうち民團建靑其他の團體は擧つてやがて樹立さるべき南鮮臨時政府に對し支持の態度を執つているのに對し朝聯としては如何にすべきかにつき熱烈に討議を重ねたるも決定を見ず保留

「建國運動」の原稿募集

本民團新聞は當分の間國文漢字が準備出來ない故日本文のみにて發行する計劃であるが國文、日本文に拘らず民團の活動を十分活かし建國運動の「力」となり得る原稿を左記の範圍內にて廣く募集す。

但し原稿の內容如何に依つては編輯技術上、筆者の意志を無視しない限度內にて加筆或は一部削除する場合並應募原稿は一切返送出來ない點宜敷しく諒解していたゞき度い。尙掲載分には薄謝を進呈す。

左　記

論文（哲學、思想、宗敎、科學）詩、小說
隨筆（特に地方情勢と同胞の生活情勢を材料としたもの）

民團暦

三月十八日　部內懇談會
三月十九日　第十二回、常任中央執行委員會
三月　廿日　安房支部所屬建國國民學校第一回卒業式
三月廿三日　東京西本部民衆大會
三月廿四日　民團新聞第三號發行
三月廿五日　民團ニュース第六號發行
三月廿六日　地方部長東北地方より
三月廿七日　港區支部結成
〃　京都本部議長金聖洙氏地方情勢報告と事務連絡の爲に來訪
〃　地方部次長涉外部員一行九州地方出張
三月廿九日　第十三回常任中央執行委員會

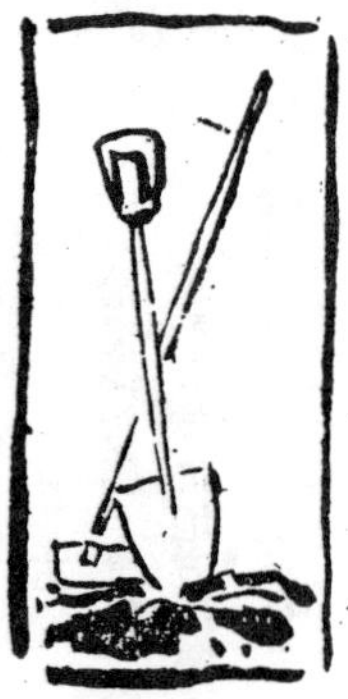

四十年の嵐（五）

黒　丘

オレは、立看板を、はじめから讀み直した、一字々々、相手の下心を見つけでもするかのやうに、警戒しながらよんだ。が、そこには、惡い兆は一つも見えなかつた。

「日給が五圓だとよ」

「へえ、すげえな」

「月には、お前、百五十圓だぜ」

「百五十圓？」

びつくりした譯である。百五十圓といえば、オレ達の半年分の生活費になるのだ。

「どうも、これは……」

と、彼は疑り出した。

「話がうますぎるよ」

「そういえば、そうだな。だけど、向うへ行つてさ、うまくなかつたら、ずらかれば、いいぢやないか」

「うん。ぢや、そうしようか」

「そうしよう」

オレ達は、その足で、募集する所へ向つた。

「おつと、ちよつと待てよ」

と、彼は立止つた。

「何だよ」

「何だよつて、お前え、オレ達は、どんなところで、はたらくんだい」

「九州の炭坑さ」

「炭坑？」

「うん、まあ、どうせ、そんなところだろうよ」

「オラ、いやだ」

「いやだ？」

「いやだ」

オレ達の心は、眞黑に塗りたくられ、眼はぐらんで、ぐら〳〵と、ぶつ倒れそうになる。炭坑？ああ、聞いただけで、ぞつとするところぢやないか。

「ねえ、君！」

と、彼はしんみりと、オレの手を握つた、私の眼をすつと見つめる彼の眼には、涙が光つた。

その涙に映る、オレ達の哀しみ、苦しみ、慘目さ、ありとあらゆる苦難の姿——それは個人的なものであると同時に、オレ達朝鮮人にとつては、民族的なものでもある——が、一瞬の中に、オレの心を、踏みにじり、ぶつた切り、オレ達の命をすら、粉ごなにしてしまうのだ。

電軍通へ出て、四ツ角を、海岸の方へ外れたところに來ると、

「ほら、これだよ」

と、彼は立止つた。

「これが、どうしたんだ」

オレは、ぽかんとして、たずねた。

「讀めねえのか」

彼は、オレをとがめるような顔をして、云つたが、氣まり惡げに、ぽつと頬をあからめた。彼は、字が讀めないのだ。

オレば、そこの、大きな立看板に、眼をとめた。そして、漢字と朝鮮文字を混ぜて書いた、その文章を讀んだ。

「お前は、誰からきいたんだ」

オレはきいた。

「今朝方よ、この前をぶら〳〵通つたらよ、大勢人だかりがしてな、だからよ、きいちやつたよ」

さも惡いことをしたやうに答える。

「お前は行く氣か」

「行く氣かつて、お前、それは……」

「それは行くよ、これだと證明書がなくてもいいんだろう」

その勞働者募集廣告は、オレ達の心にぱつとあかりをともした。

「だつてさ、よく讀んでからにしようよ」

というのは、もしかして、だまされて、向にいつて、酷い目に合つては、大變だというのである。

電話番號變更お知らせ

今回左記の如く電話番號を變更致しました、御諒承下さい。

本部直通九段（33）
- 二九九八番　事務局
- 二六九四番　内務部
- 二八四三番　文教部・宿直室

電話九段（33）
- 一〇四六
- 三一八六
- 二〇五一
- 二〇九五
- 二五四三
- 二四三九
- 一一六八

内線

團長	〇	事務局	六、一二、二二
事務總長	一	内務部	一一、一三
内務部長	一〇	地方部	一五、一六
財政部長	二	社會部	一九
渉外部長	三	編輯局	五六、五七
地方部長	一四	文教部	四、五
社會部長	一八	謄寫専用	二〇

1947年4月25日發行　第三種郵便（昭和22年.4.24.認可）第六號（週刊）

民團新聞
THE MINDAN-SHIMBUN

東京都新宿區若松町21
電話九段(33)２６９４
在日朝鮮居留民團中央總本部
發行兼編集者　朴　　準
定價壹部金參圓

朝鮮への正しき理解を怠るな

日本の選擧戰は正に白熱化し、街角を賑はす民主日本建設の叫びと共に新たな段階に這入りつつあるが、去る地方長官選擧を通じて保守陣營の絶對的勝利は斯る意味から、來る選擧に一層の注目を持たしめるものである、今度の總選擧は日本民主化のバロメーターであると云ひ、等しく現實日本に鋭い「メス」を入れている、外地よりの引揚者、戰災者等から話を始め、食糧對策、インフレ對策等のスローガンを揭げ、各自の政治行動や政治鬪爭の賴もしさを期待させて居るが、實際的な面ではどうであるか？それ等の具體的對策はどうであるか？ 口を揃へて現內閣を糾彈して見たり、如何にも自分達は現實日本に何等責任がないと云はんばかりに振舞ひ、其の責を他に轉嫁する事に依つてかんぢんな結論を濁して仕舞ふ、甚だしきに至つては共產黨を打倒する事を救國の道と云つたかと思へば保守勢力の埋葬を叫び、或は今日、日本の混沌と不安は朝鮮人の行爲であると云ふ樣な淺ましき政治理論を持つ政治家の擡頭をすら見受けられ、民主日本建設の政治思想の貧困さを丸出しする、所謂進歩的思想の持主と自認する自由主義者ですら、迷ふ大衆の感情的氣分にまき込まれて、淺はかな拍手に迎へられ、一流の政治家を氣取るのは、民主日本再建の爲め嘆かはしいのである、

日本の再建と復興は、現實に對する責任を分擔し、新な正しき反省に依つてのみあり得るのではなからうか？

一時的感情や或る種の不祥事の如き末端的現象をいかにも全體と見做し、大きな、眞實を歪曲するとすればそれこそ全體の矛盾や間違を助長する事になるのみでなく世界平和建設の支障になるのみである、我々は戰爭中、よく思想の貧困を嘆いたが、戰爭が終つてから、平和とか自由と云ふ樣な言葉（思想の貧困のみでなく）のみで事濟さうとするが如きはむしろ滑稽である、

筆者は單なる朝鮮人である立場から朝鮮人を擁護し樣とするものでなく、今日、日本に住んで居る一人の人間として、正しき意味にての平和を愛し、自由を愛する一人として、責任ある 同時に關心と期待を持つものとして云ひ度いのである、實際に今日の日本の窮境、不安ならしめたのが朝鮮人であり得るものでないと云ふ事は說明を弄する迄もない、一部の闇行爲や他の不法行爲を全體的問題として斷定して、朝鮮人や朝鮮に對する正しき理解を怠る事は取りも直さず、過ぎ去りし歷史を繰り返す事で、斯る妄說を論ずる事に依つて議會が構成さるならばそれこそ第二、第三の東條を生み出す事に過ぎない、

そして先づ善き隣人たる朝鮮と朝鮮人に對する理解と反省を持つべきではなからうか？ 斯る言葉は決して獨斷的、獨善的な潜越な氣持ちでなく、凡ゆる侵略主義や精神を人類社會から驅逐する爲めに協力する爲に躊躇しない一人として敢へて日本國民に告ぐるものである、

終戰の處理に伴ふ日本國內の經濟的混亂は一時その極に達したかの觀があつた？今日と雖も惡性インフレの進行狀態には憂慮すべきものがあり、供米不振、石炭生產の不活潑等をも加味してこれから派生する政治的、社會的問題が深刻な樣相を呈しつゝあるは同情に耐えない、この難局を收拾するためには有爲の爲政者を必要とするは論を俟たないところであり、さればこそ四月總選擧に於ける日本國民の自覺と反省が現實を直視することによつて正確に把握され注入されねばならないのである、目前の混亂に眩惑され、環境の惡化に焦燥の餘り理知と批判を失つて徒らに他を責めるの愚を冒してはならない、況んや日本帝國主義の犧牲となつてしひたげられつゞけて來た朝鮮人はいまや解放國民として自主獨立への完成にひたすらなる努力を傾注して餘念がないのである、近き將來獨立國家として將亦よき隣人として東洋平和の仕上げに一役買ふべき地位を與へられてゐるのである、敗北から立ち上るためには日本は新たな心構へが肝要である、再出發に際し何よりも必要なことはよき隣人との提携であらねばならない、猜疑、嫉視の邪心はさらりと捨てゝ虛心たんかいしゆん般なる自己批判を要請されるであらう、正しき理解、虛心の反省あつてこそ民主日本の建設は期し得られるのである。

朝鮮の現狀

建設は吾等自らの手で

組織的になつた力強い反託運動

朝鮮の現況を紹介するには、二つの方面からする必要がある。

其の一は政治、經濟、文化的、各方面をあますところなく、極めて細密に紹介すること及び諸々の條件が相關聯性を持つ因果的現象の惹起することをも紹介する一面と、その二は總て主觀性を超脫して眞に冷靜なる理性をもつて、客觀的諸事實を分析し又は綜合して良心的立場から實體其儘の現狀を忌憚なく紹介する方面との、二つである。

而しかゝる、具體的なる、充實した紹介は最も短時間に簡單なる筆法では到底不可能であるから、極く最近の朝鮮事情を紹介するに當つて、讃託及び反託の兩陣營の總括的動態とその裏面に於ける一般大衆の欲求と動向を極めて簡單に紹介することにする。

……★……

日本敗亡以後朝鮮は、變化の甚しき世界情勢にまぎれて、それ獨自の政治的羅針盤を失ひ、己の推進すべき目標は暗黑の彼方に覆れてゐたのは事實である。一般民衆は勿論のこと、所謂指導者すらも、將來朝鮮の運命を客觀的條件に照して正確なる把握をもつて推進し、民衆を最も正當なる、可能性ある路線へ指導する根柢の建つ指導理念を確立しなかつたのは隱すべからざる事實である。

それがあつたとすれば主觀的、偏見的、輕率な認識を以つて、大膽にも、民衆の前に君臨し、然らずんば、自派の主義主張にこつて、現實を無視したる、これこそ非科學的、小兒病的に公式的朝鮮建國を夢みる以外に何ものもなかつたのである、かゝる諸現狀を單に客觀的情勢がしからしめたものだと視做すなら理解すべき餘地は充分にある、それは朝鮮といふそれ自體が國際的動態を利用するには甚だ微弱な存在であるからである、換言すれば朝鮮自體が國際的輿論で刺戟し且つ牽制する强力な何ものかを有するものなら所謂解放以來長時間に亘つて、何等確乎たる目標なしに千變萬化の情勢と混亂狀態の限りない今日を形成しなかつたであらう、實に弱者の悲哀はここにあるのである、併し經驗の重複に從つて正しき判斷力と打開の方法が講ぜられると同時に各自の持つべき理念が確立するのである。

……★……

併し最近に於ても民戰の方は三相會議決定を固執し、機會あらば民衆に此を宣傳してゐるのはその意圖那邊にあるかはこゝに詳しい說明を加へなくとも明白なる事だが、併し反託陣營に於ても、蘇聯側は勿論のこと、ハッヂ中將の三相決定は變更すべからざる國際條約の如く幾度も聲明の發表もあつたし、又立法院なるものを作つて南鮮行政權移讓問題が起るや果然反託運動に對して、頗る疑訝の念を抱いたもの簇出して、韓民、韓獨兩黨は立法院に官選又は民選の委員を送つたのである、斯くのごとくして反託陣營は漸次弱體化されて行く形勢を見せた際政黨としては獨立勞農黨のみが、立法院は朝鮮獨立過渡機關ではなく米軍政の補助機關であることを指摘し、參加を拒否すると同時に、吾々韓國民は連合軍を涙を以て歡迎したのは、そこの重要條件は朝鮮自主獨立あるからであることを聲明したのである、又他方に於ては醒めゆく韓民、韓獨兩黨を促し、政黨以外の國民會、民統、各宗教團體等反託陣營の凡ゆる團體と連席會議を開き、三相決定なるものは、二ケ年近きに至るも實施の結果に至らなかつたのは、當然實施可能性なきものだからである、故に自然失效の法的根據あるものと見做さざるを得ないのである、のみならず我等は國際公約たる、朝鮮完全獨立を要求する權利があり、連合國はその義務があることを固く信じて、以上反託陣營は一致團結して最近國民議會を結成したのである。この國民議會員は讃託派は勿論、立法委員を除名したる、前の非常國民會議員とそこに缺員の補充をなして構成したのである、最近これを中心にして地方に於ては道議會、郡、面議會を構成し、末梢の班まで組織準備中である、此の組織は南鮮全般に亘つて完了する曉には、反託陣營は鐵壁の如き組織力をもつて、完全自主獨立に向つて全民衆は驀進することを血でもつて誓つたのである。

……★……

そこに又簡單に紹介しなければならぬことは最近四相會議步調不一致と米對蘇外交强化の紙上の發表等に依つて確固たる希望か否かは別問題として近き將來に三八線は撤廢されて自主獨立が來るごとく活氣づけられて居る部面も窺はれるのである、反面に先月、南鮮には總罷業を決行して、勞働者約四割が此に參加、二十四時間で復業したがこの指導團體たる南勞黨及民戰幹部達は、唯勞働者の賃金値上とか待遇改善にあらずして政治問題利用の爲、此れを契機として南鮮暴動の陰謀が暴露したとのことで、多數檢擧されたのである、斯の如く主權なき朝鮮は混沌として民主は塗炭に陷つて進むべき方向に迷つてゐたが最近に至つては、長き間の內的洞察と急轉直下に變動する國際情勢に依つて、歷史的に習慣性になつてゐる事大思想の弊害に對して一般民衆は漸く目醒めると同時に朝鮮建設は自己自身の手に依つて成されなければならぬと自覺するに至つたのである。卽ち朝鮮の爲の三相會議ではなく列國自體の政治的折衝の表れが信託統治にまで持ち運んだ事が明日になるに從つて反託運動が尤も組織的になつたのである。

紙面と時間の關係から極めて概念的な且つ全體性の缺けてゐる事はやむを得ぬことで次の機會を待つ他はないと思ふ。

（H生）

（民團新聞）

建靑、朝靑の山口縣本支部が合流

朝鮮の再建と健全なる在留同胞青年のための運動に挺身する建青山口縣本部と名古屋に中央總本部を持つ朝鮮青年同盟山口縣支部の間ではかねて双方同じ青年の立場から眞しな青年運動を展開、青年の統一と團結をはかるため合流の機運が高まつてゐたが、かた〴〵地區青年の要請もあつて縣下の全支部を含む合流に關しさる四月十日共同の準備委員會を結成、同廿日には小野田市西之濱で合流大會を開催したが、在留同胞の統一戰線に新らしい氣運を齎らすものとして今後の活躍が注目される。

在日同胞の協同組合生る

六十萬の生活安定に貢獻

大戰終了以來三年を經た今日在日同胞六十萬の經濟生活については日本の深刻なる終戰處理に伴ふ經濟界の混亂によつて相當憂慮すべき現象を惹起してをり、從つてこれが安定を圖り且つその健全なる活動を刺戟し、以て解放から自主獨立への力強い步みを期待するため六十萬同胞の生活の合理化を直接の目的とし、更にこれが發展によつて在日居留民團の外部團體として親睦機關的な使命達成をも目途する在日本居留民團協同組合の創立につきかねて中總本部が中心となつて研究をすゝめてゐたが、この程具體案を得たので四月十五日午後二時から中總本部會議室で創立總會を開催、正式發足をみることゝなつた。

在日本朝鮮居留民團協同組合設立趣意書

趣意書

戰後日本の社會情勢と經濟界の混亂は今日尙も持續せられ、破壞後の建設に全力を注ぎつゝあるも未だ確固として整然たる秩序を取戻すに到らない狀態である。

斯く不安な情勢は一般民衆の生活にも及ぼして各家庭に配給せられてゐる諸生活物資の遲配缺配は日本政府の懸命なる努力と進駐軍の好意に依る放出食糧を以てしても其の窮乏、不足は解決されてゐない現狀である、殊に特殊事情下にある我我在日朝鮮居留民の生活實情は其の地域と職域を問はず極めて深刻なる脅威の下に重大問題として提起されるに到つた。

今にして我々は此の切迫したる民生問題を解決し、今日の如き不安な生活より一日も早く脫却しなければ逐次加重する苦難が我々の前に展開されるものと推察される。

茲に於て我々は以上の如き喫緊を要する問題を解決せんが爲め別紙規程に依り在日本朝鮮居留民團協同組合を設立し、物資の共同購入と消費經濟の合理化を圖り、在日本朝鮮居留民の生活向上と福利增進に貢獻し、以て民生安定に寄與せんとするものである。

希くば本趣旨を了とせられ多數御參加あらんことを。

檀紀四二八〇年四月十五日

在日本朝鮮居留民團
協同組合

在日本朝鮮居留民團
中央總本部

規程

第一章 總則

第一條 本組合は在日本朝鮮居留民團協同組合と稱す

第二條 本組合は在日本朝鮮居留民團の指示協力を得て左の事業を行ふを以て目的とす。

一 組合員の生活に必要なる物資を生產し又は之を買入れ之に加工若くは加工せずして組合員に販賣する事。

二 組合員をして經濟に必要なる設備を利用せしむる事。

三 組合員の生活向上を圖る爲め文化、教養、娛樂等の設備を設くる事。

第三條 本組合は本組合の趣旨に贊同し規程を承認せる加入者(組合員)を以て組織す。

第四條 本組合は總本部を東京都に置き必要に應じて各地方に本支部を設置することを得

第五條 本組合總本部の事務所を東京都新宿區若松町二十一番地在日本朝鮮居留民團中央總本部內に置く。

第六條 組合員は本組合の本支部各區域內に居住し且獨立の生計を營む者に限る。

第七條 組合原簿に記載したる事項の變更は屆出を要しその屆出は每事業年度末に取纏めて翌年度四月十五日以內に之を爲すべし。

第八條 本組合の公告は組合の掲示場に掲示し且民團新聞國際タイムス國際新聞等に掲示して之を爲す。

第二章 出資積立金及持分

第九條 出資一口の金額は金五十圓とす。

第十條 出資第一回の拂込金額は出資一口に付金貳拾五圓とす但し第二回拂込は事業成績並に事業擴張上資金繰の見透計畫に基き總會の決議に依り之を規定す。

第十一條 出資の拂込みを怠りたる組合員は其の拂込むべき金額に對し拂込期日の翌日より拂込完了の日迄日步壹錢五厘の割合を以て過怠金を支拂ふものとす。

第十二條 本組合は出資總額に達する迄每事業年度の剰餘金の五分の一以上を準備金として積立つることを得。

第十三條 過怠金及拂戾を爲さゞる持分額は之を豫備金に繰入るものとす。

第十四條、本組合の剰餘金より特別積立金を積立つる事を得

第十五條

一、組合員の持分は本組合の財產に付、其の出資口數に應じ之を算定す。

二、本組合に損失ありて特別積立

金及豫備金を以て塡補したるときは之に對する持分に按分して控除し持分を算定す。

第十六條　豫備金各種積立金及其他動産は豫め總會の承認を經たる金融機關に預入るものとす。

第三章　機關

第十七條

一、本組合に理事十一名監事二名を置く。

二、理事は組合長一名副組合長二名常務理事三名を互選す。但し組合長は民團中央總本部事務總長の職に在る者を以て之に充て常務理事一名、理事二名及監事一名は民團中央總本部幹部を以て之に充つるものとす。

三、第二項但書の役員を除く理事及監事は總會に於て互選す。

第十八條

一、組合長は組合を統理し組合を代表す。

二、副組合長は組合長を補佐し組合長事故ある時は之を代理す。

三、常任理事は組合長及副組合長を補佐し專ら組合事務を掌理す尙組合長副組合長共に事故あるときは之に代る。

第十九條

一、監事は常に組合の財產又は業務執行の狀況を監査し必要ありと認むるときは理事に意見を開陳す。

二、監査に關する細則は監事之を定む。

第二十條　本組合に評議員若干名を置く、評議員は組合員中より理事會に於て推薦し組合長之を委囑す。

第二十一條　評議員は組合決議機關の諮問に應え組合の重要なる事項を審議す。

第二十二條

一、理事の任期は二ケ年とし監事及評議員の任期は一ケ年とす。但し重任を妨げず。

二、組合長副組合長及常務理事の任期は理事の任期に從ふ補缺選擧に依り就任したる理事又は監事は前任者の任期を繼承す。

三、理事及監事は任期滿了後と雖も後任者の就任する迄其職務を行ふものとす。

第二十三條　辭任其他の事由に依り理事又は監事に缺員を生じたるときは理事會に於て補缺選擧をなすものとす。

第二十四條

一、役員の給與は別に之を定む。

二、理事及監事は正當の理由なくして辭任することを得ず。

第二十五條

一、總會は組合長之を招集す。

二、通常總會は每年一回四月之を開き、臨時總會は左の場合之を開く。

(イ)理事の三分　一以上が必要と認めたるとき。

(ロ)監事が財產の狀況又は業務の執行に付不正の廉ある事を發見したる場合之を總會に報告する必要を認めたるとき。

(ハ)組合員が組合總員の五分の一以上の同意を得て總會の目的及其理由を記載したる書面を組合長に提出して總會の招集を請求したるとき。

第二十六條　總會の招集は會日より少くとも五日以前に書面を以て組合員に通知することを要す。前項の通知書には會議の目的たる事項に日附及場所を記載し招集者之に記名する事を要す。

第二十七條

一、總會は組合員の半數以上出席するに非ざれば開會する事を得ず。若し半數に充ざるときは十日以內に更に招集し出席したる組合員を以て開會す。

二、總會の決議は出席したる組合員の過半數を以て之を爲す。但し定款の變更、理事又は監事の選任若は解任、組合員の除名及解散合併の決議は組合員の半數以上出席し其の四分三以上の同意あることを要す。

第二十八條　總會に於ては豫め通知したる事項に限り決議を爲すものとす。但し急速を要する輕微なる事項に付ては此の限りに非ず。

第二十九條

一、總會の議長は組合長之に當り組合長及副組合長共に事故あるときは常務理事之に當る。

二、監事の招集したる總會の議長は招集したる監事之に當り多數なる場合に於ては其の互選に依る。

三、總會に於て必要と認めたる時は出席者の互選に依り議長を定むる事を得。

第三十條

一、組合員の議決權は各一個とす

二、組合員は三人以上を代表して議決權を行使することを得ず。

第三十一條

一、總會に於ては決議錄を作り開會の日時場所組合員の總數及其出席者數並に會議の顚末を記載することを要す。

二、決議錄には議長及議長の指名したる出席者二名以上之に署名することを要す。

第三十二條　理事會は組合長が事業の執行其他に關し必要なりと認むるときは何時にても之を開く事を得。

第三十三條

一、本組合は總會の推薦を經て學識經驗ある者を顧問と爲すことを得。

二、顧問は組合の重要事項に付組合長の諮問に應ずるものとす。

第三十四條　本組合に職員若干名を置き組合長之を任免す。

第四章　事業の執行

第一節　通則

第三十五條　本組合の事業年度は歷年に依る。

第三十六條　事業の執行に關する細則は別に之を定む。

第二節　購買

第三十七條　本組合に於て販賣するもの左の如し。

一、調味料、生鮮魚介類、靑果物鹽干物、嗜好飲料

二、纖維製品、家庭用品、小間物雜貨、衛生藥品、事務用品

三、其他理事會の決議を經たる物

第三十八條　理事は組合員の需要を調査し又は注文に應じ販賣すべき物及其材料を買入又は生產するものとす。但し取扱物件の種類に依り便宜買入又は生產することを得。

第三十九條　購買の申込多數の場合に於ける販賣數量は申込人の購買必要の程度等を參酌し常務理事之を定む。

第四十條　組合員に販賣する物の代價は市價を標準として理事會之を定む。

第四十一條　常務理事は必要ありと認むるときは日時を指定

して組合員に其注文したる物の見積代金の全部又は一部を前納せしむる事を得。

第四十二條　組合員が組合より購買物件の引渡しの通知を受けたるときは遅滯なく之を引取る事を要す。

前項の物件を引取らざるに依り生じたる損害に付ては其の組合員之を負擔するものとす但し常務理事其必要を認めざるときは此限りに非ず。

第四十三條　組合員は購買物件と引換に其の代金を支拂ふことを要す。但し常務理事必要と認むるときは毎月末取纏めて之を支拂はしむる事を得。

第三節　利　用

第四十四條　本組合に於て設備するもの左の如し。

一、住宅設備、醫療設備、製粉設備、理髪設備、食堂設備、娯樂設備

第四十五條　組合員は設備の利用に對し利用料を支拂ふ事を要す。

利用料は總會に於て決議したる範圍內に於て常務理事之を定む。

第四十六條　利用設備を損傷し又は之を喪失したる時は理事會の定むる辨償金を支拂ふ事を要す。

第五章　剰餘金處分並損失の塡補

第四十七條　剰餘金より豫備金に積立つべき金額を控除し尙殘餘あるときは之を特別積立金拂込みたる出資額に對する配當金、設備費、事業擴張費繰越金となす。

第四十八條　特別積立金は損失の塡補に充つるの外之を處分する事を得ず。但し總會の決議に依り臨時の支出に充つる場合は此の限りに非ず。

第四十九條　拂込みたる出資額に對する配當は事業年度の終りに於ける組合員の持込み出資額に應じ其率は年八分以內とす。

第五十條　損失の塡補は先づ特別積立金を以て爲し尙不足の場合は豫備金を以て爲す。

第六章　加入及脫退

第五十一條

1、組合に加入せんとするときに申込書を組合長に差出す事を要す。

2、組合長前項の申込を承認したるときは其旨加入者に通知し出資の拂込をなさしめたる後組合員名簿に記載する事を要す。

第五十二條　組合員が出資の增口をなさんとするときは前條の規定を準用す。

第五十三條

1、組合員が持分を讓渡せんとする場合に於ては組合長の承認を經ることを要す。

2、持分を讓受けんとする者が組合員に非ざるときは第五十條の規定を準用す。

第五十四條　組合員が脫退せんとするときは其事業年度末六ケ月以內に理事會に於て處理するものとす。

第五十五條　死亡に依り脫退したる組合員の相續人が直ちに加入の手續をなしたるときは組合は被相續人に對する持分の拂戾しを爲さざるものとす此場合相續人は被相續人同一の權利を有し義務を負ふものとす。

第五十六條　組合員が左の事由の一に該當するときは總會の決議に依り除名す。

一、購買物件の買却代金又は利用料の支拂を怠り其の義務を履行せざるとき。

2、組合の事業を妨ぐる行爲ありたるとき。

三、犯罪其他の行爲に依り組合の信用を失ひたるとき。

第五十七條　組合員脫退の場合に於ける持分の拂戾しは左の如し

1、任意脫退の場合に於ける持分の拂戾しは其の拂込濟み出資額

2、除名に依る脫退の場合に於ける持分の拂戾しは其拂込濟み出資額の半額。

三、死亡、禁治產者、區域外轉住者其他總會に於て止むを得ざるものと認めたる事由に依り脫退したる場合に於ける持分の拂戾しは其の拂込濟み出資額の全額

第七章　解　散

第五十八條　本組合解散したるときは理事其の清算人となる但し總會の決議に依り組合員中より之を選任することを得

第八章　附　則

第五十九條　本組合設立當時の役員を定むること左の如し。但し第一回通常總會に於て之を改選することを得。

組合長(理事)　元心昌
副組合長(〃)　徐忠臣
副組合長(〃)　金熙明
常務理事　金熙明(兼)
常務理事　玄　熙
理事　鄭周和
理事　鄭東彌
理事　金正柱
理事
理事
監事　全斗銖
監事　卞榮宇

文化團體連合會 第一回臨時總會

在日本朝鮮文化團體連合會第一回臨時總會は四月十九日午後二時から日本橋三越前精發軒で加盟團體代表約五十名參加の上開催、委員長朴魯禎氏が先づ

「在日本朝鮮文化團體連合會は去る二月廿日結成以來相互の緊密な連絡と親睦を目的として活躍して來たが、今日の席上では文化團體の使命日本に於ける運動の方向等につき充分討議の上、文化團體連合會の發展、並びにこの運動を通じて祖國の自主獨立促進に邁進して貰ひ度い。」

旨の挨拶があり、次いで團體資格審査を終り、議長朴魯禎、副議長金秉稷書記梁濟風氏がそれぞれ推薦された。

更に經過報告、現況報告、討議事項特に專門的組織案を可決、新役員の改選、新委員長金秉稷氏の挨拶で六時半閉會した、役員は左の通り

委員長　金秉稷
副委員長　朴魯禎
中央委員　鄭炯鉉　金永準　梁濟風　金正均　金成在　金達洙　朴魯禎　金秉稷　吳中京　許雲龍　金斗容　權寧波　金基沈　金永吉　李仁洙　權梁在　文香成　闕正楨　張
財政監査　金斗鉉　金鉉成

専門的組織内容

文化團體連合會傘下には七十餘團體が有るが、文化運動の面から見て全部充實してゐるとは思はれない、一部には麥酒その他物資の配給を目當てに加盟する善くない事實が現はれてゐる、それ故同性格をもつてゐる團體例へば新聞記者等は記者クラブを美術家達は美術協會とか、文學方面では文學者同盟とか專門的な組織による統一で強力な活動を行ひこれらが緊密に横の連絡をとり有益な團體には積極的な援助を與へ文化發展を圖る。

同胞の輿論調査

解放朝鮮の今後の動向は世界注視の的であるといふも過言でない複雜な世界政局に對し朝鮮の動きが與へる波紋は微妙であり端睨を許さない、自主獨立か信託統治か解放後の同胞の行手には多大の困難が約束されてゐる、難局を如何にして乘り切るか、同胞の思想、決意がこの解決の前提をなすは疑ひを容れない、本民團では今回左の要領で同胞の輿論を廣く募り以て解放民族の歩むべき航路標識とし度い意向である、大方の贊同と投稿を期待してやまない。

注意＝切取線から切つて郵送され度し、一、二、三項では希望の政體に○印を附すこと。

宛先は東京都新宿區若松町二一
在日本朝鮮居留民團内務部調査課

朝鮮人公論調査表

一、貴下ハ本國ニ於イテ如何ナル主義政體ヲ希望スルカ

1. 民主主義政體　2. 共産主義政體　3. 社會主體政體

一、貴下ハ朝鮮ト日本トノ關係ニ於テ左記ノ何レヲ希望スルカ

1. 親善　2. 報復

一、貴下ハ左記ノ何レヲ希望スルカ（本國ニ於イテ）

1. 自由獨立　2. 信託統治

一、貴下ハ如何ナル事情デ歸國シマセンデシタカ

答

一、貴下ハ現今世界各國中ドノ國ガ善政シテ居ルト思フカ

答

一、貴下ハ民生問題解決ヲドウスレバ良イト思フカ

答

一、日本在留中同胞ハ何ヲ研究シテ本國ニ貢献セントスルカ

答

「朝鮮靑年の使命」懸賞論文募集

戰史未曾有の第二次世界大戰が事實上終りを告げて早くも三年、勝てる者も負ける者も一意戰後處理に忙殺され、平和建設への新たな大事業に突入してゐる。わが朝鮮同胞も自由と、獨立の大目標を指向して劃期的な活動を開始してをり、各國注目の的となつてゐる。この歷史的な時期を擔當すべき若き世代の責務やまさに重大である。朝鮮靑年の負ふべき使命は層一層加重されんとしてゐる、この秋に當り當民團では「現下朝鮮靑年の使命」の論題の下に廣く同胞の論文を募り以てわれ等靑年の行くべき途を再確認せんとするものである。

論題　現下朝鮮靑年ノ使命（四百字詰三拾枚内外）　用語　朝鮮文、日本文（兩種同時）
賞金　一等一人五千圓也、二等二人千圓也、佳作若干名百圓　〆切期日　一九四七年四月末日
發表　一九四七年五月第三次當新聞紙上　銓衡　當民團新聞編輯部
應募資格　朝鮮人（但應募原稿は理由如何を問はず返送せず、當選作品は當新聞に掲載す。）

民團暦

四月　五日　民團暦民團新聞四號發行
四月　八日　祖國獨立の使命を帶び先般渡來した李承晩博士は使命を果し歸國の途中東京立寄の際朴烈團長を引見し要談した。
四月　九日　緊急部長會議。
同　民團ニュース七號發行。
四月　十日　地方部員各支部實體調査を事務連絡の爲西本部管内の各支部巡行。
四月十二日　民團體育錬成大會、奥多摩鳩の巣に於て。
四月十五日　第十二回常任中央執行委員會開催。
同　居留民團協同組合結成。
四月十六日　地方部員實體調査の爲都内各支部巡行。
四月十七日　第十三回常任中央執行委員會。
同　武藏野支部田無支部、支部强化の爲立川支部と合併。
四月十八日　民團新聞五號發行。

提携と融和を促す

民主的訓練にも貢獻

協同組合設立の意義頗る大

在日本朝鮮居留民團協同組合がさる四月十五日設立され、近くその機能を發揮することゝなつたが、同胞六十萬の經濟生活がこれによつて安定をみる許りでなく、同胞相互の親睦、融和が一層助長されるといふ形而上の効果が期待される點でその意義は少なくない。

▽……△

終戰以來早くも三年を經過したが日本經濟界の混亂と社會情勢の不安はその頂點に達してゐるといふも過言でない、勿論日本朝野を擧げて事態の收拾と破壞後の建設に積極的な努力をつゞけてゐるは注目に價するものがあるが、未だ確固たる秩序を取戻すところ迄は至つてゐない。特に供米不振、惡性インフレの昂進に因る諸物價高騰等に一般民衆の生活が常に不安と動搖に直面し、聯合軍の好意に基く放出物資によつて辛ふじて最低線を維持してゐる狀態にあり、從つてこれが窮乏の緩和、解決は俄かに期待し得られぬ現狀にあるは萬人の均しく認めるところである而してかゝる環境の下に在るわが朝鮮同胞の經濟生活が特殊の事情と影響によつてその地域と職域とを問はず極めて深刻なる脅威に曝されているは異論のないところである。

この切迫した同胞の民生問題を解決し、更に進んでその經濟生活を確立し、以て同胞相互の共存共榮を圖ることは緊急を要する重大問題として前面に押し出されるに至つた次第である。

▽……△

本協同組合の直接の目的は物資の共同購入と消費經濟の合理化を圖ることによつて、在日本朝鮮居留民の生活向上と福利の增進を促し、以つて民生安定に寄與せんとするに在る差當り資本金は二百萬圓でうち民團中總本部より一百萬圓、組合員の出資一百萬圓により成り、役員は組合長一名、副組合長二名、常務理事二名、理事三名、監査役二名を充て、その運營は在日本朝鮮居留民團の指示協力を得て行はれるが、組合員の生活に必要なる物資の生產又は買入れ、若しくはこれが加工、販賣を事業目的とし、更に組合員をして經濟に必要なる設備の利用と組合員の生活向上を圖るため文化、敎養、娛樂等の設備を整へる事などの事業を行ふ點注目に價する、諸物價の昂騰日に著しき折柄、食生活に不可缺の調味料、生鮮魚介類、靑果物、鹽干物嗜好飲料は勿論のこと、纖維製品、家庭用品、小間物雜貨、衛生藥品、事務用品等に至る迄本組合によつて低廉に調達されることになつてをりこれ等の事業が組合員の自治的運營に委ねられる點に同胞の民主經營の意義が强く感じられて面白い。

▽……△

世界政治の大きな動きの中にわが朝鮮の自主獨立は漸く方向づけられんとする機運に在り、在日六十萬同胞はいまこそ一丸となつて祖國再建の國民的大事業に沒入すべき絕好の機會に惠まれてゐる、各界各層を問はず、あらゆる辛勞を經て來た在日同胞の精神的結合が今日ほど緊密を希求されるときはないにも拘ちず現實には主義、主張の相違もあり、又は感情的なもつれも手傳つて間全するところなき狀態に在るとは言へないのであつて、國家非常時の折柄まことに慨嘆に耐えない次第といはねばならぬ。而もこのことは前述の如く日本經濟界の混亂、社會情勢不安の惡環境に圍繞されることによつて拍車を掛けられてゐる有樣である、先づ以て同胞の經濟生活を安定せしめることは尠くもかゝる問題解決の捷徑であり、キイ・ポイントであると考へられるのであつて、協同組合がかゝる難局の打開に果すべき役割は決して輕視出來得ないことが確信されてゐるのである、設立日付は淺くこれが事業の前途は遼遠ではあるがその運營よろしきを得るならば單に民團外廓團體としての經濟的役割許りでなく、同胞を祖國再建に結集すべき有力な端緒を生み出す政治的意義の鮮少ならざるを覺ゆるものである。

▽……△

日本に於いても各種の購買組合がその職域、地域を問はず結成され、政府の强力な經濟統制に步調を合せて本來の役割を果しつゝあるが、わが協同組合の運營が斯る特殊の事情によつて制約される事實を銘記すべき要がある。勿論第三國人として在留同胞の取扱ひが考慮されてゐる以上、不必要な配慮を强要される筈はないが、われ〳〵はよき隣人としての襟持と友誼は失ふべきでなく、寧ろ進んでそれ等の側面的助成に一役買ふ位の積極性を持ち合せてもよいこのことは結局自己の健全なる發展と伸張に寄與する効果を何等減殺するものでなく、よつて以て同胞の共存共榮によき刺戟劑となることを信じて疑はない。

▽……△

複雜なる經濟的制約と條件の下にわれ等の協同組合を如何にして育成强化するかは一にかゝつて同胞の自覺と協力に俟つ外はない、同胞は自己の經濟生活を自らの手で擁護し、確立する仕事に精を出すべきである そして共存と共榮が如何に各自の反省と自覺によつて醸成されるものなるかに想ひを致さねばならない、このことがやがて國家再建、完全獨立への國民的訓練を培ふものなることに氣が付くであらう、協同組合設立の意義と運營の重要性をわれ〳〵は强く認識せねばならない、

誤植訂正

第五號　十五頁下段民團人事異動の記事中誤植左の通り訂正す。

正　地方部長・孫案秀（補充）
誤　地方部次長　孫案秀（補充）

財産税の問題解決へ

本紙第四號第五面にも報道している通り、この財産税問題の行方に就いては、各方面とも異常な關心を以つて、その成行如何を注目しているが、本號締切迄に記者の入手した處に依れば、去る四月九日午後三時五十分より建青企畫局朴根世氏等が總司令部幕僚長バンカー大佐と一問一答式の會見を行ひたる後、若き情熱を傾けて辛抱強く關係各方面とも連絡の上猛活動を展開中であるが、十四日午後この問題に就き建青中總委員長洪賢基氏がバンカー大佐と會見を行ひたる後、記者に語つた處に依ると

「財産税問題は目下極東委員會に於て愼重討議中の事項にして(1)撤廢になるか (2)朝鮮に樹立さるべき新政府へ移管となるか 何れかに結着される「だらうとの事。」

尚ほこの財産税問題善後對策協議のために本民團、建青、商工會等が發起して四月二十五日午後一時から東京新橋平和グリル樓上に於て懇談會を開催した。

安昌浩氏の遺勳顯揚

朝鮮獨立運動の大先覺者

去る四月四日漢城發電報に依れば祖國朝鮮民族の解放獨立運動のために一生を獻げた故安昌浩氏(號島山)の逝去第九週忌に當り故人の遺勳を顯揚し、國民の愛國精神を昂揚さすために柳東悅氏等有志の發起に依り「島山記念事業會」を組織し、四月八日には午後二時から漢城市內鍾路、中央基督教青年會館に於いて記念講演會を催す。

安昌浩氏は平北の人、その號を島山とし、我が祖國の獨立運動史上李承晩博士と共に二大先烈の一人。日本が東亞にその制覇の野望を遂げんとして朝鮮を併合した一九一〇年前後、日に日に傾く國運を挽回せんために奮起、國事に挺身奮鬪した我等の數多き先驅者の中、島山先生はその中でも最も偉大なるもの丶一人。

少年時代 より獨立協會の會員となり、齡二十二の時に北米合衆國に渡りサンフランシスコに於いて共立協會を創立して米國在留の韓僑の指導及び獨立自立の精神昂揚のためその若き情熱を捧げて猛活動をなした。光武九年(一九〇五年)日帝の强迫に依り所謂乙巳保護條約成るや奮然歸國の上同志李甲、李德基氏等と相謀り政治結社新民會を創立して國運恢匡のために政治運動をなす一方、平壤に大成學校を創立してその校長となり、各地各所に青年學友會を起して堅實力行主義を行動目標として青壯層を中心に愛國の志士達に呼掛け、その愛國の至情火を吐く雄辯組織能力等に依り一大國民運動を喚起し、當時の支配階級に取り恐るべき一大勢力を形成したのであつた。

隆照二年(一九〇八年)に至り國運日に非なるのを如何んともする事が出來ず萬斛の恨みをのんで亡命を決意し北滿北支西比利亞等にその活動舞臺を移して國權恢匡のため活躍を續けてゐる中にいよ〳〵祖國朝鮮が日本に併合されるやその翌年たる(一九一一年)に歐洲經由にて渡米し、甲寅年(一九一四年)に米洲ローザンゼルスに於て實力養成主義に基く政治結社興士團を組織して同志の結束を固めると共に國際政界を舞臺に祖國獨立運動に東奔西走寧日がなかつたのであつた。第一次世界大戰後祖國の內外に三・一獨立革命運動起るや中國上海に來りて大韓民國假政府成立するや勞働總辯として入閣して臨時政府々內の一大支柱をなし、時には內務又は總理等の要職を歷任して多事多難な國事を擔當活躍中、一九二七年興士團を改造して修養同友會と改稱し、專ら國內の**文化運動** にその努力を集中して活躍中一九三五年時の總督南の手に捕はれて太田刑務所に於て呻吟之れが因となつて一九三八年三月十日漢城帝大病院に於いて二人の同志に守られて淋しく逝去したのであつた。

島山先生の蓋世雄辯とその識見組織力實踐力は我が祖國獨立運動戰史上燦として輝き、その偉勳は我が民族の永久に忘れぬものがある。

嗚呼! 偉大なる先烈よ!

幹部總入れ替へか

朝聯大阪本部の常委會

朝聯大阪本部では去る四月一日第三十四回常任委員會を開催、各部の經過報告の後、朝聯が過去に執つた政策及び運動方針の失敗と本國內の政治情勢の變化に伴ひ委員長金民化氏以下全幹部の引責總辭職を斷行することに決定、來る四月十日開催豫定の執行委員會の討議に附して正式決定の上幹部の總入替を斷行するといはれる。

なほ同幹部總辭職の理由としては

1 登錄證問題—密航後日者取締の眼目とするこの登錄證施行が日本全國のうち大阪地方のみに於て施行されている事、

2 三・一運動記念行事に於ける國旗不掲揚に對する責任、

3 十二・二〇東京事件犧牲者本國送還に際しての幹部の責任、

4 活動の不振に對する責任。

上野親善市場落成式

在日朝鮮人商業聯盟上野支部の手に成る上野親善マーケットは一年振りでこの程竣工、四月十五日正午から鮮日各方面關係者を招待落成式を行つた。

朴京玉氏の開會の辭に次ぎ、上野副支部長宋氏から經過報告があり、土地、建物等について盡力した鮮日有力者に對する感謝の挨拶を述べ、更に感謝狀並に記念品贈呈あり、上野池田署長は民生安定を通じて鮮日親善關係の促進に役立つところが少くないとの祝辭を述べた、二時から余興に移り四時すぎ閉會した。

マラソン制覇と

朝鮮の自主獨立

ロスアンゼルスのマラソン大會にわが朝鮮代表として出場した朝鮮大學の徐潤福選手は堂々百五十餘の各國强豪を壓して優勝したが、單にスポーツ朝鮮の爲めに氣を吐いたといふに止らず朝鮮の世界的地位を認識させた政治的意義も決して少くない。

◇……◇

終戰によつて解放された朝鮮は米ソ二大强國の南北兩斷統治によつてその動向が漸く世界の注視を浴びるに至つた、二强國の外交政策を通じその對朝鮮政策の方向によつてわが祖國の姿を世界の視野にまで嵩めたと言へるであらうが、一面兩國の關心を强く沿びた朝鮮獨自の在り方が關心の的となりつゝあるは否めない

世界經濟の在り方

共同通信 小林廣勝

そこで一つの例を申しますと一番よい例はイギリスであります。イギリスという國は、御存じのように、あそこで資本主義制度が生れた。今は資本主義制度はイギリスよりもアメリカの方がより高度な發展をしておるのでありますが、しかし、

歴史的に 見ますと、資本主義制度の生れた國はイギリスなのであります。ところがこのイギリスが今度の世界戰爭を通じて、もはや昔のような行き方ではやつていけなくなつた。イギリスという國は大體工業國であります、農業はあまり發達しておらない。從つて、國內で食料品はつくらない。ごくわずかなものを國內でつくるだけで、あとのものは外國から買入れる。ではその買入れる商品は何で代金を支拂うかというと、イギリスが外國にもつておる投資、御存じのように、イギリスという國は世界の植民國としては尖端を行つておる國であつて、インドであるとか、あるいは中國であるとか、そのほかの國に投資をもつておる。その投資した資本の餘りと、それからイギリスでつくつた工業製品を外國へ輸出して、その代金で食糧の輸入をしてきたのであります。ところが今度の戰爭を通じて、イギリスはドイツに打ち勝つために、あらん限りの國力を盡して戰つた。もう一切をあげて戰つた。從つて、その海外にもつていた投資は、全部これをよそへ讓つてしまつて、かえつて海外の國から借金ができた。つまり世界に對して金を貸していた國が、かえつて世界から金を借りる國、借金國になつてしまつたのであります。從つて、貸した金の利息で輸入代金を拂うことができなくなつてしまつた。どうしても自分の國の工業製品を外國へ賣つて、その外國へ賣つた工業生産の代價、つまり

輸出代金 で輸入代金を支拂はなければならぬということになつてきたのであります。そこでイギリスは工業生産を今までよりより以上に引上げなくてはならぬということになつてきたのであります。

▽……△

ところが、イギリスの工業は、五十年前までは世界の第一等國の國だつたのでありますが、今は第一等の國ではない。イギリスの石炭産業なんかも資本家が今までのように私有財産で機械とか、鑛山とか、工場とかもつていたのではいけない。國家がこれを管理して、思切つた石炭設備の改良をやらなければならんことになつたのであります。これがつまりイギリスが産業國有化ということをやり、社會主義政策に轉向した理由であります。イギリスでは世界戰爭が終る前の六月の終りに、總選擧をやつたのでありますが、その總選擧で保守黨は實に意外な敗北をして勞働黨が多數になつたのであります。御存じのように、イギリスの戰時中の內閣總理大臣はチャーチルでありまして、このチャーチルがなんといつてもイギリスの戰爭の處理に對しては、大きな力のあつた人でありますが、このチャーチルの政黨であるところの保守黨が選擧に負けて、そうしてかえつて勞働黨が勝つというような結果になつたのであります。これはなぜかというと、國民がかつて、

戰爭中の 保守黨のチャーチルの政治的手腕で戰爭に對して大きな貢獻をしてもらつたが、戰後のイギリスはチャーチルではだめだ。新らしい勞働黨が天下をとつて國有政策をやらなければいけないのだということを自覺したためであります。そこでイギリスの政治は終戰を境にして勞働黨の政治になつた。それから一年半でありますが、産業の國有化政策が着々として行われておる。これは別に社會主義がいいとか惡いとかいう理論とはまた一つ別の立場からイギリスとしてはどうしてもこれをやらなければいけない。理論的に、好むと好まざるとにかかわらず、あるいは贊成であると贊成でないとを問わず、國有化をやらなければならぬということで、こういうことが始まつたのでありまして、各國は皆生産增强、インフレの剋服に對しては産業の國有化、あるいは社會主義的の經濟政策をとつておるということを注意しなければならぬ、これが現在の世界經濟を見る上に一つ考えるべき第二の點であります。

▽……△

もう一つ大事なことは、アメリカの世界經濟の上にもつ力が非常に强くなつたということであります。世界戰爭前から、アメリカの經濟力の强いことは誰れも知つておつたのでありますが、世界戰爭後アメリカの經濟が世界經濟の上でもつ比重といいますか、重要性は、非常に大きなものになつてきた。たとえてみますと、世界で小麥がどれくらいできるかというと、大體ブッシエルという世界經濟の單位でいいますと、四十五億ブッシエルから五十五億ブッシエルというのが世界の小麥の産額であります。戰爭前は、アメリカが八億ブッシエルでありますから、大體九分の一乃至十分の一くらい出しておつたといつていいのでありますが今年はアメリカが十一億ブッシエルであります。大體四分の一から五分の一というところまで上つてきたのであります。これは農業の一つの例でありますが、世界戰爭後アメリカのもつところの比重は非常に强くなつたのであります。從つて、特に現在のように、各國がインフレに苦しんでいるという狀態では、アメリカに援助してもらうということが、非常に大事なことになつてきているのであります。つまり、

新らしい 生産力を起す爲にはアメリカが各國に對して借款をやる、この借款をもらうということが、非常に大事なことでありまして、御存じのように、朝鮮に對しても二千五百萬ドルでありますが、アメリカから借款がはいつております。これはアメリカから建設資材と食糧を入れるための資金としてアメリカが提唱したわけであります。各國いずれもアメリカの援助がその國の復興の上に、特に現在のようにインフレが昂進した段階では重要なものとなつてこの援助をもらうことに對しては、非常に熱心になつておるのでありま

す。

また逆に、日本のあるいは朝鮮の物資を買つてもらうためには、アメリカの市場は非常に大事なのであります。アメリカではアメリカ商事會社という會社がありましてこれは私立會社ではなくて、半官會社でありますが、日本あるいは朝鮮、あるいはドイツもそうでありますが、その物資をアメリカに輸入するのは、この商事會社が一手に行つておるのであります。こういうふうに、今後わが日本なり朝鮮なりを建設していこうという場合に、その生產物を買つてくれるところとしては、アメリカが非常な重要性をもつてくるということになるのであります。

そこで、大事なことは、つまり、アメリカの經濟がどういうふうになつておるかということなのであります。こういうふうにわれ〳〵に對して物を供給してくれる上でも、あるいはわれ〳〵が物を賣込む市場としても、アメリカの經濟がもつておる力は、非常に重要なものがあるのでありますが、しかし、これは必ずしも安心ができない。つまり、われわれは、アメリカ經濟というものは非常に强いものだと思つておる。强いもので非常に大きな力をもつておることは事實であります。だからといつて、アメリカ經濟に必ずしも弱點がないといえない。恐慌に對して全然危險がないかどうかということであります。つまりアメリカ經濟が恐慌になると、われ〳〵がアメリカに對して物を賣込む

その品物は、より安くしか買つてもらえない。それからまたアメリカがわれ〳〵に對して、たとえば、小麥とか、あるいはその他の穀物なんかを提供してくれておりますが、この穀物などが、アメリカで恐慌ということになつて、非常に安くなつてくると、どういうことになるかというと、日本に對しても安く品物を提供することになる。これは買う方の者からいえばよいことなんでありますが、しかし、日本の農業あるいは朝鮮の農業は非常に困る。なぜならば自分のつくつておるものより安く物がはいつてくる。從つて農產物の價格が下つてくる。そうすると、これらの農產物の價格もそれと一しように下つてくる。つまり、もしアメリカに農業恐慌が起れば、東洋の各國もその農業恐慌に卷きこまれるという可能性があるのであります。だからこれは十分に注意しなければならないことであります。しかし、はたして實際にそういう危險があるかないかと申しますと、これはアメリカの學者もいろ〳〵に言つておるのでありますが、必ずしもないとは言えない。むしろこれを覺悟しなければならないどいうことなんであります

▽……△

アメリカは非常に金持の國であります。工場で働ヽておる勞働者でも皆自動車をもつておる。あるいは食糧などでいつてみましても今世界各國で大體人間一人が生活するために熱量で大體二千五百カロリーとらなくてはいけない。ところがその二千五百カロリーの熱量をとるだけの食物を配給できる國というのは世界にそう澤山はない。たとえば、日本なんかで申しますと日本は二千二百カロリーくらい。それからドイツでは

特に狀態が惡いのでありまして二千カロリーから下になつてゐる。二千カロリーから下になつてしまうと、大體寢ているだけで、起きて働けば、體がどん〳〵弱つていく。つまり、起きて働いただけのエネルギーはそれで回復ができない。もしこれが千八百カロリーから下に下ればもち人は饑餓線といつて餓死をする境になるというふうな狀態なのでありますが、今十分な食糧をとつておる二千八百カロリー以上の食糧がとれるというのは、まずアメリカだけなのであります。こういうふうに、アメリカのもつておる生產力と、それに伴う購買力は非常に大きなものでありますが、しかし、この大きな生產力があまり發達すると、それをどういうふうにして消化するか、その市場が問題になつてくるのであります。

その一つのいゝ例は小麥なのであります。アメリカは去年は十一億ブッシェルという様な小麥の豐作でありましたが、今年はこれが十二億ブッシュル位になるというように見つもられておるのであります。去年はアメリカの小麥に對しましては、世界各國が凶作だつたから、引つぱり凧で非常に各國に輸出された。從つてアメリカの小麥の賣行きについても問題はなかつたのでありますが、今年はそういかない。

いかにアメリカの農產物が豐富だからといつて、それからアメリカの農產物に對する需要が多いからといつて、必ずしも各國がこれを買うというわけにはいかない。買わせることはできるかも知れんけれども、値段は下げなくてはならぬ。つまり、恐らく、アメリカでは、今年の秋になると、穀物の値段が下るだらう。つまり農產物の

過剰生產から、アメリカに大きな恐慌が來るのではないか、こういうふうに見られておるのであります。そこで、われ〳〵は、つまり、こういうふうなアメリカの恐慌というものがきて、農產物の値下げがあつても、それに對抗するだけの準備をしておかなければならぬということが一つ言われるのであります。アメリカでは、農產物が機械生產で非常に發達しておるのでありますが、われ〳〵の國でも、農業の機械化ということによつて、それに負けないような安い品物をつくり出すということをやらなければならぬということになるのだと思います。

そのためには、協同組合というような形もつくらなければなりませんし、あるいは、もしいま農家が經濟的によく餘計な金を向けられると、それで、農業機械改良で、農業の機械化を行うということも、非常に大事なことであらうと思いますが、いずれにしても、アメリカの恐慌に備えるということは、やはり、われわれが誰でも考えておかなければならぬ一つのことだと思います。

▽……△

大分いろ〳〵秩序なく話をいたしましたが、結局、私の今日話しましたことは、一つは「一つの世界」というような言葉が言われておるように世界の經濟は

孤立主義の存在を許されない、だん〳〵に纏つて世界が一つになつて、生產力を發達させる。そうして一般の生活水準を高めるというふうに進んでいくことになる。これは非常に結構な理想でありますが、その方向に進んで行くためには、各國はいろ〳〵な努力をしなければならない。特に戰爭後の現在のようなインフレーションの時期において、この力を發展させるためには、戰爭前のような經濟政策ではなくて、もつと思切つたところの經濟政策を實行する必要がある。そういうことを示すものとしては、世界各國の產業國有化ということがある。これが第二の點で、第三にはアメ（十五頁へ續く）

性病の知識とその豫防に就いて

性病が直接健康を傷害し、活動力を削減するのみならず、人口を減退せじめ、人口を構成する因子を劣悪にし、國家に害毒を流すは周知の事實である。「文明と性病」と言ふ諺がある位ひ、性病はいつになつても下火にならぬのみならず、文明が進むに從ひ益々蔓延すると思はれてゐる。殊に戰爭と性病は附きもので、解放後の我が國も亦、必ず此の様な事實に直面して居る事と思はれる。（祖國との連絡がとれぬから確かな事は云ひかねるが）

一、性病の種類

一、黴毒
二、淋疾
三、軟性下疳
四、鼠蹊巴淋肉芽腫症（一名第四性病）

何れも不潔な性行爲に依つて傳染する。不潔な性行爲とは、健康な夫婦以外の男女間の性行爲で、性交、接吻等である。

性慾は食慾と同様に人生の基本的慾望であり、その發露たる性行爲ではあるが、此れが無節制に流れるところ必ず性病を伴ふ。

性病の傳染方法の大部分は、娼妓及び類似の職業婦人（闇の女、其の他）から男子が感染し、此れを家庭に持ち込んで妻子に及ぼすと云ふ經路をとつて居る。人類社會のある所必ず淫賣が行はれ、淫賣が行はれる所必ず性病がある。

豫防

此の豫防は個人的豫防と社會的豫防とがある。

卽ち、性病原體が附いて居ると思はれる人との性的交渉を持たぬこと。だが不潔な性行爲を絶對的に避けることが總ての人に出來るとは言へない。

そこで消極的方法として、豫防藥、豫防具（コンドーム）の使用を考へる。

凡て性交後は水と石鹼とで徹底的に局所を淸洗する事が肝要である。陰莖に皹裂、龜頭炎等のある人は感染の危險があるから注意すべきである。

尿道淋の豫防としては、性交直後排尿し、陰部を一〇〇〇倍昇汞水、五〇〇〇倍過マンガン酸加里液、五〇〇倍——一〇〇〇倍クロラミン液等で洗拭する。又は性交後二—三時間以内に一—二%硝酸銀水、五—一〇%プロタルゴール液、〇・一%青酸化汞の一、二滴を注入し五分間位揉むと良い。

女子も性交後は腟及び外陰部の徹底的洗滌を行ひ、續いて尿道及腟に消毒劑を含有せる座藥又は腟球を挿入し置く事。性交後に男子が性病を有する事が明かとなつた時は速やかに醫師の診療を受けるべきである。尙豫防藥として、豫防クリーム、シクロ、サーナー、等の販賣品がある。最も良いのはコンドームを使用する事である。

二、社會的予防

個人的な豫防を厳重に行ふと共に、種々なる社會的施設に依つて、社會から性病を失くする努力、並びに他人に性病を傳染させる事が如何に大なる罪悪であるかを認識させる方法がある。それには、性病に對する知識をもつと正確に學ぶべきである。次に簡單に性病に就いて述べる。

一、黴毒

原因は原因は黴毒スピロヘータである。感染の機會から約三週間經つと病原體が侵入部（主に陰部、稀れには接吻に依り口唇その他）に硬性下疳と稱する硬い無痛性の創傷が出來る。女子では解剖的關係から自分では見出し難いことが多い。更に三週間經ると横痃と稱し鼠蹊部淋巴腺が腫れ、その頃から血液の黴毒反應は陽性となる。更らに三週間經ると第二期黴毒の發疹が出來る。即ち九週間經つと第二期となり、種々な型の發疹が皮膚、及び粘膜に出來、多少の全身症狀が現はれる。此の發疹は、治療すれば勿論、放置しても次第に消失して、一見健康狀態に歸るが、亦同様の發疹が出來たり消失したりし乍ら、時には內臓や神經、骨、眼、耳等に症狀を示したりし乍ら經過し、三年位後に所謂第三期になり、ゴム腫と云ふ特殊な腫れ物を作る。そして、十年或は十數年後には第四期となり、精神症狀を現はしたり、脊髓癆と云ふ歩行困難を現はしたりする。性交や接吻以外にも、早期症黴毒（肉眼で見て判る様な症狀を持つ黴毒）患者の發疹に觸れた器物、殊に盃、パイプ等は危險であり、又黴毒を有する婦人を乳母に雇へば健康な乳児にとつて危險であり、又反對に先天黴毒児に乳を與へれば健康な乳母の方が危險である。或は、輸血に依つて傳染する事もある。最も一つの傳染方法即ち胎盤を介しての傳染、換言すれば、黴毒を有する婦人が姙娠すると胎盤感染に依つて先天黴毒児が生れる。胎生期の早期に感染するか、晩期に感染するかに依つて、流産、死産、生産の運命が決まるが、例へ生産であつても、先天黴毒児が滿足な社會生活を營み得る事は少く、虚弱であつたり精神薄弱者であつたりして家庭、社會共に迷惑する事が多い。

二、淋疾

原因は淋疾双球菌である。感染の機會後二—四日に男子に於ては最初に尿道に瘙痒又は灼熱感を覺え、放尿の際に異常感を催す。外尿道に僅かに發赤を示す。感染後數日目には此れらの症狀が强烈になり、外尿道口は腫脹の爲外翻するに到る。そして尿道炎になる。

女子に於ては、子宮頸管炎を主な症狀として始まるが、これに種々な合併症を起こす。關節炎となつたり、手足が曲らなくなつたり、失明したりする以外に、稀れには致命的な合併症を起こす事もあるが、最も忌むべき事は男女共不姙症の原因となる事である。

三、軟性下疳

原因はヂュクレー氏桿菌である。感染の機會後數日以內に、外陰部に軟性下疳と稱する有痛性創傷が出來る。續いて有痛性の横痃を形成する。女子に於ては此の軟性下疳が認め難い事もある。陰部以外にも、病原體が附着すれば下疳を發生する。患者の活動力を減殺する以外餘り甚しい障碍はない。

四、鼠蹊淋巴肉芽腫症（第四性病）

原因は所謂濾過性病毒である。病原體侵入部の症狀は判然としない事が多い。男子では横痃を主症狀とする。女子では此れに反して横痃は餘り出來ないので、數年後を經て、外陰部がエスチオメースと稱する醜形を呈し、又直腸に狹窄が起り排便が困難になり、粘液や血液が出る。男子では此の症狀は女子よりも少い。

以上四つの性病は、夫々異る病原體を有し、異る經過を示すが、後者の二つは比較的治療し易くもあり、又個人や家庭に及ぼす影響も輕いが黴毒に於ては働き盛りの身を精神病

嵐の前夜

—十九世紀の東洋—

黑　波

嵐の前夜は暗い。來るべき嵐を前にして、異常な不氣味さの中に刻々と大氣は變化してゆくのである。

星一つ出ぬ大空は無限の暗黒をおもはせ、やがて梢の一枝づつをしつようにゆり動かしつゝなま温い風は次第に高まつてゆくのである。遂に嵐がやつて來るのだ。この恐ろしい前夜こそ、夜明けとともに襲つて來る眞晝の間の嵐より一層罪と惡をはらんで、醜惡さをかくした。憎むべき一ときである。十九世紀より二十世紀の初頭にかけての東洋は全くこの嵐の前夜にも比すべき時代だつたのである。この嵐の前の暗夜のうちにすべての策略といん謀は行なわれて行つたのである。しかも、それが醜惡な反面をかくしながら、嵐の準備を急いでいたのである。

そして、この十九世紀より二十世紀初頭にかけての東洋、嵐の前夜の最も惡らつな暴君は、日本であつた勿論、十九世紀の前半は未たそのたい頭はなかつた。しかし、所謂日本の王政復古により、開國の第一歩はこの嵐の前夜の覇權をにぎらんとする策略により始まつたのである。その五箇條の誓文なるものも全くこの醜惡な外交場への出發の宣言に他ならないのである。

かくて、日本は、この前夜の夜半より夜明けにかけて、次第にその地位を固めて行つたのである。その犧牲となつたわが祖國は、思へばこの嵐の前夜のうちに生きるには餘りにも生一本で感情的であつた。そのためにこそあらゆる策略といん謀の中に悶へねばならなかつたのである。この暗夜の中に放り出された祖國の姿、特にその生一本で、純粹であつた。否あまりにも生一本で純粹であつた祖國の姿を現在迄、歴史家は、とくにこの嵐の前夜の覇權をにぎつた。惡らつな侵略國家日本の歴史家はなんと歪曲し、自己の醜惡をかばひながら記述するのに懸命であつたことであろう。今こそ、われわれはこれを是正し、嵐の前夜にも比すべきがの時代の中に純粹た生きつづけた祖國の姿を明確にしなければならない。十九世紀の朝鮮史は、それ自體、内面的にも苦惱多い時代の歴史であつた。しかし、この内面的な苦惱を語るには決してそれだけ切り離し得ないものがあるのである。朝鮮をとり卷いてゐた幾多の諸國、それは必ずしも東洋諸國のみに限らず、東洋に關係深かつた西洋諸國の相互の關係から、ひいては、それらの對朝鮮の問題を冷靜に客觀的に見極めてゆかねば決してその祖國の苦惱は、理解し得ないのである。特に、この嵐の前夜の暴君であつた日本と、朝鮮の關係を明瞭にし權力をあくなく行使し、次第に祖國の純粹さを喰ひものにして行つた日本軍國主義のあくどさを見破り、これを明るみにさらけ出す必要があるのである。

◈……◈

十九世紀の東洋は全く暗黑の時代であつた。このまゝで行けば必ず何事かを避け得られないと豫期しながらも時間は刻々と過ぎてたゞ〳〵嵐の中へ突進して行つたのである。その犧牲者は、悲しいことにわが朝鮮だつたのである。嵐の前夜は明けた。一九一〇年遂に祖國には嵐が訪れたのである。憎むべきこの嵐の前夜の暴君であつた日本は、四十數年の策謀ののち、祖國を堪えがたい壓迫のもとに呻吟させたのである。その後四十年嵐は吹きに吹いた。だが、祖國は決してこの嵐に屈服はしなかつたのである。手をかへ品をかへての惡らつな手段に對抗しつゝ節をまげなかつた祖國の姿は、吹きつのる嵐の中の梢の雄々しさにも似てゐたのである。思へば血と涙の四十年であつた。今この四十年の嵐の中に節を守つた祖國の尊嚴を思ふにつけ、この激しい嵐をもたらせた嵐の前夜の十九世紀の祖國の苦惱をしのぶのも今や嵐が過ぎて、解放より建設へのよろこびにひたる今日の我々にとつては、又重要なことであらう。われわれは、晝の時代とも言ふべき嵐の四十年を生きて來たのである。この晝の時代にもたしかにわれ〳〵の同胞の幾百、幾千人かは嵐に抗してその犧牲となつて行つたのである。しかし、しかし、この嵐の前夜、夜の時代にも、祖國の來るべき悲運を豫期し、その前途を憂へつゝ如何に多くの同胞が倒れて行つたことであらう。

この暗夜の中に、たそがれより深更にかけて次第〳〵に高まつてゆく不氣味な空氣の中で、崩れゆく祖國を救はんとして倒れて行つた人達こそ、晝の時代の犧牲者にもまして、祖國にとつては偉大なかえがたい恩人たちだつたのである。

とにかく、この嵐の前夜、十九世紀の東洋を今われわれは冷靜に、客觀的に見直さねばならないのである。

◈……◈

現在迄日本の歴史家が朝鮮の國史を全く歪曲して傳へて居る時尙一層祖國獨立の今日、正しい國史の記述の必要があるのである。

特に、最もわれわれが注意しなければならないことは朝鮮國史の中、朝鮮の國勢の衰運に向つた時代は、これをすべて朝鮮自體、或ひは朝鮮人自身の缺點に起因するとし、朝鮮の政治、經濟、文化の諸面に於ける缺陷を實に驚くべき程針小棒大にあげつらへてゐることである。全くこれは日本の歴史家が日本の軍國主義におどらされて、朝鮮を獨立國家として存在させまいとしたために他ならないのである。日本の軍國主義者は、日本自體を美化して記述したと同時に、他國ことに朝鮮の事になると、朝鮮民族の責に歸して迄朝鮮史を歪曲して、その缺點を誇張してその抹殺をはかろうとしたのである。

このことは、十九世紀より二十世紀初頭の朝鮮衰運の時代の歴史記述には最もよく當てはまるところで、すなわち李朝衰運の原因は全く、李朝自體の墮落腐敗した政治の結果であるとも確かに言へるが、これのみを重視してこの當時の一般朝鮮民衆さへも惰弱なものとするのは全く朝鮮民族に對する大きな侮辱である。

李朝末期の衰運は、確かに李朝自身の缺陷とくにその機構の問題によるものとは言へるが、われわれは李朝自體が弱體化した爲諸外國に苦しめられたと同時に、又、朝鮮の地理的特殊性の結果、十九世紀より二十世紀の初頭にかけての複雜怪奇な時代の眞只中におかれ、加らるにこの困難な事態の中にありながら、純粹で感情的な朝鮮民族はこれらの惡らつた外交場に立つて極めて、不得手な處が多かつたため、次第に衰運に向つて行つた事は忘れてはならないのである。勿論、對内的に李朝が弱體化したために、外侮と侵略を受けたのか、對外關係から本質的に弱體化しなければならなくなつて行つたか、その因果關係は微妙なものがあるが、とにかく李朝の弱體化を餘りに重視して、その對外關係の究明をおろそかにする事は決して、正しい朝鮮中心の東洋史とはならないのである。

とまれ十九世紀は嵐の前夜にも比すべき複雜怪奇な時代であつた、二十世紀は既に晝の時代で諸國の暗躍は既に明るみに出されてしまつた。ところが十九世紀はこれに反し、暗暗裡に侵略が行なわれて行つた時代である。その故にこの時代の歴史を解明する事は、二十世紀後半の今後の朝鮮外交にも、貴重な參考となると言えよう。さて私は以上、十九世紀の朝鮮を理解するために對內的なものよりもその時代の東洋諸國の狀勢を說かねばならないことを力說したが、しかし乍ら、何と言つても十九世紀の朝鮮は全く李朝政治の腐敗から說き下さねばならないのは、避け得ない處である。

朝鮮の十九世紀は二十三代純祖、一八一一年の洪景來の亂で始まるのである、これが外戚の橫暴をいきどほつて立ち上つたことは、所謂世道政治が始まつて、李朝政治の腐敗への第一矢に外ならないのである。

かくて王權の失墜は、朝鮮の悲運に拍車をかけて行つた、その上、前世紀末一七九一年には洋學を禁じて迄、西敎の流布による思想革命を防ぎとめんとしつゝこれも又失敗に終るとゆう風に李朝の弱體はおほひ得ない事實である、このことをわれ〱は決して否定しはし得ないが、併しこれのみを重視しすぎた場合は、從來の朝鮮史の解釋、ひいては朝鮮民族の解釋に於ける如く餘りにも朝鮮民族の尊嚴をきづつけるものである。李朝自體の缺陷はこれを認めても、その故に朝鮮民族の正しい自覺を忘れてはならないのである。

結局、この自覺を持つ根底となるのは、當時の東洋狀勢を正確に把握し、その當時の東洋の不氣味な躍動期のさ中に朝鮮が置かれて居た事を知れば、李朝末期の苦惱に大きな理解と深い同情がもてるのである。

しかし乍ら、われわれは、その事のみでこの時代の眞相、特に朝鮮の悲運を解釋し、これに甘へてはならない。朝鮮人自身が、餘りに純粹すぎて、生一本な感情をもつて、對外的な問題に當つて行つたために、思はぬ不覺を取つたのではないかとゆう反省も常に怠つてはならないのである。かくて、嵐の前夜にも比すべき十九世紀より二十世紀初頭の東洋の混亂と、朝鮮自體の衰運を正しく理解し得、今後の指針ともなるであらう。私は次回よりこの點十九世紀朝鮮を中心としての東洋の動き、とくに韓日關係の裏面に於いて朝鮮の不當な壓迫を受けた事實の新資料を求めつゝ記述して行きたい。

三・一獨立革命運動以降
民族烽起對日抗戰年表（其三）

○一九二三年九月一日　日本關東地方に大震災突發、此の混亂に乘じて日本の軍官民は朝鮮同胞約四千餘名を虐殺した。引續き社會主義者、不逞鮮人の總檢束が行はれ之が導火線となり無政府主義系の不逞社會事件發生、朴烈、金子文子等の日帝殺害陰謀事件たる所謂「朴烈大逆事件」發生す。

○一九二五年十月　日本函館高等商業學校の野外敎練に際して朝鮮人を假想敵として演習したる事に端を發して在留同胞一般の輿論沸騰し、日本文部當局を相手に果敢な鬪爭を展開した。

○此の年に東京に於いて無政府主義系黑友會、東亞勞働組合、共產主義系の一月會結成。

○一九二六年（丙寅）四月二十六日　隆熙皇帝（後に純宗、韓國最終の皇帝）崩御、昌德宮前には哀悼の民草にて埋盡した。

○同年同月二十八日　金虎門前に於いて義士宋學先、昌德宮成服祭に參內せんとする總督齋藤を刺殺せんとして他を傷く。

○同年六月十日　純宗皇帝國葬儀當日各地に於て學生に依る獨立萬歲の示威運動行はる。

○同年十二月二十八日　海外より侵入の義烈團員羅錫疇殖產銀行、東洋拓殖會社に突入、投彈の上路上にて自殺す。

○一九二七年二月　民族單一戰線合同を計り左右兩翼合同の上新幹會及び姉妹團體槿友會結成されると同時に共產系のソウル靑年會と火曜會系分子合流してM・L朝鮮共產黨結成す。

○一九二八年三月　第三次共產黨事件及び新幹會左翼檢擧事件發生す。

○同年六月九日　中國東北政權の中心人物張作霖、日本軍の陰謀に依り慘死。

○此年に北滿地方の獨立運動の巨頭白也金佐鎭共產系の策動に依り暗殺さる。

○一九二九年十一月三日　全南光州地方に於て日本人中學生が朝鮮女學生に侮辱的惡口を敢てしたのに端を發して光州學生事件發生し翌年三月迄繼續す。この事件に依り新幹會幹部總檢擧され關係學校數一九四校關係學生數五萬四千、從つて京城帝大以下各專門學校內に頻發の反帝運動もこの光州學生事件に依り誘導されたり。

○二九三〇年五月　間島共產黨事件。

○同年七月　端川森林組合事件。

○同年九月　平壤、鎭南浦地方無政府主義系の關西勞働組合事件發生。

○此の年より新幹會運動は左翼傾向濃厚となり勞組、農組等の運動强化された。

○一九三一年四月八日　朝鮮兵步隊解散。

○同年五月　新幹會解消。

○同年七一月日　滿洲に於て日本軍閥の陰謀により萬寶山事件發生。

○同年九月十八日　日本軍閥陰謀に依り滿洲事變發生。

○此の年にドイツ、ナチス黨總選擧に大勝を博す。

○一九三二年一月八日　日本東京櫻田門外に於いて義烈團員李奉昌、觀兵式歸路の日帝を果敢に狙擊す。

○同年一月十八日　上海事變發生す。

○同年三月一日　日本の傀儡政權たる滿洲國建國す。

○同年四月九日　上海に尹奉吉事件發生す。

○同年五月十五日　日本陸海軍將校十一名に依り五・一五事件發生時の總理大臣犬養毅殺害さる。

○同年十月二日　中日事變の現地調査の國際聯盟視察團長リットン報告書發表。

○同年十一月　米國ルーズベルト大統領に當選。

○同年十二月三十日　南京に於て臨時政府臨時議政院會議召集。

○リットン調査團來駐中、日、鮮、滿大官及び同調査團員一同の暗殺並びに主要建物破壞陰謀未遂事件發生す。

○一九三三年二月廿一日　國際聯盟第五次臨時總會に於て日本に對する勸告案を四十二對一を以て採決すれば時の日本全權代表松岡は所謂名譽ある孤立と云ふ捨せりふを殘して退場し三月二十七日に日本は國際聯盟を脱退す。

○同年三月　ドイツ、ヒットラー獨裁權を掌握。

○同年十月　ドイツ國際聯盟及軍縮會議を脱退す。

○一九三四年一月十五日　中國鎭江に於いて在中國の各團體代表會議を開き臨時政府の强化と機關紙の復活を議決す。

○同年十一月　總督府國境警備强化のため偵察機二機を國境線上に配置して獨立團の活動を制す。

○一九三五年七月五日　中國に於て民族革命黨結成す。

○同年同月同日　モスコーに開かれたる第七回「コンミンター」大會に於て共産黨の國際活動の方向轉換を策して西ヨーロッパに於いては人民戰線運動を起す事、中國に於いては國共合作を策して日本と抗戰さす事を議決。

○同年八月一日　中共「八・一抗日宣言發表。

○同年十月十九日　臨時政府議政院會議を杭州、嘉興等に開き臨時政府强化を議決。

○同年十一月三日　臨時政府國務委員就任式擧行。

○一九三六年二月二十六日　日本東京に於いて陸海軍中堅將校に依り二・二六叛亂事件發生、齋藤、高橋等の重臣殺害さる。

○同年十二月十二日　中國に於いて張學良の陰謀に依り蔣介石監禁の「西安事件」發生。

○同年十二月十二日　總督府に依り「朝鮮思想犯保護視察令」公布同月十八日には府令を以つて「同施行規則」を公布す。

○一九三七年六月四日　金日成系抗日人民戰線結社の團員に依り惠山鎭警察管下の保田邑を襲擊す。

○同年七月七日　北京郊外蘆溝橋に於いて日本軍閥の陰謀に依り中日軍衝突をなし中日事變發生。

○同年同月同日　中日事變起ると共に臨時政府も之れに對應して在中韓國光復運動團體聯合會を組織する一方、左翼系に於ても朝鮮民族戰線聯盟を組織し夫々韓中合作革命陣を推進した、一方滿洲に於いても反滿抗日軍と延安八路軍內の朝鮮革命鬪士との連絡相成り革命陣營の活躍日に〲旺盛になつた。

○同年十月五日　國際聯盟理事會は日本を侵略國と認定すると共を中國に對しては道義的援助を約す。

○同年九月二十二日　中國國共合作成立。

○一九三八年三月十日　島山安昌浩逝去。

○同年十月十日　朝鮮民族戰線聯盟は星子軍官學校卒業生を主體として朝鮮義勇隊を編成して中國の各戰線に配置す。

○一九三九年一月　臨時政府は廣西柳州に於て光復陣線青年工作隊を組織、抗日戰線の强化を策す。

○同年七月　米國より米日通商條約を廢棄。

○同年同月　中國に於ては汪精衛重慶を脱出して蔣介石との絕緣を聲明す。

○同年九月一日　ドイツポーランドに對して侵略軍事行動を起す。

○同年九月三日　イギリス、フランス對獨宣戰をなし、第二次世界大戰起る。

○一九四〇年三月十二日　孫文十五週忌に當り汪精衛國民黨中央執行委員會主席の名を以つて所謂和平建國宣言を發す。

○同年同月三十日　汪精衛南京に日本の傀儡政權新國民政府を樹立。

同年五月　總督南が東亞日報、朝鮮日報廢刊。

○同年五月　イギリスチャーチル內閣成立。

○同年九月二十七日　日獨伊三國同盟成立。

○同年十月九日　臨時政府大韓民國臨時約憲改訂頒布。

○同年十一月六日　ルーズベルト大統領三選。

○此の年に臨時政府專屬光復軍編成。

○總督南が朝鮮民族に日本式の創氏各制を强制實施す。

○一九四一年四月一日　ハワイに於て米國及びハワイに在留の韓僑十三團體代表會議を開き在米韓族聯合會を作り時局對策三條を議定す。

○同年六月二十二日　獨ソ戰開始。

○同年八月二十九日　亡國記念日に臨時政府ルーズベルト・チャーチルの戰爭遂行方針に對應して韓國の立場より對應條件を聲明す。

○同年十二月九日　臨時政府對日宣戰布告。

○一九四二年一月二十五日　臨時政府宣傳委員會「告國內外同胞書」を發す。

○同年三月一日　臨時政府第廿三週年「三一節」宣言を發すると共に政府を改造し、金九―主席に、李承晩駐米使節に推擧す。

○同年四月十一日　臨時政府宣傳委員會より「韓國獨立運動文類」を刊行。

○同年六月十一日　英ソ及び米ソ條約成立。

○一九四三年七月廿三日　伊太利ムッソリニのファッショ政權轉覆しバドリオ政權成立す。

○九月十日　伊太利對連合國無條件降服。

○同年八月一日　總督南朝鮮に徵兵制令を實施す。

○同年十一月廿二日　北アフリカ・カイロに於いて米・英・中三國會談を開き同月廿七日「カイロ」共同宣言を發表す。同宣言文中に朝鮮獨立を認定す。

○北米及びハワイの韓僑青年の國防部隊を編成抗日に備ふ。

○一九四四年八月　米國航空機の對日國內空襲本格化す。

○國內の解放戰線大いに動き各種祕密結社及運動の組織が全國各地に起る。

○一九四五年一月　米國ヴアジニア州ハプスプリングに開かれたる「アンラ大學」に朝鮮代表二人正式代表として出席朝鮮の立場を説明して滿場の讃同を得。

○同年四月七日　米國大統領ルーズベルト逝去トールマン之に代る。

○同年四月二十八日ムッソリーニ處刑。

○同年五月一日　ヒットラーベルリン市內に於いて戰死。

○同年五月七日　ドイツ對連合國無條件降服し同八日降服調印す。

○年七月十七日　米・英中三國代表プロシアのボッタムに於いて會談を開き同月二十六日に共同宣言

を發して日本に無條件降服の最後機會を與ふ。

〇同年八月八日　ロシア・ポツダム宣言に加入同月九日對日宣戰を布告。

〇同年八月十四日　日本より米英中ソ四國に對して無條件降服をなし翌十五日正午日帝は歷史的放送を以つて日本國内及び全世界に發布す。

〇八月下旬　ソ軍三八線以北の朝鮮進駐。

〇同年九月一日　米戰艦ミゾリー號上に於て日本降服文書に調印。

〇同九月八日　米軍三八線以南の朝鮮に進駐漢城に入る。同九日總督阿部漢城に於て降服文書に調印

〇同年十月十六日　臨時政府初代大統領李承晩博士空路米國より歸國。

〇同年十一月二十二日　中國重慶に在る臨時政府主席金九、副主席金圭植等一行三十二要人國都漢城に還る。

編者附記　以上、總督阿部信行が一九四五年九月八日彼の本據總督府廳舍に於て米國軍司令官に對して無條件降服調印をなしたる日を以つて日本に依る三十六年十一日に亙る朝鮮統治は終りを告げたる條迄の年表を編んだ。本より筆者は史家專業でなければもつと研究の上完全を後日に期して筆を擱く。尙ほ士堂崔南善氏の著書を主な臺本にした事を斷て置く。一九四七年四月十五日九峰生

（十一頁より續く）

リカの經濟の力が世界の上で非常に強くなつておるが、特に

東洋諸國に對しては大きな勢力をもつようになつておるのだ。またわれ〳〵はその力を借りて、新しい復興に進んでいかなければならないのである。それと一しよにわれ〳〵が警戒しなければならないのは、アメリカにも恐慌がくる。そういう場合におけるところのわれ〳〵の經濟を防衞するいろ〳〵な措置の問題であります。結局、今日お話したことは、この三つである。

（終）

（十二頁より續く）

患者となる虞れがあるのみならず、毒は子孫に迄傳はつて此れを苦しめ家系に犯罪人、白痴を生み、一身一族は勿論社會の蒙る災害も甚大である。又淋疾はその治療が、仲々容易でなく、且つしば〳〵子孫を得られぬ原因を作り人生の前途に暗影を投ずるものである。

「建國運動」の原稿募集

本民團新聞は當分の間國文漢字が準備出來ない故日本文のみにて發行する計劃であるが國文、日本文に拘らず民團の活動を十分活かし建國運動の「力」となり得る原稿を左記の範圍内にて廣く募集す。

但し原稿の内容如何に依つては編輯技術上、筆者の意志を無視しない限度内にて加筆或は一部削除する場合並應募原稿は一切返送出來ない點宜敷しく諒解していたゞき度い。尙揭載分には薄謝を進呈す。

左　記

論文（哲學、思想、宗教、科學）詩、小説

隨筆（特に地方情勢と同胞の生活情勢を材料としたもの）

解放後の我が國が、世界一流國となる爲には先づ國民の身體と精神が健全でなくてはならない。これを蝕むものに恐るべき性病がある。又新しく結婚生活に入る者は互に健康を證明してからする等を考慮すべきである。（孫衛連）

廣　告

在日同胞の生活安定を圖る爲め去る四月十五日關係者多數參集の下に在日本朝鮮居留民團協同組合の創立總會を催し組合を設立し鋭意組合員の民生經濟問題解決に邁進する事に相成りました。各關係機關の御支援と居留民各位の御支援を切望致します。

東京都新宿區若松町三ノ二一番地
在日本朝鮮居留民團中央總本部
在日本朝鮮居留民團協同組合

記

資本金　貳百萬圓也
內譯　民團中總本部ヨリ出資金　百萬圓
　　　組合員出資金　百萬圓

役員
組合長　元心昌　理事　金正柱
副組合長　金熙明　〃　鄭周和
〃　徐忠臣　〃　鄭東祚
〃　常務理事（兼）金熙明
〃　玄　熙　監査　全斗銖
〃　卞榮宇

四十年の嵐（六）

黒丘

彼がいやだというのなら、オレだつて、いやに決つている。炭坑というところが、どんなところであるかを見たことはない、が、噂に聞いた恐しい、さまざまの出來事――落盤とか、爆發とか、生埋めとか、また、タコ部屋とか、銃殺とか、ぶつた斬りとか、ああ、聞いただけで、ぞつとする――それを知りつゝ、わざ〳〵死にに、殺されに行くようなものぢやないか。

そうだ、たとい飢え死するようなことになろうと、炭坑に行くのだけは、いやだ。

オレ達は、またチゲ一つを資本に、埠頭に出ていつた。そして、船から下りる客、汽車が下した客の、荷物を、まるでひつたぐるようにして、運んでやつて、一ぜんで、三錢の小豆粥一ぱいを、三度々々――三度々々食べられれば、いいほうで、運搬賃にありつけられない日は、たとえば雨つゞきの日など、三日も四日も、水だけで過すことがある。

そんな或る日、しとしとと降りつづける雨を、ぼやつと眺めながら――オレ達は貨物倉庫にもぐりこんで、寢泊りしている――お互の身の上を、歎き、哀しむのである。

「お腹が、すくということは、全く、つらいなあ」

「當り前のことを、いうなよ、おい」

「うん、だからよ」

「だから、どうしたんだ」

「やつぱり、日本に行こうよ」

「炭坑だけは、眞平だ」

「いや、違うところへ、いこうよ」

「違うところつて、どんなところだ」

「たとえばさ、鐡道工事とか、製鐡工場とか、いい仕事は、いくらでもあるよ」

「そんなところで、はたらけると、いいがなあ」

「はたらけるさ、人間死ぬつもりになれば、何だつて、出來るよ」

「ほんとだ、命を投げ出して、かかれば、こわいものなしだからね」

オレ達は、次第に、氣が大きくなつた、朝から、何も食つてないけれども、腹の皮が、背骨に、へばりついているけれども、陽向に、チゲを横たへて、とろ、のびのびと、寢そべつて、このような陽氣な話をしていると、全く、いい氣持になつた。

「ぢや、お前、一つ、いくとしようか」

「うん、いこう」

「二年も、はたらけば、一千圓位の金は、たまるよ」

「一千圓、か、いいなあ」

オレは、ぼうと、夢見る氣持になつた、一千圓もあれば、お父さんの借金が、きれいになくなるばかりか、畑の一枚位は、ゆうに、買えるのだ。

「よし、腹を、決めて、いくとしよう」

「うん、いこう」

こんな話を、オレ達は、今までにも、幾度くり返したことであろうか。甘い、幸福な夢見るように、このような話をしては、苦しい、醜い現實から、逃避していたのだ。そして、いざ、いこう、となると、日本に渡る渡航證明が手に入らないばかりに、折角の名案も、おじやんになるのだが。

が、今日は、オレ達の氣持は、多少違つていた。何でもかんでも、いかなくてはならない。必ずいつてみせる、そうゆう勇氣が、ほのぼのと、湧き上つて、來たからである。

その心をかき立てるように、朴という、眦がきれて、關羽將軍の像そつくりの顔をした男が、今まで、後生大事に使つていた、チゲを、こう片手に、高々と持ち上げて、それこそ木葉微塵に、叩きこわして、さて、と、

「おい、いこう、いつまで、チゲ軍ぢや、うだつが上らねえ、いくんだ、いつて、ひと働きしてくるんだ」

と、喚き立てた。

オレ達の、ふさいでいた胸が、すツと晴れた、つかえていた溝のゴミが、大水に、どツと流されたように、はればれして

「全くだよ、こんなところに、まご〳〵していることはねえ」

と、オレも、どら聲を、はり上げて、そして、朴に、ならつて、オレのチゲを、滅茶々々に、壞した。

そして、「さあ、いこう」と、みんなを、せき立てた。

「チエツ、きいた風な口をきいてやがる」

と、一人、のつそりと現れた、ノツポの男が、いつた。

「なにツ？ 何が、きいた風な口だ」

「第一、お前なんか、日本に行く、旅費だつて、あるめえに――」

オレは、はつとした、そして、一度に、ぺしやんこになつた、全くだ、オレは、一錢だつて、錢は持つてないのだ。

電話番號變更お知らせ

今回左記の如く電話番號を變更致しました、御諒承下さい。

本部直通九段(33)
- 二九九八番 事務局
- 二六九四番 内務部 文教部
- 二八四三番 宿直室

電話九段(33)
一〇四六 三一八六 二〇五一 二〇九五
二五四三 二四三九 一一六八

内線

團長	〇
事務總長	一
内務部長	一〇
財政部長	二
渉外部長	三
地方部長	一四
社會部長	一八
事務局	六 一二 二二
内務部	一一、一三
地方部	一五、一六
社會部	一九
編輯局	五六、五七
文教部	四、五
謄寫專用	二〇

1947年6月30日發行　　第三種郵便(昭和22年.4.24.認可)第九號(週刊)

民團新聞

THE MINDAN-SHIMBUN

東京都新宿區若松町21
電話九段(33)3886
在日朝鮮居留民團中央總本部
發行兼編集者　朴　準
定價壹部金參圓

米ソ共同委員會と我等の態度

太林人

米ソ共同委員會が再開する事になつて、朝鮮國內の動きは活發になり同時に色々な潜在的動きが表面化するようになつて來た

米、ソ會談とは朝鮮問題を解決する爲めになされる會合であると云ふ事は疑ふ餘地もないものであるが、其朝鮮問題に對する見解、限界は必ずしも一樣でなく、朝鮮人自體も、甚だしきに到つては祖國再建を論ずる彼等運動者ですら、まるで此の委員會が朝鮮國を産み出すが如く見て論ずるは實に遺憾千萬である。現在朝鮮問題が米ソ兩國で討議しなくてはならない事情下に於かれたるは慥かに朝鮮自體に取つて歷史的悲劇であり、其總決算でもある

斯る悲劇が又も繰り返さない樣にするのが此の委員會が持つ使命であり我々朝鮮人が如何にして自分達の實情と要求を同委員會に反映させる事が出來るか？と云ふ努力が解決に對する態度であらねばならない、世界中の何れの國も我々の進歩を阻害する意志があるとは思はれない

解放新聞六月一日號の社說に、米ソ共同委員會を成功せしむる手段として先ず莫府決定を全面的に支持すべきであると論じて居る。同時に莫府決定を全面的に支持しないものは親日派的民族反逆者であり賣族主義者であると斷定して居る、我々は過去に於ける親日派的反逆者は第一線より追放しなければならないが其規定と態度は愼重にしなければならないので、親日派のみが民族反逆者でないのみならず、反逆者の追放をさけぶ蔭に色を塗り更へた賣族的陰謀と云ふ恐ろしい事實を見逃してはならないからである。

莫府決定を全面的に支持するためには其決定が支持すべき性質のものであると云ふ理解が必要である、信託統治の問題も其の中の一つであつて信託統治が果して朝鮮建國に必要であり又現實問題の解決手段であるか？　理解が必要である、勿論ポツタム宣言であれ莫府會談であれ慥かに朝鮮の自主獨立を論じ約束して居るし、又助成すべく努力する事實を疑ふものでない。だが其等の會談、決定が朝鮮を最も正しく理解した上のものでなければならないし、其等が決定的で絕對的なものたらしむるには朝鮮と朝鮮人に依つて結論を見なければならない、現在朝鮮は反託と贊託と云ふ二つの陣營に分れ其を右翼と左翼と稱る、それだけ其問題は重大である。其二つの陣營は其に對する理解と限界の相違であるからには何れ歩み倚る時が來る。だが、此外に最も警戒すべき事は此の成された陣營を以つて勢力圏を形成し、鬪爭の足場とするが如き事である、同社說には莫府決定を反對する事は人民の幸福と民族の無限な發展を妨害するものであり獨裁政府を陰謀する反動從輩であると云つて居る。之等の言說を弄する彼等は果して過去に何を爲し、將來何を爲さうとするのか？　莫府決定は決定的で絕對的なものであると誰が斷定する、信託統治の場合は、信託統治に對して無條件に反對すべきであるか？ないかは兎も角、何れにしても其が自主獨立でない事は慥かである以上、自主獨立を要望する者が一應反對する事が當然であり、又自主獨立を助成する爲折角誠意を以つて努力する聯合國に對する正しき表示でなからうか？

此問題が抄共朝鮮全體の問題であるからには、反對するも、贊成するも、一人や二人の指導者に依つて爲されるものではない。其の社說の論法から行けば民戰なるものは莫府決定を全面的に支持する精神を具現する良心的人士の集りである樣であるが莫府決定を丸飲みに、全面的支持するのが良心的人士であると云ふなら、我々は朝鮮の自主獨立を念願じ努力する朝鮮人の名に依つて民戰とは如何にも反動的であると云はれても已むを得ない樣に見られるのだ。目的達成の爲めに宣傳も已む無しと云はれるにしても宣傳に目的が左右される事は取りも直さず墮落である。同社說には續いて莫府決定に依つて土地改革、勞働法、重要産業國有化、民族文化向上が爲されると書き莫府決定を裏付け樣とするはむしろ莫府決定を理解せしめ樣とする態度でなくむしろ其精神に對する冒瀆である、其等の問題は朝鮮自體が爲すべき事であり、現在國內の極く保守的政黨ですら掲げて居る項目である事位は社說記者も承知の上であらう、結局する處、共同委員會再開を廻つての潜在勢力の表面化は獨善主義の擡頭であり、政權慾の發露であると云はざるを得ない我等の念願とする處は米、ソ委員會をして朝鮮と朝鮮人に對する正しき理解の下に解決の道を開くことである。

（一九四七年六月二十日）

主張

朝鮮獨立と南鮮臨時政權の動き

朴　烈

傳へられるところによれば、西歐新秩序を策定すべき五國外相モスクワ會談は、所期の效果をあげることは困難となり、その一方、アメリカ筋でも東洋問題に關し、マーシャル・スターリン別個會談も行はれたと言はれる。

さらに歸米したホツヂ中將は朝鮮における米ソ間三十八度線問題に關し卒直なる所信をのべ、さらに、トルーマン演說、朝鮮借款、李博士の歸國、南鮮臨時政府樹立案——などと、一聯の政治事象は極めて活潑且つ眞劍な動きを見せるにいたつている。

これらは、朝鮮をめぐる積極的な建設意圖の表現にほかならないが、一方、これに應える朝鮮民族のもつ政治意圖もまた甚だしく眞劍であり具體化の方向をたどりつゝある。

とは言へ、頻々傳へられる祖國の情勢、ならびに海外各地在留朝鮮人解放運動の遝動過程にあつては、かゝる積極的建設的運動に背反し、やゝもすれば民族興亡の一つを賭する戰線にあつて、その分裂、破壞、汚辱、腐敗を伴うごときことのあるのは、甚だ遺憾とせざるを得ない。

これは卽ち、健全なる大朝鮮建國理念の喪失乃至缺如によるものであるが、その最も露骨なるものは共產主義思想の橫行と、建國理念の混淆である。

われわれは共產主義思想を否定しないが、共產主義思想を基盤にして朝鮮建國運動を推進することには反對である。それは第二次世界大戰爭を終末として、朝鮮獨立の機會は到來したが、この時、朝鮮は日本帝國主義制壓四十年の歷史のもとにあり先づ何を置いても世界に位置する獨立朝鮮を建設するという急務の下にあつたことを改めて認識したい。卽ち民族全體をあげての熱望は、新たに獲得した獨立の條件を、最も迅速に適確に把握して朝鮮國の政治、經濟、文教、生產その他建設の諸々の具體的施設を民族意志の結合の中から發見するということであつた。それにも拘らず、共產主義者は、眼下にある具體的な建設目的を度外視し、まず共產主義思想による建國を意圖し、思想的集團の力を基盤にして、そこから建國の途を出發しようとした。これは必然に、その主義と主張と、思想と戰術と、行動と謀略とを基盤にしたもので、建國の事實は副次的となり、まづ、そして徹底的に共產主義運動を展開することであつた。日本共產黨との提携もその一つであり、他外國共產黨との連繫もその一つであり、他の共產活動を釀成激發させることによつて、朝鮮國內共產活動を釀成激發させることに集中されたのである。

それは純然たる世界共產主義運動の一環として朝鮮を置くことであり明らかに共產主義朝鮮を置いたことなのである。

けれども、建設第一階梯にある朝鮮の現實はどうであるか。

さきにも述べた通り、四十年日本の制壓下にあり、朝鮮民族の民族史も傳統も習慣も我々のもつ血脈としての朝鮮は全く破壞しつくされ、ことに、日本人の朝鮮引揚北鮮における三十八度線が生じて以來は朝鮮的秩序なき朝鮮がより一層の混亂紛々下におかれ、全世界の課題としての獨立朝鮮は出發することが出來ない實情である。この實情を無視して展開される共產主義運動＝その思想において世界赤化を目的とし、手段において階級鬪爭の强行を選び、哲學において唯物論絕對である＝は、一體、どんな效果を生んだであろうか

その事實に對しては、冗言を要しないし、世界の現實が明らかにこれを示している。

由來、朝鮮に限らず、建國の理想は、一個の主義主張の伸展によつて達成することは全く不可能である。

建國とは、國を起す政治である。政治は民族の生活實態そのものでありそれは、一つの主義主張のみによつて、劃一的に分類され、それに統率されることは出來ない。その國の國民が民族の滅亡を策さない限りにおいては思想は自由たるべく、國を隆盛ならしめるための國の施策は國民全體の意志を結合したものでなくてはならぬ。國民の政治的意志が、如何なる代議の方法をとるにしても、その方法は改善されつゝ常に國民全體の意志を結合したものであるべきである。これを無視した建國運動は民主的とは言へないし、人權を尊重する近代精神とは言へない。さらにまた、國の政治が國民の生活實態に卽するものであり、生活實態から生まれるものである限り、一つの主義思想により、それを劃一統率すること自體、全く不合理であると言はねばならぬ、なぜなら、國民の意志を强く束縛し、その方向に從うことだけを認める一種のファッショ形態となるからである。

共產主義者とその黨は、資本主義の崩壞のあとには、社會主義がきたり、そして共產主義はその理想形態だとする原則論、唯物史觀を金科玉條としている。そしてそこに到達する社會革命の階梯も、この同一原理原則から割り出されるもので、寸分の間違いなきものと信じている。從つて、大戰後の國家建設理想を共產主義的社會革命に俟つこと、卽ち共產主義者の信ずる信條と、手段と方法とによつて實現することを理の當然なりと信じてゐる。けれどもそれは唯物史觀を信ずるものから生まれる政治意圖であつて、唯物史觀を絕對のものと信じないものにとつては同調することは出來ない。この同調し得ないものが保守、反動であるか何うかは別個の問題であつて、信じない故に保守、反動であると言うことは出來ない。ましてや唯物史觀以外の信奉者も、人類の進步に寄與すると信ずるものは多く、それ等のもつ政治意圖もまた人類進步を目指すものたることは爭ひ難い。それ故に唯物史觀から階級鬪爭を見、それを通じて社會革命にもつてゆく朝鮮の建國方式のみが正しいという結論は出てこないのである。唯物史觀が史觀としてそれ自身、歷史を分析解剖批判する限りにおいては、明らかに人類生存そのものに大きな寄與をなしているであろう。けれどもそれから出發する社會科學の世界、そして政治の方向を決する創造の世界において、あくまでも唯物史觀を固執して絕對視することは他の凡てを排す

る獨斷の表現である。政治における獨斷は成り立たないのである。

かくて、我々は、獨立朝鮮の建國運動において、共產主義ならびに黨運動の目ざす獨立運動は、大きな獨斷を含み、それ故に健全にして合理的なる民族の解放運動たり得ないといふのである。

△……△

つぎに、我々は、建國構想の一つは、飽くまでも新しき世界秩序の一環たるべきこと。換言するならば、世界新秩序の一環としての朝鮮を築き上げることにのみよつて、獨立朝鮮は完成される——この思考が觀念的だつたり、具體性をもたなかつた場合、朝鮮は、中國に隣接しながら東洋的秩序の中にも、また進んで、西歐的秩序の中にも、何れからも互にもまれ合つて、朝鮮の新しい世界觀を生んでゆくことは出來なくなるいわば世界文化の双生兒が生まれてくる危險性が多い。

それに關聯して、我々は現在世界を支配する二つの潮流を感じているが、その何れにも作用されることは事實であり、大きな影響をもつであろうが、その二つの何れにも支配されない朝鮮民族史を樹立しなくてはならないことだ。

△……△

われわれは、實に多年にわたつて民族の矜持を失つているが、それは失われたのではなくて見失つていたのである。それ故に、今こそ民族的優越感などではない眞の民族の自信を取り戻し自己民族の持てる正しき傳說と血派の貫尊の上に、二つの世界を統合してゆく新朝鮮秩序を構き上げる覺悟が生まれてこなくてはならないのである。

我々は、最後に最も具體的な問體として南北二政權が、二つのものとして存在することの不合理を力說する。そして三十八度線の撤廢を前提としてのみ、南鮮臨時政府の出現を迎え得るのである。三十八度を越え得る一方式として新政府の出現に期待を寄せるのである、それは民族の歷史の上からも、思想慣習の上からも、國土その富源の上からも、あらゆる角度から朝鮮は一つでなければならぬと確信し、南鮮臨時政府の强力なる出現は、實にこの目的を達成する一方法として、これに期待するのである。

△……△

想ふに、南鮮臨時政府出現を契機として、以上我々が危惧しつゝある事柄を憲書すべき事態は、しばしばそして各方面に發生するであろう。それ等は悉く朝鮮民族が未だに民族の建國のひた向きでない間隙をねらつて發生する事態であり、われわれが堅持する思想と、建國運動の困難を克服する努力が不撓のものである限り、遂にわれわれ建國運動の完全勝利を約束することが出來ると信ずる。(終り)

米ソ巨頭會談提案す

ウォーレス氏の演說

ワシントン發ロイター共同によれば、米國進歩黨の巨頭たるウォーレス前商務長官は十六日夜、ワシントンの野外集會で今春の西歐遊說旅行以來、最も注目すべき演說を行ひ、米ソ巨頭會談の提唱、その他第三黨結成を示して次のように述べた。

米ソ巨頭會談について……私は米ソ兩國が意見の一致を保ちつつ、ドイツ、オーストラリア問題の解決に當つて行けるよう、まずトルーマン大統領及びマーシャル國務長官に對して、ソヴエトのスターリン首相、モロトフ外相をベルリン會談に招くよう提案する、ベルリン會談は米ソ兩國間の一切の懸案について話し合ひをつけることをはつきり目標に揭げて開催し、兩國間の根本的意見の喰違ひあるを、出來る限り完全に解決せねばならない。

兵器工業國有案……米國は原子力にかんする國際協定の交涉の行詰りを打開する一つの方法としてまず國連にたいし兵器の國際取引嚴禁を提案すべきである。さらに民主黨卒先して米國における兵器工業の國有運動を起し、米國防の愛國的任務に金錢上の利益が伴わないようすべきである。もし民主、共和兩黨が依然として戰爭と不況に依つて自殺街道を猛進する政策を固執するならば、一九四八年の大統領選擧ではたとへ勝利の見込みがなくても新政黨が出現するようになるであらう。

米ソ經濟協定……米國は不況を避けるためには社會主義の歐州及ソヴエトに市場を求めねばならない、もし米ソ巨頭が兩國の經濟的な要求について腹藏なく話し合うならば、協定に到達することが出來よう、社會主義の思想には、別に罪悪的なものはないのだと云うことをわれわれが忘れないならば、米國は社會主義の歐洲と平和のうちに商賣をしてゆける、しかし若し米國が社會主義に對して民主的な資本主義の實例を示すかわりに、買收政策でのぞんだり、武力を誇示したりするならば、結局資本主義經濟は不況に陷ることを免れないと云う共產主義の主張を實證することにならう、米國が思想に對し武力をもつて闘うという政策を行うならば、米國は歐洲、アジアの人々を完全に社會主義經濟のうちに追ひ込み、ソヴェト軍事同盟を結ばせると云う結果にならうと……。

獨の民主は遠し

米軍政官五月報告書

ベルリン十七日發AP共同　ドイツ米軍政長官ルシアス・クレイ大將は十六日發表の五月分占領報告書において、ドイツ青年の民主化傾向は不滿足であるとつぎのとおりのべている。

ドイツの青年はまだ民主主義の多くの原則を受入れるにいたつていない、それはドイツによいドイツ人指導者がいないためである。もちろん民主化に向つてある程度の進步はみられるが、ドイツにおける健全な青年組總の發展に第一に必要なことは、ドイツ青年の間に道德的精神的な力を覺せいさせることであり、これと同時に必要なことは、青年運動を民主的平和的な線に沿つて再編する積極的意志を仲ばすことである。

また學校制度の改革、ドイツの經濟的政治的狀態の改善、ドイツ青年團體を外部の世界と一層接觸させることなども必要である。

なおクレイ大將は右報告書において米軍占領地帶では統一社會黨の結成が禁止されていることを確認し、バヴアリアほか二州から提出された統一社會黨結成の許可申請が却下された事實を明かにした。

正しき外國人登錄令を要請す

外國人登錄令に對する見解

（民團新聞）

一九四七年五月二日、日本政府勅令第二〇七號及び內務省令第二十八號を以て外國人登錄令及び同施行規則が公布せられた。之に依ると在日朝鮮人も外國人として登錄を要請されてゐるが、我々は當然外國人であり、また外國人として登錄を爲さねばならない。勿論國際法に基いた外國人登錄を爲すべきであり又國際人として居住することが出來るわけである。然るに日本政府はこれを機會にわれ〳〵外國人である朝鮮人を外國人登錄令の美名の下に俳他的に生活權を阻止し我等在日朝鮮人を縛り付けようとするものである。勿論今般の外國人登錄は連合國人を含むすべての外國人を登錄するものであるが從來の外國人登錄令に依ると朝鮮人を除くとして、朝鮮人を非日本人とか或は第三國人とか勝手なる名稱をつけてわれ〳〵朝鮮人を虐待し、壓迫し、侮辱し、未だに外國人としての待遇を爲さず、又今度の法令は從來の法令と異り罰則の規定が嚴重に設けてゐる所から見ても我々朝鮮人を彈壓せんとするに外ならぬ。何故ならば日本帝國主義時代に於て我々朝鮮人にのみ協和會と云ふ「協和」の美名の下に手帳（登錄類似）及びマークをつけさせようとし又、終戰後に於ても朝鮮人を外國人として取扱を爲さず、非日本人とか第三國人とか云つて、密入者處罰又は經濟活動を阻止せんとする目的を以て大阪警察部に於て强制的に登錄制を實施し飽く迄朝鮮人を彈壓し侵略主義軍閥主義の根性を拋棄じないのである。然し我々は外國人登錄に反對するものではないが、其の眞意が明瞭ならざる今日、この陰謀に應ずるわけにはゆかないのである、玆に於て我々は在日六十萬の同胞は、正しい國際法に基いた外國人待遇を與へてくれるならば喜んで外國人登錄を爲さんとするものである。以下諸點を略述し、以て日本政府の反省及び改正を要請す。

（1）第一條　この勅令は外國人の入國に關する措置を適切に實施し外國人に對する諸般の取扱の適正を期することを目的とする。即ち外國人の入國に關する云々又外國人に對する諸般の取扱云々、この條文を檢討するに、從來の外國人登錄制と異り入國に關する云々とあるも、入國に對する措置が日本政府で取扱ふことが出來得るか、現在の外國人入國に關しては連合國又はマ司令部に許可權があるだけではないか、又、諸般の取扱云々とあるも諸般の取扱とは何ものか、外國人に對する取扱は國際法に基いて諸外國に於ても爲すのであるのに、特に日本に於てのみ諸般の取扱とは何か、外國人に對する待遇の規定は一條も設けず自己の都合の良い條文だけ並べて、外國人を虐待することのみを知るのが、日本政府であるのではないか之は卽ち從來の協和會手帳及び大阪の强制的登錄制に類似した制度に過ぎないものである。之が國際法に基いた正しい外國人登錄制であらうか。我々は日本の役人に質問したが、その答に曰く、密入國者防止の爲と云ひ、或役人は之を否認して只外國人だからと云ふのである。それならば何故に非日本人とか第三國人とか云つて外國人の待遇をしなかつたのかと反問したところ、それは我々下役人は知らないと逃げる、然しこれは正に密入者防止の爲と云ふのが正しいかも知れない。何故ならば第一條に入國に關する措置云々が之を明瞭に證明してゐるではないか、殊に朝鮮人密航者に對する非人道的虐殺、飢殺事件等が方々に現れてゐる現實を見ても壓倒的に朝鮮人の密航者が多かつたからであらう。然らば朝鮮人が何故に日本に斯くも多數來るのであらうか、何故に懐しき祖國を離れ、肉親と別れて危險を犯し死線を越へてまで密航して來るのであらうか。又、在日朝鮮人は何故に一日でも早く故鄉に歸國し得ぬのか是等の原因を考へる時に、原因の殆んどは過去の長歲に亘る日本の侵略政策、壓迫、搾取、虐待、等々ありとあらゆる慘酷な惡策にあると云はねばならぬ、又、軍國主義者等が聖戰と云ふ美名の下に强制的に徵兵し、或は徵用して死地へ送つたことを忘れたのであらうか、或は又强制勞働や、獻納徵發の名目の下で財物を强奪される等の理由に依り止むを得ず母國安住地を離れて來たことを誰よりも日本人がよく知つてゐる筈である。それならばその密航者に對する、又、在日朝鮮人に對する罪は何人にありや、勿論、日本政府にあるのである。彼等は力で打敗られた時には頭を下げ僞裝をしてゐるが、我々朝鮮人に對しては三十六年間、あらゆる虐待、非人道的、非道德的、非論理的行爲を侵したに不拘、未だ政府樹立なきが故に彼等の罪を法律で問はれないのと我々にそれを抗議する力のないのを奇貨として全然我等に對する罪を反省せぬと云ふのは、正義、人道をあまりにも無視した態度ではないか。之で果して東洋平和のみならず、世界平和があり得るであらうか。

（2）第二條　この勅令において外國人とは日本の國籍を有しない者のうち左の各號の一に該當する者以外の者をいふ。

（一）連合國軍の將兵及び連合軍に附屬し又は隨伴する者並びにこれらの者の家族

（二）連合國最高司令官の任命又は承認した使節團の構成員及び使用人並びにこれらの者の家族

（三）外國政府の公務を帶びて日本に駐在する者及びこれに隨從する者並びにこれらの者の家族

成程、右の各號の一に該當する者以外の者は連合國人を除けば、概ね朝鮮人及び臺灣人ではないか。然るに日本の國籍を有しない者云々で勿論日本の國籍を有しない者は明らかに外國人である。勿論朝鮮人も「カイロ宣言」と「ポツダム」宣言に於て獨立の公約を受け日本の領土より分離獨立することは云ふまでもない。故に當然外國人である、然るに第二條をとんで第十一條に「臺灣人の內、內務大臣の定めるもの及び朝鮮人はこの勅令の適用については當分の間これを外國人とみなす」と規定してゐる。何故に斯様な規定が第二條の適用をとんで設けられたのであらうか其の眞意を解する事が出來得ないのである。

（3）第十一條に朝鮮人はこの勅令の適用については當分の間これを外國人とみなすと云ふ。一體當分の間とは十日のことか、二十日のことか、さもなければ一ヶ月のことか、何故に當分の間だけ外國人と看做するのであらうか、我々は日本當局に對し質問した。答へて曰く、當分の間とは、未だに貴國は獨立國政府が樹立してゐない爲に、獨立政府が樹立するまでだと云ひ、或るひは又、講和條約が出來てゐないからと云ひ、又、領土が確定してゐないからだとか云つてゐる。これは明かに未だ領土的野心が潜んでゐて、その馬脚を露したに過ぎぬ。即ち侵略主義的根性を拋棄してゐない證據であり、又我々の獨立を妨害する證據でもあるのだ。何故ならば、一九四六年四月總選擧演説に於て幣田と云ふ一候補者が朝鮮と滿洲は當然日本に委任統治されるべきだと主張し、去る六月五日日本外務大臣芦田氏が外國人記者團と初會見の際、沖繩と千島の返還は日本人の感情的要求なりと主張したのは、日本人の領土的野望を暴露するものである。我國は現在は米ソ兩國の軍政下にありと雖も近き日に朝鮮の獨立政府が樹立することは明らかなるにも不拘、獨立政府樹立までとは甚だ失禮千萬な話である。又、講和條約云々と云ふが、現在の外國人に關しては聯合國最高司令官の管轄にあるにも不拘、日本政府に於てなすことは不適當であるのではないか。當分の間とは、當分の間朝鮮人を全部登錄して密入國者處理、或は幽靈人口整理、犯罪搜索等の修了後には外國人の待遇をなさず、外國人登錄を取消さうとするのであらうか。この點を明瞭にして貰ひ度い。即ち内務省當局者の云ふが如く朝鮮が獨立するまでの間を當分とするならばなをさらの事、朝鮮獨立政府が當然樹立するものであるから、當分の間といふ文字は必要ないものである。何故ならば、現在政府が存在するも近い内に他國即ち例へば日本と合併して主權がなくなると云ふ見通しがあれば成程當分の間と云ふのが當然だが、現在に於ても健全なる米ソ軍政府があり、近き日に政府が樹立することは明かなるにも拘らず、當分とは何のことか。然し外國人として登錄を爲させる上は、日本政府は外國人に對する權利を與へ、且、義務を負はせるべきであるにも拘らず、一語の待遇方針も無いのである。待遇の規定は一箇條もなく、處罰する規定だけは嚴重に例擧してゐるではないか。更に市民税を取り、營業稅、其の他凡ゆる稅金を取りながら何等權利を與へず、唯々義務のみを負はせる一方である、之は從來の帝國主義時代と何等變りない。

（4）第十二條に、左の各號の一に該當する者は六ヶ月以下の懲役若しくは禁錮千圓以下の罰金云々で嚴重なる罰則が設けてあるが、之は從來の外國人登錄令にない罰則である。何故に斯くも嚴重な罰則が生れたのであらうか。正に日本政府の野望が明かに暴露して來るのである、我々朝鮮人に對して過去三十六年と云ふ長い年月に亘り、野獸的殘虐行爲を恣にして、まだ何が不足なのか、終戰後朝鮮人もマッカアーサー元帥の厚意に依り外國人の待遇を受けてゐたものを逆用し朝鮮人の小さい缺點を探し出して之を大きく惡宣傳し、司令部と朝鮮人との間を裂き、その間隙を利用して朝鮮人を彈壓し經濟活動を阻止し、外國人の待遇を妨害して日本法律の適用を受けさせ、現在各方面に於て人權を蹂躪して留置監禁してゐるのではないか、斯樣に人權蹂躪を爲しながら、遽かに外國人だから外國人の登錄をなせ云々と云ふのは要するにこの勅令に依り我々を縛りつけ樣とするに外ならぬ。その眞意を理解し得ないから我々はこの抗議文を送るものである。勿論、東洋永遠の平和の爲に、又、世界平和の爲には國家相互間の尊重、國家相互間の平等な立場に於て凡てを爲すべきであり、排他的、侮辱的、飢殺的、搾取的、彈壓的、等の非人道的行爲は兩民族間に於て感情縺れとなり不幸なる血を視ざれば止まざる前提となるのであらう。故に我々は公明正大なる國際觀念に基いて、外國人の待遇を爲して呉れることを望むものである。從來しば〱臺灣人及朝鮮人を除くとして、外國人待遇を爲さず、今般外國人登錄令と云ふ美名の下に我々を日本より追放するが如く計劃をすることは、誠に遺憾とする次第である。

外國人登錄證明書に於ても、現在外國人登錄證の備考には「本證明書を所持する外國人は昭和何年何月何日連合國最高司令部の許可を受け日本國に渡來し且つ外務省に於て登錄濟のものなるを以て本證明書を提出せる外國人に對しては日本居住につき必要なる便宜を供與せらるべきこと」とあるが、之より施行せんとする外國人登錄證明書には注意事項として、

（一）本證明書は常に携帶すること

（二）警察官又は外國人の登錄の業務に從事する官公吏の請求があるときは本證明書を呈示すること

（三）本邦を退去するとき、外國人でなくなつたとき、死亡したときは本證明書を返還すること

（四）登錄事項に變更があつたときは變更の登錄の申請をすること

以上の如く、從來の協和會手帳の記載事項と何等變りないものである。前者は便宜の供與を與へることを規定したるものに對し、後者は、警察官の取調に必要なる事項のみを記載してゐるだけである。之を見ても、日本政府は外國人登錄と云ふ美名の下にわれ〱を彈壓せんとするものに外ならぬ。

（5）又、從來の外國人登錄は外務省涉外部で取扱いたるに不拘、今度の取扱は内務省調査局又は都廳調査一課、縣廳調査課に於て之を取扱ふのは、全く一つの調査に資する目的が明かである。之では果して兩民族の友誼關係が生れて來るであらうか。我々在日朝鮮人は次の諸點を要求するものである。

（1）國際觀念に基いた正しき外國人登錄令を要求する。（此度の日本政府勅令第二百七號及び内務省令第二十八號に依る外國人登錄令及同施行規則は不當なるものに付反對する）

（2）朝鮮人の登錄は、朝鮮人團體に一任し、連合國最高司令部に直接報告制と爲すことを要求す（在日朝鮮人が他の外國人と比し、壓倒的に多數であること及び、從來日本政府の政策に依り渡日し特殊

（十一頁へ續く）

外國人登錄令の實施を機として
我等の地位を高めよ

朴　烈

日本の「外國人登錄令」は去る五月發布せられたが、これに基づく登錄證明書は、愈々來る七月一日より交附せられ、我等はこれを携行して、堂々外國人としての地位を、顯揚し得ることとなつた。歩み來つた過去の辛酸を思へば眞に感慨無量である。

嘗つて祖國の併合せられし悲哀は　今言はずもがな　終戰後も登錄令なかしため、日本人の無知の輩は、我等を遇するに、殆ど敗殘の國民を以てし、官憲すら、我等の身分を知るに、貴重なる幾多の日子を空費し、その間に於ける我等の不便、不利、苦惱、憤怒は筆紙に盡しがたきものが有つたので有る。各地に起りし日本人との紛爭は、主としてこれに因つたと言ふも過言ではないのである。在日朝鮮居留民團の創設も、一つは是れらの禍根を除かんがためであつて、今日まで民團の幹部及び有識同胞が、これに關連して苦慮せしことは實に感謝に堪えへないのである。

民團は初め此の禍根に對處する第一歩として、先ず在日同胞の動機を調査し、次に登錄制を樹立し、これを基本として、同胞の地位安定、權利の確保を圖り、進んで有利の就職、事業の發展、金融の方策、居留民子弟の敎育、その他一切の社會施設を劃策し以て居留民の福利增進に盡さんとせしが、日本政府亦感ずるところあり、新憲法實施を機として、本會を制定し、我民團に對しても、その協力を要請せられたのであつて、洵に我等の慶びとするところで有る。

只居留民諸君中には、本會に對し、往々非難の聲をはなつ者がある。日本人煩瑣なり、曰く我等を遇するに道を知らず、等々、その言や聞くに値えするもの多きも、しかし乍ら思へば、終戰日尙淺く、日本國自身すら、自國民の動態調査は、今尙極めて不備の狀勢にあるのである。法の運用は人にあり、煩瑣、苛酷等は我等の態度如何によつて、これを除去することが出來るのである。民團も又よくこれを知るが故に、マッカーサー司令部並びに日本政府當局に對し交渉を進めて居るので、近く內容の公正運用の妙、實施の圓滿を見るに至るであらうことは、私の固く信ずるところである。

今や母國の獨立は、全世界注目の的となり、彼等の耳目は一齊に、我等の上に、注がれつつあるのである。實に我等の態度は、やがて來るべき母國の完全獨立と、深く關係を持つばかりでなく、日本人を初め、世界各國人の、尊敬信頼を受けるか否かは、專らこれに掛つてゐるので有る。我等にして、此の登錄令の實施を機とし、その態度に於て、品位に於て、他の外人に優るものあらば、彼等は期せずして、我等を尊敬し、我等の行く所、かならざる處なしと云ふ様になるであらう。

我等同胞は、今世界稀有の歷史を造りつつあるのだ、又諸君の一擧手、一投足は、地球上における、子孫の榮辱に對しても最も深き關係を有する事柄である、この機に於て、特に諸君の自重を祈つてやまない、

戰災同胞諸氏に告ぐ

今般民團中央總本部社會部に於て戰災同胞援護救濟事業を實施致すべく計畫して居ります故、罹災同胞諸氏に於では本、支部分團を通じて一日も早く登錄して下さることを希望致します。

但し未だ入團してゐない同胞に於ても登錄して下されば救濟を受けることが出來ます。

在日本朝鮮居留民團中央總本部

社會部厚生課

使節團の態度が決す
和蘭 インドネシア 兩國前途憂慮

昨年末結ばれたオランダ・インドネシア協定の線にそつて一月以來進められて來たオランダとインドネシア共和國間の交渉は、六月に入つてインドネシア中間連邦政府の樹立問題をめぐつて重大な對立狀態に入つた、現地電は共和國內に戰雲がみなぎつていると報じ、オランダ、インドネシア共和國双方とも未曾有の危機だと認めている。

オランダの提案

中間連邦政府に關するオランダ側の最後提案は五月二十七日共和國代表團に手交された、この提案は一九四九年一月のオランダ・インドネシア連合樹立までの過渡的措置として次の諸點を提示した

一、オランダ政府と總督の持つ權限の不讓を條件に全インドネシア中間連邦政府を作る

二、インドネシアの外國爲替、貿易、食糧供給などの諸問題はオランダと中間政府の共同管理とする

三、オランダ軍およびインドネシア共和國軍の縮減

ところが共和國はこの提案にたいして非常な不滿を示した。過去半年間におこつた東インドネシア國西ボルネオ自治國の成立、さらにダイヤの自治政府の樹立計畫、西ジャワのスンダ人の自治運動など一連の事象はオランダが共和國の孤立を策し、植民地支配の舊勢力を保持を企圖しているものと共和國は解釋を下し總督の權限の縮小にふれていない今回の提案は、中間政府の形によつてさらにこの政策を遂行しようとするものだと斷定したのである。

共和國の左派各政黨は二日付の共同聲明で

共和國は植民地的なラインの單なる自治地域にされようとしている

とのべ、右派の國民黨も四日オランダ提案は共和國の事業上の主權を除去することを意味するとのべている、

共和國側の反對提案

オランダ提案にたいする共和國の回答は反對提案の形で七日オランダ使節團に手交された、この提案の主要點は

一、總督權限を制限し、中間連邦政府が國家的性格を持つこと

二、共和國が閣僚の半數をしめる事

米國は從來國際連合中心主義を唱えてきた。實際問題として國際連合にたいする米國の熱意は大きく、國際連合をここまで持ってきたのは、もっぱら米國の努力の結果だといって過言ではない。

米國＝は國際連合を通じて、世界の恒久平和確立という天國の責任を遂行しようとし、また同時に米國および他國の有する政治的經濟的むじゆんを、國際連合によって解決しようとした、したがって歐洲連合といった地域的な結合に、あまり關心を持たなかったのはむしろ當然のことといえよう。米國はこの立場から戰

米國の世界政策

後問題の處理に當ってきた國際紛爭事件の國際連合による解決、ブレトンウッヅ協定による國際通貨の調整工作、

國際＝通商會議による貿易調整など、すべて同一理念に出たものというべきである。さらにヨーロッパおよび日本の講和問題にあっても、米國は極力世界的立場をとり。大國の專斷ないしは自國の獨自の行動を抑制してきた。

米國外交のこのような根本方針にひとつの轉換をもたらしたのは、ギリシア・トルコ直接援助計畫であった。國際連合を通じないで、米國が直接援助の手を伸べようとする計畫は、從來の行き方を急轉したもので、この轉換は米國の有する情勢判斷にもとづいている。世界の恒久平和體制を確立することが究局の目標ではあるが、その方法論としての國際連合中心主義は世界がいまだ完全にひとつのものになり切れない現狀からすれば回りくどい、というのがその判斷である。

直接＝には歐州におけるソヴエト勢力という、問題もありまた最近のハンガリー事件は、米國の新計畫實行を急がせたともみられよう。

しかも米國の政策轉換に關連して一層重要なことは、米國の國內事情である。米國が新政策を考えたのは昨年末のニューヨーク國連總會末期、すなわち約半カ年前と推定されるが、それにもかかわらず計畫の全容がなかなか表面に出なかったのは、一に國內事情にもとづいている。現在の米國議會は共和黨議會であり「減税のための議會」とすら呼ばれていた。また米國經濟の戰後の危機も、色々な面から打診され懸念されていた。これらの事情は米國の積極政策採用をおくらせたもので、それが今日のごとく急轉採用となったのは、すくなくとも國內事情に變化を來したためといわなくてはなるまい。たしかに米國の世論は變化した。トルーマン主義に對する當初の

懷疑＝的傾向は消失し、米國の積極工作を支持する空氣が强くなった。さらに米國經濟の危機も、戰後の短期間の反動後退はあるにしても現在の生產力をもってすればすくなくとも數年は繁榮を維持するとの確信を生ずるにいたった。これらの事情は減税一本やりの議會にしだいに影響し、ひいて民主黨政府の議會にたいする自信を培った。トルーマン大統領およびマーシャル長官の對外積極政策の提唱は、このような背景を有するものであり、世界平和建設の强力な現實主義は、今後一段と進められるものと期待しなくてはならい。

第三回中央委員會開催

民團中總に於ては六月九日午後一時より全體大會後、第三回の中央委員會を開催した處、各部豫算承認があり、次に日本政府より通達された外國人登錄問題に對する民團の態度を決定すべく討議した結果、外國人登錄自體が如何なる性質か不明瞭なることと、日本勅令に依るものなる故意見沸騰し、態度決定困難となりたる爲それに對する交涉委員を選出して、その事實を糾明すべく結論を見、涉外部金進重氏を始め朴魯楨氏金鍾在氏金熙明氏を選任して、交渉に當らせた、續いて地方部長より九州情勢報告があり散會した。

三、經濟問題についてはオランダの
　共同管理には原則的に贊成する
が、その運用機關の構成に當って
　は共和國代表が半數を占めねばな
らぬ

というようなもので中間政府に獨立國の性格を與えるとともにインドネシア人のためのインドネシア經濟の確立を堅持したのである。

これをオランダ側の原案と比較すると兩當事者の言い分の根本的の相違は「植民地支配力による指導とその漸進的後退こそ混亂を防止するものである」というオランダの態度と「支配力の存續こそ混亂の要因である」との共和國の見解の對立の形をとっているわけである

平和か戰いか

そもそもこのオランダ側の提案は最後通告的なものとして二週間の期間付で提出されたので、この提案をめぐる兩國の關係には初めから何となしに險惡な空氣がみなぎっていた、共和國の反對提案にたいしオランダ政府は公式な態度表明を差し控えているが、外電が官邊筋の情報として傳えるところによると

共和國の回答から受けた第一印象は「失望」の一語につきる、共和國はオランダインドネシア協定の履行をおくらせ、その責任をオランダに負わせようとしている、こんどの回答はオランダ、インドネシア協定の條項と精神に反するものである

と全面的な反對を示している、これにたいしスジルマン共和國軍司令官は十一日共和國の補助軍隊に動員令を發し、さらに十五日には「武力には武力をもって對抗せよ」と全軍に激勵の言葉を送っている、しかし共和國政府の有力閣僚の一人であるガニ經濟相は

問題を最後には國連に提訴するとしてもなお交渉が平和的に解決するようあらゆる努力を續ける

とのべ、さらにオランダ本國においても社會黨が十五日平和交渉繼續を正式に主張していることは平和解決の前途に一すじの光を投げかけるものである、何れにしても歸國中のオランダ使節團長シエルメルホー博士は十一日バタヴイアに歸着しており、使節團がいかなる態度を表明するかが今後のカギとなるであろう

朴烈援護會解散

昨年二月設置された朴烈援護會は初代會長曹又億萬氏のもとに幾多の功績を殘して來たが今般朴烈氏の意志により去る四月二十六日解散となった。

從って曹又億萬氏とは公的關係はなくなったわけである。

嵐の前夜

—十九世紀の東洋—

その四　黑波

以上十八世紀末から十九世紀中頃にかけて、わが朝鮮が外來文化に對してどちらかと言へば排他的になつて來たことに就いて述べた。しかしそうした時代にあつても、世界の情勢に遲れぬ進步的國家としての朝鮮をきづき上げるため、多くの抑壓に抗して外來思想の輸入に一身をさゝげた人があつたことも忘れてはならない。

キリスト教が當時の我國には全面的にはいゝ影響を與へたとは言へないが、わが文化の進步に貢獻をなしたことだけは確かである。

ここに、わが國が新しい時代の息吹きを受けようとするこの時代、キリスト敎のために殉じた人達の悲しい生涯を書いて見よう。

たゞその樣な信徒には無名の人が多く、今その傳記を明らかにする事は仲々難しいが、その人達、金大健、洪鳳周、權白身、黃嗣永のうち、金大建は二十六歲の若い生命を信仰にさゝげたのであつた。

彼は京畿道龍仁縣に生れた、幼名を再禰と言つた。父、濟俊も天主敎の信者で敎名をイナシオと言ひ、かの憲宗五年の己亥邪獄の時に遂に斬首せられた人である。この父をもつた彼は生れ落ちる時からのキリスト敎の信者だつたと言へるのである。そして幼いながらも立派な信者として育てられて行つたわけである。

かくて、時丁度憲宗二年（西紀一八三六年）フランス人宣敎師ピエルモーバンが最初に京城に來た時、三人の優秀なキリスト敎徒の少年が選ばれ、澳門にあつたパリー外邦傳敎敎會の學校に送られて敎育されることになつたのである。その一人として先づ選拔されて彼は、故鄕を發つたわけである。時に年わづかに十五歲であつた。

かうして彼が異鄕にあつた時、父濟俊の訃報が傳へられたわけである。この己亥の邪獄には多くの犧牲者が出たが、金大建は全くわが國外にあつたためその難を免れたわけである、彼が父斬首せられるの悲報を受けたのは翌六年になつてからであるが、歸國しなかつたと言ひ傳へられて居る。かくて憲宗八年めでたく學修を終へた彼は彼の學んだ外邦傳敎敎會の命によりフランス人メイストル神父と共に歸國することになつたのだが、丁度、己亥迫害の後で國禁嚴で容易に志を達することが出來なかつたが、萬難を排し辛うじて國境を踰過して義州に入り、翌々年憲宗十一年一月八日京城に入つたのである、彼は澳門の敎會學校で神學をはじめ、拉典語、佛語に精通し、敎名をアンドレアと言つた。資性豪膽で才幹人に拔んでいるものがあつたといふ、かくて、わが國では、國內の布敎の困難なのを知り、同十一年八月再び上海に行き同地でフェレオール司敎より神父に叙品せられたのである。わが國のキリスト敎信者でこの地位を得たのは彼が最初である。

活動的な彼は上海にも永く留まることなく、その年暮、フェレオール司敎、ダブルイ神父と共に海路より再び歸國し忠淸道を根據として潛かに布敎に從事したが、十二年フェレオール司敎の依賴でわが國への外人宣敎師の潛入に關しての通信連絡を取るために黃海道大靑群島の白翎島附近に赴いた時、捕へられ京城に押送されたのであつた。そしてこの年九月十六日、沙南基で梟首にされたのである。年僅かに二十六歲であつた。この短い生涯を彼は全く、キリスト敎のために捧げたと言へるのである。この金大建の他、前述の洪鳳周、權白身、黃嗣永等、キリスト敎のため盡した人が多いが、彼等かの黎明期の我國文化のために、自己の信仰を通して、間接には貢獻した事は確かである。特に權白身などは李朝初期、十八世紀末の儒學者としても立派な功績を殘した人だつた。この人達の他儒學者の中進步的な學者は儒敎のマンネリズムに飽いてキリスト敎に大きな關心を寄せて來た、又實際この當時、わが國が外來文化を取入れるためには、キリスト敎を通してより他には道がなかつたとも言へるし、西洋の書籍も又宣敎師を通じて入つて來たのである。この樣にキリスト敎從がこの役割を果したことは事實であるが、又その例外もあつた事を忘れてはならない、その一人に有名な丁若鏞がある。李朝時代の有數の學者と言ふより、わが國の歷史上第一の學者と言はれねばならない學者である。

李朝英祖三十八年（一七·六二年）羅州に生れた。字は美鏞、俟菴とも號した。幼時から彼は數學に天才的な才能をもつてゐた。彼の學問が成長してから如何なる方面に伸びて行つた後も、科學的であり組織的であつたのは、皆幼い頃からのこの數學の敎養によるのであらう。

だが、靑年の彼の目を開いたのは新輸入の西洋書であつた。當時はまだ、前回に述べた一七九一年の洋書禁令も出ては居らなかつたが、しかも洋書入手には非常な困難がともなつたのである。というのは前述の通り洋書を手に入れるにはどうしてもキリスト敎從の手を經なければならなかつたし、そのキリスト敎への彈壓はもはや相當激しかつたからである。彼の三十二歲の時、正祖十八年には有名な周文謨が變服して京城に入りキリスト敎の布敎につとめて居た頃なのである。

勿論、この不自由をしのんでも彼は世界の情勢に遲れぬ進步的國家をつくるために一身を投げ出して新しい學問に志したのであつた。

彼は最初は觀念的な、また理論的な學問主に儒學を學んだのであつたが、その後次第に實際的な實用的な學問に向つて行つたのである。これは當時の學風にもよつたわけだが、逆に丁若鏞その人こそその先驅者となつてこの學風をつくつて行つたと言へるのである。それでは何故、李朝中期わが朝鮮に實用的な實際的な學問が重んじられるようになつたのであらうか。

當時、中國では明國が滅んで淸代に入つたのは既に遠いことであるが、わが朝鮮との交涉も次第に多くなつて來て居りながら、わが學者は淸からの學藝思想の影響をうけるのを快しとしなかつたのである。

その理由こそ、とくに友好關係をつゞけて來た明國の學問思想に對する思慕がなほ消えて居なかつたことによるのである。前回迄にのべた樣に明は日本の豐臣秀吉が、わが國に不法な攻擊を加へてからの特殊關係がこの時分迄續いて居たわけで、この理由で朝鮮の學者の淸に對する感情はよい方ではなかつたのである。

このことはやがて社會一般の風潮となり、そのためには自國の社會上の種々の弊政を打開する必要を痛感するようになり、その先頭にたつたのが進歩的な一派のこれらの學者たちだつたのである。かくて、ここに社會改革のための實用的學風が起つたわけである。そして從來の學問特に儒學が空理空論であつたのを脱して、社會的實地指導として學問を活用する傾向が強くなつた。

大體、彼が觀念的なまた理論的な學問、即ち儒學で學問的出發も始めたのは、彼の曾祖父の恭齋尹斗緒がその當時の一かどの儒學者だつたからである。この樣な學問的ふんいきに包まれた家庭に育つた彼も、西洋學に一度目を開いた後は率先從來の因習をすてて、なるべく現實に適合した學問に志したのであつた。この樣な學風が作られたのは東洋諸國ではわが朝鮮の學者が先辨をつけたわけで、學問の實際化は西洋、特に米國のみでなく、わが國先達の既になしている事を忘れてはならない。

かくて丁若鏞は經濟學、醫學、歷法學、地理學に精根を傾け、彼の三十四、五歲頃から著した著書は、日常必要な百科全書に至るまで、すぐ間に合ふ書物が多かつた。

その著書の主要なものでも、經世遺表、大韓疆域考、風俗考、醫學要鑑、及び與猶堂全集百數十卷など、その博學な事がよくうかがはれるのである。特にその著、醫學要鑑が臨床のうらづけによつて書かれたものである事は彼が、わが國で最初にジエンナーの種痘を行つてゐることによつても明らかである。尙有名な杓釋遠はこの時古來からの朝鮮の實狀に立脚した經濟改造論を唱道して居るのである。さて、若鏞が、このように西洋思想に進歩的であつたのは、彼の生立ちによるもので、前述の學問的ふんいきを持つた一家は當然西洋思想の傳來と共に、彼の近親一族は西洋學に興味をいだいて來たのであつた。

即ち、彼の兄丁若鍾もまた有能な西洋學者であつた。そして同時に熱心なキリスト教の信者であつた。丁若鏞の近親者にはキリスト教の信者として有名な人が多かつた。すべて彼等が皆西洋學者とは言へないが、キリスト教と西洋文明との關係から言えばその人達は當時の進歩的な一族だつた事は確かである。T氏の一族を今上げて見よう。兄の丁若鍾。伯父の丁若銓、母の父が丁若銓である洪鳳周、それに、丁若鏞の長兄若鉉の女婿の黃嗣永等である。たゞ、丁若鏞自身は、キリスト教のよき理解者ではあつたが、信者ではなかつた。だが、この樣に彼の近親にキリスト教從が多かつたために彼も自然迫害を受ける身となつたのは勿論である。これは、博學多才な丁若鏞の名聲をねたんでゐた少數の人の排斥運動にもよるのであつた。ここで彼のよき後援者となつたのは正祖であつた。

正祖は好學の人で、弘齋全書の著者としても有名である。ところが、この正祖の死後は公的な地位もしりぞかねばならなくなり、純祖元年(一八〇一年)には下獄されるという破目に至つたのである。この時、兄の丁若鐘は殺され、伯父の若銓は黑山島に流された。丁若鏞はゆるされて出獄してからは晩年を隱世の身として過した。一八三六年、憲宗十六年沒していつた。年七十四歲、この頃から國内外多難な時を向へて、その海外知識を活用し得なかつたのは遺憾である。

化學の動き

天然色テレビジョン完成近し

米國のテレビジョンは最近長足の進歩をとげ、すでに今日では天然色映像を出す機械までつくられ、受像機は、一般家庭用として畫面積縱三インチ横四インチもので百五十ドル十六インチと二十二インチのもので四百五十ドル位いで賣り出されているが、天然色受像機は實用にもう一二年研究する餘地がある、模樣である天然色テレビジョン裝置はどんな構造をしているか――

コロンビヤ放送局で使つているのをみると、送る光景がオルシコンというテレビジョンの眼玉を通る前に、まず光景をレンズで屈折させてプリズムに反射させさらにプリズムの周圍を回轉する六角筒の壁を通過させて光景を三つの色に分けてからオルシコンに入れる仕組になつている。この六角筒の六つの壁は、赤、綠、青の三つの色をそれぞれ通す三種の板が、順序よく合わされたもので、一秒間に十回轉している。光景はこれによつて赤、綠、青の三色に分解されて、一秒間に六十の光景がオルシコンに入るわけである。オルシコンに入つた光は普通のテレビジョンと同樣な過程をへて放送される。

受影側ではこの逆を畫面で、行えばいゝわけでつまり普通の受影機によつて寫し作された畫面の前に、赤、綠、青の色を通す板を六枚圓板にはめこみ、この圓板を放送の時と同速度、即ち一秒間に十回轉させ、この圓板を通じて畫面を見れば天然色の光景がそのまゝ映つてくるわけである。

この天然色テレビジョンの缺點は、六角筒や圓板をぐるぐる回す機械力に依存しているため、不正確不明瞭であることとテレビジョンが送波長のなかでも、中途半端なものを用いていることである、そのため畫面の鮮度がぼけたり、畫面中に白や黑の得體の知れぬものが放送光景をさまたげて入つて來たり、また電波自體も强力なものを得られない。

このように現在天然色テレビジョンは、この機械的裝置に行詰つたので、もつぱら眞空管内で影像に色をつけたまゝ取り入れる送空管と、眞空管内ですでに色づけされた像か映る受像管の發明に懸命である。もしそれが理想的なものとして完成し、しかも非常に低廉な價格で一般大衆が入手できるようになれば、世界の文明史に異彩をそえることになろう

◈　◈　◈

第二回中央議事會開催

第二回中央議事會は六月二十一日午前十時講堂に於て開催さた。中央議員十餘名參集し、司會者朴性鎭氏の開會宣言のもとに開かれ執行部選擧に議長高順欽、洪賢基、金聖洙、が選ばれ議長挨拶の後、討議に入つた。各部の經過報告の後民團運營上特殊な立場にあるので監務局を設置してはとの事務局の案に對して多數決によつて必要なしと否決された。

外國人登錄問題については全議員等しく先日要求した通り其の實施條項について反對を可決した。又前大會に於ける地方建議案を檢討したが結局中央委員に委任することとし終りに地方情勢報告として長崎地方の特殊な情勢報告があつた。

榮冠

「世界新記錄樹立」

マラソン王 徐選手凱旋す

去る日アメリカボストンで催された第五十一回世界マラソン大會で朝鮮民族代表として始めて出場し十一カ國百七十八名の選手と技を競い世界新記錄を樹立、懐中時計大のダイヤ入り優勝金メダルを獲得した徐潤福選手は先輩前一九三六年ベルリンオリンピック大會へ第一着と第三着をかち得たマラソン界の惑星と稱せらる孫基禎、南昇龍兩氏と共に歸國の途中日本を訪れ同胞の歡呼を浴びて十七日入京した民團、學同、建青、朝聯、民青、婦女同盟其他各團體では盛大な歡迎會を催して三選手を激勵し賞讃した、ボストン大會の印象とゴールイン瞬間の心境を感激に浸る追憶の眼ざしで徐選手は次のように語つた。

『太極旗を胸に飾し朝鮮人として世界の舞臺に出ることが出來たのは感激に堪えない、他國の選手は二月前から猛練習をしたのであるが、私達一同は短い期間と旅行のつかれのため始めは當惑した、しかし大會に臨んで走つて見ると案外調子がよく世界で忘れられた朝鮮民族の氣魄と偉大さを世界に誇示する時はいまであると考へると勇氣が溢れ最後の勝利を目指して全精力を出した、ゴールへ入つての感じとしては朝鮮の旗が世界の果てまで靡がえるのを考へると民族的な感激に浸された。來年に催されるオリンピック大會の勝利も確信してゐる』

なお病氣のために出場出來なかつた孫選手は情熱の眼を光らせながら大會の印象と民族の分裂を悲しんだ

『オリンピック大會のときは日本の名の下に出てあらゆる差別と壓迫を同僚の中から受けたが今度の大會は朝鮮人として朝鮮民族の代表として出たことは民族的感激と誇りを感ずる、しかしその時の榮冠は全朝鮮人によつて歡呼されたが朝鮮國土及び民族の思想的對立によつて全朝鮮民族が同じく喜ぶことが出來ないのは悲痛に堪へない朝鮮青年の朝鮮に捧げた情熱をくんで政治家は速かに團結し祖國を再建しなければならぬ』

甲板にて交された簡單な問答の中に朝鮮民族の將來は青年のものであり青年の純潔な情熱によつてのみ祖國を再建することが出來ることを常に三選手は口ずさむのであつた歡呼の裡にはしを下りた三選手は車を軍政廳へすべらせた。十八日船で故國朝鮮の仁川え向つた。

米蘇共同委員會

に送るメッセージ

在日朝鮮居留民團では全團員の期待に包まれて再開された米蘇共同委員會に對しメッセージを贈つた。

これはわが在日朝鮮民族が如何程熱誠に今回の共同委員會に期待をかけているかを如實に證明するものである。

▽……△

メッセージ

我が民團は在日本六十萬同胞の名に依り我が朝鮮臨時政府樹立の爲、米ソ共同委員會が再開した事を慶賀すると共に、親愛なる代表諸公閣下に衷心から敬意を表します、民族自決はウイルソンの提唱であり、民族孤立はレーニンの叫びであつた、其の主張が幾多の試練を經てポツダムの國際公約に結論を求めたのである之が即ち人類友愛の本義であり、社會正義であり、又國際公道であつて世界平和の根本である事の證左であると信じます。今般の共同委員會にて之を具顯し、左の項目の早急實現を念願致します。

一、三十八度線を即時撤廢する事
其の理由としては、我が三千萬同胞の發展の自由を阻害するのみならず、全く滅亡同然の生活狀態に陥れるからである。又此の線は二大勢力を對峙せしむるが如き、疑惑を世界に與へるからである。

二、獨立政府樹立を早急に實現せしむる事、其の組織としては、朝鮮の現實に即し民主的政體にする事

三、民族の總意に問ふべく、貴共同委員會に、多數の團體を參與させる事

以上本民團全體大會の決議に基き團長及び議長之を代表して、メッセージを進呈するものであります。

在日本朝鮮居留民團々長 朴 烈
議長 高 順 欽
一九四七年五月二十四日
米蘇共同委員會御中

メッセージ

我等は前に在日本朝鮮居留民團山形縣本部結成大會に於て貴委員會に對し左記の如き意味に於てメッセージを進呈する光榮を有す。

記

一、朝鮮に於て完全自主獨立を渇望する我等は貴委員會にに感謝の意を表する。

一、我等は貴委員會に於て必ず朝鮮人の理想を貫徹せしむるを信じ滿腔の誠意を以て祝禱す。

西紀一九四七年五月二十日
在日本朝鮮居留民團
山形縣本部結成大會
代表 裵 點 錫
米蘇共同委員會御中

國際親善の契り
林信雄氏の美擧

今を去る三年前卽ち一九四五年八月歴史的世界の日、朝鮮は完全獨立することを公約され、我々は獨立に向つて進むことになり、在留する同胞もこの線に沿うてあらゆる惡條件と闘ひ、祖國再建の爲に努力して來たのであつた。處が敗戰日本人の間には過去の未練と帝國主義者の殘滓と無理解のもの達は事につけ時につけ、我々同胞を誹謗し、最近に至つては所謂指導者になる迄日本のインフレ惡化の原因を我々になすりつけ選擧運動にも、朝鮮人を非難することをその材料としてゐるは少くないのである。我々はこゝに於てこれ等無理解に依るもの達による鮮日間親善に面しろからぬことに至ることを憂ひ、この打開の爲に努力を惜しまなかつたが、その効果は全然見られなかつたのである。處が最近に至り、一部の平和を欲する日本人は我々の眞意を理解され陰に陽に我々を助け鮮日親善の爲に獻身的努力を惜まぬ人々が數多くなつた。その中我々の注目をひく人の一人、卽ち林信雄氏その人である。氏は九州福岡の生れ、現小倉に住む人で永年辯護士の經歴をもつて合併時代より朝鮮同胞の爲に働いて來た平和の士であつたが、やがて敗戰となり在留同胞が祖國再建に雄々しく立つているを喜び幾多の協力を惜まなかつた、特に氏か住む九州小倉に居留民團の支部が結成されや關心を持ち續け、當支部事務所不完全の爲所在物色に奔走した處、これを見かねた氏は私財三十萬を投出し小倉市大阪町に立派な事務所を新築して民團小倉支部に提供したのである。當支部團長裴氏以下役員一同感激してその厚意に甘んじ、去る五月一日落成式と共に事務所を移轉、在留同胞に代り感謝を表すると共に國際親善民生安定に一層の努力をすべく覺悟を披歴し世人の注目をひいたといふ。

そして氏はそれに答へ友邦朝鮮民なか一日も早く完全獨立されて平和國として立上り特に日本との親善を厚くし以て世界平和に寄與すべく、努力されんことを、願つていると傳へられる。

朝連長崎縣各支部解散
民團支部として新發足

去る五月十八日以來、長崎縣の諫早、南風崎、大村地區では朝連各支部主催で夫々民衆大會を開催したが、其の結果として、朝連自體を反省した各支部は、今般朝連支部解散を決議、其の組織體を以つて民團を結成した事は既報の通りであるが、右長崎地區各支部は今後益々民團中總本部と提携し密接な連絡と關係を以つて、民生問題、文化問題、經濟問題等凡ゆる部門に活躍を續けるべく發足した。

朝連傘下時代も活躍する處大であつたが、今般民團支部として發足以來は、來だ短日月の間に早くもその活躍は大いに期待されている。

協同組合役員改選さる
於第二回理事會

在日本朝鮮居留民團協同組合では先般全體大會に於て民團の運營方針が協同組合を中心に活動を展開すべき決議によりその重要性に鑑み、去る六月十四日午後一時第二回理事會を開催した。席上民生問題對策に依る協同組合の方針について意見交換、眞摯なる審議により、各地方の細胞組織を强化し中總との直接連絡のもとに物資の融通消費の活路を具體化し、支部組織體を通じて一般同胞に及ぼすべく決議した。當役員陣營の重要性を慮り左の通り役員を改選した。

組合長　裴　正（事務局總長）
副組合長　金熙明、徐忠臣
常務理事　玄熙、梁相基、鐵光龍
理事　劉虎一、鄭東祚、琴錫龍、朴明玉
會計監査　卞榮宇、鄭周和

（五頁より續く）

なる立場にあることに依り外國人登録制は朝鮮人自治團體に一任することが適當である）

（3）日本政府は朝鮮人に對し、外國人として總ての待遇を爲すことを要求す（終戰後朝鮮人を、非日本人とか第三國人とか、又は外國人待遇及取扱規定から朝鮮人及臺灣省民を除くなどで、朝鮮人に對し外國人としての待遇をせず、義務のみ負はしたることは洵に不當であり、不合理である。國家相互關係の爲に斯の如き誤策を爲さざる樣に特に注意を拂い、外國人として立派に待遇をすることを要求する）

（4）日本政府は朝鮮人の生命財産を保障し、以て人權を尊重することを要求す（しば〳〵朝鮮人打殺、飢殺等の事件發生に對し日本政府は責任を取らず、例へば一部に殺人犯人が日本人であつた場合に於て警察當局は證據不充分とか搜索不能とかで日本人の犯人を逃げさせた行爲等は、專ら朝鮮人の生命を保障せざるものにして、將來の兩國家間の感情の疎隔を來すものなることを知るべきである。又、財産や或は經濟活動上に於ても、日本人より不利な立場にあり、過大なる財産税、超過税、又は闇行爲等の理由で過大なる罰金を負はしたりすることも、財産を保障せざる一例である。我々に生命財産を保護するのは國際法に基いても當然爲す義務があるものである。なお、闇行爲や、掠奪等爲す者は朝鮮人であるが如く司令部へ陳情し、我々朝鮮人を不利なる立場に落し、彈壓せんとすることも、將來の東洋平和の爲にならざるを以て、日本政府は向後斯の如く朝鮮人を中傷せざる樣に特に要求する。闇行爲掠奪行爲は統計を見れば、朝鮮人と日本人と何れの者が多きかを知る筈である。尙、人權を尊重せざるは感情の元となるから特に注意すること）

（5）世界平和樹立の爲、朝鮮人に對する正しき認識を日本國民に徹底的に周知させることを要求する（民族間の離間對立が、如何なる結果をもたらすかは今次大戰の結果を見ても知る筈である。民族國家として平等の立場に於て、卽ち對等の立場に於て、凡てを爲すことに依り朝鮮の獨立もあり得るのであり、又、日本の再建も、中國の統一も、國家相互間の友誼的關係から平和はあり得ることも知るべきである。）

一九四七年六月十六日

在日本朝鮮居留民團
中央總本部
外國人登録問題委員會

愛する朝鮮國青少年に告ぐ

……一日本婦人の手記……

愛する朝鮮國青少年よ！

獨立の榮冠目指して雄々しく前進しつゝあるあなた方若き青少年に、今ひろく勉學のときは與へられました第二の國家を背負うあなた方は今こそ研學し、切瑳し、益々淸新にして且つ最も健全なる朝鮮社會を、朝鮮國家を完成する爲、課せられた己が使命に邁進努力すべきときであります、有爲なる教養と人格を養成するには教育であります、この教育を基盤として勉學に精勵し、社會學も又同時に學ぶことによつて將來偉大なる國家は建設されるのであります、勉學はあなた方若き青少年にとつて必要缺くべからざるものである、況して國家のこと、社會のことは勿論、家庭のこと男女のことゝに至るまで總ての倫理觀を確立し、自覺的意志のもとに、有爲なる青少年が有爲なる人物になると云ふことはあなた方若き青少年に課せられた大なる使命であり自己の榮譽でもあるのです、且又教育は自己の運命を愼重に形成し活氣あり、教育ある社會、國家程威力ある防衛は他にないのであります、今や青少年は敢然と將來の偉大にして權威ある文化國家建設の爲勉學すべきときなのであります。

▽……△

知識低劣、これ程怖ろしい不幸はありません、無知識者は反省も思慮も批判も確固たる目的も信念もなき爲、それ故の國家建設には疎く、政治も經濟も、國際關係迄も沈滯沒却せしめて終うものなのです。國家の建設には先づ大人物となることであります、それには青少年のうちに懸命な勉學をなし大人物となるべく教養を豐富に積むことにあるのです、かくしてこそあなた方は自由を再起興隆せしめ、又世界を堂々相手國とし世界も亦あなた方を有意義な相手國として歡迎を惜しまないでせう。

幸ひあなた方は開放を契機に更に一層の勉學に精進して居らるゝ姿を傍觀し得た私は、吾がことの如く悦ばしく、あなた方の既に大人物となられた將來の姿を思ひ浮べて大きな關心と期待をよせて居る一人なのでございます、日本人である私の、そして最も朝鮮に深き友愛と親善をよせる私の、この切なる期待と關心を美事達成して讃美羨望の瞳を見張り乍ら啞然たらしめて下さい。

▽……△

學門の分野は開けてゐます、商業に、經濟に、政治に、水産に、工業にと各々學ぶべき學課の分野は廣い、ここに於てあなた方は御自身の最も得意とする特技なり本能なりを自ら選んだ分野に眞に學び發揮して下さい、日本には古い諺で「得手に帆を上げ」と言われて居ることがあります、得手に帆を上げるとは皆様も既にお分りかと思ひますが、その人の特技なり本能なりは成し方如何によつて完全に成就出來ると云ふことであつて、强風逆浪に倒れるかとも危ぶまれる帆船でさへ、帆を操る人の力（特技本能）によつては立派に帆を揭げつゝ順航快速出來ると云ふことなのです、ですから己が得意とする目的に向つて勇敢に勉學努力することが最も大切なことなのです、自らの目的たる學課の選擇はあなた方の自由意志であり、さればこそ如何なる努力も忍耐も惜しまず、耐苦勉勵出來る筈です。

▽……△

獨立とは云へ未だ朝鮮は混沌とした社會狀勢にあります、三十八度線の徹廢可否如何の運命と同時に朝鮮統一臨時政府樹立如何も再び開かれた米ソ共同委員會の手中にあります、否必ずや近き日三十八度線の徹廢、統一臨時政府は樹立されるでありませう、然しその時こそが眞の獨立でありまして、この時こそ青少年の雄々しく起ち上るとき、凱歌を奏でるときなのです、だが凱歌にのみ醉つていてはいけない、獨立の後の破壞のないように、自らの手で自らの國を滅すことのないように。

それは戰爭許りが破壞ではないのです、破壞は自らの無痴な行動と言語にもかゝつて、起ることなのであつて知識の程度教養の如何、人物の有無にかゝわつて居ることとなのです、國を疲弊させるか、興隆させるかは遍にあなた方第二の國民の教養人物如何にありまして、國家は政治に經濟に産業に凡ゆる角度から檢討して萬全を極め、又國際關係の度をも深めなければなりません、國際貿易の不可能な國家は自ら死に臨む外はないのです。

▽……△

現在の朝鮮國に選ばれた大人物は、北部の金日成將軍、南部李承晩博士を始め在日居留民團朴烈團長等各人は國家の重要人物として非常なる活躍を續けて居ります、これら多數の人達は皆國際關係の中心をなす人達であります。そしてこれら偉大なる人物は偉大なる步調を辿りつゝあります、第二の國民青少年あなた方もこの人物とならなければ國內は勿論國際關係の提携も何ものも出來なくなるのであります。今後は外交に於いて、取引に於て、凡ゆる分野に凡ゆる方向に活躍の出來る生きた勉學を研磨し、教養を身に積まねばいけません、眞の學問、眞の自由なる勉學は獨立の今日こそ與へられたものであり取り戾したものであり、然る故更にめざましき生きた學問と共に奮闘をも續けねばなりません、生きた學問とは高い教育と知性を備え、猶研磨しつゝ實社會に活社會に、眞の協力者となり指導者となり得る學問であります、教養であります。

かくしてこそ自ら創り上げた偉大なる教養と人格は確固たる地盤の上に朽ちることなく建設され、人類の最大にして可能なる幸福を把握し、自由を近く引きよせて、自己が目的を完成し乍ら、國の歷史に偉大なる足跡を印しつゝ最高にして至善なる威力ある國家を構成し華々しき飛躍が出來るものなのです。

▽……△

若し皆様の中に學問に對して嫌惡を覺ゆる者があつたとしたら將來の國家は一體どうなることでせうか、そして一部の者のみ教養と人物者がゐたとしたら一體どうなることでせうか、文化國家どころか國家は政治的經濟的混亂と國民の困苦缺乏があるのみです、何となれば、一部の階層だけに世界知識の吸收があり、又それ故この少數指導者は自分達だけ特權の樣に取扱ひ、過去の日本の樣な專權的上意下達程度の訓令政治となつて現はれる他ありません、そのときになつて如何に世界の知識を廣く極めんとしても徒勞となり、結局一部の安易な自己陶醉的社會のみ雷同性の上に築かれるばかりとなるのでありまして、知識を深め敎養を積むことはとりも直さず自らの幸となり、世界文化を批判し認識し、國民の眞價を海外に實證しつゝ國際文化水準を高めることなのです、文化國家創造の信念を鞏固に、又國家回復への基盤達成を意圖として不斷の勉學をされ、これが成果を實社會に巧に應用する實踐を併行してこそ文化が內包する政治、經濟、產業は固より勞働も藝文も一切が國家文化、國際文化の大事業を完遂する基なのであります。

さて日本をよく御批判下さい。日本の敗戰は當然のことでありました、敗戰と云ふ事實は、全き人物と高き敎養のある指導者が居なかつたことを證明して居ります、又かゝる人物あらば戰爭も惹起しなかつたでありませう。大戰前に於ける幾多の弊害を惹起しなかつたでありませう、平和を眞に愛し慾して居つた一面平凡な頭腦の私達に、日本の權力ある指導者は、無知の國民を戰陣にかり立て、國家と、國民を、最も悲慘的なる犧牲に供したことです、犧牲に供したことによつて始めて已が惡夢の行動から見覺めた彼等は敗戰の苦惱の中に又しても覆ひかぶさる世界の嘲笑と屈辱を身に受けつゝ斷末魔の苦難に呻吟してゐる姿は、實に〳〵嘆かはしい限りです。

戰爭の原因も知らなかつた日本の靑少年は、敗戰後の廢墟を眺め起ち上りつゝ、戰爭指導者の行動を嘆き乍ら、今後は平和國家、文化國家建設への爲、生きた學問を得、知識ある敎養を身に積み、皆樣への過去のお詫びと共によき隣人、よき兄弟とならんと欲して日夜勉學に精勵して居ります。

愛する朝鮮國靑少年よ!

日本をよき手本とし、敎科材料として生きた學問を身につけて下さい、私はこゝに皆樣のよき隣人とし友として對座しつ――。

愛する朝鮮國靑少年皆樣の不屈の勉學と、御健鬪と、朝鮮文化國家建設の精華榮達をお祈りして居ります。

〃東京フォーリーズ〃 協同組合出資となる

目下澁谷東横劇場四階に於て好評を博しつゝある「東京フォーリーズ」は五月一日より民團協同組合の出資による劇團として新發足した。

潑溂たる新人若人の熱意あるの演技は觀る人の感情を高め、殊に劇中朝鮮の舞踊と歌との交錯は新しい朝鮮の印象を刻みつけるのに効果十分である、末だ日の淺い當劇團がこゝまで進出できたのは將來を多分に囑望されるものがある。

在日朝鮮人公論調査回答

在日朝鮮居留民國中央總本部では、過般公論調査を行つた處（六號本紙上掲載、）との種回答數がまとまつた、團員大多數の公論は共和政體（民主政體）支持者が壓倒的に多く六十九%を占め、共產黨支持者は僅か十二%といふ少數であつた、うち主なものは左の通りである。

一、貴下は如何なる團體を希望しますか。
1、共和政體（民主政體）　六九%
2、社會主義政體　一九%
3、共產主義政體　一二%

二、貴下は朝鮮と日本との關係を左記の中どちらを希望しますか。
1、親善　八五%
2、報復　一三%
3、親善も報復もなし　二%

三、貴下は本國に於て左記の中どちらを希望しますか。
1、自主獨立　九〇%
2、信託統治　一〇%

四、貴下は如何なる事情で歸國しませんでしたか。
1、財產搬出不可能の爲　三六%
2、生活不安の爲　三三%
3、本國不獨立の爲　一七%
4、學業研究の爲　九%
5、家庭狀態の爲　九%
6、日本人の妻を持つてゐる爲　三%
7、本國に歸つても無財產である爲　二%
8、工業經營の爲　一%

五、貴下の在日同胞の民生問題解決策は如何ですか。
1、職業を持つ事　六〇%
2、事業をやる事　一五〃
3、貿易をやる事　一〇〃
4、民族團結する事　四〃
5、日本に賠償させる事　三〃
6、共產黨を打倒する事　三〃
7、聯合國待遇を受ける事　二〃
8、解決對策なし　一〃
9、銀行を設置する事　一〃
10、良い指導者を持つ事　一〃
11、團體解散する事　〇、五〃

六、貴下は現世界各國中どの國が善政をしてゐると思ひますか。
1、米國　六四%
2、蘇聯　一二〃
3、英國　九〃
4、スイス　六〃
5、ノルウェー　四〃
6、スエーデン　四〃
7、中國　一〃
8、佛國　一〃

七、貴下は在日同胞が何を研究して本國に貢献すべきだと思ひますか。
1、技術（技術文化、科學技術）　四九%
2、文化　四〇%
3、農業　三〃
4、工業　三〃
5、朝鮮人惡質分子取締　二〃
9、國家行政　一〃
7、革命運動　一〃

民團曆

五月廿八日	兒童敎材印刷開始
五月廿八日	杉並支部高圓寺分團結成
五月卅一日	千葉縣長生支部結成
六月　二日	第二回中央委會開催　外國人登錄問題審議
六月　三日	山形縣、北村山支部結成
同	西村山支部結成
六月　七日	千葉縣安房支部和田分團結成
同　日	中總社會部厚生課にて在留戰災同胞救濟事業すべく決定名簿作成
六月　九日	第三回中央委員會開催　外國人登錄問題に對し民團の態度を審議　九州地方情勢報告
六月　十日	神奈川縣湘南支部結成
同　日	山形縣、山形市支部結成

アジア復興が目的

極東經濟會議で事務次長が强調

シャンハイ十六日發ＡＰ＝共同　國連アジア極東經濟會議は十六日シャンハイで英國オーストラリア、中國、フランス、オランダ、インド、フイリッピン、シャム、ソヴェト、米國の十カ國代表が參集して開催された、國連事務局經濟關係事務次長オーエン氏は開會のあいさつで

今回の會議は全人類の過半を占めるアジアにおける國連最初の歷史的重大會議でその主な目的はアジアならびに極東諸國の經濟再建を助成し、各國間の經濟關係の强化である。

＝中國外交部長あいさつ＝

シャンハイ十六日發＝中央社＝共同　王世杰外交部長は十六日當地で開會された國連アジア極東經濟會議に出席、中國政府を代表してつぎの要旨のあいさつを行つた

本會議はアジアならびに極東地區の經濟的復興と向上に必要な具體的措置を見出すべき重任を附託されている、從つて中國政府はこれが任務達成のためあらゆる援助を惜むものでないことを保證する。諸君の責任は甚だ重大であり、處理すべき問題はことごとく急を要するもので、數億の民衆がこの會議の運營を注視し、希望をよせている、戰爭が終つてすでに一年十カ月の歲月が流れたにもかかわらず世界の回復はいまだにしよ光を見出しておらず中國の現狀を顧みるとき通貨膨脹と物價高騰の脅威の下に破壞された都市と荒れはてた農村はいまなお戰時のような悲慘な樣相を呈している、

世界平和と世界の經濟的安定が不可分の關係にあると同樣に戰災國家の政治的安定もまた經濟復興工作と切離しては考えられずこれらは同時に進められねばならない、ひとり中國だけでなく他のアジア極東地區の諸國家もまた同樣の狀況下に置かれており、これら諸地域の經濟復興工作は政治的狀況の常態に復するのをまつわけには行かない、大戰の勝利は決して一國の力によつてもたらされたものでなく一國が自分の境界を封鎖して獨り經濟的安定を考えることもまた不可能である。したがつて相互團結協力によつて具體的解決の方途を決めそれを實行に移さねばならない本會議が各戰災國に代つて應急の救濟方策と長期の再建方策を決定されんことを望む次第である

反共教育書配布

米國陸軍省で將兵に

ワシントン十七日發＝共同　米陸軍省は十七日、共產黨の危險性を米兵に警告するためのパンフレットが、近く國內および海外の全陸軍部隊に送付されることになつたと發表した。このパンフレットは各國に駐在する軍隊の教育資料として使用されるがその主旨は

共產主義は民主主義と相反するものであり、共產主義の信奉者は米國式政治制度を覆えそうとしている

というにある、一方陸軍省涉外當局者の言によれば、トルーマン米大統領は最近各省にたいし、歐洲講和條約に關して米國政府がソヴェトと意見一致するよう努力している間は共產黨にたいする攻擊を和らげるよう命令を發したといわれる

京都商工會第一回定期總會開かる

去る六月七日京都商工會に於て加盟團體代表員を始め來賓出席の下に第一回定期總會を開催した處左の通り役員の改選を行ひ革新的陣容をもつて商業權確立と同胞の民生安定に寄與すべく活動方針を決議した。

役員改選

會頭　金　元守　民團京都本部團長
副會頭　趙　宇植　朝聯京都本部副委員長
〃　權　五燮　民團京都本部副團長

加盟經濟團體(參席)

產業社　朝鮮人料理組合
朝鮮人消費組合　朝鮮人纎維組合
居留民團生活協同組合
國際商事　朝聯生活協同組合
朝聯人ゴム製品組合
朝鮮人工業組合　朝鮮人古物商組合
朝聯製材組合　西陣織物組合

ハンガリー

共產黨の地下工作に紛爭

ハンガリーに發生した反ソ分子の肅清と追放事件はその後ブルガリヤ、ユーゴ、ルマニア、ポーランドに擴大、オーストリアでも政府と共產黨の對立激化が傳えられ、嵐は東歐とバルカンの重要地域のほとんど全部をおゝうに至つた。ロイター通信によれば「トルーマン主義に對するスターリンの現實の回答」だとし、英外交消息筋は、ソヴェト軍の三ヶ月內撤兵を規定したバルカン講和條約の發効前に親ソ派の地歩を固めておこうとするクレムリンの對策の一つの現われだとしているが、米國反共政策の政治的經濟的展開が世界の保守勢力を鼓舞したのみならず、東歐とバルカンのソヴェト勢力圏內部に雌伏していた保守勢力にも權力ばんかいの活力をあたえ、共產黨を中心とした左翼勢力がこれを粉碎しようとする點に事件全般に共通する性格がみられる。

米國政府はソヴェトに對して强硬な抗議を提出し、ハンガリーの保守派である小地主黨の首腦部の逮捕と追放事件の實情調査を米英ソ三國の共同で行うことをあらためて要求し、二回にわたつて米國の主張を拒絕したソヴェトがその態度を變えなければ、米國は國際連合の提訴の强硬方針を明らかにした。これに對し英國政府も歐州の新事態を默視し得ず、直ちにソヴェトに抗議し、そのハンガリー政策を一應究明するとの態度をとつているが、共產黨の新ハンガリー政府は「その行動によつて判斷する」と聲明して、明確な行動を今後に留保している。

在日本朝鮮居留民團
司法育成會規約

第一章　名稱及所在

第一條　本會は在日本朝鮮居留民團司法育成會と稱す

第二條　本會は本部を當分の間在日本朝鮮居留民團中央總本部內に置き支部を在日本朝鮮居留民團地方本支部內に置くことを得

第二章　目的及事業

第三條　本會の目的左の如し
一、在日朝鮮人中日本刑罰法令に反したる者或は日本進駐連合國軍指令違反に問はれたる者に對しその實情に即し敎養と勤勞とを體得せしめ以て健全なる社會人を育成するものとす
二、在日朝鮮人の法益擁護の爲めその求めに應じて法律相談鑑定若くは訴訟等に協力するものとす

第四條　本會は日本司法保護事業法に照し左に掲ぐる者の保護を爲す事業を行ふ
一、訴追を必要とせざる爲公訴を提起せずとせられたる者
二、刑の執行猶豫の言渡を受けたる者
三、刑の執行停止中の者
四、刑の執行の免除を得たる者
五、假出獄中の者
六、刑の執行を終たる者
七、少年法に因り保護處分を受けたる者

第三章　會計

第五條　本會の維持費は左に記載するものより成る
一、特種團體よりの助成金
一、事業收入
一、寄附金品

第六條　本會の會計年度は毎年四月一日より始り翌年三月三十一日に終る

第七條　本會の資産は理事長之を管理す

第四章　役員

第八條　本會に左の役員を置く
一、會長　一名
一、副會長　二名
一、理事　若干名　理事長一名常務理事一名
一、監事　二名
一、顧問及囑託　若干名

第九條　會長副會長は在日本朝鮮居留民團中央總本部の團長副團長地位に居る者より推擧せられ理事及監事は理事會の決議により會長之を委囑し顧問及囑託は理事會の決議により會長之を依囑す

第十條　會長は本會を代表し副會長は會長事故ある時之を代理す、理事長は會長の旨を受けて會務を掌理す、常務理事は理事長を補佐す。

第十一條　監事は本會の經理を監査し理事會に報告するものとす

第十二條　顧問及囑託は理事會の決議による委囑事業に協力するものとす

第十三條　役員の任期は二年とし重任を妨げず但し會長、副會長は特定の任期を定めざるものとす

第五章　理事會

第十四條　毎年度の事業成績及收支決算は理事長之を理事會に報告して其の承認を求め收支豫算其の他重要なる事項は理事會の議決を經ることを要す

第十五條　理事會は必要に應じ會長之を招集す、理事五名以上より會議の目的を示し招集の請求ありたるとき亦同じ
理事會の議事は會長議長となり過半數に依り之を議決し可否同數なるときは議長之を採決す
理事會は理事三分の一以上出席するに非ざれば開會することを得ず但し同一事項につき再度招集するも猶ほ定數に滿たざるときは此の限りに非らず

第十六條　支部の規約は本部規約を準用するものとす

附　則

第十七條　本規約は西紀一九四七年五月十七日より之を實施す

第十八條　本規約の目的を遂行するに必要なる諸般の細則は理事會の議を經て之を定む

朝鮮居留民團司法育成會
役員（五月二十一日現在）

會長	朴　烈
副會長	李　康勳
同	元　心昌
理事長	金　鍾在
理事（常務）	金　晉經
理事	金　正柱
同	徐　相漢
同	玄　熙
同	鄭　哲
同	金　載華
同	鄭　周和
同	崔　裕偉
同	王　是福
監事	金　熙明
同	徐　忠臣
顧問	權　逸

趣旨書

民族の興亡を賭けた第二次世界大戰も連合國の大捷利により一段落を見たものの新な段階に於いて餘燼盡きず春尙ほ遠き感が致します。過去半世紀に亙る日本軍國的植民政策から解放せられた祖國朝鮮は二大勢力に分斷せられて世紀の畸型的現象を露出して胎動の復雜性に惱まされて居ります。

創造期の民主國日本に於いて百餘萬同胞が解放の喜びも束の間本國の情勢と相俟つて生きる爲めの多くの足場を失ひ判茨の道を辿らねばならぬ狀況に置かれて居ります。一歩を踏み外した時又は乘り越えた時には社會機構を破つた廉で處罰せられるのであります。之等落伍者で現在日本刑務所に收容中の者は尨大な數であり被疑者として日本官憲に拘禁中の者亦尠からざる數字に上つて居るのであります。又この犯罪を犯すに至つた原因は世相が物語るように多くは政治的缺陷から來て居るのであります。兎に角社會惡として處罰せられた者處罰せられる立場にある者刑罰を終へて解放せられた者又無實の罪で鐵窓に呻吟する者等を放任又は傍觀してはならぬ立場でありこれ等を匡正若くは救濟する爲め何等かの機關が必要であります。

日本民事諸法令に無智や無關心であつた爲めに多くの權益を失ふ朝鮮同胞が多々あることも否めない事實であります。之等を救濟する爲めにも機關の必要を痛感して止みません。以上二つの場合を考へて司法育成會の設立を思ひ立つたのであります。在日朝鮮居留民團へ在留百餘萬朝鮮同胞の民生安定、文化向上、國際親和等を基本綱領として五十餘同志團體の加盟に依つて昨年十月三日創設せられ爾來半歲同胞全體の爲め高度の政治性を發揮してその基本綱領實施の爲めに努力し幾多の實績を擧げて居りますが、民生安定の一部門である司法保護事業及司法協助事業をも獨立性を保つ一機關として本民團內に設置することを決定しました。それに本民團內外の諸情勢から見て之等の事業完遂の爲めには新たな體制に俟つ點尠くないので玆に朝鮮居留民團司法育成會の誕生を見たのであります。本會の設立に際し御協力を感謝し切に御利用を懇願して設立の御挨拶と致します。

西紀一九四七年三月三十一日

東京都新宿區若松町二一番地
在日本朝鮮居留民團中央總本部內
在日本朝鮮居留民團司法育成會
創立委員會

四十年の嵐（八）

黒丘

その夜は、どす黒い雲が、重くたれさがつて、もとより星あかりすら頼れない、ほんとの、眞つくらやみであつた。たゞ、ほうぼうの燈臺の灯りだけが、物問いたげに、またたいていた

オレ達の一行は、みんなで十三人となつていた。中に三人は漁師で、玄海灘を越えて、ずつと日本寄りの海で、魚をとるのである。その漁師が、

「日本にいくんだつたら、わけはねえさ、おら達は、水がきれたりすると、日本の島によつて水もらうだからな」

と、いつて、氣輕に、オレ達を船に乘せてくれたのである。

漁船の行動は大體自由に出來る筈である。にも拘らず、近頃は水上警察の監視が嚴しくなつている。それというのが、オレ達のような密航者がいるからだというと、如何にもオレ達の行動が惡いようにきこえるのだが朝鮮を日本の一部だと教えたり宣傳しながら、そして、奴らは自由に朝鮮に渡つて來ながら、オレ達を日本に行かせない法律をつくつた奴らの魂膽こそ惡いといわなければならないのだ。つまり奴らは、オレ達の朝鮮へどん〳〵押しかけて來て、朝鮮に根をおろす。出來るだけ多數押しかけて來て、朝鮮人を外へ押し出すのだ。それでは朝鮮人の行衛は、何處であろうか。もしオレ達に勝手にさせてくれるならば、オレ達は逆に日本に押しかけて行くだろう。そして、どんな貧しい生活、どんな慘目な境遇にも耐えて、生き拔けるのだ。だが、そうされては、奴らの氣にくわないのだ。狹い日本に、日本人だけでも多すぎるのに朝鮮人なんぞ、まつ平ごめんなのだというのである。それで、朝鮮人は、住みにくい滿洲に行くべし、という。

だから、オレ達は、奴らの法網を無視し、無理にでも潜つて日本にいつてやるのだ。

さ、行とう。闇にまぎれて、海を渡つてしまうのだ。

とはいうものの、船がすつかり沖へ出てしまうまで、安心ならないのだ。小さい船のこととて、波が荒くなるにつれて、しぶきが舷を乘り越えて、ふりそそぐようにかかつて來る。初めて船に乘るので、オレは目まいがして來る。そして、胃袋が、實に何ともいえない、いやな氣持になるのだ。

「どうだ、犬の子ら。氣がつかなかつたようだね」

と誰かいうのが聞える。

「どうだか、まだわからないぞ奴らの鼻は敏感だからな」

オレは何となし不安になつてくる。もう隨分と遠のいた釜山の街の家々の電燈が、きら〳〵光つている。そして燈臺が意味ありげに瞬いている。

が、それも間もなく見えなくなつて、遠くに山かげが、水平線の彼方に沒してゆく。

「もう、とうなれば、とつちのものだ。さ、ひとねむりするとしようか」

と、朴が、背のびをして、ごろつと横になつた。

「よし、おれもねよう」

龍出も、そういつて、莚の上にねところんだ。すると、おれも〳〵と、横になつたと思つたらもういびきをかき始めた。

「のんきな奴らだ」

オレは多少あきれた氣持だつた。

夜が明ければ、いくら廣い海とはいえ、何しろ海峽のことだから、どとかで、ひつかからないとは限らないのだ。

オレは、日本に上陸してしまうまでは、安心が出來ない氣がした。

千葉縣長生支部結成

千葉縣長生郡本納町に於ては地方同志の活動と一般同胞の要請により去る五月二十一日本納町太洋會館に於いて、長生支部結成大會を開催した。當日は中總代表始め各地の有志地區同胞四百餘名參集のもとに開催され、左の通りの役員を選定した後餘興として劇團及映畫等を開會して盛大裡に結成式を終了散會した。

（長生郡本納町二〇〇五）

選出役員

支團長　余　仁　洙
副團長　崔　壽　福
事務局總長　金　尙　烈
內務部長　李　今　弼
涉外部長　張　判　錫
地方部長　鄭　南　龍
文敎部　金　鍾　壽
財政部長　劉　學　文

民團千葉縣本部

結成氣運强し

千葉縣各支部に於ては旣ねてより縣本部の必要性を痛感し、幾多の困難と戰ひながら、その設立を急いで居たが、千葉縣の特殊事情に鑑み、その效果を見る事が出來ず今日に至つたが今年に入って又、民團船橋支部、安房支部、建靑縣本部を中心に活潑に動いて居た處、今般その氣熟し去る十四日午後三時より千葉縣建靑本部に於て發起人民團中總代表安房支部、船橋支部、東葛飾支部、下總支部、長生支部、建靑本部代表等會員卅名により結成に關する準備會を開催して、活潑なる意見を交換した結果、三十二名の準備委員を選任し假事務所を建靑本部に定め、去る六月二十一日に準備委員會開催の運びとなつた。

朝鮮詩集（百人一首）
朝鮮國文（A5版）
五〇頁繪入美本謄寫
民團文敎部宛註文
定價拾五圓

正義の手で
学の自由を闘い取れ
朝鮮学生同盟関東本部

発行所 東京都新宿区若松町21
電話九段(33)1168-2771
民主新聞社
発行兼編集人 [illegible]

民主新聞
THE MINSHU SHINBUN

1949年6月4日
第84号
昭和22年4月24日第三種郵便物認可
定價1部5円1個月送料共25円
毎週1回土曜日発行

第七回臨時大会を前に
"愚夫能く山を移す"
大いなる試練の時にある

事務総長裴正

去る四臨時大会を済まし、いまだ幾回たる歩みに入らない中に又臨時大会を開く事になつた、変轉無相の大勢に追隨しつつ一路目標に向つて邁進せんとするもの、これ即ち「努力」であり又「もがき」でもある、在日僑胞の自治体である民団の周囲に横臥する障害は唯一種のものではない、一方には强をかまえんとする勢力あれば他方には日を追はんとする者あり、それのみか肉を刻む將雄もあれば獅子身中の虫も居るのである、だが祖國を愛し、血族を想う強固不動なる正しい信念が固くそれらを一掃する事と思う、異なる御時花明は山紫水明の彼方にあるものぞ世の何れの大いなるけん救が大いなる試練を経ずして成り立つたか我々は挫折は望みもしないがな

諺で古文にも「愚夫能く山を移す」とある、おかしい話しとはいえその「死してもやまない」という信念即ちその努力は敬えとすべきものである、私は我々の自覚と世界の状勢が今や既に右顧左えんを許さざる程になつて来た、幸いにして今度の大会こそが我々に正しい路線を明らかにしてくれるものと信じ且つ望むものである

い。

我々はかかる敵をかくも放置させるために実に決死的努力を殺した事実に対し短かい過去を顧る時に実に身ぶるいをすらきんじられないが今日の現状とその犠牲の成果は決して軽視すへきでないのみでなく一種の不安すら抱かされるようになつた。大会を目前にして現われる新らしき色々な事態は我々は決して敵とのみ闘かつていたのでなく体中の虫、しかも命とりの虫に煩いされていたという恐るべき事実を発見したのである。

敵は今や日本[illegible]と正式に組んで我が國を攻[illegible]諸陳と称し擾亂を企図するよう[illegible]なつたが、かかる情勢は又反民[illegible]敵の第五列的存在をすら出来[illegible]めるようになり露骨な策動的[illegible]工作者ほつぼつ頭を持ち[illegible]来た事を見らるようになつた[illegible]なる反國家亂策はただ同胞[illegible]陥没したり、敵に投降の前[illegible]、少なくとも民族を売る程の[illegible]る行爲者数も経歴も人を惑わ[illegible]容易であるという点に注目を[illegible]のである。

第五列はすでに活動を開始

敵陣営の行動は加として今度敵の第五列的活動が露骨になつた事実が今度開催される臨時大会を目前にして見られるようになつた。我々は斯る存在や胎動を何かの理由によつて放置する事になれば実に再起不能に陥るであらう要らは徹底すべきである。

之等の胎動中特に今度「民団網成強備委員長高順欽氏」の名に依つて発表された公開状とその代表的なもので、その公開状の内容については既に各地方に発送されており、又大会にも問題になるだらうから格別触れないが、その公開状発表の動機と意図については実に厳げんに検討する必要がある

この公開状を唯、一個人の問題として取り扱う場合は彼自身の携満が敵陣において共産党員と狂人に取りまかれたが為に二重のジレンマに陥ちいり、返つて共産党に恐怖を感じ、共産党員の家族に対する最後の闘争[illegible]てとも見られるし、自称革命家[illegible]いう点から見る時、即大会に[illegible]党の策伝の策まりだと[illegible]した後、民団からも[illegible]も見捨てられた淋しさと口惜[illegible]が勝利的狂状を示したとも見[illegible]る本人達の臨によると"殺[illegible]い最初[illegible]なものである"との[illegible]から見捨てられた口惜しさを[illegible]とするため一気に謀略であ[illegible]とする要詭的狂状であるともみられる。

だがこれを公的に見る場合彼の今日の立場からでも何かにつけて我國に数えられるものがあるという点には、彼の行動が分裂工作、敵利敵の手先輩と一脈通じた一つの流れであると云う点と、敵陣営に対する五列的活動であると云ふ事実から見て実に民団の断乎的存在であると云わざるを得ないのである

勿論斯る公開状をせめて二ケ月でも前に出たなら前にも触れた通り敵に資料を与えると云つて反対声明も真相に対する対外的公開もせずに済んだであらうが今の民団はそのような消極的態度で足踏みしていられない決定的段階にある事が今度の大会を前にして出た公開状の性質からいつても明らかである

この公開状を見る時の第一印象は彼自身としては、斯る公開状を出しても反対声明は出さないだろうと固く信じた跡が充分にある。公開状に公開攻撃された点は勿論本人達が声明するとの事であり又大会にて暴かれるだらうから論じないにしても、彼自身が在職中や地位を利用して数十万や数百万の不当利的行為を略した点や共和新聞社を取りまく陰謀に対する社会的責任に対しては何等触れていないかの如き点と、又推せんする朴烈氏に対する彼我の如き事例に近無い大なもので、若し彼が朴烈氏を公開する場合にはどんな風に書き且つ云うかを想像するだけでも気持ちが悪い。

既往彼は現執行部が朴烈氏辞退に関し本國通信に対する声明広告が効果を齎らうとする顧らつな行為となし陰に自白した彼の正義感を燃やしての動であるも事実歪曲三年間数えられない程の朴烈氏の得体の知れない声明書と極端な行動に対し一度も公式に触れないのみか今一度朴烈氏を非常措置として団長に推薦して責任を取らうとした現幹部の苦しい心境を完全に踏みにじつている若しも朴烈氏を推薦しようとするとんたんがあつたなら正式に彼以上の手段もあつたと云う事を知らない程の馬鹿でないと云う点を知る人に取つて彼の公開状は完全に謀略的陰謀と五列的反逆行為であると云う点に論議をはさむ余地すらない。

もう一つ今度は朴烈氏が団長になるだらうから留守中に整理立てをしようとする一石三鳥のねらいをつけたと云う点は先般本國より来た文化教育使節団歓迎会に対する附帯的謀略を見ても明らかである。

あまり高順欽氏の攻撃文に触れたくなつた事がない事もないが、彼は辞退したとはいえ副団長にあり、又中小総局でもあるのに民団結成準備委員長の名でなしたる公開状が、代表部の意志と称しつつ第三団体を組織せんとする彼のしゆん動と関係された点からでも民団破壊の謀略であるだけ構とたて大会に提出する意味で一應取りあげた次第である。

我々は若し今度の大会を通じて今まで知らずに苦しめられて来た困難を手術し、敵対陣営に対して民族的闘争が出来る体制が出来れば真に大会に要求する在留同胞の切実な要望のみでなく祖國統一と輝やかし将来を約束出来る決定的使命を果せるものと信ずる。

逆宣傳と隱謀を封殺せよ
大会を前に再び要望

宣傳情報部 鄭哲

丁度今から四十日前民団宣傳情報部に就任した際民主新聞を通じて就任挨拶として、あらゆる逆宣傳と陰謀を封殺して生活を明朗にしようという事をいつたが今日臨時大会を前にして今一度同じ事を強調しなければならなくなつた事は決して偶然ではないにしても一まつの淋しさを禁ずる事が出来ないと云うのが本当の告白である。

我々は京都で開催した第六回全体大会より二ケ月そこそこで又全体大会を開催するようになつた事に対しては説明をうつする必要がない、現実は緊迫しており、民団も決定的手術をしなければならない時期に到達したのである。

大会開催が又も敵対陣営に逆宣傳と陰謀の機会を提供する事にはなるが、かかる時こそ敵の命とりの恐慌たらしむる好機であるという点を充分徹底して表面に現われた事象のみに見とられないで、底に流れている暗流を充分見究めるべきである。

たしかに民団は発展し敵陣営に大きな恐怖の的となつた。最近敵陣営民団は実に陰険極まる謀略ぶりを見せ、狂態にも等しき猖獗なふるまいが時には抗議文や宣傳文となつて現われ、時には幾千人も動員して集団的圧制をとつて見たり時には挑撥される恐れがあるといつて日本反動よばわりする日警やC・I・Cに陳情を頼んで見たり自分で暴行をしておいて民団や警官を暴力団と称して見る等さまざまな狂態を見らるるようになつた、かかる狂態も没落街道に瀕略した姦頭と動揺した組織を収拾しようとする血みどろな斗いでもあるという点を見逃してはならない。

高順欽への公開状

親らく、行方を晦まして、翔ば疵の養生につとめていた、高順欽が、今回公開状なる怪文書を発して、たわ言をならべている。民団民団中央総本部常任委員および、特に二三人の主要幹部の氏名を指摘し、誹謗に終する、醜くつ、陋劣なる言辞を弄した熱情を自認して、われわれは、彼の病勢が益々進むと共に加わり、今や、発狂せるものとして、衷心より哀れさを禁じ得ない。彼の精神分裂状態は、あの文面をもつて、容易に、察知し得られる。誇大な形容詞を羅列して、拾い読みした頭脳の字句や、一夜漬のレーニン論まで、一くさり述べたつもりであるらしいが、彼のいう科学とは、神秘的無神論者の亡霊であり、幻覚にすぎない。いな、自ら墓穴を掘る呪文であり、やがてそれは、彼の墓碑として、その霊を飾るであろう

彼は、自身を、四十年間の革命闘士になぞらえ、自称しているが、渡り鳥食や政店商人も、時たまは「デモクラシー」の衣装をもつて、自らを神位に昇するたぐいに過ぎない。一人よがりは、狂につきものであるから彼の数々の邪論については何れ他の機会に譲り度い。

高順欽は、四月の民団京都大会で、朴烈氏が、団長適任に、自敵陽の盗で[illegible]したことを痛罵し、陣営であり、公明正大なる、大会を称して、西欧の巣いと呼び、四百数十名の代議員を侮辱したと共にするもの でなく、朴烈 氏の「民統議選云々」に、からまる新聞記事に対する、民団の立場を弁明した声明書を、痛く侮辱しているもの、如くである。彼は、これらの行為を、朴烈氏の政治的、社会的立場を冒涜せんとする、忠誠行為と見なせるもの、如くであるが、事実はむしろ逆効果を招く、自ら朴烈氏の立場を傷ける悪本人と化して仕舞つた。自ら防衛策との好餌も、ついに総退陣として終えんしたのである。

彼は、民団の現幹部任二制を、民族利益と内通し、巨万の富を貪り民族反逆者、その走狗、または親日派と呼んでいるが、彼とそは、果して何者か？ゴルサゴラ病も、時々は、常識に戻るときく。静かに胸に手を当て、冷静反省せよ！今回の、彼のとつた愚行動こそは、正に、民族反逆者のみがなす、民族分裂行為であり、共産主義者に迎合する盲目的行為である。われわれ民団陣営の内部を、いかにも統一せざるもの、如くに説称して、敵陣営に利益を与える敵のまわし者であり、彼等のスパイであり我が組織を破壊する元凶である。

彼は、永年民団の内部にもつ[illegible]し副団長の名目で、インチキ新聞世紀新聞社長の名刺を私用して、[illegible]

暴虐な卑劣を[illegible]えて天下国家を[illegible]い。高順欽の仮面を剥ぐ時[illegible]にである已に、わが陣営[illegible]もはや奸賊と化し[illegible]高順欽の出鱈目な怪文書[illegible]われわれは怖れるものでない。[illegible]に立て！

[illegible]つて裁かれるであろう。

六月八日、九日は、光輝あるわが民団の臨時全体大会が開催される高順欽及びその一党は、逃避せず男らしく来たりて、大衆の[illegible]

悪辣極まるデマをもつて、民族の団結を破壊し、共産党のシンパとして、秩序を攪乱せしめる者の[illegible]如何に大なるを知るべきである。口に、[illegible]民を唱え、[illegible]に共産奴と化した、高順欽一党を[illegible]し、[illegible]

[illegible]なる彼等の謀略を封殺し、「デマ」を排除して、わが民団の一[illegible]

[illegible]せよ！

一九四九年六月一日

在日本大韓民国居留民団
中央総本部執行部

第七回臨時全体大会

日時
一九四九年六月八日 午前十時 第八回中央議事会
一九四九年六月九日 午前十時 第七回臨時全体大会

場所 何れも居留民團中央総本部講堂

中央議事会の議題
一、執行部報告聴取
一、第六回臨時全体大会時 提案
民生の当面問題
一、民團の自主性と附帯問題

臨時全体大会の議題
一、團長、副團長の選挙
一、中央議事会での提出案
地方建議案
一、規約修正案
一、執行部議題

日韓貿易協会創立さる
増えて来た韓日貿易團体

日韓通商協定が締結されてから韓日貿易業者には[illegible]な動きが見え出し、さきに結成された在日韓國人貿易協会をはじめ種々の貿易團体の結成の気運があるがその中特に注目されているものとして日本側業者を主軸とする日韓貿易協会がこの度設立され、在日韓國貿易協会と共にその活躍振りを期待されている、即ち去る二十六日午後二時丸ノ内工業倶楽部にて日韓貿易協会創立総会を開催、[illegible]に[illegible]が選出され、[illegible]議事を進行、役員選任に入つて会長[illegible]、[illegible]副会長[illegible]、理事[illegible]、日本[illegible]会長[illegible]、[illegible]氏等がそれぞれ選出された。午後四時半盛大裡に終了した会には駐日韓國代表部から[illegible]、[illegible]らが来賓として参席した

遊休鉱山の操業
近く開始

【ソウル発＝KIP】韓國の鑛業局には地下資源の開発が要望されているが、商工部では管下の二三五ケ所の遊休鉱山の操業を開始すべくその準備に大童であるが、これに対して民間側より既に四百名以上の経営申請者が出ており、且つこの経営によつて二百万人の失業救済策にもなるので、[illegible]に期待が高つている

大韓民國
政府樹立記念画報
初代内閣閣僚写真
在留七十万同胞に告ぐ

歴史的なる大韓民國政府樹立記念画報と新生大韓民國の威容を欽慕に祝う初代内閣十三閣僚を同胞諸賢に独立戦線と共に手渡し代永遠の記念帖として是非御保存を乞う（コロタイプ三版刷り）
定価一枚百円（小売に限る）団体申込の場合は相談に応ず
取次所 民主新聞社代理部

尋ね人

本籍 慶尚南道陝川郡冶爐面[illegible]里（又は[illegible]）
河一龍（身長五尺三寸位）当三十六歳

右の者は去る旧暦正月二十三日の夜下関、門司方面を目指して釜山港を出発したのだが爾来今月初旬の消息もありませんが万一御消息御判りの方は御手数ですが在日本大韓民國居留民団中央総本部河一濟、又は民主新聞編輯局迄知らせて下さい

採用

看護婦 二名

一、資格を有する大韓民國國籍者
一、勤務先 中総医務室

右希望者は午前中中総社会部に本人が履歴書持参せられたし

大韓民國居留民團中総社会部

分裂は米ソの責任
ソウルで南北協商を開け
金九氏談

【ソウル発＝KIP】国連韓委第一分科委員会では去る五月三十一日午前十時三十分徳寿宮に韓国独立党党首金九氏を招聘して南北問題につき協議を行つたが、金九氏は記者団の質問に答えて次の如き意見を披れきした

一、韓国政府の統一への態度について　韓国政府は未だこれといつた措置をとつて来たことを聞いた話しかない、和平的な統一を前進することを前提とするならば、各政党、社会団体の合法的な活動、行動を取らせ政府としても北韓の左翼団体との協力に努めねばならぬ、

二、社会及び経済問題に必要なる韓国問題について　米ソ両国の分割占領により三八線を存在せしめ武装集団が勃発して民心が安定しない中は再建問題は甚だ困難である米ソ両国は、最近の例をとれば他人の家へ入つて来て内輪喧嘩を起させ、韓国人は内戦しているようなもので、若し韓国に内乱が起れば、それは米ソ両国の責任である、

三、南北統一問題について　現在米ソ両国の協調なくしては統一を実現せしめることは誠に困難である、韓国的立場よりみるならば次のような三つの方法がある、

（1）国連総会決議に基く一九四八年五月十日南韓単独選挙を施行したときより北韓の国会議員百名の定員が準備されてあるが、この北韓代表百名を大韓民国の国会へ派遣すること、

（2）現在の国会を解散して新しく選挙を実施すること

（3）一九四七年十二月十四日の国連決議により南北を通じての総選挙を実施すること、

以上の三つの中で一、二の実現が可能ならば甚だ簡単であるが、これは内容をまつに等しいことである、結局的にこれに対する私案をのべれば南北間の既成事実を容認し、両極端を調整して次のような方法で南北統一を達成すべきだと思う、即ち南北を通じて民族指導者と各政党社会団体の代表が個人の資格で会談をソウルで開きここで決議された事項を各代表の指導地域で実践に移し南北協商の実現に努力すべきで国連韓委でもこれを実現すべく積極的に努力してもらいたい

李景吉の　第一回反民公判

【ソウル発＝KIP】第三・四回反民特委は三十日午前十時四十分より李景吉用の為、李景吉に対する第一回公判が開廷され、犯罪事実の尋問、裁判官の尋問があつた、ついで午後一時三十分より金錫源に対する第二回公判が開かれ証人尋問が行われたが証人は被告に有利な証言を行つた

米軍より二十三万ドル支払
工事の債務　返済

【ソウル発＝KIP】韓米経済協定第八條によつて米軍は昨年七月一日より今年一月三十一日までに米軍部が受けた物資および工事の債務を返済することになり円貨で支払うべく公正な米貨換算率で近く二十三万三千ドルが韓国政府財政部に支払われる、なお米軍部に物資または工事を提供した者は関係書類と共に財務部会計課に申し出るよう要望している

南韓の完全武装後　米軍撤退に言及
尹炳久氏

【ソウル発＝KIP】外務部及び公報処の顧問である、尹炳久氏は当面の南北統一および米軍撤退に関し次のような談話を発表した

現今誤つた南北統一論が巷間に流布され、人心に影響するところが多い、これら統一論はそのほとんどすべてが、ある陣営のみの民族意識をはなれた妄想である、韓国はあくまで民族意識を土台に、広汎な陣営より統一問題が論議されるべきである、米軍の撤退が仮りにあるにしても我々は次の三点をその前提として主張したい

（1）米軍は韓国軍を充分に武装させ、如何なる機略にも備えおくこと

（2）太平洋同盟のような共同防衛策をたて、南北統一に関して米ソの原則的な意見を一致させること

（3）南北統一は国連の決定により韓国政府が樹立されたいソ連の干渉を防止すること

統一が最も重要
韓委議長　記者団と会見

【ソウル発＝KIP】国連韓委議長コスティーユ氏は去る廿七日午前十時三十分韓委室で記者団と会見し、次の如き一問一答をなした

問＝去る五月二十三日国連韓委の決議文に貴下が参加しなかつた理由はなにか

答＝そのような決議文に参加する必要を感じなかつた

問＝先般北韓へ送つた書簡の回答は来たか

答＝まだ来ていない

問＝外軍駐屯が韓国統一にもたらす政治的意義をどう考えるか

答＝一九四八年十二月十二日国連の決議によると国連は外軍駐屯よりも統一の問題を重視している

問＝米軍の撤退時期については責任を負わないというが韓委が責任をもつてやるものは何か

答＝韓委は国連で決議された事項を行うだけである

問＝韓委は外軍撤退を監視する者だから、米軍が撤退する前に撤退時期について何か通知があるか

答＝国連の決議には撤退する前に撤退時期を通告することは規定されていないが、米軍が撤退する時は前もつて事の時期を通告してくれるものと思う

問＝貴下は外軍撤退よりも統一がもつと重要であると考えるか

答＝韓国問題を一般的にみる人は外軍撤退より統一のことを重視するであろう

団長改選問題に関する誤解は遺憾
朴烈氏秘書より書簡

去る四月京都で開催された全体大会において種々の誤解の影をおとして去つた朴烈団長の近況並に心境についてソウル中区州四大邸に居住の朴烈氏秘書、朴文在氏より中総本部宛に大要左の如き便りがあつた

帰国後は大統領閣下以下各界の有志を訪問、在日同胞の実情について説明しているが、いずれも本国同胞は在日同胞の民生安定その他の事に対し非常な関心を持つており帰国の活躍振りに感謝すると共に今後の活躍に多大なる期待をもつて居ります、又た先般京都で開催された民団大会において団長の改選問題に関し種々の誤解があつた事は誠に遺憾の極みで朴烈先生の心境としては、鄭翰景氏の団長推薦に関しては先生自身も満腔の賛意を表し、推薦した事を誤解下さる無い様御願申上げます

敢闘を祈る
鄭団長より書簡

朴烈氏秘書の便りと同時に現在アメリカに滞在中の鄭団長より次のような内容の手紙があつた

みなさんと遠く離れていて直接みなさまの助けになることが出来ないのを非常に残念に思つている、身は遠く離れているが常に心に残るのは在日同胞のことばかりである、みなさまにお願いすることはたゞ健全な大韓民国の国民として活発な活動を望むだけだ

チリ韓国を承認

【ソウル発＝KFP】林外務部長官は三十日チリの韓国承認について次のような談話を発表した

我が大韓民国は昨年八月十五日独立を内外に宣言米国をはじめ英国、仏国、中国、フィリッピンは各々我が国の承認をみるに至つた、太平洋沿岸の有力な国家の一つであるチリは一九四六年以前にも我が国との友好関係にあつたが、この度の承認により両国の親善と友好関係は一段と深められるであろう

建青　全体大会に臨んで
建青委員長　洪賢基

祖国愛に燃ゆるわが十数万の青年同志の壮烈な斗争は民族のシンボル太極旗の下五年に及んでいる、

今日までの成果は種々の見地より夫々計画性に乏しく労多くして功少しとの感があつた。今後は既往の欠陥を整理して充実な計画の下実践に入る段階である。

われら同志は特に期待大に過ぎてその実行の難しさ、その実践の綱領さを等閑したこと、またはある結果の大小は同志総力のバロメーターであるということ即ち一人々々や二人の責任であるというよりは全員の責任であるということにも一つと留意しなければならないと思う。

永年青年同志とけん国の初期を通じて来た私は韓国青年運動の長所も短所もはつきり掴み得た気がする。

今や世界の潮流を反映して建青にも意見を多少異にしていると言う風評もあるがそれは強いて論ずれば一理無きにも非ずだが、元々われわれは思想や自己主張を超越しながらも歩んで来た道は偉大であつた。

各々主張する処であるが同志の結合の集大成であり親和の対象である組織が種々雑多な批判を受けながらも吾々が四ケ年間経て来た建青組織体における思想および経験を私の記憶の糸から手繰つて見且将来における建青の在り方を判然として見たいと思う。

その間興味の例は作つたが幾多の同志と共に協力しこれが実施に協力を掛げたが今にして思へば、力尽き矢折れたるの感深い、また私は過去の難役を中断したいとも思はないが彼等が小さな枠内に在つて大局を達観せず、それ等の諸々の行為がかへつて好ましい結果を得なかつた事も事実である、今になつて時々あの時はあゝいう風に、この時には、こういう風にすれば良かつたとも思うしまた否とも思ふのである。ある友人が小生を評して結論を出さずに行動するダラ将だと評したがその言や至言である、少し本筋から逸脱したが、世の理解の薄い中に青年の願望と情熱の障害を克服してよく今日まで

権して大韓民国の下に結集した青年達ではないか！　会は幼の大多数の綱領は新しくしてまた由緒の深いわが韓国の盛運に乗つているのだ

われわれは我々の主張を捨て、青年の情熱と理性を祖国の発展に再結集して統一を妨害し我々の衛星も秩序も文化も自己の野望の為には破壊せんとする人類共通の敵よりわが同胞を救い我が国土を解放すべきではないか

今度の大会を期して着前日の結集を一層強化し本国青年団との有機的な連絡、外交代表機関である代表部および民団その他友好団体との提携によつて建青本来の面目を一層輝かしいものたらしめるよう願い同志に叫ぶものである

人事往来

▽金九渕氏（民団中総総務局長）は臨時大会開催連絡のため去る一日大阪へ出張

▽朴俊南氏（民団山口県本部副団長）は金判迦氏を同道、山口県内における民団の動向報告並に県本部所在地（萩山市）を下関へ移転の打合せの為一日中総を訪問

第九回大会を迎えて
建青大会対策委員

大会開催に当り飛躍の一日とした。この点誇りにして良いと思ふ。

四年前の青年時代を想起し青年の創天の勢に似たものと回顧した時吾人は朝鮮民族に生まれた事に深い感激を感じたのである。

て本年第八回大会より今日に至る迄作さい日本を通し種々しい活動の発展が出来なかつた事については関係諸氏に対しざんきに堪へないと同時に深くお詫びする次第である。だが然し弁解がましいが由来同胞の社会においてもそれにはそれなりに理由が有り意見があるものである。顧みれば半年間もさる事ながら

而後り消したと思ふ現松任部は洪甲洪者いて先輩にも協したを労働な統制力を以同ずべく発止した結的な目標がついたのから第九回大会を台つたのである上程さ名称変更の運動方針作期間了に依る役員である。

洪委員長は神聖の明会各府の関心を惹起分たず、根良く援助近衛く我々に対するのであり、代表部よ市になつたのであるにない関心を以て見は夙に努力を寄せらの様な努力は誰かに偉大なる収穫である様な措置を以つて国相互に友好的な連携ぼしたいとの事であ今日まで我々が総建青"なる名称を使用此処で変更する事に四団状態と今後の行にする事と今一つはるの余り国府行為でく認識せず過激な風けられるので統一す変更したいのであるは結論を済ませ正しい不本意にして紙数め員余を淘汰するのつた事をお詫びした

訂正　八十三号二面四段目の"……"とあるは民団根拠本部の新役員"……"の誤につき訂正します

勝敗の岐路に立つ
新民主々義崩壊の前触か

上海侵略の中共

五月廿五日上海は遂に中共軍によつて占領された、いうまでもなく上海は貿易、経済都市で中国の心臓部である、中共軍はかく中国をその支配下におかんとして破竹の勢で南進をつづけ、まさに国府政権は南から西へと追詰められ辺境地に政権といわれた中共は今や中国全体に君臨せんとしているこれをみてわが在日同胞は中共による中国のマルキズム的共産化を予想しているが、われらは公正に中共の中国に対処し得る実力について検討しなければならない

今度の上海市民もそうであつたが中共が進駐する地区の民衆すべてが歓迎の旗を掲げている模様の記事がよく報道されている、これらの大手をひろげての歓迎ぶりは勝者に対する礼儀で中国のけん設と民生の安定について中共の実力に対し絶対的信頼をよせたからではない、中共の中国における経りんがどれほどの成果をあげるかは今後に残された問題で、中国のゆく末を担うものは中共に限るという説はかいかぶつたものの話題である

都市工作員養成にやつ起

今日の中共が、中国の実情に添うよう努力をつづけて来た事実は素直に認めなければならないが、実力を超えて中国を共産化して党のみによる統治がうまく行くかどうかこれは容易なわざではない、恐く彼等にとつては前途である、即ち延安という農村地区で育つた中共は都市経営にはズブの素人である多くの犠牲を払つて折角占領した張家口を間もなくして放棄したのもその間の消息をよく物語るものである、この度の都市攻略を前にして党内に都市経営の理論的訓練をなし、俄かづくりの都市工作員養成に躍起となつているのも中共が都市施政にいかに無力かを如実に物語つている、理論と現実のあいだには相当の隔りがある資本制度のあらゆる欠陥の上に立つ都市を如何にうまく経営出来るか否か、北京天津に於ては規律厳粛とした中共軍がすべての点の規則を守り通りにはうまく行かないソ連の実情をよく知つているだけに、これに対して天津占領に際して資本家の自主性の保護を確約した

つ国際都市の商売にどれだけ耐えられ得るかが問題である、封建的な原料供給国として半植民地国の地位にある中国は、その開発途上において生産力の迅速と増強を計るため、資本制度のよりよき運用に力を注ぐことであるが、早くから現状にマルクスの理論によつて中共としてもその資料が少くなり資本の運用が早くなるというものである、資本制度の運営の未経験者の中共が国府一派の力を得らずして資本力のみにて中国経営がなりたつものではない、しかるに中共は李宗仁の国子まで陥して和平条件が酷であつたことは中共自身既に和平する意志がなかつたし中国の現実を否定し去つた我が儘といえよう、武力をかりて戦線を拡大上海までその手中に入れたことは中共一手で中国を支配せんとする独裁政府樹立の野望で、ソ連的な侵略行為である外国の歴史を問わされて来た中国民衆は現在の党派の争いよりも結果をみて可否を決する地味な現実的な大衆である、民生を脅やかす力者であれば蒋一派でも毛一派でもよいのである、理論に拘泥して人を動かすことはしない

ているのである、若し国民の党である中共が期待された程の実力がない時、中共の存在価値は国民にとつて無用の長物となるのである、資本制度に不慣れなそして経験ある国府を無条件に排斥する中共は、如何なる実力を以て現実に臨わんとするかその前途が案ぜられるのである、われらが過去をふりかえつてみる場合、国府の信頼が国民から失墜されるに至つた根本原因は法幣政策以来の失敗からである、しかし犠牲を伴わない世界的な中国のインフレや中共といえども制し切るものではない、なまじつか手をつけて所をつけるのが山であろう、中共が上海にとどまる以上は法幣問題にかかわりをしているわけには行かない、毛沢東が東洋コミンフォルム実現に現実なあまりソ連の手足になつて中国の現実に遠ざかるならば、彼は無価値な風雲児にすぎない、もし中国の実情に最も適し、現実に即現であり、しかも民生安定に大きな役割を果す中共となるにはソ連に盲従する気はないだろうし無理に押してまで対外的に戦にあくせくすることもしないだろう、この度の上海攻略戦は突然吹きたつた新民主主義をはかりの空念仏におわらせた動機でもあり手落ちでもあつた

盲従対ソと盲背対米
両立できぬ中國の現状

現実に同情する李立三の主張は、如何に現実が理論よりも段階であるかを物語つている。中国の経済は理論よりも現実の問題である、中共が中国全体を掌握したとしても、ソ連を背景にしているからといつて米国の経済的援助を無視するわけには行かない、アメリカに依存しながらソ連の至上命令にも服しかねるのが、中国に処する中共のとるべき態度であろう。中国の勝利には現実より理論として根拠がなく唄数のいう中国を低流している、中共が真に中国の経済を念頭するならば、国府派は勿論として良識ある国府要人の一部まで排斥する必要はない、寧ろ中共のなし得ない点をも担当させること

ほぼ冠り出来ぬ法幣問題

今日の中共は戦線を拡大し野戦化し軍事力の強化するに従つてこれに平行して民衆の負担も決して軽いものではなかつた、たゞ何時かは中共の手によつて新しい現実が生れるだろうという期にのみ生きて来

建青　第九回全体大会

日時　六月六、七日午前十時

場所　建青中総講堂

議題

一、本年度の活動方針

一、規約改正

一、名称変更の件

一、青年訓練の件

一、役員改選

日に増す狂態

転落にあえぐ朝連

没落の一途に転落した朝連、民青はいまや口癖のように叫んで来た売名的スローガン護国、統一、革命の看板も使えず、華やかなりし頃の暴力団の実録すらの影もなく、断末の一途にあえぐ醜態さが日増しに増えて来たのである、学園事件の如きも自分でつり出した暴力行為を擁護させようと策謀、衝突を起しておいて彼等が気づいていう民団関係に泣きいり関係当局に提訴して哀みを願って

いる姿はかれ者の泣き言の感がする、最近は断末の醜状をなしたのか脅迫状や根拠のない抗議文を乱発し あくまで同胞愛をもって紳士的にでている民団、建青の本部や団員の自宅訪問をなし、泣きごとをくりかえしたりあるいは酒気をおびて乱入狼藉をなすの醜態

をなしているかかる狂態はあながち表面的な弁解によるとはいえず、あくまで計画的指導の下になされている[illegible]事件と日本共産党による声明書等を結びつけてみるに最近彼等が新しくとりつつある政策的[illegible]体制といわざるを得ない

る事を思う時、彼等の現状に慄然とせざるを得ない、即ち最近頻発した沼津、熱海、仙台等における個人宅や事務所の脅迫事件を始め

民団の発展に狼狽

暴力団をけしかけ豊島支部を襲げき

これ等の最も新しい一つの例としては民団豊島支部にて起つた襲撃事件である、即ち去る五月八日豊島大臨時総会を開催決定的発展により出した豊島支部は板橋、練馬豊島の連合支部として再出発し池袋駅前の三角地帯に事務所を移転し強力な活動を展開して来たが急激に発展した民団支部の動向に業をにやした朝連民青は街の浮浪児や無頼の者を動員して去る廿九日豊島支部を包囲した、当日は日曜のため支部事務所は二、三人の常任が留守をしていた所、午後一時ごろ色めがねにステッキという一見して与太者とわかる者を先頭に約三十余名が現われ、無統制な野次に合せて民団幹部の名のもとに怪しげな抗議文を提出し、自らは二千名の代表と称し穏当を欠く態度に民団支部の紳士的な応対をよそに、すごみをきかして乱暴狼藉のかぎりを尽し手をあげて行つた、支部員に突き敗した彼等は所謂捨身作戦ともいうべき恥知らずな方法により繰返し一般同胞の嫌悪の的となつている、即ち彼等は義家の如くと称し朝から酒気をおび団長宅を訪問、押込み

をおそつて脅迫がましき事をわめきまた個人宅を訪問訪問による嫌がらせをなしている、彼等は暴言の言動はいずれも無頼漢的なもので、民団事務所を元の場所へ移転しなければ命のやりとりをせんとか、団長の辞職を強要したりしている、当の豊島、板橋、練馬連合支部では彼等の無法な行動に対し団長以下役員一同は狂態とはいえかかる言動は社会的にも許されざるものであると強硬な態度を確立すると共に抗議文の署名人たる在日朝鮮民主青年同盟豊島支部執行委員会に厳重抗議を申込むとともに決定した、彼等の抗議文の内容は日本共産党で出したものそのままで大韓民国政府や民団に対して理屈な問題で非難したもので北鮮かいらい政府を称賛した余りにも世間知らずな無法なものであつた（豊島、練馬、板橋連合支部）

朝連民青 逆宣伝に汲々

丹陽丸の積荷は"のり"

山口県本部事務局長談

線香花火的存在におかれている赤色朝連、民青の狼狽的あがきともみられる根拠なき逆宣伝について は既報の通りであるが、今また現地よりの生々しい情報により彼等の無責任な宣伝なきまでに暴露した、即ち韓日通商協定成立後の貿易船第一船として華やかしい船出をした第一円陽号に関し、朝連にては第一円陽号の積荷の大部分は米、イリコ等物資の密輸出品で問題になりと大々的に宣伝して来たが第一円陽号の寄港地たる下関に駐在の民団山口県本部事務局長張海浩氏はこの点に関し、去る一日中総本部を訪問、左の如く語つた

朝連、民青の根拠なき逆宣伝はいまや忠実な分別もなくしたものとなつて来ていてデマの本質を知る者にとっては笑止の至りである、今回の第一円陽号の積荷に関しても私自身が積荷の実体をよくみているので彼等のデマの根拠が奈辺にあるか理解に苦

暴力団養成の内情を暴露

朝連はまたも乱暴を働く

しむ、即ち第一円陽号の積荷は問答一席役で彼のいうところの米韓はいずれの解決をみずもなかつた

栃木県河内郡城山村大字所作に住む城山民団支部団長金富出氏は去る五月廿日城山民団支部役員による婦人会結成式終了後自宅に帰宅しているところ金鎮福とその友人一名が紡織城山婦人会結成の意図を説明を強要後、突然金富出氏に暴力を加え金身に約三週間の打撲傷を負えた、この報に接した栃木県本部では被害者金富出氏の診断書と共に加害者金鎮福外一名の暴行力を警察に依頼し、事件発生当日午後五時半頃武装警官五名と共に朝連金鎮福外一名を逮捕拘留した、ところが朝連栃木県本部の団長自ら中国人某氏二名と共に金鎮福外一名の保釈を強請、身柄を引受けて行つた、これは朝連というものが暴力を育成する不良団体であることを如実に物語つたものである、なお加害者金鎮福は二年前生活苦にあえいでいる時城山民団支部の援助により、彼の衣食に及ぶ迄に至るまで保証されたものでかかる恩も忘れ、去年六月朝連栃木県本部結成されるや一人ひそかに入朝、暴力組けつの腕を磨いていたものである、その後暴力行為のため数回に亘り刑を受けていた

川崎駅前支部生る

予ねてより神奈川県本部では川崎市の繁華中心地でまた民団、朝連の勢力錯綜の地である川崎駅前に支部を結成せんとし二ヵ月余に亘る工作の結果遂に去る廿五日民団役員、中立派人約百余名参集の上

装備は世界水準に達す

申国防長官、記者団と会見

【ソウル発＝KIP】申国防長官は三十一日午前十時五十分国防長官室で記者団と会見、当面の諸懸案事項につき要旨次のような問答を行つた

問＝米国政府のスポークスマンは韓国に若干の武器供給を行つただけで韓国は治安を維持することが出来るといつているが以北の侵入を防ぐことが出来るか

答＝現在のわが国の装備は完全なもので世界水準に適しており以北の人民軍が侵入してもこれを防ぐことが出来る、しかし世界大戦が勃発すれば、これは別問題だ

問＝米国は太平洋条約若しくはこれに類似した共同防衛条約を締結するには時期尚早だといつているが長官の意見は

答＝若しわれわれが必要ならば他国の意見如何に関わらず自主的に促進すべきであろう、この問題もまた太平洋沿岸の各国が先ず締結すれば米国も参加する皆だからわれわれは積極的にこれを促進させねばならぬ

問＝韓米軍事協定はどの程度進展しているか

答＝本官がしばしば語つたようにどの程度まで進んでいるとはいえぬがわれわれは希望をもつて交渉を推進すべきだ、この問題について米国もわが国に劣らぬ程の利害関係を持つている、米軍が韓国から撤退し一切の関係を絶つといわれるのはモスクワで行う宣伝にすぎない、米国は一度責任したものは責任をもつて行うことを確信する

警察軍を編成中

米軍の南鮮撤退問題は内外人の注目のもとに紛糾を続けの一途をたどつているが最近の動向をみにワシントン特派AFPの廿六日発の報道によるとアメリカ国務省スポークスマンは

アメリカ政府は韓国の許す限り今後数カ月間に韓国駐屯の米軍（七千五百名）を撤退させる意

文京支部の役員改る

東京都文京支部は去廿九日第三回臨時総会を開催役員を左のように改選した 団長[illegible] 副団長[illegible] 事務局長[illegible] 総務部長[illegible] 外務部長朴[illegible] 財政部長朴京来 社会部長[illegible] 文教部長金[illegible] 宣伝情報部長[illegible] 婦女部長[illegible] 監察委員長[illegible]

会した、なお決定をみた役員は左の通り △団長 田[illegible] △副団長 林[illegible] [illegible]

内であるなお米軍撤退後の秩序を維持するため目下韓国警察軍を編成中である

と言明した、しかし消息筋では韓国警察の訓練状況はまだ完成の域に遠いとのべておりソウルニ十七日発KIPは同じく米国消息筋の報道によればといつて左の如く報じている

韓国及び比国よりの米軍撤退は時期尚早だとの反対もあるが米当局は三三カ月以内に全駐屯軍を撤退せしむべく計画を進めている、韓国より米軍が撤退した場合五〇〇内外の軍事顧問団が残留して韓国軍を援助する、なお米国の世界的な武器援助計画に韓国も包含される

月岡、水原連合分団結成さる

朝連傘下にあつた新潟県の新発田支部が新しく民団支部として再出発し、活動を開始することになつたことは本紙で既報の通りであるが、当地方の在留同胞はこれに大きな関心を寄せ去る廿五日は月岡、水原連合分団が結成されるという熱狂ぶりである、結成大会は月岡温泉公会堂で正午より開かれ大会後は新日親善の懇談会が催おされ同大会は午後五時盛大裡に幕を閉じた

和歌山県東部の新役員

和歌山県本部の役員は任期満了のため去る五日第十回定期大会で新しく選出左のように決定をみた 団長 李東碩、副団長 朴[illegible]、同 [illegible]、事務総長朴[illegible]、外務部長宗[illegible] 文教部長李[illegible] 財政部長[illegible] 社会部長李[illegible] 地方部長[illegible] 商工部長[illegible] 宣伝情報部長[illegible] 青年指導部長[illegible] 監察委員長[illegible] 林和

祖国の放送を聴きましょう

発展途上にある祖国のニュース、娯楽等が完全にききとれる全波受信機が完成しました、吾等の団体、家庭には必ず一台備えましよう、

六球スーパ 2バンド

ダイナミックスピーカ付

¥11,000

あらゆる受信機の多量注文にも應じますから希望の方はお申込み下さい

東京都新宿区若松町二 居留民団中央総本部 商工部

弱小国家の友

李総理談

【ソウル発＝KIP】李国務総理はチリの韓国承認について要旨次のような談話を発表した

ラテンアメリカの有力な国家の一つであるチリは韓国とは地理的に利害関係が稀薄であるにも拘らず承認をしたことは従来の友邦諸国の承認とは趣を異にしている今もなお忘れ得ぬことは本官が中国軍と共に満州で抗日闘争をしていた際、中国将校が本国へ帰国すべくウラジオストックで船便を求めたが、多くの外国船舶は日本の反感を恐れてこの中国将校の輸送を引受けるものは一隻もなかつたがチリ国の船舶のみはこの難事業を敢行した、この度の承認も正義を愛し弱小国家のよき友としての情より生れたものと思う

原文版 大韓民国憲法 附 国会法及政府組織法 価五〇円

日本文版 大韓民国憲法 附 国会法及政府組織法 価五〇円

我が大韓民国の聖典『大韓民国憲法』を一家一冊は必ず備へましよう、そして我が子弟に読ませましよう

一、地方本支部で五冊以上御注文になれば一冊づつは別に無料進呈致します
一、十部以上の御注文は一割引致します
一、三十部以上の御注文は二割引致します
一、荷造り送料は総て本社で負担致します
一、注文は必ず前金にお願いたします、為替又は振替貯金京都「一二三」へお払込み下さい

京都市下京区東九条岩本町六五 韓国文化出版社 振替口座京都一二三番

先週の話題

5月26日 ☆中共軍上海を占領 ☆外相会議にソ連提案のドイツの経済的政治的統一問題に米国反対す ☆対日賠償打切りを米国極東委員に提案 ☆米英間で中共の承認問題化する

5月27日 ☆上海に臨時治安維持会生れ、顔恵慶博士が委員長に就任 ☆聖フランシスコ・ザヴィエルの記念碑に派遣される 奇跡の右腕 到着す

5月28日 ☆李宗仁総統代理は米国の道義的な援助期待を言明

5月29日 ☆西独鉄道ストのためベルリン交通機関開される ☆チリ韓国を承認 ☆米陸軍部隊済州島より撤退

5月30日 ☆陳毅将軍上海市長に就任 ☆米国有力筋の情報によると韓国駐在の米将兵の引揚は二・三カ月内に行われると報ず

5月31日 ☆何應欽内閣総辞職す ☆米国中共との通商検討 ☆前駐ソ連大使ローシチン氏は広東より本国に帰国

6月1日 ☆パリ会議にて西欧側のドイツ統合提案に対しソ連全面的に拒否 ☆ソ連軍ベルリン西方において演習を開始す ☆釜山の米領事館閉鎖す☆在韓米軍兵隊引揚げ完了

新地方本支部通告

御承知の通り民団はその発足以来その組織の発展を見、作日同胞の地方組織強化、民主々義にその実をあげている、一九四九年三月より五月末日までにおける民団地方本支部結成状況は左の如くで今後の活躍が期待されている、なお中総地方部では各地方本支部に新しく結成した支部の一層の追加記入を希望している

本部名	団名	団長名	住所
東京	板橋豊島練馬連合支部	片守哲	豊島区池袋二ノ八八一
三多摩	八王子支部	朴道鎬	八王子市日吉町八三
〃	町田支部	曹栄一	南多摩郡町田町本町二三六
北海道	釧路支部	金天鎬	釧路市末広町一ノ十
宮城	石巻支部		石巻市湊小学校前
秋田	本荘支部	金俊国	由利郡本荘町中新町
茨城	水戸支部	梁永植	久慈郡大子町[illegible]
〃	谷田部支部	徐[illegible]	筑波郡小野村[illegible]
栃木	河南支部	鄭在石	河内郡姿川村大[illegible]
〃	河北支部	崔昭[illegible]	河内郡[illegible]本村仁[illegible]
神奈川	相模原支部		高座郡相模原町下溝[illegible]
新潟	新発田支部	金宇一	新発田市竹町
静岡	東部支部	金[illegible]	沼津市上香貫[illegible]
大阪	長野分団	柳東任	西成区長橋通五ノ一三
大阪	出城分団	金平[illegible]	西成区出城通八ノ一[illegible]
〃	[illegible]分団	金東彦	〃[illegible]通七ノ一三
〃	山王分団	[illegible]	〃松田ニノ[illegible]
〃	天下茶屋分団	白[illegible]	〃潮通リ三ノ四
〃	[illegible]分団	李東洙	〃[illegible]通リ二ノ三
〃	石切分団	李重成	中河内郡大戸村石切一三〇
〃	大和分団	金享洪	住吉区[illegible]東九ノ二九
〃	守方分団	金[illegible]	守口市三[illegible]町守方
〃	[illegible]分団	柳根大	[illegible]町十
〃	北支部	裵[illegible]	北区中崎町四三
〃	東住吉支部	朴根世	東住吉区平野元町一ノ一
三重	東北支部	李[illegible]吉	四日市市[illegible]
〃	四南支部	鄭[illegible]俊	四日市市[illegible]
和歌山	田辺支部	鄭明[illegible]	西牟婁郡[illegible]
〃	御坊支部	朴三圭	日高郡御坊町新町八幡[illegible]
〃	北宇平第二支部	李九祚	和歌山市北宇平三〇
〃	五西月分団	朴[illegible]	有田郡五西月村
岡山	和気郡支部	趙仁[illegible]	和気郡[illegible]村中二五
〃	御津支部	朴泳[illegible]	御津郡[illegible]
〃	伊里分団	李[illegible]	[illegible]
〃	林野分団	尚[illegible]	英田郡林野
広島	吉名分団	金容珠	[illegible]郡吉名村[illegible]
九州	九州連合本部	金[illegible]	熊本市[illegible]
熊本	三角支部	金宗田	宇土郡三角町[illegible]
〃	天草支部	〃	天草郡本渡町下町[illegible]
鹿児島	[illegible]支部	李[illegible]	川内市[illegible]

日韓 貿易協定の意義

鄭　寅　錫（4）

五、朝鮮工業の地位

朝鮮は日本の戰時要求に依つて急激にけん制された日本の一補充的工業地域であつたが爲め、各生產部門の物資流通資金技術面と同じく各關聯的に日本に連繫され運營されたのである。

從つて朝鮮内各種工業部門間は勿論同一工業部門においても横斷的又は縱斷的系列が整備されておらず直接な相互關係も均衡的發展もなかつた。從つて自主工業体系とは縁の遠い植民的不具畸形性を保存して居つた。

最も明瞭な生產財生產部門と消費財生產部門との出現關係を見れば日本は一九四〇年に金屬工業が二二、五%、機械器具工業が二三%で全体の四五%を占めその他先進國では生產財生產部門が全体の五〇%以上を占めているが朝鮮は金屬工業が六%で全体の二〇%に過ぎないのである。斯くの如き朝鮮工業体系の不具畸形性は對日依存[illegible]に依つて補充されなければならなかつたのであるから對日朝鮮貿易に現はれた多額の未[illegible]

[illegible]

六、結び

以上によつて解放後における朝鮮貿易の歩んで來た特徴と朝鮮工業[illegible]

[illegible]

祖國の声が聽ける
民團で安いラジオを提供

[illegible]我々のもつとも渇望しているものは祖國の※である、祖國の日日の動向、祖國の声[illegible]が[illegible]私達の家庭に入つたらどんなによろこばしいのであるものとなろう。これらの欲求を滿たすものとして「ラジオ」が大きく浮び上つて來るが[illegible]に高價なので民團中央總本部商工部ではかねてより民團指定の製作工場とタイアップし、技術陣を總動員し低廉にして完全なる受信機の製作指導に努力して來、この程六球金屬製スーパー2バンドダイナミックスピーカ付の受信機を完成、市價一割安にて地方各本支部希望者に提供することになつた、その他あらゆる受信機も希望者に安價で提供し、同胞希望者に對しては特に安價で多數註文に應ずることになつた、なおこれら受信機購入の希望者は民團中央總本部商工部へ申込むよう商工部では希望している

[illegible]している數多くの受信機はあまりにも營利本位のもので祖國の情勢を知り祖國に對す[illegible]

マイヨールの作品

ロダンの彫刻の[illegible]ているごと[illegible]は[illegible]ばないが、私はマイヨールの作品が好きだ。ロダンの作品は余りにも宗派[illegible]グラナダ人形のようなマイヨールの作品からはほのぼのと人間味が漂つてくる。私は[illegible]作品をみえ庭に[illegible]子の[illegible]をしたうあのやるせない気持を味わされるのだ、[illegible]りした、おおらかな線[illegible]づけから生れてくる温み[illegible]間性を余すところなく現わしている。この"婦人の胸"か[illegible]懐かしい郷愁を感じるのは[illegible]人だろうか（K生）

近來雜感
時　餘　雨

世の中には石橋を叩いて渡るということがある、ところが石橋を叩いてなお渡らない男がいるとすれば、それはどう言われるだろう、恐らく何と臆病な保守者であることか！と笑うに違いない、こんなことをいつたら気の早い青年は直ちに「今日われわれの直面している社会は、たとえそれがツタの吊橋であろうと飛びこえて渡るだけの勇気がなかつたらとても間に合うものではない」と口角泡を飛すに決つている

× × ×

一体日本に來ている韓國人の中で誰が一番偉いか？ 革命家、政治家、思想家、教育家、実業家、学者、技術者、経世家など……恐らく[illegible]いる、しかし何といつても先ず[illegible]ではないか。われわれがあげねばならない人物は、わが國家とわが民族の代表者だと自称する者であろう、その理論と実際がどうであろうと問題ではない時にですよ、[illegible]は[illegible]

[illegible]

× × ×

[illegible]

× × ×

[illegible]

帰國同胞の擁護事務

帰國者は必ず左記事項を守つて下さい

一、帰國者下車は必ず大村線南風崎驛（佐世保下車は不可）

一、南風崎驛に下車すれば先ず居留民團南風崎出張所を訪問のこと

一、他人の登錄証を利用するは絶対嚴禁

一、帰國者収容中用件（見送、面会等）で來南風崎時は必ず外國人登錄証を携帶のこと

一、収容された密航者の面会は原則的には許さないが已むを得ぬ事情で面会を要請する者は左の要領による

1、収容されていることが確実なこと

2、収容者と父子、夫婦の續柄を持すその事実を証明出來る者

3、面会の目的と理由が充分にある者

4、特に外國人登錄証に携帶すること

5、思想が明らかで居留民團の証明書を持參する者

一、正式手續を経ず南風崎に來る者が多數あるのでその処分には常に困却していますからこの点特に留意されたし

スポーツ用品
生産と販売
優秀運動具配給店
タチカラ株式會社
[illegible]

健康の歡びは丈夫な歯から
歯のために一番よい
資生堂歯磨

民主新聞

THE MINSHU SHINBUN

発行所 東京都新宿区若松町21
電話九段(33)1168-2771
民主新聞社
発行兼編集者 黄性弼

1949年10月15日
第93号
昭和22年4月24日第三種郵便物認可
定價1部5円1個月送料共25円
毎週1回土曜日発行

第2回 前回より当籤率利廻り共に断然有利になりました
富士割増定期預金
一周年記念 富士特賞30万円
一口1000円 預入期間6ヶ月
只今お取扱中
皆様の富士銀行

正當なる利權確保

國籍の强制附與は不可能

駐日韓國代表、鄭翰景大使は韓國人を連合國人と同等待遇をなすべきであると次の如き要請文をマッカーサー司令官に提出した

駐日韓國人を連合國人待遇に

鄭駐日代表・マ元帥に要請

本大使は本國三千万韓民の意志、特に在日六十万同胞の切実なる要望に基き敬愛なる閣下に対し、在日大韓民國人の法的地位問題に関する所見を述べ得る光栄にあることを感謝する次第である

本日本に強制移動させ、終戦……現在日本に約六十万余の同胞……正当なる利権擁護は今後の大……あると同時に、日本民族の民……以上の観点より在日大韓民國……つ本大使は在日大韓國民とし……大英断に期待する次第である

在日韓国人の法的地位

一、連合國特に米國の偉大なる犠牲的闘争によって、日本の軍國的侵略主義者の牙より解放された韓國は韓國、中國等を始めとし東に十余國を数えられるが特に大韓民國解放こそは、全亜細亜民主化のこう矢であり日本國の決定的な侵略思想の崩壊でもあるばかりでなく、大革命的政治意義をさすのである、閣下も御承知の如く大韓民國は日本の侵略政策の第一段階であつて日本はこの段階を起点とし、大陸乃至全世界の侵略の巨歩を漸次拡大し、今次世界大戦まで招来せしめたのである、中國本土における侵略戦争、次いで今次の世界大戦において大韓民……

日本の国籍を持たない

二、大韓民國國民は正当なる連……〇年より一九四五年に到る……

韓國の健全な發展は

世界平和のための必要條件

謀略的日本人学者の説

國際公法上からの觀点

過去の在韓日本を思え

現在大韓民國人は連合國人としての待遇（例へば課税又は納付上あるいは食糧配給其の他）を何等受けてはいない現状をかえり見るに在日大韓民國國民の数は六十余万の多数に達している……

在留同胞 總結集すべき秋

全体大会を迎え 曺團長談

在日大韓民國居留民團第八回全体大会は十月十七、八日開催されることになつた。私は朗運、民團解散役員の総会であることに鑑み本総会が在日同胞総約の意図を有する点に多大の成果を期待し、ここにいさゝか所信を披瀝して諸賢の御賛なる御批判を仰ぎ、同時に同胞の厳正、役員の改選に当つては特に慎重なる御判断を要請する次第である。

× × ×

懸案の三八線をはさんで、南北はいま、統一の苦悩にあえいでいる世界を左右に二分する米ソ二大勢力のためにこの……

× × ×

われわれの國土はとりあえず……われわれの肉体を二分されたのに等しい。しかして、同國における內……

壇論

大手術を断行せよ

朴準

民團が創立して早掛け四年、第八回定期大会を迎えるが風雨雨荒の辿つた過去を回顧するに幾多の好ましいものがある、経済の苦難、なに一つ満足なものはなかつたが、民團が日本において六十万の為に絶対必要であるという固き……

革期的方針樹立を

曺基議長談

民生、教育の施策に画期的な成果を挙げ、外的には……

鬪爭はこれから

一層の自覚を要望

紡織工業 企業統合を断行

資金の円滑を図る英断

【ソウル発＝KIP】研究懸案の紡大企業統合が断行された、即ち商工部では今般紡績（1）大韓紡績会社に（2）春川紡（3）大田紡を統合させると同時に……

一、資金その他力の分散を招来する
二、優秀工場の生産意欲を減少する虞れがあること
三、人和（企業体上層部）の調整があること
四、生産責任制により商品製造の生産には能率を……
五、論議されている価格の自律的調整等も名実共に解消されたこと

民間貿易品目決る

【ソウル発＝KIP】一九四九年度下半期（十月—三月）民間貿易……

一、農産物—種子類
二、林産品—竹材類、……
三、畜産品—馬
四、鉱産物—有機物、水産その他
五、機械工業—交通運輸用品……
六、繊維工業—タイヤコード、人絹糸その他
七、油脂工業—……
八、ゴム工業—特殊ゴム、生ゴム
九、化学工業—化学薬品、染料品
十、医薬薬品—洋薬……
十一、製紙工業—特殊用紙、新聞
十二、ガラス製—板ガラス、特殊用ガラス
十三、ラジオ部分品—ラジオ部分品

電力開発を計る

商工部長官談

【ソウル発＝KIP】商工部長官は十三日午前十一時記者団と会見当面の諸問題について次のように語った

アルゼンチン移民

李社会部長官談

【ソウル発＝KIP】李社会部長官は十三日記者団と会見し当面の問題に関して次の如く語った

朝四暮三

社告

民主新聞

一、発行部数 二万部
一、代金一部 二円
一、発行回数 月四回（週刊）
一、配付方法 各編本部單位
一、代金回収方法 編本部責任制

先週話題

10月1日 ☆ユーゴ政府はソ連に対して〃ソ連政府は國際法及び國連憲章に違反している〃との覚書を送つた☆毛沢東中共主席は北平で〃中華人民共和國中央政府〃の成立を宣言☆ソ連、ポーランド、ハンガリー、ブルガリアに続いてルーマニアもユーゴとの友好条約を破棄

10月2日 ☆ソ連政府は中國國民政府との外交関係を断絶して人民共和國政府を承認 ☆チトー、ユーゴ首相は〃ユーゴはソ連の脅迫に対しあくまで対抗する用意がある〃と演説

10月3日 ☆李宗仁総統代理は〃中共政権はソ連のロボットであるとして西欧諸國がこれを承認しないように要請した☆國連朝鮮委員会の存続決定☆スイスのコーで4ヵ月間にわたつて開かれていたMAR大会終る☆中國政府対ソ連との外交関係断絶を発表

10月4日 ☆ハンガリーは中華人民政府を承認した、ソ連ブロック諸國の人民政府承認はこれで7カ國となる☆韓日通商第二次会談ソウルで開かれる

10月5日 ☆フランス、クイユ内閣総辞職

10月6日

10月7日

在外國民登錄令（外務部令）

第一條 本令は外國に居留する國民の身分を明確にし、その保護を……

事業計画（昭和二十四年度）

一、対韓貿易に関する資料情報の収集
二、貿易使節團の派遣並に招聘
三、関釜連絡航路の再開促進
四、対韓通商取引の斡旋
五、対韓貿易産業の振興開発
六、対韓貿易相談所の設置
七、対韓貿易品常設展示室の設置
八、韓國商社の誘致
九、対韓貿易に関する宣傳紹介
一〇、その他対韓貿易振興に関する事業

下関市 対韓貿易協会

在留同胞必読の書!!
万人の希望に應え時局の要望に適わしい
前駐日代表團長 鄭翰景博士
ソ連が近付いた
（ソ連人が朝鮮に来た）
新友社 発行
東京都文京区
電話小石川(85)五六二一
定価 ¥200

民團のあり方（全鍾在）

團結の時機は到來

機構を改革、再出発へ

一、はしがき

セルビア青年の放った一発の弾丸は第一次世界大戦の口火となり、……

対韓援助費決る
一億五千万ドル

【ソウル発＝KIP】米國上院で……

幾多の功績を残す
不備はやむを得ぬ事情

二、輝かしい功績

無能の名士を退け
三権分立の確立を計れ

三、総選挙から

團費徴收制を立て
基本財源を樹立せよ

四、財政の確立

民族感情の刺激は避けよ

五、民族主義

事務局を三局に
役員の任期も二年間に

六、改正の要旨

科学的批判性に徹せよ

七、むすび

政党の乱立は有害
李大統領 記者團に語る

農林行政に効果顯著

中共派遣の秘密隊員逮捕

【ソウル発＝KIP】……

荒川支部 新團長に李氏
支部拡張大會開かる

（1）今後の活動方針に関する件
（2）民生問題及教育問題
（3）財政確立の件
（4）税金に関する問題

▼團長李（…）▼副團長、文（…）▼

民團支部結成通知

ソ連の原爆に就て
林外務長官談

"永遠の哀號"と"北緯三十八度線"他

金熙明

虚偽的悪質な誹謗
情報部 新世界社説に見解

帰國希望者に告ぐ
帰國申請に対する留意事項

民團中総社会部帰國事務課

一九四九年九月二十八日

化学工業用 アミノ酸醸造用 サクラ製材 特殊加工品 木製 耐酸・耐圧 ニータルイフ・スレプ 各吋共即納 設計据付 取替修理 専門製作 木材化学工業株式会社

CAMEL SADDLE MADE IN TOKYO K.S.K 極東サドル工業所 東京都荒川区三河島8の2400・電下谷(83)1920番

高級タップダイス 株式会社 壽商会

耐酸・耐アルカリ ゴムライニング タンク パイプ バルブ ポンプ ファン コック 組立機器 分離機 大機ゴム工業株式会社 (旧大日本機械工業ゴム部)

待望の韓文打字機（携帯用）完成 誰でも何処でも能率的に打てる
このハングル（諺文）タイプライターの出現こそは従来のタイプライター界に一大革命的な結果をもたらし……
特色
1、携帯用にしてその運用は……
2、従来の日本文タイプライターに比較して3倍以上の能率を出す事が出来る
3、……タイピストでなくても誰でも手軽に打つ事が出来る
4、文字はハングル（諺文）の外に漢字、カナ、ローマ字、ギリシャ語、ヘブル語（ユダヤ語）ロシヤ語、ドイツ語、エスペラントその他各国の符号等一台の機械にて……打てる……タイプライターともいう事が出来る
規格 233（高）×358（巾）×251（奥行）mmプラテン277（長）×50（径）mm重量7.5KG 活字＝5号・用紙＝……
打ち方 文字ドラムのハンドルを左手で握つて動かし針先に必要な文字を合はせて右手で文字打キー（Key）を打つとハンマが活字をたたき文字を写す
活字も完成 従来の日本文タイプライターにも打てるハングルタイプライター活字も完成す（日本タイプライター、管沼タイプライター等）
定價 タイプライター四万円、活字A二千五百円、B四千円

CARAVAN ラジオはキャラバン 高級型スーパー D-85型 東京・日本 原口無線電機株式会社 1494・1495・4970

各種汽罐製作及据付煉瓦積工事 化学工業用薬炉工事 配管工事 中古ボイラー売買 日本汽罐工業株式会社

篩不要 超微粉可能 不二高速度粉砕機 化学肥料・飼料・鉱工業・食糧用最適 株式会社 荻山製作所

石炭採掘販売 明治鉱業 東京銀座七ノ三

戦時綱領
1. 我等は大韓民国の勝利の為に忠誠を盡す
2. 我等は民族自衛の為に一致團結す
3. 我等は日本の治安と秩序維持に協助する

民主新聞
THE MINSHU SHINBUN

大韓民国居留民団中央総本部 機関紙
発行所 東京都新宿区若松町21
電話 九段(33) 2711・-1169
民主新聞社
発行人 金 載 華

1953年5月15日
第320号
定価 1部10円
1箇月送料共 50円

統一なき休戰に反対
全韓國民北進統一を絶叫

国土両断に平和なし 休戰五原則貫徹せん

スターリンが死亡し、マレンコフが新首相に就任するや矢継早やに打ち出される平和攻勢、それに〝周声明〟をきつかけに、再開・中絶・再開と七変化変転した、韓国休戦問題は、どうやら成立の兆が濃くなつて来ているようだ。然し民主陣営内にも、極度に斯かる楽観論を警戒、あく迄力による攻撃こそ韓国動乱を根本的に解決するものであると主張している。

ともあれ終戦後八年有余、三十八度線分断による極度の民族的悲運と、二年有半の韓国動乱に依る史上稀な侵略と破壊をなめている全韓国民は〝祖国統一こそ我等の生きる道〟だとの信念が骨身に徹しているのだ。そして〝北進統一〟の四字こそ民族至上命令であり、生命であり、明日への崇高なる希望である。すでに本国政府では、休戦に関する五大項目を掲げ〝統一無き休戦〟には如何なる犠牲をも辞せずと声明書を発表した。李大統領の談話発表、国会の休会による闘争・各言論機関の反対主張、全国津々浦々で行われている〝分断休戦反対民族総蹶起大会〟、今や全韓国は分断休戦反対に総進軍しているのだ。我が民団も本国に呼応本国の要請に歩調をあわせてその運動を展開すべくその決意の程を別項の如く声明した。

休戰は鴨緑江で！
李大統領聲明

「韓国問題の解決は半島の腰の広い部分、あるいは狭い部分であれ如何なる地点で行われようともそれがわれらの本来の境界線である鴨緑江において行われない以上それは共産侵略者に勝利を与えることになるだろう。このような勝利は共産主義者が韓国において勝利するのみならず、全自由世界に対して勝利をかち得ることを意味するものである。かかる結果はわれわれにとつて悲惨なものとなるばかりでなく現在なお自由を保つている米国及びその他全世界の国々にも崩壊をもたらすものである。われわれは二年前あのような貧弱な武器弾薬でかくも勇敢に闘つた、これは何のためであつたろうか？われわれは共産主義者を慰撫しようとしているとは信じられない、しかしもしもかような政策が取られるならば明白に卒直にわれわれに語られるべきである。しからばわれわれは、民族としてのわれわれの運命を自ら知ることが出来るであろう」

休戰五大原則

一、中共軍の完全撤退。
二、北韓傀儡軍の完全武装解除。
三、国連は如何なる第三国からも北韓傀儡軍に対して軍事的、財政的及其他の援助をしないようにする事。
四、大韓民国代表者は韓国問題の討議又は審議する如何なる種類の国際的会談にも参席しなければならない。
五、大韓民国の主権及び領土保全に背馳する計画又は行動課程は、それが如何なるものであろうとも法的効力を保有しないものと認める。

民間

一方統一なき休戦に五大原則を固持する政府側と相まつて民間における反対熱も猛烈を極め、全国山間僻地に至るまで、学生、商人、農夫、労働者、婦人を問わず至るところで統一なき休戦反対の大デモを敢行しているのが現状である。去る五月六日ソウルで千五百名からなるデモ隊は数回に及ぶ警官隊の阻止にも拘らず大統領官邸へ休戦反対デモを決死的に敢行、遂に数名に面会を許させたというエピソードさえあり、治安局調査によれば、四月三十日迄五百万がデモに参加、決議文は一万通に及ぶといわれる。

国会

統一なき休戦に反対運動の最先鋒に立つた大韓民国国会は、全国的なる運動を大々的に展開する為に、去る四月二十二日第六十回本会議に於いて〝北進統一国民総蹶起国民運動特別委員会〟を組織、臨時に国会本会議を休会、全国的に国民を陣頭指揮するようになり左のような決議を行つた。二十三日の釜山市民大会には国会全議員が参席二十五日から二十七日迄、二日間に亘り、全国各重要都市には国会議員を派遣、率先陣頭指揮をとるようになつた。尚同日の国会決議文の内容は左の通りである。

一、北進統一の国民運動を展開する為に、国会は四月二十三日から二十五、二十六二十七日の本会議を休会する。
一、北進統一国民運動を展開する為に、国会は特別委員会を設置して、実践運動を期す。
一、四月二十三日釜山で開催される北進統一国民運動には、国会及び市民共同主催とし国会議員全部が参席する。
一、国会は国連及び関係各国に国民代表を派遣して国民の総意を貫徹する。

言論機関

全国的に分断休戦反対運動が大々的に展開されている折柄、全民族の固い祖国統一への念願と輿論を代弁する全国各言論機関は、去る十八日、ソウルに於いて全国新聞記者大会を開催、韓国全言論機関は挙つて全力を統一なき休戦反対に発揮する事を決議した。

先づ同大会では、韓国政府発表の休戦五大原則を徹底的に支持する事を決議、統一なき休戦会談にはあく迄之を反対、北進統一の日迄奮闘する事を内外に宣明した。斯かる韓国言論人の決意を発揮する第一段階として、李大統領、中国会議長、国連総会ピアソン議長、アイゼンハワー米大統領、新聞報道連盟事務長、クラーク軍司令官、テイラー第八軍司令官に各々〝北進を強調し、統一なき休戦に反対する〟とのメッセーチを送る事になつた。

国軍

韓国軍野戦指揮官達の一般的な見解は、世界平和の分岐点である韓国動乱の解決の方策は、民主陣営が徒らに不必要な妥協を断然と排し、強力なる実力を以て対決攻撃する事によつて勝利を獲得し、世界の平和を樹立する事が唯一なる道だと確信している。現に行われている傷病捕虜の交換が、単に共産軍側との同意の下、その問題にのみ局限されているとすればこれを、支持するに吝さかではない。然し此の問題を契機にして、現戦線をコウ着状態に放置し、統一なき休戦を計るとすれば、それが如何なる努力であるであろうとも断固反対せざるを得ない。それは却つて共産軍の勝利を意味するものであり、韓国の平和は勿論の事、世界平和も常に共産侵略の脅威にさらされる事になるからである。而して世界平和の最も確実な道は、韓国軍をして現在の百五十五哩にわたる全戦線を突破、韓国から共産軍を完全に駆逐、鴨緑江、豆満江の韓国国境迄進撃完全に韓国を統一させる事にあるのである。虚偽、謀略に満ちた平和攻勢の一端として、韓国動乱の休戦を提議した共産軍の策略戦術に、無駄な時間を費して、彼等に時間と再起の時間を与えて居るよりも、一層活潑性をおびた優秀なる国軍の装備強化こそ念願して止まない所である。

主張
休戰成立と韓國の立場

休戦会談再開と休戦成立の見透しが世界平和確立への希望として世界は挙げて喜色を顕わしている。実にほほえましい状態である。韓国動乱が一国の侵略政策遂行の一つの手段として選ばれたことは侵略者自身は勿論のこと世界が等しく認めており認めていればこそ国連が侵略者懲罰行動をもとつたのである。上述の一国というのはソ連であり又スターリンであつたが、当人のスターリンが死んでソ連政策の行詰り状態（韓国動乱にて）を切り抜ける契機を作り、政策変化と見せ急速に打ち立てた新たな世界政策として休戦論が真剣さを持つようになつた。韓国動乱が現在どんな状況と型態になつているにせよ、ソ連の意志一つに依つてただちに解決されるという点には世界中の誰一人として疑う者がない。これは現在における世界平和が、ソ連政策、ソ連の出方一つに左右されているのとまつたく同様であつて、ソ連の平和攻勢のあり方、平和のよばわりが（平和攪乱の本尊）ソ連の専売品であるかの如きも同じ理由に依るものである。いずれにしても休戦が一応成立するという見方が強くなつたのはソ連が休戦（理由はどうあろうとも）を欲するかの如く見られたからである。休戦はソ連の気持一つでどうにでもなるだろうが、どうにもならないのが韓国自体韓民族自身の問題である。破壊し盡された国土、裸になり傷ついた韓民族に対する休戦論はつまり成立見透しの休戦と韓国の立場は必ずしも一致するものではなく――現に讃えられている世界平和論とはほど縁が遠いという事実を認めなければならない。動乱がもたらした一切に対しソ連は当然責任を負うべきであるが、ソ連は休戦を成立させることで恩か現状の儘でも休戦平和の神たらんとしているのは皮肉である。休戦提案は七年間も抑留し強制労働に服せしめ共産主義を強制した挙句、政策的帰国を許し日本に恩を着せ彼等の手先共を喜こばせつつある日本引揚民に対する処置と全く一致するソ連式の謀略の正体とも云える。だが日本引揚民には僅かながらの涙銭でも持たせたが、韓国に対してはこの涙銭すらありそうもない。頼みの綱は国連であり米国である。動乱前は兎も角動乱中には平和攪乱者として侵略者に対する懲罰、民主陣営死守等の名に依つて韓国は一応国連や米国から絶対の支持と援助を受けて来たが、現状の儘、休戦が成立する場合の韓国の立場はおのずから違つて来る。現に韓国政府と国会は勿論、韓民族全体の要請（形は多少相違があろうとも）として統一のない休戦は絶対反対しているに対して休戦の成行きは必ずしも一致していない。休戦成立がソ連の侵略政策の変化である何等かの保証がない限り、国連や米国が侵略に対する保証や復興に対する責任を負わない限り、動乱前の状態に戻ることということが韓国の立場である。解放直後の対韓政策、大韓民国建国前後の対韓政策、動乱発生前後の政策、休戦会談開始前後の対韓政策等に対する具体的論議はこの場合しないが、従来の対韓政策が一貫していなかつたということは事実であつて見れば、休戦成立後に見られる米国の対韓政策というものと休戦が持ち来る韓国の立場なるものを規定する上に大きな関係がある。

聲明書

われわれ在日六十万僑胞は本国政府、国会の決定と全三千万同胞の要請と歩調を合せ「統一なき休戦」は絶対に反対するものである。

本国政府では

一、中共軍の完全撤退。
二、北韓傀儡軍の完全な武装解除。
三、国連は如何なる第三国からでも北韓傀儡軍に対し軍事的、財政的其他一切の援助を中止さすことと。
四、大韓民国代表は韓国問題に関する討議又は審議する如何なる種類の国際的会談に参加しなければならない。
五、大韓民国の主権及び領土的保全に反する如何なる計畫又は行動過程は法的効力を保有しないものとみなす。

以上五項目が完全に実施されない限り統一なき休戦として絶対反対するとの声明を発表し、国会にては四月二十三日より二十七日まで本会議を休会し全国的に統一なき休戦反対運動を展開することに決定し実施中である。

このような本国の動態こそ今般の休戦論が動乱に対し慎重な対策の必要を痛感させる挙族的意志表示とみなすものである。

ソ連新政権の新平和攻勢は（休戦会談が始まつて後三年間、ソ連一流の狡猾な遅延作戦も効果を奏せず）傷病兵交換に便乗し、国連における印度提案に同調するような態度を示したのは、平和を愛し戦争による凄惨な蹂りんを蒙つた韓国国民として拒否するものではない。しかし、このような態度が侵略者の一貫した政策により動乱が発生、統一を阻止したと同じように、一時的休戦も祖国統一を妨害するものであることに思いをいたす時、それこそ残忍無道な銃剣にたおれ護国の神となつた幾多の同胞と灰燼に帰した国土のためにも絶対に反対するものである。

統一か？一時休戦か？生か？はたまた死か？の問題であるのだ。彼等の「平和と休戦」という新型の誘惑をみるとき、われわれは、動乱発生直前に民間抑留者交換を提案し平和統一に、誠意を見せるが如き態度をとり、安心をさせておいて不意に敢行したあの非人道的侵略を忘れることは出来ない。彼等が攻勢に酔つて、休戦を提案した国連案に対し、「休戦は戦闘力を蓄積」するとして拒否し、敗戦の色が濃くなるやソ連に頼んで休戦を提案して以来三年間、かえつて彼等の戦闘力を蓄積した事実等を綜合して見て「統一なき休戦」が成立したといつても、それは結局国連空軍の爆撃を避けるための策動であることに過ぎないものであることは疑う余地のないところである。

国連監視下の総選挙で南北統一をなすとの提案を拒否し武力によつて侵略を継続しようとの謀略は到底容認することの出来ないものである。

南北統一の休戦が成立するかしないかは韓民族の意思を反映容認するか否かの国連、特に米国の一存一策にある点を特に強調するものである。

動乱発生の遠因は米ソ両国が三十八度線を劃定したところにあり、近因は米軍の無謀無策な撤退と無責任な対韓白書と対韓政策にあつたという事実を回顧して、米国の今般における休戦問題にあつては韓国民の真意を掬みとり、国連が北韓及び中共軍を侵略者と断定した事実に責任をもち完全な休戦成立に責任ある行動をとらなければならないものである。

これによつてわれわれは国連又は米国の反省を再び促すものであり在日六十万僑胞の総意（極少数の民族背反者を除く）をもつて本国政府と国会の決定を支持し最後まで統一なき休戦を絶対に反対するものである。

西紀一九五三年四月二十四日
在日大韓民国居留民団中央総本部

第十六回全体大会開く

重大案件を審議決定

飛躍發展の基本対策樹立

我が民団が日増しにその重大性を加え、成し遂げるべき課題が山積している折柄、去る四月十一十二両日民団大阪本部講堂に於いて、第十七回中央議事会、第十六回全体大会が内外注目裡に盛大に挙行された。大会には中央執行部を始め、全国代議員二百二十余名が参集、役員及び国会派遣代表の改選、予算審議を始め中小企業体に対する融資問題並びに教育問題其他民生及び組織強化の為の中堅幹部の養成等の重大案件が討議され、当面せる民団の諸課題解決の基本対策を決定樹立した。時恰も板門店に於いて休戦会談再開の機運濃く、長時間に亘つて停滞状態にあつた韓国会談の予備会談が開かれる等、我々にとつて瞬時たりとも、ゆるがせに出来ない重大時局に際し、在日六十万同胞は、その重大懸案解決に総蹶起する事が強く要望されている折柄、今後の民団活動の基本対策を樹立、役員の刷新強化を見た事は、実に重大なる意義を有するものと言わねばならない。

続いて議長、団長の挨拶にはいり、大要各々別項の如き挨拶があり、全代議員を緊張の中につゝんだ。尚上述せる如く、今度の大会開催に物心両面に絶大なる貢献をした、大会準備委員会、近畿協議会を代表して、大阪本部金団長から、丁重なる挨拶があり、駐日代表部書記官高鴻基氏から、金公使を代表して懇篤なる激励の言葉、要旨別項の如き大会宛メッセーヂの代読を終へ、代表部大阪出張所長姜聖九氏から要旨別項の如き、意味深重なる挨拶があり、衷心から民団の飛躍的発展と偉大なる活動を希求して止まないと強調した。

一旦暫の休憩にはいり午後一時四十五分から続開各機関の報告は先日の中央議事会に於いて詳細な報告があつた為に省略、直ちに討議事項にはいつた。七項目の討議事項中やはり、二百万弗融資の件、在日児童教育対策の件、予算審議案が論議の中心となる。各討議事項は各々中央執行部から提案の趣旨と内容の詳細なる説明があり大要別項の如き決議を見た。討議事項の討議が終り、事務総長裵東湖氏の緊急動議により、二百万弗融資に直接関係のある本国各関係当局に大会の名義で感謝文を送る事に、万場一致で可決した。

それから大会の山とも言うべき役員改選にはいる。全代議員はあらゆる関心と注意とを集中して、今後二個年、誰をして中央執行部を担当してもらうかに、公明にして正大なる判断をなすべき関頭に立つているのだ。意見は判然二つに分たれ、議長の挙手裁決にはいり、終ひに立候補者を出して選出する事になつた。団長推せん十二名中十名は本人辞退する所となり、金載華氏、鄭哲氏（現中総事務総長）の決戦投票となり、金載華氏の再選される所となつた。続いて副団長の選出にはいり五名立候補中、裵東湖氏百五十一票、金炳旭氏七十四票で各々当選、事務総長の大会認准にはいり金載華氏今し方決戦投票して団長を争つた鄭哲氏を事務総長に指命し、万雷の如き拍手をもつて万場一致可決した。次に議長には、金光男氏が無投票で当選、副議長には、洪賢基氏金聖洙氏が各々選出され、監察委員には、丁賛鎮氏、梁炳斗氏、金鍾在氏が各々選出された。

続いて国会派遣代表の選出にはいり、金載華、金光男、元心昌、裵正、金在和、金英俊の各氏が選ばれた。尚丁賛鎮氏は補欠として何時でも欠員の補充をする事になつた。

尚購買委員の選出は中総の執行部、議長団、監察委員の三機関に一任する事に決定、韓日会談に送る在日同胞民間代表は金載華団長、金光男議長の両氏を再信任、再選された金載華団長から、新任の三機関役員を代表して、全代議員及び全国民団団員の信頼と期待に背く事のないよう最善を盡すと決意の程を披瀝した。終つて金団長から、高順欽氏、李鳳儀氏を民団中総顧問に推薦万場一致でこれを可決、金光男議長の閉会が終るや、高順欽顧問の先唱で、大韓民国万歳！在日大韓民国居留民団万歳を三唱、真夜中十二時半、万歳の声は、たからかに深夜の大阪の空をゆるがした。

團長金載華氏再選　議長金光男氏留任

京都で開催した一回を除いて今迄、全国大会は東京の中央本部で開催されるのが、ならはしとなつていた。然し此の度は関西地方の要請もさる事乍ら、地方組織の強化と全国代議員に清新なる気を換気する意味から大阪で開催する事になつた。これが如何に多大なる成果を挙げ、組織強化に寄与したる事は、詳言を要しない。

当日は東京からかけつけた、中総本部の執行部東京本部、韓青本部、婦人会本部、軍人会本部、計五十余名を始め、民族陣営の有志、言論機関の面々二十余名を筆頭に、北は北海道から南は九州の南端から参集した二百二十余名の代議員、地元の来賓多数参席の下、午前十時、金光男議長着席、羅鍾郷、金今石両氏司会の下開催された。

先づ国民儀礼から始り、金聖洙副議長から開会の辞があり、代議員資格審査の結果二百十二名参席で、議長から第十六回全国大会成立の宣言があり、全議員の拍手が万堂をゆるがした。

組織諸體制の強化

団長　金載華

我が民団の任務が、日増しに重大化しつゝある折柄、浅学の身を以て団長に再選され、益々その責務の重大性を痛感して止まない。韓国においては急激に休戦会談が進展しているし、日本においては難コースを辿り乍らも韓日会談が本軌道に乗つている。我が民団も本国との連結が密着になるにつれて、運動の本筋が安定し、その比重もぐんぐんと重きを加えて来た。本国からの二百万弗融資は、在日中小企業者の救済対策に劃期的なる一新紀元を劃したものと言えよう。これを契機として我が民団が在日同胞と多角的に、結合の度を増し、真実に在日六十万同胞に奉仕出来る体制を確立、組織運動を展開するようになつた。内外共に斯くも重大なる時期に対し我々は今新しく過去の民団歴史を省察、組織運動を助長せしめた力を振興させ、運動を阻止抑制したあらゆる害悪を勇敢に一掃排除しなければならない。その為には先づ我々が常に組織人としての運動理念を堅持して、あらゆる行動を律する事である。運動理念の確立している所、堅忍不抜の信念と勇気と併せて民族国家の為に喜んで奉仕する精神が生れると信ずる。規約の全的改正も考えられよう。人事の刷新もある。機構の改革もある。反共陣営同志の結合の促進もある。そして民団の強化の為には勇敢に良い道を選択して躊躇しないつもりである。

最近二百万弗融資の問題で、世間でずいぶん物議があるようであるが、唯一つ玆に銘記すべき事は、これを物乞いの根性で観る事であり、今後とも左様思つてはいけない。飽く迄これが中小企業者の発展の為であり、その発展が本国に対して倍、三倍の大なる寄与をするとの決意と心構えでなければならない事を強調したい。その為二百万弗融資は実に慎重を期さねばならない問題である。韓日会談には民間代表として民団側から二人も参席出来る由であるが在日同胞の民権擁護と処遇問題には徹底的に我等の意思を貫徹したい。不当なる強制送還等が両民族の感情悪化に深刻なる影響を与えている事を思えば決してゆるがせに出来ない重大問題である。民族教育別して児童教育問題にしても、現在の情勢から推して、いろいろな難関があるが、本国政府とも具体的に折衝して、根本的解決を急いでいるから近々解決がつけると思つている。最後に在日同胞はよしんば玄海灘をへだてゝ日本に居住しているとは言え、本国同胞に常に心を馳せ、一心同体滅共統一の民族的至上課題達成に奮闘して欲しい。これこそが近くは我が民団を強化発展させ、遠くは我等の最高理念を達成する大道であると信じる。地方諸賢におかれても、常に内外諸情勢を深く観察し民団の地方組織の強化と使命達成に倍旧の御奮闘あらん事を切望して止まない。

中小企業者 融資對策なる

民族教育体制を確立

本国への感謝文決議

討議事項

一、融資の件

周知の如く去年九月、民団が本国政府に要請した四大項目の中の、中小企業者に対する本国政府からの融資を要請して、まる半年以上の努力の結晶として、此の度去る三月二十七日の本国政府国務会議に於いて、正式にその許可が下りた。此の件で大会の五日前迄、団長と本国で活躍した裵東湖事務総長から、その後の経緯と二百万弗融資に関する中央執行部の案を説明、尚詳細なる対策は、大会で専門委員を選出して案を練りたいとの提案があつた。続いて鄭哲東京代議員から、融資に関する東京本部案を詳細に説明、融資があく迄民団の強化と発展に固く結びつかねばならないと強調、同案の採択を叫んだ。甲論乙駁長時間に亘つたが結局左の様な決議でひとまづけりがついた。

㈠ 二百万弗融資に対する対象者の身元保証及び推せんと融資に対する監督権を民団が持つ事。

㈡ 融資に対する具体的なる案を作成する為に二百万弗融資対策は専門委員会を構成する。専門委員九名は、中総の三機関に一任する。尚中総、東京本部案を基礎として作成したる融資案は別紙の如し。

二、兒童教育に関する件

金文教局長から中総案の説明、日本政府の在日韓学童に対する就学拒否的態度が露骨化されている今日、児童教育は重大危機に逢着している。そこで本国政府に建議書を提出、最小限日本全国に、小学校一八八校中学校十二校、高等学校三校の設立は是非必要であつて、総予算、九億一千万の費用がかかるのである。そこで可及的に日本六大都市に小、中、高各一校づつ設立を急いでいる。それが為に学校設立委員会を設置して万端の準備を進める。執行部原案をそのまま裁決。

三、中堅幹部養成の件

組織局次長金今石氏から、我が組織体の中核体である中堅幹部を養成して組織活動の活潑化と防共対策の強化を計る。その為に年六回、二箇月目に一回づつ、二週間を一期として一期に四十八名（各県から一人）を中総本部に於いて講習する。主なる課目は、国史及地理、国防問題、防共理論、民生経済、文教啓蒙、組織事務論、国語及文法、議事進行法等。

四、韓日会談に関する件

裵東湖事務総長から、韓国会談に於ける我が民間人代表参席の重大なる意義を強く主張、我等の代表をして在日同胞の権益擁護を計るようあらゆる手段を講じるようにする。

五、予算案審議

楊総務局長から、収支九百三十万円に関する詳細なる説明があり、万場一致で執行部の原案を可決。

六、地方本部建議案

一、旅券問題（三多摩本部）本国への旅行には特殊階級にのみ便宜を計り、不平不満が大きいから、もつと広範囲に便宜を計れ、尚あまりに手続が繁雑であるから簡素化するよう要請せよ。

二、逆送還者収容所の対策（長崎県本部）長崎本部の調査に依ると大村収容所に現在三百余名が収容されているが、極めてその待遇は冷酷であり、その中四十二名は病者で二名が死亡した、民団でこれが対策を徹底的に講じるべきである。

△先づ真相を調査して関係当局に厳重抗議する事。

△調査委員会を構成し、中央執行部で三名、法律専門家一名、長崎県本部一名を選出する。

三、軍人遺家族問題（軍人会）軍人会を代表して金会長から、軍人遺家族援護に関して説明要請があり、代表部、執行部軍人会三者が、合同会議を開き根本対策を樹立する事にする。軍人遺家族の援護問題はすでに早くから叫ばれ、今日迄十分なる実行を見なかつたので、今後強力に此の運動を推進する事になつた。

金公使メッセーヂ

（要旨）

在日同胞の発展と、民族国家の権益擁護に多大なる貢献をなして来た民団の諸志に対して心から敬意を表する。今皆様の双肩には実に大なる責務が負はされている。今後我々は相共に益々奮起最後迄闘争しなければならない。韓日会談には在日同胞はその関心が大きいが、我々は飽く迄正当なる我等の主張を貫徹する覚悟である。それには我々は何よりも大同団結して偉大なる力を示さなければならないのである。本国では未だその前例の程、民団に対して大なる期待をかけているのであるから、今度の大会に於いてもよく本国の意思を体し、我等の目的達成に邁進努力してもらいたい。

駐日代表部大阪出張所　姜所長挨拶

（要旨）

特に大会が単なる、議論に終り、実行不可能なる政策を立てる事のみに終止する事は実に意味なき事であります。民団活動の為に三千万円基金カンパ云々の課題がありましたが、之を実行する為には何よりも強力な組織力が必要であると思うのであります。然し果して現在の民団の組織力は如何と冷静に反省する段階に来ていると言はねばなりません。而して組織の根源は、何よりも組織人同志の〝和合〟にあると信ずるのであります。反目闘争こそ最も組織を弱体化する毒素である事を思う時、民団諸志の鉄石の如き同志間の結合を祈念して止まないものであります。現在の在日同胞の貧困状態は実にその極に達していると言つても過言ではないでせう。中小企業者に対する融資と言つても簡単なる問題でなく、余程慎重を期さねばならないと思うのであります。

新役員

〝顧問〟

元心昌

徐相漢

高順欽

權逸

李鳳儀

〝執行機関〟

団長	金載華
副団長	裵東湖
同	金炳旭
事務総長	鄭哲
総務局長	羅鍾郷
同次長	朴秉昊
民生局長	金炳旭（兼任）
同次長	姜徳才
組織局長	金今石
同次長	金斗昌
文教局長	金禹錫
同次長	韋太源

〝議決機関〟

議長	金光男
副議長	洪賢基
	金聖洙

〝監察委員〟

委員長	丁賛鎮
委員	梁炳斗
	金鍾在

〝国会派遣代表〟

金載華

金光男

元心昌

金在和

裵正

金英俊

中小企業者融資対策

第十六回全体大会に於いて、最も強く論議された二百万弗融資問題は事が重大である丈に、各方面から深謀遠謀ある融資対策が要望されている。元来が困窮せる在日中小企業者の救護対策として此の運動が推進されたが、とりもなおさず民団強化に強く結ばれねばならない問題であり且又二百万弗が金額の多少よりも質的において、戦禍の本国からの融資であつて見れば、あまりに貴重であるのである。今後いろいろと用意周倒な融資対策が確立されようが、先づ中央三機関では全体大会にて討議をした建議案を中心に慎重な討議を重ねた結果次のような、融資対策案の作成を見た。

民團で一切事務代行

融資は民團員に限定

先般、民団々長一行が帰国して本国政府に諸般事項に関する報告と共に要請した幾つかの問題の中特に在日、中小企業者救護融資問題に関して大統領よりこの問題に留意され本国復興にも至難な諸事情があるにも拘らず二百万ドルという巨額を貸付することに決定を見た。

この融資問題はその恩沢にあづかる中小企業者に局限される問題だけでなく、六十万在留僑胞の全般的問題であると同時に民族陣営が当面している種々の哀しむべき現実を克服打開すべき奇蹟の出現ともいうべきでその実施要項を慎重に検討したのであり去る四月十一、十二の両日大阪にて開催された本団全体大会でも長時間を通じ討議した結果、大略左の如き基本方針と要領をもつて実施することに決定したのである。

民団としては民団組織を通じて救援融資を切実に要請している中小企業者の受入態制を確立するが、出来得る限り広範囲に均等な恩沢を受けられるように努力すると同時に根本的に民団強化運動と結び付けて推進し所期の目的達成を百パーセント効果あらしめたい。

日本の一般労働市場や事業場より追放されたような格好になつている在日僑胞の死活問題は、中小企業者存否如何にかかつているといつても決して過言ではない。終戦直後一般日本人よりも多少有利な立場と権益保護の恩沢の下築きあげ蓄積された資本―生産機関、事業場等も（対日講和以来急変している情勢が一方的に僑胞企業者を不利な立場に追いこんでいる為）高利貸金業者達の犠牲になつているのが実情である。従つて融資は高利貸金業者達より以外には、これを求める方法が皆無の状態であり、結局高利息と生活維持費を確保することが出来ぬ中小企業者達は資本の一切を放棄するより仕方がない惨めな事情に当面されているのである。このような事情を知る民団としても赤手空拳では何とも対策の仕様がないし、これ等中小企業者と運命を共にする以外に途がなかつたのが最近の民団運動の実情であつたのである。

民団運営費である団費負担もこの中小企業者を除外すれば皆無といつても過言ではなく、大部分である自由労働者達は、福利施設其の他の援助を急速に要請している。

二百万ドル救護融資が、一月の大統領訪日時に確約に近い決定を見た後、四ケ月間何の実施も見ずに至つたのは、このような事情に当面している中小企業者は勿論、民団強化にも少なからぬ影響を与えている実情であり、まことに重大な問題である故、この融資問題の急速なる実現を促進、併せて民団組織強化運動と結びつけ受入態勢に万全を期することになつた。

記

一、融資対象者は四月十二日の全体大会以前に入団した団員であり、中小企業者に限る。

二、融資範囲は全日本一円に及ぶ。

三、融資は中小企業者全体を対象とするも多数の企業者が一人でも多くその恩沢を受けられるよう、先づ零細ではあるが生産施設、事業場をもつ小企業者と街頭店舗か集団部落に生活協同組合資金等を優先的に融資、五万円乃至三十万円の程度で約五千世帯を目標とする。

四、融資は韓銀で行うが融資事務の一切は民団がこれを代行する。民団の融資事務の代行が民団組織強化運動の一翼であり、中小企業者融資の根本趣旨を徹底するためにも民団が代行する義務を有するものである。

五、事務代行は民団組織を通じて支部、本部、総本部の順序とするが、貸付最後決済と貸付行為は韓銀、代表部がする故、貸付拒否のある場合もあるが、支、本部の割当額限度内の推薦権はその支部が保有する。

六、民団は融資事務取扱と並行して民団強化対策の一翼として、団費徴収運動を推進して、原則的に融資対象者は民団規則に準ずる団費を納付し、各地方本部はこれを中総に納付する義務を有する。

七、各地方本部は融資を受ける数の倍を責任もつこととする。

八、第一次融資計画は融資期間を六箇月とする。

九、民団は今般の融資運動実施を契機として可及的に地域別信用組合と企業者組合結成を育成する。

〝実態調査開始〟

中総ではこの問題に関し既に対象者の実態調査を開始しており、調査要項様式を各本部に提示してあるが、主に、企業種目、性格、資本及び設備、従業員数取引銀行、生産高、信用について調査する。

〓民族運動の巨星〓

李始榮翁逝去す

元副大統領李始榮翁は去る四月十七日午前一時三十分釜山市郊外東萊にある自宅で老衰により永眠した。

李始榮翁の逝去に対し国会は四月十七日全議員が月俸の一割をさいて議長、副議長及び各派代表を派遣弔意を表した。葬儀は、国会政府の協議の結果、国民葬と決定し政府は葬儀費用として五十万円を計上し、葬儀委員長は中翼熙国会議長、副委員長に金炳魯大法院長外四名、委員は陳憲植内務長官外五十一名が任命された。

かくて故李始榮翁の国民葬は、全国民哀悼の中に四月二十四日午後二時東萊の園芸学校々庭で各界の代表、要人多数の参席の下に厳粛な中にも盛大に行なわれた。国民葬が終つて遺骸は午後七時釜山発特別霊柩車でソウルに運ばれソウル特別市長等要人多数参加の下に貞陵里墓地に埋葬された。

〝故李始榮翁の略歴〟

故李始榮翁は西紀一八六九年ソウル市に生れ、一九一九年己未独立運動の主動的役割を果し、中国の上海に亡命、祖国光復の日まで全生涯を祖国自主独立運動に捧げ幾多の功績を残した。祖国解放の日来るや中国より帰国し一九四八年初代副統領に就任、一昨年五月病気を理由に辞任した。副統領辞任後の生活は、清貧の一語につき常に国を憂い、内に燃ゆる如き愛国の至情を蔵しながらも表は温厚そのもので翁の重厚な人格はひろく国民から深い尊敬をあつめていた。なお漢学の泰斗として著名であり昨年の大統領選挙には、多くの国民達のすすめで立候補したこともある。……享年八十五歳……

に無心にも赤いツツヂの花が咲いていると聞く、然し二年有半の祖国動乱の戦災と悲哀は、我が民族をして蘇生の春も、清新なる初夏をも奪い、塗炭の苦痛にあえいでいるのだ。動乱発生この方、在日同胞による本国戦災民擁護運動が展開され、多大なる功績を上げた事は世間周知の事実である。しかるに最近に至って、此の運動も多少下火になった感が少くない。斯かる折、在日大韓婦人会では、中央総本部が率先先頭に立ち、去年の初めから、全国的に本国戦災民救護運動を、熾烈に展開して来た。未だ全国的に強力なる組織体を持たない当婦人会にとって、いろいろな困難と隘路があったが、終始一貫、至誠あふれる運動は多大なる声援をかち得る事が出来た。かくして挙げた成果は、実に衣類壱万五千余点、タオ

総会長、許貞淑同副会長、一に派遣、主に京畿地区を中

尙救護品の配布は上述の通

〝實に悲惨です〟

一人でも多く救いたい

＝呉会長談＝

今度私達八人の者が、在日婦人会を代表して、本国戦災民慰問品を持って主に京畿地区を慰問して参りました。戦っている祖国、特に三百万四百万を数えている戦災民の悲惨な状態は、百聞一見に如かずの文字通り、実に言語に絶するものがあります。群がり集る戦災民に『在日同胞はあなた達を決して忘れてはいないのです』と握手する時絶叫するように『それは本当ですか、日本に居る同胞達が私達を思って下さるでせうか』と熱い涙を流し乍ら、感激に身をふるわしていた姿は、何とも言えない感動とショックを受けました。李大統領に御会いした時『三、一独立運動の時も、婦女子が主動的役割を演じた。今こうして皆様がわざわざ戦災品をもって本国迄来た事は実に嬉しい事である。その価値は数千倍の民主諸国の戦災慰問品以上のものがある。今度は特に炭坑地方で働く労働者達に送ってもらいたい』と目をうるませて語って居られました。つくづく考えさせられた事は、私達の一寸した心盡しと努力が、本国及び戦災民に斯くも絶大なる喜びと力を与えるものかと思わせられます。今后とも在日同胞の積極的声援の下に、継続的に此の運動を展開して行きたいと思って居ります。

難民救済に全力

本国政府社會部対策（一）

三百余万に上る緊急救護を要する戦災民対策に関して朴術音社会部長官はその対策内容をば大要左の如く語った。

㈠難民救護に対して一九五三年度にあってはさきに二百万名の緊急救護対象者を選定してこれを救護するに所要される糧穀及び物資導入は既にUNCACK側と最終の決定を見た。そして二百万名の生業補導のため補助費として十億圜を計上し、これからさきは自活自力による生計の安定方途を開拓するつもりであり全国に分散収容されている収容救護者の為に四千三百二十万圜の戦禍災民救護費を計上した。

又一方、一時的応急救護者は百万名と見ており、これに所要される糧穀措置もとられている故、応急を要する一時的絶対要救護者を救護して特に殉国先烈遺族を保護し一般国民に先烈追慕の念と民族正気を鼓吹昂揚さすために八千四十万圜の殉国先烈遺家族援救済費を計上した。

㈡収容保護に対して＝現在国立民間施設を合せて全国に孤児院、養老院、感化院、不具児童収容所等三百三十二箇所があって、三万三千五百七十三名を収容保護している。

五三年度にあっては国立施設を更に強化さすために中央育児院及び同分院二箇所

導入することにし六月末までに約二万三千五百戸分の建築資材導入が協議決定されたのであり、五三年に住宅建設補助費二百億圜を計上し、都市型一万戸、農村型二万戸、合して三万戸を建設する計画だが都市型は一戸当七万圜、農村型は一戸一万五千圜の補助費を各々支給して住宅建設を促進する。

民主列國糧穀四百万石援助

六・二五動乱後去る三月まで米国を始めとする友邦民主諸国よりの援助は糧穀だけでも四百六十二万五千六十一石である。さらに二千七百三万四千二百七十一ドルに及ぶ医療器具及び薬品が輸入され衣類十三万九千七百四十七箱及び砂糖、毛布、食塩其他日用品三百五十六万八千七百八十七箱の救護物資が輸入された。なおこの他に米軍及び国連軍が管理する捕虜及び労務者に対する救護物資は別途輸入された。

し現在の在学生は、二五〇〇有余名の多きに達しているが、折角これら有能な未来の〝働き手〟をこの儘放置することは、民族的大損失と言わねばならず、民団では同胞事業家に韓国人大学卒業生の採用を呼訴すると共に、卒業生達も敢えて日本国内就職のみを固執せずに、本国にどしどし就職して行くことを望んでいる

なお本国では、これら有能な新卒業生達の為に各界から特別な考慮が拂われており一人でも多く帰国することを待望している。

公告

当文教局では、本年度の大学及び高校進学者に対し詮衡試験を施行、各学校に推せん状を発行したが、受験の結果（合否）を報告しない者があるので、右該当者は洩れなく文教局まで通知するようお願い致します。

文教局長　金禹錫

李明花＝政経学部（慶北）
金鎬仁＝政経学部（忠南）
（青山学院大学）
申玉均＝英文科（忠南）
（明治大学）
郭粉順＝法律科（慶南）
金漢五＝法学科（平北）
安紳熙＝法学科（三年編入）（慶南）
桂玉姫＝英文科（江原）
韓現玉＝新聞科（平北）
安俊二＝商学科（慶南）
全亭台＝農学部（全南）
全基鎬＝農学部（全南）
李圭甲＝法学科（京畿）
徐光馬＝政経学部（慶南）
崔仁俊＝政経学部（全北）
金秀宗＝法学科（済州）
（上智大学）
李泰九＝新聞科（京畿）
車環惠＝新聞科（三年編入）（慶南）
（専修大学）
金敞一＝法学科（二年編入）（全北）
李根祥＝法学部（二年編入）（慶南）
陳嘉鎬＝商経科（全南）
（続）

京都韓國中學校（旧京邦学院）
〝生徒募集〟
本校は在日同胞子弟に新学制による中学教育を施し、特に民族教育に主眼点をおき有能な国民を育成するをもってその目的とするものです。なお高校進学は他校と全く同様であり、学則其他詳細な内容については左記へお問合せ下さい。
京都市中京区烏丸丸太町
在日大韓民国居留民団京都本部
団長　[illegible]炳斗

新田興業株式会社
安田貴雄
東京都大田区新宿町1461
電話　蒲田（03）2040・4806番

製鉄・鋳物原料
鋼鉄・鉋金・真鍮一式
鈴木金属商會
鈴木正雄
東京都大田区南六郷1の44
電話　蒲田（03）3951番

東京都大田区御園町1ノ26
電話　蒲田（03）3400番
韓　雄　東

製銑・製鉄　原料商
株式会社　中山商店
社長　千季俊
本店　東京都大田区東六郷2ノ18
電話　蒲田（03）5177・2506番

充
展
★★

戦時綱領
1. 我等は大韓民国の勝利の為に忠誠を盡す
2. 我等は民族自衛の為に一致團結す
3. 我等は日本の治安と秩序維持に協助する

民主新聞
THE MINSHU SHINBUN

大韓民国居留民團中央総本部
機　関　紙
発行所　東京都新宿区若松町21
電話 九段 (33) 2771・-1169
民　主　新　聞　社
発行人 金 敏 華

1953年6月15日
第321号
定価　1部10円
1箇月送料共　50円

韓日會談と韓國輿論
―再開にも樂観許さず―

"財産請求"は言語道断
成否は日本誠意如何

昨年四月二十八日会談決裂以来まる一年を経過して、去る四月十五日から韓日会談は再開された。その後五つの分科委員会を設けて、それぞれの関係事項についての検討を進め、相当の理解を深め成果を収めたようではあるが、円満なる会談の成立迄には、相当な曲折と難関が予想され、決して前途は楽観が許されないのが現状である特に去年の会談決裂の経緯や、其の間再開されるに至つた顛末を省察する時、此の感を強くせざるを得ないのである。

そもそも会談決裂の主要原因は、日本側の在韓前日本財産請求権主張にあつた事は未だ記憶にあらたな所である。予備交渉に於いても我が国は基本国交、在日僑胞国籍、財産権、漁業、船舶の五個懸案の全面的討議を主張したのに対して、日本側は国交、国籍、船舶の三個問題丈の協議を主張して来た為に、停滞して来ていたのである。今度は日本側がその主張を撤回、全般問題を議題として協議する事になり再開の運びとなつたのである。

ともあれ韓日会談成立の鍵は財産権問題と漁業問題であり、今迄根本的に主張が相違していたので今後の成り行きが注目される。特に休戦会談成立が大詰に来ている現状からして自然韓日会談にも影響されると思うが、要は日本側が従来の固陋なる主張を撤回しない限り、会談成立はおぼつかない。そこで主に韓国政府特に言論機関を通じての韓日会談の各項目の議題に関する輿論提言を綜合して、会談の前途を眺め、且日本政府の誠意ある態度を望んで止まないものである。

"李ライン"は平和線
韓日親善焦眉の急

財産権問題

国籍問題、船舶問題等比較的順調に韓日会談が進行していた昨年三月下旬、対日講和條約が米国国会に於いて批准が得られるや、日本は急に今迄の態度を硬化して韓国で蓄積した日本人の財産を「私有財産不没収」と云う前世紀の国際條約を持ち出し、その請求権を主張したのである。それのみか動乱において損害を受けた財産も韓国がこれを回復する責任があると迄固執し終ひに韓日会談中止の破目におちいつたのであつた。

これに対して韓国は、対日講和條約第二條の『日本は韓国にある、あらゆる権利権請求権を抛棄する』の條目と第四條B項の『韓国にあつた、日本国、日本人の財産は、米国政府の処分の効力を承認する』との原則から韓国にある日本の全財産は韓国の所有に帰す事を承認しなければならないと主張して来たのである。これは法理上からしても、はた又道義上からしても、講和條約の規定に準拠して考へてもあまりにも当然と言はねばならない。いづれ此の財産権問題の為に会談は中断されたのであつたが、日本はその後国会の質疑応答に於いても又一般輿論から言つても相当緩和されている様子が見えてきた事は事実である。之につき特に日本は韓国の賠償要求と取り換へようとする態度を見せるかと思うと、又漁業問題等其他の問題に対する韓国の譲歩を要求して財産権問題で韓国に譲らんとしている傾向もあるのである。然し韓国の態度は確固不動なる原則を堅持しているから、此の問題に関して日本の大幅譲歩がない限り妥結は覚束ない事である。日本がその非を覚り従前の主張を撤回するよう猛省を促求して止まない。

而して今日迄の再開会談の結果は、韓日両国双方がその請求権を具体的に提示してそれについて現実的な解決策を講じる事に話がつき先づ韓国側からそのリストを提出される。

基本條約問題

対日講和後の、韓国、日本間の国交関係の調整を如何にするかと云う事は、両国の重要な課題であつたのである。元来韓国はサンフランシスコ講和会議に出席する事を主張したが、不幸にも出来ず、対日関係は単独で交渉するようになつたのである。そこで第一次韓日会談に於いて国交問題が論議され、さしたる難関なく進展したが財産権問題で会談は暗礁にのり上げられ、国交再開に至らなかつたのであつた。

其の後の情勢進展は、反共陣営の一員としての日本の登場と、アジア自由陣営の紐帯強化の大命題の下、韓日両国関係の調整が大きくクローズアップされたのである。李大統領の日本訪問は端的に斯かる情勢進展を現すものとして極めて注目され、意義があつたのであるが、李大統領訪日後両国の関係が相当調整された事は否めない事実である。李大統領訪日の際の声明にもあつたが、日本も此の際、過去の東亜盟主的なアジア侵略的な迷夢と国民性を一切払拭して、真に両国の繁栄と親和の為の国交樹立に真剣である事を望んで止まないものである。

再開会談においては他の諸懸案の解決と相まつて正式国交が開始され、両国大使の交換、大使館の設置等が協議されると思う。今迄の所他の懸案が話がつけば問題なく解決されるものと見なされ、未だ本格的な話合ひに入つていない。

國籍問題

現在日本に居住している約六十万に近い韓国同胞の国籍は一律に韓国の国籍を取得する事に話がついている。それと共に永久居住権の問題であるが、これは終戦前に正規入国したる者と駐日韓国代表部の証明書所持者には永久居住権を与える事になつている。

尚内国民待遇においては、財産其他に関して日本人と平等なる内国民待遇をするようになり、弁護士、弁理士は現在開業中の者一代に限り許可し、鉱業権の所有は一定期間内丈認定する事になつている。

最も問題になつているのは、強制送還問題で、日本側は出入国管理令中「不法外国人の強制退去」の規定は、原則的に韓国人にも適用する政策を取ろうとしているが、韓国は強制退去の理由中、貧困者の項目には適用を除外するよう要求している。

然るに日本側は協定成立を前に、既に強制送還を実施して韓国の憤激をかひ、その都度政府は受入拒否の態度を堅持して返送したのである。これが両国の国交調整に少からざる悪影響と我が国民に与へた悪感情と憤慨は大いなるものがあるに鑑み、日本の在日韓国人に対する待遇の根本的なる改良を望んで止まない。数にも日本が在日韓国人をば一般他の外国人と同一視する過去の歴史を無視する偏見と独善性が濃厚に見られるのである。再開会談において、日本の誠意の見せ所も実にこゝにもあると言はねばならない。

現在の所、日本は国籍問題と一緒に此の強制送還問題の解決を急ぎ度いとヤキモキしている様である。

漁業区域問題

マッカーサアラインが廃止される前に、韓国が宣布した『海主権線』に対して日本側はこれを不当として拒否的態度を取つたのみならず、その蔭では日本漁船をして侵犯させていたのである。過去一年間数へ切れない程"李ライン"侵犯事件を惹起して問題解決を益々困難ならしめたのである。日本側の主張根拠は飽く迄公海自由の国際慣例丈を固陋に主張し続け、世界第二次大戦後、公海観念の変化、魚族保護等の思想の変化、新方向に現はれている米国、濠洲等の海洋線の事例には目を向けようともしないのである。

そもそも"李ライン"は自身の保護水域を明確にして、将来の紛争を未然に防止せんとするものである。此の線は外国の漁船を防止する反面、韓国の漁船も他の水域を侵犯しないとの公約である。日本は"李ライン"を無視して、韓国の保護水域は勿論の事、領海にまで公々然と侵犯して漁撈を敢行しているのである。これはその実力の膨脹と言うよりは韓国の主権を侵害せんとする、故意的行為と見做される。

過去一年間にしても、此の漁船侵犯にみる両国民間の感情の悪化は実に莫大なるものであつたのである。とりわけ大邦丸事件の如きはその代表的なものである。若し韓日両国間の水域に斯かる防衛水域と予防線がなかつたならば、韓日両国間の紛争は永久に終止する事無きを覚悟しなければならないであらう。

斯かる観点からして漁業問題を想う時、防衛水域を相互に尊重する事に依つてのみ、韓日両国間の複雑な紛争の大部分を阻止出来ると共に国交調整に大いに役立つであろう。此の問題の根本的な解決を願うや切である。日本側は此の問題如何が、将来締結されるであろう濠洲との漁業協定に、その前例を残す意味からして極度に硬化している様である。尚財産権問題の譲歩で韓国に与へ、此の問題で取らんとしているらしく見える。

いづれ、再開韓日会談のキーポイントが此の問題であつて見れば、日本の慎重にして賢明なる態度が望ましい。

今度の会談では、日本側も前世紀の公海自由云々の原則論は持出さず、実際の操業状況を各漁場について実際に説明し、これをうけて韓国からの実情の説明がある事になつている。

"李ライン"—"防衛水域"は両国が相互にしりぞけ合う為の防禦線でなく、相互に両国の平和を確保せんとする平和線である事を再度協調して止まないものである。

船舶問題

一、檀紀四二七八年八月九日現在、韓国籍を取得していた日本船は、韓国に返還する事

一、在韓米当局の日本資産凍結令に依る四二七八年八月九日以降、韓国水域に居た日本船の返還

一、総司令部の指令で、韓国に貸与した、日本大型船舶五隻の日本引渡し

一、マライン侵犯の抑留日本船八隻の日本引渡し

以上の諸問題の中、日本は後の二問題に難題を持ちかけ、妥協点を見る事が出来なかつた。

今度の会談にも韓国の要求するトン数と日本が引渡さうとするトン数とに開きがあるからで、日本側も或る程度も船舶の引渡しは認めているようである。

以上諸懸案に対する両国見解の相違は相当深刻なものがあり、とりわけ休戦成立が決定的段階に来ている現状からして、飽く迄楽観は許せないとの輿論が韓国を支配していると言えよう。すでに日本は韓日会談に対して従来と異る態度と条件を持出すであろうと報ぜられているが、いずれ両国の友好的国交樹立こそ焦眉の急である。

主張
新平和攻勢と即時停戦

「朝鮮停戦を支持するためには戦争を継続しようとする者に抵抗しなければならない」

これは左翼系の在日朝鮮人学生同盟から五月三十日定期総会を開催した在日韓国人学生同盟に送つてきたメッセージの一節である。流石に左翼共産系学生にふさわしい平和攻勢であると肯かせるものがある。

昨年のメーデー以来、急速に低下した大衆動員率（昨年のメーデー五千人、今年の三・一節二千七百、メーデーは千五百名）から見てもわかるように、共産陣営特に在日韓国人社会における共産陣営は、一般大衆から完全に遊離され、職業革命軍化してしまつた。

如何に目的のためには手段を選ばない彼等であつても平和攻勢の名において侵略戦争（日本においては火炎ビン作戦）を開始し、又新平和攻勢の名において即時停戦を呼ぶからには余程苦しいに違いない。

停戦とか平和を反対する者は一人としていない筈であるが、従来の平和攻勢（侵略手段）の延長作戦たる新平和攻勢の魂胆を明らかに知つていればこそ、その正体を把むには困難であり、侵略戦争に禍いされている韓国にとつて、又本国戦乱に直結されている在日僑胞にとつては重大且つ深刻な問題である。

上述のメッセージ文面にもある通り即時停戦論はその裏をかえせば、統一のない停戦は戦争（侵略）の延期に過ぎないという意味で反対している韓国政府をして戦争を継続しようとするかの如き印象を与え、戦争の責任を被せて政府の政策遂行に対する反対斗争を為そうとするに過ぎないのは明白な事実である。

即時停戦の名において本国政府に対する反対共同斗争を申し入れてきたことは明らかに平和の美名にかくれて韓国学生同盟の分裂を狙つたものであり、ひいては民族陣営全般に分裂工作を試みた新方法である。

従来、民団打倒、学同を始め民族陣営全体を打倒すべくいきまいてきた彼等が、斗争の鋒先を替え内部分裂を狙つたという事実は僅かに興味ある問題であるが、かつて南北協商を叫び本国政界並び在日民族陣営（当時、本国政情に精通出来なかつた事情もあり）に一種の分裂状態をもたらしたことを想起すれば—あの南北協商が提唱された当時既に侵略戦争の準備を完全に整えた事実—吾々はこの新平和攻勢を単に内部分裂を策する消極的なものでないことだけは明確に認識出来るのである。

東亜において—韓国戦線にて即時停戦実現の可能性を濃厚にする意味から既に傷病兵捕虜を交換し、民間抑留者を一部返還し、又中共地区の日本人抑留兵民を帰還せしめ、かつインドシナにおける進撃を停止する等の一連の事柄は新平和攻勢の特色としていろいろ検討の余地が充分にあるという点は一応認めるにしても、これこそソ連帝国主義侵略の特色様相を明らかにしたものとして先般オーストリア講和に関する四国外相会議を拒否した事実（戦略的理由）でやソ連内における一部政治犯（九人の医師その他）を釈放したなど複雑な傾向は容易に把みきれないものがある。

即時停戦論は飽迄、韓日会談を粉砕し、本国政府からの在留僑胞中小企業者に対する融資が、没落街道を邁進する左翼陣営に与える影響に対する防衛線として敷いた一種の煙幕であるといわざるを得ない。

「六十万同胞が外国製武器によつて殺傷され、先祖の遺産たる文化施設を破壊し数百万の女性を慰安婦に提供した」等至極もつともな言葉にて戦争による悪現象と即時停戦を結びつけ停戦せざるを得ない彼等の戦略上の必要性と停戦の可能性（彼等さえやろうとすれば出来ると自他共に認めることならば）の見透しから休戦、平和実現の功をかちとり戦争気分を外らし戦争責任を回避しようとする謀略であることも知ることが出来る。

何れにしても、新平和攻勢は不安におののいている一般民心を困惑せしめる所の作戦に他ならないことは間違いのないところである。

韓國悲壮な決意を表明

國連案受諾出來ず

李大統領聲明發表

国連軍の新休戦提案によりどうやら休戦が成立しそうである。共産側提案を受諾せよと叫んで居た英国、インドが声を大にして国連提案を賛成していることの案は、ほとんどが共産案と同一であると報ぜられている。崔徳新将軍は聲簡を国連軍に送って同案撤回を要求、続いて李大統領はア大統領に親書を送って反対提案を提示した。韓国の意思が全然もられて居ないと共に、協議すらしない同案が修正されないならば、韓国は民族自決権を行使して、断乎北進統一への単独斗争を継続すると李大統領は声明書を発表した。今や韓国全土には戒厳令が施かれ、韓国は未曽有の危機に直面していると政府も強硬声明を出した。李大統領はア大統領に国連にはあらゆる努力を拂って協力する事を表明、休戦協定の成立前に、韓米相互防衛條約を締結すべきであると力説した。それに答えてア大統領も別項の如き親書を送り、相互防衛條約を確約した。今や世界の耳目は韓国の板門店に集中され、刻々と厳粛にして重大なる時を刻んでいる。いづれ韓国の分断休戦は韓国のみならず、全アジアに新しき脅威と紛争の禍根を残すものである事を銘記すべきである。

分断休戰案ならば

「自決權を選ばん」

李大統領聲明

韓国政府にとっては国連軍新提案は受諾しがたい。従ってわれわれは反対提案として、あらかじめ韓国と米国の間に相互防衛條約を締結することを條件として共産軍と国連軍の韓国同時撤退を提案する。相互防衛條約は次の三項を含むものとする。

一、韓国が一国または数ヵ国から攻撃された場合、米国は自動的かつ即時に韓国を援助すること

二、韓国が自衛できるよう強化し、すべての米国民を韓国の戦斗から安全に解放するため、適当な武器弾薬、補給物資を韓国に与えること。

三、米空、海軍は、韓国空軍が敵の侵略企図を阻止するに足る程度になるまで、現在地点に留れること。

しかし、もしこの反対提案が受諾されないならば、われわれは戦斗の継続を許さなければならない。もし自由に選択することが許されるならば、われわれがまず第一に希望することは、連合国がわれわれの側に立って共通する問題に対するわれわれの戦いを力強く助けることである。しかし、これがもし不可能ならば、われわれはその問題の結末をはっきりつけるため、われわれが本来もっている自決権の行使をむしろ希望するであろう。いずれにせよわれわれはもはや分割されたままの行き詰り状態に耐えることは出来ないのである。

韓米防衛條約

ア大統領親書で確約

書簡内容

今や我々は戦争によって韓国統一への努力を続けるか、あるいは政治的またはその他の方法によってこの最後の目標を達成するかを決定すべき時機にきている。休戦の結果は北鮮軍侵入前に、韓国が統治していた領土は問題なく韓国の領土となるだろう。韓国の領土は幾分拡大されるのである。休戦案はわが方に抑留され自由をその目で見、自由を得たいと望んでいる数千の北鮮軍および中共軍の捕虜が自由を與えられる機会を持ち、また共産国えおくりかえされないことを保証するもので政治的避難の原則に基いたものである。この政治的避難の原則は、我々がこれを捨てることによって我々の人的、物的損失をより速かに終らせることができるとしても名誉にかけても捨てることの出来ないものの一つである。我々はこの原則を守るために共に無数の損害を受けてきた。北鮮から侵入してきた者達が韓国を統一するために暴力に訴えてきたことは全く罪悪であった。公私いずれの立場でも貴方の友人として私は貴国がこの同じ道を進まれないことを望むものである。私は貴下に次の三点を明らかにしたい。

一、我々は平和的手段により韓国の統一を実現するよう努力することを否定するものではない。また我々は国連の一員として国連がこの韓国統一に関する決定を固く守り続けるよう努力する。休戦後の政治会議ではこのことが主要な目標となるだろう。

一、貴簡は相互防衛條約について述べている。私は休戦協定が締結されればできるだけ速に貴国との間に米国と豪州、ニュージーランド三国間に結んでいるような條約の線に副った相互防衛條約について交渉する準備がある。

一、米国政府は所要の国会の手続きを経て韓国に経済援助を続ける用意があるが、韓国はこれによって休戦成立後戦災の復興ができるであろう。米韓両国がこの危機に当って離反することがあればそれは全く『悲劇』となろう。我々はなお固く団結しなければならない。我々は武力で韓国統一を達成することを希望してあらゆる悲惨なことを伴う戦争を長びかせることを正当とは考えない。米国はすでに韓国を援助することにより、人間的自由と政治的自由のために献身していることを示した。相互依存なくしては独立はあり得ず、人間は共通の運命のきずなでお互に結ばれていることを認識することなくして人間の自由はあり得ない。休戦協定の締結と共に米国はあらゆる平和的手段により韓国の統一を達成するため韓国と協力する用意がある。

なおア大統領は目下検討中の韓国復興策について「平和的手段によってのみこれらのことは達成される」と重ねて警告した。

「国連案撤回要求」

崔将軍書簡全文

韓国の意思完全黙殺

＝ボイコットは民族の聲＝

新提案は敵への屈辱

休戦会談国連軍側韓国代表崔徳新少将は国連側新提案に対する反対意思を明かにした書翰を五月廿八日午後六時汶山で国連軍首席代表ハリソン中将に手交した、同書翰の内容が廿九日午後十時彼の情報将校呉洪昌大尉から発表されたがその全文は次の通りである

私は貴下及び貴下の参謀たちと共に働けることを光栄と考えてきた、そして貴官の休戦会談に対する絶えざる努力に深い感謝の意を表する、しかし私は一九五三年五月廿五日第百四二次本会議に欠席しないわけにいかなかったことを遺憾と思う、すでに貴下に説明したように私の立場は決定的である、私は貴官と歩調を二にするため私の立場を変えるわけにはいかず、私の良心が許さなかったのである、我が大韓民国々民は事実上一九四五年以来継続的に共産主義者たちと戦ってきた、最初のうちはかれらの第五列と戦ってきたがその後は侵略者たちと戦ってきた、私は貴官に共産党に対する正確な認識をあたえるためかれらと対峙してきた我々の経験と又かれらに対する必要な情報を提供すべくできる限りのあらゆる方法を用いてきた、また私は常に韓国民の考えているところや停戦会談への期待が何であるかを話してきた、しかしこれらのうち一つも五月廿五日の提案に反映されなかったことを知るや失望を禁じえなかった、貴官は屡々捕虜には如何なる力も脅威が加えられることや強制送還を行ってはならないことを繰返し話された、だが貴官の新提案では共産主義者をして捕虜収容所を管理させるため招請することにより、共産治下に帰ることを拒んだ罪のない共産捕虜たちを文字上ばかりでなく事実上共産主義者たちの恐怖と脅威のもとにおくことにした、我々は巨済島収容所で経験した苦痛を忘れることができないのである、五月廿五日朝私は簡単に国連側新提案の四ケの重要問題について言及したが、同日午後にも再びこれを検討した、私は貴官が共産主義者たち及びその同情分子たちの奸計にだまされないよう勧告する義務を感ずるのである、自由世界への所属を願った捕虜のために貴下の五月廿五日提案を撤回するよう厳粛に提起する次第である

一般問題に対する意見＝(一)国連側が譲歩した重要問題のうち最初の点は一九五三年五月十三日国連側提案で、送還を拒む韓国人捕虜を釈放するとの提案を撤回したことである、一九五三年五月十三日我々は敵側が一方的で非人道的に三万五千名の南韓出身者をかれらの軍隊に編入させることによりジュネーヴ協定を違反した事実を強調し我々の立場を強く保持した、私は我々がこのような強力で合理的な立場をなぜ拋棄しなければならなかったか理解に困ったのである

(ロ)第二の譲歩は管理期間の延長と捕虜問題を政治会談とその後の国連総会に移管するとの点である。五月廿五日の提案を敵側が拒否したことから敵側の意図が捕虜の強制送還を企図していることに違いないことを一層確信した、敵側は次のように語った

「休戦後如何なるときに於ても直接送還されなかった我方捕虜を貴方の軍事的支配下にある地域から現地釈放し、民間人の身分に還元するとか或は国連機関にかれらの処理を委嘱することはこのような捕虜を中立国委員会の管理から貴方の支配下に移管することと変らないことを指摘する、貴方の軍事的支配下にある地で釈放することはかれらを貴方の軍事的支配にあずけ其後貴方による強制抑留を実現することが火をみるより明かである、国連は韓国戦争における交戦双方のうちの一方に過ぎない、我方が直接送還されなかった捕虜を中立国委員会に移管することを提議した行為は交戦双方間に捕虜送還問題に関し見解の差異があったからでける、しかし貴方は本問題を再びそれ自体が交戦国である国連に提出することを提案している、これは到底考えられないことである、このような提案の目的が強制抑留を実現しようとするところにあることは明かである、従って貴方のこのような提案は我々として同意できない」

以上の発言は敵の無期限抑留とそれを通じての捕虜の強制送還を実現しようとしている意図をあますところなく暴露している、我々としてはこのような恥辱的反駁に屈服する理由は何一つない、本人の見解によればこのように明かな敵側の意図のため五月廿五日貴下が提出した新提案を撤回されたいことは必須的である

(ハ)過半数多数決原則は共産側に有利である、何故ならば本人が屢々指摘した如く中立国三ケ国は共産側に加担しており従って、中立国委員会の決議は常に共産側に有利となる、スエーデン、スイスの如き伝統的中立国がこのような事態のもとに進んで本委員会の構成国となるかはきわめて疑問である

(ニ)親共産主義国家である印度の未知数の軍隊及びソ連衛星国の委員が我が領土での治外法権が保障されるというのである、これは我が政府の同意なしには実現されないであろうことを本人は通告しなければならない、上記の軍隊の外に二ケ共産主義国家より百名以上の補助員が韓国にきて国連軍総司令部の補助のもと自由に往来出来ることになっているが私は韓国々民が彼等に暴行を加えることがないとは貴官に対し保証出来ない、貴官は収容所所在地はこれら軍隊に移管され軍事化されるとのべている、我が後方道邑に散在している収容所々在地に対する行政を困難にすると貴官はお考えにならないのか、貴官は共産治下に入ることを願わないこれら捕虜が印度軍隊に対し起すであろう反乱をどのようにして防止するつもりであるか、避けることのできないであろうこのような流血事件を防止する適切な対策を貴官は持っているか私が下すことのできる唯一の結論は貴方の政策立案高位当局がそのような事実を見逃したというだけである

(ホ)上記軍隊以外にも百五十名以上の共産主義工作員が合法的に韓国内に侵入し往来と行動の自由を享有できるようになっている、これは大韓民国の主権を侵害する以外の何ものでもなく我々の敵に対する降伏を意味するものである、本人はこのような共産徒党の入国が必ずや当該捕虜或は我が国民に悲劇を招来するとの事実に対して貴官の注意を喚起するものである、敵はかれらの政治教育員の出現と同時に無くの捕虜を煽動する任務を持つ秘密工作員をすでに我が捕虜収容所内に潜入させていると想像できるのである、貴官は昨年ドット将軍に対し発生した屈辱的流血事件を想起するであろう、しかし五・二五提案の結果発生するであろうと想像されている事態はそれよりもはるかに険悪なものであろう

(ヘ)協定の全條項を捕虜に知らせることは原則的には良いようにみえるが我々はこれが共産主義者に何を意味するかを知らねばならない、その内容が強制送還を実施しようとする敵側の明かな意図とかわりがないのであるから単純な若い捕虜たちが甘言と脅迫を併用するこのような共産主義政治教育と最後まで戦いぬくとは考えられない、ハンガリーの一主教が二ケ月以内に共産主義者により完全に洗脳をうけたことはわれらに生きた教訓をあたえるものである

一、結論＝一九五三年五月廿五日の国連軍側の提案は国連側が共産側の強制抑留とさらに強制送還の企図に屈服することを意味する。

（続）

韓国軍十六ケ師

完全装備近し

十六ケ師団に増強された韓国軍は年内に米国式による最大限の重装備を保有することになろうといわれている、陸軍兵器当局の言明によれば、米第八軍の装備更新の際韓国部隊も編成上の完全装備を保有、来年三月まで韓国軍の機動力は漸増する、また戦力恒数に比重をおく機動力の確保には(一)米国製軍用車輌及び同附属品の確保(二)車輌再生廠の設置が先決問題とされているが、兵器当局はこのため六[illegible]いる、これまでは五段階装備に重きがおかれてきたが、六段階装備というのは(1)運転(2)モータープール(3)師団(4)大隊(5)重装備(6)再生廠の六つの装備のことである、他の兵器関係高級将校は以上のような韓国軍兵器業務の大巾拡張にともない従来の野戦兵器団の外に基地兵器団を新設することになったと語ったが、これが何時頃から本格的に始まるかについては言明をさけた、国防部高官筋によれば、基地兵器団には車輌生廠、補給廠、兵器大隊が含まれることが明かにされた、こうして韓国軍が完全な装備を保有して後に機動力の低下が招来されるであろうことは当局筋も認めており、この対策としては、機材設備、技術者の補充、車輌及び同附属品の確保、一四一兵器部隊の要員確保を考慮していると言明した。

肥料セメント

工場近く着工

五四米国会計年度UNKRAの対韓援助事業による肥料、セメント、板ガラス各工場設置問題はかねて計画案を韓国政府とUNKRA当局間で検討中であったが、このほど資金の放出額も決定し、近く愈々工事着手の運びとなる、廿九日商工部当局が語ったところによれば、前記三工場設置に関する韓米両当局の意見は完全な一致点に到達、資金四千百万弗の支出も本決りとなった、一方工場の設立地の選定には三陟、[illegible]、木浦各地を調査団が現地調査中で、工事はこの現地調査が終り次第着手される、各工場の設置資金と年間予定生産量次の通り

セメント工場＝百万弗（年間三十万噸）

板ガラス＝百万弗（年間二万ケース）

肥料工場＝三千九百万弗（年間十八万噸）

ソウル地下鉄

五ケ年計畫

交通部ではこのほど鉄道五ケ年建設計画の策定を終った、同計画によると五年後には一千一百四十六キロの延長鉄路線が敷設されるがこれは特に国内経済の発展のため慶全線、東海線、忠北線、光州線、陸[illegible]線、京畿北部線、首都地下鉄道其他重要鉄道網の建設に主眼がおかれる、一方同計画に要する経費は労力費六十六億五千二百六十三万八千七百二十円、資材費四千一百七十五万八千三百六十ドルとなっている。

(写真は青森県大会)

(写真は静岡県大会)

民戦系デマを警戒せよ!

日本にある所謂、民戦系左翼過激分子の戦術が昨年に至るまでの火焔ビン作戦を百八十度転換、もつぱら本国にあつての中共、ソ連式の新平和攻勢と相まつてその様相も一変したかの如く見られて来たが最近彼等は、韓日会談粉砕、即時停戦等を叫び、暴力沙汰はいちじるしく減少しては来たが、一向にかわらないのは、デマ宣伝や組織攪乱を狙つての神経まひ戦術である。

極く最近民団中総あてに地方県本部役員の名儀を使用、謀略的な偽電話をかけ地方において協議会、或は集会があるといい、中総より早速かけつけて見たところ、全然根拠のないことと判明した事件が発生している。

これは民団活動や組織破壊を狙つての妨害であることは勿論だが、今後においてもかかる神経ゲリラ戦術をやるものと思われるので特に地方県本部にあつては各支部機関と常に充分なる連絡を保ち、このような謀略に誘引、利用されぬよう警戒を要しなければならない

この問題につき中総組織局では、不断の注意を喚起すると同時に、もしもこのような不祥事件が生じた場合、そのやり口や詳細なる事件のてんまつを随時、中総組織局宛報告するよう要望しておる。

なお登録印鑑を必ず使用、証明書類も厳重に取扱い、印鑑未登録の地方県本部支部にあつては、即刻登録印鑑を調製して、中総は勿論、各地方本部、支部に相互に報告するよう強く要請している。

民団栃木県本部第十一回定期大会は同県宇都宮市にある県本部会議室でひらかれたが、県内各支部代議員多数参席の下、特に融資問題を中心として、中総で本国政府に要請した在日民族教育施設問題、民生問題、財政確立問題等をめぐつて熱烈な討議が行なわれ、従来にない成果をあげて大会の幕を閉じた。なお大会で左の如く新役員を選出した。

抑々神話・伝説は現代から見た時、或る神秘的骨子ー要素が中核となつて又或種の事を神秘荘厳化する為に殊更にこれを強調し、種々潤飾敷衍し構成されているが、斯る神話・伝説は内容の深浅単複の差はあるとしても世界各民族の大部分が其の民族としての神話・伝説をもつており、それは素朴漠然ではあるが、その民族の特殊性を象徴し又物心両面生活の縮図・反映的存在となつている。その伝承・流布に際しては環境に影響されて、それに適応する様に取捨調節、伝承・流布されており、又その方法に関しては、大体最初は口述伝承であつたのが、文化の発達し記録符号たる文字の発生につれて、文字を使

を以て各民族間の人的・文化的交流関係を俄かに断定することは出来ない。人的・文化的交流があると相互に影響し合うが、高い所から低い所へ流れる水の如く、低文化圏は文化程度の高いものの影響を蒙る事が多く、特に記録物としてまとまつた説話として形成される時には、先進文化圏の影響を蒙ることが多い。即ち従来の莫然としたものを系統的に整理して形成する時は、よりよく完全にする為に、先進文化圏の神話・伝説の表現方法及び説話展開中に中核的要素を利用する。換言すれば先進文化圏の神話・伝説の表現方法を取り入れ、或はその構成主要々素を土台として表面的にはその民族に適応する様に換骨奪胎的に潤飾して形成する事が多い。

三

扨て、日本神話・伝説の各説話を見ると、説話の展開・表現方法が韓国のそれに類似しており、特に神話・伝説の骨子即ち、説話中の構成主要々素の中核となつている部分に共通・類似性の存在するのを多く見受けられる。これは勿論、普遍的共通点もあるが、単なるそれではなく、前述のような人的・文化的交流がある時は、先進文化圏の神話・伝説の後進文化圏のそれに影響を及ぼすと云う影響関係に依る一般原則の通り、日本神話・伝説に韓国のそれが影響を与えている為である。（次号に続く）

（筆者は中総文教局長）

に貿易家気取のこれら自称紳士達は飛行機がよほどお好きな上に名士気分をも併せて満喫出来るのが御趣味に合うらしい。

これらジエントルマン方の大部分の正体は所謂〃ボツタリチヤンサー〃という可憐な音律？のある愛称で呼ばれるとの由。

それだけなら又しも帰つてきてはあることないこと出放題の土産話を吹聴、流言飛語という有難くない副産物をも生み出すので仕末におえない。

こんな低俗なアナクロニズム趣味の御仁達はもう少し自重した方が身の為というもの。

今、わが祖国は戦つているのですぞ！

× × ×

韓国人の日本における今年度大学卒業生は六百名に及ぶという。

まことに喜ぶべき現象ではあるが、卒業即ち失業というから又哀しき学士様達でもある。

これら学窓を巣立つた新学士達は勿論、祖国再建の建設士として将来を嘱望されてはいるが、一般に教養面において非常に欠けているといわれる。

少くとも現代のインテリは音楽、美術、演劇文学哲学等或る程度鑑賞出来る位の水準でなければなるまい。

その上で専攻分野を徹底的にマスターすべきであると思うが如何？

専門知識はと自慢する学生に限つてパンフレット知識程度のが多いのは寒心、慨嘆すべきことである。

生活の為余裕がないなどといわず、もつと基礎的な教養を身につけた学士達の輩出を望むや切。（浪漫子）

日 進 金 融

—営 業 所—

奈川県川崎市濱町一ノ五一
電話（川崎）4121番

戦時綱領
1. 我等は大韓民国の勝利の為に忠誠を盡す
2. 我等は民族自衛の為に一致團結す
3. 我等は日本の治安と秩序維持に協助する

民主新聞
THE MINSHU SHINBUN

大韓民国居留民団中央総本部 機関紙
発行所 東京都新宿区若松町21 電話 九段(33) 2771・-1169
民主新聞社 発行人 金載華

1953年6月25日
第322号
定価 1部10円
1箇月送料共 50円

想起せよ！極悪非道な赤色侵略

六・二五動亂三周年記念民族蹶起大會開催

民族存亡の重大危機

血涙しぼって 北進！統一！を絶叫

捕虜釈放自明の措置

そもそもマリクが休戦提案をした時から今日迄韓国は終始、全民族をあげて国連、共産軍がえがいている休戦に反対して来た。それは韓国を分断のまま放置して韓民族をば破滅のふちに落し入れるからに他ならない。而してこれが動乱を発生せしめたような禍根をそのまま残し、アジアは勿論、世界に重大なる平和への脅威を与へるからでもある。

李大統領は再三再四北進統一と共産軍完全撲滅を叫んだが、目先の姑息な平安を求めている英連邦その他の者共の耳にははいらなかった。英国の韓国に対する暴言、米国の韓国軽視は遂に李大統領の反共捕虜釈放となった。韓国が反対する分断休戦の如きは不可能である事を身にしみてさとったであろう。

それと同時に米国始め民主諸国が理窟でなくて実感をもって韓国の休戦反対の真情を理解し且把握せねばならない。

我が民団もマリク提案当時から声明書を出し、李大統領の指導の下、本国同胞の後に続いて決死的に分断休戦反対運動に挺身して来た。

反共捕虜釈放もかえって遅すぎたと思う我が民団は、民族存亡の重大時期に処し、左の如き声明をなし我等の決意の程を示して今後の闘争に邁進する。

分断休戦民族の破滅

悲願完遂に挺身せん

民団中央総本部声明

動乱が発生して満三年を迎へ、二年以上も中断、再開を繰り返して来た休戦会談が、遂に休戦協定の成立を見るようになった。

然しこの休戦協定が韓国―韓民族の意思を全然無視して、韓国以外の諸外国に依って、勝手に締結されつつあると云う事実は云う迄もなく、此等諸外国の利益本位でやっているとしか考えられないと同時に、これ等の協定には我々の全く関知することの出来ない恐ろしい事である。韓国に於ける韓国人の問題を、韓国人を無視して協定すると云う事は、とりも直さず強制であり、他の意味から云えば、完全なる侵略である。独立を認め乍ら、分割した（三十八度線）こと自体が既に侵略であったし動乱発生は、ヤルタ秘密協定が公然たる侵略として発展した事に過ぎなかった。我々は動乱を通じて、なめた、見た、聞いた、あらゆる悲惨極まる事柄―侵略の手管の本質を完全に把握し、世界の自由主義諸国家と共に闘かつて来たが、休戦協定の名に於いて、ヤルタ協定が公然と再確認され、闘志は完全に裏切られた。

締結されつつある休戦協定は、米国はア大統領の新アジア政策により、韓国から手を引こうとする行為であり、ソ連はその新平和攻勢により、米国が韓国から手をひくような機会と口実をつくったし、英国は韓民族の血涙の上に、あぐらをかいて、特に動乱を通じて喪失した中国における利権と商品市場の確保をたくらみつつ、現実には韓国の分裂をもやむを得ないと暴言を吐き、中共の国連加入をばその連邦首相会談において決定した。

勿論米国や英国が動乱を通じて示してくれた犠牲的精神に対して深く感謝を表するものであり、米英が我等の敵たり得ない事を確信するものである。

然し動乱解決策である休戦協定に対する彼等の意図は自分等の利益本位に、一方的に韓国の屈服を強要している事が明白になった今日には、我等は彼等の誠意を疑わざるを得ないのである。休戦会談を通じて特に捕虜の基本人権と自由意思を尊重して、相手方を説得させる為に譲歩に譲歩を重ねて来たその熱情と忍耐精神が、どうして南北統一を絶叫する韓民族の悲願を休戦協定に反映させようとする李承晩大統領を説得理解させる為に、ただの一個月の時間の余裕さえ与える誠意が無かろうか？

かかる意図と形式にて締結されたる休戦協定は、決して韓国の平和的統一を保障する事が出来ないのみならず、動乱以上の不幸を招来するような新事態に対して、諸外国が責任を回避せんとする仮平和と思われるが故に、絶対反対すると共に、今後所謂、政治会談の名目の下、軍事協定線でもって韓国を完全に分裂せんとするもの―即ちソ連侵略の犠牲に供せんとする陰謀にすぎない点を指摘し、一部北韓傀儡政権の走狗共を除外した、在日六十万僑胞は、左記項目を強調して、統一なき休戦協定は絶対反対する事を玆に声明するものである。

記

一、北韓傀儡軍の完全なる武装解除
二、戦争犯罪者の処罰
三、中共軍の即時完全撤退
四、大韓民国の主権、領土的統一を反対する、如何なる計画又は行動でも之を無視する。
五、韓米相互防衛条約を即時締結せよ。

一九五三年六月二十五日
在日大韓民国居留民団
中央総本部

―寫眞説明―
(上)韓民族の運命を双肩に担う白髪の李大統領
(下)〝北進統一〟〝分断休戦反対〟を絶叫する釜山のデモ光景

主張

反共捕虜釈放と休戦協定

統一のない休戦協定は韓国を公然と分裂する行為として絶対反対をつづけてきた一般民衆はいうまでもなく、李承晩大統領の態度は世界の注目を浴びてきたし、これらの強硬な態度が休戦協定締結の上にどう反映されるかかたずをのみつつ見守ってきた。英国はかかる韓国の態度を無視すべきであると暴言を吐き、米国も暗々裡に韓国の意思を無視して計画通り休戦すると強きを示したのに対し、李承晩大統領はかかる一方的な休戦協定を無視して北進統一すると言明してその成行を注目してきたが、果して十八日の早朝李承晩大統領は反共捕虜釈放を指令して尚武台、南山、馬山、釜山等四収容所に収容されていた捕虜を釈放し休戦協定に対する従来の態度を行動によって明らかにした。

韓国政府の意思に捉われることなく、米国の意思通り協定を結ぶと主張したことも、この捕虜釈放によって重大暗影が投ぜられ新たな段階に突入した感がある。このたびの李承晩大統領の処置は当然すぎるぐらい当然なものでむしろ遅きの感すらある。

反共捕虜といっても全部が韓国人のみであってみれば、韓国政府は捕虜になると同時に適当な処置をし、韓国々民としての正当な権利を行使するようにすべきであったが、何しろ共産党の謀略策動の正体を当時の状況下において摑みにく彼ら捕虜に対する慎重な審査をしなければならなかったばかりに、収容所に永く収容し休戦問題にまで論ぜられるようになったが、現に審査が完全で時間的に早かったならば問題になり得る性質のものではない。韓国々民を韓国政府が彼等の意思を尊重して適当に処置したことに対し何の不平不矛府もあり得るものではない。たまたま彼等が地域的に三十八度線以北に居住していたばかりに、傀儡政権の強制的な命令によって国家に反逆の弓を引き、同胞を殺すようなことをしただけであって彼等の自由意思では全然なかったということが反共捕虜だと認められたことによって明らかにされた忠実な国民であるということが明らかになった今日、又送り返すなり、審査の名による恐迫やあつかましい勧告に悩まされることを許すべきではない。一国の元帥として忠実な国民を他国又は、傀儡政権に公然と渡すが如き工作と脅威に類すがごときことをなしうるものではない。

国連軍はあくまで侵略軍撃退のため、韓国援助に来たのであって、韓国内政を干渉したり韓国の意思を無視して屈服させるために来た訳では断じてない筈だ。国連は韓国を承認しており、北韓軍はあくまで傀儡軍と見做して戦争をやってきた事実を認めるなら、捕虜の名によって収容されている忠実な韓国々民に対する韓国政府の処置を正当なものと認めるべきである。しかも李大統領が事前に警告して米国政府に報告されている。もしも、国連又は米国が韓国戦争を韓国政府並び韓民族の意思を無視して自分勝手な休戦協定を結ぶため、これら捕虜の自由意思を無視し休戦協定締結の交換条件として傀儡政権に引渡すが如き行為と強制を認めるなら、これは明らかに彼等四万人の基本人権をふみにじった侵略行為として認めるべきである。われわれは、侵略を憎み基本人権を尊重するために国連が警察行動を発動したと見るならば、その基本態度と精神に立脚して休戦すべきであると主張しなければならない。このたび、韓国政府がなした反共捕虜釈放によって休戦協定に悪影響を及ぼしたその筋が認められるなら、その責任は明らかに米国並び韓国の意思を無視して休戦協定を締結すべきであると主張する諸国にあるのだ。

屈辱休戦 断乎排撃す

國難克服に起て！

民団東京本部声明

要旨

「南北を分断する休戦に決死反対する」

冷戦下における熱戦が意味するところの窮極の目的は政治的闘争にある。

戦史上類例のない韓国動乱が此の様相を如実に表現している。捕虜交換問題を焦点として一年余に亘る長時間に結果的に戦わざるべき時間において熱戦を展開してきたのは、武力により敵軍をせん滅せんとするところの単なる戦争目的遂行に非ずして、伏線的に政治性を内包していたことは明白な事実である。三千万民族が悲憤こう慨すべき条件のもとに、今や休戦会談は仮調印の段階にまでたちいたったのである。休戦は誰のためになされるべきであるか、韓民族の平和的発展、ひいては世界平和擁護のためになされるものであるとすれば、真の平和への道ではあり得ない時代便乗主義的謀略だと指摘せざるを得ない。三千万同胞の宿願である南北統一なしに韓民族の平和的発展はあり得ないのである。韓国政府自身の意思が反映されない限り、如何なる条件のもとに成立される休戦であっても、我々は受諾するわけに行かない。見よ！此の民族的団結を、自らの決意により断乎排撃するにおいてはばむ者は何者であろうか？ 三千万同胞よ、総蹶起せよ！ 南北を再分割する休戦を決死反対し、一人々々南北統一の闘士となり総進軍しようではないか。

檀紀四二八六年
六月十日
在日大韓民国居留民団
東京本部

休戰會談めぐる動亂回顧

マリク提案から捕虜交換協定迄二箇年に近い歳月を費した休戦会談は、実に波瀾重畳たるものであつた。

その間、世界は恰も韓国動乱を軸として廻転し変遷したようなものである。休戦会談の経過を詳察する時、最初侵略者を膺懲撃破する為の国連軍が、あまりにも譲歩に譲歩を重ね、瀕死の共産軍をば再起の重大なる時を与へ、平和破壊と侵略の禍根を残すような、交渉を続けて来た事が分る。ともあれ我々は韓国動乱を通じて共産軍が如何にその極悪なる陰謀策略を弄し、侵略の毒牙を磨きしつゝ自由愛好の諸国に挑戦したかを回顧する事にしよう。

そして卑屈なまでに彼等と妥協せんとする者に平和の確保は共産侵略者を打破する外に途のない事をさとすべきであろう。

〃史上最大〃の〃制限戦争〃

武力戦一年 舌戦二年　韓国焦土と化す

動亂の特殊性

自由・共産両世界の相剋・摩擦の尖端が、韓国に於いて激突北韓共産軍が三十八度線を突破して侵略戦争を起したのが韓国動乱である事は再言を要しない。しかして此の動乱は初めから国内戦争の性格を超越して国際戦ー卒直に言つて韓国に局限された、未だ世界全域に拡大されなかつたけれども世界戦の様相を帯びていた事や、中共軍の介入によつて戦乱が長期に亘つた事は誰も否定出来ない事実である。

韓国動乱は共産主義勢力の侵略に対してとられた国連の警察行動であり、すでに開戦以来満三年になるのである。その長さは実に米国の第一次大戦参戦期間の二倍に近く、第二次大戦の九分の七に達している所丈を見ても、人類史上の大戦争たるに違いない。

百三十萬の共産軍の死傷

この期間に於ける米軍丈での動員兵力は百五十万から三百六十万に達し、第一次大戦当時の四百万の動員兵力に近い数字である。尚戦乱の直接的戦費は年率にして約七十億ドルであり、実に米国国防支出に対する比率はこの面でも七分の一であるが、現在迄二百億ドルの巨額が投ぜられた。これは第一次大戦の五分の四に相当にする費用である。人的・物的な損耗にしても我方は韓国側十五万五千・米国十三万、国連軍一万一千、総計約三十万に達し一方共産軍側はほぼ百三十万に上るから、今次の動乱の惨禍が又如何に大なるものであつたかを窺ひ知る事が出来るであろう。勿論南韓・北韓合せて数百万に上る戦災民・非戦斗員の死傷、且又韓国全土の破壊を考察する時、まさに韓国局部での戦災ではあつたが、人類史上最大の損耗戦であつた事は誰も否めない所である。

中共に侵略者の烙印

侵略者ー即戦争放火者の罪悪たるやその極をきはめ、彼等を徹底的に膺懲せんが為には人類に又とない不幸と禍を招来する事ーマ元師の積極攻勢論は満洲爆撃となり、ひいては世界第三次大戦に進展拡大する事を憂ひ、我方は所謂〃制限戦争〃に依つて敵の勢力を消耗させて来たのであり、一方国連軍側でも出来得る丈敵を悔悟・反省させて戦乱を解決すべく何回となく停戦案を提出したのである。

数次停戦の提議を拒否された国連自由諸国の大部分は終ひに中共をば侵略者の烙印をおし、同時に武器其他軍需物資の輸出を禁ずる制裁策を講じるようになつた。侵略者は実に停戦の好機を逸し、だんだんと自由世界諸国家と縁を切り、孤立を免れられない状態に追ひ込まれたのである。武力戦と外交戦に於いて大なる失敗を演じた共産侵略者共は何とかして停戦の打開策を講じなければならないようになつた。

マリク突如休戰を提案

之があの有名な一九五一年六月二十三日、戦争第一周年を契機として、国連ソ連代表マリクが停戦案を主唱したものであつた。共産主義者は元来があまりにも陰謀を弄するが故に、米国始め国連自由諸国は〃マリク停戦案〃の真意が那辺にあるかを極度に警戒且深く疑つた。特に我が韓国は終始一貫変らざる〃休戦五大原則〃を掲げ、分断休戦反対、中共軍の即時撤退等を絶叫、全国各地で国土両断停戦協定反対の民族蹶起大会が盛大に挙行された。

然し国連軍側は〃マリク提案〃に共鳴、一九五一年六月二十五日にトルーマン大統領は韓国動乱の平和的な解決に応ずると声明、同年七月十日には開城で正式に休戦会談が開始されたのであつた。会談は最初から波瀾重畳・我方の譲歩にも拘らず、良き成果を挙げる事が出来ず延びて来た。之は何を意味するであろうか？ 之はとりもなほさず共産主義侵略者が故意に会談を遅延させる一面・敗退した勢力を挽回せんとする陰謀であつたのである。即ち彼等は従前よりも尚一層激烈なる侵略的戦争を継続すべく、その軍の再建と整備の為の時をかせがんとの魂胆であつたのである。

韓國軍飛躍的増強なる

而して彼等は今や、飛行機数千台、兵員百余万の増強を豪語しているのである。然し会談の遅延が敵にのみ有利なる機会を与へたのではなかつた。韓国側にしても其間兵力特に空軍及び陸軍の増強は実に素晴しいものであつた。

ともあれ、動乱三年間を通じて最初の一年を除く、後の二箇年は武力戦よりも休戦会談を中心とする外交戦に全力が注がれた形であつて、実際戦斗に於いては活潑なる展開を見る事なくただ制限されたる局部戦・即ち陣地奪取戦・高地争奪戦又は探索戦・砲撃戦程度に停滞して了つた。動乱一年は武力中心戦斗に重点を置いたとすれば第二年からは休戦会談を通じこの舌戦中心の年であつたと言へよう。

されば双方百万の軍隊が常時相対し、マリク停案から捕虜交換調印成立迄、実に二年に亘る休戦会談の波瀾万丈たる経過を概観して見よう。斯くする事に依つて

國連　高價な時と力を浪費

休戰會談の二年

共産　再侵略の時をかせぐ

休戦会談は動乱発生一周年直前の一九五一年六月二十三日、マリク国連ソ連代表が国連放送を通じて、三十八度線上の停戦を呼びかけたのがきつかけとなり同年七月十日から古都開城で開かれた。

それから今日迄、休戦條項に関する双方の根本的な意見の相違や、中共軍の中立地帯侵犯事件、捕虜収容所事件等の紛争から、会談は何回となく再開・中絶・再開と難コースを辿つて来た。会談場も中立地帯侵犯事件の発生後開城から板門店に移り、国連軍主席代表はジョイ中将からハリソン中将に代つた。

会談は最初から議題問題・新聞記者出入問題等で難航を続けたが七月二十六日次の五大項目の議事日程が成立した。

一、議題の採択
二、非武装地帯と軍事境界線の設置
三、休戦実現の為の具体的な取り決め
四、捕虜交換の取決め
五、双方の関係各国政府に対する勧告

この議事日程のうち、特に双方の意見が対立したのは第五項目で、共産軍は最初全外国軍隊の撤退をこれに入れようとしたが、我が方はこの問題は政治的問題として拒否した為に、結局双方の妥協によりこの表現をするように落着いたのである。

而して休戦会談は七月二十七日から議題第二項目の討議に入つたが、我が方が三十八度線の北側の現戦線を軍事境界線とする事を主張したのに対して、共産軍は三十八度線を主張して譲らず、会談はこゝに完全に行き詰りの状態にはいつて了つた。

ジョイ国連軍代表はこれを打開する為に、八月十五日から合同専門委員会設置を提案、八月十六日から問題は同委員会に移されたのであつた。

しかし突然にも、共産軍は国連軍の中立地帯侵犯事件を虚偽捏造して抗議、八月二十三日国連軍の満足な回答がある迄は、休戦会談は打切ると傲慢不遜な態度を示した。

その後共産軍側の提案により、十月二十五日会談場を開城から板門店に移して一段中止されていた会談は再開の運びとなつた。

共産三十八度線主張を放棄

共産軍は再開された合同専門委員会で従来の厚顔無恥な三十八度線境界線主張を放棄して、現戦線に基礎を置く国連軍の主張に全面的に歩み寄りを示し、会談は数に又進展を見せたのであつた。

ただ軍事境界線を国連軍は最終の休戦協定成立の日の現戦線とするのに対し、共産軍は軍事境界線問題に関し、意見一致を見た時の現戦線とするよう主張した。そこで国連軍は一部譲歩して双方の同意成立後三十日以内に最終の休戦協定が調印される場合に丈、有効となる期限付提案を行い。もし三十日以内に休戦協定が成立しない場合には、休戦協定成立調印直前に両軍間の現実の接触線に生じた変化に応じて修正する事になつた。

そして七月十日から開かれて約四箇月間十一月二十三日に至り、合同専門委員会において双方の軍事境界線協定が成立したわけである。

続いて休戦会談は一九五一年十一月二十七日から、休戦監視問題の対議にはいつた。この問題は十二月四日から休戦監視に関する合同専門委員会に更に二十一日からは参謀将校会議に委託されたが、休戦時の軍用飛行場建設禁止をめぐつて双方の意見は激しく対立した。

寫眞　捕虜交換協定に調印する国連・共産軍の各代表

休戰監視問題遂に延期

五二年四月二十八日の休戦会談で国連軍側は①飛行場建設制限問題は休戦協定條項に入れない。②中立国監視委員会は双方の指名する各二箇国（国連側スイス・スエーデン、共産軍側ポーランド・チエコ）の代表で構成する事を提案した。

これに対して共産軍側は、国連軍が飛行場建設制限についての要求を棄て、捕虜問題に関する共産軍案に同意するならば、中立国監視委の構成についての国連軍提案に同意する旨を答えた。

かくて此の問題の最後的決定は捕虜問題の結果を待たねばならなかつたのである。

休戦会談は休戦監視問題の討議と共に捕虜問題の討議を始める事になり、五一年十二月十一日から捕虜交換合同専門委員会が設けられた。

しかし捕虜問題の討議は双方の主張の開きがあまりにも大きい為に容易に進展しなかつた。

そこでジョイ国連軍代表は五二年一月三十一日、捕虜問題の討議と並行して議題第五項目の討議を提案、共産側もこれに同意して、二月六日からの休戦本会議においてこれを取上げた。

各國勧告問題予想外に妥協

南日共産軍代表は、休戦協定成立後三箇月以内に、双方の関係各国政府代表五名をもつて政治会議を開き、

一、全外国軍隊の韓国からの撤退
二、韓国問題の平和的解決
三、韓国の平和に関する諸問題の平和的解決

を討議するよう提案した。しかし国連軍側は共産軍が台湾問題・中共問題等韓国問題と直接関係のない問題を持ち出す事を心配して、〃韓国の平和に関する諸問題の平和的解決〃と云う表現に重大なる疑惑を感じて反対したのであつた。

そこで共産軍側は譲歩してこれを〃其の他〃と云う表現におきかへたので、国連軍側は提案中にある〃その他〃とは韓国問題以外の問題には関係しない等の了解事項をつけて二月十九日の休戦会談でこれを受諾した。かくて最初、難航を予想されていた議題第五項目は前後十四日、わずか八回の会議で協定成立した。

屈辱的な譲歩

捕虜協定　赤の思う壺

次に第四議題たる捕虜交換問題は休戦実現を阻止する最大難関であつた。最初双方の捕虜名簿が交換される前から我が方は一対一人の比率で交換する原則を主張、共産軍側は全員対全員の交換を主張したのであつた。

名簿交換により、北韓に抑留されている我が方の捕虜は一万二千名、我が方に収容されている共産軍捕虜は十三万二千名と云う（十対一）あまりにもその比率の差が大きいのみならず、共産軍捕虜の中には、帰還を願はない捕虜が多数をしている事から、到底共産の全員対全員の交換の主張を応諾する事は許せなかつた。其の後国連軍側は妥案として『共産軍捕虜中帰還を希望する捕虜は全員返還するから（共産軍捕虜中帰還を希望する者は十万捕虜中七万名）北韓に抑留されている。南韓民間人に対して帰還の自由を与へる』との案を提議した。

斯く国連軍側は、捕虜の自由意志による送還を主張するのに対し、共産軍は強制送還を主張、双方の意見は此の原則論をめぐつて真向から深刻に対立した。

かくして五二年九月二十八日ハリソン国連軍代表は捕虜問題に関する最終的な提案（最大譲歩案）をなしたが、共産軍はこれを拒否し、遂に休戦会談は十月八日国連軍側の要求により[illegible]休会

た。

五〇年九月十九日から開かれた第五回国連総会は英国外八国提案の「韓国問題決議案」を採択した。この決議は武力攻撃を撃退すると云う国連の目的を確認すると共に、自由・独立かつ民主的な統一韓国の建設を強調したものであつた。

同年十二月十二日の総会はアジア・アラブ諸国から提案された「韓国休戦決議案」が採択され、停戦三人委員会が設けられた。しかし周恩来は十二月二十一日停戦交渉を拒否する声明を発表したので、インド代表の努力も実を結ばなかつた。

三月二十八日金日成・彭徳懐はクラーク国連軍司令官の傷病捕虜交換に関する提案に同意し、次いで三十日には周恩来が全捕虜交換の解決と休戦会談再開を提唱した。

傷病捕虜交換に関する連絡将校会談は四月六日から開始され、四月十一日には早くも協定が調印され、二十日から始つた傷病捕虜交換も順調に終つた。

かくて休戦会談は四月二十六日半年ぶりに再開、国連軍は二十五日の秘密会談で新提案を行い、これが基礎となつて六月八日午後、休戦本会議で国連共産軍代表は捕虜交換に関

祖國動亂三年の慘状

戰災民千二百萬餘 家屋破壞五十三萬

全戦災民一千二百万、家屋破壊数五十二万四千戸など韓国動乱三カ年間における被害状況は、世界史上に類例のない程の惨禍たるものであり、武力と侵略により南北統一をはからんとした北韓カイライ政権が南侵して以来、国連、共産両軍は押しつ押されつしてわが韓国は、見るも無惨に破壊し盡され、灰燼の荒土と化した。

かくて韓民族の悲願である北進統一も遂に、米ソ二大陣営の国際的諸事情の御都合主義によつて、はからずも休戦会談成立の段階に無理矢理押しこめられつつあるが、韓民族はあくまで独自の立場において南北統一を叫びつづけるであろう。

ここに動乱三カ年間を回顧して動乱による戦災被害の統計とその復旧、救護状況を掲載する。(但しこれは一九五二年三月、又は六月までのものでその以後の統計は未発表になつているから、次回に譲ることにする)

世界戦史に類例のない被害

(1) 人命被害 (軍警を除外した非戦斗員)

(一九五二、三、三一現在)
一、死亡 二四六、四七五
二、拉致 八二、九五九
三、行方不明 二九八、一七五
四、負傷 二二五、五八二
五、其の他(虐殺等) 一二二、七九九
総数 九六五、九九〇

(2) 一般住宅被害状況

(一九五二、三、卅一現在)
㈠、動乱前済州島を除いた南韓の全戸数 三、二八三、五二九戸
㈡、全焼全破 四一四、八二五棟
㈢、半焼半破 一〇〇、一二〇棟
㈣、被害延建坪数 一〇、七〇三、一二七坪

(3) 地方廳舍被害状況

㈠、全焼五四七、㈡、大破二三〇、㈢、中破二八一、四、小破四〇九

(4) 公営建物被害状況

(一九五二、三、卅一現在)
一、全焼全破 七八九
二、半焼半破 七二一
三、被害延建坪数 一二二、〇四六坪

(5) 南韓各学校被害状況

一、動乱前国民学校数 三、八七五校
全焼全壊教室数 八、七二七室
半焼半壊教室数 三、九五二室
二、中等高等学校 八六一校 動乱前
全焼全壊教室数 三、〇二三室
半焼半壊教室 六五二室
三、大学校 四〇校 動乱前
全焼全壊教室数 八〇二室
半焼半壊教室数 二二九室

(6) 国宝古蹟被害状況

一、全焼全壊 五九棟
二、半焼半破 一〇二棟
三、被害延建坪数 四五二〇坪
四、調品什器被害金額 四億五千二百万旧韓国円
五、被害総金額 七十二億三千二百万円

(7) 逓信官舎廳舍被害及復旧状況

一、官署数 六七七 総坪数 八〇、五一〇坪
二、被害官署数 四九八 被害坪数五七、〇三〇坪
三、被害率 六九%
四、復旧率 三%

(8) 電信電話線路被害及復旧状況

被害
市内架空ケーブル 一五〇、〇〇五m 31%
市内地下ケーブル 六五、〇〇〇m 24%
市内電話裸線 九、〇四七、〇〇〇m 22%
電話地下管路 三六、〇〇〇m 14%
市外電信電話裸線 三七、四一三、〇〇〇m 63%
国際無装荷地下ケーブル 二六、〇〇〇m 3%
電信電話柱 八二、一七六本 43%
市外連絡ケーブル 一四一、〇〇〇m 35%
総被害に対する全復旧率 8%

(9) 配電線路被害及復旧状況

配電線、事変前 九、五九六粁
被害 二、七二二粁
電柱 事変前 一五〇、〇〇〇万本
被害 三九、七五六本
碍子(介)事変前 七一六、二五四
被害 一三六、三五四
断線(径間)事変前 一五〇、〇〇〇
被害 一五、〇〇〇
柱上変圧器 事変前 二三、五八六台
被害八、九七一台
被害率 三〇%
一九五二年四月現在復旧率 二五%

(10) 通信線被害及復旧状況

通信線 事変前 一、五〇六粁
被害 一、一九〇粁
電柱 事変前 四、三九四本
被害 二、六六〇本
碍子(介)事変前 四四二、三六四
被害 三〇、〇〇〇
断線(径間)事変前 一四、三九二
被害 一、〇〇〇
被害率 八〇%
一九五二年四月現在復旧率七〇%

(11) 送電線被害及復旧状況

電圧別、直長、鉄塔、電柱碍子、断線被害率
一五四KV 二〇%
六六KV 二〇%
二二KV 二五%
一九五二年四月現在復旧率
一五四KV 18%
六六KV 18%
二二KV 23%

(12) 変電所被害及復旧状況

電圧別、変電所、変圧器、O、C、B、CT配電盤被害率
一五四KV 80%
六六KV 60%
二二KV 45%
一九五二年四月現在復旧状況
一五四KV 二五%
六六KV 二〇%
二二KV 三〇%

(13) 土木施設被害状況

一、道路(橋梁) 一、三一九カ所 一二二、五四五m
二、国道 四九八カ所 一五、九一九m
三、地方道 八二一カ所 一六、六二六m
四、河川 二八五、八粁
(イ)直轄川 九三、一粁
(ロ)地方河川 一九二、七粁
五、港湾 四六港
(イ)開港 六港
(ロ)地方港 四〇港
六、都市 七大都市
土木、水道 二九カ所
七、重機、破壊 三四台
亡失 一〇八台
被害一七五台

(14) 上水道施設被害状況

一、水源設備 全破 八 半破 十二カ所
二、浄水設備 全破 一四 半破 二五
三、配水設備 全破 七 半破 一〇
四、送配水管設備 全破 一一、五〇〇 半破 一七、五二八
五、営繕設備 全破 二九 半破 四三
六、ポンプモリ設備 全破 三〇 半破 四四
七、給水設備 全破 一〇、九〇〇 半破 一六、四五〇
八、雑工 全破 五二八 半破 七九三
九、其他 全破 一三、〇〇〇 半破 五七〇

(15) 各工業別被害及復舊状況

	事変前工場数	被害工場数	現稼動工場数
綿紡織工業	一五	一二	七
毛紡織 〃	一一	二二	九
絹人絹織 〃	五三〇	九六	六二六
メリヤス 〃	三六一	一〇三	四六四
染色 〃	二五	一五	一〇
撚糸 〃	八五	二一	六四
ラーオル 〃	四	三	七
其他繊維 〃	六二	|	六二
ゴム 〃	二一五	一八	二〇六
皮革 〃	一〇一	二二	九六
製紙 〃	一二三	一三	一五
印刷 〃	一二〇	二八	九八
有化学 〃	二二七	四〇	一〇七
無機化学 〃	一一二	二六	九六
窯業 〃	三〇一	五三	二六八
食糧品 〃	一五六	四八	一一六
金属 〃	六〇五	二三八	四六七
機械 〃	七五四	一八六	六六八

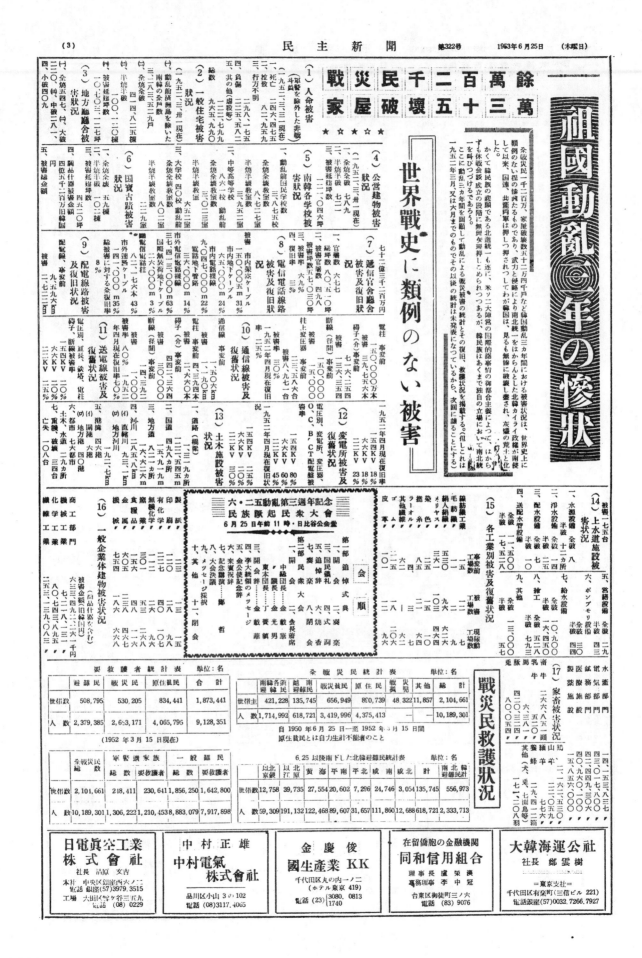

六・二五動亂第三週年記念
民族蹶起民衆大會
6月25日午前11時・日比谷公会堂

会順

第一部 追悼式典
一、開会 二、奏楽
三、国民儀礼 四、式詞
五、追悼辞 六、焼香
七、奏楽 八、閉会

第二部 民衆大会
一、開会 二、会長着席
中総団長……金載華
〃議長……金光男
東本団長……丁賛鎮
三、開会辞……金載華
四、李大統領のメッセージ
五、金公使記念辞
六、来賓祝辞
七、記念講演……鄭哲
八、大会決議
九、メッセージ採択
十、其他 十一、閉会

(16) 一般企業体建物被害状況

(商品什器を含む)
被害金額(旧韓国円)
商工部門 六三三、四九二、二六一千円
機械工業 〃 七、二一八、一三一
化学工業 〃 八〇、七四三、八九五
繊維工業 〃 二五三、一三九、〇八三
水産部門 〃 一四、一五三、八三七
電気部門 〃 四三、〇一七、八〇〇
鉱務部門 〃 四二、四四九、三〇六
医療施設 〃 四〇、九六〇、一〇〇
製薬施設 〃 一五、八五六、〇〇〇

(17) 家畜被害状況

畜牛 二六六、八五一頭
乳牛 五二〇 〃
馬 六、三八一 〃
豚 四二〇、三二四 〃
兎 八〇、〇五四 〃
鶏 二、一六二、五三〇 〃
山羊 二二、〇五九 〃
緬羊 七七六 〃
養蜂 二九、四一二箱
其他(犬、兎、七面鳥等) 一七一、二〇八羽

戰災民救護状況

要救護者統計表　単位:名

	避難民	戦災民	原住貧民	合計
世帯数	508,795	530,205	834,441	1,873,441
人数	2,379,385	2,683,171	4,065,795	9,128,351

(1952年3月15日現在)

	全戦災民総数	軍警遺家族 総数	軍警遺家族 要救護者	一般難民 総数	一般難民 要救護者
世帯数	2,101,661	218,411	230,641	1,856,250	1,642,800
人数	10,189,301	1,306,222	1,210,453	8,883,079	7,917,898

全戦災民統計表　単位:名

	南韓各道避韓民	越南避難民	戦災貧民	原住民	戦災孤児	其他	総計
世帯主	421,228	135,745	656,949	890,739	48,322	11,857	2,104,661
人数	1,714,992	618,721	3,419,996	4,375,413	—	—	10,189,301

自1950年6月25日—至1952年3月15日間
原生貧民とは自力生計不能者のこと

6.25以後南下した北韓避難民統計表　単位:名

	以北京畿	以北江原	黄海	平南	平北	咸南	咸北	計	南北韓避難民計
世帯数	12,758	39,735	27,554	20,602	7,296	24,746	3,054	135,745	556,973
人数	59,309	191,132	122,468	89,607	31,657	111,860	12,688	618,721	2,333,713

日電眞空工業株式會社
社長 清原 文吉
本社 中央区銀座西六ノ二 電話 銀座(57)3979.3515
工場 大田区雪ケ谷三五九 電話 (08) 0229

中村正雄
中村電氣株式會社
品川区小山 3の102 電話 (08)3117.4065

金慶俊
國生産業 KK
千代田区丸の内一ノ二 (ホテル東京 419)
電話 (23) 3080, 0813, 1740

在留僑胞の金融機関
同和信用組合
理事長 盧栄漢
專務理事 李中冠
台東区御徒町三ノ六 電話 (83) 9076

大韓海運公社
社長 鄭雲樹
=東京支社=
千代田区有楽町(三信ビル 221)
電話銀座(57)0032.7266.7927

國連友邦諸國家からの
韓國戦災民への援助物資
食糧・醫療・衣料品等々

動乱勃発以来、三年間に亘る間UN諸国からの韓国戦災民に対する援助物資はUNCACKを始めとして数多の機関を通じてなされているが、医療、食糧、衣料品等、多額にのぼる援助物資が送られている。特にその大部分は米国からの援助であることはいうまでもないが、これにより韓国戦災民はUNに対する感謝の念を忘れることなく、全国民がこぞつてあらゆる献身的努力を拂つている。

以下一九五二年五月までの統計を掲載するが、これは僅か動乱勃発後二年間の集計に過ぎないのであり、其の後二年間に亘る援助物資額は巨大な数字にのぼつているが、ここには資料の関係上、動乱勃発より一九五一年十二月末日までのを〝其の一〟とし、一九五二年一月から五月までのを〝其の二〟とする。

UN救護物資入荷状況〔1951年12月末日までの分〕其の一

	品目	総重量(屯)	概算弗価(弗)
食糧品	米	136,884	34,534,264
	麦	65,080	5,790,261
	メリケンコ	5,953	1,661,125
	小麦其他雑穀	12,755	1,438,980
	ビスケット	—	—
	Bレイション	1,053	211,445
	飲料	84	28,517
	砂糖	2,797	668,188
	魚物類	3,990	422,920
	粉鶏卵	58	52,813
	魚肝油	—	7,100
	植物性肝油	—	9,100
	果実類豆類	17,577	3,216,252
	粉乳	514	195,503
	児童食物	—	3,687
	食塩	13,916	331,676
	其他	1,269	423,708
	計	261,930	49,418,189
医療衛生用品	病院用医療品	138	400'14[illegible]
	野戦用〃	241	701,971
	其他〃	1,060	2,675,439
	殺虫剤	897	70,450
	DDT	173	481,292
	各種ワクチン	225	976,841
	石鹸	3,153	955,857
	其他	97	404,171
	計	5,984	6,666.164
燃料	石炭	15,344	197,633
	木炭	4,515	336,060
	計	19,859	533,693
纎維及衣料品類	毛布及布団	2,846	4,935,192
	綿布	2,506	2,715,023
	靴下	45	84,571
	衣類	3,001	4,318,372
	天幕	236	355,892
	縫針	11	12,823
	古靴	177	308,308
	原綿	4,043	3,182,050
	綿糸	504	1,183,100
	綿縫糸	109	368,953
	其他	776	2,248,528
	計	14,254	19,443,217
建築資材	木材	51,496	3,573,746
	鋼鉄線及び釘	436	90,641
	板ガラス	94	6,534
	木工具	18	27,790
	セメント	10,819	236,363
	自動車及附属品	17	504,863
	トラック	984	654,068
	其他	22,249	1,962,296
	計	86,113	7,057,096

UN救護物資入荷状況〔1952年1月—5月までの分〕其の二

	品名	総重量(屯)	概算弗価(弗)
食料品	米	32,354	6,837,516
	麦	24,678	2,570,655
	小麦其他雑穀	—	—
	メリケンコ	13,538	1,980,313
	砂糖	—	—
	魚物類	16	3,420
	粉鶏卵	15	104
	果実類、豆類	—	—
	粉乳	—	—
	食塩	3,832	172,000
	其他	160	76,985
	計	74,593	11.640,993
医療衛生用品	病院用医療品	15	32,229
	野戦用医療品	54	131,272
	其他医療品	67	115,169
	殺虫剤	—	—
	DDT	74	107,340
	各種ワクチン	23	852,444
	石鹸	—	229
	其他	1	7
	計	234	1,238,690
纎維及衣料品	毛布及布団	—	11,540
	綿布	55	134,000
	靴下	7	15,436
	衣類	1,012	2,452,604
	天幕	36	96,500
	針	15	33,932
	古靴	1,056	869,799
	原綿	1,106	916,838
	綿糸	192	353,668
	綿縫糸	5	8,294
	其他	451	319,739
	計	3,965	5,212,350
燃料	木炭	265	22,000
建築資材	釘及び鋼鉄線	—	227,000
	板ガラス	51	7,790
	セメント	3,706	87,412
	計	3,757	322,202
肥料	硫酸アンモニューム	13,732	1,215,000
	過燐酸石灰	7,763	521,000
	計	21,495	1,736,000
自動車	トラック	68	85,850
ゴム	タイヤ	158	228,921
	ゴム地	23,253	2,697,160
	計	23,411	2,9_6,081
総計		127,788	23,104,166

日本ユニセフと・・・・・・・
・・・日本赤十字から
戦災民救護物資送る

日本国際連合ユニセフ（国際児童緊急基金）協会（千代田区丸の内二ノ十二番地三菱仲十三号館一号、会長佐藤尚武元参院議長）と日本赤十字本社（港区芝公園五号、社長島津忠承）では韓国戦災民救済と児童救護のため募金、募品を行つて次の如き救済物資を韓国に送つた。

（写真は韓国向救護物資を荷造する日本ユニセフの人々）

（一）国連ユニセフ協会の分

（全国百二校から募品）

一、二回分合計（三回目の分は近日中に発送の予定）

ノート　三一、三八七冊
鉛筆　八九、四二七本
筆入　七五二個
消ゴム　一二、四六九個
紙類　五九、六八七包
クレヨン　一、〇二一箱（ミカン箱大）
衣類　四、二四〇点
其の他　七、六三八点
計　一一五、五九六個
金額にして　一、六六六、二五九円

（二）日本赤十字社の分

（受取人韓国赤十字社宛）（第一回分救恤品昭和二十六年十一月十五日発送）

品目		金額
衣類	一一、一一四点	一、〇四八、〇〇〇円
食糧	三、四〇七点	一七九、〇〇〇円
学用品	一二三、一二七点	七五四、五一二円
日用品	一一、四九八点	三〇三、二四〇円
医薬品	三〇六、一三〇点	一〇、〇五三、二〇九円
其他	六、三二〇点	二七、七二五円
計	四六一、四七七点	一二、四〇二、九一二円

救済品　現金として募金又は寄附を受けたものを物品にかえて送つた。

第二、三、四、五、六回分（最終回分は本年五月中旬に発送した）

品目		金額
衣料品	一一二、一二一点	一八、七一八、八七九・五〇
食料	一一、八五〇点	四三六、一八二・二四
学用品	二三五、五九〇点	一、一九六、〇六〇円
日用品	六二、六九三点	一、一二七、九五五・〇五
医学図書	一〇、八〇〇点	六六八、九六二円
医薬品	一、八七五点	五七四、〇四〇円
医療機械（これはソウル（京城）の赤十字病院復興用として特に同社の要請によつて送つたもの）	一二、二三九点	六、六六一、五六四円
総計	九〇八、六五一点	四三、七八六、五五四円七九銭

鄭達文大尉戦死

在日韓僑自願軍として祖国戦線に勇躍参加、国軍として東部戦線にて奮闘中、不幸にも戦傷を負い、陸軍第七七病院にて加療中、遂に永眠した。

故鄭達文大尉は、民団創設当時から、青年運動の中核として活躍し、本紙の記者をもつとめたことがある。

なお韓僑軍人会では、故人の慰霊祭を去る六月二十日に同事務所で弔客多数参席の中にとり行なわれた。

各種注射薬100余種類製造直売
TRADE MARK
武平製薬株式會社
東京都世田谷区宇奈根町八一九
電話（キヌタ）926番
社長　朴　魯　興（武平魯文）
韓国向輸出総代理店を求む　韓国内の医薬品業者で本社の代理店を希望する方は至急御一報下さい御相談に応じます

新宿名物
韓國料理
新宿　明月館
店主……徐　安　金
国電新宿驛西口下車三分

代理店募集！
無資本にて戦時、平和を問わず有望な事業出現（乞御照会）
株式会社　大東ネームプレート製作所
社長　朴　連　玉
工場　東京都世田谷区太子堂441
電話世田谷（42）0861番

近代的設備を誇る
韓国料理のデパート
新装開店（四階建）
銀座　大昌園
銀座東京温泉前
電話（57）0972

東海貿易株式會社
白　亨　才
東京都中央区日本橋通三ノ六

通産省指定
タイヤー一般再製修理
（ヨコハマタイヤー指定販売店）
オーエスタイヤー商會
社長　元　田　稔
電話王子（91）3893 3897

張　仁　建
事務所…東京都中央区日本橋兜町2ノ52
電話（67）4411・7108・5436・5096
（27）4525→4528
（48）4271
（49）7480

韓國料理
新宿　天香樓
（大興館改メ）
新宿駅西口下車五分
（荻窪行電停前）

在高大韓民團 金融協同組合

＝高知本部赤誠実る＝

資本二千百萬で發足

在留僑胞民生問題は、緊急且つ最も重要な問題であり、民団としてもこの重要な課題を解決すべく、かねてより種々対策を講じて来たが、先般（既報）の政府、国会の承認を得た、二百万ドル融資実現化を見て、あとはその具体的実施を見るまでに至つたが、これに呼応して、東京を始めとして各地の僑胞社会に漸く信用組合等の設立による相互間の民生安定の為の融資機関の設立等、活発な機運が漲つている。

最近の地方におけるその先端を切つたのが民団高知県本部の金融協同組合設立であり、これは、高知県居住の在留僑胞中小商工業者間の融資による民生安定を図り新しく発足したもので、民団高知県本部の有志達が菅頭をとり去る五月二十八日付をもつて高知県知事の正式認可を得たものである。

その概貌をながめると、先ず事務所は高知県高岡郡須崎町須崎一九二一番地で正式の名称は〃在高大韓民団金融協同組合〃と称し資本金二千百万円（百万円払込、借入金二千万円）である。組合設立の目的は、組合員に対する事業資金の貸付及び借入、組合員の事業に関する経営及び技術の改善向上、知識の普及をはかるための教育及び情報の提供、組合員の福利厚生事業等になつており、在高僑胞間の民生安定の為に相当大きな役割を果すものとして期待されている。なお、理事、監事は左の如し。

＝理事＝
朴寧千（団長）
禹鏞大（副団長）
崔敬俊（右同）
金東吉
金光男
申振甲
林盈洙
堅田清喜

＝監事＝
姜洪立
金諧洙

在留僑胞 實態調査實施！

在日僑胞の民権擁護の為の対策樹立とその目的達成には、団員相互間の緊密な連絡と同時に、僑胞の実態を正確に把握することによつてのみその成果をあげることが出来る。

特に今般実施されるところの中小企業者に対する二百万ドル融資問題も、その基本條件にあつては、在日僑胞の正確なる実態報告如何によつて具体化するものと思われる。この問題は、過般の第十大回全体大会で満場一致により可決されたものであり、今後、民生問題、教育問題、組織問題、其の他の諸般問題の解決にあつても、すべてこの実態調査を土台として企画されるものであることを銘記して、全国の僑胞は速やかにこの実態調査に積極的な協力と、実行を期すことを望んで止まないものである。なおこれは、全国各本、支部を通じて行なわれているから一人漏れなく協力するよう中総民生局では要望している。

兵役云々は流言

實態調査を曲解

数回に亘り日本の各新聞が伝えるところに依れば日本に在留する同胞にも兵役義務制を施行するとか、或いは本国外務部発表として在留同胞の実態調査を行い徴兵義務に該当させるとか、色々な風説が流布しているので、早速本国各責任部省え問合せたところ其の様な事実は全くないことが判りましたので誤解のない様要望する。又民戦では今般中総にて二百弗融資すべく下調査をしている生活実態調査及企業体調査は、在留同胞の兵役制度の対象なるものであると悪宣伝をしているが、本調査は其の様な風説とは全然関係ないことを了承願いたい。以上中総組織局長金今石氏は我が全国組織体は勿論の事一般在日僑胞に対して誤解のないよう要望している。

團員に警告！

最近民戦系機関紙解放新聞又は民戦員の流説に依ると、民団の某支部全員が民戦に加入を申込んでいるとか、又は民団幹部が税務署或いは警察等に売却的行為を成し民団員は此れを不満に民戦某会議に参席して、今や民団の悪質なるを知りましたとのことを力説し、民戦にて是非指導を受けたいから加入を承認して下さいとか等の新聞記載、又は民戦系分子の悪宣伝を耳にしましたので、本組織局では此れを徹底的に調査した処、事実無根なことであり、此のデマ宣伝は民戦が民団に対する民団内部、又は団員間の離間策を狙う芝居であることが判りましたので、以後全国在留僑胞は絶対に斯様な悪宣伝にだまされぬよう強く要望するものであります。又最近民戦員一部の者共が仮面行為を成し民団員となつて民団に加入し、民団の切崩し又は民団を崩壊する計画を行つていますから、全国民団各地方本支部ではこの点充分に留意されんことを切望します。

六月二十五日

民団中総組織局

國際法律事務所

創立七週年 記念祝賀會開く

在日僑胞社会にあつて唯一の法律機関ともいうべき権逸弁護士（現民団中総顧問）主宰の国際法律事務所開設七週年記念祝賀会が、去る五月十三日午後二時より東京上野の精養軒で内外著名人士約二百五十余名参席の下に華々しく開催された。

国際法律事務所は在留僑胞の権益擁護と国際関係の諸問題を取り扱う日本にあつても屈指の存在であり、七年間に取り扱つた件数はまさに四百件に達するという驚異的業績を残しておる。特に日本の法曹界では特異な存在として注目を浴びている所である。

同日は、金正柱氏の司会により、各界名士の祝辞や、権逸氏の業績と経歴を発表、これに応えて権逸氏の悲痛な祖国統一への念願と韓日親善の為に今後においても粉骨砕身挺身することを誓い、第一部を終了、約十分休憩の後第二部余興に移り、アシドレア孫とその楽団の演奏や古典舞踊、民謡等が拍手喝采のうちに繰り展げられ、午後四時十分に滞りなく、しかも盛大裡に幕をとじた。

學同新役員

去る五月三十日東京明大で開かれた韓国学生同盟第十回定期総会において選出された新任役員は次の如し。

委員長　銭世鎬（明大）
副委員長　朱塤孝（明大）
　　　　　鄭時弘（中大）
総務委員　安武尚（明大）
組織委員　石南国（中大）
財政委員　李光鉄（明大）
厚生委員　金東障（日大）
文化委員　趙鶴寿（明大）
新聞委員　張道源（早大）

本年度大学合格者発表（其ノ二）

（昭和薬科大学）　出身地
金輝栄＝薬学科（ソウル）
朴璟煥＝医進コース（慶南）
金学万＝〃（〃）
（日本大学）
張暁守＝商学部（慶北）
黄順令＝工学部（慶南）
金石珍＝医進コース（〃）
（中央大学）
朴幸一＝経済学部（慶南）
徐相挙＝法学部（全南）
（大東文化大学）
辛在基＝政経学部（慶南）
裴貞鎬＝〃（〃）
（東京大学）
金仁玉＝大学院（平南）
姜洋浩＝研究生（慶南）
（明治学院大学）
崔海日＝経済学部（江原）
金基鎬＝〃（平北）
（明治大学）
曹玉鉉＝文学部（全南）
（北海道大学）
李正雨＝医進コース（慶南）
（武蔵大学）
金大植＝医進コース（咸南）
（東北大学）
徐瓊淑＝文学部（慶北）
（昭和女子大学）
金英淑＝家政学部（慶南）
（専修大学）
金義均＝商経学部（慶北）
（国学院大学）
金障祐＝政経学部（慶南）
（大阪工業大学）
成英権＝工学部（慶南）
（京都同志社大学）
金鏞万＝商経学部（慶南）

☆☆☆☆ 中総日誌抜萃 ☆☆☆☆

六月五日　共同通信記者来団（休戦会談に関する記事取材のため）

六月八日　休戦協定に関する問題で朝日、毎日、読売各新聞、NHK、ラジオ東京、中部日本の各放送局、読売国際ニュース映画等、取材（録音撮影）のため来団。

六月九日　本国々会出席中の金光男議長、公務で帰任。本国国会オブザーバーの金在和氏（京都）事務連絡の来団、本団顧問高順欽氏来団。

六月十一日　総務局々員黄兵衛君採用。NHKより再度録音の為来団。（休戦問題）鄭哲事務総長の談話を録音。

六月十二日　本国々会に出席中だつた金載華団長、空路で帰任。

六月十三日　午前十一時より常任委員会開催。山口県本部鄭議長他一名事務連絡のため来団。

六月十五日　民主新聞三二一号発送。青森県本部団長他二名各事務連絡のため来団。

六月十六日　千葉県館山支部長他二名来団。民団東京本部修築記念披露宴に金団長出席。

六月十七日　再度本国日本放送、休戦協定に関する記事取材の為来団。

六月十八日　六・二五動乱三週年記念に関する声明書、ポスター、プログラム等各県本部に発送。

六月十九日　関東地区団長協議会開催。李大統領の反共捕虜釈放に関する民団声明書発表。各新聞記者来団。

六月二十日　在日韓僑在郷軍人会で故陸軍大尉蔣達文氏の慰霊祭ひらく。

韓國動亂三個年日誌

一九五〇年

△六月二十五日　韓国動乱始まる。北韓軍三八度線突破。

○二十七日　米韓国に軍隊派遣、台湾海峡に艦隊派遣。国連安保理事会北鮮制裁を可決。

△七月四日　グロムイコソ連外務次官国連安保理事会が即時米国の韓国撤兵を命ずるよう要請。

○七日　国連安保理事会マッカーサー元帥を国連軍最高司令官に任命。米徴兵法発動。

○十三日　ネール首相韓国問題で米ソに覚書。米拒否ソ連受諾。

△八月一日　ソ連代表国連に復帰

○四日　マ元帥台湾へ軍事援助開始。

○二十一日　英韓国派兵発表。米陸海軍首脳マ元帥と会談。

△九月一日　米両院国防生産法案可決。

○九日　北韓軍馬山に達す。

○十五日　国連軍仁川上陸。ニューヨーク株式二年来の高値

○二十日　ヴイシンスキーソ連外相国連総会で韓国動乱に関する安保理事会の決議を不当と非難。

△十月九日　国連軍三八度線突破。

○十五日　ト大統領マ元帥ウェーク島に会談。

○二十五日　中共「義勇軍」韓国戦線に出動。

○二十六日　共産側反撃開始。

△十一月三十日　ト大統領韓国で原爆使用考慮中と宣明。

△十二月六日　日本政府中国向要許可品目の輸出を全面的に停止。

○十六日　ト大統領国家非常事態宣言。物価クギ付けを命令。

○二十三日　米第八軍司令官ウォーカー中将戦死。

一九五一年

△一月四日　共産側京城突入。国連軍仁川撤退。

○十三日　国連政治委韓国停戦米案可決。停戦工作開始さる。

○十七日　周中共外相韓国停戦を含む全極東問題解決策国連提案。

△二月一日　国連総会米の提案で中華人民政府を侵略者と非難決議。

○二十六日　五大国平和条約要求のベルリン・アピール発表。

△三月十日　米国家安全保障会議日本で軍需品の製造を決定。

○十四日　共産側京城から自発的に撤退。

△四月五日　マーチン米下院議員国府軍使用を主張したマ書簡発表

○十一日　連合軍最高司令官更迭。マ元帥罷免後任リッジウェイ。

△五月十八日　国連総会中共向け戦略物資禁輸米案決議

△六月二十三日　韓国停戦問題につきマリク提案。

○二十五日　ト大統領韓国動乱の平和的解決に応ずると声明。米株式市場暴落。

△七月十日　開城で休戦会談開く。

○二十六日　第十回会談にて五項目の議題決定。一、議題の採択。二、軍事境界線。三、休戦監視機関。四、捕虜交換。五、勧告。

△八月二十一日　板門店事件で休戦会談一時中止。総司令部中日貿易許可品目の輸出禁止。

△九月八日　対日講和条約調印。日米安全保障条約調印。

△十月五日　スターリンソ連首相ソ連の原爆実験説を確認声明。原子力の国際管理を要求。

○二十五日　会議場を板門店に移し休戦会談再開。議題討議のため小委員会設置。

△十一月七日　米英仏世界軍縮計画を国連総会に提案。

一九五二年

△一月十二日　ヴイシンスキーソ連外相国連政治委に「原子兵器禁止と原子力管理を同時に行うよう」提案

△二月一日　休戦会談第五議題につき「休戦協定成立後三カ月以内に高級政治会議を開く」ことに決定。但し捕虜交換問題停滞。

○十八日　巨済島で北韓捕虜暴動事件おこる。

○二十二日　北韓外相米軍は細菌使用と言明。

○二十七日　捕虜交換の休戦会談中止。

△四月二十八日　休戦本会談再開。

△五月七日　巨済島事件。ドット司令官監禁。

○十二日　米国務省コルソン声明につき言明。

○十五日　巨済島取決め無効とリ大将声明。

△六月二十三日　国連空軍水豊ダム爆撃

○二十四日　英下院で論議沸騰。

○二十六日　ネール首相水豊爆撃を非難。

△七月二十六日　休戦本会談中止。

△八月十七日　周恩来訪ソ。

△九月十五日　中ソ会談。旅順の駐兵延長など発表。

△十月二日　北京平和会議開かる。

△十一月五日　アイゼンハウアー米大統領に当選。

○十日　リー国連事務総長辞任。

○十七日　メノン国連インド代表韓国問題解決に働きかく。捕虜送還についてのインド提案。

△十二月二日　アイゼンハウアー訪韓。

○十七日　マ元帥と会談。

○三日　国連総会インド案可決。ソ同盟反対。中共政府日本人三万人送還発表。

○十四日　周中共外相インド案拒否。休戦会談再開を国連に要請。

○二十四日　ス首相米新政権首脳との会談韓国動乱終結の外交交渉米ソの平和的共存の可能性などについて見解表明。

一九五三年

△一月五日　李韓国大統領訪日。

○六日　吉田・李会談。

○二十日　アイゼンハウアー大統領ダレス国務長官就任。

△二月四日　周中共外相米政権に韓国休戦交渉再開要請。

○二十二日　ク国連軍司令官「双方の傷病捕虜交換」を共産側に提案。

△三月五日　スターリンソ連首相死去。

○六日　ソ連新閣僚発表首相マレンコフ。

○二十八日　北韓側傷病捕虜交換に応ずるとともに休戦会談再開を提案。

○三十日　周中共外相捕虜問題及び韓国問題の解決策に関する声明発表。

△四月二日　ア大統領ソ中の「平和に関する申入れはすべて額面通り受取る」と声明。

○十七日　ア大統領「韓国動乱即時停戦と統一韓国に於る自由選挙」を要望。国連側休戦本会談の全面的再開を申入れ。

△五月三日　傷病捕虜交換完了。

○二十五日　国連側五月十三日提案の修正案を提出この間韓国側の反対激化。

△六月六日　国連側部分的修正案提出

○八日　捕虜交換協定に調印。

○十八日　李大統領反共捕虜約二万五千を釈放。

文化

韓國の母（上）

金素雲

さきごろ私は、韓国の雑誌に「或る母」と題する一文を草した。その文中「近い将来かならず自分の手で、日本の何かの紙面にこの母を紹介する」と約束した。その約束を、このあわただしい旅の機会に果そうと思う。

紹介といつても別に事新しく目を見張るような人物ではない。戦さをしている国ならどこにもあるありふれた一人のお母さんである。

北韓の国境近い小さな街で平和に暮していた一家族—国土が南北に両断されてから南に移つて京城に住んでいた。

六・二五の動乱勃発と殆ど同時に二人の息子は戦死—残る家族（父母と弟妹たち）は軍港鎮海へ避難して今日に及んでいる。こういう例なら、いまの韓国に何万、何十万と数え上げることも出来よう。この一家だけが特別どうというわけではない。

最近私は馬山という土地へ移つたが、それまでの二カ年あまりを釜山に汽車で三時間の鎮海で暮した。暮したといつても、そこへは家族を置いているだけで、私はおおかた釜山にいたのであるが、その留守中に一人の婦人が訪ねて来られた。何かの雑誌で私の書いたものを読み、鎮海に家のあるのを知つたというわけである。

ゴツゴツした木綿の着物—ささくれ立つた手—、毎日山へ行つて薪木を採るのが仕事で、もと北鮮で永らく教壇生活をしたというが、そんな匂いはどこにもない、戦禍にやつれ果てた、なりふり構わぬただの「避難民」である。

—以上が留守のものから聞いた話であるが、それと一緒に見せられたのは、綴じ合わせたノートに鉛筆で書きつけた七十首ほどの歌稿である。それを私に見てもらえればとて置いて行つたという。

暗然たる心境で私は旅から帰つた—尤も、暗然でない日などは一日もないが—。灯りのない暗い夜汽車にもまれながら私の脳裏を去来したものは、自分の択んだ道—文学というものに対する拂いのけることの出来ない懐疑である。

自分の才能に絶望したなどというそんな生やさしいものではない。もつと根本的な疑惑—なぜ、何を目指して、誰のために、ものを書かねばならないか—二度とやり直しの利かぬ一生を自分はむざむざ棒にふつたのではないか。

文学を世すぎの手だて—一つの商品として規定している人たちにとつては、こんな疑惑など、およそ愚の骨頂に違いない。そういう「文学」というものに不幸にして私は縁がない。私は自分の生れた環境とその時代にいくばくかの任務を負う。自分の為し得る方法で、その負債を幾らかでもかえさねばならない。そこに「文学」へ繋がる私の「動機」と「生甲斐」があつた。それが足もとから揺ぎ出したのである。

雑誌は固定スペースを提供してくれる。新聞が原稿を催促する。書店の店頭には数えてみるとその月だけでも七八つ私の名を列ねた刊行物が出ている。そこで私は文学者というわけなのか。

東京で、北原白秋氏幹事というぜいたくな出版記念会を開いてもらつたのが二十四、五年も前である。文化の上での対島を以つて自ら任じ、二つの民族のいわれなき憎悪と侮蔑の悪循環の中に身を晒して三十年の年月をわれながらよくもやつて来た。「よくも」というのは「功を遂げた」という意味ではない。二つの民族のいづれからも永遠に感謝されることのない—百年河清を待つような阿呆な馬鹿骨を、よくも根気づよく折つて来たという自嘲である。

私は自分の姿を、風車に立向うドンキホーテに引較べてみて苦笑するのである。何と似通つていることか—ドンキホーテは大怪我をしていのちからがら吾家へ辿り着き万巻の書物を火に焚きくべる。私も二〇冊の著書と名のつくものでも火に投げて、このへんで退き下るのが分別ではないか—。

紹介者が自分の心境など書き列ねるのも馬鹿な話であるが、二度と筆を手にすまいという私のこのときの心持は、「或る母」の原文の中にもつと詳しく述べてある。—要するに、そうした救われぬ暗い想いで何週間ぶりかの吾家へ帰り着いたのである。

そこへ持出されたノートの歌稿—横になつて留守中のことなど聞きながら、明け方の薄明りの中で、読むともなく二三首を読み下した。—何か胸を突かれた思いで、私はその場に起き直つた。

心をし　祖国ことばもて　あらわせぬ
われを　ゆるせよ　過渡期に生れば。

生れてこの方、原稿紙にものを書いたこともなし、ただの一度も作歌などを活字にしたこともないという（これはあとで聞き知つたことであるが—）その人の、この日本語の確かさ。—教員という生活環境のせいであろう。祖国の文字では感情を書きあらわせない—その過度期に生れ育つた「変則」を最初に詫びているのである。

流れ来て　南の果てに　落葉かく
おきな　おうなに　なりはてしかも。

若き日を　生み育くみつ　老い来しを
女は哀し　子らみな征きぬ。

同族の　討ちつ　討たれつ　幾十度
はや　むつみてよ　はらからなるに。

吾が立ちし　この山脈に　連なりて
征ける　吾子らの　戦いおるらむ。

祈りつつ　木地に伏して　かたぶけば
軍靴の音ぞ　ひびく想いす。

いま　ははや　この生業に　慣れにしや
折り敷く　松葉の　美しくも見ゆ。

ここまで私は一気に読んだわけではない。二首読んでは下に置き、一首読んではまた下に置き、戦く感動を押し鎮めながら、怖々と初めの一ページを読み終えたのである。

日本の言葉で歌われたということに不満を感じる人があるかも知れない。しかし私にとつてはそんなことなど大して問題とはならない。三十六年の政治の痕跡が「倭色一掃」などという掛けごえで一朝に片づけられると思う方が間違いである。根こそぎその痕跡を拭い去るには三十六に三十六の自乗したほどの長い時間と努力が要る。その動かぬ生きた証拠が、ここにあると思えばいい。

そんな議論は、どうでもよい。歌としてのうまいまづいでもない。私が強く打たれ、激しく叱りつけられたのは、もつと別なことであるが、それは兎に角として、取敢えず、そのノートの一部をつづいてここに披瀝したい。

因みに、このお母さんは二人の息子（陸軍歩兵中尉文静虎—陸軍経理下士、文静朝）の戦死を一年過ぎの動乱の翌年六月三十日まで知らずにいた。父親だけは死者名簿で知つていたが、妻には秘していたということである。

何時の日ぞ　戦い了えて　汝らの
勇み　勇みて　帰り来つらむ。

あまりにも　日々に離るる　国なれば
若き生命の　散るぞ　哀しや。

明らけく　正しき祖国の　建つなれば
吾子　戦死けばとて　など歎くべき。

戦場に　満月を迎うる　七たびぞ
みめ　端麗わしき　吾子らなりしに。

子を憶い　眠れぬ夜半は　いとかなし
松吹く風に　胸のさわげば。

イスラエルの　すえなりとかや　わが民族は
神しろしめせ　苦難の秋を。

つつましき　夕餉の卓に　一もとの
白梅さして　見つ　なおさびしさや。

（はじめて戦死を知る）
去年のいま　咲ゆる若葉の　山峡に
吾子　戦いて　天翔りしか。

（六・二五、一周年）
ひと年を　あまたの母は　涙せる
呪われの日よ　またもめぐり来ぬ。

（詩人）
〃花郎〃から転載

母の願い

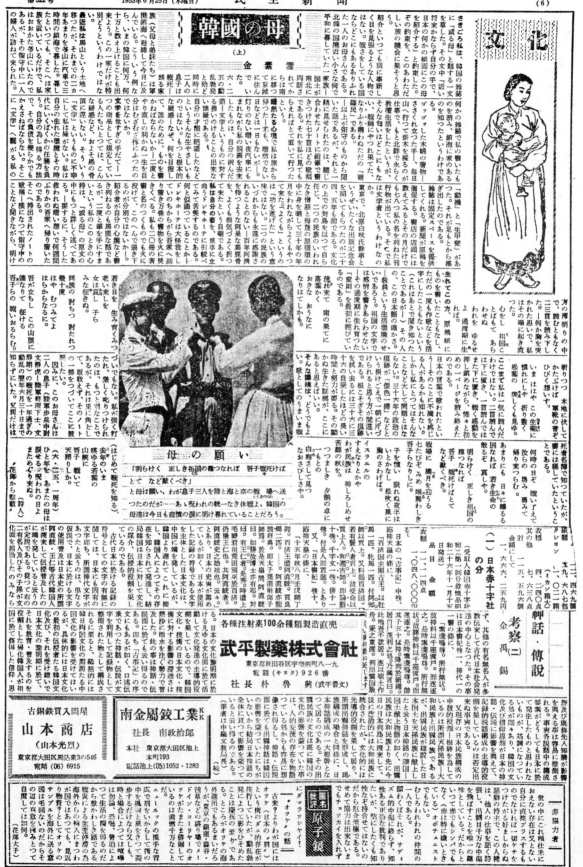

「明らけく　正しき祖国の建つなれば　吾子戦死けばとて　など歎くべき」と母は願い、わが息子三人を陸と海と空の戦場へ送つたのだが……あゝ呪われの統一なき休戦よ、韓国の母達は今日も悲憤の涙に明け暮れていることだろう。

一二、四六九個
紙類　[illegible]九、六八七包
クレヨン　一、〇二一箱（ミカン箱大）
衣類　四、二四〇点
其の他　七、六三八点
計　一一五、五九六個
金額にして　一、六六六、二五九円

（一）日本赤十字社の分

（受取人韓国赤十字社宛）（第一回分救恤品昭和二十六年十一月十五日発送）

品目		金額
衣類	一一、一一四点	一、〇四八、〇〇〇円

神話・傳說 考察（二）

金禹錫

る。

日本の「古事記」中巻、応神天皇の條に、「百済国主照古王。以牡馬一匹。牝馬一匹。付阿知吉師以貢上。又科賜百済国。若有賢人者貢上。故受命以貢上人。和邇吉師。即論語十巻。千字文一巻。併十一巻。付是人即貢進。」とあり

又、「日本書紀」巻十、応神天皇の條に、「十五年秋八月壬戌朔丁卯。百済王遣阿直岐。貢良馬二匹。……阿直岐亦能読経典。即太子菟道稚郎子師焉。於是天皇問阿直岐曰。如勝汝博士亦有耶。対曰。有王仁者。是秀。時遣上毛野君祖荒田別巫別於百済。仍徴王仁也。其阿直岐者。阿直岐史之始祖也。」云々。」とあり、日本の史実が認めているが如く、日本が使用した記録の符号である文字を主体とした日本文化は、中国に端を発しているが、韓国より遅れてこれに接し、韓国人によつてその存在を知らされて発達し、結局韓国は日本に対して文化の媒介、伝授的役割を果しているのである。

古代日本に於ける記録の符号としての文字の有無に関しては、日本にも固有の文字即ち、所謂神代文字があつたと云うのは、単なる仮説で、日本に於ける文字の使用普及は日本史の所謂阿直岐・王仁等古代韓国人が渡来して伝授普及したのに端を発していると云うのが定説である。従つて右の二有名人及びその子孫が文化面を担当したのみならず、其他の有名無名人が多数伝来して古代日本社会発達の中心となつた。その事は日本書紀巻一、神代一の一書の條に、

「素戔嗚尊。所行無状。故神科以千座置戸。而遂逐之。是時素戔嗚尊。所行無状。故諸神科以千座置戸。而遂逐之。是時素戔嗚尊。帥其子五十猛神。降到於新羅。居曾尸茂利之処。乃興言曰。此地吾不欲居。遂以埴土作舟。乗之東渡。到出雲国簸[illegible]

る。日本の文化黎明期に於ける凡ゆる文化面に於て活動して文化発達の主導的役割を果しているので、韓国文化・技術の日本文化・技術に対する影響の浸透さは熱沙に雨水を注ぐ勢力で普及した。此の事は神話・伝説面に於ても云い得るのである。即ち「古事記」の序文にもあるが如く、口述伝承であつた神話・伝説が文字を利用して記録物として整備された物として構成されるに至ると、総括的には韓日両国文化の淵源たる中国文化の影響を受けてはいるが、具体的には日本文化の最初の伝授者たる韓国文化及び、それを受け継いで日本文化の黎明期に於て、それを教育・普及するのを役割とした帰化韓国人が祖国に於て修得した信仰・思想及び既修先人知識が影響を与える事は容易に推測される。事実各説話中の構成要素がどうしても日本に於て発生したものと思われないものが、基調になつているものが間々あり、韓国の文化及び信仰思想が日本の神話・伝説に影響を与えて、記録的説話構成の主導的役割を果しているのは否定出来ぬ事実である。

又現存の日本民族構成の中核的役割—根幹を為しているのは所謂天孫民族—大和民族と出雲民族であるが、出雲民族が建設した日本国土を天孫民族に献上したと云う日本神話の譲国—国土献上物語の如く、出雲民族は大和民族より先に今日の日本列島に渡来して、後に政治的には大和民族に統合されたが、文化的には先導的役割を果して居り、民族構成の場合と同様に、所謂出雲神話を形成し、日本神話構成の一大根幹となつて居るのである。その出雲民族の文化は既に韓国の文化の影響を蒙つていた事は、人的交流の存在を物語つている処からも容易に想像され得るし、神話・伝説面に於ても出雲神話は韓国の影響を蒙つていたにちがいないから結局日本神話の全体に亘つて影響を蒙つていると云い得るのである。

（筆者は中総文教局長）（続）

各種注射薬100余種類製造直売
武平製薬株式會社
東京都世田谷区宇奈根町八一九
電話（キヌタ）926番
社長　朴魯興（武平魯文）

古銅鉄買入問屋
山本商店
（山本光烈）
東京都大田区馬込東3の546
電話（06）6915

南金属鋲工業KK
社長　南政治郎
本社　東京都大田区池上本町193
電話池上(05)1052・1283

匿名批評　原子鏡

非協力者

世の中にこれ程仕末におえない存在は又とない。自分に直接プラスするものでなければ一切ケチをつけたがる好ましからぬ悪癖の持主で、この人種は、他人の仕事を悪く誇張し、出鱈目千万な中傷を飛ばすことを唯一の趣味としている。だからといつて赤でもシンパでもなく（赤は特に嫌いときている）オポチュニストでもない。

むしろわれわれの仲間の一人である。

願わくばそれが、サディズム的中傷に終らず、知性ある正当な批判でありたいが、薬にしたくも知性なぞ持合せてはないのだから厄介至極である。せめて協力は出来ないまでもチョッカイを入れずにダマラッシャイ！

〃オッケ〃の話

古来？よりわが国にはオッケ（日本の〃肩〃）という街のダニ的存在が横行していたが、動乱勃発によつて影をひそめたことは慶祝の至りである。ところがオッケの海外進出でもあるまいだろうが、東京の銀座・澁谷・浅草などの盛り場でメードイン・コーリヤーのオッケがたまたま俳徊しているのは遺憾千万なことだ。

ニュールックの派手な背広で肩をいからして街の中を颯爽と風をきつて濶歩するだけなら又しも、時と場合によつては喧嘩は勿論、恐喝、脅迫によつて生活の糧を得るのだから歎かわしき話である。戦災による生産停滞の為海外からの輸入にまつわが国ではあつても、見返り物資？としてオッケのサンプルを海外に送る意図は毛頭ないのだからその辺の真意を汲みとつて自粛しては如何。（花郎太子）

戦時綱領
1. 我等は大韓民国の勝利の為に忠誠を盡す
2. 我等は民族自衛の為に一致団結す
3. 我等は日本の治安と秩序維持に協助する

民主新聞
THE MINSHU SHINBUN

大韓民国居留民団中央総本部 機関紙
発行所 東京都新宿区若松町21
電話 九段 (33) 2771・~1169
民主新聞社
発行人 金載華

1953年7月10日
第323号
定価 1部10円
1箇月送料共 50円

六・二五動乱 三週年式典開く

北進統一・赤軍撲滅等を決議

共産傀儡政権の不法南侵による六・二五動乱は、早くも三週年を迎えた。この秋、わが韓国は民族をあげて統一なき休戦に反対し、北進統一を絶叫しているのに反し、国連による韓国の意思を無視した一方的な屈辱的休戦案を押しつけられている。

過去三年間においてわが民族が流した血と、世界戦史上類例のない甚大な尊い犠牲と被害に対し、その血の代価が統一なき不合理的な休戦だとは到底わが民族の容認することの出来ないものである。

韓国動乱のもつ意味は、もはや今日において韓国のみの局部的問題でなく、対決せねばならない二つの世界の焦点であつて見れば、この一時的休戦によつて再び訪れるであろう新らしき恐怖を拂い除ける為にも国連は責任ある態度を最後迄とるべきであり、かくてわが韓国は最後迄北進統一の実現のために闘う意思を世界に闡明するものである。このようにして本国の全国至るところで繰りひろげられている挙族的北進統一民衆大会と歩調を合せわれら在留韓国人は、去る六月二十五日、東京日比谷公会堂を始め、大阪、神戸、北海道等日本全国において民族総蹶起大会が繰りひろげられ、民族の意気を、祖国統一の悲願を絶叫し続けたのである。

六・二五記念民族蹶起民衆大会（関東大会）の会場にあてられた東京日比谷公会堂には、関東各地方から群集した僑胞の数、約四千名、会場前の広場には、これら僑胞群集を運んで来たバス・自動車で埋められた。続々とつめかける僑胞は正午迄には既に会場に立錐の余地もない程の盛況を極め正午、民族蹶起民衆大会は幕を切つて落された。

英霊よ安かれ……戰歿將兵追悼式

第一部、大韓国軍、国連軍戦歿将兵追悼式は、舞台の上に、質素にして荘厳な祭壇が設けられ、先ず金光男議長の追悼式詞があり、僧侶達の奏楽と読経の中に追悼式は荘厳な雰囲気を会場に漂よわせつつ進められた。

シーンと静まりかえつた会場には、せきの音一つきこえず、長い間の読経が読み終り次いで追悼の辞に入つた。

最初に韓国駐日代表部公使を代理して、代表部僑民部長高氏が別項の如き金公使の追悼の辞を読み、大韓青年団副団長洪賢基氏は「共産傀儡軍と英雄的闘争をなし斃れた幾多の英霊の忠魂を受けつぎ、安易姑息的な国連の休戦問題をけちらし、最後の一瞬迄、北進統一の成就の為に闘うことを誓い、白頭山霊峰高く太極旗をなびかしてわが大韓と世界に完全な平和をもたらす」との力強く、戦歿将兵の冥福を祈る追悼の辞があり、韓僑在郷軍人会々長金学鳳氏は要旨左の如き追悼の辞を戦歿英霊の前に捧げた。

「祖国の為に身をかえり見ず闘かつた愛国精神こそ、わが国土を兇悪な強盗より守護したのであり、われわれの闘いを後退より前進させ、勝利へ導いた原動力であつた戦歿将兵につつしんで哀悼の意を表する。

勝利のみしらぬ闘争精神こそ三千万同胞の胸中に星の如く輝き渡る永遠不滅のものであり、何時何処にあつても、共産軍に対する憎悪と復讐の焔を燃えあがらすものである。」

続いて大韓婦人会副会長蔡利植女史の共産陣営の世界赤化の野望と、統一なき休戦がもたらす不幸、遺家族達の憤りと悲しみを訴える悲憤に満ちた追悼の辞が一しお会場のふんいきをいやが上にも滅共精神をあおるごとき朗々たる調子で読み上げられた。

最後に、韓国学生同盟を代表して趙鏞寿君（明大）が登壇、国土統一の為に尊い犠牲を払つたその代価としてわれわれは、戦歿将兵の冥福を祈ると共に、その意志を受けつぎ、必ずや完全統一を勝ちとらねばならぬとの民族悲願を学徒の立場より切々と訴える追悼の辞を読み上げた。

かくて各界代表の追悼の辞が一通り終り、焼香が、僧侶達の読経の中に、関東地区各代表によつて行なわれ、戦歿英霊の追悼式は終つた。

民族蹶起民衆大會

第一部の追悼式が終り、約十分間休憩後、第二部民衆大会がひらかれた。民衆大会は、金載華中総団長金光男中総議長、丁賛鎭東京本部団長の三氏が大会々長として着席、金載華会長の左の如き開会の辞が述べられた。

要旨

「休戦境界線の設定は民族全滅の陰謀である。われわれは断乎としてこれを粉砕せねばならない。

共産軍は休戦会談をカムフラージュとして軍備を蓄積し、新らしき六・二五動乱を計画しているのである。真実の休戦はわれわれにのみあるのだ。鴨緑江までの進撃によつてのみそれは完全に達成されるものである。

もしも、印度軍が休戦問題の為に上陸すれば、われらは自主国家の権利によりこれを撃退せねばなるまい。これは三千万民衆の意志によつてである。

一言、ア大統領に警告することは、中国の如き前轍を二度とふまないでもらいたいのである。

第三次大戦を防止する意味において英国の態度は、自己滅亡の前兆といえる。

もしも韓国の意志を無視するならば国連軍の解散も決して恐れるものではない。あくまでわれわれは統一なき休戦に反対、北進統一を主張するものである。」

右の如き、熱烈火を吐く祖国完全統一を訴える金会長の開会の辞につづき、来賓祝辞があつて、中総民生次長姜徳才氏より駐日スイス大使からのメッセージが読みあげらた。講演に入つては中総事務総長のソ連の無血侵略と休戦会談の内幕を暴露した別項の如き詳細にして有意義な講演が聴衆の感銘を呼んだ。

講演が終るや、聴衆の一人から即時デモを敢行せよとの緊急動議があつたが、会長席より、大会終了後、これを行なうことを約束し、駐日中国大使館よりのメッセージが代読され、金溶植駐日公使の記念辞が左の如き要旨で述べられた。

金公使記念辭（要旨）

…六・二五記念日がこのような日になるとは夢にも思わなかつた（休戦会談を意味）無数にのぼる犠牲と被害には結局、国土防衛精神の顕現であり、五千年の歴史に輝やく韓民族の愛国精神として誇るべきものである。

この三年間の動乱を通じてわが祖国は、世界有数の国軍を養成したのであり、全く類例のない飛躍的進歩を遂げたものである。

わが国軍は常に戦場にあつて不屈な精神をもつて敢闘しているのであり、これに対し、在留僑胞は政府の方針に添つて協力することを要望するものである。

愛国的同胞愛をもつて団結し、そこで踏躇を突破すべきである。

これが国難に当る韓民族の唯一の道であることを忘れてはならない。」

この金公使の記念辞につづき、動乱記念日前日の六月二十四日、本国より帰任したばかりの裴東湖中総副団長登壇し、休戦に対する本国々民の反対運動を次の如く報告した。

裴副團長本国情勢報告要旨

「毎日の如く統一なき休戦反対のデモを行ない北進統一を叫び続けており全く涙なしには見られない風景であつた。京城にも立寄つたが京城の被害は想像に絶するものがあり、それこそ青年学徒は勿論、老幼男女を問わず休戦反対デモが毎日随所にて繰りひろげられ、祖国統一の悲願が達成せねば死を与えよと叫び、休戦反対の意気は天をつく勢で南韓全体にひろまりつつある。」

裴副団長の本国情勢報告にいよいよ大会の気運は最高頂に達し、休戦反対に関する大会決議文として国連軍司令官クラーク大将、米英駐日大使に送る決議文を蔡利植女史が朗読（別項掲載）李大統領へ送るメッセージ（別項掲載）を金光男会長が朗読、日本国会へ送る決議文を中総顧問高順欽氏が朗読、万雷の拍手をもつて全決議文を通過、大会の名をもつてそれぞれ伝達されることになつた。

なお金光男会長の李大統領へ送るメッセージの朗読のあつた後、朴準氏の緊急動議あり、われわれは安閑としては居られない。大会のみでなく、即刻われわれ在留僑胞の統一なき休戦に反対する意志を全世界に表明するために大々的デモを敢行すべきことを再び提案、全会衆の熱狂的賛成をもつて迎えられた。

なお日本国会への決議文は（韓日会談早期締結促進に関するもの）

一、永住権の獲得
一、既得権の確保
一、国籍回復

等を掲げている。

このようにして六・二五動乱記念民衆大会は、休戦反対の旗幟を立てて、従来にない緊迫せる国際情勢の雰囲気を反映、わが在留僑胞の強固な統一への悲願を内外に示し、有意義にして盛大裡に終え全会衆散会し、即刻示威行進に移つた。

主張　國連は韓國を十字架にかけるな

李承晩大統領は、韓国の意思を無視して予定通り休戦協定を締結すると言明した米英両国並びに派兵諸国に対し『現在国連は最初の目的を達成させないで我々が受諾することの出来ない條件で侵略者と妥協した』と言明して、統一のない休戦協定反対を巡る謀略的非難に対する韓国政府の態度と立場を明らかにした。

米国のみでなく、現在韓国戦線に参加している諸国は侵略者を敵と見做した共同の立場を確認した上での出兵にも拘らず、自国のみの利益の為に敵と妥協して韓国に屈服を強要するが如き休戦協定を締結することは明らかに裏切り行為であると言わねばならない。

就中、英国の如きは戦争不拡大の美名の下に戦争遂行を妨害しつゝ米国の対韓政策を圧迫して来たばかりでなく、現在は侵略者である中共を国連に加入させる決議を英連邦首相会議に於てなしたと云うに到つては英国の休戦協定締結に対する態度が如何に自国の利益のみを追求しているかを知るに余りあるものがある。

韓国に屈服を強要しつゝ威嚇的圧迫を加える行為は明かに敵と妥協して韓国を孤立化し死滅（李承晩政権打倒による）させようとする謀略であると断定せざるを得ない。

李承晩大統領は朝鮮信託統治案反対以来、共産陣営に対して徹頭徹尾反対闘争を続けて来た事実は、周知の通りであるが、今彼等諸国は彼等の利益の為の犠牲にならないからとして李承晩大統領を十字架にかけようとしている。彼等は如何なる権限を以て、如何なる根拠で斯る暴挙を敢えて為さんとするのだろうか？

正義の名に於て、世界平和確立の名に於て、民主国家防衛の名のもとに為すとでもいう積りだろうか。

韓国は、総ての韓民族は現在の如く、南北分裂の儘では生きて行かれない事実を特に此度の動乱を通じて骨身に沁みる程味わされた以上、統一を無視する休戦協定に決死反対するのに何の不思議があるというのだろうか。

民団中央総本部に於ても韓国の意思を無視して締結する休戦協定は韓国を公然と二分する行為であり韓国に対する侵略行為であるとして絶対反対する声明書を本紙三二〇号三二二号を通じて発表したが該声明書の指摘する如く、斯る行為は明かに侵略行為であると言わねばならない。

今から二千年前ユダヤ国に於て、侵略者とその手先共の権力者達がイエスキリストを十字架にかける謀議を重ねた事実が聖書に書かれているが、現在の休戦協定を巡る謀議こそ韓国や李承晩大統領を十字架にかけんとする謀議に他ならないとしか考えられないのである。

韓国を犠牲にして英国が中共に於ける利権を取り戻したところで、それが英国に如何程の利益をもたらすだろうか。韓民族の切実な悲願を理解出来ない諸外国の立場と利害問題を如何に善意を以て解釈して見たところで、それは韓国の李承晩大統領を十字架にかける罪過とは比較にもならない問題であることは何人も疑わない処である。これは決して韓国や李承晩大統領のみの悲劇ではなく、これは全人類の悲劇であると断ずるものである。

韓国を十字架にかけることは従来に於ける凡ゆる侵略行為の罪悪ばかりでなく、第二次大戦を通じて人類が取得した新しき道徳——原子科学が発達した社会に生きて行くための不可欠な條件としての道義感——としての集団防衛、未開発国家援助等の理想で結成された国連の崇高な理想を踏みつぶす罪悪でもあるのである。

韓国侵略に対する国連の決議と行動は取りも直さず此の新しき道義精神の発動であり、互歩の踏み出しであつたが、国連は自らの墓穴を掘り今や韓国と共に心中する結果を敢えて招かんとしている。この結果が全人類の悲劇としてどれ程高貴な犠牲を招来することであろうか。我々は繰返して叫ぶ！

韓国を十字架にかけるなかれ！と。

（☆）

匿名批評　原子鏡

▲日本における三十八度線、在留韓国人学生もこの厳しい現実の二つの世界に別れている。

一部破壊的左翼学生は論外として、真理を探究し学問の蘊奥を究める真面目な学生達の中に、青年運動等と称して、政治的活動をなすことを非常に好む習性の学生達がいる訳のわからぬ政治論を口角泡を飛ばして弁じ立て相互間に派閥を造り、まるで国会議員選挙に勝るとも劣らぬ運動を展開に及ぶ。

青年運動自体を決して反対はしないが、唯それが青年の純粋な祖国愛、民族愛より出発すべきものであり、ヒロイズムティックな或はケチな名誉心を満足させる為のものであつてはならぬし、しかも小さな学同の中にあつては、派閥なぞ全くナンセンスである。

太鼓叩いて騒ぐ学生より静かな目立たぬ学生の中にこそ、学問と真剣に取組んでいる学生の方が多い事実と、このような学生を祖国は待つているということを学生は須らく忘れないことが肝心。

★今は赤い国の舞姫、崔承喜を始め昔から日本では韓国人芸術家があらゆる分野で活躍している。ところが日本にいる僑胞達は、これら有名人の話を同胞という意味で誇り自慢しているが、これからの新人、中堅に殆んど無関心なのはそれこそ同胞という意味で甚だ淋しいことだ。

一朝一夕にして英雄は生れずと同じく、偉大なる芸術家又然りである。

あらゆる悪條件にもめげず日本で音楽、演劇、映画、絵画等の研究精進に余念のない若い人々を物心両面より援助育成することと同様、優秀な科学者を育成することは、祖国文化建設に絶対に必要欠くべからざることの一つ。

（ジュニア花郎）

北進統一の大デモ行進

〝分断休戦〟断じて葬れ！

関係各國に決議文送る

大韓民国に呼応して！祖国の同胞と共に！分断休戦反対、北進統一の民族を挙げての闘争に我も君も参加せんものと日比公会堂に参集した関東一円四千余名の団員！

韓国が何故に休戦を反対するのか？この真情を最もよく知つているのは祖国と運命を共にする我々なのだ。一人一人の悲壮な決意と燃ゆるが如き闘魂は今や天に冲するものがあつた。戦殁者の慰霊祭をいとも厳粛裡に終つて、興奮と熱情に満ちた民衆大会が始る。息詰まるような緊張とはち切れさうな意気は、場内の空気をば完全に本国と結合させて余りがあつた。突然！仁王の如く壇上に上つた一青年『我々は今日場内においてのみ北進統一への闘魂を終らせるべきでない！外に出でよ！そして隊伍を組み天下に我等が意気を叫べ！』と絶叫するや場内は共鳴の拍手にわれんばかりの勢い、十二時半頃から約二時間半に互つた記念式典を終へ、全員は分断休戦反対、北進統一に進め！のデモ行進に移る。

日比公会堂の広場も狭しとばかりぎつしりとつめられた四十余台の大型バス——各バスの前後には国旗を鮮かになびかせ、左右には各々分断休戦を決死反対せよ！共匪傀儡軍を撲滅して祖国統一を戦い取れ！韓米相互防衛契約締結はアジアの平和！反共捕虜釈放万才！大韓民国万才！等々の『祖国統一』『滅共闘争』一色ばりのスローガンを墨痕あざやかに書きめぐらし——三千余名の団員が分乗して『北進統一に総蹶起せよ！』と呼びかけるスピーカーの音頭も勇しく、五十余台が長蛇の列を作つて先づ日本の議事堂に押しかけ「「日本は韓日会談に誠意ある態度を示し、両国の友好促進に努めよ」との日本国会宛メッセージを手交し、続いて米国大使館へとデモ行進を進め『米国は韓国を分断のまゝに放置する不名誉なる休戦案を撤回し韓国の休戦條件を容れると共に速かに韓米相互防衛條約を締結せよ』とのアイゼンハウアー米大統領宛の声明書を手交した。

引続いて此の度強力に韓国を無視してまでも休戦を成立させようと狂奔している英国の駐日大使館にデモの足を進めチャーチル・ネールの利敵政策を葬れ！英連邦首相会議の不当なる決議を撤回せよ！との絶叫も高らかに英国首相宛のメッセージを渡し、国連軍総司令部へとデモは続いた。人垣をなせる沿道の中を北進！統一！を絶叫、敬愛する同胞よ！侵略軍撃滅に総蹶起せよ！とどなるスピーカー続いて天をもとゞろかす愛国歌の合唱、全員滅敵の気慨に火達磨となつて国連軍総司令部につめよせた金載華団長以下四、五名の代表がクラーク司令官宛のメッセージを手交在日六十万同胞は飽く迄韓国の休戦反対運動と歩調を合せて徹底的に闘争するとの悲痛なる決意の程を示して東京の繁華街—新宿街道を威風堂々たるデモ行進を行い、民団中央総本部に到着したのが午後七時半頃、広場に全員集合した所を、金載華団長から激励と感謝の挨拶があり、愛国歌斉唱、大韓民国、李承晩大統領万才三唱も力強く北進統一への決死闘争を誓つて散会した。

「休戰案の撤回等　八項目の決議」

決議文

——我等の主張——

主権国家である大韓国民が承認出来ない所の国連始め其の他の諸国の休戦決議は如何なる効力といえども発揮出来ない事を指摘するものである。

我々は現在提示されている休戦案が、大韓民国に平和と統一をもたらすものでない事を主張すると同時に、世界に平和を招来するものでない事を指摘するものである。

我国は我等の友邦である米国が共産陣営の平和攻勢的陰謀にあざむかれて、大韓民国問題に関して世紀的な誤算をする事を強力に主張して止まないものである。

我々は国連が弱少民族の立場と倘国家の権益保障の為にその闘争と努力を措しむ事無きよう主張するものである。

——我等の決議——

米国は我等の主張である主権を蔑視して、屈辱的な休戦調印を強要しているのである。

米国は個人の人権を無視して、反共に身命を堵して闘争している反共愛国青年の自由を踏みにじり、共産主義者等の毒牙にかけようとしている。

米国も今度の反共愛国青年捕虜釈放問題においても、世界自由諸国家の輿論と圧力におされて、国連の名のもと中共とソ連の関心をかわんと努め、これがとりもなおさず大韓民国の主権を無視し、自由を抑圧して迄も実行しようとしているのである。

米国を始め韓国戦線に反共兵士を送つた諸国家は、その本来の使命である滅共戦線から離脱しているのみならず、赤色分子に何等かの満足を与えんとするかの如き、手段方法を作り出さんとしているのである。

米国はソ連と中共が、大韓民国の侵略者である事実を忘れ、英国は自国の利益のみを追つて、中共を国連に加入させるべく勧誘し、之に応ぜざる国家には或る種の圧力をも辞せずとの言を弄し、印度は共産軍の走狗の如く、愛国反共捕虜青年をば、武力と強圧によつて九十日間の期間附で共産軍に任し、赤軍に再編入させるべく助力をなし、あまつさえ共産陣営に忠誠をつくすと云つた表示として韓国に上陸を敢行しようとしているのである。

斯かる複雑多難なる情勢下如上のやうな諸事実をば、歪曲的に解釈する過失がないよう細心の注意をする事を望むと共に、各該当国家に対して抗議をするものである。

かゝる友邦諸国家の微妙なる動向に対して一切屈服する事なく、敢然と行動している韓国政府と猛烈に統一を絶叫している民族の熱情を賀し海外に居留する弱少民族の気慨を発揚しつつ祖国の状態を深慮して玆に我々の態度を明示し次の如く決議するものである

決議事項

一、国連は統一なき休戦案を即時撤回せよ

一、韓国の自主権を侵害する決議は絶対反対する

一、共産傀儡軍を即時武装解除して戦犯は処断せよ

一、韓米相互安全保障條約を即時締結せよ

一、韓民族は民族自決の為に結束せよ

一、日本政府は韓日会談成立の為に誠意を示せ

一、我々は滅共統一に総蹶起する

分割協定人類悲劇

鄭事務總長講演（要旨）

ソ連の新平和攻勢は、ソ連帝国主義が持ち出した最後的侵略政策であり、此の度締結される休戦協定はソ連新平和攻勢に屈服したものである。

ソ連は第二次世界大戦終了後、混沌たる欧洲社会に於いて、共産主義は平和主義等の魅力ある宣伝で無血侵略を完了したが、極東に於ける韓国動乱も、やはり無血侵略の政策として始めたものであり、当時米国の無責任なる対韓政策の隙をねらい、三週間以内に完全に侵略出来るものと思つた。然し米国並び国連民主諸国家の確固たる懲罰行動によつて、無血侵略政策は完全に失敗し、平和攻勢に依つて挽回するものと思つていたのである。然し平和攻勢の名に依る軍縮提案・世界経済会議・休戦会談等は、ソ連独裁政権内部の行詰りを暴露し、止む無く対内的粛清を断行し一般政策に対しては——日本に於ける火焔ビン作戦等の醜態を演じ大衆一般勤労階級は、完全に離脱して、平和攻勢は失敗して了つた。

たまたま米国のアイゼンハウアー新極東政策としての『アジアの事はアジア人』にと云う政策が、スターリン無き後の、マレンコフ政策をしていわゆる新平和攻勢を打ち出し、侵略政策の最後の手を使つた。

新平和攻勢は、平和攻勢とちがつて誠意を示し、抑留兵を帰国せしめたり、民間抑留人をかえしたり、戦傷病兵を交換する等の積極的な態度を示し休戦に明るい希望をもたらせた。然し斯かる新平和攻勢なるものがはたして真実なる平和——ソ連侵略政策の中断を意味するか、米国新政策による米軍を極東からひき上げしめ、新たな侵略をたくらむのか、その正体をつかむのは甚だむづかしいと言わねばならない。

然し現に、英国は中共を国連に加入させる決議を連邦首相会議に於いて決定し、韓国政府の提案を全く無視して、休戦協定を締結しようとする米国並びに派兵諸国の意図は、敵と妥協し、侵略された当の韓国をして屈服を強要する行動としか

※（三面九段へ続く（

★★北進統一に血湧き肉躍る在日同胞！日比谷公会堂に参集して動乱三周年民族蹶起大会を開催

★★三時間余の盛大なる大会を総え四千余名の全員が正に分断休戦反対デモに参加せんと会場を出る所

★★ア米大統領宛の声明書を米大使館に伝達、大使館の前で北進！統一！を絶叫して気焔を吐く群衆

★★チャーチル、ネールの言動に韓国民は極度に憤慨、英大使館前で痛烈に英連邦決議を抗議するデモ状景

★★国連軍総司令部にクラーク司令官宛の決議文伝達、左側はデモに繰出された五十余台の大型バス

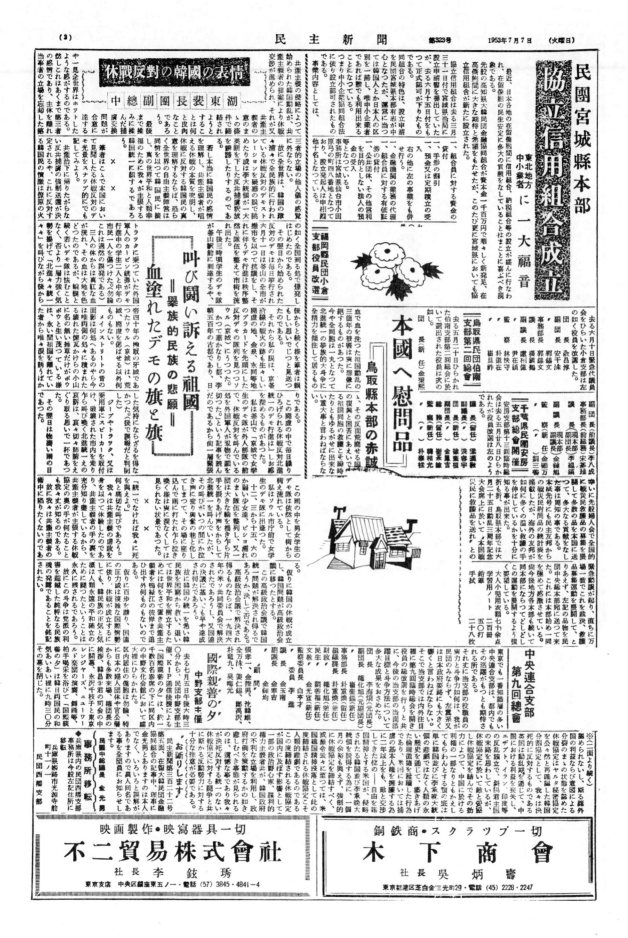

民團宮城縣本部 協立信用組合成立

東北地方中小業者に一大福音

最近、日本各地の在留僑胞間に信用組合、納税組合等の設立が盛んに行なわれ、在留僑胞の民生安定に多大の貢献をなしていることはまことに喜ぶべき現象である。

先般の高知県大韓民団金融協同組合が資本金一千百万円で華々しく新発足、在高僑胞間に大きな期待と希望をもたせたが、このたび更に宮城県においても協立信用組合が新たに設立された。

協立信用組合は去る三月三十一日付で宮城県当局に設立申請書を提出していたが、去る六月十五日付をもつて正式認可が下りたものである。

同組合の特色は、設立申請を民団宮城県本部有志が中心となつたが、運営に当つては韓国人とか日本人の区別を一掃し、唯中小企業者であれば誰でも利用出来ることになつている。

つまり中小企業協同組合法に依り設立認可されたものである。

事業内容としては、

一、組合員に対する資金の貸付
一、手形の割引
一、預金又は定期積立の受入

右の他に左の事業をも併せ行う。

一、金融機関の業務の代理
一、組合員に対する有価証券の貸付
一、公共団体、その他営利を目的としない法人の預金の受入

等となつている。

事務所は宮城県仙台市小田原弓の町四八番地となつており、設立発起人は申相烈他十名となつている。

福岡縣民団小倉支部役員改選

去る六月十日緊急代議員会をひらいた小倉支部は左の如く役員を改選した。

団長　兪昌淳
副団長　安千洙
〃　郭錫文
事務部長　郭錫文
議長　裵鎮鶴
副議長　盧相億
〃　尹在碩
監察　林快守
〃　朴道在
〃　崔且祚

鳥取県民団伯南支部第二回総會

去る五月二十日ひらかれた伯南支部第二回総会に於いて選出された役員は次の如し。

団長（新任）金秉熙
副団長（前議長）李八成
事務部長（前総務）宋基操
議長（現本部副団長）李觀鎬
副議長（現本部副議長）金鍾旭
監察（新任）金炳万
〃（〃）劉三善

千葉県民團安房支部総會開催

安房支部第十三回臨時総会は去る五月廿八日ひらかれたが役員改選は左のようである。

議長（留任）梁漢數
副議長（〃）洪容宇
団長（新任）徐奎桓
副団長（〃）金鳳吉
総務（留任）崔承鎬
監察（新任）韓相允
〃（〃）朴奉桂

鳥取縣本部の赤誠「本國へ慰問品」

血で血を洗つた祖国動乱の三個年の被害は実に想像に絶するものがあつた。今や全同胞は一丸となつて北進統一の挙族的大斗争に全精力を傾注して居るものゝ、その反面荒廃せる国の復興と困苦にあえいでいる祖国同胞の救護こそ瞬時たりともゆるがせに出来ない重大事と言わねばならない。

幸いに先般婦人会で全国的に戦災民救護品の募集を展開して多数の品を本国に送つて、多大なる貢献をなした事は周知の事である。本紙先号にも民主友邦からの戦災民慰問品の統計表を掲載したが、海外の友邦が如何に多くの温い救護の手を伸ばしているかを十分に知る事が出来た。

折も折、鳥取県本部では六月二十五日動乱三周年記念大会席上に於いて〝本国戦災民に救護品を送れ〟との緊急動議が起り、直ちに万場一致でこれを裁決、救護品募集運動を展開して、とりあえず、左記の品物を民団中央総本部宛に送つて来た。これには本部始め一同を極めて感激させている。尚今後地方各本部も続いて同本部にならつてどしどしこの運動を展開するよう強く要望している。

大人小児用衣類　七十余点
学習用ノート　二百冊
鉛筆　五〇打
手拭　二十八枚

中央連合支部第九回總會

東京でも一番知識層の多い中央連合支部は、都内でもその活躍がもつとも期待される所である。

それ丈に当支部の役職員の実力と斗争力如何は、我が民団のみならず、左翼系又は日本政府要路にも大きく響くと言わねばならない。

そこで当支部では内外注目裡に第九回臨時総会を開き役員の総改選を行うと共に、今後の当支部の当面活躍目標と斗争方法について多大な成果をおさめた。

団長　李海炯（元団長）
副団長　権化旭（元副団長）
〃　崔奎錫（新任）
事務部長　朴重煥（留任）
組織課長　朴重煥（兼任）
財政〃　権化旭（兼任）
民生〃　劉善福（新任）
文教〃　金光宣（新任）
監察委員長　白亨才
〃委員　李進
議長　金玉南
副議長　金奉吉
〃　金鍾均
〝顧問〟　張孝一、金陸男、沈韓雄、全万洙、姜仁錫、鄭禹沢、朴竜九、呉晦元

〝國際親善の夕〟中野支部主催

去る七月五日午後六時三〇分から、民団中野支部主催、KIP通信後援による「国際親善の夕」は、約一千数百名参席の下に同区内の中野文化会館において盛大裡にひらかれた。

区内居住の僑胞は勿論、特に日本の婦人団体や官公署からも多数来場、権団長の挨拶、韓昌圭君の司会の中に開幕、永沢千枝子と東京レンジャーズ、ニューワールド楽団の演奏、舞踊等、拍手喝采を浴びて「国際親善の夕」は韓日両国民の和気あいあい裡に九時三〇分その幕を閉じた。

※（二面より続く）

認められないし、斯る諸外国の利益ならびに意図による分裂のまゝの状態を認めた休戦協定はヤルタ秘密協定を公々然と再確認した韓国分割協定として、我々は決死的に反対するものである。英国は動乱期を通じて、中国における利益を喪失し、エヂプト、イラン、印度等の反乱独立で、斜陽君主国の末路を思わしているが、休戦協定に於いて敵と妥協し休戦協定を結んでその効力によつて、中国に於ける利権の一部なりともかえしてもらわんとする腹の底は単に韓国並びに李承晩大統領の悲劇ではなく人類の永い歴史を通じて、築きあげた倫理道徳を蹂躙した行為であり、米国においては捕虜の基本人権を擁護する為に二年以上をも、敵と交渉してきた位の――自由を建国精神とする米国が、侵略された韓国並び李承晩大統領を説得する為に、一個月の余裕も与えず、強制的に休戦協定を締結すべく、戒厳令云々に至つては、米国建国精神没落として此の度締結される休戦協定こそ人類的悲劇であるのである。この度締結される休戦協定が国内に及ぼす影響として一部の政治野心家、謀利的権力主義者共が、韓国政府の不利な立場を利用し、政府打倒を策動するかの如き悲しむべき事態が見られるのは、遺憾な事であり我々が決死反対する統一のない休戦協定に対する闘争と共に斯かる反動勢力に対する十分な注意が必要である。

休戦反対の韓國の表情

中總副團長 裵東湖

共産主義の侵略によつて始められた韓国動乱が、共産主義者の提案により休戦交渉が進められ、それが又共産主義者の意のまゝの条件で締結されようとすることは何と皮肉なことであろう。

最後まで採みに採んだ捕虜交換問題が合意に達するや一見全世界はホットしたような感がするのである。然しこれはあくまで第三者の感情であり、主体を離れ当事者の立場を忘却した第三者的立場の他人儀の感覚に外ならない。

故に全世界は、韓国の津々浦々で全民族的に行われている休戦反対のデモストレーションを疑惑の眼で眺めたり或は李大統領が一大英断を下した反共捕虜釈放を誹謗したりするのである。

若し本当に韓国民の感情を理解し、共産主義者が唱える休戦の本質を究明し、休戦に反対する韓国民の真意を理解するならば、恐らく全世界の自由主義陣営は同情を以つて韓国民に接し、真の世界平和と人類幸福のために我々が主張する韓国統一に組するであろう。

×　×

筆者はこゝで本国において見聞したる休戦反対のデモ光景をスナップ的にでも記してみよう。

共産治下に帰りたがらない反共捕虜の強制送還が決定されるや、これに反対する韓国民の憤激は燎原の火の如く全国到る処で爆発しはじめたのである。

その翌日から始められた反対のデモは毎日挙行され六月十一日は釜山の全市が撤市を以つて抗議をし、それに伴うデモ行進は秩序整然と隊伍を整えて市街を流れ出た。

午後三時頃学生のデモ隊が釜山駅前に到達するや、

叫び闘い訴える祖國 ‖擧族的民族の悲願‖ 血塗れたデモの旗と旗

トラックに乗つていた外国軍人のカービン銃弾がデモ行進中の学生二人と中年の市民一人を傷つけた。（勿論これは偶然の誤発である）

三人の体からは真紅な血が流れ、その血は大地を色どつたのであるが、蜿蜒と続く若いデモ隊は怯むことなく、否より一層力強く気勢を揚げて「北進々々統一々々」を叫びながら後から後からと続く様を筆者は頗もしい思いでじつと見送つたのである。

それから私の眼は、京釜沿線の戦火の跡も生々しい廃虚の地、金泉、永同等地のプラカードを先頭にした反対デモの隊列を見つつソウル（京城）にうつつた。

かつて華かなりし都、李朝五百年の古都であり、日帝四十年の搾取の牙城であつたソウル（京城）は、荒城、廃虚を偲ばせる以外何ものもない。

メインストリートの昔の面影は何処へあるのやら今は唯両側の処々に積まれた壊れた煉瓦かけらの小山に名の無い雑草だけがボウボウと生い茂つている様は、永い間祖国を離れていた者から唯々涙を誘うばかりである。

この廃虚の中で毎日繰りひろげられる休戦反対北進統一のデモ行進は一しお感銘を深めるものがあつた。

私は釜山で「京城で女学生のデモ隊が外人部隊の館で、休戦反対を叫んでいる処を外国軍人が刄物で顔を切つた。」という記事を読んだのであるから尚一層緊張した気持にならざるを得なかつた。（後で誤報だと判明した）

ジープやトラック、又は乗用車にスピーカーを取付け、破壊された市内を走り乍ら叫び喚く北進統一えの哀訴は、哀々切々肺腑をえぐり取る思いで一杯であつた。

その翌日は物凄い雨の日であつた。

この雨の中を男女学生のデモ隊は依然として街から街え流れている。

私はソウル市庁前で女学生のデモ隊に出逢つた。

十二、三から十五、六のか弱い少女達、ビショ濡れのまゝ隊伍を整列し、又一団は大きな輪を描き乍ら片手を振りあげ声をからして北進統一を叫んでいたが、その叫びがいつの間にか泣き声に変り興奮の巷と化してしまつて、その場に座り込んで雨に打たれ乍ら泣き喚く様は実に涙なくしては見られない状景であつた。

×　×

「統一でなければ我々に死を与えよ。」

何と痛切な叫びであろう。

我々は共産主義の虐政を身を以つて体験したのであり、共産主義者の手の裏を充分知り盡しているから、共産主義者が主張する休戦協定の奥の手が何たることも我々丈が知るのである。

故に我々は共産主義者の術中に陥りたくないのである。

仮りに韓国の休戦が成立し、韓国問題が高級政治会議に移つたとする。

この高級政治会議で韓国統一問題が解決され得るであろうか、決して否である。得るものならば、一九四六年の米ソ共同委員会で解決されたであろうし、又国連の決議に基いても早や達成され得たであろう。

故に韓国の統一を希い韓民族を困窮から救い、退いては世界平和を樹立するためには何をさて置き共産主義者を鴨緑江の彼岸まで追い出す外何ものもないのである。

仮りに百歩を譲り、国連の圧力或は複雑な国際情勢に依り、休戦が成立するにしても、韓民族の正気と気概は人類永遠の平和確立のために闘つたということは永久に残されるであろう。

故にこの斗争は党派の利害を超越した純粋なる民族魂の発露であることを銘記されたい。

〝お断りします〟

民主新聞第三百二十二号第五面、在留大韓民団金融協同組合の記事中、理事に金光男とありますのは本人でなく、いろいろと誤解がありますので異人同名である事を全団員にお知らせします。

民團中総議長　金光男

事務所移転

◆兵庫県内の民団西播支部事務所は今般左記住所に移転

兵庫県姫路市光源寺前町十一ノ一
民団西播支部

映画製作・映寫器具一切
不二貿易株式會社
社長 李鉉琇
東京支店　中央区銀座東五ノ一・電話 (57) 3845・4841−4

銅鉄商・スクラップ一切
木下商會
社長 呉炳壽
東京都港区芝白金三光町29・電話 (45) 2228・2247

文化

韓國の母（下）

金素雲

悲痛しきを／ 堪うる苦難に
あえぎつつ 時去りゆきて
六・二五むかう。

東海の 無窮花 花咲く美し国 まがつみ 充ちて
哀しき民よ。
（木槿は韓国の国花）

悲しきは 母の性なれ
獄かじと 祈りし後も
涙 流るる。

過ぎこしの 四十四とせを
子らゆえに 物憂きことも
厭わざりしを。

星二つ 夕空に出て
むつまじき 世に在りし日の 吾子らにも似て。

時経れど 焼野の雉子
夜のつる 気も狂おしく
われ子を恋うる。

（五二年四月一五日 鎮海郵便局前広場の戦歿慰霊祭）
祭場を 見向きだにせず
歩み去る この民族のため
吾子ら死せるか。

附け加えて私のいうべき言葉は何もない。ただ私はこれらの歌を声に出しては、三首とつづけて読めないのである。何という気恥しい感傷であろう。それにもまして、真情とは、なんと強く人の心を打つものであろう。

名を求めるでもなく、原稿料を意識するでもなく堰き堪えた想いがあふれておのづと文字をなしたこれらの歌―これこそは文学の真面目であり、ここにこそ芸術の本然の姿があるのではないか。私を訪うために糊の強ついた木綿の裳に着換えて出て来たら、近所の人から「珍らしや、盛装してどこへ行くのだ」と冷やかされた由、――日頃はつぎはぎだらけのモンペ一つ、ささくれた手に熊手を取つて山へ薪木を採りにゆくというこの母――得勝えぬ悲しみ、「気も狂わんばかり」の吾子への思慕を、よそ国の言葉に気をかねながら、誰に見せようとの当てもなくノートのはしに書きつけて来た母――。「生甲斐」の「疑惑」のと、ぜいたくを並べた私の繭いなどは正に慚愧以上である。

背の柴 ゆすり上げつつ
下り立てば 秋陽に
そばの 花の白さよ。

この地にて 榛、からたち
花を知り 浜にゆきては
貝をも掘りぬ。

わが古里は 遙けく山国ぞ
わらび、野ぶどう
豊かなりしに。

アリナレの ほとりなつかし
雪嶽（雉山）に
子ら育みつ 平和なりし日

この一人の母を通じて、私には幾十百万の韓国の母たちが見える。山里の薬草家に――、都会の、避難民バラックに――。夕空の星にさえ吾子の面影を偲ぶ、韓国の母の嗚咽が聞える。釜山や大邱の街中で若い兵士に行き逢う。その一人一人の背後に「大地に伏して祈る」彼等の母の姿が浮ぶ。――この歌を見るまでは、私の気づかなかつたことである。同じ慟哭に身悶えたであろう、曾ての日の日本のお母さんたち――それを私に思い返えさせたのも、同じくこれらの歌である。

ヨーロッパからの帰りの船の中で、私は家族の者に手紙をやりこのお母さんに――崔女史の「姓名」を東京の旅舎まで至急知らせるように言い送つた。一度、鎮海東川の山麓にある、その一間きりの住居を訪れたきりで、肝心の姓名さえ私は知らなかつたのである。それを知らせて来た家族の手紙の中に、その崔澄淑女史の大意次のような書簡が同封されている。

―お恥しい繰り言をわざわざ日本の雑誌にまで御紹介下さいます由、そのような分に過ぎた倖せを夢にも望むというのではありませんが、子供たちを教え導いて下さつた昔の先生方がいまも日本のどこかに生きていられて御紹介の文章を読まれ「静虎、静瀾、よくぞ戦つた」と讃めて下さることもあろうかと、それのみがせめてもの心の願いでございます。―自由祖国のつわものとして、戦場に斃れる死の瞬間まで民族の栄光と幸福のために任務を尽したことをこの母は信じております。（原文韓国語）

この蕪雑な紹介の文章がもしもその先生方のお目にとまつたらどうか弔問のハガキの一枚も差上げて下さい。

「韓国鎮海邑、南部禮拜堂気付
崔澄淑女史」
（筆者は詩人）

（詩）無名戰死者に捧ぐ

李仁石

とげさす茨の中であれ
しむ勿れ
か育ち
せば……
さ薫れば 心映え
め き日を思え
「永遠」にすすり泣きし、
過ぎし日をしのへ

葬列にむせぶ号泣と 墓は
花束に埋もれし 希望
はちきれんばかりの
青空の下に 横たわ
如何に石の如き 沈黙と
赤 に
み 石
さ 草
鳥の
君のすがたを讃う 草
あゝ！
〝光と青さ〟の中に在
たしかに 君の心臓より湧
鼓動であつたのだ

P・Y・F訳

★★★★ 提言 ★★★★
韓國人文連の結成を望む

日本に在留する韓国人の中、文化人と称せられる人は案外に多い。唯これら文化人の組織体がないことは残念だ。過去において雨後の筍の如く生れては春の淡雪の如く消え去つた有名無実のセクト的文化グループはあつたにはあつた。

筆者がここで提言したいことは、強力な組織力をもつた文化連合会（各部門を網羅した）の誕生である。

勿論、その結成を見るまでには幾多の困難と隘路が横たわつていようが、それは文化人各自の民族的自覚と団結力さえ合されば自ら解決するのではなかろうか、特に一定の収入の道をもつこれら文化人達は財政面においては他の団体と比較して運営上無理が生ずるとも思われない。かくて、日本にいる韓国文化人が総蹶起して文化活動を始めた時こそ、その活動自身祖国文化建設に大きなプラスを意味することとなる。（東京・茶風臨）

文化短信

☆ **花郎**―五月号

在留韓国留学生の自治団体の一つである花郎クラブ発行の隔月刊誌で五月号は国文版となつている。目次の重なものを拾つてみると次の通り。

㈠民主々義政治と人物問題……鮮宇 学源
㈡休戦と統一への渇望……金正柱
㈢或る貨物自動車に捧げる致事詩…E・アダムス
㈣私の見たケインズ経済学……林松本
㈤時調の話……申海空

発行所 東京都武蔵野市吉祥寺八八五 花郎倶楽部

☆ **韓僑民報**

北海道在住の韓僑各界の要望により今度、旬刊韓僑民報が新しく発刊された。同紙は北海道民団の副団長金琮斗氏を編集兼主幹として迎え、従来とかく文化面特に啓蒙面においておくれていた北海道にあつて韓僑民報の果す役割は大きいものとなろう。同紙は大版二ページで発行所は、札幌市南九条西十二丁目韓僑民報社となつている。

☆ **同和**（月刊）

韓国引揚の日本人によつて組織されている中央日韓協会で発行されている機関紙である。同協会は全国に数十万の会連絡、親睦、人事相談等、懇切に引揚者達の面倒を見ており、同紙もそれらの記事で埋められているが、特に毎号韓国の問題をとりあげ真剣に論議されており、韓日友好親善の為に多大の努力を拂つている。タブロイド四ページだが、既に六十六号を重ねた。定価は一部送料共二十五円となつており、発行所は東京都千代田区丸の内仲十二号館六号〝中央日韓協会〟である。

韓日兩國神話・傳説に關する一考察（三）

金禹錫

四

以上之を要するに、各民族間の神話伝説は、人的・文化的に互に交流・影響関係がなくとも共通類似点が多いので、その有無を以て両者間の人的・文化的交流・影響関係の有無を曾は断定出来ないが、韓日両国の神話・伝説に於ては前述の如く、人的・文化的交流関係に基く理由により、日本神話・伝説は韓国のそれの影響を蒙つている為に共通・類似点が多く、むしろ記録物としての日本神話・伝説構成に主導的役割を果していると言い得ることが出来る。即ち記録物として日本神話・伝説は、古来からの伝来信仰・思想に加うるに中国文化・思想を兵

「三国史記」「三国遺事」を主とし、日本の場合は、「古事記」「日本書紀」を主とすることにする。

各説話考察

第一章　高天原・天孫降臨・三種神器

日本神話伝説に於て、主導的乃至各説話の根源中枢的役割を果しているのみならず、日本民族史の根幹・基調となつていたと言い得る高天原・天孫降臨・三種神器説話について見れば、日本民族の支配者即ち天皇及びそれを中核とする日本民族の主だつた氏族の祖先は最初天上世界である高天原にいたが、後三種神器を持つて日本統治の為地上世界に降臨したと言うのが此の説話の概略であるが、「古事記」や「日本書紀」によれば、高天原即ち天上世界の最高支配神である「天照大神」は自分の子孫に地上世界である日本国土を統治させようとして先住民族である出雲民族に対して種々の事前交渉をして、国土を献上すると云う政治的交渉を成立せしめて、その孫「ニニギノミコト」を地上世界の最高統治者として選定して派遣することにしたので、日本国民を安撫統治せよとの神命即ち所謂天壌無窮の神勅を受けて、「ニニギノミコト」は襲をおしわけて、後世天皇の部下として主導的役割をした勢力氏族の祖先の神々である「天児屋命」「太玉命」「天鈿女命」等多数の神々を従えて、後世王位継承の証拠品となつた三種神器をもつて高千穂峰上に降臨して地上世界である日本を統治し始めたとある。

右の神話は韓国の檀君神話等に非常に類似している。即ち「三国遺事」によれば天上世界の最高神の子に桓雄と云う神が居たが、その神は常に地上世界を統治しようと考えていたので、その心中を察した最高神は下界を見渡した結果、桓雄を地上世界の統治者に選定して、人間世界を弘益させる為に地上へ派遣することにしたので、桓雄はその証拠品である「天符印三個」をもつて其の徒三千人を引率して太伯山上檀樹の下に降

…言動に韓国民は極度に憤
英連邦決議を抗議するデモ

韓国が誇る古典舞踊の粋を集めてその真価を世に問わんとする野心作の発表会
第一回 鄭舞燕舞踊發表會
7月23日（木）午後5時半讀売ホール（国電有楽町下車）
★ ★ ★ ★ ★ ★ ★ ★ ★ ★
研究生募集　世田谷区北沢五の八六六 小沢桐子舞踊研究所内　鄭舞燕舞踊研究会

韓國織物製造販賣
陽進織物株式會社
取締役社長 姜炳茂　専務取締役 裵章煥
本社 群馬縣桐生市今泉町328番地 電話（桐生）2546

銅鉄諸原料商
松岡商店
李明植
北区東十條一の十二
電話王子（91）4213

赤羽 公楽劇場
★ ★ ★
赤羽驛前
社長 千葉道八
北区赤羽町1の70

朴根世
丸ビル第三二四区
電話和田倉（20）3993

アメリカントレーディングカンパニー
輸出入業
社長 林竹松

戰時綱領
1. 我等は大韓民國の勝利の爲に忠誠を盡す
2. 我等は民族自衛の爲に一致團結す
3. 我等は日本の治安と秩序維持に協助する

民主新聞
THE MINSHU SHINBUN

大韓民国居留民團中央總本部
機関紙
発行所　東京都新宿区若松町21
電話九段(33) 2771・-1169
民主新聞社
発行人 金 載 華

1953年 7月10日
第323号
定価　1部10円
1箇月送料共　50円

統一の決意ゆるがず
生死を共に奮起せよ！
李大統領全國民に呼びかけ

全世界をアッと言わせた反共捕虜釈放も李大統領の分断休戦反対の大英断であつたが、ついに七月二十七日休戦調印の運びとなつた。李大統領はこれが三千万民族の本意でなくても、今後とも祖国統一への途は厳存していると左の如き声明書を全国民に発表して、その奮起を促した。政治会議はあく迄祖国統一の為の敵軍駆逐を試験するものであり、これが失敗したら休戦前よりも、よりもつと強固な統一措置がとられ、益々民主陣営の結束を固めて闘争する保障を得ていると言明している。李大統領は韓国こそは民主列国の最先峰である旨強調、我が民族は生死を共にして来たとその悲壮なる決意を表明、韓米の友誼を益々強化して行くべきだと語つた。

我が民団もその後の沈黙を破り、分断休戦が南北分割を公然と認める限り何ら意義なきものであり、且つ又政治会議もつまらないものであると別項の如き声明書を発表した。

滅共·祖國統一に總力を結集
政治会議は敵驅逐の試験期

政治會議失敗しても
常に以北同胞憂う
統一の途はある

休戦協定に対し我々は中共軍が韓国から撤退し統一を完遂するまで我々としては休戦も平和も受入れないということを最初から明かにしてきた、今でもこの決心には些かの変りもなくただ時機を数ヵ月延ばしただけである国連の協力を拒み単独で戦争を継続するよりも国連が政治会議で我々の敵を駆逐できるとの可能性を試験し三カ月以内に成功すればよし不成功の場合は我々と共に統一をはかるとの決議がなされており、これを我々が受入れたものである、我々は休戦協定に署名するとか協力するというのでなくただその期間内に障害をあたえないとの意図であつて、そのため休戦協定が成立したのである。これが米国の道義上物質上の援助をえて中共軍を駆逐し統一をはかろうとする点に於ては必ずしも十分ではないが方法としてはこれが最も賢明なものと考えられる、我が南北同胞たちはいくら緊急であり忍び難いものがあつても、困難な事情の中にあつてはこれが最も適当に措置されたものとして信じてもらいたい、短期間でも休戦が成立して双方が多くの人命を傷けることを避けるようになることが我が国軍にとつては将兵たちを交替させる暇もなく晝夜の別なく敵の数限りない侵略に対抗し食事や睡眠の時間もないよりはマシで、戦う人が鋼鉄でない限り肉体的にいくら強い軍人でも間断なき戦争を少しでも停止することが望ましい、今後一層大きい戦争に当面するとしても今の事情ではこのようになつたことを幸と考えないわけにいかない、その代り我々は多くの担保を得ている。アイゼンハウアー米大統領は政治会議が三ケ月以内で成功するとの信念をもつている、遂行困難だと我々が考えてもア大統領のこの信念を拒むことは余りにも固執にすぎるのでこの意味から固執をすてて一度試してみて戦争でよりは政治会議で中共軍を駆逐する方がよく、もし失敗してもその後は平和手段が無用となるその時こそ世界の同情と我々自身の力で統一を完成する機会もある。参戦十六カ国も六・二五事変勃発当時と同様敵が侵略した時は敵を駆逐する決意があるという、これは我々にとつて完全な保障である。また韓米防衛条約が米国会を通過するようア米大統領とダレス米国務長官は某々指導者と協議し我々に完全な担保をあたえている、共産侵略だけでなくソ連、日本、中共の如何なる強国が侵略してきても我々がひとりでこれを防がねばならぬという心配はなくなる、我々は米大統領のこの好意を感謝するとともに米国の自由権を愛する人々や友人たちの友誼的同情を感謝しないわけにいかない、ア大統領は米国会に特別要請して十億ドルに上る対韓三ケ年援助計画を国会に提出しこれが予算に編入されることにしたが、その前に再建事業を開始できるよう二億ドルを先ず支出することを決定したとのメッセージがあつた、この二億弗は工場施設等すべての再建事業に有効に使用されるであろう、テイラー米第八軍司令官がのべたように休戦調印は平和条約ではなく政治会議で平和を打診しようとするものである、この間国連軍は駐屯しており、我が海空軍も陸軍なみの増強をはかる計画である、ただ常に気がかりなのは以北同胞たちで我々は死を以つてしても救出すべく努めたが以上の事情を相互に理解し暫く忍ぶ外ないことである、まだ釈放されない捕虜も今少し苦労を忍んでもらいたい、インドの軍隊が済州島を包囲して政治会議の期間中これらの捕虜を説得しようとしたのを我々が拒否した結果、未釈放捕虜は中立地帯に送られるがこの間の保障と言質が少しでも信頼できるものであれば以南残留を希望する捕虜は確実に釈放されるであろう、反共中国人捕虜も同様に決して強制されないものと信ずる、我々が国連友邦と米国の援助でこれだけ戦つて南韓だけでも守つてきた、今後我々の力を増強するについては米国と友邦各国の公概心が必要であり、この友邦の助力で統一が推進されるよう望むものである、我が民族は生死を共にしてきた、今日世界の民主国家の先峰となつたのもこのためである、世界の自由を愛するすべての同志と我々に同情と激励をよせている米国民に我々は感謝する、同時に韓米の友誼が強化されてこれが東洋平和の維持に努める大きな保障となることを希望する。

主張
韓米防衛條約と政治會議

去る五日以来、世界注視の中に京城で行われた李大統領とダレス米国務長官との会談は、わづか三日にして韓米相互安全保障条約の調印を見たと共に、韓米共同声明書も発表された。

二個年有余の休戦会談が捕虜交換協定の成立によつて決定的段階にはいつた時、終始分断休戦を反対し続けて来た韓国は民族をあげて休戦反対の決死的闘争を展開した。

而して李大統領の反共捕虜釈放によつて反対運動は最高潮に達したのであつた。韓国を軽視し、韓国の意思を黙殺する事によつて休戦会談を強行しようとした米国は周章狼狽極に達した。それがロバートソン国務次官補の韓国派遣となり、今回のダレス長官の訪韓となつた。

しかして安保条約には締結国のいずれかがその独立と安全が外部からの武力攻撃によつて脅かされていると考える時は、いつでも協議して共同措置をとることになつており、またその何れかの一方の領土内で武力攻撃をうけた場合は、他の一方も自国の平和と安全に危険を及ぼすのもと認めて、各国の憲法上の手続に従つて共通の危険に対処、行動する事になつている。共同声明の中には「もし共産軍側が誘発もされないのに、休戦協定を破り韓国を攻撃するならば、韓国を含む国連軍はこれに対処するであろう。国連軍司令部はかかる行動に不断の注意を拂うであろう」と言明し共産軍再侵略は絶対容認せず、直ちに国連軍が反撃すると言つている。

従来アメリカが日本、フィリピン、オーストラリア、ニュージランドと云つた大陸をへだてた国々と安保条約を結び、大陸の一角にある韓国をその反共防衛線にいれていなかつたが、今度の条約は米国の太平洋方面安全保障の大陸への一大飛躍であると言わねばならない。而して韓国は韓米安保条約によつてその安全が大いに保障されたわけである。

しかし止まれ！　筆者のみならず全韓国民は未だ釈然とせず、依然ある抑制し難き強烈にして不満な感情に燃えている。

それは祖国統一への保障と対策が曖昧にして模糊としている所にある。

共同声明によれば李大統領は「政治会議の開催中は、軍事的手段によつて韓国を統一する為の一方的行動は取らない」事に大幅譲歩同意していると共に、もし政治会議がムダである事が明らかになつた時は韓米両国は脱退するもなお「統一された自由、独立韓国の達成に向つて、さらに協議する事となろう」と言明している。

そこで我々の最も関心の的であるのは会議脱退後「両国は協議する」と抽象的にぼかしている所がある。韓国民の九十%以上が政治会議で祖国統一は達成出来なかろうと見ているのは我々にも共通している見解である。されば祖国統一は実に両国の会議脱退後の協議如何とその協議による手の打ち方に如何にあると言わねばならない。よろしくその協議が李大統領の主張する韓国統一方案に合致するよう要望して止まない。米国は今後とも全韓国民及び民主列国の信頼に背く事のないよう叫ぶものである。

本國政策に呼應
祖國統一に挺身せん
民團中總聲明書發表

休戦会談再開以来、われわれ在日僑胞はソ連の新平和攻勢を注視し南北統一のない如何なる協定も絶対反対し続けてきた。

ところが去る六月八日の捕虜協定によつてわれわれの要請が完全に裏切られたばかりでなく韓民族や韓国政府の意思は全然無視され、侵略者と妥協することによつて戦争を一時停止しようとする国連側の彌縫策を読みとり憤慨した民衆の休戦反対闘争を積極的に進め決意を新たにした。

三年間も侵略者膺罰のため韓国を援助してきた彼等が名誉ある勝利を目前にしてかかる暴挙に出た理由を知ることが出来ないが、捕虜交換にあせる米国―中共地区の利権にとらわれすぎた英国が相互に圧力を交しつつ結局かかる変態的現象を生み出したとしか見られない。

われわれはこのわれわれにとつて無意味な休戦が、結局動乱発生前の米国対韓政策に逆戻りすることを憂いソ連が対韓侵略の失敗を新平和攻勢による休戦によつて新たに進展することを憂うるものである。

事実ソ連は韓国侵略の失敗を休戦締結を有利に結ぶことによつて取り戻すべくソ連一流の演技をふるつた英国等の醜演をも手伝つて一応成功（捕虜協定締結）するかに見えたが、李大統領の英断にて反共捕虜を釈放し彼等の謀略や威脅の正体を暴露して休戦協定締結の指導権は完全にソ連より国連側に移動した。

米国は韓国の立場や意思を再認識し休戦協定締結に対する態度にも大きく変化を見せた点は一応感謝するが未だに信頼に値するものと思われない。

李大統領は休戦協定締結を前に七月二十四日統一のない休戦を反対してきた経緯と今後の態度に関する声明書を発表したが、その中に「我々に與えられた概括的ではつきりしない保証は、共産軍側に対する国連軍側の明確な保証と相反するものである」と米国の態度に対する見解を明らかにした上、「反共捕虜が中立国に送られ共産軍側の脅迫を受けることは絶対に許せない」と反共捕虜に関する従来の態度を、又反共捕虜釈放を再確認した。

声明書の結論は、私自身最上の判断に反してまで非常に重要な譲歩を行なつているがこの譲歩の代りに私に対して行なわれた約束が板門店で到達された協定によつて損なわれている時に黙つていることは出来ないと断言し決意の大きさを明らかにしている。

われわれ在日六十万僑胞は休戦協定に対する本国政府の政策と態度を絶対支持すると同時に韓国政府が参加しない休戦協定なるものが韓国戦争、韓国統一問題を解決する決定的で権威あるものと認めることは困難である。

本国政府はア米国大統領の親書とロ特使との間に韓国の決意と立場を十分理解して貰つた上、国家民族的立場にて幾つかの約束をし李大統領をして重大な譲歩をせしめたようであるが、米国のこれらの約束が彼等の意図せる休戦協定を締結する目的のためになした手段にならないよう願うと同時に注意を促すものである。

われわれは幾度も声明した如く、休戦協定が南北分裂を再確認する協定になることは許せない。ヤルタ秘密協定による分割を休戦協定によつて再確認するようなことが許せるならこれはいうまでもなく祖国分割を認める行為である、此度締結された休戦協定は予期された通りであり格別変つたこともないので終始一貫本国政府政策と態度を絶対支持することをここに声明する。

一九五三年七月二十七日
在日大韓民国居留民団
中央総本部

八月十五日を独立記念日に

本国国会では八月一日の本会議で八月十五日を独立記念日と制定した。

集え！八・一五の感激も新たに

光復節八周年記念大會開催

政府樹立五周年記念式典 使節團派遣

民衆大會、スポーツ大會等 民族祭典を繰り展げる

民団中總記念行事案發表

韓民族の悲願である国土統一と民族統一は共産陣営の狡猾な謀略と国連軍の無責任な一方的提案による休戦協定の前にあえなくもくじかれたが、休戦協定が韓民族自身の願わざるものであったし、韓民族の意思を無視され締結された以上、われわれはあくまで祖国統一の信念を失わないどころか、より一層その覚悟を強固にするものである。

李大統領は政治会議においてこの問題がわが民族の願わざる決定を見た場合、再びわが民族自身の自由意思により祖国の統一を実現するであろうと全世界に闡明したのであり、勿論われわれ在留僑胞も李大統領のこの偉大なる鉄の如き信念を民族至上の理念として肝に銘じ、初志の貫徹を期して挺身することは再言を要しないところである。

この民族的一大危機にさらされている秋、再びわれわれは光復節八周年を迎えようとしている。

わが祖国とわが民族が解決されて以来既に八周年を迎えることは、あらゆる意味で意義深く慶ばしきことであるが、民族的危機に直面している今日、更にこの慶祝すべき日を明日の平和と自由を獲ちとる為め、民族の祭典とすべく、わが民団では例年にない大規模にして多彩な記念行事を全国的に繰り展げることになった。

特に本国ではこの日、政府樹立五周年記念式典がひらかれるが、民団中総では、この記念式典に参加する在留僑胞使節団を派遣することになり、その成果が注目されている。

八月十二日空路本國へ…… 総員五十名 使節團出發

民団中総から本国の政府樹立五周年記念式典に参加する在留僑胞使節団は総員五十名から編成されており中央を始め、各県から代表者を入選したものである。この使節団が果す役割は大きく、本国において在留僑胞使節団として、日本に在留する僑胞の祖国に対する愛国心を伝達するものとして、在留僑胞の大きな期待の中に去る八月十二日早朝空路本国へ向った。

記念行事 準備委員会成る

この記念行事の為に民団中央総本部では五十五万余円の予算を計上しており、第一部民衆大会を始めとし第二部においてはわが国伝来の脚戯大会（日本の相撲）第三部韓日親善野球大会、第四部全国僑胞蹴球（サッカー）大会を八月十五日から八月十八日に至る四日間にわたって華々しく展開することになっており、この八・一五光復節祝賀祭典を有終の美におさめるため祝賀祭典準備委員会を構成次の如く発表された。

八・一五光復節祝賀祭典準備委員会

委員長　金載華
企画委員　責任者　裴東湖
〃　羅鐘卿
〃　金今石
〃　金禹錫
〃　金学鳳
〃　朱乾
〃　銭世鎬
〃　呉利植
動員委員　責任者　丁賛鎮
〃　金今石
〃　金学鳳
〃　李基永
〃　関東各県本部団長
財政委員　責任者　羅鐘卿
〃　朴秉昊
〃　朱乾
〃　蔡利植
〃　金学鳳
整理委員　責任者　金禹錫
〃　姜徳才
〃　韋太源

申國會議長講演會 歸國途上日本各地で

過般の英国エリザベス女王戴冠式に国賓として礼訪した韓国々会議長申翼熙氏は無事大任を終え帰路英連邦東南アジヤ各地を訪問近日中に来日の予定。

申議長は光復八周年記念日を東京で迎える予定であるが、滞日の間約一週間にわたって東京を始め、関西地方等重要都市における在日同胞の実情視察とあわせて時局大講演会を開催する。

申議長の本国における政治的地位と同氏の欧洲巡回から得た現今の世界情勢観等は在日僑胞に多大なる感銘を與えるものと期待されている。

豪華な會場等準備完了

第一部民衆大會

場所…民団中総広場
時日…八月十五日午前十時

第一部民衆大会は、今年は会場を民団中総広場にして民団正門前には大アーチを飾り、広場に豪壮な舞台を設けてある。

同日動員される範囲は東京を始めとして千葉、埼玉、茨城、静岡、神奈川等関東一円とし団体としては民団は勿論、大韓婦人会、大韓青年団、韓国学生同盟韓僑在郷軍人会が総動員されることになっている。

この民衆大会の予算は二十五万円を計上し、都内の日刊新聞、ラジオ等を通じて大々的に宣伝される。

第二部 脚戯大會

場所　民団中総広場
時日　八月十五日午後二時

第二部の脚戯大会は所謂日本の相撲であってその様式ルールは日本と異なっておりわが国伝来の独特なものとして一般民衆に愛されているスポーツである。

当日は、個人勝抜戦と団体対抗戦の二種目をおこなうが、希望者は祝賀祭典準備委員会脚戯部に当日正午まで申込むよう希望している。なお賞品だけで十万円を計上しており、大会中の白眉的存在となろう。

出場チーム（団体）
1 民団東京本部
2 都内各支部
3 韓青本部
4 軍人会本部

第三部 韓日親善 野球大會

場所　国立第一病院グラウンド
時日　八月十六日午前九時

韓日親善野球大会をひらく意図はとかく冷淡に流れ勝ちな韓日両国が民衆の親睦を通じてこそ両民族の将来において友好なる国交を結ぶにあるところから、特に健全なスポーツである野球を撰択したのである。

出場チーム
1 民団中総
2 早稲田警察
3 東京女子医大
4 国立第一病院
5 大蔵省税務講習所
6 通産省統計局

右の六チームとなっており民団中総チームは既に女子医大チームと練習試合をやっており好成績をおさめ上々のコンデイションにある。

民団中総チームは目下連日にわたり猛練習をつづけておりチームワークを整えている。予算七万円（賞品二万円を含む）

第四部 〝金公使旗争奪戦〟を兼ね 全國蹴球大會

場所　学習院運動場
時日　八月十七・八両日午前十時

わが民族が最も好むスポーツであるこの蹴球（サッカー）は、既に昨年度から第二回目金公使旗争奪戦になっており、昨年の優勝チーム、民団兵庫県本部が遠征することになっている。

大会中、最も白熱戦を展開するものと予想され、早くも各チームでは優勝旗争奪を狙って連日猛練習に余念がない。

今のところ決定したチームは左記の通りだが、多少変更があるかも知れず、参加を希望するチームは至急祝賀祭典準備委員会蹴球部へ問合すこと。

出場チーム（予定）
1 民団中総
2 〃三多摩
3 〃東京本部
4 〃川崎支部
5 〃兵庫県本部
6 韓青本部
7 学生同盟

になっており組合せは抽籤によって決定する。

特に蹴球大会の参加チームには豪華な記念バックルが与えられ、賞品総額三万円（副賞）を計上しており予算は七万五千円となっている。

本国政府樹立五周年記念式典参加使節団

金載華（東京）
李秀幸（東京）
金東寛（静岡）
趙三碩（神奈川）
李永白（山梨）
李鐘讃（三重県）
片守介（埼玉県）
全総一（香川県）
鄭煥麟（愛知県）
河永璽（熊本県）
金剛（静岡県）
孫道鉉（茨城県）
彭弘柱（岐阜県）
文慶協（和歌山県）
裵章煥（群馬県）
権五（広島県）
韓鍱述（鹿児島県）
呉学秀（長野県）
姜熙文（東京）
李海烔（右同）
辛容暐（栃木県）
朴喆浩（東京）
趙鏞璽（京都）
金京竜（右同）
黄相峰（秋田県）
裵点錫（北海道）
金住昌（右同）
安鎮禄（山梨県）
安永（神戸）
李元寅（神奈川）
李成俊（神戸）
高福寿（愛媛県）
金仲浩（福岡県）
梁栄煥（千葉県）
鄭徳和（右同）
申鐘煥（右同）
崔圭鉉（福岡県）
崔仁鎬（岡山県）
河仁植（右同）
裵相烈（東京）
李奉煥（山形県）
田五敬（滋賀県）
朴応圭（岩手県）
金礼信（徳島県）
金鳳竜（島根県）
朴在権（佐賀県）
尹海炳（神奈川県）
姜甲鎮（東京）
千武鳳（大阪）
権鳳鳴（群馬県）

陽和物産株式会社
取締役社長　朴根世
本社　東京都千代田区丸の内2の2
（丸ビル第324区）
電話　和田倉（20）3993

祝賀！政府樹立五周年記念

大韓海運公社
社長　鄭雲樹
東京都千代田区有楽町一ノ十（三信ビル221号）
TEL・銀座（57）0032・7266・7927

布木・綢緞
平壌商會
都電小石川柳町電停前
東京都文京区丸山福山町四
電話小石川（92）0187・4879

時節の韓国料理
★★★★★
味自慢の平壌冷麺
新宿　天香樓
（大興館改メ）
新宿駅西口荻窪行電停前

健實な信用ある金融機關
株式会社　三井金融
社長　三井栄一
東京都新宿区新宿二ノ五五
TEL　四谷（35）3219・4738

閑静・美麗・低廉
旅館　文樂荘
文京区丸山福山町4
（都電小石川柳町下車）
TEL　（92）0638・0526

休戦協定への態度 光復記念行事等協議

関東地区団長会議

民団関東地区本部団長会議が去る七月二十八日午後一時より中総会議室においてひらかれた。

同日は休戦協定をめぐり、複雑な情勢下における民団の態度と今後の活動方針に関して慎重な討議が展開された。

会場には関東各県本部団長、最高幹部が全員出席、緊張裡に会議が進められたが、休戦協定に対する本国政府の政策態度に呼応して中総から発表された声明書をめぐつて熱烈な討議が交されたが、中総の態度に満場一致の賛意を表明、従来の態度と決意を一層たかめた。

続いて九州地区及び和歌山県下の水害に対する僑胞救援問題が提議され、各自意見と、情報の交換をしたが、今度の水害がわが僑胞だけの問題ではないので、殆んどが日本関係当局と直接連絡して救護措置を講じているのが現状であるので一応水害地域の被害状況を正式に報告させることにして、その対策を具体的に講究することにした。

最後に、八・一五記念行事に関して討議されたが、今年は光復八周年であり、建国五周年にも当るので、民族的慶祝日にふさわしい行事を各地で催すことにしたが、休戦協定に対する本国政府の慎重な態度に歩調を合わす意味で公報処指示による「統一斬闘」「国際親善国民運動」の線に沿つて行事等はあまり派手な歌舞音楽に流れぬようにし、スポーツを中心とした健全な催しを四日間に亘つてやることにした。

なお民衆大会の会場は都合上、中総グラウンドにその決定を見た。

組織強化を講じ親睦団結を図る

近畿地区協議会

近畿地区民団協議会は去る七月十六日午前十時より京都嵐山の渡月亭において近畿五県二府の各地代表、傍聴者合せて約六十名参集民団京都本部梁炳斗団長を議長に盛大にひらかれた。

先ず、各地民団の代表から月間報告があつた後、協議に入つて次の如き各事項の決定を見た。

一、八・一五記念大会の件
全国的に、同じ歩調をとり、大会名称も中総と同一にする。

一、船員手帳の件
最近、僑胞間にあつて船員手帳を日本海運局より下附、船員として日本船に乗組み本国往来をしている者が多く、中には左翼分子も相当まじつていると思われ、これの防止策について駐日代表部大阪出張所長裵聖九氏から説明があり、今後その取締りを厳重にする事になつた。

一、組織強化の件、今後各地方組織と相互の連絡をよりもつと緊密にし、親睦団結を図る。

兇悪テロ化してきた民戦

最近になつて再び兇悪化してきた民戦系共産分子の暴動は東京を始めとして全国的にひろがりつつある。

その中でも都内の民団足立支部襲撃事件は最も大規模な組織的破壊行動だが、又岩手県盛岡市の民団岩手県本部では、人民大会の強要事件が発生した。本紙では両事件真相調査の為に朴記者を急派次の如き真相を調査した。

事務所を破壊 暴行を恣にす

民団足立支部事件

事件の発端は、去る七月十日午前十時すぎ都内民団立支部顧問韓泰俊氏（東ゴム社長）の私宅に、足立内居住の民愛青極左分子約二十名が襲撃、石や棍棒をもつて破壊、なお韓氏を殴打、全治二週間の傷を負わして逃走したことに始まる。

この不祥事件に関し、民団足立支部では翌十一日に厳重抗議、加害者の処罰を要求したところ、七月十二日の午前十一時頃、赤色暴力団民愛青は代表者鄭忠権氏他二名（民戦幹部）をもつて被害者韓氏の私宅を訪問、率直に彼等の暴行の非を認め謝罪文を出して詫びたが、更に、同日午後一時頃、前記謝罪文の撤回を要求すべく婦人子供を混えた約八十名の民愛青の暴徒遂が再び韓氏の私宅に乱入し不当極まるつるし上げをおこない、自分達自ら暴徒であるとの正体を白日の下に曝露したのである。

このようにして事件はますます拡大、下穏な形勢を帯びてきたが、遂に同日午後十時、血に狂つた民愛青民戦の暴徒等約三十名は手に手に石や棍棒、あい口等の兇器をもつて民団足立支部事務所に来襲、同支部組織課長李寿鎮氏に暴行を加え、正面玄関の韓青の看板を強奪、逃走したのである。更に暴徒等は十四日に至り足立支部事務所を破壊したのである。

この報に接した都内民団中総、東京本部及び各傘下団体では時を移さず、彼等の非望と蛮行を撃退すべく急行、万全の態勢をもつて臨んだ。

不穏な状態は一週間余も続き、その間の我方の断乎たる反撃に彼等は相当の被害をうけ、一応そのなりを鎮めているものの、今後の動向が、注目されているので、今も警戒の陣をゆるめていない。一時破壊活動・火炎ビン闘争をやめ、其の間なりをひそめていた丈に此の度の暴挙は特に注目に値するものがある。

可笑!! 人民大会を強要

民団岩手本部事件

去る七月二十四日正午頃岩手県盛岡市大通り四丁目一二七番地にある民団岩手県本部に同市に居住する民戦系尖鋭分子約十余名が、民団々長朴応圭氏の拒絶にも拘らず無断で強引に事務所に押しかけ、かねて一方的に要求していた県内同胞の朝鮮民主統一人民大会の共同開催を申込んで来た。

これに関し、朴応圭団長はこの問題を過般の同県民団大会にかけたところ、民戦の唱える祖国統一と民団の主張する祖国統一には、根本的な見解の相違と路線が違うから同大会で共同開催が否決されたと通告したところこれを不満として民戦の白晳（隊長格）という人物は、即時この問題に関する討論を強要したが中総の指示がない限り絶対に応ずる訳に行かないから帰つて欲しいと朴団長は再度拒否した。然し彼等は無理矢理に強談判、一方的な要求が通らないと知るや愚闘を弄し脅迫的行動に出て、最後に示威的言動と捨ゼリフを残して不穏な形勢の中に引上げた。

この事件の発端が、民団破壊を狙う彼等の計画から出ており（今までに民団幹部を脅迫、暴行等数度に及ぶ）なお彼等は青年行動隊をもつて最後的解決をするとの情報も入つているので今後の成行が注目される。（七月二十五日盛岡にて）

韓青の再発足等

岩手県本部大会盛況

去る七月二十二日正午から民団岩手県本部臨時大会が盛岡市の同事務室で県下代議員、一般団員合せて約四十余名参集の下ひらかれた。

同大会には特に中総から組織局長金今石氏、民主新聞から朴英勲記者が参席、朴記者の司会の下、権在学議長の開会の辞に続き、朴応圭団長の挨拶があつた。

役員改選に入り、全員改選と空席中の副団長（前副団長裵氏は事情により辞任）補選だけを選出すべきであると両意見が出て議論沸騰したが、結局副団長に盧成永氏が補選され、討議事項に入つた。

（写真は岩手大会の光景）

討議事項に先立ち、本国から帰任したばかりの中総の金今石組織局長から、本国情勢、休戦問題、民戦系分子の破壊工作に対する対策、組織再強化問題等説明があつた。

討議事項の最重要項目として岩手県下における民戦の民団破壊工作における経過報告が朴応圭団長よりなされ、この問題を巡つて熱烈な討議が交された。

結局、これに対する唯一の手段は、民戦系の如何なる術策にも落入らないよう注意を喚起、団員間の強固なる結束によつて彼等の野望を粉砕することに決議を見た。

かくて式順は滞りなく済んだが、続いて従来沈滞気味だつた韓青を再建することに衆議一致、韓青大会が併せてひらかれた。

韓青大会に入つては、県内の僑胞青年を総動員して組織を強化、民戦系のテロ工作に対応させることになり、その再組織においては韓青本部、民団と協議することに決定を見た。

渉外 崔炳達
評議員 金寧俊
尹南洙
朴鍾圭
呉判俊
趙日竜
朴泰圭
金友岩
安明夫
顧問 朴応圭
孫化冀
権在学
李長寿
盧成永

大韓青年団 岩手県団部

団長 金泰寿
副団長 朴清宰
総務 盧介東
組織 金鎮道
朴明丹
監察 金橋郁
林性洙
孫相文
裵京善
許在九
顧問 金鎮煥

秋田県本部大会

民団秋田県本部第六回定期大会は去る七月二十日、秋田県本荘町にある同事務所でひらかれた。役員改選次の通り。

＝執行機関＝
団長 兪鎮詰（前団長）
副団長 李長寧（前任）
〃 鄭達之（新任）
事務局長 金長寿（前任）
総務部長 朴玉先（前任）
民生〃 鄭竜根（〃）
文教〃 鄭竜根（兼任）
組織〃 黄相圭（新任）
商工〃 金永秀（〃）
青年〃 金顕昇（前任）
財政〃 団長兼任
婦女〃 朴寧礼（前任）
宣伝〃 保留
無任所部長 崔吉永（新）
同 朴相守（〃）
同 鄭達観（〃）
同 金水範（〃）
同 禹茂範（〃）
同 申博司（〃）

＝議決機関＝
議長 李漢雨（〃）
副議長 申竜植（前）

＝監察機関＝
委員長 任南鉉（前）
委員 安朗基
〃 金相沃

阪神支部大会

去る七月十六日ひらかれた民団阪神支部（神戸市）第五回定期大会において改選された役員は次の通り。

団長 崔在淑
副団長 裵季祚
〃 金範植
事務部長 金鎮華
監察委員長 金鳳律
〃委員 洪鍾杓
議長 金尚起
副議長 鄭甲孫
顧問 李済元
〃 崔仁裕

千葉二宮 分団結成

千葉県船橋市にある民団船橋支部では、同支部の組織を拡大するため二宮分団を新たに結成次の如き新役員を選出した。

議長 鄭寿漢
副議長 殷亨基
分団長 権富仁
副団長 李根圭
〃 洪応文
総務 金俊基
組織 金基得
〃 禹鍾煥

福岡小倉支部 役員補選

福岡県民団小倉支部では去る六月十日緊急代議員会席上にて同支部の革新的発展を期して役員改選をおこなつたが、今般更に補選を実施次の如き新陣容の役員が選出された。

＝議決機関＝
議長 裵鎮鶴
副議長 盧相億
〃 尹在碩

＝執行機関＝
団長 兪昌淳
副団長 安千洙
〃 郭錫文
事務部長 右同（兼任）
内務係長 安承廷
財政〃 黄世仁
組織課長 安千洙（兼任）
宣伝係長 李徳竜
情報係長 右同（兼任）
民生課長 崔正吾
文教〃 安承廷（兼任）

＝監察機関＝
監察委員 林快守
〃 朴道在
〃 崔且祚

顧問 金漢祚、徐竜大、申鳳均、黄ド鳳、金鳳俊、金永立、韓廷洙

大田支部大会

都内大田支部第八回定期総会は去る七月十六日ひらかれたが役員改選の結果、次の諸氏が就任した。

＝執行機関＝
団長 羅鍾卿（現中総々務局長）
副団長 趙日相
劉光烈
事務部長 全寅渉
総務課長 林寅三
組織課長 朴賛道
民生課長 沈璟燮
文教課長 金容信

＝議決機関＝
議長 金王来
副議長 朴永仁

＝監察機関＝
委員長 姜信鳳
委員 鄭仁例
〃 金茂吉

九州紀伊地方水害甚大

温い手を待つ罹災僑胞

被害總額6413萬圓
罹災人員千數百名

去る六日からの九州地方の大水害を始め更に紀伊地方（和歌山地方）の水害による被害は莫大な数にのぼつており、これらの地方に居住しているわが同胞も相当数含まれている。中総の調査したところによると現在判明しているのだけでも次の通りである。

福岡縣地方居住の韓國人被害調査

〔註〕この調査は民団福岡県本部調査によるものだが、民戦系同胞の調査は拒否されたので民団々員に限られた。

△死者　一人
△負傷者数　四人
△家屋流失数　九戸
△〃倒壊数　四〇戸
△〃侵水　一九五戸
農作物又は、耕地
家畜被害数　豚一〇頭・耕地一町歩
右被害額（時価）約三百六拾万円
（七月十三日現在）

熊本縣地方居住の韓國人被害調査
（熊本県本部七月十日現在調査による）

〔註〕団員に限つて調査
△家屋侵水　七〇戸
△〃倒壊　三戸
△〃半壊　二戸
△工場侵水　六戸
△衣料品（商品）三二戸
△古鉄品（商品）九戸
△豚流失　二戸
△田畠流失　無し
△軽傷者　三〇名
但し重傷者は無し
被害人員数　四八〇名
被害合計額　約二千万円

佐賀縣地方居住の韓國人被害調査
（佐賀県本部七月九日現在の調査による）

△流失家屋　十一戸
△侵水〃　六十二戸
△罹災民数約三百名
△被害金額　約一千万円
其他田畑約七町歩が侵水したが流失は僅少

和歌山縣地方居住の韓國人被害調査

▽—御坊支部—△
△家屋全壊　四三戸
△罹災人員三〇〇名
△田畑廃没　一八反
△家畜流失二八五頭
△商品流失　五四三万円
△被災総額　二、九九一万円
▽—有田支部—△
△家屋流失　一戸
五十三万円
（和歌山県本部調査七月二十三日現在）

なお和歌山県本部では九州地方水害による僑胞罹災者に救援金募集をおこない送金した直後、この水害にあつたのである。

以上の如く判明しただけでも水害による被害は予想外に大きく、水害地元の僑胞中、再起出来ない人が多い上に、日本政府当局による救援の手も充分でないので在留僑胞達の温い救援の手をさしのべることを喝望している。

なお中総民生局ではこれら水害による罹災僑胞の慰問品、見舞金を受けつけており、在留僑胞皆様の誠意ある心ざしを待つている。

水災救護運動始まる
＝東京、大阪、群馬、千葉等＝

九州・紀伊地方居住の水害による僑胞罹災者救護運動は目下全国に散在する民団組織を通じて行なわれているが八月四日現在、中総に入つた中間報告によると次の通りである。

群馬県本部

○紀伊地方宛
家庭用マッチ三〇〇〇個
○九州地方宛
家庭用マッチ三〇〇〇個
以上時価十二万円

東京本部

既に八月三日現在約一万円の救護金を集めており、なお続行中である。

○城東連合支部

婦人會東京總會盛況

去る七月三十日午後一時から民団東京本部講堂において大韓婦人会東京本部第四回定期総会が来賓等合せて約四十余人参集の下にひらかれた。

都内の婦人会中野、品川足立、目黒等の各支部の婦人会幹部全員の出席を見て五時間に及ぶ長時間の間熱烈に諸般の問題が討議された。

婦人会中央本部会長呉基文女史は、本国戦災救援物資送付による本国旅行並びに韓国将兵慰問の経過を報告、次いで副会長蔡利植女史登壇祖国の完全なる統一の為に今こそ婦人は総蹶起せよと、熱弁をもつて訴えた。

これに続いて来賓として参席した民団東京本部副団長韓睍相氏の婦人文化啓蒙運動促進と婦人会の組織強化を望むとの祝辞があり、一年間に亘る婦人会東京本部の総括報告に入つて

① 巣鴨刑務所の韓国人戦犯釈放運動
② 本国戦災民救護物資募品運動
(3) 本国将兵慰問
④ 人形造りによる利益を本国戦災民救護運動の資金にする等の成果を婦人会総務高女史が報告、続いて財政報告質疑応答に入つた。この財政報告が終つて財政審査会を新たに結成、審査委員五名が選出された。

役員改選に入つては、李淑子女史が会長（東京本部）に金貞淑女史が副会長にそれぞれ当選した。

続いて組織強化、今後の活動方針が真剣に討議され午後六時頃、今後活潑な運動を展開することを誓い散会した。

写真は婦人会の光景

軍人會
第三回理事會

在日韓僑在郷軍人会本部第三回理事会は、去る七月二十九日午後四時から同六時まで約二時間に亘り同事務所でひらかれた。

安基伯理事長他十名の理事と金学鳳会長外全常任の参席をみて、まず執行部報告があり、次の如き各項にわたり熱烈な討議がおこなわれた

一、本国残留の戦友帰還促進問題
国連司令部を始め各機関に対しこれら除隊戦友の帰還促進を訴え陳情する

一、八・一五記念行事
民団中総と同調、諸行事に積極的に参加する。

一、役員補充の件
現執行部を次期大会までに再強化するため、監察委員を補充し、孔副会長を留任させる。

文化
韓日兩國神話・傳説に關する一考察（四）
金禹錫

此の檀君神話系統に属するもの即ち、地上世界支配者の天上世界からの降臨思想は韓国の有史以前からの信仰で、前記の他に新羅建国の中核となつた所謂辰韓六部説話、大伽耶国説話がある。

以上韓日両国の説話の骨子の共通点を要約すれば次の様になる。

(1)「桓雄」及び「ニニギノミコト」は、最初天上世界に住んでいたが、後部下をつれて地上世界へ降臨したとあるが如く、地上の最初の最高支配者でその重要補助者即ちそれを中核として従う者の先住地は共に天上世界である。

(2)「桓雄」は桓因から「ニニギノミコト」は天照大神から任命されたとあるが如く、地上の最高支配者の任命は、共に天上世界の最高神によつて行われる。

(3)「桓雄」は天の最高神の子であり、「ニニギノミコト」は孫であるというが如く、地上世界の最高支配者として地上世界へ派遣される者は、天上世界の最高支配神の子又は孫で、その直属系統者である点は共通である。

(4) 地上世界へ派遣する時、いきなり派遣せず、韓国の場合は広く地上世界を見渡した結果、決定し、日本の場合は、国土献上交渉等種々の事前交渉をしたとあるが如く、地上世界最高支配者を任命、派遣する前に、天上世界の最高神が、地上世界の最高支配者が統治し易くする為に事前工作をする。

(5)「桓雄」は「天符印三個」を授けられ「ニニギノミコト」は「三種神器」を

◉文化短信◉

☆高麗（第六号）
高麗奨学院発行の機関雑誌で六号は夏季特別号になつておりタイプ印刷の六十四ページ。

主な目次をひろつて見ると次の通り。

論説「世界平和の為に」加藤普佐次郎博士。
研究論文「発芽について」東北大学院　金灘鉉
「人間とエネルギー」阪大理科　楠寧福

になつており組合せは抽籤によつて決定する。

特に蹴球大会の参加チームには豪華な記念バックルが与えられ、賞品総額三万円（副賞）を計上しており予算は七万五千円となつて

舞踊會　燕舞

去る七月二十三日午後六時から読売ホールにおいて鄭舞燕舞踊発表会が観客約千名を集めて盛大裡にひらかれた。

崔承喜なきあと日本における唯一

金鳳竜（島根県）
朴在植（佐賀県）
尹海炳（神奈川県）
姜甲祺（東京）
千武鳳（大阪）
楠鳳鳴（群馬県）

輸出入業
三剛物産株式會社
代表取締役　金炯吉　桑島主計
東京都港区芝西久保巴町三番地
電略…シバミツダイヤ
電話…芝(43)5200

在庫品豊富韓國向最適
各種浮玉　硝子容器　色硝子
丸滿硝子製造所
社長　李起満（山中満吉）
山口県下関市上新地町2388番地
電話(2)5416

慶祝光復八周年記念

銀座の名物が又一つ増えました。韓国料理では他店にヒケをとりません松屋横通りの清潔な店です。
京城料理　三福
国電有楽町・都電、地下鉄「銀座四丁目」下車
中央区銀座四ノ五（元三福旅館）
TEL (56) 3908・0822

上野名物・元祖平壌料理
都内きつての味覚、当店特製の平壌冷麺を是非一度御試食下さい
上野　明月館
上野駅前・下谷郵便局裏
TEL (83) 7496

戦時綱領
1. 我等は大韓民国の勝利の爲に忠誠を盡す
2. 我等は民族自衛の爲に一致團結す
3. 我等は日本の治安と秩序維持に協助する

民主新聞
THE MINSHU SHINBUN

大韓民国居留民團中央総本部
機関紙
発行所　東京都新宿区若松町21
電話九段 (33) 2771・-1169
民主新聞社
発行人　金　載　華

振替口座
番号東京 143865
定価　1部10円
1個月送料共　50円

國土統一にすべてを盡さん

光復節八周年記念行事盛況

民族解放の感激天に冲す
民衆大會・スポーツ大會等
三日間にわたり盛大に展開

八月十五日、今日こそはわが韓民族と祖国が日帝の隷属より解放されて早くも八周年を迎えた国慶日である。

その間、共産傀儡軍による不法侵略に因り、民族相剋の不幸な動乱がおき、数多くの尊い民族の血を流したが、この悲惨な戦いは不完全ながらもどうやら終止符を打つたかに見える。

残る問題は、政治会議により大韓民国を主体とした統一政府の誕生であり、この祖国統一こそわが三千万民族の希望であり、すべての帰結であろう。

この統一ある日のためにわれわれは民族をあげて戦つてきたのであり、世界戦史にも稀有な天文学的数字にのぼる甚大な犠牲を拂つたのであることは全世界の周知の事実である。

この民族の悲願が達成されるその瞬間まで、わが在留僑胞もあらゆる分野で祖国統一に貢献すべく努力しているのであり、八月十五日の光復節を迎えて更にその覚悟を新たにするものである。

この日、日本全国にまたがる民団全組織を通じて在留僑胞は八・一五光復節記念日を意義あらしめる為に各地において数々の記念行事を盛大に催したのであり、東京での関東地区記念大会には、関東地方各地から参集、民衆大会、スポーツ大会等、従来にない大規模な民族の祭典を繰り展げたのである。以下関東地区記念大会の模様をここに伝えるものである。(P)

（写真は記念大会の光景）

八・一五記念大会のスローガン

一、民族自決原則による自由統一を戦取
一、民族正義で事大思想を清算
一、政治会議は大韓民国主導下に
一、日本政府は韓日会談成立に誠意を盡せ
一、国際親善を積極推進、世界平和確立に貢献する

雨にもめげず雲集
第一部　民衆大會

光復記念行事の第一部にあたる民衆大会は、八月十五日正午から中総講堂及び広場でひらかれる筈だつたが、昨夜来から降り出した雨に広場を使用することが出来ず、中総講堂で行なわれた。

雨のため出足もにぶく危ぶまれていた民衆大会は、それでも正午迄には、雨中にもめげずかけつけた関東各地からの代表だけでも講堂を埋め盡した。午後一時朴準氏司会により民衆大会は開幕、先ず新形式（最敬礼の代りに右手を胸にあてる）による国民儀礼が厳かにとり行なわれた。

なお会場には、金溶植駐日公使を始め、高警記官（僑民部長）民団中総顧問ら多数の著名人士の顔も見え、ラウドスピーカーも備えつけられた。

議長団に金光男、裴東湖、呉宇泳の三氏が推せんされ着席、議長団を代表して金光男氏が登壇「われわれはあくまで大韓民国の主権下に祖国を統一するものであり、その下に自由なる活動を展開するものである」と続いて金溶植駐日公使が会衆の万来の拍手のうちに登壇八月十五日にあたつて全世界に発表した李大統領の声明を朗読、次の如き要旨の祝辞を述べた。

金公使祝辞

時に今年は、一層われわれに意義深いものがあります。それは戦線にあつては休戦により戦斗が中止された状態にあり、国連にあつては政治会議に関する討議が開始される筈であり又、政治会議にあつては韓国の統一問題に関する討議が開始されるのであります。

われわれはこの政治会議にあつて、われわれの敵である共産徒黨等がこの会議を宣伝道具に利用して、わが同盟国の団結を危殆に落し入れる策謀を防止する為に最大限度九十日間内に問題を解決しない時には、わが方は退場する覚悟でおるのであります。

わが韓国人は五千年の燦爛たる歴史を有する文化民族にして統一された韓国の自由を得るために最後の一人まで、最後の一刻までわれわれの信念をまげず、統一の為に盡しております。侵略者である中共軍が、わが国土より逐い出されるその瞬間まで、わが韓国人は斗争を続けるものであり自由主義を信奉する世界の同盟国は最初の目的をすてず、われわれと共に歩調を合わすことを確信するものです。（後略）

ついで金炳旭副団長の記念講演が終るや、民団東京本部韓睍相副団長が大会決議文を読み上げ、万場一致をもつて可決した。（別項）次いで婦人会蔡利植女史により李大統領へ送るメッセージを朗読（別項）軍人会郭東儀組織部長より国連に送るメッセージを左の如き要旨で朗読、万来の拍手裡に採決された。

国連へ送るメッセージ（要旨）

「……忘れもせぬ西紀一九五〇年六月二十五日未明残忍無道な赤色侵略軍の砲声により韓国の自由と平和は破られふみにじられた。……

国連はこれを侵略者と規定、国連の警察行動によりこれを三八線の彼方に撃退したことに対してわれわれは衷心より感謝の意を表するものである。……

国連が承認したわが韓国に対し、動乱を通じて拂われた莫大なる犠牲は、韓国の統一と平和の為であつたのにも拘らず、民主連邦はソ連の仮面をかぶつた新平和攻勢に対し屈辱的譲歩をしたのであり、全韓国民が死をもつて反対してきた分斷休戦を敢えてなしたのである。……

ともあれ政治会議において論議される韓国統一法案問題に対し、韓民族を始めとする全人類の期待と信頼に背反なきよう努力すべきことを固く信ずるものである。……」

最後に日本政府へ送るメッセージが、反共陣営としての共同目的を遂行するために、過去の独善的優越感と偏狭をすて両国の親善と繁栄のために立ちあがることを強調する意味の要旨で読み上げられた。

このようにして第一部民衆大会は滞りなく進行、呉宇泳議長により閉会の挨拶あり、中総顧問高順欽氏先唱により万才三唱を声高らかに唱え、二時十分盛大裡に第一部民衆大会の幕を閉じた。

（写真は雨にもめげず記念大会に雲集する僑胞）

民族自決による自主統一を戦取
決議文（全文）

今日は日帝の桎梏より解放されて早くも八周年、われわれの唯一の正統政府である大韓民国政府が樹立されて五周年を迎える記念日である。

其の間、民族叛逆の共産徒黨等の兇計と侵略による祖国動乱は、わが民族をして筆舌に盡せぬ程の悲惨な塗炭の苦痛におとしいれたのであり、祖国をソ連に売ろうとするこれら逆徒の意図は、国連軍の警察行動に依り阻止され、又われわれの願わざる休戦会談が成立され南北統一問題が政治会議に、持ちこまれたのである。この政治会議は共産徒黨等の常套手段として、宣伝場化される憂慮があるので、われわれとしてはあまり大きな期待をしないが、唯われわれの悲願である祖国統一達成の為に、李大統領の主張を積極支持するものであり、従つて李大統領と米国々務長官ダレス氏との共同声明による期限つきの会議を絶対支持する。

この重大な秋に当り、われわれは民族至上命令である南北統一を戦い取るべく決意を更に一層堅固にするものであり、この統一によつてのみ世界平和に貢献出来ることをここに再び世界に向つて闡明するものである。このような意味において、在日六十万僑胞は日本各地にあつて祖国光復八周年及び建国五周年記念民衆大会に参集し、在日六十万僑胞の名において次の如く決議するものである。

一、民族自決の原則に従い自主統一を戦取する。
一、民族正義をもつて事大思想を清算する。
一、政治会議は大韓民国の主権下に急速な南北統一を実践せよ。
一、国際親善を積極推進して世界平和確立に貢献する。
一、日本政府は韓日会談成立に誠意を盡せ。
一、敵軍撃退に斗つた国軍及び民主友邦諸国に感謝の意を表する。
一、動乱の犠牲になつた国軍及び国連軍将兵の英霊に弔弔の意を捧げる。
一、光復八周年、政府樹立五周年記念万歳。
一、大韓民国万歳。
一、在日本大韓民国居留民団万々歳。

檀紀四二八六年八月十五日
光復八周年建国五周年記念慶祝民衆大会

李光俠孃優勝
金公使杯争奪 青年学徒雄弁大会

光復節八周年記念日を祝して、在日韓国学生同盟では、昨年に引続いて第二回金公使杯争奪青年学徒雄弁大会が八月十五日午後二時三〇分より、民団中総講堂において聴衆多数参集裡にひらかれた。

学同銭世鎭代表の開会の辞につづき昨年度優勝者安基伯君より優勝杯返還があつた後、金公使代理の高警記官の祝辞があつた。かくて各弁士交互に登壇、熱烈なる雄弁をふるつたが審査の結果、昨年度二位を獲得した李光俠孃（明治大学政経科）が見事、優勝杯を獲得、聴衆に多大なる感銘を与え、午後三時半過ぎその幕を閉じた。

八・一五記念夏季鍛錬会（学同）

在日韓国学生同盟では、光復節八周年を記念して去る八月二十五日から二十七日まで三日間に亘り、約五十余名参加のもと秋風立初める北軽井沢で「夏季鍛錬会」を催した。

社告

今般、事情により本紙編集長柳東烈氏は去る八月二十四日付をもつて辞職致しました。

民主新聞社

英女王戴冠式礼訪の歸路 申翼熙國會議長來日

八月二五日 民団中總で講演會盛況

過般の英国エリザベス女王戴冠式に韓国を代表して礼訪した申翼熙国会議長はヨーロッパ、東南アジヤ等二十五カ国を訪問視察、無事その国際親善の大任を果して本国への帰路来日したが、これを機会に民団中総では特別講演会を開催することになり、去る八月二十五日午後二時三〇分より民団中総講堂で、約五百名の聴衆が参集、多大の感銘裡に約一時間余に亘る講演があつた。

なお申国会議長は、数週間の予定で滞日、在留僑胞の各団体機関、又は生産企業体の施設等を視察の後帰国されることになつている。（写真は申議長）

講演要旨

約三カ月間に亘つて世界各国を巡回した報告と「われわれが如何にすれば幸せに暮せるか」について僑胞皆様と話したいと思います。私自身も約三十年間の海外生活の後、解放後韓国に帰つて八年間を大したこともせずに、唯忙しく過しました。

そしてこのたび英国エリザベス女王戴冠式に韓国を代表して参席の光栄に浴したのでありますが、この好機会を利用してわが国を援助している自由諸国家を訪問視察せよとの韓国民の希望でした。

五月八日米国に到着米国民に対するわが韓国民の感謝の意を伝え、ロバートソン氏等とも韓国問題につき種々語り合いました。

英国に着いてからは、外務関係の諸要人等の案内で各宮殿等を参観、生活様式等を実地に見聞し、エリザベス女王との謁見の時には韓国民の英国に対する感謝の意を伝え、女王の戴冠式を慶祝申し上げました。

一つ申し上げたいことは曾つて韓国人学生を色々と御援助下さつた方が、外務大臣の要職についておられたことです。

無事、この歴史的戴冠式を終え、カナダ、ノルウエイ、スウエーデン、デンマーク、オランダ、ルクセンブルグを一巡、更にフランス、スイスを経てイタリーも訪問しましたが、本国の国民が是非エチオピアも訪問してくれとの要望があつたので、カイロを通つて行つて見たがなかなか立派な国家であり、建物も文化的でこれから先発展するとの感を強くしました。

帰路は、シンガポールを経てオーストラリア、台湾等東南アジアを見聞、占めて二十五カ国を三カ月間に見て廻りました。

× × ×

この旅行により行く先々の国で感じ見たことは「如何にすれば、幸せに暮せるか」というエネルギーで充満していたことです。

外国の良所を見て、自国の事を思わずにはいられなかつたのです。

嬉しかつたことは、これら自由諸国の人々がわが国に感謝と尊敬の意を表していたことで、私は逆に貴方がたに感謝の念を持つていると伝えました。

新聞記者のインタヴューには、私は国際親善がこの旅行の目的で政治問題には干渉せずと答え、唯韓国と韓国民が何をしているかは明らかに伝えました。つまり「韓国は歴史的に見ても平和を愛護する国家であり国民である。永久な真の平和を願つており、一時的な偽られた平和は願わぬ」「韓国の完全統一こそ真の平和が来る」等と。

又李大統領こそ全国民の主張要求を代弁する人であるとも言つた。……

民主々義の第一條件は優れた個人になること。

そしてこれ等個人が力を合せてやつて行くことこそ民主々義に他ならない。

異国に住むことは何かと窮屈なこともあろうが、独立した祖国をもつているわれわれは決して襟持を失なつてはならない。

本国の国民と海外の国民は夫婦の関係の如く密接であるべきであり、何かの不満があつても辛抱すべきである。

このようにしてお互に信じ合い、協力することこそわれわれの、生きる道である。

（写真は講演会に集つた聴衆）

李大統領に捧げるメッセージ

三千万白衣民族が日帝の鉄鎖より解放された歓喜も新たに、又韓国政府樹立を世界万邦に宣言した民族的感激も生々しくよみがえる今日、われわれは外地にあつて胸にたぎりたつ民族的感情を胸に抱き、光復八周年、建国五周年記念日を迎えて、われわれの堅固にして新らしき決意を別紙の如く決議、併せて大統領閣下にこのメッセージを捧げるものであります。

大統領閣下におかせられましては、夙に海外にあつてわが民族救出にあらゆる辛酸と、犠牲的奮斗をなされ、その卓越した手腕と、何時に変らぬ愛国的斗争は、三十余年の長い屈辱的民族歴史に、壮として終止符を打たれたのであり、かつ大韓民国樹立によつて、わが韓民族が世界列強と肩を並べ邁進するようになつたのであります。

かくしてわれわれは、失なわれていた民族正権を獲得し、ふみにじられた自由と平和を確保することが出来たのでした。

しかも、あの悪辣きわまる赤色徒黨等が、祖国をソ連の隷属たらしめようと兇悪な陰謀による動乱を惹起せしめ、わが祖国が一時危機な運命に落ち入つた時、大統領閣下は英雄的斗争をもつてこれを撃退今日の韓国を健全たらしめたのです。特に休戦会談前後を通じて祖国統一戦取に発揮した大統領閣下の卓越した外交力量と、燦爛たる業績は、大統領閣下をして〝二十世紀後半歴史の主人公〟たらしめ、世界人類の讃嘆を浴びたのであり、又われわれは大統領閣下の、崇高な領導と、偉大なる恩徳に浴する光栄をかち得ることが出来たのです。

われわれはこのような大統領閣下のすぐれた政治力が韓米條約締結により韓国の安全を完全に保障し、きたる政治会議にあつて極めて有利な立場を確保せしめ三千万民族が渇望する祖国統一を大統領閣下の号令下に必ずや完遂することを固く信じて止みません。

われわれは別紙決議事項を遂成する為に常に、大統領閣下の英明なる領導施策に添い、総力を発揮することを再び大統領閣下に誓盟するものであります。

終りに大統領閣下の御健勝を祈つてメッセージを終ります。

西紀一九五三年
八月十五日
光復八周年建国五周年
記念祝賀民衆大会

主張

歸還傷病兵と戰歿將兵遺家族援護

戦争が必ず死者と傷者をともなうことは古今を通じて何も今更註釈する迄のこともないが、今度の韓国動乱ほど古今に亘りこれ程大きな損害を人間に與えたことは、曽てないのである。近代の文明社会が人類に移植されてより、第一次世界大戦、第二次世界大戦と順次その人間の蒙つた被害は激甚を加えていつたのだが今次の韓国動乱は第三次的テスト・ケースだとしてもその惨害の度合に吾人の耳目を驚かくさせるのである。

せまい国土の中でありとあらゆる近代武器を使用しての戦いの結果は、国土のこうはいと多数の死傷と遺家族をのこした。

いまわれわれは、ことの善悪を追求する隙もなく、またこの紙面はそれを語る目的でないのでさて置き、民族の独立と国土の防衛のために、われわれの断となつて戦い不運に斃れた傷病軍警及び戦歿遺家族達の援護の事に胸が一杯である。

日本に住む僑胞諸君は御存じのことと思うが、われわれがたまたま路上に於て或は乗物を利用する時、そこに見るのはかつて日本帝国の将兵達のなり果てた姿である。彼等はその日の糧を得るために路上で電車の中で哀れな物乞いをしているのである。われわれが祖国に想いを馳せ、親者、知已、友人へとその想念を集中する時必ず非惨な国土と傷兵達の気の毒な姿につき当る。われわれは日本の傷兵達を見るたびに他人事でない感なきを得ない。

他国の政治の在り方を兎や角批判するのは本意ではないが、あのように街頭に傷兵が溢れていることは確か良い政治の行われていない証拠かも知れない。

とも角われわれの傷兵や遺家族はあんな様子ではいけない。彼等はわれわれの身代りとなつて斃れまた傷ついたのだ。われわれは彼等をまたその家族を援護する義務を持つのである。

先般本国の陳内務部長官はその談話を以て、去る七月六日以来各市郡の警察及公共団体が中心となり傷痍将兵に対する物心両面の慰問の積極実施と戦歿傷痍或は拉致された軍警及第一線動員の労務勇士等の遺家族生活に対する援護機能の最大限発揮を要請し、それをまた大韓民国駐日代表部を通じて居留民団其他へ通達してきた。

もうす迄もなくわれわれはこれを積極的に推進させねばならないことで要請されるまでのことでもない。戦後の建設にともなつて重要なことはこの援護事業である。陳長官の談話にもある通り本国ではこの運動が積極的に遂行されている。海外に於けるわれわれ韓僑も誠心誠意これに協力せねばならぬのは勿論である。

在日僑胞諸君、われわれはあのなつかしい山河、花咲く丘で幼な友達と無心にたわむれた昔のことを想い出すがよい。あの平和な暮しも幼な友達もいまは無惨にも消え失せたのだ。産業は跡形もなく破壊され民族は支離滅裂死山血河をなしている。その惨禍を目の前にしなくともどうしてわれわれとて感なきを得ないだろうか。幸いにもわれわれ在日僑胞は直接的惨禍を免がれ、満足でないまでも本国の同胞より数等倍ましな暮しをしている。在日僑胞よ、同胞愛を発揮しようではないか。

韓日親善のくさび

……第二部 野球大會……

優勝杯は国病チーム

（写真国病チームに優勝杯授與）

光復節八周年記念行事の二日目、八月十五日の韓日親善野球大会は、前日に引続いて降つたり止んだりの悪天候ではあつたが、予定通り午前十時から新宿区内の国立第一病院グラウンドにおいてひらかれた。

第一戦は民団中総対税務講習所の対戦で十三対二のスコアをもつて民団中総チームが難なく快勝、第二戦は女子医大対通産省統計局の対戦で十対九のスコアで通産省統計局チームが辛勝

準決勝に入つては民団対国立病院の対戦になり、民団チームのしつような追撃も及ばず二対〇のスコアで国立病院チームに凱歌があがつた。

かくして最後の決勝戦に入り通産省統計局と国立病院の対戦になつたが、両チームとも白熱戦を展開、遂に試合経験の多い国立病院チームの上手な試合運びにより二対一の僅少の差をもつて国立病院チームが優勝、柳泰夏参事官杯を獲得、午後四時半試合を終了した。

炎天下の球宴展く

雌雄入亂れての白熱戦

遂に韓青チームに凱歌

光復節記念行事の最後の幕を飾る全国僑胞蹴球大会（サッカー）は八月十七日の日快晴の天気に恵まれ、炎天下新宿区内の海城高等学校グラウンドにて正午、華々しく開幕した。

金公使杯争奪

昨年度に金公使杯を獲得優勝した兵庫県の神戸チームは都合によりこの日出場出来ず、韓青、学同、軍人会、民団中総、民団大和支部（神奈川県）社民クラブの六チームが出場対戦した。

中総対軍人会、大和対韓青、軍人会対韓青、学同対社民クラブ等の対戦があつた結局、学同と韓青の二強チームが勝残り、学同対韓青の決戦に入つた。

神戸チーム参加の場合翌十八日に決勝戦が行なわれる筈だつたが、同チームが出場出来なかつたので、同日内に決勝戦まで持込むことになつたのである。

決勝戦が始まる頃は既に夕暮に近く赤い夕陽を浴びて雌雄を決すべく両チームは力と技のベストを盡して白熱戦を展開、夕闇立ちこめる頃、韓青5—1学同のスコアをもつて、遂に優勝は韓青チームが獲得、午後七時観衆の歓呼裡にその幕を閉じ、光復節八周年記念行事を滞りなく終了した。

（写真はサッカー試合入場式）

（写真は決勝、学同対韓青 韓青ゴール前）

発令

崔斗律（広告部）
宋世向（編集部）
任普赫（編集部）

右、九月一日をもつて入社致しました。

民主新聞社

伸びる地方組織
八・一五中心に各地大會

秋田縣本部 八・一五大會

秋田県本部では、秋田市大町の秋田商工会議所ホールに約三百余名が参集、光復節記念民衆大会を盛大にひらいたが、続いて同県内の優秀支部及び功労者表彰式が併せて挙行された。

★優秀支部…象潟、秋田、能代、角館、横手、湯沢、鹿角の各支部と大曲、大久保の各出張所

★功労者…

申貞休（象潟）
任南鉉（秋田）
鄭達之（能代）
鄭達観（角館）
崔判用（横手）
崔吉栄（湯沢）
丁興秀（鹿角）
朴相守（大曲）
洪且述（大久保）

右の優秀支部と功労者には、表彰状及び記念品が贈呈された。

続いて、敵団長杯争奪雄弁大会（第一回）がひらかれ、「祖国統一に対するわれわれの義務」の演題で熱弁をふるつた秋田市の朴根圭氏が、優勝の栄冠をかち得た。なお、審査員には李縣春氏（副団長）任南鉉氏、申竜植氏、鄭達観氏がそれぞれあたつた。

団長…田千守
副団長…朴錫圭
副団長…尹鍾淑
事務部長…朴性烈
総務課長…〃（兼任）
財政係長…金鳳
組織課長…李錫
文教〃…金栄吉
民生〃…徐乙植
婦人係長…鄭日汝
青年係長…李太率

＝決議機関＝
議長…裵点錫
副議長…李奉用
〃…千順根

＝監察機関＝
委員…金命度
〃…鄭信得

＝顧問団＝
五得竜、尹任朝 芮東海

福岡縣本部 八・一五大會

八・一五光復節八周年記念日を迎えた福岡県民団本部では福岡市住吉婦人会館に約千五百名の僑胞が集り同日午後一時から開会された。

会場には、駐日代表部福岡事務所長尹錫均氏を始めとして内外の著名人士が多数参席、民団が同県に組織されて以来の、大盛況を極め、午後四時、民衆大会を終り、ただちに県本部裴鎮鶴氏の総指揮による市内祝賀行進が行なわれた。

事務部長　鄭秉和（再選）
総務課長　秋東求（兼任）
組織〃　趙汀米（新任）
文教〃　卞在玉（〃）
民生〃　崔永益（〃）

＝監察機関＝
監察委員　秋東求（新任）

＝諮問機関＝
顧問　黄竜先（再任）

愛知西春支部大會

民団愛知県西春支部第七回定期総会は去る八月一日同県西春日井郡新川町西堀江の同事務所でひらかれ、左記の如き新任役員を選出

＝決議機関＝
議長　趙柄来（新任）
副議長　朴在玉（〃）

＝執行機関＝
団長　尹錫玉（新任）
副団長　趙璜韻（〃）

札幌支部大會

本年度に入つて北海道在住僑胞の文化啓蒙運動の先がけとして「韓僑民報」を発刊、更に組織面においても強化拡大方針をとつてきた民団北海道本部では、その後著しい発展を見せているが、時に北海道でも札幌支部はその中枢神経的役割を果してきたのである。

このたび同支部は、実践主義をスローガンに最大機能を発揮すべく、第六回拡大臨時大会を開催、今後における組織強化拡大に対する対策を討議し、新役員を次の如く選出した。

＝執行機関＝

出征家族及び戰歿勇士 遺家族援護月間始まる

☆☆☆☆☆☆

本国の動乱が一応終つたとはいうものの、本国ではこれ等出兵家族、戦歿将兵遺家族が無慮二千万以上に達しており、その救護問題が大きくとりあげられている。この時に当り、在留僑胞間にあつては従来、これら遺家族救護問題には、とかく無関心になり勝ちなのは甚だ同族として遺憾な好ましからぬ現象とされていた。

この問題に関し、ひとり在日韓僑在郷軍人会では発足以来数度にわたりこの救護運動を展開していたがこのたび本国の大韓在郷軍人会の指示により、本国とタイアップして来る九月五日から十月四日までを出兵家族及び戦歿将兵遺家族援護月間として大要左の如き内容で、軍人会の機能を総発揮、更に僑胞諸団体の積極的協力と相まつて大々的な援護運動を展開することになつた。

なお軍人会では、日本から出征した家族及び、戦歿将兵遺家族を援護することが当面の目標であるから、在留僑胞皆様の衷心からの援助を希望している。

〝援護月間計画〟

一、戦歿勇士合同慰霊祭

…在日自願軍の戦歿将兵の合同慰霊祭として、自願軍関係家族、遺家族を招待しておこなう。

時日…十月一日午後一時
場所…民団中総講堂

二、第二回援護金交付

…合同慰霊祭に続いて十月一日午後三時から行う

三、遺家族慰安芸能会

…出征家族及び遺家族を招待、演芸映画等のプロを組み慰安する。

時日…未定
場所…東京読売ホール

十月四日…援護月間終了式挙行

Part of Aishin-Airin Institution Insert : Missionary chang

（写真は愛隣会全景、円内は張牧師）

愛神愛隣會
張德出氏の努力結實

「食うにも飲むにも何事をなすにも凡て神の栄光を顕すようにせよ。世界の人にも又神の教会にも躓物となるな。我も凡てのことを凡ての人の心に適うように力め人々の救われんために己の益を求めずして多くの人の益を求むるなり」

これは宗教法人東洋救霊団愛神愛隣会のモットーである。

この愛隣会なるものは兵庫県神戸市灘区泉通四丁目二七番地にあり、韓国人牧師張徳出氏が今を去る十三年前に設立したもので、不遇な孤児等を収容、その保護養育をする施設である。

張牧師が日本に在留しているわが僑胞の教化の為に来日して十数年になるが、その当時僑胞社会のあまりにも悲惨な生活状態を見るに見かねず、最初四五人の孤児を集めその養育の為に愛隣袋を肩にかけ方々転々と廻つて歩いたが、この張牧師の偉大なる精神に感動した人々がこれをたすけ今日では約五十名に近い孤児を養育する程の大規模な施設をもつほどになつた。

その間、世間のあらゆる迫害と斗いながらひたすら神の愛にすがつて荊の道を切りひらき今日の基礎をつくりあげたのだという。

現在この愛隣会は九十坪の建物と百坪の運動場をもち、又国際日曜学校をも開いて宗教による韓日親善の役割も果しており、在留僑胞は勿論、日本人からも称讃の的になつている。

この張牧師の社会救済事業に対し、一九五〇年六月に日本天皇から金一封を下賜されたこともある。

張徳出牧師略歴

本籍…大韓民国釜山市草梁洞一〇五四
釜山農業学校卒業
神戸塩屋神学校卒業
岐阜聖潔教会伝道師
神戸聖教会牧師。

なお愛隣会の理想は一には神のアガペにより東洋の憐なる人々の魂を救い、二には国際親善社会福祉のために盡すことだそうです。

＝顧　問＝
姜子成、任鶴天

水災救護運動 各本支部活躍

既報、九州紀伊地方水害による被害は予想外に甚大で、当該地方に居住する僑胞罹災者も相当数居り、目下各県の民団本部では救援金や救済品を自発的に送つているが、その後、中総に次の各県から、これら僑胞罹災者に対する救援報告が入つた。

★…和歌山縣本部…★

民団和歌山県本部では、九州地方水害による僑胞救済義捐金を和歌山新聞社を通じて左記の如く慰問文と共に送つた。（和歌山県地方が水害になる直前）

○醬油……一樽
○現金……五、四八〇円（葦原、市南、伊都、市北各支部）

★…香川縣本部…★

民団香川県本部（三豊郡観音寺町）では九州地方水害の罹災僑胞救済募金に関する件を同県本部議事会にかけ、朝日新聞高松支局に寄託して一金四七四〇〇円を送つた。

★…青森県本部…★

民団青森県本部では左記の如く僑胞罹災者に、同県八戸市福祉事務所を通じて発送。

○現　金…四五五円
○救済品…〃作業ズボン…二五枚（時価八七五〇円相当）
★スカート…五枚（時価二〇〇〇円相当）
★反物（布木類）…五五碼七分（時価五五〇〇円相当）

★…岡山縣本部…★

民団岡山県本部では、九州、山口県水害による罹災僑胞に対し、この救援策を協議会にかけ一金三〇〇〇〇円を当該地に送ることに決定、当地山陽新聞社に依託した。なお韓青県団部でも和歌山県水害地方の僑胞に一金一五〇〇〇円を送つた。

（写真は人形を寄贈する婦人会の人々）

國連傷病兵に人形を寄贈
大韓婦人会

昨年来より本国を訪問、傷病兵慰問や避難民救済物資を南韓一帯に亘り給付する等、在日大韓婦人会の活躍は目ざましいものがあるが、更にこのたび韓国戦線で負傷、日本の各病院で加療中の国連傷病兵を慰問する一方、美しい韓国人形を寄贈して、これら傷病兵達に感謝されている。

即ち、在日大韓婦人会中央本部では会長呉基文女史他常任一同が、去る八月二十六日、東京築地にある聖路加病院とアネックス病院を訪れ、フイリピン、タイ、オランダ、アメリカ、トルコ、フランス、エチオピア等の各国傷病兵を慰問、聖路加病院に二十三コ、アネックス病院に五十コの美しい韓国人形を送り、更に翌二十七日は、東京墨田の米陸軍病院を訪れ、今度、傷病兵捕虜交換で帰還してきた傷病兵達にも三十五コの人形を贈り、慰問した。

シャツ等五千六百点本国向発送

八・一五光復八周年記念を祝して本国政府の招請により・在日僑胞六十万を代表した使節団五十名は去る八月十二日、羽田より空路本国へ発つたが、その後本国で光復節、政府樹立五周年記念式典に参加、無事その大任を果し、目下南韓各地の国軍病院慰問等、視察旅行を続けている。この使節団が出発前、傷病軍人宛慰問物資の募金として寄贈した約五十万円は、民団中総でメリヤスシャツ二千八百点、キャラコパンツ二千八百点合せて五千六百点、（約五十万円相当）を購入、去る八月二十三日神戸港発のSANYANG号に荷積して送られた。

これら慰問物資は、民団本国出張所で受け取り、本国政府社会部を通じて傷病軍人に配付されることになつている。

使節団一行に加わりて

金今石

まえがき……光復八周年記念と政府樹立五周年記念を祝して、本国政府の招請により金載華団長を始め在留僑胞の代表五十二名からなる祝賀使節団は、本国の記念祝賀式典に参加すべく去る八月十二日空路本国へ向つた。

これはその本国訪問記である。

★八月十二日

NWA機で午前八時半羽田を出発。

波荒き日本海、玄海灘を眼下に見下しつつ午前十一時半にはもう水営飛行場についた。

康慶玉民団本国出張所長を始めとして各新聞記者等の歓迎を受けつつ記念撮影等する。

所持品の税関検査と外務部の入国手続を済ましバスに分乗釜山に向う。

団員の中には、二十幾年ぶりで祖国を始めて訪れる人もあり、皆感慨無量といつた表情。

窓外に見える祖国の風景に国破れて山河ありの感慨も、一しお深いものがあろう。

まもなく釜山市内開国旅館に一同旅装をほどく。

★八月十三日

祖国に第一夜を明かした使節団一行は翌朝午前六時にはもう起床。

八時に朝食を済まし、愛国歌合唱と殉死将兵の冥福を祈る黙祷を捧げる。

金団長の使節団としての襟持と態度について注意があり、暫らくして日本から出陣した僑胞自願軍将兵の訪問を受け、感激の握手が交される。

康出張所長、葛経理局長金団長秘書曹允具氏と筆者の四人で税関監視局長を訪問、使節団所持品のことにつき種々意見を交換、午後六時から使節団主催による僑胞自願軍将兵の為の晩さん会が軍人会館でひらかれ和気あいあい裡に一夜を過す。

★八月十四日

午前中に税関へ関税を納め、午後七時の特別軍用列車で全員ソウル（京城）に向う。

☆八月十五日

予定時間より少し遅れて午前八時半、目的地ソウル駅に到着。

駅頭に尹城淳交通部長官を始め法制処次長、交通部総務課長、朴ソウル駅長等多数要人の迎える中に、使節団一行は一般市民と同じく三列従隊を組み記念式場へ高鳴る胸を抑えつつ行進当日のソウル市街は全く壮観そのもので、人道には立錐の余地もない程、光復節を祝う市民で埋まり、数万にも上る数え切れぬ程のプラカードは大海の波のうねりを思わし、歓声のどよめきは山をも崩す勢で天地に鳴り響いた。

式場にあてられた中央庁広場に着いて見ると、使節団に指定された場所は、最先頭の演壇のすぐ前にあてられており、午前十時を期して大祝賀式典は開始された。勇壮な陸海空軍合同軍楽隊の演奏裡に国旗掲揚、愛国歌斉唱、黙祷があり、ソウル師範学校混声合唱隊による光復節の歌が合唱された、記念辞に入り、李大統領閣下中央壇上に登壇、この光復節を期してわれわれの祖国統一への覚悟を新たにせよとの力強い祝辞の後民議院（国会）を代表して曹奉岩副議長、UN韓国統一再建委員団議長、駐韓外国使節団々長中国大使、駐韓米国大使、テーラー米第八軍司令官等の祝辞があつた。

続いて李大統領閣下への花束贈呈が群集した民衆の万雷の拍手のうちにおこなわれ、ソウル放送〃子供の

器で武装し、完全に訓練されたこれ等逞しい勇士の行進は感激の一瞬であり、使節団一行の胸を去来するものは、わが国防軍への信頼であり、祖国統一への覚悟を更に倍加する信念であつた。

午後一時半、閲兵式は終り一行はソウル駅食堂で会食後、南山ホテル等三隊に別れて分宿。

★八月十六日

ソウル市内の罹災地を視察。昌慶苑、パコダ公園、動物園、南山公園等名所旧跡を訪れたが始めてまのあたりに見る祖国の文化遺跡にただ驚歎する団員もちらほら。

☆八月十七日

康出張所長の案内で中央庁訪問。

公報処、白総理、総務処

還中、共産軍侵入時の激戦を物語る戦の跡歴然たる光景が展開され、汶山近くなるにつれ無気味な程静寂な山野は、かえつて昨日の狂風波乱を想起させる。

汶山駅近く共産捕虜を送還するUN軍列車に出会つたが、彼等捕虜の奇怪にして複雑な表情と、人民歌を狂うばかりに怒号する様を見て、数時間後には鉄のカーテンの中に去るその運命にむしろ同族としての憐びんの情を禁ずることが出来なかつた。

午前十一時、汶山駅を経て板門店捕虜交換所に着き崔少将（捕虜交換所々長）が一行を迎え、軍楽隊演奏裡に全将兵の歓迎を受けた。梁少領（少佐）崔大尉の案内でテントに入り交換事務を見聞、共産側から送

抱きつかんばかりにして涙ながらに歓迎するのを見

（筆者は中総組織局長）

桃

禊祓に関する信仰

日本の記紀に依れば、伊邪那美命（女神）は神々を生んだ後火の神を生んでその為に焼死したので、出雲と伯伎との国境にある比婆之山に葬つたが、残つた伊邪那岐命（男神）は思慕の情に堪えず、死んだ女神をつれ戻す為に、死者の国である黄泉国へ行つた処、死んだ女神は生前と変らない姿で出迎えたので一緒に帰ろうというと、死者の国の食物を食べた後であるから帰ることはむずかしいと思うが、切角来られましたから、黄泉国の支配神に交渉いで待つて貰いたいといつて中へ入つて行つたが、仲々出て来ないので、待ちきれず、女神との約束を破つて、その内部を覗いた処、女神の体が腐敗していたのを見てびつくりして逃げ出すと、女神は怒つて、黄泉国の軍勢即ち多くの悪魔共に命じて男神を追跡させたので、竹製の「櫛」の両端の大歯をかいて、投げ捨てた処、筍になつたのを悪魔がそれを食べている間に逃げたが尚も追跡して来るので「桃」を三個とつて投げつけた処、悪魔は全部逃げ帰つたが、最後に女神が直接追跡して来たが、結局難を逃れて「筑紫の日向の橘の小門の阿波岐原」と云う河辺迄来て、心身の汚れを拂い清める為に禊祓をしたと云う所謂黄泉国に関する説話があるが、当稿の研究対象になる要素は、

㈠ 死者の国たる黄泉国

㈡ 黄泉国の軍勢即ち悪魔退攘の役割を果している「櫛」と「桃」

㈢ 心身の罪汚れを拂い清める為に、水中で行う禊祓に対する信仰

等である。此れ等に就いて検討して見よう。

㈠ 黄泉国―死者国

日本神話に依ると、死者は死者の国へ行つて、現実の人間社会に類似した生活をすると信じていたらしいが、死後に関する信仰即ち黄泉国の所在地、内容性格等に関する事項は韓国のそれと殆んど共通、類似している。それを立証する韓国の死後に関する信仰を窺い得る資料、説話の一部を示すれば

魏志東夷伝の東沃沮の條に「其葬作大槨。長十余丈開一頭作戸。新死者皆仮埋之。……。刻木如生形。随死者為数。又有瓦鑩。置米其中。編懸之於槨戸辺。」とあり、同書夫余の條に「其死夏月用氷。殺人殉葬。」とあり、又晋書四夷伝夫余の條に、「死者以生人殉葬。」とあり、

韓国の文献に表われた説話としては、三国遺事の竹葉軍の條に、新羅第三十六代惠恭王の大暦十四年四月の或日、旋風が新羅の三国統一の大業を翼賛した名将金庾信の塚から、巻き起つた。其の旋風の中を見ると衣冠をつけ、駿馬に乗つた一人の将軍が居り、その周囲には甲冑に身を固め、器仗を執つた軍兵が四十人ばかり随づていたが、その一行は太宗大王を祀つた竹現陵へ入つたと思うと、幾かに陵中が振動して哭泣の声がして、何かを訴えている様な音がした。それは金庾信の言葉であつて、よく聞くと「臣は平生輔時救乱匡合の功績が有り、今死して魂魄となつても邦国を鎮護して、災を禳い、患を救う心は少しも変り改ることがなかつた。然るに王は臣の功烈を考えず、無実の罪をもつて臣の子孫を誅罰したから、臣は国家の為に尽すことをやめて遠く他所へ移りたいから許し給え」と云つたのを聞いた王は三度も謝意を願つたが承知しなかつたとある。（此の項続く）

一中學生の見た 休戦についての感想

僕達の祖国に戦乱が始まつて今年で満三年、そして今は休戦という名で一おう終りました。

この韓国の戦乱の原因は同じ一つの国が、二つに分けられてしまつたから起つたと僕は考えています。僕は日本で生れたので、自分の国である韓国が、どういうところか、実際には知りませんが、お父さんやお母さん達の話を聞き、そして新聞ラジオなどで色々と聞きまして、大変だろうと想像すると胸がつまるような気がします。

故郷には多くの親せきがいるともお父さんやお母さんから聞かされました。

ま、本もノートもなくて勉強も出来ないでいるのではないかと思うと、ほんとうに涙が出るほど悲しくなります。

僕が生まれてまもなく大東亜戦争が始まり、六才のときに終りましたが、小さいときなのでよく分りませんが、随分苦しくてつらかつたという感じは今でも忘れられません。

今僕達の祖国が南北分裂のまま休戦したという事は僕達はとても理解出来ません。

同じ韓国人が自分の国を二つに分けられて、血みどろになつて、戦つてきたのは何故でしょう？

そして親兄弟を亡くし家は焼かれ財さんは戦火にうばわれ、田や畠を焼野原にしてまでも戦つて来たのは何故でしょう？

僕達韓国人は、どんなぎせいを拂つても祖国を統一された楽しい一つの国にしたいと願えばこそ戦つてきたのです。

それなのに今、はつきりと目当もなく、何時統一されるかもわからないのに休戦になつたのです。

だから僕は又何時戦争が始まるかと思うと、心配でなりません。

早く政治会議をひらいて韓国を僕達が一番偉いと尊敬している李承晩大統領指導のもとに統一出来るように僕は祈つています。

親愛なる日本のお友達の皆様、僕達少年は僕達が大人になつたら、絶対に戦争などしないように今から親しくお互に手をとりあつて行こうではありませんか。

日本には僕達韓国の友達が約五万名おります。これらの友達は皆、日本のお友達と仲良しになつて、将来はほんとうに平和に仲良く暮して行きたいと思つておりますから、皆様もどうぞ僕達韓国の少年と仲良しになつてくれるようにお願いします。

（東京都豊島区高田南町二丁目六二〇番地）

高田中学校一年C組 金雄善

讀者の聲

★民主新聞八月十三日号御恵送下され只今落掌、劈頭「滅共、祖国統一に総力を結集、政治会議は敵陣営の試験期」の標題拜見、「曽巡二月緑江中、江上氷馬路通、鮮満国境程三百、我馬縦横万事卒」の拙賦と感慨必ずしも同じではないが、聊か相通ずるものがありはしないかと思いました。

八月十七日

（宮城県遠田郡涌谷町刈貰町 堂本貞一）

韓国映画「故郷の灯」

かねて本国訪問時に、中総金団長から公報処に依頼してあつた映画「故郷の灯」……慶南宣伝対策委員会製作……十六ミリ六巻……は慶南道知事から民団に送られてきたが、近い中に公開される予定。

原子鏡

☆在留僑胞諸団体の中、機関紙をもつ団体が幾つかある。

☆これらの機関紙が微々たる存在ではあつても、在留僑胞社会に果す役割は大きい。

ところがこれら機関紙の購読を拒む商社が幾つかあるのは理解に苦しむ。

これら自称貿易商社として日本にある限り、当然わが陣営の一翼を担い、それ相当に協力すべきであるのに、専らメイクマニーばかり御執心で一向に協力しない。

僑胞社会のよき指針たらんと努力するこれら機関紙の発展と育成の為に協力は出来ぬまでも、講読すら拒否するにあつては、わが民族陣営を侮辱したと断定せざるを得ない。

★これら機関紙は日本の商業新聞と違つて本国の動きは勿論、韓僑社会の動きを最も詳細に報道しており、同じ韓国人として関心をもつ筈であるのに、どうした訳だろうか。

本国がどうあろうが、韓僑社会がどう動こうが、われわれはお金さえ儲ければよいとでもいうのだろうか。

★もしそうだとすれば、これは明らかに謀利輩であり、仮面をかぶつた似非韓国人に違いあるまい本国政府の目をごまかし日本にもぐりこんできてしこたま甘い汁を吸おうなんて全くけしからん話ではないか。

これ等商人の猛省を促すや切。（青槍）

× ×

新刊 朝鮮語辭典

臨時定価 1,200円

発行 朝鮮語学会　取次 民団中総文教局

特色 従来の国語辞典と異り、単語の解釈を日本語で簡明にしてある。

最上紙質印刷美麗

一〇〇〇頁ケース付

光復節記念バックル發賣!!

八月十五日光復節記念のバックルです。

堅牢・優美・銀メッキの高級品です。

御希望の方は送料共三百円御送り下さい。

（表）

（裏）

本社で御取次ぎ致します

戦時綱領
1. 我等は大韓民国の勝利の為に忠誠を盡す
2. 我等は民族自衛の為に一致團結す
3. 我等は日本の治安と秩序維持に協助する

民主新聞
THE MINSHU SHINBUN

大韓民国居留民団中央総本部
機関紙
発行所　東京都新宿区若松町21
電話九段 (33) 2771・-1169
民主新聞社
発行人　金敷華

振替口座
番号東京 143865
定価　1部10円
1箇月送料共　50円

捕獲警告と韓日関係

李ライン、独島を繞る
日本の抗議は自惚根性

韓国の海軍当局が、三日国連軍防衛水域停止後の韓国水域での作戦は、韓国海軍が単独で行うに従い、今後日本漁船の韓国水域侵犯を警告し、更に七日には韓国艦艇から海上で遭遇した日本の水産庁監視船に対し、八日午前零時を期して李ラインを越境した日本漁船の一斉取締りを断行するとの通告を発したことにより、日本の朝野は挙げて対韓悪感情を煽り立てる如く見受けられる。経済的報復または実力行使をするともいい、或は海賊的行為だと韓国を批難する。独島が韓国領土であることは歴史的事実となつており、韓国が日本の桎梏から解かれて独立したその日から領土に含まれていて、一九四六年一月二十九日の連合軍総司令部の覚書により独島は日本の領有から明確に除外されて、マッカーサーラインが独島より日本寄りに設定されたことによつて韓国領土として確認されたものである。これは昨年一月十九日、李承晩大統領が発した「海洋主権宣言」にも通ずるもので、両国間の領土設定の最終的決定にひとしいものである。李ラインについても、戦時たると平時たるとを問わず国際法的に違法ではなく、韓国経済の生命線である魚族の保護を主目的とするもので、韓国政府の「大陸棚」理論がそれを裏づける。大陸棚に埋蔵される地下資源が領海の外にあつてもその国が管理権をもつ理論は、国際的慣習法として認められる既成の事実となつているので、海洋の主権も当然これに附随されるものといわねばならない。公海の自由といつても日本は未だ韓国と何等これの協定を見ない今日では意味をなさない。にも拘らず日本は漁船をして故意にラインを無視してこの水域を頻りに侵犯する底意は、事を構える言語道断な独善である。

日本の優越的感情は
韓日國交を阻害する

韓国の歴史は南と北、日本と中国の侵略に依り安穏を保つことができなかつた。壬辰倭乱と丙子胡乱日清日露両戦争を契機とする日本の韓国侵略と、現在の中共の韓国侵略のあらゆる史実はこれを歴々と語り、如実に証明するものである。韓国外交史のあらゆる部面もこれら南北からの侵略脅威を離脱せんとする努力の連続であり、韓国の政治に於ける色々な断面から、われらは斯様な両大外国侵略勢力を中心に、或は事大主義的傾向から、或は民族自決主義的傾向から流離変転したことを認めざるを得ない。

いま、北からの侵略者中共軍に対しその処置方法が国際政治場裡に於て論議されておるが、これが失敗に終つた時、既にわれらが取るべき根本方針たる北進統一の決意は確固不動なので、再論の余地はなく、韓国の永遠な安全保障問題も、過般締結を見た韓美相互安全保障条約に依りその基盤が確立されつつあるので、われらは最も安心の感を深くする。洋東西の史家達は韓国の安全なくして亜細亜の平和は有り得ないと喝破しており、これに対する国際的保障措置が講究されておることもわれらは認知している。休戦以後において韓国の復興事業は本軌道に乗りつつあり、これに参加を欲する日本の企図と、これに日本をして如何なる役割を担当させるべきかに対して、最近に至り国際的な関心は高まつているのである。此際われらが斯様な角度からいま中断状態下にある韓日両国の健全な国交樹立を検討論議することも決して徒労ではない。

過去の悪夢を去れ

政治的見地からは、日本の朝野は過去の如き軍国主義的亜細亜制覇の夢想は止揚せねばならぬし、そうすることが新興日本としての当然な建設進路でもあるのである。それに韓国に対し支配的意慾を持つこともできないことだし、仮りに持つたとしても容易に実現もされないだろう。亜細亜の自由国家と人民は、同等な立場から団結し、協同して共産主義侵略に対備せねばならないことにわれらは決して日本の役割を過少に評価をすることはできない。だからといつて日本が防共に便乗して、その国力を更に亜細亜諸国を侵犯せんとする意図が些かでもあつたとしたら、これは共産主義侵略勢力と同様これを警戒せざるを得ないので、自由亜細亜の集団安全保障に参加する資格さえないことを断言せざるを得ない。自由を奪去し主権を侵犯することは、結果においても始初においても共産主義侵略勢力と何ら区別することはできない。日本は過去の日本でないことをわれらは認識せんとするのであり、またそうあらざることを亜細亜の真正な平和のために望んで止まないのである。日本の朝野はこの点を明確に認識せねばならない。過去、日本の侵略を受け戦後独立した全亜細亜自由国家群の対日警戒感は、完全に解消されていないことを日本自身も認めていることであろう。現在の日本は、亜細亜から孤島化されようとしており、これは世界平和のために日本自身のために幸福な事実とはならない。日本の朝野は、これを切実に検討認識して韓国との国交樹立に対する態度を決定すべきである。従来数次に亘り努力が傾注されてきた韓日会談の経過をたどつて見るとき、われらは卒直に、日本自身があまりに自身だけの政治的視野から大局を洞察できず、事務的、官僚的弊を離脱しないことを不幸と思つている。

大局的見地に立て

経済的面に於ても、斯様な政治的面に於てのあらゆる釈然たらざる小乗的見解に禍されて、未だ積弊が一掃されず、日本自身のために漸次不利となりつつあることを、われらは看過できない。韓日両国間に漁業問題が解決されないとして対韓漁船其他の輸出を禁止する措置をとつたり、与論面に於ても対韓経済制裁を云々としているということは、日本の国際的政治性を考察して見るとき長嘆息を禁じ得ない。われらは、過去の感情に支配されて日本を冷視しようとするのではなく、われらの立場と見解だけを固執して日本の環境と立場を没却しようともしない。あらゆる現代の大局的国際政治の視野から、日本の対韓態度に論反しようとするものである。

日本は極東に於ての自身の戦略的位置と生産機能に陶酔し、過信しまた過大評価しているのかも知れない。日本は太平洋上最も効果ある不沈航空母艦だと自認するであろうし、亜細亜の生産庫であると自負しているのかも知れない。しかし一九五〇年六月以後の経済危機はどうして克服できたか、現在の再武装は何を以て可能となるかに想到するとき、日本は決して孤立していては生存できないことを発見するであろう。韓国戦争の勃発に因る外貨収入は、いままでの経済を維持する支柱となつたのであり、米国の対日軍事援助は日本の再武装の基幹となつたことは周知の事実である。いま休戦となり、日本に対する「UN」軍当局の軍需関係が杜絶せんとするに当り、日本は焦燥しており、日本の経済は混乱と不景気到来の危機を感じている。それで日本は、日本自身が韓国の戦後復興建設に後軍を担当する如く宣伝もして考えてもいるのであつて、尚米国に要請してそうなるよう画策もしていることをわれらは知悉している。軍需物資の発注中断により、韓国復興に所要なる物資の発注に期待することによつて、経済的真空状態を防止しようと必死に努力をしているのである。

韓國は盲目的に日本を排除せず

われらも従来の日本に対する感情の残滓を清算できず復興物資購入を盲目的に日本を排除の必要はない。われらは、日本から購入することが世界の何処の市場から購入するよりも有利だから、日本市場を選択するのであり、そうすることが経済的効用価値において適切な措置であることを知るのである。だが日本の経済的危機を救援するため、如何に米国等の要請があるとしても全的に日本市場に依存することは、われらの経済を再び日本の隷属下に放任する危険な結果を招来するだろう。客観的趨勢は互恵的見地からの亜細亜の全体的平和に寄与するため、韓日両国間の密接な経済的交流を切実に要請している。日本が虚心坦懐し韓日両国間の共存共栄のための均等な立場からの経済交流を希望するのなら、われらは何時でもこれに対応することができる。米国の柄の下で自身の戦略的地位と力量を道具にして、韓国に対する一方的な経済蒙利を画策するとしたらこれは断然と排斥しなければならぬことは、韓国の立場から至極尤もなことである。

健全な國交樹立

それでも、韓日両国間の健全な国交樹立が要請され、また論議されるべき価値は、先に政治的見地から亜細亜の集団安全保障の樹立と、経済的見地から両国間が互恵的原則下に繁栄を企画することが、真正な平和に寄与することを発見されるところにある。中断された韓日会談はどうなつたのか、将来の韓日関係は如何に発展されて行くのかわれらの関心と日本の関心は益々高まつて行くであろう。韓日両国間の健全な国交の樹立に必要な前提條件は、過去に数次論議された如く、従来の両国間のあらゆる錯雑な関係を協商を以て解決されねばならない。これの解決なしには両国間の明朗な国交関係を期待することもできないし樹立もできない。数次の韓日会談の課題に立脚してこれを解決するには、日本が当面する利益問題に拘泥されて国際政治の大局的視野を忘却する官僚的積弊を一掃せねばならない。小細工を弄して両国間の感情を誘発することは決して両国間の諸般問題を解決せんとする健全な態度ではない。日本側の言論界は、或は韓国側があまりにも一方的であり、日本を無視した見解ばかりを固執するかの如く非難している傾向も見える。しかし、日本は過去の韓国に対する支配的潜在意識を清算する時、始めてわれらの見解と主張に接近することができるのであり、われらも日本と妥協点を発見することができる。一漁船がわれらの領海を侵犯して射撃されたとして反韓感情を国民に挑発し、独島(竹島)の領有権に対して宣伝的な態度をとり、裏面では米国等の国際的発言権に便乗して、韓国復興に対する経済的利益を独占しようと劃策することは、健全な韓日関係の樹立に有害であることをわれらは躊躇なく指摘するであろう。

われらは、どうして日本の経済危機を救うために、われらの利益を抛棄することができるだろうか。これは到底あり得ないことだし可能でもないことなのだ。日本のこれに同調するわれらの友邦が仮りにあるとしたら、それは廿世紀の偉大な認識錯誤である。

獨島(竹島)は韓國領土
歴然たる既成事實

独島は韓国の領土である。歴史的にも現実的にも明白なものだ。鬱陵島の東南三八哩位の距離にある二個の島と岩礁からなり、日本の隠岐からは六〇余哩離れている。それは鬱陵島の火山脈につらなり一島は噴火口となつている。生えている若干の植物は鬱陵島に見られる雑草に外ならず、わが国唯一のアザラシの生棲地である。独島という名称は、遠く離れている孤島という意味に解され、実は石島が後に独島と訛つたものである(註、韓国語では独島と石島は発音が殆ど似ている)約四百年前の記録には三峰島ともなつている。

歴史的にも数百年前からわが国で調査した記録があり、近世には鬱陵島を始め慶尚道、江原道地方の漁民が夏毎にこの辺に出漁していた。昨年だけでも約八億円の水揚げがあり、独島の漁業は永い間主として鬱陵島漁民達の生活根拠地だつたのである。一九四八年六月八日、三十余隻の漁民達が独島に出漁中、誤つて米国機の練習爆撃を受け三十余名の死傷者を出した。翌年慶尚北道庁では遭難民の慰霊碑を立て歴然たるわが国土の標示をしている。この血の記録は永い歳月に亘る独島とわが国民との固い生活関係の証拠である。

一九五二年連合国の対日講和條約成立後、日本は独島の領有を主張するが、何ら根拠のない横説である。若し口実を設けるなら僅々日本が韓国を併呑した四十年足らずの期間だけである。それ以前漁業関係から日本人が独島に足を踏み入れたことはない。独島は未開拓海域の漁場として鬱陵島の漁民が毎年初夏に出漁していたことだけである。

社告

本社広告部員崔斗律は九月十五日付をもつて辞職致しました。

民主新聞社

居留民団中総 韓日紛争に聲明發す

聲明書

休戦協定後、政治会議を始め、韓国並び極東問題に関する国際会議を目前に、李承晩ラインと独島(竹島)問題が偶然重大化せし如く表面化し、韓日国交調整の緊急を要する問題に新たなおもりをかけつゝあることは遺憾に堪えない。九日附の朝刊新聞の全部が、この記事をトップ或は論説としてとりあげて韓国政府を糾弾し、韓国復興物資の日本から買上げない云々に対する物議とともに、挑戦的反韓政策として報復手段を、朝野を通じて真面目に論ずるようになつたことには驚かざるを得ない。

これら宣伝に類する報道や論議の調子は、明らかに政策的なもので、今春所謂大邦丸事件に見られた、あの「生首を鋸で切つた」というが如く、事実に反する悪質煽動政策による逆宣伝を想わせるものがある。韓国が反日政策の一環として、日本の利権を侵害しているかの如く吹聴して、自衛力確立なる再武装の口実となしているようにも見受けられる。これは韓日会談を決裂せしめた在韓財産請求権に類する、別な演出を、来るべき韓日会談にそなえるための前提ではなかろうか。

豊漁期における損失という目前の利害問題と戦時中にある隣国の国防上(マ・ライン、防衛線設置等にも見られた)欠くべからざる必要性と、戦時中財源保護や其他緊急を要する関係で設置した李ラインに対し、正当な外交調整を計ることとなしに、警備艦つきで出漁するが如き強硬な挑戦手段に訴え、業者を助長している事実は明らかに一物ある政策である。

これら一連の政策は一部旧態依然たる帝国主義者達が「日本は敗戦したから朝鮮を奪われた」と暴言を吐いている連中に相通ずる考え方が多分に含まれており、韓日関係を調整し、親善を語る誠意を示すことが何かの敗北的恥辱を感じてのことだろうか。

独島問題にしても、韓日国交を調整することによつて解決することであるにも拘らず、一方的に日本領土と主張するのは歴史や現状を無視する独断主義である。

在日大韓民国居留民団は、殆ど全部といつてもよい位永らく日本に在留していだ韓国人達によつて結成されただけに、解放後建国途上における本国情勢から見らるる己むなき感情の縺れが、計画的反日政策であるかの如く曲解されている事実を矯正すべく、国際親善を行動基本綱領として運動を展開している。

今度騒がれた李ラインの警戒や漁船捕獲問題も、韓国や李ラインのみに限つたことでないこと位は新聞報道(計画的でない)を見る者は誰でも知つている事である。(数字的にも韓国が少い)我々は妓に良識ある日本人諸賢の理解を要請すると同時に、親善を阻害する反動的対韓政策と態度を糾弾するものである。

ソ連侵略帝国主義の餌食となつて弄絡されつゝゲリラ、暴動、動乱、戦争への破壊と殺戮に荒された韓国、自由主義諸国の防衛前線となつた韓国の立場と境遇に対し、隣国の親みと過去のもつれを調整する誠意を示して一日も早く旧態を一掃することに真けんならんことを希うものである。

一九五三年九月十日

在日本大韓民国
居留民団中央総本部

一石二鳥を狙う 日本の對韓抗争

恰も人を責むるに明るく己を恕すに昏きが如し

日本は宣伝戦がうまい。李ラインと独島問題を針小棒大に吹聴して一石二鳥の効果を得ようとしている。一は再軍備案の通過をねらい、二は漁業権の拡張をねらつた手段である。今度済州島近海に出漁していた鯖ブリ船、長崎市白浜漁業、第三十一勢漁丸の話では、ゆとりある操業ができたことを推察出来るでないか。自分等こそ他国の領海に武装艦艇まで派遣して漁業船団を保護しながら、如何にも韓国艦艇が不合理不人情な取締り行為をしている如く宣伝し、明日にでも重大な事件が発生するような挑戦的煽動を、国内的に外交的に敢てするのは、両国政府はもとより両民族間の感情を悪化させるものである。

九月九日朝刊新聞(毎日)社説に「韓国もまた一握りの無人島や漁場の争奪に力を割くにはあまりに多くの重大問題に直面している。共同の敵の前に日韓両国は手をとり合わねばならぬ、という李大統領の持論が正しいならば、韓国の相次ぐ対日の不法行為は明らかに逆行している」と嘯いているが、これは即ち、〃人を責めるに明るく、己を恕すに昏い。〃という言葉と同じである。

独島はお互の縁故地であつたことは間違いない。わが韓国に於ては独島は欝陵島の属島であつたから欝陵島と併せて三峰島と呼ばれたが、日韓合併を前後して日本の漁場に奪われたに過ぎない。それがマッカーサー・ライン設定当時日本の領土から除外されて自から韓国へ還元したものである。それなのに何故日本は一握りの無人島を強いて奪い返そうとするのか。李ライン問題にしても、大陸棚によつて領海が定められたものであつて何も根拠がなかつた訳ではない。

合併時の韓国の領土が解放された時韓国へ自然還元するのは理の当然で、これは既成の事実ではないか。占領下にあつた日本ならいざ知らず、いまは独立国なのだから、若し不満があるのなら外交交渉に待つべきではないのか。それを乱りに侵犯出漁して事を荒立てるのは、それこそ韓国を見くびつての不法行為だといわざるを得ない。尚日本にとつては一漁業としての平時産業に過ぎないが、韓国にとつてはいま準戦時状態であつて、魚族保護ばかりでなくスパイ侵入防止やゲリラの警戒のための生命線でもあるのだ。

倒産直面の中小企業

群小工場整備、轉業急務

韓国の工業は、近代国家形成の役割として微弱である。解放前の韓国工業のうち重工業に属する殆どが北韓に存在し、解放と同時に二分されたので、韓国政府の支配するところとはならず、従つて北韓の重工業は南韓の国民に与える恩沢には些かも貢献しなかつた。南韓にある工業は大部分が中小企業の域を脱せず、これを以てしては国民の需要を充すことにはならぬので政府は常々アメリカの援助などにより工業建設に推進中、あの動乱勃発となつて破壊の一途を辿り、その悪條件は止むなく中小企業の趨勢とはなつた。だから韓国の工業は、やむにやまれぬというか特異性というか工場数においても従業員数においても圧倒的に中小企業が占めていて、工業界の決定的な役割を担当している。だが戦争中政府の計画放任から群小工場は濫立し、計理と技術の低劣は戦時中は兎も角、休戦となつた今日では経営不合理となつてその大部分が陶汰される段階にきたようである。これら企業の倒産から来る錯雑な問題と産業再建事業の着手による整備は当然対策が樹立されねばならなくなつた。

南韓全域に亘る工場総数は三千二百八で、昨年十二月末現在従業員数百名未満の中小工場はその九五・四%を占め、従業員は全国総数十一万四千九百六十五名の中六一・五%である。

このように中小企業の不均衡な乱立は、国内需要の不足は勿論のことだが資金焦げ付きから相互倒産の止むなきことになるだろう。大乗的見地から斯様な群小工場の乱立は当然整備される運命にあり、産業再建着手の此際、人的資源と物的資源を効果的に活用する立前から、産業再建が先行され中小企業の整備と不要設備と人員転用等綜合的国家施策を遂行するを以て、生産工場の能率化と生産品質の向上、生産原価の引下げの促進が緊要とされる。これと並行して斯業の業種別地域別組織を強化して経済安定に資する見通しがたつよう関係当局は真けんに検討している模様である。

數字上から見た捕虜交換の實相

共産圏は住み難い

本国送還を希望する国連捕虜は、共産側からの国連軍捕虜が一万二千七百五十二名(内訳、韓国軍七千八百四十二名、米英其他四千九百十名)国連側からの共産軍捕虜七万五千七百九十七名(内訳、北鮮軍七万百五十八名、中共軍五千六百三十九名)となつている。

ところで送還を欲しない共産軍捕虜は二万二千三百名(内訳、中共軍一万四千五百名、北鮮軍七千八百名)となつており、この内には過般李大統領が釈放した愛国捕虜二万七千名は含まれていないから実際はもつと大きな数字となる。一方送還を欲しない国連軍捕虜は四百名に過ぎない。

この数字の上から見た今度の捕虜交換は非常な興味ある問題である。共産側と国連側との捕虜の数には大きな隔りがあることが認められるのである。捕虜の総数からいつても、送還を希望しない者の比率からいつても、国連側より共産側の方が遥かに数的に多いのである。これは何を物語るものだろうか。

われわれは共産側のゲリラ部隊が曽て弱くなかつたことを知つている。彼等は或る程度理論的教育を仕込まれ、勇気においても決して劣るものではなかつた。彼等は充分に訓練された精鋭分子の結束であつたのである。ところが今度の動乱では事情が一変した。共産軍が南韓を侵攻して来た当時の所謂人海戦術なるものに想到しても、如何に彼等が無辜の民と意欲のない者達を前線に狩立てたかの秘密が解けるのである。対敵戦争の場合彼等は、前線には罪のない人民を引き立て、自分達共産精鋭分子は、後方に陣どり犠牲を避ける万全の策をとる作戦は、中共の前例にもある通りで、今度の捕虜の数がこれを説明してくれる。国連側にも共産側にも事情と條件が同等であることは休戦会談成立によつて証明されたが、寧ろ彼等側に於て有利であつた場合の機会がまさつていたに拘らず捕虜の数を多く残した。これは彼等が赤色帝国主義独裁確立の野望達成のための精鋭分子温存の狡猾な作戦なのだ。

残余の送還を欲しない捕虜は、一時中立国送還委員会に引き渡される訳だが、三カ月を期限として説得隊による帰還勧告をすることになる。しかし説得隊或は政治会議による解決も困難で、畢竟一般市民としての身分で釈放される公算が多いことになろう。戦争に当つては捕虜になることを希望し、一旦捕虜になつてからは帰還を望まないこの事実は、鉄壁を誇示する彼等の組織の弱体を物語るものであり、如何に彼等の支配圏下は奴隷的強圧が行われて、住み難いということを暴露したものである。

アジア諸國狙うコミンフォルム

ストや暴動は共産党のお家芸でいま更いうまでもないが、休戦協定成立後中共を中心に新たな戦術転換の下に、経済闘争に名をかりた反政府闘争がアジア各地に繰りひろげられる模様である。これはコミンフォルムの革命路線に通ずるもので、何ら彼らの基本政策を換えたものではないが、最近米国が積極的にとり始めた「赤色傀儡国解放政策」に対する反撥的手段とも見られる。

情報によれば中共の劉少奇は、コミンフォルムの秘密会議に出席し、五月末モスクワから帰つた。彼は休戦後アジア・コミンフォルムの基本路線の推進に当りスト暴動による経済騒乱、遊撃隊、青年前衛隊による武力抗争を強化して政府転覆を図ろうとするものらしい。その重点を置く地域は日本、フイリピン、インドネシア、ビルマ、マレー、セイロン、パキスタン、タイ等だという。

劉少奇の草案は七月初旬中共中央会議を通過し、七月末アジア国際情報局の中に「スト暴動委員会」が設立されたといわれる。この委員会は劉少奇が主任となり連絡、宣伝、行動、後援の四組に分れているという。

お題目唱える「金日成」

報ずるところによるとソヴエト・ロシヤ共産党平壌支店長金日成は、朝鮮労働党第六回中央委員会に臨み「北鮮は来るべき政治会議で平和のために最大の努力を拂い、米軍およびその連合軍を南韓から追い出し、朝鮮問題は朝鮮人自身で解決し、他のものが国内問題に介入することは許さない」とゴタクをならべたそうである。それから「朝鮮統一問題を平和的手段で解決する」ともおおせられた。何処を押せばそんな音が出るのか、とききたいところだが、君の場合は心配は無用、馬鹿の一つ覚えで公式通りの念佛でも唱えていればそんな習になつて出るものらしい。よいことでも二度三度重なると嫌になるのである。同じことをもう何度も繰り返しわめきたてるとこちらの気が少し変になり兼ねないから、その辺でやめて欲しいものだ。しかし、言いたいことを無理に止めさせるのも酷だから(もうすぐ音の出ないようにしるがね)もしわめきたければ、君の部下の馬鹿共をどこかシベリヤの山中へでも連れていつて柵を廻らし、その中で勝手にわめくなり吹えなりして欲しいもの、そうすればこちらは余[illegible]害だ。第一に南韓を侵略したのは誰であり、外国軍隊に最初から頼つたのは誰なのだ。朝鮮問題は朝鮮人自身で解決するというが、君は一度だつて民族独立のために誠意を見せたことはないではないか。口を開ければ平和といつている。平和という言葉の意味も君等には知らぬものらしい。

光復節記念バックル發賣!!

八月十五日光復節記念のバックルです。
堅牢・優美・銀メツキの高級品です。
御希望の方は送料共三百円御送り下さい。

(表)

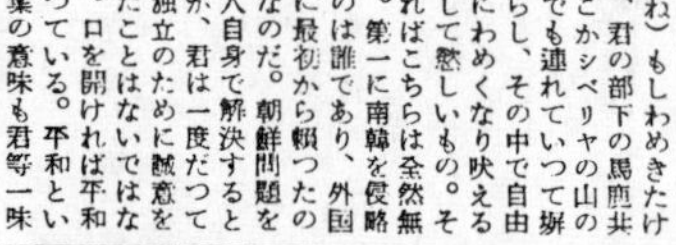

(裏)

本社で御取次ぎ致します

第一産業貿易株式會社
社長　梁仁浩
本社　東京都荒川区尾久町10ノ1730
電話下谷(83)1024番
支店　群馬県前橋市紺屋町72
電話5055番

本性を現わした傀儡群

民戰系 奬學會理事長 會館敷地賣却を陰謀

代表部・公印僞造で告訴

北韓傀儡軍の南韓侵入以来、これと呼応して頓に活溌化して来た在日反民族分子の暴挙は、地方に於ける民団襲撃事件の続出を始め同和信用組合の不法占拠等、その手段を選ばない行為によつて僑胞一般の反感を買い、最近急激に衰亡の一路を辿つている彼等の断末魔的あがきとも見られるが、今度は、多くの在日僑胞学生の窮状をよそに、旧朝鮮教育財団（東京都新宿区角筈二の九四）の敷地七二〇坪の中、百六〇坪を秘かに売却し、困窮に瀕した彼等の破壊活動資金を調達するため、駐日韓国代表部の公印を偽造行使したと言う今一つの罪状が明るみに出、その破廉恥極まる行為は、僑胞一般の憤激を買つているが、代表部では九月九日付で、その責任者たる朝鮮奨学会理事長崔竜淵（東京都杉並区阿佐ヶ谷三の五四）を相手取り、公印偽造及び同行使行為に関する告訴状を、所管の淀橋警察署に提出したので、関係当局では、事の意外な発展を重視し、真相究明に乗り出した。

昭和二十四年、当時唯一の在日僑胞学生の団体であつた朝鮮学生同盟が、左右両陣営に分裂した時、マッカーサー元帥の命により警視庁の管理に移管されて以来、忘れられていた所謂朝鮮奨学会々館問題が、再び脚光を浴びる様になつたのは、当然、韓国の国有財産となるべき同会館及び敷地が、韓日会談未成立のためその所有権が未だ法的に決定していないのにも拘らず、現在、同会館を使用中の財団法人朝鮮奨学会が、同敷地を売却する下準備として、同地が奨学会の所有であると言う既成事実を作るため、去る四日、前記崔氏の名儀で、東京都法務局新宿出張所に、同敷地七九五坪一合（註＝東京都区劃整理区域であるため多少減少する見込）の登記申告をした事実がもれたため、七日午後六時頃、韓国学生同盟所属学生、約四十名が同会館に押し寄せ、問題の崔氏に面会を求めたが、同氏は既に逃亡したため、学生代表銭世鎬君（学同代表委員）等五名が淀橋署長に面会し崔氏一派の陰謀に対して然るべき措置を取る様に申し入れたので、民団中総で問題解決のため、金文教局長等が去る八日から関係当局との折衝を始める様になつてからである。

すなわち、問題の登記申告を受付けた都法務局新宿出張所々長種川氏の言によると、朝鮮奨学会々館及びその敷地の登記に関する書類は、成子坂登記所が戦災に遭つた時、一切烏有に帰したため、非課税対象たる同会館に関する登記書類は無く、現在残つている書類としては、同敷地の登記台帳が唯一部、戦災を免がれた税務署より同出張所に移管されているだけである。

同台帳によれば、奨学会敷地七九五坪余は、昭和二年二月十七日付で、朝鮮総督府内、財団法人朝鮮教育財団所有として登記されているだけであるが、現朝鮮奨学会理事長崔氏は、同敷地は、昭和十六年一月二三日付で、朝鮮教育財団より『寄附による譲渡』を受けたものであると主張し、今回の登記申告に当つて其の間の事情を証明する書類として提出方を要請された書類の中、寄贈者たる朝鮮教育財団の理事重田勘次郎氏（香川県仲多度郡十郷山脇五三四）の身分（寄贈当時理事であつた旨）に関し、去る七月二〇日付、駐日韓国代表部発行の証明書を添付したのであるが、これが全くの偽物である事が、今回民団中総陣の活躍により判明、駐日代表部では、崔竜淵を告訴した。

これに先立ち、崔は既に行方をくらましたが、十四日逮捕され警視庁では、厳重にこれを追究すると共に目下、各方面にわたつて調査を進めている。

この事件は、崔一派が、朝鮮奨学会々館及び同敷地の登記に関する書類一切が成子坂登記所と共に戦災で消滅したものと信じた挙句のトリックである事は間違いないが、戦災を免がれた税務署に保管中の敷地登記台帳が、民団側の活躍と相俟て、民戦系の恥ずべき陰謀暴露の緒となつたものである。

尚、都法務局新宿出張所長種川氏は、提出書類の信憑性が確定すれば、正式に同登記を受付ける方針で、一応、書類を受付けたが崔竜淵が主張する、譲渡を受けた日附等に関して疑問があるので、上部の裁定を仰ぐため、都法務局を通じて法務府民事局に伺書を提出中であると語つたが、代表部発行と称する証明書が偽造である事が判明した以上、民戦系必死の陰謀も、完全に、潰滅するものと見られる。

尚この度の事件発生以来問題解決のため、連日奔走している民団中総文教局長金禹錫氏は、次の様に語つた。

『在日赤色分子の、手段を選ばない非行は、既に内外人の等しく認める所だが、有為な祖国の人材育成のため、盛り立てて行かなければならない奨学会を不法に占拠している共産分子が企てた今回の陰謀は許す事の出来ない事件である。

時に、韓日会談成立を待たなくても、当然大韓民国の在外国有財産として、その運営を、韓国学生の為に一任すべき同会館を、彼等破壊分子の使用に委ねている関係当局の措置も甚だ奇怪であるが、これを奇貨として、共産系列が破壊活動資金調達の為、駐日代表部の公印を偽造するに至つた事は、民衆と乖離した彼等陰謀団の最後のあがきとも見られるが、この様な悪辣な行為に対して当局は断乎たる態度を以て臨むべきである。

最後に、この度の事件は共産系が、在外財産の所有権問題等を解決すべき韓日会談が、未成立の隙であるという盲点をついた陰謀の一端である事を認識し、此の種の不詳事の再発を防ぐ為にも、日本側は誠意を以て、会談の早期再開につとめるべきであると思う。』

民戰の集團テロ

〃花都事件〃の眞相

去る八月二十一日の深夜広島県安芸郡船越町花都部落に於いて発生した事件は日警当局も事件を重視、休戦会談の成立と韓日会談の去就に伴い、民戦系赤色分子の活躍が最近とみに兇暴化している折柄、事件の真相はこうである。

（写真は民戦主謀者呂秀淵）

〃花都部落というところ〃

花都部落、それは広島県下最大の民戦部落で、日警当局からも完全な朝鮮人租界地として警戒されている。日本人は一人も住んでない民家約百二〇戸が密集しており住民は三百五十名で民戦系二百、民団系五〇、残りが中立という色分けであるが、部落は大阪、下関を結ぶ日共、民戦のルートであり警察官、税務署員他日本人を一歩も入れさせないという程の徹底ぶりで、四年前同部落に民団支部結成以来、民戦との対立は日毎に高まり、今日まで四五回の乱斗事件が惹起されて目に見えぬ三十八度線がくっきりと引かれている。

棍棒、竹槍て民団員に暴行

事件の発端は去る八月十三日ドブロク密造事件により税務署員がこれを検挙したが、この時税務署員に対する傷害、公務執行妨害容疑者として民戦系の二名が検挙されたのは民団側のスパイ行為によるものであると部落民を煽動、民戦系百二〇名を動員、スパイを人民裁判にかけると決議し民団員を連れ出さんとしたところ民団安芸支部議長李昌熙氏（四七）はこれを断乎拒絶した。

そこで民戦の暴徒等は民団員全部を部落より追放せよと、女子供を先頭にして李昌熙氏を始め黄順必、金韓守氏等の家屋内に人糞や石等を投げ込み、家屋を破壊したのである。

事件当夜は偶々、この事件の善後策を講究中であつた民団支部は当夜、またまた民戦側が人糞、投石を行なつたとの報せに大韓青年団員三十名が李昌熙氏宅を見舞い十一時半頃支部事務所に引上げる途中、再び民戦系五十名が李昌熙氏宅へ押しかけ糞尿や、石を投げつけ家屋を全壊したとの急報に青年団員等が引返したところ同部落の旧朝連小学校前に待ち構えた民戦暴徒百五十名余りが各自に竹槍、コン棒をもつて襲いかかり民団側の手名は素手のため多数の重軽傷者を出した。更に竹槍をもつた暴徒は民団員李良玉氏宅に乱入、就寝していた同氏の頭をめつた打ちにし母親の粉南氏の腹部手足等に全治三カ月の重傷を与え、金韓守、韓保洙、坂本法陽氏等にも重傷、他に多数の軽傷者を出し全仁泰氏宅等四戸を破壊したのである。

翌る二十二日早朝国警警備隊三百名が出動、民戦系暴動主謀者呂秀淵外十四名を検挙、広島地検に送り残り三名の容疑者を捜査中である。

また附近五カ所に検問所を設け通行人を取調べている一方兇行に使用したと見られるビール瓶につめた火炎びん十二本、硫さんびん五本、竹槍四十本、コン棒二十本を押収した。

これが所謂、花都事件の真相であり、その後民戦系は鳴りをひそめているが、日警当局では継続、その動きを警戒している。

朝鮮奬學会とは

☆☆その生いたち☆☆

昭和二年 日本留学朝鮮人学生保護のため、朝鮮総督府学務局学務課内に、財団法人朝鮮教育財団を設立（現有台帳によれば、これが最終登記者）

昭和十六年 日窒社長野口遵氏寄附の同社債を基金として、従来在日韓国学生の諸事を取扱つて居た朝鮮教育会奨学部が発展的解消の結果、「朝鮮奨学会」が成立されたが、法人組織に非ざる為、総督府内に維持財団を組織して運営。

昭和十八年 所謂『朝鮮人皇民化』運動の一翼として、「財団法人朝鮮奨学会」を設立、終戦迄継続運営して来た。（終戦後は、本国政府樹立まで、在日学徒の暫定的取扱機関として、財産処理問題等の必要上、形式的にこれを利用し、事業内容を時勢に即応せしめて運営）

昭和二一年一月 従来の理事会（日本人）を解散、韓国人を主体とした新理事陣営を構成し、思想と政治を超越して学徒を指導。

昭和二四年五月 所謂左右両陣営学徒の分裂を前後して、穏健派の理事は退陣、北韓傀儡政府の走狗的存在と、日本人理事一名だけで理事会を構成。現在は日本人三名、朝鮮人三名の理事が運営に当つているが、日本人側は全くのロボットに過ぎず対外的には奨学会を代表している様に装つているものの指導権は北韓傀儡側の手中にある。

特に、日本人理事中には、これら不穏分子の非行を是正せず、甚だしきに至つては、これを助成している向もある。

國民外交の實擧げる

大使館、病院へ人形寄贈

＝在日大韓婦人會＝

大韓婦人会では今度の戦乱に多大な貢献をした戦斗参加各国の駐日大使館と各国連軍病院を八月に引続いて去る九月七日から十日までの間に訪問し、韓国民の感謝と慰問の意を表するため韓国人形を贈つた。訪れたところは国連軍総司令クラーク大将を始め、アメリカ大使館、ベルギー、カナダ、オランダ、フランス、トルコ、デンマーク、イギリス、ニュージランド、中華民国、オーストラリヤ、フイリッピン、タイの各大使館及びアネックス、隅田の両病院である。

特に感銘を受けたのは、アメリカ、ベルギー、カナダ、フランス、トルコ、中華民国等の大使館であつたと関係者は語つている。アメリカ大使館ではウイリヤム女史から感謝の意を受け、ベルギー大使とは直接会見したが、同大使は、ベルギー政府は、ちかくその赤十字班を韓国へ派遣する筈であると言明したといつている。カナダ大使夫妻もまた、韓国へ復興物資を送るよう本国政府に進言し、李大統領夫妻に祝状を出すとのべ、トルコ大使館からは現に婦人会宛に感謝状が来ており、中華民国は大使自ら赤徒殲滅を誓い、一同を激励した。

アネックス、隅田の両病院に於ては、国連軍負傷兵と送還米捕虜兵の喜びはひと通りではなく、帰還米兵などは人形を本国へ持つて飾るといつて大喜びだつたとのことである。

今度の婦人会の美挙は三十数万円の費用と二百個の人形に及ぶもので、一般僑胞は勿論金周幸氏、三福主人の個人的後援による功績も多いようである。尚婦人会長呉基文、同財政部長宋文子、台東支部組織部長文暮窟、足立支部会長金仙代女史、民団中総姜徳才氏などの功も併せて称えてよく、国民外交の実を挙げたものとして多大な感銘を与えている。

協同組合設立

＝愛媛縣民団＝

愛媛県在住の僑胞有志は中小企業にたずさわる僑胞のための金融機関として、愛媛県韓国人事業協同組合を設立、八月より業務を開始した。資本金、理事陣容は次の通り。

事務所 松山市宮町八丁目二十二番地

資本金 四百五十五万円

理事 朴賛陽 章在順 金斗完 金寓烈 朴派業 金敏竜 金徳淳 柳永文 李景出 崔繢仁

監事 鄭米介 全野鎬 裵舞孝

中國會議長歡迎宴

在京經濟人有志

在日僑胞経済人及び民団傘下各団体代表者一同は、去る四日午後七時より、訪英の帰途、日本に立寄つた申翼熙国会議長歓迎の懇談会を、目黒八芳園で開き、同十時、盛会裡に散会した。

人事往來

九月七日 裴副団長本国へ。

〃八日 山形県本部李奉煥副団長（使節団）帰任来団。静岡県本部団長金剛、副団長金東寛、同事務局長朴永根三氏来団。

〃十一日 金光男議長本国へ。岩手県本部団長朴応圭氏（使節団）帰任、来団。

同和信用組合遂に分裂
民戰系暴徒等事務所を占據
暴力により業務執行を妨害

在留僑胞社会唯一の金融機関として、左右を問わず僑胞中小企業者に多大の便宜を与え、日一日と発展の一歩を辿つていたかに見えた同和信用組合（東京都台東区御徒町三ノ六）が、去る五月頃から急に内紛状態に入り遂に八月十日を期して爆発、左翼系僑胞の非合法的な暴力沙汰により事務所が不法占拠されてしまつた。

この事件につき本紙ではその成行を注目していたが、完全な分裂状態になつている現況の同組合分裂事件の全貌を調査、在留僑胞社会に広くその真相と組合設立から分裂の現在に至るまでの顛末を報道するものである。（P）

同和信用組合發足のいきさつ

同組合が発生したのは一昨年である。当時、解散された旧朝連が在留僑胞中小企業者の金融機関として信用組合設立運動をおこした。ところがこれと機を一にして民族陣営を代表する民団系僑胞でも盧栄漢氏を始めとして有志達が集まり組合設立運動を起したのである。

このようにして両陣営がそれぞれ組合設立申請書を日本政府当局に提出したが、日本政府当局では、この問題に関し最初から二つの組合を一本にまとめれば設立を許可するとの立場を堅持してきたので、民団と旧朝連系の発起人達が数十回の会合を重ねた結果、ようやく歩みよりを見せ一本化の組合を設立何時か起るであろう紛争を予期しながらも止むを得ず昨年の五月から正式に業務を開始、発足したのであつた。

組合員二千名余 預金高三億突破

このようにして両者不本意ながら資本金五百万円で発足した組合ではあつたが、一年後には組合員千名余現在では二千名に達し、預金高三億円を突破する程の順調な運営ぶりを発揮、懸念されていた内紛も起きず、業績も高まる一方であつたが、事実は当時既に民族陣営と（盧栄漢組合長を中心とする）民戦系左派が（専務理事李中冠氏を中心とする）対立していたのであり、貸付等は組合長、専務、常務の三者協議で決裁することになつているのにもかかわらず組合長が決裁しても専務が否決するというような好ましからぬ状態がひんぴんと発生するようになつた。つまり一例をあげればAという僑胞が事業資金を借出すのに必要な手続をすまし組合長の決裁がおりるようになつていても専務が反対すると、その借出しが正当で健実な事業に使用されるのであつても、この対立の犠牲となつて借出しが不可能になつてしまうのである。

地區總代選擧で露骨に兩陣營對立

こんな内紛的状態がかもし出されている時、同組合では第一回定例総会が近ずいたのでその組合員数が多いので地区別に総代（代議員格）を選挙することに決定、五月十八日の台東区総代選挙を皮切りに、荒川、葛飾、墨田江東連合、豊島板橋連合、文京千代田中央連合、港、大田の順で総代を選挙したのである。大体この総代選挙にあつてその定員は同組合五月の定例理事会において百名と決定、両陣営協議の上での推せん側を採択して進められたが、以上各地区総代選挙の結果、民族陣営派の予定人員が足らず残る新宿、足立、品川の三区で両陣営同数のバランスをとるべく緊急理事会までひらいてこれを決定推進したにも拘らず、左系側の組合員はこれを諒とせず、あくまでアンバランスのまま総代選挙を左系側の有利に導こうとしたのである。これが同組合分裂の直接原因となつたのであり、新宿、足立、品川、三区の総代選挙が総て流会の状態になつたこともここに起因したのであつた。（この間、理事会で総代員数のバランスをとるため百名を更に百十六名にふやした事実もある）

足立區總代選擧では盧組合長を軟禁

この日増しに悪化する総代選挙紛争の一例をあげれば、足立区総代選挙の時であるが、当時理事会で決定した総代員数のバランスをとる措置に出た組合長を軟禁し、婦人、子供までも多数動員して左系側では選挙妨害策に出た事件がある。結局八月十日新宿文化会館で総代総会をひらいたが（七月十九日の第二十六回理事会において決定）集合時間になり無関係な中学生等までも多数動員して会場に陣取り人民歌を高唱する等の妨害行為に出ており、四谷署から武装警官を動員解散させる程の騒ぎを演じた。

この騒動を指導したのは同組合内の左系幹部が計画したもので、この騒動により総代総会を流会させてしまい、その際に乗じて左系だけの総代総会をひらき組合を乗つとる陰謀であつたことはまちがいのない事実である。

その証こにこの新宿文化会館における総代総会は理事会決定に従い組合長名儀で出されたのにも拘らず、同一内容の文書で場所を同組合事務所の前にある宝ホテルとし、代表李中冠、理事を金昌玉、姜晟鎰、梁兆瀚の三名とし更に監事を李在東の名儀（何れも左系）で総会通知を出したのである。これを未然に感知した民族陣営は新宿文化会館で六十九名の総代が参席、直接監督機関である東京都金融課の責任者の参席を得て、金融課責任者の円満妥結を図るとの意向をきいれ、左翼系分子の妨害を押し切つて八月十四日に更に総会をひらくことに決定したのである。この措置は東京都金融課の三日間総会延期の指示によるものであつたが、一方左系の組合幹部達は四七名の総代が参席この指示を無視して予定通り同組合前に所在する宝ホテルで一方的な総代総会をひらいた。

一方的な總代總會 組合長李在東等選出

監督機関である東京都金融課の指示により紛争を避け、合法的な総会をひらくべく盧組合長を始めとする民族陣営では、解散したのに控え、非合法的にして一方的な総会をひらいた左系派では李在東を組合長、副組合長を梁兆瀚、専務理事を李中冠、常務理事を日本人の水谷和夫、総務を金容太とそれぞれ選出し、更に理事十五名、監事二名を選出して気勢をあげたのである。

そして直ちに理事会を継続開催して民族陣営側と目される職員を一切クビにし、事務所を占拠して業務を継続することを決定した。

左系暴徒、事務所の警備に當る？

かくして左系では一方的な組合役員を選出したが、翌十一日朝に至り、約七八十名の民戦系極左分子の暴徒が警備腕章ものものしく同組合事務所に乗り込み、入口にピケラインを張つて明らかに挑戦的と解される態度をもつて何も知らずに出勤した民族陣営と目される職員を脅迫、執務を妨害するなどの始末であつた。

一夜明けて俄か組合長や副組合長に出世？した李在東や梁などは椅子にふんぞりかえつてこわがる日本人事務員を督励するなどの珍現象が展開されるに至つたのである。

左系分子を告発 假處分にふす

この非合法的暴力による事務所占拠と業務執行妨害につき憤慨した民族陣営ではあくまでも暴力に訴えず合法的手段によつて解決するため、東京都と治安当局三者が緊急対策を練り、絶対に暴力に抵抗せず合法的な方法をとり地裁が仮処分にふしたのであつた。つまり八月十一日午後四時四十五分地裁の執達吏がこれを通告、自称組合長李在東を始め左系の一方的選出による役員職員を裁判によつて黒白が決定するまでは認定せぬことに決定した。

地裁の假處分を無視

ところがこの地裁の通告に入るのを暴力で拒否するを無視、盧組合長が事務所等不穏な形勢に治安当局では警察予備隊二百名と上野署から百名を動員警備に当つたが、これら警備隊が引上げると同時に、左系暴徒等は再び不法侵入してその後引続いて業務管理に当つた。

このため、地裁では再度業務執行停止を八月二十二日に通告、強固な態度をもつて仮処分にふしたのである。

同時に地裁では業務執行代行機関として五名の弁護士を派遣（内四名理事、一名監事）業務に当らせている。（小町弁護士が代表理事）

左系幹部、今度は組合員全體総会を開く

このような地裁の法的措置を不満とした組合の左系幹部達は、更に今度は総代を含めての全組合員の総会を始めて東京都知事の認可を得て下谷公会堂（台東区）にてひらき、役員選出（元のままの役員）を実施した。勿論、全組合員といつてもホンの数十名に過ぎず、あとは無智な女子供を動員してサクラ式方法で総会を成立させたことはいうまでもないことである。

結局は分裂か？ 左系と數次に亘り協議

以上が同和信用組合設立から此度の紛争事件に至るまでのあらましであるが、民族陣営では左系が譲歩的態度をとらない限り、裁判による法的解決を待つ他ないものと見ている。

唯、残された問題は、分裂したとしても組合員の獲得（割当）数や、資産分割の問題があり、この問題に関し、両者間では連日の如く協議を重ねているがこれも唯、時間の問題であり民族陣営では更に強力な金融機関を準備中で、目下千代田区神田小川町一ノ大友和クラブ内にてその準備対策に余念がない。これはもともと同組合の建物が左系の朝鮮人商工会の所有物となつており、同組合では月額三万円の家賃で借りていた。

更に両者の現在の意志は、分裂することは必至だが双方、一応円満解決の方針をとつておるもののその成行は予断を許さぬものがある。

在留六十万僑胞の金融機關 東亞信用組合新發足

同和信用組合が民戦系過激分子等の破壊工作により、遂に分裂状態に落ち入り今後の成行が注目されている折柄、同組合の盧栄漢組合長を発起人として民族陣営を総網羅、打つて一丸とした新らしい信用組合が生れようとしている。つまり、去る五月からの同和信用組合都内各地区総代選挙を実施してきたが、去る八月十日の第一回総代総会が民戦系煽動分子の策動により妨害工作に出、遂に爆発分裂の止むなき状態に至つたのであるが、かねてからこの事件は予期されていたことであり、民族陣営では早速、東亜信用組合の設立準備を急ぎ去る九月一日付をもつて認可され、同和信用組合の当時の既存資産の上に更に広く在留僑胞社会にその門戸を開放、広範囲にして大規模な在留六十万僑胞の金融機関として新らしく発足することになつた。なおこの設立に当つて韓銀の推せんにより本国から有為な業務責任の理事を招請する等、目下連日に亘りその準備対策に大童である。

民戰系動員力は日増しに減退辿る

この事件でわが民族陣営が最も注目すべきことは、われわれが考えている程、民戦系の動員力は大きくないということである。この組合がもともと不本意ながら共同体で出発したのであり、どちらかというと数的に左系勢力が強いだろうと想像されたが、この事件の当初から分裂に至るまでの民戦系動員力は日増しに減退しつつあり、これを補う為常に女子供をかり集めている事実である。そしてこの事件発生以来、総代選挙を行なう場合は、それが合法的に運ばれる以上民族陣営の数が圧倒的に多かつたことを見逃してはならない。更に事務所を占拠されたことは動員力の弱い民戦系の非合法手段による不意打で（ゲリラ戦法）行なわれたものであり、これに対し民族陣営ではあくまで合法的手段に訴えて出たことに他ならない。何れにしろこれを機会に民族陣営では、新たな組合を組織中であり、従来の基盤の上に更に在留僑胞にひろく門戸を開放、民族陣営を総網羅した強力な組合が生れようとしている。

盧組合長と問答

去る九月十日、記者は同和信用組合の盧栄漢組合長を訪問、同組合分裂に関して次の如き問答を試みた。（P）

問…今度の組合分裂についての御感想を一つ……

答…分裂は止むを得ない。もともとこの組合設立が当局の要請により一本化したのであつてわれわれとしては万止むなく不本意ながら一緒になつたまでである。

問…世間では民族陣営の敗北といつたようなことをききますが……もつともこれは重に左翼系僑胞に多いですが如何……

答…そんなことはないだろう…大体別個にあるべきものが無理に一緒にさせられたのであり、勝敗というよりもむしろ発展的意味において分離するものである。

問…分裂の後仕末はどうなりますか？

答…目下連日に亘つて両者が円満裡に交渉中であり、何れ近い中に資産整理や組合員の分割などをもつて解決することになる。

問…解決するとしてもその後の再建構想はありますか……

答…再建ではなく全然別個の新発足であり、民族陣営を総網羅した大規模な信用組合をつくる。その基盤は既に着々進行中であり、去る九月一日付で東亜信用組合の名儀で認可も出ている。持に今までに表面に立たない有能な青年実業家を起用し、その熱と力を結集する。

問…その具体的実施について一つ……

答…業務を担当する責任理事には韓銀の推せんで本国からくることになつており、日本の関係当局からの推せんで日本人理事一人を内定してある。十月末頃、遅くとも十一月一日までには開店の予定で事務所も中央地区に交渉中だ。

民主新聞

THE MINSHU SHINBUN

戦時綱領

1. 我等は大韓民国の勝利の為に心血を盡す
2. 我等は民族自衛の為に一致団結す
3. 我等は日本の治安と秩序維持に協助する

大韓民国居留民団中央総本部 機関紙

発行所 東京都新宿区若松町21 電話九段(33)2771・-1169 民主新聞社 発行人金載華

振替口座番号 東京143865

定価 1部10円 1箇月送料共 50円

経済自立を期せ

生産機材を導入 工場施設を完備

李大統領特別談話発表

去る九月九日李大統領は、韓国の経済自立確立のためには生産機材を導入して工場とその施設を充分にし、日本等各地からの消耗品導入は絶対排撃しなければならない、と談話を発表した。その要旨は次の通りである。

韓国は自来農業に力を入れて人民の八割までが農民であるので食糧生産が経済の根本をなしていた。

近代に至り世界人口の漸増と相まって土地と財源は限度があるようになり、農業だけでは到底やって行けなくなったのである。

英国は島国でありながら早くから工業が発達して機械力で各種生産品を大量生産して海外市場を求めて輸出国となり富を増すことができた。

これと併行して西洋は近代工業と商業とが空前の発達を見て、東洋の経済は彼等の思うままにまかせた。

日本は西洋の影響を早く受け、工業と商業を発展させて国を興し東洋の軍事上経済上の覇を握って強固な地位を維持して来たが、軍閥の妄想による世界征服の夢が一敗地にまみれた。

しかし日本はいま米国の好意によって復興を始めたが、彼等は事毎に、自分の国は人口が多くて食って行けない、と米国に駄々をこねている。

米国はこの問題解決のため、日本を東洋の生産国たらしむべく協議努力している。

けれども米国人の中にも、限度を越した援助は後患の憂いありと考える人もあるので、日本だけを同情して強大ならしめるべく主張し百方われらを妨害し批判する人達は別として、日本の韓国に対する野心の事実を事毎に説明し、われらの親友を沢山つくり世界大衆と協議して日本の野心発揮を阻止するのがわれらの長久な政策である。

日本は韓国人を孤立させるためあらゆる努力をし、米国からの援助金を親日米人と協同して、総ての消耗品を総て日本から買入れて救急策となし、韓国を経済的に奴隷化しようとしている。

われらはこの機会に工業の基礎を立てなければ前途は暗たんたるものとなるであろう。

韓国人は自分の手で生産品を造らねばわれらもわれらの後進も生きては行かれない。

この際わが国の資産家は小乗的自己利益にばかりこだわって、工業発展のための熱意と機会利用の努力に欠けるのは遺憾に堪えない。

民間からこの機運が生れて来るまで待つことは余りに事が火急なので、先ず各種工業を政府が起案し、適当な管理者に任せて一日早く工業を発展させねばならない。

それが充分発展して利益収入の見通しがついた時に始めて資産家に手渡すことになる。

このような施策は政府が社会主義を行っていると批判されるかも知れぬが、どのような方法でも必ずこれは民間に移譲するであろうから、資産家は半分でも資本が都合つけば後は政府で融資をし、融資金返済次第民間事業として移譲されることとなる。

其他は一切資本融資を停止し、私情の介入する不公平の弊害を排除して、韓国産物品による自給自足をはからねばならない。

わが民族が団結すれば何事も障碍とはならぬから、この主旨を全国的に宣伝実行を希う。

二億ドル復興計画 基幹産業再建に優先使用

本国政府企画処では二億弗復興計画に伴う半カ年間、圜貨資金計画を樹立中であるが、消費材導入比率に関する韓米間の完全合意がなされていないに拘らず、韓国政府としては基幹産業部門の再建のための過般の計画を強力に推進するといい、資金計画の樹立も斯様な前提の下に推進されており、遠からず成案を見ることになるという。

即ち企画処物動局の推算によると二億五千八百弗の再建計画を推進するための圜貨資金の総需要は四百八十億圜程度で、同資金の調達案に関しては大略次の通りの方向に検討されている。

一、導入物資の引受けにあっては財政赤字の補塡を避ける一方、二にはUNKRA計画及びCRIK計画による物資販売代金も一括して運用出来る方策を樹立し、これには前記半個年復興計画中消費材販売代金は百億圜内外に過ぎないと推定されるのに照し百五十億圜以外の資金を確保し、二廻転乃至三廻転出来得る措置を講究する非インフレ的方法で所要資金を調達する。

前記のような方法から資金計画を樹立するに当り、約百億圜以外の長期或は短期産業資金の撒布は不可避となるので、上層部当局者の言明によれば、斯様な産業資金の放出は財政資金又は信用金融その何れ側から調達されても現下金融体制では不可能だから、一般銀行法等の実施と併せて金融面の再整備が要請される点を鋭意検討中といっている。このように二億ドル復興計画は基幹産業再建のためにその大部分を使用することになっている。

この道をえらべ!!

このようにして共産圏の文化人達は発表と表現の自由を奪われる。

主張 政治會議とソ連

ソ連、中共といわず口を揃えて休戦成立の功績を自ら讃え共産側の勝利を謳歌している。

休戦が共産側の敗北を意味するか勝利であったかは論ずる余地のない明白な事実であって見れば、いまさら彼等の宣伝にこだわる必要もないが、休戦後の政治会議が休戦会談の轍をふまないためには共産側の出方に十分なる注意を払わなければならない。

休戦会談においてのヤマでもあり、共産側にとっては譲ることの出来ない絶対的條件であった反共捕虜問題が李大統領の英断によって彼等の謀略的カラクリが曝露したのみならず、休戦協定締結にも拍車をかけ即時締結を見るようになった。

これはソ連流政治家達の政治道徳や行動の正体をつかむキーポイントであり、これらポイントを通じて新たな事態に対する正確な見透しと信念をも持たなければならない。

平和的統一という韓民族の悲願をはたして政治会議を通じて見事達成出来るかどうかもやはりソ連の態度一つにかかっている事実を思いあわす時、われわれは休戦協定締結へのガンを破壊した奇蹟的爆弾（反共捕虜釈放）に類する何かが必要であることを痛感するものである。

去る九月二十一日国連総会におけるソ連代表ヴイシンスキー氏の演説を見るにソ連の政治会議への新たな態度が見られないばかりでなく休戦会談をあのようにこじらせた政治的謀略がそのまま反映され、休戦協定の失敗を政治会議において取戻そうとするかの如く見られるに至って憂慮せざるを得ない。

彼等が韓国侵略の失敗を、休戦協定を有利に締結することによって取戻そうと凡ゆる手段方法と口実をもって休戦会談を邪魔した事実はあまりにも有名である。

だがその失敗をスターリンの死と新平和攻勢の名にて行詰りを打開、平和の神様として鉄面皮的体面を保った。

国連総会における無誠意なソ連の態度と韓国平和統一への唯一な希望たる政治会議を思いあわす時、実に暗たんたるものがある。

ソ連の態度は休戦以前と変りないが、水爆やコバルト爆弾なるものの所持にすごみを見せているからには、尚一層暗たんたる感を禁じ得ないものがある。

ソ連は政治会議を通じて何を狙っているかを知る由もないが、彼等は韓国侵略の過誤を率直に認めるべきである。

ましてや韓国と韓民族の血涙の上にあぐらをかいて中共の国連加入への従来のカケヒキをくりかえすことがあれば、断じて許すべきでない。

われわれは共産主義の威脅政策の被害を殊に第二次世界大戦後、あまりにも多く見せつけられてきたが、ソ連が、かの平和攻勢と新平和攻勢のしめくくりを片手に、又一方水素爆弾を片手にして自由陣営と対決しようとするかの如き態度に対して警告し、政治会議は韓国と韓民族に限定すべき点を強調するものである。

× × ×

北韓の實情はこうだ……

休戦後国連側赤十字班の一員として去る八月二十三日開城を通過して平壌を始め満浦津碧潼、江界等にある捕虜収容所を細かに視察する一方抑留されていた韓国軍勇士を慰問して帰って来た某氏は、共産側が豪語した所謂「最大の待遇」なるものがどんなものかを曝露し、諸般の実情が語るに忍びない虚偽と偽瞞であることに驚かざるを得なかったと、次のように語った。

「私は赤十字委員の一人として国軍勇士達の永い間の労苦を慰問激励のため北韓各地収容所を訪問したが、中共軍があらゆる行政と軍作戦を掌握しており、言葉と現実が余りに距離のある収容所の実状に驚いた。

一例を挙げれば病院（韓国軍治療の為設置）の設備だが、彼等は「こんな立派な設備であらゆる捕虜（韓国軍）の如何なる疾病も完治した」ともっともらしく語ってくれた。

しかしその備品たるや何処かから移動されて来たことが明らかで、設備に至っても休戦後急設したことが歴然としていた。

永い間の収容所生活に呻吟した勇士達の営養状態は一切知らせることをせず、そのようなところへは案内を拒まれた。

収容所の諸般の実状は前述の通りで後は想像に任せる。

それから全北韓各地で目撃したことだが、甚だしいことには農村から列車の中まで全部中共軍民が行政権を掘っていた、傀儡軍は階級如何を問わず中共軍の命令の下に動いていた。

私は鉄道沿線で若い青年の姿をどんなに努力しても発見することが出来ず、農家、都市に至るまで十三、四才の少年から六十以上の老人を見るだけだった。

北韓同胞達の苦しい表情と憂欝そうな姿は見るに堪えなかった。

北韓は既に中共の植民地化されているといっても間違いないだろう。

融資問題實現近し 僑胞の有能人材起用

金載華団長帰任談

さきに（既報）八一五光復節を記念して在留僑胞使節団が本国へ向ったが、この使節団々長として団員五十名を引率して、光復節記念式典に参加、捕虜交換所訪問等無事その大任を果し、この程帰任した金載華中総団長は次の如き談話を発表した。

「私が帰任する前に民主新聞で発表した通り、全く身にあまる待遇を受け使節団々員一同は感激している。われわれ使節団一行は無事任務を果して本国で解散、それぞれ郷里へ向い、帰日はそれぞれ別になったが、殆んど帰って来た。

解散後、私は在留僑胞の諸問題を政府の関係当局と種々接しよう大体次のような成果を得た。

まず二百万ドル融資の問題については財務部、外務部、韓国銀行、私と四者が協議した結果、送金方法につき日本政府当局と目下交渉中で、日本政府の外務省アジヤ第二課でその具体策を検討中であり、日本政府当局の認可あり次第、本国政府では韓銀を通じて下附することになった。

又、海外僑胞育成費（民団と既成韓国人教育機関援助費）七万ドルは駐日公使の要請あり次第何時でも下附することになり近い中にその実現を見るものと思う。

更に大統領は、私に対し日本に在留する僑胞中、特に有能な人材を起用するから推せんして欲しいと依頼された。

即ち、李大統領は、寸時たりとも日本にいる僑胞を忘れたことはないと申され特にこの度の動乱の前後を通じて在留僑胞の果した役割は大きく、今後においてますます祖国再建に献身努力するよう要望した後、日本に在留する僑胞中、産業、政治を始め各分野における有能な人材を政府は勿論、各界の重要なポストに起用する意思があるから、是非とも民団が責任をもって推せんして欲しいと依頼され祖国再建に率先、献身するだけの自信と希望を有する者は自せんしてもよいと言明された。

これは李大統領が、海外、特に日本に在留する僑胞に常に深い関心をよせておられる証左である。われわれ在留僑胞は李大統領のこの深慮に対し応えるべく一層祖国再建に献身を誓いあわねばならぬ。」

男女記者募集

☆資格…新制高校卒以上
夜間大学在学中も可、但し多少経験を有する者で身元確実な者
満十八才―二十五才

☆仕事の内容…取材 編集

☆待遇其他…委細面談
右希望者は履歴書、写真二枚持参、本人出頭のこと。

民主新聞社

嵐の中の七年・輝く我等の歴史

民団創立七周年

在留僑胞の権益擁護

赤色勢力と闘争しつつ祖國再建に多大なる貢献

東西二大陣営の犠牲として祖国動乱が人類史上未曽有の甚大なる犠牲をはらい心ならずも統一なき休戦とはなつたが、いまだに祖国の運命が危機にさらされている秋、わが居留民団は、早くも創立七周年を迎えるに至つた。

世界第二次大戦の終えんによりわが祖国と民族が日帝の圧政から解放され、日本に在留する僑胞の自治体として生活権擁護、既得権維持の為に民団が発足して七年間、一方は日政の不法なる弾圧と一方は赤色勢力と闘いながら今日に及んだのである。

この時にあたり、更に韓日間の紛争が再びもつれ、わが在留六十万唯一の自治機関としての民団の果す役割と責務は更に大きく、荊の道を切りひらいて行かねばならない。

ともあれ、名実共に在留僑胞のあらゆる権益を護り、ひいては祖国再建にひたすら貢献してきた民団の七年間の輝かしい歴史は、われわれの誇りである。

この意義深き民団創立七週年を迎えるにあたり、われらは今一度、わが民団の歩んで来た七年の足跡をふりかえつて見よう。（写真は民団中総全景）

朝連の傀儡化と民族陣営の結集

一九四五年八月十五日、日帝の徹底的敗北により終結した太平洋戦争は、われら三千万に、所謂〃解放〃をもたらした。

血迷つた日本の軍閥により、故国で生きる権益すら剝奪されて、玄海灘を越えた二百万にも及ぶ在日僑胞は、解放のよろこびに、唯一丸となり、自然発生的な民族的自覚と、燃える建国の意慾を結集して、在日全僑胞を網羅した〃居留民団〃として、いわゆる〃朝鮮人連盟〃を結成した。

このような民族的大同団結は、当時、本国に於て見られた挙族的団結と全くその性質を一つにするものであつた。しかし、三千万の民族によつて世界に誇示されたこの固い団結も、一九四五年十二月二十七日、モスクワ三相会議に於て決定された所謂〃朝鮮信託統治案〃をめぐる賛否両論の対立と、これに伴う共産、民族両陣営の分裂により、完全にその存立を妨げられ、本国政界に於けるこのような混沌たる状態は、直ちに在日僑胞の権益を護る唯一の団結であるかに見えた旧朝連にも反映されるに至つた。

すなわち、一九四六年二月、東京永田小学校に召集された朝連全体会議に於て鄭白宇、丁賛鎮氏等を中心とした反対闘争にも拘らず、信託統治支持、北韓人民共和国死守の決議が、共産党系盟員の一方的な議事進行により採択されるや、斯様な団体は民族の健全な発展を妨げるとの結論に到達した民族陣営は、新たな民族陣営結集のため立ち上つた。かくて、李康勲、元心昌、朴烈、高順欽、洪賢基諸氏を中心とする正統派及び第三勢力は、新朝鮮建設同盟を始め、四十余の愛国団体を網羅して、一九四六年十月三日、開天節の佳き日を卜して在日本居留民団成立を宣言し、次の三大綱領を掲げた。

一、在留同胞の民生安定
二、在留同胞の教養向上
三、民族親善と国際協調

わが組織強化

創立以来、強化一路のわが民団に対する朝連系の〃切り崩し工作〃は、一九四七年の大阪事件、愛知事件、新潟事件等、一連のテロ事件が明らかに物語る如く、全く気狂いじみたものであつたが、彼らの陰謀も、建青を前衛とするわが民団の英雄的闘争の前には何等効を奏する事なく、朝連側は遂に、民団の崩壊を狙う野望を抛棄せざるを得なくなつた。かくて、朝連系も一九四七年後半期に至るまで、一時平穏状態を保つに至つたが、此の間の事実は次の数字が雄弁に物語つている。

民団・朝連各地方組織数

一九四六年四月現在	民団	七四
	朝連	一六〇〇
一九四八年三月現在	民団	三三七
	朝連	五五五

すなわち、此の表に明かな如く、わが民団が創立以来二年間に五倍の勢力を獲得したのに対し、朝連はその三分の一に減退するという著しい現象を見せている。

この様に、わが民団は創立後、最初の一年あまりをその組織強化のために――それも実質的には建青側の一方的活躍により――当て、この面に於ては、極めて大きな効果を納めたとは言え、民生問題等の実施については特記すべき業績を挙げていないというのが率直な意見ではある。

勿論、これは本国に於ける混沌たる政情が、民族の独立を妨げ、したがつて独立政府をもたないわれらが、何等法的な保障をうける事が出来なかつたという事実に原因する。

ともあれ、わが民団が、結成後数個月にして赤色ファッショ化した朝連の民族的不義と、団体的背徳に憤激した良心的な僑胞大衆を組織し、来るべき日の躍進に備え、腐敗せる既成勢力の圧迫より、多くの僑胞を救出した功績だけは高く評価されるべきものであろう。

僑胞民生問題解決に盡力

以上概観した如く、わが民団は創立以来、組織を朝連系の破壊より守り抜く事に全力を盡した。しかし、われらは組織面に於ける輝かしい業績の前に、一見光を失なつたかに見える他の面、すなわち、僑胞の民生問題解決等につくした業績にも一べッを加えるべきであろう。

勿論、この活動は一九四六年六月、現駐日代表部の前身とも言うべき軍政庁東京事務処が設置されたとは言え、本国より何らの後援も得る事なく、わが陣営独自の立場から推進された点に、その意義がある。

すなわち、終戦後日政がわれわれ在日僑胞に対して取つた不当なる預金封鎖や、財産税課税等、僑胞の生活をおびやかすが如き悪法に対しては敢然と反対して僑胞の財産権擁護につとめた外、一九四六年夏（民団成立前）南韓の水害救済のため、救援物資三八〇余梱を本国に発送した。

また、一九四七年四月わが民団は尹奉吉等三八志士の遺骨を日政より奪還し、本国に於いて大国民葬を挙行して、所謂左右両陣営の政争で混迷の状態にあつた本国各界に、一大覚醒を興えた。

一方、一九四七年、外国人登録令が施行されるや、渉外部では、外国人としての諸権益獲得のため当局と交渉すると共に、同年七月十五日、日本政府法務庁の依頼を受けて、僑胞の登録を援助し、同年十月二十四日、五四三、七四〇名の在日同胞の実態を明らかにした。

これと並行して、わが民団は、本国政府による在日居留民保護施策の下準備として、日政の協力の下に在日僑胞の名簿作成を完了した。

大韓民國の獨立と新綱領採択

勿論、朝連系との苛酷な闘争が継続した時期に於ても、恰も本国における〃南北協商〃と時を同じくして朝連側が、わが方に数回統一を申し入れて来た。しかし、それが、建青陣の所謂統一派をあやつる彼等の民団切り崩し策であつたため、わが民団がこれを拒絶したのは当然であるが、この時期にわが民団に一大動揺が起つた事実及び、この危機が民団地方部の終始一貫した反共闘争によつて克服され、わが路線が大韓民国と全く一致し、今日に至つている事は、民団七年の歴史上、特に銘記すべきものであろう。

この時、独立を渇仰する民族の熱意が実を結び、国連監視下に〃可能な地域内に於ける総選挙〃が施行され、偉大なる指導者李承晩博士のひきいる大韓民国が万邦にその独立を宣布したことは周知の事であるが、五・一〇選挙を機として、日本に於ける容共派及び所謂統一派が、〃南北協商〃時期の失敗（民団切り崩し）を糊塗するため、新たに蠢動を見せた事も忘れるべきでない。

世紀の祭典、独立慶祝式典に、わが民団は李大統領の招待により、初代団長朴烈氏以下十三名の使節団を派遣して独立のよろこびを共にすると同時に、東京では、数千の傘下僑胞参列下に、盛大な式典を挙行した。

かくてわれらは渇仰した独立政府を戴いたばかりでなく、同年九月八日、政府より唯一の在日居留民団としての承認を得るに至り、名実共に、〃在日大韓国居留民団〃としての面目を一新した。

この様な新局面に際し、一九四八年十月召集された第二回全体大会は、新たに次の様な五大綱領を採択した。

一、われらは大韓民国の国是を遵守する。
二、われらは在留同胞の民権擁護を期する。
三、われらは在留同胞の民生安定を期する。
四、われらは在留同胞の文化向上を期する。
五、われらは国際親善を期する。

この五大綱領をかかげた民団は、名実共に大韓民国々民としての自覚を在留僑胞に認識せしめたのである。

創立七周年を迎えて

中総団長　金載華

わが民団七年間の歴史は日本における韓国人の生活権擁護と既得権獲得の闘いであつた。

その間、朝連が解散され、在留僑胞唯一の自治団体であるわが民団が、在留僑胞の諸問題を解決するに果した役割は大きいといわねばなるまい。

日本全国津々浦々に五百余の本支部をもちその組織が今日の如く完全な状態におかれ、盛況を呈しているのは、ひとえに在留僑胞の民主陣営に属する闘士達の血と汗の結晶に他ならない。特にこの度の祖国動乱勃発を契機として、わが民族陣営における僑胞達の涙ぐましき数々の赤誠は祖国動乱にあつて多大なる貢献をなしたと自負しているものである。

このたびの八・一五光復節記念日にあつて在留僑胞使節団が本国政府の招請に応じて本国へ向つた際、大統領閣下は、海外同胞のために広く門戸を開放すると申されていたが、われわれ在留僑胞は、日本にあつてもこの期待にそむかぬよう、尚一層の努力を盡し、決して韓国人としての誇りをなくさず相互扶助し合い各々の職場において祖国再建に盡すよう心がけねばならない。

このことが結局、民団の限りなき発展を約束することであり、在留僑胞の生きるべき途だと思う。

このようにしてわが民団も又、在留僑胞の生活権を擁護し、既得権を保持するために全機能を発揮、最善の努力を傾注することになる。

新刊　朝鮮語辭典
臨時定價 1,200円
発行 朝鮮語学会　取次 民団中総文教局
特色　従来の国語辞典と異り、単語の解釈を日本語で簡明にしてある。
最上紙質印刷美麗
一〇〇〇頁ケース付

〃藝能部〃新設
本社ではかねてから在留僑胞の文化啓蒙の必要性を痛切に感じ、芸能部の新設を企画、鋭意準備中のところ、この程ようやく万端の準備をととのえここに新らしく芸能部の誕生を見ました。主に地方公演に重点をおいていますから地方僑胞団体の御申込みをお待ちしております。
内容　☆楽団　☆歌謡　☆演劇　☆映画　☆舞踊
（芸能人多数　韓日両国一流）
民主新聞社藝能部

暴力團朝連遂に解散

駐日代表部迎え……國民登錄實施

一九四八年十二月、初代駐日大使鄭翰景博士の赴任と共に、わが民団は、これと表裏一体、僑民の権益保護に、拍車をかけ始めた。新設された代表部は翌年二月十四日、帰国及び文教に関する諸事務をわが民団に委嘱して来た。これを手始めとして、わが民団は代表部との堅い連繋の下に、僑胞の民生問題解決、福利増進等、着々成果を挙げたが、これに比例し、一時平穏状態を保っていた朝連のテロもまた擡頭し始めた。

この時期に於て特筆すべき事件に、学生同盟事件がある。これは一九四九年五月八日、学生同盟（分裂前）関東本部定期総会に於て、学生の自主性と、学同の路線問題等をめぐって、朝連系学生と、民族陣営の学生間に惹起された事件である。同事件発生後、民団文教局では、声明書を以て事件の円満解決に最善を盡す事を宣明したが、同二十三日学同内の正統派学生が学同会館（在東京都新宿区角筈、俗称「財団法人朝鮮奨学会」）を接収し、太極旗を屋上に掲揚した上、事務の引渡しを朝連系の学生に要求した。その際、朝連側では学同と何等関係のない民青、小・中学生、婦人等を動員し、同会館前で不穏な形勢を見せたが、結局わが文教部、青年指導部、渉外部及び宣伝情報部の活躍が勝利を制し、同会館は法的に解決（韓日会談）がつくまで、双方何れの使用をも禁じ、警視庁の管理におく旨の措置が取られるに至った。この様に、同会館を朝連側の占拠から守り抜いたのは、わが民団の勝利であった。（註＝本紙第三二七号参照）

同事件は、大韓民国独立一週年記念日を中心に、朝連が呼号した所謂九・十月革命攻勢の皮切りであり、これをけい機として、彼らは民団切り崩し工作を開始した。所謂仙台事件、池袋事件等、われらの記憶に新たなものであるが、特に一九四九年八月二十日の下関事件は、手段をえらばない彼らのテロ事件としては、最も大規模なものであった。その惨虐さに於て、八・一五慶祝大会挙行中のわが陣営に対する、三百余名の朝連系分子の暴行に端を発した同事件が、如何に大規模なものであったかは、次の数字が雄弁に物語っている。

朝連側動員数	八〇〇名
被害団員家屋	二〇戸
被害団員数	一〇六名
団員被害総額	一、四四二、一七〇円
外に漁船一隻沈没、	
被拉致団員	四名
検挙者	一一七名
送検者	五三名

この事件発生と同時に、民団中総では、青年指導部、文教部を中心とする調査団を現地に派遣し、事件の収拾に当ったがこれと時を同じくして、東京・大阪・静岡・宮城等各地方本部では被害僑胞援助に乗り出し、同胞愛を発揮した事もまた記憶すべきである。

反民族的な朝連による斯様な暴行は、彼ら自身が、反民主々義的暴力団体である事を明確に規定する以外の効果を果さず、日本政府は、一九四九年九月八日、遂に「団体等規正令」第二條該当団体として、「在日本朝鮮人連盟」及び「在日本朝鮮民主青年同盟」に解散命令を発するに至った。

かくて、そのぼう大な組織を誇っていた朝連は、解放以来満四ケ年にわたる長い暴虐の歴史に終焉を告げた。わが民団は朝連の解散に際し、「朝連が他国政府によって解散させられた事は遺憾とするものであるが、わが民族の健全な発展と自由のためには、これもまた已むを得ない措置と認める」旨の声明を発して、これをむかえた。

かくして、朝連なき後の所謂「左系」僑胞は、在留同胞は全て、民間に結集すべきである事に目覚め、祖国愛を取り戻した指導者層―かつては、最も強力な朝連、民青の幹部であった人たちすら、率先民団の発展のための推進力となって動き出した事は、当然の事ながら、真に意義深い現象であり、また、これこそ民団が主義主張によって立つ派閥的政党でない事を、最もよく証明したものである。

斯様な情勢下で、駐日代表部設置以来論議されていた「在外国民登録」が、外務部令として公布され、一九四九年十一月二日より、在日全同胞を対象に、登録事務が開始された。国民登録は、代表部の委嘱を受けたわが民団が、「国民登録委員会」を設置して全国的に展開し解散後四年間続いた僑胞の無国籍状態を清算するに至った。

祖國動亂勃發！

民團、祖國と共に立つ

動亂

一九五〇年六月二五日、北韓共産軍により日軍の真珠湾奇襲にも似た南鮮侵入を開始されるや、わが民団は、祖国の超非常事態に対処すべく、七月二日、全国団長会議を召集し、今後再びかかる事態が発生せざる様、禍根を排除するため、鴨緑江岸迄進撃する事を要請する決議文を採択し、次の様な戦時綱領を新たに決定した。

一、我等は大韓民国の勝利のために忠誠を盡す。

二、我等は民族自衛の為に一致団結す。

三、我等は日本の治安と秩序維持に協助する。

祖国と共に立つわが民団の臨戦救国闘争の中、われらは特に自願軍の出陣を記憶しなければならない。

動乱勃発と同時に、在日僑胞青年は、祖国の危急を救わんと、自然発生的に盛り上る愛国の至情を以て、義勇軍の派遣をわが民団に要請して来た。或は血書をもって志願する等、ほうはいとして起るわが陣営の愛国心に動かされ、わが民団は団長会議で同問題を正式に取扱う事を決定し、八月十五日本国政府より受入態勢完了の通牒に接し、代表部の協力の下に、韓国防衛自願軍本部を設置、数次に亘り多くの義勇軍を送った。

一方、一時「ダンケルクの悲劇」を思わせた本国の戦況も、国連軍の警察行動が効を奏し、共産軍の潰滅も時間の問題となったが、中共軍の不法介入は事態を一変せしめた。対日講和を前にして、一九五一年四月三日に召集された第十一回臨時全体大会は、わが民団の対日講和に対する態度を次のように決定、ダレス氏を始め、各関係要路に上申書を提出した。

一、日本は、わが居留民が大韓民国々民である事を確認し、同時に既得の日本居住権を無條件に認めよ。

二、在日僑胞の財産搬出は自由にせよ。

三、在日僑胞の経済生活に均等なる機会を与えよ。

四、韓国に賠償金を支拂うこと。

五、韓国を講和会議に正当な当事国として参加せしめよ。

一方、同年九月八日、桑港講和会議で対日講和調印に続いて、懸案の韓日会談が在日僑胞歓呼の中に、同十一月二十日より開催されたが、日本側の不合理な主張により、財産請求権をめぐり意見が対立、翌年四月、遂に何等成果を見る事なく決裂に終った。同会議の成果は直接われら在日僑胞の諸権益擁護にひびくため、会談決裂による在留僑胞の失望もまた大きなものがあった。

一九五二年四月、第十四回全体会議では、わが民団の役割の増大と、本国政府のわれらに対する要望に答えるため、民団本国出張所設置問題が論議されたが同年八月二三日、現国会議員在日同胞権益擁護会理事長康慶玉氏を所長とする同出張所が生れた。

本國政府に建議書

二百萬弗融資決定

韓日会談の決裂と共に、日政当局のわが僑胞に対する態度は、露骨に感情化し、僑胞の生活は一路悪化したが、特に、終戦後日本経済の三分の一を手中に納めていた僑胞の経済活動は、重大なる難局に立つに至った。よってわが民団は一九五二年九月、団長の本国訪問を機に、次のような内容を盛った建議書を本国政府に提出し、局面打開に乗り出した。

一、僑胞中小企業者のため韓銀日本支店を通じて融資すること。

二、政府は輸入物資の一部を、民団を通じて在日韓人工場で購入すること。（購買委員会設置）

三、韓日会談に、在日僑胞代表も参加せしめること。

四、国会に在日僑胞六十万の代表六名を出席させ、発言権を与えること。

既に述べた如く、韓日会談決裂後、特に強化されて来た日政の僑胞圧迫に不安を感じていた矢先、一九五三年一月六日、李大統領が来日した事は、僑胞に大きな希望をもたらしたが、特に金団長提出のわが要請書が同年三月二七日、国務会議を通過した事は、わが民団七年間の業績がもたらした偉大なる結果であり、われらの前途を明るくした。すなわち、本国政府は、僑胞中小企業者のため、二〇〇万弗を融資し、購買委員会を設置する外、六名の僑胞代表に国会の議席を与える事に決定した。

斯様な本国政府の援助と相俟って、我が民団は独自の立場から僑胞の経済生活を擁護するため、各地域別に韓人信用組合設立運動を推進中であるが、すでに宮城、徳島、愛媛等各地にわが民団傘下の金融機関が生れつつある。

統一なき、不名誉な休戦をむかえた本国政府樹立五週年記念式典に参列したわが使節団の本国訪問は、わが民団の輝かしい歴史に対する本国各界の信任を愈々固め、「祖国と共に立つ」われらの行手に大なる光をもたらすものである。

民団組織數

一九五三年八月現在

本部	四九
支部	三五六
分団	一六七

民團七年間の歩みを顧みて

中総副議長　洪　賢　基

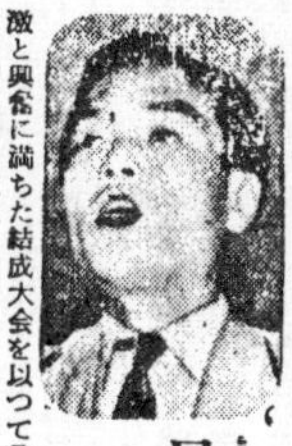

民團の發展は全居留民の愛國的信念と努力の結晶

我々の居留民団は営々七年の苦難の歩みによって今や名実共に在日韓国民の代表団体であり他に其の例が無い在外民族の大組織を形成するに至った。

今から七年前凡ての規範から解脱された在日同胞が右往左往全く其の帰趨が定まらず恐怖と不安の中で慄えて居る頃愛国有志により結ばれて居た新朝鮮建設同盟と当時大規模で熾烈な共産暴力闘争を制禦し太極旗の下民主独立国家の誕生を絶叫する在日十数万を擁する朝鮮建国促進青年同盟とが基幹となって反共愛国同胞の結集を目指し権益擁護、文化向上、国際親善を綱領として同十月三日麹町の永田講堂に於いて感激と興奮に満ちた結成大会を以って愈々在日朝鮮居留民団の発足を見たのである。

日本敗戦後真空状態の社会で同胞の財産と結束心理に乗じて尨大な組織を得た朝連は北鮮共産勢力を盲信し同胞の急拠赤化の野望を倚捨てず暴力と謀略の手で民団と建青の破壊を企て、絶間なく全地域を通じて妨害して来たが民族陣営の愛国心と民主主義への信念は返って益々強固になって行ったのである。

一九四八年八月十五日大韓民国の独立が世界に宣布されるや国連及び自由諸国の承認が後をついて行はれ、在日同胞を代表して朴烈氏以下慶祝使節団の参加、朝連の解散、民団全組織の同胞充実等によって同年九月には本国より在日拡大の唯一代表団体として認められるに至った。

一九五〇年の動乱、日本の独立による各政策は在日同胞の経済條件にも影響され民団活動は必ずしも活溌ではなかったが、侵入共産軍の撃退、韓国統一への切望と闘争への結束は益々強固になって来た。

我々民団の発展は旧軍政庁の東京公館、代表部の表裏一体の連携によることは勿論であるが何といっても全居留民の愛国的信念と努力によるものといえよう。在日全同胞の内国民登録の完了者二十数万と他の共産党員若干を除いて大多数の人々は民団を中心に青年、学生、婦人の各団体を通じて大世帯を形成して行くであろうが、我々は団の内外をもっと真剣に充実させて北進統一の何日まで戦災の復興に建設に又は発展に在外国民としてより一層愛国的努力を忘れてはならない今日、民団の結成七周年を迎え責務の重大さを痛感するのである。

幸いに民団として本国へ要請し其の実現の為努力を続けている中小企業融資問題、民団運営費、其他の要望が近々実現されることになったことは民団の一層充実と活動が軌道に乗る日を待望して居た我々民団員の大きな喜びであると共に一大結束と発展の万全を期すべきである。

中總日誌（九月）

四日　中国会議長歓迎会に、副団長、副議長、総務局長出席。

七日　学同、奨学会建物事件淀橋署と交渉。

八日　婦人会、西日本水害見舞品を毎日新聞社に委託。奨学会事件で、文教局長、淀橋署、代表部を訪問。

九日　文教局長、警視庁、代表部、淀橋署訪問。（奨学会問題）

十日　文教局長、代表部僑民課長を帯同、淀橋署長と要談。（奨学会問題）

十一日　婦人会、タイ大使館を訪問、韓国人形を寄贈。

十四日　事務総長、金公使を訪問、僑胞中小企業者融資問題及び民団育成資金問題等を討議。

十五日　総務局、国軍病院慰問団派遣に関し代表部と交渉。

十七日　文教局長、奨学会問題で代表部、国警本部、文部省等訪問。

十八日　団長、副団長、副議長、事務総長、東本団長連席会議、学同、ピンポン大会。

十九日　中国会議長離日。秋夕、公休。

二二日　東京大田支部脚技大会。

二三日　総務局長二二日、大田支部に於ける不祥事（朝連系及び軍人会員の衝突）に関し関当係局と交渉、秋分の日で二時まで執務

二四日　常任委員会。事務総長、海洋平和線問題で共同通信記者と会見。

二八日　局長緊急会議、東京本部臨時総会、事務総長、海洋平和線問題で日本水産経済新聞記者と会見。

第十九回中央議事會延期に関する公告

第十九回中央議事会は十月二日召集することになっておりましたが、またもや延期の止むなきに至りました。その理由は

一、中小商工業者融資金が近々東京韓銀に交附されることになっているので、それが済んでから議事会を召集するのが効果的でないか。

二、執行部の事情と国内政局に照し臨時全体大会を召集せねばならない機運が濃厚だから中央議事会をそれに兼ねて召集したい。

三、過日八・一五の帰国時に金載華団長へ大統領閣下から要望されたことを実行するため、三機関代表は来二十五日に報告を携行して閣下に上呈することになっているので、帰団が十月二日までは不可能である等であります。

中央議事会と臨時全体大会の召集予定期は十月中であるので決定次第公文発送をいたします。

今回中央議事会を三回も延期の止むなきに至り、議員諸氏におかれては多少の不満もあるかと思われますが、二百万ドル融資問題に関する巷間の紛議もあること故その問題は完全解決の目算もつき目下運営問題に集中して、その誤解とデマ一掃のための努力が再三に亘る期日延期となったのだから諒解して頂きたいのです。

檀紀四二八六年九月二十一日

在日本大韓民国居留民団中央総本部

議長　金　光　男

各地方本部団長 議長 貴下

みのりの秋

今年は大豊作

「戦乱と凶作」と言う二つの災害に呻吟しつづけた故国のひとたちも、統一なき休戦とは言え、砲声の途絶えいふるさとの村に、今年は久々に、のどかな秋夕を迎えた事だろう。

×　×　×

嘗て、名もない異国の兵士たちの軍靴にふみにじられた稲田に、今果しなく続く黄金の波は、戦火の納ま*つた故国に、十五年来の豊作（千五百万石予想）を約束していると言う。

×　×　×

しかし、「それでも、二百十万にも及ぶ貧窮民たちが、〝東洋的な生活水準〟に達するには程遠い。」と、国連韓国復興団経済顧問ウッド氏は嘆いている。

秋田縣韓國人商工協同組合發足

＝九月七日業務開始＝

在留韓国人の生活向上と企業促進に伴う資金融資は目下諸條件の不利な立場を克服する段階に至らず、日を追つて困難をかこつているのが現状である。識者達の間ではこの対策について早くから論議が交わされてはいたが同胞の間には誰しも痛感はしながらこの機関の誕生を見なかつた。最近東京を始め各地にこの機運が発生し、信用組合、協同組合等が設立され、また設立されつつあることは大いに喜ぶべきことである。

居留民団秋田県本部ではかねて県在住同胞の翹望であつた「秋田県韓国人商工協同組合」を在住同胞の絶大な支持を受けて設立することができた。資本金七十八万円、組合員数五七名を以て発足し、第一回拂込金三十九万円が納入されたので去る九月七日から執務を開始した。事務所を秋田県由利郡本荘町谷地町一八番地に置き、事業として組合員の取扱品の共同購買、組合員に対する事業資金の貸付（手形割引も含む）及び組合員のためにするその借入、銀行、信用組合其他組合員の取引金融機関に対する組合員の債務の保証又はこれら金融機関の委任を受けてする組合員に対する其の債権の取立、組合員の事業に関する経営及び技術の改善向上又は組合事業に関する知識の普及を図るための教育及び情報の提供、組合員の福利厚生に関する事業、他の韓国人商工協同組合との物品売買斡旋及び連絡、前各項の事業に附帯する事業、となつている。代表理事には兪鎮喆氏がなり、李長春、鄭達之、李漢雨、申竜植、朴玉先、文宅鉉、朴根圭、洪且述、禹茂頤、鄭達観、丁興秀、崔吉栄の諸氏が理事に、監事は朴相守、黄相奎、申博司の三氏が担当した。

徳島縣でも事業協同組合結成さる

日本各地に散在する民団系僑胞社会にあつて中小企業者を中心として信用組合協同組合の結成が盛んにおこなわれているが、徳島県にあつても当地僑胞有志間にあつて去る六月から事業組合結成の準備をしてきたが、この程在徳韓僑事業協同組合として発足した。

同組合は、小規模ながら在徳韓僑の自主的な経済活動を促進して経済的地位の向上を図ることを目的とし理事長一名、専務理事一名、監査一名、理事六名をもつて役員を構成、取引銀行としては韓国銀行阿波銀行四国銀行となつている。

紀伊地方罹災僑胞へ救済金

＝秋田県本部＝

純伊地方水害による罹災僑胞に対し、民団秋田県本部では県下各支部協力の下に第一次救護金として四千円を秋田魁新聞社に寄託して送つた。

なお同県内各支部・韓青並びに婦人会では目下救済金を募金中で近日中に第二次として送ることになつている。

港支部總會

都内民団港支部では去る九月十三日第五回臨時総会をひらき左の如き新役員を選出した。

団長……崔鐘浩
副団長……朴律来
……朴炳台
総務民生兼任……金東輪
文化課長……李尚栄
組織課長……安烱権

×　×　×

議長……李允求
副議長……権在守

×　×　×

監察委員……許正泰
朴鎬成

×　×　×

顧問団……李元裕、呉炳寿、李周鉉、盧栄漢

三多摩本部事務所新築

三多摩地区の居留民団の発足は調布町を嚆矢とするその後三多摩五千の団員に守られて本部は立川市に移つた。立川市柴崎町南口公会堂の階下十余坪に仮住していたが、維持対策にも困却していて会館建築までの余裕は更になかつた。

この事情を知つた立川市錦町の李英周氏と孫喜介氏は三多摩本部会館を建築してはどうかと、現民団長朴度鎮氏に呼びかけた。朴団長も大いに喜び早速臨時総会にはかり決定を見たのが昨年十二月初めであつた。以来同会館建設委員長の重責を引き受けた李氏は、孫喜介氏の大口寄附に気を強くして、朴団長外二、三幹部と八ヶ月余にわたり三多摩地区同胞に呼びかけて集めたのが五十三万余円に及んだ。そこで同市錦町一丁目に十五坪余の平家を買いとり、それと並んで十五坪余の二階建を新築し三十坪余の民団会館をこのほど落成した。

とくに忘れてならないことは、この五十三万円の寄附金は百三十余名の汗と脂の浄財であるので、八ヶ月余にわたるこの運動に消費した数万円に上る交通費その他は、各役員自弁としたことである。

秋夕脚戯大會盛況

＝民団大田支部＝

都内民団大田支部では恒例の秋夕脚戯（相撲）大会を、去る九月二十二日午後三時から同区内においてひらいた。

同日は快晴の好天気に恵まれ、同区内は勿論、都内各区、神奈川、千葉県あたりから多数の僑胞がつめかけ、故国の秋夕を偲わす楽しい一日を過し、盛況裡に午後六時頃脚戯大会の幕を閉じた。

人事往來

九月十五日
京都金在和団長来団

九月十七日
本国訪問中の金載華団長、金光男議長、裵東湖副団長、丁賛鎮東本団長帰任。
秋田本部副団長李長春氏来団。

九月十九日
東本団長、副団長、金載華団長と要談。
国際新響楽団秋季公演の挨拶かたがた徐洪基氏来団

自由論壇

政治會議に民族總動員せよ

高　自　由

民族のために、民族の名において、民族の手で、政治会議に提案すべき問題を研究し、提案し、決定せしめるのが民主主義であり、民族自決主義ではないだろうか。そのような意味のもとに、筆鋒も舌鋒も政治会議に集中しなければならない。ラヂオやテレビジョンや新聞雑誌は勿論、演説会、講演会、雄弁会とありとあらゆる方法を以て、街頭において、学園において、工場において、農園において機会あるごとに民衆が集合する場所においては、宣伝を以て戦わねばならない。

熱戦の武器が銃剣であるならば、冷戦の武器は平和攻勢の筆鋒であり舌鋒である筈なのである。玆に周囲を顧みれば、南も北も右翼も左翼も死人の如く動かずに閉塞しているではないか。われわれの問題を国連にまかせきりで、事足る如く悠長に構えているばかりである。

国連に於ては喧々囂々のうちに、政治会議への構成資格及び議題の範囲だけは決定された模様だが、ここに登場すべきわれわれの意志を代表する議案が具体的に現われないのは甚だ遺憾である。われわれはわれわれの要求するしかも平和的に実現可能の具体的提案を決定して、それを万遍も百万遍も、そして三千万同胞が三千万遍も繰り返し宣伝戦を行わねばならない。

勿論議題としては、南北衝突解決が目的なのだからそれを収拾するための問題に限るべきである。南北衝突を齎らした第一の原因は三十八度線を以て民族を両分したことにある。一番重要な問題は、その両分線を撤廃すること即ち再統一することである。どうすれば折合がつくか、その点を南北両方の人民が民族愛、民族倫理にもとづいて、それを主体に考え直すべきで、国際政治的背景におされてはならない。自主と自立と自由を発揮して誠心誠意を盡せば両方の合致点が出てくるのではないかと思われる。結論的に南北統一方法は、武力統一でなしに、平和的政治的統一方法を研究し、検討し発見して提案すべきことである。われわれはわれわれの意志を、今度の政治会議に充分反映して貰わねばならない。暴力に訴え血を流すことは、我執的為政家達の能事かも知れないが、そんな方法は政治会議で論ずべきではない。平和的方法を以て平和的に解決するのが政治会議の究極の目的だからである。

南部の提案は北部が排斥し、北部の主張は南部に受け入れられないとて無條件に感情に流れてはならない。思想と民族が異つても親和ができたことは第二次大戦が証明している。まして同民族でありながら思想の相違で和合できない筈はないのである。政治会議で平和的手段が決裂したとしても、平和的行障の方法がないとは限らないのである。われわれは飽くまで平和的解決方法にわが民族全体がこぞつて苦心すれば、必ず方法が発見されるであろうし、その発見された方法がまだ実現されると断言できる。

わが民族は解放以前には外へ向つて闘争した。安重根氏は伊藤博文を、張日煥氏はスチブンソンを殺めた例である。しかるに解放以後は宋鎮禹、呂運亨氏等を始め、済州島のゲリラ騒動乃至今度の動乱事件など鋒先は同族に向つている。これは民族的自殺であり、自滅である。独逸は東西に二分されても斯様な愚かな血生臭い事件は起していない。

かかる事態の充分な反省と自覚のもとに、われわれは今度の政治会議に臨み、問題解決のための平和統一を一にも二にも宣伝戦に努めなければならないであろう。

（投稿）

韓日兩國神話・傳説に關する一考察（六）

金　禹　錫

又同書の「桃花娘・鼻荊郎」の條に次の様な説話が出ている。即ち新羅第二十五代真智王は非常に好色家であつた。或時、沙梁部と云う処に非常な美人で桃花娘という婦人が居ると聞いて、宮中に召して己の意に従わせようとしたが、その婦人は此れを拒否して「女の宝は貞操である。此の宝は如何なる権勢でも奪うことは出来ない。今自分には夫がある身であるから、王の意志に従う訳に行かない。」と断つた。それでも諦め切れぬ王は死刑を以て脅かしたが承知しないので断念して、冗談半分に「夫がいなければ従うか。」と云つたところ「その時は従います。」と云つた。いろいろ問答の末、その婦人は無事に家へ帰ることが出来た。其の年に王は政乱で廃せられて間もなく死亡した。その後二年桃花娘の夫もふとした病気が原因で死亡した。その夫が死んでから百日目の夜、真智王が桃花娘の処へ訪ねて来た。王は生前と同じ姿で桃花娘の室へ入り「今は夫がいないから先約通り意に従う様に。」と迫つたが、軽諾せず父母に相談した結果、王の意に従うことにして、七日間同宿したが、その間常に五色の雲が屋上に棚引き、香気ふくいくとして室に充満した。七日過ぎると王は煙の如く消えてしまつた。桃花娘はそれから身重の体となり月満ちて玉の如き男児を生んだ。その名を鼻荊郎と名づけたが長じていろいろな奇怪な活動をした。とある。

今韓日両国の人間の死後及び死者国に対する信仰を右の資料、説話を中心として見ると、

(1) 伊邪那岐命が女神伊邪那美命の約束、制止を破つて黄泉国の内部を窺いて見たら、女神の体が腐敗していたとあるが如く、又金庾信が塚の中から出て来たとあるが如く、死者の居住地即ち死者国の所在地は死体を埋葬する地中の墳墓の中である。

(2) 死体と共に米を置き、黄泉国の食物を食べた云々とあるが如く、死者は死者国で生前と同様に食物を食べる。

(3) 生前将軍であつた金庾信は死後八将軍の儀仗をして従者を従え、伊邪那美命が男神の希望で生還交渉をしようとした相手は黄泉国神であると云う処から見ると、死者国にも上下・支配・被支配関係があり、地上の現実社会に類似した社会機構をもつている。

(4) 金庾信が生前と同じ将軍の儀仗をして表われて子孫の無実の罪を訴えたり、抗議したりし、又真智王が現存の婦人と現実的交渉をしたり、伊邪那美命が現存の伊邪那岐命の前に生前と同じ姿で表われて、現実社会生還其他いろいろの事について話し合つたり、男神を追跡したとあるが如く、死者は現存人と現実的交渉を為し得るし、肉体は腐敗しても霊魂は現存人の如き意志行動をし又、現存人の視覚に留まり、生前の形姿を表わして、人語を用うる。即ち互に意志を疎通し得る。

右の如く、死者国及び死後に関する観念信仰は両国共大体同様であることを知り得る。

㈡ 櫛、桃―悪魔退攘物

伊邪那岐命が黄泉国の軍勢即ち悪魔に追跡されて逃げる時、櫛をかいて投げつけたら筍になつたのを悪魔が食べている間に逃げ、尚も追跡して来るので、桃を三個投げつけると悪魔共は全部逃げ出したというのは、結局櫛、桃に或種の霊力即ち悪魔退攘の効力の存在を認める信仰が骨子になつている。

民主新聞
THE MINSHU SHINBUN

大韓民国居留民團中央総本部 機関紙
発行所 東京都新宿区若松町21
電話 九段(33)2771・-1169
民主新聞社
発行人 金 敦 準

振替口座番号 東京143 865
定価 1部10円
1箇月送料共 50円

戦時綱領
1. 我等は大韓民国の勝利の為に忠誠を盡す
2. 我等は民族自衛の為に一致團結す
3. 我等は日本の治安と秩序維持に協助する

韓日會談にのぞむもの
日本は謙虚であれ

韓日両国の国交調整を目標とする韓日会談は、一九五一年十月二十日、第一回交渉開始以来満二年近くを経過した今日まで、何等所期の目的を達成する事なく再三にわたる休会(決裂)さわぎだけで終始した。

事につけ〝地理的、歴史的〟親近性を強調しながらも、韓日両民族が渇望する焦眉の問題——漁業問題、国籍問題、財産権問題等——の円満な解決を見ることなく今日に至つたのは、韓国動乱を機とする日本の講和締結、それに伴なう日本側の不合理な没道義的な態度に起因した結果以外の何物でもない。

特に、対共産侵略戦遂行上並びに漁族保護に不可欠なわが海洋平和線(日本側のいわゆる〝李ライン〟)に対する日本側の度重なる不法侵入及び、これに対するわが国の当然な処置をめぐつて惹起された復雑な漁業問題は、遂に利にさとい日本側をして去る九月二十四日、いわゆる〝漁業交渉〟再開をわが国に申入れさせるに至つたが、これに対し、わが外務当局は同二十六日「日本が韓日両国間に介在する問題全般の一括討議に応ずる意思があるならば、韓国は何時でもこれに同意する用意がある」旨を言明、十月六日を期して金駐日公使を首席とするわが代表団と、久保田参与を首席とする日本代表団は歴史的な会談を再開した。(左上の写真は金公使)

六十万僑胞は全て韓國籍

一九五一年九月八日、共産軍の韓国侵入によりかもし出された世界情勢の緊迫化の副産物として、意外にも早く締結された対日平和條約は その第二條に「日本は韓国の独立を承認し、済州島、巨文島及び鬱陵島を含む韓国に対する全ての権利、権限及び請求権を放棄する。」と規定したが、不幸にしてわが国は、対日講和会議に正当な当事国として出席する事が出来なかつた。それ故、日本より早く独立国家群に入つたわが国は、日本との間に直接の関係を持つに至らず、両国の国交開始を始め、懸案の諸問題処理は、韓日両国間の直接交渉に俟つより外なくなつた。

かくして一九五一年十月二十日開始された第一回韓日会談では、在日韓国人の国籍及び処遇問題、船舶問題、基本国交問題に関する三分科委員会設置の下に討議を進めたが在日僑胞の国籍処遇問題はのどもとすぐれば熱さを忘れる日本人独特の民族性そのままに、四十年間の残虐な歴史を忘れ去つた日本側の理不盡な主張により、交渉は難航したが、一九五二年一月、次の諸点に於て双方の意見が一致した。

一、終戦前からの在日韓国人は永住許可申請者に限つてその許可を与える。
二、在日韓国人の強制送還は両国合議の上行う。
三、在日韓国人の既得権はその個人一代に限り認める。
四、在日韓国人は日本の講和発効と同時に、日本の国籍を離脱して韓国の国籍を取得する。

以上の如く、所謂国籍処遇問題について、一応の合意に達したとは言へ、在日六十万僑胞の中に介在する大韓民国々民たる事を拒否する少数の不穏分子問題は日本側の〝ヌエ的政策〟のため、未解決のままである点は注目すべきである。すなわち、日本当局は、所謂北韓人民共和国を支持する「朝鮮」籍の不純分子の存在を黙認しているが、在日六十万僑胞至てがわれ等唯一の主権国家大韓民国々民としての国籍を取得する事により、本国政府の統制下に措かれる時、日本が受けるであろう所の利益を考えれば、日本は今回の会談に於て、われらの国籍処遇問題に関してより積極的な態度を示すべきであろう。

海洋主權線は平和線
自粛操業を業界も提唱

☆漁業問題☆

次に、今回、日本をして会談再開申入れの動機たらしめた漁業問題、すなわち、韓日会談成立のキー・ポイントとも言うべきわが海洋平和線をめぐる問題であるが、これは昨年二月二五日、梁裕燦駐米大使と、日本側松本俊一外務省顧問の間に開かれた会談に先立ち、一九五二年一月十八日李承晩大統領が、対共産侵略戦遂行上及び漁族保護を目的として、旧マッカーサー・ラインに相当する「海洋主権線」を宣言して以来日本側は、所謂「公海自由の原則」なるものにとりすがり、韓日両国の平和維持に重大なる役割を持つわが海洋平和線を、意識的に侵犯し、甚だしきに至つては済州島、巨文島近海のわが領海にまで大船団を侵入せしめて、わが国の侵略防止戦遂行上、好ましからぬ影響を与える一方、同水域の漁族保護上からも当然黙認出来ない侵犯行為を敢行するに至り、いよいよ問題解決を困難ならしめた。

元来、わが海洋平和線はその名が示す通り、わが国の保護水域を明確にして、将来起り得る紛争を未然防止するため、同水域内に対する外国船の侵犯を許さないと同時に、韓国船もまた他の水域を侵犯しないとの意図の下に設定された一つの公約である。それにも拘わらず、日本側はこれを全く無視する態度に出、今年二月四日、同海域を犯した大邦丸に対するわが取締当局の当然なる措置——停船命令を無視して逃走した第一大邦丸に対する威かく射撃による日本人漁夫死亡事件——を取り上げ、日本人間に反韓感情を煽り立てる等、問題の解決を益々困難な方向におしやつた。また最近、日本側がネッ造した韓国軍艇による物品強奪事件等、日本側は、自身の不法行為を糊塗するため狂奔しているが、これらが全く根拠のない日本側の煽動である事は去る九月十四日の朝日新聞に『漁場で臨検を受け退去命令をくつた船の乗組員たちは、口をそろえて「向うは極めて紳士的だ」という。逃げて威嚇射撃をうけたものも、水の中へ向け二、三発ぶつ放されただけ」と報道されている日本人漁民の言葉だけでも明らかである。また、同紙は日本側によるわが平和線侵犯が如何に悪質なものであるかを次のような記事で証明している。

「済州島東南二五—三〇哩では数百隻の漁船が暗夜に放つ強烈な誘魚燈で、一帯は不夜城さながら。三十マイル遠方からも望見出来るという。いくら三マイル外は公海と言つても、目と鼻の先では相手を刺戟する。〝自粛操業〟の声が業界内部でも高いのは、このためである。」

以上のような事実に照して今次会談成立のヤマである漁業問題に関し、日本側外務省竹内アジア第二課長は「李ラインは認める事は出来ない。韓国があくまでこの点を固持すれば会談決裂もまた已むを得ない。」と述べたが、わが平和線をめぐる漁業問題対策機関たる日韓漁業問題対策本部伊東委員長は今次会談に代表参加を予想されている日本漁業界の態度を次の様に語つている。

『われらはあくまで公海自由の原則は固持するものであるが、韓日双方のため譲歩し得る点があれば、相互に譲歩し合つて、何かの妥結点を見出すべきである日本の業界としては不利な前例を残すような譲歩までは考慮していないが、何かの形で双方の満足し得る協定を締結することをのぞんでいる。すなわち円満な漁業協定が締結される前提として、漁族の保護のため、日韓双方より専門家を派遣して、協定の基礎となるべきデータを集めるとか、とにかく短時日に効果を望める問題ではないが、双方〝話し合う〟べきである」

なお同氏は日本の一部団体による反韓煽動について『折角双方の話し合いが円滑に行つても、そのような分子による雑音が入る事は甚だ迷惑である』とのべた。

以上結論すれば日本側はわが平和線水域に於ける漁業問題の解決は多少の犠牲を払つても妥結を見なければならず、したがつて日本業者の言う所の「自粛操業」すなわち謙虚と誠意を以て問題解決につとめるべきである。

恥ずべき日本の〝カケヒキ〟根性

財産権問題

次に今次会談に於ける第二の難関とも言うべき財産権についてわが方の基本的態度は終始一貫次の如きものであつた。

すなわち、韓国は対日講和参加は不可能であつたが、日政による尨大な収奪、日本の侵略戦遂行のため濫発された各種債権、旧朝鮮銀行の日銀への貸越高、保険料や郵便貯金等に対する莫大な額の賠償を請求し得ると同時に桑港條約第二條にいわゆる「日本は韓国にあるあらゆる権利請求権を抛棄する」及び同第四條B項の「韓国にあつた日本国及び日本人の財産は米国政府の処分の効力を承認する。」によつてあらゆる在韓旧日本財産は韓国の所有に帰するものである。

しかるに日本側は桑港條約を一方的に歪曲解釈し、民間財産は没収出来ないという〝ヘーグ條約と矛盾しないとの見地から、在韓日本人財産について米軍政庁がとつた処置は認めるが、その価格を請求し得ると主張し、あまつさえ、在北韓の財産に対する権利も主張したが、これは、大韓民国の主権が三八度線以北にも及ぶというわが方の主張を認めようとしない日本の従来の態度と本質的にムジュンするもので、日本一流の狡猾な外交術と言うべきである。特に日本は、この財産権に関し理不盡な矛盾に満ちた主張を固持する事により、彼らに不利なわが海洋平和線をめぐる漁業問題の難航を解決しようという意図の下に行動している。すなわち、日本側は当然抛棄すべきその財産請求権を代償としてわが方に平和ラインに関する譲歩を迫ろうという独特な〝カケヒキ〟戦術を取つているのである。

此間の事情は十月六日、外務省当局者が、記者の質問に対して答弁を避けた点からも特にその成行きが注目されるものである。

以上、要するに先の会談で既にまとまつた国交開始の條約、在日韓僑の国籍処遇協定、船舶問題等が双方の合意を見たにも拘らず、未だ漁業問題、財産権問題等が、完全に意見対立の状態を続けている原因が、日本側の没道義的なカケヒキ外交の致す所である事は明かである。それ故、真に日本が〝地理的に、歴史的に古来最も近き隣邦韓国〟との平和な共存共栄を望むならば、韓日両国間の問題解決を阻害するものは唯、日本に謙虚と誠実が欠けているという事実だけである事を卒直に認めるべきであろう。

主張
韓日會談再開に際し
日本の朝野に望む

去る七月以来韓日会談が休会を続けている間にも、韓日間に幾多の重大問題が惹起し、愈々会談再開の要望が輿論化し会談は六日より再開するようになつた。

今度こそ円満に進展して両国の関係が一日でも早く調整される事を切実に望むものである。然し、いよいよ会談が再開する段になると又もや失敗論が先立つ程必ずしも楽観を許せないものがある。

韓日会談は一昨年十月開始され、昨年四月中絶し、本年四月再開したが、七月に又もや休会(実際には中絶)して今日に到つているから、その進展、経過等については想像して余りがある。会談再開に際して先ず考える事は、会談中絶期間中韓日両国の微妙な情勢に左右されたとは言え、其の間生じた事態を考慮し会談中絶の原因に対して今度こそ真剣に考えて見る必要がある。

日本が今般池田特使の米国派遣を機会に一気に、外交攻勢を展開して現に岡崎外相が比国を始め、インドネシアの他、アジア諸国との賠償問題を推進しつつある点から見て、韓国に対しても従来と違つた新たな決意があるとは思われる。日本は現在までの所、韓国のみならず、アジア諸国から完全に孤立し、アジアの孤児とすら云われる位、アジア諸国との関係には関心を持たなすぎる反面、アメリカ一本主義にかたよりすぎている。つまりアメリカとさえうまく行けばよいと言う考えでやつて来たしまた事実に於ても、そのために受けた利益の多かつた点は認める。しかし、これらの利益が再建日本ばかりでなく、日本百年の大計にどれだけのプラスになつているかという問題になると大きな疑惑の念を持たされる。

日本がアメリカに片より過ぎたがために、米国以外の国との関係が必要以上に悪くなつている点と、これらの事情が反米感情をあふりつつある事実を認めるべきである。日本は果して韓国の立場を理解する度量と韓国に対する責任を感じて国交調整に当る意思があるだろうか？　韓日会談が成功するか、失敗するかの分岐点も、正にこの一点にある。

日本は複雑な雰囲気に包まれて韓国を非難攻撃しつつ韓国の独立をも認めないかの如く見受けられる。竹島問題にしろ、李ライン問題にしろ、全てがそうである。日本は韓国を侵略した事実と日本人が韓国に於て強権と特権を行使した事実を忘れ去つているのだろうか？　若し韓日両国の関係を調整するにはこの事実をはつきり認めることが前提條件である点を知るべきである。

日本は現在朝野を通じて韓国が反日政策をとつているかの如く、吹聴しているが、かかる事態から生ずる責任は一切日本側にある。李ライン問題にしても日本政府当局や水産関係者が政策的に四百や七百隻に上る船団を計画的に侵入せしめ実力で李ラインを無視しようとしたり、又かかる計画的行動によつて生ずる事態で会談への新たな口実としようとする態度は、再開する韓日開談への誠意ある新たな決意とは認められない。

現に池田遣米特使が米国で、韓国復興計画への参加をアメリカと折衝しようとしていると言明し、復興会議に出席云々に到つては驚かざるを得ない。韓国との関係を、韓国と話し合う事なしに米国と折衝し、韓国当局者並びに一般人を刺戟する意図は果して奈辺にあるのだろうか。これこそ解決如何に依つては韓国への挑戦であり、再開する韓日会談へのデモとしか考えられない。日本は韓日会談への誠意を形の上に示して一日でも早く、両国関係を調整するよう強く望むものである。

五四年度 國連韓国経済復興計画
総額六億二千八百万弗

「祖国統一」という民族の悲願をふみにじつた休戦協定調印後、すでに二ケ月、祖国は今、復興の鍵音も高く、新らしき楽土建設に民族の総意を結集している秋、企画処では、総額六億二千八百万弗に達する一九五四年度韓国経済復興計画を発表した。

同計画は既に、韓米合同経済委員会米国側委員と、事実合意に達した綜合計画であつて、既に実践段階に移されつゝあるが、その内容は大要次の通りである。

建設事業施設に、一億九千八百万弗、国内稼動工場をフルに運転するための原料導入に一億四千五百万弗、消費材導入に一億五千万弗、救護物資導入に五千九百万弗、軍事援助物資導入に八千一百万弗。

また、元企画処長の言明によれば、李大統領の裁定の下に成立した六億二千八百万弗の綜合復興計画は、従来、各面に亘つて混乱を伴つていたFOA、CRIK、UNKRA等の諸事業を、総括的に網羅して、韓米合同経済委員会を通じてのみ施行される様に組んだ所に意義があり明一九五四年六月までに入荷を予定されている物資は、総額六億二千八百万弗の約七五%に該当する四億七千五百万弗程度である。

以上の様な復興計画を推進するため必要な六億二千八百万弗

基幹産業再建により…☆…☆…☆…☆… 経済安定をねらう

の資金源は、米国のFOA援助金二億三千五百万弗、同CRIK援助金五千八百万弗、米陸軍省の軍事援助金八千百万弗、UNKRAより一億一千七百万弗、米国の個人援助金一千五百万弗他に項目不明の米国側の援助金二千二百万弗及び、韓国政府保有外貨一億弗からなつているが同計画の主要事業内容を摘記すると次の通りである。

一、肥料工場（年産十万トン）設立金＝一千二百万弗

二、主要開港場の修理及び埠頭施設修築費＝三千五百万弗

三、客車及び貨車輸入＝四千万弗

四、発電量を二十万KWに増加するための施設＝二千四百万弗

五、石炭年産額を百二十六万トンに引上げるための施設＝八百六十万弗

六、ガラス工場新設費（年産十二万箱）＝百万弗

七、セメンド工場新設（年産二十万トン）＝四百二十万弗

八、製鋼工場復旧＝二百五十万弗

九、鉱山開発＝五千四百万弗

なお、基幹産業の再建、復興を主眼とし、適量の消費物資導入により経済の安定を狙つた同計画の部門別比率は、事業施設二十五%、販売物資導入に三十一%、援護物資輸入に十%、残余三十三%は軍事援助物資導入となつている。

復興資材 対日發注せず
生産施設は米英佛 原材料は東南アより
元企畫處長言明

外電の伝える所によれば訪米中の池田特使は「韓国は日本の隣国であるので、日本はその復興に参加したいと強く望んでいる。」と語つている。嘗て、韓国動乱――その名は何であれ、韓国の破壊を意味するセンソウである事は、三尺の童子でも承知である――勃発を、「これは日本の復興にとつて、正に天佑神助である。」と歓迎した日本が、何故にかくも〝強く隣国の復興〟に参与したがるかは、こゝで云々するのが野暮であろう。

ともあれ、休戦の成立に盡力した印度ですら参加を辞退した政治会議に、ノコノコと参加する事を主張した日本であつて見れば、「韓国の荒廃」を癒すため、多額のドルが放出される今次の米国の「対韓復興計画」に際して、平和を愛する大和民族を代表して、池田特使の如き名士が、アメリカ参りをした上、「強く隣国の復興」に参加したがるのも無理からぬ事ではある。

しかし、隣国日本の此の様な友愛溢れる同情が、韓国の意思に全く反するものである事は、日本に取つて甚だ残念ではあるが〝日本の友情〟の押売り（韓国復興資材受注）を、韓国側では次の様に受け取つている事を知つておくのも、韓日両国のより深き理解のため、何かの、足しにはなるであろう。

先月読売新聞は、政府筋からの消息として「韓国復興特需」の見出しで、要旨次の様に報道した。

「韓国復興計画施行に当つて、第一次購売額を七千四百万弗に決定したが、その中、約三〇%は日本で購入する筈であり、対日発注は近々東京に移駐する予定になつているJPAを通ずる筈である。」

この報道に対し、元企画処長は、去る二十七日「これは実質的根拠を持つていない希望的観測に過ぎないものである。」と否定したが、同処長は第一次購買計画施行に関し次の様に言明した。

「韓米合同経済委員会は第一次購買計画による七千四百万弗中、すでに六千万弗以上を発注済みであるがその中に購買地が「日本」となつているのは、唯の一件もない。」

また、同処長は、六億二千八百万弗に上る、米国の対韓復興計画推進に関する韓国政府の基本方針は、次のような線にそつて明らかに決定されていると語つている。すなわち、

一、韓国は、日本を英米佛諸国以上の文明国とは看做していないばかりでなく生産資材の生産地とも思つていない。

二、したがつて、生産施設材は、米、英、佛等より最新品を購買し、生ゴム、原綿等、原料は、原産地たる東南アジア、其他の地域から購入しようとする韓国政府の基本方針は、極めて平凡なものである。

以上、韓国人の血の代価による「特需景気」なき後の日本にとつて〝必要な〟対韓経済復興計画参与が、韓国にとつては〝極めて不必要〟である事が明かであるが、政府では、此の線にそつてすでに九月分の特別外貨貸付を去る二十八日より、韓国銀行を通じて開始した。

すなわち、三百三十万弗を基金とする第一次特別外貨貸付は、九月二十八日より十月五日まで申請を受付け、同貸付金の使用期間は十月二十日までとなつている。尚、九月分貸付外貨の残金額二百五十万弗を基金とする第二次特別外貨貸付期日は未定である。

それでも、私たちはほゝえむ・・・

破壊された學園
教室損失60%
54年度復興費 五〇〇萬弗

戦乱により破壊された我が国の復興は、その部門如何を問わず、総て焦眉の問題である。しかしかつて日帝の悪辣なる弾圧により、祖国にありながらも学ぶ道を与えられず、文盲の彼方におし込められた民族が、八・一五解放と共に与えられた〝学ぶ自由とたのしみ〟は再び意義なき二つの世界の相剋の犠牲となつて破壊し盡された今日、祖国と民族の輝やかしき将来のため欠くべからざる〝教育〟の再建は最も重要な意義をもつものである。以下、UNKRAによる一九五四年度の教育事業再建案をたどつて見よう。

先ず、われらは韓国の国民生活が教育と不可欠の連繋を保つていると言う事実に眼を向ける必要がある。それは教育費の七〇%が直接学父兄より、またはPTAを通じて学校に支拂われていると言う一事によつて充分に説明しつくされる問題である。

この様な性格を帯びている韓国の教育事業が、解放後、日帝による長期間の無軌道な教育政策によりもたらされた暗黒面より離脱するため拂つた努力の結果一応整えられた軌道に乗り出すや否や、動乱と言う人災により、殆ど致命的な破壊を与えられた。この致命傷は具体的に言うと、極端な教室不足及び教材、図書等の不備不足を意味する。

今次の戦乱により、韓国の全教育施設の中、約六〇%の教室が損失をうけ、残余の建物は、軍用または其他、戦時態勢に即応するための、用途に当てられている。教室六〇%の損失だけでも教育は殆ど完全にマヒ状態を強いられているが、その上各種教育設備（教材等）の八〇%が破壊されたと言う事実は、実質的には教育の完全な破壊を意味するものである。

かくて教育面に於ける復興計画は、出来得る限り短時日の中に、最少限度の需要にこたえ得る建物と各種設備を調達する点に重要を置かなくてはならないが、UNKRAは、一九五四年度の計画中に、教育事業復興のため、五、〇〇〇・〇〇〇弗をおり込んでいる。

この金額は、軍事援助金八千万弗の十六分の一に相当するものであるが、これが、UNKRA及びUNESCO計画委員会の細密な調査の結果、建議された金額より、はるかに少額である。勿論、韓国政府はUNESCOによつて建議された計画を希望したが、局限された援助資金の性格及び現在の経済危機を考慮する時可及的に直接的な効果を期待し得る他の部門、すなわち基幹産業等、経済部門に集中するのが、より効果的であるという点を確信しUNKRAもまたこれに同意した結果斯様な不満足な結果になつた事は考慮すべきである。

結論として、UNKRAは、教育の長期的復興に要点を置いている点、すなわち、最も緊急な地域に相当数の教室を建築、または修理し、図書館及び各種研究所の設立、教材の備置、図書の出版等に重点を置くと同時に、外国文化の効果ある摂取に備えて外国語教育のため、――調査、翻沢等――の特別な訓練所を開設する等に重点を置いている。

各學校被害狀況
（学校数は一九五〇年六月現在　教室数は一九五二年六月現在）

	国民学校	中・高等学校	大学	総計
校数	三、八七五	八六一	四〇	四、七七六
全焼全壊教室数	八、七二七	三、〇二三	八〇二	一二、五五二
半焼半壊教室数	三、九五二	六五二	二二九	四、八三三

大韓書籍公社設立
UNKRA提供の印刷工場基盤に

本国政府文教部では、UNESCO及びUNKRAの援助を得て、国定教科書印刷公社を設立すると同時に、半官半民の国策会社「大韓文教書籍公社」を設立する準備を進めている。

すなわち、第五二回中央教育委員会では、文教当局より上程されたにも拘らず二回にわたつて審議を保留されていた同公社法案を通過させたが、法制処の認可があり次第、公社設立は具体化されるはずである。

従来、国定教科書は、大韓文教書籍株式会社が翻刻発行、販売を一手に引受けていたが、これは土地改革により土地収入を失つた文教財団を糾合、経営することにより、国定教科書の円滑な供給を図り、同時に私学の収入安定を図るため設立されたのであるが、現在教科書の供給は甚だ円滑を欠き、また私学等の収入も微々たる状態であるので、斯様な根本問題を解決するため取られた処置である。

書籍公社事業内容

資本金　四千四百ファンの中、政府出資は一千五百万ファンであるが、これはUNKRAとの協定により提供される印刷工場施設（現物）を以て、充てることになつている。同施設は十六万弗に相当するものであるが、毎年度、同公社の利益金が僅少な場合は政府は利益配当対象より除外され、また創立後十年間に限り、同公社の欠損額は、政府で負担することになつている。また利益金が超過する場合は、これを積立てて、教科書価格引下のための助成金に充てるか、若しくは貧窮学童に対する無償配付教科書代に当てる。

學園亂立に
対策緊急

本国政府文教当局筋の発表によれば、当局は、動乱膠着時期を機として以来、顕著になり出した学校の乱立と、これをめぐる「教育謀利輩」の跳梁にそなえ、目下その対策樹立の準備を進めている。

これは動乱によつて学ぶ道を絶たれた青年層の純真な向学心につけこんだ笑えぬ奇現象であるが、当局は戦後の日本に見られる「駅弁大学」の如き弊害を特に警戒している。

勿論、この様な営利事業化した学園経営は、一般に職業教育を主とした各種学校に限られている様であるが、最近はいわゆる大学設立をめぐる悪質ブローカの暗躍が甚だしい模様である。

因に本国には現在五十一の公認大学があるが、その中十一校は動乱勃発後、開設されたものである。

男女記者募集
一、資格　専卒以上
（但シ夜間大学在学生可）
二、待遇其他
履歴書持参本人来談
民主新聞社

ホテル 新宿
代表 木下銀藏
（朴漢洪）
新宿三丁目五三番地
TEL 四谷(35)4657
淀橋(37)3762

民団東京本部 第十五回臨時總會ひらく

財政確立と組織態勢を強化
紛争問題—真相発表を決議

団長 丁賛鎮氏・議長 呉宇泳氏再選

同和信用組合、中小企業者融資問題等で最近とみに活発化してきた民団東京本部では、去る九月二十八日同本部講堂で都内各支部代議員、中総関係者等約二百名参集の下に第十九回東本議事会と第十五回東本臨時総会が盛大にひらかれた。（左の写真は総会光景）

議事会は、午前十時からひらかれたが、同和信用組合問題、中小企業者融資問題、中総全体大会に提出すべき建議案、東本舎屋修築問題等を討議、午後二時から第十五回東本臨時総会に入つた。

総会は都内十八支部代議員七〇名（定員七五名）の出席を得てひらかれ、安基伯組織部長の司会により国民儀礼が厳粛にとり行なわれた。

議長団には呉宇泳、李海烔、韓雄東三氏が決定、議長席に着席、議長団を代表して李海烔議長の挨拶があり、続いて丁賛鎮団長登壇して東本としての基本態勢を確立するために、強固な組織力を発揮すべきであると述べ来賓を代表して中総金悧旭副団長の祝辞があつた。

続いて総括報告に入り、決議機関報告を呉宇泳議長が報告、執行部報告に入つて韓睍相副団長が最近の所謂中立化運動と足立支部事件を中心として東本の組織態勢が未だに弱体であるため、充分なる活動が出来なかつたことを指摘、今後の組織強化を強調した。次いで監察機関報告を孫案秀委員長が簡略に報告した後、質疑応答に入つた。大田支部代議員から、今後の財政確立（経常費）についての質問があり、これについては支部財政の確立によつて解決すると執行部より答弁、其の他組織強化に関する質問等があつて討議事項に入つたが、緊急動議として執行部辞職如何に関する動議が出され、六五対四で執行部辞職と新執行部選出を可決した。

これに関し丁団長の辞職についての説明があり、絶対多数をもつて辞職受理を可決した。

斯くて新執行部選出に入り口頭推せんにより丁賛鎮、李海烔、孫案秀、李寿成の四氏が団長候補に決定、過半数の四一票を獲得、前丁賛鎮団長が再選された。

副団長選出にあつては、丁団長の推せんにより前韓睍相副団長と梁相基（元組織部長）氏が万場一致をもつて選出された。

議長団と監察委員も万場一致の可決をもつて再選、討議事項に入つて同和信用組合分裂に関する経過報告を前組合長虎栄滋氏が述べ議論沸とうしたが結局、この問題に関しては対策委員会を構成、収拾に当ることになつた。

更に緊急動議として、最近日本の右翼分子等の李ライン問題をめぐつて国民大会云々の韓国に対する中傷的宣伝ビラの撒布につき対策を要望、これに対しデモ等をもつて対抗しようとの強硬策を講ずる他はないとの李海烔氏の意見と、声明文をもつて事実の真相を内外に発表しようとの丁団長の意見が対立、会場は一時騒然となつたが結局投票により丁団長案が可決、韓国のもつ公明正大なる真の意志を声明文として広く韓日両国民に伝えることに決定した。

この緊急動議が可決されその他の討議事項は執行部に一任することにし午後七時、盛会裡に第十五回東本臨時総会の幕を閉じた。

英霊よ安らかに眠れ

在日韓僑戦歿将兵 合同慰霊祭

祖国動乱が勃発するや勇躍、在日韓僑自願軍として祖国の戦線に参戦、数々の武勲をたて不幸にも戦場の露と消えた在日韓僑自願軍戦歿将兵四十柱の英霊の第三忌合同慰霊祭は在日韓僑在郷軍人会により去る十月一日、遺家族や同会員戦友諸君等多数参席の下に厳粛な中にも盛大に挙行された。

この日、会場にあてられた民団中総講堂には、豪華な祭壇が設けられ、有志各団体から寄贈された花環で祭壇は埋まつた。

午後二時二〇分、趙英振君の司会により国民儀礼、戦歿将兵の冥福を祈る黙禱があり、戦友諸君による追悼歌（忠誠歌）が斉唱された。続いて金学鳳会長挨拶があり英霊を祭つてある都下西多摩郡在の大行寺住職崔祐尊師の読経が厳かに読みあげられた次いで各界代表の追悼の辞があり。焼香が今は亡き戦歿将兵の前に次々にあげられた。しわぶき一つしないしんと静まりかえつた厳粛なふんいきの中に焼香が終り遺家族を代表して故朴柴士君の実父朴元圭（大阪在住）氏の戦友諸君の誠意こもる慰霊祭に対する感謝の意を述べられ、安基伯理事長の閉会の辞があつて遺家族を囲んで記念撮影の後午後四時四十分散会した。

なお夜は晩さん会をひらいて語り合い慰労金をそれぞれ交付した。

第十九回中央議事会
第十七回臨時全體大會　召集

かねてから延期中の中央議事会と臨時全体大会を左記の要項により召集、開催致しますから、全国の代議員、中央議員は一人漏れなく御参加下さい。なお地方建議案と議員名簿は十五日まで報告のこと。

☆中央議事会……十月二十二日午前十一時

☆臨時全体大会……十月二十三・四日午前十時（二日間）

☆場　所……中総講堂

在日大韓民国居留民団中央総本部

議長　金光男

軍人會 第二回全体大會

新会長に安基伯君

安基伯会長

祖国動乱に参戦、帰還してきた在日韓僑自願軍によつて一九五一年十月発足した在日韓僑在郷軍人会（東京都新宿区若松町二一）では創立二周年を迎えて、第二回全体大会を去る十月一日の合同慰霊祭に続いて十月三日、民団中総講堂において開催した。

即ち十月三日開天節のよき日を迎えて午後三時十分から民団中総講堂において戦友諸君多数参席の下にひらかれた同会第二回全体大会は国民儀礼に始まり、安基伯理事長の開会の辞があつて朴明煥理事を議長に選出、鄭俊文君の司会、書記の下に進められた。

金学鳳会長の在留僑胞社会にあつて軍人会の果した業績について報告を兼ねた挨拶が述べられ、活動経過報告に入つた。

韓昌圭総務の総括報告に続いて組織（郭東儀）、新聞（鄭俊文）両部の報告があり、理事会を代表して安理事長の報告、次いで監察報告（鄭元朝）があつた。

質疑応答に入り、特に財政問題をめぐつて質疑応答がかわされ、討議事項に移つた。

金会長登壇、本国に待期する在日自願軍除隊者の帰還促進に関する総括的な経過報告とその対策について詳細に述べられたが、緊急動議として役員改選後討議をすべきだとの動議が提案されこれを可決、帰還促進に関する決議文は新役員によつて構成した委員会で草案、関係当局に送ることになつた。

役員選出に入る前に会長以下旧役員が総辞職、総会はこれを受理、口頭推せんにより無記名投票に入つたが金学鳳前会長、趙英振、安基伯、李鍾弼、郭東儀の五名が推せんされたが、金、郭、趙の三名は辞退、結局李鍾弼、安基伯の両名で決選投票することとなり十六票対十三票で安基伯君が新会長に選出された。

副会長は口頭推せんにより万場一致をもつて李相台郭東儀の両君が選出され、監察委員も鄭元朝、白廸吉の両名が万場一致の可決をもつて選出された。

かくして軍人会第二回全体大会は戦友諸君の大いなる期待の中に午後六時十分その幕を閉じた。

—軍人会新役員—

執行部

会　長　安基伯

副会長　郭東儀　李相台

総　務　朴英哲

組　織　郭東儀（兼任）

財　政　金始啓

訓　練　郭道容

厚　生　裴光道

新　聞　鄭俊文

監察

鄭元朝

白廸吉

☆中總日誌☆

☆九月二十八日（月）中総金団長・金議長容路本国へ出発。

☆九月二十九日（火）東京本部臨時総会。台東支部総会。所謂、韓国問題国民有志同盟の李ラインをめぐつて韓国を誹謗したビラを撒布。

☆九月三十日（水）鄭事務総長、金公使と要談。

☆十月一日（木）中総顧問高順欽氏来団。韓僑在郷軍人会自願軍戦歿将兵第三周忌合同慰霊祭（於中総講堂）羅総務局長本国派遣の国軍慰問使節団の件につき台東区に出張要談。

☆十月二日（金）民主新聞発送（三二七号）国軍慰問使節団派遣に関し羅総務局長代表部と打合せ。本紙編集会議。国軍慰問使節団派遣に関し身元調査依頼の公文を民団本国出張所へ発信。

☆十月三日（土）開天節（国慶日）で休日韓僑在郷軍人会第二回全体大会（於中総講堂）

☆十月五日（月）群馬県本部議長裴尊煥氏佐賀県本部団長南亀錫氏来団。

☆十月六日（火）韓日会談再開。第十九回中央議事会、第十七回臨時全体大会召集公文発送。本紙任記者、外務省アジア第二課及び日韓漁業問題対策本部訪問。鄭事務総長、世界新報記者と会見。裴副団長、九州地方出張から帰任。

☆十月七日（水）鄭事務総長、羅総務局長、韓日会談韓日代表団と要談。

☆十月八日（木）中総顧問高順欽氏来団。

☆十月九日（金）民団東京本部主催による信用組合対策委員会ひらかる。新世界新報主催座談会に鄭事務総長出席。

祖国動乱によって、わが麗わしき山河は灰燼の荒野と化し、数知れぬあまたの兵士たちのその貴き鮮血は戦場を染めた。

×　×

しかも願わざる統一なき休戦に、韓国民の怒りはその極みに達した。

ともあれ、かりそめの平和の到来した祖国ではいま戦災から復興へと建設の第一歩をふみはじめている。

×　×

われわれは再びこの悲しむべき民族相剋の轍をふむまいと心に誓う。新しき人類の恐怖から逃れ、祖国が統一し、真の平和がやってくるのは何時の日であろうか。

（写真は橋梁復興にいそしむ兵士たち）

本國學徒護國團の招請で　在留韓僑學生本國へ

在日韓国学生同盟では先に楊泰根（慶大）君ほか三名が本国に向い、本国学徒へ多量の書籍贈呈等してこの程帰ってきたが、更にこのたび、本国文教部と中央学徒護国団の招請により、学徒護国団中央委員会参席と教育事情研究を兼ねて来る十月十五日（予定）頃本国へ向うこととなった。派遣学生氏名は左の通り。

銭世鎬（明治大学）
金炳饗　〃
李三允　〃
鄭炯和　〃
李鶴九　〃
呉敬福　〃
朴相略　〃
李現坤　〃
朴金植（中央大学）
李鐘舜　〃
康政哲（早稲田大学）
張道源　〃
高昌植　〃
金元鎔（東京大学）
池昌男　〃
崔陵錫（日本大学）
金秉肆　〃
李基宗（慶応大学）
崔昶煥（明治学院）
朴元根（京都大学）
許信（学習院大学）

自由論壇

韓日親善を阻害するもの
「韓國問題國民有志同盟」の檄を讀んで

鄭　太　林

『国土を故なく奪われ、国民生活を脅かされて何の憲法ぞや、日本全土に国民運動を展開し、其の総意に基いて韓国に対し膺懲の火蓋を切ると共に、直ちに報復の挙に出るであろう。』

これは去る九月十五日附、韓国問題国民有志同盟で平和ライン並びに竹島問題に対して出した檄文の一節である。

日本の軍閥は無暴な侵略と戦争を誘発して、日本ばかりでなく世界を不幸のどん底におとしいれたが、特に大東亜戦争なる暴挙に対しては、厳しき自己批判と反省をなしつつ、日本人本来の智性と地力を総動員して、日本の復興と新らしき発展を逞しうして世界の耳目を驚かした事実に対し、隣国人であり、現在日本に在留している一人の外国人として、日本人達と共に喜ぶものである。だが、これらの目出度き復興と発展を目前にして、破壊は建設より容易なものでないという、恐ろしき意外な事実に驚かざるを得ない。つまり、日本を破壊し、日本人を殺戮した禍根であり、一種のガンとも言うべき〃悪〃（侵略魂）が、敗戦や自己批判と反省に依ってでも破壊されないで、日本の再建と共に新たに擡頭しつつあることだ。

考えて見れば、これ等〃日本悪〃ともいうべき部類は、敗戦後日本と日本人の反省と自己批判の苦悩の上にあぐらをかいて、昔日の享楽と自己満足を思い出しつつ時期をねらい、真夏の夢をむさぼっていた。彼らは今、「隠忍にも限度が来たから膺懲の火蓋を切ると共に報復の挙に出る」とわめき出した。

かかる狂人的振舞を一概に日本人全体の考え方や意思と結び合せて考えたくはないが、破壊悪の再来、又は侵略魂（東條）の再起として見逃すことは出来ない重大事として無視する事は出来ない。

彼等こそまぎれもなく五・一五事件、二・二六事件を通じて、〃膺懲の火蓋〃（大東亜戦争）を切った連中、または連中の後継者である事実を考える時、実に総毛がよだつ思いがする。彼等が韓国を傲頭、無礼、不遜だと叱咤した勢いは、まさに侵略者然たる傲慢な武士専横時代に、侍の町人に対する態度を思い出させるものである。

韓国の独立を、故なく国土を奪われたといいつつ、神功皇后の三韓征伐以来、明治初年の征韓論、日清、日露の戦いで、日本国民の犠牲は言語に絶するものがあると侵略を礼賛している「侵略遺談論」は実に浪花節的芸術とも言えようが、かかる浪花節的侍芸術の礼賛が、日本の発展と将来にどう影響するかは別として、現実、重大問題たる韓日両国の国交調整、親善を阻害する根源である事実に対して憂慮せざるを得ない。

我々韓国人としても、これ等〃松沢病院組〃を一々相手にしたくもないが、ややもすれば、正常な人をも狂わして動揺せしめることを恐る[illegible]共に感情的発作（関東大震災事件等）も連想せざるを得ない。今日の[illegible]両民族の親善問題は、[illegible]民族間の[illegible]なく、世界平和と[illegible]根本的大問題に直結されている事実を念頭にしなければならない。

李ラインや竹島問題が、両民族親善を阻害するならば、両国のどちらに取っても本意ではない筈である。韓国として、日本を犠牲にして自国のみの利益を計ろうとする利己的考えではない。李ラインが〃平和ライン〃と名命されている如く、両国の共存共栄に利益たらしめようとするものである。

韓日親善という問題が重大である割に、日本は朝野を通じて熱意がなさすぎる事は実に遺憾千万である。日本には、日韓親善をはかると言う名目の団体も多く見受けられるが、その殆どが帝政時代の官僚や財閥を主として、新しき日本や韓国とは凡そ縁が遠い人達によるものではないか、親善よりも、韓日双方の理解を阻害しつつあるのが実状である。現に韓国にある日本人財産請求権を真先に主張しているのが彼らであり、此度の様な侵略的日本魂の発揮に際して盲目的に見守っている事実は見逃せない重大事である。韓国動乱発生後、戦災民援護運動にすら、彼[illegible]互の理解を阻害する新たな事態が発生するに際して、我々は日本の誰と、又は、どの階級と話合うべきか、今の調子ではさっぱり見当がつかないと同時に、韓日親善を阻害する露骨的態度や政策に接する時、実に暗たんたる感を禁じ得ない。李ラインにしろ、竹島問題にしろ、正常に国交が調整されていないため、必要以上に重大化し、又調整しようとする熱意を持たない故に政策的謀略にも類する附帯的事態として、調整を阻害することになるのである。特に民間反動勢力と歩調を合わすが如く、李ライン問題に際しても実力で解決しようとしたり、実力行使によって生ずる事態を解決への道として強引に推し進めようとして、時には再軍備への口実若しくはその目標として利用するに到っては、韓国に取って甚だ遺憾千万である。

前述した例の檄文は下劣な宣戦布告に類する。且つ煽動的弄言は、終戦直後のあの混乱状態にあった事態を韓国人に転嫁しようとの意図の下に、汽車の窓ガラスを破ったとか、荷物棚に寝転んだ等の乱暴浪藉を取りあげたるに到っては、正にあり得る一時的感情を煽り彼等の言葉通り、膺懲の[illegible]

UNESCO及びUNKRAの援助を得て、国定教科書印刷公社を設立すると同時に、半官半民の国策会社「大韓文教書籍公社」を設立する準備を進めている。すなわち、第五二回中央教育委員会では、文教当局[illegible]で負担することになっている。また利益金が超過する場合は、これを積立てて、教科書価格引下のための助成金に充てるか、若しくは貧窮学童に対する無償配付教科書代に当てる。

納税組合を中心に活潑な運動を展開
—民団台東支部総会ひらく—

都内民団台東支部第六回定期総会は去る九月二十九日午后一時から上野クラブで団員、来賓等百余名参席の下に盛大にひらかれた。全容文氏司会により、梁泰弘、朴性鎮両議長審席、国民儀礼の後、朴性鎮議長の開会の辞、孫案秀団長の挨拶、東本副団長韓[illegible]相氏の祝辞に続いて朴任祚総務の執行部報告、監察部報告等があり質疑応答があった。次いで在留僑胞使節団員として本国を訪問帰任したばかりの孫案秀団長の本国情勢に関する特別報告があって討議事項に入った。組織強化問題が最初に討議されたが、特に上野国際マーケットを中心とした左系僑胞の動きがとりあげられ民団としては団員相互間の団結と、団員の増加対策を立てることに決定、民生問題は納税組合を中心とする中小企業者の相互扶助により民生の安定を計り、特に近く実現される本国からの中小企業者融資と相まって活潑な運動を展開することにした。其他財政確立の件について討議、役員選出に入って左の如き新役員の決定を見た。

=執行機関=
団長　孫案秀
副団長　梁三永
〃　朴斗七
総務部長　朴任祚
=監察委員=
尹炳甲
梁寓之
=決議機関=
議長　梁泰弘
副議長　趙辨訓
〃　朴性鎮

続いて台東支部納税組合の総会があって午后六時閉会。

韓國人出生子女在留資格取得手續きに關する公告

在留韓国人出生子女の届出期間が、日本政府出入国管理令第二十二條に依り、出生後三十日間以内となっており、この実施に当って、従来等閑視されがちであったが今後必らず期限内に届出るよう要望します。もしこれを怠った場合は出生子女の在留資格を取得することが出来ません。従ってこれに関する詳細な内容については最寄りの民団事務所か日本の役場でその手続きを尋ねて下さい。

中総民生局長　金　炳　旭

韓日兩國神話・傳說に關する一考察（七）

金　禹　錫

これは如何なる根拠に基いているかというと、櫛、桃に悪魔退禳の効力の存在を認める韓国の古代信仰に関聯している。即ちこれは韓国に於て古から信仰伝承された樹木精霊信仰即ち桃、竹等に限らず、樹木には或種の霊力を存していると云う信仰が全般的に日本の信仰界に相当影響していたことを知り得る。

Ⓐ　桃

桃は「春秋左氏伝に妖気を拂う効力を持っている」と出ているが如く、中国に於ては古来悪妖退禳の効力を有するとの信仰が有ったが、古代韓国に於ても広く信仰せられた。

後世悪魔の憑依作用に依り発生する狂者に桃枝で打つと全快すると云う民間信仰も桃に悪魔退禳効力の存在を認める信仰の実用化の現われである。

桃に悪魔退禳効力存在の信仰は如何なる根拠に基いて発生したかと云うと、病気及び種々の災禍等人間に害を為す諸般の現象は陰性である悪魔の作用及びその憑依によると信仰する処から、陰性の悪魔に対抗するのは、陽性の何物かでなければならないと考えたが、生に発展を象徴する又事実その様な自然現象を呈する春にさきがけて開花し、又その色彩からして生々を象徴し陽気の精の最も強いものは桃と考えて、陰性たる悪魔を退禳するのには、桃が一般的に効力有ると考えるに至った。斯くの如く悪魔退禳的役割を桃は為すと云う信仰が日本神話に影響力の暗躍が甚だしい模様である。

因に本国には現在五十一の公認大学があるが、その中十一校は動乱勃発後、開設されたものである。

な力を持つ聖数と考えていたのでわざわざ三個と明記されていたのである。奇数は聖数と云う信仰は韓国の民間信仰に於ては古くから伝承されて広く信仰された。

Ⓑ　櫛

黄泉国の悪魔に追跡されて櫛の大歯をかいて投げたら処筍になったのを悪魔が食べている間に逃げたとあるのは、要するに櫛が悪魔退禳の役割を為しているが、これは前後の関係から察するとその櫛は竹製であったので、その一部を投げた処に新しい生命を発生して筍になったと考えられるが、樹木特に竹に或種の霊力を認める信仰と、櫛その物が悪魔退禳の呪術的資料となると考えていた韓国の古代民間信仰に基因しているものと思われる。

韓国の古代民間信仰所謂鬼神信仰に於て呪術的資料としての役割を果している櫛は即ち櫛は鋭利感を与える歯が多い処から怪奇的存在として悪魔が之に対して恐怖心を抱くと考え、又櫛は歯が多いので、由来数的能力はないと考えられた悪魔が繰返して数えて遂に数え切れない故、とても対抗出来ないと逃げ出すと考える処から悪魔退禳の効力を持つものとして、呪術的資料として用いられるに至ったのである。

又その櫛が竹製であることは一層その効力を発揮するのである。即ち前述の如く、樹木に或種の霊力の存在を認める樹木精霊信仰の中、竹は特に特殊的霊力を持っているとの信仰があった。即ち東海中の小山に生えていた竹を伐って笛を作ってそれを吹くと、「兵退。病愈。旱雨。雨晴。風定波平。」とあるが如く、不可思議な霊力を発揮したと云う三国遺事記載の「万波息笛」の物語も這般の信仰を立証している。

民主新聞

在日大韓民国居留民団 中央総本部 機関紙
発行所 東京都新宿区若松町21
電話九段(33) 2771 1169
振替口座 東京 14886
民主新聞 発行人 金 載

一部 15
一カ月送料共5

綱領

一、われらは大韓民国の国是を遵守する。
二、われらは在留同胞の民権擁護を期する。
三、われらは在留同胞の民生安定を期する。
四、われらは在留同胞の文化向上を期する。
五、われらは国際親善を期する。

教育は民族永遠の基礎

学校設立に総力結集

我々の目標は四月開校

在日僑胞児童のために、民族教育機関設立問題は、民団結成以来の宿望であり、大会ごとに強調され幹部が改成されるごとにこの問題解決に研究努力してきたのであつた。しかしながらいづれもその具体策を見るにおよばず結局机上計画にすぎなかつたのであるが、この度はその具体的表現の第一歩としてさる一月九日『韓国学園設立期成会』の結成を見るに至つたことは我々の実に喜ぶ次第である。

この期成会が、最初民団が計画した案とは多少相違する点があり駐日代表部が全的に責任をもつて推進することになつたことは、代表部が在日僑民運動に積極的に乗りだした最初の誠意であると同時に当然やらなければならぬ問題ではあるが代表部に感謝の意を表するものである。ゆえに我々は最初の民団の案をあつさりと引込めて全的に代表部案に服従協力することを約したのである。つまりこの民族教育機関は、代表部のものでもなければまた民団のものでもなく、在日全僑胞の機関であるがために、全体の僑胞が総力を結集して学校設立に努力しなければならないのである。

日本の羈絆から解放されて十年、失われたい我々の言葉と我々の文化、そして我々の歴史を奪い戻したにもかかわらず、我々の二世国民にそれを教えることが出来ないということは何とあわれなことではなかろうか。

否、日本国中に左翼系に属する所謂朝鮮人学校なるものが多数に存在するのであるが、それらの学校では公然と反民族的な共産主義教育を施していることは何とおそるべき現象ではないか。

然もこれが自由陣営の一員だと自称し、又いわれ得る国において為されているということは共に考えられる問題ではあるが、これはさておいても、我々民族の切実な問題として上記の事実は実に重大な問題である。

この重大なる問題が時既におそい感はあるにせよ具体的な一歩をふみだして解決の兆しが見えたことは多幸といわざるを得ない。

然しながらこの重要にして巨大なる事業をなしとげるまでには幾多の波乱曲折を経なければならないであろう。行政力及び司法権が行使出来得ない環境におかれている我が僑胞社会においては、官僚的な天下り式考え方又は従来民衆運動にありがちな皮相的な計算による緩急的な甘い考え方は共に禁物であり、綿密な計画と共に熱意と勇気をかねて勇往邁進する実践力が必要である。

この事業の成否如何によつて今後における民族運動の転機といわれ得ることが出来るのであり、崩れかゝる民戦系に楔を打ち込む役割を成し得るのである。

故に我々は全誠意を傾注して我々がやるべき基本的な事務、日本当局との交渉、教科書の編纂等諸々の調査を完了しつゝあり代表部の実践的な踏み切りを待つのみである。

否、代表部の実践行動も結局は全国の僑胞諸氏の教育と愛国の誠意如何にかゝつているのである。巨大なるこの事業は代表部のみの力、又は民団のみの力では到底成し得られぬものであり、全僑胞の誠心誠意血と汗とを結集して始めて成し得られるものである。そして我々の目標は是が非でも四月開校である。

全国僑胞よ、我々の子弟に我々の文化、我々の国語、我々の歴史を教え得る民族教育機関設立に総蹶起しよう。

期成会第一次役員会

去る五日代表部で開かる

韓国学園設立期成会結成以来待望されていた役員会は去る二月五日午後四時から代表部で期成会々長金溶植公使の主宰で開催された。期成会事務局長高瑞武僑民部長からその間の事務的準備に関する経過報告並に民団文教局の対日本当局との交渉経過報告があり、続いて校舎問題、基金調達の具体的方法問題、役員補充問題、全国的に宣伝啓蒙運動問題等が長時間論議された。宣伝啓蒙運動に関しては出来得る限り、会長、副会長が率先して地方を巡回することに努力することを約し、基金問題、校舎問題等は三人委員を選出しその三人委員が綿密に亘つて研究成案することにして五時過ぎ散会した。

特に当日は、学校問題の成行きに非常な関心と注目を集中して東京都内各支部の文教部長等が多数傍聴に参集したことはこの問題の重要性を物語るものであつた。

尚当日選出された三人委員は左の通りである。

張 聡明（民団中総副団長）
金 熊鐸（韓銀東京支店長）
高 瑞武（代表部僑民部長）

基金の具体策

三人委で討議

去る五日期成会で選出された三人委員会は九日午後二時から代表部で開催された。

選出された三人委員の外に民団中総事務総長、金文教局長、韓文教局次長が参席し、二時間余に亘つて論議された。

この会議において先づ校舎は中総会館を使用することに決定し、それの払下げと修築並びに教具購入費等を先づ本国から送附さるべき民団育成費で立替えることを前提に韓国銀行東京支店から借りることに論議が集中された。

続いて民団が至上命令とする四月開校の線に沿つて努力することにし、借入金問題と合せて会長の裁決を得ることに決定した。

そして基金調達問題は、教育機関……

経済視察団第一次出発

既報、本国派遣経済視察団第一次五十名は予定通り去る二月三日午前十時四十五分発のNWA機で羽田空港を発ち、同日午後二時三十五分釜山市郊外の水営飛行場に無事到着した。なお第二次第三次、各五十名は二月中に派遣される予定。　写真右から鄭鍾卿視察団副団長、（中総総務局長、）中央は金炳植視察団長（中総副団長）

経済視察団第一信

二月十六日から視察開始

（KIP金允中特派員七日釜山発特信）本国派遣経済視察団第一陣一行四十六名は去る二月三日羽田空港を出発、祖国経済視察の途に上つたが、以下は三日から六日までの釜山における一行の視察日記である。

三日……民団中総金炳植副団長に引率された日本各地在留の僑胞実業人一行四十六名は民団関係者に送られて午前十時四十五分NWA機で羽田空港を出発午後二時三十五分釜山郊外の水営飛行場に到着、飛行場には本国出張所関係者らの出迎えを受け税関手続を簡単に済ませ航空会社差し回しのバスで釜山市内のハワイ旅館に旅装をといた。

三日、四日とは旧正月のため街の家々は門扉もあけない仕末、官庁とい……

主張

言語と現実

言語は人の意志の表現であつて、個人生活は勿論宣伝外交の最も有力な武器の一つに間違いない。然し言語そのものは使う人と聞く人によつて多少の差があるばかりでなく、一人の発言についても事実の伴わない言葉は嘘か世辞であり、実行を伴わない言葉は虚言となつて価値のないものである。意志と実行と実現の手段方法のよきを得て現実化したと言い始めてその言語は完全な価値を発揮するものであり、従つて言語の価値は現実に及ぼす影響の比重によつて定まるといえよう。

古来巧言令色とか大言壮語とかいつて、お世辞屋もほら吹きも軽蔑されて来たが、今尚実行の伴わない言語が如何に氾濫していることか、住み難い混乱期である証左である。昔の君子道である男子一言重千金とか不言実行とか言行一致等の当り前な観念は骨董品の如く影をひそめて来たのが現実であるまるでほら吹きを大政治家と思いお世辞屋を紳士だと錯誤する時代となつたのである。

民主陣営と共産陣営とが、つい先刻まで弾丸の打合いによる熱戦には第二次大戦の何倍の弾をあの狭い韓国の山河に打ち落したそうだが、こんどは板門店で打合つた双方公式会談における言語の弾丸は無く切れ一千八百万語であつたそうな。未だ妥結を全うしない共産、民主二大勢力の話合いに一億一千万語を費し、ドイツ統一問題に一千三百万語を使い果しても折り合いがつかないのを見ても、我が韓国統一や韓日会談にはどれだけの言語の弾丸が要ることやら。全く凄まじい言語戦である。

武力戦争には弾丸、外交戦には言葉の弾丸が定まつているらしいが、今までの世界史実は何であつても戦であつても興亡盛衰は武力戦が外交戦の勝敗にかかつていた。然し極端な大武力戦は人類の滅亡を来たすという現実に目醒め今や国際政局は外交戦の対決によつて相反する主張の勝負をつける気運になつたようである。……

五三年度本国財政動態

政府、支出超過に神経

昨年末赤字四六億円

予算実行令達は八六%

韓米鎮海会談開く

日本の侵略的危険性を強調

韓国会議員の選挙

五月十日に実施と決定

大学進学推薦試験

2月28日が最終回（第三次）

今年度日本の各大学進学者に対する民団文教局の推せん試験は第一次第二次と予定通り施行したがいよいよ第三次（二月二十八日）をもつて最後の推せん試験を施行することになつたから、この機会を逸さないで一人洩れなく受験するよう中総文教局では要望している。

なお提出書類は左記の通りであり試験施行五日前までに中総文教局（関東）大阪、京都本部文教部（関西）福岡本部文教部（九州地方）へ提出すること。

☆受験料 五百円
☆提出書類 願書、進学調書、身元保証書、学資金保証書、出身校成績表以上各一通
☆受験科目 志望校で施行される全科目

学同錢代表 除名処分さる

中執委員会で決定

在日韓国学生同盟本部（東京都新宿区若松町二一）では前韓学同代表委員が公的立場を忘れて団体の名誉を損をおかした行為をなしたとの理由で五三年十二月二十一日中央執行委員会をひらき討議、今年一月一日付で左の如き声明書を発表した。

……総会で決議した規約改正を為し得ず各大学同窓会の意志に相反した行為をなした、本国派遣の人選にも独断的であり、且つ学同の名義を利用して金銭的な不正行為をなす。又この問題に関し反省を求めたが何ら謝する気配がなかつた……

以上の理由で職務停止と除名処分をしたが、その後も公文を偽造し学生代表の名義で声明書を出している。

救済品第二次六千点

釜山向け発送

昨年の大火災に続いて去る一月二十九日に再び千五百戸以上を焼失した釜山では度重なる災害に数多くの罹災民は肌をさすような厳しい冬の季節を過ごさねばならないが、わが民団では第一次救済品として衣類六千点を送り、去る二月三日第二次として衣類六千点を積出した。釜山向け救済品はその後も続々と中総へ集荷中であるが、本紙三三八号（一月二十一日発行）でその内訳を発表した後、二月八日現在までに集荷した衣類、現金は左記の通りである。（品は全部衣類）

宮城県 五梱—二六三点
岩手県 二梱　北海道 三梱　青森県 一梱
新潟県 四梱　現金 一万三千九百円
岐阜県 四梱　滋賀県 一梱　長崎県 四梱
対馬島（第二次）現金 一万二千三百円
千葉県（安房支部）一〇一点　栃木県 一梱
福岡県（第二次）八三一点

（上の写真は救済品積出しのところ）

漢城信組専務 本国から招聘

平和線内で漁撈を禁ず

全国に支局設置！

—支局長と通信員募集—

規定

民主新聞社業務部

人物ヒストリー この人は…（その九）

中総監察委員長 金鍾在

温厚篤実な努力人

「民団の正常運営機構を軌道に……」

唐がらし

朝日金属産業株式会社
東京都江東区亀戸町七ノ一四二
電話城東(68)2357番

輸出入業 社長 趙小洪
東京丸一貿易株式会社
本社 東京都千代田区丸ノ内丸ビル
大阪支店

織物生地なら何でも揃っています
☆特に大量注文には原価に近い価格で応じております☆
卸売・小売 慶南商會
社長 嚴亮鎬
大阪市生野区猪飼野西3の102
TEL 天王寺(77)5240

K.S.C. LINE
Korea Shipping Corporation
大韓海運公社
HEAD OFFICE Pusan
JAPAN OFFICE Tokyo, Kobe, Moji
AGENTS NYK, OSK
Room No. 224 Sansin Bldg. Yuraku-cho, Tokyo

民戦暴徒大分本部を襲撃

家屋を破壊・金品強奪

最近、民戦暴徒の暴行事件は幾分鳴りをひそめているようであるが、それは東京、大阪等の大都市における現象のみで、地方にあっては相変らず小規模ながら暴行、傷害事件等が頻発している。特に民団組織のいまだ充分に浸透されていない地方にその顕著な例が見られるが、これは去る一月二十一日発生した民戦暴徒による民団大分本部襲撃事件の真相である。

九州に民戦解放区　キャップに李起洙

事件の発端は去る一月二十一日団員金鐘鉉氏が大分県北海部郡坂市町大在村の飲屋で酒をのんでいるところへ民戦暴徒の首謀者格である金泰珠なる者が言いがかりをつけ挙句の果てに暴力行為にでてきたので正当防衛の挙に出たのが、結果的に見て金泰珠が傷ついてしまった。ところが傷を負った金はこれをいい機会にして近県一帯の民戦暴徒を動員し民団事務所と団員の家屋破壊は勿論、制止する日本警察にまで手向い、事件はますます拡大していった。

この事件の結果、多数の団員は家屋を破壊され、金品までも強奪されてしまったのである。この種の事件は五二年四月二八日（所謂四・二八事件）にもあったが、このたびと共通の手口は、個人的ないきさつをもって接援の因としていることであり、そのたびに破壊行為はもとより金品の強奪までも敢えてなしていることである。団員に対しては死の一歩手前まで暴行を加え、かつ又婦女子に対しては強姦をする等全く目をおゝうような非行をなしている。

彼等暴徒は、所謂人民裁判なるものをひらき婦女子を群衆の前で裸にする等はまだよいとされている。このようにして県内に解放区なるものをデッチ上げ日本の治安当局は一歩も立ち入ることが出来なかった上、やっとの事一部の犯人を逮捕したにとどまり、それすら短時日間に釈放している仕末で、この原因は民戦九州地区のキャップ李起洙に大分地方検察庁検事正立石氏が脅迫されたので釈放したと関係筋の情報は伝えている。

この事件に関し、中総では直ちに調査員を派遣、事件の善処を治安当局へ強硬に申し入れてきたが、未だに具体的な解決は見ていない。

韓国水産物輸入協組を結成

理事長に文開文氏被選

昨今、神戸在住の韓国人貿易業者が著しく増加してきたのにともない同市在住の丸文貿易株式会社々長文開文氏外数名の貿易業者は、昨年九月以来数回にわたる会合をもって韓国人貿易業者を一丸とした組合を結成することにし、これによって組合員の為の共同事業をおこない併せて組合員の自主的事業発展向上を目的とした韓国水産物輸入協同組合が、万端の準備を整え二月三日発足した。

同組合は昨年十二月二十八日兵庫県知事の認証を得たもので、二月三日の第一回総会には約五十余名の組合員が参席、発起人代表文氏より具体的な経過報告があって、今後における事業計画について討議した結果、本国および日本国内の重要都市、港には出張所を設置し、組合員の水産物輸入、外貨割当申請、通関手続き及び斡旋、輸入水産物協同販売の斡旋、貿易に関する一切の事務代行、配船の手続き斡旋、その他を指導することによって、一般組合員に福利、経済的な共助機関をつくる方針で進むことが決定された。引続き役員選出に入り理事十名、監事二名が選出、ここに待望の韓国水産物輸入協同組合は正式な発足を見るに至ったのである。

なお組合発足以来、韓日有力貿易商社より組合加入申請者が続々申しこんできており、同組合今後の活発な動きが期待される。

役員氏名

理事長　文開文
副理事長　韓竜湊
専務理事　金聖願
理事　金竜万
〃　元世基
〃　張末俊
〃　許佐烁
〃　崔甫烽
〃　化洪珠
〃　鄭達世
監事　文正夫
〃　梁漢旭

事務所神戸市生田区北長狭通五丁目高架一三七号山側

信用組合結成促進し　融資受入体制整えよ

中総民生局　要項を発表

既報、在日中小企業者に対する本国政府からの二百万ドル融資中、第一次五十万ドルを融資することになり中総ではこの実現にあたって種々の対策を講究中であるが、融資事務を取扱う民生局ではこの受入体制に関し信用組合を一日でも早く結成するよう大要左記のような要項を発表した。

五十万ドルは既に韓銀東京支店に到着しているが、受入体制が未だに完了してない。即ち受入体制機関としては信用組合の結成を急ぐべきである。

本国財務部長官公文第三七二六号に「信用組合員に貸出される…」と明記されており、中総民生局としても五二年以来数次にわたり公文をもって信用組合結成を促進してきたのであるが、地方においてはこれに順応、先に発表した幾つかの信用組合が発足、運営中のところもある。

東京の漢城信用組合、宮城県の協立信用組合等がそれである。

信用組合を結成して始めて融資を受けられることになっているが、日本当局の政策としては一都道府県単位に外国人の信用組合設置は一個に限られている関係上、未設置の県においては急ぐ必要があり、止むを得ぬ場合には協同組合でもさし当り結成するよう要望する。

なお信用組合結成準備にあって注意すべき事項は左の通り。

❶日政当局との円滑なる交渉を期すこと。
❷左翼の妨害策に警戒を期すこと
❸組合結成の主導権は民団組織幹部がこれをもつよう対策を講究すること。
❹準備委員には経済的な知識と経験を有する者で積極的意欲をもって尽力する者を選ぶこと。
❺中総民生局と緊密な連絡を取るなお参考書籍として左記の書籍を購入、参照のこと。

金融関係法令集
大蔵省銀行局編　定価八七〇円

韓国標準時間変更

李歓象台長が提議

（ソウル七日東洋発KP）国立中央観象台長李源諸博士は、韓国で用いている現在の標準時間は日本の明石を通る東経百三十五度即ちグリニッチ標準よりも九時間早いもので韓国とは時差があることを指摘、この不合理を是正して今後韓国の標準時間は東経百二十七度三十分とし世界標準との間に八時間三十分の時差をおくべきであるとこのほど韓国標準時間の変更を提議した。李博士が提議した新標準時間は旧韓国時代に用いた東経百二十七度三十分線を標準とするもので、この線は暁勇、元山、安辺、金化、加平、揚州、利川、清州、大田、順天を通っている。

巣鴨戦犯慰安会

韓国文化教育会、民団豊島支部共催

既報、映画による在留僑胞文化啓蒙運動に多大の成果をおさめつつある韓国文化教育会では都内民団豊島連合支部と共催で去る一月二十日巣鴨刑務所において韓国人戦犯慰安映画会を催した。

会場に当てられた刑務所内の第一作業所には二十四名の韓国人戦犯の他、日本人戦犯や豊島区在住の僑胞等約三百名がつめかけ午後六時二十分ユーモラスたっぷりな李副団長の司会により国民儀礼金仁洙団長、韓国文化教育会長崔鮮氏の挨拶があって劇映画『愛の教室』を上映、続いて松田広子ちゃんが美空張りの"リンゴ追分"等数曲を歌いヤンヤの喝采を浴びた後、徐英子、徐春花姉妹の"ノドル江辺"等あでやかな民族舞踊を踊り映画『侵略の記録』を上映して九時、盛大裡に戦犯慰安会はその幕を閉じた。

閉会後続いて韓国人戦犯を囲んで和気あいあい裡に座談会を催したが当日の慰安会、座談会の模様は理研映画社によってフイルムに収められ、録音された。

なおこの催しに対し公文巣鴨刑務所長から感謝文が寄せられてきた、更に同教育会は静岡でも民団と共催で同胞慰安会を催し約千五百名にのぼる観客を動員して好成果をおさめており来る二月十八日には名古屋で慰安映画会を催すはずである。

読書相談室

民団部署と正式名称は…

▽…民団組織体において中央総本部、地方本部、支部となっている所が地方によって支部の中に事務局長があったり総務部長があったりしていろいろまちまちになっている。本来の職員部署の名称と種類を御教示下さい。（京都　金三水）

▽…原則的には左記の通りでこれに統一されなければなりません

（地方本部）

執行部
団長一名、副団長二名、事務局長一名、組織部長一名、総務部長一名、文教部長一名、民生部長一名

決議機関
議長一名、副議長二名

監察機関
委員長一名、委員二名

支部は右に準ずるが、執行部の場合、事務局長を部長と称し、その他は課長と称す。この他機関新聞をもつ本、支部にあっては別に適当な名称をつけて部署を設けることができる。（組織局）

民団各支部だより

都内新宿支部総会ひらく

団長に安茂城氏被選さる

都内民団新宿支部第七回定期総会は去る二月四日午後二時より同支部事務所において団員四十五名、来賓二十余名参席の下に盛大にひらかれた。

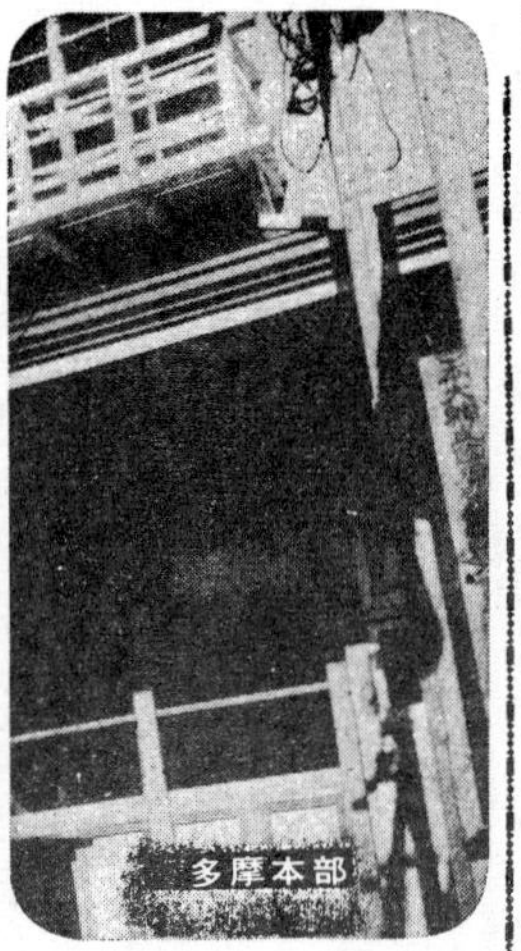

総会は尹永七氏司会により国民儀礼から始まり、祝辞、経過報告があって続いて団員朴永燮氏から日本人に帰化した柳光道、金斗洙同名の団員資格に関する質疑が動議されたが中総金監察委員長は民団の執行規約上からは除名する事は出来ないと説明、規約改正の時までは執行規約に準じて団員資格があるものと認める旨答弁した。

この問題に関し会場は議論沸騰となり結局李萬鎬監察委員長より柳光道氏は（元議長）一九五三年八月八日付日本官報五一九号に日本人に帰化したとの発表によって自動的に議長を辞任したとの報告説明があって一応落着、続いて執行部の総辞職があって役員改選をおこない左記の通り新陣容が決定された。

執行部
団長　安茂城
副団長　安聖出
〃　金泰燮
総務部長　閔泳致

決議機関
議長　金用斗
副議長　徐忠臣
〃　姜徳才

監察機関
委員長　朴性鎮
委員　馬周李
〃　黄時旭

顧問
李東聖　金在沢

役員改選後バンド演奏等の余興があって午後六時三〇分閉会。
（上の写真円内は安団長・下は総会光景）

兵庫宝塚支部　第四回臨時総会

民団兵庫県宝塚支部では第四回臨時総会をひらき左の通り役員を改選した。

執行部
団長　宋守浩
副団長　李相基
〃　呉道俊
事務部長兼総務課長　成燦鉉
組織課長　趙鏞恩
民生課長　徐岩洙
文教課長　金文完

決議機関
議長　鄭在完
副議長　南廷浩

監察機関
委員　黄鳳守
〃　高禎明

都内大田支部役員改選

団長に李萬錫氏

去る一月二十四日、都内民団大田支部第十一回定期総会で同支部運営の刷新を期す意図の下に左記の諸氏をもって新陣容を編成した。

執行機関
団長　李萬錫
副団長　徐次奎
〃　姜信鳳

決議機関
議長　呉徳律
副議長　白英基
〃　朴永寅

監察機関
委員長　郭鍾河
委員　朴喜玫

顧問
金鍾水　李宰煥
劉光裂

兵庫明石支部　第七回臨時総会

団長に成泰永氏被選

民団兵庫県明石支部では第七回臨時総会をひらき左記の諸氏を新役員に選出した。

執行部
団長　成泰永
副団長　朴相烈
〃　黄海鎮
事務部長（兼任）　朴相烈
〃　次長　朱剣道
総務課長　金竜泰
組織課長　裵尚竜
民生〃　崔東奎
文教〃　文玄十

決議機関
議長　張柱万
副議長　徐錫奉
〃　河必斗

監察機関
委員長　林鳳文
委員　金万守
〃　金点奎

顧問
姜三守　李春栄
金福洙　金夢相
裵碩竜

岡山、津山支部　総会ひらく

岡山県民団津山支部では組織強化を期して第八回定期総会をひらき新役員を選出した。

執行機関
団長　姜鈴竜
副団長　宋鍾鎬
〃　朴武吾
事務部長　卞光吉
総務課長　金基厚
組織〃　鄭宗祐
民生〃　裵鈴竜

決議機関
議長　鄭博文
副議長　宋正鎬

監察機関
委員　金乗奉
〃　李賛玉

電話番号変更

来る二月二十八日から民団中総の電話番号は次のように変更されます
（三四）八五六九
〃　八五七〇

幹部社員募集

一、業務担当者　若干名
一、記者（経験者）　一名
資格＝大韓民団男子にして専門学校卒業以上の学力を有する者。
所属民団々長の身元保証書及び履歴書持参本人来談のこと
東京都港区赤坂伝馬町一ノ一三
民主新報東京支社
電話赤坂（48）一八四一番

訂正

第三三八号記載中局事務機構中商工の下に購買委員会とあるのは、事務的取扱を本局で扱うとの意味であります。
民生局

多摩本部

朴慶鎮団長

朴栄河副団長

人的つながり強し

地味ながら民族陣営に貢献

「在日僑胞が二つの陣営にわかれ争っているのが現状だが少くとも三多摩の場合は、わが陣営の勢力が圧倒的で民戦系は問題にならない。年来の念願であった本部事務所設置も一段落となり、これからは民生安定の事業をおこし真剣に取組んでいきたい。民団強化のためにはこの問題が一番重要なことで、日本人から軽蔑されないように信用本位で行動せねばならない。わが民族の誇りを傷つけることは自殺の行為に他ならないし、正当な職業をもって信用ある行為をした時こそ民生安定事業にも軌道に乗る。民生安定事業については目下準備中で近い中に事業協同組合が発足することになるだろう」朴慶鎮団長は記者にこう語った。

一九四六年の春、福生（フッサ）町に建青三多摩本部を朴副団長朴栄河、金裕詰同志等が中心となって結成、四八年に民団が発足、立川市柴崎町にある公会堂内に事務所を間借りした。鄭周和初代団長、金載在二代団長の貴務者。然しここの特色は、何といっても人的つながりが強く、決して派閥争いがないことである。

これは組織体における大きな強みである。前記の諸氏をはじめ徐相模、趙鎔沢、崔祐璨、崔子鎮、孫潘玉、李在鎮、王時福、李泰燮、戸籍委員、中野泰介（日本人に帰化）等の諸氏が精神的にも経済的にも大きな寄与をなしており、この力の結集が同本部発展の原動力となっているのは事実である。その具体的現象が団員の増加と事務所の…

朴慶鎮団長、副団長は共に建青を忘れ民団育成のために尽した功労者である。現在、約五千余の団員を擁し、その七割までが北多摩・西多摩・南多摩と三多摩に及び京都になっている。

☆　☆　☆

浅川、立川、西多摩（福生町）調布、武蔵野、八王寺に支部があるが、浅川支部が最も活発に動いているのは団員が密集している関係であろう。

☆　☆　☆

最後に朴栄河副団長に同本部運営に対する意見をきいてみた。

「民生安定のため信用組合の創立は必要だが、事実上この方面に活躍できる人はいない。結局都下なんだから東京の組合を利用することにして事業協同組合は是非ともつくりたい。事務所の維持費はどうにか間にあっているが、やたらに計画ばかりをたてても実行できなければ無意味だ。ただ焦燥を尽すばかりである」

団長の楽観論？にくらべてひどく現実的である。

☆　☆　☆

創立以来、地味ながらも民族陣営の一環として貢献してきた同本部の発展と民団同志等の健闘を祈りつつ、記者は夕闇立ちこめる立川を後にした。（Y・F）

週刊制実施記念　懸賞作品発表

三席

韓日親善の在り方

白　一　宇

侵略的野望を持たない限り、どの国でも韓日関係について国交開始を望むことであろうし、自由と平和のため世界秩序の確立を待ちわびる人々は誰でも韓日親善を強調する筈である。韓日両当事国はなおさら親善友好の促進こそ何よりの義務であるに違いない。それにもかかわらず現実は数回にわたる韓日会談の決裂を繰り両国感情は悪化しつつあるのが現状である。もちろん利害を異にする両国の意見が一朝一夕に一致する筈はなく、おまけに永年蓄積した両民族間に介在された諸問題とそれに伴う感情は簡単に清算されるものではない。しかし国交不調により政治、経済、文化の交流が停滞し、この状態が永く続けば続くほど両国発展上悲しむべきことであり、新生弱少民族の国家として全く同じ立場に置かれている両国が国際発展の上に数々の悪現象を来たし、急速な進展の世界動態に落伍してしまう結果となる。しかも侵略的勢力と要素は間断なく虎視眈々として隙をねらっているのである。自由国家として新生した韓日両国が小我にとらわれ、姑息的な利害の追求に右往左往して国交の締結もせず相反目している間に、とんでもない禍が何時何処から襲来することか？ 若しも侵略の餌食となってしまう諸要因が堆積してどうにもならないときはもう取り返しがつかないのである。それ故我々は過去の事実や感情が如何にあきらめ難いものであっても、お互いに言える道理が何であっても国交開始を一日も早く急ぎ、両民族と両国家の繁栄のため、健全な提携方式を確立し両国民の親善を促進しなければならない。就中親善の促進こそ政治外交手段に優先する重要課題であり、将来を通して両国発展のため切実なことである。

怨恨を清算し　平等原則で提携しよう

今のところ韓日会談の成立が親善の前提条件であり、国交開始の第一条件でもあるから今しばらく韓日会談の決裂について考察することにより韓日親善の緒と在り方を見出すことができるかも知らない。同会談における双方の主張と態度について是非を論じようとは思わないが、我々は少くともその考え方に明確な特異性を認めることができるのである。即ち韓国側は過去を切り離し現在と未来の友好の為事実に照らしての主張―日本財産権の否定、李平和ラインの設定等―をしているのに対し、日本側は過去朝鮮統治の功果に着き法理論に託して利益の追求一点張りである。意見の対立と両者の的となっている独島、李平和ライン請求権の諸問題も過去の観念を捨てず、法律云々で理屈を並べることでは解決されるものではない。韓日両国は自由陣営の一員として共通の危険侵略勢力を克服しなければならない。大我の為また過去の為よりも未来の共存共栄の為以上の諸問題を早急に解決し、進んで韓日友好の方式を取決め親善の促進を計るべきである。それから旧情の為の過去の誤りを正しく清算済みの法理論よりも相互の立場を換えてお互いの友愛精神を喚起して、あくまで平等原則に基き公平な措置を見出す為に努力しない限り会談の成立も親善の緒も成就しないことであろう。そこで我々は旧体依然として面子にとらわれ事実を曲げて宣伝するような狗皮の策は却って両国民感情を悪化し、誤解する友愛精神まで吹き飛ばして千秋の禍根を遺す危険がある日本政府外交手段のみには期待することができなくなった。我々韓日両国民は新生の自由国民として民主主義発展に手を携えて両民族の幸福と平和の為奮起せんことを望むものである。

韓日関係の過去と現在を洞察すると我々は数多くの親善関係を発見することが出来る。風俗と文化において共通点が多いのは周知の通りで、韓日民族の交流は世界のどこの国よりも緊密であった。勿論三韓征伐、倭寇、征韓論が韓日併合に発展する等、日本の過失も過去にはあったが今や侵略を否定して両民族が共に各々新国家を形成して新しく出発したからには怨みも屈辱も憎悪も共に水に流して、全く平等な立場で新しい出発をすべきことは当然の理である。幸いに韓国は未だ日本侵略の史実がないどころか古代より近代にかけて文化の伝授、康熙技術の貢献等日本民族発展の為如何に多くの功績をもたらしたかを想起するとき相互友愛の情は限りなく湧いて来るのである。翻えば日本民族が侵略的野望を持ち始めたとき韓日両民族の不幸が始まり、日本敗北の第一歩でもあったのである。この史実が教える教訓からでも我々韓日両国は今後侵略や権威感を完全に捨て友好精神を喚起し両民族の幸福と平和の最大公約数の為平等な観点に立ち政治、文化、経済の交流を計らねばならない。

歴史上また地理上不可分の関係を持ちしかも今後全く同じ国際上の使命を負うて立った両国が国交未締の儘、凡ての交流が途絶している事情もあるが過去の根強い感情の相違が主な原因をなしている。第二次大戦後日本は韓国から凡ての関係を断ち日本人はほとんど引揚げたのに対し日本には未だ韓国人が六十万もいる。また韓国は領土を二分されその人口も日本の半数に足らず現代文化と生産技術が遅れている上に共産侵略に戦争を余儀なくされ世界未曽有の打撃を蒙むった。この様な韓国の立場と事実を日本人の大多数は皮相的な観念と利己的にのみ解釈し、旧日本支配の幻想にとらわれ、優越感を捨てられず従って韓国の正当な要求をも聞き入れないどころか日本の国力充実の暁にはまた支配出来るかのような錯覚と亡想を持っているように思われる。このような考えは二十才以下の年少者は別として二十以上の年長者になればなる程顕著である。おまけに日本の都合の悪い事は事実であっても隠蔽をして国民に知らせず都合よい事は事実を曲げてまで誤導宣伝する例が多い。旧観念に捉われ勝ちな為政者、識者の叙上のような言行は何も知らぬ素直な国民感情を害し、相互友愛の気運を破壊してしまうのである。永い間間違った指導と教育の下で頭がこり固まった人々には仕方ない事かも知らないが韓日親善と発展のためには重大禍根といわねばならない。寧ろ在日韓国人の立場や韓国の現状は旧日本政策に起因していることや、韓国動乱は日本防衛のためにも大きな役割を果していることを日本政府や識者は卒直に国民に向って説いて国民感情の好転に努力すべきである。

韓日両国は過去友愛精神をもって文物の交流をとげた数々の史実を想起し、近代日本帝国侵略主義の禍根を払拭して、両民族の恒久平和と幸福のため政治、経済、文化の交流を促進する上に新生両国民と新時代が要求する健全にして遠大な諸方式を確立すべきである。そして政治外交の上では支配者でも被支配者でもないことを相互自覚してあくまで平等精神による対等外交であらねばならない。真の親善のためにこれは理屈や宣伝に止まっては過去と変らぬ結果を招くおそれがある。誠実と尊敬の念より平等原則の実践と行動でなければならない。

経済の面でも韓日両国は最近接地であるので利害関係も深刻である。従って相互紛争や侵略の防止に役立つ法則を確立し、進んで韓国の原料、日本の技術を合理的に交流し、互恵交易の道を開拓しなければならない。文化の点でも相互理解を深め両民族文化の完成に努力することによって敬愛の精神を助長することになろう。

韓日相互の祖先以来の親善関係を想起して敬愛の念を喚起し、同等の立場と共通目的を背負うって新出発をした国際使命を明確に把握して平等原則に立ち進んで両民族の繁栄のため友愛精神を助成し積極的に文物交流を促進することこそ韓日親善のあり方である。

筆者略歴

早大法科卒業、当年三十四才、職業・会社員、現住所・東京都北区神谷町二ノ一、〇七三

凡東浦

黄命東

祖父の代から光澤の運命はつづいて
ひとたびの歓喜も束の間
やがてまた獣の群にひき裂かれた呪わしき田園、
線は血塗られて重く垂れ
果しない嘆がアジアの季節を遮断する。
凡東浦―
神々の呕吐の流れに棲息する
逞しき鉏の大地
ボロボロの魂がむれ集う貧婪の港
わが受難の生誕地よ！
夜明けの光の中でおまえは戦慄き
燃えさかる森林のようにおまえは怒り
貧しいおまえの冒険は歓喜の酒で満たされる。
蝕まれた精をつんで
船がいま困厄の濁流を逆上るとき、
既に覆われた沙漠
凡東浦の穀力で
太陽は瓦解し夏は沈黙の海底に沈む。

選後感

根本着眼点の欠陥

社内のいろいろな事情により懸賞問題の発表がおくれたことを応募者ならびに読者諸氏にお詫びする。

選考に当って心淋しく感じたことは論文『韓日親善の在り方』について、日本人側からの応募が一人もいなかったこと、また本国からの応募がなかったことである。

これは勿論我々の努力の不足を認めざるを得ないし、もっと日本側に対する呼びかけに注力しなければならないことを痛感した。いわば我々の努力すべき余地が残されているということである。

論文＝『韓日親善の在り方』自二十六通の応募作品の中で僅かに左記の二篇を選んだが、それも一、二席に該当すべきものとは推し難く、一篇を三席とし一篇を佳作にした。

三席の白君は歴史的観点を強調し平等原則による新しい提携の方法を見出そうとしたけれども、も少し掘下げる必要を感じた。そして論述にくどい表現であり、もっと中心点をつかめなかったところに難点があった。

これは佳作の張君にもいえることであるが、張君が強調した民間外交と文化交流問題はその着眼点を会談決裂に対する日本側の不当を衝いた。

その他の作品はその九〇％が韓日会談決裂に対する日本側の不当を衝いた。

勿論これは我々の言おうとするところである。

しかし真の親善の在り方、すなわち我々が努力しなければならない面は、また他の面でも見出さなければならない。

団歌＝五十八通の作品が応募されたが、その技巧、気概共に優れたものがなかったのは残念だ。だが国歌をよく解し得ないと思われる程度の高校生が応募したことは実に頼もしい。

民団バッチ＝二十四通の作品が応募されたがこれまた該当作がなかった。（基）

審査委員
金炳旭
張聰明
洪賢基
裵東湖

論文佳作　張潤台

※佳作に当選の張潤台君の住所お報せ願います
懸賞係

京都韓国中学校
昭和廿九年度入学案内

一、募集人員　第一学年　一〇〇名
第二学年　若干名
第三学年　若干名
一、出願期日　自一月十五日　至三月二十四日
日曜その他の休日の外は毎日午前九時から午後三時迄受付
一、出願手続
入学願書（本校所定の用紙に限る）に入学手数料金二百円を添え期日中に本校の教務課に提出すること
一、入学資格
1、第一学年　小学校卒業者或は同等以上の実力を有するもの
2、第二学年　中学校一年修了者或は同等以上の実力を有するもの
3、第三学年　中学校二年修了者或は同等以上の実力を有するもの
一、審査の方法
1、願書受付順に審査の上入学許可を通知する
但し必要により面接することもある
2、第二、第三学年の編入はそれ相当学年の実力考査を行う
一、教科内容
1、日本の一般新制中学の教科目を修得しなお我が国の国語国文法、地理、歴史、公民を兼修す
2、尚本校卒業者は日本の各高校に外国人留学生として特別入学の特典を有す
昭和二十九年一月十日
京都市左京区北白川東平井町八番地
財団法人　京都韓国中学校
電話吉田　一八三五番

輸出入業
金星実業株式会社
取締役社長　金益周
東京都千代田区丸ノ内一ノ二（永楽ビル四階）
TEL千代田(27)0361・0461・0561・0660(第一物産)

大韓産業株式会社
東京事務所
千代田区有楽町一ノ十（三信ビル208号）

大成企業株式会社
東京支店
中央区日本橋本町一ノ十四
TEL日本橋7018番

韓國料理のデパート
株式会社　大昌園
大小宴会に御利用下さい
東京都中央区銀座六丁目五（東京温泉前）
TEL　銀座（57）0972番

共立産業株式会社
社長　全相祐
東京都江東区亀戸町6の44
TEL城東3115・3117

三興実業株式会社
東京事務所
中央区銀座4ノ1（吉鐘ビル三階）

全南漁業組合
聯合会東京事務所
東京上野宝ホテル内

民主新聞

在日大韓民国居留民団
中央総本部
機関紙
発行所
東京都新宿区若松町21
電話(34)8569 8570
振替口座 東京 143865
民主新聞社
発行人
金載華

一部 15円
一カ月送料共50円

綱領

一、われらは大韓民国の国是を遵守する。
二、われらは在留同胞の民権擁護を期する。
三、われらは在留同胞の民生安定を期する。
四、われらは在留同胞の文化向上を期する。
五、われらは国際親善を期する。

慶祝第35回三一節

三一精神は我等の魂

団結を強固に生存権を守ろう

我が民族史上に永久不滅の金字塔を築きあげた三一独立運動、否この運動は弱肉強食をほしいまゝにした帝国主義者達の魂胆を寒からしめたことは勿論、被圧迫弱少民族の自主独立の解放運動に拍車をかけ勇気を鼓舞したことは近代史上特筆に価しよう。然もこの運動が、当時世界三大強国の一と頌われその兇悪残忍な憲兵武断政治が行われている真只中で身には寸鉄も帯びない非組織大衆が二百万も動員され、一年間の長期に亘つて闘争を展開したことは我が民族が如何に自由と平和を愛するかを如実に証明したのである。この脈々と流れる我々の民族精神は五千年の歴史を以て今なお我々の血脈の中を流れている。否、この精神は永久に我が民族の血潮の中を力強く流れるであろう。この意義深い三一運動の三十五週年を迎えるに当り我々は感激せざるを得ないと共にこの日を期して新な覚悟をさせられるものがある。故に我々はこの日を唯記念することに止まることなく新な覚悟と共に新な実践行動に移らねばならない。

二十五年前の三一運動当時は我国は日本の旧帝国主義の侵略を受け、その圧迫と搾取を被つていたのであるが、今日の情勢は共産帝国主義の侵略を受けて多大なる同胞が殺傷され、祖国の国土は荒廃されたのであり、又彼等の毒牙はひるむことなく虎視眈々として再侵の機会をねらつている。故に我々が所望する統一の悲願が何時達成されるやら悲観的にならざるを得ない。この時に当り我々は過去三一運動精神と先烈の遺志を相継いで一致団結して祖国の国土から共産主義カイライ達を追払い自由と平和の国土を築き上げねばならない。祖国は熱戦から冷戦に、そして又復興の戦いに突入している。我々在日同胞も、この戦に誠意を以て参加しなければならない。

又我々の身の回りを一考してみよう。日本政府は故意に韓日会談を決裂させてその責任を韓国になすりつけ、又余勢に反民族的な感情を煽動している。極右団体の盲動は両民族間に大きな亀裂を生ぜようとしているし、両民族の将来百年の大計に悔を残すおそれすらある。故に我々は我々の行動で日本政府の反動政策に注意を促すと共に極右団体の無分別な行動に対して厳重に抗議と共に警告するものである。又日本政府は韓日会談再開に心からの誠意を示さなければならないし登録令違反等の容疑で拘束されている凡ての韓国人を即時釈放することをも要求する。

登録令違反者を釈放せよ

即ちこれ等の人は韓日会談が成立される迄は法的所属が分明でないし、それ故に拘束すること自体が不法である。これ等の事情を考察するとき在日韓僑は今こそ団結をさきよう固にして我々の生存権を我々の団結の力で守らねばならない。特に在日民戦系に附和雷同する同胞諸君は速かに民族精神に目覚め国家百年の大計と民族永久の繁栄のために祖国大韓民国の旗下に帰らんことを勧告する。三一運動の先烈が祖国の完全独立と自由平和のために犠牲になり命を捨てたことを想起せば、諸君の指導グループが祖国をソ連に売渡そうとする企みに如何に盲従することを敢えてするのか。諸君の祖国、諸君の先祖の骨が埋まれている、なつかしい祖国の土地は、諸君の民族的矜持と共に、諸君の活躍を切望しているではないか。故に我々はこれから闘われるべき共産主義者との苛責なき闘いを前に控えて、諸君の速かなる悔悟を勧告すると同時に、我が祖国大韓民国は勿論、民団は両手を拡げて温情と寛容を以て諸君を迎える準備を整えている。

この意義深い三一運動記念日を、もつと有意義に記念するために我が民団員は今一度団結をさきよう固にして、我々の前に積まれたる凡ての問題解決に突進しよう。第三十五周年三一節中央民衆大会は三月一日都内日比谷公会堂で開催されるが、当準備委員会が決定されたスローガンは左の通りである。

一、想起せよ三・一精神 戦い取ろう統一聖業
一、我々は三・一精神を継承して北韓同胞を救い出そう
一、三・一運動に犠牲した諸先烈の英霊に謹んで弔意を捧ぐ
一、撃退しよう赤鬼を！ 侵略[illegible]つた三・一精神で
一、全世界に韓民族の勇気と意志を誇示させよ
一、祖国動乱に犠牲した将兵と同胞の忠霊に謹みて弔意を表す
一、我々は在日僑胞の民生民権の解決に全力を尽そう
一、日本は韓日会談再開に誠意を示せ
一、日本政府は不法拘束された登録令違反同胞を即時釈放せよ
一、全在日僑胞は三・一精神を体得し民団旗の下に団結しよう
一、大韓民国万才
一、李承晩大統領万才

韓日会談再開の用意

日本から復興資材も買う

李大統領声明

(ソウル十四日発UP特約KP) 李大統領は十四日「韓国の復興資材を日本からも買付けるが、両国の外交交渉を再開させるには日本はさきの侮辱を撤回しなければならない」と次のようにのべた、なおこれはUP通信の質問に対しよせられたものである。日本の再建資材が品質、価格ともに世界の他の国と同じである場合は同資材を日本から買付るかも知れない。李大統領は韓日会談再開について従来の主張を繰り返し日本が次の従来の「侮辱」を撤回しなければならないとしている。即ち日本は次のように主張していたものである。

一、大韓民国は国際法に違反して創設された
二、日本はまだ韓国財産の八五%を所有している
三、第二次大戦後韓国から日本人を送還しても国際法に違反している

李大統領はまた「米国が韓日間の協調を期待しているならば先ず脅迫と新たな征服の夢を捨てなければならない」と次のようにものべている

こうして日本の誠意がみとめられ真に平和な相互尊重の関係を希望することが明かになればわれわれはいつでも会談の再開に応ずる。李大統領はさらに次の諸点を明かにした。

一、米国は上院が韓国の再建のために承認した二億ドルを日本で消費している。つまり韓国で工場を建てるかわりに日本から消費物品を購入し日本経済を建て直した。
一、韓国は米を如何なる国にも売る用意がある。もし日本が適当な価格で買付けるならば日本の買付を歓迎する。
一、若し米国が独占契約の更新を行わないならば日本をはじめ世界各国は韓国の優秀なタングステンと古鉄を買うことができよう。
一、平和線と国際法とは何等関係ない。これは両国民が平和にくらすためには必要欠くべからざるもので、日本を含む他の如何なる国の公海の特権をさまたげるものではない。
一、日本は外交、宣伝等の手段を用い日本国民の韓国民に対する誤つた印象を造成するに懸命である。【写真 李大統領】

想起せよ三・一精神、戦取ろう統一聖業

交通部長官に李鍾林

内務次官に金亨根、法務次官に洪進基

本国政府では来る五月二十日に行われる民議院議員選挙に立候補するために去る二月九日までに辞表を提出した尹[illegible]交通部長官をはじめ次官級の人事発令がこのたび行われた。

任命者全員
交通部次官 李鍾林
補交通部長官
交通部施設局長 金台[illegible]
補交通部次官 金亨根
補内務部次官 理事官 洪進基
補法務部次官 理事官 南[illegible]淳
補農林部次官 管財庁次長 [illegible]
補管財庁長 張[illegible]
補管財庁次長

▽李交通部長官略歴 当年四五才、ソウル市出身、普成専門法科卒業、ソウル駅長、鉄道局長、昨年四月二十一日交通部次官任命。

▽[illegible]農林部次官略歴 当年四六才、江原道高城出身、京城帝大法科卒業、総督府農林局林政課、軍政時代山林局長、農林部次官を歴任、政府樹立後官房長官時代に農林部次官補理、外資管理庁理事局長を経て農林部山林局長として多年在任。

▽[illegible]管財庁長略歴 当年四五才、開城出身、明治大学商科卒業、松都中学教師、解放後外資総局経理局長、財務部会計局長、理財局長を歴任、昨年十一月二十三日管財庁次長に任命。

▽張管財庁次長略歴 当年四三才、忠南出身、九州帝大法科卒業、解放後外資管理庁配定局長、釜山出張所長を経て[illegible]在職。

▽洪法務部次官略歴 当年三八才、ソウル出身、京城帝大法科卒業、判事、解放後法務部調査局長を経て法務局長、その間韓日会談代表の一人として活躍。

▽金内務部次官略歴 当年四〇才、ソウル出身、早大法学部卒業、判事、解放後大検察庁検事、大統領秘書官、弁護士。

合同参謀会議は諮問機関

李亨根中将、大将に昇格

(ソウル十八日東洋発KP) 政府は十七日七条と附則よりなる合同参謀会議の規程を発表すると共に第一軍団司令官、李亨根中将を大将に任官して初代合同参謀会議議長に任命したと発表した。政府発表の合同参謀会議規程によれば、合同参謀会議は、国防部長官の諮問に応じ国防政策と計画の建議、陸海空軍の訓練、作戦、補給その他相互関連事項を協議するためのもので(第一条)、陸海空軍各総参謀長によって構成され議長は輪番制であるが大統領が必要と認めたときは規定に拘らず将官級から国防部長官の推せんにより専任議長を任命することができる。(同第一条)

陸軍総参謀長に丁一権大将

(ソウル十四日東洋発KP) 政府は十四日付で陸軍参謀総長に丁一権中将を大将に昇格任命、白善燁大将は同日付で第一野戦軍司令官に発令された

丁一権大将略歴＝咸北出身三十八才、日本の陸士、満州軍陸大を卒業四二八四年渡米、米参謀大卒業第四代陸軍総参謀長、第二軍団長、米第九軍団副団長、韓国軍第二軍団長を歴任。

ソウル文化賞受賞者決る

(ソウル十四日東洋発KP) ソウル特別市文化委員会は十四日総会を開き、市民としてソウル市民の文化向上に功績のあつた次の五氏を文化賞受賞者に選出した。なお表彰式は三月一日市公館で行う、ソウル文化賞には表彰状のほか副賞に五万円と銀メダルがおくられる。

文学—廉尚燮、美術—孫在馨、音楽—[illegible]、演劇—柳致真、体育—[illegible]

唐がらし

三、一革命三十五周年記念日を迎えた。民族の独立と自由を叫んで、時の日本憲兵植民政策に死をもつて抗した民族精神こそ、まさに韓民族の崇高なるレジスタンスであつた

×　×　×

日本に居留する僑胞とて(官僚も一般僑胞も含めて)その子孫であり、同志であることに間違いはないはずだ。教育の問題などは誰を問わず重大関心事の一つであろう。これが関心事だけで終らず、その実施にあたつて一人残らず努力、団結したいものである。他人事のようなツラをする人の如何に多いことか。その縄元ですら、危なつかしい態度だとすれば、一体日本におけるわれ〳〵の僑胞子弟はどうなるのか。二世(パンチョクバリ)で良いとでもいうのだろうか。

×　×　×

三、一節は記念すべき日ではなくその革命精神を再認識させる日であり、そのためにわれ〳〵は[illegible]覚悟を新たにして、即刻実行に移すべき日である。

主張

三一運動・三十五周年に寄せて

われ〳〵韓民族の自覚に基いて自主独立を主張し、侵略を排撃した三・一独立運動の烽火が挙つて今年満三十五年になつたわけである。当時は李朝五百年の末期症状を呈し、政府の腐敗と国民の文弱に因る四色党派の争いは果てしなく、急激な世界進運には全く無知そのもので、侵略外敵にはもろいものではあつたが、それでも国民は平和な生活を営み、主なき流浪の民ではなかつた。

侵略と弾圧の絆から脱皮して、世界に誇る民族の壮挙を自由に記念し得るのも、第九回を重ねるわけで、三・一運動の原因と様相については殆んど喧伝されていることだから、茲では其の概略とわれ〳〵の自覚について述べて見ることにする。隣国の夢から醒めた日本は明治開化を終え、韓国侵略を始めた。即ち一八七六年、無断入港した日本軍船雲揚号事件に絡み、朝日修好条約まではよかつたが壬午軍乱、甲申政変、東学乱の紛みと日清、日露の勝戦に乗じて一八九五年清国と韓国の外交を断ち切り、一九〇五年十一月二十三日保護条約を経て一九一〇年八月二十九日韓・日両皇帝の詔勅を以つて一視同仁の美名の下韓日合併を強行した。

それより先、一八九五年十月八日三浦梧楼外十四名の刺客は日本の野望を察知、反対する閔妃を虐殺し、日本の強制と偽瞞外交を反対する高宗皇帝をとうとう一九一九年一月二十二日毒殺した。おまけに日本は土地改革の名において東洋拓殖会社を始め斎藤、三菱等諸国の土地及び資源を日本の公私所有に移替え韓民族は益々以つて主権を失い、土地財産を剥奪されてしまつたのである。この暴力、偽瞞、搾取の日本侵略行進に対し全民族が一致して非暴力抵抗を敢行し、民族自決主義に基く自主独立を世界に宣言したのが一九一九年三月一日の独立運動である。

三・一運動の精神と手段を考察するとき、飽くまで独立と平和を基盤とした民族精神そのものであり、又新時代の要求に符合した運動であつたことはいうまでもなく、今後益々世界の各民族が希求するところの革命精神である。この民族運動こそアジア民族の先駆であつたのみならずその独立精神と平和的手段は古今東西を通じて益々要求されねばならない。韓国と日本は過去の罪悪を一掃して新国家を形成し新出発をしたのみならず、民族的立場は全く同じ条件が要求されており、完全自主独立の為には愈々多くして複雑な侵略的要因を排除せねばならぬ重大使命に直面しているのである。この意味においてもわれ〳〵は共に口を揃えてわが三・一精神を世界に訴えるべきだと思う。

三・一運動は精神と手段が立派な民族運動であつたにもかかわらず、即時の成果は挙げられなかつた。むしろ武力弾圧によつて三十三人の指導者をはじめ無数の民衆は殺され、国内の苦難に遭い国外に亡命の運命となつた。しかし、この民族本来の精神は綿々と燃え続け、その活動は世界の到る処で功を奏し、二十六年の後は民族の自由を取り戻し、二十九年目の八月十五日には愈々主権を回復して大韓民国を世界に承認させたのである。我々はこのことから推しても、精神と手段が正義に基いている限りその目的は必ず実現するものであるという教訓を発見する反面、遠大な目的ほど自体の準備体制が最も重要であることが分る。すなわち当時我が民族の状態では、新時代の要求される国民的自覚と訓練が日本の幼稚低劣な政策にも対抗できなかつたともいえるのである。

我々は今なお南北統一と世界平和のため、共産侵略と闘い民族の自由と独立の実現に邁進している。すなわち、三・一精神の発露と行動であることは昔も今も変らない。ただ相手がもつと大規模で複雑な共産主義侵略に代つただけである。なるほど国際的には優位な同調を得ていずれ我等の目的が成就する日が来ることは信じて疑わない。ところが我々国民自体の自覚と訓練はどうであるか？ 永年の隷属慣習は勢権と金権に惑わされ、民族本来の精神は潜伏しているか知らないが、全く失つたような観なきにしもあらずである。我々が権勢と金権に追随している間は、そのどちらかの奴隷でしかないのである。三・一精神を記念して、特に在日同胞の民族的自覚と訓練を要望して已まないのである。

我々は自分の真の幸福と国家繁栄のため安易な事大思想を放棄して、断固民族自主精神を喚起しなければならない。

日本の猛省を促す

民団中総団長 金載華

金載華団長

三一運動の第三十五週年記念日を迎えるに当り先ずこの運動のために犠牲にされた先烈に対して衷心より敬虔なる哀悼の意を捧げる。

この運動は世界の独立運動あるいは革命運動史上に特筆に価いするものであり又この精神こそ我民族が自由と平和を愛好する民族であることを世界に示したよい実例である。のみならずこの運動に現われた精神こそ我民族の優秀さを表明した民族精神の発露である。

この運動以来、我民族は日本帝国主義の強圧な弾圧にもひるむことなく独立運動を展開して来たのであるが、この独立運動は単なる韓国の独立だけを目標にしたものではなく、全人類の自由と平和を確保せんがための運動であつたことは周知の事実である。

この度の韓国動乱においてもその事実は如実に現われたのである。他人はこの動乱を一見して民族同士の戦であるかの如く評するおそれもあるが、これは決して民族同士の戦でなくして全人類が希求する自由と平和のために、自由陣営の先頭に立つて戦かつたのであり人類の基本権利を守護するための前衛隊の役割を果したのである。故に韓国の完全独立が成就し得ないところに真の平和がなく、韓国の統一がなし遂げなければ自由も平等もあり得ないのである。

この意義深い先駆的記念日を迎えるに当り私は世界平和確立のために反共戦線に共に立つ日本に敢えて苦言を述べておきたい。

前述の如く韓国の国内戦が単なる自国の完全独立だけの戦いでなく、反共戦の第一線であることは周知の通りであるが、その第二線の地位にある日本が何故第一線と呼吸を共に出来得ないのであるか。つまり韓日会談を決裂させておいてその再開に誠意を見せないことは、日本を理解する一人として実に遺憾に堪えないのである。韓日両国の国交樹立は日本の誠意如何によつて何時でも解決し得るものである。

この問題とからんで日本政府は所謂外国人登録令違反として多数の韓国人を大村収容所に監禁しているが、これは実に不法といわざるを得ない。

つまり、韓日会談が成立していない現在、韓国側が法的に受入れることの出来ない存在である多数の在留韓国人を日本政府が一方的に監禁収容しているが、これらの人達を日本政府は韓日会談が成立して法的根拠がはつきりするまで即時釈放することを要望する。

この先烈の尊い遺志を継承する日に当り、在日六十万の全体同胞は総団結してわれ〳〵の生活権を確保しなければならない。特に民戦系に附和雷同している同胞達は一日も早く前非を悔い改めて民団の傘下に結集し、祖国の国権の[illegible]を受けることを希望する。日本の反動極右達は蠢動をはじめており、われ〳〵の生活権を脅かしている。

三・一記念日を迎え、われ〳〵は先烈の尊い精神を継承して一致団結祖国の統一達成に邁進しよう

独立宣言書

我々はこゝに我が朝鮮の独立国たること及び朝鮮人の自由民たることを宣言する。これを以て世界万邦に告げ人類平等の大義を克明し、これを以て子孫万代に誥えて民族自存の正権を永有せしむるものである。半万年歴史の権威に仗りてこれを宣言し、二千万民衆の誠忠を合せてこれを佈明し、民族の恒久一如の自由発展の為これを主張し、人類的良心の発露に基因する世界改造の大機運に順応并進する為これを提起するのであつて、是天の明命であり、時代の大勢であり、全人類共存同生権の正当な発動である。天下の何物もこれを阻止抑制し得ないであろう。

旧時代の遺物である侵略主義、強権主義の犠牲をもたらし、有史以来幾千年に初めて異民族箝制の痛苦を嘗めてから茲に十年を過ぎた。我が生存権の剥喪されしことは抑々どれくらいであり、心霊上発展の障礙されしことは抑々どれはどであり、民族的尊栄の毀損されしことは抑々どれほどであり、新鋭と独創を以つて世界文化の大潮流に寄与補裨する機縁を遺失せしめたことはどれほどであつたか。噫！旧来の抑鬱を宣暢するには、時下の苦痛を擺脱するには、将来の脅威を芟除するには、民族的良心と国家的廉義の圧縮銷残を興奮伸張するには、各個人格の正当な発達を遂げしむるには、可憐な子弟に苦恥的財産を遺与しない為には、子々孫々の永久完全な慶福を導迎するには、最大急務が民族的独立を確実ならしめることにある。

二千万各個人は方寸の刃を懐にし、人類通性と時代良心が正義の軍と人道の干戈を以つて護援する今日、吾々が進んで取るに何の強か挫けないであろうか。退いて為さんとすれば何の志か展べ得ないであろうか。

丙子修好条規以来時々種々の金石盟約を食んだとて、日本の無信を罪せんとするのではない。学者は講壇において政治家は実際において我が祖宗の世業を植民地視し我が文化民族を土昧人遇して、ただ征服者の快を貪るのみで、わが久遠な社会基礎と卓犖な民族心理を無視するとて日本の少義を責めようとするのではない。自己を策励するに急な吾々は他を怨む暇を持たない。現在を綢繆するに急な吾々は宿昔の懲弁に暇を持たないのである。今日吾等の任務はただ自己の建設に有るのみで決して他の破壊にあるのではない。厳粛な良心の命令によつて自家の新運命を開拓するものであつて決して旧怨や一時的感情を以つて他を嫉逐排斥するのではない。旧思想旧勢力に羈縻された日本為政家の功名的犠牲となつた不自然又不合理な錯誤状態を改善匡正して自然且つ合理的な正経大原に帰還せしめるためである。初めから民族的要求から出ていない両国併合の結果が、畢竟、姑息的威圧と差別的不平と統計数字上虚飾の下、利害相反する両民族間において永遠に和同出来ない怨溝を益々深造する近来実績を観よ。勇猛果敢以つて旧誤を廓正して、真正な理解と同情に基く友好的新局面を打開することが彼我間の遠禍召福の捷径であることを明知すべきではないか。また二千万含憤蓄怨の民を威力をもつて拘束することはただ東洋永久の平和を保障する所以でないのみならず、これに因り東洋安危の主軸たる四億万支那人の日本に対する危懼と猜疑を益々濃厚にし東洋全局が共倒同亡の悲運を招致することは明らかであつて、今日吾人の朝鮮独立は朝鮮人をして正当な生存を遂げしむると同時に日本をして邪路から出て東洋支持者たる重責を全うせしめ、支那をして夢寐にも免れない不安恐怖から脱出せしめ、東洋平和にとつて重要な一部をなす世界人類平和幸福に必要な段階たらしむるものである。これがどうして区々たる感情上の問題であろうか。

ああ新天地が展開するのだ。威力の時代は去り、道義の時代が来たのである。過去全世紀を通じて錬磨長養された人道的精神が将に新文明の曙光を人類歴史に投射し始めたのである。新春が世界に訪れ万物の回蘇を催促するのである。凍氷寒雪に呼吸を閉蟄することが彼の一時の勢いならば和風暖陽に気脈を振舒するはこの一時の勢いであつて、天地の復運に際し、世界の変潮に乗つた吾々は何一つ躊躇することなく、何一つ忌憚することないのだ。我が固有の自由権を護全し生活の楽しみを飽享し、我が自足せし独創力を発揮して春に満ちた大界に民族的精華を結紐するであろう。

吾等はこゝに奮起した。良心は我と共にあり、真理が我と共に進するのだ。男女老幼を問わず陰鬱な古巣から活溌に起来して万衆をして欣快な復活を成遂せしめたのである。千万の祖霊が吾等を陰佑し、全世界の気運が吾等を外護するからには着手が即ち成功である。唯々前頭の光明に向つて驀進あるのみである。

公約三章

一、今日吾等のこの挙は正義、人道、生存、尊栄のための民族的要求である、ただ自由精神を発揮すべきであつて、決して排他的感情に逸走するなかれ。
一、最後の一人まで最後の一刻まで民族の正当な意思を快然と発表せよ。
一、一切の行動はあくまで秩序を尊重し、吾等の主張と態度をしてどこまでも公明正大たらしめよ。

朝鮮建国四千二百五十二年三月一日

朝鮮民族代表(三十三人)

天道教 孫秉熙 崔麟 権東鎮 呉世昌 林礼煥 権秉悳 李鍾一 羅仁協 洪基兆 羅竜煥 李鍾勲 洪秉箕 朴準承 金完圭 梁漢黙
基督教 李寅煥 朴熙道 [illegible] 申洪植 梁甸伯 李明竜 吉善宙 李甲成 金昌俊 李弼柱 呉華英 鄭春洙 申錫九 朴東完 金秉祚 劉如大
仏教 韓竜雲 白相奎

東京韓国学園 生徒募集要項

(写真は韓国学園全景)

初等部(男女)

募集人員 第一学年 五〇名 第二〃 〃 第三〃 〃 第四〃 〃
入学資格 第一学年満六才以上 第二〃小学一年修了者 第三〃 〃二年〃 第四〃 〃三年〃
出願期日及び手続 三月二十五日から三月三十日まで本学園所定用紙に記入提出(考査料百円を添えて)
考査方法 身体検査、国語、算数診断
考査時日 四月五日午前九時から
発表 四月十日午前十時
授業開始 四月二十日

中等部(男女)

募集人員 第一学年一五〇名 第二学年一〇〇名
入学資格 第一学年小学卒業者または今年度卒業見込の者 第二学年中学一年修了者
出願期日 初等部と同じ
出願手続 本学園所定用紙に記入考査料五〇〇円添付提出
考査方法 初等部と同じ
考査時日 三月二十二日午前九時から
入学者発表 初等部と同じ

学費(月謝) 初等部二〇〇円 中等部三〇〇円
(初等部通学用スクールバス購入予定)

西紀一九五四年二月三日
東京都新宿区若松町二一番地
東京韓国学園
電話(34)八五六九・八五七〇

祝 三・一革命第三十五周年記念 賀

大韓民国駐日代表部
在日本大韓民国居留民団 中央総本部
東京本部
在日本韓僑在郷軍人会
在日本大韓青年団
在日本大韓婦人会
在日本韓国学生同盟
KP通信社
KIP通信社
在日大韓体育会

三一精神は民族の誇り
天倫性を発揮して祖国統一を

三一運動を顧みて
本社主催座談会

場所　東京銀座 大昌園
日時　二月十九日
出席者
高順欽
韓晛相
洪賢基
本社 裵主幹

本社 きょう皆さんを招待しまして この座談会を催すことになりましたのは、あと十日足らずして三・一運動の三十五週年記念を迎えることになりますので、この三・一運動はわれ〳〵民族が永遠に記念すべきほんとうに歴史的な運動でありましたし、またこの運動の史的考察ないし当時のいろいろな背景なり、あるいはすべての問題はみなよく知つておるのでありまして、きようの座談会はその史的考察等を主体とするのでなくして、いわばその当時の隠れたるエピソードを話していただきたいと思つております。

もう一つは、皆さんがその当時おやりになつた運動の模様、つまり当時の状況等一般世間に知られていないその秘話を話していただけばと思います。むしろこういう問題が非常に読者に興味ある問題でもあるし、また有益な問題でないかと思います。

そしてまた現在の本国の事情を考えてみますると、いまわれ〳〵の国は二つに分裂されて、民族同士の戦争をしている。またその戦争が一時やんだにしても、その統一事業をいかに成就させ得るか、これはわれ〳〵ふだん考えておる問題でありますがこの問題と合せて、この三・一運動の精神をもう一度思い起す必要があるのではないかこういうようなところに結論を持つて行くことにしまして、まずその当時の模様、あるいは隠れたる話、また先生方がおやりになつた運動の模様をひとつ聞かしていただければ非常にけつこうだと思います。

まず高先生から当時の模様を話していただきたいと思います。当時先生はお幾つだつたですか。

高 私二十七才だつたね。

本社 そのとき朝鮮におられましたか。

高 ソウルにおりました。

本社 そうすると運動のまつただ中にいらつしたわけですね。

高 そうです。済州島からソウルに上つて五カ月目にちようど運動がありました。

司会者の意図とは違うかも知らないが、その動機を少し話したいと思う。

初めの動機は、東京朝鮮学友会の学生たちが集つて、一九一九年二月からパリに平和会議が開かれたのでその平和会議に わが朝鮮独立を献議申請しようじゃないかと相談したのです。その相談の結果、学生のみならず、朝鮮本国の先輩たちにその相談を申込み、よいと決定された。それから崔元俊と崔八竜の二人を代表として韓国に派遣しました。それを金性洙、宋鎮禹の二人に相談した。金性洙は中央高等普通学校の校長だつたが、それを引つぱつて、宋鎮禹が学者の崔南善と相談し、それから宋鎮禹と崔南善と天道教の幹部とまず第一回の相談をした。その結果学生たちがそういうことをするのを、われわれ先輩として黙つておることはできないから、われわれが主体になつて進めようということになつた。それから天道教の指導者と呉世昌、基督教の朴熙道、仏教の韓竜雲、そういう人たちが相談して、崔南善を朝鮮独立宣言文を起草する委員としたのです。

その機会をはかるのに、ちようど当時韓国の皇帝がなくなられて三月三日が葬式だつた、その日を機会に独立宣言をしようじゃないかとなり、その国葬日に地方からの有志も続々集つて来た。その相談というのは、学校におる者たちに迷惑がかゝつてもいけない、一番穏健なのは各宗教団体が代表的に申請しようじゃないか、それで天道教、基督教、仏教。儒教だけは除いた。これは時間がなかつた。もと〳〵は学生団が主導的になつておるのだから、結局は天道教、基督教、仏教、学生団の四団体の代表者が集つたが、私は独立家だと名乗ることもできないし、当時は独立という言葉を言うこともできない状況で、日本に反対する人を探すのに非常に苦心もした、それでごく制限された人たちだけの集りだつた。

それで三十三人の署名者がきまつた。民衆を動員するのには、組織的じやなしに、ただ国葬日に集つて来る人たちを利用するだけでは不完全だから、まず学生たちを動員しなければならないということになり女学生七八百名に学生動員の役目を与えた。即ち学生達を民衆運動の中枢としたわけですね。

写真＝座談会光景、右から韓晛相、高順欽、裵東湖、洪賢基

洪 動員の方法はなかなか微妙ですね。

高 微妙であるからわからない、全部何人と何人の連絡ですよ。かりに私が裵さん一人に連絡するんだから裵さんをつかまえても私の名前だけは言うことができるが、私の背景にだれがおるかわからない。そういう式にして、自然発生的に爆発した運動です。

その運動の期間は二カ月続いた。あつちこつちだけ全国で騒いだのが一年。二カ月に動員しただけで人間が五十万人、一年続いたのに百万人から二百万人もおつたでしよう、各回数を入れて、しかしはつきりした数は二カ月五十万人というのがはつきりした数です。独立運動の騒擾の起つた場所は六百十八ケ所。それの死亡者が五百六十一人、負傷者が千五百六十七人日本憲警の死亡が百六十六名。各地方の面事務所が四十七カ所破壊されてしまつた。当時朝鮮は憲兵政治だつたが、憲兵駐屯所が三カ所、駐在所二十八カ所、その他裁判所とか税務所、学校の破壊されたもの七十二カ所、それで検挙、監禁された人が一万九千五百二十五名、起訴されたのが一万四百四十一名、そういうような大騒動だつたのですよ。

なぜそうなつたか、これはただむやみに無意識的な人民たちの蜂起かといえば、決してそうではない。ただ一時的な民衆心理による暴動ではなしに、これは全部日本政府に対する恨みからそういう反旗をひるがえしたわけです。それというのは日韓合併して三十五年総督は九代ほどだつたが、とにかくそれには二つの原因がある。

それは韓国人がもと〳〵持つておる大韓帝国、その時代がいかに悪政であつても、それは自分の民族心理によつて、民族観念からいつて、自分の民族崇拝観念から、いかに自分の国の政治がまずくてもほかの国には国を譲れない、こういうような根本精神と、もう一つは一視同仁という名目の下に韓国の政治は行われて来たが然しそれはうわつべだけの話しで実相は全然そうではなかつたのです。

八年間もかゝつて土地調査をしたのであるが申し込み期間をおいて自分の縁故ある土地はみな申込めといつて、全部その土地を所有さし、分配してしまつた。そうでありますが、細民階級のほとんどの文盲者は今まで自分らの耕作しておつた土地が全部失なわれてしまつた。

洪 何もわからないうちにね。

高 それが同じ朝鮮同胞にその土地が渡つたかといえば、そうじやない、ほとんどその八割までが日本の東洋拓殖および不二興業、斉藤医療等に全部所有権が移つてしまつていわば奪われたわけですそして今までその国の土地をたがやしておつた白姓たちはその耕作権を奪われてしまつて、耕作することもできないから、仕方なしに満州やシベリヤの方面に流れて行つてしまつたわけです。その流れて行つた人間はほとんど独立運動家に化されてしまつた、それだから国内で独立運動が起ると同時にそれらの外部でも呼応して独立の旗を掲げたわけです。

勇敢な女学生達の活躍

本社 内外一致してやつたわけですね。

高 同時に法律的に日本の資本主義が侵略を始めたわけです。鉱業、商業方面に全部日本人が優先的に進出してきた、朝鮮総督の政治は全部そうしたことの援助であつた。だからわが民族としては全然生活することはできなかつた。土地は奪われてしまつた。鉱業機構が全部奪われてしまつた、それだからそれに対する不平、不満、要するに一視同仁であるべきものを裏切つて、搾取政策をとられたことに対して反感がわいた。

本社 そういうようないわば日本の資本主義制度の侵略の第一歩、それが朝鮮民衆を刺激して、結局三・一運動、いわば独立運動が起きる大きな動機になつたわけですが、その運動が進行されたいわば外面的な状況といゝましようか、例えば私が聞いた話ですが、民衆が万才を叫んで京城府庁におしよせたところを日本官憲が銃剣でケンセイしているので結局民衆の行動が中断されたわけですね、ちようどそこへ正には朝鮮式のマハキンをして冠を被つた二十三、四才の青年夫が民衆をかきわけて府庁の正面に立つて手にもつていた太極旗を高く振り回しながら『韓国万才』をたからかと叫んだそうですね、そこえまちかまえていた日本官憲が「ドーン」と一発で殺したそうですが、こういうような話が沢山おありじやないでしようか。

韓 私は高先生より一才も若いのですから、そのときは私は中学校を卒業してバイブル・スクールにおつたのだからソウルですが、私がこの運動に対して感づいたのは一九一九年の元旦にウイルソンの民族自決に対する論文が新聞の全面に載つておつた、それで何かあるなと思つておつた。そのとき宗教会牧師の呉兢英という人が日曜日に説教に来て、それが祈祷のちいろ〳〵な暗示を与えるのです又二月十八日の日曜日の説教には郵会長、宣言文署名人三十三人の一人ですが、その人が説教して三月一日には朝鮮全民族は蜂起しなければならないという説教をした、それではつきりした。ぼくらはバイブル・スクールの学生として中学班の名簿と連絡者だつた。普成専門学校は康基徳、延禧専門は金元璧が各々学会部長として連絡指揮をとつておつたのですが、学生の最高首脳部は三人おりまして、朱鐘山、玄相允、車相讃の下にずつと共鳴党式に連絡をとつてやつたわけです。

独立宣言をする三月一日、宣言朗読をするちよつと前に梨和女子館の生徒、あるいはミツションのセツツルメントの学生がパゴダ公園に集り独立宣言の朗読のあと、万歳を唱えてそれからデモに移つたのですが、その周囲にいた日本の憲兵、兵隊、お巡りは何が起つたのかわからずぼうつたのです（笑）そうして総督府の前まで行つて独立万歳を唱えた。それから引き返して今度は今の韓国銀行前に出て来た、そのころ日本官憲が気づいて騎馬巡査がくり出して来た、そこで解散をさせる、ぼくらは逃げまわつたわけですがね。

そういう経過でしたが、時の総督府の日本の官憲は、朝鮮の民衆はまだ眠つておると思つておつて、独立宣言[illegible]ことをなんかわからなかつた[illegible]その日の夕方になつて[illegible]動におつたらしい。

その[illegible]の二月八日は東京において独立運動が始つております。二月八日の午後七時から神田西小川町のYMCAにおいて朝鮮学友会の予備総会の名目で集りまして学生たちがそこで独立宣言文を朗読して独立運動の皮切りをやつております。その皮切りにおいて上海には李光洙を代表として送り、韓国には宋ケイハクを代表として送り本国との連絡をとつた。

その前に平壌に崇実専門学校というのがありまして、そこの校長が尹山温（宣教師）という人、この人が一九一九年の一月アメリカからの帰りに日本に立ち寄り東京におられたが、ここで学生が独立運動の密議をやり、学生たちが打合せて、先生が釜山に行つたら「商売はうまく繁昌している」これが暗号で、連絡をとり、本国で一斉蜂起すべくいろ〳〵準備の地下工作をしたわけです。

洪 私は当時まだ五つぐらいだから、人から聞いた話になるのだけれども、ちよつと裵話としてつけ加えますと、国葬日だと思いますけれども、村々に、葬式の道や韓国の礼服を着た年長者や親戚の者たちが一ぱい集つて来た、ちようど日本でいえば社といいますか、集合場があるのですが、そこに集つて夜を徹して慟哭をしておるという光景を思い出しますし、学校に行つておる人々や青年層の人たちは示威して万才を唱えておる光景を思い出すことができるのです。

またほかから聞いた裵の逸話になると思いますが、ちようどそのとき[illegible]の乱といつておりますが、その動乱あるいは日本憲兵の乱暴なつかまえ方、その難をのがれようと思つて、年ごろのお嬢さんや婦人はもちろん、多少社会的に地位のある家庭の御家族して、顔に黒い墨を塗つたりあるいは変な帽子をかぶつたりして、夜中に、向うはカラタチの垣根が多いのですが、そのカラタチの垣根を乗り越えたりくぐつたりしてとげに刺されながらも山の奥へ奥へと、人里はなれた僻地に避難して行つたものだという話も聞いております。その難を遁れるときに負うた傷を母から見せられたこともあるわけで、よほど日本の官憲の操作や仕方が酷だつたということですが、韓国民族がそれほどひどい苦難にあつてでも、やはり独立を希する気持は今のわれわれの行動からも明瞭にわかることだと思います。

高 代表的な水原の事件なぞというのは、当時の官憲が一般大衆を集めて、君らを独立さしてやるから運動で騒がないで、基督教会堂の中に入つてくれといつた。それでみなが教会の中に入ると、その出口にはちやんと銃を持つた巡査、憲兵が立ち、そして教会堂に火を放つた。火をつけられて、逃げようとして出口に出て来る者は全部銃殺してしまつたこともあつた。

韓 水原の事件は、時の憲兵の一番偉い奴、例の甘粕がやつた。甘粕は到頭そこにおられなくなつて、関東大震災のとき大杉と橘宗一を麹町の憲兵隊に入れて殺したそういうことはたくさんある。黄海道にも、平安南北道にもあつたのです。

（左上段に続く）

本社 時間もありませんので そろ〳〵結論に行きたいと思います。当時の三・一精神はわれ〳〵全民族が今もつて生々しく体得し、心の中に脈々と流れているのでありますが 現在の統一に対する われ〳〵の熱情といいますか、これを結びつけてひとつ各先生お話していただけませんか。

高 結論に入る前にひとつつけ加えたいのは、当時中国側においては鄭如殷先生を代表者として、宣言文と申請書をパリに送つたわけです。

もう一つは、韓国の特権階級、貴族側を代表として、もと日韓合併を承認した貴族代表として、われ〳〵は今は反対だということを金鎮植を代表として、平和会議に宣言文を送つたわけです。そういうように、上下全部一致して、われ〳〵は独立しなければならないという意思表示をしたわけです。それにこれは非暴力革命運動であつて、これが上から下まで一致して行われたものであることをつけ加えておきたいと思います。

それに今裵さんのいわれた言葉実はその点ですが、われ〳〵韓国人はもちろん、右翼左翼を問わずどういうようにすれば平和統一ができるか、平和統一をして完全独立を得られることが可能か、この問題は、われ〳〵三千万民族が全部関心を持つて、または研究しておるのみならず、国際社会の第三国人においても、どういうようにすればこの人たちを統一させ得るか、こういうことにみな関心を持つておるのですが、実は私思いますに、国際共産党が世界革命の目的を捨てない以上、またはソ連が世界征服の野心を捨てない以上、平和は永遠にやつて来ないわけだ。そういうような野心を捨てない以上は、民主資本主義国と帝国共産主義との戦争はやまない。そうすればその潮流、その環境にまき込まれているところの、支配されておるところの弱小民族、わが韓国は、その世界的闘争を左右することができないという自覚を持たなければならない。すなわち右翼としても、自分らの任意に、心のままに統一ができるかといえば、そうでもない。また左翼の方、北鮮の方としても、自分らの思い通りに統一ができるかといえば絶対それもできないわけである。そうすれば、どういうようにすれば平和統一が完全独立が得られるか。それには、まずそれらの点をよく自覚して、もと〳〵の三・一精神、三・一革命精神、決してどこの国にも依存心を持たない純粋な独立精神ですね。それを私は名前をつけて天倫思想といつておるが、この民族の天倫の思想をとりもどさなければ、永遠に独立はできないつまり当時の三・一精神というものは、民族の天倫性を発揮したわけであります。

今日の韓国を考えますに、韓国は自分で独立したのではない、一面ただ日本が戦争に負けたそのために韓国が独立したのかというと決してそうでありません。これは単一民族としての天倫性、それを持つて東に行つた者でも、西に行つた者でも、あるいは南に行つた者も北に行つた者も、国を離れて流浪民としてまわりながらも、われ〳〵は自国の国権を回復しなければならないという、その目的が一つであつたわけです。その目的は一つであつて、また自分からの天倫性というその観念がまた一つである。それが発揮された結果、わが韓国は解放されたわけであります。

国内に溢れる三一精神
統一意欲も自主的に

しかるに現在の韓国の状態は、この倫理観念を離れて、ほかの国に対して依存性を持つておる。大きな世界の大勢から、先に言う民主資本主義と帝国共産主義、その二つの思想に支配されて、自分らの民族としての天倫性を失うてしまつたわけだ。

なるほど北鮮の人たちも、自分らはわれ〳〵の祖国を完全独立させなければならないという、わが韓国としても、やはり完全独立をしなければならない。こういうようにいつて、この目的、目標は一つにおいておりながら、ただこの自分らの目的を達める手段方法は二つにわかれてしまつておる。それであるから結局はもと〳〵の三・一精神、民族の天倫性に帰つて、そうしてだれにも依存しないで、また非暴力革命で、国連に訴え、世界に訴え、初めて左翼も右翼もお互いに協力して、そこに平和の統一をはからなければならない。そうしない限りにおいては永久に生きる道がない、こういうように私は思います。

三一精神を継承、北韓同胞救い出そう

洪 ただいま三・一精神と韓国の当面する統一問題について高先生から具体的にお話があつたのですが、われわれ若い青年層としては、さつきも申されたように外形的、すなわち外部の状況から見ると、今南北にわかれ、思想的には共産と民主にわかれた形になつてせつかくわれわれの先輩や祖先代々が持つていた自主独立の精神がまだ通されないでおるという現状でありますが、これが解決されるには、いうまでもなく、国連においては弱小民族といえども民族自決主義によつて自主権を持つように叫んでいますから、この国際連合体制が完成されるのでなければ、これが可能になることはとうていできないことは大体わかつて来ておりますけれども、まずわれわれ自体としていえることは、今まで何十年の間日本その他に支配され、間もなく日本に支配されたがゆえに、自主独立精神を失つておるような現状であるが、われわれの独立、すなわち、われわれ民族の中に潜在しておるこの自主独立精神を発揮する態勢をとらない限り、非常にむずかしいことになると思うので、今後はこの三・一精神による新革命を行わなければならない。

言うまでもなく、この三・一精神による革命は非暴力的であつて、あくまでも民族の内心に含まれた自主独立の精神を発揮するに過ぎないと思う。今後もこのような革命はいつまでも、またいつでも続けるべきことである。況んや今は混沌として、事大主義による原因もありますけれども、すなわち暴力的にはあるいは権力において依頼しようとし、あるいははなはだしきに至つては祖国になつてでも自分の権利を持つて来ようというような気持、あるいはまた金すなわち資本主義的な袖から出ておる金に対する執着、あるいは欲というものがだん〳〵発達して、金のためにはどんなことでもしてよいというような思想がある、すなわちわれわれがほんとうに生きるはずの独立精神を失い、あるいは邪魔しておるということからわれ〳〵青年層としては、まず事大主義の一掃革命の必要を認めると同時に、今後の日常生活やあるいは団体活動においても、あくまで事大主義というものを打破して行く、その点においても体的な意味において、ソビエトのような勢力、あるいはアメリカのような金権力にまどわされず、いかにすればこの民族が自立独立して幸福をもたらし得るか、そういう点にのみ研究と探究を進めて行くことこそ、今後の青年層の三・一精神を発揮して行く具体的な課題であろうと私は思うのであります。

本社 その点について最後に韓先生一つ。

韓 端的に申しますと、私最近所用があつて本国に行きまして帰つて来たのですが、向うでおもにソウルを中心に釜山とソウルの間を二、三往復して見たのですが、三・一精神の最も純粋な面を、指導者及び韓国の運命に対して考えておる人は強調しておるように思われるのです。何となしにかつて三十五年前に、自分がわずか十七才の青年時代のあの純粋な気持をある面に非常に味わつたように思われるのであります。

とにかく南北統一はどうしてもしなければならない。そうかといつて国際情勢は非常に微妙でむずかしいので、今皆さんのおつしやつたような言葉、国連に依頼するけれども、それにも増して民族自体がもう一ぺん三・一精神にもとづいて、ほんとうに革命を起して実際に純粋な三・一精神をもつて立ち向わなければならない。青年たちにも合つたのですけれども、非常に意欲を持つておるのです。

現在韓国の社会情勢は外部の一歩スレスレを歩いておるような気がするのです。すべての文化面から見ると破壊しつくされ、ことに私の知つておる中年層は大分殺されていない。そういう悪条件のもとに、ことに学者たちは影響者、指導者が非常に足らないのです。あゝいつた困難の中においても、とにかく非常な意欲をもつて国家再建のために希望を持つてやつておられるのです。

それで青年たち学生たちも何か非常に求めておるというか、具体的に国家の運命を考えているのです。こういつた意味においてやはり為政者、指導者たちはもつと真剣にならなければならないと思うのです。同時にわれら日本においても民族自衛のため働いておる連中もむろんこの気持に沿うて相呼応して行かなければならないと思うのです。

本社 たいへん長時間にわたりまして有益なお話を聞かせていただきまして民主新聞の読者とともに皆さんに御礼を申し述べたいと思います。どうもありがとうございました。

祝 三・一革命第三十五周年記念 賀

大韓海運公社
READ OFFICE Pusan
JAPAN OFFICE Tokyo, Kobe Moji
AGENTS NYK. OSK
Room No. 221 Sansin Bldg Yuraku-cho, Tokyo
Tel. 57-7266, 7927, 0032

ソウル商会東京チェーン
韓国布木 ナイロン 中国洋册 なら
서울商会へ
☆大量註文は特別サービス致します
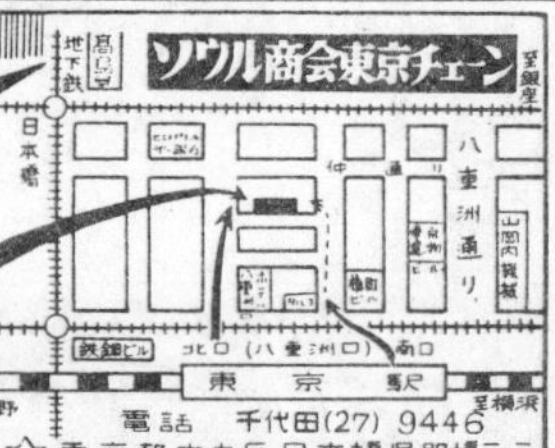

電話 千代田(27)9446
☆東京都中央区日本橋呉服橋三の三

東亜交易株式会社
東京都千代田区神田錦町3の15
TEL.(25)3691・8068

遊技場 処女園
沢田正治
東京都中央区室町二ノ一
TEL(24)4036

株式会社 壽鉄鋼
社長 平山辰雄
専務 中山永壽
東京都大田区仲六郷2の10
TEL.蒲田4052

南金属鋲工業株式会社
東京都大田区池上本町一九三
電話池上(75)二〇五二・二八三
アルミニューム アルマイト 製品製造元
この印に御注意!

集え！三一民衆大会に

日比谷公会堂で中央大会
100余台のバスでデモ行進も

3月1日 午前11時

三月一日、我民族の誇りであり、世界平和愛好民族の亀鑑である三一運動は本国は勿論、全世界到る処民族が居住しているところにおいては必ず挙族的に挙行されて来たのであるし又永遠に挙行されるであろう。時に本年は第三十五周年に当るのみならず、過去三徑間共産主義侵略から祖国を防衛し、赤化の陰謀を阻止したとはいえ、全民族の念願である統一の達成を見るに至らず、一時的な休戦となつたのである。

しかしこれから我々に負わされた課業は、祖国統一聖業を成し遂げる問題と、一日も早く荒らされた国土の復興である。故に我々はこの三一運動記念日を契機として、より一層刀を新たにしなければならない。

日本においても全国津々浦々で記念行事が挙行されることであるが中央大会を盛大に挙行するために関東地方本部団長会議を開催して『慶祝第三十五回三一節記念民衆大会準備委員会』を組織、委員長に金載華、企画委員裵東湖ほか七名、財政委員張聡明ほか十一名動員委員金学鳳ほか十一名、整理委員林京周ほか四名、デモ総指揮丁賛鎮、副指揮梁相基、金学鳳等を選出して準備に万全を期している。

大会はいつもの如く日比谷公会堂で午前十一時から開催される筈であるが、余興として本国々防部提供の『正義の進撃』下篇、慶南公報課提供の『故郷の灯』の映画を上映し、この映画が終れば一〇〇余台のバスに分乗して市中デモ行進に移ることとした。

このデモ隊は大会の決議をもつて吉田首相、岡崎外相、犬養法相をそれぞれ訪れ『韓日会談促進』と『在留韓国人の差別待遇撤廃』と『強制送還反対』『被抑留者の即時釈放』『極右団体の言動団束』等を抗議要求することにした。

なお、朝鮮文化教育会では当日の状況をニュース撮影して本国へ送るとのことである。

大会式順序およびデモ行進の路順は下記の通りである。

第一部　民衆大会
司会　張聡明、金学鳳

一、開会
一、国民儀礼
一、会長挨拶　金載華
一、開会の辞
一、独立宣言文朗読　金光男
一、記念の辞　金裕植
一、記念講演　裵東湖
一、決議文採択および
　　メッセージ朗読　洪賢基
一、その他

一、閉会の辞　張聡明
一、閉会

第二部　映画
「正義の進撃」
「故郷の灯」

デモ行進コース
内幸町―田村町（外務省）―虎ノ門―桜田門（法務省）―国会―首相官邸―平河町―三宅坂―桜田門―神田橋―神保町―九段上―牛込見附―花園町―新宿西口

意見相違を一掃
山口県の組織強化なる

去る一月三十日から二月二十日に至る三週間、中総組織局、民生局では山口県へ出張、山口県本部内における政策上の対立を解消するために種々の対策を講じ、多大なる成果をおさめてこの程全国補任したが、これはその共同報告であり地方組織運動における一つのケースとして資料に供するものである。

山口県は組織的に東京と密接な関係をもつ重要な地理的条件を具えている。

しかし、不幸にも長い間、同本部内には政策上の意見の不統一に起因した多くの誤りが発生し、今日まで県内僑胞に与えられた影響は擁近県誌の段階を越えるような事態にまで発展してきたのである。

この内部における対立的の具体化は二月一日、下関における県本部大会において遂に爆発、組織機構自体が大きく揺れ動き始めたのであつた。

この報に接したわれ〳〵は同本部内の一部誤れる指導理念をもつた幹部、指導者を自己反省させ、より強固な組織機構確立と、発展を期させる意図の下に組織、民生二局の城高幹部に軍人会、韓青の協力を得て同本部に出張したのである。

そして二月一日の大会における不純性を指摘、追究し、流会を助長させることによつてより多くの害良な大衆が納得出来る大会を召集する方向に運んだのである。

このようにして二月二日午後四時三十分より下関市において県下有志、功労者等を集め「全体大会召集対策準備委員会」をひらいて協議、二月六日午前十時より同県小野田市の小野田支部において、準備委員会の決議通り「山口県本部強化対策委員会」を正式に召集、全州議事項を合議制の下、山口県全体会議を同市で二月十四日開催するところまでこぎつけた。

ここまでの結論を得るために中総からの出張官員が三班にわかれ、県下各地責任者と親しく語り、その興論を充分にききとる反面現状勢の重要性を大衆に反映さす努力を続けた。

このようにして二月十四日午後一時より全代議員五十六名中、四十四名の参席を得て、全附議事項を翌十五日午前一時まで熱烈に討議、暗裂立ちこめていた同本部にピリオッドを打ち同本部が今後正しい方向へと発展するようその精神的基盤を形成したのである。

なお同本部で無事職務を終えたわれ〳〵一行は、九州地方にわたり、福岡、長崎、大分各県を訪ね、これら各地域における組織活動の再検討をすませた。

県本部団長に金遇坤氏

別項の通り山口県本部では去る二月十四日午後一時より、中総金組織局長、林次長、曹民生局長等の参席を得て総会をひらき、左記の新任役員を選出した。

執行機関
団長　金遇坤
副団長　尹丙鶴
〃　韓長模
事務局長　陳点春

決議機関
議長　呉千鎬
副議長　鄭穗載
〃　丁侑燮

監察機関
委員　朴甲性
〃　金順祚
〃　金文岩

民戦の高外務部長
無銭飲食で留置所行き

在日朝鮮人民統一戦線の外務部長中央委員、統一民主同志会書記長高成浩は去る十九日の朝鮮人民外務執行防害、無銭飲食の罪で蒲田署に検挙、留置された。

高は大田区東食店"一富士"で豪飲し、代金六百八十円を請求されると逆に経営者藤井さん（女性）の頭を乱打して傷を負わせ、急報でかけつけた派出所の巡査三名にも暴行を加えたものである。

大衆運動を自称している民戦の最高指導者の一人である者が、かかる破廉恥的行為を行つたのに対しわれ〳〵は民戦の正体が何ものであるかを知るべきである。

撃退しよう赤鬼を！倭敵剣つた三一精神で

韓日親善を結ぼう
両国民間人懇話会

去る二月十七日午後二時都内丸ノ内工業倶楽部において朝鮮懇話会主催で韓日両国の民間人有志が集つて両国親善懇話会が開かれた。

二回に亘る韓日会談決裂以後両国間の感情は悪化の傾向を帯びつつある今日如何にすれば両国の親善を保ち韓日国交を樹立させ得るかということについて両側からキタンのない意見が交され和気アイアイ裡に四時すぎ解散した。

尚今後もこれらの会合を度々もつことにした。

当日出席者は左の通り。

日本側―田中鉄三郎（外務省顧問）尾崎敬義（朝鮮懇話会幹部）野村尾立利夫（朝鮮懇話会幹部）朝日新聞論説委員、西村読売新聞外報部次長、毎日新聞東亜部次長評論家中保与作

韓国側―曹寧柱韓青団長、裵東湖民団中総事務総長、宋洛復新世界新聞社東京局長、馬鳴宣東亜貿易新聞社長、金哲

在日僑胞生産品展覧会（ソウル）
軍人会で出品斡旋事務開始

本紙既報（三三九号）在日僑胞生産品展覧会が本国の陸軍被服廠主催でひらかれることになり在日韓僑在郷軍人会列その斡旋方を依頼してきたが、この依頼に接した軍人会ではその後、民団中総民生局及び韓青委員会とも協議を重ねて、この具体案を作成中であつたところこのほどその詳細な手続内容を決定、民団各県本部や僑胞企業家等に内容書を発送、去る二月十日より斡旋代行事務を開始した。

その内容によると今回の参加は、直接生産業者、あるいは加工修理等の技術提供者のみとし、その大別分類は❶造船工業（船舶、車輛、管類）❷紡織工業（紡績、メリヤス業、ロープ）❸食品工業❹化学工業（ゴム、硝子、肥料）❺電気工業（通信機、電気器具）❻機械製造❼鉄鋼業（各種鉄鋼材鋼の各部門であるが、軍人会ではこの斡旋に当り、各権威者に委託して審査を行ない、展覧会の出品は実物、又はカタログ、青写真等を将兵補導会列送ることになつている。

なお出品に対しては無税とし、手数料も無料、出品者の中この展覧会に参席を希望する人には、その点をも考慮、便宜をはかるべく本国に交渉中だという。

展覧会は三月十日、優秀メーカーに対しては特約店契約をもはかる申込方法は軍人会に問合せのこと

在日韓国体育会
役員改選さる

在日大韓体育会（東京都中央区銀座西八丁目一番地）では去る二月十一日第三回臨時総会をひらき、今後の画期的発展を期して役員改選をおこなつた。

会長　柳泰夏
副会長　辛熙
〃　鄭建永
理事長　金壮植
専務理事　金東春
常務理事　李仁擾
〃　李祐哲
〃　金世基
〃　李興洙
〃　張世準
理事　朱乾
〃　鎮徳龍
〃　梁仁哲
〃　金栄祚
〃　李善永
〃　元韶鎬
〃　李祐大
〃　李鋪鳴
〃　張昌壽
地方理事　金在万
監事　朴在善
〃　金禹鎬

東京本部で
全相佑を追放

民団東京本部では都内江東支部顧問金相佑を、解放以来、民族陣営内にあつて分裂、利敵行動を継続してきたとの理由で同本部規約第三十八条に依り追放処分にした

事務所移転御通知

今般、弊社都合により左記の住所に事務所を移転致しましたことを御通知申し上げます。

旧事務所　東京都中央区銀座東一ノ三
新事務所　東京都世田谷区世田谷一ノ三二一
連合新聞東京支社
支社長　関　正植

アジア大会レスリング選手決る

（ソウル十一日東洋発KP）大韓アマチュア・レスリング協会

人物ヒストリー　こゝの人は（その十）

民族陣営のホープ
良心に恥じない生活を……

中総事務総長　裵東湖

「人間は自分の良心に恥じない生活をしなければならない。人道主義の上に立つた良心と民族、国家に対する真理であり他人に他民族に他国家に迷惑をかけないような生き方を常に清い生活の中にあること」とこの人は自己の信条を語つてくれました。この人の人となりを構成する要素です。欲なしのお人好しです。民団運営にあつてもその実践者。

×　×　×

ある新聞はこの人を"民団唯一の良識であるが、その温柔な性格のため決断力に欠ける云々"と評している。その原因はやはり人との和を保つたために人一倍苦労しているのでその様な印象を与えたのだろう。外柔内剛という言葉があるが、この人の場合ズバリこれ。

×　×　×

中傷、謀略の多い現代社会にあつて打返しを知らぬこの人はこんな生き方が十六世紀的な古風なものかも知らないが……と謙虚に語つたが、時間と時代を超越したヒューマニズムが人類永遠の姿でなければならないことはモラルの危機に直面している二十世紀にあつてもやはり一つの真理です。

×　×　×

熱心なクリスチャンだつたということの人の今日までの歴史の大部分（約二十年間）はジャーナリストとしてその社会的良識と文化的センスを養なつてきた。それが民族陣営の大きなプラスになつていることは否めない事実だろう。

×　×　×

民団では中総民生局長を振り出しに事務総長、副団長それから又事務総長と足かけ三年目だが正当コースを歩む意味では他に例が少ない。何れにしろ実力、人柄共に民団のホープ的存在ではある。

×　×　×

家庭にあつては清貧の生活一点張りで池袋にある戦後の安アパート一室（四畳半）の間借り生活、信念だけで実行の伴なわない人々のいい見本。

趣味はとたずねたら「韓国古典芸術、舞踊、映画、音楽、読書、スポーツ、ええとそれから……」随分並べました。事務総長でありまた生えぬきのジャーナリストなんだからこれ位沢山あつても結構なんですが、まあ記者の目では（池袋に韓国舞踊（これは鑑賞の意味でなく御本人自身がゆ技を見せる）といつたところ。嗜好物は煙草（霧く勿れ一日五、六十本吸います）お酒は心理学的部類に属してかんい吾列村ではちよつとイケル方。

×　×　×

現在、本社の主筆を兼任しており、解説のルーズなのが玉にキズで（公私多忙でしようが）その意味では洪賢基副社長に次いで二位に属しています。四十三の働きざかりですからこれから油の乗りきつた仕事が出来るわけ。早大政経科中退。（空道生）

東本執行部人事異動

民団東京本部では去る二月十日付をもつて左記の通り執行部の一部人事移動を発表した。

企画室長兼組織部長
洪淳鶴―組織部長を解任し企画室長のみを専任。

組織部長代理
金致淳―組織部次長

総務部次長
高聖根―解任

総務部次長
崔錬海―就任（前杉並支部事務部長）

では第二回アジア競技大会に派遣する選手及び役員を十日次のように決定した。

選手―フライ級李直熙、バンタム級韓徳興、フエザー級金永俊ライト級呉泰煥、ウエルター級林培栄、ミドル級黄虎淳。

富山本部総会
団長に金福道氏

民団富山県本部第十三回定期総会は去る二月八日ひらかれ、次の新任役員を選出した。

執行機関
団長　金福道
副団長　洪三守
〃　崔明守
事務局長　李光吾
組織部長　金洪九
〃　次長（兼任）李光吾
民生部長　金在先
文教部長　河宗烈
総務部長　許翊鎬
監察部長　李相文
〃　次長　朱泰鳳
〃　次長　宋哲柱

決議機関
議長　河兌植
副議長　金泰燮

諮問機関
顧問　車太植

兵庫、西播支部
臨時総会開く
団長に梁昌煥氏

兵庫県民団西播支部（姫路市光源寺前町十一ノ二）では去る二月七日臨時総会をひらき左記の新任役員を選出した。

執行機関
団長　梁昌煥
副団長　李成立
〃　金萬培
事務部長　李鋪鍋
民生部長　朴萍徳
組織部長　金濟培
組織次長　呉鋪万
文教部長　金太守

決議機関
議長　崔相道
副議長　白南鋼
〃　朴昌祚

監察機関
委員長　尹新京
委員　鄭顕植

顧問
朴建兆　鄭建出
金基鎮　李祚斎
金尚凡　張用伊
金善九

訂正

本紙三四〇号二面記事中、新宿支部総会において改選した副議長、李禹才とあるのは誤りで李禹鎬氏が副議長に当選していますから訂正致します。

(下の写真、歌う高さん（円内）と会場につめかけた観衆)

名古屋で僑胞慰安会
民団愛知本部主催でひらく

民団愛知県本部主催（韓国文化教育会提供）の"僑胞慰安会"は同市畑十番ホールでひらかれた。

去る二月十八日昼夜二回にわたり同日は昼夜共、約四千人近い観衆がホールも狭しとばかりつめかけ映画"母の愛"と"正義の進撃"の他、清涼線（アコーデオン）徐春花（舞踊）高製珠・松田広子等（歌謡）芸能人の出演もあつて盛大を極めた。

韓国蹴球団来日
三月7・14日東京で試合挙行

来る六月スイスにて開かれる世界サッカー選手権大会の極東予選大会が三月七日、十四日両日間に東京でわが韓国チームと日本チームの間において行なわれるが、去る六日大韓体育会では左記の如く選手及び役員を決定した。

団長　鄭商熙
監督　李裕灐
コーチ　裵宗鎬
主務　李昌鎬
国際審判　金徳俊
主将　朱栄光
選手　GK　洪徳泳、咸興哲
FB　朴徳祖、李鍾甲
　　李敏
HB　朱栄光、李祥宣
　　金智星、韓昌燁
FW　崔貞敏、朴日甲
　　閔丙大、鄭南湜
　　成楽雲、崔光石
　　鄭国振、朴耕浩

尚韓国と対戦する日本チー人のメンバーは次の通りである。

▽監督　竹腰重丸（東大出）▽コーチ兼選手　川本泰三（早大出）▽マネジヤー　横山謙三（東大出）▽木下勇（神経大）▽GK　渡部英麿（関大出）村岡博人（教大）下村幸男（修道高出）▽FB　岡田吉夫（早大出）平木隆三（関学）土井田安之（慶大出）宮本憲三（早大出）▽HB　松永信夫（教大出）宮田孝治（早大出）杉本茂雄（関学出）山路修（早大出）大埜政雄（東大出）井上健（関学出）三村恪一（中大）▽FW　鴇田正憲（関学出）賀川太郎（早大出）木村現（関学出）二宮洋一（慶大出）岩谷俊夫（早大出）長沼健（中大）加納孝（早大出）徳弘義（関学）高林隆（立大）宮見一（関大）

韓国蹴球団後援会結成

来る三月七日、十四日両日にわたつてひらかれる世界サッカー選手権アジア予選大会（第十三地域）を前に、在日僑胞間においてこの大会に出場する韓国選手に十二分に"力と技"を発揮して輝やかしき成果をおさめてもらうべく、在日大韓体育会が中心となり韓国選手団後援会を結成、左記の役員を選出した。

名誉会長　金溶植公使
会長　柳泰夏参事
副会長　曹寧柱
〃　丁賛鎮
顧問　金載華外七名
〃　金光男
委員　裵東湖他六十名
なお事務局役員は左記の通り。
局長　辛熙
次長　金世基

ルポ 民団めぐり

組織活動は冬眠状態
信組設立に唯一の望み

二月十三日午前八時十分、新宿駅でスキーやスケートを肩にした若き群像等に混つて信州松本行に乗る。四、五時間も揺れたと思われる頃、左手に薄氷を張つて大きく拡がつている諏訪湖と、白銀に輝く日本アルプス連山の雄大な姿が目に入る。

午後一時四十八分松本駅着。駅前でタクシーを拾い、町はずれにある事務所（金団長私宅）をやつとのこと探して着いたら金致万団長以下七、八名の幹部達が記者を快よく迎え入れた。

×　×　×

記者の質問に先立つて同本部創立以来今日まで歴任の通称"天下の今井"で日本人社会にも信頼を得ている金団長は「三十万円予算で市内中央地区に本部事務所を建設すべく準備中であり、更に百万円の資本金で信用組合も近々設立する」と自信満々の口調。

続いて県内居住の僑胞生活状態をきくと、何しろ日共オルグが強固な地盤を築いているため、民戦系が約五千人、団員が千三百人位。東信地区では主に朝鮮人参栽培、北信地区（長野市中心）ではパチンコ、松本地区では土木請負、スクラップ、養豚位のもので企業体をもつているのは僅か四割弱あとの六割以上は失業状態にあるというから、他県にたがわずここの僑胞社会の生活戦線も火の車。

×　×　×

現団長と金命植、金宗会、崔度秀同志四人が発起人となり同本部が発足したのは一九四八年十一月十日、共産旋風ふきまくる中で孤々の声をあげた。その間、四九年の看板事件、五一年の火焔ビン事件、同年例の「球根栽培法」事件（共産党の軍事組織における秘密文書で、これを手に入れた金団長が「球根栽培法」なる所謂共産分子狩りのパンフレットを撒布、大反響をもたらした事件）と、民戦系との争いは絶え間がなかつた。

だがこの闘争歴史を誇る同本部も現在組織活動では冬眠状態。その原因を金団長は「団員はともかく幹部が経済力のないこと、団費等一銭も収めない上活動資金もメッタにない。ただ事務所建設費は何とか集めてあるが信用組合設立と同時に本格的活動に入りたい」と語り、一時僑胞刑余者の司法保護事業もやつたが今ではそれもとりやめになつたとさびしそうな顔だつた。しかし記者の眼には人材の少ないのが最も大きな原因と思われたが、それでも唯一のインテリとして知られる成竜九事務局長、仕事熱心な金命植総務部長、常に青年の情熱を失なわぬ金団長の三人がガツチリ組めば同本部の今後における発展も望みなきに非ず。

その日の一日も早くくることを記者は期待しつつ十五日朝、雪に埋れた松本を後にした。（PAK）

金致万団長

金命植総務

支部所在地
❶松本支部―松本市神田区
❷高井支部―上高井郡中野町
❸田中支部―小県郡県村
❹飯田支部―飯田市本町
❺北安支部―北安曇郡大町
❻長野支部―長野市緑町

本部役員
団長　金致万
副団長　李貴徹
事務局長　成竜九
総務部長　金命植
民生〃　金応英
組織〃　金志会
文教〃　崔廣秀
議長　河大銅
監察　徐丙泰
顧問　金賛八
　　　崔道学

長野県本部

祝 三・一革命第三十五周年記念 賀

THE BANK OF KOREA TOKYO BRANCH
東京支店
韓國銀行
金基燦
東京都千代田区有楽町(三信ビル) TEL(銀座)6707・6726・6749

在日僑胞金融機関として発足致しました
皆様の御利用の程をお願い致します
漢城信用組合
組合長 金得溶　副組合長 明利禎　外役職員一同
東京都中央区日本橋蛎殻町一の一八　TEL (67) 4096

全南漁業組合
聯合会東京事務所
所長代理 裵東杰
東京都台東区御徒町三の八(宝ホテル内)

國一貿易公社
東京支店
千代田区神田須田町一の二　TEL(神田) 6591・3855

美進産業株式會社 東京支店
千代田区有楽町一ノ十(三信ビル)
TEL 銀座 5329

国生産業株式会社 東京事務所
東京都千代田区丸ノ内1ノ2(ホテル東京419号)
TEL (28) 0812・0813・1760

三慶物産株式會社
社長 李源万　東京都港区横網16
TEL(本所)2513・4689・0075

支店長 尹明鉉
東京都千代田区有楽町(三信ビル)
TEL(銀座)2904・0355
大明商事株式会社
東京支店

共盛染料株式会社 東京支店
東京都千代田区神田錦町3の3(錦ビル)
TEL 神田 5473・7354―5

大韓水産貿易株式会社
東京事務所
東京都中央区京橋二ノ十一(京二館ビル)
TEL(京橋) 6822・3049・6251―3

三一精神と民族の復興

金　哲

三一宣言の地パゴダ公園

一九一九年三月一日ソウルの中心地鐘路——そして鐘路のまん中に小ジンマリとしたオアシス——名附けて「パゴダ公園」数百年の歴史を物語る十三重の塔　八角亭の上に立つた若人の口からトウトウと流れ出る独立宣言
×
二千万民族のウツ憤を爆発させる導火の地パゴダ公園はいまなお悠然と我々に物語つてくれる。

○

三一精神は自由独立の精神である。

独立宣言はその冒頭に「われらは茲にわが朝鮮が独立国であり、朝鮮人が自主民であることを宣言する」と述べている。又、「民族の恒久不変な自由発展の為にこれを主張するのであり」、「旧時代の遺物である侵略主義強権主義の犠牲となり、有史以来数千年を経ながら

宣言は「わが固有の自由権を保全して生活の喜びを享受し、わが自足の独創力を発揮して春を迎えた世界に民族の精華を結示するであろう。われらは茲に奮起した」と高らかに歌つている。

誰が見ても独立宣言には、自らの歴史と文化と能力とを自覚した一つの近代民族の姿がある。かれらは未開の民でもなければ、劣等の民でもない。かれらが現実に図暴

と、英日同盟の条項を改訂することによつて、真先に日本の韓国に対する完全侵略を支持したイギリスや、相次いでこれと同じ承認を日本に与えたロシアやアメリカが十四年後の一九一九年三月一日に驚きと共に当惑を感じたことは明らかであつた。

思うに李朝初期の国運の隆盛も世宗の相代を頂点としてやがて坂にかゝり、暗愚な君主が相血なまぐさい「士禍」を四重ねた挙句「朋党」の争いはしに激化し、国論に統一なくに準備のないところへ日本のを迎えて、「壬辰倭乱」前後の戦禍で国家の秩序は深れ覚束なくなつても、乱後党争

H君への手紙

成　竜　九

週刊制実施記念　懸賞作品発表

佳作

韓日親善の在り方

張　潤　台

全国に支局設置！
—支局長と通信員募集—

紙面の拡張に伴ない日増しに発展一路をたどる本紙は現在の旬刊制（月三回発行）から週刊制に切換えるべく昨年来鋭意準備中であるが、更に豊富なニュースと広範囲な読者層獲得のため今般全国の民団組織を通じて支局を設置することに決定致しました。従つて支局長と通信員を募集することになりましたから、左記の規定に準じて応募するようお願いいたします。

規定

☆資格—大韓民国に国籍を有する民団団員たること
☆手続—左記の書類をまとめ今月十五日までに本社へ郵送のこと
①履歴書　一通
②写真　二枚（6×6版）
③認識証明書一通
④県本部団長推薦状一通
⑤所属支部団長推薦状一通
⑥外人登録、国民登録写し各一枚
☆但し県本部所在地に一局を原則とするが特殊地域にあつてはこの限りにあらず、通信員は支局長と本社相談の上決定する。採否、待遇その他は面談の上決定す。

民主新聞業務部

人事往来

二月十一日　奨学文教部長来団
朝鮮日報栄学正支局長来団
二月十七日　中総張副団長同胞慰安会出席のため名古屋出張
二月十九日　社友大阪本部総長来団
月二十日　九州地方出張中の金学鳳組織局長、林次長帰任
二月二十三日　九州地方出張中の曹允具民生局長帰任
二月二十五日　本国出張中の鄭総務局長帰任。

京都韓国中学校
昭和廿九年度入学案内

一、募集人員　第一学年　一〇〇名
　第二学年　若干名
　第三学年　若干名
一、出願期日　自二月　十五日
　至三月二十四日
日曜その他の休日の外は毎日午前九時から午後三時迄受付
一、出願手続
入学願書（本校所定の用紙に限る）に入学考査料金三百円を添え期日中に本校の教務課に提出すること
一、入学資格
1、第一学年　小学校卒業者或は同等以上の実力を有するもの
2、第二学年　中学校一年修了者或は同等以上の実力を有するもの
3、第三学年　中学校二年修了者或は同等以上の実力を有するもの
一、審査方法
1、願書受付順に審査の上入学許可を通知する
但し必要により面接することもある
2、第二、第三学年の編入はそれ相当学年の実力考査を行う
一、教科内容
1、日本の一般新制中学の教科目を修得しなお我が国の国語、国文法、地理、歴史、公民を兼修す
2、尚本校卒業者は日本の各高校に外国人留学生として特別入学の特典を有す
昭和二十九年一月十日
京都市左京区北白川東平井町八番地
財団法人　京都韓国中学校
電話吉田　一八三五番

祝 三・一革命第三十五周年記念 賀

寶　焼酎　味淋　寶酒造

各種注射薬100余種製造販売
韓国向け輸出特約店契約の相談に応ず
TRADE MARK
武平製薬株式會社
社長　朴魯興
東京都世田谷区宇奈根町38
TEL・キヌタ 926

大韓物産東京事務所
東京都千代田区丸の内一ノ二（ホテル東京内）
TEL（28）1169—72

池上金属株式会社
東京都大田区池上本町228
TEL（池上）1272

永山商會
東京都千代田区神田須田町1の2
TEL（25）1504・2439

韓國料理のデパート
株式会社　大昌園
大小宴会に御利用下さい
東京都中央区銀座六丁目五（東京温泉前）
TEL 銀座（57）0972番

株式会社　モナミ
日本におけるパチンコの元祖として常に斬新をデザインと堅実な経営を業界におくる
社長 許弼奭

味噌　醤油　サカガミ
東京・草加　坂上醸造株式会社

ユートン・ビロード・レース其の他絹布一切
平壌商店
地方からの大量注文は破格廉価でサービス致します
東京都文京区丸山福山町4番地
TEL・小石川（92）0187・4879

泰昌産業株式会社　東京事務所
本社ソウル市
社長　白南憲
東京都中央区日本橋室町三ノ三（麻瀾会館）
TEL（24）6608・6609

社長　明利禎
小杉金属工業株式会社

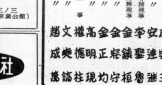

在日韓国人商工会
大阪市北区中崎町四三
電話豊崎（二八）二六五
会長　河甲
副会長　康興
〃　安達
常務理事　李聖
専務理事　金鍾
監事　金正
〃　金明
〃　高徳
〃　權煥
〃　文成
〃　趙

民主新聞

在日大韓民国居留民団
中央総本部
機関紙
発行所
東京都新宿区若松町
電話（34）3710
振替口座東京143865
民主新聞社
発行人
金載華

一部 15円
一カ月送料共50円

綱領
一、われらは大韓民国の国是を遵守する
二、われらは在留同胞の民権擁護を期する
三、われらは在留同胞の民生安定を期する
四、われらは在留同胞の文化向上を期する
五、われらは国際親善を期する

第十八回民団全体大会
民團発展の飛躍的段階
運動方向等活発に論議されん

ジュネーヴ会議の開催、本国の民議院議員選挙、韓国学園設置問題等複雑な諸般情勢に鑑み、延期していた第十八回全体大会はいよいよ十、十一日開催される運びとなつた。民団が在留僑胞の生存と権益擁護の守護者として今日程内外同胞から注目され期待される時期は未だかつてなかつた。このような厳重緊密な情勢に対して中総執行機関当局は鋭意その対策を練つて来たが大会にのぞむに当つて民団運動史上画期的な諸施策を打ち出すべく次のような運動方針案を大会に提起することを確認した。

即ち今後民団運動の方向に関して民団の主体性を確立することと即ち民団が在留僑胞の自治団体として存立する基本条件と運動路線を明確に規定するものであるが、本国の国是の遵守と公団との連携問題について。

（イ）本国の対外基本施政方針に則つて真正なる祖国の民主主義発展に寄与し（ロ）経済的財政的連繫を強化して経済復旧に貢献する

（ハ）祖国の民主的独立と国家的基礎を破壊せんとする内外の敵と組織的に闘う即ち不逞分子の破壊活動及其の他日韓親善を破壊する附日協力分子の言動と闘かい真に民族を愛する愛国同胞の組織的団結を計る。

2、駐日代表部との関係について

（イ）外交政策面においてはその基本施策に則つて在外僑民としての立場と威信を維持することによつてその要とする所に則応する。

（ロ）僑民政策の面に対しては自治団体としての自主性を持し、表裏一体となつて僑胞権益擁護・民生安定・民族教育文化啓蒙に相互協力する。

3、日本政府ならびに政財界との関係について　韓日会談の円滑な解決を前提として（イ）日本政府機関に対して国際法規、慣例により最恵国外国人と同等に民権・民生教育における互恵平等・機会均等の待遇を政治的に保証されるよう要求する立場を持し、極貧者に対する最低限度の生活保障を要求する（ロ）日本政財界に対しては内国人と同様の権利義務を相互に尊重する立場で提携するよう要請する。なお、これらの事項が不当に侵害される時は国際機構団体等に訴える措置も辞さない。

4、組織内部団束問題について

中央機関において統一的に解決すべく諸般情勢が変化して来たのに則応して、従来の地方分権的分散的であつた組織を改編して機構単一制化すると共に、有能にして誠実な知性ある人材の指導層への登用の促進を要している。また [illegible] た組織機構と機能を強化して全組織内部を浄化すると共に規律強化を強調している。なお傘下団体の組織的行動的統一強化を要望している。

二、韓国学園育成強化に関して

民族教育実施のモデルケースとしての東京学園完成は各地方に於ける韓国学園設置の基準となりまた本国政府並びに日本政府に対する民族教育対策折衝の鍵であると指摘し組織的なあらゆる方法手段を動員して完成する計画を要望している。

三、規約改正案に関して

規約改正の問題は前大会からの懸案であるが、中総執行機関では運動方向の確定に伴なう組織内部団束の目標を達成するため組織機構の革新的改編を目指し既に出揃つた地方及中央各機関の改正案を中心に審議を重ねた結果近く協議会で検討し慎重に [illegible] した案を基本的に確定している。

その他討議案件として外国人登録更新問題に対する対策等も予定されており代議員の真剣な論議と相まつてその結論は大いに期待されている。

大阪本部第十五回定期大会ひらく
団長に金聖洙氏再選

大阪本部第十五回定期大会はさる五月二十日午後一時から同本部講堂においてひらかれた。代議員総数一五八名中一四四名が出席、来賓として代表部大阪事務所長姜鎮九氏、中総 [illegible] 総長金学鳳組織局長等多数が参席朴玄議長の開会の辞、金聖洙団長の挨拶があつて事務所長、[illegible] 長の祝辞がのべられた。続いて執行部の経過報告後、質疑応答があり左記の通り役員改選をした。

執行機関
団長 金聖洙（再選）
副団長 康興玉
〃 金鎮相
事務局長 姜奉秀
〃次長 姜弘実
総務部長 金春甲
内務部長 朴 [illegible]
民生部長 高 [illegible]
〃次長 金実照
〃部員 崔炳仙
組織部長 田宅萬
〃次長 李在璣
地方部長 張 [illegible]
宣伝情報部長 千 [illegible]
新聞部長 朴平文
〃部員 尹淳 [illegible]
文教部長 金永大
〃部員 鄭暎平

決議機関
議長 [illegible]
副議長 朴 [illegible]
〃 崔 [illegible]

監察機関
委員長 鄭邦府
〃委員 韓玉順

ピアノの韓君
米国へ留学

（ソウル発UP）ピアノにかけては神童と称讃されている十一才の韓国少年韓東一君はジユイラード音楽学校の奨学金で六月一日米国に留学することになつたが この記念独奏会が五月二十八日ソウル市公館二十九日培材高校でそれぞれひらかれる。この奨学金は米空軍のトマス・カツトショー中尉の計らいによるもので米五空軍司令官は韓少年の生活費として四千ドルを寄附した。韓少年は韓国海軍々楽隊員の子で米五空軍首脳ファンに見出され韓日両国の米軍基地を公演旅行した。同君はカツトショー中尉に付添われアンダーソン前米五空軍司令官の飛行機に同乗して米国に行き ニユーヨークではジユイラード音楽学校に程近い韓国人ソプラノ歌手金大渶宅に寄宿する。なおこのピアノの天才少年は最近の公演旅行で ベートーヴエンの「ワルドシユタイン」「悲壮」両奏鳴曲、ショパンの変ロ長調のワルツと嬰ハ短調の序曲およびメンデルスゾーンのロンド・カプリチオとスケルツオ・カプリチオを演奏した。

主張
民団第十八回定期大会に際して

四月に開催さるべき民団第十八回定期全体大会は六月十、十一日に去る四月廿六日歴史的な開校式を見る東京の民団中総講堂に於いて開催されるに至つたのである。

去年十月の臨時大会以後八ヶ月有余、その間本国休戦会議の政治会談であつた反共捕虜釈放問題、日本代表久保田発言による韓日会談決裂、旦下開催中のジユネーヴ会議、大統領国立以来第三回目の五・二〇総選挙等、国内外共に複雑多端なる情勢の渦に、幾多の紆余曲折はあつたにせよ民団は形の上で確かに一歩前進したのである。

去年の十月大会において、運動方針として公約したものは「民族教育機関設置問題」と「経済機関」問題であつた。

教育機関設置問題は民団結成以来の懸案であつたし、民団はこの問題解決のために研究努力して来たのであるが、今日に至るまで実現を見ることが出来なかつた重大な問題であつた。

この最も困難にしてむずかしい問題が幾多の難関を突破して、将来の前途と共に展開するのである。

次に経済機関、即ち三年前から懸案中であつた本国からの二百万ドル融資金問題が未解決のまま今日までに延ばされて来たのであるが、それも先づ五〇万ドルが決定され大統領の決裁までおりて来ており、本国から運営規定までが指示されて来ており、その受入態勢として東京に漢城信用組合が結成されて実務を執行中であり京都に京都実業信用組合が創立総会を開催して開店の日も間近かに迫つているのである。その他神戸、福岡、仙台、名古屋、等地が準備進行中であるから、これらも遠からずして結成され得るであろう。

故にこの経済金問題も今月中に解決される運びとなつており、民団育成資金はもはや代表部に到着しているのである。

即ちこれら懸案中の重大なる問題が去年の十月大会以後凡て解決されたのであるから、過ぎたるこの期間は民団史上特筆に値するのである。

然しながら、只一つ遺憾に堪えないものは、去る十月大会に決定された三次に亘る経済視察団問題である。

第一次は無事に行つて来たのであるが二次が出発寸前に中止のやむなきに至りいろいろとたついたのであつたが、漸く済んだので今月の中旬出発を予定されており、第三次も遠からずして出発され得ることであろう。

このように表面的な面においては民団は確かに発展したのであり、民団運動は軌道についたともいえるのである。

この意味で今期の民団運動は従来に見る事の出来ない飛躍期といえる成果を収めたのであるが、然し民団が僑胞社会における民権、民生教育の擁護者としての存在性と路線的要綱から冷静に批判すればわが民団運動には未だ根本的欠陥が克服されていないといわなければならない。

[illegible]

卓越な識見と理論
思慮に富む円熟した事業家

大東京の玄関前に聳え立つ丸ビルは三階の一角にデンと居を構えているのが陽和物産社長朴根世氏である。

[illegible]

陽和物産社長
朴根世

（R・K）

（その16）人物ヒストリー

在京青年有志
蹶起大会開く

五月二十二日東京北区民団事務所において民団本部傘下各支部所属団員青年六十余名参集の下に在京青年有志けつ起大会が開かれた。大会では青年運動強化対策が論議の中心となり、参加者一同から民族陣営強化において青年の役割と使命の革新強化が現在ほど要請される時期は未だかつてないと示唆された。会議に「在京青年運動強化準備会」の結成と「青年団体統合青年大会」をきたる六月中に開催することを決議した。

社会有志懇談会
日韓学協主催

日韓両国間の国交親睦、親善を期す日韓学生協議会ではさる五月二十六日午後五時から都内三冥仲十三号国連協会講堂において社会有志懇談会をひらいた。

新聞本部で「自由新聞」創刊

[illegible]

大提言

[illegible]

規約改正の問題点について
民団近畿協議会　金英俊

[illegible]

児童教育問題討議
張聰明団長再選
―神奈川県本部第十四回定期大会―

神奈川県本部第十四回定期大会は去る五月三十日午後一時三十分から横浜市瀬戸町の同本部講堂においてひらかれた。代議員七十一名中六十三名出席、傍聴者約百余名参席の中に崔徳塞組織部長司会により会議は進められた。張団長の挨拶に続いて中総議長、張団長の祝辞、李根撤事務局長が総括報告、収支に関する質疑応答が活発にとり交された。討議事項に入つてからは神奈川県在住の僑胞児童教育問題に関し、百万円でスクールバスを購入、現在開校中の東京韓国学園に就学させようとの張団長案に対する賛否をめぐつて会場はケンケンゴウゴウ甲論乙駁の論議が展開されたが、結局これに対する対策委員会を別途に構成、その具体策を推進することに決議を見た。更に納税貯蓄組合結成促進に関し李事務局長から説明があり続いて張団長より年間予算案の説明があつて全員拍手をもつて通過した。地方議案としては川崎支部李康元議長から一般僑胞の本国出入に関する要望案を提出、この案を来る十八回中央全体大会に建議するよう要請、可決された。最後に三機関旧役員の総辞職があり左記の新任役員が選出されたが張団長は圧倒的な得票で再選された。

執行機関
団長 張聰明
副団長 李根撤
〃 辛鳳述
事務局長 李根撤（新任）

決議機関
議長 李康元
副議長 金任祚
〃 鄭錫淑

監察機関
委員長 金桂壽
委員 徐光子
〃 趙三頭

顧問
黄昌周
向仁根

中央議員
団長、議長の他川崎、鶴見、中央各支部から各一名選出することにし張在述前副議長が追加補選された。午後六時閉会。

章太源氏
華燭の典

民団中総文教局次長、韓国学園中等部長章太源氏はさる五月二十三日東京東中野の日本閣において李萬格氏次女賢子さんと華燭の典をあげた。

対馬島本部
定期総会開く
団長に権赫斗氏

長崎県対馬島本部では去る五月七日第八回定期大会をひらき、左記の通り新任役員を構成した。

執行機関
団長 権赫斗
副団長 金永洙
〃 玄相徹
事務局長 馬周寨
〃次長 徐正九
総務部長 宋性甲
〃次長 金点用
民生部長 金泰仁
〃次長 崔竜点
組織部長 白化洙
〃次長 金守岩
文教部長 河清一
〃 梁致洙
〃次長 丁相太

決議機関
議長 権裕京
副議長 李基完
〃 金在俊

監察機関
委員長 鄭守万
委員 金洪根
〃 朴先竜

顧問
河普吉 朴石岩
田吉碩 崔竜万
金泰基 金甲竜
安岩 李信伍
朴永枢

学園設立賛助
金寄附者芳名
（其の三）

拾万円 尾竹精納院
理事長 金剛華

北海道地方
募金額発表

先に東京韓国学園設立賛助会が多大のため北海道地方を遊説、多大の成果を収めて帰任した中総張聰明団長、鄭錫淑総務局長はこの程左記の通り地区別金額を発表した。

札幌地区 三三万四千円
釧路地区 十万円
小樽地区 二万五千円
北見地区 二万円
千歳地区 五千五百円

人事往来

五月二十一日
東一物産社長鄭向鎬氏、代表部金裕澤公使、高僑民部長、韓国銀行東京支店長金東弾氏来団し韓国学園期成会役員会に参席

五月二十二日
姜総務総長、金組織局長学園問題で関西出張

五月二十三日
文教局長太源次長結婚式

五月二十六日
金載華団長山梨県出張
鄭総務局長栃木県出張

五月二十八日
金団長帰任

五月三十一日中総議長帰任

（詩）闇とひかりの中に
朴史郎

闇の中に蠢めくもの
ひかりの中に耀ぐもの
シルエットを主として
大道を闊歩するもの

偉大なる巨鯨を
灰色と時間の中に
灰色と水溜の流域に
人間という謎の群！

人間の存在と秘密を与え
子叉と暴窟と空を求め
とつて更に狂う者と自由に
変転という偶像

遠い原始へのノスタルジア
異と族と古代の泡沫
奇と妖と黒潮だけが
メカニズムの狂熱

僧しみは限り
愛情は虚ろな偶像に凝る
絶望！
二十世紀に
歴史のピリオッドは
今まさに打たれんとする現代

唐がらし

第十八回全体大会 [illegible]

×　×　×

[illegible]

鋼鉄商
三星商事
田耕作
川崎市浜町四の二七 TEL5174

製鉄原料
非鉄金属
一般機械
眞山商會
楊亮守
東京都大田区北糀谷町二五〇五 TEL(74)0312

株式会社 関東食料
取締役社長 鄭景植
営業所 東京都墨田区本所… TEL(63)1683
工場 東京都… TEL(63)2537

遊技場
ニューヨークホール
（松本英治）東京都大田区女塚四ノ八 TEL(73)3050

韓国貿易全般
朝日商事株式会社
取締役社長 趙忠教（茂山圭造）
岡山市西川一一五番地 電話0992

邦整金属株式会社
取締役社長 鄭卜相　専務取締役 鄭順相
工場 東京都墨田区吾嬬町西七丁目二三番地
電話城東(78) 2579・4306

非鉄金属・原料問屋（山本義男）
山本商店
神奈川県川崎市浅田町二の三二 TEL3192・4519

ことぶき遊技場
台東区北大門町八番地
TEL(下谷)6351・8366 姜炳圭

輸出入貿易業
大洋貿易株式会社 社長 朴建永
神戸市生田区元町六の五一 TEL元町1938

中華料理
渋谷…
東京・渋谷駅前
TEL(46)1565
李潤根

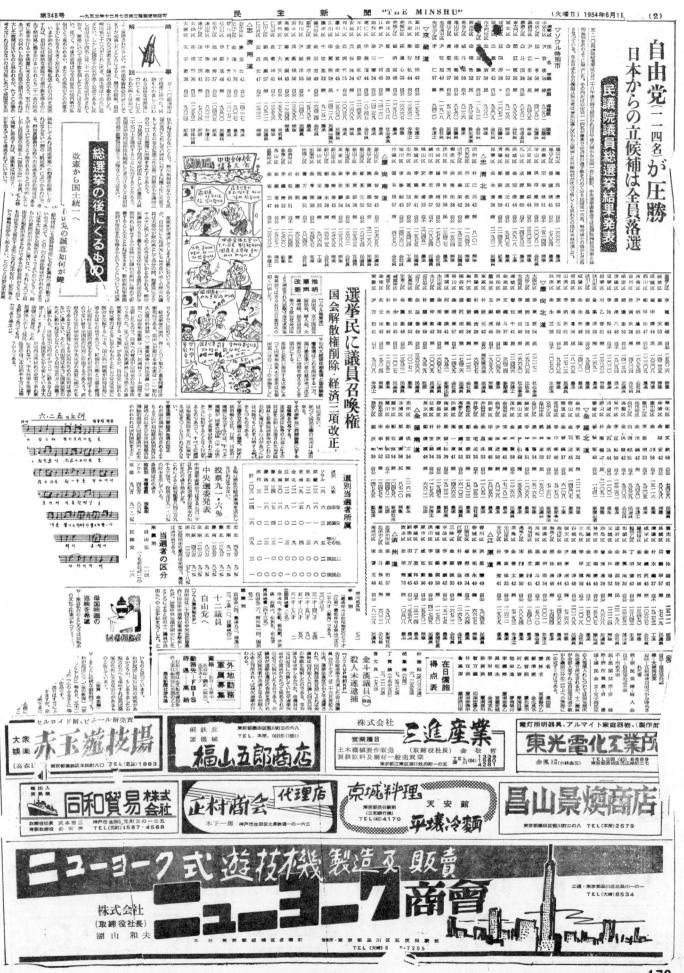

自由党(一一四名)が圧勝 日本からの立候補は全員落選

民議院議員総選挙結果発表

五・二〇民議院総選挙は五月二十日午後五時で締切られ同日午後八時から全国一斉に開票、中央選挙委員会では民議院議員当選者と党所属別を次のように発表した。その内訳は自由党一一四名が最高で全議員の過半数を占めており民国党一六名、無所属その他が七三名となつている。なお日本からの僑胞立候補者は慶北清道乙区から立候補した朴権熙君が次点で惜しくも敗れその他は全員落選した。

▽ソウル特別市

選挙区	氏名	年齢	所属	得票数	職業
中区甲区	尹致暎	56	韓	九三五一	民議員
中区乙区	鄭一亨	50	無	四〇九〇	民議員
鍾路甲区	尹潽善	56	民	九四八五	無職
鍾路乙区	金斗漢	36	自除	八七六二	労連委員
東大門区	閔寛植	36	無	八九九九	会社員
城北区	金一	53	自公	九一五六	無職
城東甲区	任興淳	58	〃	一二〇七二	民議員
城東乙区	金[illegible]晃	42	自公	九五〇九	会社員
西大門甲区	金[illegible]演	59	民	九六八一	無職
西大門乙区	李起鵬	57	自公	一二五二三	会社員
麻浦甲区	金相敦	52	民	九八三五	教化事業
麻浦乙区	咸斗栄	59	自不	八三三六	農業
龍山甲区	南松鶴	50	自公	八七六〇	民議員
龍山乙区	黄聖秀	37	自公	五三七八	民議員
永登浦甲区	尹在旭	43	無	一一九一八	会社員
永登浦乙区	李[illegible]仁	57	韓	八四二〇	弁護士

▽京畿道

選挙区	氏名	年齢	所属	得票数	職業
富川区	張暻根	43	自公	一二九九二	弁護士
水原区	鄭存[illegible]	44	自公	一三五六二	弁護士
華城甲区	孫道心	33	自公	一六六六七	無職
華城乙区	崔炳国	48	自公	一三九八〇	農業
金浦区	鄭[illegible]	39	無	一二八一八	社会事業
江華区	尹一相	45	自公	二四一六〇	農業
始興区	李[illegible]	54	自公	一四二五九	農業
竜仁区	申[illegible]	44	自公	一八三四五	会社員
平沢区	黄[illegible]	47	自公	二二四五六	農業
安城区	呉在泳	34	無	二二六八九	無職
利川区	金炳[illegible]	55	自公	一〇〇五八	商業
驪州区	金[illegible]俊	45	〃	一五八七〇	民議員
広州区	申翼熙	59	民	一四三二八	民議院議長
楊平区	千世[illegible]	32	無	九一五二	農業
楊州甲区	金宗[illegible]	49	自公	一六四二四	会社員
楊州乙区	姜昇求	50	〃	一五八九七	農業
抱川区	尹[illegible]淳	55	自公	一〇四八一	民議員
加平区	呉衡根	50	自公	一三九九八	無職
高陽区	韓東錫	45	自公	一二三四四	無職
坡州区	丁大天	44	自公	一五九五九	労組員
仁川甲区	金[illegible]坤	41	自不	一三五九六	無職
仁川乙区	郭尚勲	57	無	一八五一二	民議員
仁川丙区	表良文	47	自不	一七三一二	無職

△忠清南道

選挙区	氏名	年齢	所属	得票数	職業
公州甲区	[illegible]友良	42	自公	一四二二七	農業
公州乙区	金達洙	36	自公	九〇二七	農業
舒川区	[illegible]	43	自公	一八一七二	農業
扶余甲区	李鍾[illegible]	46	無	九五〇〇	民議員
扶余乙区	趙南寿	37	自公	一〇四六五	鉱業
論山甲区	尹泰権	35	自公	八六三三	弁護士
論山乙区	陸完国	41	無	七八八四	医師
大田区	鄭相烈	36	自公	一二五九三	団体役員
大徳区	宋宇範	38	自公	九六二四	鉱業
瑞山甲区	羅昌憲	53	自公	一六六六二	農業
瑞山乙区	柳[illegible]	41	自公	七八五四	農業
唐津区	印泰植	51	自不	一五一二四	無職
牙山区	洪淳徹	59	自不	二〇〇八二	会社員
天安区	韓熙錫	44	自公	三三〇三一	無職
礼山区	成元慶	60	自不	一四五八三	農業
洪城区	金知俊	44	自公	一六九一八	工業
燕岐区	柳志元	41	自公	九五〇七	農業
青陽区	鄭[illegible]善	59	自公	二二四五八	鉱業
保寧区	金永善	36	無	二二九六二	民議員

△忠清北道

選挙区	氏名	年齢	所属	得票数	職業
清州区	朴己云	42	無	八一〇一	無職
清原甲区	申正浩	39	無	一一六四八	無職
清原乙区	郭義栄	42	自公	一九三三五	民議員
報恩区	金善佑	38	自公	一一五六四	無職
沃川区	申廷休	58	民	一三四三七	農業
永同区	崔淳周	52	自公	一七七八〇	会社員
鎮川区	李忠煥	37	自公	一〇八五四	民議員
槐山区	安東濬	35	自不	三〇四五一	農業
陰城区	李鶴林	41	自公	一二九七五	民議員
忠州区	金基喆	37	自公	一五四〇四	工業
堤川区	李泰鎔	45	自公	一四〇六〇	会社員
丹陽区	張英根	57	無	四七七〇	会社員

△慶尚南道

選挙区	氏名	年齢	所属	得票数	職業
釜山甲区	金智泰	45	自不	二七六五九	民議員
釜山乙区	銭鎮漢	52	労	三二二八八	民議員
釜山丙区	鄭基元	55	自公	一八三七四	民議員
釜山丁区	金東郁	36	無	一三九三五	言論界
釜山戊区	李栄彦	54	自公	一五六二一	会社員
東莱区	金法麟	54	自公	一三九八九	無職
蔚山甲区	金寿善	43	無	一七三九五	無職
蔚山乙区	鄭海永	38	無	一六三三五	会社員
梁山区	池栄璡	35	無	九〇六四	工業
密陽甲区	金[illegible]	38	自公	一五四九七	実業
密陽乙区	曹万鍾	51	自不	八〇四六	会社員
	朴権熙		無	六三五五	農業
金海甲区	朴在洪	51	自不	一二〇四四	農業
金海乙区	李鍾寿	32	無	一七六六〇	紡績
馬山区	金鍾信	49	自公	一七三七二	酒造
昌原甲区	金省三	47	自公	一三八八三	弁護士
昌原乙区	李[illegible]	48	自公	一五六二六	無職
統営区	崔[illegible]天	53	民	一四二三五	無職
固城区	崔甲煥	44	民	一六二〇八	無職
泗川区	鄭甲柱	47	自公	一三三〇九	農業
南海区	尹炳鎬	65	無	一六九九四	会社員
晋州区	徐寅洪	36	無	四八〇四	会社員
咸安区	趙[illegible]奎	50	自公	一四二五四	民議員
晋陽区	黄南八	48	自不	一九〇九四	農業
宜寧区	李泳熙	44	自不	一二〇二〇	農業
昌寧区	河乙春	51	無	一三八六三	無職
陜川甲区	[illegible]鳳淳	35	無	一二六九一	農業
陜川乙区	崔昌燮	55	自公	九五四〇	農業
咸陽区	金永[illegible]	48	国	一四〇八一	農業
居昌区	慎道[illegible]	36	民	一八一六五	農業
山清区	李炳洪	61	民	一二七一三	民議員
河東区	姜[illegible]玉	52	自公	九五八三	無職
巨済区	金永三	26	自不	一〇七七〇	水産業

▽慶尚北道

選挙区	氏名	年齢	所属	得票数	職業
大邱甲区	徐東辰	54	民	一三一七一	社会事業
大邱乙区	趙炳玉	59	民	一九八〇五	出版業
大邱丙区	李雨出	40	労	一六六五〇	社会事業
達城区	曹在千	41	民	二二四四六	弁護士
金泉区	文鍾斗	37	国	三四一四	新聞業
青松区	尹[illegible]	39	自公	一〇〇四九	農業
醴泉区	玄錫虎	46	自不	一九五九八	無職
軍威区	朴晩元	42	自公	無投票当選	民議員
英陽区	朴[illegible]吉	29	無	六四七七	農業
星州区	郭[illegible]熙	36	無	一一一三一	会社員
漆谷区	張沢相	60	無	一七四二六	民議員
[illegible]区	金[illegible]東	57	自不	一二四九九	会社員
浦項区	河泰煥	41	無	九五三二	新聞出版
永川甲区	金相道	39	自公	一六四八七	民議員
永川乙区	権仲敦	42	無	一〇〇〇九	民議員
迎日甲区	朴順碩	49	自公	九五二九	牧師
迎日乙区	金益魯	49	自公	三六三二六	民議員
安東甲区	権五鐘	53	民	一〇一七一	農業
安東乙区	金[illegible]	48	自公	一三五九二	民議員
義城甲区	朴永出	45	自公	一二〇二七	民議員
義城乙区	朴永教	48	無	一二六五三	農業
盈徳区	金元圭	43	自公	一九八二四	商業
聞慶区	尹万石	41	自不	九六〇八	弁護士
奉化区	鄭文欽	60	自公	一七四五八	民議員
金陵区	金[illegible]安	42	自公	八八九八	無職
慶州甲区	金[illegible]	58	自不	一五二一六	農業
慶州乙区	李[illegible]	33	自不	九三〇五	農業
尚州甲区	金[illegible]	42	無	九四五〇	弁護士
尚州乙区	白南軾	51	自不	九五三九	民議員
高霊区	金洪植	42	自不	九六〇六	会社員
栄州区	李正熙	50	自不	一三三六二	農業
清道区	金[illegible]泳	44	自公	一一〇〇一	農業
[illegible]山区	朴[illegible]	47	民	一三〇九一	無職
[illegible]陵区	崔[illegible]	40	自公	一一七四一	新聞記者

▽全羅北道

選挙区	氏名	年齢	所属	得票数	職業
全州区	李[illegible]承	32	無	一三三三九	無職
群山区	金[illegible]述	45	民	一四五〇七	農業
裡里区	金[illegible]	37	自公	六一〇八	工業
完州甲区	李[illegible]	40	自公	九二七〇	新聞事業
完州乙区	孫[illegible]	37	自公	七二六〇	新聞事業
益山甲区	[illegible]	50	民	一五六〇一	民議員
益山乙区	姜世馨	54	無	一五一六九	無職
鎮安区	李[illegible]	51	自公	一二〇六八	農業
錦山区	鄭[illegible]	48	無	一五五九六	農業
茂朱区	金[illegible]	59	自不	一二三六六	民議員
金堤甲区	宋[illegible]	41	無	一七一八二	農業
金堤乙区	尹済述	50	無	八〇二八	農業
扶安区	甲[illegible]植	46	無	一八〇五六	農業
井邑甲区	金昌洙	53	自公	一一八五二	農業
井邑乙区	金宅述	35	自不	九二五三	会社員
高敞甲区	鄭世煥	33	無	一七〇一三	農業
高敞乙区	慎鏞頊	52	自公	一六一〇三	民議員
沃溝区	梁一東	41	無	一四六六三	農業
南原区	梁[illegible]柱	39	自公	一九三三三	製材業
淳昌区	朴次周	35	自公	二二九四七	農業
任実区	朴世経	34	自公	一二七九六	弁護士
長水区	鄭準模	49	無	六六二三	医師

△全羅南道

選挙区	氏名	年齢	所属	得票数	職業
光州区	鄭成太	38	無	二一六一四	農業
木浦区	鄭[illegible]	56	民	八七一〇	無職
麗水区	鄭在浣	54	無	一〇四九八	新聞社長
麗川区	金[illegible]	53	自不	一四四八二	医師
務安甲区	申[illegible]	52	無	一三四七七	農業
務安乙区	劉沃祐	39	自公	一四七九五	製塩業
霊光区	曹[illegible]	41	民	一五二一一	医師
長城区	辺鎮甲	57	無	七七一九	民議員
潭陽区	朴永[illegible]	37	自不	一九七三	工業
咸平区	金[illegible]	45	自不	一〇六三七	会社員
羅州甲区	崔[illegible]	46	無	一三四七〇	無職
羅州乙区	丁[illegible]	43	自公	一三八四三	実業
和順区	呉[illegible]	30	自公	一三三七三	運輸業
霊岩区	金俊淵	59	民	二一一九八	会社員
宝城区	金[illegible]	52	無	一二二二四	無職
珍島区	曹[illegible]	39	自公	八六八八	民議員
昇州区	李[illegible]	40	自公	一五七〇七	醸造業
光陽区	金正[illegible]	44	自不	一五七〇二	農業
求礼区	李甲植	50	自不	一二〇二八	会社員
谷城区	趙[illegible]	40	自公	一〇一八九	民議員
順天区	尹[illegible]	43	無	七二六六	無職
海南甲区	金[illegible]	44	自不	一四五六五	農業
海南乙区	閔泳南	46	無	七四四四	農業
康津区	金[illegible]	54	自公	二〇〇一一	弁護士
長興区	孫[illegible]	43	自不	一五八一〇	醸造業
高興甲区	孫文[illegible]	41	自公	一五四八〇	農業
高興乙区	宋[illegible]	50	自公	一八八九四	農業
莞島区	金[illegible]	42	無	七二九三	弁護士
光山甲区	李[illegible]	35	自公	一二六二二	農業
光山乙区	朴[illegible]	41	自不	一二九七九	農業

△江原道

選挙区	氏名	年齢	所属	得票数	職業
春川区	洪昌燮	49	自公	九〇四五	民議員
春城区	林祐永	49	無	六六七七	無職
江陵甲区	崔容根	34	自不	一一八六四	農業
江陵乙区	朴容益	49	無	一二六九二	会社員
三陟区	金振[illegible]	35	自公	一六七二三	会社員
平昌区	李[illegible]	42	自公	一五一七五	農業
横城区	張[illegible]	50	無	一一七六〇	新聞社長
洪川区	李在鶴	49	自公	四一七四九	民議員
原州区	咸在勲	36	自公	二五五八二	無職
寧越区	丁[illegible]	43	自不	一三三二四	農業
[illegible]区	田万重	45	自公	二五五七八	農業
[illegible]区	金相[illegible]	70	無	一〇五〇八	農業

△済州道

選挙区	氏名	年齢	所属	得票数	職業
北済州甲区	金[illegible]	57	無	九九〇八	新聞社長
北済州乙区	金斗珍	41	無	六〇二三	会社員
南済州区	康[illegible]	46	自公	一八一二九	民議員

(注) 自公―自由党公認　自除―立候補後自由党から除名された者　自不―自由党公認不明　不―所属不明　民―民国党　無―無所属　国―国民会　韓―大韓国民党　朝―朝民党　婦―婦人会　労―労総　農―農　女―女子国民党

時事解説　総選挙の後にくるもの
改憲から国土統一へ　自由党の誠意如何が鍵

五・二〇総選挙は平穏裡に終つた。何時もやかましく言われる自由な雰囲気についても一部に伝えられた時とは違つてよく保障されたらしい、中央選挙委員会公表としてKPが報道したところによると、開票の結果、自由党は百十四の当選者を出し議席の過半数を制した、無所属七十三名がこれに次ぎ、民国党は十六名に過ぎない、しかし民国党十六名が悉く公認であるに反し自由党百十四名には二十一名の非公認が含まれており、厳格にいつて過半数を制したことにはならない、従つて、今後の政界は与党自由党の院内勢力拡張がどう進められるか、またその成果がどの程度あがるかにかなり大きく左右される。

いま手始めに自由党の党勢拡張工作の方向を展望すれば、自由党は厳格な意味での過半数を得るのに先ず無所属に働きかけるかそれとも二十一名の除名者に働きかけるかを慎重に考えるだろう。第一工作にあつては何れから始めても同党の強引さであれば大した難関はないものと思われるが、ただこの場合考えなければならないのは方法にあつて民国党を出抜かねばならないことで、無所属議員のなかでも民国党及びこれに近い議員に対する抱擁工作に失敗でもしようものなら抱擁工作の第二段階即ち全議席三分の二以上の獲得に困難をきたすであろう。

一方民国党は先ず院内交渉団体としての最低人員二十名以上を確保することに狂力することだろう、民国党が院内交渉団体編成にこぎつけることは自由党の過半数獲得同様そう困難なことではない。

改憲案が通過してしまえば数においてどうあろうが、自由党にも民国党にも属さない多くの無所属議員は大部分が無所属として当分の間、態度決定をウヤムヤにしておくのではないかとみられる。無所属議員のうちで最も大きな存在である張沢相氏が与野何れに組みするかは無所属議員の動向に極めて影響するところ大とみねばなるまい。新国会招集後現政府が信任をかち得るかということについては国務議員にしてみれば同改憲案への態度を明確にしなければならない一種の"難局"にぶつかるわけで[illegible]る、無所属議員が与野への去就を当分の間はあかさないだろうと予想されるのもこのためだ。そこで総括信任にも国務員信任にも在籍議員の過半数でよいのであつて、この二つの信任投票が行われるまでには李大統領から現在のままでよいのかどうか、何らかの意思表示があるに違いない。それによつて自由党の態度が決まるわけであるが野党側がどう出ても自由党さえ信任する気になれば不信任―総辞職という事態は恐らく起るまい。このことは野党系新聞でもすでに認めている。

総選挙後の国内政界にとつて最大の重要問題は改憲如何である、自由党が掲げる改憲案は(一)初代大統領の終身制(二)重要国事の国民決議(三)政府への国会解散権賦与(四)民議員リコール制等を主張したもので、同案への賛成が自由党の公認条件でもあつた、従つて自由党所属議員には当然この改憲案を支持する"義務"があるが、自由党に加わる野党勢力はとるに足らぬものと化し与党は完全に国会を掌握するに至る、国土統一問題が直前目前に迫るのはその後であつて、韓国の主権と主張を無視した如何なる国際的決定もそれが韓国の啓認するものでない限り全国民の反対に直面するであろう。政府及び与党の国会対策が李大統領の真意に副つたものであるならば野党による反対のための反対は通らないに違いない、そこで自由党は本当に国家民族のために動かねばならないという自由党の至上命題下に置かれる、自由党が党内のイザコザに終るならば[illegible]とする国民を心から愛している李大統領の真意は、それ[illegible]が対内対外何れの政策であれ新民議院に正しくは反映されない、李大統領を信望する野党であつても自由党の自己本位的やり方には無力であり得ないからである。

選挙民に議員召喚権
国会解散権削除・経済三項改正
推明　憲声　改委

【ソウル発東洋】自由党、女子国民党、国民会、婦人会、大韓労総、民主自決団等六カ政党社会団体より構成された民権守護改憲推進委員会ではさる五月三日委員会の如く声明した。

▽初代大統領任期条項と国会解散権条項はこれを削除する一方、現行憲法第六章の経済条項改正推進の方に指標を与えることを明白にする。

祖国と民族が渇望する改憲にあつて国家構成要素の要素は有権国民三分の二以上の決議なしには出来ない。

従つて国民主権の実効は論出来る。

▽その選挙民に罷免議員に対する召喚権を付与する。

選挙民達は彼等の利益と国家の利益を公約し当選された民議院議員と参議院議員等がこれらの公約に背反する行為があつた時は何時でもこれを召喚する権能をもつものである。

▽三権分立の確立と規定、国家の統治権が立法、行政、司法の三機関に分立するのは、すべての機関が国家の総体(中心体の意)として各者分担された職権を互に侵犯することなく行使するものであつて、すべての機関は権限濫用防を止、互に協助する規定をつくらなければならない。

▽憲法第六章経済条項の改正

わが国の現実に附合されるよりもより広い自由経済体制及び外資導入の道をひらき国家経済の飛躍的発展と国民経済向上のためわれわれは国有国営を主と[illegible]

道別当選者所属

道別	区数	自由党	民国党	無所属その他	国民党	国民会
ソウル	一六	六	三	五	二	〇
京畿	二三	一六	一	六	〇	〇
忠北	一二	八	一	三	〇	〇
忠南	一九	一五	〇	四	〇	〇
全北	二二	一一	二	九	〇	〇
江原	一二	八	〇	三	〇	一
全南	三〇	一六	三	一一	〇	〇
慶北	三四	一七	四	一三	〇	〇
慶南	三一	一六	二	一三	一	〇
済州	三	一	〇	二	〇	〇
計	二〇三	一一四	一六	六九	三	一

投票九一・六%　中央選委発表

中央選挙委員会ではさる五月二十日施行された総選挙の投票率の統計を次の通り発表した。これによると総有権者八四三万九千十数で、投票者は九一・六%の好率を示している。

各道別は次の通り

地区別	有権者数	投票率
ソウル	四五万	八八%
京畿	九〇万	九一・二%
忠北	四九万	九二%
忠南	九一万	九一%
慶北	一三九万	九一%
慶南	一五五万	八九%
全北	八六万	九二%
全南	一三三万	九三%
江原	四六万	九一%
済州	一三万	七七・八%

なお投票率の最高は全南で、最低は済州道である。

当選者の区分

所属別
自由党 一一四 (うち非公認二一)
民国党 一六
無所属其他 七三

年齢別
(最高年令は金相発氏の七十才(江原)最低年令は金泳三氏の二十六才(慶南)である。)
三〇才以下 一
三一才―四〇才 五四
四一才―五〇才 九〇
五一才―六〇才 五六
六一才―七〇才 二

三回当選者(七名) 申翼熙、李[illegible]、郭尚勲、尹致暎、[illegible]、金[illegible]、金俊淵

再当選者(四十三名) 自由党二六、無所属一四、国民党三

職業別 自由業六四、農業五二、商業三三、工業一〇、民議員四三

自由党へ十二議員

(ソウル東洋発KP)自由党は二十四日の中央党部協議会で同党中央選挙対策委を解散したが、同党中央党部が明かにしたところによると次の十二議員が自由党への入党手続を完了した。これらの入党受入れについては同党部次長会議で決定されるが、十二議員が全部入党すれば自由党は過半数から議席三分の二以上への獲得に一歩近ずくわけである。

氏名	選出区
姜昇求	京畿楊州乙
鄭準模	全北長水
郭[illegible]熙	慶北星州
河乙春	慶南昌寧
池栄進	慶南梁山
李鍾寿	慶南金海乙
呉在永	京畿安城
李甲植	全南求礼
徐寅洪	慶南晋州
曹万鍾	慶南密陽乙
朴在洪	慶南金海甲
金鳳淳	慶南陜川甲

在日僑胞得点表

朴権熙 (次点で落選) 六、三五五票
趙[illegible] (右同) 七、五三七票
丁賛鎮 (十名中五位) 三、二一六票
曹允具 一七八票

金斗漢議員(自由) 殺人未遂逮捕

【ソウルUP特約KP】先日の総選挙で当選した金斗漢議員(三十七才)は二十六日夜殺人未遂、選挙法違反のかどで逮捕された。内務部長官談によれば金議員は四月知人と口論し四五口径の拳銃を発射したのである、なお弾丸は命中しなかつた、金議員は元自由党に所属していたが選挙演説中の演説がたたつて除名され非公認で立候補したものである。金議員が選挙法違反の判決を受ければ次点候補者が当選となるが殺人未遂と判決されゝば補欠選挙が行われる。

外地勤務 軍属募集
資格…独身・大学卒 英会話・翻訳(飜訳)、英文タイプ
勤務先…FBIS
待遇…高給
右希望者は英文履歴書持参の上本社編集部に来談のこと
民主新聞社渉外係

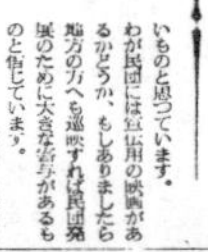

母国映画の巡映を希望

▽…最近私共のところでは民族系の文化工作隊がやつて[illegible]いものと思つています。わが民団には宣伝用の映画があるかどうか、もしありましたら地方の方へも巡映すれば民団発展のために大きな寄与があるものと信じています。(佐賀 金水[illegible])

▽…まことに結構な御質問です。わが民団には「愛の教育」「故[illegible]ともしび」等あり、又ネ[illegible]上の「心のふるさと」等[illegible]作品です。[illegible]部ではすでに上[illegible]りますが、全[illegible]係でまだ[illegible]本部に[illegible]

セルロイド屑、ビニール屑売買　大衆娯楽　赤玉遊技場　(高森[illegible])　東京都葛飾区本田町八〇　TEL(葛飾)1883

銅鉄業　諸機械　福山五郎商店　東京都墨田区竪川町三の六八　TEL.本所.(4316)(1691)

株式会社　三進産業　営業種目　土木機械製作販売　製鉄原料及鋼材一般売買業　(取締役社長)　金敬哲　TEL深川(64)1339 1960 4281　東京都江東区深川牡丹町一の五

電灯照明器具、アルマイト家庭器物、(製作卸)　東光電化工業所　金鳳環(小林金三)　TEL三田(45)6689　東京都渋谷区元広尾町二七

輸出入貿易業　同和貿易株式会社　取締役社長　武本熊三　専務取締役　金英俊　神戸市生田区元町三の一二五　TEL(元町)4567・4568

代理店　正村商会　木下一郎　神戸市生田区北長狭通一の一六三

京城料理　天安館　東京都渋谷駅前(三和銀行横)　TEL(46)4170　平壌冷麺

昌山景燒商店　東京都墨田区竪川町二の八　TEL(本所)2579

ニューヨーク式遊技機製造及販賣　株式会社ニューヨーク商會　(取締役社長)　湖山和夫　本社　東京都板橋区板橋町　営業所・東京都品川区五反田駅前　TEL(大崎)5[illegible]5-7205　工場・東京都品川区北品川一の一　TEL(大崎)8534

在日本… 東京都… 電話 振替口座 民主… 発… 金…
一部 一カ月送料…

綱 領

一、…は大韓民国の国是を遵守する。
二、われらは在留同胞の民権擁護を期する。
三、われらは在留同胞の民生安定を期する。
四、われらは在留同胞の文化向上を期する。
五、われらは国際親善を期する。

第十八回民団全体大会盛況

民族教育機関育成に焦点
親日派問題で大論争展開

在留六十万僑胞の期待の中に民団第二十回中央議事会と第十八回全体大会は予定の通り去る十日、十一日の両日間にわたつて中総講堂においてひらかれた。第一日の中央議事会は午後十二時三十分、全国から六十七名の中央議員の参加を得て開会、資格審査、金団長、金議長挨拶に続いて三機関の経過報告があり、討議事項に移つた。韓国学園育成問題については金鍾在学園長、今後における民団の活動方針については金学鳳組織局長、予算編成案は羅鍾卿総務局長がそれぞれ説明、十一日の全体大会を前に相当活発な討議が展開され、第一日の中央議事会は幕を閉じ、第二日の全体大会に入つたが、この度の大会は民族教育問題に焦点が集中され、親日派問題で大論争が展開されたのが注目された。

学園設立に全力傾注
中小企業実態調査完了
三機関報告

第二日の全体大会は午前十一時五十分全国代議員三百名中、百九十八名、来賓傍聴者約二百名余りが参席、盛況裡に開会された。先ず議長席には金光男、洪賢基、金顕洙の三議長が着席、羅鍾卿、曹允具両氏の司会により国民儀礼、資格審査、金光男議長から大会成立宣言および挨拶が述べられ、金載華団長の要旨次の如き挨拶があつた。

……日本政府当局の僑胞に対する政策は日々に悪化しわれわれを呻吟の窮地においこんでいる、われわれは如何に僑胞を救助すべきか、わが同胞家庭の生活困窮を見る時民生問題としてこれの解決に乗り出すことこそ急務であると痛切に感ずるものであり、一方民族教育実施も緊急を要する重要問題であ…

があり、韓国学園児童の合唱で会場は和やかなふんいきをかもし、金議長の勧誘により学園建設募金が行なわれた。次いで三機関の経過報告は次の通り。

決議機関

報告者……洪賢基副議長

昨年十月二十二、三日の大会開催後、今日に至るまで大会が延期したのは、対本国政府との諸問題の結論を見るためで予定の四月に大会召集が出来なかつた。昨日の中央議事会に続き今日の大会において諸討議事項を充分に討議していただきたい。

執行機関報告

報告者……裵東湖総長

昨年の大会以来、現執行部は韓国学園設立に全力を傾注した。融資問題は御承知の通り五十万ドルが第一次分としてくることになつたが、細則については韓銀、代表部、民団の三者による運営委員会がこれを扱い、韓銀では東京信用組合に既に融資している。京都では実業信用組合が発足して民生局では これの 善途に当つてきている。組織問題 としては対赤色 勢力問題よりも 内部団結こそ重要な問題であるので山口県始め九州方面の組織強化をはかつたその他中小企業実態調査により統計表を作成しており、経済視察団(第一次)の本国訪問、民主新聞の広告収入による発行が実施しました。

監察機関報告

報告者……金鍾在委員長

本年一月に監察機関の見解を発表したことがあるが、その後も規約改正に関し数回、新聞、文書等をもつて報告しました。財政問題については、予算案中地方割当金、賛助金が記入されているが、経済視察団の賛助金をもつて現在まで執行部が財政をまかなつてきたのであり、韓国学園設立にも多大なる金額が消費されてきました。昨年大会で決定された予算は毎月百八万円だつたが実際は三十七万円しか消費されていません。規約修正問題は大会において選出された修正委員七名が推薦することになつていたが、事実は近畿協議会から修正案が出ています。遺憾な問題としては第二次経済視察団派遣中止に関連した親日派云々問題だが、数次に亘り国会オヴザーバーが帰国したのにもかかわらず全くこのような事態になつたのは遺憾に堪えません。充分に反省した上、任員再編成を希望するものです。

【写真上は金載華団長・下は団長選挙投票をつける陳総務局長】

本国、僑胞を軽視？
購買委員会廃止

三機関報告が終つた後、今度の本国における五・二〇民議院選挙に出馬、善闘空しく落選、帰任した丁賛鎮監察委員登壇、帰任挨拶のあと、財政収支予算が均衡しないのにもかゝわらず経済費を使用したことは大きな誤りであることを指摘した。

この後大阪の裵議員からオヴザーバー報告の要請があつたが、昼食時間が遅れたので午後の部に回すことにし約三十分休憩、三時に再開。

金光男議長よりオヴザーバーの一員として次の要旨の報告があつた。……こゝにも記録がありますが…規程が非常に不備であります。五・二〇選挙に丁賛鎮氏を送つたが李大統領から親日派問題について大変御立腹のことで、新聞報道によると在日僑胞はほとんどが親日派の如き印象をうけました。当時私は帰国中でしたので、「ソウル新聞」に投稿したが掲載されず「平和新聞」では取扱つてくれました……(平和新聞記事をこゝで朗読)

続いて鄭哲オヴザーバーよりただいまの金議長の報告は大会で全代議員がききたいと思われる報告ではないようだから、大会が許すならば私が報告してもよいと発言したのに対し安基伯議員は六名中一人の代表で充分だからこれ以上報告する必要はないと反駁、会場は騒然となつたが結局鄭哲氏から次のような追加報告が述べられた。

まず歩調が合わないことを指摘した後……国会で受けた印象だが、書類一つ配付してくれず実に軽視されました。強く要求したところやつとのことこれ位のパンフレットをもらつたが、これは施政演説中の一つで在日僑胞問題は「反共取締として云々……」の一個条だけで発言する機会もありませんでした。本国出張所会議で融資問題をやつただけです、従つて国会オヴザーバーは民団運動推進に何等の役割も果しません、これが本国の在日僑胞に対する態度であります。もし今後派遣するとして…も輪番制を主張致します……。

このようにして国会オヴザーバー派遣に関して会場は興奮のルツボと化し、親日派問題をつゞつて一大論争が約●間に亘つて展開された。結局京都金九淵氏より親日派問題に関して政府に送る決議文作成委員五名を選出することに満場一致で可決され、次の五氏が選出された。

決議文作成委員

金鍾在　丁賛鎮
裵東湖　洪賢基
金在和

金載華団長再選
副団長に洪・丁両氏 当選
議長に金光男氏、監察委員長梁炳斗氏

三機関総辞職後、大会は役員改選に入り、次の通り三機関、国会オヴザーバー、規約修正委員を選出夜も更けた十二日の午前二時三十分に足かけ三日間にわたつた第二十回中央議事会と第十八回定期大会の幕を閉じた。(但し執行機関は事務総長まで大会で選出したが、局長、次長は四日後の十五日に決定発表した)

執行機関

団長	金載華
副団長	洪賢基
〃	丁賛鎮
事務総長	金炳旭
総務局長	羅鍾卿
文教局長	金禹錫
組織局長	(兼任)丁賛鎮
民生局長	(〃)金炳旭
総務次長	朴準栄
組織次長	朴賛遵
〃	郭東儀
文教次長	(交渉中)
民生次長	(〃)
本国出張所常任	曹允具

決議機関

議長	金光男
副議長	金聖洙
〃	呉宇泳

監察機関

委員長	梁炳斗
委員	張聡明
〃	金仁洙

規約修正委員

金九淵　鄭哲
張聡明
洪賢基　鄭徳和

国会オヴザーバー

張聡明　安基伯
趙連湜　金琮斗
金載華　金光男

写真説明 上は洪副団長・その下金事務総長・金議長・梁監察委員長

アジア反共聯盟樹立

(鎮海十七日東洋発KP)アジア民族反共大会は十七日の第五次会議を最終回に三日間にわたる討議を終り、十七日午後一時五分閉会した。十七日の会議では次の決議文などの採択と「アジア民族反共連盟」が正式に樹立された。

一、アジア反共大会の決議文(反共への団結を強調したもの)
二、米国におくるメッセージ(アジア民族の反共主張を具現する米国の援助に対し感謝の意を表したもの)
三、李大統領と韓国民におくるメッセージ(今度のアジア民族反共大会を主催した李承晩大統領と韓国民に謝意を表したもの)

比は日本の反共同盟参加反対

(鎮海発UP特約十八日KP)アジア反共民族大会のフィリピン首席代表ホセ・エルナンデス教授は十七日記者団に向い「太平洋同盟正式結成はよい措置である」と次のように語つた。アジア諸国政府は鎮海の民族大会に続いてアジアの共産主義拡大を阻止するに必要な経済的軍事的措置をとることができるがそれは各国政府の決めるべきことでありフィリピン政府がどのような行動をとるかは言明できない、なお日本を常設の反共アジア会議に参加させるのは賢明な措置ではあるまい。アジア人の多くは依然日本を憎んでいるからである。

自由党、議席三分二を制す

(ソウル廿日東洋発KP)自由党所属議員数は無所属議員(忠北陰城区選出)の入党で十九日現在百三十六名に達し議席二百三の三分の二を制した。

唐がらし

民団全体大会、夜の更けるのも忘れて代議員諸公熱烈に討議、ただ緊急でもないことを"議長キンキュー"の連発で或る好きな人士、これを二日間にわたつて調べたら三百六十五回あつたとかないとか。

× × ×

自己の主張を通すためのキンキュー手段だろうが全く困つた緊急。

× × ×

とまれ三万四千五百ドルの殆んどが学園育成に使用されるようになつたのは大成功。民族教育こそホトの緊急事ですから……。

× × ×

親日派論争で会場騒乱、ムキになつて親日派などとケンケンゴウゴウ騒いでいるが、一体親日派なてものが何処にいるんです。親日派になる位なら、何も大韓国派?で働らく道理はないの。それこそ何とか小児病患たいに経をとがらすことはコッケイなです。オヤメナサイ！

× × ×

六・二五四周年記念、国防記念日は統一記念日に…

(R・O・K)

主張
六・二五動乱四周年に際して

金載没民一千二百万、家族破壊五十二万四千戸以上という世界史上類例を見ない所謂「制限戦争」という韓国動乱が惹起されてから血闘の一年、会談の二年、休戦の一年を経てはや四周年を迎える。あくなき侵略と併呑の野欲に狂つた共産徒党の盲動は同族をして血で血を洗わしめ国土を荒崩な竟沼に荒廃せしめた以外何物をも遺らさなかつたばかりでなく、国土の半分の地に共産侵略の武装勢力を引き入れ名実共に隷属売国の道を開くに至つたのである。

この鬼神も慟哭すべき大損は当然北韓共産傀儡徒党が万死を以て贖つても許すことの出来ない民族五千年史上のぬぐうべからざる汚点として歴史の審判を受けなくてはならないものである。勿論動乱の根本原因は当時吾等の微弱な力ではどうすることも出来なかつた自由民主陣営の共産帝国主義に対する不合理な妥協政策による人工的な三八度線の設定、即ち人為的南北分割にあつたのであり、その後引き続いた妥協政策の継続が共産侵略者の野望と盲動を助長せしめたのである。

このような不合理な政策の結果の集積が我が韓国と韓民族の上に集中的に作用して人類歴史において空前絶後の民族的悲劇を招くに至つた。事の当然として吾が韓民族は人類歴史の転換分水嶺の最前線に立つ事を余儀なくされるに及んで、人類存亡と民族興廃の宿命的な試錬の尖兵となつて厳然立ち上り、苛烈厳粛な歴史の審判を耐え抜き且つ勝ち抜いたのである。

このような吾が韓民族の決断と犠牲があつたればこそ自由民主陣営の団結が促され、且つその団結と協助が国連軍の集結行動としての民主陣営の集団防衛が形成され、共産侵略主義者の野望を挫折せしめ得たのである。この血腥い歴史の教訓が示しているにも拘らず、今共産侵略者の所謂「話しあい」と偽装平和の常套的掛け引き戦術によつて開かれたジュネーブ会議が休戦の合理的後整理と銘打つて際限のない無駄な話しあいのやりとりを継続している現在の情勢は、吾が韓民族をして益々民族自決原則による自主統一独立への途を邁進する決意と覚悟を固めしめるに十分なものがあるといえよう。つまりジュネーブ会議でも、共産側と会談や会議を通じてだけでは問題の合理的解決は絶対に望まれないという厳しい現実にぶつかつている。要するに原則のない妥協と譲歩は、ただ事態を悪化せしめ問題の本質を混同せしめるに役立つだけだという事である。

これは吾が韓民族が血と死の犠牲で得た高貴な歴史的教訓であることを銘記すべきである。

我等が独裁と抑圧から解放され自由な人間として生き残り且つ国民として自主的民族国家を形成し生成発展するには、もはや途は一つしかない。

即ち原則のない妥協譲歩の不合理な政策を根本的に排除して民族自決原則による自主独立国家を建設し、実力によつて侵略を防衛、撃破する体制を確立することである。

次に相互尊重互恵平等の原則に立脚して、民主陣営諸国とのより一層の緊密な団結提携を達成することである。

われらは四年間未曽有の民族的受難の試錬を経過していながら、いまだにギセイの代価を償わされていない。廃墟と化した国土の経済再建は焦眉の急務であり民主民族的武力の強化もまた緊急な課題である。これらの国家的課題は全民族の分裂をゆるさない大同団結した総力によつてのみ達成し得るものである。しかるに政権欲と利権欲にとりつかれた徒党が政界を横行し、徒党々派を組み、党派の利益のみに狂奔する本国政情に見られる現象は民族の痛恨事として指弾されなくてはならないものであり、政界の浄化は速やかに民族的になされなくてはならないのである。

ことに在外僑民としていわゆる中立化運動、第三勢力うんぬんをとなえ、民心をかくらんし外力に依存しようとする徒党分子は、利敵分子として厳格に民族隊列から排除されなくてはならないであろう。特に利己的腐敗利権分子の帰化権行は民族分裂策動とみなし、民族的に指弾すると共にわれらは光輝ある韓民族の誇らしい自覚にめざめますます民族意識を昂揚させる時期に当面していることを忘れてはならない。

またわれらは世界反共民主戦線の一員としてアジアの繁栄と世界平和確立の崇高な使命をおびている若き新生国民として、民主陣営の提携協助の強化を願つているものであるがゆえに、日本政府の韓日会談に対する政策と韓僑に対する差別的逆コース的強圧態度を遺憾とするものである。民主陣営の団結提携と統一行動は、これまた、焦眉の急務である。しかし民主陣営の提携協同は相互尊重平等互恵と民族自決原則にもとづいてなされてこそはじめて基本的目的が達せられるということを強調するものである。われらは早急に韓日会談を再開し国際外交の原則に立脚して合理的協定を締結するよう日本政府に要望するものである。

われら在日僑胞は未曾有の民族的試錬を見事戦い抜いた勇敢な韓民族として気概にめざめ、大同団結して真正なる民族の統一と韓日親善世界平和確立に寄与するようにつとめると共にジュネーブ会議における韓国代表の提案の実現のために百方努力した大韓民国の光輝ある国威を海外に宣揚されることを訴えるものである。

第二次経済視察団
関東地区は二十六日 関西地区は二十五日 出発

民団中総では本国派遣第一次経済視察団に続いて第二次派遣を準備してきたが、本国の五・二〇民議院議員選挙やその他の諸事情により延期していたところ、この程ようやくその実施を見ることになつた。それによると第二次経済視察団は五十名になつているが関西地区と関東地区に大別、関西地区は来る二十五日岩国から(引率者曹允具氏)関東地区は二十六日東京から(引率者張聡明氏)それぞれ空路ソウルへ向け出発することに決定した。なお第三次派遣も近日中に実施される予定である。

李大統領 改憲意向表明

(ソウル十八日東洋発KP)李大統領は十八日午前、白斗鎮国務総理の辞表を受理したむねの談話を発表するとともに、国務長官制とする憲法改正の意向を正式に表明した。李大統領は談話のなかで次のようにのべている。

我が民主政体は大部分が米国のそれを採用してきた、これは外でもなく米国独立に大きな役割をした人たちがヨーロッパの君主政治を嫌い民衆の自由を保障する目的で政府を樹立するときに、民主制度の旧式を打破するために採つた制度である、我々は政治制度の発展にともなつて国務総理制を国務長官制にすべきで、このためには現行憲法をこの線にのつとつて改正しなければならない。

人事問題を協議
政府関係懇談会で

(ソウル廿日東洋発KP)政府は十九日午後二時国務総理室に国務委員全員を集めて懇談会を開いたこの会合に出席した●長官は「話の内容は発表するほどのものではなく、白国務総理の辞任にともなう諸問題に関し意見の交換を行つた」と語つたが、他の有力筋によると、国務長官制のための憲法改正までに過度的措置として李大統領がもし現国務委員の中から国務総理署理を人選することも考えら…

討議事項

①韓国学園育成の件
②今後民団の活動方針
③予算編成の件
④僑民関係国務委員任命要請の件
⑤協議会の単位に商工会結成の件
⑥本国民議院に僑民分科委員会設置要請の件
⑦国会オヴザーバー選出
⑧本国出張所強化の件
⑨地方協議案(規約修正に関する件)

(写真左は堂々巡りの投票光景)

学園育成募金六千万円
政府の民団育成費も学園に

一、先ず韓国学園育成に関し金禹錫文教局長から詳細なる分科委員会の説明があり、一部地方の反対案があつたが結局原案通り多数決をもつて通過した。

二、続いて金学鳳組織局長より組織強化に関する案を説明、中央議事会において決議した通りの案が通過した。

三、予算編成に入つてからは、羅鍾卿総務局長より執行部予算案報告を再度説明通過、本国からの民団育成費三万四千五百ドル使用についての政府指示の公文を朗読したが、全額を学園建設費用として使用すべきであるとの案と、本国の指示通り地方組織に当てよとの案が対立、議場は騒然と化し、あてら日本国会の乱闘騒ぎをひき起こしはしないかと思われる程の騒々しさだつたが結局、一応本国の指示通り地方民団への育成費二百五十万円を割当て今後展開される学園建設費六千万円の地方割当金額の中から学園建設費に納めることにしてそつくり学園へ納金することに決議をみた。その内訳は次の通り。

(但しこれは大会後、中総執行部により最終的決定を見たもの)

イ、第一期東京韓国学園建設費 四百二十万六千二百円
ロ、…学園 二百万円
ハ、京都韓国学園 百万円
ニ、全国の各種教育機関 五十万円(但しこれは文教局で実施調査中)
ホ、僑胞医療病院建設費 百八万円(代表部で保留)
ヘ、東京韓国学園第二期建設費 三百六十三万三千八百円

但し学園建設運営は六十八対五十九をもつて学園設立期成会に一任することになつた

四、教育問題討議の後、順序を変更、規約修正問題に入つたが三機関制度をおいたまま規約修正をすることに決議、別掲の委員五名を選出、次期大会までに修正案を提出することにした。

一、その他僑民関係国務委員任命、商工会設置、民議院に僑民分科委員会設置、本国出張所強化等の討議事項は時間の関係上新任三機関に委任することに、執行、決議、監察の三機関の総辞職を受理した。

韓国学園育成費案

○募金目標額六千万円
内訳
東京 四千万円
大阪 一千二百万円
京都 八百万円

○募金方法
左記の通り全国の民団組織を通じて実施、該当本部団長が責任者となる。

△北海道、東北……三百五十万円
北海道、青森、福島、山形、秋田、岩手、宮城

△中部地方……六百万円
静岡、山梨、長野、新潟、富山、石川、福井、愛知、岐阜

△関東地方……二千七百万円
東京都内で二千万円、その他七百万円を各県にあてる。

△近畿地方……千七百万円
ただし大阪府内で八百万円、京都で四百万円、その他五百万円を他県にあてる。

△中国地方……三百万円
岡山、広島、島根、鳥取、山口

△四国、九州地方……三百五十万円
福岡、佐賀、長崎、熊本、鹿児島、宮崎、大分、香川、徳島、高知、愛媛、対馬島

○完遂期間 今年十月末
但し七、八、九、十月末までの四期に区分・各期末までに全割当額数の四分の一以上を中央に納入すること。

金鍾在学園長談話……この度の大会における決定はただただ感激に堪えません。やはり民族陣営の選良達であり良識だと思います。学園としてこの育成費を最高度に活用、従来の左右両陣営共に見られない立派な民族学園を築きあげるため全力を尽したいと思いますので今後の御援助を希望致します。

独島に駐屯部隊を派遣

(ソウル発UP特約十八日KP)白内務部長官は十七日、慶尚北道沿岸警備隊がこのほど独島に駐屯部隊を派遣したと発表した。内務部は日本人が独島に上陸したという報道の真偽を調査するため数日前独島に六隻の警備船を派遣したが同部隊は荒天のため調査できずに帰港した。白長官談によれば駐屯部隊が派遣されたのは沿岸警備隊が手薄のため効果的に独島を守れないからである。

独島射撃事件
日本に抗議

(ソウル発UP特約二十一日KP)治安局筋が二十一日語つたところによれば韓国は日本の飛行機が独島を射撃した事件につき日本政府に正式に抗議するといわれる同筋は沿岸警備隊の調査班が独島で日本製薬莢という証拠を発見したと言つている。

6・25 四周年国防記念日

大韓民國駐日代表部
在日本大韓民国居留民団 中央總本部
在日本大韓民国居留民団 東京本部
在日本韓僑在郷軍会
在日本大韓青年団
在日本大韓婦人會
在日本韓國学生同盟
KP通信社
KIP通信社
在日韓国YMCA

六・二五動乱四周年

国防記念日

六・二五動乱勃発以来早くも四周年を迎えた祖国では、今年度よりこの日を国防記念日と改称、国土防衛のために尊い犠牲となつた幾多の英魂をとむらい、北進統一の決意を新たにかため、全韓民族悲願の祖国独立をかちとるべく意義ある記念日にすることになつたという。自由と平和と独立を渇望しながら民族相剋の血なまぐさい戦いを三年間もつづけたことは悲劇というにはあまりにも悲惨な歴史の一ページではなかつただろうか。しかもそれが民族悲劇が兇暴極まる共産軍の侵略により開始したことを考え合せる時われわれは真の平和と自由と独立を愛好すればこそ最後の一刻までわが国土よりの中共軍の撤退を実力により行使しなければならないし、そのために、海外にいる僑胞も一人一人がこの祖国至上の使命に挺身することを忘れてはならない。これだけが韓民族に残されたたつた一つの生きる道であるからだ。（カットは動乱に参加した国連各国の旗の波）

かちとれ祖国統一！

全国各地で記念行事

中央大会は東京日比谷公会堂で

祖国動乱四周年、国防記念日をむかえた六月二十五日のこの日、わが民団では日本全国の組織が動員地区別に盛大な記念行事を開催、滅共精神を昂揚することになつたが、東京の中央記念大会は中総傘下団体を総動員、東京本部、関東各県本部をはじめ会堂において大規模な記念行事を[illegible]

ジュールを次の通り発表した。

スローガン

一、祖国動乱にギセイとなつた将兵の霊および同胞の冥福に謹しんで弔意を表す。

一、銘記せよ六・二五、樹立せよ南北統一。

一、北進だ三千万、統一だ三千里

一、大韓民国の主権、領土的統一を反対するいかなる計画もこれを絶対反対する。

一、反共アジア同盟の助に締結せよ。

一、中共軍は即時撤退しその戦犯者を処断せよ。

一、在日六十万僑胞は一致団結し祖国再建に貢献しよう。

一、日本は韓日会談再開に誠意を示せ。

一、大韓民国万歳。

一、李承晩大統領万歳。

第一部　記念式典

❶国民儀礼

❷六・二五の歌（東京韓国学園生徒合唱隊）

❸会長着席

❹開会の辞

❺李大統領記念辞朗読

❻金公使記念辞

❼来賓祝辞

❽記念講演『共産主義と平和攻勢』

❾声明文採択

❿メッセージ朗読

⓫閉会の辞

⓬万歳三唱

第二部　記念演芸

❶音楽と舞踊　東京韓国学園生徒と教師

「懐しの汀南」他数曲

❷舞踊

「春平夏春」他　金元洋

「マラゲ画」他　金允郁

「春 苑」他　徐春麗

「テモンストレーション」　鄭信子　金順子

❸楽団演奏と舞踊

清原徳とその楽団

歌手…金深玉・高雲峰・斉光

ひばり他

❹東京キツト・レンジャース

「湖水の流れ」「蒙古の夜」他

「テキサスの空」「インザムード」他

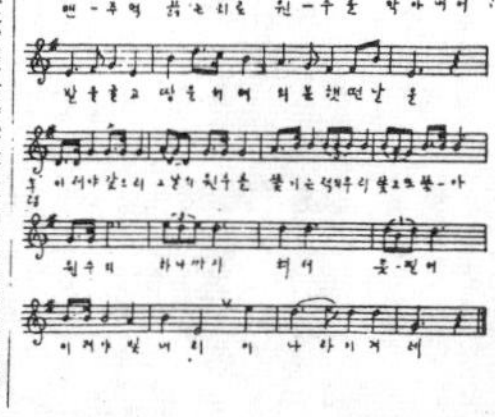

特別措置に報いよ

育成費伝達に金公使談話

在日僑胞に育成費として民団中総で本国政府に要請した育成費のうちこのたびその第一次分として米貨三万四千五百ドルが、本国から駐日代表部に下附されてきたが（これは民団全体大会において学園施設費にあてられた）これに対し駐日代表部金溶植公使は次のような談話を発表した。（写真は金公使）

金公使談話『在日僑胞同胞の一部の誤解とはかり[illegible]

兵庫婦人会の奇篤

本国戦傷兵・避難民へ救済品

兵庫県下の婦人会は昨年度から東京の婦人会本部と歩調をあわせて本国の戦傷兵や避難民に救済品を寄贈していたことがこのほど同地を訪問した本紙記者によつて明らかにされた。

それによると同婦人会では東京と共に昨年十二月第一次救済品として衣類、ゴム靴、編物（時価約六十万円分）など

看板割つた男　詫び状入れる

学同定期総会

代表に金承浩君

在日韓国学生同盟本部第十一回定期総会はさる六月五日午後一時から東京千代田区神田のYWCAでひらかれ左の新任役員を選出した

代表委員　金承浩

副代表〃　鮮于香

〃　田炳元

総務委員　梁在宗

文化〃　金聖培

組織〃　石南国

渉外〃　李亭純

財政〃　田炳之

新聞〃　呉一権

厚生〃　黄河碩

女子〃　桂玉瑛

ルポ　民団めぐり

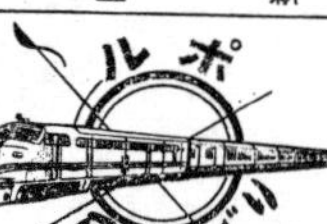

神戸駅から西に歩いて五分、国際港神戸の心臓部といわれる新開地の東側（[illegible]町一の一）に六階建の巨大な鉄筋コンクリートのビルディングが兵庫県本部である。

この建物は、朝鮮人の所有物であつたが、一九五一年八月二十八日に朝連が強制的に解散されたので所有権は当然韓青に移譲されなければならないのに文東建をはじめその大多数が民戦傘下に加担したがためにこの建物の帰属をめぐつて一悶着、今なお所有権をめぐつて係争中であるという曰くつきのものである。

対左翼斗争にイニシアティブ

強い若手のチームワーク

兵庫県本部

（写真左はは本部ビル）（BAE）

軍人会、本国へ

慰問団派遣準備

神戸"青友会"新たに発足

婦人会杉並支部結成

会長　朴［illegible］

自由論壇

当面の情勢に対処する在日青年運動の在り方

（その一）

李元範

韓僑会館誕生

尋ね人

☆金栄守（三二才）

☆李元鳳（二六才）

☆権泰乙（三二才）

☆呉信用（五一才）

各種ミシン機販売業

第一ミシン　株式会社

渋谷区恵比寿町一〇五八　TEL(37)0922・2967

銅鉄商

井川商店

東京都墨田緑町2の22

趙燦文

本所 8366

山田鋼管産業社

（李仁柱）東京都墨田区錦糸町二の一　TEL (63) 3044 7814

三沢製作所　株式会社

家庭金物、電気部品　製造其の他板金加工

東京都墨田区業平橋五の二　TEL(63)0117・2359

韓国貿易全般

朝日商事　株式会社

取締役社長　趙忠敦（茂山圭造）

岡山市西川一一五番地　電話0992

K.S.C. LINE

Korea Shipping Corporation

大韓海運公社

HEAD OFFICE Pusan
JAPAN OFFICE Tokyo, Kobe Moji
AGENTS NYK, OSK

Room No. 23 Sansin Bldg
Yurakucho, Tokyo
Tel. 57-7266, 7927, 0832

東京支店

韓國銀行

東京支店長　金基燁

東京都千代田区有楽町（三信ビル）TEL（銀座）6707・6726・6749

民主新聞

在日大韓民國居留民団
中央総本部
機関紙
発行所
東京都新宿区若松町21
電話 (84) 8569 8570
振替口座 東京 143865
民主新聞社
発行人
金載華

一部 15円
一カ月送料共50円

綱領

一、われらは大韓民國の國是を遵守する。
二、われらは在留同胞の民権擁護を期する。
三、われらは在留同胞の民生安定を期する。
四、われらは在留同胞の文化向上を期する。
五、われらは國際親善を期する。

滅共北進統一の決意沖天

太極旗の下明日の前進誓う

六・二五第四周年民族蹶起民衆大会開く

民族の宿敵北韓共産傀儡軍が平和な大韓民國に対して天人共怒すべき不法武装侵攻を敢えてする事に依って千古未曾有の民族的悲劇を招いた六・二五を四度迎える関東の中央民族蹶起民衆大会は民団関東協議会主催で二十五日午前十一時から日比谷公会堂において開かれ、滅共北進統一の決意に燃える関東各県及び都内民衆は前から会場に押し寄せた。五千名を超える群衆は臓に口に足取りに祖国動乱を戦い抜いた民族としての誇りと緊張を秘めて大会報告と進行決議を見守り、続いて繰りひろげられた音楽と舞踊等民族芸術文化の一大パレードに民族意識を高めつゝ明日の前進と滅共統一の決意を誓い合つたのである。

【写真左上は大会終了後、日比谷公会堂を出る傷痍軍人】

五千群衆のどよめき　萬堂に満ち溢る

この日どんよりとした雨模様の兵及同胞の英霊を弔う様にたれこめている中を関東各県及東京傘下支部所属群衆がバスを並べて、都内を一周ののち会場に押し寄せて来た。「銘記せよ六・二五、果せよ南北統一!」「北進だ三千万、統一だ三千里!」「反共亜細亜同盟を即時締結せよ!」「日本は韓日会談再開に誠意示せ!」等のプラカードが賑々しくバスの車体をおゝい集い来た群衆が喰いいる様に見入つて動かない、定刻十時会場えの入場が始まつた、手に手に極文とスローガンを持つた群衆が後を絶たずに続く定刻十一時会場は超満員、五千を迎える群衆のどよめきの中に大会は国民儀礼を終え「韓国学園合唱隊」の「六・二五記念の歌」合唱によつて始められた。会場正面の演壇には会長団金光男氏外丁賛鎮氏が着席し、来賓席右側は駐日代表部金溶植公使、来日中の韓神明女史を始め内外来賓十数名と左側には各県及都内各支部団長等二十余名着席する厳粛なる雰囲気の下に司会者裴相浩氏の司会で式は順を追つて進められた。金光男会長の開会辞に続いて金公使から別項の記念辞が述べられ、参集者の志気と決意がいやが上に鼓舞された。続いて来賓祝辞が本国韓神明女子高校々長韓神明女史、本国満業成訓局李大成、大韓婦人会長兼李安女史、韓傷在郷軍人会長安承伯将氏から戦乱勃発当時の追想と将来の決意について述べられた後、鄭哲氏から「共産主義と平和攻勢」と題する記念講演が多角的に糾明された。大会は別掲の民族自決原則に依る自主的北進統一独立達成に関する大会決議と李大統領に送るメッセージを採択して、万才三唱のうちに二時半大会を閉じ、多彩なスケジユールを盛つた余興に移つていつた。

民族芸術祭展開く

四年に亘る祖国動乱の民族的受難期と破局に面した経済生活の中にあつて在日同胞が一途に守つて来た民族意識の高揚と民族文化芸術の発展は我足の進展を齎らしているのであるが大会式典終了後五千群衆を前にして韓国学園児童の演じた音楽と舞踊を始め民族演芸の芸術文化人によつて約三時間に亘つて演ぜられた多彩なスケジユールは韓民族としての…ない民族的歓喜であり、在日韓僑の成長する力量を内外に示した一大デモンストレーションでもあつた。

李大統領に送るメッセージ

英邁なるわが民族の領導者李承晩大統領閣下、わが在日六十万僑胞は六・二五共匪動乱四週年をむかえ在外国民としてわが民族史上に拭みがき汚点を残した国家と民族の悲劇に対して厳粛にその意義を再認識し新たなる重大な決意を固めたのであります。わが祖国は目下共匪動乱に因つて曠古の困難に際会していますが祖国の社稷は確保され三千万民族は赤誠赤心一致協力して祖国再建に尽忠竭力せんと一箇まりに団結しているということは、これひとえに聡明叡智なる大統領閣下の果断英明なる徳のしからしむるものでありまして深甚なる敬意と信頼感を一層深める次第であります。わが祖国と民族の宿願である北進統一と完全自立独立は他力依存の妄念を断然排除し一つ心に思想統一され大同団結し自力で戦取するよりほかに途がないと存じます。特に今度在日僑民を育成強化されるというありがたい聲旨で、國難最中にもかかわらず巨額の国庫金を恵まれる光栄に浴することになつた在日国民は新たなる感謝と感激のうちに総けつ起しもつて殉忠報国せんとの決意に燃えています。願わくは大統領閣下におかせられましては白壽李寿しもつて三千万衆庶を浴びかれ大韓民国の百年基業を盤石の上に安定さすため衛健まい進されんことを祈願する次第であります。中外にしばしば声明された閣下の救国方案に順応服従して国内外を問わず…

李承晩大統領閣下万歳! 大韓民国万歳!

檀紀四二八七年六月二十五日　六・二五動乱四週年記念民族総蹶起民衆大会

"打共戦に勇敢であれ"

李大統領、ソウル市民総蹶起大会で激励

(KBS二十五日=KIP)共産侵略と勇敢に戦い、撃退させてはや四週年を迎え、ソウル特別市では七十万市民の打共総蹶起大会はソウル運動場において午前十時李大統領、咸副統領、李起鵬国会議長、金炳魯大法院長、他各閣僚、V・フリート特使、各国大使等来賓多数参席の下盛大に行われた。席上李承晩大統領は群衆を前に次のような演説を行つた。

「今から四年前の今日突然共産軍の侵略により美しい国土を荒廃化させ、文化施設を破壊し、親愛なる我が父母兄弟を無惨にも殺害した天人共怒する蛮行を新たに思い起す事であろう。我々は断固これ等と戦い勇敢にも共産軍を撃退させたのである。我々は世界で最も単純順朴な血統と、優れた民族精神を誇る唯一の民族であることを自負し、亜細亜で模範的な反共国民にならう。反共戦線で民主友邦が犠牲と援助に我が国民は…と制裁を…しなければならない。我々は亜細亜反共連盟を…に支持する緊密な共同戦線を…、世界平和… 交流を図り、世界平和に貢献すべきである。又我々は世界平和確立の…民主義をこの地上から永久に… 滅させるより他の方法は… と言う事を銘記しなければならない。

過去数回に亘り民主陣営は…議対共協商をして来た。彼等は寸時も侵略の野望を捨てず、隙をネラい自由…ほのめかしていたのであ…の其も新しい実例として…」

三軍の記念パレード

(ソウル廿五日東洋発KP)六・二五を記念する陸、海、空軍パレードは二十五日世宗路で十一時いとも盛大に展開された。創設以来国軍の偉容がこの国民の目に頼もしく彰じたかつてない。太平路民議院前から出発した各部隊は中央庁前から光化門へ延々と…

国家民族に尽す同胞愛発揮せよ!

駐日代表部金公使記念辞

…民族史上類例を見ることのできない祖国動乱から四週年記念日を迎えて在日僑胞皆さんに対して所懐の一端を披瀝する機会を得たことは私の最も欣快とする処であります。北韓傀儡共産走狗共が同族相斬の無謀な侵略戦を惹起することにより、彼等の野望を果そうとしたことは、実に天人共に許すべからざる罪悪と断ぜざるを得ないものでありまして…同胞は予期せざる惨禍により多くの犠牲と苦難に当面したしまた三千里祖国の国土は戦火の巷に追い込まれたのでした。吾等愛国同胞は官民一致し男女老少が総団結して吾祖国を彼等共産狗共の魔牙から完全に救出し民族万代の恥辱を免れしめ永久の平和と栄辱を継承せしめる為奮起したのであります。然しながら吾々は未だ吾祖国の国土内において残敵共産走狗共を完全に掃蕩し南北統一を完遂できないまま休戦という変則状態と処しているのですから、これは実に遺憾至極なことであります。また彼等共産徒輩共は休戦を契機として国内外においてなお侵略的野望と根性を露骨化しておりましてこれまた実に黙過すべからざることであります。吾等愛国同胞諸位は今後一層新たなる心情を喚起し以て彼等に鉄槌を加えなくてはなりません。本国政府においては民主友邦諸国との緊密な連繋の下に所謂共産主義を撲滅している彼等に対して万般の施策と措置を講求しているのでありますから、特に在日僑胞諸位としては特殊な環境の下に精神国家と国家に寄与されんことを望むと共に、…が政府施策を遵守して国家と民族の為に尽す同胞愛を一層発揮して以て国家に寄与されんことを念ずる次第であります。最後に六・二五動乱において犠牲となつた戦死将兵並びに愛国同胞の英霊に対し謹んで弔意を表すると共に民団同志皆さんの健闘を祈る次第であります。檀紀四二八七年六月二十五日　大韓民国駐日公使　金溶植

ジュネーヴ会議は不成功

卞外務部長官の帰国談

(KBS二十八日=KIP)ジュネーヴ会議から帰国途中に立寄り今二十八日午後一時十分李承晩国会議長を始め多数の出迎えを受けて…無事故金浦空港に帰国した。…と伝えるや、…

問=ジュネーヴ会議の結果は…
答=私には何重な責任で…成功出来なかつたのは誠に…

主張

共同防衛と不可侵

六月は革命季節といわれるだけあつて自然界といゝ、人類社会といゝ一年中最も変動が激しいことは確かである。六月二五日北韓共産侵略軍が横れ出し、続いて中共軍の介入の為三年一カ月韓国及び自由国家十六カ国連合軍下戦争は止んだものゝ共産侵略と自由平和との話合いは依然として混迷を極めている。今年の六月も矢張り仏印のホーチミン軍、ガテマラの反政府軍の戦火は共産と自由の地図を塗り替え、ジュネーブ会談決裂に続くや米英会談、中印会談と六・二五の我が国の国防記念日を前後して戦争と会談と相交じり、共産社会と自由社会の試練は荒れに荒れたのである。

ジュネーブ会談はわが卞大統領の予言通り共産側のデモンストレイションの結果に終り、肝腎な侵略行動を止めて平和確立への取決めには何ら得ることなしに無益なもので終つてしまつたが、アジアにおける中印会談、欧米における米英会談について一考せざるを得ない。

中印会談では「不可侵」を米英会談では「共同防衛」を打ち出して世界平和を築き上げようということで、世界の視聴を集めた両会談は一段落を告げて巨頭会談なる名の話合いは、休憩に入つた形である。そして周・ネール両首相の声明は抽象的だの、アト大統領チャーチル首相の声明は具体的だの、あるいはアジアモンロー主義を礼讃したり、あるいは防衛機構の実現こそ平和を保証するものだといつたりして、論陣は実に区々たる様相を呈して誠に判断に苦しむところか、眩惑をもよおすこと甚しい。

成程中印会談はアジアにおいてアジアの有数な大国の巨頭間に取り交わされた話会いで「不可侵」という方式が生まれたのであり、米英会談はワシントンで欧米巨頭の話合いで「共同防衛」を推進すべきだと認定した。そこで我々アジア人はアジア人の話だから身近かに感ぜられそれが何より正しいかのように錯覚をするのも無理でないし、欧米の物力万能主義に対する抵抗も手つだつて公然に印度のネールを支持したり中共の力におどかされたりする傾向が多分にある。我々は決してアジア人として卑下するものでもなく、欧米を崇拝するものでもないが、侵略の魂胆をもつて力んでいる国が地上に存在する限りにおいて「不可侵」という約束は口頭を問わず文書を問わず余り当にならない事をよく知つており、それが例え偉大な多数国において成立したとしても油断して平和の夢をむさぼる訳にいかない事はあのロカルノ条約も第二次大戦をくい止められなかつた事が実証しているではないか。況んや「不可侵」を弄するその当事国家がつい先頃北韓を食い潰し平和韓国に侵略の赤軍を投入した中共においておやである。今は東であろうと西であろうと地域対地域の対立ではなくて結局共産陣営と自由国家群の対立である以上アジアであろうと欧米であろうと問題は誰が真剣に平和を守るかにある。…「共同防衛」こそ平和への…と実力の具現こそ…得るものと思う。

われわれは侵略…任なお世辞に…わくする必要はな…民族だの、やれ自由…と煙幕にかくれて…いる共産の瞞…着達の根性は…ないのだ不可侵…不可侵から始めて…

民団主催の六・二五…衆大会は東京、大阪…漸次いまゝでになく…して盛況であつた…実この二、三年以来…の集会は減る一方で…会は増える一方で…ろいろあろうが、…韓国侵略戦争の敗北…

他力依存の妄念断ち

自力で北進統一

決議文

…

(一)…
(二)…
(三)…

六・二五動乱四週年記念民族総蹶起民衆大会

在日青年、本国で軍事訓練実施

韓国人乗客に日本語使うな

(ソウル廿日UP)…

米の武功勲章丁大将に授与

世界貿易博覧会で韓国の出品表彰

第二次経済視察団　関東班六月廿六日ソウルへ

沈鍾燮氏に農学博士の学位

国会事務次長に萬方亨氏

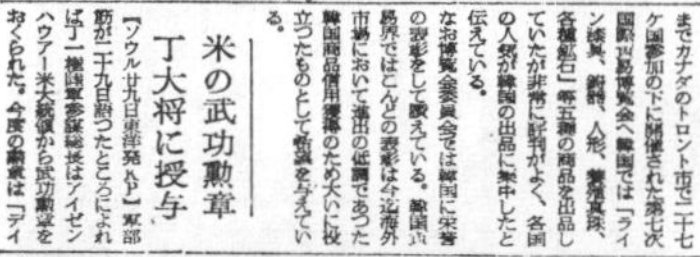

安浩相氏釈放

◎政府人事

唐がらし

K.S.C. LINE
Korea Shipping Corporation
大韓海運公社
HEAD OFFICE Pusan
JAPAN OFFICE Tokyo, Kobe, Moji
AGENTS NYK, OSK
Room No. 221 Sansin Bldg. Yurakucho, Tokyo
Tel: 57-7266, 7927, 0032

東京支店
韓國銀行
東京支店長　金基燁
東京都千代田区有楽町(三信ビル) TEL (銀座) 6707・6726・6749

分裂騒ぎの新潟県本部臨時大会

中総金団長直接指導で収拾

新任団長には異色の方斗輸医博当選

【KIP二九日発】新潟県本部臨時大会は六月二十五日民衆大会終了後直ちに市公会堂で開き、役員選挙に移つたが、団長選挙の投票が無効であるとの抗議があり、もみにもんだ挙句会期を一日延長することとした。翌二十六日午前十一時より市内古町保盛軒で七〇名の地方代議員を集め続会したが、前団長白斗昌氏支持派と新団長方斗輸氏支持派が対立、果しない激論が続きこの調子では大会を継続する事が出来ない状態に陥つたので東京より出張中の中総金載華団長が事態収拾のため直接指導に立ち両派の支持を得て自ら臨時議長となつて議事を進行、辛うじて前日行つた団長選挙を確認、副団長以下の役員を改選、二日間に亘つてもめた県大会も午後三時無事終了した。（写真は上は大会光景）

同本部の定期大会は交通が不便な為何時でも出席者は四、五十名以内、三〇〇人を超したことは今度が最初である。従来から同県本部では反対派が団長に当選すると、その反対派は退場するという好ましくない前例が屡々繰返されていたが、今度の大会も前例に洩れず二日間に亘つてもんでいたものである。今度中総団長が直接指導に立ち、臨時議長を勤め処理しなかつたら三日かゝつてもラチが明かなかつたろう。

即ち前団長白斗昌氏を推す方と新団長方氏を推す両派が鋭く対立したものだが、票数も一一〇票対一〇八票で僅か二票の差であつた。若し金中総団長の指導がなかつたなら、この県本部は完全に二つに割れる危機にあつたことは双方共認めている。金団長の努力によつて分裂を喰い止めたのは民団将来のために慶賀すべきことである。

新潟県本部新任役員

団長方斗輸、副団長姜基尚、李元世、議長金池鎮、副議長金護根、監察委員長、許仁官、同委員許寅、尹哲、最高顧問白斗昌（前団長）参与顧問安　萬（最高令者）

の大きな犠牲があつたからである
同県内には三条市、新発田市、新津市、直江津市、高田市等十三支部があつたが、団員の数が少い処では連合支部を作つたため今は八支部となつている。

職業はパチンコ、銅鉄商が筆頭を反映して依然首位であるが、中に洋品店、旅館を経営している人もある。殴り稼として第一に挙げられるのは今度団長に就任した方斗輸氏（註）で、氏は新潟医大を卒業小児科を開業している医学博士である。

日本全国を歩いても同胞の開業医はそうざらにはいない。又氏は慶南統営の出身で、現駐日公使金溶植氏とも親交があるといつている。

次の殴り稼には新潟市一番のキャバレーを経営している朴水正（註）氏がいる。氏は慶南馬山の出身、三十年前に渡日戦前は岐阜県高山で材木商を営んでいたこともあり、いまでは名古屋でパチンコ製作所をもつているほか全国至るところにパチンコ店をもつている。新潟市でも目ぬき通りに一番大きいパチンコ店をもち、一日の新潟市だけでの氏の収入は五十万円はあるという。この人は終戦から新潟に移住して五年しかならないが、県で一番の財閥となつている。

今度大会でも地方から出てきた人は日帰りができないので三十五名を自宅に泊め、帰りの旅費を支給するなど、異郷にあつて同胞愛を発揮している。県本部の財政が豊かでないので運営委員会を設けているのが特色で、今次の大会のような出費は一人で背負つている。

本年の旧正月には同胞の貧困家庭を調査し、モチ米一斗と現金一千円ずつを配つたが、この恩恵に浴した同胞は民団員五戸、民戦系三〇戸に上つたという。また結核で働けなくなつた家庭に一万五千円も贈つて更生させたこともあるという。

韓国学園にバス一台寄贈を約束

パチンコ店を開業させてやつた人が県内で七軒、これら世話になつた人は事業の相談に時折やつて来るという。

氏の抱負を聴けば県内の同胞はほとんどパチンコ屋であるため県内を歩き回つてこれらの人を指導することだという。

同胞の面倒をよく見る氏は北韓一の親分ともいうべく赤い人も氏の温情によつてどしどし民団に加入して来るという。又氏は金中総団長の要請により、今秋には韓国学園にバス一台を寄贈することを約束した。

やはり銅鉄商が首位

新潟県僑胞の近況

僑胞の親、朴水正氏の温情

（新潟二十七日発KIP）日本の米処新潟県には同胞が三、〇〇〇名いる。この中民団々員は四〇〇名、中立六〇〇名でこの土地の民戦の勢力はやはり強い。六・二五民衆大会も昼間は民団主催、夜は民戦主催でそれぞれ市公会堂で催された。

この四〇〇名しかない民団陣営が当日ほとんど全員といつてよい程集合した形には遠隔地から来る団員に旅費を支給したり、同胞婁へ

在京青年有志協議会発足

青年運動強化刷新策を論議

六月廿八日午後六時半から渋谷大安館において中総組織局長丁賛鎮氏司会の下に「在京青年有志懇談会」が開かれた。懇談会には中総傘下団体並びに東本管下各支部、新興青年有志三十余名が参席し主として韓青運動の刷新と青年団体統合問題を中心に真に建設的な論議が展開された結果、今後の青年運動を刷新強化する為「在京青年有志協議会」を組織し既成団体と緊密な連絡の下に抜本的対策を練ることを決定委員五名を選出し午後十時半閉会した。

青年運動刷新強化のための在京青年の動きは、青年運動が沈滞状況に陥ち入つて以来その建直し方について在京青年有志の間で種々論議されていたのであつたが、五月十五日東京本部講堂において民団中総、東本、軍人会、学同の各役員と一般青年有志の会合が開かれるまでは分散的な行動に終始したものであつた。前記会合ではじめて活動方針が打ち出されたが、それは「今後民族陣営発展のために一部非良心的な分子や腐敗面を一掃して青年達をして在日僑胞の良心として行動する体制を鞏える」ことを誓うと共に、在京青年大会を開催すべく準備することに決定されたものであつた。引き続き五月二十三日民団北支部において在京団員青年六十余名参加の下に「在京青年有志蹶起大会」が開かれて、はじめて活動が軌道に乗つて来たのであつた。大会では主として「民族陣営強化においての青年の役割」と「青年団体統合の問題」が論議されると共に民族陣営に巣くう一部非良心分子の腐敗面と弊状が暴露され参加者の憤激をいやが上にも高めたのであつた。結論として「在京青年大会」を六月中に開催することと「準備会」構成員として軍人会、韓青学同から各二名、東京本部から三名を選出、活動を推進することにした。その後民団大会もあり、また各団体の間で活動方針に対する見解の相違もあつて活動推進が低下されていたが、中総執行機関も選出決定されたので新組織局長丁賛鎮氏が従来の活動を総合推進する目的の下に懇談会を招集したものである。

懇談会では従来の活動において統一された推進方針がなかつたことおよび一部準備会員の非協力的態度に対して批判されると共に、❶韓青運動と組織の立直し❷青年団体統合の問題と軍人会の解散、学同との財政統合の問題が論議の中心となつたが、結論として青年団体の統合を第二段階とし、第一段階としては当面韓青組織の建直しに力を集中することにして、その活動の推進のため「在京青年協議会」を結成することに決定した。

なお協議会委員として、従来の団体に人員を配慮する事を排し次の有志を選出した。

委員　金学鳳、安泰伯、李□□、金致淳、朴□熙

なお同日の参加者は左の通り。

中総組織局　丁賛鎮、郭東儀
軍人会　安泰伯、李相台、鄭□□、李泰均、孔泰好、趙英洙、□□、朴英哲、鄭元朝、朴□□
学同　張道鉉、朴熙照、李金□
東本　金致淳、権寿成、表□□、金竜根、金西湖、洪淳鳳、□□
韓青　金万昌
一般　金学鳳、李□鉉、李□□、呉成泉、張宗燮

失業僑胞に職場斡旋

足利市の姜浩氏

（宇都宮支局発）日本国内に在留する僑胞の失業者数は相当数に上るものと見ており、さきに中総民生局においても、この対策として全国に亘ちよう令を発し僑胞の就職斡旋に積極的にのりだし、第一次本国政府においても、僑胞の戴職を頼する本国訪問の際、僑胞に対し、多少のギセイをはらつても僑胞を採用するように勧告する等

僑胞の失業問題はいまや世間の強い関心の的となつている。この時において、率先、同胞の失業者を採用する一方、各事業者に対し積極的に同胞優先採用を勧告する等僑胞失業救済にのりだし、各方面からたのもしがられる人がいる。即ち栃木県足利支部議長を勤めている姜浩氏がその人だ。姜氏は本国の混乱から帰つて来た経済規察団員の報告や、中総民生局からの通牒に接し失業者救済を痛感し、早速自己の経営になるパチンコ店（銀馬車遊技場）に六人の家族を抱えて生活苦に喘いでいる失業者氏をさして必要もないのに雇い入れ、内幕までやらして生活の面倒を見てやつている。そしてさらに姜氏は、同胞の事業家に対しても同胞の採用を優先的にするよう呼び掛けており、その成果が注目されている。

姜浩氏談　民団側の失業者は幾人もいない。各経営者が一人づつ雇い入れれば失業問題は解消されると思う。もしも余分に雇い入れる事が不可能だとすれば、日本人が退職した時にその穴埋めに優先的に採用すれば良いのではなかろうか。

栗来介氏談　只々感謝の外はない大勢の家族を抱えて途方に暮れたが、今は生活も安定しており毎日楽しく働いている、これもみんな姜氏の恩恵です。

当面の情勢に対処する在日青年運動の在り方（その二）

李　元　範

題の解決に対しても、基本的な態度である「民族自主性」と民主主義のルールに因る、実践行動が必要である。

一、青年の使命を忘却してはならない。

自己の修養と時代に対する進取性を具備し、次の世代の主人公たる自覚をもち、やゝもすればありがちな政治家然たる態度や、文化人然たるウヌボレた行動におち、青年の進取性が阻止され、遂にはその惰性から宗派党派の闘争の手先的な役割に終始した過去の青年運動を反省せねばならない。

二、理論と批判を離れてはならない。過去において実効を期待するに急な余り、やゝともすれば理論を捨て、技を取るが如き、無理論、無批判的な行為をかゝる情勢下にあつて在日僑胞青年は如何に処すべきか、われわれ青年は常に民族の歴史的使命と愛国運動を充分に認識してかゝらねばならない。祖国の建設統一においても、僑胞問題の解決に対しても

三、卑なる姿勢を捨て、自力による創造性を持つこと。

先輩の指導といつて無条件盲従、無条件排撃ではいけない。一部指導者の子分的な役割に終始し、偏狭なる一党一派に便駆利用されていた過去の青年の弊がそかつた。無能力からくるひがみ、中傷は特に避けなければならない。

四、学究的態度を持つこと。

年の老齢を一掃し、備えて組織的に建設活動が出来るようにならねばならない。

特に実践行動においては謙虚な態度と冷静な判断で物事を処すことに依つて大衆と組織の信任を得なくてはならない。

常に理論的学究と現実の実態を正しく把み、独善的な英雄主義あるいは感情的、派閥的行動については常に自己反省と批判を加えて、探究的な態度と大局を正視して行動する態度を養わねばならない。

要するに青年は常に僑胞の知性的、行動的な模範となり、技術修得に力め、文化啓蒙、成人教育に努力し、共産破壊分子並びに利敵日本人に対抗して防衛闘争する態勢を常に準備すべきである。

五、組織体内において正義と純潔の具現体となり、運動において革新的行動体となること。青年の正義感と純潔性からなる言行は、腐敗した社会の悪性、腐敗現象を革新しうる要素である。青年団体はこのような社会悪に対する革新行動体になるのは蓋し当然であろう。

以上のべた情勢に対処して吾々は当面何をなすべきか？

一、かけ声よりも行動第一でなければならない。反共、反共、反共でなく、仕事をする反共、理解をする反共、思考をする反共でなければならない。即ち物質的にも民主陣営が共産党よりも楽しく生きられるという具体的な生活化運動が必要である。

二、手先的な役割をする者、幕間策謀をする者を徹底的に除清する。

三、分散されている真面目な青年を結集して僑胞の危機を打開すべく方策を打ち建てること。

A、民族陣営の革新純化と組織強化の核心となること。

B、青年団体の統合と保守性の打破。

C、不必要な組織機構の簡素化と本国政の除出及び支出の明確化。

すべての問題の解決は知性あり行動的な青年の団結と純真な気持に期待することが出来よう。（完）（元韓国学生同盟代表委員『亜細亜の叫び』主幹）

海の季節

なぎには無関係な遠い歴史でしかない。

○…ここにあるのは巨大な自然の意志と自由のままにまに浪き回る無限の相だけだ。

この平和な海にも今日の騒擾も、今この平和な惜しみ合い、からみ合う人達の月まぐるしい世相の変転も、

○…七月は海の季節。白い波のしぶきは太陽に照り映え、輝き躍る。

この夏は原爆の放射能が禁い人間共を恐怖のドン底におとしいれたが、ここ本国の東海には黒のない海、今日も白帆を順風にはらませ漁船は出て行く。

地方大会便り

長崎本部第20回大会

団長に黄文吉氏、議長に姜学文氏

民団長崎県本部第二十回臨時大会は去る六月二十七日ひらかれ左の通り三機関役員が選出された。

執行機関
団長　黄文吉
副団長　延熙俊
〃　禹栄沢
事務局長（兼任）　禹栄沢
〃次長　金在鎭
組織部長　姜相鍋
〃次長　趙鳳来
民生部長　鄭丁寺
民生次長　宋在錫
文教部長　李真燮
〃次長　姜衡奭

決議機関
議長　姜学文
副議長　趙清述
〃　金腰坤

監察機関
委員長　洪在必
委員　姜信鐸
〃　金若柱

顧問
崔哲之　鄭相慶
金成用　金成善
金宗琓　李相根

高知県窪川支部臨時総会

団長に千且九氏

民団高知県窪川支部では六月十四日の臨時総会において左の一部新任役員を選出した。

団長　千且九
副団長　金命介
事務部長　林一郎

宮崎本部大会

団長に金七星氏

民団宮崎県本部は去る六月二日ひらかれた臨時大会において左記の新任役員を選出した。

執行機関
団長　金七星
副団長　崔鍾息
事務局長（兼任）　〃
民生部長　金応度
文教部長　徐鍾達

決議機関
議長　文今宗淳
副議長　金照淑

婦人会神奈川本部総会

大韓婦人会神奈川県本部第三回定期総会において選出された役員は次の通り。

会長　金命連
副会長　李熙妙
〃　金萬今
総務部長　金鎮東
財政部長　李香枝
組織部長　申玉花
文化部長　安義先
監事　申鳳順
顧問　呉貞根
〃　朴穂奉
〃　申尼乙
　　李必淑
　　李合山
　　朴伊

婦人会三多摩本部結成

かねてから準備を進めてきた大韓婦人会三多摩本部結成式は去る五月一日立川市の民団本部講堂で、来賓、会員多数参席の下、盛大な結成式を挙げ、左の新任役員を選出した。

本部役員
会長　呉基文
副会長　崔斗淑
〃　下順伊
〃　金永洞
総務部長　崔竜姫
財政部長　崔貴順
〃次長　崔斗淑
文化部長　徐今安
〃次長　戸崎キヨ
組織部長　金守徳
監事　尹淑姫
〃　竜金玉
顧問　徐炳淑
〃　徐相汝
〃　尹仁鍋
〃　李裕天
〃　金鍾在
〃　鄭周和
〃　安藤夫人
〃　梅田夫人

栃木本部大会

団長に李鳳祚氏

栃木県本部第十四回定期大会は去る六月二十二日宇都宮市の同本部講堂でひらかれ、予算編成、団費徴収確立、信用組合設立、納税組合設立等の問題を討議、左の新任役員と中央議員、代議員を選出した。

執行機関
団長　李鳳祚
副団長　金相基
〃　辛容祥
事務局長　金世鎬

決議機関
議長　尹致夏
副議長　禹通九

監察機関
委員長　朴千秀
委員　朴世鎬
〃　金正玉

川崎駅前支部第七回総会

団長に鄭三碩氏

神奈川県民団川崎駅前支部第七回定期総会は五月二十七日開かれ左の三機関新任役員を選出した。

執行機関
団長　鄭三碩
副団長　李鎮相
〃　文龍洙
総務部長　金□根
民生課長（兼任）　金妊根
組織課長（兼任）　□鎮相
文教課長（兼任）　文龍洙

決議機関
議長　鄭□淑
副議長　李禹稙
〃　田炳奭

監察機関
委員長　李化日
委員　孫永東
〃　魯海基

川崎支部総会

団長に張在鍋氏

神奈川県民団川崎支部はさる五月十六日第十五回定期総会において左の新任役員を選出した。

執行機関
団長　張在鍋
副団長　李淳植
〃　張在述
総務部長（兼任）　張在述
〃次長　金成潤
組織課長　朴成泳
民生課長（兼任）　朴成泳
文教課長（兼任）　金成潤

決議機関
議長　李康元
副議長　朴基住
〃　金任祚

監察機関
委員長　裵潤萬
委員　金柱善
〃　李鎮相

顧問
崔仁善　鄭山世
李□千　鄭学文
金正善

婦人会三多摩

監察機関
委員長　白銀守
委員　徐俊弘

顧問
高孝浜　朴準来

中央議員　尹致夏　金相基
代議員　尹致夏　金相基
李鳳祚　辛容祥
尹久昌　李康燮

顧問
高昌徳（前団長）

大田支部総会

団長に全寅渉氏

都内民団大田支部第十二回臨時総会は去る六月六日ひらき左の新任役員を選出した。

執行機関
団長　全寅渉
副団長　金漢桂
〃　尹滋鵬
事務部長　呉武振
総務課長（兼任）　金漢桂
民生課長　孫海景
組織課長（兼任）　孫海景
文教課長（兼任）　全寅渉

決議機関
議長　呉徳律
副議長　河元介
〃　魚基植

監察機関
委員長　尹炳孝
委員　韓観相
〃　金改吉

婦人会中村支部総会

大韓婦人会名古屋市中村支部では第二回定期総会を開催、李句実女史が会長に被選された。

愛知県東中支部定期総会

団長に姜八奎氏

民団愛知県東中支部は去る六月二日第六回定期総会において左の役員を選出した。

執行機関
団長　姜大奎
副団長　金乙泰
〃　金永珍
事務部長　金乙泰
総務　鄭奉鉉
組織課長　崔日文
〃次長　金順五
民生課長　陳日奉
文教〃　石鎮沢

大阪、布施支部総会

団長に李正雨氏

大阪府民団布施支部では去る五月十五日定期総会において左の役員を選出した。

執行機関
団長　李正雨
副団長　鄭離林
〃　趙久淵
事務部長　李在鳩
総務課長　金明浩
組織課長　朴相享
〃次長　金才東
文教課長　朴台館
民生課長（兼任）　鄭離林

決議機関
議長　宋甲憲
副議長　〃

監察機関
委員長　梁奇鳳
委員　朴在徳
〃　沈文変

顧問
李宗鳳　鄭富天
李寛益　羅斗七
李相竜

愛知、名西支部総会

団長に張永駿氏

名古屋市民団名西支部総会において選出された役員は次の通り。

執行機関
団長　張永駿
副団長　余命辰
〃　李明吉
〃　成栄膳
事務部長　河斗浩
総務〃　洪泰竜
民生課長　張石圭
〃次長　韓潤出
組織課長　朴判燮
〃次長　李寿竜
文教課長　曹圭昌
〃次長　金甲淑

決議機関
議長　徐□鍾
副議長　鄭益桂
〃　趙鍾玉

監察機関
委員長　朴任殿
委員　李夫俊
〃　李乗洛

顧問
金一鳳　李根□
朴致三　鄭殷聞
洪鍚根

（婦人会中村支部続き）

決議機関
議長　趙正局
副議長　李相甲
〃　徐相俊

監察機関
委員長　金基浩
委員　李正器
〃　李文斛

顧問
金下用　李起祥
張永泰　李勝九
白連成　徐□君

福岡本部移転

民団福岡本部は左記住所へ移転した。
福岡市奥原町十一番地
TEL㊁三三一三番

山形本部移転

民団山形県本部はこのたび左記の住所へ移転した。
山形市諏訪町四三三

広島本部移転

民団広島県本部では五月二十八日左記の新住所へ移転した。
広島市猿本町二番地
TEL（中）二九一番

大学教授採用公告

この度、本国ソウル市にある成均館大学校において研修した優秀な学士、修士中、物理学、商学教授を若干名採用したいとの紹介がありましたから御希望の方は文教局に申込んで下さい。なお履歴書及び採用のための手続は□□□□をみて下さい。

申込先　中総文教局
期間　七月一日―七月三十一日

人物ヒストリー　こへんな人（その17）

若さと人間的好さ

たゆまない努力を今後の課題に

大韓海運公社東京出張所長　張在敏

連日の雨で気もうつとうしい或る日の午後、東京のブロードウエイ有楽町の一角にそびえ立つ三信ビルの中にこの人を訪ねた。近代的な明るい小じんまりした事務所の中は、右往左往の忙しさ──折から本社の副社長が見えたので先ず副社長の『接待談議』の一くさりを拝聴した後、副社長の信任厚きこの人と向き合つた。

× × ×

六尺豊かな明るい現代的なマスク、男の八頭身といつたスタイリストである。どう見ても大韓海運公社東京出張所長などといかめしい肩書きの似合わないこの人は「正直のところ所長としては若すぎるのですが、それでも十余名の小世帯ながら、業務、経理、船舶、船員と無駄のない機構の中で精一ぱい頑張つていますし、一般僑胞に海運公社はどんな会社なのかあまり理解されてないようですが、実際のところその使命は大きく、現にUNKRAその他の援助物資物の本国向け貨物の船積配船、一般貿易業者のもの取扱つておりまして全くテンテコ舞いの忙しさです」本国の海運政策の一翼を担い、貴重な資料提供者の役割をしている東京出張所としての注目を浴びている。

× × ×

この人は新義州商業から京都の同志社法学部に学び日本の学兵として出征、中国で祖国光復の日のために奮斗、祖国解放なるや帰国、土木建築業を一時おこしたこともあるが、外務部官吏になつたという。海運会社には三年前に入社したばかりなのに何時の間にか出張所長になつたのはその深い学識と卓越な外交手腕、誠実に生きる人間的好さが結局今日の信任厚き地位に置かれたのであつて決して偶然の所産ではない。若いが故に明日への大きな期待がかけられているのであり、明日への結実のために、たゆまない努力を続けることが今日のこの人に与えられた課題ではないだろうか。

僑胞社会に関してはどう思つているかの質問に対しこの人はこう答えた。「私自身日本に長い間住んでいるから僑胞の一人であつて別に特別な関心というものはない。それよりか進んで僑胞の一人としての強い自覚をもつており、大韓民国のよりよき在外国民として明るい僑胞社会建設に協力したい」まことに当を得た答え。

× × ×

趣味は別にこれといつてないが、学生時代にラグビーをやつた程度だといい仕事だけが趣味だそうだ。カメラを向けると、こんなでどうですかとポーズをとるところなどなかなか堂に入つたものだが、気取らないところはやはりこの人の若さと人間的親しみが感じられる。

× × ×

英語と中国語に堪能な出、家庭には夫人と女の子の三人暮し平北宣川で一九二二年生れの三十二才。（アミーバ）

資料が欲しい

▽…今度当本部でも機関紙を発行することになり、既にその創刊号を発行しましたが、何しろ郷里のことで充分な資料がなく紙面の内容が貧弱で困つております。

出来ますれば貴社から写真資料などを送つていただきたいものですが如何なものでしょう。それから本国からの資料はどのような方法で手に入れることが出来ますか御教示下さい。（新潟「自由新聞」）

▽…貴紙拝見致しました。本社でも本国と数度に及び写真資料等交渉してきましたが、なかなか手に入りません。政府の公報処あたりが色々充分な資料を揃えていると思いますから直接御連絡してみて下さい。本社でも駐日代表部等を通じ目下資料交換の方法で交渉中ですから手に入りましたら御連絡致します。（編集部）

金正哲君米国へ留学

下関廿日大韓基督教会伝導師金泰烈氏の長男、金正哲君（大阪大学工科卒）はアメリカ、カリフォルニア州サンフランシスコ大学大学院工科研究生として留学の為渡米挨拶方々一日本社を来訪した。なお同君は四日横浜発で渡米する。なお同君の御令妹子嬢も同大学社会経済科二年に留学中である。

京都韓中八周年記念行事盛況

創立八周年を迎えた京都韓国中学では去る六月十三日開校記念日に当り同校大講堂において、来賓、有志、学父兄多数参席の下、盛大な記念式を挙行、続いて舞踊、卓球、庭球試合、生徒作品展示会等を催し盛況裡に記念行事を終えた。

（詩）新　緑

京都韓国中学校一年　白　花子

すつきりとした初夏の空にかこまれ
野も山も若葉につゝまれ
目もさめるような
自然の美しさに輝やく緑の木々よ
私の心もあの木のように
青々と
いつも元気になりたいな
雨がふろうと
嵐がふこうと
いつも元気で緑の波うつ
あゝ　あの新緑の美しさよ

学園設立賛助金寄付者芳名（秋田県の部）

金五万円	鄭達之氏
〃五万円	申明奭氏
〃二万円	申竜植氏
〃二万円	金相浜氏
〃一万五千円	権永祚氏
〃一万円	魚鎮哲氏
〃一万円	李長春氏
〃一万円	李夜陽氏
〃一万円	高茂範氏
〃五千円	黄相基氏
〃五千円	朴相浩氏
〃五千円	黄南俊氏
〃五千円	金永秀氏
〃三千円	朴玉允氏
〃三千円	鄭竜模氏
〃三千円	姜点伊氏
〃三千円	朴顕鎮氏
〃三千円	金洪永氏
計	二十四万九千円也

尋ね人

☆金浩永氏の妹金必喜さんとその子供さんを尋ねております。

待望의 音楽教本
七月初旬에 発売!
B5版 六〇頁
定価 百四十円

韓国貿易全般
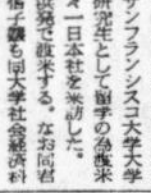
取締役社長　趙忠敎（茂山圭造）
朝日商事株式会社
岡山市西川一一五番地　電話0992

民主新聞

在日大韓民国居留民団
中央総本部
機関紙

発行所
東京都新宿区若松町21
電話（34）8569 8570
振替口座東京143865
民主新聞社
発行人
金載華

一部 15円
一カ月送料共50円

綱領

一、われらは大韓民国の国是を遵守する。
二、われらは在留同胞の民権擁護を期する。
三、われらは在留同胞の民生安定を期する。
四、われらは在留同胞の文化向上を期する。
五、われらは国際親善を期する。

不法拘置中の全員釈放せよ

【写真上は李大統領下は金公使】

韓日会談が変則的停頓状態に陥つて以来韓日国交上種々不合理な状態が現出されているが、特に在日僑胞に対する法的身分及びその処遇問題が既に両国の合意を見た事項迄有耶無耶に違反されつゝある事態が続出しその誠度が憂慮されている。日本の講和条約締結と前後して開かれた韓日会談において第二次大戦終結前に日本に入国した韓国人は居住権が認められる事になつていたが当時該当者として一二五名が大村収容所に拘留されその最後的措置は韓日会談で解決される事になつていたものである。その後韓日会談が決裂状態を持続していた為、その措置も延期された形になつていた。日本政府は彼等を釈放せず爾来二年半の間拘留していたが、最近に至り彼等の内七十七名を強制送還したと発表するに至つた。韓国政府では彼等の措置は韓日会談で最終的決定を見る迄は強制送還されないとの解釈の下に不法拘留から釈放される事を期待していたのに拘らずこのような「強制送還」の発表に接し日本政府が既に合意を見た取りきめを違反した事に対し抗議すると共に全員即時釈放を要求したものである。この問題に関し李大統領の声明に続いて駐日代表部では戦後日本に不法入国した送還者の交渉に当つて戦前入国者は厳密に除外していたのに鑑み前項のようなステートメントを発表した。

韓日会談成立まで強制送還は不当

大村収容所問題に関し金公使声明

（全文）

不法入国者として韓国に送還したと主張する韓国人七十七名の名簿を受領した大韓民国駐日代表部金公使は二〇日次の様な声明を発表した。

問題の韓国人一二五名は一九四五年以前日本に入国しまた日本政府もこの事実を一九五二年五月の公文で認めている、最近に至つて日本政府は問題の一二五名中七十七名が残余の四八名と共に一九五二年五月以前に逮捕されて以来引続き大村収容所に抑留されていた厳然たる事実を歪曲し、あたかも彼等が最近逮捕された如く言明することに依つて、彼等を密航者として追放したといつている。加えて二二名は異名されていて、当者を判別するのが不可能な状態である。金公使はこれ等一二五名の韓国人が二年以上も収容されている点を強調しながら次の様に声明した。

声明書

（一）大韓民国政府は第二次大戦終了前に日本に入国し居住する韓国人は彼等の法的地位と処遇に関する問題が正式韓日会談において解決されるまでは日本政府の一方的な追放の対象にならないという見解をもつており、既に確立された国際慣例もこの見解を支持している、決裂された正式韓日会談においても両国代表はこの原則の下に種々の問題点の論議を進行した。元来韓国人居住者の大部分は第二次大戦中、日本政府が徴用または強制労務者として強制的に日本えつれて来た人達である。この様につれて来られた韓国人居住者の数は一時最高二百万を超過していた。彼等を強制して強制労働させた結果として大多数の死傷者が発生したが日本政府は今に至つてもこれらに対して何等の補償も支払つていない。終戦後これら韓国人中から祖国に帰還した者が百万を越え現在は約六十万に近い韓国人が日本に残留しており彼等は終戦後から日本における居住権を確保している。対日講和条約が効力を発生した当時韓国人居住者の法的地位と処遇に関する問題は解決されなかつた。それにもかかわらず、日本政府はこれら韓国人を日本から一方的に追放する権限を保有すると主張しておりまた事実上彼等の中には逮捕され大村収容所に抑留されている者も相当数あつた。これは国際慣例を無視した重大な問題といわざるを得ない、わが政府の見解としてはこのような韓国人に対して祖国に帰還しようと願う自由意志を表示するならば何時でもこれを容認するばかりでなく可能なあらゆる援助を与える用意があるものである。然し上述の理由で日本政府が取つた一方的追放はこれを受諾することが出来ない。

（二）日本政府は一九五二年五月に一二五名の韓国人追放に着手しこの事実を本代表部に通報して来た。本代表部に送達された公文においても日本政府はこれら一二五名の韓国人が第二次大戦前から引続き日本に居住する者である事を認定したばかりでなく、この見解は一九五二年九月三日に開催された会議において本代表部と日本入国管理局側代表は一九四五年以前に日本に入国した韓国人の法的地位と処遇に関する問題が正式韓日会談において解決される時迄これら人々を追放しない事に同意したのであつた。然るにこの立場を完全に覆がえし日本政府は今に至つて問題の一二五名中七七名の韓国人を最近密航者としてあたかも彼等が最近逮捕された如く言明し追放したといつている、然し日本政府からの従来の通告によつてもこれら七七名の韓国人は当時すでに大村収容所に抑留されていた事を明らかにしている。上記事実は日本政府がこれら七七名を無理に追放するため、彼等が一九四五年以後の不法入国者である如く事実を故意に歪曲して無辜な居住者を不法入国者にデツチ上げた事を明白に提示している。

（三）日本政府は日本法律を違反した外国人を追放する権限があると主張している。大韓民国政府も第二次大戦終了後日本に不法に入国した韓国人を日本から追放することに対して異議をもつた事がない、然ししばしば闡明した通り終戦前から日本に入国し引き続き居住権を確保している在日韓国人の処遇は一九四五年以後に日本に入国した韓国人の処遇とは自然に異ならなくてはならないものと認める。

（四）日本政府が既に送還したとして提示した七十七名の名簿中の五五名だけが不法入国者名簿中の姓名が一致しているがその年月日、逮捕日時、その他関連ある事項は相違している、日本政府の名簿を詳しく検討して見れば、日本政府が残余の二二名を異名で送還したと主張する意思である事は首肯されるが異名であるので該当者が誰であるか判別することが不可能である若し彼等が確実に送還されたとするならば日本政府は該当者が誰であるか立証する責任があると指摘するものである。

（五）一九四五年以前に日本に入国した韓国人を二年半以上抑留するのは基本人権擁護の精神と完全に背馳するものであるから我が政府は日本政府の斯る不法な抑留に対して屢々抗議したのである。

日本政府が即時彼等を釈放し彼等が帰国するか滞日するかを自由意思で表示出来るよう私は強調するものである。彼等が釈放後若し自由意思で帰国を願うならば本代表部は直ちに彼等に所要証明書を発給することにより帰国を可能にするであろう、私は彼等が収容所内において日本官憲の不断の抑圧的雰囲気の中にいる限り彼等が自由意思を表示することが出来たとは考えられない。

一九五四年七月二〇日

日本は卑劣な態度改めよ

コリアン・タイムズ紙が非難

（ソウル発UP特約十五日KP）韓国の中立系英字紙コリアン・タイムズは十四日、「日本は一方では共産側にお世辞を使いながら一方では西欧側に哀訴している」と非難して次のように述べている。

正常な韓日関係を樹立するためには日本政府は弱者に対しては強そうに見せかけ強者に対しては弱そうに見せかける卑劣な習慣を止めなければならない、日本は一方では共産側にお世辞を使い一方では民主々義に追従するように見せかける現在の動揺した行為を早急に止めなければならない。日本はソ連の日本漁船拿捕に対しては一言も抗議しないのに韓国警備船による捕獲に対してはこれにそなえて漁船「保護」を強化するよう要求している。日本は韓国が持つていないジエット機や大型軍艦を手に入れようとしておりながら韓国戦争の恩恵でどうやら復興した工業施設で製造した物資を中共に供給している。韓日両国の不和をなくすためには日本は公正に行動しなければならない、日本は歴史的地理的に非常に関係の深い隣国と交渉するにあたつて大いに誠実かついんぎんでなければならない。

非人道的取扱を隠ぺい

収容所内はあてら刑務所の感

柳参事談話

駐日代表部柳参事官は二十九日午後二時記者団と会見次の様な談話を発表した。

去る二十六日大村収容所を訪問し抑留中の韓国人の実情を視察したいと申込んだところ、当局者は視察を拒否した。これは明らかに先の在日韓国人の不法抑留及び不法送還を隠蔽する為になされた意識的措置としか考えられないばかりでなく、現在密航者として抑留されているという六百名に及ぶ韓国人に対する非人道的取扱を隠蔽するための詐為的行為である。収容所の施設を一応見る事が出来たが韓国の収容所とは雲泥の差がある。所内はあてら刑務所見たいな感があり、これは国際慣例にもとるものである。彼等は収容所内に韓国語学校を開設したと称していたが、私の見聞した限りでは教授した形跡は見られなかつた。なお当局者は一応否定しているものの奇怪にも抑留者中から香港経由北韓傀儡政権に不法送還しようとする動きがあるという事である。この様に日本当局は国際慣例又は協定、申し合せ等を一方的に無視して不当な既成事実を造り上げているのは両国々交調整上においても在日韓国人の居住身分処遇上においても放置する事の出来ない挿事であり且つ日本当局の措置を遺憾とするものである。

反共聯盟の事務局近く構成

【ソウル十三日東洋発KP】李範寧氏（韓海反共大会議長）は十三日、「アジア民族反共連盟の事務局（ソウル）を構成するため各国に代表一名づゝの派遣を要請する」と語つた。

日本は在日韓国人を虐待

（ソウル発UP特約二十日KP）韓国の半官的英字紙コリアン・レパブリックは二十日「大村収容所の悲劇」について次のように述べた。

太平洋戦争における日本の敗北も占領者の寛大な統治も在日韓国居留民に公正な待遇を与えるに足るほどの変革をもたらさなかつた日本が韓国を支配していた当時数万の韓国人が日本に強制移住させられ働くことを知らぬ日本軍への補給のためつらく苦しい屈辱的な作業をさせられた、第二次大戦で日本が敗北してからも在日韓国居留民は従来と実質的に同じ地位に置かれ大体従前通りの経済的政治的ハンデキヤツプを負わされてきた在日韓国人は警察の迫害を受け不当にもあらゆる法律違反容疑、秩序紊乱容疑をうけている。これは日本の数多い悪質な偽善ぶりがこゝで再び正体をあらわしたのである、日本を再び強大にしようと主張している自由世界の人々は注意すべきである。

挙国態勢完備国軍増強

卞総理国会で施政演説

【ソウル七月十四日発KP】卞国務総理は十四日国会で就任後初の施政方針演説を次のように述べた。

一、国土統一挙国一致態勢　内に滅共意識を高度に印め全民族の力量を総集結し挙国一致の臨戦態勢を確立して国基を強固にするとともに国力を充実に増強、外にあつては友邦諸国との提携を強化しなければならない、このために政府は施政刷新を期して重要国策を積極実施する方針である。国民各位は崇高な愛国愛族心を発揮して不屈不撓の闘志と万難克服の忍耐力とで大義のために小我をすて大同団結し国家に最大の忠誠をつくすよう要望する。

二、憲法改正　現行憲法の改正に関しては行政府も民議院も非公式研究を重ねている間に相当な日時を費したものと思われる、今度の改憲の主要眼目としては、国家独立と安全に関する最終決定には国民全体の意見を直接反映させて万全を期すること、自由経済態勢の確立にともなうその正常な運営に障害となりそうなおそれのある条項を適当に修正すること、行政府機構の簡素化である、この共同議題の解決に行政府としては積極的努力を払う。

三、国防力と治安　国内外情勢の重大性にかんがみ国際連合及び民主友邦国家、特に米国との提携をより緊密にし、東南亜及び極東における共同防衛態勢の迅速な完備とともに軍備を拡充強化して精鋭な軍隊を育成し国防力の完璧を期する、このために先ず軍備を拡充して陸海空を強力に防衛し制圧できるよう均衡した強力な三軍を編成拡充し、次ぎに国民皆兵主義に立脚した兵役制度の整備と人的資源の正確な把握確保、兵役行政の万全、新旧兵交代制の適切な実施とともに予備軍を編成強化、特に国軍の機械化を先進国軍隊の水準に引上げ、人的損耗を最少限度に制限する、これは人道上の当然性は勿論、無制限の人的資源をもつ敵に反抗する長期戦にあつて必死の人的枯渇を未然に防止する唯一の方法で、友邦米国の絶対的援助と迅速な実現に期待するところ大である。全警察力を対共査察強化に傾注し不純分子の陰謀を完封、事変後漸次増加してきている各種犯罪に対しては捜査及び予防警察力に注力して国内治安の万全を期するとともに民心の動向を正確に把握しその安全に格別の努力を払う一方、滅共意識を昂揚していく方針である。

四、外交政策　休戦協定に関しては共産側は莫大な銃砲、弾薬、装備及び各種武器の導入飛行場、その他軍事施設の建設と同時に北韓に活動する休戦監視委員団の行動制限による完全な機能喪失南韓に潜入する共産側監視委員団の越権行為等、休戦協定に違反し国際的誓約にそむくことは甚しい特に拉致者送還問題にあつて共産側は協定に違反した。ジユネーヴ会議でもこの問題を呼訴論議し将来国際赤十字社にもこの点考慮処することになつている、休戦協定が一方的に自由国家だけを拘束するという理論は成立たない、政府はもともと期限付で休戦実施を妨害しないという約束をしただけで休戦協定が共産側の常習的破壊により完全に反古化した現在ではなおさらその拘束をうける何らの理論根拠もない、約束を履行以上に履行した政府は完全に自由な姿勢を回復したのである。共産側とのこれ以上の会談はいつどこであると問わず政府としては反対する。国土を統一する行動があるまでは厳粛な沈黙あるのみである。

（以下対日関係は省略）

五、行政力の強化　先ず中央、地方現行政機構の再調整と簡素化を策定するとともに財政の確立をはかり、事務分掌を適切に調整して国家施策の重点的推進に積極協力するようになど官紀を確立、廉潔有能な人材を積極的に登用し適材を適所に配置する一方、公務員の処遇の改善方法を積極的に講究しその質的向上に努力する。

六、財政金融政策　当面の経済実態にてらし第一には共産侵略に対抗する自由戦力を補い強める軍事的需要の適期調達、第二に戦乱に因る被害からの復旧、最短期間内に自立経済を成就できるよう復興財源に必要な外資財源の確保策、第三にどのような復興建設に要する事業費用の充当策、第四に軍事的防衛費と経済的復興費の使用にともなうインフレの脅威から国民生活を保証するための調整策及び経済の発展と健全財政を促す助けとなる金融秩序の正常化、以上の点に重きをおきたい、このような問題を解決するために韓米合同経済委員会（CEB）は韓米協約とUNKRA協約の精神に立脚して該委員会の機能を十分に友邦援助諸国家に直接折衝して援助額の増大と援助物資導入の迅速化を極力促進したいと考えている。そして今後、援助導入計画予算以外に実際導入予算額を四半期毎に検討して導入された消費財に対する消化可能購買力の検討、建設財に対する民間資本の最大限動員、財政金融的措置を併行することによつて、物動計画と資金計画の一致を期する上に必要な政府予算の運営にあつては行政機構と公務員等を一層戦時体制に簡素化し既定予算といえども不急事業は中止を断行して歳出運用の効率化を期したい。また既定政府予算中租税その他自力歳入財源に関しては国民負担の公平を考慮しながら予定歳入の確保を期する、同時に帰属財産の早急売却と専売事業の拡充を期し国庫の充足と経済実態に符合する税制改革をはかりたい。次に金融政策はその目標を、国民所得の質的転換をもたらすよう金融の制度と機関を調整し改良して助成する点におく、こうして先ず一般銀行法の実施と同時に銀行帰属株の早急売却を施行し、第二に企業資金の再評価、会計基準の設定、原価計算の統一を期し、第三には証券市場制度の確立を促し、第四に統一された合理性ある外国為替管理を実施し、第五に金利調整策によつて長期性資金の獲得をはる方針である。

七、産業復興　国家建設の基幹動力である電力については既に国策として定めた発電三カ年計画を進め現存水力発電施設の補充強化及び火力発電施設の改善又は増修を強力に実施する予定である、鉱業については重要鉱産物の増産に注力し差当りタングステン鉱の再建業推進と金鉱及び特殊鉱の開発を力強く進め、自給自足を目指す石炭増産に対してもUNKRAの技術援助計画の積極的推進と年次別に外国援助で炭鉱施設を高度に機械化するなど増産を強化して、増産五カ年計画を完遂するとゝもに、石油については消費節約の立法措置を講究中である、工業部門にあつては衣食住の最少限度の自給自足を目標とし、紡績、肥料、セメント、板ガラス各工場及び基幹工業である鉄鋼工業等の建設を中心にこれにともなう各中小工業を育成する。現存施設に対しては運営の合理化と生産増加を期したい。水産部門は沿岸漁業を極力保護する一方、遠洋漁業を積極的に奨励、漁船、漁具を確保し漁業資金の供給、漁業協同団体の助成及び水産品の海外輸出を奨励する予定である。商易政策については中小商工業者に対する融資面開拓及び海外市場の開拓と拡大輸出振興等に努力する。次に農林政策にあつては農産物増産と農村復興のために先ず耕地面積の拡張保全、自給肥料の増産と販売肥料の適期供給等肥料政策の改善を期すると同時に優良種子の更新普及等を強行して食糧を増産、一方食糧導入の再調整、食糧の買上げ実施とゝもに穀価調節のために農民に穀物保管に対する臨時融資措置をとり、穀物の対外輸出等をめざして食糧政策の適正を期して農村経済発展のための積極的な施策を予定している。運輸交通に重大な役割をする輸送については鉄道運営の合理化施設の整備、新設事業の促進とバス、貨物自動車事業の普及、軌道事業の機械化による陸運の万全を期する一方、船舶拡充、船員養成造船工業の振興等で海運行政の強化とゝもに航空行政にも積極的に努力する。

八、文教宣伝政策　北進統一を完遂し自主民主国家としての基盤を確立するため世界史的民族課業を成就すべく教育の全機能を滅共意識の昂揚と確乎とした民主主義信念の堅持に集中統一して強力推進するとともに、学齢児童の完全就学のために義務教育機関の早急な復旧拡張を企画し、文盲者の完全退治を目標に成人教育を強化するため全国的な啓蒙運動を展開する方針である、また国語綴字の通俗化即ち簡易化は長い間一般の期待してきたところで、第一歩として最近文教部が発表した案があるが、その完全実施には財政的措置を要するので経済的制限に合わせ度を過ぎないような実施方案を関係部処で作成し合理的実践に移す考えでいる、綴字の目標は合理的簡易化であるから引続いて研究のため官民合作機関を文教部で考えているところである。次ぎに憲法精神に立脚した言論の自由を最大限に保障するとともに民主言論の健全育成に多角的努力をする。

九、社会保健政策　戦乱罹災民の救護と戦没軍警遺家族、傷痍軍警およびその家族に対する援護事業は当面の緊急重要問題である。そこで救援護対象の正確な把握、救援護の緊急の適正を期することは勿論、難民定着、戦災孤児の保護、養老院等の事業を積極的に推進するとともに、生計扶助の実施、授職、補導施設の拡張と運営、援護思想の普及、軍警年金の給与等の事業遂行に常に万全を期したい。

主張

大村収容所問題

人権擁護を叫び、個人の自由を主張する今どき、罪なき人々がしかも期限もなしに幽閉の呻吟を余儀なくされているとすればそれはまさに人間地獄の現代版である。その現代版人間地獄が人権尊重を憲法にうたつている日本の大村収容所であり、何時の日とも当てなしに苦しんでいるのはかつては勿論今なお日本の保護を受けるべき在日韓国同胞である。韓日親善が希求される今日誰なら誰でも開いた口が塞がらないであろう。

一九四五年前は労働に徴用に兵隊に狩り立てられた我々韓国人は二百万を遥かに越えていたがほとんど帰郷して今在留を余儀なくされている六十五万は居住権があつて日本法の保護を受ける立場にあり、一九四五年以後の不法入国者は送還されることになつたことは韓日両国政府の了解済みのことで、その他のことは韓日会談成立の結果を待つことになつている。しかるに日本政府は二回にわたる韓日会談を故意に決裂させ、果ては在日同胞の罪なき者または刑期満了の者を大村収容所に数年前から収容を強制し、一九五二年無断で送還を試みたが道理に合わず、戻つて来た一二五名の同胞を再収容して今日に至つたのである。我が代表部および民団では数回にわたつて釈放を要求し法務省の出方を注視していたが、今度は七七名が行方不明で四八名だけが残つていると伝えられる。あるいは密入国者に化けさせて本国へ送還したともいわれている。何れにせよ七七名の安否について我々はじつとしてはおれない。もし日本政府で言う通り本国に無事到着していることが判明されたとしても、一体居住権既得者を何年も強制収容し、国際間の公文を蹂躙してまでこつそり送還したというところに問題が大きい。

若し暴権を振い自由を欲する人間の弱みを逆用して文書を造作し国際信義を顧みない日本政府ならば我々は勿論日本中に住む誰が一体基本的人権の自由を保証されていることか。大村収容所は日本各地の収容所十一個所から寄せ集めた送還を待つ各外国人特に韓国人が今なお三百数十名も獄中呻吟を続けているというがこの分では次々と行方不明になつて何時の間にか送還したことにしてけりとする日が来るに定まつている。それよりも今一般在日居住者も明日の自由を、次の運命を一体誰が保証していることか、全く風前の灯とは我々在日外国人の運命である。

最近代表部要人と民団役員とが入獄の照会と実状視察の目的で大村収容所を訪ねたけれども全く刑務所と変りない収容所の設備を案内するだけで絶対に面会要求を容れてくれないので憤慨に堪えないといつている。一体正々堂々法に照らし国際信義にやましいことのない収容所運営ならば何故面会を拒み被収容者の実況を確認させないのか、まして日本の新聞記者ですら中を見せて貰つたことがないと来てはいよいよ我々の疑惑は増すばかりだ。収容されている同胞の希望によつては中共系の在日中国人団体と提携して香港北京経由で北鮮送還も実現していると噂されている。数人の死亡者も入院わずか一両日で死亡と知らされる位では全く人道を逸脱した暴挙と断ぜざるを得ない。我々は七名の処置を闡明し、被収容中の四八名を始め、無罪者又は刑期満了者を即時釈放して日本の信義を回復せよと絶叫する。

日本人戦犯の釈放又は引揚げ促進の為ソ聯入りをした日本議員団の報道を聞いて、ソ聯の親切な案内や態度を礼賛する日本ではある。共産国家の戦犯に対する態度ですら斯の如しである。われ在日韓国人は戦犯でもなく未だ敵対国でもないではないか？イギリスはスエズ運河をエジプトに返し、フランスは玉座を譲つて相手方の友誼を保つ為判断をする今日、日本は対韓政策において悉くこれとは正反対を逆行するのではないか？日本の相互尊重と平等精神の実践を希望すると共に、韓日会談成立までは徒らに無辜な在日同胞を苦しめてまで韓日交渉の道具化することのないよう人道に照して強く要求する。

人情味溢れる理論参謀

「理論・実践の体系化はかれ」

在日韓僑在郷軍人会長・国会オヴザバー
安基伯

「腐敗しきつた現政界の老壮派よりわれわれ青年層の力を総結集、政界の再編成をしてはじめて祖国が民主政体の軌道にのるだろう。しかし青年層といえども、やたらに情熱のみを発散させてはならない。もつと実質面に溶ける冷静な理論体系をもち、チミツ周到にして、しかも実せん面に於いては勇敢に突進すべきである」なか〳〵すごい意気。

日本における僑胞問題については「われ〳〵民族陣営ではあまり観念的であり実践面が非常に欠けている。もつと現実の社会を分析把握して施策を樹立すべきである。いわば社会人の診断を十分にして治療を施すべきである。常に民族国家を忘却した私的行動は各自が自覚し民衆の模範となるように行動しなくては民衆はついてこない。民衆と遊離し、独善的な観念から脱皮して民衆と共に進むことと、もう一つは民衆からもおそわるという態度で臨むべきである。日本にいるわれ〳〵は祖国を完全に理解してないところから誤解が起ると思う。相互が尊重しあうことが大事でありその意味では韓日両国間の紛争問題も同じだ。相互の歴史と文化を知らなくては真の親善は生れない。次に日本政府の根本政策確立の問題だが民主陣営というより反共陣営の友邦としての強固たる政策樹立が急務であるし、対韓優越感を除割しないまま両国関係が続くなら日本は遠からずアジアの孤児となるだろう」トウ〳〵としてつきるところを知らない能弁、まずは雄弁をもつて自認する程の人ではある。

× × ×

民族陣営の組織人であり青年陣営の理論参謀と自他共に認められているこの人は、慶北尚州で生れ故郷の沙伐小学を終えソウルの普成商業をでた。当時すでに全国普学生総連盟を組織、学生運動にのりだし日本に渡つては明大法学部をへて早大大学院で刑法を専攻するかたわら、韓学同、民団東京本部、韓青と民族陣営のあらゆる機関で組織面を担当、現在軍人会々長、青年陣営一方の旗頭としてのこの力量は組織に挺身した人士ならだれもが一目おく程の存在で戦後派のベテラン級。ある人士はこの人を評して冷徹な理論屋だといつたが、それは共にこの人のパーソナリティを理解出来ないからで、日常のこの人はどんな人にも謙遜であり、学究の態度を失わない真面目な人格の持主である。この冷徹な理論家も一面、涙もろいヒューマニストでもあり、この人の人間的温情にすがつた人々の如何に多いことか。知る人ぞ知るである。難をいえば少し大げさなことがなくもないが……ともあれ民団十八回全体大会において青年層を代表、圧倒的得票をもつて国会オヴザーバーに当選したのも青年陣営内に溶ける信望厚さゆえんであろう。

× × ×

最後に在京青年団体統合問題については「統一問題が遅々として進まないのは実に組成、夕に解散するような破目に落ち入らない為で慎重を期してかからねばならない、そして質的に優秀な者との連携をはかる、そして日本のみならず本国青年層の核心となるような組織運営を期したい」と結んだ。（PAK）

西紀一九二五年生れ、趣味は読書、酔つと韓国舞踊がオハコ。

（その18）

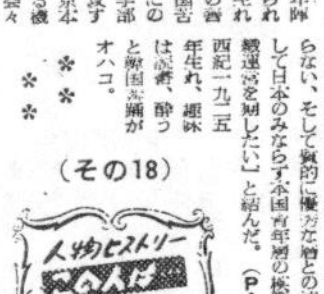

陸軍人事異動

参謀次長に李中将

（ソウル発徐記者記UP特約十四日KP）韓国陸軍は十三日、参謀次長から課長級にいたる大人事異動を行つた。陸軍上層部の人事異動が行われるという噂は丁一権大将が去る二月参謀総長に就任して以来流布されていたものである。十三日の人事異動によると李応俊中将が参謀次長に任ぜられ劉載興前参謀次長は教育総監に転任した。また李鍾賛元参謀総長は二年ぶりに現役に復帰して陸軍大学長に就任、宋堯讃元首都防衛師団長は第三軍団長に任命された。

江原道知事に崔献吉氏

【ソウル十六日東洋発KP】崔圭鈺の農林部長官就任で空席中の江原道知事には十六日付で前国会議員崔献吉氏が任命された。

休戦協定無視新兵器導入せよ

（ソール発UP特約十五日KP）韓国の半官的英字紙コリアン・レパブリックは十四日、国連軍が休戦協定を破り韓国に飛行機と兵器を増強することを要望した同紙は「休戦はもはや存在しない、韓国問題に関するジユネーヴ会議は問題解決に至らず終了したからである」と述べ、中立国休戦監視団を即時廃止し、次いで国連軍を近代化せよと勧告している。

国会に僑民分委設置要請

（ソウル十五日東洋発KP）在日居留民団中央総本部はこのほど本国会議長に書翰をよせ、国会に在日同胞問題を扱う在外僑民常任分科委員会（仮称）を設けるよう要請した。なおこの要請は民団第十八回全体大会において決議されたものである。

日本全国唯一豪荘華麗　延坪＝二百坪　客室＝二十室

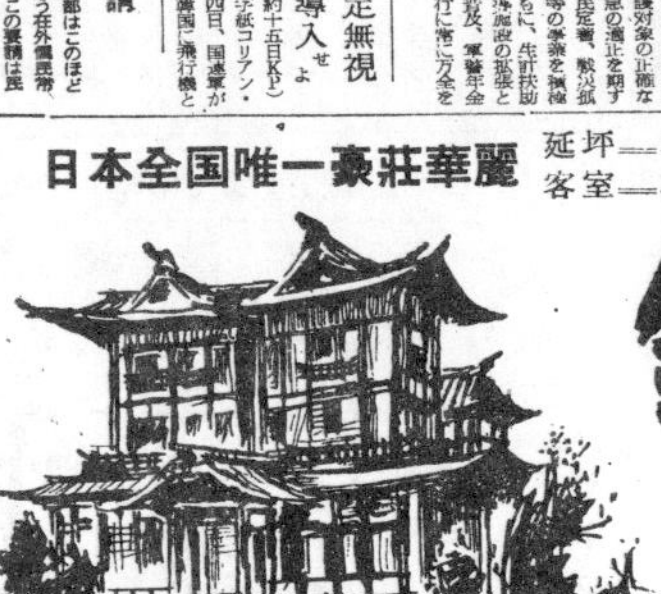

鐘路閣

韓国高級料理
京城料理・平壌冷麺

◎一階大衆食堂、二三階ホテル利用
◎大小宴会可
◎上京僑胞バイヤー人士宿泊及食事入浴随意

新宿区新宿二丁目十八番地　電話（37）1484・1438

洋装生地専門店
東亜商會
東京都渋谷区上通り三の十三
TEL（46）1860・5763

在日僑胞金融機関として発足致しました
皆様の御利用の程をお願い致します
漢城信用組合
組合長　金得溶　副組合長　朴漢九　外役職員一同
東京都中央区日本橋蛎殻町一の一八　TEL（67）4096

名儀を詐称、韓青ビル

「不法売却を企図」

兵庫民戦の非行、公判で全貌暴露

最近民戦系列は表面暴力破壊活動を差控えているように見せかけているが尚険険な地下活動を続けており、新しい動きとして在日僑胞が長い期間血ににじむような労力と汗によって購なつた公共の建物財産を不法な手段によって売却する反民族的な行為を敢行し彼等の政治資金に横領する傾向が著しくなり悪辣な僑胞の指弾を浸けている。特に露骨な現われは兵庫韓青ビル及び奨学会不法売却企図事件であって、彼等の一連の動きの伏線として僑胞社会の憤激をかっている。

去る七月九日、十四日両日に亘つて神戸地裁六号法廷において民戦系の所謂韓青金漢述金慶能等の「兵庫韓青ビル明け渡し仮処分申請」の審理が行われたが、席上民団中総副団長洪賢基氏の反対証言により彼等民戦系の罪状が白日の下に暴露された。兵庫韓青ビルは解放直後当時韓青がビル所有者長谷川氏に半金を支払い所有権を獲得使用していたものであるが、その後韓青が発展的に解消し韓青に再組織されたが兵庫県においては李事炎、金漢述金慶能、文東緑らが韓青の名を詐称して半金を支払い不法に所有を主張、民戦系各団体並びに日共系団体を引き入れビルを不法占拠していたのである。最近に至り前記金漢述らはその建物並びに附属財産を金融会社と個人数人に不正売却しようとした事が暴露されたので民団、韓青等民族陣営団体が彼等の団体名詐称及び不法占拠、不法売却の悪辣な反民族的不法行為を追究し合法的にビルを占有使用していたのであった。事ここに至って民戦系は祖防隊、日共暴力団を動員して不法占拠を企図する一方、厚かましくも神戸地裁に仮処分申請をなし飽く迄強引な偽瞞行為に出たものである。証言席上洪賢基氏の「生き証人」的条理ある弁論によって彼等の偽瞞謀略は徹底的に暴露されたのである。尚洪賢基氏は当時韓青の委員長として本人自身韓青の解散を正式に宣言した当人である。

民生保護対策など討議

近畿地方協議会ひらく

第二十九回民団近畿地方協議会は七月六日和歌山県本部において和歌山、大阪、京都、奈良、滋賀の各県本部代表が参加してひらかれた会議は臨時執行部の議長に関永湜氏、司会に金瀬洙氏を就任させ各本部の経過報告があった後、左の事項が討議された。

討議事項

一、八・一五記念行事

名称を光復節慶祝民衆大会として統一挙行することに決定、併せて国際親善蹴球大会を催すことになったが具体的な取決めは京阪神三団長会談において討議することにした。

二、左翼陣営協力者に対し警告文草案作成委員は京阪神三本部団長に一任する。

三、渉外活動強化

京都本部にあって現在民生保護に対する外交渉等の経過報告があり、政策立案委員会を常設し内規を作成して一週一回大阪本部に集りこれを研究、各県に連絡せしめて推進させる。

四、代表部職員増加要請

近畿地方には僑胞数が多く、この僑民関係事務の能率化を期するため外務部に陳情する。

その他一時旅券、規約草案費均等負担の件などを討議した。

"訪米韓国児童音楽団"

三カ月ぶりに帰国

七月六日午後六時から港区高輪学院においてアメリカ韓米財団の招請によって渡米三カ月に亘る訪米親善演奏旅行を終え帰国の途次日本に立ち寄った韓国児童音楽団の歓迎会が民団主催で催された。会場には音楽団長安丙元氏顧問都道斌氏引率者四名と団員児童二十五名（男児三名女児二二名）最年少者李淑栄嬢七才最高年令一二才が旅の疲れも見せず元気な姿を見せて居並び主催と後援側民団中総金炳旭副議長同代表、代表部高明済儒民部長外有志多数の歓迎を受けた。団員児童全員は三カ月に亘る訪米演奏旅行ですっかり板についた親善使節ぶりを発揮してうたい満場の喝采を浴びるなどなごやかな雰囲気の中で会は進められ九時半民団の記念品贈呈を以て歓迎会は閉じられた。

同団は一九四五年ソウルにおいてソウル京畿女中音楽教師安丙元氏の指導の下に"鳳仙花童謡会"として発足し会員三〇名で活躍していたが韓国動乱により会員多数を喪い釜山で"海軍児童音楽団"として団員二十五名で再起し動乱期間中国連軍慰問を二二三回行なつて来たのであった。ソウル還都と共に移転"韓国児童音楽団"と改称団員男児四〇名女児二十五名を擁するに至った、今度渡米財団の招待はバンフリート将軍が動乱中の同音楽団の活躍成果を認め招請に尽力したものであるが訪米演奏旅行期間四月九日から七月三日に亘つて米州四一都市をバスで八千哩の道程を踏破しテレビ、官公庁、教会、野外演奏等二三五回行ないその結果米国官民の絶大なる援助により戦災孤児援助寄金二、八〇〇〇万ドルを得る成果をあげた。

滞米中アイゼンハウワー大統領夫妻、ニクソン副大統領バンフリート将軍を始め官、軍、民から韓国児童の文化芸術における成長を激讃され到る所で在米僑胞の温い歓迎攻めに合うと共に彼等を感泣させたとの事である。

同日は滞日中アニーパイルで国連軍の慰問を終え七日朝航空便で帰国した。

写真は訪米児童音楽団—東京にて

カトリック学生大会

二十四日から日本北海道札幌において全日本カトリック学連全国大会が開かれたが韓国と比国代表が同大会に招請された、韓国代表としては在日韓国カトリック学生会会長玄永鋼君（上大三年在学）が参加メッセージを伝達した。なお今度の大会は来る十二月末から来年一月初にかけてニューデリーにおいて開かれるカトリック学連アジア大会の地域大会に該当するものである。

第七回関東協議会開催

七月二十日午後二時神奈川県本部で八都県本部中東京、埼玉、三多摩、神奈川県代表ら三十五名と中央総本部丁賛鎮副団長参席の下に神奈川県本部組織部長崔鍾哲氏の司会で第七回関東協議会が開かれた。李裕天同県副団長が議長に就任、議題として第六回協議会以後の経過報告が東京本部団長呉宇泳氏からあり討議に入りつぎのとおり決議した。

一、八・一五記念行事について

1　記念大会式典及祝賀行事の準備は東京本部に一任する。

2　デモは行わず体育会其他多彩な行事に傘下団体及商社文化グループを参加せしめる。

3　記念行事に所要する経費は各県本部で均等に負担する。

一、次期協議会は埼玉県本部で開催する。

映画「友情は国境を越えて」

韓日学生の手で自主製作

昨年十二月八、九、十日の日韓学生会談を契機として両国学生の国境を越えた友情をテーマにして映画を製作しようとの企画は去年十二月末頃から進められたが日韓学生協議会の結成と共に、急に具体化される日韓双方学生の汗ににじむ努力の結果、既にシナリオ部分撮影等完了八月廿日迄に撮影を完了九月五日迄には編集録音を終え九月下旬山葉ホールにおいて試写会をすべく予定している。

ストーリーは一九五三年秋日本水産講習所実習生二名を乗せた"第六あさひ丸"の平和線侵犯から韓学同の学生釈放要請、韓日学生会談韓日学生協議会結成に至る経過を織り込んだものである。なお製作委員には在日韓国学生同盟と日本国際連合学生連盟の諸君があたり、シナリオは早大芸術科のシナリオ研究会がこれを担当した。（T・K生）

団員証を発給

誓約書をとる

栃木

【宇都宮発】栃木県本部では第十四回の定期大会の決定に基き、別項のような誓約書を団員からとり身元証明書を発給する一方組織強化に乗り出した。身元証明書の内側には団費領収欄があり、不誠意による三カ月以上の団員の滞納者には勧告することとし祖国を愛し民団を愛するもののみが組織を守ることにした。

誓約書全文

本籍、住所、姓名及生年月日、職業、所属支部名、本人は大韓民国国民として大韓民国政府に対し良心で以って信義と忠誠を尽し違憲違法の手段で以て大韓民国政府を否認しようとする国内外のあらゆる陰に対し断え間なく闘争することに依つて大韓民国の建国大綱を遵守し其の命令と規律を厳守すると同時に国家の栄誉を宣揚することを誓約する。

本人は在日大韓民国居留民団々員として団の宣言綱領及び規約を厳守し団の方針に遵守することなく団の結束に努力し団の威信と名誉を宣揚することを誓約する。

本人は何等の理由又は如何なる理由を持つことなく良心に随い次の義務を負うことを誓う。

檀紀　年　月　日

右誓約者姓名捺印

在日大韓民国居留民団栃木県本部団長貴中

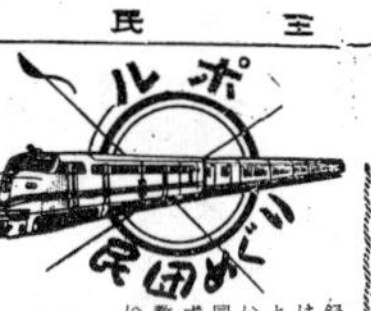

民族教育の実挙ぐ

組織—民団運営の明確性表示

民生相談所等五四年度第一次計画進行中

京　都　本　部

京都本部が創立されたのは一九四七年一月十日だから民団としては古参組の一つ。

現在の事務所は同本部創立に最も功労の大きかった梁在住氏が自宅を提供、今日に及んでいるが（中京区烏丸々太町西入）市庁、裁判所、検察庁、国警等に囲まれた京都の中心地で地理的条件に恵まれた場所にある。

それだけに左翼系僑胞等のデモの時は必ず前を通るので注目の的にされるそうである。

創立当初は金元守初代団長を始め、許敬治、朴利鎮、今は故人の趙憲済、金相国、金熙洙（現大阪団長）李四甲氏等が発起人となり東京から高順欽氏の応援を得て、商工会、教育会がその主体となって結成された。

僅か八十余名が集合して創立総会をひらいたが、朝連勢力の全盛時代につただけにどうでも順調は望まれなかった訳である。

×　×　×

現在、京都府内に三万六千余名の僑胞の中、二万七千名が団員に登録され比較的民団勢力が強いのは、やはり伝統と歴史に生る京都という保守的な雰囲気が影響しているのではないだろうか。

同本部が左翼僑胞の妨害にも拘らず、京都韓国中学を運営して民族教育の実をあげていることは何といっても民団組織運営における大きなプラスであるといわねばなるまい。クリスチャンが多いのも一つの特色で最近は同学園を利用、大韓基督教京都教会とタイアップして夜間スクールを開校、少年や成人教育に当っており、一方京都教会では財団法人"向上社保育園"を開設、僑胞児童の保育事業にも好成果を収めつつあるのは他県に類例のない存在といえよう。

他に許東律氏等の保護育成会が相変らず健実な歩みを見せていることは頼もしい。

×　×　×

さて現在、民団組織の発展にあって重要な役割を果している人々を眺めてみよう。

まず総務局長の金在和団長をはじめ副将格の梁炳斗氏、理論家の金九鴻氏のほか青年層では金海仁郭炳九、朴敏九、鄭中永氏等の一騎当千組がズラリと居並んでいるところ、同本部今後の発展が約束されるゆえんである。

×　×　×

現在の支部組織は市内と郡との二つに大別され、市内は上京、中京、下京、右京、左京、東山、伏見の七支部、郡支部は宇治、乙訓、綴喜、相楽、北桑田、丹後、丹波の…

会団長は民団運営面について「徴収面では支部が消極する。その徴収は本部の監察委員会で調査、統計をとる。要するに民団運営の明確性を表示するもので成果は大きい。本部運営費は別途にこれを捻出しており、近く信用組合が発足することになった。このほか民生相談所、納税組合、支部組織拡強化等五四年度第一次計画として着々進行中にある」と語った。

韓国学園後援会の設立準備会発足

十六日午後三時から民団中総会議室において関東地方協議会官下有志参集の下に学園後援準備会が開かれた。学園長金鍾在氏、韓国学園期成会事務局長金尚鍋氏の実状報告を聴取した後参加者全員準備委員となり東京韓国学園後援会を結成することを決めた。当日の参加者は次の通り

呉宇泳　李康換　朱洛弼　柳大鉉
盧□鎮　洪淳宗　韓大乙　鄭寅錫
金巳哲　丁賛鎮　金尚鍋　金鍾任

尚規約起草委員として準備会員中から中総文教局東京本部東京韓国学園の三者が選出された。

青森県本部第七回定期大会を顧みて

中総組織局

組織指針

去る七月五日青森県の著名な観光地浅虫温泉の中央に位置する県民会館において、青森県本部第七回定期大会が同団多数参席の下に開催された。大会は定刻を一時間半も遅れ午前一時半ようやく開会された。

議題は、青森県本部の現在の実情を良く反映して、一、組織強化問題　二、財政確立問題　三、県本部移転問題　四、信用組合設立等各項目に亘って熱烈な討論が続けられたが、特に県本部の事務所を県の中心地、青森市内に移転する件については、県本部の運営とにらみ合せて実施すべきだとの主張と、有志の援助を得て可能な時期に移すべきだとの主張が提案されたが、結論として支部の組織体が確立次第移転することに決定した。また信用組合設立問題は発起人及申請について論難があったが、これも相互理解の原則の上に立って円満に解決された。予定の議事は無事に全部終了したがその他の討議事項に入るや突然執行部内で執行部不信任という異例な意思表示があり、信任投票の結果否決され、役員改選と人選に立ち到つた。

団長および副団長の選挙は、選衡委員が選出され、候補者を決定し、選挙可決をしたところ、団長に蘇又介氏、副団長に李洗瑜、金申佑両氏が当選し大会は終了した。組織者として青森県本部第七回定期大会を顧みて思うことは、同本部も地方組織に未だ脱しきれない同じ事を指摘して言うならば、組織体の弱化、役員の名誉的・利権主義的存在で…ということである。敢えてそれを指摘して言うならば、組織体の弱化、役員の名誉的・利権主義的存在である。

あったのに、二支部しか運営出来ず、後の五支部は休眠状態にあることは重大問題であり、その責任は組織及全体の連帯責任である。青森県本部に対する組織強化の具体策は次の通りである。

一、県本部組織体の主体確立

県本部は旧来のロウ習を打破し、万難を克服に決し大衆による大衆のための組織体を早急に完成しなければならない。県本部自体の組織確立なくして如何なる組織運動も効がないのは当然の理である。

二、実態調査の実施

県下各支部を単位に、団員に対する実態調査を早急に実施し、職域別に適切適切な組織活動を実施しなければならない。下部組織の実体を把握できず組織運動を行うということは、組織の原則から…

三、ブロック会議制の確立

組織体と組織体が、組織体と大衆が密接な連絡を保たねばならない。県本部の組織は各支部に、各支部は一般大衆に溶けこみ、組織を通しての会議をもたねばならぬ。その一つの方法として、支団長会議、組織部長会議等を定期的に開催すべきである。

四、組織員に実践者の起用

組織体を背負って立つ組織員は実践家であらねばならぬ。古来封建的思想がわが国にもつとも発達し、その潮流がわが民団組織にも浸透して、地方県本部の役員には、実際組織運動者でなく、組織に関心のない地方ボスあるいは利権主義者、名誉主義者が多い。これは民団組織において大きなマイナスである。これ等を除外し、中堅青年を登用して組織に当らすべきである。

結末論として青森県本部は、県本部組織実体の確立が先決問題であり、その組織体には時代の潮流にあるる中堅青年層を注入すべきである。その完成によって下部組織の実態を把握し、大衆のための組織運動を展開すべきではないか。（P）

"日韓親善少年少女のつどい"

日韓学生協議会

日韓学生協議会では七月二十一日午後一時より東京の共立講堂で韓日両国人約二千五百名（内日本人二千名）の参加と日本国連協会副会長大羽英二、大韓居留民団中央総本部事務総長金炳旭、国際法律事務所長張□澔、神戸氏らの来賓を迎えて定刻開会、来賓祝辞のあと、韓国側金英姫嬢（東京韓国学園中学一年）日本側山崎トシエ嬢（浴士見小学校四年）との間に韓日少年少女の親善メッセージが万場の雨の如き拍手と共に交換されたあと余興に入り、第一部で両国の古典舞踊各三曲と、第二部に東京レンジャース楽団（韓国人の五人姉妹で構成）の演奏、第三部に映画の上映があり、午後四時三〇分散会した。

なお来賓の挨拶内容は次の通りである。

大羽英二氏談

今日ほど全人類が平和を願う情勢下において日韓両国の国交が正常でないことは、全く遺憾である。一日も早く両国の国交と親善を図るためにこの催しは意義深い。今後共この種の催しがおおいにあることを望む。

金炳旭氏談

人類の共存不可分原則が実践的実益なる少年少女によって、両国の誠意ある促進が達成され、その実現に努力する韓日学生協議会の活動に敬意を表す。両国の国民は各自民族的実性を自覚して今後共国交の円満な親善促進に努力しよう。

民団功労者表彰さる

宮城県本部

民団宮城県本部では去る六月二十五日、祖国動乱第四周年記念日を迎え、慰霊祭のあと記念行事の一部として同本部創立以来に至るまでの功労者を表彰すると共に記念品を贈呈した。

表彰者氏名

朴四次　崔性道
朴鉉済　朱良良
金新吉　宋二沢
金宗潤　李根世
沈裕沢　徐相治
全尚権　朴相植
金景河　田吉易
魚乙祥　朴春根

金七竜　嚢石□
魯栄順　金完以
崔有景　朴分伊
李宗姫　陳納且
朴海順　金玉子

民団宮城県本部に協力した六曲部人会関係表彰者は左記の通り。

【写真左は表彰式】

秋田韓興協組第二回総会

組合長に兪鎮詰氏

秋田県本荘市の韓興協同組合では七月六日組合員百余名参加の下第一回臨時総会をひらき左の如き新任役員を選出した。

なお当日の決議事項は①貸付金に対する利息を百円につき七銭に引上げる②経済賦課金徴収を中止する。

組合長　兪鎮詰
副組合長　李長春
〃　鄭述之
常務理事　李漢両他五名
理事　呉茂範他三名
監事　安朗圭他二名

大阪韓商総会

会長に鄭天義氏

在阪商工業者等によって組織されている在日韓国人商工会（大阪市北区中崎町四三番地）ではこのたび総会をひらき左の新任役員を選出した。

会長　鄭天義
副会長　河甲祚
〃　康興玉
常務理事　馬淵甲
〃　朴漢植
〃　金得寧
理事　安達進
〃　徐甲虎
〃　金鎮植
〃　全正均
〃　李聖魯
〃　朴勝完
〃　金寅日
〃　金容守
〃　高明現
〃　金尚振

芸能慰問団本国へ

在日韓僑在郷軍人会で派遣

本紙既報の通り在日韓僑在郷軍人会ではかねてから在日僑胞芸能慰問団を構成、本国派遣の準備を進めてきたが、旅券その他の事情により延期されていたところ、この程ようやく万端の準備成り八月中に羽田空港から本国向け出発することになつた。同慰問団は僑胞児童の姉弟楽団として今や人気の絶頂にあるウエスタンバンド"東京レンジャーズ"で慰問対象は一線地区にある韓国軍☆及び国連軍となつており一般民間にも公演される。この主催にあたつては本国の傷痍将兵援護会も参加、国防部外務部駐日代表部、民団が後援しており、慰問地域は第一線を始めソウル、大田、光州、大邱、釜山等各都市が巡演コースに入つている。【写真上は東京レンジャース】

栃木県本部各部署決る

【宇都宮発】栃木県本部で去る六月二十二日の県本部大会で決つた三役以外の幹部の執行部人選を進めていたがこの程次のとおり決つた。

総務部長（兼任）李康換
民生部長　姜敬浩
組織部長　尹鐘玉
文教部長　陳東徹

顧問

徐炳□　呉基善
郡炳和　李英□
徐相景　金文周

三多摩本部15回臨時大会

団長に朴度鎮氏

三多摩本部第十五回臨時大会において選出された新役員は左のとおり

執行機関

団長　朴度鎮
副団長　金恩培
〃　崔亀洛
事務局長　李吉俊
総務部長　朴栄河
組織部長　朴任鳳
民生部長　朴昌浩
文教部長　韓春植
無任所部長　王時福
〃　崔守鋒

決議機関

議長　李裕天
副議長　安洪桂
〃　金容寅

監察機関

委員長　朴明煥
委員　李相敏
〃　崔聖仁

文化部

総務部　○高日鴻、金鎮相、魯泰
文化部　○金容乾、朱鎮九
会議調査委員　○朱鎮六、金容乾
楽天仲、李晩洙、李容順外一名
厚生部　○梁慶善、張□
孔仁植、魯炳哲、張恩□
財政部　○梁燕浩、李晩洙、李玉
日、高日鴻外一名
○印は責任者

権仁会第二回定期総会

会長に梁丞浩博士

在日医学徒の唯一な親睦機関である権仁会第二回定期総会は去る七月二十日（日曜日）午後二時関西（金相基）九州（康誠賢）の代表者を加えた七十有余名の参加の下に都内信濃町の慶応大学医学部三等館三階ホールで開かれた。

金容乾、元心昌、申以湿氏等の祝辞に引続いて梁丞浩議長の司会の下に議事は終始和気あいあい裡に進行し、午後七時過ぎ成功的に無事会を終了した。

総会で選出された新役員はつぎのとおりである。

会長　梁丞浩　副会長　孔仁植
幹事　金容乾、梁慶善、朴相熙
黄泰河、金仁洙、朱鎮九、張照日、曹泰成、高日鴻、金鎮相、
伊炳化、魯炳哲、李泰順
財政幹事　梁燕浩、李晩洙、李玉
常任幹事　金容乾、梁慶善、朱鎮光、張照日、高日鴻、金鎮相、

総会終了後次いで行われた新幹事会でも各部担当者を次のように決めた。

監事

金数鳳　洪防蕃　呉国善　白長揺
崔永守　鄭長鎬　金文東　金容寅
梁尚大　権徳柱　柳洙鉉　文実鎬

韓国料理
安価美味満点
京城料理 ホルモン焼
美蓉軒
新宿南口駅松竹劇場前

朝鮮料理専門店
伊幸伊
京城料理 ホルモン焼
新宿区角筈町1の830（新宿駅東口ラボンス前）

韓国料理
槿花荘
銀座（松屋裏）2の3 TEL（56）5330

京城料理（特製）平壌冷麺
天香楼
新宿西口駅荻窪行都電停留所前
新宿区角筈1の742

最新式パチンコ機械の製造販売
中古品の修理売買
新宿道場
省線新宿東口駅ヨリ万世橋行都電起点
新宿区角筈2の794 TEL(35)4786

山水館
安くて、美味く、親切な「山手随一」の京城料理を拵極に御奉仕」させて戴きます
御酒類・御飯物・ホルモン・朝鮮漬物其の他一切
（池袋駅西口下車三分消防署並ビ）
豊島区池袋二丁目一一四五番地

パチンコ景品　チエスト　剃刀　輸出向好適　キング　替刃　発売元
朝日産業株式会社
東京都中野区中野駅前七番地 TEL（38）4765・0096・7838

京城料理 平壌冷麺
天安館
渋谷駅前 三和銀行横 電話(46)4170

喫茶 中華料理 西洋料理
三千里
佳味美風な三千里へいらして下さい
渋谷駅前 TEL(46)0577

純甲種 京城料理
開明館
◎名妓蘭香外多数待期
池袋西口 エトアール劇場横

民主新聞
在日大韓民国居留民団中央総本部機関紙
発行所
東京都新宿区若松町21
民主新聞社

祖国光復九周年万歳

"打共北進統一、自力解決の用意あり"

国会で李大統領記念演説

李承晩大統領は十五日、国会議事堂前で行われた光復節記念式で帰国以来初めて公衆の前に姿を見せ戦方の勝衆に向ってつぎのような演説を行った

中総金事務総長記念辞

◆八・一五光復節を迎える度ごとに私は全身がふるえ心ぞうの血

時の感激を再び想い起し、新たに外国の支配下に屈従してはならぬという決意を強調し以てこれからなお一層奮発して、速やかに我が国の最大偉業である完全統一を完遂させずにやまないという誓を立てなければならないと思います。

綱領

四、われらは在留同胞の文化向上を期する。
五、われらは国際親善を期する。

光復記念カクテル・パーティ

【写真はカクテル・パーティ】

駐日金公使の記念辞

八・一五記念中央式典
東京韓僑会館で挙行

決議文

李大統領閣下に送るメッセージ

八・一五光復節第九周年記念中央大会

妥協せず、国土恢復と統一独立を戦取せよ

京都大会

二千名の群衆動員
一大レクリエーション展開

兵庫大会

支部別に慶祝

【写真上は兵庫大会】

統一の早急実現を祈る
仏、中、比から光復節祝電

（その19）

人物セミストリー　この人は

温厚な信念の人となり
組織に無限の献身を

声明書

強制追放と弾圧を企図
大村収容所問題に東京本部抗議声明

唐がらし

東京韓国学園
補欠生徒募集
初等部（男女）
中等部（男女）
東京都新宿区若松町二十一番地
TEL（34）八五六九　八五七〇

慶　光復節第九周年記念　祝

大韓民国駐日代表部
在日本大韓民国居留民団中央総本部
東京本部
在日本大韓青年団
在日本大韓婦人会
在日本韓国学生同盟
在日本韓僑在郷軍人会
在日大韓体育会
韓国銀行東京支店
大韓海運公社東京出張所
KP通信社
KKPP通信社
KEPP通信社
漢城信用組合
和信産業株式会社
大韓産業株式会社
三剛物産株式会社
宝産業遊技機製作所
全南漁聯東京出張所
中央ホテル
陽和物産株式会社
美進産業株式会社
国生産業株式会社
天友社
東亜商事株式会社
東一物産株式会社
三興実業株式会社
大韓水産貿易株式会社
三和交易株式会社
英昌産業株式会社
同和実業株式会社
信夫貿易株式会社
京洋実業株式会社
三韓貿易株式会社
韓国貿易振興株式会社
第一貿易株式会社
大韓染料株式会社
協成実業株式会社
大韓物産株式会社
国際交易株式会社
東和商事株式会社
大成企業株式会社
泰昌実業株式会社
東洋貿易株式会社
武蔵精機貿易株式会社
千代田電工株式会社
柳韓洋行社東京事務所
東亜貿易株式会社
三光水産株式会社

八・一五中央記念行事
民俗芸術祭、競技大会等盛況

八・一五中央記念行事は日本当局の講和発効後の新しい措置によって十五日当日の記念会場が貸与されない情勢にあった為中総と東京本部共催で当日前後に亘って民族祭典にふさわしい民俗芸術の夕、各種競技大会等多彩なスケジユールをもって盛り上る民族の意気を誇揚した。

【写真上は芸術の夕・下は野球大会】

一、民俗芸術の夕

七月卅一日午後六時日本青年会館において観衆三千余名参集、在京民族陣営僑胞の芸術家、楽団、学生児童を総網羅「民俗芸術の夕」が開かれた。日に月に向上を見せている民族芸術の粋を集めた公演に満堂の観衆は[illegible]一とときを過し午後十時半閉会した。

二、親善野球大会

八月七、八日の両日東京国立第一病院グランドにおいて中総、東本チームを始め日本官公庁、学校、病院等八チーム参加、フエアプレーを演じ善戦した中総チームは二位を確得した。なお第一位は国立第一病院チームで二年連勝東本チームは四位に惜敗した。スコアは次の通り。

第一日
東京本部17—7早稲田[illegible]
中総19—8牛込郵便局
準決勝
中総9A—8東京本部
国立病院16—6税務講習所
第二日
第三位決定戦
税務講習所10A—5東京本部
決勝戦
国立病院6—2中総

三、祝賀蹴球大会

八月十七日午前十一時から神宮競技場において金公使優勝旗争奪蹴球大会が開かれた。

この蹴球競技はわが韓国青年の血潮を躍らせる国技ともいわれるもので毎年優勝旗の争奪をめぐって青年の血を踊らせているものである。

大会は定刻に開催、選手の入場、国旗掲揚、優勝旗返還に引続いて会長金溶植公使のあいさつ、大会委員長丁賛鎮副団長のあいさつ、呉宇泳東本団長の祝辞があり、趙英振君選手を代表して宣誓、直ちに試合は開始された。

三十四・八度の酷暑の下に若き韓国青年の肉体と熱血は躍動し、プレーは終始競技精神に立って友好的ふんいきの中に進行した。試合は午後五時半優勝学同Aチームに対する優勝旗授与、二位韓青チームに対するカツプ授与、その他参加チームに対する記念品贈呈を終って丁賛鎮氏の閉会の辞をもって大会を閉じた。

大会スコアは次の通り。
学同A 9—0 中総
韓青 5—1 学同B
学同A 8—0 軍人会
韓青 3—1 東本
▽決勝
学同A 4—2 韓青

（写真は優勝した学同Aサッカーチーム）

婦人会慰問団 九月三日出発

在日大韓婦人会では本国戦災民、孤児院等慰問のためその準備を進めていた所この程慰問団七十名の編成を完了した。

第一次三十五名は九月三日本国へ向って出発するが今度の慰問は主として戦災孤児院、母子寮を訪ねて慰問すると同時に慰問品として豆腐機械一台、バリカン五〇個、タオル百打を伝達する、団長に呉基文婦人会中総会長副団長に韓玉順大阪婦人会長が当り諸般折衝と指導に尽力する事になった。

契約高壱億円を突破
漢城信組定期積金累増
臨時総会で理事陣強化　組合長に金得溶氏留任

七月二十六日午後二時から日本橋公会堂において、組合員二九八名の出席の臨時総会を開催した。

臨時総会議長に李熙、池楽洪氏が就任、組合長金得溶、総務部長李根洪氏から経過報告と一般業務報告がありそれに対する質疑応答の結果満場一致これを承認。一般討議に入り議題として上程された組合名変更に関して、関西地方その他の地方で漢城信用組合創立準備が進められているのに鑑み、東京漢城信用組合と改称したいとの理事会案を了承、改称の技術面は理事会に一任することにした。

定款変更に関して
定款第二十二条第一項の「この組合に理事十八名、監査三名を置く」を「この組合に理事二十一名以内、監査三名を置く」と改めたあと、理事改選と総代選出に入り、理事改選は詮衡委員により、総代は理事会に一任することを決議午後四時閉会した。

なお此度の臨時総会は、僑胞中小企業育成の唯一金融機関として漢城信用組合（東京都中央区日本橋蠣殻町一の八）は、去る三月五日開業以来組合長金得溶氏総務部長李根洪氏らの猛活動により、七月二十五日現在定期積金契約高一億一千六百万円、出資金ならびに安払金一千八百四十八万円貸付金高一千五百万円をわずか四〇日間で達成するという好成績を挙げている。

今回の臨時総会は現在挙げつゝある成果にもかゝわらず、在京韓僑中小企業の直面する危機を突破するには十月末まで最低契約高三億円を獲得しなければ予期の目的が遂行できないとの見通しの上に立って理事役員および全従業員が総力を挙げて事に当るため、従来一部理事の形式的就任の弊を一掃し名実共に経済界、財界において実力をもっている人士を就任せしめ理事陣の強化刷新を期したものである。

強化された理事陣容は左のとおり

組合長 金得溶（旧）
副組合長 朴竜九（新）
常務理事 山田春三郎（旧）
鄭昌健（江東）新
安聖出（新宿）新
金奎坤（中野）新
張仁健（中央）新
李珍洙（文京）新
金相吉（豊島）新
崔学林（豊島）新
明利禎（台東）旧
呉炳寿（港）旧
李謹植（台東）旧
朴宏泰（港）旧
李徳栄（墨田）旧
高光先（渋谷）旧
鄭在俊（〃）旧
羅鎮烈（品川）旧
申辰洙（大田）新
十九名 二名は未定
監査
丁賛鎮 中総副団長
呉宇泳 東本団長
李孟寿（港区）旧

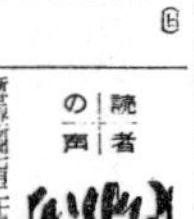

読者の声
政策と指示を混同せず

新世界新聞七月二十三日発行の第一〇四二号二面記事によれば韓国学園育成費寄付割当に対し栃木県民団幹部および団員等が不満を表明していると発表されているが、これは事実とは少し違うようだ。

学園育成費の拠出は民族教育を熱望するわれ〳〵の義務であり、且つまた、この拠出に対しては全幅の協力を惜しまないものである。それ故に栃木県においては積極的に中総総務局長に対し、時期的に見て九月が適しており九月になったら全力を尽すと申入れてあり、また十六日の東京韓国学園後援会準備委員会にも率先して参加したものである。

われ〳〵が不満を表明したのは学園育成費寄付割当に対してでなく一部青年の無定見なる行動と、これにオベツカを使った金光男議長の失策により民団育成費地方割当金が学園育成費に振替えられた事実に対してであり、この不満は地方民団の大多数が同感であると思う。

これは多額の学園育成費寄付割当をされたものが五万円というわずかな金額が惜しくて不満を表明するのではなくして、政策的見地に立つとき逆効果をもたらす恐れがあるからである。若しも韓国学園育成費寄付割当に対して栃木県本部が不満を表明したと伝えるものがいるとすれば、民団の組織を破壊せんとするものゝデマと断じたい。同胞諸賢の良識ある御判断を乞う。（七月二十三日、栃木県本部事務局次長李康俊）

金公使教育補助費を手交
金剛学園に二百万円

七月二十六日午前十時から金剛学園講堂において教育補助費授与式が行なわれた。

この日、大阪本部団長金龍洙氏を始め学園関係者父兄多数参席の下に駐日代表部金溶植公使手ずから金剛学園教育補助費として金二百万円を授与した。関係者一同は本国政府の在日僑胞に対する深き念慮に感激一致団結して国是の遵守に邁進することを誓った。

なお同式場において漢城信用組合朴勝完氏は感激の余り即座に一万円を同学園に寄附した。

同学園理事長崔仁俊氏は感激に頬を紅潮させながら次の如く語った。

本学園理事長談
本国政府の在日同胞に対する愛族精神による援助は今回韓国学園期成会々長金溶植氏を通じて本学園中学校教育補助費（二百万円）を手交されました事は誠に感謝感激に堪えない次第です。

静かに顧りみれば本学園は八年間の歴史と伝統をもつ韓民族教育機関としてあらゆる施設難、資金難になやまされながら且又共産主義者の脅迫と威圧と闘いながら子弟の教育に献身的努力をつゞけて来た西成区の僑胞の殉教的労苦に対し、只々感謝に堪えない。

同時に今回の補助に対する責任の重大さを痛感すると共に韓民族の特殊性を生かしその民族と国家の自主的発展のために立派な国民を養成する為めに新たな決意と覚悟をもって邁進したいと思う。

終りに韓国学園期成会並びに民団傘下に総結集し所期の目的を達成したい。

委員 李碩拱
〃 周永周

「足立事件」功労者表彰

八・一五中央記念式典の席上都内足立区で発生した共匪暴徒の民団韓青事務所襲撃事件に身を以て組織を防衛した支部の愛国、愛団的な役員、団員五氏の功を賞揚して表彰状を授与した。

受賞者 李寿鎮、方永哲、申禹石、田鳳率、金午男

事務局長 崔允三
総務部長
議決機関
議長 李輔禮
副議長 李根
〃 張泰運
監察機関
委員長 片守介
委員 卒培根
諮問機関
顧問 趙済完
〃 金済

神奈川県鶴見支部定期総会
団長に白文竜氏

神奈川県鶴見支部第十六回定期総会において改選された新任役員は左の通り。

執行機関
団長 白文竜
副団長 孫張翼
〃 李根馥
総務部長（兼任） 孫張翼
〃次長 通相碩
組織課長 蔡龍大
〃次長 李竜述
民生課長 金且植
〃次長 李培周
文教課長 吉秉玉
〃次長 趙在洙
決議機関
議長 金貴生
副議長 朴尚哲
監察機関
委員長 河仁植
委員 金次存
〃 趙顕鉉

本紙との交換新聞・刊行物（その一）

○新世界新聞
東京目黒区下目黒四ノ八四九
新世界新聞社
○産業貿易新聞（週二回発行）
東京都千代田区日本橋茅場町一ノ一八、産業貿易新聞社
○日刊水産経済新聞（日刊）
港区芝南佐久間町二ノ四
水産経済新聞社
○解放新聞（隔刊日）
千代田区飯田町一ノ一九
解放新聞社
○アカハタ（日刊）
渋谷区千駄谷四ノ七一四
日本共産党中央機関紙
○国際新聞（日刊）
大阪市西区靭下通一ノ七
国際新聞社
○韓一公報
東京都新宿区角筈三丁目三四
韓一公報編集部
○青年新聞（旬刊）
松江市城山二ノ九
青年新聞社
○民労新聞（週刊）
東京都新宿区神楽坂六ノ一六
民主労働者協会
○自由新聞
新潟市古町通六番町
民団新潟県本部機関紙
○防衛新日本（週刊）
大阪市東区北浜一丁目
防衛新日本新聞社
○国際教養新聞（月刊）
東京都目黒区洗足一四七三
○毎日新報（週刊）
宇部市西区本町二丁目
民団山口県本部機関紙
○民防新聞（月刊）
大阪市北区網笠町栄ビル八〇一号室
民防中央本部
○同和（月刊）
東京都千代田区丸ノ内仲十二号館六号
中央日韓協会
○新宿新聞（週刊）
東京都新宿区三光町四六
新宿新聞社

群馬県本部第七回大会
団長に劉義沢氏再選

群馬県本部はこのたび桐生市川岸町一七五番地に移転すると共に第七回定期大会をひらき左の通り役員改選をした。

執行機関
団長 劉義沢
副団長 金賢俊
事務局長 林京植
総務部長 李三鳳
民生部長 金甫吏
組織部長 姜末相
文教部長（兼任） 林京植
決議機関
議長 [illegible]
監察機関
委員長 [illegible]寿万
委員 [illegible]
顧問 陳[illegible]
顧問 趙済完
〃 金[illegible]済

三重県本部第七回大会
団長に李英春氏

三重県本部第七回定期大会は七月七日ひらかれ左の新任役員を選出した。

執行機関
団長 李英春
副団長 呉原根
〃 朴基虎
事務局長 呉鍾根
総務部長 李偶吉
組織〃（兼任） 李偶吉
文教〃 金箕淡
民生〃 鄭仁栢
決議機関
議長 李鍾歆
副議長 金済焕
〃 李有万
監察機関
委員長 金開春

埼玉県本部五回定期全体大会
団長に金光憲氏

埼玉県本部では七月二十七日第五回定期大会を開催左の通り役員を改選した。

執行機関
団長 金光憲
副団長 金己奉
〃 黄秉守

尋ね人

韓致天（通名西原致天）
一、身長 五尺五寸位
一、年令 二十才
一、国語を解せず
右の者に心当りの方は中総民生局へ通知願います。

韓国学園林間学校ひらく

東京韓国学園では夏季休暇を利用去る七月二十六日から三十一日までの六日間、都下京王多摩川において夏季林間学校を開設、同学園の全児童生徒をこれに参加せしめ所期以上の成果をおさめた。主な日課は、水泳、舞踊、体操、学習、音楽等で、特に東京大映撮影所見学等があり夜は多摩川の清流のほとりにキャンプファイヤーを囲んでかくし芸大会など楽しい六日間の林間学校生活がくりひろげられた。

この実施にあたっては学園のPTAは勿論、地元の民団支部、大韓婦人会等が積極的後援に当った。

【写真は多摩川べりの学園生】

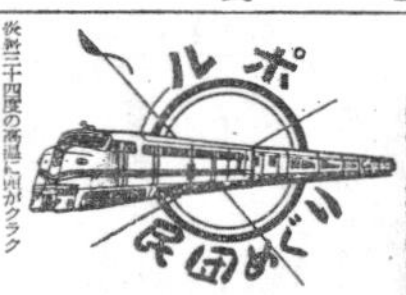

財政困難による組織不振
年内には本格的活動段階へ
岐阜県本部

摂氏三十四度の高温に頭がクラクラになりそうな八月二十二日の正午、記者は長良川の鵜飼とチョウチンで名高い岐阜を訪れた。駅から徒歩で約十分、金（コガネ）町六丁目にある事務所をたずね尹鳳鉉団長に会う。

開口へき頭尹団長は「民生問題の一環としての信用組合設立は当県の場合は問題に乗り上ったようなものである。実のところ当県でも発起人会をもち既に県知事の内認可を得てはいるが、果して発足したとしても運営が出来るかどうか疑問だ。この点で慎重に再検討中であり、何れやるにしても充分なる準備態勢が出来上ってからでないと皆様に迷惑をかけるばかりで非常に困難な問題である。要するに何人だけの組合では何もならないし結局県内僑胞の積極的協力がない限りどうにもならない」と語った。非常に悲観的である。それでも県本部が間借り生活なので「年内には本格的に活動したいため事務所を物色中であり、左系僑胞の組織に対抗して最後までベストを尽して民団組織を護り抜く覚悟はある」とこれはまことに悲壮であった。

× × ×

同本部が設立されたのは一九四九年七月五日、岐阜公会堂で結成大会をひらいたが、集った約三百人余りの僑胞の大部分が左系で大会を妨害したが、わずか数十人の同志がこれを押し切って大会を成立させたという。

当時、発起人としては金光突（初代団長）金鳳祚（初代事務部長）金命寿（初代議長）尹鳳鉉（現団長）の各氏で、結成後一年間は赤色勢力の激浪の中にもまれ、毎日毎晩の如くテロ襲撃にあったそうだ。支部（県本部の約一カ月後結成）は金南準（県本部議長）郭来洙（県大垣支部団長）両氏が中心となり結成したが、特に郭女子の献身的協力が実を結んだという。大垣支部の功労者としては秋鎮奭、李中洙、郭徳竜、金主順、金徳允氏があげられる。その他高山支部、関支部があるが、関支部は今のところ活発に動いていない模様で高山支部がわりかた組織活動に積極的である。

× × ×

その他発足以来の功労者としては彭弘柱（四代団長）朴瑩東（二代団長）の両氏があげられよう。

× × ×

現在、県内の左系（民戦）勢力は圧倒的であり県内二万一千人の中約八千人が民戦系だが実働的に頭色を出しているのは二千人位で、その組織力は侮り難いものがあるようだ。現に大成信用組合が発足している。

これに引きかえ民団々員は八百名余りだが、尹団長の話によると実質的にはやはり二千人は居るという。ともあれ、財政困難と人材不足による組織活動不振が同本部の発展を妨げているのは偽らぬ事実のようである。

現在の同本部が維持出来るのは尹団長の全面的財政援助によるところは、組織自体として大きな反省を要するゆえんである。

× × ×

最後に大垣支部の郭来洙団長は『民団はウソの政治をしている。八年間、中央大会で地方建議案を可決しながら一度も実行していない。融資問題にしろ中央だけでどうやっているかわからないし、二百万ドルの融資?は地方大衆をゴマかしているとしか思われない。育成費も大会の決議を無視してまで学園に使用するのは遺憾である。今までのわれ〳〵の血涙の努力が何にもならない。民族陣営の何のときわいで本国へ往来し、事件はかりおこすのはどういうわけか。猛省を促したい」と中総へチクリと痛い釘を一本指した。（GOROU）

尹鳳鉉団長

金炳璂議長

[illegible]大垣[illegible]長

組織指針
団内の対立意見の調整について
中総組織局

我が民団が、在留僑胞の権益を擁護する諸政策の下に、全僑胞を結集し団が背負わされている責任務を成功裡に遂行する為には先ず基本的条件として、団の指導機関において思想の統一及組織観念の統一性を確立する事にある。若し団の指導機関において、この基本的要素が具備されず、従って統一された強力な指導機関を有しないとするならば、我が団は、どんなに有益な活動も円滑に行う事は出来ず、在留全僑胞を統べいて我が団の目的を達成するという事は、単なる空念仏に終るばかりでなく、我々は周囲の敵との闘争に臨んでは在留全僑胞を戦闘に動員配列して各部隊を統一的に指揮命令し、敵に打撃を与えこれをセン滅して輝かしい勝利を収める事は到底出来ないのである。

指導機関が完全な統一体制を保持しない情況の下では[illegible]全戦線に亘って[illegible]しその情報を取[illegible]計画を統一的に確立し[illegible]る事も全く期待出来ず、その[illegible]の縮密に計画された攻撃の前に立って全戦闘部隊は支離滅裂の他なくある部隊は敵勢におびえて降服して団を裏切り若び敗りの者は信念と功名を失って逃げ去り惨めな敗北を喫することは述べる迄もない事である。

断様に如何なる形態をとる活動にしろ集団的利益を追求する組織的集団的活動である場合に、我々は先ず、全組織員の精鋭から成る主力を持つことであり、その主力は完全な統制と統一を維持していなければならない。

しかるに百万の大衆を擁している我が団の実情について言うならば、我が団内には新旧幹部の主張対立があらわれて来ており、一部不平分子等の[illegible]的な行動がある事極めて重大な[illegible]るのである。

この事は、我が団が創設されて以来九年の間に量的には大きな発展を遂げたとはいえ、質的には何等の進歩もしてない所以であるが、古くから我が団に従事している老壮幹部の間には、封建時代の観念に似ている所謂団体に関する思想の如く、団を創設する困難な時に参加した活動に対して、自惚自慢し団に対し無条件に自己に対する尊敬と服従を附与する事を要求し、何時までも団のすべてを自己の手中に掌握して団務を独善的に処理する誤った考えを持っており更に自己の活動を合理化するために大衆を誤った方向に誘導しているのである。こんな考えと行動は我が団の利益とは無縁なものであるばかりでなく、我が団の発展には極めて有害な障害的なものであり、又我々はこのような考えと行動に対しては[illegible]定的な態度で臨み、団を蝕む悪分子並び団の私物化思想と徹底的に闘わなければならない。

また新しく発展して来た新幹部は、これらの古き幹部を徒らに老人扱いして、却って古い幹部との融合を困難にしている傾向があるのである。新しい幹部は古い幹部に較べて闘争経験が浅いのであるから、新しい幹部は古い幹部から貴重な多くの教訓を学びとりこの教訓を日常の活動に生かし団の正しい発展にはさねばならない。古い幹部には新しい幹部を適当に遇し、功労を高く評価しその功労が今日においても我が団の利益に、有効に作用するように努めて新旧幹部が一丸となって闘争しなければならない。多くの[illegible]的知識を習得したからといって古い幹部を保守的なものとして排斥するような事は、団の統一を弱化し新旧幹部の対立を解決して分派的活動をなくす方法にはならない事を知るべきである。我々は団内の如何なる意見の対立をもこれを敵対関係にまで発展させてはならず常に意見の調和に[illegible]、団の[illegible]に立って[illegible]団のより一層の強化と発展を図らなければならない。（K）

遊技機は？
日本一を誇る
宝産業遊技機製作所
宝産業株式會社
会社 東京都新宿区新宿3丁目22 都電三光町停留所前 電話淀橋(37)1603
営業所 東京都豊島区池袋1の815 電話池袋(97)5780

K.S.C. LINE
Korea Shipping Corporation
大韓海運公社
READ OFFICE Pusan
JAPAN OFFICE Tokyo, Kobe, Moji
AGENTS NYK, OSK
Room No. 221 Sansin Bldg Yuraku-cho, Tokyo
Tel: 57-7266, 7927, 0032

日本全国唯一豪荘華麗
延坪二百坪
客室二十室
韓国高級料理
京城料理・平壌冷麺
鐘路閣
◎一階大衆食堂、二三階ホテル利用
◎大小宴会可
◎上京僑胞バイヤー人士宿泊及食事入浴随意
新宿区新宿二丁目十八番地 電話(37)1484・1438

富士フイルム韓国向委手輸出取扱店
国一貿易株式会社
本社 ソウル特別市鍾路区鍾路一街五四
支店 東京都千代田区有楽町三信ビル
TEL（銀座）2904・0355

株式会社モナミ
日本におけるパチンコの元祖として常に新新なデザインと堅牢な器械を業界におくる
社長許弼奭
TEL (25) 0057・2800・0420
東京都[illegible]879

山水館
安くて、美味く、親切な「山手随一の京城料理」を皆様に御奉仕させて戴きます
御酒類・御飯物・ホルモン・朝鮮漬物其の他一切
（池袋駅西口下車三分消防署並ビ）
豊島区池袋二丁目一一四五番地

純甲種京城料理
開明館
◎名妓蘭香外多数待期
池袋西口エトアール劇場横

民主新聞

在日大韓民国居留民団
中央総本部
機関紙

発行所
東京都新宿区若松町
電話（34）八五六九
振替口座 東京 143865
民主新聞社
発行人
金　載　華

一部 15円
一カ月送料共50円

綱　領

一、われらは大韓民国の国是を遵守する。
二、われらは在留同胞の民権擁護を期する。
三、われらは在留同胞の民生安定を期する。
四、われらは在留同胞の文化向上を期する。
五、われらは国際親善を期する。

日本巡視船「おき」領海侵犯
金公使、日本政府に抗議

駐日代表部金公使は八月三十一日、日本官民の重なる韓国領海侵入および最近日本の巡視船「おき」が独島付近で犯した不法行為に対し日本外務省に抗議した。この抗議は韓国官憲が日本船に発砲したと称する事件につき日本政府が先に提出した抗議を反駁したものでその要旨は次の通り。「おき」は明らかに上陸の意図をもって韓国の不可分の一部たる独島の五〇〇メートルの近さに接近、同島の韓国官憲の正当な誰何を無視し、それによって韓国に領土保全上の重大脅威を与えた、それゆえ同島をいかなる侵入からも守ることを唯一の義務とする韓国官憲はかかる侵入者に警告を発せざるを得なかったので韓国政府は日本政府が同様の侵入企図の続発を防止するため適当な措置を講ずることを要求する。

侵犯に対処、警官隊常置
独島の警備に万全期す
〔韓国閣議で決定〕

一日明らかにされたところによれば度重なる日本漁船の遊弋に備えるため独島に韓国警官一個小隊が常駐されることになった。この決定は同日の閣議で決定されたものであるが明らかに先週韓日警備船が砲火を交えた結果である。情報によれば韓国内閣は独島地区哨戒のため水上飛行機を入手すること…

軍事援助額 韓国要求ほぼ成就
"予備軍は十カ師団編成"
帰国の丁陸軍参謀総長談話発表

【ソウル八日東洋発KP】丁陸軍参謀総長は七日「韓米会談の大きな成果は軍事援助を経済援助と分離するという点に米国側の支持を得たことである」と言明した。しかし丁大将は、米国から得られる軍事援助については言及をさけ「我々の要求がほぼ八十%成就したものと確信する」とのべた。

李連合参謀本部総長ら軍事首脳とともに米国で米軍部首脳と会談し帰国の途中ハル国連軍司令官とも会談した丁陸軍参謀総長は六日夕東京に到着、李大統領に報告を行ったのち七日午後四時帰京したが飛行場で記者団と会見し次のように語った。

韓国駐在第三軍の増強問題は両国とまで合意を見たが、これは難問題ではなかった。陸軍の増員が一致した。正規軍の増強編成については別段の成案がえられなかったがわれわれが要求した予備軍編成については援助する…むねの約束をうけ十ケ師団に対する装備の支援をうけることになった。また現有二十ケ師団の火力を強化する問題は全部を一度にはできないが戦闘能力を強化する面で部分強化はされる。ワシントン会議でわれわれの要求が全面的に採択されてなかったとしても六局的には多くの支持がえられたことは喜ばしい。米当局筋は今後韓国が新たな危機に直面したときには短時間内に攻略軍を撃滅することに…

米軍撤収にともなう対策講究

（ソウル七日東洋発KP）米軍撤収にともなう諸般の対策を講究するための国会の特別対策委員会設置案は六日の本会議で満場一致で可決された。同委員会は国防委、内務委、外務委から各三名、各派から二名、都合十五名によって構成される。うち各委からの都合九名の委員は次のように決定をみた。
▽国防委から―呉在泳（自由）任興淳（無所属）金明寛（自由）
▽内務委から―崔瓊圭（自由）曹在千（自由）
▽外務委から―黄聖秀（自由）沢相（無所属）趙炳玉（民国）

民営を原則
民間投資は十二%

（ソウル八日東洋発KP）…ではUNKRA援助資金で建設される遊峰海水、即ち肥料、セメン…

日本品の広告と代理業務に断
厳罰で望むと公報処発表

（ソウル発UP特約九日KP）韓国人は八日、日本商品の広告を掲載したり日本商社と代理業務契約を結んではならないとの警告を受けた。当局の公報処ではその種の行為に対して数次の警告を発したにもかかわらず一部に依然として警告に留意しない者がいるといっている。この新聞社への発表には違反者を"厳罰に処す"と述べられている。この種の団行為は幹体な韓国経済に対する"日本の悪質な経済侵略計画を表明"する以外の何物でもないと同声明書は述べている。

同人絹糸など日本製品に対しては九月三日公発することになったが、これが問題化するのは、要するに問題の偽装品は累計が鉄板な構造品を指摘しているといわれる。

うち人絹糸が百二十余万ドルで首位を占めているが、同人絹糸は実需要者が実需要分ローン・ドルの貸付を受け同輸入を貿易業者に代行させたもので、これによって同ローン・ドル浮配ことになったが、これが問題化する…

（1）政府から該当部門の保護育成するために貸付けたる需要ローン・ドルの派出に反するということ。
（2）同公発実施には、需要者として既にローン・ドルの資金投入によって相当の手中に集中することになる。
（3）一般輸入の手から生じる製品のコスト高を招く、結局一…
（4）結果的にみて物価に及ぼす影響は無視しえない…とみられている。

主張

民戦脱退の意味するもの

李大統領訪米をめぐる
週刊朝日の筆禍に抗議声明
扇谷編集長陳謝し抗議文掲載を承諾

李大統領「日本内幕記」放送（ソウル四日発KP）…

決議文
侮辱的論評断じて許さず

関東大震災被虐殺同胞慰霊祭を挙行

韓国学生同盟中総
代表　金　承　浩

社交性に富む秀才
…もっと幅の広い教養を…

（その20）

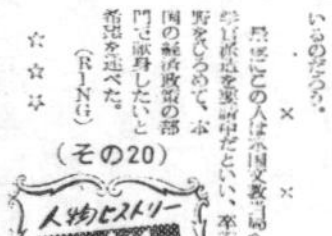

（RING）

母国訪問記
馬　鶴　宣

（筆者は韓国貿易新聞社長）

自由党改憲案を正式提議
賛成議員一三六名に及ぶ

一九五四年九月一日
関東地方大震災被虐殺同胞追悼会
在日大韓民国居留民団民衆大会

中総人事

任組織局長　鄭　炯　和
任民生局長　朴　椒　熙
解任　組織局長　丁　賛　鎮
〃　民生局長　金　炳　根
右九月一日付をもって就任しました。

東京韓国学園
補欠生徒募集
初等部（男女）
中学部（男女）
募集人員
第一学年　五〇名
第二学年　〃
第三学年　〃
第四学年　〃
第一学年　一〇〇名
第二学年　一〇〇名
学費（月謝）
初等部　二〇〇円
中等部　三〇〇円
（通学用スクールバス運転中）
詳細は学園へ問合せのこと
東京都新宿区若松町二十一番地
東京韓国学園
TEL（34）八五六九　八五七〇

本紙国文版切替断行！
三五四号から実施

一九四六年創刊以来、本紙は大韓民国の国是に則り、在日僑胞の民権擁護、民生安定、文化向上、国際親善を綱領とする在日本居留民団の機関紙として、団の組織強化、啓蒙教育、対内外宣伝に、その一翼を荷うと共に、在日僑胞の共有の公器としての新聞運営に一意努力を傾け既に三五三号を重ねました。

外国人登録証明書の切替公告

昭和二十七年に切替えました外国人登録証は近く有効期間が満了しますので、各人別の有効期間満了前三十日から登録証の切替を申請して下さい。

切替は昭和二十七年度と同じで各市、区、町、村役場からハガキで各人にお知らせすることになっております。

申請される時は次のものを揃えて御持参下さい。
一、印章（印鑑を持参致しませんと拇印を押すことになりますからお忘れなく持参すること）
一、写真三枚（「表務省指定」と書いたポスターに掲示している規格で外人登録に使用するもの）
一、旧登録証
一、病人の場合は医師の診断書を持参すれば代理申請ができます。その場合身内の者か同居人。
一、旅行中の場合は旅行先の最寄の市、区、町村役場で申請することが出来ます。
一、国外旅行の場合は同旅券を提示して申請すること。
一、国籍は韓国とする。

大韓民国居留民団中央総本部

輸出入業
大成企業株式会社
取締役社長
本社　ソウル市鍾路区三清洞七一番地　電話本局（2）5246・5247
東京出張所　千代田区有楽町一丁目　TEL（24）1808・7018

民戦内部分裂激化

山梨縣民戦完全崩壊
各地民戦員もぞくぞく脱退

在日民戦は去る第十一回中央委員会において執行部が民戦の性格を日本労農戦線の一翼とする事を提起して以来戦線内の民族主義的良心分子を追放する処置を強行し、完全に日共の統制下に立ち祖防隊を結成日共中核自衛隊に編入する等完全に日共の傭兵と化し去つたのである。その上彼等の上層部は止しなき権力争奪の場となり民族統一独立、生活擁護等の聞のよい看板も臆面なくかなぐり捨て、日共の統制に服従しない分子は何、容赦なく除名追放する一方傘下大衆に対しては多額の寄附資金カンパを威力の脅迫で強制徴収し日共の政治資金並びに彼等の生活資金に浪費して顧みなかつたこの様な民戦上層部の反民族的専横は民戦内「良心分子」の痛烈な批判の矢面に立つ様になつて来ると共に傘下大衆も漸次その真相が明らかになるにおよんで憤激に目覚し必然的な内部分裂の激化の様相を呈して来た。即ち昨年十月首席議長李康勲氏の脱退に始まり漸次上層部間の対立分裂が表面化して来たのであつたが今年八月に入つて初旬に下関市民戦書記長方在堂(28)氏の脱退二十三日山梨県民戦李起福議長を始め千七百七十名の全員脱退等全面的に波及する様相を見せるに至つた。

下関 民戦書記長、民団に保護求む

昨年十月十六日民戦の前首席議長李康勲氏が『民戦は日本労農戦線の一翼になり、民族的自主性と在日同胞の権益を完全に無視し、日共の手先となり、その指令にのみ動いてきた。民戦は完全に日共の走狗であり、日共の傭兵である』と強調し脱退声明を発表して以来民戦組織内部に激烈な派閥抗争が生じ、指導部相互間において疑心暗鬼となり、また一部の指導者には、現在の民戦組織運動に非常に強い疑惑を抱くようになつた。この民戦上層部の動揺が地方組織にも強く影響し、無智蒙昧な民戦員も、民戦が日共の手先であり、民族負逆徒団であることを自覚し、民戦から脱退する動きが目立つて来た。即ち去る八月二十三日塩山市において民戦山梨県議長李起福氏外幹部四〇名が集り協議の結果『民戦はあらゆる暴力と欺瞞と虚偽に満ちた行動で大衆を威嚇恐喝して金銭、物資等を徴収し、日共に献納、浪費するのである。民戦は史実、政治的、思想的傾向に陥つて同胞の民生問題解決とは逆に無頼漢の一種暴力団化された』と決議し、同胞一千七百七十名の同意を得て別項の如き声明書を発表して民戦を脱退したのである。脱退者は、一部残留者に対し良心と自覚を持つよう促がしていたが全員脱退は必至の情勢を見せていた。これに驚いた民戦中央委員会は、民戦中央議長朴光海、同書記長李大宇(本名金忠権)外務部長高成浩等を現地に派遣し、防止策を講じたが、脱退者の猛烈な反対によつて残留組もぞろぞろと脱退し、山梨県内における民戦組織全体は完全に崩壊し、ただ看板が掛つている現状である。手のほどこしようのない民戦上層部は泣き面にはちで東京に引上げた。一時祖防隊五十名の潜伏説もあつたが、その実力も行使出来なかつたが、ただ宣伝工作隊なる者が七名残つて右往左往するだけとなつた。

民団県本部の活動によりそれも阻止されている始末となつた。一方下関市民戦でも八月一日同市委員会書記長方在堂氏(28)が民戦を脱退すると共に日共からも脱党することを声明した。

方在堂氏は慶南の副郡人小学校の教員をしばらくやり、その後抜擢されて、滋賀県地区民戦の幹部となり、ついで山口県民族対策委員にまでなつた人である。それまでの彼は日共ならびに民戦の忠実な闘士であり熱誠分子の一人として重きをなしていた、その彼が昨年五月の日共民対の会合以来民戦のあり方と活動方針に疑惑をもち始め日共民対の指令に対して批判的態度をとり、きびしく批判をくわえはじめた。そこで日共民対と民戦はついに彼を懲戒処分にして民対山口県民戦から追放して下関市委員会の書記長に左遷したそれでも彼は自分に課せられた任務を果しながら批判的精神は常にもつていた。そういう彼の動向を恐れて民戦は監視員をつけ、テロと脅迫懐柔をアラユル手段で圧迫して来た。彼はついに民戦に止まる何等の理由もないとの結論を得て七月末辞表を提出した。方氏から辞表を叩きつけられた県民戦はそれを受理せず、民愛青の暴力団二十数人を動員、方氏を監禁した。苦悩の数日を過した彼は暴力団の監視の目をくぐつて脱走し八月一日をもつて脱退声明を出して下関から大阪に活路を求めて来たものである。大阪民団は方氏の求めに応じて彼を保護しているので民戦のおもうままにはならない。山口県並びに下関民戦系同胞はこの様な民戦の措置に憤激し、分裂脱退の動きを見せて来ている。

民戦は日共の傭兵である!

声明書

我等は民族的良心と正しい生き方をえらぶために在日朝鮮統一民主戦線を正式に脱退するのである。顧みるに民戦が結成されてから四年の間我等はひたすらに中央の指示に従つて民戦のため、微力を捧げて来たのである。しかるに今日在日同胞の紙消せる経済的政治的苦境を考えるときこれ以上日共の外廓団体化されている現民戦にとどまつていることができないのである。民戦を牛耳つている連中は口を開けば祖国の平和的統一と生活問題を云々しているが彼等の唱える実際闘争は一つの方便にすぎず事実は彼等は日共の傀儡にのみ盲従し動くのである。我等は今迄の不察と盲従を自己反省すると共に、在日同胞の利益を無視して暴力革命を企てる徒党を断呼排斥するものである。我が同胞は日本革命の雇兵人でもなければ日共の傭兵でもないはずである。日本が共産革命をしようが民主革命をしようがこれは日本国民の自由意志によるものであつて外国人である我等には別に自己の使命があるはずである。それはわれ〱の経済的安定と民族の相互友愛の精神である。

以上の理由から我等は数千大衆の賛同によつて民戦を脱退すると共に真に民族の利益の為相互共済と相互親睦を主旨とする新しい統一的組織体を結成しようとするものである。従つて去一月十六日民戦を脱退した李康勲先生を絶対支持することを満天下に声明する次第である。

山梨県民戦県議長 李起福
民衆代表 金学準
〃 朴斗議
〃 鄭在根
〃 金園漢
〃 朴在錫
〃 金明洙
〃 朴感変
〃 朴斗鉄
〃 裵白丙
〃 権外竜
〃 李鐸出
外一千七百七十名
一九五四年八月二十三日

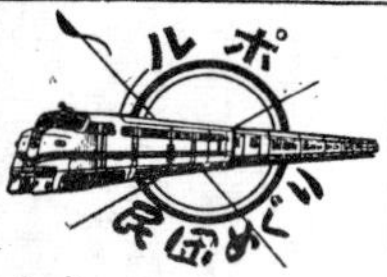

生活戦線異状あり
八割の失業者救済対策急ぐ
輪島支部が全団員の三分の一

石川県本部

上野から夜行で十一時間もゆられて加賀百万石の城下町で知られた北陸随一の都市、金沢市に着いたのは八月八日の朝、徐小明局長の出迎えをうけ、うだるような炎天の中を本紙洪主幹と共に市の中央から東より兼六公園から程近い賢坂辻通りにある同本部事務所を訪れた。

この日はちようど執行委員会がひらかれることになつていたのでこの会に参席、組織、民生諸問題とくりひろげられる熱烈ある討議を傍聴。

×　×　×

以下鄭基云団長、李敬男議長、徐小明事務局長により語られた同本部創立から今日までの歩みである。

金沢市北流町の申正禄氏(初代団長)宅で創立準備会がひらかれ、一九五〇年一月十五日市公会堂で二日間にわたる創建分子の妨害と闘いながら、隣りの福井県本部やCIC等の応援をえてあわや流産一歩手前で孤々の声をあげた。発起人代表として李敬男(現議長)申正禄(故人)李鍾律(元団長)朴栄完(顧問)鄭鍾碧、李相石の諸氏があげられる。

この他徐小明、李鍾佑、金歳河氏等が団長を歴任しており現在の鄭基云団長は七代目にあたつている。

ここに忘れてならないのは孫治東氏(入墨域増)金東金同氏の物心両面にわたる献身的功労の大きいことである。

約四千名にのぼる同胞が居住しているが約千名が国民登録所有者となつている。やはり民戦系の潜在勢力は無視し難いといわねばなるまい。

支部組織としては輪島支部が最も大きく全団員の三分の一を占めており羽咋、聚田、富来、江沼などがこれに次いでいる。

職業分布からみると土工、養豚が左右を問わず大部分であり、スクラップ業、パチンコ、料理店等がたまゝあるが八割近くが失業状態にあるというからまさに同胞の生活戦線は生死の境をさまよつている。

この切実な民生戦線対策として、同県鉱山工事を一手にうけて失業同胞を吸収させる計画を進めているというから、今後における期待は大きい。

×　×　×

それにしても反共運動華やかりし五二年頃、数万枚の共産徒党排撃ビラを数十台のトラックに分乗して撒布したあの闘志と気魄は見られず、ただ看板だけを護るのに精いつぱいだという印象を受けたのは記者のひが目だろうか。

×　×　×

このたび本紙の県支局長として任命される徐事務局長は、今後の抱負として次の諸点を力説した。

❶納税組合をつくり税金の調整円滑をはかる。
❷差別待遇の撤廃—日本国に対する違反行為の場合、韓国人だからといつて特別不当な取扱いをしないよう人権擁護の立場から強く要望する。
❸組織に対する非国民的存在は断乎これを処断する。
❹韓日両国親善をはかる一端として日本業者との提携、対韓貿易振興事業を目ざす。同時に日本の生産会社にも同胞を採用させ技術を習得さす。

(ヤンガー)

鄭基云団長

李敬男議長

徐小明事務局長

組織、文化活動等討議
軽井沢で学同中委ひらく

在日韓国学生同盟第十一回中央委員会はさる八月二十八日午後七時から緑風かおる高原、長野県軽井沢の友愛山荘においてひらかれた。同日は京都からかけつけた七名の中央委員と東京の中央委員をあわせて二十二名が出席、鮮宇徹君(学同副代表)の司会で開会、会議長(学同代表)の開会の辞、特別来ひんとして臨席した張利郁博士の祝辞がのべられた。

続いて会議長から前大会で選出された常任委員の承認要請がありこれが通過した後、石南国組織委員が経過報告、ついで京都本部代表の報告があり質疑応答に入つた。まず本部運動の成果として報告された"本国学生むけ誇籍の紛失問題"が活発に展開され前代表と協議の結果この解決に当ることに落着、韓日学生協議会問題については、今後における行き方につき討論がかわされ、結局、日本の全学連を除いた自由民主学生諸団体を網らした広範囲な韓日学生協議会にもつて行くことに意見の一致を見た。

情勢報告は、李元範先輩(元学同代表)と朴炳憲君(元学同副代表)が内外情勢問題につきそれぞれ報告、第一日の討議課程を終え親睦交歓会に入り、午後十時三十分終了、翌二十九日午前十時三十分から第二次本会議は張博士の記念講演から始まり組織強化、厚生問題、文化活動の諸問題が討議されたが、特に文化活動としては専攻部門サークルの結成、図書室設置、機関紙の充実、学術雑誌の発刊、学生芸術家の開催等が決議され、今後における活動が注目される。

この後、中央委員会としての韓国学生の態度を説明する要旨左の如き声明文が鮮宇君によつて朗読され、最後に規約修正委員会の設置が承認され、呉世盛(明六)朴炳憲(明六)金敬哲(早大)執行部二名の五名が委員に選出され、可急的に規約を修正、次期中委で検討、来る総会で承認を受けることに可決し、午後三時盛況裡に閉会した。

決議文要旨

❶我々は民族精神に悖するあらゆる問題を解決すべく、これを確認する。
❷内部団結を鞏固にし共産主義者共の偽まん的行動を暴露、共産陣営に対決を挑む必要を痛感、従つてあらゆる反共的活動を積極的に支援する。
❸我々は自由世界の真の発展のためにアジアにおけるあらゆる植民地政策に反対する。
❹アジア自由圏に於ける国際的協力、親善、団結のために貢献することを誓う。

【写真は学同創立記念会場】

芸能慰問団 本国へ出発

既報、かねてから在留同胞の大きな期待のうちに本国派遣が待たれていた在日同胞芸能慰問団(東京キッド・レンジャース)一行八名は旅券のため八月中出発の予定が遅れていたところ、去る九月一日午前八時半のUAT機で羽田空港を後に本国向け出発した。この慰問団の出発に際して、在郷軍人会は勿論、関係者多数の見送りの中に郷役文団長に引率された可愛らしい慰問団員たちは、喜びに溢れた顔をほころばせつつ機上の人となつたが、慰問対象は予定通り国連軍、国軍慰問を中心に釜山、大田、光州、大邱、ソウル、一線地帯の既定コースを約二週間にわたり巡演することになつている。

詩 ばら

京都韓国中学校一年 鄭百合子

なんと言いないばらだろう
花屋のウインドに
庭のかきねに
校舎の片隅にも
燃えるような赤い紅ばら
ほのぼのと　におうようなピンクのばら
純な白ばら
明るく高尚なクリーム花
美しいかざり物のように
少女の机の上に
りつぱな住宅の応間に
どこへおいてもみにくゝない
香り高く
美しく
咲いている
私の好きな
ばらの花。

読者の声

「誤った韓国観」
—週刊朝日桜木氏の投稿を読んで—

八月二九日号週刊朝日『読者と編集者』の欄で桜木氏の"誤つた韓国観"を読んで、わが同胞は例外なく私と同じ感激と衝動を受けたものと思います。何故なら、すべての日本人が同誌『今日の焦点』欄の筆者のような誤つた韓国観をもつており然も当然だと思つているのに、日本人である桜木氏が勇敢に批判したことである。これは一見やさしいようであるが、いわゆる今日における日本の偏られた世論に抗するものとして浮げられ難いものがあります。然るが故に、両国の共存を願うわが同胞間において敬意と愛情をもつて迎えられているゆえんでもあります。何故なら、われらは常に古傷をさわられるような日本人の誤つた韓国観に接し感情的対立が止まないからです。

現在如何に両国がいがみ合い対立し合つても、何時かは提携が結ばれると信じています。歴史的、地理的、文化的な見地から両国の提携は不可分であり両国の共存こそアジア平和への捷径であり、ひいては世界平和の源泉ともなります。これに対する両国民の努力は一部の浅薄なジャーナリストや目先の利害のみを追求する政治家の誤まつた考え方により遠のいて行く現状にあるのは誠に遺憾です。そして彼等は世論を指導し権利を行使して、愛国者のごとくふるまつているところに問題があるのです。

この人達の根本的な物の考え方は過去への未練であり、他民族支配の意識であり、そして独善的、偏狭的優越感であります。過去の軍国、専制政治を糧となしそれを夢み、あわよくば再現しようとするこの人達が日本の世論を代弁している以上、日本の民主化ははばまれ、両国親善はもとよりアジア人間における対立が続くことは火を見るより明らかです。感情の対立からは何も生まれません。桜木氏のような健全な良識をもつた両者と手をとり合い、両国間に山積している困難な諸問題の解決に努力することこそわれらの念願であり、相互理解の下に多数の日本人がこの目的達成に協力する日の一日も早いことを望み、再び桜木氏に万腔の敬意を表するものであります。(東京・鄭虎)

学同創立九週年記念
キャンプ、パーティ等盛況

在日韓国学生同盟では八月二十六日創立九周年を迎えて盛り上る学生の民族的愛国熱情と組織的団結を誇揚誇示する為傘下全学生団体と同員多彩なスケジュールで盛大な記念行事が繰りひろげられた。

一、野外キャンプ

八月十九日から二十一日の三日間にわたつて日本名勝の地富士山麓山中湖畔忍野村キャンプ村において韓国同系各大学生、韓国学園学生児童等七十余名参加の下に野外キャンプ生活が行なわれた。今年は初めて"高校学生サッカーチーム"も参加し広汎な学生層の団結と親睦が試みられ学生運動は一歩前進と新しい動向が窺はれるものがあつた。生活は予定のスケジュール通り集団生活の規律と意見交換スポーツ余興等に全員参加する方式を取り学同執行部メンバーからなる本部班を中心に専攻別班を組織して組織体制を整えた基礎の上で始められた初日の固苦しい分散的な行動の空気感起された不明朗な空気も集団生活の内に次第に除かれ規律秩序整然の中にも和楽アイ〱のキャンプファイヤーにおいては和気藹々な情愛の中に全員を溶け込る和愛な成果を収めた。一行は二十一日十五時思い出のキャンプ村を後に帰路についた。

二、記念パーティー

二十六日創立記念日当日午後二時から東京韓僑会館講堂において中総、東本幹部諸氏張利郁博士他名士、学生多数参加の下に創立記念パーティがなごやかにとり行なわれた。国民儀礼、代表委員あいさつの後張利郁博士、東本団長鄭泳、中総文教局長金昌錫、李元範、鄭哲諸氏の記念辞があつて懇親会に移つた。懇親会では創立以来の学同の歩み、思い出話等が語られなごやかなふんい気の中に今後の運動のあり方について多角的な面から論議された。

住所移転

秋田県本部は左記住所へ移転致しました。

○秋田市土崎港二騎町郷社通四一の二 大韓民国居留民団秋田県本部・電話(秋田局)八四三五番

訂正

前号(三五二号)に掲載した婦人会本国慰問団の慰問品のうち縫機械一台とあるのは十台のあやまりにつき訂正致します。

石川県支局発足
支局長に徐小明氏

かねて創立支局発足の準備をすすめてきた本紙石川県支局はこの程万端の準備を終り新たに発足した。支局長としては民団石川県本部事務局長徐小明氏が任命され、九月一日以来本格的な支局活動に入つている。

民団組織運動のあり方
中総組織局

組織指針

民団組織運動に対し種々の論議があり、その度の批判の的となつているが、その御多分にもれず筆者もその大略を実践面から一つ一つ項目を上げて論じてみたい。

このことは吾々組織員の認識と努力とによつて解決される問題であるが、何よりも重大なことは民団は大衆団体であることと、運動目標を大衆利益につつて大衆の民権擁護に最善の努力を傾けねばならぬ。民権擁護運動は小さなことでも真剣にとりくみ、大衆団体の意識を会員に与えなければならない。

一、運動の集中化

民団組織運動の見かたは、規約の夜機的な規定によつて地方分権制度を確定したことであるが、もつとも大きな見かたは各組織担当者の意慢による。この意慢は組織員の無意識即ち組織運動の実体を理解できずに現在の地位に甘んじて座つていることである。このもつとも温床は、三権分立制度に基づき団長団、議長団、監察委員団と対権的地位を擁するにある。今までの民団組織運動はあまりにも散漫的で統一制がなく、ややもすると勢力抗争の具に使われていたのである。三権分立の影響を受けて、執行部の各部署も各個的な立場をとつてきた。即ち横の連絡が完全でなく且又他の部署に対する不知不識の態度をとつてきたため、運動に一貫性がなく活動に支障が少なくなかつた。

今後は議長団も監察団も執行部と一致協力すると共に、執行部では他部署と統合し一つに向つて上下一心一体となり運動を集中化せねばならぬ。凡務、総務、組織、文教、民生と分離されていても、それはどこまでも構造であつて実質は完全一致であらねばならぬ。そこに運動の集中制の意義がある。

二、大衆と組織運動

団体は個々のあつまりの集団である。故に団体活動は常に大衆生活の要望に添わねばならぬ。団体結成の趣旨は各々が共同の目的をよりよく成就せんがためである。団体は決して個人のものでなく大衆のものである。団体の幹部は共同の目的を達成せんがために委任されたものであるゆえその責は重大である。民団幹部は五六万同胞の偉大なる使命を忘れてはならぬ。それゆえに常に大衆と共にあり、大衆のための組織運動を展開せねばならぬのである。大衆を離れた如何なる組織運動も、それを運動として認めることはできない。民団幹部の地位は各人の能力によつて得たものでなく、大衆によつて与えられたものであることを再認識せねばならぬ。

三、資金ルートの確立

如何なる運動を展開するにも先立つものは金である。団体が組織運動を敢行するのに資金が必要であることは万人が周知の通りだが、この資金を如何にして調達するかが問題である。今迄の民団経費はあまりにもブルジョア階級に依存度が高かつたのである。団体の財源を一部ブルジョア階級に依存することは結局団において大衆団体の性格に浮い傷を残すようになつてしまうのである。これは自殺的な行動といわざるを得ない。資金を出すものはそれだけ団体に対し自己の利権を主張し、兼ねて独裁的な傾向に変化し民団を個人所有物と同違える傾者が表れるようになる。これからの民団財政に公平な比率によつて団費制を確立せねばならぬ。この団費制は団員各自に団体意識を与えると共に、義務を履行する自覚を与えるのである。各自が団費を出すことによつて自分の団体であるという意識を有し、団体組織を理解するようになる。この反面、幹部は組織に対する責任者は、団員の血のにじむ尊い金と思慮し、浪費をせず、大衆の大衆運動に使することになる。

各県本部は全体大会において決定されたこの事項即ち団費制度確立を早急に実施すべきだ。この制度を早急に実施することによつて民団組織運動を正常の軌道にのせることができ、大衆団体として組織運動を展開することができよう。

四、民団と幹部

団体組織体の責任者である幹部が必要であることは誰でも理解できる。だが民団は決して幹部の個人所有物でない。あく迄も大衆運動を展開するための組織であり幹部である。大衆運動を離れまたは幹部としての栄誉を担うことは論外である。民団は個人の所有物でもなければ、名誉職でもないはずである。

最近各地方でよくみかけるが"私は民団を組織した"それ故他の人にゆずれない"等身勝手なことをいう者がいて、派閥抗争を展開し、大衆のためになすべきことはせず、自己権力擁護に汲々している地方県本部が少くない。民主々義の理念はかようなものではない。

つぎに感づくものは、組織運動を理解せず無知である為無知でも、金力に恵んでいれば幹部になれるということである。この事実は民団組織を弱体化し、地方ボスを形成せしめた最大原因である。これは団員各自が自己の代表者を選ぶときは慎重に将来を計算に入れた行動をとるべきで眼前の利欲にとらわれてはならない。最後に老人が組織責任者として占める地位があまりに多いことである。組織運動に老人派が不必要だということではない。中には優秀な同志もいることだろうが、九割まではボス的(実権のない)存在である。このような人士は選に推挙を遠き、組織運動を理解する青年的にバトンをわたさねばならない。そうすることによつて民団も救われ又各自も救われることになるのである。

以上大略を述べたが、この問題は益々切実に好々組織員に投げられ、問題を深く掘り下げてゆくところに今後の課題が残されると思う。組織員は常にたゆまざる研鑽と努力が必要である。(P)

慶祝!光復大韓民国

安田物産株式会社
三護貿易株式会社
株式会社 三和交易
韓国鉱業株式会社
共生産業株式会社
東亜漁業株式会社
株式会社 三興社
極東物産株式会社
汎亜貿易株式会社
三星物産株式会社
建設実業株式会社
新興不動産株式会社
南鮮貿易株式会社
泰昌産業株式会社
豊川化学工業株式会社
株式会社 高義商店
田村産業株式会社
東京試験器製作所
株式会社 木下商会
金玉堂
三慶物産株式会社
不二貿易株式会社
丸一貿易株式会社
平和商事株式会社

富士フイルム韓国向一手輸出取扱店
国一貿易公司
本社 ソウル特別市鍾路区鍾路一街五四
支店 東京都千代田区有楽町三信ビル
TEL(銀座)2904・0355

株式会社 モナミ
日本におけるパチンコの元祖として常に新鮮なデザインと堅牢な器械を業界におくる
社長 許弼奭
TEL(35)0057・2800・6420
東京都新宿区歌舞伎町879

輸出入業
泰平産業株式会社
本社 東京千代田区丸の内丸ビル304号
(電話)和田倉(20)4371・3996・4598
代表取締役 権五文

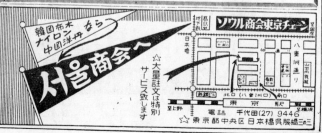

日本全国唯一豪荘華麗
延坪—二百坪
客室—二十室
韓国高級料理
京城料理・平壌冷麺
鐘路閣

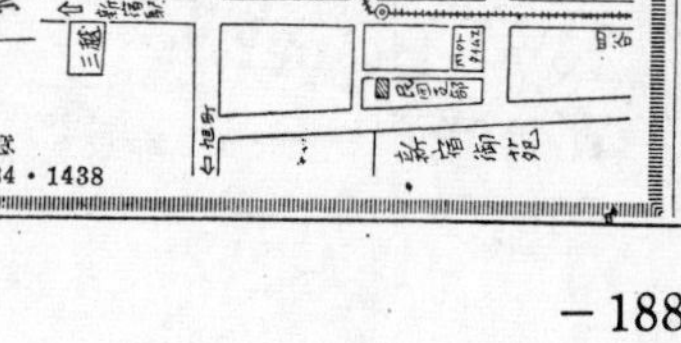

◎一階大衆食堂、二三階ホテル利用
◎大小宴会可
◎上京僑胞バイヤー人士宿泊及食事入浴随意
新宿区新宿二丁目十八番地 電話(37)1484・1438

☆大量註文は特別サービス致します

ソウル商会東京チェーン

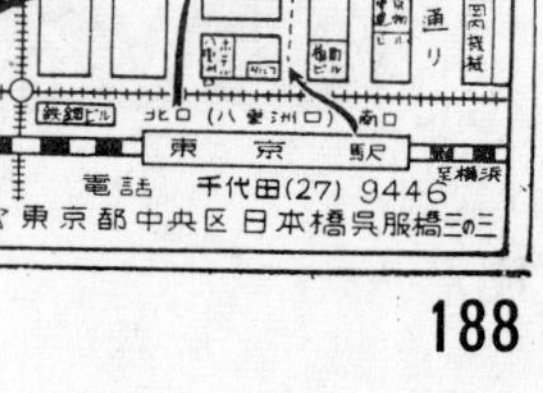

電話 千代田(27)9446
☆東京都中央区日本橋呉服橋三の三

民主新聞

在日大韓民国居留民団 中央總本部 機關紙

發行所 東京都新宿区若松町21 電話(34) 8569 8570 振替口座 東京 143865 民主新聞社 發行人 金載華

一部 20円 一箇月送料共50円

綱領

一、우리는大韓民国의国是를遵守한다
二、우리는在留同胞의民權擁護를期한다
三、우리는在留同胞의民生安定을期한다
四、우리는在留同胞의文化向上을期한다
五、우리는国際親善을期한다

韓僑経済界特輯号

第三次 五十名 経済視察團出發

本國과의連帶性强化

韓日関係의 変則的状態가 持続되고 있음으로서 在外僑民의 政治的、経済的生活이 変象的으로 되고있으며 또한 動乱으로因한 本国復興이 民族的課題로되어있는 現実과 日本의 対僑胞政策이 圧迫一路로 逆行하고있는 情勢에 処在하여 在外僑胞의 唯一의 指顧은 어떻게 해서먼저 本国과政治的、経済的連繫를 強化하는 方途를 講究하는것이라하겠다

그方途의 하나로서 実現된것이 在日経済人、実業人의 本国経済視察団派遣인것이다 벌서 一、二次의 派遣으로 多大한成果를 達成하였음에 비추어 第三次로서 새로운陣容을 準備中이던바 드디어 九月二十九日 本国向発게되였다 今般視察의 目的은 本国의各産業視察과 政府要路及経済人들과 要談하여 앞으로의 復興発展에 [illegible]

在外僑胞로서의 協力体制를 [illegible] 業의 融資貿易対策도 講究하는 [illegible] 一行은 二十九日羽田出発 当日 [illegible] 最武合를 礼訪한다음 十月一日 [illegible] 二日国務總理及各部長官訪問 [illegible] 川東洋紡績及其他産業施設 釜山 [illegible] 視察한다 七日에는 서울에帰還 政府要人 [illegible] 懇談会를開催하여 最終的意見을 [illegible] 団을現地解散한다 그런데 団長 [illegible] 에는 羅鍾卿氏가 担当하여引率 [illegible] 로되어있다

經濟視察團을 보내면서

中總團長 金載華

[illegible]

美軍撤收는時期尙早

韓國軍三大將共同聲明

李亨根(連合参謀本部總長) 丁一権(陸軍参謀總長) 白善燁(第一野戦軍司令官)의 三大将은 十六日、在韓美軍의 一部撤退에関하여「時期尙早」고 말하며 美国 [illegible] 의 是正 [illegible] 다음과같 [illegible] 며、새로운數多의 施設을 加하고있어 소連式 諸武器로서 装備하며、四十余個所의 飛行場을 新設하고、소連製新型飛行機를 配置하고있다 美国또中立国休戦監視委員会의 共産系委員들은 [illegible] 도 重大한 脅威의 하나로되어 있다는것을 警告할 必要가있음을 強調한다 美国의 一部 指導者는 日本의 再武装은 亜細亜의 反共国家의 土台가 될것이라 고 믿고있지마는 이와 [illegible]

우리들은 六・二五의 再版은勿論 真珠湾이나 満洲事変의 再版도 防止하려하는것이다 우리 [illegible]

友好関係를 欲求하여왔다 그러나 日本은 이것을 拒否하였다 日本은 韓国을 再次侵略하려고 虎視眈々이다 北韓共産側으로부터의 侵略의危険을받고 있는 우리들은 背後에있는 日本에対하여 不安을 느끼고있다

韓僑에ー카品의 輸禁解除를呼訴

=代表部가本國政府에要請=

(서울九月十七日発-KEP) 駐日韓国代表部에서는 本国政府에 書簡을 보내 在日韓僑業者의 製品을 母国에 輸出할수있는 길을 열어달라고 要請하였다

이書簡에 依하면 在日韓僑業者의 한사람인 大阪徐甲虎氏는 먼저 同社의製品인 繊維品을 韓国에 輸出하려고 하였는데 日本品輸入禁止令에 依하여 輸出이 不可能하게된 事実이 있음으로 이機会에 在日韓僑業者의 製品만이라도 輸入制限을 解除하여주도록 呼訴한것이다

對日貿易을緩和

自由党 李大統領에게建議

(서울十五日発KEP) 이 政府의 現行 政府与党의 自由党議員 六名은 十五日連名으로 対日貿易緩和等에 重点을 두는 物価安定策에 対하여 [illegible] 는 이 [illegible]

一、政府에 依하여 加하여진 対日貿易管制가 [illegible]

"贈與品"通關에새措置

駐外交団 외證明書가必要

財務部税関局은 商工部의 新指令에 根拠하여 附되는 物品으로써 外国 特히 日本으로부터 該国駐在 韓国外交使節 [illegible]

"贈与品"으로 送 [illegible]

經濟時論 中小企業者와信用組合

金坡禹

最近日本의 経済的危機에따라 데프레의 波紋은 날이가고 달이지낼수록 우리의 僑胞를企業 [illegible] 上 또는生活上에 [illegible] 威脅을加하고있다。

[illegible]

(九月二一日)

紹介 (同不順)

①는現住所 ④略歴

梁炳斗 民団中總監察委員長

副團長 羅鍾卿 民団中總總務局長

李棟鎬
①全北井邑郡新泰仁面 ②東京都台東区 ③全北裡里公立農林学校 ④東京芝浦電気群山出張所勤務後、朝鮮無尽等을거쳐渡日、兵庫県에서農器商을経営함 東京合東区에서東光商事監査役、新思潮社東京支社長을兼任

李春植
①慶北義城郡金城面 ②名古屋市中村区 ③大阪此花商業学校 ④名古屋製菓業界의重鎮的存在로서、斯界의権威者인과同時에、現在三井製菓株式会社々長

許詰九
①慶南晋陽郡智水面 ②京都府船井郡園部町 ③立命館大学政経科卒 ④木浦文泰中学教諭 渡日後에는現住地에서勝永建設工業所를経営

李歡基

玄化玉
①慶南固城郡 ②群馬県桐生市 ③小学卒業後独学 ④現住地에서織物会社를経営

安聖出
①済州道西帰面 ②大阪市西成区梅道 ③西帰公普 ④일적이渡日하여、大阪에서下宿業、古物商을거쳐日産空襲会社取締役、現在製靴会社를経営

朱尙九
①慶南固城郡永吾面 ②京都市上京区 ③서울中東学校

金壽慶
④渡日後、大阪에서中村機械工業会社에入社、京都에서現在富山機械工場을経営、民団下京支部団長後、現在同監察委員

洪舜基
①慶北義城郡比安面 ②三重県桑名市 ③比安公普 ④渡日後今日까지製飴業및鋳造業을経営함과同時에現在民団桑名支部事業部長및副団長兼任

金榮一
①慶北華山郡亀尾面 ②大阪市西成区 ③慶北中学 ④済州北安西農業、渡日後에新田皮革工業所入社、自立으로皮革工場経営、益山工業会社社長、民団西成支部副団長、現在顧問

李弘洙
①慶南金海郡大東面 ②京都市上京区 ③中卒 ④岡山県小島市日本被服会社入社、退社後独立하여被服미싱工場経営、岡山織物工場兼営後、現住地에서"시흥벨벳트織物工場"経営

李漢榮
①慶南固城郡介川面 ②東京都新宿区 ③小倉工業学校 ④成光食品会社々長으로서食品工業界의中堅的存在

朴判奎
①全北井邑郡泰仁面 ②東京都台東区 ③日本大学工学部 ④川崎商船東京支店入社 電波短識器製作所経営 中央公論記者、東京都 [illegible]

李嶷[illegible]
①慶北閏慶郡山陽面 ②北海道空知郡赤平市 ③戸西南公普 ④渡日後、東京에서麴谷工業所経営、北海道에서土木運輸業経営으로人望높은存在

車鎭遠
[illegible] 洋品雑貨協同組合理事 現住地에서国際싸롱・파레스、비리아ー드、바ー洋装店등을経営 淺草商工連合会監査役、撞球選手審査委員을하는東京有数의経 [illegible]

金良吉
①全南務安郡望雲面 ②静岡県駿東郡玉穂村 ③木浦中学校 ④大阪滝口鉄工所七年間勤務、奈良県森鉄工所五年間勤務、現住地에서畜産業経営

①慶南成安郡船航面 ②東京都荒川区 ③名古屋古野実業学校 ④名古屋에서米穀商伊藤同族会社入社 解放後、日本通産省에硝子工場、高正商業部長現在右社東京出張所長

李千壽
①慶北軍威郡軍威面 ②神奈川県横須賀市 ③軍威公普 ④渡日後、神奈川県에서尾崎木工所入所、株式会社平川商店을設置하여銅鉄商을経営、横須賀市内에서遊技機製造会社를経営中

李嚴右
①慶北達城郡支風面 ②東京都世田谷区 ③中学卒 ④東京에서太平水産会社重役으로多年間의研究経験이있다、特히海産物輸出入交易에関하여釜山志美公司와協定、大々的인水産貿易振興에貢献中임

高尙稷
①忠南礼山郡大述面 ②神奈川県横浜市 ③元山公立中学 ④株式会社三井玉野造船所、三共製作所를거쳐東亜通商会社를設立하여取締役社長에就任

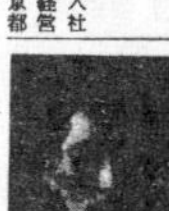

崔正熙

盧在球

金道淳
①慶北義城郡安平面 ②東京都品川区 ③日本大学工学部 ④金井株式会社創立、解散後神戸土地建物会社専務就任、在日韓僑自願軍으로서六・二五動乱에率先出征除隊帰還後、旅館業経営、現在民団品川支部副団長

朴東鎭
①慶南梁山郡館上面 ②三重県桑名市 ③梁山公普 ④少年時代에渡日後、三重県에서鋳造物技術을習得한後、化学製飴業을経営中

康順柄

朴永寬
①済州道南郡大静面 ②大阪市生野区 ③大静公普 ④大阪浪速、에서三共알미늄工業所를設立経営中、温順한人格者

①慶南南海郡雪川面 ②山形県米沢市 ③雪川公普 ④島根県松江市에서山陰道産業会社船員으로서勤務、現住地에서農機具製造業

(二面十段으로續續)

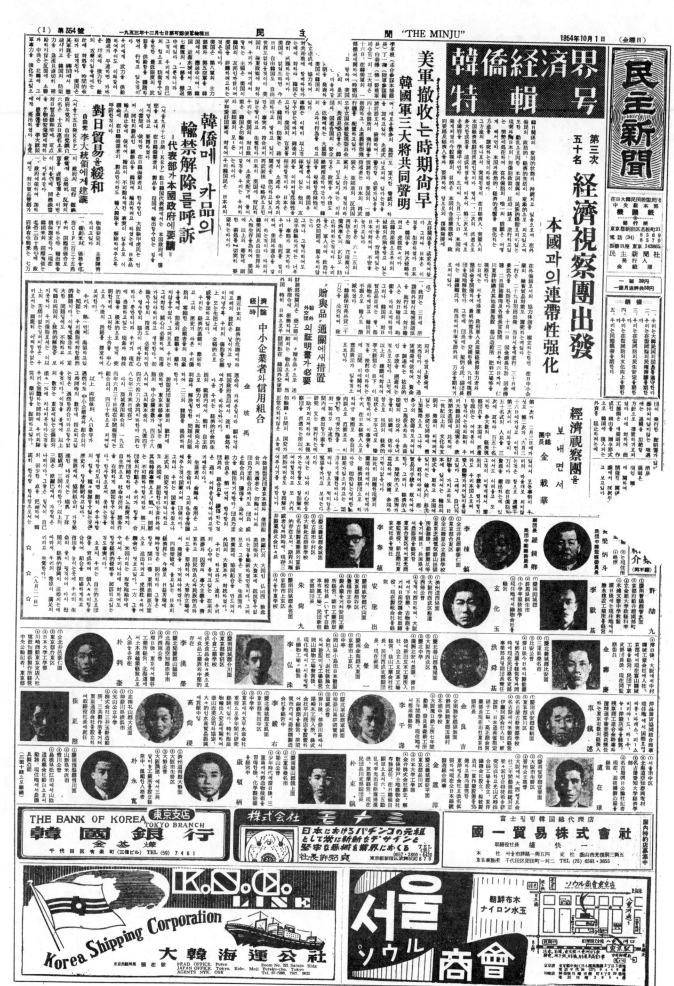

THE BANK OF KOREA 東京支店 TOKYO BRANCH
韓國銀行
金基燁
千代田区有楽町(三信ビル) TEL (59) 7461

株式会社 モナミ

日本におけるパチンコの元祖として常に斬新なデザインと堅牢な機械を業界におくる
社長 許弼奭
東京都新宿区歌舞伎町879 TEL (35) 0057・2800・6420

富士필립韓国總代理店
國一貿易株式會社
社長 權快一
本社 서울市鐘路一街五四 支社 釜山市光復洞三街五
東京事務所 千代田区須田町一ノ二 TEL (25) 6591・3855

国内特約店募集中

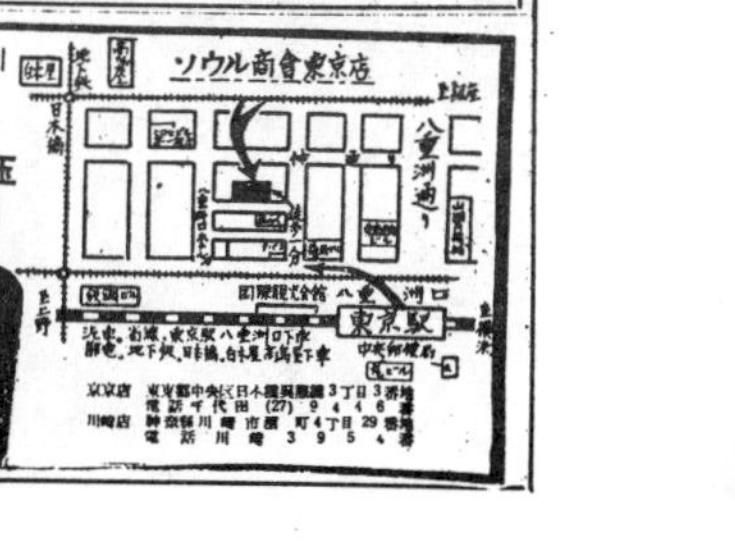
K.S.C. LINE
Korea Shipping Corporation
大韓海運公社
東京出張所長 張在敏
HEAD OFFICE: Pusan JAPAN OFFICE: Tokyo, Kobe, Moji AGENTS NYK, OSK
Room No. 221 Sansin Bldg Yuraku-cho, Tokyo Tel. 57-7266, 7927, 0032

서울商會 ソウル
朝鮮布木 ナイロン水玉

ソウル商會東京店

融資는焦眉의急務!

在日經濟人들은이렇게呼訴한다

本国의 戰後 産業經濟復興의 民族的 大課題에 直面하여 在外僑民으로서 如何히 協力하는가하는 問題는 이亦是重大한課題 라하겠다 그러나 모ー든 政治的經濟的主導權을 他民政府가掌握하고있는 条件밑에서 어떠한方途가있을까? 다만 남아있는 唯一의길은 本国政府및經済界와 有機的連帶性을 가지는데 있는것은 論할必要도 없을것이다 在日僑胞의 소리를 綜合하면 韓日国交調整의 正常化와아울러 韓日貿易增進과 在日中小企業에의 融資라할것이다 以下在日韓僑經済人들의 切実한소리를 紹介하는바이다

融資는僑胞의死活問題

漢城信用組合長 金得溶

元来在日韓国人은 政治的으로나 經済的으로나 그基礎가 薄弱함으로 이를打開하기為하여 東京에居住하는 僑胞大多数의 參加로서 一九五一年五月「同和信組」의 発足을 보았는데 北鮮系共産系列의 謀略으로 所期의 目的達成은 勿論 民族的威信에도 有하게됨으로 그対策을 結果 在京韓国人 今年組合員三 金八百万五

現況으로 나간다면 預하게될것이다 金実績에도不拘하고 期 漢城信用組合도韓銀에서 必코 隘関에 逢着치않 援助가없으며 数年来 을가 念慮된다 在日僑 本国에서 二百万弗의 胞의 帰趨는 民生問題 돈이온다 온다 하여 解決에있으니 信用組合 結局은 虚偽宣伝이 되 의 育成強化는 僑胞의 고말었으니 우리民族陣 死活的急先務라하여도 営에 수치가되어 巨大 過言이아닐것이다 要路 한 悪影響을 주고말었 当局者의 猛省과 積極 다 推進에 拍車를加하여주 그런데 在日僑胞와 民 기를바란다 団은 過去의 貢献이 적음에도不拘하고 本国 에 呼訴할資格이 있는 지 없는지 自己反省하 여야할것이며、또 如何 한 具体的方策으로서 本国과의 隘路를 打開 할수있을가를 各者가 深重히 生覚하여 最善 을다하여 努力하여야할 것이다

서 在日韓僑中小企業者 는 漸々凋落一路를 걷 고있는것이現実이다 우 리在日韓国人은 絶対他 国인 日本国家의 援助 를 받을可能性이 없으 니 本国의 国家的金融 이 있어야 할것이며 弐百万弗融資実現을 期 待하여 마지않는다 또 한 우리는 中小企業者 에対한 融資実施에있서 韓銀外의 金融機関例하 면 漢城信用組合을 強 化하여 協助케함도 一 策이라고 생각된다 日本金融界에서 在日韓 国人業者를 排斥한다면 그것은 日本側의 大端

本國과의連帶性을强化

王子印刷KK 安田物産KK 社長 朴魯禎

信組育成에全力을傾注

朝日工業KK 社長 安聖出

在日中小業者는 이状態로간다면 虚脱状態가될것으로본다 日本市内銀行에서는 益々韓人에対한 融資를排斥하는데 此際에 우리는 慎重히 対策을 講究하여야될것이다 나로서는 漢城信用組合을 잘育成시켜서 우리손으로 財政難을 打開토록 함이좋으리라고 生覚한다 本国에서의 融資만 바라지말고 在日韓僑業者自身의 힘으로 隘関을 突破하여야하겠다 本国韓銀에서도 될수있으면 呻吟하는 在日業者를 救援할

張함은 日本人의 좁은 雅量과 島国根性에서 울어난다고 볼수밖에없다 此機会에 우리僑胞에게 特히 말삼드릴것은 政治人은政治 実業家는実業에 熱中하여 在日僑胞中에는 定職이없는사람이 없도록 尽力하지 않으면 않될것이다

國家援助없으면沒落뿐

아이에스富美機 專務 金相石

韓銀은存在性을明確히

東亞水産KK 社長 元心昌

金國長 本國向發

韓銀은融資對策을講究

漢城信組理事 便利社々長 李雄權

融資受入態勢를完全히

木下商会社長 吳炳壽

融資는國家의損失이다

漢城信組理事 張仁建

融資는唯一한救護策

中央호텔主 朴龍九

自主的融資對策을樹立

中村電気KK 社長 羅鍾烈

土台를確固不動히

町井鋼鉄商店 社長 鄭昌健

關西經濟界의巨頭

日本에 著名한経済人들은 東京보담 関西에大部分이 居住하고있다 이것은 結局、関西地帯가 日本商工業의 메카地帯로서 発展하였기때문인데 우리僑胞社会에 있어서도 有力한経済人들은 역시 関西地方에 多数가居住하고있다 本社에서는 不遠間에 関西経済界特輯号를発行할予定인데 그序幕으로서 港都神戸의 巨頭인 다음에二氏를 玆에 紹介한다

東邦化成工業株式会社、両洋物産通商株式会社 社長 蔡丁龍

在日韓国人経済界는 濟州出身이 代表하고있다는 定評이있지만 神戸在日韓僑의 代表企業者蔡氏 亦是濟州出身으로서 東南亜及欧米에 輸出入을 正統的으로 継続하여 바야흐로 그信用은 抜群의 東邦化成株式会社々長이다 少年期와 成年期를 日本社会에서 지나 日本経済界에 非常한 洞察力을 갖이고 競争이 甚한 外国貿易業에 漸次実力을 発揮하아 財政 信用 知識을 通하 아 圧倒의経済人이다 우리民族陣営의 熱誠家이며 말뿐아니라 実地로 背後有力한 援助家이며 只今은 経済人을 網羅하아 神戸地方의 韓国信用組合設立에 蔡氏는 우리陣営의 民夜奮斗하고있다 経済人中에도 稀少한 文化人으로서 恒常理性과 感情을混同하지않을 뿐만아니라 모ー든 現実에対하여 케ー스 바이 케ー스를 主張하며 将次는 우리本国에 事業建設을 為하아 経験과 情熱을傾注하겠다고 한다

国際観光株式会社 社長 裵在潤

慶南安東出身으로 小学을卒業하고 二十七年前青雲을품고 渡日하여 農村으로 鉱山으로 当時의 日本社会의 無慈悲한 環境에서 少年의 아름다운 꿈은 結捨하고 形言에絶한 苦生을겪거 그아말로 人間調練을 받은熱과智의 経済人이다 只今은 韓日間을 莫論하고 関西屈指의 経済界의 代表人物인同時에 特히 社交事業経営에도 神出鬼没의才腕으로 日本経済政策에 左右되지않고 自営의 国際観光株式会社는 日就月将의 勢로서 全財三億余의 実力家이다 더구나 氏는 自己의 人間行路의 関係인지 興殿堂에 누구보다도 빠지지않은 熱誠家로서僑過去民団의 議長 其他의 経歴을갖이고 最近亦是 民団背後의 反共에徹底한 有志로서 自他가 公認하는바이며 去月民団兵庫県本部大会後에 民団의 結束과 経済対策促進等을為하여 在神韓国有志懇談会를 率先援助하아 関西地方新聞에도 多大한 好評을이르키였다 氏는 늘快活한性格者로서 民族을떠나서는人間도 財産도 없다는생각으로 共産徒党은 民族을 잃은傀儡라 指弾하여 무엇보다도 우리들의 信用組合을 하로바삐 結成하여야되겠다고 当年四五才의 情熱과 気焔을吐하였다

× × ×

經濟觀察團員

（一面에서繼續）

① 慶南 ② 東京都千代田区 ③ 中学 ④ 大韓民国駐日代表部僑民部 申奉文

① 慶南 ② 千葉県 ③ 中学 ④ 紡織工業会社経営、社長 李今弼

① 慶北 ② 神戸市長田区 ③ 中学 ④ 現在神戸地区商社々長 洪元植

尹市郎

① 慶北 ② 静岡市 ③ 中学卒 ④ 社長 金秀炫

文奎植

① 慶南 ② 兵庫県 ④ 社長 南炳

張大守

李二鎬

① 慶南 ② 大阪市 ④ 社長 任漢碩

朴成澤

金致光

金奉祚

權永祚

朱鳳奎

金宗得

① 慶北 ② 栃木県河内郡雀宮村 ③ 安城郡安溪公立普通学校 ④ 栃木県韓僑商工業者의 代表現在機械製造株式会社社長 裵末甫

① 慶北醴山郡亀尾面 ② 千葉県船橋市本町 ③ 東京実業工業学校 ④ 千葉県韓僑金融界의王者、現在金融株式会社々長의要職에있음 李三鎮

① 慶南蔚山郡温陽面 ② 青森県北津軽郡小泊村 ③ 蔚山農業学校 ④ 青森県에서造船機械製造業을経営、現在造船会社々長 鄭鎮植

① 慶南 ② 静岡市 ③ 中学卒後渡学修 ④ 일쯕이渡日하여静岡県에서大々的으로製材業経営、東海地方有数의大事業家로서約五種目의事業을兼営中、現在民団静岡県本部団長으로熱々한民族主義者、家庭은有名한、카로릭家族 李相文

① 慶南 ② 名古屋市中村区 ③ 中学卒 ④ 商事会社々長으로名古屋地方의有数한事業家 金永坤

① 慶北 ② 広島市 ③ 中学卒 ④ 広島市第一의大遊技場所有者로서民団功労者

① 慶北慶州郡内東面 ② 青森市油川町 ③ 内東公立普通学校 ④ 青森県鐵物業의有名人 現在京極物産株式会社取締役 李吉出

① 慶南居昌郡月川面 ② 北海道小樽市花園町 ③ 居昌高等小学校 ④ 在日韓僑民族陣営에貢献多大、北海道商工業界의代表的人物、現在民団小樽支部団長、大遊技店経営 姜正熙

① 慶北義城郡安溪面 ② 栃木県河内郡雀宮村 ③ 義城郡安溪公立普通学校 丁泰元

① 慶南河東郡河東邑 ② 青森市大字古川 ③ 工業学校卒業 ④ 民団功労者、青森支部幹部、青森県内鐵物業의代表的人物、現在京極物産会社々長

④ 民団宮城県本部初代団長、熱々한反共闘士、現在建築工業会社々長 金甲柱

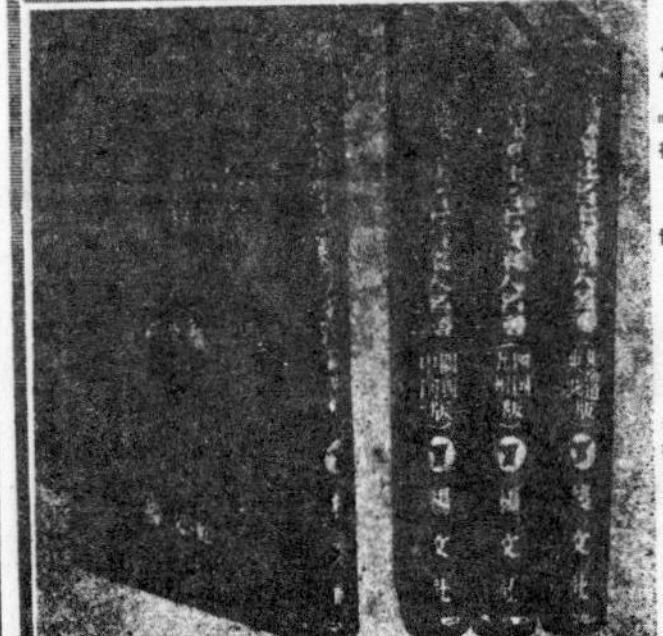

祝民主新聞國文版
在日大韓民國居留民團兵庫縣本部 団長 金英俊 執行部一同
在日大韓青年團兵庫縣本部 団長 梁一晩
在日大韓婦人會兵庫縣本部 会長 金命朝

各種最新洋品販売及外国輸出
丸福洋品店
神戸市兵庫区荒田町一丁目七六 電話(湊川)九六三五
崔順伊

光榮電機株式會社
営業目録 各種電動機製作及販売 各種電気工事請負 電線電機各種販売 其他全般販売
本社 尼崎市昭和通九丁目三四八 電話(尼崎)三三四七・三三四八
社長 高本義常

民主新聞

在日大韓民国居留民団 中央総本部 機関紙

発行所 東京都新宿区若松町21 電話(34) 8569 8570 振替口座東京 143865 民主新聞社 発行人 金載華

一部 20円 一箇月送料共50円

綱領

一、우리는大韓民国의国是를遵守한다
二、우리는在留同胞의民権擁護를期한다
三、우리는在留同胞의民生安定을期한다
四、우리는在留同胞의文化向上을期한다
五、우리는国際親善을期한다

生涯를祖国独立에献身

民族의英雄 李大統領誕辰八十周年

剛鉄같은民族精神

지난三月二十六日 우리大統領 李承晩博士는 誕辰八十周年을 맞이하였다

生涯를 民族의解放과 自由、祖国의独立를 為하여 献身하신 李大統領의 歴史는 그대로우리 大韓民族의 歴史고 精神일것이다

우리가 世界에 誇示할수있는 歴史的人物이고 民族의英雄이신 李大統領이 八十歳의 高齢에도 不拘하고 오날 現在까지 超人的精力으로 多忙한 国務를処理하고계시는것은 그剛鉄과같은 굳은 民族精神에서 우러나오는 熾烈한 愛国心일뿐이다

現在 大統領은 自由国家陣営에서도 가장重要한 位置에서 指導的存在로 있는것은 世界가 周知하는바이고 反共陣営의 巨頭로서 今後 細亜各国과 緊密한 連繫밑에 卓越한 政治力으로서 祖国의 統一은勿論 実로 自由와 平和를 사랑하는 各国과의 友好政策樹立에도 커다란 期待가 되는바이다

이聖祝스러운날을 맞이하야 本国에서는 挙族的祝賀行事를 挙行하였고 在日僑胞도 衷心으로 이날을祝賀하였다

다음에 大統領의 今日까지의 波乱에 넘친 闘争史를 紹介하여 우리들의 教訓으로한다 (P)

註…다음의資料는 国際韓道聯盟主幹宋政勲氏(滞日中)의好意로 同聯盟에서徹夜作業으로 製作中인「우리大統領写真帖」大統領年表에서抜萃掲載하였다

大統領李承晩博士闘争年表

▼一八七五年三月二六日黄海道平山郡陵内洞에서 父親敬善公과慈堂金氏사이에次男으로서 誕生 三歳에서울南大門으로転居 ▼一八八六年(十二歳) 通鑑、四書等을 通読 学者로서의 素質을研磨한革命家的精神이 싹틈 十三歳에 児名「承竜」을 버리고「雩南 承晩」이란雅号와名字를가지고科挙에応試 ▼一八九四年(二十歳) 培材学堂에入学、翌年에 培材英語教師로 就任함 政変으로亡身 各地流転 ▼一八九六年(二二歳) 徐載弼博士 아펜설라氏와協調「協成会」를組織 同会報主筆로서独立精神을鼓吹하였음

▼一八九八年(二四歳) 独立協会、萬民共同会를組織 政府改革運動에 参加타가投獄、七年間投獄中에「独立精神」著述 ▼一九〇四年(三十歳) 露日戦争勃発되자 韓国使節로서美国루수벨트大統領과接見함 ▼一九〇七年 워신톤大学卒業 "바채라・오브・아ー쓰"学位獲得 하ー바ー드大学의 課程을 마치고 文学士가됨 三十六歳에「美国에끼친局外中立의影響」論文으로 푸린수톤大学의哲学博士学位를獲得함

▼一九一〇年(三六歳) 韓日合併条約의消息을 듣자美大統領과接見 不当性을主張 帰国하여日本総督을攻撃하는同時에 独立運動에献身、校検 ▼一九一二年三月에韓国代表로 世界메소지스트総会参席次渡美、翌年에 厳父別世 ▼一九一四年ー一九一八年(四十歳ー四四歳) 하와이에서 韓国太平洋紙를創刊 独立精神鼓吹 그間一九一七年뉴ー욕에서開催된世界弱少民族代表者会議에代表로서参席 윌손美大統領의民族自決主義에呼応、運動展開 ▼一九一九年(四五歳) 三一運動展開、大韓民国初代大統領被選当함 ▼一九二〇年(四六歳) 上海로転居、同志들과連絡闘争、翌年에代表로 워신톤軍縮会議에参席 ▼一九三三年(五九歳) 韓国代表로 쥬네ー브国際聯盟会議参席、日本의満洲侵略을反駁 韓国에対한虚偽宣伝을粉砕코 後日本의虚偽証拠를蒐集코저 모스코에갔다가蘇聯의拒否로再次渡美

▼一九三四年十月八日 六十歳에 후란체스카夫人과結婚 一九四五年十月祖国解放으로還国 同年十二月反託闘争을指令 委員会를組織、総裁로서闘争展開、民主議院議長 ▼一九四八年五月初代国会議長、七月에大統領当選、八月十五日에大韓政府를世界萬邦에宣布 ▼一九五〇年十一月 平壌視察(動乱時) 北韓同胞를慰労、五一年에改憲案公告 ▼一九五二年七月 改憲法案通過、同年八月十五日二代大統領当選就任함

写真……左는五二年「改憲法」에署名하시는大統領 下는夫人同伴으로農産展視察

主張

李大統領誕辰八十周年을맞이하여

지난三月二十六日満八十歳誕辰을 맞이한李大統領을祝福하는 本国에서의 挙族的인行事는 近来에보지못한 一大盛事라고 各国通信은 伝하고있는데 이는実로 当然한 国民的感情에서우러나온 李大統領에対한 尊敬의至当한 表現이라고 볼수있다 大統領은 十歳少年으로 이때부터 革命闘士의気質이 높으셨다는것은 너무나 有名한事実인데 이것은 現在高齢이신 大統領의 모ー든모습을 보아도 짐작할수 있는일이다

벌서 培材学堂時에 独立精神을 国民에게鼓吹할라고 各組織을通하야 民族運動을 하였고 腐敗한政府에 大改革運動까지 展開한것이 僅少二十四歳때라하니 그政治的才腕과 革命精神은 世界的人物로서의 水準을 드높이가고있었든것인데 이精神이結局 韓日合併後에 三一革命의 精神이고 美윌손大統領이提唱한 民族自決主義에 典型的現実이라고 指摘아니할수없다

그런데 우리国民이 大統領을推戴하고 現世界에 稀見한 民族指導者라고 自讃하는것은 단지現大統領이라는 姑息한感情的理由로서는아니다 革命家的素質이 일즉이 싹튼 事実도있거니와 人間社会에서는 恒常 行動的인人間은 智的要素가 모자르고 天才的으로 智能이(特히 学術面에있어서의) 発達된 人間은 革命家的行動力이 不足한 事実은 이저서는안된다

大統領은 단지革命家的行動力뿐아니라 学者的素質이 이와합께 싸였다는事実인데 이것은 十一歳에부터 十年間備学을 工夫하였고 十二歳에이르러通鑑、四書、書道、小説等을 研究하여 科学者、文学家로서 研磨하였든것이다 이러한 東洋的学術을 習得한後에 또다시 時代風潮에따러 英文学을 二十歳때 僅一年間工夫하였는데 벌서英文教師로 教壇에 섰다는것은 놀래지않을수없는 厳正한事実이라고 아니할수없다 또 後年美国留学에서 僅三十六歳에 名門푸린스톤大学에서 哲学博士의 学位를 授与当한事実이 証明할수있다 要컨데 文武兼備한第一級의 政治家로서 우리国民의 尊敬받고있는 理由이다 博士獲得의 論文이「美国에끼친局外中立의影響」이라는것을 보아도 政治家的実力이 그当時부터 涵養되였다는것을 充分히 알수있는것이다

海外에있어서의 祖国独立運動의 結実은 初代大統領으로 全民族이 無条件으로 推戴하게되였고 그政治家로서의 実力은 解放後 祖国에還国하여 오늘날까지의 功績이 証明하는것이다

即 国連의 信託統治에対하여 反託闘争을 指令하여 最後까지 闘争하였고 独立国家로서 大韓民国政府를 樹立한 事実 総選挙를反対하는 南北協商派를 물러치고 大韓民国主権下에 統一을主張 現在까지 一歩도譲歩하지 않는것은 政治家의 剛鉄같은 節操로서 偉大한 存在일것이다

오늘날 平和統一을 仮装한 共産勢力이 六・二五動乱으로 말미아마 南侵하여온 傀儡軍을 무찔러친軍事的勝利도 그 源泉이 역씨 大統領의 政治力에起因한것은 世界가周知하는바인데 그結果로서 二代大統領에 就任한것은 当然한것이고 現在本国에서 改憲法案이 通過한 오늘날 全国民의 宿志로서 三代大統領에 再次推戴할것이라고 信頼할消息通은 伝하고있다

人生六十이면 소의隠居生活한다는 東洋的常識은 八十歳의高齢이신 大統領앞에는 通하지않는것을아는 우리国民은 次期大統領으로서 또다시 李大統領을 推戴하지않을수없다 世紀의偉人 民族의英雄으로서의 李大統領은 우리民族의代表者이고 우리民族을 救出하는唯一한 存在이니만큼 大統領은 個人的存在를떠나 모든것이 韓国々民을위한 거에만 限하여야될것을 主張하는바이다 이것은 大統領이 生涯를 祖国独立에 바친 民族의英雄이였고 英雄의生涯는 世上을떠나는 그날까지 民族과 国家에 바치지않으면 않될것이기때문이다

在日同胞는 이를主張하기때문에 全体이신大統領이 이国民的要求를 快諾하시와 도라오는大統領選挙도 当然히 三選当할것을 衷心으로 願하고 祈願하는바이다

李大統領의 八十周年誕辰을 맞이하야 健康을빌면서 在留同胞의뜻이 伝達됨을 期待하면서 祝福하는바이다

民族과思想

金 哲

民族은 歴史의 発展過程에서、形成되어온 것이며 또한 歴史의 発展過程에서 変質되어갈 것이다 이러한 意味에서 勿論 民族은 絶対的인 것이 아니다 健全한 常識을 가진 사람이라면 아무도 民族을固定的 静態的으로 把握하려고는하지 않을 것이다

우리가 하나의 民族으로서 自覚하고 団結하여 行動하는 것은 歴史의 現段階에 있어서 民族이 基本的인 社会集団을 이루는 事実에依拠하는 것이다 오직 이 厳然한事実이 우리로 하여금 民族의 旗발 밑에 参集시키는・것이다

오늘날 閉鎖的排他的인 民族主義는 膨脹的 侵略的인 그것과 함께 이미 時代의 버림을 받게 되였으며 世界史는 諸民族의 聯合에 脚立할 새로운 秩序를 模索하고 있다 그러나 諸民族의 聯合은 平等한 基礎를 必要로 한다 여기에 民族의 自由와 独立이 依然히 意義를 가지게 된다 半世紀에 걸친 受難의 歳月을 通하여 우리는 運命共同体로서의 民族을 体験하였다 民族内의 階級、宗教、性의 区別이 重大한 要素로서 作用한 적은 한 번도 없었다 우리는 다같이 圧迫받고 다같이 抗拒하였으며 다같이 苦生하고 다같이 蹶起하였다 그 象徴的인 例로서 三十六年前의 三一運動이 있고 가까이는 六・二五以後의 反共戦争이있다

우리는 民族을 反逆한 者가 全혀 없었다고 主張하려는 것은 아니다 少数의 反逆者는 언제나 生겼다 그들의 反逆의 動機는 大体로 私的利欲의 追求에 끄치는 것이였지마는 흔히 그위에 悲想의 베일을 씌워 名分을 세우려고든다 그리하여 우리는 지난날 怪常하고도 凶測한 附日思想을 보았거니와 이제 또 共産主義라는 悪魔의 思想과 対決하게 되는 것이다 그内容은 全혀 思想의 이름에 相応하는 것이 못되면서도 구지 思想의 形式을 仮装할 때에 어면 사람들은 当惑하였다 思想은 尊重되어야 하며 함부로 排撃되어서는 안되기 때문이다 그러나 우리는 思想이라는 말에 그저 幻覚을 일으킬것은 아니다●民族의 自由와 独立을 威脅하는 思想까지도 우리가 容認할 수는 없다

요지음 思想을超越한다는 말을 濫用하려는 사람들이 있다 結局 共産主義에 思想의 権威를 許容하고 이것과 妥協하자는 主張인 모양인데 警戒를 要하는 傾向이라고 하겠다 머욱이 過去의 附日協力者들이 이러한 主張을 내세우는 것은・実로 可観이다

韓僑慶祝使節団出発

李大統領 誕辰八十周年을 맞이하야 民団中総에서는 이를祝賀하기為하여 金炳旭事務総長을 団長으로 在日韓僑慶祝使節団十一名이 지난三月二十六日 本国으로 出発하였다

外登携帯違反으로三年拘留

警棒、까쓰弾날리는收容所生活

韓日両国의 政府当局에서는 近日間 韓日会談再開할用意가 있다고 言明한바있었고 그前兆로서 現在 長崎県大村収容所를 為始하야 各処에있는 収容所에는 登録違反 또는密入国의 嫌疑로 相当数의 韓国人이 収容되여있는데 그中 登録違反者는 日本居住権이 있음으로 이를釈放 密入国者만을 本国送還하기로 大体決定을 보인것같다

그런데 이国家的問題가 完全히 実施、解決을보기前에 現在까지 収容되고있는 그実態는 어떠한것이였든가? 이를 아는것도 우리在留同胞의 今後動向에도 影響이 지울것을 憂慮하여 여기에 그実態를 아려보기로하자……지난三月二十四日 三年만에 大村収容所를 釈放当한 李相鎬(四一)氏는 本社를 訪問하여 다음과 같이 그実情을 呼訴하고 非人道的인 日本当局의 猛省을要求하였다

李相鎬氏談

…나는 一九三四年以来 二十一年間이나 滞日中인데 一九五二年三月十九日에 愛知県小坂井에서 商用을마치고 名古屋로 도라오는途中(当時메리야쓰織布) 登録違反의 理由로 交番에 連行当하였다 結局 居住地인 名古屋에 照会를한結果 既登録者임을 確認하였는데 不拘하고 警察当局에 拘留 判、三箇月間의 刑務所生活을 끝맞인後 어떠한理由인지 그대로 大村収容所에 入所当하였다 그後即時 五月十二日 本国送還을 当하였는데 釜山에서의 外務次官의 言明은 密行者以外는 바를理由가없고 당신들은 当然히 居住権이 있다는 要旨가있은다음 日本에再送還当하였다 이와같은 케ー쓰의 百二十五名의 同胞는 収容所에서 無条件釈放을 日本当局에 要請하였으나 一週間内에 決定을 보겠다고 約束만하고 一週日이 지난後도 아무런処置가없어 우리들이 要求한 韓日両国新聞記者에 出入조차 拒否당하고말었든것이다

이리하여 収容同胞는 数次에걸쳐 메모까지하였으나 그들은 数百名의 警備隊를動員 警棒로殴打、까쓰弾等으로 数十名의 負傷者를 내였고 이러한 事件後에도 駐日代表部、日本法務省의 当局者와의 正当한 面会要求도 全部 拒絶당하여 完全히 孤立状態에빠저 純然한刑務所生活을 보내게되였다 非人道的인 그待遇의 一例를드르면 二箇月以上이나 모간에도 못들어가고 健康을 維持할라는 体操도 禁止당하였든 것이다 이러한 環境에서 우리는 同胞的結合밑에 収容所内의 非人間的取扱에関한 真相을 世上에 呼訴할라고 書類를作成 本国은 勿論이와 日本各新聞、社会等十四団体에 보내기로 하였는데 収容所에서는 이것조차 暗々裡에 処分하여버리는 形便에 同胞의 激憤은 絶頂에 達하여버렸다

이러한 日本当局者과 相姻裡에 지난二月二十一日 同胞三十五名과같이 突然히 仮釈放当하게되였는데 如何튼 우리는 어데까지나 이 不法弾圧의 非人道性을 内外에 呼訴하기로하여 現在各処에 分散되였다

註ー李氏는 収容中 夫人에도 離婚当하고 財産도 없어저버려 現在無職状態로 困難을받고있다

国民会에서 멧세ー지

本国에 全国愛国団体聯合会와 国民会中央総本部에서는 去般統準과 民戦分子들로서 惹起된 一・三〇事件을 中心으로 恒常 이들共産分子들과 闘争하여온 日本内各愛国団体에게 보내는 感謝의 멧세ー지를 보내왔다

東本十八回定期大会

団長에呉宇泳氏

民団東京本部第十八回定期大会는 지난三月十九日下午一時부터 同本部講堂에 都内十九支部代議員八十四名全員傍聴等約二百名参席裡에 開会되였다

三機関報告가 끝난後 役員改選에 드러가 団長候補에서 呉宇泳氏와 洪賢基氏間에서 決選投票를한結果 四十七票対三十七票로서 呉宇泳氏가 当選되였다 三機関役員改選後에 東本組織委員会建議案으로서 管内各支部組織課長罷免、就任問題는 組織強化面으로서보아 事前에 組委承諾있기를 바란다는 意見이対立 数時間에걸처 討議한바 次回支団長会議에서 再協議하기로 保留되고 下午七時에 閉会하였다 被選된新役員은 다음과 같다

執行機関 団長 呉宇泳 副団長 李玉童

決議機関 議長 李基永 副議長 李海燭 〃 金得溶 〃 金熙明

監察機関 委員 李寿成 〃 金陸男 〃 全萬洙

(写真은呉団長)

金団長帰国

民団中総 金載華団長은 全体大会를 앞두고 懸案의 諸般問題를 本国政府와 協議하기為하여 去三月十九日 帰国하였다

公告

第二十二回中央議事会와 第十九回全体大会를 左와如히 開催한다

時日 四月十三日(議事会)
〃 十四日(全体大会)

在日大韓民国居留民団中央総本部 議長 金光男

大韓海運公社 東京出張所長 張在敏 (59) 0815・0816・0817

朝鮮布木 朝鮮レコード 各種レース・オパロ・ニュートン 営業品目 ビロード・京都洋丹・基本丹・七色丹 ナイロン・琥珀丹・レコード・其他 金宮商店 新装改築大売出 東京都台東区浅草公園六区2の20 伝法院横通り 電話(84)8357・0198

胃腸に ミネラル・コロイド作用 50錠130円 100錠220円 コーデナトール錠 東京都世田谷区宇奈根町八一九 株式会社 大亞ラヂウム研究社 電話砧(41)8184・8188

서울 ソウル 商會 朝鮮布木 ナイロン水玉 ソウル商會東京店 東京駅

ユートンビロードレースその他布類一切 平壌商店 東京都文京区丸山福山町4番地(都電小石川柳町下車二分) TEL 小石川(92)0187・4879

韓日親善의 気運稀薄

民団組織妨害하는 日警과 統協

座談会 二・二五逮捕事件과 民團運動의 諸問題

所謂 平和統一이라는 美名밑에숨어 在日六十万同胞의 헤게모니-를 잡으려고 策動하는 民戰과 그 앞잡이로서 跳梁하는 統協의 傀儡分子들로 말미아마 惹起된 一・三〇事件은 우리民族陣営에 많은犧牲者를 내었다

本社에서는 그中 去二月二十五日 一方的인 日警에게 不法逮捕当하여 三月十七日 釈放된「時対委」의 네분을 마지하야 今後民族陣営에 山積되여있는 諸問題에關하여 民生局長朴権熙氏司会로 充分한 意見을 듣기로하였다

出席者 張聰明 鄭炯和 安基伯 金哲
司会 朴權熙
—○—
三月二十三日 於 春香園

司会…所謂 統協이라는 게생겨 民団에서는 粉砕運動이 展開中인데 여러분이 이루어지신 功労에 対하여 全在留同胞의 이름밑에 感謝의意를 表하는바입니다 요전 一・三〇事件은 日本은 勿論이와 本国에서도大端이 与論이 큽니다 이런問題를 中心으로 今後의 影響과 関心이크니 모이신여러분의 意見을 民団運動에 있어 의 좋은參考가 되도록 充分히 交換하여주시기 願합니다 그러면 于先 二月二十五日의 被逮事件의 전말에 対하여 具体的内容이라할가 그当時의 所感等을 鄭局長서부터 말씀하여주십시요

鄭…글세요…나는日警이 時対委의幹部를 逮捕한것은 어디까지나 一方的인 見解밑에서 한거라고 봅니다

張…나는 二月二十五日날아침에 金、安두同志가 逮捕되었다는것을 神奈川本部에서 들었는데 설마나한테까지 오지는않겠지 生覚하고 事實 罪없는나를 逮捕할일은 万無할거라하여 泰然이하고 있었드니 두同志가 被逮当한消息을 알기前에 横浜警察…

前日帝走狗의 野望과

日警과 通하는 分子嚴戒

(写真은 右로부터 朴、金、鄭、張、安의 諸氏)

民戰의 戰術轉換은 假裝한平和攻勢다

私黨的色彩버서 有能人材登用하라

"日本의韓國侵略史"

金正柱氏의 快著出版

日本의 過去二千年동안 韓国에対하여 侵略的인 一連의 史実을 究明한 解説한 新著가 出版되었다 著者인 金正柱氏는 最近에 生起되고있는 日本의 対韓態度가 너무도 愚昧頑迷함에 憤慨하여 長年의 研究와 資料를 整理하여 今般 出版하게된것이 執筆의 動機라고하며 両国関係가 微妙한 이때 本書의 出版은 世間에 注目을 끌고있다 同書는 新韓学術研究会発行으로 A五版二百ㄱ十頁에걸쳐 科学的基礎에서서 尨大한 資料로 必読의 価値있는 国民的書籍이라고 볼수있다 附録에 있어서는 門外不出인 関係国相互間의 秘密条約原文과 其他各条約文이 収録되여 斯界의 専門家는 勿論이와 一般読書子에게도 韓日国交関係의 裏面史로서 興味를 줄것이다

朴建永을追放

民團兵庫本部

民団兵庫県本部에서는 民戰及統協과 通하여 民団組織을 破壊할라는 兇計에 加担하였다는理由로 左者를 組織에서 追放하였다

朴建永 (五二才)
国登番号 兵四三二〇
大洋貿易会社々長

一・三〇事件犧牲者에対한 義捐金

(三月二三日現在)

広島県本部	一萬円
神奈川県本部	二萬円
山梨県本部	五千円
岩手県本部	五千円
茨城県本部	四千円
李乙竜	三千円
三一節칸파	三萬円
千葉県本部	七千二百円

右各県本部는 義捐金寄附한 篤志名鑑를 金額詳細히 記入하여 中総民生局으로 提出하여 주시요

그리고 義捐金未納한 地方은 急速히 中総民生局으로 보내주시기 바랍니다

団長에金在福氏被選

静岡

民団静岡県本部大会는 지난三月十七日下午一時부터 約百五十名参席裡에 静岡市公会堂에서 開催되였는데 当日改選된 役員은 다음과같다

団長 金在福
副団長 金慶大
〃 李徳宜
議長 趙成沢
副議長 金命福
〃 金良吉
監察委員長 崔永秀
〃 委員 李鳳石
呉利見

韓日親善芸能大会盛況 (秋田)

民団秋田県本部에서는 楽団"無窮花"를 招請 秋田、花輪両地에서 四月三、四日 親善音楽会를 公演하게되였다

パチンコ機各種買賣卸問屋
株式會社 中央商會

壽パチンコ
東京上野 范愼圭

運送業・機械業
閔永運
民團和歌山県本部

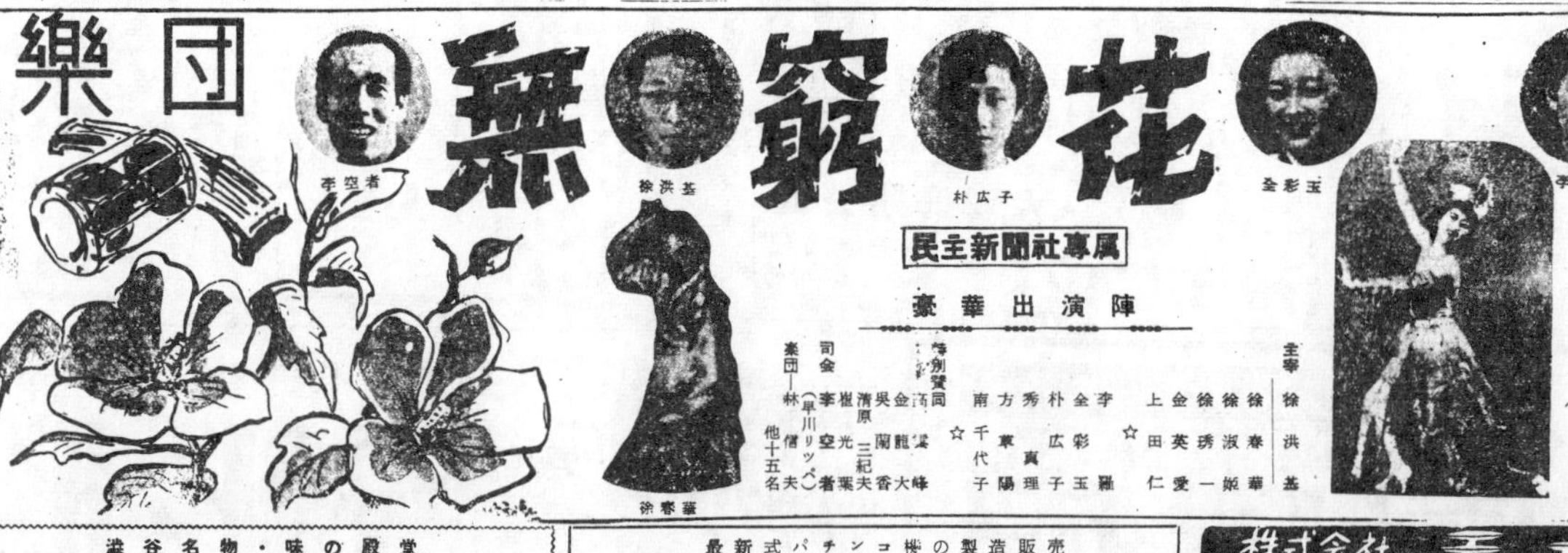

樂団 無窮花 大公演
民主新聞社專屬
豪華出演陣
主宰 徐洪基
徐春華 徐淑姫 徐琇一 金英愛 上田仁
李玉羅 全彩玉 朴広子 秀理 方真陽 南草 千代子
特別賛同 金大峰 呉龍香 清原三紀夫 崔蘭栗
司会 李空光者
楽団 林信夫 (早川リツ) 他十五名
☆地方公演은本社藝能部에 申込하십시요☆

澁谷名物・味の殿堂
西洋・中華料理一切
三千里
国電渋谷駅前 TEL (46) 0577

最新式パチンコ機の製造販売
中古品の切換・修理売買
新宿道場
国電新宿東口駅より万世橋行都電起点 新宿区角筈 2の794 TEL (35) 4786

株式会社 三十毛
日本におけるパチンコの元祖として常に斬新なデザインと堅牢な器械を業界におくる
社長許弼奭
東京都新宿区歌舞伎町879 TEL (35) 0057・2800・6420

金儲の秘訣
燒酎でお好みのおいしいお酒が市價の半値以下で出來る
酒の素。ブドー酒の素 ウイスキーの素 高級酒の素
論より証拠 知らないのはあなただけです絶好のシーズン此のチャンスに至急本社へ御相談下さい。(呈 営業案内) 見本 120円 (切手代用可)
製造發賣元
本社 東京都中野区宮園通三の六 電話中野(38)三三六六番 振替口座東京壱壱八参九五番
酒の素起業株式會社

内外高級毛糸メリヤス
製造・販賣
新井メリヤス製造工場
☆毛糸男女セーター및内服類其他一般註文에応합니다 特히国内同胞의註文에는良心的으로破格的廉価로提供하고있읍니다☆
代表 朴善文
東京都目黒区上目黒五丁目二三八八番地

絹織物問屋 開城商店
輸出品目
京都洋丹・벨벳트・비로-드・뉴-롱・基本丹・七色丹・琥珀丹 各種레-쓰 其他本絹等
東京都台東区浅草公園六区二十号・伝法院옆골목 浅草区役所에서一分 TEL (84) 1871番

民主新聞

在日大韓民国居留民団中央総本部機関紙

発行所 東京都新宿区若松町21
電話 (34) 8569 8570
振替口座 東京 143865
民主新聞社
発行人 丁賛鎮

一部 20円
一箇月送料共50円

綱領

一、우리는大韓民国의国是를遵守한다
二、우리는在留同胞의民権擁護를期한다
三、우리는在留同胞의民生安定을期한다
四、우리는在留同胞의文化向上을期한다
五、우리는国際親善을期한다

民團第19回全体大會

民團革新의好機到來

團長에 丁賛鎮氏 規約修正은 次期大会로

議長 金光男　団長 丁賛鎮　副議長 洪賢基　副団長 金熙明　副議長 金聖洙　副団長 梁炳斗　監委員 朴根世　監委長 全斗銖　監委員 徐相夏

懸案의 諸般問題를 山積하고 六十万僑胞의 注目裡에 民団中総第二十二回中央議事会와 第十九回全体大会는 지난 四月十三、四両日에걸처 開催되었다

十三日上午十一時 大会々場인 中総講堂에는 全国에서 参集한 中央議員、代議員二百三十五名이参席 中央議事会가 開催되었는데 同会議에서는 重要한 諸般案件을 検討한後 下午三時에 全体大会가 드디어 開始되었다

大会는 鄭組織局長의 司会로 金載華団長、金光男議長의 開会人事가 있음다음 三機関経過報告가 있었다

経過報告가 끝난다음 質疑応答에 들어가서 安基伯議員(軍人会)의 質問으로서 中総負債로 数字에 나와있는 百三十六万円中에는 団長의 個人的負債가 있지않을가라는 疑問으로 詳細한 報告를 要請하였는데 結局 曖昧한 答辯이라하여 그責任과 民団의 沈滞的인 모-든 原因이 金団長에게 있다는 猛烈한 攻撃이있어 会場은 紛糾하여 再次이 問題를 十四日에 討議하기로하고 下午七時에 第一日을 맞였다

翌十四日에는 朴根世議員으로부터 前日에負債問題를動議、数時間에걸처 論戦이展開되어 其責任을 究明하였는데 結局 団長의 無断支出에対한 調査를 監察委員会에게 一任하기로하고 二日에걸처 紛糾한 이問題는 一段落을 보았다

活動方針에서는 別掲와 같은 問題가 熱々히 討議되었다

活動方針討議後 下午二時에 金溶植駐日公使의 祝辞가있은다음 規約修正案이 提議되었는데 全代議員에 그草案이 配付되지않었다는理由로 이를 次期大会에 延期하기로決定、予算審議案이 羅総務局長으로부터 説明되었으나 大部分의 代議員間에서는 根拠없는 予算案이라하여 三機関으로構成된 予審委에서 이를再次検討 可能性있는 予算案을 作成하기로하고 役員改選에 들어갔다

이날의 가장注目과 関心을끌은 団長選挙에서는 金載華、丁賛鎮、鄭哲 三氏가立候補 九一点으로 最高得票한丁氏는 過半数에達하지못한 理由로 次点인金氏와 決選投票에들어가 百四十対九十五로 革新的인 青年層의 厭倒的支持을 받은 丁氏가 団長으로 当選되었다 이어 副団長選出에서는 金熙明、梁炳斗 両氏가当選、議長에는 金光男氏가 無投票로当選、洪賢基、金聖洙両氏가副議長、監察委員長에는全斗銖氏、委員에는 朴根世、徐相夏 両氏가被選、国会옵서ー버ー에는 丁賛鎮、金載華、金光男、金得溶、李元範、金英俊氏等六名이 選出되었다

事務総長認准문제가 大会에서 難航되어 結末을 보지못한채 三機関 連席会議에 一任하고 二日間에 걸처 熱烈히 展開된 全体大会는 深夜에 이르러 겨우 幕을 닫었다

執行部人事드디어構成

民団中総에서는 過般 第十九回全体大会以来 執行部의 人事構成에 関하여 数次에걸처 慎重히 検討해온바 五月一日現在 左와如히 人事構成이 決定되었다 그러나 尚今 各局에서는 完全히 局員을 補充치 못한채 業務遂行을 하고 있는데 이는 各局에서 人事構成에 있어서 慎重을 期하는 까닭이다

事務総長(事務取扱)兼
民主新聞主幹 金熙明
事務次長 金哲
総務局長 金哲(兼)
〃次長 朴秉圭
組織局長 鄭炯和
民生局長 梁相基
〃次長 文熏錫
文教局長 朴権熙
無任所局長
民主新聞編集長 洪淳鶴

重點을生活援護에

丁團長新方針을発表

지난 五月二日 民団中総에서는 丁賛鎮団長、金熙明副団長及関係局長参席下에 第一回定例記者인타ー뷰를 가졌다 丁団長으로 부터「記者여러분은 一個단원의 立場에 서서 민단에 협조 한다는 精神밑에 充分한기능을 발휘 하여 줄것을 요망 한다 우리民団이 만약 전교포를 대변하여 민족의 권익을 옹호 하지못하는 경우에는 이것을 시정 하기위하여 대중의 소리를 참되게 호소하는 것이 언론기관의 사명이니 民団이 대중과 부합되지 않는 방향으로 흐를 때는 冷徹한 비판과 충고로서 시정 해줄것을 特히 원한다」는 허심단회한 人事의말이 있은 다음 이여서 民団新運営方針을 発表 하였다

一、旧来의 惰性을 一掃한다

民団의 근본 성격은 어데 까지나 민생 민권의 옹호를 주목표로 하 교포의 자치 단체며 정치단체가 않임에도 불구하고 필요이상 으로 정치활동을 하여온 오루를 벗하여 왔다 물론 민단의 상대방인 民戦이 뚜렷한 정치성격을 가지고 조전 하여온 객관적 사실에 대한 필연적 귀결 이라고 할수 있겠으나 참으로 민족을 위함이 않이고 개인의 영예와 리익에서 出発하여 헤게머니・쟁탈에 치중 하여 섹트主義的 경향이 농후 하였음으로 배타의 정쟁적 반목이 内部에 개재 되었으며 이로因하여 파생 되는 불미한 타성이 장기간에 걸처 계속된 바입으로 一大용단 으로 혁신치 않으면 않될 것이다

二、最少의 予算으로 最大의 活動을 期한다

민단의 年度予算은 才出을준 기 으로하여 才入을 귀정 하는것이 원측이 겠으나 현황에 빚우어 원측에 의한 予算편성은 궤상공론에 지나지 않을 것으로 어데 까지나 최제선의 수입으로 중점적인 예산 배정에 의하여 効果를 충분이 걸울수 있도록 탄력성 있는 재정관리를 실시 한다

三、財政은 原則的으로 公開하여 一般의 検討에 붙인다

민단조직 활동에 중점을 둔 것이아 한다 수입 예산이 없는 헛된 支出을 하는 곳에 결과적 으로 대외위신을 추락 시키며 内的으로 幹部의 不美한 금전적 과오를 범하게 한다。그러므로 우리는 零細한 용도와 수입에 관한 것일지라도 일정한 기간과 기간의 재정 보고를 적절한 方法으로 一般에 公開発表하여 大衆의 信不信을 묻기로 한다。

四、모든活動을 僑胞生活援護에 集中한다

日本은 패전으로부터 독립국가의 형체를 찾은 그날 부터 도의적 책임을 완전이 파가하고 정치 경제 모든 面에서 로골적으로 우리韓民族을 탄압 하고 있다 特히 韓日両国의 外交不振에 대한 偏向的이며 狭少한 보복조치로 한교의 정당한 권리를 고의로 침해하며 생활권을 박탈함으로서 국내에서 추방하려는 자가 리익을 위한 정책의 반영으로 차별 대우를 하고 있는 것은 엄연한 사실이다 우리는 이러한 환경 속에 処하고 있는 것을 인식 하고 日本에 우리들이 居住할수 있는 정당한 권리를 強力히 主張하며 거주권에 부수 되는 생활권 영업권 등 현실적인 경제행위의 自由를 차지하기 위하여 스스로가 단결하여 민단의 단체교섭으로 제반문제를 해결해아된다

五、僑胞子弟에 対한 自主教育을 発展시킨다

교포子弟에 대한 自主的인 민족교육을 하기위하여 기설된 한국학원에만 局限할것이 않이고 한거름 나아가서 全교포子弟에 対하여 기회를 균동이 하여 민족교육을 받을수있도록 교육기관급 시설을 대포부와 진밀한 련게밑에 확장시켜아한다 日政당국은 소수의 共産分子의 책동에 의하여 편향적 사상교육에 추함되어있는 事実을 시정할려고 하지않고 편향적 민족교육云云하는 口実밑에 조선인小学校폐사령을 내렸다 이는 韓民族의 文化活動을 말살할려는 탄압정책이라고 지적할수 있다 우리는 이러한 立場에 놓여 있음으로 子弟교육문제를 加一層 신중이 研究하여만 되겠다

六、民族陣営의 総力을 結集하는데 힘쓴다

교포사회는 종전후 그류례를 보지못한 가장심각한 사상혼란기에 봉착하고있다 우리는 이 重大한 위기에 있어서 허당한 망상을 하고있는 統促協으로 하여금 반성회게 시키며 平和의 美名밑에 계급투쟁에 외하여 민족을 조각조각으로 分裂하고있는 민전의 잠동을 분쇄하여 민족의 대동단결을 위하여 民族陣営의 総力을 결집하는데 全力을 다하아 한다

七、代表部와의 連繋를 緊密히 한다

민단은 現在까지 자치적인 立場에서 시책을 강구하여오는 한편 代表部의 의도를 존중하여 왔으나 앞으로는 더욱한층 진밀성을 가지고저하는 바이다

八、平等 互惠의 基礎위에 日本国民과의 友誼的関係를 樹立한다

日本사회에 생활하는 교포들과 대日本人과의 문제인데 이때까지나 日本과의 平等、互恵의 基礎위에서 취진할것이다 어느한편의 우령을 기준하였어는 않된다 不必要한 감정적 対立을 버리고 友誼를 두텁게 하여나가고저한다

主張

새로운欺瞞과陰謀

民戰・統協을紛砕하자

근간 民戦이 해산하여 새로운 단체를 만들고 統協은民戦의조류에 영합하여 새로운 움직임을 가질려고 잠동하고있다 이는 歴史的현실의당연한 귀결로서 死活의 運命을 거려놓은 최후의 発悪일것이다 그네들의 宗祖맑스가 말한바와같이 内包하고 있는 自己矛盾에 의한 崩壊과정을 것고있는 것이다。그러나 民戦의 実体가 本質에 있어서 変化될것이 않이고 단지生命力이 危機에 臨하여 가는 가련한 모습을 暴露함에 지나지 않는다 民戦해산의 理由를 보면――

① 民戦은 韓国動乱발발에 의하여 北鮮의 勝利를 위한 투쟁조직으로서 만드러진 것이고 名実共히 現在의 정세에 부합되지않는다

② 在日조선人의 統一을 推進함에 있어서 戦時의 五직体로서는 不適当하다

③ 北鮮政府와 日本政府와의 国交조정이 문제가 되고 있는이때 民戦조직이 日本共産党에 直属되고있음은 不当함으로 北鮮政権에 直結되어야 한다

이제야 참으로 民戦은 最悪의 모략的전술을 로골化하여 在日교포의 生命及財産과 生活権을 威脅코저 노리고 있다 即 日共과 비밀協定끝에 그럴듯한 標語를 羅列하여 国際共産党운동을 日本에 침투시킬려고 음모하고 있다 金日成괴뢰政権과 그의 工作部隊는 日本에 上陸하여 日本政府뿐만않이라 日本国民、在住韓僑의 平和와 生活을 破壊하여 国際的不安과 戦争을 조발 할려고 하고있다 그들은 過去 日共指令에依하여 日本内政干渉을 恣行하거나 火炎瓶소동 히로뽕음모 無人폭주電車、放火殺人테로等의 상부적手段보다 더 흉악한 음모의手法으로 교포를 모함에 빠트릴려 하고있다 武力侵略에 惨敗한 金日成軍隊는 악착같이 이제는 바다를 건너 日本에 上陸하여 六十万 在日교포의 生活을 송두리 파멸시킬려고 攻勢를 取하고 있다 우리들은 如斯한 民戦의 危険한 動向에 対하여 속수방관 할수는 없다 그들의 흉계와 은폐하고있는 폭력을 余地없이 분쇄치 않으면 않되겠다 또 最近 하로사리 모양으로 교포의 周辺을 주체성없이 방황하고 있는 統協의 움직임에 対하여서도 간단하게 一笑에 붙일것이 않이고 그들의 欺瞞性을 뿌리채 없애버리는 勇気를 가져야 하겠다

우리들 在日六十万교포는 過去十個성상間에 있어서 旧朝連과 民戦이 大衆의 自由와 要望을 抑圧하여 共産을 모와 赤色테로等에 強行하기 依한 直接的인 피해와 反射적작용으로 입은 民族的損傷은 莫大한 것이 있다 우리들이 外国 日本에 居住하게 위한 必須条件인 韓日両国民間의 友好친선의 道義를 破綻케하며 国民的感情에 亀裂을 주었을 뿐만않이라 民族的威信을 零落시킨 그들의 罪悪은 民族의 歴史的汚辱이다 이제야말로 우리들은 그들 때문에 잃어버린 모든것을 奪回하여 生活을 正常化하지않으면 않되겠다 即 在日僑胞의 永住権、既得権、中小企業体에 対한 無差別용자 失業者及生活窮迫者、自主民族教育問題等 諸현안을 解決하는 포로세스・로서「民戦」「統協」같은 有害한 存在를 粉砕하고 그들의 음모를 封鎖하여야만 되겠다 우리들은 무엇보다도 先行해야할 삶을 을 위하여 옳은 権利와 平和、그리고 自由를 確立하기 위한 自衛体制의 鞏固를 期하지않고 교포의 安寧幸福을 云謂한다면 그것은 어리석은 議説에 지나지 않다는것을 強調한다

간디ー의獻身

나는 요지음 간디ー를 생각하는 時間이 많다 나의 多感한 少年時節에 내 마음 속에 그가 가장 높은 자리를 차지한 뒤로 나는 그를 잊을 수 없었다 民族의 運命이 서글퍼질 때마다 내 앞길이 막막할 때마다 나는 그를 依支함으로서 새로운 거울을 얻었던 것이다 지난 大戦中에 간디ー가 끝까지 対英協力을 拒否하다가 投獄될 때에 나는 한 사람의 간디ー를 낳지 못한 韓国의 処地가 원통하여울었다 드디어 大英帝国의 暴威가 그의 足下에 屈하였을 때에도 나는 울었다 그가 쓸어진 날에 받은 闡鮮을 나는 生生하게 想起하지마는 나에게 있어서 그는 決코 죽어버린 사람이 아니다

네루ー가 「……個人의 平等과 自由를 위하여 싸우면서도 이것을 가장 가난한 사람들을 標準 삼아서 생각하는 사람이 印度의 民衆을 魅了하여 磁石처럼 끌어갔다는 것은 別로 놀랄 이 일아니다」라고 한 것이라던지 E・S・죠온즈가 「간디ー는 一般民衆이 尊敬하는바가 되고 그들의 代表者가 되었다。……그는 그들을 激励하여 그들이 품고 있는 屈辱感을 버리게 하고 스스로에 대한 自覚을 喚起하였던 것이다。……그는 메리ー에 가면 언제나 浮浪者들이 모이는 部落에 즐겨 投宿하였다。그때문에 英国政府의 要人들은 이 部落까지 그를 訪問하지 않으면 안되었다」고 쓴 것이라던지를 읽으면 나는 오늘도 눈시울이 뜨거워진다

간디ー의 印度에 발인 이 献身이 아프리카에서 서작되었던 事実을 나는 새삼스럽게 생각하여본다 南阿連邦의 在留印度人에 대한 가진 圧迫에 맨주먹으로 알용동이로 敢然히 抗拒하면 그를 생각하여본다 強者의 어떠한 不正도 容納하지 않던 그를 나는 지금 日本의 하늘 아래에서 다시한번 우러본다 (五・一〇)

金哲

民團發展에協助確約

―金公使 三日代表部에서談話―

其間 民団中総에서는 内部정리와 활동방침의 구체화를 기하여 수뇌부에서 신중한 토의와 검토를 거듭하여 오든中 성안을 보아 一段落을짓고 새로운 단계로 매진하기 앞서 지난五月三日下後三時 丁賛鎮団長은 全役員을 대동하고 代表部를 방문하여 취임人事를 한 다음 約一時間에 걸처 金公使와 간담하였다 金公使는 本国과의 련락을 충실히 取함으로서 民団의 발전과 강화에 적극 협력지도할 것을 確約하면서 대략 다음과같은 요지의 담화를 발표하였다

一九五一年메ー데ー事件当時 日本측은 이사건이 한국인 공산주의자가 日本에 많이 거주하고 있음으로 발발된것처럼 악선전을 한데 대하여 우리는 이것이 허당한 선전에 지나지 않는 것으로 한국인 공산주의자는 극소수라는 것을 世界만방에 대하여 선전한 사실이 있다 민단은 리론面으로나 현실面으로나 발전강화될 素因을 가지고 있으면서도 만족할만한 발전을 보지못한 것은 사실이니 앞으로 새로운 角度로 나아가서 全교포가 한덩어리가 된다면 外交문제나 国際문제에 있어서 교포의 地位는 向上될것이다 그리고교포子弟의 교육문제인데 現在設立되고있는 東京京都大阪等地의 학원의 현상유지 만으로서 만족할것이 않이고 한거름머나아가서 확장해야 된다고 생각한다。여러분이 오날은 具体性있는 문제를 제안하니 반갑게 생각한다 今年度의 한국인학생주業数는 얼마나되는지 민단은 확실한 통계数字를 파악하는 동시에 연구 그타 個人事情으로 日本에 잔류하는자를 韓人企業体에 취직을 알선하도록 할것이며 또 企業者는 自己민족을 우선채용하는 정신을 가져야 될것이다 特히 민단은 젊은 学徒青年層하고 유기적인 련결을 가지고 지도육성 해야한다

오랫동안 문제꺼리가 되어있든 大村収容所문제도 그간 日政당국과 屢次에걸처 절충한 결과 송환해당자는 本国에서 그들의 신병을 인수하였고 居住権을 가지고있는 자에대한 강제송환은 우리가 종전부터 反対主張한대로 대부분이 석방되었음으로 앞으로는 여사한 문제는 다시없을것으로 確信한다

六名国會參加

民議院서發表

十四日서울發 KEP 本国々会 民議院事務局에서는 五月十三日、在日大韓民国居留民団国会오부자ー버ー六名의 参席을 決定하였다고 発表하였다 이는 本国이 在日六十万교포問題를 慎重히 고려하고 있으며 六名의 代表者를 通하여 日本実情을 把握함으로서 새로운 角度에서 政策을 樹立하려는 것으로 교포社会에서는 큰期待를 가지고 歓迎하고있다

駐大阪領事로 高鴻基氏榮轉

대한민국주일代表部 정무부장 高鴻基氏는 五月九日付로 大阪出張所長에 보직되어 十日 下午二時 관민다수환송리에 日本항공편으로 任地로 向発하였다

人事往來

静岡県本部団長 金在福
佐賀県副議長 姜信源
大韓体育会理事 呉光変
大韓排球協会理事長 具然默
北海道事務局長
北海道総支局長 金鐘大
右各人事次来団
中総監察委員 徐相夏
中総組織局長 鄭炯和
両人은 出張地 広島・岡山으로부터 二十日帰任

團歌々詞募集公告

一、趣旨 団員相互間의 共感을 크게하고 連帯意識을 한층提高시킴으로서本団의団結을 머욱鞏固히 하기위하여 団歌를 制定하려는 것이다 따라서 歌詞에는 在日僑胞의 눈물겨운歴史 불타는祖国愛와 아울러本団의精神、伝統、課業이 表象되어야할것이다
一、応募資格 本団々員이면 누구던지 応募할수있음
一、作詞規定 自由作詞를 希望하며 全혀規定을 두지않는다
一、応募期間 단기四二八八年五月十五日――六月十日
一、作品提出処 大韓民国居留民団中央総本部 団歌歌詞募集係
一、作品審査 全応募作品을審査 優秀한作品一篇을採用한다
◇審査委員――金素雲、金光男、金哲、金熙明、金禹銑、丁賛鎮、曹寧柱
一、審査結果発表 단기四二八八年六月二十日頃에KP、KIP、韓僑通信、新世界新聞、産業貿易新聞、民主新聞을通하여 発表한다
一、授賞 入選作者에게는 団長賞状과 副賞一万円을授与

平壤商店
東京都文京區丸山福山町4番地 (都電小石川柳町下車二分)
TEL 小石川(92) 0187.4879
イヤナ シンペイナク

ミネラル・コロイド作用
50錠 130円
100錠 220円
胃腸に コーテナトール錠
東京都世田谷区宇奈根町八一九
株式会社 大亞ラヂウム研究社
電話 砧(41) 8184・8188

서울 ソウル 商會
朝鮮布木 ナイロン水玉
ソウル商會東京店

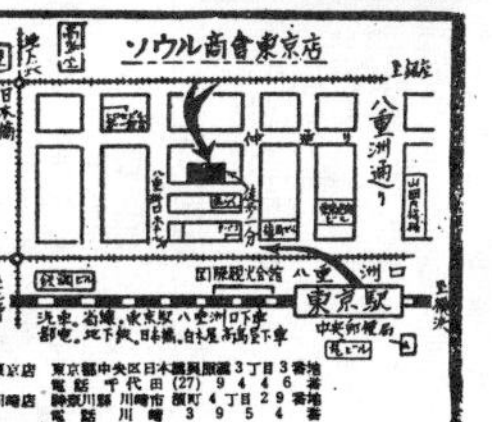

東京店 東京都中央区日本橋馬喰町3丁目3番地
川崎店 川崎市川崎3954番

朝鮮布木
朝鮮レコード
營業品目 各種レース・オペロ・ニュートン ビロード・京都洋丹・基本丹・七色丹 ナイロン・琥珀丹・レコード・其他
金宮商店
新装改築大売出 東京都台東区浅草公園六区2の20 伝法院通り 電話(84) 8357・0198

団結하여굳세게살자
中總當面運動方針 (上)

第十九回全体大会를 맞이 民団中総에서는 当面의運動方針으로서 第五項目에亘한 具体的内容을 다음과 같이 発表하였다

一、環境의 情勢

1、우리가 살고있는 日本은 現在 世界에서 共産平和攻勢의 影響을 가장 많이 받고있는나라의 하나이다 政府는 両面外交를 推進하고 新聞은 中共礼讃에 熱中한다 徹底한 反共의 立場을 大衆이 極右的 反動과 混同하게된지도 이미 오래다

2、祖国과 日本과의 国交는 아직 正常化되지않고있다 日本은 祖国을 侵略統治하던 時代의 野蕃的権勢에대한 모든 未練을 完全히 清算하고 平等互恵의基礎위에 새로운 友好関係를 樹立하려는 熱意를 갖이지않었다 그러나 韓日国交의 停滞는 日本의 莫大한 経済的損失을 結果하였음으로 最近 鳩山内閣은 이것의 改善을 考慮하게되였다

3、在留韓国人에대한 日本国民의感情은 매우 冷淡하다 우리는 日常 善意보다는 憎悪를 友誼보다는 排斥을 흔히 経験한다 企業者는 融資할것이없고 勤労者는 就職할수없다 事態가 여기에 이른것은 僑胞가운데는良心을잃고 日共에隷属되여 破壊活動과 犯罪行為를 恣行하여온 左翼系列이 있었기때문이며 또한 狭量한 日本의新聞이 意識的으로 이것을 誇張하고 政府도 거기에 同調하여왔기 대문이다

4、昨今 左翼系列僑胞의団体인 民戦은 計劃的인 戦術転換過程에있다 저들은 平和統一을 외치면서 우리에게 接近을꾀하는한편 過去의行動을 어느程度 悔改할것같은 態度를 取한다 이는 国際共産主義의 全般的인 平和攻勢에 順応하여 日本의 大衆을 欺瞞하는 同時에 日共의 앞재비노릇을 머繼続하기를 拒否하는 傘下大衆의 離脱을 阻止하여 組織의崩壊를 冒免하려는 窮余의 計策일것이요 決코 저들이 民族의 품안으로 돌아오는것을 意味하지않는다

5、民戦의 戦術転換 過程에 臨時的方便으로 마련된것이 統協일것이다 日本帝国主義의 侵略統治에 迎合하여 数많은 同胞를 피롭힌 몇몇 民族反逆者들이 統協에나서서 다시한번 日本官権의 힘을빌려 僑胞를支配하려고 策動하지만은 民戦의統制를 벗어날수는 없을것이다

二、主体的 條件

1、우리는 日本에在留하는 韓国国民이면서도 在日韓国人의 国籍処遇에관한 韓日間의条約이 成立되기까지는 우리의法的地位는 確定된것이아니다 이微妙한 時期에 日本政府의 우리에게대한 処遇는 公正하다고 할수없다 우리는 在留外国人으로서 모든義務를 履行하게되었음에도 不拘하고 우리의 既得権은 거의 正当한 法的保護를 받지못하는 形便이다

2、우리의生活은 나날이 어困難하여지고있다 安定한生業에 従事하는 사람이 퍽 적고 別로 無能하지도 怠慢하지도않은 사람들이 異域에 살기때문에 定職을 가질수없다는것은 惨憺한 現実이다 사람은 누구나 定職이없으면 生活이 거칠어지기 쉬운것이다

3、祖国은 우리의処地를 항상 걱정하여왔다 勿論 韓日国交가 正常化되지 않었음으로 代表部를 通하여 僑胞의権益을 保護하는데는 根本的인 制約이 많다 또 酷甚한 戦禍에서 再建復興途上에있는 祖国이 큰経済的援助를 베풀것을 期待하여서도 안될것이다 우리가 무엇보다도 마음든든하게 생각하는바는 祖国의政府와 国民이 한결같이 우리에게 精神的支持를 주고있다는 事実이다

4、우리가 愛国的으로 団結한 民団의全体組織은 左翼系列파의 多年의 闘争을거처 오늘날 아무도 이것을破壊할수없을만큼 鞏固하여졌다 다만 이組織이 従来에 充分히 自治的機能을 다하지못한것이 매우 遺憾이다 積極的으로 산 機能하지않는組織은 組織이아니며 마츰내 저절로 退化하고만다

三、自覺과 反省

1、우리가 日本땅에서 民族의品位와 人間의 尊厳을지키며 사라나갈라면 우리는 우리自身의 団結된 힘으로 스스로 그길을 開拓하여야한다 우리는 아무에게도 依存하여서는않된다 우리모두가 奮励하지않는것을 或은 밖에서 或은 남이 우리를 繁栄시킬수는없다 지금 우리의処地는 容易한것이아니며 또 우리個々의 힘은 微弱하다 우리모두가 부지런히 일하고 힘을合치면 마땅히 要求할것을 要求할것이요 行使할것은 行使하여 어떠한 困難이라도 能히 克服할수있을것이다

2、여태까지 우리는 할일을 다못하고있었다 民団이創団以来 左翼系列파의 闘争에 많은精力을 傾注하여온것은 부디기한일이였다 앞으로도 저들에 대한 一貫한闘争은 強化하여야할것이지마는 이것만으로 우리의 任務를삼어서는안된다 언재까지나 僑胞의 日常生活 또는 企業에 눈을감고 거기에 놓여있는 諸問題에 直面하려고 하지않는다면 民団은 漸々 現実과 遊離될것이다

四、一般的 方針

1、旧来의惰性을 一掃한다
2、最少의 予算으로 最大의 活動을 期한다
3、財政은 原則的으로 公開하여 一般의検討에 부친다
4、모든活動은 僑胞生活援護에 集中한다
5、僑胞子弟에 対한 自主教育을 発展시킨다
6、民族陣営의 総力을 結集하는데 힘쓴다
7、代表部와의 連繋를 緊密히한다
8、平等、互恵의基礎위에 日本国民과의 友誼的関係를 樹立한다

(次号継続)

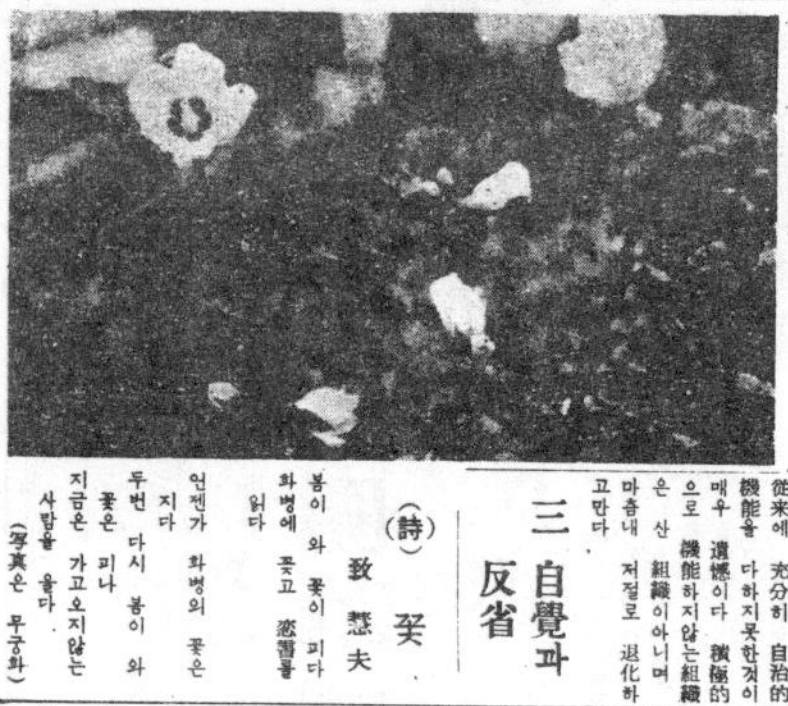

(詩) 꽃 致慧夫

봄이 와 꽃이 피다
화병에 꽂고 恋慕를 읽다
언젠가 화병의 꽃은 지다
두번 다시 봄이 와 꽃은 피나
지금은 가고오지않는 사람을 울다

(写真은 무궁화)

地方뉴ー스

東京
東京漢城信組 第一回総會開催

漢城信用組合 第一回通常総会는 五月六日午後一時부터 東京中央区役所日本橋支所 第一会議室에서 개최되었다 개회에 이어 金得溶조합장으로 부터 要旨다음과같은 人事의 말이 있었다 即 創立時期에 있어서는 말할수 없는 허다한 파란곡절이 중첩하였는데 民団조직의 協力을 얻어 모든 악조건을 물리치고 전전히 육성되어 今日에 이르렀는데 対하여 감시히 생각한다 앞으로 加一層노력하여 명실共히 在東京교포의 유일한 금융기관이 될것을 약속하며 일반組合員은 물론이고 물심량면으로 회생적 노력을 하여 기초를 공고히 한 理事各位에 対하여 만장의 경의를 表한다 계속하여 議長에 朴龍九、池来漢両氏가 선출되어 議事운영으로 드러갔는데 먼저 李根洙총무의 총결산 보고가 있은후 래번 축사에 이어 李基寿監事로 부터 감사보고가 泰

있는다음 전형위원제에 의한 役員 선출로서 총회는 페막 되었다 새로 선출된 역원은 다음과 같다

組合長 金得溶 副組合長 未定 理事 崔学林 金得溶 李応権 明利植 高光先 呉炳寿 鄭在俊 池来漢 李基寿 安聖出 許弼爽 金養坤 金在植 李徳栄 金相吉 加藤宏

近畿地方
指紋拒否、八・一五 使節団派遣決議

民団近畿協議会(京都、大阪、兵庫、三重、和歌山、奈良、滋賀)는 四月二十五日 和歌山本部에서 開催 다음의 諸項目을 決定하였다

一、六・二五動乱記念行事는県本部単位로開催
一、八・一五記念에는本国에祝賀使節団百名을派遣
一、外登指紋問題는 이를全的으로拒否한다

大阪漢城信組発足

일쪽이 在阪僑胞의 宿望이였던 大阪漢城信用組合設立은 民団大阪本部 在阪経済人들을 中心으로한 熱誠있는 奔走의 結実로서 지난 四月二十日 大阪府의 設立許可가 네렸다 民団大阪本部에서는 大阪의 経済的特殊実情을 調査하여 全国에 優位한 信用組合設立을 切実히 느낀바 아울러 民族陣営의 強化와 民生問題解決에도 커다란 도움이되리라는 期待밑에 이運動을 展開하여 왔든것이다 今般의 設立許可가 나온後 同本部에서는 四月二十八日 常任理事会를開催 理事陣을 三十一名으로決定 理事는 各五十五万円식 預金하기로決定 設立総会는 六月中旬에 開催할予定이라한다

学同西部本部 金代表를処分

去般 関西地方의 学生団体인 韓学同西部本部에서는(大阪)代表委員金益和君의 行方不明으로因한 諸問題가 야기되고있었는데 이強化対策을 위하여 西下한 学同中総代表金承浩君은 西部本部의 実情을 다음과같이 伝하였다 即 四月二十九日 西下한 金君을맞이하여 西部本部에서는 五月三日 民団大阪本部会議室에서 民団、学同先輩、各大学代表、現常任等이参席 懇談会를열어 金益和君의 無責任한行動 裵正氏의 学同寮内의 不法入居等을討議한後 会議途中 이를 第一回非常対策委員会로 전환하여 会議를継続 前記金益和君을 職務怠慢、運営不能等의理由로 職務停止処分을決定 오는五月十五日総会를 召集하기로 決議하여 再建의 스타ー트를 하기로되었다

無窮花楽団 秋田에서 熱演

本社의協力으로 全国公演을 目標로하여 現在猛活躍中인「無窮花楽団」은 지난四月三、四両日에걸처 民団秋田県本部와 同県鹿角支部主催 日韓友好協会協賛으로 三日은 秋田市記念館에서 四日은 同県花輪町花輪劇場에서 公演한바 両地区合하여 約五千余名의 韓日両国의 観客들이入場 大盛況을 이루었다 特히 이楽団은 民団組織強化의 一端으로서 文化活動을通하여 韓日両国의 親善을図謀하는데 커다란役割을하고있는데 近間에는 北海道、青森、石川、富山等 北陸地方公演을 하기로 決定되였고 其他各地에서도 続々公演申込이 드러오고있다

大韓体育会 第四回総会

在日大韓体育会第四回総会는 去四月二十八日下午三時부터 東京中野区에있는 城西택시ー会社二層会議室에 約五十余名이参席하여 開催되었다 梁仁哲氏의司会로 開会되었는데 中総丁団長、金炳旭氏、裵哲氏等의 祝辞가있음다음 李裕哲氏로부터 経過報告가있었다 이어 質疑応答으로 드러가 報告書의配付도없는 総会의不当性을 指摘하는動議가 있었으나 結局総会를 認定하게되었다 役員選挙에서는 詮衡委員制에 依하여 理事로는 裵哲氏外十四名 監事에는 李徳男氏外二名 会長에는 全員賛同으로 駐日代表部柳泰夏参事를 推戴하였다 其後 副会長選出에 있어가 人選問題로 紛糾하였으나 後日理事会에서 이를 決定하기로하

神奈川本部 總会

民団神奈川県本部第十五回定期総会는 四月十七日開催되어 各機関의 役員은 다음과같이 選出되었다

団長 張聴明
副団長 李根馥
〃 朴在完

고 参与、顧問도 理事会에 一任하기로 決定되었다

어지러진끝에發悪 統協이 署名運動

기보되고있는 바와같이 統促協에서는 어지러진 끝에 最後発悪으로 南北平和統一의 署名運動을 目下 전개하고있다 所謂統促協이란 것은 북한괴뢰집단의 평화攻勢가 떠러트린 畸形児다 民戦은 북한괴뢰집단의 平和라는 美名의 탈을쓴 호소를 지상명령으로 삼고 이에 보답할려고 망서려 보앗자 과거의 민전은 추락시키고 민족의 리이을 日本共産党에 회생시킨 죄악으로 말미암아 유리된 대중을 다시금 그들의 奸計에 끄러 넣을수가 없는 난관에 봉착하여 궁여지책으로 캄푸라ー쥬 하는 仮面이 절실히 必要하였든 것이다 이러한 완충적 역활을 멋도모르고 소英雄심리에 의하여 칠머지고 나선것이 소위統促協을 구성하고있는 파렴치 후안의 무리들이다 이들은 벌서 내부적으로 수습하기난하게 분렬되고있다 김상규一派의 탈회 사상을 초월하여 남북협상이 가능하다고 꿈꾸는者 그리고 民団을 봉회하여 불려고 노리는 척구동 동상이몽의 잡류들 최초에 뜻하였든대로 대중이 풍명하여 주지않음으로 초조감에 잠겨서도 자신과 자손심을 잃지않겠다고 呼声만 치고있으나 대중은 귀를 기우리지 않는다 이들은 말하기를 남북통일촉진운동은 南日호소에 호응하는 것이않이라고 변명하고 있으나 변명하는자체가 호응한것을 중좌한다 대중의 비협력으로 고립화한 이들은 최후의 발악으로 교포의 큰 관심사인 祖国의統一問題를 포촉하여 대중의 환심을 살려고 과분한 노력을 하고있는데 이것은 어데까지나 기만에 의하여 심리적으로 대중을 혼란시켜 민족분렬을 조장하는 광상적 행위에 지나지 않는것이다

우리大統領 寫眞帖発行

「韓国画報」等 世界各国에 우리韓国의 紹介를하는 一連의出版으로서 有名한 国際報道聯盟(宋政勲主幹)에서는 前般李大統領誕辰八十周年을記念하여「우리大統領写真帖」(英文・国文両載・九十四頁)을 発行하였다

世界的指揮者 安益泰氏來団

李大統領第八十回탄생기념식에 초청되어 멀리 西班牙로부터 귀국한 애국가 작곡자 安益泰氏는 大統領讃歌 환상곡韓国동의 연주를 끝맞이고 東京경유 五月四日午後十時 羽田空港에서 서반아로 向発하였다 出発에 앞서 民団中総을 방문하여 서울 창경원에서 연주한 교향곡「환상한국」을 록음에 의하여 일반에 공개 감상케하였다 이교향곡은 우리民族의 수난 광복 시련의 역사를 음률로서 묘사 표현한 것이다 同氏는 그의天才的작곡과 지휘기능으로 민족예술을 널리 海外에 소개한 功績의 표창으로 韓国의 첫 文化勲章을 받었다고 한다 安益泰氏의略歴 平壌出身 平壌崇実中学卒業 東京国立音楽学校卒業 美国필라델피아音楽学校卒業 独逸伯林音楽学校卒業 現在西班牙마이올카・심포니ー常任指揮者 (写真은 音楽鑑賞会, 円内는安氏)

読者의 소리

權力과예술인

五月四日밤 잡다한 羽田空港에서 늦긴 감상의 일단、이날 보스톤 마라손大会에서 우승의 영관을 차지한 하마무라선수를 맞이하기위하여 운집한군중 그리고 카메라맨의 후랏슈閃光의 洗礼는 흥분된 환회의 공기를 더욱히 조성하고 있었다 이와 대차적으로 말할수없이 쓸쓸한 씨ー느이 있었다 万里 이역인 西班牙로 홀몸으로 떠나는 音楽家安益泰氏의 고독한 心情을그누가 헤아려으리! 日本人百人에 対하여 한사람의 比率을 가지고있는 韓国人은 겨우民団幹部二、三名으로 代表되고 있었다 安氏가 万若 著名한 芸術人이 않이었고 一個政府의 高官이었드라면 이와正反対로 盛大한 환송이있었으리라는 것을 생각할때 権力에아부하여 영예를 꿈꾸는 것보다 오히려 예술의 가치를 리해할수있는 백성들이 되기를 원한다 (東京文京 朴春赦)

学園文芸

세월

세월은 흐른다
세월은 흐른다
매끈하게 흐른다
흐르는 세월은 누구도 못막는다
막지 못하는 이세월을
나는 뜻없이 지내왔고나
이 허무히 지내온 세월을
나는 깊이 서워 한다
짧은 일생에 뜻없는
세월이 많아서
나는 내 일생을 고치련다
하루살이 같은 이일생을 위하여!
내 희망으로 이세월을 뜻있게 지내련다
이빠른 세월을 나는 값있게 지내련다

東京韓国学園 중등부二년 박수용

유월

유월의 하늘은 푸르다 청청한 하늘엔 맑숙한 흰구름이 한점 떴다

나는 마루끝에 앉아서 먼하늘을 쳐다보고 그리고는 고향에서의 유월의풍경이 내머리에 떠오른다 들에는 농부들이 보리를베고 타작을하고 하는 농부의 이마에는 구술같은 땀이 맺이져 떨어진다 그러나 농부들은 자미있는 얼굴로 에야디야 하며 일한다 진긴해는 저산으로 사라지니 어둑어둑 할때야 비로서 소를몰고 이라 이라 하며 피곤한 몸으로 집에돌아간다 조금지나면 모를심고 실바람이 불면 살랑살랑 고개를 흔드는 것을 볼것이다 농부들은 모를쪄서 논에모를 심는다 여자나 남자나 머리위엔 수건을 맨사람도 또 개중에는 맥고모자를 쓴사람도있다 농부들은 일을하면서 희망이 얼굴에 가득찻다 유월! 유월은 일년중에서도 내가 제일 좋아하는 계절이다

東京韓国学園 中二 공순경

—◇—

学生은勿論 読者諸賢의 文芸作品 投稿를期待함

短篇小説 連載 無에서의出発 (一)

作…最 舎

밖에서는 비가 오고 있었다 벌써 잠이 깨여 있었으나 경태(京太)는 일어나는 것이 귀찮아서 그냥 이불안에 누워 있었다 그렇다고 특별히 무엇을 생각하고 있은 것은 아니였다 거저 막연한 생각을 머릿속에 그려보기는 하지만 그것은 대개 어떤 확실한 의도를 갖이지는 않았다 일종의 권태라 할수 있었다 매일 아침 그는 눈이 떠서 곧 일어나 본 적이 없었다 한두시간 아니면 어떤 적에는 새벽녘에 눈이 떠 갖이고는 정오가 되기까지 이불안에서 지내기가 일수였다 비 오는 날은 더욱 그러했다 이날도 비 오는 소리를 듣고 있으니 일어나는 것이 생각만 해도 우울해 지는 것이였다 흐린 날시라

방안은 어두침침했다 도대체 몇시경인지를 분간할 수가 없었다 아침 때 갈기도 하고 정오가 훨씬 지난 같기도 했었다 아파ー트는 이 시간이면 한산했다 옆의 방 학생들은 어느새 나가고 없는가 보아 인기척 하나 들리지 않았다 주의는 고요했다 경태는 담배 한대 피워 물고 다시 눈을 감았다 눈 감을 같으면 잠이 올것 같았으나 막상 감으니 잠이 오질 않았다 다시 눈을 뜨고 오랫동안 천정을 우두머니 바라보았다 이렇게 얼마동안이 지나갔다 이옥고 소제부가 복도를 소제하는 소리가 들려왔다 그제서야 정오 전입을 알았다 소제부가 아파ー트안을 비질하고 물컬레질하는 시간이 열한점에서 정오갔지의 사이였다 정확하다고 할수 있을만침 이 시간에 소제하였다 경태가 이 아파ー트에 온 이후로 소제부가 그의 방문 앞을 닦은 뒤에 일어나는 것이 습관이 되다싶이 되어 있었다 그제서야、경태는 문득 무엇이 생각났음인지 상방신을 일으켜 책상 앞 벽에 걸려있는 달력을 바라보고 오늘이 졸업생、합격의 가부가 학교에서 발표되는 날임을 깨달았다 급기야 일어나 옷을 주어입고 창문을 가서 열었다 하늘은 개이는 지 가랑비가 나리고 있었다 서남쪽은 구름 쪼각 하나 없는 하늘이 환히 트였다、 비에 젖은 창밀의 마당은 생기가 있어 보였다 싱싱했다 세수도구를 들고 그는 수도로 갔다 경태의 방은 이층이므로 수도까지 가자면 아랫층에 내려가야했다 층계를 막 내려서는 데서 소제부를 만났다 왜말로 아침 인사를 하니

「지금 어느때라구 아침 인사시요」

하고 웃는다

「점심 전이 아닌가요?」

「오후 한점이라우 학생은 좋은 팔자라우 때 가는 줄 모르고 잠 자두 아무런 걱정이 없으니、그에 비하면 우리네 신세는 어찌 돼 먹었는 지 이른 아침부터 몸을 올 지겨도 그날 끼를 제대로 못 먹는다니갔」

파부로서 삼남매를 기론다는 이 소제부는 저만이 이 세상에서 고생하는 줄 알고 있는 눈치였다

세수를 하고 방에 돌아와 그는 어제저녁에 남겨두었든 냉반(冷飯)을 차에 말아먹고 하숙문을 나섰다

社 告

中総의新執行部의 具体的인 活動方針이 決定되어 実践의 新段階로맥진하게 되었음으로 이에 併行하여 民主新聞도 毎月一日及十五日字로 二回定期刊行을 断行코저 百方으로 尽力하고 있아오나 各地方本部에서는 倍旧의 協助와 鞭撻을 도모하여 주시기를 干先 紙面을 通하여 懇請하는 바입니다 当社는 面目을 一新하기위하여、新聞編集方針과 技術面에 있어서도 民団의 機関紙다운 機関紙를 発刊코저 腐心努力하고 있는바 生命의 機要을 理解하시와 本社支局設置要綱에 依하여 早速한 時日内에、県単位또는 地域別로 支局設置에 呼応하시서서 一般読者에 遺漏없이 新聞이 配付되며 真正한 大衆의 意思가 民団운영에 反映되도록 民主新聞을 最高度로 活用하여주시기 바라나이다

檀紀四二八八年五月十一日

民主新聞社 白
発行人 丁賛鎮
主幹 金熙明
編集長 洪淳鶴
編集記者 朴英勤
業務部長 未定

各県本部役員 読者諸賢 앞

民団東京本部에서発行하는「韓僑通信」은 우리民族陣営의 唯一한報道機関으로서 日益 発展의 一路를 걷고있는데 当初의 試図였든 在東京僑胞를 対象으로한 同通信은 只今 日本全国的으로 購読申請이 殺到하고 있음으로 地方의 取材網을 拡張、整備하고있는 途上에 있읍니다 우리 僑胞社会에서 発生되는 諸問題를 適時로 正確하게 報道하여 正当한 여론을 환기하는 同時에 大衆의 意思를 叮寧히 反映시키고 있는 本通信을 위하서서 物心両面으로 絶大的인 援助를 베푸시는 同時에 애호 利用하여 주시기 바라나이다

檀紀四二八八年五月十五日

韓僑通信社
発行人 呉宇泳
主幹 李基永
編集長 趙尚洙

各県本部・読者諸賢앞

パチンコの大殿堂
上野 西郷會館
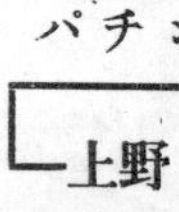
社長 姜行信

絹織物問屋 開城商店
輸出品目
京都洋丹・벨벳트・비로ー드・뉴ー롱・基本丹・七色丹・琥珀丹 各種레ー쓰 其他本絹等
東京都台東区浅草公園六区二十号・伝通院얼골목 浅草区役所에서一分 TEL (84) 1871番

韓國料理 漢陽館
東京都大田区本蒲田三ノ四 (城南金庫前)

柏家不動産商會
徐柏雲 東京都品川区大井鎧町3630 TEL (76) 2504 (49) 2764

「無窮花」 代表 [illegible]
☆ ☆ ☆
「아리랑」
地方公演은 中総에申込하여주시요

民主新聞

日本語補助版

在日大韓民国居留民団中央総本部機関紙

発行所
東京都新宿区若松町21
電話（34）8569・8570
民主新聞社
振替口座東京 143865
発行人 丁賛鎮

個月送料共50円
一部15円

綱領

一、われらは大韓民国の国是を遵守する。
二、われらは在留同胞の民権擁護を期する。
三、われらは在留同胞の民生安定を期する。
四、われらは在留同胞の文化向上を期する。
五、われらは国際親善を期する。

日本の譲歩なるか!!
韓日国交問題急速に進展

韓日両国間の動きは、一時険悪をはらみ、本国では日本の無誠意な侮蔑的対韓態度に、国交再開の余地なしと断定、政府では対日通商など一連の経済断交をなし、その成行きが世界注視の的になっていたが、去る二十七日、外務部曹長官署理は日本の誠意如何では相互改善の用意あり、門戸が開放されていると言明、更に米、日会談のため米国におもむいた日本の重光外相は、三十日ワシントンで韓国に対する八十五パーセントの財産権放棄、久保田発言の取消の用意ありと内外に言明するなど、懸念されていた韓日国交再開問題は、ようやく明るいきざしを示してきた。

しかも既に国内産業を育成保護する条件のもとに特定物資の対日取引も許可されており、これら一連の両国間の動きを転機に両国親善の実はいよいよ本格的段階に入ってきている。

この政府間の動きと相まって海外僑胞中、最も多数をしめる在日僑胞の唯一な合法的自治団体であるわが民団でも別掲のごとき声明を二十九日午後五時半、民団中総に内外記者団を招き発表したのである。

日本の誠意如何で相互改善の余地あり
曹外務部長官署理言明

（KP東京二十九日）曹正煥外務部長官署理は二十七日「日本はサンフランシスコ条約に違反し我が領土権を侵害し韓国の存立を不断におびやかしている大韓民国を転覆するために日本がスパイを提供した事実は我々を驚かせている。砂田日本防衛長官は実力には実力で対抗すると言明した。これは軍国主義の再生を意味する。日本のこのような対韓政策のため韓国政府は自我保全の段階に立至り政策を変えねばならなくなった」と語った。曹長官署理は記者団に発表の声明書で次のようにのべている。

目には目で復讐するユダの道義的観念は各国の国際問題処理に用いられる当例である。しかし韓国は我々韓国人は日本人との辛い過去を忘れることを願っている。日本は一九四五年以来日本に対し報復を望まず寛容な態度をとってきた。

が繁栄する民主主義の友邦となることを我々は待ち望んできた。しかし日本を民主化しようとしたマッカーサー元帥の努力は水泡と化し日本は昔のまゝの帝国主義国家として台頭している。特に最近における幾つかの事態の発生は一層我々を驚かせている。日本が共産陣営との交易を大巾に拡げることに努め、同時に、北韓傀儡との関係を正常化しようとする努力が表面化し、日本国内にいる韓国人共産主義分子を助長させて金銭と通牒を提供すると、ともに甚だしいのは大韓民国を転覆させようとする卑劣な行動の下にスパイを提供した事実などが我々を驚かせている。

も一つ大きく関心を引くものがある。それはかれらが十分に強力となり再び征服者として韓国に君臨しようとする日本のおどかしである。かれらは再三、再四、韓国に譲歩の必要はないと公言している。かれらによれば日本が再び強力となれば日本の望むように事が解決できるというのである。」

砂田防衛庁長官は去る木曜日（二十五日）実力には実力で対抗すると言明し、我が漁業線を侵犯した日本船を拿捕したことを非難している。これは軍国主義の再生を意味する。

日本のこのような遺憾な対韓政策のために韓国は自我保全の段階に立至り最近政策を変えねばならなくなった。我々自身を保護するため常に準備にあたることこそ我々の基本政策である。

しかし日本に対する我々の態度はまた寛容そのものである。日本のほんとうの誠意がどうであるかによって相互の改善の門戸はまだ開かれている。

韓国人を先に釈放せよ

（KP東京二十二日発）曹外務部長官署理は二十日「希山収容所における待遇が極めて悪いとの日本政府の非難は逆宣伝である。日本政府は日本人の釈放を促す前に大村及び浜松に不当に抑留されている一千余名の我が同胞を釈放するのが妥当である」と語った。

曹長官署理は次いで「日本政府が希山に視察員を派遣するというが我が入国法によりかれらの上陸は許されないであろう」とのべ「もし日本に誠意がみられるならば両国間に明るい友好関係が期待できよう」と語った。

写真説明 下は八月二十九日の記者団会見で語る丁団長（右）と金事務次長（左）NHKテレビ撮影中。

請求権放棄・久保田発言 取消し用意あり
ワシントンで重光外相言明

（ワシントン三十日発）三十日行なわれたナショナル・プレス・クラブでの日本の重光外相歓迎昼食会で演説のあと、恒例の質疑応答がかわされた。そのなかで重光外相は韓国との正常関係を確立しようとする日本の努力はまだ成功していないが、日本は財産請求権の放棄および久保田発言の取消しというような譲歩をも行う用意がある。われわれは非常に忍耐強くなければならないし、また韓国の情勢に対応し得るだけ忍耐する心がまえをもっていると語った。

対日貿易緩和さる

（KP東京二十九日）韓商工部長官は二十七日景武台で李大統領と要談後、輸出補償問題と対日貿易特別許可を決定したと言明した。対日貿易禁止措置は去る十八日以後その救済問題で業界に少からぬ動揺をあたえたもので二十六日の公報室声明とともにようやく解決の見通しが出てきたわけである。商工当局の示唆によれば両問題の具体的内容は次のようになるものとみられる

△輸出補償問題—輸出補償の方法として、❶輸出業者、輸出産業者に対する果敢な金融❷国内産業を保護のための各種税率の調整❸輸出欠損を補償するため特殊輸入品をきめる。などでこの方法から商工部では商易政策面に国内産業と、輸出業の保護策を織込むことになり二十七日早くも具体案の作成に取りかかった同案は作成完了次第韓銀に通

日本船独島近くに出現

（KP東京二十九日）政府は日本船舶へくら丸が独島に出現した事実を領海侵犯とし去る二十四日駐日代表部をして日本政府に抗議させたことを二十七日明かにした。

海苔、黒鉛等は對日輸出可能

（KP東京二十九日）金財務部長官は二十七日、日本と特別な関係のある海苔、黒鉛等の物資は今後も引続き対日輸出が可能であるむねほのめかした。

出船に対する出港禁止措置を二十七日に解除した。さきの出港禁止は商工部から輸出許可のあった業者や、対日輸出信用状即ちLAの開かれたもので通関及び船積みを終った輸出品についても区別なく適用され業界に大きな打撃をあたえていた。

す、国家的にみて絶対必要でしかも国内経済に悪影響のない場合に限り例外的に特別許可されるものである。即ち、商工部では対日輸出及び輸入に関する個々の案件を起案し大統領の承認をうけたのち対日輸出入を許可することになる。

對日輸出船の出港禁止解除

（KP東京二十九日）財務部は去る十八日各税関に指示した対日輸

原則は変らず 対日貿易の今後

（KP東京二十九日）対日貿易はその禁止措置が緩和された印象をあたえているが原則の上では変らないものとみられる。

このような方法は八月十八日の禁止措置とそれ以前に凍結の貨物の対日商社を救済するためにとられる措置で、八月十八日以後においても絶対必要な場合はこれを認めるものとみられる。

丁団長ら林大使訪問

ジュネーブ四巨頭会談に非公式オブザーバーとして出席した林炳稷国連常任大使は、ジュネーブでの大任を果し帰国途上二十二日午後十時半PAA機で羽田に到着、宿舎日活ホテルに宿泊したが二十四日午後三時中総丁団長、金（光）議長、金事務次長、呉婦人会長ら四名が、林大使を同ホテルに訪問、約一時間にわたり要談した。

南・北韓の監視班縮少
共産側には監視全廃を警告

（板門店発UP特約）監視員の数は五割削減されるわけである。なお李大統領はかれらが韓国をスパイしていると非難している。

休監委問題

（板門店三十日KP）国連軍は二十九日しぶしぶながら南韓、北韓における中立国監視班の数を削減することに同意した。しかし国連軍は共産側が妨害を行っているという理由で李承晩大統領の勧告通り中立国監視制度全体を廃止すべきだと共産側に警告した。パークス国連軍首席軍事休戦委員は共産側に向い国連側が（一）南韓、北韓の監視対象地点を現在の十から六に減少すること（二）残りの監視班の構成を現在の各国一名のかわりにスイスまたはスエーデン一名とポーランドまたはチェコ一名の二名とすることに同意したと通告した。

共産側はこの両提案をあらかじめ承認していた。二年前に成立していた休戦協定がこのように改正された結果、南韓にいる共産側休戦

解決策は共産スパイ完全追放
—梁駐米大使言明—

（ワシントンUP特約三十日KP）梁駐米大使は二十九日在韓中立国監委の人員を五割余削減しようという共産側の提案を受入れるとの国連軍決定は韓国政府の受入れ得ぬものであると語った。

梁大使によれば韓国の態度は依然として「問題解決の唯一の道はかれらを完全に追出すこと、スパイ、破壊工作者、殺し屋を除去することである」ということにある。

「諸君の居間に人殺しが十人居てそのうち五人だけが出ていったとしても問題は解決されたことにならない」と梁大使は語り共産側監視員がスパイであるとの主張を繰返した。

なお当地の外交筋によれば米国はスエーデンとスイスに対し米国は在韓休戦監視員の削減を同班廃止の第一歩と見ていると通告した。同筋の語るところでは監委は六名から更に二、三名に減らされるだ

社告

本紙洪淳鶴編集長は八月二十日付をもって辞任致しました

民主新聞社

同胞のみたま安かれ
きょう關東大震災三十三周年記念日
東京・横浜でそれぞれ追悼式

大自然の怒りが地底からふきでの辞があり、震災当時直接東京で体験した自由人クラブの張祥重氏から同胞虐殺の真相報告と日帝敗退の歴史的講演が満堂の聴衆に深い感銘を与え午後一時追悼式を終えた。

きょう九月一日はあの関東大震災が発生して三十三周年にあたる。あがり、地表の尊い幾多の人命をそのいけにえにさらった日、

東京 関東大震災第三十三周年記念日を迎えるきょう民団東京本部では、同本部三階講堂で管下各支部有志百余名を招き関東大震災被虐殺同胞追悼式を挙行した。追悼式は東本李基永副団長進行により国民儀礼、李海烱議長の開会の辞と被虐殺同胞の遺骨引取り方について去年からの経過が詳細に報告された。続いて呉宇泳団長の、被虐殺同胞三千数百柱の故人は日帝の無謀な植民地政策の犠牲であり、その遂年けとりもなおさずわれわれが祖国を侵略され弱少民族であったためである。しかし現

李海烱議長談 犠牲者の霊は三千何柱となっているが、実はもっと多いものだろうと思う。現在数万の無名の霊位が祭られているがその中に相当数わが同胞が混っているものと思われる。ともあれ年来の懸案である遺骨引取りを実現し、わが軍人会の戦没勇士を祭ってある大行寺の納骨堂にあわせて祭りたいから僑胞各位の協力を希望する。

横浜 震災当時最も僑胞が多数虐殺されデマ発生の根源地だったところ横浜では、僑胞の李奉吉氏が主宰する本会事業団体"愛隣園"と民団神奈川本部の共催により市内宝生寺本堂

日本は共産分子の密輸助長
言論機関は公正たれ

声明

本国政府が対日通商を再開したこの機会に、更めて広く日本国民に我々の所信と立場を明らかにした。

一、われわれは日本と韓国北部に割拠している共産傀儡集団との如何なる接触にも反対する。五年前の侵略によって甚大且つ深刻な犠牲を払った韓国々民は、自らの血なまぐさい体験を通じて共産主義の恐ろしさを真さに知り、世界の平和と人類の幸福のためには、地上からこの悪魔の勢力を一掃しなければならないと固く信じている。従ってわれわれが日本の対共接近に反対するのは、単にわれわれの抑えがたい敵がい心からだけではない。われわれはそれが日本国民の不幸を招来することを憂うる。

二、われわれは日本政府が韓国に対する財産請求権の主張を撤回することを要求する。日本の請求は韓国全財産の八十五パーセントにも達している。これは韓国にその財産の僅か十五パーセントをもって独立を維持していけというに等しい。日本が一体どんな意図からこの様な請求をしているかは必ずしも明らかでないが、半世紀の長きに亘り日本軍国主義の圧制下にあった韓国々民にとっては、それは否応なく陰惨な過去を想起させる。

現に韓国では、将来国際情勢の変動次第では、日本が請求権を楯にとって言いがかりをつけ、再び侵略して来ようとするのではないかという広汎な危惧があるとのことである。

三、われわれは日本政府が久保田発言を撤回することを要求する。韓日会談の決裂を招いた久保田発言は、対日平和条約の締結以前に独立したこと、終戦後在韓日本人が全部送還されたことと、財産請求権に関する韓国の統治は韓国人に恩恵を施したと言いはった日本の自らの文化と歴史に変えられて終始抗争した民族に対してこれほど侮辱したものが又とあろうか。如何なる弁明をもってしても、日本軍国主義の侵略統治を正当化し得るものではない。侵略を清算した筈の日本が、今日なおもこの暴言を発して憚らないとすれば何をかいわんやである。

四、われわれは日本当局が韓日間の密輸を助長していることに抗議する。現在…共産分子を含む夥しい密輸業者が両国間を横行している状態であるが、韓国が団結に全力を注いでいるのに反して、日本は彼等に正式の許可を与えている。このような密輸を…日本は韓国が輸出を禁止した銅…

統一と復興こそ民族聖業
八月二十九日は"國恥日"

八月二十九日、この日はわが民族、国家史上において永遠に消すことの出来ぬ歴史的汚点を残した「国恥日」である。今を去る四十五年前、即ち西紀一九一〇年八月二十九日は、わが大韓民国に奸悪なる植民政策を施しその息の根を止め、遂に主権をうばわれ所謂「韓日合併条約」に調印したのである。この日を迎えた本国では四十五年前のこの国恥を想起し、独立国家として全世界にその名を知られるようになった今日、なお統一の聖業成らざる民族的悲憤を、更に大同団結の祖国の栄光はもたらされるものである。

と祖国統一の決意を固めたときく。「われわれの主権をとりかえしたとはいえわれわれには未だに統一と復興が残されている。南には四十五年前の仇敵が再起し再び侵略の昔日を夢見ており、北には同族を殺傷しながら世界の共産化をねらう傀儡集団がある……国難があるとすれば、この内外の情勢が即ち国難であるし、この国難を克服するということこそ、祖国への民族的義務といえよう。

が、この…これが即ち…この危機…あり、白…と民衆の…への…一人がこ…

公告
規約第三十三条及び第四十条の項目追加と条文成文化及び第四十八条新設公表に関する件

首題の件に関し前段第十九回全体大会において❶「地方本部が機能を発揮出来ない時には中総がこれを直轄し、その発言権を封鎖する」との点と❷、団員が本団を背反する場合にあっては、これを「追放」するという点を討論した結果、実施することに可決され規約を修正したことは承知のことと思うが、その条文追加をその性格上からして首題条項にそれぞれ追加し、その条文を左の如く成文したことを公表するものである。従って第四十八条が自然に新設されなければならないので併せてこれを公表する。

記

一、第三十三条「但」を「但一」「但二」に修正新設する
但一…前文通り
但二…「地方本部が機能発揮と義務実行をしない時には中央本部が直轄するか、或は中央議員及び代議員の発言を停止させることが出来る。」
二、第四条に❶❷❸の本来の条項に❹を新設し「❹追放」とする
三、第四十八条を新設し「第四十八条本規約を檀紀四二八八年…十三日と改正し即日これを施行する」

在日大韓民国居留民団
中央総本部議長　金光男

時事解説
スパイ行為に奔走 中立国監委団
互恵精神の没却 韓日国交

八月一日夜半、政府は声明を発し共産側が事実上休戦条約を無視し軍備を拡張しているばかりか、中立監委の名目の下に公然とスパイ行為を行っている事を指摘し、共産傀儡の再侵略に備えて首都に近接している…土の収復…

（…）日本の韓国支配の正当性を…するものであり、後者に於いて日本の国際的政治の立場の…即ち自由主義陣営への不信行為…物語るものである。日本が韓日併合条約の無効宣言を拒否し、平和条約の韓国に関する条約…

京都実業信用組合

☆支店は八月廿七日開店致し、約六百萬円（百五十坪）の巨費を投じた近代的感覚の建物です☆

◇本店　京都市下京区五条通大宮西入　電話壬生（84）8568・569
◇理事長　趙勇宏
◇専務理事　趙鏞雲
◇常務理事　九鬼彌吉
支店　京都市上京区五辻通千本西入　電話（西陣）263
支店長　呉乘鶴
支店長代理　米沢芳治

서울 ソウル商會

朝鮮布木
ナイロン水玉

東京都中央区日本橋通3丁目3番地
電話 千代田(27) 9446番

朝鮮布木 朝鮮レコード
金宮商店

營業品目　各種レース・オパロ・ニュートン　ビロード・京都洋丹・基本丹・七色丹　ナイロン・琥珀丹・レコード・其他

新装改築大売出
東京都台東区浅草公園六区2の20
伝法院通り 電話(84) 8357・0198

195

組織要員の知的水準向上

去る八月二十三日から一週間にわたつてひらかれた第一回中央団務講習は二十九日大成功裡にその幕を閉じ三十日午前十一時から修了式が中総講堂において行なわれた。

終始眞剣な受講生活
第一回中央團務講習終る

この日、修了式に先立ち青年運動再建について中総全幹部、職員をまじえた懇談会がひらかれたが、各県代表の受講生からは相当活溌で建設的な意見が交換され、文教務主任の司会により国民儀礼、国歌斉唱があり、中総丁団長から受講生二十三名の総代崔炳山氏（大阪本部民生次長）に修了証が授与され、受講生を代表して金正印氏（広島安芸支部団長）の答辞があり、民団東本李主催副団長等の来賓祝辞のあと、中総金副団長の先唱で万才三唱をとなえ、懇会裡に修了式を終えた。

修了式終了後、受講生一同は麻布にある代表部を訪問、金公使の激励の訓辞をきき、代表部各部署の機構をつぶさに見学、正午すぎには民団東本の温い心やりの歓迎会に招待され、懇談裡に意見交換や感想をのべあつた。

なおこの前夜、全講習課程を終えた受講生全員は中総の特別な肝入りで、宿舎にあてられた韓国学園の二階で、サヨナラ・パーティをひらき、お国じまんの隠人芸能大会でハメをはずして興じた。中総ではこの第一回の講習が期待以上の成果を収めたので、近い将来に第二回中央団務講習をひらく予定である。

文民生局次長（講習教務主任）談　受講人員が少なかつたのは残念だが、しかし結果的において大成功といえる。しかも一週間という短時日の間に睡眠時間が足りない程の多くの課目を一人の落伍者もなく懸命に受講したことは受講生と共に喜ばしいことだ。少くとも理論的水準の高い課目が多かつたし、これを地方組織の中で実践化するよう希望するものである。

鄭組織局長（講習管理主任）談　講習生の理論的水準が予想以上に高く、組織面に対する仕事の意[illegible]い人物になれよう。今後これらの講習生は各地方本部で自信をもつて民団活動に邁進することを願つている。

受講生金長朱氏（秋田県本部事務次長）　とにかく一生懸命講義をうけました。整理しきれない程のノートを後生大事に持帰り復習するつもりです。そしてわれわれが目的とする地方組織の強化と水準の向上に身をもつて当る覚悟を新たにするものです。

静岡県本部　朴尚吾氏　講習は学術的なものより民団運営の技術的面に重点をおいて欲しかつた。一週間の期間にしてはプランに少々無理があるようでしたとにかく今後も継続していただきたい。

愛知県本部　鄭泰鉉氏　全国から現役中堅幹部が同一の時と場所で寝食を共にし同じ方向に前進することを誓い合つただけでもこの講習は充分意義がある。

兵庫県本部　李徳文氏　中総の団務講習に応じて地方下部組織でも類似の講習を設ける必要を感じた。

（寫眞説明）上は中総役職員をかこんでの懇談会・下段右は組織宣伝論の講義（講師は金哲事務次長）左は朝の国民体操・下段は修了式を終つての記念撮影

教師の夏季再訓練
第一回教師研修會の成果

【二十五日発韓僑通信】民団中総文教局主催の第二回教師研修会は去る十七日から大阪金剛学園で開講され民族教育発展のため多大の成果をおさめて二十三日、一週間にわたる全課程を修了した。研修会最終日の二十二日は午後八時から九時まで金剛学園教師任正智氏が児童のグループ活動について研究発表を行い、九時からは阪大天野教授による教育心理が十二時まで講義された。つづいて大阪学芸大、坂西教授をはじめ、在阪愛国団体幹部を交えて座談会がひらかれ、研修会の成果と、明年度への期待その他自己批判、相互批判が率直に論議され最後のしめくくりにふさわしいフンイキをかもし出した。終了式は午後二時十分から来賓の代表部高所長の他金剛学園理事、在阪有志多数参席のもと先ず中総朴権熙文教局長の開会の辞につづいて代表部高所長の祝辞、中総崔副団長の訓話があつて、京都韓国学園金顕閣園長の答辞があつた。最後に崔副団長から研修生（四十一名中、聴講生十五名）総代の東京韓国学園金鍾在副園長に修了証が授与された。式がおわつた後、午後四時から慰安会がひらかれ、研修生等は相互に意見交換など一週間の成果につき語りあつた。

中総朴文教局長談　民族教育にたずさわる先生方がひとかたまりに集つて民族教育と子弟の問題について終始真剣に努えていることは敬服に値する。しかも今度の研修会により理論的水準の向上は大なるものがあつた。民族陣営各級団体役員も先生方に負けないで民族教育に関心をもつてもらいたい。今こそわれわれは子弟の教育問題を民族的立場から再出発せねばならない。特に研修会開講に際し地元の金剛学園理事、諸先生をはじめ生徒が一丸となつて物心両面から暖く援助して下さつたことに感謝の意をささげるのである。

講義科目と講師

教育心理　学大　石崎教授
教育方法　〃　西脇教授
教育心理　阪大　天野教授
教育行政　京大　池田教授
教育史　市大　前田教授
カリキュラム　阪大　森　教授
特別講演　京大　高坂教授
〃　〃　下程教授
〃　詩人　金素雲氏

座談会の発言から

次に研修生一同の座談会から重な発言をひろつてみよう。

車炳煥（東京）＝この行事が単なる教師相互の親和に終らず、日本の教育者達と親睦感を深くし両国の文化交流の糸口を見出すことが出来たことは、重要な意義をもつている

任正智（大阪）＝❶研修が短かかつた関係か、民族教育のあり方、内容、方法についての具体的方針を樹て得なかつたのではないか❷全国韓国学園教職員の有機的連絡が缺けていることは遺憾である、民族教育を大きく前進させるための母体となる教職員組合組織を作るべきではないか❸特殊な環境におかれている韓国学園の今後のあり方について、こん後いかにあるべきか❹全国教職員組織とともに機関雑誌を発行したい

朴文教局長＝民団としては教職員組合などの組織結成のための側面援助を惜しまない、ぜひ実現化し諸氏の自主的研修の機会をもたれるよう希望する。韓国学園の発展と育成の為に倍前の物心両面にわたる積極的援助を惜しまない

崔仁俊（金剛）＝特に教科書が不足のため授業上少なからぬ支障をきたしている、中総文教局は本国政府文教部と連絡して不足分を補備してほしい

朴文教局長＝早急に善処したい、過去においては文教局と教職員諸氏との間の連絡が缺けていたのでこんごは有機的連絡をもてば多くの問題は容易に解決される

金鍾在（東京）＝教職員の組織体を結成するなど関連性のある生活基盤の上に民団との協調を高め学園の発展を計りたい、民族教育を推進させるため来春を期し全民団組織を動員して僑胞児童を全的に吸収すべきだ

朴文教局長＝左翼系学園の事情をみても東京だけで約五千名の児童を擁しているもようだ、根[illegible]の自己反省と批判の結果、強力な体制を整備したい

金淑妍（金剛）＝多くの男性教員と始めての団体生活の経験を通じて考えさせられたことは多い教師は生徒を教える前に自分自身の人間的修養に努めるべきであり研修の目的もここにあつたのではないか、教師の実力向上と相俟つて人間的修養なくしては充分に生徒を指導することはできない、このような機会を重ねることによつて自己反省と批判を怠らず教育者としての責務を遂行したい

地方組織動向

朝総連の内部抗争と運動路線の転落により、元民戦傘下にあつた一般僑胞大衆と中間的立場にいた大衆は、その後日本の度重く続々民団に入団しつつあるのが現状で、民団の全体組織は飛躍的発展段階に入つてきた。ちなみに、今年の八月十五日の光復節十周年記念日のわが民族陣営に参加した大衆の動員数は東京にあつては一万数千名により、朝総連系は僅か数千を越してないのが実情である。更に広島において二千五百名、朝総連は三百名、名古屋京都はそれぞれ二千五百名、福岡では千四百四十五名という数字に達している。また神戸が千六百名、静岡七百三十名というように、一般が予想だにもしなかつた程の多数が動員されたことは何を意味するだろうか。この八・一五動員の驚異的成果に続き、なお地方組織拡大の推進運動は、宮城、福井、佐賀、長崎の各県本部が飛躍的規模のもとに大会を召集しておりその成果は見るべきものがあつた。

驚異すべき動員数
山梨県強化対策推進

去る八月二十日山梨県における第六回関東地区組織部長会議においては県仁道山梨県本部団長以下三機関の役員全員が会議万端の準備を整えるなど組織への献身的努力は賞讃されるべきもので、現下情勢の分析と山梨県再建策をめぐつて熱烈な討議を続け、多大なる成果をおさめた。同会議において次の決議を見た。

❶関東地区の組織力を山梨県本部再建に集中する。
❷山梨県僑胞の慰安と啓蒙を目的とし九月三十日、中総から「東京レンジャース」を派遣大々的公演をする
❸山梨県組織強化月間を設定する
❹次回の組織部長会議は群馬県にて九月十日これを開く。（鄭）

清新会の鍛錬
活動盛ん

（三十一日＝韓僑通信）民団川崎支部「青年清新会」所属青年は野球班、蹴球班、卓球班等に別れ、休力鍛錬並びに技術向上と去る六月から休みなく続けられているが、この運動は神奈川県本部傘下各支部に好影響を与え次々に拡がりつつある。即ち横浜中央、鶴見の各支部所属青年達も野球、蹴球、卓球の練習を自発的に開始したことで兎角悪遊びに陥入りがちな年頃だけに親達は大変喜んでいる。なお同支部から試合を申込まれた川崎支部では現在試合準備に多忙を極めている。

長野婦人会
四日に結成

（三十一日＝韓僑通信）長野県民団本部では去る七月に発表された中総の組織要綱に従い、婦人会結成に全力を尽して来たが愈々来る四日、松本市神田公民館において結成大会を開催することになつた。婦人会中総からは、呉基文会長、金良子組織部長等が出席する予定。

組織強化の為
丁團長九州へ

最近とみに活発化の一路をたどる中総の地方組織強化運動はその実績をあげつつあるが、現在丁団長以下全幹部は交互に地方へ出張、多角的な組織運動を展開している。八月に続いて更に九月初旬には丁団長が九州大分県を始め宮崎、長崎、福岡各県の他巡察県など中部一帯の各県へ出張することに決定、一方裴民生局長は大分県の「坂の市事件」の最終公判に特別出席することになつているがその成果を期待されている。公判は来る九月十二日にひらかれる予定である。

民主論壇

日・米会談におもう
極東の自由陣営結束せよ
朴根世

重光日本外相一行のワシントンにおける会談は、安保条約の改変、防衛分担金の削減、共産地域との貿易緩和、戦犯の釈放等日本側としては少くない期待を以て臨んだのであるが、戦犯の釈放という点以外は功を奏しなかつた模様である。その理由は観点に依つて異うが、筆者の見るところでは、比較的狭い見方をしていると言われる重光外相ではあるが、やはりその極東情勢ひいては世界情勢に対する見方の甘さにあつたと思う。

先ず、日本は防衛力漸増として、二十五年八月警察予備隊発足以来、保安隊、自衛隊とその名称の変更と共に、漸次その軍隊を増強して来たのであるが、日本は自らが何故かかる軍隊を増強しつつあるかについて徹底的に考察して居ないのではあるまいかと考えられる。木村元保安庁長官は、防衛力増強の必要を説くのに、平和線を犯して逮捕された日本漁船に言及し、また元外交官であつた有力な国会議員須磨弥吉郎氏はNHKの国会討論会で自衛隊の必要を、独島（日本側で竹島と呼んで居る）に係る事実を引いて強調した。日本側指導者の言辞は恰も自衛隊は、韓国を仮想敵国として居るかの如く響いたのである。果して然りであろうか若し左様に考えて居るとすればあまりにも視野の狭く、笑止千万なことである。重光外相は、米国側と話合つて自衛隊の正しい存在理由をはつきりさせねばならなくなつたのが、今回の共同コミニケにある「西太平洋の防衛に寄与する云々」である。民主々義に徹せず、帝国主義の夢さめぬ国が軍隊をもつことは危険なことであるが既成事実を土台にして考えても自衛隊は、実に、反共十字軍の一翼として、赤色侵略の防衛の任にあたることこそがその任務であらねばならないしまたその存在価値があろう。日本として自由陣営の一員である以上、その責任だけを免れるわけにはゆかない。日本は自らの保有する自衛隊の目的と性格をはつきりと国民に認識させて誤りなからしむべきである。

次に中共貿易の制限緩和の要請について見よう。鳩山内閣がソ連、中共等共産国家との外交通商に非常な努力を傾注して居るのは、その意図するところ深きにあるが如く思われるが、之以てする一種の誇大妄想狂的繁栄策である。現在の対立する大国の何れかの方が、その相手側に利する第三国に対して長く援助を与える愚を犯すであろうか又中共との貿易にしてもその筋の専門家はさほど期待すべからざることを指摘している。事実中共が軽工業品の買付を日本よりなすことはないとみてよく、若干の重化学工業製品と引換えに自国産の大豆、鉱山物等を日本に輸出するに止まることであろうから、その金額も自ら推測出来得るものである。鳩山内閣は自由社会が共産侵略に犯される場合長い距離があるかの様に思つているのは危険である。共産党の目標はあくまで世界の赤化であり、彼等の言う無慈悲な努力革命の方法で、成算が立てばたちまちやるのである。日本が赤化から防衛することよりも、赤色国家との商取引に熱心し過ぎる事に対し、誤解を与えなかつた模様であるが、当然な事である。重光外相は八月三十日のナショナル・プレス・クラブでの演説後質疑応答で韓国との問題に言及し「日本は財産請求権の抛棄および久保田発言の取消しということで譲歩を行う用意がある」と語つたことが報道されて居るが、われわれの注目をひくところである。かねがね日本外務当局には請求権撤回の意思があるが外地引揚者の反対に影響されて今日に及んだと聞いて居るが、ワシントンの雰囲気が重光外相に之を悟らしめたものと思う。茲に於いて想起されるのは日露戦争の講和条件に対し日本国民の中に不満が多かつたが、時の為政者達が大局的判断で敢然として講和条約を締結したことである。国民に完全な満足と快哉を叫ばしむる外交々渉はあり得るものではない日本自体の為にもまた極東の自由陣営のためにも、現在の日本の指導者達がよく経世家的判断を以てその用意ある財産権の抛棄と久保田発言の取消を緊急に内外に宣し、韓日会談への再開を図る可きではなかろうか。

（筆者は中総監察委員）

和睦團結月間を設定
広島県本部いよいよ活溌

（一日＝韓僑通信）民団中総も目覚ましい発展をみている広島県本部団長金今石氏は去る七月を組織強化月間、八月を赤化同胞救出月間として多大な成果を収め特に八・一五光復節には広島県文化会館に二千五百人の大動員に成功する民団中総でも同県の中国地方西日本一帯における重要な地位を確保するに至つているといわれる。同本部では過去二カ月の成果を基礎に快い初秋、九月中には闘争的運動から和睦団結を目標に切り替え九月間運動を展開することになつた。同運動は先ず九月五日安佐支部管内の中村温泉で県下各支部団長会議を召集し、来る十月三日開天節慶祝大運動会行事について具体的な討議を行う他、現下民団運動の諸問題を討議する。九月十一日には市内「[illegible]ホール」で同広島県本部との共催による青少年[illegible]大会を開催し、県下同胞青少年の民族意識高揚と親睦をはかることになつた。その他和睦団結月間運動の提案に伴い卓球大会は韓青広島県団部主催で九月二十四、五両日開かれるが、既に八チームの参加申込みをみている。なお十月三日開天節祝賀大運動会は同本部結成以来初の県下大運動会だけに先の八・一五大衆動員成功の例から今後同本部団務拡張の見通しを確立させ、朝総連左翼分子に一大打撃を与えるものとみられている。

★'光復節'地方行事続報★

解放十年以来、未曽有の大規模な光復節記念行事は前号に既報した通りであるが、特に掲載洩れの分を本号に紹介する。

功労者を表彰

【大阪】大韓居留民団大阪本部では婦人会、韓青学同、商工会など傘下団体と共催で「光復節慶祝在阪同胞民衆大会」をこの日正午から民団大阪本部大講堂で開催したが、府下僑胞約二千名が参集、これまでにない盛況さであつた。式は金守哲同本部副団長の司会で国民儀礼ののち金鎮朱団長の開会の辞、高鴻基駐日代表部大阪事務所長の式辞があつて記念講演に入り、中総派遣の鄭哲氏、張益和大阪本部議長、韓玉順婦人会大阪本部会長、崔仁俊金剛学園理事長、河甲祚商工会副会長、馬淵孝産業貿易新聞社長らからそれぞれ〃祖国統一と民族陣営の団結〃を強調する熱弁があり、つづいて大統領に送るメッセージならびに決議文案を崔東事務局長が朗読、満場一致で承認採択ののち、民団育成強化に多年尽瘁した有功者の表彰式を挙行、大阪本部関係の張益和氏ほか傘下二十七支部から選ばれた五十余氏に金団長から表彰状が授与されて全式順を終り大韓民国ならびに、民団の万歳を力強く唱和して同二時閉会、続き僑胞慰安の余興大会に移り、金剛学園のブラスバンドによる新制定民団々歌の発表、同女子生徒の舞踊や、高麗楽団一行の韓国歌謡、演奏などがあつて参会者一同歓をつくし、同五時すぎ盛大な記念大会を終つた。

有志懇談会盛況

【神戸】民団兵庫県本部ではこの日、厳粛な記念式を挙行したのち、午後五時から神戸市下山手通の「神仙閣」で韓日有志懇談会を開催、韓国側から金英俊兵庫県団長以下各幹部、東邦化成工業社長蔡丁仙、国際観光KK社長呉任淵（小浪義明）岩田商店社長李成俊、石川建設社長金炳淳、尼崎鉄鋼興業社長[illegible]、光栄製機社長高丁在、婦人会兵庫県本部会長金命順の諸氏、日本側から坂本兵庫県知事代理佐藤秘書長、原神戸市長、神戸市ならびに民団兵庫県本部顧問中井一夫、神戸実業協会々頭鐘川保作、第一汽船社長斎藤保次、神戸新聞論説委員長、畑専一郎の諸氏が出席、韓国独立記念日を祝う祝辞があつて韓日国交、民生問題などに関する建設的意見の交換を行い有意義な成果を収めた。

韓中生が仮装行列

【京都】この日京都民団本部では府下僑胞一千余名参集のもとに嵐山中之島公園において光復節記念式典を開催、式は韓国中学校ブラスバンドの奏する愛国歌にあわせて厳粛に国旗掲揚が行われ、植在阪団長の力強い開会の辞があつた更に高鴻基駐日代表部大阪事務所長の「李承晩大統領の領導のもとに全国民は一致して祖国の自由と独立を守り解放の日のなまなましい感激を胸に窮極の目的である自由祖国統一に邁進しよう」との祝辞があつて、李大統領に送るメッセージを採択、高鴻基所長の先唱により嵐山にとどろく万歳三唱をもつて閉会、ついで余興に入つて韓国中学校生徒の「独立運動史」と題する仮装行列の後ノド自慢大会があつて楽しい民謡の数々に参集した僑胞は意義深い一日を送つた。

二千五百名が参加

【名古屋】光復節慶祝愛知民衆大会は十五日午前十一時から名古屋大須の公園運動場に僑胞二千五百名参加の下に開かれた。先ず大会は崔学阜氏の司会により会長に李康、李春植の両氏を選び、決議文並にメッセージを採択して第一部を終り大会は第二部の体育大会にきりかえられた。この日県下から参集した僑胞は十四台にのぼり僑胞としては前例のない動員振りであつたがこれは崩れ行く朝連がしからしめた点もないではないが、これは僑胞が団結というものに目覚めて来た傾向の結果であることが立証されたものといわれる。第二部の陸上競技は全部で十九種目、他に角力競技が行われた。

青年運動四原則を反映

注目の焦点となつている韓青全国大会は九月十七日大阪でひらかれることになつているが、これを前にして民団中総組織局では来る九月三日、中総講堂において青年運動の活溌な推進問題をめぐり広く各組織代表有志等と懇談することになつた。この集りにつき鄭組織局長は先に中総が提示した青年運動四原則を韓青大会へ十二分に反映させたいと語つた。

郭氏、二科展に大作入選

在留僑胞の中堅画家としてその特異な作風で知られている郭仁植氏（三十）は、日本画壇の最高峰をいく第四十回二科展に労苦の大作「何処へ行く」一百号一を出品入選の栄光をかち得た。氏はこれで四回連続入選している。二科展は九月一日から十九日まで上野美術館で開催中。

移転通知

民団宮崎県本部は左記住所へ移転しました。
△…宮崎市本町二二ノ一
TEL・二五八三番

金桂源君刺されて即死

（三十一日＝韓僑通信）三十一日午前零時十分ごろ品川区北品川一ノ八〇の路上を通行中の金桂源（三十）さん（大田区東蒲田二ノ自五＝海原興業株式会社々長金鎬水氏長男）と同社工員板羽時夫（二八）さんは、三人づれの若い男に呼び止められた上、ナイフで下腹部を刺され即死、板羽さんは頭に全治一週間傷を負つた。犯人は品川署に与石次郎（二五）が一人自首したのみで他の二名は逃走中。

李鶴九氏警専講師に

駐日韓国代表部在留民係主任として勤務する傍ら明治大学大学院で法律を専攻このほど法律修士課程を終えた李鶴九氏（ソウル出身三〇）は本国の警察専門学校講師に就任するためきようCAT機で帰国した。

韓國学園きよう始業

東京韓国学園ではきよう午前十時から新学期の始業式をおこなうことになつた。

祝福!!
★民団団務講習

大韓物産株式会社
大韓産業株式会社
大韓水産貿易株式会社
大韓染料株式会社
大明商事株式会社
大星産業株式会社
大成企業株式会社
三剛物産株式会社
三光水産株式会社
三興實業株式会社
三信産業株式会社
東京丸一貿易株式会社
東亜商事株式会社
東邦ゴム株式会社
東邦実業株式会社
東洋貿易株式会社
国生産業株式会社
国一貿易株式会社
極東物産株式会社
株式会社高義商店
株式會社三和交易
株式会社柳韓洋行
株式会社三陽
泰昌産業株式会社
第一貿易株式会社
和信産業株式会社
共生産業株式会社
陽和物産株式会社
美進産業株式会社
不二貿易株式会社
信夫貿易株式会社
金玉堂
南鮮貿易株式会社
汎韓貿易株式会社
汎亜商事株式会社
建設実業株式会社
韓国貿易振興株式会社
株式会社廣徳商会
協成実業株式会社
同和実業株式会社
共盛染料株式会社
大昌製紙株式会社

民主新聞
在日大韓民国居留民団 中央総本部 機関紙
発行所 東京都新宿区若松町21 電話(34) 8569 8570 振替口座東京 143865 民主新聞社 発行人 丁贊鎭
一部 20円 一箇月送料共50円

綱領
一、우리는大韓民国의国是를遵守한다
二、우리는在留同胞의民権擁護를期한다
三、우리는在留同胞의民生安定을期한다
四、우리는在留同胞의文化向上을期한다
五、우리는国際親善을期한다

激甚한僑胞人權侵害

韓日国交再開와 民間親善運動이 在日六十万僑胞의 唯一한 自治団体로서 自他共히 認定하고있는 우리民団에서 推進되고있고 그結実이 期待되고있는이때 一部日本民間에서는 그와正反対로 排韓運動을 展開하고있고 그에因한不祥事가 続発하고있다 또一部日本官憲들은 僑胞의人権을 蹂躪하는 우리로서 到底히 容納할수없는 非人道的行為를 敢行하고있는것은 韓日両国親善에 커다란波紋을던지고있고 憂慮하지않을수없는実情이다

本紙既報와같이 日警으로말미한 東京池袋의殴打致死事件 大阪刑務所에서의 拷問致死事件 東京大田金君의被殺事件等等 昔日의帝国日本을 再現하는"逆코ー스日本"의 僑胞社会에対한 圧制와는따로 直接아무런関係없는 日本人에게 国境을超越한 一韓国人의人道的行為等 激甚해가는 僑胞人権侵害에도 不拘하고 따뜻한 人間愛의 昇華는 時代가時代인만큼 韓日両国民에 커다란教訓을 주고있다

續出하는拷問과圧制

"無實의罪"로殴打当한僑胞

宮崎県綾町에서

最近에発生하여 世人의 注目을끌은 大阪刑務所의 僑胞拷問致死事件이 日本国内는勿論 本国에서도 重大한関心을 이르키고 日政의不当한 韓国人에対한 人権蹂躪을 糾弾당하고있는이때 여기九州의一角 宮崎県下에서 善良한 우리僑胞가 窃盗犯이있다는것을 日警에 連絡하여 도리어 警棒으로 殴打를当하여 重傷을입어 入院하였다는 怪奇한事件이 発生되어 世人을 놀라우게하고있다

即 이不可解한 日警의 人権侵害에 対하여 日本民団宮崎県本部에서는 日本法務局에 이不法을 告訴하는한편 中総에서는 梁民生局長이 急拠 事件真相調査를 하기위하여西下 加害者에 責任있는 処罰과 이根의 非人道的事件再発防止策을 同地当局에糾明 要請하였는데 그調査에의하면 事件의真相은 다음과같다

事件의発端은 去九月八日上午三時頃 宮崎県東諸県郡綾町에居住하는古物商李文東氏宅에知人인 日本人이 大豆二俵를팔러왔기에 밤중이고必要하지도않다하여拒絶을한바 他人에게팔어달라고 하여現品을노아두고갔다 이튿아침 前記日本人이 再次와서再促하기에 近処의知人에게 무러보았으나 価格의差로 売買交渉이成立않되었는데 그를끝맞인李氏가帰宅하니 同氏夫人이 窃盗品이아닌가憂慮된다는말을듣고 李氏는早速히 이를警察에連絡 帰宅하니 마침 警察에서는 俵警部補外 三名이 李氏宅에와있어 調査를하고있었다 여기에서 李氏는 事情前後를説明하여 지금警察에 連絡하고왔다하니 警官들은 拒絶하는李氏에게大豆二俵를運搬시켜 駐在所까지連行 運搬하여온李氏에게突然히 고함을치면서 告白하라고 警棒으로殴打暴行을加하여 李氏는그자리에 쓰러지고 말었던것이다 이리하여警官들은一方的으로李氏가共犯임을告白하라拷問하면서 野球빠트로殴打 肋骨四箇를 折骨시킨후 半死半生으로 겨우 帰宅하였는데 이拷問은 下午一時부터 八時까지 約七時間에걸처 당하였다

十日저녁에李氏居住地 駐在所巡査部長이李氏宅을訪問謝過한後 病院에서의治療를 권하였는데 李氏는 이튿날아침에 法務局에人権侵害를 告訴할생각으로 居住地와는 떠러진 宮崎市中村町一丁目에있는 福島病院에서 診察받은結果 前記와같은診断과四週間의絶対安静을言渡받었다 이後 事件責任署인 高岡署의警官이 李氏의帰路에기달려 治療費云々을하면서 自動車로李氏宅까지데려다주었다 十二日아침에再次高岡署의警官二名이 同氏를県立病院에 連行하였는데 역시診断은 四週間의治療를要한内容이였다

그런데 이事件発生後朝総連幹部鄭周奉、日共朝鮮人指導部長、朝総連書記長인朴鳳真等三名이高岡署五千円 県警察本部一万円 計一万五千円을慰謝金으로 갖어왔을時 同行하여왔는데 그내들은 日警에加担(自己들勢力拡張의一術策)하여 事件의拡大를防止할려는 態度가歴実히 나타났다는事実이다 이것이 事件의概略인데 民団県本部에서는 이術策에빠지지않토록 僑胞社会에 그真相을 公表 責任者의徹底処罰 無実한韓国人에対한 一方的拷問反対 法的措置을 中総梁民生局長 県本部金法務局長 地検의検事長等 役員이緊急協議하여 強力히要求하여 責任있는 善処를 要求하였다

梁民生局長談 都内大田区의団員被殺事件이発生한지 몇일도되지않어 이報告를듣고 커다란衝撃을받었다 우리는平和로운 居留民이다 恐怖나不安에서自由를保障받어야할것이다 이点을 日本当局은特히留意하기를 要望한다

財産奪取割策하는日人

長崎、佐賀両市에서発生

(其의一) 被害者의 한사람 長崎市茂樹町新天田에居住하는 姜仁秀(三六)氏는 조고마한 漁船을갖이고 近処의評判도좋고 남부끄럽지않게 生活을하고있었는데 이洞内에서有名한 어께 川口与作(二八 姜夫人의동생 日本人)라는者가 어께뜨長格인 松崎某와 結托하여 姜氏를 暗殺할려고 九月十六日 밤十二時頃에 前記川口가 姜氏에게 飲酒를強要 이것을拒絶하였다는 無理難題를 부처 棍棒으로殴打하고逃亡하였다 이것을 참지못한姜氏가 逃亡가는 川口를쪼차나갔드니 골목에 숨어있든 松崎等数名의 어께들이 뛰어나와 半死半生의 仮死状態가되도록 乱打 겨우一命은 구했으나 重傷으로서 現在 入院中에있다 犯人中二名은 逮捕당하여 裁判中에있다

(其의二) 佐賀市松原에서 映画館有楽座를 経営하는金道隆(四一)氏도 역시 同映画館支配人인 江上与作(日本人)等의 会社奪取策에 빠저 洞内의暴力団 松原某에게 映画館앞에서 腹部를短刀로 찔려重傷을입었다 犯人松原는 現場에서逮捕 江上도共犯의嫌疑로 逮捕당했는데 이미計画的인 結托으로 松原가 単独加害를 主張하여 江上는釈放당했다

以上의 両県에서 発生된一連의 計画的財産奪取事件을 中総民生局에서는重視 이種事件의再発防止를위하여 同地에 弁護士를 派遣하는한편 日政当局에도 協力을要望하기로되었다

어떻게運動을强化할것인가

丁贊鎭

現今의民団組織은 全体的으로볼때 外的破壊作用으로서도 動揺가있을수 없을程度로 鞏固한状態에 있다 最近 国際共産主義의 새로운 戦略에 順応하여 取해진 総連의欺瞞戦術에도 不拘하고 在留僑胞大衆이 八・一五光復節을 契機로 急角度로 民戦에서離脱되는傾向은 居留民의思想指導와組織活動의積極的面에서 볼때에 흐뭇한現実的条件이라고 生覚되며 居留民大衆의 一般的인意識과意欲을 整理하여 組織할수있는 客観的情勢에 当面하였다는것을 알수있는것이다

그러나 在留僑胞의 権益擁護와民生安定 그리고 将来의 向上을為한具体的運動의推進이 民団의使命이라면 宣当히 이組織体는 在留僑胞의全体的基盤을 土台로하여 集結되여야하며 発展해나가야할것은勿論 組織体가 大衆과遊離하여 大衆의愛国的自治的団結力을 組織運動의実際面에 参加시키지못하면 使命達成은期待하기 어려울것이다

그러면 우리民団은 完全한大衆의 組織을 가지고 本来의目的達成을為하여 充分한自治的機能을 発揮하고 있는가를 冷静히反省하고 自己批判을 할적에 우리組織体의未備를 알수있고 幹部들自身의研究와 努力의 不足이 発見될것이다 우리民団이 現実的으로 居留民全体의 生活面에 影響을 가지지못하고있는 그原因을 어떠한活動보담도 優先的으로 調査分析하여 뚜렷한 한個의解決方策을 帰納発見하고 発見된原理 方策을 다시 転変되는具体的事象과情況에 適用하여 具体的実践行動을 通하여 障害되는原因을 漸次的으로 解消해 나가야될것이다

在留民의信頼의獲得

民団의組織運動을 強力히 推進하는데 있어서 가장重要한課題는 어떻게하면 大衆의信頼를獲得할수있을가 하는것이다 民団組織이 共産系組織体에対하여 絶対的優位를 차지하지못하고있는것이 現実이다 우리가 在留僑胞全体를 包摂하지못하고 있는 根本的原因의하나는 우리組織者의犠牲的인努力의不足과 大衆에 密接할수있는 積極性의稀薄에있다고 하여도 過言이 와닐것이다 무엇보담도 僑胞大衆의 民団에対한 不透明한認識을 除去하고 信頼를獲得하는데 우리는 最大의努力을 傾注하여야만한다 従来의対民戦斗争段階에 있어서 造成된偏頗의 惰性은 그를造成한理由와社会的条件이 介在하고있었음을 알수있으나 이것이 또한 組織活動에 커다란欠陥과障害가되고 있는것이니 이를 批判과分析을通해서 一掃하여야만 組織活動의構想과 計劃이 明確해질것이며 能率과発展이 期待될것이다

組織運営上의協議会

体制의推進

이러한 主体의内部改革過程을 経路하면서 併行하여 組織体制의整備와強化에 厳密性있는計劃을 樹立하고 이로서 発露되는民族的 政治的인힘으로서 在留同胞의実際日常生活에 直線的인利益을 賦与할수있는政策의実践이 一貫한 対共斗争과같이 果敢히展開되어야할것이다 旧来의観念的 気分斗争性을 此際에 大胆하게 揚棄하여야만할것이며 組織活動은 決코 気分으로서 成果될수없는 것이다 全組織의強化発展은 末端組織者의実力과努力과斗争이 大衆의 意識과 生活条件에 直結됨으로서 可能한것이나 反面 우리僑胞가 処하고있는 法的地位와 歴史的段階를 科学하며 居留民大衆을指導하는 理念과政策의統一을為하여 高度의段階에서의協議와研究도 또한 要請되는바이다 이러한要請에対処할機構로서는 이미 関東과近畿地区에 各々地区協議会를 結成하여 着実한成果를 거두고있음에 더욱 全国的으로 各地域의隣接県本部組織으로서 이와같은 協議会体制의 結成을 促進하고 이로서 地方組織体가 民団組織의全体에対한関連性에서 自己의位置와役割을 正確히 認識할수있게하고 内容的으로는 散慢한 地方組織의힘을 地域的으로 結束하여 中央과의系統的인緊密한相関々係로 発展시킬것이며 強한地方県本部組織이 近接県本部의弱한 組織을 強化或은再建하는에 必要한人的物的便宜를 提供하는等의特殊事情에 適応한 流動的인 組織活動도 展開할수있는 契機를造成할것이다 이 民団組織의構造上의 体制는 各級下部組織에도 即 地区事務局長会議와 地区組織部長会議와 같이 弾力性있게 適応하여 組織活動의実際面에 効果를 獲得하자는것이다

對共産勢力斗争의課程

이렇게 民団의主体的条件의確立에 上下幹部의 至誠과至情을 結集되어 漸進하여야할것은 勿論이거니와 우리가 只今도 目睹하는 共産陣営의 悪辣한 破壊工作은 最後発悪的으로 가진奸計를 弄하여 手段方法을 가리지않고 한層더熾烈하게 恣行되고 있는 現勢를 直視하고 対備에 萬全과分析을 基礎로하는 周到한研究가 日常課業으로 持続되어야할것이다

「調査와分析이 모ー든実践의前提이다」라는 平凡한命題를 対共産政治斗争分析에 있어서는 格別히 銘念하여 具体的実践指針을 세워야할것이다 特히 崩壊寸前에있는「朝総連」組織을 完全히 抹殺하기위하야 그의欺瞞性과 醜成要素의 醜悪性에 対한 痛烈한 政治的暴露를 広汎하게 그리고 波状的으로 끈끼있게 展開함으로서 成就한다는側面도 또한 重要하다는것을 우리는 留意하여야 할것이다

以上에 拳論한 民団運動의当面課業을 実践하는데있어서 어디까지나 独立된 韓国民族의襟度와 民主国民의自覚으로서 国際的礼儀와 信義를 損傷시킴이 없도록 活動을 하여야 할것은 새삼스롭게 強調할 必要가 없다

死刑囚에사랑의昇天

国境을超越한金牧師의德行

(韓僑通信) 어느듯 찬가을바람이 부는 九月二日上午十時五分正刻 東北地方의中心都인仙台市에있는宮城刑務所에서 二十三才의 아까운青春을 刑場의이슬로 世上에서 사라진 日本人死刑囚가있었다 같은時間에東京都足立区千住桜木町에있는善隣教会에서는 단혼차主이에쓰十字架앞에 업드려 이死刑囚에 永遠한休息을祈願하고있는사람이있었으니 그는 바로 이"사랑의昇天"을 引導한 金周奉牧師였다 金牧師가지난七月死刑囚勝又清一君의減刑歎願을 花村法務大臣에 呼訴하여 三箇月間 이悲歎의날이있을줄을予知하면서도 都内는勿論 全国各地의有志에게도 呼訴를하고있었든次 아무런成果도없이 最後의날을 맞이하지않으면 않되였던것이다

金牧師는 現在前記善隣教会主任牧師로서있는한편 宗教法人「尾竹橋病院」을経営 또民団足立支部団長의要職에있으며 国境을떠나 넓은 基督教的人間愛에불타는 献身的奉仕는 일즉이韓日両国人社会에서 尊敬과賞賛의 存在였었는데 이多忙한몸으로서 数年来 小菅刑務所를 찾어 四人들에게 크리스트王国의길을 伝導 많은罪人들을 改心시켜 当局에서数次에결쳐表彰받은바도있다

이小菅刑務所에서金牧師의福音에感動한勝又君은 去六月二十五日宮城刑務所에 같은死刑囚鈴木利夫君과移送당하여 이른二十六日에 다음과같은 一文을金牧師에게보내왔다

「…只今 나는宮城刑務所에서 이편지를쓰고 있읍니다… 先生님한테얻은衣服은 이날을 위하여 받은것같은생각이나서 기뿐마음을 었지感謝하여야 좋을지모르는바입니다…… 保安課長부터宮城刑務所移送의言渡을 받었으나 主의사랑의손에 풍안커서아무런 不安도무서움도없이 刑場이있는 이곳으로왔읍니다 上野부터의車中은 마치天国가는急行을 탄듯한마음이였고 心中에서는 終始讃美歌를 부르면서 엄을 무서워하지말라 主는너와함께있다 나지말라 主는너를지킨다………車窓에서 보이는 바다도 산도 풀도 나무도 바람소리까지도 다들 나의天国에의 새出発을祝福하여주는듯 늣겠읍니다…(後略)」

其後 死刑執行日까지의 三個月間에金牧師와勝又君間에는 数많은文通이 交換되고 그大部分의편지에는 이에쓰의興旨에 感謝하고 天国에서의幸福을얻는 기쁨에넘친心境이刻明히 써있었다 그것뿐만 아니라 勝又君의肉親인 静岡県御殿場市西田中三二에居住하는実母까지도 돌아보지 않는 이囚人에金牧師는 두번이나 宮城刑務所에 찾어가 慰労와 激励를 주고 処刑後에는 遺骨을찾으려 疲労의몸으로서 세번째나 同刑務所에 갔다온것이였다 処刑五分前에쓴 勝又君의 手記을보면「…敬愛하는 金先生! 이제昨別할때가왔읍니다 先生님한테는 너무나신세를 많이 졌으나 이大恩은 天国에가서도 永遠히 잊어버릴수없을것입니다 이人生의 終期에있어서 이렇게도平安裡에 있을수있는것은 先生任의따뜻한指導에있을것입니다 時間이없어서 이것으로 失礼하겠으나 天国의끝에있드래도 여러분에게 主이에쓰의 祝福을 비러 마지않는 바입니다 ……刑場에서」

이리하여 勝又君은 죽음에 앞서서 金牧師로부터 永遠한 人間愛의 길을 啓示받었든것이다 이国境을超越한人道的隣人愛의実践이 対立的感情을 둘러싸고있는韓日両国民에게 커다란指標가될것이고 오날도金牧師는 街頭에서서 主이에쓰의 사랑을伝導하면서 이제는天国에가버린 勝又君을위하여 또 그의祝福을祈禱드리고있다

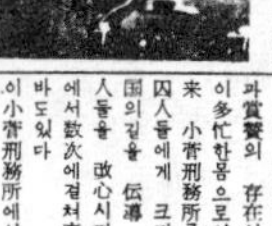

(写真 左端이 金牧師)

日人遺家族에百万圓

善行의主人公은鄭煥麒氏

(名古屋八日—KP金允中記) 去八月二十九日白昼 大阪東海銀行北浜支店을襲撃한 銀行강도事件은 世人의記憶에서 아직사라지지않고있는 큰事件에 하나인데 그犯人이 韓国人이였든 奇縁으로 이僑胞의 不遜한行為에 가슴을태운 名古屋市在住의一僑胞가 被殺当한 被害者의 遺族에게 伝達하여달라고 百万円의 巨額을 警察을通하여寄贈 姓名도 住所도말하지않고 사라진事件?이 発生되었다

去八月十八日 韓国政府의対日国交措置声明以来 両国間의空気가悪化해진때인만큼 이奇篤한人士의出現으로 僑胞社会는勿論 日本人社会에서의 称讃의소리는 同地各大新聞의 読者欄에 넘쳤었다

이奇篤한主人公、韓日親善에 커다란 푸라스를준사람은누구였든가? 本人은 이主人公을찾는데 長時間을要하지않었다 即 이善行의人士을 名古屋市金剛信用組合에서 만나즐때 그는웃으면서 아무말도하지않었다 名古屋市瑞穂区堀田通八丁目三一番地マツヤ製作所를経営하고있는鄭煥麒(三二)氏가 바루그사람인데 現在前記信用組合의 副組合長으로서 有数한青年実業家로 항상人望이높은 사람이다 그런데 이奇篤行為의動機는 銀行강구事件의記事를본 鄭氏가 犯人이 韓国人임을알고 被殺당한三木運転手、永田、二出川両巡査에遺族의前途을생각할때 그悲惨한遺家族들에 同情을禁치못하여 九月一日下午名古屋昭和署에 山森署長을訪問「記事를新聞에서 보고 같은韓国사람으로서 미안하기 짝이없다 나의真情한마음의表示이오니 遺家族에 이돈을 ……」하는 要旨의편지와함께 百万円을 同封하여놓고 사라질라고하였든것인데 同署長은너무나 多額한金額에놀라 당신의마음만이라도 感謝하오니하고 三十万円 만을 받었든것이다

이리하여 三十万円은 愛知県警察本部를거처 大阪府警視庁에 伝達되었는데 이事実이新聞에 報道되자 이一韓国人에 対한 人間的尊敬은 韓国人에対한 全般的好感을 사게된것이고 이称讃의 投書는 関西一帯의 新聞에 連日殺到하였다

다음에中部日本新聞投書欄에代表的인 몇가지 投書를 주서보자

一部의悪으로 全体評価는悲情
(恵那市・國田某40)

三日附夕刊에 遺家族에 三十万円을寄贈한記事를보아 感激에넘처이 投書를합니다(中略) 저의地区에서도 韓国人K氏가 PTA副支部長을하고있읍니다 저는그밑에서地区委員을 하고있는데 저는K氏의人格에 敬意를 表하고있읍니다 K氏외人望에 탓이지요(中略)一部의悪을 갖이고 全体를評価하는것은 非情이라고 느끼는 바입니다

韓国人의恩恵는 生涯잊지못함
(一宮市奥町伊藤)

우리家族은 十年前에 名古屋에서被災 困難하고있을적에 시골에疎開하는 韓国人의집을 빌렸읍니다 그당시그主人은 無料로주는것도좋으오나 너무나 失礼하오니 五円만달라고하여 家具一式 其他全部를주었읍니다(中略) 그당시 우리들은 어린아이들을데리고 無職으로 고생하고있었으나 지금은美容院을経営하여安楽한生活을하고있읍니다(中略) 저는 生涯를通하여 그韓国人의恩恵를 잊어버릴수없읍니다

小倉愛知県警察本部長談 「姓名을 아렸읍니까? 정말奇篤한 行為입니다 大阪府와相議하여 表彰할생각입니다 여하튼感謝의一言에 끝입니다 日韓親善을為해 반가운일이였읍니다」

한글制定五〇九周年

(서울発KP) 十月九日 한글頒布五百九周年記念日을 맞이하여 서울에서는 世宗大王樂德追念式과 한글頒布五〇九周年記念式을 盛大히 挙行하였다 한글制定한世宗大王의樂德을追念하는式은 上午九時半 校洞国民学校에서 李国会議長等 各界의名士多数가出席하였다 또한편의頒布記念式은 豊文女中講堂에서 崔鉉培氏等의 한글学者와李文教部長官等외 名士가出席 文教部 한글学会等 七箇의団体가共同主催로 盛大히 記念式을올렸다

스파이団日本에서暗躍

地下代表部事件의真相

本紙三六三号八月一日付의 民主論壇에서 六月二十七日読売新聞에 所載된 所謂"北鮮地下代表部事件"의 真相을 朴元植氏執筆으로 掲載한바있었는데 그後同事件은 새로운段階로発展 日本警視庁等의 猛活動으로서 이巧妙한組織網을 짜고있는「北韓傀儡스파이団」의 全貌가 究明되어 世人을 놀라울게하고있다 그러나 이네들은 이 事件의 終말으로서 断続되었다고 보는것은 우리의 早計이라고 보지 않으면 않될것이다 世界赤化를 陰謀하는 共産스파이団의活躍은 우리民族陣営에 커다란警告을 울렸을것이고 여기에再次 그事件의 内容을 要約하여 掲載하기로 한다 (P)

無電機로軍機報告

日本警視庁의 活動으로 北韓共産스파이団의 中心人物인 東京都中央区京橋室町三의七福田商会社員金永基(四〇)(実은韓鐵徳이고北韓労働党員으로서 傀儡政府의内務省第三処第七部対外諜報謀略担当部員)等을 北韓에 密脱出寸前에 新潟港에서 逮捕한후 그組織과 스파이活動 政治経済工作等을 日警에서는 이어究明中이든바 지난九月七日 그一派의 資金面을 担当하고있는 東京都足立区与野町四一五西新井病院長金万有(四一)및 同人의義妹 辺玉熔(三〇)(同区梅田町九五四에서 キク薬局経営)을 関税法違反으로서逮捕 両名의家宅을 捜索하였다 이結果 九月六日 現在까지의 逮捕者는 十八名에達하고 捜索個所는 全国二十四個所 無電機三台를為始하여 証拠文書多数를 押収하였다

이네들은 日本의政治経済 再軍備의動向을 調査하는한편 우리韓国의 軍事、政治、経済의情報収集 韓国軍의反乱工作 日本과의 貿易開拓等의 経済工作에도 暗躍하여온事実이 明白히 나타났다

密入国 韓戴徳(또는金永基、竹村基、竹村芳郎、鈴木与志郎等의変名이있다)는 平南成川出身으로 二十七年前 早稲田第一高等学院時에 朝鮮푸로레타리아芸術同盟에加入 日警에 検挙당해 本国에送還 그후京城日報等의記者 解放後 平南建国準備委員会宣伝部長 北韓의民主新聞主筆兼代理 中央通信의経済部長等을歴任한후 傀儡政府의命令으로 스파이로서 密入国(無電技術等二箇月의 스파이教育을받었다) 部下 趙応国、南相吉과같이 二年前七月美弗五千弗과 無電機四台를받어 上海経由로 日本에潜入하였다

스파이活動 長崎県富津港에上陸한 韓等은 九州一県을彷徨타 여기에서 韓은竹村芳郎 南은村上博로変名 国際新聞下関支局記者라고하여 五千弗은日本돈百八十万円으로交換 四台의無電機는下関、呉、尾道、岡山等…

그間 趙는報告하러平壌에도라가 崔鶴永等五名을 데리고 九月下旬 日本돈百十万円 美弗二千五百弗 싼토닌十폰드 無電機部分品等을갖이고 島根県에上陸하여왔다 韓은 崔를大阪에서만나 工作活動을 分担하였다

韓은 ①日朝親善의政治工作 ②貿易促進 ③美国과日本의政治情勢分析 ④在日同胞의動向 ⑤南韓의情勢 崔는 ①韓国空軍의反乱工作 ②韓国軍의軍機 ③在韓美軍의情報 ④日本人의対美感情 ⑧日本再軍備의現状

이들은 낮에는自宅에서 情報整理 밤에는 各界要人에게 接近工作을하여 貿易은前記李를利用 友好貿易이라는会社를設立 한편 民間漁業仮協定을締結하는等 今年三月에는 日本通産省에서 対北韓貿易의 許可를받어 大阪의上林商会林勝社長들과協力 五月에広島에서 富栄丸(二〇〇톤)을 二百万円에買収 密貿易을企図했다 이船舶을 新潟에入港시켜 物資를満載 出港許可가없어 延期中 当局에 逮捕当하였던것이다 船中에어는 外国人登録証三枚 傀儡国旗 観察人士名簿 報告書의一部가 押収되였고 南의使用하든 無電機는東京 그外二台의 無電機는 呉市의趙가있는집에서 押収당하였다

活動의方法 以北으로의 連絡方法은 主로 ①"레포"를密出国 ②無電 ③北京経由의航空郵便이 였다 船中에서 押収당한 報告書에는 韓、美、日의政治、経済가 詳細히 分析되어있었고 通産、公安調査庁과의 接近工作도綿密히 詳述되어있었다 또日本에서 訓練中인 韓国空軍兵士에게対한 工作은有望이고 来年三月까지는「제트機로 北韓에帰順한다」라는 内容의 報告도있었다 工作이 成功할時는「누이동생이 結婚하다」라는 暗号電을 게된것까지 記録되었었다

東京에共産스파이学校

(KP東京二十一日) 金韓国陸軍特務隊長 九月二十一日 東의 共産스파이学校에서 約二百名의 스파이가 養成되고있다 非難하였다 隊長의 言明에의하면 그것은 中央学院의 일음으로서 알리어지고 渋谷区内에있다한다 金隊長은 同校가共産外廓団体"朝総連"이 이를設置한것이라고말하고 同校가政治理論만을 가르켜주는척하면서 実은 韓国内에서의 스파이活動과 破壊活動을 가르켜주고있는 것이라고 非難하였다 이어 金隊長은 同校第一期生이 근간에卒業하여 韓国으로密航 또는帰国者로 캄푸라쥬하여 入国할것이라고 말하였다

時事解說

好転하는通商關係

通商

지난九月二十九日 記者会見席上 金溶植駐日公使의 九百万弗相当의 肥料十四万屯을 日本으로부터 輸入할것이라는 言明은 八月十七日葛声明以来 그帰趨가 매우 注目되어오던 対日貿易禁止에 事実上 終止符를 찍은것으로 関係者에 希望과 安堵感을 주었으며 帰任後도 公使는 이言明을基礎로 日本当局과 活発하게 折衝하고있으니 不遠間에 好結果가 있을것으로 크게 期待되는바다

한편 日本의報道界에 크게 物議를이르킨 釜山収容所의 日人漁夫問題도 刑期를마친 二百名을 大村収容所에있는 手続違反者를 全員釈放할것을 条件으로 送還하겠다고 提案하였다하니 多少의曲折이 있다할지라도 円満한解決이 予想된다

이와같이 憂慮되던 韓日関係가 漸進的이나마 또다시 好転의길을 것게된 그原因으로 生覚할수 있는것은 勿論 日本側이 従来의頑愚한 固執을 버리고 久保田発言과 財産請求権主張을 撤去할用意를 表明한것이 重要한 役割을 하였다고 볼수있다

或者는말하기를 両国의 国交断絶 或은通商禁止로 因하는 経済的打撃이 韓国에있어서는 致命的이고 日本에있어서는 別다른影響이 없으니 답답한것은 韓国側뿐이라고 이번의韓国의措置를 嘲笑하고 日本의 先進性을 過大評価하며 不当한日本의対韓政策에 意識的으로 無意識的으로同意하고있으나 이는 当치않는 소리다 米国의対韓援助金中의 日貿上까지싫含한 日本의対韓輸出額이 一億弗을 上下하고있는것을 想起하면 그理由는 自明해질것이다

우리는 여기에서 一部말하기 좋아하는者들의 韓国外交戦線云々에 귀를기우리지말고 両国의相互協調를 더욱 進展시켜야 할것이며 또 이를為해서 在日六十万僑胞는 各界各層人士가 結集할것으로 믿으며 이結集된힘은 日本의良識있는国民과 더부러 韓日会談의 前途와 成功을 갖어올것이다

往來

関係는 事実上… 止措置다

처음에 이措置가発表되자 民団은 声明書를 発表하여 日本의反省을 促求하였던것인데 또한 한편으로는 代表部를 通하고 또日本을 経由하여 帰国하는 林國大使 梁駐美大使等을 通하여 本国要路에 … 히 要請하여 그解除에 全力을 다하였다 勿論 우리의 切実한 要請은 駐日代表部에서는 支持하고 積極的으로 協調하였던것이다

그結果 九月十三日에 国会옵써ー버五名와 入国이 正式으로 許可된것은 旅行禁止解除에 한거름을 내걷은것으로 重要한 意義를 가지는 것이었다

또 이번에는 十月十日付로 全国体育大会에 在日僑胞를 代表하여参加하는 選手団七十八名의 入国이 許可될것이니 앞으로 이 問題도 漸次解決될것으로보인다

그러나 今後에남은 問題가있다 民団과在日僑胞의 이에関한 希望은 少数人의 入国許可가아니고 一般僑胞의 本国往来에対한 全般的인解決이기때문이다

民団이 本国의外交政策을 全般的으로 支持하는한편 対内的으로 僑胞의 本国往来나 交易을 禁止하는것과같은 在日僑胞의 利益에背馳되는措置 或은 在日僑胞運動에対한 不充分한 評価에対해서는 그是正을 本国政府에 要請한것은 当然한일이며 따라서 本国政府가 対日政策에 있어서는 좀더 在日僑胞의소리를 反映시키도록 하여야된다는것이 一般団員의 綜合的인 意見인것이다

旅行禁止解除와 自由往来는 在日全僑胞의 마음속에서 울어나는 要望이며 따라서 이問題의 解決로서 在日民族陣営에 齊来될 利益은 莫大한 것이다 이 問題가 円満히 解決되기를 바라마지않는다 (MUN)

日本語版の代表紙!
週刊 コリアンタイムス
代表 裵東湖
新宿二丁目七八 TEL(34)二四一〇

新潟民團焼失

新潟大火

全国民团의 救済金品을 要望

新潟市에서는 十月一日上午二時에 大火가發生 近年에 보지못한 莫大한損失과 犠牲者를 내게되었는데 同市古町通에있는「新潟빌딩」도 焼失되어 同빌딩안에있는 民団新潟県本部事務所도 不慮의災火를 받게되었다 이急報에接한 中総에서는三日 梁民生局長이 現地에急派出하여 被災僑胞를 慰問하고 實態를調査하여왔다 그調査에依하면 県本部事務所및 市内有志四名의 被害額이 一億円에達하여 県本部再建에있어 困難한状態에 놓여있다 이実情에 비추어 中総에서는 同本部再建을 為하여 各県本部에 積極的인 協力을要請 東本을為始하여 現在 救済金品等이 続々 同県本部로 附送中에 있는데 아직 救済金品을 보내지않은 各県本部는 急速히 보내도록 要望되는바 크다 但 金品은 同県本部로 直接附送하되 内容을中総에報告하기바라는바이다

被害状態 (十月三日現在判明分)

副団長 朴正水氏宅 一千五百万円
副団長 権泰三氏宅 一千万円
顧問 方斗翰氏宅 三千万円
尹哲氏宅 一千万円
県本部事務所 一百万円

以上의 被害以外는 現在調査中에 있다

中総에서 十日現在救済金은四万二千円의 集計를보았다

駐日代表部職員 二万七千円
韓国銀行東京支店 五千円
民団中総 一万円

白熱化한 大阪大会

団長에張益和氏가被選

民団大阪本部第十七回臨時大会는 在阪僑胞各界의 至大한 関心裡에 九月十六日下午一時부터 同本部講堂에서 開催되었다 当日은 卞駐日代表部大阪事務所長을 為하여 中総에서는 丁団長、梁副団長、金議長、全監委長、朴文教局長等이 参席하여 近来에보지 못한 活気있는 분이기에 姜璋秀副団長의 開会로 開会하였다 代議員総数 一七一名中 一六五名出席으로 大会成立을宣言 張議長、金団長、中総丁団長의 人事가있은다음 卞駐日代表部大阪所長의 左聯陣営의 平和攻勢에 속지말고 組織再建에 이바지함을 바란다 라는要旨의 祝辞가있어 三機関報告를 各機関에서 詳細히 報告하였다 報告에이어 質疑応答에 드러가 財政、渉外、参与、除名에関한 白熱의 論戦의展開되어 잠시応酬가 継続된다음 大阪刑務所에 있어서의 僑胞虐殺事件의 真相報告 新世界新聞에対한 筆禍事件의 経過報告等끝으로 質疑応答을 맞었다 大会는 執行部総辞職을 満場一致로受理 団長候補로서 八名이 口頭推천을 받었으나 張益和、朴玄、金貞洙三氏가 立候補하여 結局金氏가辞退 張、朴両氏의 決選投票로 드러가 一〇一票対六一票로 張氏가圧倒的으로 当選되었다 副団長選挙에 드러가서는 当選된 張団長부터 崔二奎、崔鉉両氏를 推薦하였으나 一部反対하는 空気가 보여 一時 前記崔氏가 拒否당하면 団長을 辞任하겠다까지 発言하여 代議員席에서 賛否両論으로 紛糾하였으나 中総金議長으로부터 規約説明이 있은다음 張団長発言을 取消하기로되어 選挙投票를하여 姜璋秀、崔鉉両氏가 当選되었다 議長에는 金聖洙 副議長에는 朴玄、河甲祚의 各氏가当選 監察에鄭邦府、郭徳祥、金鎮桓의三氏가 被選되었다 事務局長에는 張団長의 指名으로 崔鉉副団長이 兼任하기로決定 中総金議長으로부터 僑胞帰国問題、国会옵서ー버問題에関한 報告가있어 深夜一時를지나 同大会의 幕을 닫었다

波乱에넘친韓青大會

加平号問題로質問戦熾烈

数箇月来 大会召集과 大会場所問題等으로 決定을보지못하고 延期되었던 韓青第二回全国大会는 数次의 韓青大会対策委員会、懇談会等을 거쳐 지난九月二十八日 東京民団中総講堂에서 盛大히 開催되었다 이날 雨天으로 憂慮되었던 地方代議員의 参加도 順調롭게 正午까지 大部分이参加 傍聴者를合하여 約二百名에 達하였다 会場入口에는 韓青整理員들이 腕章을차고 大会開幕을 앞두고 一部険悪한 空気가보여 会場은 興奮한 雰囲気리에 싸혔다 予定보담늦게 十二時半부터 会議는姜宇栄氏의 司会로 開会 議長에는 洪賢基副団長이 選出되어 議長席에着席 執行部의 総括報告를 朱乾総務部長이 報告하였는데 그報告中 団活動의 沈滞 韓青訓練所의焼失 加平号問題等이 説明되어 質疑応答으로 드러가자 不公平한 代議員割当 加平号問題를 둘러싸고 白熱한 質問戦이 展開되었다 特히 安基伯前韓青組織委員의 加平号問題에있어서 現執行部間에있는 不純한分子로서의 不正事実이 있다하여 그内容의 詳細한説明과 具体的인 指摘을하자 会場은 一時紛糾하여 山口県代議員으로부터는 그当時의 加平号売買問題에 理解되지못할点이 많었다고 再次指摘 이問題에있어서 辛熙副団長 朱乾総務部長 梁仁哲渉外部長等이 交替로 이質疑에 答弁을 하였으나 前記安議員 中総組織局長鄭동和議員들이 再次曖昧한 事件内容의 説明은 納得하지못하겠다하여 새로운 事実을 強硬히 指摘하여 過誤를 率直히 謝過하라고 切迫하여 結局趙鏞弼訓練部長이登壇 加平号와 그의利潤으로서 焼失한 訓練所의 再建을 実行하지못한点에있어 責任을 느끼겠다는 要旨의 謝過説明이있어 約三時間에걸친 加平号事件問題는 일단 落着한것으로 보였다 그리고 加平号売買金中 李某氏에게 빌녀준 九十万円의 未回収金은 今後 新旧執行部가 回収하기로決定 代議員増加에 있어서는 大会進行시키기 위하여 大分県一名만을 追加認定하기로 하였다 이어 全役員의 総辞職하고 臨時議長으로서 洪賢基氏가 그대로着席 一時休憩後에 下午六時에再開 直時規約改正案을 討議하였다 이改正案은 辞職한前執行部案과 朴根世氏의改正案의두가지가 提出되었는데 大同少異로 名称은 従来대로 大韓青年団으로決定 団長을包含한 団員資格年令은 十七才부터 三十五才까지를 主張하는 朴根世氏의案이 三十対三十一로 可決되었으나 前執行部를 中心으로한 反対意見이 強하여再次 幹部(団長、副団長에限함)만은 앞으로二年間에 限하여 年令을 制限하지않겠다는 朴根世氏의 動議案으로 決議을보았다 其他 宣言、綱領은 審議는次期執行部에 一任하기로되어 役員選挙에 드러갔다 団長으로 十名의候補가 推천당하였으나 結局朴根世氏와李海龍氏間에서 決選投票하기로되어 三十九対二十三으로 李海龍氏가被選 副団長에는 趙鏞弼、尹相源両氏가 鄭동和、安基伯両議員의 辞退로 無投票当選되었다 그리고 鄭、安両議員과 金景泰氏가 財政監査로 選出당하고 波乱에 넘친 韓青大会는 밤十一時二十分 겨우 그幕을 닫었다

오날은運動会

가을하늘 높이맑은 十月九日 東京韓国学園第二回秋季大運動会는 昨年에 보지못한 大規模의 푸로그람으로 盛大히 開催되었는데 同日 学園運動場에는 都内民団各支部単位로 学父兄、有志들이 雲集하여 生徒들의 競技에 섞겨 父子리레ー를 하는等 豪華로운 스포ー쓰・파레ー드를 展開 즐거운 하로를 보냈다

(写真上은生徒의舞踊体操와学父兄의運搬競走 下는入場式光景)

駐日代表部人事

任僑民部長 二等書記官 辛澈善
任大阪事務所長 領事 卞鍾捧
任旅券課 三等書記官 呉瀋根
任政務部 三等書記官 李秀佑

一、朝総連、統協에協力한分子의処分
二、団費徴集의確立
三、支部割当金問題
四、事務体制의確立

이어 役員改選에서는 다음의諸氏가被選되었다

団長 朴鐘
副団長 李永根
〃 朴魯興
議長 배車承
副議長 張寅市
監察委員長 尹炳鶴
〃 委員 金遇坤

刷新된 山口縣本部

民団山口県本部第九回臨時大会는 九月十五日下午一時부터 同本部講堂에서 開催하였다 特히 山口県本部는 本部内에서도 物議가続発되어 組織上 支障이많은바있었으나 이날은特히 中総에서 鄭組織局長이 遠路西下 組織発展의 大義的立場에서 各自가 協助하여야만되겠다는 要請도있어 丁信変団長으로부터 従来 沈滞気味였던 組織活動을 刷新하여 活溌히 展開함을 切実히 늣긴다는 人事가 있었다 大会는 経過報告 質疑応答이 끝난후 다음의 議題를 熟々히論議 同本部의 새로운 出発에 커다란 成果를보고 閉会하였다

레코ー드製作

★民団創立九周年記念★

民団中総에서는 十月三日開天節과 民団創立九周年을 맞이하여 二層講堂에서 祝賀式을 挙行하였는데 이날을 記念하여 計画中이었던 民団々歌와愛国歌를 레코ー드吹込하기로되었다 同吹込은 団歌・愛国歌레코ー드製作委員会를構成 十八日까지 完成할予定인데 内容構成은 다음과같다

作編曲指揮 禹鐘甲
A面ー愛国歌 独唱(바리톤) 金学根 合唱 民団混声合唱団
B面ー民団々歌 独唱(테너ー) 金永純 合唱 民団混声合唱団

製作이 끝나면 同레코ー드는 組織을通하여 販売 中総에서 予約受付中

製作責任 金哲
実費 一枚三百五十円

韓日親善 藝能大会

民団山梨県本部에서는 関東地協 中総의後援으로 十月八日 甲府市의 労農会館에서 韓日親善芸能大会를 開催하였다 同大会에는 이미定評이높은「東京렌자ー스」楽団과「無窮花」楽団의 一部가 出演하였는데 会場에는 約五百名에達한 韓日両国市民들의 観客들로 満員의 大盛況을 이루었다 (写真은同芸能大会光景)

中国双十節 慶祝빠ー티

中華民国第四四周年双十節을 맞이한 十月十日下午六時부터 中国留日学生同学会에서는 이날을慶祝하여 東京麻布六本木에있는「上海酒家」에서 慶祝파ー티를 開催하였다 同学会主席인 薛国民氏의(東大) 司会로 自由中国을 代表하는 諸人士들의 記念人事가 있은다음 땐스빠ー티로 드러가 各国青年学生들은 和気로운 분위기리에 마음껏 춤을 추었다 特히 韓国側에서는 民族舞踊을 披露하여 大好評을 받게되었고 同日은 比律賓、빠키스탕、캄보지아、泰国、日本、韓国等의 亜洲全体의 各国青年이 参席하였다

條件附로応諾

=日本国勢調査=

十月一日、日本全国에서 一斉히施行된 国勢調査에있어서 中総에서는 施行前에 日本総理府統計局에対하여 国籍記入欄等 左記의 要請을 하였다

①国籍欄에는「韓国」이라 記入하도록 趣旨를 要旨를 全国関係官庁에 徹底시킬것
②調査事項全般에関하야 韓国人만의 集計를하여 本団에 利用의便宜를줄것
③項目以外의 事項에있어서 調査하므로서 不必要한 트라불을 惹起하지않토록 特히 配慮할것

右記와 같은 要請에対하야 統計局에서는 一部不可能한点을 除外하고 原則的으로 合意를 보아 韓国人은 国籍欄에「韓国」이라 記入하여 国勢調査에 応하였다

旅券発給을一般化

栃木県日光에서関東地協

(韓僑通信) 第十二回民団関東地区協議会는지난九月二十六・七日両日間에걸처栃木県奥日光「美や川旅館」에서 栃木県尹致夏団長을 議長으로 当面한諸問題를討議 다음의決定을보았다 特히 在日僑胞의 本国往来旅券発給에関한件은 前般에 一時停止되었던 旅券問題의 緩和와 従来特定한 사람에게 限定되어있던 旅券을 今後에는 在日全愛国僑胞에게 一般化하여 過去民団運動에功労있는사람은勿論 一般団員의 家庭的慶弔等에 際하여서도 本国旅行을 希望하는사람에게는 発給하도록 関東地協의 일음으로決議 中総을通하여 急速히 要請하기로되었다 또 在日僑胞와 本国과의 関係는 本国政府가 僑胞의 実態를 正確히 把握하지못하고있고 따라서 僑胞에対한 対策도 不充分한点이 많다는見地에서 本国政府는 早速히 政府안에 僑民局을設置하여 積極的인 海外僑民対策을 樹立하여야 될것이라는 提案이있었으나 結局同協議会의 研究課題로하자는 意見에一致를보아 二日間에걸친 熱々한 討議를 끝맞었다 同協議会에서는 自己批判問題가 議題로서 나왔는데 時間関係上 次回로 돌리기로하고 우선当面의 僑胞問題를 具体的으로 取扱하여 積極的인 具体的運動을 展開하기로 全員一致한 打合을 보았다

다음協議会는 静岡県本部가 担当하기로 決定하였고 同日参加한 各県은 다음과如하다 東京、神奈川、静岡、埼玉、群馬、栃木의六県이고 中総에서는 丁団長과 朴文教局長이 参席하였다

第七回関東 組織部長會議

月例의 第七回関東地区組織部長会議는 지난九月十日下午三時半부터 群馬県桐生市에있는「桐生倶楽部」会議室에서 当番県인 民団群馬県本部主催로 開催되었는데 関東地協의 外五県이参加 中総에서는 金哲事務次長 趙鏞寿組織次長代理가 参席하여 全員二十名에達하였다 会議는 群馬県本部金廷喜事務局長의司会로 開始되어 同本部権団長의 人事 中総金事務次長의 来賓辞등이있은다음 組織次長代理로부터의 経過報告가 있었다 当日의 重要한 討議事項은 山梨県本部再建問題와 그対策으로서 前回会議에서 決定된 芸能大会開催問題 韓青対策問題等을 中心으로하여 活溌한 意見交換이 展開되었는데 山梨問題는 中総과 東本이中心으로되어 推進하여 各県서는 이에 全的으로 協力하기로決議 韓青問題는 現状으로보아 民団의 一部署로 編入하는것이 効果的이고 過去같은 無意味한 存在를 認定하지못하겠다는 意見이 強力히 各県代表에서 主張되었으나 結局 中総의線을 全的으로支持 이線에 따라 가기로 合議를보았다 其他 静岡、埼玉、栃木 各代表에서 나날이 増加一方에있는 民団加入者実態를 数字를 드러報告가 있었는데 特히 関東地区中 가장微弱한 組織을 憂慮하고있는 群馬県本部組織拡大에있어 山梨県에따라 同県内組織強化를위한 各県의 積極協力을 同県부터 要請이 있었다

22号台風의 惨禍 鹿児島

(十二日ー韓僑通信) 全日本을 휩쓸린台風二十二号는 西日本一帯에 甚大한 被害를 남기어놓았는데 特히 심한 九州民団鹿児島県本部의 報告로 다음과같은 僑胞의 被害状況이 判明되었다

全壊家屋 三戸
半壊〃 二六戸
一部破壊 三二戸

其他 流失物의被害額은 約九十七万円이라한다 그리고 民団県本部의 建物도 二五度즘傾斜하였는데 復旧하였다한다

僑胞選手團 國体에参加

在日大韓体育会에서는 十月十五日부터 서울에서 開催되는 第三十六回国民体育大会에 例年과 같이 在日僑胞選手団을 派遣하기로 決定되었다 即 同大会에 派遣되는 選手団은李能相団長以下 約八十名 参加種目은 蹴球、籠球、卓球、陸上의五種目이 連日猛練習中에있다 十月一日부터는 蹴球와籠球가 合宿하고 ... 韓国学園講堂에서 最終의錬磨를 하고있다 特히 柔道 陸上은 大阪을中心으로한 関西에서 選手団을構成하였다한다

選手団役員

団長 李能相
総監督 金荘옥
総務 金東春
蹴球監督 趙英振
卓球 〃 李聒哲
籠球 〃 金正柱
陸上 〃 蔡洙仁
〃 배玉鉉
柔道 〃 崔철洙

漸增一路의民團加入

丁団長、関西視察談話

大阪・京都・兵庫等 関西地方一帯에 組織視察로 西下하였던 中総丁団長과朴権熙文教局長은 九月二十二日 帰任하였는데 丁団長은 視察의経過를 다음과같이 発表하였다

関西一帯의 僑胞社会全般的인 傾向은 朝総連、統協傘下에있든 大衆들이 나날이 民団에 加入하여오는것이 숨길수없는 実情이다 이原因은 結局 容共的이고 民族利益을忘却한 그내들의政策에 不満을 갖은것이라고 생각된다 特히 大阪에서는 統協幹部가 容共派와 対立되어 民族陣営으로 가까워왔고 또日本政府가 政策上 外国人登録의 国籍欄에 朝鮮이라고 記入되어있는것을 朝総連에서는 朝鮮은 全部 人民共和国의 人民이라는것이라고 主張하여 大衆은 이런 一方的인 解釈態度에 反感을 갖게되어 毎日가치 民団에 国民登録을 申請하여오는것이다 勿論 이大衆들을 위한 民団의 受入態勢는 完全히 備立되어 入団시키는 方針을 取하고있는데 各地方의事情에 따라 再検討시켜 誤策이 없도록 하기로 되었다

東本共済 組合을結成

(韓僑通信) 九月二十二日民団東本講堂에서 열린 都内支部組織課長会議에서는 十月二日 東京韓国学園에서 열린 秋季大運動会에 対한 動員徹底 東本組織部에서 月三回発行할「民団소식」 東本傘下組織員共済組合結成等의 決議를보았다 「民団소식」은 全団員에게 僑胞의実態를 알니는것이 目的이고 共済組合은 民団組織員의 相互補助와 親睦을 主目的으로하여 結婚、出生、医療補助、弔慰等을 그共済事業으로하게된다 이組合役員은 다음과같다

組合長 高潤容
専務理事 金致淳
理事 朴重煥 外五名
監事 李麟基
〃 韓昌圭

秋夕慰安의밤

川崎清新会主催 神奈川民団川崎支部内

青年組織인 川崎清新会에서는 旧名節인 九月三十日의秋夕날 下午五時半부터 同支部講堂에 約二百名의 僑胞観衆을動員「僑胞慰安의밤」을 開催하였다 이날은 清新会男女同志들의 素人劇「아버지는도라온다」外 川崎教会児童들의 合唱과 舞踊等 約三時間에 걸쳐 故郷그리운 秋夕의하로밤을 즐겁게 보내였다

總角・處女들에朗報!

婦人職業、結婚相談所開設

大韓婦人会中総

呉基文会長을 為始하여 全役員이 恒常積極的活動으로서 婦人啓蒙 本国動乱의 罹災者에 対한 救済品募集等 民族陣営의 一翼으로서 多大한 成果를보고있는 在日大韓婦人会中総에서는 今般새로히 生活과結合한 具体的生活運動에 着手하게되었다 即 婦人職業紹介所와 結婚相談所의開設이 바로 그것인데 現在 婦人会에서는 生活困難한 僑胞婦人들을 僑胞가経営하는 事業体는 勿論 日人事業家에도 運動을 開始 生活力있는 婦人의 社会的地位向上을 為해 積極的으로 職業斡旋을하는한편 結婚難에놓여있는 僑胞青年男女들의 健全한 新家庭建設을 도웁기 為하여 前記職業斡旋과 아울러 全国的인 規模아래 새出発하기로 되었다

金良子組織部長談

여하튼 生活困難을打開하는한편 婦人의社会的地位向上을 為해서도 自己能力있는 範囲内서 職業을 갖어야될것입니다 勿論 타이피스트、事務等 特技있는사람 또는女中이라도 各自에適合한 職業을 斡旋할것이고 오날(十月十三日)看板도 正式이 내걸었읍니다 그리고 結婚問題인데 現在벌서 数十名의 善男들이 結婚申込을 하여왔고 理想的인 女性도 父母들을 通하여 紹介中에있는데 戸籍謄本、履歴書、写真等을 本会에 提出하기 바랍니다 그러나 本妻가 있으면서도 虚偽申込하시는 분은 道義上紹介할수 없으니 各自의 良心에 빗우어 誠意와 真実있는 사람이래여지만 될것입니다 이것은 青年뿐만 아니고 未亡人이래도 適合한 男性이있으면 勿論 良縁이 期待됩니다

韓服、世界衣展에出品

十月四日부터 東京新宿에있는 伊勢丹百貨店에서「世界衣服展覧会」가 展示中인데 同店에서 韓服出品依頼를받은 婦人会中総에서는 이作品을 都内文京区에居住하는 金珊瑚女史(五〇平壌商店)에게依託 우리民族에 伝統있는 女服을 製作出品하여 三十箇国中 特히 好評을 받고있다

「日本의韓国侵略史」出版記念会

金正柱(新韓学術研究会)氏의労著「日本의韓国侵略史」ー二一八頁ー의 出版記念会는 九月二十八日下午六時부터 東京新宿西口에있는 "크럽東京"에서 来賓約五十余名参席裡에 盛大히 挙行하였다

読書研究会

中総局員会에서

中総局員会(会長 崔文道)에서는 局員의教養向上을 意図하여 読書研究会를 갖게되었다 이読書会에서는 毎月々例会를여러 그달의読書課題와 読書後의 意見発表 交換等을 하기로 되어 第一回는「共産主義를 왜排撃하는가」ー中外調査会刊ー를 全局員이読書 十月中旬에열리는 月例会에서 研究発表하게되었다 그리고「文芸春秋」와「中央公論」을 毎月局員会에서購入 局員間에 回覧 読書하기로 決定하였다

韓国画報 五五年版発行

国際報道聯盟(主幹宋敬淑・東京都千代田区神田錦町三ノ三錦빌딩)에서는 全世界에 우리韓国을 알리는 画報年鑑인「韓国画報」一九五五年版을 発行하였다 아ー트紙B5版百九十二페ー지에 達하는 華麗한 装幀로 原色写真을 満載한風俗・文化・美術映画等 一年間의重要한 各界의옹지김을 収録한 豪華版인데 用語는英語를使用 価格은千円이다

찾는사람

朴有根(日名中村猛)(五十六歳)
本籍 慶南晋州

右者는 解放直後에 茨城県에 있었다는 所문인데 아시는분은 左処로 連絡하여 주시요

民団中総内 姜錫圭

大衆的韓国料理
廉価・美味が自慢
とらぢ
池袋二丁目百軒店
十月十日開店・コムタン・ホルモン
焼等 九十四にてサービス営業中

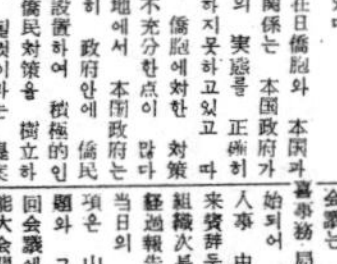

日掛 月掛 定期貯金 普通貯金 當座貯金
信用組合 大阪商銀
理事長 大林健良
本店・北区曽根崎新地1ー17 (34)3851ー3
南支店・南区鰻谷西の町文楽座前 (27)2979・5781
梅田出張所・北区曽根崎中2ー10 (34)7875ー6
積立てるみち楽しいみち

K.S.C. LINE

大韓海運公社
東京出張所長 張在敏
千代田区有楽町三信ビル TEL (59) 815ー817

民主新聞
日本語補助版
在日大韓民国居留民団中央総本部機関紙
発行所 東京都新宿区若松町21 電話(34)8569・8570 民主新聞社 振替口座東京148865 発行人 丁贊鎭
個月送料共50円 一部15円

綱領

一、われらは大韓民国の国是を遵守する。
二、われらは在留同胞の民権擁護を期する。
三、われうは在留同胞の民生安定を期する。
四、われらは在留同胞の文化向上を期する。
五、われらは国際親善を期する。

駐日韓國代表部 日本外務省に口上書

大韓民国駐日代表部は十月二十六日、日本外務省に口上書を伝達、韓國における日本人収容状況について去る七月二十二日の日本政府の抗議を反駁した

日本は事実を故意に歪曲

領海侵犯の漁夫に人道的待遇

大村收容所の僑胞、即時釋放せよ

口上書（全文）

駐日韓国代表部は日本外務省に挨拶をおくり、韓国政府が抑留中の日本船乗組員の韓国における待ぐうに関する一九五五年七月二十二日の日本外務省覚書第一一二／A五号につき次のように申しのべる光栄を有する。

一、前記覚書の第一節には、韓国刑務所の設備ならびに食料被服の支給が妥当でないと述べられている。しかし、これは日本漁民が服役している韓国刑務所の大体の状態と待遇に関する事実をいたく歪曲したものである。以下に詳しく指摘するように、外務省覚書中でなされている主張は全く根拠がなく真実に遠いものである。

(1) 外務省は韓国側が日本漁民を韓国刑務所に密集的に収容していると非難している。しかしこの点については、服役期間中友好的家族的雰囲気を保てるように隔離または雑居でなく同居できるようにしたいという日本船員の要請に従つて韓国当局が彼等の便宜を計り彼等に同居を許したことを指摘しなければならない。

(2) また、被収容者「三日毎に一回だけ五分間の集団的戸外運動」しか許されなかつたというのも無根の非難である。すべての日本人収容所は毎日三十分以上の集団的戸外運動を許されている。外務省は囚人が終日正座を強制されたと非難している。しかし病弱な囚人は韓国の刑罰施行法に従い横臥を許されている。

(3) 韓国看守が鞭を携帯し日本人被収容者に洗面を急ぐよう命令しているという非難もまた根拠がない。

（写真は金公使）

以前に抑留されたことのある日本人は韓国刑務所に対して抑留中に彼等が受けた好い待遇を感謝した手紙を送つている。

(4) 衣服及び寝具の配給に関しては、韓国刑務所当局は日本人の体質を考慮して韓国人服役者よりも特別な配給を与えている日本人抑留者の中から冬の間ひとりも病気に罹つたものがいなかつたことは衣服、寝具等の待遇が彼等の健康を保つに十分であつたことを証明するものである。

(5) 外務省は韓国刑務所が日本人抑留者に対して毎日一枚のチリ紙しか与えなかつたと述べている。これも又真実ではない。韓国当局は十分なチリ紙を配給した。日本人抑留者達は、このチリ紙の余分を積み重ねて日記帳に使用していた。

(6) 主食及び副食物については外務省は「主食の二十%は米、二十%は大豆、六十%は大麦で、しかも虫やウヂが入つていた」と述べた。これは韓国当局が日本人抑留者に対して同刑務所内の韓国人服役者に対するよりも特別な注意をもつて待遇していることに対する中傷的攻撃である。韓国刑務所当局は、日本人抑留者の食物の中に虫やウジを混ぜたことはない。

二、釜山の日本人収容所の日本人漁夫に対する待遇について外務省は韓国刑務所内における日本人抑留者に対する場合と同じように事実を歪曲している。

(1) 釜山収容所内の日本人漁夫の寝具に関する外務省の非難は全く偽りである。韓国当局は日本人漁夫に対して毛布三枚、作業服一着、木綿製シャツ一枚、ゴム靴一足づつを配給した。刑務所当局は、冬期に備えて毛布六枚と保温用シャツを配給するよう準備している。

(2) 収容所内の日本人漁夫一人当りに対する食物の配給は、毎日精米二合、精麦一合の主食と味噌、ジャガイモ、野菜、乾魚、鮮魚、豚肉を副食として与えている。収容所の日本人に配給された前記のような食物は現在韓国の中流家庭の平均食事並みのものである。

(3) 収容所の衛生状態に関して「韓国当局は、日本人抑留者の健康状態を維持するための努力を払つていない」と述べているしかし日本人抑留者は週に無料で一度以上風呂に入つており、月に少くとも一回散髪している。収容所の食状は衛生上保証と別になつている。収容所専属の医師達は全抑留者に対して無料で診断と治療を施している。病人は必要な場合には、早速病院に入れられ手当を受けている。さらに収容所は抑留者用の薬品を常備しており、手当を受け損つた病人はひとりもいなかつた。外務省が次のように述べたこと「…治療費は抑留者自身がまかなわねばならず、金を持つていない者は医師の診断も受けられず、注射を頼むことも出来ない」は全く間違つている。

(4) 収容所に抑留される場合は予防注射を受け、収容所建物は週に一回消毒される。抑留者は毎日、日光消毒が行われ全抑留者は毎日一回以上戸外で運動を行う。

(5) 収容所当局は、日本人抑留者の洗濯のために石鹸を配給している。飲料水に対しても特別な注意が払われている。

(6) 収容所の照明に関しては韓国においては発電施設が共匪軍の侵略期間中に破壊され、こんにち韓国の基幹産業にとつて電力供給は最低限度に抑えられている。従つて収容所は現在の状況のもとでは電灯を得ることは出来ず、釜山の大多数の韓国人家庭と同様に石油ランプを使わざるを得ない。

(7) 韓国で日本の新聞を入手することは非常に困難である。然し当局は可能な限り、日本人抑留者に対して、これを回覧することを許している。

(8) 収容所は抑留者が所外に出ることを禁止してはいるが、そのサクはさほど厳重なものではない。しかし彼等が日常必需品を買えるような売店を収容所の正門に備えている。抑留者の入浴に関しては（3）項で述べたように週に一度以上入浴し、入浴料は全然要求されていない。

(9) 抑留所内の娯楽及び運動施設に関しては外務省は韓国側が全然便宜を計らつていないと非難したが、収容所には戸外運動を望む抑留者のためにはバレーボールコートと相撲の土俵があり、戸外ゲームのためには将棋と花札がある。

(10) 日本人抑留者が家庭的で和やかな雰囲気を持ち得るように収容所当局では友人グループを作ることを奨めており、現に新生会と云う自治体を作つている。これによつて彼等は一つの集合体の如く動いている。彼等は又共通の関心等、彼等が欲する問題について討議する集会を持つよう奨められている。必要な場合には収容所当局に対して抑留条件や施設を改善して欲しいと要求することが許されている。当局は理に叶つた要求に対してはいつでも考慮を払つている。

三、日本人漁夫が漁業資源を保護する韓国の正当な権利を侵犯した事実にもかかわらず韓国当局は、彼等に対して人道的待遇を与えているにもかかわらず日本政府が釜山の刑務所の状態に関して間違つた、歪曲された情報にもとづいてこの人道的待遇に偏見を持つていることは遺憾である。

四、日本政府は前記の覚書において日本人抑留者の即時釈放を要求した。しかし、これに関して韓国政府としては、次のような見解をとつている。

日本政府は斯様な要求を行う前に第二次大戦終結以前から日本に継続在留する韓国人を大村収容所から釈放する措置をとるべきである。

これらの抑留者は合法的な日本在留資格を有するにもかかわらず数年間大村収容所に収容されているのである。代表部がしばしば韓国人抑留者に対する最も非人道的行為を取り止め、直ちに彼等を釈放することを要求したことを想起すべきである。しかし乍ら日本政府はこの韓国政府の正当な要求を全く無視した結果、八人の韓国人が死亡するという悲劇的な結果をもたらした。上記に鑑み日本政府は日本側がとつた斯様な不当な行為から生ずる凡ての結果に対して責任をとるべきである。

五、代表部は韓国の漁族保護法施行の正当性ばかりでなくその目的と精神に関して既に外務省に対して繰りかえし説明をして来た。同法にもとづいて韓国政府が日本漁船及び漁夫に対してとつた行為が正当であることは疑う余地もない。従つて韓国政府がとつた正当な措置に対して日本政府が行つた抗議の妥当性を認めることは出来ない。さらに日本政府に韓国漁族保護法を犯した日本人漁夫の責任は日本政府に帰すべきであり韓国側に対して如何なる補償をも要求する筋合のものではない。

われわれは日本政府に対して今後おかされることがないよう適切な措置をとることを切望するものである。

国連戦歿勇士を忘れ去るな!!

国連デーに李大統領談話

国連創立十周年記念日にあたり十月二十四日李大統領は談話を発表し「国連共同墓地にねむる国際の與る戦歿勇士が忘れ去られなければ世界に真の平和がくるであろう」と語つた。談話の要旨は次の通り。

国連が創立されて十年を経つたこんにち、世界史上初めて各国が私利私慾なく共同行動をとり侵略に抗した韓国の地で生命を献げた勇士たちの追悼式を行うことは極めて意義の深いことである。

昨年の国連デーには八十余の国家と地域が記念行事に参加したときいているが、このような広範囲な関心は、人類の最も崇高な努力の代行機関である国連のより大きな課業に反映されるべきであり、より大きな力となつて現われねばならない。

きよう世界各地で行われるいかなる記念式も釜山郊外附近にある国連軍墓地で行われる国連戦歿将兵追悼式の尊厳性にまさるものはないであろう。この墓地には二千名の勇敢な将兵の遺骸が葬られている。かれらは無慈悲な侵略に抗し二十一カ国が共同行動をとつたのである。かれらは自由独立自主統一韓国を形成するのに協力するとの公約を履行する責任を感じていることを想起させている。

しかし十月二十四日にそれぞれ記念式を行つている八十余国家の四分の三が韓国が侵略をうけたのに何らの反応をみせなかつたということを我々は忘れることができない。

大韓民国が侵略の犠牲となつたことを圧倒的に認め、それにともなつて中共に対し侵略者の烙印を捺したのであるが、しかし狡かつな陰謀の元兇であるソ連とその衛生国家に対しては小心で、同様の措置をとれなかつたのである。国連の理念に対する叛逆者達は平和と自由と万民の平等を目的とする国際機構にあつかましくも依然その座を占めている。

戦歿勇士たちに対する我々の追悼は感情的な形式的ゼスチュアであつてはならない。きようの追悼式は数百万の非戦闘員がここ（国連軍墓地）に葬られた戦歿勇士たちと其他数十万の戦歿勇士の死を空しくはすまいとの決心を堅持していることを想起させるものでなければならない。かれらは崇高な理念のために生命を献げこの国連墓地に葬られた。この象徴が雄弁にそれを物語つている。この墓地で我々は団結をみることができる。傷痕をなくすために準備された自然の葬礼（すべての戦闘に一斉に敬礼すること）のもとに、国籍を異にする勇士たちが国連軍共同墓地に静かに眠つている。もしもここに葬られた勇士たちが忘れ去られなければ世界に真の平和がくるであろう。

韓国再建団に感謝

ソウルの記念式盛大

（KP東京二十五日）ソウル特別市と国連韓国協会が共同主催の国連デー記念式は二十四日午前十時半ソウル市庁前で行われ参戦十六カ国の代表（各三名づつ）と数万人の市民、学徒、金炳稀大法院々長趙瓊奎国会副議長政府閣僚、金泰善ソウル市長、ホワイト米第八軍司令官、在京の各国外交使節団全員がこれに参加し軍楽隊の演奏で国連旗と国旗に敬礼、韓国戦に散つた将兵に一分間の黙祷を捧げ、鄭一亨議員の開会の辞に次いで金ソウル市長の式辞があり、韓国会副議長、マシア国連韓国委員長曹正煥外務部長官署理、ホールUNKRA団長代理、ホワイト米第八軍司令官の順で祝辞がのべられた。このあと国連事務総長におくるメッセージをケイヤード国連韓委事務局長が国連総会議長におくる決議文を国連韓国協会副会長金裕沢氏がそれぞれ朗読拍手でこれが採択された。次いで市内女子中代表からホワイト米第八軍司令官ら国連軍将校に花たばがおくられた。

国連総会議長におくる決議文の内容は次の通り。

国連韓国協会々員一同は国連の韓国統一委員団及び国連の韓国再建団の赫々たる功績に対し心から感謝の意を表する。我々は韓国の統一を熱望し我々の生存のために韓国の統一が寸時もおくれないよう再び強調する。従つて我々は韓国の統一復興及び平和が早く実現されることを要請する決議文を採択、ここに伝達する。

自由守る十字軍を

曹外務部長官署理演説

二十四日曹正煥外務部長官署理は国連デーにあたり「自由と民主々義を守る神聖な十字軍を形成すべきである」と提唱した。

国連は国家間の融和と文化、科学知識の啓蒙、経済的福利、そして人類の基本権利を増進することに貢献したが、政治的に大きな失敗をもたらしたことは遺憾である。国連創設以来の十年は悲惨な冷戦の十年であつた。この悲劇の期間に九億以上の人口が奴隷化した。こんにち内紛のない国家はなく世界の緊張状態は日を追つてその深刻の度を増している。我々の当面した世界の悲劇の間接的原因は、自由国家を指導する政治家たちが決断性と知性と果敢な行動を缺いたためである。反面に重要な直接的原因は、武力侵略に汲々としている共産主義にある。そこでこの問題の解決には、共産国家を根元から打倒するのが最もよい方法である。

主張

再び朝総連傘下にいる僑胞に呼びかける

朝総聯組織内に居る素朴な我が僑胞達よ、早く傀儡達の欺瞞性を看破して民族陣営に戻る様に再び訴える。北韓傀儡達は純真な貴方達を政治目的達成の手段以上には考えないで巧妙な手段と甘言で貴方達を眩惑して正しい判断が出来ない様にし向けていることにどうして貴方達は気づかないのですか？彼等が過去から現在迄やつて来たことを考えて見れば簡単に貴方達を唯々政治的道具として利用する一方であることに気付く筈であります。

過去には貴方達を煽動して、デモ隊に暴力団に火焔ビンに一々枚挙することが出来ない程貴方達を駆使して貴方達に罪を犯せしめ貴方達を見たらしめたが現在に至つては、韓国と日本との国交がちよつと微妙になつたすきをねらつては貴方達を売笑婦の如く嘗つて憎んだ人達の前に行つてへつらわせている。心ある日本の国民はたしかに内心冷笑を禁じ得ないことであるまでなくいつ又暴力に変るか知らない彼等のへつらいを安心して受け入れられるでしょうか？朝総聯組織下に居る善良な我が僑胞諸氏よ、一日も早くその組織から脱却して民族陣営に戻りなさい。それ位欺され利用され苦しまれ、民族の一員としてそれ位恥をかゝされたからには民族の本然の姿に戻り、長い歴史と伝統を持つ民族としての矜持を取り戻し、一日も早く民族と国土を統一して他民族と同じく我が民族も生き甲斐のある国家を建設して人間として価値ある生活をし我が民族の優秀性を世界に誇つて見ることが如何にうれしいことかを考えて見ようじゃありませんか。

朝総聯下に居る我が僑胞よ！もうすこし理性的に考えて見て下さい。たとえ共匪主義社会の実現が全人類の理想であるとしても貧しい文化の程度の低い我が民族が他民族に先立つてこれ程の犠牲を払つて迄もその社会の実現に貢献する理由が奈辺にあるというのでしょう。

我が民族が例えそれ程の犠牲を払えばその理想が実現されるとすればいざ知らず、現在の我が民族の程度では共匪主義運動は、文化を野蛮に統一を分裂に建設を破壊に自由を隷従に、善良なる国民を悪の道に導く結果しか齎し得ないのです。

親愛なる朝総聯組織下の善良なる我が兄弟達よ朝総聯傘下の小学校、中学校、高等学校へ貴方達の可愛い子弟達を行かせない様にしなさい。貴方達は、貴方達の子弟を善良な人間に偉大な人間に育てる為に学校へ行かせることと思います。

貴方達を彼等が政治的道具として利用しているのと同じ様に貴方達の子弟も道具として利用出来る様に教育しているのです。

勿論その学校にも例外はありますが大部分の学校は人間が生れながらに持つている人格の完成に教育の目標を置くよりか人を憎み、うらむ心を先ず純真な子供達の心に植えつけ、人を憎むことから始めて人を殺すことが出来る程の戦闘意識を脳裡に植えつけるのです、何んと恐ろしい教育でしょう、その教科内容を貴方達は良くしらべてその学校へやつたでしょうか？

「パルチザンがどういうふうにして反動分子を殺した」という様な人を殺すということが大部分の教科内容を占めていることに注意して下さい。

彼等は口には平和を主張して恰かも平和の女神の如くふるまおうとし世界人類の平和のかぎは彼等が握つているかの如く口を揃えて宣伝しているが併し内幕においては刃を磨いているのです、学校の教育が雄弁にそれを物語つているのです、盛んに平和という酒を彼等が酔たと思われる人達に飲ませて酔つたならば一巻にやつつけようとの企みでありましょう、又小利口的な商売上手な日本の人達はこの平和という、酒を盛んに受け売りしてその中間の利益を得ようと走り廻るが結局はその商売でもうけた金をはき出しそれ以上の損失を招く恐れがあるということに気をつけなければならないと思います。

朝総聯組織下の我が善良な僑胞よ！その組織から脱退する勇気を持ちなさい、貴方達の血や汗をしぼつて得た金銭を彼等の政治資金として提供することを一切中止しその要求を拒絶する勇気を持ちなさい。貴方達が血や汗を流して得たお金を愛国と云う名の下に十円カンパだの百円カンパだのと云つて搾取している彼等よりは、如何にすれば貴方達の生活権を擁護し得るか、如何にすれば他民族に劣らぬ民族として誇りと自負心を持ち得るかを日夜考えるところに真の僑胞愛と民族愛があるということに一日も早く目醒めるべきであります。

× × ×

相互の理解を深めるには

日本は國際会議のルールを守れ

韓国の対日政策に対する日本側の報復手段としてフリゲート艦隊の出動を考慮するとの砂田防衛長官の発言は、日韓、両国と深い関心で、日韓関係の好転を希つていたわれわれに、少からざる衝撃であつた。一九五三年十月、第三次日韓会談が決裂した直接の原因であるあの偏頗な久保田発言は、其の後良識ある日本人によつて幾度となく、反省と悔悟がなされ、重光外相も、久保田発言の撤回をほのめかしている此の時機に、日韓会談再開の機運に水をかけるような、砂田長官の発言は、その後国際的反響のために、取消されたとしても、実に驚愕すべき、大時代的な侵略的根性の端的な表現であるように思われる。われわれは此の様な日本人の一部の暴見と偏見は、新しい情勢に対応出来る感覚の欠如に由来するものであり、韓日関係の問題点に対する研究の不足に帰因するものと考えられる。

われわれは、形容し難い残念にして非人道的な侵略を受けたとしても、この民族の悲しい過去を償うことだけに固執するものでなく、信義と友情に充ちる未来を打ち建てるべく努力しているのであるが、韓国の独立を国際法違反とし、韓国民の奴隷状態に言及したカイロ宣言を戦争ヒステリーの表現だときめつけ、過去日本侵略の非人道性と惨虐性に対し、われわれは感謝をしなければならないと主張する国際会議の礼儀を忘れている日本政府と、どうして話し合うことが出来よう。

日本はあらゆる手段で韓国民を搾取して作つた所謂日本財産権請求を主張しているが、その撤回を要求する韓国は、果して不当であろうか。韓国の八五%にも達する財産権を提示するのみならず韓国動乱で蒙つた被害に対する補償まで要求することは、言を換えれば、国聯軍が、全自由世界の生存の為に貴重な生命と財物を犠牲にして戦つているにも拘わらず、日本は、財産に対する損傷の補償請求書を提示することは自由陣営の友邦として取るべき態度であると思わない。若し日本が自ら署名したサンフランシスコ条約を誠実に守るならば、財産権はとつくに抛棄した筈である。われわれは、先ず日本が、国際間の信義と条約を守る訓練が必要であることを勧めると共に、自国のことのみに専念して他国を無視してはならない国際政治道徳をわきまえてほしい。

如何なる国際会議も、平等と相互、率直、そして信義を基礎として、はじめて成立つものであることを、日本側が更めて認識することが、両民族の理解を深める前提であるように思われる。また、韓日関係の正常化への両国民の努力も、此の点から出発することによつて、実りある真実なものとなろう。（Y・S・C）

傀儡援助は盟邦攻撃と同じ

政府スポークスマン言明

（KP東京二十二日）政府スポークスマンは二十一日「日本は北韓傀儡と通商協定を結び共産主義に同調、米国と自由世界を裏切つた」と非難した。葛公報室長は「北韓は我々と米国、国連と戦いをしている。平壌の傀儡団に対する援助はそれがいかなるものであつても直ちに大韓民国とその盟邦を攻撃するのに利用される」と言明、声明のなかで次のようにのべている。それにも拘らず日本はなおそれが米国の忠実な友であるかの如く装い国連加入を企図している。かれらは米国の援助を求めて片手をのべ、他の手はかれらを援ける人に対する裏切りに使用している。「北韓傀儡との通商協定は私的なもので政府はこれを承認しない」との日本政府の言明は我々にとつて憎むべき虚言である。国際協定というものは政府の承認なくして実際にあり得ない。日本の対北韓通商協定は中共とのそれと同じく日本政府の十分な承認の下に成つたものである。日本政府はさきの北韓傀儡集団との漁業協定についても政府とは何ら関係がないと語つた。しかし現に日本政府の輸出許可のもとに物資が共産圏へ流れているのである。日本はこのような背信的行為に対する責任を免れないのである。日本は我々のカタキ達に利を与え喜ばせることをやつている。日本はその気になればこのような行動を防ぐ十分な力をもつている我々としては我々のカタキを助ける者もまた我々のカタキとみなす外ない。従つて我々は日本に対し警告しないわけにはいかない。我々は日本との友邦関係を樹立可能な限りの最善をつくしてきた。しかし日本が不断に共産陣営に傾いている以上我々の努力は何ら役に立たない。我々はそのような日本と仲よくすべくいつまでも努力するわけにはいかない。一方韓日間の親善をはかるため努めてきた米国は、共産陣営に近ずこうと狂奔している一時は盟邦と考えられていた国に対してこれまでよりも注意を払うべきであることを知つている。中共との通商協定にしても憎むべきことで、日本はその後さらに北韓と漁業協定や通商協定を結んだのである。北韓傀儡集団と通商協定を結んだ厳然たる事実は、遠からずソ連、中共、日本の枢軸が形成される証左とみられる。いまこそ我々と米国と国連は、少くとも日本の共産主義に対する態度と我々への態度をはつきり把握できたといえる。

民國政策を施策面に反映

─訪中慶祝議員團と懇談─

民団中総では十月二十一日正午十二時半新宿顔路閣で双十節慶祝訪中使節団を囲み都内各団体代表者並びに有志三十余名が出席、在日僑胞の実情について懇談会を開催した。会は朴権熙中総文教局長司会金光男中総議長挨拶で開かれ先ず呉宇泳東本団長の歓迎の辞に続いて鄭烱和中総組織局長から解放後十年来の僑胞社会の全般的な潮流と反共斗争の経過について概略説明があつた後朴根世中総監察委員長から在日僑胞の本国出入国手続問題について遺憾の意をのべ善処方を要望し、在日僑胞のうちにも祖国のため身命をかけている愛国者が多数いるという事を再認識するよう強調した。金載華中総事務次長は前記二人の発言に付け加えて本国政府は百万に近い在日僑胞に対する総合的な政策を樹立し施行する権威ある主務官庁を設けるべきだと訴えた。次いで韓青中総李禧龍団長から本国に於ける大毎事件等を例に言論の自由保障についての言及があつた後、李裕天東本副団長から在日僑胞に対し直接の恩恵を与えなくとも、プライドは持たせるようにして欲しい、そして本国で行う対共政策は日本に於いては中間分子が多数を占めているため弾力性のある国家政策が望ましい。特に在日僑胞は如何なる態度をとつてよいか適宜に指示を与えて欲しいと強調した。終りに金法麟（元文教部長官）氏が一行を代表し次の如く語つた。

一、皆さんの訴えを忠実に李大統領に報告する
二、党及び国会にも報告し施策面に反映されるよう全力を尽す
三、本国への旅行制限は緩和されるよう努力する
四、海外僑胞の民族教育について特に留意努力する
五、留学生殊に技術を修得したものは全的に本国で受け入れるように努力する

日本は対韓スパイ活動の醸成者

コリアン・レパブリック紙非難

【KP東京十九日】＝コリアン・レパブリック紙は十八日倍大号を発行、増加した四頁で日本が共産側とともにアジアの平和に反する活動をしていると非難した。韓国政府の見解を反映する同英字紙は特集記事と写真を掲載日本を「韓国に対する共産側のスパイ活動、破壊活動および分裂策動の醸成者」と呼んだ。同紙によれば日本は「真珠湾以前」に立帰りつつある。米国が「目ざめて共産側と結んだ日本の侵略を阻止しないと真珠湾事件の二の舞を演ずるだろう」と同紙は述べている。さらに同紙は日本共産党が米国を「戦争製造者」と非難しながら「実は米国の援助資金で強力な軍隊を作り上げ、その軍隊の支配権を握ろうと活動している」と述べている。コリアン・レパブリック紙によれば日本政府は日本民間人と北韓との貿易会談に「あらゆる援助を与えている」また「日本の韓国に対する主な邪状の一つは数十万の在日韓国人を共産主義に同調させるよう激励していることである」と同紙は述べている。同紙によれば韓国人共産主義者は日本を韓国政府に対するスパイ活動の本部として利用しているという。

対日貿易 接衝開始

（KP東京）政府高官筋が二十六日語つたところによれば、対日貿易経過措置の実施にともない駐日代表部で二十五日から韓日貿易に関する事務を再開したが、対日貿易の全面的再開についても或る種の折衝を始めたといわれる。金一換商工部長官は二十六日、対日貿易の全面的再開は駐日代表部からの連絡により追つて措置するむね示唆した。

36回国体終る ソウルが第一位

（KP東京）李大統領誕生第八十周年記念を兼ねて去る十月十五日に開幕の第三十六回全国体育大会は、九日間にわたる競技日程を無事に終え十月二十三日閉会した。

二十三日午後の閉会式は開会式と同様の入場式があつたのち、審判部李衡九氏から総合得点の発表李起鵬大韓体育会長による優勝旗授与の順で行なわれた。空軍々楽隊の演奏と首都女子中学の合唱が流れるなかを聖火の消火があり林松本大会副委員長の先唱で万歳が三唱された。

地区別得点順は次の通り

ソウル	一一五点
慶南	六三〃
京畿	六一〃
慶北	五五〃
全北	三六・五〃
全南	三三・五〃
忠南	二二〃
江原	一四・一〃
忠北	六・六〃

金事務次長 空路本國へ

中総金鎭業事務次長は、国会オブザーバー、参与審議委の諸問題を政府当局と打合せるため、去る十月二十二日午前九時のCAT機で羽田発、空路ソウルへ向つた。

時事解説

北韓通商は日本の自由陣営に対する背信

四大国＝去十月二十七日、四巨頭会議が開かれた日から、丁度三ケ月目に、同じジュネーブで、四大国の外相が集まつて、巨頭会議指令書を具体化するための会議を行つている。

さきの巨頭会議において、ブルガーニンとフルシチョフは、いつも満面に微笑を浮べ、その物腰の柔い振舞いで、正直者のア大統領の好感と多くの譲歩を勝ち得たのであつた。

ところで、此度のソ連代表、モロトフは、世界的にあれだけの動きをし乍ら、我等の一般通念の外交官の像とはほど遠い、にがむしをかみつぶした様な顔をして、自己の不利な質問には〃ニエット（ノー）〃の一言で答え〃ニエット男〃のあだ名まで頂戴した人であるが、今度の外相会議では、以前とは打つて変つて、盛んに愛嬌をふりまき、冗談までとばすなど薄気味が悪くなるくらいのようである。議場における彼は、ニエットという時でさえ、微笑をたたえているそうである。

しかし、この様な柔かい物腰とは反対に、会議に於ける彼は、古議事は一向に進展していないのである。それのみか、裏では、紛争の源、エジプトに武器を提供して中近東に於ける緊張を益々激化させている。

彼等が盛んに宣伝し、その徹底を主張しているジュネーブ精神なるものゝ本質が、こんなものであるならば、今度の外相会議は、期待に値するものでもなければ、これ以上継続する意義さえないものであるといわねばならない。

ともあれ、今度の外相会議が成功するためには、何れか一方が、折れるか、双方が互いに歩み寄る事が必要であるが、ソ聯のそれが形式的には或は若干あるやも知れないが、その本質的な変化は認めないとすれば、結局、自由陣営がソ連に対して、完全に降参しないかぎり、満足な結論が得られるとは思われない。

日本の背信＝こういう情勢下にあつて、日本の最近の動きの中には、必ずしも好ましくないものがある。それは主に日本の対共接近政策である。

さきに、いわゆる「日朝漁業協定」及び北韓傀儡の地下代表部事件が、世論をわかしたが、今度は日本の国会議員団が、わざわざ北鮮まで出向いて行つて、金日成、南日等と会い、去る二十日「平和と日朝両国間の外交関係正常化及び両国の共通の関心ある当面の諸問題について意見を交換した結果、次の諸点で意見の一致を見た」と前提して「国交正常化、経済、文化交流と代表部設置、往来の自由と在日朝鮮民の権利保証、漁業活動の自由」等を挙げている共同コミュニケを発表し、続いて二十九日には第二次日本国会議員団長帆足計が金応基いわゆる最高人民会議常任委員会副委員長と会見して、二十日のほゞ同じ内容の共同コミュニケを発表している。

一方日本国際貿易協会と朝貿連盟は、二十日訪中日本実業団の一員、日本東亜物産副社長、小林論治が去る十五日北京で、北鮮の朝貿社長代理劉明植と片道五百万ポンド（五十億四千万円）の貿易協定を締結したと発表した。

其の間日本の立場の暧昧さが、まだ充分払拭されない中に、この様な行為がなされているという事実は、日本外務当局の数次に亘る否定にも拘らず、それが単に外交的弁明にすぎず、事実は、公然どこれを認め、或はもつと積極的に援助しているかの様な印象を与える。

これは明らかに、日本の自由陣営、特に韓国に対する背信行為であり、改められなくてはならない態度である。善意に解釈して、たとえ、それが韓日会談に於ける自己の立場を強化するための行為であるとしてもである。

去る十月二十五日、帰国を前にした本国の国体に出場する在日僑胞選手の再入国許可申請に対する出入国管理局の態度にもまた奇怪なものがあつた。

最初は、頭から、これを拒否したのであるが、そのうち再入国は許可するから、日本に於ける永住権を抛棄しろ、というのである。出入国管理令による在留資格を得よ、というのである。一見、尤もな話の様に聞えるが、実は、尊い血と涙の代価として得た既得権を抛棄しろというもので、とんでもない話である。

いくら外交にはかけひきが必要とは言い乍ら、万事が万事、此の様では両国関係の将来が思いやられる。〃德に報いるに德を以てせよ〃とは言わぬまでも、せめて良識と善意に基いて、両国の親善を促進して貰い度いものである。（MUN）

辞令

任 無任所局長 民主新聞編集長 呉敬福

十月二日付をもつて就任致しました。

文化・教育の向上期す

僑胞社会啓蒙強化期間設定

十一月十日から十二月十日まで

わが民族は、民族歴史全般を通じて未曽有の惨劇を演じた。この惨酷極まる民族的悲劇を経た今日においても依然としてわが民族の前には、光明は現われずに拮抗とあの禍は、日々にその熾烈さを増すばかりである。これは一にわが善良で素朴な同胞の無知につけ込む、共産分子の手段方法を選ばざる術策のためであり、この欺瞞的策略を看破する力が善良な同胞に欠けているためであり、わが民族国家が偉大な民族国家になるためには国民各自が各自の人格を完成して、人格の尊厳性を自覚し、社会の諸原則や権利義務の観念を確実に分別して認識しなければならない。特に日本にあつてこれを啓発することが何よりも緊急事であると中総本部の常任委員会は結論を出すに至つたので、十一月十日から十二月十日迄一個月の期間を設定し、僑胞社会啓蒙強化期間として学生団体、婦人団体、青年団体、教育機関、文化団体等の傘下諸団体を総動員して北韓傀儡政権が、又朝総聯が実現可能性もない幻惑的宣伝をして善良なる僑胞を迷わす欺瞞性を暴露し僑胞社会の堅実な発展を期するために民団中総本部は左記の計劃を推進することに決定した。

一、文盲を退治すべき必要な諸教材の編纂
二、各県本部は、各地域別に講習会を開催して国語の普及に努めること
三、各言論機関を利用し又映画会、座談会、講習会等を随時に開催して啓発する
四、芸術人をして、文化工作隊を組織し、各地に派遣して韓日国民間の親善を図ると共に趣旨を普及認識させる
五、中総本部は、指導監督班を組織して指導鞭撻に当る
六、各地の僑胞社会における自主的教育機関設置の基礎を固める
七、文化人の交流結束親善を図る

以上の計劃を各組織の有機的連帯の下に機能を充分に活用し得る態勢を整えることにした。

民族教育実施に万全

本國に教材導入方を要請

東京を始めとする全国韓国学園の充実な民族教育実施の飛躍的発展にその文教行政の全機能を発揮し更に大拍車をかけての講習会形式による国語普及、文盲退治のため現在中総文教局では従来に見られない猛運動を展開中である。

その一端として、さきに構成された教材編さん委員会では任意僑胞社会の学識経験者を含めた強力陣営の委員会を数次にわたりひらき全国的な国語教材需要を充当するため本格的活動を開始した。即ち民族陣営の諸教育機関の教材が最近不足をきたしたので、これを駐日代表部を通じ本国の文教当局に導入方を要請する一方、講習会用の教材作成にも万全を期すことになつた。本国からの導入教材の内訳を見ると、およそ初、中、高の各科目併せて二万余冊に及んでおり、これの導入にあつては年内実現を期している。

当の責任者である中総文教局の朴権熙局長は「現在、全国的に文盲退治の気運が盛上つており、正式な学園はもとより各地の国語講習会の教材もおろそかには出来ない。特に代表部の僑民部が積極的にわが民族教育の大理想実現のためあらゆる困難を排してでも積極的な措置を講じてくれるものとおもう。既に僑民部では本国当局と充分なる連絡のもと教材導入に努力しており早急な解決を見ることだろう」と語つた。

民生問題解決期し

新たに分科委設置か

中総民生局では、団員大衆の民生問題解決と向上を期すための措置として近く民生分科委員会を設置する準備をすすめている。

同委員会設置の可否については中総常任委員会で最終的な決定を見ることになつているが、その構想によると、団員の職業指導、法律相談、健康保険、失業保険等の取扱いをすることになつておりこの実現が全国の民団組織にひろく波及するよう進められる。

なお十一月下旬、全国民生部長会議が召集される予定である。

"身分詐称"に要注意

鄭組織局長談

中総組織局では最近一部地方で中総職員と身分を詐称し金品等を詐取する者がいるから注意を要すると次の如き談話を発表し、各県本部に通告した。

過日ひらかれた第一回全国団長会議で明らかにされたように中総から地方へ出張の場合はその職位如何を問わず必らず信任状を発行することになつているから、地方では特に注意をしていただきたい。

信任状をもたない者で何かの事態をおこした場合これらは中総の責任外である。

帰国受入體制討議　関東地協

第十三回関東地区協議会は、去る十月十八日午後三時から静岡県の温泉名勝地として知られている熱海においてひらかれた。

当番県本部である民団静岡県本部では会場を、熱海駅前の八重洲旅館に指定、同本部金在福団長以下八名、中総からは丁団長、鄭組織次長代理の二名、その他東京、神奈川、栃木、埼玉の各県本部などあわせて十八名が参席、静岡金団長が議長となつて次の各項にわたり討議した。

一、関東地区協議会自体の批判…提案者の栃木県本部から説明があり

A…本協議会は原則として三個月に一回召集するも必要に応じては随時これを召集出来る

B…第十四回だけは十一月中に東京本部で開催する

C…議長は従来の通り輪番制とする

D…東京本部に書記局を設置、同本部団長が初代局長に就任、各県本部団長を書記にする

E…本協議会規約を次回に審議修正する。

二、協議会改編…神奈川本部で提案

三、帰国希望者受入体制要請…静岡県本部から提案説明あり、本国政府に受入体制に関する立法措置を要請し、日本政府に対しては財産搬出問題の解決策を研究する。

四、僑胞社会輿論を反映…本国から特派されてきている言論人を通じ在日僑胞の実態を本国に反映させ、また民団の国会オヴザーバーを通じて民情を本国要路に訴える。

團歌・愛国歌レコード吹込完了　予約注文殺到

中総では、民団創立九周年と開天節を記念して、十月十八日、製作責任者金哲事務次長立会いのもと団歌と愛国歌をレコードに吹込んだ。

この日吹込所である東京杉並区堀の内にあるテイチクレコード会社には金学根、金永純の独唱者を始め高[illegible]鍾以下九名の民団合唱団が午後二時スタヂオに勢揃い、団歌作曲者である禹鍾[illegible]氏のタクトにより数十回に及ぶ慎重なテストのあと、本番に入り午後六時頃、ようやく吹込が終つた。

このレコードは本紙既報の如く全国からの予約を受けつけているが、既に注文殺到のありさまで近いうちに、追加プレスして注文に応じることになつている。

予約注文は中総宛直接申込むことになつており予約に限り一枚三百五十円、なるべく県本部又は支部単位でまとめて注文するよう希望する。また一般価格は五百円。

―（写真は団歌吹込中）―

第二次 藝能慰問團、本国へ

軍人会と平和新聞の共催

昨年、本国の傷痍軍人会の招請により、第一線の将兵、傷痍軍人を始め民間の慰問をかねて本国に派遣された、在日僑胞芸能慰問団（東京レンジャース楽団）は、予想以上の大成功をおさめ、約一個月にわたる巡演を終え帰日したが、その主催者である在日韓僑傷痍軍人会（李相台会長）では、この劃期的事業の第二次として今年中に芸能慰問団を再編成、平和新聞社と共同主催により本国各地の各機関を網羅した慰問巡演を実施することになつた。なお後援は、国防部、内務部等の政府機関である。

研究論文の出版決定　学士会

去る十月二十七日在日韓国学士会では、同会の幹事が集つて幹事会をひらいた。同会が押しも押されぬ存在だと認められる迄、各幹事を始め熱意のある会員達が毎月行われる研究発表会其の他の経費を各自が苦しい立場に置かれているにも拘らず自弁することにし、新会員の加入問題、研究論文出版の問題其の他事務上の諸問題を決議して散会した。

同会の堅実な発展が期待されると共に僑胞社会においても注目して育成してくれることを望むものである。

民　主

「民団の現實と将來の展望」

民族は一つである

趙　勳

在日大韓民国居留民団は、祖国の完全統一と民主的発展を期すと共に僑胞の民生問題を始めとして、相互の親睦を図り祖国の施策に順応し、思想と行動を一致せしめて、大韓民国の民主的発展を促進する重大な使命が負荷されていると思う。

民団は、これを遂行する為に明白な綱領が規定され、終局目標はその綱領の完全実現にあるわけである。しかしこれを実践するということは決して容易なことではないと思う。

然らば、ここで民団の目的達成の為に過去の運動を回顧して見るのもあながち無意味なことではないだろう。

ともかく、民団が共産党を反対して祖国統一への聖業に貢献すると共に、僑胞の民生問題等に栄誉ある業績を残して来た事は事実である。しかし今迄の活動過程において誤謬を犯し欠陥が数多かつたことも等しくこれを認めなければならないと思う。

先ず第一に、基本綱領である、共産主義打倒に徹底す[illegible]、即ち論理的な主義思想を明確に打ち出せないか打ち出すにしてもその色合いが稀薄であつた嫌いがあつたし傘下団体に対して思想的な教養と訓練が足りなかつた。無条件に共産主義打倒を提唱して、このような論理性の欠如から民団の斗争力は自らキ弱化せざるを得なかつたし共産主義を論理的に反対することが出来なくて盲目的行動に訴えて来た為に、彼等の巧妙な謀略に先手を打たれ従つて単純で気の弱い青年は彼等を同情する様になり、各自も無意識的に彼等に引きずられて行く様になつた。従つて社会心理作用に依つて群衆化し行動化して行つたことが数多かつたことと考えられるのである。

第二に、基礎理論の貧弱から自然と暴力主義を犯すようになつたし、団体の遠大な目的達成に少からざる損失を蒙つた上、また全組織の発動力が足りなかつたと見るべきであり、同時にその裏面には一部幹部の組織を理解せず、個人的効果をねらう面があつて群衆の中から有能な後進の人材を登用することを怠つた感が深いのである。

第三に、地方主義または地方分担主義的色彩が強く、命令系統の確立が曖昧で時と場所にかまいなく団員の目的は同一であるとの意識が缺如しているし、従つて内部的統一性が缺けている点があると思うのである。

しかしこのような誤謬と缺陥はあるとしても、祖国統一への努力と民権擁護のために戦つて来たことは自他共に認めなければならない。

ともかく、民団の充分なる思想的武装と正常的な組織的発展が祖国を健全にして富強な国家社会成展への巨大な動因になるということは明確な事実である。

現在祖国は共産帝国主義侵略の術策、結果、破壊と混乱を不可避的に惹起していたは侵犯の[illegible]ることが現実であるし、このような敵を撃退させて始めて、民族統一の曙光を招来し得ることを再三銘記すべきである。各自の技能と全力量を総動員すべき時は正にこの時で[illegible]、ましてや、日政の思想的無節操な態度や国際的[illegible]機会的なのにあわせて迂回政策をとつている北韓共匪の韓日離間的な阿諛的術策と煽惑的政策が在日僑胞を錯乱せしめている現実に於てをやである。

故に民団は祖国情勢と時代的思潮を明確に把握して団の内容を豊富にし力量を拡大して、全力量を傾注し、また僑胞の民生問題、教育問題の善策を具体的に講究しなければならない。而して新生大韓民国の燦たる曙光を招来せしめることに決定的な一新紀元を劃することを覚悟しなければならない。一方、十年間の暗黒な社会状態の中からも、腐敗を排除し新鮮のある政治的な動態が現実化しつつあることは見逃せない事実だ。

ここにおいて、我等は相手を批判し躊躇せず先ず自己の全情熱を傾注して決死的な行動を通じて統一へと踏み切る時である。

我等韓民族は事実上優秀な人物を支持し、尊重して、自己の能力に応じて職責を果す訓練が殆んど無いといつて過言でないだろうし、これが民族性の一部分であるかの印象さえ受けるのである。

これは古から即ち李朝封建社会、日帝侵犯社会または解放十年間の暗黒社会から（被支配者から支配者への反抗心）無意識的に醸成された即ち生存斗争の結果から生れた副産物の一つであると見るべきである。――この溝壕は、独立国家を建設するという自負心と自覚と現世界情勢を正確に分析把握することに依つて達成されることと思うのである。

兎に角、他人の是非をいうよりも他人の長所美点を讃揚し、相互扶助していつて短時日の間に民度を高揚することに努めなければならない。

次に民団の将来を展望して見よう。これには過去の民団運動を細密に分析してそれを反省し、缺点を是正して長点をどしどし生かして行くべきであることはいうまでもない。第一に共産主義者達に対する敵がい心を宣伝を通じて高揚し、民団の全組織力を通じて近くに居る僑胞から抱擁して行くべきである。たとえ赤色的な僑胞でも大きく広い同胞愛で包み、晴々裡に大韓民国の優位性または北韓傀儡の不当性と欺瞞性、非民族性を理解納得せしめて行つたならば、近隣との親睦が生れるばかりでなく、組織化の先鋒的役割をする胎動たらしめるべきである。

第二に、日本政府の二元外交、または北韓傀儡の迂回政策と協力することを抗議すると共に、僑胞の実態を有機的に本国政府に連絡して、北韓傀儡の野望を挫折せしめるべき基本政策を本国政府から打ち出さしむべきである、第三に共産主義者たちの思想面を重要視する以上に民族陣営も思想的統一に努力すべきである。

彼等はあらゆる階層職場の人々をとらえて会議に会議を重ねて思想の鼓吹を一方的にやつていることを聞く時わが民族陣営では民族感情をじかに訴える思想的宣伝工作が絶対に必要なることである。この様な現実の中で我我は、当然共産主義者または朝総聯を撲滅、または崩壊せしめ得る様な座右銘ともいうべきものを創造すべきであり、それを創造すべき機は熟しているのである。

ここで吾人は単一民族民主々義を提唱したい。我々は何処迄でも韓民族としての単一民族であることを外地に居住する僑胞に徹底的に認識せしめると共に、韓民族としての人倫、道徳、風俗、習慣を明確に把握せしめることである。この赤色を排撃した韓民族の一体感を教化することによつて僑胞社会の純潔が成就されることと思うのである。

吾人は韓民族にこの民族運動を推進しなければわが民族の惰性と見るべきアリラン（阿耳躍）主義に走り、独敗的な気性がわが民族間に蔓延するか、進んで赤色独裁者の奴隷となつて行くことを希望するものが生れてくることを恐れるものである。

第四には、組織の強化である。組織は団体の基礎であり団体の生命であつて、組織のための組織に終らず生きたものたらしめなくてはならない。思想運動は組織を通じて強化されると共に、また逆に組織の強化は思想運動を通じてのみ期待されるものである。

第五に団員全体に勤労の精神を培養すべきである。わが民族は他民族に比して怠だである。勤労は神聖なものであり、我々の幸福は勤労を通じてのみ達成されるものである。而して建設復興の精神を教養訓練し、科学的知識技術を所有する様にすべきである。

第六には、真実な指導者を選び支持する訓練が必要である。一朝一夕に神様的な存在たらしめたり、知りもせずにただ批判のための批判、誹謗をする様なことはわが民族間に往々にある弊害である。この弊習は断然除去せねばならない。

民団は以上の様な課業を遂行するために早く現団長の下に結集して組織を強化育成発展せしめなければならない。民団の組織体を鉄石の如く強くして如何なる難関にも怖く使命を完遂するために斗争するところに、祖国は統一されて行くのである。（寄稿）

◇　◇　◇

新潟本部、再建へ乗出す

（新潟支局発）

民団新潟県本部が新潟大火により焼失したことは本紙前号で既報した通り莫大な損失をこうむり民団運営における多大な支障をきたしたが、その後同本部では白団長以下全役員有志が去る十月十二日から事務所再建のため次の日程で県下各支部を巡回、積極的な協力をもとめている。

十二日―上越連合支部
十三日―柏崎支部
十四日―新発田支部
十六日―三条支部
十七日―新支部津
十八日―岩船支部
二十日―佐渡支部

なお一方、同本部では厳冬をひかえ、全国民団からの早急なる再建への協力を希望しており新潟市当局にも善処を要望している。

二つの話題

日共は朝鮮人を見捨てたか

☆…長　野…成　龍　九…☆

朝総連の結成以来日共が朝鮮人を見捨てたのではないかと、当地方で噂ささやかれている。

近左衛僑胞の間に物議をかもしている。長野県で有名な元代議士の共産党の壮士がいる、良く国会議員の一等パスの官費で全国を飛び廻り、法廷斗争の如き傍若無人の名演技は旧民戦系僑胞の拍手喝采を博し、駅に出迎え中食を御馳走し選挙に飛び廻り、まるで英雄の様にあがめ奉つたものであつたが、最近氏の掌を返したような変り方に唖然としている。

（その一）

昨年左系僑胞の一人で土木下請を業としているA氏が、元請の会社との間に収支精算がつかず時の民戦幹部を通じてこの共産党斗士に争議の処理を依頼し、四十八万円の請求のところを十万円の現金と将来の下請を条件として一応協定が成立した。それまでA氏は一切の実費を払い懐から出し御馳走をして、奴隷の如く追従したのは勿論であるが十万円の中三万円を天引きげたそうだ。どちらがどちらの玩具になるのは真平だ」と逃れてやつと借財の一部を整理し玩具にしたか本末転倒するが独善専断をせめたら、「二、三年前だつたら御意に添えたが、今では七、八万が妥当なところと思つて出した」にB氏尚かんかん。例の斗士が爾後この件から手を引くという一札と後日六千円を返すという約束で「我だまされたり」の第一幕は終り、葉書一枚六千円の泳込みの失敗と御先棒をかついだ過去を悔いて悶々。

たまでだと広言し、愛される共産党振りを発揮したらしいがA氏今更ながらその無責任、厚顔しがあつて行つて見ると一葉の薄情にあきれながら「先生の旨い方は急に変つて来ましたね」と詰め寄れば「俺はもう朝鮮人の玩具になるのは真平だ」と逃げ、七、八円払えばいいでしょう」との文面、B氏かんかんになつて例の斗士を待ち受け、その

（その二）

仕方なく件の斗士にすがつて会社迄同伴したまでは良かつたがA氏に下請をさせたのは会社の代人（使用人の一人）の責任であつて、会社に何の責任もない。会社は立会人として協定し今日まで数度仕事を与えるように会社側に交渉したが言を左右にして待ちぼうけを喰わされ、仕方なく件の斗士にすがつて会社迄同伴したまでは良かつたが「ああだまされた」と思つた時にはもう既に利用価値がなくなつたのだ、と。

佐久間ダムの立退料でもんだ事件句民戦系のB氏例の斗士に相談したところ一杯飲んだ後で六千円をせしめられ書生という人と同伴で役場へ行つて相談の結果三十八万円の請求をして置いて来た後日の連絡を約して帰つて来た一日位経つと役場から呼び出しがあつて行つて見ると一葉の葉書を見せた。例の斗士から「

「綜合韓語」近く出版

金海成氏が責任者となつている韓語普及会は、其の意義と使命の重大なる面に鑑み注目されて来たが今般同会は六三〇頁にのぼる「綜合韓語」という本を発行すべく既に謄写で草稿版が出ており、これを印刷し二〇〇〇部を出版しようと計劃中であるが経費難がこの重大なる意義のある事業の遂行を阻んでいる現状である。同会では僑胞社会において心ある諸賢は速に物心両面の賛助の手を差し出して呉れることを切望している。

副議長　崔圭鉉　議長　金鎔旭
〃　林快守　副議長　鄭鎮一
監察委員　安千洙　〃　金秉熙
〃　李光徳　監察委員長　金必奎
〃　河判龍　〃委員　朴化道
顧問　金烱俊
〃　許鉄在
〃　金点述

の参領を希望している。

鳥取大会

団長に陳氏

民団鳥取県本部の第二十回定期大会における新任役員選出は次の通り。

団長　陳漾敷
副団長　姜潤吉
〃　金鎮磁
事務局長　尹夏根

事務局長に成氏　和歌山

民団和歌山県本部では、前事務局長の辞任にともない成鳳晶（現文教部長）氏が新たに事務局長に就任した。

ヘギー氏に記念品贈呈

第一回韓國学生育英会集会て

【韓僑通信】在日韓国学生育英会では十月二十五日午後二時から神田猿楽町の韓国YMCAで第一回奨学生の集会をひらいた。

この日まず金龍周会長の挨拶に続いて前会長張利郁博士の記念講演があつたのち座談会にうつり、学生々活の諸問題を語りあつた。

席上、鮮于瀞（東大）君が、育英会創立の功労者であるアジヤ文化財団のヘギー氏が三十一日に米国に転勤するから記念品を贈呈するよう提案したので、会員一致でこれを採択し同六時散会。

都内韓青組織再編

十一支部をブロック制に

韓青では第一回大会を契機に組織の再編と強化対策をたて積極的な活動段階に入つているが十月十五日の都下三多摩調布支部再建大会を皮切りに都内の大田、品川、杉並・中野連合、豊島連合、足立葛飾連合、文京・台東連合、中央連合、江東・城東連合、世田谷、立川等の十一支部をブロック制組織と、支部結成を年内に推進、再強化をはかることになつた。

☆鄭、金両君華燭の典☆

韓青本部組織部長鄭東猿、前民団中総団長金載華氏長男金始啓両君の合同結婚式は十月二十四日東京四谷の聖イグナチオ教会で多数列席のもと盛大にとりおこなわれたが、二十六日には千葉県木更津の金君の自宅で軍人会員を中心とした、かつての戦友等多数参席のもと華やかな披露宴がひらかれた。なお鄭君の新婦には白百合大学出の才媛金須美さん（金君の実妹）、金君の新婦は相模女子大出の李粉伊さんである。

非人道的な仕打ち

重病の幼児に仮釈放却下　福岡入管

（二十日―韓僑通信）さきに大村収容所に於ける僑胞の収容取扱いが本国政府で問題化されている時、重病の六才の幼児が治療するため父親から出された仮釈放申請も許可されず悪化する位に放置されている。この関係官の血も涙もない非人道的な仕打ちに全国の僑胞から強い非難の声が巻き起つている。

この幼児の名は金順玉（六才）ちやんといつて収容の経過は次の通り

生後間もなく母親に連れられ帰国したものでその後、母親が行方不明となり父親を訪ね渡日して来たが、去る八月十八日福岡県八台警察署に逮捕され前記入管に収容されたもの。

収容中慢性中耳炎と頭部腫瘍病を併発し管理庁専任医師佐伯林五郎（福岡市中浜口町三九ノ一）氏の診断で専門医の治療が必要と認められているにもかかわらず父親の金相吉（大阪市東成区北中道町一ノ八五、金物店）さんの仮釈放申請は却下された。

なお民団中総民生局では、この問題を重視し人権擁護の立場から当局の人道的善処を要望している。

韓青調布支部再建大会

東京都下三多摩地区の韓青調布支部では従来有名無実の存在だつた韓青の再建大会を十月十五日午後七時から多摩川べりの東京母子学園でひらき、組織再強化等、今後の青年運動活溌化に関し討議した。同日は韓青中総から李海龍団長が特別出席、金鎔国学園長、呉婦人会長等五十余名の有志、青年等が参席、経過報告、組織活動においてはスポーツ、文化面に特に

団長　崔文道
副団長　金青雲
総務　崔文浩
監察　趙明洙
〃　韓陰哲
顧問　金鎔在
〃　呉基文
〃　李敏錫
〃　孫相浩
〃　陳相祥
〃　卞良福

関西へ修学旅行

東京韓国学園中等部三年、初等部六年の共同修学旅行は十月二十一日東京を出発、五日間にわたり関西地方の京都、奈良等の名勝旧跡地を訪ね実地の見学をひろめ楽しい想い出の旅を終え全員無事帰京した。

金漢根氏逝去

【新潟支局発】

民団新潟県本部金漢根議長は胃腸のため長い間、病床にふしていたが去る十月十一日午前三時新潟医大病院で逝去した。故金氏は生前新潟民団発展のために多大の功績を残している。

福岡大会

団長に都煥浩氏

民団福岡県本部では臨時大会をひらき左の新任役員を選出した。

団長　都煥浩
副団長　白春夏
〃　金仲浩
事務局長　李義孟
議長　李性斗

朝総連スパイ金顕果に求刑

（KBS―KP）

去る九月三十日、第二軍団特務隊に逮捕された在日朝総連系スパイ金顕果（四五・音訳）に対する求刑が第二軍団司令部の軍法会議でおこなわれ二十年の懲役を求刑された。前記金は朝総連から日貨三十万円を運動資金としてもらい、釜山、馬山、多大浦を根拠地に表面は密貿易を仮装し、一個月に一回、日本を往来しながら実は、大邱、釜山地方の軍事状況を探知して共匪スパイ団に報告していたものである。

京都韓中秋季運動会

京都韓国中学では十月二十三日恒例の秋季大運動会を同校運動場でひらき晩秋の一日をPTAのお父さんやお母さんと共に楽しく過した。

青濤館の空手演武大会　十一月廿四日

在日僑胞体育界の中心的存在として、空手道普及に専心している丁永沢氏は、来る十一月二十四日午後六時から、東京新宿の新宿文化会館において、同氏が主宰している青濤館の空手演武大会をひらくことになつており広く一般僑胞

孫女史逝去

中総民生局金永純君の母堂、孫昭御女史（六九）は去る九月二十三日宿痾によりソウルの自宅で逝去したが、追悼式を十月二十七日午後六時から中総会議室においてとり行なつた。

同追悼式はキリスト教式によるもので、丁団長の追悼辞のあと金学根氏等、著名な声楽家が一堂に会し、しめやかなうちにも盛大な音楽礼拝をおこない、今はき孫女史の冥福を祈願した。なお孫女史は生前熱心なクリスチヤンとして聖洞教会の執事の任にあつた。

서울
ソウル商會
朝鮮布木
ナイロン水玉
ソウル商會東京店
東京都中央区日本橋通3丁目3番地
電話 千代田（27）9446番

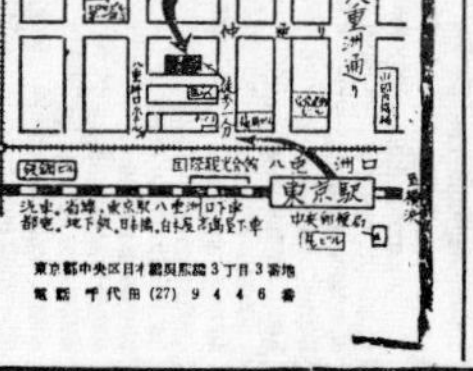

朝鮮布木
朝鮮レコード
営業品目
各種レース・オペロ・ニュートン
ビロード・京都洋丹・基本丹・七色丹
ナイロン・琥珀丹・レコード・其他
金宮商店
新装改築大売出
東京都台東区浅草公園六区 2 の 20
伝法院横通り 電話(84) 8357・0198

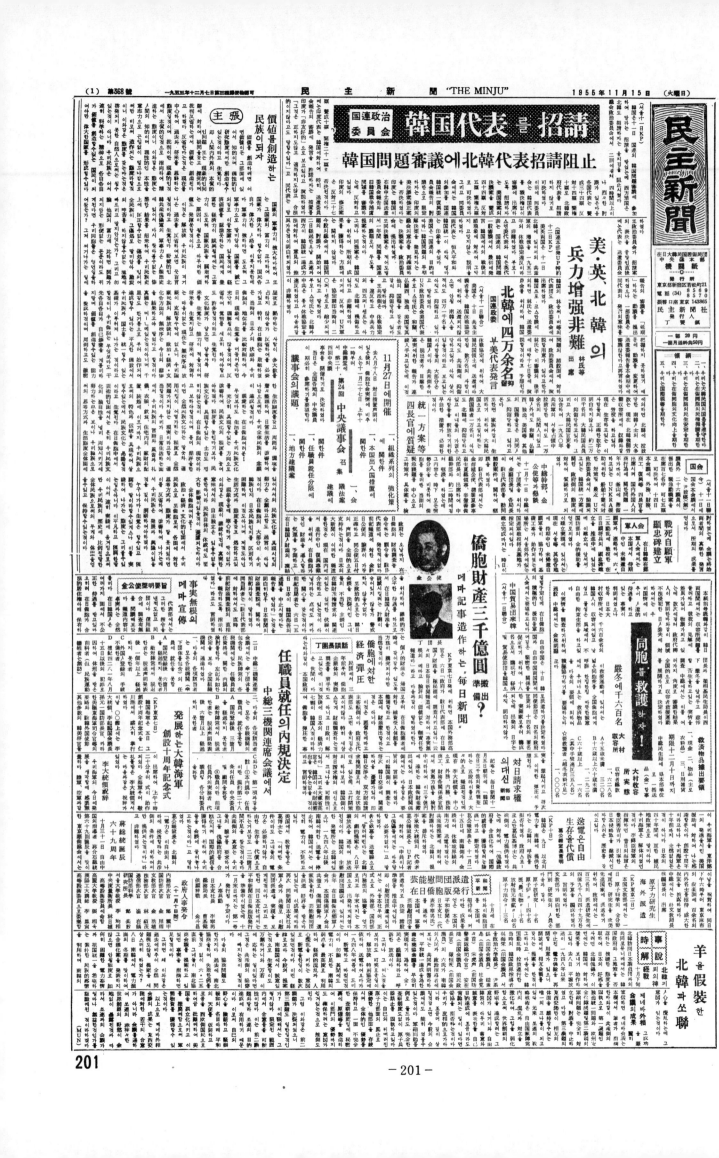

民主新聞
在日大韓民国居留民団 中央総本部 機関紙
発行所 東京都新宿区若松町21
電話 (34) 8569 8570
振替口座 東京 143865
民主新聞社
発行人 丁贊鎭
一部 20円 一箇月送料共50円

綱領
一、우리는大韓民国의国是를遵守한다
二、우리는在留同胞의民権擁護를期한다
三、우리는在留同胞의民生安定을期한다
四、우리는在留同胞의文化向上을期한다
五、우리는国際親善을期한다

国連政治委員会 韓国代表를 招請
韓国問題審議에北韓代表招請阻止

(서울十一日KP) 韓国은十一日 国連의 韓国問題審議에 参加하여 달라는 招請을 받었는데 西方諸国은 北韓도 招請하자는 움지김을 阻止시켰다 総会政治委員会에서 二回에걸처 四時間以上이나 烈々한 討議가 있은다음 各国代表는 賛成三十四票 反対十四票 棄権十票로 北韓政府代表를 招請하지 않기로 可決하였다 이前에 同委員会는 韓国代表를 議決権없이 審議에 出席하도록 招請하자는 美国提案의 決議案을 賛成四十四票 反対五票 棄権九票로 可決하였다 그리고 同委員会에서는 韓国의参加를 国連韓国統一復興委員会報告의 討議만으로 限定하자는 印度의 美決議案修正案을 否決하였다 印度는 韓国이 在韓中立国送還委員会報告와 旧韓国戦争捕虜問題를 審議하는데 反対하고 있었다 印度의 修正案은 反対二十七 賛成十票 棄権二十一票로 否決된것이다 特히 送還委員会報告의 審議에 許諾하자는 印度代表는 韓国에対하여 発言을 「非友好的」으로 보고있다고 演説하였다 「그것은 正하지도않고 適当하지도않고 合法的이지않다고도 말할수있다」고 同代表는 말하였다

또政治委員会가 招請案의 表決을 끝맞인直後에 印度代表는 送還委員会報告의 審議를 「延期」하자는 動議를 提出하였으나 一部委員은 同代表의 発言의 意味를 把握하지 못하였기 때문에 動議를 変更하여 送還委報告를本会期中에 審議않한다고再言하였다

美・英、北韓의 兵力増強非難
林氏等出席

(国連本部発UP特約 十二日KP) 美英両国은 十一日 北韓에 있어서의 共産軍의 増強을 一九五三年의 休戦協定違反이라고 非難하였다 부로ー스텐美代表와 디쏜英代表는 国連의 韓国問題一般審議에서 最初에発言 韓国에서의 戦後의 諸現象에 対하여 그다지 고맙지않는 説明을 하였다 両代表는 恒久平和와 韓国統一이 아직 멀다는 印象을 주었다 美国은「国連의 目的에 따라」韓国問題의 早期解決案을 発見하자는 総会의意志를 再確認하는 決議案을 政治委員会에 提出하였다 또同決議案은 적어도벌서 一年間 問題를 国連의 議題로서 두도록 提案하는것이다 그러나 同提案은 韓国을 위하여 所期의 成果를 獲得하는 方法에 関하지 않었다 今般의総会에서 韓国問題의 討議가 開始되여 二日経過한오날 쏘連파

韓国의 林용써ー버씨의 代表団도 政治委員会에 出席하였다 韓国쓰포ー크스만에 의하면 林氏는 送還委員会를 위시하여 韓国問題의 諸般面에 対하여 政治委員会에서 演説할用意가 있다고한다 林氏는 이審議의 後半에 대략十七日쯤에 演説할것이라고 予想된다

北韓에四万余名抑留
国連政委 부美代表発言

(서울十一日聯合) 美国은 十日 共産主義者들은 韓国休戦協定에 위하여 送還되지않으면 안될 南韓人을 적어도 四万一千名을 抑留하고 있다 아직도 말하였다고 UN政治委員会美国代表 부로ー스텐氏는 和蘭、仏蘭西、独逸、美国및其他의 国籍을 갖은者도 같이 抑留당하고 있다고 또共産側은 休戦協定을 違反하고 中共兵力 四五퍼ー센트는 아직도 北韓에 残留하고 있다고 非難하였다 이거에 反하여 UN軍은 協定調印当時의 二○퍼ー센트로 縮少되여 있다고 말하였다 부로ー스텐氏는 北韓파

休戦協定에 위하여 大韓民国領土에 送還해야 만될 数万名의 사람이 아직도 共産側에 抑留당하고있다 아직 살어 있을것이라고 보고있는 이사람들의 大部分은 韓国人이다 共産側부터 脱出者가 目撃한 事実에위한 報告가 連続入手되고있는데 이것에의하면 北韓에 拉致당한 南韓人士의 大多数는 現在 北韓強制労働収容所에서 奴隷와같은 労役을 하고있다 現在 生存하고있는 이사람들의 正確한数字는 明白하지않으나 約二万四千名의 大韓民国兵員이 抑留당하고있다 그리고 大韓民国官吏를 包含하여 一九五〇年 共産軍의 서울占領中 拉致당한 적어도 一万余名의 民間人이있고 韓人外에도 西、独逸、美国等 其他의 国籍을갖은 民間人도 抑留당하고 있다고 본다 또한편 家族과같이 生活하기 위하여 大韓民国으로 가고싶어하는 無国籍者一万名이 아직도 北韓에 抑留당하고있고 이내들의 가엾은 사람들을 釈放하기위한 무急한 措置가 必要한것이다

主張
価値를創造하는 民族이되자

価値를 創造하려면 어면価値이든 그部面에 있어서 知的이며 理性的인 研究態度에서만 創造될수 있는것이라고 生覚된다. 即 人間内外界의 本質的인 問題 또는 現象的인 問題에 対하여 疑問을갖고 探究하며 批判反省하는데서 価値는 創造된다고 하겠다 反省한다는것은 現在를 中心하여 過去와 将来를 思料하는 態度일것이며 批判이란 現象的인것에서 本質的인것으로 指向하여 精進하는 態度이니 이와같은 態度는 人間의 知的이며 理性的인 本性을 意志力으로 끈임없이 밀고나감으로 써만 비로써 造作되는 態度라할것이니 이와같은 態度를 갖는다는것은 啓発되지 못한 自然人으로서는 될수있는것이 아니다 우리民族은 어서 適히 科学하는 精神으로 各自各自가 価値를 創造할수있는 国民이 되여야만 偉大한国家를 形成할수있다

国家의 軍事力이 強大하다하여 또는 그国家의 富力이 크다하여 그 国家가 偉大하다 할수없다 国民各自가 偉大한 人格을 이루지못한데다 軍事力이 強하다면 도로혀 그 軍事力으로 말미암아 国家를 滅亡의길로 이끌悠慮가 있을것이며 経済価値를 認識못하는 国民에게 豊富한 経済力이 賦与될때에는 그富力이 도로혀 国家民族을 腐敗케하는 原因이 될뿐으로 아무러한 価値도 発揮못할것이다 이것은 解放後 우리民族이 겪어나온 過去를 反省하여보면 꿋盲目이 支配할수박에 없으니 ... 될것이라고 生覚된다 北韓共産傀儡軍의 軍事力은 人類歴史에 있어서 다시 찾아볼수없는 惨酷한 結果를 招来하여 우리民族史上에 匡正할수없는 傷処를 입피여 全民族이 그傷処로 말미암아 塗炭에 ... 呻吟를 하지않을수없는 ... 他国의 富力에 比하면 問題가 빠르리고 말지안엇는가? 그리고 되지안는 形便없는 돈푼이라도 쥐게된다면 우리同胞들은 얻던일을 하여왔는가? 그저 써거나가는 일에 ...

... 屋夜로 熱中하는 사람이 多大数를 占하지 않아슬가 反省하여볼 必要가 있고 特히 在日僑胞는 敗戦当時의 日本人의 状態와 比較対照하여 ... 日의 現象에 生覚을 머둠어 充分히 理解될点이 많을것이며 ... 省하여 覚悟를 새로히 하여야 ... 文化態度가 알으면 ... 将来를 生覚하는 ... 多大数를 한 生活態度를갖고 周囲와 環境을 있어서서의 民族文化를 具現시킴의 ... 必要 漸々整理하여 日常生活을 改善하여 努力은 全無라고할도 過言이 아닐 ... 民族文化를 具現시킴의 ... 우리民族의 休戚에도 ... 할수있는것이다

国会

(서울十一日聯合) 十一日에 国会本会議에서는 尹致暎(無) 議員外 二十六議員이 提出한 緊急動議案을 在席百七名中 可七五票로 可決하여 十四日 本会議에 外務、財務、商工、復興等 四長官을 出席시켜 国内外国人의 商行為에 関한問題 一 ... 討하였는데 会議는終始 両者間의 真摯한 発言으로서 所期의 成果를 얻었다

統一方案等 四長官에質疑

... 政治委員会에서 論議되고있는 韓国統一方案에 関한 政府側의 態度에 対하여 質疑하기로 되였다

軍人会
戦死自願軍 顕忠碑建立

在日韓僑在郷軍人会에서는 本国에서 待期中인 未帰還自願軍파 連絡하여 六・二五動乱에 戦没한 在日自願将兵의 顕忠碑建立을 推進中에 있었는데 이建立에 앞서서 国防部의 全的援助를 얻기로되였다 이建立実現에 있어서는 現在 서울等 其他各地에 待期中인 未帰還自願軍들이 協力하여 基礎工事가 始作되였는데 場所는 서울郊外에있는 国連軍戦殁将兵墓地가 指定되어있다 建立完成까지는 時日이 ...

中総幹部、金公使等과懇談

十一月十一日 中総에서는 丁団長을 위시하여 金副団長및 各局長이 駐日代表部를 訪問 諸般案件에 関하여 懇談을 하였다 即 駐日代表部에서는 金溶植公使、柳泰夏参事 崔圭夏総領事、辛徹善僑民部長이 出席하여 中総幹部와 約二時間에걸처 懇談을 하였는데 그内容은 時下 모든情勢分析을 비롯하여 僑胞를 둘러싼 当面의 緊急課題를 中心으로 그対策과 具体案을 検 ...

11月27日에開催
中総講堂에서 第二十・第24回 中央議事会 召集

去八月十八日 対日措置声明이 있은後의 僑胞社会実情에 비추어 오는十一月二十七日 上午十一時부터 中総講堂에서 第二十四回中央議事会를 開催하기로 決定하였다 当日은 全国各地의 中央議員이 期必히 参席하기를 要望한다

議事会의 議題
一、組織系列의 強化策에 関한件
一、本国出入国措置에 関한件
一、会議法案
一、任職員就任分限에 関한件
一、地方建議案

僑胞財産三千億圓 搬出準備?
데마記事造作하는"毎日新聞"

金公使

丁団長

(KP東京七日発) 에 위하면 本国外務部高官은 六日「政府가 駐日代表部에 在日韓国人財産을 極秘裡에 調査시키고있다」云々의 日本毎日新聞報道에 対하여「事実無根의 데마고 論評의 価値없는 無責任한 報道다」라고 다음과같이 말하였다한다

政府는 오날까지 在日僑胞의 財産調査를 命令하는 訓令을 駐日代表部에 発한적이없다 前記報道에 対한 金駐日公使의 論評이 가장 正確하고 同公使五日付 의 声明을 全面的으로 支持하는것이다 日本의 大新聞이 이러한 報道를한것은 現在 国内에서 進行中인 復興事業을 위해서 在日僑胞가 갖인 財産을 導入할라는 気運을 予測하고 在日韓国人財産의 凍結을 위시하여 継続的不公平한 待遇를 하므로서 在日韓国人財産을 破滅시킬려는 計劃이 숨어있지 않을가 警戒하지 않을수없다 또政治的으로는 韓日会談을 決裂시킨 그내들의 不当한 主張인 在韓財産権請求와 関連이있는 伏線이 介在하고 있는것이 아닌가라는 点에도 커다란 関心을 갖는것이다 前記当局者는 六日「五日 日本이 韓国海苔의 通関을 中止시켰다는 報告를 받었다」는것을 明白히한후 日本新聞의 財産調査説에 関하여 前記와같이 말하였다 同当局者는「駐日代表部에 対하여서도 直時 前記財産調査説의 真相을 検討하여 報告하도록 指示하였다」라고도 言明하였다

金公使声明要旨
事実無根의 데마宣傳

代表部에서는 그러한 指令을 넨적도없고 民団이나 信用組合에 調査有無를 問題해보았다 報道内容의 事実과는 全然 틀리다 在日韓国人은 여러가지 面에서 不公正한 待遇를 받고있다 오히려 在日僑胞가 合法的居住権아래 保有하 ...

丁団長談話
僑胞에対한 経済弾圧

民団에서 三年前부터 僑胞企業体의 実態調査를 着手하고있는데 이것은 世間이 다 아는바와같이 本国政府 個人的財産은 帰国할때에 갖어갈수 있도록 方法이 講究되어야만 当然할것이다

在日韓国人에 対한 商工人의 鐘乱暴 ... 으로부터 在日僑胞業者에 対한 融資受入体制를 整備할라고 한것이고 本国에 財産搬出할라는 것은 아니다 이것은 悪質한 데마고 主客転倒이다 政府도代表部도 그런 움지김은 보이지않다 特히 새삼스럽게 財産調査하는것도 아니고 日政이 解放後에 日本의 経済力七割이 韓国人것이라하여 僑胞를 弾圧한 事

任職員就任의内規決定
中総三機関連席会議에서

二日 中総三機関連席会議에서는 傘下団体를 包含한 民族陣営의 各級機関에있는 任職員就任資格에 関한 内規의 検討를 한바 左記와如히 決定을 보아 全国組織機関에 通達하였다

一、다음의 各項該当者는 모든各級機関(傘下団体를包含)의 任員에 就任을 못함
A 国民登録後 六箇月을 経過하지 못한者
B 敵対陣営에서 脱退한者는 脱退声明発表後 一個年以上 経過하지 못한者
C 外国人登録의 手続不備한者
D 檀紀四二八一年八月十五日以後의 犯罪로因하여 体刑을 받은 前科者(但 民族運動 犠牲者는無妨)

二、다음의 各項該当者는 모든 各級機関의 職員에 就任을못함
A 国民登録後 三箇月을 経過하지 못한者
B 敵対陣営에서 脱退한者는 脱退声明発表後 六箇月以上 経過하지 못한者
C와D는 第一項과같음
註—①本内規中 任員이란 規約第二十八条의任員 中央委員 및 顧問을称함
②職員이란 前項任員外의実務者 代議員및 各分科委員을称함

発展하는大韓海軍
創設十周年記念式

(KP東京七日) 韓国海軍은 五日 그創設十周年記念式을 仁川港에서 盛大히 挙行하였다 이날 ○○艦上에는 李大統領、李起鵬国会議長 孫元一国防部長官、카라한美極東海軍司令官을 위시한 要路와 駐韓外国使節 其他多数의 韓美将官들이 出席하여 上午十時二十分부터 式이 始作되였다 全海軍부터 敬礼를받은 李大統領께서는 다음과같은 祝辞가 있었다

李大統領祝辞
우리海軍의 今日에 発展을 생각할때 感慨無量하다 陸軍、空軍과같이 우리海軍을 東洋第一의 発達을시킨 美国援助에 対하여 나는感謝할뿐이다 創設十周年이라고하나 우리海軍은 十年前까지 全然없었든것이 아니다 日本의 四十年間에 亘한 植民地政策으로 말미암아 우리海軍은 解体되였던 것이다 李舜臣将軍의 指揮하던 昔日의海軍은 豊臣秀吉이가 引率한 日本侵略軍을 殲滅시킨 자랑스러운 歴史를 갖이고있다

送電은自由 生存을代償
葛公報室長言明

(KP十日) 韓国은 九日 以北의 電力을 南韓에 提供한다는 北韓의 呼訴를 拒否하였다 政府스포ー크스만 葛弘基博士는 共産側이 電力提供하겠다는데 対하여「傀儡政府를 合法化하여 国際的威信을 獲得할려는 陰謀」라고 断定하였다 葛公報室長은 十一月二十五日에 南韓側과 会談하여 南方에 休戦境界線의 共産側提案에 送電하겠다는 討議하자는 北韓의 提案을 排斥하였다 李承晩大統領의 代弁者 葛公報室長은 UP記者에 対하여「中共이나 그傀儡들에게는 아무말할 必要가없다」고 말하였다

北韓은 八日平壌放送을 通하여 放送된것이다 韓国의 主要한 発電所는 北韓에있으나 一九四八年以後 南韓에対한 送電을 停止하여 韓国에서는 여전히 電力이 不足하고 있다 美国에서 教育을받은 葛博士는 「어떠한 条件이라도 그내들의 電力은 必要하지않다 自由한 生存을 代償으로 하는거보담도 二三箇月間不足을 참는것이좋다 共産側의 真意는 우리들의 譲歩를 要求하여 그내들 傀儡政府를 合法化시켜 国際的威信을 獲得하기 위하여 우리들을 会談에 끌어놓나고하는것이다」고 말하였다 葛公報室長은 北韓의「電力은 이自由의 나라에 侵透할라는 共産側의 条件에 위하여서만 提供되는것이다」라고 非難하였다

対日請求権의대신
毎日新聞

記事는 毎日新聞十一月五日朝刊에 「韓国在日三千億의資産調査」라는 五段라이틀로 大々的으로 報道된것인데 現在 李大統領을 中心으로 外務、内務、法務、商工、財務各関係長官間에서 実施方法을 検討中이라하여 이三千億円에 達하는 韓僑財産搬出에있어 日本政府関係側에서는 다음같은 要旨의 言明을 하였다 「이韓国側이 調査는 将次 韓日交渉에 関連하여올 憂慮가있다 即 韓日交渉은 双方財産請求権問題로서 対立状態대로 있는데 그打開策의 하나로서 韓国側이 対日請求権의 대신으로 고내나을 可能性이 있다」 그리고大蔵省高官은「韓国이이財産搬出을 할수는없을것이라고 言明하였다

中国貿易団来韓

(서울十一日聯合) 自由中国은 十日 韓国과 自由中国両国間에 緊密한 関係를 促進하기 위하여 十八名으로서 構成된 経済및 貿易使節団을 韓国으로 派遣하기를決定하였다 同使節団은 十四名의 官吏와 四名의 著名한 実業家로부터 構成되는데 出発의 日字는 아직 明白하지않다 ... 이러한 弾圧이 予想된다

同胞를救護하자!
厳冬에千六百名
大村収容所実態

本紙前号既報와같이 韓日両国間에서는 収容所問題를 둘러싸고 彼我의 見解에 差異가있어 数次에걸처 物議가되고 있는데 政府代弁人이 言明한바와같이 領域을 不法侵犯한 日人漁夫에 対하여서는 우리国情에 비추어 人道的待遇를 하고있는 事実이 判明되였으나 한쪽 日本大村収容所에는 千六百余名의 韓国人이 収容되어있고 낮설고 물설은 異域에서 不自由한 拘束生活을 하고있다

이救援運動에 있어서는 넓은同胞愛를 全国僑胞에게 呼訴 한집한집 따뜻한誠意에서 우러나오는 救済物品을 다음의 要領에 의하여 積極協力하기를 要望하는바크다

이実情을 調査하기위하여 過般 中総에서는 金熙明局長이 ...

団長과 梁相基民生局長이 西下 厳冬을 앞에두고 悲惨한 苦生을하고있는 実情을 調査 中総에서는 이를 여러가지 角度로 審議한結果 全国的으로 収容者救援運動을 展開하기로 決定하였다

救済物品據出要領
期限十二月十日까지
一、現金 二、物品(主로衣料品) 三、日用雑貨
中総民生局에 県本部単位로 一括送品(金)할事

収容者総数
一、六二八名
A十五歳未満 三二○名
B十六歳以上六十歳未満 一、二九二名
C六十歳以上 一六名
(其中手続違反三五八名)
☆要救護者(越冬衣料不足) 一、○○○名

原子力研究生 海外派遣

(KP東京二日) 本国文教部에서는 一日 原子科学의 全分野에 亘한 研究生을 欧美先進国家에 派遣하기 위하여 政府에서는 一百三名의 派遣研究生에 四億九千八百四十九万환의 予算을 編成하였다고 言明하였다 文教部가 明白히한 部門別 研究生의 人員은 다음과 같다
原子核研究 — 十名
原子炉 〃 — 四十名
医、農、生物 〃 — 十名
放射性元素鉱 〃 — 40名
原子力法令 〃 — 三名

平和新聞 芸能慰問団派遣 在日僑胞版発行

十月에 在日 하와이僑胞団을 招待하여 커다란 成果를 얻은 本国의 平和新聞은 日本支社(代表李奉男氏)를 通하여 本国에 軍警芸能慰問団을 派遣하기로 決定 諸般準備를 推進中에있다 即 이慰問団派遣에있어서는 서울本社부터 正式으로 外務部、国防部、内務部의 協賛을 얻기로되고 年末까지는 本国으로 出発하게되였다 去年 在日韓僑在郷軍人会가 本国傷痍軍人会와 共催로 傷痍軍警과 遺家族을위한 芸能慰問団을 派遣 好評을 받은바 있었는데 이成果에 따라 再次 同新聞日本支社와 軍人会가 共催로 이慰問団派遣에 実現을 보게된것이다 그리고 또 同日本支社에서는 平和新聞在日僑胞版発行을 準備中이었는데 一月末日까지는 第一号가 発行될 予定이다

...이날을 祝賀하여 同日 下午六時부터 東京麻布의 叙楽園에 内外名士를 招待 盛大한 祝宴을 가지였다 中総에서는 朴文教局長이 出席

政府人事発令
(十一月十日附)

内務部次官 鄭寅甲
国防部次官 金用雨
文教部次官 金浩植
法務部次官 林碩茂
通信部次官 崔在鎬
国防部科学研究所長 鄭樂勲
서울大学教授 李均相
中央度量衡所長 林日植
高麗大学教授 張相옥
漢陽工大講師 李鳳寅
高等詮衡委員으로委嘱함

人事異動
日本支社長 李寧男
総務局長 曹基健
依願辞職 金斗昌

蔣総統誕辰 六十九周年

十月三十一日 自由中国의指導者 蔣介石総統의 第六十九回誕辰을 맞이한 東京華僑総会에서는 ...

羊을假装한 北韓과쏘聯

事說 時解

北韓과 쏘聯의 神経戦 十月下旬

北韓訪問日本議員団과의 共同코뮤니케에서는 韓国政府와 그施策을 否認하는 強硬한 態度를 取하여 日本의 好感을 사려던 北韓傀儡가 이번에는 韓国에 対하여 微笑를 보내기 始作하고있다 去八日 平壌放送이 一九四八年以来 中止된 電力供給을 再開할 用意가 있으니 開城에서 相互会議를 갖자는 提案을 한것이 그하나고 다음에는 韓国動乱時 拉致連行한 当時의 韓国政界指導者 趙素昂(前国会議員)、金奎植(前国会議員) 宋虎声(前国防警備隊総司令官) 呉夏英(前国会議員) 安在鴻(前民政長官) 趙恒来(前国会議員)의 六氏가 南韓의人民과 政治指導者에 보내는 共同声明書라하여 平和統一達成을為한 南北商協会議를 早急히 実現하기 為하여 全民은 総蹶起하라고 呼訴한 放送이다

그러나 그 어느것을 보더라도 可笑로운일이 아니다 解放後 特別協定에 依하여 送電하여오다가 一九四八年여름에 드디어 断電하고 마렀던것이 어느 勿論 其間에도 韓国의 電力이 不足한 南韓의 弱点을 最高度로 利用하여 経済的混乱과 人心攪乱을 꾀하는 意図로 断電을한일이 数次 있었던것이다 이런経緯로보아 今般의 提案은 南韓国에서 誠意있는것으로 生覚할이도 万無하거니와 万若 이에 応하는 일이있다면 그것은 共産側의 陥穽에 빠지는것이 될것이다

다음의 協商問題도 한가지다 過去에 南北協商을하여 失敗한例를 들것도 없이 六・二五直前 그내들이 南北協商会議를 提案하고 있었던 事実을 指摘하면 足할것이다 그러면 왜 이와같은 過去에 비추어 全然 問題視도않될 提案을 새삼스러히 하였는가? 八日 南韓에서 電力独占의 冬期를 맞이하여 그合理化案을 発表하지 않으면 안될程度로 如何히 困難한 電力事情에 있는 祖国統一을 希望하는 素朴한 民族的感情을 利用하며 南韓의

제네바外相会議의成果

제네바会議는 그成功을 宣伝하면 本欄에서 筆者가 指摘한바와같이 固執으로 第一議題인 独逸統一問題와 欧州安全保障問題및第二議題의 軍縮問題는 完全히 対立한채 討議를 中止하였고 다만 第三議題의 東西交流만이 相互의 体面을 維持할수있는 唯一의 끄나풀이 되고 있다 元来 쏘連의 戦略戦術은 自由国家陣営의 内外混乱과 対立을 激化하여 그힘을 弱化시켜 全体的인 優勢를 保持하고 一面 不完全한 査察制度밑에 秘密裏에 原爆等을 製造하여 이部門의 優勢까지도 確保하려는 意図가 쉽게있는것으로 推測도 된다

그럼 이와같은 前二議題가 決裂되였으니 第三議題도 일반일것인가? 이에限해서는 그렇지않다 限定된範囲内에서 合意를 可能性이 많다 이는 前二議題와 달라 쏘連의 目的達成에 有用하기 때문이다 이로서 自己의 野心을 隠蔽하고 緊張緩和의 名目아래 平和의 天使를 仮装하고 코롬을 西欧側国民으로 하여금 批難케하여 美国을 孤立化시키고 이를 撤廃케함으로써 軍需物資를 獲得할수 있는것이다

以上으로 제네바外相会議의 成果는 東西交流에 対한 若干의 合意 여 쏘連의 赤裸々한 가 아니라 会議를通하 世界制覇의 野慾이 余地없이 暴露된것과 따라서 쏘連과의 会議가 얼마나 無益한것인가를 認識케된 것이라하겠다 (MUN)

有機的인 組織强化
教育、民生、組織体制 等、活動計劃決定

中総常任執行委員会에서는 今後의 活動方針과 十一月活動計劃를 다음과같이 決定하였다
至今까지의 活動을 総体的으로 批判反省하여 非合理的인것과 非能率的인 弊端를 是正하고 民団全体組織面에서 그惰性을 一掃하고 弾力性과 機敏性과 有機的인 聯結性을 갖게하기為하여 中総全体活動面을 綜合하고 従横의 有機的인 聯結性을 갖는 同時에 教育、民生、宣伝其他一切의 啓蒙組織強化問題를 地域別로 重点的으로 指導育成하여 強化하기로 方針을 決定하였다

文教局
兒童教育과 成年文盲退治

國家百年之大計는 教育이란 自覚밑에 僑胞全体의 民度와 地位를 向上시켜 韓民族으로써의 自覚과 矜持를 갖게하게 為함과 過去被圧迫民族으로 自然히 갖게되었든 劣等感과 卑屈感과 民族意識을 自覚못함으로 結果되는 모-든弊端을 是正시키고 独立国家民族으로써의 体面을 떳떳이 지키며 品位를 保持하게 하기為하여 文教局에서는 至今까지 児童学校教育에 重点을 두엇든것을 全体僑胞大衆의 啓蒙과 民度昂揚으로 그活動을 拡張키로 鋭意準備하여 오든中 成案을 얻어合으로 既報한바와 같이 十一月十日부터 十二月十日까지를 啓蒙強化月間으로 設定하고 다음과같은 活動을 計定하였다

文盲退治運動의展開実施要領

(ㄱ) 各県本部에서는 県下実情에따라 地域을 適切히 区分하여 文教局에서 準備된 教材를 갖고 「한글講習会」를 開催하되 形式에 거리낌없이 自由로운 雰囲気를 造成하여 弾力性있게 指導하여 于先国語를 읽고쓰고 할수있는程度로 要領있게 指導할것 教材는 十一月十八日까지 準備됨으로 中総에 必要한 数를 注文할것 価格은 実費로 配布할 生覚이오니 五十円前後될듯싶다

(ㄴ) 「한글講習会」의 講師는 各県本部에서 独自的으로 選定하되 民族精神이 透徹한者아할것이며 万若 適当한 講師를 求하지못할 境遇에는 中総文教局에 問議하기로한다

(ㄷ) 既往부터있는 講習会(成人教育会・한글講習会・韓国料理講習会等)을 中心으로 拡張強化할것이며 이에 必要한 財政及場所 其他의 모-든便宜를 各県本部에서 提供할과 同時에 이計劃이 成果있게 実践되기為한 雰囲気造成과 動員에 積極的으로 組織의 機動力을 発揮할것이며 그외 経過를 各支部에서는 県本部로 県本部에서는 中央으로 報告하여 隘路가 있으면 그隘路를 共同的으로 打開할 自律的인 義務를 갖어야한다

(ㄹ) 龍頭蛇尾的으로 一時的인 行事에 끄치지말고 이機会에 計劃性있고 自律的이며 能動的으로 永続시킬수있도록 地方有志들과 随時로 懇談会를 開催하여 文盲退治의 必要性을 強調하여 地方僑胞社会에서 自主的으로 教育機関을 設置할수있는 気運을 造成하여나가 그基礎가되면 中央에 連絡하여 全国家的인 教育行政에 連結시켜나가도록 推進시킨다

(ㅁ) 地方幹部들은 自律的으로 読書会、討論会等을 開催하여 우리本国의 実情、우리民族陣営의 有利한条件과 立場을 널리 僑胞들에게 周知시킨다

思想指導運動의 推進

(ㄱ) 各県本部에서는 이月間을 通하여 言論機関을 常時로 利用하는한편 講演会、時局懇談会等을 開催하여 共産主義者들의 非民族性、欺瞞性、独裁性、非人道性等을 널리 全体僑胞에게 周知시켜 総聯組織에서 呻吟하고있는 善良한 우리僑胞를 真正한 우리民族陣営으로 引導한다

(ㄴ) 우리 民族文化를 全幅的으로 啓発하여 우리民族은 単一民族이며 分裂되여서는 우리民族全体的인 損害와 不利만을 招来하고 有利한点은 全無하는것을 力説하여 僑胞社会를 共同社会体制로 造成하여나갈것을 映画会、講演会等을 通하여 周知시킨다

(ㄷ) 中総의 文化啓蒙運動의 一環을 担当하여 無窮花楽劇団이 地方興行을 하고있는데 이機会를 適切히 捕捉하여 우리民族芸術의 一端을 널리 知시켜 芸術을 通하여 民族性의 自覚을 높이는 同時에 国際親善을 図謀하는 意味에서 日本国民들도 널리 観覧시키도록 活動分野를 拡張한다

(ㄹ) 映画会、또는 読書会、時局懇談会、講演会等을 開催함에 있어서 材料또는 内容等을 準備하는데 있어서 隘路가 있으면 随時로 中総에 問議하여 주기바라며 中央에서 派遣되는指導班에 問議할수있다

(ㅁ) 民団組織全体運営에 있어서 従横의 事務가 遅滞된것을 運動面、事務面을 綜合的으로 処理하여 우리組織의 有機性과 機敏性을 樹立하도록 努力한다

組織局
協議会体制와 中央指導権確立

民団組織은 政治的인 団体가 아니고 僑胞社会의 自治的인 精神에서 生活権을 擁護하기 為하여 組織된 団体이다 即 僑胞社会를 共同社会体로 育成하여 外国에서 우리僑胞가 団結하여 僑胞之間 같은民族으로써 民族愛를 発揮하여 親睦을 図謀하여야 할것이다 直接本国의 保護가 및치기 어려운 外国에서 우리僑胞가 뭉처 우리의問題를 協力하여 解決치않으면 안될立場과 環境에 놓여있는것이다

故로 組織局에서 먼저 僑胞들에게 要請하고 싶은것은 僑胞間에 있어서 主義와 思想을 앞세우기보다 同胞愛를 먼저 앞세우자는것이다 우리民族이 먼저있고 그後에 主義와 思想은 発生또는 輸入된것이니 먼저 同族이란 意識이 앞서야할것이다 우리民団組織者는 相扶相助하며 親切히하여 같은民族이면서도 非民族的인 行動을 하는 僑胞들을 善導하는데 努力할것이며 우리 民族陣営으로 引導하여 抱擁하여야 할것이다 団結은 우리民族国家가 興隆할수있는 第一의 前提条件이니 이것은 過去十年間 또는 現在까지 痛切히 느끼스며 또 慾求한것이다

그러면 民団의 組織活動에 있어서 가장 優先的인 任務는 在日僑胞全体가 民族으로서 一体感과 民族意識을 堅固히 할수있게하는 努力을 徹底히 하여야될것은 再言을 不要하는바다 民団組織의 精神은 民族愛와 民族一体라는것이 根本이되여 있다는것을 具体的인 大衆과의 密着한 実践運動을 通하여 認識시키기에 努力을 傾倒하고있는것이다 中総組織局에서는 拡大한 組織体의 堅実한 発展을 期하고저 十一月下半期活動目標을 左記와같이 推進하오니 積極協力을 바라는바이다

協議会体制의 推進

地域的条件과 特殊性을 살리고 各地域民団組織의 横的連結을 緊密히하고 近接県本部의 弱한 組織의 強化에 必要한 諸便宜의 交流等 客観条件에 適応한 活動을 可能하게 造成할수있게 하기為하여 各地域의 隣接県本部組織으로서 地区協議会育成強化을 早速히 完了하게한다 이協議会体制의 未組織地区에는 이외 重要性을 充分認識하여 結成을 促進하기為하여 中央의 組力을 傾倒할 作定이니 各県本部에서는 近辺県本部와의 緊密한 連絡아래 区協議会体制確立에 積極的인 活動이 展開되여야 할것이다

中央指導権의 確立

中央과 地方間 그리고 地方과 地方과의 横的인 連結도 必要하지만 地方과 中央間의 縦的인 連結은 한層더 必要하며 中央에서는 総合的이고 総体的인 計画에 対하여 地方을 指導할때 이에 敏活히 応하고 또 地方組織의 実情을 그대로 中央에 反映시킴으로써만 組織은 有機的인 全機能을 発揮할수 있는것이다 中央과 地方과의 有機的인 系統性의 確保에 対하여 地方組織責任者의 깊은 認識이 強力히 要請된다

大村収容所被収僑胞対策

大村収容所에 被収된 僑胞의 事情은 筆舌를 絶한 惨境에 処하고있는 現実이나 日本政府의 北韓傀儡政権에 対한 迂廻政策을 奇貨로 共産党의 触手가 被収僑胞에도 뻗치기始作하여 悪辣한 欺瞞宣伝活動이 熾烈하게 展開되고있는 実情은 極히 危惧할 事実이다 이러한 共産党의 触手를 阻止하고 그들의 欺瞞性의 余地없는 暴露를 為한 組織活動이 緊要함은 勿論이다 이런見地에서 組織局에서는 民生局과 協同하여 被収僑胞의 越冬慰問品의 分配와 並行하여 宣撫工作隊를 大村収容所에 直接派遣하여 慰問에尽力함과 同時에 文書等을 通한 民族精神의 浸透에 努力할것이다

人気끝은大学祭"韓国版"

日本名物의 하나 毎年가을에 열리는 恒例의 大学祭는 今年에도 十一月三日부터 開始된 ×明大々学祭를 위시하여 各大学에서도 一齊히 大学祭가 一般에게 公開되었는데 特히 各大学 在学中인 韓国学生들도 郷土色깊은 民謡、舞踊等을 紹介하여 毎年好評을 받고있다 今年에는 明大、中大、東大(駒場祭)等의 韓国同窓会에서 前記民族芸術을 紹介하는 한편 韓国古典 動乱前後의 動態等을 写真으로 展示 現시켜 大学祭"韓国版"을 出現시켜 韓国学徒의 意気를 높이하였다

(写真은 中大에서 公開된 韓国写真展示会)

民生局
職業補導와 社会保障推進

僑胞生活이 나날이 窮乏하여가는 現実을 冷情히 注視하건대 至今까지의 日本国民社会의 経済的인 또는法律的인 諸制度가 때여나감에 正比例하여 窮乏되여가는것을 察知할수있음으로 우리全体僑胞의 権益을 擁護하는 民団組織에서 鋭意 이現象을 検討해온結果 이에対한 根本対策을 調査와 研究를 通하여 樹立하여야 하겠다는 結論을 얻었으므로 民生委員会를 各界各層의 有能한 人士를 網羅하여 組織키로 되였다 民生委員会内에는 九班를두워 各分野에 걸처 調査와 研究를하여 現僑胞社会의 実情에 適合한 活動을 하게되었다 民生委員会의 内容은 다음과같다

職業補導班

날이갈수록 僑胞의 失業者가 많아감으로 僑胞의 企業体를 為始하여 日本官公庁과 日人企業体에걸처 널리 交渉하여 適切하게 職業을 周선하여 僑胞의 職業問題를 解決할것을 目的하여 設置하는 것이오니 職業問題에 対하여도 民生局에 問議하여 주기바란다

社会保障制度研究班

社会保障制度가 잘되였는가 못되였는가는 그国家社会発展의 制度가 되리만치 現代에있어서는 社会保障制度가 国家社会에서 重要한 位置를 찾이하고 있음에 비추워볼때 社会保障制度를 専問的으로 研究하는 機関이 絶対로 必要하다 그래야만 그에適用도 充実하게될것이다

生活消費協同組合指導班

各種組合은 国家와 政府의 体裁을 左右하리만치 国家社会에서 重要한 位置를 차지하고 있음이 現実이고 그中毎日 生活을営為하는데 必要한 生活必須品을 中間搾取를 排除하고 安価로 購入할수있는 組織은 現代와같이 生存競争이 尤甚한 社会에서는 絶対로 要請되는것이며 僑胞社会의 経済的인 現実에 빛우어 生活를 合理化시키는것이 緊要한 일이라 生覚하여 僑胞中 또는 日人生産者와 僑胞消費者間을 有利하게 連結시키는 協同組合을 講成함에 必要한 専門的인 知識과 活動이 要請됨에 따라 組織되는것이 이것이다

納税貯蓄組合

日本政府와 僑胞間에 가장많이 紛糾를 惹起하는 問題가 税金問題이니 法治国家에있어서 権利와 義務의 限界를 分別할수있음은 常識이다 이義務가 本国아닌 外国에서 이렇게 될것인가를 잘研究하여 日本政府와 摩擦없이 調整코저하여 既往부터 우리民団組織에서는 이組合을 各処에서 設置하여 多大한 成果를 올리고 있음을 一層拡大強化하려는 意図이다

信用組合

日本金融機関이 韓国僑胞에 対하여 取하는 金融政策이 如何하는것은 구태여 説明치 않어도 알것이다 이政策에 対抗하여 우리僑胞企業体를 運営할수있도록 資本을 融通하기에는 信用組合을 設立하여 自主的으로 解決할수밖에없는 現状임으로 信用組合에対한 研究와 設立은 새삼스러운 問題가 아니고 벌서 各処에 設立되여 많은 成果를 올리고 있다 이것을 一層拡大하고 強化할 意図이다

医療研究班

経済問題로 人命이 短縮되며 病疾로 呻吟하는일을 흔히 볼수있는것이며 医療施設如何는 健康에 多大한 影響을 주는것에 鑑하어 現社会에 있어서 医療関係는 重要한 社会国家的인 問題이다

産業経済調査研究班

産業経済面의 正確한 調査와 研究를 総体的으로 進行시켜 統計化시켜놓은 모-든 政策樹立의 土台가 될것이며 本国産業経済復興計劃의 一環을 担当할수있는 重要한 問題임으로 専門家에依한 調査研究는 絶対必要하다

商工会指導班

人間은 政治社会的인 動物인 故로 政治를떠나 살수없다 하지만 우리僑胞社会에서는 政治보다 于先合心하여 経済的인 土台를 建設하기에 努力하여야 할것이다 이와같은 趣意에依하여 上記各問題는 直接間接으로 相互関聯性을 갖는것이지만 特히 局面에서는 商工人들의 組織体인 商工会를 合理的으로 運営할수있을에 따라 上記諸問題도 全部包含할수 있는것이라고 生覚되나 아직 商工会가 그와같은 程度에 達하지못하였음으로 各分野로 研究組織하나 商工会指導問題는 亦是 重要하다 따라서 商工面에 有能한 人士로하여금 商工会指導班을 設置하여 研究케하여 指導토록 計劃하는것이다

人権擁護班 및法律相談

僑胞社会内에서 또는 日本人과 僑胞相互間의 人権의 侵害問題가 続発하는 現象에 빛우워 人権을 擁護하고 이를 法律的으로 条理있게 解決할수있게하기 為하여 法律에 能通한 人士로 法律相談所를 設置하는것이니 僑胞諸氏들은 法的인問題가 있을때에는 中総民生局에 問題하여 주기바란다 이좋은例는 今般 大分事件이다

나의發言
大衆本位의民団
山口県本部団長……朴 鍾……

우리들이 組織을 整備強化하여 民団五大綱領에 나타난거와 같이 名実共히 明朗하고 健全한 民団을 세우는것은 쉬운일이 아니다 우리들이 祖国을 멀리떠나 日本이라는 外国에 살고있다는 立地条件으로 말미아마 自然的으로 発生되는 여러가지의 附帯条件이 微妙하게 作用하여 우리앞길은 険悪한길이다 거기에 第二次大戦의 終焉으로서 生起된 世紀의悲劇 三八線은 思想의 対立과 葛藤을 演出시키고 日本에까지 影響을지처 十年間이란 기나긴 歳月에걸처 斗争을継続하여 나왔든것이다

이懐惨한 現実안에서 우리들은 赤色의 毒牙로부터 大衆을 지키기위하여 民団의旗幟밑에 果敢하게도 싸워왔는데 이러한 一連의 民団運動에 対하여 우리自身이 冷徹한 自己批判을 하여볼때 우리들은 반다시 客観的인 情勢와 環境에 立脚한線에따라 運動을 展開하였다는 것보담도 오히려 主観的인 批判으로 観念的으로흘러 世俗主義에 妥協하였다는 傾向이 濃厚하였다는것은 事実일것이다 우리가 여기서 習性的인 態度를 一掃하여 民団의 創立精神에 도러가 使命을 完遂하기위하여 더強力한 組織을 갖기위하여서는 무엇을 하여야만될가를 痛感하는바크다

一地方本部의 組織을 担当하고 있는 筆者의 思考方式은 普遍性이 欠如하고 偏狭的인줄은 몰으나 第一 우리들이 現在의 民団이 갖일立場 即말하자면 向上하고있는 民団을 拡大強化하기 위하여서는 머큰 努力이 予想되는 바이다 따라서 団의 責任者는 大衆을위하여 小我를버리고 自己의 思索과行動 그自体가 大衆의 利益에 導入되도록 真挚한 態度가 要望된다

다음에 民団存立의 絶対条件인 団員과의 関係인데 事実上 指導幹部와 大衆이 一体的関係가 되여있지 않다는点이 指摘된다 民団의 将来를 위하여 가장遺憾된 이事実을 엾지하면 調整할수있을까가 今後 우리들의 使命이아닐까 生覚되는바이다

우리들이 큰것을 살린다는 단지 그理由로서 団員에 어느程度에 犠牲을 要求하는것에 終始할것이 아니고 団自体가 個人々々에게 푸라쓰를 주도록 銘心하여 時에 때에따라서는 幹部는 大衆의이롭밑에 自己犠牲을 무릅쓸만한 強固한覚悟가 必要할것이다

総連의 暴虐事件 轉覆되다 =大分県=

既報한大分県坂之市의 旧民戦系暴虐事件은 事必帰正에 原則대로 中総金熙明団団長과 栗相基民生局長의 機敏하고도 心血를 기우린 活動과 法廷抗弁과 充実한 証拠提示에 依하여 善良한 民団々員이 無辜한 殺人罪로 十五年이란 極刑를 버서나게 되였다

最終判決은 十一月十四日이나 金団長의말에 依하면 正確하고 充実한 証拠提示와 証人審問에 依하여 裁判官이 納得되여 줄뿐아니라 民戦系暴圧의 不当性이 白日下에 暴露되여 判決은 絶対有利하게 展開될것이라고 自信満々하게 言明하였다

十一月十二日金団長은 重大事件에 参席하려고 다시 出張하여 無知함으로써 不当하게 侵害当하는 僑胞의 民権擁護를 為하여 徹底히 愛族心을 発揮하여 大韓民国々民으로써의 品位와 態度를 全体僑胞가 갖을수있게 民団中総은 活動하고있다

無窮花楽団 好評裡巡演

中総専属楽団으로서 民団組織의 芸能関係을 担当하여 東京은 勿論 全国各地에 巡回 韓日親善芸能大会等을여러 커다란成果를 이르키고 있는 "無窮花楽団"은 今般 中総에서 設定한 在日僑胞啓蒙強化期間에 一同二十名이 西下 五日岡崎公演을 위시하여 名古屋等을거처 八日에 京都 九日에는 大阪公演을 끝마치고 岡山、広島、下関、福岡、長崎方面으로 巡回中에 있는데 各地方에서는 大好評을 얻어 그成果가 期待되는바크다

青年運動犠牲者慰霊祭 十五日中総

오는十六日 建青創立十周年을 맞이하는 韓青에서는 이歴史的記念日을 祝賀하기 위하여 大々的인 記念行事를 計画하고있다 그中의 하나로서 韓青中央団部에서는 七日下午二時부터 東京銀座 "大昌園"에서 李団長을 위시하여 全執行部幹部와 建青時代의 先輩有志들이 一室에모여 行事内容의 細目을 討議하여 다음과같은決定을보았다

運動犠牲者慰霊祭 十一月十五日 民団中総講堂에서 過去十年間 僑胞青年運動을展開 不幸이도쓰러진 愛国青年同志들의 慰霊祭를 挙行하게 되었는데 有志多数의 出席을 要望하고 있다

新潟民団 再建에協力要望
11月末까지基金캄파活動

(新潟支局発) 本紙既報 大火로 焼失된 民団新潟県本部는 其後再建하기위하여 県内各支部의 協力을 바라는 한편 全国各民団組織에서도 救済金品을 続々 同本部로 拠出中인데 지난十月二十八日 事務所再建問題를 早急히 解決하기 위하여 支団長会議를 召集하여 다음의 決定을 보았다

一、事務所再建 焼失된前事務所는 市当局과 交渉한 結果 居住権을 再確認 三個月後 同建物(新潟빌딩)이 再建되면 優先的으로 使用된다

二、再建基金캄파 十一月末日까지 基金캄파活動月間을 設定 団長以下 全役員이 活動을 展開하는 同時에 中総에서의 人的協力을 받어 県内各方面에 基金캄파推進과 人心의 一新을 期한다

三、臨時事務所를 新潟市古町四番地 丸和会館三層에 둔다

映画観賞等 僑胞啓蒙推進
韓青調布支部

十月에再建大会를여러 새로強力한 役員陣営으로 出発한 都下三多摩韓青調布支部에서는 特히 文化스포-쓰를 通하여 僑胞啓蒙 韓日新善運動을 展開中인데 同支部崔文道団長의 先導로 過日에 同地의 日本野球팀과 親善試合을 갖었고 十三日에는「共産主義의 발자죽」外数巻의 記録文化映画의 鑑賞会를 同支部主催로 下午七時부터 百余名의 観衆을 動員 同地의 韓国母子学園에서 갖어 多大한 成果를 얻었다 同式은 崔文道支団長談…毎月一回式은 映画会을 여러 僑胞의 文化水準向上을 期할생각이고 親善野球大会도 継続할것입니다

民團團歌(A面) 愛國家(B面) 레코-드 製作完成 予約受付中!!
☆ 地域別(県本部)로一括予約注文바람(現金制)
予約一¥350円 一般一¥500円 民団中総 레코-드豫約係로

東京韓国學園人事

依願免職 姜徳才
×××
教員 朴仁子
地歴講師 李葵錫
英語〃 崔貴媛
右記三名은 今般 就任하였읍니다
×××

英語専任教員募集

大学英文科出身者로서 希望하시는 분은 本学園까지 来往바람

趙編集長罹病

韓僑通信의 趙尙洙編輯長은 肺浸潤으로 去十月二十一日부터 病床에누어있다

主壇 民論
民族意識의 確立
僑胞의 民族意識强化는 對共斗争의最大武器다
鄭炯和

우리僑胞社会의 要求는 必然 全体僑胞의 安全的維持에 있는것이며 이目的達成은 全体僑胞가 単一民族으로서의 統一意識이 必要로될것이다 僑胞社会의 維持를 紛糾가 不断히 継続되는 国際社会와같은 性格으로서 把握할라는 自体가 不当한 倫理일것이다 激動하는 国際情勢의 妖雲앞에 祖国이 激浪하고있는 이때에 民族精神에 透徹한 団結만이 将来의 胎内에있는 栄光일것이며 僑胞社会의 絶対安静은 実로 単一民族이라는 精神에서 오는団結만이 達成할수있는 唯一한 契機이다 이目標는 새로운 創意에 依하여야 成就될것이나 우리는 僑胞社会安全의 基本은 僑胞各自의 自己革命과 単一民族主義의 同時遂行에 있다고본다

単一民族主義

全体僑胞社会는 僑胞가 当面하고있는 脅威와苦悩를 打破할 最大의 武器를 獲得하지 않으면 안될것이며 이는곳 単一民族主義에서 結束되여 展開되는 民族的組織運動이라하겠다 過去의 三・一運動、光州学生運動等의 日帝에 抵抗한 三六年間의 民族的努力은 決코 虚妄한것이 아니였으며 이長久한 民族運動은 期於히 独立国家達成까지 伝化시키고 韓民族의曙光이였다 国際的変動과 圧力에서 부터의 民族的主体性의 確保는 우리의 生存을 営為하는데 大前提인것이며 이前提는 非単 僑胞社会에만 極限될것이 아니고 韓民族全体가 銘記할 緊要한일인것이며 이것이 곳単一民族主義運動이다 이民族的主体性의 全体的인 確保는 民族의 固有을性 抹殺하려는 矛盾에 侵伍한 国際共産主義態勢의 自然的崩壊를 遂行할수있는 最大、最善의 契機인것이다 亦是 그것은 祖国江土의 北半에 割拠한 共産勢力의 熾烈한 策動이 齊来하는 祖国과 僑胞社会의 不安과 脅威의 胚胎를 掠奪하게 될것이다 国際謀略者 또는国際共産主義의 影響에있는 一部僑胞를 이民族意識이 支配하도록 하여야 할것이며 이것이 우리의最大使命일을 다시銘念하여야한다

各自의自己革命

共産主義의 影響에서 単一民族主義에의길이 全僑胞社会救済의 基礎입은 勿論이나 그는 僑胞自身의 革命이 遂行되지 아니하면 全体僑胞社会의 安全維持는 存立할수없으며 単一民族主義의 結実도 上挙되지 아니할것이다 僑胞社会에 있어서 個人과個人과의対立 派党과派党과의相克은 一部僑胞社会를 斗争的社会로 発展시키는 것이며 対立意識의 助成을 더욱 促進하는 不幸한 結果만 激起한다 対立的意識과 個人中心的考察習性은 僑胞社会의 不調和와 軋轢을 激化할뿐인은 当然한 帰結이다

民族相互間에 成立되어야할 새로운 倫理의創造는 새로운 民族意識에서의 愛情의 確立이어야 할것이다 日本에 居住하는 居留民의 社会는 狭少한 日本에 있어서의 僑胞社会이라는 事実에 留意하여 이感覚에서 새로운 倫理의樹立이 始作되어야한다 勿論 祖国과 民族全体와 関係치않는 民族恩惟와 民族行為이란 있을수없으나 民族意識의 確立을 要請하는 本然의意味는 発生史的인것이아니고現実的인것이第一義인것이다

이것은 僑胞 아니全民族의 内的革命을 作用하는 命題가될것이며 同時에 共産主義에 侵透된 同族의 思想에対하여 根底부터 崩壊를 促求하는 作用이 될것이다 우리는 対立으로부터 綜合의 場面이 付与되는 것이아니고 対立以前에있어서 僑胞의 存在는 한個의 民族的場面인 祖国社会中의 一部이였다는것을 自覚할 必要가있는것이다 僑胞社会와 祖国社会와의 関聯에서 自己의位置를 把握하고 自覚하는데 僑胞之間의 愛情과 民族愛의 理解가 또한 把握되는것이다 祖国의栄光은 全体民族의 団結에있고 派争과 騒乱의 惨事 이것이 民族社会의 騒断이며 僑胞社会安定의 암이요 否定인것이며 머구나 少数者의 利鉄과 欲求를為해서 僑胞多数의 盲従과犠牲을強要 또는江廻的術策을 講究하는者는 이것亦是 民族意識의 薄弱한者들입을 断定하여도 좋을것이다 自我의 主張의 恣行과 利己的動機에서의 策動을弄하는 무리들은 僑胞社会의 分裂과 対立을 造長하려는 行為이니 自身을 民族意識에 透徹시킴으로서 民族的自我를 비로서 発見할수있을것이다

우리祖国은 全世界로부터 認定받은 大韓民国의 恵沢을 享有하고 있음에도 不拘하고 祖国에対한 忠誠이 不足하고 같이 祖国의 統一된 光復과 発展을為하여 貢献하려고하는 同族間에 情誼의 喪失이라는 現象이 우리僑胞社会의 将来를 危殆롭게하는 重要한 素因임을 直感할때 이危険한要素의 除去를為하여 各自가 民族意識의 確立에 反省할必要가 切実한 課題이라고 生覚된다

居留民全体의 地位向上과 権益擁護의 実効를 獲得하려는 民団組織의 大事業은 먼저 僑胞社会全般에亘하여 民族意識의 昻揚과 喚起를為하여 努力하여야 할것이며 民族意識의 確保만이 共産主義戦術에 対処할수있다

(中総組織局長)

民主新聞

在日大韓民国居留民団 中央総本部 機関紙

発行所 東京都新宿区若松町21
電話 (34) 8569 8570
振替口座 東京 143865
民主新聞社
発行人 丁贊鎭

一部 20円
一箇月送料共50円

綱領

一、우리는大韓民国의国是를遵守한다
二、우리는在留同胞의民権擁護를期한다
三、우리는在留同胞의民生安定을期한다
四、우리는在留同胞의文化向上을期한다
五、우리는国際親善을期한다

自由國家는勇断을내리자

韓国軍은對共十字軍이다

제三十七주년 三·一절 기념일을 맞이하여 리승만대통령각하께서는 재일교포를 특히 애호하는 마음으로 국내외의 정세를 상세히 설명하시며 三·一정신으로 재일교포를 격려고무 하시었다 재일교포는 리대통령각하의 뜻을 받들어 민족 ☆ 과 국토통일에 충성을 다하자 기념사는 다음과같다

李大統領 記念辭

현재 우리국가가 또한 전세계 자유진영에 대하여 국히 위협을 주는 위험이 존재하는

이때에 우리는 다시 이곳에 모여 三·一운동의 용감한 정신을 축하하고자 하는바입니다

세상이 다 알다싶이 공산주의자들은 교모한 방법으로 그들의 노골화(露骨化)한 세계정복계획(世界征服計劃)을 계속 실행중에 있는 것입니다 공산당 지도자들은 제네바에 모여 세계평화의 새시대는 시작될 것이라고 선언하여 놓고 그다음 그들의 외상(外相)이 제네바에서 열리는 또다른 회의에 돌아와서는 세계문제를 해결하기 위하여 어떠한 합의(合意)도 맺기를 거부하는 것입니다 그후 공산당의 최고지도층은 인도에 가서 민주주의에 대하여 반감을 고취(鼓吹)하는데 전력을 다하고 또한 소위 중립주의자들을 자기들 진영에 한걸음 더 끌어넣기에 힘을 다 쓰는 것입니다 그뿐아니라 그들은 민주세계의 의혹(疑惑)을 완화(緩和)시키기 위하여 또 다른 평화전술(平和戰術)을 개시하는 것입니다

사실 「쿠루슈체프」나 「불가닌」이 그들이 이세계의 가장 위대한 자유국민의 지도자들을 우롱(愚弄)하고 있다고 자신이 믿을만큼 그렇게 무지(無知)하다고는 믿어지지 않습니다 그렇지만 그들은 민주국가의 선거(選挙)가 곧 시행될 것임을 알고 있으며 또한 그들은 정치지도자들중에 앞으로 희생이 더 필요하고 위험을 더 무릅써야 한다는 사실을 투표자들에게 감히 말할 사람이 극히 드물다는 것을 알고 있는 것입니다 이상하게도 그들은 자유를 파괴하는 노력의 일단으로 민주주의의 바로 근본적인과정(過程)을 이용할 수 있음을 알고 있는 것입니다

여러분들이 다 알고있는 바와같이 평화시의 국민의 자유와 전쟁시의 국민이고 군인인 사람의 엄격한 규률사이에는 차이가 있는 것입니다 국가가 평화시에 있어서는 그 국민은 모든 사치를 누리며 마음의 편안을 얻고 모든 불안과 긴장을 멀고자하는 것입니다

오늘날 전세계를 통하여 가장 인기(人気)를 끄는 말 중의 하나가 「긴장의 완화」라는 말임은 결코 우연한 일은 아닙니다 공산주의자들이 이 말을 쓰기시작하였으며 그 말의 인기를 유지하기에 전력을 다하며 한편 검열(検閲)이 있는 철의 장막 뒤에서 그리고 그들의 엄격한 독재정치 제도속에서는 그들의 국민들로 하여금 긴장을 풀도록 허락한다는 일은 꿈도 꾸지않고 있는 것입니다 아무리 그들이 평화를 입에 담을지언정 그들의 주장은 아직도 오늘날 민수물자(民需物資)를 생산할 시기는 아니며 국가의 모든 자원(資源)은 막대한 현대전(現代戦)의 기재(機材)를 축적(蓄積)하는데 전적으로 사용하여야 한다는 것입니다

일방(一方) 민주국민들은 「긴장의 완화」라는 말을 즐기고 있으니 그 이유는 그들의 번영(繁栄)과 환상적(幻想的)인 안전(安全)속에서 그들은 실로 긴장을 풀고싶기 때문입니다 따라서 모든 사람이 긴장의 완화를 부르짖고 있는데 한편 공산주의자들 자신은 한번도 그래본 일이 없는 것입니다

그러면 어떻게 될 것입니까? 첫째로 한국의 공산적(共産敵)들은 휴전을 지키지 않으며 모든 수단을 다하여 우리들에게 대한 전쟁의 재개(再開)를 준비하고 있으며 그들이 선택(選択)하는 시기와 방법으로 전쟁을 재개하자는 것입니다

또하나 공산주의자들은 이 세상의 제일가는 도의의 창도자(道義の唱道者)처럼 보이면서 자신을 중립주의자라고 공언(公言)하는 국민들로부터 더 지지를 얻는데 한 방법으로 긴장의 완화라는 구호(口號)를 이용하는 것입니다 크게 유감스러운 일은 그들이 공산주의자들의 침략(侵略)과 전세계 인구의 반(半)이상의 노예화(奴隷化)에 대하여 하등의 도의문제(道義問題)를 집어내지 않으려고 하는 점입니다

또한 긴장의 완화하는 구실밑에서 공산주의자들은 공공연(公公然)히 중동(中東)과 「아프리카」지역에 침입하였고 그것에서 그들의 힘으로 가능한 모든 긴장을 조장(助長)하고 있는 것입니다 그러나 이러한 공산당의 행동들은 공공연히 민주국가 자체에 대하여 하고있는 행동이 아니기 때문에 긴장을 풀고 있는 국민들에게는 시시각각(時々刻々) 그들 신변에 가까워 오는 중대한 위험을 알아 채리기가 힘든 것입니다

나는 자유 세계의 지도층을 비판하고자하는 것이 아닙니다 강력(強力)한 민주국민들을 영도(領導)하고 있는 위대한 정치가들은 그네들 자신의 문제가 있으며 그러한 문제들을 자신의 정책에 따라 처리하고 있는 것입니다 그 지도자들은 세계역사상 가장 강력한 군비(軍備)를 큰 희생을 무릅쓰고 유지하고 있는바 그 이유는 그네들이 「쏘련」이 결정적(決定的)으로 분명(分明)히 군사적우위(軍事的優位)를 획득(獲得)할 날 무슨 일이 일어날는지에 대하여 결코 착각(錯覚)은 가지고 있지 않기 때문입니다

北韓의兄弟姉妹를救出하자

자유세계의 지도자들은 세계전쟁을 회피(回避)하기 위하여 최선을 다하고 있는바 왜냐하면 그네들은 현대무기(現代武器)의 파괴력(破壊力)을 알고있기 때문입니다 그네들은 굳지 못하나마 동맹(同盟)을 유지하려고 하나 왜냐하면 공산주의자들의 제일목표는 자유국가들을 분산(分散)시키어 하나씩 하나씩 정복하자는데 있음을 알고 있기 때문입니다 그리고 그네들의 생각에 의하면 단결(団結)은 노력(努力)이거나 희생(犠牲)이거나 서로(相互間) 너무 많이 요구하지 않아야 유지할수 있는 것이라 하며 나는 이 문제를 이해하고 또 그네들과 동감(同感)입니다

그러나 이상과같은 사실에 불구하고 나는 자유세계 지도자들이 이 냉전(冷戦)을 세계의 자유를 보존하는 방향으로 싸우고 있다고 믿을 수는 없는 것입니다 이 점에 있어서 사실은 역사가 증명하는 것입니다 과거 十년간 「쏘련」은 그 세력을 八억을 며 증가한 인구(人口)와 지구(地球)면의 三분지一 이상되는 면적위에 확장하였음을 우리들은 모두 알고 있는 것입니다

우리들은 또한 공산제국주의의 전진(前進)은 어디서나 저지(阻止)되거나 지연(遅延)조차 된 일이 없음을 분명히 알고 있으며 오히려 그 전진은 과거보다 더 쾌속도(快速度)로 또한 효과적(効果的)으로 나아가고 있다는 사실을 알수 있는 바입니다 二년전만 하여도 남쪽아세아와 중동지방은 「쏘련」세력권(勢力圏) 밖에 있어 안전하다고 믿어먼든 것인데 지금은 확실히 그 세력권내에 휩쓸려 들어갈 위험한 상태에 있는 것입니다 그리고 그것도 모두가 전쟁이나 또한 무슨 희생이 있는 싸움도 없이 그렇게 될 위험한 상태에 있는 것입니다 어제만 해도 사람들이 생각하기에 「아프리카」는 그 막대한 부(富)와 커다란 전략적가치(戦略的価値)를 가지고도 「쏘련」세력 밖에서 안전할수가 있었던 것 같습니다 그러나 오늘날 「로서아」책략(策略)의 촉수(触手)는 「아프리카」대륙의 바로 심장부(心臓部)에 파도히 얼키고 있는 것입니다

남미(南美)까지도 오늘날은 유혹(誘惑)을 받고 있는바 「쏘련」만은 그 방법을 알고 있으니 제일먼저 통상으로 다음에는 문화적 그리고 정치적 영향으로 이를 유혹하려는 것입니다 (中略)

물론 크고 어렵고 긴급을 요하는 문제는 너무 늦기전에 공산제국주의의 진격(進撃)을 저지(阻止)하기 위하여 어떻게 하면 될 것인가 입니다 나의 생각에 이 문제는 우리 우방의 친구들이 생각하는 것처럼 어려운것은 아닌듯 합니다

나는 자유세계가 공산침략자들과 그들의 조건과 방법을 따르면서 협상함으로써 그들의 권위(権威)를 높혀서는 안될 것이라고 믿습니다

나는 「유엔」이 공산주의자들의 사기(詐欺)에 넘어가서 완전히 자유로운 국가를 그 기구에 가입(加入)시키는 대신 몇몇 공산위성 국가를 가입시킨 것이 세계자유를 위하여 도움이 되었다고는 생각할수 없는 것입니다 내 생각에는 「자유중국을 그가 외몽고(外蒙古)가 「유엔」가맹국이 될만하다고 주장하는 매우 재미롭지 못한 흥정에 반대한 용기 때문에 아마벌을 받아야 하겠다고 자유국가들이 암시(暗示)하고 있음은 一 실로 자유를 위하여 가장 위험스럽고 또한 도의상(道義上) 혐오(嫌悪)할 일이기도 합니다 이러한 유(類)의 행동은 자유국민을 경무(軽侮)하는 결과가되며 또한 노골적인 공산세력의 무도(無道)와 유물론(唯物論)에 대항하여 이 세계를 방어하려는 자유국민의 도의적 지위를 몹시 약하게 만드는 결과가 되는 것입니다

나는 자유세계가 공산주의자들의 노골적인 그리고 교모한 한국휴전위반을 못본체 하고 있는한 냉전(冷戦)을 이길수는 없다고 생각하는 바입니다 (中略)

그러므로 자유국가들이 한국휴전이 이미 존재하지 않음을 즉시로 선언함은 자유의 수호(守護)를 위하여 절대로 필요한 일인 것입니다 위대한 민주국가가 현재에 있어서는 전재재개(戦争再開)를 선택하지는 않을는지는 모르고 그것은 또 그들 자신이 그들의 국가정책의 문제로서 결정할 문제이기는 하지만 그러나 그들이 한편으로는 적이 휴전을 위반하는 사실을 지적하면서 동시에 우리들은 아직도 그 협정의 구속을 받는다고 주장한다는 일은 매우 이상하기 한량(限量)없는 일입니다 이러한 조전하에서 이득(利得)하는 쪽은 침략자만이니 그들은 이제야 바로 모든 것이 가능함을 알고 있는 바입니다

자유세계가 할수있는 것이 많으니 공산국가들과 모든 통상을 단절(断切)하고 그리하여 공산국가의 경제를 질식(窒息) 파괴하는 시초가되는 것입니다 그들은 다량의 수입(輸入)에 전적으로의존하고 있기 때문입니다

자유세계는 공산주의자들이 그들 자신 맺은 협정을 지키지않는 한 그리고 그때까지는 이 이상 어떠한협상도 이를 거부할수 있는 것입니다 이 협상의 종결(終結)이야 말로 자유국가들이 회외석상에 그들과 합석할 때마다 그들이 계속적으로 합법성(合法性)을 자격없이 주장하는 것을 막을 수가 있는 것입니다 자유국가들은 그들이 공산주의자들의 어떠한침략의 리득(利得)이든 인정(認定)치못하겠다는 사실과 우리와 같은 국민들이 공산세력에 빼앗긴 것을 도로 찾는데 있어서 돕고 격려(激励)하기에 있는 힘을 다 쓰겠다는 사실을 명백히 할수 있는 것입니다

내가 판단하기에는 공산주의자들이 무엇을 하든지간에 그들이 자유세계의 방위적(防衛的) 군사조치(軍事措置)조차 받음이 없이 안전하게 있을수 있다는 보장(保障)을 그들에게 줌으로써 이(利)로운 것은 하나도 없는 것입니다 전쟁이라는 것은 최후적 수단인 법정(法廷)밖에는안되는 것이지만 그러나 공산주의자들이 이것이 이미최후수단이 되지도 못한다고 생각하게 된다면 그들은 닥쳐올 결과(結果)에대한 모든 두려움을 잊어버리고 그들의 제국주의를 모-든힘 있는 방법으로 추진(推進)할수 있을것입니다

오늘날의 세계정세를보건대 마음든든히 생각되는 징조(徵兆)도 몇가지는 있는 것입니다 우리 한국의 형편은 확실히 경제적으로 개선되고 있으니 미국과 기타의 우방들의 판대하고도 선견지명(先見之明)있는 원조를 받아 우리의 산업생산력은 점차로 회복 도중에 있읍니다 이점에있어서 우리는一년전보다도 더 희망을가지고 장래를 바라볼수가 있읍니다

우리의 군대를 말하자면 전의 어느 시기보다도 더욱 강력하고 더 훈련되었으며 더 장비를 가지고 있읍니다 우리 대한민국군은 전아세아에서 가장 강력한 반공군대인 동시 전세계에서 제三위 또는 四위가는 강력한 것입니다 우리는 공산침략이 개시되면 一九五〇년시기와 같이 무력한 것은 절대로 아닙니다 우리 국민은 교육에 있어서 그리고 우리의 기술자와 훈련된 행정관의 발전에 있어서도 진보하고 있는 것입니다 우리들의 청년이 자유와 민주주의에 대한 능력과 경험이 늘고 있는 점은 자랑할만한 것이 있읍니다 몇가지 점에 있어서 우리 국민은 오늘날 우리역사상 과거 어느 시기보다도 강력한 것입니다

그러나 그렇다고 우리가 긴장을 풀 수는 없는 것입니다 우리는 북(北)으로부터 오는 가장 무서운 위험에 직면(直面)하고 있으며 동시에일본과의 우리문제를 해결함에 있어서 성과(成果)를 거두기가 어려움을 안 것입니다 일인들은 아직도 한국을 생각하기를 이차대전에 잃기는 하였지만 그들이 다시 회복할 수 있는 지역같이 생각하는 것입니다 다시금 그들은 자기들 나라의 부족한 자원으로는 살아 갈 수 없음을 논의하고 있으며 우리에 대하여 그 탐욕(貪慾)스러운 희망을 걸어보고 있는 것입니다 일본과 이러한 문제들을 해결하려고 많은 노력을 하였지만 지금까지 우리는 거절(拒絶)을 당한 것입니다

과거 어느 시기보다도 오늘날 우리에게는 기미만세운동의 용감한 정신이 필요한 것입니다 그 당시의 애국자들은 우리의 자랑하는 나라가 다시 자유롭게 되도록 자기를 희생할 결의가 있었던 것입니다 이것이 의로 오늘 우리가 당면하고있는 조전(挑戦)인 것입니다

우리는 영광스러운 전통(伝統)을 가지며 있으니 그 전통은 四千년의 용감한 역사바 전통인 동시에 또한 우리가 첫때로 일본의 정복에 대하여 그리고 그다음에는 공산주의자들의 침략에 대항하여 싸운 말살(抹殺)될수없는 애국심과 영광의 전통입니다 세계 어느곳에서나 용기와 자유정신을 숭상(崇尚)할 것에서는 한국의 이름이 빛날 것입니다

우리는 위험과 난관에 처해 있지만 그렇다고 퇴보(退歩)와 수치(羞恥)속에서 살수는 없을 것입니다 북에서 기한(飢寒)에 주리고 있으며 공상당살인마들의 계속적인 협박을 당하고 있는 우리 형제 자매들을 생각할 때에 우리는 무기가 있든지 없든지간에 당장 그들을 구원하러 가고싶은 생각뿐입니다 이는 같이 살수없을 바에는 적어도 같이 죽을수는 있기 때문입니다 우리들은 우리에게는 책임이 없이 만들어진 세계정세의 회생자입니다 당분간 우리들은 이 참을수 없는 상태가 곧 바로 잡히도록 기도할수 밖에 없읍니다 우리민족은 우리의 의사로 분할(分割)된 일은 없으며 참다운 한국인이 살아있는 순간까지 우리는 통일과 자유를 위하여 싸울 것입니다 이것을 우리의 적이나 우방(友邦)이나모두 잘 아는 바입니다 우리것을 도로 찾는것이 우리의 큰 희망이요 이길에 있어서 한국이 다시 통일되고 자유를 누리는 날까지는 그대로 있을 수 없음을 우리들은 다시한번 엄숙히 서약(誓約)하는 바입니다 (이상)

大韓獨立宣言書

吾等은 玆에 我朝鮮의 独立国임과 朝鮮人의 自主民임을 宣言하노라 此로써 世界万邦에 告하여 人類平等의 大義를 克明하며 此로써 子孫万代에 誥(고)하여 民族自存의 正権을 永有케 하노라 半万年歴史의 権威를 仗(장)하여 此를 宣言함이며 二千万民衆의 誠忠을 合하야 此를 佈明(포명)함이며 民族의 恒久如一한 自由発展을 為하여 此를 主張함이며 人類的良心의 発露에 基因한 世界改造의 大機運에 順応並進하기 為하여 此를 提起함이니 是天의 明命이며 時代의 大勢이며 全人類共存同生権의 正当한 発動이라 天下何物이던지 此를 沮止抑制(저지억제)치 못할지니라 旧時代의 遺物인 侵略主義強権主義의 犠牲을 作하아 有史以来 累千年에 처음으로 異民族 箝制(겸제)의 痛苦를 嘗(상)한지 今에 十年을 過한지라 我生存権의 剝喪(박상)됨이 무릇 幾何이며 心霊上発展의 障礙(장애)됨이 무릇 幾何이며 民族的尊栄의 毀損(훼손)됨이 무릇 幾何이며 新鋭와 独創으로써 世界文化의 大潮流에 寄与補裨(기여보비)할 機縁을 遺失함이 무릇 幾何뇨

噫(의)라 旧来의 抑鬱(억울)을 宣暢(선창)하려 하면 時下의 苦痛을 擺脫(파탈)하려 하면 将来의 脅威를 芟除(삼제)하려 하면 民族良心과 国家的廉義(렴의)의 圧縮銷残(압축소잔)을 興奮伸張하려 하면 各個人格의 正当한 発達을 遂하려 하면 可憐한 子弟에게 苦恥的財産을 遺与치 아니하려 하면 子子孫孫의 永久完全한 慶福을 導迎하려 하면 最大急務가 民族的独立을 確実케 함이니 二千万各個가 人마다 方寸의 刃(인)을 懐하고 人類通性과 時代良心이 正義의 軍과 人道의 干戈(간과)로써 護援하는 今日 吾人은 進하아 取하매 何強을 挫치못하랴 退하아 作하며 何志를 展치 못하랴

丙子修好条規以来 時々種々의 金石盟約을 食하았다 하아 日本의 無信을 罪하려안이하노라 学者는 講壇에서 政治家는 実際에서 我祖宗世業을 植民地視하고 我文化民族을 土昧人遇하아 한갓 征服者의 快를 貪할 뿐이오 我의 久遠한 社会基礎와 卓犖(탁영)한 民族心理를 無視하다 하아 日本의 少義함을 責하려 안이하노라 自己를 策励하기에 急한 吾人은 他의 怨尤(원우)를 暇(가)치 못하노라 現在를 綢繆(주무)하기에 急한 吾人은 宿昔의 懲弁을 暇치 못하노라 今日 吾人의 所在는 다만 自己의 建設이 有할뿐이오 決코 他의 破壊에 在치 안이하도다 厳粛한 良心의 命令으로써 自家의 新運命을 開拓함이오 決코 旧怨과 一時的感情으로써 他를 嫉逐排斥함이 안이로다 旧思想旧勢力에 羈縻(패미)된 日本為政家의 功名的犠牲이된 不自然 又 不合理한 錯誤状態를 改善匡正(개선광정)하아 自然 又 合理한 正経大原으로 帰還케함이로다 当初에 民族的要求로서 出치 안이한 両国併合의 結果가 畢竟 姑息的威圧과 差別的不平과 統計数字上 虚飾의 下에서 利害相反한 両民族間에 永遠히 和同할수 없는 怨溝(원구)를 去益深造하는 今来実績을 観하라 勇明果敢으로써 旧誤를 廓正(곽정)하고 真正한 理解와 同情에 基本한 友好的新局面을 打開함이 彼比間 遠禍召福하는 捷径임을 明知할것 안인가 또 二千万 含憤蓄怨의 民을 威力으로써 拘束함은 다만 東洋의 永久한 平和를 保障하는 所以가 안일뿐안이라 此로 因하아 東洋安危의 主軸인 四億万支那人의 日本에 対한 危懼와 猜疑를 갈수록 濃厚케 하아 그結果로 東洋全局이 共倒同亡의 悲運을 招致할것이 明하니 今日 吾人의 朝鮮独立은 朝鮮人으로 하아금 正当한 生栄을 遂케 하는同時에 日本으로 하아금 邪路(자로)로서 出하아 東洋支持者인 重責을 全케 하는것이며 支那로 하아금 重要한 一部를 삼는 世界平和人類幸福에 必要한 階段이 되게하는것이라 이엇지 区区한 感情上問題리오

아아 新天地가 眼前에 展開되도다 威力의 時代가 去하고 道義의 時代가 来하도다 過去全世紀에 錬磨長養된 人道的精神이 바야흐로 新文明의 曙光을 人類의 歴史에 投射하기 始하도다 新春이 世界에 来하아 万物의 回蘇를 催進하는도다 凍氷寒雪에 呼吸을 閉蟄(폐칩)한것이 彼一時의 勢라 하면 和風暖陽에 気脈을 振舒(진서)함은 此一時의 勢니 天地의 復運에 際하고 世界의 変潮를 乗한 吾人은 아모 躊躇할것 없으며 아모 忌憚할것 없도다 我의 固有한 自由権를 護全하아 生旺의 楽을 飽享할것이며 我의 自足한 独創力을 発揮하아 春満한 大界에 民族的精華를 結紐(결뉴)할지로다

吾等이 玆에 奮起하도다 良心이 我와 同存하며 真理가 我와 併進하는도다 男女老幼없이 陰鬱한 古巣로서 活発히 起来하아 万民群衆으로 全世界気運이 吾等을 外護하나니 着手가 곳 成功이다 다만 光明으로 邁進할다름인저

公約三章

一、今日吾人의 此挙는 正義 人道 生存 尊栄을 為하는 民族的要求니 오즉 自由的精神을 発揮할것이오 決코 排他的 感情으로 逸走하지말라

一、最後의 一人까지 最後의 一刻까지 民族의 正当한 意志를 快히 発表하라

一、一切의 行動은 가장 秩序를 尊重하아 吾人의 主張과 態度로 하아금 어데까지던지 光明正大하게하라

朝鮮建國四千二百五十二年三月一日

朝鮮民族代表

孫秉熙以下三十三人署名

獨立精神본받아 祖國統一에団結하자

金公使 記念辭

三十七年前 오늘인 단기四二五二年 即西紀 一九一九年三月一日 当時 十三道各代表인 愛国指導者 三十三人들께서 各自 独立宣言書에 署名捺印하여 韓国이 自由民主独立国家임을 世界万邦에 宣布하였읍니다

当時 宣布된 独立精神을 全国民이 継承하여 단기四二七八年 우리民族이 侵略者로부터 解放을하였으며 檀四二八一年八月에 우리大韓民国이 誕生되였으며 只今 우리全国民은 이 独立을 堅持하며 鞏固케 하기 爲하여 合心戮力하고 있으며 뿐만아니라 더욱 世界를 모든 民主国家의 先鋒이되어 自由民主国家의 安全을 為하여 歴史上 큰 役割을 하고있는 것입니다.

大韓民国은 独立宣言書에 表示된 愛国先烈들의 独立精神을 銘心具現하여 六年前 六月二十五日 発生한 共産괴뢰軍의 不法侵略을 擧国一致 世界自由民主友邦国家와함께 撃滅하고 共産集団의 世界制覇의 野望과 陰謀를 粉砕하였으며 本国政府는 国家百年大計를 樹立하며 本国社会 各部門은 現在 着々 発展途上에 있읍니다 우리在外国民은 大韓民国의 이 興隆에 直接間接으로 貢献하여 우리先烈들의 独立精神을 合心発揮하고 있음을 여러분과 함께 慶賀하는 바입니다

그러나 우리의 앞길에는 国土統一이라는 큰 課業이 있으니 우리在日僑胞는 愛国先烈들의 独立精神을 본받아 偉大하신 領導者 李承晩大統領閣下의 領導下에 国土統一完遂의 聖業에 一致団結邁進하여야 합니다

우리民族의 五千年歴史에 빛나는 先烈의 三一節記念日에 際하여 우리在日僑胞 여러분은 国民의 発展과 子孫万代의 福利를為하여 굳은 決心으로 各自맡은바 任務를 完遂하여 崇高한 三一独立精神을 더욱 빛나게 하기를 바라는 바입니다

共産帝国主義박차고 僑胞生活을向上시키자

丁贊鎭団長

오늘 三·一節을 当하여 여러분들과 머물어 우리 父兄들이 民族의 自由와 独立을 為하여 暴虐한 日本帝国主義에 抗拒하여 피흘려가며 싸워 우리의 歴史를 燦然히 빛낸 偉大한 業績을 讃揚하는 同時에 우리의 覚悟를 새로히 하고자하는바 입니다

여러분도 아시다싶이 지금으로부터 三十七年前 即 己未年当時의 形便으로 말하면 우리人民과 国土와 産業은 完全히 日帝의 制圧하는바가 되어꼼작도 할수없는 処地였으나 이때에 三十三人의 指導者를 中心으로 저 偉大한 三一運動이 準備되고 있었으니 行動的인 青年学徒들이 機敏한 連絡方法으로 全国에 물샐틈없는 動員態勢를 取하여 三月一日正午에는 坊々曲々마다 民衆들이 一定한 場所에모여 뜨거운 눈물을 뿌리며 또, 어떤곳에서는 日帝의 銃剣앞에 피까지 흘려가며 全世界에 向하여 独立宣言을 発表하고 沖天에 울리도록 独立万才를 絶叫하였던 것입니다

참으로 偉大하고 거창한 歴史的事実 입니다 이때부터 우리의 劃族的인 独立運動은 始作된 것입니다

우리는 日帝의 恐怖를 박차고 決然히 三月一日에 蹶起하였던 父兄들을 가진것을 真心으로 자랑스럽게 생각합니다

이러한 父兄들의 高貴한 犠牲의 代価로서 우리는 独立을 찾게 되었읍니다

그러나 오늘날 우리들의 環境과 現実은 復雑多端하며 또한 앞길은 決코 平坦치 않습니다 우리의 国土 北쪽에는 흉치한 共産帝国主義者들이 制拠하여 国土統一을 妨害하고있으며 우리가 지금 살고있는 日本은 過去의 꿈을 아직도 깨끗이 清算하지 못하고 우리의 主権을 無視하는것과같은 要求와 主張을 줌체로 버리지않습니다

이렇듯 悪劣한 条件을 무릅쓰고 우리가 統一을 成就하며 民族国家의 復興発展을 이룩하려면 우리들의 나라와 民族을 자랑하는 熱誠이 더욱 提高되어 実践으로 表現되어야 하겠읍니다

우리들의 血管에는 三一運動以来 独立戦線에서 쓰러진 許多한 先烈들의 피가 脈々히 흐르고있으며 나라와 民族을 為하여서는 주검도 두려워하지않는 先烈들의 精神이 우리의 가슴길이 간직되어 있읍니다 우리들은 이 精神으로 在日六十万僑胞의 生活과 教育, 文化의 向上을 為하여 努力하는 同時에 우리들의 敵인 共産主義者들을 僑胞社会에서 徹底히 排除하여야 되겠읍니다 우리는 오늘을 三一節을 記念하는날로서 그치게 할것이 아니라 오늘부터 三一精神을 크게 発揚하여나갈것을 다같이 盟誓합니다

大韓海運公社 東京出張所
出張所長 張在敏
千代田区有樂町三信빌딩
電話 (59) 0615・0816・0817

韓國銀行 東京支店
支店長 金基燁
千代田区有樂町三信빌딩
電話 (59) 7461

団勢拡張態勢整備

僑胞包攝運動等을展開

民団의 歴史的인 段階와 現状態에 비추어 去年에 整備된 組織基盤위에서 団勢를 一層発展시켜 在日僑胞를 民団의 旗幟下에 統一할것을 目的으로 하여 団勢拡張期間을 設定 僑胞包摂運動이 展開되고 있음은 既報한바인데 其間의 中総各局의 活動現況은 다음과 같다

活潑한 地區協議會 中央組織委員會도 新設

団勢拡張五大目標의 一項의 目的을達成하기 為하여 中総組織局에서는 鋭意組織員의 活動要綱의 案出에 努力하였고 그에 따르는 実践을 充実히 하기에 힘써왔다

僑胞의 知能程度에따라 僑胞의 切実한問題를 誠心껏 理解시키며 같이 念慮하여 끊임없이 僑胞들과 接触을갖는 懇談会、映画会、区内僑胞慰安会、民生問題를 念慮하며 解決하는 議論을하는会合 또는 民団行事에 関한会合등을 通하여 組織員들은 活潑하고 씩씩한 活動이 있어야하며 恒常 大衆속에서 大衆과같이 긴密한 運動을하여 아직民団에 加入치않은 浮動層의 中小企業者 朝総連및一連의 左翼団体에 対하여 批判的인団体 또는 個人 赤色陣営의 指導層을 除外한 無意識分子 思想分裂로 自進加入을 希望하는者 統協等에 属하고있는 僑胞들에게 真情한 民族愛와 情熱로 感動시켜 民団으로 包摂하여 所期의目的을 達成하도록 中総組織局에서는 要請하는한편 中総組織局의 実践活動은 其間 다음과같이 成果를 거두었다

一、中央組織委員会設置

民団組織全般에 걸처 本来의 機能을 充実히 発揮하고 있지 못하는 몇々 地方県本部가 있는 実情에 비추어 그 重要한 原因의 하나인 組織員의 欠乏을 解決하여 組織을 強化하기 위하여 中央組織委員会를 設置하여 地方에 散在하고 있는 有能한 青年幹部를 充分히 活動케 하여 沈滞된県本部의 再建強化를 期하하고 있다 組織委員은 中総直轄로 必要에 따라 미약한 地方에 派遣하여 組織整備強化에 従事케 하는 機動的인 要員으로 現在 이体制는 着々 進行中에있다

二、各地区協議会

1 関東地区協議会

第十四回関東地区協議会는十三日 下午三時부터 十四日正午까지 二日間에 亘하여 神奈川県下 湯河原에서 열려 団務拡張運動을 위 帰国希望者에 関한問題 三・一節에 中央全体大会에 対한意見의交換 西岡長崎県知事의 暴言에 対한 対策等을 討議決定하고 特히 中総無任所局長朴太煥氏의 大村収容所問題 西岡長崎県知事의 暴言内容等의 報告가 있은後 東本李基永副団長의 朝総連의 仮装된 平和攻勢의 実情및 韓日関係를 둘러싼 具体的인 分析報告에이어 中総丁団長의 人事가 있었다

2 中部地区協議会結成

推進中에있던 中部地区協議会를 지난六日 下午一時愛知県本部会議室에서 中総丁団長과 鄭組織局長参席밑에 愛知、岐阜、長崎、静岡四県協議員九名이 出席하여 各県의情勢報告와 活動計画発表가있었고中総丁団長으로부터 内外情勢報告가있은 다음 討議事項으로 들어가 規約을 審議하여 이를採決하고 近協의 三重県本部와 関協의 静岡県本部는 새로中部地区에 転加入키로 決定 初代議長에는 李春植愛知県本部団長 事務局長에는 同県本部 盧恭愚事務局長이 各々就任하고 運営方針에 들어가 各県本部의 横的連絡을 緊密히 하기위하여 協議会는 各県本部에서 輪番制로 開催하되 次回까지는 愛知県本部에서 열기로 決定을본後 今後의 組織強化를 위하여서는 中総指示에따라 団勢拡張運動을 大々的으로 展開키로하고 三一節行事는 各県本部単位로 하되 動員에 注力할것等을 討議決定하는等 盛旺하게 끝마쳤다

3 九州地区協議会

創設二年의 歴史를 가진 九州地区協議会는 九州地区의 情勢에 비추어 活動의 緊密性과 必要性을 느껴 二月三日下午二時부터 駐日代表部福岡事務所 兪容鎭領事와中総金熙明副団長参席밑에 区内七県本部의 最高幹部 約四十名이 会集하여 開催되었다 먼저 兪領事의 人事와 金中総副団長의 内外情勢報告가 있은後 金副団長이 臨時議長으로 着席하여 区内에서 現在"平和라인"을 둘러싸고 이러나고 있는 与論에対하여 討論이 있은後 지난 日本의 十四県知事会議에서 発言한 西岡長崎県知事의 強制送還云々의 暴言에 対하여 警告하기로 決議하고 同委員으로 趙連湜(長崎) 李義孟(福岡) 金熙明(中総)諸氏가 選出되었다

三、芸能大会

僑胞의 慰安과 韓日両国民의 親善을 目的하여 芸能大会를 開催토록 中総組織局에서는 周旋하여 오던바 旧正初의 時期를 라서 各地에서 芸能大会를 開催케 하였다

武蔵野…民団三多摩本部管内에 있는 武蔵野支部는 武蔵野第三小学校講堂에 二月十二日下午一時부터 韓日両国民의 観衆約八百名이 参集밑에 韓日親善芸能大会를 開催하여 中総専属인 無窮花楽劇団과 映画「우리陸軍」等을 上映하여 盛旺을 이루었다.

葛飾…都内葛飾支部에서도 亦是 同日 葛飾区役所講堂에서 芸能大会를 開催하고 韓国六姉妹의 人気楽団「東京렌자ー스」와 金株植의浪曲「우리李大統領」 金松月姉妹 舞踊의 賛助出演等으로 大盛況이었다

川崎…神奈川県本部川崎支部에서는 川崎公民館에서 毎年의 恒例에 따라 韓日親善芸能大会를 二月十五日昼夜二回公演으로 開催하여 千余名의 大観衆을 動員하여 華麗한 民族芸能祭典과 映画를 上映하여 韓日両国民의 大歓迎을 받았다

本國貿易方針에對処

輸出組合結成을推進

韓・日・貿易推進에 있어 在日僑胞生産業者生産品의 優先輸入을 本国政府의 政策으로 決定하였음에 비추어 本紙前号에 報道한바와같이 中総은 韓僑生産品輸出組合結成을 推進中에있다

僑胞企業者들의 生産品을 輸出함은 直接間接으로 祖国復興에 이바지하는것이될뿐만아니라 갖은 悪条件下에 허덕이는 僑胞의 生産企業에 많은 도움이 될것이므로 一般의 期待가 자못크다 다음에 이에대한 参考로 本国政府商工部告示第二三一号로発表된 一九五六年一月부터 六個月間의 民間貿易取扱方針을 紹介한다 이方針에 따르는 輸出入品目의 詳細한것은 各県本部에 示達되어 있으니 自由롭게 閲覧하여달라고 中総民生局에서는 要望하고 있다

一、輸出禁止品을 除外한 物品은 輸出할수있는 輸出制限品目別의 所定制限下에 輸出할수있다

二、正常輸入品目및特殊輸入品目以外는 輸入할수 없다

但品名이 明示되어 있지않은「其他物品」과 輸入該当表示가 없는 品目은 特히 商工部長官의 事前承認이 없으면 輸入할수없다

正常輸入品目및特殊輸入品目中制限措置가 있는것은 그措置에 따라 輸入을 許可한다

三、正常輸入品目은 韓国銀行에 輸入許定에 入金된 모ー든外貨로 輸入한다

四、前項에 不拘하고 輸出入均衡原則에 立脚하여 清算地域에 輸出하여얻은 外貨는 当該地方으로부터 輸入하는데 限하여 使用할수가있다

五、輸入制限品目을 輸入함에 있어서 数合이 있을때는 官需品(軍用및官需用으로서 所用된다는 主務部長官의 認定書와 予算局長의 予算証明書를 具備한것)을 優先的으로 取扱하는 輸入한 있어서 当日受付한 信用状開設申請書가 策定量을 超過하여 競合이 되였을때는 輸出弗入金実績順位(当該前月까지의 六個月間実績)에 따라 信用状을 開設한다 但一商社当十分의一을 超過못한다.

六、輸出에 있어서는 LA또는LC를開設한날로부터 六個月以内(清算地域은 四個月以内)에 輸入通関하지않으면 안된다 通関期間을 延期시키려할때는 商工部長官의 事前承認을 얻지않으면 안된다

七、特殊輸入品目이라하더래도 官需用品은 輸出弗以外의 外貨로 其他地域으로 부터도 輸入할수있다

八、容共商社를 相対로하는 輸出入去来는 許可않는다

九、清算地域과의 輸入手続은 左와같다

가 輸出

A 売買契約이 成立한分은 商務担当官의 事前承認을 얻은後에 LA開設를 申請하지않으면 안된다

B 韓銀東京支店은 前項承認書를LC開設銀行은 그開設通知書를 韓国銀行本店에 送付한다

C 韓国銀行本店은 LA開設証明書를発給한다 税関은 이것에 依하여 輸出通関한다

나 輸入

A 売買契約이 成立한分은 商務担当官에 提出하여 事前承認書를 얻지않으면 안된다

B 韓銀東京支店은 前項事前承認書를 韓銀本店에 送付한다

C 韓銀本店은 前項承認書到着分에 限하여LA를 開設하고 税関은LA開設写本에 따라 輸入通関한다

다 其他

A 清算地域과의 輸出入에 있어서 承認条件을 変更하려 할때는 商工部長官 또는 駐日商務担当官의 承認을 얻지않으면 안된다

B 韓銀本店은 輸出入의 処理状況一覧表를 毎月二回씩 商工部長官과 外務部長官을 経由하여 駐日公使에 送付하지 않으면 안된다

再軍備強調하는自民党

民衆에反韓感情을煽動

自由民主党의 県支部가 結成되여가는 요즘 遊説代議士들의 演説内容을 들어보건대 그네들의 国際信義는 커녕 代議士로서의 良識조차 疑心하리만치 엉터리없는 말을 하고있다

即 宮崎県支部結成遊説에 있어서 遊説部長인 山中貞則、参議院婦人局生活部長横山キ子、組織特別委員倫橋渡의 演説内容을 摘記하여 어떻게 日本政治人들이 韓国을 보고있으며 対韓感情을煽動하고 있는가를 보자

中山貞則曰「親ソ反美를 主張하면서 "아메리카"랑반들의 멘든 憲法을 改正하는데 反対하는 社会党諸公들의 生覚은 理解할수없다……

우리들은 軍備가없는 故로 저ー無謀한 韓国이 公海의 自由를 威脅하는 李라인이나 우리領土인 竹島(우리韓国의独島)까지 占領되고있는것은 日本이 軍隊가없는 故로 저ー韓国人들에게 수모를 받고 있지 않습니까?

우리들은 이韓国의 無謀한 行為에 対하여 防禦하기 為하여서라도 어떻게 하여서라도 憲法을 改正하여 再軍備하지 않으면 안된다……」

또 横山キ子의 演説内容은 「우리들은 社会党諸公이 反対한다 하드래도 憲法을 改正하여 再軍備하지 않는다면 韓国과같은 나라에서 虐待를 받게 됩니다

公海의 自由를 威脅하는 저李라인이나 竹島問題를 보드래도 어떻게 하든지 再軍備하여 自衛力을 갖지않으면 안된다…… 우리 日本도 軍隊만 있다면 李承晩이 저와같은 乱暴한 일을 日本에対하여 할수없을것이다……」

또倫橋渡曰「過去 日本이 亜細亜에 있어서 指導力이 強했기 때문에 赤化되지않었고 또묘變的이고 無識한 韓国人을 抑圧해올수가 있었다……

日本이 軍備가 없기 때문에 公海上에 저 頑固한영감 李承晩이 無謀한 李라인을 거ー人고 日本漁船을 모조리 拿捕하여 法을 犯했다고 裁判하여 漁夫들을 刑務所에 보내고있고 또刑을 마친 사람까지도 抑留하여 釜山에 収容하고있다……우리日本人은 軍隊가 없기 때문에 韓国人에게 수모를 받고있지 않습니까 軍隊가 없다는것을 알고있기 때문에 李承晩이 無謀한일을 日本에 対하여 하고있다……우리들에게 軍隊만있다면 저와같은 라인을 거ー人고 公海의 自由를 威脅하고 日本의 漁船을 拿捕한다는것과같은 수모는 할수없을 것이다云云」이라고 부르지저 拍手喝采를 받고며 멧한 낯을하고있었다고

日本国会代議士로서 이程度의 良識밖에 못갖이고 있음을볼때 可히 日本国会代議士의 程度를 엿볼수가 있다……実로 歴史나 国際的인 事実을 모르기도 딱이없이 没常識한 말이라고 할수박에없고 日本의 政治指導者들이 意識的으로 韓国에対하여 悪感情을 煽動하고 再軍備를 実現하여 過去의 栄華를 다시 꿈 꾸고있는 생각은 自由民主陣営을 代表하여 共産陣営과 最前線에서 싸우고있는 韓国의 立場에서는 도모지 理解할수없고 実로 遺憾千万한 일이라고 생각한다

웨? 日本政治家들中에는 中共、ソ連과같은 共産陣営에 対決할수있는 것과같은 勇気있는 사람이없이 強者에 対하여는 弱하고 弱者에 対하여서는 強한 卑屈한 사람밖에 없을까! 참으로 不可思議한 現象이라고 하지않을수없다

이것도「섬나라의 根性의 하나일것인가 読者들은 어떻게 보시는지?

教育機関의補強과 行政官派遣을要請

欧美教育事情研究와 本国文教部委嘱으로 在日韓国人教育事情 施設等의 視察目的으로 渡日中이였든 沈泰鎭氏(審陸高校々長)는 東京 関西의 各韓国学園을視察 一週間에걸친 스케줄을完了 十三日NWA機로 空路 帰国하였다

沈氏는 渡日中 中総文教局 学園関係者들과 数次에 걸쳐 会合을가저 教育機関에関한 細密한 打合을 하였는데 十二日下午三時부터 中総과 最終的인 意見交換을 하였는데 同席上에서 다음과같이 視察의 感想을 말하였다

沈氏談「在日僑胞의 民族教育에대한 熱誠에는 感銘을 받었다 立地条件等으로 施設이 充分하다고는 못하겠으나 僑胞의 努力한結果가 나타나있다

但한가지 遺憾스러운것은 教育機関이 各自自主的運営을 하고있기 때문에 統一된 基本的인것이 없는것인데 民団에서는 이点을 考慮하여 努力하는 同時에 理事会에만 依存할것이 아니고 運営및 人事에도 充分한 配慮가 必要하다」

이어 中総에서는 教育問題는 国家와 民族的인 問題인故로 僑胞만으로서 解決될 性質의 것이 아님으로 政府의 根本的인 施策을 바란다고 本国政府에 다음과같은 要請을 하였다

A **教育費補助** 僑胞의 教育에対한 法令을 立法化하여 在日児童教育機関의 新設 또는 既設機関의 補強을 国庫로 補助할것을 要請한다

B **教師再教育問題** 教育의 質的向上을 為하여 現地에서 採用된 教師를 放学期를 利用하여 本国에서 再教育할수있는 機会와 機関의 準備를 要請한다

C **図書館設置** 在日僑胞가 本国에서 出版되는 書籍을 自由롭게 閲覧할수있게 本国書籍을 導入하여 僑胞가 集団的으로 居住하는 地域에 国立図書館을 設置할것을 要請한다

D **教育行政官派遣** 教育行政官를 日本에 派遣하여 常任케하여 僑胞教育의 全般的인 事務를 担当케할것을 要請한다

理工系志望 이大部分

推薦試験

一月二十二日 二月十九日의 二次에걸친 今年度 大学進学希望者의 推薦試験은 東京을 위시하여 大阪、広島、福岡、北海道의 各民団本部에서 施行되었는데 (東京은中総)受験者総数는 百三十三名에 達하였다

이中 推薦받은 学生은 三十名에 不過한데(大阪의二次는未定) 昨年에 比較하여 成績은 低下되어 特히 数学은 零点이 많고 全科目중 英語가 優秀하였다 그런데 今年度의 志望傾向은 全受験者의 七割이 理工科等 自然科学部門을 志望하고있고 十一名의 女子受験者도 薬学等 理工系를 志望하고있는것은 本国建設에 커다란 希望이 期待된다

最高成績은 一橋大学志望의 閔庚星(애知県)君이라한다

自由国民連合會結成

準備会長에는丁賛鎭団長

在日亜細亜自由諸国民과의 友好와 親善을 図謀한다는 前号에 既報한 民団方針에따라 中総에서는 華僑総会 比律賓僑民会와 数次에 걸처 懇談会를 거듭하여온結果 하나의 連合体를 結成할것에 意見의 一致를보아 一月十八日下午二時부터 東京駅前「国際観光호텔」会議室에서 中国側 蔡枝元華僑総会々長、県渕村同会副会長両氏와 루레리오 比国僑民会々長、루레라同会副会長両氏 韓国側丁賛鎭民団中総団長 金哲中総事務総長의 三僑民団代表가 出席하여서 열린 第一回準備会에서 同連合体의 名称은「在日亜細亜自由国民連合会」라고決定 準備部署는 다음과같이 担当하였다

"準備会々長 丁 賛鎭

"副会長 蔡 枝元

"事務局長 루레리오

이어 一月三十日에는 在日各国居留民団体에 同会의 趣旨를 앞질 하는 目的의要綱을 다음과같이 発表하였다

目的

一、経済、教育、文化및 社会的인 広汎하고 많은 利益을 위하여 相互가 努力한다

二、国連의 基本精神과 世界人権宣言을 遵守한다

三、忍耐心을 発揮하여 日本国民과 友好的으로 生活을 営為하며 日本에 居住하는限 모든日本의 法律을 遵守한다

四、法制的手段으로 우리들에 加하여지는 不当行為에 対抗하여 平和在留民으로서의 우리들의 権利를 擁保防衛한다

五、誠実한生業과 貿易 或은 職業을 通하여 秩序있는 生活을 営為 우리들이 살고있는 社会에는 価値있는 資質이되고 祖国에 対하여서는 信用있는 存在로 된다

그리고 이連合会参加予定各国은 韓・中・比三国외에 파키스탄・세이론・印度・인도네씨아・버ー마・베트남・泰国等이다

同時에 우리들에 対한 不当한 差別待遇를 廃止시켜 国際信義에 어긋나지 않는 施策을 要請하며 正当한 在留民으로서의 権利를 保障하는데 이連合体의 커다란 意義가 있을것이다

正当한権利를保障하자

丁準備会長談

이連合会는 在日亜細亜各国民의 自発的이고 自然的인 友好的結合이다 이 옹지김은 벌서부터 있었는데 微妙한 韓日関係 中日 比日의 清算되지않는 国交関係等의 影響으로 自然遅延되었든것이다 어하튼 우리在日亜細亜各国民은 共通한 民族的苦痛을 받어온것이고 特히 日本官民의 世論이 共産国에 接近하는 때 在日亜細亜居留民立場으로서도 明朗치못한점을 痛感하는바 크고 純粋한 自由国民으로서의 友好関係를 樹立하도록 이를 是正하는데 서로 손을 잡어 努力하여야 될것이다

中総人事異動

任事務総長(解任総務局長) 金 哲

任総務局長(民生局長兼任) 양 相基

任無任所局長 朴 太煥

任組織次長 趙 용寿

〃 金 九섭

任中央組織委員 李 寿鎭

崔 鍾喜

韓僑生産業者의 實態調査

(十日韓僑通信)本国의 大韓商工会議所에서는 去五日 在日韓国人商工会에 公文으로 対日交易再開에따러 在日僑胞生産業者의 옹지김을 詳細히 調査하여 달라고 要請하여왔다

이에 対하여 商工部에서는 前般부터 民団中総이 主動으로되여 創設準備中에있는「韓僑生産品輸出組合」및 在阪生産業者 貿易業者들의 옹지김을 細密히調査 近間에 前記大韓商工会議所에 連絡하기로 되었다

公告

第二十四回 中央議事会와 第二十回全体大会를 다음의 時日에 開催한다

中央議事会ー四月六日

全体大会ー四月七日

在日本大韓民国居留民団
中央総本部議長 金 光 男

事説 時解

쏘連의 民主化?

쏘共대회의 스타린批判

去二月十四日부터 열린 쏘連共産党第二十回大会는 그것이 世界의 二大陣営의 一方의 旗頭이며 그内部에서는 絶対的인 権力을 가지고있는 쏘共의 大会란 点에서 뿐만아니라 歴史的인 独裁者스타린이 죽은後 처음의 大会라는点에서도 意義가 크며 그討議内容과 帰趨가 자못注目되는 것이다

果然 大会는 開会劈頭로부터 全世界를 놀라게 하였다 即 第一書記후루시쵸프의 経過報告를 筆頭로 미코양 마렌코프 모로로프 스ー스로프等々 입을벌리는 사람마다 스타린과 그政策을 直接間接的으로 批判攻撃하고 最近의 쏘連의政策 다시말하자면 후르시쵸프의 政策을 레ー닌의 理論을 引用하여 正当化하기에 全力을 다하고있음은 그可否를 姑捨하고라도 既往의 大会에서는 보지못한 異例의 現象이라고 아니할수없다

그中에서도 가장重大한것가지變化는 1、暴力革命에 依하지 아니한 社会主義実現의 可能性容認 2、個人崇拝의 排파 集団指導権強調 3、独占資本主義没落의 不可避性否定 이三점이라 하겠는데 이것은 말그대로 認定한다면 完全히 맑쓰・레ー닌主義의 修正이며 이제까지 事実을 自己野心遂成에 有利하게 歪曲하던 態度를 多少라도 是正한것이라고 보겠는데 이는 頑迷한 共産主義指導者가 스스로 変한것이 아니고 自由民主主義国家의 不断한 発展과 쏘連民衆의 一般的 知的水準의 漸次引上됨으로서 事実을 歪曲할수없게된것이 그動機인것은 再言을 要치않으며 우리가 過去에 体験한바 그와같은 言辞가 쏘連의 世界制覇를 容易케하기 為한 戦術에 通하고있다는것은 否定할수있다따라서自由陣営이어디까지나쏘連이 行動으로確実한証拠를 表示하기 前에는 그真実性을 認定치않을것은 当然한 일이러니와 如何튼 쏘連이 過去의 過程을 内外에 公表한 그自体만으로도 意義가 있다하겠다

北韓및中共은

共産主義者의 祖国쏘連의 共産党이 스타린 死亡直後로부터 集団指導体制를 採用 이를 公表하여 強調하여 오다가 今般의 大会에 이르러서는 公々然하게 스타린時代의 個人専制体制를 批判하게되었는데 그衛星国 特히 極東의 中共과 北韓에는 批判의 焦点인 쓰타린式専制体制가 依然히 存続하고 偶像化된 毛沢東 金日成이 그頂点에 君臨하여 絶対的権力을 가지고 前世期的圧政을 強行하고있는데 이는 그것이 쏘連의 目的遂行에 큰 役割을 하고있다하더라도 쏘連의 새로운 綱領과는 差異가 生기게되는바 中共과 北韓傀儡의 앞으로의 動向이 注目된다 이 両政権은 쏘連과달라 쓰타린主義를 土台로 形成되었고 쓰타린 아닌 毛、金의 専制者과 依存하고있다 스타린에対한 批判의 報道를 一切禁止하고는 어떠한 中共指導者가 果然 生覚을 가지고 있으며 스타린에 追従하여 犯한 "過誤"를 인민大衆에게 어떤形態로 보고 批判할것인가 또 그責任은 누가질것인가?

統協의空中分解

統協은 発足当時로부터 自体가 동지고있는 運命의 必然的帰結로서 드디어 空中分解하고 말았다

지난 一月三十一日 旧日帝走狗権逸을 委員長으로하고 北鮮地下代表部問題로 有名한 李北満을 副委員長으로하여 両人의 合作으로 所謂"우리民主社会主義同盟"을 結成함으로써 統協은 事実上 完全分解하게 된것이다

이것은 다시말하자면 深刻한 朝総連内部抗争과 統協内勢力 다툼의 表面化에 지나지않는다 다만 아직도 統協을 死守한다고 悲鳴을 올리고 있는 朴春琴과 最近朝総連에 매우 接近하였다고 伝하여지는 元心昌氏의 動向이 注目된다

그런에 새로 생긴 "民社同"이란 어떠한 것인가? 말로는 反共 反팟쇼를 부르짖고있다 그러나 事実은 그構成分子의 雑多性이 示唆하는바 絶体로 反共이 될수도 反팟쇼가 될수도 없을 것이다 世人이 다 아는 国際共産党員 李北満을 비롯한 一部는 共産党과 連結를 지가고있고 一部는 또 누구의 앞재비가 될지모른다

三一節第三十七周年記念

국어독본(일반용) 配付案内

昨年부터 鋭意편찬中이었던 在日六十万僑胞 待望의 우리「국어독본」은 今般印刷를完了 韓国学園을 위시하여 各地 国語講習会 各県民団本・支部等으로 配付하게 되었읍니다 一般希望者는 民団組織을 通하여 注文하옵기 바랍니다

一、四六版 九十六페ー지
一、価格 五十円
一、内容ー説明図를 挿入하여 初級부터 中等程度까지의 豊富한 内容

民団中総文教局

唯一한僑胞金融機関
金剛信用組合
名古屋市中村区椿町二丁目五九番地

株式会社 マツヤ
社長 大山陽治
名古屋市瑞穂区堀田通り八の三一
電話(8)2357・4713・7882

松永製菓 株式会社
社長 張永駿
名古屋市西区児玉町一丁目六番地
電話(西) 2837・5850 1181・1182

三一精神으로 国土統一

서울市民들 모인 公園에 다고빠 地의祥発動運一・三

모여라 民团旗幟下에

全組織을 動員、民衆大會開催

民族精神의 精華로 実現되었던 民族独立運動의 第三十七回三・一節記念日를 맞이하는 在日韓国僑胞는 누구보다도 直下로 日本帝国主義의 弾圧과 搾取를 当해온 実感으로 이弾圧과 搾取에 抗拒하여 祖国의 独立과 韓民族의 自由를 世界万邦에 宣布하고 子孫万代의 正当한 権利를 主張한 이 歴史的인 独立運動을 当時의 全民族의 感慨으로 永遠히 記念하고 民族陣営의 画期的인 拡張団結運動을 展開하고자 民団中総에서는 三・一精神의 宣伝啓蒙을 活発히 하는 同時 記念式典에 僑胞를 完全히 動員할수있는 要領과 宣伝啓蒙要領을 다음과같이 各県本部에 指示하였다

(僑胞動員의 完全을 期한다)

1 各県本部에서는 単独으로 記念大会를 挙行하기 어려운 境遇에는 地方協議会를 召集케하여 大衆運動의 中心地를 選定하여 아래의 要領으로 実施한다

2 動員의 対象은 全僑胞에 亘한다(動員目標를 決定한다)

3 動員体制를 確立하기 為하여 地区別로 活動的인 人物로써 動員会를 組織하여 地区内의 僑胞名簿를 作成하고 戸別訪問을 実施한다

4 宣伝삐라(中央에서 送付한 原文에 依하여 多数의 삐라를 作成한다)를 僑胞家庭을 戸別訪問할 時 配布한다

5 動員된 大衆의 啓蒙과 組織化를 期한다

二、宣伝啓蒙을 活発히 한다

1、地方의 日本新聞〃라디오〃를 活用하여 그 意義를 内外에 宣伝토록한다

2 各県本部는 別添한 〃삐라〃〃포스타〃等을 大衆에 浸透시키기 為하여 支部까지 그를 作成하여 分配토록한다(毎戸에 必히 配布토록한다)

3 可能한限 映画、演劇、音楽会等을 公演하며 技術的인面을 中総에 問議한다

三一節슬로ー간

一、偉大한 三・一精神을 継承하여 民族統一을 達成하자

一、自由와 独立戦取에 몸바친 愛国先烈들의 冥福을 빌자

一、全僑胞는 三・一精神에 돌아가 民族陣営으로 集結하자

一、独立国民으로서의 襟度를 가지고 日本国民과의 友誼를 発展시키자

一、日本帝国主義에 抗拒한 三・一精神으로써 赤色帝国主義를 駆逐하자

一、朝総連을 粉砕하고 民団旗幟下에 僑胞를 統一하자

一、日本政府는 対共接近의 過誤에서 脱却하여 韓日会談을 早速히 再開하라

三一精神昂揚 月間設定 広島

民団広島県本部에서는 団勢拡張運動의 一環으로서「三一精神昂揚運動月間」을 設定하여 大々的인 運動을 展開하기로 二月八日 同県本部会議室에서 열린 常任委員会에서 決定하였다 発表된 実践要領에 의하면 다음과 같다

一、記念行事는 県本部単位의 民衆大会를 때나 実質的行事를 한다

二、右記趣旨에따라 各支部単位로 民衆蹶起大会를 연다

三、運動을 末端組織까지 浸透시키기 위하여 十八日 広島県民族陣営拡大連席会議를 召集한다

四、「広島民団新報」三・一特別号를 発行 県下全僑胞에 보내는 呼訴文및 韓日国交에 関한 알필声明을 発表한다

五、三月中旬에 日本各界名士를 招待、親善促進懇談会를 갖는다

六、日本各報道機関을 利用、本趣旨의 浸透化를 図謀한다

그리고 最大의 成果를 얻기위하여 実行委員会를 構成 同委員会内에 四分科委員会를 設置한다

삐스十台動員 神奈川県本部

(韓僑通信十三日) 民団神奈川県本部에서는 十日下午一時 同本部会議室에서 三機関任員을 包含한 拡大支団長会議를開催 三一節記念行事의 対策等을 討議 다음의決定을 보았다

一、三・一節記念行事対策은 民団関東地区協議会의 支持을에따라 東京의 中央大会에 参加하기로決定 삐스十台로 各支部団員을 動員한다

二、団勢拡張運動은 三千六百名増加를 目標로 一記念行事 韓国学園生徒募集 韓僑生産品輸出組合設立等의 活動을通하여 宣伝、啓蒙하고 団員으로 千...

三、韓国学園生徒募集에 関한 勧誘는 支部를 通하여 하는한편 学校教師들이 直接個別訪問한다

四、韓僑生産品輸出組合은 実態調査를 끝마친후 具体案을作成한다

"日本에 孤島" 大村収容所

冷遇에 苦悶하는 千七百名

生活実態는 이렇다

우리僑胞社会에서「日本의孤島」라고 부르고있는 大村収容所(長崎県)……여기에는 아직도 千七百名에 達하는 韓国人이 収容당해 苦悶의 날을 보내고있다 本紙에서도 数次에걸쳐 同収容所에関한 断片的인 報道를 한바있었는데 韓日国交再開가 아직도 未知数的인 現象을 보이고있는 요즈음 特히 民団中総에서는 同収容所의 実態調査를実施、일본의孤島를 둘러싼 "不安의베ー르"를 여러 僑胞社会에 그全貌의 概略을 報道하여 収容所에対한 再認識을 促求하는바이다

民族精神旺盛

이収容所의 被収容者 絶対多数는 大韓民国国民으로서의 民族精神이 旺盛하고 日本政府에対한 本国政策에 絶対的인 信頼를 가지고 있는데 数字的으로 内容을보면 다음과같다

一、収容総数―約千七百名(二月一日現在)

二、男子는 新館에 女子는 旧館에 隔離収容되어있는데 随時的으로 往来는 禁止하고 한달에 한번만 収容者間의 面会를 許可한다

三、密入国者―千三百名 登録違反者(従来부터 日本에居住한사람)―四百名

自治会組織

解決中에있다

一、三、六、七、八、九、十一各項은 約六十퍼ー센트解決 十二項은 八十퍼ー센트 十三項인 共産分子의 分離収容만은 完全解決을 보고 其他各項은 未決中이다 収容者間의 内部組織으로서는 自治会(大韓民国大村収容所自治会라称함)가 結成되어 各棟에 代表一名 副代表一名이(登録違反者가代表) 密入国者가副代表) 있고 二個은登録違反者 下層은密入国者가 収容되어 있다 이自治会는 月一回와 定期総会를 가지며 女子全員이参加 各棟에서도 月例室長会가있고 緊急問題時이 있을時는 臨時総会를 開催한다

絶食으로 抗議

그런데 収容所側과 被収容者間에는 항상 問題로 트라불이 生起는데 그実例의 하나로서 去年十月 収容所長이 記者団 会見時에「釜山収容所에있는 日本船員에 대한 韓国側의 待遇가 매우 不良하다 우리들은 韓国人収容者에 対하여 日本人의 中流以上의 生活待遇를 保証하고있다」云々……」이라고 言明 이事実을 들은 被収容者들에게 一大反撃을 일으켜 絶食運動으로써 抗議한바도있다 그当時의 要求条件을 보면 다음과 같다

国旗台를要求

一、所長言明取消

二、韓国国旗合設置

三、女子를 収容한 旧館과의 通信에 郵票不要

四、収容所内 各棟間의 鉄条網撤去

五、夜間 各室 室戸開放

六、月一回의 所長과의 座談会開催

七、急病患者에 直時来診

八、月二回의 映画観賞

九、木枕配布反対

十、運動場의 콩크리ー트를 撤去

十一、運動器具의 補充

十二、日用雑貨品増配

十三、共産分子는 分離収容해라

以上 十三項에 亘한 要求 마음의 諸項

北韓派三十名

그리고 特히 被収容者間의 風紀 秩序를 確立하기 위하여 指導部長이 이를 担当하고 있다 民団組織에서의 援助物資는 本紙既報와같다 随時이를 一般을通하여 配給하고 있는데 約三十名의 北韓派는 民団外 除外하고서는 民団外 即朝総連系의 援助物資를 全面拒否하고 있는 実情인데 作偽分子의 内容은 다음과같다

퍼ー센트 密入国二十퍼ー센트 前記와같은 会合에서는 반드시 愛国歌로 始作되어 大韓民国万歳로 그친다 前般에 総会에서는 다음과 같은 感激的인 決議로 所内는 勿論 民団関係者들에게 커다란 感銘을 준바가 있었다

即 帰国이 늦어라도 本国과 日本은 対等한 立場에서 国際問題를 解決하여야 된다는 것이다

食生活의 実態

主食은 보리六十% 白米四十%

一、朝食―된장국한공기

昼食―一週三回빵食(砂糖또는바다) 四回는朝食과同一

夕食―主食等에 감자 곤나꾸 김 치등의 副食 月曜日만은 사과一箇 또는 귤二箇를給食

以上이 標準食事의内容인데 一日分의食事数는 日割로 計算하면 一金七十五円이라는 数字가 나온다 其他 沐浴은 一週二回 書信은 検閲制 理髪은 自治会의 自主経営으로 二十円 新聞、読書、煙草等은 自由고 自治会...

깊은 温情에 感謝할뿐

本紙前号에서 既報한 바와같이 大村収容所僑胞에대한 援助金은 継続募集寄送中인데 一月十五日以後부터 二月十日까지 追加寄送한 金品은 다음과같다

長崎県本部(大村支部―四一〇〇円、婦人会―五二〇〇円 衣類―六〇点) 그리고 民団近畿에서는 衣類、現金과 慰問을兼하여大阪、京都、兵庫各本部団長이 大村収容所를 訪問하기로決定 日本法務省의 許可를 받...

感謝文(要旨)

悟寒之節을 맞이하여 温情깊은 物品을 많이 보내주시와 우리들은 무어라 感謝하여야 좋을지 모르겠읍니다 実社会와 隔離당한 우리들은 精神面에 커다란 衝動을 받고있으며 孤独과 苦悶의 連鎖에 生活을 하고있읍니다 同胞愛를 代表하는 唯一의 機関인 民団에 衷心으로 敬意를 表하고 今後에도 指導鞭撻을 仰望하나이다 簡単하나마 全被収容者를 代表하여 이것으로 感謝의 말씀을 올립니다

収容所韓国人代表 李相鎬

平和라인 承認하라!

日本民間人들이友好運動展開

日本政府또는 一部極右極左団体에서는 平和라인의 否定을主張 韓日国交関係에 커다란 波紋을 던지고있는 한편 政府의 対韓政策의 誤謬를 是正하여 両国의 平和友好를 確立하자는 움직임이 部分的이나마 日本民間人에 生起어 在日僑胞社会에 크게 耳目을 끌고있다 即 東京에서 새로 発足한 日本民衆同盟準備会와 日韓平和促進委員会가 그 하나인데 同会에서는 写真과 같이「李라인을承認하라」「日韓漁業協定을締結하라」「久保田発言과...

在韓財産請求権은平和日本建設에 支障이있으니 이를 即時取消하라」「南北朝鮮의 離間策을中止하고 平和的統一에協力하라」는等々良心的인 声明삐라를 全国에 撒布하여同志糾合運動을 展開하고있다 또하나는 秋田弁護士会会長인 小西伝助氏인데 氏는 韓国에対한 日本의 態度가 그릇되었다고 나머지 한 반성을 呼訴하고 있는데 그의 所感을 朝日新聞에 투서 그것이 큰 反響을 일으키고 있다 다음은 그 要旨이다

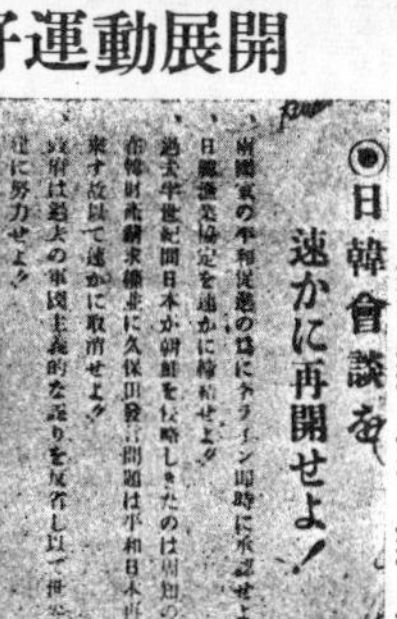

◉日韓會談을 速かに再開せよ!

日本民衆同盟準備会

日韓平和促進委員会

"征韓論"을 떠드는 日本人이여 反省하라

小西傳助氏(秋田弁護士会長)가 呼訴

日本人은 三千年前부터 韓国征伐을 좋아하였다 神功皇后의 三韓征伐 다음은 秀吉의 朝鮮征伐 그리고 明治初年의 西郷隆盛의 征韓論 연이어 日清、日露戦争때는 韓国은 完全히 日本의 ... 그리고 李王朝를 둘러대고 合併의 ... 全히 韓国을 잊기고 李...

어디까지나 싸우겠다고

挑發的인 言動

平和라인에 関係있는 長崎県을 위시한 十四県知事会議는 一月二十一日 山口県下関市水産会館에서 열려 長崎県西岡竹次郎知事가 動議提案한 一方的인 決議案이 採択되었다 하는데 이 決議文中「不法으로 設定한李라인」을 撤廃하라고하며「日本政府는 駐日韓国代表部와 韓国銀行支店을 閉鎖하는同時에 그代表者와 在留韓国人中 十四万三千名을 強制送還하라 韓国이 받어주지 않으면 竹島(独島)에 送還하고 또刑期満了하고 収容所에 되어있는者들은 釈放하되毎名에게 警官의 尾行을 붙인다」「窃賊에도 三分의理가있다하는데 李承晩氏도 몇까지 말할것이 있을지도모른다……」라는等 西岡知事의 暴言에対하여 民団長崎県本部趙連湜団長 同長崎支部延東俊団長은 公用으로 西下中이었던 中総朴太煥無任所局長과 同伴하여 二月七日下午三時 前記西岡知事를 県庁으로 訪問하여 毎日、長崎日日、西日本時事、民友等十四名의 新聞記者団立会밑에 会見하여 西岡知事의 道義에 벗어난 暴言을 追求하였다

問―韓日両国関係의 早急한 解決에 誠意를表하여 오날은 知事와 直接만나 人事겸하여 協議하기위하여 解決策을 要請하는데는 多少 方法上의 相違点이 있으니 知事局長을 同伴하여왔음

朴―오날은 西岡外務大臣과 団長이 会見을 하러왔다 마침 中総에서 御用件으로 来県中인 局長에게 ……(記者団大笑)

14万의韓國人、独島에追放하라

西岡長崎縣知事의暴言에 抗議하여朴太煥無任所局長等会見

朴太煥局長

西岡知事

知事―나도 당신들과 都大統領의 만나보고 싶었다 李라인이라는 것은 自由라는 国際公海의 自由을 無視한것이며 李大統領의 態度는 言語道断이다 우리漁民들의 苦痛은 적지않다 政府에 히미한 政策을 期待할수없어 나는 決心하였다 九州에 있는 知事중 自由党員은 나하나뿐인데 政府및与党이 決断이없으면 어디까지나 싸울覚悟다 長崎県知事의 権限으로서 大村収容所도 県内에 密航하여 들어온 사람들에게 무엇때문에 은음을써가면서 뇌둘必要가 있나…釜山에 抑留당한 우리漁民들과 그家族을 생각하여보니 참여하는 「어느쪽으로 생각하는가」

朴―知事의 所謂「西岡構想」및 市中談에関하여 声明및方法은 韓日親善을 妨害할뿐만 아니라 一方的인 政治的策動에 利用한다고 바께는 생각되지 않는다 그리고 東京에서 도라오는 車中을 朝日新聞에서 보니 石井警察庁長官이 釈放된 韓国人하나하나에 尾行을 붙일必要가 있다고 말하였다 하니 나로서는 무상한 韓国人들이 군심되어 하는 짓을하여 釈放된 韓国人에 또한번 어리석은 울을라는 생각된다

(以下 本文 判読困難)

自由와 獨立을 戰取한 先烈의 義擧를 繼承

三一精神과 己未獨立運動의 經緯

主壇 民論

三一運動의 世界史的地位

金 哲

三一운동의 경위

(詩)

三一節에 부치는 노래

金 堂 東

목메인 만세 소리
땅을 뚫고 터져나오는 아우성 소리
아! 이날은 다시 돌아오고
삼천만 겨레의 힌 行列이 거리와 하늘
을 가고 있다

얼마나 긴 歲月의 세월이었던가
獨立과 自由를 그려
鐵鎖과 刑틀과 압박을 박차고 독재자의
총칼 앞에
분화처럼 일어서던 민족의 憤怒가
山河를 震撼하고
천추에 못잊을 겨레의 怨恨이 맺힌의
하늘위에 散蕪하던 날
하늘과 大陽 山川과 草木도
애달픈 슬픔 속에 잠겨 갔어라

痛哭고 뜨거운 가슴 마다
薔薇 모양 붉게 피는 鮮血의江
偉大한 민족의 意志는 하늘 높이 치솟고
數千의 깃발은
獨立의 塔에 나부꼈노라

얼마나 찬란한
민족의 祭典이 었던가
오랜 時間의 흐름
비록 우리들의 傷痕을 스쳐갔다 하여도
꿈에도 잊힐리 없는
그날의 追憶은
찌질줄 모르는 懲渦 모양
민족의 血管속에 되살아 오거니
三月이여 너의 悲歎속에
우리들의 隊列이 구비쳐 간다
그러나 아직도 못다이룬 統一獨立의 業
明——
三・一에 받친
민족의 넋과 氣魄
또 한번 다시 뭉쳐
금없는 민족의 來日을 이룩하리니

偉大한 民族의 意志여
三月달 샛바람 속에
그대 힘찬 勝利의 노래를
交響하여라

기미독립과 건국이념

讀者設問

一、民主新聞은 지금 國語版과 日本語補助版을 交互로 내고있는데 現狀대로 나가는 것이 좋은가 或은 國語版과 日本語版의 어느편을 더 많이 하는것이 좋은가

二、民主新聞은 지금 漢字를 많이 쓰고있는데 現狀대로 나가는것이 좋은가 或은 漢字를 아주 주리는것이 좋은가

三、日本語補助版에 國語講座를 連載하는것을 歡迎하는가

▽이 御意見에 答은 葉書로 보내주시기 바람

民主新聞社

絹ネクタイ 洋品雑貨 卸商 洋傘丹イ

カネボン 鐘盆商會

代表者 金山昌彦

營業所 東京都中央區日本橋馬喰町一ノ一
電話 茅場町(66) 八四一〇・八四八五番
夜間專用 下谷(83) 四六八番

大韓의 어린이들은 모도다 우리學園에서 民族教育을 배우자!!

東京韓国学園 生徒募集

東京都新宿区若松町21
TEL (34) 1856
都電은新宿에서万世橋行에乗車河田町下車・女医大앞

初等部 (男女共学)
第一学年 五〇名
第二学年以上 若干名

入学資格
第一学年 満六才以上의児童
第二学年以上 同等以上의学力있는者
第三学年以上은右에準함

出願期日
自二月一日―至三月二十七日
毎日上午九時―下午四時까지

出願手續
本学園所定用紙에記入하여考査料二百円을添付提出

考査方法
面接、身体検査、習熟審査

考査時日

合格者発表―三月二十八日、二十九日上午十時
入学手續―所定用紙에記入하여四月三日까지完了
入学式―四月五日上午十時
学費―入学金五百円
月謝金・三百円

中等部 (男女共学)
第一学年 一五〇名
第二学年 一〇名
第三学年 一〇名

入学資格
第一学年 小学卒業者、今年三月卒業予定者및同等以上의学力있는者
第二学年以上 右에準함
出願期日、手續、考査方法、考査時日、合格者発表는全部初等部와同一함
但考査料는三百円、入学金千円、月謝金五百円

新設 高等部 (男女共学)
第一学年 一〇〇名

入学資格
中学卒業者、今年三月卒業予定者및同等以上의学力있는者
出願期日、手續、試験時日은初中等部와同一함(但受験料는五百円)

試験科目
英語、数学、国語、日語、面接、身体検査

合格者発表

学費―入学金千五百円、月謝金七百円

三月三十日正午学園講堂其他入学手續、入学式은初・中等部와同一함

◇都内巡回의学園専用버스運行中、寄宿舎도備있음

大阪金剛学園 生徒募集

小学校
第一学年 一〇〇名

中学校
第一学年 一〇〇名
各学年 若干名

出願期間
自二月一日
至三月二十九日

大阪市西成区梅成通五丁目五番地
TEL大阪 (66) 1898
詳細한内容은直接또는郵便으로照会바람

京都韓國中学校 生徒募集

特典
一、日本文部省令에依한義務教育課程과本国文教部指示의教育課程을並行하여教育시킴
二、卒業生은大韓民国駐日代表部의特別推薦으로進学希望校에入学의便宜를圖謀함
三、卒業者에限하여在日韓国人商工界및其他機関에責任지고就職斡旋함

第一学年、第二学年、第三学年 各若干名

出願期日
自一月十五日―至三月二十四日

入学許可
志願者의入学許可는順序에依하여受付後審査하여入学者를決定、通知発表함

京都市左京区北白川東平井町八
TEL・吉田(7)一八三五番
詳細한内容은直接또는郵便으로募集要項을請求하면送付함

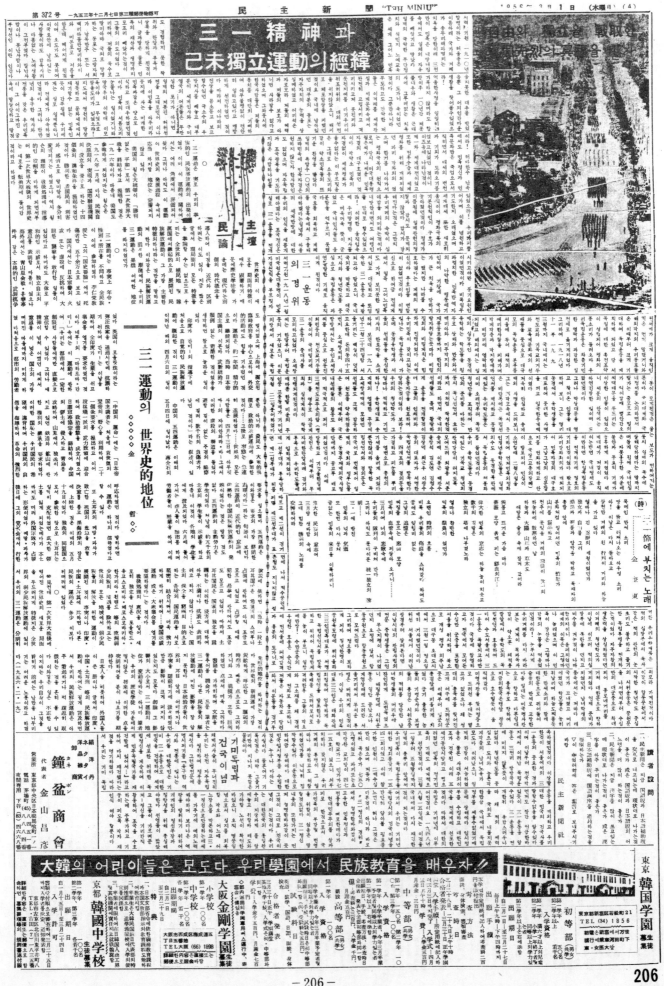

民主新聞

日本語補助版

在日大韓民国居留民団 中央総本部 機関紙
発行所 東京都新宿区若松町21 電話(34)8560・5676
民主新聞社
振替口座東京 148865
発行人 丁賛鎮

毎月送料共50円
一部 15円

綱領

一、われらは大韓民国の国是を遵守する。
二、われらは在留同胞の民権擁護を期する。
三、われらは在留同胞の民生安定を期する。
四、われらは在留同胞の文化向上を期する。
五、われらは国際親善を期する。

仮理事三氏の認可獲得

奨学会対策委の努力奏功

写真は問題の朝鮮奨学会々館

民族良心で本理事構成へ

金事務総長署理 特別談話

金事務総長署理

民団中総が全力を集中して解決に努めている朝鮮奨学会問題は、公約通り一九五七年の新春と共に一つの大きな劃期点に到達した。昨年暮もおし迫つた十二月二十八日待望の民族陣営出身仮理事が東京地裁から選任決定された。この歴史的事実はとりもなおさず、問題解決のための運動が民族的正義によつて提起されその推進過程において全僑胞の惜みない声援と問題に関係した数多くの有志諸氏の誠意と熱意のたまものである。中総事務総長署理は仮理事選任決定に際して次の如く特別談話を発表した。

わが陣営から仮理事が選任されたことは民団の意思を朝鮮奨学会運営に直接反映させる正当且つ、当然な立場が法的に保証されたことを意味する。これは正に劃期的な一大成果であり、過去十年の間同会に対して幾度かためし得べくして実現できなかつた運営参加の機会を遂にかちとつたわけである。

何よりも先ず、対策実行委員会の幹部諸氏並びに担当弁護団、そして背後について特に後援を惜しまなかつた諸先生のご苦労に対し心から尊敬の念と感謝の意を表明する。

過去二ヶ月にわたる推進経過を顧みれば、たび重なる相手側の背信行為と関係者の不信行為に因つて時には堪忍の緒を切らし一部には実力対抗の声まで内部要請として現われるに至つた。しかし、それは勿論われわれの貴重な理性には置き換えることができなかつた。最後まで隠忍自重によく事態の変転に対処し、冷静にことを運んできた。

解放以後今日まで奨学会の運営が彼らに壟断されてきた結果、同会の建造物が絶えず偏向された思想宣伝の温床になつたり或は同会の基本財産が、職業すべき私利追求の対象となつたり幾多の許すべからざる破廉恥行為が公然と繰り返されてきた。これらに関する凡ての資料は既に整つている。われわれの義憤からすればいま直ちにでも自棄を以て、彼らの罪状を天下に公表したい。しかし徒らにことを構えるのみがわれわれの本意ではない。それは彼らがわれわれの建設的な交渉線に応じない場合はいつなんどきでも可能なことである。対策委以会発案に依る相手方との政治的折衝がこれで以つて終熄したわけでは決してない。今もなお総連側の仮理事陣営と中立経済人に依る本理事構成については、懸命な交渉が依然継続されている。われわれは総連側が翻然たる民族良心と社会良識を以て速やかにわが方の提案に応じて呉れることを、堅持してやまない。固より民団は、自己の立場のみを固執したり、同会の運営に対して領導権を把握せんとするが如き姑息的な考えは、毛頭ない。飽くまで民族共有の財産を、民族の名において奪還し、国家有用の人材を国家の為において育英することによつて奨学会本来の姿に還えらせるため一日も早く奉公無私な理事陣営が、構成され善導妥当なやり方で在日学徒を温たく援護し、正しく指導して頂くよう特に念願して已まない。

解説

東京地方裁判所が去る十二月二十八日認可した財団法人朝鮮奨学会仮理事は、かねてより民族陣営から仮理事選任を申請していた左記の三氏の他、日本人弁護士一名が裁判所の職権で決まつたものである。

奨学会問題に対する民族陣営側の活動は去る十一月六日奨学会対策委員会の設置によつて本格化され約五十日目に仮理事三氏の認可獲得にまで発展、多大な成果を収めるに至つたもので、その間の同対策委の実行委はもとより、各界各層の積極的な活動は報いられたといえよう。特に権逸弁護士は法律上の諸問題の他、公私を分たず積極的に尽力し、感謝されている。仮理事三氏の追加認可によつて、仮理事の総数は九名となつた。その中には従来の朝総連側からの三名も含まれているが、日本人三名の中二名は辞意を表明しており実数は七名のもよう。

民団三、朝総三、日本側三の比率は文部省主催の懇談会で提示されたものであるとの見方があるが、仮理事会はあくまでも本理事を選任するための手続上の仕事と暫定的機関であるため、今後の活躍如何によつて奨学会の本命が左右されるわけである。

新仮理事 金得溶 漢城信用組合理事長

韓国文化教育会々長

やりがいのある仕事

仮理事の一人 金得溶氏談

この度はからずも仮理事の重責を課せられまして任務の重大さを新たに自覚するとともに所期の目的達成に努力する決意を固くするものであります。奨学会は左右思想闘争の場ではないばかりか、これを組織活動の場として政治的に利用するような従来の悪例は厳に断ち、祖国の次代を背負う若き学徒の奨学機関として立派に運営すべきでありましよう。私は学生のためにはあらゆる問題を超越して虚心胆懐にことを進め、本理事選任のために最善を尽したいと思います。今後仮理事に同じく選任された趙鏞、宋基復両氏と一致協力し、奨学会を一日も早く再建するためのこのやりがいのある仕事にたづさわりたいと思います。なお、仮理事選任に至るまでの全僑胞ならびに奨学会対策委諸氏の尽力に対して敬意を表明するものです。

今後も継続努力

対策実委 幹事長談

新しく追加認可された仮理事三氏は我が民族陣営内で特に人望もあり、この奨学会という難問題を必らず立派にやりとげてくれるものと確信している。これからもいろいろな問題で朝総連系の仮理事の策動もあろうがそれに負けず、本当に学生のための奨学会再建に努力していただきたい。

仮理事が認可獲得にこぎつけるまでに権逸弁護士の並大抵でない苦労と犠牲的奉仕にただ感謝するばかりでなく今後とも各種問題で助力にあづかりたいと願つている。

× × ×

声明書

今回東京地方裁判所の判決を以て朝鮮奨学会の仮理事を民団側三朝総連側三日本側三の比率で選任せしめたことについて当委員会はつぎの如く声明する。

わが全同胞の知る如く朝鮮奨学会の歴史は古いが文字通り有名無実に過ぎず可成りの資産内容をもちながら学生をまともに援助したことはほとんどなく不健全な運営に加えて党利、私欲等に左右され発足当時の土地建物他基本財産さへ日に日に余る民族全体の一つの希望台でもある奨学会そのものの存立さへ危まれるに至つた。

ここにおいて昨年十一月同胞有志多数の声援により発足した当委員会の目的はいう迄もなく以上の危機から先づ基本財産の回復保全を計ると共に適切有効な運営方針を打ち立て奨学事業の成果を的確に期せしめることにあつたのであるが今回仮理事の決定をみたことは目的達成への一歩前進という意味で喜ばしいことである。

然し真の課題解決はむしろ今後に残されているのである奨学会事業最終成果の尺度が学生の勉学環境確保乃至向上にあることを考へ会はせれば当委員会、元同胞、関係当局の役割は自ら明らかなものと云はねばならぬ。

此際われわれは次の事を闡明にすることが肝要である。

一、朝鮮奨学会に関する限り如何なる事情に依ると雖も、その基本財産を侵害するやうな行為は許されぬ。

二、民団、朝総連、日本政府当局、其他如何なる団体と雖へども其の政治的見解、若くは立場を強制してはならない。

三、何人と云へども具体的な実益をもたらす準備無くして奨学事業の名目を前にして立入つてはならない、云ひ換へれば事実上育英出来が確実に[illegible]るのでなければ百人の理事が百円請求されても何の意味をもつものでない、朝鮮奨学会に関する限り当委員会は勿論のこと関係各位はこれらのことを明瞭に認識し飽迄も超党派的立場と見解をもつて各自の任務をスマートに[illegible]すことを冀し、このやうにして初めて真の相互協力もあり得るのであり朝鮮奨学会をば全民族共通の希望と誇りとして育て上げ得るのである当委員会は以上のやうな見解を以て当面する諸問題に当る旨を全同胞並関係当局に表明すると同時に力強い御協力を要望してやまぬのである

一九五七年一月十五日

朝鮮奨学会対策実行委員会

主張

奨学会を本然の姿に還せ

凡そ文明社会において人間の営為する事業の中で、最も神聖にして且つ重大なる意義を有するものの一は教育であり、その補助促進手段としての奨学事業また然りである。学を奨めて以て広く国民の文化水準の向上を図り、更に国家有用の材を養成することにより国家の発展、国民の福祉に寄与せしむることは、一国が近代文明国家の列に伍して行くために必要欠くべからざる要素である。とりわけ、四十年の長きに亘る苛酷な日本帝国主義の桎梏を脱して漸く十年余、内と外とを問わず多難なる国家再建事業の凡ゆる分野において極度の人材不足を痛感する祖国の現状において、奨学事業の急務なる、今日に過ぐる時はないといえよう。

この秋に当つて今われわれは朝鮮奨学会の問題に直面している。本問題の因由と経過及び現状については既に本紙上を通じて屡々報じてきたところであり、僑胞諸賢の周く熟知するところであるが、我等はこの問題の重大性を痛感するが故に、そしてその建設的解決を切望するが故に、ここに更めてつぎの諸点を主張し、奨学会問題の早期解決を僑胞の皆様に訴えんとするものである。

一、奨学会は自己の使命と本分を自覚せよ。

奨学会の使命はその設立の経緯に鑑み、またその寄附行為中の目的に照らして見るまでもなく、日本に在留する僑胞学生の物心両面にわたる保護指導を行い、以て国家建設事業における有用の人材を養成するに在り、従つてその本分とはこの使命を十二分に遂行して国家的社会的要請に応えるにある。

然るに過去の実績はどうであつたろうか。敗戦による日本社会の極度の混乱、また在留僑胞間の政治的対立等の特殊事情が伏在したとはいえ、その崇高なる使命の一半すら果せたとはいえない。理事の一部は徒らに無為姑息に過してその責めを全うせずして好ましからぬ外部勢力の浸透を傍観し、また一部は自己に課せられた使命を放棄して自ら積極的に外部勢力と結托し、または操縦されて、あるいは会を特定勢力の思想的宣伝の温床と化せしめ、あるいは虚名を構えて私利の充足に奔走して、遂には基本財産の処分問題をめぐる訴訟沙汰すら惹起するに至つた。これらの事実は心ある僑胞の公憤をそそること甚だしきものがあつたが、われわれは将来における建設的解決を切望するが故に敢えてここに非難の繰返しは控える。しかし過去においてこのような過誤を犯した当事者に猛省を促し、同時に奨学会が自己の使命に目覚め、その本分に立返ることを先ず強調するものである。

二、本理事の選出による機関の構成を急げ

一昨年における民団と朝総連の紛争会談、昨年夏の文部省の斡旋乗出し等を機に奨学会再建の動きが起り、昨年末、仮理事四名の追加選任を見て、朝鮮奨学会再建整備の機運は漸く熟してきた。法人の機関たる理事会は法人の頭脳であり手足である。統制的人格者たる法人はその機関の整備充実を俟つて始めて自己の使命活動を全うし得るものとせねばならない。奨学会がその本来の使命に立返つてその本分を全うし得るために、我々は一日も早く識見にすぐれ奨学事業の尊厳と重要性を理解し誠実と情熱と行動力をもつて事に当り得る本理事の選出と、到底も忽せにできない奨学事業の健全な再出発を要望する。在留僑胞学生の大多数は物心両面の劣悪なる条件下にその学業を続けながら、実効ある奨学事業の出現を渇望している事実に鑑み、仮理事諸賢はこの切実なる声に応える処置を速かに決定すべきである。また奨学会が再出発の途に就くには、過去における債権債務の処理、将来における運営資金の調達等山積している諸問題の解決と思われるがこれらも本理事機関の出現によつて解決せらるべき問題である。

三、各団体は奨学会再建に協力せよ

奨学会の使命が在留僑胞学生の学業を助け、以つて祖国建設事業に当るべき有用なる人材の養成にあるとすれば奨学会の再建整備は広く我々在留僑胞全体に課せられた問題であるといわなければならない。故に各団体はこの重大な問題の円満なる解決のために一致協力すべきである。民団は奨学会問題の円満解決による再建出発を念願する立場から、従来から僑胞各団体と折衝を続けてきた。そしてその建設的解決を切望するが故に一部勢力の背信行為にも隠忍自重し、広く話合のための門戸を開放してひたすら努力してきた。この立場と努力は今も変るところないが、同時にわれわれは教育の、従つて奨学事業の中立性と民主的運営を強調し、特定勢力や団体がこれを私し利用することを厳に排撃する。民族、利益と将来を考え国家的社会的な大局の見地に立つならば、この要請は何人もこれを否認し得ざるところであり、従つてこの普遍的真理に則ることにより建設的解決のための共通の場は確保されると確信するものである。各団体は日本における僑胞学生の現状を直視して学生の声に心から耳を傾け国家百年の計を慮つて、過去の行きがかりや利害の対立を清算し、本来の使命に則つた奨学会の再建に一致協力することを主張してやまない。

指紋押捺 拒否事件に判決

罰金五千円にとどむ

群馬県下で発生した指紋押捺拒否事件にかかわる最終公判は十六日午前十時半前橋地方裁判所大田支部法廷で開廷荻原判事から指紋押捺拒否の民団群馬県本部魯徳文副団長に対して、外国人登録令違反に依り罰金五千円を課すとの判決を言渡した。

この日裁判は担当の荻原判事、飯島検事、石川弁護士立会で開かれ、法廷には民団中総金事務総長署理の他群馬県本部橋団長以下多数の同胞傍聴者も見え熱心に聞き入つた。

罰金五千円の判決は前回の公判で飯島検事が求刑した懲役四ケ月よりは遥かに軽減で傍聴者全員は一時検察当局のとつた態度に不満を抱き判決の出方を注目していただけにこの理解ある判決に対して安堵の笑みを浮かべて退廷した。

判決言渡し後、検事側の抗訴意思の表示もなく、弁護側の控訴申請もある筈なくここに問題の指紋押捺拒否第一号の魯副団長事件は一段落をみた。

なお裁判の結果に重大関心を持つ民団中総では随時現地に幹部を派遣していたもので、特に今回も前回同様金事務総長署理が現地におもむき、開廷前に担当の荻原判事と面談、在留同胞の法的認定に係る諸問題、特に今回の一件については慎重を期し、充分な検討を経た上、善処するようにとの民団の立場からなる陳情書を提出した。同陳情書の主な内容は次の通り。

1、魯氏過去の経歴が反共の立場を堅持する民団に対し数多くの功績があつたこと及び同氏の性格が淳朴誠実、団体の公人としても常に忠実に活動してきたこと。

2、この度の事件は本人に全く犯意の無かつたこと及び組織人として中央の指令に遵奉することのできない不可避な事情の存在したこと。

3、本件に関し検察当局の同氏逮捕は過酷に近い程度の不法拘留であり且つこの種運動に対する態度並びに法律適用が必要以上に苛酷過ぎること。

4、かかる結果は在留韓僑と日本官民の関係、ひいては韓日両国の提携関係にも大きな悪影響をも招来すれ決して有利な結果にはならないこと。

5、本件の帰結については全国の民団組織はもちろん在留識者の均しく括目して注視していること。

6、民団の基本態度が日本の悪法に対しては飽くまで改善方につき努力は継続するも法律に背いてまで闘争を展開する意思のないこと。

7、本人の諸般の情状を酌量し無事円満な裁断を仰ぐこと。

中総の尽力に感謝

魯氏、喜びを語る

魯副団長

判決を言渡された本件の主人公である魯氏は退廷後控室で聊さか紅潮させながら次のように語つた。

この判決に対しては何等の不服がありません、殊に自分には前の一件もあり寧ろ満足に思つて居ります。何よりも理解ある当判事の同情的なご裁定と権逸先生はじめ弁護団の強力な弁護に対し厚く感謝致します、そして国民中総の方で数回に亘り当地まで往復しながら深い関心を寄せられ有効な折衝と適切な指導を賜して頂いたことは組織人として忘れることができません。この上は民団発展のため益々微力を捧げて組織強化に努め在留同胞としても恥かしからぬ行動をとつて行く積りであります。この機会に民団群馬県本部諸氏以下お世話になりまた御協力へ心からお礼を申上げます。

マンガでみる自由陣営の闘い

日本では共産派の宣伝出版物は、巷にはんらんしている。これに対抗する民主陣営側の宣伝力は余りに微弱である。これに反して西欧やアメリカでは共産主義の実態をバクロした宣伝活動がまことに活発である。パンフレット、ポスターはもとよりマンガで共産主義の実態を諷刺したものが多い。ここに紹介するマンガはその一つである。第20回党大会におけるフルシチヨフのスターリン批判は、共産諸国に旋風をまきおこしたが…。"スターリンを蔭焼き葬わない方がいいよまたどんな風が吹くかわからないからネ"と下部の党員がつぶやいているところ(マンガはカムレード提供)

好轉は望み薄韓日関係

本国観測筋では悲観視

一月十四日ソウルから伝えられたUP通信によれば、およそ次のように本国政府観測筋は、韓日関係に対する見解を述べている。

東京からの楽観的な声明にもかかわらず当地の外交観測筋は長期にわたり緊張している韓日関係が近く正常化かつ友好的なものになるかどうか疑問視している。

同筋の一致した見解によれば石橋首相、岸外相をはじめ日本の新政府指導者は「妥協の用意がある」という声明で雰囲気の改善を助けたしかし韓国政府は日本の発言が額面通りのものでなく独自の政治目的のためのものであろうとの疑惑を公然とのべている。

のみならず観測筋では烈しい反日家の李承晩大統領が日本は先ず在韓財産請求権を撤回し久保田発言を公式に取消さなければならないという立場を変えることはありそうにないと信じている。

問題は漁族保護線、抑留者など他のいくつかの問題によつて複雑なものになつている。

会談は三回ひらかれ三回とも中絶した。最後の会談は一九五三年十月に行われ十五日間で打切られた。会談再開は何度も試みられたが失敗に終つている。

主な障害は抑留者問題、漁族保護線、日本の財産請求権および久保田発言であつた。日本当局は久保田発言については譲歩の用意があるらしいが韓国政府の見解によると財産請求権を放棄するのは渋つているという。

観測筋では日本がそれを正式会談における駆引の道具にしたがつているのだと見ている。

さらに韓国は次のことを要求している。

一、日本が韓国を併合した一九〇五年および一九一〇年の両条約の破棄
二、日本が占領中に持去つた美術品と船舶の返還
三、旧朝鮮銀行の金銀二億八千万ドルの返還
四、第二次世界大戦中に日本に連れて行かれた韓国人労務者の賃金支払

忙中閑

△スエズ問題、遂いに英本国に波及して、イーデン首相の命取りとなる、ナセルのなせるわざと笑えない悲劇。

△ソ連、中共、ハンガリア会談別に議論から駒が飛び出すわけでなく、兄弟の関係を強調したのに過ぎない、兄弟より他人ということもあるに。

△ポーランド共産党、ぞくぞくと大量脱党者で大波小波、[illegible]調のよろめく脚で、どこえゆく。

△石橋首相、岸外相、共々新任の弁で、韓日会談早期再会をほのめかして居たが、まさか降らぬ雪解けを待つているわけでもないでしように。

△釜山収容所から脱出して来たという漁夫の話と題して、れいれいしく日本一流紙を飾る、盗人にも三分の言い分のある実例。

△大村、浜松両収容所には、釈放を"待つた"された数百千の韓国人が、鉄窓越し明日に望みをかけている、釈放の話、嘘つき大会で"嘘はつかん"と言つた官吏が一等であつたという喩えにならねばよいが。

△民団で打ち出した大スローガン、見たか、きいたかと喇叭をきるわけではないが、門戸開放を金メダルとすれば、奨学会問題は、さし当り銀メダルと着実にその成果をあげている。

△年賀には、中総の事務総長以下各幹部が揃つて、代表部を始め日本関係官庁並び傘下団体、新聞、通信社を礼訪、何もかもが東洋的で誠に結構々々

△説き去り、説き来るが人間の妙味、洋の東西を問わず、名ある人達の交流活動が、年頭から激しく展開されているのは、平和を強調する一と筋故であろう。

△新春だと云うのに、昨今のそれは寒いことばかり、陽気も寒ければ、ふところ具合も寒いし、明日を想う心も寒々しい。

△苦学生といえば、新聞配達をやらないまでも、ボロ靴に、ボロ服は、いまは昔の物語り、ピュッとした背広、オーバ、ネクタイに光り輝く靴と高級社員なみその名も苦学生ではなく、アルバイト学生とかや。

△"実る稲頭を下げる稲穂かな"の名句にあまりにも縁遠い言動をするひとりよがりは、地球を持ち上げたつもりだろうが、所詮は逆立ちしていることに気がつかないまでの話。

進学生推薦試験実施について

一九五七年度日本國内で上級学校受験生に対する第二次推薦試験を左記の通り実施しますから、多数應募するようお知らせします。

記

一、推薦試験
(1)一九五七年二月十日(日)午前九時
(2)場所—東京—民團中総講堂
大阪—〃　大阪本部
福岡—〃　福岡本部
札幌—〃　北海道本部
広島—〃　広島本部
(3)科目—英語、数学、日語

二、提出書類
(1)受験願書—二通
(2)進学調査書—二通
(3)身元保証書—二通(民團県本部発行)
(4)國民登錄完了証—二通(〃〃)
(5)外國人登錄済証明書(各区市町村発行)
(6)成績及び卒業証明書—二通
(7)写真—二枚(名刺版)

三、手数料—五百円也

四、推薦状—推薦試験に合格すれば駐日代表部の推薦状を受験校宛に発行する。

五、願書締切—一九五七年二月九日正午まで

(注)不明の点は、民團各県本部文教部に問合せること。

一九五七年一月十五日

在日韓民國居留民團中央総本部文教局

東京韓国学園 児童募集で呼びかけ

東京韓国学園では、第三次児童募集を目前に控え、「学園進学要請」について次のような呼びかけを行つている。

韓国学園は、在留僑胞の期待と協力の下に、三年間の教育実績を挙げて来ました。創立当初に比較するならば、在学生数も七倍以上に増加されました。しかし東京都を中心とする関東地帯に居住の学齢該当児童数に比べると問題にならない数字であります。大多数の僑胞は金の力と頭を下げながらも日本の学校に依存している現状にあります。この裏には隠蔽出来ない理由もありますが、しかしわれわれは、永き歳月に亘つて旱天慈雨の如く渇望してきた民族教育機関を物心両面で培養し、貴重な子女の教育機関に造りあげなければなりません。

わが学園は大韓民族として運命を共にすべき子女を教育し、十年、二十年将来の祖国を双肩に担つて前進する第二世国民を育英するのが主目的であります。また現代の国際情勢を考え、在日韓民族の明日の運命を想う時、わが子孫の運命の開拓は、祖国以外にはない筈であります。誠の父、母性愛は、正しい教育方針による子女育英にあります。過去十年間、民族運動に献身してきました僑胞皆さんに一層の協賛を希望いたします。

児童募集要項

初等部	第一学年	五十名	
	第二学年以上	各若干名	
中等部	第一学年	百五十名	
	第二学年	百	名
	第三学年	百	名
高等部	第一学年	百	名
	第二学年	百	名

出願期日　自二月一日—至三月二十七日
考査期日　三月二十八日・二十九日の予定
合格者発表　三月三十日の予定

なお詳細は最寄りの民團支部または、学園に直接問合せて下さい

奨学会問題の推移

（その一）

◇……解放以後左翼独占による不法運営のため、破滅寸前にまで陥っていた財団法人朝鮮奨学会は、新年に入るとともに画期的な新局面を迎えるようになった。すなわち過去十余年左翼系列の専断による乱脈きわまる奨学会の運営は、遂に同会の存廃を論ずる段階にまで追込んでしまったところを、関係当局の適切な処置と民族陣営の大乗的配慮により遂に昨年十二月二十八日、良心的な民団側推薦の仮理事が、左翼と同数任命されるに至り、同会の運営はようやく左翼横暴を合法的に防ぐことができるようになった。……◇

◇……この際に本団は解放以来今日までの歩んできたありのままの姿を、客観的立場に立って収集した資料を正確に判断して、同会に関心を有する諸賢ならびに在留同胞の前に公表することが、本団に課せられた務めであると信ずる。この白書を読めば何人といえども、奨学会の運営が今までいかにデタラメであったか、左翼系列がいかに奨学会を彼ら陣営の宣伝の具として、あるいは幹部たちの私慾追求の場として利用してきたかを知りうるであろう。同会に関係した左翼幹部が民族の名において当然処断されなければならないということを痛感するであろう。……◇

◇……同会の沿革は十二月十日第三七七号の本紙に掲載ずみであるので、ここでは解放以後のことを総括的に述べて、項を追ってあらゆる角度から同会の実態を曝らけだしてみることにする（資料の関係で年号は昭和を使用する）……◇

一、奨学会の歩み（解放以後）

①昭和二十年日本の敗戦にともなって奨学会の理事は、理事長常務理事とともに朝鮮人となった。

②終戦後の混乱期に一時期はともかくも一応の運営は成立って来たが朝鮮人連盟が次第に同会の運営に干渉するようになり、会の運営は混乱し始め、会の建造物は左翼活動の根拠地と化していった。

③同会を維持する財団の所有する普通財産株二万五千株は昭和二十三年に売却された（この不正売買の詳細と代金の行方は次回に発表する）

④特に昭和二十五年頃からは経理状態は愈々明確性を欠き、会の運営の名目で、同会の基本財源である土地建物を売却し始め帳簿上は不正をやって各年度の会計決算は整合を欠いて来た。

⑤ついで左翼は事業の行つまりを打開するという美名で昭和二十九年七月に文部省に対して理事の補充を申請したが、文部当局の調査の結果、彼等のいうとくそのメンバーでは同会の再建は覚束ないとして認可を保留された。

⑥文部当局としては理事補充の前提として、同会の経理状態を明らかにすることを要求しているが、今なお彼ら左翼は経理を明らかにすることが出来ず（この不正なる経理状態は次回に公表する）従って文部省の認可は保留されている

⑦昭和三十年六月頃梁丞浩が崔竜淵に替って代表理事となったとき理事の数は寄付行為の定数を欠いたためかその補充をやはり文部省に対して申請したが書類不備と再建の見通しが得られないために認可は保留された。

⑧これで寄付行為の規定により理事会は招集出来なくなり同会の運営は全くマヒ状態に陥ってしまった。

⑨ところが良心の一片をも持ち合せない彼らは会の存亡の危機にも拘らず、正当な民族的立場から逸脱し、飽くまで左翼系列の策略に従って会の再建事業方針なるものを作って、文部省に提出したが日本政府の補助金を目当てにした（日本政府から左翼の資金を引き出す気であることはもち論である）もので当然文部省から却下された。

⑩昭和二十六年に入ってからは財産処分も積極化して遂に財団所有の渋谷区代々木山谷の土地建物（時価七千万円相当）は朝総連幹部某の指令により不当な安価で売却され、しかもその代金は行方不明である。

⑪昭和二十八年に入ってからは新宿区角筈所在の土地および建物全部を売却して彼らの活動資金にしようとし、当時の理事を証拠隠滅のため北鮮へ[illegible]させようとしたが理事達の反対に会い実現されなかった。

⑫同年夏彼らは戦法を変えて同会の土地を売払うべく契約をなし売却し始めたがこれも失敗に帰し、ここに有名な土地係争事件が起った（つぎの項参照）

⑬昭和三十年六月には代表理事梁丞浩の任期も切れ文部省からの理事任命もなされず、従って正式理事は一名も存在しなくなり遂に同会の機能は全く停止してしまった。

⑭この状態では一番こまるのが所謂土地係争事件の債権者達であって、任期の切れた梁と債権者と称する金栄会とを代表として、朝総連側と悪質ブローカーが結託して奨学会を乗取ろうとする陰謀を企て始めた。

⑮このような同会の状態を見るに忍びず、民団側は民族的立場から民族団体のヨウ護のため過去のことは不問にして、同会の再建を図るべく彼ら朝総連側幹部と熱海において会談を開いた。

⑯この会談では双方とも民族的良心に立却して同会の再建に協力し共同して運営に当ろうと紳士協定を結んだ。

⑰ところが彼等はこの約束に反して土地売買問題の相手方である悪質ブローカー金栄会を同会の総務部長に祭り上げ彼の名儀で仮理事選任を裁判所に申請し、崔竜淵、船田享二、南正一三名を仮理事に決定した。

⑱この結果、任期の切れた前理事と仮理事との間に、はては債権者との間に利害関係で和合したり衝突したりして会の機能は全く停止されブローカーのなすがままにさらされた、この醜態を見かねて船田仮理事は昭和三十一年夏辞任してしまった。

⑲仮理事は文部省に対して同会の再建方を具申したが、文部省では六月十六日と七月五日の二回に亘り文部省主催の四者会談を開いた。総連側はこの会談を不法にもボイコットし、民団と文部省、仮理事の三者会談の形式となった。【この会議の内容は別記の通りである】

⑳前記金栄会は裁判所に対して強制執行処分を申請して、同会の土地にいま家屋を建てている。

二、土地係争事件

ここでいわゆる土地係争事件についてふれなければならない。

前記の通り奨学会維持財団所有の代々木山谷の土地ならびに寄宿舎は不法に売却され、その代金は行方不明であるが、これは同会の普通財産株二万五千株の処分とともに司法当局による捜査に任し、ここでは新宿区角筈における同会土地二百五十坪の土地売買をめぐる係争事件のみを記すことにする係争中である土地とは、新宿区角筈二の九四にある五百十坪の土地であって、社団法人朝鮮教育会において購入し今の奨学会の前々身たる社団法人朝鮮教育奨学部事務所として使用し、後に現在の同会事務所を新築し、同会の前身たる朝鮮奨学会、次いで財団法人たる現在の奨学会が引継ぎこれを事務所として使用して今日に至っている。

この土地の所有者は財団法人朝鮮教育財団の所有になっているが、この財団は今日事実上消滅しているといわれている。ところが同会は財政上の窮乏を理由に昭和二十七年十一月九日の理事会で（代表理事　薫保孝）本件土地の売却または賃貸借の決議をした。この理事会で薫代表理事は辞任し、崔竜淵代表理事に選ばれ、この決議の実施の責に当ることになった。この決議崔代表理事は買受人または貸借人を物色した結果、日本人田中甚吉なる人物との間に契約成立の見込となりたるを以て昭和二十八年四月二十二日緊急理事会を招集し、田中との契約書案を理事会に提示して承認を得た（この売却は朝総連幹部某の指令によることは、某氏の供述により明白になっているが氏名等は次回に発表する）翌二十三日には本件土地二百五十坪に付田中甚吉（小林節子の親権者）と崔代表理事との間に売買の契約を締結した。この時契約手付金として三百万円、二ケ月後に内金五百万円を納めることになっていたが、結局三百万円のみを手形等により納め、内金は納められなかった。そこで崔理事は契約不履行として契約の無効を主張し田中は有効と主張して、ここに土地売買をめぐる見苦しい争いが起ったのであるが、同年六月二十三日には崔代表理事は右契約を解除してしまった。そして同年九月六日には本件土地を高山漢俊との間に賃貸借の契約を結び、賃料前払として金百拾九万円也を小切手、約束手形によって納めたが、高山の申出により契約は成立しなかったといわれている。にも拘わらず高山は自己主宰の亜細亜商事株式会社名義で東京地方裁判所に提訴し係争中であった所え前記田中甚吉も賃借権は自分の方にありとして奨学会及亜細亜商事を被告として当事者参加訴訟を提起したので事件は三巴となって係争中であった。ところが高山が金栄会から金拾万円也を奨学会に対する権利を担保にして借用したが期日までに返済出来ず、担保流れで高山の権利は金栄会に渡り、金栄会は田中とも結んで、その権利一切を譲り受けて仕まい。昭和三十年十二月金栄会は同会に対して（当時の代表理事梁丞浩―任期切れで無効）に対して自分が正式な債権者であると申出をなした。

債権の譲渡を受けた金栄会は梁丞浩との間に不法な契約を結び（無効）三十一年三月に金栄会はこの土地問題に関する訴訟を取下げてしまった。このことは当時の理事であった薫保孝には事前の相談もなくやったものである、勿論高山や田中甚吉はいうに及ばず、同会の代理人である弁護士達にも相談もなければ通知もしていなかった。ここに於て彼等相互間には利権関係による争いが起りこれが尾を引いて、聖なるべき奨学会は利権屋の葛藤の場と化して行き、本件土地上には不法なる処理によって債権者と称するものの建造物が建てられている始末である。

なお本件土地の売買の代金は坪九万円で計二千二百五十万円であったがこれは不当に安いもので時価一億円と称せられるものである。この代金の行方は次回に公表する予定である。

三、仮理事選任の経緯

昭和三十一年四月十一日代表理事と称して梁丞浩（任期は切れて理事ではない）は金栄会を総務部長に任命し金栄会の前記権利譲渡受けを認め事件を金栄会の有利なように解決することを企てが、この二人の仲が割れ、またこの人事問題をめぐり理事同志の意見も対立してしまった。この事態に至り金栄会は、昭和三十一年五月七日東京地裁に対して崔竜淵、船田享二、南正一の三名を仮理事として申請認められて登記を済ませた。梁はこれを抗告し抗争中であったが総連側の政策変更により取下げられたが、前記三名は八月中に全員辞任してしまった。

この三名の仮理事は、民団側の協力なしには絶対に奨学会の再建は不可能として文部省に働きかけ、文部省主催により、民団側代表の出席を求め、昭和三十一年六月十六日同七月五日の二回に亘り、所謂三者会談を開いて別記の如く同会再建の基本線を打出した。

ところが朝総連側はこれを無視しあくまでも自己の利益のみを考え又同会の資源を朝総連の手中に納めるべく、右の文部省の考えに反抗し、十月二十六日付を以て同会の職員を称するもの十名の連名申請による仮理事五名（左翼側三名及び日本人弁護士二名）が任命されたが裁判所は民団側の異議を認めて別掲の通り十二月二十八日に民団側三名を仮理事として任命し他に日本人弁護士一名も任命され都合九名の仮理事が選出された。

ここで総連側が民族的良心に立脚して心底から同会の再建を図ろうとするならば一日も早く仮理事会を開き、本理事を選出すべきであると思う（次号へ）

時評　朝鮮奨学会の現状

李　元　範

財団法人朝鮮奨学会の再建問題は昨年いっぱい朝総連の妨害工作にもかかわらず文部省懇談会の基本線に則した民団側の奨学会対策委員会の熱心な活動によって遂に仮理事三名の追加認可獲得にまでこぎつけ、新春と共に奨学会再建の見通しはぐんと明るくなってきた。一方遅れに遅れた奨学会再建の裏面をみると、朝総連の数々の横領と横領事件をきれいに清算することが先決問題とされるに至っている。

過去において朝総連側申鴻湜及び韓徳洙李大宇鄭任哲然学心哲等が奨学会の財源を横領したことを追究したところ、朝総連事務局長尹鳳九は「指摘する点ではないが他の角度において朝総連は反省する」との答弁があった。朝総連最高幹部が奨学会の財源を横領したことについては朝総連中央委員会でも問題になったが執行部がにぎり潰したところが朝学同中央委員会においてはこの問題をとりあげ、徹底的に調査して追究することを決議はしたが客観的情勢が朝総連側に不利であるから当分の間静観することに落着いた。

かくの如き朝総連側の非民族的且つ非良心的な態度は在留同胞の憤慨を買っている。奨学会の再建を健全にするために朝総連の横領事件を一日も早く清算することを望んで止まないものである。

朝総連側は横領事件には頬冠りをして奨学会の主導権を独占せんとはかり策り、仮理事長崔竜淵が指唱する民族的解決案を徹頭徹尾反対し、文部省が奨学会を再建するため主催した仮理事民団、朝総連を招請した懇談会に対してはその会を反対し、欠席を以て反対闘争した。前代表理事梁丞浩には理由のない抗告をなさしめて奨学会再建妨害闘争をさせ、梁丞浩に莫大な損害を蒙らせた。

昨年九月六日梁丞浩の抗告が敗訴になると周章狼狽し、仮理事長崔竜淵を不法監禁して強行及び脅迫を以て朝総連側が独占する理事就任認可申請に印鑑捺印の強迫をした。ところが仮理事長崔竜淵の拒否にあい、これは失敗に終った。

朝総連側は仮理事長崔竜淵を誹謗化することに失敗すると仮理事長崔竜淵の仮理事辞任届を偽造し船田享二の仮理事辞任届を偽造して昨年七月十二日仮理事を解任になった南正一をして東京地方裁判所に提出すると同時に符節を合せて梁丞浩及韓宗碩外八名をして同庁に虚偽の仮理事選任請求をなしてのである。

朝総連側の独占可能の仮理事申請提、同学中総同学及外二名の決定を得たこの仮理事決定はあまりにも意外であったので同胞社会はおどろき且つ戦慄して騒然となり、一時険悪な空気さえあった。

仮理事長崔竜淵は朝総連側の独占する仮理事が奨学会の再建を妨害するだけでなく、その仮理事決定の申立が虚偽であるので東京高等裁判所及び最高裁判所に決定の取消抗告をしている。

朝総連側の独占する仮理事決定が取消されることは疑いのはさむ余地のないものであるが、在日僑胞留学生はこの不正事件を黙過してはならないものである。

かくの如く奨学会が混乱し、正常な運営が出来ないので、その影響による在日僑胞学生の損害は甚大である。この責任は朝総連の理不盡な反対闘争に起因するものであるから在日僑胞学生は朝総連にその責任を追究しなければならない。

朝総連側が如何に宣伝をし、如何に謀略術策をして見ても奨学会は朝総連側が固執する野望通りにはならないものである。

今までのように民族的精神を忘却し一片の良心の影さえもない朝総連が奨学会を独占するか、しからずんば破壊だとする朝総連一辺倒の理不盡な闘争を固執するならばそれはむしろ朝鮮総連のために、譲歩をせざるをえないものである。朝総連は北鮮の統一アッピールをその政策として、李大宇一派を売国徒輩はわりして在日左翼同胞の主導権を闘いとったではないか。その政策理論は理論上においてのみ通用し、具体的な問題には適用しないのか統一だとか朝総連の人々は口を開けば唱えているが、それはあくまで理論であり、希望であり、話法であるのか実際の腹中は別で猫をかぶって同胞をだまして朝総連が独占するための理論であり、北鮮が独占するの理論であるのか、朝総連の腹は知りすぎているが、もう一辺確証させざるをえないのである。

朝総連の昨年度の奨学会を独占するための闘争は過去民戦の火焔ビン闘争よりもっと悪質である。朝総連側は在日留学生がその日の食事、その日の交通費がなくて困窮を極めている現状は見ているのか見ていないのか知らないが盲目だとの非難にあたる奨学会の再建のために何らの具体策なく、ただ単に奨学会が朝総連のもののごとく独占する野望に奔走し闘争を展開した。

それでいて朝総連の最高幹部は奨学会の問題について自信がなく不安動揺している。彼らといっても奨学会の問題の事情を知りすぎるほど知っているからである。朝総連の最高幹部が奨学会の問題について自信がないのにもかかわらず、虚勢を張って純真な学生を闘争にかりたてることは見るに忍びないものである。

一九五七年を迎えるにあたり、新年の新しい気持で朝総連側が民族的精神によみがえり、素直な良心が蘇し、奨学会の問題の過誤を自己批判し、その解決のため民族的になることを切望して止まないものである。これが在日留学生のためにもなるし、民族的課業の一端にもなると信ずるものであるからである。

遅くとも三月までには民団と朝総連とが実際で握手をし、文部省に共同で話し合いをし、奨学会再建のために、その準備資金をも考慮に入れて円滑な理事会を構成し一日も早く在日留学生の育英をしてもらいたいものである。

とくに文部省当局を中心として日本政府は奨学会再建、運営についてこれまでにない誠意のほどを示めすとともに期待している。奨学会問題を一つの試験台にして在日韓国人社会から日本政府は誠意があるのかないのかの疑いを一掃するチャンスにもなろう。奨学会補助金の予算がどの程度、組まれているか、大いに気をやきもきさせられるのは筆者一人ではあるまい。

（前学同代表委員）

告

一般及び学生の皆さんからの奨学会問題に関する、意見、資料その他論評を次の要領で募ります。

記

字数　四百字詰五枚迄

期限　一九五七年二月十日迄

中総宣伝局

朝鮮奨学会問題推進日誌抄　中総文教局

10・19　中総新執行部就任、第一回常任委員会席上、緊急課題の一として朝鮮奨学会対策を決定

10・31　文教局長、同次長総務局長文部省訪問、稲田大学学術局長（現文部次官）笠木課長補佐より「従来中の西田学生課長が辞任するまで奨学会に関する一切の決定をしない」との確約を得る。

11・1　朝総連側の申請中であった仮理事五名の認可がおりた旨情報に接す。調査によって、十月二十六日付認可、申鴻湜、李中冠、李殷植で外に日本人の小松崎信、青木定行の両弁護人が選任されたことが判明直ちに朝鮮奨学会関係者の緊急会議を召集し今後の対策を協議

11・2　文部省に対し中総の抗議文提出

11・3　事務総長奨学会問題で代表部訪問、右事実を通報すると同時に今後の対策を協議

11・5　代表部、日本外務省を通じ文部省に正式抗議同時に東京地方裁判所に対しても同様抗議

11・6　中総奨学会問題に付き声明書発表
同日中総講堂において、朝鮮奨学会善後策協議会開催席上朝鮮奨学会対策実行委員会を構成
午後五時半から第一回対策実行委員会開催、活動方針及人事を決定

11・8　事務総長、総務局長、李裕天委員、文教局次長、日本文部省に対し朝鮮奨学会問題に関する申入書提出

11・9　工業倶楽部にて奨学会関係者懇談会開催。

11・10　第二回実行委員会開催委員の部署決定

11・13　第三回実行委員会開催朝鮮奨学会挺身隊結成

11・19　第四回実行委員会開催弁護団を結成し、法的処理をなすことを決定

11・20　事務総長文部省訪問

11・21　事務総長弁護団と協議、同日対策委員案として現在の仮理事五名を退陣させ、無色公平な経済人を主力として本理事を構成、その実現方に付き協議。

12・1　中立経済人に依る本理事構成に関し執行部および対策委員連絡会開催。

12・8　対策委招待に依る第一回中立経済人及び総連側仮理事外関係者懇談会開催、総連側の意見を纏め年内に解決することを決定。

12・12　第五回実行委員会開催、総仮理事長名儀にて仮理事五名に対する職務執行停止の抗告を東京高裁に提出することを決定。手続は弁護団に一任。
東京高裁に対して団長名儀にて上申書提出。

12・25　文教局長、対策委代表と上野で会合協議。
抗告中の案件は東京高裁から総仮理事長の資格喪失及び利害関係としての適格性欠如の事実判明中総で緊急関係局長会議開催。
総連側仮理事三名の招待による中立経済人本理事選出に関し、関係者第二回懇談会開催、判然たる結論を見ず

12・26　民団側推薦に依る仮理事追加申請の上申書作成、東京地方裁判所に提出

12・27　文教局長、同次長実行委代表委員及び弁護士と共に文部省、警視庁訪問事情説明

12・28　仮理事追加申請認可さる

12・29　事務総長（兼文教局長）特別談話発表

12・30　第一回新任仮理事及び関係者会合

1・5　第二回会合

1・7　新任仮理事、文部省警視庁等を訪問。

韓國銀行
東京支店長　金基燁
大阪支店長　李相徳

参考附表

財団法人 朝鮮奨学会歴代理事

昭和十八年十月―同三十一年十二月二十八日

職名	氏名	就任年月日	退任年月日	備考
理事	川岸文三郎	昭一八、一〇、一	昭二一、一、三〇	
〃	永井浩			
〃	石井政一		一八、一二、一	
〃	町村金吾		一九、九、二一	
〃	竹内徳治		二〇、五、一八	
〃	大野謙一		一九、九、一八	
〃	新見撃		一八、一二、二一	
〃	丹下郁太郎		一九、九、一八	
〃	坂井圭一郎		一八、一二、一八	
〃	関屋貞三郎		二〇、二、二〇	
〃	小林尋次	一八、一二、一	一九、九、二一	
〃	北村輝雄	一九、四、一七	一九、一〇、一八	
〃	武永憲樹	一九、九、一八	二一、一、三〇	
〃	西広忠雄			
〃	入江誠一郎	一九、九、二一	二〇、五、一八	
〃	古井喜実			
〃	木野藤雄	一九、一〇、一八	二一、四、一	
〃	近藤駿介	二〇、二、二〇	二〇、二、一八	
〃	関口勲	二〇、五、一八		
〃	水池亮		二〇、二、一八	
〃	大島弘夫		二一、一、三〇	
〃	伊藤謹二		二一、一、三〇	
〃	梶川裕	二〇、二、一八	二三、一二、一二	昭和二一、二、二二日目的を左の通り変更する 目的 本法人は本邦諸学校に在学する朝鮮学生に対する保護援助をなすことを目的とする
〃	石谷来漢	二一、一、三〇	二三、一、三〇	
〃	尹炳玉			
〃	薫保孝	二一、一、三〇		
〃	金正洪			
〃	金斗鎔			
〃	申鴻湜			
〃	尹槿	二一、一〇、二〇	二三、一〇、一二	
〃	孫芳鉉			
〃	韓秉桂			
〃	薫保孝	二四、八、五	二六、八、五	
〃	韓乗柱		二五、二、九	
〃	李英表		二五、四、一二	
〃	李東性	二四、八、五	二五、四、一三	
〃	宋千文		二五、四、一三	
〃	崔竜淵	二五、四、一三	二七、四、一三	
〃	朴天奕		二七、四、二二	
〃	梁丞浩			
〃	朴英逸			
〃	李元植		二五、八、七	昭和二五、一、八日目的を左の如く変更す 目的 日本の学校に在学する朝鮮人学生を指導保護し以つて有為な人材を育成する
〃	薫保孝		二六、八、一五	
〃	飯泉幹太	二八、三、二七	二九、九、一	
〃	船田享二		二九、一、一九	
〃	薫保孝	二八、六、一〇	三〇、六、九	
〃	崔竜淵		三〇、六、一七	
〃	梁丞浩		三〇、六、九	
〃	朴天奕		二八、六、一五	
〃	朴英逸		二八、六、一六	
仮理事	船田享二	三一、五、七	三一、八、一〇	昭和三一、五、七東京地方裁判所の決定に基き仮理事に選任
〃	崔竜淵			
〃	南正一			
理事	梁丞浩	三〇、六、三	〃三一、七、一三	梁丞浩、韓宗碩、柳宗默、南正一、申鴻湜の就任登録は[illegible]で抹消するので昭和三一、七、一三日
〃	韓宗碩			
〃	柳宗默			
〃	南正一	三一、七、八		
〃	申鴻湜			
仮理事	申鴻湜	三一、一〇、二六		
〃	李仲冠			
〃	李殷植			
〃	小松崎信			
〃	青木定行			
〃	崔鮮	三一、一二、二八		
〃	金得溶			
〃	宋基復			
〃	柴田武			

古鉄商　栄商会　蒋成兆（竹田正男）　松本市栄町　電話（松本）二四〇七番

プロパン瓦斯 レントゲン機械　甲信産業株式会社　社長　李相洙（三沢相洙）　本社 松本市城西町　電話（松本）二八四七番　支社 大町、明科、豊科、中野、長野

古鉄商　辛山商会　辛太中（辛山太中）　岡谷市小尾口

絹、人絹織物製造元、洋丹、ニュートン卸売 生糸販売業　金学秀（朝野義秀）　石川県小松市松任町九二一　電話三四一一番

東洋軒肉店　金夏栄　小松駅前通り　電話七六五番

銅鉄商　金本商店　石川県江沼郡片山津温泉　電話二四六番

小松製作所指定商人　池林政治　小松市粟津駅前

人参卸業　孫浩東　金沢市東馬場町　電話一七三七（呼）

溫い贈物ありがとう

大村 浜松 收容者救援運動終る
三十余縣の協力に感謝状

中総民生局が去る十二月八日から同月二十五日までの十七日間を「収容所同胞越冬救済運動」期間と設定し、これを、全国の組織を通じて、一般同胞に積極的に呼びかけ、救済募金運動を展開した結果、一部の県本部を除いた三十余県本部の活発な活動によって、多大の成果を収めた。

民生局は直ちに大村、浜松の収容所に（十二月二十九日付）収容人員別案分した募金を送った。

その金額および細目は次の通りである。

三重県本部　四、八八五円
北海道本部　五、〇〇〇円
香川県本部　三、〇〇〇円
島根〃　一、〇〇〇円
岩手〃　二、〇〇〇円
石川県本部　二、九〇〇円
埼玉〃　五、六四〇円
横浜信用組合　一、〇〇〇円
民団中総　五、二五〇円
徳島県本部　四、六〇〇円
山形〃　一、〇〇〇円

（滋賀、山形県は各収容所に送付したあとに到着したので、随時送付する予定）

その他各地方協議会別に運動を展開したが、まだ大多数の県本部から詳細な報告が未到着である。

一月六日現在、報告が到着した県は

広島県本部　一八、六七二円

（大村収容所に直送）タオル五〇〇枚

岡山県本部　三、六〇〇円

（中地協議会で纒めて両収容所に送付）

なお救済金を受け取った両収容所から、在日同胞の温かい、同胞愛に感謝する内容の、礼状がこの程次のように届いた。

現金で均等配分
大村收容所長

被収容者救済金について当所収容者については、かねて御配慮に預り深謝申し上ます。つきましては客年十二月二十九日付韓国中民発第一六六号貴信をもって、御依頼のあった、被収容者に対する救済金については、三十一日現金書留を受領しましたので、即日男子収容棟代表五名および女子寮代表三名を通じ貴意を伝え、現金にて均等配分致しましたところ別添のとおり、被収容者代表から受領書の提出がありましたのでお知らせすると共に厚く御礼申し上げる次第であります。

今後共一層の御協力御支援のほどお願申し上ます。

先は右とりあえず御礼守上御報告を致します。

受領書

一、金二万五千七百円也

右金額正に受領致しました。

昭和三十一年十二月三十一日

各棟代表代理　金剛泉

代表　金佑奎㊞

収容所長殿　文会権㊞（[illegible]）

大村
厚意にそいたい
收容者一同

旧民戦系との猛烈な闘争のため…の提出がありましたのでお知らせ

十年一日の如く鉄窓に閉ざされて何時になったらと定まった見通しもなく、ただ自由という人間生きるのに当り前の要求、即ち人間本能の悲願として私達抑留者は国家間の政治問題を超越して、人道措置による解決を望み一九五七年の元旦を迎えたのであります。

各自が異境の鉄窓につながっていることを民族的悲哀に沈んで居るところへ、東京の民団中央総本部から贈って下さったお年玉、何しろ若干五百名に近い人数であってみれば、各個人当りの配当金額としては細かなものですが、正月になっても煙草一本ろくろく吸えない現在の境遇になって、民団中総から寄せて下さった親心には、全く涙が下がる次第であります。

手ないば寂に接し、民族の自負心を再認識すると共に出来所のあかつきには祖国の為に忠実でありたいと思います。

新春を迎えまして、皆様に本年が益々繁栄ある年でありますように衷心よりお祈り致します。

一月四日

浜松
変らぬ溫情に守られ
收容者一同

新春を迎え貴団の御発展を、収容者一同衷心より祈って居ります。

私達被収容者三百余名は、貴団の変らぬ温情に守られて無事その日を送っております、暮に送付して下さった慰問金は、有難く頂戴致しました。早速お礼を申し上げる筈でしたが、当局の年末、年始えと事務休みがあったりしたもんで遅くなって心苦しく思っている次第であります。末筆になりましたが、本年は祖国統一の年であることを祈念すると共に、貴団の一大発展があることを念じております。

一月四日

三十名が應試 東京
—第一次進学推薦試験—

かねてから公文、機関紙をもって各地の進学対象者に通知していた中総文教局の第一次進学推薦試験は、予定の一月十五日午前九時三十分東京、大阪、福岡、広島、北海道の各地で、一斉に行われた。

東京は、中総事務所で定刻から、三十名の応試者を集めて、三時まで日本語、英語、数学の三課目をテストした。終了後二階会議室で父兄及び関係者、進学生の記念撮影をし、意見の交換が活発に行われ今後の参考に寄与するところが多かった。席上金正柱文教局長は韓国の将来を担う学生諸君の精勤に期待すると共に、民団としては教育問題と民生問題に重点を置いて、なお一層の努力を続けると述べた。張大煥文教局次長の談によれば、文教局に進学相談所を設けて全国の僑胞子弟と父兄の心配を解決するため、今後積極的に活動するとのことである。

（写真は応試者の記念撮影、中総で）

石川本部のしあがる
門戸開放運動に呼應

過去数年間民団組織の最弱部と見做されてきた、石川県本部は、最近に至って現団長金学秀氏以下三機関が一致協力、昨年末、中総が指示した門戸開放運動を積極的に推進めて、ここ数週間多大な成果を上げ、飛躍的発展を遂げており北陸地区の一大拠点となり全国民団地方本部の中でも優秀な県本部にのしあがって来た。

石川県本部の現三機関は次の各氏である。

団長金学秀、副団長金寛栄、同康殷俊、議長呂運生、副議長姜敎男徐明成、監察委員長崔仁守、事務局長徐小明、組織部長鄭準和、社会部長安三鉄、民生部長金永相、文化部長金東鎬、財政部長孫宙東。

尚昨年九月結成された石川県下、七尾支部は、県本部団長と組織部長のもと安団長張鎬氏の猛活動により僅か四個月の間に約五百名の新入団員を迎え入れ、大いに発展している。

また石川県本部管内の江沼では、旧民戦系との猛烈な闘争のため、支部の看板さえ掲げられなかったが、中総の門戸開放運動に呼応した、県本部団長と金敎賛支団長外有志徐明成、李浩模、金東元氏等の協力によって、約三百名の団員を抱擁、新らしく江沼支部を結成した。

特に、新就任の団長と地元有志の活躍によって、未加入の団員も遠からず入団の運びとなり江沼は民団一色で発展するものと期待される。

在日韓國人商工銘鑑出版
楊文社三年余の努力実る

在日韓国人商工銘鑑を楊文社発刊する企画発表があって、世々間から注目されながら、長い間陽の目をみることができなかった、僑胞の心あるものの間では、その刊行に疑念を抱いてきたが、去る十二月二十五日第一巻即ち東京版を刊行発行で、配布した。

在日韓国人商工銘鑑は、東京版、関東版、関西中国版、九州四国版北海道東北版、および日本全国綜合版からなり、その内容は、各階各層の商社、名士、実業人を総網羅させ綿密な分類、詳細な内容を紹介している。東京版出来に際して、楊総社長は、次の如く語った。

長い間皆様にお待たせいたしました「在日本韓国人商工銘鑑」が遂いに完成して皆様の御手許に配本出来るようになりました。在日わが僑胞が商工経済面において相互に知り合い、扶け合うことによって、私達の生活をより一層豊かなものにしたいとの念願から本書刊行を企図したものですが、その間、経済生活の変動並びに、本書に関する参考資料が皆無であったので、その内容と時間において初めの計画通りいかなかったことを遺憾としております。この書を完成するに至ったのは、江湖皆様の絶えざる援助と変らざる御協力のたまものと深く謝しております。ただ拙ない銘鑑でも何かとわが僑胞社会の結合と発展に寄与する所あらば、この上もない喜びと存じます。B5五百六十頁、アート紙

写真は在日韓国人商工銘鑑

各界の有志二百名一堂に会す
—東本主催の新年パーティー—

一月十二日午後一時から開かれた民団東京本部の新年会は各界有志団員二百余名が参席し、従来の形を破って新な形式で行われた同本部三階会議室に設けられた会場には幾組かのテーブルに色とりどりの花を飾り簡単なカクテルパーティの形式の中にも各階層の人人が打ちとけて語れる雰囲気をかもしだしていた。参集者の顔ぶれを見ても、在京の有力者をはじめ多くの人士が一堂に会して終始なごやかに胸襟を開き合ったことはまことに新春にふさわしい慶ぶべきことであった。

席上真字慶団長は大略次のような挨拶を述べた。新春を迎えるにあたり皆さんと共に一堂で親しくお話し出来ますことを喜びに思います。昨年はわが民団が韓日会談再開に対する活発な運動を展開し皆さんの協力を得て、民間外交の一翼を担って警団努力してまいりました。本年はハンガリア問題をめぐる欧の事態に伴い民族の団結が一層諸活動を成就させる年にしたいと念願いたしております。

なお中総からは金事務総長崔擁以下各局長次長局員までほとんど全員が参席した。

百四十世帯を救援
東京本部の貧困者救援運動

民団東京本部民生部（部長金竜煥）では、年末年始貧困者救援運動を同本部管下十九支部を通じて大々的に推進していたが、このほどその成果を次のように発表した。

救援世帯数は百四十で貧困者家庭に贈った金品は、現金七万一千百円、蜜柑七十四箱、木炭三十三俵、醤油二斗、餅六升である。

日本へ奨学官派遣か
崔文教長官が言明

八日文教部筋によると、崔文教部長官は在日僑胞の教育問題について「新年度には九千万ファンの予算を計上、活発な教育指導を行い外務部当局と交渉し学生を監督できる在日僑胞教育指導を担当の奨学官の派遣問題を研究する」との述べた。

広島本部大活躍
正月早々包摂運動

民団広島県本部では去る正月元旦を期して門戸開放運動への強力な活動をスタートした。

同本部では先ず手始めに管内福田市町の花田部落で新年敬老会を催し多大な成果をおさめた。敬老会は花田部落在住民は勿論こと遠近各地の老人約三百名を招き、一日中大極旗の下元旦のこころよい気分で過した。広島県本部成事務局長によれば田部落は往年の日鋼争議、民青事件等でその名も高い極左分子の牙城であったものが、最近民団側の積極的な啓発で朝総を脱退するものが続出、遠からず部落全員の民団加入が実現するだろうといっている。

なお当日広島県本部では参会者に民主新聞、自由の友誌等を配布大いに喜ばれた。

国際月刊時報東京総局長に曺基健氏就任

平和新聞日本支社総務局長曺基健氏は一月十二日付をもって同社を辞任した。

なお同氏は「国際月刊時報」東京総局長に就任した。

スクラップ密輸に断
九州地区協議会で論議

一月十四日午後二時より福岡県本部会議室にて開催された第五回九州地区協議会は来賓には蔡領事中総丁賛鎭団長、金熙明副団長らを迎えて山積された諸懸案を討議した。

討議事項

一、大村収容所七名釈金事件救済金徴収の件

二、九州地区協議会運営会議開催実践の件

三、非鉄金属密貿易防止に関する再検討の件田

四、北鮮帰国者二十名日本出国に関する討議の件

五、規約改正に関する件

六、各県本部懇談案

以上のような各事項を討議して九州地区の民団発展に寄与するために必要な種々の決定事項を見ることが出来た。

出席者は次の通り。

熊本県本部　事務局長　金尚玉
宮崎県本部　事務局長　崔鎮春
大分県本部　李鳳三　金鐵三
長崎県本部　団長　趙連浩
福岡県本部　団長　白寅夏　李性斗　金仲浩

被害同胞に謝罪
北陸地協、富山事件で

一月七日午後一時から石川県本部会議室で、開催された北陸地方協議会は、中総から出席した金組織局長を迎え、福井、富山、石川の各県代表約五十余名が参席し、中総提案の"門戸開放運動"を始めとする組織強化に対する諸問題を討議、各県本部の活動状況ならびに意見の交換を終り、次のような事項を決議して午後五時ごろ閉会、簡単なパーティがあった。

一、朝総連系で活躍する幹部で国民登録を所持する者に対しての処置は中総を通じて、各地方県本部へ身元調査の徹底を依頼する。

一、富山県本部団長の不正事件に対し地方協議会としても遺憾の意を表し、被害同胞に対しては組織的に謝罪するとともに再びこのような事件が生じないよう組織をあげて注意する。

学ぶことの意義
都立葛飾野高校三年　姜尙用

僕は現在高校三年に在学中のものであるが、よく世間の人々から、「我々の生涯で一ばん楽しい時期は高校時代であり、自分の好きな本をいくらでも読むことによってより豊かな教養を身につけることのできる点においてもやはりその時が一ばんよかった」ということを聞かされる。しかし現在は全く逆のように思われる。教養を積むか大学受験に追い回され、折角期待して入学した高校もまるつきり鎖弁の世界で僕の夢は無惨にも破れ去った。本然の高校の姿は何処にも見当らない、現在の有名校は殆んど予備校化され自分のやりたいことは何一つできない状態である、一体このようなことで高校教育が人間形成に何の役に立つというのだろうか？

高校での勉強は大学に入るという唯これのみの目的でやっている、僕はその勉強に不満を抱きかつ反対するものであるが現実は僕のこの夢を許してはくれない。現実はその学ぶ目的においていやな勉強を否応なしに積込まないと有名校などに入れるものではない。何故僕達はいやな勉強を強いられてまで有名校への進学を志すのだろうか？理由は実に簡単である。それはただ就職率がよいということに過ぎない。このために現在殆んどの学生が教養を忘れ勉強をしている状態である。このようなことが我が祖国韓国においても見られるということを聞いて、心悲しく思うと同時に、僕達が世に立つ時は学ぶことの歓びを学生達に与えるようなよき時代とするために、現実の苦もんに打ち克って行く決意である。

門戸開放に奮起
孤軍奮闘の山梨

山梨県本部では多年間、旧民戦系と、どの県にも劣らぬ闘争を続けてきたが、去る十一日中総組織局長、次長の出張を機会に、長い間孤軍奮闘して来た金東英、金炳鶴両副団長は門戸開放運動に対し充分理解すると共に本運動期間中の重要事業として割当目標数を必ず突破するために、十三日の当該県本部新年会を契機に管内幹部会で具体的方針をたててこの運動を積極的に推進することになった。

新らしい事務所で活躍
長野県本部懸案解決

長野県本部では、去年の大会以後新執行部の懸案であった事務所確保に全力を注いで来たが、県下の有志並びに一般団員の絶大なる支援によって、このほど事務所がきまり去る十日午後二時から中総組織局長を始め、県下各支部団長、有志約五十余名が参席、成竜九議長、李喜鎬司会のもと開所式を盛大に挙行した。

式はまず県本部団長金芝道氏の開所祝賀挨拶があり、ついで経過報告、中総金致坤組織局長、新潟県本部李元世事務局長の祝辞があった。管内各支部からは、県本部執行部に対する感謝と今後の団結を誓う祝辞が送られた。式が終って祝賀パーティが盛大に催され午後六時過ぎ散会した。

（写真は長野県本部事務所と役員）

韓國チーム二位
—調布市主催の駅傳—

一月十五日正午から都下調布市陸連主催の駅伝競走が、同市第一小学校にて開催された。この競走に同市在住の韓青団員が選手として参加し地元韓国人はもとより、東京の各団体幹部も多数応援にかけつけた。大極旗の小旗を打振る中を五人の走者は若き韓国の気概を見せて、日本の十二チームをしりぞけ堂々二位に入り、マラソン韓国の面目を新たにした。

なおこの競走に参加するため[illegible]

統協を切り崩す
福井県本部の近況

所謂統協の北陸地区の拠点として注目されている福井県では、このほど民団福井県本部の玄在鳳長以下各幹部が、そのマンネリズムな運動から脱皮し、中総の[illegible]

幹部募集

中総組織局では左記要領に依り幹部を募集致しますから希望者は中総組織局に申込んで下さい

資格　短大以上卒業者で組織活動に経験ある方、二十二歳以上

提出書類　履歴書二通、写真、本部発行の身元証明並国民登録完了証その他

採用先　地方県本部及び支部

待遇其他は面談時決定

別項

（註）参考文書

昭和三十一年七月一日

文部省大学学術局学生課長　西田久夫

財団法人朝鮮奨学会

仮理事　崔竜洞

同　船田享二

同　南　正一　殿

奨学会の運営に関する諸問題について（通知）

懇談会の結果について、朝鮮人有識者の御意見を聴取するため仮理事各位の御賛同を得て文部省において、去る六月十六日と七月五日の二回にわたり懇談会を開催しましたが、これまでの話合いにおいては、今後の理事構成の方針として下記の様な試案が提出され出席の多数の御賛成を得たと了解しております、つきましては、このことにつき仮理事会として十分御検討の上理事候補者選定につきなるべくすみやかに御方針を定められ文部省に対して御協議くださる様お願いします

記

（一）仮理事会はつぎの各号に該当する人々のうちから、それぞれの推薦者と協議の上、奨学会の今後の財政的基盤を確立する必要も考慮して適当な理事候補者を選定し文部大臣の認可を受ける手続を進めること。①文部省当局が理事として最適任であると推薦する日本人若干名②在日本大韓民国居留民団が理事として最適任者であると推薦する韓国人若干名③在日朝鮮人総連合会が理事として最適任であると推薦する朝鮮人若干名

（二）前項各号から選定する候補者の数は各号三名ずつとすることを各推薦者は特別の事由がない限りそれぞれ他の推薦者の推薦を尊重し仮理事会の目的達成に努力することを期待し、それらの候補者に対して何らの条件を付せず、その就任後の事務執行についても拘束を与えないことを確認すること④各推薦者はこのような理事会の目的の上で[illegible]

（この項は三面関連記事）

第一回 東京韓國学園文化祭

第一部　演劇　（東京韓国学園演劇部総出演）
現代劇 "故郷の人びと" 金永寿作　全一幕二場
総指揮　金波　演出　金[illegible]　装置衣裳　東京韓国学園美術部

第二部　音楽　独唱、独奏、二重唱、東京韓国学園男声四重唱団　東京韓国学園混声合唱団、指揮　金永純先生
賛助出演　[illegible]、金永純、金[illegible]
特別出演　中国、日本、米国児童生徒

第三部　舞踊　（東京韓国学園舞踊部総出演）
遊戯、ノダル江辺、他舞、草笠童外
特別出演　趙[illegible]元、小沢[illegible]子、外
振舞…趙沢元

1957年1月31日木午後1時・6時（2回）
豊島公会堂

古鉄商　上田商店
朴又石（新井又市）
松本市博労町二〇一　電話（松本）三四六番

共進消揃社専務　共進宅地建物取引所長
黄好俊
松本市渚町一一七九　電話四二四〇番
出張所　松本市東町（宝不動産）　電話三二八五番

白参製造卸売
李圭雄（木村保夫）
長野県小県郡丸子町西丸子駅前

人参製造　貿易　高麗参業社
申学均
長野県北佐久郡本巻町望月　電話（望月）二〇〇番

薬用人参製造販売業　永興社
朴石根（木村英雄）
長野県北佐久郡望月町

金富組
金泰述（金富広光）
長野県北佐久郡軽井沢町沓掛二九五　電話（軽井沢）二五八七番

人参製造業　白参卸売
金龍煥（金根光永）
長野県小県郡東部町田中　電話（田中）一五六番

建設業　金本組
金芝道（金本仙吉）
長野県下伊那郡泰阜村門島四六六七　電話（トサワ）五五番

世界平和擁護民族総連合会
李虎龍
東京都練馬区中村町二ノ五（準備委員募集）

組織講座

中総組織局編（二）

会議を如何に持つべきか

今回の講座内容
（一）会議の運営と形式を如何にすべきか
（二）会議の形式を何故とるのか
（三）組織活動に於ける会議進行の必須事項は何か

（1）会議の運営と形式に就いて

組織生活における会議のもつ重要性は今さら論ずるまでもない。ここではより効果的に組織活動をするに欠くことのできない各級機関の常任委員会を始めとする各種会議の運営方法につき初歩的理論と基本的形式をいかにすべきかを研究するにとどめよう。

（2）会議の形式をなぜとるのか

組織の各級機関が「何かをしようという目的で話し合いをし、各級機関の構成全員の責任でその目的を遂するための具体的方法を討論するにあたっては、ある一定の規律に基き、最高責任者を議長として「会議」の形式をとるのが能率的である。しかも会議の形式を正しく運営することにより出席者の皆に、公平に、そして少数の意見をも尊重することによって、確実に、団内の民主々義的原則を堅持しながら決定後の諸課題を全員の責任により実践化さすことが可能である。」

（3）組織活動における会議進行の必須事項は何か。

（A）開会の宣言
あらゆる会議は開会の宣言を持って始まるべきである。宣言に先立って構成は、定刻に定められた場所に到着し指定された席に着席しておらねばならない。召集責任者は宣言に先立って会議成立に必要な人員の出席如何を点検すべきである。

（B）国民儀礼の実行
民族的運動に献身する誇りと、会議における責任ある発言と決議事項に対する無限な忠実性を発揮する意識を高めるためにも簡単な、しかも厳粛なる国民儀礼の実行は是非なされるべきである。

（C）参加人員の点検
点検の理由は当然参席すべく義務づけられている各委員が会合に参加しない理由が奈辺にあるかを明確にすることに依って、会議に対する各自の誠意如何は勿論実践化における行動迄も尺度するに重要な資料となる従って「構成員何名中何名参席」だということを議長格の人は明確にし不参席者中参席が出来ない理由を事前に連絡してある時はその理由を可能な限り公開し、他の不参加者に対する理由を他の構成員にも聞きただして参席人の諒解を得るべきである。それと同時に会議終了後不参席者への伝達方法や連絡責任者を明確にすべきである。また構成員中に参加資格の無い人が参席していた場合会議の性質に依っては、席を外ずしてもらう配慮も他の構成員の意見に基き議長の責任でなすべきである。

（D）新入構成員の紹介
構成員があらかじめ諒解している新入構成員も改めて正式会議で必要事項を紹介すると共に新入構成員の覚悟を聞き、既成員からも同志として迎へる誠意を拍手等で表示し力をつけてやるべきである。

（E）前会の会議録を概略的にも披露する事
これには三つの理由がある。一つは、今迄の決定事項をどの程度実践出来たかを構成員全体として共同責任の下で検討する資料として必要であり、第二は、新入構成員をして既成員のやって来た結果を大まかにも知るようにする為である。第三は、参加人の頭を整頓し、前回迄に各自に与えられた責任をどの程度実践し、実践出来なかった理由がどこにあったかを報告さすのに重要な資料となるからである。然し会議がひんぱんで時間的に制約される時は、前会の決定事項の検討で略式化さす事が出来る。この項は、中央全体大会地方支部大会に於ける「一般情勢並経過報告」に該当するものである。

（F）本会（討議事項）
本会は会議中最も重要な事項である。会議召集責任者は、あらかじめ議題を準備し、その腹案を作成しておくべきである。また議場で提出された議題は一定の規律に基き後述の（（G）項参照）如き方法で取り上げねばならない。会議を円満にするためには次の如き若干の注意が守られるべきである。
（イ）発言者は議長から発言権を得て問題解決にそれない範囲で、自己の意思を充分発表することである。
（ロ）正当な発言権が附与された人の発言は、如何なる理由からでも暴力的制約をためしてはならない。勿論、卑しい野次的発言もなすべきでない。
（ハ）発言者の発言が不穏性をおびたり、論争点から外れたり、理論的に矛盾があったりしても、議長から発言中止の命令がある迄は発言の自由を保障すべきである。勿論発言者は、自己発言に全責任を持つと共に、理論闘争に主力をおき、感情的になってはいけない。発言途中たりとも、議長の発言中止命令があった時は即時に中止し着席すべきである。
（ニ）討論中は無断に離席してはならない。時には、機密に属した重要事項、討議中に離席することは、敵に通報する者か、不誠意な脱落分子と見做される誤解が生ずるかも知れないし、真剣な討議をなす雰囲気を害い討議における前後関係を知れなくなり従って会を権威なからしむ危険があるからである。
（ホ）議長は、会員に公平な発言権を附与し、自由な雰囲気を醸成しながらも厳粛で、規律ある会議の進行を計るべきである。かくして議題に対しては、必ず、結論を再確認すべきである。

（G）原動議が正式の議題になり、決議される迄にはつぎの如き過程をふむべきである。
（イ）提案者が発言権を得る。
（ロ）動議を提案する。
（ハ）動議が支持される。
（ニ）議長が動議の内容の言葉をくりかえす（時には略し得る）
かくして動議が正式に議題となり全構成員によって審議されるが、その順序はつぎの如くである。
（イ）議題に対する質問、応答、討論―賛成意見、反対意見の表示
（ロ）表決
（ハ）議長による表決結果の発表
このようにして、1つの原動議は「可決」または「否決」され、つぎの議題に移って行くべきである。勿論「表決」に進む迄にも、また表決しかたにも、いろいろ動議を出し得るが、これらはあく迄会議の公平を計るためであることを銘記し、各構成員は「公平」の名を借りて会議を長びかせたり、混乱させるごとき権利の乱用で一部の私利を許ってはならない。

（H）多くの動議は性質によって次の如く部類される。
（イ）原動議（主動議）し会議の議題として出される中心になる提案。
（ロ）補助動議―原動議について修正したり原動議の内容やあつかい方についての審議を求める動議
（ハ）付帯動議―直接には原動議に関係なく、会議中に起ったことについての動議。
（ニ）優先動議―会員の権利や特権に関連で、他の動議よりも優先的にあつかわれる。
（ホ）雑動議―右の四種に含まれない「再審議」と「取消し」の二つがこれに属する。

（次号継続）

韓青運動方針決定

刷新される氣迫と行動

傘下の韓青中総では、昨年十一月の大会後活発な運動を展開してわが民族陣営の前衛的役割を、誠実に果している。新年度にあたって韓青は尚一層の飛躍を遂げるべく、去る一月九日第三回常任委員会において、全文次のような運動方針を審議可決した。

（一）当面基本態度

新執行部は当面の運動方針として次の如く基本態度を明かにするものである。
（1）本団従来の基本綱領を始め第四回全国大会決議事項を且識を以つて遂行する。
（2）旧来の弊性を一掃し、海外韓国青年のプライドを堅持して青年運動の自主性を確立し以つて在日韓国青年に与えられた責務を果す基盤をきずく。
（3）青年運動を日常生活と結びつけ、青年学生大衆の利益を代弁し、団運営に当つては人間性に基いた自然な民主化に万全を期する。

（二）当面のスローガン

（1）青年の総力を結集し、信頼される青年団育成に万全を期す。
（2）我等の行動を矯正し、民族運動の前衛隊としての規律ある青年団たらしめる。
（3）環境をよくし、知性を満め明朗な青年団に育て上げる。

（三）当面の課業

基本態度とスローガンの下に新年の当面問題を次の如く決定する。

（1）「民族の前衛隊として、民主主義的基盤の育成に協力し、共産党に対しては、機動性ある実践力を発揮し完全な撲滅の為に組織体制を整備強化する。」
この問題は従来しばしばいわれた組織整備ならびに、強化が明確な目標を失つた感を受け、組織強化の当面の意義を完全に把握できない現状に鑑み、特にこの問題を明確にしたものである。本団として全組織を整備強化することに依つて得られた組織力を我が民族が内外で完全に民主主義的方法により、民族繁栄をもたらすべく特に青年として前衛の責任を果す為である。第二は各地に於ける反共義挙同志の援助声援をおしまず、規定している事を再確認しあらゆる地域的策動に対して、花火式ではなく、恒久的政策として然かも、機動性ある強力な実践力を持つて完全な根絶を期する為に、全組織体制を整備強化せんとするものである。

（2）「政治的意識を高め、文化的水準を向上するために、青年運動の活発化が緊急事であることを認識させ、この目的を効果的に実践するために、ブロック単位に組織を再編し各種研究会を持ち、組織体制の確立をはかる。この運動と同時に壮年、老年層が各級青年機関を占めている現状を徐々に是正するために団員資格三十五歳以下の同志をこの運動の基幹活動家たらしめる。」
一般的にいつて、民族陣営は日本という特殊事情により、中堅幹部が非常に足らない。特に青年三十五才以下で民族陣営の中堅幹部として将来活動家として働く青年が朝総連系と比べ少ないのを認めざるを得ない。この問題の解決策は若い青年同志を各地域単位で開かれる各種政治、文化、体育および研究サークルに加入させ、各地域の組織活動家が中心になつて将来させて行くのみならず、特に民族意識にとぼしい二世に留意してブロック間の対抗運動、討論会等を開いて各サークルの全体的水準を高めるためにも努力し組織全体の質的向上をはかるつもりである。これらの運動を通して中堅幹部をつのり、且つ中堅幹部を養成し、本団従来の目的を達成するために三十五才以下の青年同志をこの運動の対象とすることは勿論であるが、地域的には三十五才以上の先輩が青年団幹部として活動する所ではこの運動を積極的に推進させることによる若い青年との交替をはかるべきである。地域的にこれらの研究サークルがない所は急速に持つように指導して行くつもりである。

（3）評議員会を再編すると共に基本財政一千万円確保運動を全国的に展開し、訓練所の増築修理を行い団運営のアパートの正常化を期する。」
本団が民族陣営の前衛隊の役割を果している以上、民族的利益を妨げている貿易業者は勿論民族的利益を妨げるべき大企業家からの団運営に必要な財政的保障を受けるつもりである。よつて当面の青年運動を理解し協力してくれる在日僑胞よりなる各界の有志を網羅しの評議会を再編並び団員により、当面の運営資金を捻出すると共に全国的に基金カンパを起すことにより、目標額一千万円の確保を年内に確立すべく全組織力を結集する。そしてこの目標額が正常に軌道に乗つて使えるようになるまで、現在改築した旧訓練所の一部であるアパートを恒久的にとらわれないで団運営の方針で正常に運営されるように適切な措置をすることである。しかしアパートはあくまでも臨時的で整理がつき次第本来の趣旨の通り訓練所として使用出来るように措置するつもりである。

（4）「中央委員会及び組織活動家の各種会合を定期的、随時的に持ち一般青年大衆とは文化・スポーツ・娯楽等各種サークルを通じ、常に密接な連絡を保ち親密になり一致して團の強化を図り、青年の意気を高め、青年としての気魄を持ち、明朗性と規律性を持つように指導する。」
中央委員会を定期的に持つと言うことは初歩的問題である。然しこの問題さえ充分に実践出来なかつた程、今迄の本団は弱体化されていた。従つてこの中委は勿論各機関の各種委員会を定期的に又必要によつて随時に持つようにし、実践可能な政策を立案し、これを実践し、この実践したのは必ず自己批判反省するようにする。又大衆的諸会合を自主的に活発に持つように指導し、各会合の構成員として韓国民族としての誇りと青年団員としての自覚を持ち独立国民としての気概にみちた進取性と青年としての明朗性を失う事なく、各自与へられた個人的、組織的、民族的責務を果すように指導して行く。既成された諸青年及び学生のサークルは積極的に直接、間接に指導育成し、全構成員の中三十五歳以下の人をすべて正式な手続を経て本団の団員ならしめるよう努力して行く。

（5）「新聞、通信及び芸術人の諸団体を後援すべく積極的に働きかける。特に韓青時報を旬刊発刊出来るように努力する。」
この問題は非常に多くの難問題がある。しかし月刊新聞から日刊通信に至る迄、民族陣営内で無統一的に発行している新聞通信は無慮数十種に上る。そして多くの場合、財政難で経営に支障を来し、読者乃至は広告、寄附者も、大かたの場合、限定されている。これらの現状にもかかわらず、一つだけ共通点がある。それは第一線で活躍する人々は凡そ青年同志である。また読者の大部分はこれらの新聞、通信の統合に依る公共性と権威あるニュースの提供と紙代の綜合的軽減を欲している。そして、これらの報道の公正と経営の統合の必要性を各社で殆んど感じているが統合上の諸条件が合致しない為と利害関係を超越して民族的に高い見地で統合の気運を醸成する団体と動きがなかつたためにこれといつた成果なしに今日迄伸びて来た。しかし他面この仕事が非常に困難なためでもある。しかしこの問題は是非取り上げるべきであり、あえて本団がこの問題と取りくもうとするものである。団体の機関紙が現段階では特殊な立場にあり、又その意味で韓青時報は本団構成員を指導し啓蒙する機関紙であるだけに、可能な限り、旬刊迄引き上げるよう努力する。そしてその配布網を全国的に確立し、中央の意志は勿論地方組織の訴えも充分反映させ韓青時報をして名実共に在日青年同志の共有に供し、民族前衛隊としてのニュースと理論の武器たらしめると共に機関紙として在日全青年、学生の唯一の組織者として確立された配布網の組織化によつて、組織強化の強力な武器たらしめるつもりである。

（6）「本国派遣受訓團を定期的に編成し、これに対し規律統制を徹底させると共に本国の文化人、芸術人との交流を促進し在日二十万青年の意気を高めるべく努力する。」
今迄の本国派遣団の大部分は一部不純分子の私利私慾の追求や花見遊山的気分が少なくなかつた。このために在日僑胞に不利な世論を本国において巻き起したことがしばしばあつたことも事実である。この点に留意し、本団計画の受訓団は団員の厳選は勿論、派遣前その受訓の目的および意義を充分に認識させ、本団派遣の際は責任者をして受訓期間中の規律統制の徹底を期し本団の名誉を守るばかりでなく、本国の文化芸術と僑胞との密接な交流を促進し在日僑胞の信用を高めるべく最善の努力を払うつもりである。

（7）「本国訓練所の活用に民團の協力を受け、民族陣営各級機関の中堅幹部養成と青年の技術修得に万全を期する。」
現在訓練所は再建後一部はアパートに臨時提供しているが急速にこれを訓練所として使えるように増築及修理すると共に焼失をまぬかれた建物を当分利用して中堅幹部並びに技術修得者の臨時訓練のために使用するつもりである。特に民族陣営では将来の幹部たるべき中堅幹部の補充の義務を本団が負う義務があるので、この点に留意して最も主力を集中するつもりである。

（8）「僑胞の新生活運動を積極的に推進させる。團はこの運動の一環として全團員に國産愛用を奨励し模範を示すつもりである。」
僑胞の生活は日々困窮に陥ち入つている。これらの現状にも拘らず、虚礼廃習は勿論不必要な接待が相互間に数多くなされている。これらの弊習を是正し、本団での戦災同胞や、収監中の同胞や在日各地の困窮同胞と苦楽を共にすべく、青年が先頭に立つて新生活運動を展開し、間接、直接的に民主問題解決に寄与せんとするものである。特に中央は勿論、地方の組織幹部を始め、活動家に簡素質実な団服の着用を奨励し、物質的にも、身分相応な生活態度を持すると共に精神的に団員としての意識と行動の統一を図る。尚団精神昂揚のため団歌の普及に努力する。

（9）「民族陣営の一部幹部達の民族背反的行為を反省させ、各地域の民族教育機関及び学園の浄化育成運動並に朝鮮奨学会が自主的に運営されるように積極的に努力推進する。」
民族陣営の各団体には未だに無意識的に民族に背反する行為をなすものが多い。団体の権威を背景に団体を私有物のように思い違いし公金の浪費、入団希望者に対する私的感情による入団拒否、公金横領による団権威の失墜による民族陣営等の弱体化等、これらの民族陣営一部幹部の反民族的行為者には徹底的に追求摘発し、反省を促し大衆の利益を守るために努力する。また各級民族教育機関や学園の浄化運動を推進させるべく教育担当の青年同志達にあく迄で民族的見地で第二国民の教育に献身するよう激励するばかりでなく、民族的意識及び崇高なる教育事業の重大な任務を忘れて教育機関内での派閥争いや一時的生活手段の職場と見做す気風の根絶を図るつもりである。特に奨学会の如きは徹底的にメスを入れなければならぬ。

（10）「理想郷及び国際民主自由愛好青年学生との親善をはかる。」
特に海外にいると言う特殊条件を利用しまた民主主義の擁護は国際的連帯性においてのみ可能であるから日本青年とはもち論在日諸外国の学生、青年との親密を図り国際的に韓国を紹介し、本団の運動を知らしめるべく努力する。以上の如き諸項の具体化は別に指示をもつて伝達する。

地方版

神奈川縣

神奈川縣本部の現況

国際都市の横浜で、我が民団神奈川県本部は場所柄にふさわしい立派な建物におさまつている。この建物は団長の張聰明氏の指導の下に現幹部役員諸氏の去年の下半期における血みどろの賜物にほかならない。鉄筋コンクリート二階建、上下合せて六十五坪余りある。

団長張聰明氏は我が民族陣営の古い闘士であり、第二ゼネレーションとして前途有望な人材である闘士型に有りがちな情熱の激しさは、ややもすると多少の非難の点もあるかも知らぬが、然し、やがて年と共に円熟の態べてが円熟して来れば、心配するほどにも当らぬであろう。願わくは僑胞のため国家のために益々御健闘を祈る次第である。

神奈川県本部は、現在九つの支部と二箇所の分団から構成されている。時間の関係上全県下の組織を一々訪問出来なかつたことは甚だ残念であつた。

県本部の三機関の人事は左の通りである。

団長　張聰明
副団長　李根馥
〃　柳在完
事務局長　朴述祚
議長　李康元
副議長　孫張翼
〃　孫聖文
監察委員長　金栄達
〃委員　金貴生
〃　〃　金正大

各支部の現状

川崎支部
県本部生みの地元であるだけに民団組織は県下随一で、特に青年層の動きが活発であることも知られている。同支部では管内の貧困家庭を守る運動にも力を入れ、最近川崎市当局に対して失業保険、社会保険の差別撤廃を請願、積極的に民生問題の解決に当つている。組織活動は青年青葉会、婦人会が民団と一体となつて各種運動を続けている。文化、教育面では団員子弟を東京韓国学園に多数通学させている外、川崎市内の日本小学校に設けられた韓国人のための特別学級に多数出席させている。

鶴見支部
韓国納税貯蓄組合を結成し、失業者救済対策、民団未加入同胞の包摂等に全力を挙げ、好成績を収めている。

横浜支部
南京町の中国人街の真中に事務所を構え、船舶関係に従事している団員が多いためか、生活水準は普通をいつている。同支部では団長金永万氏が先頭に立つて民団中総の門戸開放運動と包摂運動を当面の課題としている。

高座支部
同支部は事務所を大和町の中心地に新築するため、管内の有志が活発に動いている。

横須賀支部
余り活発な動きは見られないが、県本部組織部では同支部の強化のため、連日現地に出張、組織整備につとめている。

鎌倉支部
横須賀支部同様、組織整備中で今春までには相当強化されるものとみられる。支部事務所を鎌倉から藤沢へ移転することも計画され、今後の民団運動が大いに期待されている。

小田原支部
観光地小田原の名にふさわしく、地元団員は旅館業、みやげもの店等の経営者が多く、支部運営は割に健全である。団員は相互に扶け合い、親睦をはかつており、日本人社会からうらやましがられているほどで、民団運動も順調にいつている。」

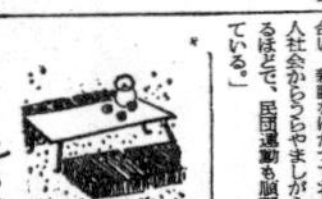

人と事業

李再九（宮本圭助）
慶南統営の産、四二歳の少壮事業家として貫録充分、家庭では三男一女のよきパパである。東海道本線の大船駅前に、堂々たる光デパートは彼の経営する本拠である。

李再九氏

洋品雑貨、バー、遊技場、麻雀等の実に多角的な経営振り、凡そ彼の手腕を伺い知ることができるのである。温柔にして無言実行家である。

崔鶴洙（山田実）
全南羅州の産、明大法科卒。三十六歳の青年実業家である。家庭には二男一女、丁度十年前から横須賀市の汐留駅前に食堂デパートを経営する一方、キャバレー・オリオンとクラブ・ブルボンを開いている。一望千里の横須賀市中央の高台にある新築の住宅は実に近代的な設備をもつところは、日本全国で立派な住居をもつている僑胞は多いが、あれほどのものはちよつと類を見ることは出来ないだろう。

崔鶴洙氏

金幸得

金幸得氏

平南平壌の産、神奈川民団本部の総立当時から古い陰の功献者である。彼れは五十にしてまだ男の子がいないのが唯一心残りだという。平壌冷麺と焼肉といえば、横浜では大同閣に定つているようなものだ。

李鐘太（平川鐘太）
慶北醴泉の産、家庭では二男一女。浜有数の青年事業家として前途を嘱望されている。解放後韓青創設に協力し、始め横須賀において遊技業の「平楽」を創業して以来実に旭日が昇るが如き勢をもつて今は県内の平楽という名を名のる者は実に十数軒を数えるのである。現在は民団神奈川県本部の有力なメンバーであり、横浜遊技業組合の組合長である。

李元植
慶南宜寧の産、年わずか三十三歳の青年でありながら、専務安周中と表裏一体となつて、僅々七年の間に自動車三十数台を数えるほど大タクシー会社にのしあがつていることは実に括目に値いするのである。

李康元
慶北義城の産、現在神奈川県本部の議長で、川崎支部の団長をも兼ねている。家庭での商売はほとんど長男に任せつきりで、非常に幸福な環境にめぐまれている。

金任祚
慶南陜川の産　関西大学を卒えると東京に出て、元建青の準備委員などした経験の持主である。今は専ら実業に忙しんでいるようなもののなかなか前途有望な実業家として希望されている。

（敬称略順不同）

結成後の主な歩み

神奈川県本部結成以来の主な足どりをみると、戦後、建設同盟、建国促進青年同盟を母体として、朴魯禎氏が中心となり一九四六年十月八日川崎市において民団神奈川県本部は誕生した。その後地元の李元京、金琰斗、李康元、黄昌周ら諸氏の協力を得て一九五一年現在の横浜に事務所を移転、本格的に民団運動が展開されるに至つたものである。

一九四七年には外国人登録法、財務税法等が施行され、これを反対する闘争が華々しく起された。翌四八年は本国総選挙の年で、在日同胞には直接投票権は無くとも、この民主的政治制度を新しくうちたてる韓国民として必要な種々の啓蒙活動を県下各所で行い多大な成果を攻めた。

一九四九年は政府樹立一周年を記念して県下の全同胞を啓発、本国と海外同胞のつながり本国への忠実な国民としての覚悟等を新たならしめ、すぐれた海外居留民としての生き方を体得するに至つた。

一九五〇年、動乱勃発と共に神奈川県本部管内の愛国青年約百名は県本部の適切な指導によつて勇躍祖国戦線に出陣し滅共祖国統一の壮途につく一大義挙があつた。一方、留守家族をはじめ、在日同胞は勇敢な国軍に慰問袋を、又戦災民に救恤品を続々と寄せ集め、本国に送つた。神奈川県本部ではこの救恤運動を喜ばれて本国関係当局から数多くの感謝状を授与された。

一九五一年には有名な大和事件が持ち上り県下は勿論のこと、近郊の東京からも愛国青年多数の来援を得て前後一週間にわたる極左テロ分子との激烈な闘争が展開された。同事件の発端は既に知られている通り、神奈川県高座郡大和町国際マーケット内で民団員が職務執行中、民族テロ分子に集団暴行を浸けたことからはじまり、日警当局は大和町全域に立入り禁止令を施き、町民は避難する騒ぎとなつたもので、民団々員は民戦のテロに防御手段として一大団結を余儀なくされた。当時、高座支部団長、神奈川県本部副団長を兼ねていた金今石氏（現在広島県本部団長）は責任者として活躍しその功績は今も賞讃されている。

一九五二年には信用組合結成の気運が盛り上り、結成直前、再び民戦徒の妨害で、民団事務所内に保管中の信用組合準備書類を夜陰に乗じて金庫ごとに持ち去られるという不祥事が発生した。

一九五五年には特筆される活動は統韓勢力の一大活動と、鎌倉海岸での関東地区各民団参加による独立記念日祝賀式典である八・一五節を海岸に設けられた野外ステージで二万余人の大衆を動員、空前のヒットを放つたことは今も記憶に新しいものである。

昨一九五六年には長年懸案の県本部事務所改築工事が完了し二階建鉄筋コンクリートが新しく団員大衆の前におめみえした。（団員数は八千四百四十七名一九五七年一月十八日現在）

（写真は本部事務所と張団長）

張聰明團長挨拶

民主新聞地方版のトップを切つて当本部が紙面にかざられるようになつたことを喜ぶものです。全国の民団運動にたずさわる同志諸氏にこの機会を通じ、今後の御指導御鞭達を願う挨拶のことばを送りたいと思います。

新春を迎えた我々は今年こそ祖国統一、韓日会談成立へのよき年であるよう努力し、民団が真に在日六十万全体同胞の生活を擁護する団体たるべく、その本領を発揮すべきでありましょう。最後に県下団員の万々に、地方版の準備期間が短かつたため充分特色を生かせなかつたことをおわびします。

外内綿・人絹・織物・捺染加工
相模興業有限会社
神奈川県高座郡座間町栗原六一六

割烹料理旅館 酒の家
藤家
郭鐘植
郭文秀（郭山秀一）
横浜市南区上大岡町六三
電話長者町⑧七一八一番

昭和タクシー株式会社
取締役社長　李元植（三田正男）
取締役専務　安周中
横浜市中区小港町三ノ一七一
電話②七七〇番　八八六四番

非鉄金属問屋
株式会社 大陽商会
社長　金任祚
川崎市大師河原四六四二
電話③三九二六番

キャバレー・オリオン・クラブ・ブルボン
山一商事有限会社
代表　崔鶴洙（山田実）
横須賀市汐入町二ノ四〇
電話（横須賀）二三八二番
横須賀市本町一ノ八
電話（横須賀）一二六四番

光デパート
宮本商事有限会社
代表取締役　李再九
鎌倉市大船町一〇〇
電話大船二三五二番

非鉄金属問屋
松島商店
社長　李康九
川崎市浜町
電話②二七三四番

朝鮮料理・平壌冷麺
大同閣
金幸得
横浜市横浜橋市電停留場前
電話③二九八九番

遊技場「平楽」料理店「千代田」経営
横浜遊技業組合長
李鐘太
横浜市中区野毛二ノ八七
電話五三七五番

平田金属
代表　黄丁錫
川崎市旭町一ノ五七
電話③二八一一三番

張仁建

民主新聞

日本語補助版

在日大韓民国居留民団
中央総本部
機関紙
発行所
東京都新宿区若松町21
電話(34)8569・8570
民主新聞社
振替口座東京143865
発行人
丁賛鎮

個月送料共50円
一部15円

綱領

一、われらは大韓民国の国是を遵守する。
二、われらは在留同胞の民権擁護を期する。
三、われらは在留同胞の民生安定を期する。
四、われらは在留同胞の文化向上を期する。
五、われらは国際親善を期する。

民団発展に新構想

組織改編など数項目
丁團長慎重に講究中

民団中総丁賛鎮団長は旧年末から新年初にかけて九州、中国、近畿各地方を巡回し民団地方組織の実情を視察したが、民団運動にかかわる一、体系 二、構成単位。三、人材配置。四、財政確立等について、特に丁団長は過去二カ年に亘る民団中総団長在任を通じて民団組織の改編についての重大関心を持つに至り、目下その具体策は検討中であるといわれ、近日中の発表に各界では多くの期待をよせているが、丁団長はその構想について大略次のように記者の質問に答えた。（写真は丁団長）

地方組織の改編問題

現実に全国四十九地方本部の実情をみると大阪のように十二万名以上の同胞が在住している所もあり、又他方では三千名未満の県本部もある。これが一律に同じ地位にあり自治権を付与されているため全国的にみて有能な人士が民団運動についての建設的発言を行う機会がすくなからず妨げられている。現在の各県別に本部を構成している建前からいきおい東京、大阪、兵庫、京都、神奈川などの大都市には有能な人士が集中し、他方の少数居住地方本部は人材難にもかかわらず地方本部の権威保持に相当の無理をきたしている。こうした実情に立脚して民団運動を発展、向上させるためには先づ地方本部の配置換え即ち組織の一部を改編することによつて全国の有能な人材をフルに登用させ、中総へ体系的に健全な連携で全力を発揮させたい。

地方財政の確立問題

民団財政は長年不健全のまま確立されず、どこでも何とかして切り抜けているのが実情である。この問題は組織改編、人材登用と密接な関連を持つもので、別個に切り離して考えられない。たとえばある地方本部では月々百万円内外の財政をまかなつているのに対して他方では支部経費どころか、本部自体で、僅か一、二万円の経費も捻出できず電話は切れ、門は閉されたままでいる所もある。これについては財源があつても、それを捻出するにふさわしい人材のない点を指摘せざるをえない。反対に人材があつても、事実財源らしきものがない場合もある。これらの矛盾を解消するためには、やはり地方本部だけでなく、支部本部地区協議会が一体となつて体系的な連携で総合的な力を働かすようしむける案を研究する余地がある。財政問題の解決策としては先ず団員数に応じて組織単位を改編し、一万名（あるいは五千名）にみたない地方本部は二県で一本部に統合し、一方に連絡機関を設けることも研究中である。もちろんすべてこれらの問題は次期大会で論議されようが、さし当つて財政については月々全国民団組織で使われている約五百万円の経費（年間約六千万円）を全国団員（二月現在二十万名を突破）から一人当り月額二十五円ずつ徴収することによつて解決されるものと思う。一人当り月額二十五円の計算で団費を合理的に徹底的に徴収する方法としてほかにも研究をもうしばらく続けたい。

人材登用問題

民族陣営全体は常に民団を愛する有能な人士を網羅して、合理的に発言権を得、発言の機会を与えたい。現在のような地方組織は、この有能な人士が発言できない実情にある。これは居住の関係で中央大会、地方大会ですぐれた代議員としての実力を持ちながら、大都市の多数の有能な人士は何らの効用も果せずにいる。又一部地方ではその時々の執行部に対する感情的反応とか、特定個人との感情で、民団運動のためでない争いを続け、まるで与、野党的色彩を帯びている事実は歎かわしい。執行部を締め出し入れることによつて自分らが次期執行部に進出するという意図は民団運動を後退させるだけで他に何らの建設的向上はあり得ない。大会で選出されたら次期大会まで当選者を助けるべきで、もしも執行部が過誤を犯した場合には正式に手続を経て、臨時大会を召集しそこで解免することはいうまでもない。それ以前に、反対だとか、妨害工作は民団の内部を分裂させ前進を妨げる闘争にしかとれない。この人材登用問題については全国どこの県に居住していても民団運動に関する建設的意見を受け入れるような態勢をつくりたい。

民團と三機関分立

民団の組織は三機関の一致協力によつて組織が成り立つのである。それにもかかわらず一部地方では議長団、監察委員会が執行部に対して野党的な色彩で団運営の妨害工作を無責任に敢行する点が多々ある。三機関は一軒の家を守るようなものである故、監察と議長の両機関は各々の職務をよくわきまえ忠実でなければならない。各自の職務を怠慢したり、議長団は、大会、議事会以外には大した役割はないものと思つているようでは認識不足といわざるを得ない。中央議長団は地方議長団の教育啓蒙という重大任務があるのにかかわらず、それらしい活動はみられず執行部に対して無責任な発言をしている点を発見している。民団は執行部の民団でもなければ議長団のものでもない。この三者が一致協力することによつてのみ、組織に必要な存在であるのであつて他の副作用をもたらすようでは執行部単一組織の方が民団発展に有利であろう。

主張

進学、卒業期に関係者へ望む

二月も半ばを過ぎて、今年も進学と卒業の時期が[illegible]。学生の進学と卒業および[illegible]問題を取上げて論じてみよう。

一、進学問題について

まず進学生諸君は、進学の方向決定に当つて、公私ともに大局的見地より、これを行うことを要望する。近代の学問、とくに大学における高等教育は、多くの専門分野に分かれその各分科の間には、ある程度相互の連関性もあるとはいえ、なおその特殊性がより強く極度に専門化していることを特徴とする。したがつて、進学に当つて、そのいずれの分科を択ぶかは、単に個人の将来を左右するのみならず、国家や社会にとつても、なおざりにできない重大事である。進学生諸君は、進学方向の決定に際して、自己の性格、能力、勉学条件等を慎重に検討、衡量し、さらに自己に課された、国家的責務をも十分に自覚して進むべき途を定めることを要望する。単に、入学率の難易や漠然たる世上の人気など、一時的条件に左右されて、これを決定することは、長い目で見るとき、ひとり自己の一生を誤るだけではなく、国家および社会にとつても大きなマイナスであるといわねばならない。

次に、受入れ側の日本文部当局および各大学に対する要望である。在日僑胞学生は、家庭の貧困な経済状態や、日本社会にいまなお残る民族的偏見など、多くの不利な条件にもめげず、学業を継続してきたものであり、その向学意欲の旺盛なこと、その学力のすぐれていること、その研究生活態度の真面目さなどの点において、世界のどの国の青少年にもひけをとるものではないと自負するが、これら学徒の進学に際しては、日本文部省および各学校当局者は、かれらの真摯な向学意欲に応え、また文化交流を通ずる国際親善の見地からも、多くの便宜を与えてくれるよう要望するものである。昨聞、或いは教育関係者の中にも、「大学生一人について、文科系においても十数万円、理科系においては数十万円の国費がかかる。このような巨大な国費をかけてまで、外国人学生を養成する要を認めない。」と放言しているものがいると聞く。「百人の外交官を派遣するより、一人の真の理解者を得よ。」という言葉を思い起すまでもなく文化の交流を通ずる国際親善の重要性に考えをおよぼすとき、このような考えが、いかに近視眼的なものであるかは、容易に首肯けるであろう。とくに、これを日本対韓国の関係について考えるとき、日本は、在日僑胞学生の教育に寄与することによつて、過去の償いをせよといわないまでも、韓国社会の間にわだかまる対日不信感を柔らげ、韓日関係の改善および親善促進に、大いに得るところがあろうと確信する。

第三に、在日僑胞諸団体および父兄は、学生の勉学条件を改善するため、諸般の努力を惜しまないことを切望する。多くの僑胞学生の現状を直視するならば、この問題は一時も忽せにできないものといわねばならない。勉学の意欲に燃えて進学した学生達が、学業に精励するよりも、先ず生活問題の解決を余儀なくされて、アルバイトに多くの時間を割いている事実は、学生個人のためにも、また人材不足に悩む祖国の現状からしても、これ以上悲しむべきことはない。各団体および父兄はことの重大性を考えて、力あるものは力を出し、財あるものは財を醵出して、奨学資金の確立、生活福利機関の設備等、学生が安んじて学べるような環境を作り出すべく、努力しなければならない。この意味においても、重ねて朝鮮奨学会問題の早期解決を主張する。

最後に、民族教育問題に触れたい。真の愛国心、愛族心は、外より押付けて形づくられるものではなく、内より自然に発露するものこそ、もつとも堅固であり、また純粋である。各人の胸の奥底にひそむ愛国心の芽を育てるのは、民族教育にまつところが多く、そのようにして育てられた芽は、やがては、明日の祖国を支える柱となるであろう。高度の学術技芸の研修を目的とする大学はともかく、高等学校以下の課程については、最近においては、民族教育機関もその施設、内容ともに、稍々整備充実されつつあり、日本のそれに遜色ないところまでに至るのも、遠くない実状であるから、僑胞子弟はつとめて、これらの学校に入り、民族教育を受けるべきことを強調したい。

二、卒業する学生諸君に望む

恙がなく業を了え、間もなく学窓を出る予定の僑胞学生諸君に対して、先ず、心から慶びと犒らいの言葉を贈りたい。しかし、恵まれた一部の人を除き、卒業を、同時に就職問題と結びつけて考えなければならない諸君の多いことを考えるとき、ただ手放しに喜んではばかりはいられない。諸君は多年研鑚の功成つて、高度の知識、教養および技術を身につけ、いま、その活用の場である実社会への門出を指呼の間に望む位置に立つている。しかし諸君が活動の場を、日本の社会に求めようとするかぎり、その門は冷たく諸君を拒否するのを見出し、幻滅と絶望を感じるであろう。いや、日本社会において、僑胞知識人の就職がいかに困難かの実情は、諸君自身の方がよりよく承知し、卒業の喜びと実社会への期待とで、胸を躍らせているより、卒業イコール失業の脅威に悩むことが、多いかも知れない。事実、これまでのところ、僑胞学生にとつて卒業は同時に失業を意味したといつても、過言ではない。多年修得の知識を、あたら身に蔵したまま、無為と焦燥の中に、青春の情熱とエネルギーを空費するのが大半だつたといつてよい。何らか職を得た者でも、例えば、大学で工学を修めたものが、商人になるといつたように、専門知識の活用とは縁の遠いものである。

ここにおいて、本団は、現に学を了え、あるいは近き将来に了えんとする僑胞学生諸君に、できるだけ早い機会に帰国して、自己の性格、能力に適合した職場を得、長年の研修によつて修得したものを生かすように、と訴える。

いま祖国は建設の途上にあり、あらゆる分野において、有能なる人材や、技術の欠乏が訴えられている。このときに当つて、在日僑胞学生諸君が、多年研修した貴重な知識、技術を所持しながら、それを活用することもなく、いわゆる高等ルンペンとなつて、ただ無為に日本社会を彷徨するのは、直接国家的損失にもつながるものといわねばならない。学を修める目的は、小にして自己の身を立て、大にして国家、社会に貢献することにあるとすべきであろう。諸君は須らく帰国して、自己の全能力を発揮できるような職場に入り、これまでに修得せるものを、自己に錬磨せしめ、また社会に有用ならしめなければならない。

幸い、帰国学生の受入れ態勢も整備されてきたこの頃である。既に承知の向きもあろうが、昨年、外務部長官を長とする帰国留学生就職指導委員会が、国務会議決定によつて設置され、帰国留学生の就職斡旋を積極的に推進している。現在本国外にいるものは、在外公館を通じて、書類を提出するだけで、先ず希望職場を斡旋され、その決定を得て帰国すればよい便宜さえはかられている。日本に留学する学生諸君も、本制度を大いに活用し、故国に適職を得て、個人的生活の安定と、積年研鑚の結果の国家建設への寄与をはかるよう切望する。なお、在日学生は、本団文教局を通じて、駐日代表部に申請手続をすればよいことを附言する。

最後に重ねて訴える。

「学を卒えた僑胞学生は祖国に還れ。祖国の大地の上で、建設の鍬をふるえ」と。

中総 統協に再回答
朝総連を信じられない
協議相手としては失格

回答文（全文）

旧年末わが民団が統協支持の同胞各位に与えた呼訴文に対して統協は「衷心にこれを歓迎する」との前書きに始まる回答文をよこしてきた。われわれはその建設的態度を謙虚に尊重する。しかし回回答文にはなお幾つかの論点について、われわれとかなり見解を異にする個所が見受けられるので文中に指摘された数点に対しわれわれの基本態度を重ねて表明し統協参加の同胞たちに再考を要望する。

この意味においてこの一文は統協の回答文に対する反論ではなく更る前進を期待する呼びかけであると解されたい。

（一）所謂平和共存の問題について

共産陣営と自由陣営が平和裡に共存できるか否かの問題は別論として、兎に角共存の可能範囲には、自ら明白な限界がある、今日の段階においては少くも「国家という単位」がそれである。

この国家単位を限界として、それが国内であるか、国際であるかによつて、両陣営の共存が可能であるか、否かが決定される、即ち同一国内においては双方の平和共存など理論的にも、実際的にも不可能な現象である。尤も共産国家内に少数且つ形式上の近似政党が存在したり、或は自由国家内にも合法的に微弱な共産党が存在することは、この場合論議の対象にもなり得ない。

同一民族が、不法な外力干渉によつて、或は無理な理念区分によつて両断された、不完全国家においては、民族の概念は、思想、国家等、凡ての概念に優先する。斯かる国家にあつては、民族統合の形体において国土が統一さるべきことは、政治の最高目標である。わが韓国、南北ベトナム、東西ドイツ、乃至は大陸と台湾における二つの中国等がこれに属しており、早晩単一国家に統一されるべきことは、必然であろう。

（二）平和統一の当為性について

統協の回答文中「民族統一という最高至上の民族悲願を成就するため小異を捨て大同につかなければならない」との論旨は固より反論の余地がない。而も「三千万民衆の悲願である統一聖業を平和裡に達成したい」ことに対しても何等の異存がない。しかし、小異と大同が何れの側に存在するか、或は平和統一を真に具現する方式が、何であるかについては熟慮を要する。

われわれは統一を協議するとき傀儡政府の論議に小異があるとは、夢にも思つて居らず、統一の方法においても彼にのみ平和があり、我には、武力のみがあるとも決して考えていない。

（三）国連中心主義は、われわれも同じ立場である

統協が一級の賛辞を以て、認めている、国連中心主義は寧ろ、わが方のモットーであり全然同感である。国連が世界における、唯一最高の民主体制的国際機関として結晶されることを認めるならば「世界の良識と人類の英知」がその構成国家の多数者賛同するのが、原則でなければならない国際問題処理について、ソ連を中心とする、共産圏国家のみが常に拒否的態度を採つているがこの点はどう解釈すべきであろうか。

（四）共産側の平和攻勢は、何故虚偽と断定するか

1、一九五〇年六月、北鮮側（朝統中央委員会）の統一選挙に対する対韓アッピールは韓国政界の中心物であり最高指導者たちを民族叛逆者であるとの罪名をかぶせてその参加除外を主張した。

2、同月、北鮮側の提唱による李舟河、金三竜（対南政治工作隊員）と曹晩植外一名との身柄交換問題は数度に亘る、ラジオ交渉にも拘らず、引渡しの場所と時日の問題で難クセを付けられ遂に実現の運びに至らなかつた。

3、同月、二度目の北韓（最高人民会議常任委員会）側の韓国国会に対するアッピールにおいては、南韓政治指導者たちを民族叛逆者として、即時逮捕することを要求している。

右三回に亘る、矢継ぎ早やな平和攻勢は、実は六・二五軍事行動をカモフラージする、偽装作戦であつて、結局筋書き通りの以南全面侵攻となつて現われた。

4、一九五四年十月、所謂平和統一に関する南日アッピールは、同年五月ジュネーヴ会議における、韓国統一案が決裂した責任を韓国側に押し付け、自己陣営を有利に吹聴するための誘導策である。

5、一九五六年十二月、北韓側（最高人民会議議長）のアッピールは、従来の主張の繰り返しに過ぎず、韓国政府の軍事北進を警告しているが、その実、自巧内部の休戦協定違反による軍事力増強を隠蔽するための攻勢手段に外ならない。

このように、彼らの平和攻勢は常に必らず巧妙な迷彩を施した猛毒を含んでいるが故に、われわれは、虚偽であると断定する。

（五）朝総連は何故に統一問題に対する協議相手として、不適格であるか。

1、一九四六年発足した、右派の民主議院と、左派の民主主義民族戦線（民戦）の結成により祖国統一の決定的決裂が開始されたことは、否めない事実である。

2、一九四六年五月、祖国における統一政府を樹立すべき、米ソ共同委員会は、結局、民族の多数要望であり、当然な主張である、信託統治反対の意思表明をした団体の参加者除外を強硬に要求する、ソ連の提案によつて決裂した。

3、同年七月、中立穏健な民族代弁機関と称して発足した、左右合作委員会は、共産党の強烈な反対運動と執拗な妨害工作により、遂に分裂崩壊され、却て左右対立の激化を招来した。

4、一九四八年三月、南韓政界の領袖たちの、統一政府樹立問題に対する、呼び掛けに対し、北韓側は、祖国民主主義統一戦線（朝統）の結成を以て、連席会議をベンヤンで開催すべきことを一方的に応えた。

5、同年四月、ベンヤンで行われた、南北協商連席会議は、金日成一派の強圧的な会議進行と偏僻した南北統一方策の強引な主張は、越北参加者をして、妥協の余地なしとの決意を固からしめ、遂に、第二次の協商には、不参加に終らしめた。

朝総連は、いうまでもなく、北鮮カイライの日本における延長体である。彼らの統一に対する、基本策が彼らの祖国における基本線と大した距離があるとは、到底信じられない。総連が統一問題を協議すべき相手として、失格者の地位にあることは、以上の事実に反映するものである。

（六）われわれは、何故に総連を不信するのか

1、総連は奨学会問題の一例にしても、わが方と予め、明確な紳士協定があつたにも拘らず、協定を一方的に蹂躙したばかりでなく、裏面に回つて、大変な背信行為を平気で実行している。

2、北鮮人民共和国なるカイライが、幾度か韓国に向つて、平和統一を呼訴するたびに実際は、これと全く逆な軍事行動がしばしば取られている。

3、ソ連は、ポーランドの民族運動を有害物と断定し、ハンガリアの民主化を反革命と定義して、無慈悲な鉄火を浴びせている。

4、中共はポーランド、ハンガリア両国の親善代償として、自国建設を推進するに足る経済援助を、ソ連より確保するため、昨日までの兄弟国家の傾向を乱蔑行為だと極め付け、諾々として、ソ連政策に支持を与えている。これら一群の国家（団体）と一連の行為との相似性を観測すれば、不信どころか、統協の回答文にある通り"不倶戴天"といつても過言ではない。

（七）われわれは、何故に共産陣営と同席会談しないのか

以上列挙したように、彼らの行動は常に不信であるが故に会談しない。彼らと真面目に会談したところで無駄であるからである。いま一つの理由は、本国政府が共産圏との話し合いを拒否する方針を堅持しているからである。民団は大韓民国の国是を遵守する限り可能な範囲において、政府施策に順応するのは当然なあり方である。今のところこれが原則である。しかし本国政府にあつても、わが民団においても、全然同席会談しないわけではない。例えば、ジュネーブ会談、休戦会談の如き、あるいは当地における奨学会問題会談の如き、同一対象のためには、既に幾度か話し合いの実績は作られている。しかし結果は依然として対立の激化から決裂以外の何ものも生れなかつたことを、大いに悲しく思う。

以上七項目にわたつて、われわれの態度を重ねて表明したが祖国統一の民族悲願がこれで杜絶えるわけのものではない。

大韓民国の日進月歩に延びゆく建設の意欲と民族正義の名において堂々と前進する民族陣営の民主化の姿を刮目して見て頂きたい。われわれは「平和を願うものこそ、冷静に理論と実践に立脚しながら、北韓の暗黒政治にも、徐々にではあろうけれども、きつと明朗化される時が来ることを期待しよう」回答文が示す通り、正に「カイライ政権は存在すれども、カイライ民族は存在し得ない」のである。

一九五七年一月二十一日
在日本大韓民国居留民団中央総本部

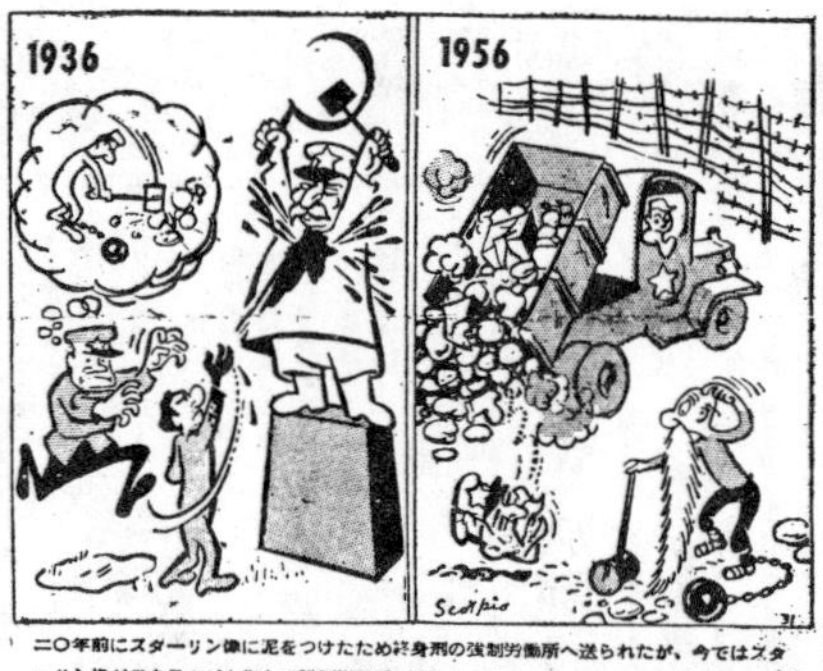

二〇年前にスターリン像に泥をつけたため終身刑の強制労働所へ送られたが、今ではスターリン像がスクラップと化して強制労働所へ送られてくる……。【カムレード提供】

金公使突如帰国

駐日韓国代表部金溶植公使は十四日朝突如CAT機で羽田空港を出発、帰国した用務についてはなんの発表もないが、その筋では、一月から続けられてきた韓日関係に関する交渉がある程度歩みよりを見せているところへ十三日開かれた日本衆院外務委員会で森島守人氏（社）の質問に答えた岸外相の「ある一点を残すのみで韓日間の他の面は合意していることを認め、その一点の内容は明らかに出来ない」といつた、問題に鍵があるように見ている。そこで一般の観測は、今迄の曹外務部長官、岸外相等の発言から見て韓日交渉はいよいよ新しい兆を見せているものと見ている。

金公使、十八日帰任の予定 十四日朝、突如帰国した金公使は十八日午後七時二十分CAT機で羽田着帰任の予定。

全体大会期日決定
四月五、六両日間

注目の民団全体大会及び中央議事会は来る四月五、六の両日間民団中総講堂で開催することに決定、中央議長団では直ちに全国各地方本部へ通達を発した。

中央議事会 四月五日午前十時―正午

全体大会 四月五日午後一時―六日

第二十六回中央議事会並びに第二十一回定期全体大会は来る四月五、六の両日に亘つて行われることになつているが、この程中央議長団では、全国民団各級機関に公文で次の要望事項を伝達した。

1、中央議員は規約第十五条に依つて、代議員は第二十回全体大会の配定比率に基づき、厳選し、名簿を早速中央議長に報告すること。

1、建議案は、地方本部と傘下機関の決議を求め、文書で三月末日以内に中央議長に到着するように提出すること。重大緊急建議でなければ、大会秩序と時間の重要性を尊重する意味から、取扱わない場合もあるので、諒解されるよう望む。

一部に規約等改正の声
洪副議長談

民団中総洪賢基副議長は大会及び中央議事会召集にあたつて今回の大会、議事会を例年よりは大きな意義をもたせたいと大要次の通り語つた。

こんどの大会では時期に則した規約及び運営について多少の改正を要望する声が一部に強いので何らかの形で大会席上提案されるものと思つている。大会の期日を例年より早めに取り決め、発表したのは地方在住の代議員の都合や、地方組織の各種準備の万全を期させる意味で、とにかく中央の全体大会を有意義なものとするための処置である。

商工部許可の方針
在日僑胞生産援助展示会

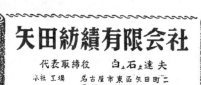

七日商工部筋によると、同部では在日僑胞生産機械類の展示会を国内で開くことをきめ国内で生産されないものに限り搬入を許すことになつた。さきに在日韓国工業品輸出振興組合から商工部に対し右展示会の承認を要請したことがあり同部が駐日代表部に同組合の実態を問合せたところ同組合は在日工業技術者たちの集合体とし生産製品を本国に輸出し本国からは原資材を輸入し本国の産業振興に貢献したいというのが設立趣旨であることが判明したので展示会を承認することになつたもの。

訂正　三七八号掲載の中央施策審議委員会は、中央組織局組織委員会とし中央組織委員会とする。

中共閑話

△日本は神武以来、イタリアはシーザー以来の好景気、西独はカール大帝以来の好況、戦争は抜けるに限るらしい。

△議論も議論も、論者自身にとつては、またとない名論のつもりで情熱を燃やす、退屈ではあろうがその純情を無視してはいかん。

△またまたソ連要人間の大動揺、謝罪、陰謀、殺し、それがなければ共産主義国家らしくありません。

△たたえたり、けなしたり、偉い人にはなりたくありませんね、フ書記長のスターリン持上げ工作、上げたり下げたり、死人なればこそ目をまわす心配もあるまいだろうが。

△中小二大国家、共産圏の団結強化をうたう、結局、小国は"大国主義に従え"とは、何時か聞きあきたようなこと。

△中共、思い切つて蔣介石総統を台湾省長に任命の申入れ、昼家を取りあげて、離れ暮しの省長ちや。

△あわや第三次、とまで世界各国を脱させたスエズ問題も大過ない結着はみたものの、その再開後はまた政治的危険が増すとの観測、細長い此の長水路、果して世界政治の盲腸となるか。

△南韓にも、北韓にも、ごく僅かな不凍地があるように、我ら精密機械にも極く僅かな誤びようはある。それが気になるようでは持たないに限る。

△大会が近づくと、あらぬ噂に花が咲きヒレをつけて冬景に乱舞する、二つに割つて桃太郎が生れたなんて、どう考えてみても大人向きの話ではなさそうだ。

児童生徒 募集開始

初等部	1年	50名
〃	2年以上	若干名
中等部	1年	50名
〃	2年以上	若干名
高等部	1年	50名
	2年	若干名
出願期日	自2月10日―至3月2日	
考査期日	3月26日、28日	
	午前9時午後―4時	

東京韓国学園
東京都新宿区若松町21
電話(34)1859番

矢田紡績有限会社
代表取締役　白石達夫
本社工場　名古屋市東区矢田町二
電話(73)3193番

グランドミシン

名古屋市中村区大閣通り四の三

幹部訓練に関する諸問題

組織講座

中総組織局編（3）

幹部訓練に関する諸問題

（1）「幹部」とは何か？

我々がここで言う「幹部」とは民団の各級機関を構成し、民団発展のため、指導的役割をする核心分子を指していう。従つて幹部は所属機関の諸方針の具体化を、実践運動に展開する事に依り、団の綱領と、政策を遂行する責任を負わされている。

（2）「幹部選抜の規準」を何処に置くべきか

幹部は民団政策遂行にあたり、自己犠牲的創意性を発揮し、冷静なる組織理論を習得し、大衆運動に対し無限な忠誠心を持ち、断固なる決心を持つて団の方針を遂行し、団の規約を自ら進んで服従し、大衆との密接な連結性を持ち乍ら、私利を図るより、団の利益を守るために努力する、下級機関と大衆指導の能力を有し、長い間、団内部で活動した実践家でなければならない。

（3）「幹部の評価」を如何にすべきか

幹部は次の如き面で正しく評価されねばならない。

（イ）指導面の評価

民団の綱領と規約は勿論、当面せる基本方針の理解程度、実践における技術的処理方式、闘争期間および経歴の長短に依つて、幹部の優劣は正当に評価されねばならない。

（ロ）大衆を通しての評価

大衆は幹部の鏡である。大衆に反映された輿論に依る幹部の審査は可能であり又重要でもある。この評価に依つて、指導幹部が、大衆から遊離されているかどうかを把握出来、従つて大衆の反映を把握することによつて、将来の民団諸方針と方法を、合理化さすことが出来る。

唯ここで留意すべき事は、あらゆる評価は文書化し事務的に処理させるべきである。

（4）幹部の結束

民団には職業的に活動する幹部と、名誉職の如く名目上のみの幹部があり、知識幹部と無学の幹部がある。これ等の幹部が如何に結束すべきか。この点結束の原則が立てられねばならない。この原則を次の如く立てて見よう。

（イ）各機関の幹部は、共通せる綱領を持ち、統一せる規約に基く同志的結合によつて結合されるべきである。

（ロ）各級機関で決議された方針を、忠実に実践化さす信念を持つた、幹部同志が此細な感情や生活様式

民団は現在指導幹部の不足で多くの困難に当面している。特に中堅幹部の不足は非常に緊急を要する課題になつている。然しこの問題解決に我が民団は充分な配慮は為していない。ここで多少なりともこの問題解決に糸口を見つけさすため若干の問題点を指摘してみよう。

（イ）幹部の必要人数

各級機関では幹部が幾人ほど不足しているかを数学的に把握すべきである。特に緊急に必要な人員数と、下部乃至大衆指導を積極的にするために将来必要な人員を科学的に算出することである。ここでいう「科学的」とは各級機関の管轄内の団員数、団員の知的物的水準、地域的分布状態、現在確保されている幹部数、現幹部の知的意識的水準等の綜合的観点を正確に把握して、それらを土台に割出した数字を指していう。

（ロ）幹部訓練の分野

幹部訓練の分野は基本的で一般なのと、特殊な技術的訓練が行われるべきである。反共運動の理論的究明や組織活動の理論体系の習得は一般的分野といえよう。他面帳簿や諸資料の整理や諸手続の技術的処理は特殊な技術的訓練分野といえよう。

唯ここで留意すべき点は一定場所で訓練をさす時は訓練すべき対象を水準の平均している同志のみを集めるのが効果的である。

（ハ）幹部の訓練期間

幹部訓練の分野に依つて期間も検討されるべきである。又人員によつて期間も制約を受ける。訓練方法によつても制約されよう。期間は新幹部の訓練と旧幹部の再訓練とによつても期間の長短があり得る。

要は各級機関の平常の機能を麻痺されずに、民団の新幹部として訓練後民団各級機関をより活発に活動せしめるように期間の決定を短期間にして度々重ねる様、平時から検討されるべきである。

（ニ）訓練地の検討

民団幹部の訓練といえば必ず東京の一定建物の利用のみが唯一の方法だというように常識化されている東京のみが幹部訓練の適当な候補地であろうか。然し訓練地に東京以外の地域を選定し、地域別の訓練も可能である。例えば福岡で九州地協の活動同志を、広島で中国地協内の活動家を、大阪で近畿地協の同志等を地域別に訓練さすことも出来る筈である。地域別では訓練対象を多くし、期間も長い訓練を受ける幹部の必要とするものを選択さすことも出来、経費の節約を計る事も出来る。

訓練地は気候と希望者と、経費と希望課目によつて科学的に検討されるべきである事を付言しよう

（ホ）訓練方法

幹部訓練の方法は、大別して次の二つの方法がある。一つは一定場所に分宿させ、団体訓練をかね、事務的処理方式を理論と実務を通して訓練さす方法がある。又もう一つは、文書によつて、訓練されるべき幹部の自習を前提として通信教育の方法を取る事も出来る。従つて合宿の方法をのみ幹部訓練の唯一の方法ときめつける事は誤りといへよう。もち論最も効果的で合理的な方法は、財政と時間と訓練地が適当であれば、合宿の方法が理想的である。

（ヘ）訓練に必要な予算案の作成並び財政確保策の研究

現在民団は幹部訓練の必要性を痛感し乍ら、何ら具体策を立案していない、特に、訓練に必要な予算がぜんぜん立てられないと言うのがその口実である。然し真剣に予算案を作成し、予算案捻出の方法を研究し、何処に予算確保が出来ない難関があり、如何にしてその難点を打開出来るかを、研究している機関幹部が何人居るだろうか。幹部はこの点を留意し、訓練に必要な予算案を、個別的な文書による通信教育にせよ、地域的又は綜合的合宿の形態を取るにせよ理想的案と実践性のある案等を、具体的に立案し、出来るだけ実践化さす為の努力を傾注すべきである。

（ト）幹部訓練の最高指導者（教授）の確保を如何に選ぶべきか

訓練に関する諸問題と、並行して幹部を訓練さす、最高指導部員も常にどうゆう人を如何なる原則に依つて選び、訓練が始まるときは常に指導教授として迎へられる様この方面の準備も、検討すべきである。

特殊な理論反共論領導事務、法理論時事解説等は民団々員以外からも迎へられる、然しこの場合は、民団の基本方針と諸政策を理解し、協力する人でなければならない。勿論出来る限り民団の最高機関（民団中総）の責任者が幹部訓練の最高指導部を構成するのが理想的である。

要する幹部訓練事業の重大性を各自が認識し、それに対する具体案を文書化だけでも完全にし、あらゆる角度から検討し、その実践を期する様努力すべきである。

権べエが種まきや カラスがほじくる

金素雲

つい十日ばかり前である。大分合同新聞の座談会を済ませて下関へ引返したのが夜の十一時すぎ—五、六軒旅館をたずね回つたが、どこも満員だという。Yホテルに一つだけダブルベットがあいていたが、同行はS君—野郎二人でダブルベットも妙なものである。瀬の浦ならばと、タクシーを走らせる途中で「御旅館」という看板が目についた。

「あそこならキミ、どうだろう」声をかけたら、運転手が仰せられた。

「このへんは、センジンの宿が多いけん、ウッカリ近寄れマッセン」

乗つている本尊が、そのセンジンとは運さまも気づかなかつたらしい。B君と顔見合せて苦笑したことである。

鳩山さんや石橋さんが何を考えているかが問題ではない。日本人の国民感情の末端に巣食うもの—問題はそこにあるのだが この際、在留同胞の生活の意識や実態が厳しく照らし出されねばならないのは いうまでもない。不合理とゴマカシから始つた戦前の因縁が尾を引いて、千台のトラクターでも片づけされぬほど芥の山が積み上げられている。もつれ合い、からみ合つたこの悪循環の芥（あくた）から、ウジが湧き、毒きのこがはびこる。会談の再開くらいでラチのあく問題ではない。

よその国の扶助料に頼るような神経質はとにかくとして、現在この日本には一ぱし財閥を気取る「成功者」も少なからぬ数に上つている。日本名を名乗る何紡績をはじめ、何キヤバソー何ビル社長と関西だけでも十指に余る「えせ日本人」が名を列ねているが、彼等の眼中、ただ「金」あるのみ—。民族の矜持も、感情も、空念仏の犬のクソである。

「ナーニ、経済的な地盤さえできたら民族問題など、ひとりでに解決しますよ」

彼等の合言葉である。ナチスの強制収容所の記録「夜と霧」の中には、ガスかまどで殺し殺された犠牲者を千二百万と数えている。そして、その半数以上がユダヤ人である。世界経済の実権はユダヤ人の掌中にあるといわれた。しかもその財力ですら民族感情を乗り越えることができなかつた—。憐れむべき錯覚である。

コリアン・ライブラリー（日韓文化交流誌）などという厄介な荷物を背負いこんだお蔭で、昨年の夏以来北は北海道から九州一円へかけて、月の半分は汽車の中で暮らすような生活がつづいた。一カ月で八回という講演の記録もつくつた。日によつては、座談会が三つも四つも重なり、ブツ通し十余時間の長広舌—。夜中に目が覚めて、ヒリヒリする咽喉もとに塩水を通しながら、選挙演説の候補者の辛苦を、しみじみ思い知らされたことである。

「お力を貸しましょう」というKレイヨンの〇氏の一言から、一度は諦めたことを、また思い立つた次第であるが日本側だけで発足とあつては「文化交流」の意味をなさず、そこで在留同胞の中から一、二人の協力者を捜し出そう、となつた。一週間もすれば、と思つたことが、三つき、半とし、いまだにその同胞には巡り会えぬままである。

権べエが種まきやカラスがほじくる……。三十年のムダ奉公で権べエもいささか、くたびれた。土堤に腰をおろして、カラスの群がる野ヅラでも眺めるほかはあるまい。

奨学会問題の推移

（その２）

四、日本文部省の見解

朝鮮奨学会は財団法人であり、これの助成監督は法の定むるところにより、日本文部省が主務官庁としてその任に当つている。この腐敗し混乱している奨学会に対して文部省として如何なる見解を有しているかを知ることは、奨学会問題の推移を知る上に絶対必要事であろうと確信し、ここに文部省大学々術局学生課長の見解を中心に、昭和三十一年六月、文部省に於て開かれた当時の仮理事会との懇談会の記録をもとにして記することにする

奨学会再建の基本的対策を立てるために

①何よりも先ず理事の人事を決定することである、仮理事会を中心に意見の調整を行つてまとめるべきである。

②奨学会は戦後収入の財源が定まつていないことと日本政府からの補助金もなかつたという財政難のところへ朝鮮人が二つの政ブロックに分れてそれぞれの立場で批判し特定の人が指導権をもとうとしたところに困難があつた。

③奨学会は財団法人であるにも拘わらず基本財産がなく、故に収入源がない、財源がなければどうしようもないことである、昭和二十一年よりこの方特に昭和二十五年よりここ五年間の奨学会の決算を見ると、学生のためには収入全体の一〇%しか使われておらず、大部分が経常費に使われている、この状態ではお金が入つても学生のために使われるかどうか疑問である、何と云つても収入があつたら学生のために使われる状態を作らねばならない。

④理事会構成については財源の見通しを立てねばならない、財源の基礎が出来これを運営する理事を決定すればよいのであるが間違いを繰返さないように人事には慎重でなければならない。

財源について朝鮮教育財団の財産を利用することについて

奨学会から朝鮮教育財団の土地建物を切り離して考えると全然奨学会には財産はないことになる。外部からの資金を導入してやる場合、特定の条件をつけるならば、その金で別の方へ奨学会を移してやるべきである。土地建物の所有権については法律的にややつこしいものがある。韓国政府と日本政府との関係もあるし、日本政府の関係方面の意見もまとめねばならない。

昭和三十年春の各省会議で奨学会について懇談会をやつたがその結果としては

（1）純法律的立場からすると、朝鮮教育財団は生きているとみている。昭和十六年二月財団法人朝鮮奨学会維持財団から財団法人朝鮮教育財団へ無償譲渡の申請があつたとき「当分の間無償貸与する」として貸与しているから、現在奨学会が使用しているのである。

（2）朝鮮教育財団は朝鮮民事令の法律で作られた法人である。朝鮮民事令は外事令であつて日本法律であるから朝鮮教育財団は日本法人で人格的に日本人である。ところが韓国政府では駐日代表部を通じて、戦後韓国において教育財団が再組織されたから朝鮮教育財団は韓国のものであり、その財産も韓国のものであると主張している。

（3）この附属はどうなるかというと純法律的は無主物である。こういうものは国有財産になるか時効による占有者の所有になるものである。時効は今のところ法律的にはつきりしていない。現在韓国政府は要求権を持つているとみてよいものである。もちろん奨学会は時効を主張してどんどんやつてゆくことが出来るけれども、韓国政府の要求を無視してやつて行つてよいかというと、この点とくに外務省の意見は、「このままの状態で暫くもつていつた方がよい」といつている。「戦前戦後と奨学会が使つているから所有権の最後的帰趨を保留し、奨学会に使わせるのがよい」としている。他の関係方面では文部省の責任において決めることをいつている。外務省は戦後財産処分において内容がわからないように使つているのではないかと心配している。また今の理事者のやり方では心配だといつており、これから理事会を構成しても同じくなるのではないかと心配している。

土地建物を売ることについての実情について

この点は理事者がしつかりしなければならない。朝鮮人学生のためにあの土地建物を活用し、学生のセンターにしなければならない。日本法人だから日本人だけでもやれるが朝鮮人の感情を無視してはよくないし、朝鮮人に理解して貰つてやらねばならない。

民団、総連の二つの立場の人達の話合いがついて学生の育英を完全にする理事会が出来ればそれに対して防害的なことはしないと思う。この二つの地盤をまとめてから理事会構成をする方がよいと思う土地建物が奨学会のために使われ朝鮮人学生のためになるようにするためにも理事の人事は円満にしなければならない。

問題が複雑なので日本人が理事に就任することを敬遠する向きがあるが…

複雑であるが仕事は単純である。要は朝鮮人学生を育英することである。日本育英会からも国際学友会からも朝鮮人学生に対する育英は除外されている。朝鮮人学生育英のために奨学会が日本政府と話合う機関となり奨学会が日本政府と話合つて行けば朝鮮人学生のために協力者も出るだろうし、どんどん仕事は進むと思う。

民団側と総連側との話合いについて

（1）奨学事業であるから政治的紛糾を避けるように、そして日本の大学にいる朝鮮人学生を育英する人を理事に入れるようにすべきである。

（2）具体的に理事会構成についていうならば、民団総連双方から、例えば三名づつ出るように仮理事会が人選に容平すべきである。

（3）土地建物を運用して奨学会を再建する場合に、正式理事長は日本人の方がよい。日本人を理事長にすることは文部省の希望である。

（4）債権については奨学会の債権債務もあり、その他種々あるだろうが、今のところどうにもならないから一応棚上げ出来るものは棚上げすべきである。

奨学会再建の見通しについて

（1）会を再建するのには最低の準備金として壱千万円ほどの金がいると思う

（2）政府の補助金は奨学会が今の状態では出せない、それは予算を貰うには調査し報告を出さねばならないのに、奨学会の現状を報告すれば到底予算など出さない筈だからである。

（3）予算を貰うためには、百万円入れば百万円がそつくり学生の手に渡されるような状態に持つて行かなければならない。

（4）例の朝連の財産は朝鮮人育英に使うことに決つている。それは奨学会が本然の姿に還えれば支出される可能性が大いにある。関連には文部省でやれるようにしてほしいとのことである

五、奨学会の経理状態

左翼独占下の奨学会の経理状態を知ることは、奨学会を運営して来た左翼幹部の罪状を知ることである。ここに彼等の手による経理報告書を公表して若干の検討を加えて見ることにする。（詳細は次回に公表する）これは昭和二十五年から同二十八年度までの四ケ年分で、二十九年度以降はさすがの彼等も乱脈な会計を報告することが出来ず、文部省の催促にも拘らず未だ握り潰している現状である。

支出面を見てすぐ気付くことは学生の育英事業をやるべき奨学会の経理が何と間接事業費が直接事業費の二倍から三倍にも達しておることであり、貸付金は全体の五割前後を占めていることである（文部省が衝いている点もこれである）収入面では、財産処分が大部分である。これを見て驚くことは左翼は莫大な資金を大衆から捲上げていながら、そして何か事あるごとに学生を弓矢のギセイに供して儲けながら、その学生達の育英面には何等見るべき支出をしていないということである。財産処分による収入の項の詳細と未報告のまま幹部達が着服した事実は次回に公表することにする。

（つづく）

各年度別収支計算書　財団法人朝鮮奨学会

区分	昭和25年度 金額	%	昭和26年度 金額	%	昭和27年度 金額	%	昭和28年度 金額	%
収入								
前年度繰越金	(241,740.00)	8.4	749.90	0.1	23,959.90	0.6	4,736.00	0.1
基本財産収入	540.40		845.00	0.1	0.00		0.00	
運用財産収入	175,000.00	6.1	231,696.00	21.6	37,500.00	0.9	3,713,433.00	51.4
運用財産処分収入	1,578,260.00	54.7	255,000.00	23.8	418,618.00	10.2	0.00	
寄付金	363,070.00	12.6	168,500.00	15.7	505,559.00	12.3	152,220.00	2.1
雑収入	131,340.00	4.6	45,960.00	4.3	81,385.00	2.0	120,491.00	1.7
借入金	149,000.00	5.2	70,000.00	6.5	2,795,146.00	68.0	2,524,563.00	35.0
返戻金	242,770.00	8.4	300,000.00	7.9	248,655.00	6.0	703,445.00	9.7
計	2,882,470.30	100.0	1,702,730.90	100.0	4,110,822.90	100.0	7,218,888.00	100.0
支出								
直接事業費	320,592.50	11.2	143,279.00	13.3	983,866.00	23.9	828,971.00	11.5
学資給与費	13,000.00	0.5	0.00		296,000.00	7.2	92,908.00	1.3
寮助成費	115,587.50	4.0	51,704.00	4.8	87,251.00	2.1	251,451.00	3.5
学生援護費	192,005.00	6.7	91,595.00	8.5	600,615.00	14.6	484,612.00	6.7
間接事業費	516,092.00	17.8	565,492.00	52.7	1,480,170.90	36.0	2,675,259.00	37.1
役職員給与	295,048.00	10.2	357,477.00	33.3	495,474.00	12.1	1,174,660.00	16.3
事務費	217,500.00	7.5	208,015.00	19.4	592,840.00	14.4	1,167,624.00	16.2
租税公課	3,544.00	0.1	0.00		391,856.90	9.5	332,975.00	4.6
返済金	292,265.90	10.2	50.000.00	4.7	1,214,950.00	29.6	2,244,930.00	31.1
貸付金	1,752,770.00	60.8	248,000.00 (42,000.00)	23.1 4.0	287,100.00 (140,000.00)	7.0 3.4	1,180,100.00 (178,485.00)	16.3 2.5
翌年度繰越金	749.90		23,959.90	2.2	4,736.00	0.1	111,183.00	1.5
計	2,882,470.30	100.0	1,072,750.90	100.0	4.110,822.90	100.0	7,218,888.00	100.0

各年度末比較貸借対照表　財団法人　朝鮮奨学会

区分		昭和25年度末 金額	%	昭和26年度末 金額	%	昭和27年度末 金額	%	昭和28年度末 金額	%	備考
資産	現金・当座預金	749.90		23,959.90	0.1	4,736.00		111,183.00	0.4	
	金銭信託・定期預金	30,000.00	0.1	30,000.00	0.1	30,000.00	0.1	30,000.00	0.1	
	有価証券	2,155,500.00	6.7	2,155,500.00	6.7	600,000.00	2.0	760,000.00	2.4	
	貸付金	1,510,000.00	4.7	1,458,000.00	4.6	1,496,445.00	4.9	1,973,100.00	6.2	
	固定資産	27,862,303.00	86.8	26,984,800.00	84.4	26.984,800.00	87.9	27,144,800.00	85.4	
	土地	16,489,053.00		15,614,550.00		15,614,550.00		15.614,550.00		
	建物	11,322,300.00		11,322,300.00		11,322,300.00		11,322,300.00		
	什器・備品	47,950.00		47,950.00		47,950.00		207,950.00	5.5	
	未収入金	530,930.00	1.7	1,314,388.00	4.1	1,566,336.00	5.1	1,743,134.00	5.5	
	計	32,089,482.90	100.0	31,966,647.90	100.0	30,682,317.00	100.0	31,762,217.00	100.0	
負債	基本財産	30,000.00	0.1	30,000.00	0.1	30,000.00	0.1	30,000.00	0.1	
	積立金									
	固定資産見返勘定	27,862,303.00	86.8	26,984,800.00	84.4	26,984,800.00 (※20,000.00)	87.9	27,144,800.00 (※20,000.00)	85.4	
	借入金			20,000,00		1,580,196.00	5.2	1,634,668.00	5.1	
	未払金							255,161.00	0.8	
	剰余金	4,197,179.00	13.1	4,931,847.90	15.5	2,087,321.00	6.8	2,727,588.00	8.6	
	計	32,089,482.90	100.0	31,966,647.90	100.0	30,682,317.00	100.0	31,762,217.00	100.0	

奨学金問題についての御意見、批判また今後の運営についての御高見をお寄せ下さい。
中総文教局

（前号継続分）

（I）会議に多く使われるおもな動機についての基本的意義若干の原則は次の如きものである。

（イ）修正（又は再修正）動議—動議している動議の内容かを変へるために出される動議を言ふ。修正動議は通常二度しか出せないが、修正箇所が違う場合は制限を受けない。

（ロ）委員会付託動議—修正動議が出ていても出せるが、これが可決されると、「常任委員会」又は動議にともなつて作られる「特別委員会」にかけることになる。

（ハ）期間付延期動議—原動議（修正動議）とを合せて、「次の定例会」迄というように期間をさめてその審議を延期する動議をいう。従つて審議すべき責任の所在を明確にせねばならない。

（ニ）保留動議—ある原動議について、他の構成員がもつと研究したり、または時間をかけて、実践出来る機会に廻わそうとしたり、または、ほかの緊急議題をとりあげようとする場合に出す議題である。

（J）「表決」には如何なる手続きが必要か

表決は原動議のみでなく、他の動議についてもいちいちせねばならない会議の重要な手続の一つである。討論不可能の動議には議長が表決を言い出し、討論可能の動議については、構成員から「私は何何という動議についての表決（時間打切り）動議を提出します」と言う発言があり、これに「支持」動議が出三分の二以上か半数以上（規約に依つて）の賛成によつて可決される。これについての討論はできないのが原則である。「多数」が少数の発言を封ずる目的で充分討論されないのに可決を急いだり、重要な議題を半数以上の賛意のみで可決する事は、実践力をともなわない場合が多いだけに、形式にとらわれず実質的に出来るだけ大多数の合意を得る様努力すべきである。表決動議の後支持があると、議長は問題の動議をハッキリ言つて、会場に賛成、反対を問うが、この場合「表決方法」の動議は出すことが出来る。「表決方法」は、動議の種類により「異議なし」と満場一致で決まる場合と挙手又は起立、点呼、投票等による場合等がある。議長は、賛成の数を先に反対の数を後に言い「これにより、何々と言う動議（内容明示）を可決（または否決）されました」と宣言せねばならない。

（K）決議事項（結論）の再確認

全国大会や地方支部大会等の会議ではこの点非常に実践しにくいことであるが、各級機関での常任委員会や各種会議では必ず決議事項を議記等の記録を土台として明瞭その他の方法で再確認すべきである。そして決定事項の実践における責任の分野を明確にすべきである。

（L）其他、閉会宣言

会議は閉会宣言で終る。うやむやの解散や、無規律的閉会は、今までの権威ある会議を失うものである。特に書記は、閉会時間を記録に明記して会議録の整理、保管の責任を明らかにし、後日会議の参考に供せねばならない。

結論的 にいうと、会議は全組織活動の重要な実践運動であると共に活動の出発点でもある。従つて会議の技術的運営の機能を習くことは組織活動家としては欠くことのできない任務であると共に、また何かの形式の会議に参席する大衆の常識的にも周知すべきことであると信じ、皆より効果的な会議運営の方法を研究し、創意性を発揮し組織活動をより効果的になさんことを要望する。

門戸開放運動を展開

全慶根団長談

民団中総と事務連絡のため上京した民団島根県本部全慶根団長は、一月二十三日民団中総で、同本部の組織現状を次のように語つた。

県内に六千名の僑胞が居住するが、民団員三分の一、中間三分の一、朝総連三分の一というような分布である。

その職業を大別すると、農業、炭焼、古物商、土建労務者、日雇等であるが、無職が三千八百名もいるという状態である。職業からみてもわかるように水準は低い。

現在まで組織活動が沈滞していた原因は、交通が不便な上に、分散して居住していること。またよい指導者がいないこと。そして三つの団体に分れていたためであるが今後は、門戸開放運動を大衆に浸透させ、大々的に組織活動を展開し今まで結成できなかつた協同組合を設け、僑胞の民生問題解決の一助にしたいと思つている。

民生局報告

指定病院設定

医療事業成果あがる

恵まれざる在日僑胞の生活の困窮は周知の通りであるが、特に、病魔と闘つている僑胞の淋しく苦しい生活を考えるとき、なにをさておいても、医療機関設立の必要性を痛感して来たことは、組織人共通の念願であろう。従つてわれわれは、困難な立場におかれて、言語に絶する苦しみにあえぐ、これら同胞の救済事業を真剣に考えその施策を整へてはいた。

数年前本国政府より、在日僑胞保健政策の一環として三千弗援助が代表部に到着していたが、中央総本部では、立派な成果を収めるべく慎重に検討を重ねた結果、昨年十一月準備万端を整えその全金額を指定病院契約金としてここに初めて指定病院の設定をみるに至つた。その後は統轄運営一切の責任を民生局が持ち、当民生局では、可能な限りの参考資料に基き適確な情勢判断と将来性を検討した結果、地域的には多少不便な点はあつても、数字から割り出した実際面の有利性を、より以上に認めるに至つた川崎市の新井病院を選定し、昨年十一月八日付で在日居留民団と次のように約定契約することになつた。

一、約定書内容と事務様式について

1、契約期間は一年とする

2、民団は指定病院に対し発病団員の紹介並びに経済援助をする

3、指定病院は、民団紹介患者の優先治療と治療費の減免および要入院患者の収容は療養所紹介と患者に関する諸便宜を計る

4、右の事項を円満に処理するための手続様式その他に関しては双方協議決定する

5、期間前に解散する場合は、双方協議の上で取り決め、満了後も双方の合意で再契約し得る（細項目省略）

大体右のような内容の約定書を取り交すと同時にこの約定書と計画書を代表部に報告提出し、代表部では厳密な調査の上で、前記援助資金全額を病院側に正式に下附した。事務取扱様式は民生局と病院長の間で決定し、この設立趣旨書と新たに決めた事項はその度ごとに公文形式で各県本部に通達し、その後、各県本部の積極的な協力を得て僑胞社会に最も緊要であつた医療施設の恩恵を僑胞全般にもたらすための当初の目的に向つて着々と成果を収めつつある。

（民団指定の新井病院）

二、指定病院の設備と実態

省線川崎駅より市電に乗つて約十五分、桜橋停留所前に位置する新井病院がそれである。「住所川崎市桜本町一の三九番地」工場地帯の住宅街に、四百五十坪二階建で医療機械類は万般整つており、現在十三人収容能力の病室を四月迄には七十四名の患者を収容出来るよう拡張計画中である 医師三人看護師四人歯科以外の全科病院である。日に七十人平均の患者を扱つており、その八割弱が川崎市中心の僑胞である。

三、指定病院運営について

1年を二期に区分して諸般監査に当り、一期ごとに治療費の決算報告を行う。入院患者に対しては、病院側で可能なる範囲内で、日本政府当局と積極的に折衝し、生活保障並に医療保護の交渉に当り、その当事者の分は基本資金に加算しない。治療患者費用を民生局で判定するので、自ずから経済は、病院側と二つになり、会計簿の役割をも果すようにする。初診料は五十円とし、健康保険法規定内で治療費計算をする。

四、指定病院の利用および手続について

事務に関する限りあらゆる責任は民団で負わなくてはならない。何故なら医師は患者そのものだけを治療し、その料金は民団のものであり、民団に所属する一人でも多くの同胞をみてもらうように厳正なる事務遂行を持たなくてはならないからだ。先ず中総民生局では患者調査依頼書を各県本部に送達した。各県本部では傘下各支部に同様なものを指示しなくてはならない。この調査書は特に重要な役割を果すものであるから、関係当事者は、厳正公平に作成しなくてはならない。これだけを基本参考として距離感を無にして判断しなくてはならないからだ。調査書が民生局に届けば、民生局では指定病院に調査内容を連絡して関係民団に治療依頼券を交付、指定病院では受入れ態勢を整える。

1、外来患者の場合

地域的近距離居住者か外来可能な患者の治療費については、患者調査書に基いて、一部負担又は全額負担を民生局で決める。

2、入院患者の場合

長期入院を必要とする患者は、外国人登録を指定病院に移動すること（米穀通帳共に）に依つて、可能な便宜を病院側で図り、食費は全額病院側で負担することもあり得る。短期入院患者の場合、移動申告をしなくても良いが、外食券を持参しなくてはならない。

・但寝具は長期短期患者とも持参のこと

入院料治療費は前記と同じ形式で全額或は一部負担を決める。

3　急患の場合

突然の事故並びに急病患者は、右各項目の手続きを事後にするも可能である。

4　其の他

指定病院では、該当者でありながら事務手続上の無知から行つていない患者の、生活保護或は医療保護の手続を代行する。

五、その後指定病院の歩み

指定病院設立後破初の仕事として全国学院の学童と団員の子弟に無料十二指腸駆除薬服用の必要を感じ関係各学院および各県本部に調査を依頼し、その報告にしたがつて二千名分を昨年中に配布した。

また医療機関利用に関しては、多数の僑胞がすでに治療を受けだし胎動期の困難を克服した現在では活発な活動を展開し多数の調査書を扱つており、治療依頼券も発行している。

発足して日も浅い今日必ずしも、眼を見張るような成果をみてはいないが、当初の予想を見事に突破しつつありながら、僑胞社会における医療施設の必要欠くべからざる存在価値と利用度の高いのには、当然な帰結とはいいながらも、感にたえないものがある。

組織的な基盤が確定していない民団では、全僑胞のための有益適切な機関設営のために並らぬ努力と計画努力を続えながらも、往々にして計画倒れに終るのを、ある種の人々は当然のように批判した向きもあつた。どのような曲折があつたにしろ、このたび全僑胞のための医療機関を設定しえたことは、それ自体自ずから、大きな進歩であり民団活動に新機軸となつたことは否めない事実であろう。今後立派に育成し最大限の成果を上げるためには、なにはさておいても全国組織人の誠意と実践力をもつ他はないようである。幸い本国政府の援助ではあるがわれわれの手で僑胞生活に直結する医療活動の道が開けた以上、親切丁寧に指導しつつあくまで厳正公平な事務取扱いの下に一人でも多くの僑胞に喜びを分ちあえるよう、なお一そうの努力を怠らないことが最も肝心であろう。

金笠詩選

—金波禹—

純祖十一年（一八一一）十二月に平安道の[illegible]において洪景来の所謂「西北人物の重用」という偏狭的政策に反発して反乱を起すとわずかの間に、嘉山、博川、定州などを経て宣川まで肉迫するようになつた。この時金笠先生の祖父金益淳は宣川府使として赴任し、三カ月しかたたなかつた。丁度酒に酔ぱらつて寝ているところを洪景来軍に捕られてしまつたのでやむを得ず賊に降服してしまつたのであつた。しかし、洪景来の乱は翌年の二月におさまつてしまうと、益淳は三月九日に処刑になり一家は滅族のうきめに逢つたのである。その時金笠先生はわずか六歳であつたために従僕と共に黄海道の谷山に難をのがれて、そこで育つたのである。それから二十歳の時にいよいよ滅族の子孫として世間の虐待にたえかね、とうとう家を出てから彼れが五十七歳の時に全羅道の同福という所で死くなるまで一生を放浪の旅を続けたのである。

無題

四脚松盤粥一器
天光雲影共徘徊
主人莫道無顔色
吾愛青山倒水来

大意

この七言絶句は何処かで、お粥を一杯御馳走になつた時の即興詩である。四つの脚の飯台にのつかつたお粥を一杯もらつたら、そのお粥が余りも淡かつたので、空の雲の影が粥の中に浮つていた。だが、主人よ粥が淡いからとて何にも顔を赧らめることはないさ、私は青い山の影が水にうつつている自然の景観を愛しているのだ。

註

半畝方塘開一鑑　天光雲影共徘徊、と言う漢詩から借りたものである。

近づく三・一節
組織局、要項を指示

来る三月一日は第三十八回、三・一独立運動記念日にあたが民団中総では、この日を大々的に記念するため記念行事に関する一般的指示事項を去る九日、発表した。同指示事項によればこの月は、私達の祖父や父が、そして兄が、大韓民族の自由と独立をもとめて日本帝国主義の一部のあやまつた指導者に、その反省を促し、平和裡に独立を要求したが、その意志を銃剣による弾圧にて踏みにじられた しかし私達の先烈は屈することなく、民族の名誉のために犠牲となり、世界革命運動に全く類のない民族独立運動を展開した記念すべき日であることを強調している。

実施要項としては本行事を効果的に遂行するため、全組織の各級機関は、中総実施要項を参考にして充分検討し、成功的に完遂するため全組織力を傾注することをのぞんでいる。

1準備工作の基本態度としては、本行事を通じて三十八年前、先烈が断行した偉大な民族的義挙を讃揚し敬意を表することは勿論、現在わが民族に負わされている当面の諸課業を、各自が自覚し、献身的に推進することによつて、大韓民国の独立と、民族の幸福を保障するため、覚悟を新たにせしめよ。

2本行事を出来るだけ大衆集合の形にもつていくため、各地方本部の力量と、地理的条件と、大衆意識程度の差異によつて、大衆を集合させる上、不便なところもある。しかしこのような民族的記念日を通じて団員の民族的自覚を高め、相互の親睦を図ることは、ひいては同一民族としての共通な理念を自覚させることにもなるので、この機会に共通な運命を打開せしめるようもつとも効果的な大衆集会とする。

3門戸開放運動の効果を発揮させるため、新入団員を全員式典に参加させるよう諸動員工作を推進し、非団員である第二次門戸開放運動の対象者には本式典に参加させることによつて、入団の意識をもたすよう工作する。

4組織の総力量を動員して三・一節記念日の意義を大々的に大衆に浸透させる事業を、対内、対外宣伝し日本人の反省と民団理解および信頼をして民団の旗のもとに結集させる運動を促進し組織強化の一石二鳥の効果を図ること。

5三・一節記念行事を民族的に展開することにより、先烈が大韓民国の主権回復のために戦つたことを認識させ、祖国の正統政府は大韓民国が唯一なる政府であり北韓カイライ集団が国土をソ連帝国主義の連邦化にしようとする売国性を暴露し、彼等の支持する朝総連の偽瞞性と反民族性を暴露させ、朝総連、幹部一派の幹部を孤立化させることによつて大衆の民団入団を促進させる。

以上のような基本態度を各地方本部に指示し、本記念行事を成果的に遂行させるため、具体案として大衆動員工作、宣伝啓蒙工作、資金確保工作、会場および治安会交渉工作、大会場工作、愛国歌普及に関して、などの参考を提示した。

なお「大韓独立宣言書の意志と先烈の遺志を継承しよう」とのメッセージを在日同胞に発表するとともに、日本の大衆に対しては「韓国の三・一独立運動記念日を再確認し、韓日両国の親善を促進致しましよう」など別項のメッセージを発表した。

3・1節　スローガン

▽全六十万同胞は、崇高な三・一精神を生かし、民族課業である統一理業を平和的に完遂しよう。

▽大韓民国の自由と独立を戦い取る為に、犠牲となつた先烈の英霊に謹しんで哀悼の意を捧げよう。

▽三・一精神を継承し、祖国防衛の守護神となられた国軍将兵並びに犠牲になつた同胞の英霊に哀悼の意を捧げよう。

▽在日六十万同胞は、三・一精神を継承し、大韓旗の下に結集しよう。

▽門戸開放運動を積極推進し、朝総連傘下で呻吟している善良な同胞をして、民団の旗幟の下大韓民団の国家的保護を受ける機会を与えよう。

▽在日同胞の国家保護を保障する韓日会談促進に総力を傾注しよう。

▽日本政府は、在日同胞の中小企業者に対する融資の差別を撤回し失業者に対する職場を与えよ。

▽在日同胞子女に民族精神に立脚した、教育を実施する為に、韓国学園の拡張及び新設に全力を傾注しよう。

▽在日本大韓民国居留民団万才！

▽大韓民国万才！

（原文はハングル）

丁団長 記者団と会見

関東地協決議で問答
"医療費問題は誤解"と言明

民団中総では一月三十日、在日韓国記者団の申入れで、今年初の記者団会見を行つたが席上、丁団長および金正柱事務総長代理は関東地区協議会決議事項、全相祐氏問題などについて次の通り答えた。

問―門戸開放運動の推進状況は

答―同運動は来る二月二十四日をもつて第一次期間を終るので、そのうちに中間報告を発表する。活動状況は大体予定通り推進されており、各地方本部から連日報告が届いている。

問―先頃民団関東地協で本国から送られてきた医療費三千弗のことで相当論議されたようだが

答―医療費三千弗は既に四年前に本国政府から送られてきたもので、その間駐日代表部が保管していたが長年民団執行部で利用方法を考究していたが昨年十一月上旬、代表部との間に意見が一致、指定病院を決めるなど具体化したものである。

問―指定病院を川崎市所在の新井病院に決めた経緯は

答―最初は新井病院のほか、都内の尾竹橋病院、新潟県の方病院、下谷公会堂事件当時、犠牲者が入院治療を受けた鈴木病院などを候補にたてただけでなく、前文教局長朴根熙氏が医師の資格を有するので同氏のことも考えてみたが、結局、代表部辛衛民部長も新井病院を直接視察した結果とあいまつて同病院を指定した。

問―関東地協で医療費を中総が別途に利用したと論難されたようだが、

答―決して不明朗といわれる点はない。医療費は代表部が直接新井病院に手交したのだから。中総丁団長が新井氏と個別的に接衝して財政難の時、いくらかのカネを借用してきたことはあるが医療費と結びつけられるものではない。

医療費のことが問題になつたのは指定病院設備の対外的宣伝が足りなかつたために起きた点もあり、今後各言論機関の協力を期待する。

問―指定病院は誰でも利用できるか

答―既に民生局から公文で全国各地方本部へ通達済みであるが、特に優先的に扱う者として、極貧団員、組織運動上の犠牲者、組織活動家の疾病などに重点をおいている。

問―指紋押捺拒否事件、奨学会関係などの記事が不満で民団関東地協は民主新聞の配布を中止することになつたというが。

答―同地協の決定はよき忠告として甘受する。しかし事実としていえることは、指紋拒否事件の曹副団長に対する判決を、こんどの事件だけではなく、以前に警察で民団々員のために外人登録証を斡旋したため別の事件が持ち上り、裁判の結果、執行猶予の身であつたことだ。当時曹副団長は良心的苛責と道義的責任を痛感したばかりでなく自殺までははかつたものを、権逸弁護士が自殺だけ思い止まれ体刑を受けさせないからと減張つて執行猶予となり、今度の事件で又権弁護士の自発的登場となつたものである。今度の場合にも新聞報道で曹副団長の事件を知つて現地に無料弁護士を申出、あのような結果になつたもので判決を民団組織として妥当というのでは決してなく、そういう経緯からみて本人にとつては大きな安堵であるといつたものである。とにかく罰金の金額で喜ぶとか、権弁護士の功労を賞讃したとかではなかつたけれどもそのまま記事として掲載したことに対しては自省している。

問―関東地協の決定が他地方へ影響をおよぼすか、

答―今のところはない。また同地協に対して対立的措置をとろうとも思わない。ただ発送中止というよりは関係部分の削除、訂正を要求するといつてくれればよかつたという希望的条件はある。

問―三機関役員の第一次本国巡遣問題は

答―旧年末から新年に入つてから本国各方面に数次公文、書簡を発送、早急、実現方を要請したが、何らの回答も受けてない。推測するに韓青の訓練団関係もあり、国会の会期中でもある関係上、多少予定よりは遅れるだろう。

問―全相祐氏が追放解除前に中総の推薦で本国に体育会関係で行つたというが、

答―事務的失策といわねばならない。民団東本ではその後追放を解除したというものの、一応東本の抗議に対しては当然のことと考えている。中総は全氏を個人的に推薦したのではなく、体育会が本国の冬期国体に参加すること自体を推薦したもので、その中に全氏が含まれていたことや、本人が数年前東本から追放されたという事実を知らなかつたのは全くの手落ちであつた。

問―民社同、統協と正式会談をしたか、

答―正式会談はなかつた。個別的或いは私的には会つたことがある。

問―大会を前に団長運動が各立候補者の間で熾烈だが丁団長は、

答―次期も立候補の予定でいる。

推試結果は良好
文教局で発表

本年度日本国内で上級学校に受験する韓僑子弟の推薦試験は去る十日をもつて一応第二次試験も一段落したが、民団中総文教局によれば応試者は全国五個所の試験地で百余名にのぼり、合格率は良好であるといわれる。試験の結果、合格者には韓国駐日代表部から推薦状が給付された。

中総文教局章次長談　応試者は東京―約五十名、大阪―約二十五名、福岡―約二十名、北海道―二名、広島―不明で第二次試験が終つた後も推薦試験の便宜を個人別に与えている。本年度は昨年度に比し、応試者の成績も良好で、文教局では進学者の希望校を実力に応じて他校へすすめる等色々指導斡旋している。

岐阜本部新築
基金カンパ進む

民団岐阜県本部では昨年十一月五日の三機関役員会議で本部事務所建設準備委員会を構成、委員長に金聖律（本部副団長）氏を選任して、十二月二十日より具体的な基金カンパ活動を展開してきたが一月二十四日までに六十八万九千円という好成果を収め、来る二月二十日頃には着工の見込もついてきた。

中総でも中部地区の中心拠点としての岐阜本部の発展を重視、同活動の援助に金俐旨組織局次長を派遣し、同本部に協力している。

なおこの本部事務所新築総予算は百五十万円で、二階建三十坪を岐阜市内に新築し、三月末までには竣工の予定で管内有志並びに一般団員の一層協力を要望している。

ハリキル吉城支部

民団岐阜県本部管下吉城支部は、去る二十日に第二回定期大会を開き、県本部事務所新築基金として十万円という高額を完納した。

そもそもこの支部の位置は炭鉱地帯である関係上僑胞の殆どは炭鉱労務者で、今までは左翼系の宣伝に従つてきた。ところが朝連から民戦そして朝総連を経る過去十年間の左翼系と民団の真意の違いに眼覚めたこれら僑胞十三世帯が結束して同支部結成を見たものでその第一回大会で前記のような成果を収めるに至つたのである。

なお同大会では、門戸開放にも異状なまでの関心が傾注され、来る二月二十四日の同運動の期日までには、団員一戸が未団員一世帯を獲得することに決定した。

また同大会では団長に裵仁福、議長[illegible]、監察委員長[illegible]氏を選任した。

収客所で怪事件 大村
北韓帰国勧誘拒否の同胞に罰金刑

去る一月十一日、長崎県大村簡易裁判所で、ちよつと風変りな判決があつた。

韓国帰国希望者として、大村収容所に帰国する日を待ちあぐんでいる、趙容植（三六歳）宋相圭（三四）に罰金各七千円、金大善（二三歳）李玄錫（三四歳）に罰金各五千円を言渡されたのである理由としては、昨年十一月二日大村収容所の第一棟の階下において北韓帰国希望者許在善に暴行を与えたというのである。

ここに不思議なことは、同収容所の警備日記、医務日記何れにもこの暴行事件について記録がしていないことである。

ことの次第は、左翼である許在善が同収容所で、民主陣営の一人であり、韓国帰国希望者である朴方春に、共産主義者になるよう強要し、北韓に帰国するよう誘かいしようとしたのである。

余りにもしつこく勧誘する許在善に対し、朴方春は再三これを断つたが、こと強要を与えられるに到つた朴方春は、同志である前記趙、宋、金、李四名にこれまでの経緯を語り、救いを求めた。左翼系列が収容所にまで手をのばし、許在善のような手先を使つて、誘かいしようとすることに憤慨した前記四名は、朴方春とともに、許在善のもとへ抗議にいつた。

この際激憤していた前記四名が、興奮のあまり許在善を二つ、三つ打つたのである。

これがことの真相であるが、左翼系列はことを大きくして報復しようと、同収容所の警備、医務日記にもない歪んだ事実をデッチ上げ大村簡易裁に暴行事件として告訴したのである。その結果、前述の罰金による判決がおりた。

これまでがこの問題のすべての真相である。

勿論帰国者に金などあろう筈がなく、罰金に苦慮している四氏に見かねた同収容所内の民主陣営は、早速犠牲者対策委員会（会長―洪正守）を設けた。

そうして、在日僑胞に広くこの問題を訴えるとともに、犠牲者救出資金として、カンパを求めることになつた。

同委員会の消息を受けた、民団中総では直ちに長崎県本部に真相調査を依頼すると同時に救援を決定した。また大韓青年団では去る四日、各役員間で協議した結果、早急に同委員会の要請に応えるため、在日僑胞に同問題の真相を広く告げるとともに、カンパを行つて、同問題の解決に当ることになつた。

アジア親善青年パーティ
三月十四日如水会館で

韓青中総が主体となつて推進中のアジア親善青年パーティは、愈々来る三月十四日午後五時半から神田如水会館スターホールで開催することに決定した

韓青中総李金竜文宣局長によれば同パーティ開催準備にあたつては日本、中国側と密接な連絡下、関係各国と相当に話合いが進んでいるという。準備委員会は去る四日設置され、事務局は韓青中総内に置き、李元範副団長が担当しているが、日本から松原巌氏、中国側からは孫徳成氏が事務局員として協力しており、準備委の顔ぶれは次の通りである。

中国側
薛国民（留日同学会主席）
孫徳成（〃前主席）
梁溯洋（〃幹部）
陳幼石（〃幹部）

日本側
近藤春雄（新生活運動協議会企画調査部長）
市原啓一（全国研事務局長四Hクラブ幹部）
高橋辰夫（自民党青年部委員長）
松原巌（国連愛用推進協議会事務局長）
山田忠雄（自由学連委員長）

韓国側
李元範（韓青副団長）
郭東儀（〃　）
李金竜（韓青文宣局長）
[illegible]（KIP通信編集局長）

以上十三名の他欠席したフイリピン、南ベトナムから各一名を加えて十五名。

同パーティ趣旨と内容について準備委では次のように述べている。

現下の国際情勢は中欧をはじめとして、中東、アジア共に複雑多難な様相を呈しており、せめて在日アジア各国の青年だけでも親善を堅く守りたいという意願からこの計画は出発したものである。韓青では特に国連精神と反共路線を強調する意味で積極的に推進しており、具体的な折衝では、形式にとらわれず、各国の現実的諸条件に対して理解し合つている。パーティは、和やかな雰囲気を保つために各国代表の挨拶とダンス、その他、各国お国自慢の歌と踊りがアトラクションとして予定されている。

なお同親善パーティを契機としてアジア青年協議会結成の動きも具体化するものとみられており、今後、アジア各国間の文化交流と親善に大きく役立つものと期待されている。

受訓團を乗せた北海号と乱れとぶテープ

韓青受訓團帰国
神戸港で別れのテープ乱れとぶ

韓青近畿地協を中心とする第一次本国受訓団百名は去る一月十五日神戸港から大韓海運公社船北海号で全員帰国の途についた。

同受訓団は二月十一日から十八日までソウル公務員訓練所で政治、文化、経済、国防など広範の学科訓練を受けることになつている。

神戸港を出発するに先立つて同団大阪本部で盛大な結団式を挙行、中央からは曹副団長、金成一訓練局長、金孚五民政局長らも参席したほか、京阪神各地の民団関係幹部有志多数が参席した。

同日神戸港には訓練団を見送る数百名の同胞の中に日本の報道関係者、すなわちNHK、朝日、毎日読売、中部日本の他地元新聞各社からも取材にみえ、訓練団の壮途はひときわ興奮のルツボと化した。

北海号の汽笛と共に数百千の色テープが投げかわされ、久方ぶりに故郷へ帰るもの、それを送るものの岸壁の哀愁にみちたシーンをくりひろげていた。なお韓青中総では現在第二次受訓団派遣を準備中で近日中に帰国の予定といわれる。

北陸地協開催
三・一節は縣別に

第二回民団北陸地区協議会は十五日福井県本部会議室で朴秀哲氏司会のもと開会された。

同会議には石川、富山、新潟各県本部をはじめ地元の福井からも多数参席したほか、中総からは金致坤組織局長、金斗昌次長が出席し次のような決定をみた。

（1）三・一節記念行事は、県別に挙行するが、大衆集会の形態を取り、大々的に挙行する。

（2）門戸開放運動は中総案に立脚し、積極的に推進する。

（3）団費制確立運動を展開し、早急にその達成を期する。

（4）中総四月の定期大会への建議案は北陸地協共同提案の形式を取る。

（5）地協会議を二カ月毎に開催する規制度を三ケ月に一回開くようにし、次の地協開催を富山県本部で五月に開催する。

註―北陸地協は結成後管内の各県民団に強い刺戟を与え、従来とかく不振がちであつたところを大いに発展させている

左翼のデマに注意
婚姻、養子縁組届出で

朝総連の機関紙「朝鮮民報」は去る一月二十四日付紙上に"朝総連証明で婚姻、出生、相続届出できる"との虚偽にみちた宣伝報道をしたが、これについて民団中総民生局では直ちに韓国駐日代表部および法務省民事第二、第三課に問合せた結果、真相を次のように発表、朝総連の変りばえしないデマ宣伝の正体を明らかにした。

中総民生局の話

朝鮮民報はその記事中で昨年十一月に牧野法相と会つた結果、朝総連証明で各種民事手続ができるように決つたものであると虚偽報道しているが、法務省民事第二、第三課ではすでに一昨年すなわち昭和三十年二月九日付公文第二四五号で全国各市町村役場に「婚姻、養子縁組に関して」通達を発して、台湾、韓国（朝鮮）両国人は一、申述書、二、外国人登録証、三、戸籍謄本または抄本（取り寄せることのできないものはその理由を申してる）以上の三項目を具備したものには何人にかかわらず手続ができるようにしたものである。

それゆえ、相続問題は「朝総連の証明だけで」云々は全くのでたらめで、とくに同記事中すでに千葉県市川市役所で受付けられた事実があるという点は、法務省民事第二、第三課で、そのような事実はないときつぱり否定している。この際、全国の同胞に注意を喚起したいことは、婚姻、養子縁組等について日本の市町村役場に届け出ることでないにしても、必らず民団、代表部を通じることによつて本国の各自市庁面事務所の戸籍に記載されるように従前の手続方法をとるよう要望して止まないものである

学園育成に寄與
東本支團長会議で決定

第六十九回民団東本管下支団長会議は、十一日午後一時から同本部三階の大会議室において開かれた。

決定事項

1、三・一節記念行事に関しては各支部の割当金と東本の臨時支出金によつて、同記念行事に必要な予算案の決議を行つた。

2、韓国学園育成する件は、金鐘在学園長から、同件に対する趣旨の説明があつた後、僑胞の協力を求めるとの旨の要請があり一般討議に入つたが、各支部を通じて同学園育成に寄与することに決議した。

3、自動車保険代理店設置に関する件は、東本に同代理店を設置して各支部下の僑胞の便宜を図ることに決定した。

なお、臨時討議として江東支部団長から、故郷の消息を大衆に伝えることが出来るよう、本国映画の上映を要請したが、支団長の総意として、本国映画の下附申請を中総を通じて行うことに決定した。

三多摩本部大会
團長は梁相基選出

民団三多摩本部第十九回定期大会は、去る一月二十九日同本部事務所で開かれ、組織強化に関する諸問題を討議決定の後、新役員を選出した。

この日、大会は代議員三十三名中三十名の出席と、民団中総から金致坤組織局長が参席するなかに開かれ、国民儀礼に続いて、団長、来賓等の挨拶があつて直ちに議題討議に入り、次の決定を行つた。

（その一）組織強化に関しては、さきに結成をみた組織委員会が主動力となつて傘下支部の育成強化を図る。（その二）門戸開放運動は、中総の指示にそつてなお一層活発に展開する。

註―今迄の運動期間中に立川支部では、既に四つの分会が結成された。

（その三）財政確立に関しては、団費徴収を徹底化させる。

なお、新役員は次の通りである。

団長梁相基、副団長朴明煥、同趙南滋、事務局長崔守讃　議長朴度鎭、副議長鄭周和　監察委員長崔文鎬、同委員安達竜、同崔瀬斗

映画フィルム寄贈
柳大領らが中総に

本国の陸軍本部心理技術戦局柳原植大領、李在田中領は、一月九日午後二時過ぎ、民団中総をおとずれ、政訓関係図書四十数冊および記録映画"我等の陸軍"他貴重なニュースフィルム等を寄贈し金事務総長署理と、民団の現状について話し合い本国でも、在日僑胞に対する関心は多大なるものであることを力説しながら今後とも機会あることに、参考資料を提供したいと約束し同四時頃辞去した。

軍人会総会三月二日
理事会で決定

在日韓僑芸能団を結成本国軍警の慰問を行い大人気を博した在日韓僑在郷軍人会（会長―李相台氏）では十一日午後八時から都内新宿の韓国料理泰興閣で、本年初の理事会を開き、総会開催問題等を討議、来る三月二日に総会を開催することに決めた。この日会は先ず李相台会長から本国の軍・警慰問団の経過報告があつた後、直ちに総会開催日程を討議したが、結局三月二日午後一時から同会講堂で開くことに決めた。続いて総会の議題討議に入つたが名称変更問題の他は総会席上で決めることにし、同十時散会した。

千葉本部臨時大会
團長に曹洪伊氏

民団千葉県本部第二十三回臨時大会は、去る五日午後一時、同本部事務所で開かれ、当面の運動方針並びに全体大会建議案などを討議の後、次の新役員を選出した。

団長曹洪伊、副団長曹允求、同鄭成竜、事務局長金洙成、議長鄭徳相、副議長梁渉文、同金鳳吉、監察委員長申鍾煥、同委員宋吉万、同洪応文

近く左翼一掃
広島金団長談

民団中総と事務連絡のため上京した広島県本部金今石団長は、一月二十八日、新宿メイフラワー・ホテル二階応接室で、最近の同本部の活躍について大要次のように語つた。

昨年の春から展開されている門戸開放運動を現在積極的に推進しているが、特に最近の成果としては、安芸支部管内の花田部落（約百六十世帯居住）に居住する僑胞中、十分の一以上を包摂することに成功したことである。同部落は今まで特に左翼勢力が盛んなことだつたので朝総連にみえる影響は大である。第二段階の目標としては、同部落と類似した部落の僑胞の包摂を対象としているが、この門戸開放運動期間中に成功させると同時に、左翼勢力を広島から一掃させる確信をもつている。次に僑胞中小企業者の育成、保護のため、信用組合の結成を準備中である。また三原、三次の地域の支部結成を準備中である。

生徒作文集出版
東京韓国学園で

東京韓国学園では、この程、児童の優秀な作文（詩歌も含む）をまとめ、"鳳仙花"という題名で出版（A5、五十頁）したが、好評をはくしている。そのなかでも中等部三年生朴英竜君が書いた小説"金獅子"は、ストーリの構成性格描写等が特に秀れているので話題を呼んでいる。

なお、同"鳳仙花"の編集人である張暁氏は同作品を本国の文芸界に紹介すべく今準備をすすめている。

静本、文盲退治に乗り出す

民団静岡県本部では、三月の定期大会を控え当面の活動目標として一、門戸開放運動を積極的に推進する。二、韓青組織の再建に協力する。三、文盲退治運動展開、各支部毎に月二、三回国語講習会を催うする。四、未就労者の調査を行い就職斡旋に乗り出す等を、この程開催された支団長会議で決め、二月いつぱいを期間として金在福団長を先頭に全役員が一体となつて積極的に推進しているが、その成果が大いに期待されている。

訂正

前号四面広告欄の李庚九氏は李庚元氏であること、金幸得氏は徐幸得氏であることを謹んで訂正致します。

株式会社 香蘭製菓本舗　専務取締役 西田秀夫　中村区大秋町二ノ四〇　TEL（54）三一二一・六八九二

利川工業株式会社・利川紡織株式会社　高宮康治（李康）　名古屋市中区園井町三ノ三八三協ビル　電話本局（24）0521番・3621番・1633番・6233番

パチンコーシスコ　竹山元良（朴元錫）　名古屋市昭和区滝子通り四ノ一七　電話瑞穂⑧四五八〇番

いも金旅館　金山雲峰　名古屋市中村区椿町三ノ四八　電話笹島局（54）一六四五番・六〇八六番

関東種苗農芸株式会社　岡崎発売店国鉄駅前　岸本種苗園（鄭文基）　本店 東京都立川市柴崎町二ノ一三八　支店 愛知県岡崎市羽根町東荒子九八　電話一七〇七番

駐留軍払下衣類 改造仕立卸並小売　三好商店（韓麟夏）　名古屋市中村区椿町一ノ三六　電話（55）二三〇九番

内外雑穀商株式会社　山下商店 山下善一（宋泰復）　名古屋市中村区椿町三の二四　電話（54）八三七六番

綿花・落綿・反毛・ふとん綿　有限会社 中央綿行　代表取締役 岡田哲明　本社 名古屋市西区中島町五八 電話（54）九一三七・八三八五番　工場 名古屋市別西枇杷島町大和町 電話（53）三四一一番

成田式製作所　成田豊繁　名古屋市千種区覚王山通五ノ二　取引銀行 東海銀行　電話（73）五三二・二一二一番

銅鉄・拾鉄金属商　三栄商事（李聖実）　名古屋市中川区萬船町三ノ二五　電話（32）七九四四番（呼）

どんぞこ　李相甲

ダイヤモンド　趙正基（山本）　名古屋市東区平田町三四　電話（9）二二八五番

愛知県版

民団愛知県本部事務所の全景
名古屋市東区長塀町六の十
電話（４）二三九四

門戸開放運動で全僑胞抱攝へ

民團愛知県本部團長 劉学変

この度、中総において発刊されている我が民団の機関紙民主新聞の地方版に、愛知県を考慮して戴いたことに対し、深甚なる謝意を表すると同時に、無上の喜びとする次第であります。

自己の非才をも省みずして、愛知県本部団長の重責に就いて、一年有余、大過なく今日におらしめたことは、一重に諸賢の表裏なき御支援の賜でありまして、ここに地方版の紙面をかりて、心からなる感謝の詞葉と敬意を表する次第であります。

顧みるに、民団十年間の歩みこそは、風雪にたえ忍んで来た茨の道でありまして、口でこそ十年でありますが、その間の苦難は到底筆舌をもって語り盡せるものではありません、がしかし在日韓僑の不撓不屈の精神と献身的な努力は、凡わる悪條件を克服して、今日の燦然たる盤石の重きに償くことが出来得たのであります。

就中、昨年中総より大々的に打ち出した門戸開放運動の断行は、ややもすると渦中とは異にした行動をもって、離散しがちな僑胞に温い手を差しのべると同時に、民団発展のために誠に資ばしいことであります。現在、愛知県本部においては、中総と歩調を合わせて、この門戸開放運動を鋭意推進中でありまして、映画並びビラ等の宣伝部門を総動員して、僑胞一般によく呼びかけ、着々とその成果を収めつつあります。また来る三一節には、諸先烈の偉業を回顧すべく、盛大な記念行事を計画中であり、団員諸賢は勿論のこと、僑胞一般大衆ももれなく、この記念行事に多数参加して、諸先烈が身を以って教示して下さった途を共々に、手をとり合って進みたいと思います。私達は外地に居留するという立地條件も充分に考慮して話し合えば、ただちに揚散するが如き、些細な感情を捨てて、鉄をも貫く民族精神を高揚させ、自然の姿として、大極旗の下に一致大同団結せねばならない秋であります。愛知県は地理的にみても、過去においては、織田、豊臣、徳川と諸将がことごとくその居城を名古屋に求め、天下を治めたことでもわかる通り。地理上の要であるばかりでなく、近来急速に発達を遂げた産業部門は刮目に値いするものといえましょう。

加えて港湾都市としての発達等、列挙すると限りがありません、ここに居留する僑胞も、大阪、東京に次ぐものがあり、その企業体をみても日本人のもつ、それに斯かも遜色のないものがあります。一方自主独立の民族としての自覚を強め、外地に居留する特殊性も深く考察して、諸行動に慎重を期さねばならない秋でもあります。今後在日僑胞に課せられた宿願の一つに大同団結があげられましょうし、これなくしては、山積されてくる明日への諸件を達成することは至難であります。よって団員諸賢は勿論のこと、有志各位の御協力ならびに御鞭達の程を切望する次第であります。

歴代團長名

権尚基
裵小斥
姜末律
趙正局
姜末律
李春植
劉学変

組織人はつねに大局的視野をもて

韓青愛本團長 李春植

このたび民団中総の民主新聞が全国的な宣伝活動のひとつとして愛知県版を企画したことに対してうれしく存じます今まで民団の諸政策が確立されていても、それが大衆全体に徹底しなかったうらみが多分にあったと思いますまた徹底されていたとしてもそれを具現する過程に種々の障害と各地方の立地條件の相異から一貫した筋が通っていずまちまちなやり方でまがりなりにも体面を維持してきたものと思います、このような事実を自認しながらも、これを是正でき得なかったことは、われわれ組織人の反省しなければならないところであると痛感するものであります、とくにいわゆる指導者と自認するところの一部団体幹部たちが民団本来の主目的を認識してその目的達成のために努力したかどうか、甚だ遺憾でありますが否定せざるを得ません。何故ならば民団は政治団体でなく、また徒党でもなく在日僑胞の権益を擁護し、団員相互の親睦を図ろうを主目的としているのにも拘わらず、あやまった主観と全く唾棄すべきセクト主義のために一団本来の主目的が看過されて一部僑胞に誤認されたため、組織活動上大きなマイナスをまねいたことは遺憾とするところであります。私はこのような諸点を考えて、つねに民団及び傘下団体の幹部の質の向上が急務であると思います。実際われわれ民団組織体の指導部にたって複雑な僑胞問題を処理し、全体としての仕事をまとめあげてゆくには、単に一つの不動な信念をもっているだけでは不十分であって、それには人の和と協力の中心点となり得るだけの真に肚の大きさが、絶対に必要であると思います。いかに学問があり、弁舌もさわやかで、才智にも秀でておっても、人から嫌われ、愛敬されるような人間的魅力がなかったならば、指導者として充分であるといえないと思います。人間は誰れでも、生れながらにして指導者であるとか、指導者でないとか、きまっているのでなく、いろいろの生活経験をつみかさね、その間に、人格を鍛え、肚を作っていくうちに、自然に人から尊敬され、敬愛され、そして人々の上にたてられ、知らず知らずのうちに、いわゆる世のいう指導者の地位にすわるものであると思います。最初からこの指導者になろうなどと考えて指導者の型や身振りや口ぶりだけ見習ったってそれは、いわゆる猿真似というものであって、大衆は誰でも、そんな指導者の型だけを真似た、人間に心服するものでないと思います。大衆は、対手の人格からにじみ出てくる、高い品位、愛情、正義心、抱擁力、信念などを、尊敬し愛してこそ、その人に心服しその人を自分たちの指導者として仰ぎたくなってくるものであると思います。民主々義時代においては、各個人が同じ自由と平等の権利をもち、だれでも自分の人格的、人間的に愛する人間にのみ、心服する自由をもっている時代に、ただいわゆる指導者然とした型や、身ぶりだけで、人々をひきつけ得るとか、或いは、何らかの権謀術策をふるって、人の上にたとうなどと考えること程、愚かで、しかも反時代的なことはないと思います。私はこのような意味において、われわれ組織人が最高で最良の政策も必要であると思いますが、何よりも組織の先頭に立っている組織人たちが、周囲の情勢や條件、物ごとの因果の、関係の移り変りを正確に見てとって、そして敏活に、的確にそれに応じた新しい想勢を整え、新しい方策をとりながら前記のように、人格的人間的に敬愛されたならば、組織強化を無理強行しなくとも、おのずから目的達成する上に、大きな助けとなると思います。だからといって私は機会主義者や御都合主義者がいいというのではありません。機会主義者や御都合主義者というものは、いわば一定の主義主張をもたず、その時その時の自分の都合と利益に従って行動する人たちのことであり、人間としてみれば、確乎不動の人格も識見もない最も卑しむべき存在であります。最後に、われわれ組織活動における実際問題として、いろいろの情勢判断を下すときに、主客観諸條件を正確に、はっきり考えて、真実を把握することが必要であるのみでなく、常にひとつの問題を、全体的に大局的に考えるという思考の、技術を体得すべきであると思います。いいかえれば、視野の狭い貧見でなく、総合的に、総体的に考えて問題の調和と均衡のとれた解決をはかっていくということであります。

女性の知的向上を目指して

婦人会愛本会長 李聖実

過去三ケ年の間沈黙していた愛知県婦人会がこのたび婦人会本部再建のために奮って立ち上り盛大な大会を開催したことは非常に嬉しい。

その間いろいろ複雑な空気の中にあっただけ、このたび全ての困難を排し一致団結し婦人会のために全力を盡くしたいと念願している。今後は前より一歩脱皮した婦人会にして行きたい。本国はもとより各国の婦人達とも交りたいと思う。現在我々は日本に住んでいる故、特に日本の婦人達と親密に交わりお互の意見を交換し長所を取り入れ短所を取り捨てて行きたい。私の抱負としては財政のゆるす限り私達婦人会の会館を作りたいと思う。

それから活動方針としては女性の知的向上と家庭生活の合理化および組織強化の三目標に向って進みたい。生活向上のため生産事業その他我々の生活に密接な関係のある所を我々は見学させたい。各支部毎に夜学等を設置して文盲婦人を啓蒙し、また料理の講習等も行い消費面を預っている主婦のむだのない生活を指導したい。問題は数多くあるが理論より実行することが先決問題である。故に会員の皆様や各方面の方々の御協力と御鞭撻を念じて婦人会の発展を祈る。

企業の繁栄は組合の背景で

金剛信用組合長 大山陽治（鄭煥麒）

鄭組合長

そもそも"我等の金剛信用組合"の発足は、魚が水を求むる如く必然の結果であり、それ故に次来の発展経過は誠に目覚ましきものがあるのであります。

即ち先の創立二周年記念に発表致しました通り組合員数は於て二倍出資金は三倍となり預金高に於ては実に壱千三百倍であり更に現在はこれを遥かに増進しつつある驚威的事実を呈示出来るのであります。

これ等の諸事は如何に"我等の組合"の存在価値と意義が重且つ要なることが自他共に確認されるのであります。

ここに確固たる地盤を型成しました組合は、常に創立当時の苦難を忘れず、絶えず"我等の組合"たる目的をモットーに、一層の躍進を期し、要路、韓国銀行、信用組合連合会等との融資連携を密にし組合員と預金の獲得に精進し来る三月決算期には顕初念願の如く組合員各位に若干の配当を実施する所存であるのであります。

顧ますに諸般の実績は、役職員の努力は云うに及ばず、一に組合員各位の"我等の組合"に対する信頼度と利用度の高揚過程を如実に示すものに他ならず誠に公私有効なる現況を御喜び申上げる次第であります。

乞願わくば現組合員各位には益々企業の繁栄に組合の背景を利用せられ、未加入の各位には一日も早く、この"我等の組合"に参加せられ、協同の恩恵に浴せられんことを切望するものであります。

（写真は金剛信用組合と各理事）

今期決算で高率配当を予想

金剛信用組合専務理事 朴性鎮氏

朴専務

組合発足当時のことを想起すれば感無量なるものがあり、来るべき将来のことを想えば、希望と喜悦を隠しきれぬものがある。これには勿論、組合全体の絶えざる努力が要ることであるが、一応発展の見通しは確立されているからである。

金剛信用組合の現況は、預金成績一億六千九十七万六千三百四十九円、全国四五二組合中一二二位の好成績を示し、出資金一千三百六十九万二千五百円（開店当時五百四万六千円に比し三倍強増）の内容に、今期には配当の歩合も相当高位の予想がされる現状である。それも時間的に比較すれば、僅か二年間の短時日の成績であることを計算すれば、実質的な内容は驚異的といえども過言ではなかろう。かような画期的好調の上に重ねて韓国銀行ならびに全国信用組合連合会等よりの借入可能額は二千万円を上回るし、現在愛知県の預託金一千八百万円中、金剛信用組合に割当られる数字それも上位を占めているのである。本当に喉のような本当である然し仕事はこれからであり、愛知県下の同胞数四万名に対し一万円平均の貯蓄を実行するには、今期中に二億円を突破してもその半分の数字にしか満たないのである。日本人は平均一人当り拾万円の貯蓄運動を展開しているのにその目標額の大半を最早突破しているのだから我等の目標たる四億それを達成しても比較にならない話であるが、総べての状況から察すれば、これだけでも結構な事だと思料するし、嬉しい傾向だと思うのである、斯様な計数的な問題から離れて民族運動の見地からしても人心の趣くところ信用組合に対する期待多しとする現実を私は身に感じている、特に金剛同様の信用組合が民族陣営だけでも八ケ所（東京商銀、京都実業、大阪商銀、大阪興銀、神戸戦大平、三重に三重商銀、熊本商銀）あって全日本韓国人信用組合協会の結成を見て本国関係、日本政府関係並に全国信用組合協会及連合会に対する諸般の対策を現在樹立中である故、これがその技能を発揮する時には在日同胞に革期的な新しい光明がもたらされる事を確信してやまない。願くば民族陣営全体の絶対的な協力と鞭撻を希求してやまない次第である。

愛知県僑胞社会の概況

愛知県は日本列島の中部に位しその豊富な資源と立地的な好条件は、他県の追従を許さず、県の財政も毎年黒字という恵まれたところである。

県庁所在地名古屋は三河、尾張の城で名を売った城下町である、現在の人口は百三十万、全国第三位の文化都市でもある。城が戦災を受けたため、名古屋市民はそのシンボルを日本で一番高いテレビ塔に求めた。また港都名古屋としての面目も躍如たるものがあり、神戸港を競争相手として年々その実績を築いている。歴史的な面においてもかの戦国時代に天下を統一しようとの野望にもえて起ち上がった群雄の中で豊臣、徳川、織田の三傑がこの地に出たことを特記せねばなるまい。それに現在三百年の伝統をもつ松坂屋の本拠地でもあり、自動車工業のトヨタ自動車を中心として、繊維、ミシン、陶器を始めとする準重工業、軽工業は全国の殆半を県内で生産し、一方安城氏が築き上げた日本のデンマークと謳われる農園と愛知用水の一大工事をみるとき、商工農の正常な発展と確固な地盤は他にその類例を見ることがない。

この愛知県に現在わが僑胞が数算四万名居住している、そして半数の二万が名古屋市に居を構え、またその三分の一が市内中村区に集中して、各種の事業を営み相当安定した生活をしている。わが民団の県本部は東区長塀町に在り、名古屋市内に五支部、県下各地に九支部を擁して民団創立当初から中部地方のリーダーとして運動面に残したかがやかしい功績は、指導者の犠牲的な献身はもとより、民団発展のためあらゆる協力を惜しまなかった経済人の良識と、一般大衆の知的水準の高度なことから組織に対する理解が深まり、定着性のある生活から固い団結が生れたことによってもたらされたものであろう。

現在、民団県本部は、その実直な人がらと愛団心を買われて重責を負った劉学変団長のもと、全幹部はいずれも優秀な経歴と活動能力をもって日夜僑胞のため奮闘している。中総の方針に従って門戸開放運動も活発な進展を見せ、第一次期間が終る三月上旬には多大な成果を発表することが出来よう。各傘下団体も韓青は韓青中総の組織改編による再建大会を経て、人望厚き李春植団長を戴き有為の人材が執行部に入り県下僑胞青年の啓蒙事業に着々と成果を収めつつある。婦人会は、種々の難問題を克服して去る二月六日の総会では李聖実女史が会長に選ばれ、再び愛知県婦人会の黄金時代を築くべく全員張切っている。つぎに愛知県僑胞社会を紹介するとき、最も重要なことをここで述べることにしよう。それは、金剛信用組合である、魚は水を離れて生存できないように人間は経済を無視して生存は不可能である、特に政治的にも経済的にも自国の直接恩恵を蒙むられない立場にいるわれわれ僑胞社会において個人の生計もしくは中小企業の今後を展望するとき日本当局のあまりにも冷酷な処遇は政治的には勿論、経済的にも、一方的な課税と金融面からの締出という不当な政策のために切迫した苦境にあえいでいる、このような難局を、打開するのは、あくまでわれわれ自身の手によらねばならぬという相互扶助精神に基いて、金剛信用組合の発足があり民団愛知県本部の全機能を挙げて三代の団長に亘る三年間の時日を費して愛知県知事より内認可を獲得した後、一九五四年十月一日名古屋商工会議所に於いて創立総会を開き種々の難関を乗り越えて、一九五四年十二月二十八日本認可を取得して名古屋市内東区杉ノ町に歴史的な開店をした。その後幾多の困難な問題を僑胞の誠意と組合幹部の奮闘によって解決し、現在の中村区椿町の最適な場所に移転するまで組合の発展は目ざましいものがあり、開店当初貯金が百万程度だったのが、二年余りの間に現在は二億突破を目標に全組合員が一致協力している。このような健実な金融機関が日々発展していくことは、その母体である、わが民団の組織の上に大きな力となり、僑胞の経済面に寄与することの大なるものがある。今後なお一層の発展を願い、この度の本紙愛知県版費助に惜しみなく協力して下さった諸位に感謝し、県下全僑胞の安寧を祈る。（Ｋ）

教育面

名南学園

われわれ僑胞社会において常に問題化されその解決が、容易でなかった教育問題は、徐々に明るい見通しが見えて来ている。現在、東京韓国学園、京都韓国中学校、宝塚韓国小学校、大阪金剛学園、倉敷韓国学園など、種々の悪條件にめげず、在日僑胞子弟の民族教育に貢献が多い。愛知県でも心ある人びとをしてこの問題は何度も取り上げられてこのほど高麗学園設立発起人が決まり、学園建設に鋭意努力している。さきに市内名南支部が管内の子弟を集めて夜学を開いたのが、その後日進月歩今は、立派な名南学園として充実した運営をしている。遠からず中京の地に僑胞教育の殿堂が出来大きな誇りとなるだろう。伸びゆく者達のために一日も早く実現することを願う。

園長 劉学奨
教師 崔燦鼎
〃 方永哲……
南区呼続元町一〇二
電（八）四二一六

高麗学園設立発起人
代表 姜求道
張永駿
李吉秀
徐載鎬
総務 徐相録
朴性鎮
財務代表兼 金光洙
建設 李春植
李吉秀
李相甲
劉学奨

民團県本部

議長	李　康
副議長	蘆恭愚
〃	李性直
団長	劉学変
副団長	朴泰達
〃	朴太煥
事務局長	申栄均
総務部長	朴泰達
組織部長	李鶴杜
民生部長	金永珍
文教部長	崔燦鼎
宣伝部長	申栄均
監察委員長	趙正局
監察委員	朴性鎮
〃	姜未律
第一顧問	権尚基
〃	李春植
〃	張永駿
〃	鄭文基

大韓青年團愛知県本部

団長	李春植
副団長	金漢慶
〃	崔学阜
顧問	金麟九
〃	姜未律
〃	劉学変
〃	鄭煥麒

大韓婦人会愛知県本部

会長	李聖実
副会長	金工月
〃	申順南

金剛信用組合役員

組合長	鄭煥麒
副組合長	姜求道
〃	趙正局

瀬戸支部

議長	尹松局
副議長	徐渭徴
〃	趙茱岩
団長	鄭仁守
副団長	権会俊

グランドミシン製造株式会社
社長 長谷鎮一郎
名古屋市中村区大閤通四ノ三
電話（45）四五七四・七三三四番

慶北浦項出身、三十七歳、小学校卒業後日本に渡航、十六歳の時より斯界に入って二十数年のベテラン、現在月産四、五〇〇台を製造し、その販路はメキシコ、カナダ、中南米、アメリカ、東南アジア、濠州方面と世界の隅々まで網が張りめぐらされている。

加藤製飴
社長 李貞基
愛知県知多郡美浜町大字河和字上前田十四
電話（河和）一三八・一四八

慶尚道出身、四十台のあぶらの乗り出した壮年俊鋭実業家、日本にあっても一二位を争う優秀工場で、完全燃料ボイラー等その設備は英国式最新式をもって、日産水飴一万貫を製造している。

株式会社 松永製菓
社長 張永駿
名古屋市西区児玉町一ノ六
電話（53）二五三六

慶北道大邱出身、パラキャラメル業者として日本一、全国菓子組合理事、名古屋菓子商工組合理事、初代金剛信用組合の組合長、民団県本部顧問等と列挙すると限りがない。中京韓僑にあって、信望と実力を兼備したピカ一存在である。

セントラルビル株式会社
株式会社マルケイ商会
社長 姜求道
名古屋市中村区泥江町一ノ七
電話（54）三九二〇・一八一八

慶南宜寧出身、弱冠三十五歳韓僑実業界に在って、おしも押されもしない存在、名古屋駅前の一等地に約七百坪の土地を所有し、現在木造二階建であるが近き将来近代商店建築化する予定である、他方キャバレー駅馬車も経営し、その多角経営方針は他の追ずいを許さない、金剛信用組合副組合長。

矢田紡績有限会社
社長 白達成
名古屋市東区矢田町二ノ一〇〇
電話（73）三一九三

慶北聞慶出身、紡績界に入って三十年、ドイツ製の最新式機三基を設備して、紡績界に一大革新をもたらした太ッ腹の実業家、その製品は日本の一流メーカーに那かの遜色もない。

株式会社 三井製菓
社長 李春植
名古屋市中村区井深町三ノ四〇
電話（54）六四三〇一一

慶尚北道義城郡の産、早くより渡日し、年少のころから製菓業に従事して徹底的に技術を習得した。独学でもって各般の知識を収め特に食品化学の面で専門学究徒以上の実力をもつ、現在の会社は創業十七年で主な製品は、パラキャラメル、マーブル、ビスケットなどで、従業員百人が揃いの白衣で衛生設備のととのった工場で仂いている。年間生産高二億、氏は前民団愛知県本部団長で現韓青愛知県本部団長である。

株式会社 大洋製作所
社長 金基浩
名古屋市東区竪代官町十四
電話（四）七四四八・七五八〇

忠清南道扶余出身、戦前よりカン屋を経営し、戦後鋳物界に転業、その研究熱心によって、たちまち斯界の王者に就いた慧児、現在豊田紡績等大会社、日本官営会社の下請業者として、信望を一身に集め、その取引額も年間一億五千万円の巨額にのぼっている。一方僑胞の組織活動にも献身的で、その手腕は高く評価されている。

今回の愛知県版は準備不充分のため不備な点が多く紹介その他粗雑なもので甚だ申訳なく次号に紙面を割いて継続紹介する予定。
（民団各支部の各界に亘る詳細な紹介は次号）

御家族揃って京城料理の
駅裏 味道園へ
大小宴会御座敷豊富
名古屋市中村区椿町1丁目 電話(55)2882・2883

階上・お部屋 多数新設
味の京城料理
駅前 大東園
名古屋市中村区西柳町1の4
（市電・市バス・泥江町下車スグ）
電話 (54) 2472番

大衆食堂
駅西 栄徳屋
徳山秀根
名古屋市中村区椿町1の8 電話(55)2566

新生事業団

全国菓子工業協同組合理事長 愛知県菓子工業協同組合理事長
中日本再製糖工業協同組合理事長 中京再製糖工業協同組合
全国再製糖工業組合副会長 中小企業等協同組合中央会
山本製菓株式会社社長
趙鏞玉（山本宗次郎）
名古屋市西区萩町四三
電（53）二二二五番

松山木工店
李永泰（松山）
名古市熱田区明野町四ノ三六

光復節告辞

祖国の統一なくて真の平和と独立なし

僑胞は民団に結集し祖国統一に寄与せよ

中総団長　丁賛鎮

▽……祖国の解放独立を、闘い取つた一九四五年八月十五日の光復記念の第十二週年を迎えた。在日六十……

▽……万同胞のわたくしたち、遥かに祖国に思いをはせる時に、国都ソウルを中心に全国津々浦々は、この……

▽……国慶日を輝く慶祝色で、感謝と興奮に沸くことだ。今を去る十二年の前のあの日に、在日三百万同胞……

▽……が、祖国と民族の解放の歓びに、お互が喜び喜んだことが、昨日のことのようだ。中総当局では、こ……

▽……の光栄ある国慶日を慶祝する方針を、例年の如く中央記念式典を中止して、各地方本部の自由裁量……

▽……で、適宜に記念行事を行うように、指示した。なお団長告辞はつぎの通り。

主張　光復十二年に憶う

率直に訴える

中総議長　金光男

祖国に還って

第一信　洪賢基

青年に訴う

中総副団長　梁炳斗

光復節スローガン

一、解放された日の純粋な愛国情熱を喚起せよ
二、血をもって戦い取った独立を一層鞏固にしよう
三、解放の戦士と献身の愛国者達の冥福を祈ろう
四、一日も早く北韓の同胞を解放して統一を成就しよう
五、祖国の独立を保障して来た国連の民主友邦に感謝しよう
六、共産徒党を排除して在日同胞の総結束を推進しよう
七、在日同胞の保有する力量を祖国の再建に寄与しよう
八、日本国民に対し独立国民として友好親善に努力しよう
九、日本政府は対共接近の過誤より脱却し韓日会談を再開せよ
十、団結の力をもって在日僑胞の権益を守護しよう

大韓民国光復節　万歳

中総往来

金熙明

希望をもって統一へ

民団中総副議長　朴根世

指導者は自我を捨てよ

民団中総監察委員長　李裕天

尋ね人

民団 三機関有功労者 本国視察団

準備完了出発始まる

二十一名の先遣隊出発

中総金熙明事務総長引率で十二日羽田から

八月十二日の朝九時、羽田空港の国際ラインC・A・T機が爆音も調子よく飛びたつて、西へむかつた。夏の日にかがやくうろこ雲の彼方に消え去つた機中には在日大韓民国居留民団の三機関役員二十一名が搭乗して、祖国訪問の壮途についたものである。″全国の民団組織の各級三機関役員三百名が、この夏中に本国を訪れるようになつているが、十二日の朝はその第一陣として二十一名が出発した。飛行機の座席の都合で、一度に決行しえず、八月十五日に第二陣として五十名が、八月十七日に第三陣として六十名がつぎつぎと出発する。今回は特に船便を利用して、釜山に上陸する人の数も百数十名もおり、なかなか賑かな使節団の旅行の有様である。

この度の民団中総の本国使節団派遣は、去年の十一月から企画された行事で、その人達は、主として民団本支部の三機関（執行部、議決部、監察部）の現役役員と、過去において民団組織運営のため功労が多く、犠牲的精神を捧げてきた人々の中から選抜されたものである。その中には、過去十一年間民団闘史を通じて、朝連、民戦朝総連の暴力的襲撃にあつて生命をうばわれた闘士の遺族をはじめ火焔ビンの災害で家畜財産をうばわれ、人権闘争の厄運に見舞われた非運の人々も加わつている。華かな花の舞台ばかり恵まれていなかつた、下づみになつて、もくもくと一路民団育成のため貢献して来た功労者がその大部分である

北は北海道から、南は鹿児島から全国四十九本部四百六十支分団から、祖国の母国行に胸をふくらませて馳せ参じた人々の姿は、たのもしいものがある。

このたびの三百名の使節団はその大部分が数十年ぶりで解放後独立後の祖国に足を入れる人々で感慨無量のようで、祖先のお墓参りや、なつかしい親兄弟親戚とも久しぶりで会えるわけだ。三百名の民団役員は、いま緊いのもものとせず、夜ごと祖国の夢をみつつ、つつましくも自分の派遣される日時の順番をまつている。九月末までにはこの旅行も大体終了するだろう。

この壮行の引率団長の役を引受けて第一陣とともに十二日朝羽田を出発する金熙明氏（中総事務総長）を出発の前ロビーでインタービューしたが大要つぎのように語つた。

金熙明引率団長談＝突然大役を引受けて第一陣とともに先に参りまして、ソウルで今日参加する予定です。李大統領閣下をはじめ各関係官公署や、経済、言論、文化、芸術、婦人、社会団体や各界の指導者と懇談会等を通じて話あい、本国と在日同胞の緊密化と協助関係を深めるために資したいと思います。一行は民団の指導的立場にある者ですから、一致団結の精神で活躍して今後に備えるようにしたいと思います。

一人一人が民族自覚を

民団東京本部団長　呉宇泳

呉団長

″十年ひと昔″といういわれがありますように、たとえスピード時代の今日でも、十年といえばやはり永い歳月であります。毎年必ず巡つてくる八・一五解放記念日もこれで十二回目を迎えることになりますが、月日とともに解放当時とは事情も大部変つてきましたことは周知の通りであります。

また、今日におよんでの民団も四、五年前とは雲泥の差をもつた強固たる組織となりましたとともに自他共に認めるところであります。民団組織が拡大されるにつれて、力にのみ頼つていた朝総連は戦術を変え平和攻勢といつた巧妙な欺瞞策を使つて、大衆の離脱を防ごうとし、民団のスキを狙つております。この彼等の野望を根絶させるには、ともなおさず民団傘下にいる僑胞の一人一人が一層の団結をもつて、これに当らなければなりません。

次に先程も述べた通り、解放当時とはめまぐるしく変り行く国際情勢に従い在日韓僑の事情の変り方にもまた大変なものがあります。″旅の恥はかき捨て″などという日本のいわれを真に受けることなく、韓国々民としての矜持を守ることは勿論でありますが、まず人間として恥じない行動をとりつつ一人一人が民団の威信を築きあげて下さるよう、お願いいたします。

祖国の復興に貢献せよ

韓青中総団長　趙鐘泌

解放後十二年の光復節を迎える。それは日帝下にあえいだ三千万民族にとつて、無上の苦楽であつた。然し、不幸にして、米ソ両軍の駐留によつて、祖国は両断され、北韓を、駐留ソ連軍と金日成指導下の共産主義者の手にゆだねたまま、一九四八年、祖国大韓民国が樹立された。その後、大韓民国は、北韓共産陣営のきよういと侵略により、いちじるしく発展をはばまれてきた。そして祖国はいまなお、両断されたままである光復十二年の今日においても、吾々はこの現状を一日なりとも忘れることが出来ない。ただ吾々は、祖国韓国が、一日も早く政治的に経済的に、長足の発展をとげることを望み、吾々みずから貢献することを惜しまぬ決意を固めるのみである。

ただ、解放当時を回顧するとき吾々の民族の半世紀につきまとうた歴史の悲運をいたまずにはいられない。みづからの解放をさらに強力な建設えの第一歩を踏み出す為には、吾々は、余りにも政治的にも経済的にも貧しく、現代えの洞察に欠けていたと云えぬであろうか、この事を深く反省しないわけにはいかない。それ故にこそ、吾々青年が深く祖国の将来に思いをいたし、政治、経済、文化、技術の全分野にわたつて、すぐれた把握と実践力を養わねばならないそれこそ、祖国えの貢献の道であり、青年の在り方であろうと思う

写真は、昨年の光復節で堂々の分列行進を行なう国軍の勇姿

決意新たに前進しよう

郭東儀

郭東儀氏

私の年代の同志はみんな、紅顔の美少年（ちよつと時代がかつた言葉かも知れぬが）であつた。今で云うところの″ティーンエイヂャー″の頃、すなわち十二年前の八月十五日、わが韓国の歴史に新しい一頁を加えた解放の日を迎えた。

この時の私如きは、民族意識も国家観念も、なにひとつとして確実な思想は形成されていなかつたし、日本軍国主義の鼓笛におどらされて自己の意思とか自覚がようやく芽生えようとする時期を無為に過していたのである。今想い起してみると、その日はなんだかやたらに昂奮してしまつて、わけのわからない気持で胸が一ぱいになり、次には、人びとの騒ぎが自分とは全く無縁なものに思われて一人考え込んでしまつたことなどが想い出される。

三十有余年ぶりに自由を獲得したわが民族は、よろこびと、興奮のうずがようやく静まるや、五月の太陽のように大きく明るい希望をもつて、新しい国づくりに起ち上がつた。ちようどそのころ私達も自我に目覚め、民族や国家や、自由などに対する認識が深まつて来ていた。失われかけていた国を取りかえし、暗闇の中から自己を救いだして広く明るい世界をのぞめたよろこびは、激しい青年期の胸にあかあかともえる炎にも似て、生に充実感をひしひしと感じながら勉学にスポーツに励んだものである。

このような時期がいつか過ぎて一人の成人として社会に出るころ祖国大韓民国は、不本意極りない事態に急転直下してしまつた。共産軍の南侵に五千年の誇り高い文化は破壊され、三千里美しき山河は硝煙に覆われて全世界人類の平和えの希いをよそに、残酷な民族の試煉がはじまつたのである。そのころまだ学窓に在つた私は、ペンを銃に代えて在日韓僑学徒義勇軍に加わつて祖国の戦線に征つた。

それからこれまた不本意な休戦を経て今日まで、わが韓国全国民は、内外にあまたの問題を抱えて未だ癒えやらぬ傷の痛みに堪えつつ、自由と統一の希いを一そう堅くして国家再建に努力している。

いま日本に住む韓僑青年も、解放後十二年を過ごして昨今は一人一人が自己の進むべき道を自覚し各自の場に最善をつくして祖国に貢献出来る態勢を整えている。在日僑胞の防塞として共産分子の暴力に抗し、単一基本団体である民団の尖兵として常に民族陣営の発展に機動的な役割を担つて来た在日大韓青年団は十二年ぶりの光復節を迎えるにふさわしく昨年来急速な発展を遂げている。延べ数百名にのぼる韓僑青年有志を本国に派遣して各般の知識と実情を通じ

現地ルポ

のびゆく地方組織

今春第廿一回全体大会以来居留民団の組織が、すくすくと育成強化されていく姿を、眼のあたり見ることは、組織を預づかるものにとつて、限りない喜びだ。中総の窓口から展望する組織全体の動向を大づかみにすることも必要であるが、地方及末端組織を同志達により守められ闘つている地方組織の動きを、現地でルポすることは、わたくしたちが民団運動を推進する上に、学びとることが少なくない。全国の組織網の動きをみると、その組織自体がもつ底力と闘争歴程と人的構成が、何んと云つても組織強化の上に、見逃がすことの出来ない要素だ。民団躍進の年―来る結実の秋の取入れを夢見ながら、各地方支局リポーター網からの、現地ルポを収録することにした。

兵庫県本部の巻

団長裴在潤氏の活躍

（神戸支局李記者発）民団中総が打出した運動方針の門戸開放運動を開始してから、極めてスロ調であるが、地方人の動きには、確かによい意味での変化がある、地方同胞の、民団に対する認識の好転と共に、民団が育成され強化されてゆく有様が、漸くにしてきざして来たことが感じられた。

当兵庫県本部が、結成以来十年この方、殊に当本部は、他の地方と違つて、朝鮮人連盟以来今日迄民族陣営に対する、赤色分子の闘争挑発が極めて積極的で、万一事あれば実力行使に出てくる。民族陣営の組織の力も強いが、敵ながら朝総連の方も相当な反撥力をもつているので、当本部は、敵との闘いに十年を過ごして来たといつてもよい。

組織網が、狭い狭われつ

で持込まれた。この建物闘争は、いまや終盤戦の格好であるが、兎角兵庫県下民族陣営の組織は、敵性陣営との闘いに鍛えられているだけに、役職員は勿論一般団員に至るまで、組織をまもる情熱は、極めて強い。

当本部育成のために、永年の間団長となり陣頭指揮をとつてくれた金英俊顧問（前団長）よりバトンを受継いで、現団長裴在潤氏が昨年十月十五日第十二回定期大会において、団長に選任されてからは、いよいよ民団発展のために拍車がかけられた。

裴在潤氏が、衆望の推しによつて当県本部の運営に乗り出したこ

裴在潤団長に配するに、禁青家・黄孔燦両氏が副団長に推され、団長団のよき補佐役として李義筱氏が企画部長に李施雨氏が事務局長に認準されて、執行機関を構成した。議決機関には、議長に安泳科氏、副議長には李成俊・金承培両氏が推され、監察機関には、監委長に尹市郎氏、同委員には成泰水・金妊納の両氏を選任して、三機関の首脳部を構成した。各将の下弱卒がないのは兵家のみのことでないように、歴年民団運動の実戦で鍛錬され、若き有能な騎士崔泳現君（総務兼文教）梁昌煥君（民生兼組織）等を以つて執行部を編成して、前団長金英俊氏が基礎を据えた民団組織を、建設発展のためにいよいよ新団長の進軍の号令が下された。

新団長就任第一に手をつけたのは、内部整備及び本部事務室の改修工事であつた。思切り工事予算

1ルに動き出したのである。

（1）基本財政（民団育成財源）確立

民団運営の基本財源が不備共なのは、中総始め全国各地方本部の共通な悩みで、この財源がないために、民団活動が思う通りに行かないのである。この困難な問題を兵庫県本部は、団長室の英断で、見事克服したようだ。

団長室では、基本財源として金一千万円を育成資金の目標額に決定した。この基金は、定期積金にして、専らその利子収入を以つて経常運営をすることにした。この募金計画を発表と同時、団長自身が、率先して多額の義損金を出すと、副団長始め三機千役員その他団員有志も、続々と募金カンパに協力した。七月現在既に八百万円の現金が定積みにされ、目標一千万円の募金カンパも、八・一五前後迄には、ほぼ完了する見込みで、兵庫本部の前途は、極めて明るく、力強い限りだ。

（2）門戸開放（団勢拡張）運動推進

中総本部が、民団運動を真に在日六十万同胞全部を抱擁する目的で昨秋打立した門戸開放運動は、朝総連をふるい上がらす旋風を捲き起した。この中総の門戸開放運

行しているので一般同胞のうちから、続々と民団門下に加わりつつある有様だ。民団案のよき説得と民生指導のよろしきを得て、既にこの包摂運動にはとりきつ決意を表明して、大韓国々民登録済みの団員の数は、今までに未加入同胞人口の三割を越すようだ。そして現在関西同胞社会の公正な与論の動きを見ると兵庫本部に対する信頼度が日に日に増す一方なので、年度末までは、手前味噌ではないが、恐らく過半数が兵庫本部の傘下となるようだ。

（3）民族教育機関育成強化および新設運動

県下に唯一つある宝塚韓国小学校が、設立以来学校当局者の必死の努力も空しく、閉鎖一歩手前まで追込まれて、一般同胞の嘆きも大きかつた処、昨年秋、現団長が学校運営を引受けて自ら校長に就任をした。裴校長が就任と同時に同胞社会に訴えて、財界有力者を網羅した経営後援会を設立して、経常費の心配をなくした。特に、校舎が老朽の上せまいので、教育上不便を感ずること甚しいのをみて、大阪の徐甲虎氏（阪本紡績社長）が、校舎一棟増築費（工費金四十万円）を喜捨したので、当座の校舎の悩みも解消して、校舎修理増築の工事を完了すると共に、設備を充実にし、教員を補充して会く面目一新した宝塚韓国小学校として、可愛い約六、七十名の児童が、安心して忠実に民族教育を受けている様子は、一般同胞および日本人社会にまでも、明るい話題を与えている。

兵庫本部では、小学校教育のみで満足せず、真に祖国再建と在日同胞社会の中堅となるべき人材を養成する必要を感じたので、数年内に実現する目標で、神戸市内に民族教育総合学府を設立すべく、裴団長の手元で、目下その具体策を立案すると共に、校舎予定地を極秘のうちで物色中とのことだ。

（4）民族金融機関育成

繁日国交空白のために、在日同胞が所謂第三国人の処遇を受け、商業及経済活動をする上に、不自由と不合理な差別をうけるので、この隘路打開のために、民族の自己資金による金融機関の設立を計画し、関西財閥人により神戸の大平信用組合を設立すべく、今を去る五年前から敢争した。その間日本当局の設立許可が、意外に手間取り、漸くにして昨年八月開店の運びとなつた。全くこの組合の陣痛の苦しみは、在日同胞のみが味う特殊的第三国人の悩みとみえる。然し、難産の過程がヒドク長かつただけに、開店一年未満のうちから、預金高一億円を突破し既に月間純利益を出す黒字経営で日本の監督官庁及び財界方面からも、その将来の発展につき瞩目されている。物事のうらには、必らず陰の力があるもので、この組合を、今日の盛況にもり上げるためには、組合長金承培氏を始め組合幹部及び、特に現団長・黄・禁両副団長・李企画部長等の民団幹部が民族資源を育成するために、今日まで昼夜を別たず、側面から支持援助した功労は極めて大きい。僑胞社会の事業——経済・文化・社会福祉その他のことについても、民団組織が、いつも陰の力となつていることは、これをみても分ることで、事業活動家諸君も、この点を銘記して貰いたい。

特に、八・一五光復節を期して大平信組当局では、組合拡張運動を開始した。丁度八月が開店記念にもなるので、民団と共同して盛大に、開店一週年を祝う計画を立てた。関西名所三宮の新世紀全館を借切り、紀念式典に引き続いて、関西一流芸能人をすぐつて、僑胞慰安慶祝大会を景気つける。

尚ほ、兵庫本部でも、この組合一週年開店を祝うために、組合拡張運動を支援する目的で、一千万円定期予金募集の目標額の半額五百万円募集を引受けたが、裴団長一人で、既に責任額五百万円を上廻わる、六百万円を獲得済みで、一千万円金額達成も、難なく突破する勢いだ。

特に、神戸には既に共産系の共和信用組合があるが、この組合にまつわるスキヤンダルが絶間なく恐らく来年の三週年には、大平信用組合の足許にもよれないようになる有様で、関西僑胞中小企業者の、大平信組に対する信用は絶大であり、その発展を注目して期待を寄せている。

（5）商工会設立

信組運動と相待つて、県下の僑胞経済人を網羅した韓僑商工会設立を計画し、既に発起人会を構成した。この商工会のねらいは、民団主導権の下で、僑胞の信用保護と事務体系の確立の上、経済人なら誰でも来るを拒まない、きわめて巾の広い性格を持つとのことで商工人の悩み、企業上の有無相通する協同友愛の精神をもつて、同胞の権益をまもるそうで、正式発会も近い。

（6）支部強化育成

県本部の画期的な組織活動に伴い、県下の西神、東神、宝塚、阪神、尼崎、姫路、西播等々の各支部の活動も、裴団長の陣頭指揮の影響力を受けて、支部陣も昨年にみられない活動となつた。（終）

以上をもつて、李記者のルポはまたまた続くが、本社神戸支局の現地報告を割愛することにした。兵本は、国際港都だけに、韓国との海上連絡のルートもあつて密貿のウワサによる密貿、密入国にからまる話題もあるが、今回は兵本民団の活動だけに、ルポすることにした。李記者の現地報告を読み乍ら、編輯子は、地方組織を運営する同志諸君の苦労の多いこと、僑胞のために、親身となつて組織活動をつづけている、その闘魂と情熱を、高く買う。

殊に、当兵庫本部の活動方針、その結果をみてくると、中総当局が打出した推進中の活動方針を、極めて強力に協力双擁し、然かもえらい成績を上げていることに対し、有難く同志愛を感ずる。兵庫県本部は、民団運動の、全国のモデル・ケースのつもりで、団長以下が、一致団結、運動を推進しているとのことだ。団長以下同志諸君の御奮闘を祈る。（H）

輝かしい韓国の礎

在日大韓 会長 韓

韓会長

十二年目の光復節を私は幸いにも本国で迎えることになつた。在日韓僑自願軍本国待期兵の慰問と遺家族、留守家族の本国訪問団を企画したのが、会長就任の本年三月であつた、その後在日戦友はもちろん、本国に待期する戦友らの切なる希いを両肩に重く担い、種々の困難に逢いながらこの事業を進めて来た。民団をはじめ、代

時評

政争の行過ぎ

「もうやり切れない、変えてみよう」——これはさきの大統領選挙での野党、民主党のスローガンであつた。民主主義国家に与党があり、野党があるとするれば行過ぎ勝ちの政策に、ブレーキを掛けることによつて、民主主義の実を挙げていることとは、今さら云う必要もない。この意味において、この民主党の選挙スローガンも歓迎されるべきものであるし、韓国国会での野党の対政府、与党攻勢も大いに歓迎、助長されなければならない。また野党も充分の[illegible]と実践力をもつて[illegible]に臨まなければならないはずだ。[illegible]余つての行過ぎ、攻撃のための攻撃はさておいてデッチあげの捏造による対政府攻勢はゆるされない。

ところが、民議院の民主党議員曹在千氏が「駐日代表部が在日僑胞の入国旅券を日貨

者の身分検討をする
発行している」と本
ユーズに、われわれ
テ反バクも出来ない
帰途、たつた二日間の
を知り得たと思つて
が日貨二十万円で、
いないことは誰もが
万に一つ、たとえそ
らば、官職員の労を
われ民団が、その
これは[illegible]
略中傷をこととする
ある。本国旅行者の
こでくどくどしく
員がおどらされたか
民団は調査に調査を

韓日予備会談年内妥結か

柳公使UP記者に所信表明

柳公使

目下おこなっている韓日予備会談の韓国側原動力たる柳泰夏公使は九日、予備会談が全く停頓しているとの新聞報道にもかかわらず程なく首尾よく妥結するだろうと予言した。

駐日代表部次席の地位を占める公使は「私としてはこれまでになく交渉の見通しを楽観している」と語った。

柳公使はUP記者との単独会見で韓日正式会談の道をひらく予備会談が依然舞台裏で続けられていると語った。

「私は交渉が年内に妥結すると確信している」と柳公使は語った。

柳公使によると予備会談妥結を阻んでいる唯一の大きい問題は韓日両国が互いに主張している財産請求権である。

また柳公使の説明によると日本の久保田発言撤回や抑留者相互釈放などの問題については原則的な合意が成立しているという。

柳公使は「これらの問題の総てについて合意が成立しなければ正式会談を開始できない」と強調した。

柳公使は日本が財産請求権撤回に「ある種の条件」をつけたいと望んでいると非難した。

柳公使は日本側の条件がどんなものであるかを明らかにするこ

日本は後の正式会談で討議される韓国の請求額をある程度に制限しようとしているという。

韓国側の請求の内訳は韓国船舶の返還、日本が韓国から持去った国宝美術品および銀行準備金、第二次世界戦争中に日本が徴用した韓国人労務者の未払賃金の支払である。

柳公使の指摘した所によると一九五一年のサンフランシスコ講和条約で日本は在韓財産請求権を「無条件で」放棄することに同意し全日本財産を官有私有を問わず韓国政府に移譲するとの米軍政府の措置を受諾したのである。

「この問題が論争点になるのは全くナンセンスだし日本が条件をつけるのはもつともばかげている」と柳公使は非難した。

柳公使によると「一部日本当局者」は第二次世界戦争終結後にエチオピアとブルガリアにあつたイタリア財産の処理方法を例にあげている、イタリアは戦時中に占領していた両国内の私有財産を引続き所有することを許され官有財産のみを手放したのである。

「しかしわれわれの場合はこう丁度単なる泥坊と凶器をもつた強盗が異つた刑罰をうけるのと同じである」と柳公使はのべた。

柳公使によれば韓国は韓日会談をいつまでもだらだらと続けてゆくわけにはいかないという。

「われわれは速かに意見の一致に到達しなければならない、さもないと現在の韓日間の不安が続くことになる」というのである。

一例として柳公使は韓日両国が全面的解決に到達しない限り韓国が李ライン内の日本漁船を捕獲し続けると警告した。

「私は日本の当局者もこの点に気付いていると信ずるし岸首相その他の日本当局者も韓日問題をできるだけ早く解決しようと努力しているものと確信している」と柳公使はのべた。

本国訪問の中・高生

最高最大の歓迎うけて

来る二十五日帰日予定

在日二世中高生祖国訪問に関する記事は、すでに本紙九月五日発行（第三九〇号）紙上に詳細報道したごとく、文教部・ソウル特別市文教関係官および市内各中高校々長生徒等の大歓迎陣の出迎えをうけて大元ホテルで首都入りの第一夜を送つた。翌日廿九日午前九時には文教部長官を礼訪、同長官より訓示を受けた後、正午十時に景武台に大統領閣下夫妻を礼訪拝謁、記念撮影をした。大統領を礼訪した席上、大統領は、在日二世生徒の祖国訪問を殊の外喜ばれ、要旨次のごとき訓示を懇ろに話された。

「日本に生まれて祖国を未だ見ていない二世生徒諸君の渡来を、

ない。聞くところによると、日本にいる青年学徒の中には、祖国に弓引く赤色分子があるというが、諸君はこういつた赤色分子に対して、一致団結して強く反共闘争に進んで貰いたい。諸君は、学ぶ身分であるから、学業に励み卒業の上は、祖国に還つて国のために有為な人材となつて貰いたい」との訓話の後、大統領御夫妻と一しよに、記念撮影をした。物事に敏感な若い二世生徒が、祖国の土を踏み世紀の偉大な指導者である国父夫妻を間近にして懇ろに諭され記念撮影までされて、すつかり感激させられた。九月四日までの間多彩多忙なソウル市における見学視

山練武台に全員一日入隊練成をうけ、六日は扶余、七日大邱八日慶州、十一日は慶南地区、釜山の日本人収容所を見学、十二日に釜山市内見学を以つて、多忙な祖国訪問の日程を完了した上、各自郷里に帰つた。来る二十三日に釜山港より船便で帰途につき、二十五日夜九時には神戸港入港帰還の予定。

今度の二世生徒国訪問のためには、文教部長官始め関係各官庁視察日程関係地の知事、市長、教育関係者、各官公私立学校を始め祖国訪問団歓迎のため最初から来る二十三日の帰日まで免倒をみるソウル特別市学徒護国団役員たち案内等の労をとつたことは大したもののようだ。今度の二世生徒の祖国訪問団に関する詳細な経過報告を掲載する予定なので、本号には迫つてこの中間報道程度に止めることにした。

【写真は李大統領を訪問した一同】

金大使 柳公使 関西地方視察

―去る十四日下阪―

かねて関西地方僑胞社会の実情を視察するため来阪する予定であつた駐日代表部金裕沢大使と柳泰夏公使は十四日日航便にて午後二時五分大阪に到着し、張大阪所長の案内で管内僑胞経営の優秀な各生産工場を視察したのち、新大阪ホテルで休憩し、午後四時三十分より五時三十分迄大阪本部講堂で開かれた金大使、柳公使歓迎民団大会に出席した。なお同日午後五時三十分より近畿地協会主催の晩餐会（市内東天閣において）にのぞんだ。

この他大阪合同会館、大阪商銀、興銀の視察をもつて大阪での日程をおえ正午ごろ神戸太平信用組合を視察、神戸神仙閣での歓迎会に参席、午後京都韓国中学校を視察、午後八時京都観光ホテルでの歓迎会に参席した。柳参事官はその日の夜行で帰任、金大使は翌日正午伊丹空港発の日航機で帰京した。

日本に赴任以来、始めての大公使視察を迎えた僑胞の歓迎は、盛大であつた。僑胞は今度の視察の結果に多大の期待を寄せている。

金大使

第二回 在日学生野球団 本国訪問終えて

去る九月九日帰日

第二回僑胞学生野球団本国訪問は既報の通り、去る八月三日東京駅を出発して門司港より船便で釜山に到着、ソウルで中央高校との第一戦を皮切りに光州、大田、大邱、釜山、馬山、仁川の各地で十六回に亘る親善試合にのぞみ、十三勝、二引分け、一敗という圧倒的な戦績を残して、九月九日羽田着のノースウエスト機で全員二十六名が無事帰日した。同野球団のマネージヤであり、在日韓国人野球人協会事務局長の崔文道氏は第一回の時のコーチであつたが、今回の訪問について左のように語つた。

第一回のメンバーよりずつと強力な陣容を揃えて、充分な合宿練習もして行つたが、本国の高校野球界もその間相当な進歩があつた。まず今回の参加選手たちは殆半が祖国を始めて見る学生であつたが彼等が異口同音に祖国の目ざましい復興ぶりに感嘆し、全試合を通じて真剣にそして学生らしい態度で試合にのぞみ、本国の各界に良い印象をあたえたことがうれしい。まだまだ不充分な設備や水準ではあるが、新生韓国の力強い足どりは近い将来あらゆる部門において立派に世界の列強に肩をならべて行けるものとの自信を各自がひとしお新らしくした。とにかく在日学生たちが、自己の錬磨した技をもつて本国のスポーツ界になんらかの貢献が出来たことは意義あることであろう。野球団の本国訪問にたゆまぬ御協助を下さつた諸先輩ならびに在日僑胞、本国同胞の御声援を選手一同に代つて心から御礼申し上げます。

（写真はソウル市庁で、市長、副市長の歓迎をうける野球団一同）

メーカーは日本鉛金、日本鋼管、三菱金属、川崎製鉄等であり僑胞業者の搬入屑資料がととのえば遅くとも九月末には本格的な交渉を行い年内には実を結ぶようにしたいと万事推進している。事務取扱方法を簡単に説明すれば次のようなものである。

①各業者は、変動の差額を考慮して最も確実な基本量をその県の組合に納入する。

②各県本部単位に組合を形成し、その日の基本単位を必ず結集されるような機能を持つ。

③各県の組合は中央の本部組合が有機的活動が出来るよう互いに堅

調査要領はあくまでも正確な数字を基に次の様な表にして送つてくれれば良い、（中民発第一三九号公文参照）

屋号及代表者	設立年月日	現在在庫品	毎日搬入可能量

現在までの調査到着分は次の通りである（住所は省略）

※奈良県管内

	設立年月日	現在量	毎日可能量
梁斗鎬(?)	一九四〇年五月	五〇屯	一〇屯
鄭然哲(?)	一九〇〇年一月	一〇屯	一五〇屯
崔方成	一九四〇年八月	五〇屯	一〇〇屯
李[illegible]	一九四五年五月	一〇屯	一〇屯
[illegible]	[illegible]	[illegible]	

三多摩管下

新井商事KK	四六七・八	一五〇〇屯	五〇〇屯
姜鳳洙	四六四・四	三〇〇〇屯	五〇〇屯
金奎奭	四六八・五	一五〇屯	五〇屯
裵宗鉉	四二九〇・二	一〇〇屯	五〇屯
趙南済	四六九・一〇	一〇〇〇屯	五〇屯
森照台	四六九・四	一〇屯	三屯
李鉉徳	四二九九・七	一〇屯	三屯
朴蔵洙	四六八五・一〇	一〇屯	三屯
李延大	四六八五・四	一〇屯	三屯
金仁伊	四六八六・五	五〇屯	一〇屯
申水道	四六八〇・六	一五〇屯	五〇屯
趙寛泳	一九五〇・五	五〇屯	五屯
李相烨	一九四八・一	五〇屯	五屯
城西金	[illegible]	[illegible]	

を盛り上げて、民団の発展に寄与するため従来も尽して来たが、今般の記念行事も民団の指示にそつて、動員その他の面で積極的に協力したい」と語つている。

新任朴僑氏部長

中総を訪問

この程駐日代表部僑民部長に新任した朴英部長は、新任挨拶のため李栄求部員を帯同去る十一日中総を来訪した。朴氏は辛徹前部長の後をついで査証課から僑民部長に転任したが、在日僑民との接触する面がもつとも多く、僑民の本国旅行も活発になつて来る折柄同氏に寄せる僑民一般の期待も極めて大きい。中総団長室において団長以下各職員との初対面の挨拶を終つた後、記者に部長就任の談話をたの如く語つた。

なお、辛徹前部長の離任の挨

朝鮮脱出記

法学博士　下村海南

日々新聞の社会面には好ましからぬ記事が掲載されている。そうした中に時々韓国人何某という記事が少くない。ああ又韓国人かと眉をひそめる。しかしもともと社会面には暗黒面が多い。食欲を減退する記事が多い。物を盗んだ記事はある、人を傷け殺した記事はある。しかし物を施しても人を看病しても新聞記事の種にならぬ。いずれの国にも警察あり裁判所あり刑務所がある。同時に美事善行も数限りなくあるはずである。ここにあぐる記事はある時のある韓国人の善行ではない。同じ日本人が韓国を脱出する時、至る処に引きつづき数々の韓国人の厚き情をうけた実話である。二十五年春講談社から発行された拙著終戦秘史の外地における終戦記中第六十三頁より第六十五頁に至る朝鮮脱出記である。

北鮮安州安宅の関

朝鮮の終戦についてはくさぐさの插話もあるが、私は堀啓作元中尉とその若妻と乳飲み子の朝鮮脱出記を披露したい。一年有半朝鮮の各地に転々し、土地もかわる、相手もかわる。

しかも至るところ温かな朝鮮人の人情美にふれたところにその特異性がある。この文中にはそうした数々の篤行の朝鮮人についてはすべて本名をしるしてない。もはやそんなこともあるまいが、親日家だと云われてかえってお気の毒な破目になってはとの懸念があるからである。そうした懸念をせねばならぬというところに、またこの記事を紹介する理由がある。

堀啓作君は大阪商船社長堀啓次郎翁の長孫堀明近君の長子である。三菱鉱業に入社、新家庭をつくる、赤紙がくる、満州新京に赴任する、終戦となると在満会社の従業員たりし故を以て軍籍から除外される、将士はいずれも日本へかえすというソ連側のことばを聞き、にげ出してまたどんな目にあうかも知れぬと、みなそのまま居残ったが、彼は何となく不安の念がつのり、終戦直前鉄路朝鮮へむけ南下した妻子の身の上も案じられる。とうとうねずみ色に古ぼけた満州服をまとって、ようやくの思いに鴨緑江を渡り、朝鮮国境の新義州にたどりついた。

新義州から平壌まで約三百キロ、日本で例をとれば東京から豊橋付近となる。この間を走る木炭自動車はゴトゴト十日を費した。のべつに故障を起す、道がこわれている、橋が流れている、なによりも至る所に関所ができて、ソ連の軍隊、さては朝鮮人の赤衛隊等々が通行人の検査をする、とてもややこしい。

しかし有難いことは、トラックに満載されている乗客は、中国、満州から故国へと急ぐ朝鮮人であった。いずれも皆日本語を話す。

かつては朝鮮人といえば眼下に見くだされていたが、今は中国、満州至るところ我等も日本人なりというので、逆に中国、満州人を見くだし、日本人たる身を誇りとしていた朝鮮人であった。もちろん、中には強がっていた日本人の転落を見ていい気味だと思う者もあるわけだが、このトラックの連中は我等に気の毒なという感じが強く、みな同情の態度をとってくれたことは、弱り目の時だけに感謝の念を禁じえなかった。

ゴトゴト木炭自動車は検査のやかましいとうわささされている、清川江河口の安州についた。

「日本人下車！」

という声に、トラックから下りて六七歩検査部隊の前に整列した日本人は五人を数えた。この時堀の胸をハタと打ったのは、軍人であったはずだが、名刺入れに彼の軍装の写真の残されていたことを思いだしたからである。

サアどうしたものか、名刺入れをすてることも、写真を破ることも、衆目監視の中には思いもよらない。進退きわまった彼は。

「アア忘れものが……」

と引きかえしてトラックへかけあがる、カバンをあけてノートをポケットへ、軍装の写真は朝鮮人たちの積み重ねた荷物の間へ投げこむと、そのままトラックを飛びおりた。その時に検査係の一人である眼と眼がパッタリむきあった。左のほおに大きな黒いあざのある朝鮮人の眼は彼を射すくめた。

五人の身体検査がはじまる、徹に入り細にわたる検査は彼の名刺入れも見のがさなかった。結局五人の日本人の中から、取りしらべの要ありとコダック一個まき上げただけで解放された。

それっとトラックへ向けふり向く瞬間に

「日本人そのまま止まれ！」

という声がかかった。五人の日本人は息づまったまま立ちすくんだ。三人の朝鮮人はトラックの荷物検査にと乗車した。堀が下車のときハタと眼が衝突したあのほおに大きな黒いあざのある朝鮮人もその中に交っている。堀の顔をジロジロとねめまわしてすぎゆく姿を見送って彼の胸は早鐘をつき出した。芝居の寺小屋の首実験の時の武部源蔵にさも似ている。

堀は荷物検査のトラックをうしろにして不動の姿勢で直立したままである。荷物の検査はなかなかはかどらない。一刻千秋とはかかる時の心持であろう。彼は俎の魚と観念の眼をつぶっている。なまじっかに荷物の間に写真を投げこむのではなかった。堀の顔と写真の顔はうり二つでない、うり一つである。

隠立てしただけに見付かれば百年目である。彼の五体はブルブルふるえが止まらない。

なにか高声上げながら検査の連中はバタバタと車から降りて来た。

「日本人！」

彼はぶるっと身ぶるいした。観念の眼をとじたが、意外にも、

「よろしい！乗車！」

夢かとばかりフラフラ気味で彼はトラックへかけ上った。早く早く発車といらだっても、木炭自動車は黒い煙をあげるばかりでなかなか動かない。

ようやくにして木炭自動車は動きだした。竜のあぎとから脱れ出た心地で安宅の関の九郎判官義経ではない、安州の関の堀中尉はヤレヤレと胸をなでおろして足もとを見ると、さきに写真を投げ入れたあたりの荷物は引くりかえされたままとなっている。あの写真はどうなったかと思いうかべている彼の手の平へ近づいて、相手なる朝鮮人の手から何ものか握らせられたものがある。眼を落して我が手の平を見れば、それは紛れもない我が軍装の写真であった。

彼は思わずその人の手をしめた。ひしっと力かぎり握りしめた。二人の眼と眼が物を言って互ににじっと見つめあった。彼の眼には涙がいっぱい光った。

三十八度線十日の草枕

平壌の冬越しはいつかえれるというアテもなく、北鮮の寒さは懐中にまでしみわたる。一日前に先発した妻子と再会したのは何よりだが、平壌の人気はとてもわるい、婦人はうっかり外出もできない。折々臨検と号して押しかけてくる、けい子夫人は折々白粉の代りに、なべ炭を顔になすったこともある。そのうち夫人は発熱して四十度の熱が旬日を経ても下らない。しょうこう熱だというので道立病院の伝染病室にはいる。小さいのがまた発熱する、脳膜炎になりそうだという。そうした間に堀中尉殿は看護卒並にもらい乳、さらにソ連の兵営の雑役人夫となってかせがねばならなかった。

この病院の入院中主任の女医の親切さはとてもとても言いつくせなかった。看護婦たちをつれて回診の折はさりげなく並一通りであったが、すきますきまにただひとり見えて診察する、手当をする、腰をおろしてしみじみと東京の思い出話をする。恩師女子医専の吉岡弥生校長のうわさも出る。早く平和となり東京へおたずねしたい。どうかそうした時が一日も早くと、いつもかたみに話しあったのであった。

いつかえれるというあてがない。そのうち追っ払われて日本人の家屋財産はみなまきあげられるのだ。いやソ連軍がはいて牛がなくなった、耕牛変じて耕人が入用だ、いついつまでも苦力にされるのだ。いやシベリヤは何百万人も人力が入用だ、シベリヤへ送られるのだ。

大同江の水ぬるみ楊柳の芽青くもえそめ、浮碧楼上に春がすみたなびき、お牧の茶屋から玄武門牡丹台へかけて彼岸桜がチラホラほころびそめるころ、江を下りて鎮南浦にいたる。ここから日本人の集団移動がはじまったのである。木材、雑穀、セメントなど満州へ移出するというので、かなりにぎわっている。そのうちコレラが流行する、移動禁止となる、市場も閉される。はや半歳以上の月日が流れて、日本人の群れは不安はまし、懐中は乏しくなるばかりであった。

そのうち沙里院に近き鳳山へ入坑と三十八度線付近の農地開発という名義で、三千人を二組として三十八度線の開城へ出かけることになった。大同江をさかのぼり支流に入りて三江につく。沙里院から汽車はあるが乗車は許されない。陸路も本街道をはなれた三十里裏道づたいに野宿の旅をつづけねばならぬ。

なべかまもいる、ちやわんもいる。赤ん坊にはおむつもいる、蚊帳もいる。カバンにバッグにふとんに毛布……そこへ一日三里として十五日分のお米など食糧もいる。

「マア大変だわ、私には行けそうにもない、また病気になるわ…それにこの子も……」

「といって、いつまでもあてなしにおられず……」

「やっぱり命がけで出かけるより仕方がないわ……」

「すべては運命だよ……神さま仏さまが守ってくれるさ……」

「どうせすてる命ならば……少しでも日本に近いところでね……」

北鮮も九月に入ると昼はかなり暑いが、日がくれるとはや肌寒い。荷物の検査がすんで幾十の引揚避難民を満載し、それぞれ小汽船につながれている。夜に入りて這うように船が動き出した。いよいよ祖国へむけての鹿島立ちである。送る人、送られる人万才万才の歓呼の声も高らかに勇ましくといいたいが、無事に日本の土が踏めるのかどうなのか、前に横たわっている長々しいいばらの道を思えばとかく心持が沈みがちになる。声をのんですし詰めになっている老若男女をのせた船は大同江をさかのぼる。夢結ばれずあくる未明に三江につく。ここにみじめな痛々しい避難民の集団行進がはじまった。

「スターリンのおくりもの」といわれて、安価で配給された十日分の米やこうりやんをはじめ、寝具食器その他手持の品はとてもかさばる。リヤカーも手車もない人夫もない。みなみな肩に腰に荷物を背には乳飲み子を、片手にふろしき包みを、片手に幼な子をつれてゆく母親、あえぎあえぎつえにすがる老人、胸苦しそうな病める人たち、一日二日とたつうちに次第に落伍者がでる。それが一日二三里の旅である。副食といってもわずかな塩、イリコ、朝鮮醤油、キミチがせいぜいで、野菜を口にしたのは前後一二度にすぎなかった。

人間が落伍するくらいだから、手荷となって持ち切れぬ手荷物は次第に路傍にのこさねばならぬ。初めのうちは先行者のすてし品々をあとから拾ってゆく勇士の面々もあったが、日を重ねるに従い、次第にすててゆくばかりになる。堀夫婦は寝具の外にふろしきを天秤にし、オムツを四方からぶら下げた小さい速成カヤ、さては[illegible]、ネンネコだけでも持ちきれない。まず乳飲み子を包んだ防空頭巾からカバンもカヤも、つぎつぎにすててゆく。

けい子がのどが痛いと訴え出したのはいばらの行進の三日目であった。熱は三十八度から九度にのぼってきた。一行中の医師は扁桃腺炎と見立てたが、こうした道中にて手当もできず、病人の熱は下りようがない。あえぎあえぎ七日の徒歩旅行、野宿の旅を病苦とたたかいつつ、三十八度の熱で三十八度線にたどりつく。ここから四五十人ずつ分れて夜ふけに鳴りをしずめ、南鮮側の青丹駅につく。翌朝はじめて汽車の客となり、この昔の高麗の都開城府へ。堀夫婦も乳飲み子も一行につながりようようにいばらの行進を終え、やっとの思いで南鮮に入ったのである。

開城の医師と龍山の警官

南鮮一帯には鉄道のストライキがあったとやら、開城府には南下の日本人がすでに二万余人もたまって、一日一日ともろこし一握りとわずかな味噌か塩でしがない露命をつないでいる。

開城に入りけい子の病気がジフテリヤとわかる。定員八十人の簡易テント内には、百日咳やチフスや結核やジフテリヤなどの患者が、むしろ一枚に二人以上定員に倍してすし詰めとなり、薄暗い中にいきれ臭くなっている。その中へ割込むことになると、間もなく今度は赤ん坊がヨダレを出しはじめる。のどが痛むらしい、まさしく母親のジフテリヤが伝染したのである。ジフテリヤには血清注射の外にないが、開城では道立病院にも血清液はないという。京城に行けばあるが、一瓶一万三千円であり、何より日本人は収容所の外を出てはならぬという。平壌なら四千円ぐらいで入手はできるそうだが、また今来しいばらの道を往復しなければならない。けい子の心持は、もう自分はどうなっても仕方がない、あきらめている。しかしいとし子は何としても助けてやりたい。とゆうて平壌へは往復に男の足でも十日はかかる。それも道中無事とはうけ合われない。平壌行はやめてほしいという。

堀中尉の開城の街めぐりがはじまった。しらみつぶしに開城の街をへめぐりて、医師の家々を戸毎にたずねて三日にわたりさがしまわった。高麗の太祖の山陵も、王城のあとも、満月台の名勝も、彼の頭にはうつらない。至るところのにんじん畑も彼の眼にはうつらない。三日目にようよう〇〇医院の〇〇医師のもとに血清剤をさがしあてた。

〇〇医師、かりに金先生という。金先生はいかにも薬はあるがお前はじきじきにわたされぬ。もし道立病院に入院してジフテリヤとわかればお分けするという。たしかにジフテリヤの患者があってのことかどうか分らないという懸念からしくもある。百方頼んでもいつかな金先生は首を横にふらない。堀は足をすりこ木にし、口をすくし、今赤ん坊は瀕死で動かすこともできない。とりあえず注射する、それからきっと入院させますと金先生にくいさがって離れない。とうとう根負けして金先生から血清剤を手に入れたのである。

血清剤のおかげでけい子夫人も赤ちゃんもてきめんに全快する。同じ患者も三四人助かった。ところが金先生にまたくいさがったがどうしてもらちのあかなかったのは、何としても薬の代金を受取らぬことである。なけなしの三千円を投げ出し、せめてこれだけでもと差出したが、先生はてんで受けつけてくれない。京城では一瓶一万三千円という薬を満州からにげのびた日本人に無代で[illegible]、ただの一文も受けとらぬというのである。金先生は「他日朝鮮と日本の間に国交が成り立ち、送金できるようになった時に送って下さい。その時には快く受けとりましょう」というのである。どうしても受けとってくれないから、感謝感激のうちに別れをつげ、日本人会の人たちに委細を打ちあけ、心残して開城をあとにした。こうした金先生の態度を耳にして私の頭は下がったまま上らなかった。

開城府に入りて乗車した南下の汽車は、京城竜山駅に夜が明けた。仁川までは一走りだが、ここでまた一日停車して夜に入った。その折の小話である。

一日一切れのパンにすき腹を抱えた乗客は下車したくも許されない。ただぼんやりと車窓からながめていると、見覚えのある朝鮮人が巡査の制服をつけて立っている。彼も堀の顔を見いでて案外に近よってきた。このほどまで新京の官舎で友となりし同校の下にいた広田姓を名乗った朝鮮人の軍属である。ただそうした関係からの顔見知りにすぎない。窓の内と外と新京の思い出から引揚げ後の道中のはなし、それからそれへとつづく。一日一切のパンではお腹がへってたまらぬとか、紙幣は持ち合しても両替ができないとか、そうした話も出たのである。

その日も午をすぎてはや夕方近いころ、広田警官は大きなふろしき包みをかかえて来た「お弁当です、あとでゆっくり召し上って下さい。」

思いがけぬ贈り物に有りがとう有りがとうと、くりかえしくりかえし受取る手もふるえ、涙がにじみ出た。汽車が出る、別れをつげる。包みを開く、白いお米のまだあたたまりの抜けない握り飯にかんづめ、それにりんごも山盛りになっている。ただ[illegible]きない広田君のあまりにも、思いがけぬ志にうれし涙がこみあげて来た。新京をあとに一年有半、この贈り物こそ明日の故国への乗船を前にして、あとにもさきにも忘れられぬ山海の珍味であった。さらにふろしきの底に三百円の鮮銀券を見出した時に、堀夫婦は今さらに京城の方をふりかえりふりかえり、感激の涙を新たにしたのである。

新義州から仁川まで一年有半のいばらの道に幾度か異郷の土になることかと諦めつづけた堀啓作夫婦は至るところに[illegible]厚い情に恵まれ、感謝感激の涙にあふれつつ仁川をあとにした。

日本へついた。懐しの祖国に帰った。道の辺に、車の中に、新聞の記事に、見るもの聞くものあまりにもきびしき世相に胸を悩ましむる日夜彼徒に、堀夫婦はすくすくと生い立つ幼児を中にして、いつも忘れ得ぬは朝鮮のいばらの道にてめぐりあいし情の数々であった。今は何としてもかの厚い志に報ゆる道がない。一日も早く手を握りしめて再び相語る日の一日も早かれと指折りかぞえ待ちわびている。

この一文は八・一五記念号に掲載するつもりで日韓親和会機関誌「親和」（昭和三十年二月一日発行第十六号）から転載した。この主人公堀氏の、切々として胸をうつ手記は、八・一五当時の記録として、誠に尊い体験記であるので、十二年前のことを追想するために、親和の古田常二氏に請うて転載した。文中「朝鮮」とかその他のことも、当時のこと故に敢えて原文のままにした。よき隣り人は、いつの世にもある。こういった記録は、隣邦同志の友好の橋かけのため、誠に得難いものと思う。「親和」と筆者下村先生に敬意を表わす（H記）

民主新聞

日本語補助版

在日本大韓民国居留民団
中央総本部
機関紙

発行所
東京都新宿区若松町21
電話 (34)8569・8570
民主新聞社
振替 口座 東京 243866
発行人
丁賛鎮

個月送料共50円
一部 15円

綱領

一、われらは大韓民国の国是を遵守する。
二、われらは在留同胞の民権擁護を期する。
三、われらは在留同胞の民生安定を期する。
四、われらは在留同胞の文化向上を期する。
五、われらは国際親善を期する。

真の愛国愛民の道は何にか？反共闘争と未だに某国に在日同胞を売ることを夢みる輩と、闘うことだ。このための戦線結成のために、民団組織を基軸として精神的武装を固めて、六十万同胞が結束しようではないか。栄えある祖国の統一と再建のために、海外国民が捧げる最大のものは、反共闘争をすること、売族徒輩をぶっつぶすことだ。李承晩大統領の垂範をみならいつつ。

82の新春を迎える李承晩大統領閣下

赤色と売族輩を討つ

中総団長 丁賛鎮

一九五八年を迎えるに当り月並的な慣用句を列べることは何んとなく気が進まないが、然し民族と国家を蝕む赤色系列の浸透工作と旧帝国華やかなころの日帝時代の甘かった夢から、未だに醒め切った奴隷根性がさめきれないで綱領としている反民族徒輩の跳梁から、在日六十万同胞を護ることにより、海外国民としても民族精神のよき伝統の昂揚と、祖国の完全統一独立への寄与をなすために、組織人としてのなさなければならない使命感に、ヒシト胸の高鳴るを覚ゆ。

この使命を十全な行動に実践化するために民団の組織機構をフールに駆使したいものだ。この偉大な事を成し遂げるためには在日同胞の立地的条件や単一民族としての人同団結が、未だならない今日の現状からいえば、現実的にいろいろな困難と矛盾性の多いこと、且つそれを克服のため闘い抜かなければならないことも承知の上だ。

韓国側が、終始一貫誠意と誠意を以って努力する意志に反して、韓日関係を好まざる方向へと追いやる、最近日本朝野の世論の硬化傾向を、日韓両国する時に組織をあずかるものとして、安閑としていられない。こういったよくない日本の世論を是正して、韓日関係を正常な方向へと指向させながら反共同志の隣邦国民として、お互の国家民族の運命と世界平和を共に期しうる、友好的な共感雰囲気を醸成するために在日六十万も大きく一番総蹶起しようではないか。このために、敢えてこの体と命を張ろう。

この至上使命を果す場として、どうしても居留民団中総当局が、年来の宿願である組織本拠として……

年頭の辞

中央総本部副議長 朴根世

新年を迎えまして、今年はただ年があらたまったというだけでなく、新しい時代を迎えたという感じが致します。……

主張

一九五八年度の民団

—韓日会談の最大公約数を求めて—

現代の世相は、争いの激しいこと甚しい。政治、経済、文化、科学に亘って、東と西の果てしない大競争はさておいて、韓日の交渉は一時感傷を脱して、特に在日韓国国民は、カタズを呑んで見守っていたが、岸首相の訪米に役立たなかったせいか、日本側の冷淡な態度は、韓国代表部の切実な要請も、馬に念仏の様子である。今なお韓国側は両国の収容所における刑余者と漁民の釈放を目的とする予備会談成立後、続いて本会談に入るという金・藤山会談以来の合……

窮屈側に於いて、両収容者の釈放交渉を続けているのであるが、日本側は釈放問題と本会談とは切り離すべきだと約束して取合ない。岸首相訪米前予備会談成立後一カ月以内に本会談に入る事に意見が一致したというニュースは日本に住んでいる人には誰でも記憶に残っていることである。これでは一日も早く韓日会談を希求する韓日両国民は遺憾旨極である。しかもたった半年も経たない今日、日本側の約束破りと冷淡さには全く理解に苦しむのである。今年もいよいよ押し迫って……

小我を棄てて大我に生きよう

中央監察委員長 李裕天

……

年頭辞

東京本部団長 呉宇泳

新春を迎えるに当り僑胞の皆様に心からの喜びを申上げ、皆様の御力により過ぎた一年を大過なく送ったことを喜び、あつくお礼申上げることを光栄に思います。

過ぎた一年は、祖国にとっても、在日韓国居留民団にとっても、またわが同胞の皆様にとっても、決して平担な道ではありませんでした。……

民団は、一個人を中心にして運動を行ってきました。……（写真は呉氏）

新題四題

民議院僑胞代表 張仁建

……

韓日交渉の見通しは明るいと金大使語る

ソウル発UPが廿七日伝える処によると、去る廿五日急遽帰国した駐日代表部金裕沢大使は廿六日……

……金大使は現在の韓日交渉は遅くとも日本の国会解散が予想されている一月末までには終るかもしれないと語った。

……（写真は金大使）

東京韓国学園長 朱洛弼

多事多難であった一九五七年を送り、ここに目出度く、希望と期待をもって新しき年を迎へられる事は、何にもまして喜ばしいことと存じます。

民族教育という絶対的使命を負って、本学園が発足して既に四度目の新年を迎へるのでありますが、その間幾多の難カンにも、代表部を始め、組織と理事会が一体となり奮斗した甲斐あって、発足当時とは比べようもない程の発展を遂げていることに対し、学園運営の当事者の一人として、関係要路に衷心から感謝致すものであります。

中総往来

金熙明

先づ「謹賀新年」今年もどうぞよろしく御指導を……と、賀詞を申し上げます。お国風で、年賀を申し上げると「新年祈頌、蘇才、郭福、姫子、彭寿、周吉、伊功」である。蘇才は蘇秦張儀の才、郭福は郭子儀の福、姫子は王姫の子福、彭寿は彭祖の如く三千年も長寿せよ、周吉は周公の徳、伊功は伊尹の功では如何ですか？先年私は、この賀詞を中国式に朱と緑色で書いて出したら、韓国の友人から、朱書だから絶交であるといわれ、絵で大分悪るく言われてへいこうしたことがある。……

アンケート

(1) 在日同胞及び民団に何にを望むか
(2) 韓日会談促進について

漢城信用組合長 金得溶

一、在日僑胞社会、民団に対する何を望むか？

……

中閑

……

局報

……（編輯局）

日本側
韓日会談を封鎖圧殺す！

相互釈放に誠意を見せず
責任を擦り逃避豹変す

在日六十万韓僑の運命を支配する現実上の生活の相貌は、戦後きわめて不確実な状態で、国家的社会的保護援護はもとより皆無で一般日本人社会と有形無形に差別的待遇にあまんじねばならない孤立無援のしがないものがある。職業もなく職業もない多くの韓僑は、その日その日の暮しをはかない最低の境遇で送り迎いし、中小工業者や企業家等は民族的差別と銀行金融機関等の融資の欠除のためにその衰微と生活が後退するばかりではなくお手上げの状態である。第二世の学校入学の困難さや大学高校出の若者の失職苦は、本人の希望を暗澹にして生活を不幸にし社会不安を醸成する原動力となっている。

終戦後在日韓国人は、日本の都合のわるい時は外国人にさせられ日本の都合のよいときは日本人なみに取り扱われている。けれども同じ配給をうけ同じ法律で人権を左右されているので現実の皮相面は一応日本人と変りがなく見えるが、韓僑は外国人登録法等によって人権が厳重に制限をうけている。

一九四五年日本の敗戦以前より日本に居住していた韓僑が終戦後永住権を確保する処遇をうけるのは当り前な既得権であるのに、前科者というそしりで了刑後なおも強制送還の準備態勢として大村収容所に四百数十名も抑留する不当な処置をとり、法治国をほこる自由国で人権が牢獄にも劣るくらい粗末にとりあつかわれ、五年間の長期にわたり六〇余名の死亡者と、不良処遇にたえかねて自殺をはかったものも相当数にのぼっている。このような非人道的処遇を排して人間的なあたたかい生活にかえり韓日両国の恒久平和と両国国民の友好親善を実現するため一日も早く「韓日会談」を促進成功させたい。そこで以下別掲アッピールに同会談遅延の真相を明かにして日本国民の良識に訴えるものである。

韓国記者団懇談会
十二月二十七日天安館に於て

中総宣伝局では、去る十八日の在日韓国人記者団会見後、韓日会談促進のために、新春を迎えて在日同胞及び日本国民に宣伝啓蒙活動をするために、目下鋭意準備中であるが、宣伝活動を開始するに当り新聞言論界の協力を要望するため、東京に本社を置く記者団加盟社を、去る廿七日正午赤坂天安館に招き昼食を共にしながら、隔意なき会談を遂げた。中総側よりは金事務総長、鄭宣伝局長、加盟社側からは年末の多忙なこともあって出席は少なかったが韓僑通信の崔副社長、KIP金允中、国際タイムス李光瑞、KEP李廣吉氏等出席があり、約二時間に亘り懇談の上

（1）日本側の韓国問題に関する新聞記事が、極度に歪曲、偏向化されて行くのは、遺憾に堪えない。このために韓国記者団としては加盟各社が、その是正運動のためにベストを尽すこと

（2）中総では新春早々日本の文化人のうち適当な人物を招いて韓日問題の、懇談会を開く計画中であるが、各社でも極力支援すること。

（3）中総では記者団と協同して新年一月中旬ころまでに、大村収容所に抑留中の同胞を慰問すること

右三件を満場異議なく決議した。懇談を終ってから一同身揃いして駐日代表部に崔参事官、朴僑民部長を個別的に訪問の上、本日の懇談会決議事項を報告すると共に、代表部当局に対して記者団の決意を強く要望した。

会見席上、昨夜東京新聞夕刊放射線の記事につき代表部側の詰問を殺した処置は、該記事は何等攻るに当らない、韓国側を中傷するための謀略であること、且つその記事が指摘した事実は、全然事実無根であること、断呼を強く否定した。

朱洛弼臨時学園長就任

東京韓国学園は二日午前九時四十分から同学園講堂において、新旧学園長ならびに六教師の歓送迎式が行われたが、席上朱洛弼新学園長（臨時学園長）は、別項の教師六名が事情によって学園を去ることになったことを告げ「学園運営は当事者に任せ生徒諸君は勉学のみに励んでほしい」との訓示があった。

なお金正柱前学園長は「六箇月の浅い期間中ではあったが、建設段階にある学園の各種雑用に追われて来た関係上、諸君を特に親しく出来なかったことは残念であった諸君は祖国が要求している人的資格となるべく励み、立派な若者となってもらいたい」と挨拶した。

韓日会談促進のため
駐日韓国人記者団会見
十二月十八日中総団長室

韓日会談が開始以来七年間の迂余曲折をたどりながら、時には断層にぶつかりきびしい風雪が訪れたりして、いつの日に陽の目をみるのか全くもって不思議と思わない訳にはいかない。十月四日ソ連が打上げたスプートニク第一号で国際政局がはげしい揺れ方をしている時に韓日会談は一歩の前進もみないままに、歳が明けてしまった。その内容を聞きたいにしても代表部筋では、両国外交機密事項だというので、この経由につき一切ノーコメントで押通している。勿論デリケートな外交々渉のことを、一々民間側がせん索することは大いに慎まなければならないことだし、タッチしてはいけないこともあろう。然し旧臘に入ってからは、韓日関係が専ら一方的日本側の挑戦で急転暗い影がさして来た。この裏面には、日本政府が政治的なたくらみで一方的に会談をデットロックに追いやり会談打ちこわしの責任につき韓国の非と不誠実さを創り出す態度に出て来ると共に新聞報道陣を総動員して韓国を悪者扱いする世論を醸すために大童である。その具体的企みの片鱗が、産経時事と読売新聞社説面に、ちょっぴり出て来た。日本が如何なる意図でこういう好まざる方向を辿らんとするのか。それは彼等の勝手なことだが、然し、韓日関係の将来を考える時にこういったよくない傾向をどうしてただ見逃すことが出来ようか。殊に事の真相を知らない日本国民が、一方的な日本政府の外交政略に寄とらされ、韓日両国民の友好関係に水をさし、在日六十万の生活問題に、悪影響でも及ぼすことになれば、われわれの最も遺憾とするのだ。ことの真相を可能な限りありのままに伝えて、韓日会談の行きがかりのあらましを報道して、韓日両国民に理解を徹底させ、両国民側に正常な友好的雰囲気を創るために、よくない世論の傾向を是正啓蒙してゆくために、民間側としても可能な限りの努力をするのは、われわれのなすべき義務である。

こういった見地で団長室では、去る十二月十八日（土）午後二時半から在日韓国人新聞通信関係者との会見をなし、隔意なき意見交換と懇談を遂げた。席上団長は、韓日会談の促進と韓日問題に対する対日国民啓蒙宣伝活動を、新春を期して開始するに当り、在日韓国人の一致団結と言論報道者の協力を、特に強調すると共に、別項の如く「韓日会談促進のために日本国民に訴う」との声明書を発表した。

「韓日会談」促進のために
日本国民に訴う
民団中央総本部

韓日両民族の、新生の運命をかけて、いく度びか「韓日会談」が開始されてから、已に数ケ星霜を重ねた。けれども不幸にして未だにその妥結を見ず、両国民は、会談開始の度毎に、一喜一憂の事態を演じつつその成功を祈った。両国民は、共存共栄に対する熱い信念と、決意をもつて、会談促進に希望を捨てず、努力を惜まなかった。所詮これは、この会談が、両民族に共通せる民族的成生目的達成に、欠くことの出来ない宿命的課題を内包しているからである。われわれはわれわれと意を同じくして「韓日会談」促進成功のために、久しい間今日まで行動を共にして来た良識ある日本国民諸賢に対して、最大の敬意を表する次第である。

しかるに、最近における「韓日会談」に対する、日本朝野特に指導的立場にある一部のものは、今日までに行われた「韓日会談」不成功の責任を、ひとえに韓国側の誠意の欠除に起因するもののように、事実を歪曲して、新聞放送に喧伝し、何故もう一歩というところで、会談の完全解決の努力と、誠意から逃避するばかりでなく、その成立を意識的に封鎖し、圧殺する方向に拍車をかけている、日本における各大新聞ラジオは十二月中旬を期して、その社説または署名解説として「韓日会談」をとり上げた。きわめて抽象的な言辞を弄して、一方的に韓国側の非難攻撃に矢面を集中した。それは作意的であり、責任を韓国側に転嫁するのに汲々として「会談」そのものの成立と解決に対する誠意ある意見と、努力は微塵も発見し得なかったのである。われわれは今後の「韓日会談」のために、真に悲しむべき事態として、憂慮にたえない。

日本の各新聞論調は「帝国の海軍健在の時代なら想像もつかぬ」（朝日時事）と平和ライン侵犯抑留日本人の問題に論及し、日帝時代の軍事力を懐古して、韓国を威圧せんとし、「同じく抑留者といっても日本人と朝鮮人の間には犬と猫の開きがあり」（読売新聞）と論じて、日本民族神格化の思想を喚じて、朝鮮民族に対する民的差別感と、侮蔑観念を強調している。これは、真に天人共に赦すことの出来ない、日本帝国主義時代断る意識感情の[illegible]であり人類共存の理念に反逆する言動である。日本側の唱える人道主義なるものは、日本のためにのみ役立てば足りる御都合的代物で、国際的「韓日会談」の基礎的要求であるべきフューマニティーではない。これは「久保田妄言」を通り越して、戦後日本の軍国調と、神格化の復旧感情を漏る行動である。われわれは、「韓日会談」とは切り離してみても、は人道的平和保持のために憤慨すべき思想として葬らねばならない。

＝二＝

最近における「韓日会談」は、一九五五年十二月の金（裕沢）―花村会談と、一九五六年四月二日の、金（裕沢）―重光協定によって、一筋の曙光を見出したが、金―花村協定は外務省側の反対に合い破後の瞬間において、金―重光協定は日本法務省側の外務省に対する内部的意見の不統一から、打擲しとなり、一九五七年六月十四日の、金（裕沢）―岸会談は、日本側の期限付に伴い韓国政府筋に検討の時間を与えなかったことに無理があり、延期となった。一九五七年五月に始った予備会談は、九月と十一月二十日、二十五日にわたって開会となった。ところが日本側は、九月会見に提案して、両者がある点まで歩みよった協定事項を、十一月二十五日に至り、これを全面的に取消し、拒否する挙に出たのである。その拒否する理由は、日本側の九月提案事項は、日本政府上司の決裁を経ず、代表者単独の勝手に提出して見たものであるため、政府正式交渉としては、効力を発生しない死文に帰するものであるから、これを撤去するというので、もの別れとなった。これが真相である。それにもかかわらず日本側は、会談が行き詰る度び毎に、その責任を回避する手段として、国内の言論報道機関を動員し、事実を歪曲して、韓国側の非を一方的に宣伝するかたわら、日本民の感情を刺戟し、韓日両国の友好親善に、支障をあたえて来た。これに対し韓国側は一、二外国の報道機関を通じ、会談成り行きの真相を伝えるのにすぎなかった。

十二月三日付で、赤十字国際委員会が、韓日両国政府に対し両国抑留者の相互釈放を仲介したいと側に対し、十四日韓国は「その意図には感謝するが、その問題は両国政府の直接外交折衝によって解決すべきである」という、見解を表明し、「韓日会談」遂行の誠意を堅持している。もとよりわれわれは、赤十字国際委員会のこの問題に対する関心には感謝するものであるが、両国抑留者に関し韓国政府は、人道的観点を重視し、相互釈放について誠心誠意をもって正式会談再開に持ちこもうと努力して来たし、現在またそれを持続している。けれども日本政府は過去少くとも二回にわたり相互釈放の申し合せを履行しないばかりか、過去のいくつかの事実に鑑みて見ても、抑留そのものを始めたのも日本側が先である。日本政府は、一九四五年すなはち、日本が敗戦する以前から日本に居住し、戦後引続き永住権を有する韓国人の人権をよ蹂躙して、一九五二年より不法抑留を断行し、また韓国政府に対して一二五名不正強制送還の挙に出たのも日本側である。目下大村収容所には、五年の長期にわたる不法抑留に呻吟する、韓国民が有り、五年間に約六〇名の死亡者と、非人道的待遇により多数の自殺者まで発生し、目下八十名の病患者が出ている。

現在大村収容所に、不法抑留されている韓国人は、一、八四〇名であり、日本人漁夫収容者は九五二名である。日本政府は、今ごろになって、韓日両国民の共存共栄と、恒久平和の大原則を遂行すべき「韓日会談」の予備会談を棚上げして、突如枝葉部分である相互釈放のみを切り離して、人道主義の空念仏を唱えてきた。偽装と奸名の下に、今まで要望してきた韓国側の誠意に[illegible]していた日本が、突如一方的に相互釈放だけを主張し、韓国に対し軍国調で威嚇し、神格化で侮辱する態度を示すように至ったことは、「韓日会談」のために、僥か？不幸か？理論的には、先に抑留を開始したものが、先に釈放をすべきであり、相互釈放というのは、韓国側の人道的見地からの譲歩である。われわれは、日本側が、今日急に態度を変えたのは、「韓日会談」そのものを棚上げして、両国の誠意がありや否やを疑わざるをえない。われわれは、このような日本側の不純にして、意味をなさない謀略を続けて、粉砕せねばならない。そして良識ある日本国民諸賢を信頼して、早期に「韓日会談」成立を促進せんとするものである。

われわれは、日本側の度重なる態度豹変のため、相互釈放が遅延せざるを得なかった事態に対して抑留者ならびにその家族に、真甚なる同情の意を表する。それとともに、われわれは、共通の犠牲者の立場から、「韓日会談」に対し、誠意と努力を表示せず、何時でもドタンバになって、逃避し、豹変する日本政府の基本的態度に対して、糾弾せねばならないものがある。

また日本共産党および北鮮共産かいらい政権は、常に「韓日会談」を妨害し「在日朝鮮人総連合会」と「日朝協会」等の左翼機関を使嗾して、会談成立の打倒を策しているが、日本側は、このような破壊的勢力分野までも迎合して、韓国側の非難攻撃に利用せんとする傾向さえ顕著である。しかしながら、われわれはいかなる欺瞞と謀略といえどもこれを排除して「韓日会談」ならびに抑留者同時釈放の実現に向って努力を続けようとするものである。われわれは以上のように声明し、両民族にとって重大意義をもつ会談を促進し、両国の平和維持と友好親善を図るため良識ある日本国民諸賢に訴える次第である。

一九五七年十二月　日
在日大韓民国居留民団中央総本部

民団運動を明るく
正しい方向へ
民議院僑民代表　李元範

明けましておめでとうございます。例のとおり、この御挨拶を申し上げますが、心のうちでは例年とちがった感覚を蔵しております。顧りみれば、独立後十三年間、未だに悲しくも祖国の国土統一をみずに、国の内外ともに、直接間接の戦災からの復興と、新たな平和と安定とを求めて、民団運動の充実化と民主韓国の発展に人々のたゆまぬ努力が積み重ねられてきたものであります。

もちろん反共闘争の過程期から民団運動も在日僑胞の協力で今にしてようやくその前途に大きな光明を見出す所まで到達できたとはいえ、門戸開放運動による民団発展と拡張と僑胞の民族教育問題、日韓文化協会あるいは国会オブザーバー一部の入国拒否問題など、今なお完全な解決をみないのみならず、韓・日会談はその見透しさえつかぬままになったことは確かに冷厳な事実でありましょう。

さらにまた、人類は「宇宙時代」への扉を開くことに成功したが、ここもまた戦争の場として使用されることに変りはなく、地上遥か数百粁、数千粁の真空の宇宙空間において、米・ソ両国の間では既に宇宙争覇の戦いが開始されているが、韓国、ドイツ両民族の統一問題は、この十三年の永きに亘って依然として、ほとんど一歩も解決の方向へ進まず、膠に突き当ったまま停頓状態にあることを蔽うべくもない現実であります。

同じ民族社会のうちでさえ人々が相互に心の溝を作り、目にも見えない三十八度線が世界の到る所に張られ、人間が人間を信用できないまでになっているのです。

それにも拘らず、このような世界史の冷厳な現実にも、一縷の世界の中に多くの光明と正義が実在していることをも、われわれは見逃すわけに行きません。

韓国民衆は共産軍の侵略から守る強固な決意を持つことを怠らずに、自由で民主的な文化国の建設を目標に新しい歩みを歩み続け、あの瀕死の状態から言論・教育・宗教による今日の安定にまで社会の健康回復をもたらし得たことを私は本国視察にて驚きの目を見張りました。

われわれは再建とその発展にパッションをもやす民主韓国の呼びに合せて海外僑胞として、政府に協調する民主化施策を遂行するとともに、中堅幹部の充実化を計り難問題とされている教育問題や中小企業の奨励による生産品の輸出問題についての打開策としては言論機関を本国において直接に与論を喚起し、本国政府に訴え、科学の振興と学術の研究には、本年より積極の力こぶを入れるために英会の充実と、本年度東京で開催されるアジア・オリンピック大会に参加する本国選手団の受入れ準備には、暖かい心からの協力と、体育会の充実化が要請されるのであります。

時にわれわれが特殊な地位にあることを認識して、日本は勿論、自由アジア親善協調のために努力し、アジアの親善共栄の花を咲かせ、お互いに相手の立場を認め合う「思いやりの気持―相互の理解と信頼の上に立つ寛容互譲の精神―が、東西を一貫して流れる美わしい人間社会建設の基礎であり人類の平和であると私は信ずるのです。

したがって民団運動は僑胞と血の通い合った思いやりの心」で貫かれてこそ、はじめてほのぼのとした温みにつつまれることを銘記したいのであります。

この新しい年が、民主韓国のわが民団にとって今までにない輝かしい年になることを祈念し、われわれは明暗交錯する現実の社会を見て、かりそめにもその暗黒面に迷い込むことなく人間の理性に指示する民団運動を明るく正しい方向えの確信と努力とを怠らず、皆様と共に思いやりの手をたずさえて前進することをお誓い致します。

くれぐれも皆様の御家庭の幸福を心からお祈り申し上げます。

第二回自由亜細亜親善大会
自由アジア諸国の団結を強調

第二回自由アジア親善の会がさる六日午後一時、東京大手町の産経ホールで中総洪賢基副団長の司会で開かれた。韓、中国、日本の人達、約千五百名でホールの上下二階をうづめて次々と披露される三国の音曲、舞踊に心からの拍手を送り、約三時間にわたって自由アジア国民の誼を新たにした。

沈中国大使、吉川外務省総務参事官、松岡駒吉日本社会党議員ら来賓多数出席のうちに、第一部で国連の旗をはじめ自由アジア諸国の国歌吹奏、来賓祝辞があつて、各国元首に送るメッセージならびに宣言を採択した。

第二部の余興で中国は京劇の"覇王別姫"、韓国は舞踊と音楽、日本は若衆連獅子特別出演の舞踊といずれも民族古有の芸術を披露した。

宣言、メッセージの要旨は次の通りである。

宣言

われわれは東洋に伝わる正義と真理の崇高な精神に基いて、混沌たる世界の不安を排除し、共存共栄の平和な人類社会の建設を念願している去る十一月二十一日のソ連革命記念日における共産側十二ケ国共同宣言なるものは旧態依然、公式的マルクス、レーニン主義であり、平和の美名にかくれた侵略的意図を蔵する点においてはいささかも変るところがない。科学文明と精神文明の不均衡、不調和が人類の不幸を招来するに鑑み、精神文明の源流と精華とが燦然として輝いた歴史を有するアジア民族は、ここに自覚を新たにして民族同士の親睦と団結を深め、アジアの自由と平和と完全独立と生活安定のために努力邁進せんとする。

各国元首へのメッセージ

二次大戦後西欧植民地主義はアジアから後退したが、新しく共産植民地主義がこれに代って侵略しつつあります。核兵器の使用とともしみの闘争とをこの世界から追放しなければ、人類は破滅するでありましょう。今こそ東洋思想の復興と人類安全のため世界の良識に訴えなければならないときであります。われわれは不朽のヒューマニズムと国連の良識を信頼して自由アジア民族の親善友好と大同団結を図りたいと存じます。

李承晩大統領と岸首相に送る決議文

今やアジアは、赤色共産勢力と戦いつつ、各民族の自主独立が達ちえられて、新時代の建設に突入しておるのであります。このときに当り、未だに日韓両国の間に国交の再開をみないということは、誠に残念至極と言わねばなりません。そのため両民族の精神的苦痛はもとより、政治、経済、文化等あらゆる面において双方共に非建設的な損失を招いている現状であります。

もし、この現状をこれ以上つづけて行くならば、利するものは独り国際共産勢力のみであることは火をみるより明らかであります。われわれは、両民族の幸福のためにも、また、自由世界安定のためにも、速やかに両国の国交が再開されて、凡べての問題が円満に解決されることを、心から願い本大会の名において両国政府当局に訴えるものであります。

右決議する。

大韓民国大統領　李承晩閣下
日本国総理大臣　岸信介閣下

渡米の金光男氏歓送会
十二月三日メイフラワーホテルで

民団創立当時から今日まで中総の議長として民団組織の育成強化に大いに貢献した金光男氏が、去る十月二十五日の中央議事会で米国留学の為中央議長を辞職したことは既報の通りであるが、十二月日 同氏の歓送会が民団中総主催で、都内新宿メイフラワー・ホテルで開催された。

この日、会は、民団中総並びに関東地区の各県本部役員をはじめ経済界など各界有志百余名そして駐日代表部から金裕沢大使代理として朴英僑民部長が参席して開かれた。先づ金載華民団中総団長の送別の辞に続いて民団中総からの感謝状、金裕沢大使の表彰状、記念品などの授与があった後、金光男氏から答辞があったが、その中で同氏は僑胞問題にたいして大要次のような所感をのべた「現指導陣は種々の面で同情する点もあるが、ともあれこれでよいのかと、考え直す時期に達したと思う。特に青年層は中傷、謀略が満ちているわが陣営を是正するため奮起することを望むのである」

檀紀 4291　頌春戊戌年　西紀 1958

三井製菓株式会社
取締役社長 三井春雄
名古屋市中村区井深町3の40
電話 (65) 9430〜1番

松永製菓株式会社
社長 松永守市
名古屋市西区児玉町一ノ六

利川工業株式会社
社長 徐相錄
副社長 徐相俊
監査役 李廣
名古屋市中村区豊井町三ノ三

民議院僑民代表
民団兵庫県本部団長
日本観光株式会社社長
裵在潤

オーバ地・洋服地・毛糸各種
矢田紡績有限会社
代表取締役 白石達夫
本社工場 名古屋市東区矢田町二
電話 (73) 3193

金周奉
尾竹橋病院理事長
番陽基督教会牧師
東京都足立区千住櫻木町53

在日韓国民
社団法人 三十三人遺族家族援護会副会長
在日大韓青年団愛知県本部
団長 朴泰達

民団新宿支部団長
安聖出

マルケー商店会社長
金剛信用組合
副組合長 神野登治
名古屋市中村区花江町一ノ二六

マツヤ商会社長
金剛信用組合
組合長 大山陽治
名古屋市瑞穂区瑞田通八ノ三二

シスコ商会
社長 竹山元良
名古屋市昭和区滝子通四ノ一七

民団静岡県本部副団長
李徳宣

民議院僑民代表
李元範
新宿区柏木町一ノ一六八
電話 ○八一五

民団新宿支部副団長
金泰変

朴炳台
東京都港区麻布新広尾町三丁目八二
TEL (45) 4527

民団静岡県本部団長
金在福

太楽園主
金剛信用組合
副組合長 松本守正
名古屋市中区大津町一ノ三

在日民族の経済をまもる
信用組合現況

在日僑胞（朝総連側も含めて）が、日本国内においてその日の生活と家業を営む上に、いろいろな面で不利と困難な障害にぶつかる。韓日会談が妥結をみないために、身分保障が何等講じられずにいるので、所謂三国人だなんという特殊名詞で、日本政府の政略の手加減でもつて、都合よく取扱はれている。一方国交がない現在においては、韓国政府としても正式に何等かの海外僑民のために保護対策を講じたくても、それがスムーズに、時宜にも合うように運ばれないのも、偽りのない現状だ。かく何等国家権益が及ぶことが出来ない立地的環境に於いて、在日同胞が生活を営み事業を経営するためには、彼ち自力で何から何まで調整しなければならない。自力以外のことならそれでも間に合うかも判らないが、事業遂営に先立つものはその資金の調達である。戦後ドサクサ時代ならいざ知らず、十二年も経過した今日においては、個人の力や信用だけでは到底出来ない相談だ。

こういつた困難な障害をはねのけるためには、どうしても力の結集が必要であり、結集された力を組織化して、互助的精神を以つてそれを運営してゆくことが必要である。こうしなければ、国家権力外にいる社会が、社会の生存競争に太刀打ち出来るものでない。

ここに協同組合運動が発達するのであり、先進諸国家社会で、協同組合運動が、どれだけその社会の経済運動に寄与しているか、その実例は枚挙するのにきりがない。イギリスのギルド組織やデンマルクの協同組合運動は、云うに及ばず、身近かな日本の農村組織や労働運動乃至社会運動に於ける経済的互助運動をみても、如何にそれが与つて力あるかを、みせつけられる。

居留民団が、創団以来在日僑胞の民生問題、就中経済活動に寄与する処あつて、納税貯蓄組合の結成発展のために、組織を挙げて努力していることも周知のことであり、貯蓄組合の如き消極面でなしに、一歩進んだ経済活動の紐帯として東京の漢城信用組合の創立前後一なるべき信用組合創立とその支援に全力を傾けている。

民族陣営の信用組合運動が起きてから、国家民族の為と精神を泥棒する赤色系列の執拗な妨害分裂工作に遭遇した外に、組合創立許可を日本の主務官庁から貰うためには、どれだけ心神共に労苦を重ねたか。この創立許可獲得に、東京を始め神戸等の組合当局及び民団のつらい経験は、当の部内者でなければ凡そ想像もつかないことだ。こういつた組合創立までに隨分な紆余曲折と障害と時間の浪費が継続した。

この赤色朝総連系列の妨害工作がもつとも激しく陰険であったのは年有余の長期に亘る闘いであつた。然し、民団の組織が強化されるに伴い、在日同胞の信用組合の意義と経済的発展のために組合が如何に必要であるか、且つ朝総連側の政治工作が民族経済発展のために、どれだけ有害無益であり、現実的に被害を蒙るのは、他ならぬ当の自分達であることを、身にしみて感じたので、漸くにして一般同胞も挙つて組合運動を支援協力するようになつた。

本社では、東京を始め中京・京阪における民族信用組合の運営状況を、去る十月下旬一週間に亘り、つぶさに現地視察取材を終了したのである。各地の組合現状からみて、立地的政治条件の制約のために、実力あつても延び切れずにいる悩みがないでもないが、然し、幾い数々たる在日同胞の経済力であつても、お互が民族経済を護り育成するという大乗的な見地から、協力をしさえすれば、必ずこういつた障碍は克服出来ることを信じた。民族資本を護るのが在日同胞の責務であり、あの国家権力の補導育成で発展する日本の資本攻勢に伍して行ける道は、信用組合運動以外には途がないのだ。

現在民政の在日韓僑の信用組合は東京の漢城・名古屋の金剛・京都の実業・大阪の興銀と商銀・三重桑名の三重・神戸の大平に熊本の商銀等八組合であり・その他北海道札幌・埼玉・山口等其他においても信用組合の創立気運が昂つている。

本社で取材した各組合の現況に基いて、民族経済発展のための信用組合が、健全な発展を祈る切なる気持ちで、信用組合特集を編集した。各組合の現況に対して紙面の都合で割愛することにした。ただ各組合が、それ相当な成績をあげているが、信用組合の運営を、理想的な土台に上げるにはどうしても手形交換加入だ。然し今の処は、未だ手形交換加入の許可が得られない。然し、これは日本の全国の信用組合のうちでも七ケ所しか手形交換加入の許可が得られない現状で、韓僑信用組合だけの問題でないようで、これにはふれないことにする。然し信用組合は協同組合運動である以上、総代をもつと組織的にフールに駆使出来るようにして貰いたい。総代制度があるのは一般組合員に代つて組合運営に対する助言、建議をするところにある。組合はどこまでも組合員を土台として、民主的精神で運営してゆかなければならない。官僚主義傾向が、組合によつては見受けられた。組合は、組合員あつてのものである。一般僑胞の中小企業をまもり、且つ一般僑胞の経済自立を助長するためにも、是非総代活用を理想的にやつて貰いたいものだ。

某組合の資料が、暮も迫まつた十二月二十三日入手した事情もあつて、この特輯号は十一月中に発行予定を、元旦号にのばした。然し取材に当り各組合当局が、誠意をもつて協力をしてくれたことに対しては、衷心より感謝するものである（H記者）

金剛信用組合の巻
名古屋市中村区椿町五ノ五九
組合長　鄭　煥　麒

名古屋は古来城で有名だとの話の文句は、今では如何にも古びた感じがするが、通りすがりの旅人にとつてはそれが反つて懐しい。名古屋人気質も東京人が接すると何んとなく親しみを感ずる。中京の都名古屋を中心として活動する経済人の気質も、まとまった中京モンロー主義が多分に見受けられた。中京在住の僑胞の生活状況および経済活動分野も、己つと中京色が強く感ぜられた。愛知県下約四五万の僑胞が、各自それなりに人に迷惑をかけず、落着いた生活態度でやっていることは、頼母しく思はれた。この僑胞社会の生活および経済活動の中心をなしているのが、金剛信用組合の存在である。金剛信用組合が、愛知県内の僑胞社会の要望に依り、開店を見たのは一九五七年の歳末迫まる師走の十二月廿八日の創立という史だ。開店日浅いのにも不拘、創立当時三三四名の組合員と出資口数六百八十万円で発足したのが、九月末現在で組合員七百人、出資金三千百二十万円預金額も二億円までに跋府を追込みましたが、当組合の対策は引続き韓日国交の齋迭と相俟つて尚お盛況に入ろうとする好況なる円滑経済を迎りつつある。当組合が中小企業界の深刻な不況時代にあり乍ら、今日の如き繁栄を持続しているのは、組合長鄭煥麒、副組合長姜求道、趙正局等の人物と出力の信用に加うるに、在日僑胞信用組合界きつての有能な専才専務理事朴性鎮氏の創意的組織力とよい補佐が、自然と組合運営の面にも現はれ、無理のない幹部の経営方針に組合員からも信頼と支援をうけて、手際く組合を運営している。

組合創立第三期末（五七年三月卅一日現在）の組合の事業報告に依ると

①一般の情勢

前年度に引続き経済の安定に好況を伝えられ一部大企業筋では神武以来の好景気とまで宣伝されましたが、系列外の中小企業は依然として暗い谷間に取残され、殊に昨年末より期末にかけては相当数の倒産者を出した有様で業者の切実な叫びは中小企業団体法の立案絶大な御支援によりまして、前期末計画致しました資金量二億突破を達成し、且また創業以来僅々二年三ケ月ですが各位の御出資に対し僅かでありますが配当させていただけますことは組合運営上従来の例から見まして極めて稀有のことであります。

②組合の概況

以上の状況下にありまして当組合の役割は極めて重大であり、組合員の相互扶助と経済的地位の向上に努めて参りましたが、各位の御同胞に堪えない次第であります。

新しい施策としては全国信用組合連合会は一千万円の被貸枠を設定し資金需要の増大に応ずる体勢を整備致しました。唯一つ遺憾でありましたのは今期中に代理交換加盟を実現すべく努力したのでありますが遂に実現に至りませんでしたことをお詫び申上げますと共に引続き努力することをお約束致します。

以下業況につき御報告申上げます。

京都実業信用組合の巻
京都市下京区五條町大宮西入
組合長　趙　勇　宏

日本の最も古い都、京都を訪づれて感ずるのは、その幽雅で清楚な香り高い伝統と日本色濃いことだ。名古屋が商業面をぬきにすれば大分京都に似通った趣もあるが、京都はどこまでも静寂な、物を思はす都といった処だ。名高い京美人でなくても、京都人の物腰の柔かさは、日常生活相までも如何にも落着いたゆとりがある。こういつた日本の社会生活を営む在日僑胞の社会生活も、他県にはみられない気風と傾向があつて地味な中庸のみちをゆくようだ。

僑胞人口約三四万の京都一円の生活及び経済人の活動状況は、所謂こういつた京都財界有志の発起により京都実業信用組合創立の気運が高まつて、開店となつたのは一九五〇年八月廿七日、創立当初組合員僅か三二四名出資金六四〇万円で、組合長趙勇宏氏専務理事鄭煥丞氏のコンビで、僑胞社会の要望を背負つてスタートを切つた。当組合は創立四年足らずであるが、趙組合長の手堅い運営指導に加うるに、鄭専務みるからに才気のひらめく、人をそらさない社交的和が、各理事者の協同精神に助けられて、組合運営は発展を続けている。去る八月卅一日現在組合員七〇〇人、出資金二千九百万円というから、在日僑胞の経済界としては、異数な発展とみてよい。当組合も創立当時、約半年前に出来た朝総連系の組合の妨害工作に出くわして、彼等と猛烈な斗争を民団組織力を以つて繰ひろげながら、困難な主務官庁の創立許可を漸くして獲得したという、東京の漢城信用に劣らない、蔭の苦しみを嘗したと。

趙専務は、記者に創立当時の斗いを語り乍ら、京都人は、京都人気質があつて大阪の商人のまねは到底出来ない。ただ組合員から任せられた組合運営を、地味な、牛の歩みながら、それなりにやつていると謙遜される。それでも支店として一ケ所上京区五条通千本西入に設置して、本店支店共に、順調な経営をつづけている。

当組合の去る三月末現在の第三期事務報告に依れば

業務の概要

昭和二九年八月二七日発足以来僅か二年有余にして僑胞中小企業の発展に寄与する積極的な業績を挙げ、ここに第三期事業報告を致すことになりました事は誠に御同慶に堪えない次第であります。これは一偏に組合員皆様方の絶大なる御協力の賜と深く感謝する次第であります。この三十一年度に於ける経済界の状態を省みますれば、一般に中小企業者の金融難は予想以上に深刻な様相を呈し不渡手形の増加倒産者の続出等極めて多難でありましたが組合員各位の事業経営に確固たる地盤と、組合の適正な運営と相伴つて共に協同組織の理念に徹した団結とに依つて不況の時期にあつても一段と堅実性を加へより以上発展の途上にあるが今行政庁を始め広く業界に信用を得た事は我が京都実業信用組合の役職員及び組合員一同の喜びとするところであり感謝する次第であります。今期に於ける決算に就ては法規上許されている限度の諸償却準備金、積立金を行ひ尚多くの純益金を計上出来ましたことは経費の節減内部保留の確立に努力した結果でありまして、配当限度第一期は充分に行ひ得るのでありますが行政庁の指示もありまして内部保留を引上げ健全経営という基本的な線を一層樹立すべく今期の配当率を五分に決定することになりましたことを御諒承下さる事を御願いする次第であります。以上業務の概要を申上げましたが、本年度は益々事業発展のため一段の活躍を傾注する覚悟でありますので、何卒組合員の皆様にお力添えを賜りますと共に発展するという理念のもとに相互扶助の精神を発揮し外国人としての体面を維持し以て之を自国の光となし百八十万府民と共に良き平和社会の建設と京都産業発展のため相携え且つ行政庁の指導を忠実に守り諸団体と融和し共々に向上することに御努力あらん事を切に希ふ次第であります。

お断り。各信用組合の業務報告書に掲載目録、貸借対照表、損益計算書、剰余金処分案、事業計画書等の表を掲載する予定でしたが、印刷工場の都合で不本意乍ら中止いたします。後日別冊発行の折りに入れる予定でありますので御諒承願います。不充分な掲載で申訳ありません。――編集部――

信用組合三重商銀の巻
桑名市中央町三
組合長　李　碩　根

中京の名古屋の地続き、鋳物工業で名高い桑名は、本国の水資源かドイツのハンブルクといった処だ。三重県下僑胞一万足らずのうち約一千名内外の桑名同胞の大部分が鋳物工業かそれに関連した職で生計を営んでいる。従つて桑名人気質も根つから商工業人だ。僑胞人口千足らずで信用組合を持つということは、ちょっと他地区ではみられないことだ。市全体が鋳物工業で保たれて行くからであろう。こういつた田舎の工業都市の背景の中で晴れ戸を掲げた三重商銀は、創立一年足らずの短い期であるが業態は至つて活発だ。記者に応待した鄭鎮麟副組合長、鄭仁播専務理事の印象から推してみても組合運営の実際面に非常に情熱的で且つ組合組合が三重県下同胞の強力な要望と支持をうけて、一九五六年十一月十二日に開店したのであるが、組合も、他の組合と同じ事情で朝総連系の組合設立運動とかち合うことになり、せり合う火花をちらす斗争を演じながら日本主務官庁の好意的指導協助で、目出度く組合が創立することが出来た。殊にこの設立認可獲得および組合が今日のような基礎をなすために韓僑民団三重県本部団長兵鎮根氏の功労は忘れないとのことだ。設立当時出資金八百四十七万三千円也でスタートをした当組合が、組合長李碩根、副組合長朴洪鈙、鄭鎮麟・専務理事鄭仁播氏等の名コンビで、伊勢商工人の商才を行かして、創立一年足らずで左の報告通りの業態だ。殊に、僅かな人口の特殊地区で組合が指定され運営をつづけているという現象は在日僑胞の経済活動をする上に意義も大きく、一つのテストケースとして注目に値いする。当組合で提供した去る九月十日現在の業態報告によれば

沿革の大要
前がき

当組合は一九五六年十一月三重県在日韓国人の強力なる要望に応え中小企業者並に勤労者の経済活動の興隆と福利の増進を図らんがため民主的な金融機関として誕生した。

信用組合三重商銀は組合員全体の金融協同組織体であつて一般の銀行が営利を目的とする諸機関とは全くその性格を異にし所謂組合員の資金を相互利用によつて共同の目的を達成し一般社会経済にも貢献せんとする処に極めて重要な意義を有するものである。

沿革

昭和三十一年五月県下在日経済人の発起するところとなり同年七月二十八日桑名商工会議所において創立総会々催、越えて八月二日理事会々催、次で十月二十九日之が設立認可申請を提出した。

翌十一月八日認可を得、更に十四日設立登記完了したるを以て「信用組合三重商銀」の名称の下に十一月十六日晩秋の陽光を浴びて桑名市中央町三番地に開業し、之を当組合の創始とする。

設立当初
出資払込額金八百四拾七万参千円也

商業将営の組合員には一条の光明を投じたものと謂うべく従つて営業上において別紙貯金、貸金及び出資払込金の比較並に総取引高比較何れもグラフに示す通り新進の勢を以て発展を遂げつつある。

現在の概況

総貯金高	三、〇〇〇万円也
出資金	一、〇〇〇万円也
割引手形	一、三〇〇万円也
手形貸付	二、三〇〇万円也

営業方針

一、堅実第一の方針を一貫して
一、貯蓄の増強に力を注ぐ
一、資産、負債の均衡を調整し
一、支払準備金の比率を保つ

将来の展望

初年度の決算、即ち営業四ケ月の短期間において動産不動産の償却を敢行し収支に幾分か損失を計上したことは蓋し健全経営の理念から止むを得ないが三十二年度（第二期）にありては過去の体験を生かし更に研究を重ねて一層基盤を強固にし組合員の与望に応えるべく役職員総挙げて努力しつつあり

三十二年度末における目標　三十一年度末の比

総貯金高	六、〇〇〇万円	倍率　四・
出資払込金	一、五〇〇万円	〃　一・七
割引手形	二、八〇〇万円	〃　五・八
手形貸付	三、三〇〇万円	〃　三・

収入総額五、八五四、〇〇〇円
支出総額五、二六八、三六八円（内償却八〇一、八二六円を含む）
差引利益金　五八五、六三三円

現在の役員

組合長理事	李碩根
副組合長理事	朴洪鈙
〃	鄭鎮麟
専務理事	鄭仁播
※	※
※	※

民団同志諸君に
十二月六日 武庫春丸にて　金光男議長

解放以来居留民団組織育成を通して、殊に会議運用の上に名議長として、大きな足跡を残して、惜しみながら渡米留学の壮途に上る中総議長金光男氏の鹿島立を祝び且つその労を犒う意味で金裕沢大使は、去る十二月五日昼食を共にしながら、十二時より同二時十五分まで余人を混えないで、主従共にフリーな気持ちで民団及び在日僑胞の将来のことについて懇談を遂げた。

その翌六日夜八時出航の新日本ラインの武庫春丸で、僑胞多数の歓送裡に彼来の壮途に就いた彼（別項記事掲載）が、同武庫春丸サロンにおいて、H記者と単独会見の際に、居留民団同志に送ることばとして、金大使との会談要旨を伝へた。金議長曰く

解放以来十二年間を組織の中で生活して来た経験から、居留民団の現状――殊に運営方法の今後のことを、真面目に憂い如何にすれば明るく、在日六十万僑胞のために民団が奉仕の出来るかを考えてみた。

率直に云つて、民団の組織運営を円滑にするために、経済人と民団との結付きを現実的に工夫して貰いたい。利益のある処に、人は結ばれるものだ。民団としては、経済人が組織を信頼して相談を持ちかけて来るような、利益あらしめるための途を講じて欲しい。

民団として、早急に解決すべき急先務は、凡ゆる意味で僑胞社会の共同広場となるべき一個円程度の中央会館建設である。

この計画を具体化するために、その実行上の具体的数字までも金大使に進行した。

傘下団下を総頭の上、単一組織化するために必要基金として五千万円の目標を決定して、早速着手して貰いたい。

民団と代表部との年来の宿題である事務協定を、早急に推進して欲しい。

尚ほ、国民間題に干して、国民登録の改正を指令すべきであ、たといそれが前任者時代のことであつても是正すべきことであり、併せて国民登録の改正をも、早急に実施すべきである。

以上の様な趣旨を金大使に進言した処、同大使も全面的に同意し、且つ早急に進行した要旨を実行することを確約した。大使と会談して受けた印象から価値することは金大使が在日僑胞に対する希望と居留民団に寄する期待が、極めて幅のある遠大なものがあり、且つ彼が持つ抱負を具体化するために、極めて情熱的で真摯なものがあることを感じ取られた。

以上のことを残して、五色のテープ交錯する中を洞洋の岩に送られて、彼は去つた。一路平安と御成功を祈つてやまない。（写真は右が金光男氏左が鄭有）

金光男君を送る！
金　熙　明

在日大韓民国居留民団中央総本部議長の要職にある金光男君が、去る十月廿五日東京で開催された第二十四回中央議事会の席上にて議長の職を辞すると同時に、その職を去り、来る大会で議長を交迭することに、議事会はこれを承認した。同君は過去十一年間民団創設以来波瀾万丈の難局に処して、真に組織者としての能力を発揮して、緩急剛柔活躍した。彼は民団創団の初期において、大阪地方において執行機関に二年余を体当りした以外は、その全任期を中央の議決機関の最高責任者として尊い使命をつくした。民団の人的債材の一人である。彼が過去十一年間民団の憲法である規約を確立し、各地方組織の各級機関に対して選法思想の植付けに尽くし、今日のような大民団の組織大系と、団員の納得義務の観念の樹立を成功に導いた。組織上の功績は大いなるものがある。殊にもつて生れた彼独特の議事進行振りは、まことに妙技であり優秀なもので、過去における全民団の各種の集会に秩序と、議事進行の方式と技術に一大教育的役割を果した。今日の全民団組織の各機関に行われている集会の議事進行が厳粛な安定感と、信頼を賦与するように成長して来たのは、専ら彼のお陰であるといつても過言ではない。将来の国会の議長は彼をおいて他無であると、民団人は口をそろえて彼を称賛し、事実それは可能以上の可能でもあつた。近い日に、彼は執行機関に籍を移して、民団の総責任の地位に就き、その全能力を発揮するであろうと、嘱されている矢先、彼は意を決してアメリカ留学を決行に移した。民団のためには一大損失であり彼を送るに忍びないものであるが、彼のためまた全民団の明日のためには彼の壮行を歓喜せねばならない。民団は彼の多年にわたる功績を賛えその労を謝するため、駐日大使の表彰状を第二十七回中央議事会の総意で感謝状と記念品を贈呈してねぎらつた。

第二十二回民団全体大会を前にして、彼の名司会振りに接しえないかと思うと、何かひとく淋寂を感ずることは筆者独りだけであるだろうか？彼の健康と多幸を切に祈つてやまない。

金光男君は、一九〇七年二月八日慶尚北道浦項市の出生で、今年五〇の齢秋である。かつてソウルの神学校を卒業して牧師按手を受けた。その後日本大学の法文学部宗教科において修業した学究でもある。日本に渡来したのは一九四〇年五月で、東京において高田教会の牧師の職に就任するかたわら在日韓国人キリスト教会牧師会人事主任を務めた。一九四二年太平洋戦争当時日帝の弾圧により在日朝鮮人牧師の責任者として、日本人牧師十人と共に巣鴨監獄に抑留されて鉄窓の辛酸をなめた。そして獄舎の途中一九四五年八月十五日の解放を迎えた。彼はその日より「在日朝鮮人対策委員会」の一人として活躍を始め、「在日朝鮮人連盟」の発起人となり、連盟は彼がその名付け親である。その初代厚生部長兼経済部長であつたが、その年十月十六日同国会会議に開かれた大会で、「朝連」が急転直下左翼化したのでこれを脱退し、当時朴烈氏等が出獄したので朴氏を中心に「新朝鮮建設同盟」の組織に参加し、大阪の西日本本部総務部長となつた。その後一九四五年十月三日「建同」が発展的解消となり「在日大韓民国居留民団」が創団されると、彼はその大阪本部初代副団長となつたがその後団長となり三年間を務め、後捗として韓青大阪本部の委員長も歴任した。その間大韓民国独立慶祝使節団団長となつて本国に使した。一九四八年民団中総の議長に就任しその間当選七回であつた。六・二五動乱当時には駐日代表部に任つて、在日韓僑自願軍指導本部長の要職にある傍ら代表部政治部諮問委員となり、在日僑胞代表に選ばれ本国国会オブザーヴの職務に三代を通じて尽瘁した。

金光男氏の米国の住所は

M. K. N. Kim
％Rev. Jens E. S
2125. M. 28 street
Los angeles California
U. S. A

金光男氏より十二月二十日附きの私信によると、目的地に無事上陸を果し、同志諸君に宜敷しきようだとの伝言があつた。（H）

金光男氏、横浜港から向米

民団創立当時から今日まで中総の議長として民団組織の育成強化に大いに貢献した金光男氏は、去る六日午後八時横浜発新日本航路武庫春丸（七千三百トン）で、民団関係者、経済界をはじめ僑胞有志多数が見送るなかに、米国留学の壮途についた。この日、同武庫春丸のロビーで、民団神奈川県本部から金氏に花輪が贈られた後、呉宇泳民団東本団長の饉送の辞、金光男氏の答辞、奨納斗民団中総副団長先唱で万歳が三唱され、歓送会を終つた。

韓國銀行
東京都千代田区有楽町三信ビル
電話(57)七四六一（代表）
支店長　金　　　殷

KSC LINE
KOREA SHIPPING CORPORATION
大韓海運公社
韓日定期及世界各国不定期就航
東京都千代田区有楽町三信ビル
電話(59)0・815—7
所長　張　在　敏

輸出向
絹織物・洋服
香港洋服・小間物雑貨
小間物・雑貨
平瓔商會
TEL(92)0197・4879・6840

信用組合大阪興銀
理事長　李　熙　健
大阪市天王寺区東桃谷町八〇
電話(75)〇七七一・二・七二六三

漢城信用組合
東京都台東区浅草田原町一ノ八番地
組合長　金　得　游
副組合長　崔　学　林
電話(84)三七〇・三六六・五〇八七

金剛信用組合
組合長　鄭煥麒　副組合長　趙正局
副組合長　姜求道　専務理事　朴性鎮
名古屋市中村区椿町二丁目五九番地
電話⑤2501—3番

新装　万盛時代

五八年のホールとファンを結ぶ夢のかけ橋コミック・ゲート！

平和商会
本社　桐生市錦町1276 TEL(桐生)2038・5223
東京支社　東京都台東区上車坂町18 TEL(84)1748・4083
大阪支社　大阪市浪速区元町1丁目735 TEL(64)3406

図書出版
染料材料
東屋会館　三階は貸会場
株式会社　東屋商店
東京都新宿区戸塚町三丁目八七三番地（国電高田馬場駅西大通り）
電話東京(36)一八八五番(368)1676

◎鹿茸直輸入部兼
陽和物産株式会社
取締役社長　朴　根　世
本社　東京都千代田区丸ノ内二丁目二番地丸ノ内ビルヂング内三四区
電話和田倉(20)三九六三番

輸出入　東京丸一貿易株式会社
取締役社長　小　洙　(?)
東京都港区芝田町一ノ十三番地
電話三田(45)五六一・八二一・八二三

和信産業株式会社
東京支社　千代田区内幸町富国ビル内
TEL(23)五五三五七

在日僑胞教育を強化

新年度予算に四千万WH

子から鶴首の如く首を永くして待つていた在日僑胞子弟教育補助金として本国政府から去る十一月十一日付で駐日代表部に到着したのである吾々在日大韓民国僑胞として斯くの如き嬉しい事はいまたかつてなかつたのである其の金額の多少は別として吾々在日同胞が痛感する子弟教育の重大さと民族教育機関の不備からなる色々な弊害は筆舌にて表現し難い現実である時本国からの教育補助金の到着は実に大なる意義を有するのである。吾々はこぞつて感謝すると同時に今後在日同胞は民族教育問題の重大性に鑑み全力を傾注せねばならぬ事と思ふ又今度令達された本国教育補助金は其の趣旨を充分考へて一文なりとも有効に使用する様特に御願ひする次第である。

茲に本国政府の教育補助金使用監督規定と各学校に令達された金額を発表する。尚今度の教育補助金の割当については当局に於いても何回も代表部に連絡し協議した結果本国文教部がすでに決定発表した通りに各学園に令達する様になり次回は充分在日僑胞の実態を考慮の上割当る事になり在日民族教育の為今後尽力なさる諸賢の御諒察をお願する次第である。

各学校令達金内容

東京韓国学園 (韓貨) 四百万円 (美貨) 八千弗 (日貨) 二、八八〇、〇〇〇円 京都韓国中学 (韓貨) 四百万円 (美貨) 八千弗 (日貨) 二、八八〇、〇〇〇円金剛中小学校 (韓貨) 二百万円 (美貨) 四千弗 (日貨) 一、四四〇、〇〇〇円、宝塚韓国小学校 (韓貨) 一百万圜 (美貨) 二千弗 (日貨) 七二〇、〇〇〇圜、既に発送した如く教科書代 (韓貨) 四百万圜 (美貨) 八千弗 (日貨) 二、八八〇、〇〇〇円、合計 (韓貨) 一千五百万圜 (美貨) 三万弗 (日貨) 七、九二〇、〇〇〇弗

大韓民国在日本韓国学校 (園) 監督規程

一、大韓民国教育法を遵守し民族教育を実施する在日本韓国学校 (園) の (以下単韓国学校と称す) 監督育成に干し別途定める以外は本規程に依る

二、韓国学校はこれを管理運営する理事会の会則と校則を制定しこれを大韓民国駐日代表部に報告すること又これを改廃した場合も同様である

三、韓国学校の校長又は学長及び校監理事会の理事長及び理事の選任は大韓民国駐日代表部大使の承認を要し教職員の採用は大韓民国教育関係法規に違反せぬ様にすること。

これに関する認可申請書には左記の書類を添付すること

A、履歴書

B、身元保証書

C、国民登録完了証

四、大韓民国駐日代表部大使は在日僑胞子弟に対する国民教育及び民族教育を奨励する為に毎年度予算の範囲内に於いて在日本僑胞教育補助金 (以下補助金とす) を交付する

五、前条規定に依り補助金をうけんとする韓国学校の長は予め同学校の該年度予算書を添付の上国庫補助申請書 (三通) を大韓民国駐日代表部大使宛提出すること

六、補助金の交付をうけた者は補助金の支出使用に関し大韓民国駐日代表部大使の監督をうける

七、補助金は原則的に教育施設及び教材購入等学生の教育上直接必要な部分に使用せねばならぬし其の交付を受けた目的以外には大韓民国駐日代表部大使の承認なくしてはこれを使用する事は出来ぬ

八、補助金指令書の交付をうけた者は前条に規定された目的の為事業計劃書を作成提出し大韓民国駐日代表部大使の承認を得なければならぬし承認を得た事業計劃書に依り遅滞なく事業を完遂させる事

九、補助金交出使用に関しては関係会計帳簿と証憑書類を整備保管せねばならず別紙様式に依つて月別支出報告書を三通作成して翌月十日まで大韓民国駐日大使へ報告しなければならぬ

右支出に於いて、大韓民国法律第二一七号財政法又大統領令第五七〇号財政法施行令を適用する

十、大韓民国駐日大使は補助金を受けた韓国学校に対して必要なると認定される報告をさせ当該公務員として補助金と関連がある関係書類物品又工事を検査させると、か其他監督上必要なる指示をすることが出来る

附則

本規程は公布した日より施行される

韓国名勝　38線以北から取戻した　杆城の清澗亭

本国政治経済動向

言論制限等帰結―
―余剰農産物援助等

政治

△与野選挙法協商

与野協商によつてなされた民議院議員選挙法案問題は、その中の三つ条文に及ぶ進歩的言論制限条項にたいし、言論界の総体的な反対に合い与野協商代表の苦痛の種となつた。

その言論制限条項というのは協商のはじめから多くの是非論争を経て来たが協商成熟にあせつていた関係上ほぼ無関心な状態に落ち入つていたので国会内外の記者団から猛烈な反対を受け、やむを得ず再検討しなければならない状態に至つた。

このような複雑な現象推移に反して、国会本会議は民法案審議に入つた。また予算決算委員会をはじめ各分科委員会は二十六日まで総予算案を本会議に上程するため急速度な審議を進行した。

但し万一選挙法問題が完全な解決を来たさない場合は、国会議題の変更と民議院選挙法案上程を囲んで新しい論争が展開される可能性が濃厚である。

特に進歩的言論拘束条項の選挙協商には三指導者と協商代表者間に妥協成熟したものであり、民議院議員選挙法案は、法第七十二条および第一五五条が憲法第十三条に違反する言論拘束内容が入つていることを指摘され、慎重で綿密な再検討が不可避的になつた。

但しまだ協商原案は両側の議員総会を経ていないばかりでなく、野党議員の中には言論条項再検討主張が具体化しているので微妙な空気になつてしまつた。

与野双方は言論条項問題を中心に協商を最終的に論議するため今週はじめに総会を召集することになろう。

△国会予算決算総合審査着手―五八年度予算案の年内通過のため予算決算委は、促進的なスケジュールに至る十一日から総合審査に着手した。

予算委は二日間の政策質疑で財政安定計画とICAドル配定問題および農地貸路現象等に質問の焦点を集め、政府の政策と対策を促求したものであるが、特に政府の安定計画が新年度にも反インフレ―中政政策を継続することを明白にした。

予算委は予算決算審査を遅くとも来る二十六日までは国会本会議に上程するため急速な審査を続けているが、多くの委員達は与野を問わず来年度予算計画に対し政府をあまり刺激しようとしないので大幅削減や改編がないものとみえるのが現在までの傾向である

△民法案今週中完全通過―議員達の国会出席が順調でない状態のため相当期間遅滞してきた民法案は今週中には完全通過されるものとみえる。

全文千百五十条からなる新民法案は、その閣物権の形式主義をなくして実質主義をとつて現在の制度に大きな変化をもたらしたもので三代国会は同法案の通過をもつて大きな成果をあげたことになる

△ソウル市長更迭に観測さまざま―前ソウル市長尚在鳳氏は去る三日付で解任され新市長に許政氏が有力視されている。

許氏は五五年国務総理署理に入閣した後政界から隠退したがその後李大統領の入閣勧誘を受けていることは政界の多大な関心事になつているという。

この問題に関して李大統領の施政に対する深い関心を反映すると伝えながら許政氏の復帰は単なる市長更迭以上の意義を含んでいると知られ「許政氏の復帰にたいする各オブザーバー達は多大の観測をしているという。

経済

▽水利資金長期償還出問題で腐心―鄭農林長官は去る十日国会農林分科委員会で新年度水利事業資金長期償還百二十億圜を穀物特別会計から八十億圜を確保し、保財処理収入金から四十億圜を捻出したいと語つた。鄭農林長官は前日の九日五八年度の償還米七十五万石から六十三億七千万圜と穀物特別会計から三十億圜を確保し約百億圜を捻出したいと語つており、新年度水利資金長期償還問題はまだ財源が確実でない。

▽余剰農産物援助内訳判明―五八年度四八〇号余剰農産物対韓援助内訳が明らかにされた。これによると原綿を除外しており、援助額は政府要求額よりも二千余万ドル削減されている。政府では白米五万トン、小麦二十四万五千トン、トウモロコシ一万トンなど五十八万五千トン、三千九百万ドルでその他海洋運賃二百万ドル、海上運賃など合計四千九百六十万ドルである。

△DLF申請原則的に合意―DLF融資申請に対して合同経済委員会実務者間で合意をみた。水力発電、鉱山開発、鉄工場、製靴工場、第二肥料工場、セメント工場、人絹糸工場、PAC工場の順位となつており、このほかに米国側提案の電信電話 (三百万ドル) 近代化計画も含まれている。

△軍納計劃推進活発―金商工長官は十三日デッカー国連軍司令官を招待し五八年度軍納計劃を協議した。デッカー将軍は関心を表明し軍納計劃を具体化するための実務者として東京駐在購買責任者を年内に派遣することを約束した。金長官は軍納展望について政府案の五千七百万ドルを推進するが最少限三千万ドルは獲得せねばならないと言明した。

一方商工部では五八年度軍納計画米五千七百万ドルについて対象品目を策定したが、これによると三割が原資材、七割が消費材となつている。

△無煙炭輸出案成案―無煙炭は五八年度上半期貿易計画に未確定品目として策定しているが商工部では無煙炭輸出案を成案し大統領に上申することになつている。

△物価動向―米価は変らず、赤豆は三百圜、大豆七百圜がそれぞれ反騰し緑豆が五百圜反落した。海産物ではイカが入荷増加して二千圜低落、海苔も入荷順調で二千圜続落した。小麦粉は強勢、砂糖は出回り増加によつて落勢である。燃料類では新炭が一万九千圜で続落、揮発油は二十圜続騰して五百六十圜、軽油なども続騰している。建築資材ではベニヤ板、板ガラスがとも強にで、セメントは出回増加により二百五十圜低落した。化工薬品は輸入で順調全て低落している。

年末年始互助運動

活発に動く

民生局

中総民生局では組織局と協力して一九五七年十二月十五日から五八年一月十五日を、年末年始相互扶助運動期間にきめ、全組織を動員して活発にその運動を展開している。

この運動は毎年年中行事として行われているが、特に今年は、本国における風水害のために苦しんでいる父母兄弟を考えて、各自が同族愛を発揮して左記の条項に依つて積極的に動いているのでその成果が期待されている。運動要項次の通り。

① 募金物品拠出対象者。

(イ) 各機関管内に居住している団員は毎月三〇〇円以上の団費納付者及び生活の余裕ある団員又は進んで"貧困者の一救"を拠出する団員。

(ロ) 管内非団員か、僑胞で本運動に協力できる者。

(ハ) 有力な外国人 (主に日本人) で僑胞の事情を理解して協力できる者、其の他。

② 援助対象者及び配布の順位。

(イ) 団員で団費免除者又は失業団員、日雇労働者、其の他で貧困部会で対象者と見られる者。

(ロ) 中国側無縁故僑胞で生活の極貧困者。

(ハ) 朝総連傘下団体に属してる僑胞で生活の困窮者。

③ 募金に関する注意。

(イ) 募金は一切、活動家が中心となつて募金対象は公平であり、少額の募金も強要してならぬ事と金銭に対して必ず領収証を発行する事。

(ロ) 募金方法は事前に活動計画表を作成して団員と、別の連絡事務と並行して個別し募金の経過の簡約をする事。

(ハ) 募金活動はなるべく最少二人組で活動員を組成して活動する事 (ニ) 募金活動範囲は、支部活動の活発な所は支部単位とし、支部活動のない所は、本部団員を直轄する地方では本部が、その管轄内で金品を募集してその管内の貧困者を配布対象とする事。

④ 本運動と併行して推進すべき若干の参考点。

(イ) 本運動と合せて貧困団員の救援の緊急性と虚礼廃止の意義を広く大衆に呼びかける事。

(ロ) 団員の生活改善指導と生活状態を記録して集計する事。

(ハ) 募金醵出者を醵出金品と同じく明白に記録して、一般大衆に知らせ、同族愛に対する報告を大衆が周知させる様にする事。

(ニ) 配布対象と額数を明示して醵出者の疑惑をまねかぬ様にする事。

(5)、本運動と宣伝活動に関して。本運動の趣旨と、その成果を高く評価せんが為、宣伝事業を、各機関単位に、左記の内容を成文化して、ビラ等を作成して配布宣伝活動を強化しなければならない事。

(イ) 本国同胞の苦痛を共にせんが為虚礼廃止強化と本運動に全団員を参加しようとの意欲を与える事。

(ロ) 同族愛の崇高性と独立国民としての自覚を高め同族間題は同族のみで解決しようとの意欲を深める事。

(ハ) 韓僑失業対策を日政当局は深刻に適当なる取扱せよと呼びかける事。

(ニ) 朝総連貧困者に、あたたかい同族愛を与える民団旗幟下に団結せよと呼びかける事。

(ホ) 生活保護権の為に積極的には各自の生活態度の改善を呼びかけると同時に積極的には日政に対し僑胞の完全就労要求を呼びかけ、僑胞の公平な要求、極貧者の生活保護法適用等を要求する事。

⑥、本運動参加者の組織化と組織強化運動に関して。

本運動の醵出者、配布対象者は、今後組織活動に力を入れて積極化しなければならない。その為には左記の様な点に留意しなければならない。

(イ) 拠出者に関して (特に未組織団員に関しては) ①氏名②現住所③職業④家族関係⑤生活状態⑥醵出時の言語態度と政治的意識の其他参考事項。

(ロ) 配布対象者 (特に未組織員に関して) 内容は (イ) 項と同一

(ハ) 上記人物に対する活動家および募金責任者の意見。

本運動結末後の報告活動に関して本運動完了後には、左記事項を各県に綜合して中総民生局に報告することを望む。

(イ) 活動機関名 県本部
(ロ) 活動参加者名および職名
(ハ) 募金総額 (支部別) および募集した物品点数。
(ニ) 配布物品および金額。
(ホ) 本運動総経常費。
(ヘ) 報告時日、報告責任者。

(C) 本運動の報告しめきり時日一九五八年一月二十五日。

(D) 二三の注意事項。

(イ) 本運動は民生部、課長が主動的に活動の責任所管にならなければならないが組織部担当者外他幹部も積極参加すること。

(ロ) 本指示を実践せんがため、各機関で役員会を招集して実践の万全を期すること。

(ハ) 実践中地方機関も本指示に依つて報告すること。

(ニ) 各級機関は年賀状の交換は遠慮すること、各幹部個の年賀状其他、虚礼の物品交換も遠慮する事。

風水害救援物資輸送許可さる

民生局

中総民生局 (局長 [illegible]) 在日六十万同胞から醵出された本国風水害に悩んでいる同胞へ贈る救援物資の輸送許可を、日本通産省へ申請中のところ、去る十二月二十七日正式許可が出たので、一月中にいよいよ救援物資か、同胞の手に届くことが出来ることになつた。

文化講座

一九五七年の文壇と文学 (一)

―新鋭評論家座談―

現代文学十二月号より

司会―このようにおいで下さいまして有難うございます。今度の座談会は、今年度の文壇と文学にたいしてお話しして下さればと思います。

先づ文壇にたいして、昨年結成した作家権益擁護委員会が今年相当の活動をしたし、また国際ペン大会に多数の文壇人が参加したこと等を挙げることが出来ます。こんな問題からお話しして下さいますか。

金宇鍾―作品の話から始めるのが良いと思いますが……。

権益運動はよかつた

金良洙―何処から始めようが、別にかまわないと思います。文壇的な話からいたしましょう。

司会―現在自由文協と韓国文協の二つの団体が対立状態にあるところは作家権益擁護委員会がうまれたのだから比較的に融合されていつているのではないかと思いますが、みなさんはどうお考えになりますか。

千祥炳―作家の権益擁護の面だけをながめれば、そのような考え方も出来ますが、創作活動面においては、そうとも限りませんね。

金良洙―そうですね。文壇が社会にたいして権益を主張し、対外的な交渉に共同路線を敷く場合には大きな力となるでしょうが、然しながらこれは本当の意味での融合とは言えませんね。あくまで副次的な面での妥協に過ぎないのですからね。

千祥炳―文学観の相異から元来生じた二つの団体であり対立ですから本当の融合とは考えられない。又不可能に近いと思います。作家権益擁護委員会はあくまで作家の対社会的な関心という意味に過ぎないのと思います。ペンクラブなんかを見ても、また一方的な団体ですからね。

金宇鍾―この団体の文学観の相異とは、大体どういうふうに解釈されるでせう。

金良洙―以前誰かが書いたのを読みましたが、某団体は通俗作家と、功利的に文学を利用する退役作家が中心になつている団体であり、また某団体は純文学をする現役作家が中心になつている団体であるとあつたが、千兄の今の話はそのことでせうね。

金宇鍾―そうだとすれば、作家権益擁護委員会は融合ちやなくつて野合ちやないか (笑う)

千祥炳―牢獄の野合でせう (笑う)

司会―野合という言葉は正当な価値にたいしての皮肉でよくありませんね。どうあろうと作家権益擁護委員会の存在価値は充分あると認めるものですね。文学団体の必要性は如何がでせう。

団体は必要である

金良洙―文学者も矢張り社会生活をしているものですから、文学者が団体を作るということは、文学者の社会生活をより一層便利にするための面では正当な方便でせう。然し韓国の文学団体はこの方側の為の団体でなく単純な派閥心の発露であるかのように見ている人があります。一種の後進性が文学団体に不当な性格を与えていると思いますが……。

金宇鍾―団体だけぢやなく、作家が作品を書く以外の仕事が、何かの意味と存在意義を持つためには、作品活動に支障を来たさない限りにおいてです。その後進性というのは、韓国作家が団体を作るとすぐ作品活動をおろそかにする傾向があるからでせう。又団体が擁護すべき個人に圧迫又は被害を与えるような例があることも、注意すべきです。何時か、文総で某氏を除名云々したこと等です。

千祥炳―「現代文学」十月号の座談会記事を見ると徐廷柱氏は「団体の時代は過ぎた」と話しているが、私はそう思いませんね。「団体の時代はこれから」と言つてもいいと思います。何故なら、韓国だけでも文学団体がだんだん多くなつている現象です、と同時に文学者の対社会的関係も複雑になり拡大しつつあるのです。二十世紀という時代は政治的な季節であるといつた人もある。ということは団体の必要性が切実に要求されるということを意味していると思われますが。

金良洙―苦しい季節ですね (笑う)

主題にはづれたペンクラブ韓国代表の演説

司会―だから文学団体の必要性も認めることになりますね。

ちや次は今年度文壇の大きな仕事だつた国際ペン大会に、十九名の会員が参席したこと、十三名の外国作家団一行を文学者の力で招いたということ私達としてはこんな行事がかつてなかつたのでしたこれにたいして皆さんの感想をお伺いしたいと思います。

金良洙―聞けば、こんどの大会の議題は「東西文学の交流」だつたらしいです。が鄭寅燮氏は議題の中心には触れず日本帝国主義という概念を何回もくりかえした為一時会場がざわめいたらしい。われわれの文学、文学者が日帝の弾圧を受けた事実を明確にする必要はあつたが、だとしてそのことだけくりかえすことに始終したことは大会の主題にはづれたのも甚だしいのではないかと思います。又それは非交流的だつたと言えませう文学者の集いに文学に関する話よりも、政治的なことが多かつたことは非文学的です。日本代表川端康成氏はその反面、日本文化は韓国を通じて東洋文化を吸収したのだと率直に言つていますね私は何も日帝ではないが、韓国代表団の失敗がどんなに大きいものだつたか、と思うとはづかしくてたまりません。

千祥炳―それだけならよかつたんですが、鄭寅燮氏は、その時、金素雲氏と毛允淑氏の詩を象徴主義と浪漫主義詩だと紹介しながら、韓国にも、このように象徴主義があつたと説明したらしいんですが、それはその人の無識の象徴であつてそんなことがあり得るかということです! (笑う)

金宇鍾―その象徴主義は別に研究すべきものだね……(笑) 国際的な会合で、とりたてること、即ち韓国は、韓国の持つている特殊な韓国文学的個性を説明すべきであつて、とんでもない日本帝国主義と象徴主義とは! 鄭寅燮氏は現代韓国文学の実情を全然知らない人でないかと疑いたくなりますね。どうして、そんな人が代表になつたのかわからないですね。

司会―ペンクラブ大会代表はペンクラブ会員でなくてはならない鄭氏は韓国ペンクラブの委員長です。

千祥炳―じゃ、何故そんな人がペン大会の委員長になつたのかが問題です。

金宇鍾―私が知つているところでは、一流作家といはれる廉想渉、朴鍾和、金東里、黄順元、柳致環、徐廷柱、朴斗鎮、張萬栄、申石艸、郭鍾元、朴木月、趙芝薫、こんな方達が、ペンクラブの会員になつていない。鄭氏が委員長になつているということは、現在のペンクラブ成員が物語る実情でないかと思います。

金良洙―又おかしいことには、ペンクラブは詩人、評論家、翻訳者戯曲家、小説家を成員とするのが常識であるにも拘らず、鄭氏はそのいづれにも属しない、一体何んでしょう。

司会―そうですね、翻訳家でありますが、評論も書いているのですから評論家でしょう。

金良洙―一般的には翻訳家と見ているんですから。翻訳家もペンクラブに所属していいものですか。S氏は随筆家と思つていたところ小説家の代表として出席していたんですね。

一つよかつたこと

千祥炳―無技巧でも象徴的に得ることですからね (笑う) 今度の大会で韓国代表がなした仕事の中一つうなずけることがあつた。ハンガリーセンターの政治問題を討議したとき、韓国代表団が積極的にその政治化を反対したということです。そのことだけはよかつたと思いますね。然しそれも代表団の単独的功績だと見ることは出来ない。何故なら政府か某自由陣営の反共的共同意識が反映されたに過ぎない。代表団にはすまないが、余りにも成した仕事がなさ過ぎた。

司会―然し、十三名の外国作家団を招待したことは大きな仕事と言えますがね。

金宇鍾―人事交流程度ですね。韓国文学を外国作家達が理解したとは言えない。彼等は韓国の空は美しいとしか言つていない (笑う) 私たちは比較的多くの外国作家の名 (名) を知つている。又作品もたくさん読んでいる。ところが今度の訪韓作家の中誰一人の名も私たちは知つていない。(笑う)

太平信用組合
神戸市生田区元町二丁目一〇二
理事長 金承培
電話(3)4059・7059

京都実業信用組合
本店 京都市下京区五条通大宮西入 電話壬生(84)8568・8569番
支店 京都市上京区五辻通千本西入 電話西陣(4)0263・2377番
組合長 趙勇宏

信用組合 三重商銀
組合長 李碩根
桑名市中央町三
電話〇一三二番

木下商会
朝光工業株式会社
取締役社長 呉炳寿
専務取締役 河徳成
本社 東京都港区芝白金三光町29 電話(44)2822~3・9031~2・7131~3

特殊ナイロン洋丹
絹洋丹
ネクタイ
洋品雑貨
卸売輸出向
カネボン商会
代表者 金山昌彦
営業所 東京都中央区日本橋堀留町1ノ1 電話 茅場町(66) 8451番 8452番 8826番
自宅 東京都台東区南稲荷町41番地 夜間専用 下谷(83)4668番

営業品目
中国洋丹
京都洋丹
ベルベツト
ニユートン
基本丹
七色丹
琥珀丹
オパール
レース
バーバリレインコート
各種ナイロン
其他 本綢 季節物 一式
綢緞布木・韓国レコード一切
金宮商店
東京都台東区浅草公園6区2号22
電話 浅草(84) 0045・0047・0003 0046・0048
(浅草区役所公園本通り中間)

株式会社 朝光製作所
取締役社長 西村一郎
専務取締役 安田文雄
東京都足立区南宮城町546
TEL (91) 4487・6347

朝日工業株式会社
取締役社長 伊原秀男
東京都足立区本木町3ノ2313
電話(88) 4556番

美味・栄養・安価
清潔な店です、テレビもありますから御気軽にお越し下さい。
舞踊家の金松月・皓月姉妹の店です
渋谷 不老亭
渋谷百軒店 TEL(46)7661

喫茶と洋菓子
椰子園
東京 蒲田駅西口
電話(73)2900番

食堂デパート
天龍会館
大阪天王寺駅前

本・支店共新装増築
忘年会・新年会の団体受付中!
韓国料理 天安館
本店 渋谷区上通三丁目二 TEL(46)4170
支店 国鉄渋谷駅南口前 〃 (40)5535

(忘年会・新年会に御利用下さい)
味で知られた皆様の店!
新宿二幸裏 春香園
TEL (36) 7515

…本大韓民国居留民団
…央総本部
機関紙
発行所
…新宿区若松町21
…4) 8569・8570
…主新聞社
…替 東京243866
…入金 …

民主新聞
THE MINJU SHINMUN

5月20日 火曜日
1958年
第398号
(定価一部10円)
(昭和27年12月7日第三種郵便物認可) 毎月10・20・30日発行

◇ 綱 領 ◇

一、われらは大韓民国の国是を遵守する。
二、われらは在留同胞の民権擁護を期する。
三、われらは在留同胞の民生安定を期する。
四、われらは在留同胞の文化向上を期する。
五、われらは国際親善を期する。

韓日会談

20日に請求権分委
韓僑法的資格分委は19日

韓日会談第九次本会議は、去る十四日午前十時半から日本外務省で開かれたが、その結果在日韓国人法的資格分科委員会は十九日に、韓国財産請求権委員会は二十日にそれぞれ開くことに決定し、今後本会議は両国首席代表の決定にもとずいて開くことに双方の意見が一致した。最初一九五一年に予備会談を開いて以来、二次、三次の会談が色々な事情によって決裂したが、それが昨年十二月を契機に三月以降数回の会談を経て、第六回会合に委員会および小委員会設置の合意をみるに至り、翌八日の七次本会議では総会式か分科委員会式かについて議論を闘わし、もんだこともあつたが、去る十二日の第八次本会議で分科委員会式の討議をすることに決定、同時に韓国の請求権委員会、基本関係委員会、漁場および平和線委員会、在日韓国人法的資格委員会の四分委員会の会合を、それがもつている支障が除かれると同時に、それぞれ開会することに決定された運営方法に基き、さる十四日の第九次本会議で合意採択されたものである。

韓日会談の再び幕開く（第四次韓日会談第一回会合会議場風景）

各分科委・運営決る

韓日全面会談第八次本会議は十二日外務省で林炳稷韓国首席代表沢田廉三日本側代表らが出席して行われたが、さきに設置した四委員会の運営方法を決定し韓国請求権委員会と在日僑胞の処遇委員会をまず開くことにし、漁務および「平和ライン」委員会は決定次第発足させる。また基本関係委員会は討議状況に照らして開くことにする。この日に手交された韓日双方の各首席担当委員は次の通り。

基本関係委員会
（韓国側）金裕沢大使
（日本側）井上孝次郎政府代表

韓国の請求権委員会
（韓国側）李澔（前法相）
（日本側）正示啓次郎大蔵省理財局長、栗沢一男運輸省海運局長

漁務権および「平和ライン」委員会
（韓国側）未定
（日本側）大隈渉政府代表、西村健次郎水産庁次長

在日韓人法的資格委員会
（韓国側）柳泰夏公使
（日本側）勝野康助法務省入管局長、平賀健太同省民事局長心得

なお日本政府では韓日全面会談政府代表に法務省入国管理局長勝野康助氏を任命することに決定した模様。

在日韓人委初顔合せ

韓日会談の専門委員会の一つである「在日韓人の法的地位に関する」委員会の第一回会合は、十九日午後外務省で開かれたが、両国代表、委員の紹介だけに終つた。次回は二十六日開く予定。

韓日会談の展望
財産請求権 平和ライン 問題今なお遼遠か

一九五一年、GHQのあつせんで始められた。十月の予備会談を皮切りに、その後数十回にわたる会合をもち遂に第四次韓日会談、第九次本会議に迄発展した。韓日会談は今尚基本的な諸条件を解決出来ずにやつと、在日韓国人の法的地位に関する委員会を十九日に、韓国財産請求権委員会を二十日にそれぞれ決定進行されるに至つた然も年来の宿題である、韓国財産請求権問題、平和ライン問題、及び韓国人の法的地位に関する問題と何ら簡単に解決出来そうなものは一つもない。今韓日会談の初めからの経緯を略記して見ると、

一九五一年十月に、GHQのあつせんで最初の予備会談が開かれ、翌一九五二年にはこれが正式会談に切替へられ、その後一九五六年の春アメリカの仲介に依つて、その年四月第二次韓日会談が開かれ釜山収容所の日人漁夫と在日韓国人犯法者と密入国者の相互釈放について原則的な了解が成立つたにも拘わらず、それ以上の進展を見る事が出来なかつた。その後一年経て一九五七年六月に決裂した第三次韓日会談も結局一つの案件も決定を見ずに仕舞つたのである。その半年以後相互の努力に依り、翌一九五八年三月一日に全面会談再会を決定し、日本側では相互の決定に基き、大村収容所の韓国人を六十九人第一次釈放として出所させ韓国側でも釜山収容所の日人漁夫を三月一日、第一次に三百人第二次として三月二十八日に二百人を釈放した。此の様な相互の努力に依つて、其の後或る程度の進展を見せた。それが今年三月十三日の駐日代表部代表首席金裕沢大使と日本外相藤山氏との話合を経て、四月十五日に韓日全面会談第一回会合が、日本外務省で韓国側林炳稷首席代表、日本側沢田廉三代以下両国代表団の出席のもとに開かれた。そして翌四月二十二日に、第三次送還者を二百五十一名大村から送り、同時に韓国側でも収容漁夫三百人を同二十三日釈放したのである。それと同時に第二回目の会合が二十二日午前十時半から、日本外務省で開かれ、会両会談の議題として、（一）韓日基本条約問題（二）在日僑胞の法的処遇問題（三）韓国の対日財産請求権問題、（四）漁務権及び平和線問題等の四議題を採択決定した。其後四月二十三日に第三次会合、四月二十五日に第四次会合、四月三十日に第五次会合、そして五月六日に第六次本会議を、日本外務省で開き、韓日会談の円満なる運営を図る為、次の様な委員会及び、小委員会設置に合意を見た。その委員会と言うのは（一）基本関係委員会（二）請求権委員会、（A）請求権小委員会（B）船舶小委員会、（三）漁務及び平和線委員会（四）在日韓国人法的資格委員会である。その二日以後の五月八日、第七次会談が開かれたが、この所では総会式と分科委員会式討議に関して意見の一致が見られなかつたので問題は次回に持ち越され、五月十二日の第八次本会議が持たれ、ようやく意見の一致を見た。これに依つて各委員会の運営は（一）韓国の請求権及び在日韓人の法的地位に関する二委員会は十四日本会議以降双方の委員会の打合せで直ちに発足する（二）漁務および「平和ライン」委員会は韓国側の担当委員決定次第発足させる（三）基本関係委員会は発足を急がず、他の二委員会の進行状況をにらみ合わせて開く。という事に決定し、十四日に第九次本会議を持つ事にした。十四日の会合では釜山収容所の日本人漁夫と、大村収容の韓国人密航者を相互釈放する事にし、その決定にしたがつて十七日百二十二名の日本人漁夫が韓国船平沢号に依り送還された。こうして〃刑期満了〃の日本人漁夫は全員送られており、大村の残留者二百五十七人を除外して、第四次に韓国人抑留者二百五十人がここ数日の内に送還される予定である。以上が大体第一次韓日会談以来のその経緯の概略であるが、このような努力を経て今尚韓日会談の前途は決して楽観出来るものではない。それは、これ迄の問題よりも真の中心問題としてこれから討議される否の事も出来ないのであるが、現在の世界状勢からしてアジアの反共の防衛を成す両国の事ではあり世人の注目をひきながら、前にはうつそうたるいばらの道を見るのである。

李大統領と会談望む
岸親書 矢次特使から手渡す

岸首相の個人特使として十九日ソウルに到着した矢次一夫氏は同日午後二時五十分（日本時間二時二十分）景武台の官邸に李承晩大統領を訪れ、約四十分間懇談した。

【ソウル十九日発】岸首相の特使矢次一夫氏は十九日、李承晩韓国大統領と会談した際、岸首相から託された書簡を手渡したが、韓国政府筋によると、岸首相はこの書簡の中で「日韓関係の正常化を促進するため、李大統領と個人的に会談したい」との希望を表明したといわれる。また矢次氏は李大統領と会見する前に、[illegible]正煥外相を訪問藤山外相からの書簡を手渡したがこの書簡は儀礼的なものであつたとされている。

二五〇名を送還
大村収容者第四次分

韓日連絡委員会は十四日午後三時半日本外務省で開かれ、日本側は「大村収容所に収容中の韓国人第四次送還者二百五十名を、一週間以内に韓国へ送還する」と通告し韓国側は十八日下関に到着した二十二名の「日本人漁夫を送還する」と通告した。

大村収容所に収容中の韓国人密入国者は当初千二百五十九名だつたが、第三次送還までに七百五十二名が送りかえされ、今回の二百五十名をこれに加えると残りの収容者は二百五十名となる。

なお、この日出席した両国代表者は次の通り。

韓国側＝柳公使、崔参事官
日本側＝吉川アジア局総務参事官、勝野法務省入国管理局長、中村水産庁海洋第二課長

北韓送還認めぬ
韓国代表部声明

駐日代表部の柳公使は十四日、十三日の会、藤山会談について次のような声明を発表した。

一、日本政府は十三日の会、藤山会談で昨年末の交渉では全く論議されなかつた新たな問題を持出した。その一つは大村収容所にいる抑留者のうち約百人が北韓への帰国を希望しているのでこれらの者をいま韓国に送還することは出来ないと言っているが、これは昨年来の交渉では一度も討議されなかつた問題であり、韓国はこれを受入れることは出来ない。

（二）日本側では韓国に送還を予定している約千二百人の密入国者名簿を提出したが、韓国政府が調査した結果、この内約四百人は一九四五年以前に入国したもので、日本永住の権利があり、韓国はこれら約四百人の送還を現在認めることはできない。

矢次氏、訪韓の途
岸首相の親書携え

国策研究会事務局長矢次一夫氏は岸首相の個人特使として十九日午前八時半東京羽田発のノースウエスト機でソウルに向け出発した。矢次氏は岸首相の李大統領あて親書と藤山外相の曺外務部長官あて親書を携行し、訪韓中は李大統領はじめ要路者と韓日問題について会談する予定である。

民主党辛くも改憲阻止
平穏に終つた本国総選挙

自党の議席依然優勢
民主党都会の人気集める

第四代民議院議員の総選挙は五月二日、国民全体の大いなる期待と熱意のもと、はちきれそうな緊張の内に、世人の注目を引いて行われた。その結果は五日明らかになつたがそれに依ると、自由党の獲得議席数は、依然絶対的に優勢で、半数を遥く上廻るものであつたが、民主党の都会における、めざましい進出に依つて、当初自由党希望数の三分之二以上の議席を占むる事が出来ず結局、企画した居た憲法改正は、今次国会における限りあきらめざるを得なくなつた。

当初の予想は見方に依つては相当偏つた票数を予想する向きもあつたが、都会における民主党の勢力が、意外にも旺盛で、ソウルでは実に、無所属と自由党の一人づつを除いては、全部の議席を占め、其他釜山大邱等、各都市で優勢を示して、自由党の意気をくじいた。然し地方ではやはり自由党の積極的な運動が、その力を表わして、遂に過半数を占め民主党の三分之一以上の進出に依つて改憲ははばまれたけれど、今後尚国会において、主導権を握る筈である。

然し自由党内部では此の様な結果に立到つた現在、二年後にある筈の正副大統領選挙の事も来年の地方議員選挙についても、五・二選挙以来の最大目標として観測されて居り、その様な目標を前にして野党勢力の抬頭並びに、自党中央の分派作用が災いして党の苦悶は少くなく、姑息的な状態を抜け切るのにも多くの努力が要せられる。

自党選挙後の政略に苦慮

従つて自党の今後の解決すべき諸問題については次の諸点があげられよう。

[illegible]報告されているが、党務会でも予期していない落選者の落選理由も[illegible]が、その直接的なものとして李氏に在るとするのが党幹部達の考えであるが、[illegible]党の改編にまで関連性があると見られる。党務会李、李派と任、張派の紛争は、これまでの数次にわたる解決の試みにもかかわらず、根深くわだかまつていて、公薦者決定時に激化された争いは、選挙戦で政敵党を応援するという不祥事までを引起し、事故収拾に激しい対立を見せている。従つて党務会及び地方党改編が党の緊急な問題の一つである。

（三）自由党の高位幹部達の間では、「有能なる落選者」の入閣運動を推進せんとする模様である。自由党はこれに依つて党の強化を図うんとしてハるが、これすら多[illegible]

あるが、今度の選挙の結果がそれを不可能にしているので、政略的問題として「改憲」という事が大きくクローズアップされて来たが、民主党としても党の今後に大きく影響するものとして「護憲線」を決死的に確保するであろうし大体の所改憲は絶望視 されている。

四国会では改憲断念
李議長記者会見で語る

自由党中央委員会議長李起鵬氏は十一日、記者団と会見し質問に[illegible]

選挙結果についても、最初の予想には達して居ないが、僅に過半数を占めている点で満足を示した。なお選挙事後処理の問題を期する[illegible]

李議長は続いて、公約三章は速やかに実践する事を約束出来ると答えて、これらの実践は二年後にある筈の正副統領の選挙を自由党に[illegible]

加えて第四代国会最初の臨時会議は、来る六月七日頃に開会されるのが好適であると述べ、自由党側の意思で最終日の公休日を編認し[illegible]ではないかと[illegible]

視されて居るが、七十九席を保有し尚二、三の同調者が期待される民主党の現在に対して、果して百五十六席の改憲線を突破出来るか否かは今後が最大の関心を集めて居るものであり、それに伴つて民主党公認の二、三議員達にも働きかけて居る自由党の動きに対して民主党議員達の動向がどのように発展するか注目される。

公明選挙に

[illegible]んなる処断を促がしており、各地事件発生地区の有権者達丈でなく中央を始め、国民全部の意見が徹底した叫明を、熱望している。これ等の不祥事件というのは、上記したように大邱甲区での、特効投票をはじめ、選挙員が怪漢に襲われ絶命するとか、事前に記票された、投票用紙の配布とか、或は金での売買、記者の受難に枚挙にいとまがなく、このような事態に対し、民主党最高委員の趙炳玉博士は、新聞記者団との会見に際して「今度の選挙では、自由党の総裁である、李博士と、同党中央委員会議長の、李氏が、公明選挙をうたつていたが、その結果は空念仏に過ぎず、国民を欺し、[illegible]した事実を立証したものであるから、国民の前に頭を下げ、謝らなくてはならない」と痛烈な非難をあびせ、尚続けて「今度の選挙において、警察の干渉は黙過する事が出来ない。新国会がひらかれれば、内務部長官の不信任案を提起する積りである」と語つた。尚趙氏の記者会談要旨は次の通りである。

「[illegible]の李博士と李議長は反省[illegible]

全体大会成功裡に終る

規約の一部改正成る

新団長に金載華氏

注目されていた民団第二十二回全国大会は、去る二十五、六日の両日にわたり、東京芝公会堂で開催され、規約の一部改正、活動方針等を決定した後、役員改選を行い新団長には金載華総高顧問が決選において百六十八票を得て当選した。この大会は都内芝公会堂で日本全国からの代議員二百九十八名が参加して、朴根世、張聡明副議長司会のもとに開かれ、かつて見ない位熱烈なしかも秩序整然とした討論がたたかわされ、多大の成果をあげた。なお来賓としては駐日代表部の李載沆総領事、朴英備民部長らが出席したが、特に林炳稷韓日会談首席代表が、大会の要望に応えて多忙をかえりみず出席、祝辞を述べ代議員を激励した。

(上) 金載華団長
(中) 李能相副団長
(下) 金今石副団長

先づ例年と同じく中央議事会は二十五日午前十一時十五分、朴根世副議長のあいさつと共に幕を開けた。資格審査の結果中央議員百名のうち八十名が出席、議事会成立宣言に次いで、裴炳斗中総副団長のあいさつ、三機関の報告が行われたのち、国会オブザーバー入国拒否に関る本国政府、駐日代表部との交渉経過を呉宇泳交渉委員から聴取、質疑応答は大会で行うことにして簡単におわり、執行部から出された規約改正案と韓日会談に対する要請決議文を大会に提出することを可決、中央議員、代議員数配定率変更に関する各地方本部、傘下団体代表、執行部代表、監察委員会代表で再配定比率決定委員会を構成二十七日中総で第一次会合を開くことを決議した。このほか、戦留友会から出された「学徒自願未帰還者百二名の帰還促進運動展開に関する建議案」などのなどの諸建議案は大会で審議することを決議、午後二時に閉会した。

中央大会は午後三時十五分に開かれた。金裕沢駐日大使の祝辞を、李載沆総領事が代読、裴炳斗副団長のあいさつに次いで、帰国中の丁賛鎮団長のメッセージが読まれたのち、来賓あいさつがあつたが、朴英備民部長は「民団はもつと内部的に充実し、僑胞からもつと信頼され、依頼される僑胞の指導的自治機関にならねばならない」と述べた。このあと本国民議院選挙に出馬した丁賛鎮、張仁根、李玉童、裴栄漢、朴権熙の五氏に大会の名で激励電報を打つことを満場一致で可決した。国会オブザーバをはじめとする各機関報告について、質疑応答に入り、会計、本国旅行問題について活発な質疑が行われたのち、午後七時散会した。

二十六日の第二次大会は午前九時四十分に続開された。規約改正案を審議、原案の一部を通過させ、条文の整理を議長団に一任したのち、金熙明事務総長より新年度活動方針案の説明を聴取してからこれを無修正通過、新年度予算案を通過させて午後三時休憩、午後三時に続開された。

続開と同時に三機関が総辞職した国会オブザーバーの辞職に際しては、柳泰夏公使からオブザーバーの入国問題についての意見をきくため、柳泰夏駐日公使の出席要請が決議されたが、柳公使不在のため実現しなかつた。

このあと四時四十分、三機関及び国会オブザーバーの改選に入り、別項のように選出された。役員選出がおわつたのは十時半、建議案は三機関役員に一任され、二日間にわたる大会は成功裡に幕を閉じた。

大会参加者は「今までのばの大会よりも充実した大会であつた。一年一年と発展して行く足跡がまざまざと見える」と述べていた。

僑胞に最後の奉仕

金団長抱負を語る

三年ぶりに民団中総団長に返り咲いた金載華氏は二十九日、本国当局との人の和をはかり、僑胞回生の道を開拓するつもりだと、就任あいさつを兼ねてこれからの抱負を次のように語つた。

浅学非才の私を団長に選任してくれた代議員の皆さんに心からのお礼を申上げると同時に、期待にそうべく全力を傾けるつもりだ。団長出馬の時も述べたように、過去七年間にわたり中総団長をつとめた私があえてまた立候補したのは、諸情勢の動きを見るに、本国、代表部、民団三者の人和をもたらす好機が熟したと思い、この面から長い組織生活の最後の仕事として、僑胞に奉仕したかつたからだ。こんご重点的に行いたい仕事——まず民生問題としては、本国から在日僑胞中小商工業者育成について資金その他の面での援助を受けるようにし、僑胞の貿易者協会を全国的な規模に組織、在日僑胞が韓日貿易の恩恵にあづかるようにし、さらに僑胞生産者組合を組織し、その生産品が本国に優先的に輸入されるようにしたい。また文教面では僑胞が集中的に住んでいる地域に民族学校を設立したり、東京韓国学園が学校法人の認可を今年中に得られるよう全力をつくすつもりだ。上記のことが全部実現するかどうかは、私個人の力量如何よりも、団員、在日僑胞皆さんの指導如何にあるので、皆段の支持と監視の目をもつて執行部を勉励することを望む。私は与論を広範にわたつてきき、適時執行部の方針に反映させ、上記の抱負実現のため、情熱をかたむけて、昼夜前進するつもりだ。

本国に僑民法を建議

朴根世議長抱負

民団中総の第二十二回定期大会で議長に選任された朴根世氏は二十九日、就任のあいさつを兼ねて次のようにその抱負を語つた。

非常に重責だと思う。未熟な者が当選したんで、恐縮に思つている。代議員の信任にこたえるべく努力を傾注して行きたい。

民団において、会議は非常に重要で、また大会が円滑に充実した内容をもつて運営されるか、どうかによつて、その後一年間の活動がきまるといつても過言ではない。大会は一年間の活動の原動力をくみとるところでもある。民団の各級大会または議事会を目標としては、国際会議の水準にまで持つて行きたい。また会議の面において、在日僑胞社会に本国の国会または自治法の会議慣習を延長せしめたい。

次に重要なことは、民団が創立されてから、本国政府から承認され、現在領事事務の相当部門を担当しているが、私としては痛感するに、僑民法、民団法といつたようなものを制定してもらうことがぜひとも必要と考えている。三機関任員および国会オブザーバーと熟議して、このような法律制定に必要な建議を本国国会に行うと共に、試案等の資料を提供して強力な運動を展開したい。

代議員に望むことは、全国の議長会議を開いて、議事法などを研究し、その徹底周知をはりたい。また大会及び議事会の規定もつくりたい。今度の大会で感じられたことは、討議においてある提案に対し、代案、また修正案等を用意していないことである。これなくしては会議の円滑な進展と成果が充分に得られないことを熟知してもらいたい。さらにこれがためには、原案が大会期日相当代前に代議員に配付されねばならない。おわりに、今度の大会に代議員が三百名全員出席し、在席代議員二百九十八名が全員投票に加わつたことは画期的なことで、代議員の熱意に深甚なる感謝の意を表明してやまない。

規約の徹底化を

李裕天監察委員長抱負

民団中総第二十二回定期大会で監察委員長に再選された李裕天氏は、規約に基いて厳正な監察を行い、もつて民団の民主的発展に資すると、その就任の抱負を次のように語つた。

今次大会のように厳粛、盛大な大会は創団以来始めてで、代議員諸氏の熱意に敬意を表する。私は明示された規約に準じて、監察事務を行うが、根本的には民団の明朗公正な運営を期したい。過去二年間、監察委員長をしているが、三権分立の意義と監察の意義を中央はもとより、地方に徹底化させられなかつたことは非常に申訳ない。先の執行部の規約解釈に対する無理解もあつたが、どうやら脱線のないよう監察を施行してきた。新執行部を迎えて、派閥を超越して反共陣営がすべて団結するとの私の信念を生かし、新執行部に協力を惜しまない。今年中に実行したいことは、団規約を徹底周知させることだ。このため私は、規約及び規約四十条運営規程、任職員就任分限規程、事務規程、在外居留民登録法、戸籍法を一冊にまとめ、徹底化をはかるかたわら、全国の監察委員を招いて講習会を開きたい。また日本の司法機関、本国の司法機関の見学も計画している。また監察施行規程を制定したい。今年は民団中総及び支部まで、監察機構を一元化し、分団に至るまで明朗な運営を期したい。

今次大会は盛大な大会であつた。朴議長の名議長ぶりには敬意を表する。私はさつきも云つたように、執行部に協力するが、規約違反の前に対しては、規約に基いて厳重な措置をとる

事務体系の確立へ

金事務総長署理の抱負

韓・日会談が再開され民団の使命も一層重要性を帯びている今日、私から事務総長の責務を引受けたことはまことにその責任の重大なることを感ずるのであります。

私は過去において民団組織に多少の経験は得ておりますが、途中一年半位の間第一線から離れて外部から民団の動きをのぞいて見ていると、そこには直接内部にいる時はよく分らないような若干の長所や欠点も見受けられ、自分であれこれと研究してみたのです。

今内部に入つて一先ず感じたことは何はさておいて先ず事務的体制の確立と、多年間われわれ団員が翹望して来た民団中央会館の建立であります。この問題は是が非でも早急に解決しなければならぬと思います。

それから本団の全体的運動からみた政策問題に関しては遠からずして「民団政策諮問委員会」が構成される筈であります。これには広い視野から与・野の区別やその党派的色を超えて、本団のよりよき発展と僑胞の為に力を惜しまない熱のある有能な人士を網羅してつくられることになつております。

そして何時でも団員の声を広く聴き容れるようにし、全団員の意志に依る円満且つ合理的な運営を図ることによつて団員から愛される民団になり、全在留僑胞の一致結束した民団として前進するよう全力を傾ける覚悟であります。

事務総長署理に金英俊氏

執行部、常任を発表

民団中総金載華団長は一日午後、団長室で就任後初の記者会見を行い、左のような執行部常任委員を正式に発表すると共に、「重責遂行のため、代議員をはじめ全団員の協力を望む」と第一声を放つた。同会見には李能相、金今石両副団長のほかに、李裕天監察委員長が同席した。

金団長は「大会で認准を得た事務総長朱珍泰氏が辞め、署理に金英俊氏が就任した理由は」との質問に対して「団長として軽率だつたことを代議員諸氏に謝まらなければならないが、朱珍泰氏は任職員就任分限規程に抵触していることが判明したので、辞任して貰つた」と答えた。

中総新執行部の陣容は次の通りである。

事務総長署理　金英俊　(元兵庫県団長)
総務局長　鄭徳和　(元千葉県本部団長)
〃次長　朴秉吳　(元中総総務局次長)
民生局長　姜学文　(元長崎県本部団長)
〃次長　金龍聖　(前東本民生部長)
組織局長　金今石　(副団長兼任)
〃次長　金錫錫　(元中総宣伝局次長)
文教局長　尹致夏

中央会館新築と決定

新執行部初の常任委

民団中総新執行部は十二日午前十一時半から二時間に亘つて、執行部構成以来はじめての常任執行委員会を団長室で開き、先ず「民団中央会館」(仮称)を来る十月までに新築することを決定し、当面の活動方針として次の諸決定を行つた。

△民団本国事務所関係は、現執行が再検討するまでその全ての機能を停止する。元来本国事務所は、民団の対本国方針を各要路に反映させ本国との事務的な活動が円滑に進展させるためである。しかし最近の状態から見てこの趣旨が全く抜かれてしまい本国往来の一案内係のような存在となつたばかりでなく、事務所が二つも出来、その主導争いに暇間がないような印象を与えていることは誠に遺憾である。

△民団中央会館(仮称)問題　来る十月を期限に民団中央会館を新築する。出来るだけ他の活動を有先させる予定であつたが学園の関係も緊急を要することながら、先ず中総の事務または権威にも支障があるので、なにをおいても会館新築を先にする

候補地は都内の千駄谷か飯田橋とし、建坪三百坪三階の鉄筋コンクリートを目標とするが、早急に設計にかかると共に、期成委員会を構成する。

△六、二五国防記念行事問題　記念中央大会は例年の通り東京日比谷公会堂で行い、各地方では地区協または県本部を単位として行うよう通達する。

△民主新聞運営問題　今までの全支局解体し、地方本部の宣伝部が直接その任に当る新聞は旬刊にし毎月十、二十、三十の日を発行日とする。題字は今までの縦式をやめ横式とする。

李玉童氏当選

本国民議員に

五月二日に行われた本国民議院議員選挙で、元民団東本の副団長李玉童氏は全北道鎮安郡で出馬し他の候補者を引離して、在日僑胞中初めて民議院議員に当選した。なお僑胞中同時に出馬した丁賛鎮、張仁建、裴栄漢、朴権熙の四氏は落選した。

李氏の当選は在日僑胞中最初のことでもあり、同時に唯一の存在でもあるがこれにより民議員オブザーバーとの活躍とあいまつて、国会に在日僑胞輿論の反映と、在日僑胞への本国の見方が、一段改新され効果的になるものと予想され李氏今後の活躍とともに大いに注目される。

李氏の政見

一、僑胞と本国との有機的連絡を図る。
二、本国の基幹産業の充実に努める。
三、本国の新生活運動を展開する。
四、本国の治山治水と農村の近代化に努める。
五、本国の地下資源の開発に努める。

略歴

一、一九二二年六月一日、全羅北道鎮安郡馬灵面に生れる。
一、全州高等普通学校卒業
一、中央大学法科卒業
一、民団杉並支部団長
一、新朝鮮建設同盟初代組織部長
一、民団東京本部副団長
一、東海商事KK社長

民団中総第二十二回定期大会を通過した「韓日会談に対する要請決議案」は次の通りで、同案は韓日会談の国籍処遇専門委員会に、民団代表を参加させることを要望している。

決議文

民主友邦として正常な国交を締結出来ないでいる韓日両国家、民族はその理由の如何を問わず、お互いの不幸を招いており、特に日本に居留している在日韓僑は常にその速やかな締結を希望している。

このたび幸にも韓日会談が再開されると同時に、国交締結において規定される在日韓僑の国籍処遇問題は本団と直接利害関係を持つので、本団は在日韓僑の総意を代表して、第二十二回全体大会の決議によつて次の要請を行う。

(一)韓日国交は互恵平等の原則によつて早急な時期に、完全に締結されることを要望する。

(二)国籍処遇専門委員会に本団代表若干名を専門委員として参加させることを要望する。

臨時国会召集要請

非与系の58議員書類提出

任期満了を五月二十九日に控えた第三代国会、院内非自由系五十八名議員は、去る十二日、第二十八回臨時国会を来る二十一日に召集するよう要請書を提出した。

同臨時国会召集要請書は、曹泳珪民主党議員をはじめ五十八名が、署名捺印したものであり「五月二日実施した、第四代民議院議員総選挙において、その自由雰囲気の乱離を極めた様相を、踏出させた責任を問わん」とするとの理由で出されておるもので、それに従つて、今尚くすぶつている。大邱、裡里蔚山、麗川、釜山等他の不正開票騒動および、山積された選挙事犯捜査立作等は、新たな政治波動を招く、はなはだ危険な、誘因になることでもあり、これまで、民主党側は、当選者に対する選挙事犯立作をはじめ、大邱等他の不正開票事件を公正に処理しない限り、対与党政治攻勢を展開することは必定である。なおこのような事態に対し一部では、今度の臨時国会は、議員の不足が故に成会し得ないだろうとの見方も出ているが、もし非与党系の推薦通り、過半数の出席に依つて二十一日過ぎにでも、開かれる場合には、今度の選挙に由来する数多の事件を焦点に与野間の対立が爆発するか、あるいは野党側に有利に展開するのではないかとの希望的観測も成り立つている模様である。

原稿募集

毎号の原稿締切は七の日であります。論壇、評論、苦言等どしどし応募して下さい。

在日本大韓民国居留民団 中央総本部 機関紙
発行所 東京都新宿区若松町21 電話(34)8569・8570 民主新聞社
振替口座 東京243866 発行人 金載華

民主新聞
THE MINJU SHINMUN
(昭和27年12月7日第三種郵便物認可) 毎月10・20・30日発行
7月10日 木曜日 1958年 第403号 (定価一部10円)

◇綱領◇
一、われらは大韓民国の国是を遵守する。
二、われらは在留同胞の民権擁護を期する。
三、われらは在留同胞の民生安定を期する。
四、われらは在留同胞の文化向上を期する。
五、われらは国際親善を期する。

―韓僑待望の夢実る―
民団屋舎移轉を開始

かねてから民団中総現執行部が発表した中央会館屋舎移転が発表期日通りきよう十日朝十時から開始され、事務用具、一般器具もきよう中に完全に移される模様で同時に各傘下団体も、移転を完了する予定である。

中央会館移転の件は当初予想したより以上に難航を極め約束の期日に収めるべき手形の払込みが意の儘にならず十日の移転実施も危ぶまれたが、現執行部役職員達の個々が奔走した甲斐あつて、一部僑胞達から積極的援助がなされ、当初の予定にはどうやら漕ぎつけることができたが、向後六個月を目指して暫定期間としている現在今迄通りの他力本願式による中央会館実現は、きよう移転を完了しわれわれが傘下団体と一緒に新屋舎に収まるとしても、今後の帰趨が憂慮されるのである。

ただ現在は組織的な基金、即ち組織の役員達および、在日僑胞全部から零細資金募集の件が具体的に打出されて実行されておらず日にちの関係で一部有力な経済人達に頼る、現在満期の手形支払金に難航しているのであるが、現、経済界の苦境を計算にいれるとしても、心あるものがもつと積極的な協力に努めれば、在日僑胞の住実態からしても決して過重な負担とはならないものと見られ、往年の念願であつた在日僑胞の中央会館実現が、これ以上足ぶみすることなく、活発に進捗するのは今僑胞の偽りなき希いであろう。

なお今日の移転については、可能な力量を動員して、今日中に器物運搬を完了し、明十一日からは一般事務等も新屋舎で執務される予定で事務一切も怠滞することなく進行される。

この木に肥料と水を
金載華団長談

待望の屋舎移転に当り金載華団長はその喜びと今後の問題について次のように述べた。

在日全僑胞の宿願であつた中央会館が新たに設立され、ここに移転することになつたことは韓僑各級各層のおしまぬ応援があつたればこそ実現出来たものと考えねばならない。また、その絶大なる支援を授かるようになつたのは、全執行部が一丸となつて昼夜を問わず飛びまわつた活躍の賜物である。これで植樹は出来た。しかしこの木に実を結ばせるには、肥料もやり水も与えなければならない。全僑胞はこの点を充分に理解され目標の完遂に積極努力することを望む。

(写真は金載華団長)

355人の同胞がハンスト
北韓系僑胞の仮釈放に

入管大村収容所の僑胞が、北韓系同胞の日本国内仮釈放に反対して、七日夕方からハンストを始め八日現在その数は三百五十五人にまで達している。

そのハンストの理由は、日本側が一方的に協定を無視して、北韓系の同胞二十八人(子供を含む)の釈放を断行しようとしているので、この措置は韓日会談の進行を妨げるものとして強硬に反対しており、要求条項としては「死か帰国か」「北韓釈放反対」「即時送還」の三つを掲げており、集団で食事を絶ちハンストに入つた同胞達のためにも、こんどの措置の速かな解決が要望される。

なお民団中総は八日緊急会議を開き三百五十五名のハンスト者を支援し日本側の非常手段を糾弾すべく、全国組織に指令を発した。

日政に厳重抗議
柳公使 仮釈放問題で

駐日代部柳泰夏公使は、七日午前十時二十分、日本外務省に板垣アジア局長を訪問、日本政府が大村収容所に抑留中の北韓帰国希望者の一部を日本国内に仮釈放する問題について口頭並びに文書をもつて厳重に抗議した。そして八日午後三時に連絡会議を開き、あらためてその真相を糾明して再び抗議することにした。なお柳泰夏公使は記者の質問に答え次のように語つた。

私は、今回、日本側がこの協定(昨年十二月三十一日の)並びにその後の連絡会議で約束したことを守るよう期待する。もしもこれを守らずして起る事態は勿論日本側に責任があり重ねて警告する。

張代表十日に着任
韓日会談進展に新局面

韓日会談の進行に一つの大きな山となつている「漁業および平和ライン委員会」の韓国側代表として、かねてから内定されていた張暻根代表(元内務長官)は七月十日前後して着任することになつた。

両国の経済現状からしても漁業問題にかかわる平和ライン問題は韓日会談進行中の上に、一つの大きな山と見なされており、したがつて張暻根代表が着任することは、会談進行に新局面を展開させるものと予想されるが、張代表の着任については日本側もこれを歓迎し、現在の停頓状態を抜け出す契機になるのではないか、希望的な観測もなされる。

韓日会談は決裂するか？
鍵は日本側の態度如何

去る七月五日発表された北韓系僑胞の、日本国内釈放につき、その不当性を批難していた韓国側は八日の連絡会議でこの問題を討議した。韓国側代表としては柳公使、崔参事官と、日本側板垣アジア局長らの出席のもとにひらかれたこの会議は二時間余の折衝後も、なお妥結を見ず結局ものわかれに終つて仕舞つた。

この問題につき日本側は、あくまでも日本国内釈放を固執してゆずらず、藤山外相等が八日の閣議で報告したように、韓日会談進行に支障を来すことを認めながらも、撤回の意志を表していないが、その理由としては、今度の措置は人道上止むを得ないもので韓日両国間で解決できないものならば国際赤十字にゆだねることを提案しており、これに対し韓国側では、この問題は昨年末の取決めとは、全く異つていて日本側の今度の措置は協定の最重要部分の違反であるとし、徹底的に反対、なお国際赤十字にゆだねることも、この問題があくまで韓日両国の問題である以上、当事両国が解決すべきであるとの見解を堅持しており、こんどの措置が、韓日会談における日本側の根本的態度を示すものであり、こんごの会談進行にも大きく影響するものと見て、万一、日本側がこれを撤回しないならば、或は韓日会談は全面的に決裂しても、これを辞さない積りであるとの強行な態度を示していて、第四次会談は再開後僅か三個月足らずで、早くも決裂の危機にひんしている。

大村ハンスト増加

大村収容所における韓国同胞達の抗議ハンストは、八日以後引続き増加し、八日夕刻には旧収容所の韓国人女子百十八人、九日朝には更に二十八人がふえて、五百十一人がハンストに参加している。

あと十年駐留
もしもの場合原子戦争の準備も

六日夜のソウル放送によれば、現在本国に駐留している、米第八軍司令官デッカー大将のNANA通信記者との会見談を次のように述べている。

一、米軍は、韓国の政治、軍事情勢いかんによつては、今後十年位駐留することになろう。

一、今の所誘導弾のような新兵器を北韓軍や中共軍がもつているかどうかは、はつきりしないが韓国でもし局地戦争が起つて米軍がこれに巻き込まれたような場合には原子戦ができるよう準備している。

金製品など百六点
引渡した美術品リスト発表

日本外務省は四日午前、衆院予算外務両委員会に対し、同省が四月十六日、在日韓国代表部を通じて同国政府に引渡した韓国出土文化財百六点のリストを提出した。日本としてはこれら文化財はいずれも韓国から戦前入手し、管理していたもので、今度第四次日韓会談の開会にさいし韓国側に引渡したものである。

これに対し韓国側はこれら文化財が略奪的に日本に運ばれた以上「返還」として引渡すよう要求しているのでこれを「贈与」とするか「返還」とするかは今後とも韓日会談請求権小委員会などの主要な議題の一つとなるはずである。

そのさい日本側としては将来韓日文化協定を結び、同協定でこれを「贈与」と規定したい考えだが、韓国側は「返還」としてあくまでも請求権小委員会で何らかの取決めをつくりたいと主張することになろう。

なお韓国の報道では、この百六点以外になお日本側が約五百億円、四百八十九点の文化財を略奪していると指摘している。

提出された文化財のリストは次のとおり。

▽金製耳飾 二個▽鉄製刀子残欠 五個▽鉄鎌残欠 一括▽銅製鏡 二個▽碧玉製管玉 一個▽ガラス製小玉 七個▽陶製長頸壺 二個▽陶製脚付壺 二個▽陶製蓋 二十四個▽陶製深鉢 十個▽陶製 高坏 五十個 計百六点。

なお外務省はこの百六点のリストに次のような註釈を付している。

一、これらの文化財は大正七年、朝鮮総督府の発掘調査事業により、大韓民国慶尚南道の昌寧郡昌寧面校洞の古墳から出土した考古学的資料である。

一、これらの物件は朝鮮総督府の博物館に保管されていたが、昭和十三年九月五日帝室博物館に移され、その後東京国立博物館に移管されたが、四月十六日韓国側に引渡された。

科学資料蒐集
文教局全国に指示

第四回科学展覧会が、文教部主催で来る九月にソウルで開催されるが、民団中総文教局(局長＝鄭徳和総務局長兼任)では、同展覧会展示資料蒐集を代表部を通じ同文教部から要請され、この程、全国民団各級機関並びに各傘下団体に科学資料蒐集を指示した。

なお、蒐集されるものは大要次のようなものである。

(一)科学教育の実践事項
科学教育の各種教材、教具、実験実習器具、写真及び参考資料
(二)各種科学研究機関、団体の活動事項
写真、図表、説明書、文献
(三)科学教育用教材、教科書、副読本及び参考文献
(四)各種学校教師及び学生達の製作した科学作品
(五)科学技術及び教育行政機構表

なお、同文教局では、多数応募するよう要望している。

主張
日本側の自重を望む

去る四月十五日から開かれた第四次韓日全面会談は既に三個月に近い日にちを経過していながら、両国の選挙と新政府の誕生等により遅々として進まず、その上日本の新政府が生れてからも積極的意図を欠き、利己的な手段を弄しようとする不誠意さにより、未だ一つとして交渉の成立を見ていない上に、かえつて益々紛糾を来している。そして遂に七月五日、日本側は北韓同胞の日本国内での仮釈放を行うことを発表して、柳公使の厳重な抗議をしり目に会談決裂の危機を招いて平然としている。

第四次韓日会談が再開された当初、その予備措置として昨年末、平和ライン侵入の抑留漁夫と、日本に密入国した大村収容所の韓国人の同時釈放が協議された。そしてその条件をスムースに運ぶ手段として、日本側は過去の占領時代に持去つた文化財百六点を返還して来た。このような条件が明瞭に示している意図は余りにも狡猾で韓国ように日本側が常に内包してい古来の文化財を返したのも、何も韓国の建国を祝する意味から或は建設に役立たせるためのものではなく、単に当時選挙を目前に控えて、抑留漁夫の留守家族が自民党政府の微温的態度を猛烈に攻撃して来た叱責と憂慮が、選挙に響くことを懸念しての、政略的方便にすぎなかつたのであり、それが証拠には、抑留者相互釈放が済むと、韓日会談に対する日本側の態度は急に冷くなつて、選挙とか、新内閣構成とかを口実に会談を遅延させ三カ月に近い現在まで在日僑胞法的地位委員会四回、請求権小委員会二回、船舶小委員会五回という貧弱な会談の進行ぶりであり、議事内容を検討して見ても、実質的な進展はなく議事日程、現状説明等の無内容なものに終始しているのである。

例えば在日韓人法的地位委員会にしても、戦前から日本に居住している僑胞だけを対象にし終戦後この地で生れた子供達に対する措置につき考慮する旨のはつきりした線が出て居らず、次回会合の議事目録を読みあげるか、現行の出入国管理令の実状を説明するといつた、十種の遅延作戦を弄しているのである。真に日本側が誠意のある解決策を望むのであれば在日韓人についてもつと実質的に効果のある方法を見出すのが当り前ではないのか。これを基としてこのような態度を持つためには、よりも以前にもつと根本的な問題を認めなければならない。それは日本が過去四十年間韓国を強占して、甚大な被害を与えた事実を率直に認め、与えた被害は一九四五年九月、韓国から引揚げて来た時を中心として、韓国側に対するあらゆる損害に、精神的、物質的補償を全うし、その後に両国が完全に平等な立場に立つて、親善関係がなされなければならない。そしてその場合に忘れてはならないことは、現大韓民国政府が終戦後における唯一の合法政府で、共産世界を背景に北韓を傾けている金日成一味はただの傀儡政府に過ぎないことを直視し、是認しなければならない。その上、これ等基本原則を土台にして、凡ての行動が、この尺度をもつて律せられなければならないだろう。

しかし、日本はこれら基本的な問題を無視しているばかりでなく、不利な時には「久保田発言」といつた非常手段を弄して会談の決裂を図つていた。今度の北韓同胞国内釈放もそれである。日本側は人道的に当然なことのようにいつて苦しい弁解をしているが、これは人道の美名にカクレタ日本の本性をそのまま露呈したものである。日本側は常に国際法を云々してきたが今度の問題から見ても分る通り日本こそ韓国人収容者を政治的に利用している。

日本側は三年もの永きに亘り収容した上ハンストで大分弱つているから、百三名の中二十六名だけを人道の名において釈放するというがそれは理由にならないだろう。もしその人道主義が偽りなく日本側にあつたなら「何故六年間も収容され危篤状態におかれていた韓国人をそのまま放置し数十名の死者を出し自殺者までを出したか」と問いたい。

次にこれら二十六名を含めた所謂北韓組の百三名に対して、日本側は第四回分科委員会の時北韓の帰国を希望するものといえども、時間をかけて説得し帰定通り必ず韓国に送還すると言明している。その協定と言明は一体どうなつたのか―また、日本側は一月二十二日の実務連絡会議で、それら北韓組も含めた送還者名簿を交換する時、南北の区別なく韓国側にその受入を要請し、韓国側もこれを認め口上書を交換している。これまでやつていながら「韓国の引取り義務は規定したが、日本の引渡し義務は規定してない」といつていることは、一体何のような論理から割出されるのであろうか？一体それなら何故北韓組の名簿まで渡しているのか―名簿を渡した以上は引渡すことを約束したもので、これを協定違反ではないといつている日本側の主張は世にも類例のないことである。外国との外交交渉を中途半端なへつぴり腰で、適当にもて遊び苦しくなつたら無茶苦茶な暴論を吐いて、会談を決裂に導く卑劣な手段は、国際慣例にならつた外交法則とでもいうのだろうか。日本の社会党にすら生はんかな交渉態度を非難されるような自民党現政府の意気込みでは、韓日会談は決して成立つことがないであろう。若しも本格的に韓日会談を進める意図をもつているなら、じつくり腰をすえて、小手先の細工をやめ、誠意をぶつつけ合わせなければならないだろう。現在、日本側の唐突な提案のために、大村の収容所では韓国人抑留者が、その不当性をなじつてハンストを行つている。もしもこれが続きたつた一つの不祥事が起るとしても、これは凡て、日本側の責任である。人道的であることを売物にしている日本側が、真に人道的な考えを持しているなら不祥事が起きる前に、これを善処すると同時にあやふやな態度で、国家的交渉をもてあそぶことなく、日本の国家的威信のためにも、より自重することを要求するのである。

(写真上、金今石副団長から証書をもらう聴講生代表。下、謹聴する婦人会々員達)

団務講習会終る
聴講生の活躍を期待

民団中総組織局が主催した今年度第一回幹部養成講習会は、去る一日から北海道本部講堂で開かれたが、五日の税務に関する講習を最後に全科程を終了、予定通り午後一時から修了式を行い受講生十四名に修了証書が手渡された。

この日式場には地方来賓をはじめ民団、婦人会の幹部約五十名が参加して行われた。

式は金楊鍋組織局次長の司会より進行され金今石副団長の挨拶に続き金璜障道本部副団長、要点鍋同本部議長の祝辞、講師を代表した金正柱氏の挨拶があつた後、受講生を代表して金長洙(秋田県本部事務次長)氏から力強い答辞が述べられた。次々修了証書が金今石副団長から手渡されて同二時四十分終了した。

五日間の講習会を終了させひと先ずほつとした様子の金今石氏は講習会の責任者として次のようにその感想を述べた。

東北地方で十四名の受講生しか参加しなかつたことは残念であつた。しかし北海道本部の組織員と婦人会の役員約三十名が連日聴講し「非常にためになりました」と喜んでくれた。先ず成功といえよう。講義内容も計画通り歴史をはじめ一般教養、組織、税務等当面する問題をとりあげ、早速明日の活動に応用できるものだけにしぼつたせいか受講生の熱心な様子がなにより嬉しかつた。しかし講習会がこれだけできたのは北海道本部と同婦人会の陰の協力があつたからである。

北海道組織に新風
五日間の講習会で

去る一日から開かれた講会は別項の通り五日の修了式をもつて成功裡に第一回の幕を閉じたが、五日間の講習は大要次のように行われた。

一日朝九時十四名の受講生をはじめ中総から金今石副団長、金楊鍋組織局次長、東北地区協議会から鄭逆之事務局長、北海道本部金住昌団長、要点鍋議長他同地区からの来賓約五十名が参加して開講式が行われた。以来五日間朝九時から午後五時半までを講習時間とし、夕食が終つてからは、活動の実践面における諸問題をテーマに座談会を催し、昼間の講義内容が如何に消化されたかを試し効果をあげた。この講習会には十四名の講習生の他、北海道本部管内の各支部役員たち約三十名が連日聴講生として参加したばかりでなく夜の座談会にそのまま参加して熱心な発言が行われる等、今までの講習会では見られなかつた現象を醸し、講師一行はいやがうえにも熱をいれさせられ実のある講義を行つた。

この講習会をはじめから了いまで援助し、自らが参加して見てきた金璜障北海道本部副団長と婦人会の李鍾乃会長は、「北海道組織に新風を吹きいれてくれた」とそれぞれ次のように語つている。

金璜障副団長＝北海道では始めての講習でもあつたので本部の全力を傾注した。これだけ役職員が一本になつて活動したのは前例のないことだ。それに講義の内容がうわすつたものでなく皆が聴きたかつたものばかりであつたため準聴講生までが講義全部を聴講するという好成果を挙げた。これで北海道地方組織の発展も約束されたようなものだ。このようなことが全国的に行われることを望んでやまない。

李鍾乃会長＝講義内容が私達婦人にも分り易く説明的であつたので、非常に興味深く聴講した。本国情勢、組織の運営等をこれだけ系統的に聞かされたのは始めてである。婦人会では、実をいうと聴講するつもりはなかつたが、話を聴く中に自然ひきつけられ結局全部の講習を受けたことになつた。

改憲巡って論争激化
自由党 現行制度は矛盾
民主党 党利置重は不当

李承晩大統領は二十九日野党指導者である、張勉博士が副大統領でありながら、一九六〇年に大統領任期が満了する前に、大統領にもしものことがあつた場合、大統領を受継ぐことになつている現制度に対し、強い反対意見を表明した。自由党を領導している李大統領はAP記者との書面質問に対する答の中で、大統領と副大統領が異つた政党で選出され得る現制度を変更するのを望むとの希望を表明した。しかし李大統領は、改憲をいつ、いかに変更しなければならないかに関しては言及を避けた。

李大統領は続けて反対党に属する人物が、大統領を受継ぐことは「明らかに不可能なことである」と語つた。

張勉博士が国家の最高職位を受継ぐことが可能かと言う問題は、去る五月の民議院選挙の時問題化したものである。五月選挙で自由党は民議院にて張博士の継承権を剥奪するために、憲法を改正するに必要な三分之二議席を占めるのに失敗した。

李大統領は現制度に対して論評を求めた要請に対し「韓国には憲法上、当人に賦課された義務を遂行する丈でなく、行政府の政策を立案するにあたつて大統領と緊密に協調するをもつて、一旦責任が当人に賦課された場合執権を担当しうる副大統領が必要である。

しかし大統領と副大統領が、それぞれ違う政党から出た場合、それは全く不可能なことである」と語つた。

この問題に始めて言及しながら李大統領は「正・副大統領をそれぞれ異つた政党で選ぶということは根本的に矛盾したことであり政治的にあり得ることではない。これは内閣責任制あるいは大統領責任制においても共に通ずる原則である。多数の政党が乱立する制度が国家最大の福利に符合し得ないということを覚醒したように、国民はこの矛盾した点を序々に認識するようになるだろうと信ずるところであり、このようにしてこれからその欠点が是正されるであろう」と述べた。

一九六〇年度選挙に又出馬する意思があるかとの質問に対して李大統領は「それは未だ答える時期としては早すぎる」と話しただけで四回目再任のための出馬になる同立候補の可能性を否定はしなかつた。李大統領は「大統領選挙は二年後のことであつて、その間に多くのことが起りうるのである。誰しもが知つての通り一九五六年に辞退しようとしたのが私の意思であつたが国民がそれを反対したのである。国家とか国民の利益以上に自己自身の利益を追求することは不可能である。しかしこの質問に答えるのは現在時期があまりに早すぎるようである。私は一九六〇年までに国家の最高目標が達成することだけを望むのである」と語つた。

追従は出来ない
張副統領は反問

このような李大統領の見解に対し民主党と当事者の張副大統領は次のように意見を表明した。

張副大統領は三十日副大統領継承権を反対して改憲を示唆した李大統領のAP記者会見談を「全国民の意思によつて改憲するのは無理もなことであるが、次期の正・副大統領選挙以後に適用されなければならない」と論評した。自身の憲法上権利の改憲論議の焦点になつている張副大統領は「五・一五選挙当時所属政党の違う私を副大統領に選出してくれた国民は、私が大統領職位時に継承権を持つということを知つていた」と前提して「自らの問題を話しするのは困難なことであるが継承権を削除するということは、法理論上、政治道義上穏当を欠いている」と指摘しながら「国民の意思を尊重するのであるから無暗に執権党を追従することは出来ない」と態度を表明し「政府がただの一回でも私を呼んで政策を相談したことがあるのか？如何にして私が無条件に政府を追従し得るだろうか？」と反問した。

国民の意志を尊重すべきだ
民主党宣伝部の話

一方民主党の曹宣伝部長は二十九日談話を発表して、李大統領の「大統領職位時の副大統領継承権を削除しようとするあらたな「改憲意図」は「党利に置重するものである」と非難しながら「主権者である国民がこのような朝令暮改式改憲を赦さないだろう」と論評して内容次のような談話を発表した。

「二年前の正・副大統領選挙で民主党大統領候補者申翼熙氏の急逝により国民達は止むを得ず自由党の李承晩博士を選出したが、大統領職位時の継承権を保有した副大統領としては、国民が他政党所属であることを十二分に知つていながら、民主党の張勉博士を選出し氏を継承者とする意思を明示したのである。

故に李大統領は、その個人の意思よりも国民の意思がより重いものであることを知つて、これを尊重しなければならないだろう。李大統領は改憲の必要性を力説したのであるが、氏は釜山政治波動を惹き起してまで改憲を強行しておきながら、その内容である参議院構成は未だ行つておらず、また四捨五入改憲波動を来してまで継承権条文を新設しておきながら国民の意思よりも党利に重きを置いたがために自ら新設したその条文を削除しようとするのは主権者である国民が赦さないことであろう。」

韓日会談の問題点
解説 (2)

六百六十余隻推算
日、法理論のみを弄ぶ

一九四五年十二月六日の「米軍政命令第三十三号」により、同年八月九日現在韓国水域所在船舶および既往の朝鮮総督府交通局に登録された一切の船舶は米軍政庁がこれを管理するようになり、その後一九四八年九月十一日署名された「韓米財政協定」により該船舶に対する財産権は韓国政府に帰属するようになつた。しかし該船舶の相当数は日本人が終戦直後いわゆる撤収船団を組織し日本に撤収した以後現在まで返還されていないので、韓国政府は当時日本を占領中であつた連合軍最高司令部を通じて、当然韓国政府の所有にならなければならない同船舶の返還を斡旋してくれるよう数次にわたり要求した。そして連合軍最高司令部は一九五一年九月十日駐日代表部を通じて、韓国側の要求の正当性を認めるとの書翰を送つて来たのであり、翌日の九月十一日にはSCAPIN(連合軍最高司令部覚書)第二一六八号で占領下の日本政府に対し一九四五年八月九日現在韓国に籍を置いた船舶に対する即時返還を非公式に命令した。

(韓国水域所在船舶に対しては該命令に明記されてはいないが九日字付の書翰には韓国側の返還要求権利を認めている)

しかし日本政府はこのような船舶返還要求を拒否し日本外務省と駐日韓国代表部との間の実務協議においても同問題の解決を遅延させて、日本の主権を恢復し独立した後開催された三次に亘る韓日会談でも誠意のある態度を示さなかつたので遂に第四次会談にまで持越して来たのであつた。それ丈でなく第四次会談の初期において分科委員会構成問題が討議された時韓国側は船舶返還要求の権利が一種の対日財産請求権の範疇のうちに含まれるので、会談の効果的進行のために船舶問題を同一分科委員会で討議するよう主張したに対し、日本側は、船舶返還は「原状回復」でなく「韓国経済復興のための若干数船舶の贈与」に解釈するのを固執しながら別途の分科委員会で討議すべきを主張し、一時ごたごたを起したこともあるが、しまいには同問題を「対日財産請求権分科委員会」にて討議するが、同分科委員会内に一時的な対日財産請求権を討議する小委員会と船舶返還小委員会を別途に構成することに妥協をみたのである。

日本に対して返還を要求する船舶の隻数および噸数に関しては未だ公式的に明らかにされた所はないが非公式な消息が伝える所によると各種船舶を綜合して六百六十余隻に達するそうであるが十四個の会社所属船の例だけをあげても百五十九隻(一万二千六百八十九噸)が未返還されたものとしられているので、各種船舶を綜合した合算は相当数に達しているのである。

日本側は前記SCAPIN第二一六八号および軍政法令第三十三号により日本政府が韓国政府に引渡すべき船舶に関する指示が明示されているにも拘らずこの指示に対する異議だけを主張し、右法令条項を検討してこれが釈然とした後でなければ同問題を解決することが出来ないとして、軍政法令第三十三号を中心とした法理論のみを論争するに汲々としたのである。

韓国側は、漁船に対する物的証拠が皆無であつたため船舶返還要求の合法的挙証をするために、久しい時日を経たが日本側ではまたも反証資料蒐集中であるとして返還対象船舶決定を遅延して来た。しかし韓国側は返還対象船舶に対する挙証をもつているのはもちろん、少くとも日本側が「韓国経済復興の一助として贈与」せんとの船舶十五隻(五千六百十トン)漁船十四隻(九隻＝三百三十六トン)は韓国側の要求とは、雲泥の差があるのである。船舶問題は純粋にSCAPIN実施に関する問題であり「贈与」とは別の問題であるし、船舶返還が万一実施される場合には大部分が使用不能の廃船乃至、日本国民に放売処分されたため代船にて返還されるであろうが、日本が売却処分した船舶において、日本は廉価に売却したのに間違いないから売却代金を受領することの出来ないのはもちろん、現物返還を要求するであろう。

一方日本側は韓日会談船舶小委員会で韓国側の船舶返還要求だけでなく「マツカサー・ライン」を犯した八隻の日漁船と一九五二年一月に宣布した平和線を侵入した為韓国政府により拿捕された(捕獲審判令＝一九五二年十月四日付、緊急命令第十二号による)百五十一隻の日漁船そして日本が韓国戦争中に「UN」軍に貸与した五十隻の日船等百六十四隻の対日返還問題も一緒に討議することを主張してきた。しかし実は同問題は昨年十二月三十一日に韓日間で合意を見た本会談議題のうちに含まれていない許りでなく、平和線問題の討議が始まる前に同問題を船舶小委で討議する性質のものでもないので、これを議題に追加することは出来ないのである。しかして、同問題は現在双方首席代表間に協議すべく折衝されている。しかし日本側はこれからも船舶小委で日船返還問題を提唱して韓国船舶の返還問題討議に混乱を来す恐れがあるかも知れないので、万一日本側の対韓接近意思が、真正な誠意により生れて来たものとしたら、議題外の問題で本会談を遅らすような行為を慎み、SCAPIN第二一六八号と軍政法令第三十三号に立脚した韓籍船舶の返還をさきに実施しなければならないであろう。(続く)

記者団総会開催

在日韓国人記者団総会は、去る四日午後三時から韓僑通信社で開かれ、次期幹事社問題をはじめとする当面の諸問題を討議、次のように決定した。

△幹事社は、国際タイムスと韓僑通信の二社とする。

△本国の光復節記念式典参加問題は、韓僑通信の記者を派遣する。

△記者団加入社が、三ケ月間会費を納入しなかつた場合は自然脱退と認めると前総会で決定をみたがこれを再確認し、今後もこれを厳正履行すると共に、会議の参加に関してもこれに準ずることとする。

なお、最後に第三回アジア競技大会の入場料問題で討議が交わされたが、結局、今後は団の組織行動を乱さないようにすると申合せた。

忙中閑

昔ある所に白衣を好む純朴で謙譲な種族があつた。父母に孝養を尽し、師を尊び、友を信じ、相互扶助の精神に富んで常に礼儀を好み白衣を着して彼等の呼称は白衣民族とも言われた。これはその種族の中に檀君という聖人が居た時のことであるらしい。然し五千年の長い月日とそれに伴つて少しく頭脳の異変を来した後裔達はそれが人工衛星の功徳かどうかは知らないが何時かな余りにも賢くなりすぎ、余りにも利己的で情に乏しく世智辛くなりすぎて仕舞つている。百人の人が屯ろし、遠い旅路を前に控えて、今正に密林の無人境で生死の境をさ迷いながら残つた十人分の食糧を百人が共に分ち合う雅量を忘れ、自分の組十人のものに食糧を全部渡せ、俺の組五人のものに食糧の半分を渡せと、相互いに譲らずいがみあつている。自分達だけ助かれば後はどうなつてもよろしい。俺達だけが救われれば残りは死んでも仕方がないと言いはつて共に何とか生き伸びる方法を講じるべき務めも情意も共に忘れて仕舞つて居る。あげくの果ては十人の食糧しか与えてくれない神をののしつて見たり呪つて見たりする積りらしい。悲しき亡者共の消滅を望む程の価値すら認めない吾人の目前から、和やかな情意がよみがえり相互扶助の熱意が湧き出するよう望めるのは何時の日か？現在の日本に居住している僑胞達の中にも見られる現象であり、旅券等がおりたら何がしかの利権にありつこうとする哀れな人達のくそばえのようにたかつてくるあさましさ、しかもこれはただ一つの小さな例にすぎない。凡ての僑胞が誠意をもつて自己を省みるべきだろう。

社告

中央会館の移転に伴い本紙も次号からは新会館で編集することになりました。どうか旧倍の御協力の程お願い申し上げます。民主新聞編集局 白

商工部 外務部に同意

在日僑胞生産品展示

展示会準備委生れる

代表十五日に本国へ

商工部は在日僑胞生産品を来る十月頃開催予定の建国十周年記念優良国産品展覧会に展示することに同意すると外務部に通知した。これはさきに日本にある大韓民国居留民団中央本部から在日僑胞生産品の韓国展覧会展示を外務部を通じ商工部に要請したことに対する回答である。なおかねてから民団中総の民生局が先導をとつて、十月一日からソウル徳寿宮で開かれる全国優良生産品展示会に、在日僑胞生産業者達も参加させる手筈をととのえ、業者による本国展示会参加準備委員会を召集するかたわら、主催者である大韓商工会議所と連絡をとつて、展示会参加の具体案を討議した所、この程それについて次のような寄伸を送つてきた。

大韓商工会議所主催で、十月一日から十月末迄の一ケ月間、政府樹立十周年記念優良産品綜合展示会に在日韓僑生産品展示館を設置する予定であるが、本国展示会出品に先立ち、出品目録が、先ず必要であるので、本会議所に至急送つて頂けば、関係機関と折衝し、出品展示に対する承認与否を通知する積りである。なお展示会終了後の出品処理方法をも回報することを希う。以上の内容であるが、僑胞生産業者達もこの要領に従つて積極的に応ずるよう要望される。

本国商工部、商工会議所主催で来る十月一日から十月末日まで、ソウル中央商工奨励館で行われる建国十周年記念・優良産品綜合展示会に在日僑胞生産品を出品するための準備打合せ会が、三日午後二時から約三時間にわたつて港区芝の船司園で行われた。

民団中総金載華団長を筆頭に地方から上京して来た組織部長と、呉炳寿氏をはじめとする関西地方の経済人ら二十余名が出席して開かれた同打合せ会は、生産業者だけの力では到底実行困難であるから、民団組織を動員して生産者、民団が一体となつて準備をすすめることを決定し、次のような準備委員及び本国へ派遣される展示委員を選出、僑胞生産者へ広くよびかけることになつた。

本国派遣展示委員会は出品希望者の目録を本国に発送したのち、来る十五日に本国へ出向き、展示場の予約など具体的な準備を行う。準備委員及び本国派遣展示委員は次の通りである。

▽準備委員
金載華（民団中総団長）
姜学文（民団中総民生局長）
鄭寅錫（民団中総顧問）
金仁洙（民団東本団長）
崔寅柱（民団大本団長）
裴装重（民団奈良本部団長）
呉炳寿（輸出協同組合理事長）
李淵満（韓僑貿易協会会長）
韓大乙（輸出協同組合理事）
鄭天義（大阪韓国人商工会会長）

▽本国派遣展示委員
金載華、金仁洙、崔寅柱、呉炳寿、韓大乙

写真＝展示会準備委員会の会場

展示会の計画全貌

本国商工部及び商工会議所主催で開かれる建国十周年記念優良生産品綜合展示会の事業計画は次の通りである。

△展示場所
中央商工奨励館二、四階及び仮建物（屋上または裏庭）

△会期
檀紀四二九一年十月一日―十月末日まで

△展示種目
（1）復興館（国家公共施設、基幹産業、主要産業施設の発展相）施設物件の内容―写真展示、模型、図表、統計表、実演など
（2）優良産品展示部
食品飲料、繊維品、化学製品、金属製品、工芸品、建築資材、特産品、雑貨（ソウル特別市優良工産品）
（3）特別館
発明、新案品、医療衛器
（4）在日韓僑生産品展示館
（5）産業美術及び図案展

△会期中の行事
（1）審査の結果によつて施賞し受賞品は優良産品と公認、増産のために必要な支援を行う。
（2）全国各地の有名取扱者を招請、展示品を説明し、取引の斡旋と成立を図る。
（3）国内駐在外国機関及び外国人業者を招待して、韓国産品の宣伝と海外市場開拓に努力する
（4）宣伝
イ、展示品に対する宣伝印刷物の刊行配付
ロ、新聞、ラジオ、雑誌等による広告及び宣伝
ハ、特別「アトラクション」の実施

△出品要領
一、出品物
各種工産品、輸出商品、発明新案品、医療衛器、特産品等を含む優良国産品、特別展示品、参考品、各道及び各地商工会議所と各業種別団体は地域内または傘下会員の優良産品を網羅して出品する。
二、出品者
生産業者、取扱者及びその属する団体。
三、出品申請及び出品物の搬入及び期間
所定の出品申請書に所要事項を記入して出品物に関する説明書（工商品の特質、其他紹介、宣伝及び取引上必要な事項を記入すること）を添付して七月三十一日まで大韓商工会議所に申請し出品物を搬入すること。
四、出品物に対する標示方法
各出品物には必ず落ちないレッテルまたは標札をつけるか、次の項目を記載すること。出品者別一連番号、品名、規格、出品者名。
五、出品物の審査及び表彰
出品物に対しては別途に構成される審査委員会が出品の適否を審査して出品申請の一部または全部に対して拒否することが出来る。会期中（審査の結果）特に優秀な製品に対してはこれを表彰する。
六、出品物の処理
本展示会終了後の出品物の処理は出品者の意思によつ処理するので、この旨を申請書に明記すること。

韓学園改築を計画

教室一躍26に増加

韓国学園（園長＝朱洛弼氏）は民団中総の新局舎移転にともないさつそく教室拡張、環境整理工事に着手する計画である。現在学園には教員室二つをのぞいて、一般教室十二、特別教室四つがあるが学園では次の工事計画をたてて増築を急いでいる。

現在宿舎となつている小建物を片隅に移してグランドをひろげる。この小建物には特別教室四つを設ける。一方現校舎には中央に階段を設け、四十名収容可能の一般教室六つを増設する。さらに夏休みを利用して環境を一新する。

この改築によつて教室は一躍二十六室にふえることになり、僑胞二世の学びの場にふさわしい設備と体裁を整えることになろう。一方章教頭によると、学園高等部の認可問題も近日中に解決されるもようである。

感謝状傳達さる

さきの第三回アジア競技大会参加の韓国選手団に物心両面にわたる誠意ある声援に対し、このほど本国政府から感謝状が送られて来たことは既報の通りであるが、二日午前十時から駐日代表部大使室でその伝達式が行われた。

同感謝状は具在驥公報室長の名で「在日大韓民国居留民団」および「第三回亜細亜競技大会大韓民国選手団在日後援会」宛にそれぞれ一通ずつ送られたものであるが同時に傘下各団体への感謝の意も含まれているものである。

なお感謝状は、金裕沢大使から民団中総事務局長金英俊氏並びに選手団後援会々長金相吉氏にそれぞれ手渡された。

読者便り

病友の記事有難う

岡山県下の長島愛生園の僑胞癩患者から、二日、本社宛に手紙が送られて来た。

民主新聞郵送を謝すると同時に、現在の癩病患者達の生態と、社会の何処かにひそんで呪われた病を何とか隠し終そうとする憐れな考えをもつて居る人達を啓蒙するために原稿を寄せたいといつて来ている。

（前略）このたび貴社の配慮と御厚意により、民主新聞を送つて頂いて、患者一同は心から感謝しております。殊に私達病友のことも記されておりましたので、その記事を見るにおよびふくれあがる胸の内の感激を伝えようも御座いません。実はこれに従い、このたび小生が現在本療養所内の患者達の生態と療養生活ならびに、患者達の心情生活にもふれ、又治療を終えて出所した人達が社会的に報いられる不合理さなど感ずる所、そして未だ療養所に入所出来ずに悶々と毎日を送つている者の多くの癩病者達を一日も早く正常な道へ導き入れるために、小生の随想を送りたく御座いますので万一それらのことが許されましたら早速お便り下さいますようお希い致します

輿論調査を実施

民団東本　常任執行委で決議

民団東本（団長＝金仁洙氏）は七日午前九時半から約三時間にわたり、常任執行委員会を開き、当面の事業活動について協議、八・一五記念行事実施要領、僑胞の与論調査など左記の決定を行つた。また組織部からは第五次組織員要員訓練実施についての報告が行われた。

決定事項は次の通りである。

（一）八・一五記念行事＝今年は各支部単位で行うが、できるだけ統一行動をとる。韓日会談も進行している折、特に光復節の意義をひろく認識させるため、宣伝活動に注力する。

（二）与論調査＝僑胞約一千名を対象に無記名方式で広汎な与論調査を行い、民団活動の資料とする。

（三）支部巡回＝今週中に支部を巡回して、支部役職員と当面問題を懇談するかたわら、事務監査を行い、来週中に支団長会議を開く

（四）第五次組織員要員訓練実施＝組織部から実施要項についての報告がなされた。同報告によると期間は来る二十四日から二十七日まで、場所は山中湖「泉山荘」である。組織部は実施要項を作成、組織員の多数参加を呼びかけることになつた。

自民党議員と懇談

民団幹部と胸襟開いて

民団中総ならびに東本首脳部は二日午後二時半、参議院第二会館第六号会議室で行われた「議員懇談会」に出席、約二時間にわたり衆参両院の自民党議員と懇談し、相互の理解をふかめたが、第一回の会合を機会にしてこれからも定期的に建設的な会合を持つことを申合わせた。

この日、日本議員からは町村金五参院議員と大谷贇雄、吉米地義三、船田中、薄田美朝、周東英雄衆議院議員らが出席し、民団側からは金載華中総団長、李能相同副団長、鄭徳和同事務局長、李裕天同監察委員長、金仁洙東本団長、高凞洛同副団長、李寿成同監察委員長、金己出同委員らが出席した。

町村金五議員はあいさつで「韓日会談の成功的妥結を妨害しようとする動きもみられる困難な情勢のもとにあつて韓日両国民は胸襟を開いて双方の正常な発展のため努力せねばならない。この会合を機会にして、花火線香式におわることなく、こんごとも継続的に会合をもち、双方の理解につとめたい」と述べた。次いで、民団側から金中総団長をはじめ出席者が順次発言したが、傀儡の走狗団体―日朝協会―社会党の結びつきを説明し、自民党とは韓日民間外交推進のためにも緊密な連結を持ちたいとの意見をのべられ、さらに過去のことはともかくとして、こんご在日韓国人の民生問題を如何にすべきかについても、日本政府は不当な差別待遇を廃止せねばならないとの意見が述べられた。

傀儡の走狗団体の手先となつて韓日会談妨害を目指す今澄議員をはじめとする日本社会党議員の対政府質問が行われている時に開かれた同懇談会はいろいろな面で多くの成果をあげた。

A君の場合

銷夏漫筆

三誤堂雑記

金　素　雲

佐賀で生れた同胞青年のN君は名古屋の大学で電気工学を専攻したが、卒業後三年たつてもまだ就職ができない。原因は国籍にあることもとよりで、日本に帰化さえしたら就職は問題ないと、大学の先生方がシキリにすすめてくれるが「そうまでして就職したいとは思いません」という。もつともな話である。

つい一カ月前、博多へ旅行した折、私のために九州文学社が主催したささやかな会合にN君も百五十円の会費を払つて出席してくれた。それがN君との初対面である。

日本で生れて、まだ祖国を知らぬN君は、正確なイントネーションで日本語を話すが、母国語は耳で聞きとるのがヤツトという程度である。父の歿後、母親が朝鮮で入院しており、履歴書を懐に、毎日職探しに歩き廻つている有様、百五十円の会費を出させたことが気の毒なほどである。

さて、そのN君に、最近一人の友人ができた。これは日本人を父母にして韓国で生れた日本人青年で、ここでは仮りにA君と呼んでおく。どういう事情の下にか、A君の両親は、幼いA君を南韓の或る農家に養子にやつたまま、自分たちだけが福岡県下に引揚げた。A君は、小学から中・高校を韓国で終え、やがて成人して村の娘と縁談まで持ち上つたが、これまたどういう事情からか、急に日本の実父の許に帰ることとなつた。実父母との不和、或は兵役忌避などそうした動機が想像されるところであるが、A君の場合は全く然らず、日頃のA君の実直さが買われて、韓国の官辺筋でも、A君の離韓には、すこぶる協力的であつたという。

こうしてA君は日本の土を踏みもとの日本人に立ち返つたが、どうも万事がシツクリとゆかない。実の父母に対しても、なんとなく情が湧かず、第一、日本語がうまく話せない。N君とは時折り訪ね合つて一夜を語り明すほどの親しさであるが、二た言目には「ウリナラ」（わが国）「ウリナラ」が出て来る。「ウリナラに帰りたい」「ウリナラの演劇が見たい」といつた按配式である。お断りするまでもないが、これはN君の言い草ではなくて、日本人のA君が日本語ならぬ韓国語でN君に訴える言葉である。

「―そのA君と、このあいだ代表部の事務所（福岡）へ用事で行きましたが―大笑いです。A君が達者な韓語で、私が日本語で―領事さんに冷かされましてね、まるで、アベコベじゃないかつて…」

N君の話を聞いているうちに、私はおかしさがこみ上げて思わず吹き出してしまつた。血液の混合だの、民族の移動だのと、七難かしいリクツは別として、これはまた、なんと愉快な「錯誤」であり「不規則動詞」であろう。A君の置かれた立場というものに深い同情を寄せながらも、私には、牧野博士がスミレの珍種に出逢つたほどの好奇心と興味を抱かせられたことである。

話はここまでであるが、も少し考えてみたい節がないではない。―生れた土地―それに繋がる本能的な愛……、これはもとより人間本然の感情であるが、さて、これを裏返しにした場合―、たとえば日本に生れたN君は、どういうことになるか？公平な目で見て、A君が「ウリナラ」にかけるノスタルヂアと、N君の日本に対する感情と―、そこには格段の開きが感じられるのである。A君は素直な、透明な感覚で「ウリナラ」をなつかしんでいるが、N君には、たとえ就職を諦めることがあつても、日本に帰化はしたくないという「意識の抵抗」がある。そして、今日、この日本に住みながら、N君の感情と全く共通する吾々の子弟の数は、内輪に見積つても四五万を降らないはずである。

日本の人々にとつて、また吾々自身にとつて、思いを致すべき重要な課題が、ここにあると言いたいのである。

「オレはニッポンジン」

これは、あまり愉快なエピソードではない。

P君と神戸で出逢つて、P君の馴染な、とあるバーに案内された。山手の二流どころといつた、ちよつと落着いた酒場である。

ほどよく酔いがまわり、P君との対話も調子づいて来たところへ意気軒昂と、一人の中年男がドアを押して入つて来た。いささか酩酊気味で、マダムや女の子たちの応対ぶりから察するに、これも常連の一人らしく、おまけに、P君とも顔見知りの間柄のようである。

私たちの席は店の奥にあり、中年氏は入口の方のスタンドに体を斜めにして構えている。そのスタンドから二間ほど離れている私たちの席へ、しきりに声がかかる。濁つたダミ声だが、これが、まぎれもない「ウリナラ訛り」である。

「―兄貴の知合いなんですがね ちよつとした成功者ですよ。たしか最近、日本に帰化したとか聞いています。」

P君が小さい声で、その人物のことを説明してくれる。その間にも、ダミ声は、不遠慮に飛んで来る。

P君が苦笑しながら席を立つとビール瓶とグラスを採つてダミ声氏に近づいて行つた。「きようは客があつて失礼する……」そんなことを言つたらしい。ダミ声氏のミソのつぶれた古レコードのような「ウリナラ弁」が一段高調子になつた。

―タイジナオ客?トンナタイジナオ客カ 知ランケレ ドモナア……ソンナニハクチヨウニスルモンジヤナイデスヨ、ナ……キミ。オレノ酒モタマニワノメヨ、ナ……イイタロ……。

「まあ、まあ」と、なだめて、P君は席に戻つた。すると、二三分もせぬうちに、酒瓶をブラ下げて、こんどは、あちらからゴ出張である。腰をフラつかせながら…古レコードをキシませながら……

ヘタクソな小説風に書くとキリがない。要するに、も一度「トンナタイジナオ客カ知ランケレドモナ……」といいながらドタリとP君の肩にくずれかかつた瞬間、P君のカンニン袋が破裂した。「わからん男だな」と、立ち上りざまパアンと一発、パンチが入つた。

ちなみにP君は、唐手の使い手である。二、三年前までは、プロ選手の中に名を列ねていた。心機一転して、いまでは至極温厚な生活者になり切つているが、竹を割つたような気性だけに、少々気の短いところもある。

一発食らつたダミ声氏は、鼻血を出してよろけたかと思うと、立ち上つて、わめいた。

「―この チヨセンジン野郎!キサマ ヨクモ オレヲナグツタナ……オレワ ニツポンジンダ。チヨセンジンニナグラレテタマルカ……。チヨセンジンノクセニ、キサマ……オレワニツポンジンタゾ……ウソ チヤナイ、オレワ ニツポンジンタゾー!」

申し後れたが、博多のN君と同じく、P君もまた、日本に生れて「朝鮮語」を知らぬ「二世」である。彼の日本語の歯切れのよさというものは、ちよつと類がない。それでもP君は、帰化などしていないから、レツキとした大韓族である。

外貌も言葉も全く日本人そのままのP君に、誰が見ても一目でそれとわかる「ウリナラ訛り」がわめき立てながら「オレはニツポンジン」「オレはニツポンジン」を連呼している。私は世にも哀れな、コツケイなその戯画を、気の遠くなるような呆然たる思いで眺めた。

こんな「ニツポンジン」でも、カカトで踏みつぶしたら殺人罪に問われる。左様、然れども、正に踏みつぶしでもしなくては気の晴れぬシロモノである。その無知、その厚顔の上に、これは「成功者の一人」なそうである。

だが、こんな男の一人や二人、踏みつぶしてみたところで、ウジ虫が根絶やしになるわけではない。日本中から、このウジ虫を一掃するにはD・D・Tの百石、へんのう油の一万石くらいでは足るまい。メイフアーズである。

韓青中央委開く

規約第十九条修正等を討議

韓青中総の中央委員会は去る六月二十八日から二十九日へかけて岐阜県犬山城山荘で来賓に金載華民団中総団長、現韓青顧問曹寧柱氏等来賓多数の参席下中央委員四十五名が集つて開かれ韓青中央次期大会に関する諸般事項、韓青の規約修正ならびに韓青今後の活動方針等について討議し次のような決議を見た。

同委員会の第一日は資格審査で終り第二日目は二十九日午前九時十分から再会された。情緒豊かな山荘の会場では全国から集つた中央委員達が久方ぶりのかいどうに話の華を咲かせ、会議は第一日から至極和やかな雰囲気のうちに進行した。常例の通り国民儀礼を済まし、祝辞報告等を終えて、討議事項に這入つたが、最も問題となつた代議員の資格及び地方別の割当で規約第十九条の再修正により、代議員総数百五名を決定した。代議員割当の件については大阪本部の代表委員達によつて、韓青支部と団員数の割合に照らし割当数十五名よりも適宜な増員を提案したが決局否決され、続いて次期全国大会を九月に開催することなど次のような決定を見た。

一、規約第十九条の修正
二、次期全国大会は九月中に開催する。
三、本国帰国受訓団派遣には組織力を活用して受訓の目的を達成する様努力すると同時に技術的な地方本部の協調を期する。
四、県本部単位で夏期訓練を実施する。
五、関係者達にメツセジーを送つて韓日会談促進に資する。
六、団員証発行と、僑胞学生留に運動を展開して団員包括を期する
七、韓青の基本的立場を配慮した上で友邦青年団体との交流を計る
八、民団中総の庁舎移転と募金に協力する。

写真＝第二参議院会館で行われた韓日懇談会　向つて右が民団側左が日本国会議員団

新潟本部移転

民団新潟県本部は既報の通り去る六月二十五日、一昨年火災により焼失して以来宿願であつた会館を新築し、その落成式を盛大に挙行したが、この程同本部の事務所を移転した。移転先は、新潟県新潟市花園町二丁目である。

資格を選定

本国展示会問題

民団中総姜学文民生局長は来る十月一日から本国で開かれる生産品展示会に参加する在日僑胞生産者の資格に対し、次の四項目を規正し、これに適合しない者は資格を与えることは出来ないと言明した。

一、五十％以上の株主であること
一、国民登録完了者であること。
一、共産地域と貿易の実績がないこと。
一、出品物選定委員会で合格したもの。

実態調査月間

神奈川本部一日から

八支部二分団を傘下に擁している民団神奈川県本部（団長＝李根馥氏）では、七月一日―八月三十一日の二カ月間を僑胞実態調査月間と定め、諸準備をすすめ、全組織をあげて精密な僑胞の実態調査を行う一方、韓日会談成功促進の啓蒙運動を大々的に開始した。

李洪淵同本部組織部長が語るところによると、支部役員が各団員宅を個別訪問し、韓日会談の意義と重要性を説明する一方、団員の希望を聞いた後、調査カードに団員家族の実態を精密に記入するという。

広島に法律相談所

僑胞の法生活に協力

民団の広島県本部内に、去る七月五日法律相談所が開設された。その趣旨としては、「こんにち、日増しに激化する生存競争の中で我々の日常生活に欠かすことの出来ない法的知識について特に知的に恵まれていない僑胞達の相談役として、その役割を充全に果たし法的過誤を犯す前に、未然にこれを防ぐ」ことを主眼としているのである。この相談所担当の弁護士は、広島市在住の伊藤仁氏で、こんごの僑胞達の法生活に大きな役割を果すであろう。

愛本、新執行部

民団愛知県本部（団長＝劉学燮氏）では第十四回臨時大会で選出され、さる二十四日付任命された新執行部任員を次の通り発表した。

団長劉学燮、副団長李允柱、同具本柱、事務局長朴世、総務部長李副団長兼任、組織部長朴八龍、民生部長金在男、文教部長林炳甲、宣伝部長具副団長兼任

婦人広本総会開催

大韓婦人会広島本部は、六日午後二時、同本部事務所で総会を開催した。なお、呉基文同会中総会長も同総会に参席した。

全国蹴球大会開始

大韓蹴球協会主催の全国蹴球大会は、十日十一時三十分東京石小川東京蹴球場で、民団文京支部、コンドルタクシー、民団三多摩本部、東京韓国学園、太白クラブの五チーム参加の下に、二日に亘る熱戦の火ぶたを切つた。この日五チームの入場に次いで同協会の李洲甫長の開会宣言が行われた後、韓国学園対コンドルタクシーの第一試合が行われ、目下継続中である。

姜女史招いて懇談

婦人会東本会員20余名出席

婦人会東本（会長＝金珊瑚女史）はさきに米国で開かれた世界婦人大会に出席し、帰国の途次日本に立寄つた韓国外務部長官夫人姜部芸女史を一日正午都内神田大同苑に招き、歓送迎をかねた昼食会を催した。

同会には主催者の東本幹部と中総呉基文会長、都内在住の僑胞婦人二十余名が出席したほか、駐日代表部金裕沢大使夫人朴興徳女史も参席した。

会は予定通り正午金珊瑚東本会長司会で開かれ、婦人同士のなごやかな会合が約二時間にわたりいろいろ懇談した。

姜部芸、朴興徳　両夫人は「呉さんのために何かと お力になりたい」と次のような挨拶を述べた。

姜部芸夫人＝どこの国を回つてみても、同胞の人達からこんなに盛大に歓迎されたことはない。まるで国に帰つたような気持がする。これもひとえに東京での同胞婦人の組織がしつかりしているからで、辞部呉さんの努力に婦人の一人として感謝する。こんどは微力ながらも何かとお力になりたい。

朴興徳夫人＝こんな機会をつくつた呉さんに感謝したい。呉さんと一緒になつていろんな問題でお手伝い出来ないことを残念に思つている。婦人会東京本部がいつも旅行する方達のために歓送迎会を行つてくれるのは、その人達を力づけることでもあるし、またそれが婦人組織の発展にも役立つだろうと思う。こんごはよりよき団体にするために何かと協力したい。

なお姜女史は二日帰国された。

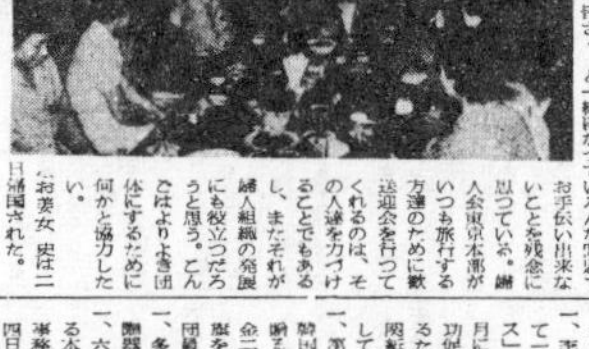

写真＝姜女史を囲んで懇談する婦人達

僑胞患者を慰問

徐葛飾支部団長

民団葛飾支部団長徐辛甲氏は六月二十九日午前十一時頃、国立療養所多摩全生園を訪れ、療養中の韓国人癩患者を慰問した。

徐辛甲氏の話によれば、患者たちは現在の苦境と耐えがたい孤独の淋しさを訴え、別に慰問品などは望まないからできるだけ頻繁に訪ねてくれることを望み、外界の身近な便りを恋しがつていたという。同療養所に入院して十六年になる一患者は「十六年間に僑胞達の慰問があつたのはさきの民団中総民生局長ら一行の訪問が始めてで、あの時ほど嬉しかつたことは自分の半生を通じて始めてであつた」と声をつまらせながら語つたそうである。

なお同療養所では 初期の癩患者でありながら、世間にしれることをはばかつて入院しない若者もいるが、現代医薬の進歩によつて初期の癩病患者なら 完治できるのであるから出来るだけ入院を勧めるよう話していた。

岐本の活躍華か

御嵩支部結成も遠くない

民団岐阜県本部（団長＝金吉煥氏）では、さる二十五日国防記念日式典の後、同事務所において役員会を開き、その席上現執行部の諸活動の結果を次のように報告した。

一、役員は、御嵩支部結成促進のため地方代表と二月、五月、六月にそれぞれ一回ずつの会合をもち、意見の交換と早期実現のための対策を討議した。

一、李甲寿総務部長が中心となつて一月から「岐僑 岐本 ニユース」を発刊、団員に配布（三カ月に一回）さらに韓日会談の成功促進と韓日両国民の親善を図るために、民主新聞等の僑胞機関紙を県下の日本官公署に発送している。

一、第三回アジア競技大会参加の韓国選手団にタオル百八十本を贈るとともに、日本選手団にも金二千円を送つた。さらに太極旗を染めぬいた日本手拭を県下団員に一戸当一本ずつ配布した。

一、多治見市および瑞浪町の僑胞陶器製造業者数名を入団させた。

一、六・二五記念行事の一つである本国映画上映 にあたり、趙事務局長、趙監察委員長 らが四日間、県下各地を廻つて動員運動を行つた。

一、御嵩支部の結成が再び延期されたことは残念だが、当本部の前途は非常に明るい。その裏付けとして多治見地区の陶器企業者らの入団であるが、これは県下の未入団者に相当な刺戟になることを確信する。これら有力経済人の入団はもちろんであるが、今後は有能な青年層包括に一層の拍車をかけたい。

韓国学園に10万円

鄭泰柱氏が寄贈

最近僑胞間では民族教育の重大性が認識され、韓国学園の充実と発展を願つて各方面からの協力、援助の機運が高まつているが、このほど九州若松に在住する 鄭泰柱氏（前民団福岡県本部団長）は「教材費の一部にでも」と、同学園に拾万円を寄贈した。

これに対し韓国学園では同氏に感謝状などを送つた。

尋ね人

朴炳九（新井清福）43歳位
昭和十八年東京電信学校在学中であつた
朴鉄甲　29歳
現在樺太に居る令嬢成氏が尋ねている
連絡先東京都足立区大谷田町三七七　樺太抑留帰還者同盟

話の宿

新中央会館の移転基金応募第一号が八日民団中総に届いた。しかもその第一号は都下、多摩全生園の僑胞癩患者達のあつい心のかたまりで現金で二四二四円。民主新聞を読んで会館移転を知り早速苦しい中から金を出しあつて送つてきたのである。その厚情とお金をもらつた時、民団中総の職員達は何か感激を禁じて悦び、同時にほころびた顔がゆがみそうなはずかしさを覚えた。月五百円の小遣いをもらつている僑胞患者達が、その金で煙草を買つたり、甘いものを取つたり、その他必要なものをかうためにはあまりにも少なすぎる金額であるのに、われわれの一日分の小遣いにも足りないお金の中から、僑胞患者全員が幾らかずつ出しあつて、大枚、二千四百二十四円の金を送るのは並大抵の誠意ではないことであつたろう。あの限られた世界の中で、楽しみと言えば極度に限られたものであり、たとえ五百円の金を使うにしてもそれによつて求められる楽しみの量は、吾人の想像では及びもつかないものであろうに、その貴重な楽しみを犠牲にしてまでも、自ら進んで金を集め、全僑胞に先駆けて募金に応じてくれるとは、吾人が予測しがたいことであつただけに、一層われわれの胸を搏つのである。僑胞患者達は哭つたに違いない。苦しみに打ち克つて送るこの金が、われわれの楽しみを減少するものではあつても、在日僑胞の中央会館が新設されることによつて、これからなお生きていく僑胞達のために、大きな役割をなすであろう。われわれの犠牲がより多い喜びの源として生れ変るであろう。金よ早く行くべき所へ行つてくれと。この美挙に接した民団の役職員達も、その怠惰を省みむちうつて、僑胞の生活向上のために一層励むことであろう。

信念を守り通す

閔甲完女史物語

信義の全く地におちた今日この頃、これは又別世界から流れ込んで来た嘘のような話がある。

名門閔泳敦氏の長女に生れ、十一才の時百五十名の中から選ばれて、李王朝最後の継承者李垠氏の王世子妃に内定され、人にその幸せをうらやましがらせていた閔甲完女史（六二）は伊藤博文の奸策によつて李垠氏が日本に連れさられた以後、二十二才の時婚約の贈物である金の指環まで日本官憲に強奪され、さらに彼等は父君閔泳敦氏に迫つて閔女史を年内に結婚させるとの誓約書まで書かせ、これに違反したら閔氏一家を逆賊にするとの条件までつけられたが、閔女史はこれらすべての弾圧にもめげず、二十四才の時、日本女性と日本で無理に結婚させられた王世子李垠氏を遠く心の中で拝しながら悲しみを抑えて祖国を離れ、十五才の弟と一緒に上海に逃れた。しかし日本人の追求は上海でも止むことを知らず、閔女史は生きる途を求めて、僑胞との連絡を絶ち、英、仏租界を転々し貧困と悲嘆のどん底で、苦しい亡命生活を続けた。雨の降る夜の街を、幼い弟の手を引いてさまよいながら、ひもじい思いに涙したことも一再でなく、固い信念を貫くために、耐え難い孤独に身もだえした煩悩の月日が一日一日と消えていつた。

そして独立解放の喜びは、より一層大きく、この姉弟にも訪れたが、弟千植氏の無理のすすめで故国に帰つて見ても、迎えてくれる誰もいないまま、ふくらんだ胸をしぼませるよりしかたがなかつた。しかもいくばくもなく六・二五の動乱で、またも苦しみと辛酸をなめながら、市内を転々と間借生活を続け、一・四後退に釜山に移り、温泉洞に二間つづきの部屋を借りて、やつと弟千植氏家族と共に落着くことが出来た。いまは既に年六旬を越え、昔のように身の孤独にもだえることもなく、弟千植氏の助けで衣食の途をつくろいながら、過ぎ去つた昔日の苦しみを淡い哀愁と共に思い起して、淋しい微笑のうちに消して仕舞うであろう。五十年余もの長い間節操を守り通した自分を省みて、或はかすかな誇りを感じるであろうか。苦しみの中で無為に過ごした五十年を悔いているであろうか、悲運の人閔女史は、未だに夫の顔すら知らぬまま、これからも一人己の旅路を一歩一歩たどつていくであろう。

暑中お見舞い
申し上げます

一九五八年盛夏
在日大韓民国居留民団中央総本部
団長　金載華
外役職員一同
各位

民主新聞

THE MINJU SHINMUN

「(昭和27年12月7日第三種郵便物認可) 毎月10・20・30日発行

1月1日 木曜日
1959年
第411号
(定価一部10円)

在日本大韓民国居留民団
中央総本部
機関紙
発行所
東京都文京区春日町51
電話(929)0229・0673
民主新聞社
振替口座 東京243866
発行人 金 載 華

さわやかに明けた1959年の朝

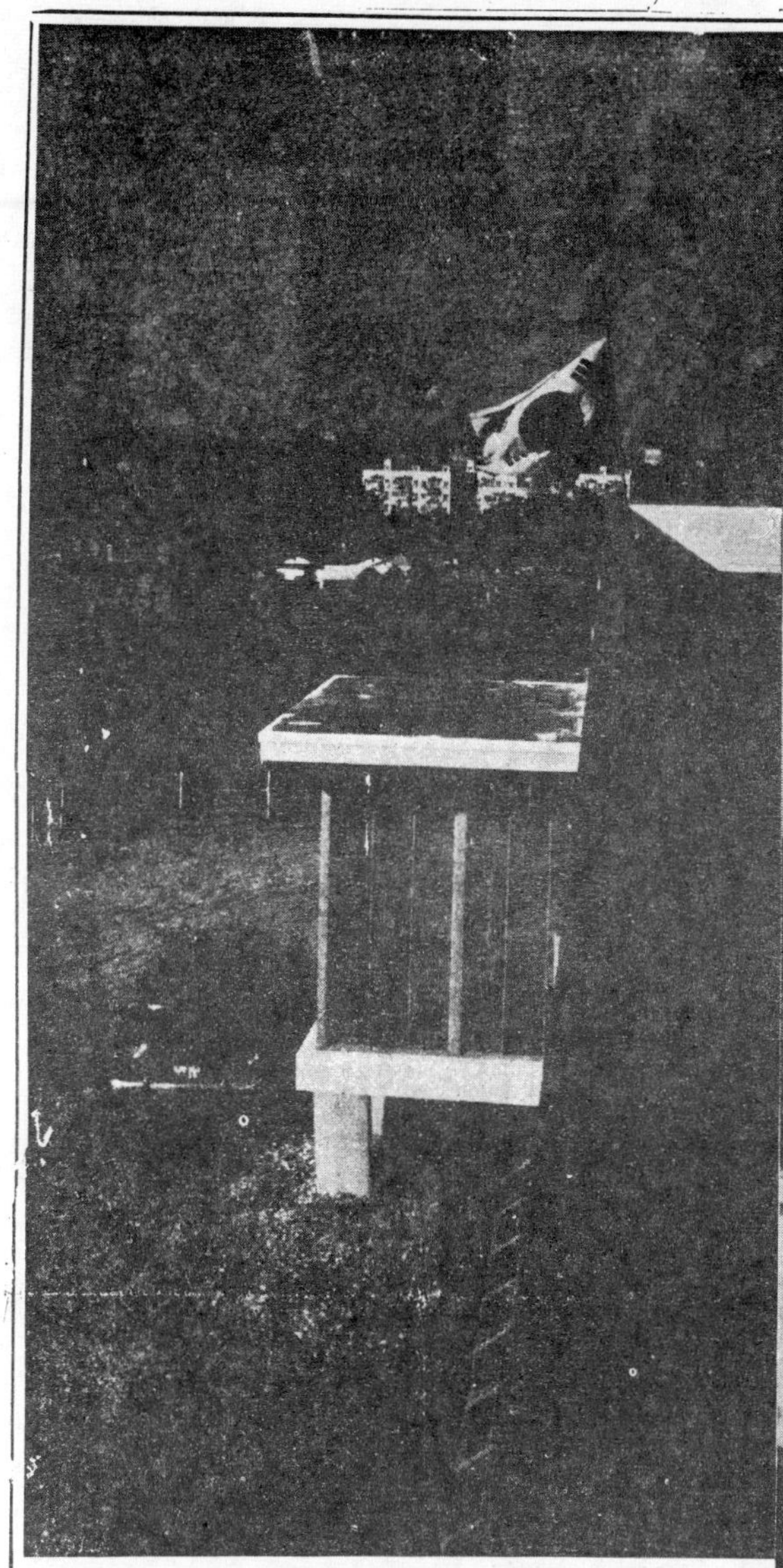

元旦の民団中央会館二景

寫真左 太極旗ひるがえる屋上より東京全体を見おろす

右 この日年賀に集つた中総職員と会館の正面玄関

名作案内

堂々とした構図

『南風』一五〇×一八〇センチ 和田三造

明治四十年、はじめて文部省主催の美術展覧会がひらかれた時は、美術界の興奮は大へんなもので、それまでバラバラであった各派の画家たちは、この派手な舞台で功名を得ようと猛烈に張りきりました。当時、洋画部でただ一つの二等賞(一等賞なし)の金的を射落したのが無名の青年画家和田三造で、その作品がこの「南風」の快作だったのです。

作者はこのとき二十四歳でしたが、描写はすでに練達の域に進んでおり、南風をうけて大洋を走る帆前船のありさまが小気味よく表わされています。

青年らしい男性的な画感、力づよく堂々とした構図、素朴な船のりたちの様子も劇的な面白さをもち、青い海を背景においた色彩の効果もなかなか痛快です。一見、フランスの画家ジェリコーがかいた「メデュ

ーズ号のいかだ(筏)」という絵を連想させますが、作者は明治三十四年から七年間、毎年帆船にのって大島に出かけたものだそうで、その間の見聞をまとめたのがこの作品だということです。北風の時は大島の全景がみえ、内地へもどる南風の時は、この絵のように島が焼で半分かくれたと作者は回想しています。

和田三造は兵庫県に生れ、上京して白馬会の研究所で黒田清輝にまなび、その後明治卅七年に美術学校西洋画科選科を出ました。同期の人に青木繁、熊谷守一、山下新太郎らがありますが、この一作によって一人一躍有名となり、翌年もつづいて受賞、次の年には文部省留学生に推薦されて渡欧しました。現に芸術院会員となっていますが、中期以後は図案や色彩の方面に進出し、近来は異色ある日本画を試みています。この作は作者生涯の代表作というだけでなく明治末の元気のよい時代の記念作として記憶さるべきものでしょう。(「巨匠の二十代」展から「巨匠の二十代」展は24日まで、東京京橋、国立近代美術館で。入館料は一般50円、学生30円、こども20円)

つり (カ)(イ)(ズ)(が)(食)(う)

照りこみが続いてアユはどの川も釣りにくくなった。十六日解禁の千曲川三反田も渇水で釣りにならず、十七日解禁の鬼怒川と川治温泉は出漁者も少くて好成績。最近の解禁は修善寺の桂川だがここも渇水している。しかし禁止区域だから相当釣れる見込みである。ただしここは前夜温泉に宿泊した客だけに入漁証を売る。横浜をはじめ各地の防波堤の夜釣りも低調だったが、大夕立のあと食いが立ち横浜では昼夜とも四、五枚平均には釣れ、野島も食い出した。千葉の寒川防波堤でも三、四年もの五、六枚にはなる。江戸前湾流のカイズは問題にならず、白ギスは寒川で四、五十、近回りで大師沖でも四、五十にはなる。中ノ瀬も二十、三十。向地の大貫方面が相変らずよく出ている。

家庭

ひとときひと (庭)(は)(生)(き)(て)(い)(る)

「夏休みの予定をお母さんと相談していらっしゃい」との先生のお言葉で、娘がなにやらコマゴマ書いた予定表を持って来た。見ると絵日記、夏休み帳、ドリルブック、お天気しらべは例年の通り、その他にコン虫採集、押花、押葉、貝殻集め等々書き込んである。

私の考えではかつて自分が育った時代ののどかさが忘れられないためか、夏休みは子供はただもう元気に遊んで身体を鍛え、ときどき母のお手伝いや妹の世話をして子供らしく過すのがなによりとしているので毎年のことながら多すぎるように思える。

虫やら押葉やらその他さまざまを考えてみたところで、どれも思うようにゆかず休みの終りになってベソをかくことが見えている。コン虫採集一つだって娘一人では出来ないにきまっているし、私が引っぱり出されても、今ではセミすら思うようにはとれないだろう。第一、この暑い日盛りを虫取り袋をかついで野山を遍歴する勇気がない。そこでいっそのこと、わが家の庭だけを十分に観察して記録をしては、と考えついた。

ちょっと注意して見ていると、夕方クモが忙しく巣を作りはじめたところへ一匹のハチが飛んで来て、あわや巣にかかったかと思ったら反対にクモを追いまわして地上にさし落してしまった、という珍しいことがあったり、チョウチョウの踊り、トンボの編隊、コガネ虫の羽音など、せまいわが家の庭もにぎやかである。一雨はげしい夕立があれば、その後に河川は朝に夕に気らくに観察できるし、体も無理ではなく、さらに子どもも自分の家の庭に

磁石を近寄せるとさっと吸いついて来る。松の枝の間から見える空には入道雲、いわし雲、積雲等々、時により日によりさまざまな変化がたのしめる。

松のほかにはツバキ、梅、モクレン、ザクロ、ツツジなど幾本かの木もあり、朝顔やホウセンカ、松葉ボタンといった夏の草花もある、さしずめディズニーの向うをはって『庭は生きている』とでも題してはどうだろう。これなら

子どもと海 水浴のさせ方

日向に長居しな 帽子は必ずかぶるこ

木田文夫

夏休みは楽しい海水浴や山登りのシーズン。子どもたちはもうあれこれと夢をえがいている。しかし、ツベルクリン反応が陽転したばかりの子供や虚弱な子どもを持つお母さんがたは、きっと連れて行ったら身体に悪くはないか…どうしたものかと迷っておられるでしょう。そうした子どもたちへの注意を日本医大教授・小児医学の木田文夫さんにお願いした。

満員電車に蒸されて行って、日がくれるまで海岸で日に照らされ、氷やスイカで腹をふくらませ、人にもまれて帰ってくる。このような日帰り海水浴であれば、健康児でも日射病や熱射病のまじった胃腸カタルを起し、体重が一度に二、三キロも減る例が多い。そうでなくても抵抗力がさがって、あとで肺炎や結核や夏やせを起すもとにもなる。

日帰り海水浴なら健康児でも、人の混まない静かな漁村などに連れてゆき、海で泳ぐのは一時間くらいにし、貝を集めたり、漁船にのせてもらったりして一日を過すほうが、子供の体験や健康のためにどれくらい有益か分らない。

しばらく海岸に滞在して海水浴する場合でも、一日じゅう海で浜で過すことは、健康な中学生さえもよくはない。海水浴は午前に一時間、午後に一時間くらいにして、あとは魚釣りやコン虫採集そのほか、ふだんはできない体験をさせる日課を計画してほしい。

海面や砂浜は紫外線を多く反射するし、海岸の空気には塩素イオンやオゾンなどが多く、すべての内臓が刺激されて新陳代謝がさかんになる。したがって急性の結核や、結核の注意期や回復期の肺結核が、海

ゴトク殿下と

「十三カ月のとらわれは、笑いのめんの怪人のり、よろこぶべきかな」

ドンぺだ。大変な、どく月だ。これだけでもどきりとこれは殿下になった。これッとこのめんをかぶっためんの怪人だ。ものものべ!!

「しのつく雨の中を、りに走る。殿下をおのせをとるはドンガンモ。馬るは、当代のイダ天とい両ドン氏はこの国の古きあちらのコトバで申すなート」

ここで、口楽隊の演奏シンフォニイだ。あちゃがら、引きだしをあけた

ひとめで分る
現代日本の正体

▼日本文化の特質、こんなテーの論文がよく総合雑誌の巻頭に

年頭の辞

平和は戦い取るもの　共産党除外、即ち平和

李承晩大統領

一九五八年にお別れを告げ、新年を迎えるこの時に当り、海外にいるわが愛する兄弟姉妹のことを考えながら、簡単な言葉で、お祝いを申し上げたいと思います。

私が心から愛し尊重している海外の男女同胞に、先ず喜ばしいクリスマスを祝賀し、きたる新年を福をもつて迎えるよう祈ります。

このときは、誰でも苦しいことか、心配なことを、暫くの間忘れ、将来を楽しく幸せに暮すよう祝いまた祈るものであります。

わが国内では、今年の穀作が空前の大豊作となり、昨年には台湾から食糧を買い入れて間に合わせたが、今年は隣国に国産の米を売るようになつたことを、喜び且つ感謝するものであります。

今年も昨年いつたことと同じ事をいうようになつたのは、われわれが未だ統一を成功させていないからであります。

ただ、幸せに思うことは、東西洋のすべての国が、共産党を除外してこそ、平和に暮し得るとの考えが、だんだん有力になつてきたことであり、これが将来どこまで力強くなるかは知らないが、われわれが統一できずにいることは、いわゆる自由国家の人たちが、われわれのように戦つてでも、平和を回復しようとの決心が不足して[illegible]えて図まれば、必ず学をしなくてもすべて解決すると思います。すべての同胞は、何時までも健康で、また事業が繁昌し、きたる新年は、昔の人に空前の幸せな年[illegible]みません。

また海外の至る所に住んでいるわが同胞にも、同じようなお祝いを申し上げます。

実績で重量感益す

韓国学園　朱洛弼園長

明けましておめでとうございます。

四二九二年の佳き元旦を迎えるに当つて僑胞の皆様に心から祝賀の辞を申上げる次第でございます。皆様の御家庭におきましては、長者の寿を祝い幼者の健を讃え、家運隆昌を祈つてこの希望の潮ばらけを迎えられたことと存じます。

さて、私達の学園もここに恙がなく創立第六年を迎えることになりました。人に例えれば、漸く幼年期を脱し自立してひとり歩くところにまで到つたというべきでしようか。これもひとえに皆様の言えば立て、立てば歩めと温い親心をもつて保護育成して下さつたおかげに因るものと心から感謝している次第でございます。

思いまするに、この年は私たちの学園にとりましても希望と発展の年であります。

第一に、来る三月、第一回高等部卒業生を送り出す喜びがございます。昨年九月高等部設置の認可を得まして以来関係者一同胸をふくらませて待ち設けていることでございます。

第二に、設備や教授内容の充実に対する期待であります。数年来本国からの施設援助金によりまして学校設備も一段と充実し、他面六年の経験と研鑽を積みまして、教職員の資質も格段と向上しました。その上、優秀な生徒に対する奨学金支給もいよいよ実現を見まして、その勉学心の刺戟や学力の向上が期して待たれます。今や私たちの学園もどこに出しても内面外面ともに誇り得るものになりつつあります。

第三に四月の新学年度におきま[illegible]れることができると思われることであります。昨今、僑胞社会における民族教育の重要性の認識と本学園の実績に対する好ましき評価が、その子弟を本学園に託そうとする気運を高めている実情からして、私たちは来る四月には教場の狭きを嘆く程多くの生徒を迎えることになるのではないかと、嬉しい悲鳴にも似た気持と期待をもつて待ちうけております。

以上新年を迎え、本学園の前途を展望して皆様と共にお祝いしたく申し述べてまいりましたが、何とぞ本年も昨年に倍する皆様の御助言と御鞭励を頂きまして、学園の発展に尽したく存ずる次第であります。

最後に、紙上を借りまして、旧年中格別の御恩顧御援護を賜りました本国当局、僑胞組織各機関ならびにP・T・Aの皆様に心からお礼の言葉を申し上げまして、略式ながら新年の挨拶とさせて頂きたく存じます。

新年の預金目標二億円

漢城信用組合長　崔学林

先ず組合員の皆さんはじめ、僑胞の皆さんに、新年の御あいさつを申し上げます。

一年の計は元旦にありと、俗にいいますが、わが組合としても、新年に当つていくつかの抱負と計画があります。勿論、いろいろな困難がありましようが、会役員が一体となつて、これだけはどうしてもという、計画を抱いております。漢城信用組合も皆さんの御愛護によつて誕生六才を迎えました。まだヨチヨチではありますが一人歩きができるようになつてきました。これから丈夫な足になつてそれこそ活歩したり、走つたりできるかどうかは、ひとえに皆さんの御協力如何にあると思います。

さて新年の目標は出資金二千万円、預金二億円の達成であります。これは組合役員が是が非でもという念願であります。

次に、出資者に対する配当を、今年こそ実現したいと思います。余りにも当然なことでありますが今までそこまで力の及ばなかつたことを自ら恥じるものであります。

日本社会がいわゆるナベ底景気で、四苦八苦している現状ですから、そのアオリでわれわれは余計苦しい思いをしております。しかし、東京で唯一の信用組合であり、この組合の発展如何は、即ち、僑胞社会の団結の力を示すものでもありましよう。新春五月の総会までには、必ず皆さんの御期待にそえるだけの実績を挙げるつもりであります。

組合理事の一致協力はもとよりですが、一人でも多くの僑胞が、われわれの金融機関を利用して下さるよう、切にお願い致します。

組合の話ばかりで、申し訳ありませんでした。新年に当り僑胞皆さんに必ず幸運が訪れるようお祝い致します。

組織改編で強固な土台　断固たる決意で臨む

民団中総　金載華団長

四二九二年の新年を迎え、新生わが祖国の国民ならびに在日六十万僑胞の皆さんとともに、新たな希望と清新な心ぐみをもつて、年始めの辞を述べることを、この上ない喜びと考えるものであります。

顧るに、昨年はわが祖国においても、またわれわれ僑胞にとつても、少なからず多事多難な年でありました。特に、一時中断状態にあつた韓日会談の再開、これを妨害するために仕組まれた朝総連の北韓集団帰国問題、さらには中央会館所舎の移転およびその基金募金運動などは、われわれの最も身近な問題として、今日なお幾多の問題点を残しております。

先ず韓日会談再開後の進展を振り返つてみますと、岸内閣と会談をまとめたいという本国政府の意向は、依然変りがない模様であります。が、既に皆さんも御承知のように、平和ラインをめぐつての両国の意見の距りが、今度もまた会談進展のブレーキとなつているようであります。しかしながら一部には両国首脳者会談という声もあり、また両国国交正常化のためには、是非ともこの会談を成功に導かねばならないとの与論も日増しに高まつております。おそらく今年は何等かの新たな進展がみられるのではないかと考えられ、またそうなることを心から希うものであります。

この祖国ならびに僑胞の等しく願望してやまない韓日会談の成功を妨害し、あわよくば中共軍撤退による労働力の不足を補おうとの野望から、朝総連は突如、北韓僑胞の帰国運動という卑劣にしてかつ欺瞞性に満ちた大芝居を打ち出したのであります。云うまでもなく善良にして賢明な僑胞の大多数は、いち早く彼等の欺瞞性を見抜き、これを阻止することに自から努めたのでありますが、彼等の巧妙にして執拗な、しかも半ば強制的な策謀に踊らされた一部の僑胞がいることもまた事実であります。しかも彼等は、人道主義云々の美名をこの運動に冠して、いわゆる進歩的と称する一部日本人たちの無責任な発言や「朝鮮人は朝鮮へ帰れ」式の無知ないしは排他的な悪感情から発せられる言葉を巧に与論化しようと謀んでおりますこれに対し民団は、すかさずその陰謀を暴露し、彼等の野望をことごとく粉砕すべく、力を注いだのであります。われわれは例え一人の僑胞たりとも、北韓傀儡集団の奴隷に供するわけにはいきません。六十万僑胞の幸福と権益擁護のためにも、また韓日会談の速かな成功を促進するためにも、今後とも彼等のあらゆる策動に警戒の目を怠つてはならないとともに、事前にそれを阻止し得る周到かつ強力な対策が講じられなければならないのであります。

次に中央会館基金の募金運動についてでありますが、すでにこのことは中総庁舎移転以来数次に亘つて述べたことでありますから、今さら[illegible]しく申し上げる必要も[illegible]ながら実際の成果をみるとき、遺憾ながらこれが掛け声だけに終つたとの感を禁じ得ません。その原因はいろいろと考えられますが、主に中央会館に対する僑胞の認識不足、熱意の欠乏、それに僑胞経済の不況が多く禍いしており、同時にわれわれ中総を預つている者たちの計画不充分も、深く反省された次第であります。もつとも、この中央会館基金の募金にあたつて、われわれはわれわれの組織のありのままの姿をつぶさに知ることができました。その結果、深い反省を余儀なくされたとともに、今後如何にすれば真に僑胞のための、そして常に僑胞と共にある組織として発展さすべきかを、痛切に考えるようになつたのであります。

「如何にすべきか？」についての個々にわたる具体的な方針に関しては、なお検討を加える必要があり、また後日申上げる機会をもつことにして、ここではごく大まかな考えを述べるだけに止めたいと思います。

前述しました韓日会談の成功促進にせよ、北韓集団帰国運動の陰謀粉砕にせよ、さらにまた中央会館基金の募金にせよ、全てこれ組織の強力さ無しには完遂されるものではありません。卒直に申上げて、現在の如き組織力では、いたずらに掛け声だけが空転して、その徹底化は到底望むべくもありません。この故に、私は新たな決意として、組織の一大改編を考えているのであります。もちろんこれは私一個人の考えだけではなく、民団の現状を知り、その将来を憂える人々の切なる望みであります。組織を改編することによつて、まず強固な土台が築かれるならば、われわれのとかくの悩みであつた基本財政の確立は、他に願うことなく実現し得る基礎ができ、従つて民団の自主性も自ら約束されるのであります。

民団が創立されて十三年目の新春を迎えた今日、われわれ組織の実務にたずさわつている者といわず、一般の団員といわず、またいわゆる浮動層といわれる僑胞といわず、従来の微温的姿から脱皮した、換言すれば一段と強固にして明朗な、しかも確固たる方針と実践力を兼ね備えた組織の出現を望まぬ者はありません。この際私はわれわれ民族陣営に属する人々の誰もが願つている民団組織の再強化に、断乎たる決意を以つて臨むことを誓い、最後に新年を迎えた僑胞の皆さんに多幸あれと祈るものであります。

佳い年になりますよう

金光男　前民団中央議長

明けましておめでとうございます。米国における一年間の留学をおえ再び皆さんのいるこの日本へ戻つてまいりました。このごろではすべての公職から離れておりますが年頭に当つて皆さんにご挨拶を申し上げ、海外において恵まれない環境と闘いつつも、ここに希望の一九五九年の佳きお年を迎えられた皆さんのご健闘を祈る次第でございます。

環境條件改善の年に

朴根世民団中央議長

新年おめでとうございます。中央議員、代議員および僑胞の皆さんに心からなる新年の御挨拶を申し上げます。

年あらたまつて、人も森羅万象も清く新たなるこの元旦の朝に思いを深くし祈願したいことといくつかがあります。

その一は、祖国の統一であります。現在の世界で国連よりもつと権威のある国際的機関を求めることは困難であります。祖国の統一はこの権威ある機関の監視のもとに選挙を行うということが実現可能な最も有力な方途であることは自明であります。北韓にかかる選挙が一日も早く実施されて、祖国の統一をみる年ならんことを祈ります。

その二は、民団の強化ということであります。いろいろなすべきことが多いのでありますが、全国組織の議決機関としては、その運営を規約通り正常にし、その内容を豊富且つ高度にすることによつて、民団の新時代に合致する運営に寄与したいと念ずるものであります。

その三は、僑胞の生活向上ということであります。僑胞の生活向上ということはその個人の努力に負わねばならないところが大部分でありますが、その環境条件を改善することもこれに劣らない重要事であることは熟知の通りであります。本国との関連において、日本政府の理解ある施策の実現において大いに改善されるの思うので、これえ要請活動に一層力を致したいと期すのであります。

その四は民主世界の建設であります。これは決して抽象的題号でなくして、われわれの身近な問題としてもつと関心をもち、必要な努力をなすべき問題と思います。現在の反共国家群のより民主的運営とその世界的兄弟的連繋、そして共産国家群に民主国家えの改編を招来せしめるための努力が全世界にまき起ることを祈り、われわれもこのような世界運動に目覚めて義務を以つて出来得る限り活動をなすべきであると思わずに居られません。

その五は、われわれ在留僑胞も、そして世界の全市民が、神を畏れ、他人のよき隣人たることを念じて、考え、行動し生活して、この地上がすべての人々にとつて住みよき地ならんことを祈るものであります。僑胞の上に豊かな祝福と恵みの年ならんことを切に祈つて止みません。

各自の覚醒を促す

李裕天民団中央監察委員長

問題も多く且つ目まぐるしかつた四二九一年も過ぎ新らしい年を迎えることになりました。

去つた一年を省みれば、多くの難問と共に不満に充ちた年でもありました。

韓日会談、大村収容所、中央会館問題等、輝かしい事項が現在に至るまで解きがたき未解決のまま、われわれの前途に横たわつています。と同時に毎年のことながら新年を迎え、新たな決意と意気込みをひれきするのが常でありながら意欲とは裏腹に、満足のもてない吾人の毎年を経て然し今年だけはと考えなおすともいえるでしよう。その上なお現在に至るまでひ弱な形で一向に映えない民団組織と在日僑胞の現状はまたも今年こそはと考えざるを得なくなります。民団組織の不安定さ、それに伴う諸問題の未解決、十有余年の[illegible]をもちながらいまだに内部の混乱と、己の覚醒を促さなくてはならないことに対する不満は言語に尽し難いものがあります。

従つてまず考えなければならないことは、組織の再編成ということでしよう。徒らに僑胞の名をかたり浪費にひまをつぶしている団体が民族陣営には余りにも多すぎる。

在日僑胞生活問題とか朝総連への対策だけでもせい一ぱいというのに、乱れた組織の内部を取捨することに手を焼いていては斬新な政策と強力な施策は望むべくもなく、毎年同じことをくりかえして自嘲するのが落ちであります。中央会館の基金募集にしても、対本国政府との折衝にしても、粗雑な計画と力のない惰性的な[illegible]始している。

民主々義のよさは口でだけ謳歌しても始まらないでしよう。在日僑胞にその良さを認めさせ、それによつて組織を強力にし、不用な団体をどしどし解体して、必要なものをまとめると同時に、基金問題もより徹底した方法を考え、本国政府とも一層緊密に連絡をとつて、在日僑胞の正当な権利を擁く主張し、協力すべきは力を尽して本国政府に協力し確固な根拠を保全しつつ、具体的な方策の着実な実施をぬかりなく進めていかなくてはならないでしよう。権利の主張もよく進んだ考え方も最もだが古びたがため現実の上にたつて、内容の伴わない理想論は唱えるだけ損なことでしよう。

たとえ本国旅行のことにしても旅券の紹介で何がしかの手数料を取り、旅券販売所の印象を与え、それに甘んずるよりは本国政府とよりよく折衝して、本国への往来を自由にし、それによつて在日僑胞の支持と協力を得る力がどれ程賢明であるかは論ずるまでもないでしよう。

新年にあたり、過ぎた一年を省みて不満も多く、こぼしたい愚痴も多いが、民団組織の整備と小さいことにも徹底した施策を念ずることが、唯の空念仏に終ることのないよう、組織関係者たちにお希いすると同時に、年末の諸懸案の解決と良き年であることを念願してやみません。

韓日問題解決の年に

特命全権公使　柳泰夏

己亥の新年を迎えるに当り、まず六十万在日同胞の皆様と国内に居られる全国民皆様一人一人の、限りない幸福を真心から願つて止まない次第であります。

何時も年が変つて、古い年が去り新年が巡つて来る時には、一層新たな固い決意をもつて、過ぎた一年の未熟な点を反省し、新年の新しい企画をたて、各個人の一層の幸福と、ひいては祖国全体の繁栄を望んで居ますが私たちはその間常に満足に行かなかつたと考えながら新しい年輪を迎えて来たのであります。両断された祖国の悲運を抱いたまま十四回目の新年を迎え、今年こそ失地を回復し統一された大韓民国の旗で三千万国民全体が高らかに勝利の鐘を打ちならすはえある年であつてほしいことを、ただこれだけを希求して止みません。私たち海外の同胞と国内の全国民が全てひとつの心、ひとつの気持に結ばれ、偉大なる指導者李承晩大統領閣下を推戴して、一歩一歩正しく強く前進する時、宿願の祖国統一は必ずや実現するでありましよう。さらにはこの日を期して幸福は一層早足で私たち全部を訪れることでしよう。

次に駐日代表部の責任を受持ち懸案の韓日問題の妥結のために努力している私としまして、六十万在日同胞皆様とともに希求するもう一つの望みは、天下が周知の如く韓日両国間の正常的な国交再開であります。

最後に、このような至難の課題をかかえて新年を迎えるに当り、皆様とともにもう一つ新しく誓いたいことは、私たちがお互いに誠実さを持ち、勤勉かつ明朗に暮して行きたいということであります。これはたとえ[illegible]、課せられた責任の重大さが、私たちの勇気を挫き、努力を妨げる場合があるとしても、絶するどころか、一層勤勉に、より誠実に自分の仕事に最善をつくし、祖国と自分の力を強め、暮しを豊かにしようとするものであり、また、世界に誇り、何時、何所でも、模範的な勤労国民としての名声を心配を知らず、希望と笑いに満ちた明朗な暮しができるよう一層努力せねばならないということであります。国内外を問わず、全国民が健全な心身を持ち、健全な暮しをたてることによつて建設に邁進する祖国の産業に貢献する偉大な働き手にならねばなりません。

己亥年の年頭を迎えるに当り、春夏秋冬を通じて夜昼を問わず国政に専念される李大統領閣下御夫妻ならびに国内の数多くの指導者の健康と幸福を願い、さらに祖国防衛のため酷寒の第一線に立つ、国軍将兵皆様の栄光と、六十万在日同胞の繁栄を今一度祈みながら年頭の御挨拶の言葉を結びます。

過去四十余年間の骨髄にしみた民族の記録を今さら再び思い出そうとするものではありませんしかし、私たち全国民の肉を殺ぎ、貴い鮮血を流せしめた忘れ得ない心の傷を、一日も早く無くするためにも年来の課題となつている韓日間の全ての問題が今年こそは必ず解決されるよう願うものであり、このためにも日本側が今少し積極かつ真実の誠意を表示されるよう望むものであります。これによつて六十万在日同胞皆様の生活はさらに安定すると同時に、真の友邦としての韓日両国はアジアの反共保塁を最後まで守り抜くことができるよう望みます。このように手を携えて進んでこそ、始めて韓日両民族間に理解性のある交流をもたらすのみでなく、政治・経済・文化の各方面にわたる発展が両民族の前途を祝福してくれることでしよう。日毎に高度化されて行く全世界の文化民族におくれをとらないため、また日一日と緊張の度を加えて来る対共産陣営との決定的な闘争において光栄ある勝利を獲ち取るためにも、韓日両国は一日も早く名実共に極東の反共[illegible]にならねばならないと信じて疑いません。

主張　北韓帰国運動と人道

北韓共産政権の強力な指令と、朝総連の陰謀によつて、いわゆる帰国運動が、最近急激に活発となり、日本の各報道機関も社会問題として、これを取上げるようになつた。日本のいわゆる有識階層或いは言論機関の受とりかたは、その大方が「人道問題」として帰国支持の傾向である。即ち、帰国運動は正当なものであり、これに反対するものは、それこそ反対のための反対を唱えるからず屋のような印象を与えつつある。それは「人道」に賛成するものと、「人道」に反対する者という誤解をさえ生みだそうとしている。ここでわれわれは問題の本質を明らかにし、この誤つた論拠をくつがえしたい。

第一に北韓政権のネライは何か？先ずは彼らの不足する労働力補給にある。彼らは第一次五ケ年計画だの、人民経済発展だのと騒ぎたて、毎日が奇蹟の連続となつている。平壌放送を始めとする彼らの宣伝を真に受けるならば、連日連夜奇蹟が行われ、地上の楽園が既に建設されている。計画目標は二、三倍どころか五、六倍も七、八倍も超過達成されている。しかし人間の能力も努力も、現実的には必ず限界がある。超人というのはオトギ話の世界のことであり、マトモな人間社会にはあり得ない。話半分というが、話を五分の一、十分の一としても如何に労働者が酷使されているかが解るまた学生、事務員、女性、老人などが本来の勉強とか仕事をはなれて肉体労働に引き出されることも彼らの宣伝通り事実である。彼らはいま猫の手を借りたい程に労働力に困つている。次ぎに彼らのネライは韓日会談の妨害と、韓日両国の離間である。この帰国運動に対する韓国側の反応は百も承知している。また日本側の同調も計算済みである。この運動が韓国と日本の対立反目を激化させる両刃の剣であることは現にいま実現されている通りである。

巨頭会談での提案

昭和30年7月22日

四巨頭の発言にみる基本構想

①ドイツ問題

米（アイゼンハウアー大統領）——ドイツの分割状態は、ドイツ国民に対して悲しむべき悪をおかしているものである。ドイツ統一を急速かつ正しく解決せねばならない。統一ドイツには、自ら選択した集団的自己防衛体に参加する権利がなくてはならない。

英（イーデン首相）——ドイツ統一を急速に実現する必要がある（いわゆるイーデン案の推進を示唆し、これにともなうソ連の不安を解消するため）

❶四大国と統一ドイツを含む五カ国で相互安全保障条約を締結する。

❷統一ドイツとその隣接諸国の全兵力・軍備について協定を結ぶ。

❸東西間に非武装地帯を設置する（地域の指定はない）

仏（フォール首相）——統一ドイツの中立化は適切でない。だが、統一ドイツは西欧連合（WEU）加盟国として許された軍備以上の軍備をもつべきでない（自国に対する保障）さらに西欧連合に参加した場合には、対ソ保障の必要がある。

ソ（ブルガーニン首相）——ドイツ問題は再統一そのものではなく、再統一されたドイツがどの方向を向くか、つまり軍事ブロックを選ぶか、それとも他の方法（中立）を選ぶかの問題である。西ドイツが再軍備され、西欧軍事体制に編入されたため問題は困難になっている。従って、問題は漸進的に解決すべきである。

②欧州安保問題

米——安全保障上、ソ連が当然要求しうる合法的な利益を考慮する。パリ協定にはこの目的に役立つ多くの規定があるが、さらに合理的かつ実際的な双務的安全保障を考慮する十分の用意がある。

英——安全保障体制の網は、中心部（欧州の五カ国）から世界の他の地域に拡大されることになるだろう。しかしドイツ統一と欧州の安全保障問題を不可分に結びつけようというソ連の考え方は危険である。ドイツ統一という極めて重要な問題よりさきに欧州安保問題の解決を望むのは道理にかなわない。

仏——ドイツ統一はこれ以上遅らせない。全欧安全保障組織をつくり、統一ドイツをこれに入れる。この組織は将来、WEUに統合されることも考えられる。

ソ——欧州安全保障問題と別個にドイツ問題を解決することは困難だ。いま（西独の加入している）パリ協定の廃棄を要請するのは不合理である。このような情勢の下に、このような重大問題の解決をはかるには、どうしても一定の時間がかかる。従って、ドイツ統一の前に、米国を加えた全欧州集団安全保障体制を次の二段階にわけてつくる。

第一段階—北大西洋条約機構（NATO）と東欧軍事同盟を現勢力のまま"凍結"する。

第二段階—NATO、WEU、東欧軍事同盟を解体。全欧安保体制がこれに代る。

ソ連の最終目的は、全外国軍隊の欧州からの撤退である。

③軍縮問題

米——軍縮の効果的管理の第一歩として、奇襲攻撃の相互防止について協定を成立させる。これが出来れば、人類破滅の奇襲を防止できるだろう。米、ソ軍事施設の青写真を交換し、その後に相互に空中撮影で確認する。

英——国連軍縮小委員会のソ連提案に示された西欧側との共通の考え方を歓迎する。"小軍縮案"として鉄のカーテンを中心に緩衝地帯を設置する。

仏——国際的な経済、社会機関を設立、軍備制限の監視を有効に行う。この機関はまた、各国が軍縮によつて節約した費用を資金として未開発地域を援助する。軍備、兵力の公表制度を確立する。

ソ——原子兵器の禁止に向って一歩進めることを期待。主要国兵力の制限協定を達成する。仏の軍事費節約提案は緻密な検討に値する。侵略に対する自衛のため、しかも国連安保理から許可を得た場合以外は原子力兵器を使用しない旨の誓約を行う。

原子力の平和利用

米——原子力を建設的目的のために利用するよう促進。

ソ——原子力軍備競争を終らせることは絶対的に必要である。国際原子力機関の創設について協定ができ上り次第、これに適当な量の核分裂物質を提供する。

④東西交流

米——いまや、すべてのカーテンを引上げねばならない。

英——ドイツの分割を激化させ、東西両ドイツ間の接触を妨害している諸制限が緩和できれば真の前進となろう。

仏——緊張の主要原因の一つは、世界各国間で物資や人、考え方やニュースの自由な移動が阻止されていることだ。

ソ——人為的な障壁をなくすことは、（各）国民の利益に合致し、さらに世界平和の方向と一致する。

その他

東欧・国際共産主義

米——東欧諸国民は自国の政体を選ぶ権利がある。国際共産主義活動は、緊張を増大させている。

ソ——本会談の目的は、他国の破壊活動を非難したり、他国の内政に干渉することにあるのではない。

極東

ソ——台湾問題は、台湾に対する主権が中国にあるという事実を認めたうえで解決されねばならない。中国の国連加盟を求める。中共を全欧集団安保条約締結機関のオブザーバーとする。

これまでの歩み寄りと相違点

ドイツ問題

一、ドイツ統一の問題が最も重要な課題であること。

一、ドイツ軍備の制限が必要なこと。

一、ドイツの統一と安全保障問題は相互にからみ合った問題であるが議題としては一応切離して討議すること。

などについて、東西の見解は全般的に一致。だが統一の時機と方法について東西は大きな隔りをみせている。とりわけ、西欧側はドイツ統一の急速な実現を企図しているが、ソ連は漸進的な解決を主張し、西欧側とは反対に安保問題の先決を主張している。

欧州安保問題

四国とも安全保障提案を行っている。米、ソ間に大きな開きがあるのは当然のこととして、西欧三国間にもまだ共通の計画はない。

ソ連は英案を「従来の提案を口あたりのよいようにまとめ上げたもの」に過ぎないとし、「ソ連は弱国でないから、このような保障はなんの役にも立たぬ」といっている。

西欧三国の提案のうち、比較的ソ連に近いのは仏案である。

軍縮問題

一、軍事費節約提案で四国とも接近。

一、米の「奇襲の防止」はソ連の考え方に歩み寄つたもの。西欧側は徹底的な国際管理を主張していたが、ソ連は「国際間に緊張と疑惑の存在する現在、重要工業、資源に他国を立入らせることは出来ない」とあって、当面のところ「奇襲予防」措置を提案していた。[illegible]

原子力の平和利用

原子力の国際プール計画で原則的に米、ソ一致。

東西交流

東西間の交流拡大という原則では一致。

その他

（米、ソの見解は全く対立）

（これまでの主張と同じ）

会談前の案　概要と一致点・相違点

西欧側の統一方式（イーデン案）[illegible]

ソ連の統一方式[illegible]

〔注〕議題の数字は第二日（十九日）の外相会議で決定した討議順序。

韓國新聞
（民主新聞改題）
発行所
韓国新聞社
東京都文京区金富町51
電話東京(812)1921（代表）
振替口座　東京　34988番
発行人　権　逸
在日本大韓民国居留民団
中央総本部機関紙

◇綱　領◇

一、われらは大韓民国の国是を遵守する。
二、われらは在留同胞の民権擁護を期する。
三、われらは在留同胞の民生安定を期す。
四、われらは在留同胞の文化向上を期する。
五、われらは国際親善を期する。

民族の祭典3・1節記念大会

三千余名が参加

先烈をしのび総決起

韓民族の聖なる日である三・一節を迎え、本国では勿論、僑胞社会でも東京、北海道、名古屋、大阪、広島、福岡など全国各地で、先烈たちの偉業をしのぶいろいろな行事が催された。この日東京では正午から神田一ツ橋の共立講堂で、民団関東地協の主催により〝第四十三回三・一節記念中央民衆大会〟が厳粛なうちにも盛大に行なわれた。同記念民衆大会には東京を中心とする関東一円の僑胞三千余名が参加して民族の正気を新たにすると共に、先烈の偉業を完遂するために総決起することを誓った。

東京韓国学園生徒の三・一節の歌で記念式典の幕をあけた中央民衆大会は、丁栄玉東京本部団長の開会の辞に次いで、四十三年前ソウルのパゴダ公園で厳粛に宣言された己未独立宣言文が金光男議長によって朗読され、一堂に集った三千の僑胞たちは、粛然と歴史に輝く先駆者たちの遺訓を追慕すると共に、民族の正気を新たにした。

次いで権逸民団中総団長、裵義煥大使の記念辞、崔英沢参事官による朴議長からのメッセージ（別掲）朗読などが行なわれたが、特に権団長は記念辞の中で、三・一独立運動がわが民族運動史におよぼした意義を説明すると共に、先烈たちの偉志は以来四十三年間、継承されており、さらにそれが四・一九、五・一六革命によって受け継がれている。われわれ僑胞も三・一精神によって共産主義の陰謀を粉砕し、当面する韓日会談の早期妥結と祖国の再建に全力を傾注しなければならないと強調した。また大使は、国家を代表する大使の一人として己未独立闘争の相手である日本でこの日を迎えたことは感慨深いものがあると語り、三・一運動の震源地が外ならぬ日本の首都東京であったと強調して全在日僑胞が三・一先烈たちの精神によって強く団結し、新たなる植民地主義である共産主義の侵略から祖国と民族を守らなければならないと述べた。このあと李裕天民団中総顧問、李康友商工会連合会々長らの祝辞があったのち民団三多摩本部李事務局長によって第四十三回三・一節記念中央民衆大会の決議文（別報）が朗読され、満場の嵐の拍手によって採択された。次いで金桂善神奈川県本部団長朗読による尹大統領へのメッセージ、鄭千葉県本部議長朗読による池田首相へのメッセージ（民報）等がそれぞれ満場一致で採択されて第一部式典を終り、午後二時からは第二部に入り、韓国学園生徒の演劇などが午後五時すぎまで催された。

金中総議長

崔参事官

権中総団長

・大会会場の盛況

裵大使

先烈の偉功を顕彰

団結して北韓同胞を救え

裵大使の記念メッセージ

親愛なる在日僑胞の皆さん

三月一日はわが民族の独立精神を象徴する日であります。私はわが国家を代表する者として、己未独立闘争の相手であった日本の国でこの日を同胞の皆さんと共に迎えることを感慨深く思うものであります。

三・一運動の震源地は、ほかでもない日本の首都東京であったのであります。即ち一九一九年二月八日、東京で崔八鏞以下十一名の留学生代表が朝鮮青年独立団の名称で独立宣言書と決議文を頒布し大示威運動を展開して数百名が検挙され、代表者たちがのこらず投獄されたのであります。

その消息が本国に伝わるや、日本に留学生を送っていた父母兄弟姉妹は勿論、その外の愛国之士たちに大きな衝撃を与え、三月三日に予定されていた高宗皇帝の国葬に参礼するため、京郷各地から集まってきた数十万の群衆に大きな刺激をあたえたのであります。

そのような情勢から三月一日正午に民族代表孫秉熙先生以下三十三人の署名捺印した独立宣言書がソウルのパゴダ公園で声高らかに朗読されるや、男女学生を先頭に数十万群衆が〝大韓独立万才〟を叫びながら示威行進を展開し、この運動は燎原の火の如く全国に燃え広がったのであります。

これに大驚失色した日本統治者たちは、秩序整然と展開されたこの平和的な示威運動を弾圧するため警察力ばかりでなく騎兵・警察に歩兵部隊まで出動させ、世界に類例のない残忍な方法で対処したのであります。三・一運動の規模がいかに大きいものであり、その鎮圧の方法がいかに無慈悲なものであったかは、当時の統計数字によってその一端をうかがうことができるのであります。即ち三月から五月までの間、各地で開かれた示威運動の集会数が一千五百四十二回であり、運動に参加した人員の数は二百二万三千名に換算されており、殺害された人員数が七万五百九名、負傷を受けた者の数が一万五千九百六十一名に及び、検挙された者の数は四万六千九百四十八名にも達したのであります。

物質的な被害を見ても四十数個の教会と二個の学校七百十五戸の民家が焼却されたのであります。

世界をゆるがしたこの事件は、かくも無惨に幕をおろし、わが民族は三十六年間の暗黒の歴史に入って行ったのでありますが、当時のわれわれの先輩たちは、大韓民族が死をも恐れず、自由と独立を求める潜在力をもっており、それは時機が至ればいつでも再び爆発することを全世界に知らせることに成功したのであります。

われわれが三・一節を記念するのは、わが民族の過去の偉大さを銘念し、日本人たちの残忍さを宣伝することによって彼らに対する憎悪感を煽動するのが目的ではありません。

時代は変遷し、今日の国際社会は、一九一〇年当時のような帝国主義的侵略を一国に許容するものではなく、侵略を受けるような一国を孤立させて放置しておくこともないのであります。

韓日両国は悪夢のような過去の関係を清算し、現在両国が当面している国際的位置を考え、提携の関係を樹立すべく真摯に努力しております。

われわれが三・一節を記念する意義は、建国のため身命を捧げた先烈たちの偉功を顕彰するところにその意義があるのであります。

今日わが政府は、ソウル特別市および各道で挙行される記念式典で孫秉熙、李昇薫、韓竜雲ら三・一運動の指導者たちをはじめ、二百八名の建国の功労者たち、或はその遺家族たちに建国功労勲章を授与して、民族独立史に輝く彼らの偉業を称えることになっております。

三・一精神はわが国家が独立した後にも、六・二五や四・一九、五・一六等に継承され、復活されたといっても過言ではないと思います。

共産カイライ集団の不意の侵攻により、国家が存亡の危機にあったとき、不正と腐敗が疫病の如く蔓延し、民主主義の葬送曲がかなでられた時または軽北浮薄な思潮を温床として巧妙な標語によって流血なく国家を赤化しようとする陰謀が横行した時、常に愛国的な指導者や国民が国家を累卵の危機から救出したのであります。

本日三・一節を迎えるに当り、いまわれわれが厳重に警戒しなければならない新らたなる形態の植民地主義が芽えておりますが、それはいつに国際共産主義であります。

ソ連国によって行なわれるこの植民地主義は、東ヨーロッパ全体と中国大陸、わが国の北半部を手中に入れ、東南アジア、中東、アフリカなどの地域にその魔手をのばしております。

彼らの手先きたちはわが大韓民国全体を赤化しようとして虎視眈々とその機会をうかがっており、この瞬間にも、われわれの周囲であらゆる陰謀をめぐらしておるのであります。

本日三・一節を迎え、私は全在日僑胞たちが固く団結し、本国政府の施策に歩調を合せて国際共産主義に対決し、奴隷状態におち入っている北韓の同胞たちを救出するため決意を新たにすることを皆さんに訴えるものであります。

われわれは自由と勤勉によってまずわれわれ自身の内部、われわれの団体、わが国家を内部的に清く整備してこそ、対外的に強力な活動ができるものと信ずるものであります。

一九六二年三月一日

駐日代表部大使　裵義煥

大会に参席した各地代表

大会会場正面

1962
3.1

先烈の遺訓をうけ

再建課業完遂に総進軍

朴議長の記念メッセージ

朴議長

親愛なる僑胞の皆様、歴史的な第四三回の三・一節を迎え内外の貴賓と、僑胞皆様の御参席をえて、感慨無量のこの日を記念することは感激に耐えないものがあります。また今日のこの三・一節は祖国の危機を救った五・一六軍事革命以後、初めて迎えるものであるだけに、歴史的により意義が深いといえます。この意義深い日を契機に全国民のより新しい時代的覚悟と奮起を促さんとするものであります。

返り見るに過去数世紀の間、内憂外患がたえまなく、常に隣邦強大国の侵略を受けてきたのが、わが韓国の実情でありました。過去の歴史を通じて皆様もよくご存じのことと思うのであります。こうした事実はあの有名な李朝の党派争いから初まり、逆臣たちの富貴栄誉のみを求める亡国的奸計と収賄は国民のうらみを買うこととなり積年の失敗は日に日に国家の秩序を乱し、国運を傾けていったのであります。この機会をねらってきた日本は壬辰倭乱をはじめとしてわが国を侵略する計画を間断なく立ててきたのであります。こうして今から五十年前に合併という国恥民辱の一大汚点をわが国の歴史に残すことになったのであります。このように国力衰微の機会をねらって国権を剥奪していった日本侵略主義は三六年間わが国を植民地にし、五千年歴史の伝統と文化を誇る韓民族を永遠に植民地化した奴隷にせんとしたのであります。

ここでわれわれがなぜ他民族の侵略を受け、圧迫されなければならなかったかを、この意義深い抗日独立闘争の記念席でもう一度糾明するのも決して無意味ではないと思います。いうまでもなく李朝時代の封建制度と鎖国政策により世界文明に目覚めたのが遅く、党派争いと収賄による暴政は民生を塗炭の苦しみにおとしいれ、国家財政を逼迫せしめたのであります。外国の侵略を招いたのはある面で必然性をもつ戦備をおこたったことにあったのをまざまざと覚えているのであります。

こうした亡国民族の悲運の中でもその光りを失わず決然と起きたのが韓日合併という国恥の日から隠忍自重、その機会をねらってきたいわゆる花郎道精神の発露と宿敵元兇への爆発でありました。これこそ四二年前の今日、この瞬間を頂点にして涙と血肉おどる喊声とで、わが国の民族自主の独立精神を世界万邦に宣揚した三・一運動であります。

親愛なる僑胞の皆様、俗に「他人のせめをいう勿れ」という言葉があります。われわれ個人生活においても自分自身が聡明で処身をよくすれば誰がわれわれに害をおよぼすでありましょうか。一家庭をとってみても、その家庭が仲良く、一家だんらんでちゃんとしていれば隣人たちの尊敬をかち得ましょう。反対に昼夜を問わずに不和が続き、生活がみだれてきたらその結果はどうなりますか。こう場合においては個人であれ、家庭であれ、国家であれその理屈は同じであります。殉国先烈の遺徳で民族解放は実現したのでありますが、破廉恥な為政者たちの不正腐敗によって国民は生活苦にあえぎ、国運はますます傾きかけていたのであります。一方李朝党争道史と似たような政党間の軋轢は日を重ねるほど甚しく、わが国の運命を暗黒の泥沼におとしいれたのであります。

絶望的に死線上をさまよう国民たちはこれ以上は生きることすらできないという寂しい叫びを上げていました。が北韓共産主義者たちは再び南侵の機会を虎視眈々とねらっており、これに共鳴する一部の無自覚な容共勢力のため心ある人をしてわが国の将来を憂慮せしめたのであります。その当時の社会状況はいまも生々しくわれわれの記憶にのこっております。

こうした国家存亡の岐路にあたり自由と民族のために敢然と決起したのが五・一六軍事革命、いわば救国革命であります。このことはいうまでもなく、ここに出席している皆さまはよく御存知のことと思います。子孫万代の自由と繁栄のために生命を賭けて立ち上がった三・一運動をはじめ、解放以後の反共闘争、四月義挙、または五・一六軍事革命等はすべて一貫して、燦然と輝く民族蜂起の生きた記録であります。

民族の自由と独立とを戦いとるべき全国民義憤の発顕の拠点をなした三・一節を契機にして、われわれは崇高な殉国先烈たちの遺訓を受けついで、救国革命隊列により一層固く団結しなければなりません。明日の先明と後代の繁栄のために民族の中興を期する再建課業完遂に総進軍することをあらためて誓うものであります。終りに政府では祖国の安全のため殉国した独立功労者たちの子孫たちを扶助する意図で、遺家族の皆さまに対しては救護方針として、年金または就業のための適切な立法措置を講究中であるということを、この意義深い式典を通じて言明するものであります

一九六二年三月一日

国家再建最高会議

議長　朴正熙

李商工会連合会長

李中総顧問

国家企画制度の現況

革命後初の試み　実情に即した制度確立

革命政府は建国以来、四回目の政府機構改編によって、わが国最初の国家企画制度を名て、これを行政全般に亘って実施する機構を設置した。しかし先進諸国の例にもれず、企画制度は容易に確立の成果を見なかった。政府は国家企画制度研究委員会を設置し、わが国の実情にかなった企画制度の確立のため研究し検討している。では行政全般に亘る国家施策の選択・企画・調整・審査・分析および、その評価するための国家企画制度とは、一体どんなことを指すだろうか。

国家企画とは

政権が代っても、国家の基本政策運営には変動のないように、設定された国家目標下に国家の基本運営政策を組立てることを指している。

もち論与件の如何によっては若干の変動はまぬかれない、しかし政権が代っても、当初に企画した基本体制には影響なく、持続性を維持できるための制度である。国家企業の確立には行政府企画制度の確立が先行され、行政各部の事業計画と運営計画の調整審査分析およびその評価事業施行の優先順位決定進度確認などを必要とする。

首班直属の統制官室　各部処ごとに調整官

行政企画の現状

内閣首班直属下に内閣企画統制官室を設け行政各部の企画統制に関する業務と政策の企画審査分析および評価に関することを当らせ、各院の部・処・庁との横の有機的関連を連続し、緊急な企画業務の遂行のため各部処には企画調整官をおいている。内閣企画統制官と各部所の企画調整官より構成された企画調整委員会は、内閣の政策と企画業務を担当する。

この委員会は内閣または内閣首班所属機関の長期・中期・短期企画の調整に関することと、予算指針作成の基準である各院運営計画の目標策定およびその方針と各部処より提出される重要事業計画の検討調整に関することを審議決定して内閣に建議する。

各道にも企画調整官をおき企画樹立に参与するように図って審査分析調整に当らせる。委員会は毎月政策執行の進度を確認し、未終了の件に対してはその原因を分析して内閣に報告する。

内閣企画統制官室では行政各部の機能を防衛（外務部・内務部・法務部・国防部）経済（経済企画院・国土建設庁・調整庁・財務部・専売庁・農林部・商工部）福祉（保健社会部・交通部・逓信部・軍事援護庁）文化行政（文教部・公報部・内閣事務処・法制処・原子力院）等の四部門別に、企画を樹立している。

陸軍がまず導入

導入と成立過程

企画制度は、一九五四年八月、当時、陸軍本部の企画統制室長である崔徳新将軍の個人努力によって米陸軍より導入して来た。その間陸軍はこの企画制度の運用によって組織化され戦闘力を培養した。五・一六革命後この制度が行政府企画制度に採用され成立を見た。

革命政府は当初、行政機構を改編する際に、政務次官制を閉鎖して長官を補佐し政策樹立と企画を担当する企画次官制を新定する構想を練ったが、二人の次官制は決裁過程だけを複雑にするとの理由によって否決された。だから次官補制を考慮に入れたが不必要な決裁段階のみ増加するだけではなく企画と予算の分離が不可能であるとの理由で、結局第一方策案の企画調整官を措き、企画業務を担当する企画制度を採決した。

最も発達した印度

外国の例

▼米国＝大統領直属下に、人事院と予算局が設置され、企画制度が強化された。予算局では各省の事業計画と運営計画等を審査、分析調整する。予算請求書と運営計画書とは、各々別でなく統合され企画が一元化されている。州別には、ロサンゼルス州・ニューヨーク州だけは、特に運営計画と予算を一致させる成果主義予算制度が、確立強化され国防企画は国家安全保障会議で担当する。

▲印度＝最も企画機構が発展強化され国家企画委員会が設置されている。四名の閣僚と著名な人士四名、都合八名より構成され、この委員会の委員長は、首相が兼任、副委員長は出務長官が担当、委員は常任委員と非常任委員と区分され、閣僚四名は非常任委員が当る。委員会内には、事業計画と運営計画の二分委があり、運営分委は国家全般に亘る運営を担当、事業分委は中央および各州より施行され、各種事業調査のためには、現地調査団を設置した。

▲フランス＝経済社会会議と施設および生産計画総務委員会によって、経済社会企画と政策などを、検討立案する。政令と一般政策に対しては、国務院の諮問機関によって国事院が設置されている。

国家企画の類型

国家の目標達成のための企画は、大体次の五項目に分類される。①国家企画②経済企画③社会企画（住宅・学校【教育】・失業・労働＝社会保障的機能を持って各種企画）④物理的企画（地域社会開発企画と都市企画）⑤軍事企画（物資動員計画と人力動員計画）しかし一般行政企画は政策企画（執行責任者企画）と運営企画（運営担当者企画）に大きく区分され、運営計画は運営を担当する職業公務員の任務であるのに対し、政策企画は、非職業公務員である政策立案者を包含する広範な人員によって成立する。

国家企画の将来

企画制度研究委員会において現に研究検討審議中にある企画一元化問題は、どのように結着するか不明であるが、事業に対する運営計画と、これを後押しする予算編成とは、単一化され一本化にすべきである。もしそうでない時には予算編成の機関と運営企画の審査分析調整機関とは、歴代々若干の摩擦を引き起こす懸念がある。

小規模民営事業資金

九十八万五千余弗の融資承認

二十八日経済企画院で伝えるところによれば、A・I・D小規模民営事業資金五百万ドル融資は去る二十六日現在総九百六十三万九千ドル（一三二件）が申請されているが、その中九十八万五千五百七十ドル（十一件）に対して承認したという。同融資は昨年十月十日付事務取扱規定の改正実施で融資手続が大幅緩和された後、約六十五万ドルが融資される資金融資消化の進捗をみせた。前記承認額を除外した残り申請額は業種別に百六十一万八千六百ドル（二十八件）で不承認分五百三十九万六千二百ドル（七十六件）及び百五十八万九千三百ドル（十七件）は現在融資承認対象として審議中にある。

一方、先般緩和された融資手続の重要骨子は次の通りである。

①五〇％の自己資本負担原則を撤廃

②件当たり五百ドル融資、総計が総借款の二五％（一二五万ドル）を超過できないという規定の撤廃

③物資購入を調達庁に依頼する従来の購買規定を直接使用者が直接購入することができるように改めた。

日本視察団釜山訪問

済韓中の日本保税加工貿易視察団一行十名は二十八日午前飛行機便で釜山に到着、興亜タイヤをはじめとする市内各重要企業体を視察したのち、四時から商工会議所において記者会見を行なったが、席上、湯川団長はその視察所感を大きく記者質問に答えて、釜山は港湾視察と輸送面の事情、それに日本との距離等からして、保税加工工場地域としては立地条件が非常によいと思うと語り、さらにある人は日本が保税加工貿易を行なうことにより、韓国経済に寄与しないものがあることを憂慮しているが、そのようなことは絶対にあり得ないと語った。さらに湯川団長はすでに、蔚水等地域を保税加工工地域として決定しており、日本は韓国の経済発展を助けるため、技術と機械を提供することを構想しておる。釜山はできればビニール関係をまかしたいとつけ加えた。

引受資金弗当たり六百五十ホワン融資

生産施設保有実需者に限る

韓銀で公売中の安定基金五百万ドルによる輸入物資も同じくドル当たり六百五十ホワンの引受資金融資恩沢が賦与されるものとみられる。韓銀当局は同安定基金がAID資金規程に従い公売され、B・A（米商品購買）規定に準じ使用されるという点とAID資金と性格が同じであるという事実を強調して必ずドル当たり六百五十ホワンの引受資金融資をしてくれるよう主張した。韓銀関係者はこの引受資金融資措置に対して経済企画院の指示を受ければ、即事務的な手続を取って早ければ来る三月二日の定例金通委に上程する方針であると語った。この安定基金に対する融資措置は現行AID物資引受資金融資規程に準ずるため、別途規程が必要でないという点を韓銀当局者は明らかにした。従って約三十億ホワンに達することの融資恩沢は安定基金五百万ドル中第二部生ゴム等十二ケ品目のその他類資金二百万ドル受配者と一部原皮等五ケ品目三百万ドル受配者中生産施設を保有する実需者に局限し貿易業者は除外される。ところで現在の安定基金公売状況は第一部資金三百万ドルが九十一万二千ドル消化、二百八万八千ドルが残っており、第二部二百万ドルは全額消尽されたが導入対象品目は次の通り。

第一部、アバア、原皮、パム纖維、亜麻仁実、農薬（以上五ケ品目）

第二部（経済企画院長指定品目）＝非鉄金属、貴金属鉱物、化学パルプ、化工薬品、パラピンワックス、満剤糸、ピラメント、ナイロン糸、タイヤ、コード、スフ棉、生ゴム、アセテート糸、原毛等（以上十二ケ品目）

逓通信長官西独へ出発

西独の電信、電話業務視察のため

洪逓通信部長官は二十八日、西独政府が韓国に提供する借款基金一千八百七十七万ドルの中、通信部門に配当される八百七十五万ドルに対する借款協定を結ぶよう推進すると語った。

洪通信部長官は、高度に発展した西独の電信、電話業務を視察するため、この日午後ノース・ウエスト航空機便で西独向け出発に先立ち、新聞記者室で出入記者達と会見し、今度西独を訪問する目的は通信部門を視察するのにあるが、既に決定された西独政府借款の中に通信関係基金の協定締結問題と自体導入問題も合せて論議することになろうと語った。

生ゴム㌧当たり一万ホワン下落

スフ糸は暴騰

輸入商社の買気委縮で生ゴムがトン当たり九十九万ホワンに一万ホワンが下落し盛需期を迎へ買気が好転している需要がトン当たり三千ホワンが暴騰した十二万ホワン台に品薄状態をみせている。また在庫が減少されているスフ糸は合繊糸が相当たり千ホワンが上昇し三十二万三千ホワン、日産が相当たり五千ホワンが暴騰した三十一万八千ホワン台にオファアされ、繁忙期経過で買気閑散の綿糸全般が（銀河、バラ、白馬票）ともに相当たり二十九万五千ホワンに二千ホワンが下落した。この外にもアルミニウム塊がトン当たり五千ホワンが下落した八十一万ホワン台を呼値し、牛脂がドラム当たり六万四千二百ホワンに三百ドラムが現物取引された。

韓米高位経済会談

電源開発計画を討議

韓米高位経済会談が二十七日午後経済企画院長室において、韓国側から金経済企画院長をはじめ、朴商工部次官、商工部企画調整官、同電気局長、国土建設庁次長、企画調整局長、同外資導入局長、同投資予算課長及び物資課長等、米国側からはキルレンUSOM処長、同副処長、USOM処長特別補佐官、同処電気局長、その他関係専門家等が出席して開かれたがこの日の会談においては、経済開発五カ年計画のうちの電源開発計画に対する検討と米側が供与すべき援助内容の詳細な説明が行なわれ、第一次年度には水力発電を主にすることにかんする経済的検討を行なうことに意見一致をみたといわれる。

シアトル展示会に紅蔘を出品

専売庁は米国シアトル市で開かれる二十一世紀展示会に韓国の紅蔘を出品する予定である。来る四月二十一日から六ケ月間にわたり開催されるこの展示会は、米国でたびたび開かれる国際博覧会中最大規模のもので、高麗人蔘の海外宣伝及び市場開拓のため宣伝ポスターとともに商工会議所を通じ出品する。

商品取引所設置推進

綿糸布、小麦粉等が対象

商品流通正常化と価格調節

供給過剰物資の公正な価格形式と商品流通の正常化を目的とする商品取引所の設置案が関係当局によって検討されている。この度業界消息筋が語るところによれば同取引所の設置のため関係当局は既に立法措置を鋭意検討中であり法的裏付けだけ完了したら、大韓商議で定款を作成するなど同取引所設置の産婆役的役割を担当することになるだろうという。

同消息筋談によれば、今後設置される同取引所は現証券取引所と類似した性格をもつもので、取引所内に商品市場を開設して綿布、綿糸、砂糖、小麦粉等供給過剰商品を上場して売買するようにし取引の公正化を期する業務を行なうようになるという。

商品市場の売買取引方法は①実物取引と②清算取引の二種として取引所は一定の手数料を受け、特定商品の売買を仲介することになり、取引員は貿易業者と卸売商等で構成する会員制とし、メイカーは将来生産される商品（綿布、綿糸等特定品）の売買を取引に申請して委託販売するようになった。

農協は農民の手で守り、発展させよ

革命後、農協が改編されて以来総会員二百四三名中、二百二一名が参加した第一回農業協同組合中央会定期総会が開かれた。呉中央会長は式辞で農協が去年九億ホワンの利益をえたことと、これからは里、洞組合の機能を拡大、強化することを誓った。張農林長官も各級農協組合長たちに、農民の自律精神の造成による組合運営の創意発揮、政治的中立堅持および行政機関との紐帯強化等によって農協業務の効果を上げることを強調した。

歴代政権の下で農協総会が代議員選出をめぐって勢力争いに没頭してきたのである。またその多大な利害に対する与党の政治的食指が濃厚になり、官製農協に堕落した苦い経験をもつわれわれは農協の民主的姿勢に深い関心をいだいているのである。

このように、革命政府はその施策の重点を明らかに農村振興におき、高利貸整理、農産物価格維持政策、営農資金の放出、肥料供給等における顕著な改革を行なってきたのである。こうしたすべての改革は韓国農村の後進性による天下り式に上層部から与えられたものである。これからは農民の生活の中から農村発展の意欲が自発的にわくよう方向をかえる必要がある。いわば下からの改革である。このためには里洞単位を拠点に農協を農村実情に合うよう上向式にその体制を改編することを効果的に継続推進しなければならない。

農協は農業信用のみを内容とするという消極的な範囲から抜け出して、生産、販売、購入においても共同体の機関を活発にすべきであると思う。行政機関とかその他の農村指導機関とは密接な関係をもち、農業経営の現実的困難を克服しなければならない。

わが国の農業は根本的に家計中心の小農経済だ。家族的小農は本来、自給農家であり、家計農業のもとでは現物経済にとどまり、農業の商品経済化を妨げている。数多く創設された自作小農は生産性を高めるよりも、小所有者的な農村伝来の保守意識の温床になっている。この点からみて農業近代化のためには啓蒙事業が絶対的な重要性をおびているといえる。またこれは農協が実践しなければならない事業に属するのである。

現在、農村の振興のためには、まず経営面からみて耕地整理、土地改良、水利事業、経営規模、農業技術、農機具、営農資金、農業労働力等において改善しなければならない難しい問題が多いことは事実である。このほかにも都市工産物との交換過程における農村の不等価交換を是正するというのも総合経済政策に依存してはほとんど実現しにくい問題である。

こうした難題を克服するためには国家の指導力が必要であることはいうまでもないが、根本的に農村の生活を改善するには、農民たち自身の自助的精神と勤勉が先立つものでなければならない。ゆえに農協は農民を組織化し、自力更生の豊かな温床を育成する土台にならなければならない。（京郷新聞社説二・二七日）

重農政策に徹底せよ

—緊要なことは、公務員の愛民の情—

去る二十二日、今年度第二次地方長官会議が開かれた。朴議長が民情視察を終えて帰ったのちであるから、朴議長が実地に見たり、体験したところによって、多くの緩和が政策面の上に大きく反映されると思う。

朴議長がこんどの民情視察をした着眼点は主に絶糧農家対策、農業増産計画、農協育成策などであった。飢餓と絶望にさまよう民生苦を解決せんとすることは、その主要目標の一つとしてとり挙げている革命政府であれば特に重農政策をとることは当然なことであろう。何故ならば農民はわが国人口の大部分を占めているのであり、その農民の大部分が生活苦にあえいでいるからである。

われわれはわが国が農本の国でありまた農は天下の大本という意義を知っているが、その反面わが国ほど農民が軽視されてきた国はさらにはないのである。

歴代政府が重農政策を標榜しなかった時はなかったのである、その美名の下に農民たちは常に政治家らの搾取の対象となってきたのである。

しかし現段階においてわれわれは革命政府が真に農民のために考え真剣に農村再建を念願している姿を歴然と見ることができる。われわれは何よりも農漁村の高利債整理を断行した。革命政府の勇気を高く評価しているのである。そして経済再建五カ年計画においても農村再建に相当な比重をおいていることなどは、幸いなることと考えている。

朴議長は実態を正確に把握することに重を傾めて形式的な行政の弊を是正せんとなしているが、今度の地方長官会議において、朴議長の訓示を通じて強調した点も、絶糧農家のために恒久的対策とこれに伴って地方公務員たちの創意力に関する問題であった。

毎年春ともなれば、多数の絶糧農家が生じて見るに忍びないありさまをくり返してきたが、地方公務員たちはそのような事態に対して何の対策をも講ずることなく、単に事なかれ主義を一貫するのみであった。革命政府ではこのような弊害を一掃せんと積極的に立上がったことを、喜ぶと同時に大きく期待する次第である。

絶糧農家対策は何よりも絶糧農家の実態を完全に把握することから出発しなければならない。過去地方官公署から誇張した報告をみると、単に架空的な数字を羅列したり誇張したりしたのみで、その実態とはかけ離れた例が一、二ではなかった。このことは公務員の無責任に因ることである。

朴議長はだいぶそのような公務員たちの無責任な精神をただすんと非常な努力を傾けていることをわれわれはよく知っているのである。

しかし最も根本的な問題は公務員の精神如何に関するものである。公務員たちが真に農民を愛する心根を持っているならば、かれらが形式的な行政に満足していられないはずである。このような観点から朴議長は、地方公務員たちの創意力発揮を、あらためて要強していることはまた当然である。

農村が再建されずにはわが国の再建はありえない。よって今度は過去にあったような形式的重農政策に終わることなく、名実ともに相適合する徹底した重農政策が実践されることを切に望むのである。（京郷新聞社説二・二三日）

本紙愛読者特別勉強

李武宣	〃	[illegible]	〃
李西圭	〃	[illegible]	〃
朴今龠	〃	[illegible]	〃
白鉉相	〃	[illegible]	香川
李夏尚	〃	[illegible]	〃
名茂龠	〃	[illegible]	〃
金桐伯	〃	[illegible]	岐阜
裵讃顕	〃	[illegible]	岐阜
李仁春	〃	[illegible]	香川
李敏和	〃	[illegible]	和歌山
文僉祺	〃	[illegible]	〃
材憾植	〃	[illegible]	大阪
玄成伯	〃	[illegible]	兵庫
徐福女	〃	[illegible]	愛知
千永洛	〃	[illegible]	島根
金仍出	〃	[illegible]	兵庫
李乙連	〃	[illegible]	〃
宋太龍	〃	[illegible]	大阪
李相権	〃	[illegible]	奈良
李成万	〃	[illegible]	奈良
崔次成	〃	[illegible]	〃
金慶燮	〃	[illegible]	〃
呉先伊	〃	[illegible]	大阪
呉小先	〃	[illegible]	奈良
李在述	〃	[illegible]	〃
張鍾局	〃	[illegible]	兵庫
金基培	〃	[illegible]	大阪
金斗変	〃	[illegible]	〃
呉海詠	〃	[illegible]	福井
崔相俊	〃	[illegible]	大阪
宋任生	〃	[illegible]	〃
金三磊	〃	[illegible]	大阪
曹在煥	〃	[illegible]	兵庫
李戴嵐	〃	[illegible]	大阪
崔判岩	〃	[illegible]	〃
成智信	〃	[illegible]	兵庫
金庚戌	〃	[illegible]	〃
李道貢	〃	[illegible]	京都
金大臥	〃	[illegible]	兵庫
朴一願	〃	[illegible]	京都
沈在一	〃	[illegible]	〃
金東柱	〃	[illegible]	兵庫
崔柱声	〃	[illegible]	〃
（二月二十日現在）			
鄭鍋	〃	[illegible]	東京
朴在述	〃	[illegible]	静岡
李甫朋	〃	[illegible]	埼玉
高海坤	〃	[illegible]	神奈川
韓叔伊	〃	[illegible]	〃
孫永基	〃	[illegible]	東京
尹千竜	〃	[illegible]	福岡
奇世中	〃	[illegible]	山口
金上達	〃	[illegible]	熊本
金福童	〃	[illegible]	〃
李鍋山	〃	[illegible]	広島
金来伝	〃	[illegible]	〃
金文培	〃	[illegible]	東京
李圭沢	〃	[illegible]	〃
（二月二十三日現在）			
閔永益	〃	[illegible]	和歌山
劉乗圭	〃	[illegible]	愛知
呉千春	〃	[illegible]	大阪
曹守真	〃	[illegible]	〃
金龍子	〃	[illegible]	愛知
鄭鎔右	〃	[illegible]	
金英子	〃	[illegible]	〃
李発順	〃	[illegible]	〃
尹正任	〃	[illegible]	〃
宋水祖	〃	[illegible]	〃
河吉鳳	〃	[illegible]	徳島
金成叔	〃	[illegible]	和歌山
金花子	〃	[illegible]	大阪
曹喬豆	〃	[illegible]	〃
梁正彩	〃	[illegible]	〃
洪発生	〃	[illegible]	大阪
安徳一	〃	[illegible]	兵庫
徐福竜	〃	[illegible]	兵庫
金元礼	〃	[illegible]	大阪
由吉秀	〃	[illegible]	和歌山
趙相奎	〃	[illegible]	岐阜
鄭和順	〃	[illegible]	〃
李守鉉	〃	[illegible]	愛知
南花子	〃	[illegible]	愛知
李基春	〃	[illegible]	〃
金朗伊	〃	[illegible]	福井
李鉄淵	〃	[illegible]	〃
鄭雨和	〃	[illegible]	〃
安吉秀	〃	[illegible]	〃
金興敦	〃	[illegible]	兵庫
金昌玉	〃	[illegible]	大阪
金快河	〃	[illegible]	〃
朴炳文	〃	[illegible]	兵庫
金満生	〃	[illegible]	岐阜
高根生	〃	[illegible]	大阪
金照業	〃	[illegible]	大阪
洪龍萬	〃	[illegible]	新潟
宝正石	〃	[illegible]	〃
金伯哲	〃	[illegible]	神奈川
許性道	〃	[illegible]	兵庫
林瓚玉	〃	[illegible]	〃
林昌祚	〃	[illegible]	京都
李祥拠	〃	[illegible]	〃
朴兆順	〃	[illegible]	和歌山
朴命年	〃	[illegible]	栃木
文永元	〃	[illegible]	大阪
尹一重	〃	[illegible]	神奈川
崔且用	〃	[illegible]	和歌山
李焔	〃	[illegible]	〃
崔任善	〃	[illegible]	神奈川
李元道	〃	[illegible]	東京
韓任談	〃	[illegible]	新潟
尹仲守	〃	[illegible]	神奈川
李点述	〃	[illegible]	神奈川
李鍾根	〃	[illegible]	東京
呉鍾玉	〃	[illegible]	東京
崔漢蒙	〃	[illegible]	神奈川
金两栄	〃	[illegible]	〃
李秉植	〃	[illegible]	静岡
李甲道	〃	[illegible]	東京
尹願烈	〃	[illegible]	〃
李奎武	〃	[illegible]	〃
鄭任斗	〃	[illegible]	〃
金順伊	〃	[illegible]	〃
金京花	〃	[illegible]	〃
金鍾昭	〃	[illegible]	静岡
呉福伊	〃	[illegible]	東京
許厚先	〃	[illegible]	〃
洪永圭	〃	[illegible]	新潟
李且順	〃	[illegible]	埼玉

組織防衛のために決断

監察委員会に提出した 中総団長の査察要請内容

韓青委員長・郭東儀は五・一六革命以後においても従来の態度を改めず、今日に至るも民団組織人として容認しがたい発言と行動が多く、自省を促して来ていたが、去る二十一日、遂に韓青前常任・具哲謨、洪性貞両君の郭に対する声明文が発表されるに至った。

その後においても同君には謙虚な態度がみられず、むしろ自己の行動を合理化せんとのせん動を行う態度に出た、、ために本団としては団内の混乱を防ぐべく百方に手を尽し郭の反省を促したが、なんら反省するところなく各種の策動を続けている。このように今日までの郭のすべての行動が、民団として到底容認しえぬ重大問題であるためその声明の真否および郭東儀の今日までの発言と行動中の民団規約違反の事実の有無を責務に調査した結果、左記の如く規約違反事実のある疑いが非常に濃厚である。

第一点　郭東儀は五・一六革命以後にも従前の態度を変えず北傀の偽装平和統一論を信奉し、もって本国革命政府に反対し、朝総連のいわゆる「談合事業」を肯定する態度をとり、民団の基本方針から離脱し利共行為を敢えて行って来た。これは左の各事実から証明されるところである。

(一) 郭東儀一派は四・一九革命後韓青委員長として北傀の偽装平和統一案である南北連邦制路線に追従し、これを意識的に民団内に扶植せんと努力し(一九六〇年度第四回韓青臨時中央委員会の報告書および一九六〇年十月九日第八回韓青大会運動方針書)容共主義者であり北傀の対南工作員と目され、本国内にかれらの容共思想を宣伝するために巨費を使い敵紙統一新聞の主宰者である李栄根の影響にある容共主義者と万人の認める金仲泰を副委員長にかつぎ出し、容共グループ結成に極力努力して来たが、これは五・一六以前であるから不問に付すとしても、五・一六以後にもこれを変えず過去のグループをより一層結束せしめ、国内事情をよく知らずまた民団の基本方針と朝総連の兇悪な陰謀の破壊工作を知らぬ在日二世青年および学生たちを、いわゆる平和統一・民主政治・革新主義とかで韓国を批判し北傀に傾けさせる方向に指導して来、在日二世たちに民族精神を涵養させ国語普及・技術訓練など健全な青年としての指導を行わねばならぬ韓青を、政治団体的運動にひきずって行った。

(二) 一九六一年九月二十日に、敵対陣営と通謀した各種実証に依拠し本団から除名された崔鮮が発刊する白葉誌(朝総連東京本部から発送している)に直接間接に参加し深い関連をもっており(白葉一九号参照、前韓学同委員長趙鏞来声明書参照)同誌一九号に掲載された郭東儀の軍政反対理由中「今般の軍事クーデターは四月革命を否定したものであり当然反革命としての処断を受けねばならぬとの発言とその他容商論的平和統一論など」本質的に容共主義者でなければ到底発言できぬかれの本質をあらわした。(白葉一九号二五頁参照)

(三) 一九六一年十月末に韓学同と韓青執行部が新宿食道園で会合したとき、郭東儀は親ソ、親中三角軍事同盟を主張する発言をなし、本国革命政府反対を煽動した(具・洪・梁内守証言録音一巻)

(四) 朝総連中央委員であり、かれらの民団工作の重要な責任者の一人である徐鍾実と同郷人であるとの理由で頻繁に会うばかりか、韓青十六周年記念パーティーにかれを正式に招請し祝辞を受け、その上一九六一年十二月十五日発刊韓青機関紙青年新聞にこの事実を掲載し、かれらの宣伝をわが陣営内で公然と行なった。

(五) 一九六一年十月頃、東京千山閣で南海同郷人が北韓に行く「帰国歓送会」に出席し、これを口を極めて賞揚、同席者のひんしゅくを買ったのをみると、かれの真意が北送反対に反対するものであるとの本質を暴露している。

(六) (1) 本国革命政府に対する韓青の反対態度(一九六一年七月六日声明)

(2) 前韓学同執行部と郭東儀との軍政打倒声明採択陰謀(中総幹部目撃)

(七) 朝鮮統一新聞および朝鮮新報に対する諜報(わが機関に発表以前に右記新聞に掲載された事実)

(八) 北傀の対南工作部事業責任者の一人である李栄根の影響下にある金仲泰と新宿京王映画館地下アートコーヒー店を利用し活時連絡している事実。

(九) 朝総連傘下団体である朝青副委員長(前朝学同委員長)金圭一と新橋ガード下にある喫茶店ブルボンで密に会っていた事実。

(十) 郭東儀が以上の活動をするにあたって、或るいは朝総連を背景として或るいは偽装朝総連から政治資金が出ていたことは前韓学同委員長趙鏞来君の声明を引用するまでもなく、多少とも僑胞社会の動きに関心をもつ者なら、つとに熟っている事実である。

趙鏞来君の声明書中、崔鮮の言語したこととして「韓青は一体どこにお金があってあのように活動しているとおもう？ みなおれがやっているんだよ」「朝総連財政委員会(北韓との直結資金機関)に手形を納めて資金を融通して来る」との発言は誠に重大である。崔鮮が民団団員であった時はかれが民団内工作を直接責任をもちちやっていたようであるが、崔鮮が除名された後は郭東儀たちと深い関係をもつ者たちが民団内で代替したというのが事実であり、従ってかれらの活動資金が、朝総連と関係なしとどうして言いえようか。

第二点　郭東儀は具・洪声明により暴かれた秘密組織の一員として韓青中本を拠点とし、民団社会内に容共ないし利共的な勢力を扶植しようとした。

(一) 右証人は具哲謨・洪性貞

(二) 前秘密結社員文太林の証言録音三巻(秘密結社に対する事実収録)

(三) 秘密結社十五名中文太林・金仲泰・李承政・黄迎満・李相熙の五名を明確にする。

(四) 秘密結社趣旨は具・洪声明に依拠する。

(五) 上記第一点の郭の今日までの言動などを綜合してみるときこの嫌疑が濃厚である。

第三点　具・洪声明が韓国新聞に報道されたのち、民団中総としては慎重に調査中であるにもかかわらず、郭東儀は該声明に対して正当な弁明、あるいは、これを中総の捏造であると指弾する各種の虚偽事実を記載した文書を撒布し集会など大衆動員により民団組織の混乱を招来し権威を失墜せしめた。

以上の三点からみて郭東儀は大韓青年同盟責任者として不適当であるのみか、民団規約に違反するものと考えられる。

中総・調査結果を発表

韓青問題の全貌はこうだ

民団中央総本部ではさる六日、韓青同盟中央本部委員長郭東儀問題に関する調査結果を発表し、それを傘下各県本部に示達した。同調査文は中央監察委員会に対する査察要請、前韓青同中央本部幹部具・洪両氏の声明文発表以後の経緯、郭東儀委員長を囲む情勢分析の例証、具・洪声明発表後の韓青声明分析からなっているが、中総では右の調査結果を発表するに当って、「韓青同」問題で組織内に混乱を起していることは真に遺憾なことであるが、今回の措置は民団組織を結束強化するためには、一度は経なければならない絶対必要な過程であり、民団陣営内に容共的な勢力の浸透を防止するためのものである、としている。以下は「韓青同」郭東儀委員長の容共的な態度に関する調査結果の各発表文である。

郭東儀委員長を囲繞する情勢分析の例証

朝総連の主張をそのまま主張

韓青の郭東儀委員長を囲繞する情勢分析の中に、列挙された証拠に関係する文書の中の原文を摘記して、参考とするのが一そう事態を明確にされるであろうから、つぎに問題の句節を摘記する。

韓青第四回臨時中央委員会の報告書中「フルシチョフソ連首相は、ソ連の共産主義国家の道を自己の手で実現させる」と引用して、そのあとに「このような自負の下に国内政策を推進させておりソ連が七カ年計画を完了する一九七〇年後には労働生産性の向上とあわせて共産主義実現の条件が生まれる」と摘記し「これと時を同じくして社会主義諸国も共産主義の段階に突入して、国際情勢は根本的に変容し、現在の「米国的平和」という旧秩序が「ソ連的秩序」に依って代置されると見ているようである。それ故に、この七カ年計画完遂のために時間が必要であり、積極的な対外平和攻勢に注力している」と国際情勢を分析したが、このような情勢判断から自由陣営が共産陣営に敗北されることを予想したのであり、また「ソ連は急速な速度の経済成長率で米国を追っており……」などの情勢分析などは、自由陣営を擁護しようとする立場でなかったことを物語っている。

そして、第八回定期大会の新運動方針は、全体として朝総連の運動方針そのままに、平和統一論と南北連邦制論をそのまま掲げ、「世界史の現段階では平和統一以外の統一を主張するものは、真心から統一を願わないものであり、客観的な存在である相手を無視し、相互交流の門を閉ざす者は、現在のような情勢の中では分裂主義者だと言わざるをえない。統一でなく分裂の中でのみ、自己の利益をむさぼることができる者のみが相互交流の途を塞ぐであろう。われわれは、こうした分裂主義者を民族反逆者の存在だと思う…」と書かれているほか、もっと書いているが紙で消してある。

以上を見ても、現在の郭東儀君の思潮をよく証明している。平和統一をわが民族であれば、誰一人反対はしないであろうが、現在のような自由な民主主義原則に立脚しない北傀が主張する偽装平和統一をわれわれは否定し、その宣伝にまどわされないとするのが大韓民国的な見解であることは、わが民団員であれば誰もがよく知っている事実であるにも拘らず、このような朝総連の主張をそのままわが陣営内で主張していることを見るとき、郭東儀君をどうして容共主義者だと見なしえないだろうか。

共産主義者と深い関連

これが純粋な面から主張されたとしても問題であるのに、まして つぎに摘記する金仲泰なる共産主義者と関連を持ち、その他徐鍾実、崔鮮などと深い関連をもって主張するに至っては、その真相があまりにも明白であり、現在までわが陣営内にかっ歩させていたのが、わが陣営全体の怠慢と不注意に起因したものと言わざるをえない。

徐鍾実と郭東儀君との関連は、監察機関に提示した査察要請に言及されているが、徐鍾実は過去に韓青副委員長までやったものであるが、いまは朝総連の中央委員として対民団工作を担当しているものである。

金仲泰と郭東儀君との関連を見ると、郭東儀が国民登録もしていない反韓国的な人物を第八回青年大会で推薦し副委員長にしたのであり、金仲泰との深い関連はこれから推して見ても知ることができる。故にこの両人は本質的に通じているものと見られる。

過去、東京本部で発刊した「組織」に掲載された金仲泰の社会主義者同盟の件を引用すれば「ポプラ第一号」で金仲泰は〝南鮮には地主、資本家を中心に民主主義的政府が樹立されたが漸次反民主的になり六・二五動乱を契機としてその独裁化は極度に達した〟(二十三頁)〝外来侵略勢力とその代弁者たるカイライ政権を排除して祖国の統一政府を樹立しうるものは、唯正直なる民族の要望を担う社会主義革命の遂行を通してのみ可能なることを痛感する〟(二十四頁)、〝わが問題は世界の社会主義勢力に呼応して、国内勢力を結集したことは祖国の革命を促進させる画期的な契機である〟として、にわかに韓国に社会主義革命が惹起され、韓国が北傀金日成カイライの主張どおりになるような錯覚で宣伝し、わが民族陣営を毒して来た罪状は大きいのにも拘らず、その態度を堅持して現在まで民族陣営内部に容共勢力を拡張しようとあらゆる陰謀を尽していることは、容赦することのできない段階に至ったと見ることができるのである。

軍事政権を真正面から反対

つぎは、郭東儀君が「白葉一九号」に掲載した内容を引用して参考にしようと思う。第五頁「民主主義そのものを否定するよう軍事独裁政治を布いて、そこにおいて現在韓国で燎原の火の如く燃え上っている統一運動そのものを潰すことによって現在の韓国を維持していこうという意図がクーデターを引き起したのではないか、私はこう見ているわけです」、以上の言葉は、韓国を否定した上での統一を考えるもので、完全に反韓的な立場に立っていることを明確に知ることができる。また二十五頁には「経済問題と統一問題は不可分の上にあるんだということをいわれたが、私は全く賛成です」(十一頁)「韓国軍といいながらもそれはアメリカが指揮をしている、いわゆる第二のアメリカ軍といえるような軍…」云々「今日韓国問題の解決はあくまでも統一の壁をつき破るんだ……」等を見れば、韓国の立場からでなく、北韓の立場から韓国を否定する方に統一を考える郭東儀君の思考方向式が一そう明確になってくる。

また「今後の軍政革命、軍事クーデターというものは、ぼくたちとしては受け入れることが出来ない。しかもそれが四月革命以後における四月革命そのものを否定したところに、これが当然反革命として処断されなければならない、そういう性格のものである」云々は現政権を否定したことはもちろんであるが、韓国の立場からは到底考えられないことであり、特に反共という方向とは反対にむかっているということが明確であり容共的であると断定せざるをえない。

その他の発言を全部引用できないので省略するが「白葉一九号」を持っている方は、以上引用した以外での郭東儀君の発言を見ると同君が共産主義体系下で、韓国を分析していることが明確にされるであろう。

以上の引用外の生き証人たちの声明を添付し、参考として綜合的にみるとき郭東儀君の思想全貌が如実に現われるであろうし秘密結社に対する記録録音などを実際に団員全部に聞かせることができないので遺憾であるが、〝秘密結社〟として、民族陣営を共産主義化するブラッチ的な役割を果して来たことは、否定することのできない事実として暴露されてしまった今日において、全団員の厳粛な判断があることを要望し、誠実な団員諸位の周囲にも赤の魔手が延びていることに深く注意するよう願うものである。

具・洪声明発表後の韓青声明の分析

具・洪声明が発表されたのち、韓青中央常任委員会で発表された声明文を検討してみると、現韓青中央常任委員会の構成員がいかなる性質の人物らであるか知ることができる。

具・洪声明が韓国新聞に発表された翌二十八日に発表された韓青の声明文の中「権逸団長を頭とする分裂主義者らが背後から巧みに操って作り上げた虚構の脚本にすぎない」として具・洪声明を事実で反ばくせず、中総、特に権団長個人に対する侮辱で始まる意図を理解することができない。中総が具・洪声明を知ったのは、それが発表されてのちのことであり、事前に関連があるとは本末を転倒したものであるといわざるを得ない。また「いまや公然とわが同盟に対して敵意に満ちたきばを再びむけてくるに及んではこれ以上座視することが許されない……」に至っては言語に絶する毒舌であるという外ない。あたかもそれが共産党が大韓民国の指導者たちに対して侮辱する手段方法に似ている点にわれわれは注意せざるを得ない。

そして権逸団長個人にも毒舌をあびせ「権逸氏が民族独立運動を抑え「皇民化」運動を指導した当時身につけた手法をたくみに悪用したものと言える」「韓国新聞の声明文掲載は一方的であり、権逸団長こそデッチ上げの張本人である」という句節に至っては韓青の性格を如実に暴露するものであることを全団員は明確に知ることができると考える。

その後、三月九日に発表された韓青声明を検討するとき「権逸反動グループの牙は、今また韓国青年同盟に襲いかかっている」の言句は、いかにしても自由民主陣営に属し、大韓民国を支持する者たちの言辞であるとみることはできない。それは団員各位がいままで共産党と斗争してきた経験からして良く知っているものと思う。また「この度の問題はそもそも、韓青の破壊を企図する権逸反動グループの手によって惹起されたものであり……」という句節をみると郭東儀委員長を先頭に現韓青中央執行委員会の構成員らがいかなる性質の人たちであるか一層明白になるものと思う。

韓青は大韓民国の国是を遵守する大綱領をかかげ、反共的な立場で在日僑胞の権益を擁護する自治団体であり、思想・政治団体でないことは天下周知であり、動、反動を云々するすじ合いのものではない。また反動ということは政策上の問題であり、個人やグループでないことは常識でも知ることができるものである。

また三月九日の他の声明を見てもその言辞からして自由民主陣営に属する者とはいえない。「権逸暴力従輩による……」「偽善と陰謀」「権逸団長を頭とする分裂主義者ら……」等々の如き言辞に至っては、相手方を陥し入れるためには手段、方法を選ばない共産党の戦術に外ならないことはおのずから明白である。

具・洪声明以後の経緯

中総は終始郭君を説得

具・洪声明が発表される前の状勢を分析してみるに、四・一九革命以後民団内にも一時南北協商勢力が抬頭したのは事実である。学生団体、言論人、文化人、経済人、甚だしきは組織人に至るまでいわゆる朝総連の談合運動に席捲されたが、時あたかも国内では軍事革命により傾いていた世相を正し、民団は現執行部が樹立されてのち民団の反共路線を再確立することに努力して来た。

しかし深い思慮なしに理想を追い求め、現実に国家民族が対処すべきところを直視できぬ青年学徒たちにより、五・一六軍事革命以後にも東京各大学で韓国有志学生会その他いくつかの韓国学生の研究会との名称で軍事政権に対する批判乃至反対の声明文が続出し、朴正煕議長の来日時には羽田・新宿駅前で「民族日報言論人士救命運動」、全在日韓国学生委員会」の名称で韓国内の「民族統一全国学生連盟」の幹部たちの釈放運動ビラを散布した。このように韓学生層が韓学同を左右し、その背後に崔鮮の白葉一派など容共分子と朝総連の対民団工作班があることを注目していたところ、具・洪声明が二月二十一日に発表され、二十二日これをきいた中総は二十三・四の両日に亘り緊急常任委員会を開き慎重に検討し韓国新聞に発表するよう決定したのであるが、これは具・洪声明が既に各言論機関および各処に配布されているので韓国新聞でもこれを取扱わねば、民団の基本路線からしても後日誤解の生ずるおそれがあると考えたからである。また具・洪声明が今までの協商勢力たちの跳梁からみてその信憑性があるとは思えたが、やはり慎重を期し二十七日に至りはじめて発表したものであり、その後直ちに調査に着手し監察委員長にも口頭で査察を要請したのである。

具・洪声明の内容が極めて重大性を帯びているのみでなく、傘下団体である韓国青年同盟中央総本部委員長という現職にある郭東儀君に関連するものであるだけに、中総としては具・洪声明文に限りその真否を慎重に調査したところ秘密組織の存在と郭君との関連に対して心証を確認するに至り、同時に世間に疑惑を与えて来た郭君が、昨年以来南北協商論者であることを確認するに至ったものである。これは民団の基本路線に違背することはもち論、規約に違反するのみでなく反民団、反韓国的であるにもかかわらず、郭君は少しも反省することなく、中総が韓国新聞に発表したのみでなんら正式の見解を発表せぬのに自からは数次に亘り怪文書を散布し、具・洪声明に対する本質を追求することなしに反執行部闘争を拡げる運動を展開しているので、中総はこれに対する査察を正式に要請するよう結論をみたものである。しかし郭君は未だ前途洋々たる青年であって将来が期待され、自己の過誤を改めるなら、後日民団組織発展に一助となる人物であると信じ、その後いったん査察要請を保留することとし、中総議長金光男氏と中央監察委員長金今石氏を通じて説得に努力して来た。

しかし郭君の態度にはすこしの反省の色も見られなかった。一方民団の諸先輩たちにも郭君に対する説得を依頼して来たが、前中央監察委員長朴鍾氏が上京したのを機に再び説得を依頼、その結果自己の過失を反省し中総の意思を納得したかのような意思表示があり、その後前団長金昇柱氏、顧問李裕天氏にも依頼し説得するようにした。ところが郭君はどうするうちにも三月十八日韓青大阪大会に韓青京都本部委員長を帯同出席、従前の態度を堅持するばかりか一層煽動的な言辞で大阪韓青青年たちを煽動し、民団の執行部反対運動を展開させてわれわれの期待には完全に逆行し、これを平穏裡に処理せんとの中総の温厚な態度に背をむけるものであることを明らかにした。

その後も郭君自身の再生の道を導くために郭君の同郷諸氏を通じ再三再四説得して来た結果、具体的な面にまで進展し、中間の人を通じて書面作成までも相談するようになった。その間権逸団長自身も郭君の年齢的先輩、そして中総団長としての立場から、二度にわたり忌憚ない意見交換もして来、郭君の次のような点を指摘してこれを是正するよう説得に努力して来た。すなわち、

一、朝総連の偽装平和統一に対する偽瞞性を理論的に反駁すること、革命政権が国家再建のためにすべてのことを積極的に推進している現実情を再認識し、これに対する理論的な支持賛意を表示すること。

三、朝総連が民団侵透を目的として多方面に攻勢を加えて来ているのに対し防衛態勢をもつこと。

四、韓青は政治色彩を一掃し、韓青に負わされた元来の健全な青年運動を展開し、過去の誤ちを自認し謹慎すること。

以上の四項に亘り最終的説得に努めてみた。

組織防衛のため やむを得ず決断

前記四項は大韓民国国民であり民団団員であるなら当然、実践せねばならぬことと思う。しかるに郭君はこれに応じぬばかりか去る三月二十五日には中総から数次に亘り中止を勧告したにもかかわらず地方青年たちを集め、現中総執行部反対運動を目的として東京で共産党の行う方式で抗議闘争大会をもつまでに至り、その意図がどこにあるか明確に判明し、よって郭君を容共分子と断定せざるをえず、ここに至っては組織防衛上一大決断を下さねばならなくなった。

かくして今に至っては郭君とはこれ以上協議する余地なく民団としては一時保留中であった査察要求を監察機関に提示するようになったのを実に悲しむべき次第である。このような措置をとるにあたって組織防衛の要請と個人の情との相克に苦しむ。しかし郭君の問題はただ私的感情からそれを排撃したり擁護したりするには、民団にとって余りにも重大な問題を内包している。

民団が共産主義と対決している大韓民国の自治機関である以上、民団自体が側面から浸蝕を受ける現在、当然これを阻止せねばならぬ民団の責任を回避することはできない。

組織強化の熱意に燃えて集まった青森県の僑胞婦人たち

婦人会青森県 本部再出発

新役員を選出して

婦人会青森県本部では先月二十八日、同県本部会議室で第三回拡張大会を開いた。

婦人会中総呉基文会長出席のもとに開かれた同拡張大会は、従来とかく有名無実的な存在であった同県本部の組織を建てなおすための新活動方針の決定、新役員の選出などを行なって再スタートを切った。新たに選出された役員は次の通り。

会長尹元香、副会長李基献、会甲順、総務部長梁一連、財政部長李春子、組織部長李粉先、同次長金小南、厚生部長尹淳子、渉外部長金順雨、青年部長張玉子、監察朴丙先、徐蘭伊

文化

むぞうさに　たばねたその立体的な髪、美しさを永遠にたたえて"苦しい時は心で、悲しい時はその涙で…。私達を護ってくれた貴↗女。このはなやかな舞台がクルリと回るとき？世界の幸福をいっぱい摘んで貴女に贈ります。

ソウル女性（4）

絵と文　皇甫同

図書館法実施に期待

国内出版界の動き

まず別表統計を眺めると、次のような面白い現象をつかむことが出来る。①大体において出版景気が上昇したことである。四・一九と五・一六の洗礼を受ける間、低調一路をたどっていた出版界は、峠を越して、新学期を迎え徐々に景気を取り戻しつつある。昨年（一九六一年度）に比べて約倍に延び、一月の二二一種（新刊）に比し二月には三二六種（新刊）に、新学期を迎える三月には三四一種（新刊＝三月二十九日現在）にふくれている。

②しかし、実際のふくらみは漫画類が断然トップを占めて、出版界の景気は漫画部面だけに集中する奇現象を呈している。漫画ブームが何を意味するかをつぶさに考えて見る人ならば、この奇現象には驚くであろう。それに③少年向きと農村関係者（農業関係）が、若干上昇の気配を見せている。

図書館法が成案して、遠からず公布施行されれば、全国各級図書館特に学校図書館の図書需要が延びるであろうという期待から、業者のねらいが集中したが、文教部より国民学校図書館予算で四億ホワン（毎学級当五千ホワン）を策定したという便りも伝わったせいもある。軍事革命以後にも、農村文庫運動と再建国民運動が活発に進行しているから、自然と業者はこれをねらうようにも思う。

④春を迎えて、文芸物が季節的に若干の増加を見せているらしい。いまだ「世界一周無銭旅行記」のように売切れたのはないらしいが、「眠れぬ夜」「エチケット先生」「永遠と愛の対話」「君と僕」などが着実な売れ行きを見せている。文芸ものでない一般ものには「生活英語」「わが民族の進むべき道」なども、売上げを可成り上げているようだ。

⑤昨年より始まった「全集ブーム」は、以前どおりある出版社では相当な収入を上げている。しかし、総体的から見れば、出版界の沈滞と不振は別に変った様子もなく、病的傾向のダンピング行為は依然として盛んである。

「出協」から個別的ダンピング業者に対して個別的に統制策を施し始めたことによって多少の成果を見せてはいるらしいが、まだ堅実な出版界の秩序確立には程遠いようだ。現在、東大門一帯には、二千余種に達するダンピング物が溢れて、定価二千ホワンを特価八百ホワンとうたっているが、実際には四・五百ホワンのようで、健実な出版業界ではこのダンピングのために莫大な支障を来している様子である。「出協」では、去る一月二十五日第四次理事会でダンピング対策委員会を構成し、文教部に対して強力な対策を樹立するよう建議することになっているが、まだこれといった動きはないそう。ただ「出協」事務局では、業者が納本する時「特価」附きの図書は受取らない統制策を用いる程度である。

このような出版界の沈滞と不振に対する克服の努力は、過去の何時よりも高まりつつあるようだが、このような一連の頭痛の種は向上のための準備期間にならねばならない。

良書出版のために融資制度にも是非考慮を要する問題である。一日も早く公布実施され、ダンピング行為に対する適切な防止対策は早急に立てられるべきであろう。

旭

普通刊行物月別種別統計表（出協調査）（カッコ内は再版）

区分 月別	辞典	歴史	法政	社経	哲学	宗教	工学	産業	芸術	語学	文芸	医学	教育	学習参考	児童	漫画	其他	月計	六一年度
1月	(3)5	7	9	5	(1)2	2		5	(1)3	(3)2	(7)21	3	(2)22	(3)2	(6)26	(1)100	(21)2	(53)211	90
2月	(2)1	1	(4)16	(2)5	1	(2)14	2	(5)1	(2)7	(1)5	(16)19	(1)7	(1)4	(11)16	(10)15	102	(21)10	([illegible])226	131
3月	(3)4	(1)2	12	5		(3)4	(1)	(3)8	(3)3	(2)5	(18)22	(2)5	(22)23	(31)86	(12)20	130	(4)12	(105)341	134

歴史上の記録

四月の巻（1）

檀紀四二三四年（一九〇一年）△駐韓公使に林権助、以下欧米各国駐在公使任命。△日本—無政府主義者幸徳秋水が「二〇世紀之怪物帝国主義」を発表。

檀紀四二三六年（一九〇三年）△露国森林会社支社をソウルに設置許可。△日本—「万朝報」反戦論展開（非戦運動）。

注—万朝報は黒岩周六（涙香と号す）が創刊した民間紙で、その論説陣には黒岩を始め内村鑑三、幸徳秋水、堺利彦らの外河上肇がいた。日本政府が最も恐れをなした新聞である。日英同盟以後日露戦争必至となり社長黒岩が変節し主戦を主張すると、前記内村始め論説陣が反戦非戦論を展開し連袂退社したのであった。

檀紀四二三七年（一九〇四年）△慶運宮（徳寿宮）大火、△地契衙門（国土証券処）を廃止し度支部（財務部）内に量地局を設置、△日軍鴨緑江を渡河満州に進軍。

檀紀四二三八年（一九〇五年）△通信機関を日本に委任、△親衛隊を廃止し軍隊縮減す、△京義線鉄道開通。

檀紀四二三九年（一九〇六年）△義親王墹、日本より帰国。△日本—島崎藤村の小説「破戒」に対する正宗白鳥を始め文人の間で論評さる。

檀紀四二四〇年（一九〇七年）△侍衛歩兵第二聯隊設置△日本—南満州鉄道株式会社開業△東京の欧文植字工「欧友会」結成（最初の印刷工の組合）、△在郷軍人会結成、△平民新聞発行禁止、同紙七五号で廃刊となる。

檀紀四二四一年（一九〇八年）△高等女学校令公布、△内閣一部更迭し宋秉畯内務大臣に任命、△日本憲兵補助員に韓国人を募集△日本—軍隊内の社会主義運動に対し参謀総長防御訓令を発す。

檀紀四二四二年（一九〇九年）△籍田（王が耕す田畓）を親耕

檀紀四二四三年（一九一〇年）△日本文芸雑誌「白樺」創刊。その同人に有島武郎、志賀直哉、武者小路実篤等。日本に西欧近代文芸移入に貢献

李朝野史物語

光海君—仁祖時代篇（24）

王一行、公州に蒙塵　反乱軍ソウルを占領（3）

都元帥張晩は、鄭忠信が述べる作戦計画の一部始終を聞き終わり、すっかり感服した。鄭忠信の献策を全面的に採用することにして、彼を副元帥（前部大将）に昇格させた。

副元帥になった鄭忠信は、都元帥から支給された精兵二千を率いて、中軍大将南以興と共に先発することにした。

都元帥張晩は、残っていた千余兵をもって、先発軍の後から続くことにした。時は、仁祖二年正月二十六日のことである。

さて、鄭忠信は即座に全軍進出を、命令した。ところが、その従事官李時白が、その馬前に進み出て言う。

「この日は、暦の上で忌ある日なので、軍を動かすことは、よくないことと存じます」と、制した。

忠信将軍は、それに対して、「義の軍に、何んの忌日があろう。君父の急に際し、何んで一時たりとも空しく、時を過さんか。いざ、進軍せよ」と軍馬を促して、狂風怒涛の如く、一路ソウルに向った。

一方、これより先きに朝廷では、都元帥張晩からの状啓をみて、大いに驚き李貴に兵を与えて、臨津江において渡江する反軍を、防ぎ止めようとした。

しかし、文人出身の李貴など勝ち誇って押し寄せる反軍の、相手になれるものでなかった。坡州牧使朴孝立が、先きに破れた。李貴もまた敗れることになり、第一線が崩れてしまった。

頼みとする政府軍が、敗戦となったことを聞かれた仁祖大王は、施す方法がなくなり、一先ずソウルから退避することにした。

仁祖大王は、宗廟神位と内殿などと共に、漢江を渡り、忠南公州に、蒙塵（王が乱を避けて他に移ること）したのである。時は二月八日であるが、反軍の進撃ぶりが予想以上に急迫したので、王一行が蒙塵したときの光景は、惨たんたるものがあった。この間の消息を、仁祖実録には、簡けつに伝えて、

「是夜、李廷亀、鄭広ヲ留ジテ先ヅ行ク。大駕等衛ナ鳴ニ乗ジテ出ヅ。少頃、王明政門ヨリ出デテ鯨行ス。侍臣等徒行スルモノアリ。行キテ崇礼門ニ至ル門が閉じていたので石をもって鎖を破り漢江に到ってみると、渡し守が見当らず、非常な難儀苦行の上、漸く渡江、良方駅（ソウル南方五里いまの果川）に至った。この日は二月九日ですでに午の時刻になるが、一食もなく漸く豆粥で、飢をしのいだ」といっている。

王一行が水原より天安を経て公州に避乱したのは、二月十三日であった。

大軍が、王城を後にしてから、僅か一日にして、二月十日には反乱部隊は、ソウル市内に突入した。ソウルを制圧した李クワルは、勝利に酔うたとみえて、それ以上進撃する大望を、進撃しなくなった。鄭忠信が、都元帥張晩に献策した通りに。

ソウルを、手中に収めた李クワルは、宣祖大王の第十王子である興安君瑅を擁立して、王となした。そうして、失意の人物やその仲間などを引き立てて、俄か朝廷を、作り上げた。その外にも、人材を集めるためであったろう。臨時の科挙令まで、発布したのである。

反軍の将李クワルは、鄭忠信が評した如くただの武将にしかすぎなかった。首都占領で満足し、勝利に驕っている間に、鄭忠信は、精兵二千をもって十日払暁、予定した作戦通りに鞍峴（母岳館の西）に陣を入れ、堅く布陣してしまった。

一方反乱軍の陣中では、各自王となり、大臣となって天下を取ったつもりでわが世の春を謳歌していた。このときに鄭忠信軍が南下していることが、告げられた。

驕るものたちは忠信何者ぞとせせら笑ったが、反将李クワルだけは、大いに驚いていわく、

「都元帥張晩は、大した人物ではないが、鄭忠信は甘く見られない強敵だ。彼が、もしも急襲して北山を占拠するとなると、こちらは、低い地帯になるわけで、大変不利になるだろう。わが方から、これを先きに手に入れるべきだ。その次ぎに、坡州にいる張晩の本陣を犯せば鄭忠信としても、どうしようもできないであろう」と。

鞍峴占領は、確かに成功であった。これは、名将鄭忠信が兵法「北山ニ先拠スル モノハ勝ツ」とあるのを実戦に、とり入れたものである。やはり、反乱の将李クワルも、かっての同僚鄭忠信の人となりを知っているだけに、彼の機先を制した布陣に対して、心からろうばいしたのである。

反乱軍では、急いで軍兵を集めて、出陣の準備をしていると斥候兵から、既に鞍峴が官軍に占領されたことを、知らせてきた。

李クワルはびっくりして北山を仰ぎ見ると、兵隊が林の間からちらちらとみえるだけである。

「見受けるところ、そう多くはなさそうだ。一斉に突撃して奪いとれ」と軍令を下した。

連載随想　週間漫録

考える葉たち

社会悪の根源を絶つ担い手

朴　英　勲

悪徳の大きな壁に挑戦する善意に目ざめた人間像を通して、その背後にひそむ、より大きな社会悪というものを強く見つめたい。

人気絶頂のミステリー作家、松本清張の原作に材をとり、東映で撮影中の「考える葉」の製作意図のうたい文句であるが、どこまで悪の華の実態をえぐるかは別とし、とにもかくにもこの世は、偉い奴、悪い奴ほど得をし、よく眠るというナラワシになっていることだ。

東映「考える葉」から㊨から鶴田浩二、植村謙二郎、仲谷昇

善意に目ざめた考える葉たちの限は、私たち細胞の周辺にも数多く生まれ育ちつつある。彼等は旧来の因襲や、古色蒼然たる悪弊み拒を、不当な権力に抗し、時には冷視と憤懣の情をもって返し、常に自己の置かれた地点を確認、進んでものを創造する良識と知性、若さと情熱を失なわない。若いも若きも…

しかし、考える葉の群像たちは絶えず不安と脅威、矛盾と不合理、誤解と嫉妬が渦巻く悪徳に満ちた社会の不連続的悪循環の中にさらされ、悶え苦しむ。

非情で暗い星の下に生きる、これは考える葉たちの宿命的生理であろうか。

出世と栄光だけを追う破廉恥なジュリアン・ソレルよりは、非行動的といわれながらも知的なハムレットと、戯画的標本と笑われながら遮二無二突進する純心無垢な行動派ドン・キホーテを兼備したのが理想像だとすれば、彼等考える葉たちに、それを望み、共鳴者に私はなりたい。

政治における悪徳。それは権力に結びついた利権と、民衆の福祉を忘却した腐敗であり、民意を反映しない指導者の独裁である。

ひいては、他民族への姑息な排他思想、友好を度忘れした偏向的外交。

さて、私たち日本に生を営む細胞社会に焦点を絞り、幾つかの卑近な例を挙げて共に考えて見よう。

生死を共にした尊敬するJ兄は、長年組織運動に携さわった人も知る正義感に富むベテランのオルガナイザー。

組織発展のためのある種の建議をする。賛同した首脳陣は実施に先立ち、態度を内外に表明。ところが、誰が見ても理の当然、建設的なものであるにかかわらず、頭から理屈ぬきに無視され、これに反ばく、果ては妨害工作に出てくる一群の無頼的存在があると嘆いている。

確かに如何なる組織にも反対派はいる。しかし、これは思想の次元を異にする政体か組織体の場合は当然だとしても、次元を同じくする細胞の場合、権勢欲、派閥のための反対としか解釈されない。

組織は細胞の福祉利益を護るための、争うよりは惜しみなく協力を与える広場であり、権勢派閥のために利用されることは耐えられない、許すまじき社会悪の一つではある。

豊富な知識と教養をもつRという記者。この有能な彼には幾年経ってもデスクの地位が回って来ない。上層部にへつらうカビ臭い前時代的感覚の背景と年功だけが取柄のNが、昇進を阻んでいるからだ。

某商社のKも該博な学識をもつ中堅社員。彼のアイデアから生れた斬新、ち密、有望な企画は、未だに日の目を見ない。

これまた自己の無能の露見と、地位保存のためのガン的存在が握り潰したからである。

極く有りがちな私たち周辺の身近な社会悪だけを挙げて見たが、規模の大小はともあれ、浪花節的人間のキズナによる不合理な位階制度と、中傷謀略と、権勢意識と、それから派生する擁護と矛盾の社会悪に終止符がうたれる日。この日は、思想以前の、民族のより根源的な人間革命の意義を再発見した我邦の韓（カラ）の考える葉たちにも、明るい道が開かれる日であることを、しっかりと見つめたい。

「韓国幻想曲」映画化

東星映画　ミュージカル風に

安益泰氏の「アリアン・ファンタジー（韓国交響幻想曲）」が映画化される。

この作品の映画化権を獲得した東星映画社の発表によればすでに李真燮、羅米雲、李貞善氏などによってシナリオ・ハンティングが始まったという。

映画化される題目は「コリア」。映画の内容は民族受難史を背景とした韓国の受難史をテーマとした「コリアンファンタジー」にドラマをアンペセミ・ミュージカルに製作されるだろうという。

演出は金書根、俞賢穆共同監督がメガホンをもつことになるが、この初秋にクランクインする予定でこの映画音楽の作曲・編曲指揮は安益氏自身が担当するという。

映画社の話によれば、同映画には米国俳優ロック・ハドソンの出演を交渉中であるし、ハリウッドの韓人俳優フィリップ・安も出演することになる。撮影監督には米国カメラマン、ジェイムズ・ワン氏

韓国に科学社会文献センター設置さる

ユネスコの援助で延世大に

韓国の最初の科学社会文献センターがユネスコの援助で延世大学校図書館に設置されることになった。

同センター設置のためユネスコ本部からカスマー博士が来韓して二ケ月間の予定で実務に従事している。

入試問題は道単位

金文教長官語る

金相浹文教部長官は、四日、各級学校の入試要領を明らかにして中高校試験問題は国家が単一出題することをせず、道と特別市単位に実施することになったと声明した。

金長官はこの日記者会見の席上今までの国家単位の出題方式を改めて道と特別市の裁量にまかして農村、都市等の地方実情にあうよ

焰の記録（21）

湯浅克衛

え　金泰伸

夢と漂泊（十）

同僚の女たちには、もっとヒドイのがいた。

胸にも、腕にも、脚にも、全身ところ嫌わず紫色の吹出物が出来て、それをうめきながら潰してうみを出したり、蛭に吸わせたりしているのがいた。

蛭という魚だか、虫だか、わからない生物を見ると、縫子は、全身が寒気でゾーンとした。

それが女達の膿をはって、血を吸っているのを見たり、ふと、つまずいた茶碗がはげて、中から、うじょうじょと、畳の上に泳ぎ出したりすると、縫子は叫び声をあげて逃げ出して、しばらくは、その部屋を見るのも嫌だった。

それでも、夜は、仕方がないから、帰って寝た。

そんな夜は、きまって、鉛筆ほどもある蛭のお化けに、なめられている夢に脅やかされた。

眼を覚まして、傍に母親がいないと、店まで聞えるような大声で泣き喚いた。

すると、母親は何を置いても、駆けこんで来て、客の食残しの南煎丸子（ナンゼワンズ）などで機嫌をとるのである。

南煎丸子は縫子の大好物であったから、機嫌は直る。

それから、沖仲仕の頃のように、母親に抱かれて、子守唄を聞きながら寝つくのであった。

けれども、抱いて呉れている母親の身体からは、沖仲仕の時までの、あの嗅ぎなれた体臭はしない。

油っこい、男の体臭が交り、強く消毒液の異臭が鼻をついた。

それが、何より、縫子には淋しかった。

やがて、縫子は五年生になった。

五年生になると、縫子の級友たちは、遊廓がどういうところであるか知りはじめた。

お正月も過ぎたころの、式の日であったから、紀元節ででもあったろうか。

式が終り、喚声をあげて、ドドッと教室に [illegible]

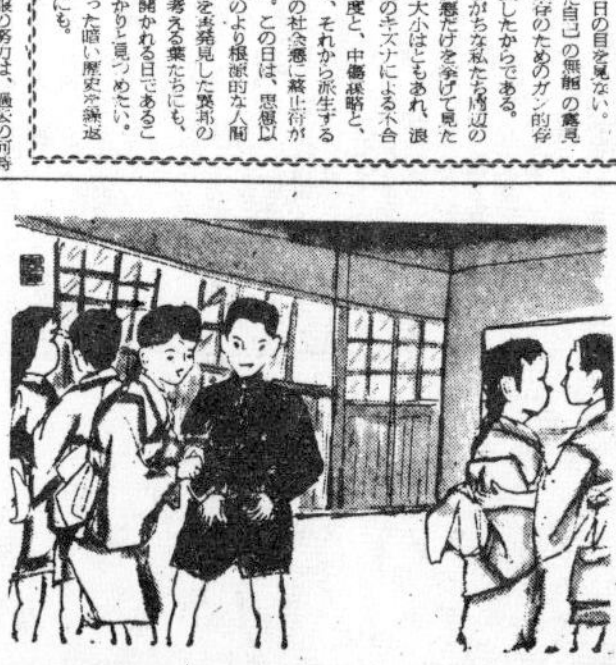

輸出入　香料
化粧品用
食品用
防虫・防臭
化学品原料
吉野香料株式会社
取締役社長　関口庄市
本社・東京都新宿区諏訪町1

新し
国産

IMPORTERS　EXPORTERS
営業種
建築資材・鉱産物・農生産物
化成品・医薬品・食料品・機械工具

韓國新聞
発行所 韓国新聞社
発行人 [illegible]
東京都文京区金富町51
電話(813)2261・2263 (812)1921 (813)2262
振替口座 東京 34968番

輸出入・国内販売
三井物産
社長 水上達三
本店 東京都港区芝田村町一ノ一
電話 東京（501）〇三一一・三三一一（三井物産館）（大代表）

内閣の一部改造を断行

内務部長官に朴璟遠少将
文教部長官に朴一慶氏
法政処長に文鴻柱氏を任命

韓国政府は十五日午後内閣の一部改造を断行し、内務部長官に第一軍団長朴璟遠少将、文教部長官に法制処長朴一慶氏を任命し、さらに法制処長後任に前釜山大学学長文鴻柱氏を任命した。

この改造は金顕哲内閣で初めてであるが、前内務部長官韓信少将がこの夏交通事故で重傷を負い、執務不能となったのと、金相浹文教部長官が一身上の理由で辞意を表明していたからであり、これをきっかけに新しい憲法の国民投票、政治活動再開、総選挙、大統領選挙、民政移管と続く激動期に処して大幅な内閣改造が行なわれ選挙管理内閣ができるのではないかとの観測がソウルでは強かったが、結局辞意を表明したものだけをやめさせるという小規模な範囲に終わった。

朴璟遠内務部長官略歴＝一九二三年全南出身、長崎高商卒、千葉高等騎砲学校卒、檀国大学卒、陸軍大学卒、国防大学卒、第六軍団砲兵司令官、第二十七師団長を経て第二軍団長となる。三十八歳陸軍少将

朴一慶文教部長官略歴＝四七年ソウル大助教授、五〇年、国会専門委員となる。・京城帝大卒、国務院事務処長、法制処長。四十三歳慶北出身、法律学者。

文鴻柱法制処長略歴＝京城大卒、釜山大学総長を経てソウル大学、行政学院講師、慶南出身、四十五歳

「成春香」泰に三千ドルで輸出契約

国産映画「成春香」一編がまた海外市場に顔を出すことになった。申フィルムでは、先般国内でも盛況をみせた天然色「成春香」一編と同予告編二巻を三千ドルで泰のバンコックにある韓泰貿易商社と契約を結び、東南ア市場に処女輸出することになったといわれる。申フィルムでは先般日本にも「成春香」一編を輸出したことがあり持と今度が二回目の貿易品になる。

崔外務部長官

金部長訪日で年内妥結か

崔外務部長官、日本の誠意要請

韓日会談

崔徳新外務部長官は十五日午後、金鍾泌中央情報部長が来る二十日日本を訪問し、日本政界の指導者達と話し合えば韓日問題の解決にかなり大きな役割を果すようになるものと期待され、韓国側では韓国問題を年内に妥結するため努力を惜しまないはずだが日本側もこのような誠意を示すならば年内妥結が可能であると語った。

李元雨公報長官を派遣
道徳再武装大会韓国代表

公報部の消息筋によると来る二十二日、日本で開かれる道徳再武装大会に李元雨公報部長官が代表として参席することになったといわれる。

韓銀外換一億七千226万ドル

九月二十五日現在、韓銀外貨保有額は一億七千二百二十六万五千ドルで、八月末より三九七万ドル、前年末より三千百九十万ドルが各々減少されている。

ところで、この外貨減少にたいして十五日関韓銀総裁は、悲観的態度をみせ、輸出振興による国際収支の改善が急務であると語った。

一方、関総裁は、外貨保有額のこのような減少は外国民間借款にもよい影響を与えないと指摘、外資使用の節制方案を考慮中であると語った。

馬山3.15義挙記念塔開幕式

四月革命の発火口である“馬山”で3・15義挙記念塔開幕式が最高会議朴議長はじめ内外貴賓多数が参席して盛大に行なわれた。写真は開幕した記念塔前で祝辞を読む朴議長

国政監査結果を報告

第二十一次最高会議本会議で

【ソウル十五日発＝連合】最高会議は十五日午前第二十一次本会議を開き、去る九月十七日から二十九日まで行なわれた国政監査の結果について各監査班長から報告を受けた。朴正熙議長司会の下に開かれたこの日の監査報告では、法務部、裁判所、検察、会計院、監察委員会などを監査した第一監査班の李錫済班長は、警察において比率が低かったこと、控訴審で原審の判決が覆される比率が高かったことなどを指摘しながら人身の拘束において慎重を期し、裁判官の資質向上をはからなければならないと指摘した。

「撮み」対日輸入を検討中

商工部は、ラジオ附属品「撮み」十二万個の対日輸入許可与否を検討中である。商工部は撮みの国内需給実態を調査した結果、国内でも類似品が生産されてはいるが完全な製品を生産できないため輸入許可与否を検討することになったといわれる。なお、輸入許可申請商社は泰韓実業で輸入価格は個当たり三㌣乃至三・五㌣といわれる。

輸出果物箱改善補助金交付要領制定

農林部では、輸出用果実の鮮度維持と品質向上を目的に輸出用果物箱改善補助金交付要領を制定し先程関係機関に通告した。この要領は、六二年度中に輸十万箱の輸出果物用の箱にたいして箱当たり二十八ウォン八十銭ずつの補助金を交付することを規定している。

北韓反共愛国 闘士合同追悼式

北韓愛国闘士未亡人会で挙行

【ソウル発＝連合】北韓愛国闘士遺族未亡人会は十五日午後国民会堂で第十二周期北韓反共愛国闘士合同追悼式を行なった。

この日の追悼式に集まった数百名の北韓愛国闘士の未亡人と遺家族等は、解放後北韓でソ連軍および北韓カイライに反対して闘い、生命を失なった殉国英霊に追悼をささげ彼等のめい福をいのった。

この日の追悼式は韓国アジア反共連盟傘下にある北韓解放促進会の後援で行なわれた。

牝豚に米産最低入札
山羊は日産が最低価

去る八日、調達庁で実施した牝豚四十六頭と山羊六十頭の国際購買入札（二〇九五ー８）で米国産牝豚と日本産山羊がもっとも安い価格で応札した。政府保有ドル三万二千九百五十二ドル八十セントによって農林部の畜産振興五カ年計画の一環として実施したこの入札にはトレイトメイカなど三つの外国商社が参加、最低価格は牝豚米国産頭当たりCIF二百七十九ドル～四百十四ドルで、トレイトメイカを通じてオファー、また山羊は日本産頭当たり一百八十ドルで「伊藤忠」商社によりオファーされた。調達庁は遅くとも落札判定は、来る十一月上旬までに終える予定である。

内外十二社が応札
保社部用視聴覚教育機材

去る八日調達庁で政府保有ドル一万三千五百九十六ドル八十八セントによって実施した幻灯機（百台）など保社部用視聴覚教育用器材の国際購買入札（K・X二〇九六ー８）には十二の内外商社が応札したが、その中幻灯機の最低価格応札社はアイゼンバーク社で日本製品をCIF三千六百五十五ドルでオファーした。このオファー有効期間は三十日、入札品目の船積はL／C受付後一カ月以内になっているところでこの日入札に参加した内外商社数は次の通り。

△国内社＝二社（和信産業・東一機材）
△外国社＝十社（ア、グファ・カッツ・ブロス・アイゼンバーク）

カーテンの裏

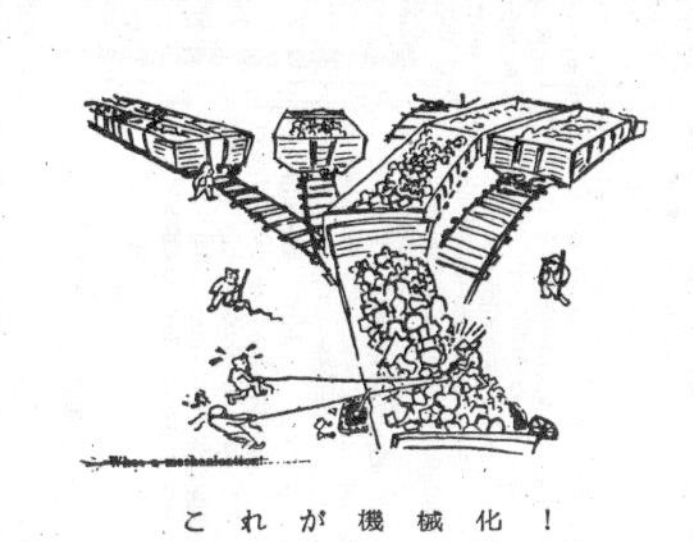

これが機械化！

シバル会社を選定

大・中型自動車工場建設

【ソウル発＝連合】十五日経済企画院で開かれた第二十一次外資導入促進委員会は、大・中型自動車工場建設予定者としてシバル（始発）会社（代表崔茂盛）を選定した。投資所要額は、外資一五〇万ドル、内資八千万ウォンが計上されている。ところで、この選定条件は①国内資本、技術、経営能力の総動員のため始発会社は総株式の五一％を保有し、残額を一般に公売、最初の公称資本金は、施設に所用される総内資金額、また経済企画院長が承認する金額より多くなければならない。②来る十一月末までに前項条件による会社資本金払込を完了させなくてはならない。③外資導入交渉およびその他事業推進に関連される事項は経済企画院長の指示をうけることになっている。

一方、同委員会では、大一産業で申請した特殊機材導入借款と高麗水産が申請した遠洋漁船導入のための対スイス借款に対する許可を保留した。

規約と運営を決定

韓米商工協会韓国委員会

【ソウル発＝連合】十五日午後大韓商議で開かれた韓米商工協会韓国委員会は規約と運営方針等を審議通過させる一方、当然職である宋大議長の外に副議長二名、理事三名、監査二名を各々選出した。

この韓米商工協会は米国民間資本および観光客、誘致、韓米通商増進のため、韓米実業者等の相互協調機関として去る五月十五日ニューヨークで創立をみたものであり、現在米国側会員が三十五名、韓国側会員が二十三名になっている。この日決定された理事陣は次の通り。

議長 宋大淳（大韓商議会長）
副議長 李基華（貿易振興公社社長）
同 金沢佰（天友社長）
理事 李延林（大韓セメント工業社長）
同 崔泰渉（韓国ガラス工業社長）
同 李兼誥（第一毛織社長）
同 盧相源（大韓商議副会長）
同 李活（貿易協会会長）
同 康錫秀（東邦生命社長）
同 鄭周永（現代建設社長）
同 具仁会（楽喜化学社長）
同 李漢煥（極栄工業社長）
同 金竜成（大韓物産社長）
同 李宝衡（大韓商議副会長）
同 厳錫鍛（同）
同 金圭敏（大韓商議事務局長）
監査 朴興植（和信産業社長）
同 金基沢（三丸産業社長）

証券取引所の改編
ドイツ式営団制で

証券市場の安定化のため、証券取引所の組織改編は、政府当局で役員任命権と会計監督権だけを掌握し、株式会社制は存続させるドイツ式営団制に証券取引法を改正するといわれる。証券業界消息筋は財務当局で推進している、公営証券取引法は、事実上営団制証券取引法になるものであると語り、これは取引所十一億ウォン増資払込が終え次第実施すると明らかにした。同消息筋は、証券取引所十一億ウォン増資払込が終るまでは財務当局で如何なる証券政策も持ち出さないと語った。なお、増資払込が終ると、財務当局でまず取る証券政策が、証券金融資金融資であるが、同証券金融は、韓国証券金融会社で滞貨仮渡資金として活用するといわれる。同消息筋は、十億ウォンの仮渡資金が証券市場に投入され取引所増資が終って市中銀行自由が解消されると、財務当局ではより積極的な証券政策を取り、証券市場も活気をおびて空転状態にあった取引所資本金も回収されて株価も安定段階に入るものと展望した。

記事訂正 本紙十月十二日付（六九二号）第一面の写真説明中に「裵首席代 席代 表」とあるのは、「裵首席代表」の誤りにつきお詫びして訂正いたします。

筆窓

新聞報道に[illegible]よると、[illegible]たび自民党[illegible]“日韓国交正常化PR委員会”というのが、設けられたという。おくればせながら、当をえたものであると思う。賛成なのか、反対なのか、一向に煮えきらない自民党の、いままでの態度にくらべれば一歩前進であろう。せっかくPRのための委員会が出来たからには、誠意と努力がそれにともなわなければならない。自民党の一大奮闘をいのるものである。

日本にある北韓関係の団体“日朝協会”なるものは、共産党、社会党、総評、朝総連のメンバーが、がっちりと組んで自由陣営の考える合理的なものなら、なんでも反対する団体である。理くつなしに、反対のための反対を平気でくり返しているから始末がわるい。哀れさを[illegible]“日韓会談”に対する、かれらの反対闘争の態度を見ても、きわめて凶悪さがみなぎっている。あらゆるチャンスと、あらゆるモーメントを把握して、反対をさけぶのにその手段方法をえらぶものでない。大衆動員と、デモは、かれらのお家芸だが、プロレタリアを表看板とし、賃金値上げのストライキで、物価をつりあげ、大衆生活の不安をまきおこす徒党が、日韓国交正常化反対のために消費する金額は莫大な額にのぼる。全国的動員の日当を払う額だけでも巨大なものだ。かれらの祖国、ソ連が、中共から来るお金かもしれないが、空おそろしいものがある。

[illegible]が、いま一つ、目下中共を訪問している、日本社会党の使節団が、「米帝国主義は日中共同の敵」であるという、例の浅沼発言を再確認したと公表されている。このほど、社会党外交委員会は、「平和と中立のための外交方針案」なるものをものして、政権獲得にあらたなる意欲をしめすものとして一般の注意をひいた。自主積極中立の線を打ち出して、米帝国主義などを口にしないといってまではよいが、これは社会党の欺瞞政策にすぎない。社会党がいくらその「構造改革論」を論じてみても、「積極中立」論をぶってみ[illegible]論理性で暴露するからだ。「アジア諸国の基地撤廃闘争」、「核武装反対」、「米帝国主義反対」などは、ソ連と中共に味方する呪文にすぎないのだ。結局、日本社会党は、その外交方針がどうであれ、自主積極中立を叫んで見たところで、結果においては、日本共産党の看板どおりに踊らされている、ピエロの存在にすぎない。哀れな宿命を内包しているのだ。

日本社会党の積極中立は嘘

社会党の「日韓会談反対」について見ても、しかり。「日本外交の緊急課題」の項で、まず日韓会談の即時中止を明言している。その内容は、南北朝鮮の統一が実現するまで日本と南北朝鮮との懸案を国交問題と切離[illegible]り東北アジア軍事同盟といった軍事提携に深入りするものであったり、いわゆる請求権問題が合理的解決をいちじるしくふみにじったものであったり、北韓の存在をまったく考慮のそとにおいた擬制的なものであったりした場合、その強行は禁物であるが、善隣友好の建前にかなうかぎり交渉は進められてしかるべきもの、と、われわれは考えるものであり、南北統一までにこだわるのは、やや現実無視のきらいがありはせぬか」。“朝日新聞”十日の社説は社会党の、日韓会談に対する見解をこのように明らかにしている。（Z）

× × ×

トルコで寒天など
輸入希望

トルコのイルンスタンブールにある商社では韓国の寒天、薄荷脳、一般香料などの輸入を希望しており同品の製造または輸出業者斡旋を大韓商議に依頼してきたが、該品輸出をしたい業者は大韓商議交易課に連絡してくれることを望んでいる。

四八〇号原綿資金 二件八四五万ドル
副購買承認

十一日韓銀の四八〇号原綿（AP二四一六八号）資金副購買承認は二件で二十五万ドルが承認され八百四十五万三千ドルが残った。この日、資金承認をうけた二社は韓栄紡織五万ドルと東洋紡織二十万ドルである。

活鮮魚を九州に
下関よりも好条件で

従来下関だけに輸出された韓国冷鮮魚が、九州等その他地域にも輸出されるようになった。先に駐日代表部で外務部を経て商工部に伝えたところによると、日本九州福岡県唐津魚市場の社長碇近市氏は先程韓国の冷鮮魚を輸入したいと提議して来た。冷鮮魚は従来下関港だけに輸出されていたが輸出業者たちは今年はじめから九州福岡市にも進出し、輸出代金も下関の八十㌦より良い八十二㌦を回収したことがある。

ご預金やお借入れのご計画に……
東京商銀信用組合
東京都文京区湯島天神町三ノ一四
電話・八三一・五七一五・四〇〇九・八六六・五三三〇・五五三九

大阪商銀信用組合
大阪市北区曽根崎二ノ一六
電話（三四）三八五一ー四六

お宅の電化は三和から！
御値で小売も（本紙読者割引優待）
各社テレビ電気器具卸
三和テレビ・ラジオKK
東京都台東区御徒町1-5
TEL(866)4177(代表)

“事実の流れを忠実に伝え 日韓外交発展の系統的な根本資料”
田中直吉監修
金正明編
日韓外交資料集成
第三巻
A5判・五二〇頁・定価三、〇〇〇円
上製・美麗総クロース・箱入

法政大学教授・法学博士
日本国際問題研究所専務理事
田中直吉

監修者のことば　田中直吉

最近、日韓関係の研究が活発になって参りましたが、そのためには、なによりも先づ根本資料が整理公刊されなければなりません。ところが、戦前のわが官庁の秘密主義と戦災などのために、貴重な資料が散失していることは、学問の研究のためにまことに残念なことと思います。そこで未公開の資料を多く集めて「日韓外交資料集成」を刊行することに致しました。

わたくしが、日韓外交史に関心を持つようになりましたのは、昭和十八年頃に、旧京城帝国大学の奥平武彦教授がお亡りになり、そのあと外交史の講義に出講したときからです。しかし、田保橋潔、奥平武彦、渡辺勝美などの諸先輩の業績が、余りにも偉大であったから、その後のわが国における研究は、いずれもこれらを乗り越えることができず、先人の所説に盲従するきらいがありました。たまたま、わたくしが、日韓外交史について二、三の論文を書いたとき、「大日本外交文書」にも日韓関係の重要な外交文書が欠けており、「秘書類纂朝鮮交渉資料」も編集が粗雑で用をなさないことを知り、この方面の未発表、未公刊の資料集収に努めるようになりました。

本書は「日韓外交資料集成」の第三巻として甲申事変と天津条約に関する外交文書を主として集録し、「大日本外交文書」に欠けていた多くの文書を公表し、「秘書類纂朝鮮交渉資料」で誤記されていた文書を可成り訂正しました。ことに一八八四―五年の清仏戦争の際の日仏同盟説を根拠づけるわが国の資料を発表することができました。ここに先人の業績を一歩前進せしめうる資料的基礎ができあがったことを喜ぶのです。本書の編集は、もっぱら明治大学大学院博士課程金正明氏がこれに当り、わたくしはこれを監修したにすぎません。ここに厚く感謝する次第です。

今後も、朝鮮の開国から日韓合併に至るまでの稀少資料を次ぎ次ぎに刊行する心算でありますが、何分にもこれらの資料の発見、整理、編集に、多大の日時と費用を要し、かつまたその出版には巨額の経費を必要とする現状であります。ここに皆様の絶大な御援助と御協力を切にお願い申し上げます。

発行所 東京都千代田区神田神保町二ノ二
有限会社 巌南堂書店
電話(301)〇八四七・振替東京一三一六八六

注目されるボウルズの外援再検討建議

韓国の声

米国務省の特別顧問であるボウルズ氏は去る八日、米国の対外援助政策について再検討するよう建議して少なからぬ刺戟を与えている。勿論、同建議は個人的な意見であるが、彼の指摘した内容はあまりにも米国の対外援助の核心にふれており、果して米国政府がどの程度同建議書をとりあげるかが問題である。元来、米国の対外援助は第二次大戦後、マーシャル元帥による百二十億ドルの対欧州援助からはじめられたものであることは周知の通りである。

貧困と飢餓にさまよう欧州を二次大戦後の廃墟から救出するためにとられた措置である。

当時、米国が二次大戦を終結させるため莫大な国防軍事費を費した上に更にこのような莫大な援助をしたということは大変なことであったに違いない。だが、米国は民主・共和両党の一致した支持のもとにこの議案を遂行したのである。

この対欧援助のため米国は一大税制改革まで断行したのである。

そして、このマーシャル計画は当初の百二十億ドルの支出にとどまらず、一部の借款と無償供与の形式で実に総額九百三十億ドルまでに達したのである。

このマーシャル計画は国際人道主義において比類のないもので、世界情勢に重大な道路を切り開いたのであった。一九四七年六月五日、ハーバート大学でマーシャル元帥が「歴史上重大な段階において、米国市民は全世界に対してわれわれの責任を強く感じている。この意図で、全世界の貧困と抑圧に苦しむ人々が自立生活が営めるまでわれわれは救援を続けなくてはならない」と演説したことは、米国の対外援助の精神的基盤であり、米国の対外援助政策はある一国を対象とするものではなく全世界の空腹、貧困、絶望及び混乱状態を対象としたものである。

一九四八年の欧州は希望のない所であり、若者で戦場で亡くなり、工場は破壊され、農業は飢餓状態におちいっていたのである。

このような欧州を、現在の繁栄する欧州にしたのが、このマーシャル計画による米国の対外援助の結果なのである。

だが、このような貧困と混乱は欧州のみでなく全世界に拡っていたのである。米国はこのような現実を直視してその援助に手をさしのべたのである。莫大な物資、ドル、技術ならびに人員が動員されたのである。

しかし、この米国の温い援助が受援国の再起と繁栄に効果的に使用されたであろうか？ボウルズ氏の今度の建議の動機も、このような観点から出発したのではなかろうか。

彼は受援国家を四種に分類して、経済的な援助と浪費的援助を厳密に区別したのである。

そして、外援を効果的に使用できる能力と組織および決意を持たない国家に対しては断乎として援助を拒否すべきであると強硬な意見を述べている。これは注目すべき見解である。

底なし壷に水を注ぐような国に対してはこの際、強硬な措置がとられるものと思われる。

また、援助が一部の財布にのみに入ってしまって、国家や民族には何んらの利益をもたらさないような国に対しては警告するまでもないことである。

ボウルズ氏は以上のような見解で、米国の外援計画に対する議会と国民の不安感を一掃できると断言している。

ボウルズ氏の意見を借りるまでもなく、米国は現状を維持するような古い観念を捨てて、対外援助に対する再検討時期が到来したものと思われる。

受援国家の中で、その援助を効果的に使用できない国には財政担当機関を設けて、その国家に是正措置をとらせ税制と土地改革ならびに効果的な外援管理を促す一方、その国民がみずから能力と勇気の資源を動員して、優れた能力と勇気を示している国家には継続支援すべきであると提唱している。

米国の対外援助はマーシャル計画をはじめとして戦禍を受けた後進諸国のために援助をしてきたものであるが、その援助の本意から離れる例が多くなったので今度のボウルズ氏の建議をみることになったのである。

米国は全人類を貧困から救いだすために、いろいろな名目で援助をしてきたのであるが、この貴重な援助が浪費されてはどうなるだろうか？

ボウルズ氏の建議が、米行政府でどのように取扱われるかは米国に任せる問題であって、すくなくとも米国の援助を受ける国家としてはボウルズ氏の建議を充分に消化して、みずからのとるべき態度を知らねばならない。

そしてボウルズ氏の建議の意を体して受援国としてより一層援助を効果的に使用することに努めるべきである。

（大韓日報）

韓国経済の動脈

純民族資本の羅州肥料工場

西独技術の粋をこらして

【ソウル支社発】韓国における基幹産業の一つとして、四年前から着工した羅州肥料工場は竣工を目前に控えて、さる六日、発電所のボイラーの火入式を行なった。

同工場は、さる九月末現在で本工事が九六％、付帯工事が八七・九％とその完成が目前に迫っている。一九五八年三月に着工して、外資二千七百万ドル、内資十億ウォンが投資されたこの工場は着工以来四カ年半かかっており、本年の末頃に完成をみる計画になっている。生産稼働は来る一九六三年一月十七日に開始し、同年七月から本格的生産軌道にのるよう目論んでいるが、現場の関係者らは、まず、尿素肥料から生産にかかって、これが年間生産量八万五千トンを目標にしている。

この肥料工場は、初期の計画では一九六〇年九月に竣工をみる予定であったが、資金獲得の不円滑と、四・一九革命の混乱に禍いされて建設工事の一時中断のやむなきにいたり、五・一六革命までの工程進捗状況は全工程の三九％に過ぎなかった。

しかし、革命政権が樹立されてから、建設促進計画がねられ、資金、資材の確保を集中的に政府が推進した結果、現在、資本金十億ウォンで、その持株の比率は政府持株が七五％、民間人持株二五％であり、施工会社は西独の「ルレギ会社」をはじめ、五社が共同施工を行なっているがこの肥料工場で特筆されることは、わが韓国の純民族資本で建設が行なわれていることと、主原料には、空気、水のほか、国産の和順無煙炭を使用し、すべての資金と原料を国内資源でまかなうという特質を備えていることである。

同工場の完成の暁には、現在わが国において対外依存の肥料を、国産肥料で国内の需要に充当し、自給自足をはかろうとするのが同工場建設の最大目標である。忠州肥料工場をアメリカ援助による基本的工場とするならば、羅州肥料工場は、西独の技術の粋をあつめたモデル工場といえるものであろう。

すでに火入式を行なった羅州肥料工場の発電所は、その性能においては他の国内肥料工場の発電所にみられない優秀性を具備していることを現地の係員は誇りに思っている。さらに、ここから発電される電力の余剰の分は、来る十二月一日より湖南地方の民営に送電することになっているが、同発電所から供給される電力は湖南地方の電力需要を充分にみたし、生産が本格的に軌道にのるに伴って予備発電所の稼動が開始されると、この電力を加算すれば、約七千キロワットの剰余電力を民間に供給することが可能だとされている。

尿素肥料生産が軌道にのると、ホルマリン尿素樹脂の生産にもとりかかる準備を進めると共に、この地方から生産される石灰石で、過石肥料生産も計画されているという。

同社が計画中の、この過石肥料工場建設案は、外資百三十万ドル、内資三億ウォンの建設資金が計上されて年生産量十万トンが目標とされており、工場建設着工は、はやくも来年八月頃から鍬いれがなされるものとみられている。ところがこのような同社の多角経営が現実化するに伴って、その隘路となる面も多分に内包されるものとみられる。

すなはち、同工場の主要原料の和順無煙炭の供給能力と工業用水確保が、その隘路の最大なる問題点とされているが同工場の和順無煙炭の必要量は年間三十二万トンとされているのに和順無煙炭の生産量は二七万トンで約五万トンの供給不足の実情にあるのに鑑み、和順無煙炭の増炭計画が目下推進されねばならぬものとされ、この対策樹立が肝心の的となっているといわれている。これよりも大きな隘路は同工場の工業用水確保策とされているが同工場の立地条件が用水確保の点で、不利な状態にあるので積極的にはこの問題が隘路中の隘路とみられている。

同工場が一九六三年七月から年生産八万五千トンの肥料生産が可能になれば年間約七百万ドルの外貨を節約することができ国内需要肥料の約二〇％を供給することが出来る生産高であるがこれを価格面からみるならば、現在、忠州肥料がトン当り九〇ドルから九五ドル内外の市場価格であるのに反して羅州肥料工場施設が竣工整備されると七五ドルの線まで価格引下げが可能だとされているから、その競売戦にいたっては羅州肥料が優位の立場におかれるものとみられている。

写真はすでに本工事の96％を完了して年末竣工をいそいでいる羅州肥料会社羅州工場の全景

革命政府の経済体制

指導される自由計画経済

軍事革命政府が指向する経済体制は「強力な計画性を加味した自由経済体制」という表現で集約される。このような経済体制を混合経済体制とかまたは、指導をうける経済体制とよんでいる。

軍事革命政府経済政策の経済開発五カ年計画は指導をうける経済体制をそのまま打ちたてている。したがってこの計画は民間の自由な経済活動を原動力にして、国家全体の経済を運営していき主に公的部門と重要産業にたいして政府が積極的に関与、または間接的に誘導して均衡的成長を築くことを企図している。

軍事革命政府は革命前の旧政権下では期待することのできなかった果敢な政策手段をとった。不正蓄財還収のような革命処置はさておいても、農・漁村高利債整理法、金融機関にたいする臨時措置法、十八個生必品の価格統制、強制貯蓄等の経済政策は勿論のこと、これから制定される不正取引取締法などそのおよぼす影響が大かれ少なかれ自由経済にたいする政府の積極的干渉を意味する。

前記の他にも指導をうける経済体制の投影体といわれる産業開発公社の設立をはじめ、輸出振興、鉱業開発、精油、重工業、石炭、鉄鋼等の産業分野に公社をおき政府が意図する方向に発達させるため誘導政策を使っている。

政府が基幹産業の発展と基本資材の需給を円滑にするため公社制度を拡大し、独占をはかっていることは国家による恒久的所有を目的とするのでなく、ある段階で民間に引き渡し自由経済にもぐるまでの便法的なものであると思う。公社制の拡大、国民貯蓄組合法による強制貯蓄、十八個品目にたいする価格統制およびこれにたいする不正取引き取締などが革命政府統制強化の代表的政策手段といえる。自由経済体制を前提とする統制経済は私有財産制度を基盤としているため、国公有を原則とする社会主義的計画経済とは全然区別される。

自由経済体制下の経済統制は開発段階にある後進国経済計画にだけあるのではない。米国では一九三三年ルーズベルト大統領のNIRA（全国産業復興法）政策を契機にいくつかの国家統制を強化させた。

第二次大戦後にも、開発金融公社を設置し、政府の統制を実施した。

英国にも伝統的な産業国有化があり、西ドイツ、フランス等すべての先進資本主義国も干渉、統制手段を使っている。平常時の統制はいうまでもなく、戦争間の戦時経済下では、すべての国家等が主要物資の配給制度を実施することは勿論、戦争に必須な資源の動員、配分を強制する幅広い統制経済を選択しているのである。

わが国の場合は社会主義的計画経済でもなく、戦時下の統制経済でもない。ただ経済開発上できるだけ早く民生を繁栄にみちびきあげるための五カ年計画遂行という緊(?)急時におかれているといえるから、このような社会経済環境下での統制手段にたいしてはその根本動機を云々できない。したがって指導うける経済体制下でとられてきたいくつかの政策にたいして、その方法と効果の適否をわけるとか問題点をもたらすことはできる。

第一、市場機構にたいする統制において十八個品目にたいする価格凍結だ。五・一六直後米、麦、石炭、練炭、肥料五つに適用し、去る八月十三日に十八個品目を追加した。これから物価調節に関する臨時措置法は廃止されその代り不正取引き取締法が制定され、市場取引きに対してより強力な統制が加えられるだろう。

第二、金融機関にたいしては民間株主の独占を排除するため株主議決権を銀行株式の一割以内に制限する臨時措置法が制定された。この外にも二億圜以上の民間大株主は不正蓄財処理法により所有株式を大部分政府に納付しているため金融機関は事実上国家統制下にある。

第三、今年秋から実施された国民貯蓄運動だ。国民貯蓄組合法が制定実施され、職場別、地域別、学校別組合が結成されすべての国民等は一定額を貯蓄するようになっている。

請求権論争の内容

李炯淵

このような船舶問題は一九五一年第一次韓日会談のときから韓国側の強力な要求に依って論議されたが日本側はこれを回避するような態度を取った。即ち日本側は船舶問題に韓日海運関係を結び付け議題の拡大を図った。また韓国動乱中日本側が石炭輸送にあたらせるため韓国に貸与した輸送船五隻と韓国に抑留されていた日本漁船の返還を主張して問題の核心を回避するような態度を取った。

韓国側は船舶返還問題の論議において「不当な議題拡大」を拒否し「韓国の所有になっている船舶の返還だけ」を要求したのである。だが日本は商船十五隻（五六、一〇〇総トン）漁船九隻（三三六総トン）貸与船舶五隻を「韓国の海運発展のため贈与する」と提議したので韓国側は即座にこれを拒否した。同問題は特に一九五八年四月十五日に開催された第四次韓日会談の船舶小委員で両側の激しい意見対立を起した。

即ち韓国側は第二次世界大戦当時不法搬出していった韓国籍船舶九万四千トンの返還を要求したのに対して日本側は前述したような総六千トンの船舶を「贈与」すると提議して激しい論争が起されたのである。このようになって一歩の進展さえ見せなかった船舶返還問題は一九六二年第五次韓日会談にそのまま移管された。そうして第五次韓日会談に入り、同船舶問題は初めて具体的に論議され「論議の進展」だけは見せたのである。日本側は韓国側の提出した船舶名簿に依って調査を進行してその結果を船舶小委で報告した。一九六一年三月十日の会談ではその前次会談で韓国側が一九四五年六月九日現在「韓国港口にあった船舶の追加名簿」として提出した約二百隻の船舶名簿中七十隻の調査をおわってその中で約四十隻を確認したと報告したと知られている。しかし同船舶問題でも、韓日両国は結論を出すことができなかった。

C 文化財問題

文化財問題は日本が過去韓国統治期間に持ち去った韓国の国宝、歴史的記念物等の返還請求問題である。韓国側はこれに対して日本側に文化財の具体的目録を提示してその返還を要求したが、日本側は当初これに応じなかった。韓国文教部は一九五九年十二月十四日、日本側に文化財四六〇点の即時返還を要求したが、日本側はこれに応じなかった。だが一九五七年十二月三十一日、長期間行なわれた韓日予備交渉が成功的に妥結され第四次韓日会談再開の直前、一九五八年一月七日の韓日実務者会談で同文化財問題が具体的に討議された。

韓国側はこの会談で日本が過去に持ち去った文化財の中で現在所有している文化財の完全な目録を提示するよう要求した。

同年一月十八日韓、日代表は日本にある韓国文化財返還に合意を見て当時、東京国立博物館館長は韓国文化財百六点の目録を提出したが、韓国側は満足すべき内容でないと不満を示し再び完全目録の提出を求めたのである。そして同年三月二十日の第 長会談で日本側は「また韓国文化財の返還を約束したのである。

結局同年四月十六日日本政府は韓国政府に文化財百六点をまず返還した。その後日本側はあたらしく四八九点の文化財目録を韓国側に提出したがこの内容に韓国側はまた不満を示し完全目録の提出を求めたのである。

同文化財問題に対して一九六一年三月伊関日本外務省亜細亜局長は「大韓帝国は実際が三方点に達する新羅時代の『くびかざり』と李朝時代の宝石を搬出していったといわれている」と表明したことがある。この発言に対して米国学者は即刻台湾の論評をしたことがあるが、とにかく日本は「価値の高い韓国国宝」の返還は依然回避していると韓国側は評論している。（おわり）

※註…以上の外韓日第六次韓日会談までの内容だけである。六次会談は今進行中であるからとの次に論評することにする。

【完】

在日僑胞教育要員募集要綱

一、趣旨

僑胞の民族教育強化を積極指導できる清新な指導者ならびに人材を現地で採用し、各重要都市に駐在勤務させ僑胞学生に対する適切な指導力を強化するとともに、教育センターの円滑な運営による成人教育の徹底を期するにある。

二、応募資格

在日僑胞で、韓国民としての民族的矜持を堅持し、反共思想に透徹し、民族教科に精通した者で次の各項に該当する者

イ、大学（四年制）卒業後五年以上の教育経歴（教育行政を含む）のある者

ロ、大学院課程または研究機関で五年以上の研究経歴のある者または、研究経歴と教育経歴を合せて五年以上の者

ハ、小・中・高校の教師資格を持つ者で上記と同等の経歴があると認められる者で、民族教科の外に小・中・高校の英語または科学（数学を含む）を指導できる者、三項に該当する者は志願する前に履歴書ならびにこれに関する証拠書類を代表部に提出して認定を受けなくてはならない。

三、応募手続

イ、具備書類（書類一通、写真三枚）

志願書（代表部所定の用紙）、最終学校卒業証明書、成績証明書、履歴書、経歴証明書、民団支部長の推薦状、国民登録証明書、外国人登録証明書、写真。

ロ、上記の書類を十月三十一日までに代表部奨学官室までに必着のこと。

四、第一次合格者発表

書類銓衡による合格者（第一次）を十一月三日本人に通知する。

五、第二次試験

第二次合格者に限り、第二次試験を次の通り行う。

イ、試験科目…

必須科目……国語、国史に関する常識。

選択科目……英語、数学、科学のうちから一つを選ぶ。

面　接……一般常識

ロ、試験時日…十一月九日十三時～十七時

ハ、試験場所…第一次発表時に本人に通知する。

六、合格者発表…十一月十二日

七、特典

イ、月収　三万六千円程度

ロ、国家負担で本国招請教育を受ける機会を賦与する。

駐日代表部

本国入国許可者氏名公告

韓国駐日代表部領事課旅券担当官
在日本韓国居留民団中総民生局長

金石斗	KJ	[illegible]	滋賀
孫俊奎	〃	[illegible]	広島
申泰元	〃	[illegible]	福岡
陳鎮什	〃	[illegible]	山口
李命祚	〃	[illegible]	〃
李福洙	〃	[illegible]	愛知
梁炳鎬	〃	[illegible]	大阪
金炳珠	〃	[illegible]	三重
李稟	〃	[illegible]	兵庫
崔判秀	〃	[illegible]	三重
金英子	〃	[illegible]	兵庫
金元善	〃	[illegible]	〃
徐光国	〃	[illegible]	京都
鄭玉涪	〃	[illegible]	〃
朴逸石	〃	[illegible]	大阪
金基性	〃	[illegible]	〃
金基鎬	〃	[illegible]	〃
李龍鎮	〃	[illegible]	愛知
安任祐	〃	[illegible]	大阪
金今金	〃	[illegible]	〃
金義鎬	〃	[illegible]	〃
河禎成	〃	[illegible]	東京
金鐘述	〃	[illegible]	静岡
朴錫鎬	〃	[illegible]	東京
金炳植	〃	[illegible]	静岡
鄭淳約	〃	[illegible]	東京
呉徳宰	KJ	[illegible]	東京
蔡萍仁	〃	[illegible]	〃
黄扶	〃	[illegible]	神奈川
金宗浩	〃	[illegible]	東京
宋吉永	〃	[illegible]	〃
申致九	〃	[illegible]	青森
金洪基	〃	[illegible]	〃
鄭宗鉉	〃	[illegible]	東京
朴三述	〃	[illegible]	〃
金宗彦	〃	[illegible]	〃
高丙玉	〃	[illegible]	〃
陳小象	〃	[illegible]	〃
高良玉	〃	[illegible]	〃
金順淑	〃	[illegible]	〃
李東俊	〃	[illegible]	〃
金今元	〃	[illegible]	〃
李東善	〃	[illegible]	〃
申鉉三	〃	[illegible]	青森
金仁洙	〃	[illegible]	東京
金日洙	〃	[illegible]	〃
申辰洙	〃	[illegible]	〃
崔福林	〃	[illegible]	〃
許甲謨	〃	[illegible]	〃

以上　四十七名　十月十一日

＊商銀が築く
明るい事業！
熊本商銀
信用組合
熊本市米屋町２−２
TEL２−3566,6003

SPK
合成樹脂成型加工
金型製作
三協プラスチックス化工業工場
宋　謙　鎬
大阪市…
TEL（七四一）五八〇六−七

韓国、アメリカ、ヨーロッパの旅は、国際線、国内線、航空券発売の弊社を御利用下さい。旅行手続は無料サービス致します。
ORIENTAL TRAVEL SERVICE
東洋旅行社
本社：東京都中央区銀座西7−2　TEL 571−1340
（電通正面向いウエスト（WEST）喫茶店二階）
大阪：大阪市東成区片江町2−50　TEL 971−6180

技術革新の凱歌！
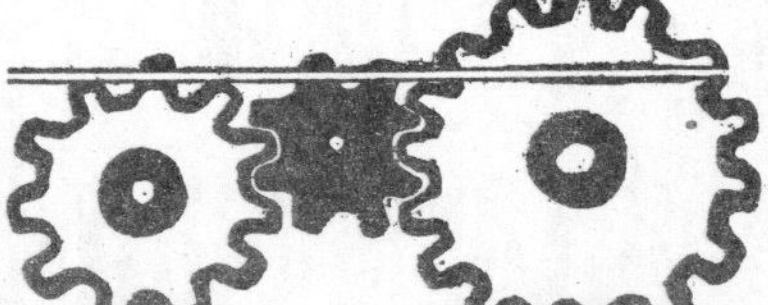
平和ミラクル・セット
パチンコ裏玉還元装置

平和
東京・大阪・北海道

階上・和室・洋室・御家族連れ
御結婚式場・披露大小宴会
北京料理　アベノ　東海倶楽部
50年の歴史を誇る中華料理の王座！
アベノ橋南詰
電話代表（632）0285・（632）0286〜7

あなたの工場の生産性向上は、マークが保証する、南陽の工作機械におまかせ下さい

NANYO
南陽鋳造株式会社
営業種目
強靱鋳鉄
特殊鋳鉄
工作機械
自動車部品
電話
浜松(3)7181・本社
〃 (3)8815 工作機械工場
〃 (2)5788 夜間専用
静岡県浜松市…8（浜松局区内）

NHL 5RⅡ型　高速精密生産旋盤
NHL 5型　単能高速生産旋盤

新生韓国を語る ③

中保与作

日本の繁栄もたらした 韓国特需と反共防衛

李裕天＝経済開発五カ年計画はぜひ成功しなければなりません。しかし国民の生活は過去のどの歴代政権よりも安定していると確信しておりまた日本に対しても相当な関心をかしているのですから、日本当局も今開催中の韓日会談にもう少し関心を示してもらいたいと思います。先生は韓国で色々な指導層と率直に語られても総体的にいって非常に好意的だったと思いますが？

中保＝三十六年間統治時代の対日悪感情をもった人達とも話し合いましたが現在の日本を敵視するような感はありませんでした。一般的にいって両国は隣り同志だから、速やかに国交を回復しようという努力がみられました。それが証拠に現在韓国には六十軒以上の日本書籍専門店があり、ある大学では、日本語を必須課目にする程日本語熱が盛んでした。さっき李さんが述べられた日韓会談に対しては四つの議論があると思います。第一に日本の今日の経済繁栄は韓国が反共の防波堤となって最前線で共産主義者と戦っていることです。つまり韓国は共産主義との戦いのため、毎年全国家予算の三十％以上を防衛費に当てていますが、日本は全予算の八％に過ぎません。日本の防衛は次のようにいっております。「日本には現在十三個師団しかなく、然も最も守るべき北海に三個師団と、西に一個師団でまにあっている」これなどは韓国が反共のトリデとなって防御しているお陰だと思います。こんな事を考えると日韓会談で三億ドルだ、五億ドルだなんてけちくさい考えをもち出すなんておかしいじゃないかという議論も成り立つわけです。また一九五〇年ま

第十回韓日予備会談における韓国側代表

第49回関東地区協議会

韓日会談促進大会

金情報部長歓迎等を決議

多摩で 三多摩 団本部 民団

関東地区協議会（丁栄玉事務局長）では第四十九回同協議会を十五日午後一時半から民団三多摩本部の新講堂で開き、韓日会談促進韓国人中央民衆大会（仮称）の件、金鍾泌情報部長歓迎の件、其の他領事事務等に関する件等を討議、基本的な点は中総の原案通りに決め具体的な細目については来たる十七日実務者会議で討議決定することにした。また、同協議会終了後に、最近新築した三多摩韓僑会館の落成記念祝賀会が盛大に催された。

同協議会は、権逸団長をはじめ多数の来賓参席のもと、全協議員が出席して開かれた。

先ず丁栄玉事務局長の経過報告について、西脇団中総団長からの議題説明があった後、活発な討論のすえ次のような結論を見た。

"韓日会談促進韓国人民衆大会"の件

日時＝一九六二年十月二十一日午前十時（予定）

場所＝日比谷野外音楽堂

関東一帯の僑胞の力量を総動員して反対勢力を粉砕し、われわれの正当な意思を内外に宣揚して韓日会談の成功的な妥結を期す。

【写真説明】韓日会談が妥結へと大きく動いている情勢のなかで、第四十九回民団関東地区協議会が三多摩本部の新講堂で去る十月十五日全協議員出席の下に開かれ、韓日会談促進韓国人中央民衆大会の開催、金情報部長歓迎の件等の重大件案を決議した。（写真は同協議会会場）

従前の倍以上の動員を目標とし、これがための具体的な細目については、来たる十七日の実務者会議で検討する。

金鍾泌情報部長歓迎の件

来たる二十日から小田原で開かれるMRAに韓国の代表団長として来日する予定の金情報部長を東京、神奈川県を中心として約一、〇〇〇名の団員を動員して羽田空港に歓迎する。また、僑胞代表たちとの面談を予定しているが、これをもっとも適当な方法でおこなうこの件も、来たる実務者会議で具体的に討議決定する。

その他

領事事務および民生事務などに関する種々の質疑があげられ、活発な意見が交わされた。これに対し代表部の李染求氏から、民団としても対策を検討中であるが、これらは民団とともに協力しなければならないことであり、多少の時日を要しよう、との見解が述べられた。

民団としても、事務系統の確立と迅速を期すために、今後研究を重ねることにした。

この日の協議会は、韓日会談妥結を目前に、活発にして建設的な雰囲気のうちに進められ、今後の成果が大いに期待される。

なお、同協議会終了後、このほど新築した三多摩韓僑会館の落成祝賀会が、同講堂で盛大に催された。

民団の力量を発揮

権中総団長が強調

権団長

昨今の情勢は過去の如何なるときよりも重大である。韓日会談が成立するだろうということは、内外一般の観測である。この段階における民団のなすべきことが山積している。民生問題、在日僑胞の法的地位問題解決のために、抽象的でなく具体的に討議推進させなければならない。

韓日会談妥結促進運動を八月ごろからやるつもりだったが、日本の国内事情に照らし、同会談反対勢力に間隙を与え逆効果のあることを憂えて保留してきたが、今こそ民団の力量を発揮すべきときである。

在日僑胞の財産搬入について

在日僑胞の財産搬入に対する件として、中総民生局から各県本部に数回にわたり公文または報道機関を通じて再三啓蒙に努力してきたが、今般本国政府から代表部を通じて要請があり、下記のように各団員に広く周知させ、財産搬入に支障をきたさないよう万全の準備を望んでいる。

記

一、本国に財産を搬入する場合は必ず規定されている法手続を経ること。もし手続を済ませないで搬入した場合は密輸とみなされ起訴される事故がある。

二、財産搬入に関する手続節次は駐日代表部で済ませなければならないし、証明申請用紙は代表部に備置されている。

三、証明書申請方法および其他詳細な点は後で別途指示する。

共産党はこのように国史を偽造した

八・一五解放後の国史偽造

（37）

ところが彼等は、大韓民国の国軍が六月二十五日の早暁を期して、三十八度線以北の地域へ一・二キロまで「侵入」したとのべているのだ。しかしこの韓国軍による「北侵」の虚偽は、六・二五事変当時に北韓に派遣されたが、その後米国に亡命した前ポーランド軍宣伝将校モナト・パエンの証言に依ってもあばかれている。

すなわちモナト・パエンは、当時傀儡軍総参謀長であった姜健が自己に話したことを引用して証言している。それによると彼等の南侵を事後に「六・二五北侵」に捏造するために、三十八度線以北附近の住民を、六・二五以前に後方へ撤去させておいたというのである。すなわち「三十八度線以北一・二キロ」まで国軍に先に進撃したとでっちあげるためには、六・二五前後の光景の実況を北韓住民にも見せてはならなかったからである。

（7）北韓傀儡の内部における裂け目の責任転嫁

北韓傀儡軍が南韓の広い地域を掌占した当時、共産党が敢行した多くの蛮行は、わが民族が千秋のあとまでも忘れることの出来ない怨恨である。そのため金日成一党は自分たちにむけられた全国民の怨恨と憤怒のほこさきをさけるために、その蛮行の責任をば朴憲永等に転嫁しているのである。

「この時期に…朴憲永・李承燁徒党は、南半部で破壊工作を強化し、南北朝鮮人民の反目を拡大しようと犯罪のかぎりをつくした」と。

ところが朴憲永は休戦直前までも、傀儡政府の外相をつとめて積極的に敢行した。彼等は土地改革の秘書までつとめた者である。

彼等が金日成一派によって粛清された真の理由は彼等が共産主義者でなかったからでもなくまた六・二五南侵過程に犯したという、いわゆる反党行為のためでもなかった。政権にはやはり野心の強かった彼等は、金日成一派の永久執権の企図を敵視したあたり、その政権をてんぷくして自派の政権をうち立てようとした陰謀のためであった。

だから南侵過程における共産党の蛮行は、金日成一派と朴憲永等が共謀して犯したことはいうまでもない。

（完）

東京韓国学園の運動会

東京韓国学園 秋季運動会

14日 民族舞踊で飾る

東京韓国学園（権秉洙学園長）では恒例の六二年度秋季運動会を十四日午前九時四十分から校内グラウンドで開催した。折悪しく雨天にはばまれながらも国旗掲揚、国民儀礼、開会宣言、（会長挨拶、生徒宣誓のあと予定のプログラム通り活気ある雰囲気のうちに進められた。殊に、プロのうち呼び物である女子中高等部生徒百四十名による民俗舞踊（指導許京子教師）はこのために新調した故郷色ゆたかな赤いドレスで「韓国の花」を踊った。泥々になったグランド一

救援金寄託者

【若手県本部】

【愛媛県本部】

【岡山県本部】

トロリーバス海外向船積

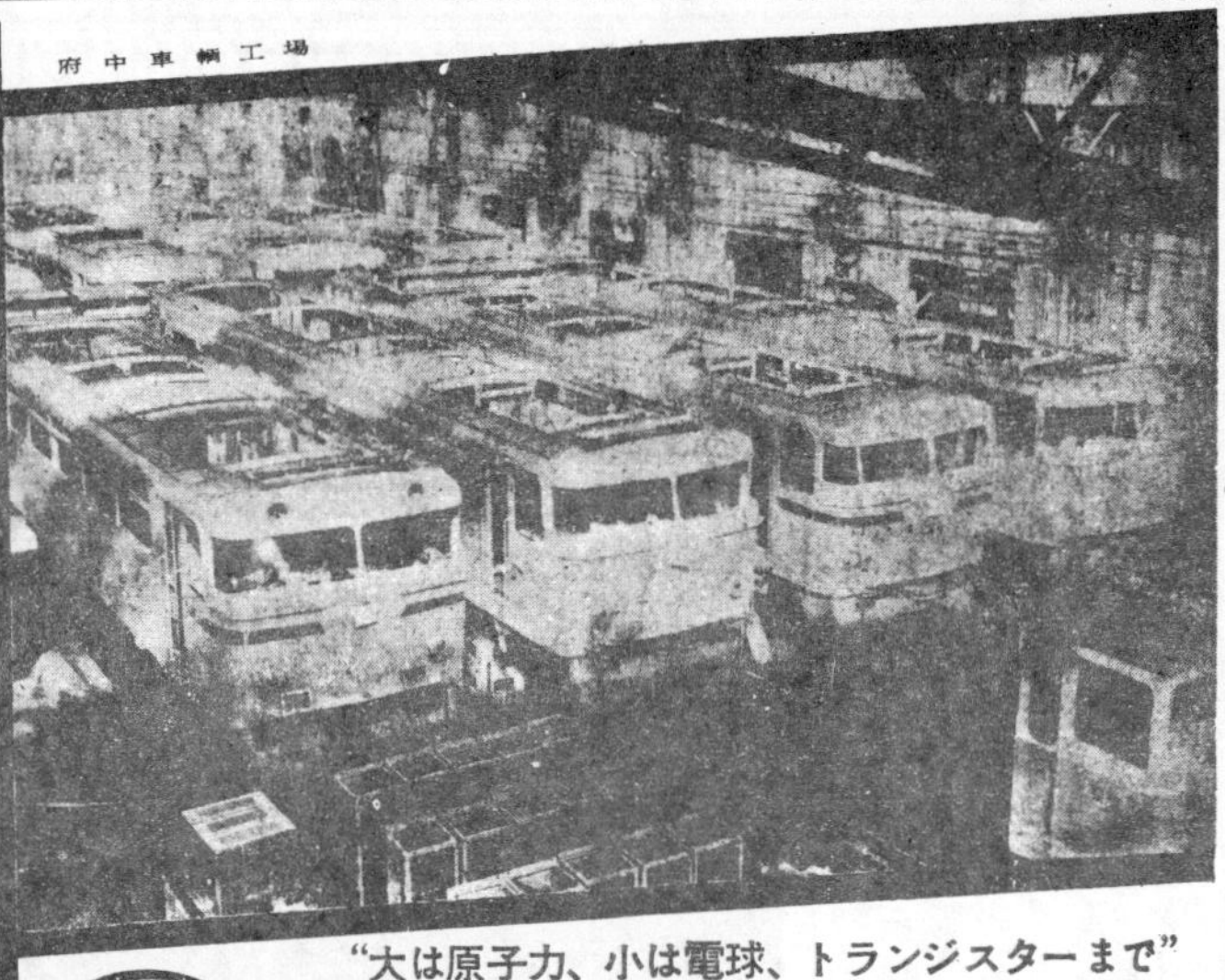
府中車輌工場

東京芝浦電気株式会社は"TOSHIBA"の愛称で全世界に広く行き亘っております。現在資本金693億円、年間総販売額は1800億円を越え、従業員8万5千名、工場21個所、東洋最大の研究所57余所のマンモス企業は全世界の最も著名な一大電気総合メーカーであります。"TOSHIBA"のマークが表示されている全製品は品質と性能が完全に保証されております。"TOSHIBA"は其の研究に依り明日の無限なる発展が約束されております。

"大は原子力、小は電球、トランジスターまで"
東芝の製品はより良き世界、より良き生活を創る

Toshiba
東京芝浦電気株式会社
東京都千代田区有楽町一丁目十二番地

韓国向代理店　不二貿易株式会社

韓国美術界の動き

国展の審査構機は健全か

主導権握れば当選確実

写実に重点をおく傾向

△ソウルでは十日、第十一回国展の幕が上げられたが、国展の一部では国展改革の声がようやく高まりつつあるようだ。このような不満は単に今度の国展から始まったことではないが、彼らの主張する権威主義者によってモダン・アートは全然無視されたということである。それに、工芸、書芸、彫刻などの部門は、年々大賞受賞圏から除外されているという点などである。大統領賞は、今までは洋画から七回、東洋画から三回、それに彫塑から一回と各々授賞されただけでなく、今年度は昨年度よりも全体的に新しい絵画の傾向に対しては敬遠しているような印象さえもうける。

具、抽象は年々に乱調

最もはなはだしい噂は国展の心臓部といえる洋画部門の入賞作品が何故ほとんどが具象画一色であるかという点にあるようだ。洋画の審査委員構成を見れば写実を追求しているM会側が総十五名の中五名を占め、またそれに近い人物らが大部分を占め、モダン・アートを理解できる委員は僅かに三、四名―その内純粋抽象画を扱っている委員はたった二名しかいない。その二名のなかのY氏は真向から棄権し、残り一名だけが孤軍派の泥沼で孤軍奮闘(?)したということである。

審査委員は国展を前に推薦作家らが投票によって選出した。M会は会員二十余名中推薦作家が十名もあり、今度の選出から自派五名を選び抜いた余勢を借りて数名の他の委員を勢力圏内に引きいれたという話もある。これが事実であるならば、残りの席数は十余個団体に一、二名ずつ分散されている推薦作家らが適当に分け合ったということになる。このような現象が結局「君が絵を描く人間か」それとも「君の絵の方が手うまかった」など、聞き捨てならない背離を審査以外まで流したということにもなる。

もう一つは、巧妙にも大統領賞をせしめたK氏が丁度このM会員で、全体委員長でもあり、H氏もやはりM会員で同会の審査委員長である。D氏もまたM会とは親しいようだ。D氏は今年度特選作二十三個中八点が具象(その中大統領賞と文教長官賞)で九点は半抽象、純粋抽象は六点になるだろうと明らかにした。このような現象は出品数が半々くらいである抽象と具象の比率から見て、抽象を余りに無視した措置であるとモダン・アート側が非難を浴びせれば、M会側は「抽象には良い作品がなくてそんな風になった」と説明している。

国展は国家機関より主催する権威的な美の殿堂であるから当然アカデミックな方向に進むべきだという意見と、わが国の唯一の綜合展であり、またこれに対抗し得る団体展がない以上、全ての部門、全ての派に対して均等な機会を与えるべきだという主張が対立されている。このような対立はどうしても国展に参与する作家の大半は二十代の大学生たちで、残りは四十代の既成作家―多いはずの三十代の新進作家は国展を敬遠しているようだ。

モダン・アートを称えるS委員は「われわれも結束して彼らと対決する外ない」と来年の国展への作戦をねっているかと思えば、同じ側のK委員は「審査自体を具象と抽象らの部門別に分けてやるべきだ」とも述べた。

中間派として知られたY委員は「ともあれ、国展が全国民に開放されている以上、年令や職業、派閥等を理由に、差別待遇する弊害はなくすべきだ」と憤慨もする。M会側のK氏やD氏は一様に「こんなことは世間の雑音で常にあったことだ」と気にもかけていない。

去る五日入賞作品を決定するため審査委員らが集まった際大統領賞候補としては、東洋画の「作業」が最も嘱望され、それに挑戦したのが洋画の「斜陽」と工芸の「四双夫婦」および「卍字蒔絵卓器」――。だがいよいよ分科委員長六名と全体委員長ら六名が最終決定をおろしたのは、大統領賞は洋画の「斜陽」に定まり副賞に彫塑の「美術館」が当選した。最も有力視された「作業」は三席の首班賞に蹴り落とされた。そのせいか審査の後聞が尾に尾を引いて「怪しげな噂」に化してひろまった。

洋画部門と仲良く手を取り合って昨年度に最高賞を獲得した「建築」が、今年度は洋画を推してその代り副賞をせしめたという噂がその一つである。勿論、両関係者らは、極力否認してはいるが、だが、昨年度の国展総合審査より洋画と彫塑が同点で対立した時委員長であったK氏が洋画部門出身でありながらも、洋画候補作が写実派であるK画伯のお気に召さない抽象画であったという根拠もあるが、「建築」に票を投じて譲ったこともあった。

も一つ変った噂は、景福宮と徳寿宮に各々大賞を配分して置こうという基本方針(?)が、あらかじめ定まっていたという説と現代美術館の早急な建立を熱望している審査委員らが、攻略的に建築の「美術館」に与えたのではないかという話もある。東洋画の「作業」が受賞されなかったもう一つの意見には、その作者であるH君が、まだ学生であるばかりか年が僅か二十四歳で一躍国展推薦作家に並ばせるには、まだ早や過ぎるということから来たのではないかという意見もある。

工芸では、審査委員間の意見対立によって最初から二つの作品を並べて推したという弱点もあった。せっかくの好機会に注意力を分散させたのは作戦のミスでもあった。書芸は単なる苦い汁を味わい、彫刻部門のK委員は「もともと数が少ないんで……」諦めるしかないという表情で、取りあえず審査委員らの数を増やすべきだと主張している。

では、国展の体質を改善しうる能力はないものか?それは何といっても審査委員会をどう構成するかにかかっている。

当局では、健全な美術の育成のため専門委員会を構成、五名の斯界の専門家らに審査委員の構成およびその選出方法らを始めとする国展規約の大幅改正を研究せしめていると前置しながら「今後は信頼できる機構から審査委員を選出すべきだ」と述べている。

S氏はまた「画のチャンネル別に審査委員を各々別途に選出する方法も良いのではないか」という意見もあるようであった。彼らの主張から推しても今後の国展審査委員は過去十余年間派閥のみを醸成し、自分が育てた推薦作家らによって自動的に選ばれた謂ゆる「与えて受ける」式の選出方法は取り止めるかも知らない。【貫】

胸を張って歩けた母国

外人登録のいらない私の家

この文は日本で生まれ育ち、日本の教育を受けて韓国語もろくに喋れない殆んど日本人化している典型的な二世女学生が、この程本国政府の特別招待に招かれて未知の祖国を訪れ、感情の流れを綿々と綴った祖国訪問記である。読者に何かを強く投げかけて感じさせる。祖国の土を初めて踏んで見て、言葉こそ通じない不自由はあっても、何かに付け肩身の狭い思いを随所に強いられる環境とは違い、胸を大きく張って堂々と闊歩できる祖国の懐にいきなり飛び込んで、若い小さな胸は、暖かく抱きかかえて下れる祖国という偉大な愛にひたって、考えさせるものがあったようだ、民族の誇りと矜持とを力一杯訴えて止まないけなげな姿勢が読み取られる。

祖国は未知の国

軍事革命後の復興状況、八・一五光復記念式典(解放記念日)参加、各地見学のため、韓国政府文教部の特別招聘で〝在日僑胞学生母国訪問団〟の一人として私は愛するわが祖国を訪ずれる機会に恵まれた。

今まで新聞、画報、テレビ等による知識で私は私なりに祖国を想像していた。とはいえ日本で生れ日本で育った二世の私にとって韓国はやはり未知の国であった。

博多港より乗船した時飲んだ酔い止めの薬のおかげで玄海灘も知らぬ間に渡り、朝、目がさめると遠くに釜山の町が見え始めた。眼を細めて陸地をながめていると何とも言いようのない気持で胸が一杯になった。が、いよいよ税関を済ませて最初の歓迎会が始まるころは驚くほど興奮がさめて来た。それに変って懐しさと愛着が内側からにじみ出てくるのをどうすることも出来なかった。

嬉しさに涙が出る

私は幼稚園、小学校のころから高校生の現在に至るまで先生方や友達に恵まれ、外国に住んでいて辛いとか悲しいなどとは夢にも考えたことがなかった。その点、日本に住む同胞のどの友達よりも幸せな環境にあることを自負していた。そして胸を張って生活して来たのだ。しかし、母国の土を自分の足で踏みしめたとき、道を歩いたとき、〝自分の国に〟いるようだった。今までには感じることができなかった特別な何か〝落ち着いた気分〟になったのはやはり母国だったからだろうか?〝まわりが皆同じ立場の人であり私は外国人でない。ここは「外国人登録」を必要としない私の家なんだ〟と思った。余りにも韓国語を知らず日本的な生活で私達は韓国語を持った日本人のようだったかも知れない。向こうの人も、また私達を外国人と思ったにちがいない。実際、私は何度〝日本人ですか〟と聞かれたかわからないのである。けれど私は言葉こそ通じないが自分自身ほら〝これが祖国の土だ。ほんとうにふらふらしないで歩ける所なんだ〟と思い、また感じてくると、自分の国がある、という実感がわき、目頭が熱くなるような気がした。長い時間、汽車にのり海を越えて私としては随分遠い旅行のはずなのに距離感など全然なく今までこの土地に住んでいたような錯覚さえした。

国家再建のために…

街を歩いている人達は子供から老人に至るまで国家再建のためにけなげな位張り切っているように見えた。〝この国を建て直すのはどこの国の誰でもなく韓国人である私達自身なのだ〟という志を持った力強さがみなぎっていて張りつめたその空気のために私は圧倒されるようだった。二泊三日間の釜山滞在中慶南道知事を礼訪したりいくつかの工場やお寺を見学した後、慶州へ行った。ここで一泊して翌日また、名所旧蹟を尋ねた。歴史の余り得意でない私でさえ、それらの建物に手をふれ、昔の華麗な文化の歩みをしみじみと手のひらで味わったことだった。バスであちらこちらと回った。大邱から汽車で(ソウル)へ向かった。車中、外に見える田園風景は広々としていて気持がよかった。更によいのはさわやかな気候のことだった。しめりけのないさらっとした空気、澄みきった空。それは全く気持のよいものであった。直射日光は強く炎天下に立っていると頭痛が起る程であるが、物陰に入れば快よい風がそよぎ汗かきの私でさえ、旅行中はとんど肌がベトつくことはなかった。

十四日夜十一時過ぎ折り悪しく降った雨に迎えられて(ソウル)に着いた。疲れた体をバスに乗せて(ソウル)の中央にある南山の中腹のホテルについた。そして翌日あわただしく八・一五式典に参加した。―つづく―

静岡県立静岡城北高等学校 金久美

「ひらめく」盧厚感

金煥基氏の洋画個人展

月をテーマにした油絵十三点が金煥基氏の個人展会場に飾られてあった。渓谷の月、壺など太古の自然が長いオビ(帯)のように音もなくひらめき流動していた。

社告

本紙は日を追うにつれて、全国の愛読者よりの鞭撻と讃辞に浴しつつ紙面の充実を図っていますが、今回、各読者の要望に応えると共に本社においても紙面に新鮮性を加えるため本紙第四面の文化欄に、読者からの文芸に関する記事の投稿欄を設けることになりましたので、左記の投稿規定に従ってご投稿を願います。

記

一 投稿は随筆、紀行文、詩の三種に限ります

(1) 随筆、紀行文は六百字以内

(2) 詩は長詩一編、単詩三編以内

二 投稿採用の記事には本社より薄謝を贈呈しますが、不採用の原稿は一切返還しませんから、あらかじめご了解下さい。

韓国新聞社

太祖時代編(2)

太祖創業の幕僚

胡将李芝蘭の一生

李太祖の王朝創業に参画した幕僚には、立派な人物が多かった。その中、胡将李芝蘭は清人から帰化した武人で弓の名手。その腕前は李太祖にも劣らなかった。

伝説によると、この二人が向い合って弓を射ると、矢が空でぶっつかって落されるといわれた。しかし、李芝蘭が女の頭上の壺に弓で孔を射明けると、その後から太祖は泥を矢先きにつめて射った矢がそのカメの孔を塞ぐので水が漏らなかったという。これは、裏国野史や正史にも見える。

芝蘭は、宋の武将岳飛の後裔でその先祖が逆賊秦会の乱を逃れて高麗国黒竜江のほとりに住み、その氏名を母方のツゥン氏に替えたので佟芝蘭で通っていた。後年李朝に仕えるようになり太祖から、その本名李にかえさせた。

彼は、勇猛無双な武将で時局、弓矢では稀代の名手であった。高麗恭愍王のとき自分の部下兵卒を率いて深江北青に住みついた。太祖の勇名を慕ってその手下になる機会を待っていた。

或る日、彼は李太祖がどれだけの度胸と才能かを試すつもりで、弓矢持参で太祖にお目通りを願い出た。この時分は、太祖感翼に移ってからの話である。

李芝蘭は目通りされて「承るところによれば、貴公は弓の名人といわれる。一つ腕くらべをしてみたいのですが」と申入れた。

太祖は、その人物を見て非凡な腕前であることを察したが、力比べを挑まれた以上敢えて後へ退く必要はないので、微笑しながら、

「よろこんで応ずることにしよう」と答えてから、庭に下りしゃがんだ。李芝蘭に百歩のところで自分を射ってごらんと云った。

彼は、太祖が口実でももうけて回避するかと思っていたのに百歩のところで自分を射てといわれたので、瞬間ためらった。しかし一度言われた以上その通りに百歩を退いてから、太祖の正面を狙って弓を射った。矢は放れたが太祖は座ったなりに飛んで来る矢を手で掴み止めて、地面におくと、射手は、次の矢を試みた。太祖体を一寸すくめると矢はその上を外れ飛んだ。芝蘭の第三矢が飛ぶと太祖は起き上り、股の間からすりぬけるようにした。

名弓手芝蘭は、三ツの矢で太祖の正面をねらったが見事失敗したので、度ぎもをぬかれた。その場で弓矢を投げすててから平伏して「今日こそ、将軍の智略と武勇を知りました。小将は、将軍の馬丁にでも結構でござる。どうかお許しを願うものであります」とお願いした。太祖の意中は彼に腕前をみせるつもりでなく彼を心服さすことにあったが、彼がその部下入りを懇願したので喜んで許した。

英雄は、英雄を知るもの。太祖も芝蘭の人物がすっかり気に入ったとみえて、平伏したままの彼を手を取って抱き起しながら「わしら二人は兄弟だ。力を合わせて事業を成し遂げることになる。これに越した喜びがあるだろうか」と言葉をかけてやった。

太祖のコトバは、一生をかける盟友のそれであった。それだけ、武人芝蘭を感激させた。彼は生涯を太祖に仕えて忠義を貫いた。はたの人たちも二人の情誼の深さに敬意を払い、昔三国史上の劉玄徳、関羽、張飛の桃園結成に比べた。

芝蘭は、武断剛雄の人だけでなく深謀遠慮であったとみえる。いまだ、高麗王朝時代の時分のことであった。ある日、恭愍王が諸武将を集めて御前試合をしたことがあった。太祖も部将の一人として三度武技において断然群を抜いて、特賞を一人占めにした。お側にいた芝蘭そっと太祖の袖をひいて、

「武将が一自分の武技の本筋を全部さらけ出して見せびらかすと人がほめる代りに、かえって嫉みを買うものです。どうしてそんなにお慎しみなさらぬか」とたしなめた。太祖も、始めてはっとされて自分の不用意を深く愧じた。

ある合戦のときのこと。芝蘭は恒例通りに戦場でその先鋒将として先陣を受持った。ときに太祖が矢石をおかして陣頭に立つことがあると、芝蘭はそれを強く阻んだという。

「ここは一部将が受持つ場でありまする。千金にも値する尊い生命を、何んで軽くなされるか」

彼は、威風戦場を圧する虎将であったが、反面徳行高い人でもあった。父母の三年忌は墓前で謹慎し、忠孝礼節をその家訓とした。後年位が上将軍青海伯に進んだが、その生活は依然時代通り倹素を厳に守った。

太祖創業の功臣として名を成した後政界を去り仏門に出家し、七十二才で大往生をとげた。その墓の前を通行人は乗物のまま通れなかった。無礼者には罰が当るといわれて、武将李芝蘭は死後もなお人から畏敬されたという。(石須山人)

安住の地よいずこ (70)

許権旭
え 金泰伸

脱出(十四)

私は庭を散歩していた。このとき、どこからか自動車の走る音がきこえてきた。私は耳を傾けた。明らかにそれはだんだん近ずいていた。私は胸がどきどきして恐くなった。(あるいは国軍ではなかろうか?もしそうだとすると私を生かしてくれるだろうか?)

表門の外の道を凝視していた私は、びくっとして眼を大きくみはった。

道を走ってくるハイヤーは、意外にも父の車であった。

運転手と父の秘書が車から下りた。副官は別な人であった。

「ああ、ここにおられたんですね。先生は大変心配しておられます。早く発つ準備をしなさい。平壌におられるという連絡があり、二日を走り抜いて今着きました。この方は新しく来られた副官同志です。あいさつをなさっては」

年が年配に見える副官は丁寧に頭を下げながらあいさつした。

「早く発つ準備をなさっては、事態が急ですから」

このとき、市内に用出しに行っていた彼が表門から入った。運転手は彼と握手をしながら話しかけた。

「ここにおられるという連絡をうけて、二日間を走って来ましたが早く出発しましょう。そして、この方は新任された副官同志です」

彼と副官は握手しながらあいさつした。私たちは部屋に入った一瞬、彼と私はためらった。

「どうするの?」

「さあー」

「副官がいるのに行かないという訳にもいかないしね」

「とにかく行くとこまで行って見よう。いま行かないと言えば、どんな危険が迫るかも知れないから……」

「私たちが一度脱出したということを政治保衛部に知れたらどうするの。無事にすむと思うの?」

「だから、江界まで行けばいいよ。江界に着く前に何らかの対策を立てることにしよう」

「お父さんがいらっしゃるから大丈夫かも知れないわ……」

「そうだね。俺は無事にはすまないだろう」

「では、どうするの?」

「とにかく出発して見よう!…何とか妙案が浮ぶだろう……」

私たちは車に乗った。

「おばさん、さようなら。淑子さん、元気でね……」

「お姉さん、さようなら」

ハイヤーはすべるように道路を走って行った。私はひょいと後をふり返った。

きいろくしおれた芝生の上に立っている松の木一本とともに、おばさんと淑子の姿が小さくだんだん遠ざかって行った。

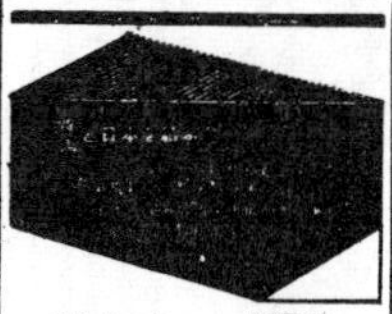

広告代理業 KPR
TOKYO 港区芝琴平町26 電話(501)0471
SEOUL 中区乙支路一街101 電話(2)1811

〇サッカリンナトリウム・化学工業薬品製造販売
大東化学工業株式会社
取締役社長 林春善
川崎市桜本町2の5.8 TEL(2)3381

パチンコ用スチールボール製造販売・各種遊技場備品一式
不二鋼球商事
東京都台東区車坂52番地・電話(831)1811・6171
工場 大阪市南区鍛冶屋町十二の二
取引銀行 三井銀行、上野支店、平和相互銀行上野支店

株式会社東英鉄工所
重量・軽量鉄骨・建築・設計・施工
社長・李相賛
専務・朴銘成
本社工場 東京都江戸川区東小松川4〜1652 電話(651)4802・6467番
瑞江工場 東京都江戸川区西瑞江2〜15 電話(651)2083番

職員募集
1. 建築技術者 大学・工高建築卒 一級建築士又は無経験可 若干名
2. 経理職員 大学経済系又経験者 若干名
3. 鉄骨組立及熔接工 経験者及無経験者 15名
4. 機械仕上工(男・女) 無経験可 若干名
社会保険・失保・寮十室完備、給料優遇

韓国服地と韓国レコード!
浅草 金宮商店
営業品目
特殊春港洋丹・中国洋丹
金糸織洋丹・テトロン洋丹
京都洋丹・紫衛丹・七色丹
洋服地・各種ナイロンレース
リバレース・オパール
ニュートン・ベルベット
其他 木綿 季節向一式
朝鮮古典長鼓販売
貸古典婚礼衣装
東京都台東区浅草公園六区2−2
電話(841)0003・0004・0005・0006
韓国レコード関東代理店 総販売元

尋ね人

尹鐘瑾(平沼)当37歳
本籍地 咸南北清郡北清邑内里七六番地
右の人は十五年前に来日した方ですが、本国ソウル市に居住している母親の金慶淳さん、妹の尹伊淑さん、尹梅花さんが消息をたずねております。御心当りの方は本紙業務局または左記へ御連絡下さい。
横浜市鶴見区鶴見町一三二一朝日製鉄株式会社内 平山武雄
電話 横浜(50)八四三一−四番

銀座の雰囲気で
風味ゆたかな韓国料理を!

経営者 町井久之
東京都中央区銀座西6の5 TEL(571)1257

漢陽
10月号…200円
<在日>国文版의 綜合雑誌

一主要内容一

定期購読料金 六個月 一二〇〇円 一個年 二三〇〇円
発行所 漢陽社
東京都豊島区池袋東一−1五五
電話 東京(971)五三一三
振替番号 東京 四五一六八

韓國新聞
発行所 韓国新聞社
発行人 ……
東京都文京区……

韓国と日本を結ぶ!!
広告企画と文案・図案文案製作
新聞雑誌広告・ラジオテレビ広告
ネオン屋外広告・市場調査と興信
その他広告宣伝PR
広告代理業
KPR
TOKYO 港区芝琴平町26 電話(501)0471
SEOUL 乙支路一街101 電話(2)1811

国政監査の結果を報告

老朽教室すぐ補修

金文社委員長

李副議長 事なかれ主義非難

【ソウル発=連合】国家再建最高会議は十日午前に第二十二次本会議を開き、金容珣文教社会委員長と金東河外務国防委員長から国政監査の結果報告を受けた。昨日に引続いて開かれたこの日の会議で、金容珣文社委員長は次のような監査報告をした。

文教=紛糾財団の整理と仏教財団管理が不充分である。未就学児童に対する実態把握が全然なっていない。自然増加する三十三万九千名の児童に必要な五千四百二十三個の教室の増築と三千余個に達する老朽教室の修理が急務である。

保社=各道立病院の人員の不足と施設の未備で本来の責任を果していない。

公報=地方放送中継所が設置されて四カ月になる今日まで、職制と補員がよくできていないため、他分野の人を使用する実情で、地方放送局の補強が必要。対共対外公報が非現実的である。

一方、国政監査班長である李周一副議長は、国政監査結果に関し、次のように総評を行なった。

①さる一年間になしとげた国家再建が想像外に大きい発展をもたらしたのは、革命精神が透徹した公務員の努力の結果であると認めるが、国家百年大計のための福祉国家を建設するまでには、時間と果敢が必要である。公務員が業務の遂行上受け持っている事務が多いため、一部では怠慢と陰での不平不満をもらしており、上官の厳格な指示と、自由裁量を得てない結果、創意性を失い事なかれ主義的な行為が目立つ。

②昨年度予算は相当な通貨増加要素を含んでいる一方政府保有株の公売が円滑になされていないので、予算を執行するにあたり、新しい措置が予想される。

③農漁村振興策においては行政府の強力な指導にもかかわらず一部の農民たちはいまだに依他心を捨てずにおり今後自主心を養うのに傾注しなければならない。

④関係部署並びに道では農民のための特産物の販路が開かれていないため、販売価格が下がり国家の特産奨励策に打撃を与えている営農資金は、高利債整理方策に関連して果敢に放出しなければならない。

⑤一部消費性部門の投資と生産品の処理不振で相当額の営農資金が回収されないことが予想されるので、特別方案を講ずるとともに土地改良組合の水利事業は未だに水税に頼っており、生産費が高くなるにしたがって、農家経済は低調になるのでその償還期間の延期に対し新しい検討が必要である。

⑥各級大学校の整備問題は産業構造と地域的特殊性にあうよう再調整せねばならない、国民学校の施設確張策は、就学児童の増加にしたがい、義務教育施設に深刻な問題をもたらし、現実にあう方案を講ずるとともに反共思想と道徳教育の強化が必要である。

⑦家族計画の実施は経済成長率に比べ、人口成長率が高いので今までの実効性のない(薬の配給)措置を捨てて、国民の覚せいを促す新しい方案が急務である。

⑧文化財管理策において地方に散在している文化財の管理は該当地方長官の管轄に移管、委任せねばならない。

⑨国営管理企業体の監督独立採算制の是正が必要。

一方、李副議長は以上のように指摘した事項は、国家財政をこさない方針の下、対策を講ずるとともに早急に実践せねばならないと語った。

公務員の自覚が必要

朴議長 国政監査結果で訓示

【ソウル発=共合】最高会議の朴議長は、十六日国政監査結果報告が終わった後、今度の国政監査で指摘された事項は、所轄部処で直ちに修正すべきで十一月末までその修正事項を書面で最高会議に報告するように指示した。

朴議長は、訓示を通じて、一部公務員の中には我が国がなにをなし、国家がなにを執行しているかを、忘却している人がまだ大勢いると指摘しながら、行政能率を高めるためには、一般公務員達の精神的な自覚が必要であり、無事安逸主義は、国民と政府に、大きながん的存在であると語った。

朴議長は、政策質疑は、事前に充分な検討が必要であることを参酌して、慎重に取扱うべきで、一部国民が非難し、反発するといって、これを強力に、推し進めることが出来ないということは、政策樹立当時のその政策が不完全であったか政策遂行に、迫力がなかったためであると語り、この頃世間で、国家学士考試に、反対するという ことだが、これは実力のない人達のしわざであると思い、当局者としては、この人達を何度でも説得して、聞かなければ警告もし、それでも聞かなければ、法によって措置すべきであると語った。

水害救援金第2次分を伝達

民団から170万円

合計300萬円に達す

民団中総では十七日現在まで全国各地の傘下から送られてきた第二次本国罹災水害被災者救済募金百七十万円を水害現地へ至急に送るため張総明副団長、金義務局長の両氏が代表部をたずね金公使に伝達した。これで水害募金は第一次送金分と今回の第二次を合計して三百万円が本国の水害現地に送られた訳だが、申中総民生局長は募金の締め切りを問わず今後も募金運動を続けると次のように募金運動を呼びかけている。

締切り後も受付け 申民生局長談

本国水害被災者救済募金運動については一応去る十月五日に締切りましたが、全国にまたがる募金ゆえに本部に募金の到着が遅れているところが多く、第一次送金分(約十県分)百三十万円はすでに代表部を通じて本国に送金し、本日第二次送金分として百七十万円を金公使に伝達し、計三百万円を水害地に送りました。すでに募金の期間は終わったのですが、これからも誠のある人々からの募金を受付けておりますから、ふるって送って下さることを望みます。

【写真=金公使(左)に救援金を手渡す張副団長】

肥種、規模などに異見

韓・米第三肥料工場問題

十六日午後経済企画院では、韓・米当局者の間に、蔚山に建てられる第三肥料工場の肥種と施設規模に関する協議があった。

韓国側では金裕沢経済企画院長と車副院長が、USOM側からはエドワード副処長等七名が参席した。

この日の会議では、肥種と施設規模に対し合意がみられず、今週内にUSOM側の見解を書面で通告されることになっている。

ところで、政府側は・AID借款五千五百万ドルを投資して、尿素二十五万トンを生産しようと計画しているが、これにたいして米側は燐酸質と窒素質の複合肥料生産を主張しており、施設容量においても忠州肥料問題と関連して政府側の当初の計画規模より縮小するよう反対しているといわれる。

営農漁資金は大幅増

新年度予算 12の審議方針決定

【ソウル発=連合】最高会議は十五日常任委員会で、①歳出増額の不許、②営農、営漁資金の最大限計上、③赤字の最大限縮小および消費性経費の節減等十二の新年度予算審査方針を決定、十六日公報室はこれを発表した。

この審査方針は次の通り。

▽経済五カ年計画の第二次年度施行計画を強力に推進するため、所用予算を計上するが、①借款が確定した事業。②技術調査が完了された事業。③第一次年度の継続事業にまず配定する。ただし一次年度三・四期進度分析結果、成果が不振である事業は、未執行部を照しみて再調整する。

▽歳出増額は原則的に許容しない。ただし不可避的な場合は該当分委予算を削減し、その限度内で調整する。

▽営農、営漁資金は可能な範囲内で最大限計上し、水害および旱害対策を積極的に押し進める。

▽国営企業体にたいする財政投融資は可能な限り政府出資とし、今年の末までに所用法的処置を完了させることにする。

▽インフレ要因を抑圧するため赤字を最大限に縮小させ、消費的経費を節減して、歳入の増加を期する。

▽予算編成の基準は六二年度基準と比較し、算出根拠の合理性を検討する。

▽成案中の予算制度と企業会計の制度実績を照しみて拡大適用の可能性を検討する。

▽事業費の内、一般経常費と重複される経費は削減し、各部処間の均衡を維持するようにする。特別会計の経常費は一般会計の経常費に準じる。

▽公務員の増員は人力監査に基礎をおき最大限抑制する。

▽地方自治団体にたいする補助金は節減させ開発事業をまず優先させる。

▽国防費は不可避的な自然増加だけを認める

▽経営事業費および投融資事業費における事業別調整は可能であるが、削減額は上記水準以上にする

▽健全財政の運営と国民経済安定を維持するため、通貨増発要因を完全に払拭させすべての事業を重点的にする。

予算審査特別委置く

来月三日までに総会審査完了

去る十五日午後、最高会議常任委員会は、総規模七八五億九千万ウォンの、六十三年度予算案の総合審査のための特別委員会を構成したと十六日午後公報室は発表した。

柳陽洙財経委員長をはじめとした十三名の最高委員で構成されている特別委員会は、十七日総合審査に着手、十一月三日までに審査を終える予定であり、同じく十四日までに財数を整理し、十五日本会議に上程する計画である。

予算審査特別委員会は次の通り委員長=柳陽洙

委員=韓雄郁、吉在号、金在春、金亨郁、朴円彬、朴泰俊、呉致成、玉昌鎬、柳炳賢、外一名

諮問=成昌煥(議長顧問)李庭三(副議長顧問)、黄鍾律、宋正範(以上財経委諮問)

監査=文成植(財経委員会専門委員)、安命範(海兵中領)、白慶叛(陸軍中領)

バーガー大使 金首班と要談

バーガー駐韓アメリカ大使は十六日午後中央庁に金内閣首班を訪ずれて約一時間にわたって要談した

バーガー大使は最近頻繁に金内閣首班を訪問要談したが、会談内容に関して、韓米双方は共に公開していない。なおこの日の会談内容も全然知られていない。

シラ祝賀に感謝

ケ大統領、朴議長に答電

【ソウル十六日発=連合】ケネディ米大統領は、朴議長が先般シラ中佐宇宙飛行成功で送った祝電を……

駐日参事官に洪景模氏

政府は十六日日付けで洪景模氏を駐日代表部参事官に任命した

大証三次増資払込及び対替期日決定

証券取引所では、去る九月十七日の取引所臨時株主総会決議により第三次十一億ウォン増資申入証拠金払込及び対替期日を決定公告した。ところで、申入証拠金払込期間は十一月一日から九日まで九日間、払込対替期間は十一月十日から十二日まで三日間となっている。

大韓塩石ソーダ灰 銀行ドル輸入申請

大韓塩石鉱業会社では、現AID品目ソーダ灰の銀行ドルによる輸入許可措置を商工部に申請した。

ソーダ灰は、AID化工薬品購買資金に依り輸入が可能であるが、同資金はすでに消費されたので、大韓塩石は同社の塩石精鉱に必要なソーダ灰需要月間三百六十トンを銀行ドルで、輸入できるように要求した。

カーテンの裏

「この小牛め！　どこにいくんだ？お前も乳牛石油にのせたのに…」「おっぱい飲みに行くんだ」

論壇

金鍾泌中央情報部長の来日と韓日会談

訪米の途中、日本を訪問の金鍾泌中央情報部長は二十日に大平日本外相と、二十一日に池田首相と会談の予定だと報じられている。ほかに、小田原で開催されるMRA(道徳再武装)会議に出席する用務もおびているが、滞日中の金部長に対する注目は、韓日会談に必要なる重要な折衝の役割を果すであろうところに集中されることは、うたがう余地がない。日本新聞のつたうるところによると、金部長は、請求権に対する韓国側の最終案をもって訪日し、さらに朴最高会議議長の親書を池田首相に手渡すものと伝えられこのたびの金・池田会談は、停滞している韓日会談に一つの転機を促すものとみられており、韓国側の最終案を提示することともなれば、韓日会談の実質的な政治会談ともなって、この会談が成功すれば、年内妥結の可能性も出て来るものと判断している。

韓国の外交筋の語ったところによると、二十日訪日する金部長は、請求権に対する最終案を池田首相との会談で手渡すとともに、韓日会談を中心として、対韓援助、韓国の民政移管などについて意見を交換したと伝えているがその足で訪米して、米国政府首脳部と韓日会談を話題に意見を交換した後、さらに帰途日本に立ちより、第二回目の金・池田会談が行なわれる可能性もあるとされている。また同じ筋の話では、平和ラインを、国防ラインと、漁業ラインの二つに分けて話すこともありうるとほのめかしたというが、もしソウルで政治会談が行なわれる場合は自民党大野副総裁の来韓を歓迎するだろうといっている。

一方、八日の共通信によると丁一権駐米韓国大使は、九日朝ケネディ大統領と会見し、朴議長の親書を手渡すとともに、韓日会談を中心として、対韓援助、請求権の額については、折衝することを避ける方針だと、伝えられ、その折衝には、主として大平外相がそれにあたるものと考えられている。

池田首相は、外務省と、韓日会談の直接当事者である杉代表に対して、会談を一気になしとげようとする、性急な態度のうちには、韓国の緊迫した経済的事情がひそんでいることを、一般的にPRする傾向さえ見えるが、これも、日本側の思いあがった、思惑としか思えないものがある。事柄が、重大なことだけに、われわれは、このような日本側の安易な、しかも一方的な思惑と、たかをくくった態度を、遺憾とせざるを得ない。

池田首相は、外務省と、韓日会談の……ない。

日本外務省は、二十日訪日する金鍾泌中央情報部長のたずさえて来る請求権問題は、韓国側の最終案であることを信じ、金部長の今回の来日を、日韓交渉の最も重要なやま場とみており、大平外相も、関係すじと打合せをかさね、準備を急いでいるようである。

だが、外務省は、金部長と、んどこそ、日本朝野の熱意と、誠意の不足な、微温的態度に、過去十年間、何回となく、もの足りなさをあじわって来た。こうした日本側の会談に対する折衝は、大平外相がこれにあたるというのだが、われわれは、すうれいがあるとして、具体的に取り出すことは、後で問題をのこす恐れがあるとして、具体的には、……

"韓日会談"に対して、韓国が思考する、世界の平和と、韓日友好親善に備えんとする本意が、日本側に真実に認識されているとは、考えられない。日本側の"韓日会談"にのぞむピントも、ムードも正常なルートから、脱線しているとしか思われない。

(K・H・M)

海外へ調査団派遣も

保税案内所に政府が補助金

【ソウル発=連合】保税加工案内所で伝えるところによると、政府は保税加工貿易案内所の事業を強化するため、六十三年度予算に一千九十四万四千ウォンの補助金を策定したといわれる。

ところで、同案内所では予算が最高会議で通過されれば、新年度からは海外市場に調査団を派遣して国内業者の啓蒙育成を強化する等活発な事業を展開するといわれる。

同協会では、このような輸出不振状を打開するため、

(一)還付資金融資手続の簡素化

(二)条件付設備特許の実現

(三)海外旅行の緩和

などの措置が、先決問題であると指摘した。

南ベトナムで電線などの輸入を希望

ベトナムのサイゴンにあるRANDINH BINH (POBOX一二三 SAIGON VIETNAM)商社では、韓国の各種電線製品、カーバイド、鉄線、アルミニウム製品、亜鉛板、塩酸、酸化亜鉛、炭酸カルシウム、塩化カルシウム、硫酸染色などの輸入を希望している。実力ある韓国の製造または輸出業者は大韓商議まで申出るよう希望している。

保税加工不振

契約額は九〇〇万ドル

保税加工輸出協会で集計した十月一日現在保税加工輸出実績は、七十一万三千九百六十七ドル、このうち可能額は十五万八千八百十四ドルであるといわれる。

ところでこの実績は、今年度輸出目標五百万ドルと、可能額目標百万ドルに比べ不振ではあるが、十月一日現在契約額(仮契約包含)が九百四十四万五千三百二十七ドルに達しているため、年内に三百十六万八千五百六十七ドルの輸出は可能であると見られる。

三陵貿易らに24万ドル請求

政府、法務長官名で提訴

趙炳日法務部長官は、さきごろ台風「サハラ」の被害復旧用に木材を導入した日本の柴川木材株式会社と三陵貿易株式会社を相手に、米貨二十四万八千二百四十七ドルの損害賠償請求訴訟をソウル地法に提起した。

原告である法務長官は、この請求理由として、政府は一九五九年来襲した台風「サハラ」の災害復旧用にICA援助資金で罹災民建築用木材を購入するため国際入札を施行した結果一九六〇年九月被告会社に応札、契約が締結された被告たちが導入した木材は契約規格に合わない相当量の不合格品がある。検定済分は九四三万六五八八ボート・フィートを船積して船荷証券面には一、一七六万〇〇一八ボート・フィートを船積したかのように表示した。

政府は、船荷証券面通り、数量に該当する金額を全部支払ったので結局不足量二三三万三、四三六ボート・フィート分の価格一八万八、一九一ドルを余計に支払ったことにより損害は、二十五万二、七六九ドルであると指摘した。

政府は十九日から完全弁済時まで、年六分の金利を支払うことと、万一米貨の支払が不可能な場合にはウォン貨で三千二百二十七万二千一百三十六ウォンを支払うよう請求している。

合成繊維織造等50万ドルを契約

米商務省の招きで去る八月二十四日出発して十月二日帰国した米州地域保税加工貿易調査団は、その間、約五十万ドル相当の契約と注文を受け、今後の取引先を開拓するなど大きい成果を上げたという。

同調査団の団長であった金恒福氏(平安紡織)と商議代表徐和甫氏は記者団と会い、「今度の視察を通じて我々は、できるだけ海外に進出して取引を交渉せねばならない」とこのように語った。

取引国の関税制度と市場状況を把握する必要性を切実に感じた。韓国商品の質が、米国の市場であまりおちていない、我々は努力研究で、各種商品をいくらでも輸出できると思う。

ところで、この調査団の成果を品目別に見ると、

▽ナイロンガウン=五万ドル(新万)分の注文を受けた。

▽合成繊維織造加工=九十五万ドル(百万ヤード相当の取引に合意)

▽ナイロン・ストレッチ加工=三十万ドル相当の取引に合意

▽セーター(刺しゅう)=月五千枚の注文を受ける

▽貝の眼鏡フチ=七千ドル分の注文を受け、輸出結果により月三万ドルずつ輸出(保税加工輸出)

▽繊維玩具=兎、小犬など三万五千ドル(五万打=打当たり七十セント)注文を受ける

▽被服=見本交換をはじめ具体的な商談があったので、すぐ取引が実現される段階にある

▽メリヤス製品=価格だけある程度切下げれば注文を受けられる

▽婦人用ショールと児童用Tシャツ=価格調節中

▽ゴム靴ウイルトップ、捺染織物、葛布壁紙、莞草スリッパ、ネクタイ、女子用竹ハンドバッグ、ガラス製品などは有望視される保税加工輸出品である

輸出振興に品目別補償金も

劉彰順商工部長官は、商工部門の経済開発五カ年計画事業において電源及び石炭開発計画は、現在円満に進んでおり、輸出部門でもっとも不振な実情と輸出目標額を修正する必要はないと次のように語った。

九月末現在の輸出実績が、目標額に達していないが、輸出趨勢を分析した結果、今後増加する……

ガラス・ネックレス西独に処女輸出

工芸品ガラス・ネックレスが西独に処女輸出された。聖河産業では西独ハンブルクにあるSANDER&F、WIELER&COとC価格、一個当たり二十セントと二十六セントの二種類に契約、二百八十個、合計六十四ドル四十セントで処女輸出された。

株式会社 光陽精密宝石製作所

当社は高度の技術と大量生産による大幅なコスト・ダウンを行いまして、生産者より直接消費者の皆さまへ、「より良い品を、より廉く」をモットーとして皆さまに奉仕させて戴くことになりました。

これまで皆さまが指輪、ネックレス　その他装身具一式)等をお買い求めになるまでには下の様な廻り道をして来た訳で御座います。

●「生産者―仲買人―卸問屋―小売業者―消費者の皆さま」

当社製品は

生産者 直営店 ――― 消費者の皆さま

割引マーク koyo

●右掲載の割引マークを当社直売店に御持参の方には一割～二割の割引サービスをいたしております。

営業品目

軸受宝石　計器用軸針

時計用　装身具用宝石

電気指示計器用

航空計器用

其他各種計器用

当社直営店の御案内

光陽宝石直売店

自由ケ丘 田園 宝石部(喫茶部)

ヒカリ街デパート2階 TEL (717)2131～3

五反田駅前 コーヨー宝石

五反田駅前 TEL (441) 5911

本社工場内部

本社工場内部

koyo

株式会社 光陽精密宝石製作所

本社・工場 川崎市小杉陣屋町2丁目1280番地 電話中原(0477)5254・9029番

山梨工場 山梨県都留市上谷1680番地 電話(都留)2175・2176番

韓国の声

新年度の予算審議にあたって

新年度の予算に関しては、その間、最高会議の国政監査が終り十月十七日から審議が開始されると伝えられている。

最高会議財政経済委員会では、総額七百八十五億ウォンにのぼる原案に対して少なくとも三十六億ウォンを減らした七百四十九億ウォン程度に決める方針で、この方針とともに十項目の審議要綱を作って来る十一月十五日までには確定する模様である。

この審議要綱をみて感じたことは緊縮財政をその大方針としていることである。すなわち、すべての歳出は③可用財源の範囲内で必要不可欠な財政需要だけを認定し④増額は一切認めない、⑤公務員はできるだけ増員しない、⑥緊急であると認められる事業の中で予算増額措置が不可能なものは追加予算に反映させるとし、⑨通貨増発要因になる歳出は一切抑制し、⑩経常費を節減して不要不急な事業費は削減することにしているが、この十項目の審議要綱のうち六項目までが緊縮予算を示していることは注目に値いする。

そして、この新年度予算は年度内に追加予算を編成することを前提としているのである。

つまり、上で引用した要綱⑧では今度の予算で計上されなかったものの中で緊急を要する事業費は追加予算でこれを反映させるという点である。

わが国における一年間の実質的な時間価値は、経済が安定した他国にくらべ数年間に該当するほどの年度内追加予算があるということは避けられないものであるかも知れないが、新年度予算を審議するのにすでに追加予算の編成を前提とするというのはどうかと思う。われわれとしては、革命期間中に一度追加予算のない予算を計上して貰いたいと願うものである。

政府樹立後いままで追加予算のなかった年は一九五七年度だけである。

そしてまた、注目されることは⑦政府管理企業体の投融資については、政府が増資することを原則とするという点である。

これは、官営事業の拡張において従来のように融資に依拠するのではなく資本増加の方法をとるというのである筈なのだが、この場合増資分金額を政府が出資するのか、あるいは民間の資本も動員するのかどうかについて明文が明らかでない。

官営企業の経営で、一部でも民間が参与するということは有益であり重要なことであるから緊縮予算を企てる上にも民間が参与できるよう取り計らってもらいたいものである。

そして、新年度予算で重点を農漁民に置いたこと、失業救済のため土木事業を起して当面の対策を樹てたことは、きわめて現実的な着想であると思われる。われわれは、米国の経済援助も農本国である被援助国家に重点を置いているということを知っている。このような政府施策が効を奏して農漁民らの貧困層に経済的な潤沢が得られるよう期待するものである。

そして最後につけくわえたいことは、新年度予算を年度開始一カ月前に通過させることを固守することであるが、われわれの考えではまず歳出審議して、歳入審議をする前に各種税法の審議を経た後、総合審査した方がよいと思う。そして新年度の予算審議では充分時間をかけて不明な点をただして前年度のようなぬかりのないよう進めてもらいたいものである。

（朝鮮日報）

冬を控えて燃料対策を建てよ

再び天候は回復するではあろうが今年は寒さが早目に到来して、昨今の数日間は例年にない低温が風靡している。結局は、国民経済水準と結び付くことだが、冬場に向えば、気がかりになることが一つや二つではない。漬物の心配から燃料難に至るまで毎年起きることだが、寒さが本格化すれば街頭には救世軍の慈善鍋が現われ、同胞愛を待つ極貧者の数は増える一方のようである。ありのままの風聞を探れば「寒さは凌げない」という俗言がぴったりする感じで、「貧乏は国家も救えない」ということに同調しない訳には行かない。ことの運びは良きにしろ悪しきにしろ、またこれにつれて値は安かろうと高かろうと、漬物の時期さえ過ぎれば漬物の問題はかたづき、年が変ればどうにかこうにか寒さも忘られよう。このようにして、無難に送ったような形になった過去をふり返ってみると、うんざりするとともにその時はその時で何とかなるという考えさえ先に立つ。だが、これなどは消極的で楽天的な意気地のない話しである。人間は常に希望を持つべきだが、そうするからには積極的に臨むべきである。寒さがいよいよおそって来るからといって心配だけするのではなく、克服する対策を講じながら自信を持つべきである。最早、一部地方では輸送難によって石炭の不足を来たしているような報道がある。石炭がないのではなく原因はその実、輸送関係にあるというからには解決されるだろうとは思われるが被害をこうむる人々の不便と困難を先ず考えてやらなければならない。おおよそ対策とは、事故を犯して後取られるべき事後収拾ではないならば、事前に取り図らって事故や不便をなくすのが常道である。燃料がなくては一日たりとも生活できないということを知らない者はないはずだし、冬場となれば、暖房用に燃料需要が増加するということも常識以前のことである。こうして見ると輸送難との理由だけでは回避されるべき問題でない。関係方面の怠慢に対しては責任が追究されるべきである。一酸化炭素のために人命の被害は少なくないが、錬炭が出現して以来燃料事情は可成り好転されている都市で薪を使用する率がぐんと減って木が助かり、一部の農家でもワラを大事にするため錬炭を求めて止まない有様である。このような需要の激増に応ずるならば取りあえず石炭生産の激増を図り、次は輸送に支障を来たさないように運送事情を改善すべきである。石公を監督する商工部の責任も甚大だが、交通部では再び輸送事情を云々しないように綿密な対策を講じなければならない。家庭の暮しが大きくなって国家の台所問題にもなるが、燃料事情のような基本問題に物議を醸すようでは、もっと難かしい複雑な問題に対しては何をか云わんやである。また、国民の日常生活はあらゆる国家生活の前提にならないわけに行かないこれに関連する部門には、支障を起さないように格別な対策が必要である。前もって充分準備されるべき問題であるから充分な用意があるように望む。

（朝鮮日報）

欧米諸国を旅して

金　哲

PR不足が生む悲劇

在日僑胞は品位と尊厳を守れ

このほど欧州、アメリカ、中近東、東南アジア、アフリカ等の自由主義諸国を一巡してきた元民団中総事務総長の金哲氏を囲んで、十六日夜本社で座談会がもたれた。韓本社論説委員で座談会がもたれた。金氏の紀行談は大要次の通りである。

このたび自由諸国の招請で欧米二十五カ国を回ってきましたがその中でもドイツ、イギリス、フランス、スエーデン、スイス、アメリカ等の先進諸国で強く感銘を受けたことは、従来われわれは西欧先進国が進歩している点は物質的な面すなわち工業生産面のみであって、精神面ではわれわれ東洋人の方が優れていると信じていたのであるが、今度の旅行でこれらの先進国の人達と接して、彼らの考えや行動をつぶさに見聞してみてそうでないということが分った。

つまり、彼ら先進欧米人らは精神面でもわれわれより先んじているということである。

すなわち彼らは、自己の品位と尊厳を守るため決して他に恥じるような行為はしない。すなわち他に依存するようなことはせず、あくまでも自力本願で生き抜くということである。つまり個々人がそれぞれ職を持っており、その職を通じて自己の品位と尊厳を固守しているのである。

したがって、日本のように喫茶店などで何時間もムダに時間をついやすような怠け者はみあたらなかった。特にドイツ人などは世界のどの人種よりも勤勉であると思った。またドイツ人はフランス人や他の諸国民と異り、質実そのものであって服装などでも豊富な材料がありながらも流行を追うようなものはみあたらなかった。

またこの勤勉な点では、家庭の主婦なども皆職をもっており、一様に精一杯働いていた。

そして彼らが精神面でも勝っているもう一つの要素は、インディヴィジュアリズム（個人主義）によって個人の品位と尊厳を保ちながらも他と協調している点である。

例えば自分の住む生活環境を改善するため個々の住宅が、一ブロックずつ固まって冷暖房装置を設置したり、洗たくなども五百軒位の単位で共同でやっていた。

そして協同組合などは、どんな所でも発達しており、皆共同精神に立脚して絶対に無責任な行動はしないし、このように自己の品位と尊厳を保ちながらも共同生活に協調してゆく生活態度はわれわれよりも勝れており、学び取らなくてはならないと感じた。

このような個々人の思考方式と生活態度はその国の内部のみに限らず、国際問題においても現れてくる。例えば、スカンジナビア半島のスエーデン、ノルウェー、デンマークの三国は昔から征服したり征服されたりした歴史を持っているが互にその過去を忘れず、われわれがいうように"水に流す"といったような事は決してしない。だが一たんことが起きれば三国は結束するのである。平時においては、自己の尊厳を守るため相手方の過去の不法をなじり反目して、スエーデンは中立を保ち、ノルウエーとデンマークはナトーに加盟している。これら三国は政治家らが成熟していると思われた。

かかる先進諸国の生活態度とわが在日僑胞の生活態度を比較してみると、まず在日僑胞はみずからの品位と尊厳を守るようなことをしていないと思われる。自立する努力、他人から指されるようなことのない生活態度、こういうものが具備されなくてはわれわれは自由主義を信奉する国民になりえないと思う。

韓日間の友好関係もこのようなものが土台にならなくてはならないし、先進諸国の生き方にならってわれわれも彼らの精神面を学びとる必要があると思う。

次に、欧米各国を回っていて痛いたことは朝総連の宣伝活動であるが彼らは英文のパンフレットを印刷してほとんどの世界各国にバラまいていることである。大抵の国は韓国に対する認識が十分でなくそんな所へ共産系の宣伝だけがなされている。

この点は考慮する必要があると思う。

私が情けなく思ったことは、英国の大英博物館で各国の芸術文化を紹介する展覧会があったが、韓国の部はその中でも最も小さく紹介されており、なかには日本の部の中にわが国の物が日本の物として紹介されていたりして憤りを感じさせられた。

それにもまして、日本などはカメラや、ソニーの製品なども手伝って実際以上に評価されているのに反して、韓国は事実よりも低くみられていた。

わが国は工業生産面では遅れていても、文化教育の面では相当な水準にあるにもかかわらず、大学も一つないヨルダンやサウジアラビアなどの後進国並みに、あるいはそれ以下に評価されているのであるこれはわれわれの西欧諸国に対するP・Rの不足からきたものであると思う。

日本などは、貿易などを通じて絶えずP・Rをしており、したがって、西欧諸国の日本に対する認識も深くなっていったのであると思う。

さしあたりわれわれは、彼らに韓国を認識させるためのP・Rとして、旅行者などを韓国に引きつけるべきであると思う。日本まできた旅行者がわずか八十ドルでこられる韓国に足をのばせるよう対策を講ずるべきであると思う。そして、実際以下に評価されている韓国を正しく評価してもらいたいものだ。

金哲氏

前月の二二四・一と保合

九月卸売物価指数

九月中の卸売物価指数は、二二四（五五年＝一〇〇）で前月中の二二四・一と保合状勢であった。月中の穀物は韓銀調査によると、麦は〇・二%下がり、米が〇・七%上がって結局〇・二%上ったが、穀物以外の商品は、〇・一%下がって相殺された。

大きい変動をみると商品は、スルメが日気不順で漁獲不振のため四一・七%、唐からしは凶作で五・%、砂糖が搬入不調で三・六%季節的需要増加で薪一%、毛糸一八・二%、各内衣外三・九%が各々上がった。

価格が下がった商品は、商工部の価格引下指示で電気銅一八・二%、銅鉱石一三・三%が下がり、税率の引下げでビールが九・七%、イロン糸一〇・五%各々下がった。

工業へ躍進する韓国

＝韓国鉄鋼株式会社篇＝

立ち上った鉄鋼界

自給確保で外貨獲得

【ソウル支社発】世界各国は国防上、産業上、資源問題の最大関心を重工業のうえにおいている。「鉄と血」が戦勝の最大要件である、とは欧州大戦がもたらした鉄則だが、近代戦においてもこれはゆるぎなき鉄則をなしている。ところでわれわれと最も接触面の多い鋼材について、即ち鉄鋼工業に対する韓国の工業の歩みをたどってみたい。殊に八・一五以前日帝時、農業立国の韓国は漸次近代的な工業施設をめざしてはいたが、国土防衛と経済再建への緊切なる、いわば重工業、鉄鋼生産に鉄の一片さえ生産し得ない状態におかれていた。外資導入による原鉄資材で加工業を営む圧延工業の機械工場がわずかに命脈を維持してきたのみであった。

申永述社長

ところが解放後、特記すべき機械の新鉄鋼工業の一つとして『鋼塊』を生産できるようになったことである。大韓重工業の完成に伴い、すでに三年前から、鉄鋼工業として、劃期的工業施設をみるにいたり、いま強固な鉄鋼生産をなしている。これと足並をそろえて、韓国鉄鋼株式会社がすでに三年前から心血をそそぎ従来の依他的の加工業の領域を離脱し、完全に国内生産工業で年間四百万ドルの莫大な外貨浪費を未然にふせぎ、いまや外資系統措置で鉄鋼製品の建設鉄材国内生産で需給率を充足、文字通り経済自主権を確保している。同社が三年前京畿道富平邑某地区高尺里に工場を設置し鋼製鉄材を生産するに至るまでの工程をたどってみれば「鉄と血…」民間資本の企業性を大きく評価しなければなるまい。ひいては国家的見地からみて依他的外貨浪費をふせぎ過去年間四百万ドル」の輸入品を完全に駆逐しよって国産品黒鉄板（薄板）を生産し、かえって、外貨を獲得しているという現実を直視するとき、我らは高所的見地から、国家へ寄与するところ大なるものがあろう……。また同社が工場施設におよんで、その工程は多大なる犠牲を払っていることはいうまでもなく心血をそそいだ努力に対し深く評価しなければなるまい。工場建設への新規工事において鉄筋三百三十六トンにセメント二千五百袋を使用しており鉄鋼工場として完璧を期した。この工事に動員した人員は延人員九千二百名で、熟練工事員が働いて、血と汗で固めた工場でもある。即ち前記の如く大韓重工業が新鉄鋼の一つとして、わが工業界に君臨したとすれば、これまた韓国鉄鋼がそれに負けぬ民間企業工業体としての双璧といえよう……。しかして同社工場で毎日稼動している原油の所要量は月間、二千ドラムが必要とされている。またモーターは一千二百馬力で圧延機六台が動いている。鋼鉄施設は大韓重工業に比べ分塊中型圧延施設以外に薄板圧延施設に限って、大韓重工業より約三倍の施設をもっている。

○…日本技術陣の指導…○

同工場の完成と同時に一昨年十一月に六名の日本技術者が来韓し、約一カ年余に亘って同工場における技術指導をして帰国したといわれている。現在同工場運営に当り従業工員は富平工場が四百四十名、釜山工場が百名それぞれ同一なる行動で昼夜兼行、三交代制で二十四時間働いている。なお同工場で現在生産している鉄板亜鉛鍍金（薄鉄板）および各種黒鉄板の原料は大韓重工業製鋼品である「スイトバー」を購入し月間一、二〇〇トンをもって生産しているが同鉄鋼業生産品の五分の一を消化するほどの大がかりな国内きっての鉄鋼工場である。同社が工業界に頭角を現すまでのその歴程をたどれば、即ち同社々長申永述氏が今を去る十年前、当時六、二五韓国動乱の真っ只中で釜山に避難する途中事業の条件がきわめて不利な立場にあるにも拘らずこれを押しきって当時の金一億圜の巨額を投資して亜細亜興産株式会社を創立したのが、事業のはじまりである。氏は引きつづき、不断の努力で事業を隆盛ならしめた。しかして一九五五年から、事業目的を重工業へ引上げ転換せしめたが、そこで同年三月釜山と永登浦に一カ所に鉄金工場を創設同年六月さらに韓国鉄鋼株式会社に商号を改称した。同社は本社をソウル特別市中区大平路二街一八においている。現在公称資本金二千万ウォン（旧貨二億圜）全額払込み。なお同社申社長は韓国経済人協会に加入しているが、韓国経済人の有力団体である。つまり同協会々員四十五名のうち、その一人で目下同協会の重鎮として押しも押されぬ工業界のホープである。

在日僑胞教育要員募集要綱

一、趣旨

僑胞の民族教育強化を積極推進できる清新な指導者ならびに人材を現地で採用し、各重要都市に駐在勤務させ僑胞学生に対する適切な指導力を強化するとともに、教育センターの円滑な運営による成人教育の徹底を期するにある。

二、応募資格

在日僑胞で、韓国民としての民族的矜持を堅持し、反共思想に透徹し、民族教科に精通した者で次の各項に該当する者

イ、大学（四年制）卒業後五年以上の教育経歴（教育行政を含む）のある者

ロ、大学院課程または研究機関で五年以上の研究経歴のある者または、研究経歴と教育経歴を合せて五年以上の者

ハ、小・中・高校の教師資格を持つ者で上記と同等の経歴があると認められる者で、民族教科の外に小・中・高校の英語または科学（数学を含む）を指導できる者、三項に該当する者は志願する前に履歴書ならびにこれに関する証拠書類を代表部に提出して認定を受けなくてはならない。

三、応募手続

イ、具備書類（各一通、写真三枚）

志願書（代表部所定の用紙）、最終学校卒業証明書、成績証明書、履歴書、経歴証明書、民団支部長の推薦状、国民登録証明書、外国人登録証明書、写真。

ロ、上記の書類を十月三十一日までに代表部奨学官室までに必着のこと。

四、第一次合格者発表

書類詮衡による合格者（第一次）を十一月三日本人に通知する。

五、第二次試験

第一次合格者に限り、第二次試験を次の通り行う。

イ、試験科目…

必須科目……国語、国史に関する常識、

選択科目……英語、数学、科学のうちから一つを選ぶ。

面　接……一般常識

ロ、試験時日…十一月九日十三時～十七時

ハ、試験場所…第一次発表時に本人に通知する。

六、合格者発表…十一月十二日

七、特典

イ、月収　三万六千円程度

ロ、国家負担で本国招請再教育を受ける機会を賦与する。

駐日代表部

合成樹脂成型加工
金型製作
SPK
三協プラスチックス化工工場
宋琮鎬
大阪市生野区猪飼野西足代町四八五番地
TEL（七四一）五八〇六－七

旅券期限延長許可書氏名公告

韓国駐日代表部領事課旅券担当官
在日本韓国居留民団中総民生局長

氏名	区分	番号	住所
李三竜	KJ	[illegible]	広島
李合祚	〃	[illegible]	〃
鄭基出	〃	[illegible]	〃
趙三碩	〃	[illegible]	〃
車慶鎬	〃	[illegible]	〃
宋鎬律	〃	[illegible]	〃
金賤介	〃	[illegible]	〃
鄭淑必	〃	[illegible]	〃
尹炳道	〃	[illegible]	〃
金善圭	〃	[illegible]	〃
許一仙	〃	[illegible]	〃
崔達生	〃	[illegible]	〃
朴宗錫	〃	[illegible]	〃
李亨南	〃	[illegible]	〃
胡竜甲	〃	[illegible]	大阪
鄭貞九	〃	[illegible]	兵庫
金利洙	〃	[illegible]	大阪
金俊乙	KJ	[illegible]	大阪
鄭益柱	〃	[illegible]	愛知
河孫徹	〃	[illegible]	兵庫
姜哲甲	〃	[illegible]	〃
南花子	〃	[illegible]	愛知
鄭且宅	〃	[illegible]	京都
孫竜姫	〃	[illegible]	兵庫
朴分伊	〃	[illegible]	〃
金点順	〃	[illegible]	京都
孫長鎬	〃	[illegible]	兵庫
黄既伊	〃	[illegible]	東京
黄蓮愛	〃	[illegible]	〃
尹仁虎	〃	[illegible]	〃
全乙現	〃	[illegible]	〃
朴命大	〃	[illegible]	〃

（十月十日現在）

旅券発給者氏名公告

韓国駐日代表部領事課旅券担当官
在日本韓国居留民団中総民生局長

氏名	区分	番号	住所
朴樹水	KJ	[illegible]	東京
高順止	〃	[illegible]	〃
金仁徳	〃	[illegible]	静岡
朴永培	〃	[illegible]	〃
馬栄民	〃	[illegible]	東京
崔炳勲	〃	[illegible]	北海道
李長寿	〃	[illegible]	〃
李復雲	〃	[illegible]	〃
徐甲伊	〃	[illegible]	熊本
成有祥	〃	[illegible]	大分
河寿洪	〃	[illegible]	福岡
金春起	〃	[illegible]	〃
河在万	〃	[illegible]	福岡
林斗徳	〃	[illegible]	〃
洪福伊	〃	[illegible]	広島
黄鎮琪	〃	[illegible]	〃
白甲粉	〃	[illegible]	〃
金泰鎬	〃	[illegible]	大阪
金聖河	〃	[illegible]	〃
金東徳	〃	[illegible]	京都
金成花	〃	[illegible]	大阪
李乙衍	〃	[illegible]	岐阜
趙信洪	〃	[illegible]	〃
片点述	〃	[illegible]	〃
姜仁享	〃	[illegible]	奈良
金升換	〃	[illegible]	大阪
成分玉	〃	[illegible]	〃
康正浩	〃	[illegible]	〃
申東学	〃	[illegible]	京都
李万述	〃	[illegible]	大阪
李千万	〃	[illegible]	岡山
李点仙	〃	[illegible]	〃
王徳順	〃	[illegible]	兵庫
裴命相	〃	[illegible]	〃
宋必永	〃	[illegible]	〃
呉平鎬	〃	[illegible]	大阪
金万順	〃	[illegible]	京都
朴鈴福	〃	[illegible]	大阪
丁福仙	〃	[illegible]	兵庫
呉文鎬	〃	[illegible]	大阪
金竜秘	〃	[illegible]	〃
金在哲	〃	[illegible]	京都
（十月二日現在）			
崔鍾萬	〃	[illegible]	大阪
李正玉	〃	[illegible]	〃
李泰俊	〃	[illegible]	兵庫
李千世	〃	[illegible]	愛媛
朴竜石	〃	[illegible]	兵庫
金俊洙	〃	[illegible]	東京
金錫鎮	〃	[illegible]	青森
李慶洙	〃	[illegible]	福島
陳明根	〃	[illegible]	宮城
李吉出	〃	[illegible]	青森
李礼祥	〃	[illegible]	〃
金西敏	〃	[illegible]	静岡
金順英	〃	[illegible]	東京
金鎬道	〃	[illegible]	宮城
李明杰	〃	[illegible]	〃
鄭鍾乙	〃	[illegible]	東京
盧智岳	KJ	[illegible]	東京
趙麻入	〃	[illegible]	〃
高珣好	〃	[illegible]	〃
呉泰烈	〃	[illegible]	大阪
張鍾石	〃	[illegible]	〃
朴明圭	〃	[illegible]	〃
任順	〃	[illegible]	愛知
崔順仁	〃	[illegible]	大阪
金万永	〃	[illegible]	〃
千章杓	〃	[illegible]	富山
孫昭姫	〃	[illegible]	大阪
鄭点祚	〃	[illegible]	〃
黄流水	〃	[illegible]	〃
李錫雨	〃	[illegible]	兵庫
尹順珠	〃	[illegible]	大阪
温順伊	〃	[illegible]	愛知
李甲先	〃	[illegible]	愛知
徐福徳	〃	[illegible]	〃
李三順	〃	[illegible]	〃
黄三碩	〃	[illegible]	〃
慎万寿	〃	[illegible]	〃
朴東信	〃	[illegible]	〃
張粉淑	〃	[illegible]	兵庫
沈鳳徳	〃	[illegible]	大阪
許程	〃	[illegible]	〃
韓東旭	〃	[illegible]	〃
金昌祐	〃	[illegible]	〃
全南女	〃	[illegible]	兵庫
康乙徳	〃	[illegible]	大阪
李大岳	〃	[illegible]	〃
金点先	〃	[illegible]	兵庫
白七伊	〃	[illegible]	愛知
千万寛	〃	[illegible]	〃
左鴻道	〃	[illegible]	大阪
李承業	〃	[illegible]	愛知
鄭玉珣	〃	[illegible]	大阪
姜任守	〃	[illegible]	〃
李定善	〃	[illegible]	愛知
鄭登玉	〃	[illegible]	愛媛
李玉芬	〃	[illegible]	兵庫
鄭任伊	〃	[illegible]	〃
呉秀順	〃	[illegible]	兵庫
李順伊	〃	[illegible]	岡山
南宗鎬	〃	[illegible]	兵庫
張次石	〃	[illegible]	〃
鄭世成	〃	[illegible]	〃
崔栄子	〃	[illegible]	愛知
朴鶴善	〃	[illegible]	大阪
李順伊	〃	[illegible]	〃
金必善	〃	[illegible]	三重
徐南川	〃	[illegible]	兵庫
朴処礼	〃	[illegible]	愛知
金甲述	〃	[illegible]	兵庫
鄭福律	〃	[illegible]	大阪
尹炳模	〃	[illegible]	兵庫
鄭順伊	〃	[illegible]	〃
李申方	〃	[illegible]	岡山
李龍元	〃	[illegible]	兵庫

（十月十一日現在）

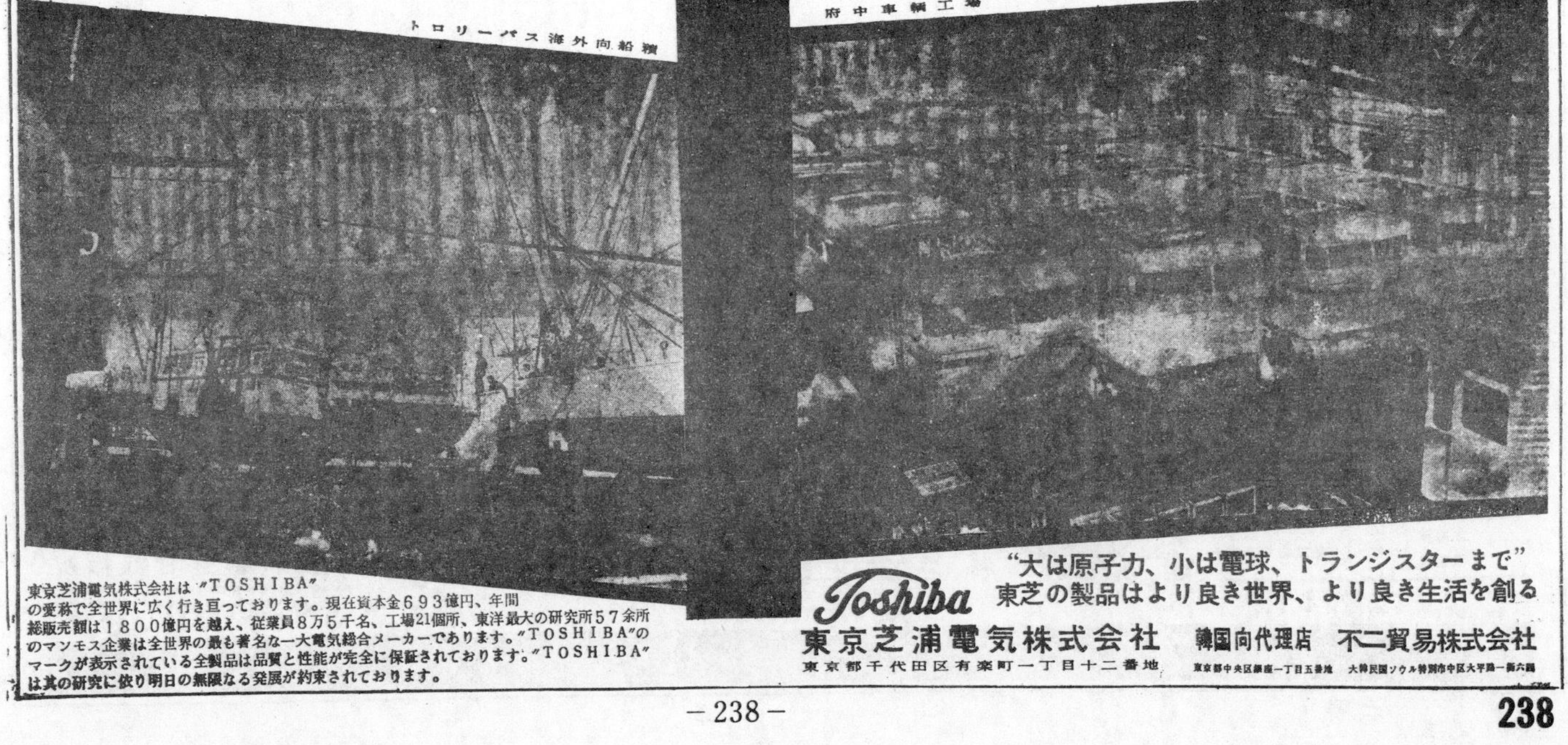

東京芝浦電気株式会社は"TOSHIBA"の愛称で全世界に広く行き亘っております。現在資本金６９３億円、年間総販売額は１８００億円を越え、従業員８万５千名、工場21個所、東洋最大の研究所５７余所のマンモス企業は全世界の最も著名な一大電気総合メーカーであります。"TOSHIBA"のマークが表示されている全製品は品質と性能が完全に保証されております。"TOSHIBA"は其の研究に依り明日の無限なる発展が約束されております。

"大は原子力、小は電球、トランジスターまで"
Toshiba　東芝の製品はより良き世界、より良き生活を創る
東京芝浦電気株式会社
東京都千代田区有楽町一丁目十二番地
韓国向代理店　不二貿易株式会社
東京都中央区銀座一丁目五番地　大韓民国ソウル特別市中区大平路一街六四

権団長 韓日問題で記者会見

在日大韓民国居留民団中央総本部権逸団長は八月十日、本国に招請されて約一カ月間滞在九月十二日に帰任したが、今回また、諸般の団務の打合せを兼ねて本国を訪問中のところ去る十三日帰任、二度に亘り本国を訪問して政府側と要談してきた。そこで権団長は十七日正午から東京赤坂の韓国公報館で内外記者団と会見、現在進行中である韓日会談に対する見解、金鍾泌中央情報部長の来日に関し、民団としての歓迎の件、韓日会談促進中央民衆大会開催の件等当面の活動について所信を表明した。

31日に民衆大会

打算的にすぎる日本側

内外記者団に語る権逸中総団長

同記者会見で権逸民団中総団長は、当面の諸懸案について大要次の通り語った。

一、二十日に来日する金情報部長の歓迎は、民団の総力を結集しておこなうが、一部日本の左翼団体と朝総連が大規模な動員をおこなってハガチー事件のように妨害に出るという情報が出ているので、そのような状態になることを考慮して民団としては実力で彼等と対決阻止する決意である。

左翼陣営、特に朝総連はここで最後のアガキをするだろうが、これは安保闘争以来、一向に盛上る気配のない沈滞状態から浮びあがろうと挑発するものと思う。これら一連の動きは北韓カイライ集団が甚大な資金を流しているので日本国民もこの点を正視してほしい。

一、韓日会談については韓国が従来の李、張政権時とは本質的にその方針を別とし、軍事政府は両国の諸懸案の解決にそれこそ真剣に考え高い立場からのあゆみ寄りをしている。

むしろ公平な立場から見るとき日本側はあまりにも打算的ではないかと考えられる。日本国民は韓日会談のなりゆきについて関心がうすく社会党にあっては公党にあるまじき言をろうし、このような状態を今後も継続するならば社会党に対し本団は強固な警告を発する。

社会党はこのほかにも対共産圏と歩調をあわせ北韓、中共、ソ連との軍事同盟には暗黙を張り、韓日両国の正常化に反対するということは社会党の基本を無視したやりかたである。社会党も大人になって韓日会談の妥結促進をすべきだ。

一、民団はその意味あいにおいて現在各地でおこなわれている「韓日会談促進運動」を中央に結集して「韓日会談促進韓国人中央民衆大会」を来る三十一日午前十時から東京・日比谷の野外音楽堂で約一万名を動員して開く。勿論デモも決行する。

と当面の所信をのべ記者団質問に次の通り答えた。

──金中央情報部長が来日の際韓日会談に関する具体案をもってくるというが──。

答え＝本人がそれらの質問には否定しているので私としては外交の内容について言及する筋合いのものではない──。

──韓日会談促進大会以外にまた別の方法で運動をおこす計画はないか──。

答え＝現在日本各地の日韓親善協会が中心となって日本人の良識ある方たちが運動をおこしているのでそれらに側面的な歩調をあわす。日本のマスコミも日本人にとの韓日会談の重要性を知らせ協助して欲しい。

──韓日会談反対のために北韓カイライは莫大な資金を投入しているというが──。

答え＝最近韓国で検挙されたスパイの自供によると四億円が日本の容共団体に流れているといっている。内外問題研究所の明らかにした所では二十一億円ともいわれている。

──さき程権団長は韓日両国国交正常化について日本は打算的すぎると言明したが、もう少し具体的に言うと──。

答え＝先般の崔、小坂会見の際もそうだが会談とはなんら関係のない独島問題をもち出して逃げたり日本の国内事情を持ち出したりして巧みような手で逃げる一方だった。韓国の世論はアジアの指導国家と自称する日本のとるべき態度ではないといっている。

──韓日会談の早期妥結は来年の民政移管をひかえた韓国側の要請のようだが──。

答え＝それはむしろ日本側によっていわれていると思う。韓国側は来年の八月十五日迄は最高会議が存続するので、べつにあせる必要はないと思う。

ある北韓脱出者の手記

(1)

農民生活

サギだった土地改革

肥えた畑の代替が荒地

▽はじめに△

北韓傀儡は、最近米国刊行物の表紙までも盗用して悪辣な虚偽宣伝を展開している。

もし北韓傀儡の宣伝が事実だったら、何故にそれほど良心と世人の指弾をうけて来て唾棄される手法で虚偽宣伝を敢行しているだろうか？ ここには彼等なりの「充分」な理由があるはずである。それは事実を糊塗することによって、彼等の罪悪相を隠そうとしているのである。

このように卑劣なこと他に類のない北韓傀儡の手法を暴める前に、先づ幼い時分から北韓傀儡の洗脳教育をうけ、傀儡人民軍に服務中生命を賭して自由を選んだ一人の帰順者の手記をここに公開することによって、北韓住民たちの生活真相をありのままに明るみに出すと同時に、北韓傀儡が虚偽宣伝に手法と方法を問われないようになった所以を解くために、金演会君の手記を連載することにした。

筆者金演会君の略歴

一九四〇年二月平北義州郡古館面梨花洞出生（当二十二歳）

一九五七年一〇月新義州軽工業専門学校二年中退

一九五八年北韓傀儡軍入隊

一九六〇年一〇月自由を求めて帰順

一、解放後の「土地改革」

北韓農民たちの生活相を暫く前に八・一五解放後傀儡が実施した土地改革法令を想起してみようと思う。

一九四五年八月十五日韓国民族が日帝の羈絆から解放された後祖国の版図はソ連帝国主義者たちによって南北に両断されたし、これによって韓半島には二つの相反する政治がなされるようになった。

北韓を占領したソ連軍は、北韓を完全に自分の植民地化するために、いち早く所謂「北朝鮮臨時人民委員会」というのを造作した。

ソ連軍政司令部は金日成を頭目とする「北朝鮮臨時人民委員会」を通じて所謂「民主改革」というのを実施したが、そのなかでも真先に着手したのに土地改革がある。

一九四六年三月五日「北朝鮮臨時人民委員会」では「土地改革法令」を発表したが、この法令によると日本国と日本人団体及び日本人達が経営していた土地と、共産主義者たちのいう民族反逆者の土地、五町歩以上所有している韓国人地主の土地及び各団体（聖堂、寺院、学校、宗教団体等）所有の土地を無償で没収して農民たちに無償で分配するとのことだった。

共産主義者たちが先ず最初に土地改革を実施した目的は次のようなものだった。

1、韓半島は七〇％以上が山間地帯で、耕地面積であるから、全人口の約八〇％以上が農業に従事する農民であること。

2、無償没収をされる人は無償分配をうける人たちより少いから、より多くの農民たちから歓心を得られるということ。

解放を迎えて喜んでいるところに、土地を無償で分配されるようになったから農民たちは嬉しくないはずがなかった。しかしこの喜びは一時的なものだった。何故かというと彼等の土地改革は、欺瞞政策で実施したものだからそうするよりはほかなかったのである。

土地を分配するに当って共産党員たちと無職分子、これから入党する可能性のある者たちとこれらにへつらう者たちのみが肥沃な土地を占め、絶対多数の一般農民たちは瘠薄な土地を分配されたのである。

北韓カイライが自ら認めた でたらめな経済計画

管理職の実務放棄が原因

カイライ集団で発表する経済関係数字とか経済計画がいかに虚偽に満ちたもので無計画に構成されているかということはすでに知られている事実だが、いま彼らの経済計画が無計画だということが彼らの党機関紙によっても明らかにされた。

カイライ集団の労働党機関紙である労働新聞には「機械工業総局の作成計画」という表題の記事で、竜城機械工場は生産能力に比べて想像以上に多い生産量が賦課されている点を指摘し、さらに「工場の一部職場では能力に比べて課題が四倍を超えるほど示達された。多くの部門で能力と課題がスムーズにいっていない」と経済計画の無計画性を痛烈に非難している。

さらに同紙は続けて「なぜ計画作成にこのような現象が表われたか」と反問しながら、これは機械工業局の責任者たちが計画事業を緊密化しないだけでなく指導者たちまで会議室側だとか、また何々報告書作成だとかといって本来の任務に固着して専心せず、僅かに二、三名の若い指導員に計画事業を一任している。その彼らにしても一日に多くの問題が提起されているので、自分の足下についている火を消すのにせいいっぱいといった状態から、綿密な次の計画をスムーズに準備できず、いつもどたん場にきて幾つかの企業所を代表してみるとか、企業所の労働者たちを呼んできて計画作成を促すからである。

また、これは計画化事業幹部以外の計画労働者たちが「われわれの責任は年間計画に基づいて指標を打ち立て数字を合わせるのにある」と考える誤った認識から出発していると非難し、このように作成された計画が「現実的で科学的な計画」になれるかといった調子で、その計画のずさんさを指摘している。

このような事実はカイライ集団の経済計画というものが科学的根拠によって作成されたものでなく、ただ数名の若い指導員の気分によって無計画的に作られたものであることを自から認めたことであり、またここに立脚した七カ年経済計画というものがどれだけ無計画的で虚偽にみちたものであるかを立証するよい資料となっている。

ピアノ技師が韓国へ

＝僑胞経営のケーニッヒピアノ会社から10人＝

韓日楽器工芸KK、軌道に

楽器の都浜松市で僑胞が経営するピアノ製造会社から、優秀な技師十名が韓国にその技術を伝えるため、近日中に韓国へいくことになり、その壮行会が去る十三日午後二時から浜松市民会館の会議室で駐日代表部李副領事、浜松市長、民団及び各界から多数の来賓参席のもとに盛大に行なわれた。

本国の革命政府の経済再建への呼びかけに応じて、在日僑胞実業界は活発な動きを見せており、技術の交流を図っているが、楽器のメッカ浜松市で僑胞が経営するケーニッヒピアノ製造会社（金永福社長）は、同会社の従業員のなかから優秀な技術者十名を選抜、去る八月ソウルに設立された韓日楽器工芸株式会社の従業員にピアノ製造の技術を指導するために近日中に派遣することになったのである。

外国バイヤーたちの絶賛をうけたケーニッヒピアノ

韓国へ行く技術者の壮行会＝浜松市民会館で

壮行会には、浜松市長（代理）駐日韓国代表部李副領事、民団中総張副団長、韓国新聞金副社長をはじめ、地元は勿論のこと遠く関西地方からも多数が参席し、浜松市長（代理）から「楽都の名誉にかけて頑張って下さい」との挨拶に次いで、李領事、張聡明副団長、金照明本社副社長をはじめ多くの来賓から「韓国の燦爛たる文化の影響が今日の日本文化の基になったが、今度は皆さんが楽器の技術を韓国に伝えるようになったことは実に意義あることである。平和を愛する韓国の山野に平和なメロディーを奏でるピアノ造りの技術を伝えるとともに、韓国の、そして韓国人の本当の姿をよく研究なさって韓・日友好に貢献されんことを望んでやまない」と懇篤なる激励の辞を贈った。

これにこたえ石榑さんが一同を代表して「私達の使命の重大さを新たに認識しました。日本人たる自覚をもち、わが楽都の名誉にかけて、友邦韓国のために一生懸命に頑張ってきます」と決意を披歴した。

韓日楽器工芸KKは、同社金永福社長の多年の悲願が今度の韓国当局の積極的な努力のもと去る八月五日本金一億五千万韓国円で設立（ソウル特別市城東区九宜洞一九番地）、現在は貝から工芸品を造って米国など輸出して外貨獲得に多大の成果をあげているが、今度派遣される日本の技術員たちがつき次第〇名の従業員たちにピアノ製造技術を指導し、一年後は部品完成まで一貫した生産に移り約三百台（大・中・小のアプ…理三種類）生産を目指している。

示す如くドイツ生れのピアノの王様ということで、ピアノ界屈指のS技師によってもたらされ、以来浜松市にあるケーニッヒピアノ製造KKのベテラン技術者の手で製造されている。同ピアノは年の秋浜松で開かれた楽器展示会において、外国バイヤーの激賞をうけており、また開かれた本国産業の博覧会に出品し表彰されている。

また、韓国が誇る世界的安益泰氏が鑑賞した結果、堅固かつ優美にして優れた音色、軽快なタッチ等最高品であると激賞される程で、社の活躍による韓国楽器の将来が大いに期待される。

なお、一行は来たる二十六日船便で下関から壮途につく。一行は次の通りである。

朴華緒（引率責任者）、石…、杉浦要、杉森勝美、吉川…、忠雄、鈴木光男、河合…、資丈、横井啓人、新井一男

新生韓国を語る ④

中保与作

民団活動を理解せよ

反共に冷淡、日本のマスコミ

中保＝今度の訪問前に自民党の前尾幹事長、黒金官房長官、大平外相などにも会い、またその他に岸信介氏や佐藤栄作氏に会って話をしましたが、全般的にいって日韓会談は早くまとめなければならないと強調していました。特に前尾氏なんかは社会党なんかを恐れている訳じゃなく国民が納得する線で解決したいといっておりました。

九月十四日だと思いますが、朴議長が閣議でいっているように「国民から一人残らず満足されるような外交はありえない。国民から多少の反対があっても韓日会談はまとめるべきだ」。これは韓国だけのことでなく池田首相も多いに参考としていることだと思います。前に話した李東善氏なんかも東京の財界、政界人に会われた時に「国民の一部の猛烈な反対を押し切って解決しても、あとで考えて見るとなるほどあの時解決していてよかったという時期が来れば欲しい」といっておりました。最近日本人の間でも、韓国と同じような気持がわいているようですから、あまり神経質にならなくてもよいと思います。韓国の事情からすれば一日も早く解決したいでしょうが、あまり性急にすぎるとこれまで積み重ねてきた韓国の努力は水の泡になりますから。まあ相手が相手だからできるだけ寛容の態度が必要だと思います。

李裕天＝日本における民団の活動は国際的に非常に大きいのですが、日本国民は反共ということを未だ、本当に知らないからそれを感じていないけれど、居留民団の活動について、一般国民は関心がないことと、その上日本の官吏もあまり関心を持たないのみならず発展に寄与しようとする気持が全々見受けられない。これは甚だ遺憾なことであると思う。

中保＝その点は同感ですが、僕は韓国の有力者にお目にかかるごとに「韓国が赤化すれば日本も非常に危険だが、日本が赤化したら韓国も非常な危険にさらされる事になる。日本が赤化する危険性ありとすれば、日本にいる左翼の連中、それからこれと結托している総連系の活動が日本を赤化しようとしておりこれに対抗しようとしているのがまず第一に民団の人々である。それに対して韓国が、どの程度応援しているのか、いろいろ骨を折っていることは見受けられるが、私どもの見たところでは、金日成政府が総連系を応援している態度に比べては微々たるものである。日本政府もその応援の仕方は、はなはだ足りないけれど、これは他国のことに干渉したくないという役人心理もあって、多少ためらっている点がある」と話したことがよくあります。これは日本自身の防衛上重大な問題であるのみならず日本自身の治安上においても重大な問題だから日本政府も当然大いに考えて然るべきことです。

李裕天＝東南アジア反共大会が東京で開かれ、ずっと傍聴していたのですが、その間の日本のマスコミ…六大新聞、テレビ…がその大会の報道を抹殺してしまっている。大会の終わりになって、締めくくり程度として報道はしてあったのですが、英字新聞は別として、日本のマスコミは大いに容共的な面がある。日本の大新聞といわれる読売、朝日、毎日などにもそういう面が非常に浸透しているのではないかと思います。

韓国政府は今度の革命政権でどんどん新聞社の論説委員なりが韓国をあけっぴろげて見せただけあって非常に有効的にとり扱っていることが見えて来たが、今回のアジア反共連盟の東京大会での日本のマスコミの態度にはいささか失望しました。デモを恐れたのか、どっちかといえば政府そのものが全然力を入れていないように見受けられました。

中保＝この問題は政府がタッチすべきことではないという態度でのぞんだので はないかと思います。私ら一生懸命に韓国のことを書いたりしますと、まるで韓国側の役人だといわれたり、韓国に行っても非公式の公式使節団と書かれたりします。ところが日本に帰って来て韓国のことを話したり、書いたりすると、すぐ投書や電話の脅迫、新聞社や雑誌社がもうれつに来る。左翼のことをチョウチン持ちする方面でも韓国側にすこし応援してくれりゃいいんですが（笑い）

（つづく）

在日僑胞の財産搬入について

在日僑胞の財産搬入に対する件として、中総民生局から本部に数回にわたり公文または報道機関を通じて再三注意を喚起してきたが、今般本国政府から代表部を通じて要請があり、下記のように各団員に広く周知させ、財産搬入に支障をきたさないよう万全の準備を望んでいる。

記

一、本国に財産を搬入する場合は必ず規定されている法手続を経ること。もし手続を済ませないで搬入した場合は密輸として処罰され起訴される事故がある。

二、財産搬入に関する手続節次は駐日代表部で済ませなければならないし、証明申請用紙は代表部に備置されている。

三、証明書申請方法および其他詳細な点は後で別途指示す…

水害 旱天 救援金寄託者

【山梨県本部】 十万一百円也

二万円 安鍾禄、五千円 金基守

一万円 金碩洪、二千円 文一夫

一万円 李圭碩、一千円 金寛奎

一千円 金学洙、五百円 許文道

一千円 李郁九、五百円 許弘朗

一千円 鄭落洪、五百円 金俊述

五百円 崔鳳祥、五百円 鄭宗基

五百円 鄭興[illegible]、五百円 安昌周

三百円 朴鳳祚、三千円 方 舟

三百円 韓分九、二千円 鄭成権

三百円 鄭演澄、二千円

五百円 張基昌、一千円

五百円 金炳鎬、一千円

一千円 呉仁道、二百円

一千円 金寛洙、二千円

七百円 金斉奥、二千円

五百円 田在鳳、一千円

三百円 洪在根、五百円

三千円 李徳萬、三百円

二百円 柳寛守、一千円

一千円 宋順燮、二百円

三千円 崔鎮石、二千円

一千円 金哲鎬、一千円

一千円 李鎬守、三百円

五百円 韓尚奎、五百円

五百円 金永鎮、一千円

五百円 朴善鉤、一千円

五百円 李次俊、五百円

一千円 李相九、二百円

五千円 李幸伝、二百円

一千円 皮昌華、一千円

一千円 辛宗福、一千円

五百円 金未二、五百円

五百円 金福浩

◎テッカンナトリウム・化学工業品製造販売

大東化学工業株式会社

取締役社長 林 春

TEL(2)3381

パチンコ用スチールボール製造販売・各種遊技場備品一式

不二鋼球商事

東京都台東区車坂52番地・電話（831）1811・6171

工場 大阪市南区鍛冶屋町十二の二

取引銀行 三井銀行、上野支店、平和相互銀行上野支店

"事実の流れを忠実に伝え日韓外交発展の系統的な根本資料"

田中直吉監修 金正明編

日韓外交資料集成 第三巻

A5判・五二〇頁・定価三、〇〇〇円 上製・美麗総クロース・箱入

法政大学教授・法学博士
日本国際問題研究所専務理事
田中直吉

監修者のことば　田中直吉

最近、日韓関係の研究が活発になって参りましたが、そのためには、なによりも先づ根本資料が整理公刊されなければなりません。ところが、戦前のわが官庁の秘密主義と戦災などのために、貴重な資料が散失していることは、学問の研究のためにまことに残念なことと思います。そこで未公開の資料を多く集めて「日韓外交資料集成」を刊行することに致しました。

わたくしが、日韓外交史に関心を持つようになりましたのは、昭和十八年頃に、旧京城帝国大学の奥平武彦教授がお亡りになり、そのあと外交史の講義に出講したときからです。しかし、田保橋潔、奥平武彦、渡辺勝美など諸先輩の業績が、余りにも偉大であったから、その後のわが国における研究は、いずれもこれらを乗り越えることができず、先人の所説に盲従するきらいがありました。たまたま、わたくしが、日韓外交史について二、三の論文を書いたとき、「大日本外交文書」にも日韓関係の重要な外交文書が欠けており、「秘書類纂朝鮮交渉資料」も編集が粗雑で用をなさないことを知り、この方面の未発表、未公刊の資料集収に努めるようになりました。

本書は「日韓外交資料集成」の第三巻として甲申事変と天津条約に関する外交文書を主として集録し、「大日本外交文書」に欠けていた多くの文書を公表し、「秘書類纂朝鮮交渉資料」で誤記されていた文書を可成り訂正しました。ことに一八八四―五年の清仏戦争の際の日仏同盟説を根拠づけるわが国の資料を発表することができました。ここに先人の業績を一歩前進せしめうる資料的基礎ができあがったことを喜ぶのです。本書の編集は、もっぱら明治大学大学院博士課程金正明氏がこれに当り、わたくしはこれを監修したにすぎません。ここに厚く感謝する次第です。

今後も、朝鮮の開国から日韓合併に至るまでの稀少資料を次ぎ次ぎに刊行する心算でありますが、何分にもこれらの資料の発見、整理、編集に、多大の日時と費用を要し、かつまたその出版には巨額の経費を必要とする現状であります。ここに皆様の絶大な御援助と御協力を切にお願い申し上げます。

発行所 東京都千代田区神田神保町二ノ二 有限会社 巌南堂書店 電話(301)〇八四七・振替東京一三一六八六

李朝野史物語

太祖時代篇（3）

勤王時代の李太祖
高麗末国防と紅巾賊

李太祖は、高麗王朝の大黒柱として、その父君子春と共に親子二代の勤王一家であった。李朝王国創建以前は、高麗国土を守護するために忠誠を尽くした武人である。

高麗末期における北方国防線は豆満江流域の女真国を中心にしていた。この辺りの防衛責任者は李太祖の父君桓祖大王（李子春）が朔方道万戸兼兵馬使としてこれに当った。太祖もこの方面に武勲をたてて父子二代にわたり、黒龍江の地を圧し李朝創業当初はこの辺り一帯が国土の一部となっていた。

李太祖は、部将李芝蘭を伴って子春麾下に入り軍務に励んだ。記録には「百戦百勝、成し遂げざることなし」といわれた。

時に、隣の大国清では権力交替が行なわれた。恭愍王十七年（一三六八年）に金陵（いまの南京）で兵を起した朱元璋が、兵八万をもって元の国首都北京を陥して建国した。これが明であり朱元璋は明太宗である。

主人公朱元璋の人柄を一眼みるために、千里の駿馬二頭を駆って心服李芝蘭と二人で、明京洛陽に一気に乗り込んだ。

太祖は用心深く、服装も清服にして明太宗にお目通りをした。英雄の眼はすぐ朱太宗の人物をのみこんだ。聞きしにまさる中原の天子であった。

見合いを終って陣中から退出した太祖は芝蘭を顧みながら「余、初めて真実の天子の資格に巡り合った」と述懐した、と。

帰国してからは、太祖は一意専心父君を輔翼しながら黒龍江対岸の女真国を攻略し、咸鏡両面の軍域をもって巡撫した。記録は「草野未開不毛の胡族も鳳俗までが変った。衣冠を正し礼法を弁えるようになり、高麗国に心服するもの大半に達した」と。

父君が崩じた後は、その軍功によって父を継いで兵馬使に任じた。

さて、元の末年に地方豪族劉福通という人物がいたが、稀れな山師で数十万徒党を組んで山東に拠って気勢を上げたが、中々の勢力。彼等は紅布で鉢巻をしたので紅巾賊で知られた。

紅巾賊首領毛居敬なるものは、高麗をうかがっていたが、恭愍王八年（一三五九年）十二月兵四万をもって鴨水を渡江義州を攻略した。

高麗朝廷では、副元帥安祐、都指揮使金得培、西京留守李富春、西北按撫使李仁任等をして敵を迎撃して平壌城下でこれを撃破したので、敵将は残兵をつれて敗走した。

それから二年後、恭愍王十年（一三六一年）十月には、紅巾賊は朱元帥が十万（一説には二十万）大軍をもって再び鴨水を渡って侵入してきた。国防軍は平安道各地で敗戦したので、まさに国家の一大危局となった。

高麗朝廷では、李太祖を金吾上将軍兼西北方面兵馬使に任じて即刻敵を撃退するように命じた。

太祖は、李芝蘭を先鋒として、騎兵二千余を率いて平安道方面に向った。義州、朔州等各地で敵と闘って、その大将王元帥以下大将十余名を射殺し、敵兵千余名を屠殺してしまった。

敵将朱元帥は太祖の軍と正面決戦しては到底勝てないと考えた。そこで各地に仮りの布陣をしておいて高麗軍と合戦することはできるだけ避けながら、自分は主力部隊を率いて間道を取って高麗軍にさとられずに、首都開京を奇襲する作戦に出た。

高麗国軍は、殆んど戦地に出征したので首都は空っぽ同然であった。敵の大軍に奇襲された朝廷は敵を防げる方法がなかったので、これを敵に明け渡した。恭愍王以下王族は福州（いまの安東）に乱を避けた。

敵は、全く何等抵抗にあうことなく首都開京（いまの開城）を無血占領した。敵軍は掠奪暴行の限りをつくした。宮女や一般良民の婦女子までを宮中に留置して連日酒宴を開いて淫乱狼藉を極めた。

黄州、平壌、安州等で布陣していた国軍将官安祐、金得培、鄭世雲、李芳実たちは、ソウル開京の陥落を聞いて急ぎ京を救援にかけつけた。しかし、勝ち誇る賊軍の気勢に押されて敵の占領地を突くことができず、ひたすら、太祖軍の到着を待つ態勢をとっていた。

一方、太祖は随将芝蘭と共に平安道沿線に散在している敵軍を掃滅しながら地方民按撫に当っていたところへ、敵軍が間道からソウルを奇襲作戦に出たことを知った。太祖大いに驚いて軍を回わして、昼夜強行十余日目に開城附近に到着した。

戦場を観測すると、開城一帯は完全に敵のものであり、国軍の諸大将は城外数十里のところで遠く包囲しているだけであった。

彼等は金吾上将軍李太祖を陣中に迎えながら敵軍の強いことを縷り到底撃退することができないと泣き訴えた。（石巖山人）

新羅人の肉体美観

李而寿

源花・花郎制、仏像、説話文学を通じて①

真善美の合一
古代ギリシャ人を髣髴

わが国の地理的環境はあのギリシャのそれと似ている所があるが、二つの古代民族の性格について互いに彷彿とさせる点があるのを発見することができる。

例をあげれば現実を楽しみ自然を愛ずる、また形式を重んじ、美を愛好するなどがそれである。またそれだけでなく、美に対する観念においても古代新羅人とギリシャ人の間には双方対比される点があることを話したいと思う。

古代ギリシャ人は美を単に一つの性質だけをもっているものと考えないで、各種の性質をととのえているものと考えていた。いうなれば、美をそれ自体において本質的な一切のものを所有している完全無欠であるものと見て、そこには真と善が伴ない、秩序と統一を自在方向として観念している。そしてこれに似た観念は、初期の新羅人にもあったようで、それは彼らの霊肉一致観から見ることができる。

私の考察したところによれば、初期新羅人は霊と肉の矛盾とか分離を考えないで肉は霊の一切の表現で、霊は肉の実体・実相であると考えたようである。そして美しい肉体には美しい精神があって、美しい精神とは美しい肉体が伴なっているという霊肉一致観と真・善・美の合一観をもっていたようである。

これはなんによって推測できるかというと、第一、新羅人の独特な青少年団体である源花・花郎の制度からこれを見ることができると思う。源花・花郎の制度は新羅の強固な原始共同体から分化発達した「若者の集団」、一種の人為的な精神共同体であるといってよい。そしてこの共同体の初期の団長を源花といい、源花は美しい容貌の女性から選定されたのである。

このように女子から指導者格である団長を選んだ理由はなんであるか。あるいは、原始宗教（ムーダン＝神をよんでまじないをするまじない師）からの残滓遺風ではないかと考える人もある。しかしそれははっきりしたことではない。なんといっても、美しい肉体美をもっている女性を選んで徒衆を指導する団長に任じたということは、単に形式美を重んじる観念からではなく、内容美までも包含した表裏一致、霊肉一致の観念から由縁したものであるといわねばならない。

これは後日、源花に代置された男性団長である花郎の境遇を見れば、より一層そうであることを推測することができる。花郎の資格は美貌（肉体美）男子であって、行ないが正しい者（精神美）という必須条件にもとづいて選んだ。

花郎のこの条件こそ、その前身である源花制創設以前からの原始新羅人の霊肉一致観念の表現であると見なければならない。

より具体的にいえば、純真な古代新羅人は美しい精神と行動があい伴なうという全体美観念から美女を選んで、源花徒の団長とし、そして、時代の流れと社会の複雑化が続くにつれ種々の弊害（不合理）が生じたのであった。

すなわち霊と肉の矛盾背馳が発生したのである。これは有名な南毛・俊貞の史話が一番よく証言している。

南毛と俊貞というのは二人の美しい源花がそれぞれ徒衆（集団）をひきいていたが、両人間に美貌姿態の争いから嫉妬が起り、そのあげく、俊貞が南毛を誘引して殺害し、俊貞も死刑を受けたという一大悲劇と不祥事がおこったのである。

このような事件の発生から官では女性団長制である源花を廃止し、代わりに男性団長制を採用して年少美男子から行ないが正しい者を選び、これをして花郎という団体（集団）を組織するようにしたのである。

これは新羅真興王初期の事実と私は見ているが、ここで私たちは当時新羅人が霊肉の矛盾と背馳を人為的に調和一致しようとした意図と努力のおもかげを見ることができると思う。新羅人のこのような霊肉一致観はまたしても彼等の造形美術、特に仏像彫刻から探すことができる。

すなわち仏像彫刻は一つの仮装一つの形式というよりも、いうなれば仏自体の再現と同じく、服飾と肉体を仏自体の優雅な精神といっしょに美しく表現することが普遍であったからである。

新羅人の手で作られた数多い仏像の中にも新羅美術の最高峰であるといえる石窟庵の諸仏像にも特に、中央蓮花台上に作られている釈迦仏の半裸体的坐像を見てもわかることである。第一にその壮厳な体躯、またその壮重であっても慈悲であり、平和的な容姿、そして威厳ある広い胸部、また、肩から手、指に至るまでの律動する美しい柔かい曲線美、これがどんなに美しく、高雅であるか！固いでこぼこの花崗石をどのようにしてこのように美しく、造り上げたのか！私たちがあおぎ見るとき思わずしらず、私たちの手が出てその柔かそうな指をさわってしまうことだろう。そして、その指は人の美的欲望とともに、その情的なあがかつくことは事実である。

その壮厳にして、不動の姿勢と沈黙から生命が躍動しているような感を与えている。これは一つの彫像であるというよりも、真摯な信念と芸術的本能から表現されたものであるといいたい。

新羅人の霊肉一致的美観から肉体美尊重の思想と傾向が発生、またこれを中心にしてロマンチックでエロチックな説話文学が派生することは自然な筋道である。

このような類の説話は大部分肉体美の非常な魅力が死んだ霊魂とか海竜とかそのほか鬼神までも官能的に働くような内容のものにした。私たちがこれを通じて古人の肉体美観の一端を知るのも一つの方便であるといいたい。

三国遺事に伝える桃花娘説話（巻一）水路夫人説話（巻二）処容郎説話（同上）とか新羅殊異伝（太平通載所引）の志鬼説話（三国遺事巻四・二恵同塵、条にも簡単にあった）などは全部新羅時代を背景にした新羅人の肉体美観の変遷を神秘に伝える貴重な資料であると見なければならない。

そうであるから少し、複雑であっても、以上四つの説話を順番に紹介する必要があると思う。（つづく）

（筆者＝文博、名誉教授）

釈迦如来坐像（新羅統一時代）

肥満な肢体を通肩でかけた法衣でまとい、太い螺髪と長耳、それに円満な慈相は時代の特色を現わす。

安益泰氏来日

十二月、国立音大交響楽指揮

国際的交響楽指揮者安益泰氏は来る十二月八日東京日比谷公会堂において開かれる東京国立音楽大学シンフォニー・オーケストラ定期公開演奏会指揮のため、同大から招かれ来日するといわれる。

ソウル半世紀（5）

九九万から二千万へ
ソウル駅
今や乗降客増加で狭い

○…ひっきりなしの人々の邂逅と別離が汽笛とともにさらわれて行くソウル駅では、きょうも二百余の列車と六万余の旅客がひしめき合っている。

○…南大門停車場という名称ではじめて建てられたのが一九〇〇年十一月十二日、二万九千八百七十二坪の停車場の付帯地を占領し終ってはじめて、建てられた。

○…鉄道がはじめて敷かれた時分、家が壊され田畑を取りあげられ、先祖のお墓を移葬しなければならなかった人々のいかりの声が各地で爆発した時分、南大門ほとりの住民らは漢城府に押しかけてデモを起し、家々に撤去の丸が貼られるやとれをちぎって抵抗はしたものの、とどのつまりは豚箱の厄介になるのが関の山であった。

○…還暦を越したソウル駅が歩んで来た道は決してなだらかではない。一九一〇年十月一日京城駅に、一九二五年九月三十日今の本駅建物が竣工、一九四七年十一月一日ソウル駅に、それから一九五八年一月十日に南部駅が建てられた。

○…五十年前、ソウルの人口が二十四万八千くらいの時は、年間ソウル駅を乗降りする旅客数は九十九万余であったが、今では年間二千万を超える。釜山から新義州まで昼間の列車しかなく、ソウルと平壌間を区間運行をしていた時期は、釜山から新義州までまる二泊を要したものだが、今では朝、釜山で用を足し、夕方には、ソウルに戻るほど近くもなった。

○…六方面に延びた線路、交通網の心臓部であるソウル駅に、轢死事件も起きれば、ほかにも色んな変った事件が絶えない。

○…この心臓部も人々が十倍にふくれあがった今のソウルの玄関にしては余りに狭いようだ。新義州まで、豆満江まで、鉄馬が駈ける頃には、もっと大きな規模に変わることだろう。

（写真上は現在のソウル駅、右は五〇年前の南大門停車場）

安住の地よいずこ（71）

許槿旭

え　金泰伸

脱出（十五）

戸の隙間から忍び込む北国の風は冷たかった。つま先が冷くかじかんで来て、うとうととしていた睡気が、ふっ飛んでしまった。

彼と副官はクッションに身をもたれて深い眠りに落ちていた。

車は、とある田舎の道を走っていた。外はまだうす暗い夜明けであった。私は体を丸くし、コートの襟をなおした。

ところどころにあかりのついた家々が、闇を透して現われた。

「いまここはどこでしょうか」

私は運転手に顔を向けながらきいた。

「江界邑です。もうすぐ"チョサンリ"という部落に着きます。そこにみなが避難しております」

私は彼を揺り起した。睡気の覚めない彼は眼をこすりながら私を眺めた。

「もう着きましたよ」

「うん？ここはどこだ？」

「江界邑よ」

さっと顔色を変えて私を見る彼の眼が大きくみはった。

「ああ……疲れた！」

副官がゆっくりと体を起しながら、のびをして窓の外を眺める。

いつのまにか外は明るくなって来た。青白い早朝の空がだんだん輪郭を現わして来た。霜が凍りついたように、すべての生命は寒さに[illegible]いるかのようでさえあった。急に車が道路からそれて広い川を横切った。車が石ころの上で重く揺られていた。

車は褐色づいた林の中に入ったり、再び道路に出たりする。

霜のおりた丸い藁葺き屋根が寄り集っている一つの部落が眼の前に現われた。運転手は、とある大きな瓦葺き家の前で車を止め、クラクションを鳴らした。私は何だか胸がどきどきした。

「もう着きました」

車から下りた私は一瞬たじろぎ棒だちになった。

表門のあく音がして、父の姿が眼についたからである。

「英旭や！早く起きておいで。大きい姉さんが来た！早く……」

父は部屋に向って大きく叫んでから、あたふたと私の方に駈け寄って来た。

寝衣のまま飛び出して来た父のやつれた姿を眼の前に見た瞬間……私は急に気が抜けると共に、切々な悲哀が胸をつき上げてくるのを意識した。

「お父さん！」

「禧旭や！お前生きていたんだね！」

私の背中を撫でながら静かに溜息をつく父の優しい眼には、露ほどの怨みの色も見えず、むしろ溢れるような愛情がたっぷりと満ちていた。

尋ね人

尹鍾瑾（平沼）当37歳

本籍地　咸南北清郡北清邑内里七六番地

右の人は十五年前に来日した方ですが、本国ソウル市に居住している母親の金慶淳さん、妹の尹伊淑さん、尹梅花さんが消息をたずねております。御心当りの方は本紙業務局または左記へ御連絡下さい。

横浜市鶴見区鶴見町一三二一朝日製鉄株式会社内　平山武雄

電話　横浜（50）八四三一ー四番

優良鋳物用銑鉄製造

ASK

朝日製鉄株式會社

取締役社長　申学彬

横浜市鶴見区鶴見町1320

TEL 横浜(50)8431—4

銀座の雰囲気で

風味ゆたかな韓国料理を！

経営者　町井久之

東京都中央区銀座西6の5　TEL (571) 1257

あなたの工場の生産性向上は、マークが保証する、南陽の工作機械におまかせ下さい

NANYO

南陽鋳造株式会社

営業種目　強靭鋳鉄　特殊鋳鉄　工作機械　自動車部品

電話　浜松(3)7181・本社　〃(3)8815 工作機械工場　〃(2)5788 夜間専用

静岡県浜松市竜禅寺町628（浜松局区内）

NHL 5RII型　高速精密生産旋盤

NHL 5型　単能高速生産旋盤

韓國新聞
発行所 韓国新聞社
発行人 權寧柱
東京都文京区春日町51
電話(813)2261・2263 編集
東京(812)1921 (813)2262 業務
振替口座 東京 34988番

広告代理店 KPR
韓国と日本を結ぶ!!
広告企画と立案・図案文案製作
新聞雑誌広告・ラジオテレビ広告
ネオン屋外広告・市場調査と興信
その他広告宣伝PR
TOKYO 港区芝琴平町26 電話(501)0471
SEOUL 乙支路一街101 電話(2)1811

韓日会談妥結促進 中央民衆大会開く

五千人の大集会
定刻前から、大型バスを連ねて大会場に集まった僑胞は五千人に達し、「早期妥結」「反共」「法的地位の確立」のスローガンを掲げて、その実現を誓った。写真は集まった大群衆と、壇上であいさつする大会委員。

決議文

今日われわれは韓日会談の早期妥結の目的を成就させるため、在日僑胞の全力量をこの韓日会談促進中央民衆大会に総結集せ、一堂に集まった五千の在日僑胞は大会の名で厳粛に決議する。

一、われわれは韓日会談を破壊するために狂奔している朝総連や共産勢力の陰謀を粉砕し、自由アジアの防衛と世界民主平和の実現を期するため、この韓日会談を速やかに妥結させ、韓日国交正常化を速やかに成就させて両国民の親善をより一層強化するよう努力する。

二、われわれ六十万在日僑胞がこの日本において法的地位を正当に与えられ、社会的差別のない権益すなわち永住権の取得、生活保護問題、融資問題、就職問題、教育問題などの諸権益を主張し、今日の不安定な生活を一日も早く打開するためにこの韓日会談を積極的に推進する。

三、われわれは本国政府の新しい機運のもと国民全体が一致団結して国家再建経済五カ年計画完遂に全力を挙げていることを銘記し、目下推進中の第六次韓日会談が十年会談の終止符を打ち、もって韓日両国の国交正常化が即時実現するよう総力を傾注する。

一九六二年十月三十一日

韓日会談促進中央民衆大会

妥結させよう韓日会談 粉砕しよう共産侵略!

日比谷に五千人 妥結促進へ総力結集

韓日会談促進中央民衆大会は、三十一日午前十一時から東京・日比谷公園野外音楽堂において一般大衆約五千が参加、「韓日会談早期妥結」の大集会が開かれた。

秋晴れの好天候にめぐまれてか、遠く長野県をはじめ、関東一円の各県から定刻前に参集。"韓日会談年内妥結促進""韓日会談を妥結させよう""在日僑胞の法的地位を確保させよう"等のプラカードを掲げたバスをつらねていた。

訪日韓国少女芸術団のピアノ独唱とバイオリン独奏でこの歴史的大集会は幕が上り同少女芸術団の熱心に踊る古典舞踊に参加大衆は完全に魅了された。続いて第二部にはいり東京韓国学園ブラスバンドの奏楽の中に国民儀礼、大会委員長丁栄玉民団東本団長の開会の辞、民団中総張聡明副団長の革命公約朗読、権逸民団中総団長の「在日韓国人法的地位に関する問題」(別項)を祝辞にかえてその重要性を大衆に訴え満場の拍手をあびた。来賓祝辞を大韓民国駐日代表部金在鉉公使、日本自由民主党韓国PR委員長北沢直吉氏が韓日両国の歴史的つながりについて力説、政治評論家の御手洗辰雄氏がユーモアをまじえての韓日両国国家国交正常化についてその重要性を説き、満場の拍手をあびた。

午後一時十五分尹致夏民団中総副団長によって同大会の決議文が朗読され満場一致これを採択、国家再建最高会議議長朴正煕将軍に送るメッセージを民団東本洪賢基議長が朗読採択、池田日本国首相に送るメッセージを陳東徹栃木県本部団長が朗読採択、日本社会党及び反動勢力に対して送る抗議文を韓青韓昌圭委員長が力強く朗読して満場の拍手でもってこれを採択した。

続いて東京韓国学園ブラスバンドを先頭に街頭デモにうつり「韓日会談早期妥結」のプラカードを高々とかかげ、明治神宮外苑までの行進をはなやかに繰りひろげた。

なお、この日の大会で採択されたメッセージ及び抗議文を権逸中総団長をはじめ幹部一同が、それぞれの機関を訪れ手交した。

権利の確保に総力

権逸中総団長あいさつ(要旨)

権中総団長

韓日会談が開かれてから十余年を経過し、その間種々の曲折はあったが、両国民の熱望と当局者間の真摯なる努力によって妥結への見通しが明らかになったことは、まことによろこばしいことである。

韓日会談を促進する運動を今後も続けて展開させることは勿論であるが、われわれ僑胞は、われわれの特殊な立場に基づく正当な権利を獲得するために総力を集中しなければならない。

これら重大な諸問題を解決するには、在日六十万僑胞の代表機関である民団の体質を改善し、強固な団結力をもって当るべきだ。

世界平和のために

金在鉉公使のあいさつ(要旨)

金公使

今日韓国政府が韓日会談を進めているのは、過去を忘れているためでなく、また忘れようとするためでもないことは勿論、経済上の理由からでもない。

国内外の情勢に基づき、大局的な立場から、両国の繁栄と世界の平和を真に望んでいるからである。

韓日会談妥結は、韓国の赤化を企図している共産系分子を除く絶対多数の両国民が切に望んでいる事実を知るべきである。

去る小田原のMRA大会で社会党所属の国会議員加藤シヅエ女史が韓日国交正常化を力説したが、外の社会党議員たちも個別的に接触したら同じような意見をもっている。

韓日両国の将来のため、誤った過去をわれわれの世代が是正すべきである。

朴議長に送るメッセージ

敬愛する国家再建最高会議議長閣下

絶望と飢餓線上をさまよう民生苦を解決し、国家の自主経済再建のため(反共を国是の第一義とし)日々奮闘努力なさる朴議長閣下に六十万在日僑胞を代表して深甚な敬意を表します。

今日われわれ在日僑胞五千余名が、ここ東京日比谷野外音楽堂に参集し、韓日会談促進中央民衆大会を発行するにあたり、この大会の名において尊敬する閣下にこのメッセージを送ることになったことを無限な栄光と考えるところであります。

一、われわれ在日僑胞は韓日会談早期妥結の目的を成就するため、われわれ六十万の全力量をこの運動に総集結させ、現在推進中にある第六次韓日会談を成功裡に終わるよう強力な運動を展開させることは勿論、この韓日会談を分裂させようとする朝総連および、その他のどのような反対勢力にも屈することなくあくまで闘争、粉砕させ世界の平和と自由アジアの防衛のため、果敢に進んでいくことをいま一度、この大会で決議するものであります。

一、われわれ在日僑胞は、今日祖国の国民全体が一応団結して国家再建、経済五カ年計画完遂に総力を傾注していることをいま一度銘記し、海外のわれわれ在日僑胞もすべての力をつくしこの革命課業遂行に貢献することを共に盟誓するものであり、また今日われわれはわれわれ在日僑胞の生活のため日本政府にたいしてわれわれの要求貫徹、容共政党である日本社会党の韓日会談反対にたいする粉砕闘争のため、今日この中央民衆大会を終えた後、一大示威行進を展開、一日でも早く韓日両国の国交正常化が実現するよう最大の努力を傾注するものであります。

三、閣下も御承知のように、現在日本には六十万の韓国民が三世にまで及んで居住しており、相も変らぬ日本政府の差別待遇によって呻吟しているのであります。しかし、だからといってわれわれは今すぐ本国に帰ることもできないのであります。いずれにしろわれわれは日本で生活しなくてはならないのであります。それ故にわれわれ在日僑胞の法的地位問題と処遇問題について次のような点を特に韓日会談で反映していただきたいのであります。

①、在日韓国人の渡日の歴史的な経緯からして、日本に在留している全僑胞に永住権を賦与することはもち論のこと、その子孫にまで区別なく適用されるよう望みます。

②、出入国管理令による強制退去などはあってはならないと思います。

③、国籍確認の手続はすべて大韓民国国民とされなくてはなりません。

④、日本国内における待遇問題は日本人と同等の内国民待遇とされなくてはなりません。

⑤、本国に帰還する時には所有財産は無制限で持ち帰れるようにしなくてはなりません。

以上われわれは在日僑胞の法的地位と処遇問題が早急に解決され、六十万僑胞が精神的に安定して経済生活の向上を計れるよう期待すると同時に閣下の健闘と国家再建最高会議のかがやかしい成果あらんことを祈りながらこのメッセージをお送りいたします。

池田首相に送るメッセージ

親愛なる池田総理大臣閣下

本日われわれ関東地区在日韓国人五千余名は日比谷野外音楽堂に参集し、"韓日会談促進中央民衆大会"を開き、大会の名において、閣下に対しこのメッセージを送ることを光栄に存ずる次第であります。

一、われわれはかねてより閣下ならびに閣下が率いられる自民党と日本政府が韓日問題解決のため非常なる熱意をもって努力しておられることに対し深甚なる謝意を表するものであります。

二、閣下もよくご存知の通り十年会談といわれたこの韓日会談が未だに妥結をみずにいるということは、韓日両国はもち論、アジア自由陣営の団結強化を願う国際的な視野からみても遺憾なることといわなければなりません。

もはや韓日両国は一切の過去に拘泥することなく双方が誠意を傾けて共産主義の脅威から国民の自由と国家の安全を守り、かつ民主主義自体と世界の平和を守るために一致した歩調をとらねばならない段階に至っていると信じます。

韓国は真の民主主義の基礎を確立するために「反共を国是の第一義」とした革命政府が生れ、この一年の間あらゆる政策を実践して多くの成果を収め、国民全体の絶対的支持をうけております。そして貴国との永い間未解決であった国交正常化にも懸案である「韓日会談」を早急に妥結させようと最大の努力をはらっているのであります。

韓日会談妥結の真のカギは、たんなる「数字の多寡」ではなくその底に横たわっている誠意如何であり、特にわが韓国側の大乗的なる方策に応える日本側の反省と誠意が重視されるのであります。われわれは心からなる閣下の御英断を強く要望するものであります。

尚われわれ在日韓国人はわれわれの法的地位並びにその処遇問題についてはわれわれの日常生活に直結するきわめて切実な問題でありますので特別の関心を持っております。

日本側が在日韓国人の来日の歴史的経緯からして日本国内の一般外国人とはちがう特殊な地位を付与しなければならないはずのものがかえって終戦と同時にいわゆる第三国人として放置して顧みず事実上差別的な苦しい日常生活状態におかれ今日に至っており、なおさらであります。

そこでわれわれは本日この機会を捉えわれわれ在日韓国人の永住権の付与をはじめ、教育、就職、経済、社会保障など生活のあらゆる面において日本国民と同等の地位ならびに処遇を与えられんことを切望するものであります。

今や共産主義はアジア自由陣営分裂のため必死になって韓日会談を妨害しております。願わくは韓日両国民がこれを果敢にのり切って真の世界平和に貢献するため、まずこのアジアを私たちの手で守り、なによりも緊要なこの韓日会談を両国民が全力を傾けて成就をせなければならないと思います。一日も早く日本国民との真に強固なる親善友好関係を樹立し、ともに手をにぎり合って反共と自由擁護のために力をつくしたいと念願いたしております。

われわれ在日六十万僑胞は閣下の御健闘と韓日会談早期妥結を祈りながらこのメッセージを送る次第であります。

日本社会党に対する抗議文

本日われわれ関東在住の韓国人五千余名は、東京日比谷野外音楽堂において「韓日会談促進中央民衆大会」を開き、大会の名において貴党に対し次のことを厳重に抗議する。

わが祖国大韓民国は一九四八年国連監視の下で自由選挙によって自由民主独立国として誕生し、同年十二月十二日国連から韓半島における唯一の合法政府として承認された国家であり、現在世界六十余国から承認をうけている。

この自由民主主義の基本政体の基調にたって対内的には従来の腐敗と不正を一掃し道義を確立し経済を再建し、対外的には国連憲章に則り国際協約を忠実に履行して、わが国をより一層強固に民主的基礎を確立させるために出現した政権であって国民全体の絶対の支持と六十余の友邦諸国からゆるぎない信頼を受けていることは厳然たる事実である。

それに反し北韓政権は韓民族分裂の責任者であり、ソ連と中共のカイライ政権に過ぎないものであることは国際的常識である。

しかるに自由陣営に属する日本の公党である貴党がこのことをわきまえず、南北平等的立場で北韓カイライ政権を認めるが如き態度は親ソ容共的であるといわれても弁明の余地がなく、このことはもっとも善隣友好でなければならない日本とわが国との関係を無視した、また国際信義に反する態度であってわれわれのもっとも遺憾とするところである。

現在貴党は「朝鮮が統一するまで韓日会談を中止せよ」と主張しているが、これは、永久政権と独裁組織を基本理念とする共産主義(独裁社会主義)政権とは民主主義を基本理論とする如何なる政権とも統一が不可能である根本原因を無視したものであり、東西ドイツ、南北ベトナム等の統一不可能な国際的現実を無視した暴論といわなければならない。

これは国際共産主義者が韓国をみずからの手中に収めるまで何もするな、ということに通ずるものであって、日本社会党の国際的感覚を疑わざるをえない。これは結局北韓傀儡の手先である在日同胞左翼系と共同戦線を張る日本共産党が同じくわが民族の分裂をはかり、ひいては極東の平和と安全をねらう共産世界赤化革命の画策に利することになると言わざるをえない。

従って貴党のこのような非友好的であり、かつ理論的にも現実的にも甚だ不合理である態度に対しわれわれ六十万同胞は強く抗議し、直ちに中止することを要求するものである。

おことわり

本日「韓日会談早期妥結民衆大会」のもようを特集しましたので「論壇」「カーテンの裏」は休載し、二面に政治問題を一部入れました。ご了承ください。

チップ製造
鹿沼利材工業所
社長・三中通九
本社・宇都宮市荒針町野沢 電話(宇都宮)(2)4685
工場・宇都宮市野沢工場
・鹿沼市府所工所 電話・鹿沼2064
・今市大沢工場 電話・大沢・42

KÖNIG PIANO

KÖNIG PIANO TYPE KD-IA
88鍵(7¼オクターブ)

皆様私の名前はケーニッヒピアノと申します。
その名前が示す通りドイツ生れのピアノの王様ということです。
私はピアノ製造界屈指のS技師により日本に参りました。　以来私は舶来部品を主材料として、経験20数年というベテラン技術者により組立加工されて育って参りました。音質、音量、耐久力の点では断然逸品だといわれております。どうか私の真価を確かめて見て下さい。

ケーニッヒピアノについて……

ピアノをお求めになる方は、誰も先ず良いピアノを出来るだけ安く欲しいとお考えになるのではないでしょうか？
所で新らしい中から故障や狂いが起きる様なピアノは論外として、一見した所相当いいと思える様なピアノで、暫らく使って居る中に種々障害が生じ使用に耐えなくなるという様な事が往々にしてあります。此の様に新品の間はとかく欠点が判りにくく、選定も非常にむづかしいわけです。それではどの様なピアノを選らんだら良いかと申しますと、○永久的な耐久力、○優雅な音色、○軽快なタッチ、○優美な外観、○更に良心的な責任保証、以上の条件を完全に具えたピアノであることです。
弊社は最高度の技術と、最良の資材、更に利害を超越した絶対的な責任と愛着をもって、只管品質の向上に全力を傾注して今日に至って居ります。此の様に良心的な製作方針と、品質本位の一貫した経営方針こそ他社の追従を許さぬところであります
尚当社はその技術を高く評価され技術指導員を、韓国に派遣することになりました

ケーニッヒピアノ製造株式会社
■本社／浜松市佐鳴町TEL(代表)③0629　■工場／浜松市中野町TEL(中野町)70

KÖNIG PIANO TYPE No 250
88鍵(7¼オクターブ)

韓国の声

フ首相の劇的声明がもたらす問題

フルシチョフ・ソ連首相は二十八日ケネディ米大統領に送ったメッセージでキューバのソ連製ミサイル基地を解体してソ連に送り返すという劇的な発表をして緊張状態に陥っている国際政局を驚かした。

フルシチョフはこのような声明と同時にNATOとワルシャワ同盟の関係を改善し、全面的軍備撤廃と核実験禁止を含むその他の問題を解決しようと要求して、ケネディ大統領とマクミラン英首相から"政治家らしい決定"であるとして歓迎を受けたのである。

しからば、フ首相は何故このような劇的決定をしたのか、またこれは今後の国際政局にいかなる影響を及ぼすのかについてわれわれの見解を述べてみよう。

フルシチョフがキューバからソ連の軍事基地施設を撤去せざるを得なかった直接的な理由は、米国の確固不動たる態度であったと思われる。しかし、フ首相はケネディ大統領に劇的な譲歩をしながらもいくつかの利得を計算していたのに違いない――。

まずソ連はケネディ大統領の声明どおりに米国からの基地を撤去することによって、米国をしてこれ以上キューバに干渉できないようにし、米州への橋頭堡を確保するのに成功できるという点と、そしてキューバの基地と交換にトルコの米軍基地を撤去させようという要求を提示して、トルコの米軍基地撤去に対する国際世論を喚起しようとの魂胆で、すでにゾーリン・ソ連代表はウ・タント国連事務総長にトルコから米国の"攻撃用武器"を撤去させる米ソ協定を交渉するよう要請を行なった。共産侵略には二つの基本的な形がある。一つは高姿勢で、これは西方側を脅やかしながら彼らをソ連との交渉に応ずるようしむける戦略である。もう一つは低姿勢で、これは劇的なある種の措置を取って西方側の緊張を緩和させ平和の雰囲気を醸成しようとするものである。

ソ連が高姿勢にでるかまたは低姿勢にでるかはその時の情勢によって異なるのである。

ところで、今般ソ連がとった戦略は低姿勢で、これで彼らはキューバ問題で絶頂に達した軍事的緊張を緩和させ、ひいてはキューバのみならずトルコの米軍基地、ベルリン問題、NATOとワルシャワの関係、核実験の禁止を含む全般的軍縮問題にまで拍車をかけようというのがねらいなのである。

国際共産党は、八十一カ国代表者声明でも指摘したように、世界情勢、特に、国際的経済事情が彼らに"有利に変りつつある"と判断しており、"平和共存"は共産圏と西欧陣営との"階級闘争"であるとの結論を下しているのである。

したがって、フ首相の今度の対キューバ声明はAPの時事解説者ウィリアム・L・ライアンの観測のように一歩後退二歩前進を意図する戦略なのかも知れない。情勢の重要性は今後の動きにあるというのがわれわれの結論である。（京郷新聞）

読書しない国民に希望はない

十月二十五日から三十一日までは第八回読書週間となっているが、この読書週間を単なる呼びかけで終らせず、読書の習慣が生活化するよう導かれなくてはならない。

都会に住んでいる人達は他の生活が忙しくて読書時間が少ないようであり、農村の人達は読書したくとも読みたい本がないというのが実情のようである。

したがって、読書週間を機会に都会の人達には読書のできる雰囲気を造ってやり、農村にいる人達には本を用意してやってこそ意義があると思われる。

都会の人達は暇がないというが劇場や娯楽場はいつも満員である。だから都会にも読書のできる場所を設けて市民が何時でも自由に出入りして読書できるような手を打てばよいと思う。

図書館の施設があればなおさらよいのであるが、図書館でなくとも都会のあちこちに静かな場所を設けて自分の本を持ってきてでも読書のできる施設が多ければよいと思う。

ソウルには喫茶店が多いがその喫茶店のなかには音楽を聴くのを専門としている店があるように、読書するのに便利な喫茶店でもできれば、読書したくとも適当な場所のない人々にとって一助となるだろう。

つぎに、農村の人々にとっては、何よりも本を備えてやることが急務である。農村の人々が自分の生活を便利にして本を買うという習慣ものばさなくてはならないが、都会の人達が協調して農村に本を送る運動を展開するのが効果的であると思う。社団法人の「部落文庫振興会」という団体が農村に「部落文庫」を普及させる努力をしているということであるが、たいした効果が得られなかった模様である。

「部落文庫」とは都会に住んでいる心ある人達が、三千戸以上の全国の農漁村に部落図書館を設置しようとの運動で「部落文庫」は一個千三百ウォンあれば設立できるもので約三百冊いれられる文庫函と農村図書二十冊があればよいので、これを部落の図書会で管理運営させる仕組になっているのである。とにかく如何なる方法にしろもう少し多くの本が農村に送られなくてはならないし、そしてまたその本は農村の助けとなるような本でなくてはならないのである。

今でも農村に本を送る運動はあるが、大抵用のない古本を送っていて何の役にもたたないような状態であるが、これからはもう少し誠意のある"本送り運動"が展開されなくてはならないと思う。

今度の読書週間を機会に国民のだれもが本を読む習慣を身につけるようになれば幸いである。

都市農村を問わずわが国の読書層は減ってきているようであるが、本を読まない国民には希望がもてないのであるから、われわれはこの際思いきって読書の習慣をつけるようにしよう。（京郷新聞）

岐路に立つ共産圏 （2）

千里馬に乗った独裁者

【下】　政治評論家　韓載徳

共産侵略基地強化と役馬改造に狂奔

これが金日成が口ぐせのように言う総動員、継続革新なのである。

この千里馬増産競争運動において金日成一党が要求する成果、たてている目標がどれだけ一般的能力を無視した超人的なものかにたいして、金日成自身が次のようなことをいい白状している。

「消極分子等と保守主義者は、古い公称能力の基準にしばられ、科学と技術を神秘化させ大衆の創造力を抑圧しており、難関の克服大衆の前進運動を阻止しようとした」（前記報告）これは金日成が好んで用いる常套用語の羅列にすぎぬが、彼のいわんとするところは即ちこの千里馬運動が公称能力とか基準、科学技術などを黙殺し党内の穏健派の反対など眼中におかず敢行したということなのだ。

一方金日成一党が千里馬競争運動で作業班単位に班員等の共同および個人責任と規律をこれほど厳格に規定したことは連帯責任で超過生産を保障させようとする意図からきたことは言うまでもない。だから班員相互間は相手をお互いに督励監視、何かの事情である班員が欠勤または遅刻し、そのためその作業班が千里馬称号からはずれた場合、その班員は全班員より精神的、物質的責めをうけることになる。このようなことは死ぬことより苦しいことであるため総ての班員は例え死ぬような苦しい病気であっても、出勤途中道端にたおれることがあっても、とにかく出勤するという悲愴な決意をもつことになる。これが金日成一党の願うところであり、このような例はいまだかつてみることのできなかった労働機構であり、搾取組織なのである。

このような奸悪無比な労働強化運動―千里馬運動を北傀はどのように、何に依拠して敢行でき、または敢行しているのか？金日成は前記報告の中でわが国の社会主義改造と建設は熾烈な階級闘争を伴なったと率直に告白した。彼等の階級闘争は、熾烈はいうまでもなく血のにおいがするものであり、銃剣と鉄鎖を伴なう強圧を意味するものである。その社会主義闘争の主動力である千里馬運動もまた例外ではない。金日成は一歩進んでこれに関連する具体的な答をだしている。

「わが党は総ての事業において、勿論千里馬運動においても政治事業を先行させ、勤労者等にたいする共産主義教養を強化し彼等が労働に献身性を発揮するようにした。同時に社会主義の分配原則を正しく実施、勤労者等の物質的関心をもつねに刺激してきた……。」

これは何を意味するか？まず北傀は北韓住民等を共産狂信教徒に仕立て、共産党とその教主のためには命も、中運も惜しまず無条件に献身努力させるということであり、物質的刺激の方法、すなわち千里馬栄誉称号を争取した優勝班には若干の特配（優待）などを与えることにより、少しでも過度と能率をあげるよう奸巧な方法を使ってきたということだ。結局金日成一党は人間における私有欲と利得欲を一つの本能とみなし、これを適当に調節、自分たちの共産経済増大に利用せんものとあらゆる努力をつくしているということだ。特に共産北韓のような生活条件が極悪な現実ではわずかな物質的恩沢であっても一般にあたえる刺激は実に大きい。金日成一党はこれを意識して北韓住民を慢性的貧困の状態におき、さきにのべた条件を悪用しているわけだ。

しかし彼等の所謂物質的刺激というものもごくわずかなものだ。金日成自身の報告の中の数字を参考に調べてみても北韓で千里馬の声がはじめてあげられた一九五七年から一九六〇年までの工業生産額の増加率にたいする、労働者・事務員等（すなわち千里馬）の賃金増加率の対比は〇・七程度にすぎなかった。事実が以上のようであるにも拘わらず北韓の千里馬運動がそのように拡大されているのならば、それは金日成式強制によったか、数字の共産式作為にすぎない。

金日成一党は千里馬運動が人民の自発的熱意によるものと宣伝しているけれど前例ない過酷な労働条件下で果して自発的に行なえるだろうか？強制的であれ[illegible]であれ千里馬運動が現に行なわれているという現実を蔑視することは賢明でない。

何のために……

いまここでわれわれは一体金日成一党がなぜ悪質な増産競争運動である千里馬運動を行ない、一層激しく推進させようとしているかを調べる必要があると思う。これに関しても金日成自らがよい答をだしてくれている。

「①歴史的な遅れを一日でも早く克服するため、②われわれの最大の課業である祖国統一の実現に主導権をにぎるため、われわれは他よりも先に早い速度で前進しなくてはならない。われわれの革命発展はまさにこの様な要求から出発し、わが党は北半部での社会主義建設を決定的に促進するため方針を樹立、これに基づいて全体勤労者を社会主義建設のための闘争に組織動員した……。"千里馬の勢いででかけよう！"わが勤労者らはという党の呼訴に呼応して先をきそいながらかけていった」

①まず北傀がこのような猪突猛進的な千里馬運動を行なうようになったことは落伍している北韓を無理に社会主義社会という共産独裁体制に仕立てるためだ。金日成は同報告演説の冒頭で今日の北韓を特徴づけながら「わが国の社会主義改造の重要な特徴は、生産力の発展水準が比較的低く技術が落伍している条件下で、停戦後わずか四―五年という短い期間で、かつてないほどの発展がなされたということだ」と話したことがある。自分らの理論的基礎である唯物史観的社会発展法則すら否定して、ただ単に社会主義改造という名のもとで独裁確立――それも四―五年という短い期間で完成したというから、どれほど理不尽な無理がくわえられたか想像できる。

「千里馬運動により」と断言しながら金日成は次のようなことを再強調した。

「千里馬運動の意義は何よりもまずそれが社会主義共産体制の建設を高く保障するところにある」

われわれはここでも千里馬運動それ自体がどんなに強制的なものであるかを知ると同時に、北傀が何故千里馬運動を強行しているのかという一面を知ることができる。

②次に金日成一党が千里馬運動とやらを性急に行なっているもう一つの理由は共産統一を実現せんがためである。

金日成一党は彼等の究極的目的の「全国的範囲の共産主義社会建設」（朝鮮労働党規約第一章）のためまず北韓にその目的を充分実現することのできる革命力量・基地を創製しているわけだが、今日その基地強化のためより一層狂奔しているわけだ。金日成はまた前記報告の中で北韓でそのような急進政策を使っていることに対して、それは「北朝鮮社会発展の抑制することのできない要求からだけでなく、北朝鮮基地を政治・経済的（もち論軍事的にも）に強[illegible]して朝鮮革命の切迫な要求から提起」されるといったことがある。換言すればそれは朝鮮（共産）革命のための北朝鮮共産侵略基地強化促進のためだということだ。千里馬運動とは金日成一党にとってこのような恐ろしい意義をもつものである。しかし金日成一党にとって千里馬運動の意義はそれで終わるのではない、金日成はまた次のようなことをも言った。

「……千里馬運動は総ての人々を新しい共産主義的人間に改造する立派な大衆的教養の方法になった」

必らず限界が

金日成が全体人民をそのように造るという共産主義人間とはどのような人間をさすか？金日成は共産主義人間とは共産主義的に学び働き・生きる人だといった。共産主義を盲目的に学びその狂信徒になって、共産独裁のいうとおり死ぬほど働きどんなに飢えても、自由がなくとも不平をもらさず生活する人が共産主義人間だということだ。これは人間でない。それは千里馬だ。金日成一党は自己の独裁で総ての人々をこのような千里馬に改造するということだ。すなわちこれは人間改造でなく役馬改造だ。

このようなことがあっていいものだろうか？かならずやこの千里馬運動には限界があり、破綻の必然性をもつものである。

革命勢力 民政参与 既定の方針か
公式発表は十二月中旬ごろ
波紋よぶ金部長のワシントン言明

【ソウル発＝連合】革命主体勢力の民政参与と、そのための最高委員等の行動統一が確実視されている。「政治的安定と経済再建のため、これから四年間は革命主体勢力が民政に参与し、過度的性格をおびた政府をつくらなければならないため、最高会議委員等は国会に進出しなければならない」と金鍾泌中央情報部長はワシントンで言明した。

これは、最高会議の基本政策として決定されたものではないが、非公式に合意をみたものと思われる。三十日ある消息通は前記のような事実を認めながら現実的にありうることだと語った。姜尚郁最高委員は金部長の言明は「これから四年といえば、当面課題である経済開発五カ年計画が完了する時期であるため、それに立脚して話したものだ」と語り、最高会議の公式決定かという質問に対しては答をさけた。また吉在号委員は「金部長の言明は個人の意見ではないだろう」と言いながら最高会議の公式決定でもないと語った。しかし彼は統一した行動を取るであろうと含蓄のあることをも言った。いままで朴議長の大統領出馬如何、最高委員の民政参与如何、行動統一如何等いろいろうわさが多かったけれども、政治活動が許容されない時期でもあり、憲法も確定されていなかったため、最高会議は正式的決定を引きのばしていたのである。したがって最高会議は来る十二月中旬ごろ新憲法が確定されれば、最高会議の去就に関する公式決定を発表するだろう。

軍籍問題を諮問
朴議長　最高委員の立候補で

最高会議の高位当局者は、三十一日、朴正熙最高会議議長は、彼自身を含む最高委員達が来年の選挙に立候補する場合、軍籍からはなれ予備役として出馬すべきか、もしくは現役のままで出馬すべきかについて、研究して建議するよう最高委員たちに指示したと明らかにした。

ところで、朴議長を含む最高委員たちの民間政府への参加について公式的な態度はすでに去る二十九日、目下アメリカを訪問中の金鍾泌中央情報部長によって明らかにされたが、金部長はアメリカ国務省の政策企画委員会議長ロストワ氏との会談の際、このような態度を明らかにしたものである。

ラスク国務長官と会談
＝金情報部長＝

金鍾泌中央情報部長は二十九日、ラスク・アメリカ国務長官と会談し、三十日ポールナにあるアメリカ中央情報局訓練養成所を視察した。

なお、金部長は空路でニューヨークに到着し、およそ五十人の同胞およびアメリカ要人等の出迎えを受けた。

韓国側からは、李寿栄国連駐在大使が出迎え、アメリカ側からはニューヨーク市長代理として渉外関係委員補のジェイムス・オフライ氏が出迎えた。

日本外務省アジア局長に後宮氏

日本内閣は、外務省アジア局長に後宮虎郎氏を起用することを決め、三十日の閣議でこれを通過させた。これとともに、伊関前アジア局長はオランダ駐在大使に転任された。

予算審議進む
内閣事務処と内務部は終了

【ソウル発＝連合】最高会議予算審査特別委員会は三十日午後内閣事務処と内務部所管予算案の審議を終えた。

歳出規模[illegible]の内閣事務処所管予算では、内務委予備審査で削減された千七百十七万ウォンと会議費百五十万ウォンが全額削減され、内務部所管予算では五千七百六十万ウォンが削減された。一方、支署、派出所の増設費（五〇カ所）と警察教育、給食費および海洋警察庁舎営等の二千四百余万ウォンの増額要請は後日論議することにした。この日の午後の予算審議では、金内閣事務処長から来年度予算に計上された一万五千名の公務員増員による各部配定問題は、二十九日内閣で最後の検討を終え、三十一日報告するとの話があった。

国民投票繰上げ実施
十二月十日前後の見込み

【ソウル発＝連合】国家再建最高会議李厚洛公報室長は、三十日、来る十二月二十日に行なう予定の国民投票日を一週間ないし十日早めて、来る十二月十日前後になると明らかにした。

李室長は、「政府のこのような考慮は、国民の便宜をはかり、はげしい寒さを避けるためにとられた措置である」と語り、いままで正確な投票日は、決定されていないが、来る十二月十日前後になると思うと語った。

旅券発給者氏名公告

韓国駐日代表部領事課旅券担当官
在日本韓国居留民団中総民生局長

氏名		番号	住所
金任京	KJ	[illegible]	石川
権泰守	〃	[illegible]	福井
金元洪	〃	[illegible]	大阪
洪順一	〃	[illegible]	〃
徐相鎬	〃	[illegible]	〃
徐廷九	〃	[illegible]	京都
朴慶伊	〃	[illegible]	大阪
李寿南	〃	[illegible]	〃
李春月	〃	[illegible]	〃
池深順	〃	[illegible]	〃
趙一顕	〃	[illegible]	愛知
鄭鎮鶴	〃	[illegible]	三重
林鋼福	〃	[illegible]	〃
鄭乗律	〃	[illegible]	〃
孫令竜	〃	[illegible]	〃
李承禧	〃	[illegible]	愛知
李栄愛	〃	[illegible]	〃

旅券期限延長許可者氏名公告

韓国駐日代表部領事課旅券担当官
在日韓国居留民団中総民生局長

氏名		番号	住所
趙鋼出	KJ	[illegible]	青森
韓乙生	〃	[illegible]	東京
黄貴譲	〃	[illegible]	〃
洪鍾鉄	〃	[illegible]	青森
鄭吉坪	〃	[illegible]	福島
李金汝	〃	[illegible]	東京
李珠浩	〃	[illegible]	〃
高太談	〃	[illegible]	〃
文炳益	〃	[illegible]	〃
申判均	〃	[illegible]	〃
朴勝宥	〃	[illegible]	〃
朴珠熙	〃	[illegible]	〃
李道変	〃	[illegible]	〃
李東変	〃	[illegible]	〃
洪紹鶴	〃	[illegible]	〃
辺時範	〃	[illegible]	〃
金平北	〃	[illegible]	〃
南海鉛	〃	[illegible]	千葉
朴順月	〃	[illegible]	東京
李永華	〃	[illegible]	〃
金又杜伊	〃	[illegible]	〃
宋基瀬	〃	[illegible]	〃
趙小守	〃	[illegible]	〃
崔嵐	〃	[illegible]	〃
金金鶴	〃	[illegible]	〃
朴七東	〃	[illegible]	〃
李鉉明	〃	[illegible]	〃
呉文爺	〃	[illegible]	〃
李実光	〃	[illegible]	〃
李貞生	〃	[illegible]	〃
金仁伊	〃	[illegible]	〃
金相駿	〃	[illegible]	群馬
黄貴祚	〃	[illegible]	千葉
申下男	〃	[illegible]	〃
金甲宝	KJ	[illegible]	東京
張復東	〃	[illegible]	福岡
韓海植	〃	[illegible]	広島
金基洙	〃	[illegible]	福岡
申奉之	〃	[illegible]	〃
丁三礼	〃	[illegible]	〃
金採石	〃	[illegible]	山口
鄭丁金	〃	[illegible]	〃
朴文鍋	〃	[illegible]	大阪
金吉斗	〃	[illegible]	〃
徐竜達	〃	[illegible]	〃
甘次相	〃	[illegible]	〃
金中淑	〃	[illegible]	〃
徐成万	〃	[illegible]	〃
李宗雨	〃	[illegible]	〃
康京林	〃	[illegible]	〃
閔碩基	〃	[illegible]	〃
権宗渫	〃	[illegible]	〃
金又坤	〃	[illegible]	兵庫
李鐵福	〃	[illegible]	京都
金点華	〃	[illegible]	大阪
裵一万	〃	[illegible]	兵庫
李守竜	〃	[illegible]	〃
朴秀逆	〃	[illegible]	東京
車若斤粘	〃	[illegible]	〃
平在殷	〃	[illegible]	〃
尹栄基	〃	[illegible]	〃
全金鉛	〃	[illegible]	〃
李鐵安	〃	[illegible]	〃
申泳植	〃	[illegible]	〃
白昊猿	〃	[illegible]	〃
元福栄	〃	[illegible]	〃
田会宣	〃	[illegible]	〃

十月十八日現在

本国入国許可者氏名公告

韓国駐日代表部領事課旅券担当官
在日本韓国居留民団中総民生局長

氏名		番号	住所
黄状乙	KJ	[illegible]	神奈川
金宗浩	〃	[illegible]	東京
宋吉永	〃	[illegible]	〃
申鉉九	〃	[illegible]	青森
金洪基	〃	[illegible]	〃
鄭宗鉉	〃	[illegible]	東京
朴三述	〃	[illegible]	〃
金宗彦	〃	[illegible]	〃
高内玉	〃	[illegible]	〃
厳小憲	〃	[illegible]	〃
高民玉	〃	[illegible]	〃
金熙淑	〃	[illegible]	〃
李東俊	〃	[illegible]	〃
金今元	〃	[illegible]	〃
李東善	〃	[illegible]	〃
申鉉三	〃	[illegible]	青森
金仁洙	〃	[illegible]	東京
金日洙	〃	[illegible]	〃
申成洙	〃	[illegible]	〃
崔鶴林	〃	[illegible]	〃
許甲蘭	〃	[illegible]	〃
十月十一日			
李誠哲	〃	[illegible]	神奈川
成福礼	〃	[illegible]	〃
安龍出	〃	[illegible]	東京
朴泰道	〃	[illegible]	〃
裵頂順	KJ	[illegible]	〃
李鍾錫	〃	[illegible]	〃
李基寿	〃	[illegible]	〃
金京子	〃	[illegible]	〃
呉鍾洙	〃	[illegible]	神奈川
張在模	〃	[illegible]	長崎
李衡宰	〃	[illegible]	〃
趙三顔	〃	[illegible]	広島
鄭重出	〃	[illegible]	〃
李合祚	〃	[illegible]	〃
李鳳祚	〃	[illegible]	〃
金常山	〃	[illegible]	〃
朴東根	〃	[illegible]	〃
趙虎来	〃	[illegible]	〃
李浩連	〃	[illegible]	山口
李基鎬	〃	[illegible]	福岡
朴卜林	〃	[illegible]	大阪
金基鎬	〃	[illegible]	〃
李寛俊	〃	[illegible]	三重
鄭具九	〃	[illegible]	兵庫
石麟雄	〃	[illegible]	愛知
石麒俊	〃	[illegible]	〃
金守粉	〃	[illegible]	〃
金仁厚	〃	[illegible]	兵庫

十月二十三日現在

東京芝浦電気株式会社は"TOSHIBA"の愛称で全世界に広く行き亘っております。現在資本金693億円、年間総販売額は1800億円を越え、従業員8万5千名、工場21個所、東洋最大の研究所57余所のマンモス企業は全世界の最も著名な一大電気総合メーカーであります。"TOSHIBA"のマークが表示されている全製品は品質と性能が完全に保証されております。"TOSHIBA"は其の研究に依り明日の無限なる発展が約束されております。

"大は原子力、小は電球、トランジスターまで"
東芝の製品はより良き世界、より良き生活を創る

Toshiba
東京芝浦電気株式会社
東京都千代田区有楽町一丁目十二番地

韓国向代理店　不二貿易株式会社
東京都中央区銀座一丁目五番地　大韓民国ソウル特別市中区太平路一街六四

日比谷は韓日会談一色

近県からぞくぞく

大型バス一〇〇台を連ねて参加

太極旗先頭に都内デモ

在日大韓民国居留民団主催による「韓日会談促進中央民衆大会」は三十一日午前十一時から東京・日比谷の野外音楽堂で在日僑胞約[illegible]万千名が参集して行なわれたが、同大会はまず来日中の韓国少女文化使節団特別出演による余興に引続いて正午から同民衆大会を催した後、直ちにデモ行進に移り首相官邸から赤坂の韓国公報センターの前を通って午後四時頃、明治神宮外苑に至り流れ解散をした。

同大会には、東京は勿論のこと、三多摩、神奈川、千葉、山梨、栃木、茨城、埼玉、群馬、静岡、長野の各地から、民団およびその傘下各団体が大型バス百余台を動員して約五千人の僑胞が参集し、駐日韓国代表部の職員、小田原で開かれたMRAに参席した韓国代表団および日本の政界からの多数の来賓列席のもとに開かれた。同大会は先ずこのほど来日して、日本各地で公演絶讃を浴びている韓国少女文化使節団の特別出演による余興によって幕が開けられたが、明るくユーモラスな同少女団の古典舞、農楽舞などの数多くの韓国舞とピアノおよびバイオリン独奏等のバラエティ・ショウが展開され、会衆に祖国の懐しい味を満喫させた。

正午から第二部の民衆大会に入ったが、権逸中総団長から韓日会談の経過報告が行なわれた後、続いて「われわれ民団は体質を改善して一致団結し、韓日会談の妥結を促進することは勿論、在日僑胞としての権利を獲得するため努力しなければならない」との挨拶があり、次いで金在鉉公使から「国際情勢等を規範し、大局的かつ冷厳な判断に基づいて韓日会談を進めるべきである」と意味深長な挨拶が述べられ満場の喝采を浴びた。日本政界を代表して自民党韓日会談PR委員長北川直吉代議士と、文化人を代表して政治評論家御手洗辰雄氏から「十年来の韓日会談は今や煮つまった。欺まん的なあらゆる宣伝に惑わされることなく、韓国の赤化を望んでいる反対勢力を断固と粉砕して、会談を成立させることによって両国の繁栄は勿論のこと東洋平和のために寄与しよう」と熱烈な挨拶が述べられた。

続いて同大会は韓日両国要路への別項のようなメッセージおよび大会決議文等を採択し、午後一時三十分頃無事終了した。大会終了後、直ちにデモ行進に移り、民団中総の宣伝カー、太極旗、国民運動再建本部旗および民団旗を先頭に同大会実行委員団、東京韓国学園と四列縦隊の隊形で歩武堂々と続き、またその後に東京の各支部、三多摩、神奈川、千葉、山梨、栃木、茨城、埼玉、群馬、静岡、長野の各民団本部と韓国婦人会、韓国学生同盟、韓国青年同盟、軍人会の順に隊列が続いた。同デモ隊は、指導員たちの指図に従って一糸乱れない隊形で秩序が保たれ、地区ごとに「韓日国交正常化なしにアジアの平和はあり得ない」「妥結させよ韓日会談、粉砕しよう共産侵略」「韓日会談を妥結させ在日僑胞の法的地位を確保しよう」と書かれたプラカードを高く掲げ、手に手に太極旗をもち韓日会談を促進、在日僑胞に正当な権利を求めるスローガンを声高らかに叫びながら行進した。同デモ行進は日比谷を出発して国会議事堂、首相官邸を経て、赤坂にある韓国公報センターの前を通って終着点である明治神宮外苑に至り、流れ散会した。

大会に花をそえた韓国少女文化使節団の古典舞踊

外務省前をデモる僑胞たち

ある北韓脱出者の手記

（11）

学　生　生　活

酷使される学生たち

どこでも宣伝とは正反対

寄宿舎生たちは授業が終ってから学校での課外作業で工場（国営企業体）労力協助をしない日は、寄宿舎で経営する副業に動員される。冬は各室毎に二名が残って室の番をしながら当日の清掃やストーブの責任を担当しなければならないので、一週間に一日ずつ授業に参加出来ないようになっている。

寄宿舎生たちは号室長の承認なしには外出や外泊は出来ず、毎日号室長から当日の生活総括をうけ毎週一度はコムミシヤ総会に参席して自己批判及び大衆批判を施行させ、寄宿舎生たちの物質文化生活を向上させるという名目のもと広範なる意見を提起しなければならない。（提起された意見は実行されず意見を提起した学生の動態を把握する）コムミシヤ委員会の組織目的は寄宿舎生のために組織されたが、実際は学校側のためのものである。

寄宿舎生活をするためには毎日食物二二[illegible]と副食費五円を払わなければならず、寝具は自己負担となっている。

三、校内課外作業

専門学校以上は四五分間の講義でなく九〇分間の講義を一日に四時間ずつ行なう。（八時間労働時間と同じ）

授業が終ってから二時間ないし三時間にわたる校内作業に動員され、校内作業のない場合は都市美化作業または道路工事に動員される。

新義州にある十月革命記念工場（十一月七日のロシヤ革命を記念）を建設するときは私も動員されたが、その当時の様子を紹介すると、一九五七年九月から建設に着手して十月末まで完全に建設することを新義州市当局が各学校に要求した。この競技場の建設は共産主義者たちも十二月末までかかっても、完遂するということが難しいということを知っておりながら十月の末までに完遂することを要求したから、学生たちが作業に酷使されたことはいうまでもなく、最初は授業を終った後に作業に動員させていたが、期日が迫るにつれて日曜日はもちろん授業も中止して競技場の工事に学生たちを動員させた。共産主義者たちは学生たちに対し、学業に熱誠を尽すことを要求するよりも、労働により一層の熱誠を注ぐことを要求した。（労働に熱誠な者には試験で落第点数は与えない）

共産主義者たちはすべての作業を組織するときは必ず競わせることによって学生たちを督促させている。学生たちを競技場建設に（新日土運搬のモッコをかつぐ）動員し、特に女学生たちはところかまわず作業場で涙を流した事実があるが、これだけでもその酷使のほどがしられる。

四、工場労力動員

北韓の各専門学校は（教育省）勿論、その専門分野にしたがって該当省の指示をうけている。

私が学んだ新義州軽工業専門学校は軽工業省の直属学校にして、省が提起する諸般の課業を遂行したし、新義州に所在しているパルプ工場、製塩工場、ゴム工場、製紙工場（現在は人造繊維紡績工場になっている）大豆油工場などの軽工業省傘下工場で労力協力をした。

現在北韓にあるどの工場も労働力が不足しているので（責任量があまりにも多いので）学生たちを授業時間中に動員する例が多い。現在北韓の学生たちは「基本生産技術教育」という名目のもとに一日四時間（四五分）の学習をし、四時間は実習という口実のもとに工場に引張られて働かされている。

工場に緊急労力協助をしたらそれに対する報酬をうけるようになってはいるが、その報酬をうけた例がなかった。

現在北韓で中等義務教育制を実施し、授業料を免除していることは事実であるが、これは共産主義者たちが学生たちに配慮するが如き宣伝をするためであり、実際の内容をみると「基本生産技術教育」という名目の下一日四時間以上の労働をさせた労働報酬でその費用を充当しているのである。

学生たちの労働能率が低いといっても授業料に比べたら問題にならない。このように北韓共産主義者たちの宣伝する裏面には必ず正反対の現象が展開されているということを銘記すべきである。

規約改正問題など討議

民団近畿地方協議会開かる

民団近畿地方協議会（徐相夏事務局長）ではさる二十七日和歌山市内の天山閣で第百十回協議会を開いた。同協議会には中総権逸団長、近畿地区各県団長、議長ら三十名が出席、韓日会談促進民衆大会、民団規約改正問題などについて活発な討議を行なった。

新事務所が完成

民団神奈川高座地区支部

民団神奈川県高座地区支部（金甲植団長）では来る十一月三日午後一時から念願の支部事務所落成式を挙行するが、同支部は十数年前の"大和事件"でも有名な所で熱烈なる反共主義者たちの拠点でもある。

現在同支部管内には約七十人の団員が居住しているが、この少数でしかも地域的にも散在している同支部で総連系をしのぐような立派な支部事務所が建設されたことは誠に意義深いものがあり、われわれ民団の組織力の大きな成果であるともいえよう。

カナダとの国交樹立を推進

崔外務部長官言明

崔徳新外務長官は、三十日午前、政府は国連総会が終り次第、アメリカ駐在大使をカナダに派遣してカナダと正式国交を結ぶようとりはかるつもりだと語った。

ソウル物価指数一九〇・九（十五日現在）

韓銀調査によると、十月十五日現在のソウル消費者物価指数は、一九〇・九で、さる五日水準を〇・二％上回っている。総指数上昇の原因は、冬期背広服、学生服、およびセーター等季節商品の需要増加による被服指数の一・五％とリンゴ、ゴマなどの騰貴にある。

国土緑化に総動員

総動員法公布し明年だけ適用

11歳から59歳までの男子

【ソウル発＝連合】政府は「国土緑化国民総動員法」を起草するための特別委員会を構成したものと伝えられている。最高会議関係当局者は、同法案が十一月中に成案され、最高会議常任委に上程されるだろうと展望しながら、明年初めに公布施行することを目標にした政府方案を再び確認した。満十一歳から五十九歳までのすべての男子（軍警除外）が、山林緑化作業に義務的に従事することを規定したこの総動員法が明年一年間に限り適用されると明らかにした同当局者は、動員対象、満十一歳以上を満十六歳に上げることによって未成年者のための勤労基準法と児童福祉法の抵触をさけるかも知れないと語った。

第11回美術展覧会盛況

20日間で七万人入場

【ソウル発＝連合】去る十一日から景福宮美術館と徳寿宮美術館で開催中の第十一回美術展覧会の入場人員数は、三十日午前十時現在約七万人に達したといわれている。ところでこの度の美術展覧会で大統領賞を受けた金昌洛氏の作品西洋画の「斜陽」と、内閣首班賞を受けた李義祥氏の東洋画「作業」外三十点余りは一般市民に売り渡された。

学制の一部改革を検討

実科系統コースだけ

金文社委員長語る

【ソウル発＝連合】三十日朴議長と共に松汀里の空軍基地起工式に参席した金容珣文教社会委員長は、三十日午後光州で記者団と会見し、来年度に学校制度を一部改革するための研究が進められているとのべた。

金委員長は、「この学校制度改革は、現在の国民学校六年、中学三年、高等学校三年、大学四年の基本コースには変わりはないが、ただ実科系統のコースだけは変わるだろう」と語った。

金委員長は、「実科系統のコースは、現在の短期大学制度を再検討して実業専門学校を設けるようにする腹案であり、地域社会の特殊性にてらして地方指導者の養成にも力をつくすつもりだ」と語った。

わたしも一言

兪　然

Kさんへ

―ある民衆大会での出来ごと―

Kさん、まず貴方に断わって置かねばならない事は、正直にいって私は貴方の正確な名前を存じません。というのもあの日貴方と私はお互いに「あいさつ」を交したわけではないからです。そこで私は貴方を「K」さんと呼ばしていただきます。どうかご了承下さい。

あの日、つまりあの民衆大会の日（場所と日時は詳しく申し上げない事にします）貴方は、少々酒に酔っていました。然し、私はその日、貴方のした事が良識で判断が出来ない程、酩酊した人の行為だったとは思われません。なぜなら貴方があの日した行為は例え飲酒上の出来事とはいえ、それは常日頃われわれ僑胞が心の奥底に抱いている一つのレジスタンスをありのままさらけ出して見せたからであります。

「韓・日会談を促進せよ」とか「韓・日両国親善万歳」等と様々なスローガンを舞台一面に掲げてある野外会場の片隅に、屋台を出して飲料水や菓子類を売っていた可憐な日本女性を、Kさん、貴方は思い出すことが出来ますでしょうか。事のいきさつを私は良く知りませんが、貴方は大変立腹なさって、あの屋台の上に陳列してあった商品をひっくりかえし「このチョクパリ！ぶちこわすぞー！」とおどかしている光景を私は目の当りに見たのです。

「このチョクパリ」と呼び捨てる貴方の罵言には日本人に対するかの憎しみがこもっていました。婦人かの僑胞達が制止するのも振り切って貴方は今にも殴りつけんばかりの物凄い形相でいきんでいたのです。貴方がどのような感情のもつれからあのような態度に出たのかは私なりに想像することもできますが何しろ相手は私達と国を異にする日本女性であります。もっとも私達は過去、日本の一部の人達から「ヨボ」と呼ばれたのはよいとしても「鮮人」とか「バカヤロウ」等と罵られても何一つ返答出来なかった時代を忘れてはいません。

故に貴方が相手に対して「チョクパリ」と呼び捨てるその気持ちも私は十分察することが出来るのです。しかし、Kさん！ちょっと私の話に耳を貸して下さい。私の友人の中に、ある日本の女性が一人おりました。彼女は私が韓国人であることを初めて知った時、彼女の表情は急にこわばっていきました。彼女の話によれば終戦直後のあの混乱期、悲しい事にも自分の父親がある朝鮮人に殴り殺されたとの事です。そうしてそのいきさつを語る彼女の瞳には、全韓国人に対する憎悪感がみなぎっていました。然し、私は被害者の死を悼みながら彼女の父親と同じように、過去四十年の間なんら罪のない多くの韓国人が、日本の官憲に虐殺され、また私の父親でさえも、利敵行為の疑いにより一年間収監された上、瀕死寸前に釈放されたものの、それがもとでとうとう[illegible]死した事実をも話して聞かせずにはおられませんでした。

私のこのような説明を彼女は一体どのように理解したかは別として、私は彼女が韓国人全部を憎むように、日本人全部は憎めないのです。なぜなら日本国民も私達と同じように、当時の日本軍部や権力者から虐げられた事を私は知っているからです。だから私は当時の軍部や権力者に対し、彼女が自分の父親を殺害した朝鮮人を憎むより以上に憎むことが出来ても、一般の日本国民に対してはどうしても憎めないのです。それ故私は今でも日本に住み、また多くの日本の友人達と交際出来るのです。

Kさん、貴方はきっと過去の忌々しい夢を見続けているのです。もち論貴方の過去は私達の過去であり、未来をも共に分け合う同じ国民として、あの時の貴方のお気持ちを私は理解出来ないはずがありません。でも過去の忌々しい夢をひきあいに現在を論じ、また軽率な行動に出ることは韓日両国の将来を考える時、はなはだ不幸だと思います。あの日貴方の暴力（私はこのように呼びたくはないのですが）を止めようとした婦人かの同胞は、もち論貴方の行為を否定していたから私は責めたくありませんが、そばで見ていた「もの言わぬ人々」も決して貴方の行為を肯定していたのではないことをも重ねて心得て下さい。

Kさん！貴方は屋台の上に陳列してあった商品を「ぶちこわす」ことは簡単かも知りません。然し会場に大きくはり出されている「韓日会談促進」「韓日両国親善万歳」等、われわれ韓日両国民の心からなる叫びが織り込まれたあの看板をも引き下ろし、まさか破る気持ちには到底なれますまい。私は貴方をそのように信じたいのです。（東京都立川市高松町三ノ八〇前田方）

■ホール
■御座敷
純京城料理
京城館
東京都新宿区神楽河岸3号地
国電飯田橋東口下車橋のたもと
電話　（331）2652

お宅の電化は三和から！
卸値で小売も
三和テレビ・ラジオKK
TEL（868）4177（代表）

古代より古典派をへて現代にわたるグレゴリアン・チャント、マドリガル、室内曲、協奏曲、交響曲、オペラ、リード、聖楽その他日一のコレクションの店です。
豪華なステレオ装置と"えちゅーど"独特の雰囲気は皆様の演奏会のお越しをお待ち致しております。
音楽茶室
えちゅーど
李 琯 善
銀座西2−5（並木通り角）　TEL（561）3060・8173

韓国服地と韓国レコード！
浅草
金宮商店
営業品目
東京都台東区浅草公園六区2−2
電話（841）0003・0004・0005・0006
韓国レコード関東代理店

fly to SEOUL
韓国訪問、アメリカ、ヨーロッパの旅は、国際線、国内線、航空船舶券発売の弊社を御利用下さい。旅行手続は無料サービス致します。
ORIENTAL TRAVEL SERVICE
東 洋 旅 行 社
本社：東京都中央区銀座西7−2　TEL. 571−1340
（電通正面向いウエスト（WEST）喫茶店二階）
大阪：大阪市東成区片江町2−50　TEL. 971−6180

国土建設の一翼をになって、躍進に、躍進を続ける建設基礎産業
東栄商事株式会社

取締役社長・李 栄 緒
営業品目・砂　利・砕石生産
本　社・神奈川県相模原市淵野辺1910・電話淵野辺局112
工　場・神奈川県津久井郡津久井町三ケ木道志川・電話　215

ハングルと文化革命

文学博士　崔鉉培

むずかしすぎる漢字

制限受ける日本の義務教育
多大な犠牲を払うわりに効果少ない

中国の哲学者余談は日本人の書いた本「余談の哲学」という論文を読んで、私ははじめて哲学をしたということを知ったと語った。中国の学者もそうであるにもかかわらず漢字をならったといって漢字で書かれた文をよむまでもなく反射的にその意味を理解するというようなわけのわからない妄説がどこにあるかといいたい。

そしてそうであると仮定しても、漢字千字乃至二千字を習うということはどんなにむずかしいことであって多くの精力、時間、経済…の犠牲を全国民に要求しているかぐらいは分らないものか？ 日本は漢字教育を積極的に施行しているだけでなく、その教授方法も私たちより徹底的であるといえる。今度の大戦直後に調査した東京マッカーサー司令部教育公衆部海軍少領（少佐）ホールの報告を見れば、東京都の小学校を優秀な成績で卒業した児童たちに試験を実施し…、彼等が小学校六年間に漢字…百余字を教わったが、卒業…、わずか四百七十九字だけを記憶していただけだという。それだけでなく日本で今度、戦争記録をつくって四つの県の都市にある工場職工二千四百五十八名に読ませて見た結果、その八十三％はむずかしい漢字を読めなかったという。そして六十九％はやさしい漢字も読めなかったという。しかし、この職工たちは皆六カ年の間、義務教育を受けた人たちである。いうなれば、日本では国民が義務教育を六カ年の間全部受けても、わけなく、やさしい戦争記事をよむことができないから日本の義務教育が漢字のためにどんなに大きな制限を受けているかが現われたことであるといいたい。しかし、またその新聞である人はハングル専用教育の弊害を論じながら「国漢文混用教育をするならば、国民学校だけを卒業しても新聞をたやすく読むことができるというのは過去の経験からしても明らかである。しかし、今日では大学を卒業しても新聞を全部よめる人が少ない…そして青年たちがわれもわれもと先を争って大学に入学しようとしている」といっているが、わが子供たちは、日本人児童よりもそのように漢字習得の能力が劣っているのが多いといえるか？

彼は過去の経験を話しているからこそいっそう不当なことである。過去の新聞であればあるほど漢字使用が多かったが、国民学校だけを卒業すれば楽に新聞を読むことができたということは、それこそ自分が若い時には武器なしに虎をつかまえたということとなんらちがわないではないか。

「漢字万能の先入観はひとつの信仰にはなるかもしれぬが科学にはなることができない」という話を考えてみたい。

D新聞社説（私は便利上その社説を書いた人にDという記号をつける）は漢字の"活用"の便利を自分の都合のよいようにかってに論じ、やむなく打字機の問題をひっぱりだすにはだしたが、内心打字機での文字の「活用」には漢字がハングルよりも大きく不利であるを自認してか、

「（漢字が打字機使用に）不便であることは事実であるが不可能であるということではなし、タイプライターの用途自体にも限界がある。それだけではなく、機械のために文字体系を直すということは、靴のために足の大きさをなおすということと同じ話である」と、わけのわからない理屈をつくって逃げ道を開いたのである。

D紙は今日打字機、ソノタイプ、……タイプ、……タイプなどの機械のために文字の活用がどんなに人間の生活に利益を与えているか知らぬのであろうか？ 私はこのような人たちには韓国の一流新聞と自称するD新聞だけにつかまっていないで、少し西洋各国の各処を回って見て、同時にロンドンタイムス、ニューヨークタイムスのような大新聞社も見学する機会をもつことを勧めしだいである。私が前に話したように、西洋近代文明は印刷術の発達のために文字の使用が大きく便利になったことに基因する。「文字の活用の便益」を論じる人として漢字もタイプライトが可能であるから、打字機の利用も限界があるから、などと、漢字の活用の効果性だけを云々しているが、一体漢字だけを使用している中国と発声文字だけを使用している英国、米国をくらべて見る考えはないのか？

次にZ新聞のある人は「ハングル専用教科書の弊害」を論じて、漢字教育をしないために、大学を卒業しても国語を充分に理解できないから、ほかの学科もむずかしくなる。漢字教育を実施するならば小学校だけをでても新聞をたやすく読む能力があり、学識があるといえるようになるが、ハングル専用教育は青年たちを無識者に育てあげると痛歎している。

私はZ氏に質問したいと思う。大体無識と有識の区別はどこにあるか？ 漢字を知っていなければ有識でなくハングルだけを知っては無識を逃がれないというあなたの考えは十九世紀とか十五世紀の古い観念である。私たちの考えでは、有識とはあらゆる物事の理知—その生産構造、性質、利用方法などを知るのにあって文字を知ることを指しているのではない。文字を知っているということは知識を広める方便に過ぎない。このような文字から文字で書かれてある知識を教わるということだけである。

文字は一つの知識を広める手段であり、知識そのものではない。昔と違って二十世紀の今日ではかりに漢文で書かれた「四書、五経」を皆よんだとしても、彼の一般的有識を認めるということはできない。漢字を一字も知らなくてもかりに電気機械に関してよく知っている人はその方面では有識な人になるのであって、どんなに漢字をよく知っているといっても、電気機械に関してなにも知っていないというならば、彼はその方面では全然無識な人といえる。

東洋でも昔の人は文字を知るということは知識の入門であり、真の知識は実地に実物を研究しなければもとめられないものであるといった。いうなれば「格物致知」ということである。（つづく）

文　化

1962・5・28　朴寿根
韓国国際自由美術展出品作

安益泰氏、十二月末に帰国
日比谷で国立音楽学校交響楽団指揮の予定

安益泰氏

目下中米諸国で交響楽団の指揮に当っている韓国の誇る大音楽家安益泰先生は、来る十二月二十八日ごろ帰国することになる。安先生は今、コスタリカで「サンホセ国立交響楽団」を指揮しているが、続いて次はサンサバドルの「グアテマラ国立交響楽団」を指揮し終って十二月八日ごろ東京に寄って国立音楽学校交響楽団を日比谷公会堂で指揮、二十日ごろには大阪に行ってまた交響楽団を指揮する予定である。

なおこれを終えてから一たん韓国に戻り（一カ月間滞在の予定）明年二月ごろ比国の「マニラ交響楽団」の指揮を終えた後再び中南米諸国の巡回指揮に向うようである。

国産映画と洋画
今年度上映成果と問題作

昨年申フイリップの「成春香」上映がきっかけで国史劇ブームをまきおこして一大旋風を与えたことに反してたいした収穫がなかった洋画界は今年に入ってからは、70ミリ大作「ベンハー」の長期記録（再上映を含めれば一五三日であり、35ミリ、シネマスコープの二番館や地方上映は除く）をもって気えんをあげている。「アパートメント」、「郷愁」、「日曜日はだめよ」、「二人の女」、「土曜日の晩と日曜日の朝」、「オーシャンと十一人の仲間」「テファーニで朝食を」、「草原の光」、「ローマの哀愁」、「風船旅行」、「汚れた日曜日」などの佳作を入荷封切する一方、「カンカン」「オクラホーマ」など一連の70ミリ大型を継続上映して、大作、色彩、大型時代に移りつつある国産映画攻勢に抵抗を試みてきた。それにもかかわらず、この仲秋シーズンでは洋画は国産に比して大した成果を上げなかった。もち論、外国映画でも水準の高い映画—例えば「風船旅行」、「二人の女」、「日曜日はだめよ」、「ローマの哀愁」などが興行的に成績が芳しくなかった点からみれば、これは「ベンハー」のロング・ランとはまた別な一面を物語るといえる。

しかし、日本など諸外国で一時盛んに成果をあげた所謂リバイバル・ブームの波にのって登場した第一号・フレット・ジンネマンの「ハイ・ヌーン」が予想外に好成績をあげてから、継続して入荷したリバイバル映画に大きな刺激を与えた。

いま、年内に国内で上映を予想される外画のうちで佳作として知られている質的にA級レベルのものを紹介すれば次の通り。

▼「ハスラー」20世紀フオック社作品ロバート・オーシャン監督の黒白シネスコープで主演ポール・ニューマン、P・ローリ、J・グリイスンなど。特殊な人間像を描いた異色作品。

▼「若いものの世界」＝伊太利の名匠ルキノ・ヴィスコンティが原案・監督出演した作品でアラン・ドロンとC・カルティナレ、アニジラルトが主演。

▼「エルマ・カトリー」＝米B・ランカスター主演一九六〇年度のアカデミー賞の候補にあげられた文芸作。

▼「クワイ河の橋」＝米コロムビアの大作。一九五八年度のアカデミー賞の作品で脚色、監督、男優主演など八部門のオスカーを獲得した。監督＝D・リン。主演＝W・ホルデン、A・ギネス、早川雪洲。

▼「その日が来れば」＝スタンリ・クレイオ監督が自作の問題作で、昨年死んだN・シュトの原作小説「海辺にて」を映画化したもの。核戦争、第三次大戦の結末を描いた作品でフレット・アスター、エバ・ガードナー、グレゴリ・ペックなどが主演。

▼「哀愁」＝あまりにも有名なメロドラマの決定版でリバイバル・ブームに乗って年末に再上映する。マーバン・ルロリ監督でロバート・テイラーとビビアン・リーのコンビによるもの。六・二五のとき避乱首都釜山で大気を呼び、主題「離別のワルツ」が大流行をしたMGM作品。

読者欄

ペン・フレンドを求む

住所＝東京都大田区南六郷三ノ一五番地（電七三一—七九八一番）
氏名＝鄭暁子（十八歳）

現在高校三年生、趣味は読書と音楽、将来は福祉事業面に活躍したく求めるペン・フレンドは韓国の福祉事業に携わっている同年輩位の人で男女を問わず、またこの事業面に詳しい人でも構わない。御希望のお方は右の住所氏名に御一報下さい。

太祖時代篇（13）

陣中内外にみなぎっている回軍を要望する叫びは切実であり、また一時もしゅん巡を許さなかった。

切迫した緊張感は、いつ如何ように爆発するかも予断を許されない。

太祖にとっては、まさに生涯を決する瞬間であった。太祖は将兵の要望に応えて決断を下す以外に方法ないことを知った。ついに、全軍に回軍令を発した。

いよいよ、回軍将兵が威化島陣地から渡河するのを見まもっている太祖の凛々しい英姿は、さながら「天神が降臨」した感じであったと記録されている。

渡河作業が完了して軍馬が義州の岸頭に上陸した途端、異様な変化が起きた。記録の表現をかりると

いままで十万大軍が屯していた威化島が回軍が上陸した瞬間いつの間にか影も形もなく消え失せた。「数十日霖雨のために水位を増して渦巻いていた濁流が、島を呑み去ったことであった」と、「もしも一時間でも回軍が遅れていたなら十万の生命が魚腹に葬られるところであったろう。回軍は、実に天が命じ給うたことであった」と。

記録は、更に注をつけて「威化島は既に幾日も前に江水に消え失せたであろうか、太祖がそこに居たからでありその人が島から去ると消えた」と。

威化島が消え失せた出来事を目撃した十万将卒たちは、びっくりして驚いてしまった。そうして全軍が無事に生きられたのは、専ら太祖のお蔭であるとして、太祖の前に平伏して礼拝をした。生仏に対するが如く拝敬し一心帰一して服従することを誓った。

無暴な征明計画（三）
回軍進発と太祖

偉い人物には伝説がつきものであるが、時の太祖の動きにはたしかに奇蹟が伴ったことであろう。

太祖は、全軍を返すに先き立って崔瑩に書を送り、軍を呼び戻すように勧誘した。しかし、遼東にある明の軍勢は孤立し弱体であるとの情報を信じていた崔瑩は、太祖の申入れを聞き入れなかった。

太祖は更にウ王に上啓（上申書）を差出した。それには

「長い霖雨は軍馬疲れ、力も尽き果てました。武器は錆つき食糧は欠乏しました。この上は万やむを得ず回軍を致すことを御洞察あらんことを願う」と認めた。

太祖は、王への上啓を平壌の行在所に送ると同時に、全軍を指揮して帰途に上った。したし全軍にスピードを許さないで徐行を命令した。帰りを急ぐ将卒たちはもっとスピードを訴えると

「急いで上京すると、崔瑩の軍と出合うことになる。そうなると衝突になる。人が殺され負傷者が出るのだ。人を殺うのが目的で回軍するのになんでその危険をおかす必要があろう」かと、太祖はとりあげなかった。

将兵たちも太祖の意中を知ったので、一日数里の行軍をした。沿道各地の国民たちは、太祖が軍を返したと聞いて大に喜んだ。回軍兵が通過する沿道では、米塩酒肴をもって太祖軍を歓呼した。

平壌大本営にいたウ王と崔瑩は太祖から回軍するという通告状を受取った。一瞬震え上ってしまった。どうしてよいかわからないといった有様であった。

二人は、慌ててすぐ本営の軍を開京に返すことにした。最初王が出征した時には数千の精兵と数十名の朝臣たちであったが、太祖が回軍するということを知ってからは、いつの間にか中途から脱落して太祖の陣中に加うのであった。王と最後まで行を共にしたのは崔瑩と四、五人の将と約五十人の兵卒だけになった。

それでも、崔瑩は既に没落寸前にあることも知らないで、最後まで対抗策を講じた。高い給金をやるとして兵隊を募集した天下の大勢をよく知っている国民はこれに応ずるものがなかったが、十余日目にようやく集ってきたものは、僅かに二十数名しかなかったという。

崔瑩は怖気づいてきた。彼は鄭圃隠にどうすればよいか相談したが、圃隠は深く嘆くばかり

「最初から、明という大国を討とうとしたのが大きな誤まりです。威厳は虎の如く変化は竜のような李成桂に、全国の軍権を渡したのが間違ってます。これは、虎に羽根を与え、竜が水を得たと言えます。ことここに至っては何をもって彼を防ぐことができるでしょうか。それよりは、寧ろ彼に成行きを任かせておいて、王氏の社稷だけでも保存できるようにした方がよいと思います」と。

圃隠は、天命と民心の帰趨をよく知る賢明な人であった。崔瑩は圃隠の話を聞いて一層がっかりしてしまった。彼は食事を全廃してウ王の側で嘆き悲しんだ。

太祖は、途中で崔瑩が軍兵を率いてソウルに戻ったことを聞いてからは、進軍スピードを早めて黄州（黄海道）に到着すると、芳遠（後の太宗）が出迎えた。

太祖は、芳遠に対して

「わしは、いま方やむを得ずして回軍をしたが、兵権を返すと死ぬことになる。汝の意見では如何にすればよいか」と問うた。

太祖は、既に心中堅く決意したことがあるが、わが子の意見を参考として聞いたことである。（石駿山人）

安住の地よいずこ　（81）

許槿旭
え　金泰伸

脱出（二十五）

「どうしたの？」

あたたかみのある優しい声できながら、彼は汗にぬれた私の顔を指先でふいてくれた。

「夢を見たの！ 誰かに追われる夢を見たの。何だか恐い。私たちはきっと不幸になるかも知れないわ。やたらに不吉な予感がしてならないの」

「疲れたせいだよ！ もう起きようか？ 大分明るくなった……。もう朝日がのぼったよ。朝ごはんを食べて早いとこ車便をつかまえることにしょう」

私は元気のない顔で窓の外をながめた。

風に揺られながら落ちる黄の葉が、うすい朝日の光を受けてキラキラと光っていた。秋の季節の冷い空気が、つるから葉っぱを落としてしまい、細っぽい枝だけが赤い壁の上に、はりついていた。

しばらくしてから、彼と私は長い廊下を渡り食堂に入った。食堂には三カ所ほど人たちが集まって朝の食事をしていた。

「もしかしたら宣伝省の人たちにでくわしゃしないかと思ってひやひやするよ」

小声でささやきながら、彼はサッサと食事を始めた。

私たちがほとんど食事を済ませたころであった。廊下からそうぞうしい足音とともに、食堂のドアが開かれた。

私は何気なくドアの方をながめた。

（アッ！）

あまりの驚きに声を出すところであった。私は顔を伏せた。

血の気が引いて行く私の顔から彼はすぐさま身辺の脅威を感じていた。

「どうした？ 誰だ？」

低くきく彼の声が小さくふるえた。

「宣伝省副相とその秘書です」

「なに？ ほんと？」

彼はうわずった声で反問した。

私は何度もうなずいた。

血の気のなくなった彼の顔に、焦燥と恐怖の色が本能的にあらわれ始めた。

「早く食堂から出よう！」

彼と私は椅子から腰を上げた。

そのとき、食事を注文していた副相の眼が、彼を穴があくほど見つめていた。

「朴同志じゃありませんか？」

鼓膜をふるわしてくる太い声が全身に鳥肌をたたせ恐怖に変る。彼は悪魔の顔をのぞくように、用心深く彼をふりかえった。

「朴同志！ ちょっとこちらへ来なさい！」

「はい」

懦弱な表情で彼は元気のない返事をしながら、宣伝副相が腰をおろしているテーブルの方に歩いて行った。

印刷　営業案内

カタログ、チラシ各種新聞招待状一般印刷
高級美術印刷
韓国文、欧文、日本文、御連絡次第参上致します。

東京都渋谷区本町四丁目二十七番地
有限会社　文芸堂印刷
電話　代表（37）九六四六

優良鋳物用銑鉄製造
ASK
朝日製鉄株式會社
取締役社長　中学彬
横浜市鶴見区鶴見町1320
TEL 横浜(50)8431—4

銀座の雰囲気で
風味ゆたかな韓国料理を！
銀座苑

経営者　町井久之
東京都中央区銀座西6の5　TEL (571)1257

あなたの企業を
バックアップする！
栃木県韓国人商工会
役員紹介

理事長	崔泳安	理事	安秉煒
副理事長	文東仁	〃	呉昌圭
専務理事	姜進旭	〃	金相浩
常務理事	尹赫孝	〃	金相基
理事	李長根	監事	禹通九
〃	李千義	〃	朴千秀
〃	陳源烈	〃	辛容祥

事務所・栃木県栃木市境町1.200・電話（栃木）827番

輸出入　国内販売
総合商社
三井物産株式會社
本店　東京都港区芝田村町1—2（三井物産館）
電話　東京（211）0311・3311（大代表）

韓國新聞

発行
韓国新聞社
発行人 曹寧柱
東京都文京区春日町51
電話(813) 2261・2263
東京(812) 1921 (813) 2262
振替口座 東京 54988

韓国と日本を結ぶよ!!
広告全般と立案・図案文案製作
新聞雑誌広告・ラジオテレビ広告
ネオン屋外広告・市場調査と興信
その他広告宣伝PR
広告代理業
KPR
TOKYO
港区芝琴平町35
電話 (501)0471
SEOUL
乙支路一街101
電話（2）1811

改憲の最終的討議

離党議員を救済（条項新設）

審計院、監査委は分離せず

来月十五日ごろ国民投票

【ソウル発＝連合】最高会議は一日、憲法審議委員会によって作られた、全文百十七条付則八条からなる改正憲法案の一部を修正し、審計院と監査委員会を分離せずこれを統合した監察委員会を設けることに意見の一致を見るとともに、国会議員の資格を規定した条項においてその議員の属する政党からの除名、あるいは所属政党変更などで所属政党からはなれた議員であっても、党籍離脱の理由が正当であると認められる場合には、議員としての資格を失なわずそのまま議員としての資格を保ちうるよう救済条項を設けることを決めた。

朴正煕議長の司会の下に午後七時から前後八時間余りにわたって最高会議の小会議室で開かれたこの日の最高委員全体会議は憲法審議委員会が作った改正憲法法案に対する最終的な意見の交換を行なったが、この会議で修正された草案は三日審議のための手続を経え、五日に公告されるものと見られるその後来月四－五日ごろ最高会議の議決をへて十二月十五日ごろ国民投票にかけられる予定である。

一方、朴議長はこの討議で良心的な政治家と健全政党を育て上げ、独裁的傾向の表れを防ぎながらいろいろな諸悪の再発を防ぎ、徹底的に、公明正大な選挙を行ない、健全な自由を保障すること等について大きな関心を示しながら、立派な憲法をつくるため最大の努力をはらうよう要望した。なお朴議長は今の革命政府が民間政府に代わっても国家をより一層発展しうるよう努力せよと強調した。

国会運営は常任委で

大統領出馬は党公認が必要

【ソウル発＝連合】憲法審議専門委は条文整理が終わった改正憲法草案に、憲法裁判所廃止の代わりに弾劾事件を取扱う弾劾裁判所を「法院」章に置くことにした。

専門委は条文化された新憲法に、大統領出馬は所属政党公薦が必要であるという規定を明文化しており、その他に国会運営を従来の制度とは異なり、分科委員中心主義とし、制憲のときから適用されてきた会期不継続原則を廃棄する規定を新しく設けた。

ところでこのたび新しく添加された条文は次の通りである。

【国会】

（一）会期不継続原則の廃棄と分委中心主義採択＝国会に提出された法律案と議案は会期中に議決されなかったときでも廃棄されない。国会常任委は閉会中にも機能が停止されない。

（二）「財政」章中予算関係・審計院関係条項を「国会」章に編入

（三）審計院を国会直属機関に

（四）国会議員は二十万名に一名比率の地域代表と六十名以内の政党を基礎（比例代表制）に選出された議員構成（憲法規定と選挙法規の規定両論あり）

【政府】

（一）大統領被選資格に「政党公薦」を明文化して無所属出馬を封鎖

（二）大統領選挙（直選）において最高得票者（同数）が二人のときは、国会で多数決により決定

【法院】

（一）大法院に民事、刑事、特別連合部を置く

（二）大法院判事は十六人で構成

（三）弾劾裁判所は大法院長を裁判長とし、大法院判事三人、国会議員五人で構成、弾劾判決は裁判官六人以上の賛成とする

【選挙管理】

（一）中央選挙管理委を大法院判事及び同一資格者九人で構成

（二）任期は六年、二年毎に三分の一改選

（三）選挙委に対する身分保障及び政党加入政治干与不許

（四）公営制を明文化し、選挙費用を立候補者に負担させないよう規定（特別の場合は除外）

論壇

AA諸国民会議の韓国招請

—日本の尽力に感謝—

アジア・アフリカ諸国民会議（AA諸国民会議）第二回会議をインドネシアのスカルノ大統領が提案し、その準備会議をインドネシアのバンドンで開く方針のもとにAA全諸国に参加を招請している。これに対し日本政府は"中印国境紛争をはじめとする現下のアジアの情勢にかんがみ、第二回AA諸国準備会議を開催することは、必ずしも時宜をえたものとは考えない。しかしながら、コロンボ諸国の間に完全な意見が一致、かつ大多数のAA諸国が参加するのであれば、日本としても準備会議に参加する用意がある"という旨をインドネシアのバンバンスゲン駐日大使に伝えたといわれている。

AA諸国民会議は一九五五年四月、ニューデリーで各国民間有志が会議をひらき、これにつづき五七年にエジプトのカイロでAA非政府第一回会議を開催四十五カ国五百余名が参加して結成されたもので、その目的はアジア・アフリカ諸国の団結をはかることが主目標であり機構は評議委員会（各国委員指名の代表一名）と常設事務局（日本など十二カ国）が中核体となって、このほかにAA経済協力機構があるが、スカルノ大統領も招請趣旨に"AA共通の政治的、経済的問題を討議し、あわせて他地域との経済関係のあり方を協議する"との観点から、広くAA諸国に対して提唱しているのにも拘わらず、わが韓国と国府には、その招請をなしていないことは理解に苦しむところである。

AA諸国民会議に加盟している大多数国は中立主義を標榜している国家であるため、われら韓国のように、反共を旗じるしにしている国家とは肌合いが合わない、とも考えられる節もあり、過般、インドネシアで行なわれた第四回アジア競技大会におけるインドネシアがとった態度に、批判的な行動をとって世界オリンピック委員会の勧告に従った韓国に、心よしとしないスカルノ大統領の感情的な結果がAA諸国民会議招請に現われたのかも知れないが、いずれにしてもAA諸国民会議の有り方よりも招請国の有り方に疑惑を感ずるのである。

スカルノ大統領が招請趣旨で述べているように、AA共通の政治、経済的問題の討議が主的目標ならば、なにも韓国と国府を敬遠する理由もなく、かえって共通の悩みを助け合うことが後進性の強いAA諸国においてはプラス的作用をもたらしてもAA加盟諸国に迷わくをかける根拠はないのではなかろうか。

この意味において友邦日本政府は韓国、国府が招かれていないのと、今日のアジア情勢からみて、会議を開催する積極的理由はなく、また時期も適当でないとの判断から、共催国となることには難色を示していたが、同会議にのぞむ態度を再検討した結果、前述の日本政府の態度表明に併せて、韓国、国府の二カ国をも同会議から除外しないよう強く要請したものと思う。この日本政府の友邦国の情にわれらは感謝の念を表明するものである。

これと共に、参加を表明したAA二十カ国で、わが韓国を新たに招くことになり、コロンボ諸国の間ではすでに、この韓国招請問題に合意をみたことは、わが韓国はもとよりAA諸国民会議のあり方に満腔の賛意を表するものである。

後進国家の多いAA地域において、各々が悩む問題を同じ広場で虚心胆懐に話し合うことは今後における各国の発展に寄与することは実に大きなものがあると付する。国連の広場においてもさることながら、AAの広場でまず、つみかさねられた団結を国連の広場に持ちこんで弱少国家の結束を示すことは、大国の横暴を是正せしめる力となり、ひいては世界平和にも貢献することになるものである。（崔天栄）

私立国民学校設置要綱発表

文教部、義務教育正常化のため

文教部は、一日私立国民学校設置要綱を発表した。

文教部のこのような処置は、義務教育を正常化させるため、各級私立学校の遊休施設を活用、私立国民学校を設置することができるように国民学校施設基準を緩和させるためである。

この要綱によると今まで一教室の面積二十五坪以上としたものを五坪さげ二十坪以上とし、学校の敷地は建物の一・五倍以上、運動場は学生全員数が六百名までは六百坪、六百名を超える時は、超過学生一名当り半坪を加算するなどを決めた。

そして、私立国民学校の運営費は学父兄から一ヵ月一名当り二百ウォンの限度で徴収することができる。

私立学校教員の人件費は全額国家が負担し、私立国民学校にたいしては学区制を適用しないなどになっている。またその他私立国民学校は一人当り五百ウォンまでの入学金をうけることができ、千ウォン以内の期成会費を地方長官の承認をうけ徴収することができるなどになっている。

物価、中旬より〇・六％下落

米三・六％、乾明太は一〇・三％も

韓銀調査による十月二十五日現在の卸売物価指数は二三四・〇（一九五五年＝一〇〇）で中旬（十月十五日）にくらべ〇・六％下落した。

それによると穀物の二・八％下落、穀物以外の商品は保合の状態であったと発表した。総物価指数の下落は飲料物指数の下落が主因になっている。米（三・六％）、あわ（二・三％）が新穀の出荷増加で下落し、その他スルメ（一・二％）乾明太（一〇・三％）等が魚獲好調、出荷増加などで下落をみせている。

蒋介石とシアヌーク殿下に誕生日に祝電

大統領権限代行朴正煕議長は十月三十一日中華民国蒋介石総統の第七十六回誕生を祝う電文を送った。なお、朴議長はカンボジアの国家元首ノロドム・シアヌーク殿下の誕生の電文も送った。

"完全な民間政府に"

李室長、金部長談話を論評

李厚洛公報室長は、来年八月に樹立される民間政府は完全な民間政府であって、過渡的な状態の政府ではないと語った。

李室長は「革命主体勢力が参与する過度的性格の民政になるだろう」と語った金鍾泌中央情報部長のワシントン言明にたいする論評要求をうけて以上のように語った。

金部長の発言は一つのニュアンスであると前提して、革命主体勢力が民政に参与するとしても、軍服をぬぎ民間人の資格で参与することになるため過渡形態の民政になりえないと論評した。

現役では、民政に参与できないといった李室長は軍服をぬいで出馬するか、着たまま出馬するかは選挙法上の問題でもあって、民政後の問題とは別個に扱うべきであると強調した。

金部長、マ将軍訪問

ニューヨークからの報道によると金鍾泌中央情報部長は三十一日、第二次大戦及び韓国戦争の英雄ダグラス・マッカーサー将軍をバルドロフに訪ね、四十五分間世界の政治問題並びに軍事問題について話し合った。

この訪問の後、金部長は新聞記者たちに対し「今年八十二歳のマッカーサー将軍は韓国統一が遂げられるまで安心して目をつぶることができない」と語ったと伝えた。

なお、金部長は、マッカーサー将軍が韓国人の胸の中に生きており、このような温い友情は将軍の胸の中にも生きていると語った。

経済再建支持を要請

金部長、米の実業家たちに

【ソウル発＝連合】ニューヨークからの報道によると金鍾泌中央情報部長は三十一日アメリカの実業家たちに対し、韓国の経済再建を支持してくれるよう要請し、韓国のアメリカに対する深い友好関係を約束した。

金部長は、ニューヨーク市内で韓米商工協会が催した午餐会に参加したおよそ九十人のニューヨークの実業家たちに対し「われわれは皆さんの援助で基盤をつくすであろうし、われわれ子孫たちに誇りと名誉ある生活を営むよう保障するため、わが国の再建に身をささげるつもりである」と語った。

金部長はこの午餐会で、およそ二十分間演説したがアメリカの実業家にたいし韓国の経済発展を支持するよう訴えるとともに、韓国が五カ年計画を実施する理由について説明した。

金部長は、五カ年計画についてこれはたんなる夢ではなくこの計画を遂げることによって韓国の国民は現在六十ドルに過ぎない一人当りの国民所得高を、百三十ドルまで引き上げることができると述べ、この計画はいかなる困難にぶつかっても必ず遂げなければならないと強調した。

模範協業農場設置

山地開発のため 30年償還補助

政府は、懸案中の山地開発策として各道に「模範協業農場」を設置し、軍隊出身の農村青年たちを所定の期間訓練させて、彼等を山地の集団開発に投入する方針をたて、事業推進のため部落単位に五年すえ置、三十年償還の国庫補助を考慮中である。

政府のこのような計画は、最高会議消息筋により伝えられた。

明年三月から実施するようになる政府の山地開発事業は、全国の遊休山地を調査選定して、これを共同開墾するようにし、山主二割、開墾者八割の比率で利得配定をするといわれる。

同消息筋は、農林部によって推進されている「山地改革」という言葉で誤って報道されてきたと語り山主の私有権は絶対に保障されるであろうと明らかにした。

最高会議農林委では、原則的に支持を受けていると伝えられている政府の山地開発計画は、すでに法制化が進められている山林緑化のための国民総動員法と同じく革命政府の農業構造改善のための画期的な政策の一環である。

人造真珠の原玉輸入で批判

日本からの輸入で

国内で優良な製品が多量生産され、しかも輸出までしている人造真珠原玉を外国から輸入した業者があり、工芸業界から批判されている。

工芸協同組合連合会が明らかにしたところによると、去る二十六日国内のある業者は、日本島田商事より原玉百七十五ドル（四〇二・五〇ドル）と七十五ドル（一七四ドル）を輸入するためLCを開設したという。この人造真珠原玉は忠北、忠州を中心とする約三千余名の農民の副業として日帝時代から繁盛し忠北道では同原玉生産のため毎年補助金まで支給しており、最近にいたっては輸出が実現しただけでなく、原玉を加工して人工真珠を作りその輸出によって外貨獲得の大きな役割をも果しているものである。

工芸協同組合連合会では、これにたいして当局に強力な抗議をおこなっているが当局では輸入業者の名を明らかにしていない。

貿易計画の一部を変更

不急品の輸入抑える

先輸入の事前承認制復活

【ソウル発＝連合】商工部は、貿易委員会の諮問をえて六二年度下半期貿易計画一部を変更、先輸入に対する事前承認制を復活する一方、物価面に影響を与えない不要不急品として八十一品目を選定、輸入を大幅抑制することにした。

一日から施行した同貿易計画の変更内容を見ると施行細則第十三項を新設、自動承認品目の中D／P、D／A先輸入は船積前に外換銀行長の輸入認証を受けることによって事実上先輸入分に対する事前承認制を復活した。さらに、物価面に直接的な影響を与えない不要不急品目として八十一品目を選定して、そのうち砂糖、機械油など十二品目と許可品目、金糸、銀糸、バイオリン、ロール紙など六十五品目は許可及び自動承認品目から削除して不表示品目に転換、商工部長官の事前輸入許可権限を拡大した。残りの四品目は輸入条件を強化して、制限輸入品目に策定することにより、結局不要不急品目の輸入を抑制することにした。

しかし、既輸入許可申請分に対する経過措置として十月三十日現在、商工部に受付てある輸入認定申請分とD／P、D／A船積分は既定の方針通り輸入を許可することにした。

このような先輸入分に対する事前承認制の復活と、不要不急品目に対する輸入抑制措置は今年末通貨量を四百億ウォン線に食い止め物資需給の円滑で物価安定を期することを内容にしている年末経済対策の一環としてとられたものと伝えられている。

なお、不表示品目に対する輸入抑制で節約される外貨では物価安定のための緊急物資を輸入するものと見られる。

これに対し商工部当局者は年末経済対策による商工部所管の実践対象として、物資需給の円滑を期するため銀行ドル二千万ドルを追加配定して民間業者で緊急物資の輸入を促進する計画であると明らかにした。

なお、当局者は現在正常輸入品目のうち物価面に直接影響を与えない不要不急品目を不表示品目に転換して輸入を抑制するであろうとつけ加えた。

米から機関車輸入

830万ドルの借款に調印

ディーゼル車30台

ディーゼル機関車三十台を導入するための八百三十万ドルのAID借款協定が、去る二十九日経済企画院会議室で政府を代表して金裕沢院長とアメリカ側を代表してエドワード・USOM副処長との間に結ばれた。

この機関車は、韓国鉄道のディーゼル化に使用されるもので、これにより従来石炭、重油並びに蒸気機関車に使用されたコールタール・ピッチ及び軽油資金九十二万ドルの外貨が節約されるといわれる。

この借款は、十年すえ置後年二回、三十年分割償還で一年に十三万八千三百ドルずつ償還する。貸出手数料は借款金を初貸出した日から年〇・七五％となっている。

ところで、この三十台のディーゼル機関車は、現在韓国で運行中である約六十台の蒸気機関車と交替されるが、これで韓国の鉄道は一二五台のディーゼル機関車を持つようになる。

外資導入申請に二十七件を許可

直接投資並びに借款契約等

一日、経済企画院は、民間外資導入申請事業のうち十月末現在に二十七件を許可したと発表した。

この許可された事業は、①直接投資が三百万ドルによる軍用車両工場をはじめ三件、②借款契約が十九万五千ドルによるセメント工場等十二件③技術援助契約タングステン製錬をはじめ十二件となっている。

ところで、各事業外、資及び内資所用額を見ると

▽直接投資＝二千四百五十七万九千ドルと二億五百万ウォン

▽借款契約＝一千九百五十二万ドルと十一億五千二十万ウォン

▽合計外資総額三千四百九万九千ドルと内資総額十三億五千五百二十万ウォンとなっている。

官需外資、国際入札で購買

今月中に政府保有六六九万ドルで

一日、調達庁は十一月中に政府保有ドル六百六十九万三千余ドルによる官需外資を国際入札を通して購買すると発表した。

購買対象物資は、農林部の救護用大麦四万六千トンをはじめ、建設部需用の蔚山工業地区水道用パイプ等全部で十三件に達している。

各需要部署と件数は次の通り

逓信部　三件

農林部、建設部、保社部各二件

交通部、調達庁、専売庁、公報部各一件

業者相当数を整理

輸出入登録条件の強化で

貿易法施行令第三十八条及び輸出振興法施行令第三条が改正されることによって商工部に登録されている輸出入業者の登録維持のための年間輸出実績条件及び銀行ドルによる輸入資格条件が年間輸出実績二万ドル並びに三万ドルに強化されたので、今後相当な数の貿易業者が整理されるものと見られる。

同施行令改正によって断行されるこの貿易業者整理方案は、貿易法施行令改正による経過措置適用方針にしたがい三段階に区別

（一）六二年末現在の年間輸出実績が五千ドル未満の貿易業者が第一次に整理され

（二）次に六三年六月末現在に、六カ月間輸出実績が一万ドルに達しない商社が二次に整理され

（三）最後に六三年末現在の年間輸出実績が二万ドル未満の商社が整理されるが、輸出振興法施行令第三条によって、銀行ドルでの輸入行為ができる。

輸出実績条件の年間輸出実績三万ドルは六三年一月一日から実施するが、しかし経過措置が認定されないため、六二年中輸出実績が三万ドルに達しない商社は六三年度のうちには輸入行為ができない結論になる。

しかし、関係消息筋は輸出振興法施行令第三条の実施方法に関しては、ある程度の救済措置が講じられるものと観測している。

協定定義などの討議すすむ

韓・米行政、第五次実務者会議

韓米行政協定交渉実務者等は一日午後外務部で第五次会議を開き協定の定義に関する条項と出入国に関する事項である程度の進展をみるにいたったと外務部は伝えた。

双方の代表らは会議後の共同声明で協定の細部的施行を協議する韓米合同委員会の設立に関する条項も討議し始めたと語った。

来る十一月十三日に再開される第六次会議では定義、出入国、韓米合同委員会設置に関する条項と条文が継続討議されるもようである。

市銀の信託兼営

一日から業務開始

先頃韓銀で開かれた臨時金融通貨運営委員会では、朝興銀行の外三つの市中銀行の信託業務兼務を開始するようにした。

この日の会議では、金銭信託において最短信託期間が六カ月のため、定期預金から流動される心配もあり、このため金融部門資金運営計画にもさてつを招来するという点で兼営許可に対し論難が多かったが、五カ年計画上所要する投資財源の調達方策の一環として、民間資本の動員を期する政府の施策に応じて認可するようになったといわれる。

一方、現金銭信託の最短期間は六カ月、最低信託額は五千ウォン（追加分は例外）となっている。

証券金融論議段階でない

閔韓銀総裁、未回収金を指摘

一日閔韓銀総裁は、証券界が金融機関に対して証券金融の支援を要請しているが現在のところではそれを論じる段階でないと語った。

閔総裁は、去る五月の証券波動当時金融機関のうちまだ未回収されているものが二十六億二千万ウォンに達すると言い、金融機関が証券業界に再融資をするにはまず、すでに貸出された金を期間内の十二月末まで回収し、投機性が除去されなければならないと語った。

この日、定例金融通貨運営委員会を終え、突然記者らと会見した閔総裁は証券金融に関する自分の立場をはっきりさせなければならないだろうと語り、現在のように証券市場が正常的基調を作れないでいるかぎり証券金融の融資取扱い云々は常識からみても不可能だと語った。

これで証券業界で言われている、第三次増資払込前に証券金融が実現されるだろうという憶測は水の泡に帰した。

13日に国際入札

救護用大麦四万六千トン

一日調達庁は六二年度四八〇号余剰農物協定による米輸出の贈償条件として輸入することになった農林部需要救護用アメリカ産大麦による購買入札を政府保有ドル三百十万ドルで、来る十三日午前十時に実施することに決定した。

今度購買されるこの大麦は、購買予定量が四万六千トン、（規格は二等品以上）で購買価格条件はFOB・CIF等で適用することにした。

なお、この入札条件を見ると、来る十五日から十二月二十五日まで船積みを終わることになっている。

ご商売やお住いのご計画に……
東京商銀信用組合
東京都文京区湯島天神町三ノ一四
電話・（831）五三一二〜五・（832）五一四一〜三

世界を
飛翔する
乗用車
ここに誕生!!
ダットサン ブルーバード

日本で最も人気があり、世界各地に輸出されて好評のダットサン　ブルーバードのふるさと……日本の代表的自動車メーカー「日産」が神奈川県追浜に建設した東洋一の乗用車工場です。100万平方メートルの広大な敷地に並び立つ工場では、すべてがコンベアーシステムで運ばれています。日産自動車では、このたびセナラ自動車と提携し、ブルーバードを韓国に輸出することになりました。

ダットサン トラック

NISSAN
日産自動車株式会社
東京都千代田区大手町ビル
새나라 自動車工業株式会社
ソウル特別市中区小公洞21

岐路に立つ共産圏（3）

北韓の対外貿易（上）

国家独占の対外貿易制度

内外問題研究所長　金昌順

初期の貿易および通商方法

北傀憲法第五条後段に「対外貿易は、国家または国家の監督下で行なう」と規定されている。これは対外貿易が国家独占の制度になっていることをいう。八・一五から六・二五にいたるまでは個人企業の要素が制限された中でも若干は残っていたのが事実であったのに、対外貿易に関するかぎりは自由国家の個人企業形態は初めから許されなかった。

一九四六年二月八日、北朝鮮単独政権の母体として樹立された北朝鮮臨時人民委員会は十局三部で構成されたが、その中の一つである産業局が物資交易、物価調整などの事業を担当したのである。これに先だち各道別臨時政権が組織されていた当初は平安南道産業管理局、貿易委員会、商業組合等が組織され、主に満州、沿海州方面や大連などと物資交易をはかったが、貿易の国家独占政策により廃止されてしまった。

一九四六年九月二十日北朝鮮臨時委員会直属の貿易委員会を設置し、ここで貿易に関する事業を統一強化していたが、一九四七年一月九日、これもまた廃止され、商業局が国家貿易を単一的に実施した。

この時の貿易関係をみれば日本が満州に残しておいた工場施設と機械類、工作道具などを商人らに盗むが如くもってこさせた。この当時満州一帯は国府軍と中共軍の内戦で騒乱していた時期であったため互いに敵軍を有効に管理することができなかった。新義州と満州に貿易管理所が設置されたのは戦乱期の満州から北韓に必要な工業建設用資材をもたらすためであった。

一九四七年二月一日、北朝鮮臨時委員会が臨時の二字をぬき、北朝鮮人民委員会と改称した後には国家貿易は産業局が管理した。西海岸の鎮南浦、平壌と東海岸の新浦、元山に貿易管理機関が生れたのは南韓、日本、香港などと密貿易を実施するためであった。北労党の直属商事機関として発足した朝鮮商事をはじめ国際洋行、積易公社等いくつかの商事機関が看板をかかげたがこれらは密貿易と諜報工作を兼ねた。北労党の中にはこのような商事機関を指導する秘密部署があった。一九四七年十二月第一次貨幣改革で朝鮮銀行券が回収されるや、これを商事機関に与え軍事的、戦略的重要物資の主要商品購入と軍・工業重点政策に必要な資財収集に狂奔した。この点において外国貿易の国家独占制度は、北労党の政策を遂行するに最大限効力性をもったものであった。北労党の手先として就業した商事機関は北労党で配当されるコンスタンジ、カーバイド、メンタイなどをもって購入指示書に記載された物資を収集、モスクワ、北京、平壌を連結する国際スパイ網の役割を果した。ここで貿易に考えられることは彼等にとっては対外貿易が経済的観点でだけ考慮されるのでなく、政治的商利のために転用されるということだ。彼等は貿易商および現実的通商を通じて外交政策を推進することもある。このような手段は一九五〇年六・二五南侵戦争以前の初期貿易政策に如実に現われた事実である。

戦時、戦後の貿易

北傀人民共和国が樹立された六カ月後の一九四九年三月十七日金日成は代表団を引率してモスクワを訪ね、スターリンの承諾下でソ連と北韓間に初めて経済文化協定を締結した。この協定に基づいてソ連は同年十月一日一億一千二百万ルーブル（一ドルは四ルーブル）の借款を北韓に提供すると発表した。これは一九四七年の第一次短期一カ年経済計画、一九四八年の第二次短期一カ年計画に引きつづき一九四九〜五〇年の二カ年経済計画にはいる年にあったことだ。ソ連はぼく大な援助物資を北韓に送ったが、それは主にソ連の古い機械類、工場設備、戦争設備、戦争物資であった。ソ連はその代価として鉱石、鉄材、米、貴金属などをただのような安い値でもっていった。六・二五戦で二十万の兵力と軍事設備をもつことのできた北韓人民軍の糧はソ連から搬入されたものだ。興南肥料工場をはじめ日本が残していった工場などを操業するにあたりこれはソ連の私心ない援助によると宣伝したが、実はソ連軍がこれらの工場施設を占領初期ソ連にもち帰り、その後古びてしまったから北韓に返してきたにすぎない。このような関係をも経済協商、借款提供、対外貿易形式でその外観を派手にみせしめた。

二カ年経済計画途中に六・二五南侵戦争をはじめた北傀は商品源の確保と住民生活の安定がより重要とみて、ソ連、中共をはじめとする他の共産圏と経済的連結を強化した。ぼく大な援助物資と通商物資を共産圏より輸入するようになると、外国貿易と国内商品流通の事業限界を明白にしなくてはならぬ必要性が提起された。この必要性に応じて北傀は一九五二年十月産業省内の貿易管理局を貿易省に昇格させ産業省から分離独立させた。戦時に新設されたこの貿易省は、一九五六年九月商業と統合し、対内商業省と改編されていたが、一九五八年九月また分離独立現在にいたっている。貿易省は貿易行政の中央機関としてその機能を遂行するだけでなく非経済的目的、政治的商利のため潜在的にその機能を使用している。

一九五三年七・二七の停戦協定で北傀は戦時の経済、軍事的敗北を回復する時間的利得を得ることができた。即ち一九五四—五七年まで「戦後復旧建設三カ年計画」に着手した。一九五三年九月金日成は代表団を伴ないモスクワを訪ねたのであり、ソ連は北韓に一〇億ルーブルの援助を配当するという協定を金日成に贈物として与えた。これにより、北韓の鉄道、鉱山、電気および各種工業部門の建設資材が入荷された。黄海製鉄所、水豊発電所、成津製鋼所、平壌紡織工場などがこの援助により復旧されたのであり、農業部門の復旧資材としてはトラクター、化学肥料、役畜、農薬、農業機械などが供給された。

一九五三年十一月、金日成は代表団を引率し今度は北京をたずねた。中共は北韓との経済文化合作に関する協定を贈物としてあたえたが、この協定の内容は中共が一九五〇年六・二五から一九五三年十二月三十一日まで提供した全体の援助を無償としまた一九五四—五七年までの四年間の八億元（中共貨幣）の借款を無償として提供するというものだ。当時の中共貨幣八億元はソ連のルーブルで換算すると十三億六千万ルーブルであり、ドルでは三億六百万ドルにあたる。ここでわれわれはソ連と中共が北韓にたいして多くの援助を与えたという事実より、これら両国家が北韓という点を前に経済的にせりあっているということにより多くの関心がもたれる。

ソ連と中共のそのような援助が事実どの程度提供されているかは知らないが、戦後の復旧建設に大きなたすけとなったことは事実のようだ。ソ連はその協定文で配当するとし、中共は無償提供をうたった。ソ連としては援助の代償として北韓の鉱石、貴金属、農産物のようなものをもっていく予定であったようだ。その後米国が大韓民国を大々的に援助するようすがみえたので、ソ連は北傀から代償はうけないと発表した。

貿易拡大と国際分業

戦時と戦後の期間は共産圏から援助物資をうけ入れることにいそがしかったようだ。北韓の輸出ははほとんどなく輸入であった。東ヨーロッパのソ連衛星国までも全部統制した北韓にたいする集団援助は、いわゆる国際分業という方式による援助計画なのである。一九五四年三月ソ連は北韓とのバーター制貿易協定に調印しその後毎年通商貿易協定書を交換していたが、一九六〇年十二月二十四日一九六一—六七年の一般長期通商協定を締結、今日に至っている。また一九六一年七月十日には一九六一—六五年までの化学工業発展のための商品追加納入の協定を締結している。一九六二年北韓がソ連に納入した品物をみれば各種貴金属、鉱物、各種有色金属、金属圧延製品、黒色金属、カーバイド、化学製品、建設材、果実およびその他軽工業製品になっており、ソ連が北韓に納入した商品は機械設備、原油製品、綿花、黒色および有色金属、タイヤ、化学製品およびその他工業資材となっている。公式に発表された品物の中には北韓がソ連に米を納入している事実を隠しているがこれは北韓住民の反ソ感情を考慮しているためだろう。また彼等は通商協定の公布物件の種類と個別的物品にたいする価格を明らかにしないでいる。これはソ連製品の価格が一般的に高く、北韓産品がやすいためだ。

一方中共も北韓との通商において一九五四年一月二十八日輸送協定、同年三月三十一日一般通商協定、同じく同年九月七日バーター制貿易協定などを締結し、毎年貿易議定書を交換していたが、一九五八年九月二十七日長期貿易協定、一九六〇年十月十三日一九六一—一九六四年までの長期貿易協定を締結して今日にいたっている。一九五六年一年間の北韓中共間の通商関係をみると北韓は鉱産物、海物、果実などを輸出、中共は綿花、綿糸、石炭、機械などを輸出した。いわゆる自国の特性を生かした国際分業の方式による北韓にたいする援助計画には、東ヨーロッパ共産国家らも加わっている。

韓国の声

民政移譲に関する金部長発言

目下訪米中の金中央情報部長はワシントンに到着するやキューバに対する封鎖令の宣布による緊迫した状況に直面し、その訪米の使命が果されるかどうか気づかわれるが、外電の伝える所によれば、金部長はケネディ法務長官、ホッジス商務長官、ロストウ国務省政策企画委員会委員長、その他の政府要人らと会談する機会を得、そしてラスク国務長官ならびにハリマン国務担当次官補らとも会見して、韓国問題全般に亘って要談し、多大の成果をあげたとのことである。

また金部長は米国の高官らに国民投票を通じての憲法改正問題、政治活動許容問題、朴議長と最高委員らの選挙を通じての民政参与の問題など、民政移譲に関する革命政府の具体的な計画を説明すると同時に、経済開発五カ年計画に関する説明を通じて米国側の正当な認識を捕い、米国の対韓経済援助ならびに軍事援助に対して率直でしかも大胆な意見を述べて米国高官筋の理解を深かめ、好意的な激励を受けたとのことである。

金部長は民政移譲計画に関する説明のなかで明年の民政の性格を規定づける重要な発言を行なった。

金部長はロストウ氏との会談で、政治的安定と経済的再建のためには革命主体勢力が民政に参与しなくてはならないし、トルコやビルマで軍事革命政府の民政移譲にもたらされた政治的混乱やまたは再革命のような事態を避けるためにも、今後、四年間は革命政府の要人が民政に参与する過渡的な性格の政府でなくてはならないと述べ、また最高委員らが国会に進出できるよう革命政府は多数代表制に比例代表制を加味した選挙方式を採択すると明らかにして、今まで国内でいろいろと取沙汰されていた民政参与に伴う幾つかの問題点を明白にしたのである。

明年の民政の形態と性格が単に革命の主体勢力が軍服を脱いで民間人として国政に参与する軍政の延長であってはならないが、その追及する目標と精神は革命政府の精神と施策を受けついで、より一層発展させなくてはならないということはすでに本欄で主張した通りである。

朴議長をはじめとする最高委員らの去就については今まで暗中模索でとやかく噂されてきたが、今や政局の安定と経済再建の課業を完遂するため軍服を脱いで民政に参与して新政府の核心を形成するということが金部長の発言によって明らかにされ、最高会議の代弁人によって革命主体勢力の民政参与は一つの既定事実であると確認されたことは、民政の性格づける上において重大な発言であり、政局の安定と革命課業のためにもあいないことであると思う。

革命公約に述べられている革命課業が成就されれば軍人は政権を移譲して軍人本来の任務に復帰する準備があるという事と革命主体勢力の民政参与を矛盾させて是非を論ずる者もあるが、革命公約自体の解釈が革命主体勢力の一部または大部分の国会進出を阻止する根拠にはならないし、革命課業特に経済開発五カ年計画の意欲的な推進とビルマで継続した経済開発のためにも革命主体勢力が政権を無責任に他に任かせることはできないことであり、このような革命主体勢力の民政参与は過去の政治家らの政権欲にかられた行動とは厳格に区別されなくてはならないと思う。

次に、金部長が「今後四年間は革命主体勢力が民政に参与する過渡的な政府とならねばならない」と述べた真意は、完全な民政に移譲されるまでは革命主体勢力が中核となって、安定した政局のもとで強力に革命課業を遂行する政府とならなくてはならないとの意味であると解される。

明年に樹立される民政が三権分立の政府形態を土台とした民主主義原則を保障する代議政治でなくてはならないことはいうまでもないことであるが、革命主体勢力が民政に参与してこの国の現実を飛躍させる強力な政治体制を確立するということが不可避的な与件下でもある。そして、われわれは金部長が米国の対韓経済援助ならびに軍事援助問題に対して率直な意見を開陳したことに対して多くの期待をかけている。

日帝の植民地から解放され偏向的な経済構造を余儀なくされた韓国は南北の分断と六・二五の共産侵略によって半身不随の状態に置かれただけでなく、今日のこの瞬間にも共産侵略の脅威を感じており、したがって米国の韓国に対する経済援助や軍事援助に対しては感謝の念を抱くと同時にその規模と方法に対しては首がゆく疑う点が多くある。

かかる実情を骨身にしみて感じている金部長が率直でしかも大胆に意見を述べたことは米国の今後の援助政策決定にあらたな転機をもたらすものとして期待される。

自由韓国が共産北傀の侵略脅威を粉砕する道は強力な国防力の維持と共に経済再建と民生向上において共産圏を凌駕するところにあるということは米国も熟知のところであるから米国は韓国に対する軍事援助と経済援助を合理化し、特に革命政府の意欲的な政策である経済開発五カ年計画の遂行に積極的な援助と援助がなされなくてはならないと考えるものである。

（ソウル新聞）

金日成内閣を解剖する

十月二十三日午後一時三十分、北韓傀儡は"特別報道"を行なったがその内容は第三次金日成内閣成立に関するものであった。

十月八日実施された第三回選挙によって構成された北韓最高人民会議（第三期）は二十二日に第一次会議を招集して内閣の組織と最高人民会議の常任委員の選出に着手し二十三日その名簿を発表したのである。

これによると金日成は首相に指名され、第三次内閣を組織する権限を与えられるや、ただちに組閣名簿を提出して承認を得たのであるが、一九四八年八月傀儡人民共和国が発足して以来現在まで副首相であった洪命熹は内閣から除去されている。越北者のうちで最も政治的に利用されてきた洪も今や捨て去られる運命になったわけである。洪は同じ越北者である白南雲とともに傀儡の傀儡である所謂最高人民会議の常任委員会の五人副委員長の中の一人に下落してしまったのである。

労働党の副委員長である金昌満（前延安派）が洪の代りに副首相におさまり、彼は洪の管轄していた教育、文化、宣伝関係の仕事を引継ぐことになるが、彼が労働党の副委員長を兼任するかどうかは疑問である。

もしも彼が党の副委員長を辞任されるならば、かつての実力派許哥誼、朴昌玉が党副委員長を離れて副首相に転任し、やがて粛清された前轍を踏むようになるかもしれないのである。

金昌満は[illegible]らの多くの同志を粛清する[illegible]工作の重責をみずから引き受けた者で、その代価として党副委員長の要職まで得られるようになったのである。

北韓傀儡十七年間の歴史を通じて金日成の愛用物であった紅一点の朴正愛も今度農業相の椅子から追われて洪命熹と同じケースの常任委の副委員長に格下げされてしまったのである。朴正愛も党副委員長の地位から農業相に転任したものである。

かつてない大官僚機構

人民軍総参謀長（三軍合同）金昌奉（前延安派）である。

新内閣の構成で最も問題視されるのは社会安全省の復活である。社会安全省とは所謂政治保衛（秘密警察）を担当するもので六・二五の動乱時に内務省の政治保衛局から独立したものでその後、休戦の少し前に再び内務省に統合されたものである。

要をいいその機構を再び復活させたということは、如何に北韓の[illegible]

目をひく秘密警察の復活

新内閣の副首相陣容をみると北韓傀儡のナンバーツーメン（第一人者）である金一は第一副首相にそのまま残っており、金光俠、鄭一竜、南日、李鍾玉、李周淵、鄭準沢らも副首相として留任していた。

朴は今まで最高人民会議の常任委員長であったのであるから[illegible]

ここで指摘したいことは、中央行政機構を縮小するかのように見えた北韓傀儡が、新内閣構成において縮小どころか、かえって拡大強化したことである。

それは去る七月十一日付で科学院、収買糧政省、都市経営省を新設した後ふたたび今度の社会安全省を新設[illegible]

かくて新内閣の構成は二十三省の大機構である。

新内閣の構成は次の通りである

首相　金日成
第一副首相　金一
副首相　金光俠（留）、金昌満（新）、鄭一竜（留）、南日（留）、李鍾玉（留）、李周淵（留）、鄭準沢（留）
民族保衛相　金昌奉（新）
社会安全相　石山（前内務）
外務省・朴成哲（留）
国家計画委員長　鄭準沢（留）
国家建設委員長　南日（留）
国家科学技術委員長　呉東昱（留）
軽工業委員長　朴ヨウセイ（新）
農業委員長　金万金（新）
金属化学工業相　李鍾玉（留）
電気石炭工業相　鄭一竜（留）
機械工業相　趙東旋（新）
水産相　崔道
林業相　鄭ドウテツ（新）
都市及び産業建設相　金炳湜（新）
交通相　金会日（留）
逓信相　朴エイシュン（新）
財政相　韓相斗（再）
商業相　金光鳳（新）
収買糧政相　韓大栄（留）
貿易相　李一卿（留）
労働相　白セイイチ（新）
内務相　朴文圭（新）
都市経営相　厳タイジュン（留）
高等教育相　尹基福（留）
文化相　朴雄杰（留）
保健相　崔昌鍋（留）

（筆者金昌順氏は内外問題研究所長）

旅券発給者氏名公告

韓国駐日代表部領事課旅券担当官
在日本韓国居留民団中総民生局長

[illegible]

入国許可者氏名公告

韓国駐日代表部領事課旅券担当官
在日本韓国居留民団中総民生局長

[illegible]

旅券期限延長許可者氏名公告

韓国駐日代表部領事課旅券担当官
在日本韓国居留民団中総民生局長

[illegible]

ホール
御座敷
純京城料理
京城館
東京都新宿区神楽河岸3号地
国電飯田橋東口下車橋のたもと
電話（331）2652
宋万里

技術革新の凱歌！

平和ミラクル・セット
パチンコ裏玉還元装置

平和
東京・大阪・北海道

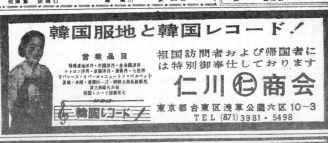

韓国服地と韓国レコード！

祖国訪問者および帰国者には特別御奉仕しております
営業品目
韓国レコード
仁川商会
東京都台東区浅草公園六区10−3
TEL（871）3981・5498

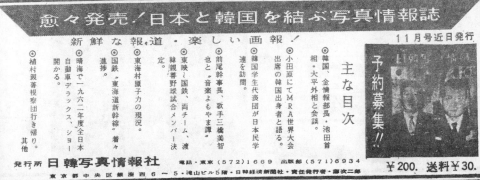

愈々発売！日本と韓国を結ぶ写真情報誌
新鮮な報道・楽しい画報！
11月号近日発行
主な目次
◎韓国、金情報部長・池田首相・大平外相と会談。
◎小田原にてMRA世界大会出席の韓国出身者と語る。
◎韓国学生代表団が日本民学連を訪問。
◎前尾幹事長、歌手三橋美智也と"音楽よもやま譚"
◎東映〜国鉄、両チーム、渡韓親善野球試合メンバー決定。
◎東海村原子力の現況。
◎国鉄"東海道新幹線"着々進捗。
◎晴海で一九六二年度全日本自動車デラックス、ショー開かる。
◎植村親善視察団行き帰り。
其他

予約募集!!
￥200. 送料￥30.
発行所　日韓写真情報社　電話・東京（572）1669　出版部（571）6934
東京都中央区銀座西6〜5・滝山ビル5階・日韓経済新聞社・責任発行者・廖次二郎

21日から全国監察委員長会議

民団の組織強化へ

朝総連の敵対行為を粉砕

民団中央監察委員会（鄭煥和委員長）では来る二十、二十一の二日間中総会議室で「全国監察委員長会議」を開く。これは韓日両国の国交正常化後に備えて民団組織の整備と最近の対朝総連対策などを検討し、全国監察機構の一元化と監察の質的向上を計るためのものである。会議招集の要領は次の通りであるが、特に鄭監察委員長は今回の会議に臨む別項のような談話を発表した。

五・一六革命以後の祖国は不正腐敗の一掃と反共体制の確立、そして経済再建五カ年計画に着手して驚くべき刷新と諸々の成果を収めており、在日僑胞施策と対日外交においても刮目すべき前進がみられている。

特に先般、金鍾泌中央情報部長の来日を契機に現在進行中である韓日会談も急速妥結の気運が濃厚であり、国交正常化以後においての民団事業が拡大されるにつれ、朝総連対策などにおいて民団組織の警備強化が一層要望されている。このような情勢にてらして敵対陣営の活動と対民団攻勢は日一日と尖鋭化しているので、これに抜本的対策を検討するため、全国監察機構の一元化と、監察の質的向上そして対敵防衛体制の確立を期して次のような全国監察委員長会議を招集する。

期日、場所、討議事項、講義などは次の通り。

▼期日　十一月二十、二十一の両日
▼集合　二十日午前十一時中総
▼討議事項　①組織防衛と敵対陣営対策、②民団の体質改善　③祖国現監察団組織
▼講議内容および講師　①国際情勢と本国情勢展望ー本国からの来日講師　②在日僑胞の法的地位問題③規約解説と運営ー鄭煥和④北韓実情ー呉貴星、⑤共産主義批判ー曺寧柱

鄭監察委員長談話

鄭監察委員長

韓日会談妥結の気運が盛り上がっている今、われわれ組織としては国交正常化後の事態に備えて組織の整備強化に努めなければならない。

特に北韓カイライの手先である朝総連は韓日会談を妨害し、ひいてはわれわれ組織の破壊と分裂と弱体化に奔走している。こうした全般的な情勢にかんがみ組織の防衛と、敵対陣営の対策が望まれている。今回全国監察委員長会議を開くことになったのはこうした時代的要求に備えるものであり、われわれはこの会議を通じて大いに対処できることを期待している。

贈られたカバンを手に大よろこびの少女文化使節団の一行

少女使節に贈り物

東京荒川の僑胞たちから

再建国民運動本部と公報部の後援で来日中の少女文化使節団一行十九名は、現在全国各地で歌や音楽や古典舞踊などを披露しながら僑胞たちの慰安に尽しているが、これに対して去る一日東京荒川に居住の陳公履氏（荒川支部副議長）李重春氏（荒川商工会財務部長）文炳和君（荒川青少年会会長）らの三氏が僑胞として同少女らにせめてもの感謝のしるしにしたいといってバッグ三十八個とクツ十九足を民団荒川支部の高炳徳事務部長を通じてみやげに贈呈した。

みやげを受けた少女ら十九人はそれぞれ二つのバッグとシューズを手に「私たちは異国の在日僑胞にせめてもの慰安にと来日したまでのものが、逆に僑胞たちに迷惑をかけてしまったようです」と挨拶したのに対し陳副議長は「幼いあなたたちが異国のわれわれを慰安するため父母から離れていることに感激にたえません」と挨拶した。高事務部長はこうしたことを契機に本国との関係を密接にしたいと強調していた。

全国女性大会開く

全国女性団体協議委員会の主催下に全国女性大会が十一の女性団体代表者およそ六百人が参席して一日午前国民会堂で開かれた。金活蘭元梨花女子大学校総長をはじめ柳達永再建国民運動本部長、朴議長の夫人である陸女史、バーカー駐韓アメリカ大使夫人ら名士などが参席して開かれたこの大会では、社会活動参与問題が討議された。

なお、一般討論を終えた後、女性地位向上のための各団体代表たちの実態討論があった。

"日本人にも英語講座"

北海道韓国学園を開放

北海道韓国学園では、日本人にも同学園を正しく認識させ、韓日親善を図る一策として、さる十月四日から英会話講座に学園を開放して喜ばれている。

授業は週二回（月・金）二時間ずつの教育で現在学生三十余名だが主として女子高校生とバーテンダー協会の会員である。特にバーテンダー協会の人々は来るオリンピック大会のサービスに備えての熱心な勉強ぶりである。

英会話を教えている韓国学園の金容厚教師は特に実力ある教師として定評があり、開講一カ月ではあるが受講生もどんどん増えている。

南元圭校長＝北海道韓国学園は全日制学園でなく定時制教育であるため、この施設と先生方の熱情を十二分にいかしたいと思い、ただ国語と国史の民族教育のみならず英語、社会科などあらゆる学科を学生達に教えることによって教師が学生の良き補導者となり、相互の緊密なる情愛の結合を図ってきたのであるが、今回は、たんに僑胞二世の教育のみならず日本人にも学園を開放し、講座を設けて教える文化の殿堂をもくろんでいる。先ごろから、本校教師の実力を誇り、韓国学園に対する認識を高め、そして韓国を理解され、よき韓日親善をもたらしたい気持で講座を実施したもの。

講義する金容厚同学園教師

ある北韓脱出者の手記

(13)

学生生活

上級校国費制はうそ

退学も思うまま出来ない

学校では工場建設に動員されるさい前民青総会と職盟総会を開き、われわれに賦課された工場建設を期限前に完遂することを討論決定したし、作業班を組織し論争をさせた。

作業期間の副食費と寝具、作業服、労働靴、労働道具等はカイライ集団が保障するようになっているが、このようなものはわれわれが働いた労働報酬に比べたら問題にならないほどのものである。われわれは一カ月間の労働でなく二カ月間も労働をしたし、毎日職業労働者たちより二ー三倍の能率をあげなければならなかった。

何故？ー職業労働者たちは毎生労働するというので明日が迫っていてもゆっくり作業をしてもかまわないが、わりわれは二カ月という短時日の労働であるので作業時間を延長し、労働強度を高めてもかまわないという理由からであった。

特に労働に動員されたら、種類の称号を（例えば、突撃隊称号）をこしらえておいて、互いにこの称号を獲得するために作業能率をあげなければならない。そのため学生たちは日に十八時間も労働するときもある。

九、僕は何故学校を中退したか？

僕が専門学校を中退するようになったのは、簡単にいって家から学費を保障できなくなったので止むを得ず中退するに至ったのである。

北韓の法律には専門学校以上は国費制を実施し奨学金まで与えるようになっているが、共産主義者たちは国費や奨学金どころか授業料までとったし、すべての学費を自己負担するようにしている。

一九五七年現在でもって鉱山専門、師範専門、水産専門学校内の鉱労科学生たちにのみ国費制を実施したし、奨学金も与えた。僕は専門学校に通いながら一カ月に副食費五円と授業料、教科書費、穀物二十一kg（配給票を提出）を納めなければならなかったし、年に二度ずつ校服を義務的に（売買価格で）買うようになっていたから僕の家庭事情からは、このような学費を保障してくれる能力がなかった。（家では月給三十円程度うけていたので毎月僕に十余円の送金が出来なかった）

専門学生以上は退学する自由もなかった。何故？専門学校以上は国家の技術人材として登録されている体であるので思うように行動出来ないからである。

学校から退学証明書を発給してくれなかったら工場で働けないからどのようにしてでも退学証明書をうけることによって正式退学になるのである。

北韓で中等義務教育制を実施しているのは事実であるが、共産主義者たちが中等義務教育制を実施し授業料を免除する裏面には授業料の幾倍に達するものを学生たちをして稼がせていた（基本生産技術教育という名称のもと）

北韓のすべての学生たちは初級中学校を卒業し直接上級学校には行けず北韓傀儡軍か農業協同組合および工場企業所などで二、三年間勤務し該当団体か機関等で推薦をうけなければ上級学校には行けない。

それ故上級学校に入学するのは入学試験の成績に左右されるのでなく、該当団体か企業所などで推薦書を受けられるかどうかにかかっているから、二、三年間社会に進出しあらゆる苦労をしなければ上級学校には進めないのである。

北韓で中等義務教育制を実施しているといっても農村の子女たちは協同組合で働かなければ家族の生計を維持出来ないため中学校へも進めない事実もある。一九五八年からは学生たちも労働党に入党出来る制度をつくることによって、学生たちの本然の任務である学業のみならず社会政治問題にも本格的に参加させている。

それは党に入党出来る制度をつくっておくことによって、学生たちをより利用しようとすることである。

結論的に北韓学生たちは純然たる学業に従事するのでなく、経済建設や政治問題でも共産党に利用されていることを銘記せねばならない。

全国で一万一千人

医療関係者の総数

去る五月、国民医療法が公布後はじめて実施されたがその医療人定期申告の結果が一日発表された。

それによると全国の医者は七、九三九名、歯科医者は一三二四名、漢方医は一九一四名となっているこの内、申告をした医療人は医者が六四三八名、歯医者が一一八〇名、漢方医が一六七一名である。

医療人分布現状は次の通り（上から医者、歯科医者、漢方医）ソウル＝二、五九二ー五六四ー六九二、京畿＝四一九ー七六ー一三四、忠北＝一、一二二ー一八ー三六、忠南＝二六〇ー四七ー三一七、全北＝二〇三ー二九ー五一、全南＝三七〇ー三五ー三四、慶北＝六三八ー七六ー一五四、慶南＝七六一ー一五四ー二九九、江原＝二〇五ー三七ー六四、済州＝二六ー四ー三。【その他】陸軍＝六三七ー一〇九ー〇、海軍＝七六ー一ー〇、空軍＝五九ー一二ー〇、海外＝八ー一ー〇。

レンズの目

第2漢江橋の架橋工事

○…ソウルの動脈…第二漢江橋工事場では今日も晩秋の中で働く労働者らのかけごえがおだやかな漢江水面に広がっていく。

○…麻浦区合井洞と永登浦区堂山洞をつなぐ長さ一千百五十㍍、幅十八㍍のこの橋は総工費四億五千万ウォンでさる六月二十日着工され三年後の六四年末頃竣工する予定だ。

○…一次年度である今年には五百四十万ウォンで三十六橋脚の内十二の橋脚を完成するようだ。ひねくれ空は大雨騒動をおこし、漢江を荒げさしその波が工事場の近くまで押しよせたけれど工事は予定通り進行している。

○…広い波の上に現代式鉄筋コンクリートの橋を建てるんだという自負にもえる工夫らにとって砂をほり強じんな橋脚を立てるという大工事など少しも苦とおもわないようだ。

◇写真＝橋脚を建てるのに余念のない建設場の遠望

韓国より帰りて（中）

善隣基督教会　牧師　金城周奉

その翌日二十二日は午前は徳成女子短大と高等学校と中学校がある、近代建築で、元は王家の御殿であったといわれ一風かわった家である。庭には樹木が一杯茂ってまさに林のような感じであった。ステージは野外で木々の間や木の下に座って、ステージをながめるという風で全員に迎えられ拍手は続いた。演奏が終ると学生からサインを求めて押しよせて来た。全く楽しい一時であった。次は、延世医科大学で新しく建てられた立派な病院と校舎であった。学長と牧師に紹介され、演奏が始った。

多くの職員が、喜んで拍手は絶えなかった。私達は医大を後にして早速車を列ねて京城の中心パンドウホテル近くに日本料理をやっている所があるとのことで案内され延世大学の御好意によって、昼食を御ち走になってすぐ仁川行きの乗合バスの停留所に行った。

仁川市あげて大歓迎

どこでも感激でいっぱい

仁川に着いたのは午後五時三十分で一時間三十分も遅れたバスが着くと基督教青年会幹部が出迎えて待っていた。早速タクシーに乗りかえて、市長が待っているというとで市庁に行った。あいにく、土曜日の午後で市では午前中しか仕事がないのに、日本から音楽家が来るということで市長は午後五時三十分まで待っていたということを聞いて、私たちは感激した。この市長は柳大佐という軍人さんで軍服姿でりん然とした態度の内にユーモアな民主的人物という感じだった。話の中に、仁川は、日本人が最初に上陸した所であるということ、また昔からの貿易港で日本はもちろん、外国との貿易も盛んであったとのことである。私共は市庁舎前で市長中心に記念写真を写して市長の御配慮の車二台で青年会の幹部と一緒に前市長であった牧師で朴鶴田氏が待っている中華料理店に行った。その前に朴鶴田氏の経営している韓国では最大規模を誇っている仁川の板ガラス工場を見学して、店に行ったのである。この店は古色蒼然たるものであった。それもそのはずで、この店は百年以上も経っているといわれた。その通りいかにも韓国風で何処となく、歴史を物語るものがあった。更に朴氏の話によれば、氏の父は昔独立運動のために捕えられ長い間、投獄され獄死した。また自分も長い間、投獄されたが上海に逃れた。しかし自分は決して日本人に対して敵意はないといった。

教会は少し小高い丘の上で、仁川全市が良く見渡せる鉄筋の建物で、仁川では最大のものである。既に聴衆はぞくぞく集って定刻前にして一杯になり後から後から押しかけて来た。招待券で整理していたので戸口では大変混雑した。話によると小さい教会は二、三枚しか招待券の割当がなかったというほどの盛況で大なる神の栄光を拝し、演奏が終って帰る時も元の市長朴氏は親日的で、われ等一行に対して、友愛の好意を示していた。特に、市の重なる婦人たちに特に市長夫人がわざわざ見送られたことは印象深い。市長夫人は別れの言葉に「お国にお帰りになったら日本の皆様によろしくお伝え下さい」といった。私共は感激を新たにした。市長夫人のこのような言葉と態度は、真の民主主義を物語るものであると思った。

二十三日は、培花女子中学校及高等学校で、金仁玉博士の紹介によるもので特に校長の趙賢景女史は、先年日本の光の家の招待で、韓国夫人代表として金仁玉博士と共に来日したことがあり、その時ホテルでお会いした方で、既に御存知の方である。韓国の学校の敷地は、多く元は山とか谷とかで、地形が屈曲に富んだ変化のあるものが多いが、中でもこの学校もその一つである。その地形に調和した建物はまことに芸術的である。この学校は全員収容できる素晴しい近代的な鉄骨の大公会堂を持っていて日比谷公会堂を思わせる。整列した生徒の姿はよく訓練、教育されていることを感じた。生徒代表から花束を頂いたのに対して学校の記念品を頂いた時、感激で一杯だった。彼女たちも始めて見る日本人の音楽に胸踊らせ拍手の嵐はやまなかった。私共は午後の一時、洪長老の特別の計らいで古旗や李朝時代の王宮を参観して、日本の古代建築様式と同じであるということを再確認した。

特に印象の深いことはこの度私が招聘しようとしている新大韓の孫娘、成恵慶と、女の子でまだ国民学校二年生とそのお友達で十五歳になる尹中任のことである。彼女等の古典舞踊を見たがいかにも天才的で全く素晴しいものがあった。素晴しい舞踊を見せてもらうと共に、この子供の母親の心尽しの山海の珍味ともいうべき韓国で始めて純韓国式料理にお目にかかった。翌二十四日は、有名な梨花女子高等学校である。この学校は歴史は八十年以上になっておりその前身は韓国の女子総合大学で唯一である梨花女子大学から分離した学校である。二万坪の敷地に古色ゆかしい木造と近代式の鉄筋が点々と散在している様子は緑の深い歴史を物語るものがあると思う。

この学校内には高等芸術学校がある、その内に音楽科と美術科がある。特に音楽科出身は優秀で多く人材を出しているといっていた。そのせいか高等学校三年だという女生徒は素晴しい名曲の伴奏ができて私共は驚いた。演奏は野外ステージで東京の後楽園球場を思わせるものがあった。グラウンドは半円形で整然たる配列であった。生徒は四千名全員集合して、待っている処に入場した。嵐のような拍手で全く感激の一瞬であった。続いて、洪長老の紹介があって演奏が始った。生徒は大変喜んで拍手の嵐はなお続いた。（つづく）

チップ製造
鹿沼利材工業所
社長・三中通九
本社・宇都宮市荒針町野尻　電話（宇都宮）(2)4685
工場・宇都宮野尻工場
・鹿沼府所工所　電話・鹿沼2064
・今市大沢工場　電話・大沢・42

トロリーバス海外向船積

府中車輌工場

東京芝浦電気株式会社は"TOSHIBA"の愛称で全世界に広く行き亘っております。現在資本金693億円、年間総販売額は1800億円を越え、従業員8万5千名、工場21個所、東洋最大の研究所57余所のマンモス企業は全世界の最も著名な一大電気総合メーカーであります。"TOSHIBA"のマークが表示されている全製品は品質と性能が完全に保証されております。"TOSHIBA"は其の研究に依り明日の無限なる発展が約束されております。

"大は原子力、小は電球、トランジスターまで"
Toshiba　東芝の製品はより良き世界、より良き生活を創る
東京芝浦電気株式会社　東京都千代田区有楽町一丁目十二番地
韓国向代理店　不二貿易株式会社　東京都中央区銀座一丁目五番地　大韓民国ソウル特別市中区太平路一街六〇

李朝野史物語

太祖時代篇 (15)

太祖親明政策表明

麗朝最後の王、恭譲王即位

太祖は、執権者崔瑩を処分した後、曹敏修をその後任左侍中に推した。自身も禹玄宝に代って右侍中となった。

人事更迭を完了してから、諸政一新を推進する一方、いままでの服制を改革した。それまでの麗朝服制は、時の清国の王室の服制を採用したのが慣例となっていた。ウ王の時は事元政策をとる必要から元の服制をとり明服を禁止していた。太祖は元の胡服を廃して明国の胡服と明国の年号を採用することにした。

この服制改正と明国年号使用を決定したことは、時の対明関係を正常化するために絶対必要な処置であった。

前述した通り、征明軍出師は明太宗に高麗が侵犯する絶好な口実を与えるものである。それを李成桂が英断をもって威化島回軍を断行したことにより、征明計画は李太祖の発意でなかったことと共に回軍を決意しなければならなかった大義名分が、立派に成り立つことになった。従って、これにより太祖が親明政策をはっきり表明したのである。

●太祖が親明政策を表示したことは、賢明であった。北隣の元国を完全に無視した明国は、名実共に清国統一を成し遂げ、国勢は隆盛を極めた。このときに当って、太祖が表明したことは明太宗をして高麗に対する強圧方針を緩和さすために大きな力となった。

明太宗は、太祖の親明政策を理解して、それまで強化していた鉄嶺衛計画の抛棄を通告してきた。

太祖がとった親明政策は、新王朝ー李氏朝鮮の基本政策としてうけつがれたのである。

◇ ◇

悲劇的末路の主、ウ王が江華島に流された後、朝臣たちは「伝国宝」（王位継承の玉璽・秦始皇時代に始まる。四寸正方形の玉に「受命於天既寿永昌」の八字印刻す）を、恭愍王妃に奉呈した。

王妃は、王位継承について太祖に意見を求めた。太祖は、王氏宗親のうちから後継者を推すことにしたが、朝臣のうち特に曹敏修が強く反対してウ王の王子昌を王にすることとした。

これは、太祖の新王朝創業の途を開くための伏線となった。

ウ王は、自分が自ら招いて追放されたが、わが子がその後継者となったから人を恨まず寧ろ運命に甘んずべきであった。しかし、利欲執念のその人はわが身の不遇を憤慨するあまり郭忠輔（太祖の幕僚）に密使を送って「汝が、何とかして李成桂を排除してから、朕を開城に戻れるよう配慮せよ。事成功すれば高麗は汝と二人のものとなる」と誘った。

郭忠輔は恭愍王の親戚であったが、彼は既に太祖に心服している幕将である。のみならず、ウ王が王氏の子でないことを知っていたので、流刑人の口車に乗らなかった。

郭は、廃王からの密書を太祖に差出した。太祖大怒した。江華島からウ王を江陵に移し厳重に監視を命じた。昌王を廃王処分にしてこれを庶人に落し江華島に追放した。ときは昌王元年（一三八九年）十一月の出来事。

昌王が追放されてから、王位を高麗神宗王七代後裔のうち定昌君瑤に継承させた。これが、即ち恭譲王である。恭譲王（一三四五ー一三九五）は高麗朝第三十四代の王で、高麗最後の王である。

恭譲王が、擁立された裏面には、その理由として（1）太祖の第七男芳蕃が高麗王室の王瑀（恭譲王の異腹弟）の女を娶って姻戚関係になったこともあり（2）、恭譲王自身が優柔怯懦な性格であったので、太祖側でその経綸を実行するためには好都合であったからと考えらる。

当時麗朝内部の勢力構成は、旧勢力を代表する李穡、辺安烈の両最元勲者と鄭夢周、池湧奇などを中心とする実力者に対し●李成桂を中心とした鄭道伝などの新興勢力が威化島回軍以来急激に増大強化されていた。

この間に、性格優柔不断な新王恭譲王は混乱苛烈な新旧派閥争いの間にはさまれて、憂愁苦悶の日を送っていた。

太祖派では、その反対派を一掃することに乗り出した。まず後顧の憂を断つ必要から、恭譲王の命令をもって流刑中の廃王ウと昌父子を謫所で殺害した。更に、旧勢力を粛清したのであるがそれは別の項で述べる。

太祖が昌王を廃出した時にその幕僚と朝臣たちから太祖に王位を継ぐことを進言した。しかし、太祖は不才無徳を理由に堅く拒み、恭譲王を迎立したのである。

このとき、圃隠鄭夢周は門下賛成事（国政総理の職）の位にあって国政を輔弼していた当代第一の名賢であった。彼は、至誠一心ただ王氏朝に仕えた。

圃隠公は、太祖回軍以来一連の政界の出来事に対して、非常な痛心を覚えた。しかし、太祖が断行した崔瑩を死刑にし、二人の廃王を追放したことは正々堂々と立派な名分と題目があったことで、彼としてはそれに不服を申入れる筋でなかった。その上に、王氏後裔を王上として仕える。それに対して圃隠の立場からも異存があり得なかった。（右鼓山人）

韓国文化80年

辞書

われわれが普通いっている「辞書」を大きく分ければ「一般辞書」と「特殊辞書」の二種類に分れ、更にこれを細分すれば品詞辞典、語源辞典、古語辞典、現代語辞典、発音辞典、アクセント辞典、文法辞典、外来語辞典、標準語辞典、方言辞典、難音辞典、類語辞典、熟語辞典などと、特殊な分野ごとに言語学辞典、文学辞典、歴史辞典、宗教辞典、地理辞典、民俗辞典、理学辞典、隠語辞典、風俗辞典、聖書辞典、法律辞典、哲学辞典、新聞語辞典、医学辞典、農業辞典、地理辞典、人名辞典、百科辞典など数が多い。

○…だが、これらの効用は、文字と発音と意味と用法などを知らない場合、その中のどれを知り、またその他のことを知るのにも必要になる。つまり自国の言葉に該当するのを知ろうとする際、術語を詳しく知ろうとする時、または或る知識を体系的に求めようとする場合、古語研究のため過去の時代に編成された辞典がその当時の言語資料と文化史的資料になる場合が多い。そのような文献の場合は、昔の話、昔のことを研究する目的で使用されることが多く、百科辞典は人類文化発展に関する事項を一定の順序にしたがって引いて見られるようにできている。

○…わが国におけるそのような辞典の出刊を調べて見ると、韓国語の辞典として形式を備えたのが出版されたのはそう遠い昔ではない。わが国は漢文全用の弊害で訓民正音によって韓国語の語彙を辞典式に取り入れられたのは西洋宣教師らがキリスト教の布教を目的に来韓した以後からのようである。韓国辞典の主なものをあげれば次の通りである。

朝鮮偉国字彙 内容は中・韓・日辞典である。一八三五年版。フィルローシネンシス著であるがこれは称号で本名は不明である。バタビアで出版されたがわが国の所有は復写版である。

露韓字典 ロシア語を韓国語に対訳したもので、一八七四年フチルロの著作になっている。

韓仏字典 フランス宣教師らが韓国人教徒の力を借りて編集したものでその体裁のそなわれる点などフランス語と関係されるのは、これが第一位に属されるものと見做されている。一八八〇年日本の横浜で出版された。特に、付録として「する」などの語尾変化に関して論じたのと地名、地図なども付いている。

韓英字典 =H・G・アンタウト著。一八九〇年横浜で印刷、韓・英辞典としてはこれが最初のものに当る。

この他にも一八九一年版J・スコット編著の三四五頁物もあるが、これはその序言にも興味があり、わが民族の言葉と人種に関することまで述べてある。もう一つは、一八九七年にやはり横浜で初版が出刊され一九一一年に再版され、一九三一年に至って三版をだした「奇一」著の物もある。これは他の物より良く整っており語彙も多く集録されている。

法韓字典 一九〇一年シャルル・アルレーベーの著、フランス語を韓国語に対訳した物で、これはその後の「韓仏辞典」の相手になるものである。

英韓字典 一九一四年ジョージ・ヒバー・ジョンス著。この本には新しい時代の言葉を多く載せてある。語彙は五〇八一にもなり当時までの物では最も優秀である。

以上並べた物はみな外国宣教師によってなされた物で、日本人の著作によって出版された物には次のようなのがある。

鮮訳国語字典 一九一九年五月、マスオカの編でオオサカヤコで発行された。日本語の語彙約七万三千余を韓国語で訳解したものである。

朝鮮語字典 一九二〇年三月朝鮮総督府編で発行されている。その他、一九三七年朝鮮総督府中枢院発行の「朝鮮人名辞典」と一九三二年キタカワ編の「朝鮮固有色辞典」として最新・最大の物は、文世栄編纂で一九三八年七月十日博文書館発行の「朝鮮語辞典」である。これは、早くから朝鮮語学会（今日のハングル学会）で韓国語辞典編纂会を組織して、これを推進している間に、文世栄氏の個人の努力で編纂された。

古語材料辞典 これは一九四六年十一月に前・後集で出版された方鐘鉉編である。訓民正音、竜飛御天歌、月印釈譜などから写したのをカナタラの順で整理して印刷ではなくプリントで刊行された。同古語辞典はその後一九六〇年に南広祐編で現われた。

大辞典 一九二八年ハングルの日、辞典編纂会として出発して以来、宿願のものが、米国ロックフェラー財団の援助を得て「ハングル学会」著、乙酉文化社発行、全六巻で現われた。これこそわが新文化史における大勢の民族の受難を喚して血まみれの事業として成し遂げられた。

この本のお蔭で世にでたと思われる「国語中辞典」（ハングル学会）と「標準国語辞典」（中琦徹・申瑛澈共編）などで、その他いろいろな物がある。

国語大辞典 この辞典は国語辞典でありながら百科辞典と各種専門辞典の役割を兼ねたのが特色で、語彙総数二十三万を超える大著である。

李熙昇文博の責任編纂として一九五六年五月七日に着手して一九六一年十二月二十八日に発行（民衆書館）されたが百余名の協力を得て達成された。今までの韓国語の辞典としては最も語彙が多く集録されている。

○…その他、特殊辞典として主なものは一九二八年に純漢文でなる呉世昌著「槿域書画徴」があり、一九五五年十一月に現われた白鉄編の「文芸辞典」（民衆書館発行）、学園社が各分野の専門人士に執筆を依頼して短時日にまとめた「大百科辞典」（六巻ー後に興遺篇一巻が出た）が一九五八年に出版されたが、これは後に修正版も現われたが多くの疵瑕があり、一九六一年には「ハングル組合せ法辞典」（李応百編著）が、そして、「仏教辞典」（ウンハーヨハ編）が、また鄭文基編著「動物図鑑」魚類篇を文教部発行で出版、その他「農業」「科学」などの辞典を「出版社」で職員を動員して俄か作りのものが現われている。（だがそのような辞典は専門家の手を経ず社員の手耕的作業で発行されるのが関の山で、これなどは今後とりやめるべきである。

文・化

1962.5.28 成在杰
韓国国際自由美術展出品作

映画

李珍宇少年物語

映画製作権を巡って争い

似たりよったりの素材を持つ作品の映画化をめぐって、既得権を主張する側と内容と題目、主題意識とプロットが違うから構わないという後者との争いがひろがって、映画界では話題になっている。先還現代プロダクション（金在淳）では韓国映画製作家協会を経て主務官庁である公報部映画課に「玄海灘の架橋」という作品の製作申告を提出したが、このシナリオの素材が自分の作品「第七の壁」と似ているとシナリオ作家崔琴桐氏が「玄海灘の架橋」製作の申告許可の保留を要求、やはり公報部映画課宛に陳情書を提出することになって物議をかもした。

× ×

在日僑胞として殺人罪を犯して死刑の判決を受け、現在執行のみを待っている李珍宇少年をモデルとして実話を折り込んで「第七の壁」とタイトルを付け、俞賢穆監督によって映画化しようと製作者李鏡浸の名義で映画製作協会に昨年一月申告しておいた崔琴桐氏と韓基福氏側は、その間色んな事情で製作に手をつけられずにいたが、この度び金起国シナリオでやはり李少年事件からヒントを得て金氏側が「玄海灘の架橋」（金在淳製作・俞賢穆監督）というタイトルで公報部に製作申告をしたが、崔氏側の陳情書提出によって紛争が起きた。

「玄海灘の架橋」が先きに映画化される場合、崔氏側の「第七の壁」は同様な素材であるために大きな影響を受けるという理由で陳情書を提出、金氏側の製作を中止させる積りであるらしいが、非公式的な両側の協商も何度か開かれたが結局成功しなかった。

つまり、その間の企画準備関係で費やされた出費名目に崔氏側が十万ウォンを要求したのに対して、金氏側は一、三万ウォン程度を譲らないため、このように事件が拡大して両側の主張が対立している。三十日現在主務当局である公報部映画課では崔氏側陳情書が受理されたということのみ明らかにした。一切ノーコメント――で数日中には決定されるものと見做されている。金氏側によれば在日僑胞李珍宇少年事件を素材としてもの映画を一人しか製作できないとするならば「春香伝」とか「張禧嬪」のように内容が全く同じ作品は勿論のこと、六・二五事変を素材にしたような作品でも一人だけしか製作できないではないかと反問、公報部当局の裁断を待っている。これに対して崔氏側の一人である韓基福氏は協商は不可能になってしまい、したがって初志を貫徹、自分たちが製作すると主張しているが、彼は同じような素材をあらかじめ企画している人にひと言の断りもなく新しいシナリオを書いて製作申告をするということは道義にはずれることではないかと述べている。

このような両側の主張に対して映画界の世論は、同様な素材を内容が違いまた題目も異なるならば誰人でも製作し得るという点に同意している。

過去の良い例を取りあげれば申相玉監督と洪性麒監督の「成春香」「春香伝」の競作が有名であり、又、去年の「楊貴妃」「天下一色楊貴妃」の競作も記憶に新しい話題作であった。このように過去の例や常識的な判断から推して、同じ素材の物語を先きに製作申告したからといって、また他の作品が似たような素材であっても、違った内容のシナリオを持って映画化し得ないという論は、その妥当性から見た場合多くの弱点を内包している。今後の公報部当局の処置がテスト・ケースとして一般の関心を寄せているようだ。

故郷の味

大根と牛肉の煮込み

▽材料（四ー五人前）
大根=1キロ、牛肉（シチュー用）三百グラム、醤油大さじ五杯、ねぎみじん切り=大さじ四杯、にんにくみじん切り=大さじ二分の一杯、湖椒=少々、ごま油=大さじ一杯、砂糖=大さじ二杯、摺りごま（白）大さじ二杯、化学調味料=少々

▽作り方
①牛肉は一口大のぶつ切り、②大根は皮をむいて、二、五センチ厚みの櫛形か、いちょう型に切ります。③深めの鍋に水カップ二杯をさし、煮立ったら牛肉を入れて弱火で三十分くらい煮込みます。肉が柔らかくなったら②の大根を加え、形がく崩れないように汁が三分の一程度になるまで煮詰めます。③摺りごまを除く調味料を、醤油、ねぎ、にんにく、砂糖、こしょう、ごま油、粉唐辛子、化学調味料の順に加えながら、汁がなくなるまでコトコト煮込みます。⑤煮あがったら火から下ろし、最後に摺りごまをふって、大根がくずれないようさっと混ぜ合せ、器に盛ります。

▽コツ
大根はくずれやすいものですから、途中箸でかき回すようなことはせずに、鍋を両手で持って上下にかえしながら、味をしませます。

安住の地よいずこ (83)

許柏旭
え 金察伸

脱出 (二十七)

蟻がはうように登るトラックの上で、私は彼の胸に頭をもたせてすわっていた。

「あーあ……さっきはほんとに恐かった。俺たちの将来に幸運が訪れることを神に祈るだけだよ」

みだれた私の髪を静かになおしてくれながら、彼は低くささやいた。

彼の手は、私の頬に首にと動いていった。彼の蒼白な顔に、にじんだ疲労の色。彼と私は疲れきった体と心をお互いに慰めあいながら、蒼い空をながめていた。

トラックは曲りくねった山道をあえぎあえぎ登っていった。しばしば山あいの奥まったところに小さな草葺家が一、二軒眼についたりした。

長い間、葺き替えしなかったと見え、屋根は濃い灰色となって腐っており、壁はところどころこわれて傾いていた。

（こんな山奥でどうして暮らせるのだろうか？ どんな人が暮しているのだろうか？）

藁葺の黒ずむ家は、何だか寂しい沈黙を抱いているかのようであった。原始時代の神話のように神秘であった。

渓谷をおいかぶさっている秋の森の静けさ……陽光を受けながら一ぱいにひらかれた蒼空……いきなりこうしたすべてのものが、私の意識の世界の中に飛び込んできた。

「ほんとに美しいわ！ 自然はこんなに平和の中にひたっているのに、私たちは……」

私は語尾をにごしてうなだれてしまった。

「すべてを宿命だと考えなさい！ 俺たちの前途にも幸福は訪れることだろう……。俺は君をきっと幸福にしてみせる。さあ……元気を出しなさい。そして笑って見せて、ね？」

彼はささやくように言いながらそーっと私の手を握った。

「あなたを信じます」

私は涙にぬれた眼を大きくしながら明るく笑ってみせた。

「もう太陽が傾きかけ始めたね……。さっきより風が冷くなってきたようだね」

私のオーバーの裾をなおしてくれながら、彼の顔が急に曇る。

いつのまにか、山道には落照が横たわっていた。日が暮れ始めてから車は平坦な野原を走った。

闇がだんだん濃くなってきた。星が一ぱいきらきらと光っている夜空……頬をなでる夜風は、肉を削ぐようである。

彼と私はオーバーを被ったまま体を丸くして座っていた。全身に忍び込む寒さにぶるぶるふるえながら寝もやらずに一夜をあかしてしまった。

あくる日の夜明け……東が白むころになって車はようやく前川面事務所（村役場）の前に着いた。

東洋経済日報

新事務所移転御案内

創刊以来十七年〝アジアを一つに結ぶ経済紙〟を旗印につねに意欲的な報道につとめてきた本紙では、このたび業務伸展にともない先に大阪本社事務所の移転を完了しこの度東京本社事務所を左記に移転、十一月五日（月）から業務を開始することになりました。
読者ならびに関係各位、倍旧のご支援をおねがいします。
又・左記要領で社員を募集して居ります御応募下さい。

取締役社長 朴徹
取締役副社長 朴一哲

東京本社・東京都中央区銀座東四ノ四（畜産会館）
（新事務所）（銀座松屋百貨店横筋） 電話（542）三三七七～九番
大阪本社・大阪市西区江戸堀五ノ一五五（山越ビル）
（新事務所）（市電土佐堀五丁目電停前） 電話（458）二六九一～四番
名古屋支社・名古屋市昭和区東郊通三ノ一五（東郊ビル） 電話（88）一五三一～四番

〝社員募集〟
一、編集 十名
一、業務 十名
一、女子事務員 五名
一、経理事務（要経験） 五名
勤務地 東京、大阪、名古屋
資格 高校卒以上、三十五歳まで、国籍不問
待遇 最高待遇す。希望者は履歴書持参又は郵送のこと。

東洋経済日報社

あなたの企業を
バックアップする！

栃木県韓国人商工会

役員紹介

理事長	崔泳安	理事	安秉煒
副理事長	文東仁	〃	呉昌圭
専務理事	姜進旭	〃	金相浩
常務理事	尹赫孝	〃	金相基
理事	李長根	監事	禹通九
〃	千教義	〃	朴千秀
〃	陳源烈	〃	辛容祥

事務所・栃木県栃木市境町1,200・電話（栃木）827番

KÖNIG PIANO

KÖNIG PIANO TYPE KD-IA
88鍵（7¼オクターブ）

皆様私の名前はケーニッヒピアノと申します。
その名前が示す通りドイツ生れのピアノの王様ということです。
私はピアノ製造界屈指のS技師により日本に参りました。 以来私は舶来部品を主材料として、経験20数年というベテラン技術者により組立加工されて育って参りました。音質、音量、耐久力の点では断然逸品だといわれております。どうか私の真価を確かめて見て下さい。

ケーニッヒピアノについて……
ピアノをお求めになる方は、誰も先ず良いピアノを出来るだけ安く欲しいとお考えになるのではないでしょうか？
所で新らしい中から故障や狂いが起きる様なピアノは論外として、一見した所相当いいと思える様なピアノで、暫らく使って居る中に種々障害が生じ使用に耐えなくなるという様な事が往々にしてあります。此の様に新品の間はとかく欠点が判りにくく、選定も非常にむづかしいわけです。それではどの様なピアノを選らんだら良いかと申しますと、○永久的な耐久力、○優雅な音色、○軽快なタッチ、○優美な外観、○更に良心的な責任保証、以上の条件を完全に具えたピアノであることです。
弊社は最高度の技術と、最良の資材、更に利害を超越した絶対的な責任と愛着をもって、只管品質の向上に全力を傾注して今日に至って居ります。此の様に良心的な製作方針と、品質本位の一貫した経営方針こそ他社の追従を許さぬところであります。
尚当社はその技術を高く評価され技術指導員を、韓国に派遣することになりました

ケーニッヒピアノ製造株式会社
■本社／浜松市佃島町TEL（代表）③0629 ■工場／浜松市中野町TEL（中野町）70

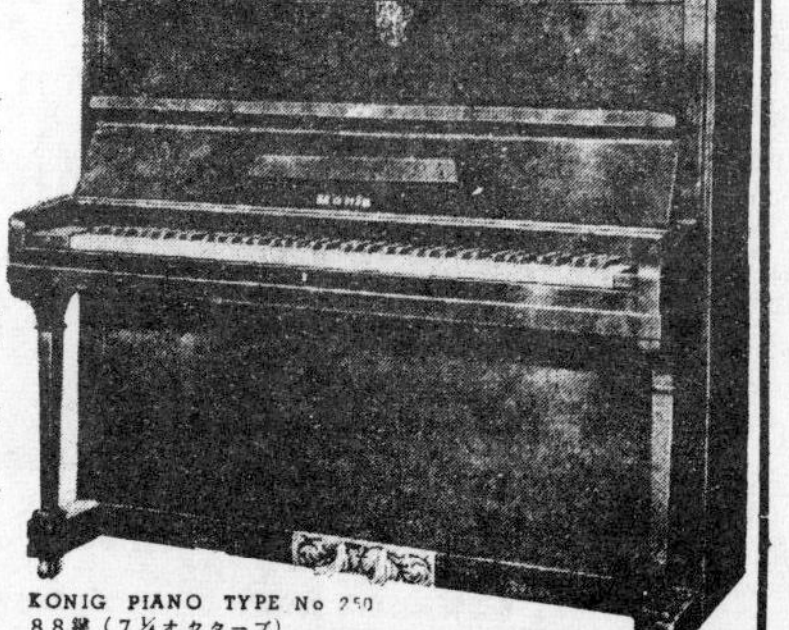

KÖNIG PIANO TYPE No 250
88鍵（7¼オクターブ）

韓國新聞
発行所 韓国新聞社
発行人 曹寧柱
東京都文京区春日町5
電話(811)2261・2263
東京(812)1921・2262
振替口座 東京 34968番

韓国と日本を結ぶ!!
広告代理業 KPR
新聞雑誌広告・企画立案・図案文案製作
ラジオテレビ広告・屋外広告・市場調査と興信
その他広告宣伝PR
TOKYO 港区芝琴平町26 電話(501)0471
SEOUL 乙支路一街101 電話(2)1811

韓国新憲法草案発表さる

大統領の権限を強化

国民投票の過半数賛成で発効

最高会議は二日、本会議を開き、新憲法草案を確定するとともに、これを発表した。この新憲法草案は明年行なわれる民政移譲のワク組みを明らかにするもので、最高会議当局者は十二月の国民投票で投票者総数の過半数の賛成を得れば、この憲法は発効すると布告した。

こんどの新憲法草案を貫くものは強力な大統領制を指向する大統領の権限強化である。革命政権指導者はこれに対し、軍部クーデターに始まった韓国の改革には強力な行政府が必要だとのたてまえをとっているもようである。

これにひきかえ、国会は、一院制で、権限は以前のそれとともに著しく縮小されている。

なお革命政権当局は、同二日に発表した布告を通じて、新憲法は十二月の国民投票で有権者半数以上が投票しない場合は無効となると発表した。

発表された韓国新憲法草案の骨子は次の通り。

一、大統領は国民投票により選出され、任期は四年、また大統領は行政府の長であると同時に国家元首である。

一、大統領は任意に内閣閣僚を任免する権限をもつ。

一、首相の権限は小さく、主として大統領と閣僚間の調整で実権はほとんどない。

一、国会は議員定員百五十ないし二百名の国会議員より構成される一院制とする。国会は政府を信任投票する権限はなく、内閣を総辞職させることはできない。しかし個々の閣僚の罷免を建議することができる。

一、大統領に立候補し、国会議員となるには政党に所属し、よい成績をあげたものでなければならない。

この条項は、大統領、国会議員の無所属立候補を認めないことを意味している。

一、選出された議員は、所属政党から除名され、または自ら脱党した場合および所属政党が解散した場合は自動的に議席を失う。

この規定は韓国に政党政治を扶植するためと厳格な政党の規律を確立するために設けられたと、政府のスポークスマンは述べている。

このほか注目の言論条項は（1）言論・出版・集会・結社の自由は保障され（2）これらに対する事前検閲、許可制を置くことは法律によってもできなく（3）新聞、通信の施設基準を法定でき（4）公衆の道徳のため映画、演劇に対する事前検閲は行なうことができる。また（5）屋外集会はその時間と場所に対し、一定の制限を法律で定めることができることになっている。

さらに新しいものとしては、審計院と監察委員会を統合した監査院を憲法機関として規定している。

許可済の民間外資 導入27件

一日経済企画院は、民間外資導入申請事業のうち去る十月末現在で次の二十七件を許可したと発表した。

一、直接投資＝二百万ドルの軍用車両工場など二件

二、借款契約＝六四九万五千ドルのセメント工場など十二件

三、技術援助契約＝黒石鉛鉱など十三件

なお各事業別外資、内資所要額は次の通り。

一、直接投資＝外資四五七万ドル千ドル、内資一億九百万ウォン

二、借款契約＝外資二、九九〇万ドル、内資十一億五、〇三〇万ウォン

中央事務を大幅移譲

閣議、行政簡素化案を議決

【ソウル発＝連合】政府は二日午後、定例閣議で第二次行政簡素化方案を議決した。

最高会議の指示に従い、行政事務を大幅に簡素化するためつくられた同方案は、上部機関から下部機関に対する事務移譲、不必要な報告文書簡素化、文書統制強化、委任専決の決定、警察関係事務簡素化など五項目である。

事務移譲は、中央から道に移譲されるのが四十七件、道から市郡に二百六十七件、市・郡から邑・面に十四件計三百七十七件であり、ここで節約される人員が五十一名となる。

また、上部に対する報告の廃止及び減少は二千四百十六万九千八百二十件で、約三万百四十一名の人員が節約されることになる。

投票管理委員委嘱

国民投票管理委で一千三百九名

二日午後中央国民投票管理委員会は、ソウルをはじめとする各道別選挙区投票管理委員一千三百九名を委嘱、事務を管掌することを指示した。

ソウル特別市及び各道別開票区数と同委員人数はそれぞれ次の通りである。

（カッコ内は開票区数）

▽ソウル市六三名（9）
▽京畿道一五四名（22）
▽忠北道八四名（12）
▽忠南道一〇五名（15）
▽全北道一一九名（17）
▽全南道一七五名（25）
▽慶北道二二四名（32）
▽慶南道二二四名（32）
▽江原道一四〇名（20）
▽済州道　二一名（3）

崔外務長官、六日米国向け出発

国連総会に出席のため

崔徳新外務部長官は、国連総会に参席する韓国代表団を引率して、六日CAT機便でアメリカへ出発した。

崔長官は、ニューヨークへ到着前に、ドイツ連邦共和国の招請で、五日間にわたり西独を訪問する。

崔長官は西独訪問中、韓国と西独間の懸案問題をはじめ諸問題に対して意見を交換、特に韓国と西独間の経済および技術協定問題も討議するものとみられる。ところで国連で韓国問題は来る十二月十日ごろに上程される。

12月17日に国民投票

憲法審議委で決定

【ソウル発＝連合】憲法改正案は五日発議され、最高会議本会議議決後、十二月十七日に国民投票を行なうことになった。

一日午後最高会議高位当局者によると、一日午後の憲法審議委でこのような日程を決定したといわれる。

失業対策法を制定

内閣で最高会議に建議

内閣は、効果的な失業対策の樹立実施のため、緊急失業対策法を制定するよう最高会議へ建議することにした。緊急失業対策法は一般的な建築事業の外に保健社会部長官の留保資金で緊急失業事業を実施できるようにするためである。

再建国民運動 改正法案審議

三日午前最高会議七十六次常任委員会は、文社委から提案された再建国民運動法改正法案を上程、提案説明を聞いたのち審議に入ったが、結論を得られずに一たん散会した。

鬱陵島を開発

技術調査団現地に

関係機関十七名で構成した鬱陵島開発のための技術調査団が、十一日出発の予定で一日現地へ出発した。調査項目はつぎの通り。

（一）水資源および電力開発
（二）水産物加工
（三）道路開発
（四）築港
（五）輸送
（六）その他（上水道及び医療）

革命精神で民政を

訪米中の金情報部長談

金情報部長

【ソウル発＝連合】目下アメリカ訪問中の金鍾泌中央情報部長は二日韓国日報特派員と会見し、来年度の民政は革命的民政でなければならないと述べた。この日金部長は韓国日報特派員から、革命政府を受け継ぐ来年の民間政府が過度的な政府になるものと発言したことについて説明を求められ、あらましつぎのように語った。

私のアメリカ訪問の目的の一つは、アメリカ政府の指導者と国民達に韓国の実情を具体的に伝えこれからさき韓米両国がより緊密に協調するため、意見のくい違いがあれば、これを調整し誤解による両国の対立関係が生じないよう取りはからうためである。

このような意味で、私は中共を合わせて百万に近いと思われる北韓共産軍と対立しており、また戦争状態にある韓国の軍事情勢に適う対策として、大韓民国の死活問題である経済開発事業を成し遂げるため必要な条件や環境について、アメリカ当局者達と話し合った。

このように重大な責任をになっているわが国が発展するためには、五・一六革命後かもし出された国家再建の意欲を持ちつづけなければならず、そのため革命的な民政を意味するものである。

政府を引き継ぐ民政は、強力な行政執行力をもたなければならない。

私はこのような意味で、民政移管後の政府を過度的な性格をおびた政府として組織しようとする革命主体勢力の意向を明らかにしたものであり、アメリカ政府当局者たちもこれに対し共鳴と理解を示したものと思われる。

しかし、過度的性格の政府というのは元来の革命政府と民間との混合を意味するのではなく、あくまで完全な自由民主主義を土台にして、革命の精神を維持させるため、最少限度の統制を加える革命的な民政を意味するものである。

論壇

われらは即刻、立ちあがろう

在日韓国人法的地位問題を勝ちとるまで

筆者は在日韓国人の法的地位問題について、去る十一日日付の本欄において論述した。最近、われわれ在日同胞間にこの問題に対する……

[illegible]

……われわれ在日韓国人の立場からみる時、この法的地位の取りきめの如何は、死活の道に連なるものであり、法的地位の各条項は在日韓国人の活殺の権をにぎっているといっても過言ではない。

われわれは本国政府の在日韓国人法的地位に関する項目は、われわれ日本に居住する韓国人の根本的性格を規定する重要なる問題であるので、……

今日、煮つまって行く韓日会談のさなかに、これらの運動を展開することはおそきに失した感はあるが、それだからといって対岸の火災視すべき筋合いのものではない。特に永住権に関する規定は如何なる角度より考察しても、われわれは納得しかねる規定である。

このように在日韓国人が納得できない法的地位を本国政府と日本政府が会談において協定することは默視するわけには行かない。それ故に、在日韓国人は一致団結して、われわれの求める法的地位を獲得するまでは、……

……われわれの求める法的地位を獲得するまで本国内でも永住権の申請をして許可を得る必要があり、永住権をうけたとしても、殺人、強盗または一年以上の懲役を宣告された国事犯、麻薬事犯等に関する犯罪を犯した者は、日本政府によって任意に強制退去させられる」という基本……

……生死をかけて、いまこの場所から立ちあがるべきである。（崔大荣）

来年度の米対韓援助

今年度と同規模の見込み

言論界融資など

財務部長官と合意 李公報部長官談

【ソウル発＝連合】金顕哲……

対する防衛援助は、今年度……減少されないだろうと述べた……

……在韓アメリカ経済協助処（USOM）長が……

展開する再建国民運動

現在韓国においては再建国民運動が全国的に推進されている。写真はこのほどソウル市庁前広場で三千里錦繍江土に花園をつくろうと風船に花の種を入れて全国各地にとばしているところ。

カーテンの裏

生産品不合格陳列館

"同志！どうしてそんなに、はれあがっているんだ、"
"僕は内臓がくさっている。"

追更予算案を審議

最高会議本会議を召集

最高会議は、二日午後本会議を召集して、政府から提案された第三回追加更正予算案を審議した。同予算案は、順天水害復旧対策費などを計上したもの、追加規模は三十億ウォンとみられている。

女子用ショール 対米処女輸出

三美企業で百五打

ソウル税関で伝えられるところによると、女子用ショール（毛織物）が、三美企業によって米州地域に処女輸出されたといわれる。

今度輸出されたショールは、保税加工品で、同年九月二十日韓米商社との契約額は六千四百八十ドルで百五打のうち第一次に一打当りFOB十六ドルで百五打……

日本、香港などに

鮮魚輸出視察団

日本、香港、台湾などを視察……

自動車附属品

中継加工貿易仮契約

……

予備訓練終え次第 渡日

日本派遣中堅技術者

大韓商議で推進中である国内の中堅技術者日本派遣団は来る十二月初旬ごろ渡日するといわれる。

全国地方商議では、各生産工場の派遣技術者の申請を受付中であるが、十一月初めから約一カ月間、申請者に対し予備訓練を行なうといわれる。

ニゼル親善使節団が来韓

朴議長への親書携えて

……アフリカにあるニゼル共和国の親善使節団が……

国際入札

来る十二月八日

AID木材四種

チップ製造
鹿沼利材工業所
社長・三中通九
本社・宇都宮市荒針町野尻 電話（宇都宮）(2)4685
工場・宇都宮野尻工場
・鹿沼府所工所 電話・鹿沼2064
・今市大沢工場 電話・大沢・42

ご商売やお住いのご計画に……
東京商銀信用組合
東京都文京区湯島天神町三ノ一四
電話・八三一—七二五一・五〇〇九・八六六八・五三二〇・五三二九

愈々発売！日本と韓国を結ぶ写真情報誌
新鮮な報道・楽しい画報！
11月号近日発行

主な目次
◎韓国、金情報部長・池田首相・大平外相と会談。
◎小田原にてMRA世界大会出席の韓国出身者と語る。
◎韓国学生代表団が日本民学連を訪問。
◎前尾幹事長、歌手三橋美智也と"音楽よもやま譚"
◎東映、国鉄、両チーム、渡韓親善野球試合メンバー決定。
◎東海村原子力の現況。
◎国鉄"東海道新幹線"着々進捗。
◎晴海で一九六二年度全日本自動車デラックス、ショー開かる。
◎植村親善視察団行き帰り。
其他

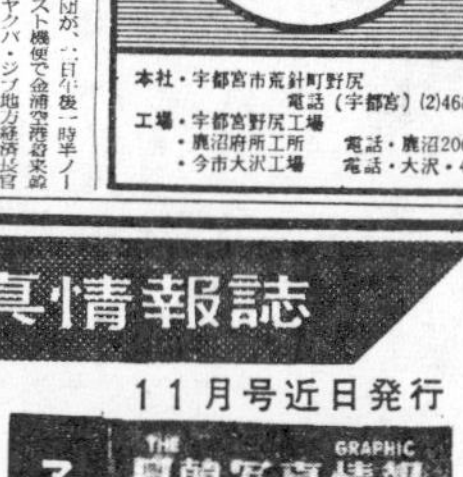

¥200. 送料¥30.

発行所 日韓写真情報社 電話・東京（572）1669 出版部（571）6934
東京都中央区銀座西6～5・滝山ビル5階・日韓経済新聞社内・責任発行者・鄭次二郎

革命主体勢力の民政参与説

韓国の声

ワシントンで金中央情報部長はロストウ米国務省政策企画委員長と会い、来年の夏に予定されている民政の性格を規定するのに重要な発言をしたと伝えられている。

金部長はロストウ氏に政治的安定と経済的再建のためには革命主体勢力が民政に参与しなくてはならず、トルコやビルマの軍事革命政府が、民間政府に政権を移譲した後に発生した政治的混乱や再革命のような事態を避けるためにも、今後四年間は革命政府の要人らが民政に参与する過渡的な性格の民政でなくてはならないとしており、そして最高委員らが国会に進出するために多数代表制に比例代表制を加味した選挙方式を採択すると明らかにしている。

金部長のこのような発言が報道されるや、最高会議の公式代弁人は革命主体勢力の民政参与は一つの既定事実であると強調した。

さきに本欄でも指摘したようにわれわれは革命主体勢力が民政参与を期して民政移譲のための選挙に立候補するというのは個人の自由と責任に属する問題であると思う。だが、何人といえども選挙を通じて国民の同意を得て民政に参与するのがキイ・ポイントであると思われる。もしも、自由で公明な選挙を通じて国民の意思が表明されるということが保証されるならば革命主体勢力の民政参与も国民の判断に任せられる問題であり、誰にも国民にかわって選挙結果を断定する権利はないといわざるを得ない。

革命主体勢力が民政参与を意図している事が予想されないわけではない。

しかし、最高会議代弁人が革命主体勢力の民政参与を一つの既定事実であると述べたことに対しては最高会議として国民にそれ相応の解明がなされなくてはならないと思う。

革命公約で革命課業が成就されれば、軍は政権を移譲して軍本来の任務に復帰する用意があると明示しているが、これ対する解釈もすべての国民が革命政府と同じであるとは思われない。

八・一二声明の場合も同じように、革命公約や八・一二声明が意味するのは民政移譲後に革命主体勢力は原隊に復帰するかまたは完全に政治とは手を切るものであると信じている者も多い。

国民の疑惑や誤解を解くためにも革命主体勢力の民政参与が一つの既定事実ならば国民にその経緯の解明がなされなくてはならないと思う。

つぎに、われわれは革命主体勢力が民政に参与するのにおいて「公正と平等」の原則が尊重されなくてはならないと強調したい。

憲法改正案が無所属人士の立候補を拒否し、国会議員の選挙には比例代表制を加味した新制度を設けたとも、その制度の創始者である革命主体勢力が選挙に立候補するならば果して「公正と平等」の原則に立脚したものであるかどうかが疑わしくなる。

革命主体勢力みずからが直接立候補せんとする以上選挙制度は勿論のこと選挙時期や選挙管理も国民の疑惑を買わないよう慎重にして細心な留意がなくてはならないと考える。

「公正と平等」の原則を強調するのも、戒厳令下で選挙を実施することや、最高委員らが軍服を脱いだまま出馬することについて真意はともかく雑音と誤解を招きやすいから指摘したまでである。

いまだ何らの決定も下されていない問題であるから、そのような事を積極的に回避しなくてはならないと力説するのである。

「公正と平等」の原則に立脚する時われわれは政治活動浄化法の該当者である旧政治人に対しても救済措置がなされなくてはならないし国民の政治活動も早急に許されなくてはならないと考える。

「公正と平等」の原則が尊重された選挙のみが国民の意思を正確に表わすことができるし、したがって誰が政権を握ろうとも、国民の同意に立脚し、国民の信頼を受ける民主的な政権を期すべきであると信ずる。

（東亜日報）

ネール首相の支援要請

去る二十七日ネールインド首相は大統領権限代行朴正煕最高会議議長に長文の親電を送って中印間の国境紛争についてインドに対する韓国の同情と支持を求めると要請してきたが、これに対して朴議長は三十一日午後ネール首相に返電を送り、韓国政府と国民は〝中共の侵略性と無法性を糾弾し、インドの領土保全と安全を守るために可能なかぎり積極的な声援と支援を惜まない〟と確約したと伝えられている。

中共が彼らの侵略主義的な本音を暴し、また国内政治の失敗から国民の関心をそらすためインドとの国境紛争を故意に惹き起して武力的な侵略行為をはじめるや、わが国民はその事態の進展に対して深い関心を寄せると同時に警戒心を強めてきたのである。

そしてわれわれは本欄を通じてしばしば中共の侵略性を糾弾し、またインドに対しても中共の正体を再認識するよう勧告してきたところである。

最近、中共の対印武力侵略行為が一層熾烈になるやインドのみでなく全世界の平和愛好国家らは中共が世界平和の脅威者であるということを再確認し、それが国連総会での中共の加入を反対する表決に反映されたのである。

中共は十二年前、韓国に対して武力侵略をしたため国連から侵略者という烙印を押されたのであるが、今度再び国連は中共が平和愛好国でないということを再確認したことになる。

われわれ韓国民らは国際平和とは一つのものであり部分的な平和などはあり得ないとしてきたのであり、そしてまた世界のいかなる地域でも平和が脅やかされる時にはその脅威を取り除き国際平和を維持するのが全平和愛好国家の共同責任であるということ理解してきたのである。

したがって現在インドのみでなく全世界の平和愛好国家と国民に大きな脅威を与えている中共の対印侵略行為を前にしてインドに対するわが政府の全幅的な同情と支持を約束した朴議長の返電は、わが国民の絶対的な支持を受けており、またそれはわが国民の気持を正確に反映したものであるといえる。

特に、インドはわれわれが苦境に陥っていた時にわが国を支援した友邦国家のうちの一国であるということ忘れることはできない。

われわれがかの残忍非道な共産侵略軍によって被動的な不法侵略を受けた時、自由と正義のために死を決して闘争を続けていたわが韓国民を救うためインド政府は一九五〇年十一月インド第六〇野戦病院をわが国に送ってきたのである。わが国民はインド政府のそのような好意を忘れてはいないのである。今やネール首相は中共の侵略を受けわれわれに〝同情と支持〟を訴えてきたのである。

中共の大々的な武力侵略に対抗して健闘しているインドに対してわれわれは可能なかぎりの支援を惜んではならないと考える。

勿論、われわれは現在わが国が支援できる範囲がどの程度のものであるかを知らないが、政府当局の慎重にして綿密な検討によって決定されんことを望むものである。

（東亜日報）

岐路に立つ共産圏

北韓の対外貿易

—国家独占の対外貿易制度—

金昌順（内外問題研究所長）

チェコスロバキアは一九五六年六月二十三日一九五四－六〇年間の経済協定追加の議定書調印したことがあり、また一九六一年四月四日にはバーター制通商協定調印、同年十六日には一九六一－六五年間の鋼鉱部分追加協定書を交換今日にいたっている。一九五六年チェコスロバキアと北韓間で行なわれた貿易関係をみればチェコスロバキアは機械類、計器類、電線類、自動車および医薬品を輸出、北韓は有色金属、合金鉄、鉱物類などを輸出した。

ポーランドは戦時であった一九五二年一月四日には六千四百万ズロティ（当時四ズロティが一ドル）の無償援助を提供すると発表したことがあったし、停戦後の一九五三年十一月十一日には経済援助協定を締結、一九五六年十一月十八日にはバーター制貿易協定を締結、毎年、年間通商の議定書を交換、一九六一年六月二十九日一九六一－六五年間の長期貿易協定を締結今日にいたっている。一九五六年ポーランドと北韓の間に行なわれた貿易関係をみればポーランドは工業および建設用機械設備、電気施設品、綿織物などを輸出したのであり北韓は有色金属、合金鉄、鉱物類などを輸出した。

東独は戦前の一九五〇年一月七日咸興都市建設援助協定を締結、一九五六年二月二十五日バーター制通商協定締結、毎年年間貿易の議定書を交換している。

ハンガリアは一九五六年三月七日バーター制通商協定を締結、毎年年間貿易の議定書を交換している。

ルーマニアは一九五六年六月二十五日一九五七－六〇年間の経済および技術援助提供に関する協定を締結、同じく同年十一月三日には一九五七－六〇年間のバーター制通商協定を締結し、毎年年間貿易協定の議定書を交換した。この関係は一九六一年一月二十四日更新され今日にいたっている。

ブルガリアは一九五六年三月二十六日バーター制通商協定を締結、一九五七年九月二十八日には一九五八－六〇年間の通商協定を締結、この関係はいまも継続されている。

昨年末ソ連と決定的な不和関係に陥った、東南ヨーロッパの最も小さな共産国家アルバニアも、一九六一年四月三〇日通商協定を締結、一九六一－六五年間の長期バーター貿易協定書を交換したことがある。今年一月二十二日アルバニアと北韓の間に調印された年間貿易の議定書をみればアルバニアは銅、その他商品を輸出することになっており、北韓は貨物自動車、自動車付属品などその他商品を輸出することになっている。

外モンゴルは一九五六年十一月二日通商協定を締結して以来毎年年間貿易の議定書を交換今日にいたっている。

共産ベトナムは一九五八年十二月一日、一九五九－六〇年間の貿易協定を締結したことがあり、一九六〇年十一月十三日には一九六一－六五年間の五カ年貿易協定を締結今日にいたっている。

以上で北韓と共産圏国家等の貿易関係を巡覧したわけだが、ここで得られる結論は彼等の間で盛んに取りかわされる文書交換にくらべその実績は、それほどでないということと、輸出入額数が発表されていないという事実だ。通商議定書の盛んな交換がそのまま実績を意味するものとするなら、輸出入額数を秘密にする必要はない訳けだ。これと同時にもう一つ注目する事実はソ連と中共が北韓にたいする援助額数を明らかにしながら北韓産物品がどれだけの値段で自分たちの品物と交換されているかを余り明かにしていないという事実だ。

また東南ヨーロッパ共産国家らとの通商というものは輸送費などの関係で費用がばく大である商売であるにもかかわらず、そのようなことをほとんど度外視しているということは、通商による経済的利益よりは通商でもって国際共産主義の紐帯を強化するということが目的のようだ。

貿易は政治的手段だ

国際的孤立から免れるため

日本との貿易

北傀と日本との正常貿易はみるほどのものがない。日本との国交というものがほとんど絶望であるためだ。これは一九五五年林成哲外相の声明の中で如実に現われている事実だ。林は日本と中共は現在国交が樹立されていないけれど貿易は行なっている。だから北韓と日本の間の貿易また可能ではないかと呼称している。

日本業者の立場でみると北韓との貿易は大韓民国のそれとくらべものにならないほど絶望であるが地理的な距離関係および市場関係にきゅうきゅうしている現実の要求により、できれば北韓とも貿易をしてみようというのが日本の隠さざる本心である。このようにして日本の一部業者等の間には北韓との貿易を促進させようとする動きがあった。

一九五五年春、日・朝協会理事畑中政春がいわゆる日本平和代表団とやらを引率して平壌を訪問したことがあり、彼らはその時北傀の貿易機関と接触をもち貿易促進のための具体的秘密協定をしたようだ。これがもとで同年十月十五日中共の北平で北傀通商代表部と日本側有力商事間に貿易協商が成立、同年十月十五日には日・ソ貿易会専門理事田辺稔が平壌を訪問朝鮮国際貿易促進委員会委員長金催善と貿易促進に関する議事録を交換した。この議定書によって相互間の輸出入、商品、価格、決済、輸送、検査、相互間の紛争および仲裁事項などの諸問題が明確に規定された。そして二十日には当時平壌訪問中にあった日本国会議員団長古屋貞雄と北傀最高人民会議常任委員会副委員長金応基との間に共同コミュニケが調印、日本と北韓間の貿易再開の可能性が具体化されたのである。日本業界の論議をかもしだしたのである。また一九五六年二月日本赤十字代表団島津が平壌を訪問、北傀朝鮮貿易会社社長金応律との間に仮契約を調印した。これは日本のいくつかの商事と北傀朝鮮貿易会社の契約であった。これによると日本の貿易業界は同年二月二十八日、日・朝貿易会を決定、同年四月日・朝協会の主催下で日・朝貿易および漁業促進国民大会を開催、北韓訪問貿易使節団を選出したのである。

一九五七年九月日・朝貿易会は日本国際貿易促進協会の一員として平壌を訪問、北朝鮮貿易会促進委員会と年間六百万ドルの契約をしたのであり、次の年一九五八年には六十億円（日貨）の契約を締結したのである。韓・日両国間の複雑な政治的関係を無視した日本業界のこのような動きは一九五六年十月二十四日日本政府次官会議の決定により制限をうけ南満州、大連港経由の方法で貿易関係を支援していたが、一九五八年五月日本・中共貿易が断絶することにより挫折されてしまった。

その後日本業界は一九五九年六月以来香港経由で一部物資の交易を計ってきたがいままでの両者間輸出入物品をみれば北韓は重工業および軽工業関係の鉱産物原料（鉄鉱石、無煙炭、黒鉛、タングステン、アルミニューム、マグネサイトなど）をはじめ化学品、農産物、水産物などを輸出、日本は鋼線、鉄板、非鉄金属などの関係工業材料をはじめ電動機、機械、繊維品、紙製品などの日用雑貨を輸出した。

一九五九年五月には日本国際貿易促進協会、日・朝貿易会、日・朝協会などが中心になり北韓との直接貿易関係打開の全国大会を開催、議会などに請願運動を展開した結果同年十二月十七日北韓に対する一部輸出品の新しい承認を得た。その後も日本業界は商事代表団長を平壌に派遣、輸出市場の開拓に奔走したのである。モスクワと北平当局、北傀は北韓が日本産業の市場に転落されることがあっても日本と北韓の関係を成立させようと意図したのであり、それは北傀が東方の孤児になることをふせぐためのようでもあった。北傀は日本産業に大きな利益となる貴重な原料を減価で提供し、軍事的、戦略的意義の多い商品と彼等の経済計画に必要な製品を日本から購入したのである。これは即ち貿易手段を政治的、軍事的、経済的目的に援用するためなのである。そのような目的のため北傀は日本業界にたいしての①北韓との貿易が大きな利益となるという宣伝、②莫大な発注をするというジェスチャーを行ない、同時に日本の左翼勢力と結託して北韓との全面的な直接貿易が実現すれば日本の経済問題国民生活が大きく好転されるというなどのデマを宣伝した。このような奔奸は特に中立国家または遠くの親共国その他の国家にたいしてさかんに活用されている。

中立国家および基地国家との貿易

インド 一九五七年八月十九日インドを訪問した北傀貿易代表団はインド国営貿易会社と貿易協定を締結したことがあり、その後一九六一年六月二日インド政府と貿易代表部設置で合意をみ、同年六月から今年五月までの通商協定を締結した。また今年三月一日には領事館設置で合意をみたと伝えられている。

エジプト 一九五七年十二月統一アラブ共和国政府は北傀との貿易協定を締結、今日にいたるまで通商関係を維持しており、一九六一年七月三十一日には領事館設置に合意、同年十一月二十九日カイロに北傀の領事館がおかれた。

イラク 一九五九年十月二十三日貿易協定を締結、今日にいたるまで通商関係を維持しており、一九六〇年十月十四日には貿易代表部設置で合意をみた。

イエメン 一九六一年一月十一日貿易協定を締結すると同時に貿易代表部設置で合意をみた。

ギニア 一九六一年六月十四日貿易協定を締結、今日にいたるまで通商関係を維持している。

マレイ 一九六一年七月五日貿易協定を締結、今日にいたるまで通商関係を維持している。

インドネシア 一九五七年五月十五日貿易協定を締結今日にいたっており、一九六一年六月十七日領事関係設定で合意をみた。

ビルマ 一九七五年十月二日貿易協定を締結今日にいたっており、一九六一年五月十日には領事館設置に依意をみた。

モロッコ 一九六一年七月十七日通商関係設定に関する共同コミュニケを発表した。

セイロン 〃年二月二十三日貿易協定を締結した。

オーストリア 一九六〇年十二月七日バーター制通商協定を締結した。

スイス 一九五八年九月十七日貿易協定を締結した。

英国商事 一九五七年七月二十二日ラメト貿易会社が北傀食料品輸出入商事と貿易計画書に調印、一九五八年四月二十二日にはロンドンエントライス会社が通商議定書に調印した。

西独商事 一九五九年五月十日西独某商事は北傀と調印した。

豪州商事 一九五八年十二月二十六日、豪州某商事と北傀間に通商契約調印。

キューバ 一九六〇年十二月七日貿易協会を締結今日にいたっている。

以上の事実でわかるように北傀は経済的目的の貿易というより、国際政治での孤立を免ずるための政治的浸透の方法として用いている。これは北韓国民の生活に利益にならないことはもちろん、大きな犠牲をともなっている。

（終り）

お宅の電化は三和から！

御値で小売も（本紙読者特別割引）

各社テレビ電気器具卸

三和テレビ・ラジオKK

東京都台東区御徒町1-5

TEL (866)4177（代表）

＊商銀が築く明るい事業！

熊本商銀信用組合

熊本市米屋町2－2

TEL 2－3566, 6003

旅券発給者氏名公告

韓国駐日代表部領事課旅券担当官

在日本韓国居留民団中総民生局長

金在京	KJ [illegible]	石川
権泰守	〃 [illegible]	福井
金元提	〃 [illegible]	大阪
洪順一	〃 [illegible]	〃
徐相鉢	〃 [illegible]	〃
徐廷八	〃 [illegible]	京都
朴慶伊	〃 [illegible]	大阪
李寿南	〃 [illegible]	〃
池渭順	KJ [illegible]	大阪
趙一顕	〃 [illegible]	愛知
鄭鎮鶴	〃 [illegible]	三重
趙鎮福	〃 [illegible]	〃
鄭東律	〃 [illegible]	〃
孫弘寛	〃 [illegible]	〃
李承根	〃 [illegible]	愛知
李柴愛	〃 [illegible]	〃

本国入国許可者氏名公告

韓国駐日代表部領事課旅券担当官

在日本韓国居留民団中総民生局長

黄法乙	KJ [illegible]	神奈川
金宗浩	〃 [illegible]	東京
宋吉永	〃 [illegible]	〃
申鉉九	〃 [illegible]	青森
全洪圭	〃 [illegible]	〃
鄭宗鉉	〃 [illegible]	東京
朴三述	〃 [illegible]	〃
金宗彦	〃 [illegible]	〃
高丙玉	〃 [illegible]	〃
康小念	〃 [illegible]	〃
高民玉	〃 [illegible]	〃
金熙淑	〃 [illegible]	〃
李原俊	〃 [illegible]	〃
金今元	〃 [illegible]	〃
李東善	〃 [illegible]	〃
申鉉三	〃 [illegible]	青森
金仁洙	〃 [illegible]	東京
金日洙	〃 [illegible]	〃
申辰洙	〃 [illegible]	〃
崔福林	〃 [illegible]	〃
許甲[illegible]	〃 [illegible]	〃
李鳳善	〃 [illegible]	神奈川
成福礼	〃 [illegible]	〃
安福出	〃 [illegible]	東京
朴恭圭	〃 [illegible]	〃

十月十一日

崔福順	KJ [illegible]	東京
李錦鎬	〃 [illegible]	〃
李基升	〃 [illegible]	〃
金永子	〃 [illegible]	〃
呉輝洙	〃 [illegible]	神奈川
張任模	〃 [illegible]	長崎
李漢容	〃 [illegible]	〃
趙三碩	〃 [illegible]	広島
鄭奎出	〃 [illegible]	〃
李台祚	〃 [illegible]	〃
李順春	〃 [illegible]	〃
金貴圭	〃 [illegible]	〃
朴東根	〃 [illegible]	〃
趙虎栄	〃 [illegible]	〃
李泗連	〃 [illegible]	山口
李基昌	〃 [illegible]	福岡
朴卜林	〃 [illegible]	大阪
金基鎬	〃 [illegible]	〃
李寛伊	〃 [illegible]	三重
鄭良九	〃 [illegible]	兵庫
石辰雄	〃 [illegible]	愛知
石鳳徳	〃 [illegible]	〃
金守松	〃 [illegible]	〃
金仁厚	〃 [illegible]	兵庫

十月二十三日現在

旅券期限延長許可者氏名公告

韓国駐日代表部領事課旅券担当官

在日韓国居留民団中総民生局長

趙錫出	KJ [illegible]	青森
蔡乙生	〃 [illegible]	東京
黄致鎬	〃 [illegible]	〃
洪鍾兼	〃 [illegible]	青森
鄭吉坪	〃 [illegible]	福島
李金汝	〃 [illegible]	東京
李珠浩	〃 [illegible]	〃
高大鎬	〃 [illegible]	〃
文炳益	〃 [illegible]	〃
申判均	〃 [illegible]	〃
朴道有	〃 [illegible]	〃
朴珪乗	〃 [illegible]	〃
李道奎	〃 [illegible]	〃
李東燮	〃 [illegible]	〃
洪鍾鋼	〃 [illegible]	〃
辺鶴範	〃 [illegible]	〃
金平北	〃 [illegible]	〃
南海鎬	〃 [illegible]	千葉
朴順月	〃 [illegible]	東京
李永華	〃 [illegible]	〃
金文杜伊	〃 [illegible]	〃
宋基潤	〃 [illegible]	〃
趙小守	〃 [illegible]	〃
崔鳳	〃 [illegible]	〃
金金鐘	〃 [illegible]	〃
朴七東	〃 [illegible]	〃
李鉉朋	〃 [illegible]	〃
呉文祚	〃 [illegible]	〃
李実光	〃 [illegible]	〃
李貞生	〃 [illegible]	〃
金仁伊	〃 [illegible]	〃
金相根	〃 [illegible]	群馬
黄性祚	〃 [illegible]	千葉
申下南	〃 [illegible]	〃
金甲宝	KJ [illegible]	東京
張桓乗	〃 [illegible]	福岡
姜海植	〃 [illegible]	広島
金基洙	〃 [illegible]	福岡
申泰之	〃 [illegible]	〃
丁三礼	〃 [illegible]	〃
金採石	〃 [illegible]	山口
鄭丁金	〃 [illegible]	〃
朴文錫	〃 [illegible]	大阪
金吉斗	〃 [illegible]	〃
徐竜述	〃 [illegible]	〃
甘次相	〃 [illegible]	〃
金中淑	〃 [illegible]	〃
徐成万	〃 [illegible]	〃
李宗雨	〃 [illegible]	〃
崔東林	〃 [illegible]	〃
閔鋼基	〃 [illegible]	〃
権宗業	〃 [illegible]	〃
金文坤	〃 [illegible]	兵庫
李鋼権	〃 [illegible]	京都
李点淳	〃 [illegible]	大阪
姜一万	〃 [illegible]	兵庫
李守福	〃 [illegible]	〃
朴秀連	〃 [illegible]	東京
辛在殷	〃 [illegible]	〃
東者斤點	〃 [illegible]	〃
尹泉基	〃 [illegible]	〃
金金鉉	〃 [illegible]	〃
李鐘炭	〃 [illegible]	〃
申泳植	〃 [illegible]	〃
白美淑	〃 [illegible]	〃
元福栄	〃 [illegible]	〃
田会宜	〃 [illegible]	〃

十月十八日現在

トロリーバス海外向船積

府中車輌工場

東京芝浦電気株式会社は〝TOSHIBA〟の愛称で全世界に広く行き亘っております。現在資本金693億円、年間総販売額は1800億円を越え、従業員8万5千名、工場21個所、東洋最大の研究所57余所のマンモス企業は全世界の最も著名な一大電気総合メーカーであります。〝TOSHIBA〟のマークが表示されている全製品は品質と性能が完全に保証されております。〝TOSHIBA〟は其の研究に依り明日の無限なる発展が約束されております。

"大は原子力、小は電球、トランジスターまで"

東芝の製品はより良き世界、より良き生活を創る

Toshiba

東京芝浦電気株式会社

東京都千代田区有楽町一丁目十二番地

韓国向代理店　不二貿易株式会社

東京都中央区銀座一丁目五番地　大韓民国ソウル特別市中区太平路一街六四

民団規約改正委員会開かる

三機関提出の原案審議

中央委員制による集団指導など

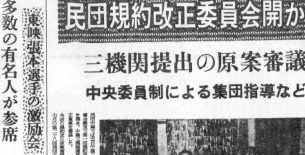

民団中総では五日午後二時から中総会議室で第一回規約改正委員会を開き、中総三機関提案の規約改正草案を審議した。

今回の規約改正草案審議は、さる七月の第二十八回民団全体大会の決定にもとづくもので、委員は同大会で選出構成された委員会で、主に草案の審議は①三機関制の廃止問題②事務局長中央任命の問題③中央委員制による集団指導制が審議された。

同改正草案は後日発表される。

民団規約改正委員会

なお規約改正草案審議を終えて金光男中総議長はつぎのように発表した。

規約改正草案審議には中部、北陸地協の金彰煥事務局長が病気で参席できなかったので、愛知県本部崔学阜事務局長が代理で参席したことと、曺寧柱顧問が地方出張で欠席したほか、中総三機関長ならびに委員全員が審議に参加した。審議の詳細は後日、中総が発表するが、主に①三機関制の廃止問題②事務局長中央任命の問題③中央委員制による集団指導制を審議し、賛意を得た。

少数の反対意見もあったが、十一月下旬から十二月五日までに中央議事会を招集する予定なので、それまでに第二、第三回の規約改正委員会を開いて目途をつけるつもりである。

金光男議長

東映張本選手の激励会

多数の有名人が参席

崔参事官も出席激励

国鉄スワローズの金田正一投手と並びに敏腕人で日本プロ野球界のスター東映フライヤーズの張本勲選手を激励、パ・リーグ最高殊勲賞獲得を記念する祝賀会が二日午後六時からホテル・ニュージャパン内テラス・レインボーで盛大に催された。

日本プロ野球界には多数の敏腕選手が活躍しているが、中でも張本勲選手は民族心のあるほこり高い男であり、親孝行な青年として知られている。その彼にふさわしくこの祝賀会場には駐日韓国代表部の崔参事官、民団中総権逸団長、日本自民党副総裁大野伴睦氏、東映大川社長ら政財界人、力道山、金田正一、ジェリー藤尾、トニー谷らスポーツ、芸能界有名人多数が参席大変なにぎわいであった。

席上崔参事官は張本選手は日本で生れ育った韓国人であるから韓日両国で共に自慢することのできる選手であり、これからも立派な選手になるよう激励、そのほか大野伴睦氏、大川社長がそれぞれ張本選手を激励した。また張本選手から「皆様の声援に応えるためこれからも一層努力します」とのあいさつがあり、つづいて記念品トロフィーが同選手におくられた。

激励会で大川社長と握手する張本選手(中央)後は水原監督、その右力道山

韓国より帰りて(下)

普隣基督教会 牧師 金城周奉

二十三日は日曜日、朝十時京城麻浦区に前刑務所で今は麻浦矯導所と改称された所へ行った。矯導所差し回しの自動車で、私共一行は矯導所に行ったが、いかにも高いコンクリートの塀で長い通路には歩哨が立っていて緊張感が起こった。鉄の大門があって二人の歩哨が立っていて鉄の扉が開かれた。私共は事務室で休憩して、所長の案内で構内のホールに入った。入場と共に矯導所のブラスバンドが高らかに演奏され、全員起立した中に迎えられて着席した。全く感激的一瞬であった。所長の紹介があって演奏が始まった。非常に感激した拍手が起こった。

所長の話では、戦前は朝鮮総督府がやっていた刑務所で、歴史は古い。戦後は韓国の刑法が改定され、アメリカやヨーロッパなどから新しい制度を取り入れて、いままでは文字通り刑務所であったのが、名を改め、矯導所となり名実共に変っている。矯導所内において、成績のよいものは外出を許し、最初は一週間くらい外泊を許可するが、更に成績のよい者は一ヵ月の外泊を許す。今日も収容者たちが野営といって、キャンプをしているということである。囚人の大半はみな基督教信者であるといっていた。もち論、所長をはじめ職員も熱心な基督教信者であるという。

翌二十四日月曜日は、ソウル文理師範大学の学長俞尚根氏の要請で、私たち一行は演奏した。これはソウル最後の演奏になるかも知れないと思って、非常に緊張した。学長をはじめソウル市内の牧

壮観な梨花女子大学

矯導所、社会施設をも慰問

師や名士が集って、講堂は超満員の盛況でアンコールの拍手は続いた。午後はソウル婦人基督教青年会館において、私共一行の歓送会が開かれ、京城市内の有名な音楽家や基督教青年会のメンバーが集まって今まではそちらの歌を聞いたが、今度こちらから歌って聞かせるといって、素晴しい四重奏を聞かしてもらった。多くの名士の別れの言葉があって楽しい集いであった。

二十五日は一日休養した。翌二十六日は十二時からとの話で、梨花女子大学に行くことになっていたが、色々なことで時間が遅れて零時三十分ごろ到着し、指定の演奏をした。この学校は女子の大学では韓国随一の伝統的な総合大学で、生徒数は一万人、その半数の五千人が収容される大会堂で行なわれ、誠に壮観であった。学生たちは非常に喜んで拍手は絶えなかった。

この学校の規模の雄大さと環境の良さには驚歎した。校庭にはコスモスや色々な草花が咲き乱れて誠に美しかったが、私たちは帰りを急ぐのでタクシーを拾って帰った。

大勢から空港までの見送りを受けて機上の人となった。以上の他に親和医楽の李商栄氏の骨折りでアメリカ、中国、韓国、日本の四カ国人による国際親善音楽会を京城で韓国赤十字社主催により市民会館で開く計画であったが、時間の都合等の事情で中止のやむなきに至ったことは李商栄氏にたいし、申し訳なく思っている。また、二十七日木曜日と二十八日金曜日の二回にわたって、延世大学で演奏の依頼があったが、田村氏の違約で中止のやむなきに至ったことを遺憾に思う。

今まではなやかな話しばかりであったが自分の印象を申し上げて皆様のご協力をお願いしたい。

韓国は戦後、独立国家になったが外国軍隊によって南北に二分され電力や重要工業資源は北の共産勢力に奪われ、更に六・二五動乱によって生命、財産まで壊滅の状態に至った。愛する肉親とも別れ別れになって着のみ着のままで、命がけで北韓から逃れて来た者が多数あり、その上、幾度かの政変のために政策は安定せず、更に二回もおこなわれた通貨改革のために国民生活もあまり楽ではないようである。

国家財政も豊かでない。為政者は外資導入とか長期借款など考えている。従って財政の関係で社会保障も充分ではない。日本のように社会保険とか生活保護などはない。私はソウル市社会部の案内で社会施設を見学したが、話によると、市内だけでも保育園は百数十ヵ所あるという。特に私が案内されたのは、市立孤児院で市が最近棄児対策のため収容仮施設として設立したものであるという。市内だけで月平均四人位の棄児があるとのことだが、今の施設は、ある病院の屋上に木造で急造したもので百七十七名も収容している。

職員は悲惨な幼児達の生命を救うために懸命であった。私共は同胞愛や人類愛によって、救援金をお送りたいと思う。皆様の協力をお願いします。特に今度洪彦道姉妹や多くの方に大変世話になって、お礼の言葉もないのであるが、そのお返しの意味で日韓親善のために、来る十一月十七日、東京の日本都市センターで日韓親善会を開催することになった。

メンバーは韓国側、古典舞踊団李[illegible]、成楽[illegible]、成恵[illegible]、尹仲任、尹秀任、その他大勢と、日本側は石井漠バレエ団の女子部と幼稚部と共演することになった。更につけ加えておきたいことは、十月十八日からソウル新聞の主催で国際的に有名な石井カンナ嬢がソウルの市民会館や大邱、釜山などを巡演して日韓親善に努め、非常な盛況であったとのことであり、慶賀に絶えない。

以上申し上げましたように今や韓国は至るところ復興の意気に燃え建設のツチ音は高く響き渡っている。今、南山の向う側に十七階の反共センターの建設が進められており既に基礎工事は始まっていた。また、去る十月十九日に韓国から金鍾泌中央情報部長が来日して、池田首相、大平外相を始めとして政界の要人と重要な会談があった。その結果は完全な了解に達したとのことで、両国の提携の気運はいよいよ熟して、国交正常化は時間の問題である。このさい、両国百年の大計のため万難を排してこの気運を盛りあげるべきである。

今や世界の情勢は緊迫し、米ソや中印国境問題など一触即発の情勢である。韓日は[illegible]とか友愛の[illegible]な言葉では不徹底である。韓日は[illegible]善き友である。以上は私の今度の感想を記憶をたどって一部を申し述べた次第です。

×　×　×

韓日会談促進大会

民団岡山県本部で開催

韓日会談の早期妥結を訴える民衆大会が全国的に催されているが、岡山でも十月二十日、民団岡山県本部主催による「韓日会談促進民衆大会」が県下の韓日両国民二千百名を集めて盛大に開催された。

午前十一時から岡山市内の天満屋葦川会館で開かれた同大会は、県下各地から参集した人たちで会場は超満員。民団岡山県本部から韓日会談の経過報告が行なわれたあと、韓日会談早期妥結の必要性を訴える数々のあいさつが行なわれた。また特にこの日参席した自民党星島二郎氏代理森定氏は韓日会談を年内に妥結させるべきである、と強調して満場の拍手をあびた。

こうして韓日両国民による強い韓日会談早期妥結要求を決議したあと、韓国映画「離れのお客とお母さん」が上映され、つづいて韓国少女文化使節団の民族舞踊が披露され、韓国ならでは味わえぬ情緒と雰囲気をかもしだし、会場の全観客を魅了した。

なお韓国少女文化使節団一行は、翌二十一日、前日の疲労にもかかわらず、民団県本部の要望に応えて県下邑久郡出明にあるハンセン氏病舎(光明園)を慰問し、患者三百余名を慰めた。

民団岡山主催韓日会談促進大会余興

ある北韓脱出者の手記

(14)

労働者生活

酷使される労働者

計画量達成のため休日返上

共産北韓での労働者たちの生活を私の体験を通じてここに紹介しようと思う。

私は一九五七年から平壌に所在している軽工業省付属品製作所で共産主義者たちに酷使された。

北韓傀儡政府と共産主義者たちは一九四六年六月二十四日に発表したいわゆる「労働者及び事務員たちに対する労働法令」に規定された八時間労働制をいつ無効にしたかは知らないが、現在北韓の労働者たちは日に十乃至十二時間の苦しい労働に酷使されている。労働の外に政治学習と技術学習を義務的にうけるようになっており、その上民青(労働党)、職業同盟、女性同盟等は全般的に軍事訓練をうけている。

一、北韓労働者たちの日課

どの職場に勤務するに拘らず朝六時三十分ごろに職場に出勤して約三十分間新聞読報会に参加する。

読報会ではいわゆる熱誠分子たちが新聞を朗読して、その記事に対して説明し、記事の内容と結びつけて過去の生活状態を批判し、共産党が要求する方向に労働者たちを宣伝扇動するものである。これが終ったら七時からいわゆる「走り運動」と保健体操に義務的に動員される。

共産主義者たちはいわゆる体育文化事業を発展させるという名目の下に朝七時から男女老少を問わず約二乃至四粁のマラソンに義務的に参加するようになる。「走り運動」が終ったら、「人民保健体操」をする。このような早朝運動に不参加したら党(労働党)体育文化政策を無視する事であるといって作業総和時に大衆批判及び自己批判をうけ、それが月給にまで影響を及ぼす。

早朝運動が終ったら直ちに作業準備をし正刻八時から作業を始め午後四時までに責任量を完遂しなければならない。

午後四時に基本作業(報酬をうける作業)が終ったら社会労働(無報酬労働)に動員される。社会労働は次の日の作業準備と建築作業、美化作業、道路工事に約二時間乃至三時間動員されなければならず、社会労働が終ったら軍事訓練と政治学習、技術学習に参加する。

軍事訓練は週に一度ずつ(金曜日二時間)政治学習は週に二度(月曜日と木曜日に二時間)土曜日の夜は講演事業か会議があり作業総和は毎日社会運動が終った後に進行される。

以上の如く労働者たちは朝六時か六時半に出勤し夜の八時か九時ごろになって家に帰る。

北韓共産主義者たちは日曜日の休息を強調しているものの実際は月間二日乃至三日しか休んでいない。

月末になると月間計画量を完遂するため特に十二月には四・四分期計画量と年間計画量を完遂するため一日も休息できず年に二度実施される政治講習および技術学習総和があり、精神的にも苦痛をうけている。

二、労働者たちの報酬

労働者たちに支給される月給は、労働者たちの技能級数によって各々の支払いが異なってくる。誰でも初めは二級に該当する月給をうける。

労働者たちは技術能力に従って無技能工(二級から四級)、技能工(五級から八級)、技手(専門学校卒業生)、技士(工業大学卒業生)に区分され、専門学校を卒業した技手たちは工場に配置され五級工の月給をうけ技手職として二円(新貨幣)の手当をうける。技手たちは工場に配属されて労働をするが技士たちは専務に従事する。技能工たちが技手になるには、国家技術資格に応試して合格しなければならず、技手が技士になるには国家技士資格試験に応試して合格しなければならない。

労働者たちは労働報酬規定によって技能級数二級工は十二円(旧貨幣で千二百円、一九五九年に貨幣交換)、三級は十四円五十銭、四級は十八円、五級は二十二円、六級は二十六円、七級は三十二円、八級は三十八円程度をうけており(都給制に参加しない者に限る)事務員は技能工五級に該当する月給をうける。共産主義者たちは労働者たちをより以上搾取する目的で都給制をつくり出した。

都給制は個人都給制と班都給制(作業班または交代)がある。

(金・達・會)

民団岡山主催韓日会談促進大会余興

大阪地区第二次政府奨学金授与式

【民団大阪発】大阪地区の第二次政府奨学金授与式は、十月二十八日午後一時から民団大阪本部講堂で行なわれた。

この日の授与式には該当小・中・高校生二十六名、父兄百余名と、折から来阪中の前文教次官李教寧博士も参席。とどこおりなく授与式を終えた。

(写真は同授与式)

民団神奈川県本新役員

民団神奈川県本部では、さきの第二十四回定期大会総会で監察機関および副団長一名を次の通り補選した。またこのほど執行部人事移動を行なった。

監察委員長 朴正[illegible] 監察委員 李源[illegible] 朴熙泰

副団長 金大栄

文教部長兼宣伝部長 朴光洙 同次長 [illegible]

記事訂正

民団全国監察委員長会議開催期日の誤りについて

本紙十一月四日付第七〇九号第三面トップ記事の見出しに「21日から全国監察委員長会議」(凸版)とありますのは「20日から全国監察委員長会議」の誤りにつきお詫びして訂正いたします。

教師募集

一、応募資格

在日僑胞で民族的矜持を堅持し反共思想に徹底し、国語教育に精通した者で小、中、高の中学教師になり得るもの

(イ) 小、中、高校の教師免許を持っている者

(ロ) 大学(四年・短)卒業者で教育経験(教育行政を含む)のある者

(ハ) 高校卒業者で小学校国語教育を担当出来る者

二、応募手続

左記の書類を十一月五日迄に本校に送付する事(各一通)

(イ) 最終学校卒業証明書

(ロ) 成績証明書

(ハ) 履歴書

(ニ) 国民登録済証明書

(ホ) 外国人登録済証明書

(ヘ) 写真(名刺判)

三、特典

(イ) 月給二万五千円程度

(ロ) 石炭、其他手当給与

(ハ) 宿舎提供

四、採用方法

書類選考の上、十二月十日迄通知する

五、募集人員 五名

札幌市南九条西四丁目

北海道韓国学園

電(六)〇八一一二番

学園長 南 元

営業種目■化粧瓶■薬用瓶■医療器製造

大日硝子株式会社

取締役社長・丸山泰徳

東京都江戸川区小松川4−36　TEL681−0704

パチンコ用スチールボール製造販売・各種遊技場備品一式

不二鋼球商事

東京都台東区車坂52番地・電話(831)1811・6171

工場 大阪市南区鍛冶屋町十二の二

取引銀行 三井銀行、上野支店、平和相互銀行上野支店

優良鋳物用銑鉄製造

朝日製鉄株式會社

取締役社長 申学彬

横浜市鶴見区鶴見町1320

TEL 横浜(50)8431−4

新事務所移転御案内

創刊以来十七年"アジアを一つに結ぶ経済紙"を旗印につねに意欲的な報道につとめてきた本紙では、このたび業務伸展にともない先に大阪本社事務所の移転を完了しこの度東京本社事務所を左記に移転、十一月五日(月)から業務を開始することになりました。

読者ならびに関係各位、倍旧のご支援をおねがいします。

又・左記要領で社員を募集して居ります御応募下さい。

東洋経済日報

取締役社長 朴 澈

取締役副社長 朴一[illegible]

東京本社・東京都中央区銀座東四ノ四(畜産会館)

(新事務所)(銀座松屋百貨店横筋)　電話(542)三三七七〜九番

大阪本社・大阪市西区江戸堀五ノ一五五(山越ビル)

(新事務所)(市電土佐堀五丁目電停前)　電話(458)二六九一〜四番

名古屋支社・名古屋市昭和区東郊通三ノ一五(東郊ビル)　電話(88)一五三一〜四番

"社員募集"

一、編集　十名　勤務地 東京、大阪、名古屋

一、業務　十名　資格 高校卒以上、三十五歳まで、国籍不問

一、女子事務員　五名　待遇 最高待遇す。希望者は履歴書持参又は郵送のこと。

一、経理事務(要経験)　五名

東洋経済日報社

国宝89種に再指定
普信閣など解除

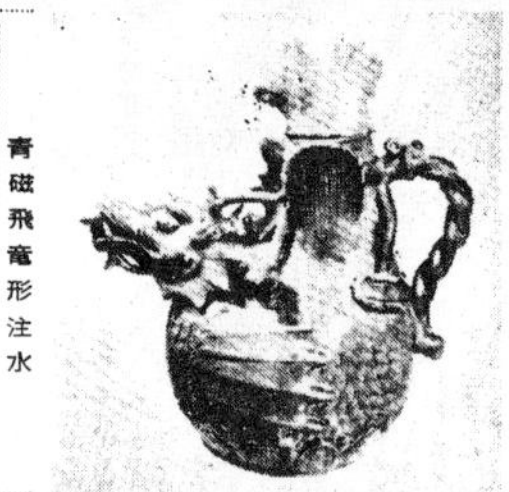
青磁飛竜形注水

韓国では今まで五百七十四種に指定されていた国宝が大幅に整理され八十九種に留まるようになる。二日午後文教当局からの知らせによれば、以前公表された新しい文化財保護法附則三条に従って文化財委員会第一分科委員会(分委長＝李弘稙氏)が、北韓所在国宝六十二種は、解除することに決め、現存する文化財を数次にわたって検討して前記のような結論を得てから六日の会議でその内容を議決するようである。新しい国宝の再指定規定は①塔・冠など各部門より国家の代表的な物一種ずつを選び②古代から現代に至るまで時代的な按排を考慮し③国際的に遜色がなく研究保存の価値ある物④指定番号は従来のを換えないようにした物などである。

これによって南原の広寒楼、ソウルの東大門(二号)普信閣鐘(三号)や平壌の大同門(一三六号)咸南の真興王巡狩碑(一四六号)などが解除されることになった。そして、国宝から解除される文化財は①永久指定文化財②宝物③史蹟などで保護されるようだ。新しく指定される八十九種の国宝内容は別表の通りである。

五百七十四種から
文化財・史蹟・宝物に区分

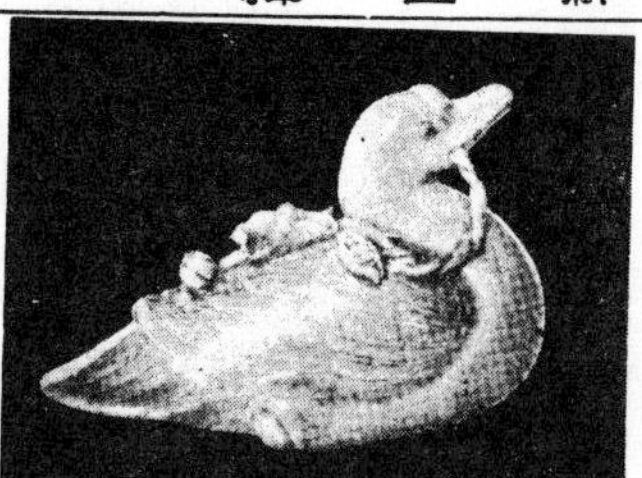
青磁鴨形硯滴

( )内は個数と所有者

△南大門(一棟、国有)△円覚寺址多層石塔(一基、国有)△北漢山新羅真興王巡狩碑(一基、国有)△高達寺址浮屠(一基、国有)△法住寺四天王石灯(一基、法住寺)△中原塔坪里七層石塔(一基、国有)△報恩寺郎慧和尚白月葆光塔碑(一基、国有)△扶余定林寺址五層石塔、△実相寺石灯(一基、実相寺)△実相寺百丈庵三層石塔(一基、百丈庵)△弥勒寺址石塔(一基、国有)△華厳寺覚皇殿前石灯(一基、華厳寺)△無為寺極楽殿(一棟、無為寺)△銀海寺居祖庵霊山殿(一棟、銀海寺)△鳳停寺大雄殿(一棟、鳳停寺)△安東新寺洞七層塼塔(一基、国有)△浮石寺大雄殿前石灯(一基、浮石寺)△浮石寺無量寿殿(一棟、浮石寺)△浮石寺祖師堂(一棟、浮石寺)△仏国寺多宝塔(一基、仏国寺)△仏国三層塔(一基、仏国寺)△仏国寺泮橋七宝橋(一基、仏国寺)△仏国寺青雲橋白雲橋(一基、仏国寺)△石窟庵石仏(一基、石窟庵)△新羅太宗武烈王陵碑(一具、国有)△仏国寺金銅毘盧舎那仏坐像(一具、仏国寺)△仏国寺金銅阿弥陀如来坐像(一具、仏国寺)△栢栗寺金銅薬師如来立像(一具、栢栗寺)△聖徳大王神鐘(一具、国有)△芬皇寺石塔(一基、芬皇寺)△慶州チョム星台(一基、国有)△海印寺大蔵経板(八[illegible]三五八章、海印寺)△昌寧新羅真興王拓境碑(一基、国有)△昌寧述亭里東三層石塔(一基、国有)△華厳寺三層四獅石塔(一基、華厳寺)△上院寺銅鐘(一具、上院寺)△高仙寺址三層石塔(一基、国有)△浮石寺塑造如来坐像(一具、浮石寺)△浮石寺祖師堂壁画(六面、浮石寺)△月精寺八角九層石塔(一基、月精寺)△修徳寺大雄殿(一棟、修徳寺)△道岬寺解脱門(一棟、道岬寺)△江陵客舎門(一棟、国有)△海印寺蔵経板庫(四棟、海印寺)△法住寺別相殿(一棟、法住寺)△松広寺国師殿(一棟、松広寺)△雙峯寺澈鑒禅師塔碑(一基、雙峯寺)△長谷寺鉄造薬師如来坐像附石造台座(一具、長谷寺)△法泉寺智光国師玄妙塔碑(一個、国有)▽青磁獅子鈕蓋香炉(一個、国有)△青磁飛竜形注子(一個、国有)△金山寺弥勒殿(一棟、金山寺)△[illegible](一具、[illegible])△法住寺石蓮池(一基、法住寺)△青磁[illegible]香炉(一個、全鎣必)△青磁象嵌雲鶴文台(一個、全鎣必)△開国原従功臣録券(一冊、[illegible]王敏増)▽訓民正音(一冊、全鎣必)△東国正韻巻一・六(二冊)△金銅癸未銘三尊仏(一具)△青磁鴨形水滴(一個)△李忠武公遺物(一括、李応烈)△長剣(二)玉路鳥(一座)腰帯(一具)△義城塔里五層石塔(一具、李応烈)△金銅弥勒菩薩半跏像(一基国有)△[illegible](一具、国有)△[illegible]如来坐像(一具、国有)△[illegible]如来立像(一具、国有)△甘山寺石造弥勒菩薩立像(一具)△甘山寺石造阿弥陀如来立像(一具、国有)△金銅弥勒菩薩半跏像(一具、国有)△瑞山磨崖三尊仏像(三具、国有)△金銅辛卯銘三尊仏(一具、金東鉉)△敬天寺址十層石塔(一基、国有)△金冠塚金冠(一、国有)△騎馬人物形土器(一双、国有)△青銅[illegible]象嵌蒲柳水禽文浄瓶(一個国有)△法泉寺智光国師玄妙塔(一基国有)△浄土寺弘法国師実相塔(一基国有)△中興山城雙獅子石灯(一基国有)△興法寺[illegible]塔(一基国有)△山清[illegible]三層石塔(一基国有)△[illegible]阿弥陀仏三尊石像(一具、[illegible])△李朝白磁鉄砂葡萄文壺(一個、梨花女子大学)△[illegible]三尊[illegible]仏坐像(一具、[illegible])△木彫[illegible]三尊仏龕(一座、[illegible])△[illegible]青銅含銀香炉(一双、[illegible])△月南寺址石碑(一基国有)

李朝野史物語

太祖時代篇 (16)

圃隠鄭夢周登場 (一)
太祖と宿命的な対立

鄭夢周(一三三八―一三九二)は麗末王朝最後を飾った唯一人の忠節の士であった。号を圃隠と呼ぶ。高麗王朝の精神的支柱として、その信望は当代並ぶものがなかった。

圃隠は、高麗王朝に仕える重臣として、太祖派の一党の勢力が急にのし上ってくるのを考えた。殊に、太祖の気象、機略と、掌握した権力(三軍総制権)および国民の信望などを考えるとき、太祖が麗朝王統を纂奪するのではないかと、猜惧の念が強まるのであった。

しかしながら、圃隠は政治家として彼が占めていた王師の地位を十二分に利用して、諸制度改善に鋭意努めた。高麗王朝が断末期の苦しみにあがきながらも、最後まで望みをかけていたのは圃隠と太祖がいたからであった。殊に彼は、一心不乱赤心をつくして王室と王朝をまもった。

圃隠が成しとげた諸法制の改革は、麗朝が滅び李氏朝になってからも、その大部分が李朝の基本法制として受けつがれた。この意味からみて彼は、麗王朝のために万古に不滅な名を残した忠臣であったが、李氏朝鮮にとっても決して有害な存在でなかった。ただ、この両者の立場が根本的にちがっていた。彼は王氏朝を思う赤心鉄の如く、一世の徳望高い宰相である。それだけに、李太祖にとっては油断のならない強敵であった。

太祖李成桂は、威化島回軍を決意してからも、新王朝創業を決して急がなかった。機が十分熟するのを自重して待つ態度を堅持した。天命を待つことにして、ただ、太宗を中心として裵克廉、趙浚、鄭道伝、河崙など行動派は太祖擁立運動を火の如く催した。

しかし、行動派の連中も圃隠の存在は、何よりも手強い敵であることを知っていたので、先ず彼を如何にすべきかと、太宗に聞くことにした。

「圃隠を生かしておいては、事は成りませんがどうすればよいか」と。

太宗も、彼等が焦る気持はよく理解できたが、圃隠に対する国民の信望は太祖にも劣らないし、かつ立派な宰相であることを知っているので、迂かつに出来ない旨を告げた。

太宗は、行動派と別れてから圃隠の意中を打診してみることにした。或る日に、圃隠公を主賓にして自宅で酒宴を催した。宴席には太祖も同席した。太宗は、主賓にお酌をしながら即興時一曲を献ずると、圃隠もその場で即興時で和した。これが、有名な「丹心歌」として、われらに伝わっている。

それによると、

「此身死了死了、一百番更死了　白骨為塵土、魂魄有也無　向主一片丹心、寧有改理耶歟」

これを意訳すれば「この身死にまた死して百たび死すとも、白骨は姿じて塵土と化し魂失わるとも、君に捧げしこの一心の失わるることやあらん」と詠む。

この時の朗詠を聴いた太宗は、彼が高麗王朝に対する忠誠の心を変えることはあり得ないことがわかった。太宗が、いよいよ最後の手段を選ぶことになったのは、それからであった。

太祖李成桂と圃隠鄭夢周との関係は、既にはくせんとふれてきた。

この両人の対立は、宿命的な悲劇である。その原因を一々記録することは困難で、且つ複雑でもあるが、大筋だけを記してみる。

太祖が、回軍後その権力体制を確立してから、反対有害な崔瑩・ウ王・昌王などを清算したことは前述した。

次に、麗朝随一の元老重臣李穡辺安烈など旧勢力を、当時の重要政策(田制改革)に反対し、廃王復位陰謀を画策した罪科をもってこれらを追放した。この頃済で、李太祖派と旧臣派との対立が最も尖鋭化していき、それだけ太祖派の反対勢力に臨む態度は峻烈を極めた。この間において、優柔不断な恭譲王は完全に太祖派のカイライの役割をした。

李太祖派の旧勢力追求はいよいよ深化した。恭譲王三年(一三九一年)五月、田制改革実施をきっかけに旧臣派の根目として「五罪論定」をもって、旧勢力に致命的な敗北を与えた。

このとき、圃隠が取った態度は五罪当事者だけに罪を問い、これ以上再び論じないことを主張したので、一応の結論を出した。

この圃隠の政治的解決策は、太祖派に旧勢力追求と国民煽動論議を封鎖する結果となった。これが、ついに圃隠と太祖が完全に反対の立場をとる直接導因となってしまった。

この二人はいままで、反之、親明政策、恭譲王擁立のときまでは大体同じ歩調を取ってきた。その後も、圃隠は新旧何れにも加わらず中立的な態度をとったので、不即不離な立場であった。

しかし、前記「五罪」論定があってからも李太祖派では、王命を無視し依然として旧臣の処断を追求してやまなかった。

ついに、圃隠は太祖に強く反撥することになり、正面敵対して立ち上った。

―この項未完―
(石霞山人)

韓国舞踊団サヨナラ公演
来春は高氏、音楽団と来日

既報した通り、韓国舞踊芸術団一行のサヨナラ公演が二日午後七時より文京公会堂で開かれた。

一行はたび重なる地方慰安公演による疲労にもかかわらず、国楽、民謡の最高権威者と自他共に許す朴貴姫、李朴官両氏の熱演によって惜別と拍手はひとしお高くなごやかなふん囲気で幕が下ろされた。

朴女史と氏の民謡合唱があり、最良コンビの貫録に惹かれて場内はわきたった。韓国海外を問わず初めての試みであるらしく熱の入れ方には異常さがこもり、農楽に差しかかって朴女史の太鼓を抱えたテクニックは円熟の域に達したと言えた。

なお、同夜朴女史は舞台上の別れのあいさつで、来春早初には韓国の往年の名流行歌手高福寿氏を交えた音楽団を連れて来京する予定であるとも語った。

東亜日報主催
第二回 全国音楽コンクール
5部門で男女38名参加

昨年度の今頃に第一回目として打ちだした韓国東亜日報社主催による全韓国音楽競演大会は自信満々な三十八名の音楽徒の集りによって予定通り去る三十一日をもって一応申込みを打ち切った。音楽文化の向上と素質ある若い新人らを発掘するため、四十余万ウォンの賞金をかけ五部門にわたって行なわれる同コンクールは、最も権威ある天才登竜門であるだけに、すでに、ファンらには大変な人気であるようだ。申込者三十八名の中には男性が十四名で女性は二十三名にも達して大半を占めているが、最年少者はピアノの李大旭(16歳)君。最年長者は作曲部の金国鎮・林万基(いづれも33歳)の両人である。特に今度の第二回コンクールにはピアノ部に盲人一名金泰勇(19歳)が申し込んで異彩をはなっている。日程と参加者は次の通りである。

第一次予選
▲十一月十六日午前＝セロ、午後＝ピアノ。
▲十一月十七日午前＝バイオリン、午後＝声楽。

第二次予選
▲十一月二十三日午前＝セロ、午後＝ピアノ。
▲十一月二十四日午前＝バイオリン、作曲。午後＝声楽。

本選
▲十二月九日＝国立劇場。

参加者名単

(作曲)
宋三郎(女・25＝淑大音大)
姜添姫(女・26＝釜山師大)
林万基(男・33＝ソウル音大中退)
金国鎮(男・33)
鄭承列(男・31＝慶熙大音楽科)
姜姫貞(女・30＝梨大国文科)
李源斗(男・23＝釜山師大)
柳会子(女・22＝ソウル音大生)
張元徹(男・21＝京東高卒)
安秀子(女・21＝梨大作曲科)
崔順次(男・23＝延大宗教音楽科)
崔銅峻(男・23＝慶熙大音楽科)
鄭民燮(男・23＝慶熙大二年)

(声楽)
蔡喜喆(男・23＝ソウル大音大)
李承範(男・26＝ソウル農大)
李康然(男・25＝慶熙大)
金幸蘭(女・20＝漢陽大)
彭　炫(男・28＝釜山師大)
李換道(女・23＝梨大音楽科)
田水実(女・23＝延世大)
金在論(男・27＝ソウル大卒)
金明渓(女・26＝ソウル音大卒)
李仁淑(女・22＝梨大音楽科四年)

(ピアノ)
尹英卿(女・17＝ソウル芸高)
李大旭(男・16＝慶熙中)
金珠蘭(女・20＝漢陽大)
朴賢秀(女・21＝ソウル音大)
金明淑(女・22＝ソウル音大)
金泰勇(男19＝盲人学校)
李吉子(女・22＝淑大)
朴賢子(女・19＝淑大)
金恵子(女・20＝淑大)
蘇寿恵(女・22＝梨大)

(バイオリン)
趙恩愛(女・24＝梨花女高)

(チェロ)
呉典子(女・20＝ソウル音大)
李芳恵(女・19＝ソウル音大)
姜澄子(女・20＝ソウル音大)

安住の地よいずこ (84)

許桂旭
え 金泰伸

脱出 (二十八)

「もうついたよ、どこか食堂に入って朝食をとろう」

大道を歩いていた私たちは、とある飲食店の前で足をとめた。看板もよく見えない飲食店の中には、避難民がいっぱいごったがえしていた。大きなフロシキ包みとか避難の荷物が縁側とか庭に無造作に積まれていた。

彼と私はうろついている人たちの間をぬって、部屋に入っていった。ござを敷いた部屋床は大へん暖かった。

部屋のまん中に長いテーブルがおいてあった。大きな鉄釜の中から、スープの匂いが流れてきた。

「もしもしーコムタン(肉スープ)二人分おねがいします」

彼はお勝手に向って大きく叫んだ。湯気がムクムク上がるクッパプ(ご飯に肉スープをかけた食べ物)が食欲をそそった。

朝の食事をすませた彼と私は食堂を出て平壌の方へ行く国道に沿って歩きはじめた。

朝の陽光が照りはじめた。寒さにふるえている山や鉄原のあらゆる生命が明るく笑いながら、のびをしているかのようであった。

彼と私は休みなく歩いた。臨川に行く国道には、江界に避難して行く人たちが、列をなして歩いていた。

彼らは荷物を頭にのせ、そして背負い、黙々と足を動かしているのみであった。

北の方に行く彼らは、自分たちとは反対に南の方に下る私たちの姿を、異常な眼つきでふりかえったりした。しかし、すぐさま首をもとして自分たちのゆくべき道を急いでいた。

追われるように歩いて行く彼らには、自分以外のものには眼をくれる暇がなかった。ひたすら生きようとする一念のみが、彼らの全部であったのだ。

私たちが臨川のてまえの明文洞に着いた時であった。

「おや！　桂旭じゃないの？」

私は心臓がとまる思いをしながら、声のする方に顔を向けた。

「まあ　仁淑お姉さん！」

私は懐しさに微笑を含みながら、彼女の方に歩み寄った。

荷物を一ぱい積んだ牛車の上に、三つになる幼な児を抱いている婦人は、私がソウルで梨花女子大学に通っていたときの一年先輩であった。

「お姉さん、結婚なさったの」

「うん……」

「赤ちゃんは坊っちゃん？　お嬢さん？」

「娘だよ」

「お姉さんに似てほんとに美しいわ……」

「そう、あの方はどなた？」

彼女は私を待って立っている彼を指さしながらきいた。私は両頬があかくなるのを意識しながら低く答えた。

「お姉さん！　私も結婚しましたのよ」

「そう？……。私は桂旭はこの間モスクワに留学したとばかり思っていたの。ソウルでそんなうわさが立っていたから……」

■ホール
■御座敷
純京城料理
京城館
東京都新宿区神楽河岸3号地
国電飯田橋東口下車橋のたもと
東万里　電話(331)2652

印刷　営業案内
カタログ、チラシ各種新聞招待状一般印刷
高級美術印刷
韓国文、欧文、日本文、御連絡次第参上致します。
有限会社　文芸堂印刷
東京都渋谷区本町四丁目二十七番地
電話　代表(三六一)九〇四六

出入　国内販売
総合商社
三井物産株式會社
本店　東京都港区芝田村町1―2(三井物産館)
電話　東京(211)0311・3311(大代表)

銀座の雰囲気で
風味ゆたかな韓国料理を！

経営者　町井久之
東京都中央区銀座西6の5　TEL(571)1257

KÖNIG PIANO

皆様私の名前はケーニッヒピアノと申します。
その名前が示す通りドイツ生れのピアノの王様ということです。
私はピアノ製造界屈指のS技師により日本に参りました。　以来私は舶来部品を主材料として、経験20数年というベテラン技術者により組立加工されて育って参りました。音質、音量、耐久力の点では断然逸品だといわれております。どうか私の真価を確かめて見て下さい。

ケーニッヒピアノについて……
ピアノをお求めになる方は、誰も先ず良いピアノを出来るだけ安く欲しいとお考えになるのではないでしょうか？
所で新らしい中から故障や狂いが起きる様なピアノは論外として、一見した所相当いいと思える様なピアノで、暫らく使って居る中に種々障害が生じ使用に耐えなくなるという様な事が往々にしてあります。此の様に新品の間はとかく欠点が判りにくく、選定も非常にむづかしいわけです。それではどの様なピアノを選らんだら良いかと申しますと、◎永久的な耐久力、◎優雅な音色、◎軽快なタッチ、◎優美な外観、◎更に良心的な責任保証、以上の条件を完全に具えたピアノであることです。
弊社は最高度の技術と、最良の資材、更に利害を超越した絶対的な責任と愛着をもって、只管品質の向上に全力を傾注して今日に至って居ります。此の様に良心的な製作方針と、品質本位の一貫した経営方針こそ他社の追従を許さぬところであります。
尚当社はその技術を高く評価され技術指導員を、韓国に派遣することになりました。

KÖNIG PIANO TYPE KD-IA
88鍵(7¼オクターブ)

KÖNIG PIANO TYPE No 250
88鍵(7¼オクターブ)

ケーニッヒピアノ製造株式会社
■本社／浜松市伝馬町TEL(代表)③0629　■工場／浜松市中野町TEL(中野町)70

韓國新聞
発行所 韓国新聞社
発行人 曺寧柱
東京都文京区金富町51
電話（813）2261・2263 編集
東京（812）1921（813）2262 業務
振替口座 東京 34988番

朴議長 憲法改正案を公告

全文一二一条附則九条

政府の安定を 大統領中心制を採択

【ソウル発＝連合】国家再建最高会議朴正煕議長は五日午後三時、第三共和国の道しるべになる憲法改正案を公告した。全文百二十一条附則九条からなるこの憲法改正案に対する主要骨子を見ると、大統領中心制にして、国会は単院制にし、国民の基本権利を最大限に保障し、本来の議院民主政治の土台を確立する一方、国会の組織と運営を合理的に是正した。また、安定して仕事のできる民主的な政府形態を採択、司法権の独立と民主化に万全を期し、国家安全保障機構を設置、憲法の改正は主権者である国民が直接決定するように規定している。

十二月十七日に国民投票

さらに、基本権は現行憲法と大きい差はないが、言論出版において具体的な留保条項を定めており、大統領直属の下に国家安全保障会議と経済振興会、科学振興会、監査院を設置、法院に法官推薦会を設置する一方、大法院には懲戒審判委員会を設置するよう規定している。

なお、この憲法改正案は、大統領の任期を四年にし、一回に限って重任しうるよう規定するとともに大統領は国民の普通、平等、直接秘密投票で選ばれるよう規定している。

なお、国会は一院制にし、議員の総数は百五十人ないし二百人、任期は四年となっている。また、国民の基本権において、自由権はいちがいに遂行されるよう規定し、言論ならびに出版の自由が保障され、集会ならびに結社の自由は法律の範囲内で認められるようになっている。

特に、この改正案では、遡及法により公民権を制限するとか、財産権をとられないものとしている。政党の設置ならびに加入は自由であり、政党は国家の保護を受け、国民の政治的意見を発表するに必要な一定の組織を備えるよう規定している。

さらに、大統領あるいは国会議員の立候補者は必ず属する政党の公薦を受けねばならず、無所属の立候補を極度に制限するとともに、大統領選挙に出馬する資格は、選挙日現在で満四十歳に達し、五年以上国内に住所をもっていた者でなければならないよう規定している。

一方、この憲法改正案では、審計院と監察委員会を統合して、監査院を設けることになっており、大法院長は法官推薦会議の提請により大統領が国会の承認を得て任命し、その任期は六年、重任は認めないと規定している。

なお、大法院の判事は、大法院長が法官推薦会議の同意を得て推薦し、大統領が任命、その任期は十年、法律の定めるところにより重任しうるものと規定している。

ところで、第三共和国の道しるべになる改正憲法を確定するための国民投票は、来月の十七日に行なわれるものとみられている。

即ち、三日午後、最高会議の本会議で憲法改正案を作成し、在籍最高委員二十三人の発議署名をえた憲法改正案は、五日午後三時公告されたのでこの日から三十日過ぎた来月五日には、最高会議の本会議で議決通過される。

全国民の協力要望

最高会議 改憲案提案で声明

【ソウル発＝連合】国家再建最高会議朴正煕議長をはじめ二十三人の最高委員たちは五日午後、憲法改正案を提案するにあたって声明を発表した。憲法改正案提案者一同の名で発表されたこの声明は、この日初めて公告された憲法改正案の審議のいきさつと八項目の特徴を明らかにし全国民の協力を要望した。この声明の内容はあらまし次のとおり。

五・一六革命の理念は、腐敗と不正と貧困からわが民族と国を救い、民主福祉国家を再建するためのものである。

そこで、民政移管に先立ちこのような理念を将来うまれる第三共和国に受けつぎ、またも過去のような苦々しい経験を繰りかえさないよう、新たな国の基盤をきずくのは革命政府の神聖な義務である。

ここにおいて、革命政府はこのような義務を全うするため、広く国民の世論をまとめ、真剣な研究と検討を重ねたうえ、憲法改正案を作り主権を持つ国民の決定により第三共和国の基盤をきづこうとするものである。

ここに、われわれが作った憲法改正案の主な特徴を要約すると次の通りである。

一、自由権、生存権、参政権等の国民の基本権を最大限に保障した。

一、健全かつ民主的な現代的政党制度をとり入れ真の代議政治の基礎を確立した。

一、国民の意見を代弁し、滞らかで能率的な議会制度を実施することができる。合理的な国会の組織と運営を規定した。

一、安定した民主的な政府形体をとり入れた。

一、国民の権利を保障するための司法権の独立と民主化に万全を期した。

一、国民の苦しい生活を改善し、国民経済の早急な発展を期しうる経済体制と機構を設けた。

一、共産勢力の侵略を打ちくだし国家の安全を保障することのできる機構を設けた。

一、国家の最高法規である憲法の改正は主権を持つ国民が直接決めるようにした。

以上のような主な特徴を持つ、この憲法改正案は、要するにわれわれとわれわれの子孫が永遠に幸福な生活を営むことができる国家を再建するための精神から生れたものである。

国民の皆様が、これを充分に理解し積極的に協力して下さることを願う次第である。

崔外務長官寄日

国連総会出席の途次

羽田で裴大使の出迎えを受ける崔外務長官（右）

崔徳新外務部長官は第十七次国連総会に出席するためニューヨークに向う途中、六日午後一時半羽田着のCAT機便で寄日した。空港には裴大使、金公使、崔参事官をはじめ、民団中総金議長、鄭監察委員長、張副団長ら民団関係者多数が出迎えた。

崔長官は出迎えの人たちと握手をかわしたのち、直ちに駐日代表部をたずね、同午後六時羽田発CAT機便で離日した。

崔長官は国連総会に出席ののち、西ドイツ政府の招きによって五日間、西独を訪問、関係当局と韓国・西独間の懸案問題について意見を交換する予定である。

記者との一問一答

崔外務部長官は代表部で韓日会談に関する記者の質問に対して次のように語った。

一、韓日会談に関しては裴大使以下関係者が熱心に折衝していることに敬意を表したい。私としては韓日会談が非常に好転していると思う。また先頃金中央情報部長が来日して池田首相や大平外相と会って話したことで諸問題が好転していることと思う。韓国の代表たちが、日本側と熱心に折衝してくれているので力強く思っている。

二、金中央情報部長は来る十日に帰途日本に立寄るが、その際多分日本首脳部と再び会う機会があるだろう。部長の滞日日程が延びるかどうかはその時の情勢による。

三、韓日問題は良好な方向に進展していると信じたいが、会談にはいつも独島（竹島）問題が提起しているようだ。今般金部長が池田首相と会った時も独島問題がもち出されたようだが、独島は歴史的に韓国の領土であるので、今後の会談には独島問題は提出せず、会談妥結後に話したい。

"弾力ある態度で

崔長官、国連出席を前に言明

崔徳新外務部長官は、国連本部に向うに先立ち五日午後、記者団と会見した。長官は、この記者会見で、国連の監視の下に、南北総選挙を行なうという国土統一の政策には何んら変りがないことを明らかにした。なお、崔長官は国連の決議を支持し尊重するという国連対策には依然として変りないが状況の進展に応じて弾力性のある態度で臨むだろうと述べた。

ところで、崔外務部長官は西独政府の招きで、ボンに立ち寄り五日間とどまりながら政府要人と会談した後、来る二十日ごろニューヨークに向う予定であるが、国連で韓国問題が討議されるのは十二月十日前後と見られている。

再建国民運動法 改正案を審議

最高会議第七十七次常任委

【ソウル発＝連合】国家再建最高会議第七十七次常任委員会は、去る七十六次常任委員会で結論を得ることができなかった再建国民運動に関する法律改正法律案を審議して、来年民政移譲後にも継続される再建国民運動の明確な機能または国民運動の政治的独立性の保障などに関する現行の再建国民運動に関する法律を全面的に改正した。

この日、常任委で通過された内容をみると①国民の団結②郷土再建③国民革命の三つの理念を体系化させ、民主主義の理念の下に協同団結、自力自助精神で楽しい生活態度を確立し福祉国家形成を究極目的とするなどである。

また、国民運動機構の性格として市、郡、区単位の支部促進会は国家機関とする。支部長を有給公務員の専任とする邑面単位の支部促進会は公選人として自律的機構とするなどもあり、その外にも職場促進会は法でこれを明示せずその職場ですでにつくられた組織をそのまま活用して国民運動を促求できるようにしている。

展開する再建国民運動

順天地区水災民の救護のため現地へ救護品を積み出す運動員たち

＝再建国民運動京畿道支部にて＝

蔚山肥種きまる

尿素十六万五千、燐安十万トン

韓米合意

【ソウル発＝連合】関係消息通によれば韓米間で異見のあった蔚山肥料工場の肥種問題に関して最終的な妥結をみたといわれる。

経済企画院から商工部に通告されたと伝えられる蔚山肥料工場の肥種にたいする韓・米間の合意内容は尿素十六万五千㌧、燐安（D・A・P）十万㌧を生産し、年間塩化加里を五万㌧輸入、肥料三要素を複合する肥料配合施設を併設することにしようというものである。

また、このような変定にしたがって、日本の神戸製鉄会社と西独のルルキ社に技術用役調査を再度依頼する方針だといわれる。

蔚山肥料工場の生産肥種にたいして政府は年間尿素二十五万㌧の単一肥料工場を計画したのであり、アメリカ側は肥料三要素がすべて複合される燐安肥料生産を主張したのであったが、このような両側の主張を前記のごとく折衷することになったのである。

一方、消息筋によると、このような韓米間の妥結によって蔚山肥料工場建設のためのAID借款（五千万㌦余計上）展望が一歩前進したことになり、同時に蔚山工場肥種未合意で遅延されてきた忠肥倍加資金のAID借款も（千九百七十五万㌦）容易に承認されるだろうと伝えられた。

言論人経済使節団 十二日に出発

経済担当記者、論説委員で構成

【ソウル発＝連合】経済記者と経済担当論説委員で構成する五名の韓国言論人視察団がアジア財団の後援で世界各国の経済推進状況を現地で把握するため、来る十二日出発する。

このように言論人だけで構成された経済視察団が海外を視察するのは、今度が初めてであるが、同視察団は約三カ月間にわたって東南亜、中東、ヨーロッパおよびアメリカ等を訪問しながら、各国の経済計画内容とその推進方法ならびに実績などを視察するとともに韓国の第一次経済開発五カ年計画も紹介する予定である。

一行の名単はつぎのとおり。

金鍾炫（東亜日報）
李烈模（朝鮮日報）
金知鎮（東洋通信）
金郁英（産業経済）
鄭済鎔（韓国日報）

ところで、アジア財団の趙室長が同一行を案内するため同行する。

ご商売やお住いのご計画に……
東京商銀信用組合
東京都文京区湯島天神町三ノ一一四
電話・八三一—五七一五・四〇〇九・八六六—五三三〇・五三二九

韓国と日本を結ぶ!!
広告企画と立案・図案文案製作
新聞雑誌広告・ラジオテレビ広告
ネオン屋外広告・市場調査と興信
その他広告宣伝PR
広告代理業 KPR
TOKYO 港区芝琴平町26 電話（501）0471
SEOUL 乙支路一街101 電話（2）1811

農漁村へラジオ五台

韓国イタリア協会が寄贈

韓国イタリア協会の副会長金在慶氏と、事務局長李振栄氏（いずれも音訳）は、五日李元雨公報部長官を訪れ農漁村に送るようラジオ五台を手渡した。

筆窓

在日韓国人の雑感

所用があって過日先輩のTさんを訪ね、よもやまの世間ばなしに花をさかせている雑談中にTさんの奥さんが"Sさん私は日本人ですが、永年にわたって夫の仕事の関係から韓国の人々とは接する機会が多く、付き合いもあって、私は女として出来るだけのお世話をさせていただいていますが、どうも、その方達は困った時は良くお訪ねて来るのですが、すこしでも生活にゆとりが有りそうな時は、ちっともお見えにならないのですヨ"と話の矛先を私に向け、不満やるかたない情を訴えられて、その弁明にひと汗をかいたことがあった。

孔孟の教えではないが、「礼節を織る民族」として自他共に許す韓国族の血を持つ在日韓国人が、この礼節をわきまえないとは、かえすがえすも残念至極である。

この奥方の言葉を借りなくとも、われらの日常生活においても往々に、これに類することがある。先日も、ある会合の席上で、十年近くも民団で働き、主要な都市の民団長を勤めた某氏が、団長を辞任しただとたんに"あれは何ぞや"といわんばかりの態度を民団の人々が採る態度に寂しさを感ずる反面、この人達になにかの方法をもって過する道を設けるべきだとの意味の発言をされていたが、Tさんの奥方の話も、この元団長の発言も、私達に教えるというような生やさしいものではなく、穴があれば在日韓国人の名を返上して入りたいほどの鞭である。

恩を返すことも、恩に報いることも、人間としてこの地に生を享けた以上は東西を問わず人の責務であり、人の道の第一主義でなくてはならぬものである。

のに拘わらず、この報恩の道をないがしろにしている一部の在日韓国人は人の血が混っているのであろうか。

これは決して在日韓国人の全部が同類の人々とは申し上げないが、このような者が一人二人いることが、全体の迷惑になっていることは事実である。

昔、日本のある悪徳商人が南方の未開発人に仁丹を宝石の薬だと欺むいて行商をして莫大な金を儲けた話ではないが、多かれ少なかれ、海外に住むものは出稼ぎ根性があるものではあるが、在日韓国人はすでに日本に居住して二十年以上になっている人々が大半であるから、もうそろそろ根が日本の土地にはえていることと思うが、また、この出稼ぎ根性が、幻のように残っているとするならば、一考を要する重要な課題である。

将を射んとするならば馬を射よ

その例えのように、われらが在日韓国人として生活を営むためには、日常の生活態度の改善が必要であり、すくなくとも身の回りの人々に不快な感じを与えないように行動を慎しむべきはいまさら申すに及ばないが、このことが出来ないのがわれわれの実体であるとするならば、韓日会談における法的地位の問題をとやかく申す資格すら保有できないものであることを各自が銘記すべきものである。

民団の体質改善もここから矯正されなければ真の体質改善を期することは困難であろうから、まず恩を返すところまでは行かなくとも、恩に報いる道は、あるなしにかかわらず出来る、手っとりばやい道であるので、民団長某氏の発言ではないが、礼をもってその恩に報いる方法から私達は体質改善を行なってゆくべきであるまいかと、つれづれに思うものである。（天道）

三百六十九億ウオン

10月15日現在通貨量

韓銀は、さる十月十五日現在の通貨量が去る九月末より十九億ウオンが減った三百六十九億ウオンと定期金融通貨運営委員会に報告した。

前記、通貨量の構成比率は、民間保有が百七十二億ウオン、通貨性預金が百九十五億ウオンである。

一方、年末予定通貨量を四百拾億ウオンと見ると年末まで約三十四億ウオンの予備があることになる。

お宅の電化は三和から！
御値で 小売も（本紙読者特別奉仕）
各社テレビ電気器具卸
三和テレビ・ラジオKK
東京都台東区御徒町1-5
TEL（866）4177（代表）

第一産業株式会社
代表取締役・金相基
段ボール製品 其他紙器一切
多少にかかわらず、御用命下さい 皆様の満足のいくお値段で奉仕いたします。
本社 工場・栃木県小山市本町1.856 電話 小山（代）217番
東京事務所・東京都中央区八重洲3～3 電話（271）3922番

ニゼール親善使節団離韓

アフリカのニゼール共和国親善使節団長ヤクバ・ジブ氏は五日午後韓国とニゼール共和国間文化的経済的協調を約束すると語った。

韓国親善使節団のニゼール訪問に対する答礼としてさる二日来韓し三日間の韓国滞在中、朴正煕議長をはじめ政府要人を訪問するかたわら、産業施設を視察したジブ氏は帰国にさきだち五日午後半島ホテルで記者団と会見、以上のように語った。

ところで、記者会見を終えたニゼール親善使節団一行は、午後三時三十分ノースウエスト機便で帰国した。

新韓テレビ会社十一月下旬に発足

政府の公報施策を後押しするテレビ組立会社が十一月下旬に発足する予定である。

この会社は、セハン（新韓）テレビ工業株式会社で、日本の東洋産業と提携して、組立工場を建てるといわれ、十二月二十五日を前後に一般にT・V受像機を販売する月生産量は約千台である。

漁村振興庁新設構想

水産試験場と検査所を吸収

官辺筋によれば、農林部ではいま水産事業の指導を担当する「漁村振興庁」の新設を推進中であるといわれる。

今後発足するこの「漁村振興庁」は現水産試験場と水産検査所を拡大併合して、漁業技術指導と漁村の生活向上等、行政事務を担当するといわれている。

十万ドル獲得

白参十カ月輸出累計

専売庁は去る十月一カ月間四千四百斤の白参を輸出して一万四千㌦の外貨を獲得したと発表した。

これで、六二年一月から十月まで二万七千八百斤の白参を輸出して十万㌦の外貨を獲得したといわれ、来年末までには約五万六千斤の白参輸出が予想される。

一方、今年度白参生産予定量は二十万斤で昨年度より二万斤の増産を期待するといわれている。

出入 国内販売
総合商社
三井物産株式會社
本店 東京都港区芝田村町1—2（三井物産館）
電話 東京（211）0311・3311（大代表）

漢陽
〈在日〉国文版의 綜合雑誌
11月号…200円
主要内容
米穀価格과 農家経済……朴泳喆
通貨改革과 韓国経済……金基深
韓国中小企業에 대한 小考……呉徳永
最近 美国景気의 動向……白潤哲
韓国学生運動의 回顧……金仁在
光州学生運動의 歴史的意義……朴性鳳
버마와 그 中立路線……姜泰旭
白巌・朴殷植의 啓蒙思想……金泉鎬
茶山・丁若鏞……柳影默
素月의 詩와 自主精神……張一宇
韓国民謡의 郷土的特質……任東権
八公山『第二石窟庵』……金重培
〈民謡와 伝説〉
강 강 수 월 래……金炳玉
〈野談〉
女子에게 訓戒받은 洪宇遠……文哲鎬
詩
流浪詩抄 四篇……鄭英勲
無題……徐廷柱
가을……金思穆
随筆
婚齢……李徳成
가을의 哀歌……金徳愛
故郷에 부치노라……朴元錫
〈創作〉
어머니와 아들……徹
其他 時事評論・随筆・詩・創作 多数
※定期購読料金 六個月 一二〇〇円 一個年 二三〇〇円
発行所 漢陽社
東京都豊島区池袋東一ー一五五
電話 東京（九八三）五三一三
振替番号 東京 四五一六八

言論、出版の自由に制限があってはならない

韓国の声

伝え聞くところによれば、最高会議の非公式全体会議は憲法審議案に対して言論、出版の自由が〝他人の名誉または公衆の道徳を毀損してはならないし、国家の安全も保護する必要がある〟との意見を提示し、朴議長は軽薄な自由よりも責任のある自由保障のための憲法になるよう要望したとのことであるが、これによって憲法案の言論、出版の自由をめぐって論議がかもされることと予想される。憲法審議案の作った憲法案は真の民主主義を保障するため最善を尽したものであるから民主主義の核心をなす言論、出版の自由に対しては制限が加えられるとは信じられないが万一の場合を考えて二、三述べてみることにする。

朴議長の言葉通りに真の自由は決して軽薄なものでなく、責任のあるものであるということは自明なことである。民主主義の訓練が充分でないわが国においては、自由を放縦とはきちがえ無責任に乱用して国家と社会に害をおよぼしてきたこともあった。

最高会議の非公式全体会議で論議されたように、言論、出版の自由が他人の名誉を傷つけ公衆の道徳を侵し、国家の安全を保護する上に支障をきたしたということがあったということを、われわれは率直に認めるものである。

だが、だからといって言論、出版の自由が制限されてはならないのである。

わが国の民主主義もいまでは相当に進歩しており、言論、出版機関も相当に自覚していることは誰もが知っているところである。いまや、言論、出版の自由が保障されたからといって無責任な言論、出版をするような人はおらず、かりにそのようなことがあるとすれば、誰よりも国民大衆がそれを許さないだろう。

したがって今後、言論、出版の自由が認められたからといって社会や国家に害をおよぼすようなことはありえないと考えられる。だがいかに言論、出版機関とはいえ、決して国法を超越してまで存在するものではないのであるから言論、出版が社会や国家に害をおよぼすような場合はそれ相応の処罰を受けることは当然なことである。また言論、出版機関が国家を危うくするようなことをした場合には国家保安法によって処罰されることとだし、他人の名誉を傷つけた場合には刑法の定めるところによって処罰されることである。

このように言論、出版機関の無責任な自由による害毒は一般法律によっていくらでも取り締まることができるのである。

ところで、憲法で直接に言論、出版の自由を制限するとなれば、それはわが国の民主主義をわれわれみずからが軽侮することであり、またこれによって言論、出版の自由が萎縮し真の民主主義を打ちたてるのに支障をきたすのみでなく外国人に韓国の民主主義を過小評価される口実にもなりかねないのである。

したがってわれわれは言論、出版の自由に関しては新憲法でいかなる形にしろ制限的な規定を設けるということは賢明なことであるとはいえない。

新憲法案は遠からず確定段階に入るのであるが、今まで憲法案の内容が広く国民に公開され、新憲法で言論、出版の自由が保障されていることを知って国民は今度の国民投票に臨むことになるだろう。

ところで殆んど確定されたと思われたものが急に変更されれば国民の判断に混乱をきたすのではなかろうかと思われる。

われわれは最高会議がだれよりもこの国の真の民主主義を打ちたてるのに真剣であるということを信じて疑わないから言論、出版の自由が制限されるということは杞憂にすぎないものであると思われるが、言論、出版の自由の重要性を考え再び注意を喚起するものである。（京郷新聞）

明日のための〝知性の種〟

—学生の真の存在理由は—

三日は〝学生の日〟、日帝の強圧に抵抗の烽火を高くかかげた〝光州学生運動〟の三十三周年を迎える意義深い日である。祖国の運命が危機に瀕する度毎に歴史に参与した学生の力は大きかった。

日帝時代には独立抵抗運動の原動力となり六・二五動乱の時には自由を守る楯となり、不正選挙によって国民の主権が踏みにじられた時には民主主義の騎士となってみずからの血を流したのである。わが国の学生は象牙の塔にのみこもっているのでなく、広く社会の開拓者としてその知性と情熱を傾けてきたという点をわれわれは決して忘れるものでなく、その意義を評価するのにおいて少しもやぶさかではない。

しかし学生らが象牙の塔を後に、しばしば街頭に進出するということは学生自身のためにも国家民族のためにも不幸なことであるといわざるを得ない。

いうまでもなく学生本来の姿とは、明日のために人格陶冶と学問を研鑽する〝知性の種〟であると思う。今日の歴史に参与するよりも、明日の歴史とその文化を準備するのに真の学生の存在理由がみいだされると思う。

四・一九以後、学生らの社会的な関心は極度にふくれ、好ましからぬ副作用をもたらしたことは学生みずからが反省しなくてはならない問題であると思う。

現代の社会は妥協な若さの衝動や感情によって改造されるような単純なものではない。歴史に参与する精神は、高度な知性と分別のある行動を要求しておりそのような知性と行動は一朝一夕にして得られるものではなく象牙の塔における長い訓練によってはぐくまれるものである。ちかごろの学生らの動向をみるとまだ気持が落ちついておらず、わけもなくさまよっているような印象を受ける。

勿論、学生らはユートピアの住民ではなく現実に生活を営む社会の一員である。

したがって学生らにだけ、雑念を捨て学業に専念しろというのは無理なことかも知れないが、しかし危機に直面した時に敢然として立ち上がった彼らであるから社会に対するあらゆる誘惑を克服して象牙の塔を守るのにもその勇敢な決断を示すだろうと信ずるものである。

学生らは明日のための〝種〟である。この〝種〟が腐り、病にかかれば明日の歴史は花開かない。

国家有事の際でなければ外界と断絶して知性の土壌の中で発芽の日を待つのが学生らの道であると思う。

そして、またこの〝知性の種〟が葉を茂らせ花を咲かせることのできる土壌を造ってやるのが既成人の義務であると思う。（京郷新聞）

明日の国民代表（上）

国会議員の資格資質を中心に

◇◇◇李　炳　鎔（寄稿）

議員は〝国民全体〟を代表

—近代的国民主権主義の意味—

選挙人から個別的訓令受けない

国民代表という言葉は多義的な概念をもっている。その言葉は論者により色々と解釈されているがある特定の国家機関——これが代表者である——の行為が法律で国民の行為とみなされ、国民の行為としての効果をもつことを意味する。そして従来このような代表者としての資格が限定されたものとしては郡主をはじめさまざまあるがそのもっとも明確な存在が近代議会である。特に下院は人民代表と呼ばれ、下院議員が代議士と言われたものであり、過去のわが国での十万選良または選員という言葉はみな国民の代表者ということを示唆するものである。このような代表者という概念は昔からあるものと考えられる。

イエリネックは「代表の表象は原始的な人間的法律観の比喩目録に属する」と言っているが国民代表の概念は少数の統治者のほか一般国民が国家という統一体の組織者だという仕組を推しみることができるし、近代的な自由主義、民主主義の台頭と共に特にはっきりとわれわれの法律観の中に位置をしめてきた。

国民代表という言葉がより近代的なものであるためには国家機関の行為が単純に法律上国民の行為として効果をもつというだけに終らず、国民代表者の国家機関がその義務を遂行するにおいて完全に独立しなければならないということを意味する。例えば命令的委任に服する議員はこのような観点でみた場合、前近代的な国民代表ではありえても近代的な意味での国民代表とはいいがたい。

国民代表が完全に独立する結果、ここで代表されることは個々の国民でなく全体としての国民であり、全体としての国民と国民代表者の関係がここで国民代表とよばれることになる。このような国民代表の概念は英国で成立した。ウォルター・ユンゲ卿（Sir Walter Yonge）は一七四五年下院で「代議士は英国全人民の代表者として選挙区の訓令に拘束されてはならない」と主張しているのである。

英国では国民代表という概念は比較的無意識的で、漸進的過程を[illegible]確立されたものであるが、フランスではかえって国民代表の観念を否定しようという傾向がルソーの国民主権主義に反映された。[illegible]る有名な言葉として「[illegible]」とされることができない。それは同じようであっても全然ことなったものであり、その中間はありえない」といい、彼は国民代表機関としての議会を他の二つの類型としてだけ認定しているのである。

第一、議会は立法の準備手続にとどまり、最終の決定は国民投票に留保することによって国民主権主義と議会制を調和させることができる。これは強制的国民投票でありまたは半代表制政府ということができる。

第二は、議会の議員を選挙人の単純な全権大使に終らすものである。換言すれば命令的委任を認定することによって国民主権主義と議会制を調和させることができる。このようなものを原子的代表制という。前者はルソー自身も可能性を指摘したものであり後者はルソーがその可能性を明白に示唆しはしなかった。このようなルソー的直接民主制は国民主権主義と議会制の調和を構想するためであったが、議会政治で実際に採択されたことはない。一七八九年当時国民議会の宣言では命令的委任の廃止を確立した。命令的委任を廃止すれば国民主権主義を否定することになるのではないかという疑問がおきる。すなわち議員と国民との間には法律上なんら関係がないようにみうけるが依然国民が主権者であることには変わりない。主権の行使権は議会に与えられているがその主体は国民の手中にある。このような意味で議員は依然国民を代表するものであるが個々の国民を代表するのでなく国民全体を代表する。それは個々の国民から個別的命令的委任をうけないが代表的委任はうけるのであり、それは選挙人から個別的訓令をうけないけれど一般的訓令はうけるということで国民主権主義との調和を維持するものだ。（筆者はソウル高等法院判事）

躍進する産業韓国

—大豊新薬株式会社編—

製薬界切っての先駆

世界各国から新薬を導入

近く模範的工場も完成

【ソウル支局発】かつての秦始皇帝は長寿をこころみ、三神山に〝長生不死〟の名薬を求めて使者をつかわし、自己の生命をどこまでもつなごうとしたはなしはあまりにも有名なことだ。しかし薬といえば、人間を救う上において第二のいのちともいうべく人々が本当に信じて、飲めるようなものでなければならぬ。およそ製薬を事業とする人は、つまり一言で表現して、愚児がわずらうとき、その製薬を安心してかつ自信をもって飲ませる親の心情のごとく名薬であらねばならぬ。

大豊新薬株式会社社長禹大圭氏はくすりの価値に対して、こう述べている。この一言に氏の面目躍如たるものがある。曰く「何々ぐすりとたんなる商品のレッテルだけでは、また取引算のみでは製薬企業の真の意義はありえない。くすり九層倍は遠い昔の話し、今は決して通らぬ古臭い話しだ。特に入製会補社のため一つの十字架としてその尊い使命を果すべき人類に対する至誠奉公の念に燃えなければなるまい。〝大豊新薬〟はわが業界において創始期から文化放送を通じまた新聞、雑誌のPRを通じてひろく知られている〝サンプーン〟（避妊薬）の輸入元として有名だが、同社はサンプーンのほか、日本をはじめ世界各国から臨床家が必要とする新しい製薬を輸入、その間輸入した製薬は五十余種目にわたり、国内第一の輸入薬販を誇っている。同社創立当時はわずか二種目の輸入にすぎなかった。

しかし、禹社長は薬品輸入と国内生産に対する〝こつ〟を示してその製薬の秘密についてつぎのように述べている。

六・二五韓国動乱直後にはほとんど外国の製品に依存した[illegible]が漸次、自給自足に踏みだして昨今にいたってはすこぶる活発な様相をおびてきた。ところが、自給自足にいたるまで、そのかげでは輸入薬品の拍車がかけられ、その役割こそ大といえよう。すなわち輸入薬品は国内生産界を活気づけ、先導的役割をつとめ、これにより国内生産は大きく刺激されたものといわれている。国内生産意欲の大きな原動力になったというわけである。それは国内における需要量増大と相まって市場の拡張をもたらし、ひいては国内生産界を隆盛ならしめたものであろう。またこれからわが薬品業界が守るべき原理として、輸入一本立ては国内生産界を萎縮させるおそれがあり、また国内生産のみに依存してはその庇護の下で品質低下を招く。つまり、この二つの均衡がとれた理想的な調和がもっとも必要とされている。わが製薬業界の振興策はこうした合理的な製造方針によってはじめてできるものである。

禹社長はきっぱりとこう強調していた。こうした意味においても輸入と国内製薬の品質均衡へて輸入と国内製薬工場を建てる目的で先般保社部当局に許可を申請したところ、さる六月九日その許可が下りた。同社は第一段階として、ソウル近郊新村洞に五、三〇〇坪の敷地を買入れ、今年五月から地ならし工事をはじめており、また日本エーザイ製薬会社と技術提携して同社専属技術陣長氏が来韓し意見を交換するなど、いよいよ同工場建設への最終段階に入っている。また今月下旬ごろ禹社長が渡日し約一ヵ月間滞在し完全に話しをまとめることになろう。禹社長渡日の時には同社工場長に就任することになっている[illegible]氏を同伴することになっている。[illegible]が、同氏は前中央化学研究所長として、多年製薬業界に指導的役割を果した人で、約六ヵ月間日本に滞在し日本エーザイ会社と製薬研究し日本製薬界を研究をなし帰国することになっている。

またわが国において外国との技術提携については、いままでの例では外国人を招いていたものだが、外国会社が直接のり込み技術を指導することは同社がはじめてだという。さらに他とことなる点は、技術提携におよんで相手国の会社と契約を結んだ場合、ほかの会社とさらに提携はできぬことになっているが同社はそのような条件を破ってその時の事情によりいずれの国の技術陣とも契約を結ぶことが可能とされている。こうして特徴ある技術と機械を自由に導入しうることが可能であり、かつ、総合性のある現代施設をなしとげ得るぞ、禹社長は抱負と自信を語った。

なお、いままで五十余種の外国薬品を輸入しているが各国の条件と折衝をかさね品質が優秀で価格の低廉なもののみ取扱うという、どこまでも品質本位の商取引をしているという。

その一例として日本エーザイ会社製品である避妊薬サンプーンにしても各国の避妊薬を個別的に物品価格などを研究したのち取扱うというのである。現在韓国では月に二万錠が市販されているが、これは国家家族計画に[illegible]よそにその普及に主力をそそいでいるという。禹社長は[illegible]と同郷で平南陽徳の出、当年四十三歳。働きざかりの青年実業家でわが国で輸入薬品の最高実績をもっている。商道徳に率先して範をたれ、〝大豊新薬〟という業界の唯一の機関誌を発刊し毎月数十万ウォンの巨額を投じている篤志家であり、氏は大韓医薬品輸入協会副会長、放送倫理委員その他各方面に公益をもち、斯界のため貢献している。

また去る三月わが臨床学者・[illegible]博士ら七名を日本消化器学会、循環器学会に参席させており毎年恒例的に継続的に学者を各国に派遣することにしている。また、第六回[illegible]の記念日に、保社部長官より、医薬品生産および供給等の有功者七氏のうち、禹社長もその一人として表彰されている。

禹大圭社長

国土建設団員帰省

朴建設長官、文団長会議で指示

五日、朴林恒建設部長官は国土建設団長の会議で、十一月末までに作業を終らせ国土建設団の全員を即時帰省させるよう指示した。ところで、このような指示は、五日午前建設部会議室で催された第五次国土建設文団長会議でなされたものであるが、朴長官は帰省と同時に元の職場に復職できるよう積極的に努力していることを明らかにした。なお、この日、午前九時から開かれたこの文団長会議は午後もつづけられたが、建設団員の帰省に伴ういろいろな問題が[illegible]をもたらさぬよう具体的に検討されたものと伝えられている。

印度へ医療班派遣計画

韓国は中共と印度の国境紛争に関して、印度を支持する見地から医療班を派遣する計画である、と官辺消息筋は伝えている。この消息筋は、これから医療班が医師、看護員、赤十字会員で構成され、薬品と援護物資を持って行くだろうと語った。

三ドルずつ引上げ

スルメ輸出準価

韓国スルメ輸出組合では十一月前半期のスルメ輸出指導最低価格を三ドルずつ引き上げ、一等品ピクル当たりFOB二十七ドル、二等品二十六ドル、三等品二十五ドルに策定した。

ドイツ式の営団制に改編

証券取引所の体制

証券取引所運営体制がドイツで採択している〝営団〟式制度に改編されるといわれる。証券業界のある消息筋が伝えるところによると、証券取引法改正が近い中に公布され、遅くとも十一月初旬からは取引所運営体制が改編され、空席中の理事長もすぐ任命する旨明らかにした。ところで、改正される証券取引法は取引所運営の会計監査権と人事任命権を政府で持つようになっている。

旅券発給者氏名公告

韓国駐日代表部領事課旅券担当官
在日本韓国居留民団中総民生局長

[illegible]

本国訪問者氏名公告

韓国駐日代表部領事課旅券担当官
在日本韓国居留民団中総民生局長

[illegible]

十月二十三日現在

旅券延長許可者氏名公告

韓国駐日代表部領事課旅券担当官
在日本韓国居留民団中総民生局長

[illegible]

十月十八日現在

技術革新の凱歌！

平和ミラクル・セット
パチンコ裏玉還元装置

平和
東京・大阪・北海道

韓国服地と韓国レコード！

浅草　金宮商店

営業品目
特殊香港洋丹・中国洋丹
金糸織洋丹・テトロン洋丹
京都洋丹・美術丹・七色丹
洋服地・各種ナイロンレース
リバレース・オパール
ニュートン・ベルベット
其他　本絹　季節向一式
朝鮮古典長鼓販売
貸古典婚礼衣裳

東京都台東区浅草公園六区2－2
電話（841）0003・0004・0005・0006

韓国レコード関東代理店　総販売元

愈々発売！日本と韓国を結ぶ写真情報誌

新鮮な報道・楽しい画報！

主な目次
◎韓国、金情報部長・池田首相・大平外相と会談。
◎小田原にてMRA世界大会出席の韓国出身者と語る。
◎韓国学生代表団が日本民学連を訪問。
◎前尾幹事長、歌手三橋美智也と〝音楽よもやま譚〟
◎東映～国鉄、両チーム、渡韓親善野球試合メンバー決定。
◎東海村原子力の現況。
◎国鉄〝東海道新幹線〟着々進捗。
◎晴海で一九六二年度全日本自動車デラックス、ショー開かる。
◎植村親善視察団行き帰り。
其他

11月号近日発行

予約募集!!
¥200.　送料¥30.

発行所　日韓写真情報社　電話・東京（572）1669　出版部（571）6934
東京都中央区銀座東6～5・滝山ビル5階・日韓経済新聞社・責任発行者・鄭次二郎

鹿児島でも韓日会談促進大会

自由陣営の団結訴う

自民党鹿児島県連の後援で

民団鹿児島県本部（丁殷述団長）ではこのほど同市商工会館ホールで"韓日会談促進民衆大会"を開いた。自民党鹿児島県連合の後援で開かれた同民衆大会には韓日両国民およそ六百名が参集し、別項のような日本国民へのアピールを採択した後、自民党提供の宣伝カーを先頭に、十六台のトラックに分乗して市内を二時間にわたってパレードした。なおこの他に"韓日会談の早期妥結"を訴えるチラシ五千枚を新聞折込みで各家庭に配布したり、また、市内目抜通りの要所や駅構内で約一万枚のチラシを配布したりして、韓日両国の速やかな国交正常化を啓蒙した。次は韓日会談早期妥結を訴えた民団鹿児島県本部のアピール文である。

早急に韓日会談を妥結させせよう！

親愛なる日本国民の皆様！

「自由韓国」と「自由日本」の防衛のために我々は共に心を合わせ、一日も早く韓日両国の国交を正常化し、そして世界の平和に寄与しなければなりません。

もはや韓日両国は一切の懸案に拘泥する段階ではなく、双方の誠意を傾けて、共産主義の脅威から国民の生命、財産はもちろんのこと、民主主義と自由を守る為にも一致した決意をとらねばならないことをもう一度銘記致しましょう。御承知のように、韓国は真の民主主義の基礎を確立する為に反共を「国是の第一義」として革命が生まれ、この一年の間、あらゆる政策を実施して多くの成果を収め特に「経済五カ年計画」の完遂に総力を集中しておりますが、永い間未解決であった韓日両国の諸懸案関係を樹立するためにも緊要である「韓日会談」を早急に妥結させせようと努力をはらっているのであります。

日本国民の皆様！

今日共産主義者達は、アジア赤化運動の一環としてこの韓日会談を決裂させる為の偽装平和攻勢をくろしている朝総連（共産系）というものを手先に生命をかけて妨害していますが、今や韓日会談年内妥結の声は在日我々六十万同胞はもとより全韓国民・全日本国民の念願となっています。日本社会党・総評・共産党・朝総連がいかにも韓日両国の友好と共栄を願う両国民をあざむくことはできない。

自民党提供の宣伝カー

このような両国民の声にも拘らず特に日本社会党までが朝総連と結託して韓日会談の妥結を妨害していることは両国民の意志を全く無視するものであり、断じて許すべきでない。

日本社会党弾　共産党的性格を暴露！

今日の日本社会党は、何事によらず反対誹謗しているため「日本反対党」「日本誹謗党」という別名があり、この韓日会談にも、見苦しい常套手段をもって反対を叫びながら、親共産党のお為を敢行している。社会党が韓日会談に反対している理由を見ると、「もし日韓会談が成立したら朝鮮の統一が不可能になる」としているが、これは全く根拠のない暴言である。それなら北朝鮮が締結した対中・対ソ軍事同盟は韓国統一に何等の影響もなく、ひとえに韓日国交正常化のみが韓国統一が唯一の障害だというのか、これほど矛盾した論法がまたとあろうか。日本社会党に猛省をうながしながら、速やかに真正なる政党に戻るよう望んで止まない。

韓日両国で赤化防止を！

親愛なる日本国民の皆様！

我々は日本国政府および日本国民の皆様が韓日問題解決のため、非常な熱意をもって努力しておられることに対し深甚なる謝意を表するものであります。しかしながら日本社会党をはじめ、総評、日朝協会、朝総連などは、両国民の意志に反して執拗以上に韓日会談反対運動を展開しています。

これは赤色徒党達のアジアから民主主義を一掃して世界赤化を企んでいるソ連共産党の欺瞞術策の渦中にあり今日彼等は韓国はもちろんの事第二段階として、日本、タイ、フィリピン、台湾、ラオス各地域から浸透工作を展開しており、目下推進中の韓日会談を妨害し自由陣営の勢力を除ころと必死に狂奔しているのであります。

日本国民の皆様！

今日の日本がこのように安定した状態に生活しているのは韓国が世界第四位の大軍をあの共産国境に配置して防衛に万端を期しているためであります。実際韓国は国民の経済的な諸問題を犠牲にしながらも、アジア赤化防止の最尖端に立って、現在この瞬間も闘っているのであります。

万一共産勢力と金日成カイライ集団によって、韓国が支配されるならば釜山と対馬を足場に日本の共産勢力と結束してキューバの如く国土が赤化されないとは誰が断言できよう。ソ連共産党の銃剣の下に踏みにじられないとこれまた誰が断言できよう。我々韓日両国民はわが極東の平和と安全のためにも共に手をとりあい、この様な共産勢力をアジア各地から追い出すことに一層結集すべきでありまたこのためにも今回の日韓会談をこの機会に必ずや成就させねばなりません。

ある北韓脱出者の手記

（16）

学生生活

技能級数も思想如何

昇級しない者は大衆批判へ

部給制とは、労働者たちが所有している技能級数には関係なく作業する物体（加工される物体又は加工する機関）の級数と作業量にしたがって労賃が支給される制度をいう。

個人部給制というのは自分が作業する物体の級数と量により個別的に労賃をうけることをいい、班部給制というのは作業班で遂行した量と物体の級数に従い労賃が班に支払われるもので、班では班に属する各人の技能級数により労賃を分配することをいう。従って班部給制を実施したら技能級数の高い者のみが高い労賃をうけ、級数の低い者たちは部給制に参加しないのと同じに酷使されるのみである。私が工場にはいってから三カ月後に個人部給制に参加し月給三十円をうけた。

今一つ特記したいのは共産主義者たちは労働者たちに労賃さえも約束通りに支払っていないということである。

私の月給は三十円だったが、それから貯金五円、生命保険料三円、映画費三十銭を義務的に差し引かれた―、また各種競技費及び新聞、雑誌代を支払った。

月給三十円では服（平民服）一着さえも購入することが出来なかった。運動靴一足で四円、時計一個で百四拾余円（ソ連製）冷麺一ぱいで二円（普）、五円（特）冬下衣（上）一枚（北韓製）二十五円ないし三十五円する。

三、女性労働者たち

北韓では周知の如く男女老少を問わず労働せずには生命を維持することが出来ない。未婚女性たちは男性と同じように重労働に関係なく動員されている。

例をあげると、運転作業などは勿論のこと、ボイラーや鋳物工場にまでも女性たちが半数以上を占めている実情である。

既婚女性たち、すなわち子持ちの女性たちは工場内にある託児所に子供をあずけて作業に従事する。託児所では子供の親の要求に応じて、毎日あるいは一週間保管してやる。託児所に子供を預けるには金銭を支払わねばならない。

ただし既婚女性に限っては産前一カ月半、産後一カ月半の休暇を与えるようになっている。

四、技術級数はどのように？

工場に初めて入ったら二級の資格が与えられ（見習工）一カ月または二カ月過ぎた後各自の能力で機械が操作出来るようになったときに、職場長と初級党（労働党）委員長及び作業班長の合議によって三級に昇級される。四級も三級と同じような方法で決められる。決定に際しては、職場長は日常の勤務状態を、作業班長は機械の運転技術能力を評価し、初級党委員長は思想動態と新聞講読、政治学習および組織生活事項遂行如何を評価する。

技術的能力があっても初級党委員長が反対したら昇級出来ない。五級以上は工場内の技士長および工場党委員長の前で試験をうけなければならず、図面に精通しまた理論も知らなければならない。試験は年に二度実施される。労働者たちに技術学習をさせているが、事実上知識がないため、試験を原則的にやったら合格する者がいない。試験で重要視されるのは共産主義思想にどれほど武装されているか、すなわち思想生活で熱誠を発揮しているかの如何にかかっているから、結果的には党委員長の評価にかかっている。

×××

金[illegible]遠[illegible]

新事務所の落成式

民団神奈川　高座地区支部で

既報の民団神奈川県高座地区支部（金畢植団長）では去る十一月三日民団神奈川県本部をはじめ大和市議会、商工会その他の各界人士らを招請して盛大な支部事務所落成式を開催した。

二階建鉄筋コンクリート造りの同支部建物は延坪三十二坪五合、総工費三百七十万円（土地代金を含む）を投じて建築されたもので一階を事務室に二階を会議場とした近代的な建物である。

折あしく昼ごろから降りはじめた雨の中を続々つめかけた各界知名士らはこぞってこの壮挙を讃え今後の発展を激励してやまなかった。同支部は今から十数年前のいわゆる"大和事件"として全国に知られた所で、当時の朝連系と対立して烈しい闘争が繰りひろげられ、裁判の結果、わが民団側が勝利を得たのである。

その後もたゆまぬ組織力の強化と反共自由擁護のため全団員が一致協力してきたのであるが、支部事務所のないのが一つの大きな支障となり、この必要性を痛感した前県本部監察委員長柳在完氏、支部団長金畢植氏、議長崔厢寿氏、そして建設委員長辛鳳述（片山政男）氏らが中心となって支部事務所建築の運びとなったのであるが、同支部は団員数からしても七十人という少数で、しかもその上地域的にも大和市、相模原市、厚木市、高座郡、愛甲郡、津久井郡座間町などを含む広範囲にまたがっており多くの難関があったにもかかわらずよくその難関を克服してこのような成果を収めたのは十数年前の"大和事件"の教訓を体得した個々の団員の熱烈な反共意識と、民団を支柱とする自由擁護精神の発露からであると支部団員たちは語っている。

大極旗のひるがえる新事務所に参集した全団員は、韓日会談の妥結が近いとみられている現状に即応して韓日親善を一層深め、今後の飛躍的な発展を期すべく全力を傾注することを誓って幕を閉じた。

落成した新事務所

コチュブの沖縄スケッチ

◇那覇周辺（1）

ここに来て驚いたことには、私が想像した以上にアメリカ化していることである。もち論米国の極東防衛の総本山があるせいもあるが、今までの通貨B円が数年前からアメリカの本土"ドル"を一般が使用することになって以来、何となくアメリカの何処かへ来たような錯覚を起した。戦後焦土化した沖縄をアメリカが今日の様な復興を来した今、本土復帰を唱える人達も日本の一県に成り下ることは望まないだろう。そこに沖縄人の複雑な悩みがあるように思えた。

（画・文　金竜煥）

韓国少女文化使節団を迎えて

韓国人ハ氏病療養者の生活を守る会

代表　朴学信

来日以来、日本各地を歌や舞踊、古典舞踊などを披露して僑胞たちの慰安に尽した韓国少女文化使節団は、各地で好評を博し、大いに韓国舞踊の面目を躍進させた。特に各地巡演中、岡山県の邑久光明園（韓国人ハ氏病療養所）を訪れ、不幸な僑胞に喜びと生きる支えを与えた。邑久光明園"韓国人ハ氏病療養者の生活を守る会"の代表朴学信氏より本社に手紙が届き、文化使節団に対する感謝の念にひたっている……。

去る十月二十一日私達は晩秋の小島に韓国少女文化芸術使節団をお迎えして、十数年振り、いな二十数年ぶりに祖国の懐しい舞踊を観賞することの出来ましたことは、民団中総をはじめとする在日韓国人僑胞諸兄姉の真心からなる僑胞愛の賜と、深く肝に銘じております。

古典舞踊、宮廷舞踊さらには農楽と二時間にわたる少女達の舞踊観覧を受けながら、私達は私達の祖国韓国をしのびつつ郷愁の想いに胸をつまらせて、ほーっと眼前がかすんでハンカチを使う者達も多くありました。

私達の多くは恐らく再び祖国の山河や親しい人達と相会うことの不可能な者達であるだけに一層孤独な者達であります。

一般社会からは誤った偏見のためにうとまれ、小島の片隅にひっそりと忘れられた存在として生きる者達にとって、この度の韓国少女文化芸術団の慰問公演は、私達に明日への生きる支えを与えてくれました。

遠い昔から私達の祖先がいつくしみ育くんで来た舞踊の数々、それらは私達の心に新しい息吹を与え、例えしゅくあを病む身ではあっても韓国人の誇りと尊さを教えてくれました。

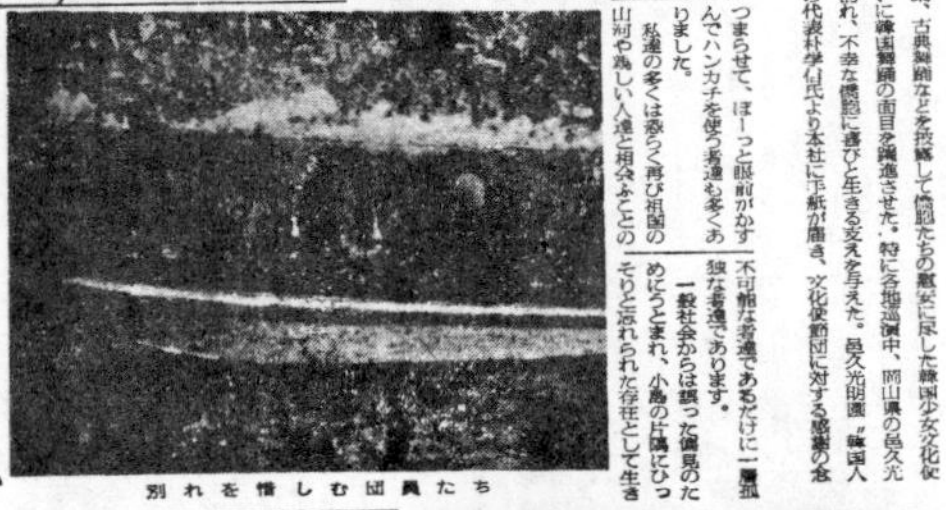

別れを惜しむ団員たち

韓日間の国交正常化が強く望まれながら、いまだに解決をみていない多くの原因は、日本人と私達在日韓国人の心にすくっている植民地的汚点が十二分に払拭されていないところに問題があるのではないかと愚考しております。そうした真空状態の渦中へ人間と人間のつながりを求める少女文化芸術使節団の来日は、私達に多くの教訓を与えて呉れました。祖国の一日も早い再建を、さらには統一が進められるよう私達は毎日の生活の中で韓国人としての誇りを堅持して生きて行きたいと思います。

ハンセン氏病は決してなおらない病気ではないということ、療養生活における日本政府の差別待遇を改める諸運動の推進にあたって、私達は私達に決して祖国と僑胞社会から忘れられた存在でないことに誠心を持つことが出来ました。韓国少女文化芸術使節団をお迎えして私達が痛切に感じました所懐の一端を述べさせて頂きました。彼女達の上に神の豊かな恵みが垂れられますよう心からお祈り申し上げる次第です。

納骨堂前記念撮影

政府東京五輪に本腰

来年度予算に七千五百万ウォン

朴文教部長官は二日記者団と会見、教育公務員の定年を六十五歳に還元することは考えていないとのべ、東京オリンピックに備え五百名の優秀選手を合宿訓練させるため来年度予算に七千五百万ウォンを計上したと語った。

朴長官はまた、予算の許す範囲内で一時的でないスポーツ科学研究所のような機関を設けて選手の体力向上に努力するとものべた。

尋ね人

本籍慶尚南道陜川郡三嘉面吉浜里

李成剛さん（39歳程度）

右の方は昭和十年に来日、大阪府狭山東町に住んでいたが、昭和十五年頃行方不明となり今日に至っております。本人の実兄李水鎬氏が尋ねておりますから心当りの方は左記に連絡下さい。

連絡先　東京都八王子市寺町十八番地　TEL⑶五四一六　河本方　李水鎬

募集

女子事務員　一名

高校卒程度で二十五歳までの方（韓国語はできなくても可　指導す）

交通費支給、優遇す。

希望者は左記へ履歴書持参して下さい。

民団江戸川支部

東京都江戸川区東宮町二一九

電話（六五七）七五二二番

（総武線小岩駅下車）

チップ製造

鹿沼利材工業所

社長・三中通九

本社・宇都宮市簗瀬町野尻　電話（宇都宮）(2)4685

工場・宇都宮野尻工場　・鹿沼府所工場　電話・鹿沼2064　・今市大沢工場　電話・大沢・42

トロリーバス海外向船積

府中車輌工場

東京芝浦電気株式会社は　OSHIBA"の愛称で全世界に広く行き[illegible]っております。現在資本金６９３[illegible]円、年間総販売額は１８００億円を越え、従業員８万５千名、工場21個所、東洋最大の研究所５７余所のマンモス企業は全世界の最も著名な一大電気総合メーカーであります。"ＴＯＳＨＩＢＡ"のマークが表示されている全製品は品質と性能が完全に保証されております。"ＴＯＳＨＩＢＡ"は其の研究に依り明日の無限なる発展が約束されております。

"大は原子力、小は電球、トランジスターまで"

Toshiba　東芝の製品はより良き世界、より良き生活を創る

東京芝浦電気株式会社　東京都千代田区有楽町一丁目十二番地

韓国向代理店　不二貿易株式会社　東京都中央区銀座一丁目五番地・大韓民国ソウル特別市中区大平路一街六番

高められた体育熱と水準

第43回国体総決算

陸上、力道に大きな収穫

競技運営営矛盾盲点だらけ

例年行事としての体典、形式的な体典に流れる前により着実な、より向上された体典であるべきが今大会の生理でもあった。在日僑胞を始めとする全国各都市・道の選手の総数は多少なかれ一万を数えられる程、数的に盛況だったことはさておいても、まず広いグラウンドが連日観衆で超満員をなした盛況と事故等が少なかった現象は大邱での体典が成功的であったといえよう。もち論、競技進行上の失敗がかもされ、入場式の際事故者が発生するなど不祥事もないわけではなかったが、もともとぼう大な組織の行事である点を考慮したがら見た場合全体的に大会進行は成功的であったといえよう。一般的に全国体典の施設、競技運営、大会うんを考慮して今大会を総評して見たい。

ジャカルタ大会での醜態、東京オリンピックと南北単一チーム問題に備えるための優秀選手のスカウトなど、解決すべき問題が山積みされたままに開催した全国体育大会は、今までのどの大会よりもその競技やばにおいて色の変った状態に開かれた。

【施設】

とりあえず、前提を申すと図傾するものとした場合、総合競技場の建設を高く評価しないわけに行かない。籠球、排球、庭球などのコートは近距離に合わせて設備され、どしゃ降りの試合スケジュールにも拘わらず大会進行に文句がなかった。だが、メイン・スタジアムは時日の関係で急いで設けられたせいかトラックのかたまり等が悪く陸上競技に大きな欠陥を招きフィールド部門も施設の不備によってトラックで行なわれ、他の競技に欠敗をきたしたのは是正されるべきである。のみならず、陸上競技上のトラックと観覧席との間にボクシング・リングと角力場を設け大会新記録は競技をまともにできなかったことと野球場のグラウンド・コンディションが悪かったのも見のがしてはならない。その外、選手補助競技場が距離関係で本部との連絡がうまくゆかなかった点など全体的な施設問題と結び付けて再検討して見る必要があるようだ。

大会の会場となった大邱市街

【競技運営】

球技および団体競技の競技運営はなんとか秩序がもたれたが、個人および記録競技は無茶な面があった。微弱な審判陣、権威のないレフェリーなど全国体典の威信は個人と記録競技部門において地に落ちた感があった。特に、今大会には出場選手の資格問題で数次にわたり競技が中断された例も多く指摘しないわけにはいかない。殊に、角力競技は中学部より一般に至るまで選手らの資格問題でトラブルが起き無秩序きわまりなかった。学籍を持たない選手を堂々しく参加させるのがあるかと思えば、職場と出身地が異なりお互に選手を自分のものであると頑張るややこしい事例も多く今後は是正されるべきである。傘下団体が大韓体育会の登録規定を無視するような事例は結局大韓体育会を無視する結果に帰結されるからである。選手資格問題でみだされた団体は排球、野球、ハンドボール、角力などであった。

陸上競技にも揚げ足[illegible]が正確を期さなかったため順位を勝手に調整する事例が起き、二百米を「一百九十五」だけ走らせて韓国新記録が樹立されたと発表するようなナンセンスなどは、全国体典の威信上許されるべき行為ではない。

その外、主催に当る慶北体育会が大会をリードし得ず、慶北道当局の指示のみに依存して主催側である体育会との意見の相違が調整されてなく、進行に披先がつかずお互いに責任のなすり合いをするようではけしからない。もち論、大きな大会を運営して行くのに慶北道当局が力を尽したのは結構だが体育向上に道当局が直接介入して進行自体までに影響力をおよぼしたことは考慮すべきだ。秩序維持は大会二日目から順調になったが余りにもややこしい点が起こされたと思われる。とのつまりは、大会役員がはいれなかったこともあり、公報室から発行した通行証を持たない軍用車両が一般通行路を疾走しても傍観するようでは理解しがたい。観衆らのスポーツ熱は従来のどの大会よりも熱烈で観覧態度もまたよかった。

馬術大会入場式

【水準】

ます、地方チームの水準がいちじるしく向上された点今大会においての最大の収穫であろう。各競技種目を通して今まではソウルチームが完全に一人舞台になっていたのだが、今大会をきっかけに崩れてしまったと見てもよい。蹴球競技ではソウルチームが最も自信をもっていた高等部と一般部が準決勝戦でそろって敗れ、排球野球とも地方チームがむしろ頭角を現わしたのが印象的だった。籠球は平均身長六尺を超す高校選手らが多く今後彼らに期待をかけうれるとある籠球専門家は述べていた。

陸上競技部門には四つの韓国新記録と九つの大会新記録が樹立された。全般的に陸上部門の実力が六・二五以前の水準とほぼ同等な感じを与え、陸上競技の前途に曙光が輝ける見通しを与えているが、特にマラソンの記録更新は特記すべきことであった。マラソンは五九年度に李昌勲君がたてた二十四分台を金連範君が二十三分台に短縮して沈滞状態におかれているマラソン界に対して大きな刺激剤となった。だが、その他の新記録はもともとおくれている記録であるので楽観するまでにはゆかないようである。

韓国新で優勝した金連範選手＝マラソン（全南）

力道競技でも李宗泰君と崔鍾東君が各々トータルで韓国新記録と大会新記録を樹立し、種目別では十余名が韓国新記録と大会新記録を樹立して気をはいた。だが、重量級の記録更新よりも軽量級の記録更新が少ない点、今後の国際舞台進出にはハンディがつくものと思われる。

一般的に見てジャカルタ大会に出場した代表級選手の活躍が目立つ程低調なのは残念なことであるがこの点、選手や指導者らに大きな責任があるといえよう。

【新記録】

一方今大会において樹立された韓国新記録は、陸上でマラソン、女子四百米リレー、女子ヤリ投げなどの四種目で、力道では総重量で二個、種目別に五種目、合計七個の韓国新が樹立された。また、射撃では非公式種目記録ではあるが、軍用小銃速射競技に許ウクボン、南相完の両選手が驚異的な記録を樹立した。

申選手（朝大）対許選手（慶南）

◎韓国新13・大会新16

▽マラソン＝2時間23分56秒F（2時間24分7秒F）＝金連範（全南）

▽女子四百米＝1分1秒7（1分2秒F）＝李鶴子（ソウル）

—カッコ内は従来の記録—

▽女子四百米リレー＝52秒7（53秒2）＝呉□順、韓竹姫、金貞子、李鶴子（ソウル）

▽女子ヤリ投＝33米65（33米37）＝李恵子（全北）

▽力道＝ライト級＝李銘求（ソウル）＝引上二一七・五K（二一五K）▽ミドル級＝李鍾愛（慶南）＝総計四〇七・五K（四〇二・五K）▽ライト・ヘビー級＝李鍾栄（ソウル）＝挙上一六二・五K（一六〇K）▽ミドル・ヘビー級＝李学南（ソウル）＝推上一二五K（一二五K）▽ヘビー級＝黄錫東（ソウル）＝総計四三〇K（四二七・五K）挙上一四〇K（一三七・五K）推上一七〇K（一六〇K）

▽射撃＝軍用小銃速射＝許ウクボン（ソウル）＝六〇〇発中四八二▽同＝南相宗（ヌウル）＝六〇〇発中四八七

第六回全国教育大会開く

ソウル、国民会堂で

ソウル市内にある国民会堂では五日午前九時から韓国教育連合会主催のもとに、第六回全国教育大会が催された。

この全国教育大会は全国の教育者たちによる個別的な教育研究活動の成果を検討分析し、わが国の実情に合う教育理論ならびに実践方法を見い出し、学者と教育者の合同研究活動を促すとともに、教育の重要性に関する国民の認識を高め、教育改善のための一般社会の協力を得ることを目的としており、毎年一回ずつ開かれている。

李朝野史物語

太祖時代篇 (17)

圃隠鄭夢周登場（2）

選地橋悲劇の前奏

太宗は圃隠に対する襲撃の腹を決める前に、太祖の腹心李芝蘭に意見を求めた。芝蘭将軍は、両者の対決は避けられない宿命的な悲劇となることを理解していたが、圃隠を尊敬しその人材を惜しむ情に忍びないものがあった。それで昭然として嘆きながら「天命が大人にあるなら、彼一人のために事が成らないことはないではないか。圃隠公は王朝随一の高徳名士であり善成の大政治家である。それなのに、どうしても彼を殺害しなければならないものだろうか。拙者は無知な一介の武にすぎません。しかし、大人に仕えるものとしてこの計画に強いて反対しませんが、進んで自分は参加したくありません」と、語るのであった。

芝蘭の心境を聞いて太宗も、武人としての彼の意見が寧ろ至当であると理解した。しかし、太宗としては圃隠をそのままにしておくことは、そうしてこのまま時を空費することも許されないほど、事態は切迫していることを感じた。

太宗が、切迫感に焦り出したのには、次のような情勢を見てとったからである。

圃隠が太祖に敵対して決起することを決心したことは既に述べた。

折柄、恭譲王四年三月に明に使していた王世子奭が帰国するので、太祖は世子を黄州（黄海道）まで出迎えた。それから、帰る途中、太祖が黄州で狩猟中落馬して重傷を負う事故が起った。圃隠派では、この機会を利用して太祖派の勢力を一掃することに方針を決めた。先ず、左諫官の金震陽と右常侍李拡が連署の上王に上疏文を呈した。それには

「李成桂の心腹である趙浚、鄭道伝、南誾、尹紹宗、南在、趙璞などが流言蜚語をもって内乱を煽動する」と弾劾した。

恭譲王は、これに基づいて四月初めに事件関係者を遠く島流しにすることにした。

これは、まさに太祖派にとって一大危機に追い込まれてしまった。太宗が、焦り出したのはかかる事情からである。

情勢は、刻々と深刻度を増していった。太宗は、これに対抗策を講じたのである。

太宗は、悲壮な決意をもって腹心の壮士趙英珪を呼んで、

「君は、いますぐ軍器庫にある鉄棒をもって、選地橋畔で待機せよ。明朝圃隠公が朝礼のために参内する。その橋を渡るだろうから、これを襲撃殺害してから回避せよ」と、密かに指令した。が太宗の両眼には光るものが見受けられた。

一方、圃隠の方では三月の太祖派弾劾文一件以来、太祖派の反応を注意深く見まもった。太宗を中心とする行動派の動きが俄然活発になってきたのを身に感じる思いをした。

圃隠は、太祖の氣勢と太宗の動静に関した情報を綜合して分析した結論は、事態は最悪な段階に追い込まれたと見た。暗殺の運命を考えるとき、黒い影がさえぎるのを感じた。しかし、彼には、それを除くだけの能力がないことを知った。

圃朝のために身も魂も捧げた圃隠には、既にその一身の死生など問題でなかった。ただ、まさに忍びよってくる宿命の魔の手を感じながら、無念の涙にくれるばかり……。

ついに、太宗が趙英珪に密令を下した日の朝、圃隠は朝服姿に正装してから、参内する途中にあった。すると、壮士一名が鉄棒を引きずりながら前方を行くのが、遠くの方から眼についた。

圃隠は、一瞬不吉な予感がした。護衛に随行する録事金慶祚を顧みながら

「今日は、雰囲気が非常に険悪だ。わしは、既に心に決めたことがあるから、強いて避けることはしない。しかし、汝は若い、前途のある身分だ。わざわざ進んで災いをうける必要はないから、帰れ」というと、

録事は、忠勤慷慨な正義派の人で、ふだんから忠節の人圃隠を師として仰いでいた。それで彼はその日もその師のボデーガードとして随いていたわけである。いま、その師から帰れといわれたので、彼は大粒な涙を流しながら

「殿が危い目にあわれるのに、小子どうして自分だけの生命を惜しめるものでしょうか。お供をお許し下さい」

といいながら、どうしても帰ろうとしなかった。

録事の決心を聞いた圃隠、いたく感激した。仕方なく、他の従者共はそのまま返して、彼だけをつれて参内することにした。

途中、成汝完をその自宅に訪ねたが主人は不在であった。成は前宰相であった人で、圃隠とは刎頸（ふんけい）の朋友であった。—この項未完—

（石鐵山人）

安住の地よいずこ (85)

許種旭
え 金泰伸

脱出（二十九）

「その間、私はずーっと家で文学の勉強をしていましたの」

「そうだったの、それで何処へ行くの？」

「私たちの車があそこで待っているので……」

「そう。では早く行ってごらんなさい」

彼女はにこっと笑顔を見せながら、再びカタンコトン牛車に揺られながら消え去った。彼と私はまた歩き始めた。歩くということが、私たちの義務でもあるかのように忍耐強く歩いた。

歩いて来る間、知りあいの人びとに逢うたびに、気をもみながら車にかこつけたりした。

臨川に着いたときは、いつのまにか西の山には太陽が傾きかけていた。

彼と私は、ある村の家で一夜を過ごし、あくる日の朝、また道を歩き始めた。足の裏にまめができ、それが破れてひどく痛かった。

しかし、足を引きずりながらも、私たちは歩き続けた。

いつのまにか太陽は頭の真上に浮んでいた。私たちには、もはや何のためらいもなかった。時が流れ、また私の周りから来る刺激がひどくなるほど、私から親とか兄弟のことは、だんだん薄らぎ遠くなっていった。

（ソウルに行って幸福にくらさなければ）という一つの考えのみが、私の頭を一ぱいにしてくれるのであった。

「ああ、足が痛い。ちょっとだけ休んで行きましょうよ、ね？」

私は彼に抱きついて哀願した。

「もう臨川江まで来たよ。足がひどく痛むの？」

「うん……」

「では、ちょっとだけ休んで行こうか。こっちへ来なさい……あそこのとうもろこしの畠のところへ行こう」

私たちは、砂の岸辺の向う側にあるとうもろこしの畠のところへ歩いて行った。きいろく萎れた芝生の上に、私はどかっと座り込んだ。

水気のなくなった葉などが風に軽く揺られ、黄ばんだとうもろこしの葉が風に音を立てていた。

それは人間が避けがたい運命の悲哀を嘆くかのようであった。

「もう本格的に風が冷くなるね。じきに冬が追ってくるだろう。陽気が寒くなるまえに早くソウルまで行かなければならないが……」

彼はぼんやりと川の水を眺めながら、静かにためいきをついた。

岸辺を打つ波の音が風にのってきこえて来た。

ザザーッ　ザザーッ

白い砂の粒が陽光に輝き、波に揺れる渡し舟には船頭が櫓をこぎながら、川岸に向って走って来た。

「もうでかけよう。舟がこっちへ来るから……」

■ホール
■御座敷
純京城料理
京城館
宋万里　東京都新宿区神楽河岸3号地
国電飯田橋東口下車橋のたもと
電話　(331) 2652

…ナトリウム・化学工業薬品製造販売
大東化学工業株式会社
取締役社長　林 [illegible] 善
[illegible]　TEL [illegible]

DAINICHI GLASS CO.LTD　DNG
営業種目■化粧瓶■薬用瓶■医療器製造■
大日硝子株式会社
取締役社長・丸山泰徳
東京都江戸川区小松川4—36　TEL 681—0704

階上・和室・洋室・御家族連れ
御結婚式場・披露大小宴会
北京料理 アベノ 東海倶楽部
50年の歴史を誇る 中華料理の王座！
アベノ橋南詰　電話代表 (632) 0285・(632) 0286～7

豪華浴室と高級焼肉料理の殿堂
温泉気分と最高のムードで
個室トルコ　早朝五時より(800円) 浴後にビール1本ツマミ付サービス
大衆男女トルコ風呂　100円
◆五〇〇坪全館冷暖房完備◆
上野 宝苑
上野駅前昭和通り宝ホテル隣り
チャングのリズムに乗って
韓国の古典床しき美妓の舞い
御宴会
御一人様　500円より
料理5品　酒1本(500)
高級焼肉料理
（年末年始の宴会の予約は早めにお申込み下さい）
御予算により御相談に応じます。200名様用
大広間御家族ずれ、大小6室準備
TEL (866) 6390・6391番

韓国訪問、アメリカ、ヨーロッパの旅は、国際線、国内線、航空船舶券発売の弊社を御利用下さい。旅行手続は無料サービス致します。
ORIENTAL TRAVEL SERVICE
東洋旅行社
本社：東京都中央区銀座西7—2　TEL. 571—1340（電通正面向いウエスト(WEST)喫茶店二階）
大阪：大阪市東成区片江町2—50　TEL. 971—6180

新事務所移転御案内
創刊以来十七年〝アジアを一つに結ぶ経済紙〟を旗印につねに意欲的な報道につとめてきた本紙では、このたび業務伸展にともない先に大阪本社事務所の移転を完了しこの度東京本社事務所を左記に移転、十一月五日（月）から業務を開始することになりました。
読者ならびに関係各位、倍旧のご支援をおねがいします。
又・左記要領で社員を募集して居ります御応募下さい。
東洋經濟日報
取締役社長　朴徹
取締役副社長　朴一哲
東京本社・東京都中央区銀座東四ノ四（畜産会館）（新事務所）（銀座松屋百貨店横筋）電話(541)[illegible]七七～九番
大阪本社・大阪市西区江戸堀五ノ一五九（山越ビル）（新事務所）（市電土佐堀五丁目電停前）電話(44)[illegible]六九[illegible]～四番
名古屋支社・名古屋市昭和区東郊通三ノ一五（東郊ビル）電話(88)一五[illegible]一～四番
〝社員募集〟
一、編集　十名
一、業務　十名
一、女子事務員　五名
一、経理事務（要経験）五名
勤務地　東京、大阪、名古屋
資格　高校卒以上、三十五歳まで、国籍不問
待遇　最高待遇す。希望者は履歴書持参又は郵送のこと。
東洋経済日報社

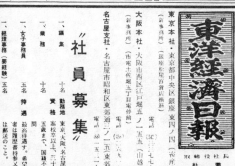

優良鋳物用銑鉄製造
ASK
朝日製鉄株式會社
取締役社長　中学彬
横浜市鶴見区鶴見町1320
TEL 横浜 (50) 8431～4

韓國新聞
韓国新聞社
発行人 権寧珉
東京都文京区春日町1の51
電話 (811) 7261・2262 編集

第十四回韓日会談予備折衝

金・大平会談で具体案

韓国、北送協定延長に厳重抗議

第十四回韓日会談予備折衝は、九日午後三時から外務省で韓国側から裴義煥大使と、崔英沢参事官が、日本側から杉道助代表と後宮外務省アジア局長の四氏が会合して一時間四十五分にわたって折衝を行なった。この会談で金情報部長の訪日日程を協議し第二次金・大平会談では双方は具体案を提示して実質的な討議の用意のあることを確認しあった。また韓国側は日本側に対し在日韓国人北送協定を延長したことに厳重な抗議をした。次回の予備折衝は十六日午後三時から行ない、十四日には在日韓国人法的地位問題について専門者会合を開くことを決めた。

裴代表

杉代表

崔参事官は来たる金・大平会談の性格について、これはあくまでも目下進行中の韓日会談と政治会談を側面的に支援するためのもので、正式会談ではなく、韓日会談の基礎と方向に合わせ[illegible]すための会合であることを明らかにした。

金・大平会談は双方が単独で臨むか、それとも前回同様、裴大使と杉首席代表が同席するかは未定であるという。またこの日の折衝で[illegible]

崔参事官は日本側が北送協定を無修正延長したことに対し厳重なる抗議を申し入れた。抗議理由として、

①在日韓国人の北送は、韓国の政策に根本的に反する。

②韓国民の対日感情を悪化させる

③これによって、韓日会談に悪影響をおよぼす、などを指摘、抗議した。

崔参事官は、もし、これらの理由によって韓日会談が決裂すれば、これは日本側の責任であるとのべた。

これに対し日本側は、同抗議を充分にしん酌のうえ韓日会談に影響のないよう最大の努力をすることを約した。

崔参事官はさる五日に帰国して金・大平、金・池田会談の結果を報告、韓・日会談に関する本国最高首脳者会合に参席して新しい訓令をうけ八日帰任したが、そのときの印象として「対日財産請求権、漁業協定などに対する従来の主張には変わりないが日本側の出方によっては大局的な立場から応じてもよいという印象をうけてきた」とのべて実質的討議のための新訓令を受けていることを示唆したのにたいし、日本側も第二次金・大平会談で、ハラの探り合いに止まることなく実質的な意見の交換を望み、そのための具体案を提示する用意のあることを明らかにしたという。

今年度の人口調査

十二月一日、全国的に実施

今年度人口調査が十二月一日を期して全国的に実施される。経済企画院で語ったところによると、毎年十二月末に実施してきた人口調査を、今年からは一カ月早めに実施することになり、いままでは中央で総括的に実施してきたのを、ソウル特別市と各道地[illegible]

この人口調査は、一年間の国民の[illegible]論、このような人口動態の資料を行政施策に反映させ、経済開発五[illegible]その目的をおいている。

政府管理糧穀販売価格

最高会議常任委で決定

【ソウル発＝合同】八日午後の[illegible]会議の常任委員会は六三年米穀年度政府管理糧穀販売価格決定に関する[illegible]案、韓国機械工業株式会社法など[illegible]してこれを通過させた。その中糧穀販売価格決定に関する動議案は最高会議の[illegible]案のまま通過させたが、この日通過された六三米穀年度政府管理糧穀類、キビ、大麦、裸麦、小麦、精麦、押麦、小麦粉など十種類だけを承認し、その他雑穀の販売価格決定は必要と認定されたとき、閣議で別に決定するよう付帯条件をつけた。

また精粉米など承認された十穀種の販売価格は、現行穀種間および等級別価格差指数によって算出された価格を適用するが、麦類に対しては来る八月一日より実施する。

中精粉米販売価格は合格品石当り二千三百九十八ウオン四十銭（等級品価格）に策定したが、これは六三年度精粉米秋穀買入価格石当たり二千九百七十八ウオン五十銭（正常品）に諸経費を加算したものである。

この日常任委は政府が提出した販[illegible]ようにした。

またこの日通過した韓国機械工業株式会社法は、朝鮮機械製作所が帰属企業体として運営されてきていたものを特別法によって資本金七億ウオンの株式会社に設立させ経済開発五カ年計画の一翼を担当し、工業の発展をはかろうとするものである。

ソウルに建設される同会社の資本金七億ウオンは政府と産業銀行が出資することになっており、朝鮮機械製作所は株主総会の決議により、韓国機械工業株式会社と後に合併されることになった。

論壇

北韓送還の実体を凝視し

日本政府の再考を求める

北韓送還協定が無修正で一カ年延長になった。この会談で日本側は北韓送還者の数が最近において急激に減っているため、その[illegible]の努力策として「短期大量輸送」を[illegible]とした現行協定では実務上多くの支障があるので「長期少数輸送」の体制に切替える必要から、北韓送還業務の暫定修正を申し入れたが、北韓カイライ政権は従来からの主張である「無修正延長」をくり返し、このため交渉は約六時間にわたって前回のごとく、のらりくらりとした長時間の話し合いをくり返した結果、現行協定のもとで配船は毎月一回ないし二回、毎回の人数は約[illegible]百人とする無修正一年延長の合意に達して調印されたものである。

在日同胞の北韓送還は、今日までに[illegible]次船をかぞえ約七万八千名が北送されているが、協定切限切れの明日の十二日を前に、土壇場でとにかく急転解決したのは「どんな理由にせよ北韓送還業務を日本側と北韓カイライ政権がぶっこわすわけにはいかない」という共通した立場が両者にあったからではないかと、いわれているが、それならばもっと簡単におさまってもいいはずの問題であり、それがなぜ、こうももめたのであろうか。

協定の延長はこれまでも毎年もめてきたが、その原因は協定本文の中にある「送還業務」の解釈をめぐって、それが早期完了を予想して書かれたかどうか、という点について、日本側は現行協定が短期ピストン輸送を規定しているものだからもっと現実的な姿に改め、毎年面倒な協定の延長交渉を重ねる労力をはぶきたい、というのが新提案のねらいだとされ、これに対する北韓カイライ政権は無修正一年延長の一本ヤリで、協定の一字一句たりとも手をつけさせまいとする態度で、この業務は短期間で終るはずのものではなく、業務縮少は現行協定の中でもやれるはずだと、真っ向から反対態度をとっているのである。

しかし、北韓カイライ政権は〝日本が協定の修正を持出したのは、韓日会談の取引材料にしようとしているのだ〟とまことしやかに宣伝しているが、一体、韓日会談と北韓送還がどんな取引の材料になるというのであろうか。日本が北韓送還を中止したら、韓国が日本に対する請求権を放棄でもするというのであるのか、われわれの常識では考えられない。ナンセンス的な根拠口上に過ぎないものである。

北韓カイライ政権が狙っている意図の最大な原因は、カイライ政権がこの北韓送還を日本政府との交渉を保つ道筋の船に利用していることである。彼等が北韓送還が開始された一九五九年十二月の第一次船が新潟港に来るまでは、日本との門戸は一切とざされていたのが、北韓カイライ政権の状態であった。この北韓送還が糸口となって陰に陽に日本政府とは勿論のこと在日朝総連との連絡もこの合法的方法によって保つようになったこと自体が、北韓カイライ政権の北韓送還を執念に求める究極の目的であり、それに加えて労働奴隷の不足に喘ぐ北韓カイライ政権の経済状況が、これが需要を求める供給源を在日同胞にその白羽の矢を立てて無謀な在日同胞を欺瞞して奴隷労働市場に狩りたてていることも、その要因の一要素ともなっているのである。

その証左には、北韓カイライ政権にだまされた在日同胞の数万の人々は異口同音に便りに託されてくる言付には〝唐辛子をおくってくれ〟〝肌着を送れ〟〝お父さんとお母さんは毎日工場で私達子供と会えるのは月の休みの日だけで淋しくてさびしくて、なつかしい日本が思いだされて仕方がありません〟等々の手紙の内容から窺われ、北韓カイライ政権が如何なる状態におかれ北韓に送還された在日同胞が如何に苦悩に満ちているかはこれらの手紙が証左して余りあるものがある。

日本も人道上の問題であるからという初期の目標は完全に裏切られて、北韓カイライ政権に振りまわされているのが現況である。現在、韓日会談において在日韓国人の法的地位問題が合意に達しつつあるのに、日本政府が敢えて、この問題解決途上に北韓に送還することは日本の良心であろうか。日本がいう人道上の問題であるならば、なおさらのことで在日韓国人法的地位が解決されてから本人の意志で帰還せしめることならば、まだしも、この解決をみないうちに、送還すること自体が人道に反していないというならば、北韓カイライ政権も日本政府も同じ穴のむじなであるといわれても、いたし方がないものであろう。このような見地から、われわれは日本の再考を求めてやまないものである。（崔大栄）

文教部、実施を強調

教育機関の業務準則発表

【ソウル発＝合同】文教部は八日学校法人と私立教育機関の業務に関する準則を発表して、これを実施するよう強調した。

ところでこの準則によると、理事会の所管事項である学校法人の一般的管理と役員の選出をはじめ学校長の就任、教員とその他の職員の昇進、総ての財産の管理と整理に関する事項は、必ず理事会の議決をへて理事長がこれを執行するよう規定している。

また学校長は教員とその他の職員に対して懲戒上申、学校予算の編成と執行、一般財産の管理、学生の入学と退学、成績、卒業、学位授与と卒業生の決定、教科書の編[illegible]成、学務に関する事項及び人事委員会と教授会、学士全般に関する事項などを監察することになっている。

実業高等専門学校

最高会議で設置計画承認

政府が来年から設置しようと計画した農業、工業、および水産部門の実業高等専門学校は、八日最高会議で承認され確定された。

経済開発五カ年計画の遂行に必要な技術要員と産業部門の中堅技術者を養成するため設立される実業高等専門学校は、[illegible]力をもった者が入学することになっており、卒業と同時に初級大学卒業者と同じ資格が認定される。

政府予算の実業教育費二億ウオンの中その一部を施設費に割当て人件費として二百五十万ウオン予算まで編成しているこの実業高等専門学校は来年に現在の公立工業高等学校の施設の優秀な三校を選び、私立学校の希望校に対しては施設基準を厳格に審査して合格した学校に限[illegible]

ところでこの実業高等専門学校の教科課程は、一般基礎教育と実験実習となっており、学級四十名編成の予定である。

カンボジア独立記念日に祝電

大統領権限代行朴正熙議長は九日カンボジア王国独立記念日を迎えるに当たり、カンボジア元首ノロドム・シアヌーク殿下に祝電をおくった。

証券金融の融資措置

財務長官、金通委上程を確約

【ソウル発＝連合】八日午前、証券取引所朴専務理事と証券協会会[illegible]専務理事は財務部長官を訪ねて要談した結果、証券金融の融資措置[illegible]

農家貸与糧穀法改正

還穀率を地方長官が調整

[illegible]率を地方実情に合うよう地方自治[illegible]る利穀を一年間猶予して、六三年[illegible]

農林部がこのように法改正[illegible]したのは、毎年農林部長官[illegible]する政府管理糧穀の販売価[illegible]より決定される[illegible]によって還穀が均一せず、[illegible]ら惹起される矛盾を解消す[illegible]である。また今年は干魃が[illegible]く夏穀および秋穀の作況が[illegible]なかったので、農家の負担[illegible]のため今年度に限り利穀を[illegible]

展開する再建国民運動

再建国民運動は革命政府の積極的な指導により全国で大々的にくりひろげられ、国土再建開発に大きな成果をあげている。写真は京畿道江華郡の再建青年会員たちが山をけずり谷をくずして道路の建設の礎石に作業しているところ。

保険会社の整備問題

財政部、年内に完了方針

【ソウル発＝連合】[illegible]府の方針にしたがい、その間財務部の勧奨にしたがい自主的に合併するか、でなければ政府の一方的措置にしたがい強制[illegible]を断行するか、どちらかを[illegible]時に入った模様である。六[illegible]消息通によれば、財務部は保険会社の整備を一四[illegible]

九月までの外貨受払

受入二億六千万ドル 支払三億二百万ドル

来年度に警官千名増員

各種犯罪検挙八七％

前国会議員二十名を告発

蚕糸輸出実績

十月関税実績四億八千余万ウオン

チップ製造
鹿沼利材工業所
社長・三中通九
本社・宇都宮市富士見町野尻 電話（宇都宮）(2)4685
工場・宇都宮野尻工場・鹿沼市西茂呂工場 電話・鹿沼2064
・今市大沢工場 電話・大沢・42

第一産業株式会社
代表取締役・金相基
本社 工場・栃木県小山市本町1.856 電話 小山（代）217番
東京事務所・東京都中央区八重洲3～3 電話（271）3922番

広告代理業
KPR
TOKYO 港区芝琴平町26 電話 (501)0471
SEOUL 乙支路一街101 電話 (2) 1811

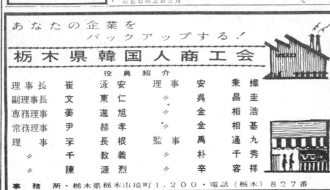

あなたの企業を
バックアップする！
栃木県韓国人商工会
役員紹介
理事長 崔泳安 理事 安秉煒
副理事長 文東仁 〃 呉昌圭
専務理事 姜進旭 〃 金相浩
常務理事 尹赫孝 〃 金相基
理事 李長根 監事 禹通九
〃 千教義 〃 朴千秀
〃 陳源烈 〃 辛容祥
事務所・栃木県栃木市境町1.200・電話（栃木）827番

漢陽
11月号…200円
＜在日＞国文版의 綜合雜誌
主要内容
米穀価格과 農家経済
通貨改革과 韓国経済
最近 美国景気의 動向
韓国学生運動의 回顧
光州学生運動의 歴史的 意義
버마와 ユ 中立路線
白巌・朴殷植의 啓蒙思想
素月의 詩와 自主精神
韓国民謡의 郷土的特質
八公山「第二石窟庵」
어머니와 아들
発行所 漢陽社
東京都豊島区池袋東一一五五
振替 東京 一六六三八
電話 東京（983）五一三一

憲法改正案の核心 ①

第三共和国ではどうちがってきたか

前文・総則

予が加えられた。

前文の末尾に付いていた制憲代表としての〝李承晩〟の名が消され憲法理念としては四・一九と五・一六の革命理念を付け加えたものが前文改正の内容である。

〝李承晩〟を削除したことは憲法の改正深度を示すものである。革命政府は国家体系の同質性を表示するため新憲法を旧法の改正形式にしたが現るにおいて新共和国の法秩序を完全に新しいものに制度

〝旧法通りにすれば国軍は物理的な国土防衛の任務しか負わないことになるのであるが、こうなれば国内政治の腐敗をみてやむを得ず立ちあがった五・一六軍事革命が事後でも合理化されなくなるのではないか〟と。…

×　×　×

新憲法案の大きな特徴の一つは政党条項を総綱で独立的に規定したということである。

第三共和国の基盤になる改憲案の特徴

強力な大統領の権限は国民の世論時代の要請だ

韓国の声

去る五日朴正熙最高会議議長をはじめ最高委員二十三名によって発議され国民の前に公告された憲法改正案は、民主政治にさきだち真正な民主共和国の基盤を作る一つの大きな布石になったと思う。

核実験禁止と国際査察

時流

カリブ海の緊張（キューバ問題）

明日の国民代表

国会議員の資格

資質を中心に

李　炳　銘

だが第一項によって少なくとも二つ以上の野党が現れなくてはならないのであるが、もしも野党みずからの力で形成されない時には政府が野党形成に手を加えなくてはならないアイロニー（皮肉）を新憲法は含んでいるのである。

（二）消極的要件

①変節背信型

旅券発給者氏名公告

韓国駐日代表部領事課旅券担当官
在日本韓国居留民団中総民生局長

本国入国許可者氏名公告

韓国駐日代表部領事課旅券担当官
在日本韓国居留民団中総民生局長

■ホール
■御座敷

純京城料理

京城館

宋万里
東京都新宿区神楽河岸３号地
国電飯田橋東口下車橋のたもと
電話　（331）2652

トロリーバス海外向船積

府中車輛工場

東京芝浦電気株式会社は〝TOSHIBA〟の愛称で全世界に広く行き亘っております。現在資本金６９３億円、年間総販売額は１８００億円を越え、従業員８万５千名、工場21個所、東洋最大の研究所５７余所のマンモス企業は全世界の最も著名な一大電気総合メーカーであります。〝TOSHIBA〟のマークが表示されている全製品は品質と性能が完全に保証されております。〝TOSHIBA〟は其の研究に依り明日の無限なる発展が約束されております。

Toshiba
“大は原子力、小は電球、トランジスターまで”
東芝の製品はより良き世界、より良き生活を創る
東京芝浦電気株式会社
東京都千代田区有楽町一丁目十二番地
韓国向代理店　不二貿易株式会社

周鯨文氏中共を語る

平和、幸福のない中共

無言の反抗つづける国民

本社では先頃中国の代表としてMRA世界大会に参加した周鯨文氏（一九五六年十月中共脱出者）をかこむ懇談会を八日午後六時から東京赤坂の韓国公報館で主催した。同懇談会には在日僑胞有志二十余名が参席したが、周氏は中国の一般的な実情、中国国民の生活状態、国府の大陸反攻などに関し要旨次のように語った。

わが国と最も共通な苦痛と課題を背負っている韓国の皆様にあえて非常に力強い。今日皆様に申したいことは、過去私は民族のために尽したいと思って中共へ行った。しかし民族の一人一人は中世紀的暗黒の中で身の危険にさらされていたので、中共を脱出しました。民族のために働きたい一念が、結局命をかけて脱出せざるを得なかった共産主義の現実は、真の父母兄弟でも思想が違えば互いに殺し合うし、思想が同じであれば外国人も兄弟だという政治状態である。民主主義のないところに平和と幸福は絶対にありえない。民主主義とは異なった意見を話し合いによって共通の思想的歩みに結実させるものだ。ところが中共の共産主義指導者は異なった意見の持主を探し出して処刑することに余念がない。これは民族を殺していることにほかならない。国民がその政府を信頼するはずがない。国民は共産主義の法律を信頼しないし、また共産党も国民を信用していない。こうした風潮は一九五七年ごろからあらわれ、国民の一人一人は共産主義の反ヒューマニックな暗黒政治に抵抗の態度を示しはじめている。このように国民の怨嗟をかえりみないで権力と武力と秘密組織による処刑を背景とした政治は必ず国民による審判がくだされるであろう。

中共の共産指導者は共産革命が成功するや、日本国民が所有していた一切の物を没収して重工業優先政策を進めたが、これが進むにつれ、最初は案外成功したかに見えたが、再生産機構が衰えるにつれ、しだいに生産は低下の一路をたどった。これにつけ加えてこの現象に拍車をかけたのは、工業専門家でない共産党幹部が工場を管理し、道理上の命令を下していたところにある。こうして失敗続きの重工業政策重点主義によって農業部門や農業はほとんど放っておかれていたので、国民の食生活は極度に減り、木の皮や根に食糧を頼らざるをえないようになった。それで共産党はこうした失敗をもり返すため人民公社という生産組織を考えたが、しかし、農民が農機具や家畜や土地に深い愛情と愛着を感じてこそ、農業が立派に実るのであるが、共産党幹部の命令にただ機械的に動いて働くのでは成功するはずがなかった。それでも共産党幹部は農民だの、また、働かない者は米帝国主義の手先だといった調子で多くの国民を処刑しながら労働を強制している

が、国民が同調していない機構は必ず内部から爆発して崩壊するだろう。

国民の物資欠乏は農村にはなはだしいので、人口は都市へ集中する傾向がある。しかし共産党は農村の物資欠乏になんの対策もしないで、都市への集中を強制的に阻止している。原則として共産党幹部は都市で生活しながら生活は指導階級的に保障されている。この指導階級は党、軍、警察の順になっているが、これにたずさわっている下層階級はほとんど農村出身者が多い。しかし彼等は農村の父母兄弟の生活難を非常に悩んで、最近では国民全体の生活難が、根本的に考察して中国国民に合わない共産政治の矛盾にあるといっている。それで上層部の誤った命令を

韓国公報館で中共を語る周氏（中央）

国民に伝えていない。党が最も誇った政治的背景の軍部でも、ここ二、三年来、農民の不平をききつけて国民の不満が外にあらわれる状態にまで発展したところを真に悩んで、聞くところによると共産転覆を企だてている。こうした情勢から、国府では大陸反攻によって第三次大戦は現在の世界情勢から起こるとは思えない。何故なら米ソ両国は水爆戦争を恐れているからだ。だから、われわれが中国領土の一部を定期間占領して根拠地を起せば中国国民は立ち上るであろう。われわれの反攻戦争は、民主戦争であり、また、われわれ自由陣営の共通な戦いだと思う。私が思うに韓国の統一も大陸反攻なしでは実現されないと思う。中国の若人は最近香港難民からの情報によると、三分の一は共産賛成、三分の一は中立主義者で、残りの三分の一は共産主義絶対反対派である。だからわれわれは色々の情勢に基づいて大陸を反攻するから皆様の絶大な賛同をえたい。

佐賀県韓国貿易懇談会

第二回佐賀県韓国貿易懇談会が去る二十三日午前十時から佐賀市松原町のグリル末玉で佐賀県商業奨励館の主催で開かれた。同懇談会には三井物産福岡支店長山岸什三、福岡韓国貿易促進協議会専務塩沢登の両氏が特別出席した。

山岸氏は先般、福岡県韓国訪問民間使節団長として約二週間韓国を訪問したが、懇談会では韓国の現在の実情を分析して、反共韓国の立場を解り易く説明した。また塩沢氏は韓国貿易の事務的な面から詳細説明を行ない質問に応じた。

進撃機動演習終了

陸軍第一軍司令官を総指揮官とする進撃機動演習は、第三段階作戦である夜間攻撃の訓練を終え、八日午前成功裡に各師団別に終った。

旧中央庁舎復旧完成

庁舎配定計画発表さる

来る十九日までに旧中央庁舎復旧工事中第三次工事を終える予定であるが、その庁舎配定と事務室移転作業に対する計画を、八日午前政府で発表した。

この計画をみれば、約一千九百名の収容能力をもつ今度の工事区域には内閣首班室をはじめ内閣事務処、法制処、内閣計画統制官室、経済企画院、財務部、経済開発計画本部などが入り、第一分館と第四分館の現内閣首班室と内閣事務処は農林部が入ることになった。この事務室移転は来る十六日からはじまって二十日までに終るが、移転作業は職員全部が担当し、重要な事務に支障がないようにする。

一方、外務部は現在の建物にそのままとどまることになるか、外務部長官が外賓をむかえるときは、中央庁に特別に造ってある外務部長官室で接見することになる。

ある北韓脱出者の手記

(19)

労　働　者　生　活

高級製品ソ連に貢ぐ

千里馬運動は搾取への欺瞞

二、搾取方法

一九五六年九月ごろ、平壌紡織工場で労働したことがある。紡織工たちが日に綿布七〇メーター生産、メーター当り一円五十銭（旧貨幣で）ずつ払っていたのを、日に八〇メーターを生産するようになるやメーター当り一円二十銭に下げたことがある。（責任量七〇メーターを無難に完遂するようになったら責任量を八〇メーターに上げた。）反対にメーター当りの生産労賃は減らしたが例外で計画した個人所得以上を与えないためである）即ち共産主義者たちは、自分らが計画した労働者たちの月給は固定させておいて、作業量だけを上げた。このような事実は私も直接体験した。（労働者たちはこれを考えずにより以上の労賃を得るため、また責任量を完遂するために努力する）

ここに一つの紹介しておきたいのは、北韓共産主義者たちは国内で始めて生産される製品と高級製品をソ連共産主義者たちに貢いでいる。

一九五七年平壌染色工場（紡織工場内に所在）を建設し、始めて生産された漂白製品五車両をソ連に送った事実がある（私が直接見、そして確認した。）

現在北韓で進行されている千里馬作業班運動というのは、どういうものであるか？

千里馬作業班という基本規定

るが、欠勤がないこと、作業班を組みると、年間に亘って欠勤がなく、既存機械を改造または自動化させ作業時間を延長することなく責任量を一五〇%以上完遂し、全班員が和ぼく団結して党決定執行では模範となり、相互扶助の精神で武装されなければ千里馬作業班とはなり得ないことになっている。

しかし共産主義者たちは、規定だけは体裁よく設けておいて実際は規定を無視し、如何なる方法をもってしても計画数だけを超過完遂することを強要するので、下部では労働強化と時間延長をしている。

即ち千里馬作業班運動は労働者をより以上搾取するための欺瞞スローガンに過ぎない。

また北韓共産主義者たちは労働者たちをより以上搾取するため、所謂賃金制を実施している賃金は月、分期、年賞金があるが、欠勤がないこと、作業班

責任量を一五〇%以上超過完遂させなければならず、思想生活において抜群の熱意を発揮しなければ受賞出来ない。それ故に労働者たちは、実際は年に一度か二度しか受けられない。

このような賃金制度も、労働者たちをより以上搾取するための甘いえさに過ぎず、共産主義思想に染まるようにする触媒剤に過ぎない。

カイライ軍生活

北韓傀儡軍の創建は一九四六年保安幹部総訓練所を経て、一九四八年二月八日に正式の創建をみた。

傀儡軍の創建当時の指揮官たちは、大部分が金日成一党とソ連軍に服していた韓国人指揮官たち及び中共軍の八路軍だった韓国人の指揮官たちによって構成された。一九五〇年六月二十五日以前は、歩兵一〇個師団と、幾つかの技術部隊を所有していたのが、六・二五事変を契機として、北韓全地域にある若い青年たちを強制的に徴集したし、一九五三年七月二十七日停戦以後も引続いて青年たちを徴集し、現在では歩兵六個軍団（約二十個師団）と、空軍、海軍をはじめ各種技術部隊等を所有している北韓傀儡軍は、またも再南侵機会をねらっている。

ここに一九六〇年十月まで私が直接体験した北韓傀儡の各部分を紹介しようと思う。

世界各国の軍隊と同じく、北韓傀儡軍も一定の日課表に依って生活していることは事実である。

しかし北韓傀儡軍はよその国の軍隊と違った日課を進行させるので、一日二十四時間に亘り一分一秒の自由もないことと、また外出することの出来ないのが特徴である。

（金　連　一）

韓国の再建意欲に感銘

マラヤ副首相記者会見談

去る五日来韓したラザク・マラヤ副首相は、短期間であったが在韓中、国家再建のための意欲にもえている韓国指導者らと国民たちを見て感銘したと語った。副首相は四日間の韓国訪問を終え、帰国に先だち八日午前十時朝鮮ホテルでの記者会見席で、以上のように語った。なおマラヤ副首相は去る五日韓・マラヤ貿易協定に調印した。

尋ね人

金本　三郎

前住所　宮城県仙台市南小泉南屋敷九一

右の方は最近まで右住所から移転しその後消息不明です。本国で親戚の方が行方を訪ねております。御心当りの方は本紙または左記へ御連絡下さい。

釜山市東区凡五洞四統一班二五の九　金　根声

東映フライヤーズ
国鉄スワローズ

韓国を訪問

錦を飾る張本、白選手

羽田をたつ張本（右）白両選手

韓国のソウル新聞社招請による東映フライヤーズと、国鉄スワローズの一行七十八名は九日夜九時羽田発のCATチャーター機で出発した。空港ロビーには中沢会長を初め多数の見送り人が出発一時間前からつめかけていたが、東映フライヤーズの張本、白両選手は故国での最初の試合とあって報道陣らの会釈に愛敬をふりまいていた。

両チームは三日間ソウルに滞在し模範親善オープン戦を披露するが水原監督は「野球のプレーだけでなく両国の親善にも役立ちたい」と見送りの人達に述べていた。張本、白両選手は故国への訪問に対し次のように語った。

張本選手談＝これで故国へは三度目だが、チームのメンバーの一員に加わってしかもソウルで親善試合をするのはこれがはじめてで感無量だ。

白仁天選手談＝九カ月ぶりに再び故国のソウルに行く。兵役のことが少々気になりますが、力いっぱいの野球プレーを故国の人にみせて帰りたい。

左から水原監督、東映石原代表、中沢パ・リーグ会長

韓国排球チームが来日

忠州肥料（男）朝興銀行（女）

日本側と親善試合

韓国バレーボール界のホープ忠州肥料（男）と朝興銀行（女）の両チームが国際親善試合のため八日午後一時半羽田着のCAT機で来日した。今回の来日は日本バレーボール協会、日本実業団バレーボール連盟の招きによるもので、両チームは八日の東京での試合を皮切りに約十日間にわたって福岡、広島、小田原など全国各地で日本側強豪チームと親善試合を行なうことになっている。また試合は男子は九人制、女子は八試合の六人制である。関東・東京大会は、八日午後五時から東京台東体育館で、韓国側から裵大使、韓国公報館館長、民団中総具文教局長、日本側から主催並びに関係団体から来賓多数列席のもと、男女各二試合が行なわれた。

▽女子九人制
東邦レーヨン（日本）2（21─18、21─10）0 朝興銀行（韓国）

▽男子九人制
専売東京（日本）2（21─14、21─17、13─21）1 忠州肥料（韓国）

▽女子六人制
三洋電機（日本）2（15─11、15─6）0 朝興銀行（韓国）

▽男子六人制
シチズン（日本）2（15─11、15─7）0 忠州肥料（韓国）

各チームとも、国際試合経験が豊富であるだけに、予期した通りの熱戦が展開されたが、韓国選手は日本到着後四時間後には試合を行なうという無理なスケジュールがたたって、期待した程の成果は得られなかったが、今後の試合が注目される。

朝興チーム朴コーチの話　韓国実業団チームは今度がはじめてなのでいろいろの期待をもっている。七日に金浦空港から発つ予定だったが、手続き関係の不備で一たん戻り今日の一時半羽田着のCAT機からこの合東体育館に直行しての予期せざる試合（十一日の福岡試合からの心算りでいた）なので旅の疲れはもちろん全然調子が出なかった。この試合をもって日本チームの実力を大体把握することが出来たが、福岡での試合からは体調を整えて実力を発揮、皆さんの期待にそいたいと思う。

忠州肥料チーム（上）と朝興銀行チーム

韓国チーム対戦日程

11月8日関東大会（台東体育館）
対戦　男　専売公社、シチズン
　　　女　東京三洋電機、東邦レース

11月11日　福岡大会（八幡製鉄体育館）
対戦　男　八幡製鉄、住友金属
　　　女　林兼産業、サロンパス

11月12日　広島大会（広島県立体育館）
対戦　男　帝人三原、専売広島
　　　女　東洋工業選抜軍
　　　　　帝人三原

11月15日　小田原大会（富士フイルム体育館）
対戦　男　富士フイルム
　　　女　富士フイルム

11月17日　東京大会（新宿体育館）
対戦　男　シチズン淀橋・日本ビクター
　　　女　朝日生命・シチズン淀橋

韓国選手団メンバー

忠州肥料チーム（男子）
団長　洪承武（忠肥監査役）
顧問　朴承昌（大韓排球協会理事）
監督　金忠烈（忠肥総務次長）
主務　宋福相、コーチ　張聖焕
選手　朴鍾宇　徐炳吉　沈子竜　鄭任変　金翰植　金振熙　金光鈞　金栄鎬　曹基根　崔鍾雄　朴東赫　李甲寿

朝興銀行チーム（女子）
団長　金彦培（朝銀常務取締役）
監督　金明洙（大韓排球協会理事）主務　朴光熙（朝銀外国部長代理）コーチ　朴鎮観（大韓排協審判委員長）
選手　金英淑　閔芳子　洪順玉　金君子　洪善河　金順愛　李春日　曹南順　金淑子　李淑子　呉貞子　趙正子

コチュブの沖縄スケッチ

④ 壺　屋

沖縄には芭蕉布、紅型染（ビンカタ）等と共につぼ屋という独特な陶器を生産する所がある。村の入口に陶器をやく長い窯の前には無数のカメがころがっている。この陶器とかわらは李朝光海君時代張献功、安一官、安三官という三人の韓国人が壬辰乱後日本の薩摩藩を経て、琉球に渡りこの技術を教えたという。

（画文金竜煥）

世界を
飛翔する
乗用車
ここに誕生!!

ダットサン ブルーバード

日本で最も人気があり、世界各地に輸出されて好評のダットサン　ブルーバードのふるさと……日本の代表的自動車メーカー「日産」が神奈川県追浜に建設した東洋一の乗用車工場です。100万平方メートルの広大な敷地に並び立つ工場では、すべてがコンベアーシステムで運ばれています。日産自動車では、このたびセナラ自動車と提携し、ブルーバードを韓国に輸出することになりました。

ダットサン トラック

NISSAN
日産自動車株式会社
東京都千代田区大手町ビル
새나라自動車工業株式会社
ソウル特別市中区小公洞21

演芸

米国に紹介される韓国民俗芸術

一行12名14日渡米
33カ国音楽祭にも参加

韓国の民俗芸術が五・一六奨学会によって初めて米国に紹介されることになり、約三カ月の予定で来る十四日午前十一時、東明舞踊団長を始めとする十二名の民俗芸術団員らが空路渡米の途につく。

渡米する民俗芸術団員らは、米国のブリガムヤン大学主催の国際芸術祭に来る十六日出演することになるが、同音楽祭には世界各地より三十三カ国が参加しこの公演で奨学基金を募金することになる。韓国の民俗芸術団も同音楽祭に出演し、米国のモルモン教会がスポンサーになって出発から帰国に至るまでの一切の費用を負担し、公演から得た収入は五・一六奨学基金として使われる。だが、今度の民俗芸術団が渡米することになったのはハワイで公演したことのある韓国の民俗芸術を高く評価する前記モルモン教会とブリガムヤン大学で、わが民俗芸術を米国に広く紹介すべく、去る八月に来韓、米八軍将兵四百名が参観するなかでコリア・ハウスで選抜試演を行なった結果、数多い志願者の中から舞踊六名、楽士四名都合十名を選んだ。

今度渡米する民俗芸術団のメンバーを見れば、舞踊には殷芳京、李清実、慎映姿、李貞子、金蓮姫、鄭在国氏らであるが、彼らは「花冠舞」を始めに「孔雀舞」「長鼓舞」「僧舞」「喜ぶ日」「宮廷舞」「扇舞」「春香伝」「九鼓舞」「仮面舞」「剣舞」「アリラン」「巫女舞」「サルプリ」「農楽」など韓国固有の民俗芸術を米国の主要都市を巡りながら紹介する。

初めて米国にわが民俗芸術が集団的に紹介されるだけに早くも米国の各新聞には大々的に報道され、彼らの公演によって約十万ドルに達する外貨の奨学基金を得られるものと米国側のスポンサーらは見ており一行は文化使節をかねて奨学基金の外貨まで獲得することになる。

もう一つの現象
伝記文学ブーム
注目すべき出版界の新方向

ノン・フィクションブームを起している今年の出版界のもう一つの現象として、本格的な伝記物が現われている。そしてその計画が比較的指導的な出版社によって進められている。もち論、今まで伝記物がなかったわけではない。大小さまざまな出版社によって児童用の偉人伝からチャーチル、ケネディ、フルシチョフなど現代政治家の伝記に至るまで数種の伝記物があった。

なかでも、最もポピュラーなのはリンカーン、キューリー夫人伝およびシュバイツアー伝である。

このような散発的な伝記物は今でも続いていて、ケネディに関する伝記も何種類かになり、先週にはディーン・デービット・ハーレーの「ジャクリーヌケネディ」が現われる騒ぎもあった。

だが、このような伝記物は選び抜かれたものではなく、往々論議される芸術家や政治家、科学者らを理解するのに必要な伝記物、またはロマン・ローランの労作に見られるような伝記文学と呼べるほどの伝記物ではない。わが国で理解される外国思潮がややもすれば皮相的なものになりがちなのは思潮の創造者らに対する実証的な研究がなかったからであろう。

例えば文学部門にしてもドストエフスキーやボードレールに関する著書はおろか、翻訳書の一つもないという有様では、この国の小説や詩の基礎が如何に脆弱であるかということがわかる。（お隣りの日本だけでも、この二人に関する著書は数十種にのぼる）もち論最近米国のニュー・クリティシズムの批評家らにより文学の伝記的研究は非本質的な研究態度であると指摘されているが、だが作家の個性と生活による解説が文学研究の最も古く、最も立派に確立された方法の一つであることを否認するわけにはいかない。モレーの「英国詩人伝」ボズウェルの「ジョンソン伝」、メーソンの「ミルトン伝」、それにトーテの膨大な「シェークスピアの生涯」などがなくては十九世紀までの英文学史が成立しなかったということくらいは誰しも周知のところである。伝記の重要性は単に文学のみにとどまるものではない。今日においても、伝記的研究は続けられ広範な分野にわたって多角的に検討されている。

今まで韓国の出版社で発行されたもので最も多く読者に読まれたのは乙酉の「プルターク英雄伝」完訳本であった。一九六〇年から六一年にわたって出版されたこの六巻は今でも書店陳列棚の前列に並べられ、一、二巻は再版、三版を出している。

だが先月には「伝記文学」というレッテルを付けて新丘文化社の「世界の人間像」一、二巻が同時に現われた。全十二巻の同伝記集は政治家、女性、演芸人、文学家、科学者、思想家、政治家、事業家、革命家などに分かれ、主に現代人ないし現代に近い前世紀人らの生涯と業績を一巻に、四、五名ずつまとめている。執筆者もロマン・ローランを始め、伝記作家として知られている人であり、その人の伝記研究で辞典にまでのっている人々を選んでしかも要領を得ている。

だが翻訳が原語から複写されていないようなのが二、三あるのがキズである。

だが広告文のまま「ようやくこの国にも伝記文学が上陸」したのかは疑問であるが本格的な伝記が現われだしたのは出版界の新しい方向として注目にあたいしよう。

◇古蹟を訪ねて◇
祕苑石階段 （曹圭必）

李朝野史物語

太祖時代篇 (19)

太祖と高僧無学の出会
釈王寺建立縁起の話

王氏の高麗王朝がその大権を新王朝の創業主太祖に譲り与えたのは、当時の情勢から推して無理のない移り方であった。

太祖が、青年時代から王氏朝に仕えること三十年、五十八歳に王位に即くまで——威化島回軍を契機として崔瑩追放、恭王事件から王位を譲りうけに至るまで、どこまでも国民の世論が熟するのを待った。

太祖は、天命を待ち時運が開くのを自重して待った。そうして、ついに王朝大権を握った。

太祖は、その生立ちから伝説が多い。それは伝説というよりは、（後人着色のない）実録や歴史の記録にまでノートされた事蹟である。

釈王寺建立に因む縁起物語も、その一つ。太祖創業年間、精神的に大きな影響力を持った人に、高僧無学がいた。この人と太祖の出会いのことを記す。

太祖青年時代の頃。安辺（咸鏡道）の地を通過したときのことである。現在の釈王寺がある地点に庵子（寺）が一軒あった。太祖、一夜をそこに宿った。不思議な夢を見た。夢は三つ。(※)三柱を背負い、次は花散り、第三夢は鏡が割れた。

丁度、そのお寺に破字占（文字占い）と解夢（夢を解くこと）をよくする高僧がいることを聞いたので、彼を山門に訪ねた。既に先客が一人いて、彼に破字による身数（運星）を占っていた。彼が指した字は「問」という字。

高僧はしばらくその答をみていたが

「本当のことをいおうか。問という字形から見て門の前に口がついている。乞食の星です」という。客は高僧を見返しながら「八字（宿命）は所詮逃れられないものだな」と、一言残して山門を辞して去った。

その客は、事実乞食であった。お寺の坊さんが神通力を持った星占いといわれたので、人から僧衣をして寺を訪れ、坊さんを試したところずばりと当てられたので、驚いたことであった。

この光景を見ていた太祖も、破字占いで星を見て欲しいといわれながら、やはり「問」字を指した。

高僧は客人をちらっと見つめていたが襟をただして合掌再拝しながら曰く

「問という字形からして、左から見ても"君"であり、右から見ても"君"の字でござる。帝王の星と存じます」と言い、合掌。

太祖は

「先客と同じ文字"問"ではなかったですか。しかるに、どうして左様なことがあるだろうか」と反問した。するとその僧は

「文字だけに限らないのです。星は、その人の気象にもよるものです」と。

太祖、再び問うて

「破字占いならお師匠さんが、勝手に解くことができる。しかし、夢はその人の心象の一つであるから師匠でも勝手にできないと思う。昨夜、夢を見たのです。(※)三柱背負い、花が散り、鏡が割れたのですが、その吉凶をはっきり教えて欲しい」と話した。

僧は、しばらく黙想していた

「大当です。(※)三柱を背負われたことは"王"という星です。花散ったのは実が結ばれるのです。鏡が割れたとあれば必らず響きがあることです。早晩、帝王になられる星で—真の大夢でござる」と解いた。

太祖は、自分の身分を考えてみた。僧がいうこともまんざら不可能でないと思われた。心中ひそかに喜びながらも、まさかそんなことがあるだろうかと否定した。すると、僧は合掌礼拝しながら

「拙僧は法名を無学と申するものです。愚僧は無能ではありますが法術を若干心得ております。今日、貴人がお出でになることを予見していました。御下問の事柄を曲げてお答えすることはできません。どうか、お疑いなさらないで大事を成就されることを祈ります。

そこで、お願いすることは後日大人の大願が成就されたなら、この地にお寺を一つ建立して欲しいのです。小僧貴人の千歳を祝ぐ願堂（念仏堂）としたい」と、申し入れた。

僧が解き明した夢を聞きながら、太祖はその僧が非凡大徳であることがわかった。その場限りのお世辞は必要ないと考えたので、厳粛な口調で

「大師が仰せられることはどうかと思いますが、もし左様なことがあるとしたらお寺は必らず建立しましょう」と約束した。

それから、幾年果して無学大師が予言した通り、太祖は李氏朝鮮を創業した。若い時代に、夢を解いて貰った高僧との約束も忘れていなかった。

太祖即位後、無学大師と出会った地点に、お寺を建てた。これが今日の釈王寺である。その意は、無学が太祖の夢—王となれることを解釈したことを記念したものである。

（石坡山人）

人

朴恵蘭女史

社会事業に専念
孤児の幸福のため東奔西走

孤児について語る朴恵蘭女史

朴女史は、韓国慶南東萊町の児童慈善院院長、孤児問題と取り組んで東奔西走、体に似合わないシンのある文人肌の韓国トップ・クラス・レディーでもある。混血児保護で名をあげた沢田美喜女史の経営するエリザベス・サンダース・ホームと東京慈善院との姉妹縁組のために来日、目下孤児収容施設の見学や救済の呼びかけに余念がない。

「韓国には六万の孤児と五百の官、民収容所もありますが、毎月二百余名の捨子があって、目の届かない片隅に暗い影がふくれあがって行きます」くぼみのない一重瞼のよく見なれた典型的なあの眼、ハリがでたと思ったら「出版業で満足な技術を持てません」と控え目にうつむいた。カールされた前髪が広めに盛り上がった額にたれて奥行きがある。

どの施設も財政難で近代的な行き届いた設備というには程遠い位置にあるようだ。収容児の教育面にも色々と難題が横たわり万事が計画倒れのようでもある。

「孤児を職業にする人士も現われましたが、今では綺麗に整理されました」やっとほっとしたらしい。この社会にまで不正分子がはびこっていたのか——。まるで東京の「身障院」を地で行った奴らだと思いだされた。

「満十六歳ともなれば、いやでも収容所からでて行かなければなりません。でもあの状態だから、まともな職に就けませんよ！」何かを強く訴えるように、うなじを張って記者をにらんだ。新しい暗い影を背負ってネオ・リアリズムを謳歌する社会にほうりだされるらしい。それで、こちらも何んとかならないものかと気持がいらだって来る。とげのないかみしめた話術であるが余韻が残る。新聞や雑誌に投稿するだけあって、悲痛な訴えがこもっている。

何か抱負のようなものはありませんか？と水を向けると、警戒するのか、ためらい、それからぶちまけた。

「万事が不如意だらけで思った十分の一も実現されません。資金難で院内自活を目指して畠を作ったり、工芸品を製作して市場にだすとか——。技術を覚えさせて社会にだされても、彼らなりに生きられるようにする補導所が必要です」と柄に似合わない強さを口もとに漂よわせてから、サッと笑って白い歯並みを黒いスーツに映やして打ち消した。すんなりとした首に豊かなアゴが鎮座しほって働くには勿体ないようなミスである。

「婦女子の啓蒙運動や結婚相談にも乗りたい……」とかで、なかなか意欲家である。

ひとの結婚もそうですが、御自分の心配はしませんか？——と槍を向ければ目をそらしてほんのりと赤らめた。

比国の地域社会開発運動家四名が来韓

フィリピンの地域社会開発運動家四名が農村振興庁と駐韓USOM当局の招請で現在滞韓中である。

彼らは韓国の農村開発事業の方法及び技術等を視察して、韓米両国の社会分化的特性を比較研究するため来韓したのである。

一行は韓国視察を終えて帰国後、フィリピンの地域社会開発指導員らに韓国で習得した知識と技術を伝えることになっているが、この外にも十四名が今年韓国で訓練を受けたことがある。

鬱陵島に放送中継所
十二月三十日までに完成

公報部は八日東海の孤島鬱陵島に二五〇Wの放送中継所設置を決定したと発表した。この放送中継所は自家発電施設をもち、鬱陵島無線電信局の送受信所内に総工費三五万ウォンをかけ設置されるが、来る二十日着工され十二月三十日までに竣工される予定である。

安住の地よ いずこ (88)

許槿旭
え 金泰伸

脱出（三十二）

「国軍が攻撃してくるといって大騒ぎです。一昨日順川に多くの落下傘部隊か何かが降下したというから、まちがいないでしょう」

「そうでしたか……してここはどこですか？」

「旧价川です」

道を急ぐ年寄りはやさしく教えてくれながら、あたふたと先に立って歩いて行った。

星すら見えない夜道は、真っ暗だった。耳をつんざく爆音も遠くなり、山の道は重い沈黙だけが漂っていた。

彼と私は険しい傾斜した道を用心深くまさぐりながら歩いた。

先の尖った松の枝などが顔を打ったりした。そうするたびに、人たちは松の枝を折りながら、はい上って行った。

人たちはほとんど何も言わなかった。寂寞が黙々と降りる山道を、トボトボと続く足音のみが、山の稜線に沿って消え去っていった。

ときどき足が石につまずき前にのめったりした。足裏ははれて皮が破れ血が流れるようであった。しかし、私はそれを意識できなかった。

全神経が重い緊張の中に包まれたまま、足を動かすのみであった。

私は、ただ私自身が生きているということだけを知った。私がそこに居た。それが私を扶けゆさぶり勇気を与えてくれた。とりとめのない生の大きな光彩が、再び溶鉱爐の炎のように私の血管を流れた。

生きるということがすべてであった。

「見当がないので方角を知ることができない。とにかく道に出あい次第歩こう……」

彼は低く言いながら、私の手をとってくれた。暗闇の敷かれた山道を彼と私は、あてもなくさまよった。

山あいの狭いさびしい道を抜けて、広い原っぱに出たときは、まわりはいつのまにか明るくなって来た。

ほの白い暁の空の下、荒廃した野原と秋の森が、静寂の中に眠っていた。

暁の空気をふるわせながら、どこからか、小鳥のさえずりが笛のようにきこえてくる。その中を彼と私は黙々と歩いて行った。力の尽きた足をひきずりながら歩く私の頭は、洞穴のように空っぽであった。

何の意志もなかった。ただ、私に与えられた状況と条件の中で、そのまま、ずるずると引きずられるのみであった。

「一体どうなったことだろう？ 国軍はきっと北の方へ追撃したと思うが……ここがどの辺になるか見当がつかないね……」

彼は長いためいきをはきながらまわりを見まわした。いつのまにか私たちのまわりには、人の影が見えなくなった。

くもの巣のようにからんでくる一筋の不安をはらいのけるように、彼は静かに笑いを顔に浮かべながら、力強く私の腕を小脇に抱え込んだ。

＊商銀が築く
明るい事業！
熊本商銀
信用組合
熊本市米屋町２－２
TEL２－3566,6003

DAINICHI GLASS CO.LTD DNG
営業種目■化粧瓶■薬用瓶■医療器製造■
大日硝子株式会社
取締役社長・丸山泰徳
東京都江戸川区小松川４－３６ TEL681－0704

○サッカリンナトリウム・化学工業薬品製造販売
大東化学工業株式会社
取締役社長 林泰善
尼崎市新本町2の58 TEL(2)3381

fly to SEOUL
韓国訪問、アメリカ、ヨーロッパの旅は、国際線、国内線、航空船舶券発売の弊社を御利用下さい。旅行手続は無料サービス致します。
ORIENTAL TRAVEL SERVICE
東洋旅行社
本社：東京都中央区銀座西7－2 TEL.571－1340
（電通正面向いウエスト(WEST)喫茶店二階）
大阪：大阪市東成区片江町2－50 TEL.971－6180

韓国服地と韓国レコード！
営業品目
特殊香港洋丹・中国洋丹・金糸織洋丹
テトロン洋丹・京都洋丹・美術丹・七色丹
リバレース・オパール・ニュートン・ベルベット
其他・本絹・季節向一式・朝鮮古典長鼓販売
貸古典婚礼衣装
韓国レコード総販売元
韓國レコード
祖国訪問者および帰国者には特別御奉仕しております
仁川商会
東京都台東区浅草公園六区10－3
TEL (871) 3981・5498

北京料理 東天閣
和室・洋室完備
結婚披露・大小宴会
豪華な洋室新装完成
永らく皆様にご不便をお掛け致しましたが、この程洋室の近代的新装工事を完成し、味覚の秋に皆様方のご来店をお待ちしております。
大阪市心斎橋御堂筋角（そごう北隣）
電話・代表 二七一－〇一三一

優良鋳物用銑鉄製造
ASK
朝日製鉄株式會社
取締役社長 中学彬
横浜市鶴見区鶴見町1320
TEL 横浜(50)8431－4

東洋經濟日報
新事務所移転御案内
創刊以来十七年"アジアを一つに結ぶ経済紙"をつねに意欲的な報道につとめてきた本紙では、このたび業務伸展にともない先に大阪本社事務所の移転を完了しこの度東京本社事務所を左記に移転、十一月五日（月）から業務を開始することになりました。
読者ならびに関係各位、倍旧のご支援をおねがいします。
又・左記要領で社員を募集して居ります御応募下さい。
取締役社長 朴徹
取締役副社長 朴一哲
東京本社・東京都中央区銀座東四ノ四（畜産会館）
（新事務所）（銀座松屋百貨店横筋） 電話(542)三三七七～九番
大阪本社・大阪市西区江戸堀五ノ一五五（山越ビル）
（新事務所）（市電土佐堀五丁目電停前） 電話(458)二六九一～四番
名古屋支社・名古屋市昭和区東郊通三ノ一五（東郊ビル） 電話(88)一五三一～四番
"社員募集"
一、編集 十名 勤務地 東京、大阪、名古屋
一、業務 十名 資格 高校卒以上、三十五歳まで、国籍不問
一、女子事務員 五名 待遇 最高待遇す。希望者は履歴書持参又は郵送のこと。
一、経理事務（要経験）五名
東洋経済日報社

昭和34年10月10日第三種郵便物認可 昭和37年1月12日国鉄東局特別扱承認新聞紙第11号　韓國新聞　1962年11月28日（水曜日）　（定価一部10円）　日刊 第725号

韓國新聞
発行所 韓国新聞社
発行人 ［illegible］
東京都文京区金富町51
電話(813)2261・2263 編集
東京(812)1921 (813)2262 営業
振替口座 東京 34988番

韓国と日本を結ぶ!!
広告企画と立案・国策文案製作
新聞雑誌広告・ラジオテレビ広告
ネオン屋外広告・市場調査と興信
その他広告宣伝PR
広告代理業 KPR
TOKYO 港区芝琴平町25 電話(501)0471
SEOUL 乙支路一街101 電話(2)1811

旧政治家の救済

年内に30人以上

法司委員長、記者団に語る

【ソウル発＝連合】国家再建最高会議の李錫済法司委員長は二十四日旧政治家の救済問題にふれ、旧政治家にたいする救済は国民投票が終った後、遅くとも年内に三十名以上の旧政治家たちが救済されるだろうと示唆した。

李法司委員長はこの日、記者会見でこのように語り、救済される旧政治の名簿が議長に上程されていることを認めた。

前民議院長 郭尚勲氏も

同委員長は朴議長に上程された救済人の名簿に前民議院議長郭尚勲氏らも含まれているのかという質問にたいして「郭尚勲氏も入っている」と答え、また政党法要綱にも言及し、今週までに確定される予定であったが、次週に検討しなおして確定すると語った。

勝共討論大会開く

婁最高委、柳本部長ら参席

全国防諜週間にあたり全国勝共討論大会が二十四日午前十時国民会堂で婁高部最高委員、柳達永国民運動本部長らの参席の下に盛大に開かれた。

席上婁最高委員は激励辞を通じ、平和をむしばむ共産主義を打ちくだくことのできる理念と精神をきたえるこの集りが、むだにならないよう、国民は共産主義と対決することのできる実力培養と精神武装に率先しなければならないと語った。

これにさきだって、柳本部長は開会式辞で国民革命を完遂する重大なこの時に共産主義の矛盾性を批判し、共産主義に勝つ理念を育てることは、国民運動が目標とする建設と連結されるものである、と語った。

ところで、この日の討論大会では全国から選抜された再建国民婦女会と再建学生の代表三十二名が、勝共のため経済再建にさき立たなければならない、という題目で討論を展開した。

十二月一日から金利引下げ

銀行の再割引率も再調整

韓国銀行総裁は現行金利を今月末まで引下げ、十二月一日から新規金利を適用する方針を明らかにして、あらまし次のように語った。

今度の金利引下げは与信金利が全部含まれ引下げ幅はせまくなるであろう。一般銀行の貸出、預金金利を引下げるにしたがい韓銀の再割引率も自動的に再調整される。今月内に臨時金通運委が開かれ、金利引下げ問題に対して結論を下す。

なお第四・四分期において一般資金貸出限度が一億ウォンたらずで、資金需要が多い年末金融事業が困難にならないか、との記者質問に対し、閔総裁は「現在韓銀でもこれを充分に認めており、金通運委でも検討して年末金融事情に困まらないようにするつもりである」と語った。

ラスク国務長官と会談

韓日問題討議で意見交換

【ソウル連合】ニューヨークからの報道によれば、崔徳新外務部長官は二十三日国連での韓国問題討議に先立って、米国連代表およびラスク国務長官と会い戦略的会談をしたという。

崔長官は国連韓国駐在国代表団本部で二時間十五分にわたりラスク氏と会談したのち記者団に「われわれは国連で問題討議するための戦略を話し合った」と述べ、またラスク長官から米国は国土統一にたいする韓国の努力を強く支持するという確約をうけたと語った。

この日の会談には韓国側から崔徳新外務長官、李秘書官が参席、米国側からはラスク長官の他一名が参席した。

崔外務長官ワシントン到着

【ソウル発＝連合】ワシントンからの報道によると崔徳新外務長官は韓国の革命政府が経済を建てなおし、政治を安定させるために努力していることをアメリカ政府と国民に確信させるため、二十四日ニューヨークからワシントンに着いた。

崔徳新外務部長官は韓国の国連加入に関する討議に参席するため去る二十一日ニューヨークに着き韓国代表団と協議をした。崔外務部長官のワシントン訪問は朴正熙議長の領導する韓国革命政府の民政移管をはじめ、いろいろな施策について説明するのが主な目的だと伝えられているので、ある問題について意見の一致をみると決定を下すようなことはないものとみられる。

新聞用紙価格急騰

トン当り一千ウオン値上げ

原木供給難で製紙工場の稼動が不振のため、新聞用紙がトン当り二万八千ウォンからさる二十二日は二万八千ウォンとなり一日に千ウォンが急騰、市販用紙も連当り七百五十ウォンで三千ウォンが昂騰した。

このように新聞用紙が急騰した原因は、今年度原木を群山と三養および大韓製紙に一万立方米しか許可されず原木在庫が品切れになり自由品を買入れて生産している実情で、製紙工場側が原価を引上げたことにあると伝えられている。

ところで製紙業界では原木新規伐採が遠からず許可されるし、明年度分製紙用原木三万立方米を関係当局で今期中に供給してくれるので新聞用紙価格引上げはすぐ緩和されるといわれ、国内新聞社供給価格はトン当り二万六千ウォンをそのまま維持させることを明らかにした。

金粉など43品目禁輸

不表示品目　輸入許可細部方針

【ソウル発＝連合】商工部は公告第二千八百七十七号で措置された輸入許可要領の細部方針を発表した。同細部方針は告示第六百二十六号によって自動承認品目として輸入許可および制限品目に転換された七十八品目中①金粉等四十三品目を不許可品目に②残る三十五品目は一商社当たり一万ドル限度で制限輸入を許可する③「アクリルファイバ」、原毛およびウールトップは実需要者分に限り輸入を許可し④経済開発五カ年計画用資材は経済企画院長推薦分に限り輸入許可することにした。

同部で発表された輸入不許可および制限品目は次のとおり。

▽制限許可品目

原綿、煉乳、粉乳、原毛、ウールトップ、トーウ、アクリルファイバ、ヒラメント、サラン糸、ヒラメント、テビロン糸、硫皮紙、銀箔紙、タンニン、ミョンダン、パルピタル、チャチルチャンヨン薬品、硫酸カルシウム薬品、エンサン、モクロクロム、エチルタンサンキニン、タンサン、エンサントルビニン、ビタミンAP2、生漆、外国映画、エタノル、ポリビニールアルコール、ボニンエイセント、粗製ユリセリン、カセイン、香料、感光薬品、機械器具、鉄鋼材。

▽不許可品目

モヘヤ、金糸、銀糸、擬金糸、擬銀糸、擬色系金属糸、ヒラミントビニロン糸、合成繊維、ロープ、内張用タイル、テクス、アイボリナト、明化レージン、酸化鉛、光明図、リサジ、電気メッキ薬品、金粉、銀粉、金箔、銀箔、バイオリン、チェロ、レコード盤、鉛筆軸木皮、水棲物飼料、ワシン紙、ロール紙、金箔紙、アート紙、紙、ハトボート、カルタリスト、発泡剤、ポリソル樹脂、アコーデオン、クラリネット、トロンボーン、電気ギター、ピアノ付属品。

零細債権額来月十五日から償還

政府は農漁村高利債整理法に基づき、高利債整理の対象になっている貧しい債権者の債権額を来月の十五日から三十一日まで償還することを決め、これに伴いいろいろな手続きをとるように二十四日各道知事に緊急指示した。

ところで、この措置の対象は九万ウォン以下の財産を所持し、市、邑、面長によって確認されたものに限ることになっている。

解説　北京モスクワ冷戦

最近世界最大の緊張を造成させたキューバ危機は、去る二十日米国ケネディ大統領のキューバ海上封鎖解除声明をキッカケとして一応解消されるようになった。ケネディ大統領は二十日午後、約十週間ぶりに記者会見を行ない「二十日フルシチョフ首相からキューバにあるIL28爆撃機は三十日以内に引揚げるとしらせてきたので米軍の海上封鎖を解くよう国防長官に指示した。しかしキューバ政府はまだ現地査察を認めないので、キューバに対する警戒は続ける」と発表したのである。

このようにしてキューバ危機は去ったとみることができるが、一方われわれは、今度キューバ危機の裏で微妙な動きをみせているソ連・中共関係を見逃すことができない。共産圏の「二つの柱」であるソ連と中共は、スターリンの死後、デリケートな対立関係をつづけていることは、周知の事実である。とくに共産陣営の第一人者をほこる毛沢東とフルシチョフとの関係、フルシチョフの平和共存・強硬外交路線と、毛沢東の「帝国主義との戦争不可避」論は平行線的対立をつづけている状態であるが、この根本的対立感情が今度、キューバ問題にからんで表面化している現象をわれわれは注目すべきであると思うのである。

これは直ちに共産圏の分裂を意味するものではないとしても長い将来における共産圏社会を展望し、今後のソ連・中共関係を吟味するのに極めて興味あることであるからである。

今度キューバ問題でフルシチョフは表面上大きな譲歩をしたのである。即ちフルシチョフ首相はケネディ大統領のパウワー・ポリティクスに立脚した強硬なキューバ海上封鎖措置に対して正面衝突を避け妥協的政策を打ち出したのである。ケネディ大統領の「力」に対しフルシチョフは「譲歩」で答えたから今のところ、その評価を簡単に断ずることは早計でない。「政略」は遠い将来と関連を持つからである。しかし、このフルシチョフ政略を毒付に非難する「北京」の態度は、キューバ問題以上の別な政治的理由から由来していることをわれわれは注目するのである。

キューバ問題で米国に譲歩的態度を取ったあとのソ連の外交主流は依然として穏やかである。ベルリン問題においてもフルシチョフ首相は単独講和について極めて慎重である。革命記念日のレセプションでフルシチョフ首相は「ドイツ問題がますます、緊急に解決をされなければならぬことになった」と強調したが、無理をせず妊婦から子どもが生れて来るように、その時期を待つ。われわれが求めているのは、安全保障であってベルリンが欲しいのでも必要なのでもない」と述べたといわれている。即ちキューバ事態後もソ連の平和共存路線には変わりがないのである。しかし、ソ連の平和共存政策の主な支柱である「共産圏の結束」と「中立諸国の協力」の推進において中共と印度の国境紛争は大きな痛手の一つであった。特に中共の批判的態度はクレムリンの世界政策推進の大きななやみになっているのである。

ところで今度キューバ問題についてもモスクワがフルシチョフ首相こそ平和のために世界を破滅から救った政治家だと口をきわめて持ち上げれば北京はこれにソッポを向く態度を取ったのである。中共の新聞、ラジオは"共産主義世界の英雄"カストロ首相賛美の言葉で埋めつくしていたといわれている。

また北京の人民日報は（去る十五日新華社電）「帝国主義とは真正面から断固として戦うことが絶対必要であって、これに反対する現代修正主義者と断固闘うことがすべてのマルクス・レーニン主義者の任務である」と強調している。この社説は次のように指摘した。①米国を先頭とする帝国主義ブロックと社会主義諸国との間の矛盾は絶対に非妥協的なものである。チトー・グループに代表される現代修正主義者は、帝国主義と断固として真正面から戦う代わりに帝国主義に関する幻想をふりまき帝国主義の本性が変化したとの主義を宣伝しケネディのような帝国主義者の保障、約束、理性、善意を信頼するよう人民に促している。③マルクス・レーニン主義者と、現代修正主義者との違いは、第一に帝国主義に対する態度である。マルクスレーニン主義者は帝国主義と米帝国主義に反対する諸国人民の闘争の最前線に立つ……。

この人民日報の社説は、キューバ問題に対する、フルシチョフ首相の妥協的政策を間接的に非難したものであるに違いない。このような中共の非難にもかかわらずフルシチョフ首相はキューバに経済援助を約束し、カストロをなだめて、ケネディ大統領の約束を信頼して、キューバ危機を一応解決させる妥協的政策を貫徹したのである。しかし今後とも中共とソ連との根本的対立はいたるところで間接的冷戦をつづけるであろう。（洪）

統韓覚書骨子

この一文は、さる二十日韓国政府が全国連加盟国および会外国政府に伝達した韓国問題に関する覚書文の骨子である。

○…大韓民国は、国際連合によって誕生し、国際連合軍によって共産侵略から救援され、また国際連合の諸決議と決定を、一字一句遵守してきた。大韓民国の統一方案は、至極、簡明である。すなわち、国際連合の監視下で、全韓国を通ずる、真正な自由総選挙を実施することである。

○…韓国問題が国際連合で取り上げられてから十五年を経た今日、それは今、そのどの時期にもまして大なる重大性を帯びることとなった。国際連合が、一貫した決議を通じ、その立場を継続確認してきたのに反し、共産主義者は、過去のどの時期にもまして頑々しく、韓国問題を取扱う国際連合の権能と権威を否定している。

○…韓国問題が重要である理由は、大韓民国の樹立に果した国際連合の役割のためだけではなく、国際連合が、共産侵略から韓国を防衛するにあたって、最初に国際的な集団安全保障措置を取ったがためである。しかも、国際連合は、既に十五年前「国際連合」憲章が規定されるのと時を同じくして、統一された、民主的な独立韓国の樹立を保障する責任を自ら進んで負ったのである。

○…戦後のあらゆる人間的悲劇の中でも、祖国を人為的に分断されることによって惹起された大韓民国の苦難にまさるものはない。一九四七年以来、国際連合は韓国統一を実現するため、最善を尽しきた。しかも、いまだに、韓国は分断されたままである。韓国民と国際連合の利益に反して、このまま分断を永続化している責任は、誰が負うべきか？統一、独立、民主韓国の樹立にかける韓国民の宿望を実現するため払っている国際連合の継続的な努力を挫折させている者は誰か？

○…韓国は、韓国民同士の争いにより分断されたのではなく、韓国の北部に居住する人民の意思に反して、ソ連が、ソ連国籍を持つ朝鮮共産党員を使って、傀儡政権を樹立したために分断されたのである。「北韓」とか「南韓」とかの用語は、このように恣意的になされた韓国の分断を意味する以外の、いかなる意味をも持つものではない。

○…十五年前に、国際連合は、統一独立韓国の樹立に対して、主要な責任を担当した。国際連合は、会員国に、共産侵略から

○…大韓民国国民と政府は、韓国統一のための委員団の継続的な努力と、救援および再建事業においてなしたその顕著な寄与に対し、深甚な感謝を表明する。委員団の重要な役割にかんがみ、大韓民国は、韓国の統一が成就されるまで、同委員団がその課業を継続することを要請する。

○…国連合軍は、国際連合安全保障理事会ならびに総会の継続的決議に従って、大韓民国に駐屯している。国際連合軍は、新たなる共産侵略の脅威から大韓民国を防衛するため、重大な役割を果している。国際連合軍は、統一独立韓国が樹立される時まで、大韓民国に継続して駐屯する権限を賦与されている。大韓民国は、国際連合軍の韓国駐屯を、衷心から歓迎する。

○…国際連合は、自由、正義、平和および安全に貢献している。十五年間にわたる国際連合の韓国に対する努力は、このような原則を履行するために国際連合が関与した、生きた標本である。現在に至るまで、大韓民国は、韓国問題を取扱う国際連合の機能と権威を、明白に受諾してきたし、将来においても、継続して受諾するだろう。統一・独立・民主韓国の成就は、アジアの、そして全世界の平和と安全に寄与するだろう。そして、かかる目的の達成は、国際連合ならびに神聖な国際連合原則の偉大な勝利を意味するだろう。

十月末現在の外資導入状況

米、西欧から四億五千万

民間三件で四百五七万ドル

【ソウル発＝連合】大韓商議（経済審議会）が集計した経済開発五カ年計画による外資導入状況は、十月末現在、米国AID借款十四件で一億六千四百万ドル、米国AIDと米実業人団と合意をみたもの四件で一億四千九百万ドル、西独財政借款四件で一千八百万ドル、イタリア商業借款一件で一億二千万ドルである。

一方、政府が承認した民間外資導入状況は直接投資三件で外資四百五十七万九千ドル、内資一億五百万ウォン、借款契約二二件で外資二千九百五十二万ドル、内資十一億五千万ウォン、技術援助契約十二件である。

なお各内訳は次のとおり。

▽米国AID借款

事業	借款額	借主又は申請者	備考
セメント工場	三、〇〇〇、〇〇〇ドル	東洋セメント	締結
忠州水力発電所（設計）	一、五〇〇、〇〇〇	韓国電力	〃
	四、三五〇、〇〇〇	現代建設	〃
通信施設拡張	四、五〇〇、〇〇〇	東洋セメント	〃
ソーダ灰工場	四、八〇〇、〇〇〇	東洋化学	〃
中小企業発展	四、〇〇〇、〇〇〇	産業銀行	〃
デックス工場	一、一〇〇、〇〇〇	韓板産業	〃
ナイロン糸工場	四、一〇〇、〇〇〇	韓国ナイロン糸	〃
甘川火力発電所	三〇、六〇〇、〇〇〇	韓国電力	〃
ジーゼル機関車導入	八、五〇〇、〇〇〇	交通部	承認
上水道	三、四〇〇、〇〇〇	大邱市庁	申請
炭田開発	一六、〇〇〇、〇〇〇	石炭公社	〃
群山と唐人里火力発電所	五〇、三〇〇、〇〇〇	韓国電力	〃
忠州水力発電所	三一、一〇〇、〇〇〇	〃	〃
計	一四〇、三〇〇、〇〇〇		

▽米国実業人団と合意をみた計画事業（AID借款）

事業名	借款額（ドル）	借主又は申請者	備考
蔚山総合製鉄工場	一二〇、〇〇〇、〇〇〇の七〇％	韓国総合製鉄	残額三〇％は米社と交渉中
蔚山肥料工場	三五、〇〇〇、〇〇〇の七〇％	蔚山肥料	
PVC工場	八、五〇〇、〇〇〇の七〇％	楽喜化学	
ストローパルプ工場	六、〇〇〇、〇〇〇の七〇％	大韓生命保険	
計	一四九、五〇〇、〇〇〇の七〇％		

▽政府の西独財政借款（括弧内は所要額）

事業名	借款額（ドル）	借主
電信電話事業	八、七五〇、〇〇〇（二八、七〇〇、〇〇〇）	政府
炭車導入	四、二〇〇、〇〇〇（九、〇〇〇、〇〇〇）	〃
炭田開発	四、〇〇〇、〇〇〇（五、五〇〇、〇〇〇）	〃
造船公社事業	一、二〇〇、〇〇〇（三、一〇〇、〇〇〇）	〃
計	一八、一五〇、〇〇〇（五六、四〇〇、〇〇〇）	

注　西独商業借款で、西独ハーマス保険会社保証金による総合製鉄、肥料工場、セメント工場等に合計七六、一〇〇、〇〇〇ドルを交渉中

▽許可した事業（直接投資）

事業名	計画区分	国内投資家会社名	外国投資家	外資形態
金属鋼鉱開発	非計画	韓国合同鉱業	米国	合作投資
軍用車両工場	〃	亜細亜自動車	〃	〃
フィラメント糸工場	計画	韓国ナイロン	〃	〃
（借款契約）				
送配電線工場	非計画	韓国ケーブル工業	西独	借款
第四セメント工場	計画	韓二セメント	〃	〃
第五セメント工場	〃	中央セメント	〃	〃
第六セメント工場	〃	双竜洋灰工業	〃	〃
セミケミカルパルプ工場	〃	三洋紙業	〃	〃
急速冷凍冷蔵工場	〃	三養社	スイス	〃
紡織加工工場	〃	韓国	〃	〃
電気機器工場	〃	金星社	西独	〃
遠洋漁船導入	〃	済東産業	〃	〃
亜麻紡織工場	〃	東邦織物	米国	〃
新聞用紙工場拡張	〃	三養製紙	西独	〃
航空機導入	〃	大韓航空	オランダ	〃

▽許可した事業（技術援助計画）

事業名	計画区分	国内会社名	外国投資家	形態
医薬品製造	〃	韓国レメディア	西独	技術援助
医薬品製造	〃	ドイツ薬品工業	〃	〃
化粧品製造	〃	中央製薬	米国	〃
クルタミン酸新製造法	〃	太平洋化学工業	仏国	〃
クルタミン酸新製造法	〃	新豊製品	中国	〃
医薬品製造	〃	東亜製品	〃	〃
医薬品製造	〃	ソウル薬品	スイス	〃
医薬品製造	〃	国際製薬	イタリア	〃
医薬品製造	〃	東洲薬品	西独	〃
電気機器製造	〃	韓本工業	米国	〃
加圧紡織加工業	〃	東仁染色	〃	〃
蛍石処理	〃	大韓蛍石鉱業	〃	〃

西独技術顧問団5日来韓

【ソウル発＝連合】経済企画院では韓国駐在西独顧問団一行が来月の五日に韓国を訪れることになったと発表した。

テントルプ博士をはじめ四人からなるこの顧問団は、西独のボンで韓国政府と西独との間に六一年十一月十三日に結ばれた経済ならびに技術援助に関する協定書に基づき赴任することになったものであるが、この顧問団はむこう二年間、韓国に駐在するといわれる。

はじめて韓国に駐在するようになったこの顧問団は、西独の借款による八つの事業ならびに西独経済援助計画の全般にわたって諮問に応じ、蔚山総合工業センターの設置についての諮問、国有企業体の運営の合理化についての諮問に応じるなど千六百時間に達する用役の諮問が定められている。

小麦四千五百万ドル

購買承認書発給

経済企画院の調べによれば六三年度アメリカ[illegible]による余剰農産物一次導入協定分五千四百三十二万ドルのうち、小麦二千万ドル導入のため千四百三十七万五千ドル（運賃含む）のAP（購買承認書）がアメリカのAID本部からさる二十日付けで発給されたといわれる。

今度APが発給された小麦は、白小麦七万五千トン、四百五十七万五千ドルと赤小麦十二万五千トン、八百十万ドルでこれに対する運賃は百七十万ドルである。

白善燁駐スペイン大使信任状

マドリードからの報道によるとスペイン駐在大使を兼ねることになった白善燁大使は二十二日スペインのフランシスコ総統に信任状を提出した。

十二月から新政党結成へ

最高会議消息当局者談

最高会議の消息当局者は十六日、来年初め革命政府を支持する新政党の準備委員会が全国各地でいっせいに組織されるだろうと明らかにし、十二月から実施されることになっている政治活動禁止中止により新政党結成の胎動が始まると語った。

彼はまず革命政府を支持する政党の結成から着手されるだろうと示唆し、複数政党の強力な発展のため、野党であっても必要ならば積極的に支援すると語り、政局安定のためには三つ程度の政党の存立が必要であると私見として語った。彼はまた次期政権は政党中心の政治になると言明、野党育成にたいしても政府は特別な措置を講ずるだろうと語った。

国土建設団員帰省計画発表

建設部は二十四日、来る三十日を期して帰休することになった国土建設団員の帰省計画を発表した。

この計画によれば、一万四千四百六十三名の国土建設団員は全員各支部別に帰休するが、同団員らは来る三十日午後一時から十二月一日午後一時までの間に臨時列車便でそれぞれ帰省する。

人口動態基本調査を実施

五千六百世帯対象に

経済企画院は二十四日全国で約五千六百世帯を通じ人口動態の調査を実施すると発表した。

このたび実施される人口動態基本調査は去る二十六日から約三十日間ソウル特別市城北区、全羅南道羅州郡、慶尚南道巨済郡から選んだ約五千六百世帯を対象に実施する。

同調査の実施目的は都市と農漁村地域の出生、死亡、婚姻、離婚に関する人口動態資料の新しい方途を究明することで、地域的策定による人口成長率と来年に実施する全国的な標本技術調査の立案資料を得るためである。

四千三百万ドル、目標額の七〇％

十月末現在輸出実績

商工部は六二年度の輸出計画六千百八十六万四千ドル中、約七〇％に該当する四千三百二十四万ドルの輸出が去る十月まで達成されたため、残りの輸出のため努力することをさきごろ貿易協会と輸出組合および重要輸出商社に依頼した。

商工部は同資料ですでに到着しているが、輸出しないでいる輸出信用状が二千三百万八千二百十八ドルに達していることを指摘、すでに到着した輸出信用状による輸出を年末まで行なうようかさねてのんだ。

政党乱立を政党法で規制

李厚洛公報室長は、革命政府は政党の乱立を抑制する範囲内で、政党法を調節すると語った。また革命政府はあくまでも複数政党制を希望しているが、必要ならばこれを積極的に育成するだろうといい、このような複数政党の育成のため政府が努力するということは革命政府本来の使命であるが政党乱立を政党法で規制するものであると語った。

ご商売やお住いのご計画に……
東京商銀信用組合
東京都文京区湯島天神町三ノ一ノ四
電話・八三一－五七一五・四〇〇九・八六六一－五三三〇・五三三九

あなたの工場の生産性向上は、マークが保証する、南陽の高級鋳物におまかせ下さい

日本政府中小企業庁
指定モデル工場

営業種目
強靱鋳鉄
特殊鋳鉄
工作機械
自動車部品

NANYO
南陽鋳造株式会社

当社製品の主たる受註先
日立製作
プリンス自動車
昌運工作所
遠洲製作所
住倉工業
日本楽器

電話
浜松(3)7181・本社
〃 (3)8815 工作機械工場
〃 (2)5788 夜間専用

静岡県浜松市竜禅寺町628（浜松局区内）

NHL5型単能高速生産旋盤

僑胞言論人に聞く
民団規約改正問題

座談会

さきごろ民団規約改正委員会から規約改正試案が発表され目下、傘下各組織機関で検討されているが本紙では在日僑胞言論人たちに規約改正試案について意見を聴くため座談会を催した。

出席者

韓国経済新聞会長　金允中
新世界新聞編集長　李庚吉
東和新聞取材部長　李寿鎮
本紙副社長　金煕明
韓国新聞論説委員　崔天栄
司会（本紙）　鄭淳範

韓国経済新聞　金允中氏

新世界新聞　李庚吉氏

東和新聞　李寿鎮氏

韓国新聞社　金煕明氏

韓国新聞社　崔天栄氏

規約改正には賛成
不動の宣言・綱領が必要

金煕明（あいさつ）来る十二月五日に東京で民団中央議事会が開かれますが、この時、民団長年の懸案と念願であった規約改正を審議することになっております。今夜はこの規約にちなんで、さきごろ規約改正委が発表した規約改正試案を言論人の立場で、司会の本社鄭[illegible]次長ときたんなくその問題点を語っていただきたいと思います。

司会　いま説明がありましたように来る十二月五日の中央議事会では規約改正委で発表した規約改正試案が論議されるもようですが、この試案を言論人の立場から全般的に見てどうお感じになったか語っていただきたいと思います。まず韓国経済の金さんいかがですか。

金　改正試案に現われている改正点は全般的に三つの問題を指摘している。そのはじめに三機関の分立制を廃止して、団長中心制にして組織を一元化するということは多少理解できるが、しかし従来の監察制度が団長の下に置かれるということは現代の自由・民主を志向する団体として少々疑問を感じました。

李（寿）　規約改正はさしせまった民団の方向転換だと思う。それは従来の中央議事会を政策審議中心の中央委員会に改めようとしていることと民団の体質改善を規約の中に明記し民団の人造りと財政の確立を計ろうとしている。こうしたことは現在の時点から少々無理な面があるようだが、しかし民団の旧態依然の組織体を脱皮させるには充分な意欲を示やしているように感じる。

李（康）　規約改正そのものの意義には異論がない。しかしその試案をみると賛成するにもそれだけの明確性がぼけており、また批判するにもそれだけのかんじんな対象点がぼけている。例えば中委会と中常委会との明確な規定、さらに執行部との関連などまた中委員の被選挙資格なども定めていないので賛否のかんじんな焦点がぼけているので、中央議事会を開いても真剣な論議ができないと思う。だから改正のキーポイントとが何であって、どの条文をどのように改めるんだというくわしい発表が欲しい。

崔　民団の体質改善の必要は大いにある。しかし、これに関する規約改正試案をみると、現在の三機関制は三権分立的様相を呈し、民団発展の阻害となっているという観点から三機関廃止の必要性をうたっているが、しかし、これは一部であって全体ではないと思う。私はこの際、もっと重要視しなければならないことは、過去本国の政情の移りかわりに便乗して民団の宣言、綱領を四度も変えているから、まず民団の確固不動な宣言綱領を研究して、そのあとにこれに次ぐ小さな細目を決定すべきだと思う。

司会　皆さんの全般的な意見から民団の規約改正そのものには異存がないようです。発表された試案をみると大きく分けて①中央委員会制度、②統制委が中央委員会の中に設けられること、③地方本部の事務局長を中央が任免しその給与を保障するという三つの特色を示しているようですが、こうした個々の内容について東和の李さんから…。

団長は執行部の中核

李（寿）　三機関廃止の問題ですが、私の聞いた限りでは、反対する人の理由というものが非常に非建設的なのですね。地方情勢が許さないとか、時期尚早だとか言っている。これまでいろいろな問題も起きされ、民団運営が何故進展しなかったかと言えば、三機関が常に意見対立したことがあげられると思う。民団のカジを一人でなく、何人もが取っている、これが実情です。この実情は何も、すべて三機関のせいだとは思いませんが、十年間三権分立制でやってきた結果が、現実の実情だということになれば、民団全体にわたって、それが一番大きな発展のガンであったことは事実だと思うのです。

現実をのり越えて、民団をもっと前進させよう、もっと近代化しよう、という前提に立つなら、三権分立を、それが理想には違いないのだが、この際単一制度に切り替えた方が良いと思う。

次に中央委員会制ですが、制度そのものは、誰しも異存はなく立派なものだと思う。だが、それを構成するメンバーが問題なのですね。中央委に出席する委員というのが、地方団長が全部出るようですが、これでは建物は変っても、中に住まう人は全く同じだということになりはしないか。民団の現事態から考えて要求すること自体が無理かも知れないが、問題は主人公の体質改善を如何にしてやるかであって、いくら規約そのものをかえてみたところで、大きなものは望めないというのが、一番大きな問題だと思う。

それから、地方の事務局長の任命権を中央が持つというのだが、地方では今こういうことを言っている人がある。今の権さんなら金もあり、政府の受けもよいからやれるだろう、しかし団長が代われはどうなるか、金のない人が団長になった場合、給料を払えなかったらどうなるか、という意見もあるのです。

また、これによって、中央団長が地方局長を手足のように動かせるか、地方団長とうまく意見の調整ができるのか。これらの点に検討の余地が残されていると思うし、この件に関してはもっと地方の意見も聞いた上で決定すべきだと思うのです。

李（康）　その三頭分立制のことですが、団長が民団の唯一の代表者だということを強調したいためにそのような表現も生まれてくると思うのですが、従来の三機関制にしてもねらいは同じだったと思う。団長、監察委員会、議長がそれぞれ民団を代表するという意味で三機関制を作ったのではないと思うのです。三機関がそれぞれ、その役目に応じて活動したなら弊害は起きなかったと思う。それがいつのまにか、三機関の協議を経た上でないと何もやってはいけないことになった。民団の代表といえば三機関を指すようになってしまったのです。

この矛盾を解決するのが今度の改正案のねらいだと思うのですが、地方の事情からしてこれには無理があるというのは、方向づけとしては当然だと思う。三機関制であってても議長は議長、監察委員会は監察委員会、というように、各々が本来の姿にかえれば、何も問題はないと思う。認識を改めればこと足りるのではないか。

司会＝さきほど金さんが、今度の改正案によると、統制委員会の性格というものが、従来の監察委員会のそれとは異なってくるのではないかとの話があったのですが…

李（康）　どうなんですか、統制委員会を団長の下に置くのではないのでしょう。

李（寿）　規約では統制委員会は中央委員の中から選ぶようですね。役割はと言えば、規約改正委員会の意向では、あくまでも中央委員会に属する統制委員ということにあるようです。だから中央委の命令によってあるいは執行部の要請によって監査するわけです。中央委員会や執行部で決定されたものが、下部組織で正しく遂行されているか、あるいは中央は地方を正しく指導しているか、活動範囲はそれに限定される。従来のように、監察委員会が警告を発するとか、議長団が勧告を出すとか、また対外的に声明文を発表するとかはできなくなる。

ただし、統制委員会の行動の責任は中央委員会がとる。統制委員会は中央委員会に報告するだけです。それでなければ、李さんの言葉ではないが、民団の顔は三つになってしまって、また元へ戻ってしまうことになる。

崔　私が思うのには、この規約を正しく解釈した場合、中央集団指導制というのが中央委員制によって表わされていると思う。しかし疑問なのは、かたわら団長中心制を非常に強くうたっていることなんです。そうすると、中央集団指導制というものが団長一人にもっていかれはせぬかという懸念が出てくる。そんな文面の作り方をしているんですね。

そうでなくて、本当のねらいは中央委員会がすべての政策を審議する。例えば、監査統制事務もです。そして統制委員というのは一つの専門（この場合監察統制ですね）を分担する専門委員にすぎないということなんです。あくまで最終的な決定は中央委員会全体がするのです。

ここで私がはっきりさせておきたい思うことは、団長中心制といっても、団長はあくまで執行部の責任者であること、政策決定以上のことには団長はタッチせず、中央委員会の決定した政策を責任をもって執行することだけだと。そうならなくちゃならないと思うのです。

この点をこんどの試案では明確にうたわなければいけなかったと思うのです。そこに誤解される点があるんじゃないか……。

学識経験者選出が改善へのポイント
組織人と同数が理想

司会　今度の試案では中央委員制について、定員百名になり、また地方団長がすべて中央委員になって、残りを学識経験者でうめるとなっています。そこで従来代議員制によって強い権限のあった大会に並行するものとして、中央委員会が設けられることになれば限られた人間によって民団が運営される憂いがあるという声もありますが……。

金　いま司会の言われた民意の反映ということについては、私も早くからそれを考えていたのです。私もその憂いが十分あると思いますね。

崔　それに中央委員の定員のことですが、百名というのは従来からの慣例（議事会）によったものと思いますが、百名中、常任中央委員と各県本部四十六名合わせて五十数名になり、それに各さん下団体の長が加わりますから、結局あと残った三十名に満たない者が学識経験者ということになる。

そうすると、地方の優秀な人士を集めて、民団の体質改善を論議するという本来の意義はどうなるのか。各地方の幹部の中には、今までの例で見ますと、持ってきたカバンも開かないまま帰って行く人が多かった。あまり真剣な論議はみられなかったですね。中央委の構成が従来と大同小異なものなら、東和の李さんも言ったように結局前と同じようなことにならないか。

そうしてみると、この学識経験者を如何に多く入れるか、如何に見つけ出すか、これが今後の体質改善のポイントになると私は思うのです。

李（康）　その点私も同感です。いままでの例を基準として百名というのかも疑問だしね。

李（寿）　それは従来の中央議事会が百名だったので中央委員会も百名になった、とも考えられますが、性格自体もまた、同じようなものになるんじゃないですか。

それに百名も必要かどうか、政策を真剣に討議するのには多すぎはしないか。私が特に言いたいのは、学識経験者が半数を占めてもらいたい。組織関係が半分、学識経験者が半分、これをほぼ同数にすることです。

私が学識経験者という場合、いわゆる民団ずれしていない人のことです。過去に団長をやったとかを理由にする今までの民団の人選方法には非常に不満がある。何の委員会でも、専門の仕事の面を考えていない。それだから結局、顔ぶれがちっとも変わっていないのですね。その点から私は、今度の試案で中央常任委員候補者を団長が信任するというのには非常に問題があると思う。

金　それから、中央委員会の構成で、その学識経験者たる中央委員を、誰がどうやって任命するのかも明白ではない……。

忙しすぎる団長
財政は財政委員会に

李（康）　中央委員を選ぶにあたっては、組織代表者とか、団長とかの肩書だけではなく地区協を単位とするかして範囲を広げて、広く人材を集める方法をとってもらいたい。少なくとも会議に出席して、報告書くらいは理解して、批判できる能力の人をまず選んでもらわねば……。

李（寿）　そうなんです。中央委員会というものは、いわば人間の大脳です。要は人そのものが大事なのであって、機構をいくら替えてみたところで意味はないと思う。それには、地方組織者の自覚が先決問題です。自覚の上に立って、この改正案に対する論議を新たにしてもらいたいですね。

それから次に、民意の反映に関連して団長の独裁問題ですが、すべてのことの最終決定権を中央委員会に置けばいいのではないか。従来のように団長が綱領違反までやるような勝手なことができないように、強大な権限を中央委員会にもたせなくてはならないと思う。

李（康）　私が思うに、団長の仕事が多すぎる。何んでもかんでもやらなくちゃならない。だから独裁になる可能性は十分にあるわけだ。これからは、団長は中央委の決定事項を執行するだけに、はっきり限定するよう……。

崔　その点全く同感です。

李（康）　それから、財政の問題についても、従来のように団長にとって財政が主力とならないよう、財政は財政委員会だけに任せてもらいたい。

司会＝次に、中央が地方の事務局長を任命することになっているのですが、その意図するところは、組織の連絡強化、地に根をはった組織運動ということにあると思うのです。この事務局長の中央任命については、どのようにお考えになっておられますか……。

李（寿）　この点に関して、改正案の意図は良く知りませんが、推測するに、中央団長と意見の合わない地方団長がいては、組織運動がうまく行かない、ということだと思う。中央の意図が地方でストップされて末端まで届かない、その穴うめに、せめて地方事務局長だけでも中央と意を共にする人に代えて、組織運動をスムーズにしようとするのが一つ。もう一つは、団長が代わるたびに事務局長も交替され、少し事務に通じてくるとやめてしまうので、事務体系が非常に乱れてくる。だから生活を保障してやってこれに専従させる。この二つのねらいをもつものだと思う。

実際地方によっては規約一つまともにつけていない実情からすると、うなずける点もあるが、中央団長と地方団長の間がこじれた場合、非常に難点がある。人事委員会を設けてこの間を調整するという案もありますが……。この点に関しては、今までのやり方でやってみて、なおかつうまく行かなかった時に再考してもおそくはないんじゃないか、ということです。それでなくとも問題が複雑化しているところへ、またこのような危険性をはらむ問題をもってきて、一気にやろうというのは問題だと思うのです。もう少し地方と意見を交換してはどうか……。

団長と同格ではない
「統制委員会」のあり方

司会　統制委員会の問題に入ります。従来は、監察委員会がありましたが、監察委が監察を行なっても最終的には団長が断を下すことになっておりました。今度、統制委員会ができた場合も中央委員を代表して、中央委員会の決定事項について統制監察を行なうのか、さもなければ中央委員会の決定したことについて、団長の下で統制監察を行なうのか、という点が改正案でははっきりしていないし、それから今後の統制委員のあり方などについても…。

崔　私は中央委員会の中に統制委員会があるのだから、統制委員会は、中央委員会の決定事項について、それを履行しているかいないかを統制監査するのだと解釈しています。

司会　その場合、団長をもその対象にするのですか。

崔　もちろんです。まじめに中央委員会の決定事項を執行しているかどうかを監察するのは当然だと思います。

金　当然、私もできると思います。そうすることの場合、執行の時は団長が責任をもち、それ以外はすべて中央委員会が責任をもつことになる。そしてうまく執行がなされない時は、臨時に中央委員会でも開いて査問することになるのですか。

崔　それについては、常任中央委員会というものが設けられて、随時に会合を持つことができることになっております。

金　それはわかっておりますが、地方に住んでいる人の場合はどうなりますか。

崔　それは、常任中央委員の選び方によるんですが、例えば、関東地協とか、日帰りが出来る人を選ぶとか。こうして、中央常任委員会では、執行部が中央委員会の決定を執行しているかどうか、しょっちゅう討議されると思います。

李（康）　私が強調したいことは、従来、地方の監察委員会が非常に軽々しく、処分を行なうという事態がみられたのですが、今後はこれができないようにした方がよい。処分をする時は、中央団長に報告するなりして、必ず中央団長の承認を得るように、これをはっきりさせなければならないと思う。

崔　任命権も中央委員会だけがもっていて地方の下部組織には持たせないとかしてね。

李（寿）　統制委員会の場合、従来のように警告を発するとか、声明文を出すとかそういう権限は一切取除かなくてはいけないと思う。実際組織活動の面では、中央委の決定事項が中央の指導部により指示される場合、それが下部組織で正しく履行されているかどうかを常に監査督励し、中央指導部に対しては、下部の指導を正しく行なっているかどうかを監査して、次の大会に報告する義務を負うとか、その決定事項を中央委員会にかけた上で、団長の下で執行するとし、このように責任範囲と行動範囲を限定しなくてはいけない。そうしないとまた、同格の機関であるかのような錯覚に陥入ったり、従来のように政争の具たる一機関に落ちてしまう恐れがあると思う。

李（康）　しかし、統制委員会が団長までも監査できるとなれば、これは同格ですよ。私は中央委の決定に団長がはずれた場合、団長を追及できるのは中央委であって、統制委員会が追及できる問題ではないと思うのですが……。

崔　もちろんそうなのですが、統制委員会でも監査事務を行ない、それを中央委にかけて、その決定権は中央委にある。これは支障ないと思うのです。専門委としての立場で、ただ専門的に調査監督の分野を担当しますが、あくまでそれは中央委の名においてやるのですから問題はないと思うのです。それが中央集団指導制の特徴だと考えています。

因襲すてて大局から
中央委員の人選は慎重に

司会　今度の規約改正案では、財政制度の確立をうたっておりますが、それでは具体的にどういう方法をとるのか出ていない。この問題をどのようにしたら、うまく行くだろうかについて……。

李（寿）　仕事をやるには金が必要なんで権さんが一年間やってみて最も苦労したのは財政の問題だと思うのです。それで、東京財政委員会とか、名古屋、大阪財政委員会とかができたと思うのですが、結局、個人の力では限界にきた感じですね。これを組織化しようというのがこんどのねらいだろうと思います。

崔　私がかつて、支部で経験したところでは、出せそうな人が出さずに、出せそうもない人が出す。出せそうで出さない人でも役職につくと出す。どうも民団の本質についての理解がなくて、下からもり上がるものがないんですね。

このように団費については民団の規約は死文化してしまっている。ゴザるところ、出す人一人にもろう人数人ということになるのです。これが民団運動の障害になっていると思うのです。

そこで、今後の改正にあたっても団長の言によれば、これに対し制裁規定を設けるそうですが、いろいろ問題はあるにしろ、当然出てしかるべき問題ですね。

李（康）　それは当然出て来る問題ですね。中央大会でも呼びかけるのですが、代議員でも団費を出してない人がいる。こうした人たちに対しては代議員権とか発言権とかを制限しても良いのではないか。除名までは問題があるとしても。

李（寿）　団費について私は二つの問題があると思う。一つは徴収する側がどれほど足を運んでいるかということ、またあした来てくれといわれるとまた行かないようですね。このように徴収の仕方に問題があると思う。二つめは、特援金（カンパ）を出す人に対して、民団ははたして何を与えているか、という問題です。今後は、財政委員会というものを応急的なものでなく、規約に明文化してもらいたいものです。

司会　いろいろ論議が出ましたが、この座談会は結論を出すことでなく、言論人の立場から今度の規約改正を論じて頂くのがその趣旨です。最後に、来る十二月五日の中央議事会において論議される規約改正に対して、特に言論人として要望したいことをいくつか。

金　要は、規約がいくら立派でも中に入る人が同じでは、仕方がないということです。いくら法律が立派でも、それがまともに実行されないんでは意味がない。例えば、昔の規約のままでも、選挙の仕方によっては、うまく行ったであろうし、またこれを代えてみたところで、人そのものを替えなければ結局改正前と同じになってしまう。われわれ民団に関係する人たちの心構え、特に中央委員になる人間が、民団とはどういうものか、何をなすべきかについて自覚することだと思う。

また常任委員の人選も重要だ。団長が常任委員長になると思うが、この際あっさり"団長"という名称をすてて、中央常任委員長とでも呼んだらどうか、その方がすっきりして、仕事をする上にもいいと思うが……。

李（寿）　結局討論するのは代議員ですから、その基本的態度に対して望みたい。従来の因襲にとらわれず、真に民団をこれからどうすべきか、という次元で審議してもらいたい。三機関廃止問題にしても、機能的に、民団の近代化の観点から、また民団発展の観点から、個々人の立場を離れて、大局的に考えてもらいたい。

李（康）　審議にあたる執行部にお願いしたい。充分な時間をかけて、その本当のねらいが何であるかを、十分納得のゆくまで説明してもらいたい。とにかく可決するんだという従来の行き方をすてて、せめて百名の中央委員だけでも、完全に納得させてもらいたい。

崔　私は根本理念を問題にしたい。宣言綱領なるものが、本国の政情の変遷につれてよく変わっているが、真に在日六十万同胞は如何にあるべきか、という民団の基本的な宣言綱領を、まず、確固不動なものにしてもらいたい。

司会　いろいろな意見が出ましたが、目的は十分達せられたと思います。長い間どうもありがとうございました。

国土建設の一翼をになって、躍進に、躍進を続ける建設基礎産業

東栄商事株式会社

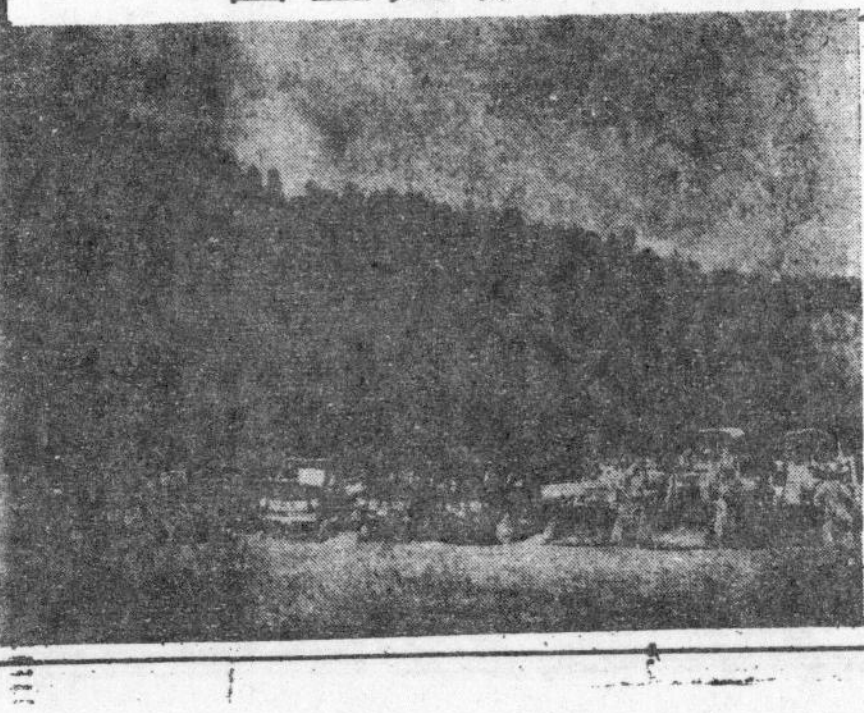

取締役社長・李 栄碩

営業品目・砂　利・砕石生産
本　社・神奈川県相模原市淵野辺1910・電話淵野辺局112
工　場・神奈川県津久井郡津久井町三ケ木道志川・電話　215

県知事ら名士多数が出席

和歌山でも韓日会談民衆大会

このほど民団和歌山県本部（李敏和団長）では現在各地で盛んにもりあがっている韓日会談妥結の気運をより一層もりあげる民衆大会を和歌山県経済センター大ホールで開いた。

県知事小野真次、市長高垣善一、県会議長平越孝一、県議員福本弥、市議会議長嶋正直、県会教育委員長寺中光嗣、大阪本部団長徐相寅、県愛国同志会川合文吾氏らの来賓を初め約二千五〇〇名余りの韓日両国民が参集、午後一時から第一部を宣伝映画を上映、つづいて第二部に民衆大会を開会した。まず民団県本部議長文幸植氏より開会辞があったあと、県本部団長李敏和氏、県本部顧問李東碩氏からそれぞれ挨拶、来賓諸氏らの韓日会談を成立させ両国の繁栄は勿論、東洋平和のために寄与しようという熱烈な祝辞などが述べられた。続いてメッセージ及び大会決議文を満場一致で採択、午後四時半頃後会期にその幕をとじた。なおそのあと第三部として韓国少女文化使節団の特別公演、第四部として湯浅克衛先生の時局講演などもあった。

韓日会談促進民衆大会会場と集まった民衆

再建に一万ドル寄付
在日僑胞姜氏、郷土の済州道へ

大阪谷山産業社長姜道昌氏は二十三日金済州道知事を訪問、郷土再建に使用するようにと米貨一万ドルを手渡した。この金は国民運動北済州郡促進会に伝達されるものであるが、済州道（島）出身である姜氏は「これは異国にいても常に故郷を忘れないでいる僑胞の小さな誠心である」と語り、故郷の目覚ましい再建状況をみて感銘深いと語った。

孫達元氏鹿を国防部に贈呈

孫達元氏（新日本工機社長）は二十四日鎮海洞国軍牧場で飼育する鹿（雄と雌）五つがいを国防部に贈呈した。

大学学生処長会議開く

文教部は二十四日午前ソウル市内の淑明女子高校講堂で、ソウル市内各大学の学生処長ならびに中・高等学校校長会議を開いた。
同会議で朴一慶文教長官は、これからさき中・高等学校ならびに大学生の精神教育をより一層強めるよう要望した。

太極旗を先頭に市内パレード

韓日会談促進をPR
民団兵庫県神支部　映画やチラシで

民団兵庫県神戸支部（許佐道団長）では来る十二月一日派閣会館（神戸三越前）で盛大な韓日会談促進のPRと記録映画会を開催する。同支部ではこの大会をより一層盛大なものにするため県下全域を宣伝カーで回り、別項のようなアピールを行なっている。

親愛なる皆さん！

十年交渉といわれた韓日会談も、ようやく峠を越したようであります。

共産主義という、共同の敵の前では、互いに譲りあって手を握るのが当然であります。

第一次世界大戦以来、敵として反目していたドイツとフランスも、共産主義を前にしては固く団結しているではありませんか。

中共とソ連が、アジアの西北大陸から、虎視たんたんとねらっている緊迫した国際情勢の下で、韓国と日本は速やかに結束して、共産主義の策動を粉砕しなければなりません。

レーニンは、宗教は阿片である、と言いましたが、我々は、共産主義は阿片である、と断言するものであります。

共産主義者には、親も、兄弟も、祖国も、同胞もあったものではありません。

自分の親を反動分子だと、密告して葬る事は、共産社会においては、美談として讃えられています。

また共産主義者が、祖国を売っている実例は、今、我々が現に見ているのであります。

中印国境で、中共軍が印度領に侵入し自分の国の領土が奪われ、自分の同胞が蹂りんされているにも拘わらず、印度共産党は、敵であるはずの中共軍を支持し、ラダク地区は解放されたと、喜んでいる有様であります。

かりに、ソ連軍が、北海道を占領したとしたら日本共産党は万歳を叫ぶことでしょう。

皆さん！

これが、共産主義者の正体なのです。

健全な者の到底理解し得ない、麻薬中毒者の精神状態と何ら変わるところがありません。

祖国の顔につばをはき、同胞の胸に刃を刺す者、これらと安心して同居出来るでしょうか。

マルクス自身が、いみじくも、共産主義は怪物だ、と言いましたが、全くその通り、バケ物なのです。

韓日両国が結束することは、共産主義者にとっては、はなはだ不都合なことらしく、断末魔のように騒ぎ回っておりますが、ずるい陰謀と悪らつな策略が、思うように出来なくなるからでありましょう。

皆さん！

日本の〝西部戦線は異状ありません〟。

韓国六十万の大軍が、日本の防波堤となって、第一線を守っております。

我々は、自由陣営の繁栄と、社会の平和のために、まず共産主義を撲滅しなければなりません。

そのためには、速やかに、韓日会談を妥結させましょう。

規約改正試案に同調
第50回 民団関東地区協議会

民団関東地区協議会（丁栄玉事務局長）は去る二十二日茨城の笠間観光ホテルで第五十回同地区協議会を開いた。李裕天中総顧問、丁賛鎮東本顧問らをはじめ尹致夏、張聡明両中総副団長、朴贅道組織局長、金九高宣伝局長、東京、神奈川、埼玉、静岡、三多摩、茨城、栃木各県本部の三機関四十人の参席で開かれた同会は、去る五日民団規約改正委が発表した改正試案を中心に約三時間にわたって討議した。

先ず会議は尹、張両中総副団長から規約改正試案の全般にわたる説明があったあと、三機関廃止制の項と地方県本部事務局長の中央任免制についてつっ込んだ質疑応答が繰り返された。その結果一、二県の県本部を除いてはほとんど発表された規約改正試案に同調した。

会議はこのあと宣伝局提供の韓国最新ニュース映画を参観して八時過ぎ解散した。

朴議長、ローマ法皇に祝電

大統領権限代行朴正熙議長は二十五日で八十一回目の誕生日をむかえるローマ法皇に、健康と幸福を祝願するという祝電をおくった。

中北地協も改正に賛成

民団中北地区協議会（金尚奎事務局長）でも二十三日午後二時から名古屋の大閣で第四回同地区協議会を開いた。権逸中総団長、金達斗同組織委員長の来賓と同地区各県本部三機関長三十余名の参席で開かれた同会議は、各県本部の経過報告に次いで権団長から規約改正試案に関する全般的な説明が行なわれたあと、各県別に規約に関する質疑応答が繰り返されたが、富山県本部（欠席）の他はほとんど現規約改正試案を諒解した。

特に石川県本部からは「中央の地方事務局長の任命は必要である。また中央団長立候補者が地方へきて遊説するので地方事務に支障が多い。中央団長の立候補者は新聞や公文などで所信を発表し地方への出張を禁じて欲しい。また中央委員は地方団長とあるが都市中心制にした方がよいと思う」との要望があり、また福井県本部からは「財政予算の確立云々とあるが規約にはもう少し詳細に明記すべきだ」との強い要望があった。

その他新潟、岐阜、愛知の各県の発表された規約改正試案を全面的に賛成するという発言があった後同午後六時過ぎ閉会した。

わたしも一言
韓国人

十一月八日ラジオのスイッチを入れた。なにげなくである。するとこんなことをいっていた。「私は父を韓国人に持つ者です。父は今から五十年前に日本に渡り、母と結婚して日本に帰化し、三十年余になります。このたび某人と結婚をしたく婚約をしてまいりましたが突然それを破棄されました。理由は父が韓国人であったためだからです。今はもう婚約時代のたのしかったころの事を思い出すのみです」。番組は愛情日記とかいっていた。私はこれをきいてはっとした。この女性は結局泣きねいりだが、父が手をついてあやまったそうだ。今だに我々は、自由といいながらも、この地では色々そくばくされている。私なども例外ではない。

私の例でいうと私にとって異性への愛情という物を片りんももった事がなかった。もてば親しみが多くなるのみだ。あきらめていたのである。私は高校を中退した。これにはわけがある。高校中退で職につこうとした時、先生に「君は韓国人だから……」と同情されたからだ。私はその時はげしいいかりがこみあげてきた。なぜなら私は同情されるゆえんがないからだ。

私は人間だ。日本で育ち日本の教育をうけ、日本を祖国に思い……私はその時大学へ行く事を決心した。それも医学部へ。私は学校に入っていれば当然三年生だ。

しかし今は中学浪人として再度高校入試戦の中にいどまねばならなかった。昔の本をとり出しながら今まで孤独にたえてきた。はずかしい事に一度試験にみごと落だいしたのである。来年の三月まであと四カ月、来年はどこかへ入らねばならぬ。高校六年生となって父母にも申し分けがない。しかし私はころかいはしていない。私はあの時ひがんでいたのかもしれぬ。しかし同情されるゆえんがどこにもなかったのだ。我々はいかに現代に生き、植民地時代を知らぬとはいっても世間はようしゃなく、しだいに忘れさられつつはあれど、我々をけいべつの目でみているのだ。日ごろは顔に出さぬがいざという時必ず表われてくる。私はこのガンをのぞかねば韓日の真の交際は不安ではないかと思う。

（愛知県・R・K生）

忠清北道上仙岩　カメラ 曺圭必

ある北韓脱出者の手記
(30)
傀儡軍生活

民間人と面会謝絶
休暇や個人外出も禁止

十、休暇と外出、除隊

北韓カイライ軍は一九五六年以前には一年に十五日という休暇制を実施していたが一九五六年に制定した人民軍服務規定を発表すると同時に休暇制を廃止してしまった。

この時から休暇をとろうとするものは規律規定の「表彰と処罰」という項目に記録された表彰休暇（往復を除いた十日間）をとるしかなかった。表彰休暇は後方部隊で特殊な功を立てた時、連隊長以上将官らの名義であたえるものであり前方部隊ではどんな特功を立てても休暇をもらえなかった。

それが一九六〇年九月八日平壌大劇場で進行された人民軍党（労働党）第六次全員会議における北韓カイライ首相金日成の演説が「党の赤い戦士（カイライ軍を指す）らが祖国の哨所を鉄壁のように守っているため後方人民らは安心して社会主義を建設している」それなのにかい戦士らに休暇がないのはよくないとさも大きな善心を与えるがごとく満四年以上服役した者には休暇を実施せよといった。

金日成の言葉といえば生死を考えないのがカイライ軍指揮官らであるから金日成の言う通り満四年以上服務した者には一九六〇年十一月から休暇を与えることになった。この休暇制は一九六三年乃至一九六四年まで実施されれば自然となくなることになっている。その原因は後に説明することにする。北韓カイライ軍では個別外出というものはなく集団的にだけ外出が許される。即ち集団的に映画、演劇などの見物ができるのであり、民間人らとの接触は絶対謝絶しなければならない。民間人等との接触で軍事秘密がもれるという事実もあるが、それよりも民間人らの悲惨な生活状態をみせないというところに目的がある。命令を執行するため営外にでることはできるが民間人の家に投宿することは絶対に厳禁されている。

除隊は一九五六年まで七年間服務することになっていたが（この時は休暇があった）人民軍服務規定がでると同時に休暇制がなくなり、服務年限は三年六カ月になった。しかし現在は三年六カ月で除隊されず（入隊と除隊の均衡を保障するため）四、五年間服務しなければ除隊できないことになっている。

入隊と除隊の歩調を合わすため一九五六年と一九五七年度に入隊した者らは今年（一九六二年）除隊されることになるし、一九五八年度と一九五九年度に入隊した者の一部が明年除隊されるため、一九六三年あるいは一九六四年度になれば大部分三年六カ月の服務で除隊されるため一九六〇年十一月から実施する休暇制は自然なくなってしまう。

除隊者は新兵らの訓練期間中軍内での最後の働き場（防衛工事）に動員されるし、除隊されても自分の考え通り学校へも行けないし、工場とか農村および自己の故郷に帰る自由すらばわれ部隊で指定するところに行かねばならない。

以上みたように北韓カイライ軍兵士らは四、五年間血と汗の全てを共産主義者らにうばわれ、また故郷に帰る自由とか職業にたいする選択の自由すらうばわれている。

（イ）将校らの戦士生活

一九五九年四月から北韓カイライ軍内ではいわゆる「将星らの戦士生活」という名目下で将星級大物らが戦士服を着用し、一カ月間下部末端組織であわ分隊で戦士生活をしている。最初に戦士生活に参加した者は現在カイライ軍総政治局長である許鳳学（音訳）上将（戦士生活時には中将であった）で、このあとをつぎ戦士生活をしないで軍官とか将星になったものが継続各中隊に配備され戦士生活をしている。

一九五九年からいわゆる朝鮮労働党中央委員らが一カ月間（一カ月以上することもあった）労働者生活をすることによって民心を調査したことがあるが、それと同じことをカイライ軍内でも進行している訳である。彼らが、中隊に配置される時は戦士服をきてくるため連隊とか中隊では彼の階級とか職務を知ることができないし（戦士生活が終るまで階級と職務を上部にも知らせない）一カ月間の戦士生活をおえて中隊を離れる時はじめて自己の職務と階級をしらせる。

これらの者が中隊を離れ自己の職責にかえる時、その部隊の全般的生活を評価するため（評価にしたがって表彰と処罰がおりる）連隊とか中隊ではこれらの者が来ると特別な規定どおり日課を進行することになる。

将星らの戦士生活の目的は下部指揮官らの指揮能力と下部戦士らの思想、文化生活を直接将星らが体験しカイライ軍内の不足点を解決、部隊内の規律と秩序を確立するためというが、その実際の内容は戦士生活を通じてどのようにすれば下部戦士らを不平なく自己の命令通り動かせるか、どうすれば、戦士らから余分な考えを取り除くことができるかというような、即ち自由にたいして考える余地を与えず共産主義者らの宣伝をどのようにすれば注入できるかを研究しまた軍官（将校）らの中に反党分子がいないかを検閲するための方法にすぎないのである。

奨学生募集

募集人員　一名
資格　ソウル出身者。東京にある大学の理工学生。
希望者は履歴書、在学証明書を韓国新聞社まで提出して下さい。

尋ね人

本籍慶尚北道義城郡二将面前坪洞　李成弼さん（39歳位）
右の方は昭和十年に来日、大阪府堺市東町に住んでいたが、昭和十五年頃行方不明となり今日に至っております。本人の実兄李永鎬氏が尋ねておりますから心当りの方は左記に連絡下さい。
連絡先　東京都八王子市寺町十八番地　TEL⑥六九一七　河本方　李永鎬

農漁村にラジオを贈ろう

現在わが国では公報部を中心に「農漁村にラジオをおくろう」という国民運動が展開されており、多くの成果を取めております。この運動の趣旨は貧しさのため耳をもっていても文明の放送という恩沢を受けていない農漁村が一万五千を数えているのに対して、全国民を愛する心と隣人を大切にする人情に呼訴して彼等にラジオをおくろうというものであります。

ご存じの通り一部地域に住む在日僑胞などもこの運動に呼応して現品を本国の農漁村に送りこんでおり、民団でも顯天地区水災民救援金募金運動と同時に全体僑胞の協力を要望しております。

同胞皆様方もこの趣旨を理解のうえ本国の貧困同胞たちに受信機を普及させるため、少ない金でも、余分なラジオでも出し合い、愛の贈物をしようとするこの運動に積極的に参加されることを望み、また彼等の明るい明日のため海外僑胞の協力が集まることを希望します。

▽募集要領△

募集物品　ラジオ（中古品でもよい）
募集期間　十二月十日まで
拠出処　民団各県本部、支部、各傘下団体本部、支部

民団中総宣伝局

SPK
合成樹脂成型加工
金型製作
三協プラスチックス化工興業工場
宋□鎬
大阪市東成区東足代町四八五番地
TEL（七四一）五八〇六－七

祖国の繁栄を祈る在日韓僑の銘心
①元＝亨＝利＝貞＝の定理に順応する
②仁＝義＝礼＝智＝の本性を堅持する
③士＝農＝工＝商＝の国策に協力する
④精＝気＝心＝性＝智源を修養する
⑤孝父母＝礼神明＝の道徳を高揚する

営業品目
JIS・JES　スピンドル
ウイット規格　ワッシャー
自動車ナット　真鍮ナット
阪南精工株式会社
取締役社長 崔仁俊
大阪市東成区梅通8丁目3番地
電話大阪 (661) 4122・2702 (851) 5343・7421

営業品目
ムーン・ベッド
スリームーン・ワゴン
ムーン・チェアー
座椅子　児童乗物
高藤金属工業株式会社
取締役社長 高時鐘
本社 大阪市生野区巽見町3丁目57番地
電話大阪(741)9661・0051(731)3320・1906
布施工場 布施市柏田202番地
電話 (721) 0904（呼）

歴史と信用に輝く大阪有名商工案内

大和病院
内科・婦人科・皮膚科・レントゲン科
外科・小児科・泌尿科　入院随時
医学博士 大家常保（康聖一）
大阪市東成区大今里町之町一の八三
電話（九七一局）九三三〇番（九八一局）九七七五番

保健と救命に至心の名医案内

山野医院
内科・小児科
外科・X線科
医学博士 山野辛八
大阪市生野区猪飼野中三の二六
電話（七三一局）〇四五五番

東洋金属株式会社
◦営業種目◦
ネームプレート
スコッチカル銘板
諸計器目盛板
プリント基盤
アルマイト加工
精密目盛彫刻
特殊印刷
諸計器目盛板
金属面・ベークライト面
各種塗装面
取締役社長 李基寿
東京都港区芝白金志田町17番地
電話 白金 (441) 8221（代）

山を崩し！谷を切り開らき、海を埋めたて
建設界に躍進する！
愛知重機株式会社
取締役社長・柳川春光（朴□□）
愛知県名古屋市中村区岩塚町字龍子田9
電話 (54) 8759番 (56) 1784番

李朝野史物語

世宗大王の治世

集賢殿と訓民正音頒布

太宗―世祖時代篇（2）

太宗妃閔氏から四王子と四女が生れた。第一は讓寧大君、第二孝寧、第三忠寧（世宗）、第四が誠寧大君である。

最初、王世子は第一王子讓寧大君であったが、第三の忠寧大君が最も帝王の資質であったので、太宗はこれを廃位したいと考えた。しかし、王世子に別に欠点がないので廃位に名分をつけるわけにいかなかった。思案の末このことを王后閔妃に打明けた。

王后は、国家の大計であるので、熟考された上、この旨を世子讓寧大君にひそかに伝えた。世子は両親思いの性質であったので、父王の意中を理解した。

それから、世子はわざと自堕落の生活を始めた。東宮学問所には、留守勝ちとなり飲酒と狩猟のみにふけった。世子の意中を誰が知ろう。世評はしきりに世子の非行を伝えた。

この事情を知らない朝臣たちは、ついに太王に進言した。

「世子の日常生活は無軌道ぶりである。邦家の重大な宗社をおまかせすることは不適当と存ずる」と。

太宗大王、群臣の進言を司として讓寧世子を廃止し、第三王子忠寧大君を王世子に封じた。この事件は王子の間に衝撃を与えた。最も敏感にさとった第二王子孝寧大君は、果川冠岳山の念仏庵に遁世し、仏門に帰依してしまった。

出家した王子は念仏と勤行に励んだ。時おり、肉親や王国のことを考えては小高い冥合でソウルを望み涙をしのんだので、その丘をいまでも「冥泣台」と呼ぶ。

かくして、王位は自然第三の忠寧大君―世宗大王が継ぐことになった。ときは、太宗十八年（一四一八年）八月のこと。

世宗大王（一三九七―一四五〇年）は、李朝第四代王として二十二歳に即位し、三十二年間、王朝歴代王中最も英明な君として治績を残した。

内治、国防、殊に文化発展において李朝史上、最も充実した時代であった。

大王は、李朝五百年間は勿論、新羅三国統一以来の歴朝歴代君王のうちでも最も燦然とした治世であった。集賢殿学士鄭麟趾が世宗大王の陵碑銘において、世宗を「海東堯舜」と人物評をしたことは、誇張したものでなかろう。

世宗朝の情勢をみても、大国方面では明帝国の基礎が確定した時代で、元帝国滅亡後、初めて政局が安定した。わが国も太祖、太宗の創業期を経て王権が確立し、秩序が安定した時代であった。

国内は君民団結し、充実した国力をもって国防に備えていたので、外寇にすきを与えなかった。南方の対馬倭寇は和を乞うた。朝廷でも日本とは太祖以来の和親政策を推し進めることに留意した。

北方対策についても、開拓事業は順調に進んで六鎮を設定して、女真と蒙古に対備を厳くした。と同時に、豆満江と鴨緑江流域にまで国境を拡張した。これによって、いまの韓民族の版図が確定することとなった。

ここにおいて、初めて新羅が三国統一した民族国家の原型を回復したのであり、単一民族としての同一国土、言語、文化、民族精神を形成した画期的な時代となった。これが、強烈純粋な民族意識の自覚を促し、燦爛たる文化の花を咲かした。

太宗大王は、帝王としての公的生活のみならず、その私的生活も立派であった。

肉親に対する孝道情愛に厚かった。父王と母后の居喪（服喪）期中、大王が哀哭する有様は、はたのものがみても痛ましかった。二度の骨肉間の惨劇でうけたショックもあったことであろう。生残った二人の兄と二人の弟を思いやること非常なものがあった。至尊の立場にいながら毎日起居を共にした。臣下に対しても礼を失わず、国民にも慈愛をもって治めた。国内は平和がつづいた。国民も太宗を親と仰ぎ、聖世万歳を謳歌した。

世宗大王は、人材を養成するために最も苦心された。人材登用に基本法規を定めた。

この間、二十年間、宰相として仕えた黄喜、許思誠、金宗瑞、崔潤徳などの立派な人物が世宗大王を中心にして偉大な治績をあげた。

その中でも、太宗治世の黄金時代をもたらしたのは「集賢殿」を中心にした人材活用であった。この制度は太宗二年三月、宮中に設置した制度。

集賢殿の数多い業績のうち、わが民族の「訓民正音」の制定は、不滅な文化の宝であった。

集賢殿学士は勅命で優待をうけ、成三問、崔恒、朴彭年、李塏、河緯地、柳誠源、鄭麟趾、梁誠之、申淑舟、李石亨その他著名な学者であった。

その外、法制の整備、各地に学校を設立し文治に努力するなど数限りない善政を施した。

世宗大王、十八王子と四王女を残して、御位三十二年（一四五〇年）二月国民哀悼のうちに、偉大な生涯を閉じたことであった。（石鼓山人）

急を要する韓国美術史の出版

韓国では去る十一日より例年通り「文化財愛護期間」（二十日まで）が設定され種々の催しが全国的に実施されてきた。十七日より国立博物館で約二年間海外展示を終えて帰って来た美術文化財の帰国展を開いている。だが、「愛護期間」が過ぎれば成果として残るのはなんであろうか？ここであらためて痛切に感ずることは韓国美術史編纂と関係出行版物刊の時急性であろう。

体系だつた美術史

需要者と費用高が悩み

国内より外国で多く出版さる美術史

「著者がなくて韓国美術史が現われないのでもない」。これは国立博物館金載元博士の言葉である。一人の著者で間に合わないのならパート別に分けてでもわが国の美術史を著わすことが出来るということである。同博士は文化教育出版社が発行中である「世界美術全集」を例にあげた。

その中の東洋編韓国部では、目下国内の美術関係の専門家を動員してパート別に上古時代より現代に至るまでのものを着実に執筆している。紙面の都合で簡単な内容までには仕方がないが、最近に「美術全集」を出版している文化教育出版社の李恒成氏（版画家）も全集が終わり次第、韓国のものだけを別に抜いて体系の整った韓国美術史を出したいというのが念願である。だから、近い将来、韓国美術史の出現は必ずあるものと思われる。

美術の本ほど出版費用のかさむ本は少ない。図版が多く要るからである。したがって、美術史を出版して見ようとかかる人は少ない。購読者も少なく市場も狭い。したがって著者にも機会が少ない。

まず、李氏の言葉を借りれば「美術全集の国内需要者はやっと三百内外である」という。「方法は一つしかない。文教部傘下の国史編纂委員会で表紙だけの国史関係の本を予約販売をしているように文化財管理局や国立博物館のようなところで、出版部を設けて、ぜひ必要な美術関係の本を予約システムでだすより方法がない。つまり政府でやるべきである。これはある関係専門家のお話しである。

国内をよそに韓国の美術史が外国ではしばしば出版された。昨春「韓国の美術」（英文）という本が日本から現われた。著者はイブリン・マーキンという米国の婦人（最近物故）。それが仮りに権威ある専門学者の体系の整った本ではないにしても、世間にはかなり評判のよい四百五十二頁の豪華なものであった。いろいろな写真版が挿入されている。それに、西独でも遠からず出版されるという予定がある。バーデン・バーデンにあるホル・ベルラークという出版社でだしている「世界の美術」（十六巻シリーズ）の中には韓国美術がチベットと共に一巻にまとめて挿まれている。英・独・仏など十七カ国語による大国際版に韓国美術史の原稿（英文）を送ったのは金載元博士であった。それに収録されている大部分の写真は、つい最近終った韓国美術文化財ヨーロッパ展の際に現地で撮られ、また韓国からも資料をいくらか送られたもので目下印刷中であるらしい。スイスのオフィス・ド・リブルという出版社でも韓国美術史を出版するという要請が来ている。ここでも韓国の美術文化財がオーストリヤに寄った時、そこまでわざわざ出向いて写真を撮っていた。それで原稿を今催促中である。

一方、これにもまして多くの期待を寄せられているもう一つの本が目下準備に大わらわである。出刊する国はやはり外国で、ほかならぬ日本である。日本の韓国美術関係の学者十名と国内学者八名とが各自専門パートを担当して執筆することになり、書名は「韓国の美術」。事情によって、いま動いてないが国内執筆者の原稿は約半分ほども既に日本に渡っている。

この他にも既に数十年前に韓国美術が体系をたて外国に紹介されたエカルト氏（独）の韓国美術史がある。最初は独語でつくられたが、まもなく英国でも英語に訳して出版した。このように第一次大戦前から外国から早くも現われた。われわれの美術史が今日に到っても外国でのみ出版されるという有様には全くあきれざるを得ない。今までわれわれの手で成ったものは、故高裕燮氏の「朝鮮美術文化史論叢」「朝鮮塔婆の研究」「高麗青磁」、金元竜氏の「新羅土器の研究」、金永基氏の「朝鮮美術史」などがあるだけである。

国宝巡礼 六

館長・李基雨 筆

―青磁鴨形硯滴

〇…連沼を静かに泳いでゆく鴨一羽―それを表現した芸術的作品としてのみかたづけるにはもったいない。この作品は鴨模様の青磁硯滴―。先き程の欧米展示を終えてから現在国立博物館で展示中である旧王宝第四三五号青磁鴨形硯滴（故澗松全栄弼所蔵）高さ八糎、長さ十二・五糎の手ごろな大きさでしかも翡色青磁器のなかでは代表的なものとされている。羽の先きまで精巧に表現され淡緑色陶磁器釉薬が一様にかけられた全体からは麗しい彩色が漂よう。

〇…連の茎や嘴にくわえ鴨の背中には連の葉と蕾が程よくかざられ硯滴を注ぐ丸が鴨の嘴の右側についている。唯飾りものが破損されているのが惜しい。十一、二世紀ごろの作品といわれる。

「高麗上流社会のぜいたくな文具趣味をよく現わした工芸品」であるといわれているが、ある意味では高麗を経て流れる血脈の中には倭小なのとはつまり距離のある優雅と精巧さが、どこかに含まれている―。

文化

えと文　金泰伸

自然はわれわれ近代人の実生活と密接な連携をもつ社会文明とも深く作用し合っているが、今日（二十世紀）にはヒューマニズムが叫ばれなければならない程人間が機械化され、真理は押しつぶされ倫理は地におちてしまった印象をあたえている。視神経を疲れさせるだけの非具象絵画のはんらんはアメリカのチンパンジーに任せるとしても、今日の生活感情からかけ離れた生ぬるい同じような形の作品の羅列でも困る問題だ。

韓国の場合であるが同じ題曲的の内容はともかくとしてモザイク画のフランス絵画や近の日本作家等々が出ている美術雑誌の作などからそのまま借りて製作発表する幼稚さは、まゆをひそめさせる。社会リアリズムの人物表現がふえてきたのは結構だが、デッサン不足の裸体、曲のないポーズのならべかたにも、もっと修練の必要をおもわせる。そういう意味で四、五年前の自分の裸体デッサンを一枚ならんで見たがやはり研究不足であり、これからもっと努力もし腕よりもまず頭をつくる必要を感じた。（日韓美術協会委員）

李明淑嬢のリサイタル

十二月六日午後六時半　東京・有楽町・朝日講堂で

韓国生まれの国際的ソプラノ歌手李明淑嬢のリサイタルが、来る十二月六日午後六時半より、有楽町の朝日新聞社七階にある朝日講堂で、吉田音楽事務所主催、駐日韓国公報館、民団中総、韓国新聞社などの後援を得て開かれる。

李嬢は、既にアメリカのエルネストステーバー音楽コンクール特賞、マリアン・アンダーソン音楽コンクール入賞などを経て、カーネギー・ホールにデビュー、一躍脚光を浴びるようになった。韓国が誇れるソプラノ歌手であるだけに今度のリサイタルには多大な期待が寄せられる。

当夜演奏される曲目は、韓国の往年の名曲スィンガーであるとともに作曲家であった玄済明氏の「望郷」を振りだしに、ビバルデイの「モテット」、ドビッシーの「やるせない夢心地」などに金瑚泰・ルーセル・ヴォルフ・ピラホボス・オゾラドルス諸氏らの名歌曲が歌われることになる。

第九回全国中・高校演劇開幕

光州学生独立運動記念

全南日報社の主催のもとに光州学生独立運動記念第九回全国男女中・高等学校演劇祭の開幕式が二十五日午後光州学生独立運動記念碑の前で行なわれた。

政府各機関で対抗親睦野球大会

朴議長、金情報部長も出場

【ソウル発＝連合】政府の各機関対抗親睦野球大会が、二十四日午前ソウル・グランドの野球場で行なわれた。立法、司法、行政三部の首脳ら陸海空軍および海兵隊の将星たちが参席したこの大会には最高会議チームなど四チームが参加した。

まず最高会議チームは朴正熙議長ならびに金鍾泌中央情報部長、最高委員らで編成しており、内閣チームは金顕哲内閣首班と、金裕沢経済企画院長をはじめ各部の長官ならびに次官たちで編成、法院チームは趙大法院長と大法院の判事たちならびにソウル高等法院の部長たちで編成され、また、国軍チームは金斗燦海兵隊司令官をはじめ高位将星たちが、それぞれ選手として出場し、まずい競技ながらも懸命になって戦った。

女性の地よいずこ（99）

許槿旭　え　金泰伸

脱出（四十三）

彼は青年に近寄りながらていねいに答えた。

「海辺から平壌へ向うところです」

「こっちへ来なさい！ 調べることがあるから！」

一人の青年が、おいかぶせるように言葉を投げて先に立って歩いた。

彼と私は青年の後について、曲りくねった間道を用心深く歩いた。足のもとで落ち葉がガサガサと音を立てた。

闇がだんだん濃くなって来た。四角い土壁の室内は、死のように重い沈黙だけが漂っていた。土の臭いが鼻をついた。

私は彼の肩に体をもたせたまま、固まった化石のように膝を抱いてすわっていた。

白いパチ、チョゴリ（韓服の上下）を着て、乞食のようにすわっている中年寄りの側に、若い青年が壁にもたれて黙ってすわっていた。

ちょうど同じような暗い運命のるつぼの中で、暗闇だけを見守っているのだった。ドアの隙間から弱い月光が流れ込んだ。

「おじさんは何のことで入って来たんですか？」

重い沈黙を破るように、彼は老人の側にすさり寄りながら、低くきいた。老人は首を回しながら横目で彼をながめた。

消え入りそうな長いためいきをはきながら、老人はゆっくりと話し出した。

「わしですか？ 部落のものたちがしきりに勧めるので人民委員長を勧めました。しかし、何も悪いことをしていないから大丈夫でしょう。あまり心配しないでください。」

「ときが戦時だけに、通行人を一度ずつは調べるのでしょう」

「そうでしたか……」

彼はうなずいてから私に言った。

「俺にもたれて寝なよ。何の心配もしないで、ね？」

「大丈夫よ、まだ眠くないわ」

恐怖と不安と興奮をのみ込んだ晩秋の夜の暗闇が、音も立てずに迫って来た。

「エヘン…」

いきなり外から咳払いの声がして足音がきこえた。ドアがすーっとあきながら、ジャンパーを引っかけた治安隊員の平ったい顔があらわれた。

「君と君！ ちょっと出なさい」

指で青年と彼をさしながら、治安隊員は命令するように言った。

私は心臓が止まるような衝撃を感じながら、とっさに彼のそでをつかんだ。

「心配しないで待ってなさい、ね？」

私の耳に口を付けて低く言う彼の声が微かにふるえた。

「あ、私も…一しょに出ます」

私は声を殺しながらやるせなく叫んだ。

「早く出ろというのに！」

治安隊員の尊大ぶった声が、荒々しくきこえて来た。血の気のなくなった彼の顔が、微かにけいれんしながら私の手を強く握りしめた。

趙重玉著
韓国料理
B5判 一三〇頁 挿絵多数
定価 一八〇〇円
送料 一〇〇円
取次店 東京都千代田区神田猿楽町二の四
韓国資料研究所
電話 二〇一―九六五五
振替 東京 一五九七九五

営業種目■化粧瓶■薬用瓶■医療器製造■
大日硝子株式会社
取締役社長・丸山泰徳
東京都江戸川区小松川4－36　TEL681－0704

パチンコ用スチールボール製造販売・各種遊技場備品一式
不二鋼球商事
東京都台東区車坂52番地・電話（831）1811・6171
工場 大阪市南区鍛治屋町十二の二
取引銀行 三井銀行、上野支店、平和相互銀行上野支店

東京芝浦電気株式会社は〝TOSHIBA〟の愛称で全世界に広く行き亘っております。現在資本金693億円、年間総販売額は1800億円を越え、従業員8万5千名、工場21個所、東洋最大の研究所57余所のマンモス企業は全世界の最も著名な一大電気総合メーカーであります。〝TOSHIBA〟のマークが表示されている全製品は品質と性能が完全に保証されております。〝TOSHIBA〟は其の研究に依り明日の無限なる発展が約束されております。

Toshiba
“大は原子力、小は電球、トランジスターまで”
東芝の製品はより良き世界、より良き生活を創る
東京芝浦電気株式会社
東京都千代田区有楽町一丁目十二番地
韓国向代理店　不二貿易株式会社
東京都中央区銀座一丁目五番地　大韓民国ソウル特別市中区太平路一街六〇

韓國新聞
発行所 韓国新聞社
発行人 曹寧柱
東京都文京区金富町51
電話 (813)2261・2263 編集
東京 (812)1921 (813)2262 業務
振替口座 東京 34988番

韓国と日本を結ぶ!!
広告企画と立案・国営文案製作
新聞雑誌広告・ラジオテレビ広告
ネオン屋外広告・市場調査と興信
その他広告宣伝PR
広告代理店
KPR
TOKYO 港区芝琴平町26 電話(501)0471
SEOUL 乙支路一街101 電話(2)1811

政党活動一月から開始

民政移譲予定通り

政党準備は国民投票結果

【ソウル発＝連合】革命政府は来る十二月十七日に予定されている憲法改正案にたいする国民投票の賛・否票の比率にかかわらず、民政移譲に関するスケジュールを変更せずに現在予定しているとおり実践してゆきそうである。

革命政府は、十二月十七日—憲法改正案にたいする国民投票、一月一日—政党活動許容、三月下旬—大統領選挙、五月下旬—国会議員選挙、八月中旬—新政府樹立の順序で民政移譲の日程表を作っているものとみられている。

改憲案にたいする国民投票が、万一否決された場合、一般的にこのような民政移譲日程表は根本的に修正されるものと観測されているが、革命政府当局者は投票の比率 [illegible] いとの前提で大部分は当初の計画通り一月初めから政党活動を許容しようとの主張をしているものとみられる。

革命政府は、政党活動が許容されていない現在でも、事実上政党活動が許容されているものとみなしているが、朴議長は数回に及んで「旧政治家たちが茶房のような所で政治活動をやっている」と語ったことがある。

また、与党の地方組織のための準備工作が徐々に進行していると広く伝えられているが、積極的な与党の組織工作準備は全国開票区別にみた国民投票の賛否比率等の結果が具体的に判明したのちに具体化されるだろう。

旧政治家の救済問題に関しては救済の時期と範囲に関する見解の相違で未だ一定の方針を立てられずにいるものとみられるが、旧政治家の救済は一般に予想されてい [illegible]

解放以後最高記録

十月中の生産実績

二十六日商工部は去る十月中の生産実績は解放以来最高のものであると発表した。

商工部の発表によると、十月中の生産指数は一三四・六で前月より四・五%高く、年中最高記録であった八月よりも四%上昇したという。

部門別では石炭鉱業部門が煉炭増産により十三・三%、製造業部門が綿糸、綿織物、亜鉛鉄板増産で二・六%、電気部門が九・五%とそれぞれ増加したという。

設立許可条件緩和

保税加工輸出協会

商工部は韓国保税加工品輸出協会設立許可条件を緩和して、同許可条件第四次の「設立当時役員は許可日から六カ月以内に自己の名義で保税工場の営業特許を得られない場合には役員から解任」という条項を変更して、同期間を一年に延長措置した。

このような措置は保税加工貿易の特殊性を参酌して実施したもので、事実上初創期に進展をみられなかったのに起因した措置である。

商品包装展示会開る

二十六日から六日間

韓国初の商品包装展示会が二十六日午前劉商工部長官をはじめ多くの来賓参席のもとに前大韓貿易振興公社で開かれた。

二十六日から十二月二日までの六日間にわたって開催されるこの展示会は、商品価値を定めるにおいて大きな影響を与えるということを一般生産業者、貿易業者、国民などに認識させることが目的である。

この展示会には出品されている商品四一八種と包装資材七二種、また包装方法を説明したもの六八種が各々展示されている。

関税条項を討議

韓、米行政協定実務会談

【ソウル発＝連合】韓米行政協定の韓米実務交渉代表らは、二十六日午後外務部で第七次会議を開き、関税条項に関する案件討議を始めた。

双方の代表らは会議後の共同声明でこの日の討議では相当な進展があり、ある部分では実質的な合意をもみたと伝えた。

次の会議は十二月四日に開かれるが、その時は以上の条項とその他の条項に関する討議が継続される予定である。

老朽船解体保税加工

来年一月七千トン導入作業

丸宏内外貿易株式会社では、日本伊藤忠株式会社と老朽船舶解体作業に関する保税加工貿易仮契約を締結した。

これは、船舶に関する最初の保税加工ケースであり、この契約により第一次作業として七千トン乃至五千三百トンの船舶を来年一月、日本より導入して解体作業をしてスクラップはアメリカに輸出する予定という。

求償輸入を専担

業者協議会構成

商工部は求償貿易取引方式で導入する肥料の輸入業務専担のために「求償貿易肥料輸入業者協議会」を構成、同機関をしてこれらを取扱うようにしたいと発表した。

米穀消費の節約図る

飲食、旅館では雑穀二割混入

【ソウル発＝連合】政府は二十六日午後米穀消費節約に関する汎国民運動方針を決め、十二月一日から実施することに決定した。

この日の臨時閣議でこのような消費節約に関する方針が議決された訳は、六二米穀年度の糧穀輸入規模が三千四百六十三万二千石程度と推計され、六二年度農産物生産状況からみて絶対量が不足するためである。

導入を必要とする量は五百万石乃至六百五十万石と推算されている。

特に米穀においては平年作千六百七十五万七千石に比べ約百七十万石、また六一年産千八百九十万三千石に比べ約三百万石が減少されているためである。

ところがこの日閣議で決定した汎国民運動方針をみると(一)飲食店とか旅館では二割以上の雑穀をまぜること(二)湯飯にはめん類三割(三)食堂ではメリケン粉および雑穀を原料とすること(四)菓子、モチ、アメなどに米を使うことは禁じる(五)焼酒は米で造ることはできないし、アルコールはイモで造ることなどである。

一方、行政部の全閣僚らは来る二十九日から十二月二日まで米穀買入督励のため地方に出張することに決定した。

経済人特別教育入校

中央公務員訓練所

【ソウル二十六日発＝連合】経済人特別入校式が二十六日午前劉炳賢最高委員、金炳三内閣事務処長らと多数来賓参席のもとに、中央公務員訓練所で盛大に行なわれた。経済開発五カ年計画全般にわたるいろいろの教育と経済人相互の親睦をはかるため行なわれたこの経済人特別教育入校式で、劉炳賢最高委員は、この度の教育は経済開発五カ年計画をよりよく遂行するため、多くの経済人の協調で築かれたものであると述べ、この度の教育が満足な成果を収められるよう望むと語った。

この経済人特別教育はこれからさき三度に分けそれぞれ一週間ずつ実施されるが、その教育内容は国内外の情勢分析、後進国の政治的傾向、地域経営などの科目である。

韓国で始めて実施されるこの経済人特別教育は、あらゆる国営企業体の社長級をはじめ市中銀行長、韓国銀行監督部長など百三十三名が教育をうけることになっている。

営農資金を適期に

農民の不当な損害防ぐ

【ソウル二十六日発＝連合】朴議長は営農資金の放出を一時に実施して、農民に不当な損害を与えていると指摘して、営農資金の放出時期を各地域別に適切に調節することを金農林次官に指示した。また畜産業の奨励は海外市場開拓と並行しなければならないと強調し、加工処理などで広範な市場開拓計画を立てるようにと語った。

庶民金融団体を徹底的に調査

金財務長官、韓銀監督部長に指示

二十六日金財務長官は、全国各地に散在して庶民金融業を営んでいる庶民金庫など十三のいわゆる庶民金融団体を徹底的に調査するよう韓銀監督部長に指示した。

財務部はいわゆる庶民金融団体が金融界を乱し、国民に弊害を与える可能性があるため、各団体の資本金、業務、人事などを徹底的に調査監視するようにした。

在庫品融資で投売防ぐ

寒天輸出増大懇談会で

【ソウル発＝連合】大韓貿易振興公社では、寒天輸出の増大のための懇談会をこのほど同会議室で開いた。

この懇談会には同公社をはじめ、関係部処と業者及び寒天輸出組合が参席して、現在当面している輸出上のあい路事項及び今後の展望などを討議した。

なおこの日討議された事項は次の通り。

一、クルト・ヘイストを新年度貿易計画には禁輸品に策定して原料確保に円滑を期し、現在施行中である原草密輸防止をより一層強化する一方今後も継続すること。

二、投売を防止するため在庫品の無LICベイスに対しても融資措置をしてくれること。

三、求償貿易にあっては、輸入した肥料を政府で引受ける時、引受け価格を他の物品と区別なく最高額に策定してくれることなどを対政府建議案に提示して同貿易公社でこれを総合して関係機関に建議するよう一任した。

証券金融融資遅れそう

株価不安定、過度投機などで

証券業界で期待している証券金融十億ウォン融資は予定より遅延されそうである。

二十六日証券界消息筋は、証券協会会長団と去る二十四日金財務長官、および次官との協議席上で、株価が不安状態を持続し、過度投機が継続される限り証券業界で期待している証券金融融資は遅れるだろうという財務部の態度が明らかとされ証券取引所臨時株主総会にそなえこれを協議するため、財務部を訪問した証券協会会長団は株主総会にたいするいくつかの問題を協議したが、証券金融問題にたいしては極く失望的なものであったと伝えた。

韓国証券金融会社では証券金融融資要綱の制定をはじめ万端の事務的準備を終え、証券金融が融資されることを期待しているという。

論壇

最終段階に来た法的地位問題

——特殊永住権は返上する——

われわれが願う在日韓国人法的地位問題がそろそろと在日韓国人間に注視的になりかけたこのころ、韓日会談の法的地位委員会においてはすでに最終段階にいたっている。

この最終的な暫定内容をみるに問題点は、

1、在日韓国人の永住権のおよぶ範囲
2、永住権を得た韓国人の待遇をどの程度にするか
3、韓国への強制退去の範囲
4、日本から韓国へ持ち帰れる財産の範囲
5、国籍確認の問題

これらの五項目が問題の中心点となっているが、従来の在日韓国人の永住権を特殊永住権という名称をもって取得者とし、この特殊永住権の取得資格者は戦前から日本に在住したものと一九五二年四月二十八日、サンフランシスコ条約の発効前までに生まれたその子孫は無条件にその対象になる。その後に生まれた者は二十年以内に出生した子孫にも与えることとし、そのあとはあらためて協議をするという合意であるが、このふくみには在日韓国人が特殊永住権を取得したあとは自然とその子孫のうちにおいては帰化によって日本国籍を取得するであろうという、深いふくみが双方の法的地位委員間において暗黙の合意点として隠されているのである。

しからば、特殊永住権者の待遇の問題であるが職業選択の自由や財産取得の自由および教育の自由などの点について既得権の範囲内で、この自由を認めるということである。この既得権とは戦前において既得していた権利を指すものと解釈しているが、職業選択の自由は現在新しく就業の出来ない弁護士、計理士、水先案内その他在日韓国人がその職業に就業出来得る才能があっても制限されているため、就業が出来ない状況にあるので、それを既得権の範囲内で認めるというのであり、財産取得の自由(鉱業権など)も既得権の範囲において取得を認め、教育の自由は現在における在日韓国人は義務教育を受ける権利がないので、この権利を与えるというのである。

特殊永住権者に対する強制退去問題、国籍確認問題などは本稿に既述(十一月一日付)した骨子で現在進捗中で、一部の問題が残されている。われわれ在日韓国人が特に関心を集めている点は特殊永住権の実質的内容の問題である。

双方の法的地位委員が指摘する特殊永住権が前述の如き既得権の範囲内において在日韓国人に与える権利を特殊永住権という表現をもって如何にも特権を与えるがごとき印象をわれわれに植えつけんとしているが、例えば、弁護士を志す特殊永住権者が日本の司法国家試験に合格したとしても、この者は司法研修所の二カ年の司法訓練を受ける資格がない、なぜなら、この司法研修員は準官吏の処遇をうけるから特殊永住権者といえどもこの資格はあたえられないのである。せっかく特殊永住権者の職業選択の自由を唱えてもらっても実質的には無意味であり、あえてこの既得権を使行される者は戦前に弁護士の資格を取得している者のみが受けられる権利であって、現在の時点における在日韓国人の立場となんら変るところがないではないか。これに類することは財産取得の自由も異口同音のたぐいである。

こんな事例をあげていくと特殊永住権とは在日韓国人子孫に日本の憲法によって保証されている日本人なみに義務教育を受ける権利の底辺が特殊永住権の本質だと、指摘されてもいたしかたないものではあるまいか。

それならば、在日韓国人は帰化という道があるから帰化すればよいではないかと反問するであろう。しかし、韓国人が考える特殊永住権者とは公民権を各自の自由意思によって取得する権利を特殊永住権者であると規定してもらいたいのである。

なぜならば、韓日双方がいう特殊永住権者は戦前から日本に住みついた者または、その子孫であるから、戦前においてすでに日本公民権を付与された者である。この者はそのまま終戦後も継続して住みついているのにもかかわらず一方的に外国人登録を強制的に受与され、そのうえに潜在的保有する公民権をもはく奪し、いまさら特殊永住権とは事実誤認もはなはだしいものである。

(崔　天栄)

×　×　×
×　×　×

信用状受け、輸出不能

米・鮮魚、鉱物、織物用糸など

【ソウル二十六日発＝連合】外国から輸出信用状まで受けて輸出できずにあるものが十月末現在二千一百三万ドルに達している。

今年に入って輸出信用状を受けたものは総六千四百六十八万ドルで、今年の輸出目標額の六千一百八十六万ドルよりもはるかに多い額であるが、そのうち実際に輸出された実績は約三分の二の四千三百六十四万ドルにすぎない。

ところで、いままで信用状だけを受けとった分を全部輸出すると、輸出目標を充分達成するものと見て、商工部はこの未決済分の早速な船積を促している。

品目別としては米一千三百三十万ドルでそのうち八百四十万ドルだけが輸出された。

なお米の円滑な輸出ができなかった原因は輸出力がないためで、次には鮮魚、鉱物、織物用糸等である。

これら品目の中には、輸出奨励補助金支払等の特恵措置の保障が確実でないために不振の大きい影響があるものと見られる。

三カ月分ずつ四回

石油運営規定を公布

二十六日、商工部は石油類の配定、価格および販売などに関する石油運営規定を同部告示で公布した。

この規定は、従来の多元的要綱および規定などを綜合して一元化させ、新しく作ったものであり、全文三十九条付則からなっている。

同規定の内容は、販売規定と大体同じであるが、その中で油類配給において従前毎月別にしていたものを毎年四回期別に三カ月分を一括配定したことが異なっている点である。

TV放送運営臨時措置法公布を決議

政府は、二十六日午後の臨時閣議で国営テレビ放送事業運営に関する臨時措置法および国営テレビ特別会計法を公布することに議決した。

海公株引受問題を討議

証券引受団理事会開き

二十六日証券引受団は理事会を開催し、海運公社で要請してきた一億五千万ウォン相当額の海公株引受問題を討議した。

この日の会議では政府が七億ウォンを投資する際、民間株の投資においての資金事情で未払込株が生じる時、これを証券引受団で引受けるようにとの海公側要請を検討した結果引受することに決定、二十八日午前十一時海公側と引受団側が会合して、海公の財産状態と引受団条件などを協議することにした。

ところで政府が七億ウォンを投資すれば海公資本金は現資本金一億五千万ウォンと民間出資金一億五千万ウォン合計十億ウォンになる。

輸入制限緩和要請

化粧品原料の業界

消息筋で伝えるところによると、化粧品工業協会では、商工部当局が輸入制限をしている化粧品香料に対し、輸入緩和をしてくれるよう陳情したといわれる。

農漁村にラジオを贈ろう

現在わが国では公報部を中心に「農漁村にラジオを送ろう」という国民運動が展開されており、多くの成果を収めております。この運動の趣旨は貧しさのため耳をもっていてもいまだ放送という文明の恩沢を受けていない農漁村が一万五千を数えているのに対して、全国民を愛する心と隣人を大切にする人情に呼訴して彼等にラジオを送ろうというものであります。

ご存じの通り一部地域に住む在日僑胞などもこの運動に呼応して寄贈品を本国の農漁村に送りこんでおり、民団でも脈大地区水災民救護金募金運動と同時に全体僑胞の協力を要望しております。

[illegible]務者の皆様方もこの趣旨を理解のうえ本国の僻地同胞たちに受信機を普及させるため、少ない金でも、余分なラジオでも出し合い、愛の贈物をしようとするこの運動に積極的に参加されることを望み、また彼等の明るい明日のため海外僑胞の誠意が集まることを希望します。

▽募集要領△
募集物品　ラジオ(中古品でもよい)
募集期間　十二月十日まで
拠出処　民団各県本部、支部、各傘下団体本部、支部

民団中総宣伝局

タイに常設貿易館

大韓貿易振興会

【ソウル発＝連合】大韓貿易振興公社泰国常設商工貿易館がさる二十日バンコックで開館され、当地の官民たちに絶対的な関心を集めたといわれる。

同貿易館は今後、海外市場開拓と韓国商品の展示及び輸出取引斡旋のために重要な役割をするようになった。

〇・二%下落

十日前比の卸物価

韓銀の調査による十一月十五日の卸物価指数は三三一・四(一九五五＝一〇〇)で、十一月五日より〇・二%下落した。

穀物は〇・二%下落で十月下旬からの低落する勢がつづいており穀物以外の商品も化学繊維・薬品等の輸入円滑で〇・二%がさがった。

下落した品目は、米〇・八%、卵一五・二%、ナイロン糸一八・七%、あわ一・〇%、イリコ二・三%、ソーダ灰〇・七%、グリセリン三・二%、が微落した。

反面、騰貴品目は、麦一・四%、木炭六・二%、赤レンガ五・六%、丸鋼一・四%、陸松原木二・六%。

なお十一月十五日のソウル消費者物価指数は一九三・二で十一月五日にくらべ〇・三%下回っている。

下落の主因は、米・小麦粉及び卵の下落による。飲食品指数の〇・七%下落により、一部の生鮮と魚、薪炭、板材、及び毛糸等は上がった。

ソウル市優良工産品39種を選定

ソウル市は先般第七回優良工産品展覧会を開き、三十九種目の優良品を選定した。

国産品の品質向上のために、毎年一回ずつ市内の各種生産品のうちで優良品を選定、施賞する。今年の審査には総五十一個の業体で出品された一百五十三種の生産品のうち次の優良品は今後観光センター、市民会館、その他の県売店を通して展示する予定である。

▽マカシミロン下着(西光繊維)▽シムレス靴下(創光繊維)▽洗濯セッケン(無窮花油脂)▽マーガリンバター(ソウル食品)▽醤油(朝鮮醤油)▽みそ(同)▽原色インキ(黄色=大韓インキ)▽原色顔料(赤色=大韓インキ)▽白色エナメル(復興化学)▽エステルガム(同)▽感光紙(求栄商社)(青図)▽複写感光紙(同)▽各種薬品及び化粧品ケース(東亜紙器印刷)▽アルバム(大韓産業)▽水彩画用染料(三星化学)▽朱肉(三星化学)▽アスファルト(凡進産業)▽アスファルトルビン(凡進産業)▽ソフアトキャラメル(ヘテイ製菓)▽パタリンドロップ(ヘテイ製菓)▽ビーナスビスケット(同)▽乾パン(ヘテイ製菓)▽ビターキャラメル(同)▽家庭用ミシン(新韓ミシン)▽農機具(三星工作所)▽アルミニウム盆(同)▽フルーツドロップ(同)▽アルミニウム食器(同)▽金属印刷洋鉄板(東亜金属印刷)▽鍬(半島農業)▽スピードスケート(韓一工作所)▽ニッパペンチ(三星工作所)▽乾電池(海光物産)▽[illegible]

三十万ドル限度内許可

漁網ナイロン輸入

商工部は不足品目のうち漁網用ビラメント・ナイロン糸及びスファン・ナイロン糸に対して三十万ドルを限度内に、農林部長官が推薦した漁網製造業者と保税貿易業者の間に輸入代行契約された分には輸入許可措置をとった。

電力使用量記録

二十三日商工部は二十一、二十二日それぞれ一日間、全国で使用された電力量は二十六万KWであるが、これは政府樹立以来の記録であり、商工部で計画した十一月における一日全国電力使用計画量の二十三万KWより三万KW多く使用されたものという。

一方商工部の当局者はこのように電力が多く使用されるということは韓国の産業が発展、国民生活が向上されていることを換わし好い現象と考えるが、家庭灯と生産用に使用される電力を除いては使用しないよう語った。

また一家庭で一灯だけ電力を節約すれば忠州肥料工場のような大きな工場一つを動かすことができると語った。

米の琉球輸出紛争再燃

米穀輸組、商工部に訴願

韓国米穀輸出組合では同組合第六次理事会議決に対する去る十月二十九日付商工当局の輸出組合法第十八条の規定による議決取消通告は不当であるとし、取消を要求する訴願状を商工部に提出した。

つまり同組合第六次理事会では大星産業除名処分と対琉球米穀輸出にあって組合への一万ト大星産業への二万ト割り当てを受諾しないことを決議していた。

韓国、具体案ださず

漁業専門家会議

日韓予備会談の漁業専門家会議は、二十七日午後三時半から東京麻布の飯倉公館で約二時間にわたり開かれた。日本側から斎藤外務省アジア局参事官、和田水産庁次長、黒田海洋二課長、また韓国側から池鉄根(チ・チョルグン)中央水産会顧問、金命年(キム・ミョンニョン)農林部水産局長、南相圭(ナム・サンギュ)同随員の六氏が出席した。

第一産業株式会社
代表取締役・金相基
段ボール製品
美粧紙器一切
多少にかかわらず、御用命下さい 皆様の満足のいくお値段で奉仕いたします。
本社 工場・栃木県小山市本町1.856 電話 小山(代)217番
東京事務所・東京都中央区八重洲3〜3 電話(271)3922番

お宅の電化は三和から!

卸値で小売も
各社テレビ電気器具卸
三和テレビ・ラジオKK
東京都台東区御徒町1-5
TEL(866)4177(代表)

*商銀が築く 明るい事業!
熊本商銀信用組合
熊本市米屋町2-2
TEL2-3566,6003

国土建設の一翼をになって、躍進に、躍進を続ける建設基礎産業
東栄商事株式会社

取締役社長・李栄鎬

営業品目・砂利・砕石生産
本社・神奈川県相模原市淵野辺1910・電話淵野辺局112
工場・神奈川県津久井郡津久井町三ケ木道志川・電話215

韓国問題に関する大韓民国基本覚書

全文

序論

大韓民国は、国際連合によって誕生し、国際連合軍によって共産侵略から救援され、また国際連合の諸決議と決定を、一字一句、遵守してきた。

大韓民国の統一方策は、至極、簡明である。すなわち、国際連合の監視の下、全韓国を通ずる真正な自由総選挙を実施することであった。

大韓民国は、かかる総選挙には国際連合の参加が必要だと考える。

それは、国際平和と安全の保証者として、国際連合は韓国問題の解決をもたらす明白な義務を負っているがためである。

共産主義者は、韓国問題を扱う国際連合の権能と権威を否認し、全体韓国民の自由な意思を表示する選挙に関する、すべての提案を継続的に反対してきた。

国際連合により取り上げられて以来十五年を経る今日、韓国問題は、そのどの時期にもまして、より大なる重大性を帯びることとなった。

国際連合が、一貫した決議を通じて、その立場を引きつづき確認してきたのに反し、共産主義者は、そのどの時期にもまして、より厳しく、韓国問題を取扱う国際連合の権能と権威を否定している。

韓国問題が重要なのは、大韓民国の樹立にあたって果した国際連合の役割のためばかりではなく、国際連合が、共産侵略から韓国を防衛するにおいて、最初の国際的集団安全保障措置をとったがためである。

その上、国際連合は、既に十五年前「国際連合」憲章が規定されるのと時を同じくして、統一された、民主的な独立韓国の樹立を保障する責任を、自ら進んで、背負ったのである。

特に、韓国問題は、それが大きく人道に関連していることからもまた重要である。

戦後のあらゆる人間的悲劇の中でも、祖国を人為的に分断されたことによって惹起された、大韓民国の苦難よりも大きなものはない。

韓国民が受けた試練の中でも、最も甚大であったのは、国土分断の直接的結果である韓国戦争であった。

したがって、韓国問題は、単純に「冷戦」問題と看做される性質のものではなくて、韓国民は、植民的圧迫者を撃退し、真正な民族自決を通じて民族統一を成就するため、十七年間にわたって闘争してきたという観点から、判断さるべきものである。

韓国の分断は、韓国民の過誤に起因するものではなく、全体韓国民を共産支配下に置こうとする共産主義者の陰謀のもたらしたものである。

一九四七年以来、国際連合は韓国の統一を実現するため最善をつくした。

しかも、いまだに韓国は分割されたままである。韓国民と国際連合の利益に反して、この分割を永続化している責任は誰が負うべきか？

統一、独立、民主韓国の樹立にかける韓国民の宿望を実現するために払っている国際連合の継続的な努力を挫折させている者は誰か？ なにゆえ、韓国問題が、国際連合にとって、それほどまでも重要な問題であるのか？ この覚書はそのような疑問に対する解答を提示しようとするものである。

この覚書は、特に、次のような問題を取扱う。

❶韓国における国際連合の目的を転覆しようとする共産党の図謀と対比しての、国際連合における韓国問題の重要性。

❷国際連合軍の継続的韓国駐屯がもつ必然性と、国際連合軍撤収を要求する共産主義者らの意図

❸大韓民国の一字一句にいたるまでの、国際連合の権能・権威の受諾と、共産側の執ような、国際連合の権能・権威の拒否。

❹大韓民国の政治的経済的進歩の実績。

第一章 国際連合と大韓民国・韓国問題の重要性

1、韓国の独立

韓国は四千年以上の歴史をもち、平和を愛護する国民の国家であって、一九一〇年日本に併合されるまでは独立国家であった。日本による併合以後数十年間、韓国民は植民地の覊絆を除去するため、頑強に闘争した。一九四三年カイロ会談において、米国、英国及び中華民国は「韓国人民の隷属状態に留意し、適当な時期に韓国を自由で、独立したものにする」との共同宣言を行なった。ソ連は、一九四五年ポツダム会談にお……

38度線はソ連が先に分断

国連決議を無視、信託統治案掲げ

第二章 国際連合による大韓民国防衛

2、大韓民国に対する北傀の武力侵攻と国際連合による制裁

一九五〇年六月二十五日日曜日北カイ共産軍は大韓民国に対して、不意なる武力攻撃を敢行したのである。同日、国際連合安全保障理事会は決議案（S／1501）を採択して、敵対行為の即時中止と、北カイ共産軍の北緯三十八度線以北への撤退を要求した。

だが、北カイ共産軍が休戦命令を無視したため、安全保障理事会は同年六月二十七日「国際連合会員国は、大韓民国に対して敢行された武力攻撃を撃退し、該地域に国際平和と安全を回復するために必要な援助を、大韓民国に提供する」ことを決議した（S／1511）

これにより、十六の会員国は、一九五〇年七月七日の安全保障理……

北傀は 軍備増強不法侵入

千百68回も休戦協定に違反

韓国はUN決議受諾

すべての「国連」専門機関の会員国

第三章

第四章 政治改革と経済発展

腐敗不正 除去のため軍事革命

民主主義の基盤造成、全国民が支持

結論

ご商売のお仕度いのご計画に……
東京商銀信用組合
東京都文京区湯島天神町三ノ一四

共和化学工業所
営業品目・ケミカルシューズ製造販売
職員募集
女子 一〇名
男子 若干名
年令三十才未満
学歴不問
●来年中学卒業見込者は特に優遇す。
申込方法
履歴書郵送
直接来社
電話により問い合せにも応じます。
東京都足立区本木町二ノ一八六六
電話(886)五五九四番
共和化学工業所
社長・玄斗玉

豪華浴室と高級焼肉料理の殿堂
温泉気分と最高のムードで
個室トルコ 平朝五時より(800円)浴後にビール1本ツマミ付サービス
大衆男女トルコ風呂 100円
●五〇〇坪全館冷暖房完備●
上野 宝苑
上野駅前昭和通り宝ホテル隣
チャングのリズムに乗って 韓国の古典衣しき美妓の舞い
御宴会
御一人様 500円より
料理5品 酒1本(500)
高級焼肉料理
(年末年始の宴会の予約は早めにお申込み下さい)
御予算により御相談に応じます。200名様用大広間御家族連れ大小10室準備
温泉部電話(832)2519～20、食堂部電話(832)6505～6

講演と映画の夕べ

在日大韓婦人会東京本部主催

共産貴族と悲惨な同胞

関貴星氏が北韓の実情暴露

婦人会東京本部(会長○○会長)では、十一月二十七日夜五時半から東京神宮外苑の日本青年館で、過去、北韓を二度も訪れたことのある関貴星氏を招いて北韓の実情と朝総連の偽瞞宣伝を暴露する大講演会を催した。都内僑胞約五百余名を前に関氏は過去朝総連が北韓は楽園だ、だから日本からは何も持ってゆく必要はないと宣伝して在日僑胞を追いやった実際の北韓の現状は「新しい支配階級の共産貴族が生まれ、国民は重労働に強制される有様だ」と涙ながら会場の五百余名に新しい反共の勇気を与え、要旨次のような講演を行なった。なお関氏の講演後、本国最近のニュース映画が上映され多大の感銘を与えた。

私は解放前、朝連、民戦、朝総連の三代に十五年間つとめ、一九五七年と一九六〇年北韓を訪れる機会を得ました。そのおかげで北韓に追いやられた僑胞たちの生活実態をみることができました。北韓にかえった僑胞たちはほとんどが分散されていて、日本かつ希望した地域は百分の一もみたされていませんでした。私が平壌ホテルにとまっているとき、過去私とともに日本の日朝協会などで非常な活躍をした青年が私を訪ねてきたが、私達を案内する共産党工作員は一目も私に会わせてくれなかった。

また寺尾が書いた本をみて、私は北韓にきた。しかし本と現実はまるでちがうではないかと寺尾氏にくってかかる場面もあった。平壌でのある懇談会である日本婦人は私たちと対面してただすすりなく有様であった。このように北韓の共産党員は国民の自由をはく奪し、金日成帝国をまもる手段にすぎない。人道主義という美名の下でかえったこれらの人々の生活について物資不足の手紙その他が何百通も私の手許にとどいている。共産党幹部には高級ホテル、高級車、寝台車などの特権があたえられている。その一つの例として私たちが車にのって農村を回っているとき、人をみてお辞儀をするのでなく、車をみてお辞儀をするような場面がたびたびあった。

講演する関貴星氏

邑楽支部が誕生

民団群馬の成果

民団群馬県本部(呉○○団長)では二十五日群馬県邑楽小学校講堂で"民団邑楽支部"を結成した。姜鍋奎中総組織次長、野本品吉参議員、酒井万七郎群馬県議員、飯塚国蔵群馬県会議長、恒本一雄衆議員、関塚守一大泉町会議長、久保田夕一郎大泉町助役、小山○○群馬警視などの多数来賓と、邑楽郡管内僑胞百二十余人のの参席で開かれた同支部結成大会は国民儀礼に次いで議長に曹相吉氏を選出した後、各来賓から喜びと力強い協賛の祝辞が述べられた。

邑楽支部の結成は懸案の韓日会談が妥結へ一歩一歩前進していくにつれ、民団群馬県本部と邑楽管内僑胞約五百世帯にとって急務課題とされていた。それが金世顕、柳三万、李鉉寅氏などをはじめとする六氏が約三カ月前から支部結成の発起人となって管内僑胞へよびかけたのが今日のよろこばしい結成へ実ったもの。結成された同支部は今後も朝総連による根強い虚偽宣伝などの妨害工作が予想されるが、金世顕氏によると「朝総連のこれ以上の虚偽宣伝は、彼等の"うそ"を増すだけだから、われわれの組織は雪だるま式に発展する」と強気の意欲を燃やしていた。選出された機関役員はつぎのとおり。

議長李鉉寅、副議長崔海山、団長金世顕、副団長柳三万、監察委員長鄭一謨、同委員金鳳植、羅間金好善

事務部長曹相吉、次長金浦代子、総務課長尹三鎬、組織課長金点伯、民生課長崔奎生、同次長李鍾範、文教部長鄭俊哭、宣伝課長金教秀

邑楽支部事務所前に立つ金団長(右)

各地で大きな反響

本国特別講師団の講演会

在日僑胞を指導育成するため去る六日来日した李明馨前国家再建国民運動京畿道支部次長をはじめとする四人の特別講師団は、各日本地区に居住の僑胞実情を視察しながら九回にわたる講演会をもようした。李中総宣伝次長の案内で新潟、長野、富山、滋賀、奈良、和歌山県などの北陸、中部各地方の僑胞を視察しながら同講師団は「本国国民の再建運動の推進状況」や、「北韓国民の苦しい実情と金日成徒党の独裁ぶり」などを要旨とする要旨別項のような講演会をもようしたが、同講演会には延べ二万余人の僑胞が参加した。ある地方で催された講演会には約二千人の僑胞が会場をうずめ尽したが、ほとんどが新しい国づくりの状態を聞いて会場は希望ある歓喜にあふれる一方、北韓国民が金日成の独裁政治で虐待を受けているさまざまの真相を聞いた時は、カイライ金日成を打倒すべきだという緊張した場面もあった。同講師団はこのように在日僑胞が如何に生きるべきかという多くの教訓と勇気を与えながら今なお講演を続けている。

本国講師李明馨氏(右)と俞相哲氏(左)

李明馨次長の講演内容要旨

五・一六革命以後の革命政府は、全国民と共に李朝時代以後につづく旧態依然の政治、経済、社会、文化の各部門にメスを入れ、未来の新しい歴史を創造するため再建国民運動を全国的に推進している。在日僑胞も韓日会談妥結に備えて全力を尽すことを期すべきである。

俞相哲内外問題研究委員

北韓の国民はカイライ金日成独裁による圧迫と搾取政治によって、重労働でしいたげられるだけしいたげられている。北韓の機構は名目的には三権分立を憲法にうたっているが、実際は金日成、金一、崔永健、朴正愛、鄭準沢、南日といった十二人の労働党政治委員会の命令に従って運営されているが、これら十二人も親分の金日成の指示通りに動いているに過ぎない。金日成は己れの政治独裁を維持するため、民主的要人を全て処刑しているが、特にこの処刑の対象は作家に一番多い。その次に民族主義者とインテリ教育者の順である。彼は自分に反対または批判の対象をいち早く見付けるため秘密警察を北韓の隅々まで組織している。この秘密警察官は都市、農村、学校、工場などあらゆるところで国民の動向を監視して金日成政治委員会に報告する。政治委員会は直ぐ司法省に対し逮捕するよう命令を下すが、この逮捕者は必ずといってよいほど処刑される。だから北韓では自分の友人が一週間も会えない状態なら処刑されたと見てよい。北送した僑胞たちは現在親子兄弟を分散させているのでどれほど処刑されたかは分らない。

僑胞大学院生19名

産業分野の研究で来月本国へ

「在日韓国産業技術研究会本国視察団」一行十九名が十二月十日訪韓の予定。一行は在日韓国産業技術研究会所属実務及び研究会員で本国の実情を直接把握し、祖国建設計画に応する研究活動を展開しようというのが目的である。

一行の大部分は日本の各大学院研究室で、①電化計画の化学工業③機械工業④国土計画部門の四分団で構成される。

約二十日間滞在し政府各機関と各新聞社を訪ね右四部門別研究会や①韓国の電力化問題②化学工業の企業化問題③機械工業問題④国土開発等に対する討論会を開く。北大、慶熙大学校と釜山工業大、仁荷大、ソウル工大、慶北大、全南大、仁川港、新門店、忠州、肥料工場(霊工業)(韓国)、朝鮮機械、利川電気、韓独製薬、第一(毛織)(製糖)、資源化学、金星社、大韓造船公社等の各主要生産企業体等も見学する。視察団員の顔ぶれは次の通り。

一、電化計画分団 宋栄淳 東京工業大学研究室、宋吉永 早大大学院博士課程、金萬鈴 ホプキン&マーフレイ技師、鄭鍾慶 パシフィック・エンジニア&マーフレブ技師、朴先正 東北大大学院博士課程

二、化学工業分団 南宮遜 理化学研究所研究員、李応洙 天馬合成樹脂社員、韓錫州 旭製作所会社員

三、機械工業分団 李相植 明治大学大学院博士課程、張永鎮 東京大大学院博士課程、金鉉石 東京大学生産技研技官、曹鍾鎮 日本大学大学院博士課程

四、国土計画分団 田耕培 明治大学大学院博士課程、金光交 東京大大学院博士課程、宋鉉棠 トランス・アジア設計、鄭桐 東京大学生産研究所研究員、閔丙直 和信産業東京支店員、李完圭 東京大学大学院博士課程、李光寿

韓国料理

趙重玉 著

B5判 一三〇頁 送料 一二〇円 定価 八〇〇円

取次店 東京都千代田区神田淡路町二ノ四 韓国資料研究所 電話 東京 二五一・九六五九 振替 東京 一一九七五

俗離山法住寺

レンズの目

韓半島の背梁である小白山の枝脈が西南方に走って忠北、慶北の両道の分界線に我が国の八景中の一つである天下の絶景をなしているが、これが即ち俗離山である。ここは古来からあまりにも景色がよいので小金剛ともよばれている。絶景の一役をかざっている法住寺は1400年前新羅時代に創建されたもので当時の建築美術の高い造型をほこっている。

曹圭泌

来月八日に親善大会

アジア友の会で

財団法人アジア友の会では民団をはじめアジア各国二十余団体の協賛の下で、来る十二月八日正午から新宿の厚生年金会館で恒例の第七回アジア親善大会を催おす。毎年恒例行事として開かれる同大会は、アジア民族精神の高揚と文化交流を通じ、アジア人相互の理解と親善友好をふかめ、アジアの自由独立と経済的開発復興を促進させ、ひいてはアジアの平和と福祉に寄与することを目的としている。なおアジア友の会はこのたび財団法人となり、各方面から活躍が期待されている。

尋ね人

本籍慶尚南道○○郡二班城面○○里

李成南さん(39歳程度)

右の方は昭和十年に来日、大阪府○○郡市東町に住んでいたが、昭和十五年頃行方不明となり今日に至っております。本人の実兄李水鶴氏が尋ねておりますから心当りの方は左記に連絡下さい。

連絡先 東京都八王子市寺町十八番地 TEL②六九一七 河本方 李永鶴

奨学生募集

募集人員 二名

資格 ソウル出身者、東京にある大学の理工学生。

希望者は履歴書、在学証明書を韓国新聞社まで提出して下さい。

記事訂正

去る十一月二十二日付け本紙の三面「ラジオ十五台代金を贈る」という記事の人名がいくつかまちがっておりましたので次の通り訂正致します。

誤 正

尹 哲→尹 哲

裵生達→裵命達

権太玄→権太鉉

崔合竜→崔大達

鄭澤喆→丁海喆

ある北韓脱出者の手記

(31)

傀儡軍生活

上下に大きな不信

軍人を牛馬の如く使役

北韓の住民の中には千里馬作業班争取運動が強要されているが、カイライ軍内では「旗範中隊(軍隊養成に関係する)」を充分に発揮すれば党に入党することができる。

「赤旗中隊」は一九六〇年九月初めに進行された人民軍党第八次全員会議で決定されたものであり、模範中隊だけが赤旗中隊になり得る。赤旗中隊になれる基本要素は政治、射撃、体育、隊列成績が優であり、全ての戦士らが一等級以上の業務(幹部的に大衆和睦、団結され、力ができる。

(ロ)模範中隊および赤い旗中隊争取運動

「赤旗中隊争取運動」とか「赤旗中隊争取運動」というものを展開している。模範中隊になろうとすれば政治学習総括で全中隊員が優(五点)をうけなければならないし、射撃で良(四点)以上の成績と体育と隊列で優の成績を争取、中隊が和睦団結し、命令と指示を無条件に遂行する時「模範中隊」になりえるのである。

指揮できると評価されることは勿論、副業もよくやり、業務者らの物質文化生活が党の要求する(肉類一日二五〇グラム以上、白菜一〇グラム以上実施)程度を遂行しなければならないなどだ。カイライ軍内でのこのような運動は社会で行なっている千里馬作業班争取運動と同じく軍人らを牛馬のように働かす手段にほかならぬ。共産主義者らはこのような運動を組織展開するにおいて二つの妙策を使っている。まず模範中隊と評定される一個の中隊を最も優秀な者達で組織しておき、他の中隊をこれにしたがわせるという方法である。

(ハ)カイライ軍の士気 北韓カイライ軍内の士気は外部旺盛のようにみうけられるが内部を詳細に観察した場合、上下間には大きな不信任が存在しており、兵士らは相互に監視、猜疑して自己の本当の心を交換できないでいる。口では大きなことをいっても力の不足と疲労の色はかくしきれない。特に政治学習と各種会議は「党務強制」であるため死ぬほど嫌がるものであり「歩哨勤務と会議および政治学習中、どこに参加するかと言えば寧ろ、歩哨勤務を選ぶ」という。副業、防御工事、各種動員によりねむる時間も足りなく、常に疲労がつづき、また食事の不足によって力が旺盛にならない。

(ニ)軍人と党との関係 北韓カイライ軍内でもソ連軍隊と同じく党と民青団体が存在している。北韓カイライ軍に入隊すればだれでも民青員になるのであり、民青生活で特殊な業績を発揮すれば党に入党することができる。

ポリエチレン
ハイゼックス
ハインパクト
スチロール
パージン
再生原料
製造販売
依託加工
着色

金井樹脂工業所

社長 金東燮

本社 東京都葛飾区堀切町一ノ九
工場 電話東京(六九七)三一〇〇番

不動産なら信用と伝統を誇る朝日商事の不動産部へ!

有限会社 朝日商事不動産部

◆一般住宅地 ◆キャバレー
◆ビルディング ◆パチンコ店

等の御相談は是非当社の不動産部を御利用下さい。

東京都中野区鷺宮1丁目214番地
西武線都立家政駅前
電話(385)0151・0152・0153・0154番
代表取締役・梁判山

一般用鋼管 YPK 配管用鋼管

日本鋼管株式会社 日立金属株式会社 指定特約店

株式会社 山田パイプ店

代表取締役・李仁柱

本社・東京都墨田区錦糸町2~1 電話(623)代3151~4番
倉庫・東京都墨田区錦糸町2~2
工場・東京都江東区深川猿江町2~1 電話(631)4521番

あなたの工場の生産性向上は、マークが保証する、南陽の高級鋳物におまかせ下さい

日本政府中小企業庁
指定モデル工場

営業種目
強靭鋳鉄
特殊鋳鉄
工作機械
自動車部品

NANYO

南陽鋳造株式会社

当社製品の主たる受註先
日立製作所
プリンス自動車
昌運工作所
遠州製作所
住日本楽器

電話
浜松(3)7181・本社
〃(3)8815 工作機械工場
〃(2)5788 夜間専用

静岡県浜松市竜禅寺町628(浜松局区内)

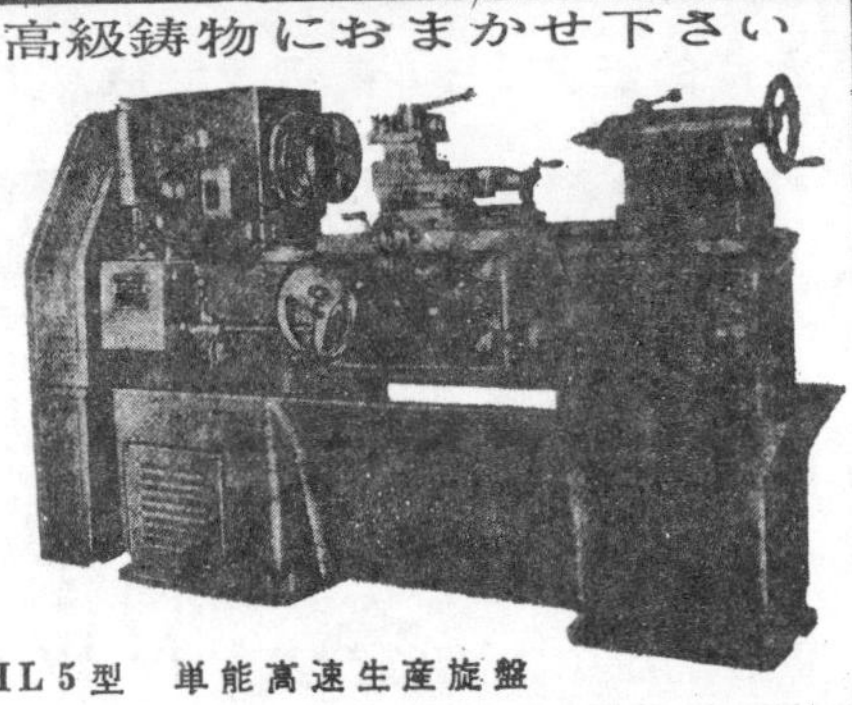

NHL5型 単能高速生産旋盤

私が見た韓国の演劇と映画

トーマス・パターソン

韓国に来てから既に二カ月をすごした。その間職業劇団の公演を五回、高校の学生劇を二回、そして映画も五、六本見る機会に恵まれた。米大学劇界に対して比較的意見を備えたと考えるせいか、時たま韓国の劇や映画に対する自分の意見を打診されることがある。韓国の言葉をろくに理解できない立場であるので、真面目な批評家の役割は果せないということを前提、にこの文を書きおろしたい。(トーマス・パターソン)

ドラマ・センターで見た二つの劇の中で「ポギーとベス」は(本紙上で詳細に評したことがある)私がよく知っている劇であるだけに理解するのに別に支障がなかった。最近見た「漢江は流れる」(柳致真作)は、言語の障壁のためとはいえそのメロ・ドラマチックな部分が記憶に残るくらいが関の山である。女主人公の肉体的な欠陥が非常に劇を支配するのだが、これが不思議に一つも象徴的な意味を備えていない。したがって、女主人公の立場からはより深い悲劇的な意義を探されなかった。つまり、個人の悲しい事実だけは何んとか感じられたが、劇自体からはより深い悲劇的な意識は感じられなかった。

余りにも便宜主義

国立劇場では若い作家の「動物家族」と「孤独は寂しくない」を見た。前者は二十台を越すか越さないかの前途が嘱望される劇作家の作品である。だが、いわろんな点で劇的な要素が欠けているようだ。特に、「行動」である。対話が多い反面人物らの劇的な動機がほとんど見当らない。人物たちの登場と退場は動機に活用するというよりも作家の便宜上からそのようにしたような気もする。劇場とは、ある事件に関するストーリーだけをしゃべらす所ではなく、そのストーリーが舞台にはっきり現われなければならず、最少限決定的な事件が少なくとも一回くらいは起さなければならない。

有望な学生劇

私が京畿映画をたてる有望を抱いて見た劇は若い学生らによってなされる公演であった。例をあげれば高校生らの公演がそれであった。学生演技者らの功も称しただろうが、その背後で推してくれる演出者を包含した関係者らの才智にたけた役押は見事であった。演技劇において比較的歴史の古い米国でも、私はこのように芸術性を内包した公演はみたことがかってなかったということを告白すると共に、韓国の演劇の将来はこれらの若い学生らの関心と実力を鼓舞して訓練させる過程如何によるといいたい。

韓国演劇に対してぜひ述べたいことが一つある。韓国では一切の特折りを舞台装置に集中する傾向がある。私が見た幾つかの舞台装置は実に壮麗であった。だが、必要以上の装置である。つまり、作品を理解させるための必要から生まれた装置には見えない。したがって、このような場合は作品の焦点と観客の注意を散漫させる恐れがある。

「漢江は流れる」でもそうであったし「動物家族」でも特に三幕の余りに写実感で魅惑的な雨が降り注ぐ場合は観客の注意力を確かににぶらせた。

合わないテンポがきず

韓国の映画も五、六本くらいは見た。若干テンポが米画よりものろいようである。だが、だからといって韓国映画は面白くないというのではない。米国の映画は計算づくめで製作的であるからテンポは早いが真の人生を浮き彫りさせる起伏かな点がある。以前私は友人に誘われて新しい映画「「惜しみなく与える」の試写会を見にいった。実に面白く観賞した。立派な映画ではこれといった欠点というものは見当らないのだが強いていうならばラスト・シーンが長すぎて、今まで監督が積み重ねた感情的な美を崩しやしないかと、はらはらさせられた。年上の女の愛人の死を嘆く若い青年の描写とか、雨が注ぐ地べたに自分の体を投げて嘆く場面、泥の中に倒れる場面などかなり印象的だった。このような、良い場面が終りの長い別離場面によって乱れるのではないかと気をもまされたが、これがハリウッドの観客による映画ではなく韓国の観客による映画だと思えば理解もできた。こうして見ればこの映画なんかはむしろ、韓国の観客のために最も考慮されたすある映画とも言える。終末のアンティ・クライマックスは韓国映画では捨ててはならない技巧であるかも知れない。芸術的な構成によって組立てられたこの映画を始め、幾つかの作品は、ハリウッドで描いた米国生活よりも、もう少し効果のある韓国生活を具現してくれることを望む。(筆者は米国のノース・カロライナ大学の教授で、去る八月下旬来韓、目下山亜大学と中央大学で演劇講義をやっている)

「水戸光子さん」韓国映画に出演

六・二五動乱前、韓国語に翻訳されて当時のベスト・セラーにのしあがった藤原テイ女史の「流れる星は生きている」別名「私が越えた三八線」の映画化をめぐって論議されていたが、今度韓国の大栄映画社で製作することになった。旧正月に封切られるべく準備に大童な同作品は、原作者の承諾を既に経え、十五万円の原作料を支払うかたわら、女優水戸光子の主役出演交渉も進んで、彼女の応諾も得られたようである。日本スターの韓国映画への出演はこれが最初のケースで、撮影期間中の滞在費一切を包含して両者納得の行く線で落着いたようだが韓日間の微妙な情勢によって当局が慎重な態度で臨み、彼女の出演を目下保留中ではあるが、同保留措置さえ解ければ直ちに撮影に取りかかると映画社側では話している。当初の脚色はシナリオ作家李[illegible]善氏の手を経て台本化されたものであるが、この台本にもう一度手を加えるという。

家族の生活

倉敷市立連島小学校 一年 新井節子

お父さんは新聞、お母さんは針仕事。お兄さんと私と弟は勉強。おばあさんは鳥のえさ。家族全部が一つ灯のもとで別々のことを考え別々のことをしている。だけどドラムの音のように私の家はおだやかじゃない。

今日は日曜日だ。とても天候のいい日だ。どこかへつれて行ってほしい。でもお父さんは新聞を読んだらすぐ仕事にかかる。お父さんの仕事は古物を買う商売だ。

今ごろあまり古物を持ってこない。お父さんは三、四年前長く入院をしていたのであまり体の丈夫な方じゃない。だから仕事をたくさんしてほしくない。

お母さんはそのころお父さんの入院費や私たちのためにとても苦労した。お母さんは私たちの世話をよくしてくれます。お母さんはお父さんとちがってとても体が丈夫です。お父さんもお母さんのように体が丈夫になって長生きをしてもらいたい。

おばあさんは家の仕事を余りこまかなところまでしません。だから大方の日はぶらぶらしています。私はぶらぶらしている人はきらいです。でもおばあさんはこまかなところまでしないでもいいんです。そんなところはたいてい私が手伝います。

お兄さんと私はよく口げんかをします。が、弟の福守はお兄さんと気が合うからけんかはめったにしません。

私はお兄さんをこう思います。お兄さんは、あまりにも口だししすぎるのです。最近にもお兄さんが口だしをしたからもうちょっとでけんかになるところでした。いつだったかちょっとねぼけてお母さんに「三人ともおきなさい」と言われました。母の声を目をあけて聞いていたので私はその言葉がものすごくたいくつな言葉に聞えた。しかたなく起きようと思ったら、お兄さんが起きたらしくお兄さんのねていたあたりでがさがさと音がしました。と思うと同時に弟も起きました。あと残っているのが私だけだと思うと同時に「節子お前はいつもわしや福守より先に起きたことがないのう」と兄の声。——私は気がむしゃくしゃして目の前がまっ暗で何も見えません。私はよっぽど何かお兄さんがくやしがるような言葉を言おうと思いました。がそんな事を言うよりお兄さんの言う事をだまって聞いていた方がいいと思いました。私もあんまりお兄さんに対してよい妹とは言えません。お兄さんはよく口だしをします。が私や弟をよくかわいがってくれます。

倉敷市立連島小学校 五年 玉山和子

倉敷市立連島町小学校 四年 松本英雄

李朝野史物語

太宗世祖時代篇(3)

幼い世孫端宗

世宗大王の遺命

李朝黄金時代を築いた世宗大王をついだのが第五代王文宗。文宗大王(一四一四—一四五二年)は、東宮時代が長かった。世宗三年に世子となり、同二十七年摂政になり、同三十二年即位まで約三十年間を経過した。摂政時代には父王世宗の施政にも影響力があったという。文宗大王は、健康勝れなかったので、在位僅か二年余で文宗二年(一四五二年)五月崩じた。享年三十九歳。

文宗治績のうちで歴史に残るものは、李朝兵制の基本をなす「東国兵鑑」と「陣法九篇」(自著)を完成して国防上寄与するところ多大であった。

大王は、生来好学で人の人で慈悲深かったが、文弱な質(たち)であった。これに反して、世宗の第二王子首陽大君は後年世祖となった人で、気性の激しい剛気と非凡な体材であった。

首陽大君十余歳のときのこと。他の王子たちと一緒に三角山白雲台上に登山したことがあった。白雲台上に立ち並んだ王子たちは平凡な下界を見下してから、つい怖気づいて下山できずまごついた。そのために、以物半疋をロープにして、なろうじて下山することができた。

その中で一人、首陽大君だけはロープにたよらないで自分で降りることができた。

この話を聞かれた世宗大王は、内心非常に心配された。善良で文弱な文宗と、強気な首陽の二人を考えて将来起るかも知れぬ不和と相剋を予想したからであると考えられる。

文宗は、好学の心に燃え学問所を離れることがなく、気品高く日常生活も極めて厳正であった。東宮時代に妃に金氏と奉氏がいたが故あって廃出した後、花山府院君権専家から妃を迎えた。

権妃は聡明でもあり且つ賢淑で国民からも国母として慕われた。ただ繊弱な体質で一男一女を残し二十五でこの世を去った。

権妃二十五歳のとき誕生した王子が、後年の端宗大王である。端宗出産は非常な難産で、産後動風病(中風)を発して病勢危篤を告げた。妃も再起不能を考えたので慈殿(世宗王后)と世宗後宮恵嬪楊氏をお呼びになり、嬰児の後事を托してから瞑目した。

端宗は生後(世宗二十三年七月誕生)僅か一日にして母君を失った。後年数奇な運命をたどった人は、かくして生れた。

世宗大王は、この嬰児に対しては不憫に思われてならなかった。殊の外孫を愛し気を配った。

端宗は、世祖母恵嬪楊氏の乳で育つことになった。楊氏も賢い人であったので、王妃権氏の遺嘱を堅くまもって、自分の嬰児が乳離れしていなかったにも拘らずこれに乳母に頼んで元孫端宗を一心になって哺育した。

嬰児はすくすくと育った。祖父世宗大王に似て「花と玉の」如く可愛い盛りとなった。

五歳から学問所に入った。記憶強く聡明な質であったので祖父王のお気に入りであった。当代第一流の学者鄭麟趾に世孫師伝を命じて教導を任かした。世宗は、先生の前で読み書きする世孫の可愛い姿をみられながら、御満悦の笑いが止まらなかった。

世孫の学問所にいる間は世宗大王幸福であった。しかし、寝殿で一人きりになると王朝の将来を考えながら物思いに悩んだ。

病弱な長男文宗には長寿を望めないし、世孫端宗は聡明であるが幼い子供である。それに反して次男首陽は豪邁な上に気象非凡であるので、不安感に苦しんだ。

世孫五歳のときの或る月夜、世宗大王端宗を抱えて集賢殿の庭を散策していた。丁度庭には学士成三問と申叔舟が居合せたので

「この子は気付清く寛ぶも聡敏であるので有能な資質がある。朕、これを愛し寵愛する世孫である。卿等にこの子を託す。卿等、これを輔って百歳後になっても、今日これを頼んだことを忘れぬように」と委嘱した。

れっきとした元孫であるのに、異例な特別な恩寵をうけた二人は首陽大君を警戒することであると理解した。二人はその場で平伏し

「臣等、心と力をあわせて聖下の知遇の寵恩に万分の一でもお応え申上げます」と誓った。

それ以来、学士たちに対する大王の待遇は一層親切となった。大王は、世孫に対しても学士たちには師の礼をとらせた。

王朝と幼い王孫の将来のことについては如上の通り異常な程気をつかった。それだけに限りない愛着と集栄を望んでいられた大王の死は、王朝と国民にとって大きい不幸であった。

大王が、いよいよ臨終の日文宗大王を顧みて遺言して曰く。

「孫児(端宗)は英明な質だから王位を助ぐに不足はない。しかし幼沖(幼年)であるからこれを輔弼する臣下が必要と思う。汝、金宗瑞、成三問によく委嘱せよ」と。

枕元には、世孫端宗も居合せていた。十歳になった許りの幼い孫を限りなく愛撫されながら深い嘆息のうちに他界された。

愛する祖父の死は幼い世孫にとっては天地が崩れる衝撃であった。父王と同じく悲嘆を極めたので、並みいる侍臣たち深い感動をうけた。(石鼓山人)

安住の地よいずこ

(100)

許槿旭

え 金泰伸

脱出(四十四)

「あ……」

私は、血が逆流するようなぞくっとする戦慄をおぼえながら、引かれて行く彼の背中を鋭く追った。ワッとほとばしるような涙をこらえるのに、私は下の唇を苦のするほどにかんだ。

「お嬢さん、あまり心配しなさんな、調べが終れば出してくれるでしょう」

老人が諭すように優しく言った。私は黙って首をうなだれ、一点を穴があくほどみつめた。

(銃殺されたら? ああ……)

思いをたどっていた私の心が、悲痛に裂かれて行った。

コケコッコーとコケコッコー

夜明けを知らせるおんどりの声が、暁の空気をふるわせてきこえて来た。

まわりはまだ暗かった。

外から足音がしてドアがあいた。ゆうべの治安隊員だった。

「あなたもこっちへ出なさい!」

私はあやつり人形のようにトボトボと歩いて行った。

「あ……」

治安隊事務室の前に見すぼらしく立っている青年と彼の姿が眼にうつった。

(生きていた!)

私は心の中で叫びながら、彼の方へかけ寄った。

「みんな、こっちへ来い!」

銃を担いだ治安隊員三名が、鋭い眼ざしで私たちを射ていた。

「おまえたちはみんな赤だったろ? 罪がないとしても生かしておく訳には行かぬ」

冷たくおっ被せる治安隊員の鋭い声が鼓膜をふるわす瞬間、彼の顔が土色のように変って行った。

信じられない現実の前で、私は息がつまるようであった。

とりとめもないほど乱れる想念……それを一つにまとめる気力を、私は失っていた。

「まわれ右して、十歩ずつ前に進め!」

力をふりしぼるように叫ぶ治安隊員の声が、またもやきこえて来た。

しかし、私はその場に立ったまま、動くことを知らなかった。

骨の節々が溶けてしまったように、二つの脚を動かすことができなかった。

「なんで、こうして立ってるんだー!」

年配に見える治安隊員の一人が、私の方へ近寄りながら大きく叫んだ。

彼と私の顔を見つめる治安隊員の顔には、どこか温い情がこもって見えた。

黙って眼をそらす治安隊員の顔に、一すじの苦しい表情が、稲妻のように走り去った。

「行きなさい! 君たちは、そんなに悪人のようではなさそうです!」

太い声で言い終った治安隊員の隣に、満足そうな微笑が漂っていた。

やがて、私たち三人は、治安隊事務室を出て歩き出した。

■ホール
■御座敷
純京城料理
京城館
東京都新宿区神楽河岸3号地
国電飯田橋東口下車橋のたもと
宋万重 電話 (331)2652

優良鋳物用銑鉄製造
ASK
朝日製鉄株式會社
取締役社長 中学彬
横浜市鶴見区鶴見町1320
TEL 横浜(50)8431—4

山を崩し! 谷を切り開らき、海を埋めたて
建設界に躍進する!
愛知重機株式会社
取締役社長・柳川春光(朴三龍)
愛知県名古屋市中村区岩塚町字龍子田9
電話 (54)8759番 (56)1784番

一般人の健康増進に、スポーツマンの基礎体力養成に!!
〈本格的ボディビル書の決定版〉
新書版190頁 写真 62葉 ¥150(送料共)
日本ボディビル協会理事長 日本ボディビルセンター専任コーチ
平松俊男著

ウェート・トレーニングのすべて…

スポーツに国境はないと言われるが、その事はウェートトレーニングについても言い得る。
ウェートトレーニングのパイオニアであるアメリカ合衆国をはじめとするヨーロッパ自由諸国家群に於ては勿論の事だが、現在鉄のカーテンの内部でも人類の健康、及びアスリートの競技能力向上に及ぼすウェートトレーニングの絶対かつ普遍的価値が認識され地上最大の規模をもって実行されている。本書は日本に於ける近代ボディビルの開拓者でありボディビル界唯一の専門コーチとして多年の経験を持つ著者が全国の愛好家にその全貌を明らかにした本格的ボディビル書の決定版である。

〈内容〉
■第一部 ウェートトレーニングの歴史的展望
米・ソ・英・豪諸国において、ウェートトレーニングにより成功したワールドチャンピオン達の勝利の記録、彼等の主張と方法について
■第二部 ウェートトレーニングの理論と実際
ウェートトレーニングの概念・基礎コース・専門的集中コース・体格改善の実例・年令・栄養等との関係・用具の選び方について等々

推薦の言葉
ボディビルは率直に言って、5、6年前の「逆三角形」を讃美した人気の時代から下り坂のようにみえる。
しかし、それは表面に見える現象だけであってスポーツ能力の基礎としても、又一般人の健康改善に地味ではあるが、ボディビルの必要性は幅広く認識されてきた。
ボディビルの普及と指導に十年近い歳月を打込んで来た平松君の筆になる本書ほど若いスポーツマンにとって有効なものはないであろう。
元厚生大臣
日本ボディビル協会会長 川崎秀二
■本の申込方法—あと金払い
官製ハガキに住所・氏名を明記して下記にお送り下さい。
ハガキ到着の日に本を御送りします。本の代金は着本後20日以内に郵便切手150円で御送り下さい。
■本書の購読者にはどなたにもボディビル用具の詳しいカタログを同封御送付いたします。

スポーツマンの基礎体力養成・社会人の健康増進に
堅牢・優美チャンピオンバーベル・ダンベルセットを!!

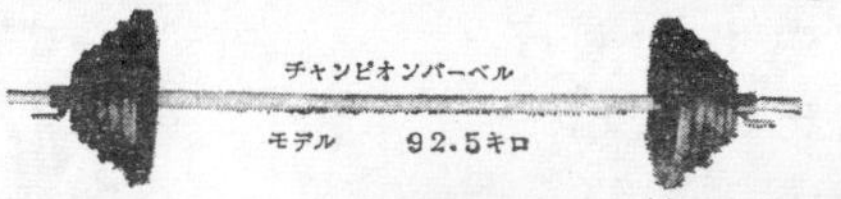

総鉄製・調節自在・オール回転式
●チャンピオンバーベル、ダンベルの他に、ベンチプレス、スクワット兼用スタンド、腹筋台あり
分割購入の方法もあります

5キロダンベルセット

ミスターアメリカ・トムサンソンの筋肉美

東京都大田区女塚1の19 TEL(731)4793
●詳細は電話でご遠慮なく御照会下さい
ウェート・トレーニング普及会
会長 朴喜玟

韓國新聞
発行所 韓国新聞社
発行人 曹寧柱
東京都文京区春日町51
電話(813)2261・2263 編集
東京(812)1921 (813)2262 業務
振替口座 東京 34988番

広告代理業 KPR
韓国と日本を結ぶ!!
広告企画と立案・図案文案製作
新聞雑誌広告・ラジオテレビ広告
ネオン屋外広告・市場調査と興信
その他広告宣伝PR
TOKYO 港区芝琴平町26 電話(501)0471
SEOUL 乙支路一街101 電話(2)1811

韓国日報「政党」誤報問題

真相を徹底的に調査

朴議長、内閣と関係当局に指示

【ソウル発=連合】二十八日午後朴正熙議長は、この日韓国日報が報道した社会労働党云々の記事に対して、その取材経緯を徹底的に調査糾明するとともに、韓国日報の無責任な虚偽報道が国民と革命政府の甚しい誤解を招くことになったから、韓国日報に対して国民が納得できるような応分の措置を即刻取るよう内閣に指示した。ついで朴議長は過去の統一社会党などを不穏党と看做した革命政府の理念を想起させながら、これらの類似性からくる国民大衆に与える誤解は大きいだろうと語り、韓国日報のその取材報道の真相に対しても厳重に調査することを内閣及び関係当局に指示した。

この日朴議長のこのような指示發表後で李厚洛公報室長は国民が納得できる応分の措置が新聞社の廃刊または停刊を意味するかの質問に対して、具体的な言及をさけながら、この応分の措置は内閣で研究しているが、法的に取られる最も強力な行政的措置を意味するものであると思うと答えた。

李室長はこの応分の措置が遅くとも二十九日以内に新聞社自体に対して取られるだろうと明らかにし、このような重大な報道を政府に対して事前論評もなしに報道したことは、単純な虚偽報道だけでなく他に何かの意図がないともいわれないとつけくわえた。

室長は二十八日午後、革命主体勢力が新しい政党、即ち仮称社会労働党を結成させる準備を進めているという韓国日報朝刊の報道は全く根拠のないうわさであり、このような無責任な報道ははなはだ遺憾であると語った。

李室長はこの談話の中で与・野党を問わず、社会主義政党はそれがたとえ西ヨーロッパ式の社会主義政党であってもその出現をかんばしく思わないと語った朴正熙議長の言明をもう一度思い起すべき必要があると述べた社会主義政党に対する基本精神について説明を加えながら、国法と憲法精神にもとらぬ民主主義的基本秩序を守ることができる社会主義政党を法律をもって禁止することはできないが、その出現をほほしく思わないと述べたのは、その政党が決定的に反共的でなければならず、なお基本秩序とは自由民主主義を意味するのであるから、このような決定的に反共的であり、かつ自由民主主義的な社会主義政党が我国の現実では存在しきれないものだけに、社会主義政党の出現を朴議長が願わないのだと語った。

韓国日報の虚偽報道は遺憾

李公報室長談話発表

【ソウル発=連合】李厚洛公報

政府は取材の真相を糾明

李公報部長談話発表

【ソウル発=連合】李元雨公報部長官は二十八日午後、革命主体勢力が社会労働党結成を準備しているという韓国日報の報道にたいして談話を発表、「新しい国造りに集中している革命精神を冷却し挫折させる新聞製作態度はさけなければならない」と語った。

李長官はこのような一部報道にたいして遺憾であるとのべ、政府は最後まで取材の経緯と真相を糾明すると語った。

張韓国日報社長ら四名拘束

捜査当局で厳重取調中

【ソウル発=連合】最高会議李厚洛公報室長は、二十九日午前捜査当局で張基栄韓国日報社長兼編集局長と洪承勉編集副局長、金遂演(音訳)政治部長、韓南一(音訳)取材記者ら四名を拘束審問中だと発表した。

李室長は二十九日午前記者会見を行ない、二十八日付韓国日報の新党社会労働党記事内容に対して、政府の深い関心と強硬な態度は発表した通りであると前提したのち、その内容全体が虚偽事実であることは即刻判明したが、捜査当局が直ちに調査して現在までに判明された経緯を語り、韓国日報の韓南一(音訳)記者は政府機関と関係のない会社員とか無職者二、三名の民間人と接触して、このような虚偽の話しを聞き新聞記者としての責任取材要を埋めるために編集局に回したのであるが、この記事が編集会議で採択如何が論議され、編集委員は信憑性がないとして保留しようとしたにもかかわらず、いわゆる編集責任を受持っている韓国日報張基栄社長は何んの目的でかこの記事を一面トップ記事に取り扱うことを指示し、二十八日付朝刊にのせることになったと語った。

また李室長は捜査当局では五つの問題点をもって捜査を継続していると語り、①彼らは発説者の身分が信憑性のないことを知りながらも、何んらの確認をしようとする努力もせず、このような重大記事を取り扱った点と②編集会議で記事内容が信じられんから保留しようとの慎重論があったにもかかわらず、張社長がその掲載を指示した③張社長と一部幹部がその取材内容にまた追加して内容を一層不当にした点④社会主義政党は歓迎しないと二、三日前に朴議長の所信表明があったにもかかわらず、特に重大な一面トップ記事として掲載したという点⑤このような重大記事に先立ち政府の意見を打診してみるとかの努力もせず一方的に報道した点をあげている。

二十七百余名を将校に任官

学徒軍事訓練修了者

軍当局が二十八日伝えるところによると、今年度学徒軍事訓練修了者三千余名の中で、約九割に該当する二千七百余名が将校に任官され、残る約三百名は下士官に編入されるという。

韓国新聞協会 遺憾の意を表明

【ソウル発=連合】韓国新聞発行人協会は二十八日夜緊急理事会を開き、韓国日報二十八日付け朝刊の報道に対して次のような決議文を採択発表した。

韓国日報二十八日付け朝刊の一面に報道された社会労働党組織に関する記事は、根拠のない話である事が明らかにされた。また、この記事によって内外に非常な反響と騒動を起こし国家的損失を招いている事実にかんがみ、同じ立場にあるわれわれ言論人一同は共同の責任を感ずると共に、はなはだ遺憾に思う。

韓国日報の自発的停刊を

李公報部長官通告

【ソウル発=連合】李元雨公報部長官は二十九日午後、韓国日報社の記事のやり方は軍事革命委員会布告第十一号と国家再建最高会議令第十五号特定犯罪処罰に関する臨時特例法第三条に抵触する行為で、国家民族に大きな損失を犯し、その責任を痛感すると、自発的に停刊することによって国民の前にあやまることを警告した。

李長官は二十九日韓国日報社長張基栄氏に警告文を送ったと明らかにし、韓国日報社は虚偽報道で国家再建途上にある革命政府に対し国内外から大きな誤解を受けるようにし国民の意欲と体面を損失させ、国家安全に害をおよぼしたと語った。

暫定的七千五百万ドル

対韓防衛支援額が決定

【ソウル発=連合】政府は六三年度におけるアメリカの韓国に対する援助額(防衛支援)七千五百万ドルが暫定的に決定されたと発表した。

二十八日韓米共同で発表されたところによると、アメリカ政府は韓国政府に対し、六三年度における実需品の輸入を可能にさせるための支援援助が七千五百万ドルとして暫定的に決定されたことを通告して来た。

ところでこの支援援助資金はアメリカの対外援助法に基づき六三会計年度分としてアメリカ議会で最近論議されたものであり、この資金の使い道は韓国政府と駐韓アメリカ経済援助処(USOM)が共同で決めることになっている。

なおこの資金で輸入する主な品目のうちには、油類、肥料などが含まれている。

国民投票人名簿作成完了

内務部は国民投票にさきだって投票人名簿作成をさる十日に終え全投票人口一、二四三万百三十九名にたいして去る二十七日まで投票人名簿を閲覧させたが、閲覧名は全部で百六十万七千八十四名(総投票人の十三・四%にあたる)であることを明らかにした。

また去る二十一日まで七万二千九百件にあたる異議申請をうけこれを審査校正したといわれ、これは従来の国会議員選挙での異議提出より百七も多いのであるという。

柳最高委員忠南道政を視察

国家再建最高会議柳炳賢最高委員は二十八日秋穀買上げなど忠南道の道政を視察した、道民はより強く団結して政府施策の遂行に努力しなければならないと語った。

この日の午後金農林部糧政局長と共に大田に到着した柳最高委員は農民の労苦をたたえ政府施策の果敢な遂行を願うという朴議長の親書を忠南道知事に伝えた後、秋穀買上げなどの当面した道政現況を聴いた。

自由民主主義政党を

金部長記者会見で語る

【ソウル発=連合】金鍾泌中央情報部長は二十八日午後、釜山で記者と会い革命主体勢力によって作られる政党はまだ公表の段階ではないが、自由民主主義の性格をおびることだけは間違いないと語った。

金部長は反共だけではあまりなまぬるいから反共の段階を越え、勝共即ち共産主義に打ち勝つよう攻撃のできる態勢ですべての分野で実力を養成する政党でなければならないと語った。

葉煙草収納不振

専売庁で伝えるところによるとさる四月から全国各産地で着手している今年度葉煙草収納実績は二十日現在、四百十六万九千六百四十キロで、年内計画量千八百四十二万キロの二十三%に達している。

ところで、収納内容を葉煙草種別に見ると次のとおり。

(単位)
黄色種=四百十一万三百七十
在来種=五万九百七十八
満州葉=一万七千四百九十三

なおこれに対する賠償金は二億六千九百四万ウォンを直接耕作者に支払った。

モリタニア独立記念日に祝電

崔徳新外務部長官は二十八日モリタニア共和国独立二周年記念日を迎えるにあたり、ラーサ首相兼外相に祝電をおくった。

綿糸価格が騰貴

統制価依然上回る

政府保有ドル九万八千四百三十二ドルが配定された。

需要の絶頂に達している市中綿糸卸値段は生産業たちの買占め売惜しみにより依然統制価格である梱当り(23手)三万一千ウォン台を上回る三万一千五百ウォン台で取引が継続されている。

酒税法改正法律などを公布

政府は二十八日付けで酒税法をはじめ次のような改正法律を公布した。

所得税法中改正法律、証券取引所法、営業税法中改正法律、酒税法中改正法律、不正蓄財処理手続法中改正法律、経済開発特別会計法、物品税法中改正法律、入場税法中改正法律、法人税中改正法律。

オドネル大将二十九日に来韓

太平洋地区米空軍総司令官エメット・オドネル大将が、二十九日訪韓する旨国連軍司令部で二十八日発表した。

オドネル大将は三日間滞在して、朴正熙議長、金顕哲内閣首班らを訪問、また烏山空軍基地も視察する予定である。

農村啓蒙班

全南一帯を巡回

【ソウル発=連合】張農林部長官をはじめとする農村巡回啓蒙班一行が、二十八日から十二月一日まで四日間全南一帯の農村を巡回する。

この農村啓蒙班は第一班に張農林部長官、第二班に鄭農村振興庁長、第三班に李農協中央会長、第四班に許土地改良組合会長などとなっている。

この巡回啓蒙班は主に山間僻地の農民を対象とし、農協の育成発展と農民行政全般にわたる啓蒙をする一方、政府の重農政策にたいする農民等の世論をきくという。

来月二十二日国際購買

テレタイプ等通信機材

調達庁は来る十二月七日午後二時実施する予定であった逓信部所要テレタイプ等各種通信機材に対する国際入札を十二月二十二日午前十時に実施するよう決定するとともに、入札品目数量のうち、「パート五」に関して一部変更措置した。ところで、この品目購買資金には政府保有ドル九万八千四百三十二ドルが配定された。

日韓妥結の機運最高潮

裵大使が講演

駐日韓国代表部の裵義煥(ベ・ウ・ホワン)大使は二十七日正午から帝国ホテルで開かれた内外情勢調査会の全国月例懇談会に講師として招かれ「韓国の立場」と題して講演した。同大使は世界情勢について語ったのち、日本との関係に触れながら韓国の立場、北朝鮮の内情を説明し(一)まだ韓国に対する無知、先入観があるが、今日の韓国は二、三十年前の朝鮮と違うことを認識してほしい(二)北朝鮮の政治情勢はスターリン時代に輪をかけたものだ(一)日韓会談は妥結の機運が最高潮に達しており、国交を正常化して両国の共栄をはかることが賢明な道である、とのべた。

農漁村にラジオを贈ろう

現在わが国では公報部を中心に「農漁村にラジオを送ろう」という国民運動が展開されており、多くの成果を収めております。この運動の趣旨は貧しさのため耳をもっていてもいまだ放送という文明の恩沢を受けていない農漁村が一万五千を数えているのに対して、全国民を愛する心と隣人を大切にする人情に呼訴して彼等にラジオを送ろうというものであります。

ご存じの通り一部地域に住む在日僑胞などもこの運動に呼応して物品を本国の農漁村に送りこんでおり、民団でも関東地区が災民救護金募金運動と同時に全体僑胞の協力を要望しております。

読者の皆様方もこの趣旨を理解のうえ本国の僻地同胞たちに受信機を普及させるため、少ない金でも、余分なラジオでも出し合い、愛の贈物をしようとするこの運動に積極的に参加されることを望み、また彼等の明るい明日のため在外僑胞の誠意が集まることを希望します。

▽募集要領△

募集物品 ラジオ(中古品でもよい)

募集期間 十二月十日まで

拠出処 民団各県本部、支部、各傘下団体本部、支部

民団中総宣伝局

論壇

韓日会談妥結への池田首相の英断を待つ

池田首相は韓日会談を妥結せしめる方針であろうが、種々なる客観情勢を勘案して、われわれ在日韓国人に一沼一憂を与えている。

これは、在日韓国人が身近かに影響するところがあるが故に、よろこんでみたり、心配してみたりする心情は諒解されるものであろう。

しかし、池田首相の真意は、韓日会談を成立させることに対しては、やぶさかではないものであるが、その時期については熟慮しているようである。

本国の新聞報道をみるに会談妥結は早晩にも、まとまるような楽観で報道しているが、ちかごろの池田首相の言動を窺うに、この報道はすこし韓国人の自己有利なうがった立場から報道しているのであろうとする節がある。

すなわち、池田首相が訪欧して帰国を前に記者団とオランダのハーグで話った中で「大平氏が十二月に訪韓するようだが、議論はあったか」"新聞をみただけで大野・金会談の内容もきいていない"「日韓問題は通常国会にのせるつもりでやっているのか」"どうしてそんなに急ぐのか、最後は私が決める。十分考え、向こうのいうこともきいてからやるべきだ。大野氏がどんな話をしてくるかわからぬが、人の話を遠いところにいて、とやかくいうわけにはいかない"といっている。この本側にその下話の意味で相談をしたことがある。その時案は数日後に日本のようである。

池田首相は現代では韓日会談に余り乗り気でないとのことであった。

この時にうけた印象が強く心に働いているので、池田首相には失礼な論調かもわからないがハーグでの記者団との一問一答も、更に二十八日の帰国後の池田・大平会談でも、池田首相は大体案から韓日会談は政府人同士では、もしもうまく妥結しないとお互にその責任を転嫁し合う恐れがあるから民間人同士が相互の政府における腹のうちをうけて可能性があるか否かをたしかめる。て、お互がその筋に進言して円満妥結への道筋をつくることがよいと思うからという趣旨のもとで、筆者が更に日本側にその下話の意味で相談をしたこともあるようである。

平外相の首相裁断を要請した。しかるに池田首相は請求権の支払い年限の点がハッキリしていないし、東南アなどに対する経済援助と、韓国に対する有償援助とのつり合いを考えるべきである。さらにその場合の円資金(開銀、海外経済協力基金)の調達方法なども、もっと検討する必要があり、有償供与が"ごげつく"ようなことがあってはならない。その点の保障を明確にし、国民の税金をムダ金に終わらないようにしなければならない。との数点をあげて大平案に異論を出したようである。

これらの言辞から推察するのに池田首相は韓日会談に対して余りに神経過敏になりすぎているようである。わが国の政治家として池田首相の英断を期待するものである。

もうすこし認識をあらためて、隣邦人として、後進国家を、特に歴史的因果関係を熟知して韓日会談を妥結せしめる積極的な態度をみせてもらいたいのである。

韓日会談が韓国再建のさそい水の役割になることはもとよりではあるが、それよりも池田首相は日本国内事情にこだわるかのようで、過般のごとき安保闘争のような騒動が惹き起ると、首相自体の責任問題もさることながら、この国内事情の総和とPRをする必要性に敏感をもちいて遠謀深慮を講じているものであろうと推察するが、韓国の国内事情は経済再建を一日も早く進捗せしめないと国家存亡の秋にあっているので、双方の国内事情の度合いがそれぞれに高低の差があるゆえに、池田首相の遠謀深策も理解するが、その高低に国際政治家として池田首相の英断を期待するものである。

(曹天柱)

政府機構の改編要綱

重複した一部局課を統合

【ソウル発=連合】内閣事務処は政府機構改編要綱を作成して、最高会議に先程建議したと伝えられている。

政府高位当局者はこの改編要綱は現行行政各部処の廃合をせずに、文教部芸術課と公報部文化課など性格がほぼ同じ重複された一部局、課の統合だけを内容にしていると明らかにした。

なお当局者は改編案が確定されれば、これにしたがい現在の閣員十五名の外に無任所長官三名を置くよう政府組織法の改正を推進していると明らかにした。

ところで最高会議と内閣は十二月初めに政府機構改編のために合同審議委を構成、政府機構の改編案を検討するものとみられる。

面単位に通信網拡張

十八カ郵便局に通信施設

逓信部は面単位の通信網拡張に従って通信施設のない京畿道抱川郡松里郵便局をはじめ十八の郵便局に新しく通信施設を備えることになった。

この十八の郵便局は十二月一日から電信電話事務を取扱うことになる。

改憲案国民投票など挿入

UNCURK追加報告書全文発表

国連韓国統一復興委員団(UNCURK)は二十八日夜 七次国連総会に提出した追加報告書全文を発表、その中で来る十二月十七日に実施される改憲案国民投票と来年の大統領選挙を監視してその結果を第十八次国連総会に報告すると語った。

濠州、チリ、オランダ、パキスタン、フィリピン、タイ、トルコなど七カ国で構成されているUNCURKは国連会員国に発表したこの追加報告で、UNCURKが監視できなかった北韓カイライの総選挙、張勉氏にたいする刑執行停止処分、民政移譲準備、改憲案国民投票、改憲案の骨子などを主に論じている。

この報告書はとくに新憲法が言論、出版の自由、基本人権および議務、社会正義と個人の自由に立脚した経済政度などを策定していると語った。

文教政策審議委を構成

政策の矛盾及び欠点を検討

国家再建最高会議は文教政策審議委員会をつくり、現在の文教政策の矛盾と欠点を公開的に検討しなおすようになった、と二十八日金容九文教社会委員長が発表した。

文教委員を委員長とするこの文教政策審議委員会は教育区、教育特別法、入学試験問題、文教部の機構改編ならびに教員の養成計画などについて検査をしなおすものといわれている。

北韓は韓半島全体支配を陰謀

米国務省発刊パンフレットで指摘

ワシントンからの報道によると、アメリカ国務省は二十七日北韓の共産独裁者があらゆる手段をつくして韓国半島全体に戦術的な支配態勢を企てており、韓国問題を解決するため努力している国連の権能と権威を継続して拒んでいると糾弾した。

北韓の共産主義者に対するアメリカ国務省のこのような糾弾は、国務省が出した三十八ページからなる米韓関係の歴史的な概略というパンフレットに書かれている。

六五三名を第二予備役に編入

六・二五動乱後無軍籍従軍者

国防部は審査中であった六・二五動乱後軍番なしに軍で働いた六五三名を第二予備役に編入させることになったと二十八日発表した。これで六・二五動乱当時八二五〇部隊で軍番なしに従軍した者にたいする服務調整は終ったものとみてこれからはこのような事務は取扱わないが、この度の審査で否決された六二九名にたいしては、その書類を市、邑面にもどすという。

今度第二予備役に編入された該当者はつぎのとおり。

各軍士官学校関係二五二名、予備五軍団傘下各師団関係七十名、八二五〇部隊関係者一八五名、在日僑胞義勇軍関係者四十八名、その他九十八名、計六五三名である。

操業中絶状態

釜山メリヤス業

【ソウル発=連合】慶尚南道のメリヤス製造業界は、原料の綿糸類の供給事情が悪化し、操業を中断する工場が続出している。

なお慶尚南道当局は慶南メリヤス工業協同組合で建議してきた緩和措置を商工部に発達した。

最近経済指標

【ソウル発=連合】(十一月二十六日調査)

▽通貨量=三六九億(十月二十日)
▽発行高=一九七億(十一月二十五日)
▽全国卸物価指数=一二三・四(十一月十五日)
▽ソウル消費者物価指数=一九二・二(十一月十五日)
▽生産指数=一三四・六(十月)
▽一般銀行預金高=一五二億(十一月十七日)
▽一般銀行貸出高=一二五億(十一月十九日)
▽金および外貨保有高=一六八・四〇〇・〇〇〇ドル(十月三十日)
▽最大発電量=二九四・六四〇KW
▽平均発電量=二二一・七三〇KW
▽基準(指数)一九五五=一〇〇

羅州肥料年内に竣工

韓国で二番目に建設される羅州肥料工場は、六日午後四時現地で、発電所火入れ式を挙行することによって、九十八%の工事を終えた。年間八万五千トンの尿素肥料生産規模の同工場は、年内に竣工される予定であり来年一月十七日から試製品を生産、六月末までには正常稼動できる。一方この日火入れした発電所は、外資約五百万ドル、内資一億二千三百万ウォンで西独マン会社により施工されたもので規模は、一万二千五百キロワットで肥料生産に充当されるまでの試運転期間中の余剰電力一万キロワットは十二月一日から韓電に供給して今年の越冬電力需給計画の枠のなかで稼動するといわれる。

*商銀が築く 明るい事業!
熊本商銀信用組合
熊本市米屋町2－2
TEL 2－3566,6003

第一産業株式会社
代表取締役・金相基
段ボール製品 包装紙器一切
多少にかかわらず、御用命下さい。皆様の満足のいくお値段で奉仕いたします。
本社 工場・栃木県小山市本町1.856 電話 小山(代)217番
東京事務所・東京都中央区八重洲3～3 電話(271)3922番

お宅の電化は三和から!
御値で 小売も (本紙読者特別割引)
各社テレビ電気器具卸
三和テレビ・ラジオKK
東京都台東区御徒町1-5
TEL(866)4177(代表)

綜合韓国資料社
図書案内 No. 12
韓国貿易年鑑 1962年 定価 4,200

儀禮大全
第一篇 人事法
第二篇 系寸法과 対人 称号
第三篇 婚礼
第四篇 祭礼
第五篇 喪礼
第六篇 服制(복제)
第七篇 修儀 類와 現行
内容의 一部
婚礼式의 順序……
祭文 吊詩 追悼辞 吊辞
請婚(청혼)書式
許婚(허혼)書式
四柱보내는 書式
涓吉보내는 書式
四柱 쓰는 法과 보내는 法
1 納幣(납폐)文의 書式
2 納幣(납폐)
3 奠雁(전안)
4 醮礼(초례)
5 新房……
6 于礼(우례)와 새길
7 問安편지……
第七節 小祥과 大祥
第八節 喪歌 僧舞 老人哭
発行所 成文閣 著者 安明善
頁数 281 送料共 定価500

生活叢書⑩ 社交禮儀全書
4×6版 842頁 高級模造洋装케스入 挿画・写真多数 定価 2.000
斯界権威 40名 執筆 ◆主要内容◆
①총론(総論)
家庭生活과 礼節 절, 관지, 名節, 韓国・中国・西洋式 食事法, 茶나 菓子를 드는 法, 接客, 訪問, 父子・夫婦間의 礼節, 시집살이, 親寸法과 称号에 関한 것 등
社会生活과 礼節 公衆道徳・選挙・就職・執務・会議・集会・鑑賞・観覧・파티・旅行・敬礼・握手・紹介・祝賀・慰問・問病・吊問・依頼・謝礼・贈答・通信에 있어서의 礼節, 朋友・隣保間의 礼節, 男女間의 礼節, 外国人에 대한 礼節 등,
四礼 冠礼, 現代式婚礼, 在来式婚礼, 基式婚礼, 仏式婚礼, 喪礼의 節礼, 喪中의 礼節, 儒式・基式・仏式喪의 節次, 永訣式, 葬地의 選択과 葬法, 服制, 忌祭, 四時正祭, 忌祭祭의 追悼式, 基式・仏式祭礼
〈附録〉儀礼規範・国際儀礼

▼注文方法…御注文なさる図書名及び発行所を記入の上弊社営業部宛にお送り下さい。壱千円以上総て現金引換便で迅速にお送りいたします。
お問合わせの方には当社の目録・冊無料発送致します。
東京都千代田区松枝町二二番地
綜合韓国資料社
TEL(866)〇〇一六

韓米行政協定交渉の中間報告

9月20日から七次会議まで

誠意の中で着実な歩み

焦点は裁判管轄、難問は今後に

「たたわれわれは一人の人間として、民族のもつ最小限度の道徳意識から発したこのうっ積した憤りを発散させ、また韓米両国の永遠なる友情を願うがため、やむにやまれずこの行動を敢行するものである」

去る六月ソウル大学校学生は、坡州で起きた米軍リンチ事件に抗議し、それにつづいて韓米地位協定の即時締結を要求する高大生のデモにおいて、前述の如く宣言文をもって呼訴された。

米国がその役軍を駐屯国と締結した軍人身分協定には、大体三種類がある。北大西洋条約当事国や日本との間のいわゆるA級、フィリピンと締結したB級、そしてエチオピアとのC級協定等である。わが国が六・二五動乱の渦中にあって結んだ「在韓米軍の管轄権に関する協定」（いわゆる大田協定）は、このC級に該当、ないしはそれ以下の、非常に不平等な協定である。この不平等協定を改め、A級協定にまで引き上げるため、現在韓米間の実務者交渉が進められている。

去る九月二十日に開始されたこの交渉は、二十六日をもって前後七回の会議を重ねた。駐韓米軍の身分に関する協定を結ぶためのこの交渉は、双方十名ずつの代表者が参席し、二ヶ月あまりの間に七回の会合を持ったが、非常に大きな進展がなされたように見える。しかし、その実そう簡単なものでもない。

もちろん、今までの交渉では、相互間の大きな意見差異をもたらす問題は、別になかった。当初、交渉をできるだけ順調に進むさせるために、軍人身分協定の核心をなす刑事裁判管轄と、施設提供および、その補償等、種々の問題から取り上げることにしたためである。

一次会議では、協定が適用される人的及び行動対象の範囲と内容を討議して、協定の規定事項として、公益事業物と用役、税関手続、労務者獲得、装備と補給品の購買、土地と施設、訴訟手続、刑事裁判管轄権及びその他関連事項を表示することにした。三次会議からは協定の序文、用語の定義、また出入国に関する条項案を討議、四次会議では、これら条項の問題を論議した。そして五回目の会議で、協定の細部的施行を担当する協議機関として韓米合同委員会を設置することに合意、六次会議に至って、出入国管理条項案に「完全なる合意」を見て、七次会議から関税条項の討議を開始したのである。が、その間、序文と用語の定義条項についても着実に合意を達成してきた。

このような経過は、会議が終るたび毎に発表される、韓米両国語からなる極く簡単な共同声明書が述べているものでそれ以上の細かい内容に対しては全然言及していない。共同声明書がそのように会議経過の大筋だけを発表し、細部を明らかにしないのは、もちろん外交交渉の習慣のためでもあるが米国側代表が本国政府と緊密な連絡を取り、複雑な問題を内包する協定の一条項、一条項について、その訓令を仰がなければならないためとも解釈され、また双方が、必要以上の内容発表によって細心の神経を刺激しないよう慎重な態度を取っていることにも理由がありそうだ。それはともかく、交渉は双方が準備した草案を土台に、条項ごとに折衝して、一つずつ処理している。

米日行政協定は全文二十九条に議事録、NATO当事国との協定でも全文二十条である。たとえ、今までの韓米交渉が順調で、すでに出入国条項案で完全合意を見、土地施設問題等がとりあげられると思われる合同委員会の設置に意見の一致をみる等、多くの進展があったとはいえ、将来、米軍の刑事裁判管轄権とか合同委の具体的機能等、最も困難な問題が横たわっていることを考えるとき、現在までの成果は、しょせん序盤のことにすぎないといえよう。交渉は将来も何ヶ月間にわたり多くの時間がかかるものと思われるが、明年には結末がつくものと展望される。

政府は十余年にわたったこの行政協定交渉を、今度こそは完全に成就させるため、誠意と忍耐をつくして努力していると、関係者は語り、米国側もまた誠意をおしまない態度を見せているという。

とくに米国側においては、韓国との行政協定が締結された暁には、これまで十年懸案の自由中国やB級協定しか結んでいないフィリピンなどにおいても、世論が沸騰するだろうことまで考慮し、慎重に交渉に臨んでいる。

協定は「民政移譲後に締結されることを理解する」との了解事項があるとはいえ、どうにかして双方は、民政移譲への高価な贈物としても米軍身分協定を締結するため交渉を着実に継続している。

韓国の声

韓日会談妥結のため

池田首相の勇断を望む

十二年来、難航を続けてきた韓日交渉も金鍾泌中央情報部長の訪日を契機に日本首相ならびに外相との率直な意見交換によってその意見の差を相当に縮め、来年三月までには国交正常化に調印できるよう両国政府が最大の努力と誠意を示すことを約束したと伝えられている。

金部長の日本政府首脳らとの交渉内容が公開されていないので明確なことは分らないが、伝えられるところによれば十月二十日の金・大平会談では主に請求権に対する話し合いがなされ大平外相は所謂無償供与として三億ドルまで譲歩するが、その中から四千五百万ドルの韓国が支払わなくてはならない貿易取引清算を差引こうといっているが金部長はこの四千五百万ドルを除外して請求権と長期借款を合せて六億ドルを要求したといわれている。十一月十二日の二回目の会談では主に長期借款に関する話がなされた模様であるが、そこで双方が具体的な金額、利息、支払年限、据置期間、返済期限などを提示し、日本側は請求権をなるだけ少なくして長期間に返済しようというのに反し借款額を多くし短期間を要求する韓国側とは正反対な主張をしたと伝えられている。その外にも国交回復を共同宣言方式にするか、あるいは条約方式にするかの問題、平和線ならびに漁業協定の問題、在日僑胞の法的地位問題、独島問題、文化財返還問題、国交正常化協定調印の時期問題など全般的な問題に関し広範に論議されたがその中で請求権ならびに借款の金額支払に関する韓国側提案に対しては大平外相が三十日、米日貿易経済合同委員会に出発するまでに決定して回答することになっている。

韓日交渉において最も難しい問題である対日請求権の額が縮められ、その他の懸案問題についても大体原則的な合意に達しているのは十余年来の韓日会談に画期的な進展を示したものといえる。

だが金部長の訪日の結果、接近をみせた請求権の額に対して国内の一部に不満の世論がないわけではない。すなわち、昨年の東京裕沢経済企画院長が日本で提示したといわれる請求権八億ドルや今年の崔前外務長官が提示した七億ドルに比べて、半額以下に譲歩した数字でこちら側から譲ぐ必要はないだろうという意見である。日本側でも昨年度の五千万ドル、七千万ドル、一億五千万ドルから三億ドルの線まで譲歩したことは日本国の一部に難色をもたらしているとのことである。しかし、韓日問題の解決は双方が請求権の額の多寡を決めるのに法理論的な根拠を云々して、両国民が全的に納得できるような線を求めていたのでは到底妥結には到達できないということは、今までの交渉経過が証明しているところである。

わが国における根強い対日感情が日本との国交正常化や日本に対する過度な譲歩を許さないものであるにもかかわらず革命政府の指導者らは"アジア"における自由民主陣営の安全と繁栄のためには韓日両国が互に提携して善隣友好の関係を結ばなくてはならないという大乗的な見地から早期妥結を促しているとわれわれはみている。

そして、革命政府は韓日修交による一部国民の不満は覚悟しており、また韓日国交正常化が明春の総選挙や民政移譲に及ぼす影響は意に介していないとのことである。一方、日本側は今日までの交渉経過において韓日会談は多分に国内政治の動向と関連をもってきたとみられる。

参議院選挙、野党の反発、対共産圏関係などに神経をとがらせて、これを懸案妥結の遅延口実としてきたことは否めない事実である。だが朴議長ならびに金部長の訪日と大乗的な見地で国交を妥結しようという積極的な態度は日本政界にもよい反響をもたらし、自民党内の慎重論者まで国交正常化に反対しなくなり、親共路線にある社会党でも党内の理論紛争によって効果的な反対運動を展開できずにいる状態である。

それにもまして重要視されることは日本国民の間で韓日会談早期妥結を支持する傾向が強まっていることである。総合的にみて、今日、日本における世論の動きは韓日修交に最もよい位置におかれているとみられる。したがって今後に残された問題は最後の断を下す池田首相の態度にかかっており、池田氏の欧州旅行で自由陣営がアジアにおける反共基地としての日本の役割を重要視していることが分り、また池田内閣の長期執権態勢が確固としてきたという見通しからあるいは韓日交渉で高姿勢を示すかも知れないが、われわれは池田氏の政治資産を信じて請求権のみでなくその他の問題でも交渉を成功させる方向に導くものと思われる。池田氏は欧州旅行で歴史的に仇敵関係を続けてきた仏、独両国が現在では経済的にも政治的にも協力しているのをみてきたのであるから、これが勇断を促す一つの契機となるだろうと思われる。

（ソウル新聞）

本国読者から見た現行の単刊制新聞

86%が単刊制反対

速報性なく朝夕刊記事が重複

調査動機 新聞施行令によって従来の複刊制から単刊制になってすでに三ヵ月になる。急激な変革によって、いくつかの新聞は閉刊の憂き目をみ、韓国新聞史にいまだかつてない試練を受けている。このような新聞の急激な変化に対して読者らはどのように考えているのだろうか、また新聞に対して何を要求しているかについて世論の調査を行ってみた。

調査対象 ミルの"最も強い力を与えるのは最も強力な印象を与えることで、若干の例外はあるとしても大多数の平凡人は正当に判断することのできる道徳的確実性がある"という言葉を基礎として大多数の平凡人を対象者とした。医師、公務員、会社員、商人、主婦、学生、運転手、無職等三百五十七名を調査対象とした（一九六二年十月一日から十一月十五日まで）

アンケートの作成 一般大衆は新聞に対して多くの批判をしているが、この批判がどの程度確実性を帯びた批判であるかを推しはかるため、単刊制と複刊制、新聞に対する要求などについて八つのアンケートを作った。

調査内容 選定した三百五十七名の対象者に直接面接して一問一答式に調査した内容は次の通りである。

一、新聞を一番よく読む時間 対象者三百五十七名の中、朝に読む人が百二名（二八%）で、昼に読む人は四十名（一一%）、夜読む人は二百十五名（六一%）となっており、昼に読む人は大部分が主婦である。

二、単刊制を賛成するか 新聞変革の最も重要な根本となっている単刊制の賛否を知ることが現行新聞制度に対する読者の意見を知る近道であると思う。調査の結果は賛成三十九名（一〇・九%）、反対三百十四名（八六・一%）で無応答四名（三%）という圧倒的な数字で読者は単刊制に反対している。反対の大部分の意見は単刊制は速報性がないということと朝・夕刊新聞の記事が重複するという点である。

三、複刊制と単刊制以後、新聞内容は次のどの種に該当するか

▽複刊制 ①報道性を帯びている。②娯楽性を帯びている。③指導性を帯びている。④啓蒙性を帯びている。

▽単刊制 ①報道性を帯びている。②娯楽性を帯びている。③指導性を帯びている。④啓蒙性を帯でている。

単刊制と複刊制の新聞内容を分析することによって単刊制の長所、欠点ならびに複刊制の長所、欠点を知ることができる。

①報道性を帯びているかに対しては複刊時の百六十八名（四四・二%）に対して単刊制の七十二名（二〇%）となっている。

②娯楽性を帯びているかに対しては複刊時五十四名（一五・一%）に対して単刊制百十八名（三三%）となっている。

③指導性を帯びているかに対しては複刊時六十九名（二〇・三%）に対して単刊制七十七名（二一・五%）となっている。

④啓蒙性を帯びているかに対しては複刊時六十六名（一八・四%）に対して単刊制九十六名（二五・五%）となっており、これによって複・単刊を問わず新聞が指導性と啓蒙性を帯びているという点では大差ないが、報道性と娯楽性に対しては大きなひらきをみせている。すなわち単刊制は複刊よりも娯楽性を多く帯びているということである。

四、単刊制以後の編集態度は？ 新聞の編集態度を問うことにした理由は読者がどの程度新聞を信頼しているかを知るためである。調査結果は、誠実である二十三名（六%）、あまりにも通俗的である百三十二名（三七%）、まあまあだ二百二名（五七%）となっている。

五、単刊制以後新聞広告をどうみているか 新聞を一時に八面にしたことによって新聞広告が増えているが、これに対する読者の声は、あまり多すぎる百六十名（四五%）で、適当だ百四十六名（四一%）で、良い四十四名（一二%）となっている。

六、単刊制以後新聞を読む時に感ずることは？ 複刊制時よりも二倍の分量になっている新聞についてその感想を聞くと、不便だ二百二十八名（六三%）で、不便でない五十八名（一六%）で、まあまあだ七十一名（二一%）となっている。

七、新聞のどの面を増やせばよいだろうか？ 現在の八面でどの紙面を増やせばよいだろうかについて問うたところ政治面十八名、経済面百三十三名、文化面百九十名、社会面百五十名、時事解説百二十一名、論説七十五名、娯楽八十三名、家庭百十九名となっている。

読者の購読態度を知るために調査した結果、政治面から二百三十四名、経済面から百二十名、文化面から百三十六名、社会面から二百三名、論説から五十三名、スポーツから二十七名、地方面から十六名、漫画六十四名、小説二十四名、家庭三十二名、広告二十八名となっている。

結論 三百五十七名と面接して得た結論は読者は単刊制よりも複刊制を願っており、そして政治経済に対して深い関心を示していることが分る。

附記 調査とは関係ないが読者の新聞に対する忠告を拾ってみると

一、紙面をもう少し明るくしてもらいたい。

二、人気俳優だからといって彼らの私生活まで大きく扱って他の記事を削除するようなことがあってはならない。

三、全面広告は考慮した方がよい。

四、犯罪記事の場合、犯罪方法をくわしく説明して他の犯罪が生じないようにつとめよ。

五、八面新聞は不必要で、紙面を四面にして新聞料金を引き下げ貧しい人々にも新聞が読めるようにしてもらいたい、などである。

（中央大新聞科学生らの調査による）

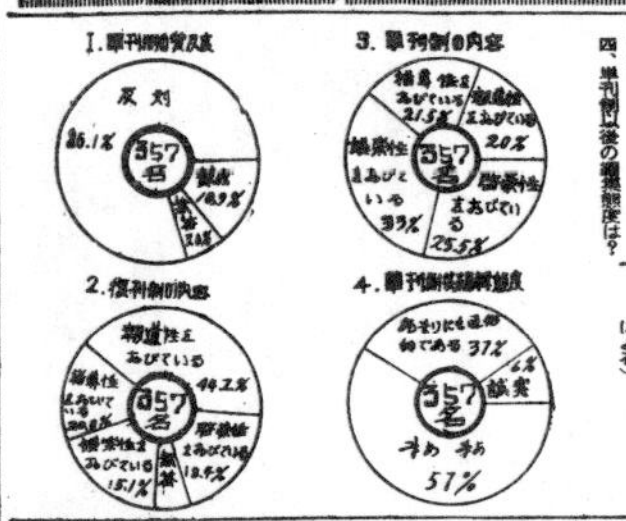

時流

江田ビジョン論

日本社会党の第二十二回定期大会は、さる二十七日から江田書記長の提唱した社会主義のビジョン（未来像）理論をめぐる主流、反主流の激しい論争の中で開かれた。この結果反主流派提出した"江田ビジョン"批判の「党の指導体制強化に関する決議案」が賛成二三二票、反対二一一票で可決された。その直後江田書記長は河上委員長に辞意を表明するとともに書記長選挙に出馬しないむねを明らかにしたと報道されている。それで江田ビジョン論をめぐる主流、反主流の論争は江田派の敗北、反主流派の勝利の形で、一応表面上の結末はできたわけである。

しかし江田ビジョン論争の社会党内部における影響はそう簡単なものではない。二十七日大会での投票対決の直後、江田書記長の辞意表明によって造成された混乱の収拾は今後社会党の深刻なナヤミになることは明らかである。わずか十票差をもつ反主流派と主流派の勢力分布は、今後の執行部人事に従って党書記長を替え、党運営の主導権を反転させるとしても、党内両派の深刻な対立が一層激しくなる可能性を示している。

こういう主導権争いは社会党の党内問題としても古い社会主義のワクから脱皮しようとした江田氏のトライアルを葬った社会党の将来は決して明るいとはいえないだろう。「米帝国主義は日・中共同の敵である」という思考方法が社会党を支配している限り社会党が日本国民の世論を得ることは期待できないからである。

さて江田ビジョン論の内容はどういうものであるか？ここで検討してみる必要があると思う。社会党の江田書記長は人類がこれまでに到達した主な成果として、米国の平均した生活水準の高さ、ソ連の徹底した社会保障、英国の議会主義、日本の平和憲法の四つをあげた。これを社会党内の反江田派では社会主義的でないといって激しい批判を加えてきたのである。そうして二十七日党大会でつぎのような決議案を提案、可決させたのである。すなわち「三十八年度のわれわれの戦いはきびしい情勢が予想される。このような時に書記長みずから党機関の確認を無視して社会主義の理論に混迷を与える疑いのあるビジョン論を党外に発表したり、党機関をヒボウするなど、ひいては指導体制の不統一を招き党の混乱と戦う体制に不安と動揺を与えたことはきわめて遺憾である」と前提して「江田ビジョン論は社会主義理論を混迷におとしいれる。未来像は党の綱領を守り、充実する立場から、党機関理論委で十分審議して作るべきだ」等二項目を内容とする決議案である。

しかし江田ビジョン論はそれ自体が必要となった社会的背景をその出現理由としているといえよう。即ち社会主義という言葉がかなえるイメージは国民の多くにとって、すでに魅力が少ないというのが日本社会の現実である。調査によると、総選挙における社会党の支持者でもそのおよそ半数は社会主義政権になっても生活水準は、上がらない、と考えているという。いつかのテレビで、あるプロ野球の選手が社会主義の世になれば野球もできなくなると心配したということもあるがこのような社会主義観をあらためるためにも、また、中間の浮動票を獲得するためにも、あたらしいビジョン論が、必要となってきたともいえよう。また固定的なワクである綱領だけを固守しようとしても、世界的潮流は、「流動的」に流れている。労働階級に祖国なしとか、といわれたのは、むかしのことである。現在、祖国という考え方なしには国家はなりたたない。労働者は窮乏化してゆく一方だという理論をよそに、実際その生活水準は、全体として上がってきている。EEC（欧州経済共同機構）の実験なども、古い社会主義論への挑戦である。また現在、人はパンのみにて生きるにあらずという言葉が、新らしい意味を持って思出されるようにもなってきた。現代の人間は、少なくとも、自由と平和と生活の安定がなければ、人間らしい生活とはいえないという強い経験と思想を持っている。

以上に論述した現代の国内、国際的潮流が江田ビジョン論の背景といえよう。江田ビジョン論は、とくに古いワクを脱皮しようとするところに意義があるといえる。江田氏は、米国、ソ連、英国、日本という、四つの国から、それぞれの成果をひきぬいてきたがそれはこれまでのソ連中心即ちマルクス主義の一元論的な考え方を捨て、多元論的な立場をとったところに意義があるといえる。

今共産圏内でもスターリン主義批判や中ソ論争が行なわれている。スターリン主義批判においてもスターリン個人に悪政の責任があったか？それを可能にした体制そのものに欠陥があったのか？は重大な問題である。いくらスターリン批判をやっても「マルクス主義を真理としてこの真理の正しい理解者としての共産党の無謬性」だけを自信している限り「解決の道」に到達することができないのである。

今度の江田ビジョン論は実に古い社会主義のワクを脱皮しようとするところに意義があるのである。江田ビジョン論は今度の党大会で投票において敗北した。しかし自由・平和・生活の安定をめざす面においてこの江田ビジョン論の意義は高く評価すべきであると思う。

（二十八日記） （綱）

旅券発給者氏名公告

韓国駐日代表部領事課旅券担当官
在日本韓国居留民団中総民生局長

氏名	区分	番号	本籍
池水春	KJ	[illegible]	神奈川
朴泰玩	〃	[illegible]	東京
潘己業	〃	[illegible]	〃
孫炳姫	〃	[illegible]	群馬
崔判用	〃	[illegible]	秋田
李珍世	〃	[illegible]	大阪
鄭甜生	〃	[illegible]	島根
俞炳寿	〃	[illegible]	福井
呉翊洙	〃	[illegible]	兵庫
金朔速	〃	[illegible]	〃
林才玉	〃	[illegible]	〃
呉周承	〃	[illegible]	愛知
韓善出	〃	[illegible]	〃
李南守	〃	[illegible]	〃
康丁八	〃	[illegible]	大木
裵方洙	〃	[illegible]	栃阪
崔貞淑	〃	[illegible]	〃
羅海南	〃	[illegible]	秋田
李仁娟	〃	[illegible]	神奈川
金泰大	〃	[illegible]	京都
韓先鎮	〃	[illegible]	〃
孫貞任	〃	[illegible]	〃
孫相鋼	〃	[illegible]	〃
孫駿先	〃	[illegible]	大阪
林相天	〃	[illegible]	大分
許千蘭	〃	[illegible]	広島
呉必男	〃	[illegible]	〃
金吉弘	〃	[illegible]	福岡
朴宗鶴	〃	[illegible]	〃
河寿甲	〃	[illegible]	広島
金太竜	〃	[illegible]	福岡
李栄熙	〃	[illegible]	〃
金恵順	〃	[illegible]	〃
金貴英	〃	[illegible]	東京
朴桂貞	〃	[illegible]	群馬
文成錫	〃	[illegible]	東京
李栄在	〃	[illegible]	〃
李千洙	〃	[illegible]	新潟
金基炳	〃	[illegible]	千葉
徐清南	〃	[illegible]	青森
李万洙	〃	[illegible]	千葉
李載寿	〃	[illegible]	青森
陳点南	〃	[illegible]	千葉
廬数伊	〃	[illegible]	〃
鄭昌植	〃	[illegible]	東京
高聖命	〃	[illegible]	〃
朴兄八	〃	[illegible]	〃
張玉分	〃	[illegible]	〃
梁大徳	〃	[illegible]	〃
高祥一	〃	[illegible]	〃

（十一月二十日現在）

本国入国許可者氏名公告

韓国駐日代表部領事課旅券担当官
在日本韓国居留民団中総民生局長

氏名	区分	番号	本籍
丁飛龍	KJ	[illegible]	福岡
姜仁秀	〃	[illegible]	長崎
尹紀鎮	〃	[illegible]	〃
朴鍾暘	〃	[illegible]	〃
文吉守	〃	[illegible]	〃
高百合子	〃	[illegible]	〃
高慶松	〃	[illegible]	鹿児島
徐一煥	〃	[illegible]	山口
黄末進	〃	[illegible]	大阪
正徐大	〃	[illegible]	岐阜
朴貞竜	〃	[illegible]	大阪
金鎬道	〃	[illegible]	兵庫
朴徳在	〃	[illegible]	〃
崔末変	〃	[illegible]	愛知
林基善	〃	[illegible]	埼玉
李富玟	〃	[illegible]	〃
金大闘	〃	[illegible]	青森
金他官	〃	[illegible]	東京
金同元	〃	[illegible]	〃
韓大乙	〃	[illegible]	〃
俞弘濬	〃	[illegible]	〃
朴嘉熙	〃	[illegible]	〃
田四述	〃	[illegible]	東京
李 健	〃	[illegible]	〃
趙鐘大	〃	[illegible]	北海
李元碩	〃	[illegible]	神奈川
金純煥	〃	[illegible]	宮城
蘇斗来	〃	[illegible]	〃
姜進旭	〃	[illegible]	栃木
孫鍾垣	〃	[illegible]	北海
金光淳	〃	[illegible]	東京
金雨柳	〃	[illegible]	神奈川
俞炳浩	〃	[illegible]	〃
任世賢	〃	[illegible]	東京
金如香	〃	[illegible]	〃
李永実	〃	[illegible]	〃
羅鍾卿	KJ	[illegible]	東京
金成寛	〃	[illegible]	北海
李祥塤	〃	[illegible]	神奈川
梁熙敦	〃	[illegible]	東京
卞 淑	〃	[illegible]	新潟
朴正鎬	〃	[illegible]	北海
張元貞	〃	[illegible]	静岡
李徳祚	〃	[illegible]	山形
崔孝哲	〃	[illegible]	東京
朴順玉	〃	[illegible]	〃
崔善勉	〃	[illegible]	〃
李申録	〃	[illegible]	〃
朴華緒	〃	[illegible]	〃
文綜善	〃	[illegible]	〃
金泰洙	〃	[illegible]	北海
金大栄	〃	[illegible]	〃
李康泰	〃	[illegible]	〃
金在先	〃	[illegible]	〃
曹忠日	〃	[illegible]	〃
鄭東淳	〃	[illegible]	〃
方点福	〃	[illegible]	北海
金周大	〃	[illegible]	東京
韓大乙	KJ	[illegible]	東京
朴勝完	〃	[illegible]	大阪
孫達元	〃	[illegible]	〃
金正河	〃	[illegible]	〃
李相列	〃	[illegible]	兵庫
朴水連	〃	[illegible]	〃
姜吉童	〃	[illegible]	〃
趙 李	〃	[illegible]	〃
朴乗鉉	〃	[illegible]	〃
金秀善	〃	[illegible]	大阪
崔乗宇	〃	[illegible]	〃
李仲宰	〃	[illegible]	京都
呉乗鶴	〃	[illegible]	〃
鄭東福	〃	[illegible]	愛媛
鄭且宅	〃	[illegible]	京都
金明希	〃	[illegible]	〃
李守竜	〃	[illegible]	兵庫
河合洪	〃	[illegible]	愛知
金吉斗	〃	[illegible]	大阪
李宗岸	〃	[illegible]	〃
康卓林	〃	[illegible]	〃
閔碩基	〃	[illegible]	〃
李且奉	〃	[illegible]	滋賀
鄭燦用	〃	[illegible]	京都
李流貴	〃	[illegible]	〃
朴順月	〃	[illegible]	東京
崔成粉	〃	[illegible]	〃
金良俊	〃	[illegible]	岩手
金鍋均	〃	[illegible]	東京
姜永架	〃	[illegible]	〃
崔昌善	〃	[illegible]	〃
李永華	〃	[illegible]	〃
宋基淵	〃	[illegible]	〃
李珠浩	〃	[illegible]	〃
金文仕伊	〃	[illegible]	〃
李金汝	〃	[illegible]	〃
鄭吉坪	〃	[illegible]	福島
洪鎮景	〃	[illegible]	青森
金鍋出	〃	[illegible]	〃
金鎮戸	〃	[illegible]	東京
権寧哲	〃	[illegible]	山形

（十一月二十日現在）

パチンコ用スチールボール製造販売・各種遊技場備品一式
不二鋼球商事
東京都台東区車坂52番地・電話（831）1811・6171
工場 大阪市南区鍛冶屋町十二の二
取引銀行 三井銀行、上野支店、平和相互銀行上野支店

営業種目 化粧瓶 薬用瓶 医療器製造
大日硝子株式会社
取締役社長・丸山泰徳
東京都江戸川区小松川4−36 TEL681−0704

あなたの工場の生産性向上は、マークが保証する、南陽の高級鋳物におまかせ下さい
日本政府中小企業庁
指定モデル工場
営業種目
強靭鋳鉄
特殊鋳鉄
工作機械
自動車部品
NANYO
南陽鋳造株式会社
当社製品の主たる受注先
日立製作所
プリンス自動車
昌運工作所
遠州製作所
住倉工業
日本楽器
電話
浜松（3）7181・本社
〃（3）8815 工作機械工場
〃（2）5788 夜間専用
静岡県浜松市竜禅寺町628（浜松局区内）

NHL5型 単能高速生産旋盤

広島商銀新社屋移転祝賀会

韓日財界人三百名参席

預金高一年で三億八千万円に

信用組合広島商銀（徐漢圭代表理事）が発足して一年目を迎えたが、その発展ぶりは地元の注目の的になっている。事業の拡張に伴ないこの程三階建て社屋を完成、去る十日から移転業務をしており、今後の発展が大いに期待されている。

信用組合広島商銀は同地区僑胞たちの要望に応え昨年十一月一日発足して以来、僑胞たちの認識と積極的な協力によって発展の途を辿っているが、発足一年目を迎えて預金高三億八千万、貸高二億七千万という驚異的な実績をみるに至った。出資金も当初の二千三百六十万から現在は三千四百七十余万に成長し、日に百七、八十顧客と取引している繁盛ぶりで、名実共に僑胞の金融機関として充実した機能を発揮しており、地元の賞讃の的となっている。事業拡張と、新たな発展に伴ない、三階建の近代ビルをこの程完成（広島市下柳町四〇ノ一）去る十日同移転式を催したが、同席には、地元出身の日本国会議員、広島県知事、広島市長、県会議長、市会議長、広島銀行重役、韓銀大阪支店長など韓日財政界の名士多数参席のもと、関係僑胞約三百名が集って盛大に催した。

去る十日から新事務所での業務を開始しているが、今後の発展が大いに期待される。なお広島商銀は昭和三十六年十一月一日に開業し現在に至っているが、理事長以下一副理事長金大煥、専務理事岩井亮一、常務理事呉在植。役職員は次の通り。

写真上は新築なった広島商銀、下は新社屋の移転祝賀会に参席した役職員と来賓

なお今回の祝賀会には地元僑胞のほか日本側から広島県知事広島銀行役員等の政財界人多数が出席して注目された。

金選手らが来日

朝日国際マラソンに参加

羽田に着いた一行　左から崔倫七コーチ、金連範、崔貞根の両選手

来月一日福岡市で行なわれる朝日国際マラソンに参加する韓国代表一行三名（崔倫七コーチ、金連範選手、崔貞根選手）が二十九日午後一時三十分羽田着CAT機便で来日したが、空港ロビーでの記者会見でコーチの崔倫七氏と金選手はつぎのような抱負を述べた。

崔倫七氏＝ヨーロッパ地区ではマラソン界の世界的選手らが活躍し、マラソン大会というものを開く機会がよくあるが、東洋ではあまりおこなわれていないようだ。さいわい今度の朝日マラソンには世界的に知られている選手などが多数参加するのでやりがいがあると思うし、来たる東京オリンピックの前哨戦として我々はたたかう積りである。だから勝っても負けてもうぬぼれたり失望せず、その原因と対策を充分研究して、来る東京オリンピックにそなえたい。また勝算にたいしては云々できないし、自己のもつ記録更新ができればよいと思う。

金連範選手の話＝わが国マラソン界の多くの先輩たちの精神をひきついで、はずかしくないよう自分のベストをつくしてたたかいたいと思う。

一行は同日午後三時羽田発の日航機で福岡にむかった。

なお金連範選手はヘルシンキ、ローマ両オリンピックの韓国代表選手であったし、今年の韓国全国体育大会マラソンでは二時間二十三分五十五秒で優勝した経験がある。また崔貞根選手も一昨年韓国の全国体育大会で二位となったことがあり、今年のベスト記録は二時間二十七分五十四秒である。

中総各局の動き（2）

——文教局の巻——

近く組織される教育要員

成果あった少女文化使節団の招請

呉敬福文教局長

問＝民団六六活動方針に基づく民族教育充実強化策の活動方針が決定されて以来、在日僑胞の民族教育問題をどのようにおし進めたか？

答＝今年度の活動方針では文教政策のもとであるべき教育委員会を組織することになっているが、財政的に困難なため、今年は代表部の奨学官と協力してまず全国教育要員十名だけを組織する準備を推進中である。具体的には十代表部奨学官の指導の下で教育要員募集の試験を行ない、現在採点中である。

問＝全国教員の果す役割について具体的に……

答＝この教育要員十名は今年内に全国各地方に派遣され、そこで各県の文教部と成人民族教育を育成指導しながら民族教育に熱心な多くの僑胞に接して、学園建設に必要な財政の獲得工作をするかたわら、全在日僑胞の民族教育指導機関たる教育委員会の設立準備にとりかかる。

問＝教育委員会が完全に設立されるのはいつごろか？

答＝予定は年内設立が目標であった。しかし本国の指示による教育要員の組織が予定より遅れて十月下旬にとりかかったため、初期の目標から非常にずれているので今のところ明確な設立日時は予定できない。

問＝全国政府は在日僑胞子弟の民族教育を非常に重視しているが具体的にはどんなことを上げることができるか？

答＝ご存知の通り第一に在日僑胞子弟の民族教育指導のため政府奨学官を派遣したこと、第二に国語、歴史を教える教師十人が全国各韓国学園などに派遣されていること、第三に在日僑胞子弟に対する政府奨学金を全般的に倍増したこと、第四に在日二世僑胞子弟教育のため郷世離散会議委員が来日して民団全国各地を視察したことなどがあげられるが、その他に既存学園の施設拡充費、学園運営援助費の増加などである。

問＝東京の城南地区をはじめ、北海道、川崎、大阪、名古屋、神戸などで民族学園設立の機運が盛りあがっているが、文教局はこれらをどのように指導しているのか？

答＝これらの盛り上がりを全在日僑胞の問題として取り上げて費助する方法も考えてみたが、現段階では非常に無理である。今のところ各地域別に学園建設期成委員会を組織している。また本国政府は学園建設に対して援助が約束されている

問＝政府奨学生に対して文教局はどのように指導しており、また奨学金を学資金に使っている調査などをしているのか？

答＝政府奨学官と協力して、年二回の特別講座、年五回の定期講座を実施している。現在までのところ本国からの特別講師による特別講座は所期の目的を終えたが、定期講座は主として派遣教師を総動員して啓蒙講演を推進し、これはあと二回残されている。こうした講座を通じて奨学金がどのように使われているかの学生の感想や受けられているかなど学生の調査をし、この全般的な結論は十二月中旬から来年の初旬ごろまでには判明する。

問＝奨学生問題であるが、形式はどうあれ実質的には二つの学閥を退し、民団全体の運動をはばんでいる。この対策に対して……

答＝軍政を反対する学生はわが陣営の学生でない。しかし現在のところただ学同正常化のための見解の相違のような節がある。だから統合し団結させるように努力するが、学生たちの統合気運があれば学同大会を早期に開く必要がある。

問＝半期の運動をふりかえって文教局が最も効果的な成績を上げた事業と、これに関連して今後の方針などを。

答＝本国との文化交流の一環として少女文化使節団を招請したことや、体育交流などで国威を宣揚し、過去にない多くの成果を達成したと思う。これに対して在日僑胞文化人たちも音楽会、展覧会などが数回にわたってもようされたりして非常に活発な動きを見せている。本国から来る芸能団などはわが国の文化芸術を理解している人で、しかも紹介できる能力の団体を招請すべきだと思うし、また本国にもこれを要望する。こうした意味では少女文化使節団は全国の僑胞や日本国民に韓国の真の文化を深く植え付けることができたし、また韓日両国民の紐帯や、わが組織の全体的意識を深めさせる役割を果したと思う。在日僑胞の文化人も小異を捨て大同団結し、真にわが文化を振興発展させる土台にさせなければならないと思っている。在日僑胞の二世学生指導の一つとして近々組織される教育要員と一体となって積極的に育成する努力をするが、一方これらの学生を奨学留学生として本国へむかせる運動を続ける。また奨学教師本国派遣に相当な成績を収めているので今後も希望者を幅広く募集して本国の正しい国民教育を学ばせる。在日僑胞の文教政策はこうした総力が結集した時にはじめて積極的に推進できる土台が築かれるものと思う。だから総力を結集しうる土台作りに努力したいと思っている。

韓国、コロンボ計画会員国に選ばる

韓国は十六日メルボルンからの報道によれば十六日メルボルンで開かれたコロンボ計画諮問委員会閣僚会議でコロンボ計画会員国に選出された。コロンボ計画の会員国数はこれで二十三カ国となった。諮問委員会はまた一九六三年大会を経済開発のための企画を特別議題とし、バンコクで開くことに決定した。

議長に宋大淳氏

韓米商、韓国委員会創立総会

さきごろ大韓商議で開かれた韓米商工委員会韓国委員会の規約と運営方針を審議通過させる一方当然職である宋大淳議長の外に副議長二名、理事三名、監査一名を各々選出した。この韓米商工委員会は米国民間資本および観光客、誘致、韓米通商増進のため、韓米実業者等の相互協調機関として去る五月十五日ニューヨークで創立をみたものであり、現在米国側会員が三十五名、韓国側会員が二十三名になっている。

レンズの目

弾琴台

忠州から北西2キロの地点。達内川が円形をなして取り囲んでいるさまは半島を思わせ雄々しく立つ小山の感じだ。壬辰倭乱のとき申砬将軍はこの岬に陣を布いて奮戦したが、結果は、加藤清正に敗れ戦死した。

弾琴台全景

申砬将軍の墓

新帝国主義研究（1）

＝最近の共産主義戦略の諸形態＝

新帝国主義研究—最近共産主義戦略の諸様態—（内外問題研究会発行）は、米国の著名な十余名の専門的研究家たちの論文を一冊に編集した「Jhon H. Hallowell」の "The Soviet Satellite Nations" の中で比較的われわれにとっては新分野に属する四つの論文を翻訳収録したものである。

原書の「新帝国主義研究」（A Stady of the New Imperialism）という副題だけでも推察出来る如く、これはスターリン死亡後の共産圏の諸戦略と関係されるソ連共産主義即ち新帝国主義の戦略と術策を分析している。特に選定された国家及び地域での国内政策に及ぼすソ連政策の影響を重点的に研究しているのみならず共産主義イデオロギー及び民族主義に便乗する共産主義者たちの政策の本質を鋭く追求している。

原執筆者たちを簡単に紹介すると「ソ連の対印度政策と印度共産主義者の政策」のケネ・D・オプオストリト氏はスワトモ大学の政治学教授、コロムビア大学から博士学位を授与された同氏は、一時ポート財団の後援で二年間カリフォルニア大学のアジア問題研究所に属したこともある。

「中東に対するソ連政策過程」はパークレイ大学のジョージ・レンジョフスキー教授によるものである。レン博士は長期間中東地域で研究を続けたことがあり、最近もしばしば研究本業の関係で同地域を訪問している。著書としては「The Russia and the West in Iran」（一九四九年）、「The Middle East in World Affairs」（一九五六年）等がある。

「東独政権とソ連の対東独政策」はハーバード大学のメルボン・クロアン及びカール・J・フロドリッヒの両教授によって執筆された。行政学の研究家であるクロアン氏は同大学のソ連問題研究所の会員であり、フロドリッヒ氏は比較政府論と政治論分野における研究家として名声があり、特に彼の「立憲政府と民主主義」（一九五一年）が有名である。

「最近のユーゴ政治変化」はベンダビルト大学の政治学教授であるアルレックス.N・トラクニチ氏が執筆したものである。彼はベルグラード駐在米大使館文政官（一九四七年—一九五〇年）を勤めたことがある。彼の著書は「Titos Promised Land」（一九五四年）。

付録の「共産主義は現代にマッチしているか？」はケネディ米大統領特別顧問チェスタ・ボルズ氏が今年七月号「Foreign Affairs」誌に寄稿したものである。共産主義の政治、経済及び外交的変貌の可能性を原則的かつ総合的な面から解剖した正鵠を得た貴重なる論文である。

共産主義の本質と現実に対して正確な分析と研究が大きな意味を持つということは再言を要しない。共産主義の危険と挑戦をハダで感じながらも、われわれには彼等の戦略と戦術に関する体系的かつ理論的研究が不足している。

以上の各論文を連載しようとする計画がここにある。共産主義研究に多少たりとも寄与せんとするものである。

記事訂正

十一月二十九日付本紙第三面の「民団支部誕生」の記事中に群馬県の団長名を「呉琮玉団長」とありますのは、「金乗出団長」の誤りでした。お詫びして訂正いたします。

尋ね人

尹任寿（伊藤）

右の方は戦前慶尚南道伊豆安良里に住んでいた方で、戦後釜山に引揚げ、五、六年前再び来日しております。尹さんに世話になった国洋汽船会社金明丸船長の沢入藤吉氏が行方をたずねておりますので、御心当りの方は本社まで御連絡下さい。

本籍慶尚南道［illegible］

李成南さん（39歳位）

右の方は昭和十年に来日、大阪府堺市東町に住んでいたが、昭和十五年頃行方不明となり今日に至っております。本人の実兄李永鎬氏が尋ねておりますから心当りの方は左記に連絡下さい。

連絡先　東京都八王子市寺町十八番地　TEL⑥六九一七　河本方　李永鎬

奨学生募集

募集人員　二名

資格　ソウル出身者。東京にある大学の理工学生。

希望者は履歴書、在学証明書を韓国新聞社まで提出して下さい。

趙重玉著

韓国料理

B5判　一三〇頁　挿絵多数　定価　八〇〇円　送料　一〇〇円

東京都千代田区神田猿楽町二の四　韓国料理研究所　振替東京一一五九六九七　取次店

133,000 KVA Water Wheel Generators purr powerfully in their berths at Okutadami Dam.

"大は原子力、小は電球、トランジスターまで"

東芝の製品はより良き世界、より良き生活を創る

東京芝浦電気株式会社は"TOSHIBA の愛称で全世界に広く行き亘って居ります。現在資本金693億円、年間総販売額は1,800億円を越え、従業員8万5千名、工場21個所、東洋最大の研究所、傘下会社57余所のマンモス企業は全世界の最も著名な一大電機綜合メーカーであります。

"TOSHIBA のマークが表示されている全製品は品質と性能が完全に保証されております。

"TOSHIBA" は其の研究の独創性に依り明日の無限なる発展が約束されております。

Leader of the Industry it Started

東京芝浦電気株式会社

TOKYO SHIBAURA ELECTRIC CO., LTD.

東京都千代田区有楽町一丁目十二番地

韓国向代理店　不二貿易株式会社

東京都中央区銀座一丁目五番地

大韓民国ソウル特別市中区太平路一街六四

B/W TV Receiving Set

ソウル市文化賞 受賞者を決定
=文学呉相淳翁など十四ヵ部門

ソウル市文化賞委員会は二十七日午後二時に開かれた総会で、今年度ソウル市文化賞受賞者の最終決定を見た。十四部門にわたるこれらの授賞者は各分科委員会より二十六日午後に至って授賞者を決定、二十七日の総会に回付した。各分委より決定された部門別授賞者は別記の通りである。

▲文学＝呉相淳 ▲美術＝金煥基 ▲出版＝学園社 ▲体育＝金鎮泰 ▲自然科学＝田鉄鍼 ▲人文科学＝[illegible] ▲映画＝李敬淳 ▲写真＝金[illegible] ▲言論＝尹[illegible] ▲建築＝[illegible] ▲演劇＝朴[illegible] ▲工芸＝[illegible] ▲舞踊＝[illegible] ▲放送＝金[illegible]

無視された「その年の創意」
文化賞の良識は健在か
各種賞に対する各界の意見

〇…二十七日ソウル市は、今年度「文化賞」を最終的に決定して発表した。だが、今度の発表を見て今まで各種文化賞に対する共通的な「賞の良識」が識者間の話題になっている。その代表的な言論を選んで幾人かの意見を聞いて見ることにする。

——韓国日報——

性格が不明な賞
朴南秀（詩人）

現在わが国では六、七つかの個人賞が毎年与えられているが、見たところその大部分の賞制度に明白な審査規定が欠けている。[illegible]

「新人」という限界が不明である。今年度の授賞者の中には、一流日刊紙の長編小説審査委員が含まれて新人と既成の区別がはっきりされてない。この矛盾性は作品の水準をあげるがための包括的な意味というよりもむしろ新人らの登竜をくい止めることになるのではないかと案じられる。児童社会に対する一種の功労賞として知られている「小波賞」の性格もあいまいである。[illegible]

審査委員の受賞
姜元竜（神学博士）

文化の向上を刺激するために設けられた文化賞が、時には腐敗と団結を助長させる場合もある。特に、不適だらけの独占に、あいた口がふさがらない時もある。それは、自分が自分を選んだようである。[illegible]に審査委員が受賞者になる場合である。

審査委員自身が受賞相手にあがれば受賞を辞退するとか、でなければ審査委員を辞退するとかのような良識といおうか賢明だと言われることを、どうして待たないのか分らない。しかも、受賞者個人の不名誉だけに終ることではない。賞金体に対する不信に までも拡大されよう。賞を主催する側でも規定によって審査委員の受賞はふせぐべきである。受賞の対社会的信用と受賞者の栄誉のために——

年度規定もなく
主観をさけるべきだ
李鉄柱（延世大教授）

[illegible]

真面目な同情を
無視される若い世代
金煥基（画家）

文化賞の大部分の審査委員らは「老兵は死なず消えるのみである」という誰かさんの言葉を信奉しているのだろうか——それとも敬老が奥妙であった伝統的な道徳観に執着しているのだろうか——。受賞者を見れば大部分が現役でない。それに外国の如きは円熟する年令に達した大家という名前の年老者に対して、順次に与えられ[illegible]

[illegible]

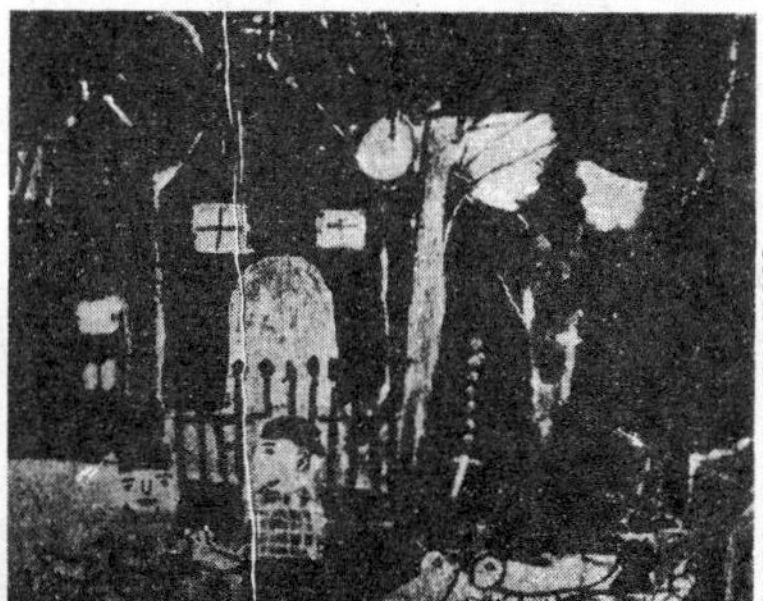
第八回世界児童美術展覧会出品作品
—於徳寿宮—
（教会）金メダル受賞　ソウル中央国民学校　二年生　崔　勲

韓国、東南アへ
新定期航路開く

クアラルンプールからの報道によると、韓国の定期船は近い中に日本、香港、バンコック、シンガポール、北ボルネオ並びにインドネシアを結ぶ新航路を開拓することになったと二日発表した。最近ジャカルタでインドネシアとの通商協定を結んだ韓国通商使節団の一員である韓国の汽船会社の経営者は、まず一万八千トンないし二万トンの船舶がこの航路につくが、五年以内にもっと大きな船を向すようになるだろうと語った。ところでこの航路は、アジアでは日本についで一番大規模なものになる予定である。

歴史上の記録
11月の巻（3）

檀紀四二六三年（一九三〇年）
△朝鮮米倉株式会社創立。国際関係—△中国国民党対共決戦を決定、△日本総理大臣浜口雄幸が右翼佐郷屋留雄により狙撃される、△印度国民会議全印排英運動開始。

檀紀四二六四年（一九三一年）
△光州学生事件を中心とした反帝国闘争事件発生、△朝鮮語研究会朝鮮語学会と改称す。

檀紀四二六五年（一九三二年）
国際関係—△中国瑞金において中共ソビエト臨時政府樹立（主席毛沢東）。

檀紀四二六五年（一九三二年）
国際関係—△米国ルーズベルト、大統領に当選

檀紀四二六六年（一九三三年）
△中国各省軍官学校韓人特別班設置（責任者李青天）

檀紀四二六七年（一九三四年）
△釜山—長春間直通列車運転。国際関係—△日本陸軍士官学校学生による皇道派事件（十一月事件）発生。この事件は二・二六軍部クーデターの原因をなした。

檀紀四二六八年（一九三五年）
△羅南開港、△臨政議政院、中国江蘇省嘉興において非常会議召集し機構強化、△長津江水力電気発電工事完成、△維基—羅南線開通。

檀紀四二六九年（一九三六年）
国際関係—△日独防共協定成立

檀紀四二七〇年（一九三七年）
△臨時政府湖南省長沙に移転、△恵山線鉄道開通

檀紀四二七二年（一九三九年）
△臨政・軍事特派団を陝西省西安に派遣す。

檀紀四二七三年（一九四〇年）
△光復軍総司令部西安に移転し後方工作に着手し、ゲリラ戦遂行。国際関係—△中国汪兆銘偽南京政府主席に就任、△米国ルーズベルト、大統領三選。

檀紀四二七四年（一九四一年）
国際関係—△米英連合軍北アフリカ上陸、△ソ軍スターリン・グラード反撃に転ず。

檀紀四二七六年（一九四三年）
△カイロ宣言韓国の自主独立に関する決議発表、△臨政議政院、英米中三国首脳に感謝メッセージを送る。

李朝野史物語
太宗—世祖時代篇（4）

文宗大王の心配
顧命をうけた六学士

文宗大王、父王の遺業を継ぐまもり国内は平和で民生は安堵した。しかし王は、病弱なので久く生きられないことを予感え、世子は幼いので大変心配した。

或る代、大王は殿に[illegible]り後年死六臣となった成三問、朴彭年、河緯地、柳誠源、李塏、俞応孚を招いた。宴会は私的なものであるので特に気楽にせよとの沙汰であった。

宴会は大王も臣下たちと同席して酒杯をやりとりされ、和やかな雰囲気となった。

このとき、お側にいる世子の背をなでながら臣下たちに対し

[illegible]

（石蛟山人）

安住の地よいずこ
許 権 旭
文 金 察 伸
(102)

脱出（四十六）

焼け残った西大門駅の建物はほとんどこわれて、悲惨な残骸のように、黒くすすけた柱と壁とが立っていた。レンガなどが均衡を失い、あちこち散らかっていた戦後の街まちは、大きな生の流れの中で、重く動いていた。人たちは各自の心配に追われながらも、働き、もがいた。

「お腹がすいたろう？早く行こう。市場に行けば飲食店があるだろう」

疲れた彼の顔がにこっと笑いながら低く言った。

× ×

やがて、彼と私は市場の入口に着いた。人出でごったかえす中を彼と私はすきを縫って、古着を[illegible]

[illegible]

純京城料理
京城館
東京都新宿区神楽河岸3号地
国電飯田橋東口下車橋のたもと
電話（331）2652

東洋金属株式会社
◦営業種目◦
ネームプレート
スコッチカル銘板
諸計器目盛板
プリント基盤
アルマイト加工
精密目盛彫刻
特殊印刷
諸計器目盛板
金属面・ベークライト面
各種塗装面
取締役社長 李基寿
東京都港区芝白金志田町17番地
電話 白金（441）8221（代）

山を崩し！谷を切り開らき、海を埋めたて
建設界に躍進する！
愛知重機株式会社
取締役社長・柳川春光（朴三龍）
専務取締役・柳川正作（朴正作）
愛知県名古屋市中村区岩塚町字龍子田
電話（54）8759番
（56）1784番

国土建設の一翼をになって、躍進に、躍進を続ける建設基礎産業
東栄商事株式会社

取締役社長・李栄植

営業品目・砂　利・砕石生産
本　社・神奈川県相模原市淵野辺1910・電話淵野辺局112
工　場・神奈川県津久井郡津久井町三ヶ木道志川・電話　215

大いに語る大野伴睦氏

国土建設団を解体

団員を予備役編入

二日までに全員帰郷

【ソウル発＝連合】二十九日午後最高会議の第六次常任委員会は、国土建設団を来年の一月一日で解体するための法的処置として、国土建設団設置法廃止に関する法律案を審議し、政府案通り通過させた。

この法は来年の一月一日から施行されるが、国土建設団設置法施行当時の建設員のうち徴集適齢者はこの法施行と同時にその徴集を免除し、第一予備役に編入させ、また建設員に編入されていた者で国土建設団設置法施行当時特別措置にあったものの第一予備役編入に関しては、国防長官が定める法によると付則に規定している。

政府は昨年の十二月一日国土建設団設置法を制定し、去る三月から八月まで一万四千六百五十一名の兵役未了者を国土建設団に入隊させ、国土建設事業に動員してきたが、政府方針の変更によりこれを解体することに決定、十一月三十日から十二月二日までに彼等を帰郷させる措置をとった。

この日常任委員会は国土建設団特別会計法廃止に関する法律も審議通過させ、外務部の出入国管理事務にたいする監査報告も聴取した。

つづいて朴議長は新聞会館の施設する報告を聴取した。

朴議長、不具児童の画の展覧会参観

朴正熙最高会議議長は二十九日午後、新聞会館で開かれた釜山再活院の不具児童の画の展覧会を参観し金一封を送った。

各国の企画制度を報告

金企画統制官、朴議長に

二十九日午後朴正熙最高会議議長は、約一カ月間東南アジア各国の企画制度を研究視察した金内閣企画統制官から各国の企画制度に関する報告を聴取した。

運転免許証の偽造事件を捜査

一、八八四件が偽造と判明

李治安局長は二十九日午後の記者会見で最近物議をかもしている運転免許証の偽造事件を捜査するため、去る十月一日運転免許証八、八九三件を他道に照会して五、二九五件の回付をうけたが、そのうち一、八八四件が偽造であることが判明したと語った。

李局長は偽造免許のうち四二五件を検挙し、一、四五九件は所在不明で検挙できなかったと語り、警察官の関連いかんは捜査結果、革命以後は不正がなかったことが判明し、解放から五・一六革命前まで警察官数十名が関連しているものと予想していると語った。ところでこれら運転手は偽造免許を警察官から直接手に入れたのではなく、中間ブローカーを通じているためそのブローカーを訴送庁したと発表した。

裵大使、30日帰国

請求権などの政務報告で

裵義煥駐日韓国大使は、本国政府に政務に関して報告するため三十日ノースウエスト機で帰国した。

同日外務省は二十八日、池田首相と大平外相との話合いで、池田首相が請求権支払いの承認を保留した事実をはじめその話し合いの内容を二十九日午後駐日代表部に非公式的に通告して来たといわれており、裵大使のこの度の帰国は現在の韓日会談の実情と池田、大平会談の結果にたいする今後の交渉方式を協議するものとみられる。

ケ大統領の訪韓歓迎

崔長官談　中共は韓・印の敵

【ソウル発＝連合】ワシントンからの報道によれば、崔徳新外務部長官は二十八日万一ケネディ米国大統領が韓国を訪問するならば、われわれは大いに歓迎すると語った。

ワシントンではケネディ米国大統領が来年アジア各国を訪問するかもしれないといううわさがある。

駐米韓国大使館での記者会見で崔長官は、北韓カイライ兵が中共軍とともにインド国境線で服務しているといううわさにたいする質問をうけ、北韓カイライ軍は山岳戦に多くの経験があるため「そのような可能性はある」と語った。

崔長官はネールインド首相から支援要請の書簡をうけたとのべ、革命政府の領導者である朴正熙議長はそれに対して「韓国はインドを支援する」と回答したがインドが具体的援助を要請していないためいままで具体的支援を約束しなかったと語った。

終わりに崔長官は中共はインドや大韓民国の共同の敵であり、中共と北韓は共同軍事司令部を設置していると語った。

韓米領事協定署名権限を与える

ケ大統領、バ駐韓大使に

ワシントンからの報道によると、ケネディ・アメリカ大統領は二十七日バーガー駐韓アメリカ大使に韓米間の領事協定に署名する権限を与えた。

この領事協定は民間人と企業体の活動並びに領事館の設置と関連する韓米両国相互の権利を重んずるためである。

米国陸軍次官来韓

ポールアル・アメリカ陸軍次官が二十九日金浦空港着で韓国を訪れた。

ポールアル陸軍次官は三日間韓国にとどまり韓米両国の高位側と会談する予定である。

投票後も修正可能に

金文社委員長記者会見

新憲法など当面の問題語る

【ソウル発＝連合】最高会議金容九文社委員長は、二十九日午後慶北知事室で改憲案及び国民投票に疑問点があれば国民に解説し、地方の隘路を発見してこれを解決するため大邱にきたことを明らかにした。

金委員長は憲法の条項別に投票するということは困難であり、改憲案は充分審議検討して発議されたものであるが、投票後でも必要ならば字句とか語句の修正をして公布できるものと記者会見席上で語り、また改憲案が否決された場合の軍政延長云々にたいしては、投票をした結果をみてから検討される問題であるとつけくわえた。

つづいて大学の財政資とか学科の廃合などに関する記者の質問にたいしては、文教政策審議委で総合検討中であり、理工科系大学にたいしては国庫補助を考えていることを明らかにした。

一方、冬期救済策にたいしては何の心配もないと語り、今年の冬か来年の春窮期政府はそれにたいして大々的な対策をたてる積りで、現在それを研究中であると語った。また倫落女性の救護問題にもふれた。

学園の雑賦金徴収を厳禁

文教部、各市道に緊急指示

文教部は二十九日学園で雑賦金を徴収しないよう徹底的に取締るため、これからどのような名目があっても雑賦金を徴収するところの校長とか教官は即時罷免措置するようソウル特別市をはじめ各道に緊急指示した。

文教部のこのような指示は、最近各地で卒業学生らに受験準備と越冬期を控えいろいろの名目をつけて金品を徴取している事件があり、取られた処置である。

一方、文教部はこれから学園の雑賦金を徹底的に取締るため秘密監察班を随時全国に派遣することをきめた。

朴委員が地方巡視

国民投票啓蒙実態把握のため

朴円彬最高委員は、二十九日大田で、国民投票に関する忠南での啓蒙は大体よく行なわれているが、まだ一部国民は投票の真の意義を知らないでいると語った。

国民投票に関する啓蒙実態をみるため各地方を巡視している朴委員は、大田に集まった再建青年会長と婦女会長らにこのように語り、これから一層努力するよう激励した。

金陸軍参謀総長帰国

米陸軍病院を退院

米国ワルトリード陸軍病院に入院加療するため先月十五日渡米した金鍾五陸軍参謀総長は、二十九日午前十時五十分のAT空航便で帰国した。

共産側の蛮行を糾弾

国連側、軍事停戦会議で

軍事停戦委員会の国連側首席代表キル少将は、去る二十日夜板門店西北方国連側警備哨所に手投弾攻撃を敢行して、一名の国連軍人を殺害、他の二名に重傷を負わせた共産側の蛮行を糾弾した。

国連側の要請で二十九日午前十一時板門店で開かれた軍事停戦委員会の第百二十四次委員会で、国連首席代表キル少将は前記の事件を証明する二枚の写真とソ連製手投弾一個と破片などを提示し、キル少将はこのような残忍無道な犯罪者の処罰を厳重に要求する一方、この事件を自由世界は永遠に記憶するだろうと語った。

これにたいして共産側首席代表のカイライ少将張正煥（音訳）はこの事件を調査してみたところ何の根拠もないでたらめであるとのべ共産側の常套的な破廉恥をさらし出した。

北韓スパイが自首

ソウル城東警察に一名

二十八日朝ソウル城東警察署に、去る一九六〇年十二月に東海岸を通じて南下した間諜鄭三用（音訳）（三十三歳）が自首してきた。

鄭は南下後労働者と学生の包摂及び地下組織運動をしてきたが昨年三月と今年十月三十日の二度にわたって北に帰ろうとしたが成功せず、その間南韓の自由な社会生活が北とはくらべものにならないほどよいことを自覚、自首することになったという。

間諜自首期間の自首者に過去の罪を赦免

鄭ソウル警察局長は二十九日この度の間諜自首期間中に間諜を隠匿した者、五・一六革命後容共分子と指名された者などが自首をすれば、過去の全ての罪を赦免すると語った。

また間諜とかこれに関連した者に自首する機会を与えた者には、二十万ウォンまでの賞金と間諜がもっている工作金の半分を支給すると言った。

発電量、解放後最高記録

韓電はさる二十七日平均二十六万五千三百四十二KWを発電して、解放後最高記録を樹立すると同時に十一月中平均発電計画量二十三万五千KWに対し三万余KWを超過達成した。

このような発電実績は冬期を迎え最近の需要激増に起因するもので韓電は今後継続供給の増加で平均二十七万KW出力を突破する発電力増強に万全を期している。

ところで、二十七日の発電実績は次のとおり（単位KW）

○水力（十四万三千二百八十容量）

▽最大＝十二万四千八百九十

▽平均＝八万五千二百円九十一

○火力（二十八万三千二百九十）

▽最大＝十九万八千八百八十

▽平均＝十八万五千一百

○計（四十二万六千五百七十）

▽最大＝三十一万二千七百四十

▽平均＝二十六万五千三百四十二

内資倉庫新築

十二月六日工事入札

政府の内外資調達の二元化制度が確立された後、官需要内資の中央調達を通じて、さる十月末現在七千余万ウォンの国庫節約をした調達庁は、内資調達品目の拡大と内資管理の完璧を期するため今度内資倉庫を新築する予定である。

二十九日調達庁で伝えるところによると、ソウル市内鉛洞に位置する約千余坪に現代式に建てられるこの内資倉庫の新築工事の入札は来十二月六日調達庁で行なわれる予定である。

五級公務員合格者二、四一三名

第七号五級公務員合格者名簿が発表された。

二十九日午後内閣事務処の発表によれば、応試者総数五万八千百五十九名中、二千四百十三名が合格したが、最高得点者は朴炳鶴氏（音訳）（二十六歳、本籍慶北）で最高年齢者は李済昌（音訳）（三十八歳、本籍忠南）、最少年齢者は朴一同（音訳）（十七歳慶北）の両者あった。

通貨性預金回転率十月に入って八回

5・16以後の最速率を記録

韓銀で集計した通貨性預金（要求払預金）の回転率が十月に入って八回で、五・一六革命以後最速率を記録した。

景気測定において一つの指標になる通貨回転率は五・一六革命後月平均六回程度で沈滞を免れなかったが、十月に入ってこのように通貨回転速度が早くなった。

クリスマス・シール

金首班に伝達

大韓結核協会事務総長権泰松氏（音訳）は、二十九日午後保健社会部長官の案内で内閣首班を訪問クリスマス・シール五百枚を伝達した。

クリスマス・シールは金首班が率先購入したものであり、その代金は結核協会基金として使用される。

新聞用紙L／C開設

トン当りFOB一三七ドルで

支払保証書による新聞用紙輸入信用状がさる二十七日はじめて開設された。

新聞発行人協会需要の一千八百十五トン（二十四万八千六百五十五ドル）に達するこの新聞用紙は、輸入代行社が東亜貿易、輸出者は日本の丸の内商社（一千五百七十五トン）とヒーサン貿易（二百四十トン）である。

なお価格はトン当りFOB一百三十七ドルで、CIFに換算すると百四十ドルになる。

ところで去る春季にはCIFトン当り百五十ドルで輸入したことがある。

鉄鋼材、工芸品輸出するよう

商工部、ベトナム向け

商工部は南ベトナム及びインドネシアとの通商増進のために対南ベトナム輸出品目に鉄鋼材、そして対インドネシア輸出品目に工芸品目を各現通商協定による輸出品目として追加するよう交渉してくれることを二十九日外務部に要請した。

なお対ベトナム輸出品目の鉄鋼材は鉄パイプ、鉄材を含むものであり、対インドネシア輸出品目の工芸品は竹細工製品、ししゅう品、紙製品及び竹細品を意味するといわれる。

大野伴睦氏、訪韓を前に語る

本紙 金明熙副社長と一問一答

"正常化へ挙党態勢

仲よくせねばお互いに損"

自民党の大野副総裁は、韓日国交正常化促進の目的で、来月十日韓国を訪問することに決定したが、本紙金熙明副社長は、三十日午前十時半東京赤坂のホテル・ニュージャパンで、大野副総裁と会見する機会を得、大要つぎのような内容の対談を行なった。

金＝先生の、この度の訪韓予定を見ますと、自民党各派の国会議員が十人も同行されるのですが、これは、日韓国交正常化促進に対する挙党一致の態勢とみてよいでしょうか

大野＝そのように見てよいだろう。わしは、韓国へは、昔からなん度も行ったことがあるので、彼地が非常に懐しいんだよ。先頃、金鍾泌最高会議情報部長が来日した時、箱根で会見したのだが、今の韓国はむかしと違って、人口も増え、都市も立派になり、生活文化も非常に向上したので一度是非見に来てくれといわれて、わしも一度韓国に行こうと思うようになった。ところが、その時は、国会もあり、池田総理の外遊中なので、決行する時期を確答することが出来なかった。池田総理が帰国してからこの件で相談したら、訪韓するのがよかろうという、お答えであった。

わしは、最初自民党のなかの、大……するつもりであったが、この話が公表されると、われもわれもと、希望者が多くなり、発表になったとおりの、各派の人達になったわけだ。だが、かえってその方が、日韓国交正常化をもり上げるのに、好都合の工合となった。それは、いわゆる自民党挙党一致の態勢となったわけだが、これがかえって両国のために、意義深いものとなろう。

金＝この度の先生一行の訪韓の……

大野＝わしの、この度の訪韓の資格は、総理の特使でも、またなにの代表でもないのだ。わしの訪韓の目的は、日韓両国民の友好親善を深め、一日も早く両国の国交の正常化に寄与したい希望にほかならないのだ。往時のことを一切水に流して、新しい親愛の感情をもり立てようではないか。わずか二時間位いで行けるお隣りではないか。仲良くせねばお互いが損をするよ。偉大な政治には、感情は禁物だ。お互いが反共国家……

だから、両国は、これから平等互恵の新しい出発が必要だよ。そこで、わしは韓国へ行く気になったのだ。資格とか、何とかよりは、両国民の感情を好転せしめるムードをつくるのが何よりだ。わしは、そのような政治家だよ。

金＝池田首相の親書は、御持参なさるでしょう

大野＝いまは持ってないが、いずれ総理の親書を持参することになるだろう。それが、朴議長に対する礼儀だし、敬意を表することになるのだ

金＝先般、来日した金鍾泌情報部長とは、箱根で御懇談なされたが、その時の感想を

大野＝君、金鍾泌部長は、偉い人だよ。この度のわしの訪韓も、あの時、金部長に勧められたからだよ。あれは未だ若いが、今に偉大な政治家になるぞ。わしより一回り下の、寅歳の生れで、全く敬服した。むかし中国に「一見十年の旧」という話があるが、金さんとは、はじめて会ったが、十年の旧知のようなつき合いになった。……

……議長や、金情報部長の若い賢明な政治家達に会えることがなにより楽しみだ。いずれ帰って来たら、君の新聞に、報告でも書こうか。

金＝ありがとうございます。御出発までに、御感想を一句

大野＝俳句か。所望なら、二ツ三ツ、発つまで書いておこう。

船田氏ら10議員が同行

自民党の大野副総裁は日韓国交正常化促進の目的で来月十日韓国を訪問するが、これに同行する同党国会議員十人の顔ぶれが二十九日次のように決まった。

船田中外交調査会長（大野派）北沢直吉日韓問題PR委員長（池田派）中村幸八（大野派）福田篤泰（同）桜内義雄（河野派）二階堂進（佐藤派）早川崇（三木派）永田亮一（藤山派）荒船清十郎（交友クラブ）羽田武嗣郎（石井派）

このように大野氏の訪韓に当たって同行国会議員を党内各派から人選したのは、日韓交渉早期妥結のために「挙党態勢をとるべきだ」との党執行部の強い意向が示されたためである。

このほか、外務省伊関前アジア局長……名、報道関係……十三名が随行する。

無為替輸出を許可

日本が漁網と水中機器

日本政府ははじめて保税加工原料の対韓無為替輸出を許可したといわれる。

韓国保税加工品輸出協会によると漁網と漁網糸、水産機器の保税加工を推進中であった南洋水産（代表辛石柱氏）と日本漁網船具会社では、去る十一月六日付けで日本政府から六三年一月末までの無為替ベース第一号として原糸一万ポンドと、漁網機械付属品を三回に分けて無為替輸出できる許可をうけた。

なおこの日本政府からの無為替ベース許可を契機に韓国保税加工貿易に一大転換期が訪れたとともになるので今後の発展が期待される。

ところで、南洋水産と日本漁網船具会社との保税加工契約規模は月間三千万ドルといわれる。

韓国産鮮魚貝類など日本が輸入許可

日本通産省当局は韓国産鮮魚貝類及び塩干魚類輸入のための外貨割当要領を発表したが、これによると対象品目は非自由化品目中鮮魚貝類及び塩干魚類となっている。

また外貨割当申請期限は十二月一日までで、申請資格は一九六一年五月以降六二年四月末までの韓国産鮮魚貝類または塩干魚貝類輸入実績がなければならないという。

新規に五名加入

経協五十二会員となる

二十八日開かれた韓国経済人協会理事会は五名の新規会員加入を承認した。

これで総会員数は五十二名となったが、この日加入された会員は次の通り

△大韓農産（崔　泰）

△日新紡織（金彦輔）

△現代建設（鄭周永）

△高麗石綿（朴応晳）

△湊東産業（沈相俊）

韓銀券発行高二〇七億

韓銀券発行高はさる二十六日現在二百億台を突破して二百七億ウォンに達した。

このような韓銀券の急増現象は月末傭給、与金需要増大に因る一時的な現象と見られる。

ところでさる十月末現在の韓銀券発行高は一百九十一億ウォン台であった。

農漁村にラジオを贈ろう

現在わが国では公報部を中心に「農漁村にラジオを送ろう」という国民運動が展開されており、多くの成果を収めております。この運動の趣旨は貧しさのため耳をもっていてもいまだ放送という文明の恩沢を受けていない農漁村が一万五千を数えているのに対して、全国民を愛する心と隣人を大切にする人情に呼訴して彼等にラジオを送ろうというものであります。

ご存じの通り一部地域に住む在日僑胞などもこの運動に呼応して物品を本国の農漁村に送りこんでおり、民団でも服天地区水災民救護金募金運動と同時に全体僑胞の協力を要望しております。

僑胞者の皆様方もこの趣旨を理解のうえ本国の僻地同胞たちに受信機を普及させるため、少ない金でも、余分なラジオでも出し合い、愛の贈物をしようとするこの運動に積極的に参加されることを望み、また彼等の明るい明日のため海外僑胞の誠意が集まることを希望します。

▽募集要領△

募集物品　ラジオ（中古品でもよい）

募集期間　十二月十日まで

拠出処　民団各県本部、支部、各傘下団体本部、支部

民団中総宣伝局

韓國新聞

発行所　韓国新聞社

発行人　曹寧柱

東京都文京区春日町51

電話(813)2261・2263 編集　東京(812)1921 (813)2262 業務

振替口座　東京 34988番

韓国と日本を結ぶ!!

広告企画と立案・国文文案制作　新聞雑誌広告・ラジオテレビ広告　ネオン屋外広告・市場調査と興信　その他広告宣伝PR

広告代理業　KPR

TOKYO　港区芝琴平町26　電話(501)0471

SEOUL　乙支路一街101　電話(2)1811

生活叢書⑩　社交禮儀全書

4×6版 842頁　高級模造洋装ケース入　挿画・写真多数　定価 2,000

斯界権威 40名 執筆　◆主要内容◆

①총론(総論)

家庭生活과 礼節　설，잔치，名節，韓国・中国・西洋式 食事法，茶나 菓子를 드는 法，接客，訪問，父子・夫婦間의 礼節，시집살이，親族法과 称号에 関한 것 등

社会生活과 礼節　公衆道徳・選挙・就職・執務・会議・集会・鑑賞・観覧・파티・旅行・敬礼・握手・紹介・祝賀・慰問・問病・弔問・依頼・謝礼・贈答・通信에 있어서의 礼節，朋友・隣保間의 礼節，男女間의 礼節，外国人에 대한 礼節 등，

四礼　冠礼，現代式婚礼，在来式婚礼，基式婚礼，仏式婚礼，喪礼의 葬礼，喪中의 礼節，儒式・基式・仏式喪의 節次，永訣式，墓地의 選択과 葬法，服制，忌祭，四時正祭，忠霊祭의 追悼式，基式・仏式祭礼

〈附録〉儀礼規範・国際儀礼

お問い合わせの方には当社の目録（書籍無料発送致します。

▼注文方法…御注文なさる図書名及び発行所を記入の上弊社営業部宛にお送り下さい。壱千円以上総て現金引換便で迅速にお送りいたします。

東京都千代田区松枝町二二番地

綜合韓国資料社

TEL (86) 三〇一六

儀禮大全

内容의 一部

第一篇　人事法

第二篇　系寸法과 対人 称号

第三篇　婚礼

第四篇　祭礼

第五篇　喪礼

第六篇　服制（복제）

第七篇　修儀 類와 現行

婚礼式의 順序……

祭文弔詩 追悼辞弔辞

請婚（청혼）書式

許婚（허혼）書式

四柱보내는 書式

涓吉보내는 書式

四柱 쓰는 法과 보내는 法

納幣（납폐）文의 書式

1 舎　所（사처）

2 納　幣（납폐）

3 奠　雁（전안）

4 醮　礼（초례）

5 新　房……

6 于礼（우례）와 새길

7 問安 편지……

第七節 小祥과 大祥

第八節 喪歌 僧舞 老人哭

発行所　成文閣　著者 安明善

頁数 281　送料共 定価500

韓国貿易年鑑

1962年

定価 4,200

図書案内

No. 12

綜合韓国資料社

韓国の声

経済五カ年計画の補充、調整問題について

政府は経済開発五カ年計画を補充、調整するため同計画に対する全般的な再検討に着手したと伝えられている。

米国の一九六三年度対韓援助総額は二億ドル以内に落ち着きそうであり、去る十月までの五カ年計画一次年度事業実績は鉱業、製造業、電力などの二次産業と鉄道建設、産業道路建設などの三次産業部門において予想以上の成果を挙げているが反面、旱、冷ならびに病虫害などによって米穀収穫が平年作を下回る状態で、同計画の一次年度目標経済成長率五・七%達成が難かしくなったため政府はこの計画の補充調整をはかるということであるがこれは当を得たことであると思う。

この際 われわれは五カ年 計画を補充、調整するのにおいて必要と思われる幾つかの点を指摘して関係当局者の参考に資したいと思う。

まず第一に、第二次年度に入って一次産業における今年度の劣勢を挽回し同時に第二次年度の目標経済成長率を達成しようとするならば、農耕地の開拓と灌漑施設事業になお一段と力を注ぎ、政府が重点的に放出している営農・漁資金をフルに活用できるようにし、また種子改良と肥料ならびに栽培管理の向上を図って収穫高をあげるようにしなくてはならない。

幸いにも今年度において自給肥料の画期的な増産をみたのであるからこれを高度に活用してもらいたいものである。

ついで、低位にあるわが国の国民所得水準と過去の貯蓄実績に照らして計画に定められている民間資本調達が難かしいようであるが、この点は現在政府が保有管理している敵産やその事業体を合理的な方法で早急に払い下げることによって財政収支の増加をはかり、それをもって民間資本調達の不足額を補い、または五カ年計画推進に伴う経済規模の拡大にしたがって漸次増加される通貨量すなわち穏便なインフレによってもたらされる国家信用の創造に依存するというのはどうであろうか。

低所得者らに貯蓄を期待するということは同計画遂行上に蹉跌を招くおそれがある。

これと関連し政府機構はできるだけ縮小した方がよいのではないかと思うもしも政府機構の膨脹率が国民経済成長率を上回るようなことがあれば、それはただちに経済再建のための資本調達面で圧迫を加えられるものである。

このような観点からわれわれは国家財政面における消費的支出をより一層抑制することによって生みだされる資金を生産投資面に転用する方法を講じてもらいたいと思う。

そして十月二十二日現在の一九六二年度輸出入関係をみると輸出はその計画額の七一%で目標額には達し得ないと予想される。

今後より一層輸出増加のために積極的な努力がなされなくてはならないと思う。

現在われわれが自力で外貨を獲得する道は軍納、用役、保税加工などがあり、また農産物、水産物、鉱産物等を輸出するところにある。革命政府が輸出産業の振興のために特にその施設の改良に力を入れていることはよく知っているが、要は補償金支給程度の消極的な方法だけでは輸出の大幅な増加を期待することはできないのであるからむしろ租税、金利、動力料ならびに輸送費等の生産費構成要因に対して保護政策を施すことによって、わが国輸出商品の価格や品質が国際市場で有利に評価されるように努力してもらいたいと思う。

そのためには現行税制と金利を再調整する一方、電気料や鉄道運賃をこれ以上引きあげないようにしなくてはならない。

特にバイ・アメリカン政策によって大きな打撃を受けている軍納量を増やそうとするならば、その生産コストを下げて品質を向上させるように努めなくてはならない。

これと共に輸出市場の開拓のために海外駐在商務官の増員ならびに商品陳列館の開設、見本市の開催等を含む自由諸国、中立国家らとの経済外交を強化しなくてはならないのはもちろんのこと、特に米国に対してはわが国に対するバイ・アメリカン政策の条件緩和とまた米国の対韓援助資金によって導入された原料を使用する工業品の対外輸出範囲を拡大させるよう外交的な努力を積極化するべきであると思う。

そしてまた対内的には投資誘致環境ならびにその雰囲気の助長に力を注ぎ対外的には友好、通商、航海条約と当事国政府間の投資安全保障協定、二重課税防止協定のようなものを韓国に対して投資を希望しているような国々と早急に締結すべきであると思う。

この外にも対韓国際借款諸国の範囲を拡げるなどで外資の受入れ体制を強化しなくてはならないが、これよりも先に解決されなくてはならないのは現行の外資導入法規上の不備な点を是正すべきであると思う。

そして韓日会談も明年中には妥結される見通しであり、外資導入においてはできるだけ低利、長期償還を条件とするようにすべきであると思う。

特殊な事業による資本財導入においてもそのような点が考慮されなくてはならないと思う。

そしてまた革命政府が〝消費的な経済体制〟を〝生産的な経済体制〟に変えるために必然的に随伴される企業体が少なくないと思う。これと関連して稼働率は計画通りに向上していないようであるからただちに企業対策のためにも現在運休中の生産施設を積極的に活用すべきであると思う。

そしてまた、純粋な経済企画機関とその執行機関は限界を明確にすべきであると思う。計画の樹立と計画の実施にはそれぞれその性質を異にする専門的な知識と経験が必要であるからである。

五カ年計画を補充、調整しようとする政府当局が以上の諸点に留意されんことを願うものである。

（韓国日報）

韓国の新聞

革命前と革命後
新しい秩序確立の分水嶺（上）

崔 世 郷（公報部次長）

よく世人の口にのぼる現代の神話がある。「新聞 記者は無冠の帝王」であると。

そうすると新聞社は〝王冠のない宮城〟と呼ぶこともできよう。マスコミの手段として、新聞が現代社会に占めている巨大な威力と比重から考えれば――満しもその一端は首肯せざるを得ない言葉である。

確かに新聞は現代の〝巨人〟である。われわれに、一瞬の瞬時を提供し、現代社会の成員相互間の理解を促進し、文化的世界を分化させ、地位賦与の役割を担当し、文化的価値を高揚し、社会的規範を強要することにより社会統制の一手段ともなり、社会成員の経験とか願望を代弁する――このような複雑微妙な機能を発揮している新聞は、いかなる英雄や天才的政治家も比肩し得るものではなく、いかに高度に精密化されたとはいえ、原子物理学の利器の代行し得るものでもない。まさに名実共に現代の巨人である。

この巨人は朝に夕に、読者の生活にわけ入って彼等に真正の事実を知らせ、公正な意見を提示して国民の精神生活上の公開討論場にもなることをその畢生の使命とするのである。かくして、この巨人の力は無限にも等しく強大となり、その衝突は陽の光よりも温く民衆を包み、弱者にとっては慈雨となり社会正義を隅々にまでおしひろめる伝道者の役割をも果すことになる。

しかし他方、この巨人が、寛大な巨人としての本領を忘却してそのエネルギーを誤った方向に濫用すると、それは何よりも恐ろしい圧制者となり、民衆を苦しめ、国家を黒暗の苦境へと押し流すことは、一刻も忘れてはならない。

これはちょうど、無限の絶対的権力をもっていた封建時代以前の君主・帝王が、その人となりによって、聖君にもなれば、紂桀（中国の暴君）やネロ皇帝にもなったのと別段違わない話である。

現代社会において、新聞が占める位置と比重はこれほど巨大であることを認識してかかる時、われわれはこの社会に現存し君臨する新聞の真の形態、実態に対し、格別なる関心と注意を傾注しないわけにはいかない。

しかも、寛大な民主国家社会を指向して進むわれわれの立場にあって、民主社会の象徴的指標が国民の基本的自由権利の確立にあり、この国民の基本的自由は言論の自由、ひいては新聞の自由にまず代表され得ることにまで想い到す時、新聞の自由がどれだけ保障されているかという問題とともに、この新聞の自由と関連して拡大された種々の派生的問題は、必らずやわが国の民主化過程における基本的問題と直結するものと考えられる。

5・16革命前の新聞の実態

五・一六軍事革命以前のわが国の新聞を顧りみるといっても、それが遠く旧韓末期とか日帝治下、または六・二五動乱前後までさかのぼることは、勿論本稿の論旨の及はないところである。それゆえ筆者は、自由党末期と民主党政権下のわが国の新聞だけに焦点を合わせて、その生態と病理を考察してみようと思う。

自由党治下のわが国新聞の一般的生態としては、何よりもまず、政治的現実と新聞があまりにも緊密に直結していたことが指摘できると思う。

民主主義を指向する過渡期にある後進国家社会に共通な特徴は、政治現実という陥穽に向かって社会のすべての機能が集中することである。われわれはこれを到るところで見ているが、わが国の新聞もまたその例外ではなかった。このような場合、その国の政治的現実はたとえ過渡的なものであっても、健実な軌道に乗って先進文化への大道を歩んでいるならば問題は別であるが…。李承晩博士治下に見る如く、日が経つにつれて民主主義から逸脱し、一党独裁、民権抑圧、腐敗の蔓延へと一路邁進する時期においては、新聞もまた、そのような現実的病理から超然としていることはできなかった。

結局は、新聞が持つ本来の職分である〝真実を明かすことによりその社会に新知識と道徳的信念を持たせ、意見の自由なる伝達によって、異なる見解を調和させて国民意見の均衡をもたらす〟その教導性・公益性を見失ってしまい、煽動ある政治勢力・集団の宣伝、煽動者に変色してしまったのであった。

もちろん、すべての新聞、すべての新聞記者が例外なく政治勢力のラッパ手になったとは断定できないにしろ、その大半の新聞、新聞記者は政治現実に、あまりにも深くはまり込み、曲学阿世の詭法を弄するか、さもなければ民権闘争という大義にかくれて、場合によっては言論人としての厳格な線さえ踏み越えてしまったのである。

だからといって、腐敗した自由党政権の御用紙ないしは準与党紙その傘下記者らが犯した煩雑な行状と、民権闘争の隊列にあって正義の筆陣を振った野党紙、中立紙その傘下一線記者らの行跡とを同一視しようとは毛頭思っていない。なぜなら、われわれは確、あの歴史的民権の勝利をもたらした四・一九義挙までには、民衆の味方として、学生らの味方として、また正義の味方として、身心の安全も顧みず奮戦よろしく果敢に闘って、四・一九革命の大旗を支援鼓舞してくれた新聞・新聞記者らがあったことを、よく知っているがためである。

それはともかく、このように、政治的現実とあまりにも密着していたわが国の新聞の生態は、四・一九以後民主党政権下において、ついにその病根を破裂させずにはおかなかった。

刀で興った者刀で亡ぶ、という格言もある通り、民主党ほど新聞の徳を高く評価し、反面新聞に対して配慮しなかった政党もめずらしい。四・一九以後、言論の統制が完全に解除されるや、この国には、この世に二つとない言論放縦の春秋時代の到来を見た。数十の日刊紙、数百を数える週刊紙、通信社が道端の露店よりも沢山な社旗を掲げた。政治的、詐欺師、狭雑誤利輩、無資格記者、その上悪いことに北韓カイライの特殊工作員までが報道界にも自由を謳歌する言論の無防備地帯に乱舞した。こうして、新聞という巨人は寛大なる巨人としてではなく、国民を苦しめ、政府を戦かんせしめる悪漢と化してしまったのである。しかるに、民主党政府は東手無策であった。これは民主党の生来的宿命であった。政治と新聞があまりにも直結されていたのが原因である。自由党治下には潜伏していた、この恐るべき本質的悪弊はついに全身に拡がることとなったのである。

正常な論理からすれば、新聞が多ければ多いほど民権は伸張され、公共の利益は保護されるのが道理である。これに則って、あの自由党政権の強圧的言論弾圧政策に対し、すべての良心的言論人と知識人は手らつな攻撃の鋒先を向けたのではなかったか。

しかし、正常な論理は悲惨にも逆週されてしまった。新聞害毒論、新聞亡国論までも飛び出す始末に至っては。

わが国の新聞の生態と病理は、自由党治下で発芽し、皮肉にも言論の自由を口ぐせのように唱道していた民主党政権の広場に至ってその恐るべき害毒をまき散らすこととなったのである。

革命前、新聞が持っていたもう一つの否定的生態と病理は、新聞に従事する一線記者らの腐敗ぶりである。

かかる腐敗の直接原因は、二つに要約することができよう。

その一は、新聞経営者の破廉恥に端を発した、一見微底的、客観的なものである。換言すれば、新聞社を運営する経営者が、現代資本主義体制の下での合理的・正常的企業運営の原理を、意識的にしろ無意識的にしろ、忘却してしまい何はさしおいても新聞だけを発行すれば目的は達成されると考えて（中には例外もあるが）企業経営に必須的に随伴しなければならない（労賃報酬）支払いにあまりにも吝嗇すぎたということだ。一線記者でも最低限度の生活保障さえ受けることができなかったのである。

このような悪現象は、必然的に一線記者の手を汚さずにはおかなかった。〝無冠の帝王〟も食わねばならず、家族を扶養し、子女を教育せねばならぬ。だが、それには報酬があまりに頼りなかった。かくして記者らは、ニュースを追うのでなく、金の臭いのするニュースだけに興味を覚えることになってしまった。

以上の如き新聞記者の腐敗ぶりについては、筆者がいちいち説明するよりも、一つの引用に代替させる方が賢明のようだ。

「……昔は（六・二五前）出入処の好不好は、記事の質量の生産性与否により評価されたが、今は違う。多分、出入処にも殉・優・美・良・可制ができたのであろう。雑収入が多ければ多いほど最も良い出入処となってしまうようだ。出入処は競争入札以上の争奪戦が展開されている……（中略）なぜ、一線記者らが出入処に血眼になっているのか？　一部悪質新聞経営主は各出入処記者らを利権の案内人として私兵化している。彼らは悩某企業体の尖兵として記者を利用している。一部悪質新聞経営主は出入処に依存して生活している記者らの弱点をあまりにもよく知っている。かくして新聞では、このような言葉まで生まれた。〝記者は月給でなく名刺で生きている〟なんと凄たんたる言葉であろうか。なんと新聞人を冒涜した言葉であろうか。」

この引用文は、民主党治下で某言論人が、当時の一線記者たちの腐敗し乱脈した有様を某月刊雑誌に告発した文章の一節である。如何にも手ぬるに引用した文句のようにも見えるが、筆者の記憶では〝新聞界に巡る訃告〟と銘したこの文に対し、当時の新聞中、これを正面から反駁した論説はなかったように思う。おそらく、良心的な一部新聞記者だけが、言論界の一般的現象がそうであることを是認しながら、もっぱら自身の良心の深自批明を、そのなまいきな表情の中に要求したものと推測される。

次に、腐敗の第二の原因は記者ら自身の教養的資質の貧困であったと考えられる。

彼らは新聞のもつ大きな公益的使命を忘却してしまい、〝弱者をくじき〟社会正義の守護者でなく偽善の紳士に変貌してしまった。このような変貌は根本的には、教養の基盤が浅薄であったことに起因するものである。新聞のもつ公益的使命感について徹底した信念と意見を堅持していたならば、これらの脱線を自ら牽制できたであろう。

しかし、信念と教養において浅薄な記者らは、混乱した秩序の中で新聞が君臨できるその無限の威力に陶酔し、その威力を乱暴に乱用するだけであった。こうして彼らは暴力記者、キャンペーン記者という好ましくない代名詞を甘受せざるを得ないことになり、わが国社会を、いわば、言論横暴の恐怖の中へ押し込んでしまった。幼い子供に力を持たせれば、暴や什器を傷つけやすく、知性なき成人に銃器を持たせれば凶漢になってしまう、という俗言がそのままそっくりわが新聞人にも適用されたのは、実に痛嘆すべき事というほかかない。

だからと言って、革命前のわが国の新聞が例外なく、また一線記者のすべてがそのような範疇に属するとは言えない。その中には、何個かの新聞、少なからぬ一線記者らが、言論の大義を守り抜いて努力し、韓国言論の自暴落を仮借しつつ自我反省の警鐘を鳴らした事実を筆者は記憶しているし、このような事実を記録にだけでも留めることができるのは大きな喜びである。

ではここで、革命以前のわが国の新聞の生態を総合的に整理して見よう。

▼自由党時代

●独裁政府と無権党の庇護の下で白を黒といい、黒を白といいながら国民に欺偽とごまかしを宣伝していた所謂与党紙の行状。

●李博士政権打倒のため野党的政権勢力を支援しつつ、言論の自由と国民の民主的基本権を死守するために果敢に立ち上った野党紙ないし中立紙の闘争、すなわち民権伸張への寄与。

●これら与党系と野党系、中立紙の面目と相異する論旨に従ってその場に従事した記者らは、自身の願う願わないに拘わらず極端から極端へと突っ走ったため、前者に属した記者は不正の陰謀と欺瞞術の餌手となり、後者に属した記者は過度の政治意識にとりつかれて針小棒大、誇張癖に染まってしまう――かくして冷静な事実報道者としての正道から逸脱。

▼民主党時代

●自由党治下の与党紙は、四月十九日を頂点として一朝にしてその社屋を灼炎させ、民議院全院列に追い込んだ。その悪質自体の是非はともかく、この事実は新聞に対する一般国民の信頼度を顕著に低下させ、わが国の新聞道に疑心を抱かせたこと。

●自由党の抑圧的言論政策から解放された後の言論自由の新天地には、雨後の竹の子の如く生えた数百の新聞、通信社が乱動を極め新聞は政府と国民に対する高級的役割よりも、むしろ恐喝と政策と横暴を働く暴行者に転落したこと。

●かかる群小新聞の無制限な乱立は、ついに民族正気を忘却した左翼系分子の陰見、乱動の策地までも準備することとなり、わが国の国基を危うくせしめる共産思想の伝播場と化したこと。

●群小エセ新聞の乱動と、一個師団人員にも匹敵するエセ記者らの無自覚な行状により、国民の基本権利まで言論の横暴の前で戦々兢々としたその有様は、心ある人たちをしてわが国のような後進民主社会においての言論の自由なるものが、その理念はどうあれ、現実的に妥当なものかどうかを疑わしめたほどであった。悲しむべき一時期というほかかない。

時流

「池田帰国」と「大野訪韓」

日本の池田首相は、三週間にわたって、ヨーロッパ各国を訪問して去る二十五日、羽田空港に帰ってきた。帰国した池田首相は「所期の目的をほぼ達成でき、欧州諸国でもわが国民の努力と能力がようやく認められてきた」との帰国第一声を発したが、池田首相は今度の訪欧を予想以上の成功だったとして、今後の政局担当にいっそう自信を強めているようだと観測されている。特に池田首相は帰国直後の記者会見でその間、去る十二日の金鍾泌韓国中央情報部長と大平外相との会談で、ほぼ妥結段階に入ったといわれている韓日会談について一言もふれず極めて冷淡な態度を取り注目をひいたのである。ところが、去る二十八日池田首相は韓日会談に関する大平外相の報告を聞いて請求権問題などについて最終的裁断を保留したのである。

大平外相は、韓日交渉のうち、特に請求権問題に対する日本側の最終案について首相の裁断を求めたが池田首相は、請求権問題については支払方式や条件など、なお研究すべき問題点が残っている、として裁断を保留したといわれている。即ち大平外相は、去る十二日の金鍾泌韓国中央情報部長との会談に基づき、請求権問題の妥結可能な案として無償供与について〝を含めた三億〟、また有償供与については海外経済協力基金および輸出入銀行からの出資による二本立の構想で、計二億〟とする案を池田首相に提示したといわれている。しかし、池田首相は、これに対し、大平外相の案では他の東南アジア諸国への経済協力と均衡を欠くフシがあること、および円資金の調達にも問題が残っていることを指摘し、これらの点についてさらに話合うよう指示したという。池田首相が指摘した「韓国側とさらに話合う必要がある問題点」の内容は今のところ明らかでないが、無償供与において支払期間と年間支払額ならびにこげつき債権の取扱いと、有償供与については、利子、および返済条件などの具体的内容であるといえよう。こういう池田首相の裁断保留によって請求権問題に関する日本側の最終案提示は大平外相がワシントンでの米・日貿易経済合同委員会に出席して帰国する十二月八日以降となるようになった。一方このように韓日会談妥結のテンポをゆるめた池田首相の態度について二つの解釈を下すことができる。

第一は池田首相が今度のヨーロッパ旅行から自信を得たので、今後韓日会談においても、もっと高姿勢をとり、請求権の無償供与額を予定した三億〟以下に減らすためであるという解釈である。第二は結局は請求権の無償供与額をも三億〟に了承するのであるが、社会党と一部国民の反対感情を和らげるためのゼスチュアであるという解釈である。

どちらであっても今度の池田首相の態度は、「裁断」であるといえよう。

一方自民党の大野副総裁は、去る二十七日池田首相を首相官邸に訪れ、韓日会談について話合ったが、この会談で、韓日関係正常化を促進するため大野氏が個人の資格で十二月十日から四日間韓国を訪問することに、合意を見たのである。

しかし、前述したごとく池田首相が請求権の内容等について最終的裁断を保留したので、今度大野氏が日本側の最終案を持っていくかどうかはまだ明らかでないようである。ただ今度大野氏の訪韓が「親善」だけが目的でなく、多分に「政治性」をふくんでいるのはたしかであろう。大野氏は、この訪韓に当り、外務省関係者三人、国会議員二、三人を同行する予定で、朴韓国国家再建最高会議議長とも会談する予定をもっているといわれている。

韓日会談が大詰めにきている現段階で、いわゆる大物である大野氏の訪韓を池田首相が認めたことは、韓日会談を妥結させようとする池田首相のハラを示したものともいえる。大野氏は今年のはじめごろまでは、自民党内の韓日会談に対する慎重派の〝暴石派〟とみられていたのである。また、大野氏は日本自民党の幹事長当時、衆議院で各党各派を代表して「第三国人の取締り強化に関する決議案」の提案説明を行ない、昭和三十二年一月これにケチをつけた一韓国人に襲われた経験をもっているといわれている。昨年、岸信介、石井光次郎氏らが韓日問題に積極的に動いた時も大野氏は「ぼう大な韓国側の請求権金額を支払う必要は毛頭ない」と冷たい態度をとっていたという。このような対韓交渉慎重派が、今度自ら韓日会談妥結の「かけ橋」になって取りまとめを行なうという意欲を見せているので、自民党内部でも、今度大野氏の訪韓によって韓日会談は、ほぼ妥結されるとの観測が強い。しかし韓日会談が妥結されるのだけが問題でなくて「妥結される内容」が問題である。（洲）

旅券発給者氏名公告

韓国駐日代表部領事課旅券担当官
在日本韓国居留民団中総民生局長

池永得	KJ	[illegible]	神奈川
朴奉玩	〃	[illegible]	東京
潘己秉	〃	[illegible]	〃
孫炳始	〃	[illegible]	群馬
崔判用	〃	[illegible]	秋田
李珍世	〃	[illegible]	大阪
鄭昌生	〃	[illegible]	島根
兪炳寿	〃	[illegible]	福井
呉梨珠	〃	[illegible]	兵庫
金鍋運	〃	[illegible]	〃
林才玉	〃	[illegible]	〃
孫奉男	〃	[illegible]	〃
金吉弘	〃	[illegible]	福岡
朴琮普	〃	[illegible]	〃
河寿甲	〃	[illegible]	広島
金太竜	〃	[illegible]	福岡
李栄照	〃	[illegible]	〃
金良龍	〃	[illegible]	〃
金貞英	〃	[illegible]	東京
朴桂翼	〃	[illegible]	群馬
文成鍾	〃	[illegible]	東京
夢栄在	〃	[illegible]	〃
李干洙	〃	[illegible]	新潟
金英炳	〃	[illegible]	千葉
徐済南	〃	[illegible]	青森
李万洙	〃	[illegible]	千葉
李銘寿	〃	[illegible]	青森
陳点南	〃	[illegible]	千葉
盧粉伊	〃	[illegible]	〃
鄭四植	〃	[illegible]	東京
馬駿命	〃	[illegible]	〃
朴兄八	〃	[illegible]	〃
張干分	〃	[illegible]	〃
呉大徳	〃	[illegible]	〃
趙祥一	〃	[illegible]	〃

（十一月二十日現在）

合成樹脂成型加工
金型製作
三協プラスチックス化工興業工場
宋 撲 鎬
TEL（七四一）五八〇六―七

古代より古典派をへて現代にわたるグレゴリアン・チャント、マドリガル、室内曲、協奏曲、交響曲、オペラ、リード、聖楽その他日本一のコレクションの店です。
完璧なステレオ装置と〝えちゅーど〟独特の雰囲気は皆様の演奏会のお帰りをお待ち致しております。

音楽茶室
えちゅーど
李 瑨 馨
銀座西2−5（並木通り角）　TEL (561) 3060・8173

一般用鋼管　YPK　配管用鋼管

日本鋼管株式会社
日立金属株式会社　指定特約店
株式会社 山田パイプ店
代表取締役・李 仁 柱
本社・東京都墨田区錦糸町2〜1　電話 (623) [illegible]
倉庫・東京都墨田区錦糸町2〜2
工場・東京都江東区深川猿江町2〜1　電話 (631) 4521番

技術革新の凱歌！

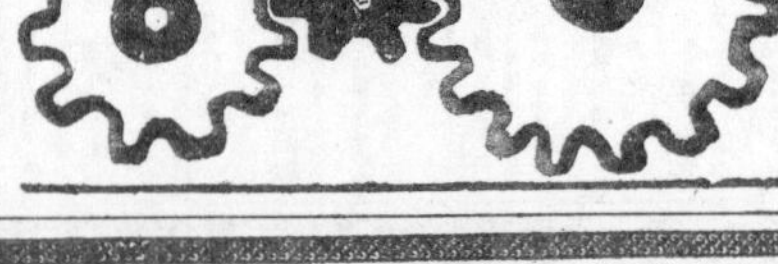

平和ミラクル・セット
パチンコ裏玉還元装置
★シマの掃除は、あまりしたくない……

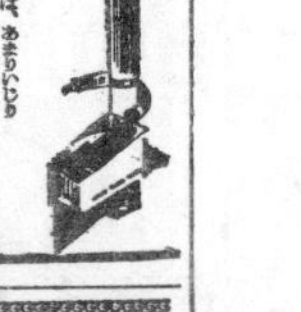

平和
東京・大阪・北海道

コリア・ハウス・梨花園　韓国割烹の最高峰遂に登場　コリア・ハウス・梨花園

御案内
◇御参考までに
＊●カクテルパーティーの出来るホール
＊●庭園パーティー
＊●弊店の自慢として皆々様御高覧に供し度いものは四千年の歴史を持つ古い国、即ち白衣の国の遺物の数々等の歴史の流れを陳列してございますからどうぞ御立寄り御鑑賞の程御待ち申して居ります。
尚温突部屋も用意してございます。

電話 (473) 1361
(441) 8969
(461) 8760渋谷支店

東京都港区
芝・車町45番地
都電泉岳寺下車

コリアハウス

権団長、規約改正でアピール

権団長

権逸民団中総団長は、中央議事会の開会を目前に控えた、去る一日、民団運動史上、画期的な意義を持つ規約改正問題について、在日同胞の理解と協力を要請するアピール(呼訴文)を発表した。同団長はその中で「こんどの規約改正は在日同胞の運命を左右する重大意義を持つものであり、このさい全団員は協力一致、万難を排して、これを断行しなければならない」と切実な真情を吐露して全団員の奮起をもとめている。以下はそのアピール(呼訴文)の全文である。

僑胞の運命を左右
民団躍進に天与の機会

なぜ必要か

団員のみなさん

このたび、わたしたちの民団は、みなさんも、すでにご承知のように、創団以来、最大の改革ともいうべき民団規約の大改正を断行しようとしております。

その詳細については、数回にわたる中総の発表や各国新聞の報道また全国各地区協議会の討論などを通じて、すでに、かなりのご理解を得ているものと思いますが、ここに重ねて、その大略、とくに改正しようとする根本精神について、みなさんのご理解を求め、よりいっそうのご協力を得たいと思います。

団員のみなさん

私はまず第一に、現在、なぜ、このような規約の大改正が必要なのか、という点について、みなさんのご理解を得たいと思います。

私たち在日韓国人が太極旗のもとに集って民団を結成しております目的は、いまさら申し上げるまでもなく、宣言・綱領に明示されておりますように、日本社会の中にあって、日本の人びとと仲良くしながら自らの生活の発展を期するとともに、朝総連の圧制下に苦しんでいる同胞を救い出し、さらに一歩を進めて祖国の再建にできる限りの貢献をしようということであります。つまり、民団こそは私たち在日韓国人にとって、文字通り生活のとりでであり、その発展なくしては僑胞全体の幸福はあり得ないのであります。

しかしながら、いま私たちが率直に過去の民団のあり方を反省してみますと共に、幾多の輝やかしい功績を残しながらも、その活動ぶりが必ずしも十分であったとは言い切れぬものがあることをお互いに認めざるを得ないのであります。この点については、すでに多くの心ある団員たちは十分に気づいておられますし、私もまた一年半の体験に照らし痛切に考えさせられているのであります。これを分りやすく申すならば、民団最高の方針を決めることにおいても、また平常の民団活動をするに際しても、ここ一番という大事な局面において、なにか、すっきりした一本の形になって民団全体の力を十分に発揮することを妨げるものがあるということであります。

その理由についてはいろいろなことがあげられるのであります。政策の貧困、人物の不足、財政の未確立等はその主なものでありますが、いちばん大きなものは民団の骨組といえる根本機構、即ち規約が民団の現実、特に在日同胞社会の事情とピタリと一致していないということであります。この一点を放置しておいては、いくらほかのことをいじくり回しても、到底、民団の持つ力を十分に発揮することはできないと思われます。

それに加えて、民団を取りまく内外の諸情勢は、祖国の五・一六革命、目の前に迫っている韓日会談妥結後における民団の任務の重大化、朝総連の断末魔的な反民団工作など、どの一つをとってみても、民団の一大革新の緊急なことを切実に要求しているのであります。また同時に、このような諸情勢は創団以来十数年マンネリズムに陥っているわが民団にとって、根本的な体質改善を断行する天与の機会ともなっているのであります。

こういう意味において、規約の改正こそは現段階において、私たち団員が全力をあげて取組まねばならない最大の要因であると確信いたします。

その主眼は

団員のみなさん

第二の問題は、では、どのように規約を改正するかということであります。

一言に申しますならば、「三機関分立制を是正して、執行機関は現在の通りにするが、決議機関は中央委員会制に改める」ということであります。つまり、私たちの民団に一本の太い背骨を通すことによって、あらゆる部面において全団員の力を、集中的に、また有機的に、ちょうど一人の人間のように、自由自在に、しかも力強く発揮できるようにしようというわけであります。言葉を代えていえば、中央委員会と、その中に作られます常任中央委員会を頭脳として政策を決定し、それを団長を中核とする執行部に移して実行せしめようとするものであります。そして執行部面では頭脳の命令を伝達する神経系統のように中央と地方の組織を連結して民団という一個の組織を有機的に動かしていこうというねらいであります。

従来の三機関が分立する制度はいうまでもなく、主権在民のもとに、行政、立法、司法の三権が分立して互いに牽制、調和しながら国家をおさめて行こうとする、近代議会制民主政治機構にならったものでありまして、それは全体社会である国家、地方自治体などにあてはまる制度であって民団のような部分社会に、あてはめるには無理な面もあり、創団初期においては北韓系諸団体の独裁制にたいして、一つの魅力となり、民団発展の上において人物包容というプラスした効果は十分に認められますが、その反面、私たち在日同胞の政治的な力柄の実際からみて理想に走りすぎて現実面を忘れたきらいがあり、マイナスの面も、また、かなり大きかったということを認めざるを得ないのであります。

こんど改正しようという中央委員会制度は、この理想と現実をうまく調和した、きわめて実際的なものであります。従来の三機関制では、三権分立の理想とは逆行して、あたかも頭が三つある人間のようなものになってしまい、適切な進退を決することができないという事態をしばしば生んだのであります。いわゆる団長中心制によって、面倒なことは一切団長にかぶせ、しかも、その執行時においては他の二機関がなにかと牽制して十分な活動を妨げるという、あたかも手足をしばっておいて走れといったような傾向が往々にしてみられたのであります。

こんど改正しようとする中央委員会制では、このような弊害にかんがみ、活動方針の審議決定においては優秀なメンバーによる中央委員会(常任中央委員会)によって十分に研究論議を尽し、その遂行においては団長を中核とする執行部に全責任を負わせ、その責任を思い切って十分に果すことができるようにしようというのであります。つまり、議決と執行の責任分担を明確にし、スッキリした形で各々十分にその機能を尽くさせようとするものであります。つまり審議、議決の面では民主的に衆智を集め、執行面においては団長一本に全責任を集中するわけで、自由と統制という二律背反的な目標をうまく調和させ、またわれわれ在日同胞社会の実情にも、もっとも適合した制度を打ち出そうというのであります。

こんどの改正試案について、いろいろの批判をきいておりますが、そのなかで、もっとも注目すべきものは、「団長の独裁にならないか」という見解であります。これは大変な誤解であって、こんどの改正目的とは全く逆な見方であります。改正試案によれば、団長はあくまでも中央委員会の決定を実行する一公僕に過ぎません。また団長中心制というのも執行面に限定されているのであります。従って、民団全体の運営からみますならば団長の立場は現行制度よりも民主的化され弱められるということになります。

首脳の誤解を生んだ最大の原因は、中総団長が常任中央委員長を兼ねるということだと思われますが、このねらいは議決、執行両機関の緊密化にあり、両者の立場は明確に異るものであって、中総団長に任せられる人の良識によって十分使い分けが可能であると思われます。また、かりに、このねらいが十分に生かされない場合でも常任中央委員長は一人の中央委員として主宰者の立場にすぎず、構成人員の比率からみても、副団長以下の執行部に属する常任中央委員を含めても、同委員会において過半数を占めることはありません。しかも中央委員会は大会に中総団長にたいする不信任を提議する権能が保持されるのであります。

また、監察についても、監察結果にたいする処分決定権を中総団長が握る点は現行規約どおりであって現在の民団の実情からみて適切であるばかりでなく、監察を司る監察(執行)委員会が事と次第によっては中総団長の死命を制し得る中央委員会に属していることを思へば問題になりません。さらに中総団長の選挙において中総執行部に属する代議員に限り投票権を認めていない点についても留意する必要があります。以上のことによって「こんどの規約改正によって中総団長の独裁制が招来される」という批判は全く的を外れたものであることが十分なっとくされたことと思います。

結びの言葉

こんどの規約改正は民団の盛衰をかけた創団以来最大の改革であります。いまや、祖国においては四・一九ならびに五・一六革命の成果が着々とあがり、面目を一新しようとしております。私たち在日同胞もこれに即応して立派な民団の体質改善をやりとげなければなりません。私は不肖なものでありますが、こんどの規約改正に当っては、一点の私心もさしはさむことなく、ただひたすらに私たち在日同胞の運命を憂い、祖国の将来を慮って、民団の一大躍進を期そうと決意いたしているのであります。

どうか団員のみなさんたちも、規約改正の真の意義を十分にご理解のうえ、来るべき中央議事会や全体大会はもちろん、その他あらゆる機会をもとめて建設的なご意見をどしどしお寄せ下さるよう切にお願いする次第であります。

レンズの目　丹陽八景②

上仙巌　隠潭三峯、石門も丹陽八景に属し丹陽郡梅浦里の南漢江上流にある。中央線陽潭駅から一・五キロのところにある。このほかに中仙岩下、仙岩寺がある。(カメラ・曹金必)

千葉にも商銀誕生
初代理事長に鄭徳和氏

民団千葉県本部では二十九日午前十一時半から千葉教育会館で、中小商工業者育成のために、「千葉商銀信用組合」の創立総会を開き、一年六カ月ぶりで同商銀を設立した。その趣旨は①中小商工業者の団結と②公正な経済活動の機会を確保して③経済を通した韓日親善を期することなどを基本としている。また同商銀の初代理事長には鄭徳和氏が選出された。同商銀の創立総会には権逸中総団長、姜学文中総事務次長兼中小企業対策委員長、金在沢韓国人信用組合会長、加藤久郎千葉県知事、小斉弘千葉商工労働部長、佐久間正夫県会議員、金信三東京婦人会長など、県下僑胞商工業者六百余名の来賓が参席して開かれた。

同商銀の設立準備は一九五九年二月ごろから宋吉万、李方稙、鄭徳和、姜日九氏など七人が発起人の中心となって僑胞商工業者に商銀設立の必要性を呼びかけるかたわら、千葉県庁に対しては設立の認可申請を訴え続けてきた。しかし商工労働中小企業課では朝総連系の商銀があることを理由に設立認可をなかなか認めなかったが、千葉県庁と直接交渉によってようやく認可をかちとり、今回の喜ばしい創立総会にいたったものである。

創立総会では、発起人提案の定款をはじめ十二の議案を満場一致で採決した後、別項のような選考委員による十五人の理事と三人の監事を選出し、理事の互選の下に理事長及び三役を選出して午後三時過ぎ閉会した。このあと中総宣伝局提供の映画を参観し同六時過ぎ散会した。

理事および三役員は次の通り。

理事長＝鄭徳和、専務理事＝宋吉万

常務理事＝土屋一民

監事＝鄭康和、張在璟、金永甲

理事＝宋吉万、李方稙、鄭徳和、姜日九、梁喜鎮、許理八、金奉祚、黄貴祚、李光銅、梁栄煥、朴道源、鄭淵河、樋川昌徳、金丁録、土屋一民

【写真】上＝鄭理事長（右から三人目）と役員たち　下＝設立総会に集まった僑胞たち

大韓婦人会阿倍野支部結成

【民団大阪発】民団大阪阿倍野支部(甘次相団長)では同区婦人達に婦人会の結成を呼びかけてきたが三十余名の婦人達が率先して立ち上がり去る二十四日午後二時より阿倍野区松虫町「丸味園」で同支部婦人会を結成した。

同大会には支部議長馬潤氏外役員一同と、婦人会大阪本部会長金月伊氏外役員一同の列席の下で結成大会を行ない、準備委員黄守姫氏の結成経過報告の後、討議事項に引続いて役員選挙に入り左記の通り満場一致で新役員を選出した。

▽会長＝黄守姫、▽副会長＝曹淑伊、金且満、▽総務部長＝金[illegible]子、▽財政部長＝金玉艶、▽文化部長＝趙成達、▽組織部長＝金順子、▽宣伝部長＝金貞子、▽民生部長＝金玉子

尋ね人

尹任寿(伊藤)

右の方は戦前静岡県伊豆安良里に住んでいた方で、戦後釜山に引揚げ、五、六年前再び来日しております。尹さんに世話になった国津汽船会社金明丸船長の沢入藤市氏が行方をたずねておりますので、御心当りの方は本社まで御連絡下さい。

李成南さん(39慶尚道)

本籍慶尚南道[illegible]右の方は昭和十年に来日、大阪府堺市東町に住んでいたが、昭和十五年頃行方不明となり今日に至っております。本人の実兄李永鎬氏が尋ねておりますから心当りの方は左記に連絡下さい。

連絡先　東京都八王子市寺町十八番地　TEL⑥六九一七　河本方　李永鎬

中総各局の動き(3)
―民生局の巻―
「順天募金」で大成果
現在、信用組合増設に尽力

問　本年度民生局がかかげた九項目の活動方針は。

① 国民登録更新整備をする。

② 在日僑胞世帯別総合実態調査をおこなう。

③ 商工会内部充実化をはかる。

④ 信用組合および協同組合設置運動を継続推進する。

⑤ 国民健康保険組合設置に努力する。

⑥ 祖国経済発展に寄与するための活動をおこなう。

⑦ 厚生福祉事業と生活貧困者対策をたてる。

⑧ 永住帰国者に対する完全な知識を働きかける。

⑨ 民生部長講習会を開催する。

問　民登録が整備されなかった主な理由はどこにありますか。

申局長　各県別に国民登録を行なっていたのと予算の関係が一番大きな原因ではないかと思う。

問　そうすると如何にすればその体質が整備されると思いますか。

申局長　県単位の一連番号であったものを中央の一連番号にし、中央で交付するということです。

問　それに対して民生局ではどのような方法をとり、どれだけ成果があったと思いますか。

申局長　国民登録というものは大韓民国の国民として当然しなくてはならないものであるため、民生局の仕事というより国家の仕事と考え、民生局としては駐日代表部を通して本国に強くはたらきかけ中央での交付方法およびその他こまかい点で合意をみた。ゆえに本年の大会ごろまでにはそれが本決りとなり、したがってその成果も現われるものと考える。

問　在日僑胞の世帯別総合実態調査は何のためにするのですか。

申局長　在日僑胞の民生問題の対策を立てるためにはどうしてもやらなければならないことなのです。

問　それではその実態調査状況は。

申局長　思ったより金と時間のかかる問題ですが、現在、着々推進中にあります。

問　商工会の内部充実化と信用組合設置運動推進に関して話して下さい。

申局長　在日僑胞事業の多くは中小企業及び零細企業であり、日本の金融界がしめだしているこれらの企業を育成するためにはこのような機関の充実化がどうしても必要である。民生局としては全国十四カ所の信用組合設立に大きな力を入れている。来年中には二十二、三の設立をみこんでおり、朝総連系の全国十九の所信用組合をはるかにオーバーするものと確信する。それによってやむなく朝総連系の信用組合を利用していた多くの僑胞らも積極的に協力するのではないか。

問　僑胞の雇用対策と救済援護などはどうですか。

申局長　いままでは韓国人企業家自身が僑胞を使用しないという点があったが、そのような点をなおし、信用組合などにはできるだけ僑胞をもちいるようにしている。

申民生局長

問　新国民健康保険組合設置の件にたいしては。

申局長　日本政府では社会保障の一環として国保険というものを各市町村単位で実施しているが韓国人はそれの適用をうけていない。これは現在行なわれている韓日会談でも取り上げており、民生局としては政府につよく働きかけている。韓日会談成立と共に解決される問題である。

問　祖国の経済発展に寄与するための本国との経済交渉は順調にいっておりますか。

申局長　御存じの通り本国では国家再建のため海外僑胞の協力を願っており、在日僑胞実業家も積極的にこれを応援するためすでにいく人かの僑胞実業家が参加している。また僑胞が大きな関心をもっている証拠として五・一六革命以後今日まで本国への旅券を申請する人々が急速に増えている。

問　本国の風水害で民生局の活躍は大きなものであったというが……。

申局長　いままでのどのような救援関係よりもずっと成果があった。それには韓国新聞の力も大きなものであったと思う。

問　厚生福祉事業と生活貧困者対策はたてられているか。

申局長　あまりにも幅広い問題であり具体的に手のつけようがなく、韓日会談妥結と共に具体的な対策が立てられると思う。

問　永住帰国者のために民生局では本国政府にどのよう働きかけているか。

申局長　搬入制限撤廃をし、無制限搬入できるような立法措置を要求しているが、日本政府の都合などもあってこの問題も韓日会談で大きくとりあげられるようだ。

問　民生部長講習会開催はやったか。

申局長　予算、人的構成関係で年内にはできないが年が変れば必ず行なう予定である。

新帝国主義研究(2)
ソ連の対インド政策とインド共産主義
＝ケネ・D・オブストリト＝

ソ連の対インド政策は「社会主義の最後の勝利は、中共とインドがソ連の路線を従うことによってのみ保障される」と主張したレーニンの言葉を慣例的に引用することに始まる。しかし最近に至るまでインドにおける共産主義の展望は事実上荒涼たるものだったし、インドに対するソ連の関心は気の抜けてゆくような傾向だった。

確に中国はソ連のアジアにおける関心の焦点だったし、低開発国家に対する共産側の政策は、その大部分が中国で得た経験を普遍化したものだった。

しかし中国本土で共産主義者たちが権力を成功的に強固にしてからソ連の指導者たちは、漸次インドに関心を傾けるようになった。

最近の事件などは、インドこそ共産主義者の野望の主要目標であり、従ってインドでの共産主義の勝利は、即ち勢力均衡を西方資本主義国家に決定的に不利な方向に傾けさせるものであると、ソ連共産主義者たちが評価することによってそれを示唆している。

(1) インド共産主義の初期の歴史を考察してみると、共産主義の発展に決定的な影響を及ばした二つの主要問題、即ち内部的な問題と外部的な問題をあげられる

先ず最初の主要問題は、インドで唯一つ育成させられる民族主義との対決である。ガンジーとネールが代表する西欧化された穏健分子と、伝統主義者たちが連合して指導しているインド国民会議派は、英国の支配者たちのみならず、民族主義運動を主導しようとするインド過激派にも匹敵する程だった。会議派は比較的緩和の態度を取った大英帝国の権力下で成長し、インドの自治政府樹立のために絶えざる発展をした。

政治的穏健主義が否定されそうな兆候は全然なく、ほとんどのインド共産党は社会から隔離された極少数の浮動層たちにのみ影響力があったのであった。

このような事情のもとブルジョア民族主義との協力というレーニンの戦略を適用するにあたって特別の困難があった。従って、要するに国際共産党政策の動揺はインドで起った事件と事態には関連がなかった。彼らはインド共産党が会議派との闘争に対し別に援助を与えなかった。ましてや前述のように、共産党は政治的に微々たるものであり、会議派は彼らとの協力を敢えて必要としなかったし、また試みもしなかった。そのうえ如何なることにあっても会議派中のガンジー派との協調は、共産主義者たちとしてはもっともいやな仕事でもあった。

ガンジーの伝統主義が会議派の支配的方針を決定する間、インド共産党は民族主義運動に対する反対闘争の方向へ自然に傾いた。

一九二〇年から一九二八年の間にインド共産主義者たちは、中国共産党が国民党と結縁したように会議派との連合を追求するよりは、むしろ中国の場合とは反対に会議派を正面から攻撃

[illegible]

■ホール
■御座敷
純京城料理
京城館
東京都新宿区神楽河岸3号地
国電飯田橋東口下車橋のたもと
電話 (331) 2652
宋万里

一般人の健康増進に、スポーツマンの基礎体力養成に!!
〈本格的ボディビル書の決定版〉
新書版190頁　写真 約62葉　¥150(送料共)
日本ボディビル協会理事長　日本ボディビルセンター専任コーチ
平松俊男著
ウェート・トレーニングのすべて…
スポーツに国境はないと言われるが、その事はウェートトレーニングについても言い得る。
ウェートトレーニングのパイオニアであるアメリカ合衆国をはじめとするヨーロッパ自由諸国家群に於ては勿論の事だが、現在鉄のカーテンの内部でも人類の健康、及びアスリートの競技能力向上に及ぼすウェートトレーニングの絶対かつ普遍的価値が認識され地上最大の規模をもって実行されている。本書は日本に於ける近代ボディビルの開拓者であり、ボディビル界唯一の専門コーチとして多年の経験を持つ著者が全国の愛好家にその全貌を明らかにした本格的ボディビル書の決定版である。
〈内容〉
第一部　ウェートトレーニングの歴史的展望
米・ソ・英・豪諸国において、ウェートトレーニングにより成功したワールドチャンピオン達の勝利の記録、彼等の主張と方法について
第二部　ウェートトレーニングの理論と実際
ウェートトレーニングの概念・基礎コース・専門的集中コース・体格改善の実例・年令・栄養等との関係・用具の選び方について等々
推薦の言葉
ボディビルは卒直に言って、5,6年前の「逆三角形」を讃美した人気の時代から下り坂のようにみえる。しかし、それは表面に見える現象だけであってスポーツ強力の基礎としても、又一般人の健康改善に地味ではあるが、ボディビルの普及と発達は数段と確立されてきた。ボディビルの普及と指導に十年近い歳月を打込んで来た平松君の著書になる本書は若いスポーツマンにとってこれ程有効なものはないであろう。
元厚生大臣　日本ボディビル協会会長　川崎秀二
購読の申込方法―あと金払い
官製ハガキに住所・氏名を明記して下記にお送り下さい。ハガキ到着の日に本を御送りします。本の代金は着本後20日以内に郵便切手150円で御送り下さい。
購読書の購読者にはどなたにもボディビル用具の詳しいカタログを同封御送致します。

スポーツマンの基礎体力養成・社会人の健康増進に
堅牢・優美チャンピオンバーベル・ダンベルセットを!!

総鉄製・調節自在・オール回転式
●チャンピオンバーベル、ダンベルの他にベンチプレス、スクワット兼用スタンド、腹筋台あり
分割購入の方法もあります
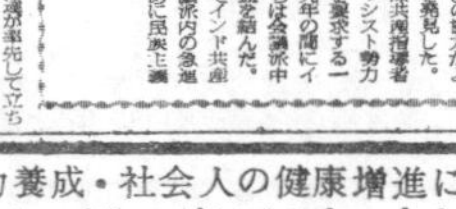
5キロダンベルセット
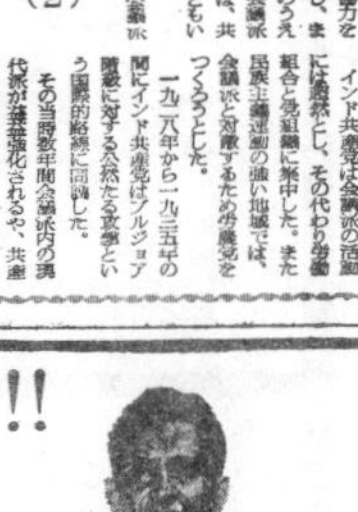
ミスターアメリカ・トムサンソンの筋肉美
東京都大田区女塚1の19　TEL (731) 4793
●詳細は電話でご遠慮なく御照会下さい
ウェート・トレーニング普及会
会長　朴喜玟

健実な大学生の価値観

みな理想の為に努力

大学生・陸士生を対象に調査

「考える動物」である人間は、平素ある事をどのように考えているかによって、時には行動が退嬰的に、あるいは建設的にと現われるものである。

われわれの周辺の若者たちが明朗な思考方式で韓国の未来を関しく夢見ているならば、われわれは、もっと明るい明日を期待してもよかろう。だが、たまたま彼らの考えがゆがみまた崩れかけたとしたら、われわれは一日も早く彼らの思考を正常的な健全な方向にと導くために努力せねばならない。

では、韓国の大学生らは、何をどのように考えているか※延世大教育学科生らと延世春秋社の最近の調査発表では、学生らの思考方式が比較的健実であるということを見せている。

例え、わが国の社会相が「不調・不安定」なものであるにせよ、これに彼らは落胆することなく「学究的な態度と人間味や教養ある生活」を営みつつ自我を築い「透徹な目的意識で終始一貫した」価値ある"生"を送ろうとしている。

延世大百二十七名、梨大百二十六名、陸士百名の学生らから調査したこの結果は、もっと調査範囲を広めるべきであったという誹りはなかったか、と陸士生らが社会相を冷徹に見通している事実が注目に値いする。

陸士生以外の大学生らはおうむね同じような結果を出している。

社会相

現在の韓国の社会相は「不調・不安定な社会」だと四二・三%の学生らが答えた。

その外「封建時代と民主時代の忙しい過渡期」(一六%)という応答もあるが「貧富の差がはなはだしい社会」であると考える者は一人もいない。

一方三五%を超える多数の陸士生らに「未来に希望が持てる」と考えているが、延大、梨大生にはこのような応答が全然ないかと思えば「態度の利己主義社会」だと延大生(一五%)梨大生(一三%)らが主張している。これに比べて陸士生らにはそのような返事が一つもない。

恋愛・結婚

恋愛は結婚を前提にすべきだと考えるのが、そうでないという考えよりも若干優勢である。男女大学生に共通しているこの結果に対し彼らは「恋愛はつまり結婚の準備段階であるから」とその理由をあげている。

問問題に関しては、ほとんど半々ぐらいの学生らが反対の意見を持っているが、他の問題をよそに恋愛と結婚問題が最も紛糾をなしていることが分かる。

また、家族制度においても九〇%以上が小家族性に賛成している。

希望と望む職業

「学問に対する自信を持つ」(二四、三%)本文に合う性格と容姿(一三、三%)を持つのが最もな願いであり、「家庭を築く第一歩」が一五%ぐらいであるが「趣味に合う職業」に対して梨大生十三%のみ答えているのが異彩をはなつ。その他「立派な配偶者」「金持ち」「地位と権利」「健康な体」を望むという学生はほとんどいない。

一方、彼らが願う職業は変化が相当激しくつかめないが教授、外交官、軍人、実業家、社会事業家、政治家などの順で、彼らが願っている職業はころであると言えない程つかみにくい。この中軍人は陸士生五〇%のみが答えたもので、実業家は延大生二一%のみが返事をしたものである。

大学生・教授

望まれる大学生は学究的態度(二二%)人間味(一九%)教養(一四%)進取的気象(一二%)などが備わるべきだと主張する彼らは、多方面の趣味、自信、批判力、純真性、思索的態度などを別に重視する学生はいない。

反面、教授が備えるべき条件には人間味、豊富な学識、弟子の理解、着実な研究、立派な教授法、誠実などの順に重視されている。

価値ある生涯

学生らが最も価値あるものと見る"生"は「良心を持って透徹な目的意識によって終始一貫した」生涯である(三〇・三%)。

次が「自己の理想を貫徹する生涯」(二八・七%)と「健実で平凡な市民の生涯」の順序になっている。「人類歴史に貢献する生涯」や、「徹底した人道主義の生涯」または、「立派な教育者の生涯」のような、けたはずれの野心がない反面に、「自身の運命に満足する生涯」のような悲惨な"生"に満足するのでもないという返事である。彼らは大なり小なりにある理想を持って、それに到達するために努力することが大事であると考えていることが分る。

オリンピック

参加母国選手団に 在日僑胞募金運動展開

在日大韓体育会

金東春氏

在日大韓体育会(理事長金東春氏)では在日韓僑体育界向上発展のために、第43回全国体育祭典に在日僑胞百五十余名の選手団を送るなど非常な努力を払った。来る東京オリンピック大会には本国からも大選手団が参加することになっているがこれには莫大な財政的後援が必要となる。在日大韓体育会では祖国選手団を強化する一環として募金カンパを計画して、在日六十万僑胞の間で強力に推進するために目下鋭意準備中という。以下同会理事長金氏により明らかにされた。

金氏によれば、同募金計画は今後二年間の継続事業で韓銀東京支店はKOC財政基金を設定し組織的に募金運動を開始する予定という。

金氏は、「在日僑胞たちは現在この募金計画に対して積極的に支援をしている」と前置きし、募金計画は順調に進行するだろうと明るい見通しを立てている。

同氏によれば、特に63年度世界氷上スピード選手権大会が東京で開かれるので、わが国からもそれに出場する選手団を大会三カ月前に日本で練習できるように準備した。これは在日僑胞の力が大きく働いたお陰であり、同選手団が滞日中に必要な経費も既に用意が出来たという。

同氏は、去る八月に理事長に就任して以来能率的な活躍をなしてきている。氏は在日大韓体育会の当面した事業として次の如く語った。

「僑胞選手の実態を把握し、優秀な選手のスカウトにある。僑胞の中には優秀な選手が多い。この選手のスカウトは優秀な選手登録制を実施することにより、ある程度所期の目的を達成されよう。本国文教部にも要請して選手の奨学金制を大幅的に拡張できるよう計画している。

また、国内で生産されないスポーツ用具についても本国から要請があれば在日体育会では何時でもそれを供給できる用意があり、東京大会は史上最大な規模の母国選手団が参加できることを付する」という。

尚、優秀選手スカウトのことについては体育会で選手を発見するために極力努力しているが僑胞社会でもこのことに関して積極的に協力を希望していると附け加えた。

氷上選手団結団

十二月四日渡日・三カ月間訓練

六十三年二月二十日から二十四日まで、日本の軽井沢で開催される六十三年度世界氷上(スピード)選手権大会派遣韓国代表選手団十三名の結団式が二十九日午前十一時、大韓体育会会議室において挙行された。

同選手権大会参加を前にして、在日僑胞の積極的後援により三カ月間日本各地において強化合宿することになったこの選手団は、査証許可次第朴団長引率のもと、渡日の予定。

この大会には北傀チームも参加申請を行なったようで、南北単一チーム出場問題も台頭しているところから、その帰趨が注目される。今度の選手権大会参加選手のメンバーは次の通り。

▼団長=安鍾熙▼監督=片昌男▼総務=李昌儀▼コーチ=張英▼男子選手=張鍾源(陸軍)崔栄培(忠肥)張麟源(忠肥)金石河(陸軍)張鴻(忠肥)▼女子選手=崔栄河(梨大)金貴珍(崇義女高)金恵淑(崇義女高)崔淑瑞(崇義女高)

千年の微笑は今もなお

國寶巡禮 (8)

畫家・李 [illegible] 雨 筆

九黄里金製阿彌陀如来像

○…一九四三年六月慶州九黄里皇福寺塔修理工事中の三層石塔内から意外にも当時まだ見たこともない純金製の如来立像が発見されて学者たちを驚かせた。この仏像が旧国宝第四九〇号に当る九黄里金製阿弥陀如来立像(国立博物館所蔵)である。仏像の頭部の後には、まるい光模様(光背)を追り、その周囲に忍冬唐草模様と燃えあがる炎(火焔)の紋をあやして全体が宝珠という玉模様をなしている。右手は上にあげられて合掌する容態を見せ、左手では法衣の裾をつかみ、蓮花模様でなる蓮花座の上に立っている。頭の上にチョンマゲのように突起されたコブ(高髻)は低く、両眼を大きく開いて前面をながめている。

○…このように両眼を大きくあけている点と法衣の裾が左右にひろがっている点など、多方面よりその時代のものとしては珍しいが、何よりも国宝として価値があるということは昔の製作由来がはっきりしていることである。つまり、仏像をしまって置いた函の蓋には神竜二年(聖徳王五年)=世紀七〇六年=五月三十日に作られたと書いてある。

現在、国立博物館で海外展示帰還報告特別展示に陳列されている。

大使さまへのお礼状

連島中学校分校 大原玉子

この前私達の学校新聞に来て下さった事をほんとうに感謝致します。先生が来て下さって生徒の心は皆よくなっています。又私達の学校に感謝状やおみやげまでいただきほんとうに有難とうございます。私は八月十五日に参加するため八月十日に私達の倉敷韓国学園から二人韓国に行きました。私の想像以上に韓国という国が開けていたので韓国を見物してほっとしました。

私達も韓国の学生に負けないよういっしょうけんめい勉学に励みます。

私達生徒一同は先生に教えていただいた「日本人以上に日本の法律を守れ」ということを心に誓って毎日元気に学校に通っています。先生ほんとうにありがとうございました。

先生も身体を大切にこれからも私たちの力になって下さい。お願いします。

簡単ですけどこれで失礼致します。

つつしんで心からお礼申し上げます。

美しい心

連島中学校分校二年 竹山順子

連島町小学校分校

四年 福田二郎

この前、とつぜん朝会のサイレンが、鳴ったので、どうしたのだろうと思って、外を見ると、みんな運動場に集っています。ぼくも大急ぎで列の中に入った。大勢のお客さんが来られて、主事先生からのお話があった。後、せいの高い金先生が台の上に上って、朝鮮語で書いた感しゃ状を読まれた。ぼくは、どんなことかよく、わからなかったが、そのあと、「分校は、朝鮮の生徒が、日本の先生から、熱心に、勉強を教えてもらっている日本でただ一つの学校であって、大へんうれしい」と、お話があって、赤いきれいな花びんや本を下さいました。先生がたも、うれしそうに、ニコニコしておられた。ぼくはこれからも、本国の生徒と、度々手紙を出しあったり図画や習字をこうかんして、仲よくしたいと思いました。大使さんありがとうございました。

李朝野史物語

太宗―世祖時代篇 (5)

首陽クーデターの巻 (1)

その謀臣―韓明澮

端宗(一四四一―一四五七年)は、文宗を継いだ第五代王である。文宗二年(一四五二年))五月文宗崩後に十二の幼い年で即位した。

幼王は、生後二日目に母后を失い六歳に祖母(世宗妃)を、十歳には最愛の祖父(世宗)と別れ、いままた十二歳で父王(文宗)に訣別した。

実の肉親と云えば姉君敬恵公主一人だけで、世にも孤独な生涯であった。

しかしながら、祖父世宗と父王文宗の血筋をうけついだので、幼年に見られない聡明の資質があった。日常起居作法も鄭重で大人の風があった。顧命をうけた集賢殿学士たちも誠意をもって幼王を輔佐したので、立派な政治が行われた。

端宗、先王の遺訓をよく守って臣下に対しては礼をもって治め、一般国民にも徳をもって治めた。国民も、歓喜してやまなかった。

しかし、「端宗哀史」が物語る数奇を極めた幼王の生涯は、誠に痛々しい限りであった。

既に、世宗と文宗が警戒していた首陽大君(世宗次男・王叔)は文宗が崩御したので憚る必要がある。

今上端宗は幼くはあったが、人がなくなったので、早くも王位に対する陰謀を企み始めた。

首陽大君は、既に述べた通り豪放雄渾な偉材であったので、ただの大君として一生を終る人でなかった。

世宗朝以来、その兄文宗が世子となり王位を継いだので、長年間をその下積みとなって不平をかこった。

そうしている中に世宗と文宗が去り、幼王端宗が即位したので、首陽大君は時機が到来したことを秘かに喜んだ。しかし、その謀事を成し遂げるために、大きな障碍を排除しなければならなかった。それについて、当時王室と朝廷の情勢を解説する必要がある。

前回述べた如くその左右には顧命をうけた領議政皇甫仁、左議政鄭苯、右議政金宗瑞を始め世宗以来の朝臣であった集賢殿学士成三問以下の諸臣たちは、当代名実共に国民から絶大な信頼に支持されて、一致団結して幼王を補弼していた。

一方、王室には首陽大君の外に同じく世宗王妃出の安平、臨瀛、広平、錦城、平原、永膺の六大君が健在していて、王叔として威勢盛んであった。

王室と朝廷内部の情勢は極めて多事多端な時期であった。この間において首陽大君は適当な機会をつかむために周到な用意を進めていた。満を持して、局面の動きを注視していた折り局面が急転する事態が突発した。

さて、前記した如く王叔に当る首陽始め諸大君の威勢が余まり強盛となって、政府人事にまで干渉してきたので、司憲府からこれを禁止することを朝廷と諸大君に通告をした。ときは、端宗二年(一四五三年)の始めの出来事であり、首陽大君のクーデター「癸酉靖乱」の発端であった。

司憲府からの通告をうけた首陽大君は、大いに不服を唱え安平大君と共に都承旨姜孟卿を通して

「朝廷と大君の間を離間する陰謀であるとして、その非を糾問した。そのために領相皇甫仁もその通告を撤回した程大君たちの威勢は強かった。

大君たちは各自の勢力拡張を計って広く人物を集めていた。その中でも安平大君は文人肌であったので、自然文人墨客が集まった。これに反し武人肌の首陽宮には武士たちが寄ってきた。

首陽大君は王位に対す野望があったので、それに備えて武士を集めたのである。まず、権擥と韓明澮を得てからその推薦で洪達孫、楊汀、柳洙など有能な武士三十余人をその摩下とすることに成功した。

首陽クーデターに第一の功臣となったのい韓明澮である。彼は、貧困の出で流浪の人であった。

首陽宮で人物を集めると聞いたのでその幕臣となり、やがて彼は顧命六臣その他の朝臣たちの生死簿を作成して、クーデターを敢行した人である。

その生立ちには伝説がある。母胎七カ月で早産したので発育は非常に不完全であったが、育つにつれて自然人一倍壮健大力となり、かつ知略も群を抜いたという。

貧乏であったので三十になっても総角の身上で各地を流浪した。あるとき、安辺釈王寺で一夜を過ごすことになった。その寺の老僧、彼を見てから密かに

「貴公には後光がさして見える。後日必ず貴人となろう。そうして明年中には一人の知己にめぐり会うことになる」と、告げた。

彼は、大いに喜んだことで、それから年が明けて、ソウルに戻った。人を介して首陽大君の参謀権擥を訪ねた。彼は權に対して

「いま、今上は幼沖であり諸大君は強盛である。ちまたでは情報がしきりに飛んでいるのに何んでこんなに安閑としているか。聞くところによれば首陽宮は、聡明英武であるという。われら、彼を推戴して大事を謀り後世に名を残そうではないか」

と呼びかけてみた。

安住の地よいずこ (103)

許槿旭

え 金泰伸

脱出 (四十七)

「ちょっと待ってください。まさか私をおとし入れるような人ではないの。熱心なクリスチャンですわ」

「しかし、この戦争の混乱のさ中で、誰を信じられるの?」

「信じても大丈夫だと思うわ。ちょっとそこで待っててね」

私は静かに言い終って、あきないの人たちの前に近寄って行った。

「玉順さんのお母さんじゃありませんか?」

サツマイモを売っていた女の子

首を私はぐっと握った。

「まあ、私は誰だと思った。どうしたの?」

女は私の手を握り返しながら、しばらくの間、あっけにとられた顔をしていた。

「権旭さん、もしや、うちの玉順のたよりを知りません? ほんとに……死んだのか、生きているのか?…」

語尾をにごす彼女の顔が、涙にぬれていった。

「おばさん、あまり心配なさらないで。どこかで無事に生きていると思いますわ。しばらく待ってごらんなさい。きっと帰ってくると思うわ」

「さあ、ほんとに生きていて、帰ってくるとしたらどんなに嬉しいか、わからない。あの娘の父が亡くなってから、二人の姉弟を大事に育てて来たのに。それが大きくなってから……」

「では明哲さんはうちにいるんですか?」

「あの子はいまうちにいるの。高校を出て大学に入るといっていたが、戦争がおきたので、うちでただ遊んでいるのよ。あの子までうちに居なかったら、私は気が狂って死んじまったかも知れない…それで、あの子も、どれほど姉のたよりを知りたくて苦労しているのか……。いま治安隊に出て何かやっているようよ。そう、お腹がすいたでしょう? 随分苦労したんだろうね。さあ早く私の家に一しょに行きましょう。明哲もあなたを見たら自分の姉にでもあったように懐しがることと思うわ。ほんとに何のための苦労かしら?」

消え入るようなため息をはきながら、カゴを頭にのせる彼女に、私はていねいに訴えた。

「おばさん! 私一人だけじゃないんですのよ」

「そう? では誰と一しょに来たの?」

「はい、あの人と……」

私は後の方に立っている彼を指さしながら語尾をにごした。私と彼をかわるがわるながめていた彼女の顔が、軽く笑いを浮べながら優しくいった。

「そう? 玉順からきいたこともある。結婚式に行って来たといいながら、もちとか、いろんなごちそうを一抱え持って来たんじゃない?…… すぐ一しょに行こう……心配しないで。どこか泊れるところだろう…」

「おばさん、ありがとう」

たそがれ迫る薄きょの闇を歩いて行く私たちの影が、だんだん長く延びていった。

人影まばらな大同江のほとり……きいろく染った柳の葉が、一葉風にはためきながら地面に落ちた足もとで音立てる落葉を足でけりながら、彼と私は船橋里の方へ足を向けた。

「大豊新薬」は、先進諸国の最新科学陣に依って、研究製造された最優秀新薬を輸入して、国内臨床界・医療界に寄与……国民保健に、最も、奉仕することを使命としており、その経営に於て、国内薬品の品質向上に、合理的な運営方針をとっている

大豊製薬株式会社

取締役社長 禹大奎

ソウル特別市中区茶洞115番地(大韓ビル)

電話 交換 ② 7072・9530・7976・③5453

私書函/中央郵逓局363・国際郵逓局1294

「新韓ミシン製造株式会社」は輸入導入した最新機械33台と、自社設計による、製作機械を使用して月産6,000台を生産している。国内最優秀工場として、君臨しているが、最近では革命政府の積極的支援の下に、イランに国産最初の輸出を始め外貨獲得の一役を担っている。尚フイリピン、トルコ、ベトナムにも、輸出を目指している。同社製品は国内にて韓国第一の品質の良さと、最新の性能をもって需要家より愛用されている。

新韓ミシン製造株式会社

取締役社長 金致鎬

ソウル特別市竜山区漢江路2-299

電話 ② 3536・2718・④ 1724・0326

〈事業〉 海苔一元化輸出

韓国政府商工部指定機関

韓国海苔輸出組合

理事長 金元圭

副理事長 愈致旭

専務理事 丁仕日

ソウル特別市中区会賢洞2街6番地

土木建築・発電事業

鉱山業

設計並に施工監督

和一産業株式会社

取締役社長 邊鎬胤

ソウル特別市中区長橋洞26番地

電話 ②5545・5546・⑧2447

韓國新聞
発行所 韓国新聞社
発行人 曺寧柱
東京都文京区金富町51
電話(813)2261・2263 編集 (812)1921 (813)2262 業務
振替口座 東京 34988番

韓国と日本を結ぶ!!
広告企画と立案・国宣文案制作
新聞雑誌広告・ラジオテレビ広告
ネオン屋外広告・市場調査と興信
その他広告宣伝PR
広告代理業 KPR
TOKYO 港区芝琴平町36 電話(501)0471
SEOUL 乙支路一街101 電話(2)1811

社会主義政党は歓迎せず

政党は自由民主主義で

朴議長、東来観光ホテルで語る

【ソウル発＝連合】二日午前朴正熙最高会議議長は釜山の東来観光ホテルで、最高委員並びに釜山の有力者数人と話し合う席上で一部旧政治家の救済措置は、政治活動を許すときになされるだろうと述べた。朴議長は旧政治家たちが我国の政治を腐敗させた者たちが多いと指摘し、しかしその後旧悪的態度をあらためて清新な政治理念をよみがえらせる政治家は一部救済されるだろうと語った。

朴議長

朴議長はこの救済措置は一般救済よりも漸次なされるだろうと述べたが、救済される人員数に対しては明らかにせず、ただ現在その対象となる政治家に対して調査を進めているとほのめかした。

朴議長はなお政党問題にもふれ、革命主体勢力は現在政党を作る準備を進めていないが、これから先出現する政党は与党、野党を問わず我国の政治的情勢に照らし、自由民主主義の政党でなければならないと述べ、社会主義政党はたとえそれが西ヨーロッパ式社会主義政党であっても好ましく思わないと強調した。

つづいて朴議長は、政党を育て上げる法案を研究中であることを明らかにし、政党法にはややこしい条件は含ませないつもりであると語った。これから定められる政党法は、政党内部の民主制をはかり、自由活動を徹底的に保障しなければならない。

なお、政党の登録要件は実質的な要件と形式的な要件があるが、これに対してはまだ研究中であり、群少政党の乱立を防ぐため多くの研究がなされていることを明らかにした。

なお朴議長は選挙の自由ふん囲気を保障する問題にもふれ、過去において選挙のふん囲気をにごしたのは、公務員にもその責任があったと指摘し、その問題に対しては、公務員全体に厳重に指示したし、なしうる限り公明選挙を行なうためあらゆる方法を研究中であり、必らず公明選挙を実現して見せるつもりだとその態度を明らかにした。

国民投票の公報管理

投票管理委員会で

国民投票管理委員会第四次会議では、国民投票の啓蒙と国民投票のポスターを審査決定して、国民投票に関する公報を管理することにした。

また同会議では、国民投票の啓蒙の活動状況を把握するため、委員たちが地方視察を行なうことを決定した。

国民投票の重要性

朴議長、釜山市祝賀会で強調

【ソウル発＝連合】釜山政府直轄市昇格慶祝大会が一日午前十一時から釜山公設運動場で挙行された。この慶祝大会に、国家再建最高会議朴正熙議長をはじめ、李法司委員長、柳内務委員長らとともに二万余名の市民が参席した。釜山市民を代表して金釜山市長は、その経過報告で過去の無能な政府は釜山市の昇格を四度も撤回させたと指摘、このたびの昇格は地方行政の一大革新と釜山市の発展に大きく寄与されるものであると語った。

また朴議長は釜山市民と共に釜山市の昇格を祝賀するところであり、これからはますます発展されることを望むと述べ、その間政府で釜山市の昇格問題を検討した結果このたび国家百年の大計のため昇格決定をみるにいたったと語った。

つづいて彼は国民投票に言及し、このたびの国民投票の重要性を強調、国民の参与をねがい、民政に移譲されても国民が過去のような考えでいては何の効果もないと語った。

最高委員は現役で出馬か

朴内務委員釜山で語る

最高会議朴内務委員は一日大統領選挙と国会議員選挙にふれ大統領選挙を先きに行ない国会議員選挙は後で実施するという基本方針には変りがないと前提し、来年五月十六日以前にこれを全部終えると語った。釜山直轄市昇格慶祝式に参席するため釜山に来た朴委員は、最高委員は予備役に編入されず軍服をきたまま出馬しようという方にかたむいていると語った。

朴委員は最高委員は軍服をきているが軍門を離れた政治家であり、国会議員の資格をもっていると説明しながら以上のように語ったがこれは公式声明ではないと述べ、憲法改正が確定された後、本会議で論議される問題であるとつけくわえた。

政党法を審議中

吉最高委員記者会見談

吉在号最高委員は三十日最高会議法司委で審議中である政党法では、政党に関する規制を全国各道のうち五つ以上の道に支部を持たねばならず、全国の選挙区が百二十個に決まる場合、核心党はその三分の一である四十個以上の核心党部を持たねばならないように定める方針であるが、政治活動の時期が短かいので核心党部は二十人以上の発足委員を持った創党準備委員会だけでも登録条件として認められるようにするつもりであると語った。

全南道内における国民投票の啓蒙活動の進展ぶり把握するため光州を訪れた吉委員は、三十日午後記者と会いこのようにのべたが、来る十七日国民投票日を前後して審査救済を受ける一部旧政治家の名簿が発表されるだろうと明らかにした。

また吉委員は、政党法の審議は週のはじめに最終的な結論をえて、その草案が作られるだろうが公布は憲法が確定された後に行なわれるだろうとのべ現在まで最高会議の法司委の政党法審議小委員会は三つの草案を比較検討した結果、ほとんど第一試案を完成するようになり、来週の拡大会議に回す予定であると付け加えた。

韓国日報虚偽報道事件の経緯

革命政府と国民を離間

自由友邦への信義を損傷

一九六二年十一月二十八日付韓国日報の虚偽報道事件に対する経緯及び措置は次の通りである。

1、政府は二十八日付韓国日報の記事中〝革命主体勢力を母体とする新党、仮称社会労働党を発起準備している〟云々の記事が全く事実無根の虚偽報道であることが明らかになったので、二十九日午前、同社社長張基栄、編集局副局長洪惟善、政治部長金子煥、取材記者韓内憲の四名を拘束取り調べると同時に、公報部長官は韓国日報が自進停刊することを勧告した。このような記事は社会政党を歓迎しないという朴議長の所信表明があってから四日後のことだった。

2、前記四名の言論人に対する拘束は（イ）軍事革命委員会布告第一号（非常戒厳宣布）（ロ）国家再建最高会議第十五号（言論、出版、報道の検閲）三、国家保安上有害なる言論、出版、報道の禁止、（ハ）特定犯罪処罰に関する臨時特例法第三条第三項（虚偽事実流布禁止）等の法規に違反したという嫌疑によるものである。

3、革命政府は革命公約第一項で闡明した如く、反共を国是の第一義としているのみならず、共産主義と対決出来る実力培養に全力を傾注している徹底した反共政府として、社会主義路線を示唆する党名をもつ政党組織云々は想像さえ出来ない事実である。

4、革命政府が自由民主主義を基本理念としているという事実は朴議長をはじめとする革命指導者たちが機会あるごとに、度重ねてその決意を表明したことがあり、政府の総ゆる施策が自由民主主義基本秩序を守れることに集中されており、政府の外交路線も〝反共〟〝勝共〟の基本理念に立脚しているということは、厳然たる説明を要しない確固たる事実である。

5、従ってこのような記事は国民と革命政府を離間させ、国民の政府に対する不信を招来し、対外的に自由友邦に対する信義と威信を損傷させること甚だ大きい。

6、このような事情に照らし朴議長は〝社会主義政党は我が国の実情に照らし両立出来ない〟と述べ、社会主義政党の出現を歓迎しないという意を明白にした事実がある。

7、これに先だち、二十四日朴議長は〝与野党に拘らず社会主義政党を法では防げないが、それが国是と憲法に違背せず、民主主義基本秩序を守れるといっても社会主義政党は我が国の実情に照らし両立出来ない〟と述べた。

8、李元雨公報部長官は同報道に対して〝真相をあくまでも糾明するが、これからの記事取材にはより慎重を期し、国家利益に違背する行為が絶対ないよう望む〟という要旨の談話を発表した。

（イ）韓国日報韓内憲記者は政府機関とは何らの関係のない一二三名の民間人と過去新聞を通じて接触し、彼等の根もない話を聞いて、この内容を、責任取材量を埋める意味から記事化した。

（ロ）韓国日報編集会議は同記事の採択如何を論議したが一部委員から同内容が信憑性がないから保留しようとの論があったにも拘らず同社の社長張基栄は、どういう目的からか一面トップ記事として掲載することを指示した。

（ハ）捜査当局は主に次のような理由で拘束された者たちを起訴して審問中である。

1、発説者の身分が会社員または無職者らなど信憑性の少ないということを認識しながらも、何等の確認努力もなく重大記事として記載した点。

2、編集会議での慎重論にも拘らず張社長が軽くその掲載を指示したという点。

3、張社長と一部幹部がその取材内容を独断加筆したという点。

4、社会主義政党を歓迎しないだろうという朴議長の所信表明があってから僅か四日もたたないうちに、同内容を重大記事として掲載した底意。

5、このような重大記事が報道に先だち真実を確認してみようとする、または政府意思を打診してみようとする何等の論評要求や努力なしに一方的に報道した底意。

（ロ）国民が納得出来る応分の措置を即刻取ることを内閣と関係当局に指示した。

9、韓国新聞発行人協会をはじめとする各新聞関係団体たちは二十八、二十九両日にわたり、同記事が全く事実無根であることが判明されたし、国内外的に非常な物議を起し、国家的損失を招来したことに共同責任を感じると同時に、甚だ遺憾に思うという意を公式的に表明した。

10、二十九日李厚洛最高会議公報室長は、拘束された四名に対する捜査結果に関する中間発表で次のような点を明らかにした。

11、韓国日報は二十九日付朝刊で同記事に対して〝全く事実無根であることが判明され、その全文を取り消し、政府と国民に対し深甚なる謝意を表する。〟と公式的に発表した。

12、以上の如き経緯によって、政府は止むを得ず韓国日報社に対し自進停刊を勧告せざるを得なくなったことは、事実無根の同報道によって国家再建途上にある革命政府に対して対内的に大きな誤解をうけさせることによって国民の利益と、対外体面を大きく損傷させたことに対しその責任を問い、自進停刊させることによって国民の前に謝罪するよう勧告した。

政治査察を中止

警察など捜査機関による

【ソウル発＝連合】一日から警察をはじめすべての捜査機関による政治査察が一切中止されることになった。ところで一カ月後には政治活動の再開も許されるものとみなされているだけに、政治査察の中止は冬眠期に入っていた政界に決定的な刺激剤の役目を果し、動き出した政党の組織活動に拍車を加えるものと見られ、民政移管への日程は実のところ今からはじまっている。

金鍾泌中央情報部長が先般のアメリカ訪問直前に、記者会見を行ないすべての捜査機関に対して、一切の政治査察を中止するよう指示したとのべた事実はすでに報道された通りである。

ところで政治査察中止に伴い新らしい民間政府に関与することを願う人は、公式的な政治活動が、まだ許されていないとはいえ、より自由に同じ理論の人達と互いに接触し、理解するため特別な動きをみせるものと思われ、与党、野党を問わず、新たな政党の土台になる結党準備委員会のような組織体の輪郭も遠からず明らかにされるものと見られる。

したがって政界の関心は新らしい共和国の基本秩序を形成する憲法改正案の国民投票と来年の大統領並びに国会議員選挙をはじめこれに備えるための政党の結成、そして政治活動の再開を許す前になされるものとみられる一部旧政治家に対する追加救済措置などに全的に集中されている。

要するに政界ではいまこの政治査察中止措置を大いに歓迎しており、これから活動の第一歩をふみ出すものとみられている。

論壇

韓国日報の誤報は遺憾

言論人は正義感と責任感に燃えよう

言論の自由は近代民主国家の象徴であり、この自由がいかなる方法で守られているかによって、その国民の文化的責任と民主主義の度合がわかるものである。

今回の韓国日報の〝仮称社会労働党を発足させる準備を革命主体勢力が進めている〟という虚偽報道は新聞人として遺憾という表現では許容されないものであり、良心の呵責をうける事件である。

政府においても、ことの重大性にかんがみて、革命政府と国民のはなはだしい誤解を招くことになったから、韓国日報に対して国民が納得のできるような応分の措置を講ずることを朴正熙議長は内閣に指示した。

これに対して韓国日報社は、三日間の謹慎休刊と社長の名による政府および国民に対する謝罪文をもって責任自省の意を表明した。

しかし、政府の取った措置も、韓国日報が謹慎の処置をなした方法についてはとやかくいう必要はないが、新聞記者としての責任はこれでよいものであろうかはなはだ疑わしいものがある。

新聞記者はよく世人の口にのぼる〝無冠の帝王〟だといわれているが、これは真実を書いてその書いた文面については死をもって報いる責任感と正義感をもつ新聞記者に対する総称である。この正義感と責任感のない新聞記者は〝無冠の帝王〟どころか〝無頼の徒〟である。

日本のある有力紙の記者が日本共産党の伊藤律なる男に潜伏逃走中に某所で会ったごとく潜伏逃走会見記を虚偽報道して話題をまいた事件があったが、彼の記者は必逆に日本の新聞界から葬られたのは当然であると共に新聞社においてもそれ相当なる謝罪の意を表したのである。

〝混変じて良薬となり、良薬変じて毒となる〟ではないが、新聞もその記者と編集者の人格と民主主義的教養の高低によっては、国家を助け、国民文化の発達に貢献する文明の利器ではあるが、一度これを悪用した場合は何よりも恐ろしい圧制者となり、民衆を苦しめ、国家を累卵の苦境へと押し陥すものである。

新しい国造りに熱中している革命精神を冷却し挫折させる新聞製作態度はさけなければならない、と李公報部長官をなげかした韓国日報の記者および編集者は全国民にたいし自責と反省心をもって今後の紙面製作に反省の実をあらわさねばならないものである。

新聞人も神ではないから、たまにはミスもみうけられるが、このたびの政党誤報問題は通常われわれ新聞人のいうミスとはその性質を異にしたものがあり、社内の編集会議においても一部の良識記者から記載に際して慎重論があったと聞くが、このような重大記事がいともたやすく真偽をたしかめずに掲載されたことは〝うかつであった〟とだけでは済まされないふくみがあるように解するがこれは筆者の過剰的推理であろうか。もしも、筆者の過剰的推理ならば韓国日報の責任者に率直におわびする。しかし、韓国日報の編集において責任者がふくみの記事として、掲載したものならば、その責任を率直にとるべきである。

韓国新聞発行人協会は「韓国日報二十八日付け朝刊の一面に掲載された社会労働党組織に関する記事は、根拠のない話であることが明らかにされた。また、この記事によって内外に非常な反響と騒動を起こし国家的損失を招いている事実にかんがみ同じ立場にあるわれわれ言論人一同は共同の責任を感ずると共にはなはだ遺憾に思う」という決議文を内外に表明しているが、われわれ在日韓国人の言論人としても共同の責任を感ずるものである。われわれ内外の韓国言論人はこの機においてもう一度、自己のおかれている使命と真の民主主義を指向して努力しているか否か、について反省と自粛をなすべきであり、また革命政府が真実に指向している諸施策が円滑に進捗しているか、否かについて率直に批判し、これがもし不円滑なる隘路があるとするならば、これを指摘して援助する義務を負っており、これらは飽くまでも新聞人の責任感と正義感においてなされるべきことを誓い合いたい。

（[illegible]）

輸出検査法を施行

不正輸出業者の取締強化

【ソウル発＝連合】劉商工部長官は一日、一部輸出商社の近視眼的輸出取引のため見本や契約上の規格と異なる商品を輸出することによって、輸出品の価値をつい落させ、誠実な輸出業者にも損失を与える結果が多いと語り、これからはこのようなことを事前に防ぐために輸出商品を徹底に検査するつもりだと語った。

去る十月三日付け法律六一六四号で輸出入社法を制定して、一日から施行することになったことについて談話を発表、今までの輸出検査は農産物及び水産物検査法の規定に従い行なわれてきたが、今後は輸出商品の品質を保障して、輸出商品の品質を向上させるため、輸出検査法に従って実施すると語った。

ところで一日から施行される輸出検査法の主要骨子をみると、輸出品として品質の維持向上、特別に必要だと認定される物品に対しては、輸出検査機関から検査を受けたのち輸出することになっており、また品質の検査だけでなく必要に応じては包装条件に至るまで広範な検査を実施するように規定されている一方、輸出検査機関は輸出商品に対する検査申請を受けたときは直ちに検査することを規定した。

そして検査において核心的役割をする検査員の資格と検査に必要な手数料は閣令で規定するようになっており、同法の規定によって検査を受けないか、または不正な方法で商品を輸出した業者と特に検査員の不正行為に対しては罰則を加える規定をおいた。

輸出入品目一部変更

鉄鋼材等重要品目は自動承認

三十日劉彰順商工部長官は、さる三十日付け輸出と輸入品目の一部変更方針が発表されたが、鉄鋼材と化工薬品をはじめとした国内産業になくてはならない主要物品に対しては今後自動承認方法で輸入を許可すると明らかにした。

ところでさる十月三十日付けで変更された輸出入品目の方針を見ると、輸出許可品目はいままでの六十三個を一個が増えて六十四個品目に定めた。

なお、輸入許可品目はいままでの千四百九十八個を九個を減らして千四百八十九個品目に定めるとともに、輸入禁止品目はいままでの四百三十三個を九個を増して四百四十二個品目に規定した。

旅券法の整備を要求

最高会議外務国防委、外務部へ

国家再建最高会議外務国防委員会は三十日外務部にたいして旅券法を整備し、旅券発給と外貨の買入許可を同時に決定するなど二十二項目を是正するよう要求した。

このような措置は最高会議外務国防委員会が出入国管理と旅券業務にしたがう外貨問題を中心に外務部にたいして特別監査を実施した結果とられたものである。

金在春最高委員を団長とする十二名で構成された特別監査班は去る十月二十九日から十一月十四日までの十五日間外務部と韓国銀行、財務部税関局など旅券業務にしたがう機関にたいして旅券業務、出入国管理業務、検疫、通関、外貨措置などを監察した結果、特別監査班は二十二の是正事項と現在法的根拠なしに施行されている出入国管理法の立法措置を至急にたて外貨需要計画の作成は経済企画院で受けもち、その執行は財務部でうけもつなど、また外国為替法の改正と外貨需給計画の作成その他重要な執行は最高会議の承認事項にするよう勧告した。

革命課業に功績

金首班、建設団帰休に談話

金顕哲内閣首班は先月三十日午前国土建設団員の帰休措置に伴う談話文を発表、革命課業遂行の実績が大きく現われており、民政移譲を目の前にした今日、建設隊員がその任務を終え帰休することになったのは大変うれしいことであると語った。

九カ月前建設団に自から入隊して初期のいくつかの困難と季節的によくない条件にもかかわらず、国土建設の先鋒として働いてきた労苦にたいして感謝し、その業績を高くほめたたいた金首班は、つづいて民族の運命をかけ経済開発五カ年計画の基礎事業であるダム建設をはじめ運河道路の建設、鉄道敷設など国土建設隊員が築いた成果は大きなものであり、国民の頭に永く残ることであろうと語った。

終りに氏は建設団員は明日から第二予備兵として、過去の兵役忌避者という不名誉を洗い流せることはもちろん、これから先立派な国民として国家社会に奉仕できると語った。

今年度目標量を完了

江原道米穀収納実績

江原道の米穀収納は一日現在二万石を突破し、今年度目標量一〇〇%の実績をあげた。

江原道ではさる十一月一日から今年度秋穀の収納を積極推進してきたが、一日現在目標量三万五千石に対して二万七千石が収納されており、このうち米穀収納は目標量二万石を完了した。

煙草製品を本格的に輸出

申専売庁長は海外に輸出する葉煙草を来年からは本格的に製品化させ、より多くの外貨をかせぐ方針であると語った。一日午前の記者会見でこのように語った申庁長は韓国の煙草は世界的に優秀であるためすでに日本をはじめ東南アジア各国から輸入申請が入っており、より多くの外貨をかせぐためには製品化された煙草を輸出するのが有利であると語った。

大学生の徴集延期を一元化

国防部兵務当局者談

国防部の兵務当局者は一日午前、いままでの大学生にたいする延期措置において複雑な延期をなくし、徴集延期を一元化させたと明らかにした。

現在学籍簿に載っている大学生は全員卒業まで徴集が延期されるもので、すでに徴兵検査をうけた人も全部白紙にすると語った。

また当局者は現在大学在学中に徴兵検査をうければ卒業と同時に徴集され、卒業後に徴兵検査をうければそのよく年徴集されるとのべ、現在学籍保留中去る十月二日以前軍に入隊した者は学徒兵とか一般兵にかかわらず、既得権が認められ一年六カ月の恩沢をうけることができると語った。

目標量の三四%完了

全南の秋穀買入実績

全羅南道の今年度秋穀買入れ実績は、さる十一月二十九日現在、一般買入穀一千六万石の中八万七千石、肥料交換糧穀七万六千石の中一万二千余石をそれぞれ買入れた。

このような実績は総買入れ目標量の三四%の実績であり、全南当局では買入れ完了期間である十二月三十一日を前に、来る十二月五日までは全目標量を達成するため一層努力をしている。

韓米領事協約締結へ

双方協約草案に完全合意

韓国と米国との領事協約が遠からず締結されることになった。

一日外務部の発表によれば、韓米領事協約を結ぶための交渉は以前から進行されており、最近双方共この協約の草案にたいして完全な合意をみ調印するに必要な各署名権者にたいする全権委任の手続が終り次第ソウルで調印されることになったという。この領事協約の重要な内容をみれば、領事事務所設置権と領事館個人の特権と免除、船舶と航空などであり、いくつかの内容がふくまれている。

AID八三〇万ドル借款を批准

ジーゼル機関車三十台導入の

三十日最高会議の第八十七次常任委員会は、ジーゼル機関車三十台導入のためのAID借款八百三十万ドルにたいする批准を同意した。

八百三十万ドルのAID借款はさる十月二十九日政府とAID当局間で協定が締結されたが、この借款の償還期間は十年－三十年間に分割償還されることになっており、年〇・七五%で利子はない。

アメリカ実業家一行帰国

韓国総合製鉄工場の建設と廃米合弁投資基本契約に署名するため、さる二十六日来韓したアメリカ実業家一行は十一月三十日午後三時三十分ノースウエスト機便で帰国した。

呉最高委忠南道政視察

国民投票の徹底した啓蒙を要望

最高会議呉致成委員は三十日忠清南道の道政を視察した。呉委員は尹忠南知事に国民投票に対するより徹底した啓蒙を実施することと秋穀買上げ、秋耕、砂防事業などを計画通り推進させるよう要望した。

一方、忠南道は十一月中の秋穀買上目標量六万七千石より二〇%超過した八万三千六百石を買上げたが、忠南道の総買上道は二十二万八千石で現在までの収納実績は三七%に達している。

ご商売やお住いのご計画に……
東京商銀信用組合
東京都文京区湯島天神町三－一四
電話・八三二－一五七一・五〇〇九・八六六一・五二三〇・五二三九

近代工業の先端を行く精密機器用宝石部品の日本国内唯一のメーカー

株式会社 光陽精密宝石製作所

納品先
電電公社　日立電気　三菱電気　松下電子　シチズン時計　ヤシカカメラ　三協精機　リズム時計　東京時計　島津製作所KK　品川製作所KK
日本碍子KK　安立電気　セコニックKK　協立機器　日本電子　千代田光学　理研電計　矢島計器　日本電装　其他計器メーカー70社

●右掲載の割引マークを当社直売店に御持参の方には一割～二割の割引サービスをいたしております。

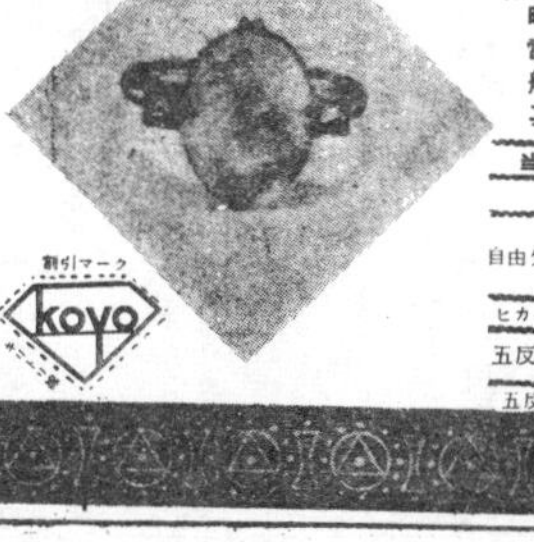

割引マーク koyo

営業品目
軸受宝石　計器用軸針
時計用宝石　装身具用宝石
電気指示計器用　ミリ波進行波管用窓用サファイヤー
航空計器用　カメラ用軸受
其他各種計器用　メーサー用ルビー

当社直営店の御案内
光陽宝石直売店
自由ケ丘 田園 宝石部（喫茶部）
ヒカリ街デパート2階 TEL(717)2131～3
五反田駅前 コーヨー宝石
五反田駅前 TEL(441)5911

山梨工場検査部

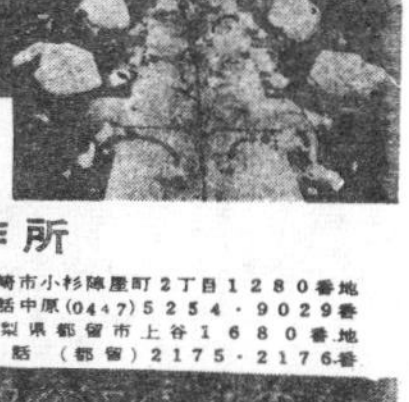
山梨工場研磨部

株式会社 光陽精密宝石製作所
代表者・郭泰石
本社・工場 川崎市小杉陣屋町2丁目1280番地 電話中原(0447)5254・9029番
山梨工場 山梨県都留市上谷1680番地 電話（都留）2175・2176番

韓国の声

「韓国日報」の筆禍事件について

二十八日付、国業「韓国日報」が報道した、革命主体勢力の社会労働党発起説に関する記事は、朝野に非常な波紋を投げかけており、その帰趨に多大な関心が持たれている。

この記事が報道されるや、読者は誰しも意外な表情を禁じ得なかったろうし、同時に、いくら考えてみても革命主体勢力がそんな謀党で打って出る理由がないだろうと否定したい気持が自然と湧き上ってくるのを抑え切れなかったはずである。

官辺側でもこれに直ちに反応を示し、この記事が全く事実無根のものであると強調するとともに、これに対しては応分の措置が取られるであろうと言明するに至った。このように情勢が重大化するにつれて「韓国日報」自体においても、その報道が誤報であることをあっさり認めて、訂正記事を出すと同時に、その誤報が革命政府当局に累を及ぼし、一般国民に誤解を招いたことに対し、深甚なる謝意を表するという要旨の謝罪文を掲載した。そしてついに、二十九日政府は「韓国日報」に対して自発的停刊を勧告する一方、同新聞社長を始め編集局幹部ら四名を拘束審問する態度に出た。

深く考えるまでもなく、わが国において社会労働党のようなものが容認され得ないことは、地理的にも社会実情からも容易に推測されるにも拘わらず、「韓国日報」が全然無価値な報道源を根拠にして大々的にこれを報導するに至ったのは、あまりにも特種記事の競争心にかられた、慎重を欠いたものといわざるを得ない。

かかる「韓国日報」の報道は、同新聞がわが国有数の大新聞にも拘わらず、その発行編集体系において社長が編集局長を兼ねるなど、全く組織性と責任制を具備できずにいるという欠陥に、その根本的原因があったのではないかと考えられる。

政府側は「韓国日報」に対して自発的停刊を勧告する理由の中で、この社会労働党記事は「革命政府に対して国内外的に大きな誤解を招くことにより、国民の疑惑をもたらしその対外的体面を損傷したのはもちろん国家安全上極めて害の多い結果を招来」したことを指摘している。しかし、この国民疑惑と対外体面の損傷は暫時的なものにとどまり、それは上記の記事内容に対する官辺側の否認と、「韓国日報」側の謝罪文および解明訂正記事などによって結局は氷解されたのではないかとも考えられるし、またその記事が国家安全上極めて害の多い結果を招来したというのは、法律的にはまだ具体性を明白にできないものではないかとも考えられる。政府側が、一方的な行政処分によって停刊命令を下すことなく、自発的停刊を勧告するにとどまったのも、このような点にその原因があると見ることもできるのではないか。

一般的に、虚偽報道に対しては、新聞は何よりもまず新聞倫理実践要綱にいういわゆる「自ら進んで、直ちにこれを完全に訂正しなければならない」との命題に従って、自律的に訂正すると同時に、それが刑事事件を構成する場合でも、その罰責を受ければ足りることになっている。これとは別に、行政処分により新聞が停刊または廃刊処分を受けるのは、その新聞が継続発行されるかまたは存在すること自体が、社会的に有害または不法であるとして問題視される場合に限られなければならないと、われわれは見ている。

冷静に考える時「韓国日報」は今度の場合大きな失策を演じはしたが、新聞倫理実践要綱に従って、訂正するにやぶさかでなかったといえよう。その誤報と内容は、同紙としては発刊以来はじめてといえる程度に大書特筆したものであった。それに、社長以下編集関係者数名は当局により拘束審問を受け、刑事上問責の対象にのぼっている。そうした場合、再びまた同紙に対して自発的停刊勧告が添加さるべきかどうかは、一般論としては、もう一度考慮してみる余地があるのではないか。

上に指摘したごとく、新聞の停刊とか廃刊とかは、記者の功名心や特種記事の競争心に由来する虚偽報道に対する懲罰を目的に断行されるよりも、新聞自体の「継続発行」の不当不法を理由とする場合に断行されねばならないという観点に立てば、政府側は停刊勧告よりはむしろ、同社の責任体系確立とそれによる編集事務運用の健全化を勧告する方が、より合理的であろうとわれわれは考える。

われわれは、ここでなにも「韓国日報」の肩を持とうと思っているのでは決してない。それどころかわれわれは冒頭において述べたごとく、官辺側がその記事を問題視する前にすでに、それに対して疑惑を抱いていたし、また遺憾に思っていたのである。しかるにここでわれわれがあえて停刊勧告問題を論議する目的は、第一に、それが反国家的な社説とか論文を掲載した場合に対してでなく、特殊競争がもたらした虚偽報道の場合に対しても発動される特質のものかどうかを検討してみたいからであり、第二は「韓国日報」の場合には、停刊後に復刊されるとしてもどこまでも編集体系がより重大な問題になっていると考えられるから、今停刊まで勧告する必要はないのではないかということを指摘してみたいのである。

「韓国日報の筆禍事件」は新聞製作上少なからぬ教訓をもたらしている。だがこの種の筆禍事件が起った時、新聞は如何なる運命に直面するものであるかについては同じ言論機関として一言あってしかるべきであると思う。かかる虚偽報道は、新聞製作上の必要悪の一つであって、人力では不可避なる場合がなくもないからである。要するに単純な功名心や、特殊取材の競争心から出た虚偽報道の場合であれば、関係責任者に如何なる罰則が加えられようと、それは甘受する以外に道はないであろう。だが、それ以外に新聞社側の相当な反省が表示されているにも拘わらず、その上行政的な停刊処分を臆意よろしく論究するなどは、避けてもらいたいというのがわれわれの所見であることを提示したいと思う。

(京郷新聞)

韓国の新聞

革命前と革命後 新しい秩序確立の分水嶺 (下)

崔世卿 (公報部次官)

五・一六革命後の新聞

前回においては、筆者は主に革命以前のわが国新聞が示した病理的生態の代表的な部面をいくつかふり返って考察した。

それでは、五・一六革命以後十八カ月が経過した今日に至るまでに、従来わが国の新聞がもっていた前述の病理的生態はどのように変ったろうか。これは考察する必要がある。

はたして新聞界にも革命があったのか？変革があったとしたらその、変革は五・一六軍事革命から出発して国民革命に発展してゆくわが国家社会の精神的・物質的変革と呼吸を合せつつ、新聞がもつ本源的使命に忠実であったか？という問題は、単なる興味以上に注目に値いする。

まず、エセ群小新聞、通信社が一掃された。四・一九の放縦な波に乗って、糊口を稼いでつくすかのようにはためいていた不吉な旗幟の列は、革命政府の果敢な一陣の疾風により、一朝にしてその社旗をひっ込めてしまった。同時に一時は一個師団の人員を上回るほどであったエセ記者らも姿を消した。次に、責任ある公正な報道の厳格な追求により、無責任な報道が顕著に減少した。

以上の諸現象は、とりもなおさず国民一般にとって新聞という名のテロから解放されたことの安堵感を深くするのに充分であった。一時は新聞を自分らの味方だと思ったのが、新聞を恐るべき兇物であると認識せざるを得なくして非正常な不幸から国民は解放され、自身の基本権利を侵害されることはなくなった。だが、問題のカギはそこにあるのではない。

五・一六革命以後整理清掃されたエセ群小新聞社やエセ記者らはいかにしてでも清滅されねばならないものであったし、彼らは必要悪でもない、不必要な奇現象に過ぎなかった。それゆえ問題は、消滅されたエセ新聞にあるのでなくわが国言論の代表的存在として現存する今日の新聞と、そこに従事する言論人になければならぬ。

換言すれば、新聞社の数が減り記者らの絶対数が減り、朝夕刊制が単刊制になったという現象的な事実よりは、わが国言論を代表する現存新聞社と新聞記者らが、国家的利益にどれだけ忠実であり、言論の本来的使命にどれだけ透徹しており、言論界から旧悪を一掃するにどれだけ勇敢であり、新聞製作上の技術の向上にどれだけ誠実であり、再び頭をもたげるやも知れぬ旧悪の誘惑と惰性的衝動に対してどれだけ敢然であり、ひいては自由民主主義の理念を具現するにおいてどれだけ情熱的であるかという内面的問題の方がより重要だということである。

五・一六以後、権威ある新聞は国家的利益と企業的人気を引き比べて慎重な態度をとったし、また新聞倫理委員会を構成して論理的姿勢を自律的に自己牽制している事実などは、韓国新聞の将来のため大きな意義をもつものだと考える。

一方、革命政府にあっても、旧政権下では望むべくもなかった英断を下し、韓国新聞の発展強化を実践に移したことは、ここに強調する必要もないことである。その一環として革命政府が新聞に対する特殊融資、新聞用紙の関税五%引下げなどを措置した事実は、新聞の企業的特殊性を勘案した、至極賢明な施策というほかない。

だが、いまだにわが新聞界の一部層には、革命を"彼岸の火事"式に傍観するかのような傾向が窺われることをここに率直に告白せざるを得ない。

むろん、新聞は官報であってはならない。執権層と取引きするなどもってのほかである。執権層におもねることは卑屈である。新聞はひたすら、事実を事実どおりに報導する責任を担うのである。

例えば、五・一六革命以後農村の変革という、実に驚くべき事実がある。机上で幾年か前に後にした故郷のありさまを思い浮べて、今日の農村を固式化するなら、大きな失態を演ずることになろう。革命の息吹きが爽わしき村にこだまし、"人間革命" "人間改造"の声がひびく。しかるに、革命以後今日に至るまで、わが国新聞の紙面は農村の変革されつつある真の姿を、あるがままに報道してきただろうか？

"ない"事実を故意にも捏造報導することが大きな罪悪であると同様、"ある"事実を書かないのも新聞においては同一な罪悪になるものだ。厳然と存在する事実を報道しないか、報道させないことは新聞人としてはサボタージュであり、さもなくば故意的な外面粉飾術というほかないであろう。

新聞の進むべき道

パターソンとリストンの拳闘試合のために一面全部を割愛するかと思えば、痴情による殺人事件や煉炭ガス中毒事故がこぶしほどの活字で装飾されるその日その時、この国のどこにもそれに匹敵するほどの誇り得べきニュースの材料が一つもなかったというべきなのか。だからと言って、わが国のマスコミが、ソ連ブロックのそれのように、国民を一つの鋳型の中に押し込めるための一手段として利用されねばならないというのでは決してない。ただ、わが国のマスコミー新聞はもっと韓国的特殊事情を誠実に反映するようにならなければ……といいたいだけだ。

われわれは今、すべての力量を民主主義福祉社会を建設するために傾注している。それゆえ、学問とか文化、また言論は言うまでもなく、理想的現実への欲求よりも、目標的欲求を優先させねばならぬ。この目標的欲求のためには、マスコミは健実なものに対してより肯定的でなければならず、より啓蒙的でなければならず、より教養的でなければならぬという建設的義務を認識する必要があると考える。

それに、近頃筆者の関心をひくものは、民政復帰後のわが国言論界の青写真を予想することである。戒厳令は解除され、国民の基本権利は保障され、言論出版の自由とが確定されて民間政府が発足する運びとなった暁、はたして言論界の気象図はどのように変わるのかという問題は、民政復帰と関連して考えられる種々の問題の中でも最も複雑微妙なものではないかと思う。もちろん、国民一般は民主党治下の言論の横暴と乱舞を目撃し経験しているので、その新聞に対する認識には次元の変異が起っている。加えて、良心的で節操ある一部新聞人も、民主党治下の乱脈相を襲痰し尽しているので、自分らの広場が二度と再び狂乱の場と化さないような厳格な自体警備をするものと思われる。それだけでなく、四・一九以後五・一六革命以前まで、乱動をこととしたエセ言論人らも革命政府の鉄槌をくらった苦い記憶に顔をしかめつつもかみしめることだろう。

しかし、かかる希望的・楽観的観測だけで、将来を安心できるものであろうか？そうではない。民政復帰後の言論界の気象図を予測するに先立って、今日の新聞界を冷徹に観察する必要がある。問題は遠くにあるのではなくすぐ足もとに横たわっている。

現在革命政府において施行中の言論政策は、如何にすれば病める新聞に適切な手術を施し、再び、建設さるべき民主共和国の広場に登場することができる健康体を造るかという努力の現われである。

言論政策の重要な内容は二つある。新聞の企業的独立性を促求することと、新聞を単刊制というその本来の軌道に乗せることである。企業的土台のない新聞は、結局、政治勢力とか財閥など不純な勢力と野合せずには、存続が不可能であるため、自然党派性を帯びることとなって政治道具化してしまうことを考えれば新聞の企業的独立性確立こそ最も重要なことである。

それから、その結果として当然記者の素質は引上げられねばならぬという事実も、政府はその言論政策に明白にうたっている。政府の新聞に対する特殊融資、新聞用紙の関税引下げなど、果敢な施策は、企業的側面から新聞を援助しようとする努力の一端である。

また、一つの新聞が朝夕刊を同時に発行しているのは、わが国と日本だけにある現象であるが、この現象が慣習化していたのが過去の実情であった。新聞が単刊、増面により再出発することになった事実は、わが国の新聞が、一般に煽動扇動的な方向に傾いた過去を清算して、より啓蒙性が高く、教養的価値ある次元を指向する一つの契機となるのではないか。

だがしかし、政府は新聞を育てることもできず、新聞はまた誰かに扶養されねばならぬ存在でもない。新聞は新聞としての生命があり、生理があるものであるから、政府の施策はどこまでも若干の肥料を提供することに過ぎない。それにつけても貴重なのは、新聞人自身の高い自覚であろう。神聖な使命を自覚する者だけが、新たなる民主共和国の建設に参与することができる。

われわれはあらかじめ、警戒せねばならぬ。冷笑者と傍観者を！

そして、懐古主義者を！

"無冠の帝王"が、本当に現代の巨人として君臨しようとするなら、あった事実を、国家的利益と社会的公益の丘に立って、躊躇することなく報道しなければならぬ。

曲学阿世の妖筆は、既に時代の遺物かも知れぬ。ニュースに目をつむる記者、見ても書かない記者、聞いても沈黙する記者―彼らが時代の遺物になる日はいつになったら来るのか。

記事訂正

本紙十一月二十八日付二面座談会記事中、「韓国経済新聞会長金允中氏」とあるのは、韓国経済新聞副会長の誤りにつき訂正いたします。

国土建設団の十カ月決算

目標の七割程度達成

兵役忌避者の汚名を返上するため国土建設に参加した一万四千四百六十三名の建設団員らは十一月三十日、長い間の望郷の夢が実現し帰郷の途についた。兵役忌避者という社会的不具者を救済し、彼らを国土建設事業に従事させ建設的事業として社会に参与させるための国土建設団が創設されたのは本年二月十日であった。

国土建設団は去る三月二十九日からみずから進んで入団した一万四千六百五十一名の団員によって運営され、創団以来十カ月足らずで実質的な解体(法的には一九六三年一月一日解体)をみるにいたったのである。

その間、国土建設団員らは南は済州から高原地帯の春川にいたるまでの山間地で、産業道路をはじめ鉄道建設、ダム進入路工事などで汗を流したのである。

十五万人に達する兵役忌避者と遊休労働力を集めて国土建設事業に投入しようという試みは、わが国においてはじめて実施されたもので、多くの難関を経てきた。

国土建設団は予算不足で途中で挫折ができず、政府の英断によって解体されることになったのであるが、最初から合理的で経済的な効果を期待したものでなかったため当然な帰結であると思われる。

今年度の建設関係予算六十二億ウォンの中、国土建設団と建設契約が結ばれたのは十四道路工事の五億ウォンで、解体されるまでに達成した作業量は目標の七割程度である。ここにいたるまでにも多くの矛盾と無理があったことは事実である。いまや一九六二年の特産物となった国土建設団の作業成果を各地区別にたどってみよう。

◇第一支団

慶南晋州―南江ダム建設を前にしての総延長十六キロの道路工事で洪水調節、放水路その他の関係事業を行ない目標の八―九割を達成した。ここには、釜山、金海、三浪津、馬山、南海、河東、咸陽、山清、晋州地区の出身者二千八十名によって構成されていた。十一月三十日一斉に帰休した。

◇第二支団

江原、浄川―水力発電の昭陽江ダムと春川ダム建設に伴う進入路、華川の移設道路(合計十一キロ)工事で、目標の八―九割を達成した。

ここにはソウル、仁川、水原、利川、春川地区出身者二千余名が投入され、彼らは十一月三十日帰休した。

◇第三支団

江原、礼美、旌善の道路拡張の第一次、第二次、第三次工事と鉄道工事で、第一次工事は五割、第二次は四割、第三次は六割、鉄道建設工事は七割を達成した。

合計三十五キロの太白山地区産業道路と鉄道工事は最も条件の悪いところで進められた。ここは光州、裡里、木浦、麗水地区出身者によって構成された。ソウル出身者は十二月二日に帰休した。

◇第五支団

慶北・栄州―慶北線の線路建設工事で目標の七割程度を達成、集団脳膜炎の発生以後、労務条件が好転した。

この地区は大田、光州、大邱、安東、尚州、英陽、星州、金泉、栄州などの出身者で構成され、十二月一日一斉に帰休した。

◇第一分団

全北・井邑―蟾津江ダム建設に伴う道路工事で目標の九割を達成、金州、南原、益山、金堤地区出身者をもって構成、十一月三十日帰休した。

◇第二分団

慶南・蔚山―蔚山工業都市幹線道路工事で目標の九割を達成、金海、馬山、密陽、釜山、東莱、鎮海、昌原、咸安、栄川、蔚山地区の出身者で構成され、十一月三十日帰休した。

旅券発給者氏名公告

韓国駐日代表部領事課旅券担当官
在日本韓国居留民団中総民生局長

氏名	旅券番号	住所
池永得	KJ [illegible]	神奈川
朴泰玩	〃 [illegible]	東京
潘己順	〃 [illegible]	〃
馬炳炤	〃 [illegible]	群馬
崔判用	〃 [illegible]	秋田
李鎮世	〃 [illegible]	大阪
鄭剛生	〃 [illegible]	島根
俞炳烈	〃 [illegible]	福井
呉福珠	〃 [illegible]	兵庫
金明進	〃 [illegible]	〃
林才玉	〃 [illegible]	〃
梁炳洙	〃 [illegible]	愛知
韓福出	〃 [illegible]	〃
李南守	〃 [illegible]	〃
康丁八	〃 [illegible]	大木
姜方洙	〃 [illegible]	栃阪
崔良淑	〃 [illegible]	〃
趙福岡	〃 [illegible]	秋田
李仁炳	〃 [illegible]	神奈川
金鳳天	〃 [illegible]	京都
韓光謙	〃 [illegible]	〃
孫四任	〃 [illegible]	〃
梁相鎬	〃 [illegible]	〃
孫錫先	〃 [illegible]	大阪
林相天	〃 [illegible]	大分
許千植	〃 [illegible]	広島
孫鎮男	KJ [illegible]	〃
金吉弘	〃 [illegible]	福岡
朴採善	〃 [illegible]	〃
河寿甲	〃 [illegible]	広島
金大寛	〃 [illegible]	福岡
李栄振	〃 [illegible]	〃
金良順	〃 [illegible]	〃
金昌央	〃 [illegible]	東京
朴桂鳳	〃 [illegible]	群馬
文成鎬	〃 [illegible]	東京
尹栄在	〃 [illegible]	〃
李千洙	〃 [illegible]	新潟
金達炳	〃 [illegible]	千葉
徐福南	〃 [illegible]	青森
李方洙	〃 [illegible]	千葉
李鉉奎	〃 [illegible]	青森
陳点南	〃 [illegible]	千葉
慶粉伊	〃 [illegible]	〃
鄭周植	〃 [illegible]	東京
馬致命	〃 [illegible]	〃
朴元八	〃 [illegible]	〃
張千分	〃 [illegible]	〃
梁天徳	〃 [illegible]	〃
黄禅一	〃 [illegible]	〃

(十一月二十日現在)

本国入国許可者氏名公告

韓国駐日代表部領事課旅券担当官
在日本韓国居留民団中総民生局長

氏名	旅券番号	住所
丁栄顕	KJ [illegible]	福岡
姜仁秀	〃 [illegible]	長崎
尹起俊	〃 [illegible]	〃
朴鍾鳴	〃 [illegible]	〃
文吉守	〃 [illegible]	〃
高百合子	〃 [illegible]	〃
高秀松	〃 [illegible]	鹿児島
徐一錫	〃 [illegible]	山口
黄未進	〃 [illegible]	大阪
正徐大	〃 [illegible]	岐阜
朴良亀	〃 [illegible]	大阪
金晩道	〃 [illegible]	兵庫
朴德任	〃 [illegible]	〃
崔末炭	〃 [illegible]	愛知
林基善	〃 [illegible]	埼玉
李容政	〃 [illegible]	〃
金大鶴	〃 [illegible]	青森
金仙習	〃 [illegible]	東京
金同元	〃 [illegible]	〃
韓大乙	〃 [illegible]	〃
俞弘源	〃 [illegible]	〃
朴昌熙	〃 [illegible]	〃
田四述	〃 [illegible]	東京
李健	〃 [illegible]	〃
趙鋼大	〃 [illegible]	北海
李元鎮	〃 [illegible]	神奈川
金綿植	〃 [illegible]	宮城
郭斗来	〃 [illegible]	〃
姜道旭	〃 [illegible]	栃木
孫鐵垣	〃 [illegible]	北海
金光淳	〃 [illegible]	東京
金時悌	〃 [illegible]	神奈川
俞炳浩	〃 [illegible]	〃
任世貫	〃 [illegible]	東京
金在修	〃 [illegible]	〃
李永実	〃 [illegible]	〃
羅鎮馴	〃 [illegible]	東京
金成俔	〃 [illegible]	北海
李祥規	〃 [illegible]	神奈川
梁熙教	〃 [illegible]	東京
卞淑	〃 [illegible]	新潟
朴正鎬	〃 [illegible]	北海
張元貞	〃 [illegible]	静岡
李泰祚	〃 [illegible]	山形
崔事哲	〃 [illegible]	東京
朴順玉	〃 [illegible]	〃
崔善姙	〃 [illegible]	〃
李甲鎮	〃 [illegible]	〃
朴寿錫	〃 [illegible]	〃
文栄嬉	〃 [illegible]	〃
金栄洙	KJ [illegible]	〃
金大栄	〃 [illegible]	〃
李順琴	〃 [illegible]	〃
金任先	〃 [illegible]	〃
曹吉日	〃 [illegible]	〃
鄭萬淳	〃 [illegible]	〃
方点福	〃 [illegible]	北海
金周大	〃 [illegible]	東京
韓大乙	〃 [illegible]	東京
朴勝完	〃 [illegible]	大阪
孫達元	〃 [illegible]	〃
金正河	〃 [illegible]	〃
李相列	〃 [illegible]	兵庫
姜吉萬	〃 [illegible]	〃
朴永進	〃 [illegible]	〃
趙寿	〃 [illegible]	〃
朴泰鉉	〃 [illegible]	〃
金寿碧	〃 [illegible]	大阪
崔秉李	〃 [illegible]	〃
李仲宰	〃 [illegible]	京都
呉振錫	〃 [illegible]	〃
鄭東福	〃 [illegible]	愛媛
鄭且宅	〃 [illegible]	京都
金明希	〃 [illegible]	〃
李守寛	〃 [illegible]	兵庫
河合洪	〃 [illegible]	愛知
金吉斗	〃 [illegible]	大阪
李宗摩	〃 [illegible]	〃
康東林	〃 [illegible]	〃
閔碩鉉	〃 [illegible]	〃
李且孝	〃 [illegible]	滋賀
鄭鐘用	〃 [illegible]	京都
李道順	〃 [illegible]	〃
朴順月	〃 [illegible]	東京
崔成煥	〃 [illegible]	〃
金良俊	〃 [illegible]	岩手
金鍾均	〃 [illegible]	東京
姜永架	〃 [illegible]	〃
崔良善	〃 [illegible]	〃
李永静	〃 [illegible]	〃
宋嘉禰	〃 [illegible]	〃
李珠浩	〃 [illegible]	〃
金文杜伊	〃 [illegible]	〃
李金汝	〃 [illegible]	〃
鄭吉坪	〃 [illegible]	福島
洪鎮魯	〃 [illegible]	青森
趙錫出	〃 [illegible]	〃
金鍾声	〃 [illegible]	東京
権享香	〃 [illegible]	山形

(十一月二十日現在)

一般用 鋼管 YPK 配管用 鋼管

日本鋼管株式会社
日立金属株式会社 指定特約店

山田パイプ店

代表取締役・李仁柱

本社・東京都墨田区錦糸町2～1 電話(623)代3151～4番
倉庫・東京都墨田区錦糸町2～2
工場・東京都江東区深川猿江町2～1 電話(631)4521番

技術革新の凱歌!

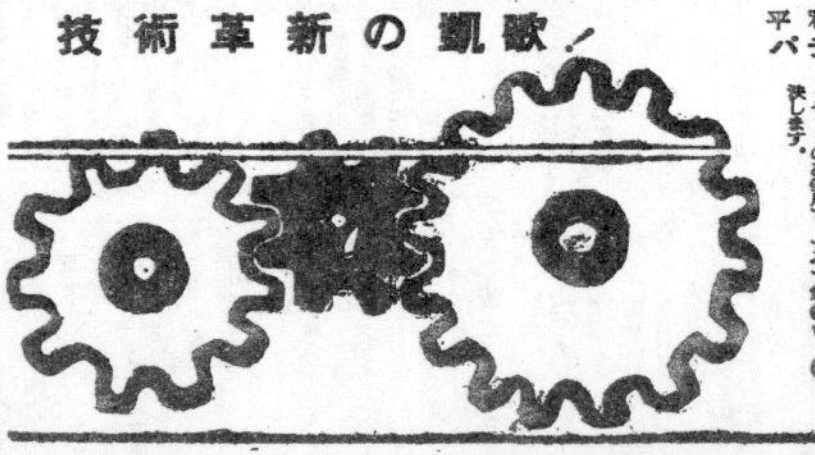

平和ミラクル・セット パチンコ裏玉還元装置

平和

東京・大阪・北海道

※世界各国航空船舶券発売・渡航手続一切
※KAL・KNA航空券取扱・韓国旅行案内
※AIU旅行障害保険取扱
※国内観光旅行案内

ORIENTAL TRAVEL SERVICE Code: ORIENTEAS Tokyo

東洋航空株式会社

東洋旅行社・国内部

本社:東京都中央区銀座西7−2 TEL. 571−1340・7930 ●電通正面日軽ビル前 ウエスト喫茶店二階
大阪:大阪市東成区片江町2−50 TEL. 971−6180

綜合韓国資料社

図書案内 No.12

韓国貿易年鑑 1962年 定価 4,200

儀禮大全 頁数 281 送料共 定価500

内容의 一部
第一篇 人事法
第二篇 系寸法과 対人称号
第三篇 婚礼
第四篇 祭礼
第五篇 喪礼
第六篇 服制(복제)
第七篇 修儀類와 現行
婚礼式의 順序……
祭文吊詩追悼辞吊辞
請婚(청혼)書式
許婚(허혼)書式
四柱보내는書式
涓吉보내는書式
四柱쓰는法과보내는法
納幣(납폐)文의 書式
1 舎所(사처)
2 納幣(납폐)
3 奠雁(전안)
4 醮礼(초례)
5 新房……
6 于礼(우례)와 새길
7 問安편지……
第七節 小祥과 大祥
第八節 喪歌 憎舞 老人哭
発行所 成文閣 著者 安明善

生活叢書 ⑩ 社交禮儀全書

4×6版 842頁
高級模造洋装케스入
挿画・写真多数
定価 2,000

斯界権威 40名 執筆 ◆主要内容◆

①총론(総論)

家庭生活과礼節 절, 간지, 名節, 韓国・中国・西洋式 食事法, 茶나 菓子를 드는 法, 接客, 訪問, 父子・夫婦間의礼節, 시집살이, 継寸法과 称号에 関한 것등

社会生活과礼節公衆道徳・選挙・就職・執務・会議・集会・鑑賞・観覧・파티・旅行・敬礼・握手・紹介・祝賀・慰問・問病・吊問・依頼・謝礼・贈答・通信에 있어서의 礼節, 朋友・隣保間의 礼節, 男女間의礼節, 外国人에대한礼節등,

四礼 冠礼, 現代式婚礼, 在来式婚礼, 基式婚礼, 仏式婚礼, 喪礼의葬礼, 喪中의 礼節, 儒式・基式・仏式喪의 節次, 永訣式, 墓地의 選択과 葬法, 服制, 忌祭, 四時正祭, 慰霊祭의追悼式, 基式・仏式祭礼

〈附録〉儀礼規範・国際儀礼

▼注文方法…御注文なさる図書名及び発行所を記入の上弊社営業部宛にお送り下さい。壱千円以上御て現金引換便で迅速にお送りいたします。

お問合わせの方には弊社の目録(一冊無料発送)致します。

東京都千代田区松枝町二二一番地
綜合韓国資料社
TEL(866)〇〇一六

第37回中央議事会に臨んで

民団の発展的体質改善

韓日会談への態度決定

金光男議長、鄭炯和監察委員長談

民団中央総本部は今日午前十時から社会福祉会館で第三十七回中央議事会を開く。これに先だって去る三日金光男中総議長と鄭炯和監察委員長は、全国代議員、および、全僑胞に対して「今回の中央議事会は客観的にみて①韓日会談に対するわれわれの態度を決定することであり、②民団の発展的体質改善が必然的課題として論議される重要な議事会である」と要旨次のようにアピールした。

金光男中総議長談

韓日会談は峠を越した感があり、また平面韓日両国民の親善ムードも実に明るくかもされている。この時われわれは中央議事会を開いて韓日会談に対する民団の光と目標を究めることは非常に意義深い。

今日の韓日のムードをみると何か民族的に釈然としないものを感じる。例えばある地方で行われた韓日親善大会をみると、平然と君が代を歌っていたり、太極旗と日章旗を横に並べてかかげている。私は真に韓日親善を進めるためには

これ以前に解決すべき問題に心がひかれる。本当の韓日親善は、日本が韓国を正式に認め、国交が結ばれていなければならない。祖国大韓民国は今世界五十五余カ国と国交を正式に結んでいるが、しかし日本とは過去のいきさつからまだ正式に国交を結ぶ段階にいたっていなかった。だから日本とは今三十六年間の闘争した延長時である。それにもかかわらず君が代を歌ったり、日章旗をかかげるなどは、民族的己れを忘れてしまったような感があるので、われわれはこうした先がけた行動を是正しなければならないと思う。全僑胞と代議員はわれわれの闘いは今も続いているということに銘記されたい。そして今中央議事会は韓日親善を健全化する新たな方針の決定がある。

またもう一つ大事なことはこの中央議事会が民団を飛躍的に発展させる重要な課題を論議しなければならないと思う。このため先頃全国規約改正委で発表した規約改正試案に論議が相当に集中するものと思う。これに対して私の二つの考えを明かにしておく。その一つは、民団の在野有志たちが考えているように、今回規約改正委が発表した試案は絶対的なものではない。お互いが歩み寄って考えなければならない。ところが反対のための反対や、また特定人物のために規約改正試案をじっくり論議しないという理由は何の意義をもたない。

第二は第二十八回全体大会は規約改正の必要性を認めこれに基づいて全国十二人の規約改正委員が選ばれた事実である。その何人かが今回の試案をまとめて去る十一月五日に改正委の多数決で決めたものである。だから今回の中央議事会での論説は来る全体大会以前の中間討論にすぎない。ことをあらためて銘記されたい。規約改正は全体大会で三分之二以上の賛成で成立するわけだから、ここではじっくり民団の体質改善を真剣に論議されたい。

今ちまたに韓日会談の法的地位を云云しながら民団規約改正反対論を唱えているが、訴えている法的地位の問題点は深く、そして幅広く交渉中なので必要外にさわいで訴えることはない。だから法的地位問題も規約改正問題も中央議事会では並行に論議すべきである。昔から食わず嫌いという言葉がら、今回の規約改正試案は本国からおし付けられたから反対するんだという理由もあるらしいが、何故政府が自治団体の民団に機構を押し付けることができるだろうか？先にもふれたように今回の規約改正試案は第二十八回全体大会の決議に基づく民団の自主的体質改善の問題である。だから規約改正は民団の自主的確立のための中央議事会たらんことを願う。

鄭炯和監察委員長

全国民団組織指導者は今こそ中央議事会で自己の使命と職務を果さなければならないと思う。われわれの立場は過去どの時機よりも重要である。これはすなわちわれわれ在日六十万の地位を如何に向上させ繁栄させるべきかという問題である。韓日会談は峠を越し、来春は国交が正常化される段階を迎えている。ここで特にわれわれの子孫が日本で居住すべき基本法の法的地位問題が確実化される。われわれは国家の発展のため、また民主制度のめた政府と日本側に要求すべきものを自ら掘り上げるべきである。

民団の今後の発展のためには体質改善にともなう規約改正が必要である。今の規約は終戦時朝総連と戦う最中に作られたもので、その当時は日本の独裁軍国主義と共産独裁に打ち勝つための客観情勢が現在の三権分立制度を採用させたのである。しかしそれから十七年団員の質や数も時代と共にかわってきている。われわれはこの時代的要求に応えるためには旧態依然の反共一点ばりの民団闘争は段階を越えたと思う。これからの民団の使命は在日六十万同胞の生活向上を真剣に考え、今、その土台を作らなければならない。だからわれわれの体質に合う規約改正は民団のこれからの使命に急務課題である。規約改正の必要性はもう何年か前から叫ばれ続けている。今度こそは前大会に従ってこれを実現すべきだ。

規約改正反対論があることは当然といえる。しかし反対論者はただ反対するのでなく建設的な対抗的案を提出し、相互の案を出し合って真剣に論議するところに立派な民主主義の発展方法が案出されると思う。だから反対のための反対または感情的反対などは第二十八回全体大会の決定を無視する非民主的行為といえるので、非建設的な妨害は極力つつしんで欲しい。中央議事会に参席される全国代議員と、全僑胞はわれわれは常に口を開けば団結をもたなければならないと強調して叫ばれているが、その半面運動は一向に結集されていない感があることに深く銘記されたい。こうした原因は私心を捨てた政策的論争の貧弱にある。こうした非民主的な悪へいがわが民団から是正されないかぎりわれわれの前進はありえない。全団員はこの際各自の派閥を解消して民団の前途が如何にあるべきかに全精神を集中されることを願う。

新帝国主義研究 ③

＝最近の共産主義戦略の諸形態＝

この期間の末頃に印度共産党は、ソノハス・チャンドラボースの支持を通じてガンジーの指導権を転覆させるため、その他の急進勢力と結束した。印度共産党はこの期間中相当の収穫をあげたが、世界第二次大戦は再び共産党の勢力を強化させて印度政治に及ぼす印度共産党の影響は極めて微微たるものとなった。

印度民族主義の主成分が戦争とは関係なく自由を要求する反面、印度共産党の国際的忠誠心は連合軍の戦争努力を印度が支持するよう要求した。

終戦後印度共産党は合法派中の親代派支持政策に転換し、ネール連邦政府に対する「忠誠なる反対」政策を採択した。

一九二七年末印度共産党はコミンホルム及び特にユーゴスラビア共産党（臨時に英国共産党の代りに印度の同志たちの指導者になった）の助言に従って闘争的な反対路線に復帰したし新民族主義政府に対してソ連式革命に着手した。この政策は印度連合が瓦解されるだろうとの一部ソ連観測者たちの期待に根拠をおいてあることが明らかである。この政策はネール政府の実力を過少評価していることに由来しており、遂に共産党自体の事実上の瓦解をもたらしてしまった。結局この政策は、一九四九年以来コミンホルムが勝利を収めた中国の革命が、その他アジア諸国で共産主義活動のため模範をなしたものであると発表したときに初めて放棄された。

一九五〇年に印度共産党は毛沢東の路線にそって農業革命を成功させようと努力した。しかしソ連式革命企図のように、これまた失敗に帰してしまった。

同年末英国共産党は印度共産党の指導体制を再確立してネール政府に対する「限定された反対政策」に復帰するよう要求した。

新路線によると、ネール政府は反動的な大ブルジョアを代表しているが、特別な条件のために外交政策にあっては「平和」勢力と結合する傾向があるだろうとのことだった。印度共産党の政策は、ネール政府に対して大体的に反対はするがネール外交政策中反帝国主義的な部分だけは支持するものだった。

この路線に基いて印度共産党は一九五一年から一九五二年間の冬に実施された印度共和国の最初の総選挙戦で闘うために地下から出てきた。そのとき予想より多くの進出をみせたが、総投票数の三・三％を獲得したのみであった。（印度共産党が不法化された二個州の前衛政党の票を含めたら比率はおそらく若干高くなるだろう）

このようにして印度共産党は新印度政府体制で一つの席を占めはしたものの未だに微微たる政治勢力に過ぎなかった。

その次に重要な問題は、内部的なもの、即ち、安定性と党規律の欠如という点である。印度共産党は組成された日から、印度内の相異なる種族及び社会的異質性に基く派閥主義のために、深刻な分裂相を露呈していた。

印度共産党のもっとも甚大なる派閥主義の根源は、恐らく地方主義であったろう。印度連合自体も別別の言語及び文化をもっている数多い準国家群の緩やかなる連邦体であった。

それから印度共産党は、確固不動たる団結という理念を目標としたのにも拘らず、種族的分離という環境の影響を受けざるを得なかった。

中国共産主義とはあまりにも対照的に、印度共産党は民族主義指導者たちとの競争で微微たる勝利をあげたのみであった。共産党の敵対勢力たちは民族主義運動を共産党が把握するのを防止出来るという充分な能力があることを立証した。

共産党はベンカリス、マハラストリアンス、タミルス及びテルクスの如き大種族群に相応した地方党を大ざっぱに統合した集合体に過ぎなかった。この集団は経済的社会的条件が異なるから、各地方党は各各異なる政策を主張する傾向が自然のようになった。例を挙げるとアントラ（テレク）地方党は農業革命に関して闘争的な政策を支持したが、これはその地方の深刻な農民の不満によるものであった。

階級制度や社会階級は、確かに印度共産党内にもう一つの分裂の原因をもたらした。階級意識は党全般に亘る指導権の発展に影響を与えたのである。

北送僑胞韓国に逃亡

北韓の虚偽性を痛感して

金在善最高委員は三十日記者団と会見、北韓の虚偽宣伝にだまされ北送された在日僑胞金ミン・イル氏が去る十一月二十五日中部戦線の休戦ラインをこえて韓国にもどってきたと発表した。

金委員は、一九五九年十二月十四日から今日まで百回にわたり七七、九三九名の在日僑胞が日本の朝総連系の虚偽宣伝にだまされて北送されたが、これらの人達が北韓に着いてその虚偽性を痛感したことは日本にいる彼らの縁故者に送られてきた手紙でも明らかにされているとのべた。金委員はまた去る六月から現在まで十一名のスパイが関係当局に逮捕されたが、これらは日本の大村収容所で六カ月から一年間のスパイ教育をうけ民政移譲をひかえている韓国の国内攪乱と革新系の人士の多数当選、革命課業の妨害を目的に密派された者たちばかりであると語った。

右の方は第二次大戦前、香港で日本人の夫と木炭商を営み、戦後日本に引揚げたもようです。御心当りの方は本紙または左記へ御連絡下さい。

ソウル特別市城北区貞陵洞四〇四 貞陵市場四三〇号 李昌善

卞하위

右の方は最近来日し、現在京浜地区、特に川崎地区に居住しているもようです。御心当りの方は本紙まで御知らせ下さい。

尹任寿（伊藤）

右の方は戦前静岡県伊豆安良里に住んでいた方で、戦後釜山に引揚げ、五、六年前再び来日しております。尹さんに世話になった国洋汽船会社金明丸船長の沢入勝市氏が行方をたずねておりますので、御心当りの方は本社まで御連絡下さい。

秋田県日韓親善協会設立総会

韓日名士八十名が参席

会長に佐々木義武氏、副会長に呉琮玉氏ら選出

民団秋田県本部では韓日親善のため、かねてから秋田県日韓親善協会設立を準備していたが去る十一月二十六日秋田市ニューグランドホールに韓日双方名士八十名（日本側県議員及び諸団体、韓国側支部団長以上）が参席した中で盛大な創立総会が催された。そのおもな経過と設立総会の模様は次の通り。（写真は同創立総会）

設立経過……一九六二年十月二十八日県執行部が中心となって事業を作り、三機関及び支団長合同会議で早急設立を可決、県団長が代表となって発起人会を構成、日本側要人との交渉は金事務局長に一任した。金事務局長が日本側要人との折衝で合意をみるにいたり、十一月二十三日県監察団長と狭間勝次郎氏（県会副議長）との打合せにより十一月二十六日設立することに決定した。

設立大会……まず準備委員長の挨拶につづいて①県団長の挨拶、②金剛三郎県議の経過報告、③役員選出（会長に佐々木義武国会議員、副会長呉琮玉団長、おなじく李長春議長、狭間勝次郎県会副議長、監事に小林大二郎県議、おなじく高橋清一県議、朴根吉民団本部副議長、理事に日本側秋田大学教授、商工会議所会、婦人会、六大市議長、市長などから三十二名を選出、韓国側は本部役員、支団長、商工会役員などから選出、顧問に県出身国会議員全員、商工会議所会頭、金駐日公使、権逸中総団長らを選出した。）そのあと新会長、副会長の挨拶、大平外務大臣、裵駐日大使、小畑秋田県知事、権民団中総団長、佐藤秋田県議会議長およびその他の貴賓からの祝辞代読、終りに狭間勝次郎副会長の閉会の辞があって午後五時半より懇親パーティーを開催午後七時盛大にその幕をとじた。

宣言

日韓両国は歴史的、経済的、文化的にも極めて緊密な関係において繁栄してきたのであるが、第二次世界大戦の終結以来、今日まで両国間の国交は正常化されず、誠に日韓両民族にとって遺憾なことと云わねばならない。日韓両国民は過去の感情を一掃し、アジアの平和と世界平和確立のために、今こそ一致団結し、日韓会談の速やかな妥結のための努力をしなければならない。

われらは、この使命と任務に鑑み、ここに秋田県日韓親善協会を設立し、両国の発展のためにまい進する。

学制を一部改編

金文社委員長談

三十日釜山に来た最高会議金文社委員長は、慶南道知事室で記者会見を行ない学制改編に関する質問に答え、今までの学制をその実質維持しながら部分的な対策があるだろうと語った。

現在韓国の現実から必要性を感ずるいくつかの特殊学校設備問題を推進中であるので、これに伴う一部学制の改編はあるだろうが、根本的な学制は改編されないと語った。

そして釜山に設立されるTV放送中継施設に対しては、来年中にTV中継所を設置するが、これに伴う諸技術的問題を一層検討してみなければ具体的なことはいえないと語り、また国民投票は各個人の意思を充分に表現できるように指導しなければならないと述べ、政府は如何なることがあっても公明選挙をして自由なふん囲気が保障されたなかで、国民投票が実施されるよう啓蒙しなければならないと語った。

関貴星氏を囲んで

北韓の実情を聞く

民団江戸川支部

民団東京江戸川支部（団長姜東遠氏）では二十九日午後七時から都内小岩駅前「京城苑」において、団員有志約三十名により「楽園の夢破れて」の著者関貴星氏を囲んで「北韓の実情を聞く会」を催した。李康煥事務長の司会をもって始まり、講師関氏より北韓地区の実情、帰北同胞のことなどについて詳しく語った後聴衆から質疑応答があった。その著書にないことについても可なり突込んだことが語られ、いまさらの如く北韓カイライ地区の実情と在日朝総連幹部の悪あがきが暴露されて一同大いに感じを深くした。十時頃団長の挨拶をもって散会した。

ブラジル移民二七三名

十二月十八日釜山発現地へ

一般市民の関心を引いていた今年度ブラジル移民計画が遂に実現されることになった。三十日午後開かれた定例閣議で、郷保社部長官が報告したのによれば、この度ブラジルへ移民される人は三十世帯二百七十三名であるが、来る十二月十日釜山の労働会館に集結して、十二月十日ブラジルに向い出発する予定であるという。

海外特派記者を早く召還

本社から経費支給されない

金在善最高委員は、三十日記者会見で、現在海外に派遣されている新聞社や通信社の特派員の多くは本社から経費をうけていないため、彼らを近い将来に本国に召還する措置をとると語った。いま海外に派遣されている通信とか、新聞社の特派員は三十九名であるが、この中八名だけが本社から経費をおくられている状態である。

尋ね人

李錦善（平野）45才

本籍地 平安南道大同郡

奨学生募集

募集人員 二名

資格 ソウル出身者。東京にある大学の理工学生。

希望者は履歴書、在学証明書を韓国新聞社まで提出して下さい。

趙重玉著

韓国料理

B5判 一三〇頁 挿絵多数

定価 一八〇〇円

送料 一〇〇円

取次店 東京都千代田区神田須田町二の四五

韓国資料研究所

電話 二〇一—九六五五

振替 東京 一一五九七九

豪華浴室と高級焼肉料理の殿堂

温泉気分と最高のムードで

個室トルコ 早朝五時より（800円）浴後にビール1本ツマミ付サービス

大衆男女トルコ風呂 100円

◆五〇〇坪全館冷暖房完備◆

上野 宝苑

上野駅前昭和通り宝ホテル隣

チャングのリズムに乗って 韓国の古典床しき美妓の舞い

御宴会

御一人様 500円より

料理5品 酒1本(500)

高級焼肉料理

（年末年始の宴会の予約は早めにお申込み下さい）

御予算により御相談に応じます。200名様用

大広間御家族ずれ、大小10室準備

温泉部電話（832）2619～20，食堂部電話（832）6505～6

共和化学工業所

営業品目・ケミカルシューズ製造販売

職員募集

女子 一〇名

男子 若干名

学歴不問

●年令三十才未満

●来年中学卒業見込者は特に優遇す。

●申込方法

履歴書郵送

直接来社

電話により問い合せにも応じます。

東京都足立区本木町二ノ一八六六

電話（886）五五九四番

共和化学工業所

社長・玄斗玉

コリア・ハウス・梨花園　韓国割烹の最高峰遂に登場　コリア・ハウス・梨花園

コリアハウス

御案内

◇御参考までに

＊●カクテルパーティーの出来るホール

＊●庭園パーティー

＊●弊店の自慢として皆々様御高覧に供し度いものは四千年の歴史を持つ古い国、即ち白衣の国の遺物の数々等の歴史の流れを陳列してございますからどうぞ御立寄り御鑑賞の程御待ち申して居ります。

尚温突（オンドル）部屋も用意してございます。

電話 (473) 1361 (441) 8969 (461) 8760渋谷支店

東京都港区 芝・車町45番地 都電泉岳寺下車

楽壇に『反批評』気運

切実な正しい批評を
汎社会的通用性保つ

楽芸

このところ、楽壇では批評不信の反批評気運がもりあがっている。二十四日の音楽総合歌会後の非公式的な集まりと、国立オペラ団の第二回公演ドン・ジョバンニ公演評文などをめぐって、この反批評は一つの「運動」として積極化されて来た。今までも韓国楽壇には散発的な反批評行為はあったようでもあるが、気勢が本格化して来た今度の論議が果して正しい批評の確立に貢献するようになるのか、それとも単なる人身攻撃に終ってしまうのか、楽壇の現今を陽性化させる恐れさえあって、その成行きが気にかかる。だが、各日刊紙を中心として批評を受け持っている音楽評論家らは、今年の二月、音楽評論同人会の名称で集まったのだが、そのメンバーは次の六氏であった。朴容九、李成三、鄭鳳鎮、朴泰鉉、劉漢徹、李会桂氏らで、ここに反批評運動に対する数人かの意見をならべて見よう。

漠然的な評に不感症
鄭勲謨(ソウル音大教授)

音楽批評に対して演奏家は「不信」の度を越えて「不感症」にかかっている。おっくばらんに言って「また何を書いているのか」くらいの興味しか残らない評論、浅い知識で漠然と書いてたした批評では、とても忍れない。一日も早く専門の音楽評論家が現われて演奏家らが頼りになれるような批評の道が開かれることを望む。

幼稚な批評文
尹淵(慶熙大教授)

全部の音楽評がそうってそうだとは言わないが、幼稚な評文が多い。彼ら専門誌がなく、新聞短評であるとは言え、短い文の中に「無難」と「一般以下」がこもっていては驚きというよりもむしろ恐ろしい。

「若い人々がどうして二流曲を選んでいるのか、二曲をレパートリーにやるのか、何故全曲を歌わなかったか？」といったたぐいのものは到底、批判文として受入れるわけにはゆかない。批評のない世界で演奏活動は延びて行かれないが、それが、発展にたいしてのアンチ・テーゼならはっきりした批評文であって欲しい。

評論態度を正せ
劉漢徹

事実、演奏家らは批評家の前には無防備状態にあるというのが嘆きであるが、演奏や作曲より、現われた結果によって評価基準が判断されるとしても、純粋音楽評論紙がなく、音楽評論家も評論そのもので独立した職業にはなれない韓国の場合は、執筆責任の限度が薄くなって、演奏した人の側では批評をそのまま受諾し得ない事態が頻繁に起きる。

われわれのジャーナリズムは演奏や創作に対する根本的、具体的な批評を掲載するスペースを持たず、わずかな感動を盛った報道によって、一貫された演奏短評程度の基礎行為で固定されている。勿論、演奏短評も批評の一部分で重要であるが、掲載する新聞や雑誌によっては各自の評述方式が色んな論調を起されるようになり、大部分が新鮮な適当なセンスと若干の情意撮りが加味するようになる。

つまり、批評とは演奏会の音楽聴き、また見た人々と、見も聴きもしない人々とが混合されているので、時によっては特殊扱いをされる場合もあるが、単にたんたんとした印象や説得力を共通されるように持って行くべきが本筋である。こんな場合批評家は一種の社会的方向の代表者でなければならず、特殊地域に置かれた純粋専門家の音楽的偏重よりも、若干の社会性を帯びたディレッタント的ユニークな説話感動が読者に対して効果的であるというのもそのような理由からであろう。

勿論、これを音楽批評精神への背馳だという人もいるが、読者は作品自体の感動でよりも、むしろ作品説明に感動する傾向が待ち、批判性よりも新鮮な感覚上に展開される平易な共感を求めるからでもある。だが、新聞短評の本質を知らない演奏家らの中には時たま抽象批評を排撃すべきだとするんでもない反旗を掲げる人もいる。また、これが四・一九直後、一種の流行スローガンにもなった。

おおよそ演奏短評とは前記した主旨のもとに付随性のあるように構成伝達されるべきものであって、評論家だとして特権を振り廻し、招待券の場所が悪かったから緑な観賞が出来なかったという「怪弁」を評文中に書くべきではない。新聞短評の重要性は何時も充分に認められるべきものであって、汎世界的社会的通用性も認定されるべきものである。演奏の成功不成功は演奏家自身がもっともくわしいはずである。だから、音節一つのミステークをつかんだからといって批評にはならない。酷評のみが批評の唯一な方法であると誤認している批評は今直に矯正すべきである。

ともあれ、批評家は再び評論姿勢を改めなければならない。今や演奏家らの反批評の時期は来た。それは余計な感情的対立ではなく、どこまでも進取的な論調でなければならないということである。

専門誌のない不毛の風土
李成三(音評家)

建設的な反批評運動を歓迎する。わが国の音楽批評は正道に進する過渡期の段階にあると思われる。専門誌の一つもない不毛の風土では批評家らのまともな発展は期し得ない。

私が批評に臨む態度はドイツの音楽者モーゼットの原則に基本をおいている。即ち①やろうとしているのは何んであるか②それをどの程度やったか③また、どの程度の価値を現わしたか—の三つの原則である。

やはり、批評家と演奏家間の見解の交換が活発であるということも正しい批評確立の道であると思う。

会長に崔虎鎮氏
経済学会役員改選

韓国経済学会ではさる十一月二十五日KBSホールで開かれた第十一回定期総会で次のように役員を改選した。

▽会長 崔虎鎮(延世大・商経大教授)
▽評議員 崔虎鎮
〃 金命潤(高大・政経大副教授)
〃 李昌烈(高大・政経大教授)
〃 呉世昌(檀国大助教授)
〃 金相謙(延世大・商経大教授)
〃 金俊輔(全南大総長)
〃 黄炳晙(ソウル大商大副教授)
〃 陳世仁(建国大・政大助教授)
〃 白日鎬(崇実大教授)
〃 朴基赫(延世大・商経大副教授)
▽監査 李成茌(漢陽大・政経大副教授)

継承芸術の現代化
新人国楽競演大会に期待をかける
劉漢徹

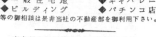

目下、新しい国楽運動が様々な様相で擡頭されているが、口伝心授という姑息的な方法から脱皮して、新しい体系にたつ国楽を整備し新しい創意と国楽の現代化を図るために、何よりも有能な新人国楽人の登用が先行されねばならない。勿論、民間にもあまたの新人が散在しているようだが、それはむしろ、系統にたつ伝統を求められる恐れがあり俗性のみが伸長される懸念さえ多分にある。民俗音楽とは、そのような過剰な普遍性の中に温床を持つものと主張される向きもあるが、韓国芸術の保護育成が急務となった今日、漠然と雑草のような乱雑のみを傍観するわけには行かない。

このような点から、今般朝鮮日報社が、新人国楽競演大会を創設、広く新人を公募[illegible]ットして応募者規定に正規的な国楽学徒を制限したことは至極妥当なことであろう。既に、権威審査員ら十名によって作曲部予選を終え、去る八月新国楽専攻に当選した李秀子を初めとする俊才らが予選に通過し、正楽部、民俗楽部も二十四日を最終日に応募新人らが、来る十二月一日の予選と二日の本選から自己の音楽性と技巧を審判されることになるが、今度こそ飛躍とした新人らによって国楽は本格的な脚光を浴びれるようになった。われわれが、新人らに望むものは創作や演奏において人間的誠実と音楽的真意による継承芸術を生かすがためであり、正統と才気の符合が何時でも必らず従わねばならないということである。しかも、作品の性格香趣や演奏効果が刻印でも押されたように韓国的であるべきだということは再言を要するまでもない。したがって民族的言語が音を通じてより具現されるべきだというのがねらいである。思想とは超国家的なものではあるがそれが醗酵し得る民族的な土壌は必らず固有な音色を持たねばならない。決してこれが若い新人らの放奔な自己主張を偏頗させようとする誘導ではない。むしろ、若い作曲家や演奏家の持つ天才の権利を芸術と祖国のために自由自在に発散させて見るという意味でもある。新人の手によって韓国的な旋律と音色が再整理総合統一され、まともな国楽の音楽的開花を成就するために新人国楽競演大会は今後何年かは試錬と練磨を積むべきが当然であろう。

詩
「最期の花」
(李珍宇君に捧ぐ)

君はその白き顔に浮かぶ
引裂かれんた白菊の花弁を、
生温かいまでのその風に、
あの女学生の胸に咲いたブローチの花
君はその白き顔に浮かぶ
悲しんで泣いていた。
艶めかしいまでにも幽かな葬列の花弁を、
男心に掻き抱いた、
あの女のあなたに咲いたネックレスの花
君は泣いていた。

×　　×

君は今こそ春の日となり得たんだね、
君は今こそ全き存在の微笑を浮べ得たんだね、
君は今こそ恋の乙女達の先に旅立つんだね、
珍実な愛の血と肉の怨念を秘めて。

×　　×

祭壇に伏って下れと、
この無る演道が歌っているよ、
天使達が神羽鳥を織っているよ、
祭壇の彼を、
天の悠を。

(舞中市・金賛)

サラ・アンマクミラン(八歳)ニュージランド児童
第八回世界児童展覧会—ソウル徳寿宮で—

李朝野史物語
太宗—世祖時代篇(6)

首陽クーデターの巻(二)
顧命大臣の金宗瑞を襲う

韓明澮の為人を聞いた權ラムは、初対面の人に大事を打明けるわけにはいかないので、それには回答をさけて、彼の人物とその真心をさぐってみた。数刻を応答している中に彼が有能な同志になれる人物であることがわかった。

權ラムは、その場で彼を首陽宮に推した。お目通りをした韓明澮をテストしてみた首陽大君も、その人物が非凡であることを知ってたいに喜んだ。大君はいわく、「余の子房である」と。子房というのは中国歴史上有名な参謀の人で、漢の太祖を助けて中原統一を成し遂げた人である。

かくして、彼は前の年、韓明澮が予言した通り首陽の輔臣となることができた。洪達孫以下三十余名の壮士を集めたのも彼の働きであり、首陽クーデター計画は専ら彼の献策とリードで成しとげられたのである。

クーデター成功後、彼は一等功臣となり、その二人の息女は睿宗と成宗の王后に迎えられた。三十余年にわたり絶対な権力を握り当代並ぶ人物がなかった。

しかし、あまりに貪欲な上に女色を好んで多くの妾を囲うなど相当生活は派軌を逸するところがあった。そのために人から指弾をうけた。

韓明澮と同じく首陽宮に集まった武士の一人洪允成も、偉丈夫な人物であった。彼も亦代々の農家に生れた。科挙に応ずるために上京していた。

或る日、首陽大君が漢江で舟遊びをしていたとき、彼を見出した。大君に呼ばれて御前になったが、「一斗の酒と一斤の肉」を平げる程の健たん家であった。これが縁となって彼は首陽大君の知遇をうけるようになった。

武士たちの外に、世宗と文宗から信頼をうけた鄭麟趾と申叔舟なども参席して首陽大君に走った。

かくして首陽宮の陰謀体制は完全に整った。いまや、首陽大君がクーデターにより王位を簒奪するのは時間の問題となってしまった。

ついに、事態は爆発してしまった。端宗元年十月のこと。

首陽大君は、自邸に部下の武士たちを集めた。先ずその行動を起す上で機先を制しなければならない。そうするためには、誰よりも先王から顧命(遺命)をうけた三相—皇甫仁、鄭苯、金宗瑞三人を除くことであった。

その中でも、知勇の人金宗瑞が一番手強い人物であった。

金宗瑞(一三九〇—一四五三年)は、世宗、文宗、端宗三代にわたる武人、政治家として国家有功の名臣であり、その号を節斎と呼んだ。彼は世宗大王のときに北辺国境開拓に六鎮を設定して、女真国を抑えて大功を立てた。朝廷には領相として重きをなし、世宗朝以来剛毅果断な正義の士として国家に当り、世宗と文宗から顧命をうけた人で、世人からも「大虎」と敬称された。

彼を片付けてしまわない以上、大事を決行することは不可能な話であった。そのために、首陽大君は待機している武士たちに対し、

「大臣たちが朝廷に対して謀反をしている。その中でも金宗瑞が最も強い主犯である故にこの者だけ片付ければよい。他のものは心配するほどのこともない」と断言した。

それから部下一同に所定の任務につくことを命令した。

いよいよ、夕闇になる頃、首陽大君自ら楊汀、柳洙、洪達孫等をつれ新門外にある金宗瑞宅に出かけた。これと別に権擥、韓明澮、韓瑞亀その他は敦義門の上で潜伏して待機していた。

金宗瑞邸を訪れた首陽大君は同邸の下僕に対して、

「首陽がきたから、一寸出るように」と通した。

金宗瑞は、不時に大君が訪ねてきたことは不吉な予感をしたが大君がきた以上出迎えなければならないと考えた。大君を迎えるために支度している間、その子金承珪が先きに門外に出て首陽大君であることをたしかめることにした。

長男金承珪が玄関に出ていった間、金宗瑞は独りつぶやいた。

「一クセある人物—首陽だ。幼主に対してただで済ます人でない。なにか陰謀を企んでいるに違いなかろう。普段はろくすっぽ挨拶もない人がこんな時刻に宅を訪れるというのはどうも腑に落ちない……」。長男が玄関から戻ってきたので親子して玄関に出た。

このとき、首陽一行は表玄関から入り中玄関で主翁を待っていた。金宗瑞父子が出てくるのを待っていた首陽大君は、何気なく冠をなおすふりをした。大君は、宗瑞の長男金承珪が当代の有名な力士であるので、彼が父と一緒だと都合悪いと見てとったので、

「用事で外出する途中紗帽(帽子)の角を一つ落したのです。丁度お宅が近所であったので、それを一時拝借するために立寄った」と来訪したわけを話した。

大君が来訪したわけを聞いたが、如何にもわざとらしい口実と見てとったが、それをいやと言えなかった。その子に取りにいけと言いつけた。—次号へ—

(石蔵山人)

安住の地よいずこ
許槿旭
え 金豪伸
(104)

脱出(四十八)

「この証明書さえあれば、ソウルまで無事に行くことができる！君の友だちのおかあさんは、ほんとに人情深くて善いお方だね。いま誰だって食糧に困っているときなのに……そんなに幾日も泊めてくれて、その上に旅行証明書まで手に入れてくださるから……君が誰の娘であるということを知っていながらも、幾日も泊めてくれたということは、ちょっとや、そっとのありがたさではない。やはり世の中には、心の善良な人たちも多いね」

十一月も残り少なくなった頃、沙里院、海州を経て、私たちは名も知らぬ、とある入江に着いた。

青い松林の間を吹き抜けてくる潮風は、結構冷かった。

「もう、陽気が結構冷くなるね」

つま先のめり込む砂浜を通って彼と私は帆をつけた船が、ずらりと並んでいるところへ駈けていった。

太陽が頭上高くのぼるころに、やっと船は入江を離れ始めた。潮の臭いがする大きな荷物などが沢山積まれている側に、彼と私は席をとって並んで座った。

白い紙きれを大事そうに拡げて見ながら、彼は低く言った。静かに流れる川の水を眺めながら、思いにふけっていた私は、彼に顔を向けながら言った。

「ソウルまで幾日ぐらいかかるかしら？ 私はやっぱりソウルの街が懐しいの。私を十九年間も育ててくれたソウルに帰ることを考えたら、何だか胸がワクワクするわ。ソウルに帰ったらあなたと一しょにぶらついていた明洞の街を歩いて見たいわ。そしてクルモンの〝落葉〟の詩を口ずさみながら散策した南山にも登るし……」

「君は、まあ、年とっても、きっと子どもと同じことだろう。年がいくつか違えただけで、センチな文学少女だよ！」

「なーに……現実が悲惨なほど夢は美しく持つべきじゃない？」

「わからずや！ 早く行こう。ソウルまでのみちは、これからが始まりだよ」

晩秋のやわらかい陽ざしを受けながら、彼と私はコツコツと歩いて行った。

「おじさん、麻浦にはいつごろ着きますか？」

帆柱にロープを結んでいた船頭に、彼は大きな声できいた。

「麻浦ですか？ 明日の晩に着きます」

気がよさそうに見える船頭は、ていねいにこたえた。つぎだらけの帆が風一ぱいはらんで、へさきが波濤をかきわけて走ると、船頭たちは船べりで釣糸を垂れたりしていた。

「もう明日になればソウルに着くんだ。着いたら金洪俊のところへたずねて行くことにしている。洪俊と君と俺と三人が、過去をきれいに清算して新しく出発しなくては。辿って来た過去を足場にして、俺たちは、も少し、甲斐のある生活を営まなくてはならない。人間はパンのみでは生きられない。自由がなくてはだめだ。君と俺が、あれほど渇望していた自由を、俺たちも、もうむさぼることができるんだ。そして、書きたい作品を思のままに書けるし」

■ホール
■御座敷
純京城料理
京城館
東京都新宿区神楽河岸3号地
国電飯田橋東口下車橋のたもと
電話 (331) 2652
東万里

韓国服地と韓国レコード！

営業品目
特殊香港洋丹・中国洋丹・金糸織洋丹
テトロン洋丹・東郷洋丹・美術丹・七色丹
リバレース・オパール・ニュートン・ベルベット
其他・本絹・季節向一式・朝鮮古典長鼓衣装
貸古典婚礼衣裳
韓国レコード総販売元
韓國レコード
祖国訪問者および帰国者には特別御奉仕しております
仁川㊀商会
東京都台東区浅草公園六区10−3
TEL (871) 3981・5498

不動産なら信用と伝統を誇る朝日商事の不動産部へ！
有限会社 朝日商事不動産部

◆一般住宅地 ◆キャバレー
◆ビルディング ◆パチンコ店
等の御相談は是非当社の不動産部を御利用下さい。
東京都中野区鷺宮1丁目214番地
西武線都立家政駅前
電話 (385) 0151・0152・0153・0154番
代表取締役・染判山

世界を
飛翔する
乗用車
ここに誕生!!
ダットサン ブルーバード

日本で最も人気があり、世界各地に輸出されて好評のダットサン ブルーバードのふるさと……日本の代表的自動車メーカー「日産」が神奈川県追浜に建設した東洋一の乗用車工場です。100万平方メートルの広大な敷地に並び立つ工場では、すべてがコンベアーシステムで運ばれています。日産自動車では、このたびセナラ自動車と提携し、ブルー バードを韓国に輸出することになりました。
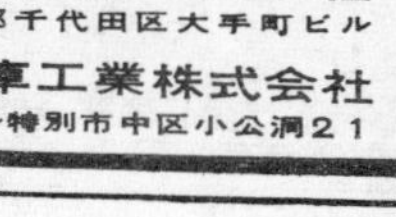
ダットサン トラック
NISSAN
日産自動車株式会社
東京都千代田区大手町ビル
새나라自動車工業株式会社
ソウル特別市中区小公洞21

韓國新聞
発行所 韓国新聞社
発行人 曹寧柱
東京都文京区金富町51
電話(813)2261・2263 編集
東京(812)1921 (813)2262 業務
振替口座 東京 34988番

広告代理店 KPR
韓国と日本を結ぶ!!
企画と立案・図案文案製作
新聞雑誌広告・ラジオテレビ広告
ネオン屋外広告・市場調査と興信
その他広告宣伝PR
TOKYO 港区芝琴平町26 電話(501)0471
SEOUL 乙支路一街101 電話(2)1811

来年度国家予算運営は希望的

食糧需給事情も心配ない

金内閣首班、記者会見で語る

金内閣首班

【ソウル発＝連合】金鍾泌内閣首班は三日、米国の対韓援助額は先般暫定的に決定された七千五百万ドル以外に追加があるはずであるから国家予算の運営は希望的だと語り、現在経済企画院では一億ドル程度の米国の支援援助があるものと考えて、全ての経済政策をたてていると語った。

釜山地方に到着した金内閣首班は記者会見でこのように語り、韓日両国の国交正常化は時期の問題で成立することは間違いないが、請求権問題の外にも漁業資源と平和ライン問題でまだ解決されない点がないと語った。

今年度秋穀収穫の正確な統計が出れば、米国との第二次余剰農産物導入協定も約…されているため、来年度の食糧需要供給事情は心配ないと語りながら、政府で推進している秋穀買上げに強制性をおびることは絶対ないだろうと語った。

なお金首班は国民投票が一〇〇％の投票率を現わすことを望んでいるが韓国のいままでの経過からみて九〇％程度の投票があるものとみると語った。

そして何人かの現長官の出馬にともなう長官の更てつ説にたいしては、これはまだ考えてみたこともないと答え、政府は言論政策として五つの中央紙を育成するだろうと語った。

漁業協定具体案を提示

第18回予備折衝　大野訪韓日程も

論壇

民社党の対韓基本態度を理解する

本国政府は民社党を招聘しよう

鉱山開発資金を放出

"大原則は変化ない"

韓日問題　裵大使、本国で語る

裵大使

入試公告は三十日前に

韓国日報停刊問題で意見交換

外資導入 促進委、許可申請を承認

中央セメント工場、鎔性燐肥工場建設等

最高委員の現役出馬説

朴議長慎重な研究指示

今年度目標11月に完了

八百三十六万四千六百余ドル

十二月中の外貨購買計画

一興証券に精算 営業停止処分

千万ドルを繰上げ使用

煙草、白蔘の通関事務取扱要領発表

圧縮ガス取締法業者追加

大韓航空公社で開業式

同和通信社、APと受信契約

韓・中貿易会談

協定修正に合意

さる十一月二十二日から十二月一日まで台北で開かれた韓・中貿易会談は一九六一年三月三日に結ばれた韓・中貿易協定を修正することに意見の一致をみたと三日午後外務部で発表された。

自由中国側の輸入額にくらべ十対一という不均衡状態にあった両国間の貿易を健康化させるために開かれたこの度の会談は、独自的な原則のもとに貿易量の増進と現実的貿易振興化をはかるため必要な措置をとるよう両国の政府に建議することに意見の一致をみた。

バンドン会議参加 問題を検討

朴議長、外務部に指示

家族計画問題を協議

金首班地方視察

金鍾泌内閣首班は三日午前九時半秋穀買上状況を視察するため、飛行機便でソウルを離れ釜山に向った。

金内閣首班は釜山から慶州、大田を経て五日順天地区水害復旧竣工式に参席した後、ソウルに帰る予定である。

前月に比べ42億減

十一月中証券取引量集計

朴議長に国内情勢報告

火災発生件数二千

被害額三百万ウォン

治安局で集計した全国火災統計

在韓外国人、外国団体に感謝状

農漁村にラジオを贈ろう

現在わが国では公報部を中心に「農漁村にラジオを送ろう」という国民運動が展開されており、多くの成果を収めております。この運動の趣旨は貧しさのため耳をもっていてもいまだ放送という文明の恵沢を受けていない農漁村が一万五千を数えているのに対して、全国民を愛する心と隣人を大切にする人情に呼訴して彼等にラジオを送ろうというものであります。

ご存じの通り一部地域に住む在日僑胞なども、この運動に呼応して物品を本国の農漁村に送りこんでおり、民団でも順天地区水災民救済金募金運動と同時に全体僑胞の協力を要望しており

読者の皆様方もこの趣旨を理解のうえ全国の僻地同胞たちに文化恩沢を普及させるため、少ない金でも、余分なラジオでも出し合い、愛の贈物をしようとするこの運動に積極的に参加されることを望み、また彼等の明るい明日のため海外僑胞の誠意が集まることを希望します。

▽募集要領△

募集物品　ラジオ(中古品でもよい)
募集期間　十二月十日まで
拠出処　民団各県本部、支部、各傘下団体本部、支部

民団中総宣伝局

ご商売やお住いのご計画に……
東京商銀信用組合
東京都文京区湯島天神町三ノ一四
電話・八三一―五七二五・四〇〇九・八六六一―五三三〇・五五三九

SPK
合成樹脂成型加工
金型製作
三協プラスチックス化工業工場
宋璨鎬
大阪市生野区猪飼野代町四八五番地
TEL(七四一)五八〇六―七

「大豊新薬」は、先進諸国の最新科学陣に依って、研究製造された最優秀新薬を輸入して、国内臨床界・医療界に寄与……国民保健に、最も、奉仕することを使命としており、その経営に於て、国内薬品の品質向上に、合理的な運営方針をとっている

大豊新薬株式会社
取締役社長 禹大奎
ソウル特別市中区茶洞115番地(大韓ビル)
電話 交換②7072・9530・7976・③5453
私書函/中央郵逓局363・国際郵逓局1294

中小企業者の銀行

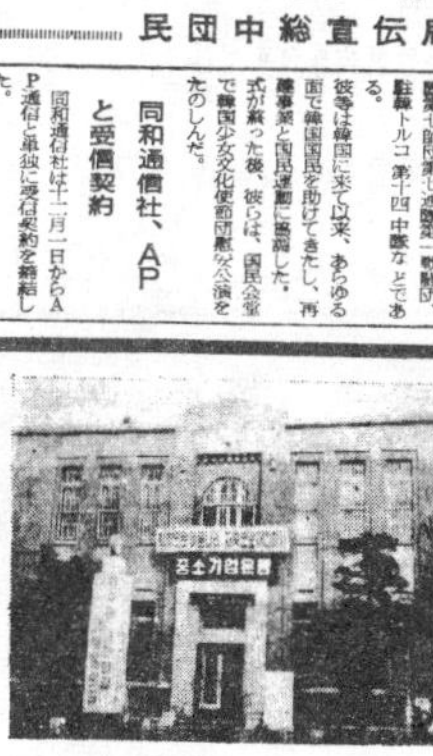

〈創業〉 1961年8月1日
〈店舗〉 全国 37個所

中小企業銀行
銀行長 朴東奎
本店・ソウル特別市鍾路区堅志洞111番地

281

憲法改正案と現行憲法との比較（一）

来る十二月十七日に行なわれる憲法改正案の国民投票を前にして、本紙では"憲法改正案と現行憲法との比較""憲法改正案の特徴"などについて個条的に現行憲法と改正案について解説してみたいと思う。

概観

五・一六革命は不正と腐敗と貧困からわが民族と国家を救済し、あらたな民主福祉国家を再建せんとする所にその理念がある。かかる五・一六革命の経綸な理念がこれから誕生する第三共和国に継承され、再びその前轍を踏まないよう新国家の基盤を築くのが革命政府の神聖な義務であり最大の課題であるといわざるを得ない。ここにおいて、革命政府はこのような義務を果すため革命公約で明らかにされている民政移譲にさきだち五・一六革命精神に立脚して真の民主国家である第三共和国の基盤を造るため憲法改正案を公告したのである。

憲法改正案の特色を要約すると、①自由民主的基本秩序を強調し国民の基本権を最大限に保障している。②自由民主的な政党政治の基礎を確立している。③[illegible]的な政府形態をとっている。④[illegible]国民の基本権保障の最後の保塁である司法権の独立と民主化に万全を期している。⑥急を要する民生苦を解決し、国民経済の早急な発展を期することのできる経済体制と機構を設っている。⑦共産勢力の侵略を防御し、強力な国家安全を保障できる機構を設置している。⑧国家の最高規範である憲法の改正は主権者である国民が直接決定できるようになっている。

ここに憲法改正案と現行憲法との差異を要約説明すると次の通りである。

総綱

(1) 国号と国家形態

国号、国体ならびに政体に関する事項は国家の同一性を示す憲法において最も根本的な規定であり憲法改正案でも「大韓民国は民主共和国である。大韓民国の主権は国民にあり、すべての権力は国民からいずる」と規定しており、大韓民国というわが国の国号と主権在民を基本とする民主共和国の国家形態に関しては現行憲法と全く同一に規定している（案一条）

(2) 国民

憲法改正案は国家の根幹となる人的構成要素である国民に関して「大韓民国の国民の要件は法律によって定める」と規定し、現行憲法と同じように国民となる資格（国籍）は法律によって定めることとし、行政府が自由に国籍に関する事項を規定できないようにして国会を通過した法律によってのみ定められるようにしている（案二条）

(3) 領土

憲法改正案は現行憲法と同じように「大韓民国の領土は韓半島と付属島嶼をもってする」と規定し、わが国の領土の範囲を憲法に直接規定している（案三条）

(4) 国際法の尊重と外国人の地位保障

憲法改正案は現行憲法と同じように国連憲章に従って国際平和主義に立脚し「大韓民国は国際平和の維持に努力し侵略戦争を否認する」と規定し、過去と同じように今後も国際平和の維持に努力して他国を侵すような侵略戦争は絶対に行わないことをせん明しており「この憲法によって締結公布された条約と一般的に承認された国際法規は国内法と同じような効力を有する」と規定して国際平和のために国際条約と国際法規を国内"法律"と同位に置き、国際法を尊重し、これを遵守することを宣言しており「外国人に対しては国際法と条約の定めるところによってその地位を保障する」と規定して、人類の平等思想を具現する一方、国際法尊重の意を更に強調している。（案四・五条）

(5) 公務員の本質、身分保障ならびに政治的中立性

現行憲法では公務員は国民の受任者であり、国民に対して責任を負うという公務員の本質に関する規定と公務員の身分保障ならびに政治的中立性に関す規定は、公務員の不法行為による国家の賠償責任に関する規定とともに国民の基本的権利義務に関する章の同一条文に包括的に規定されているが、公務員の本質と身分保障ならびに政治的中立性に関する規定は国民の基本的権利義務とは直接的な関連なしに公務員の本質という面でみる時、公務員は国家機関の人的担当者であるという点で憲法改正案は彼らに関する規定を分離させ、国家の構成要素に関する総綱的な規定を設けている総綱に規定している。だがこのような変更は規定する位置の変更にすぎないものであって実質的な内容の変更ではない（案六条）

(6) 政党

現行憲法では政党に関する規定をその結社という性格に着眼して一般の集会結社の自由とともに国民の基本権に関する章に規定しているが、憲法改正案は現代民主主義が多元的な政党を基礎とする民主主義に変ってきており、政党の占める役割が他の結社とは質的な差異があるのみでなく政党は国民と国家を介する憲法的機関と化し、民主主義国家の主要な構成要素として民主主義の基礎が作られた点に鑑み、国民の結社の自由とは別に総綱の章に規定しており、その内容においても民主的で健全な政党制度の確立のため現行憲法と同じように抽象的に規定せず具体的に規定されている。すなわち「政党の設立は自由であり、複数政党制は保障される」と規定して複数政党制を明文化し、「政党はその組織と活動が民主的でなくてはならず、国民の政治的意思形成に参与する必要な組織とならなくてはならない」と規定しており、第二共和国当時のような非民主的政党や似而非政党の抜扈による政治の腐敗を防ぐため民主的で健全な現代的政党制度を樹立して真の代議民主政治の基礎を確立しており、政党の解散においても行政府の任意な解散を防ぎ、政党の目的と活動が、わが国憲法の基本秩序である民主主義にそむく時には政府は大法院に提訴して政治的中立性を帯びる大法院の判決によってのみ解散できるようにしており、これは現行憲法とは殆んど変らないが、憲法改正案では憲法裁判所を設けず解散判決を大法院がするようにした点に差異がある（案七、一〇三条）。憲法改正案は政党解散判決においても慎重を期するため政党解散を命ずる大法院の判決は大法官定数の五分の三以上の賛成を得なくてはならないようにしている（案一〇三条）

革命精神に立脚した理念

国民の基本権を最大限に保障

民主的な現代的政党制度を樹立

権利と義務

(1) 国民の基本権に関する総則的規定をあらたに設けた

憲法改正案は基本権に関する章の劈頭に「すべての国民は人間としての尊厳と価値をもち、このため国家は国民の基本的権利を最大限に保障する義務を負う」という基本権に関する総則的規定をあらたに設け、人間の尊厳と価値を宣明にして国民の基本権を保障する国家の義務を宣言した（案八条）

(2) 身体の自由権をより徹底的に保障するようにした

憲法改正案は、あらゆる自由権の基礎となる身体の自由なしにはその他の移住、通信、言論等の自由が有名無実になるだけでなく、憲法の運営において過去の好ましからぬ前轍を踏まないようにするためにも現行憲法よりも表現を明確にし、内容においても進歩的な規定をしている。

すなわち、法律によらない逮捕、拘禁、捜索、押収、審問、処罰または強制労役の禁止（法律主義）、令状制度、弁護人の助力を受ける権利、逮捕、拘禁を受ける者の法院に対する適否審査の請求（人身保護令状制度）等に関しては現行憲法と同じであるが、先進諸国の例にしたがって拷問の禁止、自分に不利な陳述の拒否権、拷問等による強制自白による有罪判決の禁止等を憲法に規定し、自白を強要したり、拷問または不確実な証拠による裁判で人権を侵害するようなことを防ぐため現行刑事訴訟法の規定を憲法的効力に高め、現行犯の場合と三年以上の長期刑に該当する罪を犯して逃避または証拠湮滅のおそれのある場合に限り令状なしに逮捕、拘禁、捜索、押収をした後に令状を請求できるようにしており、現行法よりもこの点に関して厳格に制限しており逮捕、拘禁、捜索、押収には検察官の申請によって法官の令状を発するようにし、法官に対する令状の申請は必らず検察官が行うようにして司法警察官の令状申請による人権侵害を防ごうとする現行刑事訴訟法の規定を憲法に規定してその効力を高めている（案十条）

(3) 遡及立法による参政権の制限または財産権の剥奪を禁ずる規定をあらたに設けた

行為時の法律によって犯罪にならない行為を事後の立法によって処罰すること（刑罰不遡及の原則）、同一の行為を重ねて処罰することの禁止（一事不再理の原則）においては現行憲法と同じであるが、憲法改正案は遡及立法の禁止を特に徹底して規定し、事後立法による参政権の制限と財産権の剥奪を禁止するようにしている（案十一条）

(4) 住居の不可侵権を徹底して保障し職業選択の自由（案十四条）を明文で規定した（第十三条）

憲法改正案は国民生活の基本となる居住の自由を特に徹底して保障するため、住居に対する捜索や押収においても法官の令状を要するように明文化し、従来、憲法の解釈上学者らの間で疑議の多かった職業選択の自由に関する規定をあらたに設け、国家が個人にその意思に反する特定職業に従事することを強制できないようにした。

(5) 言論、出版、集会、結社の自由をより明確に規定した（案十八条）

憲法改正案も現行憲法と同じように言論、出版に対する許可や検閲、集会、結社に対する許可を認めないようにした。ただし、新聞や通信の発行施設基準を法律で定めるようにし、似而非言論機関の抜扈を防ぎ、公正で責任のある言論の育成を図かり、また屋外集会についてはその時間と場所に対する規制を法律で定めるようにし、そしてまた公衆道徳や社会倫理を守るため映画や演芸の検閲をするようにして言論、出版は他人の名誉や権利または公衆道徳や社会倫理を侵してはならないと規定して民主主義の基礎である真の言論、出版、集会、結社の自由を保障する一方、自由を仮装した言論、出版による名誉毀損、公衆道徳、社会倫理の侵害によって民主主義を破壊した過去の前例を繰り返さないよう現行憲法よりも詳細に規定して自由と責任の基準を明示している。

(6) 軍法会議の裁判権を制限した（案二十四条）

憲法改正案は国民の裁判請求権に関して、国民はすべて憲法と法律で定められた法官によって法律による正当な裁判を受ける権利、迅速な裁判を受ける権利、相応な理由のない限り遅滞なく公開裁判を受ける権利ならびに刑事被告人として拘禁されていた者が無罪判決を受けた場合の刑事補償請求権等を現行憲法と同じように規定し、その上憲法改正案は軍法会議の裁判権の限界を明白にして、軍人または軍属でない国民は大韓民国の領域内では軍事に関する間諜罪の場合と哨兵、哨所、有害飲食物供給、捕虜に関する罪のなかから法律で定めた場合ならびに非常戒厳が宣布された場合を除いては軍法会議の裁判を受けず一般法院の裁判を受けることとし、司法手続における人権保障の確立を期している。

(7) 勤労の権利ならびに義務と社会保障制度をより現実的で民主的に規定した（案二十八、二十九、三十条）

憲法改正案は勤労の権利ならびに義務に関して現行憲法よりも一層具体的な規定をしているが、国家は国民の勤労権を保障するため社会的経済的方法で勤労者の雇傭を増進するのに最大限の努力を傾注するようにしており、すべての国民は勤労の義務を負い、勤労の義務の内容と条件は民主主義原則にしたがって法律に定めるようにし、勤労者は勤労条件の向上のために自主的な団結権、団体交渉権ならびに団体行動権を持つが公務員である勤労者は法律で定められた者を除いてはこのような権利を持てないようにしている。まず勤労義務の内容と条件は法律で定められるが、全体主義的方法による強制労役等を排除して民主主義原則にしたがって定めるようにし、次いで国民の受任者である公務員は彼らの利益増進のための罷業などで国家機能が麻痺されるのを防止し、国家の利益のために専心服務するようにした。

また憲法改正案は社会保障制度においても、すべての国民が人間らしい生活を営める権利を持つことを宣言して、国家は福祉国家的な立場からすべての国民が最少限の文化的生活を営められるように努力しており、特に生活能力のない国民は法律の定めるところによって国家の保護を受けるようにしている。

(8) 教育の自主性と政治的中立性の保障に関する規定をあらたに設けた（案二十七条）

経済面のみでなく文化面においても全国民の人間らしい生活を保障するために教育を受ける権利に関して憲法改正案は教育の機会均等、初等教育の義務と無償教育等現行憲法と同一の規定を設けた外に教育の自主性と政治的中立性を保障して健全な教育の発展を図るためにあらたな規定を設けた。

(9) 平等権（案九条）居住移転の自由（案十二条）通信の自由（案十五条）宗教と良心の自由（案十六条ならびに十七条）学問と芸術の自由（案十九条）財産権の保障（案二十条）参政権（案二十一条ならびに二十二条）請願権（案二十三条）と基本的権利に対する法律留保（案三十二条）ならびに国民の納税義務に関しては現行憲法と同一の規定を設けている。

統治機構

(一) 国会

(イ) 国会制度

国会は単院制とする。（案三十五条）現行憲法では国会は参議院と民議院によって構成される両院制度をとっているが、憲法改正案は国務処理の迅速と費用の節約を期し国会の責任を明白にするため単院制を採択した。

(ロ) 国会議員

①国会議員の定数は百五十人以上二百人以下の範囲内で法律に定めることとした（案三十六条二項）。

現行憲法下では民議院議員の定数は法律で定めるようにし、参議院議員の定数は民議院議員の四分の一を越えない範囲内に法律で定められていたが、憲法改正案は国会議員の定数を百五十人以上二百人以下の範囲内で定めることによって執権党の政治的な考慮による国会議員定数の増減を防ぐようにしている。

②国会議員の候補者は所属政党の推薦を受けなくてはならないようにしている（案三十六条三項）。

憲法改正案は現行憲法とは異なり国会議員の候補となる者は所属政党の推薦を受けるようにし、国会議員に当選した後でも任期中に党籍を離脱したり変更または所属政党が解散した時には、合党または自己意思によらない除名で所属が変った場合を除いて国会議員の資格を喪失するようにし、議会民主主義の基礎である政党政治を確立して、一定の政綱と政策をもった政党に国会議員を統合するようにして、金銭その他有利な地位などの個人的利益のために所属政党から離れて、選挙民の意志に背反するような弊害をなくすようにしている。

③国会議員は大統領、国務総理、国務委員、地方議会議員その他法律で定められた公私の職を兼ねられないようにしているが、これは政府形態として採択した大統領中心制の理論に徹底して、公私の職務を兼ねることによって生じた職務濫用等の諸弊害を防ぎ、職務を誠実に行なうようにした。

④国会議員はその地位を濫用して国の契約または処分によって財産上の権利などを取れできないようにした（案四十条）。

憲法改正案はその地位を濫用して国家公共団体または法律の定める企業体との契約また処分によって財産上の権利や利益または職位を取得したり、他人のためにその取得を斡旋したりすることができないようにしているが、これは当然なことであるが、過去のわが国政治現実においては国会議員と一部の不正経済人との結託が政治腐敗の原因となり、また健全な経済の取引のガンとなったことからこれを明文化したのである。

⑤その他国会議員は普通、平等、直接、秘密選挙によることとし（案三十六条一項）その任期は四年とした（案三十七条）。

現行犯である場合を除いては、会期中に国会の同意なしには逮捕または拘禁されず、会期前に逮捕または拘禁された時には現行犯でない限り、国会の要求があれば会期中、釈放されるようにしたこと（案四十一条）と国会議員が国会で職務上行なった発言と表決に関しては国会外でその責任を負わないという事は現行憲法と同じである。

(ハ) 国会の会議

①国会の定期会議は百二十日を、臨時会期は三十日を越えないようにしている（案四十三条三項）

現行憲法には国会の定期会ならびに臨時会の会期を定めていないが、憲法改正案は定期会の会期は百二十日を、臨時会の会期は三十日を超過しないようにしている。

②国会に提出された法律案ならびにその他の議案は会期中に議決されなかった理由で廃棄されないようにしている（案四十七条）

現行憲法では同じ議員による同じ国会であっても会期によってその意思が変るという理由で、国会会期中に議決されなかった議案が廃案され、次期国会で同じ議案を議決しようとする時には新たにそれを再提出しなくてはならない会期不継続の原則をとっているが、この原則は議員の任期が一年となっているような国家では妥当であるが、議員の任期が四年もあり、同じ議員が継続して次期国会にも在任する場合には、この原則を認める正当な理由がないので、憲法改正案はこの原則を採択せず、国会議員の任期が満了する時にかぎり会期不継続の原則を認めている。

③国会の議決は憲法と法律に特別の規定がない限り、その在籍議員過半数の出席と出席議員過半数の賛成をもってし、賛否同数の時には否決されたものとみなす（案四十五条）

現行憲法でも国会の議決は憲法と法律に特別な規定がないかぎりその在籍議員過半数の出席と出席議員過半数の賛成で行なうようにしているが、ただし、賛否同数の場合には議長が決定するようになっているのを、憲法改正案では賛否同数の時には否決されたものとみなしており、国家の意思はできるだけ多数の賛成を基礎として決定するようにしている。

④その他国会の会議に関すること、定期会は毎年一回集会されるということ（案四十三条一項）臨時会は大統領または国会在籍議員四分の一以上の要求によって国会議長が集会するということ（案四十三条二項）、国会は議長一人と副議長二人を選ぶということ（案四十四条）、国会の会議は公開を原則とする（案四十六条）等は現行憲法と同じである。

（つづく）

韓国の声

ウ・タント国連事務総長の就任に対して

去る一日、国連総会で正式に事務総長に任命されたウ・タント氏は、恐らく一九六〇年代国連内外の最も困難な問題が横たわる時期に、その任務を遂行することになりそうだ。この期間はといえば、国連の機構は膨脹するであろうし、それにより問題の複雑性もまた増すことになろう。

一方、核戦争の脅威は続き、到るところで悪徳をまき散らすであろう。ともあれ、世界の主要問題はすべて、直接的にしろ間接にしろ、国連事務総長の関与するところとなるだろうから、問題の深刻性によっては、事務総長の責任もまた少なしとしない大きいものがあると考えなければならない。国際社会においてそうであろうと、一国の社会においてそうであろうと、問題を多くするのも人間なら、その取扱も人間にかかっている。国連事務総長は一人だが、これに対する世界各国民の期待が大きい理由もそこにあると見なければならない。特に、今この時にウ・タント氏が国連事務総長に任命されたことは、決して偶然として看過されてはならない。氏が満場一致で全体会員国の支持を得るまでには、何よりも事務総長代理としての過去一年間の実績が作用したと見ることもできるが、困難な問題と責任を担いうる氏の人柄と優れた人格、能力、資格を各国から強く認識されたことも大きかった。

事実、ウ・タント氏は過去一年間にわたり、戦争の危機を一度ならず孕んだニューギニア問題とキューバ問題を平和的に収拾するに寄与しただけではなく、故ハマーショルド総長の後を受けてコンゴ問題収拾にも継続的に努力した。

この努力は、ついにソ連にトロイカ制事務総長職の主張までもあきらめさせる結果をもたらしたともいえ、ここに正義に立脚した国連原則と精神が、不当なる主張を抑えた生きた証拠が示されたのである。

ただ正式に就任することになったウ・タント事務総長の前には、懸案の国連内の難題がそっくりそのまま待ち構えている。事務総長職問題が一段落したのは、国連が直面した一つの危機を克服したことに違いはないが、厄介なコンゴおよび国連経費問題の処理、核実験禁止会議の推[illegible]権問題、会員問題、果ては投票の行方問題など、多くの問題がある。

われわれがここで事務総長に対して要望したいことは、問題の認識や取捨において、中立はあり得ないということである。問題は、いつかはその是非を決定せねばならず、知覚によって判断される正義と真理は一つ以外にないからである。元来、事務総長は憲章の規定により、如何なる政府または国連外機関の干渉や指示も受けないとなっている。ウ・タント氏は、今度の就任辞においても、昨年十一月の署理就任に当っても、このことを繰り返し確認したようであるが、これは、どちらにも傾かないで、残余の問題をあいまいにすることを決して容認しない。問題に深く入れば、その原因が判明されるし、是を推進し、非を糾弾、膺懲するにやぶさかであってはならない。

過去においてもそうであるが現在、将来はむろん、国連の懸案や世界の諸々の紛糾は、大部分、非を犯す一部の国、特に共産ブロックの専横から生じた事実をみれば、判断の原則と解決の原則は自明であり、ひいてはわれわれが、事務総長としてのウ・タント氏個人に対する期待に切実なものがあるのも、このような点である。

ウ・タント氏の過去一年の経験、または氏が事務総長職を継承することになった一部始終の由縁は、このことを雄弁に説明している。

われわれは、アジア出身である氏の国連事務総長就任を慶賀すると同時に、将来人類の平和のための氏の寄与がこのようなところにあることを希求してやまない。

（朝鮮日報）

時流

米日経済委と韓日関係

第二回米日貿易経済合同委員会が三日ワシントンの米国務省国際会議場で開催された。

米日貿易経済委の議題は❶米日経済現況の検討❷米日両国の財政金融および国際収支事情❸米日両国の経済成長❹米日間の貿易拡大と経済関係の促進❺国際貿易経済関係の傾向❻低開発諸国の経済開発の諸問題❼その他の七項目である。

昨年箱根で開かれた第一回米日貿易経済委が儀礼的、概括的であったことに比較して、今度の会議は相当、実質的、具体的に行なわれるだろうとの観測が強い。

米日貿易経済委は前記した議題が示すように、いろいろな経済貿易問題を検討することになっている。しかし、ここで、われわれが特に関心を持つ議題は「低開発諸国の経済開発の諸問題」である。

また、この低開発諸国の経済開発問題にからむ国際政治的傾向をわれわれは同時に注目している。

米日貿易経済委の参加者の顔ぶれだけをみても、この会議が経済的性格と共に政治的性格を含んでいることを知ることができる。

今度の第二回米日貿易経済委の参加者は米国側でラスク国務長官、ユードル内務長官、ジロン財務長官、フリーマン農務長官、ワーツ労働長官、ヘラー経済諮問委員長らと、日本側で、大平外相、田中蔵相、河野農相、大橋労相、宮沢経企長官ら十二名の閣僚級である。

米政府としては、日本の経済を成長させて日本がアジアの安定勢力として東南アジアの低開発国を支援するよう促進していることは、米国の極東外交政策の重要な一部である。これと共に米政府としては、傍観的でなく、自由陣営のよき協力者としての日本を求めているのである。このような従来の米国の基本的極東政策に照らしてみるとき、今度の米日貿易経済委で、日本側の経済的な要求に対して、米国側が日・中共貿易問題、韓日問題を含む低開発諸国の経済開発問題とこのような諸問題と関連をもつ政治問題を持ち出すことは明らかなことである。

米国側は、東南アジアの低開発国に対する経済援助問題に日本がいっそう力を入れるような方向に論議を進めると同時に、日本と中共との貿易問題と政治的関連に関心を持つだろう。

米国側はまた韓日交渉の妥結と同時に行なわれる予定の韓日経済協力問題に関して日本側と検討するだろう。今、韓日交渉は、ほぼ妥結の段階に進んでいる。特に韓日交渉の第一難関である請求権問題についても無償供与三億ドル、有償供与、すなわち低利長期借款二億ドルの線まで韓・日両側の意見が近づいているところで、大平外相の帰国と同時に行なわれる予定の池田首相の最終的裁断を待っているところである。その間、韓国を訪問する大野自民党副総裁が政治的に韓日会談の最終的仕上げをすることも観測されている。

このような時期において米日貿易経済委が低開発諸国の経済援助問題、特に韓日経済協力問題を検討することは極めて注目すべきことである。

ところで三日の新聞報道による[illegible]する経済協力の方式を抜本的に改める必要を認め、このほど外務省事務当局に対し、資金調達、借款条件などの面から再検討するよう指示したといわれている。これは韓国の対日請求権問題が長期低利借款を含めて解決される方向にあること、およびインドネシアから経済協力の申し入れがあるなどの事態に対処するためであるといわれている。だが、大平外相が米日貿易経済委から帰国してから東南アジアの低開発諸国に対する経済協力問題は、外務省を中心に本格的検討に取組むことになることが予測されている。

一言でいうと、今度の米日貿易経済委をとりまく国際情勢は、日本を極東の政治的、経済的安定勢力として、東南アジア諸国の経済開発に従事させる、という米国の極東政策が活発に作用している。この作用によって韓日会談妥結直後、日本の韓国に対する経済協力が行なわれる、という方向に進んでいるといえる。

昨年、日本の箱根で開催された第一回米日貿易経済委でも、低開発国の経済援助問題が検討され、ガリオア・エロア返済資金（戦後日本復興援助資金）を転用させる問題が検討されたともいわれている。

だが問題は日本の韓国に対する経済協力の内容と韓日国交正常化にともなう日本の韓国に対する政治的態度である。経済協力は韓国を日本の商品市場化させ経済植民地化させず、真に経済的に自立復興させるものでなければならない。また日本は韓国が韓半島における唯一の合法政府であることを徹底的に認めなければならない。この二つの問題が韓国国民の注目の的である。

（浪）

趙重玉著
韓国料理
B5判 一三〇頁 特製豪華
定価 八〇〇円 送料 一〇〇円
取次店 東京都千代田区神田猿楽町二の四五 韓国資料研究所
電話 東京(二九一)五九六五
振替 東京一一五九七九

本国入国許可者氏名公告

韓国駐日代表部領事課旅券担当官
在日本韓国居留民団中総民生局長

丁堯順 KJ [illegible] 福岡
李仁秀 〃 [illegible] 長崎
尹錫煥 〃 [illegible] 〃
朴鍾竜 〃 [illegible] 〃
文吉守 〃 [illegible] 〃
高白介子 〃 [illegible] 〃
高鎮松 〃 [illegible] 鹿児島
徐一煥 〃 [illegible] 山口
黄来連 〃 [illegible] 大阪
正徐大 〃 [illegible] 岐阜
朴百竜 〃 [illegible] 大阪
金尚道 〃 [illegible] 兵庫
朴徳任 〃 [illegible] 〃
崔末変 〃 [illegible] 〃
林基善 〃 [illegible] 埼玉
李容致 〃 [illegible] 〃
金大植 〃 [illegible] 青森
金他官 〃 [illegible] 東京
金同元 〃 [illegible] 〃
韓大乙 〃 [illegible] 〃
兪弘濃 〃 [illegible] 〃
朴昌熙 〃 [illegible] 〃
田四述 〃 [illegible] 東京
李健 〃 [illegible] 〃
趙鐘大 〃 [illegible] 北海道
李元碩 〃 [illegible] 神奈川
金鐘煥 〃 [illegible] 宮城
蘇斗来 〃 [illegible] 〃
姜進旭 〃 [illegible] 栃木
孫鐘垣 〃 [illegible] 北海道
金光淳 〃 [illegible] 東京
金時伸 〃 [illegible] 神奈川
兪炳浩 〃 [illegible] 〃
任世賢 〃 [illegible] 東京
金勤群 〃 [illegible] 〃
李永洪 〃 [illegible] 〃
韓鐘卿 〃 [illegible] 東京
金成寛 〃 [illegible] 北海道
李祥拠 〃 [illegible] 神奈川
裴昶教 〃 [illegible] 東京
卞淑 〃 [illegible] 新潟
朴正鎬 〃 [illegible] 北海道
張元白 〃 [illegible] 静岡
李徳祚 〃 [illegible] 山形
崔廷智 〃 [illegible] 東京
朴順玉 〃 [illegible] 〃
崔善鳩 〃 [illegible] 〃
李甲録 〃 [illegible] 〃
朴楽緒 〃 [illegible] 〃
文鍾善 〃 [illegible] 〃

金乗泰 KJ [illegible] 〃
金大栄 〃 [illegible] 〃
李熙泰 〃 [illegible] 〃
金任先 〃 [illegible] 〃
曹吉日 〃 [illegible] 〃
鄭東淳 〃 [illegible] 〃
方顯福 〃 [illegible] 北海道
金両大 〃 [illegible] 東京
韓今乙 〃 [illegible] 東京
朴勝完 〃 [illegible] 大阪
金正河 〃 [illegible] 〃
李相烈 〃 [illegible] 兵庫
朴永述 〃 [illegible] 〃
朴載錫 〃 [illegible] 大阪
崔乗宇 〃 [illegible] 京都
李仲守 〃 [illegible] 〃
鄭東福 〃 [illegible] 愛媛
金且宅 〃 [illegible] 京都
金明希 〃 [illegible] 〃
李守竜 〃 [illegible] 兵庫
河合洪 〃 [illegible] 愛知
金仁斗 〃 [illegible] 大阪
李宗原 〃 [illegible] 〃
康卿林 〃 [illegible] 〃
閔福基 〃 [illegible] 〃
李昌基 〃 [illegible] 滋賀
李満用 〃 [illegible] 京都
姜徳化 〃 [illegible] 東京
朴順月 〃 [illegible] 〃
金正均 〃 [illegible] 〃
金寅俊 〃 [illegible] 岩手
金鍾圭 〃 [illegible] 東京
姜永栄 〃 [illegible] 〃
李六撰 〃 [illegible] 〃
崔末秀 〃 [illegible] 〃
張末熙 〃 [illegible] 〃
金成龍 〃 [illegible] 福島
李本鉉 〃 [illegible] 青森
趙敏基 〃 [illegible] 〃
張禎景 〃 [illegible] 〃
趙福田 〃 [illegible] 〃
金領声 〃 [illegible] 東京
権寧哲 〃 [illegible] 山形

（十一月二十日現在）

宗教法人 善隣基督教会附属／入間ドック完備
尾竹橋病院
診療科目
内科　小児科　外科
整形外科　産婦人科　眼科
耳鼻咽喉科　皮膚泌尿器科　神経科
放射線科　歯科　物療科
■診療時間・午前9時～午後5時
■基準看護・基準給食・基準寝具・厚生省承認

理事長・金城周寧
院長・金城揩明

所在地・東京都足立区千住桜木町53番地／電話（881）4807・7590～2
理事長室（881）7592・院長室（881）6329・栄養事務室（881）2774・准看護学院（881）6329

ソウル市 文化賞受賞者きまる

輝やくその業績

尹大柱氏ら十四氏

3日施賞式

ソウル特別市文化賞の施賞式[illegible]氏から始まったが、[illegible]と挨拶した。[illegible]官は祝辞を通して、文化を発展[illegible]させなければ、意欲的な条件があってもこれを発展させることはできない、と文化人が奮発してくれる[illegible]鄭[illegible]氏の祝辞があり、受賞者代表尹大柱氏の答辞があった。

人文科学部門　尹大柱
自然科学〃　[illegible]
文学〃　[illegible]
美術〃　金[illegible]
音楽〃　[illegible]
舞踊〃　[illegible]
演劇〃　朴珍
映画〃　李[illegible]
建設〃　金重業
工芸〃　劉[illegible]烈
体育〃　金[illegible]泰
放送〃　[illegible]
言論〃　郭福水
出版〃　学園社

朝総連 「万歳隊」造成を策謀

「模範分会」運動で強制

朝総連の機関紙朝鮮日報の報道によれば最近朝総連では傘下機関らに「模範分会」運動を組織させ「模範分会」称号争取運動をますます強行させている。すなわち昨年十月から今年の十月にいたるあいだ新たに四百十余個分会が「模範分会」称号争取運動にたちあがったと伝え、継続して去る十月[illegible]日には朝総連中央委員会決定によって東京都馬込分会に二重模範分会称号を、また東京都京成分会をはじめ二十九個分会に模範分会称号を授与したという。一方いまや朝総連傘下全体分会らは模範分会創造運動に一斉にたちあがったと報道した。朝総連というものが北韓共産党の日本出張所として[illegible]にすぎぬということは内外人が周知している事実であり、また朝総連の目的が全在日僑胞を北韓カイライ政権と金日成一党に無条件忠誠させる即ち共産主義狂信徒に仕立てるものであるということはすでに知られている事実である。

朝総連は僑胞らを金日成の子分にする方法として北韓で強行している「千里馬運動」の模写版であるいわゆる「模範分会」称号争取運動を考案してこれを在日僑胞らの中で広汎に展開しているものである。千里馬運動とは労働力酷使運動であるが、朝総連の場合このような増産運動は強要できないためこの模範分会称号争取運動は僑胞らを金日成に無条件忠誠させる共産主義盲信者を作りあげ、朝総連がよく組織展開する各種示威運動に動員して「そうだ」とか「万歳」部隊を作るに主眼点をおいているのである。

また朝総連では僑胞を共産主義盲信徒につくりあげるため教材としていわゆる「抗日パルチザン参加者らの回想記」を使用しているがこの回想記はよく知られているとおり金日成を偶像化するため作られた地上最大の虚偽捏造文件なのである。この回想記読み運動は模範分会称号争取運動の基本となっており、二重模範分会称号をうけた東京大田区馬込分会では回想記読み一〇〇日運動まで展開したという。朝総連は以上のように各分会をこの運動に引き入れ北傀が千里馬作業班称号を授与するのと同じく北韓共産党と朝総連の指示でおこなう各種反対行事に参加して「そうだ」とか「万歳」をできるだけ沢山さけんだ分会にたいして模範分会というものを与えているわけである。朝総連ではまた新たに二重模範分会称号というものを作りだした。これは言うまでもなく模範分会称号をうけた分会をより一層おだてるため、北韓の二重千里馬称号をまねたということである。このように朝総連は在日僑胞らを北韓共産党の忠実な子分にするためあらゆる手段と方法を使っている。

レンズの目

景福宮の雪景色

後方の建物は改装された中央庁

北韓スパイ(3名)を射殺

西海岸休戦線近海で

海兵隊では去る十一月七日西海岸休戦線近海で北韓カイライ武装間諜三名を射殺したと発表した。海兵隊が四日、発表したところによると、彼ら武装間諜三名は去る十一月六日夜富川郡北道面海岸に現われ、たまたま、そこに漁船を停泊しようとした李寿福氏外二名の漁夫等を拳銃で脅迫して自分たちの手で運転して休戦線近海に到着、漁夫らに朝食のしたくをさせる時、漁夫らが勇敢に素手で格闘しているところを休戦線巡警中であった海兵隊員が発見、逃げようとする間諜三名を射殺し漁夫ら全員を無事救出した、という。

東大門郵便局設立式挙行

工費二、五四三万ウオンで完成

一日午前十時ソウル市東大門区新設洞に新設された東大門郵便局の設立式が最高会議の金[illegible]根交通委員長ら参席裡に挙行された。去る五月二十五日[illegible]四十三万ウオンの予算で着工された同郵便局は七百五十坪の近代式二階建物で配達区域は城北区一帯と東大門区新設洞、崇仁洞、昌信洞、竜頭洞、安岩洞などである。

金選手ら民団礼訪

朝日マラソン参加選手

去る一日朝日新聞社が福岡で主催した"朝日マラソン"に参加するため来日した韓国代表選手権[illegible]七(コーチ)以下金連範選手と権良根選手は、その日程を無事に終え四日午後二時来日あいさつのため民団中総を訪れた。

同選手たちは権団長らと歓談しながら「今回の朝日マラソンでは来日があまり急なため、気候上の変化になれることができず三十八キロ道中胃ケイレンを起し不振に終ったが、来る東京オリンピックまではまだ時間もあるので期待できる成績を収めたい」と、東京オリンピックにファイトを燃やしていた。

実際のところ同選手たちが同競技日の二週間前に来日し、福岡の風土気候と所定の38キロコースを予め走っていたならば、18分内の記録はこれまでの成績から充分に作れたに違いない。権コーチは朝日マラソンをふりかえって「今回の朝日マラソン参加は時間的に非常な無理があった。しかし東京オリンピックを控え大いに勉強になった。今後はスピードの面を重点的に練習を積み重ねれば、東京オリンピックでは期待にはじない記録が収められると思っている」と今回の朝日マラソンの参加を反省している。

同選手の来日が十月二十九日午後三十日で、来日後の休養と練習時間は一日足らずであった。

洪久城 金泰伸 二人展

来たる八日から十五日までの八日間、韓国公報館(赤坂、ホテル・山王前)で僑胞画家金泰伸、洪久城両氏の二人展を開く。

同展覧会には、金泰伸氏の東洋画(人物、風景、静物)十点、洪久城氏の版画(主に人物)十点が予定されている。

釜山で産業博覧会

来年三月ごろ開催

来年三月ごろ釜山で産業博覧会が開催される予定である。

この度最高会議朴泰俊商工委員は今度釜山で開かれる産業博覧会は民間人が推進させているもので政府では一切補助しないと語り、商工部は既にこれを承認したと明らかにした。

少女運動指導者会議開く

韓国など15カ国参加

クアラルンプールからの報道によれば韓国をはじめアジア十五カ国代表がクアラルンプールで開催する少女指導運動の国家別委員および指導者に対する地域別訓練会議に参席すると三日報道した。

この会議には濠州、ビルマ、セイロン、ホンコン、印度、日本、韓国、ラオス、マラヤ、パキスタン、フィリピン、シンガポール自由中国、タイおよび自由ベトナムの代表が参席する。十日間にわたるこの会議は来る七日から始まる予定である。

尋ね人

尹任寿(伊藤)

右の方は戦前福岡県伊豆安良里に住んでいた方で、戦後釜山に引揚げ、五、六年前再び来日しております。尹さんに世話になった国洋汽船会社金明丸船長の沢人藤山氏が行方をたずねておりますので、御心当りの方は本社まで御連絡下さい。

李錦善(平野)45才

本籍地　平安南道大同郡

右の方は第二次大戦前、香港で日本人の夫と木炭商を営み、戦後日本に引揚げたもようです。御心当りの方は本紙または左記へ御連絡下さい。

ソウル特別市城北区貞陵洞四〇四　貞陵市場内三〇号　李[illegible]

右の方は最近来日し、現在京浜地区、特に川崎地区に居住しているもようです。御心当りの方は本紙まで御知らせ下さい。

記事訂正

本紙十二月一日付第三面の「大野伴睦氏訪問」の記事中つぎのように訂正いたします。

一、「来月十日訪問」とあるのを「今月十日」に。

一、「本紙金明熙副社長」とあるのを「本紙金熙明副社長」に。

新帝国主義研究 (4)

―最近共産主義の諸様態―

地方共産主義組織に関するいくつかの実例のうちケイス研究で見られたように、アンドラ地方党はカマ階級の地主集団によって支配された。

階級群は種族群と共同の境界にあるので階級区分は地方区分を強化した。特に階級間の敵対関係は、一定地域内の分派作用の一つの原因となった。種族的階級区分による分裂は、個人指導体制という印度の伝統のためより一層悪化された。分派間の敵対関係は、指導的人物たちの会合において、主には権をねらう競争の形で、しばしば現われた。簡単にいえば印度共産党は分派的な支配勢力の集団であった。

一定時期の優勢な分派は、その政策が国際共産主義者の認定をうける派であった。しかし国際路線に対するこの表面上の一致の背後には、そのほかの分派たちが継続作用し、積極的ないしは消極的方法で公式路線に抗拒して、ときには地方で独自的な政策を遂行することもあった。

このようにして印度共産党はその歴史を通して独自性を欠き国際共産主義指導者に非常なる依頼心をみせてきた。同党は継続して活気のない状態にあったし、内部的手段では一致した政策に至ることは出来なかった。このような危機に際し国際共産主義当局の援助に依存するのが普通であった。

この二つの主要問題即ち印度国民会議派が代表する極めて強力な敵および極めてはなはだしい内部的不和のために、印度共産党は終始比較的未熟で無能な政治組織に過ぎなかった。

このような諸問題は種々の面で常に共産党運営と政策に影響を与えた。しかし、最近の印度共産主義の政策と活動をみると相当成熟した証拠がある。

(二)

ソ連科学院のアジア問題研究所の会議が一九五一年十一月に開かれたとき、ソ連の対印度戦略は徹底的な検討をうけた。

東欧の「人民民主主義」とアジアの「人民民主主義」間の差異を分析しながらE・M・ジュコフは「アジアにおける運動は当分間、資本主義よりは封建主義および帝国主義に目標をおいた」と示唆した。従ってブルジョア階級はちゅうちょしながらも革命勢力を継続支持したのであろう。

ジュコフ説によると、ブルジョア階級との「緊密な協調」をもたらさるを得なかったし、ブルジョア組織とのブロックとか、一歩進んでは「同盟関係」までも、形成しなければならなかった。

ジュコフはネール政府に対し限定された反対をするために、ブルジョア階級を含めた連合戦線結成という印度共産党の新路線を特に讃えた。

承認された対印度政策は一九五一年から一九五二年の間に出版されたソ連の刊行物などにより一層明白に現われた。

印度に関しもっとも多くの論評をしている評論家A・M・ジュコフは、ブルジョワとの合作は主に一定した地方ブルジョア群との結盟を通じてもたらされるべきだと指摘した。即ちアンドラとベンガルのような州の地方主義傾向者の一時的感情を鼓舞利用することによって、印度共産党は大ブルジョアを代表している中央政府に反対する闘争に際して、そのような州のブルジョア階級と協力することが出来た。

その後数年間、特にスターリン死後ソ連の指導層がネール政府に対し漸増的に誠意ある態度を取るにつれて漸次、修正された。

すなわち、印度共産党の新政策は帝国主義に対抗して、会議派中の現代派への支持および結束化図を復元したので、一九三五年から一九三九年の間の連合戦線とよく似たものとなった。

初期において、共産主義者たちは可能な限り、すべての反ファッシズム勢力を動員させる意図だった。この線にそって現在印度共産党はすべての可能な範囲内で反西方勢力を動員する意図である。(つづく)

中総各局の動き (4)

―組織局の巻―

中堅幹部養成に努力

受訓団の本国派遣で成果

問=全国中堅幹部の養成は民団を根本的に強化させる重要課題の一つとして毎年取り上げられているが、現在までのところ実際に行なったことがあるか。

朴局長=本団にとって中堅幹部の養成が何よりも急務を要する問題であることは組織全体が痛感している。だから組織局としては、この課題を一九六二年度活動方針の最も重要な問題として取上げたのである。その実施方法として、先ず最初に全国第一線組織指導者を本国に派遣し、本国の革命課業を体得させるところに焦点をおいてこれを実施した。その結果、多大の成果を収め、現在全国下部組織でその教育を生かし団務を遂行している。

問=中堅幹部を養成するため訓練所が必要であることは十分納得できるが、実現にどの程度推進されており、また、それが設置されると同時に中堅幹部を受け入れる体制を今どの程度推進しているか。

答=中堅幹部の訓練問題は現執行部全体がその必要性を認識しており、実現の段階へ努力している。具体的には現在本国政府から多少の援助も約束された段階なので、訓練所敷地購入について目下物色中である。それにまた、韓青で設置しようとしている訓練所を調整して、合同で設置することも現在研究中である。それができれば、既成組織員全体に再教育を実施すると同時に、新たな組織員養成に万全を期している。受け入れ体制については従来の講習会的性格を脱皮させ、現代組織に合致した指導方針を打ち立てる積りである。その指導として本国再建運動本部の中央教育員の制度を模倣することが理想的だと思っている。

問=団組織の強化推進のため、地方一線組織指導者の生活保障問題云々と、共同宿舎云々が第二十八回全体大会で取り上げられ可決されているが、これについて…。

答=この問題は今後、団組織を強化することについて必要なことである。この運動の具体化は規約改正にともなって実施段階にはいる予定である。この方針は規約改正以前の方針として実施する予定であったが、本団の諸般の情勢がマッチしなかったので、実現困難におちいっていることを率直に認めて反省したい。それで今後は、組織の強化のために地方本部の財政的健全化を期することによって実質的な運動の展開を保障し、僑胞全体の意にそう団活動を充実化しなければならないと思っている。また一方では、団員全体が団に奉仕する義務を履行することによって、はじめて団組織の強化を実現することが可能である。

問=傘下団体機関の育成指導として各傘下団体をどのように指導してきたか…。

答=本団として従来、傘下団体問題は現在まで等閑視してきた傾向は否定できない。大会以後傘下団体指導育成問題に関しては相当な関心をもって対処し、傘下団体の自主性を尊重しながら本団の運動との一元化に努力してきた。韓青とは従来までの対立的な状態を捨て融和結合する方向へ指導してきており、現在にいたっては緊密な連絡で全体的な事業に協調している。しかし多少の意思疎通が円滑でない事もあることは否定できない。

韓学同の正常化に対しては大体的な指導をしてきた。細目的な問題に関しては、文教局と緊密な連絡の下で運動が推進されている。婦人会と在郷軍人の大体的な運動に関して指導してきたが、具体的な面において指導育成できなかった事実を率直に認めて反省し、今後において多大な関心をはらい育成指導に当るつもりだ。

問=民団六大活動方針に基づく対敵対備策としては…。

答=対敵陣営の整備策については先ず本団の内部的結束が何よりも優先するという点を自覚し、本団の六大活動方針の体質改善をもって運動を展開してきた。朝総連は現在まで韓日会談反対運動を最重要な一つとしているが、これに対して、組織局としては彼等の反対運動を粉砕する運動を本団各県本部に指示し、その運動を強力に推し進めてきた。そして一般大衆が朝総連の欺瞞宣伝にまどわされないよう説明しひいてはその力を本団の組織防衛に結合させてきた。

朴組織局長

問=韓日会談促進民衆大会などのような方法で推し進め、そしてこの運動を通じて日本側に在日僑胞の利益として具体的に何を要求したか。

答=韓日両国の友好関係を助長するという基本的な観点は、結局、全在日僑胞の利益を擁護するんだという方法で運動を推し進めた。特に法的地位問題においてはその成行に関して全僑胞が非常な関心事になっていることは事実であるので、その解決如何は本団の使命にかかることである。それで組織局としては韓日会談の早期妥結のため、促進運動の必要性を一般に周知させる方向として中央では関東地区協議会を中心に大々的に促進する中央大会を展開し、各県本部に対しても組織の力量を傾注して促進運動に集中展開してきた。また、日本側に対しては法的地位に関する問題を無条件に、全僑胞が永住権を与えられることを在日僑胞の全体的な意思として要請してきた。一方われわれの代表に対しても、この問題が本団の存亡にかかる問題であるので、日本側に要求している問題と同じように強力に要望しており、今後も継続して要望する。

問=全体大会以後の六カ月間、組織局が最も効果をあげた事業と思われるものと、それに関連して今後の方針などを……。

答=本国派遣受訓団だったと思う。今後も組織局としては重点的に中央訓練所設置を早急に実現するように努力し、また、規約改正によって本団組織を再整備して、大衆に合う実質的な運動を展開していきたいと思っている。

133,000 KVA Water Wheel Generators purr powerfully in their berths at Okutadami Dam.

"大は原子力、 小は電球、 トランジスターまで"

東芝の製品はより良き世界、より良き生活を創る

東京芝浦電気株式会社は"TOSHIBA"の愛称で全世界に広く行き亘って居ります。現在資本金693億円、年間総販売額は1,800億円を越え、従業員8万5千名、工場21個所、東洋最大の研究所、傘下会社57余所のマンモス企業は全世界の最も著名な一大電機綜合メーカーであります。

"TOSHIBA"のマークが表示されている全製品は品質と性能が完全に保証されております。

"TOSHIBA"は其の研究の独創性に依り明日の無限なる発展が約束されております。

Leader of the Industry it Started

東京芝浦電気株式会社

TOKYO SHIBAURA ELECTRIC CO., LTD.

東京都千代田区有楽町一丁目十二番地

韓国向代理店　不二貿易株式会社

東京都中央区銀座一丁目五番地

大韓民国ソウル特別市中区太平路一街六四

B/W TV Receiving Set

文化

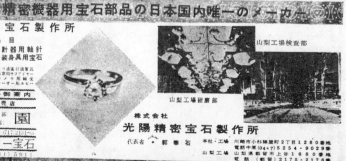

第八回世界児童美術展覧会
ー徳寿寺においてー
ソウル徳寿国民学校五年白恵蘭（十歳）

高まる学生の日本語熱

韓国学生の日本語熱は大変なもので「日本語を習いたい」という学生らが多い。日本の図書は手にはいりやすく図書館に行っても多い。日本語を解読すれば勉強するにも助けになるというのが学生らの大部分の意見である。だが、韓国の外国語学校を除外すれば正式な日本語講座を設けている学校はない。各大学の教務当局者らは、まだ日本語を大学で教えるには社会的雰囲気が熟してないともいっている。最も近い隣国である日本語が、外の国の言語のように大学から待遇されない理由は何んであろうか。また、何んのために一部の学生らが日本語を習いたがっているのか、その実態を探ってみよう。

豊富な本に魅力
教務当局は批判的だが

○…「日本語で成る本はどの家にに行っても何巻かはある。漢学の意味は理解できても日本文字は知らないから理解できない。本の題目を見れば読んで見たい衝動にかられ日本語を習って見たいなあという気が起きる。」と高大の鄭勝尚君はいっている。鄭君は日本語は他の外国語をマスターするよりも容かにたやすく感じ、また読んで見たい本が手にはいりやすいために日本語は必ず習いたいともいった。外大の朴時讃君の意見はもっと積極的である。「隣国を知る必要がある。三十代以上になると日本語をみな知っているから日本の事情にある程度明るいが、われわれはほとんど知らない。二十代だけが日本を知ってはいけない理由はない」と話している。他の多数の学生らは「欧米書籍を求めるよりも日本の本は求めやすく勉強するのに便利である」という理由をあげて日本語をぜひ習いたいというのが望みである。

○…現在日本語の正規講座を置いている大学は外大日本語科だけである。梨大の玄水学学務処長は、日本語講座を設けようとしても国交が正常化されない現段階にまだ時期尚早の感があってしないでいる。だが図書館学科では各図書館に日本の本が多いので例外として一週間に一時間ずつは日本語講座をもっているのが実情であると述べた。

高大王学洙教授は「日本語も他の外国語と同じくただ当り前に考えるには少し事情が違うようだ。主体的な思想がまだたっていない若い人々が、日本語を習って単に学術書を読むようにでもなれば結構だが、植民地文化を吸収する憂いがある。日本の歌謡や大衆雑誌を乱読すれば結局文化の侵略を受けやすくなる。大学での日本語講座はまだ早いように思う」と語を結んだ。

だが、前記梨大を始めに陸士、成均大のようなところでも学生らが中心になって講師を招請、非公式的に日本語を習っているところもある。延世大でも先学期より学校の黙認下に学生同志の日本語勉強が始まった。

日本語が大学の正規科目として登場する見通しについて延世大の金東山教務処長はこのように述べている。「反日感情がいまだ部分的には残っている。正規科目として教えるにはまだ難しいようだ。特に、うちの学校には国文学の研究をしたがために、日帝時代に苦労した人々がいる。理事会や学校全体の雰囲気が日本語問題を論議する段階にまた来ていない」と述べながら日本語を延世大で教えることは、まだまだ遠い先きのことであろうと述べた。

だが、独自的に日本語を習っている学生らの難点は教科書が誤字だらけであるのと、頼れるような辞書がまだ出ないことで、先ず確かな出版社の頼れるような日本語の本と辞書が望ましいというのが説である。

アリランの再評価
故羅雲奎生誕60年を迎えて
主人公「永鎮」を通してレジスタンス
劉斗演

春史羅雲奎先生の「アリラン」を指して韓国映画の黎明だといっている。それ程、当時においてはこの作品の価値が画期的で、しかも創造的であった。だから記念碑的なものでもある。画期的だとするのは、この作品の芸術的価値が、この作品以前の他の作品と比較して見た場合、はっきりした線を引けるからである。「アリラン」以前の韓国映画、それらは、当時流行した新小説式ストーリーを、多分に舞台的表現を踏襲したまま、平面的にスクリーンへ移したものに過ぎなかった。そうしたものを春史は「アリラン」で完全に、映画芸術独自的な表現によって置きかえたのである。映画芸術の本質であるポートジェニーとモンタージュとの二つの要素を核心に、クローズ・アップとカット・バックの衝撃的表現を大胆に駆使して新鮮な映画劇を創造したのであった。

創造的というのは、この映画劇に盛られた主題とその主題を導いて行く人間性格のオリジナリティーを言っている。

「アリラン」の主人公「永鎮」たるや春史の意識の分身として登場した特異な人間像であった。春史はこの「永鎮」を通して自身が感じたり、また語ろうとすることーフェシミズムとレジスタンスの世界に強烈に主張した。過去の映画の主人公らが、みな類型的で常識的であるのに比して、どれほど個性的であり、運命的であったか知れない。

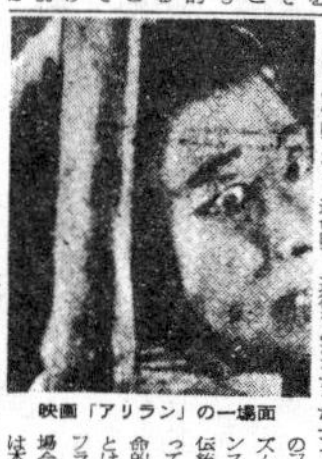
映画「アリラン」の一場面

私は「アリラン」を考える時、第二次大戦直後イタリアを中心として盛んであったネオ・リアリズムの運動を連想する。第二次大戦直後の不安と混乱から新しい人間の発見を模索して、現実との連関性を追究したこの運動を春史はアリランにおいて既に単身試図したのであった。

アリランの「永鎮」は決して映画の中でのみ動く架空の人間像ではない。「永鎮」はすべての韓国人のシンボルとして生まれた。「永鎮」の心も行動もみな韓国人の心であり韓国人が望む行動であった。

日帝時代の植民地の国民であるという悲しい運命の中で、われわれは何を考え、どんな救援を渇求したのであろうか？

「アリラン」の主題は、このようなあらゆる韓国人の心ーフェシミズムとレジスタンスを主軸にしたものである。だから、大衆の共感、共鳴の濃度は他の映画の追従を許さなかった。「アリラン」のフェシミズムはフランス映画が伝統的に持っている宿命的なものとは違う。フランスの場合は大抵は本質的に不幸だという枠の中から脱せられず、藻らじたんだを踏んでも結局は不幸のどん底に落ちてしまうというのが落ちであるが、「アリラン」の悲劇はどこまでも外界ー日帝の抑圧から来るもので、これを打ち破ろうとする精神がレジスタンスとして現われている。

だが、このレジスタンスを代表とする「永鎮」を正常的でない狂った青年として登場させ、一種の逃避的方法で見せてもいるが、これなども狂わせた動機が当時の社会的環境で強要された犠牲だと思えば、むしろレジスタンスの必然性が余計切実に感じられる。

「アリラン」のラストシーンでは「永鎮」が正常な精神に戻るのだが、この時は既に人を殺した罪人として警察に引っぱられて行く身になっている。引っぱられて行く「永鎮」は、やがて来るはずの長い汚辱と忍従をたずさえて、懐かしい村と人々から別れなければならない。如何にもアイロニックなラストになっている。

「アリラン」はまさに韓国歴史上不滅のモニューメントを建てたが、これは単なる歴史上だけでなく、よりひろい文化史的意味にも大きなエポックを樹立した。

「アリラン」を思えば低俗とマンネリズムに低迷している最近の韓国映画の醜態を一層身にしみ、感じられるのは、単に筆者のみではなかろう。

國寶巡禮 (9)
生きている高麗佛教の独特な様式
文責・李 [illegible] 雨 筆

浄土寺弘法国師実相塔

○…景福宮の中にある「文化財管理局」庁舎左側の芝生に行けば、他所では見られない円い塔が立っている。

円球型の塔身は二すじの帯で掛字にゆわかれ、屋蓋は逆の楽楔様をなしている。

この塔がいわゆる高麗顕宗八年（一〇一七年）弘法国師という住職を追慕してその門弟たちが、忠北中原郡浄土寺内に建てた浄土寺弘法国師実相塔」（旧国宝五四〇号、高さ二・五五ｍ、花崗石）ー。弘法国師は、新羅の神徳五代に生まれ、十二歳の時出家、敬順王四年使節団を追い唐の国に渡って修道して帰国した。高麗の穆宗代に国師という称号を受けて余生を浄土寺で送った。後世に至って浄土寺は壊されてなくなり、塔のみが塔碑とともに一九一五年、今の跡に移された。

○…円型の塔身、下の方を見おろすと二層になっている基壇部には、蓮花と竜と雲がおだやかに麗しく描かれ、地台石は八角になって安定感をもたらす。長い長い年月がたったせいか基壇部の石と屋蓋が壊れてはいるがこの塔は輝かしい高麗仏教が創案した独特な様式であるらしく、特に価値があるそうなー。

李朝野史物語
太宗世祖時代篇 (7)

首陽クーデターの巻 (三)
顧命大臣たちを撲殺

この時分、金宗瑞に愛妾野花という女性がいた。この女人は女真族出の娘であったが、先年金宗瑞が北辺開拓の際、女真の王から贈物として寄こしてくれたもので、純真利発な性質であったので可愛がった。やがて宰相となってソウルに帰るとき連れて来て以来、ずっと老宰相に忠実に仕えた。

この日、時ならぬ首陽宗来訪を聞いた野花は、女真族特有の敏感さをもってただならぬ危険をさとった。非常な不安感にふるえながら中玄関の様子をうかがっているところであった。

承珪も、その場の空気から異常な緊迫感を覚えるので、父の側を離れることは危いと考えた。しかし父命を拒むことができないので、仕方なく紗帽角を取りにくる。これを知った野花は一足先に内室から角を取って来て承珪に渡した。

承珪もそれを受取り大急ぎで中玄関に戻ってきたときであった。承珪が片足を玄関に踏んだのと同時であった。首陽大君の右手が微かに動くや間髪入れないで力士楊汀の手から鉄推が打ち下された。「大虎」金宗瑞はその場で血まみれになって倒れてしまった。力士金承珪は父をかばうひまもなかった。次の瞬間、楊汀の第二撃は承珪めがけて打ち下ろされる。続いて柳洙の手から鉄推が飛んだ。これで、一世の英雄金宗瑞とその子は最期をとげてしまった。

この父子ー金宗瑞の死は、端宗王朝の最後を意味するものであった。楊汀、柳洙たちは引きつづいて金宗瑞家の家族、幼い孫までも無惨な殺し方をしてしまった。

首陽大君のクーデターは、かくしてその第一の強敵金宗瑞とその一家を皆殺しにしてしまった。いまや安心して予定した通り計画を実行することができた。

首陽大君は、第二行動に移った。その部下をつれて金宗瑞家を後にして敦義門（王宮裂門）に向った。その守門将との間には既に黙約ができていたので、そのまま通ることができた。王宮の王門に到る。

既に、夜も大分更けのいたので門は堅く閉ざされていた。それで成院当番をしていた承旨を呼んで「金宗瑞が皇甫仁、鄭ブンなどと共謀して安平大君を推戴する叛逆を企てた。その故に急変を予め奏する時間がなかったので、まず金宗瑞を殺した。その徒党をも捕え押えなければならない。主上に緊急この旨を奏上し、すぐ宮門を開けろ」と厳達した。

この夜当直承旨崔恒は、首陽クーデターの功臣となったもので、既に首陽宮と内通していた。それで、首陽の通告を王室に取次ぎもしないで正門をあけさせ、首陽一行を迎え入れた。

深夜、平和であるべき王宮内外は時ならぬ大君の入来で大騒ぎとなってしまった。崔恒は、このとき始めて当直内官に金宗瑞事件を王の寝殿に取次ぐことを命じた。

彼は、瑞宗大王から入室の許しも待たないで首陽大君を案内し、御前に立った。恐懼と不安な気持ちでいられる幼王に対し

「金宗瑞などが謀反を企てたので小臣これを誅殺しました。事態は火急であったので殿下に報告できませんでした」と奏上した。

鋭く射る首陽大君の眼光には殺気みなぎっていた。妖気ただよう深夜。左右に侍臣一人なく王叔だけを対面している瑞宗。聡明ではあったが僅か十二の幼王であったので既に生き心地がしない有様。

それでも、かろうじて気を取りなおした王はやっとのことで

「王叔、わしを生かして下され」と一言をいった。幼王は大臣を殺したというのでその生命が危いと感じたことであろう。

「臣、御無事を保証しますからどうか安心下さい」と申上げてから、首陽大君はその配下のものを要所を配置し、王命をもって禁軍をして王宮二千門をかためさした。

次には、領相皇甫仁以下顧命をうけた諸大臣と大君たちが至急参内するよう王命が発せられた。

召命をうけた諸臣たちは異例な深夜召集であるので非常に緊いだことであったが、王命である以上参内しないわけにいかなかった諸臣たちは、まさか首陽大君側の陰謀であることは知る由もなかった。あたふたと参内する大臣……。

一方、クーデター指揮者韓明浍は宮門で待機していた。その手には殺すべきリスト（生死簿）が握られていた。参内する大臣のうち生簿のリストにあったものは、無事参内することができる。しかし、死簿のリストにあった大臣は、正門を入るなりその場で壮士により撲殺されてしまった。

領議政皇甫仁、諸克寛、李穰など顧命大臣が殺され、安平大君、鄭ブン、趙遂良など島流しにされ配所で薬死をとげた。

（石飯山人）

女性の地よいずこ (105)
許槿旭
え　金泰伸

脱出 (四十九)

「あなたのいうように、すぎ去ってしまったことは問題にならないわ。いまこの時刻から、きれいにくらして行けば、過去は贖罪されると思うわ」

あのはるか水平線を通る白っぽい帆をながめながら、彼と私は静かに笑い合った。喧声から遠ざかった海辺の風景は、絵画のように美しく平和であった。船頭の操ろうたにつられて流れ行くように、へさきはあおい波の上でゆり動いた。

「早く起きなよ」

体をゆり起す声に、私は急に眠りから覚めた。

「朝日がのぼるよ！　外へ出て見ようか？」

ささやくようにいう彼の顔が、やさしくほほえみながら私の手を引っぱった。私は指先で眼をこすりながら甲板に出た。冷い潮風がサッと吹いてきた。

「ほんとに美しいわ！」

私は両手を合わせながら大きく叫んだ。赤く輝く大きな太陽、眠りから未だ覚めていないかのように、水平線上に浮び上がった。一筋の広い光芒が、水平線の彼方からへさきまで延び、まぶしいみちをなして、波の上を走っていた。

「もう、だんだんソウルに近くなる。あの輝く太陽のように、おれたちの前途に幸福が訪れるよう二人で心の中で一しょに祈ろう、ね？」

「しあわせにならなくては…。夜明けは希望を象徴するわ。何だか、あの太陽も私たちを祝福してくれているようだわ」

「ソウルに着き次第、洪俊と共におれたち二人が自首しよう」

彼は落ち着いた語しっぷりで低くささやきながら、私の肩をなでまわした。私はゆっくりと体をまわした。彼と私は燃えつくようにながめ合った。私ははっと彼の胸に顔を埋め、幼児みたいにささやいた。

あなたさえ側に居てくれれば、私は何も恐いものがないわ。どのような苦難でも堪え忍ぶことができるわ。私たちはお互いに死を共にしなければならない、どうすることもできない宿命の中で結ばれた因縁なのよ。ただ、私たちの前途に幸運が訪れることを神に祈るのみだわ。そして、あなたの愛情が永久に変らぬように祈るわ」

「おれたちは、きっとしあわせになることができるんだ！」

輝く朝の陽光が、まぶしく降りそそぎ、水面は金色のようにきらめいた。涯しない静けさが、広大な宇宙の万物をのみ込んでしまったかのように、海上は小さな波一つ立たなかった。

日が暮れ、夕闇が迫るころ、彼と私はソウルの土を踏んだ。焼け残った高層建物の残ガイが、うす暗い中で、悲惨にも私の眼の中に飛び込んできた。戦争の傷コンが未だいえやらぬ廃きょになったソウルの街を歩きながら、私の心はうら悲しい感慨に浸っていた。黒くすすけた木片とかレンガなどが屍体のように転んでいるソウルの街は、どこか殺伐な印象を与えた。破壊された廃きょの隅々には、混乱と憎悪と死が、ひそんでいるようであった。

■ホール
■御座敷
純京城料理
京城館
東京都新宿区神楽河岸3号地
東万里　国電飯田橋東口下車橋のたもと
(331) 2652

DAINICHI GLASS CO. LTD　DNG
営業種目■化粧瓶■薬用瓶■医療器製造■
大日硝子株式会社
取締役社長・丸山泰徳
東京都江戸川区小松川4ー36　TEL681ー0704

パチンコ用スチールボール製造販売・各種遊技場備品一式
不二鋼球商事
東京都台東区車坂52番地・電話 (831) 1811・6171
工場　大阪市南区鍛冶屋町十二の二
取引銀行　三井銀行、上野支店、平和相互銀行上野支店

古代より古典派をへて現代にわたるグレゴリアン・チャント、マドリガル、室内曲、協奏曲、交響曲、オペラ、リード、聖楽その他日本一のコレクションの店です。実績なステレオ装置と「えちゅーど」独特の雰囲気は皆様の演奏会のお知りをお待ち致しております。
音楽茶室
えちゅーど
李琯善
銀座西2-3（並木通り角）TEL (561) 3060・8173

韓国服地と韓国レコード！
浅草　金宮商店
営業品目
特殊番漢洋丹・中国洋丹
金糸織洋丹・テトロン洋丹
京都洋丹・美術丹・七色丹
洋服地・各種ナイロンレース
リバレース・オパール
ニュートン・ベルベット
其他　木綿　季節向一式
朝鮮古典長鼓販売
貸古典婚礼衣装
東京都台東区浅草公園六区2ー2
電話 (841) 0003・0004・0005・0006
韓国レコード関東代理店　総販売元

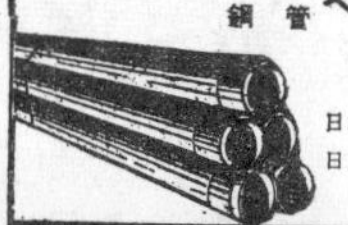
一般用鋼管　YPK　配管用鋼管
日本鋼管株式会社
日立金属株式会社
指定特約店
株式会社　山田パイプ店
代表取締役・李仁柱
本社・東京都墨田区錦糸町2～1　電話 (623) 代3151～4番
倉庫・東京都墨田区錦糸町2～2
工場・東京都江東区深川猿江町2～1番　電話 (631) 4521番

…近代工業の先端を行く精密機器用宝石部品の日本国内唯一のメーカー

納品先
電電公社　日本碍子KK
日立電気　安立電気
三菱電気　セコニックKK
松下電子　協立機械
シチズン時計　日本電子
ヤシカカメラ　千代田光学
三協精機　理研電器
リズム時計　矢島計器
東京時計　日本電装
島津製作所KK　其他計器メーカー70社
島川製作所KK

株式会社　光陽精密宝石製作所
営業品目
軸受宝石　計器用軸針
時計用宝石　装身具用宝石
電気指示計器用
航空計器用
其他各種計器用

割引マーク
KOYO
当社直営店の御案内
光陽宝石直売店
自由ヶ丘　宝石部（喫茶部）田園
ヒカリ街デパート2階 TEL (717) 2131～5
五反田駅前　ユーヨー宝石
五反田駅前 TEL (441) 5911

株式会社
光陽精密宝石製作所
代表者・鄭泰右
本社・工場　川崎市小杉陣屋町2丁目1280番地
電話中原 (0447) 5254・5029番
山梨工場　山梨県都留市上谷1680番地
電話 (都留) 2175・2176番

●右掲載の割引マークを当社直売店に御持参の方には一割～二割の割引サービスをいたしております。

韓國新聞
発行所 韓国新聞社
発行人 ■■■
東京都文京区春日町51
電話（813）2261・2263
東京（812）1921（813）2262
振替口座 東京 34988番

韓国と日本を結ぶ!!
広告企画と立案・図案文案制作
新聞雑誌広告・ラジオテレビ広告
ネオン屋外広告・市場調査と興信
その他広告宣伝PR
広告代理業
KPR
TOKYO 港区芝琴平町26 電話（501）0471
SEOUL 乙支路一街101 電話（2）1811

政府「戒厳令」を解除

12月5日24時を期して

第三共和国に拍車

朴議長、国民に激励

【ソウル発＝連合】政府は十二月五日二十四時を期して戒厳令を解除することを決定した。この正式発表は内閣より発せられるもようである。大統領権限代行最高会議朴正熙議長は戒厳令解除にあたって次のような談話を発表した。

朴議長

「政府は一九六二年十二月五日二十四時を期して、戒厳令を解除することを決定した。革命後今日まで「国家存亡」の危機を挽回し、腐敗に満ちたいろいろな弊害を一掃して、混乱した社会秩序を回復するためには戒厳令の発布が必要であったことは国民のひとしく理解することであろう。私は全国民が深い理解と自覚により革命課業に参与して今日見るような安定された社会ふん囲気をつくりあげたことをよろこぶものである。今後戒厳令のない社会に戻るためには重大な決意がなければならない。われわれは第三共和国を生み出さねばならない大いなる課業をになっているがこれは国民ひとりひとりの努力なしには果されないであろう。国民各位の一層の奮起を求むものである」。

金内閣首班 慶南北道を視察

金顕哲内閣首班は、四日大田で国民の福利を増進するためには、政府施策にたいする国民の理解と協調が必要であると語った。

秋穀買上げの実態を視察するため慶南、慶北を経て大田に立ちよった金内閣首班は、秋穀買上の現況を視察、農民らの労苦をたたえた。

記者と会見した金内閣首班は、革命後政府の重農政策によって見違えるほど豊かになり、韓国の農土は工場なども自営動き始め、去年の災、心配されていたインフレ発生の危機なども克服したと語った。また、国民投票問題に言及し、国民の基本権が確実に保障された憲法改正のため、国民投票には棄権してはならないと強調、つづいて国家の最高目標の一つである経済開発五カ年計画を遂行するためには、国民らも節約してこれに積極協力しなければならないと語った。また金首班は、政府で策定した百五十万石の秋穀買上はどのような難関があっても達成しなければならない、慶南、慶北の秋穀買上は今年に終るだろう。

最高会議常任委員会 裁判権管轄に関する法律を審議通過

国家再建最高会議第八十八次常任委員会は五日午前戒厳令解除にともなう裁判権管轄に関する法律を審議通過した。

三・四半期の運営計画報告

最高会議、内閣連席会議で

【ソウル発＝連合】四日、午前に引き続いて開かれた最高会議の内閣連席会議は各部処にたいする第三、四半期基本運営計画に関する審査分析報告があった。この報告では、

（一）輸出直接保障制の廃止
（二）長期低利生産融資の実施
（三）建設部の動力と太白建設局を母体とした水力資源開発特別建設局設置の研究
（四）文官職位を原則とした国防部機構を再検討すること、などを是正事項としてとりあげた。

その他各部処別是正事項及び建議事項は次の通りである。

▽商工部
（一）経済建設五カ年計画第三、四半期分の二十一カ事業中、七件の事業が、借款未確定、政府方針未確定、協調不足などによって不振の状態にあるが、関係部処はなお一層の拍車をかけてこの推進を計ること。
（二）電源開発事業監督を一元化すること。
（三）群山火力、第三肥料、総合製鉄、PVC等に関する借款交渉期日を短縮すること。
（四）輸出検査などを徹底的に実施し、保障金交付などを再調整すること。

▽農林部
（一）農林部に移管された葉煙草栽培鑑定業務のうち鑑定業務だけは専売庁に還元させること。

▽内務部
（一）地方税中農地税の納入偏在を原因とする地方財政支出の不均衡などを是正する恒久的対策の樹立

▽建設部
（一）全国産業建設事業の施設別資材供給計画を樹立すること。

▽保社部
（一）無医面に動員された助手の代診廃止及び無医地域対策を建てること。

▽調達庁
（一）流札の防止及び随意契約を減少させること。

▽文教部
（一）新年度教科書無償配給計画をたて農漁村優先原則を厳守すること。

▽専売庁

出馬しても軍籍保留

最高委員多数の意見

【ソウル発＝連合】最高委員の間には軍籍にあるまま民政に参与しようとする意見が多いように伝えられている。

四日午後韓信最高委員は軍服をきたまま出馬する意見を支持した。

郷委員は「民政移譲までは軍事政権であるため軍服をぬぐということは革命理念に反する」とのべ、立候補するときも留保することを明らかにした。また最高委員らの出馬問題に言及して一来年の初め国政に参与する委員もいるだろうし比例代表制によって出馬する委員や地域選挙区に立候補する委員もいるだろう」とのべ、行動統一が問題であるという意見かとの質問に対しては「金最高委員の意見に従うだけである」と答え、行動を統一する方針を明らかにした。

一方軍籍にあるまま立候補する問題については朴円彬委員も、これを是認したことがあり遠洋漁内務委員も「現行法規を解釈した上でも問題になることではあるまい」とこれを支持したことがある。

官需内資調達計画発表

中央庁の十二月上半期分

四日調達庁は十二月上半期間に実施される、中央庁官需要内資調達計画を発表した。

約一千五百十六万二千余ウォンで購入する主要物資はX線フィルムをはじめ計算機紙と印刷物などいろいろの国産官需品である。

これで調達庁は年間内資調達品目の約六億ウォン中九カ割に該当する五億九千四百余万ウォンに至る内資調達を終えた。

朴議長、各部処を激励

三、四半期の運営計画完遂について

【ソウル発＝連合】朴正熙最高会議議長は四日午後「現在検討中である来年度事業計画は、従来の経験をいかして、より立派で完全なものにしよう」と述べ経済各部処間の有機的協調と積極的努力が必要なることを強調した。

朴議長はこの日、最高会議、内閣連席会議で、第三・四半期基本運営計画審査分析報告を解釈した後一部不振事業にあっては完遂予定期日が迫っていても一層積極的にこれを推進して目標に達するよう指示した。

時流

ウ・タント総長と国連の今後

国連総会は去る三十日の本会議で、国連の〝暫定〟事務総長であるビルマのウ・タント氏を正式の第三代国連事務総長に全会一致で任命した。総会での表決結果は賛成百九、反対なし、欠席一（ホンジュラス）である。

ウ・タント氏は昨年九月コンゴで悲劇的な死をとげたハマーショルド前国連事務総長の残り任期である来年四月までの〝暫定〟事務総長として昨年十一月三日の総会で任命されたが、新しい任期は一九六六年十一月三日までとなっている。

ここでまずウ・タント総長のプロフィールを簡単に紹介するのも無意味ではないことだと思う。ウ・タント総長はその間、暫定事務総長として〝暫定〟という制約、根強い東側のトロイカ〟制への圧力の中で慎重に公正な行動を取ってきた。だがウ・タント総長は穏健中正な考え方を持っている熱烈な仏教信徒である。

ウ・タント氏は一九〇九年ラングーンから近いパンタナウで地主の長男として生まれラングーン大学校卒業後一時は高等学校の教師をつとめていた。ウ・タント氏はラングーン大学在学時からウ・ヌー前ビルマ首相と親交を結んでいたし、戦後反ファッショ団体入りを機会に政界にはいった。

ウ・タント氏は政府の新聞局長、放送局長官、官房長官を歴任した経歴も持っているが一九五七年ビルマの国連代表になってから外交家として活躍したのである。この時以来ウ・タント氏は国連の舞台でA・Aグループの世話人的な役割をマメにはたして国連内でその手腕が高く評価されたのである。東・西の対立がデリケートに作用する複雑な国連舞台でウ・タント氏が全会一致という投票結果で正式の事務総長にえらばれたのは、前記した彼の穏健中正な考え方と慎重な行動が認められたわけであるといえよう。

しかしもっとも彼の国連事務総長職を確定させた要因の一つは、コンゴ問題、西イリアン問題、キューバ問題等に示した彼の努力と能力と手腕であるといえよう。昨年の秋、暫定事務総長にえらばれて以来、東側のいわゆるトロイカ案にゆさぶられてずいぶん苦労をつづけながらも、ウ・タント氏はコンゴの和平工作を辛抱よくつとめ西イリアンの平和解決で地道な成果をあげたのである。特にウ・タント氏はキューバ危機にあたって身をもって米・ソ対決による核戦争の脅威を取り除いたのである。

前記した諸問題で示されたウ・タント氏の東西いずれにも偏しない「地道な外交手腕」と堅実な事務能力が高く評価されたわけである。

ところでこのように比較的中立な人物を国連緊張をうまく調整させる可能な件の一部をふやしたともいえる。しかし国連の今後はまだ楽観できないのはもちろんのこと、核戦争の危険性はいつも潜在しているのが現実である。

このような現実を、いかに調整打開させて国連と全世界人類の共同目標である「永久平和」を実現するかが今後のもっとも重大な問題である。「永久平和」の追求実現を目標とする国連の当面の方向と問題に関してはウ・タント総長の就任演説にも指摘されている。

ウ・タント氏は正式国連事務総長職の就任演説で「私が正式の国連事務総長職の就任を引き受けたのは、緊張をやわらげ大国間のミゾに橋渡しする役割を少しでも果たせるかもしれないと考えたからである。私の任期中国際情勢が改善され、世界が現在当面している困難な諸問題のよりよい理解が生まれるようになることを期待したい。これらの諸問題は、ただ妥協と相互理解、それに譲り合いの精神によってのみ解決できるものである」と述べた。

ここに指摘したように米・ソ両大国が諸問題を「理解」と「譲り合い」の精神で解決することが緊張をやわらげる最上策である。つづいてウ・タント氏は「困難な問題はどれも、すべての関係者が完全に満足するようには解決できない。われわれは不完全な世界に住んでおり不完全な解決を受け入れるべきである」と述べた。

即ち不完全な解決でも、少しずつ解決させていく忍耐が必要である。またウ・タント総長は、コンゴ問題、キューバ問題、西イリアン問題等についても見解を述べた。この三つの問題はいまのところ重大なヤマは越した状態にあるがまだ難関は残っている。コンゴ問題に関連して国連の財政問題もまだ解決していない状態にある。こういう問題以外にも、国連の直接議題にはなっていないが、ベルリン問題、中印国境紛争は国際情勢を緊張させる要因の一部である。

今度ウ・タント事務総長を全会一致でえらんだ精神、キューバ危機を解消させた精神で、今後も米・ソ両が正面衝突を避け、国連と世界が平和的に運営されることを望むものである。（淵）

協定序文で完全合意

韓、米行政協定実務者会議

【ソウル発＝連合】韓米行政協定実務者たちは四日午後中央庁外務長官室で第八次会議を開き、この協定の序文で完全な合意をみ、また関税免除条項でも大きな進展をみたと外務部が伝えた。

双方の代表はこの外に船舶および航空機着陸権と民間及び軍用空中統制に関する二つの条項の草案を交換した。

次の第九次会議は来る十四日午後二時に開かれる。

大野副総裁の訪韓日程を協議

韓日予備折衝実務者会談で

韓日予備折衝は四日午後三時半からおよそ一時間半にわたって日本外務省で開かれた。

この韓日高位実務者会談は、さる三十日帰国し本国の訓令を携えて東京に帰任した裴大使が、韓国側の態度を明らかにするとともに大野自民党副総裁の韓国訪問日程を協議し、財産請求権問題を除いたその他の懸案はこの討議を急ぐことに意見の一致を見た。

経済発展人口調査を

経済企画院で

【ソウル発＝連合】経済企画院では四日、百三十三単位の市、邑、面を基本として経済発展人口調査を実施すると発表した。来る九日から一週間にわたって実施されるこの調査は国民の経済活動実態調査をはじめ、雇傭量と需要量などを把握し、国民の経済活動を分析するためになされるものである。これは政策樹立に重要な基本的資料になるものである。

秋穀買上順調に進む

三日現在七二万五千余石

農林部は四日、今年度の秋穀買上げは糧穀と肥料交換などで三日現在七二万五千四十四石に達したと発表した。

このような実績は昨年の同日にくらべ、二三万八千七百四石が多いものであり、その内容をみると秋穀買上げにおいては計画量百五十二万石の三十八%に該当する五十二万九千八百六十二石、糧穀と肥料交換では計画量一四二万三千石の十一%に該当する十五万五千百四十二石を集めた。

農林部は来年の一月末までに百五十万石の秋穀買上げと政府が貸した肥料代でうけいれる一四二万三千石の米を全部集める計画をたてている。

四市中銀行総資本金39億

朝興、韓一、第一、商業など

四日文[illegible]監督院長は去る九月末まで財産再評価をおえたソウル銀行を除く朝興、韓一、第一、産業など四つの市中銀行総資本金は、現在の十五億六千五百万ウォンより二十三億三千万ウォン増額の三十九億ウォンに達すると語った。

文監督院長はこの日四つの市中銀行長会議をおえ、記者会見で銀行長会議の内容を明らかにしたが、各市中銀行は財産再評価で差額を資本金に転入するためすぐ株主総会を開くと語り、現在資本金に転入される再評価差額は二十億三千三百万ウォン、各種手当を除いた任意積立金など三億ウォンに達すると述べた。したがって現在の各市中銀行の株主は一人当たり一・五株の比率で無償株を受けることになると語った。

学園雑賦金廃止を重ねて要望

鄭世雄文社委員

最高会議の鄭世雄文社委員は四日午後、極少数の無自覚な教員と一部父兄のために学園の旧悪である雑賦金の徴収が未だに行なわれている事実を指摘、革命政府はこのような非教育的な慣習をなくすための本抜的な施策を厳しく実施し、教育界の明朗化を期するつもりであると語った。

同委員はまた越冬期、年末、年始を口実としたいろいろな名目の贈与が適発される時、政府は当該学校長及び当事者の人事処置はもちろん、その程度によっては刑事責任まで追及する方針であるとのべ、一線教員及び父兄の協調を要望した。

保税加工調査団派遣

日本のアジア貿易協会招請で

大韓商議では来る一月初旬に十五名で構成される保税加工貿易調査団を日本に派遣するという。

日本地区の市場開拓と保税加工契約締結などを目的とするこの調査団派遣は、日本アジア貿易協会の招請によるもので、二十日、ないし二十五日間滞日する予定である。

北韓代表招き放棄

ソ連のモロトフ代表

国連本部からの報道によればソ連は三日北韓カイライを国連政治委員会に出席せしめる問題を再び持ち出したが結局放棄してしまった。ソ連代表モロトフは政治委員会に南北韓を同じ資格で招請しようという提案を持出したが米国代表が外交問題に関する討議が中断されてはいけないという理由でソ連案を反対したため、モロトフ代表は事情が許されなければ、自己の提案を固執しないとして放棄したものである。

崔長官昼食会催す

韓国戦争参戦国の国連代表招き

崔徳新外務部長官は三日、韓国戦争参戦国の国連代表のため昼食会を催した。

農漁村にラジオを贈ろう

現在わが国では公報部を中心に「農漁村にラジオを送ろう」という国民運動が展開されており、多くの成果を収めております。この運動の趣旨は貧しさのため耳をもっていてもいまだ放送という文明の恩沢を受けていない農漁村が一万五千を数えているのに対して、全国民を愛する心と隣人を大切にする人情に呼訴して彼等にラジオを送ろうというものであります。

ご存じの通り一部地域に住む在日僑胞などもこの運動に呼応して物品を本国の農漁村に送りこんでおり、民団でも同天地区水災民救援金募金運動と同時に全体僑胞の協力を要望しております。

読者の皆様方もこの趣旨を理解のうえ本国の僻地同胞たちに受信機を普及させるため、少ない金でも、余分なラジオでも出し合い、愛の贈物をしようとするこの運動に積極的に参加されることを望み、また彼等の明るい明日のため海外僑胞の誠意が集まることを希望します。

▽募集要領△

募集物品　ラジオ（中古品でもよい）

募集期間　十二月十日まで

拠出処　民団各県本部、支部、各傘下団体本部、支部

民団中総宣伝局

第七回「通信の日」記念式挙行

第七回「通信の日」記念式が四日午前十時光化門電話局で郵逓信部長官をはじめ歴代逓信部長官次官らが参席し盛大に挙行された。

この式典で表彰をうけた人数は次の通り。

四十年勤続者三名、三十年勤続者五名、二十年勤続者二十八名、その他勤労表彰者が十一名。

漁業問題は難航予想

相互の具体案にへだたり

韓日会談漁業問題専門家会合を五日午後三時から日本外務省で開き、漁業協定に関する双方の具体案を書面で正式に提示し、それに対する説明が行なわれた。それぞれ相手国案を検討したうえ、次回七日の会合から質疑及び実質的な審議をすることにした。

この日の会合には韓国側から池鉄根中央水産会顧問、金命年農林部水産局長が、日本側から橋水産庁次長と卜部外務部アジア局参事官らが出席して開かれ、双方の具体案を交換、約一時間十五分にわたって同案に関する説明が行なわれた。

同日示された具体案の内容については明らかにされていないが、日本側の案は国際慣例に基づき、韓国の特殊事情にいくらかの譲歩を示している程度で、さきに示した韓国側の三大基本原則とは相当の距離がある模様である。漁業問題は請求権に次ぐ難問題で、請求権問題と微妙な関係にあるだけに、両問題の解決は平行線を辿るとみられるが、年内妥結は望まれない模様である。

なお、次回の会合は来たる七日午前十時から日本外務省で開き、質疑討論にはいる。

国民投票の正しい理解

第三共和国の鍵

趙炳日法務部長官は国民各自が心から国民投票を理解することが第三共和国の鍵になると語った。

江原道地方の秋穀受納事項を視察するため、一日江原道に到着した趙長官は、つづいて江原道は農民らの絶対的協調によって秋穀受納は大きな実績をあげたと述べ、太白山をはじめとする江原道の開発は、韓国産業開発の大きな比重をしめているから、江原道開発を中央に反映させると語った。

双竜、三養、韓国ケーブルだけが起工

不正蓄財還収金による工場建設

不正蓄財還収金で設立される九工場の建設は双竜セメント、韓国ケーブル、三養水産などを除きまだ工事が着手されていない。

この度商工部で伝えるところによると、総合製鉄工場を除いて六四年末までに工事を竣工することになっており、今年中に必要な借款協定と敷地選定及び基礎工事までは終えねばならぬが、九カ工場中双竜セメントなど三カ会社を除いては十二月一日現在あまり進行されていない状態である。

このように不振な原因は大体所要外貨を導入する借款交渉が未だ決定されていない点と通告された還収金の払込みが遅延されているところにある。

還収状況をみると建設進度が最も進んでいる双竜セメントが今年度要払込額である一億ウォンを超過して一億五千万ウォンを払込み、次の韓国ケーブルは今年度払込額三千三百余万ウォン中三千二百七十万円を払い込んでおり三養水産は一千二百八十余万ウォン中一千一百九十余万ウォンを払込んだ。

残りは大体今年度払込額の半分程度の払込みがあるだけである。

今年中に還収金の三分の一以上を払込むことになっているが、その期日は来る二十日となっている。

九カ会社の工場建設状況は次のとおり。

▽双竜セメント＝（洪在善）＝去る九月起工して現在労務者宿舎を完工し、鉄道引込線工事及び敷地工事進行中
▽三養水産＝（金相鴻）＝去る十月十日麗水で起工、現在敷地工事中。
▽韓国ケーブル＝（具仁会）＝去る十月二十三日安養で起工、敷地工事中。
▽総合製鉄＝（李庭林）＝去る三十日米国借款基本契約締結。
▽その他五カ社は大体敷地選定または敷地購入段階にあるが中央セメントのようなものは敷地も未定である。

財務長官の指示で

証券取引所朴専務語る

【ソウル発＝連合】四日証券取引所朴専務理事は証券市場の無期休場に対して、これは財務部長官の指示を受けて取ったもので、いろいろの対策があるときまで冷却期を置くために休場しなければならなかったと語った。

専務は、今後財務当局と協議して市場を再開するよう推進の努力をするつもりだと語り、証券市場の休場は証券協会理事会の決議前に財務長官と既に合意されていたと明らかにした。

朴専務は財務長官と会い、証券金融融資をはじめ市場の正常化対策を論議したと語り、その問題は財務長官と最高会議側が検討しているが、証券金融融資は時期的にあまりにも遅れているようだと語った。

洪証券協会会長は証券協会で決議した市場の休場理由として、定額制価格制限と取引数量制限は前例のない不当な措置であり、これは市場の正常化に逆行すると語った。

洪会長は、大証券証拠金払込みにおいて証券業者たちは協力しており、取引所の払込みが完了され取引所の銀行負債が整理されたら証券金融を融資することができると公約したことのある財務長官が、増資が終り銀行負債を整理したのちも証券金融を融資しないのは不当であるので、証券市場を無期休場することに決議したものであると説明した。

ご商売やお住いのご計画に……
東京商銀信用組合
東京都文京区湯島天神町三ノ一四
電話・八三一・五七一五・二〇〇九・八六四〇・五三三六

生活叢書⑩
社交禮儀全書
4×6版 842頁
高級模造洋装케스入
挿画・写真多数
定価 2.000
斯界権威 40名 執筆 ◆主要内容◆
①序論（総論）
家庭生活과礼節 절，잔치，名節，韓国・中国・西洋式食事法，茶나菓子를드는法，接客，訪問，父子・夫婦間의礼節，시집살이，親寸法과称号에 関한 것등
社会生活과礼節 公衆道徳・選挙・就職・執務・会議・集会・鑑賞・観覧・파티・旅行・敬礼・握手・紹介・祝賀・慰問・問病・吊問・依頼・謝礼・贈答・通信에 있어서의 礼節，朋友・隣保間의 礼節，男女間의礼節，外国人에대한礼節등，
四礼 冠礼，現代式婚礼，在来式婚礼，基式婚礼，仏式婚礼，喪礼의葬礼，喪中의礼節，儒式・基式・仏式喪의 節次，永訣式，墓地의 選択과 葬法，服制，忌祭，四時正祭，慰霊祭의追悼式，基式・仏式祭礼
〈附録〉儀礼規範・国際儀礼

▼注文方法…御注文なさる図書名及び発行所を記入の上弊社営業部宛にお送り下さい。壱千円以上総て現金引換便で迅速にお送りいたします。
お問合わせの方には弊社の目録一冊無料発送致します。
東京都千代田区松枝町二二番地
綜合韓国資料社
TEL（866）〇〇一六

儀禮大全
内容의一部
第一篇 人事法
第二篇 系寸法과 対人称号
第三篇 婚礼
第四篇 祭礼
第五篇 喪礼
第六篇 服制（복제）
第七篇 修儀類와 現行
婚礼式의 順序………
祭文吊詩追悼辞吊辞
請婚（청혼）書式
許婚（허혼）書式
四柱보내는書式
涓吉보내는書式
四柱 쓰는法과보내는法
納幣（납폐）文의 書式
1 舎所（사처）
2 納幣（납폐）
3 奠雁（전안）
4 醮礼（초례）
5 新房………
6 于礼（우례）와 새길
7 問安편지……
第七節 小祥과 大祥
第八節 喪歌 僧舞 老人哭
発行所 成文閣　著者 安明善
頁数 281
送料共 定価500

図書案内 No.12
韓国貿易年鑑 1962年
価 4.200
綜合韓国資料社

憲法改正案と現行憲法との比較 (二)

最終的決定は国民投票で
強力な大統領責任制
国家元首と行政首班を兼任

二、国会の権限

A、立法に関する権限

①憲法改正の議決権(案百十九条) 現行憲法では憲法の改正は両院でそれぞれの在籍議員三分の二以上の賛成で最終的に決定するようにし、大韓民国に主権の制約または領土の変更をもたらす国家安危の重大事項に限り国民投票に付して決定するようになっているが、憲法改正案は案百十九条で憲法の改正は国会の在籍議員三分の二以上の賛成で議決した後、主権者である国民の投票に付して最終的に決定するようにしている。

したがって憲法の改正では国会の権限が縮小されたとみるが、これは国民の地位向上の結果である。

②行政府が発する緊急命令と緊急財政命令に対する国会の承認権(案七十三条三項ならびに四項) 現行憲法では内憂、外患、天災、地変または重大な財政経済上の危機に際して公共の安寧秩序を維持するため緊急の措置をとる必要に迫られた時には大統領は国会の集会を待つ余裕のない時に限り国務会議の議決を経て財政上の必要な処分を行うことができ、国務総理はこの処分を執行するため必要な場合には法律の効力をもつ命令(緊急財政命令)を発することができるようにし、この命令は遅滞なく国会の承認を得るようにしているが、憲法改正案は大統領はかかる重大な財政経済上の危機に際して案六十六条に規定した財政経済上の処分を行なったり、これに関して法律の効力を持つ命令を発することができるように、不測の事態に備えるため国家の安危に関する重大な交戦状態において国家を保衛するため緊急な措置が必要で、国会の集会が不可能な時にかぎり法律の効力を有する命令を発することができるようにし、この命令や処分は遅滞なく国会に報告してその承認を得るようにしている。

③法律の制定

立法権は国会が行使し、議決された法律案が政府に移送されれば十五日以内に大統領は公布しなくてはならなくなっているが、法律案に異議のある時には国会の再議を要求できるようにしている。

ただしこの場合でも法律案の一部に対して修正してかつ再議を要求することはできないようにしている(案四十九条二項ならびに三項)。

現行憲法では内閣責任制の当然た結果として行政府は充分に国会の立法手続に関与できるようになっており、国会を通過した法律案に対して国会の再議を求める規定を設ける必要はないが、大統領責任制を採択した憲法改正案は大統領、国務総理、国務委員は国会議員を兼ねることができなくなっているため、立法手続で充分に関与できず実際に執行不能な法律案等が国会を通過するおそれがあるから、法律執行に責任を負う大統領に付議を要求できるようにし立法府である国会と執行府である政府との議終の道を開いておいたのである。

ただし大統領の再議要求がある時でも国会で在籍議員過半数の出席と出席議員三分の二以上の賛成によって前と同じように議決し、その法律案を法律に確定できるようにしている(案四十九条四項)。

④条約批准に対する同意権(案五十六条)

現行憲法では国会は国際組織に関する条約、相互援助に関する条約、講和条約、通商条約、国家または国民に財政的な負担を負わせる条約、立法事項に関する条約の批准と宣戦布告に対しては、同意権をもつようにしているが、憲法改正案はそれ以外に安全保障に関する条約、漁業条約、外国軍隊の地位に関する条約と国軍の外国への派遣または外国軍隊の大韓民国領域内の駐留に対しても同意権をもつようにした。

B、財政に関する権限

憲法改正案は租税の種目と税率は法律で定めるようにする租税法律主義(案五十五条)、国家の予算案は国会で審議確定するようにする予算案審議確定権(案五十条一項ならびに五十一条一項)、国債の募集と予算外に国家の負担となる契約を締結するときには、前もって国会の議決を得るようにする起債同意権と予は外国家負担となる契約締結に対する同意権(案五十四条)、予測することのできない予算外の支出、あるいは予算超過支出に充当するための予備費は事前に国会の議決を得るようにして、予備費の支出は次期国会の承認を得るようにする予備費設定に対する同意権とその支出に対する承認権(案五十一条二項)、内乱、外患等の重大な財政経済上の危機において公共の安寧秩序を維持するために発する緊急財政処分に対する承認権(案七十三条三項)、予算執行に対する決算審査をする決算審査権(案九十四条)をもたせるなど国会、財政に関する権限については現行憲法と同一に規定している。だが現行憲法が行政府の国会に対する予算案提出時期を定期会の開会はじめにし、国会は予算案を会計年度の開始前までに議決しなくてはならないとしたのに対して、憲法改正案は政府は予算案を会計年度開始百二十日前までに国会に提出するようにし、国会は会計年度開始三十日前までに議決するようにして国家活動の財政的裏付けとなる国家の予算を可能なかぎり迅速に確定し、その継続的な国家活動を保障し、予算の執行に必要な準備ができるようにした。

C、一般国政に関する権限

①国政監査権

国会をして国政を監査できるようにしたのは現行憲法と同一であるが、憲法改正案は国会は国政を監査するのにおいて裁判と進行中の犯罪捜査と訴追に干渉できないことを明文に規定し、国政監査の名をかりて司法権の独立を侵害するようなことがないようにした(案五十七条)。

②弾劾訴追権(案六十一条、六十二条)

憲法改正案は現行法と同一に大統領、国務総理、国務委員、行政各部の長、法官、中央選挙管理委員会委員、監査委員その他法律で定められた公務員がその職務執行において憲法や法律に違背した時には国会議員三十人以上の発議と在籍議員過半数の賛成があれば国会は弾劾の訴追ができるようにし、弾劾訴追の決議を受けた者は弾劾判決があるまで、その権限の行使を停止するようにし、弾劾判決の効力は公職から罷免するに止まったこと等は現行憲法と同一であるが、憲法改正案では憲法裁判所を設けず弾劾事件を審判するため、大法院長を委員長とし大法院判事三名と国会議員五名の委員をもって構成する弾劾審判委員会を設けることとし、また弾劾対象者中、国務総理、国務委員、行政各部の長が現行憲法から追加されているのは現行憲法が内閣責任制を採択しており、民議院の政府不信任権の行使により、これらを当該公職から罷免させることができるが、憲法改正案は大統領責任制を採択しており国会の政府不信任権がないから、これを補充するためのものである。

③国務総理または国務委員の解任建議権(案五十九条)

現行憲法は内閣責任制を採択しており、民議院の政府不信任権とこれに対応する政府の国会解散権を認めているが、憲法改正案は大統領責任制を採択し大統領の任期中、行政府が国会に対する責任を負わず、強力な行政を遂行できるように国会の政府不信任権を認めず、また政府の国会解散権も認めていない。

だが、憲法改正案は国民の代表機関としての国会をして行政府の権限行使を監督できるようにするため、国会は国務総理と国務委員の解任を大統領に建議できるようにし、この建議がある時には大統領は特別な事由がないかぎり解任するようにしている。

④国務総理指名同意権ならびに選挙権を認めないようにした(案八十四条)

現行憲法は内閣責任制を採っており、この制度下では行政府の構成権は国会がもっており、行政権の担当者で国務院を代表する国務総理は大統領が指名し国会の同意を受けるようになっているが、憲法改正案では大統領責任制を採っており、この制度下では行政府の構成権は国会が持たず、行政権の担当者で行政府の首班である大統領は国民が直接選挙するようにし、大統領を補佐して行政各部を統轄する国務総理は大統領が単独で任命するようにしている。

その他国会の一般国政に関する権限である国務総理、国務委員または政府委員の国会出席要求権ならびに質問権、大統領の一般赦免に対する同意権、条約の批准ならびに宣戦布告に対する同意権等においては現行憲法と同一に規定している。

2 大統領

(イ)政府形態

憲法改正案は政府形態において大統領責任制を採択した(案六十三条)。

現行憲法は内閣責任制を採っているが、その基本与件の欠如によって過去の政局は不安定であったし、政府は国会の掌中をみて延命を図り、国民のための強力で継続的な政治が不可能になり、国会は政争の場と化したのである。

この点に鑑み、憲法改正案は大統領責任制を採り政局の安定と国家政策の継続性を保障して強力な政治が行なわれるようにした。

このように憲法改正案で大統領責任制を採択した結果、大統領は国民が直接選挙し、現行憲法と同じように国政に超然たる存在ではなく、国家の元首であると同時に行政権の首班としたのである。

また立法府と行政府は厳格に分立されており、国会の政府不信任権とこれに対する政府の国会解散権は認めないようにした。

ただし、憲法改正案は現代政治の高度の技術化によって、国会の立法だけではこれに順応できないから、大統領責任制下でも実質上、政府の法律案が重要な法律案の大部分を占めているのに照らして政府の法律案提出を認め(案四十八条)立法府と行政府の孤立を防ぎ、有機的な関連のもとで政治を遂行できるように大統領の国会出席発言権、書簡による意見の表示、国務総理、国務委員ならびに政府委員の国会出席発言権を認めるようにした(案五十八条)。

(ロ)大統領の地位

現行憲法では大統領は直接行政権の首班の地位にあるのではなく大体、国家政治に超然たる地位にあり、原則的に儀礼的で形式的な権限だけをもっており、単に国家の元首として国家を代表する地位にあるが、憲法改正案は大統領責任制を採択した結果、大統領は国家の元首として国家を代表し、また直接行政権の首班の地位をもつようにしている(案六十三条)。

(ハ)大統領の選挙

①、大統領は国民が直接選挙するが、大統領が闕位の場合で、残任期間が二年未満の時には国会で選挙する(案六十四条一項)。

大統領責任制のもとでは立法府と行政府が相互独立の地位にあり、行政府の構成権が国会にないから大統領を国会で選出せず、国民が直接選挙するのが原則である。

従って憲法改正案も大統領は国民が選挙するようにし、ただ大統領が闕位し、その残任期間が二年に満たない時には選挙の煩雑を避けるため国会で選挙するようにしている。

②、大統領に選挙される者は選挙日現在、継続五年以上国内に居住し、四十歳に達する者でなくてはならない(案六十四条二項)、大統領の被選挙権を継続五年以上国内に居住し、四十歳に達する者にかぎり認めるようにして、経験と知徳を兼備した国内事情に明るい大統領となるようにした。

③、大統領候補者は所属政党の推薦を受けるようにした(案六十四条三項)。

大統領候補者は所属政党の推薦を受けるようにして政党政治を確立し、政党の後押しによる強力で秩序のある政治を行なえるようにした。

④、大統領が欠位したり、大統領に当選した者が死亡または判決その他の事由でその資格を喪失した時には直ちに後任者を選挙するようにし、大統領の任期が満了した時には任期満了の七十日ないし四十日前に後任者を選挙するようにして政治の空白期間がないようにした(案六十七条)。

(ニ)大統領の任期

大統領の任期は七年とし、一次にかぎり重任できるようにし長期間の執権による勢力の固定化または独裁化を防止するようにした(案六十九条)。

(ホ)大統領の職務代行

大統領が欠位したり、事故によって職務が遂行できなくなった時には国務総理、法律で定められた国務委員の順位でその権限を代行するようにした(案七十条)。

(ヘ)大統領の権限

憲法改正案は大統領責任制の政府形態を採択し、大統領が行政権の首班であるから、現行憲法での大統領の形式的儀礼的権限が憲法改正案では実質的権限となった。

A、行政に関する権限

①、公務員任命権

大統領は憲法と法律の定めるところにしたがって公務員を任命するようにした(案七十六条)。

②、外交権

大統領は条約を締結批准し、外交使節を信任、接受、派遣し、宣戦布告と講和等の外交に権限を行使するようになっているが、相互援助または安全保障に関する条約、国際組織に関する条約、通商条約、漁業条約、講和条約、国家や国民に財政的負担を負わせる条約、外国軍隊の地位に関する条約または立法事項に関する条約の締結批准と宣戦布告、国軍の外国への派遣または外国軍隊の大韓民国内での駐留などに対しては国会の同意を得るようにしている(案七十一条)。

③、軍事権

大統領は軍の最高司令官として憲法と法律の定めるところにしたがって国軍を統帥するようにしている(案七十二条)。大統領が軍の最高司令官として軍を指揮統率するには統帥権独立主義と軍政軍令一元主義があるが、前者は軍の統帥権を軍政から独立させ政府はこれに関与できないようにし、軍令は法律で定めず大統領直属下の特殊命令または軍令として規律しているから、軍の政府からの独立あるいは軍国主義への転化のおそれがある。

したがって憲法改正案は民主国家の例にしたがい軍政、軍令の一元主義を取り、軍令の軍政からの独立を許さず、軍事に関する重要な事項も国務会議の審議を経るようにし、大統領の国軍統帥に関する行為は関係国務委員の副署が必要であるようにし、また軍人は現役を退いた後でなくては国務総理または国務委員になれないようにしている。

④、戒厳宣布権

大統領は戦時事変またはこれに準ずる国家非常事態において、兵力をもって軍事上の必要または公共の安寧秩序を維持する必要がある時には法律の定めるところによって戒厳を宣布できるようにし、戒厳が宣布された時には法律の定めるところによって、令状制度、言論、出版、集会、結社の自由、政府や法院の権限に関して特別な措置がとれるようにしている(案七十五条)。

ただし現行憲法とは異って、軍人または軍属でない国民は大韓民国の領域内で軍事に関する間諜罪の場合と哨兵、哨所、有害飲食物供給、捕りょに関する罪の中、法律で定めた罪以外には非常戒厳が宣布された場合を除いて軍法会議の裁判を受けないようにし、法律で定められた法官によって法律の定める内容と順序にしたがって裁判を受ける国民の権利を保障し、国民の基本権を充分に保障するようにしている。

また大統領が戒厳を宣布した時には遅滞なく国会に通告し、その承認を得なくてはならず、国会が戒厳の解除を要求する時には大統領はこれを解除するようにして大統領の戒厳宣布権のらん用を防止するようにした。

⑤緊急命令権ならびに緊急財政命令権(案七十三条)

憲法改正案は現行憲法と同じように内憂、外患、天災、地変または重大な財政経済上の危機において公共の安寧秩序を維持するため緊急な措置が必要で国会の集会を待つ余裕のない時にかぎり大統領は最小限に必要な財政経済上の処分を行なったりこれに関して法律の効力をもつ命令を発することができるようにして、現行憲法とは違って国家安危に関係する緊急な事態に備えて厳格な要件のもとで緊急命令権を発することができるようにしている。すなわち、国家安危に関係する重大な交戦状態において国家を保衛するための緊急な措置が必要で、国会の集会が不可能な時にかぎり大統領は法律の効力をもつ命令を発することができるようにし、緊急事態における国家機能の麻ひを防ぐようにしている。

⑥、栄典授与権(案七十八条)

大統領は法律の定めるところによって勲章、その他の栄典を授与できるようにしている。

B、立法に関する権限

①法律案公布権(案四十九条)

国会で議決された法律案は政府に移送され十五日以内に大統領が公布するようにしている。

ただし現行憲法とは異って大統領が法律案公布権をらん用して国会の立法権を侵害し、延いては独裁化するのを防ぐため法律案が政府に移送された後、公布も再議の要求もせず十五日が経過したり、国会の再議を要求しても国会で再び議決された時には、その法律案は法律として確定するようにし、大統領がただちに公布しなくてはならないが五日以内に公布しない時には国会議長が公布するようになっている。

②法律案再議要求権(案四十九条)

憲法改正案は大統領責任制を採っており、政府に法律案の提出権が認められているとしても具体的な立法手続には関与できないようになっているから、国会が執行部の実情を知らず執行不能な法律案を通過させるかも知れないので、法律の執行責任者である大統領に法律案に対する再議を要求できるようにし国会と行政府が妥協できるようにしている。

③、憲法改正案の公告権・公布権(案百十九条二項)

憲法改正案は大統領には憲法改正案の提案権を認めず、憲法改正は主権者である国民の意思と国民の代表機関である国会でのみできるようにし、大統領の意のままに憲法を改正して独裁化した過去の例を繰り返さないようにし、大統領は提案された憲法改正案の公告と確定された憲法改正案の公布だけをするようにしている。

④命令制定権(案七十四条)

大統領は法律で具体的範囲を定め、委託を受けた事項と法律を執行するために必要な事項に関して大統領命令を発せられるようにしている。

⑤臨時国会の召集権(案四十三条二項)

大統領は緊急な必要がある時には臨時国会の召集を要求できるようにしている。

C、司法に関する権限

恩赦権(案七十七条)

大統領は法律の定めるところによって赦免、減刑、復権を命ずることができるようにし、一般赦免を命ずる時には国会の同意を得るようにしている。

D、大統領の権限行使の方式

大統領がその権限を行使するのにおいては一定の事項(案八十六条)、国務会議の審議を経るようにし、また一定の条約の批准、あるいは宣戦の布告、戒厳宣布、緊急命令、緊急財政命令や、処分、一般赦免を行なう時には国会の同意または承認を得るようにし、大統領の国法上のすべての行為は文書をもってし、この文書には国務総理と関係国務委員の副署をするようにして大統領の権限行使において慎重を期するようにし、延いては独裁化を防ぐようにしているが、この点においては現行憲法と実質的に同一である。(案八十条・八十六条)

E、大統領の特権

大統領は現行憲法におけると同様に内乱、外患の罪を犯した場合を除いては、その在職中刑事上の訴追を受けないようにして職務に忠実なようにした。(案八十二条)

F、大統領の義務

大統領は就任に臨んで国会議員と大法院の法官が参席する中で宣誓を行なうようにし(案六十八条)、大統領は国務総理、国務委員、行政各部の長、その他法律の定める公私の職を兼ねたり、営業に従事したりすることができないようにして、国家元首としての尊厳性を維持し、職務に誠実ならしめ、行政府の重要職を兼ねることによって招来されるかも知れない独裁化の憂いを防ぐようにしている(案八十一条)。大統領が憲法と法律に違反した時には国会の弾劾訴追によって弾劾審判委員会の判決により罷免できるようにしている(案六十一条)。(つづく)

韓国の声

簡易裁判所の新設 構想とその前提

(一)

現在、中央公務員教育院で実施中の判・検事特別教育における重要な研究課題の一つとして「簡易裁判所」設置問題が上っていると伝えられるのは注目に価いする。法曹界の動態からしてまだ実現を見るまでには若干の障害が必要のようだが、もともと現行「即決審判」制度に対する法学的議論が高いのを見ても、それに代わる制度としては研究課題にのぼるべきものではなく、法院当局の慎重な考慮がなされることを望む見地から、これに対するわれわれの見解を表明したいと思う。

周知のように、現行法 即決審判法では「五千圜以下の罰金または拘留、科料」に該当する刑事事件と「罰金、科料および没収に関する」民事事件に限り、巡回判事が即決審判を行なうことができるようになっている。この中で特に問題になっているのは軽犯罪の即決審判であるが、公安警察が強化されればされるほど即決審判の件数はぼう大となっているのが実情であり統計を見ても即決審判の大部分を占めている事件が続発する時は、一日に数千名を一人か二人の巡回判事が扱う有様で、裁判記録は一分間に七名に対して言い渡しをするという絶えない裁判もあったのである。

したがって、そのような違法的な即決審判においては、一つ一つの事件を審理し、犯罪者の情状や事実をふまえて適切な判決を下すことは期待すべくもなく、大多数の場合、警察官の送致意見書どおりに何日かの拘留または何百圜の科料で決着してしまうのが通例で、審判にかけられた者も抗弁からあきらめてしまい、正式裁判を請求する問題を回避してしまうところから、知らず知らずの中に人権が疎かにされるのは当然のことといえよう。

(二)

だとすれば、国民の基本人権が法院のさらに疎われることは、法治国家として寒心すべきことというほかなく、たとえ拘留や罰金のような軽い処罰とはいえ、当の個人にしてみれば我慢のならないことであろう。

欧米諸国でも、治安裁判制度のようなものがあって軽犯罪だけを専門に審判しているが、わが国の即決審判に比べ、その手続と裁判形式に相異があり、はるかに慎重なものである。簡易裁判所の構想も、要は現在の即決審判制度の弊害を是正し、さらに人権擁護の精神を期することにその目標があると思うが、問題は実地に活動する軽犯罪事件を処理するために必要な全国警察署所在の簡易裁判所設置のための財政的裏付けと、およそ百七、八十名にも達する法官の増員にある。過去、治安官制度を設けておきながらこれを巡回判事制度に替えるに至った経緯に照らしてみても、法院組織法を改正すればこと足りることではなく、名実相伴う簡易裁判所にするためには、それだけの用意がなくてはならない。

われわれは司法府内において、かかる傾向が台頭することを非常に望ましい現象と見て歓迎するものであるが、正規の法官でない簡易判事制度を模倣したり、府内での簡単な特別考試による登用で水準の低い法官を大量に産出するなど、過去にみられたような安易な着想でないことを確約してもらいたい。このように、われわれが簡易裁判所新設を支持する理由は、国民の便利と慎重な裁判によって人権が尊重されるところにあって、決して制度としてだけの裁判所にあるのではないことを強調し、法曹界の真摯な研究と推進を期待する。(朝鮮日報)

※世界各国航空船舶券発売・渡航手続一切
※KAL・KNA航空券取扱・韓国旅行案内
※AIU旅行障害保険取扱
※国内観光旅行案内
ORIENTAL TRAVEL SERVICE Code: ORIENTRAS Tokyo
東洋航空株式会社
東洋旅行社 国内部
本社:東京都中央区銀座西7-2 ●電通正面日経ビル隣 TEL. 571-1340・7930 ウエスト喫茶店二階
大阪:大阪市東成区片江町2-50 TEL. 971-6180
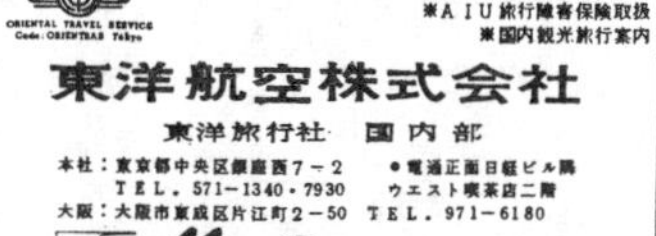

古代より古典派をへて現代にわたるグレゴリアン・チャント、マドリガル、室内曲、協奏曲、交響曲、オペラ、リード、聖楽その他日本一のコレクションの店です。
完璧なステレオ装置と"えちゅーど"独特の雰囲気は皆様の演奏会のお帰りをお待ち致しております。

音楽茶室
えちゅーど
李琯善
銀座西2-5(並木通り角) TEL (561) 3060・8173

不動産なら信用と伝統を誇る朝日商事の不動産部へ!
有限会社 朝日商事不動産部
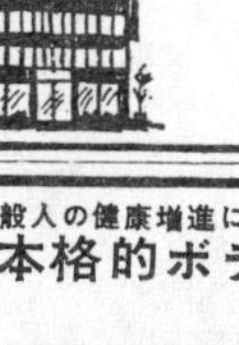
◆一般住宅地 ◆キャバレー
◆ビルディング ◆パチンコ店
等の御相談は是非当社の不動産部を御利用下さい。

東京都中野区鷺宮1丁目214番地
西武線都立家政駅前
電話 (385) 0151・0152・0153・0154番
代表取締役・梁判山

韓国服地と韓国レコード!

営業品目
特殊香港洋丹・中国洋丹・金糸織洋丹
テトロン洋丹・京都洋丹・美術丹・七色丹
リバレース・オパール・ニュートン・ベルベット
其他・本絹・季節向一式・朝鮮古典長鼓販売
貸古典婚礼衣装
韓国レコード総販売元
韓國レコード
祖国訪問者および帰国者には特別御奉仕しております
仁川㊓商会
東京都台東区浅草公園六区10-3
TEL (871) 3981・5498

一般人の健康増進に、スポーツマンの基礎体力養成に!!
〈本格的ボディビル書の決定版〉
新書版190頁 写真62葉 ¥150(送料共)
日本ボディビル協会理事長 日本ボディビルセンター専任コーチ 平松俊男著
ウェート・トレーニングのすべて…
スポーツに国境はないと言われるが、その事はウェートトレーニングについても言い得る。
ウェートトレーニングのパイオニアであるアメリカ合衆国をはじめとするヨーロッパ自由諸国家群に於ては勿論の事だが、現在鉄のカーテンの内部でも人類の健康、及びアスリートの競技能力向上に及ぼすウェートトレーニングの絶対かつ普遍的価値が認識され地上最大の規模をもって実行されている。本書は日本に於ける近代ボディビルの開拓者でありボディビル界唯一の専門コーチとして多年の経験を持つ著者が全国の愛好家にその全貌を明らかにした本格的ボディビル書の決定版である。
(内容)
■第一部 ウェートトレーニングの歴史的展望
米・ソ・英・豪諸国において、ウェートトレーニングにより成功したワールドチャンピオン達の勝利の記録、彼等の主張と方法について
■第二部 ウェートトレーニングの理論と実際
ウェートトレーニングの概念・基礎コース・専門的集中コース・体格改善の実例・年令・栄養等との関係・用具の選び方について等々
推薦の言葉
ボディビルは卒直に言って、5,6年前の「逆三角形」を讃美した人気の時代から下り坂のようにみえる。
しかし、それは表面に見える現象だけであってスポーツ能力の基礎としても、又一般人の健康改善に地味ではあるが、ボディビルの必要性は幅広く認識されてきた。
ボディビルの普及と指導に十年近い歳月を打込んで来た平松君の筆になる本書ほど若いスポーツマンにとって有効なものはないであろう。
元厚生大臣
日本ボディビル協会会長 川崎秀二
■本の申込方法—あと金払い
官製ハガキに住所・氏名を明記して下記にお送り下さい。ハガキ到着の日に本を御送りします。本の代金は着本後20日以内に郵便切手150円で御送り下さい。
■本書の購読者にはどなたにもボディビル用具の詳しいカタログを同封御送付いたします。

スポーツマンの基礎体力養成・社会人の健康増進に
堅牢・優美チャンピオンバーベル・ダンベルセットを!!
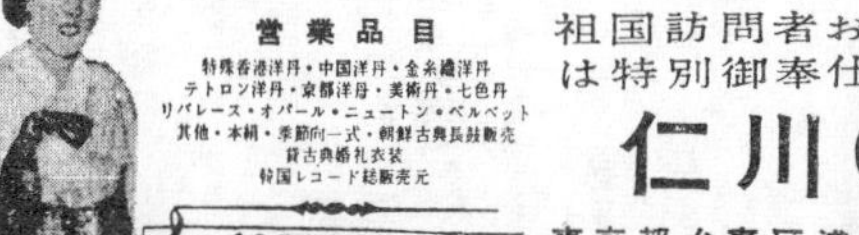

総鉄製・調節自在・オール回転式
●チャンピオンバーベル、ダンベルの他に、ベンチプレス、スクワット兼用スタンド、腹筋台あり
分割購入の方法もあります
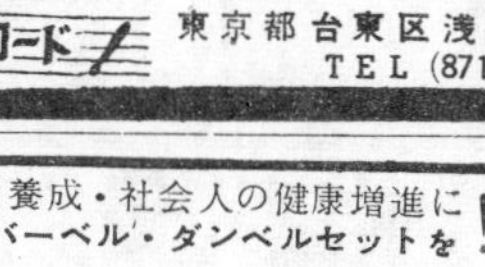
5キロダンベルセット

ミスターアメリカ・トムサンソンの筋肉美
東京都大田区女塚1の19 TEL (731) 4793
●詳細は電話でご遠慮なく御照会下さい
ウェート・トレーニング普及会
会長・朴喜玟

民団第37回中央議事会開かる

法的地位対策委を設置

規約改正、全体大会に上程

民団第三十七回中央議事会は五日午前十一時、東京文京区の社会福祉会館で中央議員九十四名の参席の下に開かれた。同議事会では韓日会談妥結を目前に控え、その後の在日僑胞にとって最もさしせまった中総執行部提案の①民団の規約改正に関する問題や、②在日韓国人の法的地位問題など七項目が論議され、各項別項のように決定し、午後九時閉会した。

中央議員94名が討議

中総議長の開会のあいさつに次いで金光男議長のあいさつがあり、国民儀礼につづいて権逸中総団長の別項のようなあいさつと、駐日代表部金公使の祝辞が述べられた。これにひきつづいて中総三機関の経過報告を中心に質疑応答が繰り返されたが、ここで主にめだったのは去る第二十八回全体大会以後、民団は本国政府と密接な関係を保ちながら日本国民へ親善の手をさしのべその土台を幅広く築いたことと、全国民団中堅幹部本国視察団を編成し、本国の再建施策を視察させ、これをもって在日僑胞を祖国再建の寄与に立上がらせていることや本国から講師が来日し民族意識を全国的に盛上げたことなどだが、これに反し僑胞中小企業育成のために創立した信用組合商銀に設立本来の意義を遂行させる措置が講ぜられていない点につき中央議員たちの質問にみられたような不勉強ぶりと感情を露骨化した非建設性などであった。質疑応答のあと議事会は一旦休けいし午後二時三十分に再び続会し執行部提案の議案①規約改正に関する件、②在日韓国人の法的地位に関する件、③財政確立に関する件、④信用組合育成対策に関する件、⑤教育センター設置に関する件、⑥韓日親善機関組織に関する件、⑦国軍墓地花園制度確立に関する件など七項目が審議され、各項目次のような決定をみた。

賛否両論が対立

規約改正、次の全体大会へ

規約改正試案の中間審議は今議事会で最も重要な一つとされ、全僑胞はもち論各関係当局で注視その成り行きを非常に重視していた。しかし期待とは別に議場内は反対と賛成派に分れ真剣な条目別審議以前に会場がざわめきだしたので結局自由な立場で反対、賛成が約二時間競論に明け暮れ、議事進行のため議長提案による次のような決定をみただけ。

第三十七回中央議事会は規約修正委による修正案の字句そのまま次の全体大会に上程することにする。なお修正委は地方の意見と第三十七回中央議事会の意を参酌することにする。

法的地位問題に関する件

これに関して張聡明副団長から韓日会談妥結後に、在日韓国人に付与される永住権者の資格、権利義務などに関する細目的説明が行われた。これに対し中央議員から民団として全在日僑胞のために何らかの要求決議事項を本議事会の名で決定すべきだという提案を基に次のような決定をみた。

本中央議事会では在日韓国人の法的地位に関する説明を聞いたので、各中央議員は各地方で一般僑胞へこのことを説明し、その要請事項を中総に送る。

在日僑胞法的地位対策委員会を設立し、委員十五名を中総三機関の下で選出し、全体僑胞の権益をよう護して日本政府、またはその他に交渉する。

なおこの決定とは別に革命政府による憲法では本国に四年以上居住していない国民には被選挙権が与えられていない。国民として被選挙権が与えられないことはわれわれにとって異国様な感が与えられがちだし、また祖国への夢がなくなる。よって国民として当然与えられるべき被選挙権を主張する決議案を本大会の名で議長が成文化し本国へ送る。

財政確立に関する件

民団創立以来その発展を根本的に阻害している原因は民団運営の財政資金の困難である。これに対し中央、地方に財政委員会を結成し財政確保の一元化を図る。その第一歩として今年度内に東京、大阪、愛知、兵庫、京都、北海道をはじめ十一県本部に計二百余万を割当てるといった要旨の執行部提案を満場一致で可決した。

その他の四案は執行部提案の原案通り可決し、午後九時金光男議長の閉会辞で第三十七回中央議事会を終えた。

韓国連合通信重役陣強化

本社と姉妹関係にある韓国連合通信社（閔正植社長）では事業をより充実させるため、同社の重役陣をこのほど次のように改編強化した。同通信社は創刊（一九五五年九月九日）からすでに八年目を迎えるにいたったが、人事強化による今後の発展が大いに期待される。

会長閔泳相、社長閔正植、専務南宮哲、監査高昌斗、理事河鍾氏、同鄭卜相、同鄭浣尺、同鄭服鋼、同河竜鉉、同李圭振

第37回民団中央議事会

中央議事会への祝辞と挨拶

民団の努力に感謝

金公使の祝辞

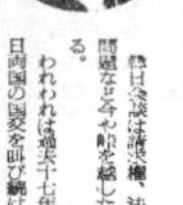

第三十七回中央議事会がひらかれる今日、ここに集まった中央議員の皆さんに所信の一端をひれきできる機会を得たことを幸いとするものであります。

われわれ在日六十万僑胞の中心体である民団組織を回顧する時、日本という異域に居住している関係上わが国では考えられない多くの困難と障害に逢着しながらも在日六十万同胞の福利増進のために、また祖国の繁栄のためにひいては全自由国家の反共堡塁として特別努力されたその業績に対して敬意を表すると同時に、わが民団の中枢的役割を果しておられる中央議員の皆さんに、この席を借りて衷心より感謝するものであります。

皆さんも周知のように今日のわが祖国の姿は革命政府の樹立後一変し、すべての腐敗と社会悪は一掃されこれによって社会は明朗となり民主共和の土台が形成されてきた。終りに皆さんの健闘を願って祝辞にかえます。

意義深い中央議事会

金光男議長の挨拶

韓日会談は請求権、法的地位問題など今や峠を越した感がある。

われわれは過去十七年間、韓日両国の国交を叫び続けてきたが、今その妥結をすぐ前にして、今日ここに中央議事会が開催されていることは誠に意義深いものがある。

民団は在日六十万同胞の全体的自治機関である。したがって、このわれわれの自治機関たる民団は、如何なる特定の人物にも左右される団体ではない。それゆえわれわれは、全体居留民の団体として、その権威を高めるため、十七年間にわたって努力を積み重ねてきた。

今この権威をなお一層高め、そして在日六十万同胞の生活向上を図るために、去る二十八回全体大会においてわれわれは、民団規約を改正することに決定をみた。

この決定に従って、大会で選ばれた十二名の規約改正委員が試案を作成し、今日この中央議事会で論議することになったのである。

この規約改正は一般僑胞はもちろん敵対陣営である朝総連においても非常に重要視し、朝総連は反対することを目標にしている。

しかし私は、ここで代議員諸君に申し上げたい。この規約改正試案は絶対的なものではなく、次回の全体大会に報告するための中間的論議の意義をもつものである。

改正反対を唱える一部の人たちは、本国政府がこの規約改正試案を民団に押しつけたものと言っているが、しかしこれは討議のテーマにすぎないものである。

代議員諸君にあっては、こうした民団の客観情勢と、今後あるべき諸問題を賢明に検討され、民団の発展の見地から論議されるよう願う。

民団は方向転換を

権逸団長の挨拶

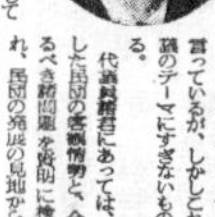

民団創立以来最も重要な時期にさしかかるこの時、ここに中央議事会が開かれていることは非常に意義があると思う。

われわれをとりまく世界情勢をみるに、キューバ問題をめぐる米国の指導権確立、ヨーロッパ共同市場の展開と団結、中印紛争を契機にインドが自由陣営に歩みよったことなど、これら三つの大きな現象は自由主義陣営が共産主義に対して勝利を獲得した転換点をなすものである。

一方、本国においても過去の政治や社会の腐敗から脱して、昨年の五・一六革命を契機として今や国家再建に突進している。本国のこのような改革は、在日僑胞の間にも反映され、祖国再建事業に寄与する動きが活発になっている。

自由陣営の団結を意味する韓日会談もすでに峠を越え、成立寸前にさしかかっている。この会談が民政移管前に妥結することになると、今度は朝総連では民団の内部分裂を決定的に工作するに違いない。これを未然に防止し、在日僑胞の北送を食い止める対策として民団は、今新しい方向転換が必要である。それに伴なって、今日規約改正試案が討議され民団財政確立の件が重要視されているのであり、これらはあくまでも全体大会の決定に基づく民団の自主的発展のためのものである。

代議員諸君がこうしたことに留意し民団の今後の発展のために慎重に論議されること を切に望む。

新帝国主義研究

最近の共産主義戦略の諸形態

ソ連の対印政策とインド共産主義

ケネー・D・オブスリート

ネールの中立主義は印度を共産主義陣営に引き入れられる可能性のある路線ではないが、少くとも西方陣営から印度を離隔させる機会を与えるという点から漸次ソ連の肯定的評価をうけるようになったのである。

ネールに対するソ連の肯定的評価は、一九五四年と一九五五年に高まっていった。

ネールの劇的なソ連訪問とブルガーニンとフルシチョフの印度訪問は親善関係を樹立しようとするソ連の熱意を明白にみせてくれたものである。

ネールの「印度の発見」というのを、ソ連が一九五五年に翻訳出版したのはこのような態度のもう一つのあらわれだったソ連の雑誌書評欄はネールの見解に、ある点で反対していたが、彼の反帝国主義的路線は熱烈に歓迎した。

ソ連指導者たちはガンジーの印度民族主義発展にあっての役割につき、彼等の従来の見解を変えはじめたが、関係声明を詳細にぎん味してみると、レーニンの多くの原則が許容している限度内で、彼等は従来の見解を変更し始めたのだった。

即ち彼等は一九二〇年代初期ガンジーが反帝国主義活動に大衆を動員したことに、客観的にみると印度民族主義に一つの進歩的機能を遂行してきたことは認めたが、ガンジーのその後の役割とか彼の信念を認めようとはしなかった。

ソ連は、一歩進んでネールの外交政策のみならず、対内政策のある面に対しても認める度が典型的に現われた。

それに先立ちジュコフが、印度ブルジョア階級は「人民民主主義」の達成に何らかの寄与があり得ると主張した事実は既述した通りである。

一九五五年にはソ連の代弁人が、ネール政府自体がこの「進歩的」役割をしていると宣言し「真の支持をうけると」であると彼は宣言した。

しかし彼は注意深くもネールには「ソ連代弁人がネールの「社会主義」までを認めるに至ったのである。

「コミュニスト」誌に掲載された印度政府の第二次五カ年計画に関する論説にこのような態度が典型的に現われた。

ソ連代弁人は第二次計画のための予備的「計画案」のいくつかの点は歓迎した。印度政府で国有が拡張されたのは「進歩的」特徴をもっているものであると述べ、その計画が重工業発展に重点をおいたことを称賛した。

「ネールがしばしば述べたとおり印度はソ連の計画経験から学ぼうと企図した」とつけ加えた。

その計画案はマハラノビス教授の指導下にカルカッタ所在印度統計学会によって、大部分が樹立されたし、この学会は諮問委員として印度に招請されてきたソ連計画専門家たちの助言を利用したと指摘した。

また「この計画は印度政府の反対に逢着した」この計画の最終的な採択は「進歩的なサークルの勝利」を意味すると同論説は述べている。

「第二次五カ年計画という進歩的な事業は、一般大衆の熱狂と支持をうけた」し印度にあって「進歩的な発展」過程の一つの「新たな段階を画した」と表明し、このような論説は、ソ連が印度の両計画樹立に大きな影響を及ぼしてきたという学者たちが印度の両計画樹立にこの論説はまた、ソ連の経済れる。

この論説とソ連刊行物に掲載されたその他の類似した声明なとは、ソ連がネール社会主義の「国家資本主義」版社会主義は「われら〃マルクス・レーニン〃主義者たちが理解しているのとは相違している」と規定した。

第二次訪韓視察団出発

十日間に亘り各地を訪問

安藤豊禄氏（小野田セメント社長）を団長とする日韓経済協会第二次韓国訪問視察団一行四十名が五日午前十一時三十分羽田発ノースウエスト機便で出発した。一行は小雨のふりしきる中を駐日代表部裴大使、崔参事らを初め多数の関係者らに見送られ、元気に行ってきますとあいさつ、羽田をたったが韓国での日程は次の通り。

十二月五日＝金浦空港到着、記者会見、大韓商工会議所訪問、韓国経済人協会訪問、同六日＝最高会議議長、内閣首班、中央情報部長、外務部長官、経済企画院長、財務部長官、商工部長官、蔚山工作廠訪問、同七日＝経済企画院訪問、財務部訪問、韓銀総裁訪問、商工部訪問、農村視察、同八日＝板門店視察、同九日＝自由時間、同十日＝仁川工業地区視察、大韓重工業視察、韓国工業工場視察、韓国貿易協会訪問、同十一日＝釜山社視察、蔚山工業地区視察、晩餐、十二日＝第一毛織視察、韓国ナイロン視察、同十三日＝陸軍士官学校視察、梨花女子大学校視察晩餐

▽江原視察班　十二月十二日＝江原炭鉱視察、同十三日＝長省炭鉱視察、同十四日＝北三化学公社視察、東洋セメント工場視察、三陟火力発電所視察、大韓水産CO視察、同十五日＝記者会見、金浦空港出発帰国。

羽田空港をたつ訪韓視察団

尋ね人

韓泳鍋　52歳　日本名西原泳鍋

本籍　平壌市

あなたの奥様が釜山で待って居ます。早速左記住所へ連絡して下さい。

京都市右京区西院矢掛町二〇　在日大韓基督教京都教会
命鍋澤
電話（84）五〇五一番

康智植（康本智植）48歳

本籍…平安道西安州郡新安州面龍岩里一八一、戸主康泰寛氏の次男

経歴…日本医科大学卒業（卒業年度一九四〇年）一九四五年頃赤坂区興亜病院に勤務。

前住所…東京都世田谷区玉川奥沢町一の四渡辺房夫方

家族の住所…韓国ソウル特別市竜山区孝昌洞一七二の一朴聖来方田炳憲

右の方を御存知の方は左記へ十二月二十四日迄ご連絡下さい。

連絡先…愛媛県松山市湊美町二の四一六　加藤富士子

李成南さん（39歳程度）

本籍慶南咸陽郡三嘉城面吉城里

右の方は昭和十年に来日、大阪府堺市東町に住んでいたが、昭和十五年頃行方不明となり今日に至っております。本人の実兄李永鶴氏が尋ねておりますから心当りの方は左記に連絡下さい。

連絡先

東京都八王子市寺町十八番地

TEL⑨六九一七

阿本方　李永鶴

尹任寿（伊藤）

右の方は戦前静岡県伊豆安良里に住んでいた方で、戦後釜山に引揚げ、五、六年前再び来日しております。尹さんに世話になった国華汽船会社金明丸船長の沢入藤市氏が行方をたずねておりますので、御心当りの方は本社まで御連絡下さい。

奨学生募集

募集人員　一名

資格　ソウル出身者。東京にある大学の理工学生。

希望者は履歴書、在学証明書を韓国新聞社まで提出して下さい。

大東化学工業株式会社
取締役社長　林　奉　善
…市…本町12の5　8　TEL(2)3381

DAINICHI GLASS CO. LTD. DNG
営業種目■化粧瓶■薬用瓶■医療器製造■
大日硝子株式会社
取締役社長・丸山泰徳
東京都江戸川区小松川4－36　TEL681－0704

自動車のコンサルタント！皆様の車に関する相談役
新車各種・中古車販売・修理・板金・塗装
自動車保険（事故相談・一般契約）取扱店
自動車の事なら、売る時も、買う時も是非どうぞ!!
国電東中野駅陸橋際・東京都中野区上ノ原町11番地
大東京自動車株式会社
代表取締役・尹禾錫
電話（361）1508・0096番

文化

演劇「壮士沼」のタイトル図案 —郭仁植—

最優秀賞に李秀子嬢（作曲）

朝鮮日報社主催 全国新人国楽コンクール閉幕

韓国固有の民族的な国楽を現代化しようとする文化的な意義を持つ朝鮮日報社主催の第一回全国新人国楽競演大会が、去る一、二の両日間にわたって国立劇場で開かれ、韓国国楽界に華やかしい一ページを飾った。

正楽、民俗楽、作曲など、三部門にわたって全国から集まった五十一名の男女学生らが参加した今大会では、ソウル音大の李秀子（作曲＝古宮の因象）嬢が最優秀賞を獲得して国務総理賞および朝鮮日報社社長賞を受けた。

二日午後六時半、国立劇場で入賞者らに対する授賞式が行なわれたが入賞者の名前は次の通りである。

正楽部＝一等＝[illegible]（[illegible]）▽教・公報長官賞、二等…[illegible]喝劇（ジュンサンヨンサン）三等…[illegible]鎮魂劇（千年万歳）▽民俗楽部…一等＝[illegible]（伽倻琴散調）公報部長官および市長賞、二等…鄭[illegible]（[illegible]）、三等…[illegible]（伽倻琴散調）▽作曲部…一等＝白大雄（小さな四重奏）芸術院会長および公報長官賞、二等＝[illegible]男（新しい働き手）三等＝李相[illegible]（天の恋）▽団体賞＝金[illegible]外七名（表正万方曲合奏）朝鮮日報社長賞▽奨励賞＝金[illegible]（伽倻琴散調）[illegible]文得（伽倻琴散調）李丙相（[illegible]日之曲）朴廷培外七名（正楽合奏）

学士資格考査始まる

三日から全国一斉に

今年度学士資格考査の専攻科目試験が三日午前十時から全国九地区二十一ヶ所の試験場で一斉に実施された。全国四八カ大学で一万九千八百八十八名が志願しているが、遅くとも来年二月一日以前にその合格者が発表される予定である。

先乗り

鄭達鉉

韓国「楽士」の地方公演のために、関西地方に先乗りして感じたことは日本に在留しているわが同胞たちが如何に故郷への郷愁を生活の随所に表現し、香はせているかであった。

そしてその表現が、何とも淡しく生きる喜びすら、それによって味わっているようにさえみえる。おそらく日本に永住を決めこんだ人々たちでさえ、心の裏面には常に故郷を憧きしてやまない切ないものがあるに違いない。

私は九月の仲秋の明月を図らずも大阪で迎えたのであるがこれまた偶然にではあるが、ある地区の僑胞婦人会が主催した仲秋の夜の催しをのぞいてみる機会に恵まれ私は、本当にうれしかった。というのは、二十五、六年も日本に住んでいながら、仲秋の明月を、しかも僑胞婦人たちと共に迎えたということは、ただの一度もなかったからである。なつかしいやら物珍しいやらで、それこそ郷愁をそそるものを感じたのである。

会場である僑胞のある学園講堂に参集する婦人約二百人近い方たちの服装がいずれも色彩豊かで、眼もまばゆいばかりの韓国服を着飾ってきたのには感歎した。

この婦人達は日本を韓国と錯覚していたのではないだろうかと、私は錯覚したものだ。

催しものとしては、韓国の歌と踊りの夜ということになっているが、それはそれは、お粗末なもので、その幼稚さは観ている私の方が穴に入りたくなるような代物であった。だが、歌と踊りよりそこには故郷の情緒があり、故郷の色があり、懐しいわが家の香りがただよっているだけである。これらが眼に映り耳をくすぐり、胸をうつのであろうか。

ここに集った婦人たちは、それによって遠く久しい故郷をしのびひとつの祖国に思いを走らせているであろうことを思うとき、かすかに民族の悲哀を感ぜずにはおられなかった。

本国では誰もかえりみない風俗習慣を後生大事に二十年三十年といだきつづけている。ということは、この身はたとえ異国にいてもひとときも忘れない郷愁のしからしめるものであり、こよなく民族を愛する心ではないだろうか—

人生と郷愁、これは永遠につきまとう人間の本能からくる消されない感情であり、かのヘルマン・ヘッセの文学も人生の郷愁から始まり郷愁に終っているといっても言い過ぎではない。

従って、故郷、祖国にたいする郷愁、人生の彼岸に向っての郷愁とその深遠な哲眼は、仏教に[illegible]な人生観でもあるのではないだろうか。

また、同じ九月のある日、広島市の居留民団県本部の事務所でのことだが、私をして強く胸打たせた老人をみたのである。私は故国をしのぶ郷愁、いや人生の彼岸に結びついた郷愁ということを痛切に感じさせられたのである。

歳をかさねたら七十五才といういかにも老い込んだという風ぼうの老人が、帰国許可の催促にきたのである。だれ一人として身寄りのない天涯孤独の一老人が帰国したいという、祖国に帰りたいという。郷里には遠せきかもしくは知人がいるでしょうと聞いてみたが、それすらもないという、かの老人にとっては、そんな田舎くさい血族はむしろじゃまになるのだろう。ただ自分を生み自分を育ててくれた故国に帰りたいのだ。そこに誰がいようといまいと、そんなことは問題ではないのだ。

私はこの老人ともっと、話してみたい衝動にかられたが、東京行きの汽車の都合で、それも出来ず帰ってきてしまった、いまだに残念だと思う。

ただ一ついえるのは、今度、劇団「楽士」の地方公演のために、先乗りして、地方都市を回って見て感じたのは、わたくしたちの同胞が、その民族的な素朴な香りと郷愁を強く抱きつづけながら生活をしているということだった。

次の地方公演のときには、もっともっと詳しく、僑胞生活をのぞいて見て、安逸寮とその実態を劇化し、舞台に乗せて見たいというのが、私の念願である。

（劇団楽士総務）

歴史上の記録

—十二月の巻（1）

檀紀四二三四年（西紀一九〇一年）▽黄地門を廃止▽警部を再度警務庁に改編▽駐仏公使に閔泳敦を任命▽進民社を設置。

▼国際関係—マケドニアに叛乱。

檀紀四二三五年（西紀一九〇二年）

▼国際関係—英・独・伊がベネズエラ各港を封鎖。

檀紀四二三六年（西紀一九〇三年）▽ロシア東洋艦隊司令官、仁川入港。

▼国際関係—中国、露日交戦に局外中立決める。

檀紀四二三七年（西紀一九〇四年）▽負褓商の団体により共進会発足▽米国人スチーブンソンを外部顧問官に任命▽李容翊、日本から帰国▽共進会員、検挙▽京釜鉄道竣工。

檀紀四二三八年（西紀一九〇五年）▽各国駐在公使を召還▽日本政府、統監府及び理事庁官制公布▽大韓赤十字病院設立▽池錫永、国文整理のため「新訂国文」六カ条を上疏▽セブランス医学専門学校創設。

▼国際関係—フランス、政教分離法可決。

檀紀四二三九年（西紀一九〇六年）▽太子（隆熙皇帝）妃尹氏嘉礼挙行▽崔益鉉、対馬島で逝去▽孫秉熙、東学を改革し天道教と改称▽李人稙の新小説「血の涙」万歳報に連載。

▼国際関係—中国、北満開放実行▽西欧—トランスバール自治憲法制定▽ノルウェーの劇作家イプセン歿▽画家セザンヌ歿。

檀紀四二四〇年（西紀一九〇七年）▽皇太子（英親王・李垠）渡日▽中央各部官制及び地方官制改正公布▽裁判所構成法を新たに制定公布▽安昌浩、李甲等、秘密結社新民会を組織▽平壌に大成学校を設立。

▼国際関係—中国、蘇浙交界地方の匪徒蜂起▽欽州、廉州、鎮南関等地で同盟会の指導する叛乱が勃発▽日本、日・仏協約及び日・露協約成立▽インド、排英運動激化。

檀紀四二四一年（西紀一九〇八年）▽日本、東洋拓殖株式会社設立。

▼国際関係—中国、禁衛門を新設。

檀紀四二四二年（西紀一九〇九年）▽一進会会長李容九、韓日合邦を政府に建議提唱▽大韓協会、国民大演説会、興士団等決起し、一進会を声討す▽平壌人李在明、鍾路で李完用（時の内閣総理）を刺傷。

檀紀四二四三年（西紀一九一〇年）▽安明根義士、寺内総督暗殺を計画したが未然に発覚▽周時経の国語文法刊行さる▽選挙首制河東三振法で耕学社組織また新式講習所設置。

▼国際関係—日本、立憲国民党結成。

檀紀四二四四年（西紀一九一一年）

▼国際関係—中国、革命軍、南京を占領▽黄興大元帥へ、孫逸仙臨時大総統に当選▽インド、首都をカルカッタからデリーに移転▽ノルウェー人アムンゼン南極に到達。

児童作文

また来て下さい

倉敷市立連島町小学校分校 三年 金本としお

大使様、かびんを、もってきてくださってほんとうにありがとうございます。

私はあのとき、よく見ていませんでしたが、あとで、ゆっくりみせてもらいました。とても大きい、赤い立派な、かびんでした。韓国の人達によくおれいをいって下さい。

韓国人の私が、日本人の先生に、教えてもらっているということは、おそらく、分校の生徒だけでしょう。

私達は、日本の土地で、くらしています。日本の土地にきているかぎりは、日本の法律を、よく守ってしっかり勉強していきます。

でも、大人の人でたびたび日本の法律をやぶって、日本人に迷惑をかけている人もいます。

私達も、小さいときはだまって、見ていますが私達が大きく育ってりっぱな社会人になったらこんなことは、二度としないりっぱな、韓国人になります。

分校の先生方をずいぶん困らしている人もいます。

でも、みなよい先生ばかりです。よくわかるまで教えてくださるのです。私は、音楽も大好きですが学校にピアノが一台もないので、オルガンで練習しています。

大使様、またどうぞおいでになってください。

こんど大使様がおいでになる時は私達は、一層よい少女になっています。

小さかった私達が、この社会に立っていけるようになった時、大使様に、お会いできることを祈っています。

韓国の人々によろしく伝えて下さい。

さようなら

李大韓体育会長辞表提出

大韓体育会の李周一会長は、二十日辞表を提出し、二十日夜開かれた体育会の全体理事会では、会長の辞任に伴う理事全員の一括辞表を提出することを議決した。

太宗世祖時代篇（8）

首陽クーデターの巻（四）

首陽大君執権者となる

首陽大君の暴力でむごい最期をとげた大臣たちの、このときのことを記録は次の通り書いている。

領議政皇甫仁（？—一四五三）は、金宗瑞と同じく六辺開拓功臣の一人。号を芝峰と呼び文宗以来の領議政として朝廷で重きをなした。彼は、深夜異例なお召しであったので不吉な予感がした。参内する途中宗廟の前を通りながら涙んで目礼をなし、

「小臣、非力でこの途を選ぶより外でございません。小臣の心情をお察し下さい」とつぶやいたという。彼は死を覚悟したとであろう。

安平大君は、前出した通り世宗第三子であり首陽大君の弟で、首陽大君は武人肌であり、安平大君は文人肌として大君のうち双へきをなしていた。

首陽にとってはやはり手強いライバルであったので、それを除くことが必要であった。そのために首陽大君はクーデターを起す名分として、安平大君が王位さん奪する陰謀の中心人物としてしまったことであった。

安平大君は、その罪を負うて江華島に流された後喬桐に移され、賜死をとげた。最期の日、賜死使から賜薬をうけとり、北向（王向の方向）四拝の後静かに死についたという。

左議政鄭苯は、て所においきて祖先の神位を祭り粥をもって訣別を告げた後、神位を焼き払った。彼が賜薬を使者からうけとったのはその直後であったという。右議政金宗瑞は？

首陽大君は、金宗瑞家から帰ってからも彼が生き返ったのではないかと考えたので、後から別の壮士を送った。壮士が調べてみたところ、果して彼は生き返った。その子承珪の遺体室に隠れていた。それから参内する用意をしていたところへ、壮士に阻わで止めをさされてしまった。

首陽大君は、クーデターを合法化するためには金宗瑞以下が企てた謀反の事実を列挙した上、諸大臣たちの遺体を街辻にさらし首にした。

これが、所謂「癸酉靖難」であり端宗元年（一四五三年）十月の某夜から翌日にかけてのことである。かくして、首陽大君は王位への最短コース—国家権力を一手に握ることに成功した。

大君は、自ら領議政となり吏曹判書と兵曹判書および八道兵馬都統使を兼ねることになった。

首陽の執権が始まった。癸酉靖難に功のあったもの鄭麟趾、韓明澮以下三十七名が「靖難功臣」として恩賞をうけた。

その論功と慰労を兼ねた宴会が首陽宮で催されたときのことである。その宴席では生き残った右議政許詡も招かれた。鄭麟趾、韓僥など手柄を立てた連中は酒宴に酔ったが、許一人だけはその中で憮然として楽しまない。論功する話になって金宗瑞、皇甫仁などを梟首にするというので、彼は猛烈に反対して曰く、

「この両公に何んの罪があるというのか。余はその無罪なことを確信する」と。

首陽大君、火の如く怒り、

「汝、先刻から杯に手をつけないのは、異心があったことだね」

「朝廷の相公たちが虐殺されたのだ。わしが生き残ったこと自体がおかしい。何んで飲み食いできようか」と、憤然と抗弁した。

首陽は激怒したが、その人物と才能を惜んだので殺すことは止めにして島流しにしてしまった。

その後、彼は李啓甸の讒訴によって賜死をとげることになった。首陽大君六臣の死後処置をしてからのことであったが、

「許が若し生き残っていたなら六臣は七臣となるところであった」として、その人物を惜んだことであった。

さて、金宗瑞の陰謀を合理化するために鄭麟趾などが工作したことに関して、次の挿話がある。

昔、中国に周という国がある。その国の周公といえば、周文王の子であり武王の弟であった。その兄武王が死んだから武王の子成王が即位した。成王はその上幼児で周公の甥に当る。周公は王叔とした摂政となり善政を施した人で史上万古に亀鑑となった人物であった。

周公は、幼主成王を負ぶって玉座に着いて諸侯の朝礼をうけ、最後まで摂政として後見役を立派に務めたことで有名であった。

首陽大君と共謀して領相皇甫仁、金宗瑞などを残殺した鄭麟趾はそのとき兵曹判書であった。彼は、首陽大君の陰謀を正当化するために首陽大君を周公の功徳と同等であるとした首陽大君の事蹟記録に残すことを主張した。

彼は、百官を引率して端宗大王に拝謁の上、

「首陽大君の功徳は月日の如くその偉業は周公に匹敵するものであります。それを正式の記録に残すことが正当であります」と強要した。

端宗大王は、理不尽な要求に対して内心憤りを感じたが、既に公卿は遠のき暴力のみが身近にいたので、王の威厳など保てないことがわかった。ついに、

「勝手にしたらよかろう」と吐きすてるように言ったという。

（石坂山人）

安住の地いずこ（106）

許樺旭 作 金泰伸 え

脱出（五十）

「何だか恐いわ。私たちのようなものでも自首すれば許されるかしら？」

くもの巣のようにからんでくるいらだつ不安を感じながら、私はささやくようにいった。

「自首する人は大丈夫だよ。李子洞の洪俊のうちに行って、一しょに相談して見よう。もしも、ソウルに居られなければ、大田のお母さんのところに行ったらいい。あまり心配するなよ。君は、俺にどんなことがおきても、きっと保護するから……」

頼もしげな彼の言葉に、私は少し心がなごんだ。旅の終点、李子洞に着いたときは、街はいつのまにか、まっ暗であった。死のように重い沈黙の中に、家並みが幽霊のように突っ立っていた。

「こっちへきなさい、ここだよ」

かすかな灯の光が流れ出る家の中は、人の気配一つしなかった。彼はそーっと家の方へ寄って行きガラス窓をたたいた。

「どなたですか？」

か細い女の声がしながら、黒い影が、ガラス窓にちらついた。やがてガラガラと音がして玄関の戸があいた。

「どなたですか？」

「あ、奥さんですか？私、朴参文です」

「はア、朴さんですか。まあ、どうしたんですか？」

「いま、ちょうどソウルに着いたところです。金さんはどこか行ったんですか？」

彼の問いに、彼女は当惑したように低くささやいた。

「ここで大声でお話しなさらずに、早くお入りください」

彼と私は玄関から部屋に入った。部屋に入る私の顔をまじまじと見つめながら、彼女は大きく眼をみはった。

「おや、まあ、ミス許じゃありませんか？」

「奥さんは私を覚えているんですね。以前に一度お会いしただけなのに……」

「それは覚えていますわよ。昔も今もちっとも変わっていないんだもの……。私は、結婚して大分変わったんじゃないかと思っていましたが……どうも人妻のようじゃありませんわ。さあ、こっちへお座りなさい」

彼女は部屋に敷いてあったふとんを片隅におしやりながら、座るようにすすめてきた。彼と私は、オーバーを脱いで座った。

「ところで、どういうふうにしてこんなに来られたんですか？」

彼女の問いに、彼は低い声で、いままでのいきさつを話した。黙って話をきいていた彼女の顔が暗く曇っていった。彼女は消え入りそうなため息をつきながら、静かに言った。

「うちの主人は、もう自首しましたわ」

「はア？もう自首したんですか？」

「ええ、自首してから、もうひと月になりますわ。でもまだ判決がくだりませんの。あの人は六・二五後に作品を二つほど書いた以外に何もないんですが……なんだか、無事に戻れないような気がしてなりませんわ。朴さんは、うちの人の判決のでるのを見てから、自首するようにしなさいよ」

「はあ……そういうことになりますね」

■ホール ■個室
純京城料理
京城館
東京都新宿区神楽河岸3号地 国電飯田橋東口下車線のたもと
宋万里 電話（331）2652

焼肉 冷麺 大楽苑
BARBECUE RESTAURANT
DAIRAKUEN
神戸・三宮農業会館西1丁
電話③ 3227番

優良鋳物用銑鉄製造
ASK
朝日製鉄株式會社
取締役社長 中学彬
横浜市鶴見区鶴見町1320
TEL 横浜(50)8431－4

宗教法人 善隣基督教会附属 人間ドック完備
尾竹橋病院
診療科目
内科 小児科 外科
整形外科 産婦人科 眼科
耳鼻咽喉科 皮膚泌尿器科 神経科
放射線科 歯科 物療科
■診療時間・午前9時～午後5時
■基準看護・基準給食・基準寝具・厚生省承認

理事長・金城周峯
院長・金城清明

所在地・東京都足立区千住桜木町53番地／電話（881）4807・7590～2
理事長室（881）7592・院長室（881）6329・栄養事務室（881）2774・准看護学院（881）6329

韓國新聞
発行所 韓国新聞社
電話(813)2261～2263
東京(812)1921 (813)2362
振替口座 東京 34988

国民投票法中改正法律通る

「損害賠償手続法」も

【ソウル発＝連合】五日午後、最高会議常任委員会は十二月十七日国民投票を実施する際国民投票所の所在地が交通不便であるとかその他不都合な理由がある時には、区庁長、市長または郡守が国民投票日公告までに投票区設置の変更ができるよう「国民投票法中改正法律」を審議通過した。このほかこの日常任委が議決した「国家にたいする損害賠償金請求に関する手続法」の内容概要は次の通りである。

政府、即日（5日）公布

国家に対する損害賠償金請求に関する手続法

（一）国家から損害賠償金の支給をうけんとする者は政府機関に賠償金支給申請をなし得ると同時に、法院にたいしても賠償金請求訴訟を提起することができる。

（二）法務部に賠償金審議会をおく。

（三）法務長官の賠償金支給決定は申請人が同意するとき効力を発することになる。

なお、政府では中央委の審議を経て通過した「国民投票法中改正法律」を即日付をもって公布した。

「言論政策」不変更を強調

李公報部長官

【ソウル発＝KP】五日午後李元雨公報部長官は、政府が公約している言論の企業化と育成方針には何らの変更がないと述べ、巷間の一部でうわささされている政府の言論政策について論評を求められた李公報部長官は「どのようなことがあっても言論機関だけは援助育成するのが政府の基本方針である」と重ねて強調した。

崔外務部長官、ス大使と会談

国連々部からの報道によれば、崔徳新外務部長官は四日、国連総会政治委員会で韓国問題が論議されている時、スチーブンスン米国大使と三十五分間会談した。国連米国代表団本部でのこの会談で、崔長官とスチーブンスン米国大使は、予定されている韓国問題討議に対処する方策に関して、全面的に協議をおこなった。この会談に対して韓国側スポークスマンは十分な意見交換が行なわれ、十分満足な結果が得られたと述べたのみで詳しい論評は避けた。

輸入品、大幅に制限

＝輸出309．輸入1489品目＝

新年度ＡＩＤ導入品目きまる

【ソウル発＝KP】商工部は告示第六五三号で別項の六三年度上半期貿易計画を公表したが、輸入外貨のワクが決まらず、追って閣議で決定することになっているため告示と同時に発表されたのは保有外貨による輸入品目だけであった。

しかし新半期貿易計画の輸入品目策定総括表によると、輸出許可品目は三〇九種目、輸出禁止品目六四、輸入許可品目一、四八九、輸入禁止四四二品目（ＡＩＤ品目含む）となっている。

その内容は輸出では正常品目が二七一品目で、不表示品目三七、商工部長官許可品目一、輸入許可品目では正常品目（自動承認品目）が七七六で現半期より三二九が減り、不表示品目三三九、商工部長官許可品目が三七四で、さる十月三十日にくらべ三六二品目が抑えられ、外貨申請十月三十日付輸入許可抑制方針以前（二二）にくらべ三六二品目が抑えられ、外貨申請による緊縮ぶりをみせている。これまでに明らかになった六三年度貿易計画のＡＩＤ品目案はつぎの通り。

麦類、大豆、とうもろこし、きび原綿、アバカ、原毛（銀行ドル併用）ビスコス人絹糸（上同）アセテート人絹糸、ステープルファイバー、鋼管、マンガン鉄、フェロクローム、タイヤコート、フィラメントナイロン糸＝フィラメントテルピオン糸（銀行ドル併用）油類（上同）原材及び木材（上同）原皮肥料（窒素質に限り銀行ドル併用）パルプ（砕木パルプは銀行ドル併用）石炭酸、ホルマリン、繊維素グリコール酸ソーダ、パラフィンワックス、フェローモリブデン、非鉄金属及び同製品（銀行ドル併用）生ゴム、亜麻仁、銅鉱石、石とう硫黄、アランダム、硝子綿、硅藻土、ポリスチレン樹脂、イオン交換樹脂、ポリエチレンレジン、合成ゴム（銀行ドル併用）パレス樹脂フィルムベース、ポリプロピリン樹脂、アセタル樹脂、染料、硼酸製薬原料（二九品目）獣医製薬原料（六品目）原薬、フィロンガス活性粘土、ダイカルシュームポスフェート、酸化チタン、カーボンブラック、炭化マグネシューム、獣医薬品（一五品目）農薬（銀行ドル併用）＝六一品目＝農林部長官推薦分に限る、チオクチルアチフエイト、パラホルマルデハイト、チオクチルプラベイト、牛脂ビニール樹脂、硬化ビニール樹脂（フィルム用に限り銀行ドル併用）醋酸繊維素樹脂、ナイロン樹脂、苛性ソーダ、苛性カリ、苛ソーダ灰。

論壇

第三十七回中央議事会を評する

＝在日韓国人法的地位対策委員会の設置は成果＝

在日大韓民国居留民団第三十七回中央議事会は去る一日とどこりなく終えた。会議全体の運営、討議の空気を総括的に評した場合は、まあまあのできばえの会議であったが、過去の中央会議に較べては、出来ばえの優れた会議であったと評点を差し上げることが可能な会議であった。

会議の主眼目標が、わが民団の憲法ともいえる規約改正と在日韓国人の法的地位問題を中心に信用組合および教育に関する件などの重要議案が、ことさらに中央議事会議員の会議に対する意欲を盛りあげたものであろう。これが証左には今回の出席率は九四％という前例にみることの出来ないほどの最高出席率が表わしている。

しかし、会議時間は約十時間の長時間にわたって討議検討が行なわれたが、この長時間において規約改正問題と在日韓国人法的地位問題が中核的に論議されたとはいえ、規約改正の件に対する質疑応答においては、いささか否定的論議が時間の大半を費したことについては一考を要する今後の問題である。この否定的な論議をもって時間の浪費をした原因には、種々なる会議における戦術戦略的な、ふくみと方法が潜在していたとは推理するとしても、いやしくも、われわれの民団規約改正である以上、賛成派も反対派も、双方がその規約改正試案に対して各条項ならびに今後の民団基本理念の確立論などについての、各自の論拠を論述し、互いに是否を決するべきであるのにも拘わらず、ただの否定論に終わったことは残念であったといわざるを得ないし、また、今後このような会議には核心を引る論戦が反対する人にも、賛助する人にも好ましいところであった。

傍聴席の人々も、諸会議におけるヤジは、一つの会議の空気を盛りあげる作用をする行動的効果を生みだす場合と、会議妨害の役割を演ずる二面作用の性質を持つもので、筆者は決してこのヤジ行為がいずれにしても良いものではないとは考えるが、会議における雰囲気と会議進行過程に一駒の息ぬきの間を造りだす点は、あえて否定も肯定もするものではない。しかるにわれわれ民団会議のこのたびのヤジを評するに低劣極まるもので、そこには要領も、息ぬきの間の作用も演じられず、ただの騒音を生みだした作用しか働いていないことを遺憾に思う。

執行部においても、一、二の幹部の報告をのぞいては、事業報告に際して、その報告技術の方法を勉強すべき点があった。すでに出席議員の手元には事業報告書が配布されているのにもかかわらず、これをさらに相当幹部に報告する時間を与えられる会議の進行方法は、執行部が如何に報告書の内容を出席者に訴え、導くかの会議進行方法としての、重要な機会を与えるのが会議における執行部の報告時間である。この機に会議の空気が円滑に進展せしめるか、しないかを決する大半の要素をにぎるものであるので、報告者は報告書をほおよみ（棒読）するだけでなく、音声の高低発声方法などに気を配って、聴者に訴え聞かせる技術を学び、聴者に嫌気をおこさせないことが肝要である。

議事会において、とくに会場を会議らしい空気を醸し出したのは在日韓国人法的地位問題の審議であったが、これに対して満場一致で〝在日韓国人法的地位対策委員会〟を中央議事会の名において設置し、委員十五名を選出することになったことは、この度の中央議事会が得た成果である。

なお、会議の進行過程にあって、質疑応答または動議事項にあたって、発言を求める人はいく度も求めて発言をするが、その者が特定化されるような会議に発言を求め、指名する方法は、議長団においても指摘し、苦慮していたが、出席議員はすべての問題に対する質問は無理ではあろうが、その地方において諸議案の中には疑義に思う諸点があるはずだから、多くの議員が立ってこれを率直に質して、会議の内容に多種多彩な有意義ある討論が行なわれんことを今後のわれわれの民団会議に願うものである。（天楽）

韓国と日本を結ぶ!!
広告企画と立案・図案文案制作
新聞雑誌広告・ラジオテレビ広告
ネオン屋外広告・市場調査と興信
その他広告宣伝ＰＲ
広告代理業
KPR
TOKYO 港区芝琴平町26 電話(501)0471
SEOUL 乙支路一街101 電話(2)1811

第二次日本経済使節団入京

釜山等各地を十日間にわたって視察

【ソウル発＝連合】日本の第二次経済使節団一行四十名は五日ノースウエスト機便で金浦空港着入京した。

宋大淳大韓商工会議所々長をはじめ、韓国経済人達の歓迎を受けたこれら一行の団長安藤豊禄氏は空港貴賓室で記者団と会い、韓国に来た目的は韓国の経済発展を視察することによって対韓経済協調に新しい方案をさがすためであると語った。

今後この視察団は十日間滞在しながら、ソウルをはじめ仁川、蔚山、三陟、唐人里など視察する。

西独借款導入の実務者会談終る

通信関係資材の導入本きまり

現在韓国を訪問中である西独再建銀行外国部長とミッチェルブルック博士ら一行四名は五日午前白調達庁長官を訪問、西独の借款八七五万ドルで導入される逓信部所要国内通信網拡張のための施設民間導入にともなう事務手続全般に関して会談した。

調達庁金外資局長と逓信部各関係官らが連席したこの日の会談を終えた白調達庁々長は、このたびの西独借款協定によって国家の重要な通信網を拡充するための物資が導入できることになったことは大変喜ばしいことであると語った。

民政移譲まで続ける

米など五品目の物価統制

【ソウル発＝連合】金顕哲内閣首班は今後経済事情が全般的に安定すれば、八・一三物価凍結措置のうちまだ解除されていない木材、メリケン粉、綿布など八つの品目の価格統制を一括して解除する方針であるが、米、煉炭など五つの品目の物価統制は民政移譲前まで継続する方針であると語った。

この日記者と会見した金内閣首班は経済展望に対しこのように明らかにし、政府はさきほど証券取引所に指示した証券相場の騰及び証券取引量の制限措置を撤回しないつもりであり、過当な投機等を防止、市場を正常化するため、これをつづけて推進するし、証券協会側のこれに対して応じない態度は不当であると強硬に語った。

なお、現在の政府保有外貨事情が昨年にくらべ悪化されてはいるが、心配する程度ではない。

来年からは不要不急な外貨使用を大幅に抑制する一方、輸入面に関しあっても意的に調節する計画である。

今後穀価は百五十万石の秋の米買入れ、米余剰物導入、節米運動雑穀混食などの奨励で無難に調節されると楽観しながら、今年の夏に一時ソウルで起きた米ききんのさばきは再び起きないようにするため種穀組合せなどの復活を積極的に防ぐ方針であると語った。

戒厳令の解除を歓迎

金首班 機構改編などにも言及

金首班

【ソウル発＝連合】五日午後金顕哲内閣首班は「革命課業遂行に関連した犯罪の裁判管轄権に関する臨時処置法の制定によって、密輸、暴力、反国家的行為などの特殊犯罪は民政移譲まで軍がこれを取扱うことになっているが、この「臨時措置法」の存廃如何は、民政で決定される問題である。選挙事犯を臨時措置法で取扱うかどうかは新選挙法自体で規定する性質のものである」と語った。

なお金首班は「戒厳令解除はこれからある国民投票、大統領及び国会議員選挙のための自由ふん囲気を保障する処置としては時宜にかなったものであり、これによって軍事裁判所の管轄事項は減ることになった」と述べ、政府機構改編問題にも言及して「この問題は現在内閣事務処で研究中であるが行政各部の併合、新設など大幅な改編や機構改編にともなって定員を増加するつもりはない」と語った。

国民投票の自由保障

李法制委員長 戒厳令解除で語る

【ソウル＝連合】最高会議の李錫済法制委員長は五日午後、戒厳令解除とは別に集会結社に関する問題も政治活動許容時期にはこれを緩和することを考慮すると語った。

李法制委員長はこの日正午、戒厳令解除と同時に特任委員会が議決した革命課業遂行に関連する犯罪の裁判管轄に関する臨時措置法中軍事革命委員会と最高会議令または法に規定されている罪が軍政管轄になっているのにたいしては政治活動を許容する時に政治活動の自由を保障出来るよう総ての法的処置をとるつもりだと述べ、集会結社に関する条項は政治活動許容と同時に裁判管轄権を一般法院に移すことを示唆した。

李委員長は革命課業が遂行途上にあるため国家安全保障、経済秩序確立、官紀粛正などにふれる犯罪だけは戒厳令が解除されても軍裁判所管とし、現在軍裁判所管中にある軽微な犯罪は全て一般法院に移管することを明らかにした。李委員長は戒厳令解除の意味に言及し、

一、対内外的に治安状態が確立されていることを立証すること

二、国民投票を戒厳令下でするという悪印象をなくしたこと

三、より自由なふん囲気の中で国家再建につくすこと

四、国民の心理的委縮などをときほごすなどであると語った。

現在軍裁判所管中にあるもので戒厳令解除と革命課業遂行に関連される犯罪の裁判管轄に関する臨時処置法によって一般法院に渡される犯罪は次のとおりである。

「爆発物使用罪」「交通妨害罪」「傷害と強盗罪」「権利行使妨害罪」「租税犯処罰法該当罪全部」「煙草専売法該当罪」「戒厳犯罪中第十五条規定」「国交に関する罪」「公務執行妨害罪」「殺人罪」「傷害罪」「逮捕監禁罪」「軍事上必要として指定した犯罪」。

筆窓

自由と批判眼

韓日両国の、国交正常化が大づめに来たといわれている昨今、韓国に対する関心が高まり、日本の政治、経済、文化界の人士の韓国訪問熱も、相当目だって来た。両国の将来のために喜ばしいことに違いない。大野自民党副総裁が、挙党一致の態勢で十日フレンドシップ機をチャーターして一行二十数人が訪韓するのに先がけて、経済界の巨頭安藤豊禄氏を団長とする財界人四十人が訪韓し、目下韓国を賑わしている。また日本社会党が反対を唱えている韓日国交正常化に対して、その親類筋にあたる民社党西尾委員長は、韓日交渉の内容について幾多の違った意見をもちつつも、お隣りの国と善隣友好をはかるためには、自民党と意見を異にするのでなく、韓国側の希望があれば、自分が訪韓してもよいという、訪韓の希望をほのめかしている。

韓日両国の国交正常化に対する、一部の日本国民の疑問として、すっきりしない感情があるとすれば、それをつきつめれば韓国の軍政が、民政に移譲された後でも遅くはない、という点にある。だが、韓国は来年の八月を時に、民政を断行することを公約し、その予備段階である、来る十七日憲法改正案の国民投票を控えて、軍政下の戒厳令を解除した。昨年五月十六日の軍事革命と同時に、非常戒厳令がしかれたが、同月二十七日同戒厳令を警備戒厳令に移したものだが、約一年半ぶりで自由の国への一段階にはいったことになり、この事実は、来るべき民政移譲への、希望と期待を約束するものである。

しばしば、日本の言論人は、韓国の新聞が、言論の自由をもっていないような印象をいだいていることも見逃がせない事実であった。南北統一問題にからまる〝民族日報〟事件、憲法改正問題をとりあつかった〝東亜日報〟事件、最近の〝韓国日報〟の誤報事件などについて、日本の言論人は、いずれもその批判の態度において、大きな誤ちをおかしているのだ。単的にいえば、日本的な立場で、日本的な批判眼で、政治事情の違う、他国の新聞なり、自由を批判することは、あやまちをおかしやすく、また意味をなすものではない。ある意味では、内政干渉にもなりうるわけだ。

共産主義のような独裁政治でも、自己の行なっている言論行政に、自由が充ちているどうそぶくように、反共国家にもそれに対立する、一つの言論の自由があって然りである。だが、自由陣営の諸国は、それぞれの政治的国情によって、言論に対する考え方が違ってくるだろう。日本と、韓国と、アジアの諸国がそれぞれ違うように、また、ある意味の、指導する国家と、指導される国家の関係によって、言論のいろいろが生れて来ることもあり得るだろう。

日本の言論人が、韓国の言論を自己の批判の尺度で、自由でないというが、現在の韓国の言論人が、アジアのどの国に比べても、自由に対する内容の充実した信念をもち、信用さ

尊視されていることも事

戦時中の日本の言論界の

なさとは比べものにもな

のだ。先にのべた民族日

亜日報、韓国日報の諸事

その大小は別として、そ

に、そのよう処断を受け

ばならない、国家的辛上

存在したのだ。日本の

は、韓国の立場に立脚し

論の自由を論じて見ても

い。最近は、そのような

深めている言論人が多く

来たことも事実だが。

そして日本は、政治的

的現実に立って、現在の

理解せねばならないもの

どある。多くの、日本人

国の歴史的現段階を理

ことによって、韓国に対

無責任な批判はなくなる

う。

（2）

農漁村にラジオを贈ろう

現在わが国では公報部を中心に「農漁村にラジオを送ろう」という国民運動が展開されており、多くの成果を収めております。この運動の趣旨は貧しさのため耳をもっていてもいまだ放送という文明の恩沢を受けていない農漁村が一万五千を数えているのに対して、全国民を愛する心と隣人を大切にする人情に呼訴して彼等にラジオを送ろうというものであります。

ご存じの通り一部地域に住む在日僑胞などもこの運動に呼応して献品を本国の農漁村に送りこんでおり、民団でも順天地区水災民救援金募金運動と同時に全体僑胞の協力を要望しております。

読者の皆様方もこの趣旨を理解のうえ本国の僻地同胞たちに受信機を普及させるため、少ない金でも、余分なラジオでも出し合い、愛の贈物をしようとするこの運動に積極的に参加されることを望み、また彼等の明るい明日のため海外僑胞の誠意が集まることを希望します。

▽募集要領△

募集物品　ラジオ（中古品でもよい）

募集期間　十二月十日まで

拠出処　民団各県本部、支部、各傘下団体本部、支部

民団中総宣伝局

革命完遂への決意新たに……

金鍾五戒厳司令官、解除で語る

五日二十四時を期して、戒厳令を解除するという政府発表があった五日午後、金鍾五戒厳司令官は、あらまし次のような談話を発表した。

一、全国民が革命精神を則って協調したので今や革命課業は正しい軌道におかれた。

二、戒厳令が解除されても、福祉社会建設に国民は渾然一体となって一層努力しなければならない。

三、本職は戒厳司令官の職より離れることを喜ぶものであり、国民の軍隊として国土防衛と革命課業完遂への決意を将兵と共に新しくするものである。

韓米高位経済会談開かる

原資材の導入などを協議

韓米高位経済会談が五日午後二時から約二時間にわたって経済企画院で開かれた。

この日の会談では、来年度の外資導入原利金償還計画をはじめ原資材の導入計画と、来年度の政府と民間の投資計画など広い範囲の問題が論議されたものと伝えられている。

対アラブ通商協定締結有望

【ソウル発＝連合】アフリカ諸国を訪問している通商調査団はアラブ共和国と通商協定締結で原則的な合意をみたと外務部が五日発表した。

カイロ駐在尹錫憲総領事を団長とするこのアフリカ地域通商調査団は、去る十一月四日、アラブ共和国で活動を開始し、アラブ共和国官吏および実業人らと接触したがアラブ共和国のハムテ経済省次官は近い将来通商使節団を韓国に派遣すると約束した。

アラブ共和国との通商協定の内容と商品目に関してはこれらの通商を通じて決定されるという。

この調査団はその後、

ギニア、中央アフリカ

連邦コンゴなど

国の高位経済官吏およ

と通商問題を討議した

調査団は現在アルジェ

中である。

北韓カイライ招請案を否決

国連政治

国連からの報道による

リカは大韓国民だけを

員会における韓国問題

加させ、北韓カイライ

ないよう提議した。

アメリカ代表はこの日

能と権威を無視した北

の参加は拒むべきだと

を、国連政治委員会に

のである。

一方、ソ連が提案した

を同じ資格で同時に参

という案は賛成十九、

棄権二五で否決された。

順天水害復旧宅竣工式を挙

建坪総計四

順天地区水害復旧住宅

五日午前十時三十分、

金東城順天地区水害復旧

ソオエル米国大使館長官

各機関長と順天市民ら

盛大に挙行された。

式が終わった後はこの日

る学生たちの仮装行列、

慰安会など多彩な余興

去る九月十九日着工し

旧住宅は建坪総計四千八

工事費は七千九百六万

る。

来年からは本格的建設着

李経済人協会

李庭林韓国経済人協会

日、新しい事業の建設

基礎作業がほぼ完成段階

おり、来年度からは本格

に着手することを確信す

た。

米州地区と西ドイツそ

ロッパ地域諸商事と総合

のための借款交渉を終え

た李会長はこの日記者と

このように語った。

裕譲証券廃業届

五日証券取引所一般取引

裕譲（代表朴承勲）は財

と取引所に営業廃止を提

いう。

これによって六十二の証

のうち三十個社が営業廃止

し、五十七社が存続する

った。

世界を
飛翔する
乗用車
ここに誕生!!

ダットサン ブルーバード

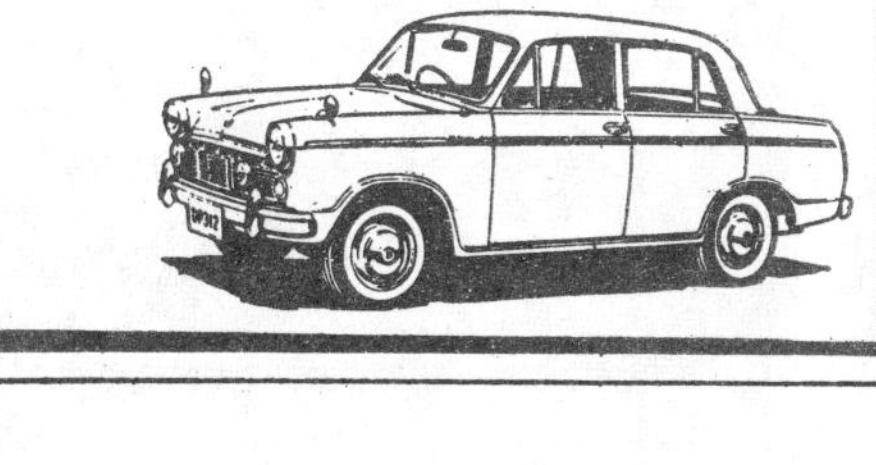

日本で最も人気があり、世界各地に輸出されて好評のダットサン　ブルーバードのふるさと……日本の代表的自動車メーカー「日産」が神奈川県追浜に建設した東洋一の乗用車工場です。100万平方メートルの広大な敷地に並び立つ工場では、すべてがコンベアーシステムで運ばれています。日産自動車では、このたびセナラ自動車と提携し、ブルーバードを韓国に輸出することになりました。

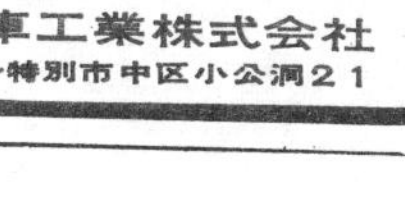
ダットサン トラック

NISSAN
日産自動車株式会社
東京都千代田区大手町ビル
새나라 自動車工業株式会社
ソウル特別市中区小公洞21

憲法改正案と現行憲法との比較 ③

国務会議は合議制審議機関に　選挙管理の公正を確保

（三）国務会議

（イ）国務会議の地位

政府の権限に属する重要な政策を審議するようにするため、国務会議を置くことにした。（案八十三条、八十六条）

大統領を実質的な政府の首班とする大統領責任制を採択した憲法改正案においては、内閣責任制を採った現行憲法下で国務会議を議決機関としたのとは違い、大統領の権限行使においてその能力を補充し、慎重を期するための合議制審議機関とし、国務会議を通じ、大統領の権限と責任の下で、あらゆる行政を強力に遂行するようにした。

（ロ）構成

国務会議は大統領、国務総理および十人以上二十人以下の国務委員で構成するが、大統領が議長に、国務総理が副議長に、それぞれなることにした。（案八十三条二項及び八十五条）。また、国務総理は大統領が任命し、国務委員は国務総理の提請により大統領が任命することにしたが、軍人は現役を免ぜられた後でなければ国務総理または国務委員に任命できないことにした（案八十四条）。憲法改正案では国務総理の任命において国会の同意を要しないことにしたのは、内閣責任制を採択している現行憲法においては、政府の構成権は国会にあり、国務総理の任命には国会の同意を得ることが不可欠な要件であるが、大統領責任制を採択した憲法改正案では政府の構成権は国会にはないのみならず、国務総理の地位が、現行憲法におけるそれとは異り行政権を大統領に集中させた結果、大統領の補佐機関に格下げされたので、行政権の首班である大統領が国民から直接選挙される以上、敢えて国務総理の任命において国会の同意を得る必要性はなく、国会の同意を得ることにした場合、かえって国会と大統領間に不必要な摩擦をひき起す憂慮があるからである。

（ハ）権限

国務会議は政府の権限に属する政策を審議するが、審議する事項は憲法改正案第八十六条に具体的に規定されている。（案八十三条及び八十六条）

（ニ）国家安全保障会議

共産勢力の侵略を粉砕し、強力に国家の安全を保障するために、国家安全保障に関連する対外政策、軍事政策及び国内政策の樹立に関して国務会議の審議に先き立ち大統領の諮問に応ずるため、国家安全保障会議をおくことにした（案八十七条）。国家安全保障会議は、大統領が主宰し、その組織と職務範囲その他必要な事項は法律で定める。

（四）行政各部

政府に属する行政権を憲法と法律が定めるところに従って執行する機関として行政各部を置くことにし、行政各部の長は国務委員の中から、国務総理の提請により大統領が任命することにした。また行政各部は行政に関して大統領の命を受け国務総理が統轄することにし、国務総理または行政各部の長は所管事務に関して、法律か大統領令の委任または職権により、総理令または部令を発することができることとなった。

監査院

（一）地位と権限

現行憲法においては、憲法機関として審計院を置き、収入支出決算の検査だけを行なうとなっているが、憲法改正案では監査機能を統一して、組織内で強力な監査を行なうことにより、国家機関等における不正腐敗の再発をふせごうと現在の審計院と監察委員会の機能を統合して行使すべく監査院を憲法機関にし、国家の歳入歳出の決算、国家及び法律に定める団体の会計検査と、行政機関および公務員の職務に関する監察をさせることにした。（案九十二条）

（二）構成

監査院は院長を含め五人以上十一人以下の監査委員で構成、院長は国会の同意を得て大統領が任命し、監査委員は院長の提請により大統領が任命することにした。院長と監査委員の任期は四年にし、院長は一次に限って連任が可能。監査委員は法律の定めるところにより連任できることにした。（案九十三条）。監査院の組織、職務範囲、監査委員の資格、監査対象公務員の範囲その他必要な事項は法律をもって定めることにした。

法院

（一）法院の組織

司法権を担当する法官で構成される法院は、最高法院たる大法院と各級法院でもって組織されることになったが、大法院と各級法院の組織を法律で定めることにしたのは現行憲法と同一であるが、大法院だけに部を置くことができるようにした。大法院の法官数に関しては現行憲法には規定がなく法院組織法で大法官の数を九人以下とすると定めているのに対して、憲法改正案では大法院の法官数を十六人以下にすることに憲法に直接規定した。（案九十六条および九十七条）

（二）司法権の独立

●法院組織においての独立

憲法改正案も現行憲法と同じく、司法府の行政府からの独立を維持するため、最高法院たる大法院と各級法院の組織は、国会で制定する法律によってのみ定められることにした。（案九十七条二項）

●審判においての独立

法官は裁判を行なうに当って憲法と法律によってのみ拘束され、それ以外に立法府や行政府その他の如何なる勢力の影響も受けることなく審判することによって、司法権の独立を究極的に保障するため憲法改正案は、現行憲法と同一に法官は憲法と法律により、その良心に従って、独立して審判するよう規定した。（案九十八条）

●法官人事の独立

法院組織を独立させ法官の審判を独立させても、法官の人事において独立を保障できなかったならば司法権の独立は有名無実になるので、憲法改正案は法官人事の独立に関して画期的な配慮がなされた。

（イ）法官任命

現行憲法においては、大法院長と大法官は法官の資格がある者から組織された選挙人団がこれを選挙し、大統領がこれを確認することにしたが、選挙に伴なう選挙運動、法曹界における派閥の成立、また幹部法官の選任において選挙の煩雑等の諸弊害が予想されれば国民の代表機関たる国会の意思を反映させる必要があるので、憲法改正案では大法院長たる法官は法官四人、弁護士二人、大統領の指名する法律学教授一人、法務部長官及び検察総長によって構成される法官推薦会議の提請により大統領が国会の同意を得て任命することとされ、大統領は法官推薦会議の要請があれば国会の同意を要請しなければならず、国会の同意を得たなら任命しなければならなくなる。大法院判事たる法官は、大法院長が法官推薦会議の同意を得て提請し、大統領が任命することとされ、大法院長の提請があれば大統領は任命しなければならないようにして、大統領の権限を国家元首たる地位から行使される形式的儀礼的なものとした。

大法院長と、大法院判事にあらざる法官は現行憲法におけると同様、大法院判事会議の議決を経て大法院長が任命することにした。（案九十九条）

（ロ）法官の資格

行政権による司法権の侵害を防止するため、法官の資格は現行憲法と同じく国会で制定する法律で定めることにした。

（ハ）法官の任期

現行憲法においては、法官の任期は一律的に十年とし、法律が定めるところにより連任できることになっていたのを、憲法改正案においては、大法院長にあらざる法官に対しては現行と同じくその任期を十年とし、法律の定めるところにより連任できることにしたが、司法府を代表する大法院長の存在には民意を反映させることができるようにし、地位の固定化による保守独善を防止するために、その任期を六年として連任もできることとした。またすべての法官の停年を六十五歳にした。（案一〇〇条）

（三）法官の身分保障

法官の身分保障に関しては、憲法改正案は現行憲法より一層明確に規定した。すなわち、現行憲法は「法官は弾劾、刑罰または懲戒処分によらなければ罷免、停職もしくは減俸を受けない」と規定していて、懲戒処分によっても罷免を行なうことができるかどうかの疑問に関しては論議を呼んだこともあるが、これに対して憲法改正案は明瞭に「法官は弾劾または刑罰によらなければ罷免されず懲戒処分によらなければ停職、減俸もしくは不利な処分を受けない（案一〇一条）」と規定して懲戒によっては罷免できないようにした。

（三）法律に対する違憲審査権、命令規則に対する審査権

命令、規則、処分または法律に違反するかどうかを大法院が最終的に審査する権限を持つことにしたのは現行憲法と同じであるが、現行憲法においては憲法裁判所の違憲審査権を、憲法改正案では司法府も立法府も同じく、憲法の下での対等な地位にあり、立法府の解釈とは独立して憲法を解釈適用しなければならないので大法院がこれを持つことにし、立法府の専断から憲法を保障することとなった。（案一〇二条）

（四）軍法会議

軍事裁判を管轄するために、特別法院として軍法会議をおくこととし、軍法会議の上告審は大法院で管轄することにしたのは現行憲法と同一であるが、憲法改正案は軍人と軍属にあらざる国民は非常戒厳の場合を除いては、軍事に関する間諜罪と、哨兵、哨所有害飲食物供給、捕虜に関する罪中法律に定める例外の罪に対しては、軍法会議の裁判を受けないことにし、このような罪と軍人、軍属の罪に限り、非常戒厳の場合に軍法会議の裁判を単審とすることができるようにして、国民の基本権保障に万全を期した。（案一〇六条）

選挙管理

（一）選挙管理機関

現行憲法は選挙機関として中央選挙委員会を置き、同委員会は大法院判事中から互選された三人と、政党で推薦した六人の委員により構成することになっているが、憲法改正案は選挙管理機関として各級選挙管理委員会を置くことにし、中央選挙管理委員会は大統領が任命する二人、国会で選出する二人および大法院判事会議で選出される三人の委員で構成することにした。委員の任期は五年、連任できることとした。委員は政党に加入したり、政治に関与することができないようにしたが、弾劾または刑罰によらなければ罷免されないことにして身分を強力に保障した。各級選挙管理委員会の組織、職務、範囲、その他必要な事項は法律で定めることにした。（案一〇七条）

（二）選挙運動

憲法改正案は選挙運動に関する規定を新しく設け、選挙運動は各級選挙管理委員会管理下で、法律に定める範囲内でなされることとし、均等な機会が保障されるようにした。選挙に関する経費は、法律が定める場合を除いては政党または候補者に負担させ得ないことにした。（案一〇八条）

地方自治

地方自治に関しては、地方自治団体は住民の福利に関する事務を処理し、財産を管理し、法令の範囲内で自治に関する規定を制定することができるようにしたのは、地方自治団体に議会が置かれ、地方議会の組織、権限、議員選挙に関しては法律で定めるようにしたことなどにおいては現行憲法と同一であるが、地方自治団体の種類を、法律に定めるように明瞭に規定したこと、すべての地方自治団体の長の選任方法を法律で定めることにした等は現行憲法と異る。（案一〇九条および一一〇条）

経済

経済に関しては、国家は、すべての国民の生活における基本的需要を充足させるという社会正義の実現と、均衡ある国民経済の発展のために必要な範囲内で、経済に関する規制と調整を行ない得るとしたこと、鉱物その他重要な地下資源、水産資源、水力及び経済上利用可能な自然力を、法律の定めるところにより一定期間その採取開発または利用を特許できるとしたこと、国家は対外貿易を育成しこれを規制調整できることにしたこと、国防上または国民経済上緊切な必要により、法律に定める場合を除いては私営企業を国有または公有に移転したり、その経営を統制もしくは管理できないことにしたことなどにおいては現行憲法と同一であるが、憲法改正案では大韓民国の経済秩序は個人の経済上の自由と創意を尊重することを基本とするという経済秩序の基本原則、農地の小作制度は法律が定めるところにより禁止されるという小作制度の禁止、国家は農地と山地の効率的利用のために法律が定めるところにより、それに関する必要な制限と義務を課することができる農地と山地の効率的利用のための制度と義務、賦課、国家は農民、漁民および中小企業者の自助を基本とする協同組合を育成し、その政治的中立性を保障するという協同組合の育成と政治的中立性の保障、そして国民経済の発展と、これのための科学振興に関連する重要な政策樹立に関して国務会議の審議に先立ち大統領の諮問に応ずるようにするため、経済、科学審議会議を置くなど、緊急な民生苦を解決して国民経済の早急な発展を期することができる経済体制と機構を整備するために多くの規定が新設された。

憲法改正

憲法改正に関しては、憲法改正は国会の在籍議員三分の一以上または国会議員選挙権者五十万人以上の賛成により提案できることにしたこと、提案された憲法改正案は大統領が三十日以上公告しなければならないことなどにおいては現行憲法と同一であるが、大統領の憲法改正案提案権を設定しなかったこと、国会は憲法改正案が公告された日から六十日以内に議決することにしたこと、国会が議決した後六十日以内に主権者たる国民の投票により確定することにしたことなどにおいては重大な差異がある。（案一一九条、一二〇条および一二一条）

63年度上半期貿易計画の全文

制限品目を大幅拡大　外貨事情で今後調整

【ソウル発KP】商工部が、十一月三十日付、同部の告示第六五三号で公布した、六三年度上半期貿易計画は六三年一月一日から六月三十日まで適用実施されるもので、細部方針は（総則）十一項からなり、現行（六二年下半期）計画から二百二十七品目（AID品目を除く）が変更された。変更内容は輸出許可品目に十七品目、輸出禁止品目に六品目、輸入許可品目で百八十七品目が削除、輸入禁止品目に十七品目が変更されている。また民需買付けによる輸入外貨のワクが決まらないため不表示品目に大幅な制限を加えており、輸入外貨のワクの決定如何では輸入限度額も調整することになっている。さらに附則経過規程に依ると、六二年度下半期貿易計画策定品目から新年期貿易計画で新たに輸出入禁止及び制限（不表示転換品目とも）品目は十一月三十日付で商工部長官許可品目とみなされ、但し告示公布日以前に輸出入許可又は輸出信用状がとどいたか（申請受付け）、主務部長官が許可又は承認した品目、推薦分も含まれ外国為替銀行長に輸入承認の分は認証申請又は受付け分も救済されるようになっている。商工部告示第六五三号の一九六三年上半期貿易計画令文次の通り。

▽細部方針

一、輸出入品目中正常品目は「商工部長官許可分に限る」と制限されていない品目として商工部長官の輸出入許可を要しない。

二、輸出入許可品目中不表示品目（その他物品、各種物品及び付属品）は商工部長官の輸出入許可をうけねばならない。但し貿易計画の特殊法令に依るか、又は主務部長官（官需含む）の許可承認、推薦に依り主務部長官（官需含む）の主管下で輸出入の品目は例外とする。

三、輸出軍納資材、保税加工用資材及び加工対象物品またはその他外貨獲得を目的とする原資材で緊要と認められる物資は、AID品目及び輸入禁止品目でも商工部長官は銀行ドに依る輸入を許可できる。

四、AID品目は銀行ドで輸入できないのが原則であるが銀行ド併用品目と次の場合は商工部長官の許可をうけ銀行ドで輸入できる。①官協調達協定及び求償貿易に依る輸入品目②AID資金が消化された品目で需給調節上必要と認められる品目③その他必要な場合商工部長官が公告した品目。

五、銀行ドに依る輸入で輸出振興と輸入調整、輸出入の均衡を維持するため緊要と認める場合は、商[illegible]議の議決を経て別途公告に依り輸出入業者の輸出実績にしたがいその輸入を制限するか、輸入相手地域に輸出する金額に比例し輸入させるよう制限できる。但し正常輸入は例外とする。

六、銀行ドに依る輸入品目に対し輸入調整上必要な場合は、輸入限度額を策定で含物資需給により数別に調整できる。

七、自動承認品目の取立決済方式に依る輸入（DP又はDA）は、別途商工部長官の公告するところに依り、船積は外国為替銀行長の輸入認定をうけねばならない。

八、前項取立決済方式による輸入品目中DAは輸出入業者の申請月二カ月以前の年間輸出実績範囲内で輸入を許可する。但し外貨獲得を目的とするか国内産業発展に寄与する生産機械器具及び部分品又は、原料で商工部長官が認める分は例外とする。

九、国内独占商品輸出入禁止及び輸出入制限品目で、国内価格が制限措置後著しく変動するか低下する場合は、原状復旧時まで輸出入を許可できる。

十、本計画輸出品目中不表示品目で商工部長官が別途公告する品目は、貿易計画の変更なしに正常品目とみなす。

十一、本計画の輸入品目中（正常品目及び不表示品）経済企画院長との合意で商工部長官が別途公告する品目は、銀行ド又はAID品目とみなす。

輸出許可品目変更

米穀＝制限撤廃、リス＝新設、冷凍あひる＝新設、牛＝制限撤廃（日本、自由中国輸出は畜産物輸出組合に限る）、棉毛糸＝新設、塩＝塩管理臨時措置法による、山猫皮＝新設、[illegible]＝削除、軟ガラス＝新設、あべまき（半製品）＝削除、印刷インキ＝新設、造花＝新設、ラジオ（トランジスタラジオ含む）＝新設、家庭用敷物＝新設。

輸出禁止品目変更

タラバガニ＝生鮮及び冷凍分に限る（一月—四月）・毛ガニ＝生鮮及び冷凍分に限る（一月—四月）、クルートペイスト＝新設、非鉄金属及び同製品＝真鍮工芸品（但しロンズ・リップ等は除く）、金属（鉛は除く）＝新設、羊毛屑、再生毛糸屑、落綿その他輸入の繊維工業原料＝削除。

輸入許可品目変更

煉乳＝削除、食品原料及び調味料＝商工部長官許可分に限る、ナット＝削除、動物性繊維＝銀行ド併用、但商工部長官許可分に限る、ビスコス人繊糸＝銀行ド併用、但、商工部長官の許可分に限る、アセテート人繊糸＝新設、その他人繊糸＝新設、人繊スチーブルファイバー＝ビスコスアセテートキュプラー人繊中普通品に限る、トウ＝官需用に限る、新設、フィラメントナイロン糸（フィラメントテルビオン糸）＝銀行ド併用、但、商工部長官許可分に限る、新設、ブラインドテープ＝削除、藤＝削除、原木＝銀行ド併用、但商工部長官許可分に限る、木材（角材含む）＝銀行ド併用、但、商工部長官許可分に限る、その他原皮＝削除、肥料及び飼料＝銀行ド併用、但、商工部長官許可分に限る、塩安＝新設、精銅＝商工部長官許可分に限る、鉄鋼類＝削除、非鉄金属＝銀行ド併用、但、商工部長官許可分に限る、非鉄金属製品＝銀行ド併用、但、商工部長官許可分に限る、ビレット（アルーム含む）＝削除、エルボーパイプ、ソケット、チーズ、ユニオン＝二分の一一六は除外、三〇〇PS以上あるいは二分の一一二までは商工部長官許可分に限る、[illegible]ファイバーユニット＝削除、エムパイチューブ＝削除、ローダリスイッチ＝削除、トランジスター＝削除、オシログラフ＝削除、圧勲鉄心＝削除、電気回路印刷用版＝削除、パーマロイ板＝削除、ビレッティングハンマー＝削除、バイトリップ＝削除、ガス管継手類＝削除、レンズ研磨石＝削除、モンキースパナー＝削除、ドリル鋼切断機＝削除、ブレックスパルプ＝削除、チンメタル＝削除、アセチリンランプ＝削除、羽ぎり＝削除、スクエイフィセル＝削除、試験用耐酸精密ゴム管＝削除、偏光計＝削除、放射能探知機＝削除、厚度試験機＝削除、[illegible]管＝削除、知能検査器＝削除、電気式混合機＝削除、塩素殺菌機＝削除、オゾン殺菌機＝削除、製綿機＝削除、浮出捺染機＝削除、ラッセル経編機＝削除、自動靴下編立機＝削除、メリヤス縫組機＝削除、石版オフセット併用印刷機＝削除、写真製版用銅板＝削除、石版オフセット印刷用標磨石＝削除、石版オフセット印刷用大磨石＝削除、鋳型集合字母型＝削除、自動活字鋳造機用鋳型、コロタイプ印刷機＝削除、真空焼付機＝削除、ペイント製造機＝削除、自動綿紡機＝削除、サイダー自動注瓶詰打栓機＝削除、サイダー製造用水口通機＝削除、罐管＝削除、火薬類＝銃砲火薬類取締法第十条規定に限る、機械器具＝商工部長官分に限る、但、特殊法によるか主務部長官（官需含む）の承認推薦下で輸入するのは例外とする、内燃機関＝蒸気機関模型三十一HP以上に限り自動車用鉛細用は除く、ショットボール＝削除、自動車タイヤ及びチューブ＝削除、鉄糸入ホース＝削除、ゴムホース＝削除、ゴムコルク板＝削除、各種ビオムオレン製品＝削除、紙類＝商工部長官許可分に限る、但、AID資金による分は除く、万年筆附属品＝削除、鉱山用坑内帽子＝削除、眼鏡枠＝削除、綿糸＝削除、製紙用エンドレスフェルト＝削除、製紙用毛布＝削除、小麦粉篩適用銅節地＝削除、圧縮機用人毛布＝削除、ロ過布＝削除、製紙用キャンバスエンドレス＝削除、助聴プラスチック製網布＝削除、紙類＝削除、バライタ紙＝削除、ロ過紙＝削除、トレーシング紙＝削除、捺染用型紙＝削除、テレタイプ紙＝削除、真鍮網＝商工部長官許可分に限る、銅板＝削除、真鍮線＝削除、燐青銅板＝削除、燐青銅線真鍮異形線＝削除、銅管＝無縁目製造方法によるものに限る、真鍮管＝同上、亜鉛板＝削除、アルミニューム箔＝〇、一五立方以下分に限る、新設、アイボリナット＝新設、パーム＝削除、检木皮＝新設、休紙＝製紙施設保有者に限る、印度紙＝削除、タンニン＝新設、ポリビニールアセテート＝削除、アルキット樹脂＝削除、酸性染料＝ブルーブラック一〇B（DI—二〇四七〇）を除く、直接染料＝コンコーレット、オレンジ色組色（カララ二三六一〇、二二四〇〇）、ブラワン（Mカラー二三三一〇、二三三一一、三G三〇〇四五、三〇〇五〇）、デープブラック（DI三〇三三一）、ダークグリーン（CI三〇二八〇）を除く、染色加工助剤＝繊維樹脂加工薬剤及び繊維染色整剤は商工部長官許可分に限る、染料中間体＝項新設、ベンジン誘導体、ナフタリン誘導体＝ノフトール染料は除く、アンスラセン誘導体、其他染料中間体、香料＝商工部長官許可分に限る、但、製薬原料で局方薬剤のある分は薬事法二十四条による、反射紙、コンデンサー用金属紙、レイアー紙、感光紙、リノテープ、ニクロム線、マグネット、温度計、湿度計、電位差計、自動電器交換器、絶縁測定器、カ穿計、遮断器、絶縁ワニス布、タイカ紙、ワンステープ、セレン整流体、オイル試験器、シリコン整流器、負荷測定器、サイダー製造用、自動式水切機、牽引車、自動チャック製造機、洋傘中棒製造用剪断機、洋傘中棒製造用圧延機、洋傘中棒製造用穿孔機、洋傘中棒製造用研磨機、洋傘中棒用チャック光沢機、肉切機（動力式）、番号機、金鋸器、パンチ、計算尺、証券抹消器、腕時ヤスリ刷毛、紡織穿孔機、複写計数機、ヘッドマシン、サウンドヘス、アークランプハウス、カメラ付属品、時計調整機、時間記録機、フエロー板、写真用現像薬、写真用定着薬、石綿製灯芯地（以上品目は削除）のこ歯取替用ケリバス、他一三〇品目＝ケリバスの七四品目、計量法第十五条と同二四条による、商工部告示三九五号による。

輸入禁止品目変更

不衣＝新設、合成繊維織物＝新設、綿織物＝新設、人絹織物＝新設、麻織物＝新設、ショットボール＝新設、図画紙＝新設、ポリビンゼングリコール＝削除、PVCパイプ、ポリエチレンパイプ＝接続管及び直径五ミリ以上は除く、網線＝特殊剛合金製管線は除く、網織物＝高性能濾及び繊維五ミリ以上は除く、ボールポイントペン＝トップは除く、眼鏡ふち＝削除、アセチレン溶接器＝新設、シャープペンシル＝新設。

古代より古典派をへて現代にわたるグレゴリアン・チャント、マドリガル、室内曲、協奏曲、交響曲、オペラ、リード、室楽その他日本一のコレクションの店です。
完璧なステレオ装置と"えちゅーど"独特の雰囲気は皆様の演奏会のお帰りをお待ち致しております。

音楽茶室
えちゅーど
李瑄善
銀座西2—5（並木通り角）　TEL（561）3060・8173

共和化学工業所
営業品目・ケミカルシューズ製造販売
職員募集
女子　一〇名
男子　若干名
学歴不問
年令三十才未満
●来年中学卒業見込者は特に優遇す。
申込方法
●履歴書郵送
直接来社
電話により問い合せにも応じます。
東京都足立区本木町二ノ一八六六
電話（886）五五九四番
共和化学工業所
社長・玄斗玉

階上・和室・洋室・御家族連れ
御結婚式場・披露大小宴会
新館完成開店
北京料理　アベノ　東海倶楽部
本店　アベノ橋南詰西側　電話（632）0285　（632）0286～7
新館　アベノ区旭町1丁目1番地（アポロ座西隣）　電話（632）1255～7

自動車のコンサルタント！皆様の車に関する相談役

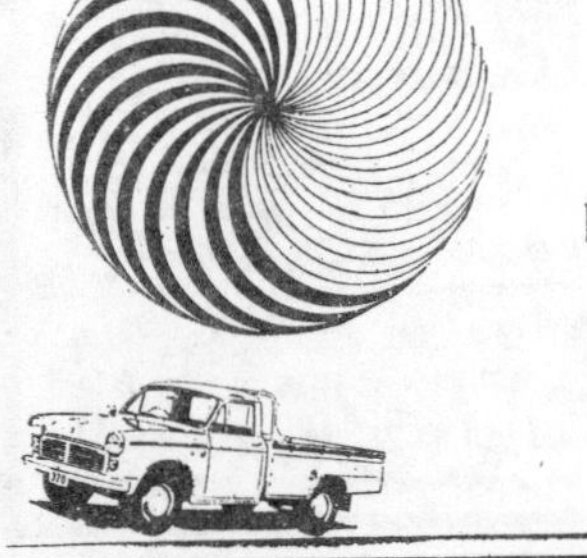

新車各種・中古車販売・修理・板金・塗装
自動車保険（事故相談・一般契約）取扱店
自動車の事なら、売る時も、買う時も是非どうぞ!!
国電東中野駅陸橋際・東京都中野区上ノ原町11番地
大東京自動車株式会社
代表取締役・尹禾錫
電話（361）1508・0096番

自動車の持ち込みは禁止 ピアノなどは課税される

本国帰国僑胞の荷物と財産 搬入に関する財務長官通達

来日したスピード・スケート選手団一行

スケート選手も来日

一行13人 世界選手権大会に参加

来る一月軽井沢で開かれる世界スピードスケート選手権大会に参加する韓国代表一行十三名（役員四名、選手九名）は、去る三日来日したが、本紙では五日宿舎東京学生会館（お茶の水）に選手団を訪ね激励するとともに団長安重根氏から日本でのスケージュール及び本国でのスケート界の近況を聴いた。

安団長の話によれば、日本に来た目的は左記の競技に参加するためであり、

一九六三年一月十六、十七日箱根での国際スケート選手権招待競技に参加

一九六三年二月二十日軽井沢で開かれる世界スピードスケート選手権大会入場式参加

一九六三年二月二十一、二十二日女子世界スピードスケート選手権大会参加（軽井沢）

一九六三年二月二十三、二十四日男子スピードスケート選手権大会参加（軽井沢）

韓国では練習するためのよい場所がないため、その間日本に滞在し各地で練習をおこなう予定であるという。また韓国でのスケート界の現状にたいしては、人工的なスケート場がなく、また天然のよいスケート場の大部分が北韓にあるため現在は後進性をまぬがれないといい、世界的レベルの実力にするためには氷質のよい日本などで大いに練習する必要があると語った。

僑胞に募金よびかけ

中総文教局に「募集委」 五百万円を目標に

国軍墓地に花郎の銅像

花郎銅像の立面図

民団中総文教局では第三十七回中央議事会の決定に従い、無名戦死国軍墓地へ花郎銅像を建立するため要旨次のような募金運動を全在日僑胞に呼びかけている。なお同局はこの運動を全国的に盛り上げるため近日中に常任委員会を開き〝仮称花郎銅像建立募金委員会〟を構成し、来年三月まで五百万円を募金し本国の技術者によってこれを完工させる。

……ものである。たかうどのは代までも時間的制限とは無関係に、永遠な将来まで朽ちない英霊の殉職な軍人の存在として、わが国の歴史と完全に一致する芸術的象を象徴できる。これを在日僑胞だけの力で建立するところに愛国、愛族のための戦死した無名戦死の英霊のせめてものつぐないという特な意義があるのであり、また、海外僑胞の忠誠心と愛国心を全国同胞にみせる機会にもなる。

募金された基金は、県単位であれば県名で、また個人（十万以上）は個人の名を銅像の礎台に記入させ永遠にその貢献を子孫に伝えるようにし、その建立の材料は純国産品で、また、同胞技術者がこれを完成するようにする。

なお募金方法は次の通り。

一、国軍墓地花郎銅像建立基金募集委員会を文教局の下に構成する。

二、年内に全予算の三分の一を募金して国防部に送金し寄手推進するようにする。

三、来年三月末日までに募金を完了して建立に支障のないよう推進する。

花郎銅像高八尺、座台高五尺二寸五分、建坪四・四〇×六〇〇材料花崗岩、銅像総高十五尺二寸五分。

韓国日報発行人に南宮錬氏

【ソウル発＝連合】盗聴事件で三日前休刊した「韓国日報」と同じく張基栄氏が発行人となっている「ソウル経済」「少年韓国日報」「コリアンタイムス」など四つの日刊紙は五日午後、発行人名義変更に関する書類を公報部に提出したと伝えられる。張社長によってとられたこの名義変更手続は最高会議議長に報告された後、最終的に確定されると伝えられるが、前記四社の後任発行人には南宮錬氏（極東海運社長）があたるもようである。

李公報長官も是認

五日午後、李元雨公報長官は、「張基栄氏の経営する韓国日報社をはじめ四つの日刊新聞社の発行人名義を南宮錬氏に変更したことは、両人が平素より親しいあいだがらであり新聞と従業員をたすけるためにとられた措置であろう」と語った。

この日の記者会見席上で、李長官は、発行人名義変更に関する具体的内容は、韓国日報社側と接触をもっていないため知らないと述べ、法的にはこの名義変更申請書を受け付けることによって後任者の発行人登録が自動的になされると語った。

つづいて李長官は南宮氏が同長官を訪ね「新聞と従業員を生かす道ならば受諾してもよい」と語ったことを明らかにし、韓国日報社の社運隆盛を衷心より希望すると語った。

目標量の九三・一%

十一月末現在煙草製造量

専売庁の十一月末現在煙草生産高は巻煙草七億九千四百五十箱（フィルター煙草一億一千三百四十七万二千箱、両切煙草六億七千百八万三千百五十箱、きざみ八千三百六万三千七十袋）であるがこれは今年度生産計画量の九一・三％に該当するものであり、昨年同期より十二％が増産されたものであるという。

新帝国主義研究

◇最近の共産主義の諸形態◇

ソ連の対印政策とインドの共産主義 ⑥

ケネー・D・オブストリート＝

ソ連の指導層は、ネールが率いるインドと国際社会主義国に加入することを歓迎する用意があるものとも推測される。

もちろんこれは国際共産主義歴史に一つのトッピな展開のようにみえた。しかし略次にわたり明らかにした如く、ソ連の代弁人はネール政府やインドブルジョア階級は「人民民主主義」の樹立に何らかの寄与は出来るが、ネール政府やブルジョア階級自体が「人民民主主義」をもたらすことは出来ないと、その限界を明らかにしている。

彼等は終始一貫して社会主義の最後の勝利は、党が主導権を掌握することによってのみ得られると語った。

簡単にいえばネールが正しい方向に向って動いているものと看做しているが、その道を継続して歩むとは期待されない、というのである。

これから推してみるに、ソ連の指導者たちはインド社会主義を「純粋」なものとはみずに、かえって利用価値があるものと悟ったとみられる。

彼等がインド社会主義を支持したとしても損をうけるようなことはなくネールがまいた種はインド共産主義者たちがいずれは収獲するものと信じているのである。これが結局、彼等のねらいのようである。

与党である会議派内でのネールに対する重要な反対は保守主義者たちから出たものだったから、ネールの後継者たちがネールの計画から足を抜くものと予想したかも知れない。

もしそのようになればインド共産主義者たちはネールがもたらしておいた社会主義伝統の後継者となり、この伝統を自身の伝統であると主張することによって、議会で多数を獲得出来ると思っているようである。

既に国家計画と国有制に連結された政府の機構を共産主義者たちが引き受け、彼等のより徹底的な目的の為に利用しようとしているのである。

（3）

インドに対するソ連の現在の政策は、ソ連共産党第二十次大会の主要演説に効果的に要約されている。

この演説でインド及び低開発国全般に対して大きな関心を表明した。

フルシチョフは中央委員会の報告のなかでインドのことについて何度も強調した。フルシチョフは同報告のなかで、現在のインドは強大国であると度重ねて「平和運動」は、インド、ビルマ、インドネシア及びエジプトのような国家から「激増する支持」をうけていると言明した。

彼は「友好関係」はソ連－インド両政府間に存在するとみる共通した見解を披瀝した。

低開発地域全般に関して述べたなかで彼は「それはレーニンが予測した通り東部人民たちが全世界の運命決定に能動的な役割を果すべき時期が到来した」と宣言した。

アジアに対してソ連が関心を持っている理由を同大会の演説のなかで見つけることは難しい事ではなかった。

モロトフは、非共産主義政府特に最近植民地状態から脱して独立を獲得した国家群のなかにソ連の「同盟国」が激増していると自慢した。ソ連の「平和運動」は、……

彼はまた、ソ連政府は早くから平和のための闘争にあって外部の支持を得た機会を過少評価してきたことを認めた。

彼は「われわれはこれに終止符をうたなければならない」と論を結んだ。

戦争を助長する勢力はアジア諸国の西方軍事同盟加入拒否で弱体化されたし、帝国主義は戦後植民地体制の瓦解で弱体化されてきたと述べた。

この過程は旧植民地らが「如何なる政治的及び経済的義務」も伴なわないソ連の経済援助をうけようとするかも知れないという事実によって促進された。

ソ連の指導者たちはこのようにアジア諸国の中立化とインドの中立化が具体的な利益をもたらした事実を現実的に理解したことをみせてくれた。

平林たい子女史らに迎えられ羽田についた韓戊淑女史

韓戊淑女史が来日

ペンクラブなどで講演

韓国の女流作家韓戊淑女史が平林たい子女史らの招へいをうけ、去る一日午後一時半羽田空港着CAT機便で来日した。韓女史の来日は、講演会、座談会などのほか新聞雑誌、放送などを通じ韓国の文化を広く紹介して今後の韓国文化交流に資するためのものである。

韓女史は釜山高女を卒え、文壇にデビューする前は画家であったが、途中創作に転向した。

同女史の作風はせん細な感情を知性にあて、おちいりやすい卑俗性から救われていると評されている知性派で、韓国の文化賞をもうけており、作家としての地位を確保しているが、作品としては創作集〝感情のある深淵〟長編小説〝歴史は流れる〟〝光の階段〟などを出している。

韓女史は約三週間滞在し、日本ペンクラブをはじめ諸文化機関の要請に応じて講演などをする予定である。

なお、韓女史の紹へい者は次の通りである。

作家平林たい子、作家湯浅克衛氏日韓親和会鈴木一副会長、本社金昭明副社長。

粉食を奨励

金首班が節米を指示

五日午後、金顕哲内閣首班は去る十一月二十九日から挙国的に展開されている節米運動を、より強力に推進するため、政府各院部処及び各国営企業体にたいして、粉食を積極的に励行するよう指示した。金首班はこの指示で政府機関、国営企業体または国家監督下にある業体に併設されている食堂での昼食を代用するとともにその実践如何を確認するため随時関係官を派遣して点検すると語った。

金首班はまた全公務員にたいしても可能な限り、家庭でも粉食を積極的に奨励するよう指示した。

――世界ボクシング連盟――

韓国 WBAに正式加入

モンタナ氏韓国でコーチ

写真左から二人目李祐天氏、その右ペトロネラ氏。両側二人はコーチ

先ごろアメリカニューヨークで開かれた世界ボクシング連盟（WBA）会議は韓国ボクシング協会の世界連盟加入を正式に認めた。

WBA会議に参加していたWBA審判委員長ペトロネラ氏と、WBA副会長のモンタナ氏（フィリピンスポーツと娯楽総長）の両氏は、連盟会議ごとに韓国の加入を要請してきたのが、やっと今回いたり全加盟国から認められたもので……

……食を共にした。両氏は二十七日に開かれる東洋ボクシング連盟年次総会の討議議題を打ち合わせた後六日、香港経由の日航便で帰国した。

なおモンタナ氏は韓国のボクシングを質的に向上させるため来年初ごろにでも韓国を訪問し、ボクシングコーチにあたる意向をもらした。

本紙特派曺写真記者が「写真展」

下旬ごろソウルで

本紙特派曺圭必写真記者（写真）は、約一ヵ月間にわたる本国での写真取材成果を「在日僑胞が見た母国の姿」と題して、写真展を本国の公報関係者、写真協会などの希望により、十二月下旬、ソウルで開く。

尋ね人

李成南さん（39歳位）

本籍慶南晋陽郡二班城面晋城里右の方は昭和十年に来日、大阪府堺市東町に住んでいたが、昭和十五年頃行方不明となり今日に至っております。本人の実兄李永鶴氏が尋ねておりますから心当りの方は本社までご連絡下さい。

尹（伊東）任寿さん

東京都八王子市寺町十六番地 TEL八王子⑥四七 河元方李永鶴

右の方は戦前静岡県伊豆安良里に住んでいた方で、戦後釜山に引揚げ、五、六年前再び来日しております。尹さんに世話になった国洋汽船会社金明丸船長の沢入善市氏が行方をたずねておりますので、御心当りの方は本社まで御連絡下さい。

わたしも一言

民団の規約改正

一九六三年度には本団規約が改正されることになり、各地方では規約指導級はもちろん、一般団員までが規約改正論に関心を寄せている折、私は団族の一人、団員の一人として今度本団規約改正は極て至当であると思う。組織論上においてはなおさら統率上遅れているとも思うのである。

本団規約改正は好時機でもある。そして組織力を強化し組織論を解明でき得る組織者を養成し秩序ある組織をもって文化啓蒙に前進するのが組織の本論であり、現代に相応した組織ではなかろうか。規約改正に必要な事は県本部及各支部団長級はもちろんのこと、執行部常任指導者（事務部長、総務、民生）は基礎学を有した人材でなければならない。今日のような〝ネコもシャクシも〟では本団規約がいかように改正樹立されたとしても不可能ではないかと思う。

創団以来十六星霜を過ぎた今日、本団常任として他民族にも外敵にも備えるべきである。現時局はあらねばならぬ。本団が行政機関でないにしても行政上の知識を体得出来得る指導者（任員）でなければならない。

特に本団の規約運営実行上においては左記の制度を設け任員希望者に前もって起用不起用とすることが必要と思う。

①本団任員となる者は A口頭試験と筆記試験を施行すること B国語及日本語併用可能な者で合格者であることを主とし、常任に採用する方法でなければならぬと思う。

まして論ずるまでもなく組織は連携のまに細部まで統率され絶対ばならぬ事は言を要しないからである。

私は浪人であるが現在我国の各支部の如きは見るに堪えまし……でである。大半が無意識的な存在で大事な時間と金銭を消費してはならない。本当の民主々義国家国民を育成し任員各々が民主陣営の一員たる事を自覚するよう規約が改正され時間的な組織人でなく自給取りでなく、徹底的に組織人化される事を痛望して止まない。要するに本団が現状維持から一日も早く脱皮し堅実である組織でなければならない。これが未熟組織までに徹底化されて初めて本団綱領と規約を義務的に遂行が可能となることと思う。

（福岡県豊前市・鄭嵩洪）

―原文のまま―

趙重玉著
韓国料理
B5判 一三〇頁 挿絵豊富
定価 八〇〇円 送料 一〇〇円
発行所 東京都千代田区神田猿楽町二の四五 韓国料理研究所
電話 二〇三一九五六九五
振替 東京一一五九七九五
取次店 韓国資料社

DAINICHI GLASS CO.LTD DNG
営業種目■化粧瓶■薬用瓶■医療器製造■
大日硝子株式会社
取締役社長・丸山泰恵
東京都江戸川区小松川4−36 TEL681−0704

／舞台構成／舞台装置／会場装飾美術
皇武童画房
東京都品川区大井倉田町3292 電話771・9583番（共）

生活叢書⑩ 社交禮儀全書
4×6版 842頁 高級模造洋装ケース入 挿図・写真多数 定価2,000
斯界権威40名執筆 ◆主要内容◆
①총론(総論)
家庭生活과礼節 절，칸치，名節，韓国・中国・西洋式食事法，茶나菓子를드는法，接客，訪問，父子・夫婦間의礼節，시집살이，親寸法과称号에関한것등
社会生活과礼節 公衆道徳・選挙・就職・執務・会議・集会・鑑賞・観覧・파티・旅行・敬礼・握手・紹介・祝賀・慰問・問病・吊問・依頼・謝礼・贈答・通信에 있어서의礼節，朋友・隣保間의礼節，男女間의礼節，外国人에대한礼節등．
四礼 冠礼，現代式婚礼，在来式婚礼，基式婚礼，仏式婚礼，喪礼의葬礼，喪中의礼節，儒式・基式・仏式喪의節次，永訣式，墓地의選択과作法，服制，忌祭，四時正祭，慰霊祭의追悼式，基式・仏式祭礼
〈附録〉儀礼規範・国際儀礼
▼注文方法…御注文なさる図書名及び発行所を記入の上弊社営業部宛にお送り下さい。壱千円以上総て現金引換便で迅速にお送りいたします。
お問合わせの方には当社の目録一冊無料発送致します。
東京都千代田区松枝町二二番地
綜合韓国資料社
TEL (866) 〇〇一六

内容의一部
第一篇 人事法
第二篇 系寸法과対人称号
第三篇 婚礼
第四篇 祭礼
第五篇 喪礼
第六篇 服制（복제）
第七篇 修儀類와現行
婚礼式의順序……
祭文吊詩追悼辞吊辞
請婚（청혼）書式
許婚（허혼）書式
四柱보내는書式
涓吉보내는書式
四柱쓰는法과보내는法
納幣（납폐）文의書式
1 舍所（사처）
2 納幣（납폐）
3 奠雁（전안）
4 醮礼（초례）
5 新房……
6 于礼（우례）와새김
7 問安편지……
第七節 小祥과大祥
第八節 宴歌僧舞老人哭
発行所 成文閣 著者 安明善
儀禮大全
頁数 281 送料共 定価500
韓国貿易年鑑 1962年 定価 4,200
図書案内 No.12
綜合韓国資料社

李朝野史物語

太宗－世祖時代篇（9）

首陽クーデターの巻（五）

首陽功績記と柳誠源

鄭麟趾の言葉通り、首陽功績記を編纂することの、王命が集賢殿に下った。しかし、学士たちはこのことあるを予想していたので、用事にかこつけて退出してしまった。

ただ一人柳誠源だけは、その日宿直のため出勤していたのでくわしいことを知らないで居残っていた。不運な彼は王命を借りた鄭の圧力に屈してしまい、鄭麟趾の言うなりの功績記を執筆した。

柳誠源（？－一四五六年）は号を西堂と呼び集賢殿学士として名声高かった。世宗朝以来三代に亘る朝臣である。彼は、後年端宗復位事件に加担して自殺をとげた人である。彼は、集賢殿から自宅に帰って、死んだ同志であり忠義の士を裏切ったことを慚悔し痛哭したという。

さて、首陽大君は端宗大王が妃殿（王妃）を迎えるべきであるとして、礪陽府院君宋玹寿の家から妃を選択することにした。この旨を王にも進言して嘉礼（結婚）を行なうよう勧めた。

しかし端宗大王は内心複雑な気持ちであった。簡単にそれを受けいれるわけにいかなかった。いま首陽大君のやり方から考えるとき、名ばかりの王座をいつまで保てることか期し難いし、またいつ殺される目にあうことも予想しないわけにいかなかった。

それなのにいま中宮を迎えて罪ない人にまでむごい目にあわすことは忍びなかった。それで「朕いまだ幼年である。妃を迎えることは急ぐ必要がない」と辞退した。首陽大君は幼王がいやがるのも無視して王后冊立を強行した。このとき、端宗は十二歳、王妃宋氏は十六歳であった。

いまや、首陽大君一人舞台。その威勢と独裁は日に増して強くなった。首陽宮に附いたものは生き延びたが、それに反したものは死なねばならなかった。

そういった環境の下で王位をまもることは無理な話であった。王位はただの虚しい位にしか過ぎないことを感じた端宗大王は、その座に着いていることは丁度、針の方席（しとね）に坐している気持であった。四六時中、威圧を身に感じる幼王は、失心した人のように茫然と遠く山をながめている日が多くなった。普段も口の重い人であったが一層口数が少なくなった。

これを側でみている恵嬪楊氏（世宗別室・端宗その乳で育つ）非常に心を痛めた。何んとかして元気をつけたいと思って「上監ママ（陛下）・どうかしっかりしなさいよ。ママは堂々たる主上でございます。誰が敢えて至尊に不敬を働くでしょうか。ここ何年だけ目をおつぶりになって頑張って下さい。御成年になれば摂政は要らなくなります。忠義の臣を率いられ王威を回復すれば天下は陛下のものとなります」と慰めた。

庶祖母楊氏から励まされて幼王も元気を出すのであったが、激しく押しよせる暗い圧力には打ち勝てなかった。

楊氏の外にも、唯一人の肉親姉君敬恵公主も一心になって幼い弟王を慰めた。集賢殿学士をして講筵（御進講）をやらせるなどして、王を激励し自重を望んだ。

集賢殿学士の中でも、成三問以下五人は金宗瑞、皇甫仁などが殺されたことに対して非常に義憤を感じてやまなかった。

六臣たちは、集賢殿講筵の席で幼王の玉顔すぐれないのを一見した瞬間、悲憤の血が逆上するのを抑えられなかった。

大王も、これら六臣の忠憤を心から理解できた。しかし、奸臣たちの監視をうけて狭の上にいる感じのする身で、いたずらに義憤を爆発させては何の利益になろうかと考えられ、それとなく手まねで制止した。

それ以来、毎日の如く集賢殿では御前進講がつづけられた。大王も喜んで出席して大いに勉められた。しかし、首陽宮側ではこのことについて、いたく神経をつかい始めた。その謀臣韓明澮は鄭麟趾に対して、

「王は、聡明な方でないか。毎日の如く学士たちから学問を学ばれると不利であります。知恵がつくと志も大きくなり、やがては何にかをしでかすでしょう。その上、国民から嘱望をうけている学士たちが王と一緒になれば手強い相手になり、事を運ぶのには非常に好都合になるでしょう。それですから、左相（鄭）が毎日、王の側を離れないでいて、毎日の如く民間の不安な事情と旱災、水災、虫災、風災などあらゆる天災事変のことを、うるさくお耳に入れなさい。いまだ幼い方ですから自然不安な気持ちとなり動揺することになります。そうなると落ち着いて勉強などできなくなります。どうです。一つ試してやって下さい」と。

「成る程、それは妙案です」と答える鄭麟趾、彼も同じことを考えていたところであったので、それに同意した。（石談山人）

1962年度の10大ニュース

（国内の部）　京郷新聞選定

第一位は貨幣の改革

尹大統領の辞任は第四位

順天水害は第二位

一九六二年度もいつの間にか暮れて行く。国際的には東西陣営の冷戦の中でうめいた地球も「また一年をどうやら越えた」という溜息が自然ともらされるほど多事多難な一年でもあったと同時に国内では革命によって種々の急進な改革が試図され、目まぐるしくまわって行く車輪のように多忙な一年を記録した。

京郷新聞では、国内・国外の今年度十大ニュースを同社編集局記者（部・次長・特派員など四十四名参加）らの投票を得てつぎのように選定した。

順位	事件	総点	票数
1	貨幣改革	724	74
2	順天水災	526	71
3	改憲国民投票	493	69
4	尹大統領下野	375	62
5	政浄法公布	359	62
6	新聞単刊制実施	259	59
7	民主・二主党反革命事件	220	51
8	証券波動	215	50
9	オリンピックチーム構成同意	163	39
10	韓・米行協促進デモ	163	31

○…経済界を吹きまくった強烈な波動が、丁度一般の関心を集めていた六月十日、国民は大きな活字が乱舞する朝刊紙を手に持って、だしぬけの出来事に大きな衝撃を受けた。革命後、尾を引いて幽霊のように飛び歩いていた貨幣改革の風説がまさに実現されてしまったのである。全国民は早朝から旧券申告、預入、新券交換などをするために東奔西走、銀行毎に長蛇の列をつくる混乱が巻き起った。凍結に不安を感ずる一部市民らによって商店街では貴重なお金のダンピングが行なわれたりもするさ中で一人当り五百ウォンの[illegible]のない一週間が過ぎ去った。

○…六月十六日、異例的に最高会議から直接中継されるラジオは、宋内閣首班と千財務の辞表受理を伝え、三万ウォン以上の預入額に対しては、累進的な凍結措置を発表することによって通貨改革は本格的な段階にはいった。その後、政府は経済界の混乱を最少限度にくい止めるために種々の事後対策を連日打ち樹てて来たが、とうとう七月十三日に至って凍結預金を全面的に解除することになり、あれほど大きな代価を支払った通貨改革は結局もとのもくあみに戻るようになった。

○…もともと今度の通貨改革の目的は待機性過剰通貨を封鎖して累積的なインフレ要素を未然に取り除いて、凍結資金を六カ月以内に新設される産業開発公社に投資、産業資金化するための一石二鳥の効果をねらうものであった。だが経済活動はこれが原因で生産資金の枯渇と流通秩序の混乱により全般的な不縮がもたらされ、応急的な事後対策にも拘わらず生産施設の稼動と流通秩序の回復は遅々として進まなかった。十分の一に切下げられた「円」（ウォン）の呼称は「圜」（ホワン）に染った頭にすっと適用されず「圜」と「円」を混同して新「円」は過少評価する傾向を現わすということもあった。

○…このような経済界の打撃は封鎖預金全面解除以後にも容易に消え失せず、今度の通貨改革は今後の政策樹立に高価な資料を提供したということに逃げ道を与えたのであろうか。その外にも国民経済に大きな傷跡をもたらす結果が生じたようである。

○…通貨改革に現われた計数を通して殊更に感ぜられるのは「韓国がどんな貧乏国であるか」という点であった。旧券預入総件数三百六十八万余件中より五千ウォン以下が八十八・八％、一万ウォン以下までを合せれば実に九十四・七％という圧倒的多数を占めている。十万ウォン以上はやっと七件であるのを見れば、われわれの貧困相をおしはかることが出来よう。このような事実をかんがみて一日も早く全国民が幸福になれるように政府や国民が努力することのみが貨幣改革の失敗をくり返さない道にもなる

十一位から二十位まで

順位	事件	総点	票数
11	生必品価格統制	113	30
12	産業博覧会	95	26
13	漢江漁船転覆	84	23
14	亜細亜映画祭	59	15
15	崔茂宣・金芝英被訴事件	55	21
16	崔学保兵事件	51	13
17	金中央情報部長訪米・訪日	48	16
18	韓・日会談続開	37	12
19	国土建設団事件	26	8
20	徳恵翁主帰国	12	6

水彩画　橋本光江（岡山県倉敷連島中学分校1年）

僑胞児童の作品

ほんとうに有難う

倉敷連島中・三年　岩本末子

思いがけない、祖国からの贈り物を、いただきました。大変ありがたかった。その贈り物の本には、今まで私の知らなかった事が沢山あります。だからそれを使って、これからも日本の子供に負けないように勉強して行くつもりです。本当に、有難うございました。その贈り物を見ていると、祖国の事が、色々と頭に浮かんで来ます。祖国？と、ひそかに言っても、私は祖国の事は何も知りません。だからそれを使って、祖国について、色々と勉強し、そして祖国へいつか帰って、祖国の人と話もしてみたいと考えています。私の学校の生徒は大変らんぼうだけれど、日本の子供に負けない位、よく勉強しています。だからその為に、こうはいの為にも、贈り物を大事に使って行きます。大変良い贈り物を沢山いただきまして、大変、皆喜んでいます。本当に有難うございます。心からお礼申し上げます。

またきてください

倉敷連島小・一年　そうま　みつ

たいしさま。このあいだはきれいなびんやいろいろのほんをたくさんおくってくださいましてありがとうございます。せんせいも、たいへんよろこんでおられます。わたくしたちはいっしょうけんめいべんきょうをして、にっぽんの人にまけないよい人になります。かんこくのおともだちによろしくいってください。またみずしまへきてください。さようなら

国宝巡礼（10）

カメラに載せられた牡丹と韓国の空

撮影・李□□

○…「韓国国宝が与える美学的教訓は何んであろうか。それは美という心の状態を指すものである」以前、韓国の国宝百五十二点が欧州巡回展示の際、フランス美術評論家ミシエル・クルトア氏が綴った結論である。これは今度の海外展示の際、欧米人らを驚かせた高麗青磁象嵌陶磁器の中でも代表的な傑作で、故澗松全鎣弼氏所蔵「青磁象嵌雲鶴紋梅瓶」（国宝巡礼③）と旧国宝五二四号「青磁象嵌牡丹文瓶」（徳寿宮美術館所蔵）――。

青磁象嵌牡丹文瓶

○…器の前後に大きい目の牡丹花大輪が象嵌され、右側と左側には獅子面模様の取手がついている。器の大きさは（高さ二〇・一ｾﾝﾁ、口経二〇・七ｾﾝﾁ）と大輪の牡丹花が良く調和がとれ、きれいな灰青色釉薬が与える華奢な色合は言葉では言い表わせない。

この瓶は、十二、三世紀ごろ全南康津で焼いたものだそうで一九三〇年十月、李王家美術館では「森尻雄」という日本人から当時の日貨五千円に達する巨金をだして買入れ、保存して来たものである。

○…現在、国立博物館で特別展示中である。クルトア氏が感じたように美とは「心の状態」であるのか、貴方も一つどうぞ。

脱出（五十一）

許槿旭　え・金泰伸　（107）

「どこかの人は白首したが、無期懲役になりました。あの人も判決があるまでは気が許せませんの」

しばらくの間、部屋の中は水をまいたように静かになった。

「おかあちゃん！」

隅の方で寝ていた赤ん坊が、恐い夢でも見たのか、母親をさがしながらぐずった。

「ああ、よしよし」

彼女はふとんをまくり、赤ん坊を抱き起した。

「お坊っちゃんですか？」

部屋の中の重い沈黙を破るかのように、私は低くきいた。

「いいえ、女の児ですわ。大きい児は六・二五のときなくしましたの。もしかして、この児の父まで無事に戻れなかったら、私はこれ以上、生きてゆく勇気がありませんわ」

赤ん坊に乳首をふくませながらいう彼女の顔が、狂わんばかりの絶望にひしがれた。

おし黙って眼をおとしていた彼は、重々しげにため息をつきながら立ち上った。

「どこへ行きますの？」

私も立ち上がりながらきいた。

「では、君は今晩、ここで奥さんと一しょにやすみなさい。おれのくにの友人が一人、乙支路に住んでいるが、おれは今晩そこへ行くから。そしてあすのあさ早く来るから、心配しないでここにいなさい。そのとき、何らかの方途を立てよう」

彼は諭すように私にいってから彼女に顔を向けながら、さらに言葉をついだ。

「奥さん、そういうふうにしてください」

「ああ、いいですよ。朴さんも、そのままここでおやすみなさい」

「いや、結構です。では、あすのあさ早く来るから……ここでじっとして待っててね」

心配げにいい終わると、彼は闇の中を街角を曲って行った。

私は道の片隅で、ぽつんと立ったまま、闇の中を静かに見すかしていた。

「早くお入りなさいよ。寒いから……」

私は肩の上に優しい手のぬくみを感じた。

「ありがたいですわ。奥さん！」

私は彼女の手をしっかりと握りながらいった。

「泣かないで、早く部屋の中に入りましょう。誰かにみられたら不審に思うから」

優しくいう彼女の手を握ったまま、私はゆっくりと家の中に入った。

満ち潮のように押しよせてくるどうすることもできない不吉な影が、恐怖に変わって悪魔のように私に強く迫ってきた。

身も心も凍りつくような寒い日であった。強く吹きよせる陰惨な風が窓を叩きつけたりした。不運を運んでくるように迫りくる師走の夜の闇が、死のようにガラス窓につきささる。

私は火鉢の側にすわり、とぼってしまう炭火を火箸でかきまわしながら、深い思いに浸っていた。

＊商銀が築く明るい事業！
熊本商銀信用組合
熊本市米屋町2－2
TEL 2－3566,6003

コリア・ハウス・梨花園　韓国割烹の最高峰遂に登場　コリア・ハウス・梨花園

コリアハウス

御案内

◇御参考までに
＊●カクテルパーティーの出来るホール
＊●庭園パーティー
＊●弊店の自慢として皆々様御高覧に供し度いものは四千年の歴史を持つ古い国、即ち白衣の国の遺物の数々等の歴史の流れを陳列してございますからどうぞ御立寄り御鑑賞の程御待ち申して居ります。
尚温突（オンドル）部屋も用意してございます。

電話 (473) 1361 (441) 8969 (461) 8760渋谷支店

東京都港区
芝・車町45番地
都電泉岳寺下車

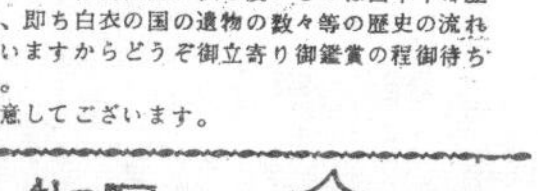

近代工業の先端を行く精密機器用宝石部品の日本国内唯一のメーカー

納品先

電電公社	日本碍子KK
日立電気	安立電気
三菱電気	セコニックKK
松下電子	協立農機
シチズン時計	日本電子
ヤシカカメラ	千代田光学
三協精機	理研電計
リズム時計	矢島計器
東京時計	日本電装
島津製作所KK	其他計器メーカー70社
品川製作所KK	

●右掲載の割引マークを当社直売店に御持参の方には一割～二割の割引サービスをいたしております。

割引マーク　koyo

株式会社　光陽精密宝石製作所

営業品目
軸受宝石　計器用軸針
時計用宝石　装身具用宝石
電気指示計器用
航空計器用　ミリ波進行波管気密窓用サファイヤー
其他各種計器用　カメラ用軸受　メーザー用ルビー

当社直営店の御案内
光陽宝石直売店
自由ケ丘　田園　宝石部（喫茶部）
ヒカリ街デパート2階 TEL (717) 2131～3
五反田駅前　ユーヨー宝石
五反田駅前 TEL (441) 5911

山梨工場検査部

山梨工場研磨部

株式会社
光陽精密宝石製作所
代表者・郭泰石
本社・工場　川崎市小杉陣屋町2丁目1280番地　電話中原(0447)5254・9029番
山梨工場　山梨県都留市上谷1680番地　電話（都留）2175・2128番

韓國新聞
発行所 韓国新聞社

憲法改正案を議決

第27次 最高会議本会議で

第三共和国の象徴

【ソウル発＝連合】最高会議は六日午後四時二十五分、第二十七次本会議を開き、第三共和国の象徴となる憲法改正案を在籍二十五名中二十二人が出席した中で満場一致で議決した。

この日の本会議は地方出張中である李孟基海軍参謀総長、金斗燦海兵隊司令官、張盛煥空軍参謀総長ら三委員の帰京を待つため午前十時の開会を午後四時まで延期したが気象状況がよくないため帰京できず二十二人だけが出席したものである。

この日の票決では発議当時不在であった呉定根、金鍾五両委員も賛成票を入れた。

同日の本会議は朴議長の開議宣言につづき提案委員代表として李錫済法司委員長の憲法改正案に関する説明があった後、質疑討論に入った。ただ一人金在春委員が公告発議された改憲案の修正が可能かどうかについての法律的解しゃくを要求、国民の利益になるのならば一カ月延ばされるとして法律も修正したほうがよいのではないかという質問を行ない李錫済委員長は発議された改憲案はその内容が変更されない範囲での字句修正だけが可能だと述べこの日上程された改憲案は発議されたとおりであり修正する必要がないという結論を得たと答弁した。つづいて午後五時五分国会法第百十一条四項による記名票決に入り、黄鍾律事務処長の開票によって在籍二十五名中二十二名の出席委員が可票を入れたことが明らかになった。

これにより司会者である朴議長は憲法第九十八条一項によって議決の定足数である在籍三分の二以上の賛成で改憲案が議決されたことを宣布した。朴議長は改憲宣布において改憲案の意義と特色を明らかにする談話を発表し五時十分本会議を散会した。

崔参事官帰国

崔栄沢参事官は、政務報告並びに大野自民党副総裁の訪韓についての協議のため、七日帰国した。帰任は来る十四日の予定。

政府26重要都市に改憲案啓蒙班派遣

【ソウル発＝連合】最高会議と内閣では六日議決した憲法改正案にたいする十七日の国民投票をひかえて七日から十二日まで全国二十六重要都市を対象とした巡回啓もうを実施することになった。

最高委員十三名と内閣の長、次官級、憲法審議専門委員、大学教授、地方有志などで構成される啓もう班は十四カ班に別れて担当区を巡回することになっている。

財務部十一月中関税法違反件数を発表

六日財務部は十一月中に関税法違反三百五十二件（一千六百十万ウォン）特定外来品販売禁止令違反一千七十件（十六万七千ウォン）を摘発検挙したと発表した。

これを地域別にみればソウルが関税法違反四十七件（八百十五万ウォン）特定外来品販売禁止違反五百六十二件（百十二万ウォン）であり、釜山が関税法違反三十三件（四十二万ウォン）特定外来品取締止法違反百四十四件（十五万ウォン）などである。

政府 憲法改正案を公告

【ソウル発＝連合】政府は六日午後最高会議で議決された憲法改正案を即日公告し、来る十七日の国民投票にかける予定である。

金経済企画院長を訪問
日本経済視察団安藤豊禄氏

去る五日来韓した日本経済視察団の安藤豊禄（小野田セメント社長）氏は経済企画院に金裕沢院長を礼訪、韓日経済情勢に関して意見を交換した。

証券市場短期清算 実施を条件に再開

証券金融の迅速融資と主力株価の価格制限撤廃を要求する証券業協会の決議により無期休場となった証券市場は、短期清算制度の実施を条件に再開されるもようである。

六日証券界の消息通は証券市場の過当投機を防止する唯一の方策として十五日当限と二十日先限とする短期清算取引制度を実施し、主力株の価格幅と取引量の制限を緩和する案が政府側と取引所および証券協会の間で妥結をみたと伝えている。

世界人権宣言の日を迎えて

趙法務、朴内務、両長官談話

【ソウル発＝連合】六日、趙炳日法務長官と朴璟遠内務部長官は来る十日の世界人権宣言日をむかえるに当たり連名で次のような談話を発表した。

「人間の基本権は天賦の権利であり、これを享有することは人類が渇望してきた窮極的幸福である。しかし近視眼的自由または私利私欲の放縦は真の自由ではなく、国家民族の前途を忘却した自由は、自滅を招来するものである。われわれは自己の自由と権利を保障するのにさきだって他人の自由、他人の権利を尊重する良識をもたなくてはならない。口先だけで自由と権利をさけぶのが人権思想でないということを知り国民の皆様は今日この意義深い人権宣言記念日をむかえ、自由で豊かな祖国再建に努力してくれることを望むものである」

民団、大野訪韓に声明

大野自民党副総裁はあす十日韓国を訪問する。今回の大野氏の訪韓は、韓日会談の妥結を促進する契機になるものと推測されているが、民団中総では去る七日午後大野氏の訪韓に対して次の通り声明文を発表した。

声明文

韓日両国の国交正常化、極東地域の自由民主陣営の紐帯強化および両国民の友好親善を期するための韓日会談早期妥結の気運が漸次高まっているこの時、日本自由民主党副総裁大野伴睦氏が韓国を訪問することを本団では全的に歓迎しており、同時に在日僑胞全体も大きな関心と期待をもっている。大野氏はわが国が極東の自由民主陣営の前衛として共産陣営と対峙しているという真正な諸般事情を充分に理解し、韓日会談早期妥結に努力してくれることを期待するものである。

右声明する。

セメント工場 建設の借款契約

外資導入委員会で許可

【ソウル発＝連合】経済企画院外資導入促進委員会は三日、肥料工場等五件の借款契約を許可した。

この日承認された企業のなかには溶性燐肥料工場、セメント工場建設に要する借款契約及び製品と化粧品工場に要する技術援助契約などがふくまれているが、この内容はつぎの通りである。

▽溶性燐肥料工場

[illegible]のためのものである。五万四千トン規模の工場を内資五千三百万ウォンと西独「コチノカド」会社借款による、外資九十八万ドルをかけて、十八カ月予定で忠南大徳郡に建設することになったが、この工場が完工すれば年間百万ドルの外貨を節約することができる。

▽化粧品製造及び製薬工場

柳韓洋行と米国「ダイナミド」会社他一社との契約で商標使用と製造技術獲得のために使用されるもので年間三十五万ドルの外貨が節約される。

▽中央セメント

西独商社との借款契約を取消しそのかわり、カナダのアリスチャマ社の提供する借款申請を承認したものである。

これは条件が西独商社より有利であったから変更されたものであるといわれる。

第一化学工業と西独「ツルマ」商社間の化粧品製造技術援助契約許可であるが条件は柳韓洋行の場合とおなじであるが契約期間は来年

各部処の外資購買 十二月中に八三六万ドル

調達庁では十二月中に八三六万ドル（十一件）の外資購買を実施する計画である。

これは大部分政府保有ドルで購買されるが需要部処別明細は次の通りである。

▽交通部＝ディーゼル動車、車両、旋盤、枕木、木材、クレオソート、鋼鉄材、浮標
▽逓信部＝通信施設資材、無線通信装置
▽文教部、建設部＝木材
▽国防部＝放送機材
▽専売庁＝[illegible]紙

拘束言論人を寛大に

朴議長が指示

【ソウル発＝連合】朴正熙最高議長は六日午後五時半、李元雨公報部長官にたいして現在拘束中である言論人の黄山徳氏等言論人全員に寛大な処分をするよう指示した。

朴議長からこのような指示をうけた李長官は記者たちに朴議長は公報部長官の意見を受け入れ韓国日報社長張基栄氏をはじめ関係者四名、また東亜日報論説委員黄山徳氏など現在拘束起訴中である言論人等にたいしても総て寛大な処分をするよう指示したと語った。

李長官はこの事実を明らかにしながらすべての言論機関が正常な言論の発展のために一層努力することを望むとのべ、同時に言論が社会の公器であることを再認識してくれるよう重ねて自戒を要望した。

李長官は拘束中の言論人の人数を調べているといったが、彼らがいつ釈放されるかについては言及しなかった。

韓国日報前社長張基栄氏等三名近く釈放

筆禍事件に関連して拘束訊問をうけていた韓国日報社の前社長張基栄、洪[illegible]編集局長、金[illegible]政治部長ら三名は六日午後釈放される予定である。

金鍾泌中央情報部長はこの日記者と会った席で以上のことを明らかにし、筆禍事件の取材者である韓国日報政治部記者は釈放されないだろうと語った。

今年度葉煙草収納量 七六九万八三三九キロ

専売庁は十一月現在で今年度葉煙草七百六十九万八千三百三十九キロを収納し、これにたいする報償金五億五百七十七万一千九百ウォンを放出したという。

この収納量は年内収納計画量千八百四十五万キロの四一・五％に該当するものであり、全体収納計画量三千五百六十万キロの二二％に当るもので収納期間は去る十一月四日からであった。

黄池支線が開通

満一年四カ月で完成

【ソウル発＝連合】江原道の黄池と白山を連結する全長九キロの黄池支線が完成し来る十日現地で開通式が挙行される。工事資総額二億一千二百九十万ウォンと外貨十八万七千ドルの予算で去年八月に着工したこの支線は海抜七百メートルの太白山脈をつらぬき満一年四カ月ぶりで完工を見たものである。この黄池支線の開通により太白山地区の無煙炭増産が促進されることになった。

農漁村にラジオを贈ろう

現在わが国では公報部を中心に「農漁村にラジオをおくろう」という国民運動が展開されており、多くの成果を収めております。この運動の趣旨は貧しいこのため耳をもっていてもいまだ放送という文明の恩沢を受けていない農漁村が一万五千を数えているのに対して、全国民を愛する心と隣人を大切にする人情に呼訴して彼等にラジオをおくろうというものであります。

ご存じの通り一部地域に住む在日僑胞などもこの運動に呼応して物品を本国の農漁村に送りこんでおり、民団でも順天地区水災民救護金募金運動と同時に全体僑胞の協力を要望しております。

読者の皆様方もこの趣旨を理解のうえ本国の僻地同胞たちに受信機を普及させるため、少ない金でも、余分なラジオでも出し合い、愛の贈物をしようとするこの運動に積極的に参加されることを望み、また彼等の明るい明日のため海外僑胞の誠意が集まることを希望します。

▽募集要領△

募集物品　ラジオ（中古品でもよい）
募集期間　十二月十日まで
拠出処　民団各県本部、支部、各傘下団体本部、支部

民団中総宣伝局

寸筆

言論の自由

さる十一月二十八日韓国日報が報道した「社会労働党云々」の筆禍事件は、内外に少なからぬ物議をかもした。

とかく言論に対する政治権力の介入は言論の自由の侵害と受けとられがちであるが、今度の場合はいささかわけが違うようである。今回の問題については韓国新聞人協会でもいち早く緊急理事会を開き、韓国日報が事実無根の記事を掲載して内外に物議をかもしだし、国家的損失を招来したことに対して言論人として共同の責任を痛感するという決議文を発表しているように否めない。その点は韓国日報自身も率直に認め、三日間の自主停刊も行なったが、それにしても韓国における三大紙の一つとして自他共に認めている同紙が責任をもって報道したトップ記事を、いとも簡単に取消すに至った経緯には驚かされる。

また筆禍事件の経緯についても取材した記事内容が不明確であるとして編集会議で問題となったにもかかわらず、編集局長を兼務する社長が掲載を強行したことにも問題がある。

今回の筆禍事件は、たんに韓国日報のみにとどまらず、広く韓国の言論界全般につながる問題を含んでいる。十七年前に韓国が日本の支配から独立し、憲法で言論の自由が保障されたが、その間いくたびかその自由が脅かされた。それは時の権力者からの侵害もさることながら、幼稚な民主主義の知識しか消化し得なかった"韓国"のすべてに起因する問題でもあった。特に一部言論人の言論の自由という錦の御旗にかくれた横暴ぶりは目を覆うものがあった。"ペンは剣よりも強し"という諺があるが、独立後のわが国におけるペンはあまりにも剣に弱かったし、また反面ペンが本来の領域を越えて邪剣に変ることもしばしばあった。その実例は枚挙に暇がない。言論の自由には責任がともなうという基本的なことが一部ではあるが言論人自身にすら理解できなかったのは悲しい。さきに革命政府が言論界の浄化に乗り出したとき、海外にいる多くの人たちは、それを言論に対する圧迫と受けとったが、しかしそれは韓国が民主主義国家として成長し、真に言論の自由を護るためには、一度は経なければならない試練であった。

言論の自由は民主主義社会においてのみ保障される国民の基本的権利である。この基本的権利が侵害されるとわれわれは苦しさを感じ、それが無視されると人間としての存在すら忘れる。

一部の国々を除く世界の多くの国々では言論の自由という基本的権利をかち取り、またそれを護るためにおびただしい犠牲の代価を払い、あらゆる試練に耐えている。わが国の言論の自由もそれを護り、完全に国民のものにするには、なお前途多難であるといわねばならない。韓国の言論界にたずさわる人たちは、今回の韓国日報の筆禍事件が自身から出た恥辱であることを反省する要がある。（太白山）

普光洞水源池起工式挙行

【ソウル発＝連合】給水量二十万トンの水道の水を生産することのできるソウル市内普光洞水源池の起工式が、七日午後二時からソウル市内漢南洞の建築現場で行なわれ

勤続者表彰も

「逓信の日」記念式盛大

第七回「逓信の日」を迎え逓信部では、このほどソウル光化門郵便局講堂で盛大な記念式を挙げた。

同式典には、金内閣事務処長、逓信部長官、逓信部関係職員多数と歴代の長次官らも参席したが、各界の祝辞に続いて二十年以上四十年勤続者三十三名と功労者十一名に対する永年勤続表彰および功労表彰が続いた。

裵逓信部長官は同日、新年度の重要逓信政策に対して①一般および別定郵便局一百七十九局を新設②二万三千回線の自動式電話および四千二百回線の公衆電話を増設③五千八十二個のポスト増設、④ソウル、釜山間を始めとする各都市間の長距離幹線一百二十五回線完成、⑤全国的に極超短波無電施設一千二百七十二回線を設ける計画だと言明した。

表彰内容は次の通りである。

◇四十年勤続者 白南寿（釜山郵便局長）氏外三名。
◇三十年勤続 金白春（金浦郵便局）氏外二名
◇二十年勤続者 趙永賛（大邱郵便局配達夫）氏外二十八名。
◇勤労表彰者 黄直淵（逓信部経理局書記官）氏外一名。

軍裁で継続管轄

軍事革命委員会で規定された罪など

革命遂行に関する裁判管轄法公布

最高会議は五日午前、第八十八回常任委員会で"革命課業遂行に関連のある犯罪の裁判管轄に関する臨時措置法"案を通過させ、これを公布した。

同法によると①軍事革命委員会や国家再建最高会議令または布告に規定された罪②刑法に規定された罪のうち内乱の罪、外患の罪③国家保安法に規定された罪、④反共法に規定された罪とその他各法に規定された十三種の罪に対して、当該地域を管轄する軍法会議でこれを審判するようにした。

しかし軍法会議管轄官は相当な理由のある時には上に規定された罪を管轄法院で裁判できるようにしているが、その罪と本法以外の法令に規定された罪が競合する場合には軍法会議のみで審判するようになっている。

この日公布された同臨時措置法は全文次の通りである。

第一条（目的）本法は革命課業を遂行するのに関連のある一定の犯罪の裁判管轄に関する臨時措置を規定するのを目的とする。

第二条（裁判管轄権）①次の各号に該当する罪を犯した者は当該地域を管轄する軍法会議でこれを審判する。

一、軍事革命委員会と国家再建最高会議の令、または布告に規定された罪。
二、刑法に規定された罪のうち内乱の罪、外患の罪。
三、国家保安法に規定された罪。
四、反共法に規定された罪。
五、関税法第百九十七条、第百九十八条、または第百九十八条之二の罪。
六、貿易法に規定された罪。
七、次に規定された罪のうち、一九六一年五月十六日以後に犯した罪。
イ、刑法に規定された罪のうちで公安を害する罪、公務員の職務に関する罪、阿片に関する罪、通貨偽造罪。
ロ、公務員、公共団体ならびに公共企業体の職員が犯した刑法第三百五十六条に該当する罪。
八、暴力行為等処罰に関する法律に規定された罪。
九、特定犯罪処罰に関する臨時特例法で規定された罪。
十、不正蓄財処理のための会社設立に関する臨時特例法に規定された罪。
十一、不正蓄財処理法及び不正蓄財還収手続法に規定された罪。
十二、革命裁判所ならびに革命検察部組織法第十四条第二項本文の規定により移管された特殊犯罪処罰に関する特例法と不正選挙関連者処罰法に規定された罪に関する事件。
十三、政治活動浄化法に規定された罪。

第二条②軍法会議管轄官は相当な理由のある時には前項に規定された罪を当該管轄法院で裁判することができる。

第三条（競合犯の審判）第二条第一項の各号に規定された罪と本法以外の法令に規定された罪が競合する場合には軍法会議がこれを審判する。

付則

①本法は公布した日から施行する。
②本法施行当時、軍法会議に係属中の事件は第二条第一項の規定にかかわらず、軍法会議がこれを審判する。
③国家再建最高会議令第十四号と第三十四号はこれを廃止する。

大韓石炭公社生産 実績目標量を突破

商工部発表によると大韓石炭公社傘下各鉱業所の十一月末現在生産実績は三百十八万八百六十一トンに達し今年度生産目標量である三百十八万トンを若干上回るものであるという。

またこのような実績は昨年同期実績に比し五十五万余トンの増産であるが、同公社ではこのような生産実績の好転にともない今年度末までの目標量を三百十八万トンから三百五十五万トンに拡大したといわれる。

なお生産がこのように増加したのは鉱量確保のための岩石掘進にあって従来は単一坑道の月間速度が二百メートル程度に過ぎなかったが最近では世界的水準である五百五十八メートルに飛躍的なのびをみせたためであるといわれる。

韓国と日本を結ぶ!!
広告代理業 KPR
広告企画と立案・図案文案製作
新聞雑誌広告・ラジオテレビ広告
ネオン屋外広告・市場調査と興信
その他広告宣伝PR
TOKYO 港区芝琴平町26 電話 (501)0471
SEOUL 乙支路一街101 電話 (2) 1811

皆様にとって最も親しめる銀行…
最古の歴史を誇る朝興銀行を御利用下さい。
外国為替・信託 業務
韓国・ソウル特別市
朝興銀行

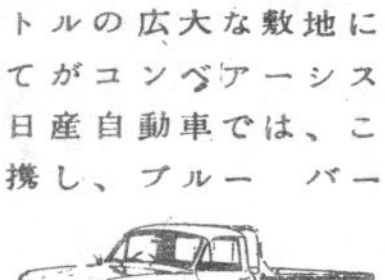

世界を
飛翔する
乗用車
ここに誕生!!
ダットサン ブルーバード
日本で最も人気があり、世界各地に輸出されて好評のダットサン　ブルーバードのふるさと……日本の代表的自動車メーカー「日産」が神奈川県追浜に建設した東洋一の乗用車工場です。100万平方メートルの広大な敷地に並び立つ工場では、すべてがコンベアーシステムで運ばれています。日産自動車では、このたびセナラ自動車と提携し、ブルー　バードを韓国に輸出することになりました。
ダットサン トラック
NISSAN
日産自動車株式会社
東京都千代田区大手町ビル
새나라自動車工業株式会社
ソウル特別市中区小公洞21

"韓国の立場"を表明

裵大使、内外情勢調査会で講演

難関を克服して繁栄へ

韓日友好で自由陣営団結

大韓民国駐日大使　裵義煥

裵義煥駐日大使は、内外情勢調査会（長谷川才次会長）の招きにより、さる十一月二十七日帝国ホテルで開かれた同会で「韓国の立場」と題する講演を行なった。ここにその全文を紹介する。

中立主義者にショック

昨今の国際情勢はめまぐるしく変わり、専門の外交官はもちろんのこと、いわゆる国際関係研究家たちをまごつかせています。

先月の下旬、ケネディ大統領がキューバに対する封鎖を宣言して起こったカリブ海の危機は、全世界の人びとがかたずをのんで見守っていたところ、その意外にも劣らず賢明なフルシチョフ首相の後退によって平静を取りもどし、インドと中共の国境紛争は数日間激烈な戦闘を展開して、あわや二つの六億人口国の間に熱戦が爆発すると思っていたところ、ヒマラヤの一角とともに砲声は散り、今は休戦状態が続くかにみえます。このような一時の国際的事件は、いろいろなイデオロギーを持つ人ごとにいろいろな教訓を与えたものと思われます。

東ヨーロッパを旅行したとき、ある英国のある新聞記者が「自分の国が二カ月の間、赤化してほしい。そうすれば自分の国の人びとの共産主義に対する考え方はまったく変わるだろう」と述べたという話を聞いたことがありますが、韓国のように高い代価を払うまでもなく、最近の共産国家の動きをみて、世界の人びとは何らかの貴重な教訓を学ばねばならないと思います。

前に述べた二つの国際的事件によってまず悟りを開かねばならないのは、共産主義の同伴者、追従者たちではないでしょうか。かれらはソ連や中共は平和勢力で、米国は戦争勢力であり、ソ連や中共のやることは何でも人類のために正しいことで、米国のやることとは何でも、帝国主義の侵略に通じ、人類を破滅させることだという方程式を盲信しているのが特徴であります。しかしいくら白い物を黒いといってよいと教える弁証法によっても、ソ連が平和を目的として、キューバに攻撃用ミサイルやイリューシン爆撃機を持ち込んだことは、正しいとはいえないでしょうし、中共が平和を守るためにインドの東北辺境地区を攻めて、アッサム地区にまで進出したのだ、とは無理にもいえないでしょう。

今度の事件は世のいわゆる中立主義者たちに最も深刻なショックと教訓を与えたのではないでしょうか。あらゆる紛争を、平和手段によってのみ解決することを主張し、世界の紛争の調停者をもって自認してきたインドが、ついに武力をもって侵略を阻止せざるを得なくなり、急ぎ米国から武器の補給を受け、サリー姿の女性たちまでが決起して銃剣教練を受けている事態をみて、とくに非武装中立を唱える人たちは考えるところがあろうと思われます。今度の国境紛争を契機として、インドの中立主義がぐんと右に寄ったことは否めない事実でありますが、問題はこの教訓を忘れて、また左により戻さないか、ということでしょう。

ソ連、中共の侵略を証明

キューバと中印国境の危機から教訓を受けたということにおいて、共産主義者たちもその例外ではありません。ただしかれらは、その教訓を会得する前に当惑と混乱の段階を経るものと思われます。共産主義国家においては、国民に外交政策や事件の真相を知らせる前に宣伝を先に聞かせるか、あるいは真相は永遠に知らさずに終わるのが普通だからです。

しかしスターリンが死んで十年になろうというこんにち、スターリンの亡霊が共産主義の指導者たちにつきまとい、いまやイースト・ウエスト・コールド・ウォアならぬイースト・イースト・コールド・ウォアが戦われていることは周知のとおりであります。共産主義国家において真相は最高幹部のみが知っているとはいえ、中共や北韓による「現代修正主義者」に対するヒステリックな非難や、ソ連による「左翼偏向主義者」に対する非難は、一般国民にも「何かが起こっている」という感じを与えずにはおきません。皆さまの多くが北朝鮮とよんでおられる地域をわたくしどもは北韓とよんでおりますが、その北韓のカイライたちはキューバにおけるソ連の後退に際して、徹底的に中共の路線をとり、共産主義運動におけるいわゆる現代修正主義を、共産主義に対する背信行為だときめつけております。

方程式化されたマルクス・レーニン主義のドグマをたたき込まれ自然科学はおろか、人文科学の学説などにおいても異論を許されない全体主義的統制の下においては、こんにちのように変転する情勢に対して党から与えられる路線を体得するのに、涙ぐましい努力が払われるものと思われます。北韓のある大学教授が数日間病気で寝た後教壇に立ち、その間新聞に批判された学説を知らずに講義したためにひどい目に会ったという話は、まれに聞く話ではありません。わたくしたちにとってはそれは笑い話ですが、かれらにとっては命にかかわる重大事なのです。

先月の二大危機はわれわれが正しかったということを教えています。すなわち、ソ連と中共が侵略者であり、かれらの使う平和ということばは、わたくしたちの使う侵略ということばと同じだということをはっきり証明したのです。またわたくしどもが常に主張していたとおり、共産主義者をいまの線に止めておく方法はむちを使うほかはなく、それが最も効果的だということを証明しました。自由陣営の諸国は、どうかこの大切な教訓を忘れないでほしいものです。これは一九五〇年に三十八度線を突破して鴨緑江まできていたりながら決心が欠如していたために、だらしのない休戦をおしつけられた韓国人がだれよりも貴重に思っている教訓なのです。わたくしは共産主義者たちが将来一歩の前進を企てることがあろうとも、今一歩でも後退させうる限り後退させなければならないと堅く信じております。

さてわたくしたちはキューバでのソ連の後退や中印国境における中共の停戦による小康状態を喜んでばかりいるわけにはゆきません。新聞に大きなスペースを占めないとはいえ、ラオスや南ベトナムにおける共産主義者たちの暗躍や、破壊活動は、中印国境紛争よりも警戒を要するものであります。水に油をまぜたように、ただ形式的に統合されたラオスの連立政府は強力な指導力のある政府とは思われぬまま左に傾いている印象を受けますし、とくに一九五八年に、一度失敗したことのある軍隊の統合はいまだに行なわれていないように伝えられています。南ベトナムではベトコンのゲリラ作戦に対して、米国の積極的な支援の下に相当な成果をあげているとはいえ安全感を持つにはほど遠いといわざるを得ないでしょう。

対照的な南韓と北韓

わたくしはそのような不安定な極東の情勢下にあって韓国がどのような状態にあるのかということを申し上げたいと思います。

ある外国についてずいぶんよく知っているつもりでも、実際にその国に行ってみると自分が想像していたのとはまったく違うことを発見して驚くのが普通のようであります。韓国の場合、日本とは至近の距離にあり最近の一、二年にお互いの国民の往来もしげくよほど知られてまいりましたが、それでも初めて韓国を訪問する日本人のかたは、行く前に自分が韓国を実際よりもうんと過小評価し、また実際よりもよくないイメージを持っていたということをいっておられます。これは韓国訪問から帰ってこられる日本のかたから、わたくしがほとんど例外なしに聞いていることであります。それは私どもの海外における宣伝が弱いかあるいはまずいことにもよるのでしょうが、ただ単純に知らないかたがたがおられる反面、ある先入観念をいだいている二つの部類の人びとがいることも事実です。

その一の部類は韓国が独立する前、すなわち日本の植民地であったころの朝鮮に住んだことがあるとか、あるいはそういうかたから朝鮮に関する話をたくさん聞かされたかたがたであります。

僅か七千八百人の韓国人が高等教育を受けていたころの物差しで十四万二千人が大学に通っているこんにちの韓国を正確に測るということは無理なことかもしれません。一九四五年にただ一つの大学があって少数の韓国人学生がそこで勉強できたころにくらべて、こんにちは七十余りの大学が高等教育の場を提供しているほか、欧米各国に留学している学生も五、六千を数えているのです。わたくしは日本のかたがたが、こんにちの韓国は、二、三十年前の朝鮮とは全然違うのだということを認識してほしいと思います。

第二の部類はイデオロギーによって韓国に対して偏見を持ち、自分のイデオロギーを正当化するために真実を知ることを拒む人びとであります。この部類の人びとにとっては、北韓は自由の楽園であり、南韓は地獄のどん底であるということが公式化されています。かれらにとって便利なことに、北韓のことに関してはカイライ集団の宣伝だけがとおり、真実を伝えるものがなにもないのに反して、南韓に関しては何一つ隠すことなく、真実が伝えられているということです。

この席では適当でないかもしれませんが、最近の北韓についてちょっと申し上げたいと思います。こんにち北韓は世界中で最も知られていない地域だといっても過言ではないでしょう。ソ連を初め東ヨーロッパ諸国や、中共でさえも、自由諸国の多くの新聞記者やその他の人びとが駐在あるいは旅行をしており、許される範囲内では、相当詳細に報道されております。しかし北韓は自由世界があまり関心をもっていないせいかもしれませんが、堅くその門戸を閉ざして外部からの人をよせつけません。情報のほとんど唯一のソースは、かれらのラジオと時たまでて来る脱走者たちでありますが、その放送たるや徹頭徹尾宣伝に限られているので、本当の情勢を分析するのに一苦労する始末であります。さる夏にお国の新聞記者と社会党議員といわゆる日朝協会等の代表が北韓に招かれたという話でしたが、何回か延期になって、とうとう九月になって沙汰やみになったと聞いています。その新聞記者も最初は十五人ということでしたが、十人に減り、それがまた五人に減らされて各社で人選までできていたという話でした。しかし、ついにそれも無期延期になり、最初の延期の理由は、テレビ記者がいって北韓内の各地を撮影して回るのが困るといってもめたのだそうですが、最後の延期の理由が何であったかはまだ耳にしていません。

スターリン以上の偶像金日成

それは余談ですが、こんにち北韓の政治情勢はスターリン時代に輪をかけたものと思ってよろしいようであります。いわゆる個人崇拝がスターリンの死後、たいていの共産主義国家で排撃されましたが、北韓における金日成の偶像化はおそらく古今東西にその類を見出せないでしょう。かつてどこの国の専制君主も金日成ほどあがめ奉られたことはありますまい。かれらのいわゆる金日成元帥のご真影は、便所を除いたあらゆる室の壁を埋めているといわれ、平壌放送を聞いていますと、金日成だけには韓国語文法の最上級の敬語と修辞学上発見しうる最上の美辞麗句を使っておりこの世の人とも思えぬ有り様です。金日成はいわゆる国家と党と政府の首長であるだけでなく、政治、経済、軍事、科学等あらゆる方面の最高権威者なのです。かつてスターリンが生物学論争や言語学論争に結論を下したように、たとえば歴史学者たちが、ある事実に対して結論を得ない時には金日成のもとに参じて判断を仰ぐのです。

さる十月八日に北韓の全地域で行なわれた、いわゆる最高人民会議代議員選挙の結果はインテリたちをげっそりさせるに足ると思います。

十月十日カイライの中央選挙委員会は第四次会議を開き、それより二日前の八日に実施されたいわゆる最高人民会議第三期代議員選挙の結果を次のように発表しました。すなわち、

「最高人民会議代議員選挙は全体の人民たちの高度に高まった政治的熱意と、わきかえる歓喜の中に最高人民会議代議員選挙に関する規定に基づき勝利のうちに進行された。最高人民会議代議員選挙に関する規定第三章第十七条によって組織された三百八十三個の選挙区において、選挙者名簿に登録された全選挙者の百%が選挙に参加し、選挙者の百%が代議員候補者たちに賛成投票した。云々」

投票参加率と賛成投票率とを百三十%とか百五十%とかいえばかえって愛嬌があるかもしれませんが、百%とは実に前代未聞（もん）の好成績だと認めざるをえません。

かれらのいわゆる憲法第三十六条によれば代議員の任期は四年となっているのに、今度の選挙は一九四八年および一九五七年につづいて三回目だという点からして理解に苦しむものであります。

かれらの選挙がどのようにして行なわれるかという話を聞けば、世界の各国議員たちがうらやましがることでしょう。

まず党で作成された候補者名簿にしたがって、各選挙区では選挙民大会を開いて与えられた人物を候補者に推たいする決議をします。一選挙区に候補者は一人だけなのですが、そのほかに各選挙区では金日成を候補者として推たいします。すると金日成は「お志はありがたいが、わたくしはどこそこの選挙区で立候補することに決めたから、そちらの方は辞退せざるを得ない」という意味の公開書を発表します。つまり名誉候補者というわけです。さて推たいされた候補者は自分の選挙区のなかを方々回って、政府の業績を盛んにたたえて、いわば選挙運動をするわけです。投票のやり方は、白と黒の箱をならべて置いて、皆の見ている前で、賛成の場合は白い箱に、反対の場合は黒い箱に票を入れる仕組みです。[illegible]の人がいれば投票箱を[illegible]が持って家庭訪問するのです。

わたくしが選挙のことをこのように細かく申し上げるのは、国民の基本的権利である参政権がどのように行使されているかを知ることによって、その他のすべてを推して知ることができると思うからであります。

労働者、農民、学者、芸術家、技術者、軍人などすべての人々のあらゆる面における生活がそのようにして統制されているのです。素朴な北韓のわが同胞がそのようにして暮らされているのであります。このような事実が、日本の方がたにはあまり知られていないし、また南韓のことに関してずいぶん批判的な一部言論人やインテリたちは、北韓のそういう事情を知ってか知らないでか当り前のことと思っているようであります。無知もうまいの国民ならいざ知らず、いやしくもインテリをもって自認している人たちが、そのような政治体制を良しとすることは、とうてい理解がいかないのみならず、ある意味で先ほどの共産国の新聞記者のような考え方もしないとも限りません。

もちろんわたくしは北韓で一部の変化、またはその他の特殊な面で実績をあげていることを、否定するものではありません。しかしそれはすべての国民をあたかも一つの機械のように組織し、駆使することのできる共産主義体制の下だから可能なのであって、南の人口二千六百万に比べてわずか一千万内外の人口しか持たないのに南と同じか、あるいはそれ以上の規模の軍隊を養いながら、そこで払われる代価がいかに高いものであるかは想像にかたくありません。

経済再建に努力傾注

韓国の南の方に関してはここ両三年お国の主要新聞放送の記者が韓国に常駐して自由に報道に当たっており、その他旅行者たちの往来もひんぱんになって、新聞雑誌やラジオ、テレビ等に多く紹介されており、とくに長谷川会長を初め会員の皆さまが、講演や資料などを通じて解説に努めておられますので、わたくしがここで時間を費やすことは避けた方がよいと思います。

大部分は客観的で真実をとらえた報道でありますが、なかには先入観と悪意をもって書かれた記事もないではありません。しかし日本の記者が、韓国のすみずみまで何でも自由にみて報道していることは事実であります。

いずれにしてもわたくしたちの政府と国民は、いま真剣になって繁栄の道を求めているのです。創意を生かして過去には考えもつかなかったか、あるいは実行のできなかった、いろいろのことを実行しているのですから、知識の不足や経験の不足などによる失敗もないとはいえないでしょうし、多くの難関がゆくてに横たわっていることも事実であります。しかしその難関を克服できるものと信じます。苦しくはありますが、わたくしどもが希望に満ちた将来に向かって進んでいることは事実であります。

わが国の政府は、国家経済の再建と国民の生活水準の向上に最大の努力を傾けており、そのためにことしから、第一次経済再建五カ年計画を実行に移し、数々の新しい事業を興しております。国民の将来に対する希望がこれらの事業にかかっているといっても過言ではないでしょう。

これは少し余談になりますが、国民の総力を挙げての必死の努力を、激励するどころか、かえってけなしたりあざけったりする記事が、敵性国家ならぬわが友邦の刊行物に現われるのをみることは遺憾の至りであります。先だって米国のある有力な週刊雑誌に、韓国の政治、経済、社会全般にわたる批判的な記事が掲載され、わが国民の怒りをかいました。その記者は韓国民の何割かが現政府を支持しているとか、経済五カ年計画がユートピアの夢想であるとか、という意味のことを書いております。が、そのパーセンテージなどは何を根拠にしたものかも知れませんし、また韓国人が将来に対して夢と野心を持ってはいけないという理由がどこにあるのかも知れません。いかに売るための記事とはいえ、そのようなでたらめは自らジャーナリズムの品位を落としているものと思います。

軍事政権に驚嘆

ソウルを訪れた共産圏将軍

わたくしはここで数日前本国から受け取ったおもしろい報告を皆さまにご紹介したいと思います。その人物の名前を明らかにすることとその人物の発言の内容を直接引用することは、本人の安全をおもんばかって差し控えさせていただきます。

一九五三年韓国に休戦が成立した時に休戦協定の実施を監視する目的で、共産国を含む監視委員団ができましたが、その後それが果たすべき機能を果たさなかったので、中立監視帯のなかにその活動が制限されてこんにちまで存在しております。

先月のある週末に休戦委員団の国連側の将軍が、その四カ国監視委員団の首席代表たちを泊りがけでソウル見物に誘ったというわけです。共産国以外の代表たちはいつもソウルに遊びに来るのですが今度は初めて共産主義国家の将軍たちが副官を伴い、護衛の軍なしに、ただ米軍将校一人と韓国軍将校一人の案内で、町のホテルに泊って、ソウルの休日を心ゆくまで楽しんだのです。

かれらが最初に出した質問は、「写真をとってよいか」ということでした。「いくらでもとってよろしい」という返事が与えられました。

かれらはまず梨花女子大学から始めて、徳寿宮、景福宮、昌徳宮など昔の宮殿や、市民会館、中央政府の庁舎、百貨店、そして南山のドライブ・ウエイなどをみて回り、晩には韓国料亭で食事をしてホテルのスカイ・ラウンジからソウルの夜景をみおろしました。翌日はスカンジナビア三国の寄付によって建設されたメディカル・センターを視察し、外人観光客のためのコリアハウスで映画などを鑑賞して、板門店に帰って行きました。

ちょうど週末で大へんな人出だったそうで、かれらは百貨店や繁華街や古宮などで、韓国人の群衆にもまれながら、絶えず驚嘆の声を発していたということです。二人の共産国の将軍たちにとくに印象を強く与えたのは、韓国人がよい着物を着ていること、町に警官や軍人が少ないこと、古宮などがよく保存されていること、人びとがかれらに気を払わないことなどで、いたるところで「驚いた」ということばを連発し、これは自分たちが想像していたのとは全然違い、自分たちが見た光景は、ソウルはおろか極東のどこにもあるとは思えない光景だったと、その感想を述べました。

そのなかの一人は、「きょうわたくしが見た物を、わたくしの国や北韓の人たちに話しても、とても信じてくれないだろう。これでもし舞台が小さければ、われわれのために演出されたのだとでもいえようが、この町は舞台にしてはあまりに広すぎるし、あの人びとは俳優にしてはあまりに多すぎる」と述べたということです。

かれは自分たちの見た韓国人たちが、とても軍事政権の下で暮している人たちとは思えないほど明るくのびのびとしているし、これが軍事政権ならば、軍事政権はすばらしいと思うと述べ、もう一人の共産国の将軍は、韓国側に住んでいる代表に向かって「われわれは板門店近くに新しく建てられた宮殿に住み、君たちは君たちのキャンプのバラックのなかに住んでいる。しかし、君たちは行きたいときにソウルに行けるからしあわせだ」ということをもらしたそうです。

共産主義の理論で頭をつめて、それを忠実に実践して将軍にまでなったはずのその人たちは、初めてみた自由世界の一角に目を丸くして驚き、複雑な気持をいだいたまま板門店に帰っていったということです。

韓日で自由陣営に寄与

韓国はいま悲劇的に南と北に分かれているのですが、動乱前の三十八度線に代わって幅四キロの無人地帯を境にして、おのおの数十万の軍隊のほとんど全部が、その線の両側に展開しているのです。長さ二百五十キロのこの休戦ラインは、おそらくこんにち世界で最も堅固な要塞線であって、ジークフリード線やマジノ線などはおそらくその比ではないでしょう。

休戦協定は最初から守られず、大規模の衝突がなかったとしても一九五三年の休戦いらい、共産側の休戦協定違反は、無慮一千七百件以上におよび、小人数による衝突は絶え間がありません。

徴兵制度によって軍を組織し、国家予算の半分近くを国防費に使っている韓国軍は、二十四時間戦闘態勢でこの線を守っているのは自国の防衛だけでなく、自由世界の最前線を受け持って守っているのだという自負を持っているからであります。

先般御会の年次大会の席上、自民党の賀屋さんが、時宜にかなった仮定をされましたが、もしその韓国軍が今より弱かったとすれば北東アジアにおける自由陣営の態勢はだいぶ変わっていたかもしれません。その意味で、わたくしは日本の皆さまが、韓国の戦線のひしひしと身に迫る緊張を感じていただきたいと思います。

こんにちの国際情勢をみるにつけても、共同の運命をになっている韓国と日本とが、正常な国交を結んでいないということは遺憾のきわみであります。

第二次世界大戦の結果、韓国が独立してからすぐ韓日両国は過去の好ましくない関係を清算して、新しい国交関係にはいり共同の繁栄を図るべきであったところを、理由はともかく、十七年後のこんにちまで延び延びになっていることは、自由世界にとって、大きな不利益だったといわざるを得ません。

しかし昨年の十月に開かれた第六次韓日会談は、前にない良いふんいきのなかに進められ、いまや最も重要な段階に突入しました。もちろん外交交渉というものは、最後の結論をみないで予測を下すのは危険なことでありますが、わたくしのほうとしては、遠からず妥結できるという気持ちがするのであります。現在進行中の予備折衝と最近二度にわたって金中央情報部長と大平外相の間に行なわれた会談によって、もうお互いの腹のなかは知り尽くしており、妥結の機運は最高頂に達した感があります。

韓国の朴最高会議議長もいっているとおり、両国間の懸案はどのように妥結したところで、国民のすべてを満足させるわけにはいかないでしょうし、一部の非難は免れないでしょう。お国のほうで韓日国交の正常化を支持する率がだんだん高くなっており、今までは会談を阻止しようというのは、イデオロギーによって動かされる一部の人びとに限られているとみても間違いではないように思われます。

一方、会談のなり行きとは別に、スポーツや文化の交流が度を重ね、いろいろな目的の旅行者の数が激増していることも両国の民間の親善に大いに寄与しています。現在韓国を訪問する外国人のなかで日本人は米国人に次いで高い数字を占めております。

最近日本の各地では、韓国および韓国人に対して深い理解を持っている日本のかたがた、社会の善良な成員として日本に永く住んでいる韓国居留民たちが、力を合わせて日韓親善協会を続々と結成しております。すでにずっと以前からあるもののほかに、過去一月の間にも岐阜、秋田に親善協会が生まれましたし、今月の末には山形にも組織される運びになっております。

将来友好かつ円満な国交を営むためには民間親善が必須であります。そのためには相互の理解が絶対必要な条件であります。

韓日両国の国民は過去のことは過去のこととして清算し、両国民の現在と将来のために一日も早く国交の正常化を実現して、経済的にまた文化的に互いに協力しつつ共栄の道を図るべきであります。これこそが今日の国際情勢のなかにあって両国が処すべき最も賢明な立ち場であり、ひいては極東における自由陣営の団結ならびに世界の平和と民主主義にも寄与する道であるとわたくしは確信いたします。わたくしは御会の援護の下で大いに尽力下さることをせつにお願いするものであります。

ご静聴ありがとうございました。

/舞台構成/舞台装置/会場装飾美術
皇武童画房
東京都品川区大井倉田町3292　電話771・9583番（共）

営業種目 化粧瓶 薬用瓶 医療器製造
DAINICHI GLASS CO. LTD. DNG
大日硝子株式会社
取締役社長・丸山泰徳
東京都江戸川区小松川4－36　TEL681－0704

…、近代工業の先端を行く精密機器用宝石部品の日本国内唯一のメーカー

納品先
電電公社　日立電気　三菱電気　松下電子　シチズン時計　ヤシカカメラ　三協精機　リズム時計　東京時計　島津製作所KK　品川製作所KK
日本碍子KK　安立電気　セコニックKK　協立農機　日本電子　千代田光学　理研電計　矢島計器　日本電装　其他計器メーカー70社

株式会社 光陽精密宝石製作所
営業品目
軸受宝石　計器用軸針
時計用宝石　装身具用宝石
電気指示計器用
航空計器用
其他各種計器用
ミリ波進行波管気密窓用サファイヤー
カメラ用軸受
メーザー用ルビー

当社直営店の御案内
光陽宝石直売店
自由ケ丘　田園　宝石部（喫茶部）
ヒカリ街デパート2階 TEL（717）2131～3
五反田駅前　コーヨー宝石
五反田駅前　TEL（441）5911

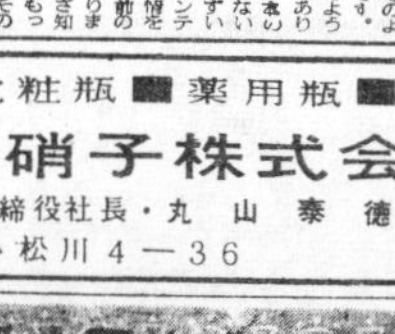

山梨工場検査部

山梨工場研磨部

割引マーク　koyo

●右掲載の割引マークを当社直売店に御持参の方には一割～二割の割引サービスをいたしております。

株式会社
光陽精密宝石製作所
代表者・郭雄石
本社・工場　川崎市小杉陣屋町2丁目1280番地　電話中原（0447）5254・9029番
山梨工場　山梨県都留市上谷1680番地　電話（都留）2175・2176番

文教部 在日僑胞特別講座を開設

革命政府の施策を紹介

講師は崔虎鎮教授ら三名

【ソウル発＝連合】文教部では[illegible]革命政府の施策[illegible]のために[illegible]特別講座[illegible]を開設した。

このため講座[illegible]教授の[illegible]ら三名[illegible]に派遣されることになった。

十五日　十時　立教大学
十七日　十四時三十分　慶応大学
十八日　同　中央大学
二十日　同　明治大学
二十二日　同　早稲田大学

なお[illegible]このような両国人士の交歓[illegible]は将来定期的に行なわれる。

高麗大サッカー・チームが来日

高麗大学校のサッカー・チームが、来たる[illegible]のために来日する。今度の同チーム来日は、早稲田[illegible]

南北単一チーム編成放棄

国際五輪事務局長が声明

【ソウル発＝連合】スイスのローザンヌよりの報道によれば、国際オリンピック委員会の事務局長「オット・マイヤー」氏はさる五日東京オリンピック大会に大韓民国と北韓が単一選手団を組織して参加するよう勧告する努力を放棄したと語った。

マイヤー事務局長のこのような決心は韓国オリンピック委員長「ウオルター・鄭」氏との会見の後で明らかにされたものである。

しかし「マイヤー」事務局長は従前の態度を改め、南北韓が別個のチームを編成して参加することを建議するつもりであると語った。

なお国際オリンピック委員会では従来、大韓民国と北韓のどの側でも単一選手団の結成を拒む場合はオリンピック委員会より除名されるかも知れないと警告していたものである。

「マイヤー」事務局長は「ウオルター・鄭」氏と二時間にわたって会談した後、このような調停努力を放棄したのであるが、「ウオルター・鄭」氏は選手団は大韓民国という国号のもとにその国旗をかかげなければならないと主張したといわれる。

李明淑リサイタル開催

聴衆が感激のアンコール

朝日講堂で、在日韓国音楽協会主催

熱演する李明淑嬢

韓国のソプラノ歌手李明淑嬢のリサイタルが、去る六日午後六時半から朝日新聞社六階朝日講堂で、在日韓国音楽協会、[illegible]

[illegible]、内外人[illegible]のモテットをきりだしに、ルーセル、ドビッシー、ヴォルフなどの歌曲が歌われ、続く韓国の作曲家[illegible]氏の「[illegible]」に至って聴衆のムードは絶頂に達して場内がわいた。金[illegible]泰氏の「山有花」からビラー・ロボス、最後のオゾラドルスの「花嫁チキチタ」などに、李嬢の本領をいかんなく発揮してアンコール[illegible]が止まず[illegible]盛況さであった。

李嬢は、韓国の現役声楽家として最も花やかに動いているソプラノ歌手の一人で、一九五六年ソウル大学校音楽大学を卒業後、ボストンのニューイングランド[illegible]音楽学校に入学、在学中シェッツ、ボリスゴドウスキー、ウタ・グラーフ女史等に師事し、その間独唱者として各種の催しに出演する傍ら、ニューヨークのカーネギー・ホールにおけるアメリカ現代作曲家作品発表会などに独唱者として出演、一九五八年エリーア・スティーバ・コンクールに特選、翌五九年にはマリア・アンダーソン賞を獲得して栄誉を受けるに至った。一九六〇年ボストンで初のリサイタルを開いて絶賛を受けまもなくソウルに帰国、現在母校ソウル大学の講師をつとめる傍ら、KBS[illegible]

済州出身の僑胞がトランジスター寄贈

済州道出身者で構成する大阪府耶士経済人協会は、本国で活発に行なわれている"農漁村にラジオを送る運動"に歩調を合せて、トランジスター百台を寄贈した旨、同協会から金[illegible]済州道知事に送られた書簡により明らかにされた。

なお同書簡によると同協会は、このほか学校用マイク五台と[illegible]布機三台なども一緒に寄贈したことが明らかとなった。

楽団、ソウル・フィルハーモニー・オーケストラの定期演奏会に独唱者として出演しているが韓国の誇る新鋭な声楽家である。

中総各局の動き（5）

―総務局の巻―

健全な財政計画策定

速かに中央訓練所を設置

総務局では活動すべきこととして一、対外的に財政問題、文書取扱問題、中央訓練所建物購買問題二、対内的に会計、備品、建物内外美化運動などをあげることができるが

△財政確立のいきさつについて一言

金局長＝これは民団が創立されてから今日に至るまで最も頭を悩まされて来た問題で、従前のどの執行部も財政確立という点においてはいろいろと工夫と努力をかさねて来たが思うようにいかず、これが原因で与えられた任務を充分にまっとうできなかったのは事実である。そこで現執行部がまず打ち出したのがこの財政確立であり、これを根本的に建て直すために去る第二十八回全体大会の六大方針の一項目に財政確立があげられ、全国的に財政委員会を結成することを提議し、これが承認されたのである。

△財政確立は思うようにいっておりますか

金局長＝中央は勿論地方も財政を確立しているとは言えない。そこで今年中に十大都市即ち東京、大阪、愛知、兵庫、京都、北海道、神奈川、宮城、広島、福岡などに地方財政委員会を結成するのを目標に努力して来たが、意のままにならず現在運営されているのは東京一地区だけである。

△財政確立の方針について一言

金局長＝第一次目標として既成された東京を除く札幌、仙台、神奈川、名古屋、京都、大阪、兵庫、広島、山口、福岡その他信用組合が結成されている地区（例、朝本、岡山、三重、千葉）を目標としており、割当金は総額一千〇二〇、〇〇〇円で主要な十一都市以外の県本部三十七県には三七〇、〇〇〇円を平均して割当てるが強制するものではなく協力的なものになるから節約して述べることにする。まず中央財政委員会を結成して中央総本部の健全な財政計画を研究策定すると同時に収入の体系本部には加減をしている。

△文書での年号、様式統一問題と書類規定作成はどうなっていますか

金局長＝年号改称は実施されているが横書の方は従来使用している用紙の在庫品をすてるわけにもいかずこの問題は財政関係に直接響くのでいろいろ困っているが、新たに印刷する際は横書の印刷をおこなうなどで来年の春頃からは全国的に実施されると思う。

△中央訓練所建物購買の件について一言

金局長＝規約改正に並行させて最優先的に推進させるのが幹部養成である。依って幹部を訓練させられる体制を築き上げる為にも中央訓練所の設備が急がれている。すでに総務局ではいくつかの候補地をみつけて、建築計画書の予定通り進めている。金銭の問題が解決され次第すぐ設立し、僑胞青年幹部養成に力を入れるつもりである。

△中総内の会計問題について一言

金局長＝対内外の威信と信頼感をあたえ得る複式会計方式を行っておりスッキリとしたいわゆるガラスばりの会計を実施している。

△中総建物の石畳工事はいつおこなうのですか

金局長＝従来の執行部でも力を入れていたが、今度の執行部は代表部との交渉をより積極的におこない、具体的に結論をみており、近いうちに内工事に着手する段階である。

△中総建物内外の美化面について

金局長＝いままで団体の建物として等閑視がちであったが全国組織を対象に運営している中総の建物だけに今後も継続して自分の家のように大事に手入れして地方でも中総を見ならい建物の美化運動に力に入れるよう呼びかけると同時にいわゆるモデルケースとなるよう努めている。（金教淳）

新帝国主義研究

◇最近の共産主義の諸形態◇

ソ連の対印政策とインド共産主義

ケネー・D・オブスリート

このような提議に基づいて、将来党がなすべきことをフルシチョフが要約したし、これは二〇次党大会最終決議文のなかにひとことひとこと複写された。

フルシチョフは共産国家自体内の紐帯強化の必要性を述べた後、印度、ビルマ、アフガニスタン、エジプト及びシリア共和国など平和を主唱しているその他の国家たちとの友好及び協調の紐帯を強調し、軍事ブロックへの加担を拒否する国家などを支持するために党は「ネバリのある事業」をしなければならないと主張した。

フルシチョフはソ連の目標の概要を説明するに当って、全世界共産主義国家のなかで印度をまず最初にあげた。

印度のための新政策を立案するに当って、ソ連の指導者たちは中立化という短期目標、即ち、印度を西方側の経済及び軍事同盟から離脱させるという比較的消極的な目標に止まらなかった。

非社会主義国家の社会主義への転換に関して論議するなかでフルシチョフは印度共産党の議会を通じての勝利であるとの目標を暗示した。

マルクス主義者たちは如何なる場合にも暴力革命を主張するということを否認しながら彼は現在条件のもとで、労働者階級が議会内で多数を獲得することによって権力を掌握し得ると主張した。

フルシチョフはこの点と関連して特に印度に言及はしなかったし、彼は共産主義者たちが議会を通しての勝利は「多数国家と旧植民地国家」においてありうると指摘したのみだった。

しかしミコヤンはその演説のなかで、社会主義への平和的転換は「隣接国家で勝利を収めた社会主義」の支持を得られる共産主義ブロックに接している

「一定の国家」に限りあり得るものであると指摘した。この国家に印度が含まれていることは明らかである。

ソ連政府が隣接国の議会を通しての革命を支持する方法はもち論指摘されなかったが、党大会の演説にしらずしらずのうちに現われた二つの方法は社会主義建設の宣伝だった。ソ連の指導者たちが、社会主義建設をこそ

印度のような国家では抑制出来ない魅力を持っているという極端な信念をみせてくれた。

フルシチョフとブルガーニンが印度訪問中、そのように「大胆」にして「公開的」に社会主義支持を表明したのは「人間たちの心の中には、社会主義は比較にならない程資本主義よりも強力」なためであるとミコヤンは述べた。

この点と関連して現在の印ソ関係の二つの面、すなわち、経済援助および貿易と両国間の代表交換に特別の注意を注がなければならない。

最近の研究によるとやっと数年前に始めた印度、アフガニスタン、ビルマ、カムボジアおよびインドネシアに対するソ連の経済援助は、既にその総額五億$^ドル$に達したとのことである。

その半額以上の二億六千八百万$^ドル$が印度に対する援助であった。

印度に対する援助は主に十二年間二・五%の利子率で貸与された二つの大規模な借款であった。

一億一千二百万$^ドル$に達する一つの借款は鋼鉄工場の建立のためのものだったし、ほかのもう一つは一億二千六百万$^ドル$で重機製造工場、石炭採鉱機製造工場、眼鏡用ガラス工場、二十五万^{KW}火力発電所およびその他の小企業設立のために使用されるようになっている。

ソ連はこのような工場の建立のため技術援助を提供しており、ソ連で印度技術者の訓練のための準備を整えている。

この借款はすべて印度経済の国家的面と重工業重点に相当な寄与をしている。この借款はソ連人の印度経済体制の進歩的特徴として規定する面を促進した。

ソ連の援助は劇的な宣伝価値のある主要事業すなわち「誇示出来るもの」に集中された。

韓日合作映画製作へ

新進の文如松監督で

写真右の眼鏡氏が演出中の文如松監督、女形が佐山俊二、左端が田利彼、（大蔵映画「社長と女秘書の全国旅行」のセットから）

本年五月、ソウルで初めて開かれた第九回アジア映画祭を契機として、韓日両国映画界の交流が漸くその兆しを見せて来たが、このほど突如、大蔵映画（前新東宝）の文如松氏（31）が、韓日合作の一番手としてクローズ・アップされた。

文氏は日活の茂木プロデューサーからも合作に関しての打合せやストーリーなども依頼されたことがあり、近々シナリオ・ハンティングや打合せ方々帰国することになったものである。

文氏は長年、五所平之助監督に師事、新東宝を経て大蔵映画に専属している新進気鋭だが、現在、近江俊郎監督の補佐として「社長と女秘書の全国旅行」では事実上の演出を担当しており、クランク・アップ次第、帰国する予定である。

在日韓国映画人協会の幹事も勤めている文氏は先のソウルでのアジア映画祭に参加した折も、「わが息子に成功あれ」他二編のシナリオを発表、既に韓国映画界にその実力の程を認められてきたのが、今度の合作映画監督に起用された動機となったものであるが、その豊かな芸術的資質と謙虚な人柄は、映画人や一部編者から尊敬を集めている。

現在日本TV映画や東京放送TVなどからも監督を依頼されているが、この合作映画を最大目標に、意欲を燃やしている。

合作映画は、日本の各社ではまだ具体化されていない折だけに、その成果が期待されているが、当の文氏は、最善を尽し、製作費などで支障があった場合は、独山のスタッフを組んでもやり遂げると意気ごんでいる。その場合は、日本ロケをふくんだ韓国側の単独製作になるかも知れないと語った。

文監督の話「韓国側では金大淑プロと組む予定だが、まだ何ともいえない。いずれ某社とは、これとは別個に作品を仮契約しており、帰国することになった。ストーリーの構想は数年前から練っており今度のハンティングで完全にまとまり、執筆することになるが、もう一つの作品は出来上がっているので、先輩の崔[illegible]氏（在日韓国映画人協会代表幹事）が打合せ方々、私より先に帰国することになるかも知れない。とまれ僑胞の一人とし立派な意欲的作品を世に問うつもりでいる」

尋ね人

李成南さん（39歳位）

本籍慶尚南道[illegible]二班[illegible]右の方は昭和十年に来日、大阪府布施市東町に住んでいたが、昭和十五年頃行方不明となり今日に至っております。本人の実兄李永錫氏が尋ねておりますから心当りの方は左記に連絡下さい。

連絡先
東京都八王子市寺町十八番地
TEL⑫六九一七
河本方　李永錫

趙重玉著
韓国料理
B5判　一三〇頁
定価　八〇〇円
送料　一一〇円
取次店　東京都千代田区神田猿楽町二の四五
韓国資料研究所
電話　二〇一・九六五五
振替　東京一五九七九五

韓国服地と韓国レコード！
営業品目
特殊香港洋丹・中国洋丹・金糸織洋丹
テトロン洋丹・京都洋丹・薄紗丹・七色丹
リバース・オパール・ニュートン・ベルベット
其他・本絹・季節向一式・朝鮮古典長鼓類完
貸衣裳婚礼衣装
韓国レコード総販売元
韓國レコード
祖国訪問者および帰国者には特別御奉仕しております
仁川㊁商会
東京都台東区浅草公園六区10－3
TEL（871）3981・5498

技術革新の凱歌！

平和ミラクル・セット
パチンコ裏玉還元装置
平和
東京・大阪・北海道

自動車のコンサルタント！皆様の車に関する相談役

新車各種・中古車販売・修理・板金・塗装
自動車保険（事故相談・一般契約）取扱店

自動車の事なら、売る時も、買う時も是非どうぞ!!
国電東中野駅陸橋際・東京都中野区上ノ原町11番地
大東京自動車株式会社
代表取締役・尹和錫
電話（361）1508・0096番

石窟庵の原形

前室入口に元来は瓦屋
日人が改造、仏像位置も替えて

去年の九月から始まっている土含山上の石窟庵（国宝第二十四号）補修および復元工事は、基礎調査を完全に終え、明年三月から着工される本工事設計に着手した。今までに得られた結論は世界的誇りである同石窟は、驚くなかれ日帝時代に日本人らの良い加減な補修工事によって、窟内に風化作用が起きるようになったばかりでなく、前室（窟の入口にある部屋）が完全に日本式に変ってトンネル様式に変ったということである。

現在この補修工事を指揮している工事監督官[illegible]氏は「日人らの工事によって、わずか三十余年間に消滅された壁は、一千年間に消滅されたのより、はなはだしい」と指摘した。

文化財委員会および文化財管理局関係者らを始め、権威者らが今度これ調査した結果に得た結論は、石窟が損れて石像彫刻が消滅した原因として▽創建当時から日人らが補修するまでは、洞窟の周壁を石で築いて換気がうまく行なわれていたが、▽日人らが補修する際、石で築いた周壁をコンクリートで塗りつぶしたので、換気が行なわれず雨が降れば雨水がとけて水と一緒にコンクリートを滲透し、窟内で炭酸ガスと化合して、花崗岩でできた石像を風化させ▽地下水が石窟周辺によって石窟を伝わって上昇し、湿気を与えながら風化作用をうながして、石面を消滅させ▽前室が解放されたことによって、夏季に雨が降れば湿気を含んだ外気が直接窟内に浸入し、石面に風化作用を起こしながら苔をはやしたということである。

また、前室はもともとその入口に瓦葺の家があったが、火災をうけて燃えつくしたのを、日人らが修復を図って日本式に突道、瓦葺の家を建てる代わりにトンネル様式を造り、仏像の位置（八部衆像）まで変えて置いたという驚くべき事実が明るみになった。

したがって、窟内の風化作用の防止方法は、日人らが塗りつぶしたコンクリートを剥して除外することであるが、どだい周壁に頑固にくっ着いたコンクリートを取り除こうとすれば周壁自体が砕ける心配がある。やむを得ず、二重に周壁を造ることにしているが、壁と壁との間に空間を設けて換気できるようにするかたわら（二重ドームの外側は土で埋めるを施える）いつもその空間で温度と湿度を計れるようにするということである。

日人らが造ったコンクリートの厚さは約二尺で今後造られる二重ドームは一尺二十ないし三十センチくらいにして、二つのドーム間の空間は四十センチくらいにするという。

地下水の[illegible]防止方法としては、地下水の水位を下げ排水路を造る予定である。

復元工事に本腰
原形のまま明年三月着工

また、前室は原形研究によるその間の資料収集の結果、別項のような構造で造ることにして、石窟の前には小さな広場、二個の築台、東側に石の段階を造るようになるが、石窟周辺四百坪以内の地帯は今の模様そのままを保存するために、一切現代的施設をほどこさず、以前から論議された広場は石窟の外側に設けて多少現代的感覚を施っても構わないことに決定、文化財委員会の承認を得て現在設計図を作成中である。

物議の種のように知られた広場の構造は、石窟から四百坪外に設けることにしたので大した問題とはならないらしい、これに対する具体的な設計はまだたっていないようである。

現在築台用の白崗石（日松鼠四百個、現在の確保量は百個）を運搬する傍わら、日人らが築いた石堤を取り除いて、毎日窟内温度と湿度を測定すると同時に、窟内仏像室築造（現在四〇％完了）工事に注力している。

白崗石を運搬するため目下毎日平均二十名の人夫が零下の天候をついて仕事にいそしんでいる。設計図の完成は明年二月まで、本工事の着工は三月、竣工は明年十二月ごろになるだろうとも言っている。

前室構造

①日本人らが構造を改変した「瓦家」を建てるが規模は余り大きくしない、②家の柱を始めとする構造は忠北報恩法住寺の寺跡を参考にして完全な原形を復元 ③「八部衆像」の中に、前室入口の左・右側に石窟内部向っている二つの石像を、一直線に向うように位置を替えて他の六個の石像と一列に並ぶようにし、④古代新羅の仏教の道場としての面目を備えて一切の観光的装飾はさける。⑤前室の前には純韓国式「八作」[illegible]

石窟中央にある石佛

「韓国文芸」のこと
—黄 彩—

韓国文芸「創刊号」が出まわりだしてから既に旬日になる。スタートの時分から交流しの合併の様子が気になっていたが、そこは何んとか切り抜けたらしく、一応出刊だけは見らるようにどうやらなった。

民団畑としては、これが創団以来の「純文芸誌」の試みで、ハングル・日本語と言わず表面化された文芸活動誌としては恐らく最初になろう。目出度いというほかはない。

だが、ややこしい難関はこれから始まりで、同人らの巣り加減や合所の切りまわしなど、果してうまく行くだろうかと、今からその成行きが気にかかる。

詮索がましい好奇心が余計なお節介を引立てて、また安楽でない「韓国文芸」の実情に結び着くのであろう。やはりつまずきのない歩みを続けたいという一心も手伝う。

文芸活動には、誠実な創作態度も必要とされるが、肌寒い贈賛用しか持たない活動衛路に重ねて、周囲からそっぽを向かれて「ひま人の退屈しのぎ」だぐらいに、あっさり片付けられては読者層の限られた僑胞社会が畑である以上、やはり育ちにくいという点が案じられる。

したがって、これを在続させて育てて行くか行かないかは、かかって、われわれの文化運動に対する意識水準の度合にあるとも言えそうである。だが、この度は多方面より積極的な後押しがあったと見えて、スムースに事が運ばれるようになった。われわれのこの推しだしが何よりの収穫になりそうである。こうして一見恵むせ振りに芽を吹きだしたようにも見られる「韓国文芸」とは、一体どの程度に力量を収めて営為に発った文芸誌であるのか、その内容に焦点をしぼって見るのも無駄ではない。

冒頭の「韓国文学の環境と脱皮」（朴諸腕）は現況の低迷した韓国文壇を不如意な社会の実相からくみ取って、可成りつっこんだえぐりであばいた論評であるが、文人らの明日への挑戦をあおりながら鞭を打つ陰には、痛烈な揶揄を盛ってある方向を暗示しているようにも見える。是非読んでおきたい論旨がひそみ、これ一本で同文芸誌の面目が六分通りカバーされたとも思われる。それから、黄命東氏の「その不思議な生きもの」が数えられる。この詩で同人らの面子がどうにか立ったような格好である。

われわれの社会から三重にひねり出した悲劇の断をワサビのきいた風刺味にまとめて甜いカーブで投げているが、これを唯見送るには腐りかかった社会の一面に相槌を打っているような気もする逸作である。

一度、舞台に載せたことのある「雨の降る夜」は安達寅氏の野心作である。読んで見て、たっぷり味わせる韓国のネオ・リアリズムには、解決の「すべ」をすべて読者にあずけているようだが、答は万事「あなたまかせ」の総略がこもっている。

「現状あれこれ」の秋夜放談では、何時ものうるさい連中（張仁植、李韻雄、安遁寅、金潤、金慶植）らが集まって、各自の立場から眺めた僑胞社会に、メスを入れてウサ晴らしをやっているが、「馬鹿野郎呼ばわりの悪口は教養問題ぶ々――」と言論叛を皮肉りながらも、全面に亘って不平懸たれをぶちまく芸当などは、さすがは文人らしい才覚だけ「文芸誌」の特権?を縦横に駆使したお説教が豊富で胸のすくような点もある。

だが、文芸誌にしてはこの欄の地歩が余計に首をあげ過ぎ、これのために同誌が誕生したような印象さえ与える。もっと「本芸」の方に熱中してこのような欄が陰を潜めるような力作ぞろいを暗に指摘されたのではないか。

小説「灰色の袋」（金慶植）は、作者の身辺から素材を取りあげているがたんたんとしていてウラナリの水瓜でもかじるような味気なさである。もっと張赫宙一のようなスネた男に集中すればきっとコクのある作が生まれよう。

李朝野史物語
太宗世祖時代篇（10）

首陽クーデターの巻（六）
王位簒奪工作にかかる

それから、鄭麟趾は宮中通いが始まった。毎日の如く端宗にお目通りをした上、左相として所管事項に関して報告をした後には、事実にもないことあることなどを取りとめもなく喋るのであった。

彼は、端宗世孫時代に世宗大王から特命をうけて世子師伝となった。端宗に対しても彼に対して師の礼を取らせた程で、世宗文宗二代にわたり知遇の恩をうけた。

それ故に、先王時代には[illegible]などと同じく幼王に忠誠を誓った。

ところが、文宗大王崩御し幼王端宗が即位してからは、朝廷内の情勢が急変するようになった。多くの王叔たちの中で首陽宮の勢力が強くなり、その旗色がよいのを見た彼は、一夜のうちに節を売ってその股肱の臣となり下った。

端宗大王は彼の変節後の言動をよく知っていた。

彼は謹厳な世孫師伝として端宗を補導した。僅か数カ月前までは正論と節操が何によりも大事であることを最も力強く説いていた彼であった。

その彼が、いまは王叔首陽の走狗となり臆面もなく毎日の如くつきまとうのを見た端宗は、その背信を心から憎んだ。内心から込みあげる屈辱と嫌悪感に苦しみ悩んだ。

しかし、いまや完全に無力な名ばかりの王位にいる以上、如何ともなすことができないことを嘆いた。

鄭麟趾が話すのは下らない冗漫な説話であったが時には相手にしないわけにはいかないので「卿がいう通り世の中が不安となり天災が打ちつづくのは、これ将朕の不明の致すところです。左相がよろしく輔導して下さい」と言った。

そのコトバには、たとえ王が過があっても大臣がこれを匡正して輔弼するのが汝の責任でなかったかと反問する意味があった。しかし、それだけのことを知らぬ鄭麟趾でなかったが、王の反発なぞは聞き流しにした。それからもヒマさえあれば王につきまとうので、忍びがたい苦痛を覚えた。

当時、老内侍に金忠という人がいた。同人は世宗大王から信任をうけた、世宗以来の忠勤なもので剛毅一徹な人であった。先王より内旨をうけて端宗に奉仕した。寸時もお側を離れず一心になって幼王をお護りした。

時勢が首陽大君の世となり首陽大君の横暴不遜な振舞に対して人一倍憤慨しているところであった。首陽配下になった左相鄭麟趾が毎日の如く幼い王を苛む仕打ちを目の前でみているので彼に対すること仇敵の如く見ていた。

或る日のこと、鄭麟趾が参内して例の通り天災のことを語り、世相の不安など取りとめのない事を喋り並べ始めた。

[illegible]み出て叫んだ。

「もし、左相が毎日の如く参内しては水災と旱災で凶年となったとして奏上するが、そういったことは大臣がよろしく処置できることです。水治をよくして天災を予防するのは誰の責任でしょうか。それは卿の職分でなかろうか。天災は大臣が政治をまちがうから起るものです。それを全く上監（王）の手落ちであるとして責任転嫁することは許せないことです。一体、上監に何の罪があるだろう」と、ぶっぱなしながら鄭麟趾をにらみ返した。

しかし、それくらいなことで退き下がる鄭でなかった。彼としてみれば王さえ何んとも思わないのに、一内侍なぞ眼中になかった。その場で色をなし語気も荒々しく

「朝臣の公事に対して、内侍の分際で口を入れるなー許されないことだ。さし控えろー」と一喝した。しかし、金忠は鄭麟趾の一喝で屈するところかえって「この奸賊奴!」がといった感情で彼を冷笑した。再び彼を攻撃しようとしてきはんだ。そうなってしまえば、金忠は殺されることになるところであった。

このとき、端宗大王金忠を制して（彼の [illegible]）「もうよろしい。黙れ」といわれたので、その場はそれで無事におさまった。

それからも、首陽宮側では鄭麟趾の権ラム、韓明澮などが交る交る宮中に参内しては、手を代え品をかえて可憐な幼い王を苦しめた。

一対多数である。幼い王に対する当代名だたる策謀の達人たちその上に権力を握っている連中が、連日執拗に波状攻撃をする。幼い方はつい気力負けしてしまった。心身共に疲れ切った。

一日として、安閑としていられない、ゆううつな日がつづいた。

王の苦悩は深刻であった。

いつになったら曲者たちの責苦がやむだろうか。彼等王位を奪いとるなら一日でも早くして欲しい。遅く以上は取るだけ取る、我を少くして済ましたいと考えられた。

（石館山人）

安住の地よいずこ （108）
許樺娟
え 金泰伸

脱出（五十二）

生命の一かけら、ひとかけらをつなぎ合わせつように、ひやひやする刹那の中で歩いて来た千里のみち…幸福を夢見ながら、たずねて来たソウルの街には、寒さと不安が私たちを待っているだけであった。

無秩序な無復……。殺伐なふん囲気の中で混乱しているソウルの街はどこであれ、私は長く留どまることができなかった。

金洪俊夫人の世話で、私は社稷洞のある画家の家に居を移した。ガランとした家の中に、家族といえば六十の年寄りと五つになる女の児だけであった。

「おばさん、私ねむたい」

部屋の片隅で、ままごと遊びをしていた由子が、ねむそうに眼をこすってすわっていた。私ははっとわれにかえり、由子の方へいざり寄った。

「由子ちゃん、ねむいの?」

「う うん」

「そう、おばさんがふとん敷いてあげるわね」

私は押入の上からふとんをおろして敷き、由子をその上に寝かせた。

ちょうどそのときであった。風の音に混って表門を叩く音がきこえてきた。

（誰だろう）

私は気になって耳を傾けた。

「由子ちゃん、由子ちゃん!」

男の太い声がして表門をトントンとたたきつづけた。私は年寄りの耳に口をあてて低く言った。

「おばさん、表に誰か来ていますわ」

少し耳の遠い年寄りは、煙草の灰を火鉢におとしながら、やおら立ち上った。

「この夜中に誰だろう?」

年寄りはつぶやくようにいって戸を開けた。

冬の夜の冷い風が、部屋の中にしのびこむ。

私はドキドキする胸を抑えながら、外に耳を傾けた。表門のかんぬきが抜かれ、男の太い声がやみの中からきこえてきた。

「おばさんこんばんわ」

「まあこれは、愛子の父ちゃんじゃないの?」

「……」

「大変苦労したでしょう? さあ早く部屋に入りなさい」「はい」

見なれない男は、年寄りの後について部屋に入った。ボーボーとのびた髪とひげ、色あせた外とうを無雑作にひっかけるようにして着た彼の姿は、何だかひどくやつれてみえた。

「あ、お客さんがいるんですね。失礼します」

彼は静かにいって、私をひょいとながめた。

瞬間、私は飛び上らんばかりにびっくりして低くさけんだ。

「おや、まあ!金さんじゃありませんか?」

「これは……ミス許か……どうしたんですか? ほんとに夢のような気がしてなりませんね」

突然なかいところに、彼は私の手を握[illegible]した。

■ホール
■御座敷
純京城料理
京城館
東京都新宿区神楽河岸3号地
国電飯田橋東口下車横のたもと
電話（331）2652
宋万重

優良鋳物用銑鉄製造

ASK
朝日製鉄株式會社
取締役社長 申学彬
横浜市鶴見区鶴見町1320
TEL横浜（50）8431－4

焼肉 冷麺 大楽苑
BARBECUE RESTAURANT
大
DAIRAKUEN
神戸・三宮農業会館西1丁
電話 ③ 3227番

宗教法人 善隣基督教会附属／人間ドック完備
尾竹橋病院

理事長・金城周奉
院長・金城福明

診療科目

内科	小児科	外科
整形外科	産婦人科	眼科
耳鼻咽喉科	皮膚泌尿器科	神経科
放射線科	歯科	物療科

■診療時間・午前9時～午後5時
■基準看護・基準給食・基準寝具・厚生省承認

所在地・東京都足立区千住桜木町53番地／電話（881）4807・7590～2
理事長室（881）7592・院長室（881）6329・栄養事務室（881）2774・準看護学院（881）6329

韓國新聞
発行所 韓国新聞社 発行人 曹寧柱 東京都文京区金富町51 電話(813)2261・2263 編集 (812)1921 (813)2262 業務 振替口座 東京 34988番

国民の基本権を尊重 憲法改正案

基本的人権を詳しく規定

【ソウル発＝連合】きたる十七日国民投票にかけられる憲法改正案は全ての国民に人間としての尊厳と価値をもたせるため国家は国民の基本的人権を最大限保障する義務があると宣言し、基本的人権に関して詳しく規定している。人間は元来社会的なものであり、自身を尊重すると同時に他人をも尊重することを知っている。しかし今日のような基本的人権に関する考えは人類が長い時日をかけて自由な生活をかちえようと努力した成果である。いま民主自由の国民になって人間性を改造して、政治、経済、社会、文化などのあらゆる部門に多くの改革を断行、革命課業を完遂している。われわれはこれを記念するにあたり、世界人権宣言がもっている高い精神をよく認識して、二度とすぎし日の過ちをくりかえさないようにしなければならない。

憲法の尊厳性と恒久性強調 柳揚洙財経委員長

【ソウル発＝連合】憲法改正案にたいする啓蒙講演会が八日午前十時から多数の市民が参席した水原市民会館で開かれ柳揚洙財経委員長、金世鋉財務部長の順序で講演が行なわれた。この日の講演会で柳揚洙財経委員長は「憲法改正案の意義」という題目の講演を通じこのたび憲法を改正することになったのは軍事革命がかかげた革命公約を遂行し、新しい国造りをするところにその目的があると述べ、二度と国民に不安と危機をもたらさないため、憲法は尊厳性と恒久性をもたなくてはならないと語った。

この国民投票遊説班一行は八日水原での講演を終え、九日仁川でも講演会をひらく予定である。

春川の憲法改正啓蒙講演会も盛況

国家再建最高会議の柳炳賢議林委員、李景培国防次官、金泰善専門委員などで構成された憲法改正案にたいする国民投票遊説講演会が八日午前十時から春川の昭陽牧場で盛況のうちに開かれた。

この席には李江原道知事をはじめ各機関長、貴賓、学生および五千余名の聴衆が参加した。

木浦、順天を巡回

憲法改正案に関する啓蒙講演会が八日全羅南道の四都市で開かれた。

玉昌鉉最高委員および洪鍾哲最高委員など十名で構成されている啓蒙班は二班に別れて八日午前十時から木浦の湖南劇場と順天市民劇場でおのおの開かれたが、九日は麗水と光州に会場を移す予定である。

功労章、競技賞など制定

文教部 体育振興に新制度

【ソウル発＝連合】文教部は国民体育振興のため体育施賞制度を設け、これを六十三年度から実施することに決定した。

建国以来初めて設けられたこの体育賞は功労賞、研究賞、指導賞、および競技賞など四つに別れており、各部門で二名ずつ合せて八名に授与されることになる。

ところで初年度である六十三年度には功労賞と研究賞が各々一名に授与される予定である。一人当り賞金は十万ウォンで、その他記念品が授与されている体育週間に授与されることになるが、受賞者が現役選手の場合は賞金は賞品にかえ、学生である場合は奨学金として授与される。

体育賞のうち功労賞は体育活動と体育発展に卓越な業績がある者に、研究賞は体育部門の研究活動に功労があった者に、指導賞は体育指導において業績をあげた者に、競技賞は競技に卓越な精神と技能をみがいた者にそれぞれ授与される。

受賞者の選定は各道知事、大学総長、大学院長、公選されている競技団体の長および競技団体チームをもっている機関の長などが各部門別に一名ずつ候補者を推薦し、文教部の諮問機関である体育審議会で審議決定することになっている。

副産物の交換可能性を検討 蔚山地区開発本部

蔚山地区開発本部では、七日午後、経済開発五カ年計画事業として現在蔚山に建設中である精油、肥料、総合製鉄および火力発電所建設計画の輪郭ができ上がったのを契機として工場相互間の副産物交換可能性の審議を始めた。

安長煥（音訳）部長主宰で開かれたこの日の審議会では国内外の民間技術者、大学教授および斯界の権威者を招請してこの問題にたいする研究をねった。

この会議で討議された副産物交換可能性をみると

（一）製鉄、肥料工場は火力発電所（施設容量六万八千キロW）より電力の供給をうけることになるので蔚山住宅地域電力供給不足量は精油工場から出される燃料油で補充する。

（二）精油工場から出される燃料油は発電所と製鉄工場へ、肥料工場には原油のまま供給する

タンガニイカ初代大統領に祝電

大統領権限代行朴正熙議長は九日タンガニイカ共和国初代大統領に就任するスリイスノエレル氏にたいして祝電を送った。

国連債40万ドル引受け

相互扶助の精神から 崔外務長官談

【ソウル発＝連合】政府は国連の逼迫した財政事情をたすけるため四十万ドルの公債を買入れたと外務部は八日発表した。

この発表によると崔徳新外務部長官が去る三日、ウ・タント国連事務総長を訪問、この公債購入を通告し、八日この事務処理を終えたというものである。

政府はこの日国連とソウルで同時に発表した声明書でこの金額が韓国の実情からみてかなり大きな金額であるが、全世界人類が当面している国連の集団安全保障維持強化のために公債の引き受けにふみきったと述べた。

なお、政府が発表した声明書要旨は次の通りである。

「われわれと、自由友邦諸国の努力にもかかわらず韓国の国連加入申請は常に拒否されてきた。われわれは国連の正式会員ではないが世界の多くの国と国連とは緊密な関係をむすんでいる。国連は一九四八年五月韓国で総選挙を実施することにより大韓民国を誕生せしめ、同年十二月唯一の合法政府樹立を授けた。

国連はまた一九五〇年六月韓国が共産軍の侵略をうけた時、軍事力と国際的権威をもって韓国を援助しまた国連韓国復興委員団を組織して韓国の復興をたすけた。われわれは国連の公債を購入することによって相互扶助の実をあげることができたのである」

証券業界激しく動揺

無期休場状態にある証券市場の再開は関係当局の活発な動きによって今、明日中に解決するもようであるが、市場再開にともなって利害が異なる証券業界は互に深刻に対立するけはいがある。

七日午前、証券取引所専務理事は関係当局を訪ずれ証券市場正常化を前提とする収拾案を論議したという。

一方関係当局は証券市場収拾方案にたいする勧告と、証券取引法の改正、および証券金融の融資など根本的問題を検討しているという。市場再開を前提として取引所は七日証券業者らに自発的に建玉を解玉すれば、これを採取すると通告、三宝および三星など数個の業者は部分的な解玉を断行したといわれている。

一方、売渡側約二十業者らは証券業者総会を招集せよという趣旨を証券協会に提出しようとする趨勢にある。その業者らは証券市場の無期休場を自律的に解決する方法と現協会理事の不信任などを論議しよう。

市場再開意見聞く

財務長官 証券対策委を招き

七日午後、金財務部長官は証券協会の証券市場非常対策委員を財務部に招致して現在休場の証券市場再開にたいする意見をきいた。

この席で非常対策委員らは、証券協会理事会決議として要求している証券金融の融資と主力株の価格制限処置などをくりかえし主張したといわれる。

金長官は証券市場正常化のため最高会議の柳財経委員長との協議にさきだって、証券協会非常対策委員らと会ったものである。金長官と会見した後、証券協会副会長は金長官が証券金融を実施するという政府の方針には変更がないと示唆したと述べ、価格幅制限も撤廃し、取引量限度も考慮すると

一方、金長官と会った後、柴証券協会会長は当初協会理事会で決議した証券金融の融資と価格幅制限を撤廃しない限り、証券市場の休場は継続されるだろうとその限界を明らかにした。

伝えられるところによると財務部当局者は証券金融が融資されてもこれは証券担保金融でなく、あくまでも前売取引金として使用されるものだという。

また、この日正常化における最大の問題点になっている過当投機の再開方法にたいする業界の対策を協議したが、対策委員らは価格幅制限を上下同一にし、基金の管理を厳格に行ない、取引所運営を公正にすることを勧告することにしたと伝えられる。

いう確約もとりつけたという。

空港控え室で記者会見する大野氏（中央）

新聞発行に施設基準

政府 明年早々に政令起草

姜最高委員は七日午前、最高委員等の去就問題に言及し、軍籍にあるまま民政に参加するかどうかは憲法が確定された後、最高委員らの多数意見にしたがって行動の統一がとられると述べた。

姜委員は取材源の開放問題にも言及、現在最高会議でおさえている取材源はこれから大幅に内閣に移譲する方針であり、これにともなって保安規定も検討され、国家に有益なものはいくらでも報道できるよう研究中にあることを明らかにした。

姜委員は新年度に入り言論機関保護育成のための新聞、通信社発行施設基準に関する法律案を起草するつもりであると述べ、これはすでに発表された言論政策にそったものになろうと語った。

また言論人拘束に関しては公報部長官との事前協議があったのち執行することも考慮中であると付け加えた。

国民投票地方遊説のため七日釜山に到着した姜委員は同日午前慶南道知事室で記者と会見し、通信社統合問題にも言及、現在統合問題はだいたい大づめに達したが株配定における比率調整問題（五対五の線、六対四の線、四・四・二の線等）だけが未だ合意をみないまま残された問題であると述べた。

つづいて姜委員は「政府ではこの問題の現実的調節のため当該通信社の財産を再評価する段階にある。合同、同和両社の統合は旧政権当時から頭痛のたねであったがこれはAPの二重契約に基因するものである」と指摘した。

今年度全国判検事教育第四期班終講式挙行

今年度全国判検事教育第四期班終講式が、八日午後四時三十分中央公務員教育院で趙鎮満大法院長と権法務次官をはじめ多くの来賓の参席裡に挙行された。これは全国高等法院長、検事長、判事、検事など四百二十名を教育対象としたものである。

首都医大附属病院にも「人間ドック」

ソウル市内いくつかの総合病院では疾病を早期に発見するため、すでに「人間ドック」を開設して国民保健に多くの貢献をしているが、首都医科大学付属病院でも十日から「人間ドック」を新設した。

文教部学務局長に許善稌氏任命

政府は九日付けで文教部学務局長に許善稌氏、団体育局長に丁允鎬氏を任命し各々昇進発令する一方、柳洪沢氏を専売庁企画調整官に任命した。

崔栄喜ヨルダン大使フ王に信任状捧呈

崔栄喜駐韓国大使と越南のラムリ・ドレイン大使はフセイン王に信任状を捧呈した。

国民銀行設立委員を任命発表

七日財務部は国民銀行法付則第三条規定によって国民銀行設立委員長および委員をそれぞれ次のように任命した。

委員長＝財務部次官 金正濂（音訳）
委員＝財務局長 閔泳勲（同）
銀行監督院長 文尚徹（同）
韓銀副総裁 洪[illegible]（同）
韓一銀行長 金時鍾（同）

行政府末端職員の紀綱振作を厳命 朴正熙議長

朴正熙最高会議議長は、最近行政部で虚偽報告と誇張された展示などをして紀綱を乱している事実があることを指摘し、これに対する徹底的な取締りをするよう内閣首班に指示した。

朴議長は去る四日付けで内閣首班におくった指示覚書を通じて以上のように警告し、つづいて下級機関職員らが問責を免かれるためあるいは無能を隠蔽するため虚偽の事実を捏造して上部機関に報告したり、上官をごまかすため案件、報告書などを臨時借用して来たりする例があると指摘してこの取締りを指示したものである。

「軍服出馬」論議は尚早

選挙法など制定後に決定

【ソウル発＝連合】柳炳賢最高委員は八日最高会議委員の軍服着用出馬如何は論議される問題でないと述べ、現在われわれがしなければならないことは国民がよい生活をするよう安定した社会秩序をより発展した社会構造を築くことであると語った。

憲法改正案に対する啓蒙講演会のため八日朝光州に到着した柳炳賢委員は、八日午後順天[illegible]で開かれた講演会を終え、記者らと会った席上で以上のように述べた。

つづいて柳委員は、最高委員軍服着用出馬如何は国民投票が終った後、選挙法と政党法が制定されるとき論議される問題であると語った。

大統領選挙の先行は腹案 朴円彬内務委員釜山で語る

【ソウル発＝連合】最高会議の朴円彬内務委員は八日大統領選挙を国会議員選挙に先行させることはまだ腹案に過ぎず確定されたものではないと語った。

朴委員はまた旧政治人の追加救済問題に対しては「まだ最高会議で決定された事実がない」ことを明らかにしたがそれ以上のことは言う立場でないと言及をさけた。

国民投票啓蒙遊説のため釜山に到着した朴委員は以上のように述べ、選挙区調整を含む選挙法案を年内に制定するかどうかに対してもたしかな言及をさけた。

朴委員は去る一日東来で大統領選挙をさきに行ない国会議員選挙は後で行なうという方針に変りないと語ったことがあり、旧政治人追加救済は相当数に達するだろうと示唆したことがあったが、この日は慎重に確かな言明はさけたものである。

選挙法案は政党法案が確定され次第制定する予定であったが、国民投票啓蒙で年内に四、五日間最高会議の空白期間が生じたためその審議が遅れるようにみうけられるが、年内通過は確実視されている。

「国税徴収法中改正法律」など公布

八日付公布の法律は三件

政府は八日付けで「国税徴収法中改正法律」「租税犯処罰手続法中改正法律」「租税犯処罰法中改正法律」を各々公布した。

国民投票日を臨時公休日に指定

【ソウル発＝連合】政府では国民投票日として確定した十二月十七日を臨時公休日にすることに決定した。

七日午後金顕哲内閣首班は談話を発表し、全国官公吏と国営企業体職員はこの日もれなく国民投票に参加するよう要望した。

論壇

大野氏の訪韓を祝する

＝韓日会談はこれで妥結への峠をこす＝

大野伴睦自民党副総裁が自民党の各派閥の参謀格を従えて、韓国訪問に十日羽田を立った。日本の先発記者団も九日ソウルにつき、韓国における大野ブームを醸し、韓日両国の国交正常化が身近かにせまった一種の緊迫感をひしひしとわれわれ在日韓国人に与え、ひびかしている。

大野氏が老体に背景のむちをうち、韓日両国の親善のためにはるばるソウルを訪ねるということも韓国における大野ブームを巻き起しているいなめない原因の一つではあるが、それよりも大野氏が日本の政界に占めている政治力の存在価値である。大野氏自身はしきりに〝ぶらりと遊びにいくだけだ〟というが、単なる遊覧旅行ではすみそうもない感であり、また同氏独特のユーモアとざっくばらんな発言が韓国人の肌に合い親近感を感ぜしめているものであろう。

韓日会談が過去十一ヵ年にわたって繰り返されて来たが、このような大物政治家が訪韓した前例をみてないとも、今回の韓日会談が如何に双方において妥結への努力が行なわれているかを如実に物語るものである。

大野氏はあくまで〝一個人の資格〟とはいっても、事実上は〝首相特使〟として会談妥結の大綱が決定され、十一年にわたる韓日交渉のメドがつけられるだろうと期待している。これは韓日双方の国民感情がいやがうえにも盛りあがっている双方の国内情勢をみてもうなずける点がある。

もともと韓国はことしの春ごろから大野副総裁の訪韓を心待ちにしていたのである。副総裁という肩書きや池田首相をバック・アップする実力もさることながら、対韓国慎重論といわれる河野、三木、藤山、川島各派を説得できる唯一の長老と考えられているからでもあるが、しかし、いまではそのような間接的、消極的期待よりも朴正熙・大野会談で一挙に韓日会談の大綱決定という直接かつ積極的な期待がもたれているので、その大野氏訪韓は韓国において一大、〝大野ブーム〟をまき起こしているのである。

すなわち、金鍾泌中央情報部長と大平外相との会談で最大の懸案問題である対日請求権問題について無償三億ドル（こげつき債務四千七百万ドルを含む）、長期借款二億五千万ドル、総額五億五千万ドルを妥結の線にすることにほぼ了解がついていたといわれているが、つまりこれを無償三億ドルに池田首相が最終的決断を下だし、大野氏に託し、この線をもって大綱が朴正熙・大野会談によって決定せられるであろうとの観測がなされている。

大平、金会談では了解しつつも、なお支払い方法、こげつき債務処理など、二、三の点について研究したいので、いま少しの時間をほしい。自分の韓日問題解決の決意は変わらない〟旨をのべているという。この事実から見て、大野副総裁の携帯した親書は、これよりさらに一歩前進したものと推測されている。

大野副総裁が訪韓を決意し、また池田首相がこれを認めたことは、韓日交渉が〝まとまる〟という背景があったからであり、政治家の面目としても、決して手ぶらでは来ないという前提からである。大野副総裁の訪韓が「個人の資格」であるにもかかわらず、韓国は我慢として歓迎しているのも意識なきものではない。

いずれにせよ、日本の大物政治家が解放後、韓国を訪ねた例がないのに、大野氏のように日本の政界では自他共に許す大政治家が自ら自民党の各派の参謀格の人々を従えて、訪韓したことは、それだけでも両国の親善促進に貢献するところ少くないのであるが大野氏は池田首相の意向を伝えるとともに「韓日両国間の過去の経緯については一切水に流し、ハラを割って話合い、相互の理解を深める」ことにより韓日親善の〝ムード〟をつくりだすことは、いまさらいうに及ばないものであろう。

（編集室）

大野伴睦氏韓国へ

空港で記者会見 〝韓日親善が目的〟

韓国政府の招請によって訪韓する大野伴睦自民党副総裁は、船田自民党外交調査会長をはじめ、中村梅八、早川崇、桜内義雄、羽田武嗣郎、北沢直吉、永田亮一、二階堂進、福田篤泰氏など日本自民党内各派閥から選ばれた国会議員を同行して十日午前九時半羽田発の日航特別機で韓国に向った。空港には駐日代表部裵大使、居留民団権逸団長を始め日本自民党議員及び関係者多数が見送った。

大野副総裁は出発を前に空港で次のような談話を発表した。

大野副総裁談話＝昨年から韓国訪問の招請をうけていたがいろいろの事情でその目的を達することができないでいたが、金情報部長が来日した際、再度年内訪問の招請をうけた。その時は池田首相が外遊中であったので確答をさけたがその後首相が帰りいろいろ首相と話し合い三泊四日の予定で行くことになった。このたびの訪問は個人として行くものであるから外交交渉などはしない。ただ韓日親善の目的にかなえばいいと思う。

つづいて、記者の質問に要旨次のように答えた。

問＝副総裁は韓国訪問でどれだけのものを期待しているか

大野氏＝そのようなことはいってみなければわからないが、プラスはあってもマイナスは決してないだろう。

問＝池田首相の親書はどんな内容のものか

大野氏＝親書はもっていくがその内容は全然知らない。私は単なる郵便配達にすぎない。

問＝韓国にはよく行かれましたか

大野氏＝戦前（第二次大戦終了前）はよく行った。このたびの訪問は昭和十七年以来のものである。

冬期失業者救済に万全期す 朴農林部長官釜山で語る

政府は来年の一月から新年度国土建設事業をおこして冬期失業者救済に万全を期すと、八日、朴林恒農林部長官が明らかにした。

朴長官はまた建設金庫にたいしては経済閣僚会議を経て、年内に内閣に上程する予定であると語った。国民投票啓蒙遊説のため釜山に到着した朴長官は国土建設団が解体されても一般失業者で国土建設事業を推進することができるとつけくわえた。

民間航空は韓国人の手で

高英一さん五人に初の資格免許証

【ソウル発＝連合】いままで外国操縦士に依存してきた韓国の民間航空の運営がこれからは韓国人操縦士によってなされることになった。

交通部は七日、五名の操縦士に民間操縦士の資格免許証を与えたが、この五名は三千八百時間乃至五千時間の飛行記録をもったもので、四発機と双発旅客機の機長または操縦士として勤務することができる。

交通部では去る二月に第一次として四名の操縦士に正規運送用操縦士免許証を交付したことがある。この日操縦士免許を授与された人は次の通り。

高英一（三十一歳）、李昌実（三十八歳）、閔泳郷（三十八歳）、洪顯相（三十四歳）、裴祚顕（三十六歳）。

農漁村にラジオを贈ろう
十二月二十日まで募集期間を延長
拠出先
◇民団各県本部 または支部
◇各さん下団体本部 または支部

韓国と日本を結ぶ!!
広告企画と立案・国際文化宣伝製作
新聞雑誌広告・ラジオテレビ広告
ネオン屋外広告・市場調査と興信
その他広告宣伝PR
広告代理業 KPR
TOKYO 港区芝琴平町26 電話(501)0471
SEOUL 乙支路一街101 電話(2)1811

第一産業株式会社
代表取締役・金相[illegible]
段ボール製品 其他紙器一切
多少にかかわらず、御用命下さい 皆様の満足のいく価格で奉仕いたします。
本社 工場・栃木県小山市本町1.856 電話 小山（代）217番
東京事務所・東京都中央区八重洲3～3 電話（271）3922番

綜合韓国資料社 図書案内 No.12

韓国貿易年鑑 1962年 頁数 281 送料共 定価500 定価 4,200

儀禮大全
内容의 一部
第一篇 人事法
第二篇 系寸法과 対人 称号
第三篇 婚礼
第四篇 祭礼
第五篇 喪礼
第六篇 服制（복제）
第七篇 修儀類와 現行
婚礼式의 順序……
祭文 吊詩 追悼辞 吊辞
請婚（청혼）書式
許婚（허혼）書式
四柱보내는 書式
涓吉보내는 書式
四柱 쓰는 法과 보내는 法
納幣（납폐）文의 書式
1 舍所（사처） 2 納幣（납폐） 3 奠雁（전안） 4 醮礼（초례） 5 新房…… 6 于礼（우례）와 새길 7 問安편지…… 第七節 小祥과 大祥 第八節 喪歌 僧舞 老人哭
発行所 成文閣 著者 安明善

生活叢書⑩ 社交禮儀全書
4×6版 842頁 高級模造洋装케스入 挿画・写真多数 定価 2,000
斯界 権威 40名 執筆 ◆主要内容◆
①총론（総論）
家庭生活과礼節 절，간치，名節，韓国・中国・西洋式 食事法，茶나 菓子를 드는 法，接客，訪問，父子・夫婦間의礼節，시집살이，親寸法과 称号에 関한 것 等
社会生活과礼節 公衆道徳・選挙・就職・執務・会議・集会・鑑賞・観覧・파티・旅行・敬礼・握手・紹介・祝賀・慰問・問病・吊問・依頼・謝礼・贈答・通信에 있어서의礼節，朋友・隣保間의 礼節，男女間의礼節，外国人에대한礼節等
四礼 冠礼，現代式婚礼，在来式婚礼，基式婚礼，仏式婚礼，喪礼의葬礼，喪中의礼節，儒式・基式・仏式喪의 節次，永訣式，墓地의 選択과 葬法，服制，忌祭，四時正祭，慰霊祭의追悼式，基式・仏式祭礼
〈附録〉 儀礼規範・国際儀礼

▼注文方法…御注文なさる図書名及び発行所を記入の上弊社営業部宛にお送り下さい。壱千円以上総て現金引換便で迅速にお送りいたします。
お問合わせの方には弊社の目録（無料）発送致します。
東京都千代田区松枝町二二番地
綜合韓国資料社
TEL（86）〇〇一六

297

開発をまつ済州島

済州島のミカン園

期待は外部援助に　立ち上る島出身の在日僑胞

牧畜

漁業

観光

済州島の西帰瀑布　—高さ23m—

済州港の旅客船群

特殊農産物

国際情勢は韓日会談の即時妥結を促している

韓国の声

憲法改正案の議決に思う
国民投票の趣旨を徹底させよ

米穀輸出組合に貿易制限処置を緩和

原始林開拓を協議

肥料代金徴収は現物一本立に

奨学生募集

＊商銀が築く
明るい事業！
熊本商銀
信用組合
熊本市米屋町２－２
TEL２－3566.6003

お茶の間の電化は三和から！
御値で小売も
三和テレビ・ラジオKK
TEL (866) 4177（代表）

東京商銀
信用組合
ご預金やお借入のご計画に……
東京都文京区湯島天神町

古代より古典調をへて現代にわたるグレゴリ、アン・チャント、マドリガル、器楽曲、協奏曲、交響曲、オペラ、リード、室楽その他日本一のコレクションの店です。
えちゅーど
音楽喫茶
李瑨善
TEL (561) 3060・8173

韓国服地と韓国レコード！
営業品目
祖国訪問者および帰国者には特別御奉仕しております
仁川㊓商会
韓國レコード
東京都台東区浅草公園六区10－3
TEL (871) 3981・5498

北京料理
東天閣
和室・洋室完備
結婚披露・大小宴会
大阪市心斎橋御堂筋角（そごう北隣）

自動車のコンサルタント！皆様の車に関する相談役
新車各種・中古車販売・修理・板金・塗装
自動車保険（事故相談・一般契約）取扱店
自動車の事なら、売る時も、買う時も是非どうぞ!!
国電東中野駅陸橋際・東京都中野区上ノ原町11番地
大東京自動車株式会社
代表取締役・尹和錫
電話（361）1508・0096番

アジアはーつ

アジア各国の代表が集まって開かれたアジア親善大会

アジア友の会主催（会長大山量士）による第七回アジア親善大会が日本外務省、東京都などの後援と在日大韓民国居留民団、日韓親和会、日本国際教育協会、中華民国留日東京華僑総会などの協賛を得て八日午後一時から新宿厚生年金会館で催された。

アジア親善の名にふさわしく韓国居留民団権逸団長をはじめパキスタン、中華民国、インド、ビルマ、日本などアジア各国の貴賓が多数参席したほか、韓国、中華民国、インド、ビルマ、パキスタン、日本など国際色ゆたかに千余名が参加、盛況であった。

アジア親善大会ひらく

東京・新宿厚生年金会館で
裵大使が祝辞

開式にさきだって日本海上自衛隊音楽隊の演奏があり、つづいてアジア友の会の大山会長から開会挨拶、パキスタン、韓国、中華民国、インドネシアなどの順で祝辞があった。

韓国側では裵義煥大使の代理として李公報官が要旨次のような祝辞を述べた。

アジアの友好のために努力なさるアジア親善大会開催を心からよろこび、アジア友の会が行なっている仕事を心から感謝する。現在アジアの各地ではまだ完全な平和と自由がもたらされているとはいいがたい。われわれはアジアに真の平和と自由がもたらされるよう一層努力しなければならないし、そのために努力なさるアジア友の会の発展を心からいのる。

つづいて宣言文発表、アジア各国元首に送るメッセージ朗読、ウ・タント国連事務総長にたいする感謝決議、祝電披露、第七回アジア親善大会万才三唱によって一部の式典を終えた。

つづいて二部に入り、異国情ちゆたかなインドネシアのおどり、中華民国の奇術、舞踊などがあったあと韓国側から舞踊家許京子嬢による宮中の舞、狂乱の祭などが披露され万雷の拍手を浴びた。

お国自慢の踊りを披露する韓国代表

アジア各国元首に送るメッセージ

私どもは「第七回アジア親善大会」を開催し、ここに閣下にメッセージを送る機会を得ましたことを光栄と存じます。私どもは本大会において別紙の宣言を決議し、アジアの復興と繁栄を通して世界人類の福祉と平和に貢献せんことを念願するものであります。願いは閣下のご賛同を賜りますならば誠に光栄と存じます。終りに閣下のご健康と、貴国家並びに貴国民のご繁栄をお祈り申し上げる次第であります。

宣言文

ここに第七回アジア親善大会を開催するに当り、先ず以ってわれわれは最近キューバをめぐる世界戦争の危機を一応回避せしめた国連の努力にたいし、感謝と敬意を表わすものであります。アジアにおいても局地的紛争の今なお絶えないものがあることはまことに遺憾でありますが、これについても国連が国際法と平和的手段を以って速かにこれが解決に当られんことを熱望してやみません。しかしながらアジアは何をおいてもその後進性の脱却に全力を注ぐことが第一義であります。そのためには崇高な東洋精神文明の復興と相俟って科学技術の水準を高め相互扶助のアジア復興共同体を樹立して、名々独立国家民の強固なる基礎を作ることが必要であります。

それにつけてもわれわれアジア人がますます相互の理解と信頼を深め、互譲と寛容の精神をもって新生アジアの建設に向って一路邁進することが要請されるわけであります。

本大会はアジア友邦との親善友好関係を、一層深からしめると共に、アジアの繁栄を計り、以って世界平和の実現に貢献せんことを期するものであります。

感謝決議文

国際連合 ウ・タント 事務総長閣下。

貴下は過般キューバをめぐる国際的紛争が熾烈になるや、これが調停と解決のため不眠不休の努力を続けられ戦火勃発寸前にこれを回避せしめて世界の平和を保持されました。これ偏えに貴下の強固なる信念と卓越せる政治的手腕のしからしむる処でありまして、まことに感謝に堪えず、謹しみて敬意を表わす次第であります。

特に貴下がアジア人であることは、われわれアジア民族の誇りとするところであります。現在世界の各地に派生しつつある国際的紛争にたいしても国連が人類の福祉と国際正義に立脚して適切なる施策をめぐらし、もって世界平和を確保されますようお願い申し上げます。

ここに第七回アジア親善大会を開催し、貴下に感謝の意を表すると共に国連のために益々ご精進あらんことを遥かにお祈り申し上げます。

新帝国主義研究

◇最近の共産主義の諸形態◇

ソ連の対印政策とインド共産主義

ケネー・D・オブストリート

（8）

ソ連は、ラジスタン地方の三万エーカーにわたる農場を設備補完してやり、ネール専用機をプレゼントした。

南アジアおよび東南アジアに対する上述の如き研究は、そのような援助がソ連に対する友誼と依存をもたらすだろうということは疑わしいと結論している。

しかしまた、上記研究は、そのような援助が国内共産党の威信を「高めそうである」と結論を下した。

経済および技術援助という体系的計画とともに、ソ連がインドとの貿易増大を図ってきたことは事実である。

一九五五年の九カ月間と一九五六年の九カ月間の資料は印・ソ貿易額が倍増したことを示している。

インドのソ連からの輸入額は千百万ルピーから一億八百万ルピーに増加したし、ソ連に対する輸出額は一千九百万ルピーから一億九百万ルピーに増加した。

インド貿易で米国が占める部分ははるかに高いけれども、同期間におけるインドの対米輸出額は六億七千二百万ルピーから六千四百万ルピーに減少した。一方米国からの輸入額は六億六千七万ルピーから七億六百万ルピーに若干増加した。

ソ連のインド貿易における現在の立場は決して不吉な徴兆ではないが、ソ連の指導者たちが両国間の経済的関係から漸増的な政治利益を得ようとする腹であることは推論出来ることである。

ソ・印間の接触で経済的、政治的および文化面の代表団の交流が多くなってきた。

公式または非公式の往来がユーデリーと共産主義国家群の首都の間にみられた。

一九五五年に二十六のソ連代表団を含めての共産主義国家群から総計五十八代表団がインドに到着したし、インドからソ連に派遣された四十六代表団を含め、百二十六の代表団が共産主義国家に派遣された。

この代表団は普通印度政府が技術的文化的交換の合法的手段であった。しかし彼等はまた共産主義者たちの宣伝のための便利な手段を提供した。

インドの新聞を通して広く流布された。

ソ連政府はこのようにして、普通は利用が不可能だった非共産主義者たちの宣伝媒介体に接近した。

このようにして伝達された共産主義者たちの主要論旨をみると、ソ連は平和を願うとともにインド国民との友好を望み、インドの文化を尊重しソ連は高いインド代表団は特別の待遇を受けたし綿密的公共機関に案内された。彼等の反応は効果的だったし彼等の所見は自然にインド新聞を通じ広く伝えられた。

ソ連の代表団がインドを訪問した場合、彼等はへつらったりして機会を利用してはソ連の政策を宣伝した。それからソ連代表団の声明も、代表団員の個人的接触を通してのみならず、インドの水準の技術的発展をもたらしたというようなものであった。

このうちで最後の点がもっとも重要である。

ソ連に派遣されるインド使節団らは、異口同音にソ連での技術的成果の水準に大きく感嘆した。

ある場合は、彼等はインドの一部知性人たちがウェブ学派の影響をうけソ連に対して彼等としての考えをもっていたがために、既に感銘出来る条件に処していたのである。

しかしそれ以外の場合にあってはソ連の技術を一般的より過小評価することに加担したし、ときにはソ連体制の全般的成長可能性に対し普遍化させることに反対した。

米国は全般的に均衡がつより進歩した技術をもっているが、それにはたまたまインドの観測者たちの否定的な感情をおこす物質的豊富によるものだった。

ソ連はこのような観測者たちに、生活水準は低いが模倣すべき価値のある、より純粋にして精神的技術をもっているかのようにみせかけようとしているのである。

鄭総長（東国大学）に名誉学位
八日、母校の日本大学から

韓国東国大学校鄭斗石総長に対し、氏の母校である日本大学から同大学十七人目の名誉学位（文学博士）が贈られた。

去る八日午後二時から日本大学法学部大講堂で行なわれた同名誉学位贈呈式には、駐日代表部裵義煥大使、張俊植奨学官、民団中総権逸団長ら多数の来賓出席のもと日本大学の役職員、教授、学生代表多数が参席して行なわれた。

鄭斗石総長に名誉博士号が贈呈されたのは、若年より教育事業に身を投じ、後進育成に対する功績が顕著であるとともに、韓日両国の親善と文化交流に多大なる貢献をしたことが認められたもので、同大学名誉博士の称号に関する規定に基づくものである。

吉田日大会頭から学位を受ける鄭総長（左）

大韓民国国歌と日本国国歌の演奏に次いで、鄭総長の功績を読まる式辞（日本大学古田重二良会長）、名誉学位証贈呈（同永田菊四郎総長）、ソード贈呈（同古田重二良会長）などがそれぞれ万雷の拍手のうちに行なわれた後、鄭博士の謝辞に次いで日本大学校歌を力強く斉唱して贈呈式を閉じた。

鄭博士の謝辞要旨は次の通りである。

鄭博士謝辞　七〇有余年の歴史と伝統をもつ母校で、総長をはじめ諸先生臨席のもと名誉の学位をうけ感激の極みである。母校で体得した基礎と教育精神として浅学非才ながら誠心誠意を尽して子弟教育に邁進してきた。きょうの光栄は私個人のみならず韓国の青年学徒に大きな力と喜びをもたらしてくれた。今後も粉骨砕身努力することを諸先生に誓います。

鄭博士略歴　慶尚南道咸陽郡出身、当年五十六歳。東京目白商業学校を卒えて日本大学専門学部宗教科と同大学文学部史学科卒業。一九四二年日大卒業後七、八年間に亘り大寮商業、京城商、国専専門、京城中などに勤務、一九四九年から政治大学、檀国大学、鎮海諸士、東国大学、新興大学、韓国外語大学、淑明女子大学の各大学で教鞭を執り、その間第十三、第十四回の普通考試委員と亜細亜女性問題研究所副所長を経て一九六一年十月に、東国大学の総長に就任して今日に至る。なお、同博士の論文及び著書は多数ある。

日比谷公会堂

鳴りやまぬ大喝采
安益泰氏 管絃楽団を指揮

喝采の鳴りやまなかった安益泰氏の指揮ぶり

韓国が世界に誇る国際的な名指揮者であると同時に作曲家である安益泰氏が、去る八日午後六時半より東京・日比谷公会堂において氏の母校である国立（くにたち）音楽大学の主催によって、同大学管弦楽団を指揮して、超満員の会場を埋ずめ尽した観衆から絶讃と喝采を浴びたが、任務を全うし尽して上気した同氏は、前後四回にわたって答礼に立つほど場内は感激の嵐でゆさぶられた。

この日の会場、日比谷公会堂には、二時間前より観客が長蛇の列をなし、開演まぎわは場内では席を奪い合うほどの盛況であり、裵大使夫妻を初め内外の名士多数が参席した中で開かれた。

先ず第一部でベートーベンの「エグモント序曲」が、一糸乱れぬ鮮やかなさばきで演奏され聴衆の期待と喚声をいっきにさらったまま第二部の交響曲第九番二短調作品百二十五に誘導した。さらに同交響曲第五部の合唱部に至るや、ソプラノ伊藤京子、アルト西内玲、テノール古後信一、バリトン田島好一氏らベテランメンバーに六百人の大合唱団が登場し、豪華な舞台は指揮者と演奏者らの意気が完全にとけ合って、息をのませる見事な演奏が催され場内は感激の嵐に巻き込まれて韓日親善の意識はいやが上にも高まった。

大宅壮一氏も訪韓
新年早々、一週間の予定で

日本著名な評論家の大宅壮一氏は、このほど都内芝・飯倉町にあるコリア・ハウス（梨花荘）でのロッテ・ガム辛社長らの夕食会に招かれたが、同席上、辛氏の訪韓勧誘に応じて、韓国の実情を知るため新年早々約一週間の予定で訪韓したい意志をもらしたという。

同氏は、韓国と中共を除いての世界各国を既に旅行しているが、同国際旅行に基づく紀行書は有名である。

韓国訪問の意志を表明した大宅壮一氏（右）左は辛社長

尋ね人

康（康本）留福さん48歳
本籍…平安道南安州郡新安州面龍岩里一八一、日主康泰寛氏の次男
経歴…日本医科大学卒業（卒業年度一九四？年）一九四五年頃赤坂区綜合病院に勤務。
前住所…東京都世田谷区玉川奥沢町一の四渡辺房夫方

家族の住所…韓国ソウル特別市龍山区桃源洞一七二の一朴鍾栄方田

右の方を御存知の方は左記へ十二月二十四日迄ご連絡下さい。

連絡先…愛媛県松山市朝美町二の四二六　加藤富士子

韓泳鎬さん 52歳　日本名国原泳鎬
本籍　平壌市
あなたの奥様が釜山で待って居ます。早速左記住所へ連絡して下さい。

京都市右京区西院矢掛町二〇
在日大韓基督教京都教会
俞錫濬
電話（84）五〇五一番

尹（伊藤）任寿さん
右の方は戦前静岡県伊豆安良里に住んでいた方で、戦後釜山に引揚げ、五、六年前再び来日しております。尹さんに世話になった国洋汽船会社金明丸船長の沢入勝市氏が行方をたずねておりますので、御心当りの方は本社まで御連絡下さい。

社　告

平素のご愛顧と御指導を深く御礼申し上げます。

弊社は創刊以来報道任務完遂のため、かずかずの隘路をのりこえてたゆみない努力を重ねてまいりましたが、此の度財政面の充実と編集面の革新を期して別項の如く新役員を選任致しました。

現在弊社では読者各位のご期待にそうべく今般新しく選任された陣容をもって資料付録（週刊）の発行、調査依頼の受理、配布の迅速さいろいろと新しい企画をねっております。

何卒倍旧の御鞭撻をお願い致します。

十二月十日

社長　閔　正　植

なお十二月一日開かれた社務拡張のための臨時役員会では次の通り新しく役員を選任致しました。

会長　閔泳相（留任）
社長　閔正植（留任）
専務　南宮鎭（留任）
監査　韓貞斗（留任）
理事　河徳成（新任）
理事　鄭卜相（新任）
理事　鄭淳約（新任）
理事　鄭福錫（新任）
理事　河竜鉉（新任）
理事　李圭振（新任）

韓国連合通信社

133,000 KVA Water Wheel Generators purr powerfully in their berths at Okutadami Dam.

"大は原子力、小は電球、トランジスターまで"

東芝の製品はより良き世界、より良き生活を創る

東京芝浦電気株式会社は"TOSHIBA の愛称で全世界に広く行き亘って居ります。現在資本金693億円、年間総販売額は1,800億円を越え、従業員8万5千名、工場21個所、東洋最大の研究所、傘下会社57余所のマンモス企業は全世界の最も著名な一大電機綜合メーカーであります。

"TOSHIBA"のマークが表示されている全製品は品質と性能が完全に保証されております。

"TOSHIBA"は其の研究の独創性に依り明日の無限なる発展が約束されております。

Leader of the Industry it Started

東京芝浦電気株式会社
TOKYO SHIBAURA ELECTRIC CO., LTD.

東京都千代田区有楽町一丁目十二番地

韓国向代理店　不二貿易株式会社
東京都中央区銀座一丁目五番地
大韓民国ソウル特別市中区太平路一街六四

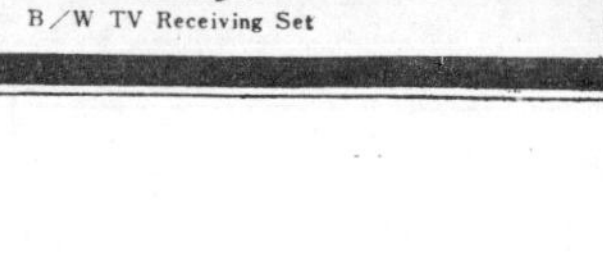
B/W TV Receiving Set

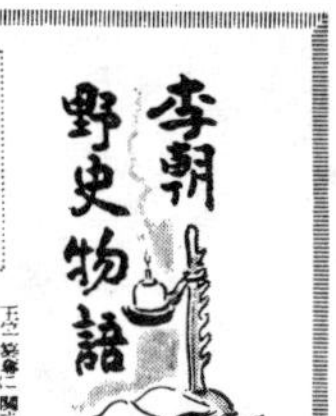

太宗世祖時代篇(11)

首陽クーデターの巻（七）
端宗悲劇的な退位

端宗大王の苦悶は続いた。試練に堪えること、なお三年を過した。非常に長い年月であった。

正史の記録を見ると

「端宗は事態が如何んとも能すことができないと考え、三年閏六月宦官をして右議政鄭麟趾などに譲位する旨を伝え、大宝を首陽大君に伝授した」としている。

しかし、それは王の自由意思でなく計略をもって王位を纂奪したことであった。

野史を取ることにする。

王位譲奪に関する計画は権擥、鄭麟趾などが中心となって、極秘のうちに計画を有利に進めていった。すべてのことが予定通りに運んだので、彼等は諸臣を引率して玉座の間に進み出た。

一同を代表して鄭麟趾曰く

「恐れながら申上げます。天と地と国民の心が帰するところがあります。人の力ではこれを抑えることができません。殿下は天命に随って国民の望みに従って首陽大君に禅位されることをお願いします。その上は大王の位におつきになる方がよろしいと存じます」と。

ついに、来るものがやってきた。端宗大王は、欣然とされ

「この国は、先祖太祖大王が創業遊ばした国家である。その子孫であるなら誰がそれを取っても構わぬものだ。朕、この座を退くことを久しい前から望んでいた。朕に平和に暮すようにして下され」との御コトバであった。

悲しい一言一句であった。強圧をもって禅位を要求した鄭麟趾らは事が意外に順調に運んだのを喜んだ。そこで再拝してから

「臣等は、殿下の玉体を平安に保護するためにこのことを行なうものであります。大君も寛大な度量をもって殿下を庇護されることであり、また臣等も身を粉にしても忠誠をもっておまもりいたします。どうかこれを御諒承されて御安心下さい」と。

端宗は深い溜息をつかれた。追われて退位を強いられた大王は、悲痛な感慨にふけった。しかし、一面、長い間、苦しんできた過重な責任の地位を退いたので、非常な身軽さを覚えた。

鄭麟趾に禅位に関する詔書を作成して、首陽大君に伝授することを命じてから、内殿の方に退出された。

そこには、恵嬪楊氏と敬恵公主が待っていた。

「幼少な身にとって荷が重過ぎた荷に堪え難く思っていたが、それを外してくれる人がいたので譲ってしまった」と言いながら、鄭麟趾たちにせめられて退位することになり、禅位する詔書を作成することを命じたいきさつを伝えた。

このことを聞いた恵嬪と公主は意外な出来事に色を失った。恵嬪から口を開き

「これ、何の御沙汰ですか。彼等が如何に不遜なことをしようとしても、上監ママが頑張ってそれを拒めば、自分勝手に詔書を作れないでしょう。先大王から委嘱を受けた座をどうしてそんなにも軽々しくお譲りになったのですか」と。

王も、涙を流しながら

「三綱がなくなり五倫が崩れてしまった以上、何を望んで虚位をまもろうか。彼等がなすがままにさせ、先王からうけたこの体でも保存したいのですが、それさえどうなりますか」。このコトバを聞いた恵嬪と公主二人はその場でワッと泣き崩れてしまった。

一方、端宗から禅位する詔書を受取った首陽大君は詔書を奉じて玉座の間で王に伺候してから、涙して固くこれを辞退する旨を申出た。形式的な儀礼からでもあり、一面、人情と天理を踏みにじった彼にしても人間的な良心のひらめきがあったのであろう。

首陽大君が泣きながら辞退するのを聞かれた端宗大王は、これを権ラムに対して

「如何にしたらよいだろうか」と下問した。権は答奏して

「殿下から親しく〝伝国宝〟を奉じて首陽君にお伝授遊ばした方がよろしいと存じます」と。

権の進言によって王は親しく〝伝国宝〟を首陽大君に伝授した。

「朕、幼冲で愚昧なる故をもってその任に堪えず、王衣とこれを受けられたし」と。王の御衣は涙でぬらされた。幼い方はその祖父王と父王のことを考えたことであろう。

大君は、三度固辞してからそれを受取った。これで端宗治世は終るところであった。

しかし、丁度このとき内殿から大声で痛哭しながら玉座の間に飛んでくるものがいた。恵嬪楊氏その人である。転倒せんばかりに〝伝国宝〟がやりとりされるその場に割り込んだ。血を吐く叫びを大君にあびせかけながら

「もし首陽大君、こんなことがあってよいでしょうか。あなたはお父さんもお兄さんもいないのですか。至尊も知らないのですか。ただ欲しいのは王座ですか。それを奪い取ればよいと思うのか」と、もだえあばれ出し

（石坂山人）＝次号へ

=11位以下=

⑪パターソン・リストン対決　一三七　三九
⑫ドゴール主義の勝利　一三〇　三九
⑬ミシシッピー州黒白紛争　一二四　二八
⑭ソ連・中共の争い　一〇七　二七
⑮アルゼンチン軍部革命　三九　一八

順位	事件	総点	票数
1	キューバ封鎖	732	74
2	印・中共紛争	452	65
3	ソ連のランデブー宇宙飛行	398	58
4	アルジェリア独立	380	56
5	ラオス連政樹立	269	50
6	イラン大地震	241	48
7	米・ソ核実験再開	233	48
8	バチカン公議会	187	46
9	モンロー自殺	181	42
10	アイヒマン処刑	148	33

1962年度の10大ニュース
（国外の部）
京郷新聞選定

キューバ封鎖が一位
ソ連のランデブー宇宙飛行が第三位
二位に印・中国境紛争

京郷新聞社で調べあげた今年度の国内、国外の十大ニュースは、既報の国内版に続いて国外版は別紙の通りの順序を見ることが出来た。国情に照らして、キューバ問題が無事に結着がついたとはいうものの、やはりトップを行くようである。

O…一九六二年の十月二十三日午前八時は、韓国動乱以来、世界が震むる最大の危機を醸した時刻でもあった。

一九六一年四月、反カストロ勢力がキューバを侵攻しようと企てたが、再びピキニ湾から敗退して以来、共産圏に転げ込んだカストロ前首相を完全にロボットとして仕立てたソ連は、米国の心臓部を狙う誘導弾を始め中距離爆撃機などの攻撃用諸軍事基地を、キューバ内に構築することによって、米国に対して公々然と挑発行為を敢行して来た。

その内容は「技術者」と呼ばれる約六千余名のソ連人によって、十五カ所の誘導弾基地と三、四個所の対空ロケット砲台およびミグ21型新型超音速迎撃機などが、早くも姿を現わすようになった。

O…このようなソ連の軍事基地は加速度的に進行され、同軍事基地の完成の暁には、その威力範囲は米国の重要諸都市は勿論、中南米一帯の米州各国がその脅威下にさらされるということになった。

これに対して、十月二十三日午前八時、ケネディ米国大統領はキューバ封鎖を宣言し「二十四日午後十一時を期してキューバに向う如何なる船舶に対しても検疫を行なう、もしこれに応じない場合には撃破する」という戦争一歩手前の非常宣言を公表した。

同宣言が公表されるや、世界は全面的核戦争の危機を予想して極度に緊張、米・ソ両大国を始め東西両陣営の諸同盟国は各々軍に非常令を下して待機させるという息づまるような瞬間をもたらした。

O…反面、ケネディ大統領はキューバに対する米国の七項目の政策を次のように発表し、ソ連とキューバ内攻撃用兵器を撤去させるための協商の道を開いておくことも忘れてはいなかった。

米国の七項目政策

① キューバへのあらゆる攻撃用軍備輸送の無期限なしゃ断措置。
② キューバ動態と軍備増加の監視継続。
③ キューバから発射される誘導弾は、西半球のどの国家に対するものでも、ただちにソ連の対米攻撃と看做して、米国の全面的報復を受けられよう。
④ キューバ内の米軍基地であるグァンタナモ基地は増強され、同基地の軍人家族は撤収される。
⑤ 米州機構諸国機関の緊急召集。
⑥ 国連安保理事会の緊急召集。
⑦ ケネディ大統領はフルシチョフ首相に対して、挑発的脅威除去を訴える。

O…以上のような確固たる米国の進路が、必要に応じてはキューバに対する軍事行動はもちろん、ひいてはソ連との全面的戦争までも敢えて辞さないことを見通したソ連は、一切の米国の要求を甘んじて受け入れると白旗を掲げ、即時キューバから誘導弾基地を撤去すること、その解体作業を国連が監視することにも同意した。

O…だが、ソ連の撤収作業を確認した米国は、十一月二十日ソ連との約束を履行するために、キューバ封鎖を解除した後にも国連監視や国際赤十字社監視などを拒否するカストロによって、キューバの危機はまだ完全に去ったとは言えない状態にある。その間ウ・タント国連事務総長とミコヤンソ連第一副首相の懐柔工作にも拘わらずカストロは、米国のグァンタナモ基地撤収とキューバに対する経済封鎖解除をさけんでカリブ海上の波浪に対してあおりをかけているようだ。危機触発の瞬間、一九六二年は地球絶滅の年として記録されんばかりの危機の瞬間でもあった。

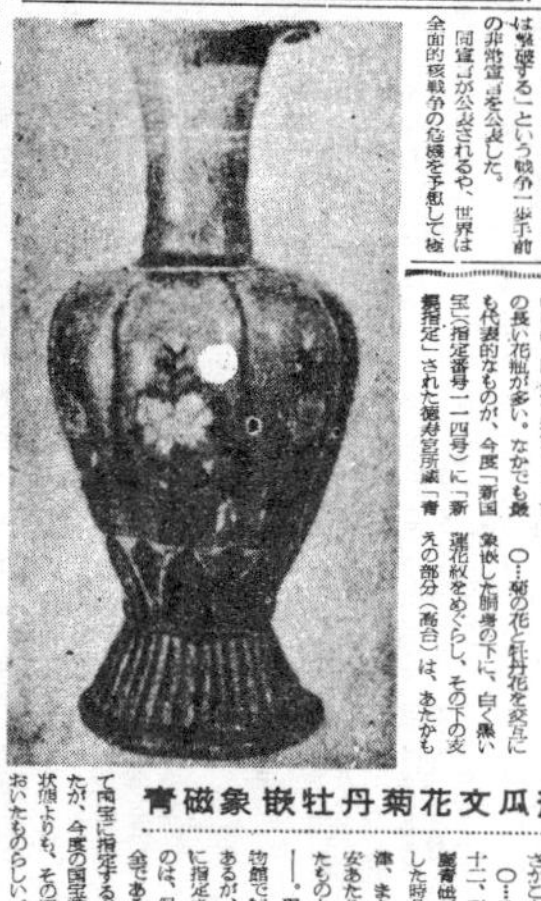

青磁象嵌牡丹菊花文瓜形花瓶

國寶巡禮 (11)

[illegible]・李[illegible]雨 筆

O…華奢な高麗の象嵌青磁の中には、胴身が瓜形をなし、首の長い花瓶が多い。なかでも最も代表的なものが、今度「新国宝」（指定番号一一四号）に「新規指定」された徳寿宮所蔵「青磁象嵌牡丹菊花文瓜形花瓶」―。

O…菊の花と牡丹花を交互に象嵌した胴身の下に、白く黒い蓮花紋をめぐらし、その下の支えの部分（高台）は、あたかも乙女らの粋なヒダのあるスカートのように見える。程良い高さ（二十五、六㌢）に、陳列室のソフトな照明が投げられ、瓶全体からは溢れるような彩色がただよい、清雅な淡緑色には何んとも言えない美しさがこもる。

O…この花瓶は、十二、三世紀ごろ高麗青磁が全盛期をなした時分、全南、康津、または全北、扶安あたりで、焼かれたものと推定される―。現在、国立博物館で特別展示中であるが、今まで国宝に指定されなかったのは、保存状態が安全であるから、敢えて国宝に指定する必要もなかったが、今度の国宝整理は、保存状態よりも、その価値に重点をおいたものらしい。

文化

許 南 浩　岡山県連島中学校分校三年

僑胞児童の作品

先生になりたい
倉敷市立連島町小学校分校　三年　夏山 順子

このあいだは、かびんをありがとうございました。学校では、国のためにみんないっしょうけんめいにべんきょうをしています。先生もいい先生ばかりです。しゅじ先生が、ひょうしょうじょうとかびんをもらった時、わたしは、りっぱだなあと思いました。金先生のお話をきいて日本の子どもと、もっとなかよくなって、りっぱなかんとくの子どもになろうと思いました。そうして、わたしは、大きくなったら学校の先生になろうと思いました。また、わたしたちの学校にきてください。　さようなら

またきてください
倉敷市立連島町小学校分校　二年　呉 恵司

わざわざとおいところからきてくださいましてありがとうございました。そしてがっこうに、きれいなかびんや本をくださって、どうもありがとうございました。またきてください。

ありがとう
倉敷市立連島町小学校分校　二年　李 忠雨

いろいろな本と、かびんをありがとう。先生からきいてとてもうれしかったです。ぼくたちは、もっと大きくなって、その本を、べんきょうのためにつかいたいと思います。ぼくたちは、これからもいっしょうけんめいべんきょうするつもりです。ほんとうにありがとう。（代表部への感謝文）

安住の地よいずこ

許 橦 旭
え 金 泰 伸
(109)

脱出（五十三）

「平壌からいつ来ましたか？」

「平壌を発ったのは大分前ですが、ソウルに着いたのは十日ほど前です」

「それで……朴さんはどこにいます？」

「あの人はここの友だちのところに居りますの。そして……私は奥さんとずっと一しょに居りましたが、どうも奥さんのところに居るのが不安だったので、奥さんのお世話でここに引越してまいりました」

「ああ、そうでしたか。ほんといいでしょう」

彼は消えそうなため息を吐きながら、さらに言葉をついだ。

「とにかく、後でゆっくりと、いろいろなことを申し上げましょう。そして…私はまだ家に帰っていませんが…私の家内に、私がここに来ていると、ちょっと連絡していただけないでしょうか？」

「はっ、では奥さんは、全さんが釈放されて出て来たということをまだ知らないでいるんですね」

「実は…」

彼は眼を下におとしながら言葉を濁した。

に感慨無量ですね。ミス許がソウルを離れてからもう何年かたっているのに……そのときも今も、少しも変りませんね？」

「まあ、全さんも、いやですわ、そんなことをおっしゃって。その間随分と苦労したことでしょう？ どんなにして無事にしゃく放されたんですか？」

「無罪になりました」

「全さん、ほんとに懐しいですわ。では、私たちのようなものでも自首すれば大丈夫でしょうね？」

「はっ？ 自首するというんですか？」

私の問いに反問する彼の顔に、暗いかげがさっと流りすぎた。

「全さん、私は自首したらいけないでしょうか？」

一すじの疑問がわいてくるのを意識しながら、私は、たたみかけるように彼にきいた。

「自首するにしても、もう少し世の中が落ちついた後にするのが

「あああ…」

彼は急に重苦しくため息をつきながら、両手で頭を抱え込んだ。

「全さん！ どうしたんですか？ 私に何か隠しているようですね。話してください。あまり一人で苦しまずに…」

呻くように身もだえする彼のようすを見守りながら、私は静かに聞いた。部屋の中は、しばらくの間、重い沈黙が流れた。

トン　トン　トン

突然、表門を叩く音が、夜の沈黙を破ってきこえて来た。

「あっ！」

声を殺したびっくりした叫びと共に、彼の顔が白く乾いて行った。絶望にひしがれたように青ざめていく彼の顔から、私は何か、身辺の危険を感じた。

「もしもし　門を開けなさい！」

表門ががたびし揺さぶられながら、男の荒々しい声が闇の中にきこえて来た。

趙重玉著
韓国料理
B5判 一三〇頁 挿絵多数
定価 八〇〇円
送料 一二〇円
発行所 東京都千代田区神田須田町二の四
韓国資料研究所
電話 二〇一―九六五五
振替 東京一五九九五七

優良鋳物用銑鉄製造

朝日製鉄株式會社
取締役社長 中学彬
横浜市鶴見区鶴見町1320
TEL 横浜(50)8431―4

漢陽
12月号…200円
<在日>国文版의 綜合雑誌
主要内容
韓国紡織工業의 現況과 展望……金景鎮
韓国의 燃料事業……金基深
社会保障의 問題点……朴元錫
韓国貿易의 現況과 問題点……李秉昌
흔들리는 中南美의 秩序……裵泰旭
新時代의 知性……金仁在
愛国思想家 柳麟錫……金泉錫
韓国의 歳時風俗……文哲鎬
古典의 余韻……李丙疇
韓国説話文学의 概要……金起東
奈良大仏과 韓来技術……金正柱
新羅의 勾玉……韓炳楨
瞻星台와 天文暦法……崔容鎬
〈民謡와 伝説〉
어랑 타령……金炳玉
〈名勝古蹟巡礼〉
幸州山城
栄州・浮石寺……編輯室
〈創作〉
골목 대장……金鉄洙
其他 時事評論・随筆・詩・創作 多数
※定期購読料金 六個月 一二〇〇円 一個年 二三〇〇円
発行所 漢陽社
東京都豊島区池袋東一―一五五
電話 東京（九八三）五三一三
振替番号 東京四五一六八

近代工業の先端を行く精密機器用宝石部品の日本国内唯一のメーカー
株式会社 光陽精密宝石製作所
納品先
電電公社　日本碍子KK
日立電気　安立電気
三菱電気　セコニックKK
松下電子　協立農機
シチズン時計　日本電子
ヤシカカメラ　千代田光学
三協精機　理研電計
リズム時計　矢島計器
東京時計　日本電装
島津製作所KK　其他計器メーカー70社
品川製作所KK
●右掲載の割引マークを当社直売店に御持参の方には一割～二割の割引サービスをいたしております。
割引マーク koyo

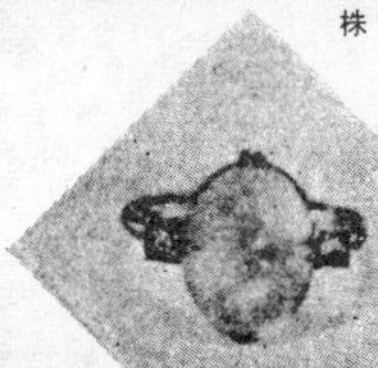

営業品目
軸受宝石　計器用軸針
時計用宝石　装身具用宝石
電気指示計器用
航空計器用
其他各種計器用
ミリ波進行波管用 色窓用サファイヤー カメラ用軸受 メーザー用ルビー
当社直営店の御案内
光陽宝石直売店
自由ケ丘 田園 宝石部 喫茶部
ヒカリ街デパート2階 TEL (717)2131～3
五反田駅前 ユーヨー宝石
五反田駅前 TEL (441)5911

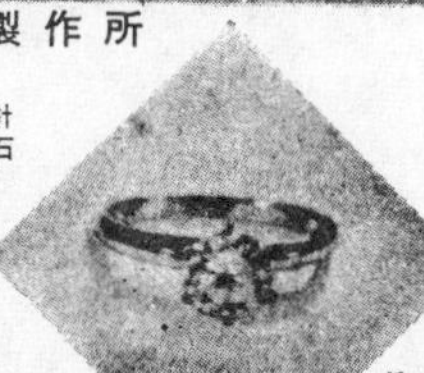

山梨工場研磨部
株式会社 光陽精密宝石製作所
代表者・郭泰石
本社・工場 川崎市小杉陣屋町2丁目1280番地 電話中原(0447)5254・9029番
山梨工場 山梨県都留市上谷1680番地 電話（都留）2175・2176番

発行所 韓国新聞社
発行人 曺寧柱
東京都文京区春日町51
電話 (813)2261・2263
東京 (812)1921 (813)2262
振替口座 東京 34988番

活発な啓蒙演説

最高委員たち各地方で

大統領中心制で政治安定図る

革命政府の信任投票

【ソウル発＝連合】朴正熙議長は十日午前、憲法改正案に対する国民投票に関する遊説は…（[illegible]）…権を握るためのものであってはならないと強調した。

特に公務員の過剰忠誠があってはいけないと述べこのような過剰忠誠を徹底的に取締まるよう江原…した。朴議長はこの日の午前黄池支線開通式を終え、列車内で地方有志および鉱主たちと昼食を共にしつついて鉱区民の福祉のため鉱主たちは社会奉仕の精神で臨んでくれるよう要望した。

最高部最高委員と鄭保社部長官は十日午前十時から約三千余名の聴衆が集った慶南忠武市…[illegible]

14周年 世界人権宣言の日

十日ソウル市民館で記念式

【ソウル発＝連合】世界人権宣言第十四周年記念式が十日午前十時市民会館で、国家再建最高会議朴正熙議長を代理した李周一副議長、金顕哲内閣首班、趙鎮満大法院長、その他内外の貴賓と、多数の市民が参席して盛況裡に挙行された。

席上李周一副議長が代読した祝辞を通して朴議長は「人権を無視することは人間自らの尊厳性を無視し、社会正義と人類の平和を破壊するものである。自由と平等は法律の規定だけで与えられるものでなく国民自らが努力してかちとるものである」と述べた。また「人の上に人がなく人の下に人がない」という格言を引用して「革命政府は新しい憲法改正案で国民の基本権を最大限保障し、戒厳令を解除して自由なふん囲気を造成した」と語った。

平和ラインに弾力案

金情報部長、大野氏と会談

韓国を訪問中の大野伴睦自民党副総裁は十日午後四時五十分南山の中央情報部に金鍾泌最高会議中央情報部長を訪ね、約一時間半にわたって韓日会談の早期妥結について…[illegible]

韓日会談促進

自民党PR要綱決る （上）

会情報部長の訪日以来、急速に妥結への大きな進展を示した韓日交渉において、自民党は日韓問題PR委員会（委員長北沢直吉氏）を設けて韓日会談を側面から促進するとともに、社会党などの韓日正常化反対運動に対してその対策を検討してきたが、さる八日開かれた政調審議会、総務会の合同会議で、さる六日日韓問題PR委員会、外交調査会、日韓問題懇談会の了承を得た次のような「日韓会談促進PR要綱」を最終的に了承し、同党としてはこれにもとづいて韓日国交正常化のため国民的なPR運動にのり出すこととなった。

第一、日韓国交正常化の必要性

一、日韓両国は地理的にも歴史的にも、また民族的にも社会的にも極めて密接な関係にある。さらに…[illegible]

鉄は熱いうちに打つ

早期妥結で相互の繁栄を

[illegible]

第二、日韓交渉早期妥結の必要

第三、諸懸案の解決

コリンズ太平洋地区米軍司令官来韓

太平洋地区米国軍司令官ゼイムス・コリンズ大将は極東地域巡訪日程の一部として、五日韓国地域を視察するため来る九日来韓する予定であるが、同将軍は夫人と四名の随員をともなっている。

年末の憂鬱

[illegible]

江原道の「するめ」入札方法変る

[illegible]

再建に国民の敢闘を

朴議長 黄池支線開通式で強調

【ソウル発＝連合】朴議長は十日正午に挙行された黄池支線開通式に列席しその祝辞を通して要旨次のように述べた。

「この支線は旧政権当時から開通の必要に迫られていたものであったが、地形が険難で着工できずにいたものを革命政府の手で着工予定より一カ月も早く開通できたことは同慶にたえないところである。」

この支線の開通により無尽蔵な地下資源を開発することができ東海岸一帯の飛躍的発展を期することができる。…[illegible]

輸出品展示会館開館

輸出商品品質改善に一役

[illegible]

ソウル税関、密輸中国人を逮捕

[illegible]

文教政策審議会開会

文教部機構改編問題を論議

十日午前、最高会議文教社会委員会は文教政策審議会を開いて、文教部機構改編問題を論議した。…[illegible]

「国家公務員法改正法律案」を提出

職業公務員の身分保障のため

[illegible]

北九州経済視察団来春訪韓の予定

貿易、鉄鉱業、機械業界要人が中心

日本の北九州五市商工会議所を中心にして組織された北九州経済視察団が来年の四月十日ごろ来韓する予定であると伝えられる。…[illegible]

治安局犯罪捜査能率化のため

モンタージュ写真捜査を採用

[illegible]

国際航空機構加入

十周年記念日をむかえて

[illegible]

農漁村にラジオを贈ろう

十二月二十日まで募集期間を延長

拠出先
◇民団各県本部 または支部
◇各さんか団体本部 または支部

広告代理業 KPR
韓国と日本を結ぶ
広告企画と立案・国営文案製作
新聞雑誌広告・ラジオテレビ広告
ネオン屋外広告・市場調査と興信
その他広告宣伝PR
TOKYO 港区芝琴平町35 電話 (501)0471
SEOUL 乙支路一街101 電話 (2) 1811

外国為替・信託
韓国・ソウル特別市
朝興銀行

生活叢書⑩
社交禮儀全書
4×6版 842頁
高級模造洋装케스入
挿画 写真多数
定価 2,000

斯界権威 40名 執筆 ◆主要内容◆
①容器（総論）
家庭生活과礼節 절, 잔치, 名節, 韓国・中国・西洋式 食事法, 茶나 菓子를 드는 法, 接客, 訪問, 父子・夫婦間의礼節, 지집살이, 離婚法과 称号에 関한 것등
社会生活과礼節 公衆道徳・選挙・就職・執務・会議・集会・鑑賞・観覧・파티・旅行・敬礼・握手・紹介・祝賀・慰問・問病・弔問・依頼・謝礼・贈答・通信에 있어서의 礼節, 朋友・隣保間의 礼節, 男女間의 礼節, 外国人에 대한 礼節등,
四礼 冠礼, 現代式婚礼, 在来式婚礼, 基式婚礼, 仏式婚礼, 喪礼의 葬礼, 喪中의 礼節, 儒式・基式・仏式喪의 節次, 永訣式, 墓地의 選択과 葬法, 服制, 忌祭, 四時正祭, 慰霊祭의 追悼式, 基式・仏式祭礼
〈附録〉儀礼規範・国際儀礼

お問合わせの方には当社の目録一冊無料発送致します。
▼注文方法…御注文なさる図書名及び発行所を記入の上弊社営業部宛にお送り下さい。壱千円以上総て現金引換便で迅速にお送りいたします。

儀禮大全
内容의 一部
第一篇 人事法
第二篇 系寸法과 対人称号
第三篇 婚礼
第四篇 祭礼
第五篇 喪礼
第六篇 服制（복제）
第七篇 修儀類와 現行
婚礼式의 順序……
祭文弔詩追悼辞弔辞
請婚(청혼)書式
許婚(허혼)書式
四柱보내는書式
涓吉보내는書式
四柱 쓰는 法과 보내는 法
納幣(납폐)文의 書式
1 舎所(사처)
2 納幣(납폐)
3 奠雁(전안)
4 醮礼(초례)
5 新房……
6 于礼(우례)와 새길
7 問安편지……
第七節 小祥과 大祥
第八節 喪礼 僧舞 老人哭
発行所 成文閣　著者 安明善
頁数 281　送料共 定価500

図書案内 No. 12
韓国貿易年鑑
1962年
定価 4,200

綜合韓国資料社
東京都千代田区松枝町二二番地
綜合韓国資料社
TEL（86）〇〇一六

軍政への信任投票

審判まつ憲法改正案

開票結果は即時公表

三カ月余りの間審議委員会で討議された後、海外旅行中の二人の最高委員を除く二十三名の全最高委員が署名、発議した改憲案は、三十日間の公告期間を経た六日の最高会議本会議で議決された。

議決後直ちに、憲法改正案を国民投票に付すという公告と、投票日を十二月十七日とするとの公告がなされた。これで、憲法改正手続は、あと国民投票を残すのみとなった。憲法の改正とは表向きで、その実、第三共和国の創建と言っても間違いではない。まず、その内容において形式上手を加えなかった条項はなかったほどの全面改正である点がそうであり、質的面では、第一共和国、第二共和国の憲法秩序とは本質的に相異するものになったからである。

一時は、一旦公告された改憲案の一部を修正できるかどうかをめぐって、若干の論議があったし、議決する本会議でもその話が出たが「一般的定説」に従い、内容はむろん、字句についても一切修正されないまま国民投票にかけられることになった。

国民投票自体が始めてのことであるうえ、憲法改正案に対しては多くの有権者が積極的な関心を示していないか、その内容を良く知らないでいるので、いわゆる投票ブームは別に見られないものの、八日から最高委員、長・次官および専門委員等で構成された遊説班の活動が開始され、この先十日間は、国民投票を目前にして、熱がこもってくるものと思われる。

加えて政府が、さる一年半の間その必要性を強く否定してきた態度を換え、六日午前零時を期して戒厳令を解除するなど、十七日の国民投票を前に非常に大きな政治的配慮を行なった点は注目すべきである。とくに、今度の国民投票は、形式上は憲法改正案自体に対する賛否表示であるが、他方政治的な面から見れば、一年半の軍政下で政治を行なってきた軍事政府当局に対しての信任投票の性格を帯びることになるため、政府の神経は、いやが上にも鋭くならざるを得ない。

しかし、戒厳を解除し遊説をするというのだが、その遊説がともすれば改憲案の一方的な宣伝になるのではないか、という懸念を表示する傾向がないでもない。

今後国民投票が済めば、それと前後して政治活動浄化法に該当した既成政治人に対する第一次追加解禁措置が取られるであろうし、続いてすぐ選挙法、政党法など新憲法が委任する立法事業も完了されるなど、政治活動の許容と合せて民政につながる作業も、いよいよその頂点にさしかかることになろう。

すでに関係当局では、新憲法秩序に合わせて、そのような立法作業をほとんど終了しているので、改憲案の国民投票は、どの意味から考えても、最終的な建設のための表試行為の如き性質を持つものといえよう。

国民投票は十七日午前七時から十七時（午後五時）までに、各投票所において実施され、管内投票函の全部（交通その他不可避な事情がある場合は全投票函の三分の二以上）が開票区に到着した後、全投票を混ぜ合わせた上で開票される。開票に当って、投票の効力に疑問が生じた場合は、出席した管理委の過半数の賛成をもってその可否を決定する。

各開票区では、開票の結果を即時公表し、ソウル市または各道管理委員会に報告する。

ソウルおよび各道管理委は、この報告を集計し、その結果を発表すると同時に、中央管理委員会に報告する。

中央委員会は、全国の投票結果を総合して、即時その結果を公表すると同時に、最高会議に報告する。最高会議は、この報告を受けた後、本会議で可決または否決の宣布を行ない、直ちにそれを大統領に通告しなければならない。

このような過程は、大体十九日までには終了するものとみられるが、最終的な結果でなくとも全般的趨勢は、十七日夜から十八日早朝までには、容易に判明されるであろう。

投票は、有権者の過半数が参加し、その参加有権者の過半数の賛成を得ればよいことになる。その有権者も、国民投票法公布後六十日を経過したさる十一日に、最終的に確定している。

時流

印・中共国境をめぐる　フ・毛冷戦

中共は印度との国境紛争において力の政策を取っている。中共は圧倒的な軍事的勝利と、その優位を利用して一方的停戦・撤兵など力の外交戦術を使っている。中共は今度、印度との国境紛争において一九五四年ネール印度・周恩来中共両首相が宣言した平和共存の原則と、これを拡大したバンドンのアジア・アフリカ会議（一九五五年）の平和十原則を臆面もなく破ってしまった。

一九五四年四月に調印されたチベット・インド通商協定前文には印・中平和原則として相互の領土、主権尊重・相互不可侵・平和共存等五原則が規定されているし、バンドン会議平和十原則には、他国の領土・政治的独立に対し侵略的行為や脅威、あるいは武力行使を差控える、平和的手段によりすべての国際紛争を解決する、などが規定されているが、こういう平和原則は今度の印・中共国境における中共の力の外交によってホゴ化されてしまったような印象を強く与えている。

しかし今度の中共の力の外交の発露によって印度はもちろん東南アジアの諸国は大きな教訓を受けたのである。まず印度が独立以来の国是としてきた非同盟政策によっても、結局、中共との国境紛争を平和裡に解決できなかったことは、印度自体の深い反省と政策の再検討を招来させているにちがいないだろう。また印度のほかに中共と境を接している諸国の中でタイ、パキスタンは反共政策をとっているが中立主義をとっているビルマ、ラオス両国とその他の東南アジア諸国に対して中共の印度に対する力の政策は大きな脅威を与えている。今度の印・中共国境紛争において中共は得たものよりも失なったものがもっと多いことになってしまったといえよう。共産圏に近寄ろうとする中立陣営諸国に強い警戒心を植えつけたからである。しかしこのような問題よりも中共は今度の印度との紛争により間接的にフルシチョフの平和共存論との冷戦を深めた結果を招来させたことは極めて注目すべきことである。

スターリンの死後共産圏内部では、中共の毛沢東が第一人者をほこり君臨しようとした。そして毛沢東はその持論である資本主義国との戦争不可避論を強調して共産主義の中興の祖になろうとしている。しかし新進の共産主義指導者であるフルシチョフ首相は平和共存論を持ち出して毛沢東に挑戦したのである。これは資本主義に対する戦略の差ではあるが深刻なものである。

イタリア共産党のトリアッチ書記長は最近ローマで開かれた同党の大会で行なった演説の中で中共とアルバニアを次のように批判した。

一、中共は「戦争は回避できない。戦争を回避できるとすれば、それは帝国主義の性格が変ったことを意味するが、そんなことは起らなかったし、起り得ないからだ」と主張している。それをまた、アルバニアが調子はずれのラウドスピーカーでわめきたてている。そのような考え方は恒久平和を信じない誤った宣伝であり許容できないものの挑発的な有害なものである。

一、恐怖の均衡は何ら解決ではない。真の均衡はその反対である。あらゆる原子兵器が禁止され、世界の破局が回避されるような新しい国際関係の組織にこそ解決策がある。われわれは平和的共存の一般原則と東西ブロック間の不侵略条約を受入れることによってのみ、この目標を達成できる。

一、われわれは中共を大いに尊敬するが、中共の対インド国境紛争は不合理かつ不条理である。中印紛争は帝国主義反対、平和維持の闘争に逆効果しか及ぼし得ない。

以上はイタリア共産党書記長トリアッチの中共批判であるがこれは即ちフルシチョフ路線の代弁でもある。このような平和共存政策に反対する中共の主張は、去る十一月十五日の北京人民日報の社説にも明らかに示されている。即ちその社説には「米国を先頭とする帝国主義ブロックと、社会主義諸国との矛盾は絶対に、非妥協的である。チトー・グループに代表される現代修正主義者は帝国主義と断固として闘う代りにケネディのような帝国主義者の保障・約束・善意を信頼するよう人民を促している…」と記述されている。これはキューバ危機においてフルシチョフ首相の妥協的政策を批判したものであるが根本的には平和共存論を非難したものである。

また今度中共のいう戦争不可避論は、中共が帝国主義と指摘する資本主義自由主義陣営諸国に適用されると解釈されていたが、今度、印度との国境紛争によって中共の戦争不可避論は中立主義諸国にも適用されることが明らかになったわけである。これは、中共の戦争不可避論のカテゴリーが拡大されたのではなく、いままで隠されていた部分が露呈されたと表現するのが正しい解釈であると思う。このように中共の戦争不可避論の正体はすこしずつ現われて来ている。そして、ソ連のフルシチョフと冷戦を深めているのである。しかし世界の自由人民は毛沢東の親善的脅威と共に、フルシチョフのかくされた術略も警戒すべきである。（潮）

自由の計画化　申相楚

政治的後進性を克服
無秩序であった過去を反省

去る六日午前零時を期して戒厳令が解除された。昨年の五・一六から起算すると実に一年七カ月目に解除されたことになる。

政府は戒厳解除と同時に「革命課業遂行に関する犯罪の裁判管轄に関する臨時措置法」を公表した。この法は十三項目の罪を列挙し、これに対しては継続して軍法会議が審議するよう規定している。

この法の公布によって、戒厳解除の効果が充分でないという一部の意見もあるが、同法に列挙した罪はその犯罪性格からして強力な処理を要するもので過渡的な措置として不可避な面もある。

だが、とにかく戒厳令が解かれたということは国民心理に及ぼす安定感の造成をみても、また憲法に対する国民投票や各種選挙の実施にあたって、自由雰囲気をかもしだす契機となるのをみても歓迎されるところである。

戒厳令の解除はこのように心理的に安定感を与え、また自由雰囲気を造りだすのにも必要なことであるが、それよりも非正常的な戒厳政治の慢性化を一旦切断したということに、その重要性があると思われる。

もしも、現在のような強力な政府が社会状態の不安を過大評価しすぎて戒厳令の解除を断行し得ないならば、政治的自由の復活によって現政府よりも弱いと予測される民間政府が如何にして戒厳解除の断を下せるだろうか？　勿論、ナセル治下のエジプトのように戒厳政治が十年も続いて、それが正常な状態になった社会もあるが、自由民主主義体制の確立が国民の願いであり、また国際的な所望となっている韓国社会においては戒厳の慢性化は民主政治成長の癌である。このような意味で筆者は今度の戒厳令解除の意義を特に重要視するのである。

戒厳令解除と関連しわれわれが検討しなくてはならない問題は自由と秩序の関係である。わが国民は一九六〇年の四・一九から一九六一年の五・一六までに有史以来はじめての自由をうけたのである。

その自由も法制度上からみるあるいは実際生活の面からみると西欧諸国や米国の国民がうけている自由とは比較にならない程、狭くまた浅いものであった。だが、わが国民はこの程度の自由も充分に消化できなかったため遂には自由の過剰状態が自由の自己否定をもたらす結果となったのである。いいかえれば、わが国民の自由意識の水準はそれ程低かったということである。豚の前に宝物を投げあたえたような感がある。

かくて、民政移譲過程において、あるいは民政移譲後において政治的自由が復活し、また言論の自由があらたな活気を帯びるとしても、また自由が消化されず、無政府的な無秩序の不安な事態が招来されないだろうか？

自由の行使を暴力行動とはきちがえたり、無秩序をきたしたことに対しては厳しい反省が要求される。

そしてまた過去の苦い経験によって、立法上の統制を布き、無責任で放縦な自由を取締るようにしているから自由の消化不良症は起きないようである。

だが長い目でみる時、自由が再び破綻をきたすおそれがあるということについて熟考しなくてはならないと思う。

国家権力と自由は仮りにその権力が完全に民主的に管理されている場合でも互に背馳しやすいものであるが、このような傾向は後進社会ほど造成されやすいものである。特にわが国のように分断された条件の下で、国際共産主義勢力と対決していて、自由を享受しようとするならば、ある程度の制限を加えなくてはならないのであるが、これを適当に調節するということは難しい事である。

共産主義者らの陰謀を防げる強力で、その上、国民の自由と権利を保障できるような政治の出現が国民の共通の念願でもある。このような自由の計画化が求められるのである。

経済計画で国民経済の後進性を克服するのも重要なことであるが、これと共に自由の計画化をもって政治的後進性を克服するのも重要なことである。この点、現在ならびに将来の政治指導者らの信念ある設計の提示を望むものである。（筆者=[illegible]）

韓国の声

国連政治委員会は米国決議案を可決しなければならない

ソ連を始めとする共産勢力は、国連において韓国問題をめぐり、とどまるところを知らない外交・宣伝攻勢を展開している。さる五日の国連総会の政治委員会は、国連における韓国問題討議に南北韓を同時に参席させるべく招請する問題を即刻討議しようとの決議案が再びガーナによって提出された。だが、ソ連が指導的役割を果したと思われるガーナのこの決議案は賛成十九票、棄権二十五票、反対三十九票で否決された。

ソ連はさる十一月二十一日にも韓国問題の議題順位をめぐって、波状的な外交攻勢を加えたことがあったのであるが、西方側は幸いにもその固い団結と親西方的中立国家の協調により、国連総会政治委員会でこれを挫折・封鎖することに成功したのであった。

ソ連代表は、国連政治委員会が前記のガーナ決議案を否決するや、直ちに立ち上がり、この否決は五日の会議についてだけ適用されるものであって、ソ連が六日に再び韓国問題を提起することを妨げるものではない、と強調したと言う。

米国は、ソ連代表のこのような非難妨害は韓国代表権という手続問題を本質的な韓国問題それ自体に引きずり込もうとする図計であることを指摘し非難した。

ともあれ、ソ連のかかる止むところを知らない企図は、将来も継続されるだけでなく、さらに強烈になるだろうことを覚悟せねばなるまい。

国連本部からの外電が伝えるところによれば、韓国問題は来週始め頃、国連総会政治委員会で最終議題として討議されるという。また一方米国は、国連が韓国問題を討議するに際しては、韓国代表だけを招請しようとの決議案を提出しているといわれる。

われわれは、この機会にもう一度、南・北韓代表同時招請の不当性を指摘し、この米国の決議案がそのまま通過されねばならないものであることを強調したい。

何はさておき、国連の主管下で誕生し、国連により韓半島の唯一の合法政府と認定された大韓民国代表と、終始一貫国連の権威と権能を否認し、甚だしきは国連に挑戦する不法傀儡をほしいままにした北傀の代表とを、同等な立場で取扱うことは、法理論からしても人類の良心からしても到底あり得ないことである。

かつて国連総会政治委員会は、北傀が国連権能を無条件に承認することを条件に、北傀代表も招請するという決議をしたことがあった。だが北傀は、同委員会のこのような決議に回答する一九六一年四月十七日付及び一九六一年十二月十九日付メッセージにおいて、韓国問題に関する措置を取り得る国連の権能と権威を全的に拒否したのであった。

それだけでなく、最近にも北傀首相金日成は、十月二十三日の演説の中で「われわれ（北傀）は、国連は韓国問題を討議する権限はないものと看做す」と宣言した。また十一月二十四日付覚書でも北傀は、再度、韓国問題に関する措置を取る国連の権能を拒否したのである。

しかも北傀は最近彼らのこのような指否を行動によって示した。つい最近、北韓傀儡は休戦線地帯にある国連軍の監視哨所を攻撃したが、この手榴弾攻撃は米軍（国連軍）兵士一名を死亡させ、他の一名を負傷させたのである。このような事件こそ、北傀が国連の権能と権威を無視する実証でなくてなんであろう。

西方諸国は勿論、国連の他のすべての会員国は、これらの厳然たる事実を正しく認識し、大韓民国代表だけを招請しようという米国の決議案を全面的に支持せねばなるまい。それがそのまま、国際平和と正義を願う国連を発展させる正当な道と考えるからである。（東亜日報）

民政復帰を控えた言論暢達の道

目前に迫った民政を前後して、言論に対してどのような態度をとるのかという問題は、国民、政府、言論界を問わず、誰にとっても等しく重要な課題といわざるを得ない。

第一に、全国民と新聞経営者の立場からすれば、第三民主共和国の重大なカギを握るこの時機にあって、民衆を啓発指導する使命を帯びるすべての新聞は、もう少し責任あり、最大限に自由な報道と批判が可能でなければならない、と率直に表明したいのである。改憲案、国民投票をはじめとして、政党法、選挙法の制定または大統領および国会議員の選挙にまで至る期間であるからこそ、他のどの時期にまして新聞の報道・批判の活動が活発化せねばならないことは、こと新しく論ずるまでもないであろう。実際、国家の再建が民主的に調整されてゆく過程は、正にこれにかかっているといえる。革命政府は、その間、言論暢達に、ことのほか苦慮を払してきたことは、われわれのよく知るところであるが、果して、所期の成果を挙げたかとなると、われわれはともどもに反省し、検討しなければならないものが残されている。

政府では、新年早々から取材源を大幅に開放する計画を樹てていると伝えられているが、これだけによって、迅速な報道・批判の活動が言論自由の最大線にまで及ぶには、まだ多くの困難な障壁がわれわれを取り囲んでおり、率直に言って、活気に満ちた、言論の本来の姿に戻ることは難しいのではないかと思う。すでに、戒厳令は解除されたが、非常措置法など、言論活動に心理的制約を与え得る各種法令がまだ現存している。それだけにとどまらず、たとえ勧奨という表現をとってはいても、言論政策に随伴する各種の規制のために、本来ならぬ心理的制約と不合理な現状況下で、萎縮しがちな言論活動が強いられているのが事実であろう。

かかる現情は、革命政府当局と言論界とが、もう少し虚心坦懐に緊密な接触と理解を保つことによって、その種々の不合理を一日でも早く打開せねばなるまい。そうすることによって、この重大な時機に言論が果すべき使命と任務を、もう少し確実に、充分に全うしなければならないのではないか。

日常耳にする、平凡な言葉かも知れぬが、われわれは真に韓国的な民主社会において、言論が持つべき責任と自由に、一日でも早く立脚する必要がある。そして国民（読者）と新聞との関係と、政府と新聞との関係は如何なるものでなければならないか、を明白な線で画し、確立することが、最急務ではないだろうか。その上に立って、軍政下の新聞政策と、将来において展開される民政下の新聞政策とが厳格に区別され前進される準備が進められねばならない。

最高会議当局は、民政移譲後にも、企業化が不可能な新聞の乱立を防止し、その育成発展を期すため「新聞、通信発行施設基準に関する法律」を起草中であるとの報道に接する時、われわれはことさらその感を深くせざるを得ない。改正憲法案にも、そのような法律を別に制定できるとの規定があるところから、すでに各方面からも批判が出たし、現在なお釈然としないものがあるのは、正にこのことにほかならない。

現在実施されている言論政策の一つである「新聞、通信発行の施設基準」は、すべてが改革される段階にあって、乱立状態にある現在の新聞・通信を企業として育成する、一つの方策にはなるかも知れぬが、正にこれらのことが自律的でなく法的規制によってなされる点は、民主国家として保証を期し、時日をかけて検討研究すべき重要なものがあると考えないわけにはいかない。

また、繰返し述べられたことであるが、言論自由の先行条件である「発行の自由」が制約されるこのような法律の制定は、言論界だけでなく、各方面の世論を十分反映させる方法を取らねばならないということを主張したい。

それにもまして強く要求したいことは、言論政策が実施された後において国民読者の最大関心の一つである新聞の「単刊制」をどのようにして有効化し、合理化し、また育成発展させるか、である。

次に、政府が約束した新聞用紙問題、融資等新聞育成のための諸般援助の成果如何も再考されねばなるまい。また単刊制実施につれて、新聞内容の質的向上はどの程度まで所期の目標に到達したのかも検討すべき重要な問題である。相互に独立された通信社も合理的に強化されねばならないなど、以上すべての諸問題に対し、言論界はもっと団結し、自主的に解決する方向を見出さねばなるまい。（[illegible]）

合成樹脂成型加工
金型製作
SPK
三協ケミカルチックス化工業工場
宋　[illegible]
大阪市[illegible]
TEL（[illegible]）[illegible]

本国入国許可者氏名公告

韓国駐日代表部領事課旅券担当官
在日本韓国居留民団中総民生局長

氏名	番号	住所
金寿植	KJ [illegible]	東京
宋玉順	〃 [illegible]	〃
金貞姫	〃 [illegible]	〃
孫斗玉	〃 [illegible]	〃
趙武祖	〃 [illegible]	東京
朴福任	〃 [illegible]	福岡
李奇順	〃 [illegible]	熊本
蔡李奎	〃 [illegible]	〃
李景厦	〃 [illegible]	京都
辛俊植	〃 [illegible]	北海道
崔栄順	〃 [illegible]	神奈川
高太鉉	〃 [illegible]	東京
李裕実	〃 [illegible]	〃
鄭世永	〃 [illegible]	神奈川
朴泰礼	〃 [illegible]	東京
金在凄	〃 [illegible]	茨城
李元道	〃 [illegible]	東京
趙升凱	〃 [illegible]	〃
趙泰甲	〃 [illegible]	〃
金己彦	〃 [illegible]	東京
林京洙	〃 [illegible]	青森
李泰泳	〃 [illegible]	東京
李数基	〃 [illegible]	〃
張鍾錫	〃 [illegible]	〃
田四述	〃 [illegible]	〃
尹然石	〃 [illegible]	神奈川
朴寅昌	〃 [illegible]	東京
金載式	〃 [illegible]	〃
金万周	〃 [illegible]	〃
安英鍾	〃 [illegible]	〃
朱根春	〃 [illegible]	〃
金始岩	〃 [illegible]	〃
高尚植	〃 [illegible]	神奈川
崔玉模	〃 [illegible]	東京
呉殷数	〃 [illegible]	〃
金在元	〃 [illegible]	〃
金鳳鶴	〃 [illegible]	千葉
金福官	〃 [illegible]	東京
呉炳寿	〃 [illegible]	〃
張炳南	〃 [illegible]	〃
金大栄	〃 [illegible]	神奈川
蔡安孫	〃 [illegible]	東京
金栄水	〃 [illegible]	〃
金善模	〃 [illegible]	宮城
高成俊	〃 [illegible]	岐阜
康金周	〃 [illegible]	富山
卞金順	〃 [illegible]	大阪
高己生	KJ [illegible]	兵庫
徐乗達	〃 [illegible]	大阪
金再夏	〃 [illegible]	兵庫
呉玉鉉	〃 [illegible]	愛知
金福祖	〃 [illegible]	大阪
尹相五	〃 [illegible]	〃
尹万均	〃 [illegible]	〃
朱春月	〃 [illegible]	〃
金東今	〃 [illegible]	〃
李古文	〃 [illegible]	〃
金研任	〃 [illegible]	〃
崔小斥林	〃 [illegible]	兵庫
李日文	〃 [illegible]	大阪
呉述根	〃 [illegible]	兵庫
朴海玉	〃 [illegible]	〃
張三植	〃 [illegible]	大阪
金春花	〃 [illegible]	〃
林徳一	〃 [illegible]	〃
崔龍福	〃 [illegible]	京都
金道銘	〃 [illegible]	〃
曺基律	〃 [illegible]	〃
劉高礼	〃 [illegible]	〃
朴文鶴	〃 [illegible]	大阪
鄭元換	〃 [illegible]	〃
金昭俊	〃 [illegible]	三重
金準道	〃 [illegible]	兵庫
金鳳赫	〃 [illegible]	〃
黄分伊	〃 [illegible]	〃
金象鉉	〃 [illegible]	〃
李一栄	〃 [illegible]	〃
田福任	〃 [illegible]	〃
河徳守	〃 [illegible]	大阪
姜永甲	〃 [illegible]	〃
李顕健	〃 [illegible]	〃
姜学烈	〃 [illegible]	〃
李元福	〃 [illegible]	〃
尹貞均	〃 [illegible]	兵庫
河点道	〃 [illegible]	〃
李爵先	〃 [illegible]	長崎
朴尚培	〃 [illegible]	広島
金琪石	〃 [illegible]	山口
河万竜	〃 [illegible]	福岡
金順蘭	〃 [illegible]	〃
尹桂哲	〃 [illegible]	〃
朴水奉	〃 [illegible]	〃
金福斗	〃 [illegible]	広島

（十一月三十日現在）

階上・和室・洋室・御家族連れ
御結婚式場・披露大小宴会
新館完成開店
北京料理　アベノ　東海倶楽部
本店　アベノ阪南町西[illegible]　電話（632）0285　（632）0286～7
新館　アベノ区[illegible]町1丁目1番地（アポロ座西隣）　電話（632）1255～7

／舞台構成／舞台装置　／会場装飾美術
皇武童画房
東京都品川区大井倉田町3292　電話771・9583番（共）

精力増強・朝鮮料理
神戸名物
金剛山
忘年会・新年会・予約受付中！　御家族ずれ歓迎！
●焼肉 ●鶏水煮 ●神仙炉 ●冷麺
●バーベキュ ●朝鮮人蔘茶
PHONE
③ 5561 5562 5563 5564
㊴ 1169 9881 9861
冷暖房完備
1階…大衆レストラン
2階…大小お座敷
3階…結婚式場大ホール

神戸・三宮
生田神社前通り

漢陽
12月号…200円
〈在日〉国文版의 綜合雑誌
主要内容
韓国紡織工業의 現況과 展望……金景鎮
韓国의 燃料事業……金基深
社会保障의 問題点……朴元錫
韓国貿易의 몇가지 問題点……李乗弓
흔들리는 中南美의 秩序……裵泰旭
附狂하는 知性……金仁在
愛国思想家 柳麟錫……金泉錫
韓国의 歳時風俗……文哲鎮
古典의 余韻……李丙疇
韓国寓話文学의 概要……金起東
奈良大仏과 韓来技術……金正柱
新羅의 勾玉……韓炳植
瞻星台와 天文歴法……崔容鎮
〈民話와 伝説〉
어랑 타령……金炳玉
〈名勝古蹟巡礼〉
幸州山城
栄州・浮石寺……編輯室
〈創作〉
[illegible]……金鉄洙
其他 時事評論・随筆・詩・創作 多数
※定期購読料金 六個月 一二〇〇円 一個年 二三〇〇円
発行所 漢陽社
東京都豊島区池袋東一ノ一五五
電話 東京（971）五三一三
振替番号 東京 四五一六八

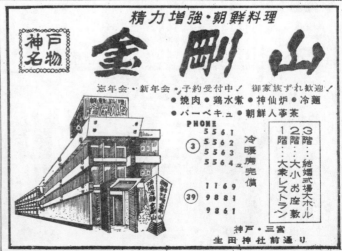

年末年始助け合い運動を展開

裵大使貧困家庭を歴訪

民団も全国的に推進中

大韓民国駐日代表部の裵大使以下全職員は、年末年始を前に在日僑胞の親睦と相互扶助を目標に、"年末年始助け合い"運動を率先展開し、僑胞社会に温く明るい話題を投げている。さる十一日には裵大使、金公使が都内の各貧困家庭を直接訪問しているが、一方、民団でも同趣旨に共鳴して全国的に同運動を推進中であるが、今後の成果が大いに期待される。

越年資金を贈る裵大使

大韓民国駐日代表部では、裵大使以下全職員たちが各自の月給をさいて、先ず東京地域に居住する極貧者二十二世帯と、日本各地の施設に収容されて治療をうけている癩病患者約七〇〇名を対象に、率先して、"年末年始助け合い運動"を展開している。

東京地域二十二世帯に対しては公務多忙にも拘らず去る十一日から港区、品川区を皮切りに裵義煥大使と金在鉉公使が辺領事課長、朴事務官を帯同、民団中総申民生局長、同東本金事務局長、同東民生部長と該支部役員たちの案内をうけ、疾病などにより貧困に悩んでいる家庭を一々訪問して、親しく温情に満ちた言葉をもって慰労に努めるとともに、代表部職員たちからの誠意のこもった金一封を各々に手渡した。

前例のないこのような美挙に対し、温情を投げられた当人たちはもち論のこと、一般在日僑胞たちをして本国政府に対する認識を新たにさせるとともに、僑胞社会に温さと明るさを与えている。

このような運動は、別項裵大使の談話にもあるとおり、われわれ在日僑胞たちが自ら進んで展開すべき性質のものなので、民団でも代表部の趣旨に呼応して、より成果をあげるべく同運動を全国的に推進中であり、全僑胞が愛族愛国の精神をもって同運動に積極的な協力をするよう広く呼びかけている。

裵大使の談話

"年末年始の助け合い"運動は、年末年始を前にしてたとえ餅一個でも互いに分け合うことによって在日僑胞相互の親睦を図り、相互扶助の精神を高めるために展開されるものである。

一個または少量の餅の物質的価値は現在の日本においては問題外の量でありましょうが、少しでも余裕のある方は自ら進んで、たとえ一〇円でもお互いに出し合い、貧しい方と分け合うという同族愛の表現は、金銭をもってしては比べることの出来ないことである。

"遠い親戚より近くの他人"という俗言の如く特に祖国から遠く離れた異国の土地日本にあって、何よりも先に要求されるのは、在日僑胞のお互いが心を合せ協力することであろうと思います。

解放されてから十七年を経過し、六〇万を越える同胞のうち日本政府当局から生活保護を受けている者が約十三％に該当する約八万人もいるといわれています。だが事実は、保護対象となる極貧者の数はこの八万の倍に達するという実情におりながらも、今日に至るまでまだ一度も相互扶助の運動がなかったことは、もちろんいろいろの事情があったでありましょうが、あまりにも遺憾といわざるを得ません。

外国における不本意の権利で、また周囲環境の事情によって、酷寒下に名節を迎えながらも幼い児童らに贈物一つも買ってやれない父母兄弟または家族たちのつらい心境を、在日僑胞の各自が、他人ことであると傍観することなく、自分のことのように理解してみようというのであります。

東洋礼儀国家の中でも、特にわが民族は燦然たる五千年の歴史と美風良俗の伝統をもつ民族です。

この"歳末助け合い"運動が今後も毎年継続されることを望むとともに、これを契機にして在日僑胞社会に新たな気風が助長され、また在日僑胞が一つに固まる原動力にもなることを望みます。

年末年始助け合い募金方法

A、期間
一九六二年十二月十五日より一九六三年一月十五日まで

B、募金単位
日貨一〇円以上とし、金額の多少に拘らず受付ける

C、受付機関
①民団中総、県本部、支部、分団、各傘下団体及び各公的性格を帯びた会団体機関で受付ける
②各地方では団体機関代表及び有志者をもって募金委員会を構成して、拠出金の多少に拘らず、委員会名義の領収証を発給し、金額は中総に直送する
③拠出された金額は、多少に拘らず僑胞新聞紙上に発表する
④拠出された金額は中総民生局で集計する

D、拠出金の配分
①民団各地方組織で作成した名簿に基づいて、疾病者を優先させ、貧困の程度に従って公平に配分する
②配分の結果は僑胞新聞紙上に発表する

順天水害 救援金寄託者

香川県本部二万七千円
文永基 一万円、黄水学 三千円、金正一 一千五百円、朴竜錫 一千円、尹奇炳 二千円、張洪福 二千円、観音寺支部団員一同 一千五百円、張允植 一千円、申臥烈 一千円、殷鍾禄 五百円、曹應煥 五百円、徐且学 五百円、黄瀬和 五百円、鄭蔵吾 三百円、李七権 三百円、白銓桐 三百円、河叡容 三百円、朴元培 三百円、石廣伊 三百円、韓日燦 一百円、朴学水 一百円。

尋ね人

白鉉晙
本籍地 全羅北道益山郡皇華面皇華里
右の方の消息を本国にいる実弟の白鉉渚氏がたずねております。お心当りの方は本紙までお知らせ下さい。

李成南さん(39歳程度)
本籍慶尚南道晋陽郡二班城面吉城里
右の方は昭和十年に来日、大阪府堺市東町に住んでいたが、昭和十五年頃行方不明となり今日に至っております。本人の実兄李永鶴氏が尋ねておりますから心当りの方は左記に連絡下さい。
連絡先
東京都八王子市寺町十八番地
TEL⑧六九一七
河本方 李永鶴

新帝国主義研究

◇最近の共産主義の諸形態◇

ソ連の対印政策とインド共産主義 (9)

ケネー・D・オブスリート

ソ連政府がネールに対する懐柔工作を推進させるにともない、インド政府に対する彼らの態度を緩和すべく一層強要された。しかしインド共産党はインドの政治において、反対的役割を行なうための基礎を喪失しているのではない。

インド共産党は、国民会議派の現代派に対する継続的な支持を与えなければならないが、その反面、党はまた伝統派に対する支持を必要としない。即ち現代派に依って支配されている中央政府に対する攻撃を緩和しなければならない一方、伝統派が勢力をもっているインド各州において、国民会議派政府に対する党の攻撃を減少させる必要はないのである。

一九五一年来のインド共産党の政策の本質は、インドの政治を州の水準におくことを強調する方向に漸進的な転換を行なってきた。地方の問題に対しては諸民族的な地方主義を呼ぶすることによって党は州水準における国民会議派政府を敗北させる目的で地方ブルジョアジーとの連合戦線形成を模索してきたのである。

この政策の具体的な適用を説明するため、いくつかの例をあげることができる。パンジャブ州においては一九五六年、ルデ"アナ市党委員会が地方経済発展に関する労働管理会議を後援した。この会議の主題は、パンジャブ州の議員能力は州政府と中央政府によって否定されてきたことに対する不平であった。

西ベンガル州では、州党支部が共産党、パラジャ社会党、革新社会党および進歩党によって構成された一九五七年選挙対策「左派連合委員会」に参加した。同委員会は、立候補者の共同名簿と共同綱領を決定し、会議派が支配する州政府が敗北すれば安定した連立政府を立てることを制約した。このような例が暗示するごとく、インド共産党は、ブルジョアジーと直接交渉しブルジョア機関らと同盟を結ぶべく努力してきた。

インド共産党の戦略と戦術の最大の試金石は第二回目の州および中央議会総選挙にあらわれた。結果は全的にみて国内で政治的な均衡を強力に変えたわけではないが、彼らは意味深長な共産党の得点をしめした。少なくともアンドラ、マドラス、パンジャブおよびウエスト・ベンガルの四州では、インド共産党は、会議派州政府に対立する主要な政党であることを示したのである。しかしもっと重要なことは、はじめてインド共産党がその力を全国を通じて誇示したという事実である。以前には事実上存在していなかった約六個州において、共産党は僅少ではあるが重要な得点を記録した。即ちインド共産党の初期の歴史において、特別な困難や不平が多かったこの地域において党は足場を獲得したのである。

現在ではこの国の会場で、党は追従者を所有している。しかし共産党の散漫な力よりも一層劇的なことは、第二回目の総選挙におけるインド共産党の得点の他の局面であった。

ケララ州では州議会選挙で約三十五%の得票を確保し、総議席百二十六名中、六十名の代議員を所有するにいたった。共産党の支持をうけた五名の無所属議員たちと共に、共産党は過半数を獲得した。さらにケララ州知事は、共産党指導者であるE・M・S・ナムブトリパト氏を首席長官に任命し、組閣を彼に依頼した。

インド憲法の秩序下では、反対党により形成された州政府は、間違いなく不安な位置におかれる。連邦の原則は、州政府に対する高度の中央統制を保証する各種の別個規定がある。中央政府を代表するインド連合大統領には州政府の立法を拒否し、ある特別な事態には州政府の権限を行使し、またどの州政府の解散までも行なう権限まで賦与されている。

在日僑胞法的地位 対策委員決定

鄭烔和氏ら15名、12日に初会合

さる五日に開かれた民団第三十七回中央議事会で、在日僑胞法的地位対策委員会設置の決議をみたが、その委員メンバー構成がさる七日中総三機関連席会議で行なわれ、選ばれた委員の第一回会合が十二日午後一時から民団中総会議室で行なわれた。

在日僑胞法的地位対策委員会の設置は、目下進められている韓日会談の法的地位問題で、居留民の声を反映させ、処遇問題に万全を期するためである。同委員会の構成メンバーは次の通り。

顧問 朴宗根
委員 申泰元 陳点春 金致文 李熙健 金龍根 姜栄九 金律善 洪鐘三 韓 元 鄭烔和 尹致夏 金宗俊 権項圭 李裕天 金正柱

在日僑胞金準佑氏が首位

大韓射撃協会主催の第六回韓米親善射撃大会がさる十日ソウル郊外泰陵射撃場で五種目、五十名の選手が参加したなかで開催されたが、トリップ種目ではさる十一月カイロで開かれた第三十八回世界選手権大会で活躍した在日僑胞の金準佑、朴三鉄、安定根、崔鶴昆選手らが好調で、米国チームを圧倒、八ラウンドのうちで四ラウンドを終えた十日現在、米国チームを六十五点リードしている。この日の成績は次の通り。

自由拳銃
一位 徐康郁 五三二点、二位 康用仁 五二三点、三位 トムソン 五一二点、四位 オーマン 四九三点、五位 バクノーキン 四九二点

自由小銃
一位 ウイリアム 一、〇三二点、二位 申鉉柱 一、〇一〇点、三位 ゼーリ 九九九点、四位 南相完 九九四点、五位 沈好変 九九二点

トリップ
一位 金準佑 八七点、二位 安定根 七九点、三位 コルデン 七〇点、四位 崔鶴昆 六九点、五位 モービー 五八点

第37回中央議事会で可決された民団規約改正試案 (一)

既報の通り去る五日の民団第三十七回中央議事会は民団規約改正に関する議案を二時間余討論した結果「規約修正委員会から中央議事会に提案された規約改正試案を骨子とする原案を作成して大会に上程すること。但し規約修正委員会は地方の意見を参酌すること」を満場一致で可決した。

同規約改正の件は第二十八回全体大会で規約を改正することに決議し、全国七地区協議会事務局長、中央三機関長、曺寧柱顧問、事務総長など合わせ十二名の規約修正委員が選出された。その後三機関では再三にわたって合同論議した後、規約の根本的改正の必要性を認識して規約改正の試案を作り去る十一月五日第一次規約改正委員会を召集、全国七地協委員が慎重検討した結果、多少の修正と原案な条項にたいして少数の反対意見もあったが重要な骨子では改正試案に合意をみた。その後全国七地区協議会と一般世論を参酌、また十二月三日に開催された第二次規約改正委員会の意見もきき第一次試案を若干修正してこの改正試案を第三十七回中央議事会に提示したのである。その改正試案全文および解説は次の通りである。

改正の根本態度

現規約は創団十六年以来、枝葉的な案においては若干修正したことがあるが、根本構造である三機関分立制は行き過ぎた分権とされ、常に物議を呈しながら現在にいたっている。この三権分立制は創団初期において共産独裁主義に対する理論面で、また、人物包摂という実際面で多くの独自性を発揮したことは事実である。しかし民団組織が拡大するにつれ、あらゆる面に弊害をきたし、特に横的には三頭分立の観を呈し、縦的には上下の組織体間に有機的関連性を充分に発揮できず集中された一個の力が即刻的に上下を通じる組織体の基本的機能を充分に発揮しえない点があった。それで内部統制と対外活動に至大な支障をきたし、また発展期を迎えた民団の将来に対処するに際し、非常に心配される面がすくなくない。故に、数年内にこの点を是正するため規約改正が論議されてきたし、数回にわたって改正案が大会に上程されるに到り、ついに昨年第二十七回定期全体大会で改正するという決議を見、再び去る第二十八回全体大会でも根本的に改正することを決議し、改正委員を拡大して選出したのである。よって今般本団規約改正の根本態度は

①、極端な三機関分権主義が正しい民主主義の指向をややもすれば阻害し逆効果の面を呈し、本団の発展に多くの支障となっている点を明確に認識して、これを是正することを目標に自由民主主義を指向しながら その短点を克服して、われわれの現実に適合した民団の基本構造をもたなければならない。

②、過去の民団運営上の体験で助長し、不合理で不適当な点を果敢に除去し、今後本団に負荷される使命を正確に把握してこれに適合した新制度を創設するのに躊躇してはならない。このような見地から今般の規約改正は末端枝葉の一部的改正でなく規約全体にわたって根本的な改正を断行したい。

のである。

これでこそマンネリズムに陥ち沈滞された感の民団の気風を刷新して一大発展を期することができ、また、韓日国交正常後に負荷される本団の使命、すなわち、六十万在日僑胞の名実相符な指導団体の役割を果敢に遂行できる新体制を確立させることができるのである。しかし規約改正は本団発展の基本体制を整えるものに過ぎないもので、民団がこれによって自主的に発展されるものである。これを適切に運用し本団の基本的病点である政策の貧困、人物の不足、財政の未確立などを克服する努力を積み重ねなければならないし、また、人物養成を中心とした体質改善と収入の健全を期する財政確立の面に最大の努力を傾注しなければならない。これではじめて本団発展の土台が盤石のように築くなることを銘心しなければならない。

改正要点

第一点 宣言綱領

これまでの宣言と綱領を綜合し研究することにする。

解説=わが民団には創団以来数次にわたって宣言が発表されたが、それが整理されていない感があるので、これを綜合して研究することにし、綱領も合わせて研究することにする。しかしこの点は新しい宣言とか綱領を制定するという意味ではない。

第二点 三機関分立制の是正

一、三機関分立制を是正し、執行機関においては現規約と同じく団長中心制とするが、議決機関においては常設議長制に改編し、政策審議を中心とする中央委員会制にして、大会および中央委員会の議長は臨時議長制に、監察機関においては中央委員会内に不羈独立性をもたない監査(察)委員会を置いて監察の任務を果せる。

解説=現規約は第三機関内に第一節決議機関、第二節執行機関、第三節監察機関を各々規定し三機関分立制度を採用したが、これは三権が互いに対立、牽制調和していく近代民主主義会政治体制を真似て規定したことである。国家や地方自治体と同様な全体社会でない部分社会である団体にとっては適合な制度といえないし、また、われわれの政治力量とか団体という性質から、これを完全に消化させられない過去の経験からみても明確である。それに規約内容を検討してみても矛盾が多いが、①第一に常設議長制を検討してみても議長は会議の秩序を維持し、議事を整理して大会および中央議事会を代表する(現規約第十四条)とあるが、議長の職責は会議において司会者的役割と開会中の会議を代表する職責をもっているものに過ぎないのである。そして全体大会と中央議事会は常置機関でない一時的機関であるので、議長も常置機関でない臨時機関とならなければならない。それにもかかわらず、常時任務のない議長を常置機関としたところに大きな矛盾が生じたのである。(つづく)

■ホール
■御座敷
純京城料理
京城館
宋万里 東京都新宿区神楽河岸3号地 国電飯田橋東口下車橋のたもと 電話 (331)2652

韓国服地と韓国レコード!
営業品目
特殊香港洋丹・中国洋丹・金糸織洋丹
テトロン洋丹・京都洋丹・美術丹・七色丹
リバレース・オパール・ニュートン・ベルベット
其他・本絹・季節向一式・朝鮮古典長鼓販売
貸古典婚礼衣装
韓国レコード総販売元
韓國レコード
祖国訪問者および帰国者には特別御奉仕しております
仁川㊓商会
東京都台東区浅草公園六区10-3
TEL (871) 3981・5498

豪華浴室と高級焼肉料理の殿堂
温泉気分と最高のムードで
個室トルコ 早朝五時より(800円)浴後にビール1本ツマミ付サービス
大衆男女トルコ風呂 100円
◆五〇〇坪全館冷暖房完備◆
上野 宝苑
上野駅前昭和通り宝ホテル隣
チャングのリズムに乗って
韓国の古典床しき美…
御宴会
御一人様 500円より
料理5品 酒1本(500)
高級焼肉料理
(年末年始の宴会の予約は早めにお申込み下さい)
御予算により御相談に応じます。200名様用
大広間御家族ずれ、大小10室準備
温泉部電話 (832) 2619~20, 食堂部電話 (832) 6505~6

宗教法人 善隣基督教会附属/人間ドック完備
尾竹橋病院

理事長・金城周奉
院長・金城猜明
診療科目
内科 小児科 外科
整形外科 産婦人科 眼科
耳鼻咽喉科 皮膚泌尿器科 神経科
放射線科 歯科 物療科
■診療時間・午前9時~午後5時
■基準看護・基準給食・基準寝具・厚生省承認

所在地・東京都足立区千住桜木町53番地/電話(881)4807・7590~2
理事長室(881)7592・院長室(881)6329・栄養事務室(881)2774・准看護学院(881)6329

文化

遠島小学校分校　二年生　たけはら・こうきち

漢詩壇

嵐山古京述懐

古京形勝在嵐隅
風雨千年山与湖
廃虚旧殿烟冗樹
有酒渓亭月復梧
豊織梟雄皆一世
町倉威武孰賢愚
白鷺脱汀懐故客
強将笻屐好相呼

古人要我洛城隅
秋満乾坤水満湖
吟筵難禁風而月
家擁惟余竹与梧
違世清談皆達理
古箱書籍罷昏愚
喫飽烟霞泉石裡
断腸帰雁弟兄呼

脱到嵐山座一隅
森羅萬景甲江湖
愧我生平頭出没
羨君不違坐如愚
凌霜高節籬邊菊
蕭萋秋静井上梧
孤辺日暮遊人散
宿鳥投林也自呼

大関嶺に出発　スキー選手団　来日を取消

大韓スキー協会では、優秀選手冬季合宿訓練に参加すべき二十名の選手団を選せ、近日内に大関嶺に向って訓練すべく発つことになるといっている。スキー選手団らは、国内滑走路の事情から、当初は日本で訓練することを予定していた。

▲監督＝金顕泰▲コーチ＝崔貴燮、金河允、任敬淳▲選手＝李鎔顕（海兵）君以下十六名

優秀選手　冬季合宿訓練始まる
五百38選手結団式
東京オリンピック　制覇を誓う

目下韓国では、「東京オリンピック大会へ」というスローガンの下に、六十二年度最終冬現合宿訓練にはいるべく、十八種目、選手五百三十八名の結団式が、去る八日午前十時より国民会堂で開かれた。

何時もより多く政府の体育振策に歩調を合わせた同訓練は、役員と選手たちが緊密に固まって、彼らの気魄は天をもつらぬく勢いである。同日の結団式において李範大韓体育副会長は「明年度のスポーツ行事に第一歩を踏み切ることの訓練では多くの成果を収められるように望んで止まない」という要旨の訓話があり、選手代表李錦顕君の宣誓と訓練団長金正韶氏の注意事項があったのち、選手らは市内十八カ所の訓練場より一斉に練習にはいった。

今度の訓練には選手らの基礎を正し、明年度のシーズンに備えるべくスタミナ増進に重点を置いている。一方、各種目別監督とコーチは、訓練期間中レポートを作成して、韓国体育史上かつてなかった立体的な訓練を持つことになろうという実務者の側評もあった。

益斉影幀

国宝巡礼
古雅・優麗・驚くべき写実手法

○…去る二十三日、大幅に整理された「新国宝」の中でも、絵は僅かに三点しか選ばれなかったが、中の一点は「旧国宝」が再指定されたものであり、残りの二点は今度「新規指定」されたものである。新規指定された二点の中に「益斉影幀」（指定番号一一〇号徳寿宮美術館所蔵）がある—。

高麗末の大学者益斉賢（一二八七—一三六七）を描いた同身大の肖像画（丈＝一㍍六十三㌢、幅＝九十三㌢）で「周易」が置かれた机の前に椅子へ腰をおろしたまま、道袍の袖に両手を入れて前を向いている有様を描いてある。宕巾と足もとは黒く、緑色のフチをとった道袍の後側には裏が緑色、内側が赤いドンスの袍が椅子の上にかかる。

○…作者は元国の肖像画の第一人者陳鑑如であるといわれているが、はっきりしないようだ—。

一九一二年三月「李王家博物館」で市川善次という日本人から当時のお金三十五円で買入れ今に至っている。益斉自身もこの肖像画を非常に大事にしていたがなくしてしまってから三十二年目にやっと取戻したという曰く付きのものである。五百余年目の現在に至ってやっと安全になったようでもある。

李朝野史物語
太宗世祖時代篇（12）
首陽クーデターの巻（八）
世祖大王（首陽）即位

続いて端宗の姉君敬恵公主も血相をかえて世祖に食い下った。

「叔父！余まりひどい仕打ちです。天道と天下の公論が怖くないのですか。叔父さんは人倫を弁えないのですか。祖父さまに背きお父さまに対する友愛の情けもない……」

その場の首陽大君もなすところを知らない格好で、とっさの場合に適当な文句がうかばなかった。しばらく沈黙していたが…。すぐ次の瞬間、その眼光が異様に光った。・すると大勢の宮女が寄ってたかって敬恵と公主を取り囲んだ。

二人は、その場から本宮の方へ連れて行かれ軟禁されてしまい、軍丁に監視をうけることになった。

哀れな端宗は、一番たよりにしていた侍祖母と姉さんからも隔離され天地にただ一人となった。その場に居合せていた内侍金処善も一部始終の出来事を見ていたが、逆上する感情に堪えられなくて進み出た。

「この列席の人々！それでも、貴公たちは上監さマの臣下ですか。臣下の分際で至尊をこんなにも脅迫する法があるだろうか。貴公たちがなすことが果して国家の為めと思うのか。これみな私欲のためだ！後世史記がこれを伝えるだろう！この老いぼれ奴はかくなった以上殺されるであろう。しかし、貴公たちのような汚い利益だけをむさぼり、生きることを永く思わぬ……」と大声怒号した。

彼の怒号する叫びはまだ続くところであった。そのとき義禁府都事がこれを取り押えて閉じ込めてしまった。鄭麟趾と韓明澮が指令したことであった。

彼は、それから流罪となり配送される途中鄭麟趾が放した刺客によって路上でその命を断った。

かくして幼王端宗は在位三年で王位を退いた。ときは端宗三年（一四五四年）閏六月の出来事。

端宗大王から伝国宝を受取った首陽大君は、同じ日に景福宮において王位に即いた。世祖大王という。

世祖大王（一四一七—一四六八年）は、第七代王となり十五年間治世をした。

世祖即位後、前王端宗は太上王に封ぜられ王妃宋氏と共に宮城内寿康宮を宮殿とした。外形上は立派に大義名分が立ったわけであったが、厳献な監視つきで朝臣や宗親まで自由に出入りを禁じた。

王位簒奪に際して特に功労のあった権擥大君、申叔舟、韓明澮など四十一人を「佐翼功臣」として論功を行ない、罪人を特赦した。

それから、上王（端宗）が特旨をもって王位を譲られたので止むを得ず受けたという「頒教文」を天下に公布した。

一方、明国にも特使を送って新王即位した経路を通達した。これで一応世祖即位の名分は立った。

しかし、国内の民心は不安と緊張がつづいた。国民の心の中には韓明澮、鄭麟趾、権ラム等を逆賊として非難する声が高くなっていた。

国民世論がやかましくなると共に、世祖以来の朝臣の間でも世祖に対する反感は相当激しくなって行った。世祖は、御自分がなしたる行為〝王位簒奪〟を合理化するために、人知れず苦心した。

さて、世宗顧命の旧臣成三問、刑曹参判朴彭年、直提学李塏、礼曹参判河緯地、司芸柳誠源など大臣および旧臣たちは如何にしていたか。

首陽大君が天下の権力を一手に握ってからは、その威勢は日に日に増大していくので、首陽宮を中心に不穏な動きが顕著となってきた。早晩何にか一大変事が起ることがはっきりしてきた。

日に日に情勢が緊迫となっていくのを眼のあたり感じている六臣側では、文人出の人たちで非常時には無力であったので如何んともすることができないことを苦しむばかりでいた。

そうこうする中に、ついに前記した通り端宗は首陽大君に王位を奪われてしまった。成三問は、当日礼房承旨として当日その場に立会っていた。

〝伝国宝〟を預っていたのは礼房承旨であったので、伝国宝を渡さない覚悟でそれを抱きしめて痛哭していたが、ついに奪われてしまった。世祖も反抗する成三問の様子を知っていたが即位始めの日に名士の血を見るのも縁起でないと考えたので、その場は知らないふりをした。

刑曹参判朴彭年も同じく当直であったのでその場の有様を見てから、憤激のあまり自殺して罪を詫びることにして慶会楼の池に身投げしようとした。これを成三問たしなめて

「無駄死にをしてはならぬ。生き残ることだ。先王の遺命を忘れたか。事をなすために機会を待たねばならぬ」

二人は、その場をひそかに脱け出した。その足で河緯地、柳誠源、李塏、兪応孚の四人と落ち合った（石蔵山人）

歴史上の記録
十二月の巻（2）

檀紀四二四五年（西紀一九一二年）
▽西間島韓僑の自治機関として通化県哈泥河で扶民団組織▼国際関係—【西欧】バルカン諸国、トルコと休戦。

檀紀四二四六年（西紀一九一三年）
▽在米韓国人の祖国光復運動団体としてロスアンゼルスで興士団組織▽趙重桓の翻訳小説「長恨夢」毎日申報に連載▽劇団文秀星創立

檀紀四二四七年（西紀一九一四年）
▽ハワイ在留韓国人基督教同志会機関紙「韓国太平洋」を創刊
▼国際関係—【中国】修正大総統選挙法決定▽逆賊[illegible]守敬殁▽【西欧】埃及、英国の保護国となる。

檀紀四二四八年（西紀一九一五年）
▽博物館▽朝鮮鉱業令公布▼国際関係—【中国】袁世凱登極受諾▽蔡鍔等、雲南にて独立し、討袁軍（第三革命）を興す▽雑誌「新青年」発刊▽【西欧】連合国軍事会議、パリで開催。

檀紀四二四九年（西紀一九一六年）▽日本陸軍、朝鮮常駐二個師団の編成に着手。
▼国際関係—【西欧】英ロイド・ジョージ内閣成立▽ウィルソン米大統領、交戦国に平和交渉を勧告。▽ロシア・怪僧ラスプーチン暗殺

檀紀四二五〇年（西紀一九一七年）
▽全露韓族会中央総会、双城にて成立▽李光洙の長篇小説「無情」毎日申報に連載。
▼国際関係—【西欧】フィンランド独立。

檀紀四二五一年（西紀一九一八年）
▽中国東三省の独立運動者呂準等三十九人、独立宣言書発表▽週刊文芸誌「泰西文芸新報」発刊。▽日本吉野作造ら〝黎明会〟組織

檀紀四二五二年（西紀一九一九年）
▽徐一・金佐鎮等の北間島軍政府組織、北路軍政署と改名。

檀紀四二五三年（西紀一九二〇年）
▽旧韓国貨幣の通用禁止▽朝鮮青年会連合会成立▽青山里事件▽北路軍政署の金佐鎮部隊と西路軍政署の李青天部隊をはじめ多くの独立軍、寧安県密山で合流、大韓独立軍組織して露領へ越境。
▼国際関係—【西欧】アイルランド自治法案通過。▽日本社会主義者同盟創立大会開く

檀紀四二五四年（西紀一九二一年）
▼国際関係—【中国】山東問題に関する華日直接交渉▽【日本】皇太子摂政▽【西欧】ドイツ、賠償支払いを停止

檀紀四二五五年（西紀一九二二年）
▽雑誌「新生活」「新天地」起訴さる▽李丙寿・崔尚姿等文人会組織▽朝鮮戸籍令公布▽朝鮮史編纂委員会設置▽上海に興士団遠東臨時委員部設置▽統義府、分裂し義軍府と併立▽雑誌「新天地」「新生活」「朝鮮之光」発刊▽劇芸術研究団体十一月会創立。
▼国際関係—【西欧】アイルランド自由国正式成立▽ソビエト社会主義共和国連邦成立。▽日本〝虎ノ門事件〟起る。アナキスト難波大助皇太子狙撃。

檀紀四二五七年（西紀一九二四年）
▽上海評論発刊
▼国際関係—【西欧】英仏等諸国、ソ連を承認

安住の地を（110）

許檀旭
え　金泰伸

脱出（五十四）

「金さん、どうしましょうか？」

全身が縮むような重い緊張をおぼえながら、私はささやくように低くきいた。黙って私を見つめている彼の瞳が、くっついてしまったかのように動くことを知らなかった。何秒かが流れた。

「もしもし！門を開けなさい！門を！」

表門を足蹴りにする音がきこえて来た。私は、おばあさんの耳に口をあてて、せっかちに言った。

「おばあさん、外に誰か、また来ましたよ。早く出て表門をあけなさいよ」

「えっ、また誰か来たの？」

年寄りはつぶやくように言って外に出た。

（誰だろう？）

私は壁にはりついたまま、息を殺して外の方へ耳を傾けた。表門が開かれて中庭に入る人たちの足音がきこえて来た。誰だか、タタタッと縁側に飛び上り、部屋の戸があいた。

正服の警官二人と私服の人が部屋になだれ込んだ。私は飛び上らんばかりにおどろき、釘付けされたようにその場に立っていた。全身がガタガタとふるえだした。

「君は誰ですか？」

鋭い眼つきの警官一人が、彼をあごでさしながら冷くきいた。

「は？」

言葉を忘れたように突っ立っている彼の顔が、狂おしげな絶望とあきらめにかられておった。

「名まえが何だといってるんだ？」

高ぶった調子でたたみかける警官の顔が、険しくなりながら、鋭い眼つきで彼の全身をじろじろ見つめた。

一秒……二秒……彼の悲壮な顔が微かに慄えながら、低くこたえた。

「金洪俊です」

このときであった。

「ああ、あなた！」

哀れに泣き叫ぶ女の声がしながら、彼の夫人が群衆を押しのけて部屋に入った。

「あっ、きみ！」

赤ん坊を背負って泣きむせぶ妻の手をさっと握りながら、彼は呻くように叫んだ。

胸をえぐるような嗚咽が、うら悲しく部屋に拡がった。

「何んで逃げたんだ？」

私服の警官が、彼の腕に手錠をかけながら、鋭くきいた。警官の問いに、彼はすべてをあきらめた人のように、静かに笑顔を作りながら話し出した。

「ああ…すべてのことをゆるしてください。私が脱走したのは計画的なものではなかったんです。法廷で〝無期懲役〟という判決を受けたとき、私は、幼な児をおぶった妻が泣きわめきながら飛び出して行く後姿をひょいと見ましたその瞬間、無意識の中に脱走したいという衝動を感じました。それで法廷から出るとき、ちょうど看守が隣の人と話している隙を見て逃げたのです」

趙重玉著
韓国料理
B5判　三二〇頁　布装箱入
定価　八〇〇円
送料　一〇〇円
発行所　韓国料理研究所
東京都千代田区神田猿楽町二の四五
電話（二〇一）一九六五
振替　東京一一五九七九

焼肉 冷麺　大楽苑
BARBECUE RESTAURANT
DAIRAKUEN
神戸・三宮農業会館西1丁
電話 ③ 3227番

優良鋳物用銑鉄製造

朝日製鉄株式會社
取締役社長　中　学　彬
横浜市鶴見区鶴見町1320
TEL 横浜(50)8431-4

コリア・ハウス・梨花園　韓国割烹の最高峰遂に登場　コリア・ハウス・梨花園

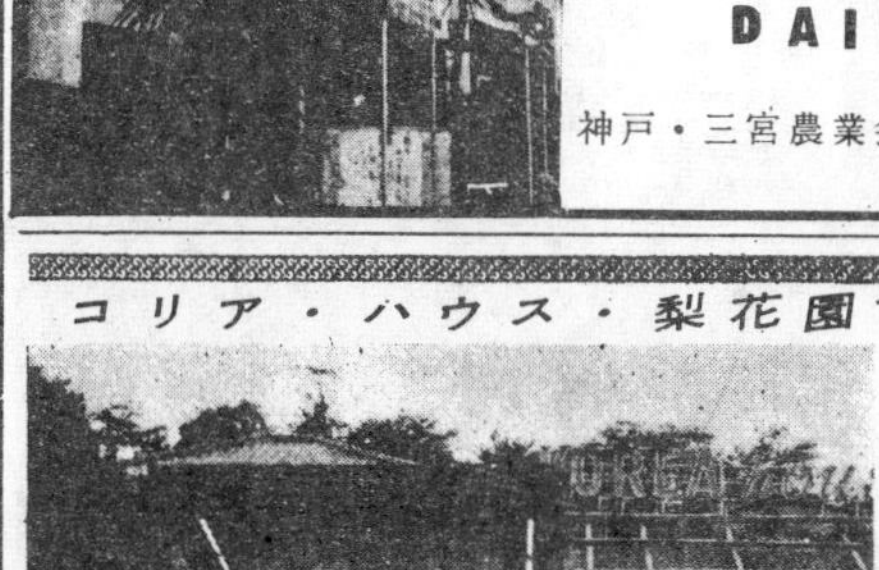

コリアハウス

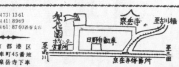

御案内
◇御参考までに
＊●カクテルパーティーの出来るホール
＊●庭園パーティー
＊●弊店の自慢として皆々様御高覧に供し度いものは四千年の歴史を持つ古い国、即ち白衣の国の遺物の数々等の歴史の流れを陳列してございますからどうぞ御立寄り御鑑賞の程御待ち申して居ります。
尚温突部屋も用意してございます。

電話 (473) 1361
(441) 8969
(461) 8760 泉岳寺支店

東京都港区芝・車町45番地
都電泉岳寺下車

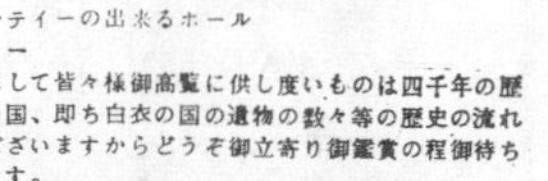

韓國新聞
発行所 韓国新聞社
発行人 曹寧柱
東京都文京区春日町51
電話(813)2261・2263 編集
東京(812)1921(813)2262 業務
振替口座 東京 34988番

韓国と日本を結ぶ!!
広告企画と立案・図案文案製作
新聞雑誌広告・ラジオテレビ広告
ネオン屋外広告・市場調査と興信
その他広告宣伝PR
広告代理業
KPR
TOKYO 港区芝琴平町36 電話(501)0471
SEOUL 乙支路一街101 電話(2)1811

大学生、来年度に限り増員

20%、八千三百人（私立）

中央は第一次募集で

【ソウル発＝連合】十一日最高会議で開かれた文教政策審議委員会は私立大学と一般大学（女子大も含む）の定員を現在の三万六百名から四万六千名に八千三百九十名増員させるが、来年度に限り中央では一次募集の志願者が定員を超過した場合二十％、地方では二次募集時各々二十％増員できるように決定した。

国立大学は別に調整

一方国公立大学の定員は文教部が行った今度の私立大学増員に準じて別に調整することにした。……制を実施するとなっている。……たその諮問は国家考試を経ず……各大学で必要な過程を実施することを……するようになる。

場合での比率問題は文教部で決定することにした。このような一連の文教政策は十二日に開かれる最高会議常任委に上程され、ここで決定をみ次第、来年からの文教政策に適用される。

一方一部委員は私大学を育成するという意味で一律に二十％の増員を認めて経営の合理化を期さなくてはならないと語った。

定員増てもむ　十一日午前の文教委

【ソウル発＝連合】国家再建最高会議文教社会委員会では十……定員にたいする……この日の会議で……委員長は、……にあって中央の……二十％増員された定員に志願者が足りない場合その二十％増員を取り消すと述べ、中央大学においては二次、三次の二十％増員を認めない方針であると語り、地方大学は第一次、第二次だけ中央と同じく取扱い、第三次には二十％増員を認めないと語った。

軍事教練を選択課目に

四ないし八学点を配定

文教部が十一日午前伝えるところによると、文教部は来年度から学徒軍事教練を選択科目として採択、三、四学年に四学点から八学点を配定するよう計画している。

この計画は大学生軍事教練によ[illegible]り多くの志願者を集めるためのものであるが教練は従来通りの団体訓練である。この軍事教練によって得られた学点は総学点百五十八学点内に含まれるので、軍事訓練をうけた大学生たちの負担は軽減されることになる。

奨学金決まる　総額3000万ウォン

新しく発足した社団法人五・一六奨学会（理事長李寛求氏）は六十三年度に中・高・大学生一千七百余名に三千万ウォンの奨学金を支給することに決定した。

この奨学金は学費補助、学術研究、海外留学生補助、文化補助、体育向上補助など五部門にわけられている。この奨学金は学費補助に重点をおき総額の七十三・三％である二千二百万ウォンをしめている。学術研究補助は十五％、海外留学生補助五％、文化および体育向上の補助費として六・七％が配定されている。自然科学と技術系に六、文科系に四の比率で配定されたこの奨学金は大学院生一人当り年間二万ウォン、大学生二万ウォン、実業高等および人文高等学校、中学生には一人当り八千ウォンずつ支給される。

大野氏、金首班などを礼訪

【ソウル発＝連合】十日来韓した日本自由民主党副総裁大野氏一行は、即日午前十時二十分中央庁に金鍾泌内閣首班を礼訪、約二十分間にわたって会談した。席上大野氏は金内閣首班にたいして小型TV受像機を一台贈呈した。

一方大野氏一行はつづいて午前十時十分外務部に崔文卿外務部長官代理も礼訪した。

米空軍長官は朴議長

極東地域を巡視中である米空軍長官ユーセン・エム・スコート氏は十一日午後バーカー大使の案内で青瓦台に朴議長を礼訪会談した朴議長はこの席上同将軍に五・一六記念の記念章を贈呈した。

米第七艦隊司令官三軍本部を礼訪

駐韓米軍と韓国軍の軍事施設を視察するため来韓した米第七艦隊司令官ムオロ提督は、十一日午後陸軍本部、海軍本部、空軍本部をそれぞれ礼訪した。

朴正熙議長、公式記者会見を復活

国家再建最高会議朴正熙議長は来る二十二日午前十時最高会議出入り記者と公式に会見する。

これは七日午後最高会議李厚洛公報室長が明らかにしたのであるが、この公式記者会見は昨年十二月七日以来初めてのものである。

戒厳令解除後の治安確保に自信

朴内務部長官語る

【ソウル発＝連合】朴璟遠内務部長官は十一日午後光州で行なわれた記者会見で、戒厳令解除にともなう事後の治安確保には自信があると述べ、これは国家民族にたいする忠誠と忍耐力によって築かれるものであると語った。

朴長官は来年の選挙を前にして地方長官の大幅な異動はないかとの質問にたいして「まだ考慮したことがない」と述べ、万一そのようなことがあるとすればそれは個人の意志によるものであるため、表裁問題がでなときに論議される問題であると語った。

また道知事郡守任命に言及、年末までに完了して来年の一月から施行すると語った。

38度線中立地帯の大成洞

京畿道坡州郡に編入

【ソウル発＝連合】三十八度線中立地帯にある自由の部落大成洞が来年の二月一日から京畿道坡州郡臨津面に編入され各種選挙で国民の基本権を行使できるようになった。

この措置は収復地区とその隣接地区の行政区域に関する臨時行政法に拠ったもので国連軍司令部の行政権限を侵犯しない限り、これから大成洞民は国民として総ての権利を行使することができることになった。

証券界正常化方途を模策

証券協会総会

第五証券波動で七日間も休場をつづけている証券市場を正常化する方途を模索中である証券協会では十一日証券業界総会を開き、その解決方法である全建玉の解玉をめぐって討議したが、一部業者側の反対で十二日午後十一時から続開することにし一旦散会した。

国民銀行と新興無尽の合併を長官が確認

十一日財務部は去る十日国民銀行長と新興無尽会社社長間に合意を見た買収合併原則を財務部長官が正式確認したと発表した。

国家公務員の身分政権移譲後も保障

「公務員法」年内に通過

十日午後、金炳三内閣事務処長は「国家公務員法改正法律案」が最高会議に提出され、はやければ年内に通過するだろうと述べ、政権が変っても職業公務員身分は保障されると語った。

憲法改正案と国民投票に関する啓蒙遊説のため全州に到着した金炳三事務処長は記者会見の席上、七十名乃至百名程度の長官と次官秘書官を除く職業公務員は刑事問題に関連しない限り、身分が保障されるよう法制化したと語った。

今度提出された「国家公務員法律中改正法律」は公務員に徹底した政治的中立を守らせ身分を保障、現在一律に六十歳となっている停年制を職能別に改正すると伝えられている。

全州での記者会見で以上のように述べ、特に公務員はこの機会に国家と民族にたいする忠誠を発揮しなくてはならないと語った。

全州での記者会見で国民投票に関する見解を明らかにした朴長官は来年度の選挙に出馬する公務員の事前辞任如何は新しく決定されるだろうと語った。

第五次葉煙草収納賠償金を放出

年内予定額の七十九％を完成

専売庁は十一日、第五次葉煙草収納賠償金八千万ウォンを農協を通じ耕作農民にそれぞれ分配した。これにより現在までに専売庁が放出した葉煙草収納賠償金は九億三千七百万ウォンに達し、年内放出を計画中である十一億七千七百八十六万ウォンの七十九％に達する。

なお葉煙草受納賠償金の残額は来る二十日までに全額放出する予定である。

全国一斉に不法狩猟行為を取締る

治安局では来る十五日から来年の三月末まで一斉に不法狩猟行為を取締ることに決定し、違反者は銃砲と火薬類取締り法、および狩猟法によって処罰することになった。

取締り対象は銃器無許可所持、無免許狩猟行為、爆発物、火薬など危険な方法による鳥獣の捕獲、捕獲物の数量制限、禁猟区侵犯などである。

里・洞長に給料支給

邑・面の職員は増員

【ソウル発＝連合】朴璟遠内務部長官は来年度には邑、面、職員を現在の七・七から九・九に増員し行政の基本単位になっている里長洞長にも少額ながら給料を支給することを考慮していると語った。

国民投票管理と秋穀買上げなどを視察するため大田に立ち寄った朴内務部長官は記者団との会見で以上のように述べ、国民投票の健全な管理と自由なふん囲気を造成し、国民の意思を反映させるためなどで国民投票が誘導されてはならないと語った。

なお朴長官は午後から全州地方を視察し今度実施される国民投票は順調に運営されることを確信すると述べた。

来年度輸出目標は七千三百万ドル

金大韓貿易振興公社長語る

来年度韓国が輸出によって獲得する予定の外貨は七十三百万ドルであると大韓貿易振興公社金社長は語った。

八日午前記者と会見した金社長は「来年度には西独、中南米を始め世界各国に市場調査員を派遣して、国内の生産業者と貿易業者の市場開拓研究に資するつもりである」。

米国の各市場には香港と日本の商品がはん濫しているが韓国の商品も品質がよくなればこの競争に参加できると考える」と語った。

対日輸出塩、17日に船積み完了

専売庁では先般日本の丸紅飯田三菱両社と契約した輸出用塩五万トンのうち第四次分の一万トンを輸出することになったという。

この輸出塩を来る十七日、日本に送ることによって専売庁は外貨五万四千六百ドルを受けとるが、これまでに専売庁が獲得した外貨は二十一万八千四百ドルである。

なお最後の一万トンは来る二十二日に船積みされる予定である。

北韓招請で論争か

国連政治委十一日から再開

【ソウル発＝連合】国連本部からの報道によると、韓国問題に対する東西陣営の渡り合いは十一日から国連で再び始められるものと見られる。

国連総会の政治委員は予定されたとおりに変更がない限り、韓国代表はオブザーバー資格で同時に招くよう圧力をかけて来たが、韓国問題の討議を始める前に代表団の招請問題を決定しようとするソ連の努力は失敗に終った。

一方、アメリカは北韓が国連の権威を認めない限り、大韓民国の代表団だけを招く案を提出しているが、北韓は韓国問題を処理する国連の権能を認めないものと見られている。

なお、国連の消息筋は、政治委員会が十一月二十四日付けの北韓カイライの声明と韓国政府の新たな対策をすぐ受取ることになると見ている。

国民投票中央管理責任者と会談

国連韓国統一復興委員団

UNCURK（国連韓国統一復興委員団）は七日午後李甲成中央国民投票管理委員長並びに副委員長を招き、国民投票を行なうについての意見を交換した。

肥料輸入価決まる

今後三年間、日本から毎年03万トン

【ソウル発＝連合】求償貿易による肥料輸入協議会側と先般来韓した日本の肥料輸出業者代表は、日本産硫安の供給価格を韓国側が提示したとおり、硫安FOBトン当り三十六ドル五十セント、塩安三十七ドル二十セントにして、これから三年間にわたって毎年三十万トン以上の日本産肥料を輸入することに十一日合意をみ、当局の承認文書を交換することにした。

これによって去る十一月三日以来、肥料輸入価格未決で保留されてきた日本産硫安及び塩安の輸入許可も発給されることになる。

一方、商工部は公告第二、八四三号によって三十二万八千五百トンの日本産肥料（硫安）の輸入を条件とする求償貿易輸出入証を発給したが、一部消息通によれば六十二年肥料年度（日）中の肥料需要量は約六十万トンに達すると言われ、これからも相当量の求償貿易肥料の輸入許可があるものとみられる。

PR要綱決まる

日韓会談促進　自民党　＝2＝

第四、反対論に対する反駁

一、無償供与等の経済協力に対する反対論の反駁

（イ）戦後の国際社会において一国の一部が本国から離れて独立している例が多いが、旧本国はこれらの新独立国に対してその民生の安定と経済繁栄に寄与するため、有償無償の経済協力を行ない、そこに新しい関係をうち立てていこうとしている例が多い。日本と韓国との場合においてもこの国際上の先例にならい、韓国の独立と発展に対し相当額の有償無償の経済協力を行なうこととするものである。

（ロ）朝鮮動乱によって人的にも物的にも大な損害をこうむった韓国民が、内外あらゆる困難と戦い苦しい生活状態にありながら新国家建設にまい進している現状を見るとき、すぐ隣りにある日本ができる範囲において暖かい手を差し伸べ手助けすることは、人道的見地からいっても当然と思われる。日本国民も終戦直後困難な生活状態にあった際、米国その他から有償無償の援助を受け経済的繁栄の基礎を築き、そして今日の奇跡的な高度の経済成長を遂げることができたことを想起すべきである。

（ハ）日韓国交正常化に際して有償無償の経済協力をすることは、これによってアジア大陸からの共産主義勢力の脅威に直面している韓国の経済建設に応分の寄与をなし、韓国の経済繁栄や国民生活安定に役立つこととなるのみならず、両国の理解と信頼を増進し、将来長きにわたる日韓新関係の樹立に寄与するところ大なるものがある。

一、南北朝鮮統一を阻害するとの論の反駁

（イ）わが国は桑港平和条約第二条において朝鮮の独立を認めており、朝鮮民族の悲願である南北朝鮮の統一が速かに達成されることを心から希望するものである。南北朝鮮統一問題は一九四七年以来国連の場において真剣に論議されているが、韓国が朝鮮統一に関する国連方式を受け入れ、国連の監視のもとに総選挙を行なって統一をはかるとの態度をとっているのに対し、北鮮は国連の介入にあくまで反対しているので南北統一が極めて困難であることは明らかである。

見透しは極めて少ない。したがって日韓の国交正常化が南北統一を阻害するとの議論は反対せんがための反対に過ぎない。何時実現するかわからない南北統一まで日韓会談をするなということは、諸懸案問題その他日本にとって重大な関係のある懸案の解決を今後長きに危険千万である。

（ロ）社会党や共産党は南北統一まで日韓会談を中止せよというが、これはソ連、中共、北鮮の主張の受け売りであり、彼等のいうところの南北統一は共産主義によるものであることは明らかである。したがってそれまで日韓会談を中止せよということはソ連や中共の術策にのせられているもので……

朴政権は合法的政権

北韓国交論議は的はずれ

（ハ）韓国は世界の五十一カ国から承認され、国連にオブザーバーとして参加を許されていることであって、日韓両国の現実の利益に反することは明らかである。

また南北統一後まで日韓会談を中止せよということは、日韓正常化だけに限って南北統一を阻害するというのは理解しがたい。

（ニ）北鮮は国連の権威と権限を認めないので、国連の朝鮮問題審議参加を許されていないが、北鮮は中共やソ連とはすでに十年も前から国交を開き、昨年七月この……

[illegible]

一、なぜ中共、北鮮との国交正常化をしないかとの論の反駁

（イ）北鮮は韓国のように国連決議によって合法政府として認められておらず、また国連へのオブザーバーの派遣についても国連の権威と権限を認めていないためこれを許されていない。また中共は未だ国連加盟を認められず、日本としては国民政府との条約関係もあり、中共をめぐる国際情勢全般を考慮して、中共との関係調整を慎重にすることが必要である。従って北鮮との国交正常化は問題にならないし、また中共との国交正常化も未だその段階ではない。もっとも中共に対しては政府及び自民党は積み重ねた方式を方針としており、……民間の交流中心として経済文化等……

（ロ）社会党の「どの国とも仲よく」という中立主義……

[illegible]

農漁村にラジオを贈ろう

十二月二十日まで募集期間を延長

拠出先
◇民団各県本部または支部
◇各さん下団体本部または支部

ご商売やお住いのご計画に……
東京商銀信用組合
東京都文京区湯島天神町三ー一四
電話 八三一ー五七一五・八〇〇九・八六六ー五三三〇・五三三九

世界を飛翔する乗用車ここに誕生!!
ダットサン ブルーバード
日本で最も人気があり、世界各地に輸出されて好評のダットサン　ブルーバードのふるさと……日本の代表的自動車メーカー「日産」が神奈川県追浜に建設した東洋一の乗用車工場です。100万平方メートルの広大な敷地に並び立つ工場では、すべてがコンベアーシステムで運ばれています。日産自動車では、このたびセナラ自動車と提携し、ブルー　バードを韓国に輸出することになりました。
ダットサン トラック
NISSAN
日産自動車株式会社
東京都千代田区大手町ビル
새나라自動車工業株式会社
ソウル特別市中区小公洞21

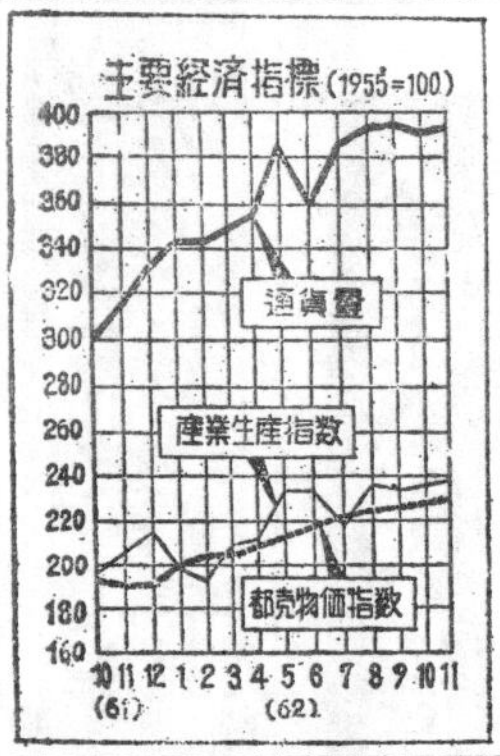

62年度国民経済の回顧

再建の土台を築く 不況克服し成長の軌道へ

概況 五・一六革命による経済的衝撃は、景気沈滞・不況あるいは成長の鈍化という言葉で表現されながら、昨年年末を迎えたのであった。最近試算で推計された六十一年度成長率は三・五%で、過去五年間の平均成長率四・五%よりはるかに鈍化されたことが判明したが、これだけでも成長が可能であったのは、鉱工業生産と流通面の低調をカバーしてあまりあった豊作のお陰ではないかと推測される。経済活動の不振は、依然として好転されず、その上異常な通貨の膨脹も加わってインフレの要因を深化させつつ今年を迎えたのであったが、これがそのまま五カ年計画の出発点に立つ国内経済の動揺であったのである。過去一年間に増大された通貨量は農村から都市に資金を還流させ、同時に政治的社会的安定につれて、経済活動は次第に回復に向った。その中にあって春からは沈滞の流れから抜け出る兆しが見られ、景気が好転する曲り角にさしかかったのは事実であった。

高価な代償 しかし六月十日に断行された通貨改革は、七月十三日の封鎖預金の全面的解除措置に至るまで、ある程度活発な動きを見せ始めていた経済活動に、決定的な打撃を与えることとなり、一時的にしろ経済の停滞をもたらしたのみならず、通貨改革の目的自体も、事実上放棄せざるを得なかった。

一言でいえば、通貨改革の功罪は、得たものよりも失ったものが多く、結果的に見てあまりにも高価な代償であったと要約されるのではないか。七月中旬以後、第三・四半期までの政府の経済政策は通貨改革で負ったキズを治療し、沈滞した経済活動に刺激を与えて流通秩序を正常化することにあらゆる努力を注いだ。

不況打開のための施策は、資金の継続的追加供給により需要を拡大させ、外資の消化を抑えて物資需給の穴をうめる通貨および物動の両側面に重点を置いた。

傷口もいえて 経済動向は九月に入るや、季節的な要動につれて、顕著な好転傾向を示し始めたが、これと同時に物価上昇のテンポが速くなったためインフレ再燃を心配する雰囲気が濃厚になった。

事実、今年の物価動向は、通貨改革が失敗に帰するや、通貨に対する不信感が拡がり、主に心理的な作用に左右された感がなくもなかった。

五カ年計画の多くの事業は今年も、予算に策定された財政投融資は比較的円滑に進行されたが、民間部門の事業は、外資導入の準備過程を整える一方、外資調達を推進することで終ってしまった。

今年の経済活動の中で、大きく問題にならざるを得ない要因の一つは、農業生産が相当程度低下した事実であり、これによって、経済成長に影響する制約は予想外に深刻であったと考えられる。

インフレの暗影 秋になって、経済政策の方向は財政収支を健全化するための、いわゆる緊縮政策が強められたが、これは財政インフレを防止して、継続して進んでいる物価上昇の危険性を緩和することに主眼がおかれた。

以上に見る如く、下半期経済動向は、通貨改革の後始末という大きな困難を克服する過程であったといえるし、沈滞を打開しながら反インフレの手段も強化しなければならないという、政策的に大きな試練の時期であったといえよう。例えば、主要生活必需品を始めとする十八個品目の価格統制は物価上昇に対処する非常手段でなければならないのであるが、一部品目の価格凍結は直接、市場と価格機構に与える副作用や影響よりも、心理的作用の方がより大きかったのではないか。

見通しは明るい 幸いにも十月からは、流通面が活気を帯び、生産は前例のない好調を示すこととなり、物価昂騰を伴わない不況打開を期待することが可能な環境が生まれてきており、新年の経済動向を見通すにおいて比較的鼓舞的な観測を可能にしている。

だが、革命後消費支出の減少と消費のパターンが変化した現象は総体的に需要の増加を抑えてはいるが購買力が後退するにつれて沈滞傾向はまだ完全になくなってはいないだけでなく、援助と外貨保有の減少、急速に膨脹した通貨量の圧力など、将来継続して安定基盤を脅かす種々の要因が残されているところから、安価な楽観を許さない実情にあり、今年度経済を総観して、第一次年度の目標成長率五・四%には達しないだろうという観測が支配的のようだ。

通貨量 さる十月十五日現在の通貨量は、三百七十五億ウォンで、昨年末に比べ六十三億(二十二%)が増大した。これは昨年度中の増加率よりはるかに低下された趨勢であるとはいえ、財政インフレが引き続き出退していることを物語っている。しかし昨年度に比べれば、通貨増発を出来るだけ回避しようとした政府の努力は、いくらか効を奏した模様である。

六月十日、政府は緊急通貨措置により、ホワン貨の流通単位を十分の一に切下げた新ウォン貨を発行した。ホワン貨の封鎖措置によって凍結された金額は、六月十七日現在、総計一千八百七十三億ホワンにのぼり、現金は九十八億ホワンであった。

資金凍結により、一時二百五十億程度に縮小された通貨量は、七月十三日の補完措置以後次第に放出され始めた資金により、再び通貨改革前の水準に戻ってしまい、経済活動を正常化するため金融資金を開放するかのように放出されるなど、膨ちょうを繰返した。

物価がはね上り始めるや、政府は通貨量の縮収に忙殺されることになり「年末経済の安定および物価対策」をたてて緊縮政策の方針を明らかにした。それにつれて、通貨量も十月よりも三百七十億ウォン内外に減少したし、年末の限界量に設定された四百億線を維持できる見通しがついた。

生産 十月中の産業生産指数は、一三四・六でピークを示した。昨年末に比べれば八・三%増加したことになり、十一月から十二月にかけて継続して生産がのびたとすれば、年間約一〇%の増加率を示すことになろう。

生産の動きを振り返って見ると五月中に顕著に好転された気勢が通貨改革により反転し、七、八月の最悪状態を経た後、秋に入って初めて通貨改革前の水準を上回るようになった。

物価 十一月中旬の全国卸売物価指数は二三二・四%で、昨年末現在の一九二・九%と比較して、物価上昇は十五・八%になった。

昨年九月から低下しつつあった物価は、今年に入って再び上昇し始めたが、このような上昇趨勢は九月末まで急テンポで継続された。十月から物価上昇の速度は低下したが、十一月からは全般的な動態には変動がなく、季節的な品目に若干の起伏が見られただけであった。だが、年間約十六%の物価上昇率は決定的であり、この側面から考察する時、われわれの経済はまだ不安定な状態にあることを認めざるを得ず、五カ年計画はしっかりした基盤の上で安定した成長をなし遂げねばならないという見地からしても、改めて反省しなければならない現実というほかない。

物価統制は、十月中一部を解除したものの、まだ価格機構と需給の均衡がマッチしないという制約を与えており、国民の消費生活に対する影響も過小評価することはできない。

今年の物価を語る時、見逃すことのできない事実は、物価指数の算出において、消費生活と直接関係するところの多い品目が一様に取扱われなかったことで、その為数字の上ではそれほど現われていないが実生活面ではかなり敏感に、しかも大きな影響を及ぼした点であろう。

国際収支 さる十一月末現在、輸出および軍納実績は、七千八百六十万ドルで、年間目標一億四百八十六万ドルの七五%を示した。この内、軍納は年間目標額の七二%にすぎない実績で、目標額達成は不可能である。

これと同時に、外貨保有事情も下半期になって急激に悪化し、一時は二億ドルを越した残高が、一億六千万ドル線に下降してしまい、新年度外援援助の減少とともに外貨不足の懸念が深刻となっている。

指摘するに、今年の国際収支は出入の減少傾向と支出の増大により、その逆調がさらにめだつことになったと考えられる。

韓国の声

"女権"の認められない所に家庭の破綻がある

国民生活の基本は家庭の中から始められ、その家庭の基本は結婚から始められると思う。

国民一人一人の健全な結婚生活なしには社会的安定と平和をもたらすことはできない。したがって、われわれの人権や自由も結婚生活から具現されなくてはならないと思う。しかし、前近代的な家族制度が崩壊され性生活に対する倫理が揺さぶられた今日の結婚生活において、混乱をきたしている事は否めない事実である。家庭の破綻と離婚問題は、単に特殊職業を持つ俳優らの生活にのみ局限されず、一つの社会問題として、だんだん一般化されている状態である。

ソウルのM女高の"人権擁護団"が調査した、その"[illegible]"をみても過ぐる六年間に"女性法律相談所"で取扱われた問題のうち、最も多かったのが離婚問題であるとのことだ。そして、その離婚の事由をみると六〇%が経済に関するものである。ついで、夫の虐待によるのが二〇%となっている。

モンテニューの言葉のように"結婚は鳥籠のようなもので、外にいる鳥は用もないのに中へ入ろうとし、中にいる鳥は用もないのに外へ出ようとする"という結婚生活の二律背反的心理作用は昔も今も変らないようであるだが、昔は女権が形成されなかったため、結婚生活の不満と怨恨からくる不倫の関係が公然たる蓄妾制度によって合理化されたものである。女性の自我が確立され、女権が法で保障されている今日においては、そのような不倫は容認されず、離婚の悲劇を生みだしているのである。それ故に男性がみずからの成長と共に女性の自我を理解して、女権を尊重してやらねば離婚率は必然的に増加しやがては"女権"という問題が家庭の破綻をきたす結果となるだろう。

外国の場合なら、離婚が必ずしも悲劇ではない。先進国の女性らは離婚時には充分な生活保障が受けられ、また再婚の機会も自由で、それが社会的にも何ら不自然ではないのである。

だが、われわれの場合では、離婚はすなわち生活の絶末を意味するのである。特に、離婚時の年齢別統計をみると三十代がその大半を占めており、再婚の可能性は稀薄である。このような離婚は単に当事者間の不幸にとどまらず、その子女らの生活にまで大きな影響をおよぼし、家庭という単位が崩壊されるのである。

女権と家庭生活が両立できないという実情もまた一つの後進社会の悲しむべき矛盾ではなかろうか。家庭の平和を維持し、健全な結婚生活を確立するには何よりも"性のモラル"が守られなくてはならず、そして男性らはみずからの時代錯誤的"男尊女卑"思想を払拭しなくてはならないと思う。女権は法によってのみ保障されるものではないからである。

"結婚前には両眼をみ開らいてよくみ、結婚後には片目をつぶってみよ"という金言のように、結婚のモラルは忍従と相互の深い理解にあると思う。

"離婚"という法律的権利だけを行使せず、相互の人格を尊重して、協調していくあらたな夫婦愛を発揮することが家庭を守る道ではなかろうか。

(東亜新聞)

今年の経済十大ニュース

多分今年ほど経済がわれわれの日常生活に大きな影響を与えた年はないであろう。しかし、ある意味では、この経済を意識せずとも豊かな生活を営み得る繁栄が強く要求されるということもできよう。それゆえ、われわれは、このような繁栄に向って力強い第一歩を踏み出したのであり、"五カ年計画の着手"が第一のニュースでなければなるまい。

経済の動きは、刺激的事件それ自体では代表されるものでなく、それほど目につかない底流の中にも重要な問題性を探し出すことができるのであり、通貨改革、証券波動、生活必需品価格統制、産業博覧会、国土建設団などの事件以外にも、金融体制の再整備、税制改革、投資共同体の構成など、重要な動きであって、看過できないものであった。

①経済五カ年計画着手
②通貨改革
③証券波動
④生必需品価格統制
⑤産業博覧会
⑥投資共同体構成
⑦国土建設団(創設および解体)
⑧金融体系の再整備
⑨税制改革
⑩対外援助政策の転換

時流

ケネディ発言とアジアの反共

ケネディ米国大統領がホワイトハウスで開かれた日本側六閣僚歓迎昼食会でアジアにおける共産主義の脅威を力説し、日本が自由陣営の一員として共産主義の進出を防ぐ努力をするよう期待していると表明したことは、特に日本国内に波紋を起こしている。ケネディ大統領が直接日本側閣僚に日本がもっと米外交に積極的に協力するようよびかけたこと、またその言葉使いが昼食会のあいさつとしては異例に厳しいものであること、かなり具体的な構想を持っているような暗示をしたこと、などから今度のケネディ発言は、特に日本の国内で神経過敏的に注目されている。

日本の社会党と民社党は、ケネディ発言を、米国の軍事政策を日本に押しつけようとするものとして、去る八日から召集された臨時国会で政府を攻撃する方針を決めている。まずケネディ発言の具体的内容を見ると、去る三日ケネディ米国大統領は米日貿易経済委に出席した日本閣僚を招待した昼食会で、共産主義防止に対する米日協力問題について次のように語った。

「われわれの現在の関心は、スターリン哲学と結びついた中国共産主義の台頭にともなって、中共をアジアにおける支配的地位に進出させないよう、われわれがどのようにして共産主義の拡張を封じ込めるかである。このことは西欧にも利害関係があるが、直接には最も強い地位にある日本と米国とに最大の関心を抱かせている。諸君の知る通り、米国は中南米において共産主義の拡張を押えるよう試みる責任がある。西欧でもそうだし、東南アジアでも東南アジア条約機構(SEATO)を通して、また韓国や中華民国に対する約束を通して責任がある。しかし、わずか一億八千万人の人口しかない。共産主義帝国では、十億の人たちが中央統制のもとで行動を起し、戦闘的な様相をとりながら国際的発展をしようとしている。

それ故われわれはいまやアジアにとって重大な危険の時期だと思う。私は数カ月後には、日本と米国が盟友としてどんな役割りを果すことができるかについて何らかの考慮がなされることを希望している。共産主義運動は本質的に階級闘争を促しているだけでなく、第三次大戦という国際的な階級闘争をも信じている……」

このような、ケネディ大統領の演説に対して大平日本外相は「日本は自由陣営の一員として常に米国との協力を国策の基調として対処して行きたいと考えている」とあいさつした。一方、ケネディ発言に対して、日本外務省では、キューバ問題以後、対ソ強硬外交で主導権をにぎったとする米国が引続き対共産圏外交で全面的に攻勢を占めるため、日本には対中共接近の危険性を警告し、当面、日本・中共貿易の進展をけん制しようとするのがケネディ演説のねらいではないかと観測している。

このような観測の根拠は、米国側が高碕氏の中共訪問による日・中貿易取決めは中共に対する経済援助の性格を持つものとして難色を示していること、米国には松村、高碕両氏の訪中によって生じた日・中共親善のムードがなぜ、日本政府の対中共政策にはね返り、ひいては日本の共産主義に対する姿勢があまくなりかねないという懸念が強まっていること、などの点である。また、米国は日本にもアジアでの中共封じ込めに一役買うことを要求し、例えば、中共と接する東南アジア諸国への米・日協力による経済援助を考慮しているという観測もある。

ケネディ発言の直後、ラスク米国務長官と大平日本外相は個別会談を開いて中共問題などを政治的に討議したと報道されたが、その具体的内容については一切知られていない。だがこのラスク・大平会談は、ケネディ発言への関心をますます深めている。両国のケネディ発言に関して、池田日本首相は去る六日「アジアでの共産主義侵略政策に対しては米国や西側諸国とともに日本も厳しい決意で臨むのは当然だ」と言明した。しかし、池田首相は中共貿易との関係については「反共体制とは別問題として従来の線で進めて行く」と述べた。また去る八日ワシントンでの米日貿易経済委員会[illegible]って帰国した大平日本外相は、ケネディ米国大統領の発言について「東京での騒ぎの大きいのに驚いた」と苦笑しながら米国が中共への警戒度を深めている感じはしたが、ケネディ大統領の発言は、米国の当然の考え方を率直にいったまでである。日米が対中共政策の点で新たな具体策を協議するというものではない。政府の中共に対する姿勢はこれまで通りと変らない、などを明らかにした。

以上の諸事実をまとめてみると、ケネディ大統領の説明した反共決意は、当然のこととして、日本政府が支持していることはたしかである。ただ反共の具体的内容として日本の対中共貿易関係は今のところ明らかでない。このような状態において、日本社会党は、今度のケネディ発言を韓日会談と結びつけて「韓日会談は日本が米国の反共極東戦略に協力しようとするものであり、ケネディ発言はその裏付けである」の見解をもって政府を攻撃する方針である。日本の自民党は反共体制を外交の基調としていることは周知の事実であるが日本政府は反共政策の速度をもっと強くする必要があると思う。特に今度のケネディ発言をキッカケとし、対中共貿易をもっと慎重に再検討し、極東における共産主義の力をこれ以上増大させないことが賢明ではないかと思う。

また、いかなる国内の反対にも動揺せず、韓日国交正常化を実現させて、アジアにおける反共体制を固めることが結局、日本の利益になるということを強調するものである。(深)

旅券発給者氏名公告

韓国駐日代表部領事課旅券担当官
在日本韓国居留民団中総民生局長

氏名	旅券番号	居住地
朴正雨	KJ [illegible]	静岡
白文竜	〃 [illegible]	神奈川
李寿伯	〃 [illegible]	〃
金斗理	〃 [illegible]	東京
金甲鎬	〃 [illegible]	〃
金洪廻	〃 [illegible]	〃
梁泰君	〃 [illegible]	〃
鄭栄三	〃 [illegible]	〃
韓遂夏	〃 [illegible]	〃
崔隠渉	〃 [illegible]	〃
李点淑	〃 [illegible]	〃
高隆鳳	〃 [illegible]	北海道
安石元	〃 [illegible]	〃
徐学完	〃 [illegible]	東京
丁炳達	〃 [illegible]	〃
崔泳鎬	〃 [illegible]	静岡
李演淑	〃 [illegible]	東京
崔燦斗	〃 [illegible]	〃
李勝子	〃 [illegible]	〃
尹秣桂	〃 [illegible]	〃
金顧乙	〃 [illegible]	〃
梁斗健	〃 [illegible]	栃木
金五粉	〃 [illegible]	静岡
金萬祥	〃 [illegible]	東京
文敏浩	〃 [illegible]	〃
崔三祚	〃 [illegible]	青森
姜富植	〃 [illegible]	東京
李二春	〃 [illegible]	〃
車貴子	〃 [illegible]	岩手
鄭玉今	〃 [illegible]	東京
金運厩	〃 [illegible]	〃
馬瑶炫	〃 [illegible]	〃
李春月	〃 [illegible]	〃
趙福鶴	〃 [illegible]	神奈川
洪基平	〃 [illegible]	北海道
尹東鉉	〃 [illegible]	東京
金鎮振	〃 [illegible]	岩手
鄭鎮玉	〃 [illegible]	福岡
黄七伊	〃 [illegible]	〃
朴五吉	〃 [illegible]	〃
全泰喆	〃 [illegible]	〃
金鎔文	〃 [illegible]	〃
河一礼	〃 [illegible]	〃
金徳守	〃 [illegible]	〃
鄭豆伊	〃 [illegible]	〃
成粉伊	〃 [illegible]	広島
朱麟会	〃 [illegible]	〃
金命順	〃 [illegible]	〃
金顧祚	〃 [illegible]	〃
朴審琮	KJ [illegible]	広島
鄭成坤	〃 [illegible]	山口
林寿子	〃 [illegible]	福岡
李桂麟	〃 [illegible]	奈良
李命鎬	〃 [illegible]	〃
柳寅三	〃 [illegible]	大阪
尹良今	〃 [illegible]	〃
鄭敬大	〃 [illegible]	〃
河塞光	〃 [illegible]	〃
朴乗寿	〃 [illegible]	〃
梁甲出	〃 [illegible]	〃
許斗玉	〃 [illegible]	滋賀
孔在鴻	〃 [illegible]	岡山
田順壬	〃 [illegible]	兵庫
李今述	〃 [illegible]	〃
張祥浩	〃 [illegible]	大阪
金点順	〃 [illegible]	〃
金南鳳	〃 [illegible]	〃
朴太泳	〃 [illegible]	〃
金海善	〃 [illegible]	〃
金海守	〃 [illegible]	〃
鄭虎君	〃 [illegible]	〃
李貴岳	〃 [illegible]	岐阜
沈基沃	〃 [illegible]	大阪
呉点道	〃 [illegible]	兵庫
朴相権	〃 [illegible]	大阪
李玉述	〃 [illegible]	〃
姜秀竜	〃 [illegible]	〃
金吉炳	〃 [illegible]	〃
白武順	〃 [illegible]	〃
韓東昱	〃 [illegible]	〃
金末得	〃 [illegible]	兵庫
鄭寛泰	〃 [illegible]	〃
朴元熙	〃 [illegible]	愛知
林炳徹	〃 [illegible]	〃
咸五輪	〃 [illegible]	〃
金富子	〃 [illegible]	〃
鄭潤順	〃 [illegible]	〃
尹永善	〃 [illegible]	〃
金鎬益	〃 [illegible]	愛知
林命才	〃 [illegible]	〃
李炳鳳	〃 [illegible]	〃
金南順	〃 [illegible]	〃
朴貴鉄	〃 [illegible]	岐阜
曾福善	〃 [illegible]	〃
劉相采	〃 [illegible]	大阪
韓東竜	〃 [illegible]	〃
朴楽珍	〃 [illegible]	〃
文今礼	〃 [illegible]	〃

(十二月四日現在)

古代より古典派をへて現代にわたるグレゴリアン・チャント、マドリガル、室内曲、協奏曲、交響曲、オペラ、リード、器楽その他日本一のコレクションの店です。
完璧なステレオ装置と"えちゅーど"独特の雰囲気は皆様の演奏会のお招りをお待ち致しております。

音楽喫室
えちゅーど
李琦華
銀座西2-5(並木通り角) TEL (561) 3060・8173

北京料理 東天閣
和室・洋室完備
結婚披露・大小宴会
美味と安価が定評
大阪市心斎橋御堂筋角(そごう北隣)
電話・代表 二七一—一〇三一

韓国服地と韓国レコード!
営業品目
特殊香港洋丹・中国洋丹・金糸織洋丹
テトロン洋丹・京都洋丹・美術丹・七色丹
リバレース・オパール・ニュートン・ベルベット
其他・本絹・季節向一式・朝鮮古典馬鞍販売
貸古典婚礼衣装
韓国レコード総販売元
韓国レコード
祖国訪問者および帰国者には特別御奉仕しております
仁川㊁商会
東京都台東区浅草公園六区 10—3
TEL (871) 3981・5498

自動車のコンサルタント!皆様の車に関する相談役

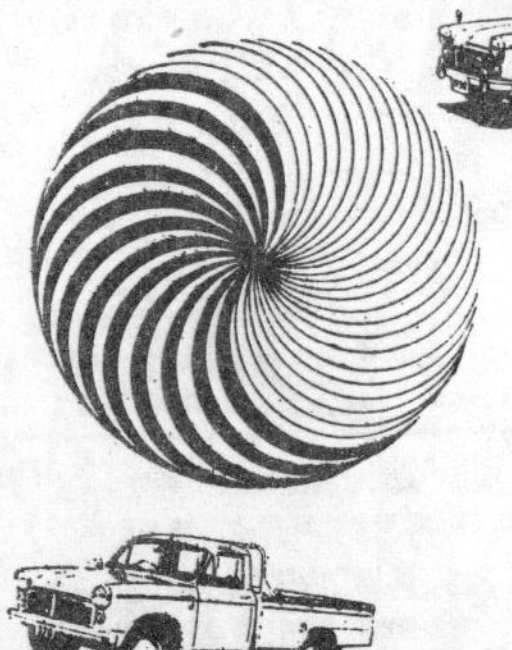

新車各種・中古車販売・修理・板金・塗装
自動車保険(事故相談・一般契約)取扱店

自動車の事なら、売る時も、買う時も是非どうぞ!!
国電東中野駅陸橋際・東京都中野区上ノ原町11番地
大東京自動車株式会社
代表取締役・尹和錫
電話(361)1508・0096番

金光男中央議長は民団第三十七回中央議事会の決定に基づいて、十二日午後二時から中総会議室で"第一回在日僑胞法的地位対策委員会"を開いた。会議は別項のような常任幹事五人と事業目的を決めた他、第二回委員会を来る二十二日午後一時から中総で開くことを決定して同五時すぎ閉会した。

民団中総会議室で開かれた第一回在日僑胞法的地位対策委員会

活発な運動展開へ

第一回在日僑胞法的地位対策委開く

双方の相違点を成文化

同委員会は先ず金議長から、去る七日の中総三機関による十五人の委員人選に関する報告と、この十五人の他に朴宗根氏（弁護士）と中総両副団長から一人を委員に加えたいとの意向を満場一致で決定した。

引き続き委員会は権逸中総団長の司会で同委員会の構成と事業目的を討議した結果、❶中総副団長一名、李裕天、金正柱、金英俊、洪賢基の五氏を委員会の常任幹事として選び、❷同委員会は、今後韓日会談における在日韓国人の法的地位問題に関する両国間の主張の相違点を明確にし、民団の基本態度に立脚して運動要綱の目的を成文化して、具体的な運動を展開することにし、事務局は中総民生局が担当することに決めた。

また、常任幹事は民団中総や関係当局と密接な関係をたもちながら、現在折衝中の韓日会談の法的地位問題に関して、両国間の主張の隔りを明確に分析し、在日僑胞としての法的地位に関する主張点を委員会に提示し、必要によっては大衆運動に盛り上げていく。

委員会はさらに権団長から現在までの在日僑胞の法的地位問題に関する会談経過と、両国間の意見の相違点に関する説明が行なわれた後、同委員会の基本態度を論議したが、結局、前記の常任幹事が来る二十二日までに両国間の相違点を成文化し委員会に提示することにし、またその他の僑胞も委員の意見をまとめて委員会に提示することにした。

同日の委員会出席者氏名は次の通り。権逸、金光男、鄭烱和、張聡明、李裕天、金種普、李熙健、陳点春、金正柱、金哲元、南元、金英俊、黄孔煥の十三氏。

朝総連がいやがらせ

スポーツ団体に宣伝額ぶち

北韓カイライとその手先朝総連の民族陣営に対する浸透と欺瞞宣伝工作は熾烈かつ巧妙極まるものがあるが、彼らのほこ先は一般僑胞ばかりでなく韓日両国を往来する親善スポーツ団体にも向けられていることが明るみに出され、各方面に話題をまいている。

去る十一月七日に韓国の忠州肥料（男子）と韓興銀行（女子）の両バレー・チームが日本バレーボール協会と日本実業バレーボール連盟の招きで来日し、各地で親善試合を行なって両国の友好親善に大きな成果を収めたことは本紙でも既に報じた通りであるが、この両チームが先月十一日、福岡の八幡製鉄体育館で行なわれた住友金属八幡製鉄との試合を終え、宿舎に帰ったところ、一無名人からガクブチの贈物がとどけられていた。開いてみるとガクブチの裏側に金日成を讃美したパンフレットがおり込まれており、悪らつな朝総連のいやがらせとわかった選手たちは失望と怒りに燃えた。

このような朝総連の悪らつな行為に対して選手の一人は「われわれは思想を離れ、スポーツで外国との親善を築きたいというそれだけの願いで来ているのに、思想を強要したり、ある特定の個人を崇拝せよというこのようなパンフレットを贈物の中に入れてくることにたいしてにくしみを感じる」と語っていた。

今回の問題について民団中総当局では、「五・一六革命以後韓国政府は政治、文化、経済、スポーツなどあらゆる面で、外国との親善を強化しており、これから一層それを発展させて行くといわれているが、それを心良く思わない金日成カイライとその手先たちの妨害宣伝もますます強化していることをわれわれは認識し、心の警戒をしなければならない」と一般僑胞の注意をうながしている。

朝総連が送ってきた問題のガクブチ

選手強化のための冬期訓練団を結成

今年度優秀選手強化冬期訓練団の結団式が八日午前十時国民会堂で挙行された。

一九六四年度の東京オリンピックにそなえ十九種目、五百三十八選手を強化訓練するための訓練結団式に選手全員と李考全（音訳）大韓体育副会長らが参席した。

支部事務所を新築

民団東京杉並支部

既報の通り民団東京杉並支部（団長千水命氏）で屋舎新築を祝う落成式が十一日午後一時から盛大に行なわれた。

落成式典には民団中総、東本初め顧問関係者、一般団員有志など約二百名が参席の上開かれた。団長のあいさつの後建築工事に関する経過報告を行ない、次いで建築基金募集のために物心両面にわたり尽力した有志たちに感謝状が贈られた。

式典を終ってから披露に移り夕刻近くまで和気あいあいしたふん囲気のうちに新築会館と同支部発展を祈った。

なお、同支部社屋建築は既に五六年来の懸案を解決したもので、この建築のために李庚友、許弼爽、許泰成、千水命氏その他八十名により四百十五万円の寄付があってブロック・モルタル塗り二十七坪強、二階建物が与えられた。

第37回中央議事会で可決された民団規約改正試案

（二）

(2)、また、監察機関は現規約第二十六条で他機関にたいして不羈独立の地位にあると規定されているが、これは理論上到底肯定できないところである。これで三機関分立が一層強化したのであり、組織意思が二分あるいは三分されて二頭乃至三頭分立の矛盾と混乱を招来、いつのまにか規約にない三機関連席会議などが生れ、三機関が執行部の上に君臨するという奇異な現象が生じて対外的に三機関が民団を代表するという感を与えている。

(3)、現規約中大会及び中央議事会の規定をみると、その任務権限に関して明確な規定がなく単に最高決議機関あるいは中間責任決議機関とだけ規定され規定の大部分が構成と議決手続にだけ偏重されたため、決議機関である大会及び中央議事会の本来の使命である政策審議が実際のところ疎かにされてしまったのである。

そして大会とか中央議事会において政策にたいする討議がほとんどなく、中央執行部でだした方針も常に三機関一任或いは執行部一任にしてしまい人事問題特に団長選挙に時間と精力を消費しただけであった。そして民団は理論の土台にたった政策中心の論議が少なく感情と派閥を中心とした人事中心の紛争と論難に終始してきたのである。これによって民団運動は政策を中心とする民団本来の運動より団長選挙運動が中心になっていたという感を与えた。

以上の諸点を考慮して今次改正には現在の無制限な三機関分立制を是正して、試案第二点とおなじく独立的要素をもつ政策審議決定機関と政策執行機関をおき、政策審議決定機関では衆智を集めた中央委員制に、政策執行機関では団長中心制とし、監察機関は中央委員会で選出した監査（察）委員をもって監査（察）委員会を構成監察の職務をもたせたのである。

（二）団長

中央団長は本団全体の代表者である。団長は中央委員会の過半数の推薦をうけ大会で選出し、副団長は団長の推薦をうけ大会で選出する。団長は執行機関の首長であり、常任中央委員会の委員長である。

【解説】中央団長は本団全体の代表者であるため大会で選出することにしたことは現行規約と同じであるが、中央委員会の推薦をうけるようにしたことは無制限乱立を避け団長選挙の秩序を確保しようとしたものである。副団長選挙は執行慣例を規定化したものである。団長は執行機関の首長として中央各局長および委員を任免する権限と指揮監督する点においては現団長中心制と同じである。また執行機関と政策審議機関とを連絡調整し、団長以下各局長までを常任中央委員とし、団長に常任中央委員会の委員長の職責をもたせた。これによって執行機関と政策審議機関とが連繋調整されて団運動の有機性と機動性が発揮できるだろうとみるからだ。

（三）議長

大会と中央委員会の議長はその会で選出する。

【解説】大会及び中央委員会は常設機関でないため常設議長制をおかずその時、その時の会議で選出するため、今日のような団長対議長の分立状態をなくした。

（四）監査（察）委員

中央委員会内に監査（察）委員会をおく。監査（察）委員は中央委員会で選出し、処分その他懲戒的措置は監査（察）委員会の審査を経て団長がこれを行なう。監査（察）委員会の統率者は代表監査（察）委員と称する。

【解説】中央委員会に監査（察）委員会をおき監査（察）委員を中央委員会で選出し、処分その他懲戒的措置は監査（察）委員会の審査を経て団長がこれを行なうため今日のような不羈独立性をもたない。また監査（察）委員は中央委員会で選出し、監査（察）委員は各自が同等な権限をもっているため統率者の名称を代表監査（察）委員と称した。

第三点中央大会

（一）権限

定期大会は二年に一回開催し、本団の宣言、綱領、規約の改正、団長および中央委員の選出など一定な重大事項に限る。大会で選出する任員の選挙規定は中央委員会で別に定める。

【解説】……大会権限を今日のように民団決議事項全体にわたる最高決議機関とせず、宣言、綱領、規約の改正、団長および中央委員の選出を一定な重大事項だけの決議機関としたことは三百名の代議員で構成される大会が、選挙運動政策を審議するにおいてその機能を充分発揮できなかったのが明白であるため、民団の根本的重大問題に限り決議することにしたのであり、定期大会を二年に一回会ずつにしたことは団長、副団長、中央委員の任期が二年であるため二年に一回ずつすることにしたのである。

【必要な時、臨時大会を開くことができることは勿論である。大会で選出される任員の選挙規定を中途で別に定めたことは混乱におちいった今日の選挙慣例をただし、民団の弊害を一掃するためである。＝つづく＝

新帝国主義研究

◇最近の共産主義の諸形態◇

ソ連の対印政策とインド共産主義

ケネー・D・オブストーリー

（10）

既述のような事情によって、インド共産党はケララ州で穏健な行動をとるより外に仕様がなかった。いずれにせよ彼等はインドのどこからでも国民会議派政府に対し適切な政権担当候補者を提供しているということをケララ州で誇示しようとすることが明白なる共産党の意図であった。

ケララ州での革新政策は、彼等にとって何らの利益にもならないだろうが、のばされる効果的な統治期間は比べることのできない程のマイナスであることを悟るようになるだろう。これをよく知っていたがためにケララ共産政府は慎重な目標を設定した。

ケララ政府は彼等の解散を正当化するおそれのあることには着手しなかった。ナムブドリパド首席長官は憲法に対する政府の忠誠を誓ったし、中央の国民会議派政府に協力することを約束した。外国人所有の企業を国有化するというようなインド共産党全国計画にある幾つかの急進的な項目の実施を延期した。しかし比較的厳格な制度内での運用の必要性にも拘らずケララ州の共産政府は重要な政治的な成功を確保した。

共産党政府は議会主義の過程を通じての点数かせぎに相当老練な手腕を見せてくれた。その最初の主要措置の一つはインドではまれなことである州予算の均衡を保とうという約束であった。

インドでは、州政府らは普通中央政府の補助金に依存している。均衡予算は恐らく政府の人気にプラスを与えるある計画の犠牲も含まれていないかもしれないが、この均衡予算は中央政府内でどのような配慮をされるかも知れず、またケララ州政府は州内で起きる何らかの発展に対する完全な信任を主張できるということを保障するであろう。

もう一つの初期にとった政府の措置は、地方農村の各級官吏たちの俸給を引上げたことだった。その官吏たちは自然的に農村政治に大きな影響を及ぼしており、彼等の忠誠は重要な政治的利得をもたらすことは明らかである。

いま一つの措置は官長級俸給を自発的に引き下げさせたことである。耐乏がもっとも尊い人間美徳となっている国家で、彼等自身の物質的な特権を引き下げる政府の官吏たちは、国民たちからその献功を高く評価されるのだった。

ケララ州内での共産党戦術の実例として一般的に挙げられているより重要な措置は、一九五七年中間ごろに発表された土地改革案であった。まず最初に州政府はその案を州議会に正式に提出する前に中央政府の認可を得るようになっているので、この案を慎重に扱ったということを明らかにしておくことにする。

しかし、中央政府が例えどのような処理をしようが、それが持つところの宣伝的価値を利用するため州政府はこの案の一般的内容を公表した。その案自体は他の州で制定された土地所有法と根本的に異なるものではなかったし、この法案は前所有者に対する公正な補償を約束したって小地主に対しては著しく有利なようにした。即ち一〇〇エーカー以上の所有者に対しては、五エーカー以内の所有者に支払わされていた二〇倍の年間小作料の比率から五倍の年間小作料の比率で支給する補償率を規定した。このように外の政策領域でしたのと同じくここでもインド共産党は社会の中産階級を懐柔しようとした。

もちろんケララ州におけるインド共産党が執権した経験に対する影響はまだ評価することは早すぎるが、党指導者は全国的に立法議員の側にいる「中産階級」の心理状態の動きに注意を傾けているということである。七月末に党政治局の決議はこのような傾向に対して警告を発した。しかし議会での成功はこれからこの分野で全力を集中しようとするインド共産党を明らかに鼓舞させている。即ち同一の決議は「進歩的議会と州議会内すべての政党の進歩的な人物との提携を継続させ、彼等との協助可能性を模索するよう」共産党議員たちに要求した。

議会戦術に対する最近の強調に符合して、インド共産党は総選挙直後、党は党員数約十二万五千名を二倍とし「大衆党」に結成すると発表した。万一これが成就さえすれば、このような急速的な成長は恐らく国内正統派を弱化させ、紀律を弱化するようになろう。これは党州支部の強大な自治への傾向を招来するかも知れない。万一州支部が彼等がかねてからなそうとした如く、彼らの地方環境に適合した施策樹立により強大な機会に巡りあいさえすればインド共産党は前途を楽観してもよいだろう。

しかしこれは根本的に国際共産主義運動の将来の進展にかかっているのである。何故かといえば、インド共産党は未だにインドの政治社会においてよりは国際共産主義社会とより固く結ばれているからである。

韓国農業協会の組織を視察

米国農業信用管理庁総裁

韓国の農業信用制度を視察するため去る五日来韓した、米国農業信用管理庁総裁ロバート・ヒトテル氏は八日から十四日まで農協組織を視察することになっている。

ヒトテル総裁は今度の視察結果を米国AID当局に報告するといわれるが、氏は来韓前、印度、フィリピン、泰などの農業信用制度も視察したという。

一方ヒトテル氏は七日李貞煥（音訳）農協中央会長とも会見した。

関東水害 救援金寄託者（一）

香川県本部二万七千円

文永基 一万円、黄永学 三千円、金正一 一千五百円、朴龍雲 一千円、尹奇炳 二千円、張洪瑾 二千円、観音寺支部団員一同 一千五百円、張寿億 一千円、申鳳烈 一千円、殷鶴禄 五百円、曹鳳煥 五百円、徐且学 五百円、黄道和 五百円、鄭泰春 三百円、李七権 三百円、白鉉祠 三百円、河敬容 三百円、朴元培 三百円、石萬伊 三百円、韓日乗 二百円、朴学水 一百円。

尋ね人

白鉉晙

本籍地 全羅北道益山郡皇華面

右の方の消息を本国にいる実弟の白鉉翔氏がたずねております。お心当りの方は本紙までお知らせ下さい。

三愛貿易
SAN-AI TRADING CO., LTD.
MATSUDAIRA BUILDING
NO.11, 3-CHOME KYOBASHI　TEL.(535)3021-3
CHUO-KU, TOKYO

皆様にとって最も親しめる銀行…
最古の歴史を誇る朝興銀行を御利用下さい。
外国為替・信託
韓国・ソウル特別市
朝興銀行

○チッカタンナトリウム・化学工業薬品製造販売
大東化学工業株式会社
取締役社長　林　奉　𥔎
鳳凰市栄本町2の518　TEL(2)3381

／舞台構成／舞台装置／会場装飾美術
皇武童画房
東京都品川区大井倉田町3292　電話 771・9583番（共）

精力増強・朝鮮料理
神戸名物
金剛山
忘年会・新年会・予約受付中！　御家族ずれ歓迎！
●焼肉●鶏水煮●神仙炉●冷麺
●バーベキュ●朝鮮人参茶
PHONE
(3) 5561 5562 5563 5564
(39) 1169 9881 9861
冷暖房完備
1階…大衆レストラン
2階…大小お座敷
3階…結婚式場大ホール
神戸・三宮
生田神社前通り

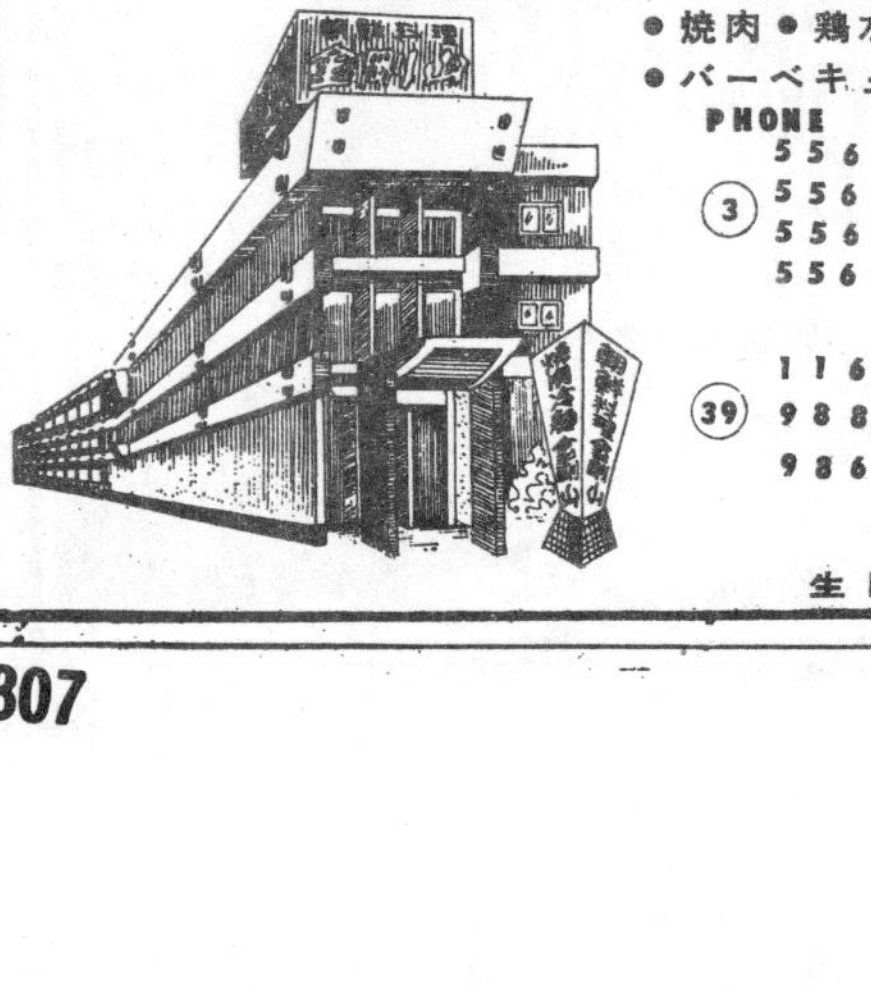

日曜日授業の部　待望の日本経営大学校 関西本校が開校　学生募集
経営学科　日曜日午前九時より十二時迄授業
生産学科　〃　午後一時より四時迄授業
販売学科　〃　午後六時より九時迄授業
◎右三学科は全科教程を受講することも又一学科二学科を受講することも出来ます。
◎各会社からの特別推薦者又は派遣社員と個人企業経営主は優先入学出来ます。
東京本校　東京都新宿区市ケ谷左内町二一　電話（三三二）四四四九・四四三三番
通信教育部！　通学出来ない方々の為に東京本校では全国的に通信教育を行っております
日本経営大学校
理事長　永井一成
◇入学資格　高校卒程度の学力ある者、男女年令学歴職業不問
◇修業期間　一ケ年卒業（経営指導士号授与）＝各科六〇名募集＝
◇受講料　入学金 五千円　授業料一学科 千三百円　後援会費 五百円
◇今回は入学試験はありませんが、卒業試験は厳重に行います。
◇入学案内書は〒五〇円又は電話下さればご送附致します。
◇申込み順に各科共定員で〆切りますから早やめに申込み下さい。
◎開校日　昭和三十七年十二月二十三日授業開始は来春一月十三日
申込事務局　大阪市天王寺区小橋西之町三六　電話（七六一）三四三六番
働き乍ら学べる本邦唯一の経営学の最高学府。
すぐに役立つ実力本位の教育。経営指導士養成。

訃告

前民団山梨県本部団長　金永鎮氏かねてより病気入院加療中のところ不幸にも今月五日午前八時永眠いたしましたので、ここに訃告いたします。

◇経歴◇

本籍　慶北大邱市飛山洞一六二番地
現住所　山梨県韮崎市竜岡町若尾新田一六〇
生年月日　一九一九年一月一日
家族　妻と一男三女

故人は解放後現在まで、民族陣営で反共闘争に献身してきた方であり、都下立川支部を結成したのをはじめ、長野県諏訪支部、群馬県桐生支部など各地でわが陣営の土台を築きあげた人であることをお知らせすると同時に、遺家族に対して愛護があることを祈願するものであります。

一九六二年十二月十四日

民団中総組織局

今年の映画界

制作百本を越える

大成功だったアジア映画祭

韓国で今年度に製作された映画本数は無慮百本を突破、映画史上二度目の記録を樹立した。映画製作業者の統計によれば、十日までに九十七本の新作が製作され、年末までは都合、百三、四本に達する見込みであるようだ。この外にも現在「映協」に製作申込みの名のりをあげた作品は大体、九十本くらいになるが、この中には企画準備中のものがほぼ三〇社に達し、五十余本が目下撮影中にあると思われる。今年にはいってから当局の強力な勧誘によって六十余社を数えていた群小プロダクションが、十七社に統合整理されたが、全体的には依然として群小プロによって形成されている。

このように数の上では作饒な外観を見せているが、秀でた作品の収穫は珍らしく相当数の作品が興行決算から苦杯をなめた結果は、明年度の製作に暗い影を投げている。

百本余りの映画がほとんどシネスコ版によって撮影された現象は、おそまきながら国産映画界がワイド・スクリーンに移り変って行く記録を物語っている。それに十余本のカラー映画も製作されて、色彩化時代に一歩前進した感を与えている。

旧正月と秋夕（秋祭り）などの「盆・正月」プロを飾る史劇などが国産平均製作費の数倍を越える大作ブームを見せたのも外観的ではあるが発展だと言えよう。だがこの反面に映画人口はかなり減退現象を現わしている。

六十二年度の映画をニュース本位にながめれば、次のような事柄が大きな出来事として数えられよう。

アジア映画祭

五月中旬にソウルで開かれた第九回アジア映画祭は、映画史以来の盛宴であり、国産映画の国際交流において飛躍的なきっかけをもたらしたものである。特に、ここで「離れのお客とおばさん」が作品賞を獲得したのを始まりに、映画コンテストにおいて強敵日本映画界を制圧したという事実は記念碑的な業跡であったと言えよう。

スキャンダル

スター趙美鈴嬢の被訴事件から始まり、朱曽女嬢の離婚、金芝美・崔戊寔氏の続けざまの姦通被訴事件など、連続的に巣をだした映画界のスキャンダル騒ぎは、長時日にわたってジャーナリズムの好餌にされたばかりでなく、多くの話題の波紋と製作界に影響をおよぼした。だらしのない映画人たちの生活倫理に目覚をうながしたことにはなるが、既成スター・システムの人気を落させて国産映画観客の減退現象にまで影響をおよぼしたとする批判も聞かれた。

制作者統合整理

制作界に直接的な影響をおよぼした事件としては、大きなことであった。

つまり、六十四社を十七社に統合させ、制作社の資格、施設規準を厳格化した同統合政策は、その実、内容的には別段実効をあげられなかったといううわさも聞える。だが、この次の措置として予想される国産映画保護政策と新映画法の発効などに関心が集まっているが外画カット政策を是正して国産映画に補償カットを解禁中であるといううわさが余計気になる。

「日本色彩」問題

四・一九以後に醸成された映画界の日本ブームは、まだはっきり把握されず、曖昧なジレンマに落ちた時、日本ストーリーの盗作から一歩前進した日本原作翻案製作、日本ロケ計画などは、いまだに当局保留のテーブル預かりとなっている。

一方、日本色彩、外国映画国内上映問題を中心にして外画界と国産制作界は冷戦状態がつづけられている。

海外との交流

日本映画が戦後始めてソウルで上映されたことは新らしいニュースであるが、「成春香」が日本国内で上映されたことも戦後始めてのことである。

フィリップ・安が中心となった韓米合作計画が推進された。この外、韓国とフィリピンの最初の合作映画「出口がない」が撮影途中であることなども、また国産映画の海外進出と交流が始まったことも、今年の新らしい話題といえる。

比国の映画界

■金勝鎬氏のみやげ話

韓比合作映画〝出口がない〟のマニラ・ロケを終えて七日帰国した金勝鎬氏の伝えるマニラ消息は次のとおりである。

比国の映画界を二十日間にわたって見聞してきたが、まずカメラ照明、スタジオなどのメカニズムにおいてわれわれよりも先んじているということで一驚した。

そして、一年間の映画生産量はわが国とほぼ同じ程度であるが、東南アジアや米国、ヨーロッパ諸国にまで輸出市場を拡げている点でわれわれに警鐘を告げるものがあった。

したがって俳優らの数も多く、国際的に活動している俳優も見受けられ、わが国と変らず人気俳優らはカケモチ出演を余儀なくされていた。

感心させられた点は、日曜日には一切撮影を行なわず、夜を徹して撮影を強行するというような事はないということである。それでいて、一作品の撮影期間が一カ月もあれば充分であるとのことである。

色彩映画もチョイチョイあるが、大部分は白黒のシネスコ版である。

今度の作品〝出口がない〟は、初の韓・比合作で、その成功如何について比国映画界では大きな期待をかけている。またマニラ全市がこの作品に関して沸き返っており、われわれ一行に対しても大変な歓迎ぶりであった。

この映画の監督はフィリピンでも指折りの実力者で海外映画祭で二回も受賞したことのある人である。また、この映画は同時録音で卒直にいって英語のセリフを覚えるのにテンヤワンヤであった。同映画に出演した朴魯植君は中ごろに、崔智姫嬢は二十日ごろ帰国する予定である。

洪久城 金泰伸 二人展より

洪久城画

—韓国公報館画廊で—

一萬冊を寄託

学園社より前線文庫に

八日午後、学園社では月刊雑誌「学園」一万冊を前線文庫に送って下さいと東亜日報社にとどけた。

また、十日の午前にも前線文庫に使用して下さいと次のように四百冊の本を東亜日報社に寄託して来た。

▼女軍除隊者李貞子、プルターク英雄伝外九巻。

▼梨大附属国民学校三年二班、柳来春、柳和春、書籍三二冊

▼博英社、書籍六二冊

▼中央文化社、一八七冊

▼ソウル高校一年生厳東一、十冊

▼博英社、六二冊

▼匿名二冊

ネズミどり月間

十五日から実施

保健社会部はネズミによってもたらされる伝染病を未然に防止するため、来る十五日から来年一月十五日までを全国衛生関係事業所鼠取作業強調月間と定めこれをソウル特別市と各道に指示した。

奨学生募集

募集人員 二名

資格 ソウル出身者。東京にある大学の理工学生。

希望者は履歴書、在学証明書を韓国新聞社まで提出して下さい。

お宅の電化は三和から！

卸値で小売も（本紙読者特別割引）

各社テレビ電気器具卸

三和テレビ・ラジオKK

東京都台東区御徒町1-5

TEL（866）4177（代表）

画青磁楊柳文筒形瓶

國寶巡禮 (9)

撮影・李 [illegible] 筆

○…高麗青磁の中には鉄分を含んだ土でこしらえた鉄砂を筆につけて絵が描かれている「画青磁」と呼ぶ陶磁器がある。中でも最も代表的なものが、今度「新国宝」に「新規指定」された「画青磁楊柳文筒形瓶」（指定番号＝一一三号＝国立博物館所蔵）。瓶の真中へ見事に延びた楊柳を描いた長筒模様の小さな瓶（高さ三十一・三㌢、口径＝五・五㌢）に、瓶の口先きは比較的とがった面が立ち、瓶の肩はなだらかに曲線をえがいている。灰緑色の釉薬がところどころ酸化され、黄褐色に変色された様子が一層、瓶の韻致を盛りあげているようでもある。

○…この瓶は、十三、四世紀ごろ全北扶安で作られたもののようでもあるといわれているが時代的には「画青磁法」は「象嵌法」つまり、陶磁器表面をかき出したあとに、白い土か、または黒い土で埋め、美しい紋をつくるようにした技法が漸次なくなるにつれて生じた新しい技法で、瓶の表面に絵を描いた点は西欧的な、特にギリシャ的な味わいがある。

李朝野史物語

太宗世祖時代編（13）

『死六臣』の巻（一）

「端宗復位」の計画失敗

成三問が中心となって六臣たちは協議をして、

「われらが、いま死ぬことは犬死することに外ならぬ。そうかといってこのまま引っこんでもならぬ。現在の地位を離れないで彼等の動静をうかがいながら、機会をつかんで事（世祖廃位）を運ぶことに……」と相談をまとめた。

それ以後彼等六人はじいっと我慢しながら渋面何事もないふりして自重した。毎日任務に励み時折り集まっては計画を練った。

さて、一方宮廷クーデターの一級功臣権ラムは深謀遠慮の人であった。彼は成三問たちが自分たちに同調しないのを、不審に思っていた。

そのために金チルが彼の密偵となって成三問に接触することになった。成以下六臣の動静をスパイするために。

金チルは成三問宅に出入りしている中に機会をみてから、

「朝廷にいるものたちがみな権力におもねるものばかりで、利益を追求することに目がくらんでいます。彼等はみな先王からうけた大恩を忘れ背くものばかりです。誠に嘆かわしいのです。こんなことを考えると気が狂いそうです。拙者は、既に死ぬべきでしたが、今日まで生きているのは殿のような大先覚と一心になって国家のために何かお役に立ちたいことをしたいからです。今の朝廷にいる者は背信者ばかりで共に語る奴は一人もおりません。殿は先王以来の旧臣であり、当代の名賢でもあります故に、小生腹蔵ずに申上げますのであります。どうか、これから拙者も同志の一人として御一緒に旗上げをしたいのです」と、涙ながらに話した。

金チルが「真心」を披瀝して話るのを聞いた成三問は、それから彼を同志として許した。考えてみれば、金チルは世宗と文宗から信任された旧臣である。そのために成三問も彼を信用して、同志たちが計画した端宗復位に関したことを残らず打ち明けた。

世間では、このときの成三問のやり方を軽率であったと非難した人もいた。しかし、そういった見方は異論のあることで、一つの運命とみた方がよかろう

この時分六臣たちが秘密な集まりで、俞応孚はいますぐ決行論を主張したが、準備も不充分であるのに大事を軽率に運んではならぬと抑えたのは、成三問であった。

そうしている中に、機会が訪れた。明国から来た使臣が明に帰るので世祖は上王（端宗）と殿坐（同席）して明使を見送る儀式が行なわれた。

六臣の方では、この機会を利用して計画を実行することにした。儀式には、二品武官二人が宝剣を持って王座の前に侍立することが例であった。それで、六臣の方では金チルをして韓明澮を動かして、成三問の父成勝と総管（侍従武長官）俞応孚に当日宝剣持ちにするようにすることであった。そうして、すきを見て世祖を切り鄭麟趾・権ラム、韓明澮などを同時に片附けること、その次に上王を復位することを計画した。

しかし、六臣が密議した計画はそのまま金チルが密告してしまったのは勿論である。

ついに、明使を送る日となった。世祖は上王と同席した。儀式が始まる時になり、王より意外な命令が下った。ときは丁度、六月であったので

「暑い上に場所も狭いから、宝剣の儀は取り止めにせよ」と。金チルの密告で六臣側の密議を知ったからである。

六臣側では、計画が漏れたことを知ってあわてた。そうして地団駄ふんでくやしがった。俞応孚は、こうなった以上はわしの拳骨だけでも大丈夫やれる。首陽君はいま上国使臣を送るために夢中でいるから、そのすきをねらってこれからすぐ式場を襲った方がよいと主張した。

しかし、成三問始め学士たちは武人とちがった見方をした。それよりは後日のまたの機会を見てから再起を計った方がよいと反対した。ついに、計画は放棄してしまった。不運な六臣たち……。

さて、明国使臣を無事に送った翌日、早朝から世祖大王の急命によって成三問以下学士たちやその他のものが呼び出しをうけた。

先ず、成三問が王の前に立たされた。世祖は威厳ある口調で

「汝、六人のものと密議の上、昨日明使を送る式場で朕を殺害することにしたと聞いたが、それは事実であるか？」と鋭く聞く。

成三問は、このとき始めて金チルが裏切ったことを知った。成三問いささかも臆しないで、

「左様、相違ありません」

世祖は、成三問が証言をしたのでその場で義禁府都事（刑事）に命じて成以下六臣を逮捕した。それから義禁府、刑曹、捕庁に厳命して特別訊問庁が特設され、各種刑具が、並べられた。訊問は韓明澮を委官に任命し、世祖自ら厳しく訊問を始めた。

（つづく）

趙重玉著

韓国料理

B5判 一三〇頁 挿絵多数

定価 八〇〇円 送料 一〇〇円

取次店 東京都千代田区神田猿楽町二の四五

韓国資料研究所

電話 （二九一）〇一九六五

振替 東京 一五九七九五

(111)

許槿旭

え 金泰伸

脱出（五十五）

「それでは、この婦人は、君が脱走して来た事実を知っていたのかね？」

「いいえ。この婦人は何の罪もありません。そうした事実を言うに忍びず、無罪で釈放されたと嘘をつきました。この婦人には、少しも罪がありませんから、早く私だけ連れて行ってください」

「しかし、君がこの家に足を踏み入れたのだから、ちょっと証人として西大門刑務所まで、一しょに来てもらうんだね」

私服警官は、軽やかに私の方へ顔を向けながら低くきいた。

「あなたは、このこどものお母さんですか？」

「はい、そうです」

警官の突然な質問に、私は胸がドキッとするのを意識しながら、うなずいた。

「それでは、奥さんも一しょに西大門刑務所まで、ちょっと行ってもらわねばなりません。別に何も心配することはなく……ただ、そこに行って、係長に証人として一こと言ってくれればすみますからね。そして、車で家まで送り返して上げますから心配は要りません」

警官は、いともやさしく言いながら、全洪俊さんを先に立たせて外に出た。

私はマフラーで顔を隠し、かれらの後について、ジープに乗った。車は狭い露路を抜け出して、すべるようにアスファルトの道を走った。私は揺れる車の中で、身動きもせず、外を眺めていた。枯木のような街路樹の乾いた枝が、風に吹かれてお互いに、ぶつかり合っていた。

やがて、車は西大門刑務所の前についた。明るいあかりの下に、いかめしい刑務所の門が、私の視野の中に飛び込んで来た。

（ああ、私はどうなることだろう？ 私が誰の娘であるかということが知れれば、この人たちは、あるいは私を死刑にしてしまうかも知れない！）

私は発作的に眼をかたくつむってしまった。意識が遠くなるようであった。

きしむ音がして刑務所の門が開かれる瞬間、私の眼の前に、ふと浮び上がる顔があって、私は身をすくめ首を振った。

八・一五解放直前、西大門刑務所から、保釈されて出てこられたときの、坊主頭になった父の姿が浮んだためであった。父もまちがいなく、このきしむ、いかめしい鉄門の音をききながら、監房に引かれて行ったのではなかろうか……。

「早く降りなさい」

警官の太い声に、私はふと、われに返った。車から降りた私は、警官たちの後について、長い廊下を歩いて入った。

やがて私は、とある事務室の中に案内されて入っていった。室内のまん中に、でんと座を占めた大きなテーブルの前には、係長であろう、中年の男がすわっていた。

「係長さん、この婦人の家で逮捕しました」

私服警官は、係長に不動の姿勢で敬礼しながら報告した。

「あ、ご苦労さんです。君、こっちへ来なさい」

係長は全洪俊さんを指さしながら、静かに命令するように言った。

優良鋳物用銑鉄製造

朝日製鉄株式會社

取締役社長 申学彬

横浜市鶴見区鶴見町1320

TEL 横浜（50）8431－4

漢陽

12月号…200円

<在日> 国文版의 綜合雑誌

主要内容

韓国防衛上의 問題点 …… 金景鎬

韓国의 燃料事業 …… 金基澤

社会保障의 問題点 …… 朴元錫

韓国貿易의 몇가지 問題点 …… 李樂旦

흔들리는 中南美의 秩序 …… 裵泰旭

訪韓하는 知性 …… 金仁在

愛国思想家 柳麟錫 …… 金泉錫

韓国의 歳時風俗 …… 文哲鎬

古典의 余韻 …… 李丙疇

韓国漢語文学의 概要 …… 金起東

奈良大仏과 韓来技術 …… 金正柱

新羅의 勾玉 …… 韓炳植

瞻星台와 天文歴法 …… 崔容鎬

＜民謡와 伝説＞

어랑타령 …… 金炳玉

＜名勝古蹟巡礼＞

幸州山城

栄州・浮石寺 …… 編輯室

＜創作＞

골목대장 …… 金鉄洙

其他 時事評論・随筆・詩 創作 多数

※定期購読料金 六個月 一二〇〇円 一個年 二三〇〇円

発行所 漢陽社

東京都豊島区池袋東一ノ一五五

電話 東京（983）五三一三

振替番号 東京 四五一・六八

宗教法人 善隣基督教会附属／人間ドック完備

尾竹橋病院

理事長・金城周奉

院長・金城循明

診療科目

内科 小児科 外科

整形外科 産婦人科 眼科

耳鼻咽喉科 皮膚泌尿器科 神経科

放射線科 歯科 物療科

■診療時間・午前9時～午後5時

■基準看護・基準給食・基準寝具・厚生省承認

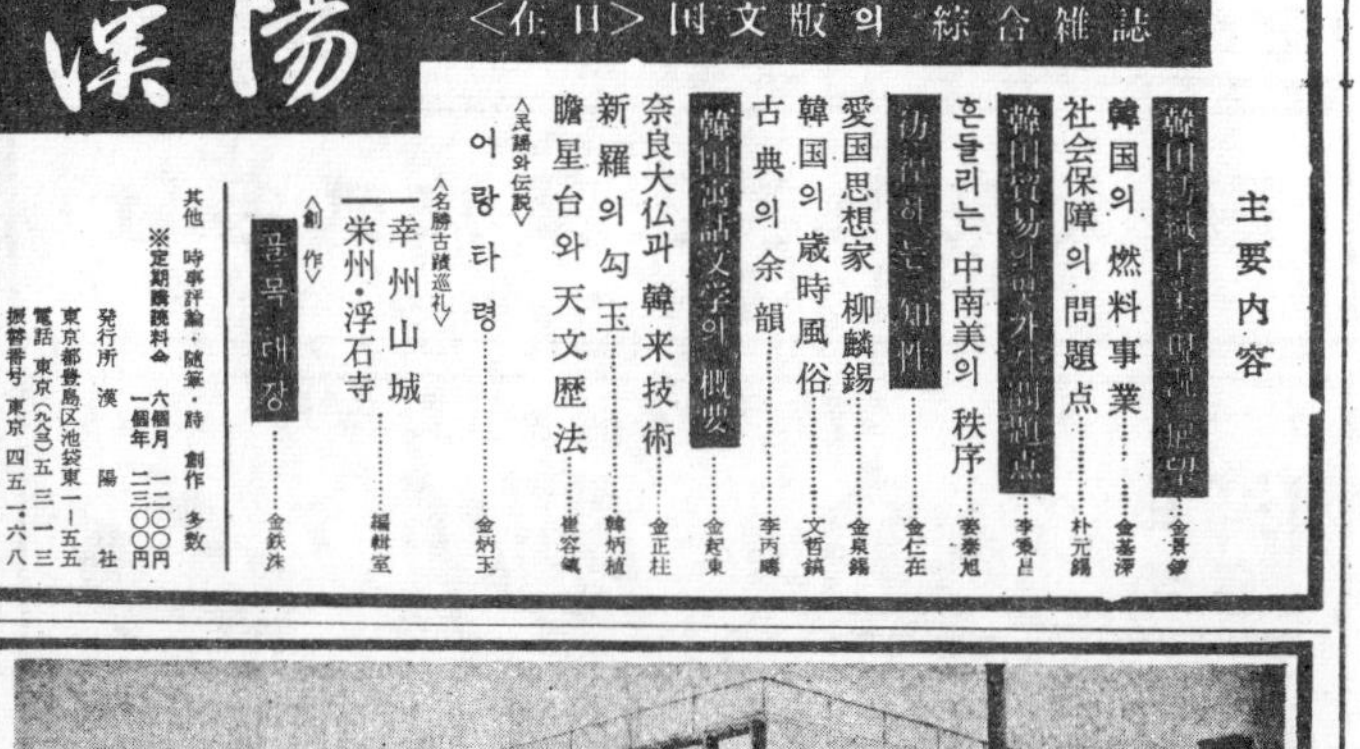

所在地・東京都足立区千住桜木町53番地／電話（881）4807・7590～2

理事長室（881）7592・院長室（881）6329・栄養事務室（881）2774・准看護学院（881）6329

韓國新聞
発行所 韓国新聞社
発行人 曺寧柱
東京都文京区春日町

改憲 圧倒的多数で承認

賛成が七八・六一パーセント

投票率85%を上回る

【ソウル発＝KP】十七日行なわれた憲法改正のための国民投票開票は順調に進んでいるが、国民投票中央管理委員会が十八日午前十一時現在、発表したところによると一部島々を除き開票はほとんど完了した。

それによると次の如く投票率は八五％の一、〇五九万一、一一三票、賛成七八四万二、九〇五票で七八・六一％の圧倒的多数を占めた一九一万、反対は一九一万七七票にとどまり、そのほか無効が三万二九九〇票にのぼってた。

19日ごろ確定を宣言

【ソウル発＝KP】十七日に行なわれた憲法改正のための国民投票開票は現在全国で進められているが、七〇九万余票をこえて憲法改正は確定した。その様子をまずすでに七〇九万余票をこえて憲法改正は確定した。

十八日午前六時、中央国民投票管理委員会発表によると、午前五時現在の賛成七〇九万余票で憲法改正に必要な有効投票の過半数である五百三万余票をはるかに上回り憲法改正がここに確定した。

全国の投票結果がすべて判明するのは十八日夜になるとみられるが

十八日午前五時現在の投票数は、有権者一二四一万二、七九六名の八五・一％にあたる一、〇五八万七、九〇五票でまだ各海島地区の投票結果だけが不明である。同地域の有権者は四万一、三一九名となっている。

十八日午前五時現在の開票総数八九九万一、八六九票のうち賛成票が七〇九万一、六三二票を占め七八・九％が憲法改正を支持していることになる。

なおこの結果、最高会議は十九日ごろ本会議を開いて憲法改正の正式確定を宣言し、そのあと朴正熙議長がこれを公布するものとみられる。

各道別投票、賛成、反対、無効票及び投票率、賛成率は次の通り。

【ソウル（開票完了）】投票数＝一〇四万九、〇三七、投票率＝七四・五九％、賛成票数＝七七万九、四六八、反対票数＝二三万九、九三六、無効投票＝三万九、六三六、賛成率＝七七・三〇

【京畿道（甕津地区除き完了）】投票数＝一二七万六、四七五、投票率＝七五・〇五％、賛成＝八九万一、四五〇、反対＝二三万五、〇四〇、無効＝二万七、七三八、賛成率＝七七・〇二％

【忠北道（完了）】投票数＝五四万三、〇二四、投票率＝八四・七九％、賛成＝四二万三、〇九七、反対＝一一万九、四七七、無効＝一万一、四五〇、賛成率＝七五・九三％

【忠南道（完了）】投票数＝九九万五、一二五、投票率＝八四・五％、賛成＝七五万五三八五、反対＝一二万四、八一五、無効＝一万四、九二五、賛成率＝七五・九％

【全北道（完了）】投票数＝九六万五、六一八、投票率＝八六・六六％、賛成＝七三万一、八五五、反対＝二万一、五二三、無効＝二万一、二四〇、賛成率＝七五・七九％

【全南道（務安、靈光、海南、麗州を除き完了）】投票数＝一四一万九八九、投票率＝八六、八〇％、賛成＝八五万六二、反対＝一七万二、六一九、無効＝二万一、五七一、賛成率＝八一・四〇％

【慶北道（完了）】投票数＝一五八万六、九八四、投票率＝八六・九七％、賛成＝一三六万一、二四三、反対＝二八万七七、七七八、無効＝三万七、九六…

【慶南道（完了）】投票数＝一七四万九、四〇四、投票率＝八六・七％、賛成＝一四三万七、四五、反対＝二九万三、三七七、無効＝二万八、六八二、賛成率＝八一・六％

【江原道（三陟除き完了）】投票数＝七六万六、六三五、投票率＝八〇・〇三％、賛成＝六三万七五四、反対＝一二万三、九六四、無効＝一万七、九〇七、賛成率＝八二・三％

【済州道（完了）】投票数＝一三万五、二七六、投票率＝八八・六三％、賛成＝一一万二、八四六、反対＝一万五五一、無効＝一、八七九、賛成率＝九〇・〇八％

【合計】投票数＝一、〇五九万一、一一三、投票率＝八五％、賛成＝七八四万二、九〇五、反対＝一九一、一万七七、無効＝三三万二、九九〇、賛成率＝七八・六一％。

改憲国民投票所で投票する朴議長夫妻

韓日会談、急テンポで妥結へ

請求権了解線に

無償三億、有償二億ドル

第六次韓日会談第十九回予備折衝を十八日午後三時から日本外務省で開いたが、同席上、日本側は前日池田首相の了承を得た対日請求権問題についての日本側最終案を提示した。この最終案はさきの金中央情報部長と大平外相との会談でまとまった"了解線"に沿い、無償三億ドル、有償二億ドルという案である。請求権問題の大筋が解決されれば、これをきっかけに漁業問題をはじめとする諸懸案も急速なテンポで解決に向うとみられた。この最終案は、無償三億ドル、有償二億ドルの経済協力によって対日請求権問題を解決しようとするもので、有償二億ドルは海外経済協力基金と輸金の二本立てで、あとの一億ドルは何らかの方法（利子、償還期間を異にした前記二本立てか、政府保証による民間借款）で韓国側の意にそうべく誠意を尽すことを示唆した模様である。

この日の予備折衝では、まず日本側から対日請求権問題処理についての日本側から最終案の提示についての日本側の補足的な説明を行なっ…

請求権問題での額面については解決の線に近づいたものの、政府借款の金利、返還年限などについて双方に意見の差があるようである。また対韓こげつき債権の処理方式についても、日本側の請求権とは別途に現金返済を望んでいるのに対し韓国側は、無償額からの棒引きを考えているなどの差はあるが、金・大平会談での取決め線に変更がなく、双方とも妥結への熱意がみられるので歩み寄りによって、年内に請求権問題が大筋でまとまる線が強い。

請求権問題に次いで漁業問題は難関であるが、日本側の請求権問題に関する最終態度をきっかけに、来たる二十一日に予定されている第九次専門家会合で韓国側から弾力性のある第二次案の提出が予想され、同問題に対する年内に大綱をまとめるとの当初の目標実現は難しいそうだが、請求権問題の妥結的姿勢をきっかけに、同問題をはじめとする諸懸案も急速なテンポで進められそうである。

なお、請求権問題が解決されれば、駐韓日本代表部の設置をはじめとするこ…

66億ウォンで活発に推進

建設部の新年度工事予算

六十三年度の建設部所管総予算規模は六十六億六千三百九百万ウォンで新年度の国土建設事業は六十二年度におとらず活発に展開されるもようである。

このぼう大な予算は一般会計五億五千三百七十九万二千四百ウォン、経済開発特別会計四十四億四千九百七十三万四千五百ウォンと財政資金運営特別会計六億三千万ウォンをそれぞれ財源としている。

新年度の主要国土建設事業をみると電源開発のための①蟾津江、②臨津江、③昭陽江、④南江ダムの建設継続と水利事業、蔚山工業地区の造成事業、道路、都市、土木、上水道、港湾、治水などの国土保全事業、このほか住宅建設事業などを実施することになっている。

主要事業体内容はつぎの通り。

【蟾津江ダム建設】…五七、六〇〇キロワット規模の春川ダム建設は二十二億四千八百万ウォンの予算で、第三次年工事を継続施工する。

【蟾津江ダム建設】このダムは現出力一四、〇〇〇キロワットを二八、〇〇〇キロワットに倍加するもので第二次年工事費として、五億五千万ウォンを投入している。

【昭陽江ダム建設】工事費一億ウォンで工事継続。

【南江ダム建設】洛東江下流の洪水調節とカンガイ改善、電力生産など多くの目的をもつダムの建設であるが、このダムには七千万ウォンを投資している。

【蔚山工業地区造成事業】蔚山工業地区開発のため六十三年度には十五億三千五百五十一万七千五百ウォンを投資する。工事内容は都市土木事業として下水道七〇〇メートル、街路築造一万五〇〇〇メートルに一億六千七百二千万ウォン、日産十二万トン規模の工業用水施設に六億五千二百万ウォン、港湾施設に三億八千二百六十七万ウォン、河川の補修に五百七十八万ウォン、精油、製鉄、肥料など三大工場の敷地造成工事に二億三千九百三十二万七千五百ウォン、機械機具設備に七千八百三十四万ウォンを投入する。

【道路工事】第二漢江橋をはじめ八十六の橋りょう建設に四億二千三百九十五万ウォン、主要国道九路線の総延長二十一万一千百mの道路舗装に一億九千万ウォンを投資する。

論壇

日本社会党の韓日会談反対は韓国の平和統一を阻害する

日本の社会党は韓日会談即時中止運動を日本共産党と統一戦線の連合体で展開している。

その反対の理由は、政府が最近韓日会談の妥結を急いでいるのは第一には軍事的な理由からで、アメリカの"北東アジア軍事同盟"に協力しようというのであり、これにつけ込んだのが、朴軍事政権である」となしさらに「韓日会談は南北韓の統一を阻害するから」という理由をもって反対の基本的態度となしている。これは笑止千万な社会党ならぬ共産党の陣営を背負う日本社会党のあわれた姿を浮きぼりにしている。第一は軍事的な理由からといっているが日本社会党は北韓共産カイライ政権がソ連と中共との三国軍事同盟を締結した昨年からこの方、これに対して一言半句もふれず、韓国が日本との親善を期すべく韓日会談を進めているのには軍事的だ、軍事的だとさわぎ立てるのは、良識ある人々の反対論であろうか。

北韓カイライ政権の軍事同盟は軍事的でないとする日本社会党の共産主義礼讃思想は共産主義者の軍事行為は軍事でなく、自由民主主義国家が手をとり合って仲よく行なおうとする行為は軍事的にみえるのであろうといわれてもいたし方ないものである。

これにあわせて、南北韓の統一を阻害するというが、日本社会党は、いつから韓民族の統一を目論み、援助協力をしたことがあるのであろうか、余り心配は無用である。

先ず韓日会談が軍事的だとする以前に、日本社会党は北韓カイライ政権の既成事実である軍事同盟の破棄を唱え、これを実行せしめた後に、韓日会談が軍事的だとする反対論を唱えたとしたら、火の遠吠えとしてでも聞く余裕があるが、前記のように北韓カイライ政権の軍事同盟を認めている日本社会党の、韓日会談を軍事的だとする反対論は、まじめな韓日両国民は馬耳東風と聞きながすだけである。

なお、これにおいて、われわれ韓民族は日本社会党の破廉恥的なおせっかいにはほとほと迷惑であるから遠慮してもらいたいものである。

社会党がいわなくても、われわれ韓民族自体において、時期が到来すれば必然的に南北韓の統一を促進する要素となるからである。社会党はかえって南北韓の統一を日論むどころか離間策をどうしているのにほかならないのである。真実に社会党が南北韓の統一を考えるならば、韓日会談の妥結への寸前にある折、韓日会談反対論は韓民族の要求を促進させる役割と韓日両民族の親近関係に水をさすことにほかならないことを自覚し、…

内部的にこの統一をなさしめる民族的な力があることを日本社会党の目前において実証し、統一を勝ちとるから心配は無用である。

韓日会談が統一を阻害するというのは逆説で、統一を促進する効果はあっても、阻害する要素はなに一つないのである。なぜかというと、韓日会談によって韓国自体が国力培養の一端を何らかの力を日本から無償・有償の形で受けとるからである。この国力培養が…

社会党が韓民族の友となるためには韓民族の歴史を凝視すべきである。韓民族は風に柳のような民族ではあっ…

…志は日本社会党が従どくほ族に食指をうごかしてたびることを発見すべきである。…の歴史は、近代においては…りであり、日本帝国主義まである。

韓民族も古いしきたりと因習をとり除いて、新しい文化を造成しつつあって、近日肩をならべる日も近いことから、日本社会党は冷静な目で見守ってもらいたいものである。

（崔大栄）

対日発注古鉄一万二千トン入港

仁川港に某会社が日本に発注した古鉄一万二千トンが、このほど仁川に入港、荷役作業が進められている。なおこの古鉄は鋼材として使用されるものである。

ポリビニール・アルコール輸入許可

商工部は米進化学繊維工業（代表…）申請のポリビニール・アルコール六万六千ドル（六万五千ドル）の輸入を許可することを検討している。これは同品が合成繊維製造に必要な原料でさきの国調規定の合成繊維育成政策による特典をうけることができ、工業局第一局でも輸入許可を指摘した。

合板、一千七百トンを対米輸出

大成木材では六二年度ベニヤ合板輸出目標の一部である一千七百トンを対米輸出したが近く六百トンをさらに輸出するという。

タイ国から梳毛糸など取引希望

大韓商議によるとバンコクにある…ンジスターラジオ、音響器具、日用品などの輸入申入れがあった。

年内輸出に許可を

無煙炭輸出クォーター切れる

商工部による本年度下半期輸出用無煙炭十万トンのクォーターが全部切れた。したがって輸出認証を受けられず年内に輸出する輸出業者は別途に商工部の輸出許可を受けなければならない。ところで六三年度の無煙炭輸出クォーターは十万トンと計画しているので新年度に…

国連政治委

韓国問題大詰へ

国連軍駐留で舌戦続く

【ソウル発＝KP】ニューヨークからのUPI電によると国連政治委員会での韓国問題討論は、丁度韓国の新憲法に対する国民投票日にあたる十七日、最終段階に入った。

政治委員会は十七日午前十時四十五分（現地時間）から再開されたが、韓国に駐屯している外国軍隊の撤退と南北両政権の協商を要請するソ連の決議案と、米国はじめ韓国戦争参戦十六カ国の提議である韓国問題解決のための国連の目的を再確認した決議案に対する採択が予定され、十八日におわる予定となっている。

しかし消息筋ではソ連の決議案がほとんど否決される見通しで、参戦十六カ国の決議案が多数の賛成票をえて採択されることはまちがいないといっている。

一方、十七日の討論で先ず演説したモンゴールの代表は韓国から国連軍が撤退すべきであるとするソ連の決議案を支持すると前置きし「米国政府は台湾を含めた極東における新しい軍事体制を築きあげるというこれまでの政策を実現するため韓国と日本に圧力を加えている」と非難した。

これに対しコロンビア共和国の代表はモンゴール代表の米国非難の根拠は北韓当局者とソ連ブロック代表たちの声明を除いては見出すことが出来ないと反駁し「国連軍は混乱をもたらすよりむしろ秩序をもたらす要素であることは疑いのないところである。国連軍は韓国民の権利を守っているものと信じている。従って国連軍はその目的を達成するまで韓国に継続駐屯すべきである」とのべた。

同代表はまた「国連軍は駐屯部隊ではなく警戒にあたる警察兵である」と指摘「国連軍は韓国民の意志に反し選挙を妨害するために韓国に派兵されたのではない」とのべた。

つぎに演壇に立ったアルバニア代表は共産側主張を固執し、国連韓国統一復興委員団は解体すべきであり韓国駐屯の国連軍も撤退すべきであると前置きし「北韓が政治委の韓国問題討論に参席するよう招請されるべきであった」とのべた。

またチェコ代表も共産側の主張をくりかえして韓国における米国の役割を攻撃、「北韓の人民は南韓の人民よりはるかに豊かな生活を享有している」と主張した。

これに対し日本の岡崎代表は国連は分断されている韓国に最終的な平和が達成されるまで駐屯すべきであると前置きし「国連の組織は韓国民の基本権の守護者でもあるので、国連軍が韓国にとどまることが必要であることはあまりにも明らかである」とのべ、ソ連提案を攻撃した。

岡崎代表はまた韓国にいる国連軍は言葉上からも外国軍隊とはいえないと指摘「つまるところ、国連軍は自己の事業のため韓国に駐屯しているのではない。彼らは北韓の侵略をうけた韓国を助けるという国連の決議の原理に従って駐屯したものである。それだから国連軍は国連総会の別の決議がない限り韓国にとどまるべきである」とのべた。

また独島問題解決方法で、第三国による調停のほか、国際裁判所による方法と合わせての二面方式に双方が合意したかの如く報道も否定、韓国側の従来の主張である第三国による調停案を貫き、順調に進まなかったら改めて話し合うという原則をもはっきりさせた。

第二十次予備折衝は、来たる二十一日午後三時から日本外務省で行なう予定。

…とに韓国側が了承したかの如く日本の各新聞が報じているが、これは誤報であることを当日の席上で双方が認め、調印さえすれば国交正常化以前でも同代表部設置問題に関する話し合いに応ずる用意があるという程度の韓国側の態度を明らかにした。

農漁村にラジオを贈ろう

十二月二十日まで募集期間を延長

拠出先
◇民団各県本部 または支部
◇各さん下団体本部 または支部

尋ね人

白鉉畯さん

本籍地 全羅北道益山郡皇華面

右の方の消息を本国にいる実弟の白鉉瑞氏がたずねております。お心当りの方は本紙までお知らせ下さい。

李錦蓉（平野）54歳

本籍地 平安南道大同郡

右の方は大二次大戦前、香港で日本人の夫と木炭商を営み、戦後日本に引揚げたもようです。御心当りの方は本紙または弐印、御連絡下さい。

ソウル特別市城北区貞陵洞四〇四 貞陵市場内三〇号 李信善

奨学生募集

募集人員 二名
資格 ソウル出身者。東京にある大学の理工学生。
希望者は履歴書、在学証明書を韓国新聞社まで提出して下さい。

ご商売やお住いのご計画に……

東京商銀信用組合

東京都文京区湯島天神町三－一四
電話・八三一－五七五一・四〇八・八六〇・五三二〇・五三二九

皆様にとって最も親しめる銀行…
最古の歴史を誇る朝興銀行を御利用下さい。

外国為替・信託 業務

韓国・ソウル特別市
朝興銀行

韓国と日本を結ぶ!!

広告代理店 KPR
TOKYO 港区芝琴平町26 電話（501）0471
SEOUL 乙支路一街101 電話（2）1811

生活叢書⑩
社交禮儀全書

斯界権威 40名 執筆 ◆主要内容◆

4×6版 842頁
高級模造洋装箱入
挿画・写真多数
定価 2,000

①총론(総論)

家庭生活과礼節 절, 인사, 名節, 韓国・中国・西洋式食事法, 茶과 菓子를 드는 法, 接客, 訪問, 文子, 夫婦間의礼節, 사귐 할 이, 職場生活의 礼節에 関한 것 등

社会生活과礼節 公衆道徳・選挙・執職・教育・会議・集会・理賞・観覧・司会・旅行・祭礼・挨拶・紹介・祝賀・送別・問病・弔問・依頼・謝礼・贈答・通信에 관하여의 礼節, 朋友・隣保間의 礼節, 男女間의 礼節, 外国人에게의 礼節등.

四礼 冠礼, 現代式婚礼, 在来式婚礼, 基式婚礼, 仏式婚礼, 喪礼의 革礼, 喪中의 礼節, 儒式・基式・仏式喪礼의 節次, 祭礼式, 墓地의 選定과 葬法, 服制, 忌祭, 四時節祭, 慰霊祭의 追悼式, 基式・仏式祭礼

（附録）儀礼規範・国際儀礼

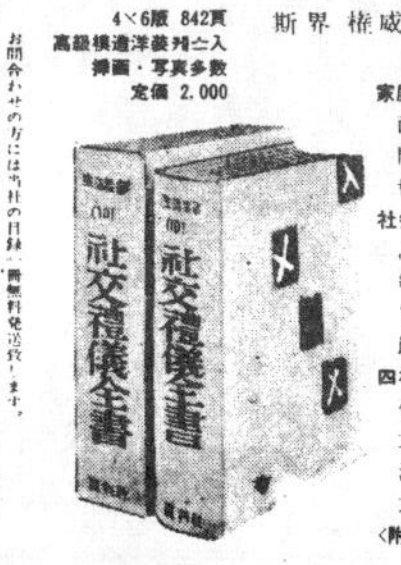

▼注文方法…御注文なさる図書名及び発行所を記入の上代金を添えて郵便又は現金引換便で迅速にお送り下さい。壱千円以上で現金引換で御送りします。

お問合せの方は切手の日附…

東京都千代田区松枝町二二番地
綜合韓国資料社
TEL（86）〇〇一六

儀禮大全

内容의 一部
第一篇 人事法
第二篇 系寸法과 対人 称号
第三篇 婚礼 四柱쓰는法과 보내는法
第四篇 祭礼 納幣（납폐）文의 書式
第五篇 喪礼 의 書式
第六篇 服制（복제）
第七篇 修養 類와 現行
第八篇 衰敗 雑禮 老人笑
婚礼式의 順序… 祭文 吊辞 追悼辞 弔辞 請婚（청혼）書式 許婚（허혼）書式 四柱보내는 書式 涓吉보내는 書式
1 納幣 2 初 3 醮 4 醮 5 醮 6 手紙 7 間安紙
発行所 成文閣 著者 安明善

韓国貿易年鑑

1962年 定価 4,200

図書案内 No. 12

綜合韓国資料社

バンドンへの道

第二回A・A会議を前にして

歴史的な第一回アジア・アフリカ会議がインドネシアのバンドンで開催されてから七年—今また第二回会議開催の機運が熟し、その準備会議が遠からず、同じバンドンで開かれる予定である。コロンボ五カ国（インド、パキスタン、セイロン、ビルマ、インドネシア）とアフリカ五カ国（未確定）を共同主催国とするこの準備会議は、アジア・アフリカ諸国間の親善と協力の増進、経済協力、人権尊重および民族自決、従属人民問題、世界平和の増進などを目的とする第二回会議の開催時期、場所、構成、議題等の問題を決定しようとするものである。

金・スカルノ会談で参加を決定

出席の表明は外交面の飛躍

ともあれ、外相級または大使級で構成される今度の会議は、韓国が正式代表として招請されている点において、われわれにとって大きな意義をもっている。

去る十一月十二日、訪米・訪日旅行の途次、金鍾泌中央情報部長は、その時ちょうど訪日中であったインドネシアのスカルノ大統領と東京帝国ホテルにおいて会談した結果、韓国も参加してほしいとの招請を受けるに至ったものである。

金部長の訪米・訪日の結果及び影響は、すでに国内外のマスコミを通じて、広く知らされ、高く評価されているので、改めて論ずる余地もないが、予定されなかったスカルノ大統領との会談、およびその成果は韓国外交の飛躍を意味するものであり、そこに価値がある。中立主義を掲げるインドネシアは、西方側よりはむしろ共産側と近しいような印象を与えてきたし、特に、中共、北韓カイライとは大使または領事関係を結んでいる。

このような国の大統領を数えて訪問し、両国の通商増進と体育文化使節の活発な交流により友好を緊め、それを国交樹立にまで発展させることに合意する一方、バンドン会議に参加を認めてくれるよう要請したことは、革命韓国の「驚くべき飛躍」の一つである。

積極外交で国際的地位を強固に

北韓カイライの欺瞞性を暴露

勿論政府は、中立国との修交を含む積極外交政策を前面に押出し、インドネシアだけでなくすでにアジア・アフリカ中立諸国に活発に接近しているのであるが、中共を始めとする数個の共産国家が主要な位置を占めるバンドン会議に対してまで、進んで参加の意思を表明したのは、明らかに果敢な布石の一つであると言い得よう。

姑息な政策に終始し、どこかの従属国のような印象さえ与えていた旧政権時代の消極的な外交に比べる時、正にこれは隔世の感を禁じ得ない大胆な行動である。

世界人口半ば 結束する大勢力

一九五五年四月、アジア・アフリカ二十九カ国が参加した第一回バンドン会議は、平和十原則に合意し、特に植民主義に反対する強力な立場に立つことにより、後日アフリカにおける植民地主義の終末を速める原動力となった。

だが、国際情勢は寸分も止まることなく激動する。今や、アジア・アフリカ諸国は、そのほとんど全部が独立し、国連に加入した。各国はその後、それぞれ異った発展過程を経て、同じアジア・アフリカ陣営にありながらも、独自の利害を持つに至り、その相互関係は複雑微妙さを加えている。

植民地の独立などに特記すべき足跡を残した。のみならず、この会議を契機に、世界人口の半ばは十四余億の人々を代表するアジア・アフリカ各国は結束していわゆるバンドン勢力を形成することとなり、国連総会を始めとする国際情勢面に無視し得ない影響力を行使するに至った。東西二大勢力の圏外で、独自的な、新しい勢力となった彼らは軍縮など冷戦紛糾の論議と、

なかでもインドと中共の国境紛争は決定的な内部分裂を表面化しており、去る八月の第四回アジア競技大会当時起ったインドネシア国民によるインド大使館襲撃事件も両国間の感情的対立を悪化させ、未だにきれいさっぱり拭いさられてはいない。そのため、十二月十六日までに準備会議を開催しようと強力に推進しているインドネシアの努力は空転を繰返していて延期される公算が強まっている。

不和・対立の解決は自身の力で

インドネシアは去る八月二十三日、準備会議開催を発表し参加を予想される各国に招請状を発送していたが、インドネシアは第一回会議の成功的開催のため、各国と会議の予備交渉を活発に展開した。しかし、第一回会議で主要な役割を果たしたと言われているインドのネール首相は、第二回会議の必要性を認めながらも、そのような会議は単なる民族独立を叫ぶ場となり勝ちであり、団結はおろか、かえってアジア・アフリカ諸国の対立と不和を表面化する可能性があると語り、早期開催には反対の意向を表明したのである。

ネール首相のかかる見解には、同じアジア・アフリカ会議国であった中共から、意外な侵略を受けたことによる敵がい心が根深くひそんでいるのが分かる。インドは、今や中共とは再び友好として席を共にし得ない実情にあることからして、中共の参加する会議には反対する態度と解釈される。

このほかにも、最近顕著に目につくようになったアラブ共和国の内部抗争、カンボジアとタイ間の国境紛糾、およびアジア・アフリカ諸国内の地域的対立、軋轢など、今度の会議開催を平坦なものにしておかないだろう多くの難問が控えている。

と言うのは、共産主義と反共産主義、中立主義およびアラブ民族主義など、ありとあらゆる思想を代表する諸国家の大会議が困難なことは言う迄でもないことであり、また今日の情勢は七年前とは判然たる変貌を遂げていることを看過してはならないからである。

だが、このような不和と対立、そして紛糾をアジア・アフリカ国家の力で解消しようではないかというのが、今度の会議を推進する大きな目的の一つであることを考えれば、具体的成果を収めるに至らなくとも、会議開催それ自体がもつ大きな意義を無視することはできない。

会議に臨む万全の態勢を整えて

第一回会議の時は、地理的に完全な資格を有するにも拘わらず「極端な反共国家」であり「北韓カイライと激しく対立している」との理由で除外された韓国が、第二回会議に参加を思い立った意図もそこにあるのであり、ひいてはこのような機会を利用しアジア・アフリカ諸国との提携を強化しつつ、韓国の国際的地位を強固ならしめようとするものである。

問題は、第一回会議の時と比べ独立国の数が急増し、参加国も増加したとはいえ、中共、北ベトナムの二カ国にすぎなかった共産国家が今度はそれに加えて外モンゴール、北韓カイライまでが参席することになったことである。

金部長が、かかる事実を認知しながらもスカルノ大統領に対して会議参加の招請を申し出たのは、換言すれば「虎穴に入らずんば虎児を得ず」の言葉通り、正面対決の用意を持示することにより、先制攻撃をかけたことを意味する。

そしてまた、北韓カイライがすでに総領事館を開設している中立国に対し、今年にはいって革命政府が領事館を開設し、能動的な活動を展開することによって、むしろ韓国に対する正当な論議をもたせ、北傀（北韓カイライ）の欺瞞性を如実に暴露した事実は、まさにかかる積極外交の実効が遺憾なく発揮されたものといえよう。

政府はさる四日、アラブ共和国のカイロに総領事館（尹錫憲総領事）を開設したのを始め、インドのニューデリー（方熙総領事＝四月）、カンボジアのプノンペン（李沢根総領事・公使＝五月）、ビルマのラングーン（朴俊圭総領事）など各地に総領事館を設置した。

以上の見地から政府は現在、準備会議を前にしてのアジア・アフリカ諸国の動向を綿密に注視しており、一方、会議に臨む万端の態勢を整えつつある。

バンドン10原則

① 基本的人権および国連憲章の目的と原則の尊重
② 国家の主権と領土保全の尊重
③ 人種と国家間の平等
④ 内政不干渉
⑤ 個別的または集団的自衛権の尊重
⑥ 集団防衛協定を大国の特殊利益のために使用せず、他国に圧力を加えない
⑦ 侵略および侵略の脅威、兵力を使用しない
⑧ 国際紛争の平和的解決
⑨ 相互の利益と協力の増進
⑩ 正義と国際義務の尊重

韓米行政協定交渉の経過

「十年の宿題」解決へ

民政までに妥結を目標

韓日交渉、対国連外交と共にわが国外交活動の中心となっている韓米行政協定は今年にはいって具体的交渉の段階に入った。

実に十年目に行政協定締結のための韓米実務者会議が去る九月二十日から開かれたわけである。

行政協定をめぐる韓米間の交渉は韓国動乱が休戦になって以来、内容のない形式だけで空回りしてきた。いいかえれば、十年におよぶ韓米交渉は米国側の消極的な態度とわが政府の一貫性のない外交によって足ぶみ状態にあった。

そして単に米軍の発砲事件とかリンチ事件の発生によって、民衆の怒りが行動化される時にのみ行政協定問題がクローズ・アップされただけで、自由党も民主党もこの問題に対する主導権を握れなかったのである。

実際、五・一六によって革命政府が誕生し、その後一年を経て今年の九月二十日に韓米実務者会議が開かれるようになったのも、坡州のリンチ事件を契機とした学生のデモによるものであるともみられる。

戒厳令下であるにもかかわらず"われわれは一個の人間として、民族がもつ最小限の道徳意識から、この憤りつつ憤を発散させるため示威を行なう"といって起ち上った、ソウル大と高麗大の学生によるデモは、革命政府と米側に大きなショックを与えたのであった。

デモの抑制に力を尽してきた革命政府もこれを機に韓米行政協定の交渉に重点を置くようになり、ついで、消極的な態度をとってきた米側も実務者会議を通じて行政協定の交渉に応ぜざるを得なくなってきたのである。

このようにして、韓米実務者会議は初会議を九月二十日外務部において開き、民政移譲までに締結するということで今までに八回の会議をもったのである。平均十日おきに会議がもたれたのである。

その間、行政協定の序文では完全な合意をみ、出入国ならびに関税義務条項に関してはほとんど意見一致の段階に到達しており、現在船舶ならびに航空機に関する諸権限と民間ならびに軍用空中統制に関する二条項に関して、互に草案を交換して検討中とのことである。

だが行政協定の核心である刑事裁判管轄権、土地施設使用ならびに請求権に関する協定等の難問題は、後まわしになっている点をみると、行政協定交渉の前途はなお多難である。

外務部の見通しでは、韓米間の特殊な友好関係から、すべての難問が互いに譲歩する態度で来年の民政移譲までには交渉が妥結されるものとみている。

現在までの実務者会議は比較的にスムースに進められている模様であるが、会議の度毎に発表される短い共同声明だけでは、検討される事項の具体的内容や会議のふん囲気などは知るよしもない。

会議がこのように非公開で進められているのは、米国代表らが本国政府と緊密な連絡をとって協定の一条一条について訓令を受け、内容がもれないよう双方が必要以上に神経をとがらせているからであるということであるが、これは外交の難かしさであるということもいえるが、ややもすると世論に反する協定を結ぶようになるかも知れないとの疑いもある。

ともあれ、今まで会議がたいした食い違いもなく和やかなふん囲気の中で進められてきたことは事実であり、このようにして民政までに行政協定が締結されれば、十年外交に画期的な成果となるだろう。

韓国の声

国連の韓国問題表決で得た教訓

国連総会政治委員会は十一日、韓国問題討議に韓国代表だけを参席させようという米国提案を賛成七十一、反対九、棄権十九の圧倒的多数で可決し、一方南北韓代表を同時招請しようというソ連提案は賛成二十九、反対五十六、棄権十四票で否決された。

南北韓代表の招請は韓国問題の実質的な討議でなく、手続上の問題にすぎないが、第十五回総会以来、北韓カイライ代表を条件付で招請しようというスチーブンソン提案が通過されたことを考える時今度、韓国だけの招請が可決されたことはわれわれの外交的成功であり、新生アジア、アフリカ諸国の同情と理解がこのように大きかったという点で喜ぶべきことである。

ところでその成功の原因をたどってみるとまず五・一六軍事革命以後わが国外交が対米一辺倒から中立国家群との積極外交に移ってきた点と、国連本部にいる韓国代表らが機敏な活動を展開したということがいえるだろう。

だが、韓国問題の討議はこれからだということに留意して、今度の韓国問題の表決で韓国が大きな成功を収めた理由がどこにあり、ここで得た教訓は何んであるかについてわれわれの所見を述べてみたい。

何よりも強調したいことは、今度の外交的成果は特にキューバ事件や、中印国境紛争のような国際情勢がわれわれに有利に展開したとみるべきではないということである。

違因をたどってみれば、五・一六軍事革命以後のわが国外交が多元外交に移ってきたことだといえる。

自由党政権当時韓国と外交関係を結んでいた国はたった十三カ国に過ぎなかったのであるが、今日外交関係を樹立し、またはもつことに合意した国は五十七カ国に達しており、また韓国が加入している国際機構だけでも六十二になることを考えると、韓国外交は旧政権時の面目を一新したものといえよう。

また今度、韓国代表団が韓国問題討議に先だち、対国連活動で自主性を発揮したのも、このような外交政策の多元化からくる必然的な成果であるといわざるを得ない。ところで、ここで想起されるのは過去の旧政権が中立国家まで共産主義と同様に危険視したことである。かかる旧政権時の国際感覚と比較して韓国外交は飛躍的な発展を遂げたといえる。

外交には原則外交があり、実利外交がある。原則外交は米国外交にその標本を見いだすことができるし、実利外交は英国がその典型であるといえよう。

原則外交は信念外交という長点もあるが外交とイデオロギーを混同して変化きわまりない国際情勢の動きに適応できないという欠陥もある。すでに国際外交がイデオロギー外交から実利外交に傾いているのをみる時、韓国外交の主体性回復という問題が切実にわれわれに提起されてくると思う。

特に今度の国連の韓国問題討議において、共産側が従前のように宣伝効果だけを期するのみでなく、大多数の中立諸国にアピールできるような統一方案を提示したことである。

またもしも国連で条件付招請案が可決されたならば北韓が国連に参席したかも知れないということと、彼らが国連本部で配布した声明書には「北韓は米国を攻撃したが"南侵する意図はない"、"武力で韓国統一をはかろうとしない"」としているのであると思う。

共産側のこのような動きには韓国をドイツやベトナムのように"現状維持"すなわち分断を永続化させようとする底意があるのではないかと思われる。

もしも、共産側の動きがこのように分断を永続化させようとするものならば、これに対する慎重な研究が必要であると思う。

このような見地で、将来韓国問題解決に対する韓国自体の外交活動がより一層期待されるのである。十九世紀の戦争が強制的手段による目的達成のための"政治の延長"であるならば、二十世紀の外交は戦争によって得難いものを、非強制的な方法で達成する"戦争の延長"であるといえる。われわれが軍事力に劣らない程外交を重要視する理由はここにあるのである。

われわれは政府がより深い関心を外交活動に集中して、外務部が所期の活動が達せられるよう予算面などに手を加えるべきであると信ず。（東亜日報）

政府の失業者・零細民救済計画をみて

保健社会部は来年度上半期中に約百七十万名に達する零細民と失業者を救済する計画をたてたといわれている。最高会議と経済関係閣僚の懇席会議で合意に達した同計画によると、財源は新年度の予算に計上される二十三万石の外に二十万石が確保され、外援機関からの二十余万石の供与と地方自治団体の捻出分で充当されるようである。

この事業の救済対象者は、生活保護法に規定された生活保護対象者二十八万五千名、零細民九十二万三千余名、勤労能力があっても仕事のない失業者四十九万八千名となっており、事業内容は大規模な農地開墾、小規模水利事業と道路、河川、堤防などの地域社会開発事業になっている。

このほかにも政府の来年度予算によって国土建設事業のため、建設部が七億ウォンの予算で二万三千余名の失業者を就業させる計画をたてている。

仕事をもたない能力のある者に就業の機会を与え、国民生活の継続的な向上を図ることは近代国家が荷なう基礎的な使命であるが、われわれは過去に経てきた政治の貧困によりぼく大な失業者を都市農村を問わずかかえるに至った。現在約二百五十万内外に推算される失業者は、わが国の働くことのできる人口に比べて実に二十％を上まわる比率を占めている。

わが国では毎年、春窮期を迎えると、農村では多数の季節的失業者が現われ、その余波が都市にも波及し農民の群の都市への集中現象が年中行事の如くなっていた。このような現象は、季節的な様相を呈しているものの、実はわが国の経済が資本と労働力との間にバランスを保てないでいるという経済構造的な面に、より大きな原因がある。

いるのである。このような失業人口を最大限に解消することに五カ年計画の目的があることはいうまでもない。

零細民と失業者救済のための事業は、旧政権時代にも年ごとに行なわれ、春窮期には十万石内外の糧穀が財源として進められていたが、政府が来年度に計画している救済事業は、財源の大きさや救済対象者の規模において、過去に見られなかった画期的な事業であることはいうまでもない。

政府が計画する来年度の失業者救済事業は、糧穀の放出による救済にその主な目的があるようである。しかし救済事業はそれ自体生産的であり恒久的な就業の効果をあげることはできない。それ故、来年の救済事業も現在推進されている五カ年計画の中で国土の保存のための治山治水、道路、港湾など社会的間接資本の造成にこれら失業者を有効に動員することに重点をおくことを望むものである。

また救済事業といっても、これが一つの公共投資である点からして、投資の効果性をあげることに格別の努力がなくてはならない。このためには事業を重点的に、集中的な方法によって、その生産性を高めなければならない。

終りに、われわれは"春窮期"を通じた季節的な失業の救済とともに、今後より根本的かつ恒久的な失業救済のため政府の継続的な努力を望むものである。（ソウル新聞）

× × ×

来年度の国民貯蓄目標42億

【ソウル十七日発KP】財務部は経済開発五カ年計画のための内資動員策の一つとして来年度の国民貯蓄目標額を四十二億ウォンと策定した。

これは今年度目標額三十六億七千万ウォンを五億三千万ウォン上廻るもので、その内訳は職場、学生、地域組合など国民貯蓄組合貯蓄が八億五千万ウォンで本年度より二億七千九百万ウォンが増えたのにたいし、金融機関貯蓄は本年度より一億二千万ウォンが減った二十二億五千五百万ウォンとなっている。六三年度各機関別貯蓄目標額内訳は次の通り（単位百万ウォン）

	新年度	本年度
国民貯蓄組合	八〇五	五二六
職場	五六九	三九七
学生	一一一	一一一
地域	一二五	四七
金融機関	二、二五五	二、三七八
信託〃	五〇〇	二〇〇
損害保険	一七〇	一七〇
生命〃	二五〇	一八六
郵逓局	二二〇	二一〇
計	四、二〇〇	三、六七〇

卸売物価指数上る

韓銀が調べた十二月五日現在の全国卸売物価指数は三三三・三（一九五五年＝一〇〇）で十日前に比べ〇・四％が上った。これは穀物が上ったためで其他商品は保合いであった。米の出廻りが減り二・〇％上ったため穀食品指数が一・〇％も上った。

ソウル消費者物価指数も上る

韓銀が調べた十二月五日現在のソウル消費者物価指数は一九七・七％（一九五五年）で十日間に〇・九％上った。これは麦など主食物はじめ飲食指数が一・七％も上ったのが原因である。

旅券発給者氏名公告

韓国駐日代表部領事課旅券担当官
在日本韓国居留民団中総民生局長

朴正南、白文竜、李寿伯、金斗連、金甲鎬、金洪鎮、張秦君、鄭栄三、崔康淑、李点淑、崔泳鳳、安石元、徐平完、丁炳璜、崔泳錦、李碩烈、崔泰斗、李南子、尹林柱、金順乙、姜斗俊、金五粉、金萬祥、文敬浩、崔二祚、姜富植、李二春、車春子、鄭玉今、金達勝、馬球炫、李春月、趙福順、洪基平、尹東鉉、金鍾振、鄭鎮玉、黄七伊、朴五吉、金泰詰、金鐘文、河一礼、金振守、鄭豆伊、成粉伊、朱顕会、金命順、金順祚

朴壽琮、郭成坤、林春子、李種康、李命徳、柳寅三、尹良今、羅載天、河萬光、朴乗寿、崔甲出、許斗玉、孔在満、田順王、李今述、張準浩、金占順、金南鳳、朴大泳、金海善、金海守、鄭虎吉、李貴岳、沈恵沃、呉点道、朴相植、李玉連、姜秀竜、金吉炳、白武順、韓乗昱、金禾得、鄭竜泰、朴元熙、林炳徹、咸五輪、金富子、鄭清順、尹水善、金鍾基、林命寿、曹東竜、劉相采、韓東竜、朴秦珍、文今礼

（番号 [illegible]；住所：静岡、神奈川、東京、北海道、栃木、青森、岩手、福岡、広島、山口、奈良、大阪、滋賀、岡山、兵庫、飯阜、愛知 ほか）

（十二月四日現在）

旅券期限延長許可者氏名公告

韓国駐日代表部領事課旅券担当官
在日本韓国居留民団中総民生局長

金東新、金正洛、金周男、姜占牙、崔京水、李点述、張東礼、李太泰、許宗一、高学龍、李千寿、金徳南、兪両植、李玉振、安徳中、金敬振、崔竹燦、金在琪、許氏春、薛石振、李鍾相、曹日星、金麗秀、李承寿、鄭登慶、曹東柱、崔文福、孫也、姜甲鳳、成武在、金明浩、金英愛、申福南、張学萬、洪貴順、韓一郎、鄭寿祚、朴鶴振、金水鶴、金章永、金相玉

（番号 [illegible]；住所：東京、神奈川、岩手、千葉、群馬、静岡 ほか）

／舞台構成／舞台装置／会場装飾美術
皇武童画房
東京都品川区大井倉田町3292 電話 771・9583番（共）

大東化学工業株式会社
取締役社長 林 [illegible]
TEL (23) 3381

宗教法人 善隣基督教会附属／人間ドック完備
尾竹橋病院

理事長・金城周奉
院長・金城宿明
診療科目
内科 小児科 外科
整形外科 産婦人科 眼科
耳鼻咽喉科 皮膚泌尿器科 神経科
放射線科 歯科 物療科
■診療時間・午前9時〜午後5時
■基準看護・基準給食・基準寝具・厚生省承認
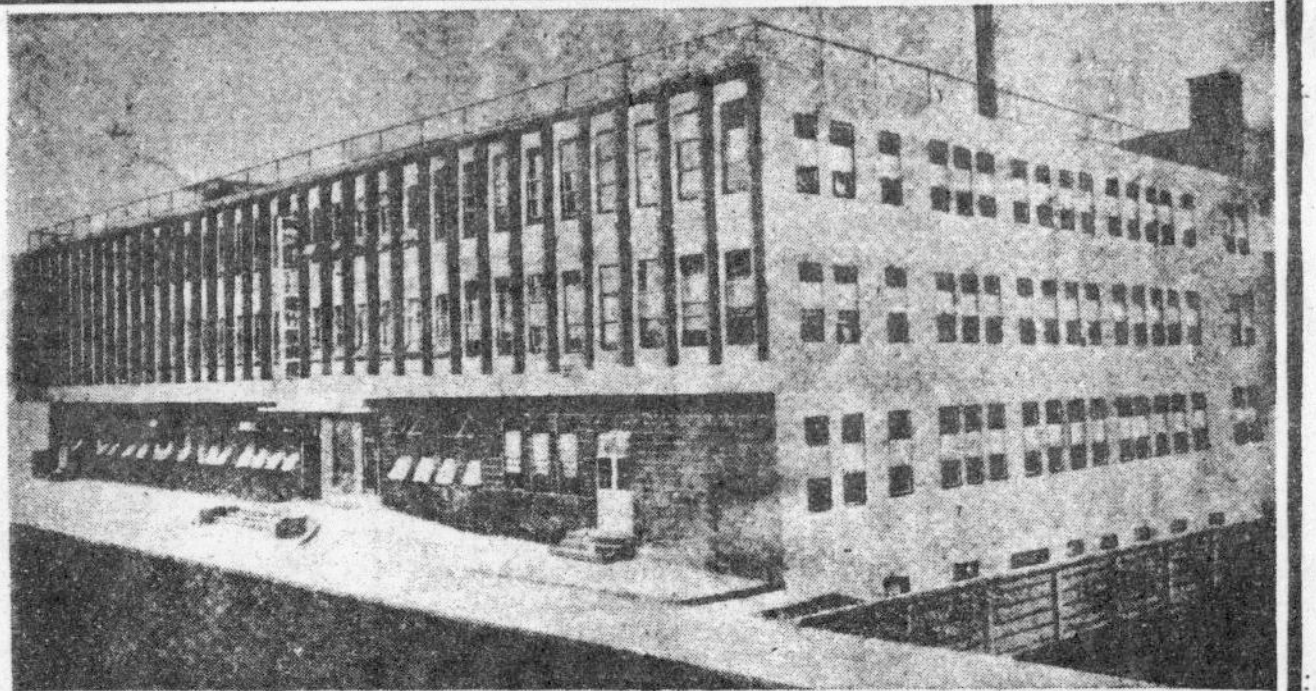
所在地・東京都足立区千住桜木町53番地／電話（881）4807・7590〜2
理事長室（881）7592・院長室（881）6329・栄養事務室（881）2774・準看護学院（881）6329

朝総連、苦肉のあがき

民団員装い韓国へ侵入

韓日会談妥結阻止に狂奔

中総 旅券取締りを強化

最近のカイライ朝総連は、妥結寸前に盛り上っている韓日会談に反対するため、民団へ偽装入団し、本国へ旅行してきて大韓民国をひぼうするという巧妙な手段を策略している。これに対し民団中総組織局では十八日、"偽装団員旅券所持者取締り"を強化するため、全国各県本部に対し次のように指示した。

現在韓日会談妥結を寸前に控え朝総連共産追随者たちは、最大の策悪と、あらゆる凶計をろう絡し韓日会談粉砕に狂奔している。その手段は巧妙極まるもので、最近にいたっては、朝総連団員や幹部が自分の住所と正体を偽わり、旅券の発給を受け、自分の故郷を訪問してきてから故意に大韓民国をひぼうし、民団を誹謗している。

この悪質な人間たちは自称民団団員であることを強調しながら、韓日会談妨害運動に参加し、これによって韓日会談反対集会に民団団員も参加したと虚偽宣伝し、善良なわが団員を迷惑させ民団組織を破壊しようと必死にもがいている。

各県本部ではこの真相を細部に調査して、あいまいな団員で旅券を所持し、民団の威信を損傷させている者を一日も早く処断し、団結をするよう指示する。

この中にもいるかも知れない

北韓がまた虚偽宣伝

韓国日報の筆禍事件

"記事は米国側が作った"

最近は韓国日報筆禍事件に関連して北韓カイライは平壌放送を通じて悪宣伝を展開しているが、去る一日には北韓カイライ共産党の傘下団体であるいわゆる北韓カイライ記者同盟で声明発表などを行なっている。

北韓の虚偽悪宣伝の中で最もでたらめなものが、今度の韓国日報事件は"米国が捏作したものである"ということである。

去る三日付けの北韓カイライ平壌放送は「言論弾圧を糾弾せよ」という題目の放送で、駐韓米大使館は韓国日報にたいする軍事政権の弁明にたいして、この問題は国際的に広く関心があるためこの事件に対する情報の入手を願っているといい、背後操縦者としての正体を現わしていると詭弁を放送した。

周知のごとく韓国日報筆禍事件に対してはすでにその経緯が詳細にされているにも拘わらずこれに対しては何もふれずこの事件を南韓で工作している米国の政策を誹謗するため米国が捏作しあげたという悪宣伝を敢行しているから悪辣な宣伝が如何に悪質的詭弁であるかが知れる。

つぎにいわゆる記者同盟の声明の中に「民主主義的権利」と「言論の自由」をさがし、また「言論人の良心」をさがすという題目があるが実に笑いがとまらぬ話であるが、北韓の新聞をみた人ならば誰でも感じることであるが、いつまでたってもその新聞には広告ひとつなく自動車事故その他社会記事などは一つもみあたらない。総てが党とその他機関の宣伝文とか扇動文でうまっている。新聞と呼ぶよりも党の宣伝文とか扇動文とみたほうがより正確な表現である。

このようなところに「言論の自由」とか「報道の自由」などが云々されるか？このような者たちが自分たちに言論の自由があるように、言論弾圧とか報道の自由とかいう悪宣伝を行なっているから実に笑わないではいられない話である。

このように共産主義者らの宣伝とは欺瞞、虚偽、詭弁を除けば何も残らない。換言すれば共産主義者らの宣伝の本質とは欺瞞、虚偽詭弁だけなのである。

醗酵法めぐり訴訟

東亜食品と東亜化成

味の素本舗東亜食品と味元本舗東亜化成はグルタミン酸ソーダ製造法である醗酵法特許権をめぐり訴訟をおこしている。

商工部は原料（グルテン）を外国から輸入しなければならない現在の分解法を先進諸国と同じく醗酵法に転換させることにしたため国内七つのグルタミン酸ソーダ製造業者のうち、東亜化成はすでに施設をととのえ、酵母施設は日本に施設を発注、東亜食品と新設工場も発注を準備しているが、醗酵法に対しては、すでに東亜食品が特許権をもっているため、東亜化成との対立が生じたわけである。

東亜食品では、他業体が醗酵法を使用すれば特許権侵害になると主張したため、新設製糖はこれをうけ入れたが、東亜化成は今年の春、別に特許を申請八月に公告されたと主張、しかも東亜食品とは製造法もちがうとし、このほど権利範囲確認審判請求を提起した。

抗木、所要量の40％足らず

新年度石炭生産量に支障

絶対量が不足している炭鉱用抗木事情で、新年度の石炭生産は困難に直面しそうである。

関係当局によると、六三年度石炭生産計画は、石公(ママ)が三六〇万ﾄﾝ、民営四二七〇万ﾄﾝ合計六三〇〇万ﾄﾝであるが、石公が自家計画量を増加策定しているため、実際の生産量はこれをさらに上回ることになる。

しかしこれに対して新年度用として策定されている抗木量は所要量の四〇％にもみたない実情にあるので、石炭生産量はこの面から大きく減少するおそれがでている。

特に石公は、新年度の石炭生産のため十八万七千立方ｍの抗木量確保を農林部に要請したが、農林部では石公、民営を合せ十五万立方ｍを策定したにすぎない。

新帝国主義研究

◇最近の共産主義の諸形態◇

ソ連の対中東政策の展開過程

ジョージ・レンショフスキー

植民地の母都のみならず植民地においても共産党は、革命的民族解放闘争の前衛として活躍しなければならない。共産党の中核的基盤は農民と結束した労働者階級におかなければならない。しかし彼等は戦術上反帝国主義乃至は反封建的な特質をもつ他集団と一時的結束もありうるであろう。

これに関連して植民地地域のいわゆる民族的改革論者と民族的革命運動は区別されなければならない。両者ともに本質的に性質上ブルジョア根性をもっている反面（従って後日共産主義者によって崩壊される運命にあるのである）民族革命は帝国主義に対する確固たる闘争のためにも共産主義者の助けをうけなければならない。

これに比べて民族改革論者たちは帝国主義との妥協的解決を招来するかもしれない従来不断の傾向に対して、闘争しなければならずまたその正体を暴露しなければならない。これは少なくとも一九二〇年から一九三五年代までの戦術的な公式だった。この戦術的な公式は一九二八年の第六次国際共産党大会で決議として公式的に明らかになった。共産主義者たちは植民地域にあっては帝国主義と闘争するいわゆる「連合戦線」の結成を促進するよう指示された。同戦線にはいろいろの成分を持っている者たちを含めなければならず、必ずしも無産階級でなくかえって封建主義者、宗教関係者、コムプラドル（例を挙げれば、帝国主義の利害関係で帝国主義に拘束されている大資本家）及び民族改革論者を除外しなければならなかった。

しかしヨーロッパのファシスト独裁国がソ連に与える脅威は戦術に関する限り政策的な公式に影響を及ぼした。ヨーロッパ内での脅威はレオン・ブルロムのフランスと共和政体であるスペイン内の社会主義者及び共産主義者と協調する形式で現われた「大衆戦線」の戦法を消費させた。

植民地と半植民地ではこの脅威の結果今後民族改革論者も含まれるようになる「連合戦線」という拡大された概念が現われた。第七次国際共産党大会に「共産主義者は民族改革論者の指導下にある運動も除外する

"国交正常化に婦人も協力"

朴議長夫人とも歓談

小林裕子女史 訪韓印象を語る

韓日親善の一環として韓国女性協議会の招請で、去る十一月八日訪韓、十二月八日帰国した東京亀有「母の会」会長小林裕子女史の帰国報告および親善パーティーが午後一時から亀有公会堂でおこなわれた。

韓日親善の会にふさわしく韓国側から民団中総婦人会の呉基文会長をはじめ多くの婦人、日本側の多くの参加者が参加した。

小林裕子女史の訪韓報告に先だって同女史が韓国でとった街角、学校、孤児院、宮ず、…を映写した。

…がないので大変遠い所にあると思ったが、羽田をたってわずか一時間四十五分ですでに韓国の金浦飛行場に着き、あまり近いのでおどろいた。どうしてこんなに近い国といままで仲好くしなかったのか不思議に思った。

朴議長夫人を初め各婦人団体の方々が盛大に歓迎してくれ、思ったより楽な訪問であり、朴議長夫人とは婦人どおしが協力しあって国交正常化のために努力しなくてはならないということを話し合った。

一、韓国では再建運動などで婦人たちもモンペのようなものを着て働いているのかと想像したが、…

亀有公会堂で開かれた小林女史の訪韓報告会

労働者を勲章で釣る

北韓 労働力の搾取に乱発

北韓カイライが住民たちの労働力を搾取する方法にはいろいろある。

人を牛馬のようにこきつかう方法もあれば集会とか決起大会のようなものを強制的に開きせん動して自発的にみせる方法もあり、また、強制労働で住民等を搾取して労働力をひき出す方法もある。勲章とかメダルなどを与える方法はいちばん最後に属する方法である。

北韓カイライは、いま、その勲章、メダル制度で、…

"50万ウォン工事に10銭で入札"

蔚山肥料工場の敷地造成

【ソウル発＝KP】五十万ウォンと見積られている工事入札にタッタ十銭で応札、これが有効か無効かの判定が下らず落札査定が保留され、話題をまいている工事がある。

去る十三日蔚山特別建設局でおこなわれた蔚山肥料工場敷地造成工事入札に十八業体が入札に参加したが、大林産業（代表 李…九氏）がタッタ十銭で応札、関係者をビックリさせ、次に応札した建設社（代表李…氏）も一ウォンを入れまた驚かせた。

これには五年前の六月に東中部国土建設庁が行なった漢江人道橋工事入札での興和工作所（代表…氏）の千ホワン入札もカブトを脱ぐことになる。これに対して当時の院当局は大林産業の入札行為は有効だと判定したともいわれるが、また正式書面による落札査定は保留されている。

このような業者たちの入札行為は、同工事がぼう大な規模の蔚山肥料工場新築建設事業につながり新年度には一億ウォン台の建物工事が予定され、これら工事の継続工事に対する優先権の下地をつくろうとする争奪戦のあらわれである。

中大チームにも勝つ

親善サッカー 高麗大3戦3勝

日本の強豪中央大学と対戦する高麗大チーム（中央ゴール前の防戦）

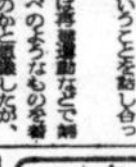

お宅の電化は三和から！
御値で小売も
各社テレビ・電気器具卸
三和テレビ・ラジオKK
東京都台東区御徒町1-5
TEL (866) 4177 (代表)

尋ね人
金寿夫さん

教職員募集

学校法人 金剛学園（大阪韓国学園）

大阪市西成区…

A、幼稚園保母 若干名
B、小学校教師 男子一名
C、中・高校教師（数学、理科） 男子一名

待遇 面接の上決定

提出書類 履歴書…

韓国服地と韓国レコード！

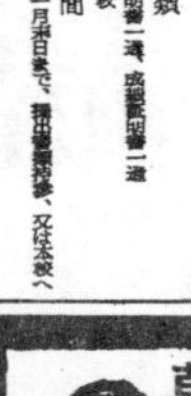

営業品目
特殊絹布
韓国レコード

祖国訪問者および帰国者には特別御奉仕しております

仁川商会

東京都台東区浅草公園六区10－3
TEL (871) 3981・5498

OHASHI PLUSTIC.KK

大橋プラスチックス工業株式会社

プラスチックス成形一般

社長 鄭在淳

東京都足立区千住仲町102番地
電話 (888) 0147・(881) 6363

ゴロー商会
GORO & CO
G&S

社長 金巳酉

東京都渋谷区大和田町11番地
TEL (461) 4022番

漢陽

＜在日・国文版의 綜合雑誌＞

12月号…200円

主要内容

韓国紡織工業의 現況과 展望
韓国의 燃料事業
社会保障의 問題点
韓日貿易의 現状과 問題点
흔들리는 中南美의 秩序
苦悩하는 知性
愛国思想家 柳麟錫
韓国의 歳時風俗
古典의 余韻
韓国古典文学의 特質
奈良大仏과 韓来技術
新羅의 勾玉
瞻星台와 天文歴法

<創作>
어랑 타령
幸州山城
栄州・浮石寺

其他 時事評論・随筆・詩・創作 多数

発行所 漢陽社

優良鋳物用銑鉄製造

ASK

朝日製鉄株式會社

取締役社長 中学彬

横浜市鶴見区鶴見町1320
TEL 横浜 (50) 8431－4

失敗で失格は残念 ピアノ

セロ 音程に正確さが欠ける

全国音楽コンクールの決算

ピアノ

今年のピアノ部門の参加者は、[illegible]自信と実力とをもって[illegible]にも拘わらず[illegible]

カートン氏は[illegible]ハ、モーツアルトなどは[illegible]やこしく有名であるために、各自の実力がそのまま出てきたしにされるのだが、予期した成果よりも低調であったから、モーツアルト的な音楽を感じさせる演奏は少なかった。

李大旭君は、[illegible]と優秀賞を獲得したが、彼の生理的な好条件と立派なテクニックとは前途洋々たるものがある。彼の音楽的な面も今後成長するに従って深奥な境地に到達し得ることを信じながら、思い切り前進してくれることを望む。

予選、本選を通して、ちょっとした失敗から失格された人が案外多かったのはまことに残念であった。中には優秀な演奏で注目すべき出演者も大勢いたが実に惜しかった。

入賞の可否は、実力とともにその日のコンディションに左右される。入賞入選しなかった多くの出演者らは、これをきっかけに、より一層奮起して前進されんことを[illegible]

セロ

（ピアノ部審査委員） 鄭 鎮 宇

今年度セロ部の決選に臨んだ二人の新人の発見は、わが国の音楽界の栄誉であった。[illegible]豊かな演奏で、[illegible]テンポによって技巧の未熟が現われた。ロンド形式が持つ明快な形式感に不調をきたした。正確に扱わるべき音程は二人の重要な課題として残さるべきである。

コンクール入賞者のみが必ず音楽家になり得るという錯覚から逃れることを望み、またコンクールのみを目的とした学習態度は、取り止めるべきであるということを繰り返し付言しながら、それをもって審査後評としておきたい。

（セロ部門審査委員） 金 在 洪

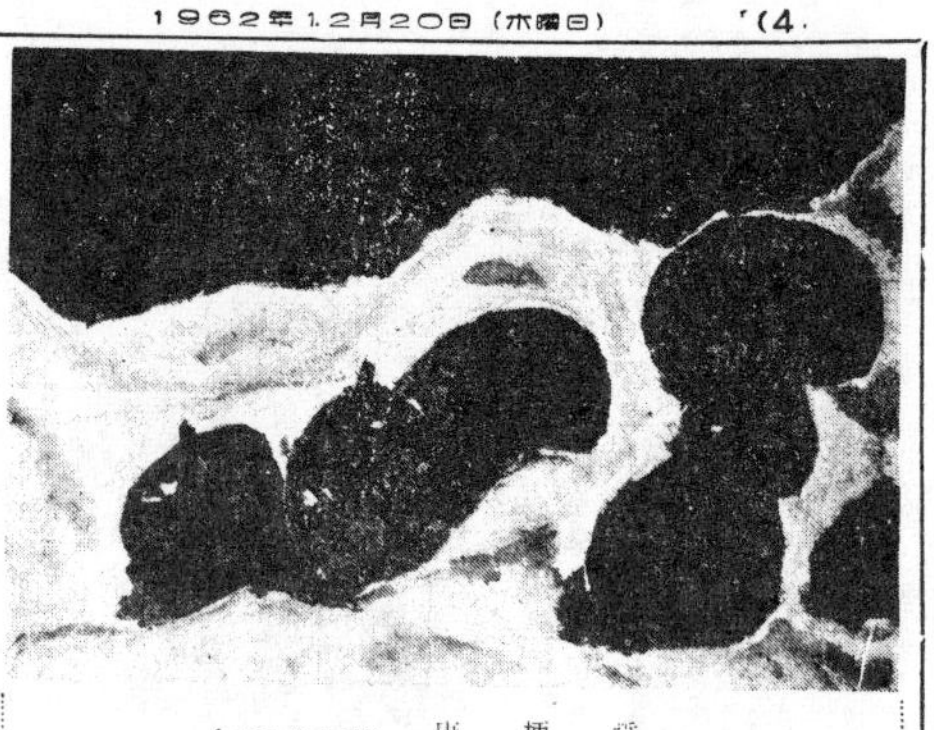

（パステル画） 康 柄 将 大阪金剛学園 中3

夕日の歌

金 賢

我が幼きころの学舎の
思い出なつかしいこの柿の下に
夕日は優しく照らし出し
風は前ぶれもなくやって来て
木の葉を揺って歌い出す
想念のうたを歌い出す
さらさらとさらさらさらと

来る節も来る節も
秋の昼のこの柿の木の
柿の衣の耳たぶに
夕日は優しく照らし出し
風は前ぶれもなくやって来て
耳たぶを揺って歌い出す
感謝のうたを歌い出す
さらさらときらさらさらと

我がそぞろ歩いた
この侘びしい土堤道の
川べりに可憐に咲いた蒔の花に
夕日は優しく照らし出し
風は前ぶれもなくやって来て
蒔を揺って歌い出す
哀愁のうたを歌い出す
さらさらとさらさらさらと

李剛写真作品展

僑胞二世の名カメラマン、李剛氏（三）の写真作品展が、来る二十三日より一週間、韓国公報館で開かれる。

今度の展示会は、李氏の二年間にわたる祖国訪問から収穫した韓国の風物詩的傾向作がまである。韓国の雰囲気と郷愁とを誘う作家自身の詩的情緒が、レンズの目を通して作品に流れている。一ブした芸術的気禀が豊富に展示され、期待をうわまわる作品群が待ち構えるものと思われる。

「である」と口ぐせのようにいっている同氏の製作態度から推しても、より芸術的視野からスク[illegible]

主催＝韓国写真ニュース社
後援＝韓国公報館
場所＝韓国公報館画廊
日時＝十二月二十三日～二十九日まで

閔初恵バイオリン独奏会
十三日国立劇場で、天分を発揮

このほど「少女文化使節団」の団員として来日、その天分を遺憾なく発揮して僑胞間に話題をまいた閔初恵嬢（五）の第二回目のリサイタルが、十三日午後七時からソウルの国立劇場で開かれた。

ソウル芸高主催で開かれた今度の独奏会ではモーツアルトのソナタを始め数曲を演奏した同嬢はソウル芸高二年生である。

すでに韓国の優秀な父母訪日団と協奏したことのある閔嬢は、三年前に第一回独奏会を開いて波紋を投げ、再び昨年度の東亜日報社主催の全国音楽コンクール大会では提琴部特賞を獲得して驚くべき演奏能力を再び評価された。

今度のリサイタルでも、同嬢にかけられた期待には大きいものがあった。

韓国の民俗舞踊に絶讃
米ブリカムヨン大学芸術祭

約三カ月の予定で米国各地を巡回公演するために去る十一月十四日韓国をたった、「五・一六奨学会」の「民俗舞踊団」は十一月十六日にブリカムヨン大学図書館に韓国史五十名を招聘し、夜八時十五分から幕をあげた「世界民俗芸術祭」に参加、韓国の[illegible]

國寶巡禮
撰文・李 書 雨筆

（15）

金銅彌勒菩薩半跏像

○…国立博物館所蔵「金銅弥勒菩薩半跏像」（国宝七十八号）は、徳寿宮美術館所蔵品（国宝巡礼①）とともに三国時代仏像の双璧をなす二大思惟半跏像の一つである。徳寿宮所蔵と異なる点は、大きさがやや小さく、まれに見る複雑な宝冠（＝宝石を帯びたような冠）をのせたところにある。

○…台座の上に腰をおろして右脚を左脚の膝の上にのせ（半跏）右腕の二本の指で軽く頬を支えている様子は、深い思いにひたっている思惟像であり、ややデホールされた表現の身なりに比して、顔と手は豊満な写実感を漂わす。

○…もともと後頭部には後光があったものだが、いまは失なわれてなく、宝冠の先も少し切れた跡がある。三[illegible]

=高さ八十センチ=銅造鍍金

李朝野史物語
太宗世祖時代篇（17）

死六臣の巻（五）
武人俞応孚の殉節

王は、俞応孚に対して

「汝は、既に老人で道理を弁えそうなものであるのに、若いものの口車に乗ったのか。汝の官位は二品でもあるのにそれ以上何を望んで逆賊となったか」と論す。

彼は、王の前に憤然と構え立ったまま敬礼もしようとせず鋭くにらみつけながら大声で

「自分が自分の王のため斧を許るのが逆賊となるなら、その王を背くものは忠臣となるとでもいうのか。わしは、自分の王を奉るために任者（首公）を殺そうとした。不幸にして奸悪なものの密告でかくなった。一体全体何を聞くのか、早く殺せ」と。

その鋭い眼光からは火花が散った。王は背筋が冷やりとするのを感じた。

「これ、不届き奴。汝は王をだしにして私欲を計ったのだろう」

王は憤怒の余まり身体を振りしめながら喚きしりした。王に対して、"殿"と呼ぶさえ不敬であるのに、"任者"と呼びすてにすることは聞くにたえられないと考えられた。

「何に、私欲を計ったと。逆らいわれた。わしが成功していけないと、友人たちかきかかった三家を吊葬するため試そうとしたのに、[illegible]

[illegible]に罪を許ったまでだ。不運にして君の手にかかった。早く殺せっ！」と、俞応孚鋭くつめよる気配をみせた。

王は、彼が君呼ばわりするのでもうかん忍ならんと

「この大逆無道奴！」と怒号しながら、刑吏に

「そのものの皮をはがせ」と厳命した。

刑吏は、応孚の頸筋から背中の皮をはぎ取った。それでも彼は泰然として苦痛にたえながら既に気を失って横たわっている成三問たちを指して日く

「腐った儒生たちと事を供にしてはいけないと、友人たちかといわれた。わしが成功であった。あのとき、わしがこの剣を[illegible]

[illegible]

安住の地は（一）
許 槿 旭
え 金 黎 伸
（115）

「秋の季節になれば景色が実にいいところだよ。水は清く静かで……。戦争が繰り世の中が静まるまでここで過ごそう。にいさん達はおれ達に冷たくしたが、お母さんだけはおれ達をあたたかく迎えてくださることだろう。空のように広く、海のように深いのがお母さんの愛情だよ。世の中のことがどれほどわずらわしかったことだろうか。剃髪して出家するほどにおれがものを言わきまえずに、あまりにもお母さんを苦しめた。死んだとばかり思っているお母さんの前に、おれが現われたら、お母[illegible]

こうとわれていた。

どこか、ものさびしく見えるお寺は、ひっそりと寂寞に浸っていた。

ポク ポク ポク

死のような静寂を破って、木魚の音がもの悲しくきこえてきた。

「ここで待ってて。あそこで、いまお経をあげているようだね。おれが行ってようすを見てくるから」

彼は広い境内を通って、木魚の音のする方へかけていった。

南向きの瓦葺家の右側に積み上げた石段をしばらくのぼって行くと、そこには山神堂と言われた小じんまりとした瓦葺家が、東の方[illegible]

三愛貿易
SAN-AI TRADING CO., LTD.
MATSUDAIRA BUILDING NO.11, 3-CHOME KYOBASHI CHUO-KU, TOKYO TEL.(535)3831-3

■ホール
■御座敷
純京城料理
京城館
東京都新宿区神楽河岸3号地 国電飯田橋東口下車橋のたもと
宋 万 量
電話（331）2652

印刷 営業案内
カタログ、チラシ各種新聞招待状一般印刷
高級美術印刷
韓国文、欧文、日本文、御連絡次第参上致します。
東京都渋谷区本町四ノ十二番地
有限会社 文芸堂印刷
電話 代表（三六）[illegible]

《創立25周年》
輸出・農畜産物・水産物 鉱産物其他
輸入・肥料・建築資材 農機具・繊維製品 紙類・化工薬品 電気機械類其他
TSI
大星産業株式会社
取締役社長 趙 栄 一
大韓民国ソウル特別市中区小公洞50
電話：⑧4171，4172，4173，4174，4175
I.P.O.BOX: 1221
Cable Add: "TAISUNG" Seoul

焼肉 冷麺 大楽苑
BARBECUE RESTAURANT
大
DAIRAKUEN
神戸・三宮農業会館西1丁
電話 ③ 3227番

自動車のコンサルタント！皆様の車に関する相談役
新車各種・中古車販売・修理・板金・塗装
自動車保険（事故相談・一般契約）取扱店
自動車の事なら、売る時も、買う時も是非どうぞ!!
国電東中野駅陸橋際・東京都中野区上ノ原町11番地
大東京自動車株式会社
代表取締役・尹 和 錫
電話（361）1508・0096番

韓國新聞
発行所 韓国新聞社
発行人
電話 (941) 2261・2263 編集
東京 (921) (811) 2269 業務
振替口座 東京 34988番

韓国と日本を結ぶ!!
広告代理業 KPR
広告企画と立案・図案文案制作・新聞雑誌広告・ラジオテレビ広告・ネオン屋外広告・市場調査と興信・その他広告宣伝PR
TOKYO 港区芝琴平町26 電話 (501)0471
SEOUL 乙支路一街101 電話 (2) 1811

朴議長 国民投票で特別手記

民主政治の発展を確信

反共、社会悪の防止へ

【ソウル十九日発KP】朴正熙議長は十九日UPI通信に、韓国の国民投票を評価する特別手記をよせたが、その内容はあらまし次の通りである。

朴　議　長

真の民主主義理念は対外的には共産主義と闘うための最も強力な武器であり、対内的には政治的腐敗と社会悪を防ぎ福祉社会を建設するための最善の手段であるということにある。すぎし十五年間、韓国は独裁、腐敗、政治的無能の弾圧により正常な民主政治がふみにじられてきた。民主主義はすべての個人が基本的自由と権利を保障する条件のもとでのみ成長し得るし、このような保障をなし遂げるのが革命政府の重大な政治的課題であるというのが私の確固たる信念である。

十七日おこなわれた国民投票の意義は、革命政府が提議した憲法改正案に国民の圧倒的支持がよせられたことではなく、この投票が最も民主的で自由なふん囲気のなかでおこなわれたという事実にあるのであって、これは国民が当然誇ってもよいものである。われわれはこれによって民主主義の新たな伝統を確立し、韓国民は民主国民としての真の自負心を抱くようになった。第三共和国の基礎になる新憲法の制定は革命政府の公約であり政権移管の課業がスムーズに進められていることを証明するものである。

われわれはこのような伝統と憲法の秩序の下での韓国の民主政治が絶えまなく発展するであろうことを確信できる理由をもっている。

賛成八三三万九千票

国民投票最終結果　反対は二〇〇万票

【ソウル発＝KP】十九日午後九時、中央国民投票管理委員会は去る十七日の国民投票の最終的数字を発表した。それによると有権者総数は一二四一万二千七九八名、投票数一〇五八万五千九九八票、賛成八三三万九千三三票、反対二〇〇万八八〇一票、無効二三万七千八六四票である。

◇国民投票の最終結果◇

【ソウル発＝KP】去る十七日行なわれた憲法改正案に対する国民投票最終結果は次の通り。（カッコ内の数字はパーセンテージ）

【ソウル】

有権者数	一、四〇六、四〇〇
投票者数	一、〇四九、〇三七（七四・五九）
賛成	七七九、四六八（七四・三）
反対	二三九、九三三（二二・九）
無効	二九、六三六（二・八）

＝以下順序同じ＝

【京畿道】 一、五二二、二八一／一、二七五、八九八（八四・三七）／九八五、一〇四（七七・二）／二五九、八一六（二〇・三六）／三〇、九七八（二・四二）

【忠北道】 六四一、六五六／五四四、〇二四（八四・八）／四二三、〇九七（七五・九三）／一一九、四七七（二一・五八）／一一、四五〇（二・一）

【忠南道】 一、一七七、八八〇／九九五、一二五（八四・四八）／……／二六、六八二（一・六三）

【全北道】 ……七五五、三八五（七五・八二）／二二四、八一五（二一・五八）／一四、九五（一・五）

【全南道】 一、六一四、四一七／一、四四八、八五七（八九・〇二）／一、一八五、一七九（八一・九二）／二三〇、四四八（一五・九三）／三一、二三〇（二・一五）

【慶北道】 一、八二四、六三六／一、五八〇、九八四（八六・九七）／一、二六一、二〇三（七九・四七）／二八七、七七八（一八・一三）／三七、九〇三（二・三八）

【慶南道】 二、〇一七、三八五／一、七四九、四〇四（八六・七一）／一、四一七、三四五（八一・五九）／三〇九、三七七（一八・七）／二八、六八二（一・六三）

【江原道】 九五一、六一〇／八四八、一三〇（八九・一三）／六八七、八二一（八一・一二）／一四〇、〇八三（一六・五二）／一九、八八一（二・三四）

【済州道】 一四一、三五九／一二五、二七六（八八・六二）／一〇、五五一（八〇・四二）／一二、八四六（九〇・〇）／一、八七九（一・四九）

【計】 ……

国民投票結果の分析

予想外によい賛票率

民政を待つ意思表示か

十七日に行なわれた憲法改正案に対する国民投票は、投票率、賛成率が予想以上に高かったが、これは「予想不同の」投票や開票のふん囲気が静かな中でも自由であったことを示すもので、中央選挙管理委員会に提出された全国の開票結果を伺ってみると、総投票数は総有権者数の……であった。……

……

この投票率を旧政府の選挙投票率と比較してみると四・一九革命直後、旧政権下の……

こんどの国民投票に現われた特別投……

☆「への期待」という……

……

国民の力量、高く評価

朴議長 投票前の予測を批判

【ソウル＝発KP】朴正熙議長は十九日、中央国民投票管理委員会を視察し管理委員の労苦をねぎらった。

席上朴議長は「投票前に一部の人達は都市では賛成が少なく農村で比較的賛成が多いであろうと予測していたが、開票結果、都市と農村の差がほとんどないことからみて、かかる一部の人の予測は国民の基本力量と賢明さに対する侮辱でしかなかった」とのべた。

国民への奉仕誓う

朴内務長官談話を発表

【ソウル発＝KP】朴内務長官は十九日談話を発表し、「今度の国民投票に有権者総数の八五％が参加し韓国民の力量を誇示できたことを国民と共に嬉しく思う」と前置し「今後も公明、自由な雰囲気を保障するため努力することは勿論、国家民族に対し忠誠かつ正直な公僕として働くつもりである」とのべた。

主権在民意識の高い現われ

李中央選管委員長も談話

【ソウル発＝KP】李中央国民投票管理委員長は十九日談話を発表し「国内外の非常な関心と注目のなかで韓国歴史上はじめて実施された国民投票に総有権者の八五％をこえる国民が参加し、公正でしかも自由なふん囲気のなかで秩序正しく投票を行なったことは国民の高い主権意識と民主的力量の発露であると考える」とのべた。

南ベトナムと貿易協定

輸出二五、輸入一二種調印

【ソウル発＝KP】韓国政府と南ベトナム政府は十九日、外務部で貿易協定に調印した。

韓国側は崔外務次官が、南ベトナム側は駐韓大使がそれぞれを代表し署名した。

両国間の通商拡大をねらう協定は、輸出入に関連する各種の事項に対し互いに最恵国待遇を与えることが骨子となっている。

韓国が南ベトナムへ輸出する主要品目は綿織物をはじめ二十五品、海産物など二十五種、ベトナムからの輸入品目は手芸品、生ゴム、原料など十二品目となっている。

参戦十五カ国決議案を採択

国連政治委

可決した。

この決議案採択に先立ち演説した崔外務長官は「韓国民の最大な関心は統一である。国土が分断されたのは韓国の過ちではなく、共産主義者の侵略によるものであった。北韓に住んでいた四百万名の住民が圧政をのがれ韓国にきたが北韓は韓国動乱の時若名人士数千名を拉北していった」と北韓を非難した。

一方、国連本部からのUPI通信によると韓国問題の国連総会上程は十七番目の議題となっている。

政府、国連政治委決議を歓迎

国連政治委が参戦十五カ国決議……

業者の輸出実態調査

内資調達方法など検討

調達庁地方事務所長会議

本年度政府調達事業を総検討するための調達庁地方事務所長会議が十九日開かれた。……

ソウルに日本公報館

日本、駐日韓国公報館長の入国と交換条件で要求

【ソウル発＝KP】日本政府は韓国が東京に公報館を設ける交換条件としてソウルに日本公報館を設置したいと正式要求していることが明らかになった。

日本政府は去る十四日付書簡で韓国側の駐日公報館長及び職員の外交官としての入国を拒否し、交換条件としてソウルに日本公報館の設置を正式に要求している。

なお、日本自民党大野副総裁訪韓後、国交正常化前にもソウルに日本代表部設置を韓国側が認めたかのように日本側で報道されていることについては金東河委員長はさきに、国交正常化前の日本公報館設置はありえない、と否定している。

案を圧倒的多数で採択したことに対し外務部は十九日、「これは革命政府に対する韓国民と自由世界全体国民の絶対的信頼によるものであると共に政府の積極外交がもたらした成果である」と歓迎した。

抑留財産を国有化

泰昌紡績は産銀が落札

政府は不正蓄財処理を完結するため適告額未納者の抑留財産は年内に国有化する方針である。三十名の不正利得者と二十九名の不正公務員中強制執行対象者は不正利得者六名、不正公務員二十五名でその抑留財産は去る十一月末まで三回以上公売にされている。

十一月下旬に行なった公売で泰昌紡績（白南一氏）は九億六千万ウォンで入札した産業銀行に落札、年内に落札代金を納付すれば産銀が直接投資する最も大きなケースとなる。

東立産業（咸昌熙氏）の第一、第二工場はすでに国有化が断行され残りの抑留財産も順次国有化を進める。

そして国有化措置が終り次第所有権が政府に帰属するので当局ではこれにともなう当該財産の管理運営方針を検討中にあるがほとんどの企業体が長期運休し莫大な負債を負っているので、その運営方……

各級職員は別定職公務員に

再建国民運動法を改正

最高会議常任委員会は十九日文社委が提案した再建国民運動にかんする法律中改正法律案と再建国民運動にかんする法律施行規則案を承認通過させた。

改正法律によると国民運動の各級職員は別定職とし職員の任免は最高会議規定に従うことになっており、また各級委員の任期、制裁規定も設け、特に機構の非正常化と国民運動の不振などの場合は各……

第一漁網、日本から技師招く

国内合成繊維漁網業界の八〇％を生産している第一漁網では保税加工と技術提携社である日本森下漁網の漁具担当技術者出正治氏を招いた。同氏は今後六カ月間第一漁網で技術指導にあたる。

15日間に七億ウォン増加

十一月末通貨量三八二億ウォン

韓国銀行によると去る十一月末現在の通貨量は三八二億ウォンで十五日前（十一月十五日）より七億ウォンがふえている。

しかしこれは政府が堅持している年末通貨量四百億ウォンまで十八億ウォンも余裕を残しているため年末通貨量四百億ウォンの維持は可能とみられる。

……経済委員会の改編を命ずることができるようにしている。

施設拡張して軍納を推進

新韓ベアリング、新年から増産

新韓ベアリングは、産銀貸出金一千五百万ウォン、増資金一千万ウォン、自己資金五百万ウォンの合計三千万ウォンをかけ、富平工場の施設拡張をおえた。

各種ベアリングの独占メーカーの同社はこの施設拡張によって新年からは生産量を倍増し国軍及び米八軍への軍納を推進するという。

なお同社では、この施設拡張に伴い日本の「不二越」から技術者一名を招請し製品の質向上をはかる計画である。

また……道では今後技術問題を研究した上二百町歩以上の集団栽培を計画、加工工場施設も考えている。

同計画が実施されると、これまでテンサイ輸入に使われた年間八万ドルの外貨が節約できる。

会長に具仁会氏を選出

生産性本部釜山支部

韓国生産性本部はこのほど釜山で釜山直轄市支部兼慶南支部結成式をあげた。

会長には具仁会氏（楽喜化学社長）副会長には……氏（釜山商大学長）と……氏がえらばれた。

寒天輸組、一本化輸出に合意

寒天輸出業者は現在下落している海外相場を回復させるため、寒天輸出は組合を通じて一本化することにきめた。

なおこの一本化輸出に同意した商社は、天洋産業、太陽通商、三陽物産、……である。

全南道でテンサイの試験栽培に成功

全南道でテンサイの試験栽培に成功した。百余坪に試験栽培したところ完全に成功したもので、全南……

国土建設予算に66億

建設部新年度予算きまる

建設部が発表した新年度国土建設事業計画予算は六六億二千三五四万九百ウォンとなっている。

この内訳は一般会計から五億五三七九万六千四百ウォン、経済復興特別会計五四億四、九七三万四千五百ウォン、財政資金運営特別会計六億二千万ウォンとなっている。

農家資金返済にムリさせるな

張農林長官が談話

張農林長官は十九日、結旅農家に対する食糧対策や災害のため償還困難な各種農家資金について談話を発表、「農民の実情を十分考慮し回収を延期する」と次のようにのべた。

革命後営農資金の融資をうけた農家で期限内の償還がむずかしく一部地方では家畜を処分してまで返済しているが、政府はこのような場合は一年以内に限って償還期間を延長できるようにした。

当分は再起不能か

証券市場、資金難で高値出ず

証券市場は去る十八日再開、懸案問題は解決するとしても株価の見通しは楽観できない。

業界筋によると、九億ウォンにのぼる大証、証金株の建玉が解玉をみても買方が取引所側に返済する負債が約十四億ウォン（大証、証金売却代金残五億ウォン、日興証券貸付、同社所有大証第三次増資払込代替金六億ウォン、其他総償務三億ウォン）にのぼっているばかりでなく、顧客の負債も整理できずにいる実情であるため、特殊好材料が現われない限り株価高は期待できないという。

また大証及び証金株価の見通しと関連した要材料としては去る十一月中の大証突状株価が清算株価の半額しかならない奇形的株価をつくっているのをみても、株価の見通しが暗いことがわかり、業界資金よりも流通株券がはるかに多いため需要供給の原則からして弱勢が予想されるというのである。

張勉氏の控訴審開かる

陸軍本部普通軍法会議は十九日、旧民主党系反革命事件判決に不服上訴の張勉氏ら十二名に対する控訴審公判を開き、控訴理由をきいた。

内閣統制官室企画調整官に金氏

政府は去る十五日付で金彼譚氏を内閣統制官室企画調整官に任命した。

＊商銀が築く明るい事業！
熊本商銀信用組合
熊本市米屋町2－2
TEL 2－3566,6003

自動車のコンサルタント！皆様の車に関する相談役

新車各種・中古車販売・修理・板金・塗装
自動車保険（事故相談・一般契約）取扱店

自動車の事なら、売る時も、買う時も是非どうぞ!!

国電東中野駅陸橋際・東京都中野区上ノ原町11番地

大東京自動車株式会社
代表取締役・尹和錫
電話 (361) 1508・0096番

経済界ことしの回顧

祖国再建の基礎固め
困難を克服、明るい前途

概況

一九六二年——ことしは〝ルールの話題〟を耐越し〝新経の繁栄〟を現実のものとするとの口号の下、経済開発五カ年計画を意欲的に実施に移した歴舞的な年であった。だが、豊かな欲求のゴム風船が無惨にも破裂した証券波動、得たものより失ったものの多かった通貨改革、またそれによって派生された景気沈滞、不況、無価段勝など、経済の好不況がパノラマのごと繰りなされた、文字通り政治に先立つ経済の一年であった、という方が正しいだろう。十一月末の輸出および軍納実績は七千八百六十万㌦と、目標額である一億四百八十六万㌦の七五㌫にすぎず、目標額達成はほとんど不可能と見られている。これと同時に一時は二億㌦を越した外貨保有高も一億六千万㌦線に落ち込んでしまい外貨不足の苦悩は容易に去りそうもない。物価は昨年より一五・八㌫上昇し十一月中旬の全国卸売物価指数は一三三・四㌫であった。一部物価に対する統制は解除されたが、お米を始めとする十三品目については未だ変動がない。十月中の鉱業生産指数は一三四・六とピークを示し、昨年末に比べ八三㌫が増加している。去る十一月十五日現在の通貨量は三百七十六億ウォンとなり、昨年末に比べ六十三億ウォン（二〇㌫）の増大を見せ、財政インフレが継続して昂進していることを示している。六月十日の緊急通貨措置は[illegible]ホワン貨を「ウォン」へと、流通単位を十分の一に切り下げたのであるが、これにより封鎖された資金は六月十七日現在千八百七十三億ホワンに達したし、預金は九十八億ホワンに達した。そのため一時二百五十億ウォン程度に縮小された通貨量も七月十三日の補完措置後、次第に増え始め、再び通貨改革前の水準に戻った。また経済活動は、正常化のための金融資金放出により物価の昂騰、通貨量のぼう張を見た。その後、政府は通貨量吸収のため年末経済安定および物価対策を明らかにした。これにより通貨量も十月ごろからは三百七十億ウォン内外まで下降することになった。これとともに、財政収支を健全にするための緊縮措置により、インフレの暗影も去り十月からは流通面が活気を帯び、生産面も前例のない好調を示したため、物価の騰勢を伴わぬ不況打開について楽観的展望が有力となりつつあるが、第一次年度の目標成長率五・[illegible]㌫には達しないだろうという見解が支配的のようだ。次に、六十二年のわが国重要経済ニュースを集めてみよう。

☆　☆　☆　☆

難事業だった「通貨改革」

六二年六月十日を期して、第二次緊急通貨措置が行なわれた。

通貨改革の当初目的は、悪性インフレの要因を払拭するため、待機性退蔵通貨を封鎖し、建設的インフレの要因を未然に除去して、ひいてはこれを産業資金化することにあった。しかし、通貨改革により国内経済活動は、生産資金のこうそくと流通秩序の混乱による全般的い縮を免れることができなかった。そのため預金（現状払）と旧券預金に対する封鎖を全面的に解除し、その中三分の一を自由計定に、残り三分の二は期限一年の特別定期預金にそれぞれ転換させる特別措置を取らざるを得なかった。

ところで、通貨改革の核心をなす浮動資金の産業資金化は期し得ないまま終ってしまった。結局通貨改革は、呼称価値を従来十ホワンの価値を賦与されていたものを新一ウォンとして採用し、それを表示単位と定めて一切の旧円[illegible]改称することで尽きたのである。

通貨改革の成敗を分けるものは投機、退蔵、それに待機性資金をどの程度正確に把握し、それをどれだけ封鎖して産業資本金化すかということに、かかっているのであるが、浮動資金の巨額偏在は別になく、そのため取られた七・一三措置により封鎖預金は事実上全面解除されたため、第一次通貨措置の時と同様、浮動資金の産業資金化はなし得ず、かえって副作用だけを結果しただけに止まった。

[illegible]

干害で米作減収
食糧需給計画さてつ

六二年の干害は、わが国未曽有の記録的なものであった。今までは一九三九年の干ばつが最も酷かったと言われたが、六二年はそれを上回るような気がした。

わが国の降雨は、その三分の二が七、八月のものであるのに、今年は六月上旬までたった八〇ミリ降雨があったきりで、六月中旬から七月中旬まで干ばつが継続、八月下旬から九月上旬まで[illegible]

[illegible]

いたかった援助額減少

[illegible]

力強い成長の第一歩
経済開発五カ年計画着手

経済的後進性を克服して国民経済の自立的成長を達成するために作成されたのが、第一次経済開発五カ年計画であったし、今年はての第一歩を踏み出した年である。

そして、国民の鼓舞的な意欲を呼びさますわが国産業の四天王・総合製鉄・肥料・精油・発電所等を建設するため、蔚山市郊外の丘辺には「蔚山工業センター」が準備された。

一方、五カ年計画の象徴・蔚山工業地区は、二月の起工式を契機に技術調査が進行中である。

精油工場は、すでに米国のグロア会社と契約を終り、日産三万五千バーレル規模で、六四年二月に竣工する予定で建設が進行中だ。

肥料工場建設は、尿素と第二窒素に強化カリなど肥料三要素を複合した配合肥料工場建設を併設するため技術調査が進行中である。

総合製鉄工場は、所要投資額一億五千五百六十二万㌦、年産三十一万㌧の同工場を、独米合作投資により建設する基本契約書に対す[illegible]

経済成長率を五・四㌫に策定した第一次年度の成果はまだ決算を見ていないが、一次産業である農業の凶作、貿易収支などの自然的条件および人為的条件により、所期の成長率達成は困難となっている。

[illegible]

官営料金の引上げ引下げ

政府は八月一日を期して、タバコの価格を二〇㌫引上げた。

六二年度第二次追加予算に計上された財源を確保するため取られた同価格引上げは五億ウォンの歳入を増加することができたが、物価高に心理的刺激を加え、全般的な物価騰貴現象を誘発した。

政府は、こような値し切れない物価すう勢を抑制するため八月十三日物価調節に関する臨時措置法を公布して、産業用炭販売価格と小動力（家庭灯と大動力を除く）の使用電力料金を部分的に引下げた。

これは石公が供給する（商工部長官指定）産業炭価に限り五㌫、小動力の料金を四ウォン五十銭（一K WH）から四十五銭ほどそれぞれ[illegible]

13種の物価を統制
生必品は民政まで継続

政府は、八月十三日臨時緊急措置を発表し、十三種の重要物品価格を凍結する「物価調節に関する臨時措置法第四条の二第一項」に関する件」を議決、公布した。

この措置は、六・一〇通貨改革後の物価高騰を抑制しようとして取られたもので、昨年の五・一五[illegible]

[illegible]

九社に統合推進
生保・火保の20社

[illegible]

認定課税一掃

税制改革

[illegible]

波動の連続「株式」
去来所資本は約百倍に増大

[illegible]

韓国の声

国民投票で示された信頼に報いよ

予期された通り改正憲法案に対する国民投票は圧倒的多数で可決された。

今や形式的な中央国民投票管理委員会の〝締結果の公表〟と最高会議議長に報告する法手続きと最高会議本会議の可決宣布ならびに大統領権限代行の憲法公告が残されただけとなった。

今度の国民投票において投票率と賛成率が高かったのは〝国民の革命政府に対する支持が高まり、対外的にわが国民の政治的意識が強まったことを立証している〟が、それと同時に別の角度から国民の投票を評価してみたい。

投票前にわれわれが本欄を通じて強調したように、今度の国民投票は革命政府の信任を問う投票でなく第三共和国の基本を定める新憲法を承認する政治的手続きであったのである。

いいかえれば、五・一六革命と革命政府の統治がすでに明らかな既成事実となった時点で、国民がいかに革命政府が公約した民政移譲までのスケジュールを受けいれるかをはっきりさせる必要があり、その集約されたものが憲法案確定ということで、その結果が改正案に対する賛成で反映されたものであるとみられている。

投票が済んでからいえるものの、かりに憲法案が流産になったならば、その後にくる混乱は国民のだれもが承知しているもので、そのような意味から政治的安定を切望する国民一人一人の投票たるや実に望ましい念願の結晶であるといえるだろう。

決して過去に対する審判ではなく、将来に対する設計図に各自の夢を託したものであるということを知る時、このような国民の絶対的な信頼を革命政府は敬けんな気持で受けいれ、これに報いる道が何であるかを喚起しなくてはならないと思う。

当然の結果であるが新憲法の確定によって革命政府はこよなき自信と力を得たのである。

それは今日以後の結製のスケジュールに関しているだけでなく、反射的作用によって自然にかち得た政治的作用な任でもある。

このような自信と力を基に、革命政府は国民が革命政府を信頼したその信頼をないがしろにしてはならないと思うものである。

現在まで革命政府と国民との信頼関係が良くなかったというわけではない。だが国民投票という民主主義的手続きにより革命政府の高位層がひそかに予測したものよりは、はるかに多い国民の信頼を示したのである。革命という激動の中で時には必要以上に国民の政治意識に気を配ったこともあり、旧政治人を中心とする既成世代の旧秩序への郷愁を極度に警戒したこともあった。これが杞憂にすぎなかった事をわれわれは強調するものであるが、今や大多数の国民は純粋な感覚と賢明な判断によって新時代の基盤を形成することを国の内外に証明したのである。

このような国民の信頼に応ずべき政治責任の加重された革命政府は、全国民がこぞって時代の潮流にあしなみがそろえられるよう旧政治家らの政浄法解除措置をはじめ、あらゆる民政移譲スケジュールにおいて明朗で建設的なふん囲気が醸成されるよう期待するものである。そしてまたいまさら強調するまでもなく憲法がいかに立派であってもこれを運用する為政者の信念によって左右されるということは、過去の憲政史を回顧すれば明らかなことである。

われわれは第三共和国の新憲法確定を喜ぶと共に、ふたたび汚された過去のてつをふまないようにして新国家建設のための真の基本法となることを願うものである。

国民は白紙委任でこの使命を革命政府に一任したのである。良くなるか悪くなるかは、国民の主権意識を待つまでもなく権力をもつ革命政府の手中にあることを自覚しなくてはならない。もちろん、新憲法は明年の初国会召集と同時に発効されるのであるが、それ以前にも〝憲法を施行するため必要な法律の制定とこの憲法による大統領、国会議員の選挙その他の準備〟に関するものは憲法確定日から発効するのである。

厳格にいえばこれ以外には当分の間は非常措置法によって、引き続き革命過渡期に必要な非常立法が行なえるが、かかる立法や施策においても新憲法の精神を忠実に反映されんことを望みながら、歴史的な国民投票の成功を革命政府とともに慶賀するものである。

（[illegible]日報）

警戒を要する北韓の中共偏重傾向

鉄のカーテンの向うの報道をどの程度に評価したらよいかは疑問であるが、最近の外信が伝えるところによると、十二月十六日づけの北韓労働党新聞は北韓労働党中央委員会の公表として〝平和は帝国主義者から乞い求めるものでなく争取しなくてはならない〟と述べたと伝えられているが、カイライ金日成は〝経済開発を遅らしても軍事力を増強しなくてはならない〟と命令したとのことである。

そして、このような政策は去る十二月十日から十四日まで開かれた北韓労働党中央委員会で決定されたものであると報道されている。

前記の論調は中共とソ連の紛糾が激化されている時であるだけに特に注目されるのである。とにかく北韓はソ連よりも中共に従う傾向がはっきりしてきたといえる。

かかる北韓の傾向は前記の労働党会議と時を同じくして開かれたソ連最高会議でのフルシチョフの平和共存政策とキューバに対する政策を承認したのとよい対照をなしている。

平壌の声は北京に従っているがモスクワの声とは全然異なっている。ここにおいてわれわれは北韓が何故に北京路線に従うようになったかを考えてみる必要がある。

昨年までは金日成はいわゆる朝・ソ同盟や朝・中同盟を結んでどちらにも片寄らない態度をとってきたのである。だが、今年に入ってから北韓は中・印紛争が激化されるや中共側に立ち、キューバ問題に対してはキューバ革命を支持する態度にでたのである。

このように金日成が決定的に北京を支持するようになったのは、なによりも金日成個人の不安からでたものである。金日成は死んだスターリンの侵略政策に便乗して一ソ連軍少佐から忠実なカイライとして北韓を手中に収めたのである。多かれ少なかれ金日成の脳裏にはスターリンの影がつきまとっていることであろう。特に六・二五当時に中共軍が直接的な支援をしたことと、今日、毛沢東のスターリン主義追従が顕著になるや、東欧のブルガリヤやハンガリーの党大会で金日成級の大物が痛罵されるのをみて自分自身の延命策として北京に従ったのかも知れない。

だが、われわれは北韓が北京路線に従ったということと共に最少限警戒しなくてはならないことは、北韓の平和攻勢が、そのまま欺まん宣伝にすぎないということを証明したということである。

北韓がモスクワ路線よりも北京路線に従うとなれば、より好戦的で、強化路線を歩むことになり、彼らが以前からとなえていた平和統一論などは一考の余地もなくなるのである。

また同時に、北韓の侵略性をより一層警戒しなくてはならなくなる。そしてまたわれわれが対外的に要請しなくてはならないのは、アジア諸国が中共の侵略とはいかなるものであるかをすでに承知しており、このような中共に同調する北韓が何を目論んでいるかを知らなくてはならないということである。そして中・ソ間の紛糾が激化されるからといって今後油断してはならないということに注目すべきであると思う。

（[illegible]日報）

旅券発給者氏名公告

韓国駐日代表部領事課旅券担当官
在日本韓国居留民団中総民生局長

[illegible]

本国入国許可者氏名公告

韓国駐日代表部領事課旅券担当官
在日本韓国居留民団中総民生局長

[illegible]

"CATCHMOR"
TRADE MARK
NYLON FISHING NET
CHEIL FISHING NET IND CO.LTD.
SEOUL, KOREA
MADE IN KOREA

精力増強・朝鮮料理
神戸名物
金剛山
忘年会・新年会・予約受付中！ 御家族ずれ歓迎！
●焼肉 ●鶏水煮 ●神仙炉 ●冷麺
●バーベキュ ●朝鮮人蔘茶
PHONE (3) 5561 5562 5563 5564
(39) 1169 9881 9861
冷暖房完備
1階：大衆レストラン
2階：大小お座敷
3階：結婚式場大ホール
神戸・三宮
生田神社前通り

日曜日授業の部
待望の日本経営大学校 関西本校が開校
学生募集
経営学科 日曜日午前九時より十二時迄授業
生産学科 〃 午後一時より四時迄授業
販売学科 〃 午後六時より九時迄授業
◎右三学科は全科教程を受講することも又一学科二学科を受講することも出来ます。
◎各会社からの特別推薦者又は派遣社員と個人企業経営主は優先入学出来ます。
東京本校 東京都新宿区市ケ谷左内町二一 電話（三三二）四四四九・四四三二番
通信教育部！ 通学出来ない方々の為に東京本校では全国的に通信教育を行っております
日本経営大学校
理事長 永井一成
◇入学資格 高校卒程度の学力ある者、男女年令学歴職業不問
◇修業期間 一ケ年卒業（経営指導士号授与）〃各科六〇名募集〃
◇受講料 入学金 五千円 授業料一学科 千三百円 後援会費 五百円
◇今回は入学試験はありませんが、卒業試験は厳重に行います。
◇入学案内書は〒五〇円又は電話下さればご送附致します。
◇申込み順に各科共定員でメ切りますから早やめに申込み下さい。
◎開校日 昭和三十七年十二月二十三日授業開始は来春一月十三日
申込事務局 大阪市天王寺区小橋西之町三六 電話（七六一）三四三六番
働き乍ら学べる本邦唯一の経営学の最高学府。
すぐに役立つ実力本位の教育。経営指導士養成。

ごくろうさま、大野さん

大野訪韓視察団の歓迎会

明るい表情に感慨

うれしかった漁船員釈放

さきごろ大野訪韓視察団一行は三日間にわたり韓国を訪問、韓国を視察するとともに、韓国政府首脳陣との会談を通し、両国の親善と国交正常化への大きな成果を収めて帰ってきたが、同訪韓使節団の帰国歓迎会が、二十日午後二時から赤坂のホテル・ニュージャパン宴会場で盛大に催された。

同歓迎会には韓国側から裵大使、崔参事官が、日本側からは石井光次郎、荻谷秀二、植村甲午郎、安藤豊禄氏らを始め、政、財界の重鎮約二〇〇名が参席して盛大に行なわれた。同席上、裵大使と大野自民党副総裁から各々次のようなあいさつがあった。

裵大使あいさつ

韓・日両国は世界でも最も隣接している間柄でありながら、両国の関係は余りにも不自然な状態を続けてきたが、十年交渉もやっと軌道にのり、金・大平会談と、今度の大野自民党副総裁の訪韓を契機に急速な進展をみせ、現在では約八〇％妥結されたとみられるに至った。残りの二〇％は、杉道助日本首席代表と私との間で一〇％を、朴議長と池田首相との間で一〇％を各々解決することによって懸案の国交正常化を期すべきである。

最近日本経済界の諸氏が韓国の実態をじかにみて帰って良い証言をしてくれたことは、韓日会談に良い影響を与えてくれた。

大野副総裁あいさつ

今度の訪問に当って、韓国の皆さんの心からなる大歓迎をうけ、むしろ恐縮するほどだった。過去十数回訪韓したことがあるが、当時は人口六〇万程度だったが、現在のソウルは人口二四〇万にふくれあがっており、想像も出来ないほどの大都市になっていた。

昼夜兼行して国造りに邁進している涙ぐましい情景には感激したが、きくところによると、ソウルと平壌市民の生活には、雲泥の差があり、北韓は憂うつで暗いのに対し、南韓の住民たちの表情は非常に明るいという。

往年のソウルは正直に言って不潔なものだったが、今日のソウル市街は全く清潔であって、紙一枚落ちていないほどであった。それに比べ東京の現状は恥ずかしい位で、東京も都条例みたいなものを作ってソウルのようにしたいものだと痛感した。

真剣に防共に努めている板門店の光景を目のあたりにして大きく胸を打たれた。

訪韓を前にして、北韓系から"訪韓したらたちどころに殺される"といったような脅迫状が日に何百通もあったが、いざ訪ねて見て、東京以上に治安状態が良いということを知った次第である。若き青年たちの国造りには深く感激し、正常化を刀快して帰り、そのような信念で当っている。池田総理も英断を下したようだが、未だにモヤモヤしているようである。日韓交渉の様子をみていると何だか外交でなく算術でもしているような感じがする。

訪韓を終えて吉田元総理ともあったが、彼はよくやって来たとほめながら、ソロバンにあまりこだわらないよう勧告するよう励ましてくれた。

また、釜山に抑留中の漁民三十三名と三隻の漁船の釈放を口頭で頼んだら、快くプレゼントしてくれた。もしもこれが日本だったらどうだろうかと思った。ちょっと考えられないことである。

いずれにしろ今度こそは国交を正常化させ、過去の感情を洗い流して、互いに堅く手をとり合って将来に向って進むべきである。

裵大使、崔参事官らと談笑する大野副総裁、右後方は杉道助氏

遠征以来初めて黒星

親善サッカー 第4戦

高麗大、明大に惜敗

韓日親善サッカー試合、高麗大対明治大の第四戦は、二十日午後二時三十分から東京・小石川サッカー場で行なわれ、高麗大は明治大に3対0で破れ、来日初の黒星を喫した。

この日小石川サッカー場内野スタンドは、来日中の高麗大が全日本優勝チームを破るなどで予想外の進撃を続けていることに気をよくした在日僑胞の応援団や、明大応援団、日・韓体育関係者などでうずめていた。

午後二時三十分韓日両国国民の歓声とともにグランド中央で両校親善のペナント交換が行なわれた後、高麗大の先攻で試合が開始された。

試合開始と共に来日中の高麗大は連日の試合のせいか、対立教、慶大、中大にみせたファイトがなくパスも順調でなかった。

明大は関東第二位の貫録を充分にみせ前半十二分、片山のシュートで先ず一点を先取した。その後試合はこの一点の戦いかと思われたが、後半にも井口、長瀬のクリーンシュートで二点を加えた。

高麗大も明大の守備陣を左右にゆさぶり明治大のゴールを再三襲ったが、連日の試合で高麗大特有のねばり強い決定的なシュートが決まらなかった。高麗大はこれで三勝一敗の成績である。

3－0で惜くしも敗れた親善サッカー第4戦

僑胞のスキー講習会

大韓スキー協会が志賀高原で

1月4日から4日間

在日大韓スキー協会（李元京会長・東京都新宿区下落合二の七八〇）では毎年恒例の"僑胞のためのスキー講習会"を来る正月四日から四日間、志賀高原の法坂スキー場で実施する。

同協会は毎年、"少年スキー学校"や"スキー講習会"を石打、志賀高原などのスキー場で実施し僑胞青年、学徒の間で、スキーをやってみたいがその機会がないとか、多少の経験者でも技能上達の機会に恵まれていない青年男女に非常な好評を博している。

同協会はこうしたスキー講習会を通じて優秀な選手を養成し、本国の国体へ参加させることもこの事業の目的の一つだが、李元京会長は「スポーツによる共同体的青年男女の融睦強化が何よりの成果である」と強調しているように、今では発初の出発時の会員数から四倍にふくれあがっている。

経費は宿泊、交通、食費一切を含めて一人当り四千八百円。目下大韓スキー協会では希望者を募っている。

若人六百人が参加

韓青主催 忘年ダンスパーティー

在日韓国青年同盟（韓昌圭委員長）主催の一九六二年度忘年親睦ダンスパーティーが、十九日午後六時から東京新宿の三福会館六階ホールに約六百名の青年男女参加のもとで盛大に開かれた。

青年男女にまざって中総各局長および、僑胞関係有力者の顔も多数見られた。また参加した若い女性の大半が韓国服を着ており、日本の着物を着た女性もわずかであるが見られ韓日親善パーティーの感もあった。

キューバン・スターズとロイヤル・ハワイアン両バンドの熱演でその幕を開けたパーティーが佳境に入ったところ僑胞新人歌手（男女それぞれ一名）が歌謡曲を披露、時間のたつのを忘れさせるほど盛大でなごやかなふんいきであった。

なおパーティーの席で神奈川韓青委員長郭東春氏から釜山愛育園募金運動の協力要請があって二千四百三十九円の募金が集まった。

あかるい雰囲気で楽しく踊る若い人たち

順天水害募金追加分

民団兵庫県西宮支部　合計八千二百円

五百円 韓明深　三百円 内海　二五〇円 厳甚石　二五〇円 高斗先　二百円 徐正鎬　二百円 安武竜　二百円 徐輝　二百円 朱南植

二百円 曹在俊　百円 姜石八　百円 文慶善　百円 孫永柱　百円 玄拳亨　百円 梁以順　百円 高元生　百円 高三相乙　百円 徐應沢　百円 金点述　百円 朴炳燦　百円 朴三金　百円 権一圭　百円 高桂熙　百円 李三栄　百円 文京順　百円 金又坤　百円 鄭礼任　百円 西田　百円 呉坤平　百円 金両変　百円 李仙基

二百円 元聖甫　百円 鄭玄得　百円 沈次必　百円 金文子　百円 朴壬吉　百円 金明玉　百円 許吉祇　百円 朴神祚　百円 黄鐘周　百円 金貞仁　百円 金次光　百円 金末順　百円 金八出　百円 李緑洛　百円 孫徳竜　百円 金炳植　百円 朱越鎮　百円 申順雨　百円 康炳錫　百円 金玉順　百円 文興達　百円 李今述

百円 宋宗洙　百円 李月星　百円 李鍾祥　百円 朴英成　百円 朴圭根　百円 李相祚　百円 文右順　百円 金必坤　百円 南又変　百円 黄豪植　百円 鄭九玉　百円 白正模　百円 金仁厚　百円 洪在竜　百円 宋永祖

【三田支部】　六千八百五十円

一千円 朴扶山　五百円 金花粉　二百円 柳孝生　百五十円 金昌厚　二百円 朴順祚　百円 崔潤尼　二百円 金載鎬　百円 洪淳守　二百円 孫二鎬　三百円 崔海鳳　百円 朴尚俊　百五十円 安文国　五百円 金甲竜　二百円 崔桂七　二百円 鄭照稷　二百円 権其石　二百円 李順大　百円 洪万徳　百円 孫敦珍　二百円 金竜述　五百円 張鶴植　二百円 金順善　二百円 張鎮論　二百円 李其奉　二百円 韓炳哲　百五十円 徐良遂　二百円 金承金　百円 金昭石　百円 元煥孚　百円 高在俊

尋ね人

金寿夫さん

本籍、忠南保寧郡大川面東城里 住所、三年前まで広島県内に居住

右の方をソウル特別市城東区杏堂洞一三〇の三にいる実弟金◯元氏が尋ねております。

消息を御存知の方は左記まで御連絡下さい。

連絡先、東京都文京区春日町51 民団中総 文教局長

白鉉皎さん

本籍地 全羅北道井邑郡泰仁面

右の方の消息を本国にいる実弟の白◯◯氏がたずねております。お心当りの方は本紙までお知らせ下さい。

李錦善（平野）54歳

本籍地 平安南道大同郡

右の方は第二次大戦前、香港で日本人の夫と木材商を営み、戦後日本に引揚げたもようです。御心当りの方は本紙または左記へ御連絡下さい。

ソウル特別市城北区貞陵洞四〇四 貞陵市場内三〇号 李◯◯

教職員募集

大阪市東成区猪飼野中五丁目 TEL（661）二八九八

学校法人 金剛学園（大阪韓国学園）

前言

本学園は幼稚園・小学校・中学校・高等学校（男女共学）を併設し韓・日両国の学校教育法に則り国際的な教養を高めると共にそれぞれの教科課程を教育し、韓国国民の人づくりに専念しています。

募集人員

A、幼稚園保母 女子 一名
B、小学校教員 男子 四名 女子 一名
C、小・中・高音楽担当 男・女一名（但韓国語で指導可能な人）
D、中・高理科担当 男子 一名
E、民族教科担当（韓国語）男子 三名
〃 （韓国国史・地理）男子 一名

資格

在日大韓民国国民で各免許状を有する人、又は将来資格取得可能な人（但し民族教科担当は、この限りにあらず）

待遇

優遇します。

提出書類

履歴書一通、卒業見込証明書一通、成績証明書一通、学長推薦状一通、写真一枚

期間

上記希望者は一九六三年一月末日まで、提出書類持参、又は本校へ送付願います。

尚詳細は本校庶務まで問合せ下さい。

新帝国主義研究

◇最近の共産主義の諸形態◇

ソ連の対中東政策の展開過程

ジョージ・レンジョフスキー

―⑤―

ソ連は一方、一九二〇年に北部イランを侵攻して、そこにクチック・カン閣下のギラン・ソビエト共和国の樹立を助ける反面、一九二一年二月にはソ連軍がイランの北部州を掌握している間に、イランの国民政府と協商を始め、友好条約を締結したのである。

しかし矛盾は実施よりも表面的な面がより多かった。イラン内の半無政府状態が五列の活動と軍事的介入の結合を容易にした限りソ連は北部州で使用した方法と同一な強制的直接方法でその事態を利用する誘惑を抑えたのである。しかしソ連のそのような企図を成功的に阻止し得たし、また事実上阻止した強力な民族指導者が出現するや、共産ソ連は直ちに変遷した情勢に順応し、レチヤ主ケマル・アタルルク、イマヌラ・カのような指導者をかえって西欧帝国主義に対する民族的闘争に対する革命闘争の闘士として賞揚した。

従って、一九二一年一・四半期に入って、ソ連はトルコ、イラン及びアフガニスタンと友好条約を締結したが、同条約で前帝政ロシアの特権を放棄して、ソ連が民族解放闘争を支持する新時代を予告した。

ほかのもう一つの利益は、新生ソ連革命国家の外交的孤立に終止符を打ったという点である。前記国家たちとの二度目の条約が一九二五年と一九二七年の間に締結された。そのときの条約文には公式的な不可侵条約が挿入された。

特に隣接諸国に対するこのような「友好的」な接近は、独立トランス・コーカシアと中央アジアを早くからソ連が征服したという事実と関連して国際関係がいだいていたかも知れない不快な記憶をおぼろげにする意義があった。例えどのような征服が記憶に残っていたとしても、その当時の共産主義者たちの行為は結局帝政ロシアの「合法的」な旧領土を回復するためのものに過ぎなかったし、合理化させることはそれ程難しい問題ではなかった。これは赤軍による限せない軍事的征服であったという事実は「ソビエト国家」に属する非ロシア領土の「民族自治」に関する主張として扱えたし、ソ連宣伝機関もまた被征服地域の現実を徹底的に歪曲描写することに細心の注意を傾けた。

しかしソ連は事情がそのような方途に有利だったならば、領土的及び政治的拡張という目前の利益のために隣接国家たちに対する戦略政策の利点を度外視することは出来なかった。これは世界第二次大戦末期、トルコ、ギリシャ、およびイランで実証された。前節でわれわれは既に一九四五年に具体的に現われたトルコに対するソ連の領土要求に関して言及したことがある。ギリシャでのソ連の圧力は、共産ゲリラを操縦する間接活動の形態を取った。この共産ゲリラは、ブルガリア、アルバニア、ユーゴ等の衛生国家などの援助と提携をうけ合法的な政府を打倒し、政権を奪取しようとしたのである。

イランでは二十五年前、歴史が北部の数州で再演された。赤軍とソ連の政治関係者たちは終戦後イラン領土からの撤収を拒否し、タブリズに一つ、マハバトのコディシュ中心に一つ、合わせて二つの共産主義自治政権を樹立させるためアゼルバイジャン州でのクーデターを画策した。この二つのソ連傀儡物はイラン国から分離され隣接国イラクとトルコ内の少数民族集団間のソ連の傀儡としての役割を果せたし、ある程度の解決策に同意するように誘引するためにイランの中央政府に加える圧迫手段として使用することも出来た。このような目的を追求するに当って、ロシアはイラン政府から

（A）アゼルバイジャンの自治政府及びこの自治保存に対するソ連利権関係の承認

（B）合弁会社設立計画にあって、五十一％の株権をソ連に譲渡する石油協定

（C）三名の共産主義者をイランの中央政府閣僚に入閣させること。

等の三つの利権を得た。

ゴロー商会
GORO&CO
G&S
社長・金巳哲
東京都渋谷区大和田町11番地
TEL（461）4022番

OHASHI PLUSTIC.KK
大橋プラスチックス工業株式会社
プラスチックス成形一般
社長・鄭在淳
東京都足立区千住仲町102番地
電話（888）0147・（881）6363

豪華浴室と高級焼肉料理の殿堂
温泉気分と最高のムードで
個室トルコ 早朝五時より（800円）浴後にビール1本ツマミ付サービス
大衆男女トルコ風呂 100円
◆五〇〇坪全館冷暖房完備◆
上野 宝苑
上野駅前昭和通り宝ホテル隣
チャングのリズムに乗って 韓国の古典床しき美妓の舞い
御宴会
御一人様 500円より
料理5品 酒1本（500）
高級焼肉料理
（年末年始の宴会の予約は早めにお申込み下さい）
御予算により御相談に応じます。200名様用大広間御家族ずれ、大小10室準備
温泉部電話（832）2619～20，食堂部電話（832）6505～6

漢陽
12月号…200円
＜在日＞国文版의 綜合雑誌
主要内容
韓国의 燃料事業……金基淳
社会保障의 問題点……朴元錫
흔들리는 中南美의 秩序……姜泰旭
愛国思想家 柳麟錫……金泉錫
韓国의 歳時風俗……文哲鎬
古典의 余韻……李丙疇
奈良大仏과 韓来技術……金正柱
新羅의 勾玉……韓炳植
瞻星台와 天文歴法……崔容鎮
＜民謡와伝説＞ 어랑타령……金炳玉
＜名勝古蹟巡礼＞ 幸州山城 栄州・浮石寺……調査室
＜創作＞
其他 時事評論・随筆・詩・創作 多数
※定期購読料金 六個月 一二〇〇円 一個年 二三〇〇円
発行所 漢陽社
東京都豊島区池袋東一ノ一五五
電話 東京（971）五三一三
振替番号 東京 四五一六八

優良鋳物用銑鉄製造
ASK
朝日製鉄株式會社
取締役社長 中◯◯
横浜市鶴見区鶴見町1320
TEL 横浜（50）8431－4

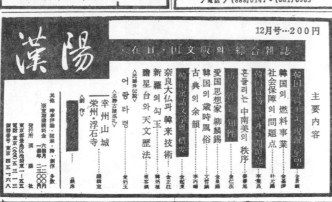

李朝野史物語

太宗世祖時代篇 (19)

魯山君となった端宗 (二)

車聖福との出会い

雨脚はとめ度もなく降りつづいた。雷鳴と稲光は地軸をゆり動かして閃いた。刻々と増してゆく激流は、ものすごい勢いで渦をまいて、すべてを流し去った。

魯山君の配所―清冷浦一帯は、またたくまに村全体が泥海となってしまった。危険は刻々とせまった。

この騒ぎでいままで傲慢無礼であった監視兵はいつの間にか一人もいなくなってしまった。魯山君は、全身びしょぬれになったまま うろたえる侍女たちを励ましながら、安全地帯を求めて避難を始めた。九死に一生の思いで難儀をしながら、漸く死地を脱することができた。

この騒ぎがあってから、朝廷では魯山君を清冷浦から寧越府の客舎東軒（地方官の迎賓館）に移した。いままでとちがって、その待遇方なども幾分寛大になった。軟禁中ではあったが、それでも客舎附近だけは自由に出入りすることを許された。

寧越府知事が変る度に、その人によって魯山君に対する扱い方も変っていたが、山村清冷浦時代に較べると徐々に改善された。

客舎に移られた魯山君は、これを嬉いとされた。何よりも人に会えること、附近を散策する自由を楽しみ慰められた。

時には、客舎の前にある梅竹楼に登られて遠近の景色を眺めたり、晩には近付に胡笛を吹かせて無りょうを慰めた。御自分が吹かれることもあった。胡笛の音色は哀切な調べで遠近にひびくので聞く人をして悲えだえに哀愁を催さした。孤独な王の身上を思っては涙をそそるのであった。

寧越は、山の国、江原道の山間僻地。四方、山に囲まれているので夜になると、どこからともなくホトトギスが啼く。月夜など、眠られぬ夜を独り静かに思いにふけるとき、哀調を帯びて啼くホトトギスの声色は、切々として迫えるものがあった。後世に残る子規詞と子規詩を詠まれたのは、このときである。

子規（ホトトギス）は、昔中国の蜀という国の国王が他国に捕虜となって、そのまま帰らぬ客となり、その化身となった鳥といわれる。そのために、これを蜀魂鳥または杜鵑、不如帰ともいう。

魯山君が詠んだ子規詞は、

「月白夜、蜀魂啾、含愁情、倚楼頭、爾声苦、我心悲、無爾声、無我愁、寄語世上苦労人、慎莫登、三月子規楼」―意訳すれば

（月夜、ホトトギス啼く、愁いをいだいて楼頭に佇む。汝の声悲しく愁いもまた切なし。汝の啼声なかりせば我が愁いも催さじ。愁い多い世人よ―どうか春三月子規楼に登るなかれ）

子規詩は

「一自寃禽出帝宮、孤身隻影碧山中。仮眠夜々眠無眠、窮恨年々恨不窮。声断暁岑残月白、血流春谷落花紅。天聾尚不聞哀訴、何乃愁人耳独聴」

（一たび帰れぬ身をきせられた鳥が王宮をでるや、孤独なその影は碧い山中にあり。転々として夜も眠れず、恨みはつのるばかりである。その啼声が山の峡にすい込まれた時、残月白く、血が春の谷間に流れる時落花も紅にそまり、天も聾してその哀れな声が聞えない時、いかにして悩みの多い人にその声が聞えたのであろうか）―意訳。

眠られぬ春の夜、断腸の想いを胡笛に寄せて吹きながら詠んだ時である。後日、人がホトトギス啼く声を聞いて、哀れに散った十七歳の若い魯山君を偲んで、この梅竹楼を子規楼と改称した。

梅竹楼の外にも錦江亭、観風軒などがあった。日頃、魯山君はこれらの楼上で長い日々を過すのが常であった。悲しみの人、端宗がいられるときには、王を慕う附近の農民がその楼前の庭先きによく寄ってきた。

彼等は、少しでも王を慰めるために馳走を持ってきた。その中で車聖福という百姓がいたが、彼は毎日の如く食事を用意した。王もその淳朴な真心に動かされて好意をうけ入れた。

王と車聖福の出会いは、こうして結ばれることになった。月日が経ち年が改められ、魯山君の配所生活も数年を重ねた。

車聖福が例の如く王に伺候すると、何か思いつめた口調で

「汝の忠誠は深く感じる。汝は何某というか」

「小臣は、寧越のもので車聖福と申します」と申し上げながら頭を地にすりつけて感激にむせび泣く、王も涙声で

「わしをまともに見られよ」

といわれたので、彼は王をまともに見上げた。しよう悴していたとはいえ威厳ある竜顔は、常人とはちがっていた。

「汝の赤心は永久に忘れないであろう。わしは、恐らく長く生きられないだろう。また死んでも帰るところもない身だ。もし、死人に魂があるものなら汝を頼りにするだろう」と寂しげに語っていられたが

「長居は危い。もう下ってよろしい」といって、車を帰された。（石翼山人）

今年の音楽界

めざましい国際交流

巨匠つづけざまに訪韓

今年度にはいってから韓国の音楽界は国内国外を問わず、果然、目覚ましい発展を見た。国際音楽祭、国立交響楽団問題、新しい音楽協会の誕生、国立オペラ団の発足など、一年を通して海外より巨匠らの訪韓が相いついで行なわれ、目覚ましいの一言につきる楽壇の隆興がくりひろげられて、音楽の年という感さえあった。

なかでも最も異彩をはなったものに国際音楽祭典があげられるが同行事は韓国音楽史上初めて行なわれた大規模のものとして、室内楽のピルトジオ・ド・ロマをはじめ世界的なバス歌者ケルハルト・フィッシュ、ハープのサバレター・バイオリンのオトノフソフなど、そうそうたる音楽家らが訪韓して公演した。

これにとどまらず、ベルリン室内楽団やストラウス、シャピロらの外人指揮者、ペティ・アーレンウイリアムらのソプラノ、それにテナーで有名なアリコ・フォルナ、シャンソンのイベット・ジローらの世界的な巨匠らも今年訪韓して公演をくりひろげた。

これに伴なって国内楽団もあなどれない活気を見せ、新人音楽会をはじめ新人音楽芸術団の施設公演、それにKBSと市立の両交響楽団の定期月例演奏会、国立オペラ団の「王子好童」ドンジョバンニーなどの二回にわたる公演や国際音楽祭プロであるヘデリオでは、ドイツ・オペラ団と共演するなど今年ほどはなばなしい活躍をした年はない。

このほか、韓東一君（ピアノ）の米国のハイト・ハウス演奏、しかもミッチェル音楽コンクールでは一位を占めた。バンクライバーンのピアノ演奏大会にも命正君ほか一名が参加した。

また、少女文化使節団一行に加わって注目されたバイオリンの関初姫とピアノの閔仁子両嬢は、舞踊団と行動をともにして在日同胞はもちろん、外人客からも絶讃を浴び、さらに在日韓国人音楽研究会の主催による、関東地区水害救金楽音楽会に参加を頼まれるなど天才児としてその才能が認められた。

李明淑嬢も東京朝日講堂でリサイタルを開いて、日本人楽壇からお賛辞をうけてNHKテレビに特演の[illegible]揚、安益泰氏は、母校である国立（クニタチ）音楽大学交響楽団とその合唱団（六百人）を日比谷公会堂で指揮、超満員の聴衆を前に韓日親善ムードを最高に盛り上げて、在日同胞の鼻を高くしたことなど、海外公演も活発に行なわれ、エグリン楽団の国内第五回公演も開かれるようになった。

出会い

韓国の紫式部韓戊淑女史を東京に迎えて

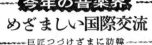

小西秋雄　(3)

日本人よりきれいな日本語

韓戊淑さんは静かに演壇に立った。黒づくめの韓国服は一きわ気品を高め、白い襟元はきわだって鮮やかに、表情豊かな白い指と共に、清潔な印象をのこした。言葉はやや低く目に、一語一語、明白に歯切れよく、なによりも日本の詩人の眠りをさましたのは、その鮮やかな日本語であった。（以下講演概要をしるす。）

日本文化のあけぼの、奈良朝飛鳥時代をつくった、百済からの仏教と王仁博士による漢字輸入以前、五世紀前にすでに韓国は古代中国より漢字を輸入、儒教思想の導入、さらに仏教の伝導で、物心両面において、日本より、はるかに高い文化をもっていた。

「訓民正音」ハングル文字の発明は、韓国の民族文学に画期的な役目をはたした。かくて韓国は、印度の仏教と中国の倫理に韓国的なものをつけ加えて、漢字文化と仏教文化とを日本に伝えた。

新撰姓氏録を見てもわかるように、奈良時代の文化の中心は帰化人であり、日本上代の宗教、芸術は韓国人によって創造されたといっても過言ではない。法隆寺金堂の壁画、百済観音は今日なお韓来文化の面影を伝えている。上代ほどではないにしても、中世、近世にも韓国の影響は日本に残っている。

一五九二年壬辰の乱―日本では慶長の役、韓国より拉致した陶工達は、今日の日本陶業の源をつくった。

十九世紀末から韓日両国の関係は逆転した。西欧文化の波は日本に一度屈折して、韓国の岸にとどいたのである。韓国は日本という窓を通して、西欧の光を取り入れたのである。

韓国の近代化は一八九四年の甲午更張を出発点とする。それから十五年後の韓日合併で、物心両面に日本の影響が著しく韓国に流れこんだ。崔南善を代表作家とする唱歌は韓国固有の、四四調ばかりでなく、五七、七五、六五調がいずれも、日本の新体詩の影響のもとに台頭してきた。

しかし韓国文学の最大の受難は、太平洋戦争の始まった一九四一年前後から始まる。韓国語の抹殺、国民学校教科書まで韓国語の使用が禁止され、さらに韓国語新聞、次いで雑誌の強制廃刊となり、大部分の作家は地下にもぐり、筆を折り、表操を堅持して韓国文学の断絶状態がはじまった。

しかしながら、日本と韓国の文学はひそやかな「出逢」が続けられていた。一九四三年金素雲氏の名訳詩集「乳色の雲」―韓国の詩心が日本の詩人たちの胸に伝えられた。

島崎藤村先生の序文、佐藤春夫先生の「朝鮮の詩人らを内地の詩壇に迎へんとするの辞」は「出逢い」というよりも「抱擁」というべきであろう。

狂った時代にも出逢いは続いた。詩の心、詩のふるさとは即ち人の心のふるさとである。そしてそれは永遠につながる。今日、韓日の関係は、今なお正常化されてはいないが、過去に比較すれば、比べものにならないほど好転した現在、私は大きな愛の心と詩の心で、私達の出逢いをもっと深く、もっとこまやかに重ねられるべきことを願い、またかくあらしむべく努力をすべきであると思います。

韓さんの講演が終るや、正富汪洋先生が立って、その鮮やかな日本語を称賛し、現在の韓国人の魂にふれて、深い感動を受けたと言葉を結んだ。

次いで藤村研究で、文学博士になられた東洋大学教授伊東一夫氏の「島崎藤村の人間構造」について、一時間半にわたる研究発表があった。

これは①藤村の二元的性格②藤村の性格形成における人格批評③藤村の性格学的考察④その他の性格形成⑤芸術家としての藤村について、精細を極めた発表があった。服部嘉香、正富汪洋の両先生が、口を極めて激賞され、また生前の藤村の思い出を語られた。

韓さんをかこんでの座談会

日本詩人クラブを代表して、正富汪洋・服部嘉香・安部宙之介の三先生、それに伊東一夫・安部一郎の両氏を加えて新橋苑において韓さんをかこむ座談会を開いた。

服部先生が口を開いた―正倉[illegible]新羅と古代日本の関係、百済観音、広隆寺の弥勒菩薩、中宮寺の如意輪観音から法隆寺正倉院に及び、慶州の仏国寺、海山の石仏、石窟庵、扶余の落花岩、楽浪の壁画、大同楽器、教頭、楼楼から、ペルシャ、ギリシャ、ローマに及び、延々三時間、休息をしらぬ会談であった。

―今日はほんとうによかった。よかったと正富汪洋先生は連発された。韓国も韓さんのような文化人を度々送ってくれるといいなあ。ほんとうに尊敬出来るよと。（おわり）

三愛貿易
SAN-AI TRADING CO., LTD.
MATSUDAIRA BUILDING
NO. 11, 3-CHOME KYOBASHI, CHUO-KU, TOKYO
TEL. (535) 3821-3

版画　洪久城作

＝金泰伸・洪久城二人展より＝

メーリー・クリスマス

金南祚

聖なる 幼な児
今は"新たなる 魂の光
メーリー・クリスマス

友よ
今宵摂理の 石段あたりで
明るい君の 面を見せておくれ
祈祷を捧げようとする この心
に一番近い場所で 君を感じ
君と共に 生き抜こうと思うか
らだ。
この世に 生まれて
未だ お祈りをしたことがない
という 君
私を泣かせた その善なる 友
愛の窓で
私は かえってはずかしく思う
のだ ほんとうに、
だが 百もの意味を胸に秘めな
がら
今は
天なる神の子が 頬むれる時
浄夜で 輝かしい この時空の
中で
わが心に刻む 鐘でも鳴らそう
か。
底深く 清く流れる 河の水の
よう
寂しさが みなぎる時 鳴く鐘
あいたさが こみ上げて来る時
鳴く鐘
友よ
ローソクの 火を手にもって
ガラス越しに 花屋を のぞき
見る気持で
美しい心の 姿を呼んで見よう
メーリー・クリスマス
空では 白い雪を おろして下
さい
ヒラ ヒラ ヒラと [illegible]
中で
清く清く
望みの旗を ひらめかして下さ
い
メーリー・クリスマス
怖れ多い 夜だもの

詩集"望みの旗"より（金暁朗訳）

望み

金剛学園・中三　高良寿

私が魔法使いなら
時計の針を逆に回して
おととしの秋までもどすのに
おととしの秋まで私は幸福だっ
た
きれいな月をやさしい父と一緒
に
病室の窓から眺めたっけ
私が魔法使いなら
おととしの秋いって
淋しく一人旅だった
なつかしい父をここへ呼びもど
すのに

水たまり

金剛学園・中二　洪富礼

広い大きな水たまり
風で うろこのようなさざ波が
立っている
顔が少し ゆがんで うつった
ボールが ポチャンと とびこ
んだ
バラッと波紋が広がった
顔が こなごなに くだけて散
った
波紋の中で
ボールがクルクル回りながら泳
いでいた

安住の地

許槿旭

え　金泰伸

(117)

安住の地は (三)

「死んだとばかり思っていたおまえが生きて帰ったのだから、大変嬉しいが、あまりにも騒々しい世の中に……人の命がハエのように死んで行く始末に将来が案ぜられるんだよ」

消えいるようなためいきをはきながら言う年寄りの顔にサッと悶いかげがよぎった。

瞬間、しゅうとめの表情が険しくなり、私をにらみつける。

「うちの息子が悪いから、おまえをおこることはないが、その家のやつらはほんとにくやしいんだよ。しばらくの間は、おまえもここに居ていいがあまり永くはいられないんだよ。妖気もするし、天気のよい日は山へのぼって、マキをとったりしなければならないんだよ。世の中が静になって、山の中に入って静かにくらしながら死んでいこうと思ったのに、前世に何の因縁でで、こんなに私を苦しめるんだろう。このばかが！ 女の子がひでりで、そんなうちの娘と結婚したのか！ チェッチェッ」

舌打ちしながら、しゅうとめははむすこの横顔を横眼でにらむ。

「お母さん、そんなことは言わないでください」

私の表情を見守りながら、彼はしゅうとめに低く言った。

「ふん。おまえには女が大事だろうが、私はそんなうちの娘は歓迎しないよ。ここにいるあいだ、怠けたりしたら承知しないよ」

はき捨てるように言って、しゅうとめはあたふたと法堂の方へ消え去った。

視線を下におとしたまま、私は身じろぎもせずに立っていた。

「深く思うなよ。としを多くとったせいだろう」

私の肩をなでてくれながら、彼はやさしく言った。

私はこみ上げてくるくやしさを抑えながら、無愛想な声で言った。

「お母さんは私をよく思っていないのよ。あなただけここにいてよ。私はここをはなれます」

私は石橋を渡って、さっき来た山道を駆け下りた。

「どこへ行くの？」

あわてて追っかけてくる彼の足音が、後からきこえる。

「おれのいうことをちょっときいてくれよ。ね？」

腕をつかみながら、彼は穴があくほど私を見つめた。

息づかいが荒かった。

突然、こみ上げてくる悲しさに私はワッと泣き出した。

「どこへ行っても、私をあたたかく迎えてくれる人はいないのよ。ほんとですわ。放して！ 私はもうこれ以上生きていたくありませんわ」

彼の手を力一ぱいふりはらって私はふたたび山道を駆け下りた。

すぐさま彼の手が私の腕をつかみ、哀願するように言った。

「頼むからおれのいうことをきいてくれよ。ね？ いまからどこへ行くというの、ここから出たらおれたちは死ぬんだよ。苦しいことがあっても、がまんしてここにいなければだめだよ。さあ、おれと早く帰ろう」

私の手を引っぱりながら、彼は山道をのぼっていった。

■ホール
■御座敷
純京城料理
京城館
東京都新宿区神楽河岸3号地
国電飯田橋東口下車橋のたもと
電話 (331) 2652
宋万里

○サッカリンナトリウム・化学工業薬品製造販売
大東化学工業株式会社
取締役社長　林　[illegible]
TEL (2) 3381

／舞台構成／舞台装置／会場装飾美術
皇武童画房
東京都品川区大井倉田町3292　電話 771・9583番（共）

技術革新の凱歌！
平和ミラクル・セット
パチンコ裏玉還元装置
★シマの構造は、あまりいじりたくない……
★人為的な玉の上げおろし作業は、人手不足の折から、もったいない…
★サービス員の出入り出来る余地があるだけで、悪質客は心理的にもガス玉が打ちこめない…
★他機種の入れ替えにシマをつくり直す手間が要らない…
★したがって、完全な還元装置があれば、いちばん理想的…
以上の問題は、平和のミラクル・セットのご使用で、すべて解決します。
平和
東京・大阪・北海道

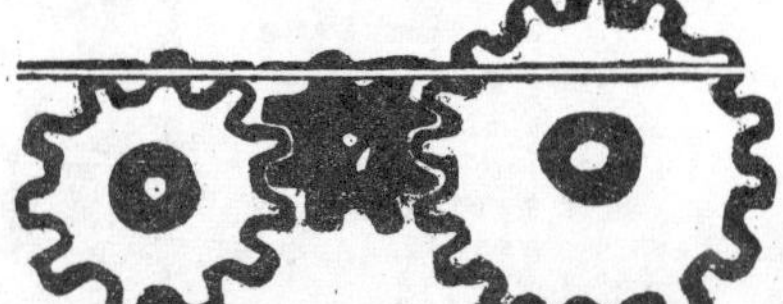

韓国服地と韓国レコード！
営業品目
韓国レコード総販売元
祖国訪問者および帰国者には特別御奉仕しております
仁川商会
東京都台東区浅草公園六区 10−3
TEL (871) 3981・5498

宗教法人　善隣基督教会附属／人間ドック完備
尾竹橋病院
診療科目
内科　小児科　外科
整形外科　産婦人科　眼科
耳鼻咽喉科　皮膚泌尿器科　神経科
放射線科　歯科　物療科
■診療時間・午前9時〜午後5時
■基準看護・基準給食・基準寝具・厚生省承認
理事長・金城周奉
院長・金城福明
所在地・東京都足立区千住桜木町53番地　電話 (881) 4807・7590〜2
理事長室 (881) 7592・院長室 (881) 6329・栄養事務室 (881) 2774・準看護学院 (881) 6329

韓國新聞
発行所 韓国新聞社
発行人 [illegible]
東京都文京区金富町51
電話 (813)2261・2263 編集
(812)1921 (813)2262 業務
振替口座 東京 94988番

韓国と日本を結ぶ!!
広告全般と立案・図案文案製作
新聞雑誌広告・ラジオテレビ広告
ネオン屋外広告・市場調査と興信
その他広告宣伝PR
広告代理業
KPR
TOKYO
港区芝琴平町20
電話 (501)0471
SEOUL
乙支路一街101
電話 (2) 1811

韓国側 池田裁断を拒否

金・大平合意線は譲らず 妥結努力に意見一致

第20次予備折衝

韓日会談第二〇次予備折衝は、二十一日午後三時から約一時間四十分にわたり日本外務省で開かれたが、同席上、さる十八日の第十九次予備折衝で、金・大平会談での合意線を修正した日本側の示した案を拒否し、双方ともお互いの立場についての意見が交されたが、その結果、双方とも金・大平間の了解線の実現のために努力することに意見の一致をみた。次回の予備折衝は来たる二十六日午前十時から外務省で開かれる予定である。

韓国側はこの日の予備折衝で、さきに日本側から示された金・大平間での了解線を修正した案は到底のめないとの態度を表明した。即ち、金・大平会談での請求権についての①無償三億㌦(十年分割払いでコゲつき債権約四千五百万㌦を含む)②借款は海外経済協力基金から二億㌦(年利三分五厘、十年払い)③別に輸銀から一億㌦以上、という線で合意をみ、大野副総裁訪韓のさい、池田総理に対する説得を要望したのに対し、大野自民党副総裁もそれを妥当とし、帰国後二度にわたる池田総理を訪問して決断を促したことも大きく影響して、去る十八日の日本側の正式の案となって示されたものであるのが池田裁断であった。

さきに述べた金・大平間の了解線が限界線であるにも拘らず、借款項目にあって、日本側から経済協力基金一億㌦と輸銀一億㌦に、条件を異にした前記二本立てかあるいは政府保証による民間ベースの一億㌦という一方的な改正案に対し韓国側が強く拒否した。これに対し両国とも各々の立場についての意見を交したあったが結局金・大平線に基づく年内妥結を目標に努力することに合意をみた。金・大平間の合意線は、その間の経過からして両国間の現実に基づく公約数とされているものであるにも拘らず、それに対する日本側のモヤモヤは、その他の懸案特に漁業協定などへの含みと見られる。しかし韓日両国の盛りあがった世論などからして、年内妥結の望みは大いにあるとみている。

国連総会、統韓方案を承認

崔外務長官、東京経て28日帰国

国連総会は去る十九日国連の韓国統一方案を再確認すると共に北韓共産主義者に国連の統韓方案をうながす決議案を承認した。国連本部からのUPI電によるとこの承認は約十分間でおわったが、崔外務長官はこれに対し満足の意を表明しながらも「国家が統一されるまでは完全に満足するわけにはいかない」とのべた。

なお崔外務長官は二十二日ニューヨークを出発、ロサンゼルス、サンフランシスコ、シアトル、東京を経て二十八日帰国する予定である。

調達庁、導入外資の滞貨一掃

調達庁は二十日までにセメント木材など二万七千余㌧の導入外貨をさばき、五・一六革命当時の滞貨の九八㌫を一掃した。

朴議長、一線将兵を慰問

朴正煕議長は二十日午後、「韓国軍は過去のいかなる時よりも戦闘力において強化されていると確信している」と前置きし「韓国軍は共産軍の如何なる侵略陰謀をも十分撃退できる体制を整えている」とのべた。

朴議長はこの日一線将兵を慰問するため中東部戦線を視察する途中三軍団司令部で高位指揮官と会談、右のようにのべ、「一線防衛という重責を担っている軍はより一層国土防衛に全力をつくさなければならない」と指示した。

このあと朴議長は八五〇高地を視察し午後四時三〇分帰京した。

朴議長記者会見 27日に延期

最高会議は来る二十二日午前十時本会議を開き憲法改正案の確定宣布を行なう。このため二十二日予定されていた朴正煕議長の記者会見は来る二十七日午前十時に延期された。

最高会議 行政機構を改編

大統領制で合理的な計画

【ソウル=KP】趙始衡内務委員長は二十日午後現行政府機構の欠陥を是正し憲法改正に伴う大統領責任制の政府形態に符合する機構に合理的に改める計画と、このための特別委員会の構成を発表した。

同発表によると特別委員会は政府機構改編案を作成し必要な立法と行政措置を常任委員会に来年の二月二十八日までに建議することになっている。

なお、行政機構改編指針と特別委員会委員名は次の通りである。

▽改編指針

一、行政首班の強力な指導統率を容易にするため企画、予算、人事、行政管理、法制等の管理機能をできるだけ調整する。

一、中央行政機関は権限を地方自治団体に大幅に委譲し執行機能はできるだけ下部機関が担当するようにする。各種の特別地方行政機関はできるだけ一般地方行政機関に吸収させる。

一、各機関と機関の権限業務限界を明確にして重複している機能は統合調節し、不必要な機構は廃合する

一、諮問機関の設置は抑制し現在設置されている各種委員会は大幅に整理する

一、経済外交の一元化または統一的調整が可能であるようにし、特に外務部を除く各部処が派遣する海外駐在官は統合するか、海外駐在外交公館に吸収させる

▽委員名

委員長=趙始衡

委員=朴円彬、吉在号、金在春、呉定根、洪鍾哲、趙昌成、玉昌鎬

改憲国民投票

韓国の憲法改正案が、さる十七日の国民投票の結果、七八・七八㌫という圧倒的な賛成率で採択され、ここに「第三共和国」の憲法が確定された。

偶然のことながら、一九六三年の新春早々、新憲法を世に送る国が世界に三つある。それはユーゴとモロッコと韓国である。が、元来、一国の基本法改正は、どこの国のものにせよ全世界の注目を浴びる問題である。ことに韓国のそれは、軍事革命遂行のためのものであるだけに、世界の関心が一だんと深かった。

独立後わが国に憲法が制定されていらい、今回は五度目の改憲であるが、言論界もみとめているように、過去のいかなる選挙のときよりも公平かつ自由に行なわれた。政府でも特にどの点に努力を払った結果、全国で八五㌫という投票率を上げ、特にインテリが多く、革命政府に批判的であるとみられていたソウルで七四・五㌫の投票率、七四・二㌫の賛成率を得ることができた。今回の結果が、対内関係にもおよぼす効果と同時に、対外的な効果もさらに大きなことになろう。

一部には「新憲法に賛成することは国民の義務的義務」から「五・一六革命の理念」を今後貫徹する手段と考えるべきではないという説もあるが、しかし、改憲案は現政権が起草したものであり、それはある意味においては過去一年七カ月の革命政権の信任を問うものである点を考えるとき、全国民の圧倒的な賛成率は、そのまま現在の政権を支持しているものとみても行き過ぎではあるまい。革命政府の究極の目標とするところは、"不正・腐敗の一掃"であり、「間接侵略の粉砕」にあるが、反共の段階を越え、勝共すなわち共産主義に打ち勝つ態勢であらゆる実力を養成する―これがための基本的な手段として、経済開発によって国民の生活水準を高め、国力を培養する。かかる生活の第三共和国に継承させ得るのは、過去のような痛ましい前轍をふまないよう新たな国家の基盤と基盤を築こうとした要因が広く国民に理解され受け入れられたわけだ。

改正された今回の憲法の特色は、何といっても強力な大統領中心制と国会の一院制であるが、日本の一部では同法のなかで、国民の基本権に関して、法律で新聞、通信の発行基準を設けることができるとか、屋外集会に時間や場所の規則を定めることができるとの規定がある点などを気がかりにしているが、それはあまりにも「現実の韓国の立場」を知らなさすぎる理屈論である。いかに立派な、理想的な民主憲法であっても、それが国民とかけ離れた存在のものであっては何にもならない。

われわれはバターやチーズが如何に栄養豊富なものであり、それが身体によいものであるかを知っている。しかしそれを祖先伝来愛用してきたトウガラシととりかえるには、長い時間と努力が必要であることを忘れてはならない。(太白山)

国民銀行長に鄭遇昌氏

さきの国民銀行創立総会では定款を原案通り承認し銀行長に鄭遇昌氏を推薦することにきめ、[illegible]理事に[illegible]、[illegible]氏を推薦、本支店設置場所の決定は理事会に一任することにした。

なお総会で推薦された銀行長は内閣首班が任命、理事は財務部長官が任命することになっている。

冷凍エビを沖縄に試験輸出

韓国冷凍水産物輸出組合によると、冷凍エビ一、七五〇㌔(一、三二〇㌦)が沖縄に試験輸出される。

この輸出は沖縄駐留米軍納用で、この輸出の結果がよければ来年から毎月五千㌔(四千余㌦)が輸出されるという。

日本地域保税加工貿易調査団に追加

韓国保税加工品輸出協会の「日本地域保税加工貿易調査団」派遣申請に天友社等五社が追加申請してきたので派遣希望業者は二十一社、二十二名となった。

追加申請者は次のとおり。

[illegible] 東亜貿易社長 [illegible] 天友社副社長 [illegible] 茂[illegible]商事社長 [illegible] 東[illegible]企業社長 [illegible] 玉[illegible]化学代表。

韓国経済人協会 金融緩和を陳情

二十日韓国経済人協会は財務部に対し金融部門資金を抑えているのは経済の成長をますます委縮さすおそれがあると資金緩和を陳情した。

つまり①年末資金五十六億ウォンはどうしても必要であり、②商業手形に対するシーリング制と九月末で釘付けになっている制限を撤廃しなければならないというのである。

大韓商議議員定期総会

大韓商議は六二年度議員定期総会を開催、六三年度事業計画と予算案を審議する。

年末賞与二〇〇%要求

全国鉱山労組

全国鉱山労組(金正元委員長)は今年度下半期賞与金として法定賞与の二〇〇%支給を要求している。

鉱山労組は、現在国営企業体に従事している勤労者が身体の危険にもめげず地下作業で所期の実績をあげているので、この労苦にこたえるためにも賞与金を年内に支払えというものである。

水産開発法案が通る

資本金50億の国営企業体

二十日の最高会議第九三次常任委は水産業の発展をはかるため借款導入と漁業発展に必要な施設を管理運営する韓国水産開発公社を設立する韓国水産開発公社法案を審議通過させた。

国営企業体として資本金五〇億ウォンで設立される同公社は資本金の五〇㌫以上を政府が出資することになっており、設立初期の健全な財政条件は期待できないので、これを保護育成するため必要な措置も規定している。

また同公社が必要と認めた場合は主務長官の承認をうけ社債を発行でき、財産の管理と水産業発展のため必要な場合は主務長官の承認をうけ、同公社の業務と同種の他の企業体に出資できることも定められている。

さらに同公社を積極保護育成し民間投資を推進するため政府は同公社設立後七年間は法人税、所得税を免除し、新株発行に際しての登録税、営業登録税、漁船及び導入資材に対する関税、物品税、不動産に対する登録税、取得税、漁船に対する登録税などをそれぞれ免税する特典を与えることになっている。

同福水力を来年初着工

三南電源開発公社設立委([illegible]委員長)ではかねて準備中の全南同福水力発電所建設に来月十五日着手するという。

経済五カ年計画事業で民間資本だけで建設される同発電所は工事費十四億四千万ウォンをかけ三年六カ月後には二万四千KWを発電する。

工高を来年から実業高専に

文教部は二十日釜山、京畿、大田、三陟の四工業高等学校を公立実業高等専門学校に昇格改編することにしたと発表した。

これは経済開発五カ年計画の遂行と産業近代化に要する人的資源の養成、確保のためのもので各市道から八校を選考した結果右の四校をまず決定し来年から実施することになったもの。

対日輸出冷凍兎肉が好評

[illegible] 来年四月まで二百トン輸出

[illegible]水産物輸出組合がさきに対日輸出した冷凍兎精肉六㌧は日本で好評をうけているという。

このため同社では年内に四㌧をさらに輸出し、新年からは毎月五〇㌧、四月末まで二百㌧を輸出する計画である。

なお冷凍兎肉の輸出価格は一㌧C/F六一〇㌦で、さきに輸出したのは水産物輸出組合が加工した在来種兎肉一万五千四百分であった。

二年間の契約に調印

日本 韓国向け窒素肥料輸出

日本の硫安業界の代表(長谷川三菱化成専務、大松住友化学取締役)は十六日午後、ソウルで韓国の求償貿易肥料輸入協議会の[illegible]委員長と、二年間にわたり韓国が輸入を必要とする窒素肥料全量を日本から購入するという契約に調印した。日本の対韓貿易のうち、肥料は毎年輸出総額のトップを占めているが、日韓両国の二カ年にわたる肥料の長期購入契約は初めてである。

十六日調印した購入契約の大要は①来年から二カ年にわたり韓国が輸入を必要とする硫安、尿素の窒素肥料は日本以外から買わない②支払い条件はバーター貿易または一年の延払い方式を採るというものである。ただし来年六月までに窒素肥料四十四万五千二百㌧(硫安換算)を韓国に輸出し、その価格はトン当たりFOB三十六㌦五十㌣として、バーター貿易だけで決済することになっている。その後価格は日本の輸出価格の最低とし、国際価格を考慮に入れるとしている。

滞貨約六十万㌧をかかえる硫安業界にとっては二年間継続の長期契約は大きな朗報だが、取引にあたっては両国の各商社が個別的に交渉するので、実際の輸出量は三十万㌧前後になろうとみられている。バーター貿易による韓国側の輸出物資は鉄鉱石、黒鉛、鮮魚、干魚、ノリ、カン詰、寒天、[illegible]物など。

成人教育 講師陣が来日

僑胞の民族教育のため

【ソウル発=KP】在日僑胞と本国政府の結びつきを強化する目的で構成された在日僑胞成人教育講師団四名が二十日ノースウエスト機で来日した。

在日僑胞の教育を向上させると共に本国政府の実情を認識させる同講師団は日本の主要都市を巡回しながら公開講演、座談会等を開いて僑胞と接触することになっている。

第三期経済人特別教育

推薦機関長四四名修了

去る十日から行なわれた第三期経済人特別教育課程を四四名が修了した。

うち一位は韓国電力監査室長[illegible]氏、二位は朝興銀行釜山支店長金[illegible]氏、三位は韓一銀行[illegible]支店長金[illegible]氏であった。

池田首相の条件付承認を再確認

大平日本外相、崔長官に書簡

韓日交渉に関する大平日本外相の書簡が二十日、崔文卿外務長官あて[illegible]理に伝えられた。

この書簡は請求権の解決に関して合意をみた金、大平ラインに対する池田首相の条件付承認を内容としたもので、これはさる十八日の韓日予備折衝で杉道助日本側首席代表が裵義煥韓国側首席に通告した条件付承認を再確認する措置とみられる。

比例代表議員 第一党に30席配定か

最高会議内務委は大統領、国会議員選挙法など法文化に着手したもようで、国会議員定数は百二十名の地域代表制、六十名の比例代表制合計百八十名とし、比例代表議席は第一党に六十席の半分である三十席を優先配定し、のこりを得票順[illegible]

年末まで選挙法作成

起草委が審議に着手

【ソウル発=KP】最高会議は二十日から十四名で構成する選挙法起草専門委員会を召集しこれまで内務委員会が研究した多くの問題点を総括的に検討しはじめた。

洪鍾哲内務委員長はこの日記者団と会見しこれまで研究した選挙法の試案は起草専門委員会でおそくとも今月中に単一案にまとめあげられる見込みであると言明し「選挙法に対する多くの意見や要望も考慮に入れられる」とのべた。

同委員長はまた、内務委員会がこれまで取り扱った問題点をも提示したがその内容は大体次のとおりであるとのべた。

一、選挙人名簿の作成は戸口の統計基準に従うか。

一、人口基準を選挙区とし、国勢調査による統計に従うかそれとも住民登録による統計に従うか。

一、不在者投票をどのようにするか。

一、選挙公営方法と選挙費用の負担。

一、選挙運動の制限はどの程度にするか。

一、投票用紙、記票方法と比例代表制、および比例代表を単一投票にするかあるいは複数投票にするか。

韓日会談略史(続)

第六次韓日会談の経緯

【1】 李炯淵

私は本紙において第五次韓日会談までの経緯を簡略に述べたことがある。そして第六次韓日会談は今、進行中であるから、あとで記述すると約束した。だが最近、韓日会談は急速な進展を見せ韓日会談の第一難関である請求権問題がほぼ確定的に妥結されて韓日国交の正常化は来春に実現される可能性がやや強くなっている。このような時期において、いままでの第六次韓日会談の経緯をまとめて紹介することは韓日会談を理解することにすこしは役に立つだろうと信じている。

こういう考えからまだ完全に終わっていない第六次韓日会談の内容について記述することに決めたのである。しかし、[illegible]会談の具体的また政策的内容に関する価値評価には「ノータッチ」の方針を取った。その理由は第六次韓日会談は、まだ完全に終わっていないから、この韓日会談に関する価値評価は、後世の歴史家にまかせるのが適当であると思ったからである。私はここで単に事実関係を体系的に記述することだけに努めることにしたのである。

(一)軍事革命と第六次韓日会談の序曲

民主党内閣の対日接近政策によって第五次韓日会談は十余年来はじめての友好的雰囲気の中で行なわれ、進展をみせたが、一九六一年五月軍事革命の勃発によって中断されたことはすでに述べた。しかし、新しく現われた軍事政権もこの韓日会談に関する対日政策においては対日接近政策を大体踏襲したため、韓日会談再開の機運が軍事革命直後から頭上がってきたのである。

軍事革命が起ってからわずか六日目である一九六一年五月二十二日金弘一外務部長官は、対日友好政策を強調した。金長官は、同じ自由陣営のメンバーである韓国と日本が友好関係を維持し、国交正常化を図るのが必要であるという原則を明らかにしたのである。同年七月三日名目的な軍事指導者であった強硬派が失脚して軍事革命勢力の実権者である朴正煕氏が最高会議議長に就任してから軍事政府の対日政策はもっ[illegible]てきた。即ち同年七月四日には[illegible]徳新氏等親善使節団が日本を訪問して軍事政府の対日親善政策を説いたのである。

この間同年六月十九日池田日本首相が米国を訪問し(同月二十日から二十二日まで)米国のケネディ大統領と会談したがこの会談で韓国問題を協議したことは極めて重要な意義を持つものであった。当時のケネディ・池田会談では対韓合同援助問題が討議され、「GARIOA」「EROA」(戦後占領下日本の経済援助資金)資金の対韓回転問題が検討されたといわれる。また当時(六月二十二日)ラスク米国務長官と小坂日本外相は、日本が適当な時機に到ったら対韓経済援助の提供を考慮するだろうと発言した。このような情勢は韓日国交正常化に関する米国の希望が如何に作用されているかを表現していると言えよう。

このような情勢の中で同年八月七日に日本は[illegible]北東アジア局長を韓国に派遣して軍事革命以後の韓国のいろいろな事情を検討させた。一方、韓国赤十字社は同年八月十一日在韓日本人のうち、永久帰国希望者一二〇名、一時帰国希望者二六名の名簿を発表して韓日民間交流を和らげた。この間第六次韓日会談開催のための韓日両国の外交接触がつづけられた。そして同年八月二十四日、李東煥駐日公使は伊関日本外務省アジア局長との会談で第六次韓日会談を九月二十日ごろ東京で開くことに合意を見たのである。

ところで同年八月三十日には金裕沢経済企画院長が日本を訪問して小坂外相ら日本政界の有力者と非公式会談を開いて第六次韓日会談開催の予備工作を進めた。この予備工作の具体的内容については明らかに発表されていないが、この予備工作は韓日会談を早急に妥結させるために韓日両国が首席代表に大物を任命して政治的解決を図ろうとしたものであったと観測される。

しかし日本側は韓日会談を一挙に妥結させるような政治的会談を避け事務的折衝をつづける方針を打出したのである。そして日本政府は日本側の首席代表に純経済人の杉道助氏を内定したのである。これに対して韓国側は日本側に誠意がないとして首席代表内定を変更させるように強く要求した。しかし日本側は固い態度を堅持して韓国側が受け入れない場合、韓日会談無期延期もやむを得ないと固執した。

このような対立によって九月二十日に開催される予定であった第六次韓日会談は、無期延期される状態になった。

しかし同年十月十二日、日本側首席代表に杉道助、韓国側首席代表にも純経済人である裵義煥氏が決定され十月二十日第六次韓日会談が開催されたのである。(つづく)

皆様にとって最も親しめる銀行…
最古の歴史を誇る朝興銀行を御利用下さい。
外国為替・信託
韓国・ソウル特別市
朝興銀行

お宅の電化は三和から!
御値で小売も
香港テレビ電気器具協
三和テレビ・ラジオKK
東京都台東区御徒町1-5
TEL.(866)4177(代表)

世界を
飛翔する
乗用車
ここに誕生!!
ダットサン ブルーバード

日本で最も人気があり、世界各地に輸出されて好評のダットサン ブルーバードのふるさと……日本の代表的自動車メーカー「日産」が神奈川県追浜に建設した東洋一の乗用車工場です。100万平方メートルの広大な敷地に並び立つ工場では、すべてがコンベアーシステムで運ばれています。日産自動車では、このたびセナラ自動車と提携し、ブルーバードを韓国に輸出することになりました。
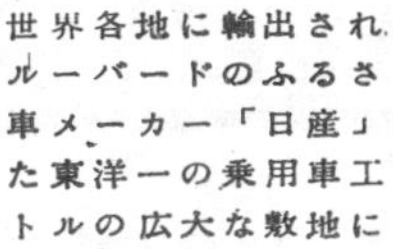
ダットサン トラック
NISSAN
日産自動車株式会社
東京都千代田区大手町ビル
새나라自動車工業株式会社
ソウル特別市中区小公洞21

経済開発五ヵ年計画 基礎作業整理段階へ

石炭、電源開発が好調

重要事業は八割完遂

第一次経済開発五ヵ年計画の初年度事業は全工程の八割の線でとどまる公算が強い。近づく寒さのため屋外工事は十一月末で一旦中止状態に入り、したがって今年に入って手をつけられた建設事業は来春からの本格的事業に備えて整理段階に入っている。

第一次年度の目標量を達成したのは百十の工事の中、郵便局増設、鉱業公社増資などの十余工事にすぎず、残りの事業は目標に達せず来年度に持越される模様である。

現在、政府が検討中の五ヵ年経済開発計画補完作業が終り次第、全般的な再調整がなされると思われるが、第一次年度事業目標は国民経済成長過程に比べて過重であったといえる。

しかし、経済開発五ヵ年計画は国内資金動員の不振、通貨改革による経済界の沈滞がわざわいして目標完遂に大きな支障をきたしたものである。

経済開発事業は初年度事業を通じて基礎作業を無事に終え、十二月にはその整理過程に入ったものとみられる。

過去十一カ月間の経験を土台に補充作業を通じてあらたな作業の方向が決められるものと思う。

一次産業

一次産業は十一月中に乳牛の導入と自給肥料の増産、農地改良事業、漁船建造など著しい進展を示した。

乳牛は農業協同組合で導入した五百頭が十一月中に到着し合計九百四十頭となり、残りの百六十頭は十二月二十日ごろに到着する予定である。

そして、今年中に六万戸の有畜農家をつくろうという計画は五万九千三百八十七戸となってほとんどその目標を達成している。

今年度に導入された乳牛一千百頭は来年から酪農に利用され、国民の食生活改善の一助となるものと思う。

自給肥料も十一月中に一億三千万貫も増産され、総計五十三億貫に達し、計画量の三十六％も超過しているため来年の麦作や稲作には増産がみられると思う。

水利事業、溜池事業ならびに灌漑施設の改補修事業等は約九十％完了しており年末までには計画量が完成されるものと思う。

生糸輸出だけで三百四十七万ドルの外貨を獲得したわが国養蚕はそれだけ発展した証拠である。

だが、菜種と薄荷の収穫と輸出はかんばしくなく収穫で二十五％輸出で三十四％の成果しかあがっていないのが実情である。

営農資金は計画額の三十七億ウォンを全額融資し、現在、貸出し金を回収中であるが比較的に好調である。

共同用の漁船百十六隻と遠洋漁船三隻の建造は九十五％竣工されており、年内には完成する模様である。

百二十九トン級の大型漁船七隻を購入して遠洋漁業を計画している。が、五隻だけが建造を終え現在日本で出国手続を受けているため出漁は来年となる見込みである。

営漁資金は全額の八十四％が放出されているだけであり、早急に法の規定通りに水産協同組合では用業務を開始して漁民らの生活改善をはからなくてはならない。

二次産業

経済開発五カ年計画の起点となる第一次目標の十一月までの各部分別進展状況をみるとピッチのあがっているのがはっきりと分る。

まず石炭公社が十一月中に計画量を百二十％増産し三十三万三千トンを生産して、今年度計画の三百十八万トンを一カ月前に達成した。

そして鉱業開発審議会の融資推薦も一カ月間に一億三百七十五万ウォンと決定されその九十％が放出されている。

そして、一万二千KWの光州ディーゼル発電所も二カ月短縮完成し十一月十四日その竣工式をあげた。蟾津江水力ならびに三陟火力も同じく予定よりも早い進展状況を示している。

第二次産業部分の一次年度目標である湖南肥料工場は十一月末現在で総工程の九十九％を終えており、予定通り年内に竣工される見込みであるが、尿素肥料の試作品が来年の一月二十三日から製造されることから竣工式はそれまでのばすこととなった。

外資導入と対外借款に依存している新規事業の建設においては、韓一セメント工場の着工と共に第六セメント工場までの西独とカナダからの借款が確定したため、政府からの支払保証案が最高会議で通過され、第三肥料工場の肥料決定に韓、米間の合意をみ、蔚山総合製鉄所の建設、韓、米共同投資を前提とする合作会社設立の基本契約がソウルで締結されたのは五カ年計画の基礎作業がある程度実を結んだものといえよう。

だが二次産業部門で最も振わないのはソーダ灰、PVC等があるが、これらは五カ年計画樹立まえにすでにAID資金の借款が確定されているにもかかわらず、いまだにもたついている。

また政府事業として推進しているディーゼル・エンジン自動車工場は全体的に振わず、大韓重工業公社(仁川)の製鋼施設はまあまあである。

三次産業

第三次産業の事業のうち、一次年度を完遂したのは郵便局百九十九の新設完了で、その他の産業は平均八十％を果している。

五カ年経済開発産業の中枢的役割を果すようになる蔚山工業地区の建設は八十七・六％完成されており、電機三十三台の導入により新年度からは活発な工事が展開される。

第三次産業中、一時物議をかもした国土建設団による産業道路は六十九％、道路舗装は七十八％、道路改修事業は七十六％で、他事業の平均八十％を下回っている。

だが国土建設団員の汗の結晶はそれだけの成果を得たものと評されるべきであると思う。

第三次産業中の重要な事業の十一月末までの進捗状況は、港湾修築で九十二％、電話施設で七十八％、住宅改良で八十二％、上水道工事で八十七％、観光施設で八十四％となっている。

産業鉄道の建設では、黄池鉄道は八十六％をぶしており、支線は十二月十日に開通された。また嶺北線は九十一％、旌善線は九十六％達成しており、AID借款によるディーゼル機関車三十台を導入したが目標額の百台には追いついていない。

大体、第三次産業は国民の福祉向上と社会の間接資本と密接な関係のある事業が大部分で、目標額の八十％を堅持していることは五カ年計画の新年度事業を無事推し進めていかれると思われる。

第三次産業で最も振わなかったのは逓信部の技術訓練所が三十四％しか達成しなかったことと、群山火力発電所が予算を春川ダムに回されたため五％程度進められたことである。

非行公務員一、一七六名を検挙

警察は今年に入り十一月末まで非行公務員一、一七六名を検挙し、うち三五四名を逮捕した。二十日発表によるとこれら公務員は面技監一名をふくむ書記、書記補、主事がほとんどである。

月中入金四百弗未満は失格

貿易業者資格維持条件強化

商工部当局者は貿易登録業者資格維持条件経過措置方針について、年間五千ドルの業者だけが資格を維持し、経過措置として月別計算(新規業者は登録日から月計算)するため十二月中に登録した業者でも入金額が四百ドル未満の場合は失格となると発表した。

また十一月中の登録商社は入金額が八百ドルにならないとやはり失格する。なお去る十一月中の登録業者は朝鮮紡織等十二社、十二月中には五大商業はじめ光復物産、洋陽商事、韓南実業、弘益実業、韓一企業等六社が登録した。

第一次経済開発5ヵ年計画 62年度事業進捗状況(11月分)

第一次産業

事業名	所管	完工後事業効果	事業期間	十一月末現在進捗状況
畜産業	農林	乳牛導入千百頭、有畜農家造成	1−12月	九四〇頭導入、残り一六〇頭は十二月二〇日以前導入予定
農業資材	〃	自給肥料二千二百万トン	〃	五三億貫生産で計画量の一三六％達成
試験教導	〃	教導事業各種展示五種	〃	九千万ウォンの補助金を放出、全国農村で五種の展示事業を実施
南江流域開発	建設	灌漑の流域地区を一万町歩に増大、一万二千KW発電	62−66	付替道路および防水路掘さく一次年度目標の八六・九％達成
農地改良(国土)	農林	小溜池一一、四九九町歩、水利五一地区施工	〃	水利事業八六・五％、小溜池事業九三・五％、改補修事業八六・五％
治水事業(国土)	建設	河川改修一一六KM	〃	一六二件竣工、全工程の九〇・九％達成
砂防造林(国土)	農林	燃料林八二、八九三町歩、用材林二九、四六一町歩	2−7月	造林砂防事業は計画量の百％完成
蚕業	〃	桑田造成約四千町歩、生糸輸出	1−12月	桑田四千町歩造成、生糸八〇、七九六貫輸出・外貨三、四七六千ドル獲得
種子更新	〃	種子更新面積四五万町歩	〃	採種蒲り室内検査中、米三二万石増収目標
地域社会開発	〃	示範部落五一五部落	〃	各示範部落に補助金を支出、指導中
農協育成	〃	里洞組合、共同使用施設三六八カ所	〃	三六八組合に共同使用施設完了、郡組合購販場二五カ所完工
経済作物	〃	菜油三万六千石、はっか油一七万ポンド	〃	菜油八、八四二石(二五％)、はっか油九〇、五一五ポンド(三四％)買上
営農資金	〃	六二年度中三七億ウォン放出	〃	[illegible]百三二億ウォン、金肥資金五億ウォンなど三七億ウォンを全額融資
共用漁船建造	〃	十五トン級一一六隻、二〇トン級三隻、百二〇トン級七隻	〃	一一九隻は竣工九五％進捗、遠洋漁船五隻日本で出国手続中、二隻発注中
漁業施設改良	〃	ディーゼル機一、八四〇HP、魚探機一〇〇台	〃	ディーゼル機関一二四台九五％設置中、魚探機六四台設置集魚灯二〇〇台設置
漁港修築(対策)	〃	防波堤五〇〇m、船着場一〇一〇m	1−12月	防波堤二三カ所竣工、船着場三四カ所、物揚場四カ所全部竣工
浅海内水面開発	〃	干潟地開発一、一二五千坪	〃	一、三八五千坪の貝類養殖施設完了、養魚場九カ所完成、七カ所に融資
漁業資金	〃	製氷冷凍工場新設五カ所(四千八百万ウォン)	〃	漁業資金一六、九〇〇万ウォン(三四％)放出、製氷施設五カ所六〇％工程進捗

第二次産業

事業名	所管	完工後事業効果	事業期間	十一月末現在進捗状況
石炭公社	商工	石炭六一八万トン(石公三一八民営三〇〇)生産	継続事業	石炭六三三、六一六トン生産、月中計画量一二七万七千トンの一二〇％増産
鉄鉱	〃	六二年度中に鉄鉱四五万トン生産	1−12月	月中計画二万二千トンに比べ大韓鉄鉱一三三、四四五トン生産
蛍石	〃	蛍石精鉱七、四五四ST生産	〃	生産実績発表せず
その他鉱業	〃	その他鉱業一億八千八百万ウォン	〃	鉱業開発審議会で十一月末日現在一〇三、七五七、四五〇ウォン融資推薦
地下資源調査	〃	太白山地区総合開発計画の一部	〃	太白山地区中心の地質調査完了、石炭・鉄鉱石埋蔵分布確認、鉛亜未定
中央選鉱場	〃	黒鉛原鉱一二五、六〇〇MTを精鉱	〃	全北鉱山に施工中、全工程の八〇％進捗、年内竣工の予定はのびそう
専売事業	専売	新煙草工場(九一億本)既存施設代替	62−64	新煙草工場敷地工事七八％完了、十一月下旬に建築工事着工予定
ナイロン糸	商工	ナイロン糸二百万ポンド	継続−62	立地大邱、今年度目標工程の八八％進捗、六三年四月竣工予定
精油	〃	各種油類九〇〇万バーレル	62−64	立地蔚山、第一次整地工事七〇％進捗十二月三〇日整地工事完了予定
湖南肥料	〃	尿素肥料八万五千トン	継続−62	総工事九九・七五％進捗、十二月二六日竣工式予定、六三年一月二三日生産開始
第3肥料	〃	硝安七万九千トン	62−64	西独製作者協会で提出した建設オファー検討中、整地工事着手
ソーダー灰	〃	ソーダー灰三九、六〇〇MT	62−63	AID資金五六〇万ドル確定、東洋化学で立地仁川に変更承認申請中
PVC	商工	PVC四、八〇〇MT	62−63	立地三陟、技術用役調査報告完了、米国以外西独、日本の借款交渉中
テクファン	〃	テクファン二三、〇〇〇BF	62	立地蔚山、AID資金一一〇万ドル借款確定、[illegible]三七万ドル追加申請中
既存セメント1	〃	セメント三〇万MT	62−66	東洋セメント(三陟施設十五万トンから三〇万トンに拡張完了)
既存セメント2	〃	セメント三〇万MT	62−66	大韓洋灰(聞慶施設二〇万トンから三〇万トンに拡張完了)
第3セメント	〃	セメント十五万MT	62−63	立地丹陽、AID四二五万ドル借款確定、今年度目標の七五％進捗(現代建設)
第4セメント	〃	セメント三〇万MT		立地丹陽、西独五八一万ドル借款確定、十一月一〇日起工式完了(韓一セメント)
第5セメント	〃	セメント三〇万MT		カナダと五一八万ドル借款確定、立地寧越(中央産業)
第6セメント	〃	セメント四〇万MT		西独借款六四九万ドル確定、今年度目標工程八二％進捗、立地寧越(双竜)
PC枕木代替	交通	PC枕木五万個	62	十一月二十六日二十万坪敷地で年間計画対比百％進捗
総合製鉄	商工	銑鉄二五万MT鋼塊二五万MT	62−66	立地蔚山、来年二月一日着工、米商社と建設のため基本契約に署名
製鋼業	〃	年間五万MT施設を七万MTに増産	62−63	仁川重工業公社で七万トン施設を九万トンに拡大、計画変更し推進中
製錬業	〃	増資五千万ウォン	62	韓国鉱業製錬公社で鉛・青化製錬施設工事中、今年度目標六〇％進捗
車両新造改造	交通	設備改良、車両四、〇二五台新造	62−66	年間計画対比客車一四五両新造で八一・九％、貨車四八六両改造で九七・二％
造船業(政府)	商工	施設拡充一万トン級能力	62−66	「造公」法公布し増資払込完了、施設拡大計画第一次年度目標の九五％建造
造船事業	〃	船舶建造六七、〇〇〇トン	62−66	第一次分一億六千万ウォン融資完了、新造船二六、六〇〇トン中八％建造
ディーゼルエンジン	〃	ディーゼルエンジンおよび自動車五千台	62−64	計画遂行全体的に振わず
中小企業育成	〃	十億ウォン		五億ウォン団体金融完了、全国協同組合実態調査完了し、検討分析中

第三次産業

事業名	所管	完工後事業効果	事業期間	十一月末現在進捗状況
光州火力	商工	発電所建設、容量一万二千七百九〇KW	62−63	予定工程を二カ月短縮して十一月十四日竣工
三陟火力(NO2)	〃	発電所建設、容量三万三千KW	61−63	全工程の五〇・〇七％進捗、十月末から機械設置工事を進行中
釜山火力	〃	発電所建設、容量十三万二千KW	61−64	全工程の二一・六八％進捗、十月末から本工事を進行中
新規火力	〃	発電所建設、容量十一万七千六百KW	61−64	全工程の一二・八％の進捗、現在本館新築および附属建物工事進行中
群山火力(NO・1)	〃	発電所建設、容量六万六千KW	61−64	全工程の五・三％進捗、技術妥当性および借款申請書をAIDに提出中
唐人里火力復旧	〃	発電所復旧(既存施設三万KW)	61−63	全工程の七一・五％進捗、ボイラ8台中十一月末現在3台を復旧運転中
蟾津江水力(国土)	建設	発電所建設、容量二万四千四百KW	61−64	第一次年度目標の九〇・五％進捗、十一月末打設量四一、三六〇立方米全量完了
春川水力(国土)	〃	発電所建設、容量五万七千六百KW	61−64	第一次年度目標の八八・六％進捗、十一月末打設量は五七、四六一立方米
昭陽ダム	〃	発電所建設、容量八万六千KW	62−65	第一次年度目標九〇・一％進捗(国土建設団担当移転道路)
蔚山工業センター	〃	人口五〇万の総合工業都市	62−66	重機三三台導入、蔚山工業地区造成一次年度目標の八七・六％進捗
清平水力復旧	商工	発電所復旧(既存施設三九、六〇〇KW)	61−65	全工程の十二％換置実験を始め水門造作装置と本館建設工事進行中
黄池線建設	交通	一七・五KM完成、無煙炭輸送強化	年内完成	十一月末現在計画(年間工程の八六・二％)の八八・六％施工支線十二月十日開通
嶺北線建設	〃	五八KM中三八％	62−64	十一月末現在計画(年間工程の八九・三％)の九一・三％施工
旌善線建設	〃	三七KM中二七％、太白山地区開発	62−64	十一月末現在計画(年間工程の八九・三％)の九六・六％施工
東海北部線建設	〃	二七KM完成	年内完成	十一月六日開通整理作業ずまず全工程の九六・三％進捗
ディーゼル機関車導入	〃	一〇〇両導入	年内完成	AID三〇台分借款承認(八百三十万ドル)
線路施設改良	〃	中央、栄岩、咸白線改良	継続事業	十一月末現在計画対比中央九〇・二％、栄岩八〇・六％咸白九五・九％施工
鉄道施設改良	〃	通信、信号、電気および操車施設改良	〃	自動交換設備改良(SSB無線通信施設は資材導入遅延で六三年に移延)
橋梁架設及び復旧	建設	4・9KM橋梁建設	〃	一八四件竣工、全工程の八七・六％進捗
産業道路(国土)	〃	産業道路三二KM建設	62−66	全工程の六九・一％進捗(国土建設団担当)
道路舗装(国土)	〃	道路八五KM舗装	継続事業	八件竣工、全工程の七八・三％進捗
道路改修(国土)	〃	道路四〇KM改修	〃	八件竣工、全工程の七六・六％進捗
港湾浚渫拡張	〃	岸壁一三四M築造、石炭搬送十万トン	62−66	二件進行中、全工程の七四・六％進捗
港湾修築浚渫	〃	物揚場二九〇M、木浦防岸壁二二〇M	継続事業	施設二〇件竣工浚渫、工事を全工程の九二・一％進捗
航路標識	交通	有無守灯台一カ所	〃	月末現在計画の無守灯七九％、有守灯台五六％施工
飛行場施設	〃	金浦、釜山、三陟飛行場拡張	〃	月末計画対比金浦八七・二％、釜山八二％施工、三陟通信所完成
電話施設	逓信	全国四五、九五〇回線新増設	62	三八、五五〇回線開通、七八％進捗
搬送および無線施設	〃	搬送設備三二七回線、国際電信二回線	〃	月末現在四四％進捗
電信およびその他施設	〃	音響電信二〇回線、線路機械更新	〃	月末現在六四％進捗
電気試験および電波	逓信	各種施設七六種拡充	〃	四三種確保、残りは導入中、八三％進捗
郵便局新設	〃	一九九個局新設	〃	一九九個局全部開局一〇〇％進捗
技術訓練所新設	〃	建物および施設	〃	建物工事中三四％進捗
住宅建設	建設	七万六千戸建設	〃	麻浦アパート竣工、国民住宅七五％、不良住宅改良八二・二％進捗
教育文化事業	文教	国民校五、〇〇一教室	〃	五、一二九教室着工、四、〇二一教室竣工、年間目標の一〇五％
〃	〃	中・高校教室七九七棟築	〃	徴収した期成会費一億ウォン中地方別に三五％進捗
公報事業	公報	放送施設拡張TV	〃	華城南陽に五〇〇KW送信所完成
上・下水道事業	建設	上・下水道拡張施設	〃	上水道十件竣工で全工程の八七％進捗、下水道は一件竣工
観光事業	交通	観光施設および観光道路	〃	月末現在八四％進捗

本国入国許可者氏名公告

韓国駐日代表部領事課旅券担当官
在日本韓国居留民団中総民生局長

氏名		番号	住所
崔奉春	KJ	[illegible]	東京
金国男	〃	[illegible]	〃
韓彭洙	〃	[illegible]	〃
朴文吉	〃	[illegible]	大阪
洪又方	〃	[illegible]	東京
金繁大	〃	[illegible]	〃
具永会	〃	[illegible]	神奈川
張斗平	〃	[illegible]	大阪
張寿栄	〃	[illegible]	〃
高鎮俊	〃	[illegible]	東京
朴光植	〃	[illegible]	〃
金喜述	〃	[illegible]	〃
鄭興謙	〃	[illegible]	〃
李哲周	〃	[illegible]	〃
李康善	〃	[illegible]	〃

(十二月八日現在)

氏名		番号	住所
李栄福	KJ	[illegible]	神奈川
金宗参	〃	[illegible]	東京
宋秀復	〃	[illegible]	〃
左金宝	〃	[illegible]	〃
姜大俊	〃	[illegible]	神奈川
郭道吉	〃	[illegible]	〃
金済厚	〃	[illegible]	静岡
尹昭萬	〃	[illegible]	東京
尹炳貴	〃	[illegible]	新潟
権俊一	〃	[illegible]	東京
金教烟	〃	[illegible]	長野
趙龍海	〃	[illegible]	東京
趙炳来	KJ	[illegible]	栃木
李竜萬	〃	[illegible]	青森
李春雨	〃	[illegible]	大阪
崔在圭	〃	[illegible]	岡山
金三淑	〃	[illegible]	兵庫
慎宗殷	〃	[illegible]	大阪
金仁岳	〃	[illegible]	兵庫
崔乙順	〃	[illegible]	愛知
卞萬爰	〃	[illegible]	愛知
崔応斗	〃	[illegible]	京都
朴今伊	〃	[illegible]	兵庫
金在云	〃	[illegible]	京都
金萬鎮	〃	[illegible]	愛知
金南坤	〃	[illegible]	大阪
才廷	〃	[illegible]	〃
朴秉東	〃	[illegible]	兵庫
金大南	〃	[illegible]	愛知
胡京俊	〃	[illegible]	〃
金東先	〃	[illegible]	〃
朴奉達	〃	[illegible]	〃
李東達	〃	[illegible]	島根
李象鎮	〃	[illegible]	京都
韓今礼	〃	[illegible]	〃
権月分	〃	[illegible]	兵庫
鄭徳律	〃	[illegible]	〃
金桂順	〃	[illegible]	〃
李武京	〃	[illegible]	〃
朴荏和	〃	[illegible]	奈良

(十二月十五日現在)

■ホール
■御座敷
純京城料理
京城館
宋万里
東京都新宿区神楽河岸3号地
国電飯田橋東口下車橋のたもと
電話 (331) 2652

職員募集
応募期間 自一九六二年十二月カラ 至一九六三年一月十五日迄
資格 学歴高校卒業以上 年齢満二十八歳迄の方
右御希望の方は履歴書持参の上、東京商銀総務課までおいで下さい
東京商銀信用組合
電話八三二−五二二七−九

韓国服地と韓国レコード!
浅草 金宮商店
東京都台東区浅草公園六区2−2
電話 (841) 0003・0004・0005・0006
営業品目
特殊香港洋丹・中国洋丹
金糸織洋丹・テトロン洋丹
京都洋丹・美術丹・七色丹
洋服地・各種ナイロンレース
リバレース・オパール
ニュートン・ベルベット
其他 本絹 季節向一式
朝鮮古典長鼓販売
貸古典婚礼衣装
韓国レコード関東代理店 総販売元

北京料理 東天閣
和室・洋室完備
結婚披露・大小宴会
美味と安価が定評
大阪市心斎橋御堂筋角(そごう北隣)
電話・代表 (二一) 一〇一三一

優良鋳物用銑鉄製造
朝日製鉄株式會社
取締役社長 申学彬
横浜市鶴見区鶴見町1320
TEL 横浜 (50) 8431−4

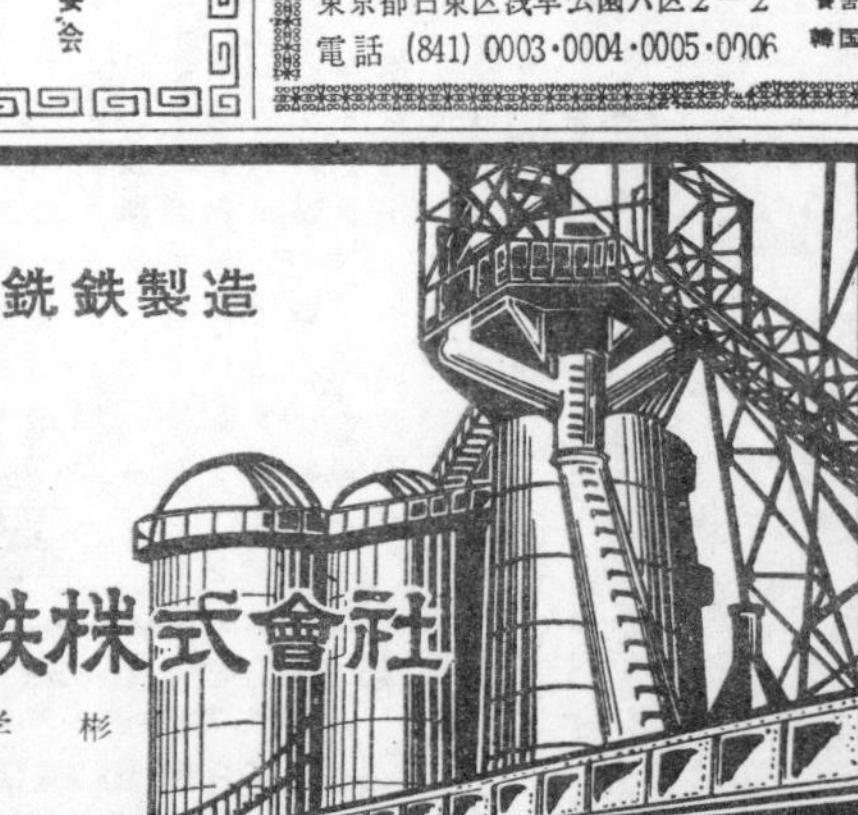

12月号…200円
漢陽
<在日>国文版의 綜合雑誌
主要内容
韓国経済の展望……金景鎬
韓国의 燃料事業……金基源
社会保障의 問題点……朴元錫
韓国貿易의 当面問題点……李秉昌
흔들리는 中南美의 秩序……裴泰旭
知性……金仁在
愛国思想家 柳麟錫……金泉錫
韓国의 歳時風俗……文哲鎬
古典의 余韻……李丙疇
韓国漢文学의 概要……金起東
奈良大仏과 韓来技術……金正柱
新羅의 勾玉……韓炳植
瞻星台와 天文歴法……崔容鎮
<民謡와 伝説> 어랑타령……金炳玉
<名勝古蹟巡礼> 一幸州山城 一栄州・浮石寺……編輯室
<創作> 골목대장……金鉉洙
其他 時事評論・随筆・詩・創作 多数
※定期購読料金 六個月 一二〇〇円 一個年 二三〇〇円
発行所 漢陽社
東京都豊島区池袋東一−一五五
電話 東京(九八三)五三一一三
振替番号 東京 四五一六八

日韓友愛協会理事会開催

訪韓視察団の派遣

全国組織の拡大強化を決定

韓国と日本の親善友好をモットーとして独自の活動を続けてきた日韓友愛協会（会長星島二郎氏）は韓日会談妥結への段階にきた情勢に対応するため、二十日午後六時から衆議院第三議員会館で理事会を開き、同会の組織を全国的に拡大するとともに来春には約十五名前後の訪韓視察団を派遣することを決定した。

同日定刻六時に会長星島二郎氏、副会長小西寅松氏はじめ鈴木一氏、稲葉修氏、鄭頭相氏、桜田武治氏、金岡竜五氏らが出席した

まず星島会長から両国で正常化をひかえ日韓友愛協会の役割がますます重要性を加えつつある情勢に鑑み本部ならびに地方組織の拡大強化を要望した。

ついで金岡副会長から次のような経過報告があった。まずさる十月に中国本部は会長に元議員安倍晋太郎氏、副会長に丁信逸氏、同市河八五氏（山口県会議長）がそれぞれ就任して会員約千名以上を獲得、さらに目下会員の増加を進めている。このほか広島県支部、岡山県支部、鳥取県支部、近畿地方本部、中部地方本部、山梨県支部、栃木県支部なども目下結成をみた。なお中部地方本部会長には江崎真澄氏（衆議院議員前防衛庁長官）近畿地方本部会長には衆議院議員らがそれぞれ会員を得て全国組織の拡大が進められている旨報告された。

ついで理事稲葉修氏から来春日韓友愛協会から訪韓視察団を派遣したい旨の提案され満場一致で承認された。稲葉氏は朴議長の士官学校時代の教官でとくに親交があつく、先般の朴議長訪日の際もとくに単独で会談している。今般の訪韓視察団の件も朴議長からとくに要請されたものといわれ、直に団員の選考に頭をなやますという情況といわれる。

以上の議題のほか理事若干の辞任に伴い、新任の件を会長副会長に一任し同夜八時理事会は終了した。

（注）日韓友愛協会は帰化韓国人金岡竜五氏（現同会副会長）が主となって数年前に結成されたものである。同会の趣旨は友愛精神に基いて韓日両国民の親善友好を深めようとするもので、機関紙日韓新報（旬刊）を発行して活発な運動を進めている。同会の企図は在日僑胞は日本人社会と融合して発展すべきであるということから会長理事の選挙に日本人の政財界有力者をすえ、こうした日本人側理事者の活動により在日僑胞の政治的経済的地位をたかめ、またこれにより韓日親善を強めようとするもので、こうした趣旨から引揚げた日本人、及び中国、九州地方のように韓国と歴史的経済的つながりの強い地方から強力な支持を受けている。

北海道経済視察団が訪韓

朴北海道本部団長も同行

中山辨士氏（東方石炭顧問）を団長とする二十名の「日本北海道日韓親善協会韓国経済視察団」がこのほど韓国を訪問した。一行は外務部、商工部などを訪問する一方、京仁地区工業地帯、蔚山工業地区などを視察する。この一行には民団北海道本部団長朴準竜氏をはじめ八名の僑胞も含まれている。

一行の顔ぶれは次の通り。

団長・中山辨士（東方石炭顧問）副団長・朴準竜（在日居留民団北海道本部団長）団員・岡部健夫（セフティ商会社長）団員・日向秀之（日向商会社長）団員・中野治吉（野幌木材社長）団員・公島国平（ステーションデパート理事長）団員・須藤達一（北旋商会社長）団員・森猛（北海道タイムス政経部長）団員・西脇昭夫（札幌市リクレーション協会理事）団員・大塚紀太郎（日乳業製作部長）団員・植木光敏（ホクレン農協連合会顧問）団員・田中孝市　団員・朴応圭（在日居留民団北海道本部副団長）団員・安田俊夫　団員・金周年（〃事務局長）団員・金面頭（〃民生部長）団員・崔東洵（〃民政委員長）団員・崔煥吉（〃監査委員）団員・王復竜（〃団員）

長野にも信用組合

来春開設目標に準備中

僑胞の中小企業育成を目的とした信用組合は、全国各地でぞくぞく誕生し、それぞれ活発な動きをみせているが、このほど長野県下でも僑胞中小企業家たちによる信用組合設立問題がおこり、有志たちによってその準備が進められている。

現在長野県には約六千人の僑胞中小企業者がおり、これらの人たちは一日も早く信用組合の設立認可がおりることを望んでいるがこれまでも多くの例にもれず朝総連のいやがらせや妨害がみうけられる。それでも僑胞たちの強い要望と発起人たちの努力によって万端の準備を進めており、来春には当局から認可がおりるものとみられている。

発起人諸氏の名前は次のとおり

李貞權（北信プロパン株式会社代表取締役）金竜燦（大韓鋳工有限会社代表取締役）申学均（常用人事業）李相洙（常用人事業）李圭英（甲信産業株式会社取締役）辛太中（株式会社・三栄製作所代表取締役）権栄錫（株式会社中島輝役代表取締役）金之道（金本建設株式会社代表取締役）

本国にラジオ八台

民団東京江戸川支部

民団江戸川支部（団長姜東遠氏）では、中総が全国的に繰りひろげている本国農漁村にラジオを贈る運動に呼応して、団員一同が浄財を拠出して、三洋五球スーパーラジオ八台を、このほど東京本部に寄託した。

順天水害募金追加分

山口県本部　十万七千九百五十円

徳山支部　一万九千八百円

百円
二千円 李基三　一千円 李吉義
千五百円 李命祚　〃 鄭工金
二千円 朴東洙　五百円 朴寿作
一千円 鄭文吉　〃 郭九弘
五百円 金桂同　三百円 金在洙
〃 郭鎮璟　一千円 郭宇玉
〃 金判度　三百円 徐正德
〃 金相祚　〃 鄭石波
〃 千申植　〃 朴炳哲
二百円 李永輝　百円 朴竜一
一千円 金相谷　二百円 金哲洙
六百円 朴学点　一千円 李承万
五百円 朴成沢　七百円 許苗秀

豊浦支部　一万五千五百円

〃 安鎮運　五百円 柳正道
〃 李泰成　四千円 鄭学守
三百円 申銘益　五百円 李振順
〃 卓委鎮　三百円 金鍾浩
二百円 姜朝甲
五百円 裵大永　二百円 朴卜竜
〃 張真鎮　一千円 李斗先
〃 朴道守　〃 金泰浩
〃 李鍾振　〃 徐仁達
千五百円 保全甲　五百円 金慶度
一千円 郭成坤　一千円 金仁洙
一千円 金在鎮　五百円 趙応達

岩国支部　八千四百円

五百円 鄭大圭　三百円 孫鍾權
一千円 李季雨　三百円 趙末錫
五百円 安道根　三百円 鄭学石
五百円 姜子福　三百円 李仁浩
三百円 李炳国　二百円 李根根
三百円 金済實　二百円 金時哲
三百円 金竜沖　二百円 姜三守
二百円 関守二　二百円 鄭俊錫
二百円 吉能根　二百円 金長甲
二百円 林保權　二百円 金慶福
二百円 河寿鉉　百五十円 具竜会
二百円 池尚浩　百円 金顯出
二百円 朴甲守　百円 鄭昌和
百円 金竜地　百円 南宮嵓
百円 成熙元　百円 徐元裕
百円 許元岳　百円 岡田
百円 文徳祚　百円 朴水方
百円 村田

大津支部　一千九百円

二百円 姜大奉　百円 宋道本
二百円 黄緩性　二百円 丁英姿
百円 趙録晃　百円 金万坂

下関支部　二万六千三百円

百円 金五鍾　二百円 朴戊述
百円 金内錫　百円 朴京出
百円 權景碩　二百円 朴化実
百円 崔福守　百円 金仁浮
五千円 朴鍾　千円 金又在换
千円 高汝教　五百円 呉仁弘
千円 金海熙　五百円 金客竜
千円 趙琴奎　五百円 安貝会
五百円 許基珍　五百円 廣得説
五百円 趙相済　五百円 安鍾奎
五百円 尹炳鶴　五百円 劉徳竜
五百円 白川淳輔　三百円 金益洙
三百円 朴相来　三百円 金青鍋
三百円 李淳烈　三百円 鄭汲淑
三百円 趙観浩　三百円 李四鳳
三百円 呉幸一　三百円 李永仁
三百円 李甲順　三百円 朴斗万
三百円 辛客相　三百円 丁権玉
二百円 張順鐘　二百円 徐光栄
二百円 裵明基　二百円 宋根善
二百円 金快守　二百円 申鳳均
二百円 朴春日　二百円 李西換
二百円 孫成文　二百円 金再竜
二百円 趙勇　二百円 崔東出
二百円 金再元　二百円 李賛鎬
二百円 李初任　二百円 下竜圭
二百円 李富甲　二百円 金正済
二百円 金再竜　二百円 南尚元
二百円 金申辰　百円 洪成文
二百円 金相根　百円 裵小岩
二百円 裵享彩　百円 丁信姿
二百円 清水保懸　百円 金泰權
百円 李佑享　百円 手竜学
百円 孫進福　百円 安良順
百円 李昌道　百円 金業同
百円 河正煥　百円 陳石鉉
百円 朴外出　百円 李宗錫
百円 沈相太　百円 許南星
百円 安経鎮
百円 李守鳳

二五十円 黄君中　〃 金泰波
百円 朴元道　五百円 秋水用
二五十円 洪淳聯　二五十円 朴海述
百五十円 将且鳳　〃 河石祚
二五十円 陳從碩　百円 金炳水
百五十円 郭正述　〃 許相乙
百円 宋貪調
三百五十円 鄭小聖春　百五十円 金光克
〃 李水寿　五百円 金合今
〃 李鍾浩　百円 李正祚
〃 南水植
〃 李潤特
百円 鄭春鍋

小野田支部　五千円也

百円 金尚烈　百円 文昌国

〃 李鍾催　〃 裵万述
〃 趙鎮済　〃 裵星浮
〃 金福大　〃 金演鍋
〃 韓長根　〃 朴来穆
〃 陳点春　〃 文尚根
二百円 李秉将　〃 安世煥
百円 馬竜寿　〃 宋羽会
〃 柳鳳相　〃 李点生
〃 李鍾律　〃 崔相大
〃 李竜伊　〃 姜永宅
〃 朴洛述　〃 李水道
〃 尹在南

小月支部　六千九百五十円

五百円 鄭水衡　二五〇円 金洙鳥
〃 金洙鴻　百五〇円 許学鳳
〃 郭敬尚　二五〇円 姜斗化

三愛貿易
SAN-AI TRADING CO., LTD.
MATSUDAIRA BUILDING
NO. 11, 3-CHOME KYOBASHI, TEL. (535) 3021-3
CHUO-KU, TOKYO

〃 朴寿寿　〃 丁守鎮
〃 鄭水竜　〃 許連姿
〃 李教根　〃 朴文道
〃 孫判竜　〃 李積根
〃 李点植　〃 文東圭
〃 李炳都　〃 李斗成
〃 河判錫　〃 朴牟夏
〃 金戴福　〃 呉鉄象
〃 孫徳順　〃 金銀坤
〃 朴小石　〃 孫完鉄
〃 趙明夏　〃 李鎮文
〃 李炯演　〃 李秉春

〇萩支部団員一同　参千円
〇宇部支部団員一同　六千円
〇徳島支部団員一同　参千百円
美神支部　〃　参千円
柳井支部団員一同　四千円
光支部　〃　五千円

奨学生名単

五十円 金久癸子　五十円 高瀬米換
〃 金日出子　〃 高政弘
〃 金百合子　〃 李寛成
〃 金永日　〃 李潤
〃 金桂炫　百円 金鳳吉
百円 徐俊夫　〃 金東出
〃 徐由美子　〃 李順子
〃 張光子　〃 諸竜述
〃 裵謙子　〃 金達元
〃 金達弘　〃 金長寿
〃 裵正鎮　〃 金昭一
〃 金判突　〃 金広玉
〃 崔海鐘　〃 申明子
五十円 金永日　五十円 裵川西
〃 張敏子　〃 金恵植
〃 宣熙振　〃 權順任
〃 張永一　〃 金辰二
〃 趙春子　〃 申静雄
〃 李方順　〃 黄石子
〃 朴成甲　〃 李悦南
〃 金範道　〃 金光男
〃 金福子　〃 裵錦永
〃 金泰順　〃 金国夫
〃 張吉春　〃 朴東俊
〃 安光夫　〃 李相哲
〃 金東昭　〃 安昌秀
〃 朴延熙　百円 金栄光
〃 金昌雲　〃 林蔡植
〃 孫俊彦

北韓傀儡、ブラジル

移民計画を悪宣伝

最近、韓国でブラジル移民計画が発表されるや、北韓カイライ集団は大きな宣伝材料を得たといわんばかり連日平壌放送を通じて悪宣伝を展開している。

去る六日には北韓カイライの職総中央委員長金日竜という者が、また八日には北韓カイライ農民同盟中央委員長という者が移民に対して声明なるものを各々発表した。

それによれば軍事政府が移民を強行しているのはます南韓に反米気勢が高まっており、このような反米的な者たちを海外に「強制追放」して反米・反政府気運を抹殺するためであるという。これは今度の移民に確定された者の大部分が是非・知識層に属しているところから知ることができる、というものである。

次に南米資本家らにやすい労働力を提供し、その代価としてその資本家らから莫大な金をうけとるためであると宣伝を行なっている。また北韓カイライは、米国が軍事政府をそそのかして南韓同胞らを海外に追放させようとしていると述べ、南韓同胞らはいま外国につまされれてびくのではないかと毎日びくびくしているというとんでもない虚偽宣伝をならべた。これが「科学的共産主義」を信奉する共産主義者らの科学的現状判断なのである。科学的現状判断がこんなにでたらめであるから科学的でなければどんなものであったろうか？

北韓は、在日僑胞らをだました手法で北韓こそ地上楽園で、働き場所が作られているから帰北せよと叫んだり、また鉄面皮にもわれわれの国家に対して同胞人の帰北に協助を与えるよう要請している。

周知のごとく北韓が宣伝のごとき地上楽園でなく、かえって「労働地獄」であるということは強制北送された在日僑胞らが日本にいる彼らの親せきとか知人に密送した手紙を通じて広く紹介され、皆がよく知っている既定事実なのである。

事実がそうであるからわれわれは北韓同胞らに次のような言葉をおくりたい。「一日でも韓に来なさい。また北カイライ兵士らはこれらの人々の越南を積極的にたすけなさい」

尋ね人

金寿夫さん

本籍、忠南保寧郡大川面東城里

右の方をソウル特別市城東区杏堂洞一三〇の三にいる実弟金丙元氏が尋ねております。

消息を御存知の方は左記まで御連絡下さい。

連絡先、東京都文京区金富町51　民団中総　文教局長

白鉉皎さん

本籍地　全羅北道益山郡

右の方の消息を本国にいる実弟の白鉉勲氏がたずねております。お心当りの方は本紙までお知らせ下さい。

李錦善（平野）54歳

本籍地平安南道大同郡

右の方は第二次大戦前、香港で日本人の夫と木炭商を営み、戦後日本に引揚げたもようです。御心当りの方は本紙または左記へ御連絡下さい。

ソウル特別市城北区貞陵洞四〇四　貞陵市場内三〇号　李昌儀

奨学生募集

募集人員　二名

資格　ソウル出身者。東京にある大学の理工学生。

希望者は履歴書、在学証明書を韓国新聞社まで提出して下さい。

教職員募集

学校法人　金剛学園（大阪韓国学園）

大阪市西成区梅南通り五ノ五　TEL（661）二八九八

前言

本学園は幼稚園・小学校・中学校・高等学校（男女共学）を併設し韓・日両国の学校教育法に則り国際的な教養を高めると共にそれぞれの教科課程を教育し、韓国国民の人づくりに専念しています。

募集人員

A、幼稚園保母　女子　一名
B、小学校教諭　男子　四名　女子　一名
C、小・中・高音楽担当　男・女一名（但韓国語で指導可能な人）
D、中・高理科担当　男子　一名
E、民族教科担当（韓国語）男子　三名
〃　（韓国国史・地理）男子　一名

資格

在日大韓民国国民で各免許状を有する人、又は将来修得可能な人（但し民族教科担当は、この限りにあらず）

待遇

優遇します。

提出書類

履歴書一通、卒業見込証明書一通、成績証明書一通、学校推薦状一通、写真一枚

期間

上記希望者は一九六三年一月末日迄で、提出書類持参、又は本校へ送付願います。

詳細は本校庶務まで問合せ下さい。

新帝国主義研究

◇最近の共産主義の諸形態◇

ソ連の対中東政策の展開過程 ⑦

ジョージ・レンジョフスキー

トルコ、イラン、ギリシャなど各地でのソ連の陰謀に対するアメリカの強硬な抵抗は、一九四七年三月三十日共産帝国主義の封鎖を目的とするトルーマンドクトリンで、一部実現されており、上記三国でソ連を後退させるため、その責任を果したのである。ソ連政府はアメリカの抵抗を受け入れただけでなく、問題の三カ国に対して友好的な提議をくり返すまでに至った。

一九五三年三月三十日、ソ連はトルコに対してカール、アルダハンおよび、ダーダネルス海峡などの各地で、何ら領土的野望のないことを宣言した。

一九五〇年代初めソ連はイランに対して国境問題の解決と第二次大戦後ソ連で保管している金塊を返還すると提議した。一九五六年に至ってソ連はギリシャに対して貿易と技術援助を提議した。なおイランとギリシャの場合、ソ連は石油紛争とサイプラス紛争で両天秤をかけた。経済的な隣接国家であるソ連は容易に「半植民地域」の民族運動の闘士にも転換した。

ソ連とアラブ奥地

ソ連のアラブとの関係は、トルコとイランとの関係とはべつな経路をたどってきた。アラブ地域でロシアの帝国主義歴史はない。自然な拡張を不可能にしていたからである。こうしてソ連政策は北部の非アラブ地帯で府前したような困難は受けなかった。軍事的脅威と間接侵略方法のいずれかを選ばなければならなかった時、その選択は一層容易であった。何故なら直接的軍事征服は問題とされないので ソ連指導者たちはあらゆる教義上の反帝国主義闘争指令に専心してきたのである。なおまた一つ複雑な問題は、イランとトルコで明白化されたように民族主義的統治者を支持すべきかそれともその政権が本質的にブルジョワ性をおびているのに照らして破壊するを通じて、その統治者の位置を強化させるかという決定を下す必要がなかった。大部分の東部アラブ地域では戦争期間中自主的な原住民出身統治者はいなかった。その地域は西方委任統治国があるとかエジプトの場合のような事実上の保護領があり、実権はいつも外国帝国主義者の手中にあった。その結果ソ連の民族解放運動支持は、両行為方式が同一な目標、すなわち、どの場合においても事実上外国勢力により左右されていた既存政府に背いている限り、内部革命を目的とした共産主義者たちの活動と提携しえたのである。

戦争期間中の情勢は以上の通りである。大体、ソ連はアラブ地域で成功したと誇示できない。「イギリスとフランス勢力がアラブ地域の近くにあった反面、ソ連はむしろこの地域とは相当はなれている。保安機関は西方の共産主義者たちの地下活動を警戒したし、この地下活動をごく最少限度に弱化させた。西方ト配下のアラブ諸国とソ連間には外交関係はもとより、外交関係もなかった。共産主義者になるということは圧倒的な数の優勢に対抗して、献身的に戦う地下闘士の運命を甘受することを意味した。その意義をなくした経路とみなされるその何かのために生命と自由にかかわらず戦おうとする人は、それほど多くなかった。場合によってはアラブ国家の共産党は理論と組織上脆弱であったし、コミンテルンが能動をしたとしても、明確に情勢を変更させはしなかった。

第二次大戦後情勢は大きく変った。これは二つの要因、アラブ諸国が解放され独立国家として登場し、ソ連が国際政治において強大国家にのしあがったためである。フランスとイギリスの後退と、ソ連の登場ということはこの同時的な事態発展がアラブ政府と国民の注意を引きずり込むのみであった。大部分のアラブ国家とソ連間には事実上戦争中にすでに、正当な手続を踏んだ外交関係が結ばれた。

本欄広告申込は　三弘社
大阪市西成区長橋通五の一六
電話大阪（五六一局）〇九一八番

祖国の繁栄を祈る
在日韓僑の銘心
①元＝亨＝利＝貞＝の定理に順応する
②仁＝義＝礼＝智＝の本性を堅持する
③士＝農＝工＝商＝の国策に協力する
④精気神＝真智慧＝の体用を修養する
⑤孝父母＝礼神明＝の道徳を高揚する

内地向・輸出向
チェリー印櫛製造
株式会社　中山セルロイド工業所
取締役社長　朴鐘圭
大阪市生野区鶴橋北之町1丁目319
電話（741）0623～4

金銀クローム　ニッケル
コールテンスズラインク
近畿クローム鍍金工業所
代表者　宋基洙
第一工場　大阪市生野区猪飼野東10丁目2
電話（731）1004
第二工場　大阪市生野区巽西足代町425

恒久の繁栄に伸びゆく商工案内

大和病院
内科・婦人科・皮膚科・レントゲン科
外科・小児科・泌尿科　入院随時
医学博士　大家常保（康聖執）
大阪市東成区大今里南之町一の八三
電話（九七一局）三三三〇番　（九八一局）九七三五番

保健と救命に至心の病医院案内

山野医院
内科・小児科
外科・X線科
医学博士　山野辛八
大阪市生野区猪飼野中三の二六
電話（七三一局）〇四七五番

一般人の健康増進に、スポーツマンの基礎体力養成に!!
〈本格的ボディビル書の決定版〉
新書版190頁　写真・62葉　￥150（送料共）
日本ボディビル協会理事長
日本ボディビルセンター専任コーチ
平松俊男著

ウェート・トレーニングのすべて…

スポーツに国境はないと言われるが、その事はウェートトレーニングについても言い得る。
ウェートトレーニングのパイオニアであるアメリカ合衆国をはじめとするヨーロッパ自由諸国家群に於ては勿論の事だが、現在鉄のカーテンの内部でも人類の健康、及びアスリートの競技能力向上に及ぼすウェートトレーニングの絶対かつ普遍的価値が認識され地上最大の規模をもって実行されている。本書は日本に於ける近代ボディビルの開拓者でありボディビル界唯一の専門コーチとして多年の経験を持つ著者が全国の愛好家にその全貌を明らかにした本格的ボディビル書の決定版である。

〈内容〉
■第一部　ウェートトレーニングの歴史的展望
米・ソ・英・豪諸国において、ウェートトレーニングにより成功したワールドチャンピオン達の勝利の記録、彼等の主張と方法について
■第二部　ウェートトレーニングの理論と実際
ウェートトレーニングの概念・基礎コース・専門的集中コース・体格改善の実例・年令・栄養等との関係・用具の選び方について等々

推薦の言葉
ボディビルは率直に言って、5、6年前の「逆三角形」を讃美した人気の時代から下り坂のようにみえる。
しかし、それは表面に見える現象だけであってスポーツ能力の基礎としても、又一般人の健康改善に地味ではあるが、ボディビルの必要性は幅広く認識されてきた。
ボディビルの普及と指導に十年近い歳月を打込んで来た平松君の筆になる本書ほど若いスポーツマンにとって有効なものはないであろう。
元厚生大臣
日本ボディビル協会会長　川崎秀二

■本の申込方法―あと金払い
官製ハガキに住所・氏名を明記して下記にお送り下さい。
ハガキ到着の日に本を御送りします。本の代金は着本後20日以内に郵便切手150円で御送り下さい。
■本書の購読者にはどなたにもボディビル用具の詳しいカタログを同封御送付いたします。

スポーツマンの基礎体力養成・社会人の健康増進に!!
堅牢・優美チャンピオンバーベル・ダンベルセットを!!

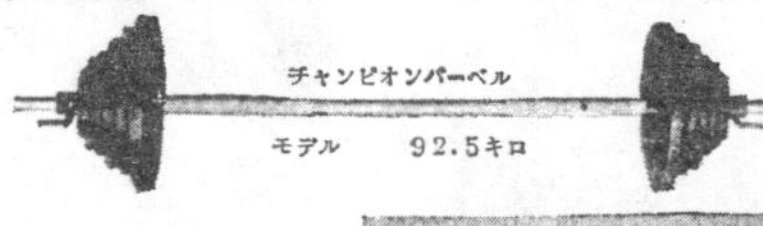

総鉄製・調節自在・オール回転式
●チャンピオンバーベル、ダンベルの他に、ベンチプレス、スクワット兼用スタンド、腹筋台あり
分割購入の方法もあります

5キロダンベルセット

東京都大田区女塚1の19　TEL（731）4793
●詳細は電話でご遠慮なく御照会下さい
ウェート・トレーニング普及会
会長　朴喜玖

李朝野史物語

太宗世祖時代篇 (20)

それから、数年後魯山君は刺客の手にかかって殺されることになったが、その日に車迎福夢の中に王が現われた。魯山君が端宗王当時の正服の姿で「今日哉、汝の家に世話になるために立ち寄った」と告げた。

車迎福は、それ以来毎年端宗大王の命日には必ず祭りに弔いをした。彼が死んだ後もその家族が忌日をまもった。

それから二百数十年後端宗朝になって、魯山君端宗位を回復されたが、車家ではそのこと

で弔祭を欠かさなかった。

魯山君に対する哀敬いが篤天になってからは旧臣たちの中でも時たま政府の監視の眼を避けながら見舞うものがいた。その中には、曹尚治、具人文、元昊（生六臣の一人）権節、宋侃、朴季昌、詩人金時習（生六臣の一人）などがいた。

しかし、流謫の人魯山君の配所生活も長くはなかった。それは、一つの事件が起きたからである。

世宗大王の六男錦城大君は世祖大王の弟に当るが、端宗復位事件に関与した罪で慶北順興府に流罪となった人である。

錦城大君は、その夫人とも同行を許されなくて侍女数名と下僕数名だけをつれて配所に赴いた。侍女のうち金蓮は二十二の若い女で才女であった。

同女は、子供のときから大君家で育ち大君の侍女となった。十七の頃になると女として大君に思いを寄せるようになった。錦城大君も可憐な才女を殊に可愛いがった。大君が順興府に流配されるときも、彼女は自ら進んで随いて行った。

しかし、錦城大君は本来謹厳な人で端宗大王が廃人となってからは、そのことにのみこだわって女には眼もくれなかった。金蓮これが不平でもあり錦城大君を恋するがために悩みでもあった。

魯山君となった端宗（三）

錦城大君の端宗復位計画失敗

大君は、機会さえあれば地方有志と交わった。大王の弟でありながら謙虚な態度で人と接するので南道一帯人士の間では非常に尊敬をうけるようになった。

古来、嶺南人は義理に篤いといわれる。上王を魯山君として降封遷途に追放したことに対しては、抑え切れぬ義憤と不平を唱えた。儒生の多くは一死もって、上王のため決起することを誓った。儒生たちは、錦城大君においてその中心指導者を見い出した。

錦城大君を中心にして、徐々に一つの勢力が築かれつつあった。折りから、順興府使が新任してきてからはその勢力は急激に増えて決死を誓うもの数百名となった。

新任府使李甫欽が赴任してきたのは、世祖三年丁丑（一四五七年）であった。

李甫欽は、世宗朝に進士となった人でその号を大田と呼ぶ。詩文で名をなし清廉な人であった。

死六臣事件があってから仕官を潔しとしなかったが、考えるところあって順興府使に出仕した。

任地に来てからは、錦城大君にめぐり会うことができた。日頃機会をうかがっていた彼である。彼は、錦城大君を擁して一身を魯山君のために捧げることを決心した。二人は、それから毎日の如く、計画について密議をした。

李甫欽は、錦城大君を訪ねるときは及鶴（小姓）一名をつれて行った。及鶴は美男でよく目先のきく利口ものであったので、府使夫妻は彼を愛した。彼も府使のためにはよく仕えるので家族同様に信任された。

府使李甫欽が錦城大君と密談をしている中に、大君の侍女と及鶴二人もいつかは相愛の仲となった。侍女金蓮は錦城大君に対する不平不満から、若い美男及鶴に心がひかれたのである。

及鶴は利口ものであるので、大君と府使がいつも人払いをして密談をするのを、なにかくさいと睨んでいた。

さて、府使と大君は魯山君を擁立する最後の打合せを済まして、三南一帯に檄文を発する決行の日は、世祖三年九月のことで、二日後に開く順興の市の日を期して旗上げすることにした。

二人が最後の密議をしてるところを、及鶴が隣室で盗み聞きしてしまった。

及鶴は恩義ある主人、府使を裏切った。大君侍女金蓮を唆かして檄文を盗み出した。この当時、韓明澮の従弟韓明溍が安東府使に在任中であった。及鶴は檄文を持って安東府使に密告してしまった。

錦城大君たちの反乱計画を知った朝廷では即時韓明澮、洪達孫をして中央京軍を発し、安東府使が率いる慶尚監営と合流して順興府を急襲した。

かくして、錦城大君は安東府に監禁され順興府使李甫欽は平安道江界に流罪された。同時に順興儒生も大勢処刑者となった。

錦城大君、永豊大君（二人共世宗の子）も僻地に追放した。

流謫の人魯山君も、ついに君位を降され平民処分をうけた。（石南山人）

新春国楽のきょう宴

国内の名唱を総動員

韓国民族歌舞芸術団の新春国楽発表会が、一日より三日まで国立劇場で開かれる。

公演内容は、韓国伝来風習から正月の風俗図と正月の自慢演戯を折り込んだのであるが、これに朴貴姫、李炳祐氏らが新作を構想、発表することになる。今年の正月踊りの構成はなるだけ古典の品位と現代大衆感覚をアレンジしたといっているが、二時間に亘る郷土の情緒がきらびやかに展開されよう。

出演者は、去る五月パリで開かれた世界民族芸術祭に参加した国楽のメンバー、朴貴姫を主体に東京で公演した国楽人たち。

朴貴姫門下生と朴緑珠、金演珠、金素姫、成錦鳶、池渓昭、朴貴姫、李炳祐など国内名唱名人らが総動員される。

1周年迎えるエグリン楽団

音楽大衆化で成果あがる

民族芸術の再現が礎

英知的なわが祖国文化芸術のいにしえの香りを取り戻すべく民族文化の再建をスローガンに掲げたエグリン楽団は、創立一周年を迎えながら新春公演を準備するのに忙がしい。昨年の十二月一日に創団して以来その活動を支えて来たスポンサーの性格からも、指導理念に照らして五月革命の精神的所産であるともいえよう。それだから、純民間楽団としてはとうてい望まれそうもない強力な経済的支援と活動の足場を保証されながら出発したのであった。

今までソウルだけでも五回にわたる公演を開き、臨時公演と地方公演（釜山 大邱）を通じて十余万の観客を動員できた成果には大きいものがあった。

オーケストラ・シンフォニーと合唱団、舞踊などを傘下に収めている同楽団は、新人メンバーを養成するかたわら高い水準までに引きあげることができた。

その間の公演内容を見渡せば主に、民俗芸術の再現と伝統的な古典芸術の探究と再現に努めて来たが、これなどはエグリーンの理念を強力に反映したものであるといえる。

エグリーンの要綱で最も関心を寄せられるのは、未整理、未探究のままに放置されている韓国の民俗芸術を現代感覚と形式から再編してよみがえらすことに努めて来た。

民俗舞や唱劇民謡などを大舞台に適合させるように脚色して、オーケストラとのアンサンブルを試みたということは、韓国文化界ながら広範なポピュラーティを加

伝統的な民俗芸術に基礎を置きくり返して来た。

エグリーン楽団は韓国的なミュージカル構成にも果敢なる実験を見つけだしたともいえよう。

の一つの課題解決に一条の糸口を味して音楽の大衆化、郷土芸術の現代化などに画期的な成果を収めたことなどについては高く評価すべきが当然であるが、だが、満一年を経過したエグリーン楽団の前途に苦悩が全然ないというわけではない。

民族芸術の再現という大きな目標をどのように公演形式に具現し形象化させるかという問題はなかなか容易なことではない、また公演団体として新しい観客層を確保する問題、しかも、より高い次元の大衆化の上に、格調を失なうようなことがあってはならないかという難問題などを前にして悩んでいるのも実情でもあるようだ。

同楽団の企画陣が顧案に入れ替わたという事実はある企画上の悩みや模索からも関連されるものと思われる。

だが、エグリーン楽団がこのような難しいテーゼを少しずつ解決して行くことだけは間違いない。

創立一周年を迎えるエグリーンが果して新しいアイディアによって現在当面しているジレンマをどのように打解して行くだろうかということが気にかかる。

☆ ☆ ☆ ☆

寂　李恒星

詩

除夜

作詩 金南祚

今は 忘れてしまう時
宗教をなじ 眼を とじる時刻
恥じる人は 祈る時だ

× ×

ひと歳の 最後の山
せっぱつまった 最後の時刻に
わが心は 空しく 空しい心の
白い器の中に
充ちあふれ あふれるほど
神神しい 涙を 注いで見よう

× ×

聖なる 孤独な人が 深く感ずる 秘めた心の 哀愁を
考えても 見よう

× ×

わが 想い出の 古びた手紙
出ししぶり 色あせるまで
堅い 封の奥深くに 秘められた
甘いささやき
痛しくも 抱いた 記憶よ…

× ×

今は ふたたび
待ちわびる 時でもある
濡れた瞳で 黙礼を 交しつつ
あなたと わたしが 彼氏と 彼女が
新しく 待つものに こうべ（頭）たれ下げる 時である

× ×

来るもの（年）が いつも同じものでも
来るものが 今のより 悪いものにしても
清めた 手で 新しいものを 迎え入れる
わたし（四節）のロマンよ

詩集『情念の旗』より
（金熙明訳）

国宝巡礼 ⑰

李 蘭 南 筆

純黄金制鉸具

○…鉸具とは楽浪時代につくった純金製革帯バックルで、一九一七年八月楽浪古墳（平南大同江郡大同江面第九号墳）で発見された。その時、学者たちがこの装飾（鉸）品（具）という意で、このような難かしい名が付けられたのがそのまま使われてきたのである。帽子型になっている広い（縦＝九・四秒、幅＝六・四秒）バックルの真中には、大きい〝竜〟一匹と、小さな〝竜〟六匹が描かれており、ふちはミシンでボタン穴を縫うようにジグザグ模様をめぐらし、ところどころには木の葉模様の枠を作り、その中に青い玉をはめ込んでいる。ピカピカ動いているような竜の姿！良く見るとその竜の体には金色の粒と金粉をかぶせた麗しい黄金色は、限りなく美しい。

○…この帯の装飾は一、二世紀頃楽浪郡が勢を誇っていた時、漢人の手で作られたものであるといわれる。楽浪墳を探査していた日本人学者関野貞氏が発掘し、総督府の博物館に寄贈した。政府樹立後、「国立博物館」総長になる一方、「国宝」（旧国宝＝五〇八号、新国宝＝八九号）に指定されたのである。その際「関野」氏には保証金四百円が与えられたという—。これは「国立博物館」カードに記されている。

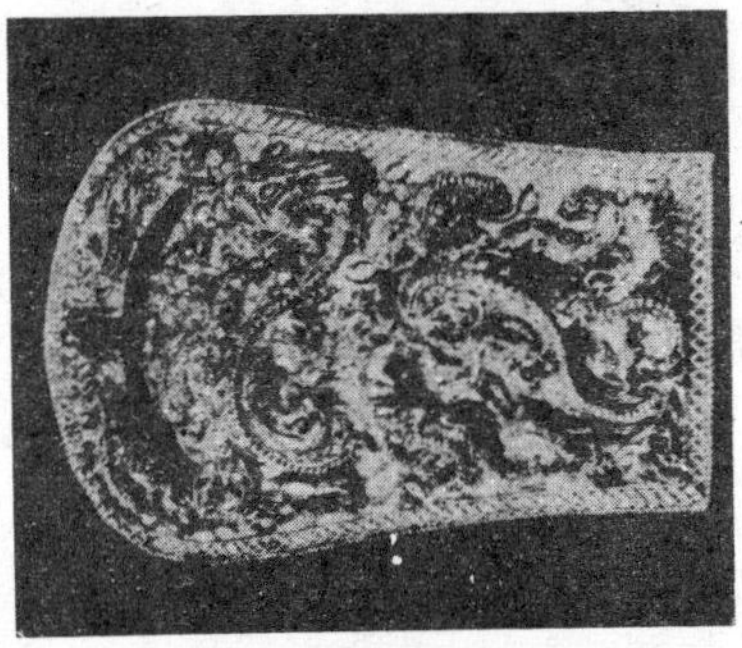

巧妙極まる刺しゅうに楽浪文化が

安住の地は（四）

許 槿 旭
絵 金 泰 伸

（118）

あくる日の夜明けであった。

「何しているんだえ？早く起きないで」

部屋の外から聞こえてくる姑の声に、私はガバとはね起きた。

着かえてから私はお勝手に入った。新しい環境になれない私は、姑の表情を見守りながらオドオド立っていた。

「これを持って井戸へ行って洗っておいで」

姑は小さないれものに麦を入れてよこしながら言った。

私は黙ってそれをうけとり井戸に行った。

深くえぐられた岩の間に、あふれるほどたまった水が、氷のように冷かった。

私は何度も麦をきれいにといた。

「一体、何の麦をそんなにといているんだえ？そんなざまじゃ、しんしょうは持てないよ。退きな！」

背後からきこえる険しい声に、私は身の毛もよだつほどびっくりし、体を起した。

「あっちいけ！」

姑は自分で麦をまたとぎ始めた。

「麦を、米をとぐようにとぐばかがどこにいるんだよ？ちえっ」

姑は指の先で麦を練るようにとぎ始めた。

しばらくの間、複雑な気持でいた私は、おそるおそる言った。

「立ち上がってください。私がときますから」

「よく見て覚えとき。お寺というところは浮世とは少し違うんだよ」

やがて私は、姑がといでくれた麦をきれいにゆすいでお勝手に入った。指先がえぐりとられるようであった。

かまどに火をもしていた少女が、入れものをうけとりながら、低くささやいた。

「おばさん、早く火にあたりなさい」

「え、ありがとう」

私はかまどの前に寄って行き、乾いたそだを折って投げ入れた。炎が勢よく燃えあがり、そだが音を立てた。少女は入れものを釜の側におき、チョリ（竹ひごで編んだ砂を取り除くための炊事道具）ですくい始めた。さるにすくい入れた麦を眺めながら、私はいぶかしげにきいた。

「入粉ちゃん。その麦でもちをつくの？」

私の問いに、少女はおかしげに笑い始めた。私は訳がわからず、つり込まれて一しょに笑った。

「まあ、おばさんも。もちじゃないんですよ。食糧が足りないから、麦を多く煮ておいて、お米に混ぜるんですよ」

「そう？」

私は、また、そだを折って入れた。

静寂な寺に、陽ざしがさし込み始めた。茶わんなどを洗い終った私は部屋に入った。

「まあ、若奥さん、こっちへ来なさい」

孫がほしくて、毎朝仏さまの前にお水を上げる老婆が、やさしくいった。

私は火鉢に手をあぶりながら、老婆にきいた。

「おばあさんは、この寺に来てから古いんですか？」

「もう二年になったよ。嫁に男の子ができないので、仏さまにお祈りに来たのが、家に帰りたくもなかったし、また住持さまが留めるのも手伝って、そのまま居すわるようになったんだよ」

＊商銀が築く
明るい事業！
熊本商銀
信用組合
熊本市米屋町２—２
TEL２—3566,6003

／舞台構成／舞台装置 ／会場装飾美術
皇武童画房
東京都品川区大井倉田町3292 電話 771・9583番（共）

一般鋼材
丸棒型鋼
安田金属
代表者・安田圭鎬
東京都墨田区緑町４～３０／電話 本所（６３１）１３５５／８５７３／８９８３番

営業品目
麝香 狗腎 及其他補薬
人蔘 鹿茸 唐草 乾材
和漢 医薬 各種 新薬
直ぐ服める 液体漢方薬
内外貿易 業務代行
日和堂薬院
大阪市東成区大今里南之町1—14
電話（971）3180・7958

豪華浴室と高級焼肉料理の殿堂
温泉気分と最高のムードで
個室トルコ 早朝五時より（800円）浴後にビール1本ツマミ付サービス
大衆男女トルコ風呂 100円
◆五〇〇坪全館冷暖房完備◆
上野 宝苑
上野駅前昭和通り宝ホテル隣
チャングのリズムに乗って 韓国の古典床しき美妓の舞い
御宴会
御一人様 500円より
料理5品 酒1本（500）
高級焼肉料理
（年末年始の宴会の予約は早めにお申込み下さい）
御予算により御相談に応じます。200名様用大広間御家族ずれ、大小10室準備
温泉部電話（832）2619～20，食堂部電話（832）6505～6

OHASHI PLUSTIC.KK
大橋プラスチックス工業株式会社
プラスチックス成形一般
社長・鄭在淳
／東京都足立区千住仲町102番地
／電話／（888）0147・（881）6363

コリア・ハウス・梨花園 韓国割烹の最高峰遂に登場 コリア・ハウス・梨花園

コリアハウス

御案内
◇御参考までに
＊●カクテルパーティーの出来るホール
＊●庭園パーティー
＊●弊店の自慢として皆々様御高覧に供し度いものは四千年の歴史を持つ古い国、即ち白衣の国の遺物の数々等の歴史の流れを陳列してございますからどうぞ御立寄り御鑑賞の程御待ち申して居ります。
尚温突部屋も用意してございます。

電話 （473）1361 （441）8969 （461）8760渋谷支店
東京都港区芝・車町45番地
都電泉岳寺下車

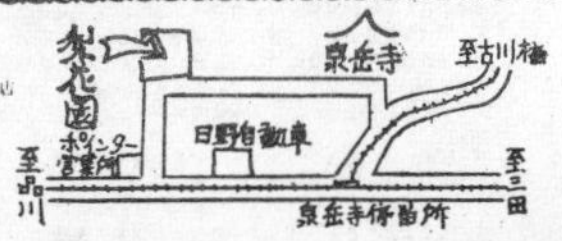

韓國新聞
発行所 韓国新聞社
発行人 曹寧柱
東京都文京区金富町51
電話(813)2261・2263 編集
東京(812)1921 (813)2262 業務
振替口座 東京 34988番

韓国と日本を結ぶ!!
広告代理業 KPR
広告企画と立案・図案文案製作
新聞雑誌広告・ラジオテレビ広告
ネオン屋外広告・市場調査と興信
その他広告宣伝PR
TOKYO 港区芝琴平町26 電話(501)0471
SEOUL 乙支路一街101 電話(2)1811

クリスマスメッセージ

朴議長 海外同胞に送る

誇りと信念で前進望む

第三共和国誕生への目覚しい戦士

海外同胞の祖国再建協力に感謝

朴議長

【ソウル発＝連合】大統領権限代行国家再建最高会議朴正熙議長はクリスマスを迎えて海外同胞並びに留学生に送る次のようなメッセージを送った。

親愛なる海外同胞並びに留学生の皆様！

意欲に溢れた建設の年一九六二年を送りクリスマスとともに希望に燃ゆる新年を迎え、私は政府と全国民を代表し、熱烈な同胞愛の激励とお祝の言葉を送る次第です。

皆様は海外で常に深い関心を持って祖国の運命を憂いいろいろな角度で祖国を助けるため物心両面で力を尽して下さったことに対し全国民は常に感謝して来たし、皆様の真心からの後援のお蔭で一九六二年は祖国の大きな明光を勝ち得た年でありました。すでに革命課業も円滑に進められており、憲法改正案も国民の絶対多数の支持を得て新しい憲法として確定されました。

また新たな年を迎えながら民政移管への動きも活発になっており、第三共和国の誕生を目の前に控えるようになりました。

この機会こそわれわれは過去の失敗をとり戻すことができる真の民主政体を建てることのできるのを皆様とともに全国民は確信しており、熱と誠意を持って前進していきます。すでに明らかにされている通り皆様は海外各地で祖国の外交政策の一面をになっており、祖国を紹介し、海外諸国に対しわれわれを正確に認識させるため努力なされました。それ共にソ連をはじめ北韓カイライの悪辣きわまる宣伝勢を防ぎ大きな功労をたてました。

祖国に対する愛と信頼は海外においてもより一層深まることをわれわれは信じています。その愛と信頼が再建途上にあるわれわれの祖国に反映され、これも皆様の限りない誇りになるものと思います。

海外でその日その日の生活に忙しく、あるいは留学の道で先進国の文明と技術を練磨している皆様は常に祖国を忘れず新年度に誕生する第三共和国の役軍であることを自覚し、韓国国民としての誇りと信念を持って前進されることを望んでやみません。

自由世界の堡塁として栄光あれ

朴議長国軍にメッセージ

来年は革命大業を結実するにあたり国軍将兵は先頭に立ち、自由世界の堡塁としてわれらがになっている国際的地位をより一層高め栄光あることを願うと語った。

"寒雪の労苦に感謝"

朴議長、Xマス・メッセージ

大統領権限代行朴正熙最高会議議長は二十二日、われわれは去る一年間対共産闘争で勝利を得るため総ての政策に全力を傾けたが韓国の福祉国家再建はこれからであり、より多くの努力と時間が必要であるとのべ、新年は国連軍の戦友らと力を合わせ、この国の平和と繁栄のためより一層努力すると語った。

朴議長はクリスマスと新年をむかえるにあたって朔風寒雪の戦線で反共闘争を継続している国連軍将兵にメッセージをおくり以上のように述べ、将兵らの労苦をたたえ栄光あることを祈ると語った。

朴議長はまた赤い侵略者等が戦争準備をしていることを想起させ、しかしながら国際平和維持の実現のため闘っている国連将兵らは共産主義者らの直接および間接侵略に対して十分撃退できるものであることを確信すると語った。

四千五百万ドルの減少予想

新年、援助包括原資材

政府関係当局者は六三年度AID支援援助（SA）に含まれる民間一般原資材の包括購買分（マルティコート）が、現六二年度より四百五十万ドルが減った四千五百万ドル程度になるだろうと伝えている。

当局によると、包括購買資金の配定においては現六二年度と同じ一時公売で惹起される副購買条件の投機現象を防ぐため、月別に分割公売する方針であるという。

六三年度のAID支援援助で第一次配定を受けた額数は総七千五百万ドルになっており、そのうち前記包括購買条件の民間一般原資材を除いてそのうち三千二百万ドルが肥料購買に配定されたという。

冷凍かき輸出に積極的な支援

農林部で要請

農林部では冷凍かき（牡蛎）の輸出奨励の積極的な協助を商工部に要請した。

"りっぱで秩序も整然"

国連統一復興委が投票視察 次期国連総会に報告

【ソウル発＝連合】国連韓国統一復興委員団（UNCURK）は、去る十七日実施された憲法改正案国民投票が立派に管理され、秩序整然に実施されたと語った。

UNCURKはこの日発表した声明で今度国民投票視察結果を次期国連総会に報告すると語った。

なおUNCURKは八個団を編成して全国の国民投票状況を視察して二十一日午前会合その結果を検討確認した。

改憲案の可決を宣布

朴議長が特別談話 "国民の期待裏切らぬ"

【ソウル発＝連合】国家再建最高会議は二十二日午前十時十分第二十八次本会議を開き、さる十七日に行なわれた国民投票によって憲法改正案が可決されたと宣布した。

朴正熙議長は国民投票法第六十七条によるこの宣布で、総有権者千二百四十一万二千七百九十八人のうち、千五十八万五千九百九十八人が投票した結果、賛成八百三十三万九千三百三十三票、反対二百万八千八百一票で過半数の賛成を得たので非常措置法第九条に基づき新たな憲法が可決されたことを宣布すると述べた。

なお、この国民投票結果、宣布の後、朴正熙議長は「このたびの国民投票で有権者の絶対多数の参加と絶対多数の賛成でもって憲法改正案は確定された。革命政府が提出した憲法改正案を国民がこのような関心と支持を持ってくれたのに対しわれわれは政府に対する国民の期待を裏切らないよう国民により一層忠実に奉仕し、責任を完遂しなければならない」と、語った。

外交網を拡大

国交樹立一躍57カ国に

政府は革命後積極外交を通じ外交網を大幅に拡張した。

革命前十三カ国にすぎなかった国交樹立国家数が六十二年末には常駐十一カ国、兼任四十一カ国、合計五十七カ国にふえたと二十二日外務部が伝えた。

外務部はこの日発表した六十二年度の外交活動報告で、今年度に入り初めて中立国である印度、アラブ共和国、カンボジア、ビルマなど四カ国に領事館を設置したと語った。

革命政府はこの外にもアフリカ四カ国、南米三カ国、中米九カ国に親善使節団を、東南ア九カ国、ヨーロッパ十カ国、アフリカ十カ国に通商使節団を、東南ア五カ国中東五カ国に文化使節団を、そして米州二カ国に民間通商使節団を派遣したと語り、友邦国家らとの条約締結数は六十二年に十九カ国が増え、全部で百六十四になり、去る一年間国際会議参加数は七十一回に達したと語った。

羅州肥料工場が完成

28日竣工式 年産八万五千トン

【ソウル発＝連合】年間尿素肥料八万五千トンの生産施設容量を保有した湖南肥料羅州工場は二十八日現地でしゅん工式を行なう。

政府保有ドル二千七百万ドルと内資十億ウォンを投入した同工場は五八年六月に着工、四年半ぶりにしゅん工されるもので現在までの性能試験が成功的であり六三年一月十五日からは試験製品が生産される。

なお、本格的な稼動は六三年六月からはじまる同工場は現在稼動中である忠州肥料工場（アメリカ会社請負）につづき二回目に誕生する同じ規模の肥料工場（西独会社請負）である。

年内に旧政治人救済

国家再建最高会議金炯旭最高委員は二十二日、旧政治家に対する第一次追加救済措置が年内にとられるだろうと語った。

金委員は、このたび救済される旧政治家の数は朴正熙議長の承認を得た後明らかにされるだろうと述べ、旧政治家に対する救済措置は今後もなおつづけられるものと語った。

韓日会談略史（続）

第六次韓日会談の経緯 【2】

李炯淵

（二）第六次韓日会談の開催

（A）事務折衝と朴・池田会談

一九六一年十月二〇日裵・杉両首席代表の間で第六次韓日会談が開催されて十一月下旬年末休会に入るまで諸懸案問題に関する事務折衝がつづけられた。

一方この時期においてラスク米国務長官の訪日、訪韓、杉代表の訪韓、朴・池田会談等、高次的な政治接触が「韓・日間」「韓・日・米三国間」で活発に行なわれたことは、極めて注目すべき事実である。

即ち十一月委員会に出席するため日本を訪問したラスク米国務長官は、池田日本首相との会談で韓国問題をも討議したのである。この池田、ラスク会談の具体的内容は知らされていないが、この会談で韓日会談妥結による韓日国交正常化の早急な実現に関して、米国側の強い希望が表明されたといわれている。

ラスク米国務長官は、池田首相との会談を終わって、十一月五日韓国を訪問して韓国首脳部と会談した。だが十一月三日に杉日本側首席代表がソウルを訪問して朴正熙最高会議議長らと会い、朴議長に訪日を招請し、漁船五隻を送還すると公表したが、これも韓国の対日親善政策の一端の表現であると池田首相の態度を示したのである。したがって十一月十一日、朴議長は、米国訪問の途上、日本を訪問して十一日、十二日の二日間池田首相と会談したのである。この朴・池田会談では、韓・日間の早期国交正常化の基本原則が確認されたのである。このようにして韓国の軍事政府と日本の池田政府との間には急に親善ムードが造成されて、韓日会談妥結の地盤が固められたといえる。

この朴・池田会談の実現においては、ラスク米国務長官の仲介の労が促進剤の一つであったことを否定することができない。

（B）政治会談への転換

しかし、韓日会談の事務折衝は、なかなか進展を見せなかった。一応討議が終わった問題については、もっとくわしく、こまかく再検討する効果以上の効果をもとめることができなかったことは勿論、結局は同じことをくりかえして討議して、こまかい論争をくりかえすばかりであった。一方日本外務省は十二月二十六日韓国政府に独島（竹島）問題で抗議書を送り、領有権を主張した。

一時、表面に出されなかった独島問題を日本がまた打出したことは、かなり政略的な印象を与えた。第六次日韓会談は年末年始の休会を終わって、一九六二年一月十六日東京で再開される。

ここで一九六二年二月十九日韓国軍事政府の実力者である金鍾泌中央情報部長が来日、同月二十一日池田日本首相と会談した。この結果、前年十一月の朴・池田会談で合意した、早期国交正常化の原則を再確認し、早急に高次的な韓日政治会談を開催することに、意見の一致を見たのである。

とくに対日財産請求権問題で韓日会談の事務折衝は難航をつづけたが、韓国側は八億ドルを主張したのに対して日本側は七千万ドルを主張したのである。日本側が主張した七千万ドルという額は日本の外務省と法務省が、所謂法的根拠のあるものとして算出したといわれる。韓国側の主張したという八億ドルの額に対しては明らかにされていないが、一九六二年一月十七日韓国政府は前記した金額を韓国側が主張したという新聞報道を肯定したと報道された。

とにかくこのようないちがいでは韓日会談妥結は遼遠なるにとどまる情勢であったのであるが、日本側は、韓国の経済的弱点を韓日会談においてデリケートに利用しているとの印象を与えていることは否認できない。また、前記したような政治会談の推進とともに、韓日間では経済人の交流が頻繁に行なわれたことも注目すべきことである。二月二十日には日本の保税加工貿易調査団が韓国を訪問して経済事情を視察した。このような雰囲気の中で韓日政治会談が開かれたのである。

しかし日本側は、韓国の経済協力が考慮されているように報道されたが韓国政府は、これを強固に否認したのである。

一方、韓国政府は、一月十三日、経済開発五カ年計画を発表したが、この経済開発五カ年計画に韓日会談妥結による日本の経済協力が考慮されているように報道されたが韓国政府は、これを強固に否認したのである。

そして三月十二日から崔徳新韓国外務部長官と、小坂日本外相との政治会談が開催されるようになったのである。

（つづく）

一区一人制を採用

選挙法要綱の作成終わる

【ソウル発＝連合】最高会議内務委員会の選挙法基礎専門委員会は二十二日十三条付則になっている選挙法要綱の作成を終えた。

この専門委は複数案になっている試案のうちいくつかの政策的な点だけを常任委にまかせあとは総て単一案とした。

この日専門委は選挙区中選も図心の焦点となっている比例代表制による政党別議席配定問題に結論を得ることができず常任に一任した。

人身攻撃に関する罰則も追加することに合意した。

専門委が採択した選挙法要綱の内、最も注目にあたいする項目は次の通りである。

被選挙権者に兵役忌避者も含む中選挙区制廃止。一区一人選出。

一方、専門委が手をつけなかった全国区（比例代表制）当選人決定試案は次の通り。

▽第一案＝一、中央選挙委員会は地域区選挙で三席以上の議席を占めることができなかったとか、全国区選挙で、その有効投票の百分の五以上を得票できなかった政党を除いた政党には、議席を配定する。

二、中央選挙委は各政党が得た得票数を一、二、三等の数にわけて全国選挙区議員定数だけ得票数が発見されるまで計算して議席を配定する。

三、最後の議席を配定するとき同一の最高数が生じる場合は、当該政党の推薦によって定まる。

四、中央選挙委は提出された政党別候補者名簿の順位にしたがって政党に配定された議席の当該人を決定する。

五、選挙の延期または一部無効などによって全国の選挙結果が確結されない場合、当該区域の人口を全国人口からひいた後全国区議員を掛けて得た数を全国区の席数で除いた議席を当選人決定方法にしたがって配定する。

▽第二案＝一、全国区当選者は選挙に関する訴訟が完了された後決定する

二、第一案の一と同じ

三、第一案の得票率が百分の五十以上の時には各政党に得票比率にしたがって配分する

四、第一党の得票比率が百分の五十以下である場合、第一党の議席の二分の一を配定し、残る議席を第二党以下の政党に得票比率にしたがって配分する。第二党の得票が第三党以下の政党の総得票数の二倍を超過しない場合は第二党に残る議席の三分の二を配当し、その残りの議席を第三党以下の政党に得票比例にしたがって配分する

にしたがって全国区の議席を配定する。第二党の得票が、第三党以下の政党の総得票数の二倍を超過しない場合、第二党に、第一党に配定した議席を除いた議席の三分の二を配定し、その残りの席を第三党以下の政党に得票比率にしたがって配定する

も二十四日までには最終的な検討を終えて条文に作り上げた後、常任委員会に提案通過させるつもりであると述べた。

政党法要綱案26日常任委に提案

吉在号法制司法委員長談

吉在号法制司法委員長は二十二日、政党法要綱案の審議を来る二十四日まで終え二十六日には最高会議の常任委員会に提案し、これを通過させる方針であると語った。

吉在号委員はこの日、政党法の要綱案をすでに公布したが、これに対する長点と欠点を区別して権威者達に慎重に検討させ、遅くと

政府が支払いを保証

双竜セメと韓一セメ分議決

大韓海運の900万ドルも

【ソウル発＝連合】経済企画院で開かれた第二十五次外資導入促進委員会は、二十二日外資導入に関する政府支払い保証によるはじめてのケースとして、双竜セメントと韓一セメントの両会社に対する外国借款の支払保証を議決保証した。

ところで、この支払い保証は閣議の議決を得て韓国銀行により海外支払を保障することになっている。

なお、この委員会は五カ年計画に含まれている大韓海運公社の船舶（五千トン級五隻、一万トン級三隻）導入のため、九百三十万ドルのスエーデン借款契約の申込も承認した。

経済再建成功的発展を自負

朴議長、最高会議本会議に書翰

国家再建最高会議朴正熙議長は「送末年を送る」という題目で最高会議本会議にあらまし次のように寄稿した。

去る一年間は挙族的な団結と自立精神でもって、新新な気風を確立させており、また経済再建に成功的発展を遂げ革命公約の目標を実現するためのりっぱな基盤を築いておいたことを自負できることを満足に考えている。

革命政府が反共、自由民主主義国家の再建を革命理念の第一モットーにして独裁と不正腐敗を根絶して新新な法秩序を確立させその上民主的で能率的な社会体制を整備して自主経済を遂げることを貢末年の目標に定めて来た。

明年夏に公約されている民政移譲の準備にも拍車をつくして来ており、新国家建設の土台を築くための憲法改正案も公告した。

革命政府が経済分野においても送る年が経済開発五カ年計画第一次年度であるという点で、経済発展に新しい基点を備えた。

農村経済の発展においても数十年来の不利な天然条件に直面しながら農産物生産を増加させた。

第一次年度経済開発計画の正確がその効力を現わして農民達が飢餓から解放されたことはよろこばしいことで、山林緑化と農村部落の環境改善は第一次年度の特記されるような評価であり政府が経済の急速工業化と現代化のために力を注ぐ。

証券金融の放出を決定

十億限度、年末まで四億

証券業界の注目のもとに開かれた二十二日の金融通貨運営委員会は証券金融の貸出最高限度を十億ウォンとし、年末までに四億ウォンを放出することに決定した。

この日金融通貨運営委員会は終えて出てきた閔経済総長は証券金融問題を討議する会議が前例のないほど三日間も継続されたことは、証券金融が目的と異なった面で使用されてきた前例を一掃し、今度出される資金を真に証券の安定にだけ使うための方案を検討したためであると説明した。

また今度の証券資金が融資された後にはこれから過度な投機など証券業界の不安を政策および制度面で政府が責任をもって解決するという前提のもとで議決されたと解明した。

引き続いて閔総裁は今年中に出ていく四億ウォンは過渡資金経済のためのものであり、財産株だけが対象となっているが、明年初から精算取引が再開されるとしても財産株に限定されるだろうと語った。

一般銀行を通じて証券金融会社が取扱うことになった同資金融資比率（対価）は財務部長官と韓銀総裁が随時定めることになっており、融資は即日実施されることになる。

北韓に危うく拉致

CBSの韓記者に救わる

毎日新聞の加藤ソウル特派員

二十二日午後一時ごろ板門店で北韓カイライ特派記者数名が取材に行った日本毎日新聞ソウル特派員加藤通夫氏を巧妙な手段で誘引北韓にらっ致しようとしたが韓国側記者の制止で失敗に終った。

この日午前十一時ごろから開かれた第百六十一次軍事停戦委員本会議を取材しようとしてきた北韓カイライ記者らはいつもより多く十数名で、韓国側記者らにむかって見ところ的な虚偽宣伝をならべたが初めて見えた加藤記者は韓国放送記者と自称する北韓記者が総撰してもよい場所をおしえてあげると誘引して会談場所から約二十米地点までつれて行った。

その時拉北するようすを感じ取ったCBS特派記者韓某氏がこれを発見し、帰るように叫び無事危険直前に救出した。

帰ってきた記者加藤氏はそう白な顔で彼らが韓国人記者だと思いついていたが、大変なことになるところであったと述べ、数年間海外各地で特派員生活をしてきたがこんな悪質なおそろしい目にあったのは初めてであると語った。

一方、カイライ記者数名はこれを制止した記者に対して自由意志にしたがって北韓に来るというのを何故妨害するのかと、とんでもないでたらめを述べた。

一線将兵に慰問品手渡す

全国青少年赤十字団員

韓国赤十字社の伝えるところによると、二十一日全国各地の青少年赤十字団員たちは最前線にいる韓国軍並びに国連軍の将兵たちにクリスマスと新年のあいさつとして自分たちの手で作ったカード三万五千枚をはじめ慰問文千四百五十五通、お菓子二千箱を国防部と国連軍司令部を通じて一線地区の将兵たちに手渡した。

通貨量三百七十四億ウォン

十一月末現在発行高は三百十億ウォン

韓銀が集計した十一月末現在の通貨量は三百七十四億ウォンで十一月十五日現在より一億ウォンが減少、十月末よりは五億ウォン、昨年末よりは六十二億が各々増加した。

なお、十一月末現在の通貨量構成比を見ると、貨幣民間保有量が百八十九億ウォン（五〇・五％）、通貨性預金が百八十五億ウォン（四九・五％）となっている。

このように通貨性預金の構成比が低い理由は、年末資金の逼迫で預金の払出し、秋穀買上げによる現金の大量放出で農村に投入されたためである。一方、十二月十日現在の貨幣発行高は三百十億ウォンで十一月末対比一億ウォンが増発された。

保税加工と家内手工業向上を協議

マチヨス博士、朴商工次官礼訪して

アメリカ経済研究所長マチヨス博士は二十二日午前朴商工次官を礼訪して約三十分間要談した。ところでこの席上では韓国の保税加工と家内手工業の向上策に関して意見が交わされた。

四・一九学生記念塔起工式

総面積七千坪、一千三百万ウォン

再建国民運動本部は二十一日午後市内スユ洞で四・一九学生革命記念塔起工式をあげた。

この記念塔周囲には四・一九革命の時命を捧げた学生らの墓地が作られる。総面積七千坪の土地に建てられる記念塔と墓地の面積は三千坪であり、一千三百万ウォンの予算で明年四月中旬に竣工される予定である。

新年から一日二十五石生産

最近の練乳工場竣工

ソウル牛乳協同組合によると、韓国最初の練乳加工工場（楊州郡九里面上敷里）がしゅん工、年内に機械設備が終わると新年一月から一日二十五石の練乳が生産されるという。

同工場は協同組合による総合工場（粉乳加工工場、市乳処理場、練乳加工工場）の一部である。

なお、第二段階に新年三月には粉乳加工工場設置機械を入れ、四月には粉乳及び処理場を起工、八月にはしゅん工して十月からは本格的な練・粉乳加工と市乳処理をするようになるので練・粉乳輸入を禁止する建議書を提出するといわれる。

国楽賞制度設ける

22日国楽院で施賞式

国立国楽院は民族音楽の恒久的管理と永遠な保存、発展のため国楽賞制度を設けて施賞することになった。

同施賞式は二十二日午後二時国楽院で行なう。

模擬非常戦闘訓練

空軍作戦司令部で実施

空軍作戦司令部は二十一日午前四時を期して「統一作戦」と呼ばれる模擬非常戦闘訓練を実施した。

非常事態に対してより能率的な戦闘態勢を確立するところにその重要目的があるこの作戦には空軍の戦闘部隊が総動員されている。

漢陽 12月号…200円
<在日>国文版의 綜合雜誌
主要内容
韓国紡織工業의 現況과 展望……金景鎭
韓国의 燃料事業……金基深
社会保障의 問題点……朴元錫
韓国貿易의 当面한 問題点……李乗昌
혼들리는 中南美의 秩序……裵泰旭
彷徨하는 知性……金仁在
愛国思想家 柳麟錫……金泉錫
韓国의 歳時風俗……文哲鎬
古典의 余韻……李丙疇
韓国寓話文学의 概要……金起東
奈良大仏과 韓来技術……金正柱
新羅의 勾玉……韓炳植
瞻星台와 天文歴法……崔容鎭
＜民謠와 伝説＞
어랑 타령……金炳玉
＜名勝古蹟巡礼＞
幸州山城
栄州・浮石寺……編輯室
＜創作＞
흡목대장……金鉄洙
其他 時事評論・随筆・詩・創作 多数
※定期購読料金 六個月 一二〇〇円 一個年 二三〇〇円
発行所 漢陽社
東京都豊島区池袋東一ノ一五五
電話 東京(983)五三一三
振替番号 東京 四五一六八

優良鋳物用銑鉄製造
ASL
朝日製鉄株式會社
取締役社長 中学彬
横浜市鶴見区鶴見町1320
TEL 横浜(50)8431－4

政党法要綱を見て

韓国の声

十九日、国家再建最高会議法司委員である吉在号委員は、法司委が作成した四十三項目の政党法要綱を公表した。吉委員の今度の政党法要綱の公表は、最高会議が政党法を制定、公布するに先立ち世論の批判を聞き、それを同法制定に反映もしくは参酌することにその趣旨があるものと考え、われわれは政党法問題に対するわれわれの所見を披瀝したいと思う。

第一に、名称はどうあれ政党に対する法的規制を必要とするのがわが国の実情であることは認定できる。第五次改正憲法も、政党は「国民の政治的意思形成に参与するに必要な組織を持たねばならない」と規定している。群小政党の乱立による政局の不安定と国政の混乱を避けるためには、政党に対する最小限の法的規制は、わが国の実情では不可避であると考えないわけにはいかない。

第二は、われわれは政党法要綱に規定する政党登録要件が過度に厳格であるとは決して考えていない。国民の身代りとして国政を担当することを目的とする政党は「国会議員選挙法に基づく地域選挙区総数の三分の一以上に該当する地区党」程度はそなえていなければならぬは、むしろ当然と言えよう。地区党は、五つ以上の特別市、直轄市、または道に分布されねばならぬということについても格別異議はあるまい。

だが、各地区党は八十名以上の党員を有さねばならぬと規定しているのは、過多な数字だと指摘せざるを得ない。八十名という数字を満たすためには、政治意識の稀薄な一族郎党から傭人に至るまでカリ集めて入党させることになり、政党員全般の政治水準を低下させるか、地区党をボスの支配下に置く結果を招来する懐があるからである。

第三に、政党法要綱が規定する政党の登録要件は決して厳格すぎるものではないとはいえ、これを当面の来年選挙（大統領選挙、国会議員選挙）に適用しようとするのは、現実的にみて無理があると考えられる。まだ確実なところは明らかにされていないが、最高会議は大統領選挙の施行を来年三月に構想中であるとの報道もある。大統領選挙の前に立候補者は立候補登録をしなければならず、立候補登録に先立っては政党の公薦を受けなければならない。

換言すれば、来年三月に施行と伝えられる大統領選挙に相当期間先立って、政党は登録要件を備えて登録をすまし、公薦大会なども開かなければならない。来年初めに予定されている政治活動の許容から始めて、極めて短い期間に政党が、一方で選挙を準備しつつ、他の一方で政党法要綱に規定する登録要件を具備することは、負担があまりにも重すぎるといわざるを得ない。

われわれは政党法が、あってもなくても良いような法律であってはならないし政党法要綱に規定する政党登録要件が厳しすぎるとは見ていないが、来年の選挙に備える政党の場合、特殊な現在の政治実情を考慮し、過渡期的な例外措置が取られねばならないと考える。

終りにわれわれは、将来制定される政党法がどうであれ、第五次改正憲法が闡明した「複数政党制は保障される」との精神に立脚して運営されねばならぬことを強調したい。国家百年の大計のためにも、われわれは平和的政権交替の民主政治的伝統を確立せねばならず、その意味から誰が執権者になり第一党になったとしても、第二党の健全な発展を図らねばならぬ。

政党法は、執権者が野党を抑圧する武器に堕落してはならない。政党法要綱は決して完璧なものとは思われていない。しかも一方で政党法要綱のささいな部分がいちいち世論の批判対象にのぼっている理由は、それが執権者によって悪用されるのではないかを憂慮するからである。一党政治が国政を動脈硬化状態に陥らしめ、ついに四・一九で爆発した体験もなまなましいわれわれは、政党法の条文よりは政党法を制定し運営する精神が、一層重要であると考える。要は政党法よりは、確固たる自由民主主義精神だといわざるを得ない。

（東亜日報）

政党活動の安定期す

与・野党党首に身分保障

最高会議吉在号法司委員は去る十九日法司委が作成した"政党法要綱"を発表し、来る二十五日までに最高会議常任委員会に上程して審議通過させる方針であると述べた。吉委員は政党法の主要骨子として❶政党の登録要件❷与野党首の身分保障❸政党内部秩序の民主化等について規制し、政党法の発効時期は朴議長の言明にしたがい来年の初め頃としたい旨を明らかにした。また同委員は登録要件として、国会議員選挙法による地域選挙区総数の三分の一以上の地区党をもたねばならず、これら地区党は五つ以上の特別市、直轄市または道に分布されなくてはならないと述べ、また地区党の正党員は八十名以上でなくてはならないと規定し、一政党の党員数は少なくとも三千二百名以上と推定される旨を明らかにした。政党法の要綱は次の通りである。

政党法要綱の全文

一、政党の中央党は中央選挙管理委員会に、地区党は当該選挙管理委員会に登録しなくてはならない。

二、政党は国会議員、地域選挙区に所在する地区党と首都に所在する中央党で構成する。ただし、特別市、直轄市、道、市、区、郡には党支部を設けることができる。

三、中央党の創党は二十人以上の発起人で組織する創党準備委員会がこれを担当する。

四、発起人の資格は国会議員の選挙権を有する者とするが、他の法律の定める場合と命令で定める公務員、国営企業体ならびに政府が株の過半数を所有する企業体の役員は発起人となることはできない。

五、中央党の創党準備委員会は発起趣旨、政党の名称、発起人ならびにその代表者、会計責任者、その他必要な事項を中央選挙管理委員会に申告するようにし、この申告の受理を創党活動の開始要件とする。

六、中央党の創党準備委員会は創党の目的範囲内でのみ活動することができる。

七、地区党の創党には十五人以上の発起人がなくてはならない。

八、地区党の創党には中央党の創党準備委員会または中央党の承認がなくてはならない。

九、地区党の創党に関するその他の事項については中央党の創党の場合と同じである。

十、創党準備を完了した時には中央党の創党準備委員会は中央選挙管理委員会に、地区党の創党準備委員会は当該選挙管理委員会に登録を申請しなくてはならない。

十一、登録申請事項は次の通りである。

1、政党の名称。
2、中央党、地区党または党支部の所在地。
3、綱領（ならびに基本政策）と党憲（中央党の場合に限る）。
4、代表者、幹部、会計責任者の住所、姓名。
5、法定党員数と党員の数。
6、中央党の場合には地区党ならびにその他の党支部の所在地とその代表者、地区党の会計責任者。

十二、政党の申請にはその代表者、幹部、会計責任者の就任同意書を添附しなくてはならない。中央党の場合には地区党の登録写本も添附しなくてはならない。地区党の場合には中央党の創党承認書と法定党員数に該当する数の党員の入党願書の副本を添附しなくてはならない。

十三、申請事項に変更のある時には二週間以内に変更登録をしなくてはならない。ただし、党員の数の変更の場合は例外とする。

十四、登録申請を受けた当該選挙管理委員会は形式的要件を備えているかぎりこれを拒否することはできない。形式上に不備な点がある時には相当な期間を設けて完備を命じ、二回以上完備の命に応じない時にはその申請を却下することができる。

十五、登録申請を受けた当該選挙管理委員会は登録申請を受けた日から七日以内に登録証を交付し、遅滞なくその旨を公告しなくてはならない。

十六、地区党には党員名簿を備えておかなくてはならない。この名簿は法院が裁判上で要求する場合と関係選挙管理委員会が党員に関する事項を確認する場合を除いて一切公開を強要されない。ただし、犯罪捜査上必要な場合には関係選挙管理委員会に事実調査を嘱託して調査する。この場合関係公務員はこれによって知り得た事実を漏泄してはならない。

十七、地区党には脱党党員名簿を備えつけておかなくてはならない。

十八、国会議員選挙権のある者は誰でも党員になることができる。ただし、他の法律の定める場合と命令によって定める公務員と国営企業体ならびに政府が株の過半数を所有する企業体の役員は例外とする。

十九、大韓民国国民でない者は政党の党員となることはできない。

二十、何びとも本人の自由意思による承諾なしに政党の加入を強要されない。何びとも二つ以上の政党の党員となることはできない。政党は秘密党員を置くことはできない。

二十一、党員となりたい者は捺印を押した入党願書を提出しなくてはならない。ただし、法定党員数に該当する数の党員の入党願書には自署しなくてはならない。

二十二、法定党員数に該当する数の党員は当該地区党の地域内に居住していなくてはならない。この入党には居住証明を添附しなくてはならない。

二十三、党員が脱党しようとする時には脱党願書を提出しなくてはならない。脱党願書を受けた該当地区党は受けつけた日から二日以内に党員名簿の記載を抹消し、脱党証明書を交付しなくてはならない。

二十四、政党は国会議員選挙法による地域選挙区総数の三分の一（首二十を考慮に入れて）以上に該当する地区党を持たなくてはならない。

二十五、地区党は五以上の特別市、直轄市、または道に分布されなくてはならない。

二十六、各地区党は八十名以上の党員をもたなくてはならない。

二十七、政党は綱領（ならびに基本政策）と党憲を公開しなくてはならない。

二十八、政党は民主的な内部秩序を維持するため代議機関、執行機関と所属国会議員がいる場合には議員総会をもたねばならない。その権限その他の事項に関しては党憲で定める。

二十九、政党は憲法と法律の範囲内で活動の自由をもつ。

三十、政党の公職選挙候補者推薦は民主的でなくてはならず、候補者推薦機関を通じてこれをなさなくてはならない。推薦の手続と候補者推薦機関の構成に関しては党憲でこれを規定しなくてはならない。

三十一、政党が所属国会議員を除名する時には党憲に定める手続以外に所属国会議員三分の二以上の賛成がなくてはならない。

三十二、中央党は政党の財産ならびに収入支出（収入源は除く）を年一回公開し、同時に中央選挙管理委員会に報告しなくてはならない。

三十三、政党（創党準備委員会を含む）は次の各号に該当する者から寄附、補助その他財産上の援助を受けてはならない。

1、外国の政府、団体もしくは個人。
2、国家または公共団体。
3、国営企業体、政府直轄または監督下の団体、政府が株式の過半数を所有する企業体。
4、金融機関または金融団体。
5、労働団体。
6、学校財団。

三十四、関係機関は監督上必要な時には帳簿または書類の提出を命ずることができる。ただし、党員名簿は除く。

三十五、中央党、地区党または創党準備委員会は年一回当該選挙管理委員会に必要な報告をしなくてはならない。報告事項は登録申請事項に準ずる。ただし、党員数に関しては年二回（六月末、十二月末）報告しなくてはならない。

三十六、政党が政党法の規定する登録要件と二十四—二十六の要件を具備できない時には当該選挙管理委員会はその登録の取消を行なうことができる。ただし、要件の欠如が国会議員選挙日の三カ月前に生じた時は選挙後三カ月までそれ以外の場合は要件欠如時から三カ月間取消を猶予する。

三十七、政党はその代議機関の決議によって解散するようにする。この場合、その代表者は遅滞なくそのことを関係選挙管理委員会に申告しなくてはならない。

三十八、政党解散訴訟手続に関しては国会議員選挙訴訟の例に準ずる。

三十九、三十七の申告があった時とか、大法院の解散判決の通知があった場合には関係選挙管理委員会はその政党の登録を抹消し、その旨を公告しなくてはならない。

四十、政党が解散する場合には代用政党の禁止に関する規定を設ける。

四十一、第一野党の代表者に対しては相当な手当を支給する。

四十二、政党の収入に関しては免税とする。

四十三、罰則

社会党の韓日会談反対論を駁す

＝自民党日韓問題PR委員会＝

一、社会党は「日本と朝鮮との関係は真に平等な、相互に協力しあえる関係でなければならず、日本はもちろん外国のために朝鮮を利用するものであってはなりません」といっているが、日本はすでに平和条約によって朝鮮の独立を認めており、この平和条約に従って互恵平等、共存共栄を基本方針として韓国との諸懸案を解決し、同国との国交を正常化することを目的として十年来交渉を継続しているわけであって、韓国に対し日本の政策を一方的に押しつけるとか、または韓国を日本その他外国のために利用するというがごときことは毛頭考えておらないことは従来の交渉経緯よりみても極めて明らかなところである。むしろ当初の請求権問題や漁業問題等に関する韓国側の主張を合理的な線に近づけることに如何に苦心したかは一般のよく知るところであり、また日本その他外国のために韓国を利用するものでないことは韓国側が朝野を挙げて両国の国交正常化を熱望しているところをみても明らかであろう。

二、社会党は「政府が急に妥結を急ぎ出したのは日本の立場からではなく、米国の"防衛、極東における反共軍事体制のテコ入れという政策に追従したもので……会談は中止すべき」であるといっているが日韓両国間の関係調整の努力は十年来絶え間なく続けられてきたものであり、近来両国国交の正常化を要望する機運が両国にとみに盛り上り、その努力の成果がようやく実りかけてきただけである。池田内閣が急に妥結を急ぎだしたわけでもなく、また米国の"防衛などの政策に追従したわけでもない。政府、自民党は自主的立場において四囲の情勢を見ながらあくまで善隣友好、共存共栄の見地から従来の方針を一貫して無理をせずに日韓交渉を進めているのである。

新憲法に対する韓国の国民投票の結果によっても明らかな通り、朴政権に対する全国民の支持も相当強力なものがあり、また日韓会談に対する韓国側の受入体制も固まっており、時機の熟したいま、会談を中止せよということは韓国との間の不自然な状態をいつまでも放置しておけというに等しく、日韓両国の現実の利益に反するはもとより、アジアの安定と繁栄という大局的見地より見ても一顧の価値もない議論といわざるを得ない。

三、社会党は「自民党の態度の基本は南鮮をいかにして北鮮に対抗させるかにおかれている」といっているが、北韓及びこれを支持するソ連、中共が韓国の共産化を企図していることは朝鮮動乱の歴史を見るまでもなく極めて明りょうであり、これに対し韓国及び国連はこの共産側の企図を阻止するため全力を傾倒しているのである。自由主義陣営に属し国連協力を方針とする日本がこの韓国及び国連の立場を支持することは当然のことであり、民社党も十二月十六日の新聞発表において「日韓両国が平和的な関係を樹立し、両国の協力によって、韓国の社会的安定と民生の向上が実現するならばそれは極東の情勢を安定化し、そのことによって、わが国の安全保障にも重要な役割りをはたすものとなる」といっている。もちろん日本としては韓国に対し軍事上の協力のごときものは毛頭考えておらず、ただ、日本の出来る範囲内で経済協力を行ない、韓国の経済復興と民生向上に寄与せんとするに過ぎない。現在インドは国境衝突事件を契機として中共と対抗しているが、インドに対する日本の経済協力がインドの経済復興と民生の向上に寄与することを目的とし、特にインドをして中共と対抗せしむることを目的としておらないのと同様である。

四、社会党は、自民党に「南北韓の対立を少しでも緩和し、統一に貢献しようとの考えを全く欠いている」といっているが、南北統一を願うことにおいてはわが党も同様である。南北韓の対立は、要するに東西間の対立と冷戦の結果であるにもかかわらず、いかにも日本側に責任があるかのようにいうのは滑けい千万である。それどころか、北韓とソ連、中共との間に軍事同盟を結び南北対立を激化し、統一を阻害していることに対し、社会党が沈黙を守り、なんらの批判をしていないのははなはだ不思議であり了解に苦しむところである。

また社会党は、日本が韓国と国交正常化すれば、北鮮側に反作用を引き起し日本が直接に南北の対立にまき込まれることになるというが、善隣友好の立場から国交を正常化することは当然のことであり、第三者がこれに対しとやかくいうのは筋違いであり一種の内政干渉でもある。現に五十一カ国が韓国と国交を結んでいるのに共産側もこれを非難しておらないではないか。

また社会党は、「自民党は南北韓の統一を希望するというが、どういう具体的な提案をもっているかを明らかにするのが当然だ」といっているが、わが党は国連方式、すなわち国連監視下の自由選挙による平和的統一を一貫して支持していることはいうまでもない。

五、社会党は「南鮮だけを相手にした現在の正常化では、他日、朝鮮が統一された時に面倒な問題が起る」というが政府は北鮮に一種の政権ないし権威が存在することを念頭に置いて韓国と交渉しているのであり、将来北韓との間に問題の起こらないよう充分留意している。

六、社会党は「韓国だけが国連によって認められたというのは誤りである」というが、これは不勉強のそしりを免れない。国連は一九四八年十二月の第三回総会決議において「大韓民国政府が韓国における唯一の合法な政府である」ことを宣言している。従って国連は北韓政府を以ってその支配下にある地域を合法的に代表する政権とは認めていないし、また過般の国連総会政治委員会において朝鮮問題審議参加のため北韓代表を招請せんとするソ連決議案は圧倒的多数をもって否決され、韓国代表だけが出席を認められたのである。

七、社会党は日韓会談が急速に進みだした一つの理由は経済的なものであり日本に援助の肩代りをさせ韓国にテコ入れする考えが米国にでてきて、これを受けたのが自民党であり、独占資本家であるといっているが、米国は現在でも年間約三億（米ドル）に上る対韓援助を行なっており、今後さらに増加する見込みとのことであり、日本に肩代りなど出来るものではない。また、日本は韓国の希望に応じ同国の経済復興と民生向上に寄与するため経済協力を行なわんとするものであって、東南ア諸国に対する経済協力と同様の趣旨に出ずるものである。開発途上にある新興諸国の経済協力を行なうことは世界の大勢であるばかりでなく、今日の世界において独占資本が他国の経済を支配するがごときことの不可能なことはいうまでもない。ビルマ、インド、インドネシア、アラブ連合等中立諸国に対する経済協力等は独占資本の進出といわず、韓国に対する経済協力に限って独占資本進出という社会党の主張は理論が一貫せずおかしいではないか。

八、社会党は「無償供与は根拠があいまいだから算定の基礎はでたらめである」といっているが、請求権問題についての法的根拠の有無に関する日韓間の見解に隔りがあり、また、戦後十数年を経た今日、事実関係の正確な立証が極めて困難なことが明らかになってきた。しかし、このような対立をいつまでも放置し会談の妥結をおくらせることは、大局的にみて適当でないことは明らかである。従って、かつて、一つの国家を形成していた日韓両国の特別な関係と両国将来の共存共栄を考慮する高い次元に立って、この際、韓国の民生の安定、経済の発展に貢献するのを目的とし、同国に対して経済協力を行なうこととし、この経済協力供与の随伴的な結果として、平和条約第四条に基づく請求権の問題も併せて同時に解決されるということで、目下日韓間に話合いが進められているものである。

九、社会党は「朝鮮の民主主義の発展を妨げてはなりません。朴政権が軍事ファッショ政権であることは多言を要しない」というが朴政権は十二月十七日新憲法に対する国民投票を実施し、投票率八五㌫、そのうち賛成率七八・七㌫の圧倒的多数をもって国民の支持を得ている。また明年夏の民政移管を目標として予定のプログラム通り着々として、準備を進めている。従って日韓会談を進め側面より朴政権の民政移管のプログラムが円滑に実行せられるようにすることが韓国における民主主義の発展を促進することになるわけで、社会党のいうごとく日韓会談を中止し日韓の国交正常化が遅れることになれば、かえって順調に進んでいる民政移管のプログラムに蹉跌（ソゴ）をきたし、韓国における民主主義の発展を妨害することになる。

十、社会党は自民党には懸案解決の具体案がない、自民政府は懸案の解決を後回しにしている、というが政府、自民党は懸案の一括解決を国交正常化の前提条件としており、韓国側もこれに同意していることは明らかである。また懸案解決の方針大綱については政府の国会答弁及び先般のわが党のP・R要綱等において明らかにされており、これに基づいて目下日韓交渉において細目にわたり煮詰められている段階であるが、日韓会談が妥結すれば委細発表されるわけである。

十一、社会党は日本の周辺にまず平和をもたらすために、最も重要で緊急を要するものは中共との関係である。政府自民党は中共問題の打開に逆行する日韓会談に熱中しているというが、日韓間の諸懸案を円満解決し国交を正常化しようとするのは、日韓両国の共存共栄はもとより、広くアジアの安定と繁栄に寄与しようとするものであり、しかも四囲の状勢は日韓会談妥結の時機が熟しているので、これを促進しているのである。中共との関係打開は単に日本と中共との関係だけでなく、東西対立の世界情勢全般との関連において各方面より慎重に検討しなければならず、簡単な問題ではなく長時日を要する問題である。しかも中共は現在ソ連をはじめ共産圏諸国の大部分からも、冒険主義、侵略主義として非難せられ、世界において、孤立的状態を強めており、この中共との関係打開を優先して、それが出来るまで、ひたすら平和と新国家建設と民政移管に全力を傾倒している韓国との国交正常化を待てというのは現実的でないのみならず、極言すれば侵略の味方をせよ、ということにならないであろうか。

共産侵略の手伝い

非現実的なその論旨

本国入国許可者氏名公告

韓国駐日代表部領事課旅券担当官
在日本韓国居留民団中総民生局長

辛宣浩	KJ	[illegible]	東京
金東春	〃	[illegible]	〃
金文周	〃	[illegible]	〃
李慶南	〃	[illegible]	〃
金相熙	〃	[illegible]	群馬
崔学林	〃	[illegible]	東京
金宗徹	〃	[illegible]	茨城
徐順子	〃	[illegible]	東京
朴周植	〃	[illegible]	〃
朴鳳熙	〃	[illegible]	〃
鄭永根	〃	[illegible]	〃
王英三	〃	[illegible]	兵庫
林虎	〃	[illegible]	東京
権逸	〃	[illegible]	〃
李斗用	〃	[illegible]	鳥取
金益甲	〃	[illegible]	〃
張仁錘	〃	[illegible]	東京
趙同順	〃	[illegible]	愛知
李愛生	〃	[illegible]	福岡
成海竜	〃	[illegible]	大阪
崔台発	〃	[illegible]	〃
金沢竜	KJ	[illegible]	大阪
姜永玉	〃	[illegible]	宮崎
金日圭	〃	[illegible]	福岡

（十二月十八日現在）

金鎬佑	KJ	[illegible]	東京
権逸	〃	[illegible]	〃
李禹植	〃	[illegible]	神奈川
丁成鎮	〃	[illegible]	東京
李武夫	〃	[illegible]	〃
徐太達	〃	[illegible]	〃
李炳化	〃	[illegible]	〃
張錫昌	〃	[illegible]	〃
李桂燮	〃	[illegible]	〃
金大炫	〃	[illegible]	茨城
孫小九	〃	[illegible]	〃
孫道鉉	〃	[illegible]	〃
孫宣東	〃	[illegible]	〃
呉四次	〃	[illegible]	〃
白鶴九	〃	[illegible]	〃
李福竜	〃	[illegible]	北海道 〃

（十二月十九日現在）

旅券期限延長許可者氏名公告

韓国駐日代表部領事課旅券担当官
在日本韓国居留民団中総民生局長

蘇永詰	KJ	[illegible]	群馬
曹台誠	〃	[illegible]	東京
白允煌	〃	[illegible]	〃
金祥実	〃	[illegible]	〃
尹炳斗	〃	[illegible]	神奈川
李基禎	〃	[illegible]	東京
金小阿	〃	[illegible]	神奈川
金判節	〃	[illegible]	東京
金冨勲	〃	[illegible]	静岡
金竜石	〃	[illegible]	新潟
金徳春	〃	[illegible]	東京
金文周	〃	[illegible]	〃
金振浩	〃	[illegible]	大阪
趙才挾	〃	[illegible]	〃
朴壬吉	〃	[illegible]	兵庫
申英吉	〃	[illegible]	大阪
金永善	〃	[illegible]	〃
金大浩	〃	[illegible]	石川
呉時鉉	〃	[illegible]	大阪
金金世	〃	[illegible]	愛知
方順伊	〃	[illegible]	愛知
朴東根	〃	[illegible]	〃
姜順平	〃	[illegible]	大阪
李南寓	〃	[illegible]	青森
文自石	〃	[illegible]	宮城
金小南	〃	[illegible]	青森
李範俊	〃	[illegible]	東京
徐大達	〃	[illegible]	〃
李炳化	〃	[illegible]	〃
張錫昌	〃	[illegible]	〃
李桂燮	〃	[illegible]	〃
金大炫	〃	[illegible]	茨城
金奉洙	〃	[illegible]	東京
呉泰順	〃	[illegible]	茨城
鄭台鎬	〃	[illegible]	山形
文永春	〃	[illegible]	東京
姜竜東	〃	[illegible]	〃
李仁愛	〃	[illegible]	〃
安徳夫	〃	[illegible]	〃
金宗徹	〃	[illegible]	茨城
朴周植	〃	[illegible]	東京
徐順子	〃	[illegible]	〃
李東遠	〃	[illegible]	〃

（十二月十三日現在）

韓国服地と韓国レコード！

浅草 金宮商店

東京都台東区浅草公園六区2－2
電話 (841) 0003・0004・0005・0006

営業品目
特殊香港洋丹・中国洋丹
金糸織洋丹・テトロン洋丹
京都洋丹・美術丹・七色丹
洋服地・各種ナイロンレース
リバレース・オパール
ニュートン・ベルベット
其他 本絹 季節向一式
朝鮮古典長鼓販売
貸古典婚礼衣装

韓国レコード関東代理店
総販売元

豪華浴室と高級焼肉料理の殿堂

温泉気分と最高のムードで
個室トルコ 早朝五時より（800円）浴後にビール1本ツマミ付サービス
大衆男女トルコ風呂 100円
◆五〇〇坪全館冷暖房完備◆

上野 宝苑
上野駅前昭和通り宝ホテル隣

チャングのリズムに乗って
韓国の古典床しき美妓の舞い
御宴会
御一人様 500円より
料理5品 酒1本（500）
高級焼肉料理
（年末年始の宴会の予約は早めにお申込み下さい）
御予算により御相談に応じます。200名様用
大広間御家族ずれ。大小10室準備
温泉部電話 (832) 2619～20。食堂部電話 (832) 6505～6

宗教法人 善隣基督教会附属／人間ドック完備

尾竹橋病院

理事長・金城周奉
院長・金城禧明

診療科目

内科	小児科	外科
整形外科	産婦人科	眼科
耳鼻咽喉科	皮膚泌尿器科	神経科
放射線科	歯科	物療科

■診療時間・午前9時～午後5時
■基準看護・基準給食・基準寝具・厚生省承認

所在地・東京都足立区千住桜木町53番地／電話 (881) 4807・7590～2
理事長室 (881) 7592・院長室 (881) 6329・栄養事務室 (881) 2774・準看護学院 (881) 6329

僑胞法的地位対策委 第二回会合開く

在日僑胞法的地位対策委員会は、二十二日午後二時から民団中総会議室で第二回会合を開いた。同会合では現在まで常任幹事がまとめた韓日会談での"在日韓国人の法的地位"に関する両国間の主張を検討した。なお委員会がこんご全在日僑胞を代表して両国政府に要望すべき基本条項は、常任幹事が新年八日開会予定の常任幹事会までに成文化し、さらにこれを中旬開会の会合にはかったうえ、要望貫徹の具体的な運動を推進する。

具体的運動展開へ
日本側はまだ難色の段階

金正柱常任幹事の司会で開かれたこの日の会合では、先ず常任幹事側が第一回会合以来、本国代表らと非公式に話し合った在日僑胞の①永住権問題、②財産搬出問題③民族教育機関などに関する経過報告が行なわれた。委員会はこの常任幹事会の報告を中心に論議したが、具体的な結論に至らず、結局、常任幹事が来年一月八日開会の常任幹事会まで、全在日僑胞が要望すべき法的地位の具体的な条項をにつめて成文化し、これを正月中旬開会予定の会合にはかったうえ、これら要望条項貫徹の運動段階に入る。

同会の報告によれば、在日僑胞の法的地位に関する日本側のこれまでの態度は、韓国民の日本居住という歴史的関係から、僑胞の特殊永住権を、基本的に認めながらも、永住権に要する参政権以外の諸権利の保障に多くの難色を示している模様である。例えば在日僑胞の本国への財産搬入問題などにも伝えられているところによると①一時現金搬入を五千ドルに制限するとか、②在日民族教育施設機関を日本教法第一条に該当する正式な学校には認め難いなどである。

これに対して本国政府は、日本側が在日僑胞の特殊永住権を認めながら韓国人としての特殊生活権を認めないことは特殊永住権を実質的に骨抜きにされる憂いがあるとして、日本国民の参政権以外の諸権利を強く主張している。

高麗大、最終戦飾る
2—0で早大に快勝
韓日親善サッカー

韓日親善サッカー最終戦、高麗大学対早稲田大学の試合は、二十二日午後二時半から東京小石川サッカー場で行なわれ、高麗大学が二対〇で勝った。

試合にさきだって韓国高麗大学玄勝義団長が早稲田大学の招請で来日できたことに感謝の意を表し「毎年定期的に親善試合をおこなうことになったことは両校だけでなく韓国と日本の親善強化にもなる。またわれわれとしてはこのような親善と共に、両国の国交正常化が一日も早く達成できるよう望む」とのあいさつがあり、つづいて両校キャプテンのペナント交換両校キャプテンに花束贈呈があった。

韓日親善国際定期試合にふさわしく韓国代表部大使、崔診学官および韓日体育関係者らが多数の観衆にまざって観覧した。またこの日の試合はソウル中央放送局を通じて韓国に特別中継放送された。

試合開始と共に最終戦を勝利で飾りたいという高麗大の闘志はすさまじく前半十三分早稲田ゴール左わきからLW金讃文が一点を入れ、つづいて同じく前半三十八分右コーナーキックから早大ゴール前で混戦をひきおこし、RI金英培が二点目を入れ二対〇とリードした。早大も伝統の力を発揮してよく闘かったが前半はチャンスらしいチャンスを一つしかつかめなかった。

後半は八日間に五試合という過酷な日程に多少疲れがみえだしたのに対し、早稲田はサイドパスなどをうまくいかし再三高麗陣にせまったが高麗大の懸命な守りとGK鄭祥根の美技などで得点をすることはできなかった。これで高麗大は来日以来五試合をおこない四勝一敗という好成績を飾った。

試合が終った後、高麗大選手達はこのたびの訪日親善試合で感じたことを次のように語った。

日本の選手たちはパス・ワークが大変うまい。われわれとして学ぶべきものはそんなところである。日本では運動するためのグランド設備が大変よく、また非常に科学的な練習方法をとっているようだ。韓国では設備が少なく、科学的な練習方法がとられていないのが現状である。いまの状態ではこれから先き二、三年もすれば日本においこされる可能性もある。われわれとしてはこのような点を大いに研究するつもりである。

24日、空路帰国

なお、一行は二十四日午前十時半羽田発ノースウエスト機で帰国した。

試合前、日本女性から花束をうける高麗大学チーム

2－0で早大を破り、最終戦を飾った白熱の一瞬

三日で四十七万ウォン
優秀選手養成資の募金

大韓体育会では、六十四年度東京オリンピック派遣優秀選手養成費を念出するために、電話番号等による第一次募金運動を、去る十八日より強力に展開しているが、二十日までの三日間だけでも四十六万九千六百ウォンの金額が募金された。

政府の強力な後押しによって実施されている同募金運動は、第一次募金運動が今月三十一日まで続けられ、将来は第二次、第三次と続けて行なわれるものと見なされている。

母国の発展ぶり紹介
崔虎鎮教授ら四人が来日

来日した一行、右端が崔虎鎮氏

革命政府の政治、経済、社会及び文化などの全般にわたる果敢な施策と母国の発展ぶりを在日僑胞に紹介するための講師団一行四人（崔虎鎮＝延世大学教授、徐禎淳＝延世大学教授、朴貞熙＝慶熙大学教務課長、金润卿＝大邱師範大学学長）が去る二十日羽田着ノースウエスト機便で来日した。

崔虎鎮氏以下三人の講師たちは来年の一月十日頃まで滞在し、その間各地で特別講座を開き、在日僑胞に革命政府の施策と実情を正しく認識させ、僑胞により一層の愛国精神をもたせるよう努力するという。

一行四人は二十四日民団中総を訪ずれ、徐禎淳氏と崔虎鎮氏は革命政府が必然的におこりえた条件と、その後の経済再建様相をあらまし次のように語った。

率直に言って李承晩政権時は民主主義がなかった。そのため四・一九学生運動がおき、いままでの反動として今度はあまりにも自由が氾濫しすぎ無秩序になってしまったのである。五・一六軍事革命はその救出のため不可避的に必要なものであった。また軍事革命が李承晩時代の二の舞いをしないかという心配もあるがそれは絶対ない、なぜなら国民が李承晩政権時、独裁というものをいやというほどあじわい四・一九学生運動を経験したからである。

革命政府は外では外国との外交政策を積極的に推進しており、また内では人間改造なるものを実行し、着々とその成果を収めている。そのためいまや外国民間人らが韓国の経済五カ年計画に願って投資する状態である。また経済五カ年計画の後押しになる技術者を養成するため大学、高等学校の学制をなおしており、技術者の待遇をたかめている。

なお崔虎鎮教授は本国の経済五カ年計画の試案者の一人であり新憲法作成にも大きな力を尽した人である。

玄雲峯、金徳子両氏寄日
アジア地域自由友邦諸国労働問題講習会からの帰途

去る十月初旬から約十週間フィリピンのフィリピン大学で行なわれたアジア地域自由友邦諸国労働問題講習会に参加した韓国代表玄雲峯、金徳子両氏が帰途、去る二十一日東京にたちよった。

玄氏はフィリピンでの講習と、来日の目的を次のように語った。

「フィリピン大学でおこなわれたこの労働者問題講習にはパキスタン、インド、セイロン、マレー、フィリピン、自由中国、日本、韓国の代表二十名が参加し、アジアにおける各国の労働運動の動きとこれからの労働組合のありかたなどに対し講習と討論があった」また日本には一週間ほど滞在し、次の諸点を調べ本国の労働運動に役立たせたい。

①日本の労働組合の経済的後押しはどこから得ているか

②政府は労働組合をどのように援助しているか

③日本の婦人たちが労働運動でどのような役割を果しているか

④在日韓国人の労働条件はどんなものか

日本に立寄った玄氏と金女史

新帝国主義研究
◇最近の共産主義の諸形態◇

ソ連の対中東政策の展開過程 ⑧
ジョージ・レンジョフスキー

アラブ語を話せる陣容を揃えているソ連の大使館が、アラブ諸国の首都に現われた。外交機関及び宣伝の中心としての二重役割をしていることは、直ぐに明らかにされた。外交官の特権を持った彼等は、そのうえ、地方共産分子たちとの便利な連結手段となった。ソ連の国際機構への出現と勢力は、見捨てられてきていたソ連を、外観上国際社会でうけ入れられる一員として一変させたし、漸次ソ連の体制が立派な空気を発散させるようになった。共産主義者たちは主権擁護とか、前指導者たちの承認なしに「ある」外国と協商する可能性があるとき、民族主義者たちの一般的な欲望を借りて漸次表面に表れた。

しかし、ソ連と共産主義及びアラブ民族政府間の三角関係の「蜜月」期間は、前委任統治時代にはなかった矛盾を内包している限り、永く持続することは出来なかった。ソ連は解放されたアラブ政府たちと親善関係を維持出来なかったし、同時に国内共産主義者たちをして、革命を伝導するよう激励することが出来なかった。

一九四七年から一九四八年の間に、イラク、エジプト、シリア及びレバノン政府は、国内共産主義政府に対して、変りない共産党組織と、彼等が加入している団体を不法化することによって、強力なる報復措置を取った。死刑と懲役は、このような措置でしばしばみるところであった。これに対するソ連の直接的反応は消極的だった。ソ連の新聞はアラブ諸国の政府の「反民主的」「反革命的」政策を爆発させる記事を掲載した。このようにしてソ連はアラブ側を支持するために解放されたアラブ諸国と、最近後退した西方側に未だに存在する不和を利用するか、しからずんばブルジョア的な親西方路線と拭いきれない程に関係を結んでいるアラブ諸国政府を放棄し内部闘争に影響を尽すかの新たな根本的にして戦略的決定をする時期が到来した。

幸いにも、ソ連の観点からみると き、外部的要因はソ連の政策決定に役割を果した。これは一九四七年から一九四八年の間に、鋭い形態で抬頭したパレスチナの問題だった。この問題は西方とアラブ間の関係を複雑化させざるを得ないのみならず、ユダヤ人の独立国が誕生するようになったら、アラブと西方間のみならず、アラブ地域内部にまでも摩擦の絶えざる源泉を提供するようであった。そのうえ、米国の分割計画が強力な支持をつけているため、米国が主要対象になり得る危険が相当にあった。この推進が正当なものだったらソ連は、小ブルジョア的な民族運動としてのシオン主義に対して根本的に否定的な態度を取ったにも拘らず、分割計画を支持するということは条理にあわないものではなかった。

それからこれは、事実偶然なことだった。UNソ連代表は数カ月間、何らの言質も与えず沈黙を続けた後、一九四七年十一月遂に、分割に賛成投票をした。しかしマタスカス及びその他のアラブ首都での抗議デモが至るアラブの世論を動員した。

若干あることはあったが、ソ連の分割賛成投票はその後直ぐに忘れ去られ、アラブが抱いている怨恨の鋭い鋒先は、間違いなくこの演劇の主人公である米国に向けられた。そのときから心理戦はソ連に関する限り相当容易となった。イスラエルはアラブ、米国間の親善関係に妨害となったし、またそうするよりほかはなかっただろう。アラブ民族主義を全般的に支持することによって、このような立場を充分利用することが必要だった。

そのように核心的な性格を帯びたものではないがパレスタイン人という難補の題の外に、アルゼリア問題、イエメン・アデン間の国境紛糾問題、ペルシャ湾内の英国の影響問題等があった。このような諸問題が単独に大波乱をまき起すことは出来なかったし、そのうえ直接米国に影響を及ぼしそうなものは何一つ見られなかった。しかしパレスタイン問題は、このような諸々の論争に米国をまき込むと同時にモロッコからイラン国境に至るアラブの世論を動員した。

順天水害救援金追加金
=駐日代表部取扱分=

在日大韓婦人会　二十七万七千二百円

同心会	五、〇〇〇円
大阪本部	七三、五〇〇円
岐阜県本部	五六、〇〇〇円
東京本部	五〇、〇〇〇円
広島県本部	三〇、〇〇〇円
神奈川県本部	二〇、〇〇〇円
長崎県本部	一〇、〇〇〇円
山口県本部	一〇、〇〇〇円
三多摩本部	六、〇〇〇円
愛媛県本部	五、二〇〇円
青森県本部	五、〇〇〇円
山形県本部	四、一〇〇円
佐賀県本部	二、四〇〇円

三重県第2次分　四万九千円也

四日市支部

一千円 崔翔秀、二千円 金炳貴、〃 朴申正、〃 鉄岡分団、五百円 孫鍛鉄、一千円 朴学栄、〃 朴長太、五百円 朴鐘士、一千円 許 造、〃 裵泰岩、〃 金鍛深、金鍛彦、五百円 柳幸卿、一千円 朴三秉、〃 張貴相、五百円 金管男、〃 周水秀、〃 金可守、〃 陳奉根、四百円申川慶次、〃 朴寛俊、一千円一番寿司、〃 朴忠一、〃 鄭鎖善、〃 李元九、〃 金吉八、〃 朴在守、〃 李相浜、〃 李双白、五百円 白南基、〃 朴末琭、〃 鄭奉祚、〃 李命道、三百円 趙正木、〃 孫奉萬、〃 金鍾泰、〃 孫道弘、〃 朴次玉、〃 朴漢石、二百円 諸島相願、〃 姜秀今、〃 呉三乙、〃 朴暁業、〃 金鍾守、〃 朴己竜、〃 金振圭、二百円 金徳九、〃 朴玉順、三百円 蔡道基、〃 朴松俊、〃 姜貴伊、〃 柳学述、〃 朴南星、〃 張顕徳、〃 朴述根、〃 朴正浦、〃 張八竜、〃 金在俊

二百円 周碩煥、三百円 金井千〃 白末蓮、〃 車碩采、百 円石田吉成、三百円 斎藤豊〃 白達善、〃 河舟根、二百円 申明子、〃 円山本かみ、二百円 柳井雅吉、三百円 鄭浩述、〃 安七寿、〃 西山輝子、〃 鄭顧助、〃 朴春根、二百円 李廷熙、〃 蔡在栄、〃 李万植、〃 姜英大、〃 許宗大、〃 金白仁、〃 曹春煥、百 円 柳寿岩、〃 裵岩伊、二百円 周守範、百 円 具奉竜、〃 林五男、二百円 朴鍾治、百 円 李永熙、〃 成京玉、〃 李承鎬、〃 房明均、〃 裵七朋、〃 陳斗尚、〃 長正今、〃 韓奉実、〃 李洪達、〃 郭成煥、二百円 太基浩、〃 郭命伊、〃 孫竜祥

松阪支部

一千円 鄭成壌、五百円 金星福、〃 權日文、千五百円李泰華、〃 田泰璽

信用組合三重商銀

五百円 鄭鎮鶴、三百円大杉マチ、百 円 谷鶴吉、五百円 朴基吾、〃 菊田花子、百 円 東小子、〃 松本道子、二百円金光考吉、一千円 金炳貫、三百円 三木功、百 円 吉田月子、百 円 東口佐子、〃 榊井好子、〃 張本正雄、〃 金本銘吉、五百円 崔翔秀、二百円 西山廣、百 円 高山秀子

全生園僑胞八氏病者のため
葛飾支部クリスマス慰問

民団東本と葛飾支部（団長金用淑氏）では団員慰親をかね忘年会を二十一日午後六時から葛飾区公会堂で開いた。百四五十名が集まり盛大であった。

特に、この忘年会では東京都下東村山の全生園に入院療養中の僑胞八氏病者のためにクリスマス慰問をすることになり、その場で団員有志から集まった六千七百二十円を徐華甲氏（前団長）に托して送ることにした。

徐氏は支部を代表して二十二日慰問金品を携えて全生園を訪ねて院長林芳信博士立会の上、患者一同にこれを伝達して、患者一同ねんごろに慰めた。

なお、徐氏は毎年クリスマスには必ず全生園を訪問して僑胞患者を慰問している篤志家である。

尋ね人

朴鏞大さん（60歳）

本籍地　京畿道坡州郡坡平面
右の方は十余年の時来日、宮崎県の某社会団体に所属。関東震災時に消息杜絶。死亡した場合はその当時の事情をお知らせ願います。

連絡所　千葉県柏市柏町五五五　李　守憲

金　寿　夫さん

本籍、忠南保寧郡大川面東城里住所、三年前まで広島県内に居住
右の方をソウル特別市城東区杏堂洞一三〇の三にいる実弟金寿元氏が尋ねております。
消息を御存知の方は左記まで御連絡下さい。
連絡先、東京都文京区春日町51　民団中総　文教局長

教職員募集

大阪市西成区梅南通り五丁目TEL（661）二八九八
学校法人　金剛学園（大阪韓国学園）

前　言

本学園は幼稚園・小学校・中学校・高等学校（男女共学）を併設し韓・日両国の学校教育法に則り国際的な教養を高めると共にそれぞれの教科課程を設置し、韓国国民の人づくりに専念してます。

募集人員

A、幼稚園保母　女子　一名
B、小学校教諭　男子　四名　女子　一名
C、小・中・高音楽担当　男・女一名（但韓国語で指導可能な人）
D、中・高理科担当　男子　一名
E、民族教科担当（韓国語）男子　三名
〃　（韓国国史・地理）男子　一名

資　格

在日大韓民国国民で各免許状を有する人、又は将来修得可能な人（但し民族教科担当は、この限りにあらず）

待　遇

優遇します。

提出書類

履歴書一通、卒業見込証明書一通、成績証明書一通
学長推薦状一通、写真一枚

期　間

上記希望者は一九六三年一月末日まで、提出書類持参、又は本校へ送付願います。
尚詳細は本校庶務まで問合せ下さい。

ゴロー商会
GORO & CO
G&S
社長・金巳哲
東京都渋谷区大和田町11番地
TEL（461）4022番

技術革新の凱歌！

平和ミラクル・セット
パチンコ裏玉還元装置

平和
東京・大阪・北海道

職員募集
応募期間－自一九六二年十二月カラ至一九六三年一月十五日迄
資　格　学歴高校卒業以上
年齢満二十八歳迄の方
右御希望の方は履歴書持参の上、東京商銀総務課までおいで下さい
東京商銀信用組合
電話八三三－五二二七－九

コリア・ハウス・梨花園　韓国割烹の最高峰遂に登場　コリア・ハウス・梨花園

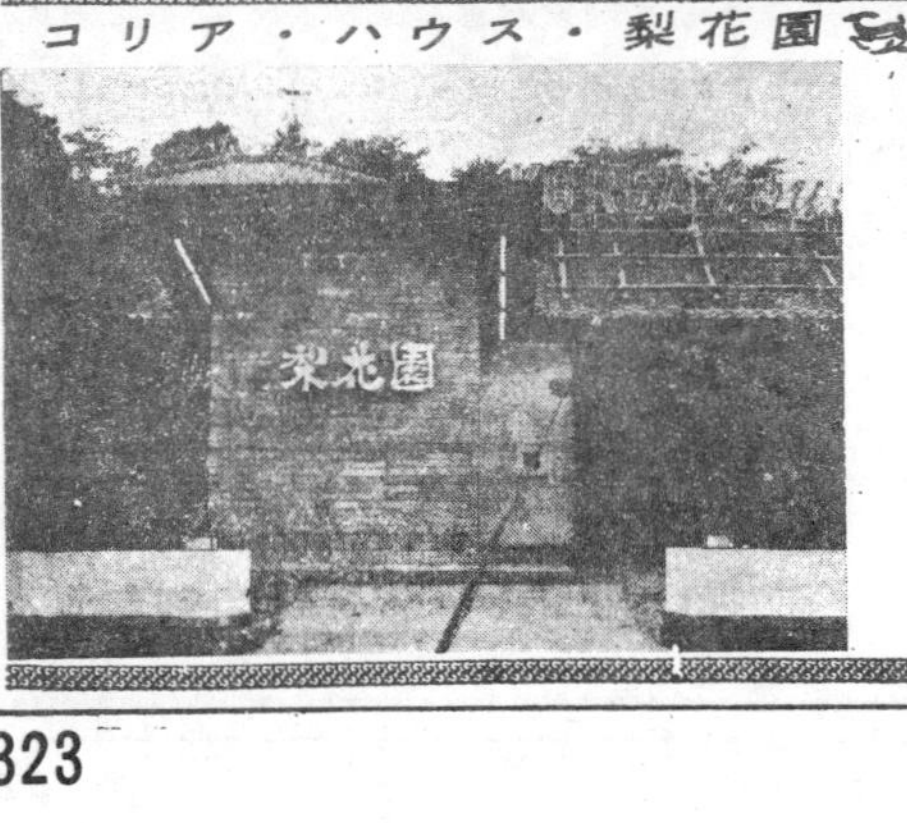

コリアハウス

御　案　内
◇御参考までに
＊●カクテルパーティーの出来るホール
＊●庭園パーティー
＊●弊店の自慢として皆々様御高覧に供し度いものは四千年の歴史を持つ古い国、即ち白衣の国の遺物の数々等の歴史の流れを陳列してございますからどうぞ御立寄り御鑑賞の程御待ち申して居ります。
尚温突部屋も用意してございます。

電話（473）1361
（441）8969
（461）8760渋谷支店

東京都港区
芝・車町45番地
都電泉岳寺下車

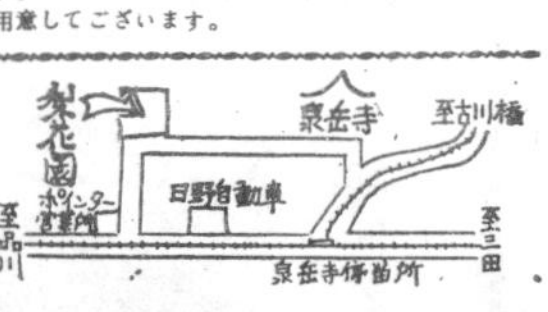

李朝野史物語

太宗世祖時代篇（21）

錦城大君は、領相鄭麟趾、左相鄭昌孫、吏曹判書明澮、左賛成申叔舟などが主張して安東監獄で絞殺刑をうけた。

その中でも、申叔舟が最も強硬論であった。彼は、魯山君を断罪するのは丁度その機会であると考えた。彼は、世祖大王に対してしばしばこの旨を進言して

「昨年の反徒たちも魯山を口実にしました。今回の錦城も魯山をだしにして陰謀をしたのでありますから、魯山を生かしておいてはいけません」と主張した。

世祖は、これを許さなかった。

申叔舟は、議政府を動かしてこれを上奏することにして鄭麟趾などから

「魯山為叛逆所主。不可安居」（魯山君逆賊の中心となったから生かすことは不可という意）

これに対しても、世祖大王長時間熟考していられたが、やがて用意に

「敢知群臣之意。深感之至、何敢復為偽殺骨肉之事乎」と書いて申叔舟に示され、次いで「魯山已降封君。廃為庶人可也」と書いて鄭麟趾に示された。

その意味は

諸臣の意（魯山君を殺すこと）はよくわかるが、朕が不徳の至りで兄弟を多く殺した。この上また甥を殺せというのか。魯山は降位して庶民にしろ、という意味である。

真実のところ、このときの世祖大王の気持としては魯山君までを殺すことは忍びなかった。

魯山君となった端宗（四）

死薬使王邦衍出発

そうでなくても、大王は既に魯山君に対する待遇を寛大にすることを寧越府使に命令した位いであった。

世祖、先年来その手にかかって安平、錦城、和義、漢南、永豊など自分の弟である五大君が死に、この外多くの甥たちを殺した。いままた骨肉のものを殺すことはシンからいやでならなかった。

何んとかして、その甥、魯山君だけは生かしたかった。

しかし、鄭麟趾と殊に申叔舟が主動者となって宗親府（王族会議）、議政府（李朝行政府の最高会議）、忠勲府、六曹（議政府の下の国務会議）などを動かして、魯君処断に対する連判状を提出した。

「魯山君得罪、宗社。近日乱言者。皆以魯山為言。今若不置於法。則欲図富貴者。藉以称乱。不可宥也」＝魯山君宗社に罪を得る。近日乱言するものは、皆魯山君のためをもってす。いま若し法をもってしなければ、富貴を欲するものこれを口実に乱を構えるであろう。これ（魯山君）を宥（ゆる）すことは不可なり。

事態がこうなってしまっては世祖大王も私情を抑えなければならなくなった。ついに、魯山君を断罪することを裁可した。

「十月二十四日命賜魯山君」と政院日記は記録している。十月というのは世祖三年丁丑十月。刑執行官禁府都事王邦衍が賜薬を持って魯山君の方に出発した。

この時分、寧越府にいた魯山君の動静はどうであったか。

錦城大君がいた順興府は寧越府からは竹嶺峠一つを越えれば三日行程のところである。順興府錦城大君反乱計画とその絞殺のことはすぐ知れわたった。魯山君がこれを知ったのは五、六日前のことであった。

魯山君にとって、錦城大君は大勢の叔父たちの中でも最も尊敬し頼りにしていただけに、その死は非常な衝撃であった。やがて御自分も死ぬ日が近いことを考えるようになった。

刑吏が到着する日の朝。魯山君は何んとなく胸騒ぎを覚えられた。気分も大分勝れないように見受けられた。

お側のものたちを集められ

「この幾日間、悪夢に悩まされた。殊に、昨夜の夢には先生と先妃（その父母・文宗と王妃）がお出になり、わしをお抱きになり限りなく愛撫されながら、ひどく泣かれた。今日は、どうしても何か不吉なことが起りそうでならない。皆も、いまのうち安全な道を選んだ方がよかろう」と語る。一同はただ、すすり泣く。

「こうなるのも、みな運命の定めだ。王宮に生れたのが不幸であった」と言われながら涙ぐんだ。

そうしている中に、外部でざわめいてきた。人が往来する足音が乱れる。禁府都事が到着したことで人々が騒ぎ始めたことである。

禁府刑吏が来たことを聞いた魯山君は、一瞬緊張されたがすぐ平静を取り戻された。

やがて禁府都事王邦衍が魯山君客舎に到り「王命できた」旨を通告した。

この王は、前年魯山君を寧越に護送してきたときの責任者である。彼はそのとき魯山君のために他の同僚たちの監視の眼を盗んでは、出来るだけのことを親切にしてあげて、どこまでも臣下としての立場を取った。

そのときのことを書くいとまがないので略するが、今度刑執行使として再び魯山君に目みえることになったことは、苦しいことであったろう。（石敷山人）

ことしの舞踊界
頻繁だった国際交流
国内では「不協和音」も

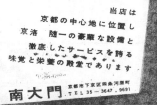

六十二年度の韓国舞踊界は、新舞踊の抬頭を見てから四十余年間の年月を送りながら、最も繁雑をきわめ、しかも社会的思索を多く受けるかわりに、不快指数も最高に記録された複雑な年であった。

収められた成果を大体スクープして見れば、先ず、国立舞踊団が有史以来初の創団を見たということと、今まで舞踊界に一度もなかったコンクール大会も生まれ、ソウル特別市文化委員会には舞踊分科が設けられたり、しかも本格的な民俗舞踊団がパリの国際フェスティバルで称賛を受けられたということなどがあげられる。

一方、米国黒人舞踊団の来韓公演を皮切りに舞踊の国際交流がしばしば行なわれたということも数えられる。

またこの反面、不愉快なことも多く、国立舞踊団創立公演と新人競演大会の後始末がスムーズに行かなかったことに加えて、舞踊界の内部に感情的対立が激化されて、趙沢元氏の妄言が引き起した舞踊家らとの反目、これに趙沢元、宋范両氏のソウル市文化委員辞退および十二月十六日開かれた舞協総会で金白峰、陳寿芳、林聖男氏らの脱退さわぎを起したことなどがあげられる。

だが、政府が民族文化振興策として推しだした国立舞踊団の創立公演は、その人員構成上の無性格が原因で惨めな失敗に終わったが、優秀な舞踊家林氏にもマイナスをもたらしただけでなく、レパートリーこそ違うとは言え宋氏の作品も「安い雑貨屋」と嘲笑がかわされるほどうんざりしたものであった。

それとは対照的に五月にあった米国黒人舞踊団アールビン・エイリーの公演は、舞踊が実在する人間の鑑賞の喉きを肉体の会話で堪能されるほど伝達してくれ、原始的な神秘性を最も悠然に表現して現代舞踊の新しい境地にまで到達し得たということを示してくれた。

公報部主催新人舞踊コンクールにおいてバレエ部門の受賞決定に釈然としないものがあった。だが、新人らが発表する機会を得たということは一つの収穫であったには違いない。

またこの春、金白峰、金文淑、許京子、李茶実らを中心とした民俗舞踊団のパリ公演も絶賛されたことも記憶しておきたい。だが、ある外信によれば、長鼓を叩く有様がオばしっているせいによるか、旋回を見事にやってのけたから拍手を多く受けられたのか、それは、あちらの観客らが無知だからそうなったのであるのか、それとも余り幼稚な才能に同情してそうしたのか、その真偽のほどははかりかねるが、なんだか片隅に一握りのさみしさを感ずることさえある。

それなどは美であるかは知らないが芸術とは言えなかった。秋のシーズンにはドイツの民俗舞踊ショー団バイエル・バレエ団が愉快で民俗情緒豊かなるミュージカルを携えて来韓、韓国新舞踊の紹介者でもある石井カンナ嬢が新舞踊初期の作品を再現してくれて、あふれる郷愁にひたられることもあった。その他、リービョンナ・宋聖姫らの新人が初公演を開き、また宋范氏の公演もあった。

ソウル特別市文化委員会舞踊分委構成において、舞協の非会員らが介入されたことを理由に、辞退を表明した趙沢元、宋范両氏の事件は、舞踊界にもう一つの不協和音を醸しだし、そのあおりを受けて六十二年度舞協総会では遂に金白峰、陳寿芳、林聖男らの舞協退脱事件までが起こされるようになった。会員でない趙氏を理事長として選出したのは規約と慣例に相反するもので、しかもそのような人を指導者としてたてまつるわけには行かないという理由からでもあった。

舞踊家らの雅量と知性人としての良識を望んでやまない。

陳祐苦氏が舞踊賞を受けられたのはどの面からおしても妥当な措置であったということと、裴ソヨン、金文淑氏らの日本公演が大した成果をあげられなかったことである。仮面舞の金辰玉嬢が今年も相変らず勉強に没頭しているのに対しては敬意を表したい。

事実、今年度は祝福されることも多かったが、きれいに清算してしまうべき不快指数最高度の恥ずべき事件も多かった。

六十三年は明朗でしかも秩序の上に立った芸術的の年として飛躍されんことを望む。

版画　洪久城作

金泰伸・洪久城二人展より

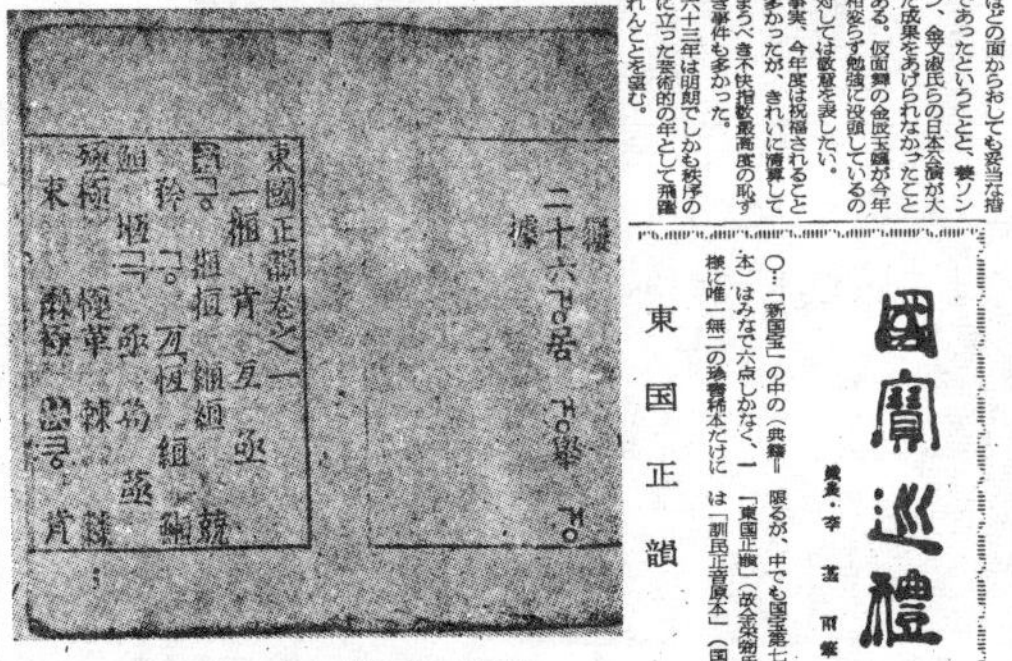

国語研究上の貴重な資料

国宝巡礼

解説・李 蓋 雨 筆

東国正韻

○…「新国宝」の中の（典籍＝限るが、中でも国宝第七十一号本）はみなで六点しかなく、「東国正韻」（故全鎣弼氏所蔵）様に唯一無二の珍書稀本だけには「訓民正音原本」（国宝巡礼⑤）とともに、国語研究においては無くてはならない資料として数えられている。この本は李朝世宗が、即位二十九年に明国「洪武正韻」をまねて編集した韻学に関する本である。

明国は、元国の支配にあった時分、混乱された漢字音を正確にするため「洪武正韻」と呼ぶ韻書を作ったのであるが、この画期的な巨作が李朝にもその影響をおよぼし、世宗は「東国」（朝鮮）で用いられている漢字音を明国の韻学体系に合わせて「正しい音を発する」（正韻）本を作ったのである。

○…よく世間で見られる昔の漢書くらいの大きさ（縦は三三・八だ、横二〇だ）に序文は申叔舟が書き、その活字は「甲寅字」の「大字」でなり、本文大字は、木活字からなっている。活字の書体は首陽・安平両大君のなかでどちらかの筆体からなるものと推測され、特に、これから見られるハングル字体が「訓民正音原本」のと全く同様なもので、ハングル制定当初の字の模様がうかがわれるという。

もともとこの本は、六巻からなるが現在第一、第六巻の二巻しか残っていない。

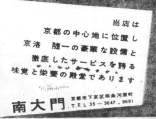

僑胞児童の作品
＝大阪・金剛学園の巻＝

中学生になって
中一　鄭信淑

校門を入ると
児童達の遊びいさんだ顔が
私の心をはずませた
入学を祝ってくれた
桜の花ももう散り
目にしみるような若葉が
いかにも気持がよい
窓から吹いてくる春風が
教室を包んでいる
校庭で遊んでいる
児童達の顔を春風が
やさしくなでていく
今までの数々の思い出に
更に意義ある思い出を重ね
胸をふくらませて
前へ前へと頑張って行こう

小学五年　文一煥

一年生になって
中一　権栄子

教室のまどに春の日が飛び散り
校庭では児童達の希望に満ちた顔が
春風にあって　こころよい
ああ私も中学生だ
これからはがんばろう
中学生だと思わずつぶやくと
全身に新しいいのちがみなぎってくる
あの校門の松の木の若々しさ
そして身にしみるような春風
ああ新しい日はすでに始まっているんだ
さあ　早く新しいノートの一ページをめくろう
そこには
私達のすばらしい世界が
待っているのだ

安住の地よいずこ

許槿旭　え　金泰伸

（119）

安住の地は（五）

「おばあさん、お寺に居ることになれば、何をしなければなりませんの？」

「なぜ？心配になるようだね」

「働いたことがないからですよ。まちがえればお母さんにおこられるんかと恐いからですよ。おばあさん、少しいろいろ教えてくださいよ」

「なにもそんなに心配することないよ。始めから何でも知っている人はいないんだから。ここに居れば自然とわかるようになるんじゃないの。たしかにお寺の仕事はきついとはきついが、だんだんとなれてくるだろう。あまり心配しなさんな」

「はい」。

部屋の中では沈黙が流れた。

エヘン

隣の部屋からしわぶきがし、悟りを開くといって断食する六十を越した老人の念仏を唱える声が悲しく聞えて来た。

私は静かに耳を傾けた。

その声をききながら、私はなんだか泣き出したくなるほど、鼻頭がじーんとして来るのであった。

「おばさん」

戸があきながら、入粉の丸い顔がやさしくほほえんだ。

「なあーに」

私の問いに、彼女は顔をくもらせながら低く言った。

「住持さまが、薪をとりに行くんだから、おばさんを連れてくるようにとのことです」

「そう？薪をどんなにしてとるの？」

そばで針仕事をしていた老婆が、私の背中を叩きながら低くささやいた。

「若奥さん、お寺では女でも薪をとらなければならないというんですよ。くまでを持って落葉もかき集めるし、松かさもひろうし」

私はやおら体を起して部屋を出た。

「みんな早く出ておいで」

大きな南京袋をもって、姑は催促した。

「お母さん、寒いのに何のまきをとるとおっしゃるんですか？」

私の表情を見ながら、夫が姑の手から袋を取り上げようとした。

「こいつめがどろしたというんだ。早く放せ。食糧難の時代に、遊んでばかりいたら、誰がお米でも持って来てくれるとでも思っているんかえ？李さんがとってくるまきだけでは、三カ所も炊けないんだよ。お正月の初めに、お祈りに来るお客でも居ればまきがどの位多くいるんだか知っているのか？おまえはそこにあるまきでも少し割っておきな」

くまでを手にしながら、姑は私をながめた。

「何をぼんやりと立っているの？そこのくまでを一つずつ持ってついておいで」

私はくまでを手に取って入粉といっしょに姑についていった。

足もとで枯葉が音をたてた。

私は、くまでで、山はだに敷かれた落葉をかき集めた。

身もとをかすめる冷い風が、はだをえぐるようであった。指が、かじかみ始めた。足先が感覚を失い始めた。

「入粉ちゃん、寒くないの？」

右の方で落葉をかき集めている少女に向って、私はささやくように言った。

趙重玉著
韓国料理
B5判　一三〇頁　挿絵豊富
定価　一八〇〇円
送料　一〇〇円
取次店　東京都千代田区神田猿楽町二の四五
韓国資料研究所
電話　二〇一－九六五五
振替　東京一一五九七九

輸出入・貿易業
陽和物産株式会社
取締役社長　朴根世
本社／東京都千代田区神田神保町2−28岡村ビル
TEL／（331）1427，（332）4577・6573

当店は
京都の中心地に位置し
京洛　随一の豪華な設備と
徹底したサービスを誇る
味覚と栄養の殿堂であります
南大門
京都市下京区四条河原町
TEL 35－3647，9691

ŌHASHI PLUSTIC.KK
大橋プラスチックス工業株式会社
プラスチックス成形一般
社長・鄭在淳
／東京都足立区千住仲町102番地
／電話／（888）0147・（881）6363

世界を
飛翔する
乗用車
ここに誕生!!
ダットサン　ブルーバード

日本で最も人気があり、世界各地に輸出されて好評のダットサン　ブルーバードのふるさと……日本の代表的自動車メーカー「日産」が神奈川県追浜に建設した東洋一の乗用車工場です。100万平方メートルの広大な敷地に並び立つ工場では、すべてがコンベアーシステムで運ばれています。日産自動車では、このたびセナラ自動車と提携し、ブルー　バードを韓国に輸出することになりました。

ダットサン　トラック
NISSAN
日産自動車株式会社
東京都千代田区大手町ビル
새나라自動車工業株式会社
ソウル特別市中区小公洞21

韓國新聞
発行所 韓國新聞社
発行人 [illegible]
東京都文京区[illegible]

韓国と日本を結ぶ!!
広告代理店 KPR
TOKYO 港区芝琴平町26 電話(501)0671
SEOUL 乙支路一街101 電話(2)1811

政府、機構改編を急ぐ

中央機関権限 大幅に地方へ移譲

機構改編案は二月に完成

【ソウル発＝連合】最高会議政府機構改編特別委員会は遠からず、政府の機構改編案の作成に着手、来年二月末までにはとの改編案を完成させる目的である。

機構改編特別委員長は、こんどの改編は新しい憲法改正案にしたがい変更される政府形態にあわせて改編され、その改編の原則は執行機構を統合、縮小するものであると明らかにした。

なお彼らはつぎのような機構改編の方向を発表した。

▽行政首班の強力な指揮、統率を容易にするため、企画、予算、人事、行政管理、法制などの管理機能を可及的に調整する。

▽中央行政機構の権限を地方自治団体に大幅移譲し、執行機能は可及的に下部機関が担当する一方、各種特別地方行政機関は可能な限り一般地方行政機関に吸収する。

▽外局、外庁、副院長補、次官補企画調整官室など重複した機能は統合調整して不必要な機構は統合する。

▽諮問機関設置は抑制し、現在設置されている各種委員会は大幅整理する。

▽経済外交を可及的に一元化するが、統一的調整が可能にするようにし特に外務部を除外した各部処で派遣する海外駐在官を統合するか海外駐在外交公館に吸収する。

心の負担なく送旧迎新 呉委員長、虚礼禁止談

二十四日午後呉致成最高会議運営企画委員長は年末年始を前に全公務員は虚礼・虚式を遠慮し、特に贈物交換を禁じるという基本精神には変りがなく全公務員は心の負担なく楽しい新年を迎えるよう望むと語った。

呉委員長は談話文を通して以上のように語り、全公務員にこれを指示した。

各部長・次官慰問団 国軍を慰問 各部長官婦人らも四・一九負傷者を慰問

各部署長次官級で構成された六つの慰問団は年末を前に陸海空軍将兵を慰問するため慰問品三万個をもって二十四日午前九時を期して一線地区に向け出発した。

一方、各部長官の婦人で編成された六つの慰問班もこの日午前十時からソウル市内にある四・一九負傷者と病院にいる負傷将兵を訪問して慰問品一千五百個を手渡した。

出入禁止を解除 金(京郷)劉(東亜)両記者

最高会議は二十四日正午を期して、金慶奈(京郷)、劉炳成(東亜)両記者の出入停止処分を解除したと公報室から発表された。

最高会議は去る三日「最高委員らが比例代表制によって一括に参政する」といった前記者の報道が虚偽のものと断定、出入停止処分を行なったのであり、出入記者会は虚偽でなく出入停止処分は一方的な措置であるため取り消すよう議長に要求したことがある。

千万ウォンを寄贈 李秉喆氏朴議長訪問

第一毛織社長李氏は最高会議に朴議長を礼訪して、五・一六奨学会に加えて使うようにと一千万ウォンを寄贈した。

これに対して朴議長は謝意を表明して高元増五・一六奨学会常任理事へこれを伝達しながら有効に使うように望んだといわれる。

李氏らを仮釈放

不正選挙関連者

最高会議聖誕節迎えて

【ソウル発＝連合】二十四日最高会議は聖誕節を迎えるに当たり、鄭紀燮、李在鶴、李夏栄、申鉉鎬、崔在裕、孫昌燮等不正選挙関連者を仮釈放することに決定、これを法務部に指示した。

李錫済法司委員長は談話文を通じてこれらの不正選挙関連者は消極的に不正選挙に協力したものであり、所定刑期の相当な期間服役、行刑成績が優秀で改心の心がいちじるしいため釈放処置をとったのであり、彼らを国家再建の国民隊列に参加させようとするところに目的があると語った。

つづいて旧政権下での不正選挙は社会の腐敗要因にあったと述べ、この度び革命政府がこのように多くの人々を釈放し、再生の道を彼らに開けたことは釈放者はもちろんのこと一般国民もよく理解し、各自がもっている仕事に全力を尽すと共に、国家再建事業につくすよう望むと語った。クリスマスを期して釈放される三・一五不正選挙関連者及びその釈放日は法務部を通じて発表されるだろうと李委員長は明らかにした。

一方、この日仮釈放された不正選挙関連者の当時の職責、及び刑期は次の通りであった。

▽鄭紀燮＝自由党企画委、各種団体委員、無任所委員、三年六ヵ月▽李在鶴＝[illegible]三年六ヵ月▽孫昌燮＝前保社部長官、三年六ヵ月▽申鉉鎬＝前復興部長官、三年六ヵ月▽崔在裕＝前文教部長官、三年六ヵ月▽李夏栄＝前全南知事五年。

朴議長クリスマスメッセージ 北韓同胞に同情不禁

二十四日朴正熙最高会議議長はクリスマスメッセージを通じて、聖誕節を迎えるにわれわれは共産治下の人民の置かれている苦しみを考え、いかりと同情を禁じえないと語った。

つづいて地上の平和と人類の繁栄というものを実現するためわが国民は先頭にたつと語った。

また朴議長はキリストの誕生を祝賀するわれわれの考えは、地上に正義と平和、愛の福祉を実現しようとするところからきていると前提し、いまだに世界が不信と紛争からぬけでないでいることは人類の良識が不足で、行ないが足りないせいであると語った。

金首班聖誕節メッセージ答信 メロイ大将、キルレン処長に

金顕哲内閣首班は二十四日去る二十一日と二十二日国連軍司令官メロイ大将とキルレンUSOM処長が送ってきたクリスマスメッセージの答信をおくり、私は自由世界の大きな目的のため韓国で奉仕している貴下と国連軍将兵及びUSOM全職員に対して楽しい聖誕節と幸福な新年になることを祝願するものであると語った。

勝共覚悟と決意を新たに 朴長官、国軍将兵にメッセージ

朴炳権国防部長官は二十四日午後北韓カイライは再侵の迷夢にとりつかれ戦争準備に狂奔しているが国全家の運命をあずけられている将校兵はより一層勝共の覚悟と決意を新たにしなくてはならないと強調した。

朴長官は国軍将兵に送るメッセージで以上のようにのべ希望の新年にわれわれが望んでいる真の民主主義建設のためより一層力をつくさなくてはならないし、軍本来の目的である対共のため力を強化し革命課業の結実のため前進してくれるよう語った。

論壇

"私は結局慎重論者である"の論文を評する

論者は自己の信ずる道を論説しよう ——在日韓国人法的地位問題を繞って——

在日韓国人法的地位問題が、われわれ有識者間において論戦が繰り返されることは近年にみることの出来ないものであって、はなはだよろこばしい現象である。

われわれは自己が信ずる論拠をもって在日韓国人の将来における幸福となり得る方法と、その道を探究し、これを論述して当局者にその道にそうように努力を求めることはわれわれの責務であるとする。

さる十二月十五日号の論壇欄に「在日韓国人法的地位問題について」の論文の中に筆者が本欄において論述した文を要約し、これを引用し批判しているのでこれに答え、彼の論者の論拠を評する。これは決して反論の反論ではない。筆者は在日韓国人として、その幸福を願う純粋な在日同胞の愛族心からの所であることを申し添えておきたい。

彼の論者は「国籍選択などと知ったか振りをしようものなら直ちに社会制約にあう位の頑健なわれわれの四囲であった。況んや帰化だの公民権だのと先走ることは考えも及ばぬことであった。これがわずか十数年を経た今日、かくも各自の考え方が全般的に変ってきたかと思うと、喜んでいいのか、悲しんでいいのか戸惑わざるを得ない」と論述しているが、なに故、戸惑わざるを得ないのか、筆者は論者の心理状態にかえって戸惑わざるを得ないのである。

自己が信ずる信念を論じ貫くのに、何をもって四囲に遠慮する必要があるのであろうか、過去の先駆者達は悉しく自己が信ずる論を説きつつも、一時は、その社会に受け入れられないとしても、これをもって勇往邁進し自己の生きた[illegible]から先駆者となったのである。

"先走る…"という表現はいったい何が先走るのか、その意味を解し得ない。論者はその社会に迎合し得ない要素がある場合に、その者が信ずる論を主張すること自体が"先走る"という意味であるとするならば、これこそ、日和見主義者の論述であると指摘されてもいたしかたないものであろう。

さらに論者は「一国の法律体系がそう簡単に変るとか、少数民族に対する保護対策が急激に倍加されるとは皆目考えられない。……しかし良く考えてみると、自国籍を有する者のみに有利な生活条件が与えられ外国人であるからといって不当な義務を負わしめることは、最早や善良な国際社会にあっては通用しない精神であってそれこそ旧弊であり陋習であるといいたい」と主張し、その結論に「われわれ法的地位も、財産請求や領土確定などと懸[illegible]って初回の会談で抜本的な解決が得られるとは信じられない。……ただ歩調の推移と世論の成熟は第二、第三の協定成立を促す要因になるであろう。この立場にたって私は、目下進行中の政府会談で討議中といわれる特別永住権の獲得に賛成する。これは意味のない時間的永住ではない。だからといって誤謬的な同化永住でもない。立派な外国人としての体面を維持しながら、営業・教育・生活・社会保障などの面では充分に考慮を払われるべき特別な経過措置を講じてもらうという案である」とむすんでいるが、ここで問題点は論者は一方では世界連邦主義を唱えつつ、一方では民族国家主義を基盤に在日韓国人の法的地位問題を論述している。この二者の矛盾を如何にほどき直すのかははなはだ疑わしい曲芸的論である。

現在進行中の韓日会談はあらゆる両国にまたがる懸案を総括して、その解決を一括的に全面解決をすることを目標にして会談を進めているのに論者は法的地位問題の歩みは第二、第三の協定示談の推移と世論の成熟をまってなすべきだと主張するが、現実の問題として、こんな悠長的な紳士的国際条約が結ばれるものならば国際紛争もなくなるものであろう。しかし通常の国際間における平和条約を締結する場合は、当事国家間にまたがる諸懸案を総括的に解決するのが通例であり、また、双方において解決すべき諸問題を結着せず、あるものは解決し、ある部分は将来において協定するような中途半端な平和条約の締結は常識的に考えられないものである。

それが故に法的地位問題もこの際において一挙に全面的解決をすべきである。筆者が公民権（市民権）云々と論述するのは国籍選択権の使行を前提としたものである。現行の日本法では国籍取得のみが、その権利義務を平等にならしめるものであるから、われわれ在日韓国人の特異性を勘案して日本政府は特令をもって、これらの人々が自由意思によって権利義務の平等を取得せられるように政治運動を起すべきことを論じているのである。

「日本国民になることで最終的には帰化の場合と何ら選ぶところがない」と論者は評しているが、この指摘はあたかも、不正に蓄財して金持になった者も、汗水を流して金持になった者も、金持であるとの論拠である。

その結論からみた場合の姿は同じく映ずるが両者を比する本質は異って来るものである。この本質的なものを探究せず、結論的表象形態をみて論ずることは至当でない。筆者は在日韓国人の歴史的背景と因果関係からみて、日本に永住する限り、われわれ在日韓国人の処遇は日本国民と平等であらねばならないことを強調する。（[illegible]）

肥料輸入許可を発表

30日までオファー更新提出

【ソウル発＝連合】商工部はさきほど韓日間で署名交換された求償貿易肥料輸入のための基本協定により、求償貿易による肥料輸入許可要領を制定したものでその骨子は次のとおり。

①すでに提出されたオファーは来る三十日まで更新提出せねばならない。

②輸入肥料は硫安と尿素にして、両者間の肥種の変更は許容するが塩安の輸入は米穀輸出の対象条件だけ許容する。

③対象輸出品目の変更は既定対象輸出品目のうちで輸出原価の対数がドル当たり六十二対以下の分に限り既許可分だけ当地で許容する。

④商工部公告第二八四三号（求償貿易肥料輸入許可要領）にかかわらず農協に納品する契約が成立した者は肥料輸入を許可する

⑤輸出入許可を履行しない場合には貿易法第十七条による罰則を課する。

⑥所定期日（三十日）内に申込をしないとか、輸出入途中に事故が発生した場合には当数量に対する輸出入許可は別途措置し、

⑦農協に納品する契約は対象輸出品目の輸出対数をてらして策定する。

⑧六一年の求償貿易による肥料輸入許可のうち、未完決された分はこの要領を摘要するようになっている。

韓日会談略史(続)

第六次韓日会談の経緯 【3】

李炯淵

（三）韓日政治会談

崔韓国外務部長官と小坂外相との政治会談は、一九六二年三月十二日から同月十七日まで東京で行なわれた。この政治会談では主に韓国の対日請求権問題が討議された。

十二日から十七日の間に五回にわたる会談が行なわれたが、会談の結果は失敗に終わったのである。その理由には、まず会談の性格自体に対して韓国側と日本側が相反する方針を持っていたことと、請求権の総額に差が甚だしかったことを指摘することができる。日本側は韓国側が提案した政治会談を実質的に回避して従来の事務的会談をくりかえそうとしたのである。

李承晩政府の末期と民主党政府時代には日本側が率先して政治会談を推進したことは周知のことであるが、軍事革命が起って韓国側が、いざ政治会談を提案すると日本側がこれを一時回避するのはどうも外交的政略が甚だしいという印象を与えた。

とにかく請求権問題の根本を政治的に談判して韓日諸懸案問題を一挙に妥結しようと図った韓国側の努力は、日本側のデリケートな外交テクニックによって一応失敗に終わったのである。

（A）崔・小坂会談（前期）

三月十二日会談が開会されるや韓国側はすぐ対日請求権問題を打出した。そして「政治会談の目的は韓日双方が各々請求権の具体的金額を出し合い政治的接近を計るところにある」と主張した。しかし日本側は会談のはじめから「請求権の根拠論」を持ち出し「数字を出すには、その根拠となる法理論を明らかにしなければならない」との法理論をくりかえし強調したのである。

日本側はサンフランシスコ講和条約第四条B項に対する米国側見解、駐韓米軍政府法令第三十三号、三十八度線以北の請求権問題など実務者会談を通じて十分論議された問題をさらにこまかい理論でくりかえしたのである。

韓国側は政治会談という性格を生かすため、最初は沈黙を守ったのであるが「請求権は三十八度線以南に限る」という日本の発言をみるにいたっては、やむを得ず理論的現実的反論を行なわざるを得なかったのである。

これは韓国の主権問題と関連があるからである。このようになって前期の崔・小坂会談は実質的に実務者会談化してしまったのである。ここで韓国側はあくまで政治会談の性格を生かすために新らしい外交折衝をトライしはじめたのである。

B 崔・池田会談と崔・小坂会談（後期）

三月十三日崔外務部長官は池田日本首相との会談で日本側の会談に臨む態度に対して強硬な不満を表明した。そして理論展開をくりかえすだけのむだな論争を終わらせ政治的に韓日関係を妥結させるためには崔外務部長官と小坂日本外相との単独会談が必要であると主張、これを提案した。

このような韓国側の提案に対して日本側は一応応じて、三月十五日から政治的会談が始まった。韓国側はこの崔・小坂単独会談で請求権の具体的数字を提示して、具体的調整を図ろうとしたが、日本側は、また「なんとしても数字上の隔りが大きすぎるので、今の空気で金額を出し合うのは、両方を硬化させるのみ」と主張して金額の提示に応じなかった。ところで崔外務部長官は三月十六日には大野自民党副総裁と会談して請求権の具体的数字提示を要求し、請求権額に対する自民党内の意見統一を求め、日本側の誠意を促求した。

これに対し当時の大野氏は、ガリオア・エロア問題、タイ特別円問題、社会党の韓日会談反対などの厳しい立場を説明したといわれる。しかし、三月十七日の崔・小坂単独会談においては日本側も韓国側の主張に反対せず「秘密にしておく」との合意の下で対日請求権の具体的額数を示すようになったのである。

この崔・小坂単独会談で韓・日双方が各々提示した請求権の額数に関しては一切秘密にされているが、当時の新聞または消息筋によると韓国側は請求権と無償供与を合せて六億ドル、日本側は請求権と無償供与を合せて一億五千万ドルを各々提示したといわれている。

このように請求権の具体的数字を韓・日双方が提示したが、その隔りが大きすぎて、具体的数字の接近には相当な時間を要することになったのである。ところで日本側は前記したような国会事情、自民党の総裁公選、参議員選挙など一連の国内事情を理由として会談の継続を回避したのである。

結局韓日両国は「早い時期に次期会談を開く」との共同声明を発表して会談を閉会した。

この韓日政治会談の唯一の成果は、韓・日双方が、はじめて請求権の具体的数字を提示したことであるといえよう。しかしこの会談では、双方の提示した金額に対して政治的調整が行なわれず閉会となったのであるから厳密な意味においての「政治会談」とはいえないだろう。（つづく）

〇・七パーセント微増

十一月中の生産指数

二十二日韓銀が発表した十一月中の産業生産指数は一三四・二でもって季節的な下降期にもかかわらず前日より〇・七％微増しており季節変動を調整した指数は前月に比べて二・六％増加することによって生産活動は継続上昇趨勢を持続した。

部門別には鉱業部門で石炭鉱業が二・五％増産したが重石が輸出不振で大幅減産することにより全体的には〇・一％減産しており、電気部門においては水力発電は若干減少したが火力発電は好調で発電量が前月に比べ二・二％増加した。

一方、製造部門には〇・八％が微増したが季節変動を除去すると三・八％が増加したことになり業種別では金属製品業が二三・三％増産し、電気機械器具製造業が一四・八％増産した。この外にも石油及び石炭製品製造業、煙草製造業等が各々一三・六％、一四・六％増産された。

一方、食料品及び飲料品製造業が季節的製品の減産で一三・五％、七・五％各々下落しており、農業用機械部門も一三・一％下落した。

活魚輸出に日本のセンター利用

有利な競売図るため

【ソウル発＝連合】商工部は活魚輸出振興方案として現行カーゴーレシート条件による一本化措置よりも有利な取引方法を研究し、これを韓国活魚組合に通告した。

同内容は日本の活魚センターに一括輸出し、同センターの貯蔵タンクを利用して相場変動を調節し有利な時期に競売させるというもので、業者もこれまで希望していた取引方法である。

なお商工部の通告内容は次のとおり。

（一）現行代金決済率七五％を八〇％以上に一本化する一方、実施前に日本側と交渉し協定を締結すること。

（二）活魚が大量入荷される場合価格低下の恐れがあるのでセンターの貯蔵タンクに保管させ相場を考慮しながら競売すること。

（三）活魚組合と日本活魚センターが競売入札をする時は魚種別最低価格を相互間で決定し、この最低価格に達しない時は競売を保留すると共にセンター貯蔵タンクに保管して随時競売すること。

輸出検査対象品目を指定 鉱産物、工芸品等四部門

商工部は同部令第一〇六号で輸出検査法第三条の規定により繊維類と鉱産物、毛皮類、工芸品等検査をうけて輸出する品目をつぎのように指令公告した。

①鉱産物 鉄鉱、鉛鉱、無煙炭、土状黒鉛、蛍石、滑石、珪石、重石、錫鉱、モリブデン鉱、重晶石、亜鉛鉱、紅柱石、ニッケル鉱、マンガン鉱、硅石、高嶺土、鱗状黒鉛、長石。

②繊維製品 綿糸＝梳綿糸（6S－60S）精梳綿糸（30S－40S）コンデンサ綿糸（35S－20S）、綿織物（生地品）＝粗布、ポプリン、モス、リン、綾織物、紡綿子織、縞綿子織、綿布。

③工芸品 鍮器工芸品、草芸加工品、竹細工芸品、莞草加工品（莞布、筵紙、莞布）、布帛加工と繍品人形、玩具、ガラス工芸品、木加工品、石加工品、紙物加工品、その他工芸品

④毛物および毛皮 総豚毛＝家畜豚毛、猪毛、刷子毛、黄毛皮＝リス、山羊毛、人毛、兎毛皮＝家兎毛、山兎毛、タヌキ毛皮、山猫毛皮、山獺毛。

北韓カイライ艦艇と交戦

西海で韓国艦艇、二人死ぬ

【ソウル発＝連合】二十三日午前十一時ごろ北方休戦線近くで北韓カイライ艦艇と韓国艦艇間に交戦がおこり、二名の死亡者が発生した。

このような発表は金東河外務国防委員長が二十四日午前朴正熙議長に報告した結果によって明らかにされたのであるが、朴議長はこの席でこのような北韓カイライの挑戦からみて、われわれはいつでも敵の陰謀に備えることができるような準備をより一層強化しなくてはならないと強力に指示した。

北韓カイライ軍侵犯事件死傷者名単

去る二十三日にあった北韓カイライ艦艇の休戦線侵犯事件で韓国海軍がうけた六名の死傷者の名単を二十四日午後国防当局が明らかにした。

死傷者の内一人が死亡したので死亡者は三名になったなお明らかにされた六名の死傷者の名前は次の通り

死亡＝金鉉敏（海軍中士）、張基鎮（下士）閔亨植（下士）

重傷者＝金鍾鎬（中士）

軽傷＝孫基中（一兵）、竜鉉重（一兵）

市販米の検査規格を改正 一等米水分十六％石三十個以内

農林部は都市で販売されている市販米の検査規格を改正した。

米はその品種、栽培地、栽培及び加工方法により品位の優劣が定められるが、従来の市販米は質と量において、なんらかの保証制度がなかったことに比べ今年一月一日から主要消費都市の市販米に対して国定検査を実施してきたが改正された規格によると、一等米は水分が一六％、まさる石が二十個以内、もみが十五個以内、もみ七％そして二等米は水分一六％、石五十個以内、もみが三十個以内、もみ一〇％である。

活魚一元輸出 韓組代表近く渡日

韓国活魚輸出組合は先ほど商工部が紹介してきた活魚輸出方式の一元化と日本下関の活魚センター活用問題に対し即時賛意を送った。

米穀輸出規模は三万トン

農林部は六二年度中、米穀輸出規模は三万トンであると指摘、この限度内で米輸出を調節許可するよう商工部に通告した。

輸出可能量四四六トン 冷凍兎肉求償品目指定要請

農林部では冷凍兎肉を求償貿易対象品目に策定してくれるよう要請する一方、対象輸入に生子は不許するよう商工部に通報した。

ところで農林当局によると冷凍兎肉の輸出可能量は四百四十六トンに達するといわれる。

五つの商社追加 一万ドル以上輸出業者

商工部では輸出振興法施行令規定に依拠、輸出実績リンクに従う措置として、一万ドル以上輸出実績業者に東明商会など五つの商社を次のように追加した。

△東明商会、△大韓塩業、△慶熙製作所、△起亜産業、△近海産業

対日塩輸出で二十七万三千ドル獲得

専売庁は最終的に日本輸出用塩の残り分二万トンの塩を輸出して今年中に二十七万三千ドルの外貨を獲得した。

昨年も韓国は日本に十三万トンの塩を輸出して約六十五万千六百ドルを獲得した。

皆様にとって最も
親しめる銀行…
最古の歴史を誇る朝興銀行
を御利用下さい。

外国為替・信託 業務
韓国・ソウル特別市
朝興銀行

綜合韓国資料社
図書案内 No.12

韓国貿易年鑑 1962年 定価 4,200

儀禮大全 頁数 281 送料共 定価500

第一篇 人事法
第二篇 系寸法과 対人 称号
第三篇 婚 礼
第四篇 祭 礼
第五篇 喪 礼
第六篇 服制（복제）
第七篇 修儀 類와 現行

内容의 一部
婚礼式의 順序…… 四柱 쓰는 法과 보내는 法
祭文 吊詩 追悼辞 吊辞 納幣(납폐)文의 書式
請婚(청혼)書式 1 舎 所(사처)
許婚(허혼)書式 2 納 幣(납폐)
四柱보내는書式 3 奠 雁(전안)
涓吉보내는書式 4 醮 礼(초례)
5 新 房
6 于礼(우례)와 새길
7 問安편지……
第七節 小祥과 大祥
第八節 喪歌 僧舞 老人哭

発行所 成文閣 著者 安明善

生活叢書⑩ 社交禮儀全書
4×6版 842頁 高級模造洋装케스入 挿画・写真多数 定価 2,000
斯界 権威 40名 執筆 ◆主要内容◆
①총론(総論)
家庭生活과礼節 설, 잔치, 名節, 韓国・中国・西洋式 食事法, 茶나 菓子를드는 法, 接客, 訪問, 父子・夫婦間의礼節, 서집살이, 系寸法과 称号에 関한 것等
社会生活과礼節 公衆道徳・選挙・就職・執務・会議・集会・鑑賞・観覧・파티・旅行・敬礼・握手・紹介・祝賀・慰問・問病・吊問・依頼・謝礼・贈答・通信에 있어서의 礼節, 朋友・隣保間의 礼節, 男女間의礼節, 外国人에대한礼節等,
四礼 冠礼, 現代式婚礼, 在来式婚礼, 基式婚礼, 仏式婚礼, 喪礼의葬礼, 喪中의礼節, 儒式・基式・仏式喪의 節次, 永訣式, 墓地의 選択과 葬法, 服制, 忌祭, 四時正祭, 慰霊祭의追悼式, 基式・仏式祭礼
〈附録〉儀礼規範・国際儀礼

お問合わせの方には当社の目録一冊無料発送致します。
▼注文方法…御注文なさる図書名及び発行所を記入の上弊社営業部宛にお送り下さい。壱千円以上郵て現金引換便で迅速にお送りいたします。

東京都千代田区松枝町二二番地
綜合韓国資料社
TEL (866) 〇〇一六

韓国の声
選挙法制定の精神

最高会議は新憲法の附随法の一つとして国民の関心を集めている選挙法を起草するため二十日三名の審議委員と十四名の専門委員で構成される選挙法起草委員会を設けたとのことである。

最高会議の趙筋衡内務委員長が二十日発表したところによると最高会議内務委はその間に作成したいくつかの研究案を選挙法起草委員会に移し審議、検討中であるから年内には選挙法が制定、公布されるだろうとのことだが、同委員長は広く世論を聞くため選挙法の十一の問題点を提示した。

われわれは趙委員長が提示した十一の問題が主に国会議員選挙法に関連する問題であるという点で注目するところである。

最高会議内部委が作成した選挙法要綱はすべて国会議員選挙法に属するものである。

従来の選挙区と選挙制度に大幅な変革が予想される国会議員選挙法であるから起草関係者の苦衷もさることながら、広く国民の反響を聞こうというのも理解できるところである。

しかし、選挙法といえば国会議員選挙法に劣らない重要な選挙法として大統領選挙法がある。

さきにわれわれは本欄 を通じ て大統領、国会議員の同時選挙を主張したことがあるが、もしも報道された通り最高会議が国会議員選挙よりも二カ月さきの来年三月に大統領選挙を実施するということが事実ならば、大統領選挙法要綱もさきに明らかにして国民に問うべきであると思う。

大統領に選挙される者は国会議員の被選挙権がなくては ならな いのであるから、国会議員選挙法制定を大統領選挙法制定の後にする必要はない。そして両選挙法には相互関連があり大統領選挙法の起草は比較的簡単であるからわれわれは両選挙法の起草と制定が並行されなくてはならないと考える。

大統領選挙法や国会議員選挙法の制定にわれわれが望むことは公正と平等を期する中立的精神を堅持してもらいたいということである。

国民の選びたい人が大統領または国会議員になるよう保障するのが選挙法の正しい制定方法である。

選挙に官権や金力やその他の不正が介在するのを防ごうというのも国民が選ぼうとする人を選ぶための根本目的にほかならない。

そしてまたわれわれは選挙法によって特定の人や特定の党が選挙で有利になるようなことがあってはならないと強調するものである。

革命主体勢力が来年の選挙で選挙管理という中立的な役割を果すのみでなく、行政、立法、司法の統制権を掌るため直接選挙に出馬することが確実視されており、院内勢力の三分二を確保するため政党を準備していると伝えられている折から、不必要な疑惑を避けるためにも選挙法の制定に細かく神経を配って中立的精神をつらぬかなくてはならないと思う。

さきに本欄でわれわれは政党法要綱を論評しながら政党登録要件規定が来年の選挙に適用されないよう希望した。

もしも政党法要綱の政党登録要件規定が来年の選挙に適用されるならば、国会議員選挙の場合には相当数の地域選挙区が無投票当選区となり、大統領選挙の場合には選挙運動で大部分の立候補者が致命的な打撃を受けるかも知れない。

それが誰でどの政党に所属していようとも、国民の選びたい人が選ばれるように保障される選挙法の制定でなくてはならない。

（東亜日報）

新選挙法要綱案全文

第一章　総則

一、人口の基準は、統計法の規定によって調査された最近の統計によるものとする。ただし、一九六三年五月に実施する総選挙においては住民登録法による一九六二年十一月十五日現在の人口を基準とする。（付則として）

一、選挙管理に要する経費は国庫が負担する。

第二章　選挙権と被選挙権

一、被選挙権の年齢

①被選挙権の年齢を二十五歳以上とする。

③選挙権と被選挙権の欠格事由次の各号の一に該当する者は被選挙権がない。（選挙権は現行法通りとする）

①禁治産または限定治産宣告を受けた者。

②禁固以上の宣告を受けその執行の終了していない者またはその執行が確定していない者。

③選挙犯として五十万以上の罰金刑を受け た後、四年を 経過していない者、または禁固以上の刑の宣告を受けその執行を受けないよう確定した後、またはその刑の執行が終了するか免除された後、八年を経過していない者、ただし刑の執行猶予の宣告を受けた者はその執行猶予を受けないように確定した日から三年を経過していない者。

④④法院の判決または他の法律によって資格が停止された者。

⑤現役兵の服務義務を忌避して刑の宣告を受けた者、ただし刑を終えた後、兵役義務を果せば被選挙権は回復する。

第三章　選挙に関する区域と議員定数

一、国会議員は地域選挙区による多数代表制と全国選挙区に関する比例代表制で選出する。

二、比例代表制によって選出される議員数は地域選挙区によって選出される議員数の二分の一とする。（以上の二項 目は常 任委で政策的に決定 するよう に一任する）

三、地域選挙区の画定

①地域選挙区は人口二十万を基準とする。郡は二つ以上の地域選挙区に分割することはできない。

②地域選挙区では一区一人を選出する。

③地域選挙区と議員定数は別に定める。（未定）

第四章　選挙人名簿

一、選挙人名簿の作成時期方法ならびに種類

①区・市・邑・面の長は毎年三月一日現在でその区域内に住所をもつ選挙権者を住民登録票によって三月三十一日までに選挙人名簿を作成する。

②法令によって営内または艦艇内に寄居する軍人と刑務所、療養所、収容所、補導所、船舶等に長期寄居する選挙権者は①によって不在者選挙人名簿を作成する。

③選挙を実施する度毎に区域内に住所をもつ選挙権者を住民登録票によって選挙日の二十日前までに補充選挙人名簿を作成する。

④区・市・邑・面の長は四月一日から十日間選挙人名簿を閲覧させ、異議申請、不服申請の過程を経て四月三十日に選挙人名簿を確定させ、一年間効力をもつ。

第五章　議員候補者

一、候補者推薦

①国会議員の候補者は所属政党の推薦をうけなくてはならない。

②政党は各選挙区毎に当ない。区の議員定数以内の候補者を推薦することができる。

③議員候補者を推薦する政党は選挙日が公告された日から十日以内に地域選挙区においては候補者推薦書を選挙区選挙委員会に、全国区においては全国区候補者名簿を中央選挙委員会に提出して登録を申請しなくてはならない。

④各立候補者は一地域選挙区にかぎり候補者として推薦を受けることができる。

⑤候補者の推薦には本人の承諾書を添付しなくてはならない。

⑥候補者の登録申請期間がすぎた後でも、登録された者が死亡したり被選挙権を喪失した時には選挙の十五日 前まで政党は 候補者推薦の変更を申請することができる。

⑦全国区の政党別候補者名簿は順位を定めて提出しなくてはならない。

⑧全国区選挙に推薦された候補者は地域選挙区の候補となることはできない。ただし、政党または本人が全国区候補を取消または辞退して登録申請期日までに地域選挙区の候補者として登録を申請することができる。

二、登録の無効事由

①二重登録の場合は登録無効とする。

②登録後に被選挙権のないのが発見された時 には登 録無効とする。

三、登録の取消

①登録期日まで政党の候補者公認取消と変更を認める。

四、公務員の辞任期間

①公務員または選挙委員会委員が候補者とな ろうとする時 に議員任期満了の百八十日前にその職から解かれなくてはならない。

②再選挙または補欠選挙においては選挙の公告の日から五日以内にその職から解かれなくてはならない。

③国会議員の場合は例外とする。

第六章　選挙運動

一、演説会による選挙運動

①選挙運動は政党と候補者の創意と能力が発揮できるよう二元制とする。

③選挙運動員制度を全廃して、選挙運動は合同政見発表会、候補者が主催する個人政見発表会（候補者と政党員である賛助演説者）ならびに政党が主催する選挙演説会を通してのみすることができる

③合同政見発表会は区・市においては五回以上邑・面においては一回以上開催できるが候補者でない者政見発表会に参加できないようにする。

④個人政見発表会は投票区数を超過しない範囲内で、候補者および賛助弁士（毎回三人以内）により自由に行なうことができる。

⑤政党は推薦候補者のため、投票区数を超過しない範囲内で、選挙演説会を開催することができる

⑥公共施設は無料で、公平に利用できるようにする。

⑦選挙運動用に候補者一人当り自動車または船舶、拡声器一台を使用することができる。

⑧政党は所属候補者一人当り、自動車または船舶、拡声器各一台を使用することができる。

⑨録音器による政見発表会をおこなうことができる。

二、選挙事務所および連絡所

①選挙運動のため、全国区選挙事務所一カ所、候補者を推薦した地域区ごとに地域区選挙事務所一カ所をおき、区・市の洞または邑・面ごとに一カ所の選挙連絡所をおくことができることにする。

③選挙事務所と連絡所の責任者は、選挙事務長または政党員の中から選定して申告する。

三、選挙事務長の選任

①候補者を推薦した政党は全国区と地域区ごとに、選挙事務長一人を選任することにする。

ただし、地域区の選挙事務長の選任に当っては、地域区候補者の承認を得なくてはならない。

四、宣伝文書、図書、施設

①壁報は、全国区では人口五百人に一枚、地域区では人口五百人に一枚の比率で選挙委員会が作成貼付し、その費用は政党が負担する。

②選挙委員会は、候補者の経歴政見、人事ならびにその所属政党などを記載した選挙公報を作成して一戸に一回無料で配付するようにする。

③選挙委員会は地域区候補者の姓名、年齢、所属政党を投票区毎に掲示する。

五、放送

①国営放送管理者は義務的に候補者の姓名、経歴、ならびに政党の選挙綱領などを全政党と候補者に公平な方法で放送する。

②私営放送管理者が前項の経歴放送をしようとする時にはその回数と内容が全政党と候補者に公平でなくてはならない。

③政党はその所属候補者の選挙運動のために中央選挙委員会の定める放送施設を利用できるようにする。

六、新聞広告

①政党は全国区候補者のために各日刊紙に一回にかぎり選挙に関する広告ができるようにし、政党の政策ならびに選挙綱領にかんしては五回にかぎり各日刊紙に広告できるようにする。

③政党は地域区候補のために二日刊紙に一回にかぎり広告できるようにする。

七、その他

①選挙運動に関する事務と労務に従事させるため極少数の事務員と労務員を置けるようにする。

②選挙運動のための類似機関の設置を禁ずる。

第七章　選挙費用

①選挙費用は政党と候補者が負担し、会計責任は政党の会計責任者が負うよう一元化する。

②全国区候補者のために支出する選挙費用は中央選挙委員会が定めた金額に所属候補者数を乗じた金額を限度とする。

③地域区候 補のため の選挙費用は地域区選 挙委員会が 定めるが、中央選挙管理委員会は不当な場合是正権をもつ。

④選挙費用の公示、出納責任者の選任、異動、選挙費用の経理に関する事項、選挙費用と認めない費用、選挙運動関係者に対する実費弁償は現行法と同じくする。

第八章　選挙日と投票

一、選挙日

①任期満了選挙は議員の任期満了の六十日—二十日前までに実施する。

③補欠選挙は欠員通知書を受けた後六十日以内に実施する。

二、投票方法

①選挙人は地域区候補者のために一つの投票権をもつ。

②不在者投票を認め、その投票は郵便投票の方法をもってする。

③投票は記票方法（濠州式）をもってする。

④選挙人は直接投票する。

三、投票所

①投票所内に全国区候補者の姓名とその所属政党名を印刷して掲示する。

②投票所の設置に欠陥がある時には政党候補者または事務長はその是正を投票区選挙委員長に要求することができる。

③投票所は営内には設置できない。

四、投票用紙

①投票用紙は地域選挙区議員の選挙のためのものと全国区議員選挙のためのものを別に作成する。

③投票用紙には政党名と地域の候補者の姓名を記載する。

③地域区候補者と全国区政党名の記載順位は候補者またはその代理人ならびに政党の選挙事務長またはその代理人の推薦によって決定する。

④政党名と姓名はハングルと漢字を並記しなくてはならない。

⑤投票用紙には "×" を記入しなくてはならない。

五、投票用紙と投票函の作成

①投票の秘密保障と事前投票、事後投票のないよう投票函の製作性能を規定する。

②投票用紙には地域選挙区選挙委員会委員長ならびに立候補者もしくはその代理人が押印しなくてはならない。

六、選挙権確認通知書の交付

①投票区選挙委員会は選挙人に選挙の前日までに選挙権確認通知書を交付する。

七、記票方法

①投票用紙に候補者または政党の選択をする時には "○" 標をもってする。

八、投票所参観人

①投票参観人は地域選挙区候補者毎に所属政党員のうちから四人を選定して二人ずつ交代で投票用紙の交付状況と投票状況を参観できるようにする。地域選挙区候補者を公薦しない政党も投票所の参観人を前項に準じて選定して参観できる。

②投票開始と投票終了時に投票函の検査、包装、封印に投票参観人の参与を規定する。

九、投票函の送付には参観人が同行できるようにする。

第九章　開票

一、開票は地域選挙区委員会と区、市、郡の選挙委員会が行なう

二、開票参観人

①開票参観は投票参観人の選定に準じて四人を選定し二人ずつ交代で参観するようにする。

②開票参観人に是正要求権を与える。

三、一般人の開票観覧制度を認める。

四、無効票は次の通りとする。

①正規の投票用紙を使用しないもの。

②どの候補者の姓名や政党にも標を付けていないもの。

③二人以上の候補者の姓名や二つ以上の政党に標を付けたもの。

④どの候補者 の姓名か または どの政党に標を付けたか識別できないもの。

⑤"○"標を付けずに文字または物形を記入したもの。

⑥"○"標以外に他の事項を記入したもの。

⑦不在者投票は現行法通りとする。

五、開票録、選挙録作成報告

①開票区選挙管理委員会（地域選挙区、選挙管理委員会ならびに区、市、郡選挙 管理委員 会をいう）は開票結果を即時公布すると同時に開票録を作成する。

②区、市、郡選挙管理委員会は前項の開票録を即時地域選挙区管理委員会に報告する。

③地域選挙区選挙管理委員会は地域選挙区選挙において候補者の得票数を計算公表すると同時に選挙録を、全国区選挙においては集計録を作成して上級選挙管理委員会に報告する。

④特別市、道委員会が前項の報告を受けた時には全国区政党別得票数を計算公表すると同時に、集計録を作成して中央選挙管理委員会に報告するが、前項の集計録の謄本を添付しなくてはならない。

第十章　当選人

一、地域選挙区の当選人の決定

①地域区候補者が一人の場合にも投票は実施する。

二、全国区の当選人決定（常任委の再検討中）

三、選挙人の再決定

①中央選挙区委員会は全国区選挙の当選人が議員の任期開始前に辞任、死亡または被選挙権が喪失された時あるいは当選無効となった時には政党別候補者の名簿の順位にしたがってその所属政党公薦候補者と決定する。

②地域区選挙委員会は当選人決定の違法を理由に当選無効の判決がある時には 当選人を 再決定する。

四、議席の再配定

①全国区選挙において、選挙の一部無効の判決がある時には政党別議席を再配定する。

第十一章　再選挙と補欠選挙

一、地域選挙区で再選挙を実施する事由は次の通りである。

①当選人がない時。

③選挙の全部無効の判決がある時。

③当選人が任期開始前に辞任、死亡または被選挙権が喪失された時。

④当選人が当該選挙に関する犯罪によって処罰を受け当選が無効となった時。

⑤議員の任期開始前に党籍を離脱したり、変更した時または所属政党が解散した時。ただし合党または除名で所属が変わった場合は例外とする。

第十二章　選挙に関する訴訟

一、選挙の効力に関して異議のある政党候補者または選挙人は選挙日から三十日以内に当該選挙管理委員会委員長を被告として大法院に提訴することができる。

第十三章　罰則

一、当選人に対する買収ならびに利害誘導罪。

一、選挙公報に関する規定違反罪。

附則

一、公務員と選挙委員会委員の辞任に対する経過規定を設ける。

二、法律第五五一号国会議員選挙法はこれを廃止する。本法施行後、最初に実施される総選挙に出馬する公務員は一九六三年二月末までにその職を解任しなくてはならない。

政党法要綱（案）解説

（政治学博士）朴　天植

健全な政党を育成
政党の財産及び収入を公開

近代的民主政治は議会政治であり、議会政治は健全な政党の育成と発展なくしては所期の実効を収めることはできない。今日の民主国家において、政党は国民の世論を統合して国政に反映させる一方で、議会と行政間の橋梁的役割を担っている。

過去十余年の韓国の議会政治史を顧りみると、一人一党式の群小政党が乱立 し、議会は 派閥争いの舞台と化し、国会議員の腐敗と横暴は議会政治を無秩序と混乱に導いた。無所属国会議員の多数進出は、正常な政党政治の発達を阻害するまでに至った。

それゆえ、新しい憲法は健全な政党の育成のため多くの規定を設けている。新憲法によれば、政党の設立は自由であり、複数政党制は保障されると規定されている。またこのような政党はその組織と活動が民主的でなければならず国民の政治的意思形成に参与するに必要な組織を持たねばならない。政党は国家の保護を受けるが、政党の目的もしくは活動が民主的基本秩序に違背する時は、政府は大法院にその解散を提訴することができ、政党は大法院の判決により解散されると規定している。

かかる憲法的諸規定を具体化し正常な政党政治の育成と発達を図るため、最高会議法制司法委員会はその間政党法案を審議してきたが、今度、各界各層の世論を充分審議に反 映しようと、その要綱（案）を発表したのである。政党法要綱（案）は四十三項目にわたっているが、政党法は年内に常任委員会を通過して公布されるものと思われ、政党活動の許容と同時に結成されるすべての政党は、同法の規制を受けることになる。

政党の創立

政党は、国会議員、地域選挙区に所在する地区党およびソウルに所在する中央党により構成され、特別市、直轄市、道、郡には党部を置くことができる。

①中央党の創立は、三十人以上の発起人で組織する創党準備委員会がこれを担当し、発起人の資格は国会議員選挙権を有するものとなっているが他の法律で定める公務員、国営企業体および政府が株式の過半数を所有する企業体の任員は、政治から中立化されねばならぬため発起人となることができない。

中央党の創立準備委員会は、発起趣旨、政党の名称、発起人およびその代表者、会計責任者、その他必要な事項を中央選挙管理委員会に申告しなければならず、申告の受理は創党のための活動を開始する要件となる。

中央党の創党準備委員会は、政党を創立するという目的の範囲内でだけ活動することができ、一般的な政党活動はできない。

③地区党の創立は中央党創党準備員会の承認を受けなければならない。その場合、すでに中央党が創立された後であれば中央党の承認を受けねばならぬ。

地区党の創立には、十五人以上の発起人がなければならない。

政党の登録と取消

①創党準備を完了した時は、中央党の創党準備委員会は中央選挙管理委員会に、地区党の創党準備委員会は当該地区を管かつする選挙管理委員会にそれぞれ登録を申請しなければならない。

③登録を申請するに当っては▽政党の名称▽中央党、地区党または党部の所在地▽綱領および基本政策と中央党の場合に限り党憲▽代表者、幹部、会計責任者の住所姓名▽法定党員数と党員の数▽中央党の場合には地区党およびその他の党部の所在地とその代表者、地区党の会計責任者等、多くの事項を記載しなければならない。

③政党は、国会議員選挙法に基づく地域選挙区総数の三分の一以上に該当する地区党を有しなければならず、政党の組織が全国的でなく一部地域に局限されるのを防止するため、地区党は五つ以上の特別市、直轄市または道に分布されねばならぬ。また各地区党は八十人以上の党員を有さねばならぬ。

④旧政権下では、本人も知らないうちに政党の幹部または党員になっている事実が多かったため、今度、政党の 登録に 当っては、その代表者、幹部および会計責任者の就任同意書を添付しなければならず、地区党の場合には法定党員数である八十人の党員の入党願書謄本を添付しなければならぬ。また中央党の場合には、地区党の登録写本と、地区党の場合には中央党創党準備委員会または中央党の創党承認書を添付しなければならぬ。

申請事項に変更がある時は、二週日内に変更登録をすることができるが、ただ党員数の変更の場合には変更登録をしなくてもよい。

⑤政党設立の自由を保障するため、登録申請を受けた当該選挙管理委員会は形式的要件を具備している限り、これを拒否することはできず、形式上の不備がある時は相当な期間を定めて補充を命じ、二回以上その補充を命じても応じない場合は、その申請を却下する。

⑥政党の登録を不当に遅延させる事例があってはならないので、登録申請を受けた当該選挙管理委員会は登録申請を接受した日から七日以内に登録証を交付し、遅滞なく登録が済んだことを公告しなければならない。

⑦当該選挙管理委員会は、必要に応じて帳簿（党員名簿は除く）または書類の提出を命じることができ、中央党、地区党または創党準備委員会は、年一回当該選挙委員会に必要な報告をしなければならない。ただし、党員数に関しては二回にわたり六月と十二月末に報告しなければならぬ。

政党が政党法に規定する登録要件を具備しないか、法定地区党数に達しないか、五つ以上の特別市直轄市または道に分布されない場合には、該当選挙管理委員会はその登録を取消すことができる。ただし、その要件の欠如が国会議員選挙日前三カ月以内に生じた時には、選挙日後三カ月間、それ以外の場合には、要件欠如時から三カ月間その取消しを猶予する。

入党と脱党

1、党員の資格＝国会議員選挙権を有する者は誰でも党員になることができる。ただし、前述の発起人の場合と同様、他の法律の定める場合と命令により公務員と国営企業体および政府が株式の過半数を所有する企業体の任員は党員となる資格がない。

2、入党＝政党への加入は自由であり、誰でも本人の自由意思による承諾なくして政党加入を強要されることはなく、誰でも二つ以上の政党の党員となり得ず、政党は秘密党員をおくことができない。秘密党員を認めるならば、政党に加入してはならない公務員等が政党に秘密に加入するようになる懸念があるためである。

党員になろうとする者は、捺印を押した入党願書を提出しなければならず、法定党員数に該当する数の党員の入党願書には自署しなければならぬ。後者の場合においては、法定党員数の入党事実立証をより容易にしようとするものである。また法定党員数に該当する党員は、当該地区党の地域内に居住していなければならず、その入党には居住証明を添付しなければならぬ。

3、党員名簿の備置＝地区党には党員名簿を備置しなければならないが、その名簿の公開は、場合によっては政党加入の自由を制限する結果を招来する懸念があるので、その名簿は法院が裁判上要求する場合を除いては一切その公開を強要されない。ただし、犯罪捜査上必要な場合には、関係選挙管理委員会に事実調査を嘱託して調査するが、その場合でも関係公務員は、それによって知り得た事実は漏洩してはならない。

4、脱党＝党員は脱党したい時は脱党願書を提出しなければならないが、党員の脱党を不当に遅延させる事例がないよう該当地区党は二日以内に党員名簿の記載を抹消して脱党証明書を交付し、備置されている脱党名簿にそれを記載しなければならぬ。

政党の財政

1、政治資金は政党政治腐敗の根源となってきたものであるがその陽性化のために中央党は政党の財産および収入支出を年一回公開しなければならぬ。

1、同時に中央選挙管理委員会に報告しなければならぬ。ただし、政党に対する寄付行為の自由を保障するため収入源は公開しなくてもよい。

2、政党は①外国の政府、団体または個人②国家または公共企業体③国営企業体、政府が所有する株式の過半数を所有する企業体④金融機関または金融団体⑤労働団体⑥学校財団などからは寄付、補助その他の財産上の援助を受けてはならない。

3、政党の収入に関しては免税され、野党の育成を助けるため第一野党の党首に対しては相当な手当を支給することになる。

政党の解散

1、政党はその代議機関の決議により解散されるが、その場合はその代表者は遅滞なくその趣旨を関係選挙管理委員会に申告しなければならない。

2、また政党が大法院の判決により解散される場合、その訴訟手続に関しては国会議員選挙訴訟の例に準ずる。

（筆者＝法制司法委員会専門委員）

輸出入・貿易業
陽和物産株式会社
取締役社長　朴　根　世
本 社／東京都千代田区神田神保町2－28　岡村ビル
TEL／(331) 1427 (332) 4577・6573

当店は
京都の中心地に位置し
京洛　随一の豪華な設備と
徹底したサービスを誇る
味覚と栄養の殿堂であります
南大門　京都市下京区西木屋町　TEL 35－3647, 9691

職員募集
応募期間—自一九六二年十二月カラ
至一九六三年一月十五日迄
資　格　学歴高校卒業以上
年齢満二十八歳迄の方
右御希望の方は履歴書持参の上、東京商銀総務課までおいで下さい
東京商銀信用組合
電話八三二—五二二七—九

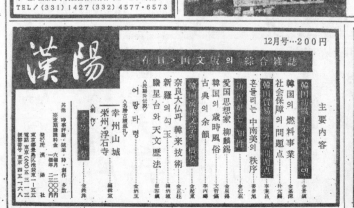

12月号…200円
漢陽
〈在日〉国文版의 綜合雑誌
主要内容
韓国紡織工業의 現況과 展望……金景鎮
韓国의 燃料事業……金基深
社会保障의 問題点……朴元錫
韓国貿易의 몇가지 問題点……李秉昌
흔들리는 中南美의 秩序……姜泰旭
[illegible]……金仁在
愛国思想家 柳麟錫……金泉錫
韓国의 歳時風俗……文哲鎬
古典의 余韻……李丙疇
韓国寓話文学의 概要……金起東
奈良大仏과 韓来技術……金正柱
新羅의 勾玉……韓炳植
瞻星台와 天文歴法……崔容鎮
〈民謡와伝説〉어랑타령……金炳玉
〈名勝古蹟巡礼〉幸州山城　栄州・浮石寺……編輯室
〈創作〉[illegible]……金鉄洙
其他　時事評論・随筆・詩・創作　多数
※定期購読料　六個月 一二〇〇円　一個年 二三〇〇円
発行所　漢陽社
東京都豊島区池袋東一ノ五五
電話 東京(983)五一一三
振替番号 東京 四五一六八

優良鋳物用銑鉄製造
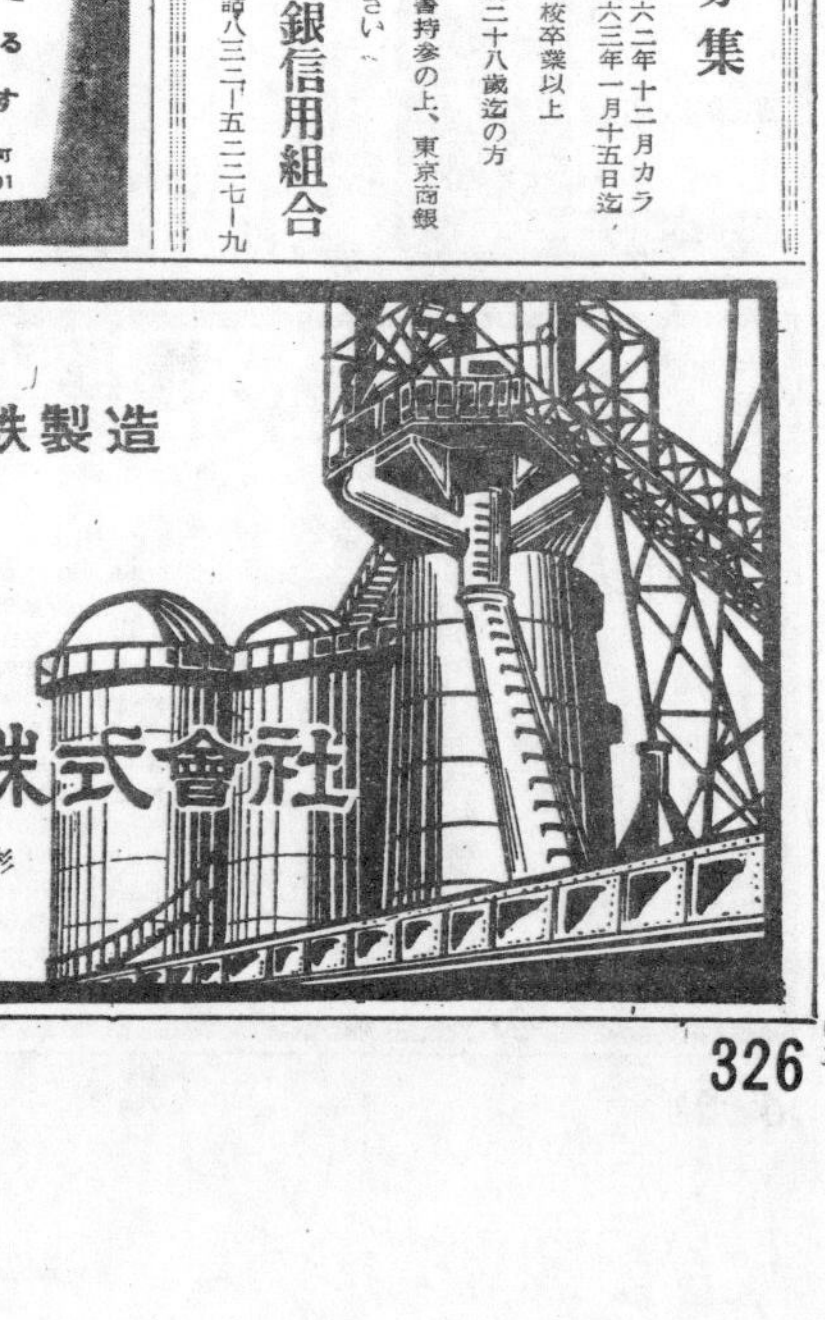
朝日製鉄株式會社
取締役社長　中　学　彬
横浜市鶴見区鶴見町1320
TEL 横浜(50)8431－4

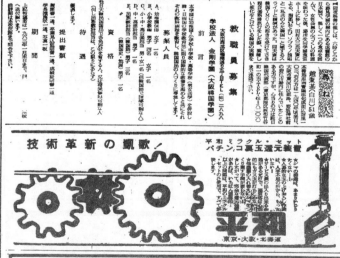

本国農漁村にラジオを贈ろう

大阪では既に226台
活発化する各地の運動

民団大阪本部（徐相夏団長）ではさる九月から"本国農漁民へラジオを贈ろう"という運動を管下僑胞の各支部、傘下団体、および各種親睦会などに幅広くPRし、現在まで二百二十六台が集り代表部へ納入した。一台でも多くの"ラジオ"を本国の農漁民に贈り、農漁村の文化啓蒙に少しでも役立たせようというこの運動は、ある意味では在日全僑胞が祖国の文化再建事業への積極的参加ともいえる。

現在本国政府は"祖国の再建は農漁村の文化啓蒙"からというスローガンで、公報部と再建国民運動本部が一体となって"農漁村のラジオ普及運動"を全国的に行っている。公報部はその一環としてさる六月水原・南陽に五百KW発信出力の東洋でも一番高い百八十五米の南陽放送タワーを建てた。

在日僑胞もこうした本国の運動と歩調を合わせて今や全国的に"農漁村へラジオを贈る運動を展開されている。同運動に賛同し、大阪本部が集めた二百二十六台の内訳は次の通り。

駒林グループ会員一同（江崎光雄会長）ラジオ二百台
大阪府商工会議所ラジオ貿易協会韓国訪問団経済視察団一行九名 ラジオ十二台
〃民団東淀川支部、ラジオ一台
〃大正支部、ラジオ一台、トランジスター一台
〃西成支部、トランジスター一台
〃西成婦人会、トランジスター一台
〃西成支部天下茶屋分団、トランジスター一台
〃西成・鶴見橋分団、トランジスター一台
〃西成長橋分団、トランジスター一台
〃西成山王分団、トランジスター一台
〃西成出城分団、ラジオ一台
金鎮純（個人）ラジオ一台
民団中央支部ラジオ一台

反共殉国団が解散

在日大韓反共殉国団（崔鎬洙団長）はさる二十二日委員次のような同団の解散声明文を発表した。

祖国の再建と在日民族陣営の反共第一線で努力してきた在日大韓反共殉国団は反共の全力量を民団組織に結集し、民団の土台を一層強固にして祖国再建事業に貢献する信念の下に在日大韓反共殉国団を発展的に解散する。

熊本に日韓親善協会
民団熊本が日本有志と設立

民団熊本県本部（姜秀元団長）では日韓両国民の親善強化のため、熊本県日本側有志と協力して、二十六日午後二時から、熊本市内のホテル・キャッスル大ホールで、熊本県日韓親善協会を設立した。

韓国とは地理的にも歴史的にも最も密接な関係のある熊本県に、両国民の親善機関を設立しようとの気運は、最近の明るい韓日会談で絶頂に達した感があった。

民団姜秀元熊本県本団長、朴善鉉所長をはじめ十八氏と、日本側の平塚泰蔵熊本振興社社長、安浪栄基熊本経営者協会長、北村直躬熊本女子大学長ら二十七氏らが、熊本県日韓親善協会設立発起人となって県下両国民に呼びかけ今回の意義ある設立に至ったもの。

設立された同協会は、今後、韓日両国の正常化と親善強化をはかりながら両国間の経済・文化の交流を推進する計画を進めている。

民団兵庫県本部新役員

議長安永斜 副議長金承培 朴[illegible]守 監察委員長黄孔烘 同委員李鍾敦 白元基 団長姜吉軍 副団長宋守道、崔永驥 事務局長鄭[illegible] 総務部長金竜泰 組織部長金竜泰 民生部長崔景鎬 文教部長崔景鎬 宣伝部長金竜泰

募金委員会を構成
"花郎銅像建立"具体化

本紙既報の通り、中総文教局は二十三日、さる第三十七回中央議事会の決定に基いて"本国国軍墓地花郎銅像建立"に関する募金委員会の構成と、県別の募金割当金額を発表した。同発表によると同募金委員長には権逸中総団長があたり、委員は民団さん下団体長、および、各県本部団長があたる。募金総額目標は五百十四万九千円だが、県別募金割当金額は主に①大阪の百万九千円②東京の六十三万八千円③福岡の四十二万五千円④広島の三十六万円⑤山口の二十一万円などで、その他の県は一万単位、または、千単位となっている。

本国軍墓地正門脇に在日僑胞独自な立場で花郎銅像を建立し、護国英霊たちの有功とめい福を恒久不滅に保存しようとの気運は、数年前からの念願であった。それをさる第三十七回中央議事会でとりあげ、満場一致で決定し、今回の具体的な募金方法となったもの。

募金運動に際し文教局は各県本部に対し次のように指示している。

一、軍墓地花郎銅像委員会会員は所属地区割当目標額を責任もって達成しなくてはならない。

二、募金期間を来年三月までとし、毎月末（期間中三回）に募金された金額を中総に納送しなくてはならない。

三、募金された基金は県単位のものは県名、個人（十万円以上）は個人名を両銅像碑石に記入するので、納金の際は必ず住所、名単を添付すること。

国連で敗北した 北韓傀儡の詭弁
＝ソ連案の否決は米の拒否権発動云々＝

共産国家では、自由世界で起きている事件に対して自由世界に悪宣伝となる記事以外は報道しない。また自分たちにとって少しでも不利になると思われる記事は自分勝手に歪曲して報道し、場合によっては全然国民に知らせない。共産国家の中でも北韓カイライはこのような傾向が非常に多い。それで北韓では事実が事実通り住民たちに伝達される法はない。こんど国連総会での韓国問題討議に関する問題の報道をみても明らかである。

周知のように、さる十二月十一日国連総会政治委員会で、韓国問題討議に大韓民国代表だけを招請しようとのアメリカの決議案が賛成六十五票、反対九票、棄権二十六票という圧倒的な多数票で可決され、南北韓代表の同時招請案であるソ連案は反対五十六票、賛成二十九票、棄権十四票で否決されたことは世界各国民が知っている事実である。

しかし北韓の住民たちは、この事実を全然知らされていない。というのは北韓カイライがこの事実をあいまいにしてしまったからである。

北韓カイライはアメリカ案に対するソ連の反対企図が六十五対九で敗北すると、カイライ集団はこの事実はあいまいに捨てさり、社会主義国家は米案に反対し、なお二十六カ国も米案に棄権したと報道して、棄権国があたかもソ連案を支持したかのように歪曲する一方、ソ連案が五十六対二十九で否決されたことは明らかにせず、ただ、ソ連案が「二十九カ国の社会主義と中立主義国家からの支持を受け、十四カ国が棄権した」とだけ報道し、二十九票を獲得したことが何か大きな誇りにでもなるようにさわいでいる。

また北韓カイライは米案が決議されたことに対して「米は追従者たちを動員して強圧的に採決した」と報道する一方、ソ連案は「米の拒否権が発動され否決された」ととんでもない悪宣伝を弄することによってアメリカを非難することを忘れない。

以上みてきたように北韓カイライは韓国問題に関する国連の票決結果まで事実通り北韓住民に知らせることを恐れている。

児童から洗脳教育
徹底的な北韓の共産化

北韓カイライは幼い時から共産主義思想を注入するために、その一つの方法としてさる十月から本年末までの期間内に幼稚園児童から中学校初級班にいたる児童学生たちに贈る百余種の各種図書を出版する計画を樹立している。

カイライ御用労働新聞十月十三日付け報道によると、北韓カイライ児童図書出版社では、今年内に「幼稚園児童から中学校人民班・初級班学生たちを基本対象」に百余種の図書を出版するとのことである。

また同報道は「特に編集家たちは四次党大会と母親大会で行なった金日成の指示に立脚して、児童たちを科学に関する基礎知識と共産主義道徳などを所有した人間を教養するに必要な図書執筆に多くの努力をはらった」と報道した。

母親大会で行なった金日成の演説とは「母親たちは児童たちを全て共産主義者にするため全力量を集中せよ」といった骨子のものであるが、これに立脚して作りだされる本の内容とはだいたい見当がつく。

北韓カイライはこのように共産主義児童を養成するため、共産主義図書を三カ月間に百余種も作りだすとのこと。北韓カイライはこのように学生たちを幼い頃から金日成の"奴隷"作りに全努力を傾注している。これは彼等がいうように大人たちにいくら共産主義思想を吹き込んでみてもブルジョア思想が残っている限りこれといった効果に現われないのでこれからは幼い頃から徹底した共産主義教育をさせなければならないと考えたからである。

新帝国主義研究
◇最近の共産主義の諸形態◇

ソ連の対中東政策の展開過程

ジョージ・レンジョフスキー

ー⑨ー

アラブ諸国の政府と国民がほとんど例外なしに、漸次、前植民地域であるアジアの全般に多くの基地を獲得するようになってから中立主義に傾くようになったのは、その当時の環境下ではほとんど避けられなかった。ソ連の視点からみるとき、中立主義というのは明らかに理想的な解決策ではなかったし、事実上一九五一年のシリア、レバノン共産党の報告書は、中立主義者たちと「第三勢力」の政策を「英米帝国主義者達の戦争と侵略陰謀及び支配者の反逆に対する情熱と衝増する闘争の波」を妨害するかも知れないと糾弾した。しかし中立主義は民族主義とは異なる面から考察される。

したがってある場合には以前の親西方同盟政策からの後退を意味するから、単独的には拒否出来なかった。そのうえ西方とアラブとの関係にあって若干の国家が公式的な中立路線を、根本的に反西方的な内容に染めようとする可能性が未だに存在していた。

従ってA・A国家群が一九五五年バンドンから中立主義者たちの団結を大きく誇示したときまで、ソ連を公式声明から中立主義を支持しようとの意向と準備を整えていた。そのうえ西方側の中東に対する幾つかの動きと政策声明は、中東地域にあってソ連の心理的勝利の結果をもたらした。このような動きでは中東地域の現状維持と、武器供給の統制を約束した一九五〇年五月二十五日の米、英、仏三国宣言、一九五一年から一九五三年の間に、米英の中東司令部即ち大多数のアラブ国家に依って拒否され中東防衛機構設置企図及びエジプトを反西方的なアラブ「解放」政策のチャンピオンとして出現させた一九五五年二月二十四日、米英のバクダット協定発起等をあげることが出来る。

このような環境にあって、西方側は意識的だろうがまた無意識的であろうが、トルコ、イラン地域アラブ背後地域間の深刻な心理的障害を無視し、この二つの相異なる地域を同一の政治的軍事的組織のなかに統合させようとした。アラブ人たちは特に西方政策が一方的だったし、アラブ人たちの根本的な政治的不満を先に解消させないままに彼等を軍事的に監視することに懐疑した。このようにしてソ連が、より活動的な路線を採択する舞台が整えられたのだった。

一九五五年二月、モスクワで平等、内政不干渉、不可侵、他国の領土保全に対する如何なる企図からの自制及び主権と民族独立の尊重等「平和共存」五原則がモスクワで発表された。宣伝担当者といえば、周知の如く簡単でありながらも、内容が豊富な精製された標語は売上高（成果）をあげるには最高の方法である。五原則は、アジア全般にわたり広範に適用された。バンドンで周恩来は「平和五原則」を売りつけて、印度のネール及びビルマのウ・ヌと共同提案をし、この会議で採択された十原則に具現させた。

その時から五原則が歩んできた道は、皺速にしてみるべきものがあった。一九五五年四月十五日ソ連の外務省は中東に関する主要政策声明を発表したが、同声明でソ連は、中東地域の事態発展に無関心ではおれず、西方側が発起した中東地域の国家たちを植民地隷属化しようとして圧力しており、エジプト、シリア、サウジアラビア及びイランは、軍事ブロックに加担するよう漸次圧力を加えている。これとは対照的にソ連は、既に発表された五原則を忠実に遵守し「中近東諸国との相互関係にあって、この原則を履行しようとする中近東地域政府の如何なる措置に対しても積極的な立場を取る」準備を整えていると同声明は言明している。一九五五年六月二十三日と同年十二月十三日各々あったソ連と印度指導者の相互訪問の際に発表されたソ印の共同声明で「五原則」がより広く伝えられていた時、ソ連の政府はソ連とアラブ諸国家間により密接な関係を結ぶ為の決定的な諸般措置を取り始めた。この措置は、四つの範ちゅう既ち軍事援助（武器供給、専門家の訓練、教官の指導）経済的措置（技術援助協定、借款と貿易増加）文化接触（学者、芸術家及び青年祝祭等の交換）及びイスラエルと西方との紛糾にあってのアラブ諸国の外交的な全隠的支持等に区分される。

国民健康 保険加入を推進
中総民生局、各県に調査依頼

中総民生局では、韓日会談両国代表に対して、在日僑胞の新国民健康保険無差別加入を強力に要求するため、この加入に対する動態調査報告を提出するよう各県本部に対し次のように依頼した。

在日僑胞の生計厚生の実態をみると、疾病に対する医療保険制度という問題が重大であることに留意し、中総としてはこの問題に関して日本政府関係当局に問い合わせたところ、新国民健康保険施行規則があることを知り、各県本部はこれに対する加入運動を展開するよう数次にわたって指示したことがあるので、加入動態調査を依頼する。

この加入に対する動態調査報告に関して、今日まで未調査報告県本部が多く、事務的な困難をきたしているが、今般速い妥結を目標に韓日会談が進行中にあり、その内容中、特にわが在日僑胞の医療保険制度において、新国民健康保険無差別加入を強力に両国家代表に要求している。

しかしこれに対して現在わが在日僑胞がどのような医療制度保障を受けているかの資料が必要なので、左記の要領に従って各県本部は必ず報告すること。

報告要領は次の通り。

一、貴県市町村条例決定拒否として
①現在加入されている市町村に対してはその該当条例文写本と保険証写本
② 加入該当者数

二、加入運動に対する交渉如何

韓国の発展に関心
A・A国際親善パーティー盛大

アジア・アフリカ親善の会（会長＝北山篤、太郎氏）のX'マスイブの親善パーティーが跡見学園短期大学の食堂ホールで、約五〇名を集めて盛大に催された。

アジア・アフリカ親善の会は、A・A諸国の研修生、留学生が主なメンバーとなっており、相互理解と国際親善を旨とする会で、講演や、映画などを通して大きな成果を収めている。

同夜親善の催しは、六時ごろから跡見学園の構内にある成蹊館の日本間で、親しく一つの食卓を囲んで、女性会員の心づくしの料理を味わった後、場所を同学園食堂ホールに移し、田村大三氏夫妻による、指笛"および ソプラノ独唱と「私共のみた韓国」と題するスライドと講演があった。同夫妻は韓国YMCAの招きを受けてさき程音楽親善旅行をした際、素晴しい変化をとげている韓国の実態を紹介した。会員たちは、韓国について大きな関心を示しており、とくに、聖書の精神に基く民主化が大いに進められているという点に注目をはらっていた。

最後にダンス・パーティーに入ったが、ダンスを楽しむグループ、ストーブを囲んで国際色豊かな話題に花をさかせるグループ…終始和かなふん囲気のうちに進められたが、次回新正月の会合を楽しみに、別れをおしみながら十時ごろ解散した。

尋ね人

趙秉基（白川）51歳

本籍地忠南青陽郡化成面広坪里一〇三。右の方は一九四〇年頃来日、大阪市東淀川区都島、野坂神社前の野江市場内に住んでいたことのある方ですが、心当りの方は駐日韓国代表部（東京都港区麻布竹谷町一の五・TEL・451＝八二〇六）まで連絡下さい。

民団大阪 西淀川 支部新築なる

【民団大阪発】民団大阪西淀川支部（金吉文団長）ではこのほど懸案であった韓国人会館西淀川支部を新築、その落成式をさる十六日正午から新築なった事務所で盛大に行なった。

支部団員百余名と府本部徐相夏団長、府内各支部団長ら多数が参席し同支部の発展を祝った。

西淀川支部は昨年の台風で事務所を流失し、借家住いをかこっていたが、団員有志の愛国心によって事務所新築にふみきり、今回の結果をみたもの。新事務所は総三十坪の二階建で百四十万円を費している。一階が事務所、二階は会議室にあてられる。

中国新憲法歓迎

台北からの報道によれば自由中国政府は二十三日韓国に新しい憲法が宣布されたことに対し歓迎の意を表わした。

自由中国外務部スポークスマンは韓国の国民投票結果に対して、韓国国民の絶対多数が改憲案を支持したことは韓国国民が真そこから住みよい国を作ろうとする意欲の現われであると語った。

教職員募集

大阪市西成区梅南通り五丁目TEL（661）二八九八

学校法人 金剛学園（大阪韓国学園）

前言

本学園は幼稚園・小学校・中学校・高等学校（男女共学）を併設し韓・日両国の学校教育法に則り国際的な教養を高めると共にそれぞれの教科課程を教育し、韓国国民の人づくりに専念してます。

募集人員

A、幼稚園保母 女子 一名
B、小学校教諭 男子 四名 女子 一名
C、小・中・高音楽担当 男・女一名（但韓国語で指導可能な人）
D、中・高理科担当 男子 一名
E、民族教科担当（韓国語）男子 三名
〃 （韓国国史・地理）男子 一名

資格

在日大韓民国国民で各免許状を有する人、又は将来修得可能な人（但し民族教科担当は、この限りにあらず）

待遇

優遇します。

提出書類

履歴書一通、卒業見込証明書一通、成績証明書一通 学長推薦状一通、写真一枚

期間

上記希望者は一九六三年一月末日まで、[illegible]へ送付願います。

詳細は本校庶務まで問合せ下さい。 本校

技術革新の凱歌！

平和ミラクル・セット
パチンコ裏玉還元装置

★シマの裏側は、あまりみられたくない……
★人為的な玉の上げおろしの仕事は、人手不足の折から、もったいない…
★サービス員の出入り出来る余地があるだけで、遊技客は心理的にもガス玉が打ちにくくなりがち…
★他機種の入れ替えにシマをつくり直す手間が要らない等……
★し大がって、完全な還元装置があれば、いちばん結構……
以上の問題は、平和のミラクル・セットのご使用で、すべて解決します。

平和
東京・大阪・北海道

韓国服地と韓国レコード！

浅草 金宮商店

営業品目
特殊香港洋丹・中国洋丹
金糸織洋丹・チトロン洋丹
京都洋丹・錦繍丹・七色丹
洋服地・各種ナイロンレース
リバレース・オパール
ニュートン・ベルベット
其他 本絹 季節向一式
朝鮮古典長鼓販売
貸古典婚礼衣装

東京都台東区浅草公園六区2－2
電話（841）0003・0004・0005・0006

韓国レコード関東代理店
総販売元

宗教法人 善隣基督教会附属／人間ドック完備

尾竹橋病院

理事長・金城周奉
院長・金城清明

診療科目
内科 小児科 外科
整形外科 産婦人科 眼科
耳鼻咽喉科 皮膚泌尿器科 神経科
放射線科 歯科 物療科

■診療時間・午前9時～午後5時
■基準看護・基準給食・基準寝具・厚生省承認

所在地・東京都足立区千住桜木町53番地／電話（881）4807・7590～2
理事長室（881）7592・院長室（881）6329・栄養事務室（881）2774・準看護学院（881）6329

文化

譜…………李　恒　星

活発だった韓国研究
一九六二年のレポート

一九一九年に創立されたハングル学会と一九三四年に生れた震壇学会とが韓国の文化発展に大きく貢献してきたことは誰もが認めるところであるが、解放以後、特に六・二五以後に創立された有名無実の数多い学会や研究所の中には同好人倶楽部的性格のものが多く今になってはむしろ整理した方が良くないかという段階がきたようにも見受けられる。だが一方ではある程度の経済的な後押しの確保や会員および研究員間のチーム・ワークが整っている団体などもあって続々とその成果があがっており、今年になってから最も豊かな稔をおう歌しているような感じさえするのである。

学会・研究所

学術団体などは、大別して各大学の付属研究機関とそうでないものとに分けられるが、学校付属外のものには、現在、文教部に登録されている五十三の団体があり、またほとんどの大学は付属研究機関を置いている。

学校外団体

韓国研究院（旧韓国研究図書館）ハングル学会、震壇学会、歴史学会、国語文学会、ドイツ文学会、政治学会、国際法学会、民事法研究会、刑法学会などは、定期的な研究発表会を開き研究誌の発行、時事的問題に対する団体としての意思表明などをしているが、特に活発に行なわれたのは韓国研究院をはじめとするいわゆる国学関係の団体などであった。

米国のアジア財団で運営する韓国研究院の如きは、英文学術誌二巻と韓国研究叢書一巻（崔鶴根著「全羅道方言研究」）を刊行、創立六周年記念ゼミナー、韓国人文および社会科学者らの研究傾向調査、国内人文および社会科学者十二名に対する研究費支給、外国学者五名の講演会開催などと多くの仕事をなし遂げてきたのは周知の通りである。

歴史学会と国語国文学会は各々二日間にわたって大会を開らき、歴史学大会のごときは歴史学と社会科学の協同問題、従来の国史研究方法論に対する検討など韓国最初のシンポジウムを持ち、国語文学大会では文教部門のハングル専用審議委員会設置などに関連して、ハングル専用問題、国語教科書の国定解除問題、学校国語文法の統一問題などについて舌戦を展開するようなシンポジウムが開かれた。

震壇学会の「韓国史」は全七巻中五巻まで今年度中に出刊され、さる十一月総会ではまた分類四十巻を書き下ろすことに決議した。

国学関係以外の団体などは、一、二巻の機関誌発行程度でまた、それすら持てない月例発表会くらいなものしかなく、今年度の学界を風びしてきた旋風は断然韓国ブームであったともいえた。

学校附属機関

韓国問題のより具体的な研究課題は、各大学の研究所からも採われた。

▽アジア問題研究所＝一九五七年高麗大学内に設置された同研究所では、去る九月米国のフォード財団と契約しその援助金二八五、〇〇〇㌦をもって旧韓国外交文書整理、南韓の社会科学的研究、北韓研究などに手を着けた。一年ないし三年間の契約でスタートしたこの研究が完了すれば、学界には大きな収穫がもたらされるものと思う。この外にも同研究所では「アジア研究」誌二巻を刊行しており日本人学者四名を招請して各大学巡回講演会をも開いた。

▽東亜文化研究所＝去る二月主に文理大教授らが主幹になってソウル大学内に同研究所を設置したが、まだ法的措置が確定してなく、したがって政府予算（国立大学予算）が策定されてない理由から研究費の支給に恵まれずたんに個人的な立場からハーバード大学の燕京学社で援助するくらいなものである。だが、二十余名の研究員のチームワークは最も強固で二回の大きなゼミナー（二回目は二十二日から）を開いた。それに奎章閣図書の目録作成を継続しており、また研究誌「亜文」創刊号を印刷中である。

▽大東文化研究院＝一九五八年成均館大学内に設置、研究員二十名を擁して主に韓中文化交渉史資料総選録に重点をおいているが「燕行選集」下巻を発行、学術誌「大東文化研究」創刊号を編集中。

▽東邦学研究所＝一九四八年延世大学内に設置、学術誌「東邦学誌」が一冊だされている。

▽仏教文化研究所＝さる四月東国大学内に設置、十六名の研究員をかかえて主に韓国仏教研究に目標を置いているが、取りあえず、学術誌の刊行に取りかかっている模様。

☆★ 詩 ☆★
「われらが友に」

故国なし？
わだかまり嘆きつつ
この空に
幼なき頃より
飢えに泣いた泣いた
子ガラス達は
正しく此処に二十歳
血気したたる若者に？

いつまでも
泣いては居られぬ
さあ　いざ舞い立とう
大きく羽をはたいて
大空を飛びかおう
頬にえみを
希望を胸に

金　賢

創作の不毛地帯
国産映画シナリオの総決算

十二月二十日現在今年一年間ソウルで封切りされた国産映画一二〇編に対してシナリオ面からながめた場合、韓国映画界の最大の弱点である創作物の欠如が例年通りはなはだしかった。何かの流行みたいにブームに乗った連続放送劇の映画化は依然とおらが春をうたい、外国作品の非公式的な翻案がやはり旧態のカラから抜けられないままに放置されている状態である。

ラジオ・ドラマの映画化十六編のなか記憶に残るのは「黒い手袋の女」「両班天下」「いためられた蝶は祈るな」「天と地の間に」「黒い花びらが散る時」「盛り場の風景」「東京から来た男」「恋人はいない」「忘られた山河」「ソウルへの道」「新入社員ミスター李」「七様大妃」「惜しげなく与える」「愛と憎しみとの歳月」「ナラポー青春」などがあり、数こそ少ないが新連載小説やその他の創作文学作品の映画化のなかで注目されるものは「恨の日月刀」「女人天下」「愛の東明王」「美しい囚衣」「烈女門」「林巨正」「烈次郎」「聖雄李舜臣」「大盗伝」「元暁大師」「女の一生」「明日の太陽」などがあげられた。しかし史劇だらけであった。これに比して純粋なオリジナル・シナリオは不作もはなはだしく成績がかんばしくなかった。例をあげれば新聞新春文芸に入選した「奪われた日曜日」「柿の木村の孔大将」を始めに「孟進士宅慶事」「女判事」「黄色いシャツの男」「主のない渡船」「肉体は悲しからずや」など……このような作品外の作品は大部分が国籍不明の雑炊飯式な妙な翻案物がはんらんしたのである。焼返しや真似事に終始した映画のなかでも、まあまあストーリーの骨組みがちゃんとしていて、またその叙景？をつかめられる作品としては「明日まで結ずな」「悲しみは私だけに」「山の娘」「家族会議」「この世のどこかへ」（この作品が質的に最もすぐれている）「大地よ告げよ」（「人間の条件」を翻案したものであると製作者側が言明しようとしたが、当局の指示で明示することができなかった）などがあげられる。このように一九六二年度の国産映画「シナリオ」界は創作面においては不毛と枯渇をまぬかれず質的水準においても大体平均点以下線をたどる凶年を甘んじて受けなければならなかったが、これなどは新年を迎えるに当り韓国映画界の最も大きな課題として年を越せそうである。

國寶巡禮

館長・李　蘭　雨筆

青磁亀形水瓶

〇…高麗磁器は、そのこしらえる技法もいろいろあるが、その作られた形もそれに劣らずまちまちである。鴨の形をしているものがあるかと思えば、竜の形をしているものもあり、獅子模様をしているかと思えば麒麟模様からなっているのもある。亀の形をしている国宝第九十六号「青磁亀形水瓶」（徳寿宮所蔵＝高さ一七・三㌢、横二〇・二㌢＝十一、二世紀製品）は、なかでも最も傑作物として、亀の口が瓶の口がわりに使われるようにした奇抜な構造をなしている。

蓮の花に坐った亀の背中には蓮の葉を垂し、ところどころに（王）の字を彫り込んだ陰刻がある。亀の頭は見る角度によっては竜頭のようにも見えるが、このような亀頭模様は典型的な高麗様式であると——。瓶全体から淡緑色釆釉のすきとおるような釉姿が美しく輝き、あたかも生きた亀の鱗が光っているようにも見える。

〇…この水瓶は一九一七年「李王家博物館」で久野伝次郎という日本人から当時のお金五百円を払って購入し今まで保存して来たものだが買いあげた時分から瓶のフタはなかったものであったが所蔵品のなかに全く同じような亀の水瓶があって、一九三二年李王職発行「李王家博物館所蔵品写真帳」には完全に混同されており、その後そのように扱われて来たが、この度の海外展示準備の際、始めてこの事実が明らかにされた。

李朝野史物語

魯山君となった端宗（五）
弓弦に頸かけられ窒息死

太宗世祖時代編（22）

禁府都事王邦衍は、最初は容易に魯山君の客舎に入れなくて、その門前でためらっていた。しかし、同行した他の刑吏どもがしきりに促すので、仕方なく魯山君にお目通りをしたことである。

魯山君、庁舎正面に端座され「何んの使命できたか。上監（世祖大王）は御健康か」とおコトバをかけた。

禁府都事王は、魯山君からそうまともに聞かれたので自分の使命（賜薬を持ってきたこと）をどうしても申し上げられなかった。ただうつぶせしたまま、がたがた慄えながらすすり泣くのみであった。

魯山君は、彼がその使命を申上げられないでいる様子を見られ、またそのわきに白紙包の四角小箱を御らんになって、その命使が何んであるかを、さとられた。しばしの間、そのままで時間がたった。

魯山君の前に平伏した王邦衍、ただすすり泣いているばかりでいる。すると、客舎の前庭で待機していた他の刑吏から「酉時ー酉時だー」という声がかかった。酉時というのは魯山君が賜薬をうける時刻であった。時刻は刻々とせまっていった。予定した刻をすぎれば王命の刑吏一行は、死なねばならない。

それでも、王邦衍はただ依然として嗚咽（おえつ）するばかりでいた。門外では刑執行を促す声がしきりであるが、いつ賜るかわからない有様であった。

このとき、魯山君についてきた小姓一名が（一説には禁府の下属となっている）、どこから弓の弦をかくし持ってきて魯山君の背後から、弦を頸にかけてぐっと引張ってしまった。頸にかけられ弦はぐいぐいと肉に食い入り、北側に引きずられて行った。北側のかまちに引っかかって息を引きとった。

ついに、魯山君ー端宗大王は数奇な運命にさいなまれながら、かくの如く短い生涯を閉じた。

侍女がその他のもの（約二十名がいたが）は、亡き端宗のために痛哭した。

一方、何にか恩賞をうけることを期待して魯山君を殺した小姓は門を出て二三歩進んだときに、俄かに血を吐いて死んでしまった。

魯山君の最期があまりに悲惨極まりなかったので、禁府都事はその御体の後始末もしないでソウルに帰ってしまった。他の人も後日罰をうけることを怖れて寄りつかなかった。

この有様を見た寧越戸長厳興道は、正義心の強い忠義の士であった。彼は、端宗大王が魯山君とされたことに普段から非常に痛恨としていた。

非道な仕打ちで最期をとげられた王、その葬いまでもしようとするものがないことを知って、ほっておかれないと考えた。

彼は、自分の私物を全部売り払った金で寿衣（死装束）その他必要なものを整えた。柩は自分の老母のために用意しておいたのを用いることにした。

その親戚や友人たちも後難を怖れて、それにかかわるなといったが聞かなかった。彼は、その一子彦賢と夜中に二人で密かに納棺の儀式を行なった。それから、寧越府内から北方五里のところに、二人でかついで行って選んでおいた墓地に、夜通しかかって埋葬を済ました。

それ以来、この二人は行方をくらました。世祖も強いて二人を追わなかったという。

さて、魯山君ー端宗は非なく悲惨な死方をされた。鬼使に死んだのでその霊魂は成仏できなかったとみえて、その御柩が夜となく昼となく寧越府附近をうろついていた。

寧越府使が赴任するとその夜の中に死ぬ。七人の府使がつづいて赴任してきたが一人残らず、翌朝には冷い骸（むくろ）となるのであった。

そのために、冤罪のたたりを怖れてその後任を志願するものがなくなった。或る朝臣一人が第八番目の府使を自願して赴任した。

彼は、赴任初夜膳を全部退けてから、ただ一人で官服で身を整え、燭台も真昼の如く明るくしておいて、端座して待っていた。

やがて、夜もふけて三更の刻となった。すると、さわやかな微風がよぎった。府庁大門が大きく開く。一人の少年が大王の袞竜袍と翼善冠の装（帝王の正装のこと）で、侍衛官と承史閣臣（大臣）など率いて威風堂々と入来し、政庁の正面に御座した。

新任府使は恐怖してその御座の前に平伏して、沙汰を待った。

府使に声がかかり「わしは、汝の小姓奴の弦に頸をかけられて窒息死をとげた端宗である。死んでからもその弦をかけられたまま葬られた。そのために頸が痛くてならぬわ。それをいうために本官のところに何回となく来た。府使たちは弱虫とみえてその度死んだ。可哀相なものたちだ。

汝だけはそうでないから頼むことだ。どうか、朕の頸の弦を解いてくれ」と告げた。

府使は、一瞬体中に冷たいものを感じて怖気づきながらも、渾身の勇気をもって、謹んで奉答した。

「臣、陛下より直々の御沙汰を拝し恐り恐惶感激でございます。しかし、聖上の玉体が何処に在すかわかりません。どうしたらよろしいでしょうか」・

（石鱗山人）

安住の地よいずこ　（120）

許　槿　旭
え　金　泰　伸

安住の地は（六）

「おばさん、私は大丈夫ですよ。いままで何度もしましたから。おばさんはほんとにきついでしょう？」

「そう、ほんとに辛いよ。入粉ちゃん、こっちへ来て袋をちょっと持ってくれない？」

「はい」

少女はにこっと笑いながら、私の方に駈けて来た。

「おばさんが袋を持っててください。私が詰めてあげますから」

少女は両手で、かき集めた落葉を一抱え、抱え込んだ。

「さあ、入れて」

私は袋の口を拡げた。

やがて、袋は一ぱいになった。

「入粉ちゃん、こんどはおまえがかき集めたのを袋に詰めようね」

「そうしましょう、おばさん」

私は入粉と一しょに、南京袋に落葉を詰め込んだ。

太陽が傾きかけるころになってようやく私は山から下りることができた。

カチン、カチンと凍りついた体を、かまどの前で解きほぐしながら、私はそだを折ってはくべた。疲労が全身を襲って来た。

そばで米をといている少女に、私は静かに問いかけた。

「入粉ちゃん、毎日、もし雪拾いに行くの？」

「いいえ、雪が降るとか、ひどく寒い日には行きません」

「ううむ」

私は、またそだを折って投げ入れた。

いきおいよくあがる炎を眺めながら、私の心は、だんだん、叫びたくなるような悲しみに陥ってしまう。

私はいま、なぜ、こんなにも、泣きたくなるのであろうか？きょうから明日にかけて一歩を移す私の歩みに、何の理由があるのだろうか？

何を望むんだろうか？

ただ、生きるということが、すべてを意味するのみであった。

ここが、私が漂着すべき最後の地点だろうか？

泣くに泣けない諦めと共にこの灰色の山の中で、あるいは、私の永遠の悲願は終ってしまうかも知れない。

胸にこみあげるやるせない感情が、あらしのように私を襲った。

私は、急に体を起し少女に言った。

「入粉ちゃん、火をちょっとも1てね。私、外にちょっと行って来るから」

「はい」

私はお勝手から出て、本堂の裏にまわった。抑えていた涙がほとばしり、声を立てて泣き出した。へこんでいる岩の上に腰掛けた私の頬に、服の上に涙がこぼれ落ちた。

いつのまにか、まわりは暗くなって来た。

「ほんとに、あのこは食事の用意もしないで、また、どこへ行ったんだろう。どうも眼ざわりでしようがないったら……」

お勝手からの姑のけわしい声が針先のように、私の胸につきささる。瞬間、私は岩からさっと立ち上った。

ゴロー商会
GORO&CO
G&S
社長・金　巳哲
東京都渋谷区大和田町11番地
TEL（461）4022番

豪華浴室と高級焼肉料理の殿堂
温泉気分と最高のムードで
個室トルコ　早朝五時より（800円）浴後にビール1本ツマミ付サービス
大衆男女トルコ風呂 ¥100円
◆五〇〇坪全館冷暖房完備◆
上野　宝苑
上野駅前昭和通り宝ホテル隣
チャングのリズムに乗って
韓国の古典床しき美妓の舞い
御宴会
御一人様　500円より
料理5品　酒1本（500）
高級焼肉料理
（年末年始の宴会の予約は早めにお申込み下さい）
御予算により御相談に応じます。200名様用
大広間御家族ずれ、大小10室準備
温泉部電話（832）2619～20、食堂部電話（832）6505～6

OHASHI PLUSTIC.KK
大橋プラスチックス工業株式会社
プラスチックス成形一般
社長・鄭　在　淳
東京都足立区千住仲町102番地
電話（888）0147・（881）6363

世界を
飛翔する
乗用車
ここに誕生!!
ダットサン　ブルーバード

日本で最も人気があり、世界各地に輸出されて好評のダットサン　ブルーバードのふるさと……日本の代表的自動車メーカー「日産」が神奈川県追浜に建設した東洋一の乗用車工場です。100万平方メートルの広大な敷地に並び立つ工場では、すべてがコンベアーシステムで運ばれています。日産自動車では、このたびセナラ自動車と提携し、ブルーバードを韓国に輸出することになりました。

ダットサン　トラック

NISSAN
日産自動車株式会社
東京都千代田区大手町ビル
새나라自動車工業株式会社
ソウル特別市中区小公洞21

韓國新聞
発行所 韓国新聞社
発行人 曹寧柱
東京都文京区春日町51

韓国と日本を結ぶ!!
広告企画と立案・図案文案製作
新聞雑誌広告・ラジオテレビ広告
ネオン屋外広告・市場調査と興信
その他広告宣伝PR
広告代理業 KPR
TOKYO 港区芝琴平町26 電話（501）0471
SEOUL 乙支路一街101 電話（2）1811

10年交渉、近く終止符

請求権で日本譲歩

コゲツキ債、近く合意

韓日会談第二十一回予備折衝が二十六日午前十時から外務省で約二時間にわたり、韓国側から裴首席代表と崔参事官が、日本側から杉首席と後宮アジア局長の四者が参席して行なわれた。この日の折衝で日本側は、金・大平間の了解線に基づき前回の折衝で韓国側に拒否された政府借款条件について、金額と長期低利の経済協力資金による旨の譲歩案を提示することによって、十年来の請求権問題の年内妥結と国交正常化への見通しは極めて明るくなった。

この日、日本側の提示した請求権処理に関する案は、①無償三億ドルは、資材と用役を十年均等払いを原則とするが、韓国の財政事情によっては両国合意のうえ、その期間を短縮出来るものとする。②コゲツキ債権四千五百七十三万ドルは無償三億ドルのうちから相殺するが、その期間を三年間とする。③二億ドルの政府借款は、海外経済協力基金を最優待条件、即ち、年利三・五％に二十年償還とする。十年間均等払いを原則とするが、韓国の財政事情によっては双方合意のうえ、その期間を短縮し得るものとする。④民間ベースによる一億ドル以上の借款は輸銀からとし、これは国交正常化の時期に拘らず実施するものとする。

という内容のものである。同案のうちコゲツキ債権四千五百七十三万ドルの返済期間について、日本側の三年間に対し韓国側が十年間を主張している点に差があるが、これは大局の難点とはならぬ模様である。

二十六日に予定されていた漁業問題に関する専門家会合を二十七日に延ばしたが、当日の会合では相互接近するよう努力することにした。

次回の予備折衝は正月十日頃に予定しているが場合によっては、その間にも開くこととした。

韓国側がこの日の日本案を承認すれば、十年余に亘り韓日会談の最大の難問題とされていた請求権交渉は解決をみることとなり、その他の懸案も促進され、来春三、四月頃の調印の見通しが強まってきた。

金容浩、高遠氏を選出

国際ペンクラブ派遣代表

明年四月九日から十七日までイランの首都テヘランで開かれる第三十二次国際ペンクラブ大会へ派遣する韓国代表に金容浩氏と高遠氏がペンクラブ韓国本部の臨時総会で選出された。

一方、崔貞熙、孫素熙、韓茂淑、盧湖、田淑姫氏等五氏の中からも何人かが同伴参席するだろうといわれる。

今回の国際大会のテーマは「回教文明と非回教文明間の文学的相互影響」としてしられているが同大会には約六十カ国が参加する予定である。

今年生糸輸出で三百万ドル獲得

農林部発表によると、今年度の生糸輸出で十一月末現在外貨三百四十七万六千ドルの外貨獲得が可能であるといわれる。

今年の生糸輸出計画量六万六千貫に対して十一月末現在二十五％である七万二百九十六貫を輸出しているような実績をあげたものである。

ところで今年の蚕種製造は計画量二十六万枚に対して百五・九％である二十七万五千二百十枚を製造しており、蚕繭生産は計画量九十二万貫より三十％を超過する百十八万四千六十三貫の実績をあげた。

駐米金公使召還

訓令で25日帰国

アメリカ駐在韓国公使金東輪氏は二十五日政府の召還訓令を受け帰国した。

金東輪公使の帰国の目的については色々と推測されているが金公使自身がこれについて一さい言明を避けている。

氏名きょうにも発表

旧政治人の追加救済者

【ソウル発＝連合】国家再建最高会議朴正熙議長は適格判定を受けていない旧政治人のうち革命課業の遂行に顕著な貢献あると認める旧政治人の一部を今明日中に救済する。

最高会議内務委員会が調査完了して朴議長に上申した第二次に救済される政治人の名単は今明日中に朴議長の裁可が下されるものと見ている。

李厚洛公報室長はこの日記者団との会見席上、内務委員会が旧政治人追加救済名単を朴議長に提示したことを正式に是認しながら、これに対する朴議長の決裁は二十四日現在まで下していないと明らかにした。

しかし李室長は追加救済範囲に対しては言及は避けた。

西部前線高地でクリスマス礼拝

西部前線海兵一旅団〇〇高地では、二十五日午前五時令旅団長を始め将兵多数と民間人が参席し一はじめ将兵多数と民間人が参席し一南北韓同胞が一緒にきくことができる拡声放送施設を通じて礼拝をおこなった。

韓日会談略史（続）

第六次韓日会談の経緯

【4】李烔淵

（C）崔・小坂会談の内容

▼請求権問題＝崔・小坂会談の主題は請求権問題であった。この請求権問題は、韓日会談の核心的最重要問題である。この問題について韓日両国は過去十余年間、平行線的論争をつづけてきたのである。双方は原則論だけをくり返していたが、一九六〇年の第五次韓日会談に至ってようやく、その具体的討議に入り、今度の第六次会談において、効果的な討議をするようになったのである。この請求権問題に関して崔外務長官は一九六二年三月十日池田首相で記者会見を行ない「韓国の請求権は三十八度線以北も包含する」と言明した。当時日本側は韓国の主権は韓国全土にその効力があり北韓カイライ政権は、北地域を強占しているにすぎない」と説明した。この崔長官の発言は「韓国請求権は三十八度線以南に限る」との日本側の理論に対する強硬な警告であった。これにもかかわらず日本側は、この請求権の南北韓限論を打出して激しく繰り返した。

これに対して韓国側は、強硬に抗議し、「三十八度線」という言葉を「使わないよう合意した」と報道された。当時日本側は主権を否認するものでないと釈明したと伝えられている。

このように三十八度線問題で会談のはじめから論争が起きたことである。三月十三日崔・池田会談が終わってから会談の雰囲気はすこし悲観的になってきた。そして韓国請求権の額数が双方で提示されたことは、すでに述べた。だが韓国側は請求権二億ドル、無償供与二億ドル、経済援助二億ドル、合計六億ドルを主張し、日本側は、請求権七千万ドルと無償供与を含めて、合計一億五千万ドルの額数を提示したといわれる。

このころ日本の各新聞は、日本が支払う請求権額数は一億ドルぐらいであると報道したが、これに対して韓国側は、強硬な態度を取った。三月十七日崔・小坂単独会談が終わって一高位韓国政府消息筋は「日本側が提示した額は、日本新聞に報道された額数と同じぐらいのもの」だと語った。結局請求権の開きすぎからこの会談は悲観的に閉会させられるものとなったのである。

▼独島問題＝一方この政治会談で独島（竹島）問題が日本側によって提起されたのも注目すべきことである。本来この独島問題は韓日会談の議題でない別問題である。現実においても韓国が統治している韓国の領土であるし、歴史的にも韓国領という記録を持っている。

しかし、現在の国際法上、日本が日本の領土であると主張するに役立つ若干の理論的な根拠があるともいえる。この独島問題に関して日本側は過去十余年間毎年提起された韓日会談の本会議ではあまり「問題化」しようとしなかった。

しかし今度の政治会談では、これを積極的に打出し、外交的テクニックを企図したのであ る。三月十二日小坂日本外相は崔長官に「今度の会談で竹島問題を提起するだろう」と発言したと報道された。この小坂発言の一日前の十一日、政治会談の議題作成のための韓日実務者の予備折衝で日本側は、独島問題を正式議題にのせるように主張したのである。韓日双方は、在日韓国人に永住権を与えるという原則を再確認し、①永住権賦与の範囲を多年間日本に居住している僑胞はその子女にまでも拡大するが、②強制退去命令は危険人物に局限して下すということに合意を見た。

▼平和線問題＝漁業協定問題は、実務者会談で討議することに韓日間で合意を見た。しかし、平和線問題については対立をつづけた。韓国側は「魚族保存」以外の理由として海外からのスパイ侵入を防ぐなど国防上の理由をあげ、その存続を主張した。

これに対して日本側は平和線の撤廃を主張した。

▼在日僑胞の法的地位問題＝この法的地位問題は韓日双方で既に第五次韓日会談から原則的合意を見た問題である。今度の政治会談でもこの問題は無事合意に達したのである。

また韓国側は韓国人学校卒業者にも平等な資格を与えるべきだと主張したが、日本側はこの問題だけは法規の改正を要するので、もうすこし研究してみると答えたといわれる。

ここで崔・小坂会談を通観すると、この会談は「請求権の額数の提示」以外の成果を上げることなく、その幕を閉じたものといえる。（つづく）

新憲法

市民会館で公布式

発効は五月の初国会で

【ソウル発＝連合】国民の絶対的多数の賛成で確定された第三共和国の憲法公布式が二十六日午前十時市民会館で政府要人と多くの市民が参席したうちに行なわれた。

韓国の歴史上はじめての国民投票で確定された第三共和国の憲法は国民基本権を最大限に保障する規定をはじめ政府を強力に率いる大統領中心制と、代議政治の基幹的役割をする政党の健全な発展を図る政党規定などを設けて、韓国の実情に符合し先進諸国に劣らない民主憲法である。

この日式典をととのえて歴史的に公布されたこの憲法は来年五月に選出される国会が初会合を持つことによって発効する。

しかし、新憲法を施行するに必要な法律の制定と大統領選挙、国会議員選挙らの準備は、新憲法施行以前にも実施が可能である。

ところで政府はこれより先、臨時閣議を開き最高会議の議決と国民投票を経て確定された改正憲法を公布することを議決し大統領権限代行朴正熙議長の裁可と閣員の副署を経て公布の手続きをとったものである。

行政府の業務監査

最高会議来る一月15日から実施

最高会議は行政府に対する業務監査を来る一月十五日から向う二週間にわたって行なうことに決めた。

ところで、このたびの監査はさきほど行なわれた国政監査の際指摘された是正事項並びに建議事項を行政府がどのように実施しているかを直接知るのにその目的があるといわれる。

21人を予備役に編入

最高会議の三軍委員

旧政治家も受入れ

革命主体勢力の新政党

【ソウル発＝連合】国家再建最高会議の最高委員のうち陸、海、空軍の参謀総長を除いた全員が来年に予備役に編入されるという非公式的な了解が成立したと伝えられている。

二十四日最高会議のある有力な消息筋は数回にわたる最高会議の非公式会合で陸、海、空軍の参謀総長並びに海兵隊司令官を除いた最高委員会員二十一人が来年の選挙が行なわれる前に予備役に編入されることに最高委員の一致を見たと伝えている。

ところで、李厚洛公報室長はこの予備役編入問題についてはこれまで最高委員の間に意見が交わされたと述べ、その内容が二十七日に行なわれる朴議長の記者会見で明らかにされるだろうと語った。

【ソウル発＝連合】革命主体勢力を中心としている新たな政党は既成政治家達をも大幅に含めて比例代表制による議席をこれらの人々にも割り当てるものとみられる。

最高会議の李厚洛公報室長が二十五日明らかにしたところによると、革命主体勢力を中心に作られる新たな政党には良心的でしかも過ちのなかった旧政治家も受け入れて汎国民的な政党を作る方針であるといわれる。

一年間、特外品取締一万二千287件

金融機関不正行為九二名検挙

治安局集計によると、一月から十二月二十日まで非法貿易取引検挙件数は五百二十件、検挙人員は五百五十名に達し、米貨五千五百十三ドル、米軍票四千六百九十一ドル、日貨一百二十万九千二百九十八円を押収した。

なお同期間中、金融機関従事員不正行為は六十件に九十二名を検挙（拘束＝十九名、不拘束＝七十三名）し、不正小切手は三万七千三百五十二件に一万六千四名を、特定外来品及び密輸取締は一万二千二百八十七件に一万二千四百六十七名を検挙し、総額は六千六百五十六万八千四百十八ドルに達するという。

施政方針15日に公表

25日経済政策を審議、未採択

国家再建最高会議は二十五日午後二時から六時半まで在京最高委員の全体会議を開き各分科委員会によって作成し、内務委員会がまとめた六十三年度施政方針案を審議した。

しかしこの施政方針案は採択されず来る二十九日まで各分科委員会で再び作り、内務委員会で再び検討することになった。

来年度の政府基本運営計画となるこの施政方針は来月十五日に公表される予定である。

ところで、最高会議が公休日にもかかわらず本会議を召集したのは、政党法と選挙法の制定並びに朴議長の記者会見など忙しい日程のためであると消息筋は伝えている。

なお、この日の本会議で論難の対象となったものは経済政策部門であったといわれる。

26日に初軍裁

韓国日報鎮衛、記者等陸軍本部普通軍法会議（法務十...

リビア独立に祝電

崔文環外務長官代理は二十四日リビア独立日を迎え同国外相に祝電をおくった。

朴議長、27日記者会見

記者団12項目の質問書用意

朴議長

【ソウル発＝連合】国家再建最高会議朴正熙議長は二十七日午前国民の関心の焦点となっている民政移譲の日程をはじめ、自身の大統領出馬与否問題と最高委員の去就問題に対して確実な答弁があるものとみられる。朴議長はこの日午前十時今年に入ってはじめての放送記者を含めた写真記者ら国内外記者と会見を持ち、国内記者団から提出した十項目の質問と外国記者団から提出された二つの質問に対して詳細な答弁があるとみられる。

ところで国内記者団が提出した十カ項目の内容は民政移譲にしたがう具体的な日程をはじめ、朴議長の次期大統領出馬与否問題、最高委員の去就問題、旧政治人の追加救済計画など当面の諸問題が含まれている。

金内閣首班も29日記者会見

【ソウル発＝連合】金顕哲内閣首班は来る二十九日午前十時中央庁出入記者団と会見する。

朴議長の記者会見につづいて行なうこの会見では、民政移譲を控えて、政府が処理すべき懸案と年末の総合的な経済動向に対して言及するものと予定される。

労災保険七月から実施

失業保険は十月から計画

【ソウル発＝連合】政府は恒久的な社会保障制の一つとして労災保険と失業保険並びに医療保険を実施することにして準備を進めている。

伝えるところによると、保険社会部に設置されている社会保障審議委員会は、この保険に対する草案を作成して、現在最高会議の承認を待っている。この草案では労災保険と医療保険は来年七月から、失業保険は来年十月から実施するよう計画している。

ところで、この保険計画の内容を見ると

▽労災保険＝療養給付は治療費四カ月分四万八千ウォン支給、休業給付は平均賃金の六十％を四カ月分支給、障害給付は五百分の一に該当する賃金を支給する。

▽失業保険＝失業をした時賃金の六十％を支給（但期間には区別がある）

共産側、U2型機侵入したと抗議

第161次軍事停戦委

二十二日板門店で開かれた軍事停戦委員会本会議で北韓カイライ側は米国のU2型偵察機が北韓に侵入したと抗議してきた。

共産側の要請で開かれたこの日の第百六十一次本会議で北韓カイライ側首席代表張定河（音訳）はU2型機が去る二日午前九時五十五分大延坪島から海州地方に侵入し十一時四十分ごろまでいたと述べた。

これに対して国連側首席代表キール少将はこのような事実は知らないし、調査してみると答弁した。

一方カイライ側代表張は国連側が継続して軍事力を増強していると常套的な非難をしてきた。

海難審判委発足

一月八日から釜山等に

このほど閣議は海難審判委員会の職制を通過させ、来月一月八日からわが国ではじめての海難審判委員会が発足するようになった。

この審判委員会は海で起こるいろいろな船舶の事故などを防ぐとともにそれら事故に対する処理を目的とするものである。

なおこの海難審判委員会は釜山、仁川、木浦など三カ所に設けられることになっているが、まず釜山の一カ所だけに設けることになった。

3人死に20人負傷

湖南線で衝突事故

二十四日午前湖南線を走っていた列車と旅客バスが衝突、バスに乗り合わせていた客三人が死亡、二十余名が負傷をうけるという交通事故があった。

午前十一時四十分頃湖南線林谷―松汀里間大田基点一八九キロ支点である華光第二〇七号列車と光州旅客所属バス（全南営六六七号）が衝突し、バスに乗り合わせていた旅客三名が死亡、二十余名が負傷をおった。

死亡者の身元はまだ明らかにされていないが、負傷者らは附近の病院に収容された。

朴賢栄中佐、検察官が洪澈大領（韓国日報鎮衛事件の被告鎮衛社長）＝拘束（韓国日報政治部記者）と姜日起（37）拘束（大韓蚕糸会企画委員）に対する「虚偽事実流布」嫌疑公判を二十六日午前十時開廷する。

*商銀が築く
明るい事業！
熊本商銀
信用組合
熊本市米屋町2-2
TEL 2-3566, 6003

お宅の電化は三和から！
御値で小売も（本社総合卸商品）
各社テレビ電気器具卸
三和テレビ・ラジオKK
東京都台東区御徒町1-5
TEL (866) 4177（代表）

皆様にとって最も親しめる銀行…
最古の歴史を誇る朝興銀行を御利用下さい。
外国為替・信託 業務
韓国・ソウル特別市
朝興銀行

世界を
飛翔する
乗用車
ここに誕生!!
ダットサン ブルーバード
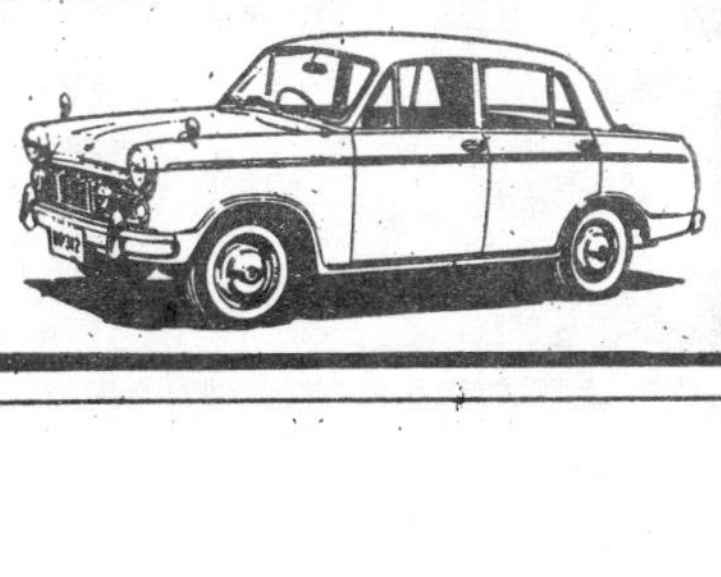

日本で最も人気があり、世界各地に輸出されて好評のダットサン ブルーバードのふるさと……日本の代表的自動車メーカー「日産」が神奈川県追浜に建設した東洋一の乗用車工場です。100万平方メートルの広大な敷地に並び立つ工場では、すべてがコンベアーシステムで運ばれています。日産自動車では、このたびセナラ自動車と提携し、ブルーバードを韓国に輸出することになりました。
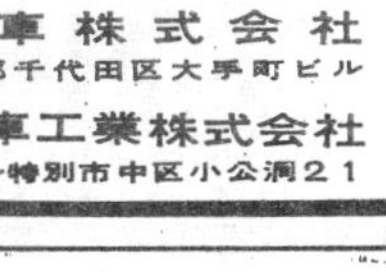
ダットサン トラック
NISSAN 日産自動車株式会社
東京都千代田区大手町ビル
새나라自動車工業株式会社
ソウル特別市中区小公洞21

選挙法要綱の解説

国家公営・政党中心に
応援演説は政党員だけ

選挙は、普通・平等・直接・秘密の民主的方式により国政を代決する国民代表を選ぶ手続である。国民は四年に一度ずつ「総選挙」を通じて、国政を審判することになる。最高会議選挙法起草専門委員会は、さる二十一日と二十二日の二日間、内務委が準備した三つの試案を中心に、全文十三章附則からなる選挙法要綱を審議、単一案として確定した。この要綱は予定通り条文化されて最高会議常任委員会に上程されるものだが、起草委で結論を出すに至らなかった幾つかの問題点は、国民の世論を参酌し、常任委で政策的に決定することになろう。確定された選挙法要綱を分かり易く解明すると次のようだ。

一般原則

国民の自由意思に基づき国会議員を公正に選挙することにより、民主政治の発展を図る選挙法要綱の一般的原則は①厳格な国家公営制②政党中心の選挙運動③選挙運動と選挙費用の制限④従前の多数代表制に比例代表制を加味し⑤政党公薦を立候補登録要件として無所属出馬を封鎖するとともに⑥選挙事犯に対しては裁判主義で臨むことによって公明選挙を期した点などである。

そして、過去の煩さであった選挙秩序を是正するため、選挙運動規制を全廃し不正投票および不正開票の素地をなくすことにより公明選挙を保障しようとの趣旨のもとで、参観人制度を前進させ、参観人に是正要求権を賦与したことは、一歩進んだ特記事項といえよう。

しかし「八・一二声明」や朴正煕最高会議議長の数次にわたる公約の通り、新憲法の下で最初に実施される来年の総選挙を「世界的にも類例を見ない自由、公明、模範選挙」たらしめるべく、制度的に裏付けする「カギ」としての役割を担う新選挙法は、より幅広い衆智を集約させたものでなくてはならないだろう。

第一に、問題点になる人口基準は、現行法どおり、統計法の規定に基づいて調査された最近の統計によることになった。人口統計は選挙区画定と選挙運動の基準となるものであるので、その根拠をどこに求めれば合理的であるかは、疎忽に看過してならないことだ。国民に参政の機会をできるだけ多く与えるためには、流動的な住民登録カードに依拠するのが良いという主張もあったが、「より確実で信憑性あるもの」に従い、人口調査統計によることになった模様である。ただし、来年五月の総選挙に限っては「住民登録法に基づく一九六二年十一月十五日現在の人口を基準とする」との経過規定をおくことにした。

選挙啓蒙に関する条項を新たに設けようという意見もあったが、この啓蒙条項はまかり間違えば、特定党とか特定立候補者を支持・当選または反対・落選させるのに悪用される憂慮があるため、設けないことに結論を見た。

大邱市民の改憲国民投票

挙に限っては「住民登録法に基づく一九六二年十一月十五日現在の…」するよう、附則に規定することになった。現行法では「選挙委員会…

選挙費用

新選挙法は、選挙管理に所要される経費は全額国庫が負担…法」（第十一条）で規定したものを選挙法の中に規定したのは、それだけ徹底した公営制の精神を生かしたものとも解釈されるが、立候補者の選挙運動費用は所属政党と候補者が負担し、その会計責任は政党会計責任者が負うことにして一元化した。そして金額も二十万ウォンないしは三十万ウォンの線に厳格に制限される模様である。

全国区に出る比例代表制候補のための選挙費用は、中央選委が決定する金額に所属候補者数を乗じて得た金額となり、地域区多数代表制候補のそれは地域区選委が定めるが、不当な場合には中央選委がその是正を命じることにした。

選挙運動員は認めず、政党員たる賛助演説者、事務員および労務者など選挙運動関係者には報酬は支給しないが、現行法と同様実費は弁償することにした。改憲案審議の時の要綱には「選挙費用は立候補者と所属政党に分賦することができる」との項目を設け、選挙費用の一部を国庫が負担するかのようであったが、結局、選挙管理費だけを国庫負担に回わした。

選挙権と被選挙権

選挙権と被選挙権は、現行法と同様各々二十歳、二十五歳以上と規定したが、とくに被選挙権については「現役兵服務を忌避して刑の宣告を受けた者」を欠格事由として新規追加し、国会議員に立候補する資格を剥奪した。だが、宣告された刑を終えた後、兵役義務を完了した時は、被選挙権を回復してやるように規定されるだろうという。試案に入っていた「納税義務を果たしていない者」については、租税法による制裁規定が別にあるところから、ここでは削除された。

国会議員数

国会議員数は、人口二十万を基準に画定される地域選挙区から選ぶ百二十余名の多数代表と全国区を単位に選ぶ六十名の比例代表とを合せて百八十余名となるだろう。しかし、比例代表制議員数を地域代表制議員数の半数（六十名）にするか、三分の一にするかは、比例代表制議員の政党別議席配定方法と共に、常任委が政策的に最終決定を下すことになろう。

多数代表は「一区一人主義」で地域選挙区から選出されることになり、憲法公聴会の多数意見であった中選挙区制は加味されないことに落着したが、単位行政区域である「郡」は二個以上には地域選挙区に分離できないようにした。

政党は、登録期日内に候補者公薦を取消し、他の者に変更登録する権限および、候補者の死亡または被選挙権喪失の場合は選挙日前十五日まで候補者推薦変更申請（追加登録）をする権限を有する。公務員または選挙委員であって立候補しようとする者は、現行法と同様議員任期満了日前八十日（六カ月）以前に辞任することを原則とするが、来年の選挙に限っては再選挙または補欠選挙の場合と同様「選挙日公告日から五日以内に」辞任することに一旦決定を見たのであるが、再び「来年二月末までに辞任しなければならない」と変更された。

選挙運動

選挙運動員制度は全廃されたが、政党中心の創意的な選挙運動を行なうことができ、立候補者は合同または個人政見発表会と政党主催選挙演説会を通じて、自己紹介および支持を訴えることができる。それに、個人政見発表会では、実質的な運動員ともいえる「政党員たる賛助演説者」の応援を受けることができ、録音器による政見発表会も持つことができる。壁報、図画、施設など宣伝文書の張数と貼付、配付回数は、厳格に制限されたし、戸別訪問も禁止された。

投票方法

投票方法は、従前どおり符号式により記号方式は〇標とする。投票用紙は、地域区および全国区議員選挙のためのもの二種類を作成し、同じ日に同一投票所で行なう場合であろうとそうでなかろうと、有権者は一回投票し、多数代表と比例代表を別々に選ぶことになる。

参観人制度

投票および開票に当っては、地域選挙区候補者ごとに所属政党員中から四人ずつ参観人を選定し、二人ずつ交代で参観できるようにして現行法よりは前進した。

参観人は、投票用紙の交付および投票状況を監視できることは勿論、投票が開始および終了した時は投票函を検査、封鎖、封印するのに参与することができるし、投票函の送致に同伴もできる。また開票時の不当な処事に対する是正要求権を持つことになるので、所謂「一括投票」「フクロウ開票」など不正の余地は全くなくなったと言えよう。

奨学生募集

募集人員　二名
資格　ソウル出身者。東京にある大学の理工学生。
希望者は履歴書、在学証明書を韓国新聞社まで提出して下さい。

韓国の声

尹潽善氏の発言を駁す
＝具体的な解明を望む＝

「この席を去る決心を固めさせた重要な動機は、旧政治人に対する制裁法である」との声明を発表して、去る三月二十二日、大統領職を退いた尹氏が、去る二十一日、記者会見を行ない、政浄法の全面的廃棄と矯導所にいる政治犯らを全員釈放することなどを勧奨する発言をして、平地に風波を立て、社会に大きな物議をかもしているのは甚だ遺憾に思う。

尹氏の大統領下野声明が発表された当時本欄において氏の、政浄法は「国民の人和と団結にヒビを入らせるのではないか」という憂慮に対し、五・一六後継続して在任した大統領の声明としては首肯できるものの、それは杞憂に過ぎないことを指摘したし、また政浄法の制定は革命課業遂行上止むを得ないことであり、ただその運用に妙を得ることにより政浄法の真の目的は達成できるものと、われわれは見解を表明したのであった。

事実、革命政府は政浄法制定以後、政浄法該当者四千三百七十四名中第一次として一千三百三十六名を救済措置し、あと三千三十八名のみが残されているが、最近伝えられるところによれば、政治活動許容と前後して相当多数の所謂旧政治人を追加救済して、新たな政党組織に参与できるようにするといわれるし、将来も機会あることに追加救済措置があるだろうと、数次にわたって発表している。従って、政浄法は尹潽善氏が当初に憂慮したような「国民の人和と団結にヒビを入らせる」確たる証拠を捉えることは困難であるのみならず、その運用においても、われわれの納得できる程度にその妙を得てきたと言っても過言ではないだろう。

それにも拘わらず、尹氏は、政浄法該当者を全員救済するよう主張したのである。むろん、第三共和国誕生に当り、全体国民が一人の落伍者もなくこれに直接参与できるならば、それほど慶祝すべきことはないのは事実であり、われわれもそうなることを衷心から願わないでもない。しかし、革命課業遂行という民族的課題から考えて、また所謂旧政治人らの過去の行跡から考えて、今すぐ、政浄法該当者全員を救済せよというのが、時期尚早であることは、国民が一層よく了解しているものと思われる。このことは、付則第四条2項に政治活動浄化法は改廃できないと明白に規定している新憲法が、国民投票により確定された事実を想起すれば明らかであろう。むろん、この規定に関しては若干の異論がなくもなかった。しかし、総有権者の八五％、投票者の七八％以上が賛成して確定された憲法であるからして、政浄法は国民の付任を得ているのであり、従って、政治情勢の変動に対応する運用の妙を期すとともにが最良の道だと期待されているのである。

いわんや、現在、監獄にいる者までも皆自由の身にしなければならぬと主張するのは、良識ある国民には到底納得のいかない無責任な妄言であるといわざるを得ない。現在監獄にいる政治人と言えば、その全部が法により裁判を受け、有罪判決を受けた人達である。しかも、彼らの過去の政治的罪過についてはすでに国民が誰よりもよく知っており、また憤慨してきたものでもある。四・一九後である一昨年十月十日、尹氏は、大統領としての談話を発表し、当時発砲命令事件など六大事件に対するソウル地方法院判決に対し「非常な驚きを禁じ得ない」と語り、このような不徹底な判決は「激しく国民感情を刺激したものと思う」「今すぐこの現実にあってこの事態を収拾する最も緊急にして果断な措置が取られねばならず」「このような非常措置は、特別法を制定して処理する以外に道はない」と強調したことは、未だにわれわれの記憶に生々しい。これほどまでに四・一九革命精神に透徹し、四・一九以前の政治犯罪者に対する厳重な処罰を強力に主張した、尹氏が、五・一六後、有罪判決が確定して服役中の旧政治人の釈放を期待するほどに、心的変化をきたした理由は何なのか、多少異味を覚えざるを得ない。

また、民主党政権は四・一九負傷学生の国会乱入、一部国民の沸き返る世論および、当時の大統領尹氏の談話発表などを契機に、公民権制限法、不正選挙関連者処罰法など特別法を制定して、四・一九以前の政治犯らの審判に臨んだのであった。五・一六革命後、政府は、これらの特別法の代わりに特定犯罪処罰に関する臨時特例法、不正選挙関連者処罰法、政治活動浄化法などを制定したが、前政権から継承された事件のほかには若干の新たな政治犯を審判しただけで、むしろその数字は縮小されたことをわれわれは知っている。かかる法的措置は、革命政府が五・一六革命は四・一九義挙の延長であることを認識したゆえんであり、また革命政府が、過去の政治人中その不正、腐敗において罪過が甚だしく、当然に法的制裁を受けねばならぬ者のみ懲らしめ、一罰百戒を期そうとする寛容の包容から出た結果でもあったのである。言うなれば、革命政府が当初に表明した如く、旧政治人の処罰は国民の社会正義感を実現することに尽きるものであり、報復的処罰の印象は一切払拭したいという態度で一貫したことは、われわれが知るところである。尹氏の意図がどこにあるかは、知るべくもないが、監獄にいる政治人までも釈放せよという主張が妄言であると断定する理由はここにあるのである。

尹氏は、また、政党法を作る必要はないと主張した。国民がその所見を発表するのは自由であるが、尹氏は前大統領である点で、その一挙手一投足は、氏が願う願わないに拘わらず、国内はもとより外国にまでその影響は大きいものがある。それゆえその言行は常に慎重を期さねばなるまい。然るに、政党中心の政治制度を指向する憲法も制定し、比例代表制の加味など新しい選挙法が模索されており、むしろ政党法の必要性が一般的に力説されているこの時に唯ひとり政党法は不要だと力説することは政治的に妥当でないことは勿論、氏の社会的政治的地位からみて、氏の政治的短見と言うより、むしろ軽率な発言であるといわざるを得ない。

尹氏は、一方でまた、非常に注目すべき発言を行なっている。「既成政治人の大同団結論」がそれである。過去の自由・民主・新民党関係者は昔日の感情的対立をすてて大同団結し、第三共和国の民主主義を守護するため、政府支持党に相対する立派な政党を結成することが国民の要請だという説である。

新憲法にも政党設立の自由と複数政党制は保障されている。よって、誰がどのような政党を作ろうが、それが野党であろうがその設立が保障されるのは言うまでもない。しかし、自由・民主・新民党関係者だけが大同団結し、与党に相対する党を作ることが何故必要であるのか、われわれは到底理解できない。また、これら旧政治人らの大同団結のみが第三共和国における民主主義守護の十字軍とならねばならず、それが国民の要請であると言っているが、ここに至ってはわれわれは、尹氏の良識を疑う前に唖然たらざるを得ない。尹氏の所論を文面から解釈すると、旧政治人だけが民主主義を守護することができ、将来誕生する与党は民主主義政党ではないと予断することになる。そして、国民はすでにこのように予断している勘定だ。旧政治人の古い観念とその犯した政治的過誤の記憶も新しいわれわれは、このような時代逆行的所信と断定が何を基礎としたものか、尹氏の具体的解明を待つのみで、ここで論駁する必要すら感じない。

ただ、氏が述べているように、既成政治人の大同団結について、場合によって参与はするが、先頭に立つことはしないということだけは、甚だ多幸と考えるものであり願わくば、この言約が一つの政治的ゼスチュアに終ることのないよう要望するものである。

（ソウル新聞）

旅券（期限延長）許可者氏名公告

韓国駐日代表部領事課旅券担当官
在日本韓国居留民団中総民生局長

氏名	区分	番号	住所
鄭永詰	KJ	[illegible]	群馬
曹台鎬	〃	[illegible]	東京
白光燦	〃	[illegible]	〃
金祥実	〃	[illegible]	〃
尹炳斗	〃	[illegible]	神奈川
李基順	〃	[illegible]	東京
金小阿	〃	[illegible]	神奈川
金判詰	〃	[illegible]	東京
金買順	〃	[illegible]	静岡
金竜石	〃	[illegible]	新潟
金鉄春	〃	[illegible]	東京
金文周	〃	[illegible]	〃
金振浩	〃	[illegible]	大阪
趙才扶	〃	[illegible]	〃
朴壬吉	〃	[illegible]	兵庫
申英吉	〃	[illegible]	大阪
金永善	〃	[illegible]	〃
金大浩	〃	[illegible]	石川
呉時鉉	〃	[illegible]	大阪
金金世	〃	[illegible]	愛知
方順伊	〃	[illegible]	愛知
朴東根	〃	[illegible]	〃
姜順平	〃	[illegible]	大阪
李達萬	〃	[illegible]	青森
文自行	〃	[illegible]	青森
金小南	〃	[illegible]	宮城
李鍾俊	〃	[illegible]	東京
徐太達	〃	[illegible]	〃
李炳化	〃	[illegible]	〃
張錫昌	〃	[illegible]	〃
李柱鶴	〃	[illegible]	〃
金大炫	〃	[illegible]	茨城
金泰洙	〃	[illegible]	東京
呉桑順	〃	[illegible]	茨城
鄭台鋼	〃	[illegible]	山形
文孝得	〃	[illegible]	東京
崔鍾東	〃	[illegible]	〃
李仁燮	〃	[illegible]	〃
安龍夫	〃	[illegible]	〃
金宗徹	〃	[illegible]	茨城
朴炳植	〃	[illegible]	東京
徐順子	〃	[illegible]	〃
李泳連	〃	[illegible]	〃

（十二月十三日現在）

本国入国許可者氏名公告

韓国駐日代表部領事課旅券担当官
在日本韓国居留民団中総民生局長

氏名	区分	番号	住所
辛宣浩	KJ	[illegible]	東京
金東春	〃	[illegible]	〃
金文周	〃	[illegible]	〃
李慶南	〃	[illegible]	〃
金相熙	〃	[illegible]	群馬
崔学林	〃	[illegible]	東京
金宗徹	〃	[illegible]	茨城
徐順子	〃	[illegible]	東京
朴炳植	〃	[illegible]	〃
朴萬熙	〃	[illegible]	〃
鄭永根	〃	[illegible]	〃
王英三	〃	[illegible]	兵庫
林虎	〃	[illegible]	東京
権逸	〃	[illegible]	〃
李斗用	〃	[illegible]	鳥取
金希田	〃	[illegible]	〃
張仁編	〃	[illegible]	東京
趙同順	〃	[illegible]	愛知
李發生	〃	[illegible]	福岡
成海竜	〃	[illegible]	大阪
崔台発	〃	[illegible]	〃
金沢竜	KJ	[illegible]	大阪
姜永玉	〃	[illegible]	宮崎
金日圭	〃	[illegible]	福岡

（十二月十八日現在）

氏名	区分	番号	住所
金希佑	KJ	[illegible]	東京
権逸	〃	[illegible]	〃
李禹植	〃	[illegible]	神奈川
丁成鎮	〃	[illegible]	東京
李武夫	〃	[illegible]	〃
徐太達	〃	[illegible]	〃
李炳化	〃	[illegible]	〃
張錫昌	〃	[illegible]	〃
李柱鶴	〃	[illegible]	〃
金大炫	〃	[illegible]	茨城
孫小九	〃	[illegible]	〃
孫道鉉	〃	[illegible]	〃
孫富東	〃	[illegible]	〃
呉四次	〃	[illegible]	〃
白慶九	〃	[illegible]	〃
李福竜	〃	[illegible]	北海道

（十二月十九日現在）

旅券発給者氏名公告

韓国駐日代表部領事課旅券担当官
在日本韓国居留民団中総民生局長

氏名	区分	番号	住所
成宗甲	KJ	[illegible]	神奈川
金斗碩	〃	[illegible]	〃
鄭泰文	〃	[illegible]	長野
朴春済	〃	[illegible]	東京
李福順	〃	[illegible]	〃
徐三植	〃	[illegible]	〃
夏竜男	〃	[illegible]	〃
南相範	〃	[illegible]	神奈川
金順南	〃	[illegible]	〃
呉炯象	〃	[illegible]	〃
朴錫爽	〃	[illegible]	東京
金東中	〃	[illegible]	〃
林恵正	〃	[illegible]	神奈川
安泰基	〃	[illegible]	東京
羅相順	〃	[illegible]	〃
河竜鉉	〃	[illegible]	〃
朴炳台	〃	[illegible]	〃
姜田子	〃	[illegible]	〃
金旺昭	〃	[illegible]	〃
金炳仁	〃	[illegible]	〃
厳琪植	〃	[illegible]	神奈川
金一俊	〃	[illegible]	〃
朴東洙	〃	[illegible]	〃
申友任	〃	[illegible]	〃
金浩燮	〃	[illegible]	東京
金相大	〃	[illegible]	〃
李根泌	〃	[illegible]	〃
盧必順	〃	[illegible]	神奈川
李起道	〃	[illegible]	埼玉
権敬雨	〃	[illegible]	宮城
許判生	〃	[illegible]	東京
金宗子	〃	[illegible]	静岡
元貞子	〃	[illegible]	宮城
孔千鳳	〃	[illegible]	静岡
玉智洙	〃	[illegible]	〃
尹且順	〃	[illegible]	愛知
崔寿鎬	〃	[illegible]	〃
崔泰栗	〃	[illegible]	京都
張千善	〃	[illegible]	〃
金南秀	〃	[illegible]	〃
須永智子	〃	[illegible]	〃
李銀昌	〃	[illegible]	〃
李鍾得	〃	[illegible]	〃
丁泰順	〃	[illegible]	〃
許瑛玉	〃	[illegible]	兵庫
黄甲干	〃	[illegible]	〃
裵用順	〃	[illegible]	大阪
金容哲	〃	[illegible]	〃
金昌洙	〃	[illegible]	奈良
崔小徳	〃	[illegible]	〃
韓康愁	〃	[illegible]	大阪
韓貴同	〃	[illegible]	〃
曹湘鉉	〃	[illegible]	〃
金琪泰	〃	[illegible]	〃
金義順	〃	[illegible]	富山
金泰根	〃	[illegible]	大阪
崔元達	〃	[illegible]	愛知
宋升禾	〃	[illegible]	〃
尹新礼	〃	[illegible]	〃
羅芝鉉	〃	[illegible]	〃
朴礼吉	〃	[illegible]	〃
権会俊	〃	[illegible]	〃
金丙今	〃	[illegible]	〃
宋鳳律	〃	[illegible]	〃
権宗赫	〃	[illegible]	大阪
李玉花	〃	[illegible]	〃
金太温	〃	[illegible]	〃
金晦千	〃	[illegible]	〃
李阿只	〃	[illegible]	〃
鄭甲植	〃	[illegible]	兵庫
李鍾錫	〃	[illegible]	愛知
朴一女	〃	[illegible]	〃
趙台春	〃	[illegible]	〃
崔漢竜	〃	[illegible]	〃
鄭萬天	〃	[illegible]	〃
権弘基	〃	[illegible]	〃
姜三万世	〃	[illegible]	〃
李人奄	〃	[illegible]	〃
姜末出	〃	[illegible]	〃
趙泰述	〃	[illegible]	大阪
姜命順	〃	[illegible]	奈良
姜正九	〃	[illegible]	〃
崔有叔	〃	[illegible]	〃
韓弘集	〃	[illegible]	京都
姜五連	〃	[illegible]	大阪
金東出	〃	[illegible]	〃
金点男	〃	[illegible]	〃
安教道	〃	[illegible]	〃
黄鍾性	〃	[illegible]	島根
沈慶任	〃	[illegible]	〃
辛在鉉	〃	[illegible]	兵庫
金顕愛	〃	[illegible]	京都
李峯吉	KJ	[illegible]	京都
金良林	〃	[illegible]	〃
金在仁	〃	[illegible]	〃
鄭万水	〃	[illegible]	〃
金明哲	〃	[illegible]	兵庫
李正金	〃	[illegible]	大阪
張栄慈	〃	[illegible]	〃
呉洪勲	〃	[illegible]	〃
金句述	〃	[illegible]	〃
李順子	〃	[illegible]	京都
崔鎮基	〃	[illegible]	新潟
金相華	〃	[illegible]	東京
崔大元	〃	[illegible]	新潟
鄭晄植	〃	[illegible]	東京
李三出	〃	[illegible]	静岡
朴二元	〃	[illegible]	秋田
金昌鍋	〃	[illegible]	東京
崔金哲	〃	[illegible]	栃木
羊七竜	〃	[illegible]	埼玉
白錫香	〃	[illegible]	神奈川
金東彦	〃	[illegible]	埼玉
李福順	〃	[illegible]	東京
朴一源	〃	[illegible]	埼玉
李成奎	〃	[illegible]	東京
鄭東竜	〃	[illegible]	〃
呉順礼	〃	[illegible]	大阪
孔志弘	〃	[illegible]	〃
高昌秀	〃	[illegible]	〃
李光錫	〃	[illegible]	〃
鄭芝均	〃	[illegible]	〃
文吉順	〃	[illegible]	〃
権万祚	〃	[illegible]	〃
趙秀煕	〃	[illegible]	〃
李秦出	〃	[illegible]	〃
文元今	〃	[illegible]	〃
孫泰伊	〃	[illegible]	〃
金杏根	〃	[illegible]	京都
安判祚	〃	[illegible]	〃
崔閔礼	〃	[illegible]	大阪
朴小元	〃	[illegible]	〃
金田伊	〃	[illegible]	〃
楊洲洪	〃	[illegible]	〃
崔京植	〃	[illegible]	〃
梁鐘連	〃	[illegible]	兵庫
秦乙生	〃	[illegible]	大阪
陸鶴鳳	〃	[illegible]	〃
金月生	〃	[illegible]	〃
朴錫福	〃	[illegible]	〃
裵相鉉	〃	[illegible]	兵庫
洪仁叔	〃	[illegible]	大阪
朴外顔	〃	[illegible]	兵庫
朴率伊	〃	[illegible]	〃
金李伊	〃	[illegible]	〃
金李順	〃	[illegible]	〃
鄭粉守	〃	[illegible]	岐阜
金根守	〃	[illegible]	〃
朴玉南	〃	[illegible]	〃
宋貞子	〃	[illegible]	〃
金東会	〃	[illegible]	〃
高平三	〃	[illegible]	大阪
徐李淳	〃	[illegible]	〃
金鍋柱	〃	[illegible]	〃
劉未任	〃	[illegible]	〃
高仁福	〃	[illegible]	〃
張錫泰	〃	[illegible]	東京
姜大興	〃	[illegible]	〃
金竜玉	〃	[illegible]	新潟
朴叔熙	〃	[illegible]	東京
金米洪	〃	[illegible]	〃
文如松	〃	[illegible]	〃
黄鳳今	〃	[illegible]	長野
尹順烈	〃	[illegible]	東京
洪順南	〃	[illegible]	埼玉
金千生	〃	[illegible]	〃
黄石奉	〃	[illegible]	〃
李斗南	〃	[illegible]	〃
金永浩	〃	[illegible]	北海道
玄淑南	〃	[illegible]	神奈川
金泰淑	〃	[illegible]	東京
馬用吉	〃	[illegible]	〃
李根植	〃	[illegible]	〃
梁善出	〃	[illegible]	〃
宋徳順	〃	[illegible]	〃
丁徳玉	〃	[illegible]	〃
朴徳順	〃	[illegible]	埼玉
李廷相	〃	[illegible]	〃
文哲附	〃	[illegible]	東京
韓春淑	〃	[illegible]	〃
尹貞謹	〃	[illegible]	〃
鄭芳休	〃	[illegible]	〃
金敬淳	〃	[illegible]	〃

（十二月二十日現在）

豪華浴室と高級焼肉料理の殿堂

チャングのリズムに乗って
韓国の古典床しき美妓の舞い
温泉気分と最高のムードで
個室トルコ　早朝五時より（800円）浴後にビール1本ツマミ付サービス
大衆男女トルコ風呂　100円
◎五〇〇坪全館冷暖房完備◎
御宴会
御一人様 1500円より
料理5品 酒1本(500)
高級焼肉料理
（年末年始の宴会の予約は早めにお申込み下さい）
御予算により御相談に応じます。200名様用大広間御宴会場あり、大小10室準備
温泉部電話 (832) 2619～20・食堂部電話 (832) 6505～6
上野　宝苑
上野駅前昭和通り宝ホテル隣

韓国服地と韓国レコード！

浅草　金宮商店
営業品目
特殊香港洋丹・中国洋丹
金糸織洋丹・ナトロン洋丹
京都洋丹・美術丹・七色丹
洋服地・各種ナイロンレース
リバレース・オパール
ニュートン・ベルベット
其他　木綿　季節向一式
朝鮮古典長鼓販売
貸古典婚礼衣装
東京都台東区浅草公園六区2－2
電話 (841) 0003・0004・0005・0006
韓国レコード関東代理店　総販売元

宗教法人　善隣基督教会附属／人間ドック完備
尾竹橋病院

診療科目
内科　小児科　外科
整形外科　産婦人科　眼科
耳鼻咽喉科　皮膚泌尿器科　神経科
放射線科　歯科　物療科
■診療時間・午前9時～午後5時
■基準看護・基準給食・基準寝具・厚生省承認
理事長・金城周奉
院長・金城措明

所在地・東京都足立区千住桜木町53番地／電話（881）4807・7590～2
理事長室（881）7592・院長室（881）6329・栄養事務室（881）2774・準看護学院（881）6329

第37回中央議事会を終えて

権逸

規約改正は必要急務 建設的な意見を期待

権団長 全国団員に要望

民団中総権逸団長は、さる十二月五日に開かれた第三十七回中央議事会が民団当面の①規約改正問題、②在日韓国人の法的地位問題の七項目を建設的に討議し有意義に終えたことに対し、二十六日全団員に対し別項のような挨拶文を送った。権団長は同挨拶を通じ、次期大会に上程することを満場一致で可決した規約改正試案全文の説明を行ない、①規約改正は現在停滞同様の民団にとって最も必要な急務課題である。②全国組織指導者が何の因襲にもとらわれず規約に対する建設的な諸意見を述べてくれることを期待する。③規約改正に際し個人的な中傷で反対のための反対運動を行なっているが一日も早く反省することを強く要望した。全団員に送る挨拶全文は次の通り。

権団長

民団運動史上画期的な意義をもつ第三十七回中央議事会が、さる十二月五日、東京社会福祉会館で開かれ全国団員の関心を集中した「民団規約改正問題」が、修正案を骨子とした規約改正案を次期全体大会に上程することに満場一致で決定をみ、また、韓日会談妥結を目前にわれわれの身の上に重大な関係がある在日僑胞の法的地位問題など重大な七事項が異議なく通過したことは、諸賢の協調の恵沢と考え感謝します。

これに際して常に民団の発展と強化のため物心両面におしみなく協助して下さった団員各位に厚く感謝の意を表すと共に、複雑多難な一九六二年の組織活動をふりかえって残り少ない今「なぜわれわれは現行の規約を改正しなければならないのか」をその主要点だけをあげもう一度付言したいと思います。

僑胞社会の実情とかけ離れた「規約」

第一に「われわれが現行の規約をなぜ大幅改正しなければならないのか」ということであります。事実われわれが過去民団の生態において率直に反省してみる時、ある面においては多くの功績を積み重ねたものも少なくないが、反面においては、その活動が必ずしも十分に現われたといえない点も多々あります、つまり、民団全体の力を完全に発揮できなかったことは財政の貧困とか、人物の不足、そして財政の未確立という諸条件にも原因されるが、第一の大きい原因としてはわが民団組織の柱をなしている根本機構である規約があまりにもかけ離れたところにありこの不一致から起こっている現象が非常に多かったことであります。

この根本原因をそのままにし、他のものをいくらよくしようと努めても、それは労多くして実り少ない結果に終わっています。

また、これ以外にわが組織を取りかこんで沸騰している内外情勢は、日一日と激動し、祖国の五・一六革命、われわれの目前で展開されている韓日会談妥結後においての民団の任務の重大化、そして朝総連の断末魔的な民団破壊浸透工作など、そのどれを取ってみても民団活動に一大革新が要望されていることはかくせない事実であります。

団長中心の執行部にして背骨入れる

第二に、「それでは現行規約をどのように改正するのか」を一言申せば、「三機関分立制度を是正し執行機関と監察機関は現在と同様にし、決議機関は中央委員会制度に改める」というものです。再言すれば、わが民団に「一つ大きいバックボーン」を通じることによって全部門における指導者の力を集中的にし、そして有機的な一人の人として自由自在に力強く動けるようにするためである。換言すれば、中央委員会とその中につくられる常任中央委員会を首脳部にし、ここであらゆる政策が決定され、その決定された政策によって団長を中枢とする執行部がこれを実行するものである。

従来の三機関分立制は本年の民主主義理想とは遠く離れ、むしろ「頭が三つある人間」と化し、有機的で、機動的である敏速適切な進退を決定することが非常に難かしい事態を度々発生させました。

今回この改正試案に対してある者は「団長の独裁になるではないか」という見解をもっている人もいるがこれは大きい誤解であります。

団長の権限は弱化

改正試案に現われた団長は「どこまでも中央委員会の決定を実行する一公僕に過ぎないもの」であります。そして中央委員会は大会で中総団長に対する不信任を従議する権能が保持されております。

よって民団全体の運営をみると、団長の立場は現行制度よりもむしろ民主化されて団長の権限は弱化されており、また、この反面に民団組織機能は中央から地方へ直通する活動力のある生きた組織体が形成されるものであります。ある者は「団長に権力を集中させるために議決機関を廃止するもの」であり、その結果によって全国的に数多い幹部が組織一線からしりぞくんだと云々しているものもあるが、これは事実に相反するものであります。何故ならば、三機関中、執行機関と監察機関は従前通り存続し、ただ常置機関で決議機関の代表者だけを常設する必要がないとし、臨時議長制にするにすぎないのです。だから一線幹部何千名がしりぞくんだということはとんでもない曲解であり、むしろこの規約改正試案に従って登用される一線幹部は中央では中央委員が百名、地方本部では地方委員会委員が三十名以上、支部では地区運営委員会委員が十名以上で総数数千名が実質的に団務に権威をもって参加することになります。

また、この人々こそ真に民団の政策を審議し、実質的な活動をすることになり、われわれの組織体が中央、地方を通して活発な機動体となれるものであります。

地方局長の任免は地方団長と協議で

この委員たちこそ現行規約の議長、副議長より権威ある実質的な仕事をしていく組織体の機動体で権威ある地位であります。そしてまた、ある者がいうには「地方事務局長を中央団長が任免するということは、われわれの地方組織自治機能を減退させる傾向ではないか」と批評を加えているが、それは規約改正試案第五点にも明らかにしたごとく、中央団長が単独で任免するものでなく、あくまでも地方本部団長と協議して適時人材を横的縦的に連結相通に配置させ各地方本部が発展していくように重点おいたのであります。協議が成立しない時は人事委員会の意見に従うようにしたのであり一方的なものではありません。誰かわが組織を退歩するような規約改正をするでありましょうか……。

地協事務局長含む12人で協議重ねる

ある者は他人ごとのようにこれを批判したり、または反対するために事実無根をでっちあげ作り、甚しきは「権逸個人が考え出した規約である」と云々しているが、事実は全国各地区協議会事務局長七名と中央三機関、顧問など十二名が集まって、修正に修正を加え作りだしたものであることをもう一度ここで明らかにさせ、そして真に現在の民団事態を正視して正しい発展を期待する人程この規約改正問題に全力をつくさなければならないと私は確信するものであります。

明日の民団発展のため私心をすてて

今回の規約改正試案は、民団の盛衰にかかわる創団以来最大の改革といえます。現在わが祖国は四・一九、五・一六の革命の旗印の下に、新しい方向へ進んでおり、刷新される社会安定と国家再建に総力を傾注しております。われわれ在日僑胞もこれに呼応して実に「明日ある民団の体質改善」を講究しなければなりません。

不肖私が、今般の規約改正においては、真に一切の私心を捨て、ただ在日僑胞の運命と祖国の将来を考え、再び民団の一大発展を期したいとの他は何の意図もありません。できれば、これまで陰に陽に私を付けてこられた組織の先輩諸賢はこの意を了察され、規約改正の立派な意義を充分に御理解され、満場一致で可決をみたこの試案に団員各位の建設的な意見と、案を示しこれに協助と声援あることを仰望するしだいであります。

山ほどの品を贈られて大よろこびの江東区の僑胞婦人

もち米など、どっさり

活発に年末助け合い運動

在日僑胞の貧困者家庭に"お正月のおもちを"という年末年始助け合い運動は、さる十一日から駐日代表部の裵大使、金公使以下の各職員が給料袋をはたいて都貧困者にもち代を贈ったのをはじめ、今やこの運動は全国的に展開されている。

現在六〇万在日僑胞の内、貧困家庭といわれる人は、①戦争未亡人家庭②徴用労働不具者家庭③潜在失業者などで合わせて三十五万人以上と推定されている。これらの人々は現在、日本の所得倍増計画による貧困者へのあらゆる社会福祉施設の恩恵も外国人という理由で差別的に与えられているにすぎない。

しかしこれら貧困者のほとんどは第二次大戦で夫を亡くした戦争未亡人家庭や、戦時中安価金の徴用労働で身体を不具にした家庭などが八〇％以上も占めている。また、これら貧困家庭者には住宅公団の加入や、戦争未亡人家庭の失業資金貸出しなど（五万—八万）もシャットアウトされている。こうしたことが積み重なって僑胞の貧困は解決されるどころか、ますます窮に追いやられるばかりで、日雇労務者の日給労働以外に生きる道が与えられていない現状である。

このように人間的に生きる全ての道をとざされているこれら在日僑胞の貧困者救済は、在日僑胞の親睦と相互扶助の道以外は与えられていない。これが現在全国的に行なわれている年末年始の助け合い運動である。全国各地で行なわれている助け合い運動模様は次の通り。

【東京地区】

東京都内では先の裵大使、金公使以下代表部各職員などが貧困者を訪ずれ"もち代"をおくったのをはじめ、民団東京本部の指示によって二十一支部で一斉に行なわれている。

江東支部（李成甫団長）では二十六日午前十時から二十一管内貧困家庭七世帯にもち米、ショウ油、スミなどを贈った。受け取ったこれらの人々は涙ながら民団の感恩と現在の民団の団結を心からよろこんでいた。

この他品川、江戸川、足立、目黒などの各支部では、すでに同運動を終えている。

【大阪地区】

大阪では大韓婦人会（金月伊会長）が中心となって、異郷の地で病床にいる八氏病療養者たちに一万五千円をおくったのをはじめ貧困家庭にもちをおくっている。この他に同婦人会は神戸市にある愛隣社の八氏児にクリスマスの贈物として一万五千円をおくっている。

【群馬地区】

群馬県では民団（金栄出団長）が中心となって、県内貧困者家庭六十二世帯にもち米などを贈ったほか、八氏病療養者に金一封を贈っている。

新帝国主義研究

◇最近の共産主義の諸形態◇

ソ連の対中東政策の展開過程 ⑩

ジョージ・レンジョフスキー

本質的にこの政策には殊更目立つようなものはなかった。民族主義的な政府を支持し、（武器を含む）それにふさわしい国内共産主義者らの革命活動を緩和させるようになったのであるが、一九二〇年代に入ってからは特にケマルが領導したトルコとアマヌラのアフガニスタンに対してはこのような態度をとったのである。

だが、この政策は一九五〇年代の中ごろに断行したような勢いがなかった。

したがって歴史的な第二十次ソ連共産党大会（一九五六年二月）でフルシチョフが前植民地域には特別な関心を示さなくてはならないと主張したことは決して驚くに足らないことである。

党の外交政策面の主要課題の一つはインド、ビルマ、アフガニスタン、エジプト、シリヤ、ならびに平和を支持するその他の国家との友好と協調を確固不動に強化して、軍事ブロックとの関連を拒否する国家を擁護し平和維持を追求するすべての勢力と協調しなくてはならないと彼は述べまいる。

この新"武器援助"政策の最初の主要活動として、一九五五年の夏エジプトとサウジアラビヤに武器弾薬の提供を提議した。

そしてエジプトに対する援助だけが実現し、武器協定は九月のはじめに締結された。

エジプトの武器請求に対して米国が応じなかった点と一九五五年の前期にカザの一部国境地帯の相互侵略でイスラエルから受けた軍事的敗北によってナセルは外交政策の面で劇的な成果を国民にみせる必要があったという二つの要因によってソ連は心理的な勝利を容易にすることができたのである。

もう一つの主要活動は一九五五年十二月のブルガーニン首相とフルシチョフ党書記長のインド、ビルマならびにアフガニスタンの訪問であった。

ソ連指導者らの声明は"平和共存"という常とう的なスローガンだけでなく問題の諸国に対する技術援助ならびに彼らとの貿易を強調したことである。

ソ連とアフガニスタンは各種の開発計画のために一億ドルのソ連借款を規定する協定を締結した。事実、中南アジアに対するソ連の長期冒険旅行はすでに採択された政策の確認にすぎなかったのである。

エジプト駐在のソ連大使ソロトは、ソ連のポイント・ホア計画に着手したことを明らかにした。

彼はカイロで"われわれは経済、科学、農業ならびに気象使節団と、その他あなた達が、国造りに必要ないかなる種類の使節団でも派遣する"と、宣言した。

この主要政策が進められている間、ソ連と衛星国の使節が継続してアラブ諸国にやってきたのである。

中共は、この親善活動の中でその姿を大きく浮びあがらせたがポーランド、ブルガリア、チェコスロバキアならびにその他の東欧代表団は姿をみせなかった。

一九五六年の夏、ダマスカスだけがソ連ブロックの三十余に及ぶ使節団の訪問を受けた。

毎年ダマスカス博覧会でこの使節団は彼らの会館を大きくし産業機械の興味ある陳列のために目をひかせていた。

アラブ諸国に対する外交的支持態度をみると、各種の形態で表示されるが主要内容は国連駐在ソ連代表のアラブ支持声明、アラブ諸国の独立と主権に対するソ連の支持をくり返す一連の一般政策声明ならびに中東地域内のすべての武力使用を警告するワシントン、ロンドン、パリに送った多くの覚書などである。

わたしも一言

法的地位に思う

十年来ひきずってきた韓日会談も、いよいよその妥結を確信するまでに至った。この文が活字になる頃には、あるいは朴議長が内外記者団の前でその成果を誇示した後かも知れない。

そうあることを切に願うが、今後の韓日会談の焦点は平和ライン問題に移り、両国民の耳目を奪うことになろうが、いま一つ少なくともわれわれ在日僑胞にとって、劣らず重大な問題がある。

在日僑胞法的地位問題だ。最近にわかに、この問題に対するわが民団陣営の関心が高まりつつある。むしろ晩きに失した感もあり、相も変らぬ派閥争いの副産物である点、すっきりしないところもあるが、ともかく双手を挙げて歓迎したい。

"韓日会談"が十年来ならば"法的地位"なる用語もそれに劣らず古い。その含蓄が一般に理解され出したのは最近であろう。請求権のカゲに隠れたせいもあろうが、われわれ僑胞の側にも責任の一端はある。ともあれツンボ桟敷に置かれた者の遅れは否めない。

"法的地位"問題はわれわれの存在の根本である。しかもそれは人道問題、国家、民族感情にまたがっている。が、それがたとえ経過規定にしろ明瞭には、他の問題と共に落着するはずだからこそ、問題は緊迫している。

この問題に対する私の疑問を述べるとつぎのようだ。

まず、この問題についてこれまでなされた韓日両国の主張、すなわち現韓国政府の方針が知りたい。民団の法的地位対策委の報告では、"特殊永住権"が俎上に上っているという。だが、依然としてその詳細は明らかでない。

第二に、この問題の究極的解決方法は何か—最も人道にかなった解決方法は何かである。アメリカにおいて市民権を享受している少数民族とわれわれは、何故区別されねばならないのか。

第三に、在日僑胞は旅行者的待遇でその人間的存在が保全されるほど、現在においてまた将来において少数なのだろうかである。

ともあれ、妥結後のわれわれの関心が"法的地位"に集中するのは火を見るようである。民団運動にとっても、その軸の一つとなろう。こう考えてくる時、この時点における態度決定は重要な意味をもつ。時間的にまた時機的に、一応の解決がなされるかも知れないが、その時でもあくまで根本的解決への方向を踏まえたものでなければなるまい。

最後に、法的地位対策委に対し、私は政争的論議でなく、僑胞のあり方、権利に対する純粋な研究と、その実現への努力を要望する。

東京都杉並区 李永琛（二〇歳）

尋ね人

朴鍾大さん（60歳）

本籍地 京畿道坡州郡臨津面

右の方は十余歳の時来日、宮崎県の某社会団体に所属。関東震災時に消息杜絶。死亡した場合はその当時の事情をお知らせ願います。

連絡所 千葉県柏市柏町五五五 李守憲

金寿夫さん

本籍、忠南保寧郡大川面東城里

住所、三年前まで広島県内に居住

右の方をソウル特別市城東区杏堂洞一三〇の三にいる実弟金鍾元氏が尋ねております。

消息を御存知の方は左記まで御連絡下さい。

連絡先、東京都文京区金富町51 民団中総 文教局長

教職員募集

学校法人 金剛学園（大阪韓国学園）

大阪市西成区梅南通り五丁目 TEL（661）二八九八

前言

本学園は幼稚園・小学校・中学校・高等学校（男女共学）を併設し韓・日両国の学校教育法に則り国際的な教養を高めると共にそれぞれの教科課程を教習し、韓国国民の人づくりに専念してます。

募集人員

A、幼稚園保母 女子 一名

B、小学校教師 男子 四名 女子 一名

C、小・中・高音楽担当 男・女一名（但韓国語で指導可能な人）

D、中・高理科担当 男子 一名

E、民族教科担当（韓国語）男子 三名

〃 （韓国国史・地理）男子 一名

資格

在日大韓民国国民で各免許状を有する人、又は将来修得可能な人

（但し民族教科担当は、この限りにあらず）

待遇

面談します。

提出書類

[illegible]

期間

[illegible]

133,000 KVA Water Wheel Generators purr powerfully in their berths at Okutadami Dam.

"大は原子力、小は電球、トランジスターまで"

東芝の製品はより良き世界、より良き生活を創る

東京芝浦電気株式会社は"TOSHIBA"の愛称で全世界に広く行き亘って居ります。現在資本金693億円、年間総販売額は1,800億円を越え、従業員8万5千名、工場21個所、東洋最大の研究所、傘下会社57余所のマンモス企業は全世界の最も著名な一大電機綜合メーカーであります。

"TOSHIBA"のマークが表示されている全製品は品質と性能が完全に保証されております。

"TOSHIBA"は其の研究の独創性に依り明日の無限なる発展が約束されております。

Leader of the Industry it Started

東京芝浦電気株式会社

TOKYO SHIBAURA ELECTRIC CO., LTD.

東京都千代田区有楽町一丁目十二番地

韓国向代理店 不二貿易株式会社

東京都中央区銀座一丁目五番地

大韓民国ソウル特別市中区太平路一街六四

B/W TV Receiving Set

李朝野史物語

太宗世祖時代篇 (60)

新任府使が端宗墓地のありかをお伺いしたので、その冤魂は「汝、わしが葬られているどこが知りたいなら、この地方の厳興道という人を尋ねたらよい」

「御意、殿下の仰せの通りに致します」と府使が答えると、冤魂は微笑を浮べてその座を立った。府使は恭々しく見送ってから、床に就いた。

さて、その翌朝になると僚官属たちが府庁の内庭に集まって、何か相談をしている。彼等は、新任府使の葬式のことを話していた。

府使、大きく咳払いをしてから、

「君たち、朝から何にをさわいでいるか?」と声をかけた。

彼等は、てっきり死んだものと思っていた府使が、無事でいるのを見て驚きもし、かつ喜んだ。そうして自分たちの粗こつなふるまいを、深くわびた。

府使は、彼等を許してから、「この地方に、厳興道という人がいるか」と問うた。官属たちは始めのうちは後難を怖れたのであろう。一人もためらって答えがなかった。

しかし、府使が特にその人の名を指して再三聞くので、何か仔細があると考えた。一人が、

「最近まで、本邑の戸長を勤めた人であります」と答えると、その人を呼んで来いといった。

やがて、厳興道が官属に伴われてお目通りを願った。府使は自ら彼を出迎えてから、昨夜以来のことを詳しく語り聞かせた。それから、端宗=魯山君が葬られている墓地に案内するように頼んだ。

魯山君となった端宗 (五)

埋葬に因んだ話

厳興道を始め一座のものたちは府使が語ることを、感慨深く聞いた。厳興道も、自分がなしたことをかくしておけないと考えた。そこで、彼は魯山君が変な死をとげられて葬るものがなくて、幾日も寝台に放置されたままでいたので、その子と一緒に葬式を済ませたことを、かくさず一さいを明らかにした。

府使は、直ちに寿衣とひつぎなど必要なものを整えさせた。厳興道の案内をうけて上王=魯山君の墓地に行った。墓が掘りかえされ、ひつぎの蓋を取り外してみた。

既に葬られて数十日を経過しているにも拘らず屍体には少しも異変がなかった。さながら生きている人の如く血色までも変らないでいるではないか。それから、さらに頸の方を調べてみると、魯山君が夢で告げた通り弓弦が深く食い入ったままであった。

一同、痛哭しながらその弦を解いた。屍体を浄めた上寿衣を改め、厳かに埋葬をした。墓を清掃した後、府使が祭主となって祭典を行なった。

祭主が奉読した祭文には「王室之冑。幼冲之辟。遭否運。遜于僻邑。一片青山。万古冤魂。庶幾降臨。式歆苾芬。」(王室の長男で幼い王である。嘆わしい運命のために僻地に送られた。一片の青山に万古の冤魂が眠る。こいねがわくば、御霊よ!御降臨の上、香酒をうけられんことを)

それ以来、この祭文は毎年の祭典に読まれた。

祭典を滞りなく済ました夜、府使が床に入ったところ今度は夢を見た。上王が枕許に立たれて

「汝らが、わしの頸にかけられた弦を解いてくれたので、もう痛みはなくなった。汝らの好意を恩に着る。永久に忘れないであろう」

厳興道も、府使と同じ夢を見たことが、その翌日話し合いでわかった。この二人は上王の魂の加護で万事幸運に恵まれた。この府使は中宗朝の名臣で吏曹判書・大提学となった朴忠元(一五〇六―八一年)の祖父に当る人であった。

一方、前述した車聖福のことであるが、彼が用事で寧越府内に行った日に、魯山君が死去をうけた日であることを知った。彼は、放声痛哭しながらその死を嘆いた。

彼は自分が亡き王の葬式をする準備をするために自宅に戻った。その夜、彼の夢の中に端宗が見え

「余、いまあの世にいく。頼るところがないから汝を訪ねた。葬るのは有志がいるから汝は止めにしてよい」と告げられた。

車は、夢からさめて悲しみに泣きながら、神位を設け喪に服した。それから毎年その命日を欠かさずまもったことは、読者も知ってる通りである。

彼は、その後その一身上に何にか慈事でもあるときには、上王が夢でお告げをしたので、万事都合よく運んだ。

後年、宣祖朝の有名な大文章家となった車天輅(一五五六―一六一五年)と車雲輅は共に車聖福の後裔である。車天輅はその号を五山と呼び徳行高い人格でも有名であり、その名は東方文士として遠く中国にまで伝えられた。その文集には「五山文集」と「江村別曲」がある。

なお、

①正史の記録には魯山君は賜薬をうける前に、自縊してその生涯を閉じたとなっている。

②別の一説には、錦府都事王邦衍が錦江の水に水葬にしている。彼は、そうでもしなかったら、魯山君はその首でもはねられることを怖れたからであった。

(石蝕山人)

趙・石井両氏 韓国舞踊を語る

韓国舞踊協会 理事長 趙沢元氏

日本の現代舞踊界にも馴染みの深い韓国の民俗舞踊家趙沢元氏(韓国舞踊協会理事長)がこのほど来日、新橋の第一ホテルにとまっているが、去る二十五日午後六時さきごろ韓日親善舞踊公演のために渡韓したことのある石井カンナ(舞踊家)女史が訪れて、両国国交正常化の一歩手前にある韓日親善のムードを反映して、今後の舞踊交流や韓国舞踊界の動向など、そのあり方について語り合ったが、以下はその対談要旨である。

趙氏 若い人は創意性を

積極的に文化交流 石井氏

モダン・バレエの石井カンナさん

司会=韓国の民族舞踊について趙先生の考えているところを一つお願い致します。

趙=韓国の民俗舞踊は、特にすばらしい舞踊だと思います。私なんかは、ほとんど日本で勉強しながら崔承喜さんと一緒に民俗舞踊の現代化に熱中して来ましたがね……。

石井=韓国の民俗舞踊が、今のように体系を整えて現代化されるまでには、趙先生や崔承喜さんの絶大な努力がひそんでいますよ。それは、私が一番よく知っています。

趙=今の若い人たちは、ただ、われわれが改革したり創案したものを受継いでいるだけで、一つも創意性を見せてくれないですね。この点、なんだか寂しい感じがします。要するに、踊りを芸術化しようとする意気込みや力がするっきり見当たりませんね。これにはいろいろと原因があるにはあるんですが、たんに先輩たちの道程を受継いで、それをご丁ねいに再現してのけるだけで満足しているようです。

舞踏界の今昔

司=舞踊界の昔と今の違いを一つ。

趙=今の韓国の舞踊界は、昔と違って政府や民衆たちがみんな支持してくれていますね。少なくとも理解しようとかかっている。われわれの時代はそうでなかったです。親、兄妹はもちろん、社会からも馬鹿にされて、それこそひどいもんでした。いやむしろ迫害と言った方がぴったりするかもしれませんー(笑声)。ところが、今は全然違う。だから、舞踊家も多いんですねー。昔はほんの数えるほどしかなかったのです。だが、多い割りにははあっとした舞踊家が現われませんね。なかば「無」の状態に等しい有様です。

司=石井先生、韓日関係も好転して来て、国交正常化もそう遠くはないように見えますが、文化、特に石井先生の役場から舞踊交流というたて前で何か具体的な案のようなものでもありますか。

石井=そうですね、国交問題が正常化すれば、何も舞踊に限らずすべての交流が盛んに行なわれると思われますがね―。

そうなった暁には、私は韓国に始終行って踊って見せたり、指導に当ったりして、私なりの文化交流を積極的に推し進める積りです。もしも正常化しさえすれば、いろんなプランを結構持っているはずにはなっていますがね(笑声)。早く実現されなくては…。

今の韓国のモダン・バレエの場合は、現役人の大部分が日本のバレエ界で勉強した人たちでしょう。父(石井漠氏)や私の叔父一派うも多く、また何かとつながりを持っている人でほとんど占められているようですから、その点、私なんかは韓国に行っても、よその国に行ったような感じはしません。知り合いが多くて故郷にでもむったような錯覚を覚えちゃって…(笑声)。

趙=全くその通りだと思います。何しろ私を初め石井家の息がかかってない舞踊家なんて余り見当らない状態ですから―(笑声)。

韓国の文化政策は

司=趙先生、韓国の対外文化交流政策で、つまり特に民俗舞踊の場合、具体的にどうしようかという政府なり民間なりの打出しがありますか?

趙=そうですね、国内としては、群小舞踊団を芸総傘下に舞踊協会を設けて、これに統合していましたがね。ここのところ何かと積極的に政府が後援してくれるので仕事もやりやすくなったのは事実のようです。しかし、予算関係から対外文化政策は余り活発には動けない状態にあります。もっともパリに国劇民俗舞踊団を派遣したこともありますが、政府予算ではまだ実現されていません。

石井=最近の韓国には舞踊家が増えていますね。昔とは較べものにならない数なんですよ。

趙=それなどは大変良い傾向だと思いますね。とにかく大勢の舞踊家が進出してお互いに競争して創意工夫を発表して新しい明日の韓国舞踊を形成すべきだと思います。従来の踊りばかりを鵜のみにして踊ってのけるだけでなしに…。

石井=その人達が皆、日本へ来て勉強したがっていますね。早く国交でも正常化すれば日本へ呼び寄せて立派な指導を行ない、次の韓国舞踊界を担って立つホープを仕立てて父と同じく韓日親善のために本腰を入れてみたい考えです。

趙=それでは一つ石井さんと手を取り合って、韓国の明日の舞踊畑のためになにかを強く打ち出して見ますか。

石井=いつでも協力致します。それが趙さんや私たちの本意のようなもんですから。それに、[illegible]の故郷でもある手前…(笑声)

司=石井漠先生が北鮮に行った崔承喜さんと会いましたか?

石井=それがね、会えなかったそうですよ。丁度、崔さんがヨーロッパにいって留守だったもんですから、本当に会えなくて残念がっていました。

司=崔承喜さんの現在の立場をどうお思いになりますか?

芸術には自由が…

石井=芸術家は自由というものを非常に愛するでしょ。だから、いまの北鮮で満足なさいますかどうですか、あるいは、本人も今では後悔しているかも知れません―

司=趙先生、韓国の舞踊界に対して、要求のようなものはありませんか?

趙=今の韓国の経済状態では、われわれとしては政府に対して、こうしろとか、ああしろとかは注文を付けにくい有様ですから、政府自体よりも、むしろ舞踊家自体に対して注文がありますね。

先ず第一によその国のそれこそ一流のものをふんだんに見ること。もっともたんに見てションベンするだけでは困りますがね(笑声)。つまり、見る力を養うことだと思いますね。

次は、創意性を要求します。体系の立った勉強の仕方をして次の新しい境地を開拓することともいえましょう。

もう一つ、踊りを芸術化する域まで引きあげることを最後に付け加えましょう。

キミチ(朝鮮漬)はだれが食べても美味しい。これは要するにどの民族にも共通する味を持っているからでしょう。この共通性を韓国舞踊はまだそなえていません。西欧の一流の古典バレエをご覧なさい、だれが見ても感嘆する。どの民族の目から見ても納得の行く広場的な芸術の共通性がそなわっているからです。ところが、韓国舞踊には共通性とも呼ぶべき芸術的な要素に欠けているようです。

絵の具だけでは絵にはなりません。やはり筆につけて描かなくては芸術とは呼べません。韓国舞踊には主題を具体化して描く、つまり舞踊化していける人を望んでやみません。

司=韓国の民俗舞踊に関する本がいまだに現われてないようですが、趙先生が書かないと他にいないと思いますが…。

趙=私の一生の記念すべき事業として是非、民俗舞踊に関する本を著わして見たいと思います。今は、適当なチャンスが来るのを待っています。

司=先生必ず出して下さい。皆が待っています。石井先生一度研究場を見せて頂きたいのですが。

石井=年内はもう無理です。春になったら何時でもいらして下さい。

司=どうもいろいろと参考になることを伺いまして、有難うございました。

(司会は本紙記者)

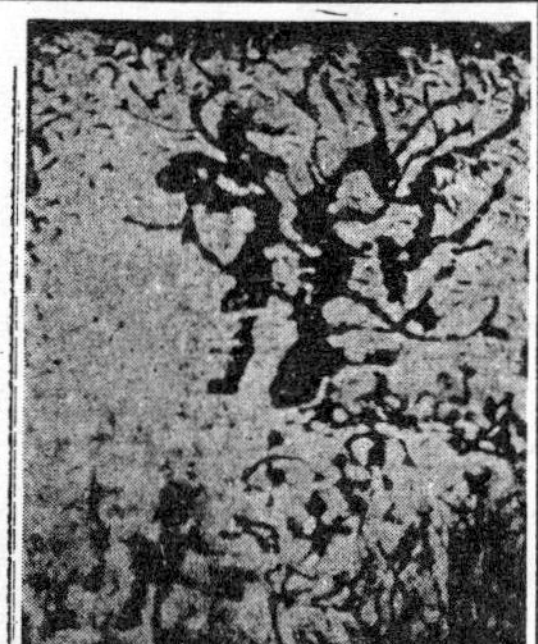

清浄 李星恒

國寶巡禮 (20)

解説・李[illegible] 同筆

青磁獅子鈕蓋香炉

変化に富んだ造形美

○…われわれの祖先は誠に瑞祥な植物や動物を愛した。清楚な菊の花、華麗な牡丹、流れるような柳の木、神秘的なおし鳥、可愛いカモ、生命の長いカメ、首の長いキリン、仮想的な竜、動物の王獅子等々数えきれないほど多くのものを愛したのである。

○…学者らによると、このようにめでたい動・植物や神獣の姿をかたどった高麗青磁は大抵、仁宗時代(一一二三―四六年)を前後して盛んであったといわれている。国宝第六十号"青磁獅子鈕蓋香炉"(国立博物館所蔵)は高さ二十一・二糎、直径十六・一糎のもので、この時代の特色をよく現した作品である。

○…獅子をかたどった蓋の香炉を動物の頭のような形をした三つの足で支えている。

獅子の口からはカラになっている胴体を通じて香煙が立ち昇るようになっている。

獅子の位置がややななめに置かれているのは変化のある造形である。

○…清らかな翡緑の色彩が香炉の底に刻まれた波紋と共に映え、全体を典雅な趣きにしている。

欧州で展示された時にはどの国でもカメラマンの「好餌」となった。

安住の地よいずこ (121)

許槿旭

え 金泰伸

安住の地は (八)

寺の沈黙と、姑の射るような眼ざし、そして声……急に私は、こうしたすべてのものから、どこへか逃げ出したい衝動を感じた。

(このお寺を離れよう。彼には知らせる必要がない)

私は本堂のまえに出て、小川の上に架けられた石橋を渡って行った。

暗闇のはう山道は険しかった。

私は用心しながら山道を下りて行った。

ガサ ガサ

前の方で音がした。

■私はびくっとして足をとめた。まわりは再び沈黙が流れた。風がサーッと吹いてくる。

急に私は、まわりが恐くなった。しかし、勇気を出して後をふりかえって見た。

(おや? あれは何だろう?)

暗闇の中に、黒っぽく聳え立つ鶏竜山のてっぺんを、私は穴があくほど見つめた。

提灯のように大きくて丸い火の玉二つが、同じ間隔をおいて、だんだんと尾根づたいに下りて来た。

(何の火だろう?)

固くなった化石のように、私は身じろぎもせずにその火の玉を見つめていた。

ガサ ガサ

私の前で足音がきこえた。

心臓が高鳴った。

私は山から眼をまわして、暗闇の中をすかして見た。

「そこで何しているの?」

暗闇の中から、彼の声がきこえ、私に駈け寄った。

「いままで探したよ! そうしないで早く家に帰ろう」

「ほんとに、ここには居られないわ」

「我慢して。ここ以外には俺たちの隠れるところはないんだよ。それでもここは一番安全なんだよ。さあ、早く帰ろう」

私の腕を引っぱっていた彼は、急に足をとめて鶏竜山の五合目あたりを眺めた。

丸い火の玉は、いつのまにか山の五合目あたりに下りていた。

「山神さまだ、早く帰ろう」

彼は私の腕をとって駈け始めた。

寺の前まで来たとき、私は彼に低くきいた。

「山神さまって何なの?」

「ここでは虎を山神さまというんだよ」

「えっ?」

私は発作的に、彼の袖をしっかり掴んだ。暗闇の中で彼の顔が微笑しながら言葉を投げた。

「ばか! また、そんなことしたらいかんよ。さあ、早く部屋に入ろう」

奇蹟を望む孤独な心が、あすに向って静かにため息つく、やるせなさと焦燥の中で、寒さも過ぎて行った。何時のまにか、春のたくましい息吹きが、山にかこまれた山あいをおとずれた。

雪解けのやわらかい土からは、青い芽が萌えはじめた。

干からびた木の枝にも、芽がふき出し、森のさえずる声が、木の間からきこえてきた。万物が春のたくましい生命に躍動していた。

／舞台構成／舞台装置／会場装飾美術
皇武童画房
東京都品川区大井倉田町3292 電話 771・9583番(共)

一般鋼材 丸棒型鋼
安田金属
代表者・安田圭鎬
東京都墨田区緑町4～30／電話 本所(631)1355／8573／8983番

輸出入・貿易業
陽和物産株式会社
取締役社長 朴根世
本社／東京都千代田区神田神保町2～28 岡村ビル
TEL／(331)1427 (332)4577・6573

技術革新の凱歌!
平和ミラクル・セット パチンコ裏玉還元装置
平和
東京・大阪・北海道

職員募集
応募期間―自一九六二年十二月カラ 至一九六三年一月十五日迄
資格 学歴高校卒業以上 年齢満二十八歳迄の方
右御希望の方は履歴書持参の上、東京商銀総務課までおいで下さい
東京商銀信用組合
電話八三二―五二二七―九

優良鋳物用銑鉄製造

朝日製鉄株式會社
取締役社長・中 学 彬
横浜市鶴見区鶴見町1320
TEL 横浜(50)8431－4

漢陽
12月号…200円
<在日>国文版의 綜合雜誌
主要内容
韓国紡織工業의 現況과 展望…金景鎮
韓国의 燃料事業…金基深
社会保障의 問題点…朴元鎬
韓日貿易의 몇가지 問題点…李秉昌
흔들리는 中南美의 秩序…裵泰旭
动荡하는 知性…金仁在
愛国思想家 柳麟錫…金泉錫
韓国의 歳時風俗…文哲鎬
古典의 余韻…李丙疇
韓国近代文学의 概要…金起東
奈良大仏과 韓来技術…金正柱
新羅의 勾玉…韓炳植
瞻星台와 天文歴法…權寧鎭
<民謡와 伝説> 어랑타령…金炳玉
<名勝古蹟巡礼> 幸州山城 栄州・浮石寺…編輯室
<創作> 골목대장…金鉄洙
其他 時事評論・随筆・詩・創作 多数
※定期購読料金 六個月 一二〇〇円 一個年 二三〇〇円
発行所 漢陽社
東京都豊島区池袋東一―一五五
電話 東京(九八三)五三一一三
振替番号 東京 四五一六八

韓國新聞
発行所 韓国新聞社
発行人 曹寧柱
東京都文京区春日町51
電話(813)2261・2263 編集
東京(812)1921 (813)2262 業務
振替口座 東京 24988番

韓国と日本を結ぶ!!
広告企画と立案・図案文案製作
新聞雑誌広告・ラジオテレビ広告
ネオン屋外広告・市場調査と興信
その他広告宣伝PR
広告代理業 KPR
TOKYO 港区芝琴平町26 電話(501)0471
SEOUL 乙支路一街101 電話(2)1811

内外の重要問題に所信表明

朴議長、内外記者会見で語る

軍服脱ぎ民政参与

韓日国交は歴史的な要望

朴議長

【ソウル発＝連合】国家再建最高会議朴正煕議長は二十七日の午前、大統領選挙を四月のはじめ、国会議員選挙を五月の末に行なうと述べ、最高委員は軍服を脱いで民政に臨むことを明らかにした。朴議長はこの日午前十時、一年八カ月ぶりに内外記者団と会見し国内外の重要な問題についてその所信を明らかにした。この日の会見に先立ち内外記者団はすでに十二項目の質問を書面で提出していたが、その中には韓日問題、民政移譲スケジュール、朴議長の今後の去就問題がある。質問と朴議長の答弁要旨は次の通りである。

質＝憲法が確定されたが選挙前に対する具体的日程如何。

答＝大統領選挙は四月のはじめ、国会議員の選挙は五月の末に行なう。国会召集などについても確かな日程はまだ決まっていないが、新しい政府は大体九月の中旬に樹立されるものと思う。選挙を一緒に行なう方が良いという意見もあるが国会議員選挙は地域制、比例制などいままでの例にくらべ複雑なのでそれに大統領選挙まで加われば混雑を起こすことが予想されるので別々に行なうことにした。

質＝最高委員の民政参与問題だがもし実行すれば比例、地域のどの制度にでるか、また軍服を着てでるか、現役ででるか。

答＝最高委員の民政参加問題は今までに大分論議されて来たが内外情勢を検討し、国に奉仕する道はどの方がよいかを検討した結果、軍服を脱ぎ全員民政に参与するのが国に奉仕する道であるとの結論を出した。しかし三軍の参謀総長と海兵隊司令官は除かれる。このことが革命公約に違反するという意見もあるが、最高委員が軍服を脱ぎ国民の賛成を得ることによって民政に参与するということは決して革命公約に背くものではない。最高委員が軍服を脱げば民間人であり、軍服を脱いでも委員委員は民政に参与できないというのは話にならない。また民政に参与するようになれば政党に属するようにならなければならぬが、比例代表制にでるか地域代表制にでるかの問題はその政党で決めるべきである。

ここで明らかにできるものは議政地のない最高委員があるからある委員は地域代表制で、ある委員は比例代表制に出馬するようになるだろう。

現役ででるか予備役ででるかの問題は研究の末、予備役ででるほうがよいとの結論を出した。

質＝朴議長は、大統領選挙に立候補するかまたは野に退くか、軍に戻るか。

答＝本人も最高委員の一人として民政に参与するのは決定的である。しかし自身が次期大統領選挙に出馬するか、しないかの問題は答弁する立場におかれていないし、時期的にも答えられない問題である。なぜかといえば国会議員と同じく大統領に出馬する人は政党の推薦を受けねばならない、今は政党に属していないのでなんともいえない。しかし私の属する政党が出馬を希望すれば、道理の立場からでも出馬しなければならない。

質＝旧政治人の政治活動をいつ許すか、または政治活動を禁じられた人に対する救済を行なうか。

答＝昨年八・一二声明で公約したのと同じく明年の一月一日から政治活動を許し、その前に一部の旧政治人約百七十名を追加救済し政治活動を許すであろう。

質＝革命主体勢力の政党活動についてその政綱、政策を明らかにしてほしい。

答＝本人は次期政権を引き継ぐ政党は革命公約と革命政策を強力に押し進める政党でなければならないと思う。このような政党は二月以後にでるものと思う。またこの政党は自由主義の反共的政党でなければならない。また複数政党制の出現については憲法にも規定されているが、閣僚や地方長官は一般公務員通り今検討されている選挙法によって二月の末までには予備役に回らねばならないと思う。

質＝韓日問題の財産請求権について意見の一致を見た内容及び漁業協定に対しては。

答＝新聞を通じて知られていると思うが金・大平会談内容は次の通りである。

四千五百七十三万ドルを含む三億ドルは十年間にわたって支払うが、ただし支払い期間は短縮し得る。海外経済協力基金から二億ドルを有償で支払うが年間利子三分五厘七年据え置き、二十年償還として支払期間は短縮し得る。民間借款で輸出入銀行資金一億ドル以上を提供し、以上の項目を両国が決定さえすれば国交正常化以前でも民間の経済協力を行なうというものである、と明らかにし政府は原則的にこれを承認するがまだ意見の食い違いが見られるので慎重に構えている。

漁業協定では韓国の特殊性が認められねばならない。

漁業資源の監視に対する実質的保障がなければならぬ。

韓日国交正常化は歴史的要望であり、自由陣営の結束を固めるものと思う。われわれは多少の不満であっても将来のことを思いこの度成功させるべきであるとなろう。

質＝経済開発五カ年計画第一次年度の成果を満足に思うか。

答＝全面的にいって成功的であった。十一月には解放以後最高の生産指数を示しているが、今まで明かにされた国民総生産高は二千四百七十三億ウォンで一九六〇年を一〇〇とするとき六十二年度の経済成長は予想外ではあるが、一次産業は〇・九%減少、二次産業は一〇・三%上昇、三次産業は五・八%上昇、これを平均すれば六・〇%の上昇をみせている。

一次産業の場合は日照りや季節はずれの雨などによるもので期待したものより少なかったが、二、三次産業は満足すべきものである。今年の外資導入は予想を上回り二億四千万ドルであった。いまも尚、交渉が行なわれているものもあり、外資導入はまだ明らかにされていないが来年の二月ごろには数が出るものと思う。

質＝六十二年度上半期の輸出が不振であったその理由は。

答＝目標より少なくないのは確かである。昨年よりは良い成績である。ただ今年の目標をあまり高く定めたためであり、一般輸出、軍納、観光などで得た外貨は目標の九十五%に達し、目標額にほぼ近づいている。

一般輸出は十月十五日現在五千百万ドルで目標額の四十五%に当るがこれも昨年にくらべ二〇%も超えるものである。

また朴議長は言論に対する所信として本人は言論の繁栄に努力して来た。しかし一部で言論人としての責任を忘却していることは遺憾に思う。事実を求めて報道し事実無根のことを報道して国に損を与えるという自由は許されない。取材においては国家保安に最少限必要な物を除いては保障されている。

つづいて外人記者団からの質問にふれたが議長の東南アジア及び外国旅行計画について朴議長は今年の秋に予定されてはいたが、実現できなかったと語った。

改正憲法を公布

理想国家実現に前進

【ソウル発＝連合】既報、改正憲法公布式が二十六日午前十時市民会館で行なわれた。

この席には大統領権限代行国家再建最高会議の朴正煕議長をはじめ李周一副議長、金顕哲内閣首班、国内外人士及び多くの市民が参加した。

李錫済法司委員長の経過報告と文鴻柱法制処長の改正憲法全文朗読で始まったこの式で、金内閣首班は祝辞を通じ、確定された改正憲法の公布式を全世界が注目している中で行なうことは大変うれしい、国民絶対多数が賛成した第三共和国の新憲法は未来に明朗な福祉社会を築くであろうし、また永遠な幸福と繁栄をもたらすことを確信すると述べた。

引き継き朴正煕議長は祝辞を通じて「歴史的な十二月十七日を期して賢明な国民の判断をうけて確定された第三共和国の基本法である改正憲法案は未来の国民の期待をより強くした。過去のような錯雑した歴史のくりかえしは許容できないし、理想的な国家が実現しなくてはならない」と強調した。

なお朴議長はこの日午前十一時三十分青瓦台で李錫済法司委員長、金顕哲内閣首班が同席した中で改正憲法に正式署名した。

韓日会談略史（続）

第六次韓日会談の経緯

【6】

李炯淵

（四）予備折衝

（A）韓・日予備折衝の経緯と内容（金・大平会談以前まで）

▲予備折衝への地ならし＝一九六二年六月二十二日裵・杉両首席代表の会談では日本の参議院選挙後の新内閣で交渉を再開することに合意した。七月参議院選挙が自民党の勝利に終わって、池田首相が自民党の総裁に再選され、内閣の改造が終わるとともに、六月の「裵・杉会談」に立脚してまず非公式接触が再開された。

つづいて八月二十一日から正式に予備折衝が開始されたのである。この予備折衝は、崔・小坂会談が失敗に終わったことから今後は、もうすこし具体的予備折衝を深めてその後、高次的政治会談を開催して最終的結論を下すようなコースをとろうとする日本側の段階的交渉方針に韓国側が同意したものである。

韓国側は、これまで韓日交渉の局面打開策として、ソウルにおける「高級政治会談」の早期開催を強く要求していた。

これに対し、日本側は裵・杉両首席代表の間でときどき〝つなぎ〟的な会合を開きながらも参議院選挙、内閣改造、自民党総裁公選等を理由に、本格的交渉の時期を引延ばしてきたことは既述した通りである。だが前記のような理由が解消し、七月二十四日大平日本外相が、杉首席外務部長官は「いま直ちに高次の政治会談を開くのはムリで、当分は予備会談で問題を煮つめ、まず裵・杉両首席代表の会談を開くことに決定したのである。

しかし、韓国側は日本の内閣改造後、早急に折衝を始めて請求権の問題など具体的懸案について直ちに実質的な談判をはじめたい意向を示したにもかかわらず日本側は本格交渉の時期を再び延ばして、それまでの中間段階としての裵・杉会談の開催を提案したのである。

大平外相はこの間に、池田首相らと協議して韓日問題に対する新内閣の基本方針を固める計画を立てたのである。一方韓国側も韓日会談の進め方に対して側の朴議長や崔外務部長官など首脳部は慎重に検討し、去る十日の政府首脳と協議し、去る十日の従来に比べかなり柔軟な態度を示した。即ち七月二十一日崔徳新外務部長官は「いま直ちに高次の政治会談を開くのはムリで、当分は予備会談で問題を煮つめ、まず裵・杉両首席代表の会談を開くことに決定した」と述べた。

一方、大平外相は八月初旬から韓日会談の具体的内容に関しては外務当局の説明を聞き、自民、与党、長期償款を抱合せて約三億ドルとする新しい「経済方式」を考えた。

このような情勢の中で七月二十一日予備折衝に臨む態度を検討した。このような検討を通じて大平外相は、韓日会談に対する外務省案を固めたが、八月十七日には池田首相が院内総理大臣室に大平外相、田中蔵相、黒金官房長官を招き韓日会談の再開に臨む日本政府の基本方針を協議した。

その結果八月二十一日から予備折衝を開き、新しい観点、高い次元に立って解決に努力することで意見が一致、請求権の金額や支払い方法については二十日まで池田首相が裁断を下すことになった。

この会議で大平外相は請求権問題処理の腹案を提示し、この腹案にしたがって検討が行なわれたが、この大平腹案の内容は①韓日会談は今までの交渉の継続でなく、高い次元に立って解決をはかる。②請求権処理については、純弁済請求権に、無償供与、長期借款を抱合せて約三億ドルとする新しい「経済方式」を考えたといえる。（つづく）

日本側はこの予備折衝の開始までに新内閣の基本方針を固めることを約束した。一方韓日会談の進行方針等について、本国政府と打合せのため一時帰国していた裵駐日代表部参事官は八月十日帰任して、非公式に「韓国側は幅のある態度でのぞむ」と述べた。

また八月十一日韓国外務部のスポークスマンは、「これからの韓日交渉では伸縮性のある態度でのぞむ。崔参事官は最高首脳の朴議長や崔外務部長官など首脳部に問題処理の腹案を提示し、この予備折衝に臨む訓令を与えた。

このような日本側の態度は従来、法的根拠論だけを打出していたが、この大平腹案の内容は請求権七千万ドルを固執したのに比べると、伸縮性を帯びたもので韓日交渉を一歩前進させたといえる。

ところで八月二十日池田首相は、同日、院内総理大臣室で大平外相、黒金官房長官と協議、韓日予備折衝に臨む日本側の態度を固めたので、池田首相は純弁済請求権、無償供与、長期借款を合せて約三億ドルとする大平外相の腹案を了承したのである。このあと大平外相は、杉首席代表に対し、政府の前記したような態度を伝えて、予備折衝に臨む訓令を与えた。

なお、③支払方法は外貨を使うことは出来るだけ避け役務、資本財を主にする。などであると報道された。

鉄道 ジーゼル化を急ぐ

金交通委員、交通事業で語る

金載根交通通信委員長は二十六日交通理事業に対して言及、鉄道動力のジーゼル化にしたがうジーゼル機関車百台導入計画の中でまず三十台分として八百三十万ドルの借款協定がすでに調印され、残りは現在交渉中であり、遠からず追加協定ができるだろうと述べた。金交通委員長は二十六日ソウル放送局記者との単独会見であらまし次のように語った。

総ての鉄道動力がジーゼル化することによって輸送力が増加され、輸送経費が減少する効果を得ることができ自動気象予報制度をソウルでは十五日から始めているが、釜山でもこの自動気象予報制度を実施する予定である。

客車補給の今年職給計画の七十七両と追加百両、合計百七十七両を来年の一、四分期までに完了する予定であり、来年度には百両の客車を新しく作る予定である。

国際開発所の借款として百五十両を導入、来年の末までには代用客車を完全になくす。

を設置（既設七カ所）する計画である。

一方、当局者は水協がさる四月発足以来九カ月間にわたって海草類など重要水産物の一括収集販売して二億八千二百十一万ウォンの販売高をみせ、装備施設の改善のための政府依頼事業として二百四十三台のジーゼル機関一百余台の漁群探知機を購買して実需要者に引き渡すと同時に、二千二百七十八件のナイロン及びビニロン製の漁網を取り替え、遠洋業技術者二百三十九と半漁業技術者（漁撈及び機関部員）など二百四十八名を養成したと語っている。

兼任駐在大使発令

政府は二十六日付けで丁一権駐米大使をパラガイ及びエクアドル共和国大使に、李寿根駐英大使をアイルランド共和国駐在大使に、李成佳駐メキシコ大使をドミニカ、パナマ駐在大使にそれぞれ兼任することを発令した。

通商使節団が出発

東西亜、西欧を巡訪

【ソウル発＝連合】最高会議朴泰俊商工分科委員を団長とする日本東南アジア、ヨーロッパ地域通商使節団一行が二十六日午後ノースウエスト機便で出発した。

各国の輸出振興の実際問題を研究調査することを目的とするこの使節団は約一カ月間の予定で日本台湾、香港、タイ、ベトナム、フィリピン、マラヤ、フランス、英国、西独、イタリアなど十一カ国を巡訪する。なお使節団員は次の通り。

金容甲　商工部振興課長
金熙根　大韓貿易振興公社理事
李昌洙　外務部二等書記官

水協、信用業務取扱いを準備

融資規模九億ウォン予想

二十六日水産業協同組合中央会当局者の話しによると、水協は来年初めから実施することになっている信用業務開始において融資規模は約九億ウォン（財政、見返り資金）にし、農協、商銀などで取扱っている水産関係金融部分資金を漸次的に引受け資金の一元化を期するため信用業務を取扱うための準備を進めるという。

なお、漁村信用業務においては対人信用に重点を置き、融資手続の簡素化と融資金の事後管理に力を注ぐ方針を決めている。

一方、明年にはすでに組織完了をみた十二の会員組合と一千八百二十七の漁村金庫に対する指導体制の確立と、毎年繰り返す漁船の遭難防止策の一つとして中央会に水産無線センターを設置して済州、清項号に漁業無線局

証券金融 方案を決定

市中銀行長会議

【ソウル発＝連合】証券金融十億ウォンの融資方法を検討するため二十六日ソウル市中の銀行長らは会議を開き、融資幹事銀行を韓一銀行に決定したという。

これに従い、幹事銀行である韓一銀行側は韓国証券金融会社側と金利、担保管理及び資金取扱い手続を論議した。この席上証金側は金利を現在証金が市中銀行から借入している金利日歩三銭八厘を提示したが、銀行側では一般資金貸出金の日歩四銭三厘を要求して妥協されずにいるという。

一方これとは別に、財務部では証金が取扱う証券金融の融資要綱を今明日中に指示するものと伝えており、これに先立ち財務部は証金側に移管する売買証拠金と精算準備金管理と兼行して月末手渡し業務も証金側に移管するといわれる。

全体工事の三三・五%進捗

春川水力発電所ダム工事

国家再建の原動力になる春川水力発電所ダム工事は予定通り工事が進み、三十六日現在今年目標量の九五%の進捗をみせた。

総工事費二十五億九千七百六十万ウォンで六四年に竣工されるこの春川ダム工事はすでに各種建築工事と電気工事並びに動力電気補充工事等十余個の基礎工事が終って全体工事の三三・五%の竣工をみせている。

市中銀行資金悪化

貸出需要増加が主原因

年末を控え一般銀行の資金事情は極度に悪化して対韓銀借入金が激増、このような現象は明年初めまでつづくものとみている。

韓銀で集計した二十一日現在の五つの一般銀行の韓銀借入金は九億七千万ウォンで、さる十一月末の三億七千万ウォンにくらべ二十一日間にほぼ六億ウォンが増加されている。

去年の末には十余億ウォンの遊資処理に腐心した一般銀行の資金事情が最近このように悪化した原因はさる八月五日付で預金に対する支払い準備率が高くなったこと（定着性一四%から二十%）と、革命後一時停滞した投資意欲が旺盛になって貸出需要が増え、特に年末を前に預金が大量に引出されるためであるという。

なお韓銀当局者は年末を前後に一般銀行の韓銀借入金は十億ウォン台を突破して十二億ウォン線まで上がるものとみている。

28日軍事停戦委本会議

軍事停戦委員会第一六二次本会議が二十八日午前十一時、共産側の要請で板門店本会議室で開催される。

尿素七万七千五百四十トン

忠肥、一年間肥料生産高

商工部で伝えるところによると忠州肥料株式会社はさる一日から二十五日まで七千トンの尿素肥料を生産、十二月一カ月間に生産目標六千三百トンを六日も短縮、七百三十トン多く生産した。

ところで、忠州肥料で今年一月から十二月二十五月まで生産した肥料は七万七千五百四十トンに達している。

千五百十五キロ収納

二十日現在計画量の八二%

専売庁はさる二十日現在、今年度生葉煙草一千五百十五万三千キロを収納して賠償金十億一千二百六十七万ウォンを放出したといわれる。ところで、この収納実績は年内収納計画量一千八百四十二万キロの八二%に該当するもので、年内の計画量収納は可能とみえる。

韓国日報筆禍事件軍裁

張基栄氏等を証人に

韓国日報筆禍事件の韓国鎬、柳良絶両被告に対する陸軍本部普通軍法会議は二十六日午後三時、事実審理を終え、証人として張基栄（元、韓国日報社長、弁護人側）金子煥（韓国日報政治部長、検察側）鄭成寛（韓国日報政治部次長、検察側）韓相殷（無職、検察側）ら四名を採択した。

同公判で柳良絶被告は韓国勤労党が自分に対して新党の名称が労働党だと言うので労働党という名は北韓カイライの政党の名であるため労働の上に社会という言葉がつくのではないかと言っただけだと陳述した。

韓被告の弁護人である金致烈氏が韓被告は、取材の経験が豊富な人である柳被告が社会労働党と言ったので、それを本当にして労働党と言ったのではないかと質問すると柳被告は自分としては冗談にすぎなかったと否認した。

一方第二回公判は来年の一月八日に開かれるがこの日検察官の求刑の言渡しがある。

最高会議慰問団28日一線部隊訪問

国家再建最高会議は寒さに負けず国土防衛に余念のない一線将兵たちの苦労を慰労しその士気を高めるため最高委員と直属機関長らで二十二班の慰問団を編成来る二十八日陸海空、海兵隊の各一線部隊を訪問する予定である。

二百八十七学級増設

文教部第一次認可を発表

文教部は二十六日来年度全国中高等学校に対する第一次学級認可を発表した。

この日発表された認可事項をみれば中学校が百十九学級、高等学校が九八級で合計二百八十七学級である。

一方来る二十九日には第二次学級増加が発表されると語った。

お知らせ

▽駐日代表部は新年の事務を一月四日より開始いたします。

▽民団中総では新年の事務を一月五日より開始いたします。

中総新年会は一月八日正午より中総で行ないます。

労賃滞払社四百二十九企業

保社部適期支払を要望

勤労者に対する労賃滞払いをなくそうとする政府当局の強力な要望にも拘わらずいまだに履行されていない業体が全国に二十七カ所もあり、保社部当局は二十六日労賃の適期支払いを強力に要望した。

各道から保健社会部に報告されたものによると、労賃滞払い数が百名を越す四百二十九個の事業体の内二十七カ事業体がさる十月末現在労賃を滞払いしており、金額も合わせ二千三百余万ウォンにもなっているという。

これを道別にみれば、ソウル八つ、京畿、忠北各々五つ、江原四つ、全南北、慶南がそれぞれ各一つの事業体である。

今年度利益金15億九千八五四万ウォン

商工部傘下全企業体

商工部集計によると同部傘下全企業体で今年の利益金目標額は十億六千四百万ウォンであったが、十月末現在すでに十五億九千八百五十四万ウォンの利益を上げたといわれる。

お宅の電化は三和から！
御値で小売も
各社テレビ電気器具卸
三和テレビ・ラジオKK
東京都台東区御徒町1-5
TEL.(866)4177（代表）

皆様にとって最も親しめる銀行…
最古の歴史を誇る朝興銀行を御利用下さい。
外国為替・信託
韓国・ソウル特別市
朝興銀行

世界を
飛翔する
乗用車
ここに誕生!!
ダットサン ブルーバード

日本で最も人気があり、世界各地に輸出されて好評のダットサン　ブルーバードのふるさと……日本の代表的自動車メーカー「日産」が神奈川県追浜に建設した東洋一の乗用車工場です。100万平方メートルの広大な敷地に並び立つ工場では、すべてがコンベアーシステムで運ばれています。日産自動車では、このたびセナラ自動車と提携し、ブルーバードを韓国に輸出することになりました。

ダットサン トラック

NISSAN
日産自動車株式会社
東京都千代田区大手町ビル
새나라自動車工業株式会社
ソウル特別市中区小公洞21

第3共和国の基盤新憲法の構図

新憲法施行と法律制定
注目される運用の妙
新機関設置法は民政移譲前に

改憲案の確定に伴い革命政府は憲法付則第一条第一項が規定するように“憲法施行のための法律の制定”に拍車をかけることとなった。

この憲法は新国会が初めて召集される日から施行されるが、大統領、国会議員選挙その他の準備等は施行前に行うことができるようになっている。

したがって国家再建非常措置法はその効力が失われる明年の初国会召集日までは民政移譲の過程を進めるために改正適用またはそのまま適用されることとなるだろう。

大体、新憲法は法制面において三つの方向を示している。

第一はこの憲法であらたに規定される機構の設置関係立法で、第二は改廃不能あるいは幾つかの革命的立法の効力持続、そして第三はこの憲法施行当時の各種法律、法令、規則等の改正、廃止すなわち整備課業である。

法令整理は漸次なされることであるが、なかでも新機関の設置関係法案は遅くとも民政移譲前に制定公布しなくてはならないものである。

なによりもまず制定を急がねばならない法案は大統領ならびに国会議員の選挙法と選挙管理委員会法案である。そして政党法もまた同選挙立候補者の要件のなかに政党の推薦条件があるため選挙関係法案と同時に公布されなくてはならないと思われる。

新憲法施行前後にあると思われる立法の種類と、改廃可能または不可能な法律は次の通りである。

新たに立法化される法律

（改正を含む、括弧内は憲法条文）

①新聞、通信発行施設基準に関する法案（十八条三）
②国会議員選挙法案（三十六条四）
③国会法案（四十三条）
④弾劾審判委員会法案（六十二条）
⑤国家安全保障会議法案（八十七条三）
⑥監査院設置法案（九十五条）
⑦法官推薦会議設置法案（九十九条五）
⑧選挙管理委員会設置法案（百七条七）
⑨地方自治（団体）法案（百九条、百十条二）
⑩小作制禁止法案（百十三条）
⑪農、山地使用制限、義務関係法案（百十四条）
⑫経済、科学審議会議設置法案（百十八条三）
⑬政党法案（七条）
⑭政府組織法案（九十一条）
⑮大統領選挙法案（九十四条四）
⑯法院組織法案（九十七条三）
⑰地方議会構成時期に関する法案（附七条三）
⑱公務員法案（六条一）
⑲屋外集会に関する法案（十八条四）
⑳その他保留となった各種規定の立法または改正。

改廃不能な法律

①政治活動浄化法
②不正蓄財処理法ならびにこれに関連する法律。

効力が持続する法令と条約

①五・一六後の非常措置法に依拠する法令ならびに条約
②特殊犯罪処罰に関する特例法
③不正選挙関連者処罰法
④政治活動浄化法
⑤不正蓄財処理法
⑥この憲法施行当時の大統領令、国務院令、閣令等
⑦その他憲法に違背しない各種法令。

最高会議は今後半年間にこれらの法令等の制定ならびに整理をする計画で、このため特別委まで構成することを考えている模様である。

国民投票で示された民心
政局の安定を希望
大都市でも多い賛成票

第三共和国の基礎となる新憲法は十七日の国民投票で圧倒的多数をもって可決された。

国民投票中央管理委員会の発表によると全国の総有権者千二百四十一万二千七百九十八名のうち投票権を行使した者は八十五％に該当する千五十八万五千九百九十八名でそのうち賛成票は投票者の七十八・七％に当る八百三十三万九千三百三十三名であると明らかにされた。

総有権者の八十五％が投票に参加し、投票者の七十八・七％が賛成票を投じた今度の国民投票の結果は革命政府指導者が発表しているように“予想外の成果”であり、また革命政府としては“誇りとするに足る成功”であるといわねばなるまい。

国民投票の結果を全国的にまず道別にみると投票率の最も高いのが済州道の九十八・六二％で、最も低い所がソウルで七十四・五九％となっている。賛成率は九十一・〇八％でこれまた済州島が最高で、七十四・三％のソウルが一番低率である。

投票の結果をもう少し細かく各市郡別にみると投票率の最も高いのが江原道の華川郡（九十六・七％）、最も低いのが慶南の忠武市（七〇・四％）で賛成率が最も高いのは慶北の鬱陵郡（九十四・二三％）で最も低いのが全北の全州市（六十九・七％）となっている。

どの道、市、郡を問わず半数線を割るという棄権や反対票のなかった理由や、済州島や鬱陵島のような島が高率を示したのにくらべてソウル、全州、忠武のような都市が低率を示したことは一口に解説することはできない。

今度の国民投票の結果を分析評論しようとするならば各自各様の結論がでるだろうと思う。

たとえば、革命中心勢力は今度の投票の結果を“革命政府に対する国民の絶対的な信任のあらわれ”であるとみるだろうしまた革命政府に批判的な態度をとっている野党側の人士は“憲法に対する支持投票と革命政府に対する支持投票は全然別個なもの”であるとみるだろう。

だが今度の投票結果を客観的にみるならば少なくとも①国民は政局の安定と民政移譲のスケジュールを早急に履行してもらいたいと願っており②国民投票の結果は革命中心勢力に鼓舞的な自信と勇気を与える事であり③憲法に対する支持率をそのまま革命政府に対する支持率であるとみることは難しいということ④都市であるほど権力に反発し農漁村ほど権力に順応する政治の力学には変動がないということがいえると思う。

何故ならば政治権力に対しては生理的に反発してきたソウル、大邱、釜山のような都市でも七〇％を越える有権者の賛成があったということは、憲法が否決された後に惹き起される政局の混乱と民政移譲スケジュールの遅延を防ごうとする知識層の考えが大きく効を奏したといえるだろう。

国民投票に多くの人が賛成したということは憲法が良いか悪いかはさておき、まず“不可避である”という観点で軍事革命の妥当性を認めたようにこの憲法もまず確定させなくてはならないという考えが投票者の気持の中にあったということを無視してはならない。

したがって今度の投票結果は革命政府の施策に国民全体が協力しているという事実を立証したことで革命中心勢力には鼓舞的な自信を与えたことになる。

次に今度の投票でもわれわれは地方によって差のある伝統的な政治の力学関係を知ることができる。

最も投票率と賛成率の多い済州、鬱陵、華川等は十二年の憲政史を通じていつも与党の地盤であり、そしてまたソウル（特に鍾路区と西大門区）、全州、忠武市は与党の組みし難い所であった。

とにかく軍事政府が民間政府に移る第一の関門である憲法案の国民投票はこのような多くの意味を残してその地歩を固めたのである。

北韓武力増強宣言の裏面

韓 載 徳

緊張造成の方便
対ソ反発対中迎合で命脈維持を画策
金日成自身の保身にも

偽装平和呼訴から武力増強宣伝に

最近金日成一派が武力増強を党の決定として策定し、それを“公式報道”で宣伝したことは内外に大きなセンセーションを巻き起している。

十二月十六日北韓カイライは武力増強を中心とする所謂“朝鮮労働党中央委員会第四期第五次全員会議に関する報道”を発表したのであるがそれは“全体人民が武装しわれわれの国防力を鉄壁の如く強化し……”とか“人民経済で一部制約を受けてもまず国防力を強化しなくてはならない”等の好戦的文句が羅列されている。

従来と異なり彼らが武力強化を強調して公式報道までした意図は何んであろうか？

それには多くの答があることだろう。

それは最近の国内外の情勢、延いては共産圏内の諸情勢までもが北韓にとって余りにも不利になってきたための不安と焦りの表示一誇張であるともみられる。またこのような状況から北韓同胞の目を他にそらせようとする小細工であるともとれる。

あるいはまた最近北韓の経済が後退の徴候を示しており（金日成は今年の上半期で六つの経済目標のうち最も基本的な部門である石炭と鉄鋼が計画に達していないということを述べた）共産化の過程がゆるみ始めた事に対して（金日成は今度の“全員会議”で特に弛緩性と無意性との闘争を強調した）常套的な対策として故意に緊張を造成するためこのような武力増強策を打ちだしたともいえる。

対ソ反発として対中共迎合へ

だがわれわれがこの問題で最も興味をひくのは北韓の今度の武力増強宣言がその実は、日毎に深刻化してゆく彼らのソ連に対する反発の一つであると同時に中共に対する迎合の表示の一つであるという点である。

フルシチョフがスターリン主義を批判し対米柔和政策を打ちだした事は金日成にとって対ソ態度を難しいものにしてしまったのである。

何故ならば、元来、金日成とは徹底したスターリン主義者であり、実力なしに北韓の独裁者となった彼はスターリンの手法によって独裁権を維持している者であるからである。

如何にソ連のやることであっても“スターリン主義”の排撃だけはついていけないことであり、ソ連の対米柔和政策もまた然りである。

今度の“全員会議”ではソ連に対する反発と抵抗が一層積極的となったのである。まずキューバ問題を大々的に取りあげ“英雄的キューバ人民の闘争に全的な支持と連帯性を誇示する”としてフルシチョフをキューバの共産革命に背くものであると非難し、またインドに対する中共の軍事行動に対しては中共に“全的な支持を表明する”として中共に冷静な共産主義者らは主にフルシチョフ側を非難したのである。

事実、以前ならば金日成カイライがソ連に対してこのような態度をとるということは想像もできないことであった。

実際のところ金日成は今や本来の位置に戻ったといえる。元来、中国共産党員として党生活を始めた者であり、彼は毛沢東をちかくに見ることのできなかった毛沢東の末端部下であったのである。

だが今は違う。金日成は共産圏内のあらたな情勢のもとで彼が今まで養ってきたみずからの力量を過信し、また中共の力に頼って、今まで抑えてきた好血的狂乱性を発動させる機会を狙ろうとしているのである。

あらたな戦争放火の準備のために

北韓の“全員会議”の決定と総連に対して中共はいちはやく全面的な支持を表明した。

北韓のあらたな盟誓は違したのである。だからといって北韓の武力増強の決定と毛沢東、金日成の野合がただちに戦争開火を意味するものではない。

常識的に考えるならば、核時代の今日、戦争をひき起すような“気違い”はいない筈である。

だが共産主義の野望で目のくらんだ共産主義者らは完全に気がくるってしまったのである。

毛沢東一派は緊張強化によって人民の目を他に向け、また一寸の山間地でも拡げるためにはインド侵略のような無謀なこともあえて行なう者達である。

金日成はそれよりも甚だしい六・二五動乱まで挑戦した前科者である。

このような者達が野合すれば何をしでかすか分からない。

（筆者は内外問題研究所長）

韓国の声

政治活動再開の雰囲気造成のために

（一）

政府は、クリスマス前日国民に対し、二つの贈物をした。一つは、向う十日間の夜間通行禁止撤廃であり、もう一つは、三・一五不正選挙関連者として刑が確定、服役中にあった李在鶴氏ら六名の前自由党幹部および国務委員、知事らの仮釈放措置である。目前に迫った政治活動の再開を控えて政府が、意識的に取った措置であろうと、また他の別個の目的で取った措置であろうと、結果的には歳末の社会雰囲気を和らげ「民政移譲の年」に突入する前哨的効果を挙げたことになる。

今明日中に取られる予定と伝えられる政治活動浄化法該当者の一部解禁が発表されることになれば、さらに一層拍車がかけられるのは言うまでもない。さる五月、十六日間にわたり夜間通禁制度を撤廃してみた経験にかんがみて、今度の年末年始十日間の夜禁解除が、治安を担当する警察の負担を大きく加重するものであることを計算に入れつつも、政府が進んでかかる措置を断行するに至ったのは、一般国民の明朗な生活意欲を鼓舞し、こわばり緊張した空気を和らげることにより政治活動再開の精神的基礎を造成することにあると推測できることからして、夜間通禁制限の利害得失論とは別に、ともかくその意図と指向だけは時宜を得ものといわざるを得ない。それに今度仮釈放の恩典に浴した六名の自由党系要人一人一人の罪状だとか、獄中での改悛程度は論外とし、またその選定の適否には関係しないまでも、一般論としてここに革命課業も幾つかの段階を越し、除外された国民を一人でも多く再生の道へ導こうとする革命政府の方針をわれわれは、歓迎するにやぶさかではない。同じ見地からして、その数がどうであろうと、足を縛られていた政浄法該当者の中から、最高会議議長の職権により政治行動の自由が認定されることになったのは、その間の不透明であった政治雰囲気をひときわ明朗にする作用をしたことは間違いない。

（二）

しかし、政治犯の仮釈放措置とか該当者の解除措置において、深く考慮しなければならぬことは、具体的個個人の選定に先立ち、あらかじめ一定の原則と基準が確立さるべきであり、またそれが一般からも共感を受けるものでなくてはならぬというのがわれわれの主張である。原則的に遡及法の制定を極力反対してきたわれわれではあるが、今ここで、こと新しくそれを再論しようとは思わない。すでに既成事実となった遡及法発効は現実論理として是認するほかないものの、問題は、同じく遡及法により処罰された数多い人たちとそれより多い公権制限者が、実は、同じケースの該当者ではなくて政治的に各各性質を異にする四つの類型に分布されている点である。第一は、四・一九前の自由党系、第二は、五・一六以前の民主党と新民党系、第三は、革新政党を始めとする群小諸党系、第四は、五・一六前後の反革命事件関係者およびその他、と大別できるのである。その罪状とか公権制限の理由となった内容に関しては、強く問われる時期ではないとしても、もしも、恩典を賦与する対象の選定に当って或る系列だけを重んずるとか、誰には厚く誰には薄いといったような印象を国民に与えるとすれば、そこには初めて恩典を賦与する革命政府の本意が歪曲される悪弊すらあるだろう。革命が既成事実として確定され、新たな第三共和国の地ならしをする当座である。良かれ悪しかれ、既往の遡及法があげた法的効果は、どの系列に対しても軽重があろうはずはなく、活用すべき人材があり、その改悛の情状を参酌するに足る理由があれば、上に述べたどの系列に対しても恩典は等しく適用されねばならず、帯同一な条件で新たなる国民隊列に参加させるという公平な配慮がなければなるまい。われわれはここで、どの系列がより多く国家民族に害を及ぼしたかを追及したいとは思わない。如何に冷却の期間を持ったとはいえ、今でもまだ、国民の感情は自ら冷静な判断を下しているものと考えるからである。革命政府がどのような原則と基準に基づいて特定人の仮釈放措置を取り、また政浄法該当者の解除対象者を選定したかは推測すべくもないが、少なくとも国民感情に釈然たらざるところを残すことがあってはならないものと、われわれは期待している。

同時に、一歩を進めて、遡及法が正当なものでないことは改正憲法の精神でも分明であるからして、歴史が宥恕しないだろう幾人かの政治的、思想的責任者を除いては、すべて政浄法から解除されねばならず、国籍の身にもかかる原則が大幅に均霑されて全国民が心機一転、欣然として新しい国家の創建に参与することができるよう活発な雰囲気の造成に英断あらんことを希望するものである。（朝鮮日報）

北傀艦艇の不法南進・攻撃を糾弾する

二十三日午前十一時三〇分頃、延坪島北方、休戦線西方に北韓共産カイライ軍所属の艦艇二隻が出現し、休戦線を警備哨戒中であったわが海軍所属のPTボート一隻に対して攻撃を加えた。

北カイ艦艇の攻撃に対し、わが海軍PTボートも止むを得ず応戦するほかなかったが、交戦の結果、わが海軍側は三名が戦死、三名が負傷した。北カイ側の被害がどの程度であったかは知られていない。

休戦協定が調印されて以来、北カイ側が休戦協定に違反した事実は今に始まったことではなく、その一つ一つを数え挙げることは到底できないほどだ。

最近の例をあげても、第十七次国連総会が韓国問題に対する本格的討議を開始するに先立ち、去る十一月二十日板門店付近の休戦線南方で北韓カイライ軍は、国連軍観測所を不法攻撃、国連軍二名を死傷させた。これは国連総会が韓国問題を討議するに当り、北韓共産カイライ政権の存在を示そうとする北カイ側の政治的意図から出た武力示威ではないかとも解釈されたが、今度の不法海上攻撃は、それとはまた性質を異にする点は、留意を要する。

第十七次国連総会によって、国連の権能と権威の受諾を拒否している政権として規定された北韓共産カイライ政権は、従前とは異り、条件付にもその代表が国連総会の韓国問題討議に招請されることさえなくなった。北カイの国際的孤立性を、第十七次国連総会は深かめたと見ることができる。

国連総会の韓国問題討議において、北カイが国際的不良児扱いされることが分明となった晩から北カイが取ってきた一連の対外行動は注目すべきものがある。

北カイの頭目・金日成は、特にキューバ問題をめぐって激化したソ連・中共間の軋轢にあって、中共の戦闘的路線に追従したし、経済計画の一部を犠牲にしてまで軍備を強化する決定をなした。

また、北傀は、板門店の軍事停戦委員会で米軍U2機が北韓上空を飛行したと非難するとともに、さる十八日、十九日、二十日にわたり国連軍側は海上攻撃を仕掛けたと主張した。

然るに、今度はクリスマス・イブを一日前にして、彼等自ら休戦線を不法侵犯し、先にわが海軍PTボートに発砲をしてきたのである。

かかる一連の北傀の動向は、故意に緊張状態を作って危機感を造成することにより、北韓同胞に対してその体面失墜を糊塗しようとするものかも知れない。これら一連の事実をわれわれは、各々断片的にだけ解釈してはならない。

国際的孤立に焦燥する北傀側は、制限された条件下の何らかの緊張状態が造成されることを願っているような徴候が見え、従って、この先陸海空を問わずどこでどんな事件を起こすかも知れない点に留意し、われわれは万般の態勢を整えていなければならない。

決して韓国休戦は北傀側の善意に依拠して維持されているのではない、という事実をわれわれは銘記しなければならぬ。過去九年間の休戦期間において北傀側が引き起こした休戦協定違反は、一千五百余回に達する。

韓国休戦協定を維持しているものは、ただわれわれの武力なのである。それゆえ、われわれの警戒には瞬時の弛緩も許されない。

われわれは、北傀側の故意的犯罪行動の可能性を過小評価することなく、年末年始に当ってもいつでも北傀の蠢動に対処することができるよう、万般の態勢を整えねばならない。かかる意味から、すべての国軍将兵に対する国民の激励を呼びかけるものである。（東亜日報）

旅券発給者氏名公告

韓国駐日代表部領事課旅券担当官
在日本韓国居留民団中総民生局長

氏名	番号	居住地
成麗甲	KJ [illegible]	神奈川
金斗碩	〃 [illegible]	〃
鄭泰文	〃 [illegible]	長野
朴春済	〃 [illegible]	東京
李福順	〃 [illegible]	〃
徐三権	〃 [illegible]	〃
梁竜男	〃 [illegible]	〃
南相順	〃 [illegible]	神奈川
金順南	〃 [illegible]	〃
呉炯象	〃 [illegible]	〃
朴鍾爽	〃 [illegible]	東京
金東甲	〃 [illegible]	〃
林恵正	〃 [illegible]	神奈川
安泉基	〃 [illegible]	東京
羅相順	〃 [illegible]	〃
河竜鉉	〃 [illegible]	〃
朴炳台	〃 [illegible]	〃
姜田子	〃 [illegible]	〃
金壮韶	〃 [illegible]	〃
金炳仁	〃 [illegible]	〃
厳珖植	〃 [illegible]	神奈川
金一俊	〃 [illegible]	〃
朴粲洙	〃 [illegible]	〃
申友任	〃 [illegible]	〃
金裕燮	〃 [illegible]	東京
金相末	〃 [illegible]	〃
李根泌	〃 [illegible]	〃
盧必順	〃 [illegible]	神奈川
李起道	〃 [illegible]	埼玉
権数南	〃 [illegible]	宮城
許判生	〃 [illegible]	東京
金宗子	〃 [illegible]	静岡
元貞子	〃 [illegible]	宮城
孔午甑	〃 [illegible]	静岡
玉智洙	〃 [illegible]	〃
尹且順	〃 [illegible]	愛知
崔寿鶴	〃 [illegible]	〃
崔泰業	〃 [illegible]	京都
張午童	〃 [illegible]	〃
金商秀	〃 [illegible]	〃
須永智子	〃 [illegible]	〃
李鍾昌	〃 [illegible]	〃
李鍾得	〃 [illegible]	〃
丁泰順	〃 [illegible]	兵庫
薛漢玉	〃 [illegible]	〃
黄甲千	〃 [illegible]	大阪
裴用順	〃 [illegible]	〃
金啓密	〃 [illegible]	奈良
金昌洙	〃 [illegible]	〃
崔小徳	〃 [illegible]	大阪
韓康熙	〃 [illegible]	〃
韓竇同	〃 [illegible]	〃
金珠泰	〃 [illegible]	〃
曹和鉉	〃 [illegible]	富山
金義琪	〃 [illegible]	大阪
金泰根	〃 [illegible]	愛知
崔元道	〃 [illegible]	〃
宋弁木	〃 [illegible]	〃
尹新礼	〃 [illegible]	〃
羅芝鎮	〃 [illegible]	〃
朴礼吉	〃 [illegible]	〃
権金俊	〃 [illegible]	〃
金丙今	〃 [illegible]	〃
宋鳳祥	〃 [illegible]	大阪
権宗赫	〃 [illegible]	〃
李玉花	〃 [illegible]	〃
金大温	〃 [illegible]	〃
金陽千	〃 [illegible]	〃
李向只	〃 [illegible]	〃
鄭甲植	〃 [illegible]	兵庫
李嘉錫	〃 [illegible]	愛知
朴一女	〃 [illegible]	〃
趙合春	〃 [illegible]	〃
崔漢竜	〃 [illegible]	〃
鄭尚天	〃 [illegible]	〃
権弘基	〃 [illegible]	〃
姜三万世	〃 [illegible]	〃
李人竜	〃 [illegible]	〃
姜来出	〃 [illegible]	〃
趙泰述	〃 [illegible]	大阪
姜命順	〃 [illegible]	奈良
姜正九	〃 [illegible]	〃
崔有叔	〃 [illegible]	〃
韓投業	〃 [illegible]	京都
姜五達	〃 [illegible]	大阪
金東出	〃 [illegible]	〃
金点男	〃 [illegible]	〃
安数道	〃 [illegible]	〃
黄桂性	〃 [illegible]	島根
沈慶任	〃 [illegible]	〃
辛在鉉	〃 [illegible]	兵庫
金舜溪	〃 [illegible]	京都
李永吉	KJ [illegible]	京都
金良林	〃 [illegible]	〃
金在仁	〃 [illegible]	〃
鄭万水	〃 [illegible]	〃
金明哲	〃 [illegible]	兵庫
李正金	〃 [illegible]	大阪
張栄慈	〃 [illegible]	〃
呉洪勲	〃 [illegible]	〃
金尚述	〃 [illegible]	〃
李順子	〃 [illegible]	京都
崔鎮基	〃 [illegible]	新潟
金相華	〃 [illegible]	東京
崔大元	〃 [illegible]	新潟
鄭晩植	〃 [illegible]	東京
李三出	〃 [illegible]	静岡
朴二先	〃 [illegible]	秋田
金昌錫	〃 [illegible]	東京
崔金哲	〃 [illegible]	栃木
李七竜	〃 [illegible]	埼玉
白錫善	〃 [illegible]	神奈川
金東彦	〃 [illegible]	埼玉
李福順	〃 [illegible]	東京
朴一凜	〃 [illegible]	埼玉
李成鎬	〃 [illegible]	東京
鄭東竜	〃 [illegible]	〃
孫順礼	〃 [illegible]	大阪
呉志弘	〃 [illegible]	〃
高昌秀	〃 [illegible]	〃
李光錫	〃 [illegible]	〃
鄭芝玓	〃 [illegible]	〃
文吉順	〃 [illegible]	〃
権万祚	〃 [illegible]	〃
趙秀熙	〃 [illegible]	〃
李泰出	〃 [illegible]	〃
文元今	〃 [illegible]	〃
孫璟伊	〃 [illegible]	京都
金曽根	〃 [illegible]	〃
安判祚	〃 [illegible]	大阪
崔闘礼	〃 [illegible]	〃
朴小先	〃 [illegible]	〃
金出伊	〃 [illegible]	〃
姜洲洪	〃 [illegible]	〃
崔京植	〃 [illegible]	〃
梁義雄	〃 [illegible]	兵庫
秦乙生	〃 [illegible]	大阪
陸鶴鳳	〃 [illegible]	〃
金月生	〃 [illegible]	〃
朴錫福	〃 [illegible]	〃
慎相源	〃 [illegible]	〃
洪仁叔	〃 [illegible]	兵庫
朴外朝	〃 [illegible]	大阪
朴泰伊	〃 [illegible]	兵庫
金李伊	〃 [illegible]	〃
金李順	〃 [illegible]	〃
鄭粉守	〃 [illegible]	〃
金根守	〃 [illegible]	岐阜
朴玉南	〃 [illegible]	〃
宋淳子	〃 [illegible]	〃
金重会	〃 [illegible]	〃
高平三	〃 [illegible]	〃
徐李淳	〃 [illegible]	大阪
金鋼柱	〃 [illegible]	〃
劉末任	〃 [illegible]	〃
高仁鎬	〃 [illegible]	〃
張錫泰	〃 [illegible]	〃
姜大奥	〃 [illegible]	東京
金権玉	〃 [illegible]	〃
朴叔熙	〃 [illegible]	新潟
金来洪	〃 [illegible]	東京
文如松	〃 [illegible]	〃
黄風今	〃 [illegible]	〃
尹順烈	〃 [illegible]	長野
洪順南	〃 [illegible]	東京
金壬生	〃 [illegible]	埼玉
黄石華	〃 [illegible]	〃
李斗南	〃 [illegible]	〃
金永浩	〃 [illegible]	〃
玄海南	〃 [illegible]	北海道
金泰淑	〃 [illegible]	神奈川
馬用音	〃 [illegible]	東京
李根福	〃 [illegible]	〃
梁善出	〃 [illegible]	〃
宋徳順	〃 [illegible]	〃
丁福玉	〃 [illegible]	〃
朴粗順	〃 [illegible]	〃
李延相	〃 [illegible]	埼玉
文達範	〃 [illegible]	〃
胡春淑	〃 [illegible]	東京
尹貞雄	〃 [illegible]	〃
鄭芳休	〃 [illegible]	〃
金秀淳	〃 [illegible]	〃

（十二月二十日現在）

ゴロー商会
GORO &co
G&S
社長・金　巳哲
東京都渋谷区大和田町11番地
TEL（461）4022番

豪華浴室と高級焼肉料理の殿堂
温泉気分と最高のムードで
個室トルコ　早朝五時より（800円）浴後にビール1本ツマミ付サービス
大衆男女トルコ風呂　100円
◆五〇〇坪全館冷暖房完備◆
上野　宝苑
上野駅前昭和通り宝ホテル隣
チャングのリズムに乗って
韓国の古典床しき美妓の舞い
御宴会
御一人様　500円より
料理5品　酒1本(500)
高級焼肉料理
（年末年始の宴会の予約は早めにお申込み下さい）
御予算により御相談に応じます。200名様用
大広間御家族ずれ、大小10室準備
温泉部電話（832）2619〜20、食堂部電話（832）6505〜6

営業品目
海狗腎及其他補薬
人蔘鹿茸唐草乾材
和薬医薬各種新薬
直ぐ服める液体漢方薬
内外貿易業務代行
日和堂薬院
大阪市東成区大今里南之町1−14
電話（971）3180・7958

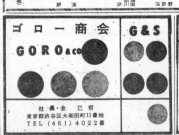

当店は
京都の中心地に位置し
京洛　随一の豪華な設備と
徹底したサービスを誇る
味覚と栄養の殿堂であります
南大門　京都市下京区四条河原町　TEL 35−3647，9691

韓国服地と韓国レコード！
浅草　金宮商店
営業品目
特殊香港洋丹・中国洋丹
金糸織洋丹・テトロン洋丹
京都洋丹・美術丹・七色丹
洋服地・各種ナイロンレース
リバレース・オパール
ニュートン・ベルベット
其他　本絹　季節向一式
朝鮮古典長鼓販売
貸古典婚礼衣裳
東京都台東区浅草公園六区2−2
電話（841）0003・0004・0005・0006
韓国レコード関東代理店
総販売元

具体化した全日制韓国学園

民団愛知県本部

愛知県僑胞らの熱意 推進委員会も構成

民団愛知県本部（金質煥団長）では数年前から管内僑胞の念願であった"全日制愛知韓国学園（仮称）"を新年中に建設するため、今その段取りを急いでいる。同本部管内は今それを具体化するため"学園設立期成会"に先だってスクールバス、その他をすでに購入し、あとは新年正月に期成会を結成し、学園開設を待つだけである。

金民団愛知県本部団長

鄭設立推進委員長

愛知県における韓国学園建設運動は、数年前から組織を中心として年々論議されてから漸次地域的に学園が建設されてきた。一九五四年名古屋支部（当時団長劉学変氏）で名古屋学園が設立されたのをはじめとして一九五八年中村支部（当時団長鄭煥禧氏）が崔学阜氏（現愛知本部事務局長）を中心に中村韓国学園（康泰根園長）を設立した。

中村韓国学園は名古屋市の中心地である中村区であるだけに、将来韓国学園設立の基盤を盛りあげるための試図として重要視された。

その後各地域別に学園が設立されたが反面その機能を充分に活用できない憾いがあったが、しかし中村韓国学園だけは崔学阜氏を中心に丁海竜、尹和南、梁完玉氏らの教師陣がうけつぎ、学園を五年間中断することなく、初級班七十余名の週二日（午後五時－九時）の授業と、成人班（高、大、一般青年、婦人）六十余名の週二日授業を今日まで継続してきたのである。

こうしたかいあって、本年九月金煥本国派遣教師の来日を契機に、かけ声ばかりに終っていた全日制韓国学園設立ムードは再燃し、これに鄭煥禧氏（中村教育委員会委員長）、姜求道氏（信用組合愛知商銀組合長）夫妻らの熱意が拍車をかけ、学園設立期成会結成の前に、次のような"スクールバス購入推進委員会"などが結成された。

なお、スクールバス購入の目標額は五百万円だが、すでに二百五十万が集められており、その他ピアノ、スライド、書棚、ロッカー、テープレコーダー、ガスストーブなども個人寄贈によって整えられている。

こうしたことから、学園設立期成会は新年正月中には結成され、六三年中には立派な"全日制愛知韓国学園"が建設されるものとみられている。バス、その他を寄贈するために賛助資金を放出した氏名は次の通り。

▼スクールバス購入推進委員会は委員長に鄭煥禧、委員に金竜煥、張永駿、姜求道、康泰根、劉泰圭氏らが中心となって、目標額の半分二百五十万円近くをすでに確保している。

二十万円張永駿、二十万円姜求道、〃 鄭煥禧、〃 孫 潤、〃 李先秀、〃 鄭煥駅、十万円 李福洙、十万円 呉玉蔵、〃 姜秀根、〃 金允鎭、五万円 林寿慶、〃 尹泰明、〃 崔鎬五、五万円 白吉斗、〃 朴任植、〃 朴永参、〃 趙正局、十万円 姜末出、十万円 李基元、十万円 崔正烈

▼またピアノ、スライド、書棚ロッカー、テープレコーダーガスストーブなどを購入するため、県内僑胞婦人がPTAを組織し、その会長申順雨、副会長に朴勝妊、李寿坤氏らが中心となって六十万をすでに確保している。

五万円 朴勝妊、三万円 申順雨、〃 李寿坤、二万円 李斗伊、三万五千 裴必任、一万五千 朴勝鎭、四千五百 孫太鎬、四千五百 金工月、〃 林阿只、一万六千 長日会、二万円 任桐子、一万五千 朴在鉉、一万円 金数子、一万五千 房順伊、二万円 金萌子、二万円 安而美、一万円 姜福南、一万円 金順連、〃 崔粉先、〃 成五轍、〃 温順伊、五千円 裴泰粉、二千円 金東福、二千円 朴満礼、一千円 安順汝、三千円 曹貞時、一万円 崔甲順、五千円 金店南、五千円 李和実、一万円 安東里、三万円 趙賓子、〃 趙富子、五千円 金甲粉、三千円 成次順、三万円 李寅粉、三千円 長善校、二千円 金初子、五万円 鄭鳳今、一万円 尹必順、一万円 朴光子、五千円 李栄燮、三千円 朴次順、二千円 安相伊、一万円 李 真

63年度大学進学推薦試験

中総文教局各県に示達

第一次は正月15日全国七会場で

民団中総文教局では毎年、全国の僑胞子弟大学進学希望者の内、優秀な者を推薦し、進学に便宜をはかっているが、新年度もその推薦試験を実施することを決め、さる二十四日その実施要領を民団各県本部に示達した。同要領は次の通り。

一、一九六三年度大学進学推薦試験を別紙告示要領で実施する。

二、試験地を東京、大阪、名古屋、広島、福岡、仙台、札幌の七地区に分割して実施するので、受験者は近県本部（試験場）に書類提出し受験をする。

三、試験は進学生の便宜を図るため二次にわたって実施する。

四、推薦試験に必要な受験料（二百円）を除く一切の手続は無料とする。

一、日時

第一次＝一九六三年一月十五日午前十時

第二次＝一九六三年二月十五日午前十時

二、場所

東京試験場（民団東本）文京区本郷二の四（電）＝（八一二）四九一五－七

大阪試験場（民団大阪本部）大阪市北区中崎町四三（電）＝（三七二）七三三一－七

名古屋試験場（民団愛知本部）名古屋市中村区鷹羽町三の五七（電）＝（五五）二一七〇四、六二五八、七三三一

広島試験場（民団広島本部）広島市猿楽町二八（電）＝（二）九七三六、六二五八、七三三一

福岡試験場（民団福岡本部）福岡市西堅粕松原添六四四（電）＝（六五）三六四四、〇四一四

仙台試験場（民団宮城本部）仙台市花京院二四（電）＝（三）九六一〇

札幌試験場（民団北海道本部）札幌市南九条西四丁目一〇（電）＝（三）二三六九。

三、試験科目

人文系……英語、国語

理工系……英語、数学

四、合格者発表

第一次……一月二十日。第二次……二月二十日（韓国新聞紙上で発表する）

五、推薦状発給

発表以後一週間内に各試験場に送付する。

六、提出書類

手数料は無料

イ、受験願書（民団所定用紙各試験場備置）

ロ、国民登録完了証（民団県本部発給）

ハ、成績証明書（学校長発行の最終証明書）

ニ、外国人登録済証明書（日本市役所）

ホ、写真二枚提出（名刺型）

七、受験料

二百円

八、願書締め切り

試験前日まで

註……その他不詳な点は民団各県本部文教局に問い合わせること。

ウォーカー・ヒル完工式挙行

外貨獲得の観光センターへ

【ソウル発＝連合】わが国最大規模の観光センターである「ウォーカー・ポイント・ヒル」完工式が二十六日午後二時市内広壮洞にある同センターのメーン・ビルで挙行された。

この挙行式には朴議長、李副議長をはじめ最高議員及び多数官民ら千人余りが参席した。

この完工式で金内閣首班は「このウォーカー・ヒルは韓国観光事業の前途の光となった。これを通じて国際親善をともし、また観光客の誘致を通じて外貨獲得をすることができる」と祝辞した。

つづいて駐韓外交使節代表としてフランス大使サンバルク氏、国連軍代表として国連軍ソウル地区司令官セトノ大領の祝辞があった。

総工事費六億五千六百万ウォンの予算で建てられたこのウォーカー・ポイント・ヒルから峨山を見下す敷地六十三万平方米の丘にはメーン・ヒルをはじめホテル（二百四十室）、十三むねのモーテル（二十五家族用）、韓国宮廷料理専門の韓国館など四階建て二十五むねが点在する。

メーン・ヒルにはナイト・クラブ、バー、音楽室、ボーリング場、室内プール、トルコ風呂、ゲーム施設などがある。

韓国戦争初期の一九五〇年に戦死した駐韓米八軍司令官であった故ウォルトン・H・ウォーカー中将の勲功を永く記念するため彼の名を借りたものであり、来年の四月ごろ開館する予定である。またこのヒルは国際観光公社がうけもって運営することになる。このウォーカー・ヒルはわれわれを支援してくれた国連軍将兵を楽しませる休養、観光地となり、また多くの観光客を誘致することができる文字どおりの観光センターになる。

ウォーカー・ヒルの全景

国際観光公社に移管

国営ホテル七つを

二十六日開かれた臨時閣議は一月一日を期して今まで交通部が所管していた国営ホテル七つを国際観光公社に移管すると議決した。

これは観光企業から来る制度上の欠陥と運営上の欠陥を是正し、観光運営の合理化を期すと共に、観光事業振興の中軸的な役割を担当する国際観光公社を育成するためのものである。

またこの日閣議は政府で必要であると認めたときはこれを還元できるようにした。この移管ホテルは温陽ホテルを初め海雲台ホテル、仏国寺ホテル、大邱ホテル、無等山ホテル、雲嶽山ホテルなど七つの観光ホテルである。

新帝国主義研究

◇最近の共産主義の諸形態◇

ソ連の対中東政策の展開過程

ジョージ・レンジョフスキー ⑪

アラブの権利に対するソ連の配慮を強調する最大の機会が、一九五六年、エジプトのスエズ運河国有化で発端した危機によって提供されたのは、疑う余地もないことである。ソ連がエジプトの国有化主張を支持することは当然にして理論上必然的だった。しかしエジプトが一九五六年一〇月下旬、イスラエル、フランス及び英国軍隊の侵略をうけたとき、ソ連の宣言は単にはまった同情的な反復以上のもので、注目に値いする三つの点を含んでいた。

①志願兵派遣の脅威、②英国及びフランス首相に直接送ったメッセージで「ソ連政府は侵略者を粉砕して東方の平和を回復するために武力を使用する充分な覚悟をしている」と警告した点③シオン主義に対する伝統的な批判的態度が率直なる非難として現れている点などである。イスラエル政府は「外交帝国主義勢力の道具として、自由と平等のために反植民主義闘争を継続している東方のあらゆる人民に挑戦しながら冒険を継続している。イスラエル政府のそのような行動は平和と隣接アラブ諸国との共存の希望を惜しんでいるという約束が、どの程度の価値があるかを明らかにみせている」とイスラエルのベン・グリオン首相に送ったブルガーニンのメッセージの中に言及してあった。従ってこのメッセージはイスラエル政府がイスラエルの政府の将来に影響を与えるだけでなく国家としてのイスラエルの存立自体を危くするイスラエル国に対する憎悪の種を東方人民のなかに播いているとほのかに臭わせていた。フランス英国及びイスラエルのエジプト侵略とこれに対するソ連の反応は種々の政治的事件の連鎖反応を起こしたし、このような政治的事件のなかでもっとも重要なのは、ソ連の直接、間接侵略から中東地域を防衛するための米国の介入である。これが一九五七年一月五日のアイゼンハウワードクトリン（Eisenhower Doctrine）である。予期出来たようにこの政策は、指導的な「中立」国家、特にエジプト及びシリアによって即刻拒否された。西方とイスラエルの侵略後に現われた政策は、アラブ独立に対する西方側の脅威というよりは、むしろソ連に重点をおいたもので、アラブ「解放」を主張している二国家の暗[illegible]笑をうけざるを得なかった。シリヤの否定的な反響は特に強かった―、ダマスカスの左翼軍事統治集団は、カイロの革命委員会以上に不安を感じたために強烈だった。このようにして隣接ヨルダンでは人民戦線政府が一九五七年四月、親西方的フセイン王によって強制的に除去されたとき、シリアの統治者たちは、中立という仮装を捨てて、ソ連の軍事及び経済援助をより多く得ようとして努力した。ソ連の反応は迅速にして積極的だった。ソ連側としては、別に努力などしていなかったが、その他のアラブ国家は自発的にソ連の援助と友好を得ようとして努力していた。

相当量の武器供給とシリア開発計画を規定するシリヤ・ソ連間の協定が八月に締結された。

しかしアラブの「主張」に対するソ連のこのような支持は、一九五〇年代の中葉にあって、一つの否認出来ない現実だったが、ソ連が特殊な問題に対し、確固不動なる言質を与えたことは一度もない。事実ソ連の指導者たちは、革命の「直接的予備地域」としての後進世界に多くの注意を傾けたが、後進世界を最少限、戦略的に米ソ及び英ソ関係の主要問題よりも軽視することを許さなかった。百折不屈の外交官フルシチョフと、ブルガーニンが一九五六年四月ロンドンを公式訪問したときに発表された共同声明は、イスラエル問題に関する非妥協的なアラブ人の見解を満足させるところかその正反対であった。この点にあってアラブの権利と抱負を一方的に強調する代りに、関係国にイスラエルとアラブ諸国間に締結された関係で、休戦協定に従ってもたらされた境界線地域の緊張増加を防止する措置を取ることを要求したし、両政府は「両方が受け入れられる基準に立つアラブ諸国とイスラエル間の紛争を、平和的に解決しようとするUNのイニシアチブを支持」する用意があると附言した。アラブとイスラエル戦争の結果、他地に移って行ったアラブ人に関して二つの署名国は「避難民問題の緊急性」を認識して「彼らの苦痛を軽減させるためのUNの活動を支持する」ことを約束した。これは休戦協定ではなく一九四七年の元来のUN参加決議が、パレスタインの可能な平和的解決の基礎とならなければならなかったし、アラブ避難民にイスラエルが占領している本国帰還という権利が与えられなければならないというアラブ人との主張とは甚だしい差異がある。

感謝状が殺到

代表部の"歳末助け合い"

大韓民国駐日代表部裴大使以下全職員による年末年始助け合い運動が去る十一日以来実施され僑胞社会に大変明るい話題をなげていることはすでに本紙上で取りあげたところであるが、その後それに対する礼状が各地より駐日代表部にぞくぞくよせられ、駐日代表部の職員たちを感激させている。

駐日代表部の職員たちは給料の一部をカンパしてこの運動に参加したのであるが「これほど僑胞から感謝されるなんて身にあまるものがある。以後も機会があるごとに実施していきたい」と述べていた。

この運動ではいそがしいスケジュールをさいて裴大使及び李書記官、辺課長などが貧困な僑胞家庭を直接訪問したことがより一層好評をうけている。

組織強化など討議

大阪本部合同会議

民団大阪府本部（徐相夏団長）では組織強化と相互理解及び親睦をはかるため去る二十二日午後一時から大阪本部大講堂において管下各支部三機関役員並びに傘下団体役員を招集第六回合同会議を開催した。

各支部傘下団体役員大多数が参加した同会議では当面活動方針として次の点を強調してその協力を求めた。

一、組織年間事業の整備強化。

二、年末、年始宣伝啓蒙活動強化積極推進。

三、韓日会談妥結促進。

四、敵侵攻攻勢粉砕。

また去る五日の第三十七回中央議事会の報告もあり、この報告で徐団長は協約改正問題と韓日会談の妥結におけるわれわれ在日僑胞の法的地位及び処遇問題に言及しわれわれの満足する方向に解決しなければならないし、そのためにも組織の強化発展に一層協力することを求めた。

引き続いて第二部忘年会に入り、組織人相互の親睦と組織活動の苦労を慰めまた新しい抱負などを語りあいながらなごやかな時間をすごした。

なお同会合には駐日代表部大阪事務所副領事孫衡宰氏と中央総本部監察委員長鄭烱和氏が来賓として祝辞を述べた。

来日本国講師スケジュール

母国の発展ぶりを在日僑胞に紹介するため本国の経済界の権威である崔虎鎭氏を初め四人の大学教授らが来日したことは既報の通りであるが、その講演スケジュールは次の通りである。

十二月二十六日より二人づつ二班に別れ一方は二十六日荒川区。二十七日品川区。二十八日目黒区。二十九日江東区。来年の一月五日名古屋。一月六日岐阜。一月七日静岡。一月十日帰国。

他の一方は二十七日京都。二十八日神戸。二十九日倉敷。一月五日大阪。一月六日大阪。一月七日和歌山。一月十日帰国。

なお以上の地区での場所と時間および詳細な点は各区、県本部で定決される。

婦人会東本新年懇談会

在日大韓婦人会東京本部（金信三会長）では、正月八日午後一時から都内品川区大森の平和島温泉に、都内二十支部の会員を動員し新年懇談会を開く。

尋ね人

金俊淵（木川吉郎）五十五歳

本籍地…全北任実郡長[illegible]面長[illegible]里

現住所…不明

右の方は西紀一九二八年六月に来日、その後下関に三年間、大阪に一年間住んでいたがその後消息が絶えております。右の方を全北郡山市栄洞十番地にいる実兄金寅鶴、甥＝東俊、東胡、東洙氏が尋ねております。

消息を御存知の方は全北郡山市栄洞十番地又は駐日代表部領事課まで御連絡下さい。

教職員募集

大阪市西成区梅南通り五丁目TEL（661）二八九八

学校法人 金剛学園（大阪韓国学園）

前言

本学園は幼稚園・小学校・中学校・高等学校（男女共学）を併設し韓・日両国の学校教育法に則り国際的な教養を高めると共にそれぞれの教科課程を教育し、韓国国民の人づくりに専念してます。

募集人員

A、幼稚園保母 女子 一名

B、小学校教諭 男子 四名 女子 一名

C、小・中・高音楽担当 男・女一名（但韓国語で指導可能な人）

D、中・高理科担当 男子 一名

E、民族教科担当（韓国語）男子 三名

〃 （韓国国史・地理）男子 一名

資格

在日大韓民国国民で各免許状を有する人、又は将来修得可能な人（但し民族教科担当は、この限りにあらず）

待遇

優遇します。

提出書類

履歴書一通、卒業見込証明書一通、成績証明書一通、学長推薦状一通、写真一枚

期間

上記希望者は一九六三年一月末日まで、提出書類持参、又は本校へ送付願います。

尚詳細は本校庶務まで問合せ下さい。

輸出入・貿易業

陽和物産株式会社

取締役社長 朴根世

本社/東京都千代田区神田神保町2～28 岡村ビル

TEL/(331)1427 (332)4577・6573

技術革新の凱歌！

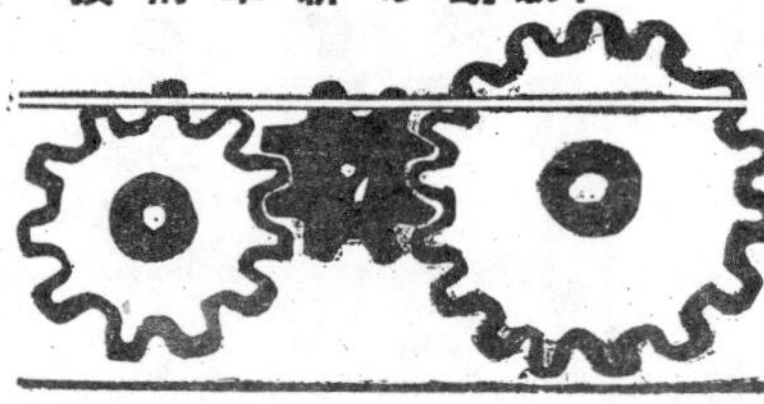

平和ミラクル・セット

パチンコ裏玉還元装置

★シマの構造は、あまりいじりたくない……

★人為的な玉の上げおろし作業は、人手不足の折から、もったいない…

★サービス員の出入り出来る余地があるだけで、営業客は心理的にもガス玉が打ちこめない…

★他機種の入れ替えにシマをつくり直す手間が要らない…

★したがって、完全な還元装置があれば、いちばん理想的…

以上の問題は、平和のミラクル・セットのご使用で、すべて解決します。

平和

東京・大阪・北海道

OHASHI PLUSTIC.KK

大橋プラスチックス工業株式会社

プラスチックス成形一般

社長 鄭在淳

東京都足立区千住仲町102番地

電話 (888)0147・(881)6363

漢陽

12月号…200円

<在日>国文版의 綜合雑誌

主要内容

韓国紡織工業의 現況과 展望……金景鎭

韓国의 燃料事業……金基深

社会保障의 問題点……朴元錫

韓国貿易의 몇가지 問題点……李秉昌

흔들리는 中南美의 秩序……裴秦旭

彷徨하는 知性……金仁在

愛国思想家 柳麟錫……金泉錫

韓国의 歳時風俗……文哲鎬

古典의 余韻……李丙疇

韓国寓話文学의 概要……金起東

奈良大仏과 韓来技術……金正柱

新羅의 勾玉……韓炳植

瞻星台와 天文歴法……崔容鎭

<民謡와 伝説>

어랑타령……金炯玉

<名勝古蹟巡礼>

—幸州山城

—栄州・浮石寺……編輯室

<創作>

골목대장……金鉄洙

其他 時事評論・随筆・詩・創作 多数

※定期購読料金 六個月 一二〇〇円 一個年 二三〇〇円

発行所 漢陽社

東京都豊島区池袋東一－一五五

電話 東京(983)五三一三

振替番号 東京 四五一六八

優良鋳物用銑鉄製造

ASK

朝日製鉄株式會社

取締役社長 申学彬

横浜市鶴見区鶴見町1320

TEL 横浜(50)8431－4

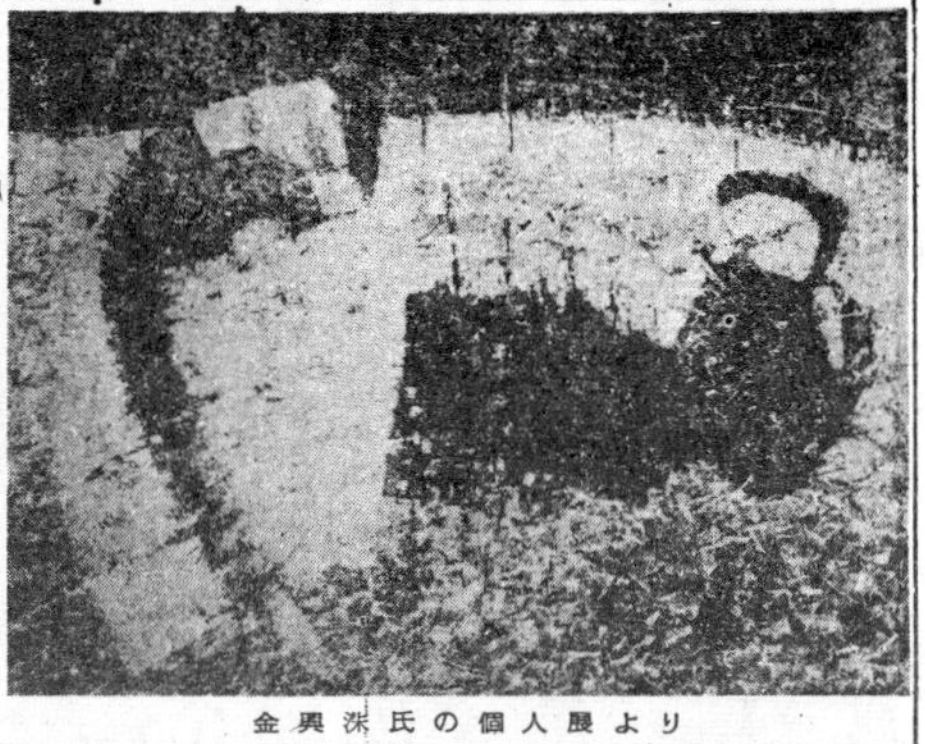

金興洙氏の個人展より

画期的な創作活動

文壇の巻

一九六二年度の白書

去年の十二月形式の上では韓国文学家協会へ統合された文壇は今年度に入ってからは筋の通らない雑音は一応消えたようにも見えるがそのかわり行事面において例年になくたいしたこともなかった。だが実際の創作活動では今までにない幾つかの新しい「事件」が発生して、ある意味においては画期的な年であったとも言えそうである。

一出版社の企画によって全作長編が書かされていることや、詩同人誌の発展、本格的な大詩論の発表、月評の完全消滅、文学ジャーナリズムからの総合雑誌の大量出現などを大体の例としてあげられるが、このような事柄は大衆に対する文学作品の商品価格を高める仕わざ、言い換えれば文学の近代化の一面を韓国でもようやく見せだしたということで注目すべき事柄でもあった。

小説

「現代文学」「自由文学」の二つの文学誌と総合誌「思想界」および同誌増刊号に載せられた短編もの約百七十編をもって平年作に過がなく、賞においても話題にのぼるような作品がないでもなかったが、文壇で賑がなかった理由は文学ジャーナリズムや本来の批評家らとが、半々にその責任を取れということにも帰結された。

東仁文学賞が前例になく二人の作家に与えられたのは（権威を疑う言説がないでもないが）今年度の文壇の成果を端的に証明してくれた出来ごとでもあった。

長編は乙酉文化社の全作集として「金笛島の鳥たち」朴景利作「パンアクコル革命」呉有権作「折れた翼」鄭漢淑作「娘先生」蔡混作「陸軍社のタンポポ」康信哉作「灰色の断層」朴容九作など六編が現われ、三月より十一月まで「思想界」に連載された「円形の伝説」張竜鶴作がまた単行本になって現われた。その外「現代文学」に黄順元の「日月」と孫[illegible]氏の「[illegible]節風」が連載中であり、二つの女性教育誌「女苑」と「女像」にも長編が三つずつ連載されている。（各新聞に二つ以上の長編が連載されているのは勿論）

いわゆる中編ものとしては徐基源氏の三部作「前夜祭」の二部と崔仁勲氏の「九雲夢」、李採雨氏の「君と僕との谷間」とが発表された。

詩

「現代文学」「自由文学」「思想界」および同誌増刊号」「新思潮」「六十年代詞華集」「現代詩」などに発表された作品数は約五百編に達する。だが、最も多く発表しているという詩人のものが五・六編しかなく、その大部分が一・二編くらいしか発表していないということは、紙面の按配による評価の無政府状態を意味するものだろう。

そのような点からいうならば「六十年代詞華集」四輯と「現代詩」二輯との二同人誌は高く評価されてしかるべきである。新しい文学運動が何も同人誌によって成就されるとは限らないが韓国文学の現段階としては必要な措置であるとも言えそうである。

評論

月評が消え失せた今年度の評壇は寂莫の限りであった。八十余編の評論が発表はされたが、身辺雑想のようなエセ評論で大半を占め、再評価の観点がぼけた過去のものに対する考証類だけでカバーされ、実際の創作とはかけはなれた文章が大半であった。

これなどは、評論家とともに文学ジャーナリズム、特に「現代文学」と「自由文学」との二つの文芸誌が、韓国の文学的現実に対して余りにも問題意識が欠けているせいであるとも言える。

唯一つの例外として、三月から「思想界」に連載されている宋稶氏の「詩学評伝」がある。東西の文学伝統を比較分析しながら韓国現代詩の詩学を樹立しようとするこの大論文は、問題詩「何処之郷」の詩人の十余年に亘る刻苦の結晶として、また韓国史上初めて見られる詩論であるとも言えた。

行事

▲三・一六文化賞＝[illegible]
▲放送文化賞＝韓[illegible]史
▲五月文芸賞＝徐廷柱
▲アジア作家講演会（韓・中・日・比・泰などの代表参加）
▲芸術院賞＝朴鍾和
▲マクサイサイ賞（言論文学）＝張俊河
▲東仁文学賞＝「変ってゆく肌」＝李浩哲 「キャプテン・李」＝全光鏞
▲翻訳文学賞＝「夜の長い旅路」＝[illegible]
▲ソウル市文化賞＝呉相淳

青磁陰刻蓮唐草文梅瓶

國寶巡禮

李盍雨 筆

オチョボ口に大きな肩をして下胴がほっそりしている高麗梅瓶は、観賞用として愛玩されながらも油ツボがわりの実用向きにも使用された高麗特有の瓶―なかでも最上級に属する傑作の一つに、国宝九十七号「青磁陰刻蓮唐草文梅瓶」（徳寿宮美術館所蔵）がある。瓶口から豊かな曲線が肩を経て下部にゆるやかに流れ全面には太目の線で蓮唐草と呼ぶ仮想的花紋が陰刻された。瓶の方に雷文をめぐらし、瓶胴のところどころに釉氷裂が現われ一様にかけられた淡緑色の釉彩とその大きさが（高さ四三・九㌢、胴径＝二六㌢）調和されて独特な美しさだ。

○…作られた場所は全北扶安か或は全南康津、制作年代は十二世紀頃。十一世紀中葉から十二世紀中葉にかけての高麗青磁は陰刻と陽刻からなる紋を飾ったり、またなんの飾りも持たない（素文）まま、その美しい緑色系統の釉薬のみに努力を傾けた翡色青磁時代であったと言われる有名な象嵌法＝国宝巡礼⑬は十二世紀中葉以後であった。

李朝野史物語

太宗世祖時代篇（24）

魯山君余話（一）

顕徳王后夢で世祖を叱る

世祖大王、朝廷の大勢を如何ともすることができなくて、魯山君端宗を処断することを裁可したことは、読者も知るところである。

世祖、その断罪裁可を決心した日の夜のことであった。近日悪夢のために大分悩まされていた。その晩も夢を見た。

端宗大王の母君顕徳王后（文宗王妃）が、王の枕許に立たれた。大変な怒気を抑えられぬ様子を示されて、世祖に向い

「汝、凶悪な性質と陰けんな心をもって、わらわの子の王位を奪った。それだけでもツワツウしい強盗だ。許せない逆徒だ。それでもなお満足ができなくて幼いものを、僻村に追放した。いままた、その生命までも奪おうとしている。何んでそんなに仇となったのか。

汝、いまわらわの子を殺さんとするから、わらわは汝の子を殺すであろう」と。

世祖、何か言いわけをしようとするとそのお顔に唾を吐きかけてから、そのまま風の如く消え失せてしまった。

恐怖におののきながら、世祖大王はもがいた。そうしている最中に、お側のものから呼び起された。

「東宮さまの内付が見えました。火急の用事でございます」

「東宮さまが、お昼寝をされていて夢圧により、大変な重体であります」と注進してきた。

世祖大王、急ぎ足で東宮邸に行かれる。既に、東宮は息を引き取った後であった。薬一服さえ用いられない急死であった。

こんな急変にあったのは、顕徳王后の仕打ちであることを知って、大いに怒った。すぐ、王后尹氏に夢で顕徳王后にひどく叱られ、世子を殺すといったことを、くわしく話してから、その報復処置をとった。

顕徳王后の墓―昭陵を、あばけと王命が下った。その翌朝から発くつにとりかかることになっていた。

ところが、その夜になると昭陵から女子の嘆き泣く声が、その近村一帯にひびきわたった。聞く人不吉なことが起ることを予想して、不安と恐怖におののいた。

翌朝になると、大勢の人丁が昭陵発掘にとりかかるので、村民たちは内心ひどいことをするといって、罵るのであった。

やがて、墓土が取り除かれて棺が掘りあたった。だが、俄かに大変な悪臭が発散する。その上、棺が非常に重いので大勢の力でも、一歩も動かせなかった。

この旨を、世祖に報告した。世祖、一層かんにさわられて棺を大斧で木端にたたき割れと厳しく命じた。

人丁が、大斧を打ちおろそうとした。いままで動かないでいた棺が自らに動き出してきた。

今度は、それを焼いてしまえとの指示であったので、その支度にとりかかった。すると、それまで晴天であったのに、俄かにあたり一帯が暗やみになり、天地がひっくりかえる雷鳴と共に暴雨となってしまった。火など使うさわぎでなくなった。

世祖も、ついに焼きはらうことを断念し、棺を海の中に投げてしまえといった。

海に投げられた棺は、沈まないで小舟の如く海のかなたへと流れていった。幾日か流れた棺が、揚化津（漢江下流）の渡し口に漂着した。

その村に住む一人の百姓が、世祖の無法な仕打ちを憤っていた。彼は、人が寝しずまった真夜中に、秘かに棺をすくい上げて附近の適当な地所に埋葬した。

それから、その百姓は何にかことがあると、顕徳王后が夢でその吉凶を告げてくれたので、生活も楽になり子孫も繁栄したという。

それから、月日は流れた。六十年後中宗大王時代になり趙庵という先生が、昭陵を復元することを願い出た。王からお許しが出たがその棺の行方がわからなくて困まった。八方手をわけしてさがした。

すると棺さがしの官員の夢に顕徳王后が現われた。王后は、その生前当時の姿で玉座に坐して、内官を通して謝されて曰く

「御苦労であった。いまは棺の行方は知らなくても明日になれば、わかることがあろう」と。

官員が夢をみたその同じ晩に、以前埋葬をしてくれた百姓の夢にも顕徳王后の告げがあり

「汝、明日官員のところに行って、わらわの墓を教えろ」と。

百姓は官の方で王后の陵さがしをしていること知っていたが後難を心配して秘しておいた。

しかし、王后から夢にまで告げられたので、彼も安心して官の方へ知らせた。彼は、朝廷から厚い恩賞をうけた。

王后の棺は掘り出された。遺体も元のまま新しく、腐ってもなかったという。宮廷では盛大な儀式をもって、文宗大王の陵所東側に、移葬した。

（石鼓山人）

☆生徒作文＝東京韓国学園

春の草花

高二B＝金文子

季節が春になって、一番始めに感じられる事は、まず草木の変化だと思われる。この様に、春の草木は、とってもきれい。緑でもなく、青でもない、その中間といった色で、特に雨上りのカラッと晴れた日は、最高、こんもりとおい繁って、すき間がなく見え、何か、たくましい様な安心出来る様な感じをあたえてくれる。それに、野原に吹き出ている芽、なんだか人間のニキビを思わせる様にポツン、ポツンと出ている芽、他にのびている雑草をみると、むしりたくなるほど、小さな芽が可愛らしい。踏みつけまいと、わざとよけて通ったり、しらずしらずのうちに、心が和まってきたりする。春の草花こそ、人の気持をやわらげ、また、やさしくさせる生物はないだろうと思う……。

春先の可愛らしい芽の様に、人間も、いつもきれいで、いつも新鮮な感じであってほしい。私もそうなりたいと願い、そうでなければいけないと思う。

大好きな青空

高二B＝李和子

青空はいつ見ても美しく青く澄んでいて乱れた気持を静めてくれる。あの広い広い空の下で何が起っても大きな空の中につつんでしまう。時々涙を流したり私の目の中から黒い雲にかくれてしまう。そんな時はゆううつではやくその青空が顔を出す様に祈ってもなかなか顔を出さない。そんな日は何をしてもつまらなくてどうしようもない。この広い空の下に何億もの人間が一人一人違う生活をし一人一人違う考えを持ちそして何人かずつで一軒の家に住んでその日その日を過していると思うと何かすごくこわい様な気持になってしまう。井の中のかわずで日本の中でもすみのすみまで知っているわけでもないのでこわいと思うのかもしれないけど、自分の祖国に行って一日だけでもいいから自分のこの目で見て来たいと思う。でもこの広く美しい空に続いてその下にあるのだと思うといつも吸っている空気も空も続いてると思うとほろにがいものや甘い感傷を覚える。青空だふくやわらかい風に乗ってどこまでもどこまでも飛んで行ってしまいたい。この広い広い美しい澄んだ青空に吸い込まれて青空の様な美しく澄んだ心の持ち主になれたらなあ。

安住の地よいずこ（122）

許橿旭
え　金寮伸

安住の地は（八）

「おばさん、わらびとりに行きましょう」

「そう？　行って見よう。私はよく知らないから、山菜のなまえをあんたが教えてくれるんだよ」

五月の薫風が、アカシアのまき散らす香りを運んでくるある日、私は林の中に山菜をとりに行った。

林の中には、山桜とか、たんぽぽ、その他の草木が繁茂し、名も知らぬ虫どもがぶらさがっていた。

苔のむした岩の間だとか、枯葉の間から、わらびが軟い頭をもたげて、にこっと笑って見せるようであった。かごの中に、わらびが山盛りとなったときには、私はいつのまにか、山頂に立っていた。

私は地面にかごをおろし、木陰に腰を下した。

まるい輪となした山とか野原が、眼下に拡がった。

「私に翼があったなら……」

私は、すくっと立ち上がり、山の下に駆け下りてしまいたい揺れん的な衝動を感じた。

（私という人間を堂々とおし出し、自由に大地をかっ歩することはできないものか！）

私は大声で叫びたかった。私を囲んでいる運命の厚い壁を、粉ごなに壊わしてしまいたかった。

（おー、神よ！　私に奇蹟をさずけ給え。そして、私に、きょうの勇気と自信を与え給え！）

苦悩に身もだえする限りない絶叫が、うら悲しく山の中に消えていった。

私は、両手で頭を抱えたまま、急に泣き出した。

息が苦しくなって来た。死ななければ気が狂いそうであった。

私はかごを掲げて山を駈け下りた。

その時であった。

ダーン　ダーン

銃声が前の山でなり、こだましてかえって来た。私は身がすくみ、その場にへこたれ、どかっと坐ってしまった。

全身が重い緊張の中に包まれていくのを意識しながら、私は用心深く山の下の方を見まわした。

このとき、誰か私の背中を軽く叩く手があった。私は背すじが寒くなるほど驚き、後をふりかえった。

「おばさん、私ですよ」

かごを脇に抱え、立っていた人影が、おびえたように小さい声でささやいた。

「まあ、私は誰かと思った。びっくりしたよ」

「おばさん、鉄砲の音をききました？」

「そう、どこで鳴った銃声かしら？」

「討伐隊が射っているのです。あの山の下をごらんなさい。兵隊が大勢登ってくるでしょう？」

私は彼女が指さす方を見下した。青鶴寺にのぼる山道に、軍人たちが列をなしてのぼっていた。

「おばさん、早くお寺に帰りましょう。ここで兵隊たちに見つかると疑われますから」

「ゆっくりして帰ろうね。兵隊たちにきかれたら、摘み草に来たといえばいいじゃないの？」

「でも、ここでうろうろしていると、下から兵隊たちが狙って射って来ますよ」

「では下りようか？」

私は人影を連れて山の斜面を下り始めた。

／舞台構成／舞台装置　／会場装飾美術
皇武童画房
東京都品川区大井倉田町3292　電話771・9583番（共）

一般鋼材　丸棒型鋼
安田金属
代表者・安田圭鎬
東京都墨田区緑町4～30／電話　本所（631）1355／8573／8983番

北京料理　東天閣
和室・洋室完備
結婚披露・大小宴会
美味と安価が定評
大阪市心斎橋御堂筋角（そごう北隣）
電話・代表二七一－〇一三一

株式会社東英鉄工所
重量・軽量鉄骨・建築・設計・施工
社長・李相贇
専務・朴鎬成
本社工場　東京都江戸川区東小松川4～1652　電話（651）4802・6467番
瑞江工場　東京都江戸川区西瑞江2～15　電話（651）2083番

職員募集
1. 建築技術者　大学・工高建築卒　一級建築士又は無経験可　若干名
2. 経理職員　大学経済系又経験者　若干名
3. 鉄骨組立及熔接工　経験者及無経験者　15名
4. 機械仕上工（男・女）　無経験可　若干名
社会保険・失保・寮十室完備、給料優遇

職員募集
応募期間－自一九六二年十二月カラ至一九六三年一月十五日迄
資格　学歴高校卒業以上　年齢満二十八歳迄の方
右御希望の方は履歴書持参の上、東京商銀総務課までおいで下さい
東京商銀信用組合
電話八三二－五二二七－九

宗教法人　善隣基督教会附属／人間ドック完備
尾竹橋病院

理事長・金城周奉
院長・金城清明
診療科目
内科　小児科　外科
整形外科　産婦人科　眼科
耳鼻咽喉科　皮膚泌尿器科　神経科
放射線科　歯科　物療科
■診療時間・午前9時～午後5時
■基準看護・基準給食・基準寝具・厚生省承認

所在地・東京都足立区千住桜木町53番地／電話（881）4807・7590～2
理事長室（881）7592・院長室（881）6329・栄養事務室（881）2774・准看護学院（881）6329

韓國新聞

発行所 韓国新聞社
発行人 曺寧柱
東京都文京区金富町51
電話 (813)2261・2263
東京 (812)1921 (813)2262
振替口座 東京 34988番

謹賀新年

清新の気あふれる首都ソウル

僑胞は民間外交官 祖国愛に深く感謝

国家再建最高会議議長 朴正熙

親愛なる海外同胞および留学生の皆様！

意慾にわきたった建設の年一九六二年をおくり、希望の新年をむかえるにあたり、本人は政府と全国民を代表して厚い同胞愛の激励と祝賀をおくる次第であります。皆様が海外で常に深い関心と注視をもって祖国の運命を心配し、あらゆる面で祖国のたすけになるよう物心両面で努力してきたことに対し、全国民は常に感謝しており、皆様の心温る後援のおかげで一九六二年は祖国に大きな黎明をもたらした年になりました。

革命課業もすでに峠を越し、憲法改正案も国民の絶対多数の支持によって新憲法と確定、新年をむかえ民政移譲への動きが活発化するでありましょうし、第三共和国の誕生も目前にあります。

今度こそ過去の失敗を洗い流すことができる、真正な民主政体の樹立を皆様と共に全国民が確信しており、熱意と誠意をもって参与しております。

すでに知られているとおり皆様は海外各処で祖国の外交政策の一翼を担当し、祖国の紹介と海外諸国にわれわれに対する正確な認識をもたせ、またソ連を初め北韓カイライの悪辣な宣伝攻勢を陰に陽にふせいでいることは全国民が常に感謝し、心強くおもっているところであります。

血のつながりと同胞の紐帯は、如何なる力をもってもたちきることが出来ないということは、誰よりも皆さん自身がご存じでありましょう。また祖国に対する愛と信頼は海外に永くいればいるほど高まるということをわれわれはよく知っております。その愛と信頼が再建途上にあるわれわれの祖国に反映されることは皆様が誇りとしてよいものと信じます。

海外で生活を営み、あるいは留学の道で先進文明と技術を錬磨しながらも、皆様は常に祖国を念頭におき新年とともに来たるべき第三共和国の真正な礎石であることを忘れず、韓国国民としての矜持と信念をもって前進することを信じ、新年のご挨拶を述べる次第であります。

祖国再建の先頭にたつ朴正熙議長

社説 年頭に際して

年頭にあたり、まずもって新春の寿を賀し上げる。

顧みれば、昨年は、本社の創始期であり、本紙が、日刊紙として躍進した、始めての時でもあった。

この事業には本国政府と駐日代表部をはじめ、民団、日本朝野の諸賢から多大な支援と協力をたまわった。ここに、深甚なる敬意と、感謝を表する。また今年も、相変らぬ、指導と協力を切に祈る次第である。

往時のある時代の新年には、四海波おだやかに、世界に平和の瑞光満つ、などと、春を感歌したことが想起されるが、現時の新年劈頭の感慨はどうか。いつまでも、往時の平和な新春が望ましいものである。

一九六二年は、世界的にみて人類を破滅に導く、巨大な振動は避けられたが、戦争兵器につながる核実験が米・ソを中心として頻繁に行なわれたほか、それが背景をなすような印象のもとに、キューバ問題や、印度・中共の国境紛争事件が、一時世界の耳目を集めた。ようやくのところで危機は脱したものの、いまもってこの問題はくすぶり、安定化したとはいえないだろう。共産主義の帝国主義的侵略行為がつづく限り、自由世界の安泰は得られず、この世に平和は期待出来ないだろう。

大韓民国政府は五・一六革命後、革命公約実践にあわせて、経済五カ年計画の実施などが着実に実施され、国民生活の安定と、産業経済の進展はたくましきものが見られる。政府に対する国民の信頼はきわめて高い。十二月十七日行なわれた新憲法国民投票の成績から見ても、建国以来最高の投票率を示し、八〇%近くの支持票を得ている事実を見てもわかる。政府が公約しているとおり、今後大統領の選挙、国会議員の選挙を経て、今年の八月中旬には、民政への切替えを断行する予定であることを発表し、民主主義政治の実現に一路邁進している。

一九六二年は、韓日会談の成功を打ち立てた年である。もつれにもつれた十年会談を、一気に解決の方向へ導いた、韓・日両国の政府当局者に対して、その勇敢な精神に敬意を表する。もちろんこの会談が、調印までには、相当な時間と迂余曲折を要するであろうが、世界の平和と、自由国家の繁栄に備える大局的な見地から、われわれは、韓日両国の国交正常化の促進を希望してやまない。

われわれはこのような時機に際して、いよいよ本紙の使命の重大さを自覚し、その躍進発展に挺身せんとするものである。周知のとおり、本紙は、大韓民国の国是に立脚して、国威と国際的立場を闡明にし、在日韓国居留民団の傘下機関として、その組織、宣伝、啓蒙運動の拡大強化の役割りを荷負うものである。また、反共の立場で、国際的平和を強調し、日本国民と国民的理解を深め、友好親和のよしみを緊密にするほか、世論の公器として、一般読者に提供することも、発刊の趣旨に合致するものである。

昨年、居留民団第二十八回全体大会において承認を得、本紙は、自主独立の態勢で運営を担当して来たが、率直にいって、未だに企業体としての面目を整備するまでにはいたらなかった。今年は、社の運営を、株式会社組織に切り換えて、一つの企業体にするために、本社は、総意をそこに集中して活躍する予定である。本社機構の確立に伴う、支社、支局など、新聞配布網の完備と、原稿、広告取扱いの整備のほか、人的要素における技術化、能率化の改善が緊急課題として要求される。

新聞の生命は、なんといっても言論の自由と、その正確さにある。今年は本紙の新聞としての編集面の優秀性を発揮し、読者に満足感を供与し、新聞としての権威保持に、各種の考慮と、最大の努力を払う覚悟である。

今年も相変らず、本紙のために、在日僑胞はもとより、日本朝野諸賢の、積極的支援、指導を切望して止まない次第である。

在日僑胞の使命重大

民団中総団長 権逸

在日同胞の皆さん！新年おめでとうございます。

明けて一九六三年はわが祖国大韓民国にとってはもちろん、またわれわれ在日韓国人にとってもまことに希望に満ちた年であり、また重要な意味を持つ年であります。

本国においては、経済開発五カ年計画の第二年目を迎え、いよいよ、本格的な経済建設に邁進する年でありますが、特にわが政治史上に画期的な意義を持つ民政移譲が断行されるのであります。一方われわれ在日同胞社会においては韓日会談妥結の前後にたいする内部整備と、それに伴なう施策、特に民団の基本体制確立のため、民団の体質改善を果敢に遂行しなければなりません。その一環として多年の懸案である民団規約の大改正を断行しなければならないのであります。

あれを想い、これを考えますと私たちはおのずから身内のひきしまるのを覚えるのであります。「一年の計は元旦にあり」と申しますが、このことばが今年ほど痛切に感じられることはかつてなかったと思われます。従いまして、私たち在日韓国人にとって今年の正月は祝いの酒にのんびりと酔いしれることが許されぬきびしいものがあり、私たちは早々にお祝い気分を切りあげて「一年の計」に想いをめぐらさなくてはなりません。

第一は、祖国における民政移譲であります。これは「憲法改正」に対して国民の絶対的支持を得ましたので円滑に進むと思われますが、これによって革命がいよいよ第二段階にはいり、大きく前進することを意味し、その動向のいかんは、直ちに今後の革命課業の成否を左右する重要な意義を持つものであります。

昨年おこなわれた経済開発五カ年計画の着手と憲法の大改正は革命遂行のための基礎工作であってもとより、革命の完成を意味するものではありません。この基礎の上に立って全国民が強権によらず革命をみずからのものとして総決起する具体的な体制をつくりあげること、これが民政移譲であります。「革命を全国民の手に」というところに民政移譲の真の意義があるのであり、いままで革命を指導してきた軍人たちも、もちろん、革命精神をよりいっそう徹底させるため、なんらかの形で民政にひきつづき参与するでしょうが、それは軍人としてではなく一国民として革命の隊列に参加するということであって、またそうすることによって、はじめて革命を全国民的課業として成功させ得るものと確信されるのであります。いうまでもなく革命とは「国民大衆のうちより発し、又国民大衆の手によってなる」ものであります。五・一六革命が全国民的な支持と称賛を受けたのは、軍人たちが「国民の声なき声」を代表して自らの生死を度外視して起ち上ったことによるものであって、もし革命を、軍から与えられたものと考えるものがあるとすれば、これらの決死的な先覚者たちの気持を正しくくみとったものとはいえないのであります。

そこで、われわれ在日同胞はこうした情勢にいかに対処すべきかという第二の問題が提起されるのであります。

私たちは遠く祖国をはなれて日本におり、はなはだ遺憾ながら直接的には祖国革命の聖業に参加することができません。しかし、だからといって、これを傍観視することは、いまさら申しあげるまでもなく断じて許されないことであります。祖国の興亡盛衰は直ちに私たち在日同胞の運命を左右するものであります。また同時に間接的とはいえ、在日六十万僑胞の有形無形の革命にたいする支援は、祖国の同胞たちにとって非常なよろこびと心強さを感じさせるものであるということを、このさい私たちはいま一度銘記しなければなりません。

このような見方からして、われわれ在日韓国人の進むべき道は一つしかありません。それは祖国と運命を共にする決意のもとに、革命に即応する具体的な体制を早急につくりあげることであります。民団の現執行部は発足以来一年半、革命政府の強力でしかも温い指導のもとに六大活動方針をうち建て、革命即応体制の完整に向って邁進してきたのであります。

その間、全団員各位の心からなる支援のもとに、過去の民団運営にたいして徹底的な自己反省を行ない、全国的な規模において民団自体に関するものとしては体質の改善、財政の確立に努め、また一方では、商工会、信用組合、韓日親善協会の結成や脳天水害救援、「本国農漁村にラジオを贈ろう」、朝総連の野望粉砕などの諸運動を精力的に展開し、それぞれ相当な成果をおさめることができたのであります。

さらに、これらの諸運動と並行して、民団六大活動方針の第一に掲げられた民団の「体質改善」の方途について鋭意、全団的な研究を進め、ついに昨年末において画期的な「民団規約改正試案」を全体大会に上程することが中央議事会において可決されたのであります。この規約改正は民団の体質改善すなわち、在日韓国人社会における民団体制の根幹をなすものであって、われわれ在日同胞にとっては重要な意義を持つものであります。

従って、全団員のみなさまは従来よりいっそう深い関心をもって、よりよい改正が全団員の手によって成立できるようご協力下さることを切望いたします。

第三の課題は韓日会談の妥結についてであります。現在の情勢からみますならば、今春妥結、今夏発効はまず間違いないでありましょう。

私たち在日僑胞は、祖国全体とわれわれ自身の立場から、この妥結内容がよりよいものとなるよう最後の側面的努力を尽さなくてはなりません。なぜなら、この妥結の内容いかんは韓日両国の運命、ひいては極東自由陣営の動向に大きく影響を与えるのみならず、私たち在日韓国人の子々孫々の日常生活にも直接且つ切実な作用をおよぼすからであります。その意味におきまして、民団はわれわれの法的地位については特別な関心を以って精力的な運動を続ける所存であります。この希望にみちた韓日会談はいまや妥結の寸前にありますが、この会談が妥結いたしますと、われわれ在日韓国人の日本における立場が確立すると同時に、またその責務も従来よりいっそう重くなることを予め十分、覚悟しなくてはなりません。

すなわち、会談妥結後においては、大韓民国国民としての自覚をいっそう深め、祖国再建にたいする寄与を一段と強化すると同時に、領事事務の補助的役割の拡大、確定された地位にもとづく日本側との経済、民生、教育などにわたる具体的な諸折衝、追いつめられた朝総連の断末魔的な反撃にたいする対策など、きわめて重大な課題が私たちの双肩につぎつぎとかかって来るのであります。

しかしながら、「苦あれば楽あり」ということばがありますように、こうした課題と真剣に取組む間に私たちの民団は大きく成長して行くでしょうし、またこれらを立派にやり遂げることによって、祖国の再建にも役立つよろこびを味わうこともでき、さらに、私たち在日同胞自身の生活も明るい豊かなものへと発展させることができるのであります

全団員のみなさん！

今年こそは、このような意味におきまして、私たち在日韓国人が永遠に記念できるような佳き年となりますよう、みんなで力を合わせて、苦難にたえ明るい前途を目指して進むことを、年頭に当たってお互いに誓い合おうではありませんか。

◇おことわり◇

お正月は新年特集号（一月一日付）を臨時増刊したあと、普通号は一月九日付（水曜日）から発刊いたします。

希望と抱負にみちた年

駐日大使 裵義煥

在日同胞の皆さんに謹んで元旦のお慶びを申し上げます。

旧年を送り新年を迎えるに当っては誰しも一ときの感慨にふけり、及ばなかった事に対する悔悟の念と、為すべき事に対する構想とを抱くのが常でありますが、一九六三年が始まる今、私は例年とは異った希望と抱負に胸が躍るのを覚えます。

来るべき一年は我が国家と民族にとって決して平坦なものだとはいえないでしょう。私たちの前には多くの困難な課題が控えております。然し私たちに課せられたそれらの歴史的使命は、私たちを萎縮させるものではなく、却って希望と勇気を与えるものであります。こんにち私たちは複雑多端な国際情勢に処して崇高な民族的使命感を自覚し、万難を克服して国家を再建する決意がなくてはなりません。

今年は我が国にとって政治的に新しい生活の一歩をふみ出す民政移譲の年であります。私たちは民主主義の諸原則に基づき軍事革命の精神を体現した新しい政府を迎えるのであります。

我が国家経済を再建し国民の生活水準を高める為の五個年計画は第二年度に突入します。過去には考えも及ばなかったか、或いは実行のできなかった事業がつぎつぎに展開されております。第二年度には前年度の経験にのっとり、この計画はいよいよ本格的な軌道に乗せられるでしょう。

私はまた此の年に皆さんの法的地位の問題を含む韓日間の諸懸案が解決され、両国の国交が正常化されることを望みます。皆さんが生を享けた国と永年住んでいる国との関係が不自然であることによって、皆さんは直接或いは間接に多くの不便を蒙っておられますが、こんにちの国際情勢にてらして韓日両国は速かに過去の関係を清算し、正常且つ円満な国交が樹立さるべきだと私は確信します。

在日僑胞の中には未だに共産主義の宣伝に迷わされ、カイライ集団の手先きによって動かされている人がいるのは遺憾にたえません。共産主義国家の秘密政策のため、共産圏内の情勢を詳細に知ることは困難でありますが、然し最近伝わっている情報によっても、共産主義の専制政治が行きづまっているということを知って余り有ります。私はその虚偽と幻想を盲信している同胞が速かに現実に返ることを望んでおります。

私は在日僑胞の皆さんが母国の立場と情勢を正確に認識され、一致団結して母国の同胞と呼吸を共にしつつ、母国の発展に寄与して下さるようお願いします。

年頭に当り、祖国の繁栄と皆さんのご幸福とを心からお祈りします。

謹賀新年

在日本大韓民国居留民団中央総本部

団長 権逸
副団長 尹致夏
副団長兼事務総長 張聡明
議長 金光男
副議長 朴玄
〃 金陸男
監察委員長 鄭烔和
委員 李相台
〃 朴太煥
顧問 鄭寅錫
〃 曺寧柱
〃 李裕天
〃 呉宇泳
〃 朴春琴
〃 徐甲虎
事務次長兼中小企業育成委員長 姜学文
総務局長 金致淳
次長 安光洙
組織局長 朴賛道
次長 姜錫憲
民生局長 申灝
文教局長 呉敬福
次長 宋鎬用
次長 韓成允
宣伝局長 金九卨
次長 李仁炯
組織委員長 金連斗

大韓民国駐日代表部

大使 裵義煥
公使 金在鉉
参事官 崔英沢

団員の生活権確保へ

中総議長
金光男

金議長

新年迎える元旦ではあるが、本年こそは、われわれ民団にとってこれほど、明るい年はなく、皆様おめでとうございます。

韓日会談も請求権問題は全面的に解決をみて、余すところ漁業、在日韓国人法的地位問題その他の懸案となっている。これらも、両国の誠意と誠意で円満に妥結をみることは想像するにかたくないものである。この会談の妥結によって在日同胞の土台も必然的に固まって来るものであるから、われわれ民団も飛躍をとげる明るい年で慶賀にたえない。

祖国では軍事政権のもとで、憲法改正が全国民の熱望と歓迎にあふれた国民的表情によって決定されて、民政移管がスムーズに行なわれることになった。これによって韓国も自由民主主義陣営に、はばかることなくその一翼を負うことになったが、自由民主主義国家にとっては国民生活の確保と国民の基本的人権の擁護が欠くべからざる基本路線であるが故、これら基本的諸権利義務の遵守が完全に遂行されることを願うところである。

われわれ民団においては、新年におけるこれらの対内外のよろこばしい現実に向って心を新しくして、これらに即応する体制を整え、勇往邁進して事に処し、団員の生活向上と居住民としての新しい体制を築く年であることを深く認識するのである。

人づくりに邁進の年

中総監察委員長
鄭炯和

鄭監察委員長

年頭に際し、全国民団員の皆さまに謹しんでごあいさつ申し上げます。

われわれの迎えた一九六三年は、われわれにとって希望にあふれ、鼓舞的な年はかってありません。祖国においては、民政移管スケジュールが力強く進行され、やがて来る十八回目の解放記念日には、われわれの第三共和国が誕生します。

五・一六以後の革命政府の労苦はここにその結実を見ることになるでしょう。この祖国の飛躍に対し、われわれ在日同胞の喜びもまた、一しおのものがあると思います。

明るい祖国の姿に憧憬されたわれわれ民団も、新年はその民主主義的発展への歩みを更に力強く進めるでありましょう。われわれは明るい未来をもっております。われわれの運命と直結する韓日会談は、この春妥結し、批准の手続きを完了することになりましょう。ここに歴史的な両国の新しい関係は樹立され、併せてわれわれ僑胞の法的地位も確立されます。われわれの喜びもまた倍加されるものがあろうと思います。

しかし、われわれはこの画期的な新しい年を迎えるに当り、もはや旧態に甘んずることがあってはなりません。新しい時代には新しい感覚が伴なわなければならず、創造的精神の鍛錬こそ、われわれ当面の課題と言い得ます。それなくして、われわれは、祖国再建に貢献するはもちろん、自己の生活を改善することはできないからであります。この意味からして、また新年は、喜びにひたってばかりもいられない重大な年でもあると思います。

われわれの前には、朝総連の黒い手が、間断なくのびており、その術策は日に日に巧妙さを加えております。これを警戒し、封じ込めるためにも、われわれの努力は一刻たりとも猶予はなりません。

われわれの生活を守り、正当な権利を保全する道は言うまでもなく民団であります。されば、民団の発展は、われわれの死活を制するとも言えましょう。われわれは、共々に手を携え団結を更に強化して民団づくりに、またそのかなめたる人づくりに邁進しなければなりません。われわれは、われわれの努力によって新しい時代に即応した新しい民団を育成し、これを軸にわが同胞の福祉増進はもちろん、子孫代々の基盤の造成に立向かわなければならないと考えております。私も皆さまの期待にそうべく、全力を傾注する積りでおりますが、全団員の皆さまのご尽力を願います。

両国民とも最良の年

韓日会談日本代表
杉道助

杉道助氏

新春を迎え、貴紙を通じて、韓国の皆様にごあいさつ申し上げる機会を得まして、まことによろこばしく存じます。

私は、一昨年秋、日韓会談の代表をお引受けいたしましたのち、池田首相の親書を携えて韓国をおたずねし、朴正熙議長をはじめ要路の方々にお目にかかって以来、その後いろいろな機会に韓国の方々の御意見をうかがうことが多くなりましたが、その都度、私の感銘させられますのは、韓国の国民は、現在、ちょうど明治維新以後の日本人のような意気と熱意をもって、しかも着実な経済計画にもとづいて、「国づくり」に真剣に邁進しておられる点であります。

私は、つね日ごろ、日韓会談というものは、通例の外交交渉とは少しく性格を異にしているという考えをいだいています。すなわち日韓会談は、両国間の懸案事項を単に事務的に処理するということに終ってはならず、もう一段高い次元すなわち、日本と韓国とが永遠の友となる道を開くこと、民族と民族とが心の交わりをかため、その上に立って両国共栄の親和関係をうちたてることにその終局的な目標があると信じております。

私は、この信念の下に、十余年にわたる会談に有終の美をもたらすべく、かねて微力をつくしております。

幸い、最近、会談は、日韓双方の誠意と努力の結果、順調な進歩を示し、最終段階にさしかかっておりますことは、まことに同慶の至りに存じます。

終戦後十八年、本年こそは、両国民にとって、もっともよろこばしい記念すべき年となるよう念じていることを申し上げ、私のごあいさつといたします。

希望あふれる新春

第二次訪韓経済視察団
団長 安藤豊禄

安藤豊禄氏

韓国の皆様に心から新年のお慶びを申上げます。本年はいよいよ新憲法による新しい韓国の誕生を迎えるわけで、皆様の新年を迎えられる感慨はまた一しおのことと存じます。

私は昨年九月と十二月の二度にわたって貴国を訪問させていただきましたが、誠にご多忙の中にかかわらず、本当に御親切に御案内頂き、また御歓待下さいましたことを心から感謝しております。

二度にわたる訪問で貴国の実情に少し触れて感じたとの第一は、官民こぞって経済建設に積極的に取り組んで居られるその熱意です。若い者も若きも、また都会でも農村でも至るところでその活気に溢れた表情に接し、今更の如く感服した次第です。

その第二には、日本に対する関心の高まりです。私ども視察団一行にすること懇切な行きとどいたお心遣いにも現われて居りましたがお互い自由陣営の同志として真剣な態度で、互恵協力の期待を寄せて下さっている気持をひしひしと感じたのです。

第三には新しい若い指導層の力強い「国づくり」の意気込みです。道路その他の土木工事が盛んに行なわれていましたが、その進捗状況もきわめて順調で、指導層の方々が、率先身をもって、誠意に誠実に指揮をとっておられる結果であろうと思った次第です。

私どもは、私どもの感知し得た真の韓国の姿を出来るだけ多くの日本人に理解させる義務があると痛感しております。

今や国交正常化を目前にして、真の隣人として協力し合う素地が急速に出来つつあるのを本当にうれしく思っております。あたかも貴国では新しい憲法が誕生し、両々相まって両国の前途はまことに明るく希望に満ちておることを確信致します新年に当り、一言ごあいさつを兼ねて私の感想を述べさせてもらいました。

祖国再建に貢献を

在日韓国人信用組合協会
会長 朴漢植

朴会長

惟うに昨年は日本経済の発展過程に於ても試練の年であったと思います。一昨年下半期来の国際収支の改善を目的としました金融引締め政策は予想外に厳しく、その為の過剰設備に対する投資の鈍化と滞貨増の深刻化をもたらし、鉄鋼業界を始め各業界に至る全産業が萎縮し、予想外の経済状態が続き、その皺寄せは中小企業にも深刻に響き脆弱な業体は倒産整理を余儀なくされました。それは言うまでもなく協会傘下の在日韓国人信用組合の組合員たる零細企業体をゆすぶったのは事実であります。

このような不景気状況も、ようやく昨年十一月から日銀の公定歩合の引下げを始めとする金融緩和政策に依り、景気回復の兆が徐々に現われ始めたことは、業界の皆様と共に悦ぶべき現象の一つであり、新しき年を迎えるに当たり大いなる希望を託す所以であります。

然しながら、このような悪条件の中にあっても、在日韓国人信用組合を構成する単位組合は本国政府の在日僑胞の中小企業育成基金の預託を仰ぎ、韓国銀行在日支店の資金供給と相俟って母銀行の特別の御配慮の下に、僑胞組合員の企業育成のための金融難打開に、充分潤沢とは言えないまでも大きな役目を果たしてきた事を自負するものであります。

昨年の一年間協会の動きとして特筆すべきものがあるとすれば、それは在日僑胞の熱望と当然の要望に依る新規信用組合の四カ所増加と既存信用組合の堅実経営に依る業績の順調な伸びを挙げることが出来ましょう。

今や吾々は国家社会の構成単位に対して、新しい原理をたて新しい原則を創り出して、より正しいより理想的な社会関係を建設することに留意し、迷うことなく祖国の経済復興に馳せ参じ、積極的御協力あらんことをお願いする次第であります。

新年おめでとうございます

国家建設の基礎を

在日大韓体育会会長
崔正烈

崔副会長

希望の年、一九六三年を迎え、皆様と共に慶賀するものであります。

過ぐる一九六二年は五・一六軍事革命を経て、真正な大韓民国の建設に突入した革命政府の大方針に歩調を合せて全国民がみずからとみずからの子孫の繁栄と幸福のために、その全智全能を尽して国造りに励んだ年でありました。内においては国造りの基いともなるべき経済開発五カ年計画を推進するかたわら、旧悪を一掃して清新な民主主義国家体制確立のために新憲法制定の国民投票を行ない圧倒的な多数で賛成可決し、外においては十年来の難関、韓日国交正常化を八分通り達成し、また国連外交においてもかつてない飛躍的な進展を示して、わが韓民族の優秀性を内外に誇示してきたのであります。

この偉大な前進の後を受け継いで今年こそは、わが民族の汚辱の歴史を払い去る、新国家建設の基礎を固める年であると思います。

この国造りの基いは国民各自の熱烈な愛国精神にあるのはいうまでもないことでありますが、先進自由諸国との友好親善関係の促進、特に日本との提携、協力をおし進めることによって早急にその後進性を脱皮するにあると思います。

このような見地で旧来の感情のしこりを解くべくわれわれはスポーツ、経済、文化、の交流によってその目的を果さんとするものであります。

在日僑胞各位におかれても大乗的な見地で異域にある立場を念頭に置き、たがいに不必要な相剋をやめ一致協力、新国家建設のために、積日の努力を傾注されんことを願い新年の賀辞を呈するものであります。

本国との連繫強化を

在日韓国人商工会連合会会長
李康友

李会長

過ぐる一年を顧みる時、目をみはるような躍進はなかったかも知れません。しかし、われわれが連合会結成の当初、心ひそかに誓い合った如く、いわゆる線香花火ではない、末広がりの積み上げ方式の精神は、確実に実を結んでいるといえましょう。

いわゆる「前轍を踏まない」「同じ過ちを二度三度繰返さない」ということは、平凡な言葉ではありますが、もって座右の銘とすべきであると思います。このような堅実な、継続的な努力は、個人生活面でも事業面、団体活動においても、最も基本的でありかつまた重要なものであると信じます。

新年に当り、われわれの役割を考察しますと、まず内には組織の充実強化、外には本国との連繫強化、また日本経済界との交流促進等が挙げられると思います。このような活動は、連合会と各地商工会が渾然一体となって、相互協力することによってのみ実のある成果が期待できます。

時あたかも、今春には韓日国交正常化の見通しもついております。この際に当り、韓日経済交流におけるわれわれの仕事と責務は急激に倍増するものとみなければなりません。

われわれは個人の力でなく、共同の力によって、共同の問題を解決すべく組織を作りました。この結集された力をもって、われわれの事業と地位を守り向上させることはもち論でありますが、より一歩前進して、対社会的な責任と使命にも、貢献すべきであると思われます。

即ち、在日僑胞社会の全般的な向上、祖国再建事業に協力することは、商工会および連合会に与えられた課題であると信じ、今年こそ具体的な成果が上げられるよう念願してやみません。

日本人と平等な権利を与えよ

＝在日韓国人は民衆運動展開の機運＝

法的地位問題六十万注視の的

在日韓国人の法的地位問題が急速的に在日同胞間において、その関心の的になっているが、両国における国交正常化を図るため現在進行中の韓日会談がいままでの、どの回次における会談進捗でも、みることの出来えない妥結への空気が醸し出されているのに刺激をうけ、在日韓国人の身近かな問題であるがために、在日韓国人のこれに対する世論が湧きあがっている。

民団ではすでに韓日会談法的地位委員会の諮問委員五名を任命し、さらに第三十七回中央議事会においては在日韓国人法的地位問題対策委員会（委員十五名）を設置、在日韓国人が如何なる法的地位を獲得すべきかについて、審議検討を加え、最終案を近く決定して、それぞれの当局に陳情すると共に、一大民衆運動を展開する機運にある。

各分野における綜合的意見を概要すると、（一）日本国籍選択権を与えるべきである（二）在日韓国人はサンフランシスコ平和条約においてすでに韓国籍を取得した者であるから、協約永住権の取得で充分だとする（三）韓国籍を在日韓国人は取得はしているが、二世、三世を考慮する場合、法的地位問題は暫定的に取り決めをなして、その推移をみて再協定をすべきである、ということである。これらの三つの意見が在日韓国人の代表的な意見とみなされているが、本社ではこの盛りあがりつつある在日韓国人法的地位問題に関して、各分野において活躍している有識者の個人的意見を打診してみたが、その意見の要旨はつぎの通りである。

権逸氏の意見

国籍選択権の問題に関しては、現在の在日同胞は韓国籍を持つものであるから、今回の韓日会談でこれを確認するのみである。日本人に帰化を欲する人々は生活上の問題であろうから、これを申請することに対しては妨げる必要はない。しかし、現在の日本の帰化法には賛成しがたいものがあるが故、在日韓国人が帰化する場合は無条件で自動的に、日本人に帰化することが出来得るように韓日会談で話合いをすべきである。

現在進行中の協約永住権は、われわれとしては全面的に賛成しかねるものがあり、これに対して注文をつけたい。日本側の主張はことさらに、われわれの主張とはかけ離れている感がある。現在両国がお互いに話合いの途中にあるからとやかく話しえないが、われわれの立場をよく考慮し、これを人道的、常識的に処理すべきである。特に朝総連側の宣伝、謀略がはげしく、これに惑いされて民団員の中には不安を持つものもあるが、協約永住権は出入国管理令法の永住権とは異った条約上の永住権であることを深く認識すべきである。この協約永住権は民族権が全面的に認められている内容のものである。

朴根世氏の意見

永住権、財産搬出権、日本国籍取得権を自由にかちとることこそ、在日韓国人の法的地位の最大眼目である。右権利は相互に有機的関係にあるから、より高い立場から実利的合理的結実を見るよう図るべきであって、狭少な感情論に一切放棄すべきである。

金光男氏の意見

われわれ在日韓国人の歴史的背景と因果関係を勘案する場合、日本政府は特例として、市民権を与えるべきである。これなくて何んの権利義務の平等が有り得るであろうか。現在、韓日会談でいわれている協約永住権の内容に対しては不満を率直に申し上げる。民団は在日同胞の民生擁護機関であるから団員の生活権確保は実に、この法的地位における平等な権利義務を獲得することこそ、生活の確保につながる要因であるが故、この運動を虚心坦懐な精神をもって展開すべきである。

金正柱氏の意見

在日韓国人の国籍はサンフランシスコ条約で既に日本から離脱することを確定している。こんどの会談ではただそれを確認するだけである。しかし、今後、継続居住を希望する一世、あるいは二世、三世たちの国籍選択は、近い将来、両国政府間で、再協定を結ぶべき規定をはっきり挿入すべきであろう。

李裕天氏の意見

協約永住権取得者の範囲に対して韓日会談で行なわれている範囲については不賛成ではないが、強制退去の理由において、双方が合意に達せんとする退去理由には不賛成である。これに対する私見は、せめて刑法の内乱に関する罪、外患に関する罪、破壊活動防止法等に限定すべきである。さらに、協約永住権取得資格者には現在、一九四五年以後に再入国した在日韓国人にもこの恩恵に浴するように運動すべきもので、その理由は彼等は種々なる事情において一種の離散家族であるから、この権利を与えるべきである。

鄭炯和氏の意見

在日韓国人は種々なる歴史的な事情に起因して居住するようになったのである。それがために、一般の外国に移住している移民とその性質が異るので、韓日両国の法的地位委員の代表者は特異な在日同胞の立場を深く考慮して、日本人と同等な処遇を与える方向に持って行くことが肝要であると考える。協約永住権の内容に対しては満足の意思を表明することには難色があり、これをもっと深く権利義務の平等性を協約すべきものであると思う。

韓国料理
漢陽館
謹賀新年
崔泰奎
東京都文京区清水谷町1番地
電話(941)1552番

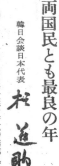

謹賀新年
一九六三年

明大メリヤス株式会社
社長 蔡尙大
大阪市北区菅栄町七二
電話 大阪(三五一)三八七三

三晃金属株式会社
社長 高馴相
大阪市北区山崎町七七
電話 大阪(三六一)二二六九

岡村製麺所
盧順童
大阪市大淀区中津浜通三ノ三二

倶楽部紫光
金良祚
大阪市北区曽根崎上一ノ二三〇
電話 大阪(三六一)七一六四

韓国銀行
東京支店
大阪支店
本店 ソウル特別市

大阪交易株式会社
本社 大阪市北区網笠町五〇
電話大阪(三六一)二九九三一五
支店 東京都港区芝西久保明舟町一一

国一館
大阪市浪速区元町三ノ一〇三
電話大阪(六三一)六三〇六・二六一八

株式会社三和ビル
社長 朴徳竜
大阪市北区曽根崎中二ノ一五
電話大阪(三四一)一九三五(代表)

新東洋商事株式会社
社長 金沢宗同
大阪市北区天神橋筋四ノ三
電話 大阪(三五)〇三七〇

李昌福
大阪市福島区鷺洲上一ノ三六
電話 大阪(四五一)四三六一

大韓海運公社
東京支店
支店長 金忠男
東京都千代田区有楽町一ノ四 小谷ビル四階
電話(五〇一)一九一一・一九一三

陽和物産株式会社
社長 朴根世
東京都千代田区神田神保町二ノ八
電話(三三一)一四一七
(三三一)四五七七・六五七三

大日本硝子株式会社
社長 具衡道
東京都江戸川区小松川四ノ三六
電話(六八一)〇七〇四

済州資源調査研究会
職員一同
東京都墨田区寺島町七ノ六四
電話(六一一)〇五〇八

信用組合 大阪興銀
理事長 李熙健
副理事長 安在祜
〃 金鐘寿
〃 朴義雄
本店 大阪市天王寺区下味原町八〇
電話大阪(七六一)七三七一(代表)
生野支店 大阪市生野区猪飼野東五ノ二六
電話大阪(七一七)二三三一(代表)
天下茶屋支店 大阪市西成区岸通り一ノ四四
電話大阪(六五一)五一〇五(代表)

信用組合 大阪商銀
理事長 朴漢植
副理事長 姜宅佑
〃 中村卯兵衛
本店 大阪市北区曽根崎中一ノ六
電話大阪(三四一)三八五一(代表)一四
東支店 大阪市生野区新今里町一ノ一六
電話 大阪(七四一)五六四一一一

在日韓国人信用組合協会
会長 朴漢植
副会長 李熙健
〃 金在沢
常任理事 金容載
〃 姜宅佑
事務局長 権赫偉
大阪市北区曽根崎中二ノ六
電話大阪(三四一)三八五一(代表)一四

バーベキュー
焼肉・冷麺
そうる
大阪市北区高垣町一三二
電話(三四一)〇六二六(三一)〇六六〇

新春の明るい話題

☆…過去半世紀にわたって黒い雲におおわれていた韓日関係も、明けて一九六三年からは暗雲一掃、明るい日ざしが…☆
☆…さしかけてきた。このようなおめでたい新春を迎えて、韓日関係の明暗二相を身を以って体験した人々はそれぞ…☆
☆…れ、さまざまな想いにふけっているだろうが、本紙はこのような意味で、裵大使と李垠氏を訪ね、「明るい新春…☆
☆…の話題」二つを読者におくることにした。…☆

ついに実った労苦

韓日会談に明るい夜明け

一九六二年、日本のマスコミが継続的に大きくクローズアップさせたものは、なんといっても「隣り同士の韓国と日本との国交を正常化させよう」という問題であろう。本紙ではその国交正常化問題で昼夜奮闘される韓国駐日代表部の裵義煥特命全権大使を訪ね約一時間にわたって色々うかがった。

◇……明かるいお正月を迎えた裵大使一家……◇

裵大使の家庭

最近移転したばかりの東京・世田谷代田の裵大使邸についたのは、約束の時間より十分も遅れた十一時四十分ごろだった。よび鈴を鳴らすと、かわいい六歳の令嬢と、ノーネクタイにベージュセーター姿のスポーティーな裵大使が、われわれ二人を迎え入れ、ご家族愛用の茶の間に案内してくれた。

「韓日会談のほか、各国駐日外交官などとの外交折衝や、それに在日僑胞問題などの日課で、疲れをいやす折角の日曜日をお邪魔しまして」というと、「君たちこそ日曜出勤で大変じゃないか」とかえって励まされた。

こうした裵大使の物やわらかな思いやりは、ふだん公式な場だけでみなれているわれわれの大使観に少なからぬ安心感を与えてくれた。というのは、これまで歴代韓国駐日代表部のお役人的大使に接したことのあるわれわれには、こうした先入観が頭にコビリ付いていたからである。しかし、裵大使はわれわれの必要以上の疑いや歴代大使の悪い先入観を一挙に吹き飛ばしてくれた。このことはとりもなおさず本国の革命精神を日本に再現しようとの裵大使の努力といえよう。

「革命政府から特命全権大使に任命され、日本にきて一番悲観したのは、各国駐日外交官までもが、日本外務省から仕入れたという二十数年前の韓国観をそのまま抱いていた。これは過去の歴史的関係から日本が最も韓国を知っていると信じていたからである。このことは韓日会談を押し進める上にもっとも難しい〝ガン〟であった。このように旧感覚は国民からそっぽをむけられていただけでなく世界各国からもそっぽをむけられつつあったのである。しかし最近は対韓認識を百八十度転換したようだ」と、語る裵大使の顔には、一年半余の努力をかたむけた苦労と今日の盛り上がりを率直に心から喜んでいる表情が浮んでいた。

戦後、世界各国の韓国観が日本を窓口にしていたのを裵大使はいちはやくキャッチし、韓日会談と並行して、誤った対韓認識の一掃に努めたのである。裵大使は、先ずその手はじめに政府が日本の言論人士、文化人、出版業者、政治経済界などの、第一線にたずさわっている多くの日本国民を正式に本国へ招請するよう強く助言したのである。これが予想以上に功を奏し、今では日本の各地に韓日両国民の協力による日韓親善協会が続々と結成されており、かたや韓日会談の成り行きはお茶の間や井戸ばたの話題にまで広まっている。

韓日会談の今後の見通しについてきくと裵大使は喜びをかくさず「安心しなさい。万事うまく行くだろう…」と楽観しながら、「旧年は色々たねたまいたから新年はかき入れなくては…」と語りながらも、日本のこまかい算術外交に少々不平をこぼしていた。

希望の朝　撮影 李聖根

裵大使は一九〇七年慶南金海の出身で釜山商業高時代から経済学に興味をもち、その後、朝鮮銀行に勤めたこともあるが向学心に燃えアメリカへ留学した。アメリカではボストンノースイースタン大学で商科を専攻し、ニューヨーク商科大学院で商品市場を研究した。アメリカ留学生当時の独立運動の裏話を聞くと大使は「私がアメリカ留学生会長の時だった。しかし私は李承晩博士の独立運動方針と反対の立場で運動を推し進めた」と語ってくれた。裵大使のこの時からの反李承晩は、その後も続き、李承晩氏が大統領になるや、タバコをやめてしまったというほど徹底したエピソードもある。

家族は夫人とともに三男一女で、長男はハワイに、次男はソウルにいるとのこと。

夫人は昨年六月ごろまでハワイで婦人運動を続けていたが、来日してからも都内各婦人団体をたずねているなど、今なお婦人運動に努めるかたわら、家族の台所を女中なしで一切まかなっている。

李垠氏の家庭

宿願の韓国籍が回復

政府・国民あげて歓迎

◇…よろこびの方子夫人…◇

李王朝最後の皇太子だった李垠氏一家に対し、革命政府の温情により帰国の道が開かれ、このほど同夫妻に韓国籍への復帰も認められ、新年は李垠夫妻にとってまさに希望の春がよみがえっている。方子元李王妃は墓参と復籍手続きのため昨年六月と十二月の二度にわたり、悲運の病床に臥している夫君の名代として二十年ぶりに祖国の土を踏んだ。方子女史は、祖国の明るい表情と、官民ともに温情をもって歓迎してくれたことに深い感銘をうけ、夫君の健康が回復し次第、一日も早く帰国して、自分の故郷で、余生を静かに過ごすもようである。

李垠氏は、王宮に生まれ、第二十八代の王位をつぐべき韓国の皇太子の身でありながら、わずか十一歳で、〝人質〟として伊藤博文によって日本に連れ去られてからの五十年間は、すべて日本政府の意思のままに強要させられ、〝日鮮融和のため〟との理由で梨本宮守正王殿下の方子第一王女と政略結婚させられた。

終戦後は、李承晩一派に阻まれて帰国の希望もかなえられず、次男玖氏の渡米手続きのため、これまた李政権の「ガンコ」さによって不本意ながら国籍を捨え（日本国籍に）ざるを得なかった。また、終戦後、新憲法によってひどい目にあわされ、家財を失い、日常生活にもこと欠くような有様だった。

革命政府の好意により帰国への手が差し述べられた三ヵ月前の昨年四月、皮肉にも李垠氏は脳血栓症で病床に臥してしまったのである。

韓国革命政府は昨年夏、李垠氏の病気を知るや、直ちに見舞の特使一人を派遣し、療養費と李家の生活費を政府が保証する旨を病床の李垠氏に伝達したのみならず、機会あるたびに温情に満ちた礼を尽して、明るい話題となったのである。

垠氏の兄に当たる李坧公の妃である尹大妃から「一命のあるうちに是非あいたい」との切々の便りをたびたびうけて、病床の夫君に代って、祖先の墓参かたがた昨年六月に帰国をし、今度また政府の異例のとりはからいで本人日本在籍のまま、復籍手続きのため帰国してきた。

金浦空港で、飛行機のドアが開くと同時に拍手がわきおこり、どっと押し寄せた出迎えの人々から熱烈な歓迎をうけ、「おかえりなさい!」「おかえりなさい!」との声をきいて、ああ、やっと帰ってきたのだという気持になり、二十年間にわたるシコリがとけて、涙がとめどなくほおをぬらしたという。

また韓国首脳者たちを歴訪して礼を述べたがどこでも「よくお帰り下さいました、ただ殿下のお帰りがおくれるのが残念です。すべてお用意して故国がお待ちしております。殿下にそのことをお伝え下さい」と、慰めとはげましの言葉をうけたという。

李太王のただ一人の姫君であり垠氏の妹にあたる徳恵さんは、日本の松沢病院から最近本国の病院に移され、いまは乳母の看護をうけて療養に努めているが、病状も大分よくなり、記憶もいくらかよみがえった様子で〝李王妃〟と書いてみせたら、〝分った〟という表情をするほどだったという。

それから祖国への道がとざされていた暗黒の日々にも、厳妃が創立した淑明、進明、養正の諸学園および淑明大学の発展に大きな関心を持っており、この四つの学園を土台に総合的な学生会館の創立の夢をみつけたという。もちろん、こんど四校とも訪問したが、非常によく発展しており、韓国の将来を担う若い人たちが、いかにも健康に、誠実に張り切っている様子をみて、ほんとうに力強く思ったという。

手続きを終えた復籍関係の書類を夫君に手渡したら、無言のまま感慨深そうな表情で、幾度も繰りかえし見直していたという。

同家を訪ねた本紙記者にたいし方子夫人は「私達は人生のおおかたを韓日関係の渦中にあって過したが、夫君の健康回復次第、一日も早く帰国して、私たちの意思で平凡に、そして静かに暮してゆきたい。韓国の教育のため、そして正しい韓日両国の親善のために余生をささげるつもりである」と語った。

お正月行事のいろいろ

▽……初卯の日の命糸

今年は癸卯の年、兎さんであります。兎さんのことが私たちと親しくなったのは、大分昔です。新羅の金庾信将軍の文献に見られています。

一月下旬になると、夕方五時頃はるか南の空高く輝く星がありまます。この星のことを学者は兎座と言いました。

わたしたちが子供のときよくうたった〝お月さんの唄〟や面白い伝説など多くあります。

兎のことがわが民族の民俗生活の中に入ってきたのは、いつのときからかは、はっきりしませんがお正月の初の卯の日を人が長きを願う日としました。この日には人々が一尺の長さの青色絹糸をヒモにつけた巾着を襟からぶら下げておきます。それを入口のドアの上にかけておきます。それから数日たって人に知れないように、戸外にすててしまいます。その人は無病長生きします。また、そのヒモは寿命のシンボルで命糸と呼びます。

▽……おぞうに歳拝

さて、お正月のことですから、わが国で昔から、行なわれているいろいろな民間の風俗を書いてみましょう。いまは、新暦を生活のこよみにしていますから、ここで申し上げることは旧暦によることです。今年の旧のお正月は一月二十五日から始まるのですから、そのつもりでお読み下さい。

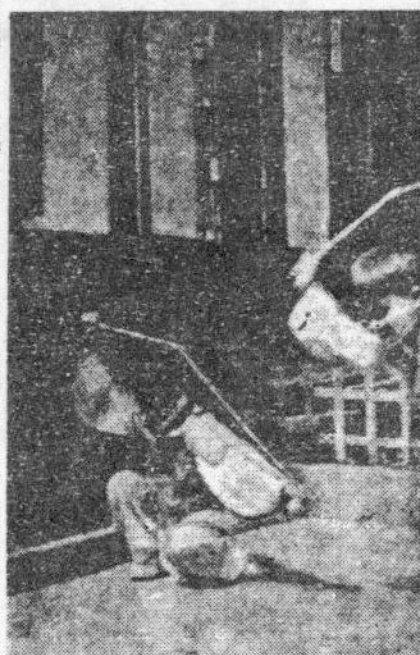

お正月の元旦を迎えるためには、各家庭の女の人たちは、中々の重労働をするのです。お正月の料理を用意します。

大晦日の除夜の鐘が鳴りますと、お正月を迎えるために家中を清掃します。

元日。正朝と呼ぶ。早朝おぞうにや酒果などを供えて祖先の霊に正朝茶礼をします。次に家長目上の人にお年始をします。それから、一家揃っておぞうにを一杯だけ食べます。

それから、お年始まわりが始まります。お年始のことを歳拝といいます。親戚は勿論、隣組、村の長老、寿成社（老人クラブ）など残すところなくまわらなければなりません。お正月の七草の間は、往来は年始客でにぎわうのです。殊に少年少女は色とりどりに晴粧（新春の装い）をこらして村中を練り歩くので、これがまたみものです。

▽……ユツと踏版遊び

知り合いの女主人に年始まわりをします。

元日の夜になると、履物をかくす風習があります。これは、悪鬼が人家をうろつきながら草履を盗むといわれ、その被害者は一年中不幸を招くので、そのためです。

元日から十五日までを上元と申します。この間は、青年たちはユツ（双六の一種・四木戯）遊びをします。これはチャクサという殆んど国民遊楽の一つとなっています。往年、東京でも学友会やYMCAでは新年には、同胞たちが新年相賀会をかねて、盛んにやりました。

女子の方では、踏版戯に興じます。藁を枕高に束ねた上に一寸厚みの板をそれに乗せて、左右両端で乙女たちがバランスを取りながらジャンプして遊ぶのです。

▽……上亥日の美人水

七草が過ぎますと、人日（初七日）。最初は中国に始ったのです。

最初は特別な意味がなかったのですが、高麗時代から韓末まで、この日を特に科挙の日として人材登用を始めました。

上辛日（初の辛日）王様が人民を代表して社稷壇において、その年の豊年を祈る〝祈穀大祭〟を行ないました。

上亥日（初の亥日）・主婦がこの日に大豆を水漬けにしておいて、その翌朝その水で洗顔し、新装をこらして初めて外出します。そうすると実の兄弟でも、見別けがつかないほど美人になるといわれたのでした。

上子日（初の子日）。農村でやる風習で、黒小豆を釜に入れて、しゃもじでかきまわしつつ「豆焙し、鼠焙し」と唱えながら、火焙りにします。それを一家揃って一つかみを食します。「鼠食っ、鼠食っ」と連呼しながら。

夕方になると水田の畔道に火をつけながら「鼠火た」と大声でどなり歩きます。これは野鼠予防のためです。

晴れ着をきて大よろこびの少女たち

▽……耳のよくなるお酒

上辰日（初の辰日）・婦人がこの日は一切針仕事をしません。辰の日は竜の日でありますので、もし竜の眼玉でも刺したら困るといわれます。また蛇の手入れもしないのです。竜は蛇の動物であるのでそれにたたられるといけないからでしょう。

上元（十五日）糯米を蒸して、蜂蜜、胡麻油、栗味などで、これ、これにナツメと栗を加えて薬食を作り、お年の食事にします。薬食の外に穀飯も食べます。

また上元の夜は初の満月でありますのでお酒を一杯のみます。するとよく耳がよくなるので、これを耳明酒と呼びます。地方によっては、綱引き合戦をやります。

▽……福飴と福ジョウリ

上元の朝、子供たちは朝早く始めての人に〝トーウイ売り（暑気当り）〟をします。これは、西洋一馬鹿に似たものです。

朝早く飴売りが「福飴」を呼びうりします。ジョウリ（ザル）を売ります。これを「福ジョウリ」といわれ、どんな貧乏人でも、飴とジョウリを一つだけは必ず買います。

飴は延々とのびるものであり、ジョウリは掬いあげるので、家産が増えると云います。

この日に、村の物知りが人の齢で、その年間の吉凶占いをしますが、書くと長くなりますから略しましょう。

上元の晩には、夜明け頃井戸から初水（これを井華水という）を汲み主婦がのみます。井華水には竜の卵子があるといわれ、それをのんだ奥様には子宝がさずかるといわれます。

▽……ソウルの12橋渡り

上元の晩には、主にソウルでは十二の橋を渡り十二カ月の厄を防ぎ、町の少年たちは石合戦をします。また、上元日には犬に一切食べものを与えません。もし犬に食物をやると、その犬は夏中皮フ病になやむといわれます。

謹賀新年　一九六三年

崔泳安　足利市緑町一ノ三二四八
陳東徹　足利市通一ノ三五八四　電話(1)六六二六
辛容祥　栃木県佐野市若松町四七七　電話 一三六一
尹赫考　足利市宮北町一四二四　電話(1)四七七七
禹通九　宇都宮市元今町　電話(1)四六八五
李鳳作　足利市通三丁目二七五八　電話(1)三〇九
文東仁　宇都宮川向町七四五　電話(1)二二〇五
姜進旭　宇都宮江野町　電話(1)四九一七
千教義　宇都宮江野町三二二〇　電話(1)六三七〇
李長根　宇都宮日野町四五　電話(1)六三二四
鄭在出　宇都宮曲師町三一三五　電話(1)八六八〇
金相浩　栃木県那須郡烏山町四五三一　電話(烏山)五一一
金正華　栃木県那須郡烏山町仲町八〇　電話(烏山)三六一
陳東烈　足利市通三丁目二の二六三六　電話(1)四五五六
姜浩　足利市千歳町二六の一　電話(1)五一八六
朴千秀　栃木市栄町三の三九七　電話(栃木)九七四
禹正九　栃木市向水町二九八　電話(栃木)四八八
呉昌圭　栃木県鹿沼市仲町一五九五　電話(鹿沼)三〇三七
金世鎮　佐野市伊賀町六九六　電話(佐野)一四四一
韓国連合通信社　東京都文京区金富町五一　電話(八一二)三九一-二

在日韓国人商工会連合会
会長 李康友
東京都新宿区柏木一ノ八九（城ビル）
電話東京(三七一)八一五一(三六九)七四七九

東京韓国人商工会
会長 許弼奭
東京都新宿区柏木一ノ八九（城ビル）
電話東京(三七一)八一五一-八(三六九)七二四二

平和タクシー株式会社
社長 董玉模
東京都渋谷区初台二ノ一一
電話東京(三七一)三七四八・一八一九

各種遊技機販売
第一物産株式会社
代表 荒川友司（李在昊）
群馬県桐生市金泉町七〇五
電話 桐生(二)七五五一

済州開発協会
済州商事株式会社
会長 金坪珍
東京都千代田区神田五軒町四七
電話東京(八三一)七〇三二
(八三二)五〇七七-八

謹賀新年

謹しんで年頭の挨拶を申し上げ、貴家一同の幸福をお祈り申し上げます。

つきましては、長年のあいだ未解決のままの韓日問題も、昨春わが金中央情報部長が大局的見地にたって、大平外務大臣と会談したのをはじめ、日本自民党大野副総裁の韓国訪問と、朴議長池田総理の御裁断により韓日両国間の諸懸案に円満解決の曙光が見え、四月頃妥結へと一歩前進しております。韓国再建と自由と平和を叫ぶ韓日両民族の喜びは、新春と共に一層大きいものと云わねばなりません。韓日問題の円満解決は、韓日両国の利害問題だけでなく、自由陣営強化に左右される問題だけに大きな意義があるものと思います。

一九六三年元旦
日韓平和促進同盟副委員長
日韓問題研究会会長　姜清鐘
東京都墨田区吾嬬町西七ノ六〇
電話東京(六一一)八八四九
東京(六一一)〇五〇八

安益泰　今後の韓国音楽界　金泰変

世界に誇れる韓国音楽
日本との交流を盛んに
安益泰氏　金泰変氏

座談会

わが国が生んだ世界的名指揮者安益泰氏は、ラテン音楽の盛んな中南米諸国を巡演しその帰途日本に立ち寄った。この機会を利用して在日韓国音楽協会の金泰変会長と今後のわが国音楽のあり方、韓日国交回復による日本との交流などについて話合ってもらったが安氏は毎年半年を外国で暮らす音楽指揮者であるだけにその視野も広ろくその胸のうちには全般的に遅れているわが国の音楽水準を引きあげる為に熱い意志が秘められているのがうかがわれた。

安益泰氏

金泰変氏

音楽は神のことば

▲司会＝安先生、韓国の音楽界に対する要望とか期待のようなものがあれば是非聞かせて貰いたいです。

▲安＝漠然としてまとまりはつきませんが、大いにありますよ——。

音楽とは「和音」することでしよう、つまり、いろんな「音」が「和」を形成しながら一つの音楽を構成してゆく、こうして構成された純粋音楽は、或る一つの神のメッセージでありますね——。

そして、これを伝えるのがわれわれ音楽家の使命のようなもんですな。だから、音楽人なるものはお互に「和」し合いながら、己れを克服して立派な神のメッセンジャーになるという自覚心が強く要求されてきます。

▲金＝安先生のおっしゃる言葉は、要するにお互が「和」し合って、神のメッセージを伝えられるように人格者であれということと、同時にまた完全な技能者でもあれという意味が含まれていると思うんですが——。

▲安＝そうです—そうです—。

韓日問題も「和」で

▲金＝ご尤もなお話しで、今の国際情勢では特に、この「和」の問題が叫ばれる時代だと思いますね。米ソ間においても、韓日間の問題にしてもこの「和」の精神がつらなれば、どんな難問でも直ちに解決されるでしょうね。それだけではない、僑胞音楽家の諸君も是非「和」の精神でお互いが協力し合って、不作きわまる音楽畠を耕してくれなくては、何時までもうだつのあがらない凶作ぞろいの連続でしょうね——。

▲司会＝安先生、今まで世界各国を歴訪して見て、「韓国の音楽」が果してどの程度の水準に達しているのか、感じた通りをお話してくれませんか。

▲安＝共産圏以外の国々は大体回って見たと思いますが、韓国ほどメロディーの豊富な民族も少ないですね、例えば、日本と比較して見ても、歴史の紀元が古くかつ音楽の世界も広い。かりに、私が作ってほめられた「降天声楽」にしても、われわれの祖先が残してくれたメロディーをヒントにして作曲したもんです。古来から伝わって来ている文化遺産の純度で、その国家民族の奥行きが評価されたのではないですか。

今韓国は、あらゆる点で民族の大きな試練に直面しているともみなされる。この苦痛と闘って苦難の道を克服してこそ音楽・芸術と言わず、民族の繁栄が約束されると考えますね。

日比谷では大感激

司会＝先日、安先生が指揮をなさった国立（くにたち）音大の交響楽団を聴いて、それこそ感激の涙が流れて恥かしいくらいだったんですが、金先生の御感想を是非伺いたいのですが。

金＝あの日、安先生の指揮する演奏を聴いて恐らく涙のでなかった僑胞はいなかったはずだと思います。六百人を越えるコーラス団が日比谷公会堂の大舞台を埋めてあの第九シンフォニーの壮麗な合唱が流れる場に来て、指揮棒に一糸みだれず融合統率される場面には、異様な感慨が湧いて息が止まりそうでしたね。

司会＝演奏が終わってから聴衆の喝采もそうですが、安先生と楽団との感激も全く見たことのない情景でした。

金＝実際において、韓日親善とか交流の文字を掲げてやる行事も随分ありましたが、あの晩の情景ほど親善ムードが盛りあがった場面はちょっと今までなかったですね——。

重ねてうなずきましたが、音楽つまり芸術の偉力たるや恐しいものがあります——（笑声）

それでね。私が強く叫びたいのは本国や、僑胞間の実業家陣はもっと芸術に理解をもって、芸術家を大事に扱って、積極的に応援しろということなんです。

21年ぶりに訪れたソウルで大歓迎をうけた石井さん（左）

ソウル市民会館での演奏を終えて花束をうける安益泰氏

韓国人は音楽の天才

安＝韓国人は個人的にはすぐれた才能家が多いですが、しかし、不思議なことに、これが集団になるとまるっきり最低になるような現象はどうした訳なんしょう。（笑）

何も大曲を演奏するだけが芸術家ではない、力量に応じた現段階を見事に表現し演奏してのけることが何より肝要であるのに、小曲を完全にマスターしようとしない地味な努力をせずしてどうして大曲がこなされてゆきますか（笑声）

司会＝金先生、今先生が会長になっておられる「在日音楽人協会」の場合ですがこれからどのように持っていって、より高度な次元へ音楽家をリードして行くか、何か計画や要望でもあればお話して頂けませんか？

金＝七、八年前に同音楽協会が結成されました。意気統合する連中だけで創設されたんですが、これをまとめて行くのに苦労がありました。やはり、ここでもごたぶんにもれず、ああでもない、こうでもないと言ったいざこざや反目なども結構ありましてね（笑声）でも、まとめ役を買って出て、今日まで、まあどうにかこうにか引っぱって来て、年一、二回の演奏会くらいは開いて来ましたよ。今までつぶれなかったのが不思議なくらいです。

司会＝金先生は、音協から身を引くようなことを聞きましたがほんとうですか？

もし金先生がやめるとなると、うまく統率されないで分裂はおろか、つぶれてしまう可能性があると見ていますが——。

音楽家養成に尽す

金＝今までおよばずながら、会長の役割を果して来た積りですが成果の方はどうでも、この際きっぱりとバトンを他の人に渡す覚悟です。それで望みたいのは、すぐれた音楽人で、謙虚誠実な人を抜擢して後継者にしたいですね。

司会＝安先生は、海外と国内とでは滞在期間がどちらが長いですか。

安＝大体国内・海外と半々くらいかな、政府でも年間の半分は国内音楽壇のための尽力を望んでいるし、私自身も国家民族のために後進養成につとめなくては——。

これは、金会長に対する進言ですが、今後の在日音楽協会のためにも金会長の留任を望んでやみません。

司会＝長い間忙しいところをありがとうございました。先生方の御壮健を祈ります。

新春随想

懐しかったソウル
石井カンナ

明けまして御目出度うございます。

昨年十月末、二十一年振りで訪ねた韓国でしたが、皆様から本当に温い気持ちで迎えて頂きました事を心から感謝致して居ります。

日本の終戦、そして韓国動乱後の韓国の方々の明るい、温い表情を拝見して来た私には、まるで生れ故郷へでも帰った様な、なつかしさと嬉しさで一杯でした。

二十一年振りに見た京城の街、それはすっかり明るくなってきれいにはなって居ても、何処も、此処もなつかしい処でした。広々とした道路が次々と造られる京城から帰って見ますと、東京のコセコセとした街がせま苦しい様に思われます。

釜山は大火で大半を焼いてしまったとは言え、駅前だけでもわずかに名残りを止めて居た事はなつかしい処でした。

それに、国連無名戦死のお墓を参拝した時の壮厳さ、何処もなつかしい想い出として忘れられないものになってしまいました。

また、二十何年振りかでおあい出来た旧いお友達となつかしい想い出話に花を咲かせ、日本と韓国の国の違いを忘れる程の愉しい十日間でした。

それに、多数の古典、バレエ、現代と各部門に活躍して居られる韓国の舞踊家とも親しくお付合いさせて頂き、舞踊芸術交流に多少なりとお役に立たせて頂けたらば、と思って居りますが、一九六三年の新春を迎えて、今年こそは日韓交渉成立と共に、終戦前以上、多くの芸術家の交流が盛んになる事を祈って居ります。

朴議長夫人、金情報部長夫人、京城市長さんらとも親しくお目に掛れた事も忘れられない想い出ですが、その時にお約束した父の残した仕事として、日韓舞踊普及の為に御協力下さる事も、新春と共にスタート出来る事を心から祈って居ります。

一月の詩

新しい太陽に

冷たい朝もやの中
一月一日がしずかにめざめる
希望の幻想
幸福の蜃気楼
ひそかな不安をひきつれて
百八ツの釈迦の溜息で
三百六十五日の旅で薄よごれた
太陽は洗顔し
二十世紀の騒音に疲れきった人間は
また一つ　年輪を踏みこえた
開かれた一九六三年の白いページ
歴史の舌先が踊る前で
無垢な子供は
太陽へ太陽へと凧の糸をのばす
みがかれた新しい太陽に
失われた望みを並べる女
傷ついた愛　逃げた恋
消えた信頼
その昔　しあわせは太陽から送られるといった
やわらかい朝もやの中
静かに過去の鎖がとける
新しい太陽の光をあびて

…安福　基子…

新春　皇青童

謹賀新年
一九六三年

晋州姜氏関東親族会
会長 姜渭鐘
総務 姜宇奎
〃 姜元京
事務所 東京都墨田区吾嬬町西七ノ六〇
電話（六一一）八八四九

牡丹
李振栄
東京都目黒区中根町（東横線学芸大下車）
電話（七一二）三五三八・二三六八

民団東京本部監察委員長
金己哲
東京都渋谷区大和町十一
電話（四六一）四〇二二

三星物産株式会社
東京支店長 崔振羽
東京都千代田区大手町一ノ四（大手町ビル九六二号）
電話（二〇一）七〇五一－四

信用組合広島商銀
広島市下柳町四〇番地ノ二
電話（二）九七三六

東光興業株式会社
趙弐祖
電話（三一二）〇三二八

娯楽の殿堂
小岩センター
崔金哲
李沢奎
東京都江戸川区小岩町三丁目一八〇一
電話（六五七）六八〇八番

遊技場 有楽
中華料理 有楽
李権弼
東京都江戸川区東小松川町三丁目三七五一
電話（六五一）二九六五番

株式会社 日進製鋼所
代表取締役 金義洙
東京都江戸川区東小松川町三丁目二六六四
電話（六五一）六四九〇・八四二八番

福徳商事有限会社
代表取締役 李義敦
神戸市長田区駒塚町五ノ一二一
電話（7）2120・6520

グランドミシン製造株式会社
取締役社長 長谷鎮一郎
名古屋市中村区太閤通り四ノ三
電話（54）3027

毎日交通株式会社
代表取締役 松川政義
（金允鎮）
名古屋市東区東外堀町一ノ一
電話（94）1834・3250・8636

マツヤ商事株式会社
代表取締役 金村春吉
（金鏞基）
名古屋市中川区松葉町二ノ八
電話（55）8074

マツヤ会館
マツヤ不動産
松栄閣
煥麒
名古屋市瑞穂区堀田通り八ノ三
電話（88）2357・8713

東京丸一株式会社
社長 趙小洙
東京都中央区銀座1ノ五（銀座ビル）
電話（561）6243

三平製鋼株式会社
取締役社長 権赫時
東京都江戸川区西一之江町一ノ四七九
電話（651）0406

コロンビア
韓国人納税組合連合会長
中村韓国学園教育委員長
鄭煥麒
名古屋市水主町
電話（54）4043

大東園
社長 金麟九
本店・名古屋市中村区西柳町一ノ四
電話（54）2472（55）8069
支店・名古屋市中区裏三ツ蔵二ノ一一
電話（23）8796～7
岐阜市花園町国際園内
電話（3）3379

阪神土地開発株式会社
大和商事株式会社
取締役社長 平山庄太郎
（黄孔煥）
神戸市生田区三宮町一ノ一七
電話（3）代表 1707・1708

発展の 基礎をささえる愛知商銀
謹賀新年
皆様と共に歩み
皆様と共に栄える
信用組合 愛知商銀
組合長 姜求道
（神野登治）
名古屋市中村区鷹羽町3－101
電話・代表56－2561

謹賀新年
株式会社 松屋
三洋建設株式会社取締役社長
ソウル市中区扇洞3番地
電話（08）1939
愛知県韓国人体育会々長
民団愛知県財政委員会副会長
在日韓国人商工会連合会常務理事
崔正烈
名古屋市北区東大曽根町2－89.8
電話 99－代表4141－4

韓國新聞
発行所 韓国新聞社
発行人 曺寧柱
東京都文京区金富町51
電話（813）2261・2263 編集
東京（812）1921（813）2262 業務
振替口座 東京 34988番

新年度の施政方針を発表

国家再建最高会議 朴議長

自由陣営の結束

政党制確立と自由を保障

朴正熙（パク・チョンヒ）韓国国家再建最高会議議長は、五日、新年度の施政方針を発表し、革命政権の民政移管に対する心構えをはじめ、外交、国防、経済政策など国政全般にわたって所信を次のように表明したが、とくに韓日問題については「過去の国民感情を乗越えて自由陣営の結束と安全、平和のため国交正常化は歴史的な要求だ」と力強く発言した。

序論

政権移譲に関しては、革命公約と八・一二声明で明らかにした通りに着々その準備を進捗させ、今や、その重要な第一段階と見える憲法改正案を発議して、昨年末国民投票にかけ、国民の絶対的支持のうちに新憲法として確定、公布されましたし、国民代表を選出するための選挙関係法規や政党法なども、ほとんど立法を完了しました。

ここに、第三共和国の栄えある誕生を目前にして革命政府は、昨年の輝かしいわれわれの闘争を継承し、われわれとわれわれの子孫の永遠なる自由と安全と繁栄のためになお一層の奮発と決意を固めて、次のとおり一九六三年度施政方針を公表し、国民各位の全幅的な支持と協調を得ようとするものであります。

本論

1、政権移譲業務＝民政移譲の年を喜びの中に迎え、革命政府は真正な民主政治実現のために、あらゆる努力を尽す所存であります。

民主政治は、互いに政治的見解を異にする複数の政党の存在を基礎とするものであるため、政府は憲法と法律が規定するところに基づき、政党の組織と合法的な政治活動の自由を保障し支持するに当って最大限の努力を傾注するつもりであります。一党のみの存在は認定されないでしょう。

四月初めには大統領選挙を実施し、五月下旬には国会議員選挙を実施しますが、今度の選挙は実に、この国、社会に民主主義伝統を確立できるかどうかを判定するでありましょう。それゆえわれわれは、改正憲法案に対する国民投票でわれわれの確固たる民主的信念を示したのと同様、将来も再びわれわれの固い信念を示すことでありましょう。

選挙管理に臨む者、また警察官を含むすべての公務員は、本来の任務に専念するだけで、選挙に対しては如何なる干渉も許容されません。

今度の選挙こそ、歴史上最も正直にして公明に実施されるでしょう。

革命政府は、すでに公約したとおり政治的、経済的、社会的諸課題を果敢に実践し、八月中旬には最も民主的な方法により政権を民間政府に移譲します。

国連憲章を尊重

自由国家と友好強める

2、外交政策＝外交政策においては、国威を宣揚し、自由民主主義の原則に立脚した国土統一を可能にする国際的雰囲気を造成するとともに、究極的で恒久的な世界平和に貢献するため、次の施策を講究します。

❶われわれは国連憲章に明示された理想と精神を尊重し、国際協約を遵守して、自主外交を展開することにより米国を始めとする自由友邦との伝統的友誼と紐帯をさらに強化すると同時に、非共産系の中立国家との国交を継続して拡張する所存であります。

われわれは、過去の累積された国民感情を超越して、韓日間の国交を正常化することは、自由陣営の結束と東北アジアの安全と平和に寄与するという歴史的要求に即応するものだと確信しております。幸いにも両国間の国交正常化交渉は、今や本軌道に乗り、国民が納得し得る結実をみるため、政府は積極努力するつもりであります。

❷われわれは経済開発五カ年計画を裏付けるため経済外交を強力に展開し、それを通じてわれわれは、海外市場を拡大し、外資導入を積極促進します。

❸強力な外交を展開するため、外務行政を刷新し、これがため緊急なる職業外交官制度の確立と外交の一元化を期しております。

3、秩序確立＝国内秩序は、過去一年間、漸次正常化さており、警察の民主化も顕著に進展されました。新年度には、秩序確立に最も主要な役割を果す警察に対し、次の目標を設定して、強力に推進するつもりであります。

警察官の政治的中立を堅持し、民衆の杖としての役割を全うできるよう教育を強化するとともに、捜査機材を補強してその有機的活動を保障します。

自立経済の確立

通貨価値の安定に努める

4、一般行政＝公務員制度においては、現代民主国家の思潮に符合し、わが国の実情に合う職業公務員制の法体制を整え、人事行政をより科学化し合理化するための積極的施策を推進すると同時に、公務員の身分を保障します。

5、経済政策＝❶新年度予算は、一般行政費と不急な事業費を最大限に緊縮して、五カ年計画事業の投資財源を確保するようにし、通貨増発要因を払拭する健全財政の堅持と、強力な財政金融安定計画によってインフレを未然に抑制して、通貨価値の安定を期す。

❷五カ年計画第二次年度事業は第一次年度の実績と与件の変動を勘案して、問題点を検討解決することにより、一層実践性ある計画に補充して、これを強力に推進する。

❸、製紙、肥料、精油、セメント、造船など基幹産業の第二次年度建設目標を達成する。

❹エネルギー産業は、石炭新規開発拡大による増産を期し、電源開発においては、計画目標を達成して電力供給の拡大を期す。

❺遊休生産施設の完全稼動とその近代化および拡大を図ることにする。

❻交通・通信事業は、経済開発五カ年計画と緊密な連関性を維持しつつ推進する。

❼国土の長期総合開発事業を積極推進し、経済発展と合せ雇用機会を増大させて失業者を最大限に吸収する。とくに本事業の一部を早期着手することによって、春窮克服にも寄与させるよう措置する。

❽輸出産業は、外資導入における諸制限を排除し、現有産業の輸出産業への転換を積極造成するとともに、原料輸出を制限して可及的に製品輸出に転換する一方、輸入においては国内生産が可能な物品と奢侈性消費物資の輸入を抑制して、外換需給の適正を期す。

❾外資導入においては、現在進行中の借款契約を本年中に完結させ、外国民間資本の直接投資を積極勧奨・歓迎する。

❿、国民の自発的な耐乏生活によって、貯蓄の増強を期するために汎国民運動を積極展開し、金融機関、保険信託、証券市場などの機能を最大限に発揮させる。

⓫、営農政策を一層拡大強化し、特に営農技術の改善と多角農業を奨励して食糧の増産を図り、輸出畜産業と水産業を近代化して輸出産業にまで育成することによって、農漁村経済の発展を期す。

⓬、農産物価格を維持するため、政府買上げ、穀物担保融資、価格予示制度を発展させて穀価の安定と農民の増産意欲を高揚させ、農産物の増産を期す。

⓭、砂防造林事業を全国的に展開し、荒廃した国土の緑化に努める。

⓮、農業協同組合、水産協同組合など、農・水産団体を自主的で自律的な農漁民の経済団体に育成して、零細農漁民の経済的地位向上と生産力増強の土台を整備する。

教育の自主性を保障

国民住宅難の緩和を図る

6、教育文化政策＝政府の教育政策の基調は、教育の機会均等を確保し、自由民主主義の理念に則り、教育の自主性と政治的中立性を保障することにあります。

就学制度の拡充、就業指導の研究、教授研究活動の助成、大学院運営の正常化など大学教育の質的向上のための諸施策を強力に実践する所存であります。

教育者の資質向上のための画期的施策を講究し、とくに教員待遇のための常設機関を設置します。

目前に迫ったオリンピック競技大会に備えて、科学的な運動選手養成方案の樹立にも積極的に努力します。

文化芸術団体の育成に継続努力すると同時に、民族文化財の保存策を積極的に講究し、国際文化の交流とくに民族文化の海外宣伝にも一層の努力を傾注します。また、政府は憲法が保障する経済科学審議会の発足に呼応して、科学技術に関する総合的研究機関を創設して経済開発計画の推進を強力に裏付ける科学技術の研究に拍車をかけることになります。

政府はまた、自由で責任ある言論の暢達を期することができるよう言論機関の正常的発展を支援する諸施策を強化すると同時に、言論自由の保障に最善の努力を尽すつもりです。

再建国民運動は、軍事革命を国民革命にまで発展させ、国民の民主的力量を集結して、国家再建の地ならしをするものであり、より強力に推進されねばなりません。

7、社会保障政策＝政府は国民住宅建設事業をさらに拡充することによって、住宅難緩和を積極的に図る。

結論

国民の皆さん、一九六三年はわれわれの共同努力によって、国家再建の歴史上永遠に光り輝く業績を残し得る「歴史的な年」とならねばなりません。政府は、不退転の決意で、樹立された合理的な諸施策を果敢に実践するつもりでありますが、国民は積極的な理解と参与により政府施策に呼応し、建設的な批判によって政府を鞭撻して下さるよう期待するものであります。

韓日会談略史（続）

第六次韓日会談の経緯

【6】李炯淵

予備折衝の進行＝第六次韓日会談の第一回予備折衝は一九六二年八月二十一日午後、日本外務省で開かれた。この会談には韓国側は裵義煥首席代表、崔英沢駐日代表部参事官、日本側は杉道助首席代表、伊関佑二郎外務省アジア局長が出席した。この会談で韓日双方は、それぞれ簡単な、あいさつを交わしたが、いずれも「大局的な立場から辛抱強く最善の努力を尽す」との態度を明らかにした。このあと、討議は直ちに韓日会談の核心である請求権問題にはいり支払い方式を中心に相当に突込んだ討議が行なわれた。日本側は、この会談で直ちに請求権問題解決の方式として、純粋請求権を含めた無償供与と長期借款（経済協力）とを合わせた総額方式で解決する、その総額は約三億ドルとする、といういわゆる「大平腹案」の原則を提案したといわれる。

このような日本側の実質的な提案に対して韓国側は本国政府の訓令を求めるため、第二回予備折衝で話合いを続けることを要求し、日本側もこれに同意したのである。

第二回予備折衝は八月二十四日午後外務省で開かれた。この会談でも前回に引続き請求権問題について話合いが進められたが韓国側は請求権の金額と処理方式について日本側の三億ドル案に対する具体的な対案を提示した。韓国側の対案の内容は明らかにされていないが、総額六億ドルの請求権、年賦供与の二本立てで解決するとの方針を示したといわれる。この会談での食違いは、日本側は「請求権」という名目では金を支払いにくい情勢であるから、請求権は年賦供与の形で処理したいと強調したのに対して、韓国側は、あくまで一定の額を請求権名目で要求したものとみられる。また韓国側は、日本の総額方式の中で借款は、国交正常化以後に話合うとの態度を示したもようである。一方、韓国の崔徳新外務部長官は、本国政府の訓令を受けるため帰国した裵首席代表の報告を受けたのち、八月二十五日、借款問題については、去る三月の政治会談で小坂外相に述べたといわれる「借金を取りにいって借金して帰るということはできない」という言葉をくりかえし、借款による経済協力問題は、国交樹立前に考慮できないという一貫した政府の立場には変りないと言明した。しかし、八月二十七日、池田首相、大平外相ら日本政府側は、参議院予算委員会で、請求権の処理について「請求権」の名目で一定金額を支払うことは避け、無償供与プラス長期低利借款で解決するとの政府の基本方針を明らかにしたが第三回予備折衝から韓日間の本格的交渉が始まろうとしている微妙な段階で国会において前記のように表明したことは、日本側のデッド・ラインを示したものとして極めて注目すべきことである。

大平外相はこの日、国会での答弁で請求権問題に関して「合理的、法律的に詰めるということで有効な結果が得られるかどうか疑問であるから、政治的解決の方法がないか、先方の考慮を求めている」と述べ、また「請求権を主張しないということになったら、政治的工夫ができる」と語った。但し、日本側が請求権名目を避け独立韓国への"お祝い"の意味の無償供与で解決しようとしても、韓国側がそれを請求権と解釈するのは自由であり、協定文章では両国に都合のよい文句を考えるというのが日本政府の考えであったようである。

第三回予備折衝は八月二十九日、日本外務省で開かれた。この会談では請求権のうち主に無償供与の方式について話合ったが、韓国側は、これまでより、やや柔軟な態度を示して、日本側と妥協の方法を検討するようになった。この会談に備え、裵首席代表は、いったん帰国して本国政府の首脳と協議、新訓令を受けて帰任したが、この会談では、請求権問題の処理方式について、あくまでも「請求権」の名目で処理しようとする韓国側の主張と、日本側の主張する無償供与方式とを、表現において何らかの工夫を加えることによる妥協方法を研究することに意見が接近したのである。この会談で韓国側は金額についてはこれまでと同様六億ドルを主張したといわれる。この会談では有償供与に関しては全く話合われなかった。

第四回予備折衝は、九月三日午後、外務省で行なわれた。この会談では、これまでに引続き請求権問題についての話合いが重ねられたが、討議の重点は、請求権の処理方式から金額の折衝に移り、とくに無償供与部分の額について韓日双方の案の差をつめる話合いが行なわれたといわれる。この会談で韓国側は長期低利借款は国交正常化後でないと受けいれられないとの態度をくずさないため、討議の内容は無償供与問題に限られた。しかし、日本側は総額三億ドル（無償供与一億五千万ドル、長期低利借款一億五千万ドル）とする案を主張し、韓国側は全額無償供与で六億ドル（このうち請求権名目で三億ドル）を要求し、金額の差が依然大きく、交渉はあまり進展しなかったのである。

（つづく）

"自由友邦の強化を"

北沢直吉氏大いに語る

北沢直吉氏

「隣りの韓国と国交を正常化し自由主義諸国間の連帯を強化しよう」という呼びかけで、国民の機運盛り上げに努めている自民党日韓問題P・R委員会委員長の北沢直吉氏を衆議院議員会館に訪ねた。

「新年の抱負？ それは君、なんといっても日韓両国の国交を一日も早く正常化させる仕事だよ」という北沢氏は、吉田茂、岸信介の両元首相らと並んで韓日国交促進を強調する自民党議員の一人である。

北沢氏が韓日国交促進を唱える基本理念は、古くからの吉田さん岸さんらとの密接な関係も考えられるが、しかし、これよりもましてもっと深い日本の平和につながる現実的立場がひそんでいるようだ。氏はさきごろ大野副総裁や自民党の八個師団編成議員団に加わって訪韓したが、その時の印象を「自民党の"八個師団"が訪韓したことによって日韓国交正常化促進の挙党体制ができたのは、訪韓議員団がアジアでの自由主義陣営の結束は、日韓国交からということを強く再認識したからではないだろうか」といっているように、日本がこれからも米国同様で共産主義と対決しながら平和を維持していくためには、韓国が占めるアジアでの地政学的位置をだれよりも強く認識していたからである。

だから、これまで北沢日韓問題PR委員長が国民に訴え続けてきた日韓国交正常化促進は「日本の軍備なき平和維持は韓国の自由主義陣営に共同で加わるべきだ」という日本の現実的平和論の出発とも考えられる。いずれにせよ、日本国民がこの北沢氏を通して古くさい韓国観を改め、さらに韓国の自由主義なくして日本の平和がありえないということを再認識したことは、さきごろ"八個師団"からなる各派議員団の訪韓によって日韓国交正常化促進の挙党体制をととのえたことからも明らかである。

このように日本国民の対韓認識不足は日本の現実的平和のあり方を根本的に阻害するといったひどいものだったらしい。こうした意味で北沢PR委員長の果す役割はこれからもなみたいていの苦労ではないことが予想される。

北沢氏は「自民党内で最も韓国通といわれる私でさえ、さきごろの訪韓によって三十年前の対韓認識を新たにした」と語りながら訪韓の印象を次のように語った。

「韓国民の再建の息吹きは予想以上にすさまじく、特に公共投資による道路整備は立派なものだった。それに教育熱がさかんで、全国に総合大学が二十七校もあり、どこを歩いても学生姿がみられた。国民の食糧難もないらしく、また、日本でよくみかけるチンピラなども一掃され、街を歩く人々は独立民族という誇りがみなぎっていて、新興の意気に燃えているといった非常に明るい表情だったので、見ていて安心感がわいた。経済五カ年計画は地についた印象で明るい見通しを感じた。これか[illegible]

国産電話機東南アに進出

第一次分タイに八千台輸出

業界筋によるとセハン通商株式会社では年内に韓国通信機株式会社が製作した国産電話機を東南アに輸出する計画である。同社ではこのためすでにタイに見本をおくり八千台の試験輸出を行なうことに合意をみているが具体的なとりきめは来年一月初めに行うという。

なお国産電話機は送受話機、ダイヤル等いくつかの部品に日本製を用いているため日本製の価格（十四ドル）とほぼ同じ価格で輸出できるのではないかと業界ではみている。

きょう軍停委秘書長会議

国連軍司令部では軍事停戦委員会第三五三次秘書長会議がきょう十日午前十時から共産側の要請によって招集されると発表した。

今年度上半期貿易計画遂行事項発表

自動承認、許可品目は輸出実績リンク制

商工部は七日、今年度上半期貿易計画遂行に関する事項を次のように発表した。

この発表によると自動承認品目と許可品目に対しては輸出実績リンク制を適用して経済開発五カ年計画事業に直接必要な資材または輸出と単純なドル外貨の獲得を目的とする資材で商工部長官の許可を受けた商品の輸入は例外にすることに規定した。

なお、求償貿易による輸出実績は、商工部長官が別途に策定、公告にしたがって輸入実績で認めることにし、輸入制限の管理は輸出と輸入実績記録簿によって行なうことにした。

一方輸入許可と認可を受けようとする者は輸出と輸入実績を商工部または外国為替銀行に提示、使用金額と残額の記録を受けねばならない。また輸出と輸入実績記録簿の記載事項に対し訂正を要する場合には関係証拠書類を商工部に提出することになっている。

卞栄泰氏の大統領出馬を慫慂

尹潽善氏自宅を訪問して

汎野勢力糾合を提唱した尹潽善前大統領は七日、異例的にソウル市内新堂洞に卞栄泰氏を訪れ、野党勢力を代表する大統領の候補にでるよう懇ろに慫慂したと伝えられている。

一カ月分の食糧配給

東海岸災害民に

全国災害対策委員会はさる六日江原道の三陟、蔚珍、東草、[illegible]等地の波浪による漁民罹災民三百三十一名に日当り一人三合ずつ一カ月分の米二十九石七斗を配給救護するよう道委員会に緊急指示した。

七日再建国民運動本部によると、災害対策本部委員会はこれと同時に漁民たちの被害状況を調査するため職員を現地に派遣して救護に万全を期することにした。

船舶、飛行機寄着条項完全合意

韓米行協、今年初会議で

韓米行政協定の交渉を受け持つ[illegible]

中央情報部長に金容珣少将

[illegible]

百十億二十八百万ウォン

[illegible]

二十名招く

米、日から技術者

[illegible]

ご商売やお住いのご計画に……
東京商銀信用組合
東京都文京区湯島天神町三ノ一四
電話代表（八三二）五三二七・九・五三二〇

謹賀新年

●広く海外に躍進する繊維機械のトップメーカー
金沢産業株式会社
本社・製造部：大阪市大淀区豊崎東通3－63 TEL（371）9051～3
製造品目：染色・整理・仕上機械（起毛機・蒸絨機・艶出機・其の他）
貿易部・大阪市北区堂島北町31 堂北ビル5階503号（312）0827・1131～9
取扱品目：染色・整理機械・繊維機械・工作機械・加工部品類

優良鋳物用銑鉄製造
朝日製鉄株式會社
取締役社長 中学彬
横浜市鶴見区鶴見町1320
TEL 横浜（50）8431－4

ウォーカー・ヒル・リクリエーションセンター完工

右はスマートなモーテルユニット

写真上はウォーカーヒルリクリエーションセンターの全景

東洋一の観光地

革命政府がソウル近郊に建設

本紙既報の如く、昨年十二月二十六日、韓国政府が「東洋一」と誇るリクリエーション・センター、「ウォーカー・ヒル」の完工式が、朴議長はじめ政府要人、各国大公使をはじめ内外名士千余名参集の下に盛大に挙行された。

このウォーカー・ヒル・リクリエーション・センターは韓国革命政府が国民及び海外旅行者の強い要望に応え一九六一年に建設計画をたて、同年十一月設計を完了、一九六二年一月五日に地鎮祭を挙行、ついで陸海空軍をも動員して建設を推進し、昨年十二月二十六日完工式にまでこぎつけたのである。

ウォーカー・ヒルは六・二五動乱で英雄的戦死をとげた米ウォーカー将軍の名誉をしのぶために命名されたもので、ソウル東方約十三マイルの漢江に面した美しい丘陵で、この敷地六十三万平方㍍の丘陵に、メーン・ヒルをはじめ、デラックス・ホテルと次のような各種リクリエーション施設が設けられた。

メーン・ビルにはナイトクラブ、バー、音楽室、ボーリング場、室内プール、トルコ風呂、ゲーム施設、各種売店、土産品店、旅行案内所、国際電信電話施設等がある。

デラックスホテルはダグラス・ハウス五四室、マシュー・ハウス四八室、マックスウェル・ハウス四八室、ライマン・ハウス四五室、ジェームス・ハウス四五室がある。

コレアン・マンション（韓国館）には韓国宮廷料理、オンドル室、ダンス場などがある。

スポーツ・リクリエーション施設としては野外プール、ローンテニスコート、卓球場、バスケットボールコート、バドミントンコート、乗馬施設、ゴルフ施設、貸自動車所、モーターボート、水上スキー施設その他がある。

このリクリエーションセンターは韓国最大の旅行社コーリア・ツーリストサービス社（KTS）により管理運営されることになっている。KTSは韓国旅行社法の規定により一九六二年六月二十六日に民間政府が株式を半分ずつもって千億ファンで設立された半官半民の会社で本社はソウル市中心部南大門近くにある。

このリクリエーションセンターは韓国に駐留する数万の国連軍将兵の足をとめて東京、香港等にドルを落すのを防ぐとともに、「東洋最大」という呼び声で日本や西欧各国の観光客を誘致してドルをかせごうとするもので、革命政府の幅の広い政策の表現として注目されている。

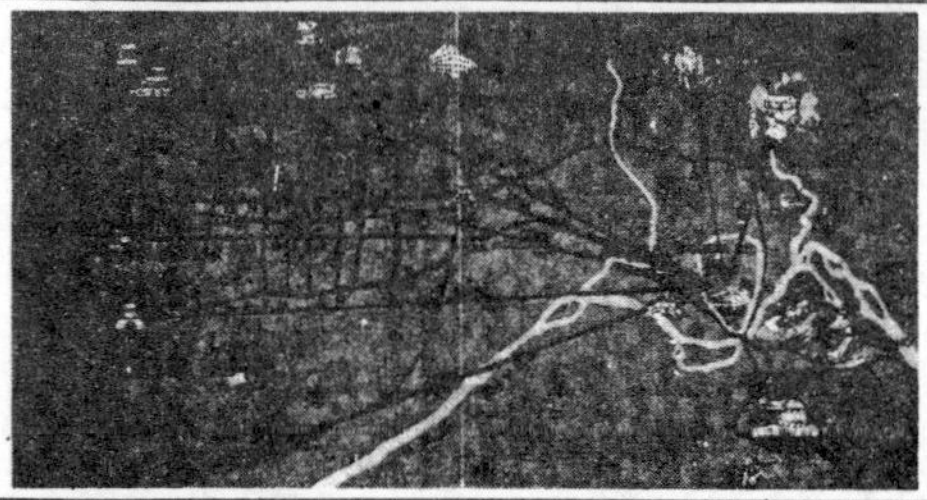

右はウォーカーヒルリクリエーションセンターが誇るコリアンマンション（韓国館）で、純韓国式オンドルの設備があり、その他の一切の施設は韓国式で、またここでは韓国宮廷料理が提供され、外来観光客たちに韓国気分を満喫させている。

左はソウルから十三マイル東郊にあるウォーカーヒルの位置を示した地図

写真左は去る十二月二十六日挙行されたウォーカーヒルリクリエーションセンター完工式、下右はメインビル、下左はビル頂上にあるバー

旅券発給者氏名公告

韓国駐日代表部領事課旅券担当官
在日本韓国居留民団中総民生局長

氏名	番号	居住地
成竜甲	KJ [illegible]	神奈川
金斗碩	〃 [illegible]	〃
鄭泰文	〃 [illegible]	長野
朴春済	〃 [illegible]	東京
李福順	〃 [illegible]	〃
徐三福	〃 [illegible]	〃
裴竜男	〃 [illegible]	〃
南相蘭	〃 [illegible]	神奈川
金順南	〃 [illegible]	〃
呉炯象	〃 [illegible]	〃
朴鶴興	〃 [illegible]	東京
金東甲	〃 [illegible]	〃
林順正	〃 [illegible]	神奈川
安象基	〃 [illegible]	東京
羅相順	〃 [illegible]	〃
河鳳鉉	〃 [illegible]	〃
朴炳合	〃 [illegible]	〃
李田子	〃 [illegible]	〃
金旺龍	〃 [illegible]	〃
金炳仁	〃 [illegible]	〃
厳琪植	〃 [illegible]	神奈川
金一俊	〃 [illegible]	〃
朴寧洙	〃 [illegible]	〃
申友任	〃 [illegible]	〃
金裕燮	〃 [illegible]	東京
金相大	〃 [illegible]	〃
李奉吉	KJ [illegible]	京都
金良林	〃 [illegible]	〃
金在仁	〃 [illegible]	〃
鄭万永	〃 [illegible]	〃
金明哲	〃 [illegible]	兵庫
李正金	〃 [illegible]	大阪
張栄叔	〃 [illegible]	〃
呉洪均	〃 [illegible]	〃
金命述	〃 [illegible]	〃
李順子	〃 [illegible]	京都
崔鍋基	〃 [illegible]	新潟
金相華	〃 [illegible]	東京
崔大元	〃 [illegible]	新潟
鄭暁植	〃 [illegible]	東京
李三出	〃 [illegible]	静岡
朴二先	〃 [illegible]	秋田
金昌鍋	〃 [illegible]	東京
崔金吉	〃 [illegible]	栃木
李七竜	〃 [illegible]	埼玉
白錦善	〃 [illegible]	神奈川
金東彦	〃 [illegible]	埼玉
李福順	〃 [illegible]	東京
朴一満	〃 [illegible]	埼玉
李成雲	〃 [illegible]	東京
鄭東竜	〃 [illegible]	〃
孫順礼	〃 [illegible]	大阪
梁志弘	〃 [illegible]	〃
高昌秀	〃 [illegible]	〃

（十二月二十日現在）

一般鋼材
丸棒型鋼
安田金属
代表者・安田圭鎬
東京都墨田区緑町4～30／電話 本所（631）1355／8573／8983番

Oサッカリンナトリウム・化学工業薬品製造販売
大東化学工業株式会社
取締役社長 林春替

謹賀新年 一九六三年

大和製罐株式会社 社長 孫達元 大阪市東区北久保寺町二ノ一四 電話（二六一）三二三一

富士観光株式会社 社長 韓緑春 大阪市南区宗右エ門町二〇 電話（二一一）四四六一

株式会社食道園 社長 林光植 大阪市南区河原町一ノ一五三六 電話（二一一）一四五七

日本有機化学工業株式会社 社長 安在祐 大阪府布施市御厨二七一 電話（七二二）五三五一ー二

松田総本店株式会社 社長 権貞奎 大阪市東区博労町五ノ一二七 電話（二五一）二〇一六ー八

共栄ビニール工業株式会社 社長 金鍾寿 大阪府布施市高井田町一ノ一七 電話（七八一）五三三六ー九

株式会社スター 社長 金正守 大阪府布施市足代一ノ一八四 電話（七八一）〇一三六

株式会社壷山組 社長 宋鳳律 大阪市此花区朝日通一ノ一 電話（四六一）四四一三・八一六一

株式会社心済橋ビル 社長 柳洙鉉 大阪市南区綾谷町 電話（二七一）九二三一

新井グラス株式会社 社長 朴宗坤 大阪市城東区新喜多町二ノ三〇 電話（九三二）七七二一

階上・和室・洋室・御家族連れ
御結婚式場・披露「大」「小」宴会
新館完成開店
北京料理 アベノ 東海倶楽部
謹賀新年
本店 アベノ橋南詰西側 電話（632）0285 （632）0286～7
新館 アベノ区旭町1丁目1番地（アポロ座西隣） 電話（632）1255～7

韓国料理
漢陽館
崔泰奎
東京都文京区清水谷町1番地
電話（941）1552番

※世界各国航空船舶券発売・渡航手続一切
※KAL航空券取扱・韓国旅行案内
※AIU旅行障害保険取扱
※国内観光旅行案内
ORIENTAL TRAVEL SERVICE
Code ORIENTRAS Tokyo
東洋航空株式会社
東洋旅行社 国内部
本社：東京都中央区銀座西7－2 TEL. 571－1340・7930
●電通正面日経ビル隣 ウエスト喫茶店二階
大阪：大阪市東成区片江町2－50 TEL. 971－6180

営業品目
海狗腎及其他補薬
人蔘鹿茸唐草乾材
和薬医薬各種新薬
直ぐ服める液体漢方薬
内外貿易業務代行
日和堂薬院
大阪市東成区大今里南之町1－14
電話（971）3180・7958

民団中総新年会盛大に開催

民団協力体制実現へ
各界代表百数十名が参加

恒例の新年会が八日正午から民団中総主催のもとに中総本部において駐日代表部金公使をはじめ各界知名士、各県本部団長など約百五十名を招いて盛大に挙行された。なお権逸団長は帰国中のため出席出来なかった。

金公使初め来賓各氏は躍進の年、と飛躍的な発展のために多くの祝辞が述べられ和気あいあいのうちに新年を迎えて決意もあらたに新年の抱負を語り、在日僑胞の質的な向上に祝宴がくり拡げられた。尹中総副団長は祝辞で「多事多難な昨年の業績に劣らぬ躍進を遂げるためにも本年は笑いのうちに解決を進めようではありませんか、そして今年中に決定しなくてはならない重大な基本問題を結着させるため一致協力して目的達成に勁進しましょう」とあいさつした。つづいて、駐日代表部金公使の「今年はわれわれの躍進の歳である。一致団結して祖国に報いよう」と、短いながらも意味深長な年頭の辞があった。この日とくに注目されたのは、いわゆる民団"野党派"といわれるメンバーたちがずらりと顔をそろえたことで、希望の年一九六三年の年頭にあたり、「民団協力体制成る」の感が深かった。

写真上は民団始って以来の盛況といわれる本年度民団中総新年会会場、下右は同新年会で挨拶する金公使（右）と尹民団中総副団長

OBF総会に出席
李裕天氏、七日バンコクへ

在日大韓体育会顧問李裕天氏は、タイのバンコクで八日から四日間に亘って開かれる東洋拳闘連盟規約改正委員年次総会に、韓国代表として参席するため去る七日午後八時半羽田発パンアメリカン機便で現地向け出発した。

なお、来る十二日に当地でファイティング・原田とキングピッチ間で行なわれるフライ級世界チャンピオンのリターンマッチへの招待にも応ずるという。

李裕天氏

銅鉱石輸入外貨十八万ドル配定要請

商工部鉱務局は銅鉱石輸入外貨を配定してくれるよう商易局に要請した。

それによると六三年度銅鉱石輸入計画量は一万トンであるが第一次として一千トン分（ト当二八〇ドル）十八万ドルの配定を要請している。

一方当局は鉄鋼製錬と電源開発五カ年計画による電気銅需要量が激増していると指摘、電気銅需給の円滑をはかるため銅鉱石輸入外貨配定が緊迫しているとのべている。

謹賀新年
東京丸一貿易株式会社
社長 趙小洙
東京都中央区銀座一ノ五（銀座ビル）
電話（五六一）六二四三

各界代表年頭の辞

法的地位問題に全僑胞の要望を反映

民団東京本部団長　丁栄玉

東本丁栄玉団長

在日僑胞の皆さん明けましてお目出度とうございます。一九六三年の新春を迎えまして、皆さんに新年のあいさつとともに年頭の所感を申し上げますことは非常な栄光に存じます。

皆さんもご承知の通りわが祖国は五・一六革命以来、国家再建のために繁栄国家を目指して諸般の施策を意欲的に進行中であります。同時に革命政府が公約した民政移管を迎えて進備も着々と推進中であります。

一方、十年交渉の韓日会談も政府の勇断と関係者がたのたゆまぬ努力によって、今や妥結の目前に達しております。両国間の国交正常化を達成させるために促進運動を展開してきたわれわれとしては誠によろこばしい限りであります。

しかし、ここでわれわれが最も慎重に考えなければならない点は日本におけるわれわれの前途を決定する法的地位問題であります。すでに紙上の報道を通じてよくご存知と思いますが、これだけはわれわれ六十万僑胞の権益に関する最も重要な問題であります。われわれの立場と要求をこの法的地位問題討議に充分反映させなければなりません。このような意味において、私たち僑胞はその討議内容を勉強する必要がありますと同時に、全僑胞の意思の最大公約数を本国はもちろん、日本政府にもただしく伝えなければならないし、これのためにわれわれは全僑胞をあげて活発な運動を展開しなければならないと思います。

過去一年、民団はいろいろな重大業務を遂行し着実に発展していますが、もち論、一部には、まだまだ是正しなければならない組織的な問題がないともいえないのであります。

今年こそ民団綱領の示す基本的精神のもとで、着実に発展するために全僑胞の絶対的な協力がのぞまれております。

最後に東京本部として新年の計画を簡単に申し上げますと、昨年の大会で決議した活動方針の中で最とも緊急な本部の財政確立問題であります。従って去年一年間の本部の活動はほとんどこの点に注がれましたが、財政確立の基金活動だけはある程度、達成され経済的信用も回復の段階にあります。しかし、これで満足はせず僑胞の民生安定のためにより一層力を注ぎ、二世教育にも韓国学園の地盤的設立の基礎をたて、一線組織人の養成と訓練に力を注ぎ、本部および各支部の事務能力の向上を図るつもりであります。

以上、年頭にちなんで民団建設により一層の努力することを僑胞の皆さんの前に誓います。新年を迎えて、皆さんの繁栄と祖国に栄光がありますよう祈ります。

民団の威信を向上

民団大阪府本部団長　徐相夏

大阪本部　徐相夏団長

わが祖国は共産兇力の侵略を追い払い、宗敵揃まな防備に依って過去の悲惨と民生苦を克服した軍事革命政権樹立以来、低迷の暗雲を掃き払い、今や国民は暴色の困窮もなく安堵の日を送り安眠の夢をむすんでおります。

今年は軍政より民政に移管され、民意公論に依って民主主義の本意を顕わし過去のように泥沼の中に利害的醜態を演ずることなく、清新に刷新された良心的政治を見るのも遠くない事と思い、祖国の津々浦々に再建復興の声が響きわたっており、海外僑胞のわれわれも価値達成に努力せねばなりません。

今年こそ韓日会談は締結妥案され調印も時間の問題となっておりますが、わが在日僑胞が叫ぶ法的地位問題、永住権、財産権問題は、後継する子孫代々の興亡の運命を左右するものでありますから、在日僑胞がわが韓民族の伝統的誇り高い粘り強い精神を発揮する時もこの会談であります。

去年の平穏、特に民団中総は規約改正を以って非常な世論を乗りあげ、種々論議もあったがその良策の批判は避け、英断的修正を成文化した勇気に対しては讃辞を禁じ得ません。

大阪は僑胞十五万以上を抱えた大本部であり、日々多忙な渦中に事々を処理しております。赤色共産分子の奸謀智達な目に見えない巧妙な宣伝にまぎわず僑胞一体となって民団威信を低落することなく感謝すべき祖国の国旗は去年も今年も変らず威勢よく風に翻って居ることを忘れてはならないと思います。

僑胞六十万の総指導に任ずる民団は民族発展の為一層良き体制を整え今年こそ多事多難の年でもある諸般問題を処理して行く年でもあります。この非常体制の年に大阪府本部団長として浅学非才の小生も全力を傾注し粉骨砕身の奉公精神下に僑胞社会の発展に尽したいと思います。団長方々のご叱咤とご指導を賜ることを切にお願いいたします。

新春を迎えて内外の信頼を確立

東京韓国人商工会会長　許弼奭

東京韓国人商工会許会長

新春を迎え僑胞の皆様に心から新年のよろこびを申しあげます。年頭には各人それぞれの意識があり、いろいろな計画を樹てます。これらは大体に結構なもので、又確新なものであります。世界は平和を続け、経済は向上して生活は豊かになり、商団の人とも仲良く暮していきたいと、みんなが念願します。即ち各人年初には大体反省するものだから、正しい本筋のことに、立ち帰ります。

ところが春になり、夏頃になると、年初の気持は大体忘れられて、年末頃になると暁悪と後悔をくり返すことになります。特に複雑な、利害のともなう困難な問題に出会うと、本筋のことを忘れてわき道に逸れこみ初心から遠ざかっています。

然し年初には、反省する機会に恵まれ、私達を元の道に引きつけてくれるから、まことに目出度く、又意味が深いわけであります。そこで先ず自分を元の本筋の道に引きつけてきて、今後の私達の商業経営のこと、僑胞の生活向上のこと等に思いをはせる時、先ず私達はみんな「進歩への姿勢」を取ろうと言いたいのであります。進歩のないところには停滞があり、腐敗と不安が発生します。

進歩している民族と個人には活気があり、希望があります。進歩するためには、時代と環境の変化を鋭敏にとらえ、新時代即応の能力を身につける必要があります。そして時代と共に前進する姿勢を取らなければ、敗北者として、取り残されてしまうでしょう。われわれは自分は進歩への道をとっているつもりでも、往々にして横向き、うしろ向きの姿勢をとっているのに気が付かないですましている場合が多々あります。年頭に特に反省したいところであります。

特に商工会は会員の親睦、発展を念願して、尽力することは言うまでもありませんが、僑胞社会全体の進歩に留意して、商工会を高めながら僑胞社会を高めてゆくつもりであります。民団、商工会、信用組合の理想的な融合や大きく進めるためには、私心や短見は極力さけるべきだと思います。

みんなが正常な姿勢をとって、努力を蓄積していけば、必ずや、期待以上の成果があるものと確信しています。

第二は内外の信用を高めることです。本年は韓日会談も成立して、両国の関係も正常化するものと思います。日本経済も、貿易自由化へ大きく踏み出し、経済構造、体質改善に全力を傾注しています。

「信無不立」の言の如く、われわれが日本で企業を営み立ってゆくためには、内外の信頼を得るよう不断の努力を要します。力と信頼を得て、信頼に応えるべくみんな努力する時機が来たと信じます。

「進歩への姿勢をとる」「内外の信頼を高める」ことも、つまるところ本会創立の初心にほかありません。ただ初心を具体的に実現する努力を長く、着実に続けたいと願って止まないものであります。

和室・洋室完備
結婚披露・大小宴会
謹賀新年
北京料理 東天閣
美味と安価が定評
大阪市心斎橋御堂筋角（そごう北側）
電話・代表 二七一－〇一三一

謹賀新年
一九六三年

塩神興業株式会社 社長 池憲福 大阪市北区曽根崎上三ノ二二 電話（三四一）一六六四
山田産業株式会社 社長 李勝喜 大阪市東成区東小橋南之町一ノ一〇七 電話（九八一）二六八九
アサヒ金属株式会社 社長 梁順玉 大阪市東成区大今里南之町二ノ三四九 電話（九七一）一二五一
大和電線株式会社 社長 曺原鎬 大阪市生野区猪飼野東七ノ二九 電話（七一六）二一一六
森之宮製鋼株式会社 社長 甘次相 大阪市城東区南中浜町二ノ一一 電話（九七一）一三五〇
株式会社同和観光 社長 姜炳俊 大阪市北区梅之上町二六 電話（三四一）六四一八
昭和工業株式会社 社長 沈在玉 大阪府布施市高井田本通三ノ一一 電話（七八一）二五三一
金沢産業株式会社 社長 金沢竜 大阪市大淀区豊崎東通三ノ三六 電話（三七一）九〇六一
株式会社味道園 社長 金容守 大阪市北区曽根崎中二ノ一八 電話（三四一）七三六七
株式会社神農産業 社長 姜桂重 大阪市東区平野町二ノ一九 電話（二三一）五七八八

株式会社東亜交通 社長 車忠興 大阪市東成区深江西四 電話（九七一）五七三一三
大洋商事株式会社 社長 李相浩 大阪市東成区南中本町一ノ一四八 電話（九七一）二三七一二
関西化工株式会社 社長 金清守 大阪府布施市高井田本通一ノ一六 電話（七八一）一五三一
株式会社河村一貫堂 社長 河甲祚 大阪市大淀区大仁本町三ノ四三 電話（四五一）六四二一九（四五八）一五二一二
三和興業株式会社 社長 姜熙沢 大阪市東成区東小橋南之町一ノ一一五 電話（九七一）四一四七
大山産業株式会社 社長 崔永守 大阪市旭区千林町三 電話（九五一）一八四五
株式会社大進商事 社長 朱南弼 大阪市北区兎我野町六八（日東ビル一階） 電話（三一二）四三三六
大成鉄工株式会社 社長 成海竜 大阪市都島区内代町二ノ一七六 電話（九五一）二三七一、一〇三一八一
丸山鉄工株式会社 社長 金炳五 大阪市西区北堀江町一ノ三六 電話（五三一）一九二二
株式会社大池会館 社長 張泰植 大阪市生野区猪飼野東八ノ一〇 電話（七三一）六六六一

謹賀新年 山野医院 医学博士 山野辛八 大阪市生野区猪飼野中三の二六 電話（七三一）〇四七五番
謹賀新年 大和病院 医学博士 大家常保（康聖執） 大阪市東成区大今里南之町一の八三 電話（九七一）三三三〇（九八一）九七三五番
謹賀新年 十字醫院 医学博士 姜時弘 大阪市生野区猪飼野中三の一 電話（七三一）八二五八番
謹賀新年 東和診療所 医学博士 張熙日 京都市南区東九条明田町二七 電話（三九）〇六二六番
謹賀新年 誠医院 医学博士 康誠賢 大阪市生野区猪飼野西三の八五 電話（七三一）〇一三九番
謹賀新年 鶴見橋歯科診療所 岡田堅吉（権殷相） 岡田一雄（権会一） 大阪市西成区鶴見橋通六の九 電話（五六一）三一六三番

文化

国際自由美術展より —於 景福宮美術館— 中山巍作

出会い
韓国の紫式部韓戊淑女史を東京に迎えて (4)
小西秋雄

西脇順三郎先生と語る

韓国の詩人達の英訳詩集を西脇先生に手渡してもらいたいと、韓国の詩人達から頼まれてきたと、韓さんから相談をうけたので、私は日本現代詩人会理事長の安藤一郎さんに電話で相談した所、すぐ会おうと言う返事で、十日韓戊淑さんを代々木の西脇順三郎先生の書斎に案内した。

西脇先生の現詩壇に対する影響は、萩原朔太郎をはるかに越え、すでに太陽的な存在である。西脇先生と韓さんとの会談は現代詩の重要な問題にふれているので、その会談の断片をかきとめておく。

日本の現代詩は、俳句短歌に続く伝統的な詩と、西欧的な観点から西欧的に表現された詩とがあります。どちらが好い悪いと言うのではなく、人好き好きです。

韓さん私の詩が難解だと言われる。それは意味ばかりを追うからいけない。かるい気持でよんで下さい。イメージからイメージを追ってもらえばいいんです。

時間と空間を越えて永遠につながるもの、それが詩の世界です。永遠なるもの、それが詩です。詩は美です。

私は法隆寺の百済観音よりも中宮寺の弥勒菩薩、法隆寺の半跏思惟像弥勒菩薩よりも夢殿観音が好きです。お国の人の作とも言われますね。千何百年かの昔からまいた布地を、フェノロサがとった。私の考えでは、あれは聖徳太子の身代りの仏像で、観念の上で聖徳太子の死体を布でまいて安置し、実際の死体はその下に埋めた所、夢殿は聖徳太子の御墓ではないか……私はそういう夢をもっています。

私は大和がすきなんです。大和には韓国の少女に似た日本の娘さんがいますよ。関西の人が話すのを聞くと、まるで韓国人が話しておるようですね。イントネーションが似ています。

韓さんの韓国服を見ますと、平安朝の昔がしのばれます。そして飛鳥乙女が目にうかびます。韓国に行けば、百済観音以前の文化、飛鳥文化以前の文化が、どこかに残っている。私はそんな気がしてならない。とにかく私はそれがしりたい。

—先生是非韓国を一度訪ねて下さい。韓国の古い山河と、若き詩人達には是非会って頂きたいです。韓国の芸術—特に詩には東洋的な深い詩情があります（小西）

—先生是非韓国に来て下さい。韓国の詩人達がよろこびます。私の家に、マラルメのいない火曜会と言って、若い詩人達がよく集ります。私一生懸命に先生を御案内します。（韓）

十二時から三時まで会話はとぎれる時がなかった。三田のフランス料理店で中食のごちそうになった。西脇先生は六十八歳にして、青年のような情熱をもっておられる。人垣を分けて大学の石段を上って行かれた、先生の長身の後姿は生涯忘れ難い——先生の姿は消えても、光のようなもの、香のようなものが何時までも渦巻いていた。

川端康成先生と語る

十二月十八日、私は文学散歩友の会主催「村松嘉津さん歓送会」に韓戊淑さんを案内した。この席上で野田宇太郎・村松嘉津・小堀杏奴・秋元松代さん、山内義雄教授・村松正俊博士・佐々木孝丸・小牧さん・新関良三郎さん・朝日新聞事業部長長谷川さん・小林さん（演劇原女）外数十名の人々と会談、韓さんは日本の人々の胸に大変深い感動をのこした。

翌十九日、日本ペンクラブ会長川端康成先生に招待された。川端先生は韓戊淑さんを大変親切に丁重にもてなした。ホテル・オオクラに、四度までも席をかえて、夕刻七時から十二時まで会談された。韓さんは紫式部と言われる通り、平安朝の王朝文学、源氏物語の中から現われた、まぼろしの夢の女性である。彼女のもつ目ざめるばかりにあざやかで、しかも格調正しい日本語と、深い教養とは一日にしてなったものではない。韓国の古い歴史と伝統の上に咲いた花である。韓さんは、現代韓国が生んだ最高の芸術である。——おそらく二度と再び、かかる女性は韓国から生れることはあるまい。

韓さんのもつ詩と美とを、もっとも深く理解したのは、川端先生であろう。キラリと輝く、一半のレンズのような、明るくて鋭い先生の瞳は、人の心の奥底までも写し取る、鮮明度をもっておられる。時々先生の瞳がきらりと輝くと、私の胸から背中へ光がつきとおるのを感じた。

—川端先生の態度はしかし終始一貫、静かでおだやかで、あたたかい抒情詩が、全身からほとばしり流れている。先生は自ら語らず、人に語らせる人である。三十年間、夢に描いた雪国の作者—川端さんは何よりも立派な人であった。

旅人を温かく迎えた川端さんも立派であったが、韓国の女性を代表した、韓戊淑さんの態度もまた立派であった。韓さんの心を走るものは、あの祖国太白山脈の姿である。

二十四日午後は湯浅克衛夫妻同席、伊藤整先生を訪ねた。韓戊淑さんは韓国の雑誌を沢山持参された。伊藤先生の奥さんも一緒に、田村泰次郎先生の御宅に場所をうつして、高橋健二先生をまじえて、クリスマスイブのごちそうにあずかった。

—皆さん大変親切にしていただいて…と帰途韓さんは涙ぐんでいた。おそらく雪の深い遠い故国の空に、想いをはせたのであろう。

二十一日は午後満外記念館、夕秋元松代さんの紹介で、千田是也・岸輝子御夫婦と面談、ソウルから持参した芝居のプログラムを贈呈。俳優小劇場第三回公演パラジを観劇。

二十五日午後、文学博士服部嘉香先生と面談。朝日新聞社を訪問、長谷川事業部長、木村編集局長と面談。韓戊淑さんは二十九日羽田をたって、ソウルにかえることとなった。日本人に深い感動をのこして、韓さんは故国にかえる。一度でも韓さんに会った日本人は、韓さんのもつ東洋の深い詩心と、高い教養とを生涯忘れないであろう。

——終り——

国産映画　業者にも外画輸入
劇映画上映に文化映画も

外画輸入業者を規定する場合、今までの例を打ち破って国産映画製作実績に応じて輸入し得るようにするなどの重要骨子を備えた新映画法改正案が、旧ろう三十一日内閣の閣議を通して最高会議に移送され審議を待つばかりになっているが、最高会議を通過次第、確定公布されるようになるものと見受けられる。

旧法令整備期間中に作成されたものであるだけに不備な点が多かったので、主務当局である公報部によって新しく提出された同映画法改正案中の異色で重要な条目などをのぞけば、先ずニュース映画と文化映画を劇映画上映時に必ず同時上映すべしという規制を設け、次は、外画輸入のばく大な利益金を国産映画産業に振り向けるために国産映画製作業者に限って外国映画を仕入れるようにした点、しかも、映画製作業者の登録基準を（A）三五ミリ撮影機、照明器（B）建坪二〇〇坪以上の耐火設備でなるスタジオ（C）同時録音機（D）専属の監督、俳優、技術者らをみな備えよという規定、それから映画業者の登録取消しの条件として年間十五本の劇映画製作実績をあげられないとか虚偽登録をした場合、登録基準を維持し得ない場合、あるいは、報告義務を履行しなかった場合などに規定を設け、また外国映画輸入推薦を受けられる資格としては国産劇映画製作実績、国際映画祭出品実績、国産劇映画海外輸出実績、国産映画賞を受けて実績をあげられた者らを規定するなど大体以上のような内容を盛ったものとして知られている。

このような映画法改正案が閣議を通過し最高会議に移送、審議を待つばかりの現段階において映画界関係者らの話を伺えば次の通りである。

▽製協 李判凱専務理事＝外画輸入をわが国産映画業者らに門戸を開放したのは韓国映画の発展と育成のためとする政府の果敢な施策として歓迎したい。唯、貿易法に規定された輸出実績などの技術的な問題は、文化政策として特殊ケースとして考慮しなければならず登録取消しの基準である年間十五本以上の実績は若干無理があるものと見られる。敢えて数字を明示する必要があるかどうか？わが市場の年間需要量は平均百二十本であるが十五本以上であるとするならばどうなるものか？

李朝野史物語
太宗世祖時代篇 (25)

魯山君余話（二）
王妃宋氏と恵嬪・敬恵公主

悲しみの人端宗—魯山君は、生まれたときから二日後に母君に死別し、最期は十七の短い命を、無惨な手につみとられた。

祖父世宗大王から限りなく愛され、顧命朝臣たちも、死をもってその保護を欲した。しかし運命の神は端宗の生涯を悲劇をもって飾った。作家たちはその生涯を"端宗哀史"と呼ぶ。

端宗大王が、死の最期まで最も頼りにしていた王妃宋氏、その姉君敬恵公主と祖母恵嬪楊氏は、どうしていたであろうか。

王妃宋氏は？

端宗大王妃は、砺良府院君宋玹寿家から迎えられたが、お二人は非常に睦じかった。

端宗が上王から魯山君にされ、寧越府に追放された後宋妃は宮女数名だけをつれて東大門外にある浄業院を頼って行き、その住職となった。

端宗大王が最期をとげてからは、妃は慟哭にくれた。日毎にお寺の前の小高い山に登っては遥か東の寧越の地を眺めては、亡き主君を追慕した。その丘は東望峰と呼ばれている。

後年、朝廷では魯山君の世継ぎを定めてその回年祭を行うために、お迎えをしようとしたが妃は強く拒んだ。

老年になってからは、端宗の姉君敬恵公主の子鄭眉寿家に住み、端宗の神位を設けて朝夕追慕供養をしていたが、八十余歳の高齢をもって世を去った。

鄭眉寿家では、宋妃を自宅の後ろの山に埋葬した。その山所（墓）は後年端宗復位になって思陵と呼ばれた。

恵嬪楊氏は？

端宗が生後二日目に母后顕徳王后に死別してから、祖母としてその乳母となって哺育をし、成長して王位に即き、王叔首陽君に王位を奪われ、上王に敬遠され寧越追放になるまで最後まで端宗をかばって王権と闘った。

端宗が首陽に王位と禅位を強迫された場に、恵嬪が飛込んで首陽大君に暴言を吐いたことで、大君により内宮に軟禁された。

愛する孫—端宗上王を一目見たいと思って、内宮を脱け出した。

しかし、無法な門衛たちに力づくでつれ戻された。恵嬪楊氏もこれが原因となって病にたおれた。

端宗上王が寧越に追放される日、恵嬪も同罪をもって慶北清風に流罪となって追放された。

恵嬪は、配所においても愛する孫、上王のことを心配していられたが、上王が最期をとげる前に病つのり、この世を去った。

恵嬪宮からは、漢南君、永豊君、和義君の三王子が生れたが三人共に追放となり、各地に流人となっていたが、ついにその地で世を去った。

魯山君の唯一の肉親であった姉宮敬恵公主は？

端宗が王位を追われる日、敬恵公主も死をもって叔父首陽大君を面責した。そのために、夫君鄭悰と共に全南光州に流罪となった。

鄭悰は、殺される前に自縊して命を断ち、公主は病で悲しい運命を閉じた。幸に、公主は死ぬ前に一子を得た。この子が上記した鄭眉寿であり、後年賛成位に進んだ。

かくして、端宗直系肉親の人々は、みな死んだ。悲しいことである。

この外、いままで死の行列に述べられた人々だけでも百名は、はるかに突破する。

先ず、首陽が最初に自分の手で殺した顧命をうけた金宗瑞、皇甫仁、鄭ブンの三大臣を始め、砺陽府院君宋玹寿、端宗の外叔父礼曹判書権自慎、姉兄寧陽府尉鄭悰、太宗の婿君日城尉鄭孝全、文宗後宮の父敦寧判官権完などが死んだ。この五人を五烈臣という。

閔伸、趙克寛、金文起の三宰相が逆律の刑で殺され、次いで成三問、朴彭年、李塏、柳誠源、河緯地、兪応孚等死六臣とその家族たちが逆賊の汚名で死んだ。この外、朴中林、成勝（成三問の父）、朴靖三人が殉死した。三人を三綱剣といわれる。

端宗哀史はこの辺で終りとするが、筆者は、読者と共に、魯山君の生涯とその最期を読んで、いろいろな人間像を見た。人間の我欲と権力のために人の生命をも、虫けらをつぶし殺すよりももっと軽い気持ちで片付けてしまうことを見た。自分の権力と地位を確保するためには、人倫、義理、人との約束などはそのときの都合でふみにじられるのを見た。

魯山君が、寧越客舎でいよいよ薬死使を迎える日の朝、侍女たちにいみじくも辞世のコトバとして"王宮に生まれたのが不幸であった"を残したことは、誠に意味深いものがある。

なお、王位簒奪のために悪人振りを発揮した首陽大君—世祖大王は、後世人から非難をうけている。しかし、世祖大王となってからは、立派な帝王としてわが国の政治に不滅な功績を残した。別の項でそれを取上げたいと思う。

（石鼓山人）

謹賀新年

大韓民国居留民団大阪府本部
団長 徐相夏　役員一同
大阪市北区中崎町四三　電話（三七一）七三三一—四

生野支部
団長 崔喆洙
大阪市生野区舎利町一ノ八二　電話（七三一）四四二五

西淀川支部
団長 金合文
大阪市西淀川区大和田町一五一一　電話（四七一）二九〇一

旭都支部
団長 玄太権
大阪市旭区赤川町二ノ六九二　電話（九二一）五二五八

西成支部
団長 金在一
大阪市西成区梅通八ノ六　電話（六六一）四七一八

東成支部
団長 白丁赫
大阪市東成区大今里二丁一　電話（九七一）六二四四

東淀川支部
団長 金鎬君
大阪市東淀川区西中島一ノ三三　電話（三〇一）三一七七

大阪府本部北大阪支部
団長 金鍾同
大阪市北区中崎町四三　電話（三七一）九一四五

泉北支部
団長 金春鶴
大阪府和泉市黒鳥町一七一九ノ二　電話（一〇八）八〇一

枚岡支部
団長 張徳日
大阪府枚岡市額田町八四　電話（〇一〇六）二八三・三一〇九

北河内支部
団長 柳好兆
大阪府守口市八雲南五一　電話（九九一）五二八一

八尾支部
団長 李性出
大阪府八尾市亀井町五八〇　電話（二）七二九二・二六九一

高槻支部
団長 賓正右
大阪府高槻市芥川井戸ノ町　電話（五）一六一〇・一七二七

港支部
団長 黄道律
大阪市港区東田中町二丁一〇八　電話（五四一）〇四四三

泉南支部
団長 姜先涓
大阪府泉佐野市高松町二一四九　電話（一〇八）二四九九

吹田支部
団長 吉華植
大阪府吹田市垂水町三六一　電話（三八一）五九九六

泉大津支部
団長 崔孟祚
大阪府泉大津市小松町三八　電話（二）五四五一

茨木支部
団長 晋在燦
大阪府茨木市泉町八四一　電話（〇二六）六一二〇

都島支部
団長 金三国
大阪市都島区大東町一—四三　電話（九二三）〇八六一

阿倍野支部
団長 甘次相
大阪市阿倍野区丸山通一—六九　電話（六六一）七四八三

中央支部
団長 李昌基
大阪市北区梅田町六　電話（三四一）四二六二

福島支部
団長 方啓祐
大阪市福島区中江町二五　電話（四四一）一二二二

此花支部
団長 朴弘聰
大阪市此花区西島町二ノ五三　電話（四六一）六四三七（呼）

布施支部
団長 鄭富天
大阪府布施市荒川二—五二　電話（七二一）三三九一

堺支部
団長 高殷坪
大阪府堺市昭和町三ノ一七〇　電話（二）四三二九

豊能支部
団長 陳陸住
大阪府豊中市桜塚本通一ノ八一　電話（二）一三三四

東住吉支部
団長 黄七福
大阪市東住吉区平野流区二ノ九　電話（七九一）五五八三

住吉支部
団長 金東出
大阪市住吉区粉浜中六ノ七三　電話（六一一）六六三八（呼）

南大阪支部
団長 文福同
大阪市浪速区新川町二ノ六八一　電話（六三一）五四四六

城東支部
団長 李基源
大阪市城東区蒲生町四—三〇五　電話（九三一）〇四一四

大正支部
団長 蔡鎮寿
大阪市大正区南恩加島町三〇　電話（五五一）四三三〇

韓国青年同盟大阪府本部
委員長 金泰洙
大阪市北区中崎町四三　電話（三七一）六四〇八・四〇八二

大韓婦人会大阪府本部
会長 金月伊
大阪市北区中崎町四三　電話（三七一）三八九四

韓国人商工会
会長 徐甲虎
大阪市東区博労町五ノ七　電話（二五一）三〇八三

東宝製罐株式会社
取締役社長 山田勇
大阪市東成区深江西五丁目十一番地　電話（九七一）一〇八八・（九八一）七一三一—三

新光ビニール工業所
取締役社長 林喜一
大阪市生野区猪飼野東一丁目山五　電話（七三一）八六六五・（七四一）六七七六

布施交通株式会社
社長 権宗業
大阪府布施市新喜多二六四　電話（七八一）五五五四

阪本紡績株式会社
社長 徐甲虎
大阪府泉佐野市田尻　電話（一〇八）八一一三

岸和田繊維株式会社
社長 金泳培
大阪府泉南郡泉南町馬場三ノ七六　電話（泉南）四二三八・四六五五

株式会社 金田商店
社長 金恩明
大阪市東淀川区木川東ノ町三ノ三　電話（三〇二）二四一・二二四一

韓國新聞
発行所 韓国新聞社
発行人 [illegible]
東京都文京区金富町51
電話(813)2261・2263 編集
東京(812)1921 (813)2262 業務
振替口座 東京 34988番

韓国と日本を結ぶ!!
広告企画と立案・国家文案製作
新聞雑誌広告・ラジオテレビ広告
ネオン屋外広告・市場調査と興信
その他広告宣伝PR
広告代理業 KPR
TOKYO 港区芝琴平町26 電話(501)0471
SEOUL 乙支路一街101 電話(2)1811

野党結成に新機運

尹潽善氏ら四者会談

旧民主系が意見調整

【ソウル発＝連合】旧民主党系が、各政党派代表らと協議接触を積極化することによって単一野党形成に新しい機運がたかまり初めた。旧民主党系は八日午後洪翼杓氏を代表にして尹潽善氏を訪問、汎野党勢力糾合原則及び対与党共同闘争目標などを提示し、原則問題で全面的に合意をみたのである。方法論は九日午後にある四者会談拡大会議で論議することになった。

午後四時三十分から約一時間半にわたる会談を終った後尹潽善氏は単一野党運動が危険な段階にあるという説を強力に否認して旧民主か他派をとわず総てが希望しているという事実を指摘、成就されるであろうと展望した。

洪氏はこの日旧民主系協議条件として政浄法廃止、早期選挙反対運動を汎野党運動と並行させようといったが、尹氏はこれに対して政浄法に反対して家にもどった人であり、早期選挙は野党的な立場では誰れでも反対であると旧民主系の主張を受入れた。

単に前記共同闘争を単一野党形成のりんかくが築かれた時始めたほうがよいのではないかと反問したが洪氏はその時はすでに時期が遅いと即刻闘争開始を主張した。

洪氏は四者会談側の責任ある者から別に特別な話を聞いてないのでよく知らないが、この日尹氏から聞き原則に賛同し方法と順序はこれから協議すると語った。

旧民主系の洪氏はすぐ仁寺洞に金炳魯氏を訪問同じ条件を提示する予定にあり、李相敦、金弘壹氏は李仁、鄭求瑛氏等四者会談側と崔奎南（旧自由）、朴浚圭（清潮会）氏等と接触をもつ予定にある。

旧民主系は、この四者会談で同意を得ることはほとんど確実であり、九日の拡大会議を契機に汎野党勢力糾合運動は行動化するようだ。

九日会議で民主党側主張がうけ入れられた場合これからの四者会談は各政派別代表者会議に変り、単一野党形成工作と対与党闘争が展開されるが、その方法と時期などで、いま一度難かしい山をこさなければならないことは事実である。

李源万氏等理事五名追加

韓国経済人協会

韓国経済人協会はこのほど韓国ナイロンの李源万氏をはじめ次の五名の理事を追加選任した。これで「経協」理事は十五名になった。

朴興植（和信産業）南宮鍊（極東海運）李源万（韓国ナイロン）李源照（内外紡績）金寛成（大韓物産）

選挙法10日に上程

比例代表の議席は四十二

最高会議の朴円彬内務委員は八日、選挙法案と選挙管理委員会法案が十日常任委員会に上程されるだろうとあらまし次のように語った。

選挙法案と選挙管理委員会法案が予定より遅れたのは慎重に検討するためであり、選挙法案上に現われる地域選挙区の数は元来内務委員会の案通り百三十六区に確定されており、比例代表制による議席は四十二席にすることに意見がまとまり、第一党にはその半数である二十一席を配定することにした。

したがって、この両法案が十日、常任委員会で通過されれば政府は遅くても来る二十日までには法を施行するものと思われる。

真相の調査を指示

朴国防長官、金大佐に

八日午後朴炳権国防部長官は最近現役軍人として政治活動に参与したといわれる金鍾洛大佐（陸大、部隊指揮学科課長）に対して、陸軍本部監察官らにその真相を調査させるよう金陸軍参謀総長に指示した。

軍法務官との交替反対

ソウル第一弁護士会で声明

ソウル第一弁護士会は、判・検事と軍法務官の交替は司法運営の現実を無視するものであると共に兵役法十九条にもふれるものであるという要旨の声明書を発表した。

弁護士会はこの日の声明で三十歳未満の判・検事などの法曹人と軍法務将校の交替を計画しているという報道が事実であるならば

一、これは司法部の沈滞と一大混乱を招来する重大な結果をもたらす。

二、法的根拠からみても警備令まで解除した現在の時期を戦時、事変、またはこれに準じる事態にあると断定して兵役法十九条を解釈しようとすることは兵役法の根本精神に違反する。

また法律の定めにより国民は均等に国土防衛の義務を果たされるという憲法精神にも大きく違反すると指摘した。現職判検事と軍法務官との交流説が伝わるや現職にある中堅級判検事は不安感をかくしきれず将位幹部等にこれに対する対策をつくってくれるよう要求するなどあわただしい空気をかもし出している。

ところでこれに該当する判事は六十余名であり、検事は五十余名になるというが、これらのものは相当な経歴をもつ中堅級判・検事として知られている。

判検事召集は恒例的なもの

李国防次官言及

八日午後李興培国防次官は最近巷間に物議をかもしている現職判・検事召集説に言及、これは恒例的なものにすぎぬものであり、補充人員と時期などは政府部署及び司法府側で充分に検討し、物議がないようにしなくてはならないと語った。

また李次官は現在陸軍法務官は空軍、海軍法務官にくらべ事務量がずっと多いため、三軍法務官の区別をなくし国防部が人事権を把握、有機的に司法を運営する新しい制度を検討していると語った。

韓米領事協定

批准交換三十日後発効

韓国とアメリカの領事協定が八日午後三時外務部で崔外務部長官とバーガー韓国駐在アメリカ大使がそれぞれ署名することによって正式に締結された。

一方韓国とアメリカは共同声明を通じてこの条約の締結が両国間のきずなをさらに固める意義深い契機になると言明した。

ところで全文十八条からなるこの条約は昨年の七月両国の覚書交換で話し合いがまとまった後、今回正式な締結をみることに至ったものであるが、批准書交換三十日後にその効力を発生することになっており、この条約は領事活動と職務を規定する他、両当事国領事官の特権と権利が主な骨子となっている。

なお、韓国はニューヨークをはじめサンフランシスコ、ロサンゼルス、ホノルルにそれぞれ領事館を持っており今度の条約締結を契機に領事業務が活発になるものと見られる。

倹約生活で経済改善

朴議長が談話　密輸買いだめは厳禁

八日午後朴正煕最高会議議長は一部無知覚な者達が密輸または外貨の不法取引、買いだめ売惜しみ行為をしているが、これは国内経済を攪乱させ、経済社会を混乱させ、われわれの努力をむだなものにしようとするもので、このような犯法行為は徹底的に取締り、ようしゃなく断固たる処罰をすると語った。

この日朴議長は国民経済生活改善方案を実践に移すに当って談話文を発表以上のように述べ、われわれが総ての奢侈をすて質素な生活で一枚の紙もむだにせず大事に使って蓄積と建設に有効な生産の土台を築くならば我々の前途は明るいものになると語った。

またわれわれの裕福な将来のためまず当分間は使わず節約し、蓄積しなくてはならないと強調、われわれの自立目標は座っていてできるものでなく、また誰かがもって来てくれるものでもないと述べ、われわれが住みよくなるため経済開発五カ年計画の第一次年度事業が所期の成果を収めたことに対して感謝の意を表わし韓国民は創意を発揮して新しいいくつもの事業をおこし、生産される品物を海外に輸出して貴重な外貨をかせぐかまたは今まで外国から輸入していた品物を国内で生産し、外貨の消費を節約することはいうまでもなく政府の施策に対して国民の理解とこれに対する積極的参加を望んだ。

食糧、住宅復旧費配定

・罹災民に救護品も

六日東海岸地区にあった海難で被害をうけた三百三十一名の罹災民のため保健社会部は十日分の食糧と住宅復旧補助金三十二万ウォンを緊急配定した。

一方、大韓赤十字も食糧、フトン、食器、布地、着物及び薬品などを罹災民に緊急分配した。

朴議長

万人に門戸を開放

朴議長、政党構成で語る

【ソウル発＝連合】国家再建最高会議の朴正煕議長は八日午前週間業務報告が終った後、金鍾泌将軍が政党指揮のため軍服をぬぐことによって政党組織と同志糾合に契機を作ったと述べ、最高委員らは政党構成に対して多くの意見提示をするよう望むと語った。

朴議長はまたわれわれがもつ政党は革命同志たちだけの政党でなく、全国民の政党であるため万人に門戸を開放しなくてはならないと語った。

被害額二百四十三万余ウォン

蔚津のつなみ

内務部は八日午前、去る七日東海岸蔚津で発生したつなみによって三百十四名の罹災民が発生したと述べ、総被害額は九むねの建物全壊を初め、半壊が三十一むね、流失が一むね、浸水が六十一むね、船舶の全壊が七隻、半壊が五隻、沈没流失が十八隻などその他の被害合わせ総被害額は二百四十三万三千五百ウォンに至ると発表した。

論壇

文民政府樹立移管に対する在日韓国人の心情

さわやかな春風と共に、厳しく感じられた軍事政権は、文民政府の樹立移管におさおさおこたりなく、朝野をあげての第三共和国建設にいそしんでいる折柄在日韓国人としても、民族国家の飛躍の機運が玄海灘をわたって吹き来るのに、一種の[illegible]が放たれた瞬間に起こる開放感と緊迫感をおのずから覚えるものである。

在日韓国人は参政権を持っていないのに、本国の政治情勢にとやかくくちばしをいれることに対しては、いささか気がひける思いもせぬものではないが、民族国家を愛すれば愛する程に、その前途について祝福も生れ、楽観もおぼえるのも同族心からやむをえないものであろう。

朴正煕議長をはじめ、最高会議の各委員は軍服を脱いで、野にくだり、文民政府の樹立に、その腕がまえをみせ、すでに、情報部長であった金鍾泌氏は予備役となって軍籍を引き払い、新しい政党結成にその身を投じている。

これらの一連した軍事政権を担当した軍人達の動きに対して在野の人士のうち、あらゆる角度からそれぞれの批判的意見を公開しているが、その中でも、前内閣首班宋堯讃退役中将の記者との会見記において「革命勢力が軍服をぬいで民政に参加するということは、革命公約に違反する。もし朴正煕最高会議議長が今度の選挙に出馬して政権を担当するようになれば、軍事革命は権力欲からひきおこした結果にしかならない。また改正政法は独裁者のいかんによって“個人独裁ないし永久独裁”をつくり出す危険性があり、政治浄化法で旧政治家を追放することなどはやめ、逆に彼らの追放を解除すべきである。さらに革命政府の経済政策は失敗しており、五カ年計画はむずかしいヤマ場にさしかかっている。自分は政党にはいる意思はないが、野党を積極的に援護し、民主主義を守るために全国民の決意をうながす」と激しく非難しているのは、われわれ在日韓国人も注視せざるをえない。

宋氏は軍事革命後アメリカから呼び戻されて国防長官、さらに一年間内閣首班を勤めていただけにこの発言は在日韓国人のわれわれに、やるせなくいらいらした心情にかりたてられるものがある。

ここで、われわれが熟慮しなければならぬ問題は、軍事革命公約違反云々とする点であるが、本来公約通りに軍事政権の人々が全部軍本来の使命に帰属することはのぞましいことではある。しかし、その人々のうちには軍人としてより政治家として国家民族に尽した方が、国家のために有為なる人物であるとする国民的判断をうけた政治家の実質を有する人物ならば、あえて軍事革命を起した者だから公約通りに政治に関与してはならないとすることとも大人げない話である。また国家としてもこのような有為な政治家ならば国家民族に奉仕せしめることがプラスであってもマイナスではない。

問題は、軍事革命を遂行した人々の中で政治家よりも軍人として国家民族に尽すことが適材であるとする者もあることであろうから、このような人たちは潔よく軍に復帰すべきである。

一九六〇年三月十五日におこなわれた第四回大統領選挙において李承晩が行なった選挙干渉とインチキ選挙方式に懲っておるので、これら軍事政権の人々が政権の座を利用して自由民主主義の選挙ルールを無視する選挙方法を採るとするならば、いざ知らず、いやしくも政治家としての実質と手腕を有する者が正しく民主主義方式による選挙で国民の判断をうけるならば、これを妨げる必要はないものである。

われわれ在日韓国人も一九六一年五月十六日、軍事革命が勃発するや、“今度のクーデターで主動力となった軍事革命委員会が国民に幸福と満足をもたらすような新政府が樹立されれば、一切の軍事行動を撤収して軍本来の任務に復帰するという声明に対して全的に信頼し期待するものである”と声明を発表した。

しかし、現時点における軍事政権の要人全員が、軍籍を離れて、政党を結成し、文民政府の樹立に参画せんとする趨勢に対しては“全的に信頼し期待する”その心を持ちつづけている在日韓国人にとっては、本国の政情のすみずみまでは認識してないがため、そのこんどの成り行きについて大きな関心が持たれるのである。

（[illegible]）

63年度経済政策の全文

経済自立に総力注ぐ

重農政策強化、多角化へ

【ソウル発＝連合】さる五日発表した一九六三年度経済政策の内容（全文）は次の通りである。

第二次年度では経済成長率六・四％を目標にして安定された経済基盤の上で自由企業の原則を土台にした自立経済確立に努力を傾注して均衡ある国民経済発展をはかるものであり、そのため次の十四の施策に注力する。

（一）新年度予算は一般行政と緊急を要さない事業費を最大限緊縮することによって五カ年計画事業の投・融資財源を確保することにする。通貨増発要因を払拭し、健全財政の堅持と強力な財政金融安定計画によってインフレを未然に抑制、通貨価値の安定を期する。

（二）五カ年計画第二次年度事業は第一次年度の実績と与件の変動を勘案して問題点を検討解決することによって一層実践性ある計画を補充してこれを強力に推進する。

（三）外資導入には、現在進行中である借款契約を今年中に完結するであろうし、外国民間資本の直接投資を積極的に歓迎する。

（四）国民の自発的耐乏生活で貯蓄の増強を期するため汎国民運動を積極展開する。金融機関保険信託証券市場等の機能を最大限に発揮する。

（五）重農政策を一層拡大強化する。特に営農技術の改善と多角農業を奨励し、農業の増産を図る。畜産業と水産業を現代化させ輸出産業を育成することによって農・漁村経済の活性を期する。

（六）農産物価格の維持のため政府買上げ制度及び穀類買価格予示制度を発展させ、農産物の増産を期する。

（七）砂防造林事業を全国的に展開して荒廃な国土を緑化させるに注力する。

（八）農業協同組合、水産業協同組合等、農水産団体を自主的で自律的な農漁民の経済団体に育成し、零細農漁民の経済的地位向上と生産力増強の土台をつくる。

（九）製鉄、肥料、精油、セメント、造船等基幹産業の第二次年度建設目標を達成する。

（十）エネルギー産業は石炭新規開発拡大によって増産を期する。電源開発においては計画目標を達成することによって電力供給の拡大を期する。

（十一）現有生産施設の完全稼動とその現代化および拡大を図って経済成長を促進化する。

（十二）輸出産業は外資導入によって総ての制限を排除するものであり、現有産業を輸出産業に転換することを積極造成する。原料輸出を制限して可及的製品輸出に転換する一方、輸入においては国内生産が可能な物品と奢侈性消費物資の輸入を抑制することによって外換浪費の防止を期する。

求償貿易品目決まる

輸出サンク率一〇〇%に

【ソウル発＝連合】さきほどの閣議は「輸入に対する輸出実績リンク制に関する件」を議決、六三年一月から六月までの輸出実績リンク率一五〇％を一〇〇％に改正する一方、求償貿易による輸出実績リンク制は別途に商工長官が定め公告することにした。

いままで求償貿易による輸出実績リンク制は認めなかったがこのたびの閣議で特殊な場合に限って認定することにしたのは肥料など特殊品目との求償貿易による輸出において採算が合わない場合があるため、このような特殊な場合には適当な比率のリンク制を適用することにした。一方、商工部は輸出実績リンク制の運用要領を公告。同内容は次の通り。

△貿易計画に自動承認品目と許可品目に輸出実績リンク制を適用する＝但し五カ年計画事業に直接必要な資材は輸出、外資その他外貨獲得を目的にする資材で商工部長官の許可を受けた分は例外にする

△商社当り輸入限度＝①六二年一月－十月までの輸出実績に対する三〇％該当額の中六二年末まで未使用額、②六二年度十一月－十二月の実績に対しては五〇％、③六三年一月－六月までの実績に対しては一〇〇％。

△前項の輸入限度規定＝輸出振興法第四条の規定による実需用者が輸入する場合には例外とする。

△求償貿易による実績＝商工部長官が定め、公告によって本制度上の輸入実績を認定する。

輸入許可品目の中競合または競合が予想される品目に対しては次に依拠その限度を制限して輸入を許可する。

△一商社当り輸入許可限度額＝①輸入限度額が二十万ドル未満の品目に対しては一商社当り五千ドル以下（ただし十分の一を超過できない）②四十万ドル未満の品目は一万ドル以下、③六〇万ドル未満の品目は一万五千ドル以下、④八十万ドル未満の品目は二万ドル以下。

品目によっては競合処理の原則にかかわらず実需要者為主にまたは実需要者と貿易業者に一定比率を定めて輸出許可する。

輸入許可品目の中次の品目に対しては限度額の一定比率で求償貿易による輸入は許可する。

ビスコス人絹糸、ピラメント・ナイロン糸、石油ベンジン、その他油類、原木、木材（角材含む）耐火レンガ、合成ゴム。

貸出し限度二億ウォン

一・四半期の銀行資金検討

八日午後から韓銀で開かれた金融通貨運営委員会は、韓銀で付議した一般銀行及び中小企業銀行の一・四半期資金計画案を検討中である。

同委によると、一・四半期中一般銀行の貸出増加限度は一般資金二億ウォン、施設資金一億ウォン合計三億ウォンにし、これに預金増加実績を見て貸出限度を追加設定するという内容で中小企業銀行においては期中、貸出増加限度を施設資金を含めて二億百万ウォンに計算したものと伝えられている。

この資金計画案は全員委で結論がでると十日定例会通過委で最終決定を下すものと見られる。

三万ドル以上の輸出商社は二二七社

62年度実績を銀行に通達

【ソウル発＝連合】商工部では六二年度十一月末現在輸出実績が三万ドル以上の貿易業者で信一貿易など二百二十七社に対する商社別輸出実績内容を市中為替銀行に通牒した。

これによると同期中百万ドル以上の実績商社は八商社、五十万ドル以上は十二商社、十万ドル以上が七十四商社となっている。

またこの実績表はさる一日から実施された輸入に対する輸出リンク制施行の基準になる。なお十二月末現在実績は為替銀行の入金証明が送られるごとに総合される。十一月末現在三万ドル以上業者の商社名単は次のとおり。

△信一貿易△第一通商△東春商事△[illegible]産業△京邦産業△三洋実業△亜陽興業△相信産業△永豊海運△大宝実業△大韓鉱石△美東商事△大韓肥料△大陽通商△和韓産業△大韓楽器△重和実業△成保実業△東栄物産△世昌物産△東洋物産△大昌商事△徳興染料△大友社△前進洋行△大韓商事△同行物産△宝昌産業△和信物産△三東貿易△東邦興業△五洋公司△大韓染料△振興株式△韓国生糸△三信物産△銀河産業△大韓農産△大文株式△永進物産△泰興企業△成大鉱業△大陸産業△[illegible]油脂工業△南洋商事△世光産業△紀元産業△済東産業△一信産業△国星実業△金剛商事△信一企業△南栄商事△大洋産業△金剛実業△韓国生糸組合△光復産業△金[illegible]△永洋商業△和林産業△泰和実業△新一産業△東洋企業振興△大我貿易△新成産業△高麗人参産業△東洋商事△新昌産業△和洋企業△太平洋海運△成貿易△海外通商△三益社△三陽物産△和京産業△日盛[illegible]△徳新貿易△林業[illegible]△南海漁業△南栄水産△世隆物産△美興企業△東方運輸△三美実業△大洲商事△大栄水産△第一商工△振成[illegible]△第一貿易△韓国[illegible]△産開発△金[illegible]△林商事△朝日産業△[illegible]△興企業△半島鉱業△泰鉄鋼△相信輸出△製鋼△新韓ミシン△東光企業△三光物産△和信産業△新貿商事△ソウル通商△東光企業△南方物産△三徳[illegible]△北星物産△興亜[illegible]△新星産業△東亜商事△南星[illegible]△鉄道産業△大一[illegible]△新進物産△金信[illegible]△東林水産△鶴山[illegible]△第一物産△三裕物産△開発商事△大田[illegible]△振興商社△東洋[illegible]△大平産業△三明[illegible]△東亜貿易△共興産業△銀河[illegible]△天一産業△昌成実業△成進商事△興[illegible]△開明商事△国際[illegible]△物産△三豊社△東和[illegible]△汎東産業△大進物産△大洋水産貿易△明光物産△三豊貿易△大東[illegible]△化繊△大韓[illegible]△三[illegible]貿易△東信[illegible]△海外販売△天洋商事△三弘産業△世昌実業△湖南製粉△大韓[illegible]△東宝開発△正[illegible]△三和物産△世紀[illegible]△新栄交易△成一[illegible]△三[illegible]物産△朝光[illegible]△興盛水産△栄本[illegible]△大韓海運△東方[illegible]△光復産業△金剛[illegible]△永洋産業△和林[illegible]△泰和実業△新一[illegible]△東洋企業振興△[illegible]

ご商売やお住いのご計画に……
東京商銀信用組合
東京都文京区湯島天神町三ノ一四
電話（八三）五三七七～九・五三一〇

＊商銀が築く
明るい事業！
熊本商銀信用組合
熊本市米屋町２－２
TEL２－3566,6003

株式会社 松屋
三洋建設株式会社取締役社長
ソウル市中区脇洞3番地
電話(08)1939
愛知県韓国人体育会々長
民団愛知県財政委員会副会長
在日韓国人商工会連合会常務理事
崔正烈
名古屋市北区東大曽根町2ー898
電話9９ー代表4141ー4

優良鋳物用銑鉄製造

朝日製鉄株式會社
取締役社長 申学彬
横浜市鶴見区鶴見町1320
TEL 横浜(50)8431ー4

政党法全文

政党活動の公正期す
祖国再建の一大礎石

民政移譲にさきがけて政党の創設に関する基本法である政党法が昨年末に公布されたが同法は第五十四条にわたるもので本年一月一日から施行された。この政党法にもとづいてあらたな政党を創るべく活発な政治活動が展開されることとなる。

第一条（目的）本法は政党が国民の政治的意思形成に参与するのに必要な組織を確保し政党の民主的な組織と活動を保障することによって民主政治の健全な発達に寄与することを目的とする。

第二条（定義）本法において政党とは国民の利益のために責任ある政治的主張や政策を推進し公職選挙の候補者を推薦または支持することによって国民の政治的意思の形成に参与することを目的とする国民の自発的組織をいう。

第三条（構成）❶政党は首都に所在する中央党と国会議員地域選挙区を単位とする地区党をもって構成する。
❷ソウル特別市、道、釜山市、市、区、郡にかぎり党支部を設けることができる。

第四条（成立）❶政党は中央党が中央選挙管理委員会に登録することによって成立する。
❷前項の登録には第二十五条乃至第二十七条の要件を具備しなくてはならない。

第五条（発起人）政党の創党準備には三十人以上の発起人がなくてはならない。

第六条（発起人の資格）国会議員の選挙権を持つ者はなにびとでも発起人となることができる。ただし閣令によって定められた公務員、国営企業体ならびに政府が株式の過半数を所有する企業体の任員と他の法令によって政治活動が禁止された者は例外とする。

第七条（創党準備委員会）政党の創党活動は発起人をもって構成する創党準備委員会がこれを行なう。

第八条（申告）❶創党準備委員会を結成する時にはその代表者は中央選挙管理委員会に次の事項を申告しなくてはならない。
（イ）発起の趣旨
（ロ）政党の名称（仮称）
（ハ）発起人とその代表者の姓名、住所
（ニ）会計責任者の姓名、住所
（ホ）その他閣令によって定める事項
（ヘ）創党準備委員会は前項の申告をなすことによってその活動を開始することができる。

第九条（創党準備委員会の活動範囲）創党準備委員会は政党の目的範囲内だけでのみ活動することができる。

第十条（地区党の創党）❶地区党の創党準備には十人以上の発起人がなくてはならない。
❷地区党の創党には中央党またはその創党準備委員会の承認を得なくてはならない。
❸地区党の創党準備委員会を結成する時にはその代表者は第八条第一項にかかわる事項を当該選挙管理委員会に申告しなくてはならない。
❹第六条、第七条、第九条の規定は地区党の創党の場合にこれを準用する。

第十一条（登録申請）創党の準備を完了したる時には中央党の創党準備委員会の代表者は中央選挙管理委員会に、地区党の創党準備委員会の代表者は当該選挙管理委員会に登録を申請しなくてはならない。

第十二条（登録申請事項―中央党の場合）❶中央党の登録申請事項は次の通りである。
（イ）政党の名称
（ロ）地区党と党支部の所在地と名称
（ハ）事務所の所在地
（ニ）綱領（または基本政策）と党憲
（ホ）代表者、幹部、会計責任者の住所、姓名
（ヘ）党員の数
（ト）地区党ならびに党支部の代表者の住所、姓名ならびに地区党の会計責任者の住所、姓名
❷前項の登録申請には代表者、幹部ならびに会計責任者の就任同意書とソウル特別市、道と釜山市中で五以上に分散されている法定地区党数以上の数の地区党登録謄本を添付しなくてはならない。

第十三条（同前―地区党の場合）❶地区党の登録申請事項は次の通りである。
（イ）政党の名称
（ロ）事務所の所在地
（ハ）代表者、幹部、会計責任者の住所、姓名
（ニ）党員の数
❷前項の登録申請には代表者、幹部ならびに会計責任者の就任同意書、中央党またはその創党準備委員会の創党承認書と法定党員数に該当する数の党員の入党願書を添付しなくてはならない。

第十四条（変更登録）前二条の登録申請事項に変更が生じた時には二週間内に変更登録を申請しなくてはならない。ただし党員の数の変更の場合は例外とする。

第十五条（登録、登録証の交付ならびに公告）❶前三条の登録申請を受ける当該選挙管理委員会は登録申請を受付けた日から七日以内に登録を終え登録証を交付しなくてはならない。
❷前項の登録を終えた時には当該選挙管理委員会は遅滞なくその旨を公告しなくてはならない。

第十六条（登録申請の受理等）登録申請を受けた選挙管理委員会は形式的な要件を具備するかぎりこれを拒否することはできない。形式上の不備がある時には相当な期間を定めてその補充を命じ二回以上の補充を命じてもそれに応じない時にはその申請を却下することができる。

第十七条（党員の資格）国会議員選挙権のある者は誰でも党員になることができる。ただし閣令によって定められた公務員と国営企業体ならびに政府が株式の過半数を所有する企業体の任員と他の法令によって政治活動が禁止されている者は例外とする。

第十八条（同前―外国人の場合）大韓民国国民でない者は党員となることができない。

第十九条（強制入党等の禁止）❶なにびとも本人の自由意思による承諾なしに政党加入または脱党を強要（除名処分は除ぞく）されない。
❷なにびとも二つ以上の政党の党員となることはできない。
❸党員名簿に記載されない者は党員として認められない。

第二十条（入党願書）❶党員になりたい者は拇印を押した入党願書を地区党またはその創党準備委員会に提出しなくてはならない。
❷前項の入党願書中法定党員数に該当する数の党員の入党願書には署名がなくてはならない。

第二十一条（居住要件）法定党員数に該当する数の党員は当該地区党の地域内に居住しなくてはならない。この党員の入党願書には居住証明を添付しなくてはならない。

第二十二条（党員名簿）❶地区党には党員名簿を備えつけておかなくてはならない。
❷前項の名簿は法院が裁判上要求する場合と関係選挙管理委員会が党員に関する事項を確認する場合を除いてはこれの閲覧を強要されない。
❸犯罪捜査上党員名簿を調査する必要のある場合には関係公務員は法官の発布した令状がなくてはならない。この場合その関係公務員はこれによって知得した事実を漏洩してはならない。

第二十三条（脱党）❶党員が脱党しようとする時には脱党申請書を所属地区党に提出しなくてはならない。
❷脱党申告書を接受した当該地区党は接受した日から二日以内に党員名簿の記載を抹消し脱党証明書を交付しなくてはならない。

第二十四条（脱党員名簿）地区党には脱党員名簿を備えつけておかなくてはならない。

第二十五条（法定地区党数）政党は国会議員選挙法による地域選挙区総数の三分の一以上に該当する数の地区党をもたなくてはならない。

第二十六条（地区党の分散）前条の規定による地区党はソウル特別市、道ならびに釜山市中五以上に分散されなくてはならない。

第二十七条（地区党の法定党員数）地区党は五十人以上の党員をもたなくてはならない。

第二十八条（綱領等の公開）政党はその綱領（または基本政策）と党憲を公開しなくてはならない。

第二十九条（政党の機構）❶政党は民主的な内部秩序を維持するため党員の総意を反映することのできる代議機関ならびに執行機関と所属国会議員がある場合には議員総会をもたなくてはならない。
❷前項の機関の組織、権限その他の事項に関しては党憲によってこれを定める。

第三十条（活動の自由）政党は憲法と法律によって活動の自由をもつ。

第三十一条（公職選挙候補者の推薦）政党の公職選挙候補者推薦は民主的でなくてはならず、その手続に関しては党憲によって定められなくてはならない。

第三十二条（政党所属国会議員の除名）政党がその所属国会議員を除名する時には党憲に定められている手続の外、その所属国会議員総会の二分の一以上の賛成がなくてはならない。

第三十三条（財政状況等の報告等）❶政党はその財産ならびに収入、支出に関する明細書を毎年十二月三十一日現在で翌年二月十五日までに中央選挙管理委員会に提出しなくてはならない。
❷前項の明細書には寄附、賛助その他財産上の援助をした者に関してはその記載を要しない。
❸第一項の報告書を受けた中央選挙管理委員会はその要旨を公表しなくてはならない。

第三十四条（寄附金品募集禁止法の適用排除）政党は寄附金品募集禁止法の規定にもかかわらず寄附を受けることができる。

第三十五条（寄附受領の禁止）政党（創党準備委員会を含む）は次の各号に該当する者から寄附、賛助その他の財産上の援助を受けられない。
（イ）外国人、外国法人ならびに外国の団体、ただし大韓民国国民の主導下にある外国法人ならびに外国の団体は例外とする。
（ロ）国家または公共団体
（ハ）国営企業体、政府直轄または監督下の団体、政府が株式の過半数を所有する企業体
（ニ）金融機関または金融団体
（ホ）労働団体
（ヘ）学校財団
（ト）宗教団体

第三十六条（報告または資料等の提出の要求）中央選挙管理委員会またはその他関係選挙管理委員会は監督上必要な時には政党に対して報告または検索、書類その他の資料の提出を要求することができる。ただし党員名簿は例外とする。

第三十七条（定期報告）中央党と地区党は毎年十二月三十一日現在でその党員数ならびに活動状況を翌年二月十五日までに当該選挙管理委員会に報告しなくてはならない。ただし第二十五条乃至第二十七条の要件に欠陥が生じた時には欠陥が生じた日から十五日以内に当該選挙管理委員会にこれを報告しなくてはならない。

第三十八条（登録の取消）❶政党が第二十五条乃至第二十七条の要件を具備できない時には当該選挙管理委員会はその登録を取り消す。ただし要件の欠如が国会議員選挙日の三日前に生じた時には選挙日後三カ月まで、それ以外の場合には要件欠如時から三カ月までその取消を猶予する。
❷前項の規定によって登録を取り消した時には当該選挙管理委員会は遅滞なくその旨を公告しなくてはならない。

第三十九条（自進解散）政党はその代議機関の決議で解散することができる。この場合にはその代表者は遅滞なくその旨を中央選挙管理委員会に申告しなくてはならない。

第四十条（解散と登録抹消等）前条の申告があるか、または解散判決の通知がある場合には中央選挙管理委員会はその政党の登録を抹消し遅滞なくその旨を公告しなくてはならない。

第四十一条（政党解散訴訟）❶政党解散訴訟に関しては行政訴訟法第九条と第十四条の規定を準用する。ただし民事訴訟法第百三十五条、第百三十八条、第百三十九条第一項、第二百六条、第二百五十九条と第二百六十一条の規定は準用しない。
❷政党解散に関する訴訟は他の訴訟に優先して迅速に裁判しなくてはならない。
❸政党解散に関する訴えが提起された時または訴訟が係属できない時あるいは裁判が確定した時には大法院長はその事実を国会と中央選挙管理委員会に通知しなくてはならない。

第四十二条（代替政党の禁止）政党が判決で解散された時にはその政党の代表者ならびに幹部は解散された政党の綱領（または基本政策）と同一もしくは類似なもので政党を創ることはできない。

第四十三条（第一野党の代表者に対する手当）大統領が属さない政党で国会で最多数の議席をもつ政党の代表者一人に対しては国会議長の歳費に該当する額を支給する。

第四十四条（免税）政党が受領する寄付、賛助その他の財産上の援助に対しては税はこれを免除する。

第四十五条（秘密厳守の義務）各級選挙管理委員会の委員と職員は在職中は勿論、退職後といえども職務上の秘密を厳守しなくてはならない。

第四十六条（違法で発起人や党員となった罪）第六条の但書ならびに第十七条の但書の規定に違反して政党の発起人や党員となった者は一年以下の懲役または二万ウォン以下の罰金に処する。

第四十七条（入党強要罪等）他人を本人の自由意思に反して政党に加入させたり脱党させたりした者は二年以下の懲役もしくは四万ウォン以下の罰金に処する（除名処分は除く）

第四十八条（違法で政党に加入した罪）第十九条第二項の規定に違反し二以上の政党の党員となった者は一年以下の懲役もしくは二万ウォン以下の罰金に処する。

第四十九条（党員名簿閲覧強要罪）党員名簿の閲覧を強要した者は五年以下の懲役に処する。

第五十条（報告書等に関する罪）第三十三条ならびに第三十七条の規定に違反して明細書や報告書の提出を怠ったり、あるいはこれに虚偽の記載をした者は五年以下の懲役もしくは十万ウォン以下の罰金に処する。

第五十一条（寄付等に関する罪）❶第三十五条の規定に違反して寄付、賛助その他財産上の援助を受けた者は五万ウォン以上十万ウォン以下の罰金に処しその金品を没収する。
❷これを没収し得ない時にはその価額を追徴する。
❸第三十五条の各号に該当する者で政党に寄付、賛助その他の援助をした者は三年以下の懲役もしくは五万ウォン以上十万ウォン以下の罰金に処する。

第五十二条（公務上知得した事実の洩漏罪等）❶第二十二条第三項後段の規定に違反して党員名簿に関して知得した事実を漏洩した者は三年以下の懲役もしくは禁錮に処する。
❷第四十五条の規定に違反した者は三年以下の懲役もしくは禁錮に処する。

第五十三条（虚偽登録申請罪）偽って第十二条ならびに第十三条の登録申請をした者は一年以下の懲役もしくは四万ウォン以下の罰金に処する。

第五十四条（[illegible]）❶第二十二条第一項ならびに第二十四条の規定に違反して党員名簿や脱党員名簿を備えつけておかない者には一年以下の懲役もしくは二万ウォン以上五万ウォン以下の罰金に処する。
❷第二十三条第二項の規定に違反した者は二万ウォン以下の罰金に処する。

附則
本法は一九六三年一月一日から施行する。

韓国の声

朴議長の新年度施政方針を読んで

五日、朴正熙最高会議議長は新年度施政方針を発表した。既報のとおり、この日発表された新年度施政方針は①政権移譲②秩序確立③国防政策④外交政策⑤司法および法務政策⑥一般行政⑦経済政策⑧教育文化政策⑨社会福祉政策の九項目にわたっている。

第一に、われわれは、九項目にわたる施政方針がなんらの新しい内容をも含んでいないことを指摘することができる。それは、誰しも議論を提起し難い原則的な施政方針の羅列であり、その意味で抽象的だとの批評も可能であるが、他方無難であったと見ることもできよう。

すべての政策が、常に、全く新しいものでなければならないというものでもない。いわんや、不断に新しさを求めるがため、政策がみな朝令暮改に終始するならば、政策の継続性と安定性を確保することはできず、国民はつかまえどころを失ってしまう。われわれの現実からして必要不可欠だと、すでに広く知られている政策を堅実に遂行してゆくことが、国民の要望であり、決して奇抜なものが貴重なものではない。

新年度施政方針に新味を発見できないからといって、われわれが決して失望していない理由がここにある。したがって、新年度施政方針に対し、敢えてわれわれが仰々しい評価を加えるほどのことはなく、それが所期どおりに遂行されることをひたすら願うだけだ。

第二に、われわれは、新年が民政移譲の年であると同時に、経済開発五カ年計画の第二次年度である事実を念頭に置きつつ、朴議長の新年度施政方針に接することになる。

新年度施政方針のなかで、朴議長が最も大きな比重を置いているのは経済政策部門だ。経済政策部門だけに朴議長は、実に十四の施策を提示し、強調しているのである。経済成長率六・四%を目標とする五カ年計画第二次年度の経済発展にかける政府の意欲が、如何ほどのものかをわれわれは知ることができる。

しかし、今年はまた、民政移譲の年でもある。換言するなら、選挙で国民の支持を得るまでは、果たして誰が正しく、どの政党が国政を担当することになるのかは、誰も断言することができない。経済政策部門を除外すれば、朴議長の新年度施政方針が抽象的であり新味にとぼしい感を免れないのもこのような微妙な問題に対して神経を使ったことに起因したものとも考えられるかも知れない。

ともあれ、朴議長は「今度の選挙こそ、歴史上最も正直にして公明に実施」され「八月中旬には、最も民主的な方法により、政権を民間政府に移譲する」と声明した。極めて当然な言葉であるにも拘わらず、過去には、当然なことが当然に、実践されなかったし、選挙に不正と腐敗、挟雑物が介在するのがむしろ通例であったという、われわれの卑しく、悲しい体験にかんがみて、われわれは正直で、公明な選挙が今度こそは、所期どおり実施されることを、また、強く願わずにはいられない。

第三に、われわれは、九項目にわたる施政方針中「秩序確立」が一つの項目として織り込まれている事実に注目せざるを得ない。国内秩序は、過去一年間漸次正常化されており、警察の民主化も顕著に進展されたと、朴議長は述べている。しかし朴議長も施政方針のなかで、別個に「秩序確立」なる項目を設けるほど、秩序確立は、今年度にも継続して推進されねばならぬ重要な政策目標であることは、わが国の実情に照らしてみて、異論の余地がない。

誰が、または如何なる政党が国政を担当するとしても、秩序確立は政府の第一次的な課題であり、責任である。秩序を確立できない政府は、到底統治する資格がない政府といっても、決して過言ではない。とくに、休戦線を中にして共産軍と対峙しているわが国の境遇にあっては、秩序確立はそのまま、われわれがわれわれ自身を防護する途である。

しかし、今年は、軍政が民政に切り換わる年である。軍事的秩序から市民的秩序に移行する年であると言い得る。かかる転換期にあっては、われわれは、本意ならぬ秩序のびん乱を警戒する一方、秩序確立を口実に警察国家が再現することもまた、警戒をしなければならない。

軍事的秩序を円滑に市民的秩序の軌道に乗せるべく万全を期すよう、われわれは、政府に対して要求するとともに、それが軍事革命政府の最後の課題であり、最も重大な責任であることを強調するものである。（東亜日報）

63年度経済施策の発表に思う

さる五日、朴議長が発表した今年度施政方針によれば、通貨価値の安定、五カ年計画第二次年度事業の強力な推進、外資導入の促進、貯蓄増強等々十四項目にわたる主要経済政策が包含されている。これらの主要政策項目すなわち前記したものの他に、農業政策の拡大強化、農産物価格の維持、砂防造林事業の全国的展開、基幹産業の建設目標達成、国土開発事業による失業者救済など、どれをとってみてもわれわれにとって、緊迫し重要な政策課題でないものはない。

したがって、これら項目は施政方針として決定発表された以上、正しく成功的に実現されねばなるまい。事実、今度採択された政策項目中には、すでに旧政権下においても、施政方針の一端として着々発表されたことがあるものが多い。だが、過ぎし日には概してその結果が恒常的に満足のゆくものになり得なかったし、期待に背くものばかりであった。このような理由からわれわれは、立派な施政方針の樹立も重要であるが、劣らず重要な問題として、採択された施政方針の成功的実行を強調したい。

同様な観点から、十四の政策項目は、その中の幾つかに若干の問題が内包されているものと考えねばなるまい。一般的には、如何にすれば所期の政策目標を効果的に達成することができ、また如何にしてそれら諸目標を同時に満足のいくように実現するか、ということが問題となろう。もち論、これに関しては政府で何か良い腹案を持っているか、でなければ当然に準備するものと思われるが、それでもなお、釈然としない点がある。

その一つとして、われわれは何よりも、施政方針で明らかにされた経済政策を総合してみる時「既有生産施設の完全稼動並びにその近代化および拡大を図る」との事項が、ともすれば等閑視される憂いが多分にあるという点を挙げることができよう。その理由の第一は、過去一年間の経済成長が計画目標にはるかに達しなかったため、それにより決定される今年度投資財源は自然制約されるほかなく、そうなると今年度分五ヵ年計画事業のための投融資財源の確保は、既存生産施設部門に対する資本供給に制約を与えることが予想されるからである。したがって、この場合、既有施設の完全稼動と拡充のためには、計画事業の推進に支障をもたらすという、二者択一の問題に直面することになろう。

次に五カ年計画では、ぼう大な計画事業部門にだけ一方的に重点を置くため、残余の既存生産施設部門は当初から、その拡充はともかくとしても、完全稼動さえおぼつかない状態が予想されることとなった。事実、五カ年計画がこの部門に許容している投資額は、固定資本の減価償却の充当にも不足するものである。同じ見地から、中小企業の保護・育成に関する政策は少なくとも五カ年計画にあっては事実上、考慮対象の外にあると言っても間違いではあるまい。それゆえ、既有生産施設の完全稼動および拡充のためには、五ヵ年計画の修正が必要になると思われ、すべては補充にかかっているとはいえ、釈然としないものがある。

かかる二つの理由により既有生産施設の拡充には、結局、政府あるいは金融機関の追加的資金供給に期待する外ないものの、これは他の一方における「強力な財政金融安定計画」の出現によって、抑制される運命にある、と言い得よう。したがって、既存施設の拡充問題は、ともすれば実効を収め得ない憂いがなくもない。この点は前述した十四政策項目中とくに等閑視されがちであることを憂慮するがため、一言指摘しておきたい。（京郷新聞）

本国入国許可者氏名公告

韓国駐日代表部領事課旅券担当官
在日本韓国居留民団中総民生局長

氏名	番号	住所
辛言浩	KJ [illegible]	東京
金東脩	〃 [illegible]	〃
金文周	〃 [illegible]	〃
李慶南	〃 [illegible]	〃
金相熙	〃 [illegible]	群馬
崔学林	〃 [illegible]	東京
金宗複	〃 [illegible]	茨城
徐順子	〃 [illegible]	東京
朴僖植	〃 [illegible]	〃
朴誠熙	〃 [illegible]	〃
鄭永根	〃 [illegible]	〃
王五三	〃 [illegible]	兵庫
林虎	〃 [illegible]	東京
權逸	〃 [illegible]	〃
李斗用	〃 [illegible]	鳥取
金希印	〃 [illegible]	〃
張仁遜	〃 [illegible]	東京
柳同順	〃 [illegible]	愛知
李鐘生	〃 [illegible]	福岡
成海竜	〃 [illegible]	大阪
崔台先	〃 [illegible]	〃
金浜竜	KJ [illegible]	大阪
姜永玉	〃 [illegible]	宮崎
金日圭	〃 [illegible]	福岡

（十二月十八日現在）

氏名	番号	住所
金在佑	KJ [illegible]	東京
權逸	〃 [illegible]	〃
李禹植	〃 [illegible]	神奈川
丁成鎬	〃 [illegible]	東京
李武実	〃 [illegible]	〃
徐大述	〃 [illegible]	〃
李柄花	〃 [illegible]	〃
張錫昌	〃 [illegible]	〃
李桂鎬	〃 [illegible]	〃
金大植	〃 [illegible]	茨城
孫小九	〃 [illegible]	〃
孫道鉉	〃 [illegible]	〃
孫宝東	〃 [illegible]	〃
呉四伏	〃 [illegible]	〃
白鐘九	〃 [illegible]	〃
李福竜	〃 [illegible]	（北海道）

（十二月十九日現在）

お宅の電化は三和から！
御値で小売も
三和テレビ・ラジオKK

お宅の電化は三和から！
御値で小売も
各社テレビ電気器具卸
三和テレビ・ラジオKK
東京都台東区御徒町1-5
TEL (866) 4177（代表）

合成樹脂成型加工
金型製作
SPK
三協プラスチックス化工業工場
宋璨鎬
大阪市生野区猪飼野町四八五番地
TEL（七四一）五八〇六－七

133,000 KVA Water Wheel Generators purr powerfully in their berths at Okutadami Dam.

"大は原子力、小は電球、トランジスターまで"

東芝の製品はより良き世界、より良き生活を創る

東京芝浦電気株式会社は"TOSHIBA"の愛称で全世界に広く行き亘って居ります。現在資本金693億円、年間総販売額は1,800億円を越え、従業員8万5千名、工場21個所、東洋最大の研究所、傘下会社57余所のマンモス企業は全世界の最も著名な一大電機総合メーカーであります。

"TOSHIBA"のマークが表示されている全製品は品質と性能が完全に保証されております。

"TOSHIBA"は其の研究の独創性に依り明日の無限なる発展が約束されております。

Leader of the Industry it Started

東京芝浦電気株式会社
TOKYO SHIBAURA ELECTRIC CO., LTD.
東京都千代田区有楽町一丁目十二番地
韓国向代理店　不二貿易株式会社
東京都中央区銀座一丁目五番地
大韓民国ソウル特別市中区太平路一街六四

B/W TV Receiving Set

川崎に日本一の民団支部

鉄筋2階建て111坪

民団川崎支部の新事務所

来月着工、7月ごろ完成

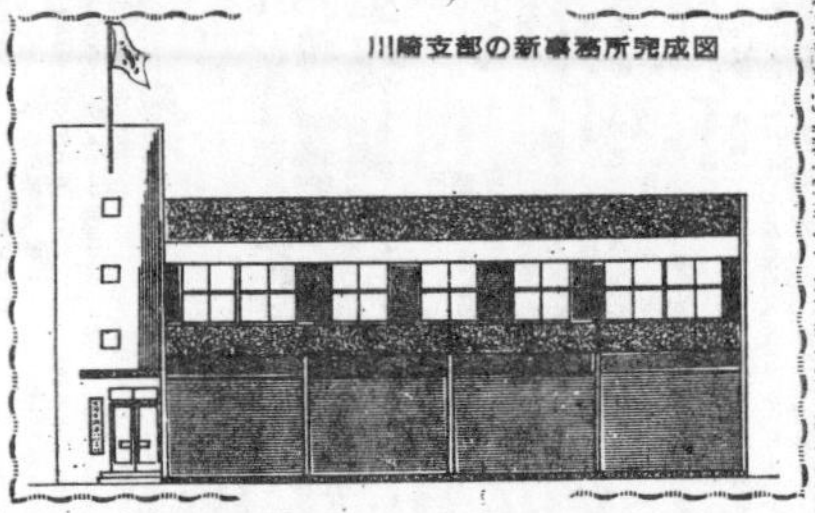
川崎支部の新事務所完成図

韓日国交正常化の気運と相まって民団各級機関においては昨年来急速に組織強化に熱意を示し、民団神奈川県下においても昨年中だけで三支部の事務所が新築され組織力の発展を誇示してきたが、民団川崎支部（朴来寛団長）においても年来の宿願である新支部事務所建設に着々とその歩を固めている。

難航していた用地問題も昨年の十二月、土地所有者の日本鋼管との間で契約が成立し百八十一坪の敷地＝坪単価二万一千円（時価坪当り八万円相当）を四年間の年賦払いで支払うことに決定しまた建坪百十一坪の鉄筋コンクリート造りの建物の建築費として約千五百万円が管下団員らによって拠出され早くも来月には着工の予定とのことである。

そのため、朴団長を先頭に金庫祚建築委員長、田耕作副委員長、各役員らが席をわかたず懸命な募金運動を展開中である。

市内浜町三丁目停留所前の目抜き通りに新築されるこの事務所は、今日にいたるまでに険しい過程を経てきた。同川崎支部事務所が民団神奈川県本部の創設当時の本部事務所であったこと、用地を日本鋼管から使用していたものであるが、建物が老朽化するにつれ新築を構想したのであるが、地主側の日本鋼管はこれに応じないのみか立退きを迫ったとのことである。そこで川崎市当局を中にたて土地買収に成功したいきさつがある。したがって、ここまでこぎつけた現支部執行部の労苦は絶大なものがあった。

工都川崎の日本鋼管前の目抜き通りに約六カ月後に竣工されるこの川崎支部事務所は名実ともに規模と内容において日本一の民団支部となるだろう。

ことしの抱負

本国再建に積極協力

韓国銀行東京支店支店長　李　相　浩

一九六三年の新年を迎え、在日僑胞の皆さんに、新正祝賀のあいさつを申し上げます。

皆さんもよくご存じのとおり、祖国再建の最後の機会として、旧悪を一掃し、貧困と絶望状態に陥っていたわが民族を蘇生させるために決起した軍事革命政府は、当初の革命公約とおり、民政移譲のため、あらゆる準備を着々と進行させており、新年には新鮮にして民主的な新政府の樹立をみることになったのであります。

旧政権下に累積された社会的および経済的な退嬰を果敢に是正し、国民経済の自立を成長をもたらすため、昨年から実施してきた第一次経済開発五ヵ年計画は、新年からより本軌道に乗り、これからの経済発展のための基盤をより強固にするものと信じてやまないものであります。

新年には特に、韓日国交正常化がもたらされるものと展望され、隣邦日本との提携をより緊密にすることによって、両国間の友好と通商がより増進されるものと思います。

これについて、日本に居住する皆さま方の身分と法的地位も確立されるでありましょうから、日本内での皆さま方のあらゆる活動ははるかに有利となり、積極性を帯びることでしょう。そして祖国との交流にあっても、従前横たわっていた制限が、大幅に緩和されることによって、より自由に取引されるようになるでありましょうし進んでは、祖国再建へより積極的に寄与できる機会を得られるでありましょう。また、意欲も鼓舞されるものと思います。

このように、新年には、わが祖国において民政移譲による新しい共和国の誕生と五カ年経済開発計画の成功的な推進でたくましくわが民族が新鮮な様相を再びもたらす希望のみちた年となるであろうし、僑胞の皆さんにおかれましては韓日国交の妥結によって、祖国再建により一層貢献できる意欲的な年となると思います。

終りに、新年を迎えて、皆さんの幸福とご健闘を祝賀しかつ祖国再建のため、より固い団結と協調を惜しまないことを切に望んでやみません。

大韓体育会長職務代理に李浩氏

新任会長選出まで

大韓体育会役員選定委員会はさる六日緊急会議を開き、現副会長李浩氏を会長職務代理に選任したと七日午後発表した。

支店網をさらに整備

信用組合大阪興銀
理事長　平　田　義　夫

明けましておめでとうございます。

一九六二年も無事越年致しましたが、旧年における国際経済界の推移を顧みますれば、キューバ問題、日米経済協力会議、EEC市場の結束問題、日ソ並びに日中貿易問題、特に韓日会談等数多の難題を残し越年する事と相成りましたが、世界経済市場も未だ本格的景気上昇の機運も見るに至らないことは誠に遺憾とするところであります。

この間日本の金融経済界においては昨年下半期の国際収支の赤字幅拡大に伴い、諸設備投資の抑制、日銀公定歩合の再度の引上等深刻なる不景気の波に影響せられて一九六二年は全く多事多難の年でありましたが、漸く下半期に至り徐々に国際収支の回復と景気好転の兆を見るに至りまして、国際貿易自由化の進行に伴い国際金利水準へのさや寄せを主体とする日本政府の低金利政策を打出すこととなりました。

しかしながら未だ世界経済基調は本格的景気上昇期に程遠く国内景気基調に於いては中小企業に至るまで好転の域に達せず、一九六三年においても苦難を突破えるが、一方政策面より見れば下半期に至り徐々に景気好転の兆が現われることと信じて居ります。

この間当大阪興銀においては在阪僑胞各位の絶大なる御支援により一昨年阿倍野生野支店の新設発足に鑑み、更に西成地区に新支店開設の準備中でありましたが、監督官庁の御支援並びに地元組合員各位の熱烈なる御援助もあって昨年末に天下茶屋支店として発足を見ましたことはこれまた深く感謝するところであります。

特に一昨年より計画致しました本国訪問商業経済視察団が第一次、第二次と引続き実施を見るに至りましたことは韓日経済交流に寄与することとなり、更に本国再建の実態に直接触れ一層愛国心の昂揚に役立ちましたことは、誠に喜ばしく意義深い企てでありましたので第三次の視察団を新春に出発すべく着々準備致しております。

顧って韓日会談の趨勢は新春を迎え愈々妥結への気運熟し、これが成立の暁には我々在日僑胞の法的地位も確立せられ益々僑胞の産業界及び経済界における活躍地盤も強固となり、一層本国との経済交流に寄与するところがあるものと確信致し誠に御同慶の至りであります。

新鮮な意義ある新春を迎えるに当りまして当大阪興銀も役職員一同打って一丸となり基本姿勢をモットーとして将来の支店網の拡充に専心努力する決意を新たに致し組合員並に僑胞各位の今後益々御支援御鞭撻の程を切にお願い致しまして新年の御挨拶と致します。

希望がいっぱいの年

信用組合東京商銀
組合長　金　在　沢

金在沢組合長

私は過ぎし年を追憶の年と考え、新年を希望の年と常に考えております。昨年一カ年を振りかえって見て自分の行ない又は仕事の面において間違いはないかなどと反省して見るのです。そして今年こそはと心を新たに計画を立てるのです。しかし毎年のように思った事の半分も出来た年が少ないのであります。

当組合は昨年三月決算において念願であった預金目標十億を突破し九月中間決算には十一億に達しました。十億達成後は一つの段階として特に内容の健全化、事務の合理化、人間関係の調整等に重点をおいて努力して参っております。

昨年は戦後最大の不景気に遭遇し日本政府の金融政策等があって組合員皆様には御満足の行かない点もあった事と思います。東京商銀は在日僑胞の金融機関として組合窓口を通し皆様の事業に多少なりとも貢献するため日夜努力しておりますが、如何なる商いの理想を持ちましても個々の力には限度があり、僑胞会員が安定した生計を営むには全力を結集して団結する以外に目的は達成されません。

今年の計画は支店開設（新宿二丁目土地購入済）交換加盟、預金増強、金利引下げ等であり、なおサービス向上に努力を傾注しております。東京商銀は申すまでもなく皆様の組合です。皆様の力で無限大に伸ばすことが出来ます。アメリカのナショナル銀行はイタリアの移民が設立し現在では世界でも指折りの銀行でありますが発足は組合組織でありました。

日々に発展している祖国と僑胞皆様の生活に直結している東京商銀が共に躍進することを願えば、不肖私も皆様の下僕となり精一杯働く所存であります。昨年中は皆様の御協力に対し感謝の意を表すると共に今年もなお一層の御指導御鞭撻、御協力をお願い申し上げる次第であります。

中小企業を更に支援

愛知商銀信用組合
組合長　姜　求　道

姜求道組合長

親愛なる在日僑胞の皆さま、明けましておめでとうございます。しかし、わが[illegible]

躍進の年一九六三年を迎えるにあたり、わが在日僑胞の経済活動の軸となり指導的な役割を果してきた信用組合の今後のあり方について、所信の一端を披瀝し年頭の挨拶にかえさせて頂きます。

さて当信用組合も組合員並びに各方面の厚いご援助とご協力によりまして順調な発展を示してきまして、預金高は十二億円になんなんとしており、また韓銀を通しておくられた本国からの中小企業育成資金が僑胞企業に与えた影響は極めて高く評価されていますが、その支給方法に今一段と工夫を加え、本来の使命をより一層完全に果したい所存であります。

本年は懸案されていた韓日会談も妥結し、輝しい年になることが期待されます。つきましては本年も組合のより一層の発展のため組合員各位のご支援をお願いすると共に、微力ながら私も責任をつくす覚悟であります。どうぞ本年も皆さまのご繁栄に幸多からんことをお祈り致します。

今年こそ飛躍の年

福岡県韓国人商工会
会長　全　柄　洛

在日僑胞商工会員の皆様、新年明けましておめでとうございます。

過ぐる一九六二年は、私共在日僑胞にとりまして、意義深い年度であったと申せましょう。祖国の韓日問題も国家再建の意欲ある政治折衝によりようやく前途に光明のきざしが見受けられる今日、国交正常化の機運もようやくにして高まってまいりました。

思えばわが大韓民国独立以来今日まで、時には不成立会談と迄言われ、幾多の紆余曲折を経てまいりました事実に目を向ける時、私共在日商工会員の今後一段の飛躍を期すべき、この新年の厳しい門出に当り、一層感慨深い願いを禁じ得ません。

私共、福岡県韓国人商工会は、一九六二年二月、呱々の声をあげ爾来今日、ほぼ一年近くを経過致しました。その間にありまして、連合会を始め各地方商工会及び各傘下団体の皆様の懇切なる御指導・御鞭撻を賜り、会員の育成、及びその地位向上に努力を傾注して今日に到りました。幸いにしてより多くの理解のもとに、会員数も日を追って増加致して居る現状であります。

しかしながら、「組織の強化」「事業の推進」更に「母国の経済発展に寄与する」という商工会設立に当っての三大綱目をひるがえって考える時、過去一年間にわたる当商工会の歩みは、まさに牛歩のそれに似て、何ら顕著な業績を残し得なかった事実に対し深く反省して居る次第であります。

既に皆様御高察の通り、ここ数年来、日本の経済界は極度の不景気にあおられて居ります。国際収支の赤字化防止の対策とは申せ、各種産業体、とりわけ強力な母体を持たない中小企業体に与えて居ります打撃は甚大と申さねばなりません。まして、私共在日僑胞にとりましては、その立場の特殊性と、諸問題に処するに適当な経済人組織結束の遅れから、より一層の深刻な様相を呈して居る事は否むわけにはまいりません。

かかる時局にありまして、本国政府からも在日僑胞にとりまして唯一の経済団体として認定されております私共商工会に課せられている使命も又重大と申さねばならないでしょう。

当福岡県商工会は、その設立当初より、会の運営を会員の会費に依って賄う方針を採っておりましたが、かかる時局に直面し、会費の徴収にも思うにまかせず、会の運営にも多大な支障を来たしてまいりましたが、過般、各専門部会、即ち貿易促進専門委員会、財政専門委員会、観光事業専門委員会、国内産業専門委員会の四部門設置の大要もまとまり、来たるべき日に備えて積極的な事業を推進する事に相成りました。幸いにして、当地は、韓日両国の国交に当り、あらゆる立地条件に恵まれて居ると自負致して居ります。やがて、これら各専門委員会に多忙な毎日が訪れる事によって、残された数多くの問題も徐々に解決の糸口が見出せるのではないかと信じ、会員意欲を燃やして居る次第であります。

偶々、当福岡県は、韓国系信用組合の設置に多年苦慮致してまいりました。既に現存致します平和信用組合も、わずかにその業務地区を小倉市及び門司市の二地区のみに限定されて居ります現状から、これが全県営業許可の獲得にも、当商工会がその推進母体となって既に活発なる行動を開始致して居ります。

斯様にして幾多の問題の結論をすべて本年に持ち越して越年致しましたが、諸般の情勢から、その機もようやくにして熟してまいりました今年度こそ、私共在日僑胞の一段の飛躍を期して羽ばたく時期ではないかと存念致して居ります。

新帝国主義研究

◇最近の共産主義の諸形態◇

ソ連の対中東政策の展開過程

ジョージ・レンジョフスキー

いくつかの特殊問題に関し[illegible]な態度を取った実例をより多く例挙することが出来る。[illegible]ミト・シェピロフソ連外相が一九五六年六月下旬カイロ、ダマスカス及びベイルートを訪問したとき、お互いにてい重さをみせようちにも、イスラエルに対するアラブ人の特定要求に関する如何なる問題点に関しても用意周到でソ連が言質を与えなかった。エジプトのアスワン・ダム計画に関しても似たようにみることが出来る。エジプト人たちは一九五六年、ソ連がエジプトのダム建設を援助する準備を整えているということをしばしば暗示したが、モスクワから確実な約束はなかった。アラブ人の民族的指向に関してソ連の融通性をみせてくれる幾つかの実例が、中東地域の平和と安全確保ということを強大国だけが担当すべきであるが、そうでなければU・Nが担当すべきであるかの問題と関連して現われた。

西方三大国の行動を糾合するかそうでなければU・Nが集団措置を講ずべきかという問題が発生したとき、ソ連は断然と前者を非難する一方、後者を強力に支持した。このようにしてソ連は一つの声明のなかで、一九五〇年五月二十五日のフランス、英国及び米国の三国宣言を一方的な措置であると非難した。

即ち、ソ連はその声明のなかで「その一方的な措置は事実上中近東地域を数個国家の影響力の及ぶ数個地域に分割しようとする努力であり、アラブ諸国の独立及び主権の侵害というアラブ諸国の正当なる評価をうけている」と言明して、「上述した三国宣言に対するアラブ国家たち一九五〇年六月二十一日付共同宣言で、エジプト、シリア、レバノン、サウジ・アラビア、イエメン、イラク及びヨルダンの諸国は主権と独立を侵害する如何なる行動もうけ入れられないだろうと宣言した理由は明らかにこのような事実を説明してくれている」と、同声明は付言した。

しかし、エジプト危機後、ソ連がアラブ世界へ政治的に浸透していったとき、ソ連は直ちに「強大国の協調」という理念に立脚した中東「平和計画」を西方側に提議した。このような提議は一九五七年二月十一日になされたが、その当時シェピロフソ連外相はフランス及び米国国使に送った一覧書のなかで、アイゼンハーワ・ドクトリンを①アラブ諸国の主権尊重②アラブ国家と強大国との軍事ブロック結成の断念③すべての外国基地の撤止と、その地域から外国軍隊の撤収④「これら国家たちの独立性及び主権と脅威する如何なる政治的・軍事的及びその他の条件を要求せずに」その地域の経済開発援助を目的とする四大国宣言に代置することを提議した。しかし、この宣言草案に内包されたもっとも重大な特徴の一つは、四大強国が中近東地域のすべての紛争問題を平和的方法によって解決するよう共同努力しなければならないという提案であった。これはテヘラン、ヤルター、ポツダム会議などの前例にならって、中東諸国との協議なく解決しようとする意図であることが明らかである。そのような行動路線から次のような対策をうるようになるであろう。

即ち今後ソ連は中近東地域の平和の設計者であり保障者となるものであり、反面弱小国家たちは四大国協調体の指令に従わなければならなかった。

アラブ世界に対して二面性を帯びたこの三つの実例にも拘らず、アラブ世界の衆論をみると一般的にこのような不愉快な事実を度外視し、その代りに親善関係を結ぼうとするか利害関係に無関心である等のソ連の主張を額面通りにうけ入れる傾向があった。そのようなソ連の態度は西方及びイスラエル関係にあってのアラブ人の経験に照らして理解することが出来る。イスラエルに対するアラブの軍事的な挫折は重大な軍事作戦のあることに、イスラエルが収めた容易ならざる成功に困って強化されたし、一層強力な軍事力を持ちたがる大衆の意欲をそそったのである。いくつかのアラブ政府はこのような欲望を充足させてくれるのは政治的に至当なることであると考えたのである。「付帯条件のない武器援助」は人気のあるスローガンとなったが「武力の均衡」及び被援国が経済援助を適切に使用する問題に関して疑問を抱いていた西方側は、このスローガンに対抗してゆくことが困難であることを感じた。

韓国服地と韓国レコード！

浅草 金宮商店

営業品目
特殊昔緞洋丹・中国洋丹
金糸緞洋丹・チトロン洋丹
京都洋丹・美術丹・七色丹
洋服地・各種ナイロンレース
リバレース・オパール
ニュートン・ベルベット
其他　本絹　季節向一式
朝鮮古典長鼓販売
貸古典婚礼衣装

韓国レコード関東代理店
総販売元

東京都台東区浅草公園六区2－2
電話（841）0003・0004・0005・0006

技術革新の凱歌！

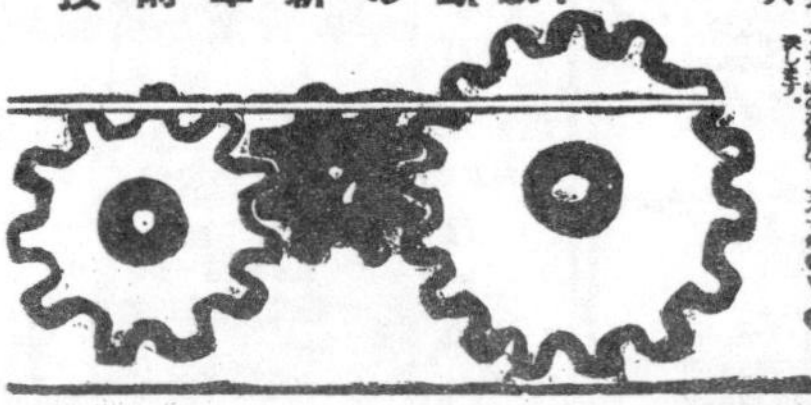

平和ミラクル・セット
パチンコ裏玉還元装置

平和
（東京・大阪・北部運）

国土建設の一翼をになって、躍進に、躍進を続ける建設基礎産業

東栄商事株式会社

取締役社長・李栄碩

営業品目・砂　利・砕石生産
本　社・神奈川県相模原市淵野辺1910・電話淵野辺局112
工　場・神奈川県津久井郡津久井町三ケ木道志川・電話 215

外国人からみた韓国
伝統の現代化急げ
米・日人らの新春放談（上）

われわれには悠久なる歴史がある。その歴史にいろどられた——時にはたくましく、時にはまた穏やかでもあった歴史の大河には、とてつもない悲劇が綾なすこともずらあった。ここに総ての悲劇とは遠くはなれて一路「国の自我」を再び創造する新年を迎えたのである。

六十三年の出発—東亜日報社では、韓国に滞在する著名なる米・英・日・中人らに「韓国・韓国人・韓国文化」に関するお話しや批判の声を聞いて見たのである。

外人たちが見た「韓国の自我の断面図」—これに参席した人たちは一年間を韓国で過ごした英国大使館参事官S・J・エトワール氏、一年二カ月も留まっている日本天理大講師大谷森繁氏（現在外国語大講師・日語担当）、解放後十七年間この国に踏みとどまって韓国銀行調査部に勤務中である米人C・F・ミラー氏と四年前から高麗大で政治学を研修中にある中国の黄正綱氏らである。

文化

水彩画　京都・韓中・三年　皮洋子

参席者

C・F・ミラー（米国人＝韓国銀行）
S・J・エトアール（英国人＝英国大使館）
黄正綱（中国人＝高麗大）
大谷森繁（日本人＝外国語大学）
東亜日報社側＝朴権相論説委員　高在彦文化部次長

外国人にたいする態度

司会＝今日は韓国人と韓国文化—つまり広範に表現して皆さんが感じた韓国人の思考、行動、生活様式などについて、率直な批判をして貰いたいのです。取敢えず、皆さんの意見として聞いて見たいのは韓国に滞在している間、韓国人がどのように接してくれたかをです。昔からわれわれは、東邦礼儀之国と呼ばれて来ましたが、この点と関連してお話してくれませんか。

エトアール＝まさしく、韓国の人々は非常に親切な国民ですね。私は、何時も温く親切なもてなしを韓国の皆さんから受けて来ました。唯一つ感じたことは、韓国はこれまで多年間西洋人と接触を続けて来たし、特に、十余年間というものは多勢の西洋人が居住している関係から、もう馴染み過ぎていると思われますが、それがいまだに西洋人が現われると好奇心のようなものを起しているということなんです。この点、多少不可解ですね。

大谷＝とても親切な国民です。ですが、親切というのが私の感じたところでは外人のみにほどこされているのではないか？ということなんですよ。その親切が同じ同胞間にも分けられるべきですね。

韓国の国民性について

司会＝韓国国民性の判然とした特色について考えたことがありますか。

ミラー＝私もまた長い間ねんごろなもてなしを受けて来たのですが韓国人の特色といえば寛大なところにあるんじゃないかと思いますね。この点が度を越して自己能力に余る贈物を他人に与える光景をよく見受けます。また、韓国の人々は歴史的にいろんな苦難をなめて来たせいか、未来よりも現在に重きを置いて考える習性があるのではないですか。

大谷＝韓国国民の特性は率直性と豊富な感受性にあるとも思われますが、日本語と韓国語の表現を見ても、日本人は何か躊む時でも回りくどいのに、韓国人は可成り積極性が見えます。感情が豊富であるということは韓国文学作品が小説よりも詩や時調に立派なのが多いということを見ても推定されます。

黄＝私は長らく学生たちと接触して来ましたが、過ちを犯せば率直に是認する率直性に非常に感心させられたことがあります。

司会＝韓国国民の特徴的性格を保守性、党派性および事大性であると規定した米人学者も居りますが、この点どんなものでしょう。

黄＝過去はそうであったかも知れませんが、今の若い青年学徒間にはそんな傾向は見当りませんね。

大谷＝保守的な面もあり、事大主義的な傾向もあり、また党派性もあるようにも見えます。事大主義はやはり地理的条件のためにむしろ不可避的なものではないでしょうか。それに党派性は韓国人の率直性に由来するとも思われます。外国人が韓国人は言葉がきたないといっているようですが、他人の短所までも面前で平気に忠告する傾向がありますね。

司会＝韓国人は以前は三綱五倫の道徳基準において生活し、今では急激に輸入された西欧文化に混沌されて混乱の中で暮すようにも見えます。

大谷＝儒教自体は中国から発生して、今まで最もよく守られた国は、中国でもなく日本でもない。むしろ韓国ではないでしょうか。日本も同じく西洋風が多分にはいって来ていますが、何かを決定する場合、最後のどたん場になるとやはり昔通りの儒教的道徳観念が根本的に作用されて来るのではないでしょうか。

ミラー＝私もこの面を多く観察して見ました。田舎ではいまだに過去の風習が着実に尊重されているようです。でも、文化が急速度に変遷されて来ているようですが、外部からはいるものに対して、良きを選び悪しきを捨てるということは重要な上に難しいことでもありますから、この点など、現段階の韓国の人々には可成り難しい時期に到達したのではないですか。

韓国の婦人について……

司会＝韓国女性に関しては、どうお考えになっていますか。過去の美徳は今じゃなくなって来たようにも見えますが「三従之徳」のようなことに関してはどう思いますか。

エトアール＝よくは知りませんが、婦女の絶対服従に関して多分誇張されているのではないですか。何故かと申せばつまりどの社会でも頑丈な婦人は、夫を尻にしく傾向がありますよ。仮りにそうであっても、女性に対する教育やより大きな自由という見地からもこの点可成り進歩していると思います。

ミラー＝どの社会でも一定な率の男性は女性をリードし、また一定率の女性も男性を支配するようなこともありますから韓国もこの点同様であると見ます。唯一つ大きく違うのは米国人は特別な事由がない限り、婦人同伴でなしに外部で時間を費しながら婦人を家に待たすようなことは比較的しません。だが、韓国では正反対ではないでしょうか、夫は一杯飲み屋で楽しんでいるとか。

黄＝私は韓国で長らく下宿生活をやっています。主婦が承諾すればそれで結構ですね。男女平等のようでもあり、そうでないようにも見えます。

大谷＝だから、韓国で下宿しようと思うならば、主婦の許可さえあればそれでよい（一同笑声）。家庭での婦人の位置は日本よりもはるかに高いように見えますね。夫が一人で居酒屋に行くかわりに家内権力はどうもご婦人が握っているようです。

＝続く＝

國寶巡禮（22）

撮影・李　説明・崔

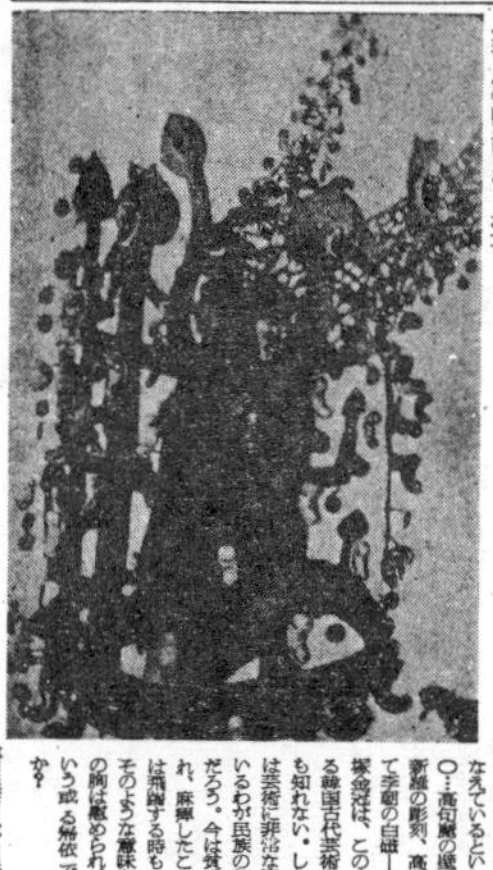

金冠塚金冠

O…文学する人々が述べている「素雅への帰依」とは、何を意味するのか必ずしも明白であるとは限らないが、そのような言葉を何時も連想させてくれるのが国宝第八十七号「金冠塚金冠」＝国立博物館所蔵、高さ二七・七㌢＝である。

豪華燦然たる黄金色と精巧緻密な技法、そして何かを囁いてくれるかのような、その深い深い意味を考えて見ると、国立博物館を訪ねるたびに、必らず恍惚とした威厳の前に立たされ、しばし驚嘆と畏敬の眼で吸い着けられるように見惚れるのである。

O…鹿の皮のような装飾と「出」の字の形で「木」模様の飾りが三個着いている外冠と、三面からなる内冠とには、約二百余りの歩揺片と称する曲玉と称する青い玉が連なり数百個のこまかい丸味を帯びた揺片が微風もないのに際限なくきらめいている。

一九二一年慶州金冠塚から出土したこの宝冠は、現在の金冠三個のうちでは最もすぐれたものので、世界にも稀れな傑作だとされている。制作年代は五、六世紀頃。その形式は南部ロシヤ地方とシベリアの「シャマン」冠などと、ほぼ同様な様式をそなえているといわれる。

O…高句麗の壁画、百済の塔、新羅の彫刻、高麗の青磁、そして李朝の白磁——ともあれ金冠塚金冠は、このすべてを代表する韓国古代芸術の象徴であるかも知れない。したがって、それは芸術に非常な資質をそなえているわが民族の象徴にもなるのだろう。今は貧乏で、病みつかれ、麻痺したこの状態も何時かは飛躍する時もやって来そうだそのような意味から今われわれの胸は慰められ、鞭打たれるという或る帰依ではないだろうか。

李朝野史物語

太宗世祖時代篇（26）

魯山君余話（三）
「生六臣」の話

先王からうけた顧命をまもろうとした死六臣たちは、国人総嘆のうちに惨く刑場の露と消えた。彼等の忠死には、多くの犠牲者がつづいた。

その中で、当代年間名の高かった文人学者六人は臣に二君にまみえない節義のために、世祖朝に出仕することを恥じて、生涯を生ける屍となり野人として通した。

彼等六人は、たとえ刑死はしなかったが死六臣に対比するものとして、生六臣と呼ぶ。彼等は金時習、南孝温、元昊、李孟専、成タム寿、趙旅などである。人によっては、南孝温の代りに権節を生六臣に入れることもある。この外に、生六臣にはなれなかったが申末舟（申叔舟の弟）、尹祥、安止、丁克仁などで、世祖朝に出仕を拒んで終生を野に隠れてしまった。

金時習（一四三五—一四九三）は、その号を梅月堂と呼んだ。詩人として奇行の多かった人であった。

伝説によると、生れて七日目には文字を解したという位いで世人彼を神童と呼んだ。五歳のとき、世宗大王から『三角山』という題目で作詩を命ぜられた彼は、その場で即興詩を詠んだ。

三角高峯貫太清　登臨可摘北斗星　非徒嶽出興雲雨　能使王都万歳寧

（三角山の高峰は天を貫く　登れば北斗星をも摘めそう　嶽だけが山の雲から興るものでなかろう。王都をして万歳太平を築かんずる）

世宗大王、その五歳の童詩を深く感じられて、絹地五十疋を賜わった。彼の智慧を試そうとされて、自分でこれを持って行くようにした。

時習は、このときもためらうことなく即座に、絹地の巻物を解いてから両端を結び合せて腰にかけてから、五十疋をそっくり引きずりながら持ち去ったという。

そのときから、彼の名は国内で有名になり、彼を呼ぶときは本名の代りに『五歳』と呼んだ。五歳童児がそれほどの智慧者であるという意である。

彼が端宗遜位（譲位）のことを聞いたのは、その二十一歳のときで、三角山のお寺にいた頃である。これを聞いて、いままで読んでいた本を閉じて、三日間を痛哭した。それから所蔵本を全部焼き払ってしまって、削髪仏門に入った。

放浪漂泊のうちに三年間を、山野に放浪しながら、無量寺で入寂した。それから三年後、その柩を開けてみたら、生時のままであったといわれる。

彼は、文章で名が高かったのみならず、天文、地理、医薬、陰陽、占星など専門家の知識を持っていた。しかし、惜しみてあまりあるのは、彼が時を得なかったことである。その遺著には梅月堂詩集、金鰲新話などがある。

六臣が死んだとき、国民はその死に袖をしぼった。しかし、後難を怖れて誰一人葬いをするものがなかった。これを見て憤慨した金時習は、刑場に行って六臣の屍体を拾い集めて、鷺梁津に葬った。

南孝温（一四五四—一四九二年）はその号を秋江と呼んだ。一世の碩学金宗直の門弟として有名であった。その交友には金宏弼、鄭汝昌、金時習、内応世など当代の名のある儒生たちがある。

十八歳のとき、死六臣の忠誠に感激して成宗十二年に昭陵（文宗王后権妃の陵で世祖により発掘された）を復元することを、強く主張した。それが却下されて、彼の大義名分が立たなくなったので、ついに意を決して、官から身を退き、山野に隠れて生涯を閉じた。

彼は金宗直の門人であったので、その死後も平和でなかった。燕山君のときに甲子士禍の犠牲となり、その墓があばかれて屍体を切断される惨刑をうけた。

趙旅は、その号を漁渓という。端宗が王位を簒奪される日、明倫堂でこれを目撃した。同僚や儒生たちと共に悲痛な思いで、端宗にお別れを告げてから、故郷に帰った。爾来、再び世に出ないで洛東江畔で隠れ身となってしまった。

李孟専は、耕隠と号した。彼は山荊谷村の人で、世を嘆き故郷に帰った。自ら盲と聾と称して、死ぬときまで、一切、人との交渉を断ったことで有名である。

成タム寿は文斗と号とした。校理の職を退いてから、故郷で生涯を閉じた。

元昊は、霧湖を号とした詩人であった。直提学在任中、端宗譲位に遭い、故郷に隠れた。

彼は、故郷に帰ってから端宗が追放されると、ときの上で寝起しながら悲嘆のうちに月日を送り、その崩御に際しては、墓に赴いてから三年間墓の側で奉仕した。

彼は、平時でも東方を向いて端坐したといわれる。

（石鼓山人）

安住の地は（九）

許權旭　え　金泰伸　(123)

ダーン　ダーン　ダーン
またもや銃声がきこえて来た。
「まあ！どうしましょう、おばさん？」
泣きっ面をしてぶるぶる慄える少女を連れて、私はようやく寺に帰って来た。寺の境内には軍人たちが一ぱい坐っていた。
「おまえたちはどこへ行って来たの？　あ—おまえは早く部屋に入っていなさい。外へ出ないで」
心配げに言う姑が、私にひょいと眼くばせをした。
私は動悸のなる胸を抑えながら部屋に入った。縫い物を前において、私はしきりに外をうかがった。
軍人の一人が縁側に来て腰かけながら、姑にうるさくせんさくした。
「あの青年は誰ですか？」
「あの子は私の末っ子ですが、体がもともと弱い上に、胸が悪いのでここへ来て療養しているんです」
「では、このお寺には全部で何人住んでいるんですか？」
「伜に嫁と、また小間使いの娘と年寄りたちに薪取り、私まで全部七人しかいません」
「嫁さんはどこにいますか？」
「あのこは何時も部屋で針仕事などしています」
「用心しなさい。鶏竜山に共匪が頻繁に出没するというので、きょう部隊が調査にきたのです。では、もう帰ります」
やがて、軍人たちは列をなして山道を下り始めた。
山の下に、蟻のようにだんだん遠ざかっていく軍人たちの後姿を眺めながら、姑は重くため息ついた。
「あー、南無阿弥陀仏！　どうもおまえたちのために私が安心して居られないんだ。胸苦しい」
元気のない声でいう姑の顔には、玉のような汗がにじんでいた。私は黙って罪人のようにうなだれて立っていた。
その後、この人里離れた寺には、ときたま討伐隊が登って来たり、警察支署から刑事たちが登って来たりした。静かな寺も、私たちが留まっていられるところではなかった。しかし、どこへ行くあてもなかった。
重くからんでくる不安と焦燥の中で、憂ウツな日々が過ぎ去り、紅葉の秋が迫って来た。きいろく紅葉した木の葉が、枝からドサッと落ちるある日、彼と私はこの寺を離れなければならなくなった。
「これ、いくらでもない金だが持って、取りあえず大田の兄のところに行って居るようにしなさい。そのうち何とかなるだろう」
姑が用意してくれた旅費をもって、彼と私は寺を後にした。
「おばさん、さようなら、またいらしてね」
石橋に立って手をふる少女の黒い瞳が涙ぐんだ。
「入粉ちゃん、元気でね。来年また来るからね」
私は少女に手をふりながら微笑を送った。
ガサ　ガサ
落葉の敷かれた狭い山道を下りて行く私たちの前途ははるかであった。私は泣きっ面しながら彼に問いかけた。

■ホール
■御座敷
純京城料理
京城館
東京都新宿区神楽河岸3号地
宋万里　国電飯田橋東口下車揚のたもと
電話(331)2652

一般鋼材
丸棒型鋼
安田金属
代表者・安田圭鎬
東京都墨田区緑町4～30／電話 本所(631)1355／8573／8983番

○サッカリンナトリウム・化学工業薬品製造販売
大東化学工業株式会社
取締役社長　林泰善
尼崎市長本町2の58　TEL(2)338

※世界各国航空船舶券発売・渡航手続一切
※KAL航空券取扱・韓国旅行案内
※AIU旅行障害保険取扱
※国内観光旅行案内
ORIENTAL TRAVEL SERVICE
Code: ORIENTRAS Tokyo
東洋航空株式会社
東洋旅行社　国内部
本社：東京都中央区銀座西7-2　●電通正面日軽ビル隣
TEL. 571-1340・7930　ウエスト喫茶店二階
大阪：大阪市東成区片江町2-50　TEL. 971-6180
fly to SEOUL

豪華浴室と高級焼肉料理の殿堂
温泉気分と最高のムードで
個室トルコ　早朝五時より(800円)浴後にビール1本ツマミ付サービス
大衆男女トルコ風呂　100円
◆五〇〇坪全館冷暖房完備◆
上野　宝苑
上野駅前昭和通り宝ホテル隣
チャングのリズムに乗って
韓国の古典床しき美妓の舞い
御宴会
御一人様　500円より
料理5品　酒1本(500)
高級焼肉料理
（年末年始の宴会の予約は早めにお申込み下さい）
御予算により御相談に応じます。200名様用大広間御家族ずれ、大小10室準備
温泉部電話(832)2619～20、食堂部電話(832)6505～6

韓国料理
漢陽館
崔泰奎
東京都文京区清水谷町1番地
電話(941)1552番

近代工業の先端を行く精密機器用宝石部品の日本国内唯一のメーカー
株式会社　光陽精密宝石製作所
営業品目
軸受宝石　計器用軸針
時計用宝石　装身具用宝石
電気指示計器用　ミリ波進行波管気密窓用サファイヤー
航空計器用　カメラ用軸受
其他各種計器用　メーザー用ルビー
当社直営店の御案内
光陽宝石直売店
自由ケ丘　田園　宝石部（喫茶部）
ヒカリ街デパート2階　TEL(717)2131～3
五反田駅前　ユーヨー宝石
五反田駅前　TEL(441)5911

納品先
電電公社　日立電気　三菱電気　松下電子　シチズン時計　ヤシカカメラ　三協精機　リズム時計　東京時計　島津製作所KK　品川製作所KK
日本碍子KK　安立電気　セコニックKK　協立機機　日本電子　千代田光学　理研電計　矢島計器　日本電装　其他計器メーカー70社

割引マーク　koyo
※右掲載の割引マークを当社直売店に御持参の方には一割～二割の割引サービスをいたしております。

株式会社
光陽精密宝石製作所
代表者・郭泰石
本社・工場　川崎市小杉陣屋町2丁目1280番地　電話中原(0447)5254・9029番
山梨工場　山梨県都留市上谷1680番地　電話（都留）2175・2176番

韓國新聞
発行所 韓国新聞社
発行人 曹寧柱
東京都文京区金富町51
電話 (813)2261・2263 編集 (812)1921 (813)2262 業務
振替口座 東京 34988番

韓国と日本を結ぶ!!
広告企画と立案・図案文案製作
新聞雑誌広告・ラジオテレビ広告
ネオン屋外広告・市場調査と興信
その他広告宣伝PR
広告代理業 KPR
TOKYO 港区芝琴平町26 電話(501)0471
SEOUL 乙支路一街101 電話(2)1811

公務員の中立を要望

政治活動を禁止 現役軍人
朴内務長官、取締を提示

【ソウル発＝共合】朴内務部長官は九日午後現職公務員の政治参与を一斉に禁止すると発表した。朴長官はこの日談話を発表して総ての公務員は地位いかんをとわず政治に投じようとする場合は、現職を辞任して一般人の資格で参与しなければならないと語った。

つづいて朴長官は堅固な民主土台を築くため政治活動が許容されている現在、旧態依然として公務員としての身分を忘れることがあってはならないと述べ、総ての公務員は政治から厳重に中立を維持し無自覚な者が発生した場合には身分処置などで厳重に処罰すると強調した。

なお朴炳権国防部長官は九日現役軍人の政治運動禁止に対する談話を発表し、最近軍に服務する一部無自覚な現役軍人がその本分を忘れて政治活動に参与しているといううわさがあるのに対し遺憾の意を表明した。軍人は軍人服務令の規定にしたがって閣令第四三号に規定された特別な場合を除き現役軍人の身分で政治に関与できないということを明らかにし、これから違法行為がないよう徹底的に取締ることを三軍参謀総長と海兵隊司令官に指示した。引きつづいて朴長官は国土防衛のために与えられている軍人の任務に全力をつくすよう強調した。

零細失業者救済に本腰
政府21億四〇万ウォン放出

政府は今年の上半期に一七〇万名の零細民と失業者を救済するため二一億四十余万ウォンを放出しているが、最高会議では八日から一週間にわたりこのような救済計画の適合性と失業者の就業対策等に関する監査を行う。

七日洪鍾哲最高委員は記者団と会見、最高会議の文社委と財経委が合同で十一監査班を編成し八日から一斉に事業体の選抜状況、組織農家の実態等を把握することになったとのべた。洪委員はまた今度の救済対象者は生活保護対象者が一八万三千名、零細民が九二万三千名、職業安定所に登録された失業者が一四六万四千名であると指摘、生活保護対象者に対しては一日一合五勺を一年間継続して無償で救護穀物を与え、零細民に対しては一日一合五勺を一カ月のうちに二十日間だけ与えて残り一週間は国土建設事業に就業させ、失業者に対しては国土建設事業または自助救護事業等に一カ月に十五日間就業させ一日に三升ずつ一カ月間にわたり穀物を支給すると発表した。

清潮会が態度決定
注目される旧政治人の動き

旧清潮会では九日夜市内某所で会合を持ち態度を決定十日午前共同声明を発表すると朴俊圭氏が明らかにした。革命後旧政治人らの中で一番早く革命政府を支援したこれらの者はその間行動統一を模索中であったが、初めて態度を表明することになる訳である。救済された十四名の内大部分は与党側に同調すると予想されるが一部は共同声明に署名することを拒否して野にとどまる模様である。

検事と軍法務官の交替に反対
ソウル第一弁護士会が

ソウル第一弁護士会は七日検事と軍法務官の交替は司法運営の現実を無視するばかりでなく兵役法第十九条にも抵触するとの声明書を発表した。

同弁護士会はこの声明で政府が四十歳未満の判検事等法曹人と軍法務将校との交替を計画しているという報道が事実であればこれは司法府の沈滞と一大混乱を招く重大な結果をもたらすもので、法的根拠からいっても戒厳令まで解除された現在、戦時或いはこれに準ずる事態にあると断定し兵役法十九条を解釈しようとするのは兵役法の根本精神に違反するものであると非難した。

白頭学園に書籍201冊
政府から本国

文教部は九日日本大阪にある僑胞の学校である白頭学園に新年度贈物として書籍二〇一点を送ることに決定したと発表した。現在高等学校と中学そして小学校を同時に運営している白頭学園は共産主義教育を徹底的に排撃しており、韓国からの派遣教師もおり、文教部で発行した認定教科書を使用している。この白頭学園は日本政府から私立認可をうけた正規の学校である。

大学定員を大幅増員
理工科系を優先 朴文教部長官発表

朴一慶文教部長官は九日今年度初級大学の定員を現在の二万百六十名から一万八千百四十名に七千九百八十名を増員したと語った。朴文教部長官は九日の記者会見でこのように述べ、初級大学の増員は中堅技術者の不足を補い、学生人口構造の正常的な改善を図るという所にその目的があることを明らかにした。初級大学の増員は実効性をおさめることができるように理科系の施設をそなえた学校に対して優先的に認め、電気、機械、土木科に対しては大幅な増員を認めたと語った。

新聞研究所発足
ソウル大学内に三月から

ソウル大学内に設置される新聞研究所は国立学校設立会の財政的後押しで活発に推進され来る三月学生募集をする計画である。九日午後公報部が伝える所によると同研究所は新聞、放送記者と政府公報関係公務員のため夜間講座を開設するつもりであり、三月に一次として三十名程度募集するという。同研究所はソウル大学校教授の中から所長を選び研究部などの機構をおくよう推進している。

ソウル街頭を行進する戦車隊
極東における自由陣営防衛の第一線を担当する韓国軍はその神聖な責務を遂行するため猛訓練と装備の近代化を推進している

中央情報部長の就・辞任式挙行

新旧中央情報部長の就辞任式が九日午前中央情報部において[illegible]内務委員長、金炯旭最高委員参席のもとに挙行された。

韓国に期待する日本業界

韓国経済再建に協力
待機する日本の大小企業

韓日両国民の関心の的となっていた韓日会談も、両国政府当局とくに韓国革命政府首脳の政治的決断により、近く妥結のはこびとなった。これは韓日両国民にとって大きな喜びであろうが、とくに景気後退になやむ日本業界にとって韓国は貿易、技術援助、経済協力等の対象として大きな期待がかけられている。

▽セメント業界 業界筋によると韓国のセメント需要は年間百二十万トンであるが、現在国内生産は七十万トン程度であり、従来その不足分は台湾や西欧から買いつけていた。しかし、韓日国交正常化により日本から三、四十万トンのセメント輸出は可能だとみている。

▽鉄鋼業界 日本の鉄鋼業界としてはこれまで蔚山の製鉄工場建設で八幡製鉄が米国、西独メーカーと並んで設計図を提出しており、これまでのところ一億五千万ドルの借款を前提とした米国が有力であったが、韓日会談の成立で日本側の巻きかえしが期待されている。

▽機械業界、現在韓国は肥料工場八工場の新増設、蔚山の製鉄所、石油精製施設などを計画しており国交正常化後、これらプロジェクトに必要なプラントの一部が日本に発注されるものと期待している。

単体輸出としても農民が全人口の過半をしめていることから、農業機械の需要はかなりふえる見込みである。このほか建設機械、繊維機械、工作機械、船舶などプラントについても大きな期待がもたれている。

▽電機業界によると、韓国で五十万KW以上の水力開発計画が進められており、日本の水車発電機の進出余地が大きい。一方通信関係ではテレビの対韓輸出は韓国自体がきびしい輸入制限をしており、しかも日本のメーカーは松下電器と三洋電機の二社にしぼられているが、韓国内の需要が大きく今後が期待される。さらに韓国電力計画、けい光灯などについてメーカーの企業進出による韓国現地での生産も検討されている。

▽自動車業界 これまで韓国市場に進出したのは昨年二月セナラ自動車との間で組み立て契約をまとめた日産自動車のみだが、国交正常化により韓国側の受入れ態勢が急速に整うものとみられている。日産につづいて韓国進出を目ざしているのはトヨタ自動車、いすゞ自動車、日野自動車などで、とくに日野は積極的進出を計画している。

▽肥料業界、さきに硫安、尿素の大口契約に成功した肥料業界としては、国交正常化によってこうした取引関係がさらに強化されるものと期待している。韓国は目下肥料の自給をはかるため忠州、羅州などで欧米の資本技術をいれた尿素肥料工場の建設を進めており、日本からもプラント輸出の話がまとまりかけている。

韓国向け肥料の輸出はこれまで年に波があった。この点はこんど業界が結んだ契約で当面解消したわけだが、韓国側が肥料の要輸入量を全部日本から買付けるその友好的な態度を示しているおりからプラントなどの延べ払い条件を日本政府がどの程度認めるか、また民間業界が信用供与にどれほど踏み切るかがカギとなるとみている。

▽貿易業界、日本の貿易業界は国交正常化の実現を見ごして積極的な動きをとってきており、国交正常化により売り込み競争が本格的に激化しよう。韓国側の外貨事情が悪いのですぐ輸出が伸びることは期待できないが、国交正常化により政治的障害が除かれれば、賠償輸出ばかりでなく商業ベースの貿易拡大の道が大きく開くだろう。

輸出目標達成は容易
柳長官63年度の見通しを発表

柳陽洙商工長官は九日記者会見を行ない今年度輸出目標は七千二百万ドルであるが商工部としては内部計画で一億ドルの目標を立て地域別に輸出可能なところを検討していると語った。つづいて柳長官は昨年度の輸出実績は五千六百七十万ドルで目標額の九十二%に該当し、前年度実績より三十二%増であることを指摘し、このまま行けば五カ年計画の二次年度輸出目標額である七千二百万ドル達成は容易であると語った。

一方柳長官は年度物価調整に言及して大きな変動はないだろうと展望し、その根拠として物価比重が大きい米価に対する調節策が立っており、輸入品においては昨年度に一億八千万ドルにもなり、年間要求額を約四千万ドル上回っているため今年度外貨需給予算をそれ以下とみても年間一億ドルであれば物価供給に支障はないだろうと指摘した。

前年比三十二%増
商工部、62年度輸出実績を発表

九日商工部は昨年度十二月中の輸出実績は月間実績の最高記録である八百三十九万ドルでこれによって六十二年度輸出実績は五千六百七十万一千ドルになり、目標額である六千百八十六万四千ドルの九十二%に該当したと発表した。この実績は前年度実績である四千二百九十万一千ドルの三十二%増である。

輸出実績リンク制を適用
貿易計画施行に関する事項

商工部は七日、今年度上半期の貿易計画施行に関する事項を発表した。

これによると、自動承認品目と許可品目に対しては輸出実績リンク制を適用させるが、経済五カ年計画事業に直接必要な資材或いは輸出と原料等外貨獲得を目的とする資材であると商工部長官から許可のあった商品の輸入は例外にすることになっている。また求償貿易による輸出実績は商工部長官から別に公告する基準に従って輸入実績として認め、輸入限度の管理は輸出と輸入実績記録部が担当するという。

航空機離着問題で合意
韓米行政協定交渉

今年初の韓米行政協定締結のための両国実務者会議が七日午後、外務部で開かれ船舶と航空機の離着に関する条項を討議した。

外務部が発表したところによるとこの日の交渉で両国代表は完全な意見の合意をみたうえ、航海、航空の統制条項でも相当の進展があったという。

なお次の会合は来る十六日の午後開かれる。

韓国 日本のテレビ買い付け
三万五千台、日本と成約

韓国政府がこのほど丸紅飯田筋に対し明らかにしたところによると、韓国政府は近く海外から十六インチと十九インチテレビ三万五千台を買い付ける方針であり、わがメーカーとの間で大量成約できる見通しが強くなっている。

韓国政府がテレビを大量に買い付けるのは三回目だが、初回(三十六年)はわが国が三洋電機、早川電機、八欧電機など五社で合計六千三百台を輸出、二回目(三十七年)は三洋電機二千九百台、東芝千三百台RCA(米国)六千八百台、ウエスチングハウス(同)千四百台を成約した。

今回の買い付け計画は数量が前二回に比べはるかに大きいが、これは韓国の政治経済事情がしだいに安定してきたうえ、現在ソウルだけで行なっているテレビ放送をマイクロウエーブを使って釜山でも受像できるよう計画していることなどから、同国内でテレビの需要が増大しているためである。

韓国政府に対しテレビを輸出するときは輸入税が免税となるが、これまで納期が早かったことからメーカー側では、韓国政府の正式発表と同時に生産体制ができるよう準備をすすめている。

大韓航空日航と提携
三月にソウル・東京線開設

日本航空はかねて東京―ソウル相互乗り入れについて準備を進めてきたが、韓日会談が妥結すれば急速に具体化するものとみられている。日航ではいまのところ四月から東京―ソウル線を開設する予定だが、松尾静磨社長は「早ければ三月ごろから開設したい」といっている。

松尾社長ら日航首脳部は昨年夏非公式に韓国を訪問、朴議長ら韓国政府首脳部および大韓航空公社首脳部と東京―ソウル相互乗り入れについて話し合った。この結果日航と大韓航空は提携し、ジョイント・サービス(共同運航)によって日韓両国間の航空路線を運航することに意見が一致し、日韓会談が妥結すればさらに具体的な話し合いを進めることになった。日航は東京―ソウル相互乗り入れに備えて、コンベア八八〇ジェット機三機の購入を計画、三十八年度予算として政府保証債三十億円、政府出資十二億円を認められた。

東京―ソウル路線は現在、ノースウエスト(米国)が週五便、CAT(台湾)が週三便をそれぞれ運航しているが、韓国政府は日航と大韓航空が運航を開始すれば、ノースウエスト、CAT両社の便数を減らす予定で、日航としては東京―ソウル週四便を計画している。また東京―ソウル路線のほかに大阪―ソウル、福岡―釜山などの路線も開設したい意向である。

ジョイント・サービスのこまかい条件は今後の折衝で決められるが、日航としては①日航が機材を提供する②大韓航空は韓国内の空港サービスを受けもつ③機内サービスは両社で行なう④赤字が出た場合は全部日航が引き受け、黒字の場合は両社で分配する――。

専売庁、63年度投資計画を発表

専売庁は六十三年度専売事業施設投資額を八億八千万ウォンに策定している。九日発表した同庁の施設別投資計画は次の通り。

(一)経済開発五カ年計画で大田に新設される煙草工場の今年度工事費六億四千万ウォンをはじめ(二)既存全国四つの煙草工場の老朽施設改修費二億三千八百万ウォン(三)官吏庁舎費九百万ウォン(四)葉煙草及び製造煙草材料、設備新築費八千七百万ウォン(五)その他一千六百万ウォンである。

62年度議案処理集計を発表

最高会議は九日、六十二年度議案処理集計を発表した。これによると去る一年間に二十九回の本会議と九十六回の常任委員会を開き予算案及び決算案五件、法律案二百七十八件の可決を初め総四百九十六件を処理したが、主要案件では憲法改正を初め政治活動浄化法、住民登録法、緊急通貨処置法、行政区域改編に関する件、新憲法改正などが含まれており、同議案には大統領辞任許可及び各人事問題などが含まれている。議案処理内容は次の通り。

種類	可決	廃棄	撤回	反対	
予算及び決算	五	〇	〇	五	〇
法律案	二七八	二〇	一〇	二	三一〇
同議案	四	〇	〇	〇	四
承認案	六六	一	一	〇	六八
規則案	一二	〇	一	〇	一三
決議案	一五	〇	二	〇	一七
計	[illegible]	六	一四	七	四九六

重点的な農資金融資を
朴議長、農協の任務強調

国家再建最高会議朴正熙議長は九日李農協中央会長から今年度農事資金融資計画に対する報告をきき、意欲ある農村に重点的に農事資金を融資せよと指示した。朴議長はつづいて地方の水産物生産と農村家内工業育成を農協が責任をもって育成するようにと語った。

貯蓄増大と消費生活の合理化を
政府、経済生活改善対策を発表

政府は九日国民の経済生活改善対策を発表した。金裕沢経済企画院長が提出したこの経済生活改善対策は第一次経済開発五カ年計画の目標を成功的に達成し、国民生活を通じて貯蓄の増大と国民の消費生活を善導して所期の目的を達成する所にその目的がある。またこの対策は不必要な品物とぜいたく品の輸入を抑制し、輸出産業を振興させ国民経済を育成することを計っており一方密輸、外貨の不法取引とその他の不正取引きを強力に取締って国民経済を健全に育成することを目的としている。なおこの対策は今年の一月から実施されることになっている。

新しい国造りの
最先端を行く
国産自動車
ここに誕生!!

セナラは今般、日産自動車株式会社との技術提携により年間三、〇〇〇台の国産自動車を生産する目標で力強く発足致しました。韓国自動車工業界の夜明けに新しい息吹と希望を一杯積んで活躍する弊社の自動車に御期待下さい!!

ダットサン ブルーバード

車種
乗用ダットサンブルーバード
商用ダットサントラック
マイクロバス、サービス部品

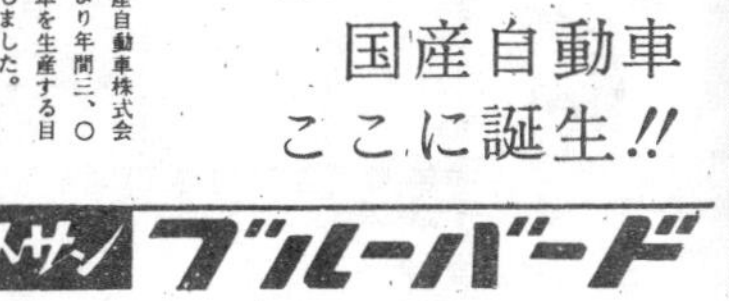

日本で最も人気があり、世界各地に輸出されて好評のダットサン ブルーバードのふるさと……日本の代表的自動車メーカー「日産」が神奈川県追浜に建設した東洋一の乗用車工場です。100万平方メートルの広大な敷地に並び立つ工場では、すべてがコンベアーシステムで運ばれています。日産自動車では、このたびセナラ自動車と提携し、ブルーバードを韓国に輸出することになりました。

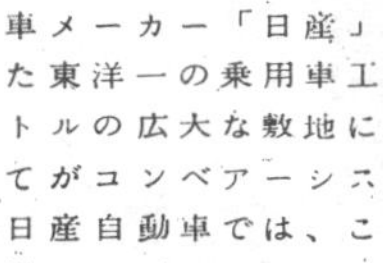

ダットサン トラック

NISSAN 日産自動車株式会社
東京都千代田区大手町ビル
새나라 自動車工業株式会社
ソウル特別市中区小公洞21

国民の期待を裏切る野党

軍事革命政府を支持するという意味で「与党」と呼ぶことができる仮称再建党は、まだ確定はみないものの、党組織の輪郭も明らかにされ、準備大会が早ければ一月中旬、晩くとも一月下旬までには開催されると言われる。一方、肥大した与党による一党専制は決して、自由民主主義下の政党政治の正常な形態ではなく、また民主的な平和的政権交替を約束する途でもないと考えている国民が、その実現を期待し、祈願してやまない在野勢力の結集問題は、どのように進捗されているかを観察してみる時、われわれは、国民共々に大きな失望を禁じ得ないものがある。

韓国の声

われわれは、単一野党結成の最も大きな障碍は、決して政党法でもなければ、政府側の圧力でもなく、まして与党側の妨害工作でもないと考えている。実に、その障碍は、在野勢力自体のなかにあり、在野勢力が強力な単一野党の必要性を痛感しながらも、単一野党結成を自分自身の手で妨害していると言うほかない。

端的に言えば、国民が今、何を願っており、国家が今、どのような歴史的時点にあるかには、全然目をつむり、依然として、過去の政治的系統に執着し、小英雄主義のとりことなって、在野勢力内部で相争うことをする狭量な旧政治家の芽が、国民の期待と歴史的責任に顔をそむけてばっこし始めた傾向に対し、われわれは、痛歎せざるを得ない。

過去の同志的結合は貴重であろう。過去の宿怨は一朝一夕で忘れ去られるものでもあるまい。過去の政治的洞窟で負った傷口が今もまだふさがっていないともあろう。今なお、相互間の猜疑と不信が完全に拭いさられてはいないかも知れない。だが、一党専制を防止し、平和的政権交替の民主的伝統を確立しなければならないという歴史的責任の前では、在野勢力は政治理念の最大公約数を発見し、小我を捨てて大義を立てることができない理はなかろうというのが、国民の真摯な期待であり、希願であるのである。

政治人は、政治を職業とする者であるが、政治を職業とする政治人を身代りとして、軍人が政治をしなければならぬ軍事革命は、全く軍人の「悪禍」であり、政治人には責任のないことだとは、われわれは考えていない。原則的には、われわれは、軍事革命とか軍人が政治に関与することや、国家秩序のため歓迎するものではないが、若い学生たちが、血を流して獲得してくれた政権を、政治的洞窟にだけ精力を傾け、正しく行使し得たかったのが旧政治人であったのである。

政権の任務は統治であり、統治の第一次使命は秩序の確立である。政治的洞窟と派閥争いによって政権の任務を放棄し、統治の使命を遺棄して軍事革命を自ら招いた政治人が、今になって国民の期待と歴史的責任に即応する途があるとすれば、それは、軍人の「善権」を云々する態度ではなく、謙虚に民主主義政治の確立のために小我を捨てて、在野勢力結集に協力を惜しまないことだと言わざるを得ない。

政浄法から解除された政治人のなかには、今右顧左べんする小集団もある。かかる苦悶中の小集団は論外として、万が一にも、この国の健全な政党政治と民主主義政治の具現に関心があり、在野勢力結集に心ある政治人であるなら、旧自由党であろうと旧民主党であろうと、旧新民党であろうと、無所属であるとを問わず、過去の政治的系譜より今日の政治的使命に目を開き、強力な単一野党を結成するに当って積極的な推進力となってくれるよう、われわれは望んでやまない。

（東亜日報）

新味ない野党の動向に失望

活発な政界の動きを、新たなる期待と関心を持って注視している国民の目には、再びまた、政党に対する不信と疑惑の色が濃く、その顔をば失望のカゲが広がる事態が生まれつつあるのは、まことに遺憾である。

具体的な例を指摘すれば、第一に、横詳・腐敗・派争・反目・離合集散をこととして、四・一九学生義挙と五・一六革命を不可避ならしめた過去の諸政党の旧組織がそのまま活動を開始したという事実であり、第二は、これら旧政党の再建・整備または新しく胎動し始めた所謂汎野単一政党の発起の中心となっている人士の面ぼうに全く新味が見当らない点である。のみならず、とくにわれわれを失望させ、将来の政界に不安を抱かせているものは、これら旧政治勢力が、新たな出発を目前にして旧態依然たる政治的取引きを再演している態が、日を追うて深まりつつある事実である。

当初、汎野単一政党結成を提唱して、在野勢力糾合の先鋒となり政界に強い刺戟を与えて国民の耳目を一身に集めた感のある一団の旧政客の動向が、主として執権勢力との対決だけのための在野勢力の大同団結を呼びかけているかのような疑惑をひき起しており、それによって、汎国民的という口号とは逆に国民間の派閥を助長するかのごとき印象がなくもない。またある一派の旧勢力は、大統領候補者の単一推薦だけのために機構応変的な結合を図るとか、結党後のヘゲモニー争奪を目的に、他勢力との提携に当って集団的な参与を固執するなど、同化し得ない異質的な分子の野合的団結を標榜している模様である。のみならず全員の行動統一だけを決定しながら、右顧左べん、時勢に迎合するか、集団的利益を図る機会だけをうかがっているかのようなグループもなくもないようだ。

われわれは政党の本質とか使命または政治人の本然の姿勢などをここでこと新しく論じたてるつもりはない。だが、一言強調せざるを得ないことは、真正な民主主義の前進を指向する第三共和国の政治において、国民の政治的意思を糾約代表する政党は、それがたとえ、五・一六以前の政党の再現であっても、国民革命という厳粛たる歴史的事実を厳粛として5・16過程を浄化されたもので なければ ならず、それに参与する人士は、たとえ政浄法に基づく政治活動禁止が解除されたものであっても、旧政争を脱皮した新しい人間像を本質とする政治人でなければならぬということだ。

厳密にいえば、与・野党の区別は、四月下旬に実施される大統領選挙後に決定される問題ではあるが、与党を指向しても、野党を目指しても、また新しい政党を創党するとしても、旧組織を復活しようと、他勢力と提携、合流しようとも、将来誕生する政党は、確固たる理念に則り、鮮明な政綱・政策の旗印を高く掲げて、これを国民に対して堂々と提示し、名実共に国民の政治的意思形成に参与し得る組織と機能にして新鮮な体質を具備しなければならないことを強調したい。

（ソウル新聞）

与野党とも派閥抗争を棄てよ

率直に言って、現在国民の関心は、与党組織の進行状況に対するよりもむしろどのような性格の野党が出現し、また汎単一野党形成は可能であるかに傾いているようである。それほど国民の世論は、民政を控えて大与党に匹敵し得る健全な野党の出現を注視しているのが事実である。言うまでもなく、政党政治体制下では野党の存立は欠かせないのが前提条件であり、執権党と肩を並べることができる健全な野党が機能を発揮することによって、民主的な政党政治が実践され得るとの観点から、現在推進中にある汎在野政派の大同団結機運の推移如何に非常なる関心を持っているのである。

したがって、万一野党勢力の政治指導者が団結に失敗するか、派閥意識にとらわれて各派各党を画策するようなことがあれば、その結果は二大政党制度の発展のために遺憾であるのはもちろん、目前に迫っている与党との選挙戦では無残な敗北を免れ得ないものと考えても間違いあるまい。現最高会議の一当局者が語っているように、与党は全議席の三分の二を目標としている。今から選挙の結果を予測することはできないが、それほど気勢盛々たる大与党と対決しなければならぬ野党側は、一体となって選挙に対備したとしても、どれだけの勝算があるかわからない現実である。

顧みるに、自由党時代に独裁と闘った唯一の野党であった旧民主党が、四・一九革命後七・二九総選挙において、国民の絶対的な支持を得て、三分の二議席を有して執権党となったにも拘わらず、国政を混乱せしめ、ついに執権九カ月目に倒れねばならなかった理由は何であったかは、正に党内の派閥対立と派閥を取捨できないまま、党が二つに割れてしまい、政争をつきものである。だが、少なくとも民主国家の公党であるならば、執権党であろうと野党であろうと、国政を乱させる党が分割させるほどに派争を激化させることは、あり得べからざることである。

野党運動の団結が今日ほどけわしい時期もあるまい。野党の人的資源とも言える約三千六百余名の旧政治人は、未だに政浄法に拘束されて政治活動が不可能な状態にあり、また政党運動に絶対必要な政治資金の調達難がばく然としているだけでなく、野党運動に関与する意欲が極めて低調な今日の現実を考え合せる時、野党側の「力」と言えば、汎在野勢力が「大同団結」する以外に期待すべきものは見当らない。

現政府側にあっても、健全な複数政党制の確立のため、野党育成に尽力したいと数次にわたって強調したことがあり、野党活動に大きな助けとなるものと思われるが、要は、野党を目的とする旧政治人自身が、些少な意見対立とか派争意識を一掃して、大衆的見地から大同団結することのみが、今日、野党育成における至上課題であることを、繰返し要望するものである。

（京郷新聞）

準備大会を控えた再建党（仮称）
機構編成に難関
執行部責任者は内定か

革命主体勢力が主動となる仮称再建党は、早ければ一月中旬、晩くとも一月下旬までには準備大会を持つ計画で、党機構確定と組織編成を急いでいる。党準備工作はすでに地方組織を終えたと言われる「再建同志会」を基礎として、表面化の段階に入っており、すべての条件が整っていくなかで、機構編成も予定どおり着々進行されていることが、広く伝わっている。しかし、このような強力な組織力による党発足にあっても、早くも幾つかの難しい問題点が現われており、これから先、ある程度の雑音が起ってくることは避けられない現実だと、推測されている。むろん、かかる問題点は、党発足に支障をきたすほど大きくはない。が、党機構編成など幾つかの問題点を処理する方法如何によっては、将来、党内に副作用を及ぼす要因を残すことにもなるだろう。

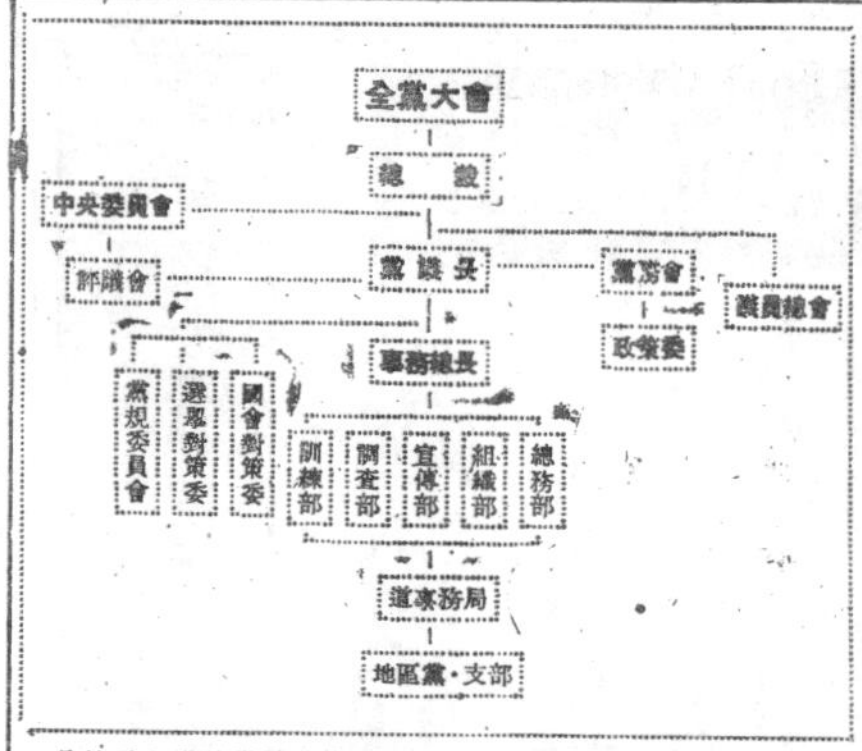

再建党の発起に当って、第一に突き当った困難な問題点は、「党機構」問題であった。強力な政党政治を具現するという目標のもとに、「政党の官僚体制」原則に立脚して、当初作られた党機構案は、まず、将来院内に入ると予想される最高委員らから、あまりにも官僚的だという理由で、異議が提起され、したがってその案は、最近になって再び調整されたと言われる。

最高委員らが異議を提起した最も大きな原因は、党の実質的な最高議決機関になる党務会（十一名）の構成を、院外七名、院内四名の比率とし、その中院外七名は、党執行機関の幹部—すなわち①党議長と②党事務総長に③党事務局の五部長（総務、組織、宣伝、調査、訓練）までも包含させたことにあると言う。党の最高議決機関の比率を、このように大きく院外に比重を置いたことに対し、一部最高委員らが不満を抱くに至ったとは、容易に推測することができる。

かくして、最高委員の意見を参酌して、再び調整された案は、党務会の構成人員を十三名にして、二名増やしたと伝えられる。この十三名を、院内と院外にどのように按配することになったかはまだ分明でないが、当初の案によるならば、院外七、院内六の比率になるものと思われる。しかし金鍾泌前中央情報部長と金東煥事務総長が当初の意見を変更して、比例代表制公選により院内に入ることがほとんど確実であるため、厳格に言えば、むしろその比率は、院内八、院外五（党執行部の五部長）という勘定になる。ここに至って、また、一部最高委員の間で、党執行部の五部長を院外の者のみに限る必要はない、という異論が台頭し始めたということだ。

一方、有力な消息通は、党務会の構成は院内・外だけでなく、政府の無任所長官も包含されるだろうと語っており、そうしてみると、将来最高会議では、党務委員の按配問題と合わせて、実際に党を動かす執行部五部長は国会議員をも兼ねることができるかという、新たな一つの問題が論議の焦点になるものと察られる。

× × ×

このような党機構問題のほかにも、将来地区党（核心党）の組織責任者と公認者との関係をどのように調節するかも、大きく問題となる可能性がある。

一般的には、国会議員に出馬する党の公認者が自己の地区党の組織を、自ら作るのが今までの慣例であったが、再建党の場合は、各地区党の事務長はすでにほとんど内定されていると言われ、その事務長が中心となって地区党の組織が編まれるならば、出馬する当事者たる公認者というものは、事実上、ひとの組織の上に乗っかる結果となろう。

そうなった場合、その公認者は、悪くすればカイライとなってしまうのは容易で、極端な場合には、地区党の事務長が公認者の当落に決定的な影響を与えることになる。

党公認者の決定権は、結局は、党の領導者にあり、地区党の事務長もまた同一人により任命されることを考えれば、別に問題とはならないものの、党公認者が地区党の組織に深い関連を持つことに失敗するならばそこに少なからぬ障碍が生じる可能性もなくはない。

× × × ×

次は、出馬者の公認をどの機関で決定するか、という問題である。大体は、選挙対策委員会の基礎資料を党務会で検討した後、党の総裁が最終決定を下すものと、伝えられているが、直接党議長を経て総裁が決定する場合も考えられる。だが、問題は、このような形式よりも党内派閥の中間ボス（党内に派閥があるものと仮定すれば）の間で、ある一人の公認候補者をめぐって党員が対立した場合、これを政治的に如何に調節するかが問題のようだ。

過去にも、党内派閥は、結局的には、公認問題をめぐって表面化した事実などを考え合せる時、この問題は決して軽んじて看過すべきものではないだろう。

× × ×

これら幾つかの問題点を内包しつつも、再建党は、強力な力どちな組織によって、予定どおりのコースを突走っているようだ。

党総裁に朴正煕議長、党議長に金鍾泌前中央情報部長、事務総長に金東煥前駐米公使が確定されたというのはすでに広く知られた事実であるが、この外にも党宣伝部長に、つい最近まで某新聞の編集局長であった尹某氏、組織部長に某大学教授の尹某氏が内定されているとの説がある。ことから氏ら党執行部の責任者はほとんど決定されたとも見られる。

関係当局は、大邸で金鍾泌大領が組織責任者になったとの報道は、全く事実無根なものだと否認しているものの、事実かどうかはともかく、そのことによってだけでも全国各地方に再建党の事前組織が進んでいることだけは、隠しおおせないようだ。

党組織の各級責任者は、今、一月中旬に予定されている準備大会に備えて、準備委員になる民間人ともひん繁に接触をもっていることは当然だが、準備委員は約三十名と伝えられており、最高委員はその中に含まれていないという。

最高委員は、準備大会が終る二月初めごろ軍服を脱ぐ予定であり、結党大会は、一部では、三月初めに延期されたともいっているが、有力な消息通は、予定どおり二月中、おそくとも二月下旬までには行なわれるだろうと語っている。

北韓カイライ集団は何故軍備増強を公言するか
—内外問題研究所—

北傀共産党（朝鮮労働党）は十二月十日から十四日までの五日間党中央委員会第四期第五次全員会議を開らき"経済発展に制約を受けてもまず軍備を強化しなくてはならない"という決定を採択したといわれるが北韓カイライが軍備増強を公言するようになった動機は次の通りである。

まず第一に、中共の強硬路線に歩調を合わせて極東におけるあらたな緊張状態を造成しようとしているもののようである。

北韓カイライ集団はその間の中ソ論争において、"綱渡り外交"すなわちその都度有利な方についてきたが、最近キューバ問題をかんする中ソ論争においては完全に中共側に加担したのである。

なぜならば今度のキューバ問題で最も深刻な刺激を受けたのは北韓カイライ集団で、その原因はソ連が侵略基地としてキューバを利用した時にはキューバとよく和合したがひとたび自己の侵略企図が失敗するやキューバとは事前に一言半句の妥協もなく誘導弾基地等を撤収させてしまったからである。

かかる事実からみて（北韓カイライ的な位置と関連して）北韓ははなはだしい不安感を抱くようになり、期せずして侵略路線での強硬論者である中共の側に加担するようになったのである。

すなわち北韓カイライ集団が党中央委員会全員会議を開らいた翌日の十二月十一日国連総会政治委員会では国連での韓国問題討議に大韓民国代表だけを招請する決議案が六十五対九という圧倒的多数で可決され北韓側の企図は惨敗に帰したのである。

このような惨敗は対内外的にかくすことのできない敗北であってこの事実を糊塗し急速に人民らの関心を他にそらすのがカイライ集団の急務となったのである。

第三に、最近韓日間の外交交渉の雰囲気が好転し、政治協商の峠を越え国交正常化のきざしが見えてきたため、これに慌てた北韓カイライが軍備増強を公言することによって日本の左翼系ならびに中立系の政治勢力を刺激して彼らに韓日会談反対の対政府闘争雰囲気を造成することによって国交正常化後の韓国に投資しようとしている日本の民間資本家らに韓国が"不安全地帯"であるという印象を与えて投資意欲を挫折させようとする拙劣な術策を弄していることである。

第四には、不振な経済現象を克服し継続的に人民らを増産運動に動員するためあらたな外部的緊張が必要となってきたのである。

したがってこれ以上軍がいえないため、軍備増強を云々して人民らの生活水準が向上しないのはすべて、"外部からの侵略を防止"するために軍備増強をしているからであるという逃口上をうとしているのである。

年生産量三十万枚
韓国合板工場落成

韓国合板は内資三千万ウォンと外貨二千余万ウォンを投入、年産三〇万枚の合板工場を完成した。

なおこの工場は日本にある三信フライウッド（李福洙社長）が日本人技術者三名と韓国人技術者一名（在日僑胞）を使って約一カ月間に完成させたものである。

牛三十頭を台湾へ試験輸出

韓国畜産物輸出組合では台湾向け生牛の輸出を進めて来たがこのほど三十頭試験輸出のためのオファーを台湾の物資局に送った。

その内容によると、価格は一頭C&F二〇四ドルで、この試験輸出に成功すれば一万頭までの輸出が可能という。

旅券発給者氏名公告
韓国駐日代表部領事課旅券担当官
在日本韓国居留民団中総民生局長

氏名	旅券番号	住所
成甲中	KJ [illegible]	神奈川
金斗仙	〃 [illegible]	〃
鄭錫文	〃 [illegible]	長野
朴楨洪	〃 [illegible]	東京
李福順	〃 [illegible]	〃
徐三福	〃 [illegible]	〃
朴亀男	〃 [illegible]	〃
南相鶴	〃 [illegible]	神奈川
金順南	〃 [illegible]	〃
呉炯泉	〃 [illegible]	〃
朴鍾爽	〃 [illegible]	〃
金寅中	〃 [illegible]	東京
林康正	〃 [illegible]	神奈川
安鍾奉	〃 [illegible]	東京
崔相順	〃 [illegible]	〃
河寅鉉	〃 [illegible]	〃
朴炳台	〃 [illegible]	〃
姜田子	〃 [illegible]	〃
金旺鎬	〃 [illegible]	〃
金炳仁	〃 [illegible]	〃
鄭琪植	〃 [illegible]	神奈川
金一俊	〃 [illegible]	〃
朴奉洙	〃 [illegible]	〃
申友任	〃 [illegible]	〃
金容燮	〃 [illegible]	東京
金相天	〃 [illegible]	〃
李根鉉	〃 [illegible]	〃
盧必順	〃 [illegible]	神奈川
李起道	〃 [illegible]	埼玉
権敬南	〃 [illegible]	宮城
許判生	〃 [illegible]	東京
金宗子	〃 [illegible]	静岡
元貞子	〃 [illegible]	宮城
孔千凰	〃 [illegible]	静岡
玉智洙	〃 [illegible]	〃
尹且順	〃 [illegible]	愛知
崔寿鎬	〃 [illegible]	〃
崔泰鎮	〃 [illegible]	京都
張午鎰	〃 [illegible]	〃
金南秀	〃 [illegible]	〃
須永智子	〃 [illegible]	〃
李容昌	〃 [illegible]	〃
李鍾得	〃 [illegible]	〃
丁泰鎬	〃 [illegible]	兵庫
薛鎮玉	〃 [illegible]	〃
黄甲千	〃 [illegible]	大阪
鄭用順	〃 [illegible]	〃
金容啓	〃 [illegible]	奈良
金貞洙	〃 [illegible]	〃
崔小鎬	〃 [illegible]	大阪
韓康蕨	〃 [illegible]	〃
韓貴同	〃 [illegible]	〃
金珠泰	〃 [illegible]	〃
曹湘鉉	〃 [illegible]	〃
金鍾琪	〃 [illegible]	富山
金泰根	〃 [illegible]	大阪
崔元道	〃 [illegible]	愛知
宋井木	〃 [illegible]	〃
尹新礼	〃 [illegible]	〃
羅芝鎬	〃 [illegible]	〃
朴礼吉	〃 [illegible]	〃
権会俊	〃 [illegible]	〃
金丙今	〃 [illegible]	〃
宋鳳泰	〃 [illegible]	大阪
権宗鎬	〃 [illegible]	〃
李玉花	〃 [illegible]	〃
金大強	〃 [illegible]	〃
金順千	〃 [illegible]	〃
李何只	〃 [illegible]	〃
鄭甲福	〃 [illegible]	兵庫
李貴鎬	〃 [illegible]	愛知
朴一女	〃 [illegible]	〃
趙吉春	〃 [illegible]	〃
崔鳳竜	〃 [illegible]	〃
鄭両天	〃 [illegible]	〃
権弘蓮	〃 [illegible]	〃
姜三万世	〃 [illegible]	〃
李大竜	〃 [illegible]	〃
姜末出	〃 [illegible]	大阪
趙炳述	〃 [illegible]	奈良
姜命順	〃 [illegible]	〃
姜正九	〃 [illegible]	〃
崔有叔	〃 [illegible]	京都
鄭貴鎬	〃 [illegible]	大阪
姜五道	〃 [illegible]	〃
金東出	〃 [illegible]	〃
金点男	〃 [illegible]	〃
安教道	〃 [illegible]	〃
黄琩性	〃 [illegible]	島根
沈夏任	〃 [illegible]	〃
李在鉉	〃 [illegible]	兵庫
金南安	〃 [illegible]	京都
李赤吉	KJ [illegible]	京都
金長林	〃 [illegible]	〃
金任仁	〃 [illegible]	〃
鄭万水	〃 [illegible]	〃
金明哲	〃 [illegible]	兵庫
李正金	〃 [illegible]	大阪
張栄錫	〃 [illegible]	〃
呉洪勲	〃 [illegible]	〃
金南述	〃 [illegible]	〃
李順子	〃 [illegible]	京都
崔順乗	〃 [illegible]	新潟
金相華	〃 [illegible]	東京
崔大元	〃 [illegible]	新潟
鄭暁植	〃 [illegible]	東京
李三出	〃 [illegible]	静岡
朴二元	〃 [illegible]	秋田
金昌鎬	〃 [illegible]	東京
崔金哲	〃 [illegible]	栃木
李七竜	〃 [illegible]	埼玉
白鍾番	〃 [illegible]	神奈川
金東淳	〃 [illegible]	埼玉
李福順	〃 [illegible]	東京
朴一順	〃 [illegible]	埼玉
李成鎬	〃 [illegible]	東京
鄭東竜	〃 [illegible]	〃
金順礼	〃 [illegible]	大阪
張花弘	〃 [illegible]	〃
高昌秀	〃 [illegible]	〃
李光鎬	〃 [illegible]	〃
鄭芝均	〃 [illegible]	〃
文吉順	〃 [illegible]	〃
権万祚	〃 [illegible]	〃
趙秀熙	〃 [illegible]	〃
李泰出	〃 [illegible]	〃
文元今	〃 [illegible]	〃
呉乗伊	〃 [illegible]	京都
金曾根	〃 [illegible]	〃
安判祚	〃 [illegible]	大阪
崔国礼	〃 [illegible]	〃
朴小先	〃 [illegible]	〃
金田伊	〃 [illegible]	〃
梁洲洪	〃 [illegible]	〃
崔京植	〃 [illegible]	兵庫
梁鶴鎬	〃 [illegible]	大阪
秦乙生	〃 [illegible]	〃
曹用鳳	〃 [illegible]	〃
金月生	〃 [illegible]	〃
朴鍋福	〃 [illegible]	兵庫
洪正淑	〃 [illegible]	大阪
朴外朝	〃 [illegible]	兵庫
朴点伊	〃 [illegible]	〃
金李伊	〃 [illegible]	〃
金李順	〃 [illegible]	〃
鄭粉守	〃 [illegible]	岐阜
金振守	〃 [illegible]	〃
朴玉南	〃 [illegible]	〃
宋季子	〃 [illegible]	〃
金童金	〃 [illegible]	〃
高平三	〃 [illegible]	大阪
徐孝淳	〃 [illegible]	〃
金順仕	〃 [illegible]	〃
裴末仕	〃 [illegible]	〃
高仁鶴	〃 [illegible]	〃
張鋼泰	〃 [illegible]	東京
李大鳳	〃 [illegible]	〃
金竜玉	〃 [illegible]	新潟
朴淑殿	〃 [illegible]	東京
金栄洪	〃 [illegible]	〃
文知松	〃 [illegible]	〃
曺重今	〃 [illegible]	長野
尹順烈	〃 [illegible]	東京
洪順南	〃 [illegible]	埼玉
金壬生	〃 [illegible]	〃
黄石準	〃 [illegible]	〃
李斗南	〃 [illegible]	〃
金永浩	〃 [illegible]	北海道
玄海南	〃 [illegible]	神奈川
金次淑	〃 [illegible]	東京
馬用哲	〃 [illegible]	〃
李根植	〃 [illegible]	〃
張春田	〃 [illegible]	〃
宋基順	〃 [illegible]	〃
丁福玉	〃 [illegible]	〃
朴福順	〃 [illegible]	埼玉
李英相	〃 [illegible]	〃
文道陽	〃 [illegible]	東京
趙泰淑	〃 [illegible]	〃
尹貞謹	〃 [illegible]	〃
鄭芳休	〃 [illegible]	〃
金東淳	〃 [illegible]	〃

（十二月二十日現在）

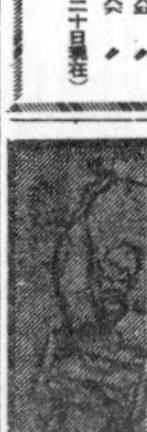

韓国料理
漢陽館
崔泰奎
東京都文京区清水谷町1番地
電話（941）1552番

技術革新の凱歌！

平和ミラクル・セット
パチンコ裏玉還元装置

平和
東京・大阪・北海道

営業品目
海狗腎及其他補薬
人蔘鹿茸唐草乾材
和漢医薬各種新薬
直ぐ服める液体漢方薬
内外貿易業務代行

日和堂薬院
大阪市東成区大今里南之町1—14
電話（971）3180・7958

豪華浴室と高級焼肉料理の殿堂
チャングのリズムに乗って
韓国の古典床しき美妓の舞い
温泉気分と最高のムードで
個室トルコ　早朝五時より（800円）浴後にビール1本ツマミ付サービス
大衆男女トルコ風呂　100円
◆五〇〇坪全館冷暖房完備◆
御宴会
御一人様　500円より
料理5品　酒1本（500）
高級焼肉料理
（年末年始の宴会の予約は早めにお申込み下さい）
御予算により御相談に応じます。200名様用
大広間御家族ずれ、大小10室準備
温泉部電話（832）2619～20，食堂部電話（832）6505～6
上野　宝苑
上野駅前昭和通り宝ホテル隣

韓国服地と韓国レコード！
浅草　金宮商店
営業品目
特殊香港洋丹・中国洋丹
金糸織洋丹・テトロン洋丹
京都洋丹・美術丹・七色丹
洋服地・各種ナイロンレース
リバレース・オパール
ニュートン・ベルベット
其他　本絹　準新向一式
韓国古典長鼓販売
韓国古典舞札交換
東京都台東区浅草公園六区2—2
電話（841）0003・0004・0005・0006
韓国レコード関東代理店
総販売元

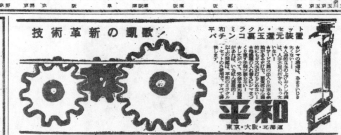

第一次技術訓練生の来日決定

三十二名が僑胞工場に

在日韓国人商工会連合会の努力実現

在日韓国人商工会連合会（会長＝李康友氏）では、本国の大韓商工会議所と提携して本国の技術要員を在日僑胞の生産機関で訓練する計画を推進中であることは既報の通りであるが愈々その努力が実って近日中にその第一陣として三十二名が来日することとなった。

本計画は、本国の再建五カ年計画に伴ない多数の技術者が要請されているが、在日韓国人商工会連合会では同会の活動方針の一環（本国の再建事業を積極的に協力する）として一人でも多くの技術要員を訓練して再建事業に協力するよう僑胞の生産業者に広く呼びかけ、僑胞生産業者たちの協力によりこの程その実現をみるに至ったのである。

人選及び諸手続きの関係で予定より遅れており、人員の方も二十五の僑胞生産業者から一三三名に対して招請をしたが、日本入国手続き等の事情を勘案して、先ずその第一陣として三十二名を二十七の僑胞生産工場にうけいれるべく手続きが進められている。

なお、第一次来日技術訓練生の決定は下表の通りである。

各種資源開発など検討

智異山学術調査団構成

七日午後、最高会議文社委は智異山の各種資源及び学術開発と帰農定着可能性などを検討するため調査団を構成した。

同調査団は[illegible]再建本部長を団長とする[illegible]の調査団は土壌及び自然科学部門の技術者ら十九名で構成され、再建国民運動本部に設置される。

煙草収入、十年間に二十倍増加

専売庁がまとめた過去十年間の煙草需要増加は約百億本で、これによる収入は約二十倍に増加した。

第一次来日技術訓練生選定者一覧表

機械及び金属部門

僑胞受入企業体名（業種）	所在地（受入希望数）	選定者	年令	推薦企業体名	推薦地
朝光工業株式会社（四輪自動車、工作機械部品）	東京（四名）	鄭昇亮 金徳伯	二六歳 三五歳	朝興工作所 嶺南鋳物工業社	釜山 大邱
昭和工業株式会社（コンベヤー製作）	大阪（三名）	韓成竜	二四歳	朝興機械工業株式会社	釜山
大原工作所（ベヤリング部品加工）	京都（一名）	金甲允	二九歳	株式会社金星社	釜山
光陽精密宝石製作所（積算電力計、各種計器）	東京（二名）	曹[illegible] 沈[illegible]	三〇歳 二四歳	株式会社金星社 国際合同電機社	釜山 ソウル
大野工作所（鈑金プレス熔接各機械）	京都（一名）	李東式	二七歳	信行工作所	釜山
大成鉄工所（鉄柵、鉄筋、鉄骨製造）	大阪（五名）	鄭成基	二六歳	大韓線材工業社	釜山
丸一精機株式会社（工作機械、農耕機）	静岡（五名）	宋東鎬 文明録	二五歳 三三歳	朝鮮機械製作所 亜細亜運研工作所	仁川 江陵
不二金属化工株式会社（金属表面処理）	静岡（六名）	鄭鍾万 鄭豊沢	二七歳 二七歳	光日鍍金工業社 朝鮮企業社	光州 大邱
グランドミシン製造株式会社（家庭用工業用ミシン製造）	名古屋（二名）	金相浩	二五歳	株式会社金星社	釜山
南星ステンレス株式会社（特殊熔接アルゴンガス化学機器）	東京（十名）	沈斗変	二八歳	湖南製鋼工業株式会社	光州
三国精機工業株式会社（熔接、鈑金加工表面）	東京（二名）	李敏雄 崔教祚	二五歳 二五歳	韓国化工株式会社 一誠ポンプ工業社	仁川 馬山

化学工業部門

僑胞受入企業体名（業種）	所在地（受入希望数）	選定者	年令	推薦企業体名	推薦地
株式会社三富産業（合成樹脂成型）	静岡（三名）	呉世泰 張[illegible]竜	二五歳 三一歳	東明木材商社 大成木材工業株式会社	釜山 仁川
新光ビニール工業所（ビニールシート、フイルム製造）	大阪（一名）	李鍾泰	二七歳	三栄化学工業社	ソウル

民団板橋支部結成さる

僑胞三千名が結集

韓僑会館も落成

在東京・板橋僑胞三千人は、このほど民団板橋支部を結成し、同時に総工費五百万で、延べ二十五坪モルタル塗り二階建ての"韓僑会館"を落成したこれで都内の支部数は二十二支部である。

従来までの板橋管内僑胞は、豊島、練馬地区の僑胞らと連合して豊島連合支部（金瀛淑団長）直轄にあったが、昨年三月練馬地区が独自な立場で練馬支部を結成して自立体制を整えたのに次いで、板橋管内僑胞も自立体制の意欲に燃えはじめた。それで昨年三月三十一日第十七回豊島連合定期総会が"板橋支部"を結成することに決定して以来、板橋管内僑胞は鄭学林、丁仲変、鄭鍾祚、金仁洙、朴縛三氏ら三十余名が中心となって"民団板橋支部創立準備委員会"を組織した。同準備委員会は、その後約八カ月間、板橋管内僑胞が板橋支部結成に結集することを呼びかけるかたわら、総工費五百万の韓僑会館新築工事を強力に推進した。これがついに昨年十二月二十八日完工したので、落成式を兼ね、板橋支部結成大会を開き、初代団長に鄭学林氏を選出した。

[illegible]で最も強力な朝総連系学校などもあるので、同支部の今後の運動推進は全民族陣営から注目されており、また、強力な民族的啓蒙運動が期待されている。

こうした期待に対して同支部の方委哲事務部長は「現在婦人会の組織も強力に推進しており、また成人教育を通じて民族的意識に努めたい。それから民団としての自治活動を活発化させるため、支部内に①納税貯蓄組合や、②生活協同組合などを設置し、在日僑胞の生活権をよう護し、それらを保障するため、日本側官庁と強力に交渉する積りだ」と語り今後の運動にファイトを燃やしていた。

なお新築された韓僑会館は一階が事務室と応接間で二階は五十人収容の講堂風になっている。

結成大会で選ばれた三機関役職員は次の通りだが他の役員は近日中に三機関長が協議して決定する。

団長鄭学林、副団長鄭鍾祚、金錦声、議長金仁洙、副議長石相準、朴縛三、監察委員長丁仲変、委員崔祥烈、池栄沢、事務部長方委哲

写真は落成した韓僑会館

二月中旬に18名来日

韓国保税加工貿易調査団

韓国保税加工品輸出振興会が経済開発五カ年計画に策定された保税加工貿易の目標達成のため推進している日本地域保税加工貿易調査団に次の十八名が参加を申請した。

同調査団は在日韓国人商工会連合会及び日本のアジア貿易協会の招請で二月中旬頃来日、二十四、五日間滞在する予定である。なお調査団メンバー次の通り。

【団長】呂相源＝大韓商工会議所副会長（カッコ内は希望業種）

【団員】張濬鎬＝東亜貿易株式会社社長（貿易雑貨、衣類、工芸品）金大淑＝新星商事株式会社社長（漁網、紡績、医療機具、食品）呉辰鎬＝東林水産株式会社社長（水産物、缶詰）辛石祥＝南洋水産株式会社社長（漁網、冷凍、水産機器）金昌鎮＝株式会社天友社副社長（被服、編物、セーター）辛東鎮＝新東商事株式会社社長（編物、被服類）金致鎬＝新韓ミシン株式会社社長（裁縫機）李章雄＝国際薬品商事株式会社社長（樹脂加工、ゴム製品、被服）崔昌根＝漢林産業株式会社社長（ドレス、シャツ）天鳳煥＝東洋産業株式会社社長（被服）朴漢鎬＝京城交易株式会社社長（モザイクタイル）崔柱漢＝花郎染織株式会社社長（捺染、苦土、肥料）裵重奐＝朝光繊維工業社専務（ストッキング、編物）金子煥＝多男既服装株式会社専務（被服）呂萬栄＝東信繊維産業株式会社販売部次長（刺繍編物、綿及ナイロン）李啓駿＝大韓商工会議所専門委員、文鐘云＝商工部商易局事務官。

新春を迎えて学園の飛躍的発展へ

東京韓国学園長　朱洛弼

一九六三年のすがすがしい新春を迎えるにあたり、学園理事、PTA、民団を始めとする各機関、そして全僑胞の皆様方に謹んで新年のおよろこびを申し上げます。

先ず、旧年中本学園発展のために寄せられました皆様方の温かいご支援ご指導に対して心から感謝するものであります。

省りみますれば、わずか二十六人の生徒を以て開設された本学園も今日十ケ度目の新春を迎えるに至って、七百名近い生徒を擁し、近代的校舎が建つまでに成長致しましたのも、ひとえに本国政府の補助と僑胞の皆様方のご支援ごべんたつの賜ものであると、ただ感謝あるのみでございます。そしてこの成長が、多事多難な数多き曲折や、風雪を乗り越えて、ようやくかち得た成果であることに思いを致すとき一しお感慨深いものがあります。

次に輝ける新春一九六三年を私達は、更に画期的な学園飛躍の意義ある年にすべく、希望に胸ふくらませながら、去年までの成果を土台に高次の課題を遂行せんとするものであります。一に学園運営の基礎確立と正常化、二に払下げによる土地問題の抜本的解決、三に旧校舎の撤去と運動場の拡張、そして四に学校周囲の美化等々、学園が真の民族教育の場にふさわしい環境を整備造成することは、いうに及ばず、あわせて内部の教育施設の充実を図り、教師の指導力を強化し、生徒の資質を一層向上させて、韓国学園の質的水準を高めることが、新年の重要な課題といわねばなりません。

終りに新年をして本学園が名実共に充実し、皆様のご期待に添える黄金の年なるべく所期の目的を果すため、私達は全力を傾けて努力する所存でございます。願わくば学園を愛し、育くんで下さった皆様の倍旧のご指導ご協力を賜りたく切に期待して止みません。年頭にあたり、祖国と共に栄えあれかしと、全僑胞の皆様方のご発展を祈りながら、新年のごあいさつにかえさせていただきます。

力道山が祖国訪問

祖国訪問の力道山

韓国が生んだ世界的なプロレスラー力道山（韓国名…金信洛、三十九才）が文教部長官の招きで二十二年ぶりに韓国を訪れた。

十六才の時日本に渡って日本人に帰化した力道山は韓国語を忘れてしまったと言いながら二十余年ぶりにふんだ母国に対する感想を言葉少なく「感慨無量」であると述べた。

力道山は十四日ごろ[illegible]し国際プロレスリング試合の打ち合わせなどをおこない、後日（四月ごろ）国際的なプロレスラーらと共に再度来韓して国際試合を

民族意識にめざめ

金応吉氏が総連脱退声明

金応吉氏

かつて朝総連幹部として活躍していた金応吉氏（通称金応大）は発展する大韓民国の現実を前に総連からの脱退を断固決意し、次のような声明書を本社によせた。

本人は第二次大戦当時大阪市内に居住していたが、戦火が緊張の度を加えてきたので宮崎県地方に疎開しているうち終戦を迎えた。

一九四六年度に朝鮮人連盟が全国的に組織されたさい、宮崎県本部の副委員長に選出され、同連盟が解散された後、朝鮮民主主義民族戦線時代は同県本部首席議長に選任されたが、一九五一年の七月に辞任し、大阪市内に移住して今日に至った。前記のような経験は、終戦当時日本国内の一般的に比べ民心が混乱していた渦中において、なんら確固たる主義思想もなしに未熟な社会意識でそのときその時の周囲環境の支配勢力に追従していたが、今日に至って過去の行為を自己批判してみるとき、もっとも間違っていたことを自覚し反省すると同時に、世界自由陣営の一員である発展なる大韓民国が日に日に躍進発展している現実を認識するとともに、本人の余生を通じて忠実なる大韓民国国民として全力をあげることを声明致します。

一九六二年十二月十七日

本籍地　済州道済州市[illegible]

現住所　大阪市此花区恩貴島南之町一二二

本名　金応吉

通称　金応大

政治活動浄化法は選挙とは別個

李室長、朴・洪氏声明論評

李康洛公報室長は七日午後政治活動浄化法を廃棄するよう要求した旧民主党側（朴順天女史並びに洪翼村氏の名義）声明に対してあらまし次のように論評した。

政治活動浄化法の廃棄問題は憲法に規定されているため、廃棄要求は国民にすべきだ。この法は選挙とは全く別個のものであり政治活動浄化法の必要性はこの法を公布した同時の談話のうちに明らかにされている。

なお、この法は改正憲法が改正あるいは廃棄しうるよう規定しているだけにある個人或いは政党がその必要性について論議する性質のものではない。

新帝国主義研究

◇最近の共産主義の諸形態◇

ソ連の対中東政策の展開過程

ジョージ・レンジョフスキー

イラク、ヨルダン及びレバノンの如きアラブ国家政府達は、西方側と同盟を結成する政向はあったが、東部地域一帯は一九五〇年中ごろソ連の進出をうけ入れるある種の心理的危機に処していた。しかし政府間のこの外交的戦略がイデオロギとしての共産主義を中東地域に伝播することに、どの程度寄与したかという質問が考えられる。この質問に対する回答は容易でない。ソ連が特に民族的ブルジョア政府に、権力維持のためのより良き権力手段を提供することによって、民族的ブルジョア政府を強化したのは、国内共産主義者達が革命的方法によって彼等自身の体制を樹立しうる機会に不利な影響を及ぼしたに違いない。そのうえ地方工場の低賃金労働者、都市プロレタリアか被搾取小作人が、ブルジョアとソ連政府間の高位外交協商の結果として熱狂的になるとは見えなかった。そのような協商は悲惨な状態を具体的に改善することは出来なかった。かえってその様な協商は最終判決を遅延させたであろう。アラブ東部でソ連とのより緊密な関係維持を最も主張とする者たちは、主にブルジョア民族主義者たちであり、ときには哲学的自己放棄のブルジョア民族主義者であったし、これらには資本主義対共産主義の如く二つの体制としての共産主義を誤認していたことをこれと関連させて指摘せざるを得ない。しかし問題はそれで終るものではなかった。ソ連との外交的戦略と共産主義を伝播する問題との間には、一種の関係が存在することは明らかであるが、この関係は西方側の一方的常とう語がみせてくれたのとは若干異なった形態であらわれた。労働者、農民への集中という党の公式路線にも拘わらず中東地域の共産主義者たちは、教育またはある程度の教育を受けた都市居住者に、最大の進出をしたということは否認出来ない事実である。そのような政治的意識のある知識層が共産主義を支持した動機は、自国の既存の社会経済的諸条件に対する根本的不満と国際問題に関する無知に基因したし、もしアラブ人であったならばイスラエル国家をたて、若干の植民主義残りを永続化しようとする彼等の黙えある解決のためといえる。従って彼等知識層は最少限二つのえんどんをはらす最善の方法がソ連とその政府との親善であるとみたのである。

そしてそのような政治的意識のある知識人は、ソ連が多様な援助で自国の支配的ブルジョア集団を強化しているのに対し、必ずしも驚きはしなかった。反対に政府間協商の結果造成された、ソ連に対する一般の友好的ふん囲気が、共産主義理念の伝ぱに寄与することを認められた。われわれのソ連との戦略同盟が、西方の多くの個人と集団の共産主義に対する態度に及ぼした影響を念頭においたらそのような考えが事実とそう違わないであろう。西方側には市民の自由に対する伝統的な愛着と正当な手続き及び多数の個人が共産主義を受け入れないよう厳格的な防害物としての役割をした一般的な人道主義など多くの内部の制動装置がある反面、アラブ社会にはそのような防害物がなかった。

従って社会主義という問題があったが、社会主義は現在アラブ知識人に最も人気のある運動であることは明らかである。反帝国主義を強調し、社会主義計画経済を支持する点にあって、この運動は識別力の弱い多くの人たちの心の中に混乱をひき起させる程度に共産主義と衝突する広範な地域を保有している。もちろんアラブの指導級社会主義者たちには、二つのイデオロギの差異、特にプロレタリア独裁の国家概念及び議会民主主義の国家概念との差異を充分に知っていた。社会主義を信奉する新人たちへ、ヨーロッパの社会主義の特徴である民主主義的過程に対する深い愛着とか見解を必ず持っていたのではなく、従って前述した如き有利な精神状態の下では、共産主義者の社会主義組織へ浸透する可能性が濃厚にある。

☆　☆　☆

北京料理 東天閣
和室・洋室完備
結婚披露・大小宴会
美味と安価が定評
大阪市心斎橋御堂筋角（そごう北隣）
電話・代表 二七一－〇一三一

※世界各国航空船舶券発売・渡航手続一切
※KAL航空券取扱・韓国旅行案内
※AIU旅行障害保険取扱
※国内観光旅行案内
ORIENTAL TRAVEL SERVICE
Code: ORIENTRAS Tokyo
東洋航空株式会社
東洋旅行社　国内部
本社：東京都中央区銀座西7－2　TEL. 571－1340・7930
●電通正面日軽ビル隣 ウエスト喫茶店二階
大阪：大阪市東成区片江町2－50　TEL. 971－6180
fly to SEOUL

大東化学工業株式会社
取締役社長　林[illegible]

一般鋼材
丸棒型鋼
安田金属
代表者・安田圭鎬
東京都墨田区緑町4～30／電話 本所（631）1355／8573／8983番

近代工業の先端を行く[illegible]宝石部品の日本国内唯一のメーカー
株式会社 光陽精密宝石製作所
納品先
電電公社　日立電気　三菱電気　松下電子　シチズン時計　ヤシカカメラ　三協精機　リズム時計　東京時計　島津製作所KK　品川製作所KK
日本碍子KK　安立電気　セコニックKK　協立乗機　日本電子　千代田光学　理研電計　矢島計器　日本電装　其他計器メーカー70社
営業品目
軸受宝石　時計用宝石　電気指示計器用　航空計器用　其他各種計器用
計器用軸針　装身具用宝石
ミリ波進行波管　気密窓用サファイヤー　カメラ用軸受　メーザー用ルビー
当社直営店の御案内
光陽宝石直売店
自由ケ丘　田園　宝石部（喫茶部）
ヒカリ街デパート2階 TEL（717）2131～3
五反田駅前　ユーヨー宝石
五反田駅前　TEL（441）5911
割引マーク
KOYO
●右掲載の割引マークを当社直売店に御持参の方には一割～二割の割引サービスをいたしております。

山梨工場検査部
山梨工場研磨部

株式会社 光陽精密宝石製作所
代表者・郭泰石
本社・工場　川崎市小杉陣屋町2丁目1280番地　電話中原(0447)5254・9029番
山梨工場　山梨県都留市上谷1680番地　電話（都留）2175・2176番

文化

私たちの作品
大阪金剛学園の巻

作文

僕とお母さん
中三　金虹竜

僕をこんなに大きく立派に育ててくれたお母さん。今ではもう年をとってしまって若いころに苦労した面影が今になって顔に浮び上がっている。

……ある晩の事であった。僕は物音に目がさめて床から起きて見ると部屋の片すみで母がまだ起きて仕事をやっていた。

時計を見ると、もう一時をまわっていた。

僕はそっと母のそばにいった。すると母はまだ気がついていないらしく仕事をしていた。

急にもう寝たら―というと、母はびっくりしたらしく、ぱっと僕の方を見て、大きなため息をつきながら、あーびっくりしたよ、いい蘇らないうちにまた仕事をやりはじめた。

しばらくしてから母は何時だそ、と僕にいった。

僕は大声でもう一時半ですよ、と答えた。

母は落ちついて、もうそんな時間かい、といって仕事をやめた。そしてとてもつかれたらしく、自分の手で肩をたたきはじめた。

僕は母の肩の後ろに回って肩をもんであげた。

すると母はいいきもちだよといいながら、うれしそうな顔を僕に見せた。

このような母の笑顔を見る時こそ僕は一番幸福感を感じる。

兄弟げんか
中二　白京子

どこの家でもけんかはするだろう。もちろん私の家は、兄弟が多いだけにすごいけんかぶりだ。良くけんかをするのは、私と妹、弟の介秀と、その弟の光とのことで、いつも母からしかられてばかり。けんかをする時の原因は、たいてい、食物、物事に対しての不満に

私のお父さん
中二　金成礼

私の父の仕事は、日用品販売である。このごろ、電気製品も、販売するようになったので、目が回るほど忙しい父。だから、父の帰りも定まっていない。ある日は八時ごろに、ある日は四時ごろに、帰宅する。そういう、父の不規則な帰りを待ちながら夕食の仕度の手伝いをする。私の父は、とても子供思いで、無理な事を、言わなければ、とても、優しい父である。だが、うそをつくと、とても怒る父である。父は、いつも、こうおっしゃる。「うそをつく人間は、社会に出ると、第一に、信用されなくなり、ついには、本当にも失敗し、駄目な人間になってしまう」と。私の父は、お金を落しても、皿を割っても、「これから、気をつけなさい」と、おっしゃるだけだが、うそをつくと、とても、怒る。私のお父さん、とても優しいお父さん。私はこれから、お父さんを、もっと尊敬すると共に、お父さんが、喜ぶ事を、成しとげたいと思います。

よってであって、誰かが少しでもお菓子を多くもらったら、もうみんなは母に文句を言う。本当にいやになって来た。今朝、妹とけんかをした。すると、学校に来て妹に会うと、目はきつねの様につり上がり、言葉は、どこかのやくざ衆等が使っているような言葉使いである。しかし、けんかの無い世界って、多分どこにもないだろう。それだけにけんかしても、笑って過ごせるのだ。今日もまた、妹、弟等のにぎやかな声が聞こえる「お母ちゃん、兄ちゃんがおこったって！、「お菓子、いっぱい取りはってん」というが、非常ににぎやかである。

感激の日
中一　金貢

待望の九月十三日は、私にとっては記念すべき日であった。この日は、五月の第二日曜日で、母の日であり、またわが民団の婦人会慰安日でもあった。

うららかな空、青々と茂る芝生の上で色とりどりに、目のさめる様な美しさの、韓国衣装を着、一杯きけんに、韓国古代のチャングをはやしに、全員踊る美しい姿は鮮かだった。

今まで韓国人を見下げていた日本人達が、われを忘れて見とれているのを見て、私は「これぞわが祖国のほこりだ。」と、思い、心から喜んだ。

そして、私は「こういう踊りや衣装ばかりでなく、色々な面で、韓国の良い点を日本人や世界中の人々に、もっと、もっと、わかってもらいたい」と思った。

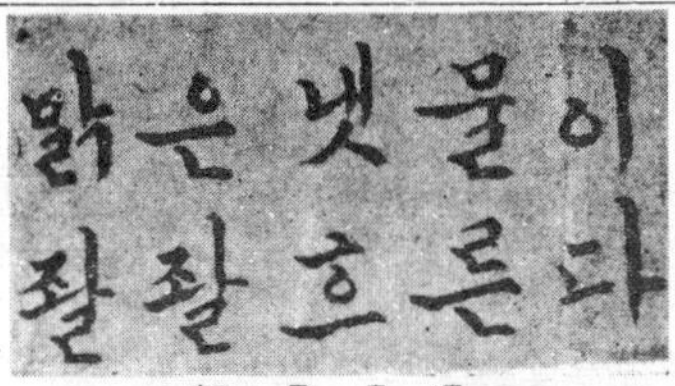

中二　康寛宣

中二　朴昌子

高一　東秉台

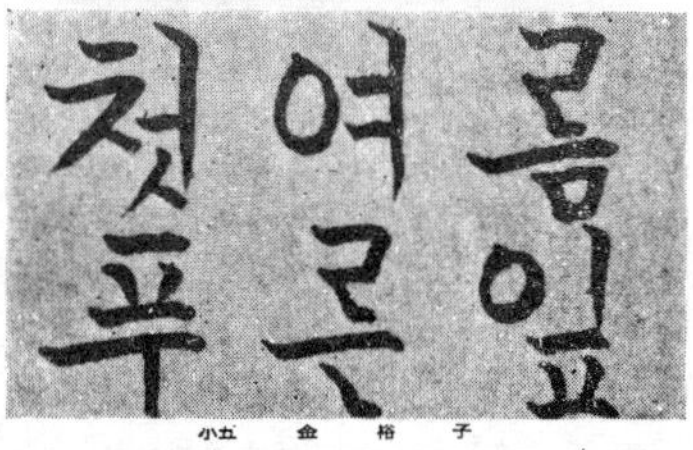

小五　金裕子

新春文芸当選発表
東亜日報主催

東亜日報社で募集した六十三年度「新春文芸懸賞作品」の総応募数は既報した通り二千八百三編に達し、昨年の倍に迫まり、各部門別に本社で予選した結果、その予選ラインにはいった数は次の通りであった。

▲シナリオ＝一二▲評論＝一七▲童話＝一六▲短詩＝一三▲時調＝一八▲合計＝一九一▲短篇小説＝四一▲詩＝二九▲戯曲＝一五

以上予選に選ばれた作品は東亜日報社で委嘱した十一名の審査委員によって、各部門別に慎重厳選した結果、当選作八編、佳作七編をそれぞれ選んだ。

◇短篇小説

「荒野」＝呉春子〈忠南唐津郡唐津面彩雲里三八五〉

〈佳作〉「失楽園」〈慶北浦項市竹島二洞三ノ五七〉

◇詩＝〈当選〉『僕の悲しき友人イワン・トトリー・ピッチ』

〈佳作〉『あなたに捧げる私の唄は』李秀賢〈ソウル麻浦区阿峴洞八五ノ五〇四〉

◇戯曲＝当選『真実の真似』金キヨンマン〈住所未詳〉

◇シナリオ（該当者なし）

◇評論▲文学＝佳作『韓国文学の新しい課題』金潤月〈ソウル城北区敦岩洞山三〇ノ一三〉

美術＝

『伝統継承の姿勢』具光泳　江原道襄陽郡土城面天津里

▲音楽＝（当選）

『センベルク音楽の難解性』金昌郁　ソウル東大門区新設洞一二〇ノ二九七

▲映画＝（佳作）

『映画に描かれた青春像』尹興烈　ソウル大歯科大学

◇童話＝（当選）

『遠い国の眼』ソウル西大門区新村洞六六佳作

『ヌビヨンオとクチン』李鍾漢　仁川市金谷洞五四

◇童謡＝（当選）

ナグハサン＝尹斗赫　金海郡大渚面沙徳里四一四ノ七

時調＝

『門』金鍋奎　釜山市草梁洞八二六八ノ一八

（佳作一席）

『花』一大田市宣化洞二区一五七ノ二二

新人文学賞に応募しよう

韓国のトップ・クラスの総合雑誌"思想界"ではこのほど新人文学賞を設けて、広く作品の募集をしているが、その募集要領を紹介すると、

一、種目……詩、創作

一、応募規定……詩（五篇以上同封すること）

創作　一篇（二百字原稿用紙で百枚内外のこと）

一、賞ならびに特典……正賞ならびに副賞。

当選作家は既成作家と同一に取扱う。

一、応募期間……一九六三年八月三十日までに思想界社に到着のこと。

一、発表……一九六三年十一月号"文芸特別増刊号"誌上をもってする。

一、注意事項…①応募作品は封に"思想界新人賞応募作品"と朱書のこと。

②応募作品は一切返還しない。

一、あて先　ソウル特別市鍾路区思想界社。

ただし本社でも取扱います。

李朝野史物語
太宗世祖時代篇（27）

魯山君余話（四）
二つの大反乱の話

王叔首陽大君が非常手段に訴えて、政権を掌握してから中央政界はめまぐるしい転換をしている間、東北国境咸吉道では二度に亘って、大規模な反乱が起きた。

端宗元年（一四五三年）の李澄玉乱と、世祖十三年（一四六七年）の李施愛の乱がそれである。この二つの叛乱は、端宗被位を憤慨し世祖政府を転覆するために起した内乱である。

李澄玉（？―一四五三年）は、慶尚道梁山の人で弓の達人であった。世宗朝のとき、金宗瑞に随行して北辺六鎮開拓に武勲を立てた。

金宗瑞は、彼の人物を深く信任して自分が中央政界入りするときに、その後任として咸吉道都節度使に推薦した。

首陽大君が金宗瑞を殺害してから政権を握ると、李澄玉を罷免し秘かにその後任として朴好問を送り込んだ。李澄玉は、始めて中央政変を知ると共に、彼が日頃尊敬している金宗瑞を殺害した首陽大君を除くために先ず朴好問を血祭りにあげて、反中央の反乱を起した。

彼は、その本拠を鍾城に置いて自ら「大金皇帝」と名乗り、女真に後援を求めた。一時はその勢極めて強かったが、鍾城において官軍節度使鄭鋪のために殺された。

李澄玉乱は、端宗元年冬の出来事である。彼の叛乱は失敗したが李王朝における最初の叛乱でもあり、後記する李施愛乱の前駆をなすものである。かつ、咸鏡人としての反中央的な気運の萌芽の兆を見るのであり、人民の身分で自ら皇帝となり女真に外援を求めて、その雄図を実現しようとした点において、注目を要するものがあろう。

李澄玉の反乱が平定されてから十五年後、世祖大王十三年五月になると吉州人会寧府使李施愛が、大規模な反乱を起した。

李施愛（？―一四六七年）は、世祖朝の武将である。前年の李澄玉反乱がその遠因となってはいるが、彼の動機は異なるものがあった。

彼は、喪中で吉州に帰って行っている中に叛乱を計画した。その弟李施合と共に吉州において兵を起して兵馬節度使康孝文を殺害してしまった。

彼は、反軍挙兵に際して「いま政府軍が咸鏡道内各地を侵し咸鏡道人を殺害している。一方忠清道にあった兵船をもって鏡城沿岸に集結し、黄海道平安両道官軍も道境の要塞を流してしまった。咸鏡道民を撲滅して侵入し、咸鏡道民を掠奪し殺戮している。よって、本道人としては自分の力でこれを防ぎ、各邑守令は本道人をもってする」と声明を出した。

それと同時に、盛んに流言蜚語を流布して道内人心を攪乱してしまった。彼が出した声明は、全く事実にないことを流作した陰謀であったが、これが咸鏡道人の心を一時につかんでしまった。

即ち、彼の声明を現代のコトバで解釈してみると"咸鏡道のことは咸鏡道人の手で"ということになる。いわば咸鏡道モンロー主義であった。

李の流言に煽動され激こうした咸鏡道人は一斉に反軍側に合流して、咸鏡以北の各州では殆んど残らず叛軍に呼応し、観察使申メンを殺害した。

朝廷では反乱軍鎮圧のために判書曹錫文を副総使、許宗を本道節度使に任命すると共に、康純、南怡大将などをして六道兵三万をもって、咸興敵陣を襲うことにした。

政府では、それに先立って鏑川人崔潤孫を密使として李施愛を説得するために送ったが、崔は反って叛軍側に寝返ってしまった。李施愛は崔潤孫から朝廷の作戦計画をすっかり知ってしまったので、内部分裂を計って謀略をした。彼は

「申叔舟、韓明会、金国光なども内応している」として流言を飛ばした。このために、これら三人も一時下獄したことがあった。

このときの反乱軍の攻勢は強化されるばかりで、一時は官軍の形勢も容易ならざるものがあった。戦局は、八月に入ってから漸く同転するようになり、康純、許宗に率いられた官軍が、洪原北青の戦いで始めて、反軍を破った。

次いで、敗走する反軍を利原麻屹嶺に追撃して、これに致命的な打撃を与えた。反将李施愛は吉州に逃れて、女真国に亡命しようとした。

吉州人許惟礼が官軍を先導して敵陣に入り、李珠、黄生など叛軍一党を説服して帰順させ、反将李施愛兄弟は、その場で斬首されてしまい、前後四カ月間に亘る反乱は終った。

李施愛の反乱は、朝廷の地方行政の面で重大な影響を与えた。咸鏡道は、李氏朝鮮の発祥地であるので朝廷でも特別な管轄をした。反軍が声明した"咸鏡道モンロー主義"は、中央集権を排除して東北一帯の自治を要求したことは、その特異性であった。

世祖大王は、この反乱を契機として全国的に中央集権を強化するために、一層の努力をした。

（石鼓山人）

安住の地よいずこ（124）
許桂旭　え　金泰伸

安住の地（十）

「お兄さんたちは、私たちを受け入れてくださらないでしょうに どこへ行きますの？」

「叔父さんのところへ行こう」

「でも、親せきの家も一日、二日で……どうくらせるの？」

「まさか、生きるみちはあるだろう。行き詰まったら君もおれども働こう。大田に私の友人がいるが、一度訪ねてみようか？」

「友だちですか？でも、あなたに人間的に接してくださる人であればいいが……」

「とにかく大田に行って見よう。どうしても居られなければ、お姉さんのいるお寺にまいもどるより外にないよ」

「私は行きません」

「おれがついているんだよ。心配しないで、君は……」

「でも、何だか私たちは不幸になるような気がしてならないわ」

「……」

「お寺にいるとき、いつだったか、参拝に来た易者の言葉が忘れられないわ」

「易者が何といったな？」

「あなたが、心が変って他の女と一しょになるというの」

「ハハハ……けんとに君はこどもだよ。つまらないことを考えないで早く行こう。滑るから気をつけて」

彼は微笑しながら私の手を取ってくれた。

晩秋の薄い陽光の中で、落葉が一葉、二葉、山道の上に落ちた。

× ×

毛皮のオーバーを手にして、私は市場に通じる道をとぼとぼと歩いて行った。全身を襲う疲労と飢えで、私はやっと気力をふりしぼった。

血と肉をえぐるような生活苦…食って生きなければならないという二つの執念は、身辺の危険をわずかであるにせよわすれさせた。

職場を探すといって、朝になれば出て行く夫は、あくる日の夕暮に帰ってきたりした。

「あんたも考えてごらんなさいこの時節に、若い人たちがぶらぶら遊んで食べて行くなんて―することがなければ露天商でもやったら……市場にいってごらんなさい。あんたのような若い女性たちが、裸足になって商売してるんじゃない？どうも、うちの家族だけで食べていくのがせいいっぱいだというのに……あんたたちのために気苦労が多過ぎるよ、ほんとに！」

トゲのようにつきささってくる兄嫁の声が、いまも私の頭に生々しかった。私は口びるをきゅっとかみながら、オーバーを力いっぱい抱きしめた。値のよさそうなものは、みんな売り食いし、オーバー一つしか残っていなかった。

オーバーを売って、市場を出て来た私は、びくっとして足をとめた。見なれた顔をみたからである。平壌のどこかでよく見かけたような顔であった。

（たれだろう？）

しばらく記憶をたどっていた私は、穴があくほどみつめる婦人の眼ざしとぶつかった。

瞬間、私はどきっとした。私は発作的に回れ右して市場の道を抜け出した。誰れかが私の後をおっかけてくるような気がしてならなかった。

皆様にとって最も
親しめる銀行…
最古の歴史を誇る朝興銀行
を御利用下さい。

外国為替・信託
韓国・ソウル特別市
朝興銀行

発展の基礎をささえる愛知商銀
皆様と共に歩み
皆様と共に栄える
信用組合　愛知商銀
組合長　姜寔道（神野登治）
名古屋市中村区慶羽町3－101
電話（58）代表516－2451・6

株式会社　松屋
三洋建設株式会社取締役社長
ソウル市中区乙支路3番地
電話（08）1939
愛知県韓国人体育会々長
民団愛知県財政委員会副会長
在日韓国人商工会連合会常務理事
崔正烈
名古屋市北区東大曽根町2－898
電話99－代表4141－4

マツヤ号の
あるところ
いつも…
寄付が一番
MATSUYA SANGYO
マツヤ産業株式会社
社長　呉玉鳳
本社　名古屋市中村区福宜町1の26（金森ビル）柳橋交叉点南東側
TEL（56）2487・2488・2489番
東京支店　東京都千代田区神田須田町1の5　電話（251）3952番
大阪地区代理店　大阪市南区坂町43　愛知商会　電話（211）1026番
横浜地区代理店　横浜市南区睦町1の147　三井啓次　電話（73）5381番
北海道地区代理店　札幌市南六条西七丁目　北海道機KK　電話（4）3833番
広島営業所　広島市段原大畑町107　電話（5）3833番
■マツヤ無人機
■各種ヤク物
■各種標準機

優良鋳物用銑鉄製造
ASK
朝日製鉄株式會社
取締役社長　中学彬
横浜市鶴見区鶴見町1320
TEL 横浜（50）8431－4

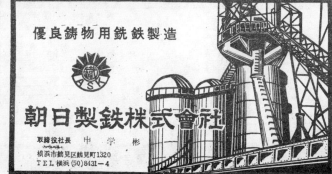

韓國新聞
発行所 韓国新聞社
発行人 曺寧柱
東京都文京区春日町51
電話（813）2261・2263 編集
東京（812）1921（813）2262 業務
振替口座 東京 34988番

広告代理業 KPR
韓国と日本を結ぶ!!
広告企画と立案・国家文案製作
新聞雑誌広告・ラジオテレビ広告
ネオン屋外広告・市場調査と興信
その他広告宣伝PR
TOKYO 港区芝琴平町26 電話（501）0471
SEOUL 乙支路一街101 電話（2）1811

「再建党」発起人が初会合

金鍾泌氏ら12人

15日、正式に発足宣言

金鍾泌氏

【ソウル発=連合】革命主体勢力を中心に発足の準備を急いでいる新たな政党仮称「再建党」は、十日午前金鍾泌前中央情報部長をはじめ金東煥（前アメリカ駐在公使）、金貞烈（前国防長官）、金在淳（前外務部次官）、徐[illegible]（前民議院議員）、尹日善（元ソウル大学校長）ら十二人の人々がソウル市内の世宗路にある三永ビルの臨時事務室で発起人第一次会議を開き、公式活動をはじめた。なお、これら発起人一同は十一日午後第二次会議を開いて発起文を作り、来る十五日ごろには発起人大会を開らく予定である。そして、この発起人大会で正式に政党の発足を宣言した後新たに政党の準備委員会を作り全国的な組織を表面化させる予定である。

ところで尹日善氏を臨時議長として十日午後三時から一時間半にわたって開かれたこの第一会議では「四・一九」にはじまり「五・一六」によって消化された革命精神を受継ぎ、革命課業を民主主義的秩序のもとで果すための新たな政党出現の必然性を認め、これの方針にしたがって過去の政党や派閥にかかわらず人物を中心として政治是正に重点をおき、門戸を開放し国民的な政党を目指すことを決めたと臨時スポークスマンに選ばれた尹氏が明らかにした。

一方、単一野党を作ることを目標としている各政派の代表達も十一日午後拡大会議を開き、意見の調整をはかることになっている。

しかし十一日の拡大会議は無所属並びに元新民党系を中心とする仮称民政党側と、元民主党側が全く相反する主張をなしており、また元自由党系の人々はあいまいな態度を示しているので政治活動浄化法該当者の全面解除ならびに早期選挙に反対する共同闘争にはある程度進展があるものと見られる。

単一野党を作ることには大した成果をおさめないだろうと伝えられている。

なおこの初会合に参席した人士の名単は次のとおり。

金鍾泌氏、尹日善氏、金東煥氏、朴昌淑氏、金貞烈氏、李完淳（音訳）氏、金元全氏、金在淳氏、金東煥氏、尹批栄（音訳）氏、曹応天氏、河泰雄氏らである。

四月調印で意見一致

第22回予備折衝 今後の日程を協議

第六次韓日会談の第二十二回予備折衝は、十一日午後三時から日本外務省で開かれた。

この日の予備折衝には、韓国側から裴首席代表と崔参事官が、日本から杉首席代表と後宮アジア局長の四者が参席し、年末年始の休みを終っての新年の挨拶を交わした後、同交渉の今後のスケジュールなどを中心に約一時間半にわたり協議した。

その結果、昨年度の折衝で合意を見たように今月の四月調印を目標に交渉を進めることに意見の一致をみた。

同日の会談に予定されていた請求権に関する大平外相の書簡にたいする金前情報部長の返書は、韓国側の都合により次の第二十三回予備折衝で手渡されることになった。

なお、金部長は既に公職を離れているが、その回答書の形式について韓国側から「一私人から大平外相あての私信ということになる」ことを確認した。

「対韓供与の支払いは三十九年度以後になる」云々の意思表示について、それは大蔵省の一官吏の意思表示であって、日本政府の態度ではないことを闡明した。

同席上、「竹島を日韓共有にしてはどうか」云々の大野伴睦氏の岐阜発言について韓国側が質したところ、日本側から、大野氏が訪韓報告としてそのようなことを政府に報告した事実がなく、それはあくまでも大野氏の私見であることを明らかにした。

また、最近日本大蔵省が、「対韓供与の支払いは三十九年度以後になる」云々の意思表示について……

在日韓国人法的地位の両部門の専門家会合は、韓国側の同代表が来たる十六日来日し、来週後半それぞれ開く予定であるから、再来週からは全般的な折衝に入ることになる。

買付要請書ワシントンへ

63年度AID資金分

経済企画院はさきほど、昨年に駐韓USOMキーレン処長から暫定決定通告をうけた六三年度一般支援三千百五十万ドルの買付けは韓米双方が合意これに対する購買要請書がこのほどワシントンのAID本部に発送されたと発表した。

このほかに燐酸肥料三百万ドルの買付も要請したので、買付要請額はこれで三千四百五十万ドルとなった。

なお、また買付要請の出されていないのは肥料、油類、機械類など四千五百万ドルである。

籠球靴四万足対米輸出

京城ゴムでは、籠球靴四万足をアメリカに初輸出した。

同品はビニール製品の児童用で価格は一足四五セントである。

七月同時選挙できぬ

李公報長官、記者団に言明

【ソウル発=連合】国家再建最高会議李厚洛公報室長は十日、単一野党運動を推進している各政派代表者会議で主張している七月同時選挙説に言及して、大統領選挙と国会議員選挙は、さきほど政府で明らかにしたと同じくその基本方針には変わりはないと明らかにした。

李室長は七月同時選挙説に対する記者団からの論評要求を受けこのように語り、革命政府が四月初めに大統領選挙を行ない五月末に国会議員の選挙を行なうと決めたのは綿密に検討した結果で、もし七月に同時選挙をすると八月中旬に予定されている民政移譲時期にあまりにも切迫しているため不可能であると語った。

政浄法の解除はありえない

最高委員 錦山で言及

【ソウル発=連合】国家再建最高会議吉在号委員は十日午後、錦山で「政治浄化法の全面的解除はありえない」と語った。

この日忠南錦山郡農業協同組合庁舎落成式に参席した吉在号最高委員は仮称民政党側で主張している政治浄化法の全面的解除はありえないと語り、労働争議問題に言及、集会法によって合法的な集りは可能なので戒厳令解除後の法解釈問題は別問題であると語った。

62年度の国民生産推定結果発表

経済成長率一一・四パーセント

産業生産軒なみ上伸

【ソウル発=連合】韓銀は経済開発五ヵ年計画の初年度である一九六二年国民総生産推定推定結果を発表したが、その内容は次のとおり。

（一）一九六二年価格による国民総生産

経済開発五ヵ年計画が一九六一年価格で策定されているため対比の便宜上、国民総生産（実績）を一九六一年価格で換算してみると「表一」のようだ。

経済開発五ヵ年計画の基準年度の一九六〇年に比べ一九六二年の成長率は「表二」で示すように六・〇％で計画成長率の五・六％を〇・四ポイントも超過しているが一九六一年に比べ一九六二年の生長率は二・四％にすぎない。これは米穀生産が一九六一年の大豊作（一、八九〇万石）に比べ一四・四％も減収されたのに基因するものである。

一九六一年に比べ一九六二年の成長率を産業部門別にみると、第一次産業が計画上からの五・三％の増加に対して実績上では九・三％の減少を示しており、第二次産業は十一・一％増加（計画）に比べ、一五・二％増加（実績）、第三次産業は三・八％増加（計画）に比べ七・三％増加（実績）という良い成果をみせている。

ところで第一次産業を除いてみると九・六％の成長をおさめている。

（二）一九五五年価格による国民総生産

従来韓銀で不変価格の基準年に定めて来た一九五五年の価格による国民総生産（実績）は「表三」のようだ。一九六二年の成長率は「表四」でみるように一九六〇年対比五・九％増加一九六一年対比二・三％の増加である。

（三）一九六一年価格による国民総支出

一九六二年の総需要状態は民間消費需要が前年に比べ八・二％の大きい増加をもたらすことによって一人当り消費水準は一九六〇年水準に還元し、政府の消費材需要は一・七％のわずかな増加に終った。

一方、固定施設投資は前年には五・四％のわずかな増加にすぎなかったが、今年度には第三次産業および製造業投資の大きい増加を主に反映して一六・一％の増加をみせた。しかし総投資需要でみると年末在庫水準の急激な減少に基因し、五・〇％が前年対比で減少した。

二・四％の経済成長を主に支援した消費需要は農村と都市全部が増大したが、農村消費の増大が顕著に寄与した。農村消費の増大要因は前年の豊作に基因する食糧消費増加が主因を占めている。

なお、輸出需要は前年の飛躍的な増加にまた一〇・六％も増加、輸入は主に投資および消費需要の増大を反映して二四・五％の顕著な増加をもたらした。

国民総生産（表一）（一九六一年価格）単位＝一〇億ウォン

	一九六〇年 計画	実績	一九六一年 計画	実績	一九六二年 計画	実績
第一次産業	八三、七二	八三、七六	八六、四四	九一、五〇	九一、〇〇	八一、九八
第二次産業	四〇、三七	四〇、四二	四〇、八二	四四、三二	四七、五八	五一、〇四
第三次産業	一〇六、一八	一〇七、〇九	一〇一、七八	一〇五、五九	一〇六、六九	一一三、二七
合計	二三〇、二七	二三一、二七	二三一、〇四	二四一、四一	二四五、二七	二四七、二九

六一年価格による成長率（表二）（△は減少）

	一九六一年対一九六〇年（％）計画	実績	一九六二年対一九六一年（％）計画	実績	一九六二年対一九六〇年（％）計画	実績
第一次産業	[illegible]	[illegible]	[illegible]	[illegible]	[illegible]	[illegible]
第二次産業	[illegible]	[illegible]	[illegible]	[illegible]	[illegible]	[illegible]
第三次産業	[illegible]	[illegible]	[illegible]	[illegible]	[illegible]	[illegible]
国民総生産	[illegible]	[illegible]	[illegible]	[illegible]	[illegible]	[illegible]

国民総生産（実績）（表三）（一九五五年価格）単位＝一〇億ウォン

	一九六〇年	一九六一年	一九六二年
第一次産業	四五、二三	四九、四一	四五、一九
第二次産業	二四、二四	二五、三一	二八、九三
第三次産業	四九、四二	四八、三二	五一、七三
合計	一一八、八九	一二三、〇四	一二五、八五

実績に対する成長率（表四）（一九五五年価格）（△は減少）

	一九六一年対一九六〇年（％）	一九六二年対一九六〇年（％）	一九六二年対一九六一年（％）
第一次産業	九、二	△八、五	△〇、一
第二次産業	四、四	一四、三	一九、三
第三次産業	△二、二	七、一	四、七
国民総生産	三、五	二、三	五、九

独島の共有できない

崔参事官 新聞報道を論評

駐日代表部の崔英沢参事官は十日独島（竹島）問題の解決案として独島を韓日両国の共同所有にするということはできないと強く否認の意を明らかにした。

崔参事官は大平氏がアメリカの調整によって独島問題の解決案として独島を韓国と日本両国の共同所有のもとにおくよう話し合ったと報道された朝日新聞の報道に対しこのように論評し、さらに金・大平会談もこのような論議は全然なされなかったと強調した。

寒天、一ポンド一ドル50仙で輸出

南方物産は寒天の国際相場下落を防ぐため同品の香港輸出を一ポンド一ドル五〇セント以上にすることをきめ香港商社と交渉している。

体育会長代理に李氏

大韓体育会役員選定委員会は緊急会議を開き現副会長である李暁氏を会長職務代理に選任したと七日発表した。

旧政治人を痛撃

四・一九学生代表懇談会

四・一九学生代表らは十日午後ソウル市内外交会館で懇談会を開き意見を交わした。

この学生代表らは懇談会を通して、四・一九精神を政治に利用しないこと、旧政治人は政治活動を再開するにあたり国民に謝罪すること、汎野党云々しながら政権欲に目がくらんだ一部の旧政治人の破廉恥を痛撃するなどを提議した。

これに対し、この席上に参席した李厚洛公報室長は「民族精気が建てられる時若い世代の孤独はさっていく」と語り、学生達の要請にいちいち答えた。

緊縮政策を継続

今年度の財政金融

今年の財政、金融基調は継続緊縮政策になりそうである。

関係消息筋によると現在、通貨量増加を最大限に抑制した六三年度財政安定計画案が検討されているが今年度通貨供給量に対する関係当局の構想は一昨年よりも一そう緊縮したものであるという。

特に昨年秋作況の不振と凶作で、きない今年度の食糧需給事情が、財政、金融政策に決定的な圧力を加えインフレを深化させる要因が累増されたものとみられている。

最近の指数によると昨年の一年間は六一年末に比べ通貨量は約六五％がふえ生産量は一〇％、物価も約一六％上昇している。これは六〇年に急にふくれあがった通貨が大きな生産効果を収めないままインフレの潜在要因としてつみかさなって来たことを反証しているが、経済活動の低調が物価の急激な上昇を抑制したものとも分析されている。

しかし年間一五％という物価上昇は五カ年経済開発計画を安定した基盤のうえで達成しようとする経済政策の基底を脅かす慢性的なインフレの進化であると判断されているため物価安定のための総合的な施策と努力が今年にはさけられないとみられる。

財政、金融の緊縮を継続要求するもう一つの条件としては今年の春から政治と社会面に新しい局面が現われる一方経済活動が活発化するということがあげられている。つまり下半期をおそった沈滞と不況が経済活動を円滑にするふん囲気がつくりだされることによって経済循環が早まり物価水準が上昇する公算が強いというのである。

また援助の減少と外貨保有事情の悪化が今年の財政、金融面に反インフレ手段としての通貨回収策に消極的な結果をもたらすことになるという心配もだされている。従って通貨供給を拡大する方法よりも資金効果に重点をおく政策手段がとられることは以上のようなことにした。

第二回文教企画予算委総会開催

六三年度基本運営等論議

文教部は十日午前文教部庁の会議室で第二回文教部企画予算委員会の総会を開会したが、この総会には金在淳文社委員長、朴一慶文教長官、各市道教育局長をはじめ国立大学校の事務局長らおよそ六十余人が参席した。

この総会では六三年度の基本運営計画をはじめ予算に伴う主な目標や方針教育機関文化機関その他ソウル市と各道の予算改正計画が指示され、また学生の指導に対する注意事項なども論議された。

在郷軍人会組織利用して政治活動不可

金鍾原会長談

金鍾原在郷軍人会長は十日政治活動再開と今後行なわれる各種の選挙について談話を発表、在郷軍人会は政治には絶対に関与できないようになっており、在郷軍人会の組織を利用して選挙に当たることは一斉禁止するとあらまし次のように語った。

一般会員として各種選挙に立候補するのはどこまでも個人の問題で、もし本会の各級役人が立候補する場合には現職を辞任しなければならない。

今後在郷軍人会は政治に介入することなく郷土再建と社会奉仕などに努力すると語った。

自由陣営生産国と消費国の団結を強調

国際タングステン会議で

十日外務部では八日と九日の二日間、ニューヨークで開かれた国際タングステン会議の席上で韓国代表は国際市場沈滞を打開するため自由陣営諸国の生産と消費国家間の団結を強調した。

ニューヨーク駐在韓国総領事張在栄氏、韓国タングステン公社の取締役金在哲氏は韓国代表としてこの会議に参席し、国際タングステン市場沈滞の原因は一九五八年以後共産ブロックによる無謀なダンピングによるものであると強調し今後の解決策として自由陣営の生産と消費国間の団結を強調した。

筆窓

新しい年と韓日国交正常化

韓日会談は、明るい見通しをしめしながら新年早々からまた、もたもたしている感じである。十年も足ぶみされた会談であってみれば、またかと心配されるのも無理はない話だが、早急にはっきりさせたいものだ。請求権問題で、両方の腹が大体わかって来たようだが、今度は漁業問題、平和ライン問題、独島（竹島）問題などが相当こじれて来た。独島問題は会談後に回してもさしあたり両国で困ることはないだろうから、韓国案に同調して後回しを希望する。「爆破説」や、両国共有説までも出ているくらいだ。

つい最近まで、自民党や政府の要路者の中にも相当数の、韓日会談慎重論者もあったように見受けられた。その理由とするところはいろいろあったろう。だが昨年の後半頃になって、はじめて会談は俄然いろめきわたり、可能の一途をたどるようになった。金鍾泌前情報部長の渡米、来日、また、もたもた有力なチャンスを、誠意と努力で八握したのだ。両国の実力者が真に腹を割って話合った賜物にほかならない。

韓日会談に賛成をしぶる大部分の日本人は、韓国が何故か好きでない、長かった李政権がガン固であったからきらいだというのだ。また、日本の革新系は、韓・日・米三国のアジアにおける軍事協定の一歩前だといって反対を唱え、社会党や、総評は、安保反対位いの強力な闘争を展開することを要請している。これをあくまで阻止するとも高言している。このような情勢に鑑みてか、自民党の一部でも、通常国会を見送り、地方選挙をすませた後、六月か七月でも遅くはないだろうと、のん気に構えているむきもある。

だが、昨年の野に、自民党の国会議員十数名を帯同して、大野自民党副総裁が超党一致の顔勢で、韓国を訪れて以来、自民党はもとより、国民感情も非常に和やかになり、民社党関係大衆と、全労の組織からも、日韓会談に賛成の声があがっているようになってきた。

韓日会談に対して、北鮮カイライ政権や、在日朝総連が沈黙を守るわけがない。韓国政府に対する誹謗は言うに及ばず、日本を非難する公式声明では「日本は朝鮮統一のち交渉をはじめるのが本筋で」と態度を表明している。日本外務省は、まずソウルに日本政府を代表する駐韓大使館で行なわれるべきである」という。

革命政府が、民政に移譲されてから会談を開くべきだという説も、日本の知識人の中には相当流布されているが、彼らは、民主主義を錯覚しているのだ。日米安保条約は、日本の防衛のためにそれ自体完結したものであり、日・韓・米の三国による軍事同盟関係に発展させる必要はなく、日韓会談は軍事機構とは全く関係がないことを明らかにしている。

過去の李・張両時代に比べて、現政府がいかに民主主義的であるかは、韓国を訪問したことのある世界の各ジャーナリストの手記からでも容易にくみとれる。革命後すでに何千人という日本人が、韓国を訪れたが、彼らの一人といえども現在の政府を独裁または、独善よばわりしたことは、見たことも聞いたこともない。

韓国は、新憲法が国民投票で成立し、大統領選挙や、国会議員選挙を経て、この八月には民政移譲を断行すべく、目下大童である。

韓日国交正常化の成功と、韓国の民主主義化も、この政府の実力をおいては、可能の途がないと信ずるのだ。（Z）

応試者二万四千名の九〇・四％合格

学士資格考試合格者決定

文教部は八日午後昨年十一月十二日と十二月三日に施行された六二年度学士考試の合格線を教養科目は百二十点満点の四十二点、専攻科目は百八十点満点の七十二点に正式決定したと発表した。

これによって応試者総数二万四千九百六十一名中合格者は二万二千五百六十八名で全体の九十・四％が合格、残る九・六％に該当する二千三百九十三名が落第した。

その内教養科目四十二点未満で不合格になったものは二千百三十九名であり、専攻科目七十二点未満で不合格になったものは二百五十四名である。

この考試の平均点数は教養科目が六十二・一点であり、専攻科目は一三二・八点である。

韓国、アジア・アフリカ言論人会議参加

シンガポールからの報道によると来る二月十日から十五日までの六日間ジャカルタで催される予定のアジア・アフリカ言論人会議に参加する旨を通告して来た国は韓国をはじめ十数カ国に及ぶと当地のジャカルタ放送は伝えている。

ソウル市を緑の市内に

ソウル市当局砂防工事計画発表

ソウル特別市当局は今年から市内全域を緑のソウルに造り上げようという計画のもとに合計七千五百二十万ウォンで二千六百五十歩を対象の砂防工事計画を発表した。

この計画は城北山地域をはじめ市内全域にわたって七十二個所に砂防工事と特殊造林工事にわけて実施する。

二月中旬から一斉着手して来る十一月まで蘇える予定のこの工事には苗木三百三十万株を植える。

五十個所の支署と派出所を増設

内務部、今年度全国警察署に

内務部は十日、今年度に五十カ所の警察支署と派出所を増設すると発表した。

ところで新しく設ける支署と派出所は次のとおり。

△ソウル二五△釜山三△京畿道六△忠南慶南、全南が各々一〇△慶北四。

一次に97個の特定郵便局許可

逓信部、郵政事業拡張計画により

逓信部は十日、郵政事業拡張計画により今年度に特定郵便局百個を増設する計画であるが、まず第一次に九七個を指定許可することにした。

ご商売やお住いのご計画に……
東京商銀信用組合
東京都文京区湯島天神町三ノ一四
電話代表（八三二）五三一七・九・五一二〇

自動車のコンサルタント！皆様の車に関する相談役
新車各種・中古車販売・修理・板金・塗装
自動車保険（事故相談・一般契約）取扱店
（無料相談受付中）
自動車の事なら、売る時 買う時 他一切の御相談に応じています
国電東中野駅陸橋際・東京都中野区上ノ原町11番地
日野コンテッサ・日野ルノー
東京日野自動車株式会社代理店
大東京自動車株式会社
代表取締・尹和錫
電話（361）1508・0096番

集会・示威に関する法律全文

集会・示威の秩序確立　民主的大衆行動を保障

継続して公布される新法律のうちでも最も大衆行動とつながりの深い集会、示威に関する法律が昨年末に公布された。この新法律によって民主的な大衆の意志表示が保護され、大いに新しい国造りのために役立つこととなるわけである。同法は一月一日から施行された。

第一条（目的）本法は集会ならびに示威を保護し公共の安寧と秩序を維持するのを目的とする。

第二条（集会ならびに示威の妨害禁止）①なにびとも暴行脅迫その他の方法で平和的な集会または示威を妨害したり秩序を紊乱してはならない。

②なにびとも暴行脅迫その他の方法で集会または示威の主催者（司会者を別におく時には司会者を含む以下同じ）の本法の規定による任務の遂行を妨害してはならない。

③集会または示威の主催者は平和的な集会または示威が妨害されるおそれがあると認められる時には、遅滞なく管轄警察官署にその事実を通告しその保護を要請することができる。

第三条（集会ならびに示威の禁止）①なにびとも次の各号の一つに該当する集会または示威を主管したり開催してはならない。

（イ）判決によって解散された政党または禁属団体の目的を達成するための集会または示威。

（ロ）裁判に影響を及ぼすおそれがあるか、及ぼすための集会または示威。

（ハ）前各号以外に憲法の民主的基本秩序に違背する集会または示威。

②なにびとも前項の規定によって禁止された集会または示威を行なうことを放送、録音、文書、伝単で流布したり、その他の方法で扇動または煽動してはならない。

第四条（屋外集会ならびに示威の申告等）①屋外で集会または示威をしようとする者はその目的、日時（所要時間を含む以下同じ）場所、参加予定人員ならびに主催者の住所、姓名、示威方法を記載した申告書を屋外集会または示威の四十八時間前に管轄警察署長に提出しなくてはならない。二つ以上の警察署の管轄に属する場合には警察局長に提出する。

②前項の規定による申告書を接受した時には管轄警察署長または警察局長は接受日時を記載した接受証票を申告者に交付しなくてはならない。

③前条の規定によって禁止された集会、示威または本法の規定によって禁止された時間あるいは場所で集会もしくは示威を主催しようとする者に対しては、管轄警察署長または警察局長は申告接受二十四時間以内に集会もしくは示威の禁止を通告することができる。

④前項の規定による禁止の通告に対しては七十二時間以内にソウル特別市長、道知事、釜山市長に異議を申立てることができる。

⑤ソウル特別市長、道知事、釜山市長は前項の規定による異議の申立を受けた時には、接受日時を記載した接受証票を異議申立者に交付し二十四時間以内に裁決をしなくてはならない。二十四時間以内に裁決がない時には管轄警察署長の禁止通告はこれを無効とする。

⑥前項の規定によって禁止通告が不当であると決定されるか、または無効となった場合には、最初の申立者は集会または示威の日時をあらたに定めて二十四時間以内に管轄警察署長に申告して集会または示威を主催することができる。

第五条（申告の補完等）①前条第一項の規定に依る記載事項に不備な点がある場合には管轄警察署長は二十四時間を期限に申告者にその記載事項の補完を指示することができる。

②前項の規定による補完指示にもかかわらず前条第一項の規定による記載事項を完備しない時には、管轄警察署長はその集会または示威の禁止を通告することができる。

第六条（屋外集会または示威の禁止時間）なにびとも日の出前、日没後には屋外集会または示威をしてはならない。

第七条（屋外集会ならびに示威の禁止場所等）なにびとも次の各号に規定する庁舎または邸宅の境界地点から周囲二百米以内の場所においては屋外集会または示威をしてはならない。

（イ）国会議事堂、各級法院、国内駐在の外国の外交機関

（ロ）大統領官邸、国会議長公館、大法院長公館、国務総理公館、国内駐在の外国外交使節の宿所

（ハ）中央官庁、ソウル特別市庁、道庁、釜山市庁、駅、ただし行進の場合は例外とする。

第八条（時間と場所に関する制限）公務員出勤時の一時間前と退勤時の一時間後は示威をしてはならない。

第九条（適用の排除）学問、芸術、体育、宗教、儀式、親睦、娯楽、冠婚葬祭ならびに国家行事に関する集会には前四条の規定を適用しない。

第十条（集会または示威の主催者の遵守事項）①集会または示威の主催者は、集会または示威における秩序を維持しなくてはならない。

②集会または示威の主催者が前項の規定による秩序を維持することができない時には、その集会または示威の終結を宣言しなくてはならない。

③集会または示威の主催者は次の各号の一つに該当する行為をしてはならない。

（イ）銃砲、爆発物、刀剣、鉄棒、棍棒その他、他人の生命身体に害を加えるのに使用することのできる器具を携帯したり、携帯させる行為。

（ロ）暴行、乱動その他秩序を紊乱するような行為。

第十一条（集会または示威に参加する者の遵守事項）①集会または示威に参加する者は主催者の秩序維持のための指示にしたがわなくてはならない。

②集会または示威に参加する者は前条第三項各号の一つに該当する行為をしてはならない。

第十二条（警察官の指示または出入）屋外における集会または示威の主催者は正当な理由なしに、秩序を維持するための警察官の指示または出入を拒絶してはならない。

第十三条（集会または示威の解散）①管轄警察署長は次の各号の一つに該当する集会または示威に対しては解散を命じなくてはならない。

（イ）第三条第一項の規定に違反する集会または示威。

（ロ）第九条第二項の規定によって集会または示威の終結宣言をするか、または終結宣言をしなくてはならないのにもかかわらず、これを行なわない集会または示威。

（ハ）第九条第三項または第十条第二項の規定に違反した者に対する警察官の退去措置によって相当な不安状態が惹起されるおそれのある集会または示威。

（ニ）第四条第一項の規定による申告をしないか、または同条第三項または第五条第二項の規定によって禁止を通告した集会または示威。

②集会または示威が前項の規定による解散命令を受けた時には、すべての参加者は即刻退去しなくてはならない。

第十四条（罰則）①第二条第一項、第二項または第三条第一項の規定に違反するか、または第四条第三項あるいは第五条第二項の規定によって禁止を通告した集会または示威の主催者は五年以下の懲役または十万ﾜﾝ以下の罰金に処する。ただし軍人、検事、警察官が第二条第一項または第二項の規定に違反した時には七年以下の懲役に処する。

②その情を知りながらも第三条第一項の規定に違反した集会または示威に参加した者は、一年以下の懲役または二万ﾜﾝ以下の罰金、拘留もしくは科料に処する。

第十五条（同前）第六条または第七条の規定に違反した者は次の区分によって処罰する。

（イ）主催者は三年以下の懲役または六万ﾜﾝ以下の罰金。

（ロ）その情を知りながら参加した者は一年以下の懲役または二万ﾜﾝ以下の罰金、拘留もしくは科料。

第十六条（同前）第三条第二項、第九条第三項、第十条第二項または第十二条第二項の規定に違反した者は一年以下の懲役または二万ﾜﾝ以下の罰金、拘留もしくは科料に処する。

第十七条（同前）第四条第一項の規定に違反するか、またはその集会もしくは示威を申告した内容と異って実行した者または第四条第二項ならびに第五項の規定による接受証票を交付しない者は二年以下の懲役または四万ﾜﾝ以下の罰金、拘留もしくは科料に処する。

第十八条（同前）第十一条の規定に違反した者は一年以下の懲役または二万ﾜﾝ以下の罰金、拘留もしくは科料に処する。

附則

①本法は一九六三年一月一日から施行する。

②法律第五百五十四号の集会に関する法律ならびに法律第七百十三号の集会に関する臨時措置法は本法施行日からこれを廃止する。

③国家再建非常措置法廃棄時までに示威を主催しようとする者は、四十八時間前に管轄警察署長の許可を受けなくてはならない。

④前項の許可を受けない示威を主催した者と、その情を知りながら示威に参加した者に対しては本法第十三条の規定を適用する。

韓国の声

ソ・中対決の尖鋭化と　北傀・中共の共同路線

さる七日付ソ連共産党機関紙プラウダは、長文の社説で中共を攻撃したが、これに対する各国共産党の表情はわれわれの注目をひくものがある。世界の主要共産党はみな、その態度を明白にしたのであるが、中でもわれわれが特に関心を抱くのは、北傀（北韓カイライ）の動向である。東欧共産圏を始め欧州各国の共産党がいち早くその支持を表明したのとは異り、北傀労働党とアルバニア共産党はむしろ中共側の支持を打出したのである。プラウダ紙は前記の社説のなかで、中共を攻撃するとともに、イデオロギー対立問題を討議するための各国共産党の共同協議を提議した。

それに対しまだ中共の態度は明らかにされていないが、北傀とアルバニアの態度から考えて、その推測は困難ではない。もともと中共とソ連間の紛争を解決するために、世界共産党会議を主張したのは中共の人民日報であり、プラウダ紙の提唱は多分にそれに対する反応であるとみることができるが、中共が世界共産党会議を問題解決の唯一の方途であると指摘しているのに反して、ソ連は「地域的多数派の結論を拒否するがために、いわゆる地域的少数派（中共を指す）の独断論的な主張を押し立てようとする者は参加の資格がない」と言い、事実上、中共の提議を反対したものとみられる。しかし、プラウダ社説が今までと違って中共を正面から攻撃したところに、両者の理論闘争は決定的に尖鋭化されたこととともに、これで中・ソ紛糾は破局に近い新局面を迎えたと言っても、決して過言ではあるまい。

だが、中・ソ紛糾の新局面においてさらに注目すべきは、北傀をめぐる中共・ソ連間の誘引作戦がその線を越し、北傀が中共路線追従を明白にして共同路線を指向している点である。かかる印象は、昨年十二月中旬に開かれた北傀労働党中央委員会第四期第五次全員会議を契機として深まった感があったが、時を同じくする十二月十五日付の人民日報社説はその印象をさらに一歩深めたし、今度のプラウダ紙社説を契機に決定的局面を帯びたものと見られる。

特に、前記の人民日報社説において中共は東欧諸国の共産党大会で「中共攻撃に同調しなかった朝鮮労働党を非難した」と述べながら「団結を守護するための朝鮮労働党の主張が、一体どんな罪があるのか」と、北傀を露骨に擁護した。

昨年十二月初めモスクワを訪問した北傀副首相金光侠一行の軍事使節団は、手ぶらで帰国したとも言われ、これもまた、ソ連と北傀との尋常でない様相を多面的に露呈している。しかし、ここで留意しなければならない点は、常にわれわれが口にする言葉ではあるが、北傀をめぐるソ連・中共間の紛糾が尖鋭化されたからといって、われわれの情勢が有利に展開するという楽観は決してできないということだ。ソ連にしろ中共にしろ、同様に侵略的・破壊的であり、彼らの間の紛糾を多くの言葉で表現してはいるものの、つまるところ、ソ連は比較的核戦争の脅威を解消しているに反して、中共はそれを理解できずにいる程度の相違と考えて、ほぼ間違いあるまい。とくに、北傀と中共の共同路線は、中共のいわゆる冒険主義的策動を敢行する恐れもなくはない。外信報道によれば、北傀はソ連の対米緩和政策に対する困惑を更に強めるため、中共の印度侵略と同様に、韓国に対する武力試図をよりひん繁化するかも知れないと見ている。ソ連が北傀に対する軍援を中断する危険も冒え、また韓国戦争に際して中共の兵力が戦ったことを想起し、さらに中共が主に北ベトナムをそそのかして南ベトナム事態を激化させていることを考えれば、北傀と中共間の共同路線に対して、決して安易な見解を抱くことはできないだろう。（朝鮮日報）

北傀はスポーツを政治に悪用するな

共産主義の教典では、人間万事は政治に従属・利用されることによって、始めてその存在価値が認定されることになっているため、スポーツもまた決して例外とはなり得ない。北傀（北韓カイライ）は今これを政治的に悪用することにきゅうきゅうとしている。

IOC（国際オリンピック委）総会が一九六四年の東京オリンピックに南北韓が単一チームとして参加するよう勧奨することを決定し、それを通知して以来、わがKOC（韓国オリンピック委）当局では、一方では、IOCに回答してその原則に同意するというわが方の立場を明らかにし、また一方では、北傀に対して関係資料の提出を要求するなど具体的な推進に着手したのであった。

しかるに、北傀は「板門店会談」云々の政治的宣伝攻勢にだけ熱中しながらも、単一チーム構成のための具体的問題の解決のための現実的努力については、わがKOCに対してだけでなくIOCに対してまでも等しく回避のみを繰返してきた。

このような事態に逢着するや、IOC当局は、合理的な折衝・調整の困難性を感じ取ったものか、旧臘上旬に至って突然、従来の態度を一変させ、南北韓単一チーム構成は不可能であるという前提のもとに、南北韓チームを個別に参加させるほかないという極めてあいまいな態度を取る一方、「政治性介在問題」を解決するために、一九六三年二月七、八日の二日間にわたりIOC特別委員会を召集すると伝えられた。

韓国スポーツ人としての純粋性と誠実性を示し、北傀の意識的な回避戦術を暴露せんがため、わがKOC当局では、旧臘上旬、対策委員会の決定に基づき、とくにこの問題に影響を及ぼすことのできるIOC特別委員会開催前の今月下旬、IOCの主宰のもとにスイスのローザンヌで南北会談を開催しようとの提議を行なうに至ったのである。

韓国単一チーム問題に対して、IOC当局が回りくどく現象追随的な消極的態度を取っているのは、過去にもしばしば指摘したとおり、国際オリンピックの伝統と精神に違背する行動であり、われわれは最大の遺憾事と考えざるを得ないのである。

第一に、大韓民国は韓半島を代表する唯一の合法政府であって、これは国連によってすでに認定された事実である。南北韓チームを個別に参加させるということは「二つの韓国」を認定するという政治的に重大な結果を招来するものであり、政治に超然たらねばならぬIOCが、かえってこのように政治への介入の過誤を犯すことがあってはなるまい。

次は、IOC自体も一九四七年にすでにKOCを全韓国を代表する単一的存在として正式加入させたのに対し、北傀はNOC（地域オリンピック委）として昨年始めて暫定的承認を得たに過ぎない。一九五七年九月の第五十四次IOC総会もまた、韓国単一チームはKOCの主宰のもとに構成されねばならないと決定したのであった。両独混成チームの前例があるにも拘わらず、双方が互いにその主張を譲らないからと言って、簡単にそれに屈服してしまうのは、IOCが自ら自己の伝統と決定を否定する結果となるだろう。要するに、北傀の個別的参加が認定されてはならないということだ。

最後に指摘しておきたいことは、北傀が生理的にKOCの主宰になる単一チーム構成に絶対同意しようとしない点である。そのために、彼らはいま責任をわが方に転嫁すべくひたすら狂奔しているのである。彼らの目的は単独参加である。単独参加することにより、彼らの国際的地位を向上させ、特に在日僑胞の前で宣伝と示威をなし得るという政治的目的を達成しようとしているのである。

KOCの当面の任務は、北傀の奸計の正体を暴露して、彼らの小細工が世界世論の制裁の前で破綻に陥らしめるようにし、KOC主導下の単一チーム構成に同意せざるを得ないようにすることでなければならない。次善の方法としては、北傀が同意しなくても、最小限個別参加が不可能になるようにしなければならないだろう。

この意味で、KOCのローザンヌ会談提議は能動的な措置であったと断言できよう。ローザンヌ会談では一層伸縮性ある戦術によって、北傀を窮地に追い込まなくてはなるまい。

最後に、北傀がローザンヌ会談参加を拒否する場合、その結果と責任についての暴露および追及のためのPR工作は、世界的規模で大きく展開されねばならないだろう。（ソウル新聞）

旅券発給者氏名公告

韓国駐日代表部領事課旅券担当官
在日本韓国居留民団中総民生局長

氏名	番号	住所
成龍甲	KJ [illegible]	神奈川
金斗碩	〃 [illegible]	〃
鄭泰文	〃 [illegible]	長野
朴春済	〃 [illegible]	東京
李福順	〃 [illegible]	〃
徐三権	〃 [illegible]	〃
朴竜男	〃 [illegible]	〃
南相勲	〃 [illegible]	神奈川
金順南	〃 [illegible]	〃
呉炯鎮	〃 [illegible]	〃
朴鍾興	〃 [illegible]	東京
金東甲	〃 [illegible]	〃
林恵正	〃 [illegible]	神奈川
安泉基	〃 [illegible]	東京
羅相順	〃 [illegible]	〃
河鴻鉉	〃 [illegible]	〃
朴炳台	〃 [illegible]	〃
姜田子	〃 [illegible]	〃
金旺鎬	〃 [illegible]	〃
金炳仁	〃 [illegible]	〃
蔵瑛植	〃 [illegible]	神奈川
金一俊	〃 [illegible]	〃
朴寧洙	〃 [illegible]	〃
申友任	〃 [illegible]	〃
金裕燮	〃 [illegible]	東京
金相大	〃 [illegible]	〃
李根泌	〃 [illegible]	〃
盧必順	〃 [illegible]	神奈川
李起道	〃 [illegible]	埼玉
権敬南	〃 [illegible]	宮城
許判生	〃 [illegible]	東京
金元子	〃 [illegible]	静岡
元貞子	〃 [illegible]	宮城
孔午鳳	〃 [illegible]	静岡
玉智洙	〃 [illegible]	〃
尹且順	〃 [illegible]	愛知
崔守鶴	〃 [illegible]	〃
崔泰煥	〃 [illegible]	京都
張午童	〃 [illegible]	〃
金南秀	〃 [illegible]	〃
須永智子	〃 [illegible]	〃
李錫昌	〃 [illegible]	〃
李鍾得	〃 [illegible]	〃
丁炳順	〃 [illegible]	兵庫
韓漢玉	〃 [illegible]	〃
黄甲干	〃 [illegible]	大阪
裵用順	〃 [illegible]	〃
金容容	〃 [illegible]	奈良
金昌洙	〃 [illegible]	〃
崔小童	〃 [illegible]	大阪
韓承憲	〃 [illegible]	〃
韓貴同	〃 [illegible]	〃
金孫燮	〃 [illegible]	〃
曹湘鉉	〃 [illegible]	富山
金鐘琪	〃 [illegible]	大阪
金泰根	〃 [illegible]	愛知
崔元道	〃 [illegible]	〃
宋弁木	〃 [illegible]	〃
尹新礼	〃 [illegible]	〃
朴礼吉	〃 [illegible]	〃
羅芝鎮	〃 [illegible]	〃
権会俊	〃 [illegible]	〃
金丙今	〃 [illegible]	〃
宋鳳祥	〃 [illegible]	大阪
権宗基	〃 [illegible]	〃
李玉花	〃 [illegible]	〃
金大温	〃 [illegible]	〃
金鐘千	〃 [illegible]	〃
李阿只	〃 [illegible]	〃
鄭甲植	〃 [illegible]	兵庫
李喜鎬	〃 [illegible]	愛知
朴一女	〃 [illegible]	〃
趙合春	〃 [illegible]	〃
崔漢竜	〃 [illegible]	〃
鄭萬天	〃 [illegible]	〃
権弘善	〃 [illegible]	〃
姜三万世	〃 [illegible]	〃
李人亀	〃 [illegible]	〃
姜末出	〃 [illegible]	〃
趙聖述	〃 [illegible]	大阪
姜命順	〃 [illegible]	奈良
姜正九	〃 [illegible]	〃
崔有叔	〃 [illegible]	〃
韓貞宗	〃 [illegible]	京都
姜五連	〃 [illegible]	大阪
金東出	〃 [illegible]	〃
金点男	〃 [illegible]	〃
安徳道	〃 [illegible]	〃
黄祥性	〃 [illegible]	島根
沈龍任	〃 [illegible]	〃
辛在鉉	〃 [illegible]	兵庫
金鍾寅	〃 [illegible]	京都
李華吉	KJ [illegible]	京都
金貞林	〃 [illegible]	〃
金在仁	〃 [illegible]	〃
鄭万水	〃 [illegible]	〃
金明哲	〃 [illegible]	兵庫
李正金	〃 [illegible]	大阪
張栄恩	〃 [illegible]	〃
呉洪勲	〃 [illegible]	〃
金奇述	〃 [illegible]	京都
李順子	〃 [illegible]	新潟
崔鎮基	〃 [illegible]	東京
金相華	〃 [illegible]	新潟
崔大元	〃 [illegible]	東京
鄭暁植	〃 [illegible]	静岡
李三出	〃 [illegible]	秋田
朴二先	〃 [illegible]	東京
金昌鶴	〃 [illegible]	栃木
崔金哲	〃 [illegible]	埼玉
李七寓	〃 [illegible]	神奈川
白錫善	〃 [illegible]	埼玉
金東彦	〃 [illegible]	東京
李福順	〃 [illegible]	埼玉
朴一願	〃 [illegible]	東京
李成鎬	〃 [illegible]	〃
鄭東範	〃 [illegible]	大阪
孫順礼	〃 [illegible]	〃
梁宗弘	〃 [illegible]	〃
高昌秀	〃 [illegible]	〃
李光錫	〃 [illegible]	〃
鄭芝杓	〃 [illegible]	〃
文吉順	〃 [illegible]	〃
権万祚	〃 [illegible]	〃
趙秀熙	〃 [illegible]	〃
李琴出	〃 [illegible]	京都
文元今	〃 [illegible]	〃
孫康伊	〃 [illegible]	大阪
金吉根	〃 [illegible]	〃
安判祚	〃 [illegible]	〃
崔聞孔	〃 [illegible]	〃
朴小先	〃 [illegible]	〃
金出伊	〃 [illegible]	〃
崔洲洪	〃 [illegible]	兵庫
梁錫雄	〃 [illegible]	大阪
崔京植	〃 [illegible]	〃
姜乙生	〃 [illegible]	〃
陸龍峰	〃 [illegible]	〃
金月生	〃 [illegible]	〃
朴錫福	〃 [illegible]	〃
慎相源	〃 [illegible]	兵庫
洪仁叔	〃 [illegible]	大阪
朴外鉉	〃 [illegible]	兵庫
朴泰伊	〃 [illegible]	〃
金季伊	〃 [illegible]	〃
金淳順	〃 [illegible]	〃
鄭粉今	〃 [illegible]	岐阜
金根守	〃 [illegible]	〃
朴玉南	〃 [illegible]	〃
朱香子	〃 [illegible]	〃
金東会	〃 [illegible]	〃
高平三	〃 [illegible]	〃
孫李淳	〃 [illegible]	大阪
金鶴在	〃 [illegible]	〃
姜末任	〃 [illegible]	〃
禹仁礼	〃 [illegible]	〃
孫鶴泰	〃 [illegible]	東京
姜大鳳	〃 [illegible]	〃
金竜玉	〃 [illegible]	新潟
朴叔熙	〃 [illegible]	東京
金栄洪	〃 [illegible]	〃
文如松	〃 [illegible]	〃
崔康今	〃 [illegible]	長野
尹瓜忍	〃 [illegible]	東京
洪順南	〃 [illegible]	埼玉
金千生	〃 [illegible]	〃
黄石守	〃 [illegible]	〃
李斗竜	〃 [illegible]	〃
金水浩	〃 [illegible]	北海道
孫沖洙	〃 [illegible]	神奈川
金泰淑	〃 [illegible]	東京
馬用晉	〃 [illegible]	〃
李根植	〃 [illegible]	〃
梁善出	〃 [illegible]	〃
宋徳順	〃 [illegible]	〃
丁聖玉	〃 [illegible]	〃
朴徳順	〃 [illegible]	埼玉
李姑相	〃 [illegible]	〃
文蓮階	〃 [illegible]	東京
趙春淑	〃 [illegible]	〃
尹良雄	〃 [illegible]	〃
鄭芳休	〃 [illegible]	〃
金貴淳	〃 [illegible]	〃

（十二月二十日現在）

■ホール　■御座敷

純京城料理

京城館

宋.万豊

東京都新宿区神楽河岸3号地
国電飯田橋東口下車橋のたもと
電話（331）2652

本国入国許可者氏名公告

韓国駐日代表部領事課旅券担当官
在日本韓国居留民団中総民生局長

氏名	番号	住所
辛富浩	KJ [illegible]	東京
金東春	〃 [illegible]	〃
金文周	〃 [illegible]	〃
李慶南	〃 [illegible]	〃
金相熙	〃 [illegible]	群馬
崔学洙	〃 [illegible]	東京
金宗徳	〃 [illegible]	茨城
徐順子	〃 [illegible]	東京
朴周植	〃 [illegible]	〃
朴萬熙	〃 [illegible]	〃
鄭永根	〃 [illegible]	〃
王英三	〃 [illegible]	兵庫
林虎	〃 [illegible]	東京
権逸	〃 [illegible]	〃
李斗用	〃 [illegible]	鳥取
金宗印	〃 [illegible]	〃
張仁鍾	〃 [illegible]	東京
柳同順	〃 [illegible]	愛知
李慶生	〃 [illegible]	福岡
成海竜	〃 [illegible]	大阪
崔台発	〃 [illegible]	〃
金沢竜	KJ [illegible]	大阪
姜永玉	〃 [illegible]	宮崎
金日生	〃 [illegible]	福岡

（十二月十八日現在）

氏名	番号	住所
金慶佑	KJ [illegible]	東京
権逸	〃 [illegible]	〃
李禹植	〃 [illegible]	神奈川
丁成鎬	〃 [illegible]	東京
李武夫	〃 [illegible]	〃
徐太述	〃 [illegible]	〃
李柄化	〃 [illegible]	〃
張錫昌	〃 [illegible]	〃
李桂燮	〃 [illegible]	〃
金大炫	〃 [illegible]	茨城
孫小九	〃 [illegible]	〃
孫道鉉	〃 [illegible]	〃
孫宣東	〃 [illegible]	〃
呉四伏	〃 [illegible]	〃
白鐘九	〃 [illegible]	〃
李福竜	〃 [illegible]	北海道

（十二月十九日現在）

旅券期限延長許可者氏名公告

韓国駐日代表部領事課旅券担当官
在日本韓国居留民団中総民生局長

氏名	番号	住所
姜永翰	KJ [illegible]	群馬
曹合鎬	〃 [illegible]	東京
白光煌	〃 [illegible]	〃
金祥実	〃 [illegible]	〃
尹炳斗	〃 [illegible]	神奈川
李基順	〃 [illegible]	東京
金小岡	〃 [illegible]	神奈川
金判詔	〃 [illegible]	東京
金貴顕	〃 [illegible]	静岡
金亀石	〃 [illegible]	新潟
金徳春	〃 [illegible]	東京
金文周	〃 [illegible]	〃
金振浩	〃 [illegible]	大阪
趙才挨	〃 [illegible]	〃
朴壬吉	〃 [illegible]	兵庫
申英吉	〃 [illegible]	大阪
金永善	〃 [illegible]	〃
金大浩	〃 [illegible]	石川
呉時鎬	〃 [illegible]	大阪
金金世	〃 [illegible]	愛知
方順伊	〃 [illegible]	愛知
朴東根	〃 [illegible]	〃
姜順平	〃 [illegible]	大阪
李竜萬	〃 [illegible]	青森
文自行	〃 [illegible]	宮城
金小南	〃 [illegible]	青森
李鶴俊	〃 [illegible]	東京
徐太述	〃 [illegible]	〃
李柄化	〃 [illegible]	〃
張錫昌	〃 [illegible]	〃
李桂燮	〃 [illegible]	茨城
金大炫	〃 [illegible]	東京
金誠洙	〃 [illegible]	茨城
呉泰順	〃 [illegible]	山形
鄭合鎬	〃 [illegible]	東京
文孝得	〃 [illegible]	〃
姜鎬東	〃 [illegible]	〃
李仁燮	〃 [illegible]	〃
安徳夫	〃 [illegible]	〃
金宗徳	〃 [illegible]	茨城
朴周植	〃 [illegible]	東京
徐順子	〃 [illegible]	〃
李鳳連	〃 [illegible]	〃

（十二月十三日現在）

皆様にとって最も
親しめる銀行…
最古の歴史を誇る朝興銀行
を御利用下さい。

外国為替・信託　業務

韓国・ソウル特別市

朝興銀行

新しい国造りの
最先端を行く
国産自動車
ここに誕生!!

セナラは今般、日産自動車株式会社との技術提携により年間二、〇〇〇台の国産自動車を生産する目標で力強く発足致しました。韓国自動車工業界の夜明けに新しい息吹と希望を一杯積んで活躍する弊社の自動車に御期待下さい!!

ダットサン ブルーバード

車種
乗用ダットサンブルーバード
商用ダットサントラック
マイクロバス、サービス部品

日本で最も人気があり、世界各地に輸出されて好評のダットサン　ブルーバードのふるさと……日本の代表的自動車メーカー「日産」が神奈川県追浜に建設した東洋一の乗用車工場です。１００万平方メートルの広大な敷地に並び立つ工場では、すべてがコンベアーシステムで運ばれています。日産自動車では、このたびセナラ自動車と提携し、ブルー　バードを韓国に輸出することになりました。

ダットサン トラック

日産自動車株式会社
東京都千代田区大手町ビル

새나라自動車工業株式会社
ソウル特別市中区小公洞２１

民団の水害救援募金に感謝状

全国災害対策本部から届く

順天に明るい新春

拠金総額五二一万四四五四円

新しい都市造りに全力

昨年八月末、突然本国の南部一帯を襲った風水害に際して、全在日僑胞は民団中総を中心に〝水害災民を救おう〟というスローガンのもとで、全国的に募金運動を展開し、三回に分けて合計五百二十一万四千四百五十四円を駐日代表部を通じ、本国の全国災害対策委員会におくった。

これに対し本国の全国災害対策委員会（柳達永会長）から在日大韓民国居留民団に別項のような功労感謝状がおくられてきた。

風水害で最も被害の多かったのは全南の順天地区だったが、現在では過去数カ月間本国の「再建国民運動本部による全国的な救援運動」の呼びかけによって全国民をはじめ、世界各国民から救済の手がさしのべられ、今では風水害による災害を永久に防止しうる新都市建設事業が着々と推進されている。

順天市民はこうした全国各地および、世界各国からの温い救援につつまれながら、新春を迎え、一九六三年度は経済五カ年計画事業に取組むかたわら、新しい都市造りに全力を傾注する決意を示している。

柳達永全国災害対策委員会会長から民団におくられた功労感謝状は次の通り。

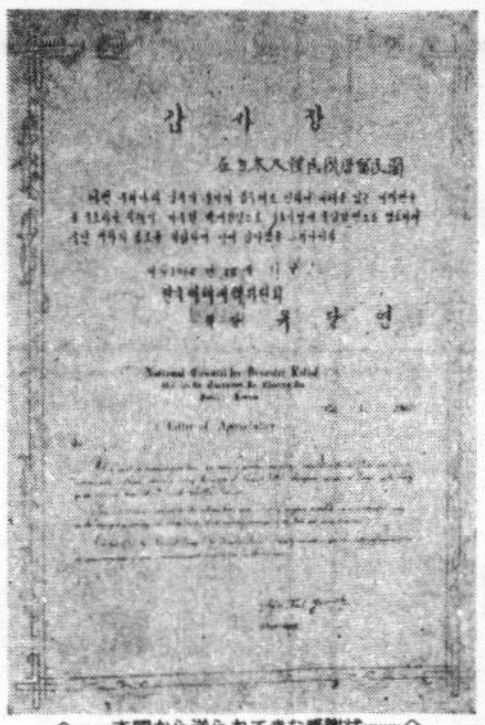

◇……本国から送られてきた感謝状……◇

感謝状

在日大韓民国居留民団殿

今般わが国南部を襲った風水害によって被害を受けた多くの災民を救護するために、崇高な博愛心で、救護事業に物心両面にわたって協助して下さった貴下の功労を称えこれに感謝状を贈呈します。

全国災害対策委員会
会長 柳達永

大学進学者に推薦状

中総文教局 15日に全国で試験

民団中総文教局は、一九六三年度の各短大、新制大学進学生に対して推薦状を発給するため、別項のような要領で十五日と二月十五日から全国七カ所で推薦試験を行なう。

同局は毎年高校卒の進学希望の僑胞子弟に推薦試験を行ない、二百余名を希望大学の学部に進学させている。

推薦試験実施の日時、場所、受験科目は次の通り。

一、日時＝一月十五日午前十時から。

二、場所＝東京は民団東京本部（文京区本郷三の四、電（812）四九二五）

大阪は民団大阪本部（大阪市北区中崎町四三、電（371）七三三一ー七）

名古屋は民団愛知県本部（名古屋市中村区鷹羽町三の五七、電（55）二七〇四、九三三四、八〇〇九）

広島は民団広島県本部（広島市猿楽町二八、電（2）九七三六、六二五八、七三三一）

福岡は民団福岡県本部（福岡市西堅粕松原第六四四、電（65）三六四四）

仙台は民団宮城県本部（仙台市花京院二四、電（3）九六一〇）

札幌は民団北海道本部（札幌市南九条西四の十、電（3）二三六九）

三、試験科目＝人文系は英語、国語の二科目。理工系は英語、数学の二科目。

四、合格者発表＝第一次一月二十日、第二次は二月二十日（本紙紙上で）

五、推薦状発給＝合格発表以後一週間以内に各試験場に送付する

六、その他＝不詳な点は民団各県本部文教局に問い合わせること

輝かしい開発プラン

ことしの抱負

済州道開発協会
会長 金坪珍

金坪珍会長

親愛なる在日僑胞のみなさま、新年おめでとうございます。

郷土の発展を願い、そのための力添えをしたいということから私たちの協会が誕生して早や二年になろうとしています。

その間、協会は僑胞みなさまの温いご支援を得ながら限られた悪条件のもと、いくつかの可能性を試みてきました。その結果、ささやかではありますけれども郷土発展の促進剤として広く呼びかけ得る体制にまで発展しえたことをみなさまと共にうれしく思います。

過ぐる一年間はわが協会にとってまさに試錬の連続でありました。とくに郷土の五賢高校サッカーチームが日本に遠征して韓日親善の役目を立派に果しえたことは、僑胞みなさまの惜しみない物心両面にわたる協助のおかげと思い、協会を代表して重ねて心から厚くお礼申上げます。

済州道は神秘な過去から開発への現在に生まれ変わろうとしています。そしてもっとお住みよい住境へと躍進を続けております。

今年は済州道の動脈ともいうべき漢拏山横断道路の完成をはじめ、仏・伊両国との協約による水産センターの建設など、輝かしい未来を約束するかずかずの開発プランが予定されています。

このような郷土の姿を背景に、協会はまた効果的な協力体制を敷きるべく新たな試錬の年を迎えました。

今年もどうか祖国の郷土発展という私たちの願いがより多くかなえられるよう僑胞みなさまのご支援をお願いすると共に、みなさまのご家庭に幸多い年であるようにお祈り申上げます。

孤児に嬉しいお年玉

鶴見支部が朴女史に贈る

感謝にたえませんと語る朴女史

さきに本紙で紹介した朴恵蘭女史（東洋慈善院副院長）はその後も若い情熱を傾けて韓国孤児の救済事業に専心しているが、昨年の中頃から大阪のサンダース・ホームの沢田ミキ女史の招請で来日して以来、日本各地の孤児収容所を訪れ、不幸な孤児達を慰問するかたわら日本の優れている収容施設を見聞し、その良い面を韓国に導入しようと行脚をつづけている。

このほど民団神奈川県鶴見支部ではこのような朴女史の献身的な努力を伝え聞き、六日に催された支部新年会に同女史を招いて、不幸な孤児へのお年玉にと金一万七千二百円を朴女史の事業に贈呈した。同支部ではかねてから僑胞の福祉事業方面に力を尽して来たが、このたびも新年の喜びを故国の孤児達にも分け与えようと申し合わせたことであった。この思いがけない厚意に浴した朴恵蘭女史は、「全く感謝にたえません。みなさんの厚意は忘れることが出来ません。この金は、有効に、事業のために使用するつもりであります」と語っていた。

力道山 豪快な記者会見

六月ごろソウルで試合

力道山

世界的なプロレスラー力道山（金信洛氏三八歳）は、既報の通り韓国政府の招請で二十一年ぶりに故国を訪問したが、九日最高会議への礼訪を終えたあと、記者会見を行なった。

記者団の前に現れた同氏は、まず、母国訪問の第一印象を、極めて希望的な現象に満ちているようだと語り、ソウルについても「建築が遅れているが人々が再建意欲にもえていることはたのもしかった」と述べた。

同氏はまた、自分のコブシをみせながら、私の空手は鉄石のようなもので、この場に集まっている三十余名の記者たちを十分以内にKOすることができると言って笑わせた。

一日に普通の人の十人分の肉を食わねばとても耐えられないという同氏は、韓日会談にもふれ、同氏らしい威勢のいい要望を述べるとともに、韓国に体育館一つを寄付するため、六月頃には米国選手をソウルに招いて試合を行ない、その収益金を建設資金にあてることを計画していることも明らかにした。

このほか、力道山は、私はプロレスラーなので、韓国人であることを明らかにしていないが、東映の張勲、自仁天などの韓国人選手の後援をしたい、などを語った。

京都本部がラジオ12台

世界に広まるラジオを贈ろう運動

民団京都本部（金容元団長）では昨年九月以来〝本国の農漁村にラジオを贈ろう〟という運動を管内僑胞に呼びかけていたが、このほど新品七台、中古品五台、乾電池三個が集まったので中総宣伝局へ送られてきた。

国民の再建事業は〝農漁村の文化啓蒙から〟という趣旨で、本国の公報部がはじめたこの運動に歩調を合わせて、在日僑胞が挙族的に展開している〝農漁村へラジオを贈ろう〟という運動は、現在までのところ到着、未到着分を含めて約七百余台が中総宣伝局や各県本部に集められている。

こうした全僑胞の挙族的な運動は、今や日本国民のなかでも推し進められており、またハワイ僑胞や世界各国居住の僑胞の間でも強力に展開されている。

これに対して金中総宣伝局長は「現在本国の農漁村ではラジオが非常に不足している関係で一台のラジオで街頭の要所要所につけてあるスピーカーを唯一の頼りに文化生活を楽しんでおります。全僑胞は私が申すまでもなく本国の農漁村生活を御存知だと思いますから、一台でも多くラジオを農漁村に贈り、農漁村の文化啓蒙運動に役立てましょう」と呼びかけるかたわら「各県本部は折角集めたラジオを中総宣局に送る途中破損のない包装と荷造りに万全を期して欲しい」と語った。

京都本部に納品した各支部、傘下団体は次の通り。

南支部二台、伏見支部二台、東山支部一台、呂儀九（飲食業者）一台、丹波支部一台、婦人会京都本部一台、婦人会南支部一台、京都韓国中学校職員生徒一同一台、同乾電池三個、一女子大生一台、徐光国一台。

力道山もラジオ20台を贈る

民国訪問中の力道山は、九日李公報部長官を訪ね、「韓国の貧しい農漁村の人たちに……」とラジオ二十台を寄贈した。

新帝国主義研究

◇最近の共産主義の諸形態◇

ソ連の対中東政策の展開過程

ジョージ・レンジョフスキー ⑭

東部アラブがソ連との武器および経済援助協商に着手することによって、事実上共産主義革命に直面するようになったという意見を、敢えて主張しようとすることは若干危険である。若干の指導的民族主義者たちは、ソ連との外交上の友好政策を追求しながらも、そのような路線が共産主義の国内伝播に及ぼす影響をよく知っており、エジプトのナセルの如きは国内共産党に対する強力にして、ときには無慈悲な措置を取っている。この点では一定な政府の伝来の力に大きく依存している。

このように東部アラブが処している心理的危機は、アラブ社会の国内問題や不利な反作用を起した幾つかの西方政策にもその根源がある。この政策はある仮定に立脚したものと観測されるが、その中で①中東地域に対する政治的および領土的解決を講究するにあたって、原住民の願いを無視してもかまわないという信念②「ドル貨が世界を求める」即ちこの地域の政治的苦悩に注意を注ぐことなく、仮想的な、経済援助計画が後進地域を「民主主義のための安全地帯」につくり上げるという信念③植民地および半植民地に対して共産主義理論とソ連の施策が与えた重要性の一般的な過少評価等の三つは、特別に注目する価値がある。

中東地域の大多数国民の宗教である回教が、共産主義の伝播に効果的な障害物としての役割をするだろうとの不確実な命題あるいは多くのアラブ青年たちが、西方の大学でうけた現代的教育が、対西方親善の核心をなすだろうとの不確実な命題のなかに慰めを求めようとしたのである。そのうえ共産主義的性格の政府をもつ幾つかのアラブ国家が、親ソ的な路線を踏んでいるという論に対しては異論が多かった。問題を単純に考えて、西方側と争った過去さえあったら、如何なる民族主義者たちでも共産主義者としてらく印を押してしまう傾向は、中東の錯雑な国内および国際情勢を明白にすることをさまたげた。

中東に対するソ連の理論および現実政策に対する以上の再吟味と分析で、恐らく一つの結論を得ることが出来るであろう。アジア、アフリカ大陸が現在当面している民族主義者の覚せいという大きな波から、ソ連が最大限の利益を得る覚悟であるということがそれである。一方、西方側も守勢にあることは確実であり、植民地支配という立場から後退政策をとりつつあるにも拘らず、人類の三分の一を占める中立国の好感性をうけられる成功的方式を未だ発見出来なかった。一つの心理的失敗が数年間の忍耐性ある建設作業を往々にして破壊してしまうのである。

中立地域自体の国民についてみると、多くの複雑な心理的条件のもとで苦痛をうけており、その根源は彼等社会の内部問題と、彼等が西方側から受けた待遇にあるのである。土着民族主義者の、西方側に彼等のすべての苦痛と失敗をかぶせようとする政策は誤謬である。しかし西方側が中東との関係で経験したすべての困難を自己の一部責任と認めず、共産主義者の陰謀か土着社会内部の矛盾に転嫁しようとすることは大きな誤謬を犯すこととなろう。

（この項おわり）

韓国初の人工心肺

首都陸軍病院に設置

アメリカ製最新人工心肺器がわが国で最初に、首都陸軍病院一般外科に設置され、心臓病手術に画期的な役割を果すことになった。

従来、わが国心臓学会は、ソウル大と首都陸軍病院の二カ所にだけ設置されていた旧式プラスチックの人工心肺器で心臓手術を行なってきたが、一月初め首都陸軍病院では最新型ディスク オクシイネイター静脈圧流道を導入することによって、先進学会で動物実験用にだけ使われていたプラスチック人工心肺器に取って替わる。

約四千ドルで導入された最近型の器具は、旧式のものに比べて手術に必要な血液を半分に節約し、死亡率を一層低めている。

国際新聞賞作品募集

米カリフォルニア大学で

アメリカのカリフォルニア大学は一千ドルの賞金がかかっている第三回国際新聞賞の作品を募集している。

八日公報部が提供した資料によればこの新聞賞は新聞、雑誌、放送書籍など四つの部門で選ばれるが、非米国人で言論に従事する人が米国の生活と文化活動を外国人に解説するのに功のあったものに与えられる。

民団東本の新年会

力強い前進を決意

民団東京本部（丁栄玉団長）では十日正午から同本部講堂で恒例の新年会を催した。＝写真＝

同新年会には駐日代表部の李栄求氏をはじめ、尹致夏中総副団長、都内二十二支部団長、事務部長ら百二十余名が参席し、韓日国交正常化を寸前に控えた六三年度の民団躍進へ力強いスタートを切った。

民団は現在、韓日国交正常化を目前に控え、民団組織の体質改善が内外に叫ばれ注視されており、また本国でも民政移管が実施される年でもあるので、今年度は民団発展の成否を決める年でもあると決意を固めていた。

尋ね人

崔聖憲氏 現在55歳位

本籍地 全南順天市東外洞

現住所 東京（？）

右の方は終戦前に来日、東京都内に居住している模様。本国で義兄（崔濬兄）が緊急な用件で尋ねております。ご存知の方は左記までご連絡下さい。

連絡先

ソウル特別市鍾路区鍾路一街二八の二号

尹亨南（義兄）

駐日代表部公報官室 電話（451）八二〇六

上田真三氏

右の方を香港にいる北京出身の友人、郭玉波氏が尋ねております。右の方、またはその家族の住所を御存知の方は左記へ御連絡下さい

連絡先 香港九竜靑翔五〇四二号 または、目黒区上目黒七の一一二六、電（713）五〇七九（崔青勃宅）

＊商銀が築く
明るい事業！
熊本商銀
信用組合
熊本市米屋町２－２
TEL２－3566,6003

階上・和室・洋室・御家族連れ
御結婚式場・披露大小宴会
新館完成開店
北京料理 アベノ 東海倶楽部
本店 アベノ橋南詰西側 電話（632）0285 （632）0286～7
新館 アベノ区旭町1丁目1番地（アポロ座西隣） 電話（632）1255～7

韓国服地と韓国レコード！
浅草 金宮商店
営業品目
特殊香港洋丹・中国洋丹
金糸織洋丹・テトロン洋丹
京都洋丹・美術丹・七色丹
洋服地・各種ナイロンレース
リバレース・オパール
ニュートン・ベルベット
其他 冰絹 繡節向一式
朝鮮古典孤鼓販売
貸古典鑑礼衣装
東京都台東区浅草公園六区２－２
電話（841）0003・0004・0005・0006
韓国レコード関東代理店 総販売元

営業品目
海狗腎及其他補薬
人蔘鹿茸唐草乾材
和薬医薬各種新薬
直ぐ服める液体漢方薬
内外貿易業務代行
日和堂薬院
大阪市東成区大今里南之町1－14
電話（971）3180・7958

優良鋳物用銑鉄製造
ASK
朝日製鉄株式會社
取締役社長 申学彬
横浜市鶴見区鶴見町1320
TEL 横浜（50）8431－4

第一物産株式会社
◇ 各種遊技機販売 ◇
各種遊技機のことなら、技術とサービスの
第一物産株式会社に御相談ください
代表 荒川友司（李在昊）
群馬県桐生市金泉町７０５
電話 桐生（2）7551番

大韓商工会議所
会長 宋大淳
事務局長 金圭敏

韓国経済人協会
会長 李庭林
副会長 崔泰渉
副会長 李漢垣
事務局長 金立三

大韓貿易振興公社
社長 金基燁

韓国銀行
総裁 閔丙燾

韓国産業銀行
総裁 徐彰鉄

韓一銀行
銀行長 金時鐘

韓国商業銀行
銀行長 文鐘健

朝興銀行
銀行長 徐丙纉

第一銀行
銀行長 李宝衡

ソウル銀行
銀行長 全信鎔

中小企業銀行
銀行長 朴東奎

大韓建設協会
会長 金錫根
理事長 李星煥

株式会社 大韓証券去来所
理事長職務代行 朴東変

韓国証券金融株式会社
取締役社長 河祥鏞

社団法人 韓国貿易協会
会長 李活

三星財団
李秉喆

三護財団
鄭載護

東洋紡織株式会社
取締役社長 徐廷翼

大韓洋灰工業株式会社
取締役社長 李庭林

大韓物産株式会社
新韓製粉株式会社
取締役社長 金竜成

楽喜化学工業株式会社
取締役社長 具仁会

東林水産株式会社
取締役社長 呉辰鎬

大韓糧肥株式会社
取締役社長 朴応喆

和一産業株式会社
取締役社長 辺鎬胤

南鮮貿易株式会社
取締役社長 金元圭

韓国海苔輸出組合
理事長 金元圭

新韓ミシン製造株式会社
社長 金致鏞

韓国鉄鋼株式会社
社長 申永述
副社長 申敬述

韓国硝子工業株式会社
取締役社長 崔泰渉

東明木材商社
社長 姜錫鎮

韓国鮮魚輸出組合
理事長 金厚連
副理事長 趙昌俊
専務理事 李晋薫

永豊商事株式会社
取締役会長 崔基鎬
取締役社長 張炳希

天洋産業会社
取締役社長 黄相根

新韓ベアリング工業株式会社
取締役社長 柳炳善
取締役専務 崔玹錫

株式会社 申フィルム
取締役社長 申相玉

大韓染料株式会社
取締役社長 李炳友

韓國新聞
発行所 韓国新聞社
（定価一部10円）

韓国と日本を結ぶ!!
広告企画と立案・図案文案製作
新聞雑誌広告・ラジオテレビ広告
ネオン屋外広告・市場調査と興信
その他広告宣伝PR
広告代理業
KPR
TOKYO 港区芝宇平町26 電話（501）0471
SEOUL 乙支路一街101 電話（2）1811

61年に比べ33%の増加率

62年の輸出実績

米 鉄鉱石 生糸の順位

5670万ドル

【ソウル発＝合同】去る六二年度民間貿易による輸出実績は五千六百七十万ドルで目標額六千百八十六万四千ドル（保税加工業輸出額百万ドル含む）の九十二％を達成した。これは六一年度輸出実績四千二百九十万ドルに比べ千三百八十万ドルの増加で三二・二％の増加率を現わしている。これを品目別にみていくと米が九百九万ドルで首位を占めており、鉄鉱が四百八十五万四千ドル、そして生糸が四百六十三万ドルなどの順位となっている。商工部で発表した輸出実績分析内容は次の通り。

六二年度十二月分輸出実績が月間実績として最高記録である八百三九万ドルに達することによって六二年度年間実績は五六、七〇万一千ドルになり、同年度目標額である六、一八六万四千ドル（保税加工業輸出額百万ドル含む）の九十二％に該当するが、六二年度政府外換計画の五千二百万ドルより四百七十万一千ドルをより多く獲得したのであり六〇年度実績の三、四六四万一千ドルに比べ、二千二百六万ドル（六〇・七％増）の増加である。また六一年度実績である四、二九〇万一千ドルに比べ一千三百八十万ドル（三二・二％増）の著しい増加をみせている。

これは目標額に約八％未達であるが（一）同年初から継続された中共の「ダンピング」により生産明細、漢薬材等の一部商品進出が抑圧され（二）タングステン、鉱石、薄荷製品等一部商品の国際価格の減退による相場低落が継続されているにも拘わらず政府の果敢な輸出振興策によって増加一路にあるといえるし、特に同年間に新規に市場を開拓し進出した商品が、保税加工品（二七七、六〇〇ドル）鉄鋼製品（五一〇、九〇〇ドル）タイヤ（五五、二〇〇ドル）雑穀（五四二、八〇〇ドル）ミシン（二八、六〇〇ドル）など九十七種類に達し、漸次活発化していることを知ることができる。

▽主要商品別実績＝六二年度実績順位でみて、第一位は米の九百九万一千ドルで目標額一千五万ドルの八九・五％に該当、一九六一年実績の一三六万五千ドルにくらべ約六・七倍に達している。

第二位は鉄鉱の四八五万四千ドルで目標の九八％、六一年度実績の九一％に該当、これは国際価格の減退に因り低調化した。

第三位は生糸の四六三万一千ドルで目標の一九五％に該当、これは国際相場の高騰と国内生産増加に因るものである。

第四位は活鮮魚の四二〇万八千ドルで目標額の一六二％、六一年度実績の二二六％に該当、これは豊魚と日本の輸入制限撤廃によるものである。

第五位はタングステンの三三六万ドルで目標額の四七％六一年実績の六六％に該当これは国際価格減退による相場下落に原因する。

その他無煙炭、スルメ、冷凍水産物、海苔、金属製品等は国際相場の好調で目標額を突破しており合板、生豚、黒鉛、漢方薬材、蛍石等は国際相場の低落と国内生産高により不振状態にある。

重要商品（五〇万ドル以上輸出実績商品）の計画及び実績は次のとおり。（単位＝千ドル括弧内は実績）

▽米 一〇、一五〇（九、〇九一）▽鉄鉱 五、〇〇〇（四、八五四）▽生糸二、三七六（四、六三一）▽活鮮魚 二、六〇〇（四、二〇八）▽タングステン七、一五〇（三、三六〇）▽無煙炭 二、五〇〇（二、八九四）▽合板 三、五〇〇（二、八七六）▽乾スルメ 一、九八〇（二、四〇三）▽紗布 一、七四三（二、〇三八）▽生豚 四、八〇〇（一、四九七）▽獣毛類 一、一四一（一、四四〇）▽寒天 一、五〇〇（一、四二六）▽冷凍水産物 八〇〇（一、三四〇）▽海苔 八四〇（一、二七二）▽黒鉛 一、三一〇（九一五）▽漢薬材 一、一〇〇（七四四）▽金属製品 五〇〇（六九二）▽蛍石 七五〇（六一七）▽滑石 四五八（六三〇）▽砂糖（五四三）▽鉄鋼製品（五一一）

朴議長は三月予備役に

国家再建最高会議の李厚洛公報室長は同日午前、陸海空軍参謀総長と海兵隊司令官を除く最高会議委員は今年一月末、朴正煕議長は三月初旬それぞれ予備役に編入すると発表した。

請求権と漁業は別個の問題

崔外務長官記者会見

崔徳新外務部長官は十二日記者団と会見し、韓日問題に関しあらまし次のように語った。

韓日問題の早急な解決を期すため、韓日両国は本格的な会談を押し進めなければならない。

韓日問題は民政移譲前に完結しなければならないとの了解が両国間に成立っている。

金・大平会談の時の四月調印と七月批准のスケジュールに対す合意は双方が互に努力することによってなされるものである。

また請求権問題に対する両国間の意見の差が縮められ名目問題に対す合意だけが残っているが、全般的な両国間の問題を解決するためには本会談を開く必要がある。

最近日本の一部の新聞は漁業問題に関して事実とは全くかけはなれた報道をしているがこのようなことは遺憾な誤りであり、請求権と漁業問題は互いに取引しえない別個の問題であり漁業問題はどこまでも韓国漁民たちの利益を最大限に保障する線で取扱うべき問題であり、漁業問題の解決においても平和線は共産主義勢力の侵攻の擁護に対するわれらの主権宣言線で国防の擁護のため平和線は引続き堅持されなければならない。

社宅用地の面積査定要領等討議

第六次蔚山開発委員会

韓国最大の工業センターである蔚山開発委員会は十二日午前合同庁舎内閣首班の主宰の下に第六次会議を開らいた。

この会議では蔚山工業センターの社宅用地面積に対する査定要領と用地の指定などを討議し、また安東山建設本部長からの現況の報告がなされた。

ご商売やお住いのご計画に……
東京商銀信用組合
東京都文京区湯島天神町三ノ一四
電話代表（八三二）五三二七～九・五三三〇

朴議長を七〇・九%信任

公報部世論調査結果

朴議長

公報部では改正憲法案の国民投票に対する世論調査の結果を十二日に発表した。

対象者一万二千人を対象に国民投票が行なわれた十二月十七日から同二十一日まで調査した結果をみると、まず改正憲法案の国民投票で賛成した動機のうち、政府の施策と朴正煕議長に対する信頼が七〇・九％で第一位を占めており、軍政の延長の影響が一〇・九％、短期が二・六％、その他が十四・二％などとなっている。

ところで、この世論調査結果をみると昨年の十二月十七日に行なわれた国民投票の有権者千二百四十一万二千九百七十八人のうち八百余万人の賛成者たちは革命旧悪が一掃化されたのをはじめ、軍事政権による果敢な施策、朴正煕議長と金鍾泌前中央情報部長の自由友邦の鼓動及び強力な外交政策の線に共鳴したからである。

朴議長建民事業組合に

十五万ウォン伝達

朴正煕最高会議議長は十二日ソウル市内三渓洞にある建民事業組合に対して補助金として十五万ウォンを李組合長に手渡し、組合員らの福祉のため効果的にせよと語った。

同組合はソウル市内バラック撤去から撤去し、そこに定着した五百六十四世帯で構成されているが、去る八月市当局で支給した七万ウォンで養兎、養豚などで自活の道を開いていた。

汎野党単一路線未定

汎野単一政党（仮称民政党）形成のための十二日午後の五人委員会は各派間の基本路線が確定されず、会議を十三日午後二時に延ばして散会した。この日は基本路線と党指導体制を研究検討し、政党政策および党発起宣言書を起草するためであった。

四十六名に追加

再建党（仮称）発起人会議

十二日午後再建党（仮称）第三次発起人会議はこの日創党発起人会議で論議された五つの問題に対して経過報告を聴き、それを採択した。

これは①十五日の発起人宣言大会までの手続を論議したものであるが、発起宣言文は発起人総会で選出された議長が朗文化し、準備宣言大会が終った後の創党準備委構成問題及び機能別部署の決定などを常任委に委任しようとするものである。

②その行動要領は発起人宣言内容にしたがってその骨子を行動指針とし、具体的決定は十五日に延ばす。

③創党準備委の業務をたすけるため組織要綱の検討を常任委でする。

④発名は十五日の発起人宣言に明文化させるため十五日まで継続させるなどである。

この日尹臨時スポークスマンは会議の内容を以上のように述べ党名が「民主共和党」と決定されるという一部報道に対してそれは事実でないと答えた。

ところでこの発起人会議は十三日にも開かれ、この日の未決定事項などに対して再検討され、十四日をもってこの会議は一応閉会になるという。

革命理念を継承する再建党（仮称）の第四次発起人会議は十三日午後ソウル市内三水ビルディングで会合十五日朝鮮ホテルで催される発起人総会宣言の手続を検討するかたわら、十四日午後三時に開かれる第五次発起人会議では党名を決定するよう話し合いがまとまった。

これに先立ち、八人からなる再建党（仮称）発起人常任委員会は十三日二時間にわたり第二次会議を開き、各人が案出した党名を十五日発起人全体会議に提出して決定するように合意した。

その他十五日の発起人総会を経れば発起委員会にその名を改め創党準備委員会が決定されるまでその名称を使用するよう決定した。

一方、この日九人の発起人が追加され発起人の数は全部で四十六名になったが、その名単は次のとおり。

李甲成（独立運動者）
鄭求瑛（弁護士）
張厚永（弁護士）
崔奎南（前文教部長官）
申基錫（建国大教授）
李考範（国民大教授）
徐 錫（国際社会事業韓国委員会幹事長）
金炳姿
金永必（実業人）

一方尹臨時スポークスマンは四十六名の発起人の外にも十四日十余名が追加されると語った。

論壇

在日韓国商工業の構造創成をせよ

―日本貿易自由化計画に伴って―

日本政府は今後の貿易自由化計画をできるだけ繰り上げることを前提として、一九六三年度からの貿易自由化対策の全面的な建て直しを進める方針をとっている。

これは近く予定されるIMF（国際通貨基金）の八条国移行勧告とガット（関税、貿易一般協定）での関税一括引下げ方式の具体化などで、特に将来、日本の産業構造の柱となる重化学工業の前途が楽観できなくなったため、さしあたり再開される通常国会に「中小企業基本法案」「国際競争力強化法案」を提出、これを成立させて体制整備を急ぐ一方、一九六三年度で関税期限が切れる産業構造調査会を長期的な産業政策の方向づけをする機構として拡充、強化することなどを検討しているという。

われわれ民団傘下の経済団体は韓国人商工会をはじめ、信用組合、各種事業協同組合などがその中核体となっている。最近においては各地の在日韓国商工業人の認識と協和心によって、それぞれの必要経済団体を設立し、また設立準備が進められている。

しかし、これらの動きは遅きに失した感があるが、それだからといって無協和的な分散孤立の状態では日本経済界の貿易自由化計画による産業構造の再編成においてけぼりにされる憂いがあることを在日韓国商工業人は深く認識し、覚悟しなければならない。

われわれ民団傘下の経済団体は一応、民団の傘下的な性格を持ってはいるが、その本質的運営と機構の関連性を考察する場合、はなはだしく、その関連性と本質的運営面がピンボケのような姿に映じられている。これは各種の経済団体がその体質的運営を完全に遂行していない欠陥と総合関連指導の欠如ということになるであろう。

現在の商工会、信用組合、各種事業協同組合は各自の設立使命を本質的に運営しながら、在日韓国人の資本系列としての関連性を有機的に企業構造を創成すべきである。これなくして今後の日本経済界の動乱期にあって、これと対立して競争することは不可能なことである。

日本経済界が貿易自由化に伴う、中小企業の保護対策に腐心するのに、われわれ在日韓国商工業人がこれらの保護政策の恩恵を浴さずに、日本自由化経済の荒波に孤立無援的立場に追いやられるのを傍観することは自滅を意味するものであるほかの、なにものでもないであろう。

このような在日韓国商工業人の状況を救済する方法は、自の経済団体の整備強化を企図すると共に、在日韓国商工業人を一括して、日本側の中小企業育成保護機関に加盟するなども、その方法だと考えられる。

日本側の中小企業育成保護機関の加盟と同時に、われわれ陣営の各中小企業者がまず陣営の経済団体に加入し、これらの団体的援護に浴しめるようにしなければならない。その一例をみると、われわれ陣営の金融機関たる各地の信用組合（商銀）が、すでに十五カ所に設立開業されているが、総加入者が約一万五千名にしか達していない。これは全在日同胞の四十分の一に当る数字で、心もとない状態である。

かくの如き状況のもとにある傘下経済団体では本意における経済指導と在日韓国商工業人の総括的な協調と援護政策は困難なものがあるから、現在の経済団体の再整備による在日韓国商工業人の構造創成を一日も急ぐ必要がある。（権大栄）

証券・金融制の是正促求

証券業者総会で九項目採択

十二日午後証券業者会では市内メトロホテルで証券業者総会を開催して、分裂の危機に直面している証券業界の事態を収拾するため九項目の建議を関係当局に提出することを決議すると共に、これを貫徹するためには証券市場の無期休場もじさないという決議を採択した。同建議は（一）将来を展望することができる証券政策の公布（二）実効性のない現在の証券制度を根本的に改正すること（三）金融機関の取引市場操作実施（四）証券市場発展を阻害している租税形成の是正（五）取引所市場管理において具体的救済内容を宣布発効前に公開すること（六）取引所の人的陣営を改編強化すること（七）義務保有株預託を撤廃すること（八）海東火災株の先限株受渡措置の取消し及び金融恩沢を均等にすること（九）強制してきたような不利な処置が再燃できないようにするものなどである。

一方この日総会が終った後、証券協会は過去の証券波動と現在の市場委縮責任は証券業者にもその一部があることを認識し、証券業者の自しゅくを要求すると同時に証券業界内部の正常化運動も必要であると主張した。

一・四分期に186億ウォン

今年の歳入予算徴収計画作成

【ソウル発＝合同】政府は総規模七百九十三億九千五百万ウォンに編成された六三年度歳入予算徴収計画を樹立した。

▽租税二百八十一億ウォン（▽内国税＝二兆二十二億二千五百万ウォン、▽関税＝五十八億七千五百万ウォン）▽専売益金四十二億六千万ウォン▽雑収入百八億九千万ウォン▽不正蓄財二億四千八百万ウォン▽帰属財産九億三千万ウォン▽繰越転入一億千二百万ウォン▽預託金および利子収入十億五千二百万ウォン▽国債十三億ウォン▽産業復興国債二十八億四千万ウォン▽見返り資金二百五十三億五千七百万ウォン▽物資代八億六千二百万ウォン▽技術援助九億千万ウォン▽代替二十五億三千五百万ウォン▽一時借入金十七億ウォン

に区分された今年度歳入徴収計画は四分期に区分して、一・四分期に百八十九億八千二百万ウォン、二・三・四分期に百八十三億七千七百万ウォン、四・五分期に百八十七億六千九百万ウォン、四・五分期に二百二十四億二千九百万ウォン、整理期間に八億三千百万ウォンとなっている。

同計画によると政府は今年度に二十五億三千五百万ウォンの融資金を政府出資で代替する計画である。

国会議員選挙法案が議決

最高会議第二次常任委

国家再建最高会議第二次常任委員会は十二日国会議員選挙法案を上程議決して国会議員の定員を地域代表百三十一名比例代表四十四名合計百七十五名に策定した。

一方、趙始衡内務委員長は選挙法通過に際して談話を発表し、この選挙法は改正憲法の精神に基づき正当な政党政治の発展と政局の安定を期し、選挙管理の公正と選挙費用を節約する方向に制定されたと明らかにし、なお立候補の乱立を防ぎ政党推薦を立候補登録要件として定め、選挙管理の公正と選挙費用を節減するため徹底的な公営制をとり入れたと述べた。

忠南錦山郡尾参の東南ア輸出で

年間二万五千斤、十万ドル獲得

忠南錦山では年間二万五千斤の人参を東南アジアに輸出して十万ドルの外貨を獲得した。

八千人の組合人が六百五十町歩の人参畑で年間三十万斤の白人参を生産している錦山郡では、その副産物である尾参二万五千斤を香港、自由ベトナム地域に輸出して十万ドルの外貨を獲得し、今後東南アジア一帯に白人参を輸出する計画をたて、今その見本を日本に送っている。

一方、錦山人参株式会社では人参を主な原料としてすべて[illegible]をタイ、香港等各地に輸出して[illegible]万ドルの外貨を獲得した。

徐仁錫氏等十名

再建党第三次発起人会議に参席

十二日午後再建党（仮称）第三次発起人会議（市内三水ビルディング）で開かれた[illegible]日間に参席した二十七名の外に十名が新しく参加、全部で三十七名が参席した。

この日初めて参加した十名の名単は次の通り。

蔡汁栄（前京郷新聞社[illegible]）、徐仁錫（前東洋通信[illegible]）、高明植（前東洋通信[illegible]長）、康相鎬（[illegible]部次長）、朴駿（制憲国会議員）、朴相竜、蔡益（国民啓蒙会長）、金[illegible]（前民議員）、崔世洪（[illegible]取締役）、李成洙（大韓[illegible]官）、（人名はいずれも音訳）

歳入94% 歳出90%

62年度一般財政執行実績

財務部で集計した六二年十二月末現在、一般財政予算執行実績は歳入が目標七百六十六億ウォンの九四％に該当する七百二十九億であった。

これは六一年対比三〇％も多く執行されたもので、その理由は（一）租税収入が七％増加され、（二）援助物資導入が順調で援助税収入が二〇％も増収されたのに起因している。

一方歳出においては目標額[illegible]億ウォンが執行され、目標額の九〇％の実績を示しており、この執行率は六一年にくらべ一〇％が、多く執行されたのである。

お宅の電化は三和から！

御値で小売も
各社テレビ電気器具卸
三和テレビ・ラジオKK
東京都台東区御徒町1-5
TEL（866）4177（代表）

皆様にとって最も親しめる銀行…
最古の歴史を誇る朝興銀行を御利用下さい。
外国為替・信託
韓国・ソウル特別市
朝興銀行

新しい国造りの
最先端を行く
国産自動車
ここに誕生!!

セナラは今般、日産自動車株式会社との技術提携により年間三、〇〇〇台の国産自動車を生産する目標で力強く発足致しました。韓国自動車工業界の夜明けに新しい息吹と希望を一杯積んで活躍する弊社の自動車に御期待下さい!!

ダットサン ブルーバード

車種
乗用 ダットサンブルーバード
商用 ダットサントラック
マイクロバス、サービス部品

日本で最も人気があり、世界各地に輸出されて好評のダットサン ブルーバードのふるさと……日本の代表的自動車メーカー「日産」が神奈川県追浜に建設した東洋一の乗用車工場です。100万平方メートルの広大な敷地に並び立つ工場では、すべてがコンベアーシステムで運ばれています。日産自動車では、このたびセナラ自動車と提携し、ブルーバードを韓国に輸出することになりました。

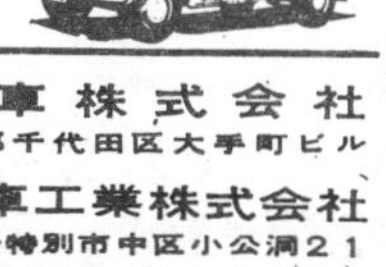
ダットサン トラック

NISSAN
日産自動車株式会社
東京都千代田区大手町ビル
새나라自動車工業株式会社
ソウル特別市中区小公洞21

選挙管理委員会法(全文)

第一条(目的)　この法は選挙の公正な管理と政党に関する事務を管掌する選挙管理委員会の組織と職務を規定することを目的とする。

第二条(選挙管理委員会の種類と委員の定数)　①中央選挙管理委員会の下に次の選挙管理委員会を置く。

(一)ソウル特別市・釜山市・道選挙管理委員会　(二)地域選挙区選挙管理委員会　(三)区・市・郡選挙管理委員会　(四)投票区選挙管理委員会

②ソウル特別市・釜山市・道選挙管理委員会と地域選挙区選挙管理委員会委員は各七人、区・市・郡選挙管理委員会と投票区選挙管理委員会委員は各五人とする。

③国会議員の地域選挙区ごとに地域選挙管理委員会を置く。ただし、二個以上の区・市・郡が一緒になって一つの国会議員地域選挙区を構成する場合、地域選挙区選挙管理委員会が設置されない区・市・郡には区・市・郡選挙管理委員会を置く。

④地域選挙区選挙管理委員会を設置する区・市・郡は閣令により定める。

⑤同一の区・市・郡に二つ以上の国会議員地域選挙区がある場合は、その数と同数の地域選挙区管理委員会を置き、区・市・郡選挙管理委員会は置かない。

⑥地域選挙区選挙管理委員会と区・市・郡選挙管理委員会は、大統領選挙と国会議員の選挙において開票区選挙管理委員会となる。

第三条(委員会の職務)　①中央選挙管理委員会は法令の定めるところにより、選挙事務と政党に関する事務を統轄・管理するとともに、下級選挙管理委員会を指揮監督する。

②その他の各級選挙管理委員会は法令の定めるところにより、その権限に属する事務を管理するとともに、下級選挙管理委員会を指揮監督する。

第四条(委員の委嘱)　①中央選挙管理委員会委員は、憲法の定めるところに基づいて選出または任命する。

②ソウル特別市・釜山市・道選挙管理委員会委員は、当該地域を管轄する地方法院が推薦する四人(法官二人を含まなければならない)とソウル特別市長・釜山市長・道知事が推薦する教育者一人、言論人一人、学識と徳望ある人士一人を中央選挙管理委員会が委嘱する。

③地域選挙区選挙管理委員会および区・市・郡選挙管理委員会の委員は、当該選挙区内に居住する法官、教育者または学識と徳望ある者をソウル特別市・釜山市・道選挙管理委員会が委嘱する。ただし法官および教育者たる公務員は居住要件の制限を受けない。

④投票区選挙管理委員会委員はその区域内に居住する学識と徳望ある選挙権者をその上級選挙管理委員会が委嘱する。ただし、投票区の区域内に軍人を除外する選挙権者がいない場合には、その投票区を管轄する開票区の区域内に居住する選挙権者の中から、その上級選挙管理委員会がこれを委嘱する。

⑤法官および教育公務員以外の公務員は、各級選挙管理委員会委員となることができない。

第五条(常任委員)　①中央選挙管理委員会とソウル特別市、釜山市、道選挙管理委員会に各一人の常任委員を置く。

②中央選挙管理委員会の常任委員は、大統領が任命した委員と国会で選出された委員の中から一人を互選する。

第六条(委員長と副委員長の選出と職務)　①各級選挙管理委員会に、委員長、副委員長各一人を置く。

③前項の委員長と副委員長は、当該選挙管理委員会委員の中から互選する。

④中央選挙管理委員会とソウル特別市、釜山市、道選挙管理委員会の副委員長は、当該選挙管理委員会の常任委員となる。

⑤委員長は委員会を代表し、その事務を統轄する。

⑥副委員長は委員長を補佐し、委員長に事故がある時は、その職務を代行する。

⑦委員長、副委員長が二人とも事故の時は、委員の中から臨時委員長を互選して委員長の職務を代行させる。

第七条(委員の任期)　①各級選挙管理委員会委員の任期は五年とし連任することができる。

第八条(委員の解任事由)　各級選挙管理委員会委員は次の各号の一に該当する以外には解任または罷免されない。

(一)政党に加入したり政治に関与した時

(二)弾劾決定で罷免された時

(三)禁固以上の刑の宣告を受けた時

第九条(委員会の議決、定足数)　①各級選挙管理委員会は委員の過半数の賛成で議決する。

②委員長は表決権を持ち、可否同数の時には決定権を持つ。

第十条(委員の待遇)　①各級選挙管理委員会委員のうち常任でない委員は名誉職とする。ただし手当、旅費その他の実費補償を受けることができる。

②中央選挙管理委員会の常任委員は国務委員に、ソウル特別市、釜山市、道選挙管理委員会の常任委員は二級甲類国家公務員に該当する報酬を受ける。

第十一条(委員の身分保障)　各級選挙管理委員会委員は選挙公告日から開票終了時まで、内乱、外患、国交、爆発物、放火、阿片、通貨、有価証券、郵便、印章、殺人、暴行、逮捕、監禁、窃盗、強盗ならびに国家保安法、反共法違反の犯罪に該当する場合を除いては現行犯でないかぎり拘束されず兵役召集の猶予を受ける。

第十二条(選挙啓導等)　①各級選挙管理委員会は常に選挙権者の主権意識の昂揚に努力し特に選挙のある時には投票方法、その他選挙に関して必要な事項を選挙権者に周知、啓導しなくてはならない。

第十三条(委員会の補助機関)　①中央選挙管理委員会に事務局を設けその下に総務課、選挙管理課及び政党課を設ける。

③局には局長を、課には課長を設け、局長は二級、課長は三級公務員に補される。

④ソウル特別市、釜山市、道選挙管理委員会には三級公務員の専任幹事、地域選挙区選挙管理委員会には四級公務員の専任幹事を各々一名を置く。

⑤二級ならびに三級公務員の任免は中央選挙管理委員会の議決を経て中央選挙管理委員会委員長が行ない、四級以下の公務員の任免は中央選挙管理委員会委員長が専行する。

⑥各級選挙管理委員会(区、市、郡ならびに投票区選挙管理委員会を除く)には第二項ならびに第三項によって公務員を置くことができる。

⑦前項の公務員の職種と定数は閣令の定めるところによるものとする。

⑧専任職員に対する任命、報酬、服務、身分保障に関しては本法の規定の外に国家公務員法を準用する。

⑨各級選挙管理委員会委員長は選挙事務を担当する公務員の中からその所属行政機関の長と協議して幹事、書記、選挙事務従事員各若干名を委嘱することができる。

⑩事務局長、課長、専任幹事はそれぞれ上司の命を受け、その所管事務を掌握し所属職員を指揮監督する。

第十四条(事務協助)　各級選挙管理委員会で職務遂上の必要によって行政機関に事務協助を要請したる時には、当該機関は優先的にこれに応じなくてはならない。

第十五条(経費負担)　選挙と政党に関する事務に要する経費は国家が負担し、選挙実施と政党に関する事務管理に支障のないよう中央選挙管理委員長に支払わなくてはならない。

第十六条(施行令)　この法の施行に関して必要な事項は閣令によって定める。

付則

(一)この法は公布の日から施行する。

(二)法律第五百五十号選挙委員会法はこれを廃止する。

(三)第四条の憲法は一九六二年十二月二十六日に公布された憲法をいう。

×　×　×

農業構造改善方策

農業構造政策審議会が建議

生産の革命が先決

＝組合組織、農地信託、交換分合と細分化防止などを＝

価格維持で所得構造強化

"この国の農業の内部的、外部的諸構造は改善されず依然内には前期的商業資本の猖獗があり、外には独占資本の農業支配がある"

これは農業構造政策審議会が去る十二月二十二日付で農林部長官に建議した農業構造改善策の序文の一節である。農業の近代化を促進させ、農業生産力の発展と農業経済の向上を期することを目標として、生産構造を主とした農業諸構造の改善策を樹立するために発足した農業構造政策審議会は農業構造改善のための諸般施策を検討した結果、農業構造改善の方策の大綱を農林部長官に建議したものである。

同建議の冒頭でも明らかにしているように農業の正しい発展と農村の近代化、農民の所得向上のためには何よりも韓国全体の経済機構を改善しなくてはならないし、農業機構改善方策をその前提的作業としなくてはならないということである。

全体産業の構造面からみる時、農業構造の改善はその一環にすぎないが、農業が占める比重を考えいまだに貧困状態に置かれている農村の現実を考えてみると、これは明らかに農村の革命を意味するものである。

審議会は基本原則だけを提示し、新年度に開拓農場五地区を推進させることを具体的に示しただけである。

しかし生産構造の改善を主として提示された同建議内容をみると、生産組合の組織拡張をはじめ農業の信託制度、農地の交換分合ならびに細分化の防止、農企業の育成等、いうには易いが、いざ実践となると予算、法制面の裏付けなどの多角度からの支援が必要な問題ばかりで、国家の重要施策として強力に推し進めないかぎりその成功は期待しがたいものがある。

つぎにその農業推進政策審議会が建議した方策の大綱を紹介してみる。

生産構造の改善

農業生産の構造を改善するには他産業にくらべて相対的に低い生産性を帯びているため次のような方策をたてる。

▽経営組織の改編

一、協同経営による零細性の脱皮

(イ)協同経営を勧奨するためには部分的なものと全面的なものとからなる二種類の生産組合を組織することのできる機会を農民に与える。

(ロ)生産組合の組織を拡張しても組合の設立とその形態の取り扱いは農民の自由に任せる。ただし新開拓地の経営はできるだけ全面的生産組合の方向に誘導する。

(ハ)農政法の基本原則である耕者有田の原則に背かないようにする。

(ニ)単位生産組合は上級組織の構成となることができる。

二、家族経営による自立経営の造成

(イ)単純再生産を下限として平均家族労働に対する正常的な報酬を保障する。

(ロ)自立経営の経営規模は正常的な経営能率を発揮することのできる規模に策定する。

(ハ)一戸当たりの耕地面積を拡大し自立不能の零細農は開拓農場あるいは他の部分への移住をすすめる。

(ニ)移住農家の農地は原則的に自立経営農家が取得し、政府は農地の取得を容易にするため農地の信託制度を強調し、金融その他の必要な措置を強行する。

(ホ)個人の農場組織の育成と農業法人法による会社企業の設立を認め、個人ならびに会社企業等の農企業を育成する。

▽産地の形成

一、立地条件に応じて生産の選択を行ない、適地適産主義に立脚した産地形成を図る。

(イ)自然的立地条件による産地形成は特に気象条件と土地条件を考慮する。

(ロ)社会経済的立地条件による産地形成は交通、市場、専業兼別等の条件を考慮する。

▽生産基盤の拡充ならびに整備

一、山地、干潟地、その他の可用地を開拓して農地を拡張する。

二、農地の灌排水施設を促求する。

三、農地の交換分合を促進し、農場組織を造成する。

四、農地の合理的な保有と流動を円滑にする。

五、農地の利用制度を高めるため地目変更を奨める。

六、農地細分を防ぐ措置を強く要望する。

▽資本装備の高度化

一、現代的農機具を確保する。

二、農業諸施設の高度化を促進する。

▽研究ならびに指導事業の推進

一、生産構造の改善に必要な研究と指導のために農業改善委員会を設置する。

二、農業近代化の要員を積極養成する。

所得流通構造の改善

農業経営の近代化と農家所得の増進のため次のような方策を樹立する。

▽所得の改善

一、農産物価格の支持

二、農業災害、補償制度の確立

三、農業資材の廉価供給

四、就業組織の改善と就業機会の造成

五、輸入調節と輸出の奨励

六、農家所得と関連する農家諸負担の軽減

▽流通の改善

一、農産物需要の創造

二、消費構造を改善することによって農産物需要を喚起させる。

三、農産物流通過程の合理化のため農業協同組合の購販事業を拡充する。

四、農産物の交換条件を改善するため市場組織を近代化する。

五、国内外の市場開拓のため必要な措置を求める。

農村社会構造の改善

農村社会の発展に害をおよぼす前近代的社会性を払拭し農村社会の民主化のために次の方策を樹てる。

▽農村の社会的階層の造成

一、農村階層を造成する小作制度の再現を防止する。

二、血縁意識ならびに地方意識を解消するようにする。

▽農村社会の近代化成

一、健全な自立団体を育成する。

二、地方行政の民主化を期する。

▽農村生活の改善

一、冠婚葬祭を簡素化する。

二、新生活運動を促進する。

▽農村文化の向上

一、社会文化施設を農村に分散させる。

二、マスコミを通じて文化圏を拡大させる。

三、部落文化センターを設置する。

四、民俗文化を振興させる。

国家施策

農業構造改善の長足で効率的な推進のため政府は次のような措置を講ずる。

▽必要に応じて行政機構を改編する。

▽必要な予算を策定し資材を供給する。

▽公報活動を強化して事業の推進を円滑にする。

▽農業構造の改善に必要な諸法令を制定、整備、補強する。

▽政府関係機構ならびに地方自治団体は農業構造改善政策の実施に積極協調する。

韓国の声

政治以外にも広い活動分野がある

政治的無関心、これは民主政治では回避されねばならぬ状態には違いない。民主政治が、国民の、国民による、国民のための政治であることを考えれば、すべての国民は政治の主体であり、したがって他人ごとのように政治を傍観すべきではなく、特に国民が主権を行使する政治変動期にあって、政治意識が高調され積極的な関心が喚起されるのはむしろ健全なことである。

しかし、国民が政治に参画するに当っては一定の限界と範囲があるということは看過されてはなるまい。国民が政治に参与する途は第一に、一定期間の間国家統治を引受ける大統領と国会議員を選ぶこと、第二にこのような公職選挙に立候補することに大別できるがその他にも職業的に政党活動の要員となって選挙戦を賄い、国民の意見を政党を通じて合理的に形成するなどを挙げることができる。

こう考える時、大部分の国民大衆は、適当な代表者を選挙手続きを通して選挙することが政治活動の全部といえるし、そのため常日ごろ政治的状況と問題点を熟知していなければならぬ市民責任と義務があると考えられる。かかる理由から、政治はあらゆる国民の活動分野の重要部分を構成しているといえよう。

だが、直接政党組織を運営する政治権力の争奪を本業とする者は、国民のごく一部分たるいわゆる政治人たちである。かかる政治人たちは、与野を問わず国家運命を担う者であり、エリートとしての資質と能力を備えた者でなければならぬ。かれらは、政治面において他の多数者よりも卓越した少数の選良であり、指導者だ。年齢、体力、健康、識見、道徳および高度の責任感などにおいて、優秀な者でなければならない。特に、後進性の脱皮のため闘っているわれわれの場合、政治に直接携わる人の責任と使命は重大であると考えられる。

それにも拘わらず、必要以上に多数の人々、そして多分に資質と能力を備えない、政治にうとい人たちがあまりにも多い感を禁じ得ないのである。政治活動再開後、新旧、大小政客が政治風波を巻き起し、市内旅館、茶房またはいわゆる大物級政客宅などにあふれている。政党組織や公薦獲得など、一盛況を呈して当然な一面もある。

だが、政治を志す人たちが、果して自分がこの国の国政に積極参加する資格と能力を備えているかどうかを冷静に省察する心の余裕を持ってくれたら、というのがわれわれの所望である。国家と社会に寄与することができ、政治以外になさねばならぬ仕事はあまりにも多いことを考慮しなければならぬ。一定の職業を持たないことから漠然と政治周辺に接近してみるといった安易な考えの所有者があるとすれば、本人はもちろん、国家の将来に有害な結果だけを招来するだろうし、士農工商の悪しき因習にとらわれて職場と本来の生業を捨ててまで政界に投身する者があるとするなら、それは時代感覚においてすでに落伍された者だといえよう。

何らの経綸も抱負もなしに、何が何でもと政治に躍り出た者ほど危険な存在はない。しょせん彼らは権力争奪にのみ東奔西走するのが落ちであり、そうした結果が四・一九義挙と五・一六革命として帰着したのではなかったか。

今こそ不幸の歴史を繰返してはならず、今後は真の政治人だけが政治の大任を担当しなければならず、無識無能を実相としながらも権謀術数を政治と錯覚している低劣な部類は一掃されねばならない。国家政策に明確な主張と理念を有し、それを民主的政治の原則と方法により貫徹する自信ある者だけが政治に参加して、始めて第三共和国の将来も明朗となるだろう。

繰返し述べるが、政治以外にも非常に広大な活動分野があり、それはまた政治に劣らず、重要で価値あるものなのである。(東亜日報)

ソ連・中共・北傀

最近の共産世界動態を観察する時、ソ連と中共間のイデオロギー対立が新しい局面に突入したことがわれわれの注目を引く。

ソ連と中共間のイデオロギー対立は、表面化されてすでに久しいとはいえ、昨年のキューバ事態処理を契機に、さらに一段と激化されたことが、共産世界外部の観察者の目にも明白に映っている。

今やそれは、単純なイデオロギー上の差異に止まるものでなく、ソ連指導者サークルと中共指導者サークル間の相互不信と敵対関係にまで発展しているようだ。中共指導者たちが、フルシチョフ首相を中心とするソ連指導者サークルの失脚を熱望していることはほとんど公然となってきた感がある。

さる七日、ソ連共産党機関紙プラウダは、長文の社説で中共を攻撃した。

東欧共産各国の新聞と西欧各国共産党機関紙が既刻これを掲載したことは、アルバニアを除外するヨーロッパ各国共産党がソ連を支持しているものと解釈せねばならず、問題のプラウダ社説は事前にヨーロッパ各国共産党に配布され各国共産党指導部の検討と承認を得たものと推測することができる。

一方、ソ連と中共間のイデオロギー対立に当って、金日成が率いる北傀労働党が、アルバニアと共産ベトナムと共に、中共支持を打出したことがわれわれの注目を引く。

北傀が中共に同調していることは大部以前から知られていた事実であるとはいうものの、北傀が公然と中共支持を明らかにし、ソ連の意向に従った東欧共産党の中共攻撃に同意しないという理由で北傀労働党が非難されたこと、中共が東欧共産党大会のそのような非難に対して北傀労働党を擁護しているなどの一連の事実は、モスクワと平壌との関係にある重大な変動があったことを意味するものとわれわれは見ている。

換言すれば、モスクワと北京を両極とする共産世界の両極分化の度合が、平壌に機会主義的態度を継続することを許さず、二者択一を強要するほど熾烈化したものとわれわれは考えている。かかる状況のもとでは、北傀は、中共への加担を分明にするほかなく、したがってモスクワと平壌との関係が決定的に冷却したものと見られるのである。

われわれは、昨年十二月中旬に開かれた北傀労働党中央委員会全員会議において金日成が、経済建設を犠牲にしてでも軍備を増強せねばならぬと強調した事実を想起せざるを得ない。また、国連第十七次総会の韓国問題討論でソ連が、北傀側の意向を受け継いで提出したものと推測された外軍撤収要求決議案を意外にも撤回してしまった事実を想起せざるを得ない。のみならず、上述した如くソ連は、「東欧共産党大会をして北傀を非難させたのである。

ソ連が北傀に対する圧力として軍事援助を中断したかも知れないという推測は充分に成立し得るものとわれわれは看做している。ここに北傀と中共との共同路線は如何なる冒険主義的な策動を敢行するやも知れぬ危険性を有するものである点をわれわれは看過してはならず、共産世界内部の事態発展がわれわれに対しどのような影響を与えるかに対し、慎重な検討を加え、万全の態勢を整えていなければならないと強調するものである。(東亜日報)

本国入国許可者氏名公告

韓国駐日代表部領事課旅券担当官

在日本韓国居留民団中総民生局長

氏名		番号	住所
李演植	KJ	[illegible]	神奈川
金栄沢	〃	[illegible]	福岡
金鳳鶴	〃	[illegible]	東京
洪白約	〃	[illegible]	神奈川
金光植	〃	[illegible]	静岡
黄光錫	〃	[illegible]	神奈川
崔栄模	〃	[illegible]	東京
金太栄	〃	[illegible]	〃
白英基	〃	[illegible]	〃
秦太一	〃	[illegible]	〃
成東祚	〃	[illegible]	神奈川
金粉南	〃	[illegible]	東京
金元玉	〃	[illegible]	〃
金元圭	〃	[illegible]	〃
尹琪水	〃	[illegible]	青森
秋憲	〃	[illegible]	東京
尹海炳	〃	[illegible]	〃
金安守	〃	[illegible]	〃
李再九	〃	[illegible]	神奈川
丁竜徳	〃	[illegible]	〃
李栄	〃	[illegible]	東京
朴元照	〃	[illegible]	〃
全相祐	〃	[illegible]	〃
曹□柱	〃	[illegible]	〃
孫也	〃	[illegible]	〃
姜付淑	〃	[illegible]	〃
金宝鉉	〃	[illegible]	〃
方竜浩	〃	[illegible]	静岡
朴成鎮	〃	[illegible]	神奈川
南瑞煥	〃	[illegible]	東京
金甲植	〃	[illegible]	神奈川
金順祚	〃	[illegible]	東京
李王振	〃	[illegible]	神奈川
盧栄漢	〃	[illegible]	東京
鄭逸鎬	〃	[illegible]	新潟
朴方圭	〃	[illegible]	〃
韓福童	〃	[illegible]	東京
張基鳳	〃	[illegible]	〃
崔文達	〃	[illegible]	〃
張勲	〃	[illegible]	〃
金鍾照	〃	[illegible]	神奈川
洪淳亀	〃	[illegible]	東京
李明海	〃	[illegible]	〃
石寿星	〃	[illegible]	〃
朴鐘大	〃	[illegible]	〃
朴三圭	KJ	[illegible]	〃
崔奎男	〃	[illegible]	北海道
文自行	〃	[illegible]	宮城
朴準竜	〃	[illegible]	北海道
朴応圭	〃	[illegible]	〃
王得竜	〃	[illegible]	〃
黄麟圭	〃	[illegible]	〃
金平九	〃	[illegible]	東京
金奈洙	〃	[illegible]	〃
呉奉順	〃	[illegible]	茨城
鄭合鏞	〃	[illegible]	山形
文全得	〃	[illegible]	東京
裴鍾東	〃	[illegible]	〃
金碧碩	〃	[illegible]	北海道
権永奇	〃	[illegible]	神奈川
姜付祚	〃	[illegible]	〃
崔駿鎬	〃	[illegible]	東京
李杏照	〃	[illegible]	〃
朴順玉	〃	[illegible]	〃
李明植	〃	[illegible]	〃
安徳天	〃	[illegible]	〃
李相魯	〃	[illegible]	北海道
李仁変	〃	[illegible]	東京
金小南	〃	[illegible]	青森
李皓俊	〃	[illegible]	東京
李鳳述	〃	[illegible]	〃
朴厚相	〃	[illegible]	秋田
金元述	〃	[illegible]	神奈川
金昌顯	〃	[illegible]	静岡
金納俊	〃	[illegible]	東京
金鍾洗	〃	[illegible]	埼玉
白光雄	〃	[illegible]	東京
金付仲	〃	[illegible]	〃
黄健	〃	[illegible]	〃
李人鉛	〃	[illegible]	〃
金相默	〃	[illegible]	〃
韓甲洙	〃	[illegible]	〃
尹吉炳	〃	[illegible]	栃木
韓貞斗	〃	[illegible]	東京
宋仁見	〃	[illegible]	〃
金鍾浩	〃	[illegible]	〃
高英徳	〃	[illegible]	〃
金且業	〃	[illegible]	〃
李学東	〃	[illegible]	神奈川
朴淳祚	〃	[illegible]	東京

133,000 KVA Water Wheel Generators purr powerfully in their berths at Okutadami Dam.

"大は原子力、小は電球、トランジスターまで"

東芝の製品はより良き世界、より良き生活を創る

東京芝浦電気株式会社は"TOSHIBA"の愛称で全世界に広く行き亘って居ります。現在資本金693億円、年間総販売額は1,800億円を越え、従業員8万5千名、工場21個所、東洋最大の研究所、傘下会社57余所のマンモス企業は全世界の最も著名な一大電機総合メーカーであります。

"TOSHIBA"のマークが表示されている全製品は品質と性能が完全に保証されております。

"TOSHIBA"は其の研究の独創性に依り明日の無限なる発展が約束されております。

Leader of the Industry it Started

東京芝浦電気株式会社

TOKYO SHIBAURA ELECTRIC CO., LTD.

東京都千代田区有楽町一丁目十二番地

韓国向代理店　不二貿易株式会社

東京都中央区銀座一丁目五番地

大韓民国ソウル特別市中区太平路一街六四

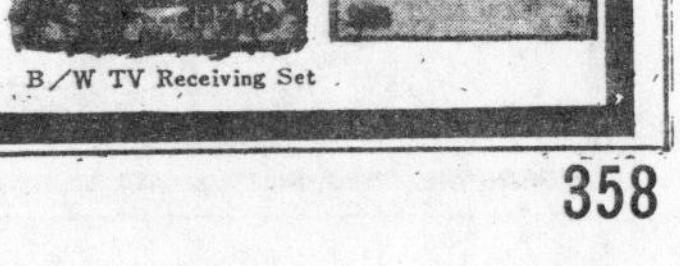

B/W TV Receiving Set

民団滋賀県本部 滋賀商銀を設立

11日に創立総会開催

組合長に鄭泰和氏（民団滋賀民生部長）

民団滋賀県本部（姜相奈団長）では、さる十一日午前十一時から大津市滋賀会館で商銀信用組合創立総会を開き『滋賀商銀』を設立した。昨年五月十七日の発起人結成と同時に、滋賀県庁に対して商銀認可申請を提出してから約七カ月ぶりに実を結んだ同商銀は、現在のところ五十四名の僑胞が組合員に加入しており、出資金も二千五百万を確保している。また商銀事務所も三月一日開店を目標に、石山駅前に建設中である。なお初代組合長には鄭泰和氏（民団滋賀民生部長）が選ばれた。

孫大阪代表部副領事、李大阪韓銀支店長、姜中総事務次長兼中小企業育成委員長の他徐大阪本部団長、金竜元氏、李致化氏等の多数の来賓と管内僑胞組合三百二十二名の参席で開かれた商銀創立総会は国民儀礼に次いで各来賓から力強い祝辞が述べられた。

総会は引き続き創立準備発起人からの経過報告の後、定款、会則などを満場一致で採択し、別項のような役員を選んだ。

同商銀設立の機運は、三年前から僑胞中小企業者の間でささやかれていたもので、昨年五月八日姜相奈団長が率先商銀設立準備会長となって管内中小企業僑胞に呼びかけ、五月十七日に第一回発起人結成総会を開いて二十余名の発起人を組織した。

その後準備発起人が中心となって県庁に対しては商銀創立認可を促進するかたわら、僑胞に対しては組合加入を呼びかけた。こうしたかいあって僑胞組合員数は五百十四名に達し、出資金二千五百万を確保したが、一方の県庁財務局金融課では、現在近畿地区の金融機関の飽和状態を理由に認可を渋った。これに対して商銀設立発起人会は県庁と直接いろいろ交渉した結果十二月二日、在日僑胞の特殊事情を考慮に商銀創立の認可がおりた。

設立された同商銀は、僑胞中小企業の育成に努めるかたわら、日本国民とも経済交流を図りつつ、本国の再建事業へも献身することを目的に一歩一歩前進するであろう。

なお創立総会で選ばれた商銀役職員は次の通り。

組合長鄭泰和、常務理事商衛英実

民団神奈川で新年会

民団神奈川県本部（金桂淳団長）では十二日午後一時から恒例の新年会を催した。

同新年会には駐日代表部を始め各界の知名士、中総団長、県下各支部団長等多数を招いて飛躍の年への意気込みもあらたに民団組織の強化と韓日国交正常化に全力を注ぐことを申し合せて盛会裏に祝宴がくり広げられた。

商銀設立を推進

民団静岡県本部でも

民団静岡県本部（金在福団長）でも商銀信用組合を設立するため十二日午後三時から伊豆長岡のえびすに、管内僑胞有志六十余名が参席して『商銀発起人会』を結成した。

静岡商銀信用組合の創立機運は全国でもっとも古く四年前から盛り上っている。これに対して県庁の商工科金融課では、朝総連の朝銀があることを理由に商銀創立の認可を拒否し続けている。

しかし民団静岡県本部は県庁のこうした非協力的態度に屈せず日夜交渉に交渉を積みかさねている。さらに同県本部では「県庁がこれ以上われわれ商銀創立の認可を拒否し続けるなら中央での直接交渉によって実現したい」と商銀創立の必要性を訴えている。

国際親善郵便を配達

宋君が日本に来訪

国際親善郵便交歓状景

『手紙で世界各国民や青少年と国際親善を深めよう』の趣旨で、韓国中央郵便局では、国内各地から寄せられてきた十五万通の手紙を二人の『国際親善郵便配達夫』にわたせ、一人をヨーロッパ諸国へ、一人を東南ア諸国へ昨年十二月十二日派遣した。

自由中国、香港、バンコク、クワランプール、シンガポール、サイゴンの各地で約一カ月間本国民の手紙を配達しながら親善を深めた国際親善郵便配達夫宋潤秀君（22＝ソウル大工科四年）は、九日、親善最後の国日本へもやってきた。大阪では布施女子高校と、京都では日吉丘高校の郵便友の会を訪れ、それぞれ親善交歓を行った。

宋潤秀君はさらに十二日午前十時、東京女子学園を訪れ、本国民からの親善手紙と、古典民謡録音テープなどをプレゼントしたほか、校庭の全校生を前に、棚橋勝太郎学園長や、田中秀子郵便友の会代表らと『韓日両国の親善を文通で』という力強い親善交歓を行った。

校庭での親善交歓のあと、宋潤秀君は同女子学園長をはじめ、教職員、郵便友の会代表三十余名の生徒らと、郵便による国際親善の意義や、韓日両国の郵便友の会の実情などを話し合ったほか、両国間のお正月風俗や民族的風俗の違いなどをなごやかに語り合った。

なお宋君は十四日午後一時三十分発CAT機で帰国した。

裵大使、関西を視察

民団大阪本部も訪問

裵大使

駐日代表部の裵大使は僑胞の実情を視察するため、駐日代表部辺第二領事課長を伴って中総張聡明副団長の案内で去る九日民団大阪本部（徐相夏団長）を訪れた。

裵大使の関西視察はこれで三度目であるが、今度の訪問は従来のどのときよりも意義が深く、時宜をえた訪問であった。特に韓日会談の首席代表の立場から新年の重大課題である韓日会談締結について色々な話があり、大阪僑胞らに大きな希望と期待をもたらした。

なお大阪本部の視察を終えた裵大使一行はすぐ奈良県本部に向け出発した。

IOCで南北会談

【ソウル発＝連合】大韓オリンピック委員会は七日東京オリンピックに参加する南北韓単一チームを構成する問題で北韓代表と会談することにしたと発表した。

韓国代表団はIOC（国際オリンピック委員会）主催のもとで来る二十一日から二十五日までにスイスのローザンヌで開かれる南北会談に参加することをIOCに通報したと発表した。

同委員会はこの提議は昨年十二月にIOCに通報したと述べこれに対してIOCは南北会談を来る二十四日開催するほうがよいという回答をしてきたと同時に発表した。

李相伯大韓オリンピック委員会副委員長は七日、大韓体育会議室での記者会見でこのような経過を発表したが、代表団の名単はまだ明らかにする段階ではないと語った。

北韓カイライは今まで南北韓の直接会談を主張し、韓国はIOC主催のもとで会談することを主張して来た結果、韓国側の主張が貫徹された訳である。

優秀選手訓練団新設

韓国体育会、選手訓練強化へ

【ソウル発＝連合】韓国体育会では能率的で体系的な各種目別選手の訓練強化のため優秀選手訓練団を新しく設け来る二月一日から本格的な合同訓練に臨むことになった。

第44回冬期体育大会

十七日から四日間　ソウル運動場で

大韓体育会は十二日第四十四回全国体育大会冬期スケート大会を十七日から四日間ソウル運動場特設リンクで開催すると発表した。

尋ね人

盧氏（岡村一夫）

全南光州市出身

第二次大戦中輸送船関係に従事、戦後北海道方面にて請負業を営んでいたとの風聞。

娘の節さんが尋ねております。

連絡先　東京都練馬区東大泉東映撮影所　朴英勲まで

崔聖鎮氏　現在55歳位

本籍地　全南順天市東外洞

現住所　東京（？）

右の方は終戦前に来日、東京都内に居住している模様。本国で義兄（妹兄）が緊急な用件で尋ねております。ご存知の方は左記までご連絡下さい。

連絡先　ソウル特別市鍾路区鍾路一街三八の一号　尹孚南（義兄）

駐日代表部公報室　電話（451）八二〇六

記事訂正

本紙一月十三日付第三面の三段見出しに「京都本部がラジオ2台」とありますのは12台の誤りにつきおわびして訂正いたします。

事務員募集

一、資格　在日韓国人で民団登録済みの満20歳から40歳未満の男子

一、採用人員　二人員（なるべく都内居住の組織人）

一、待遇は優遇す

右希望の方は自筆履歴書を持参の上左記へ御応募下さい。

連絡先　都内江東区平久町一の一三　電（六四四）〇五一二

在日大韓民国居留民団江東支部

新帝国主義研究

◇最近の共産主義の諸形態◇

最近のユーゴの政治変化 ①

アレクス・N・ドラクニチ

一九四八年コミンフォルム（国際共産党宣伝機関）から脱退する数年前ユーゴ共産主義者たちは、モスクワで教育をうけたマルクス・レーニン主義者であるヨシプ・チトーの領導下にユーゴをソ連の理想通りに彫像改造しようとした。有名なスターリンの手法を使用して彼等は全体主義を樹立したが彼等は政治経済および社会的領域にあってソ連政策と異なる点はあまりなかった。特に外交的領域にあっては、あらゆる問題がソ連の路線と一致する一つの衛星国家の範図に過ぎなかった。

チトーとその同僚たちは、ユーゴ再建のための彼等の役割を誇りにしてきた。しかしコミンフォルム脱退後、とくに一九五〇年から一九五二年の間にチトー一派は、彼等の目標に対する再検討は不可避だった。そのような再検討の結果、より重大な結果が現われたが、この論文はそれを研究しようとするものである。

このような論文形式で、現在のユーゴの政治制度を全面的に説明するということは不可能である。従ってこの論文には、主に政治制度の基本様相に対する要約的分析を加えた後、最近数年間に変貌した政治制度上の基本的方法と、変貌することなくそのまま残っている政治制度上の特色に関して論及することにする。

先ず指摘出来ることは、チトーとその同僚たちが制度改革に対して相当の論議をしてきたにも拘わらず、ユーゴ統治当初の基本目標に批判を加えるという事実を発見出来ない。彼等はブルジョア的資本主義社会をプロレタリア社会主義社会に転換することに対する必要性と實現性についての疑いに言及したこともない。また彼等はそのような課業遂行上の究極的責任が、共産党（現ユーゴ共産主義者同盟）に賦課されているという命題から一度も後退したことがない。

おそらくユーゴ社会は、ソ連の理想通りには改造されないであろうが、それでもやはり、この国には如何なる形態にしろ改造される運命下にあるのであろう。そのうえソ連の理想は一時の醜悪なる様相を一部喪失したようである。何故かというと、ユーゴ人たちはモスクワとベルグラードの間の関係が変る以前から、伝えられているほど、ソ連の理想を既に「国家社会主義」とは呼んでいないからである。ユーゴ人たちは「社会主義的形態」にあってユーゴの独自的形態を発展させようと今でも尚努力しているかも知れないが、既にユーゴ人たちはソ連の形態を非マルクス主義と背馳していないという事実は重要な意味を持つのである。ユーゴ人たちによると、ソ・ユ両国は、一般的な同一目標に向って前進しており、両国は各自がその目標に到達するための可能な手段を使用しているという。

ユーゴ共産党がその最初の目標と異にしているようにみえる分野は、単に農業分野に過ぎないのである。ところが、これは實質的なものというより、かえって表面的な面の方がより強い。集団農場化運動は、一九五三年集団農場の解体が許容されることにより、公的にその失敗を是認したことになった。しかし、それは個人企業の優越性を是認するものではなかった。直ちに個人土地所有を制限する措置が公布され、農業の個人企業を抑制した。ユーゴ指導者達が相当な譲歩を認め、農業分野の究極的目標から相当後退したかのようにみえたが、それは彼等の最終目標を放棄したことを意味するものではないのである。地方における「社会改革」はチトー主義者たちの一つの目標としてそのまま残存するようになったのである。

第二回特別講座を開催

民団大阪府本部

民団大阪府本部（徐相夏団長）では去る一月五日本国政府から派遣された崔虎鎮経済学博士と朴良薫両氏を迎え、第二回特別講座を開いた。同特別講座には組織人及び経済有志約五十余名が参加したが席上崔虎鎮博士と朴良薫氏は別項のような講演を行なった。

崔虎鎮博士の講演要旨

わが国は自由党末期に復興部を設けて三カ年経済開発計画をたてたのであるが成就に至らず、また民主党政権においても経済五カ年計画をたてたのであるがいずれもなしえなかった。しかし今度の軍事政府はなによりも先に実行性のある経済開発五カ年計画をたて、それを着々と実践にうつし、大きな成果を収めている。

自立経済を確立

建設に役立つ人材を養成

われわれは過去の歴史の経験から、どの国も経済的独立なくしては国家の繁栄と国民の安全は保障出来ないということを知ることができる。革命政府はこの点を考え自立経済の確立と工業化の基盤を作り上げるため、経済開発五カ年計画を強力に推進しているわけである。

この計画は一朝一夕にして容易に達成出来るものでなく、推進過程においてよりよい可能な方法を選んで自由経済を土台とする方針で、場合によっては政府が直接参与し、または間接的に干渉の出来る体制を設定したのである。

計画の第一段階は電力（動力）開発に重点をおき、過去二十万kWの出力を五カ年後には一〇〇万kWの電力に開発して各分野の基盤とするものである。

第二点は基幹産業の建設と農業を発展させることである。韓国には農業に必要な肥料がなく過去すべて外国からの輸入によっていたが、自由党時代に十六カ国出資によって肥料工場が建設され、必要トン数一〇〇万トンの内、忠州工場から一〇万トン、羅州工場から一〇万トンが生産され、その外八〇％を外国に依存することになったのが現状であった。五カ年後には外国依存の八〇％を全部国内の生産でまかなうことになる。

第三点は精油工場の建設である。現在韓国で使用している精油の全部が外国からの輸入によっているが五カ年計画後には精油工場完成と共に貴重な外貨が節約される。

またセメントの生産は五年後に自給自足出来ることになっている。

また基幹産業の一分野として必要なものに綜合製鉄工場の建設があるが、先進国のように国際市場進出で対抗することは出来ないにしても国内に必要なものだけでも生産するため製鉄工場を建設しなくてはならない。以上の各分野の基幹産業を建設するには約三、二〇〇億余ファンが計上されるがその調達方法は、政府が五六％、民間が四六％負担となっている。その内外貨七億ドルが必要とされている一次年度に五〇〇億ファンは政府が調達し（租税国債）三〇〇億ファンは民間から調達（貯蓄、預金、株式）したのである。

なお独裁経済の弊害をなくすため政府が金を貸しても民間が運営することになっている。また経済開発五カ年計画を完遂するためにまず一次年度の上半期において国内的に不正、腐敗を一掃して、社会秩序を正しく導き下半期においては国際的な信頼を高めるため門戸を開放、中立国を含めた世界各国に政府及び民間使節団を派遣して韓国の実情を広く認識させ、米国を始め、西独、フランス、イタリア等の借款を得ることに成功したのである。過去十二カ国にすぎなかった国交が革命政府になってからは五十余諸国と国交を締結したのである。

韓国民の過去の生活水準は、外国に比べて話にならないようなものであったが、五カ年計画推進と共に年次七・一％、すなわち五年後には現在の水準より四〇％以上の水準向上ができる。

朴良薫先生講演要旨

韓国経済開発五カ年計画の遂行にともなって革命政府は人造りの計画、すなわち文教政策を制定した。まず第一に学校整備である。収容能力のない各大学を学校実情に応じて整備し、都市重点教育を是正したのである。また実業教育の充実を期するため中、高等実業教育を充実にし、国土建設に役立つ人材を養成することになった。

なお一九四七年度から義務教育が実施されているが一九五〇年の六・二五の動乱により義務教育が徹底されず成果を得ることが出来なかったが革命政府では強力な教育体制をととのえ、今年から義務教育の成功率を九十五％に向上させることになっている。

＊商銀が築く
明るい事業！
熊本商銀
信用組合
熊本市米屋町２－２
TEL２－3566,6003

※世界各国航空船舶券発売・渡航手続一切
※KAL航空券取扱・韓国旅行案内
※AIU旅行障害保険取扱
※国内観光旅行案内
ORIENTAL TRAVEL SERVICE Code: ORIENTRAS Tokyo
東洋航空株式会社
東洋旅行社　国内部
本社：東京都中央区銀座西７－２　TEL．571－1340・7930
●電通正面日軽ビル隣　ウエスト喫茶店二階
大阪：大阪市東成区片江町２－50　TEL．971－6180
fly to SEOUL

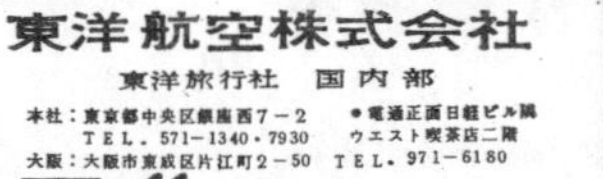

韓国服地と韓国レコード！
浅草　金宮商店
東京都台東区浅草公園六区２－２
電話（841）0003・0004・0005・0006
営業品目
特殊香港洋丹・中国洋丹
金糸織洋丹・テトロン洋丹
京都洋丹・美術丹・七色丹
洋服地・各種ナイロンレース
リバレース・オパール
ニュートン・ベルベット
其他　本絹　季節向一式
朝鮮古典長鼓販売
貸古典婚礼衣裳
韓国レコード関東代理店
総販売元

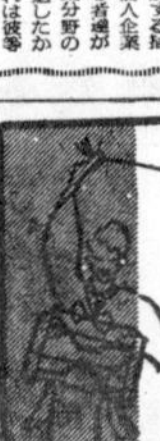

韓国料理
漢陽館
崔泰奎
東京都文京区清水谷町１番地
電話（941）1552番

自動車のコンサルタント！皆様の車に関する相談役
新車各種・中古車販売・修理・板金・塗装
自動車保険（事故相談・一般契約）取扱店
（無料相談受付中）
自動車の事なら、売る時・買う時 他一切の御相談に応じています
国電東中野駅陸橋際・東京都中野区上ノ原町11番地
日野コンテッサ・日野ルノー
東京日野自動車株式会社代理店
大東京自動車株式会社
代表取締役　尹和錫
電話（361）1508・0096番

文化

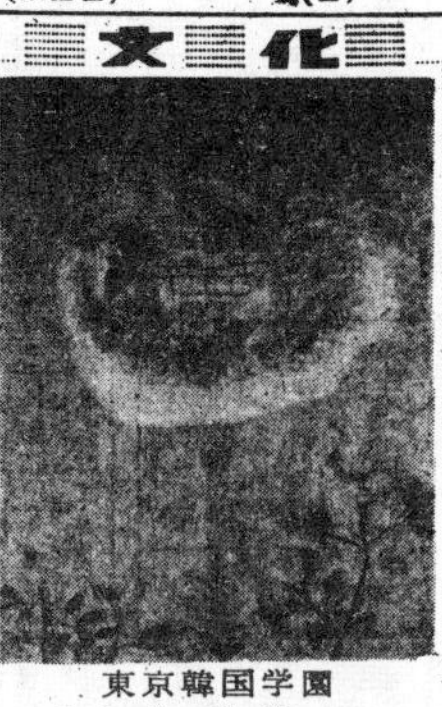

東京韓国学園　小5　金鍾恵

訪日したときの懇談会での韓女史（左）

海外に渡る韓国文学

英語、日語訳を計画

韓国作家の作品が外国語に翻訳・紹介されて進出する機会が三個所より殺到して、文壇は新年早初からほくほく顔である。そのうち最も期待されるのは米国のアジア協会出版部長ボンニ・R・クラウン女史が来韓して、韓国作品を収集していたったことである。アジア地域の作家らの作品を収集するために旅行中であるクラウン女史は、三日に来韓、約一週間にわたって「思想界」「現代文学」「自由文学」誌の責任者らと学校教授や白鉄・朱耀燮、崔貞熙、宋稶・朴泰鎮、高遠・李御寧氏など、文壇人約三十余名と要談、九日離韓した。

女史のお話しによれば、アジア協会は直接出版する機関ではないから、作品だけをから、作選定して出版社を物色することになるが、「韓国作品選集」としては二巻くらいの計画があると述べた。

上巻は「春香伝」「時調」」などの古曲作品集にきめ、下巻は一九一〇年代から現在まで、現作品集として編まれるが、下巻には「現代文学潮流に関する概観」を付けることになる。作品選定は厳正を期するために、一定な機関に依頼ωることは取りやめると述べ、ペンクラブの英訳小説集と新丘文化社の「韓国戦後問題作品集」なども参考にしたいと話すクラウン女史は「翻訳も適切な人士に頼む積りだ」とも述べた。韓国に滞在する間女史は延世大のソルバーク、ソウル大のマーシャル・フィルなど韓国文学専攻の米人らとも会ったことがある。

評論としては宋 氏の「詩学評伝」に関する意見についていろんな人をたずねているが、翻訳する積りかという記者の質問に対して「まだいえない」と述べた。だがこの選集が何時ごろ出版されるかはまだはっきりしていない。

次の計画は、去る十二月二十六日から三十日にわたって、初めてマニラで開かれたアジア作家大会では「アジア作家作品選集」を英文でだすことを決議した。詩集短篇小説集および評論集など三巻くらいを毎年続けてだすことになるが、今後五年間は比国のペン・クラブ本部から出版することになり、作品選定は国別にペン・クラブ本部に一任している。

だが、マニラでの総編集者が比国ペン・クラブの事務局長であることから推しても、事実上は各国ペン・クラブの事務局長（韓国は高遠氏）が自国の作品を選定することになろう。

来る六月までに出版される同選集に収録されるはずの韓国作品はマニラから公文が到着し次第作品を選定して、ただちに翻訳に着手し、おそくとも来る七月九日からイランのテヘランで開かれるペン・クラブ国際大会までには作品が送付されることになろうといっている。

一方、ペン・クラブ韓国本部ではテヘラン国際大会に持参すべき英訳詩集を別に準備しているようだ。

もう一つの計画は日本の講談社から韓国の短編を日本語に翻訳、刊行することなどがあげられる。

同計画は、韓戊淑女史の斡旋によって成立したものであるが、女史は日本の女流作家平林たい子女史と朝日新聞編集局長木村氏との招請を受け、去る十二月一日から二十九日まで東京を訪問した際文芸誌「群像」を始めとする各種雑誌と単行本をだしている講談社社長野間省一氏を訪問、韓国文学の紹介について語りあったが、野間社長は大部分の日本人らと同じく韓国文壇に対する知識が皆無なばかりでなく、北鮮カイライが送ってよこす雑誌や作品集などを見て、韓国にはこれに似たような反共文学があるだけくらいの認識しかもたず、韓戊淑女史の説明を聞いて驚いたらしく、紹介することを即答したといっている。

韓国から翻訳して送られ次第、取りあえず「群像」誌に掲載した後、単行本として出版することになるのだが、作品選定と翻訳のために韓女史はいろんな人と相談しているようだ。

詩

「薪」改作

薪が割れるのは
薪が弱いからだろうか
斧が強いからだろうか
いいえ
そうではないでしょう
薪は時を求めて
全ての人間に
その朴訥な
愛と肉体を捧げているのです

一九六二　一〇月　金貴

読史

東京　金鍾均

慷慨男児読史驚　六洲風雨三更夜
悠々天地独閑情　萬古英雄一席情
短案便忘残月冷　春秋代謝人今昔
長齋幾到暁灯明　流水千年不尽鳴

大阪　鄭東晃

有洋長夜悽然驚　落葉蕭々飄几案
歴々当時濁与清　孤灯耿々照心情
千年遺跡叢中満　翻笑挟屑無足効
萬古呉亡眼下明　貴人達士世間鳴

東京　金鍾錫

読史詮衡爽不驚　神奇萬貫治邦策
波瀾幾有六時清　頻美尭封擧譲情
崇福寺前幾審響　是何五覇於吾迫
落花岩下夕陽明　未得其平審鳴択

奈良　崔[illegible]

受読春秋酔夢驚　春秋筆法誰丁乙
彬々青史照心情　司馬藩詞達性情
治乱須従人得失　仁天也識斯民意
存亡盡自道番明　振鋒香祇使世鳴

私立大の学生増員

78学科新設、26学科の復活

文教部は七日私立大学の学生定員再調整原則にしたがって全国二十八の私立大学に七十八学科を新設、二十六学科の復活、五つの学科の廃科を認可した。

新設された学科のうち、東国大学の観光行政学科、高麗および東国大学の統計学科、慶熙大学の体育指導学科、梨花大学の健康学科などが特にめだっている。

なおこのたび新設または復活される学科定員は各大学別に各学科の定員を加減して策定したもので六十三年度全国私立大学の学生定員総数八千七十名には変動がない。

しかし六十三年度各大学の応募者等が募集定員を超過する場合は現在の学生定員総数の二十％まで増員することができる。

三愛貿易

SAN-AI TRADING CO., LTD.

MATSUDAIRA BUILDING
NO. 11, 3-CHOME KYOBASHI　TEL. (535) 3821-3
CHUO-KU, TOKYO

米国から帰国した金慶遷君

脚光を浴びる「盲人テナー」

不具という同情をきらう

不具の身でありながら幼いころ日本に渡って日本芸術科音楽科を卒業した後、米国に留学、音楽碩士学位を受けるかたわら米・日両国で独唱会を始めとする放送、地方巡回公演など多彩な演奏活動を続けて来たが、去る六日サンフランシスコから仁川港に到着、帰国した盲人テナー歌手金慶遷君は、ソウル西大門区碌磻洞自宅で「あんまり寒いから何もできない」と十一年目に帰った故国の初所感をもらした。

国立盲唖学校を通う幼いころから音楽に志した氏は、十八歳の時渡日、日大芸術科に籍を置いて以来本格的な声楽レッスンを受け始めたが、一九五九年渡米してマンハッタン音楽学校を卒業、続いて同大学院を終え、音楽碩士学位を受けた。

暗い影をみじんも見せない清らかな面で金君は「日本や米国では放送とリサイタルなどいろんな面で働いたと思いますが、国内では初年兵に等しいです。なるたけ早く独奏会を開いて皆さんにお目見えしたいんですが」と新年のプランを説明してくれた。

―好きな作品は？

「イタリー歌曲が得意です。トスティー、ベゼティー、スカラティー、そしてドイツとフランスのリハルト・シュートラウス、ポルフ、ハーレー、ドッビッシーなどです。歌劇迎唱ですかか？　はい別にありません」

「一つお願いしたいことがありますー」こう前提しながら金君は話を続けた。

「私の頭を聞いてから、もしか不具者であるから同情的な評を与えるとか、盲人歌手だから少々なことは見逃がすべきだとかいった類の認識は捨ててくれということなんです。しくじりがあれば指摘し、欠点が見れば鞭を打って完全な一人間としてまた芸術家として接してくれることを望みますー」

一九三四年、仁川で生まれた金東君は、満に数えて二十九歳。より多くの新曲を紹介して、盲人であるばかりに感情が鋭敏で、独特な方法で習った発声法を利用して後輩らを教えるかたわら、自分のように見えない身体障害者らのために、立派な音楽鑑賞施設を設けるのに全力を傾けたいと抱負を語り、以上のことが帰国後の自分の大きな目標であるときっぱり語尾を結んだ。

太宗世祖時代物語(28)

金宗瑞の孫と王女（上）

二人の出会い

金宗瑞が殺されたことは犬死同様でもあり、全く無茶な話であった。そのために、心ある国民の間ではその人に関した一つの伝説が伝わっている。正史にはないことであり、事実でもなさそうであるが一つの物語りとして、記することにしよう。

世祖大王に、一人の王女があった。幼いときから利発で人をいつくしむ心があったので、父世祖大王が金宗瑞のような偉い大臣を殺すことを、幼い心ながら深く悲しんだ。それで、

「お父さん。どうして立派な大臣たちを罪もないのに殺すのですか。いけません」と諌めた。

しかし、幼い王女のコトバに動かされる世祖でなかった。つづけざまに、多くの大臣や忠義の人々が殺された。成三問始め死六臣を殺してから、その家産は没取されるのみならず、その人の三族までが殺戮されてしまった。

これを見ていた王女は、たまりかねて世祖に強く抗議して、「父上、忠臣たちを片端から皆殺してしまってどうされるつもりですか。国中の人々が父さんを恨むでしょう。また後世でもお父さんを何んと申すでしょうか。どうかお止め下さい」と、コトバも荒々しくつめよった。

殺気立った世祖は、ついに王女の抗議に対して大きく怒った。当時の世祖としては王女一人の生命など何んとも思う人でなかった。王権にたてつくものは叛逆に等しいものである。王女を死薬刑にする気配がみえてきた。

王后尹妃は、世祖の心の動きを敏く見てとった。王后は王の怒気をなだめようとして努めたが、世祖の決意をかえることができないことがわかった。

そこで、王后は金銀宝石など金目のものを乳母に持たせて、王女を安全な場所につれて行って住むようにした。

王女は悲痛深い母君と涙のうちにお別れをしてから、乳母と二人で秘かに王宮を脱け出した。断腸の思いで王女を送り出した王后は世祖大王に対して王女が急病で死んだことにした。

世祖もすでに死薬刑にしようとしていたので、自分の手で我が子を殺さずに済むことになったのをむしろ幸いとして、それ以上追求しなかった。

さて、王宮を脱出した王女と乳母は王宮からの追手を心配して、昼間は隠れ夜間だけ歩くことにした。十余日かかって漸く忠清道鶏龍にたどりついた。

二人とも、生れて始めての旅であり徒歩であったので、途中の気苦労は大変であった。その上に旅の疲れも一時に出てしまってそれ以上は一歩も進むことができなくなってしまった。

二人は、路傍の適当な場所でしばらく休むことにした。すると、そのとき一人の眉目秀麗な二十五、六に見える青年が通りかかったが、彼も疲れたらしく二人の側にきて休むのであった。

青年は、二人をしばらく注目して見ていた。それから、乳母に対してコトバをかけた。

「見うけたところ、普通の村民でないような方ですが、何故にこんな辺ぴな山路を行かれるのですか」

乳母はそうでなくても怖い思いで不安でならないので、返事に困ってしまった。それでも気をとりなおして答えた。

「ソウルに住んでいたのですが、難儀なことができて避難するところです」と。

青年は、乳母からの返事を聞くと悲痛な面持ちで涙ぐんだ。自分もソウルに住んでいたところ家族が殺される災厄に遭ったので難を免れて旅する身であり今後どうなるかそれすらわからない。しかし、女の方だけで不安な旅は男以上むづかしいことである。どうだろう。これから一緒に同行することにしたらと勧めた。

青年からそう勧められて乳母は考えた。か弱い女二人だけで行方も知らぬ旅をこれ以上つづけることは不安である。その上どんな危い目に出あうかもわからない。しかし、青年は見るからに礼儀正しく如何にも紳士らしく感じられたので彼のいう通りにすることにした。

王女と乳母は青年につれられて山の奥深く進んで行った。しばらく入ってゆくと大きな岩を屋根にして洞窟の室が準備されていた。室には、簡単な炊事道具まで揃えられていた。

この日、その青年はその隠れ小屋から食糧を求めるために山を下りてから帰る途中で、王女と乳母に出会ったことである。青年は見知らぬ女二人も自分と同じ身上であると察したので、強いて二人を案内したことであった。

乳母は、青年が村から持ってきた食糧で料理して夕飯をすました。

二人は、王宮を脱出してから始めて安心感を取戻すことができた。そこで乳母は王妃尹氏から贈られた金銀宝石を青年に与えながら金に替えて生活費にして欲しいと申出た。（石鼓山人）

安住の地（十一）

許槿旭　え　金泰伸

(125)

どこをどう歩きまわったか知らない。爆撃で破壊された、とある劇場の前に到ったとき、私は大きく息をして後をふりかえった。誰も私の後をつけてくる人はいなかった。急に私は気が抜けていくのを意識した。冷汗が流れた。眼の前がくらくらした。私は魂の抜けたように電信柱によりかかった。

廃墟になった前の空地には、宅地を整備する人夫たちが砂を運んでいた。

（まあ、あの人が！）

何気なしにながめる私の眼の中に、チゲを背負った夫の姿が飛び込んで来た。私は人夫たちのいる方に転がるようにかけて行った。

「おい――どうして ここが分った？」

眼を丸くみはりながら、彼はチゲを背中からおろした。

「あなた――どうしたという…」

私はみなまで言えずに、彼の手を堅く握った。

「まあ――手にこんな豆ができちゃって――」

私は彼の手に視線を落したまま黙って立っていた。

「もうよくなるだろう――」

彼は私の背中をなぜながら静かに言った。

「あまり心配するなよ――」

私は黙ってそのまま立っていた。しばらく私の表情をさぐっていた彼は、心配そうな顔できいた。

「また義姉さんが何とか言ったの？」

彼は私の顔を仰向けさせて、穴があくほど見つめた。冬を促すかのように吹いてくる冷い風が、落葉を吹き寄せる。

「どこへ行こうと、私たちを温く迎えてくれるところはありませんよその人たちがやっているように露天商でもなんでもやりたいけど街へ出ると不安と恐怖が私たちを追いまわしているの。行くところがありませんわ。うぉと不安…これがすべてなのよ」

いきなり彼は、私の言葉をさえぎって低くささやいた。

「君をこんなに苦労させて済まない。しかし安心して。ひょっとすると、ある地方新聞社に就職ができそうだよ」

「え？　ほんとですか？」

「そうだよ。今朝、道で偶然に昔の友人に行き合ったが、その友人は私の過去を全然知らないでいる久しぶりに喫茶店で、あれこれ話していた中に、俺の事情を話したら、自分のいる満州に来いと、住所まで書いてくれたよ」

「でも、そんなに信じられるかしら？」

「いや、必ず来るようにいっていたよ。旅費を用意しなくては。明日もう一日だけ、ここで働けば、旅費はできるだろう。俺を信じてくれ！」

「ほんとに、あなたが就職できたら、どんなに、うれしいことだろう……。そう、旅費はここにありますわ」

私は、うちポケットから財布をとり出した。

「ほんとうに、どこからお金ができたの？」

眼をみはりながら、いぶかしげにながめる彼に、私はこう笑いながらいった。

「オーバーを売ったの、義姉さんがお米の心配をしていたので」

趙重玉著

韓国料理

B5判　三三〇頁　挿絵写真
定価　八〇〇円
送料　一〇〇円
取次店　東京都千代田区神田猿楽町二の四五
韓国資料研究所
電話　二〇一―九六五五
振替　東京一一五九七九

優良鋳物用銑鉄製造

朝日製鉄株式會社

取締役社長　申学彬

横浜市鶴見区鶴見町1320
TEL 横浜(50)8431－4

第一物産株式会社

◇各種遊技機販売◇

各種遊技機のことなら、技術とサービスの
第一物産株式会社に御相談ください

代表　荒川友司（李在昊）

郡馬県桐生市金泉町７０５
電話桐生（２）７５５１番

納品先

電電公社	日本碍子ＫＫ
日立電気	安立電気
三菱電気	セコニックＫＫ
松下電子	協立機機
シチズン時計	日本電子
ヤシカカメラ	千代田光学
三協精機	理研電計
リズム時計	矢島計器
東京時計	日本電装
島津製作所ＫＫ	其他計器メー
品川製作所ＫＫ	カー７０社

●右掲載の割引マークを当社直売店に御持参の方には一割～二割の割引サービスをいたしております。

割引マーク　koyo

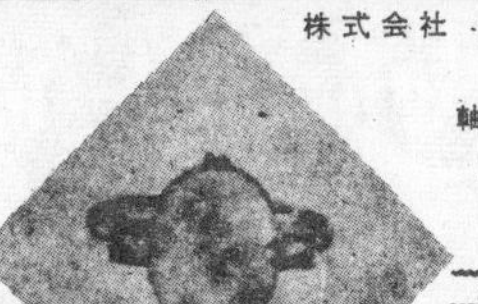

株式会社　光陽精密宝石製作所

営業品目

軸受宝石　計器用軸針
時計用宝石　装身具用宝石
電気指示計器用　ミリ波進行波管気密窓用サファイヤー
航空計器用　カメラ用軸受
其他各種計器用　メーザー用ルビー

当社直営店の御案内

光陽宝石直売店

自由ケ丘　田園　宝石部（喫茶部）
ヒカリ街デパート２階 TEL (717) 2131～3

五反田駅前　ユーヨー宝石
五反田駅前　TEL (441) 591

山梨工場検査部

山梨工場研磨部

株式会社
光陽精密宝石製作所

代表者・郭泰石

本社・工場　川崎市小杉陣屋町２丁目１２８０番地
電話中原(0447)5254・9029番

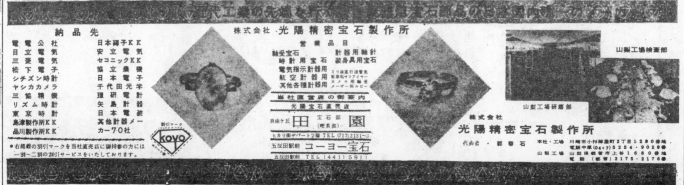

山梨工場　山梨県都留市上谷１６８０番地
電話（都留）2175・2176番

韓國新聞
発行所 韓国新聞社
発行人 曹寧柱
東京都文京区金富町51
電話（811）2261・2263
振替口座 東京 34988番

韓国と日本を結ぶ!!
広告代理店 KPR
広告企画・国文文案製作・新聞広告・ラジオテレビ広告・市場調査と興信・宣伝PR
TOKYO 港区芝琴平町26 電話（501）0471
SEOUL 乙支路一街101 電話（2）1811

平和ラインは漁民の生命線

譲歩は絶対にせぬ

水産団体、政府に強調

十二日遠洋漁業協同組合、機船底曳網漁業協同組合等全国水産団体の代表は外務、農林両省の関係当局を訪問して平和線（漁業管轄水域）保全に関する要望書を伝達する一方強力な陳情書を発表した。百万漁民の名によって発表されたこの声明書は現在の平和線が少しでも狭ばめられれば究極に生きる道を失うだろう、と政府当局に対して強力な平和線守護を呼訴した。今後この目的が達成されなければ実力行使に訴えても漁民の生きる道を求めると強調した。

これら代表者らは同声明書を通じて一九五二年一月十八日国際先例にならって漁業に関する管轄水域を宣布、実施して以来、過去十年間わが漁民らの生命線として、または国家の権益線として外国からの侵犯を断ち切ってきたと指摘している。

そしてまた、わが漁民らは生命線であるこの平和線を守護してくれた政府の施策に対して感謝し、もしもこの平和線がなかったならばわが国の水産資源は日本人らの近代化された漁船装備によって乱獲され、水産資源が涸渇されたことは火をみるよりも明らかな事であると平和線の絶対性を強調した。

・そしてまた彼らは韓日会談の妥結によって平和線が少しでも譲歩されるようなことがあってはならないと悲壮な心情を訴えた。

解説 日本側が提案した"専管水域案"とは日本政府は韓国の対日請求権問題が"金・大平会談"で六億ドル（三億無償、二億政府借款、一億民間借款）で合意したのを契機に平和線の譲歩を韓国政府に要求していると伝えられているが、日本政府は平和線の一方的な設置は国際法違反であり、公海上での干渉は不法であるとの態度を堅持して、韓国は領海六マイルまでを完全独占専管水域とし、その外側の六マイルは今後十年間韓日両国が共同で漁を取った後韓国の専管水域として認めると現在の平和線の大幅な譲歩を主張していると伝えられている。

ところで日本は去年の漁獲高において世界第一位を占め、米国とスカンジナビア諸国を抜いている。

旧政治家らは公開謝罪せよ

四・一九学生が決議

十日午後、四・一九学生義挙の先頭に立った二十余名の代表らは李厚洛最高会議スポークスマンをはじめ各界人士らをソウル市内外交会館に招いて懇談会を開いた。

彼らはこの日の集会で"革命政府は五・一六革命の基本理念を忘却せず、民主主義的方法を履行し、五・一六革命をみずから招いた旧政治世代は全国民に公開謝罪せよ"と七項目の決議文を採択した。

この日、出席した李厚洛最高会議スポークスマンは、決議文で要求された七項目に対して"今後行なわれる大統領、国会議員の選挙は自由民主主義守護の戦れ道ともなるもので、民主主義の根本ともなるような選挙をするため、あらゆる努力を傾けている"と述べ、"不正選挙の関係者をおおめにみて迎え入れようとの考えは毛頭ない"と語った。

四・一九学生代表らが決議した七項目は①不義・不正に抗議した自由民権守護の四・一九精神を再確認、これの永遠な継承を期し、②五・一六革命をみずから招いた旧政治世代は全国民に公開謝罪せよ、③革命政府当局は五・一六革命の基本理念を忘却せず民主主義的方法を履行し、④青年は民族的良心と歴史的使命を銘記、現実を直視せよ、⑤四・一九に便乗せんとする如何なる団体の政治活動も容認せず、⑥自由友邦諸国の青年とわれらの決議を共同闡明する、⑦再び恥しくない世代となることを自負し、二度と恥辱の歴史をくり返さないよう歴史的責務を完遂する、等である。

筆

「公約違反」説に想う

去る八日、革命政府の二代目の国防総理を勤めた宋尭讃氏（退役陸軍中将）が、京郷新聞の記者と会見し「革命政府の要人たちが民政に参加することは"革命公約違反"だ」という意味の発言を行ない、内外に波紋を投げている。

この発言内容は祖国再建の方途の根本にふれたものであり、まく、国民の一部には宋氏同様の考え方をしている人たちがいると推察されるので、いずれ当事者から明確な解明がおこなわれるものと期待されるのであるが、このさい、われわれ一般国民としても、この問題について十分納得のいくまで論議を尽し、すっきりした気持で民政移譲を迎える必要がある。

第一に考えなければならないことは、軍政と民政との本質的な相違点である。軍政の場合は現役軍人が軍服を着たまま、軍事力を直接的な背景として政治を行なうのであるが、民政移譲後においてはもはやそのようなことは行なわれないのである。

もちろん、朴議長の大統領出馬や軍事政府の高級軍人たちの国会議員選立候補は必至とみられているが、それは軍人としてではなく、軍服を脱いだ一民間人としてよりよき革命課業の達成のために挺身しようということであって、もはや、そこにはいわゆる「軍部」（軍事力）との直接的なつながりは存在しないのである。民政移譲後においては、組織としての軍は、革命軍人の個人的去就にかかわりなく、軍本来の国防任務に専念し、政治は与・野党の民主的な活動によって運営されることになるのであるから、この状態をさして「革命公約違反」というのは的はずれである。

軍人といえども一韓国国民であることには変わりなく軍服を脱いで軍事力と断絶する以上、祖国再建の熱意に燃えて政治に挺身することは誰にははばかる必要もない。

以上は主として本質上からの論議であるが、第二の論点として実際的な面を捉えてみると、革命課業がまだほんの第一歩を踏み出したに過ぎない現段階において、五・一六革命の中核となった軍人たちが、来るべき民政において一民間人として参与しようとすることは、よりよき革命目的の達成にとって、きわめて当然であり、また大いに必要なことでもあるといえる。いわゆる旧政治人たちだけに民政をゆだねたとしたら、果して革命課業の順調な進展が期待されるだろうか。もとより、この是非は来るべき大統領選挙や国会議員選挙における国民の民主的判断によって決定されるべき問題ではあるが、答はすでに明白であるといっても過言ではあるまい。

第三に、しっかりハラにおさめておかねばならないのは、革命というものの本質が、「国民大衆のうちより発し、またその手によってのみ成就される」ということである。五・一六で決起した軍人たちが果した役割の意義は、国民大衆の"声なき声"を代表して、そのうっ積した革命的な熱望に、自らの生命をかけて点火したという点にある。だからこそ軍人達は全国民的な支持と称賛を受けたのである。従って、来るべき民政移譲の真の意義は、過去二年間にわたって過渡的に「革命の代表者」達に委ねられていた革命の推進役を、今後は名実ともに国民の手に移し、成就させようということである。このような見方からすれば革命軍人たちの民政参加は、革命の点火者たちが、一民間人として国民大衆とともに革命隊列を組み革命目的の完遂に邁進することを意味するものであって、大いに歓迎すべきことでこそあれ「公約違反」なぞと非難すべきことではない。

要は民政移譲後の革命課業が真に国民的にまた民主的に推進されるかどうかということであって、革命公約の解釈も表面上の文字にとらわれることなく、その底に横たわる真精を十分にくみとるべきである（落葉江）

「民主共和党」に落着くか

新党名で論議つづく

新党（与党）の党名は、仮称「民主共和党」に落着する可能性が最も有力のようだ。十一日午後、新党発起委員は新党党名として「民主共和党」「自由民主党」「民主再建党」「平和党」等を提示したが、その中「民主共和党」としようという意見が最も有力であったといわれている。

この日、発起人会に参席した委員は「発起人会の意見は"民主共和党"に傾いている」と語り「再建党という党名に対しては、ほとんど委員が反対意見をもっている」ように感じた」と述べた。

一方、この日尹青発起代弁人は、新党党名に関して論議があったと言えるが、「党名はできるだけ明らかにし」、さらに早く十五日の発起人総会までには決定するが、万一その時までにも決定を見ない場合でも、来る一月末創党準備大会で政綱政策が採択される時までには決定されるだろう」と語った。

一方、新党名を一般から公募しようとの意見は、十日第二次発起人会において多くの人士から反対意見が出され、これを公募することはせず発起人会で決定することに合意したと伝えられている。

開始は64年度から

日本の対韓請求権支払い

日本大蔵省は韓日会談が今年中にまとまっても今年度資金として配定するには財政上困難であるから韓国に対する無償供与三億ドルと政府借款二億ドルの中、第一次支払を明年の一九六四年度からはじめると十日決定したと報道した。

また日本の読売新聞は大蔵省がこの問題に関してただちに外務省と協議するだろうと述べている。

だが同紙は韓国が第二次支払を明年に延期するのに同意しない時にはこの問題の交渉は難関に逢着するだろうと付け加えた。

朴議長が大統領に当選すれば

挙国内閣が成立

金首班語る　元老院設置も示唆

金首班

金鍾泌内閣首班は十一日"旧政治人らが政浄法の撤廃と大統領ならびに国会議員の選挙日時を延期せよと主張しているが、このような要求は、理解に苦しむものであり、政府は政浄法の撤廃や、選挙日時の延期を考えることはできない"と述べた。

同日記者会見を行なった金首班はまた"旧政治人らは民族の分裂をきたすような言辞を弄しても[illegible]らいたい"と要望した。

そしてさらに"公民権制限法を作った旧政治人らが今や政浄法を撤廃するよう主張しているのは、国民の圧倒的な意志によって決定された憲法を無視しろというのと変りないことで理解しがたいことである"と反ばくした。

金首班は"旧政治人らが再建党を軍人党であると非難しているが、これは民族の分裂を招来する言辞であり、今日軍人と関係のない国民がどの位いるだろう"と反問した。

ついで"朴正熙議長がもしも大統領に出馬当選するならば党派を超越した挙国的な内閣を組織し、また大統領の諮問機関として各界の元老格人士をもって元老院を構成して彼らの建議を受け入れるものと思われる"と述べた。

そして"これに対して朴議長と相談したことがあるか"との質問に対して具体的に言及することを避け、ただ"その人の性格によって、これを十分に知ることができた。"

金首班はまた現在収監中の政治犯の釈放説をナンセンスであると語り、"民政移譲前に政治犯の釈放はない"と断言した。

金首班はまた国民経済生活の改善対策に言及して"国民に多くの不便があるだろうが、国民のよりよい生活のためにとったものでこれは経済政策の一大転換点となるものである"と述べ、また"国家再建の建設のために不可欠な要素"であると語った。

大胆な抑制策が必要

消費者物価騰貴に関心

昨今ソウルをはじめ大都市の消費物価、輸入原資材等の急騰現象は関係当局はもちろんのこと国民の非常な関心事となっている。

新年に入ってから政府のとった輸出リンク制の実施、そして一月三十一日を期して適用される関税率十一品目に対する関税率の引上げ、間近にひかえている旧正月等すべてが物価上昇の刺激的な要素となっており、物価安定策に対する政府の果敢な措置が望まれている。

[illegible]の安定と通貨価値安定に力を注いだ通貨政策のよろしきを得て年末物価は別に変動がなく平穏であったが、今年に入るや米価も昨年末より一叺当たり四十ウォン高くなり、精米は白米、小麦粉は一袋当たり十ウォンの値上がりをみせており、苛性ソーダ、硫黄、硫酸、ソーダ灰等の輸入原料もほとんど十[illegible]騰貴を示しており、毛織物、砂糖等も関税率の引上にともない自動的に上昇している。

このような物価高騰趨勢に対して経済界は輸出のリンク制、関税率の引上などの一連の措置によって、当然上昇されるものと予測できたのであるから、当然な副作用が表れたに過ぎないと論評している。

また消息通では輸出リンク制の実施によって輸入物資の買占め、売惜しみの傾向が次第に高まっており特に今年度の物資需給が昨年度よりも四・五千万ドル減少されるだろうとの推測から影響を受けて穀価をはじめとする諸物価を刺激したものであるとみている。

とにかく昨今の物価趨勢は旧正月が過ぎるまで継続上昇するものと予想され、正常な物価に戻るのは二月の中ごろであろうとみられる。

このような模勢に対して経済界の観測筋では旧正月という不可抗力的な要素を無視することはできないし、正常な物価形成は二月中旬ごろとなるだろうが、政府当局が昨今の物価趨勢に対しては十分な対策を講じないかぎり物価統制を布いても物価の高騰は各方面に波及されるだろうと憂慮している。

最後に金首班は"政局の不安定は経済の不安定を招来するもので政局の安定のためには四月一[illegible]に大統領選挙を行ない五月に国会議員選挙を行なうのが最も適当である"と語った。

リンク制か、輸出補償か

政府、輸出増大策で択一迫らる

政府は輸出リンク制の実施によって派生した物価高騰等の多くの副作用を除くため①輸出リンク制②輸出補償金の二つの輸出増大策のうちから両者択一にする方針をたてこれを慎重に検討中であるとのことである。

十二日関係当局者は輸出リンク制の実施による副作用が予想外に拡大していることを率直に認め、この補完、改善策を検討中であることを明らかにすると同時にIMF協定十八条によって制約を受けている二つの補助政策の並用を一つに統一しなくてはならなくなったと語った。

だが同当局者が両者択一のうちの一つが何んであるかを明らかにしないのをみると関係当局は一月から実施された輸出リンク制をなくすこともできず、また大部分の業者らが望んでいる補償金制度をなくすこともできずにいるものとみられる。

ところで二つの輸出補助政策のうち両者択一が避けられないとみられる決定的な与件はIMF協定第十八条に、①IMF加盟国は原則的に補償金支給は不可②ただし後進国の中で極度に経済状態が悪化された時には暫定的に認める。③だがリンク制補償金等の補助政策の並用は不可、という規定にあるとみられまたこれと共に漸次高騰する物価高騰の副作用を抑制するための措置とみなされる。

一方、経済界の観測筋では補助政策であるところの①クオータ制によるもの、②関税引下、③直接補償支給などの三つの方法の中で予算支給の方法が最も[illegible]果をもたらしたものであると主張しており、他の観測通は過去の経験からみて輸出リンクがよくないと述べており、経済界や業界の主張もいろいろあって両者択一問題は決定的ではあるが相当な論議がまぬがれないものとみられる。

昨年度は五億五千六百万円と[illegible]ろばく大な資金が補償金（その五億三百万円は支給）として予算に計上されたが、実際に必要な[illegible]億五千八百万円にはまだ一億余円が不足しているのが実情である。

党派・政見の統合が先決

朴順天氏ら単一野党形成問題で語る

【ソウル発KP】朴順天（旧民主党最高委員）洪憲杓（同組長）の両氏はこのほど、「単一野党形成は急先務である」と前提し「このためには過去の党派や見解をまず統合することが要である」とのべた。

この日の午後、国際ホテルで政治活動が許可されてはじめて記者団と会見した両氏は「単一野党をつくりあげるにあたっては基本政策の政策綱領と組合対象人士の意見が前提となるため少々時間がかかるであろう」と語った。

両氏はまた「大統領選挙、国会議員選挙をひかえ革命政府は公明選挙を保障するという意味でも公約を組織するための時間を与えなければならない、また選挙予定日と民政移譲時期の間の時間があまり長すぎる」と主張した。

しかし両氏は「たとえ選挙期日が短いとしても政治家として短期日内に政党を形成するための党をつくす決心である」と語り「時間が不足して所定の手続きがかなわない場合には選挙にはでないだろう」と指摘した。

米審計院の対韓軍事援助報告

国防省が異議申立て

米国防省と米国審計院院長との間に十一日米国の韓国軍に対する軍事援助の運用に関して政策上の見解の差が台頭してきた。国防長官ロバート・S・マクナマラ氏の指示によるバイ・アメリカン政策を実施している国防省当局が、韓国軍に補給資材を提供することの根拠を再評価するよう促求した。（朝鮮日報）

という審計院院長ジョセフ・ケムプベル氏の提案をそれほど歓迎しなかった。ケムプベル氏はとくに、国防省と国際開発処（AID）当局は、韓国の通貨を使用することによりさらに多くの軍需物資を韓国で生産するようにしよう[illegible]

ケムプベル氏の報告は、鋼鉄等のような軍需物資が対韓軍事援助計画から韓国の軍事予算に移されて、韓国で購入されるようになれば、韓国の工業はそれだけ刺激を受けるだろうと指摘した。「その措置の発展は、韓国における相互安保計画の主要目標を形成している」とケムプベル氏の報告は述べている。

それはまた、毎年百億ウォンを軍事援助計画から現地調達に転換することを促求している。

ケムプベル氏は、「韓国経済は軍事援助計画のもとで輸入される多くの品目を生産できることは明らかだ」と述べた。「一九六一年と一九六二年の二年間、タイヤ、チューブ、燃料、薬品、医療抗生物質等が韓国国内で生産されているにも拘らず、衣類および食料品だけが韓国国防予算で調達するように計画された」と述べた。

米国防省は昨年の夏からバイ・アメリカン政策を実施してきた。しかし、審計院は韓国軍事施設のための物品調達には、米ドル貨より韓国軍により製造されていると指摘した。

同審計院は、韓国軍が[illegible]調達すべき[illegible]と指摘した。

"統制強化は主権侵害"

現地調達は非現実的方法

同審計院長は、韓国船舶は海外で修理されてきたし、韓国政府所有の大韓海運公社から同一な[illegible]

同審計院は、事実上の矛盾を指摘しながら、次のごとく非難した。

一、総二十六億ホワンに達する[illegible]

ケネディ大統領とマクナマラ氏に伝達された四十一の同報告は、一九六一年度に韓国軍が必要とする衣服、食糧、給料、装備、訓練および其の他維持費の全費用を[illegible]、米国軍事援助は三億七千四百万ドル[illegible]

「それにより米国は、事実上、一九六一年度に韓国軍が必要とすること[illegible]判明された。

二、韓国軍のための被服製造において、被服加工費をカバーするための九十億ホワンという所要資金は、韓国軍が最小限の要件を明示するに当りすでにもっている被服や、またすでに発注された衣服を考慮に入れなかったため、十二億ホワンも超過されていた。例をあげると、十四万着のビルト・ジャケットが必要であるとされていたが、その所要量を推算するに当ってすでに持っている七万八千着は計算に包含されていなかった。

三、韓国は軍隊兵力の超過推算を根拠に、相当量の米穀を余分にいろいろな部隊に分配した。その後、これらのことを是正するための措置が取られた。

同報告は、国防省が軍事援助の基金使用に当り、より強力な統制権を保持するよう促求した。

国防省は、韓国政府の主権に対する侵害になるとしてそれらの提議に反対した。

国防省はまた、特殊な計画に対する統制は非現実的であり、米軍事顧問団の業務量を相当程度増加させることになろうと語った。

論壇

二大政党の政治構造に賛意

自我の独善独走になるなかれ

文民政府樹立移管が朝刊にわきたっている韓国の政情下は、後進国家における伸びる悩みと新旧の旧習が交々にからみ合って、新しく誕生する国家の姿（うぶ）の陣痛を思わせる政情である。

与党たる再建党（仮称）に参画する韓国国家再建最高会議は陸海空軍参謀総長と海兵隊司令官を除く最高会議委員は全員この一月末に、朴正熙議長は三月初旬ころに、それぞれ予備役に編入され、四月初旬の大統領選挙と五月に予定している国会議員選挙に民間人の資格で出馬、八月の文民政府樹立移管に参加する準備を進めている。

これに対抗する野党戦線の民政党（仮称）も、その結成と人材獲得に全主力を傾注しているが、この結成に中心的な役割をはたしている尹潽善、李仁、金法麟の三氏は、さる十四日朴最高会議議長に面会を求め、民政党結成第二次拡大会議で決めた政治活動浄化法の全面解除、早期選挙反対の二つを朴正熙議長に建議した。

朴議長はこれに対する回答として①政治活動浄化法によって政治活動の禁止されている旧政治家を全面解除することは、大義名分が立たず、また国民も納得しないだろう。②四月初の大統領選挙と五月末ころの国会議員選挙という選挙日程は野党側にとっても不利にはならないだろう。野党育成には、政府は全力をつくすつもりである、との意見を述べている。

野党側の建議案の政治活動浄化法の全面解除は、軍事政権では大義名分が立たずる。

また、国民も納得しないだろうとの見解を示したが、国民に納得できるよう全面解除をしないのは、国民に独裁政治への移行に対する不安をよみがえらせるもの以外にはなにほどの効果をもたらすものではないだろう。

政治の改革期において、主導権を握った者が過去の旧政治家にその責と罰を加えることは歴史が示し、示されて来たものではあろうが、この政治変革期があるる一定の安定期と政治構造が創成せられた場合は、旧政治家に対しての罰責を放免することが民主主義国家の採るべき態度である。

しかるに韓国の軍事政権は政治活動浄化法をたてに旧政治家を抑制せんとする意図は民主主義を信奉する政治家、または指導せられる民主韓国民に良き範を垂れる道ではなく、採るべき民主主義の態度としては若干の疑問がある。

早期選挙反対は一応、現政権の方針であり、政治的方法論の具体的推進方策であろうから、野党の反対も、与党の防衛線にはなく[illegible]

一方与党の再建党は今月十五日に発起宣言をする予定であったが、野党結成のもたれているのを考慮して、与党独走のそしりを避けるために、同宣言の発表を延期するとの態度には好感がもたれるものがある。

韓国の政権をふり返って見るのに、政権の座の者が往々に独走独善に政治を私物化したところに祖国の悲劇が繰り返された原因があったことを、われわれは肝に銘ずるべきである。

現下において民主主義を標榜する祖国が二大政党を目標に政治体系を創成せんとする、その意欲に対しては満腔の賛意と協力をおしむものではないが、真実の自由民主主義を国家の主柱に建てるためには、自我の独善独走をいましめ野党の政治にはフェア・プレイに政治を論じ、闘うことが民主主義の政治道義であることを与野党の人々は"論語よみの論語知らず"にならぬように政治的道義が必要である。

（崔実光）

ご商売やお住いのご計画に……
東京商銀信用組合
東京都文京区湯島天神町三―一―四

第一物産株式会社
◇各種遊技機販売◇
各種遊技機のことなら、技術とサービスの
第一物産株式会社に御相談ください
代表 荒川友司（李在昊）
群馬県桐生市金泉町705
電話 桐生（2）7551番

優良鋳物用銑鉄製造
ASK
朝日製鉄株式會社
取締役社長 申学彬
横浜市鶴見区鶴見町1320
TEL 横浜（50）8431－4

激化する中ソ論争

いまや決定的段階 ひくにひかれぬ両巨頭

中共の党機関紙人民日報は十二月三十一日の社説で、約一万五千語におよぶ大論文を掲げ、現在の国際情勢に対する中共の立場を明らかにした。これは最近の共産主義陣営内の論争に関し中共政府の正統的な考え方を宣言したものとみられている。この社説を読むと、全体として格別新しいことは述べられていないが、共産陣営内の抗争がいまや公然たる事実であり、ほとんど収拾不可能な段階に達していることが、はっきりと示されている。またこの社説は、いつも必ず成功するとは限らぬことだが、弁証法的な派手なことばを避けて、党員大衆に話しかけようと、あらゆる努力を払ったあとがみえる。

人民日報公然とフルシチョフを非難

この社説では、名前を挙げずとも一見してそれとわかるようなあらゆる手段をもって、党主席毛沢東の主たる敵はソ連共産党の大親分フルシチョフであることが示されており、真正のマルクス・レーニン主義にたいする明白な反逆だとして、幾多の罪名を掲げてフルシチョフを糾弾している。

この社説は「教条主義者」毛沢東が、「修正主義者」フルシチョフを徹底的、独善的そして具体的に非難した経文ともいうべきものであって、世界中のどの共産党の中にもみられるような、モスクワと北京のどちらに味方しようかと、いまなお迷っている人びとにとって、一つの基礎的な文献となるものである。

とにかくモスクワも北京も、いまや相手方を納得させることを考えてはいない。双方とも党員大衆の忠誠をつなぎとめるために、公然とイデオロギー上の角逐を行なっているというのが実情だ。彼らは主張を放棄するつもりはなく、共産陣営の分裂を、現実的に対処せねばならぬ生の事実として受入れている。党と党との関係が極度に緊張していることは明白であり、破壊活動や浸透工作を企てたといった非難までが、イデオロギーで汚れた空気を充たしている。

毛沢東、戦争不可避論を固執

中共理論の核心は、核兵器は共産主義国と非共産主義国との間の戦争は不可避だとするマルクス・レーニン主義の教義を変えていないし、また変えることはできないという考え方である。

毛沢東は、核戦争は必然的に非共産主義世界の破滅と、共産主義の勝利に終わるだろうといっている。この点についてはフルシチョフのほうがもっと分別があるが、毛沢東はこれを無視して、フルシチョフを非共産主義者に降伏し、彼らとの妥協を求めていると非難し、そのようなことは結局世界共産革命運動、とくに新興諸国共産化運動をやめることになるとしている。

毛沢東は「力以外のすべては幻想である」というレーニンのことばをあくまで固執し、非共産世界が「張子のトラ」であることを暴露しつづけると約束し、その張子のトラが、最近フルシチョフのいったように、「核のキバ」を持っていたとしても決して恐れるな、核戦争は非共産主義を絶滅させても、人類を決定的に絶滅させることにはならないだろう。なぜならば、多くの中国人が生き残るからだ、としばしばいっている。

彼は、どこであろうと、共産主義者の間に「弱味とくっ服のこん跡」が認められれば一つ残らず暴露し、断固としてそれと戦うつもりだ、といっているが、これは政治上の宣戦布告に等しい言葉である。

毛沢東は、キューバ問題をあてこすって、非共産主義者との妥協のために他国の主権を犠牲にすることに「極めて強く」反対している。

毛沢東は、「平和的共存」は真の妥協や真の共存ではなく、ただ非共産世界に対する闘争継続を促進すいま一つの手段であるべきだとし、フルシチョフは無謀にも「平和的共存」をやり過ぎていると非難している。

毛沢東は、フルシチョフが真のマルクス・レーニン主義からあまりにも逸脱したため、ソ連の政策はいまや本格的な反逆であるばかりか、共産主義の真にあるべき姿をほとんど放棄するところまで来ていると、歯に衣を着せず非難している。

そのうえ、毛沢東はモスクワ攻撃を急ピッチでつづけるという約束を一月初め、中共の理論機関誌に掲載された、さらにいくつかの論文によってすでに実行に移している。毛沢東に関するかぎり、中共の教条主義者とソ連、ユーゴやその他の「修正主義者」との闘争はいまや全面的に始まったばかりで、決して終わってはいないことは明らかである。

ソ連からの「独立」をねらう中共

あらゆる種類の狂信がそれ自体の異常な力を生むのと同じく、共産主義者の間の思想的抗争もそれ自体の食い止め難いハズミを生んでいる。しかもこの場合は特にそうである。それというのも、本質的にいってこの抗争は政治上、経済上、軍事上、地理上の意見の相違、そしてさらにまたしばしば個人間の衝突を思想的抗争にみせかけたものだからである。ソ連と中共の間の抗争は十二月三十一日の人民日報の社説で頂点に達したとみる共産主義研究の専門家が少なくないのもこれがためであり、昨年秋以来彼らが中ソの離反が深まってゆく速度を注視してきたのもこの理由によるものである。

過去二カ月間に起こった出来事に照らしてみるならば、この社説はその長文の表面に現われたよりもさらにはっきりと、共産陣営の現在の分裂を証拠立てたものになる。

人民日報に載った多くの社説と、中共のインド侵略三週間前に党中央委員会が発表した広範囲の問題にわたるコミュニケは、ユーゴへのフルシチョフ・ソ連首相の提案から衝撃を受けた中共指導者が単に思想面だけでなく、もっと多くの面で最後的な決定を行なったことをはっきりと示している。

この決定とは、あらゆる点でソ連から独立すると宣言することであった。これは中共流の共産主義を唯一の真の共産主義と宣言することを意味するものであった。また中共がいみきらう宿敵チトー・ユーゴ大統領が全面的に信挙し、フルシチョフ首相自身もきらいでない「修正主義」を次第に露骨に非難することを意味するものであった。またどの道、長い間差し止められていたソ連からの援助を今後の年月不必要にするために、中共の経済計画を変更することを意味するものであった。さらにまた犠牲を伴おうと、結果がどうあろうと、中共政府は独自の外交政策を進めてゆく、との決定を意味するものであった。そして中共はこれらのことを実際に行ない、また声明してきた。

キューバ紛争を機にインド侵略

残された大きな問題はただ、こうした離然たる惰力のため、利害衝突がいつ抜き差しならぬ段階に達するかという点だけであった。

それに対する解答はフルシチョフがキューバ問題で折れて出たあとに現われ始めた。毛沢東にとっては、この譲歩は全く期待はずれであったたけでなく、理は毛自身にあり、非はフルシチョフにあるということ、また毛自身こそ真のマルクス・レーニン主義の唯一の真の主唱者でありフルシチョフは裏切者にほかならぬということを明日に立証したものと思われたのであった。

フルシチョフがキューバ問題で折れ、さらにその後、中共軍のインド侵略への支持を拒否したことが、中共側のこの軍事行動に具体的にどのような影響を与えたかは依然としてナゾに包まれているというほかはない。

キューバ駐在中共使節団から恐らくソ連ミサイル計画についての情報をあらかじめ得ていたと思われる中共政府が、当時こそインド侵略に乗り出す絶好の時機と思ったらしい形跡がある。開始された軍事行動が大規模だったことからみても、この軍事行動がただ国境改訂を目的とするだけのものでなかったことは確かであった。また、フルシチョフがキューバから攻撃用兵器を撤収したため、ソ連側が中共側に直接干渉を行なったかどうかに論なく、毛沢東が方針を変え、中共軍占領下のインド領域から不可解な中共軍撤退を行なわしめるに至ったのも明白である。

説明はどうあろうと、ともかくこうした経緯は、ソ連、中共間の論争にたちまち深刻な影響を及ぼすに至った。おおづかみにいうと、次のような事柄が、矢継ぎ早やに起こった。すなわち、中共政府はチトー・ユーゴ大統領に対し、相次いで非難の言辞を浴びせた。これはもちろんフルシチョフに対する非難でもあったが、それのみならず、共産圏内外の各共産党に対するアピールをアルバニアを通じて発した。また欧州で開かれた四つの非ソ連系共産党大会に使節団を派遣して、中共側の見解への支持者を得るよう陰に陽に画策した。

実は当時すでに各国共産党とも、フルシチョフ路線に従うべきか、それとも毛沢東路線に従うべきか、またモスクワ、北京の何れを共産主義信条の聖地と認めるべきかについて、党内の意見が著しく分裂していた。こうして、ついにソ連側が決定的な反撃に出る時機が明らかに来たわけである。

ソ連機関紙の反撃 ＝教条主義を拒否

ソ連共産党機関紙プラウダ(一月七日付)は、前記の昨年末三十一日の人民日報社説のソ連攻撃に対する最初の回答で、ソ連以外の各国共産党大会における演説者と同じように、異端者アルバニアを支持したことで中共の党指導者を名ざしで攻撃した。これは新しい戦術ではないが、とにかくソ連共産党の機関紙がそれを使ったことは初めてである。このようにプラウダの社説は、すでに熱をおびていた抗争が一段と激化したことを示すものである。

論争を一挙に決裂点まで押し進めることについて再考するという可能性は、もちろん決して度外視するわけにはいかない。しかし、こんどのプラウダの社説には話し合いについてほのめかした部分があるにしても、それはあいまいで、お座なりなものにすぎないといってよい。イデオロギー的内容の点では、これは毛沢東が説いている「教条主義」に対するこれまでのところ最も厳しい拒否である。

そのうえ、紛争の最近の経過を見れば、がん固な長広舌をふるうという点で、北京のほうがいつもモスクワをしのいできたことは明らかである。モスクワと北京の党関係は過去二カ月来急速に悪化してきたが、それを劇的なものにしたのは、実際、一撃されるたびにさらに強くなぐり返すという、こうした「インファイト」である。

最も劇的な出来事の一つは、去る十一月北京が——もちろんアルバニアを通じて——モスクワを無視して別個の正統的な共産主義運動の結成を呼びかけたときのことである。

それと同時に、クレムリンが何か決定的な手を打つべき時がすでに来ていた。そして、キューバ危機が峠を越したころだったので、フルシチョフ首相も中共問題に目を向ける余裕ができたのだろう。とにかく、モスクワから衛星諸国に対し、立ち上がって、どちらに味方するかをはっきり示せという指令が飛んだのは、その当時であった。

この指令はハンガリー、ブルガリア、チェコ、イタリアの各国共産党大会で忠実に実行された。

わずかに二年前にはプラウダでさえ取り上げたイタリア共産党書記長トリアッチの「多中心主義——一つ以上の共産主義の中心の存在を許してもよいのではないかという議論が——が、たちまち忘れられ、姿を消したのは意義深いことである。

これら四カ国の党大会はいずれもモスクワ陣営に味方することを公式に声明し、分派主義での他共産主義者の政治刑法典にあるいろいろな罪を挙げてアルバニアと中共を徹底的に非難した。

中共に対する非難の中心が異端者アルバニア支持であったことはもちろんだが、チェコとイタリアの党大会、つづいてのフランス党中央委員会、とくに十二月十二日のソ連最高会議でのフルシチョフの演説では、中共を名ざして扇動者呼ばわりすることが、ますます公然と行なわれるようになった。

そして、それから二、三日後のプラウダの新しい社説は、こうした非難をさらに一段と明るい光の中に持ち出した。

それは要するに、中共の政策は「帝国主義の侵略的冒険主義勢力」の政策と事実上変りなく、「トロツキーの政策と同様挑発的」な政策を遂行するものときめつけたのであった。

北京とモスクワは直接かつ公然たる衝突を避けるために、第三者——米国の評論家ドルー・ピアソンからフランスのトレース、チェコのノボトニにいたる——の言葉を引用するやり方を長い間取ってきた。だが、現在では、このやり方はむしろ抗争を激化するための手段となっている。

たとえば、最近ソ連党機関紙プラウダは、中共は「除々に破壊活動に乗出しており」——これだけでも随分思いきった非難だが——「その意図は国際共産運動に分裂をもたらすことにある」といったフランス共産党首トレーズのことばを引用している。

これはたしかに、はじめて公然と露骨な挑戦をしかけたものであり、毛沢東は早速これに応戦した。まずその手始めに、比較的短文の人民日報紙社説(十二月十五日付)で、フルシチョフが中共とインドとの紛争に中共側を支持しないことを激しい調子で責めたて、また東欧共産圏諸国の党がモスクワ側に味方していることを非難した。ここではじめて毛沢東は公然と分裂を口にしたわけである。

この宣言でやめておいても、毛としては十分なはずであった。この宣言で毛はフルシチョフのキューバ問題でとった行動を「降服主義」とはっきりきめつけた。それが余りに思いきった調子のものだったため、共産圏に属さない国々の共産主義者たちが心配して、こうした長口舌のやり取りを続けているのは、「共産主義者の結束」をますます困難にするだけだ、と警告を発するほどだった。しかしモスクワからはこれに対して、別に新たな挑発的発言はなかった。

だが、毛はこれだけで思いとどまろうとしなかった。十二月三十一日の人民日報の長文の社説は、毛の意図がたしかに「共産主義者の結束をますます困難にし」分裂を持続させることにあることを証明している。

中・ソともに妥協を考えず

ここにいたって事態は、双方がそれぞれ自己の見解を説明し、その正当性を主張し、相手方の非を非難するだけで、どちらも妥協を考えないという段階にまで達してしまった。

フルシチョフがいつもアルバニアを通して中共に毒矢を射こんだと同様に、毛沢東は十二月三十一日の社説で、イタリアのトリアッチを論難することによって、フルシチョフに反論するやり方をとった。だがフルシチョフが懸の張本人とされていることは明らかである以上、モスクワと北京との間の個人的、思想的、政治的関係は極端に悪化しており、その結果これまで正式には宣言されなかった両者の公然たる対立が、今や論戦の課題と化するにいたった。

いまや共産主義は事実上、分裂している。教義も二つに分れ、別々に存在している。二つの教義は共産主義の世界征服という目標では一致しているが、これを達成する手段では遠くかけ離れている。

もしモスクワと北京が、その間の溝に橋をかけたいと思っているなら、いま直ぐにもこれをやらなければなるまい。なぜならば、抗争自体が造り出した急速で強力な勢いは、かつては純然たるイデオロギー上の論争だったものを、今や深刻、明白な対立と化してしまい、このうえ新たに長口舌をふるうようなことがあっても、これを緩和するどころか、却って激化するだけの状態になってしまったからである。

(USIS＝米国国務省文化交換局提供)

韓国の声

第二段階に入った韓日会談と漁業および国防線問題

十一日、第二十二回韓日予備折衝があった後、外務長官は韓日問題全般にわたって言及した。これは十三年目に入った韓日協商に臨む韓国の原則を再度にわたって闡明したものと見ることができる。

現時点において韓日間で解決しなければならぬ一つ一つの問題を俎上にのせて考えるとき、請求権問題が一段落したとはいえ、いまだ難関の峠を越し切れずにいる感が深い。かかる現象は、近日来、日本側の動向から如実に看破できるものである。その間、韓日両側は、協商を早急に妥結しなければならないという時代的要求に従って、全面解決のための活発な動きと合わせて互譲の精神が強調されたのは事実で、それだからこそ、われわれとしては受け入れ難い請求権問題の金額に対する妥結を見たのである。が、しかし、前途には解決を要する諸難題が横たわっており、これを如何に処理するかの疑問が先に立ってくる。請求権妥結をもって日本側は、自身大きな譲歩をしたと考えているようだが、それをすべての問題解決の踏合と看做すのとわれわれの心情とは相当な距離がある。

これからの協商は、漁業および国防線問題と法的地位問題、船舶および文化財問題などの未決事項に集中されると見られるが、これらに対する両国間の見解差異がそのまま持続される限り、決して平たんな道は期待すべくもない。ここに、われわれは再び協商の原則を確認せざるを得ず、その原則は、当面長官の言明のなかに多少ではあるが要約されたと見ることができる。

われわれは、日本の韓日問題を妥結しようとする方向について強く踏みにじられた特徴三つを直視したい。第一は、この妥結はあたかも韓国の要求によって韓国を支援するのだという善心をうたうこと、第二に韓国の主張は公正性が欠如していると同時に、甚だしきは国際法までも違反しているということ、第三に時期的に韓国が急いでいるためそれを利用することなどに要約することができる。

日本がこうした出方を取る所以のものは、推測に難くない。要するに、日本は、かくして過去を清算し、できるだけ自身の過ちに目を被いながら、新しい名分を打ち立て、併せて贖罪の犠牲を安価にたたこうとしていると見ることが可能である。

請求権問題は落着されたのだが、その実、かかる印象はかえって濃くなってゆく感がある。われわれは、すでに妥結された問題に対して、今ここでまた、とやかく言いたいとは思わないが、最小限度他の問題に対してまでその作用を許容してはならないということだ。請求権の次にクローズアップされている問題は、漁業および国防線問題だが、性質上、請求権問題と漁業および国防線問題とは判然と異なるのである。前者が過去の清算に属する問題なら、後者は将来の問題として、これとは区分される。

過去の清算は、贖罪とともに将来再びかようなことがないようにする誓約と考えることができると同時に、その真意が実際に具現されねばならぬ。請求権問題と漁業および国防線問題とは、事実上このような連関性をもつものである。漁業および国防線問題に対する韓国側主張に対し、日本側は国際法を云々していると言われる。漁業協商の根拠はわが方の主張にあるというよりも米日講和条約第九条にある。同条約は漁労の規定または制限、公海上の漁業発展の維持については関係国と協議することになっており、日本は、韓国が主張するのと類似した条件を包含して第三国との協定を調印したこともあるのである。

韓国が提示した漁業および国防線の諸条件は、韓日両国の将来の友好のための平等な原則が実現するかどうかを決定するものであり日本はとくにこの点を理解しなければならないと考える。

(朝鮮日報)

政党政治の暢達と政府の位置

政治が民主化すればするほど、政府が一般世論において常に批判対象とされるのは、民主政治社会の通念である。換言すれば、国民の政治に対する関心が強く、共同発展の意欲がおう盛であるほど、政府に対する批判は正比例して高まろうというものである。民主政治はつまるところ、このような国民世論とか在野勢力の批判を通じて反省し、改善されるところに発展があるのである。政府に対する批判は、概して世論として直接反映されることもあり、新聞を通じて反映されることもあるが、政府当局は常にこれが受け入れに当って雅量と寛容を示さねばならない。

賢明な為政者ほど、また誠実な政府であるほど国民の世論を尊重し、世論の帰趨を洞察してこれに適応し、調和を図りつつ国家発展に寄与している事実は、世界の自由国家では知りすぎるほど良く知られていることである。

かかる見地から、過日来の在野政界人士の発言および要望事項に対する政府側反応に接する時、民主主義的眼目としては釈然たらざる感が少なくない。例えば、政浄法問題と大統領・国会議員の選挙時期問題の如きは、要求する側にも合理性がなければならず、されを側にも合理的解明があって然るべきだと思う。

たとえ政浄法が新憲法付則により廃棄し得ないものにしろ、要求する側は、そのような前提のもとに大幅な解除を打出し、政府側はできるだけ多く解除してやるというのが理にかなうものであり、うま味のあるやり方ではあるまいか。

また、大統領および国会議員の選挙時期問題に関しても、政府側は既定の日程は変更できないと一言のもとにしりぞけてしまうよりは、若干の余いんを残しておくのが「政治的」ではないだろうか。

政府にしろ在野政界人にしろ、もう少しギブ・アンド・テークの民主方式を取ってはどうかと思う。選挙時期を遅らせることが政局の混乱を長期化する憂慮があるという点は、推しも理解できることである。しかし早期選挙の実施によって、始めて指向する政党政治の胎動を出発から沈滞化するというのは、その損失を何ものをもってしても埋め得ないのではなかろうか。政党政治の暢達こそは現政府の基本任務であるとするなら、政府が在野政界の要請を度外視することが、果して、最善策であるか、もう一度考慮してみねばなるまい。

文字どおり、正常的な民主主義政治の確立は諸政党の目的であり、任務であることを思えば、必らずや公正な調和点の発見は可能だと思われ、またそうならねばならぬと考えるからである。

われわれが望むことは、政府はどこまでも政府であり、決してある一党の代弁機関となることはできないということだ。このことは、政治分野にあっては公平無私な地位にあらねばならぬという点と、他の一面として、政局の混乱にあって政府は自身当事者となることはできないことを意味するのである。

政党間の利害を公平な第三者的地位から調整し暢達するとともに、政局に超然として政府に賦課された任務を全うしてもらいたいと思う。

(韓国日報)

三愛貿易
SAN-AI TRADING CO., LTD.
MATSUDAIRA BUILDING NO. 11, 3-CHOME KYOBASHI, CHUO-KU, TOKYO TEL. (535) 3021-3

本国入国許可者氏名公告

韓国駐日代表部領事課旅券担当官
在日本韓国居留民団中総民生局長

氏名		番号	住所
李源植	KJ	[illegible]	神奈川
金栄沢	〃	[illegible]	福岡
金鳳鶴	〃	[illegible]	東京
洪句杓	〃	[illegible]	神奈川
金光植	〃	[illegible]	静岡
黄光燮	〃	[illegible]	神奈川
崔栄洙	〃	[illegible]	東京
金大栄	〃	[illegible]	〃
白英基	〃	[illegible]	〃
秦太一	〃	[illegible]	〃
成東祚	〃	[illegible]	神奈川
金炳南	〃	[illegible]	東京
金元玉	〃	[illegible]	〃
金元圭	〃	[illegible]	〃
尹琪水	〃	[illegible]	青森
秋憲	〃	[illegible]	東京
尹海炳	〃	[illegible]	〃
金安守	〃	[illegible]	〃
李再九	〃	[illegible]	神奈川
丁龍徳	〃	[illegible]	〃
李栄	〃	[illegible]	東京
朴元熙	〃	[illegible]	〃
金相祐	〃	[illegible]	〃
曹秉柱	〃	[illegible]	〃
孫也	〃	[illegible]	〃
姜信淑	〃	[illegible]	〃
金玉鉉	〃	[illegible]	〃
方竜浩	〃	[illegible]	静岡
朴成燮	〃	[illegible]	神奈川
南瑞煥	〃	[illegible]	東京
金甲植	〃	[illegible]	神奈川
金順祚	〃	[illegible]	東京
李王振	〃	[illegible]	神奈川
盧栄洙	〃	[illegible]	東京
鄭遡鎬	〃	[illegible]	新潟
朴方圭	〃	[illegible]	〃
趙福寅	〃	[illegible]	東京
張基鳳	〃	[illegible]	〃
崔文道	〃	[illegible]	〃
張勲	〃	[illegible]	〃
金鋼熙	〃	[illegible]	神奈川
洪淳竜	〃	[illegible]	東京
李明海	〃	[illegible]	〃
石寿鹿	〃	[illegible]	〃
朴銀大	〃	[illegible]	〃
朴三圭	KJ	[illegible]	北海道
崔奎男	〃	[illegible]	〃
文自行	〃	[illegible]	宮城
朴進寛	〃	[illegible]	北海道
朴応圭	〃	[illegible]	〃
王得寛	〃	[illegible]	〃
黄錫圭	〃	[illegible]	〃
金平九	〃	[illegible]	東京
金奈洙	〃	[illegible]	〃
呉承暉	〃	[illegible]	茨城
鄭台鋼	〃	[illegible]	山形
文圭得	〃	[illegible]	東京
鄭鎮東	〃	[illegible]	〃
金碧禧	〃	[illegible]	北海道
権永奇	〃	[illegible]	神奈川
姜信祚	〃	[illegible]	〃
崔鍾錫	〃	[illegible]	東京
李喜熙	〃	[illegible]	〃
朴順玉	〃	[illegible]	〃
李明植	〃	[illegible]	〃
安徳天	〃	[illegible]	〃
李相春	〃	[illegible]	北海道
李仁変	〃	[illegible]	東京
金小南	〃	[illegible]	青森
李鍾俊	〃	[illegible]	東京
李鳳達	〃	[illegible]	〃
朴庸相	〃	[illegible]	秋田
金元述	〃	[illegible]	神奈川
金昌淑	〃	[illegible]	静岡
金榮俊	〃	[illegible]	東京
金鍾沅	〃	[illegible]	埼玉
白光煥	〃	[illegible]	東京
金信仲	〃	[illegible]	〃
黄健	〃	[illegible]	〃
李人鉛	〃	[illegible]	〃
金相默	〃	[illegible]	〃
韓甲洙	〃	[illegible]	〃
尹吉炳	〃	[illegible]	栃木
韓興斗	〃	[illegible]	東京
宋仁児	〃	[illegible]	〃
金興浩	〃	[illegible]	〃
高湘徳	〃	[illegible]	〃
金昌業	〃	[illegible]	〃
李学東	〃	[illegible]	神奈川
朴淳祚	〃	[illegible]	東京

ホテル ハワイ
福岡市九大医学部前 電話(六五)四六七五・七八〇一

ホテル ニューヨーク
福岡市清川町二 電話(二)五五八四・六九三五 (三)八三三七

ニューモード 高級靴 新井商会 新井元昭
福岡市上新川端町四五 電話(3)五五八四

バー 月光
福岡市東中洲作人町 電話(3)五七二七

バー 竜宮
福岡市東中洲作人町 電話(3)四一八五

キャバレー マナスル
福岡市東中洲作人町

自動車のコンサルタント！皆様の車に関する相談役
新車各種・中古車販売・修理・板金・塗装
自動車保険(事故相談・一般契約)取扱店
(無料相談受付中)
自動車の事なら、売る時 買う時 他一切の御相談に応じています
国電東中野駅陸橋際・東京都中野区上ノ原町11番地
日野コンテッサ・日野ルノー
東京日野自動車株式会社代理店 大東京自動車株式会社
代表取締役 尹和錫
電話 (361) 1508・0106番

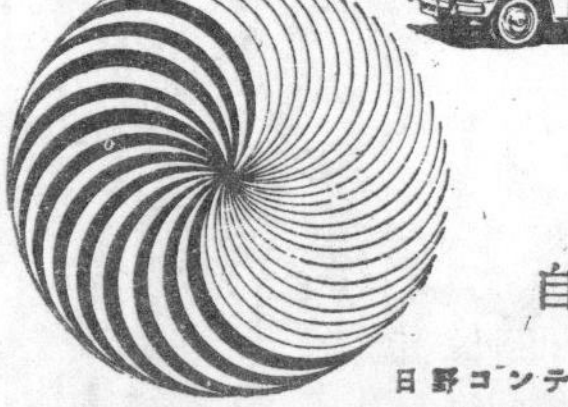

全国一せいに開始

大学進学推薦試験

中総文教局主催

東京・大阪など七カ所

民団中総文教局では毎年新制大学に進学する僑胞学生に推薦状を発給して進学に便宜をはかっているが、同推薦状発給のための一九六三年度第一次試験が十五日全国七カ所（東京、名古屋、大阪、広島、福岡、仙台、札幌）で一せいに実施された。

同推薦試験の関東地区場所である民団東京本部には肌寒い風の中を朝早くから受験生たちがつめかけどのような問題が出るかと真剣な顔をみあわせていた。受験生の中には遠く長野、群馬からきた学生もおり、この試験に対する意欲のほどを知ることができた。

午前十時問題がくばられるや一時緊張したが、やがてそれぞれ自己の最大限の実力を発揮せんものと一生懸命問題を解きはじめた。

同受験者の内八人は理工系、四人が人文系であったが、理工系は数学、英語、人文系は国語、英語それぞれ二科目が出された。

なお同一次試験の合格者発表は一月二十日本紙紙上で発表する予定である。

写真＝真剣な表情で問題にとり組む大学進学推せん試験応募者たち

済州道から視察団

道知事ら一行七人来日

十五日午後一時のCAT機で来日予定であった韓国済州道の金栄寛知事（海軍少将）を団長とする訪日視察団一行七名は、日程を変更し、十六日午後五時十分着のNWA機便で来日した。

同視察団は二週間滞在し、主に日本各地の農産物加工、畜産、造船、水産、漁港、観光地などの諸施設を視察する。

済州道代表訪日親善視察団一行は次の通り。

団長＝済州道知事海軍少将金栄寛 団員＝済州道商工会議所会長洪宗彦、国立済州大学長文鍾哲、済州道観光事業協会会長白泰鎬、興国工業食品株式会社社長康昌鶴、済州新報社社長康佑鉉、済民日報社社長金濬縣。

ハ氏病者に慰問金

岡山で愛の助け合い運動

民団岡山県本部（金正鶴団長）では、"在日僑胞助け合い運動"の一環として、岡山県長島愛生園にいる僑胞ハ氏病療養者に慰問金一万一千五百二十五円を中総民生局を通じておくった。

現在全国各地でハ氏病療養を受けている僑胞数は約一千人であるが、病気の原因はこれらの人々のほとんどが日帝時代の徴用労働、徴兵、強制労働などでしいたげられるだけしいたげられた栄養失調に起因している。

これに対して日本政府は、九千余名の日本人患者には栄養の最低生活を保障し、その他に三千円の生活援護を与えているが、僑胞患者には治療薬まで差別し、生活費は七百五十円が支給されているにすぎず、ほとんど放任状態とされている。こうしたみじめな僑胞患者たちはただ訴えるよりところもなく、迎える明日の祖国に希望をつないでいる。

こうした僑胞患者に対して中総民生局は、全国各県本部に対して助け合い運動を強く呼びかけ、最近では婦人会大阪本部でも患者たちの慰問運動を展開している。

民団神奈川県川崎 支部が80万円贈る

在日僑胞助け合い運動

民団川崎支部（朴来登団長）でも"在日僑胞助け合い運動"の一環として、同管内僑胞極貧者十四世帯を救うため、八十万円をカンパし、これら極貧家庭にそれぞれ支給した。

活発な助け合い運動

民団熊本県本

民団熊本県本部（姜秀元団長）でも"在日僑胞助け合い運動"の一環として、管内貧困者五家庭（二十六人）に対して僑胞間の自主的な相互扶助を行なおうと強く訴えている。

同管内には貧困者とみなされる僑胞家庭は約三十世帯とされているが、この内民生保護を受けている家庭は五世帯に過ぎない。こうした僑胞たちの極貧の原因は、一般社会からの労働差別、金融機関からのシャットアウト、住宅公団からの締め出し、政府生業資金貸出の差別待遇などである。

民団が助け合い運動を行なうのもこのような事情に起因しているが、一般では僑胞相互の助け合い運動もさることながら、一歩進んで日本政府に人道的処遇を要求する運動を盛りあげるべきだとする声が強くおこっている。

総仕上げ急ピッチ

代表部別館工事

代表部別館の総仕上げがいま急ピッチで進められている。

同館は、在日韓国建設業協会（代表＝趙武祖氏）の自発的な奉仕寄贈によるもので、去年九月着工以来、工事は順調に進んでおり、同落成式を来たる十九日正午から盛大に行なう予定である。

白く化粧して代表部に明るさを一段とそえている同館は、われわれ僑胞ともっとも縁の深い領事課の事務所に使うという。

僑胞の献身的協力でほとんど完成した代表部別館

わたしも一言

日本の対韓国観

わが韓国が直面する現実のきびしさについては、こと新しく論ずるまでもないが、最近の韓日国交論議によってクローズアップされてきた問題の一つに、日本人の対韓国観がある。国交を是とする者、非とするもの、それぞれにその主張の根拠をなしていると思われるこのイメージは表面に出た主張の顕著な相異にも拘わらず、そこにある共通点が窺えるように思う。

新聞に韓国の二字を発見できる日の珍しい今日ではまさかと思われるだろうが、私はかつて私の親しい日本人の友人に「韓国でも天然色映画を作るのか…」と言われてびっくりしたことがある。これぐらいなら笑ってすますこともできようが、次の名古屋のさる大学の講師の言葉となると問題は深刻のようだ。一昨年だったか同氏は韓国からの学生使節を迎えた席上公衆を前にして「韓国にもあなた方のような美しく、理知的な人がいようとは……」と述べたと伝えられた。これが大まじめな歓迎の言葉なのだから考え込んでしまったことである。

あきらめに似た感情を抱いていた私は、先日新聞で一つの短い文を読んで考えさせられた。それはさる八日、九日の両日にわたって放送されたTBSラジオのルポ「韓国レポート」を聞いた一聴取者の新聞への投書であったが、それには「朝鮮動乱が太平洋戦争以上の惨禍の様を使ったとも初耳だった」と述べ、さらに次のように書いている。投書者はもちろん日本人である。「韓国の南北の対立が、われわれが考えていた以上に深刻であることを知って陰鬱な気持になった。太平洋戦争につづく朝鮮動乱の影響が根強く残り、同胞相憎み合う朝鮮の宿命的な現状を知らされ、考えさせられた。…板門店の休戦会談がいまだに続いており、泥沼に入った様相を呈して宣伝戦にまけくれている事実をいまさらながらに再認識した…」

この文は、われわれにとって、目と鼻の隣国・韓国に対する日本人の無知さ加減を今さらながらに再確認させるものを含んでいるようだ。投書者の水準から考えて、一般の日本人の認識にこれ以上のものを期待することは無理だろうが、反面、私はこの文を読んで始めて正当に理解されたことの喜びを禁じ得なかったのである。三十六年間の侵略にうずき、東西冷戦の渦中で苦悶する韓国民の姿を、その論究だけでも分かってもらえたと思ったからである。同時に、この投書は"知らされる"ことの重要さをもの示している。

韓日両国は単に距離が近いだけでなく歴史的に切っても切れない因縁がある。よく韓国人は「三十六年間」を云々するが、かつての日本が三十六年間に残した傷あとについてどれほどの真実を一般の日本人が実際に知らされているかは疑問とする他ない。事実の認識なくして、過去の過ちに対する素直な謝罪の念がわき出ようとは思われず、この点、ともすれば自己満足の感傷にのみ陥りがちなわれわれ韓国人は反省しなくてはなるまい。

最近は韓日国交が叫ばれ、韓日親善のムードも漸次高まっている。が、私は何もかも"ムード"で押し流そうとすることに抵抗を感ずる。日本人の過去への反省を伴わぬ親善を恐れるし、商売のためだけの"親善"を警戒したい。日本人の過去への謝罪の過程を経ない真の両国親善はないからである。

反省といい謝罪といい、もちろん具体的な形式をもったものを意味しない。いわば、それは日本人の意識の変革であり、これはまた、現時点における韓国人の重大な任務でもあろう。謝罪云々を叫ぶことのみが謝罪を受ける途でもなく、すたぐけるに価いする途ではない。問題の主体はあくまで韓国人自身であり、韓国人の進歩への真摯な姿こそは、日本人の精神的謝罪のカギであると考えている。このような見地から、前述の名古屋のさる講師の言葉は私の脳裏にこびりついて離れない。また"チャンコロ"と呼んで軽蔑した中国人に対し、今日の日本人がどんな感情を抱いているかは、われわれ韓国人に示唆するところが大きいように思えるのである。

（東京・杉並 李永鎮）

新帝国主義研究

◇最近の共産主義の諸形態◇

最近のユーゴの政治変化 ②

アレクス・N・ドラクニチ

党独裁の継続

共産党は「自由化」計画と行政的改革にも拘らず、ユーゴの全権限を掌握する統治者として引き続き君臨していた。最近の数年間に発生した如何なる事態も、党の独裁権限を剥奪することは出来なかった。権力は如何なる他政党にも分配されなかったのみならず、事実上、他の政党は批判者としての存在さえも許されなかった。政治的権力の領域は、共産党の独占的領域であった。より正確にいうと、その指導者たちの独占物であったのである。

政治的権力が無視出来ないという事実は、チラス事件でより明白に立証された。

一九五二年第六次共産党大会で多くの共産党指導者たちは、将来、党は権限を間接的手段を通じて行使するように決定した、といういろいろの印象を与えた。このような事実は下部末端党員間に一部の混乱を惹起させたし、また党中央委員会での絶えざる討論の主題となった。

一九五三年末ごろ、党執行委員会の委員であり、永い間チトーの側近者中の一人であるミロバン・チラスは、いくつかの理論的論説を通じて、チトー主義者たちが直面している矛盾を暴露した。これは第六次共産党大会で賦課された党の理論的役割と実務的役割の間の矛盾をいうのである。チラスの動機と信念がなんであれ、彼はより多くの自由を主張しながら、政治的分野では、たとえ全部が社会主義制度を信奉するようなことがあっても競争は必要であるという暗示を与えた。

チトーと高位共産党指導者たちは、チラスが示唆する理論的帰結は結局選挙を意味するものであり、そのような選挙を実施したならば、共産主義者たちは失脚することになるだろうということを遂に認識するようになった。そのような結末を快く思わない共産主義者たちは、いち早くチラスを抑制しようとした。

結局彼はすべての党職位から追放されたし、議会の議長職からも罷免されて、平議員職位の者から台頭された。一方、チラスが党中央委員会の席上、チトーは共産党が人民の支持を得られずにいるので、自由選挙で勝利を得る可能性が稀薄である。したがって人民に対する抑圧は不可避なものであることを率直に暴露した。

その後チラスは、ユーゴ国外においてのみその意見を発表することが出来た。しかし彼は、やはりこのような意見がタタッて、現在十年の刑を言渡され服役中である。

もっとも懐疑的な自由化主唱者に対する共産党の断固たる態度は、党の独裁体制が未だに確固不動に支配的であるという事実を裏付けてくれる十分な証拠になるようである。チラスは、チトー主義者たちが主張するところのいわゆる自由化、あるいは分権化等は、単に共産主義者たちのために施行されており、それはすなわち党指導者たちが「新たな階級の比較的末端官僚層により大きな権限」を委任する方法に過ぎないと断言したことがある。それだからあらゆる自由化運動は、支配階級に社会的特権を賦与することを否認するものであってはならないのである。チラスは、共産主義というのは人間が現在まで経験したものの中、もっとも抜け目のない暴政であると結論したが、その組織の中からユーゴを除外するようなことはしなかった。

チラスが告発したあらゆる事実の認定如何に拘らず、ユーゴ情勢に精通した外国観測者たちは、ユーゴ共産党は確固たる権力を掌握している少数者独裁であるという点では意見が一致しているようである。

韓国の古典舞を世界に紹介

光芸舞楽団、世界巡演へ

観光芸術を目的に発足した韓国光芸舞楽団がわが国の古典舞踊を世界各国に紹介するため来る二月から二班に別れて巡演の旅に出る。

その第一陣は二月初旬日本を初め、ベトナム、自由中国、香港、シンガポール、タイ、インドネシアなど東南アジア一帯の七カ国を約三カ月の予定で巡演することになり、第二陣は来る三月頃米国を初め米州各国を約六カ月の予定で巡演するという。

同光芸舞楽団はそれぞれ二十五名の演芸団員で構成されているが日本での活躍が大いに期待されている。

四グループに分け強化訓練

大韓体育会

大韓体育会は来年の東京オリンピックに備えて選手訓練強化をより体系的で組織的に推進するため、来る二月一日から始まる今年度第一次合同訓練では各種目を四つのグループに分けて訓練するという。

△第一部＝蹴球、籠球、排球、乗馬、庭球。△第二部＝陸上、水上、水球、△第三部＝力道、レスリング、拳闘、フェンシング。△第四部＝射撃、自転車、体操

尋ね人

金相守さん（日本名）大山忠次郎

朴謹花さん 右の人の妻

本籍、慶尚南道釜山直轄市東莱区止堤洞一〇二六

住所、一九五四年六月四日まで東京都大田区仲蒲田一の二四

右御夫妻の行方を釜山にいる父朴理燦氏が尋ねております。消息を御存知の方は左記へ御連絡下さい

連絡先＝、釜山直轄市東莱区止堤洞一〇二六、朴理燦

廣氏（岡村一夫）

全南光州市出身

第二次大戦中輸送船関係に従事、戦後北海道方面にて飲食業を営んでいたとの風聞。

娘の節さんが尋ねております。

連絡先 東京都練馬区東大泉東映撮影所 朴英勳まで

崔聖憲氏 現在55歳位

本籍地 全南順天市東外洞

現住所 東京（?）

右の方は終戦前に来日、東京都内に居住している模様。本国で義兄（妻兄）が緊急な用件で尋ねております。ご存知の方は左記までご連絡下さい。

連絡先 ソウル特別市鍾路区鍾路一街二八の二号 尹亨南（義兄）

駐日代表部公報官室 電話（451）八二〇六

事務員募集

一、資格、在日韓国人で民団登録済みの満20歳から40歳未満の男子

一、採用人員二人（なるべく都内居住の組織人）

一、待遇は優遇

右希望の方は自筆履歴書を持参の上左記へ御応募下さい。

連絡先 都内江東区平久町一の一三、電（六四四）〇五一二 在日大韓民国居留民団江東支部

住所移転

敬頌

新春を迎え益々御尊下の御健勝をお祈ります。小生住居移転の都合等から御年賀も疎かになりました事をお詫び申し上げ、ここに移転先をお知らせいたします。何卒旧に増して御支援御鞭撻の程お願い申し上げます。

一九六三年一月十五日

移転先 東京都調布市上石原一五〇五番地

金光男

電話調布局04（22）八五三七番

大阪商銀信用組合

大阪市北区曽根崎 電話（34）三八五一〜四

〇サッカリンナトリウム・化学工業薬品製造販売

大東化学工業株式会社

取締役社長 林 春 善

川崎市浜本町2の518 TEL（2）3381

一般鋼材 丸棒型鋼 安田金属

代表者・安田圭鎬

東京都墨田区緑町4〜30／電話本所（631）1355／8573／8983番

新しい国造りの最先端を行く国産自動車ここに誕生!!

セナラは今般、日産自動車株式会社との技術提携により年間三六〇〇台の国産自動車を生産する目標で力強く発足しました。韓国自動車工業界の夜明けに新しい息吹と希望を一杯積んで活躍する弊社の自動車に御期待下さい!!

ダットサン ブルーバード

車種 乗用ダットサンブルーバード 商用ダットサントラック マイクロバス、サービス部品

日本で最も人気があり、世界各地に輸出されて好評のダットサン ブルーバードのふるさと……日本の代表的自動車メーカー「日産」が神奈川県追浜に建設した東洋一の乗用車工場です。100万平方メートルの広大な敷地に並び立つ工場では、すべてがコンベアーシステムで運ばれています。日産自動車では、このたびセナラ自動車と提携し、ブルーバードを韓国に輸出することになりました。

ダットサン トラック

NISSAN 日産自動車株式会社 東京都千代田区大手町ビル

새나라 自動車工業株式会社 ソウル特別市中区小公洞21

東亜日報主催座談会

外国人からみた韓国（下）

米・日人らの新春放談

独自性の尊重を
過去より未来の創造

参席者
C・F・ミラー（米国人＝韓国銀行）
S・J・エトアール（英国人＝英国大使館）
黄　正　綱（中国人＝高　麗　大）
大谷　森　繁（日本人＝外国語大学）
東亜日報社側＝朴権相論説委員
高在彦文化部次長

風習から感じたもの……

司会＝韓国の衣食住と風習などについては、どうお考えになりますか。

ミラー＝何よりも、無茶に外国ものを真似ることは慎んで、韓国自体のものを発展させることが大事だと思います。例えば、韓服は決して簡便であるとはいえないですが、だからといって洋服も簡便な方ではないです。韓国服を適切に便利になるように造りかえて着られるとも思いますが、都会地ではみな洋服を着ているようです。結婚式を見ても式場からひと組が出て来るのに他の組がまたはいって行ったりして混乱を起していますが、どれなどは洋風のあやまった取り入れ方ではないですか。やはり、朝鮮ホテルのアリラン・ハウスあたりで十五分間の旧式婚礼をあげる方がはるかに美わしく思われました。洋式ならば費用が余りかからないといっても、かけ方によっては旧式の方が安上がりでしょう。

司会＝韓国の住居に関して…。

ミラー＝私は韓国の住居がとても好きで、しかも住んでいます。特に、韓国建築は韓国の大事な特色の一つに当ります。現代式建築を大量に造っているようですが、外国の模倣は余り感心しませんね。その代わり韓国家屋を現代化すればよいでしょう。台所をもっと広く明るくして、便所を居間の近くに設けて屋根の上に水桶をのせるとしても水洗式にしさえすれば立派でしょうね。

飲食物のあれこれを……

司会＝飲食物の味は?……

ミラー＝初めて韓国料理を食べた時、その時まで食べた料理の中では一等味わいがありましたね。今ではふだんは韓国食を食べています。この前、台湾に行った時キムチを食べたくて早く帰りたかったです。いつかエトアールさんと井仙駅で十分のソバを食べたことがありますが、これが実にうまくて安いのにはびっくりしました。

エトアール＝かなり韓国食を食べました。ただ食堂あたりではほんものの韓国食をとれないから外人の場合、本式の韓国料理を味わうのに骨が折れますね。例えば家庭に招待された時とか、ピクニックに韓国の人と一緒に行った時なんかに味のある韓国食によくありつけます。

大谷＝率直にいって日本では韓国料理の味は大したことがないと思いましたが、ここに居れば日本食よりも味があるような気がしますね。やはり飲食物と気候、風土など自然条件と密接な関係があるんではないですか。住居もそうですね、韓国の場合はオンドルでなければ寒くて第一居られないですが、日本では湿気が多くてオンドルなんかはふさわしくないでしょうね。

仏教文化の影響について……

司会＝宗教、芸術に話題を移しましょう。先ず仏教文化とか、お寺などについて外国と比較しながら一言お願いします。

エトアール＝韓国のお寺は美しくて、かなり雄壮なものがありますね。英国の修道院と対照するにはちょっと難しいと思いますが、英国の修道院は四百年前、宗教改革時のために廃止されて廃墟くらいが残っているだけです。

私がお願いしたいのは、お寺の美を保存すべきだということなんです。この点、一般信徒の支援がなくてはなりません。一八八九年ごろだと思いますが、キャンベルと呼ぶ最初の駐韓英国副領事が金剛山の奥にある大きなお寺を訪ねて感じたことを書いたのを読んだことがあります。政府で公式に徹底した仏教が、信徒らの献納によって大きな仏閣が建築され維持されているのに感嘆したと書いてありましたね。

大谷＝表面上、仏教文学もなければ、精神的な思想性もさほど顕著には現われていませんが、韓国人のあらゆる思考方式には仏教的な要素が多いのではないですか。

ミラー＝お寺を始めとする多くの古蹟に関して、もっと理解し易いような方法がないものでしょうかね。

基督教文化の影響について

司会＝基督教が韓国文化におよぼした影響をどのように見ていますか。

ミラー＝恐らく歪曲されて評価される場合もあるようですね。勿論、韓国の近代化、西欧化に大きな貢献があり、特に、日帝下においては独立運動と結びついて韓国人に一つの希望をもたらしたということは事実のようです。

エトアール＝一般的にいうなら難しい問題ですが、教会建築を取りあげた場合、建築におよぼした影響なんかは必ずしも良いとは限りませんね。

司会＝韓国の文学、芸術に関してお話してくれませんか。

ミラー＝日本や中国に比較して韓国は保護されている文化財は少ないんじゃないですか。この点は、韓国が歴史的に不遇であったということにもよりましょう。現代芸術を見た場合でももっと独創的なものを発展させるべきだと思いますね。昔は中国のものを真似、今では西欧のものを真似過ぎるのではないでしょうか。

大谷＝韓国の芸術品の中でも高麗磁器は特別に好きです。韓国の美術は線の美にすぐれていますね。これは、中国では唐時代に盛んで韓国の場合は高麗時代に発展されてから李朝時代に継承されていますね。華麗というよりも味わいのある色彩で現われています。

韓国文学の場合、一口にいって李朝末までは漢文が主であったでしょう。国文学を探って見ると、小説、時調、歌謡などがあります。私の目から見た場合、小説は韓国的性格に欠けているようですが、時調、歌謡のようなものは立派であるといえます。海外に紹介する必要がありますね。やはり韓国の国民性が感情の豊富性によって時調や歌謡が発達したのではないですか。

古典音楽について……

司会＝韓国の古典音楽についてはどうお考えになりますか。

エトアール＝本当いって韓国人は音楽と唄うことが好きな国民ですね。だが、一つあやまっていると思われるのは、韓国音楽と西洋音楽をまぜかえしたことです。或る場合は場合によっては大変なことなのです。やはり固有のものを発展させるべきですね。

韓国文化発展の道は……

司会＝韓国の文化発展のために是非一言お話して下さい。

ミラー＝劣等意識、他人のものが良いと考えること、他人のものを取りあげることはさけるべきです。固有のものを過小評価する傾向があるようです。

大谷＝昔は中国文化を模倣したし、現在は比較的西洋文化を輸入しているようです。だから、そんな立場にいながらも独自的な立場に立って進むべきだということです。

もう一つは、固有の伝統文化を現代化することを政府で努力しろということなんですね。それから昔の文化がソウルだけにあったのではなく、地方にも散在していると思われます。現在は余りにもソウルに集中するような感がありますね。将来は地方の郷土文化も発展させるということが急務であると思います。

韓国人の素質は芸術的方向にすぐれているのではないでしょうか。過去には立派な文化を持っていました。今後もこの方面の素質をうんと延ばすべきだと思います。勿論、政治的な問題が先行されなければなりませんがね。今、一時的に停滞状態にあるにせよ、将来は大きな進歩があるものと信じます。

エトアール＝韓国人は過去に独自的に考えたり行動したりすることに制約が多かったようです。李朝時代は変動のない社会であったし、日帝下では他人が決定したことを行動するより仕方がなかったが、今はそうであってはなりません。大体、未来というものに対しては余り無関心なように見えます。もっと明日のことを考えて計画をたてながら自信をもって進むことが肝心であると思います。

黄＝韓国の独自的な代表的なものを発展させるべく努力することをお願い致します。

国宝巡礼（23）

撮影・李　鑑　雨　筆

青磁七宝透刻香炉

○…学者らが「翡色青磁時代」と呼ぶ十一世紀中葉から十二世紀中葉までの約百年間に作られた、かずかずの高麗青磁のうちの一つが、国宝第九十五号（青磁七宝透刻香炉＝徳寿宮所蔵）であろう。

七宝という、唐草が互いにもつれ合って丸を重ねたような中国式紋を、孔が生ずるまで透刻している球状の独特な蓋がかぶさっている。香炉がおかれている三疑の花弁は三匹の兎が支える、香炉の胴身は陽刻された蓮花で全身が囲まれている。

○…大きさは高さ十五・五だ、花弁の直径は九・九だで、小さな五合入りのヤカン位はある。細裂が灰青色になっているが、ちょっぴり見られる氷裂がかぼそい印象を与え、香炉全体ががっちりとすわっている。

この香炉もやはりその当時の青磁場として有名な全北扶安か、それとも全南康津から作られたものであるとみられている。

では西洋ではいつの時代から陶磁が作られ、韓国の陶磁器と比べてどうであるかとたずねると、西洋では十五世紀頃中国の陶磁器が流れて、模倣作を作るのに余念がなかったようだと、国立博物館の美術課長崔淳雨氏が説明してくれた。

李朝野史物語

太宗世祖時代篇（29）

金宗瑞の孫と王女
夫婦となり世祖と和解（下）

乳母が出した宝物を見た青年は驚いた表情で

「こんな品物をどこから持って来られたのですか。こういったものは王宮以外にはないものです。こんな時にこういったものを金に替えようとしようものなら、かえって人に疑われます。いずれ必要なときがきますから、そのときまで大切にしまっておいた方がよい。自分にも三人が何年か生活するに足るだけの用意をしてありますから、どうか安心して欲しい」と言った。

それから、山の洞窟での三人の生活が始まった。そうこうしているうちに四、五カ月がたった。狭い一間しかない部屋の中で三人が寝起きするうちに、青年と王女は恋をささやくことになった。

やがて、二人は結ばれて夫婦となった。夫婦の契りをすましてから青年が

「われら夫婦となった以上お互いに秘密があってはなりません。お互いが身の上をはっきりしておきましょう。貴女は、一体どちらのお嬢さんでいらっしゃるか」とたずねた。

王女にかわって乳母が世祖大王の怒りにふれて宮中に居られなくなり、秘かに脱出してきたことなどを、明らかにした。

始めてその身分を聞かされた青年は、涙を新たにしながら

「最初お目にかかったときから貴人であることはわかっていましたが、まさか王女さまでいらっしゃるとは夢にも思いませんでした。かく申す小生は、節斎（金宗瑞の号）の孫でございます。祖父と父、兄などが殺されたので、身を逃れて、この処に隠れていたのであります」と言った。

王女は考えた。金宗瑞が殺されたのでそれを父上に諌めたために王宮を追い出され、いまその孫にめぐり合い夫婦となったことは、不思議な因縁であると考えた。

お互いの身上を知ってからは、二人の愛情は格別に濃密になった。夢のうちに歳月は流れた。

端宗大王のことも、ときがたつにつれて国民感情からうすれて行った。このとき始めて王女の宝石類を小出しにして金に替えて村の方に住宅と田地を買い求めた。もう、山を下りても大丈夫と考えたので三人は村での生活を始めた。

村での生活は、何年か月日が流れた。平和のうちに、可愛い子供まで生れた。

さて、一方世祖大王は全身吹出物で悩まされた。これは、顕徳王后から夢の中で吐きかけられた唾の毒気によるものとされた。

そのために、世祖大王は俗離山で病気を治すことにした。その噂は村にもきこえてきた。

三人が住んでいる家は丁度俗離山の入口にあった。世祖がそこを通ることがわかったので、王女はその子（六ツ）に言いつけた。

「坊や、きょう外で遊んでいるうちに、四人輿が通るだろう。その輿にはお前の祖父さまが乗っていらっしゃるから"お祖父さま"と呼びなさい」と。その子供も利巧であったので母から云いつけられた通りにした。

世祖大王は四人輿の上から村の幼い子供が自分を祖父さまと呼ぶので、不審に思って子供を見返された。すると、そのとき、隣りの家の中から痛哭する女の泣き声が聞えてきた。子供が「うちの母さんが泣いているよ」という。

世祖は子供について、その家の中に入って見た。二十歳位いの若い女が泣き喚いていたが、大王の前に平伏した。何にか仔細がありそうなので大王は、そのわけを問いただされた。

「先年殺されるところを、母上の配慮で宮殿を脱け出てから貧しく暮らしている少女であります」と、王女は申上げた。

世祖、始めてすべての事情を理解された。やはり親子の間には温い血が通うのを感じられた。

「わしは、母さんからお前が死んだといわれたのでそう信じていた。あのとき死んだのでなかったのか。わしが余りやり過ぎた。それで、お前の夫は誰であり、いまどこかに行ったのか」と問われた。

そこで、王女は夫は金宗瑞の孫であり、彼との出会いから夫婦となり子供まで生れたことなどを詳しく物語った。

王女のコトバを感深く聞かれていたが

「いまだからいうが、金宗瑞に何んの罪があったろう。汝の夫がその孫であるのはそれだけで仕合せといえる。過ぎた日のことは忘れることにしよう。わしがソウルに戻ってから、すまいを用意した上、迎えを寄すから、上京するように」といわれた。

幾日かの後に地方官が王女一行を迎えに差遣わされた。

しかし、その家には既に主は居らずどこかへ行方をくらましてしまっていた。恐らく、青年は自分の仇敵の世話にはなりたくなかったからであろう。

（石養山人）

安住の地（126）

文　許　檣
金　泰　伸　旭

安住の地（十二）

「オーバーを売ってしまったらどうするつもり? もうじきに寒さが厳しくなるというのに……」

「でも、とにかく食べなければ……」

しばしの間、私を見守っていた彼は、気を落して言葉をつづけた。

「売ってしまったことは仕方がない。就職できてお金ができたら買ってあげるから……心配しないで。ここでちょっと待ってなさい。あそこまですぐ行って戻るから……」

いつのまにか、街には落照が横たわっていた。干(ひ)からびた木の枝にぶらさがっている最後の葉が、風にひらひら舞いながら地上におちた。

「もう秋も終りだね! じき寒気が襲ってくることだろう」

足もとで音を立てる落葉を足でけりながら、彼は静かにため息をついた。

「ほんとにすまない。オーバーまで手放すようにしちゃって…」

彼は低くささやきながら、私の服をなおしてくれた。

「まあ、あなたも……いいのよ。いつもあなたが私のそばに居てさえくれれば、私は何も恐いものがないのよ。チゲを背負って労働していたあなたの姿を、私は忘れることができないわ。人間が当然持つべき小さな自由を希求し、死線を歩んで来た私たちは、錐の前に立っても、はばかるところがないわ。でも、いわれもない運命が私たちに与えた現在の位置は、つまらない誤解をうけずにはいられないでしょう。ほんとに私たちには、いつになったら心の平和が訪れることでしょうね? ただ、あなたを神さまのように信じるわ!」

「オレたちは勇気を持たなくてはならない。きょうもまた無事に過ごしたことをありがたく思わなければね。オレたちがいまこんなに生きているということは奇蹟だよ。あすもまた、オレたちは生きのびなければならない。生きられる日まで……。幾日かの後に満州に行こう。就職さえできれば、こじんまりとした世帯を持つことができるだろう」

「何も望みません。ただ、脚をのばせられる部屋一間さえあれば……」

「じきに持つことになろう。君とオレが心さえ合せて努力したら、何でもできないことはないだろう」

「私たちの部屋を持てますのね!。部屋が手に入ったら、小さい窓にはカーテンを格好よくつり、壁には郷愁を感じさせるような絵を掛けるつもりよ。どこか夢の漂うような小じんまりとした部屋……温い愛情のあふれ出る私たちの部屋をこしらえて見たいわ! 美味しい食べ物を用意しておいて、夕暮れになればあなたを待つのよ。ほんとにこれが夢に終らなければ……。もうこうした彷徨生活はあきたわ。どこかに住みつきたいのよ。あらゆる不安と恐怖を忘れて……。過去も未来も忘れて、ひたすら平和と休息の中にひたっておりたいわ」

「お腹がすいたろう? 今夜は君が一番好きな食事をおごってやるから、早くいこう」

燃えるように見つめて、彼の柔かい手をさすりながら、私は低くささやいた。

「感謝しますわ!」

暗やみに包まれたみちを、彼と私はゆっくり歩いて行った。

■ホール
■御座敷
純京城料理
京城館
東京都新宿区神楽河岸3号地
国電飯田橋東口下車橋のたもと
宋万里
電話（331）2652

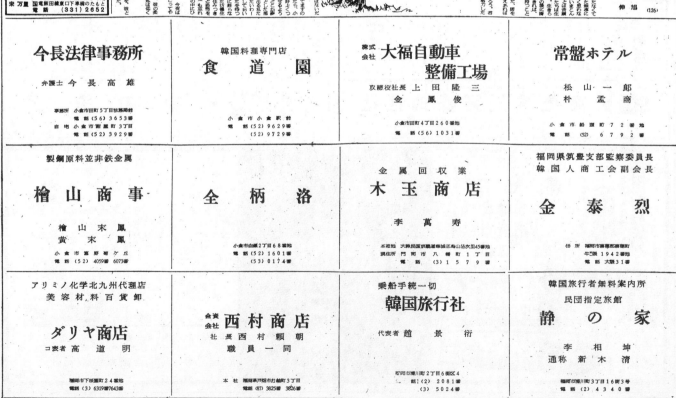

今長法律事務所
弁護士　今長高雄
事務所　小倉市田町5丁目法務局前
電話(56)3653番
自宅　小倉市紺屋町3丁目
電話(52)3929番

韓国料理専門店
食道園
小倉市小倉駅前
電話(52)9629番
(52)9729番

株式会社　大福自動車整備工場
取締役社長　上田隆三
金鳳俊
小倉市田町4丁目260番地
電話(56)1031番

常盤ホテル
松山一郎
朴孟商
小倉市船頭町72番地
電話(52)6792番

製鋼原料並非鉄金属
檜山商事
檜山末鳳
黄末鳳
小倉市富野菊ケ丘
電話(52)4059番 6073番

全柄洛
小倉市白銀2丁目68番地
電話(52)1601番
(53)0174番

金属回収業
木玉商店
李萬寿
本籍地　大韓民国京畿道華城郡烏山邑次里45番地
現住所　門司市八幡町1丁目
電話(3)1579番

福岡県筑豊支部監察委員長
韓国人商工会副会長
金泰烈
住所　福岡市嘉穂郡嘉穂町
牛隈1942番地
電話　大隈31番

アリミノ化学北九州代理店
美容材料百貨卸
ダリヤ商店
代表者　高道明
福岡市下祇園町24番地
電話(3)6319番7643番

合資会社　西村商店
社長　西村頼朝
職員一同
本社　福岡県戸畑市打越町3丁目
電話(87)3825番 3826番

乗船手続一切
韓国旅行社
代表者　趙景衍
福岡市清川町2丁目6街区4
電話(2)2081番
(3)5024番

韓国旅行者無料案内所
民団指定旅館
静の家
李相坤
通称　新木清
福岡市清川町3丁目16街3号
電話(2)4340番

韓國新聞
発行所 韓国新聞社
発行人 曹寧柱
東京都文京区金富町51
電話（813）2261・2263 編集／（812）1921（813）2262 業務
振替口座 東京 34988番

最高委員が直接参加か

発起人常委で要請

新党発起人総会に

【ソウル発＝連合】十七日ごろに予定されている再建党（仮称）発起人総会に幾人かの最高委員が直接参与することになるようである。最高委員らは二月初めに予定されている同党大会に参加するため今月の末ごろ軍服をぬいで予備する予定であるが、十五日午後に開かれた同党発起人常任委員会は最高会議の運営に支障がない範囲内で幾人かの最高委員らが新党発起に参加してくれるようにとの要請を決定した。

このような発起人常任委の決定にしたがって同常任委員長金[illegible]氏と常任委員金在春、金東煥等三人はこの日の午後朴議長を訪問してこの決議内容を伝達した。朴議長はこれに対してはじめの計画は最高委員らは同党大会になって参与する予定であったが、発起常任委全体の考えがそのようであるならば考慮すると答弁したと言われている。

一方、信頼できる消息通はこの日の午後最高会議常任委が開かれているからこの席で一部委員が発起人会に参加するかどうかを論議するだろうと展望したが、参与する方向にかたむくようである。

党組織方向 六項目を採択
再建党第四次常任委

仮称再建党の第四次常任委員会は党首の指導権確立の制度化、党組織の政策反映のための制度化、新党の組織方向など六項目の考慮されるべき点を選び出して、これから新党準備委の党憲及び政策樹立に資料を提供するため研究検討することにした。

この日常任委は発起宣言前まで党名、発起宣言などをするよう発起人会から委任されたが、党名は十六日の常任委で決定することにした。

まず過去の韓国政党の実態を分析、評価した後、これを止揚しようという点で合意をみ、次のような組織方向の考慮点を採択した。

一、党首の指導権確立の制度化、二、党資金の民主的調達と厳正な管理、三、党組織創意性の政策反映のための制度化、四、常設政党行政体系の確立、五、ブレイントラスト制の採択（政策研究機関の設置）、六、政治教育機関の設置

団結して単一政党に参与
光復同志会代表らが声明

李剛、申淑氏をはじめとする光復同志会を中心とする各界代表十七名は十五日午後「汎野単一政党促進会」の名で旧政治人等は個人の資格で汎野単一政党形成に参与しなくてはならないという要旨の声明を発表した。

彼らは過去の執権層のある人々が既成政治人を自称しながら汎野党構成を遅延または妨害していると指摘し、次のように警告しながら単一野党形成を促求した。一、亡国の根本である党派派閥争いを日常事とせず汎野単一政党で団結し国家と民族のための野党になること。二、旧政治人等は前非をくい、国民の前で謝罪する自信のある人士だけが政党に参与すること。三、汎野政党はよくない政府施策を建設的に批判して是正することを促す。四、過去のように政党とか派閥を主張して政界を混乱させず汎野単一政党形成に総団結すること。

野党連合の主張拒む

政浄法は漸次解除

朴議長

朴正熙最高会議議長は十四日午後四時半、単一野党の結成を目指して野党連合側の代表、鄭求瑛、金法麟、金俊淵等の訪問を受け、政治活動浄化法該当者の全面解除、大統領並びに国会議員選挙を延ばすよう要求する主張を拒んだ。

これら三人の野党側の代表と会った朴議長は、政治浄化法のその立法精神はこの法律が定められた当時充分に明らかにされた、改正憲法によってその効力はいまなお持つという点を指摘した。

朴議長はこれから先、国民が納得しうる理由に基づいて漸次政治浄化法該当者に対する解除をはかるつもりであると述べた。

朴議長はなお早期選挙反対に対し選挙の時期はさきほどの「八・一二」声明で明らかにされ、民主友邦諸国でも理解されているところであると述べ、今年は経済開発五カ年計画の成敗を決する第二次年度であるだけに、早いうちに選挙を行なって政局の安定をはからなければならないと断った。

一方、野党側の代表たちは野党の育成に政府が誠意を示すよう要求したが、朴議長は今動きだした野党の連合がいち早く実を結ぶよう望んでおり、野党を育て上げるため積極的な援助も惜しまぬつもりであると述べた。

☆　☆

国民運動恒久化を促進
地方支部長何名を新任命

国家再建最高会議の朴正熙議長は十五日国民運動恒久化方針にしたがって新しく任命された全国市、郡、区、班長白六十七名に任命状を与えた。

この日午前九時三十分国民会堂で挙行された任命式には朴議長、金在春文社委員長、柳達永再建国民運動本部長を初め多くの役員が参席した。帝上朴議長は訓辞を通じて次のように述べた。

五・一六革命を国民革命に発展させ民族守護の補佐的使命をまっとうしたことは国民運動要人の皆様方の目覚しい努力の結果であり、今度新しく任命された核心的要人等はこれから祖国再建の後押しになるよう要望した。

経済建設に邁進

朴議長、行政運営をきく

国家再建最高会議の朴正熙議長は十五日午前内閣企画統制官室を視察して金企画統制官から今年度行政部の基本運営計画に対する説明をきいた。

ところで今年度の行政府の一般目標をみると強力な反共態勢の基盤の上で自由民主主義を実現するための政策を維持し、経済開発五カ年計画の二次年度事業を積極的に遂行し、また三年の均衡的発展を図模し、国軍との紐帯を強化するということが挙げられている。

その外社会悪をなくして明朗な社会を整え、農民の生産力をのばして、基幹産業の建設と基幹事業施設を最大限に活用する一方外貨獲得のための観光事業を推進して国際収支改善に努力するようになっている。

また文教政策五カ年計画第二次年度事業を完遂して、国土総合開発事業と国土保存事業を促進する。都市と農村に対する通信の恵択を平均にさせ公報活動の活発化を図ることなどである。

なお経済開発五カ年計画の第二次年度である今年度政府の計画事業は二〇二種にのぼり一般事業四五一と合わせ全部で六五三にもなる。

対米綿製品輸出実績
五年間に八百二十四万一千ドル

関係当局の集計によるとアメリカの韓国綿織物輸入制限措置で問題になっている韓国産綿製品の五七年以来五年間の対米輸出実績は八百二十四万一千ドルにすぎない。

そのうち六〇年度の二百九十三万一千ドルが最高であり、六二年度は一百六十万ドルであった。

なお、六〇年度にアメリカが十八カ国から輸入した綿製品総額は五十二万六千俵（俵当り四八〇ℓBS）でうち韓国は一万二千俵で二・二％にすぎない。

首位は香港の二十五％（十三万二千俵）次位は日本の二十四・七％（十三万俵）である。

アクリリック系合繊、国産で代替
輸入量減少で業界の動き鋭敏

政府当局の外貨事情の緊縮性を考慮した物資需給計画により、従来輸入に依存してきたアクリリック系はもちろんその他合成繊維がこれまで民需品の相当量を供給してきた国内産P、V、A系（ミクロン）合成繊維によって代替供給されそうである。

このような現象は、最近合毛紡績業界からミクロン繊維の発注量が激増していることにもみられるもので、政府施策による業界の鋭敏な動きを物語っている。

なおミクロン繊維のメーカーである興韓化学繊維では、日本の倉敷レイヨンと技術提携して品質面の向上と加工技術の完璧を期しているので販路はさらに拡大するものとみられる。

鉄銅製品の取引希望

在日僑胞の裵雲伊氏が

【ソウル発＝連合】東京で各種金属製品の輸出入業を経営している在日僑胞裵雲伊氏（株式会社金属百貨店）は祖国の経済開発に少しでも役立つため、月他七十万ドル規模の非鉄金属鋳鋼品、鉄鋼加工品特殊金属製品を母国に輸出するかわり、銅合金やスクラップを輸入することを希望して、取引ができる韓国商社を紹介してくれることを要望している。

この事実は駐日代表部を通じて商工部が貿易協会に通告して来た。

なお氏は今後母国で生産される伝鋼などを利用するダイカスト工場及び伸銅品工場を母国に建設するため投資する計画である。

一・四半期金融資金計画結論

昨年末から引き延ばしてきた一般銀行の一・四半期金融部門資金計画が来る十七日の金通運委では結論されるだろうと見られている。

韓銀は去年の末に同資金計画を作成、金通委に回付したが、政府の総合資金計画樹立の関心によって、金通運委は同全員委で延ばしてきたのである。

韓銀は期中貸出増加額を一般資金二億ウォン、施設資金一億五千万ウォン、合計三億五千万ウォンに計上しているが、金通運委側では一・四半期中には定期性預金の増加展望が望めないので貸出増加限度を三億ウォンないし二億五千万ウォンに抑制しようという意見が多く、三億ウォン内で落札されるものとみている。

なお、各一般銀行は昨年十二月追加策定された貸出限度が年初から消尽されただけでなく貸出回収もされていないため年度から貸出は中止されている。

取引所組織の改編を論議
証券協会、政府案をめぐって

十五日証券委員会では緊急理事会を開催して十四日金財務長官が公布した証券取引法改正において取引所組織を会員制と公営制に折衷するという政府方針を論議した後、協会でも別な案をつくって財務部に提示することで合意した。

外貨獲得目標達成に成算
朴商工次官、貿易協会で語る

韓国貿易協会では十五日午後、朴商工次官と林同次官補を招き、[illegible]長団・理事[illegible]のもとに輸出入およびインフレなどをはじめとする当面の貿易情勢を話し合ったが、同席上において朴商工次官は今年度外貨獲得目標である七千百万ドルは当初達成されうるであろうと述べ、一億ドル突破の計画さえ持っていると明らかにした。

次いで輸出補償金交附問題に言及し、今年度は昨年のように一律に奨励金を出すようなことはせず、そのかわり輸出目標を一層拡張しうる方向に活用すると述べた。

女子用運動靴の対米輸出有望

アメリカのロサンゼルス総領事は最近外務部に経済報告をおくり、天友社と正鎮産業がサンプルとして提供した女子用運動靴の対米輸出は有望であるとのべた。

同総領事は報告で、一足三十七セント程度で販売されている日産と品質においておとらないがキャンバスの質と模様が問題であるのでこれを改善すれば対米市場開拓は希望できるといっている。

十二月度は八一四万ドル
輸出信用状到着額

去る十二月中に韓銀に到着した輸出信用状は約八一四万四千ドルである。

これは前月の六〇三万ドルより二一一万ドル多いもので、六一年度の月平均四〇二万ドルの倍以上、六二年度一月から七月までの月平均六一四万ドルよりも二百万ドルも多い。

なお、到着輸出信用状のうち最も多いのは生糸の八八万ドル、タングステン七七万ドル、綿布七五万三千ドルの順である。

韓・加間に正式外交関係樹立
初代駐加大使に李国連大使

オタワからの外信が伝える所によるとグリーンカナダ外相は韓国と正式に外交関係を樹立することに合意したと発表した。

同時に李国連駐在韓国大使が初代カナダ駐在大使に任命されると述べたが、誰れが韓国駐在カナダ大使になるかは発表しなかった。

カナダ兼任大使に李寿栄氏

政府は十四日付けで国連駐在特命全権大使である李寿栄氏にカナダ駐在韓国大使を兼任するよう発令した。

一部選挙区を再調整

最高会議常任会で

十五日午前最高会議常任委は国会議員選挙法案中一部条項と本法付表に規定されている百三十一地域選挙区の内、一部選挙区を再調整する予定である。

内務委員会法司公で再検討されこの日常任委に報告 確定されたこの法案は被選挙権制限規定における草案で兵役忌避者は立候補できないようにしたものを兵役を忌避したかこれによって懲役以上の刑をうけ二十年が経過しない者、または刑の執行猶予宣告をうけた者がその執行をうけないと確定された日から十五年が経過しないと立候補できないと修正してこれを若干緩和した。

また寄付行為制限規定においても草案に立候補者になろうとする者は国会の任期満了前百八十日から投票日まで一斉の寄付行為をできないようにしたものを緩和する方向に修正するという。この日常任委は選挙区にも修正をくわえ江原道の洪川郡、横城郡選挙区及び麟蹄郡、平昌郡選挙区を洪川郡麟蹄郡選挙区及び平昌郡、横城郡選挙区に調整するという。

なお常任委はこのような法案の一部調整で確定をみ次第今度の案を公式的に公布する予定である。

全国民の積極的な支持を
朴議長、赤十字事業促進で語る

国家再建最高会議の朴正熙議長は十五日午前赤十字事業の促進のための談話を発表して、今日わが国において赤十字の会員数が三百万名にもなることは国民の赤十字運動に対する認識が強化されたという点で高く評価すべきであると語った。

つづいて朴議長は二、三年の間赤十字は無医村巡回診察などの保健事業をはじめ、災害救護、青少年事業など各部門で目ざましい活動を展開している。われわれはより多くの会員を募集して十分な基金を作り、赤十字事業の長足な発展を築いて同胞の困難を救うのにつくさなくてはならないと語った。

朴議長中央官庁を視察
十五日から月末まで

朴正熙最高会議議長は十五日正午月末までおよそ二週間にわたって中央官庁の年頭巡視を行なう。

公報室発表によると朴議長は各中央官庁の昨年度事業計画の中、不振状態にあるものと、六三年度事業計画に対する現況などを聴くためにこの度視察をすることになった。

朴議長は行政各部署を視察するさい、金顕哲内閣首班と所管の分科委員長及び担当最高委員たちを帯同する予定である。

乙酉文化社など八社表彰

文教部は出版文化の向上をはかるため優良な出版社を選んで表彰することに決め、まず乙酉文化社、東亜出版社、民衆書館など八つの出版社を十四日表彰した。

崔外務長官29日訪中
政府要人らと一連の会談

外務部は来る二十九日崔徳新外務部長官が中華民国を訪問し、蒋介石総統、陳誠行政院長、沈昌煥外交部長ら自由中国の要人等と一連の会談を開くことになったと十五日午後発表した。

崔外務長官は沈昌煥外交部長の招きで一週間台湾に滞在しながら国際情勢全体にわたって意見を交わすとともに反共態勢を強めるための努力をはじめ外交、経済協力など広い範囲にわたる韓中両国間の歴史的な友好関係の増進策について話し合うであろうと発表した。

なお崔長官は中国を訪問するに当たって陳弼模政務局長、申[illegible]委員らを帯同するといわれる。

論壇

在日韓国国民の要望と法的地位問題に対する私見

解放後早や十八度目の新年を迎えた。我々韓国人は、三八度の高い壁にうちひしがれながら半身不随の身でひたすら統一を念願し続けることに実に、満十七年以上に及んでいる。国際情勢は無残にも韓国の統一を今もって見放し、あたかも統一命題はUNの総会大会の年中行事と化した観さえなきにしもあらずであることは韓国人として誠に痛憤にたえないところである。日露戦争前の三九度線が日本の今次の敗戦によって復活され、これが、三八度線に南下して我々の愛する三千里江山を半身不随にしようとは誰しも想像だに出来なかった痛恨事である。しかもこの痛恨事は、いつ果てるともなく続いている。願わくは今年こそは白衣民族の宿願である統一の新年になるよう念じてやまない。

長年病み続けた病人が、やむなく副作用の強い劇薬を飲んだ如く、祖国の軍事革命も決して望ましい現象ではなかったが、腐敗と無能を除治する為の起るべくして起ったやむを得ない異常現象であった。そしてこの異常現象は今年こそ民政復帰によって正常化されねばならない年である。果してよく革命の副作用を最少限度にくいとめ得るだろうか。昨今の国防長官等の軍人の政治活動に対する警告は、この副作用に対する懸念を如実に反映するものであろう。祖国の軍人よ、願わくは軍務に精励し[illegible]再び革命を招くが如き、腐敗と無能を繰り返すことなかれ。これが国民のゆるぎざる新年の要望である。

現在の祖国の経済的苦境は、何が故だろうか。ありあまる電力を有している北鮮が、これを外国にさえ提供しながら、不法不当にも、韓国同胞への供給を断った一九四六年六月の罪悪行為を、先ず最初に思い浮べざるを得ない。そして解放この方、四十億ドル以上の軍事経済援助を与えたと称するアメリカが、経済復興の基本である、電源開発に見るべき成果をあげなかったことを、指摘せざるを得ない。更に、長年に亘り自己の政権維持には非凡の術策を弄した李博士が、国民経済の基本であり、自立の大前提ともいうべき電力開発に、全く意を注ぐこともなく、長期政権に貪欲なる長年月を浪費したことが、今日の韓国の苦境を招来した最大の原因である。

名実そなわった独立は存在し得ない。先進諸外国の例をひもとくまでもなく、人口二千五百万以上を擁する韓国が、国民に豊かなる生活を保障するためには、最低数百万KWの電力を消化しなければならない。軍事政府も来るべき文民政府も、この厳然たる事実を特に注目し、総花的施策を排し、重点的に電源開発に全力を注いでもらいたい。我国民は、希望なき苦労を過去数十年、否数百年間に亘り耐え忍んで来た民である。今も[illegible]

めて、希望者の一方的意思表示によって帰化を許されるようにすれば足りる、と思っている。この考えは祖国民の意見でもある（新世界新聞新年号）。果してこの意見は、民族感情を満足させ得る得策といえるだろうか。筆者の見方からすれば、これ程矛盾にみちた非現実案はない。希望者の一方的意思表示によって、帰化が許されるということは、とりもなおさず国籍取得権の行使の場合に限るのであって、これは帰化ではない。帰化という以上一方的意思表示では不可能であり、多かれ少なかれ、許否の関門を通過せねばならないはずである。所謂帰化という程度に止まる限り、日本政府の指定する許可試験に合格する以外にはない。これに反し、私のいう国籍取得権の帰化論は、百折合理的現実案であり、しかも民族感情をも鮮明に損傷するものではない。けだし取得権の獲得は必ずしも取得権の行使を意味するものではなく、希望者のみがこれが権利を行使すれば足りるからである。現に多くの同胞が帰化申請を為し、しかも不許可の憂目にあっている現実を、念頭に入れて考える時、韓日会談では、より実利的見地で対処解決を期さねばならないことが明白である。

次に昨年の年末来本紙の財政難が、うわさされている。一体これが新聞発足当時、相当緻密な財政見通しも持たずにスタートしたはずはないはずである。しかるに昨年末来の奇しからぬ財政難は如何がしたものだろうか。思うに民団自体の財政自立も、程遠いのが現在の実情である。必ずしも好ましい方法だけではなかったが、数年前までは、まがりなりにも、財政自立の原則を民団中総は死守して来たと言えよう。しかるにここ数年来は民団の維持費すら、一部を本国に依存している。これで果していいのだろうか。民団創設の趣旨と現在の使命にてらし、果してこれで良いといえるだろうか。僑胞が僑胞の民団すら、維持出来ず、本国の援助を受けながら、如何なる面子をひっさげて本国の経済建設に参加しようとしているのだろうか。我等民団員よ大倍一番、民団とその傘下の機関の自立に、思いを新たにしようではないか。しかる後、パチンコ機械ではなく、真の経済復興に貢献出来る真摯な方法で、本国に尽すべきである。

（弁護士　朴宗根）

安定された基盤で

金長官財政金融政策で語る

金世練財務長官は十四日今年の財政金融政策は安定された基盤の上で五カ年計画を成功的に果すため全力を尽すことであると述べた。

金財務長官は今年度通貨量の増加防止に努力する六三年総合資金需給計画案が関係当局により検討されていると述べた。

金長官は六三年末の通貨量を四十億ウォンに決めているこの総合資金需給計画案は、経済開発五カ年計画案を部分的に修正することがあってもこの通貨量を堅持することが政府の基本方針であり、新年度財政金融政策上の絶対的な条件となっていると述べた。

日本漁網船具株式会社
取締役社長　福井　保
本社　東京都千代田区丸の内二ノ二（丸ビル）
電話代表二〇一局一八四一・一三六六

＊商銀が築く
明るい事業！
熊本商銀信用組合
熊本市米屋町２ー２
TEL２ー3566,6003

二重苦やま住いのご計画に……
東京商銀信用組合
東京都文京区湯島天神町三ノ一四
電話代表（八三二）五三一七～九・五三二〇

新しい国造りの
最先端を行く
国産自動車
ここに誕生!!

セナラは今般、日産自動車株式会社との技術提携により年間三、〇〇〇台の国産自動車を生産する目標で力強く発足致しました。韓国自動車工業界の夜明けに新しい息吹と希望を一杯積んで活躍する弊社の自動車に御期待下さい!!

ダットサン ブルーバード

車種
乗用ダットサンブルーバード
商用ダットサントラック
マイクロバス、サービス部品

日本で最も人気があり、世界各地に輸出されて好評のダットサン ブルーバードのふるさと……日本の代表的自動車メーカー「日産」が神奈川県追浜に建設した東洋一の乗用車工場です。１００万平方メートルの広大な敷地に並び立つ工場では、"すべてがコンベアーシステムで運ばれています。日産自動車では、このたびセナラ自動車と提携し、ブルーバードを韓国に輸出することになりました。

ダットサン トラック

日産自動車株式会社
東京都千代田区大手町ビル

새나라自動車工業株式会社
ソウル特別市中区小公洞２１

韓国の声

平和線縮小に反対する漁業者の苦衷

さる十二月、水産団体代表は、最近日本の新聞紙上で報道されている平和線縮小論は韓国漁業者の死活問題であるため反対する要旨の声明書を発表すると同時に、関係当局に建議書を提出して平和線維持策を呼訴した。一方、同日、崔外務部長官は「請求権と漁業問題を別個に扱おうという政府方針には変りがない」と前提し「日本側が漁業問題と請求権問題を結び付けて取引きしようとするのは妥当でない」と語るとともに「漁業問題で譲歩してまでも[illegible]を急ぐつもりはない」と確答した。このような崔外務長官の言明から考えて、平和線縮小論は政府の方針でないものと思われる。

しかし、いわゆる平和線縮小論は全然根拠のない説でもないとして、国内漁業者は関係当局に呼訴したものと見られる。請求権問題自体も支払期間や方法などの条件についてこれから先相当の折衝を重ねるものと見られるが、もとはと言えば、韓国の「漁業に関する管轄水域」と財産請求権とは全く別個の問題である。平和線は漁業管轄水域であると同時に、国防上当為性をも合せ持っているのが一つの特色である。

日本側の、国防上から見た平和線の必要性は認定するが、漁場線としての管轄水域設定は縮小変更されねばならないという理論は一方的解釈であるといわざるを得ない。換言すれば、日本側は、平和線を国防上の必要性に重点を置き、漁業上管轄保護区域としての合法合理性は縮小解釈する方向に取ろうとする傾向がなくもない。それが日本側の根本意図ではないかも知れないが、先般来伝えられる日本側の見解披瀝を総合してみると、そのような印象を与えることだけは確かだ。もちろん国家対国家の外交折衝において、彼我間で大を取り小を捨てるのはよくあることである。換言すれば、大局的見地で日本側が韓国側の請求権問題に関する要求に対して充分に納得できる誠意を見せつつ、一方では漁業問題において共同資源のため適切な協定を望むとするならば、問題は異ってくる。率直に言って、韓日両国はお互いに相手国の内情をあまり知りすぎるために、かえって外交上逆効果が随伴しがちであるのが、今日の現実のようである。この際、日本は経済的優位を占めているという強みを有しているのだから、我執を捨てて妥結する方法を示すというのも一つの方法ではないかと思う。

現在の平和線をそのままにしてでも日本が目的とする漁業取益を増大させる方法は十分に開かれていると考えるがゆえに、請求権と漁業問題をからませて取引きしようとする日本側の意図に反対せざるを得ないのである。本欄は、前にも指摘したことがあるが、もしも、さば、いわしまたは底棲魚などの類でなく、サケやボラが主漁獲物であり、ソ連と同様漁業協定をすることになったらどうだろうか。日帝時代にも機船底引網漁業の禁止区域は、現在の平和線どころではない、広大なものであったし、その当時総督府水産課では、日本の九州方面から出漁する底引網漁船の盛漁のために頭を悩ませていた事実は韓国にいた日本人漁業者や漁業者は知りすぎるほどのことだ。

もう一つ付け加えるならば韓国漁業の後進性は平和線をそのままにし一定の条件をもって制限された韓日両国漁船が共同漁業を行なうとしても、到底日本の船舶において韓国は日本に及ばないのは明確であり、この事実を知りつくしている日本側が是が非でも平和線縮小論を主張するというのは友好的とはいい得ないだろう。韓国漁業者の苦衷に対し、日本側は世界第一の水産国としての雅量をみせてくれねばなるまい。北九州一帯の一部漁業者が占める日本漁業全体に対する比率と、平和線で損害する韓国漁業者の同様な比率を考えれば、韓国漁業者が平和線縮小論を反対する真意を理解することができるだろう。

（韓国日報）

平和線漁業問題に関するわれわれの意見

十三日、全国水産団体代表は外務、農林当局を訪問して平和線（漁業管轄水域）保全に関する建議書を伝達した。かれらは、平和線は国際先例に従い宣布された漁業保護および国防線であることを指摘しその守護を呼訴した。これは、最近、韓日会談で漁業問題懇商が進捗されるにつれ、平和線存廃問題に関連するものとしてわれわれの至大な関心を引くものである。

昨年十二月十八日、第八次韓日漁業問題専門委会議において日本側は、平和線を否認する漁業協定草案を提示した。伝えるところによれば、韓国側が平和線を含めて漁業禁止区域（日本側だけ）漁業規制区域（韓日双方の共同規制区域）等を提示したのに対して、日本側は領海六カイリと独占漁業水域六カイリを認定し、独占漁業水域内で十年間共同漁業を行なうことにし平和線は認めないというもののようである。このような日本側の主張は国際先例やジュネーブ会議を全面的に無視する態度であることを指摘せざるを得ない。

第一に、日本の独占漁業水域内での十年間共同漁業の主張は、ジュネーブ国際海洋法会議における彼らの公式見解と相い反する。一九五八年と一九六〇年の二次にわたるジュネーブ国際海洋法会議において、日本は、従来の領海三カイリ、独占水域三カイリ説を放棄し、米英と歩調を合せて領海六カイリ、独占水域六カイリ案に賛成票を投じた。当時この案は、ソ連、中南米等の領海十二カイリ案と争われ、若干の票数差で否決されたとはいえ、一九六〇年の英・オランダ漁業協定などが排他的漁業水域を十二カイリに決定した事実を想起する必要がある。

さすれば、日本としても「ジュネーブ国際海洋法会議」当時の公式態度どおり排他的漁業水域十二カイリを認めなくてはならず、独占漁業水域六カイリ内において十年間の共同漁業云々はあり得べからざることである。

第二に、日本の公海上の無制限漁業の主張は、一九六〇年の「ジュネーブ漁業および公海生物資源の保存に関する条約」に顕著する。同協定第六条は沿岸国の公海上の海産物資源保護を認め、その第一条第二項において公海上に漁業制限水域を設定し得ることを規定している。

これに基づいて、韓国側が排他的漁業水域以外に広範な漁業制限水域を設置して魚族保護と韓国漁業の発展を図っているのは当然のことである。それにも拘わらず日本が公海上における無制限漁業を主張するとともに韓国の漁業協定草案を全面的に拒否していることは、われわれは到底理解することができない。

最後に、日本が平和線を韓国の国内事情による内海水域であるとして否認する態度を取っていることを指摘する必要がある。この平和線は一九五二年一月十八日国際先例に基づいて韓国政府が設定したことは周知の事実である。これに関する国際的先例としては、一九四五年九月二十八日の米国の漁業資源保護のためのトルーマン宣言を始め、中南米諸国や中東各国など三十余カ国が大同小異の措置を取った。もちろんこれは、一種の大陸棚理論の発展的措置と言えるが、それが国際慣例化しているのが現実である。さすれば、韓国が平和線を内海水域とする一方、漁業管理水域を適用していることは、決して国際的例外措置ではなく漁業分野において後進性を克服するための正当な措置であることは否定し得ないのである。すでに、日本は米国、カナダの両国と一七五度線以東の公海上における漁業制限協定を締結済みである。かくして、われわれは、日本が平和線を認定し、韓国漁業が発展することができる漁業協定に順応することを強調するものである。

（東亜新聞）

国会議員選挙法の特徴

一挙両得の比例代表

政党推薦委員を排除

最高会議で決定された国会議員選挙法と選挙管理委員会法は、三つの主要な特徴をもっている。比例代表制を新たに導入し、地域選挙区と全国選挙区を併用したのがその第一の、各級選挙委員会の構成において政党推薦委員をなくしたのが第二の、選挙運動を一層厳格に制限しているのが第三の特徴である。選挙区数は二百三十三から百三十一へと百以上が縮小されたが、議員定数はただの五十八議席しか減らされず、また寄託金制は廃止されたが、立候補乱立の憂慮を「政党公薦」というより大きな制度的保障によって制約しており、それほど大きな特徴と見ることは困難だ。

比例代表制が新たに導入された政治的意味は、説明するまでもない。ただ「当選に必要以上に集中された票と落選者に投じられる死票」とを同じく効力をもたせるようにするこの制度は、修正名簿式比例代表法を採択することによって一挙両得をしようとするところに、その法的意味がある。すなわち、有権者が投じた一票の支持は地域選挙区の特定の政党公薦候補者を当選させるだけでなく、四十四名の全国選挙区の立候補者配定に決定的な機能を[illegible]する。

たとえ、地域選挙区に自己が支持したい有権者がいないために政党公薦者のない欄に○印をした場合でも、それは無効ではなく、あらかじめ名簿に登録された政党公薦全国候補者の当選数を決定するに当って「堂々たる有効票」ー場合によっては、単純な一人の立候補者を当選させるのとははるかに大きな機能を発揮するのである。第一党に二十八席を与えるか、それとも二十二席を与えるかという決定的な機能を発揮することになる。このような点から考えると、ある地域に政党公薦候補がいない場合にも、有権者の投票はそのまま議席確保に助けとなる。

第二の特徴である各級選挙委の構成においては、すでに論及したとおり政党推薦委員を置かなかったことが問題にされている。これは、国会議員選挙法に規定されたものでなく選挙管理委員会法に規定されてはいるが、選挙事務管理機関の構成は、選挙の管理において重大な影響を及ぼすものである点、決して軽視することはできない。

まず中央選挙委員九人は、大統領が任命する二人、国会から選出される二人それに大法院判事会議から選出される五人でもって構成され、ソウル特別市、釜山市、道選挙管理委員も当該地域を管轄する四人とソウル特別市長、釜山市長、道知事が推薦する教育者一人、言論人一人、学識と徳望ある人士一人を中央選挙管理委員会が委嘱することになっている。地域選挙管理委員と投票区管理委員にも政党推薦委員が含まれないのはもちろんである。

これらの各級選挙委員はすべて政党推薦委員を厳格に排除しているのが特徴だ。これは選挙管理委員会法の規定であるのみならず、新憲法に明示された規定でもある（第百七条）

民政党（仮称）を中心とする野側人士が「政党推薦選挙委員が参与しない選挙委員会構成が選挙の公正を保障するのは困難だ」と主張する理由も、実にここにあるようである。

「選挙運動を厳格な公営制に任せているのは、まず「選挙運動の限界」（法第三十二条）から知ることができる。

「選挙運動は本法に規定する以外の方法によっては、これを行なうことはできない」とクギをさしている。これに基づき①選挙事務長は七人以内（旧法は五十名以上）の選挙事務員のほかは置くことができず②ポスターも演説会一回に十枚（旧法三十枚）とし③自動車や船も各々一台一隻（旧法は二台二隻）のほか使用できないよう制限しており④個人演説会において一回に三時間を超過し得ないこと」、個人演説会の回数も投票区数を越えることができないよう（旧法は投票区数の倍）に規定している。

「なにびとも学校、社会的・文化的・民族的・宗教的および職業的関係を利用して選挙運動をすることはできない」ことは、一切の背景を排除した重大な制度である。戸別訪問禁止だとか署名入りの運動の禁止、人気投票禁止、飲食物提供禁止、騒乱行為禁止、夜間演説禁止、虚偽事実流布禁止、寄付行為禁止など数多くの禁止規定は旧法と同様である。

このように、選挙の管理は全く政党の関与を禁じているが、投票用紙や投票函の運搬などには政党の推薦による二人の政党代理人の「押印」とか「参観」を許容している。

いま一つの特徴は、選挙費用において寄付を受けることとのうち旧法は「外国人、外国法人または外国団体から寄付をうけてはならない」とだけなっているが、新法は、この条項をそのまま生かしつつも（七十四条）後段に至って「ただし、大韓民国国民の主導下にある外国法人および外国団体はその限りではない」とのただし書を設けることにより、新しい局面を見せてくれた。一例をあげるなら、海外僑胞からは「寄付を受けることができる」という解釈が可能であり、万一このことが将来具体化すれば、その「寄付」は多大な影響を及ぼすこともあろう。

少数民族の進路

在日僑胞を訪問して（上）

高麗大教授　金　成　植

（一）

領土を持たない少数民族が、主権を持つ多数民族の中で如何にその生存権を完全に保障することができるか？

ヨーロッパにおいてこのような問題は中世期から第二次大戦以後まで継続してきたが、在日僑胞を考えるわれわれにとってはきわめて緊要する問題である。

今日、韓日会談の一つの内容となっている僑胞らの法的地位問題も結局少数民族としての僑胞らの生存権保障問題である。

ここにおいて、われわれはまず在日僑胞の一般生態を正確に把握しなくてはならない。そしてまた六十万の僑胞が韓国と如何なる関係のもとに置かれなくてはならないかについて考えてみる必要がある。

そのような意味で私は昨年の夏三十五日間に亘って在日僑胞を訪問して見聞したことをここに述べてみたいと思う。

だが私が見聞したのは主に民団系の僑胞で、それも続く一部のものであるということを前もって述べておく。

（二）

まずわれわれがみて感じた点は僑胞らが二つに分れているという点である。

その一つは民団系でもう一つは朝総連系である。その外にも中間派があるとのことであるが、それが社会的勢力体としては現れていない。

したがって僑胞らは民団と総連に分れて到る所で対立しており、いうなれば韓国には三八線が一つしかないが日本には到る所に三八線があるのである。

三重県津市にいったところが民団と総連の事務所が人一人通れる程の間隔を置いて並んで立っているのをみた。

何の根拠もなく互に通ずることのできる三八線であった。

私もここで新しく三八線を越えてみたが、彼らの事務所には相も変らず平和統一とか外軍撤収等々の宣伝文が壁に張ってあった。

このような往来のできる三八線を置いて総連の積極的な攻勢（平和的）があるのはもち論のことである。

ところが私の考えではわれわれも日本にいる公称六十万（実際には未登録者まで含めて八十万を越えるといわれる）の僑胞を完全に大韓民国の国民にする工作を、積極的に推し進める必要があると思う。

本国では三八線を越えることができないにしても日本においてまで越えられないという理由はない。まして総連が越えてくるのに消極的な態度をとるということは賢明であるとはいえない。

日本を容共的であると非難するまえにわれわれは日本内の三八線を越えて総連系僑胞を受入れる運動を積極的に展開すべきであると思う。

そしてひいては北韓にまでわれわれの自由理念と民族思想を浸透すべきであると思う。

私は帰国前の五日間、東京にある総連系の中高等程度の学校と、いうところの大学を見てきた。

見たといっても自動車を校門に止めて校庭を一周りしただけで、彼らと面接することはできなかった。

ところで本国で聞いたところでは総連系は学校を多く建て、大学までも設立したとのことであったが、聞いたとみたでは大きな違いであった。

つまり彼らのいう中高等程度の学校は東京朝鮮中高級学校となっており、大学は朝鮮大学校となっていて各種学校にすぎなかったのである。

いいかえれば総連系の学校はロシア語と共産思想を植えつけるためのもので、日本の文部省はこれを各種学校として認可している。

したがって何も分からずにこの学校へ子弟を入れようものなら上級学校への進学は不可能になり、日本の学校や民団系の韓国人学校に移さなくてはならなくなるのである。

このような関係から総連は日本の中高校や大学に進学した学生らに所謂奨学金なるものを与えて彼らを引きつけるために努力しているのである。

これに対して韓国人学校は大学はないが、日本の文部省から正式に認可を受け、卒業生は日本人大学に進学できるのはもち論のことわが国政府から奨学金を受け大韓民国と密接な関係にある。

ただもう少し積極的に僑胞らに手をのばさなくてはならないと感じた。

われわれが朝鮮大学校をみてきた翌日、早稲田大学の二部の三年生でロシア文学を専攻する学生がホテルを訪ねてきた。彼の弟は北送時に北韓に行ったと述べ、どうしても北韓に気が傾くと前提してから韓国学生らの動向を知りたいと尋ねだした。

私は先きに彼がロシア文学を専攻しているというから、このごろのロシア青年はトルストイの作品を読んでいるということであるがこれに対してあなたはどのように考えるかとたずねてみた。

するとその学生はトルストイは農民運動を起したもので再評価を受けていると答えた。

そこで私はトルストイもまた神の存在を信じ人道主義の立場で農民運動を起したのではないか？ともう一度尋ねたところ、その学生は、それ故に一部では批判があるといった。

私はその学生がまさしく北韓系の学生であると断定して、共産主義の変質とソ連と中共の葛藤ならびに共産主義自体からみる時、真の共産主義国家がまだ実現していないということ、ロシアの共産主義もロシアの長い歴史からみればロシアの西欧化の一段階にすぎないこと、そのようにみてくれば共産主義とは内に独裁権を維持し、外に隷属国家群を作る宣伝的なイデオロギーにすぎないものではないか？ と問うたところがその学生は共産主義は良くわからないとのことである。

そこで私は韓国の一般情勢と学生らの動向を説明してやった。

それを要約すると、まず韓国の国民運動について韓国人は誰もがその言行について国民的になるかならないかについて考えるようになったこと、都市と農村が結びついて封鎖社会が開放社会に発展していること、農民の知的水準が向上し生活意欲が旺盛になったこと、誰もが努力すればそれだけの収入を得ることができるようになったこと、そして何よりも自由があるということ、そしてまたこれらのすべての国民運動の先駆者は韓国の学生層であるということを知らせてあげた。

そして、ソウル大学校夜学生らの献身的な夜学経営によって孤児らが字を習うことができるようになったこと、学生らの言行において私が知るかぎりの美談、そして学生らが四、五年前からはじめた農村との姉妹結縁運動が今日では国民運動の重要な事業となったこと、現在韓国の学生らは各種の啓蒙事業に従事していること、これらは学生らがみずから自由に選んだ道であること、そして韓国の学生らは色々な角度からみて民族と安危を共にしているということを述べた。

そして現在韓国内では共産主義が発生する余地はないということを話してやったが、その学生は深刻な顔つきになり表情をこわばらせていた。

私は逃げた一匹の羊を思い出して、学生時代からある特定の観念の虜とならず自由な思考を持ちなさいと告げてやった。

その後、その学生の身分調査を民団の文教責任者に頼んだところ早稲田大学の二部にはそのような学生はいないといってきた。

多分、韓国語の上手なところをみると朝鮮大学校の学生ではなかったかと今でも考えさせられるのである。

本国入国許可者氏名公告

韓国駐日代表部領事課旅券担当官
在日本韓国居留民団中総民生局長

李淑福	KJ [illegible]	神奈川
金張沢	〃 [illegible]	福岡
金順鶴	〃 [illegible]	東京
洪仁杓	〃 [illegible]	神奈川
金光植	〃 [illegible]	静岡
黄光[illegible]	〃 [illegible]	神奈川
崔[illegible]	〃 [illegible]	〃
金太栄	〃 [illegible]	東京
白奕倉	〃 [illegible]	〃
秦太一	〃 [illegible]	〃
成東祚	〃 [illegible]	神奈川
金炳南	〃 [illegible]	東京
金元玉	〃 [illegible]	〃
金元圭	〃 [illegible]	〃
尹琪水	〃 [illegible]	青森
秋[illegible]	〃 [illegible]	東京
尹海炳	〃 [illegible]	〃
金安守	〃 [illegible]	〃
李再九	〃 [illegible]	神奈川
丁[illegible]	〃 [illegible]	〃
李栄	〃 [illegible]	東京
朴元熙	〃 [illegible]	〃
金相祐	〃 [illegible]	〃
曹[illegible]	〃 [illegible]	〃
孫也	〃 [illegible]	〃
梁信淑	〃 [illegible]	〃
金宝淑	〃 [illegible]	〃
方寅浩	〃 [illegible]	静岡
朴成鎬	〃 [illegible]	神奈川
南海鎮	〃 [illegible]	東京
金甲植	〃 [illegible]	神奈川
金順祚	〃 [illegible]	東京
李王淑	〃 [illegible]	神奈川
盧栄鎮	〃 [illegible]	東京
鄭鍾鎬	〃 [illegible]	新潟
朴万圭	〃 [illegible]	〃
諸福重	〃 [illegible]	東京
張基鳳	〃 [illegible]	〃
崔文道	〃 [illegible]	〃
張勲	〃 [illegible]	〃
金鍾熙	〃 [illegible]	神奈川
洪淳亀	〃 [illegible]	東京
李明海	〃 [illegible]	〃
石鍾福	〃 [illegible]	〃
朴鍾大	〃 [illegible]	〃
朴三圭	〃 [illegible]	〃
崔在男	〃 [illegible]	北海道
文貞守	〃 [illegible]	宮城
朴[illegible]	〃 [illegible]	北海道
朴応圭	〃 [illegible]	〃
王[illegible]	〃 [illegible]	〃
黄鍾圭	〃 [illegible]	〃
金平九	〃 [illegible]	東京
金栄洙	〃 [illegible]	〃
呉泰福	〃 [illegible]	茨城
鄭台鎬	〃 [illegible]	山形
文宝得	〃 [illegible]	東京
曹鍾東	〃 [illegible]	〃
金容範	〃 [illegible]	北海道
権永司	〃 [illegible]	神奈川
姜信祥	〃 [illegible]	〃
崔鍾鎬	〃 [illegible]	東京
李頭植	〃 [illegible]	〃
朴順玉	〃 [illegible]	〃
李相穆	〃 [illegible]	北海道
安徳大	〃 [illegible]	〃
李明植	〃 [illegible]	〃
李仁鉉	〃 [illegible]	東京
李鍾俊	〃 [illegible]	東京
李鳳道	〃 [illegible]	〃
朴厚相	〃 [illegible]	秋田
金元泌	〃 [illegible]	神奈川
金昌顕	〃 [illegible]	静岡
金炳淑	〃 [illegible]	東京
金鍾洗	〃 [illegible]	埼玉
白光鎮	〃 [illegible]	東京
金信伸	〃 [illegible]	〃
黄健	〃 [illegible]	〃
李入鎬	〃 [illegible]	〃
金相熙	〃 [illegible]	〃
韓甲洙	〃 [illegible]	〃
尹昌炳	〃 [illegible]	栃木
韓貞斗	〃 [illegible]	東京
宋仁允	〃 [illegible]	〃
金鍾浩	〃 [illegible]	〃
高渭徳	〃 [illegible]	〃
金且葉	〃 [illegible]	〃
李学東	〃 [illegible]	神奈川
朴淳祚	〃 [illegible]	東京
徐道行	〃 [illegible]	〃
田炳武	〃 [illegible]	神奈川
金顕沢	〃 [illegible]	東京
李平出	〃 [illegible]	青森
成道金	〃 [illegible]	東京
李鐘倍	〃 [illegible]	茨城
金鉉福	〃 [illegible]	神奈川

旅券発給者氏名公告

韓国駐日代表部領事課旅券担当官
在日本韓国居留民団中総民生局長

安敬洪	KJ [illegible]	東京
金順吉	〃 [illegible]	〃
鄭南植	〃 [illegible]	埼玉
鄭洙元	〃 [illegible]	〃
梁彰鎬	〃 [illegible]	東京
朴相元	〃 [illegible]	静岡
河一道	〃 [illegible]	〃
李学平	〃 [illegible]	神奈川
徐賢佐	〃 [illegible]	〃
楊致元	〃 [illegible]	北海道
鄭錫淑	〃 [illegible]	神奈川
李貞道	〃 [illegible]	〃
劉順雨	〃 [illegible]	〃
李鍾淳	〃 [illegible]	栃木
崔広坤	〃 [illegible]	東京
安商原	〃 [illegible]	〃
安点伊	〃 [illegible]	〃
黄又竜	〃 [illegible]	神奈川
林華鎬	〃 [illegible]	〃
李海先	〃 [illegible]	〃
安二一	〃 [illegible]	東京
鄭判道	〃 [illegible]	〃
朱判男	〃 [illegible]	〃
朴東佑	〃 [illegible]	〃
金鮮淑	〃 [illegible]	〃
任永鎮	〃 [illegible]	神奈川
金東栄	〃 [illegible]	静岡
崔取南	〃 [illegible]	東京
金君福	〃 [illegible]	〃
李貞子	〃 [illegible]	〃
李月鶴	〃 [illegible]	〃
尹成夏	〃 [illegible]	〃
李栄賛	〃 [illegible]	〃
金泰鎬	〃 [illegible]	神奈川
李鍾吉	〃 [illegible]	〃
殷熙洲	〃 [illegible]	東京
張泰学	〃 [illegible]	〃
金順南	〃 [illegible]	〃
朴弘祥	〃 [illegible]	北海道
申貞出	〃 [illegible]	神奈川
許月数	〃 [illegible]	〃
権景彦	〃 [illegible]	東京
権洛花	〃 [illegible]	神奈川
趙栄植	〃 [illegible]	〃
朴西好	〃 [illegible]	〃
朴鍾札	〃 [illegible]	東京
李基鳳	〃 [illegible]	東京
李乙粉	〃 [illegible]	宮城
朴甲守	〃 [illegible]	〃
宋鎬福	〃 [illegible]	東京
孫寿東	〃 [illegible]	山梨
金栄錫	〃 [illegible]	東京
朴季三	〃 [illegible]	山梨
金洙永	〃 [illegible]	新潟
朴梅子	〃 [illegible]	〃
鄭炳植	〃 [illegible]	北海道
許炳子	〃 [illegible]	東京
徐慶用	〃 [illegible]	北海道
孫末殷	〃 [illegible]	北海道
辛正福	〃 [illegible]	千葉
金永鉄	〃 [illegible]	〃
河荷子	〃 [illegible]	東京
尹永祺	〃 [illegible]	宮城
崔運仙	〃 [illegible]	〃
李洸洙	〃 [illegible]	静岡
元千福	〃 [illegible]	宮城
李昌林	〃 [illegible]	〃
赤間芳子	〃 [illegible]	〃
金知分	〃 [illegible]	山形
李学鎬	〃 [illegible]	〃
朴五順	〃 [illegible]	秋田
呉允根	〃 [illegible]	東京
河今石	〃 [illegible]	青森
梁貞玉	〃 [illegible]	東京
呂貴正	〃 [illegible]	〃
金琪学	〃 [illegible]	〃
李根世	〃 [illegible]	宮城
李鐘吉	〃 [illegible]	栃木
田明祚	〃 [illegible]	東京
梁炳善	〃 [illegible]	神奈川
崔吾子	〃 [illegible]	東京
李希	〃 [illegible]	茨城
梁在守	〃 [illegible]	東京
金卜ル俊	〃 [illegible]	〃
姜錫為	〃 [illegible]	神奈川
沈太用	〃 [illegible]	北海道
梁仁対	〃 [illegible]	神奈川
金道換	〃 [illegible]	北海道
権相旭	〃 [illegible]	〃
権相卓	〃 [illegible]	〃
金丁玉	〃 [illegible]	静岡
金順七	〃 [illegible]	大阪
李福南	〃 [illegible]	〃
崔忠伯	〃 [illegible]	〃
金小女	〃 [illegible]	大阪
宋俊淑	〃 [illegible]	〃
裵守南	〃 [illegible]	兵庫
李憤	〃 [illegible]	大阪
金順伊	〃 [illegible]	兵庫
李良斤	〃 [illegible]	〃
金且明	〃 [illegible]	〃
趙官演	〃 [illegible]	滋賀
崔渭成	〃 [illegible]	大阪
彭其栄	〃 [illegible]	〃
呉文孝	〃 [illegible]	〃
朴任善	〃 [illegible]	〃
金瑞竜	〃 [illegible]	〃
白中錫	〃 [illegible]	〃
安鎮守	〃 [illegible]	〃
李順姫	〃 [illegible]	〃
李錫吉	〃 [illegible]	〃
鄭甘王	〃 [illegible]	〃
韓成善	〃 [illegible]	〃
朱李相	〃 [illegible]	福岡
金徳竜	〃 [illegible]	山口
尹昭学	〃 [illegible]	長崎
殷智善	〃 [illegible]	〃
柳徳秀	〃 [illegible]	大分
李松甲	〃 [illegible]	広島
趙末祚	〃 [illegible]	〃
金竜雨	〃 [illegible]	〃
朴鳳道	〃 [illegible]	〃
李七根	〃 [illegible]	〃
金甲述	〃 [illegible]	福岡
馬光順	〃 [illegible]	広島
金双鎬	〃 [illegible]	福岡
李斗京	〃 [illegible]	〃
崔己順	〃 [illegible]	〃
権貞哲	〃 [illegible]	山口
金月癸	〃 [illegible]	〃
李子福	〃 [illegible]	〃
李鍾順	〃 [illegible]	福岡
金栄順	〃 [illegible]	〃
金福先	〃 [illegible]	長崎
李斗運	〃 [illegible]	福岡
曹順元	〃 [illegible]	広島
黄且先	〃 [illegible]	福岡
申鍾熙	〃 [illegible]	長崎
李壬粉	〃 [illegible]	福岡
尹復尚	〃 [illegible]	〃
房今連	〃 [illegible]	〃
李学鎬	〃 [illegible]	〃
林好道	〃 [illegible]	〃

（一月十四日現在）

SPK
合成樹脂成型加工
金型製作
三協プラスチックス化工興工場
宋　淳　鎬
大阪市生野区[illegible]四八五番地
TEL（七四一）五八〇六ー七

[illegible]
大東化学工業株式会社
取締役社長　林　[illegible]
[illegible]　TEL（2）3381

一般鋼材
丸棒型鋼
安田金属
代表者・安田圭鎬
東京都墨田区緑町4〜30／電話　本所（631）1355／8573／8983番

国土建設の一翼をになって、躍進に、躍進を続ける建設基礎産業
東栄商事株式会社

取締役社長・李栄植

営業品目・砂　利・砕石生産
本　社・神奈川県相模原市淵野辺1910・電話淵野辺局112
工　場・神奈川県津久井郡津久井町三ケ木道志川・電話　215

本国農漁村にラジオを贈ろう

ラジオ20台を中総へ

民団神奈川県川崎支部で

民団神奈川県川崎支部の朴米鉉団長は十六日午後二時民団中総を訪れ、川崎支部で集ったラジオ二十台を本国の農漁村に贈ってくださいと中総宣伝局に伝達した。

本国の公報部が中心になっておこなっている農漁村にラジオを送ろうという運動は世界各地の僑胞らの協力によって予想以上の成果を収めているが、日本でも民団中総宣伝局が中心となって日本各地の僑胞に呼びかけ多大な成果を収めたものである。

当初中総宣伝局では募集期間を十二月十日までとしたが、その後も各地からぞくぞく集まるので期間を十二月末まで延長したものである。

ところが今年に入ってからも東京都本部から十二台がすでに送られてきたし、まだこれからも各地から送くられてくるようである。

中総宣伝局でもこのような僑胞の熱意に対して大変感謝し、期間を無期限延長していつでも熱意ある人々はおくってくれるようにと語っている。

なおこのラジオ募集運動が始められて以来、すでに民団中総宣伝局には傘下各本部支部から約七百台のラジオが集められている。

朴中総組織局長（右端）にラジオを伝達する朴川崎支部団長（その左）

朴議長金一封

大韓赤十字社創立百周年を迎え

国家再建最高会議朴正熙議長は十五日大韓赤十字創立百周年を迎えるにあたって赤十字の基金に使うようにと金一封を崔斗善大韓赤十字総裁に手渡した。この席で崔総裁は感謝の意を表明、朴議長に赤十字名誉会員証を授与した。

一方、金顕哲内閣首班も今年度赤十字会費として金一封を贈った。

赤十字会費の納入はじまる

金内閣首班、全国民の協力要請

金顕哲内閣首班は全国民が率先して今年度赤十字の会費を納付してくれるよう望むと語った。

金内閣首班は十五日午前談話を発表してこのたび大韓赤十字社が今年度会費徴収目標額を七千五百三十三余万ウォンと策定し、十五日から二十九日まで大々的に受納運動を展開しますから、国民の皆様は勿論のこと受納運動に従事する公務員も赤十字事業の必要性を理解して会費の納付と徴収に率先してくれるよう望むと語った。

僑胞成人者に祝い状

韓青同中央本部で

在日韓国青年同盟中央本部（委員長＝韓昌奎）では年中行事の一つとして今年成人になった在日僑胞青年らの前途を祝福するため徐光子さん（都内墨田区吾嬬町）を初め関東一円で今年成人を迎えた僑胞青年男女三百二十五名に祝い状をおくった。

日本の社会では成人を迎えた青年男女をあらゆる面でもてなし、またはげましたりして彼らの前途を祝うが、僑胞青年らはこのようなところでも冷遇されているため韓青では創立以来毎年成人式の行事を催して成人になった青年男女をはげまし、また記念品などをおくっている。今年も一月十五日中総の協力のもとで成人になった僑胞青年を調べ、一人一人の前途に福多からんという要旨（写真）の祝い状をおくった。

戦災孤児に野球道具を

韓青神奈川本部で寄贈運動

韓国青年同盟神奈川県本部（郭□□委員長＝四百名）では、本国・釜山にある"愛育園の戦災孤児に野球道具を贈ろう"の募金運動を展開し、全国の青少年に呼びかけている。

現在、愛育園には北傀カイライによる六・二五動乱で、両親を亡くした戦災孤児約百七十人が収容されているが、青年同盟とは、一九六一年同盟員の国体参加卓球選手が愛育園を訪れたのがきっかけとなって今なお結縁関係を結んでいる。

これまで青年同盟では数回にわたって愛育園の戦災孤児たちを激励するかたわら慰問品などを贈ってきたが今回は、昨年の国体参加の帰りに愛育園をたずねたところ、子供たちは野球スポーツをもっともあこがれていたので、野球道具を贈ることを約束してきたもの。

戦災孤児の子供らに野球道具を贈ることを約束した神奈川青年同盟では目標額を三十万円とし、その他、中古のグローブ、バット、ボールなど野球に関した一切の用品を同青年同盟に送ってくれることを全国の青少年に呼びかけている。

現在までのところ郭委員長の話によると三万程の募金が集っているとのことだが、三月末までには一応全部整えて本国へ贈りたいといっている。

釜山市にある愛育園正門と園長さん

ハ氏病患者を慰問

民団三多摩で二万円贈る

民団東京三多摩本部（朴昌浩団長）では、在日僑胞助け合い運動の一環として、このほど都下東村山町の国立療養所多磨全生園で療養を受けている僑胞ハ氏病患者を訪れ、患者たちを激励して金二万円を贈った。

同療養所には現在百二名の僑胞患者が療養生活をおくっているが、日本人患者とは非常な差別待遇を受け、病状は悪化の一途をたどっているという。

こうしたことに対して日本厚生省のハ氏病係では「日本人だけに限られている国民年金の支給を差別しているだけであって、その他はハ氏病予防法による平等な扱いをしている」と強調している。しかし、過去の日帝時代にしいたげられるだけしいたげられ、あげくのはてに栄養失調などが起因して今は、祖国からも、家族からも社会からもほうむられているこれらの僑胞患者に、日本政府はまたも日本人とは別に差別待遇をしているのが実情である。

埼玉県本部新年会

民団埼玉県本部では十四日正午から浦和自治会館で恒例の新年会を開いた。

権中総団長を初め傘下各支部三機関長、および有志およそ百五十人が参加して開かれた新年会は、韓日会談妥結を目前に控え①民団の体質改善。②日韓親善協会の設立。③商銀設立などの課題に決意を新たにスタートした。

三多摩本部でも新年会

民団三多摩本部でもこの程本部二階講堂で恒例の新年会を開き、新年の事業を推進する決意を百二十余名の有志と約してスタートとした。

パラグアイはつねに韓国を支持

ストレスナ大統領メッセージ

公報部が十五日発表したところによると、パラグアイ共和国アルフレド・ストレスナ大統領は新しく就任した丁一権韓国大使（駐米大使兼任）を通じて去る十日パラグアイ共和国は継続して大韓民国を支持しているというメッセージを送ってきた。同大統領はこのメッセージで、反共闘争で勝利を得ることによって韓国が統一されることを希望すると語った。

なお丁大使は去る十日ストレスナ大統領に信任状を提出した。

記事訂正

本紙一月十七日付三面「ハ氏病者に慰問金」の記事のうち、岡山とあるのはすべて福井の誤りにつき訂正いたします。

わたしも一言

年末助合いを恒久に

毎年のことながら年の終りと新年の初めには年末年始たすけ合い運動なるものが実施され、新聞面をにぎわす、そしてそこには必ずといってよいほど美しいエピソードが書かれ、人の心をあたためてくれる。

ところが正月もすぎ、日がたつにつれていつの間にかそのようなたすけ合い運動は人々の脳裏から忘れ去られ、またしようと思う人もみあたらない。

年末年始で困っている人々をたすけるということは大変よい事であり、だれも反対する人はいないことであろう。またそれをうけるする身の困っている人々にとっても大変ありがたい事は事実である。私は何もそのたすけ合いそのものに疑問をもつものではない。その後の問題に疑問を感じるのである。言葉を変えていうならばある一定期間だけ形式的にして終るのでなく長期間関心で続けるべき事ではないかということである。だからほんの気持だけの温情ですごしてしまうのでなく、困っている人々をより根本的に救済するにはどうするかということにもなる。

このようなことを述べればそんなものは大きな政治的問題であってわれわれの力が及ばないところであるというかも知れない。実際その通りであるかも知れない、しかしだからといって毎年同じことを形式的にくりかえしていては何の発展もないと思う。

だから小さな温情でも一時の形式的なものに終らすのでなく忘れることなくいつまでもその気持をもって力のおよぶ限り続けてはと思うものである。

（東京　C・K生）

尋ね人

金相守さん　（日本名）大山忠次郎

朴龍花さん　右の人の妻

本籍、慶南釜山直轄市東萊区正堤洞一〇二八

住所、一九五四年六月四日まで東京都大田区仲蒲田一の二四

右御夫婦の行方を釜山にいる父朴琪煥氏が尋ねております。消息を御存知の方は左記へ御連絡下さい

連絡先＝、釜山直轄市東萊区正堤洞一〇二八、朴琪煥

崔聖憲氏　現在55歳位

本籍地　全南順天市東外洞

現住所　東京（？）

右の方は終戦前に来日、東京都内に居住している模様。本国で義兄（妻兄）が緊急な用件で尋ねております。ご存知の方は左記までご連絡下さい。

連絡先　ソウル特別市鍾路区鍾路一街二八の二号

尹亨南（義兄）

駐日代表部公報官室

電話（451）八二〇六

新帝国主義研究

◇最近の共産主義の諸形態◇

最近のユーゴの政治変化　③

アレクス・N・ドラクニチ

…る。

行政的再組織目標の為の新手段

もし、基本目標と党の独裁がそのまま存在しているとすれば、ユーゴの情勢で変化したものは一体何であろうか？広範囲な観点からみると、チトー主義者たちは全体的ではないが部分的な独裁機構を変更したといえよう。それは、基本目標を達成する為、大進展がもたらされるであろうとの期待のもとに行なわれたのである。これら変化の一部に、実質的というよりは表面上の政治行政機構及び経済構造上の新しい体制が幾度も実験されたということも事実である。

一、経済的分権化

チトー主義者たちがコミンフォルムから脱退後直面したことは、彼等の経済が委縮し、西方側の援助にも拘わらず漸次悪化していったということである。経済状態を活発化させるため、チトー政権は、一九五〇年の基本経済政策履行の分権化を目的とする幾つかの措置を取った。本質的に同措置の中には、中央政府内の数個の経済関係省らの大幅的縮小、及び産業企業の管理責任を担当する労働会議の発足等を含めた。このような措置は、厳格な計画経済を一部放棄し、予算面では大きな制限つきの自由経済の方向に進むことを意味する。

二、政治行政の改編

政府の経済的、社会的計画の実施を分権化しようとする目的の為に、政治行政機構の改編を行なった。先ず初めの改編は政府機構内に代表を持つ諸般経済区域設置を目的とするものであった。大体において上院と似ている生産者議会（Councils of producers）が政府各級機関に設置された。同議会の代表たちは、よく変更される複雑な手続きを通して経済企業から選出された。

二度目の改編は中央政府の機構が簡素化され、表面上では地方及び中間政府機構に、より強力な権限を持つ代表部が設置された。

三度目の改編は司法部にあったが人民委員会と選挙制度法が公布された。このようなものが実施されたのは、行政上の諸般手続きを簡便簡潔にすると同時に、民主主義と法を尊重するという宣伝的な効果をあげることに目的があった。しかしこのような運動は西欧的民主主義制度を導入しようとする意図の下にもたらされたものではなかった。特に政治行政の改編はいかなる立場からみても、共産党が全般的行政に対し強固な権限を掌握していることを否定するものではなかった。かえってそれは分権化された経済機構に対するより効果的な協助と調整を具現させるものであった。それ故ユーゴは経済的、政治的行政改編を通して本質的な中央政府制度を分権化しようと企図したということが出来る。

要するに政治行政の改編は二つの目的の下に行われたとみることが出来る。即ち分権化した国家的経済活動に対する党の能率的な指導と、党の権限が密実することなく、あるいはすべてが上部でのみ決定されているという印象を与えることなくして達成するという二つの目的からである。

事務員募集

一、資格、在日韓国人で民団登録済みの満20歳から40歳未満の男子

一、採用人二人無（なるべく都内居住の組織人）

一、待遇は優遇す

右希望の方は自筆履歴書を持参の上左記へ御応募下さい。

連絡先　都内江東区平久町一の一三、電（六四四）〇五一二

在日大韓民国居留民団江東支部

住所移転

敬頌

新春を迎え益々御清栄の御健勝を祈ります。小生住居移転の都合等から御年賀も疎かになりました事をお詫び申し上げ、ここに移転先をお知らせいたします。何卒旧に増して御支援御鞭撻の程お願い申し上げます。

一九六三年一月十五日

移転先　東京都調布市上石原一五〇五番地

金光男

電話調布局(4)(229)八五三七番

女子事務員募集

一、女子事務員　一名

年令十八才～二十三才マデ

二、待遇　本給　一三〇〇〇円以上

別に交通費支給す

右希望者は履歴書持参の上来社せられたし

東京都千代田区神田松枝町二三（三原ビル内）

電話（八六八）〇〇一六

総合韓国資料社

韓日定期航路

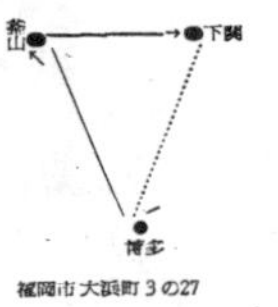

就航船　男島丸

4日1航海

博多出帆　午後4時

（博多新埠頭）

福岡市大浜町3の27

九州郵船（株）　電話③—0831～0834

韓国服地と韓国レコード！

営業品目

特殊香港洋丹・中国洋丹・金糸織洋丹

テトロン洋丹・京都洋丹・美術丹・七色丹

リバレース・オパール・ニュートン・ベルベット

其他・木綿・準備品一式・韓服古典長鼓販売

昇古典楽器

韓国レコード総販売元

祖国訪問者および帰国者には特別御奉仕しております

仁川㊁商会

東京都台東区浅草公園六区10—3

TEL (871) 3981・5498

韓國レコード

技術革新の凱歌！

平和ミラクル・セット

パチンコ裏玉還元装置

★シマの構造は、あまりいじりたくない……

★人為的な玉の上げおろし作業は、人手不足の折から、もったいない……

★サービス員の出入り出来る余地があるだけで、営業客は心理的にもガス玉が打ちとめない……

★他機種の入れ替えにシマをつくり直す手間が要らない……

★したがって、完全な還元装置があれば、いちばん理想的……

以上の問題は、平和のミラクル・セットのご使用で、すべて解決します。

平和

東京・大阪・北海道

自動車のコンサルタント！皆様の車に関する相談役

新車各種・中古車販売・修理・板金・塗装

自動車保険（事故相談・一般契約）取扱店

（無料相談受付中）

自動車の事なら、売る時 買う時 他一切の御相談に応じています

国電東中野駅陸橋際・東京都中野区上ノ原町11番地

日野コンテッサ・日野ルノー

東京日野自動車株式会社代理店　大東京自動車株式会社

代表取締役　・　尹和錫

電話（361）1508・0096番

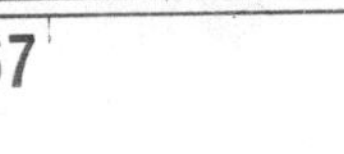

文化

女性像――金英姫

大統領選挙法案今週中審議通過予定

最高会議は今週中に大統領選挙法案を審議通過させる予定である。最高会議内務委員会は十四日現在、この法案の要綱案の草案作成をほぼ完了し、各界の意見を求めるため要綱案を遠からず発表する方針だが、消息筋によると新しい大統領選挙法には政党公薦の要綱など国会議員選挙法に規定された特殊内容をとり入れている。

韓国の美

限りなく柔和な調和美、どこでも感じられる静かな美しさが韓国的な美だとするならば卍字窓の洗練された直線美や古風な家具などから味わわれる豊富な芸術性、高麗青磁の優雅な「線」と「色」、そして女性衣裳の清楚な線細美の如きはその代表的なものといえよう。

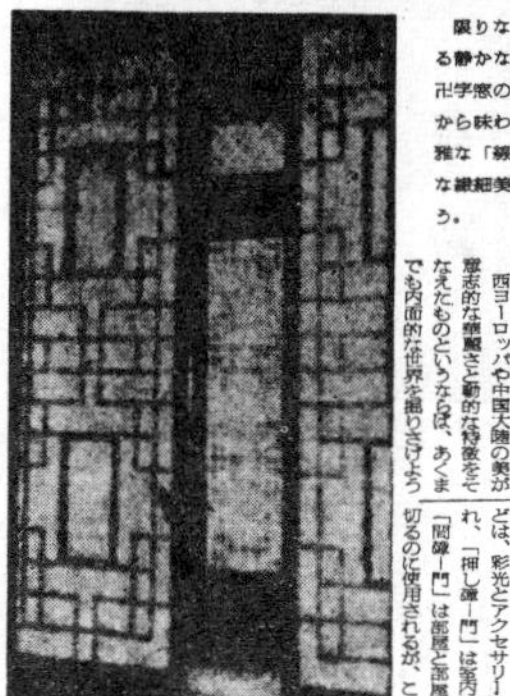

近代化された韓国式窓

柔和な調和美（窓と門）
線は静で掘りいる内面性

韓国に初めて訪る外人や韓国文化に理解をもつ人ならば誰しもこのように洗練された線美であふれる韓国の美に深い感銘をいだく。

西ヨーロッパや中国大陸の美が躍動的な華麗さと動的な特徴をそなえたものというならば、あくまでも内面的な世界を掘りさげようとする韓国の美が、人々の胸にひしひしと迫る訴えを一層強くなえるのも無理のない話である。

直線と直線とが構成する大きく小さな空間たちが、縦横に秩序正しく寄りそうて、より大きい空間を占め、室直大胆な線美を清楚かに調和しているのが韓国の「門」と「窓」である。

「窓」と「門」は家屋によって材の配列を変え、そうして家屋全体の外観やふん囲気を見事に変えて見せる。

だから、韓国式住宅の「門」と「窓」の種類には実に豊富に発達されたものがあるのだ。

「障子」「両開き障子」「引きちがい障子」「井字窓」「卍字窓」「亜字窓」「障ー門」「押し障ー門」「独窓」「光窓」「円窓」「半月窓」「あげ窓」「文窓」「四分閣」「細箭門」「帯状細箭門」「雨戸」「格歯窓」「破鏡之窓」など大体拾っても二十種類はらくに越える。

このような門類は格子（直線）の配列によって姿がととなり、用途や名称も変ってくる。

「障ー門」や「井字・卍字窓」などは部屋と外をしゃ断するのに使われ「光窓」「文窓」「円窓」などは、彩光とアクセサリーに使われ、「押し障ー門」は室内装飾に「閣障ー門」は部屋と部屋とを仕切るのに使用されるが、このような多様性は、韓国式住宅でなければ見られない特色である。

容画をあしらっている「押し障ー門」とよく調和がとれた清淡な「障ー門」からただよう情感とは限りなく柔和な優さがまどろみ、冷やっとした「硝子窓」や単調寒を唱える日本の「障子窓」から受ける感じとはまるで異なったムードがある。

初冬の淡い日差し南向きの「障子」を開け閉める時、清く澄んだ音から感ずる情趣は、無限ののどかさがこもり、新しく張り替えた障子紙の純白の色感には、現代的なデザイン感覚を生かしてなお余りがある。「障ー門」の調和に満ちた線を一層判然と現わしている秋の闇夜の多情趣とか、質のよい障子紙のウブ毛のような手触りは荒れはてた人の心をふんわりといだいてくれる豊かさがある。これこそ一幅の画に等しく、また詩にもなろう。

×　×

韓国の文化は中国の唐、宋時代に始まるという。

しかし、われわれの建築様式は繁雑きわまるろう飾りをはぶいて野暮なほどはっきりした線を韓国の風土と民俗と気候とに合せて、一層静化させながら新しい美の境地を切り開いた。

こうした建築様式は、新文化がはいるにつれて、徐々に変質されて行くようにもなった。

紙だけを張っていた障子門には何時の間にか一、二枚の山水画をあしらった硝子がはさまれ、全部硝子でなく「影窓」とよぶ戸が新しく現われるようにもなった。

それで、線細さを売物にしていた線はだんだん希薄になって来、また太く大胆にもなって来たようだ。

だが、その「線」はあくまでも「韓国的なもの」であるがために韓国固有な「情趣」を捨てるようなことはなかった。

李朝野史物語

太宗世祖時代篇（30）

敬恵公主の遺族
端宗夢の媒酌で甥結婚

ここで物語ることも正史にはないが、野史だけにある伝説。

魯山君―端宗大王は崩後その神霊は鄭眉寿という人の家に入ったことは既に述べた。

鄭眉寿は大王の神位を祠堂に祀って供養を怠らなかった。ある日鄭の夢に端宗大王が

「今日、わしは姉さんの家にゆく」と、お告げがあった。

その姉さんというのは敬恵公主のことで、全羅光州に追放されその地で一子鄭眉寿が生れた。

端宗大王妃宋氏は端宗退位後鄭眉寿家において生涯を閉じられたが、宋妃は端宗の神位を奉じて祀祭供養をされた。そのために端宗の霊は宋妃のところに入ったことである。

宗妃が薨じたとき、鄭眉寿はお二人を一緒にして祀り「不遷位」となした。不遷位というのは国家の命令で永代祭祀を欠かさないことである。

鄭眉寿は晩年左賛成にまで進んだがその曽孫鄭孝俊の時代になって非常に貧乏暮しをした。四十になっても仕官に出世もできなければ、三度妻を娶ったが妻に死なれた。

同じ村に、李真卿という人がいた。二人とも同じ年配でもあり気心も通ずるので、二人は大の仲良し。或る日二人は将棋をさしていたが、鄭の方から真面目な顔で

「君、わしが君のところに婿入りしたらどうだろう」と相談を持ち込んだ。李の家には婚期を逸した娘がいたからである。鄭は

「君、気でも狂ったのか。四十にもなった人が、うちの二十未満の娘をくれというのは正気の沙汰でないよ。戯談もほどほどにした方がよい」と断った。

さて、その晩李真卿一つの夢を見た。一人の少年の王様が王の正装で諸臣を引きつれてわが家に入ってきた。客室に正座してから

「昨日、この村の鄭孝俊が汝の娘をくれといったが、年齢があまりちがうので断った。しかし、この縁談は得難いもので、後日もっとよいことがあろう。そのためにわしがわざわざその仲介をするのだ」とのお告げ。

李真卿は夢からさめた。彼が夢で見た少年王は鄭孝俊で祀っている端宗大王の神霊であろうと思われた。そこで夫人を呼んで夢のことを語り相談をしてみた。李家の神霊が夢でお告げになることであるから命令される通りにした方が家のためによいと考えた。しかし、その夫人は虚しい夢のことであるので大事な娘を四十男にやれないとして強く反対した。

すると、その翌日もまた夢の中には端宗が現われた。前夜と同じく客室に正座された。それから宣伝官の号令がかかり禁府の刑吏が主人李真卿を縛ってから、王の前に引きずり出した。

「汝、昨日わしが仲介の労を取ったにも拘らず、これを実行しないのは何んの故か」と厳しいお声。

「恐れながら申上げます。実は女房の方でいやと聞きませんので」

王は、その女を呼べと命じた。すると、一時に数十人の宮女が現われて、その夫人を引きずってきた。王は、女に対して

「汝、わしの仲介まで断るのか。不届き千万なことだ。一つ懲しめをしてやろう」とお叱りになる。それから王の命令が下ると、宮女たちは夫人を刑台にのせた。刑吏たちは夫人をしたたかこらしめた。

夫人は、苦しみに堪えきれず

「御命令通りに致しまする」

と申上げると、

「それでは、汝の罪は許される。それでもまた汝約束を履行しなければ汝の家は大きな禍をうけることになる」と。

夢がさめて、考えてみれば虚しき夢としてそのままにするわけにいかなかった。その夫人にいまの夢のことを話した。夫人も丁度同じ夢を見たところであった。

翌日、李氏は鄭孝俊にその求婚を承諾した。李氏は鄭に夢のことを話すと鄭も同じ夢を見たので求婚したことを語り合った。

一方、娘の方でも夢を見た。その母に語るところによると

「お母さん、昨夜夢を見るとおじさん（鄭のこと）が五色綺ろうな小魚五匹を竜の子であるといって呉れながらそれをスカートで受取るようにといわれました。それを受取るとき一匹落したら頭が折れてしまい、他の四匹は完全にうけとれたのです。一体どんな夢でしょうか」と。母はこれを心にとめて「とても吉祥な夢だよ」といってきかせた。

二人の結婚はその三日後に滞りなく行われた。二人の間で五人の男子が生れた。五人共みな高い地位に就いた。ただ一人四番目が書状官となって燕京使節に随行して明国にゆく途中、遼東平野で車から落ちた。先年夢の魚のように頭が折れて死んだ

鄭孝俊は五十歳のとき始めて出仕して一品官となり敦寧府に進んだ。その夫人も内助の功あって貞敬夫人と贈された。七十九で平和に眠った。目出度し。

（石銀山人）

「四歳の生涯」
（交通事故に死しおいを）

金　賢

おいは散った
桜の花びらのよう
四歳のこうばしい香りを残して
はかなく　苦しく　こと切れて散った
母は泣いている
父も泣いている
でも　お前は泣かなかったね
この四十二時間　お前は懸命に逆った
死の使者の前に
父母の前にも
その淡白な　最後の愛をおした
まるで火の玉のような　熱い　それでいて
ふるえるような愛だよ
だが遂にお前は　名をよべど振向かない人　手のとどかない
永遠の旅路にちってしまった　僕「おじちゃん」どういたろう
かと　どついて下れない　冷たい彼岸に散ってしまった
笹の葉のごとく　それは
世の流れ、風の流れにもぎ取られ
声もなく流れていく　それは
まるで反応がないんだよ
でも　お前の瞳は美しいよ
滑らかに澄んだ一輪の花
神の子のようだ
真実によればお前は歩いてたとか　歩道だよ　突如襲いかか
った現世の牙　その黒い尖鋭は、お前の脳髄をかみ砕いた
それは　僕と同じ道同じ時刻であった
尖鋭に犯されながらも奇蹟的に咲き返った僕　枯れたお前は
救われない
咲き返るには　あまりにも可弱すぎたんだ　お前の　花びら
は散る一時まえより
あまりの悲傷にも火もこらえきれずと　大粉の涙をざわざわ
ざわざわと降し初めたよ
それはあたかも予期したかのように
冷く痛く哀れをそそいて
まださめやらぬ樹桜の窓の外　うつろな町の暗闇にしどしど
涙の共鳴ともども降りしきる
お正月を明日にして
お前の肉体は散っていく
淡白い魂は　たなびき昇天していく
父も母も　魂のぬけがらのごとく
放心した心は無心に動く
お正月用のと　新しい衣を着せてやりたいと　お前の好きだ
った　キャラメルも　ピストルも　万年筆も　それから
魔の「凧」も棺に納めてやっていた
そして弔客各々ひとときはすすり上げていた可哀いそうだ　可
哀そうだと
酒をあおりくたまいて
でも結局は　親達の愛の不足だよと
その日の弔手は教えていった
でも　弟は知っているよ
兄ちゃんちんだと　一滴の涙を落したよ
かっこいだろう兄ちゃんよ
お前はもう弟を可愛がれないんだな
でも　見えないお前の魂は　いつまでも弟を見守ってやれる
わよな
僕は涙もなく鯨屈あり
お前の力を貸してくれよな
せめてそれだけがお前への愛
やすらかに寝れ
だが寝れないだろう
れといだが寝たが寝れというのが現世
赦して下れ
こらえて下れ

安住の地よいずこ

許　槿　旭
え　金　泰　伸

（127）

安住の地　（十三）

年があらたまった。

冬が去り春が訪れた。無心川を狭んで場所を占めている小さな清州市のS新聞社で、彼は編集に携っていた。奇蹟のように訪れた倖倖の中で、私たちの生活は始まった。不幸な人間生活の暗い隅に、夜明けのように訪れた奇蹟の中で、私たちは小さな倖もありがたく思い、貴重に思った。

朝彼が出勤した後になれば、貧しいしんしょうであるにせよ、私はこれを整理整頓するのに時のたつのも忘れた。一日が楽しかったし、あすが楽しい期待の中で、私の心は平和であった。

夜になると、彼と私は向い合って座り、愛の伝説を語り、あわい夢の中でゆっくり休んだ。

すべてを忘れて……。

六月が緑葉を抱えて来た。

アカシアの散らす香りが、風にのって漂ってくるある日の午後だった。私は何だか、私の体の中で起きた変化を発見した。毎日のようにおかずを買いに行く市場から戻ってくるなり、私は何だかだるくなる体を椅子にもたせてすわっていた。

（なぜだろう？）

突然、私は体の中で私自身のものでない微妙な動きを感じた。

瞬間、私は新しい生命が、私の体の中で動いているのを感じたのである。それはそこで存在し生きていた。臍の緒を通じて栄養を摂取し育ち、自分自身が設計すべき新しい世界のために、準備し深い眠りをしていた。

しかし、日がたつにつれ、そのこどもは少しずつ眠りを少くし、生まれ出る時にさしかかって、永遠びらの偉大な最初の出発が始まるものである。

（こどもが？私たちのこどもが……顔がどんな形だろうか？）

不思議な感じであった。未知への好奇心とともに、一抹のうすい恐怖が絹糸のように私の体にからんで来た。

（私たちの現在の立場で、こどもを幸福に育てることができるだろうか？不幸な運命が、あす、どういうふうになることやら誰が保障できるというのだろうか？）

（ああ……だめだ。だめ！もしも運が悪くて私たちが監獄に囚われの身となったら、そのこどもは孤児になってしまうだろう！）

私は両手で顔をおさえてむせび泣いた。きしむ刑務所の鉄の扉の音が、潮のように私に押し寄せて来た。心が疼くようによみがえってくる耐えられぬ追憶のかけらとともに、強く迫ってくる恐怖の影の前に、私は煩悩し煩悶した。

夕暮れに家に帰って来た夫が、私の表情を見守りながら心配げにきいた。

「なぜ、こんなにご飯を食べないの？　どこか体の調子でも悪いの？」

私は視線を落して、もじもじした。

「こっちへ来なさい。どうしたというの？返事をして　ね？」

やさしくきく彼の言葉に、私は顔を赤らめながら低く答えた。

「大きな　心配　ごとが　できたのよ」

「なに！大きな心配ごととは？何があったの？」

急に彼の顔があおざめながら、私の手をサッと握った。

皆様にとって最も親しめる銀行…
最古の歴史を誇る朝興銀行を御利用下さい。
外国為替・信託 業務
韓国・ソウル特別市
朝興銀行

優良鋳物用銑鉄製造

ASK
朝日製鉄株式會社
取締役社長　申　学　彬
横浜市鶴見区鶴見町1320
TEL 横浜(50)8431－4

発展の基礎をささえる愛知商銀
皆様と共に歩み
皆様と共に栄える
商銀
信用組合　愛知商銀
理事長　姜　求　道（神野登治）
名古屋市中村区… 町3－1（0）1
電話・代表 56－2156（1）

近代工業の先端を行く…宝石部品の日本国内唯一のメーカー

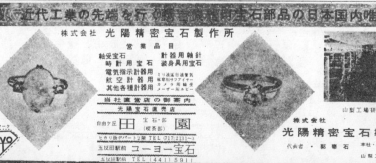

納品先
電電公社　日本碍子KK
日立電気　安立電気
三菱電気　セコニックKK
松下電子　協立農機
シチズン時計　日本電子
ヤシカカメラ　千代田光学
三協精機　理研電計
リズム時計　矢島計器
東京時計　日本電装
島津製作所KK　其他計器メーカー70社
品川製作所KK

●右掲載の割引マークを当社直売店に御持参の方には一割～二割の割引サービスをいたしております。

割引マーク koyo

株式会社　光陽精密宝石製作所
営業品目
軸受宝石　計器用軸針
時計用宝石　装身具用宝石
電気指示計器用
航空計器用
其他各種計器用
ミリ波進行波管気
衛星用サファイヤー
カメラ用軸受
メーザー用ルビー
当社直営店の御案内
光陽宝石直売店
自由ケ丘　田園　宝石・部（喫茶部）
ヒカリ街デパート2階 TEL (717)2131～3
五反田駅前　ユーヨー宝石
五反田駅前 TEL (441) 5911
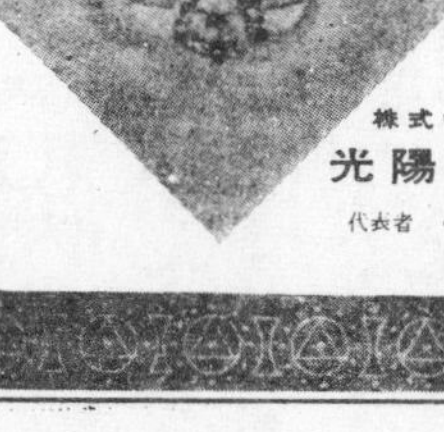

山梨工場研磨部
山梨工場検査部

株式会社
光陽精密宝石製作所
代表者・郭泰石
本社・工場　川崎市小杉陣屋町2丁目1280番地　電話中原(0447)5254・9029番
山梨工場　山梨県都留市上谷1680番地　電話（都留）2175・2176番

韓國新聞
発行所 韓国新聞社
発行人 曺寧柱
東京都文京区金富町51
電話(813)2261・2263 編集
東京(812)1921 (813)2262 業務
振替口座 東京 34988番

明るい外資導入の見通し

金経企院長が言明

【ソウル発＝迷合】金裕沢経済企画院長は十六日、外資導入の展望に対して計画されたものの内一部は延期されたがその展望は明るいものであると述べ、すでに確定されたものが三四件二億五千二百万ドルであり、現在交渉されたものが二四件、四億五千四百万ドル、今年中外資導入によって機材が到着したものが一億ドル相当になると語った。

外国商標の氾濫防止

外資導入法に例外規定

【ソウル発＝迷合】十五日明らかにされたところによると、経済閣議では外国メーカーとの技術提携にともなう外国商標の氾濫防止を目的として、現行の外資導入法の当該規定に例外規定を設けることに合意をみたと伝えられる。

同例外規定によれば外国商標の使用は所管部所長の合意を要することになり事実上一切許可されぬことになる。

なお、現在既に使われている商標に対しても一年以上は許可せぬ方針である。

組織方向並びに六つの原則について検討を加えた。

意見対立で結論えず

単一野党結成の各派代表者会議

【ソウル発＝迷合】単一野党を結成するため既成各政派は十六日午後会体会議を開き、およそ四時間にわたって論議をつづけたが問題の核心である大統領候補と党首並びに組織の比率などについて各派の間で意見が鋭く対立したのでなんら決定を下すことができず、十七日午前再び拡大会議を開いて討議を続けることになった。

三つの分科委構成合意

新党、五次発起人常任委員会

与党である再建党（仮称）の発起人会常任委員会は十六午前十時から五度目の会議を開き、この度開かれる発起人委員会の運営をはじめ、連絡それに政策研究など三つの分科委員会を構成することについて話し合った。

この話し合いで常任委員会は来る十八日か十九日頃開かれる予定であった発起宣言大会の日程を確定させる一方、発起総会後に構成される発起委員会の運営をはじめ連絡政策研究など三つの分科委員会を置くことに話し合いがまとまった。

一方、この発起人会は午後三時から六度目の会議を開き、十五日午後常任委員会が決定した新党の

監察委員会、韓銀の監査を開始

十五日監察委員会では韓国銀行に対する全般的な業務監査を始めた。

五・一六[illegible]はじめて行なわれるこの監査は来る三十日まで続けられる。

趙昌大准将ら二等勤務功労勲章授与

朴正熙最高会議議長は十六日午後趙昌大予備役陸軍准将を初め、十名の予備役将星らに二等勤務功労勲章を授与して、彼等が国家安全につくした功労をたたえた。

バーガ駐韓米大使、朴議長と要談

バーガ駐韓アメリカ大使は十六日午後六時朴正熙議長を訪れ、およそ一時間にわたって話し合った。

なお、この話し合いには金鍾河外務国防委員長も参席した。

李寛求、尹英求両氏

最高会議、中央選挙管理委員を任命

国家再建最高会議常任委は十六日李寛求、尹英求両氏を中央選挙管理委員会の委員に選んだ。

このような措置は中央選挙管理委員会の発足が急を要するに伴い改正憲法百七条の規定により選挙管理委員九人のうち二人を国会から選ぶようになってその規定を摘要したものである。

金東河少将予備役に

政府は十七日付けで金東河海兵少将、金在春海兵准将、李錫済陸軍大領、姜尚郁陸軍大領、呉定根海兵大領など五名の最高委員らを一階級ずつ昇進させ予編処置した。

柳原植准将ら三将星予備役編入

政府は去る十二日と十五日付けで柳原植陸軍准将、孫昌奎陸軍准将、宋賢明海軍准将を各々予備役に編入させたと発表した。

孫昌奎准将など予備役に

新党発足に備え孫昌奎、柳原植、崔英奎准将など三将軍の退役式に加え去る十四日再建党（仮称）発起人に参加した趙昌大准将など六人に対する将官進級及び退役式が十六日午前十時から陸軍会館で行なわれた。

物資需給に注力

実績リンク制修正に談話

十六日修正された輸出実績リンク制発言にさきだって朴商工部次官は六十三年一・四半期に導入するためすでに発注された物資が六千百万ドル数当額に達するため、これからの物資需給は支障がないだろうし、物価が上昇する要因もないと展望した。

朴次官はまた政府は物資導入の促進とか、これからの輸入通関期日の延長は許さないだけでなく、輸入された物資の保税倉庫滞留期間を短縮して一定期間が経過された分に対して出庫を命令すると述べ、そのような一連の施策によってこれから外貨プレミアムも下落するだろうと予測した。

一方、この日の午後のプレミアムは数日前ドル当り四十三ウォンまで上昇していたものがドル当り三十ウォン以下に下落した。

論壇

済州道訪日親善 視察団を歓迎する

在日済州開発協会の招請で、韓国済州道訪日親善視察団一行（団長金栄寛済州道知事）が十六日訪日した。

現在まで、訪日団は多岐多種にわたって韓日間の文化的、経済的の交流に多大なる貢献をなしているが、今回の済州道訪日団のごとき地方色豊かな訪日団は、これがこう矢となる訪日団である。

済州道民が日本に居住する、その数は約八万名に達していると称せられ、在日同胞総数の一割三分を占めている。これらの済州道出身者の在日同胞の大半が商工業に飛躍し、その在日同胞商工業界に占める地位は、在日同胞商工業界における中核体となっていると、指摘しても決して過言ではない存在である。

これらの人々が出身地の済州道の開発は、われわれの資金と意欲と郷土愛の精神をもって開発事業をもくろんで、祖国に貢献せんとの意欲を表わしたのが在日済州開発協会である。

当該会はすでに、日貨二千五百万円の開発資金を郷土に投資し、観光事業、漁船事業、港湾建設事業などに投下され、着々とこれらの事業は推進されているが、この度、訪日団を招請したのも事業の一環として、また現地の要路に日本の先進した観光事業その他にわたる開発事業に関連する事業をつぶさに視察せしめて、済州道開発に良き範すべてにならしめるのが、その招請の主旨のようである。

この招請計画とその主旨に賛同して訪日された金済州道知事一行の訪日を心から迎え、先進日本の事業をくまなく視察し、済州道開発に参考にされんことを切望するものであるが、視察団は日本の農林、水産、観光の三部門にわたって二週間の予定で視察日程を組んでいる。これは済州道が軍事革命以後、済州道開発五カ年計画を樹立、その第一目標は畜産事業で現在四万頭の牛を五カ年間に十万頭に増殖の計画をもくろみ、第二は済州道の自然美にめぐまれた環境を活用して観光事業を興し、外貨獲得の一翼を負うとともに、第三は四面海にめぐらされた済州道の地域と水産資源の宝庫といわれている周辺の海に一大水産事業を振興する計画を進めている折、これらの諸事業を合理的に近代化すべく、その資に供するために訪日の最大目標においていることを金訪日団長は語っている。

これは済州道のみの利益ではなく祖国再建設につながる事業であるからわれわれは在日済州道出身のみに、まかせるべきものではなく、在日韓国人として共に提携協力すべきものである。

また、在日済州道出身者をみる時居住者八万名のうち四分ノ三は共産陣営たる朝総連に加盟しているといわれている。これは済州道出身者としては一考すべき事態で、その原因がいずこにあったかは、つまびらかではないが、祖国が民主主義を標榜して再建設に営営とし、済州道自体においても熱意あふれる開発再建設に奔走してる姿を如実に注視して、郷土を愛し、祖国を考えるならば朝総連加盟の済州道出身者に対して翻意を促すものである。

訪日済州道団の一行の人々も事業視察はその目的として最大なるものではあろうが、飛躍する故郷の香を朝総連加盟の済州道出身者にひざを交えて、その香を伝えて民主主義陣営に参画すべきを説得することも意義なきことでなかろう。

（崔 天栄）

日本漁網船具株式会社
取締役社長 福井保
本社 東京都千代田区丸の内二ノ二（丸ビル）
電話代表二〇一局一八四一・一三六六

目標額の一二七％達成

六二年度地方税一億五百万ウォン徴収

十六日内務部は昨年（六二年度）徴収した地方税総額は五十一億二千五百万ウォンに達し、目標額の一二七％、調整額の九四・四％であったと発表した。

この徴収額をソウル特別市においては十三億七千三百万ウォンを徴収し、調整額の九十・四％、目標額の一二五・六％であったし、道税は七億一千九百万ウォンを徴収して調整額の九四・八％目標額の一三八・四％であったという。

また市税は徴収額が六億五千七百万ウォンで調整額の九二・九％、目標額一二九・五％で、郡税は徴収額が二十三億七千五百ウォンで調整額の九七・一％、目標額の一三〇・五％に各々達したという。

十八日発起人会総開催

再建党（仮称）発起人第六次会議は十六日午後、新党発起人総会を来る十八日午前十時三十分朝鮮ホテル・グランドホールで開くことに決定した。

この日発表される発起宣言文は、いま一度基礎委員会に回付して検討することにした。

一方、十七日午前十時からは発起人会体会議を開くが、この会議には十余名の発起人が追加される予定であり、また十七日付けで予備役に編入される金東河将軍をはじめ、金在春、李錫済、姜尚郁、呉定根氏らが予定されている。

単一野党に参与する

前最高委柳原植氏が声明

【ソウル発＝迷合】前最高委員であった柳原植氏は十六日午後単一汎野党を力が及ぶ限りたすけることに決心したと語った。

この日午前予備役編入式を終えた柳准将（予備役）は記者会見をもち金鍾泌氏が組織中である政党は私が見た限りでは多数の国民の支持をうけているのでなく、彼の追従者らが集った派党にすぎぬと酷評して、仮称再建党に参与しないと述べた。また純粋性を守らなくてはならない軍と政治の関連性がどのときよりも深刻と述べ、政治的脆弱性が鋭敏なこのような時期にこのような事態がそのまま発展されて行くと憂うべき結果を招来するのではないか心配であると語った。

こん度の総選挙では安東地区で出馬すると伝えられる柳氏は挙国的自由民主主義のため政治に足を入れると述べ、力のある限り汎野運動をたすけるとその所信を明らかにした。

終りに柳氏は軍事政府は政党と関連性をもってはならないと述べ、最高委員が政党組織に参加しようと思うならばまず最高委員職をやめるべきであることを強調した。

ところで、柳准将は昨年の夏まで最高会議の財政経済分科委の実力者だった。

遊撃訓練手当給与規定公布

政府は十五日付けで遊撃訓練中である将校に同七百ウォンの手当を与え、下士官には五百ウォンを支給する遊撃訓練手当給与規定を公布する一方機甲勤務者と前方哨所勤務者また訓練[illegible]給与手当規定も同時に公布した。

最高会議、新党発起参与を決定

国家再建最高会議は十六日、金東河外務国防委員長をはじめ、李錫済法制司法委員長、金在春文教社会委員長、姜尚郁、呉定根最高委員ら五人に対して予備役に編入させ新党の発起に参与するよう決定した。

このような措置は朴正熙議長が十五日午後、新党発起常任委員会による最高委員いく人かが新党の発足に参加するよう進めるとの決議を受け入れとられた措置である。

原始的な営農利を撤廃するよう

朴議長農林部視察で指示

十六日午後朴正熙最高会議議長は金顕哲内閣首班、柳陽洙財経委員長及び柳炳賢農林委員を帯同して視察かたわら農林部を訪問し、張農林部長官から六二年度重要産業実績及び六十三年度事業計画などを聴いた。

この席で朴議長は今年度農業施策を遂行するにおいて営農技術を向上させ、原始的な営農制を撤廃して単位生産の増大に重点をおくようにと指示した。

大統領選挙法起草終る

内務委 18日の連席会議に提出

【ソウル発＝迷合】最高会議の内務委員会は全文百余条から成る大統領選挙法案の起草を終え、十八日法司委と連席会議を開きこれを審議する予定である。

伝えられるところによると、大統領選挙法案の主な内容は選挙の徹底的公営制など国会議員選挙法と大してかわらないが、国会議員選挙法で認めている不在者投票制を大統領選挙では認めないことになっているといわれる。

国会議員選挙法を公布

十六日臨時閣議で議決

十六日午後開かれた臨時閣議は国会議員選挙法と選挙管理委員法を公布することに議決した。

またこの日閣議は国立学校設置令中改正の件を議決したが、これによると全北大学教文理科大学に法学科を新設。釜山大学に法科大学設置して法学科と行政学科をおくことになった。

自動車部品の保税加工

極東自動車と日本の明邦社が契約

6カ月間に総額280万ドル

【ソウル発＝迷合】韓国保税加工品輸出協会によると、韓国で生産されない各種自動車付属品の保税加工貿易仮契約を行った極東自動車（代表鄭仁勛氏）は、日本の明邦自動車と六カ月間、二百八十万ドルの保税加工貿易の本契約を正式締結した。

同加工製品は東南ア輸出をはじめ国内で生産されない軍納業にも向けられるといわれる。

南進洋行、保税加工協に加入

韓国保税加工品輸出協会に南進洋行（代表朴鍾洙氏）が新規会員加入申請を行なったが、これで同協会員は九十九業体に飛躍的な発展をみた。

南進洋行は被服製品の保税加工貿易を推進中ですでに米国の商社と年間九十万七千七百ドル相当の契約を締結している。

朴議長財務視察

経済安定と成長の年を強調

国家再建最高会議朴正熙議長は十六日午前金顕哲内閣首班と柳陽洙財経委員長らを帯同し、財務部を視察し金財務部長官から財政金融施策に関する現況を聴いた後、政府は国民に対して実践性のない約束はできないだけに確実な方針だけを示さねばならない、なお今年は経済安定と成長を果す年であると強調した。

一方金財務長官はあらまし次のように報告した。

昨年の凶作による農業生産の不振を除けば良好な経済成長をなし通貨量も計画線以下に食い止め、また物価は今年中平均一〇・二％のラインで上昇率を食い止めているだけに新しい基が築かれた。

昨年一年間に目標以上の税金を徴収しそれの二倍にあたる貯蓄実績を納め、五カ年計画を支援する立派な成果を納めた。

ブリなど自由貿易

韓国冷凍輸出組が対日交渉

韓国冷凍水産物輸出組合では十一日、現在日本において輸入許可品目になっている冷凍ぶり及び貝類などの冷凍水産物全般に対してその許可制を廃し自由化するための交渉を行なうよう外務部に建議した。

同建議書によれば水産物のうちでもぶりは日本の需要が極めて大であるにもかかわらず日本側でこれに対して輸入許可制を採り輸入量を制限していることはわが国の輸出業界に甚大な影響を及ぼしており、今回日本通産省で新年度貿易自由化政策を全面的に再検討するとの報に接したのを機に駐日代表部を通じて交渉するよう政府に建議するものであるとされている。

建設ブーム来るか

施設工事47億ウォン計画

調達庁は六三年度政府十三部処建設工事執行計画を発表したが、それによると総工事件数百九十九件、工事予算総額は四十七億四千九百二十四万八千二十ウォンとなっている。

部処別には建設部所管が百十三件、二十八億一千五百八十五万四千六百ウォンで全工事費の六〇％を占めており、交通部は二十三件十億八千七百二十六万六千二百ウォン、専売庁二十五件、二億八千九十二万五千ウォンとなっている。

なおこれは六二年度に比べ工事費にあって十七億余ウォンが増加したもの。工事件数と工事予算額は次のとおり。（単位千ウォン）

	件数	予算額
交通部	二三	一、〇八七、二六六
専売庁	二五	二八〇、九二五
法務部	一三	一四〇、七二五(?)
内閣事務処	二	[illegible]
通信部	一〇	一三六、八八八
保社部	五(?)	[illegible]
原子力院	四	五五、一〇〇(?)
調達庁	一	[illegible]
文教部	五(?)	一三、二〇〇
財務部	一	七、〇〇〇
商工部	一	[illegible]
公報部	一	[illegible]
建設部	一一三	[illegible]
合計	一九九	[illegible]

注目される野党単一党の動き

朴議長声明に反対表明

十五日午後発表することに予定されていた汎野党単一党（仮称民政党）の朴議長言明に対する反駁共同声明は十六日午後二時の拡大会議後に発表されることになった。

朴議長は去る十四日鶴鎭演、金法錫氏と会い政浄法と選挙時期は変えることはできないと言明している。

土地施設条項の予備討議完了

韓米行政協定実務者会議

韓米行政協定交渉を終えた両国実務者らは十六日午後外務部で第十一次会議を開き土地施設に関する条項の予備的討議を終えたと外務部は伝えた。次の会議は来る二十四日に開かれる。

卸売物価指数横バイ

韓銀が調べた昨年十二月二十四日現在の卸売物価指数は一三三・七（五五年＝一〇〇）で十日前の水準を維持した。

つまり練炭の鉄食品が〇・三、化学製品〇・一％下落したのに、鉄クズの値上りで金属製品が〇・三、建築資材が三・三％上ったため結局指数では横バイとなった。

二、五三六件が、一億千万円ウォン

昨一年間摘発の密輸件数

財務部が十二日発表した昨一年間に摘発した密輸と外来品販売違反摘発で関税法違反は二、五三六件、一億八、七七七万八、五八〇ウォンである。

一方、特定外来品販売禁止法違反は一万四、一二九件、三、一五八万二、二五九ウォンであった。

62年度軍納額三千三百万ドル

「B、A」政策で前年より減少

商工部発表によると、去る六二年中軍納実績は三千三百三十一万四千三百九十二ドルで目標額四千三百万ドルの七十七％である。

これは六一年度年間実績三千八百三十七万七千ドルより五百六万三千余ドルも減少でアメリカの「B、A」政策がたたったものである。

なお、種別には建設軍納が一千三百六十三万千四百七十ドル、納品九百九十九万六千三百七十五ドル、用役五百五十八万五百四十七ドルの順である。

文教重大施策を発表

師範教育審議会など三件

朴一慶文教部長官は十六日文教部が当面している重大問題に対する施策方針を発表した。

それによると、教員養成に関する政策として教育大学の独立化そして師範教育審議会を設け、教育課程は教員養成の目的に注力編成すること、大学教授の停年を六十一歳に再び検討し教授の研究活動を奨励すること、大学の整備を再び調整しなおすことなど三つの当面問題が含まれている。

なお朴長官は、さきほど発表した今年度大学入学資格国家考試に合格できなかった者のうち女子学生に対しては、合格線を下げて追加救済すると言明した。

公務員年金法案など通過

十六日午後最高会議第四次常任委員会は公務員年金特別会計法中改正法律案を審議通過させた。これは、（一）公務員年金法改正法律の体制にしたがって軍人年金法を一般公務員と完全に分離し、（二）諸給与に対する予備費を計上するようにし、（三）基金の設置根拠をおきその運営に関して別に法律を定めることにしたことなどである。

一方、その日、常任委員会では軍人年金法案を審議議決した。同軍人年金法の重要骨子をみれば給与の種類を退役年金、退役一時金、障害年金、遺族年金、遺族一時払い、災害保償金などに区分している。

なお退役年金は二十年以上服務して退役した者には、同人が死ぬまで俸給金額の百分の五十に相当する金額を支給することになっており、遺族年金は軍人または軍人であったもので退役年金とか傷痍年金をうける権利がある人が、服務上疾病または負傷して死んだ時にその遺族に対して俸給金額の百分の三十から百分の五十に相当する金額を支給することになる。

なお、この法は去る一日から遡及実施されることになっている。

選挙違反取締る

趙法務長官が言明

趙法務部長官は十四日、今年は選挙の年であるので選挙違反を厳重に取締ることによって公明選挙をなすよう努力するつもりであると述べた。

賀正
大韓商工会議所
会長 宋大淳
事務局長 金圭敏

新しい国造りの
最先端を行く
国産自動車
ここに誕生!!

ダットサン ブルーバード

車種
乗用ダットサンブルーバード
商用ダットサントラック
マイクロバス、サービス部品

セナラは今般、日産自動車株式会社との技術提携により年間二、〇〇〇台の国産自動車を生産する目標で力強く発足しました。韓国自動車工業界の夜明けに新しい息吹と希望を一杯積んで活躍する弊社の自動車に御期待下さい!!

日本で最も人気があり、世界各地に輸出されて好評のダットサン ブルーバードのふるさと……日本の代表的自動車メーカー「日産」が神奈川県追浜に建設した東洋一の乗用車工場です。100万平方メートルの広大な敷地に並び立つ工場では、すべてがコンベアーシステムで運ばれています。日産自動車では、このたびセナラ自動車と提携し、ブルーバードを韓国に輸出することになりました。

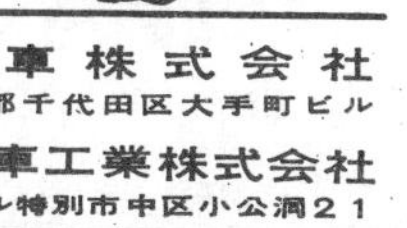

ダットサン トラック

NISSAN
日産自動車株式会社
東京都千代田区大手町ビル
새나라自動車工業株式会社
ソウル特別市中区小公洞21

少数民族の進路

在日僑胞を訪問して（下）

高麗大教授　金　成　植

とにかくわれわれは日本を舞台として、もう少し自由な立場で逃げた羊を捜すために積極的な努力をすべきであると考える。

マルクスの共産主義がそのまま一度も世の中に実現されていない以上、共産主義は一つの空想的な話であるということを知っているわれわれは空想にさ迷う僑胞らを導かなくてはならないと思う。

（三）

次ぎに僑胞らの民族意識が問題となることを今度の旅行で感じたのである。

彼らが韓国に対してどの程度の忠誠心と愛国心を持っているか？ということの意味でもある。

その理由は、まず民団の僑胞らは日本語を普通に使用している。普通ということは日常生活の用語であるということである。

韓国人学校においても国語と国史の時間を除いては日本語を使用している。

日本語を使用するから愛国心がないという法はないだろうと反駁する人もあるだろうが、立派な自国語を捨てて外国語を使用するということは日本語にかぎらず民族意識が薄弱であるといわざるを得ない。

私の学生時代には盗むようにして韓国語を使用したことが一度や二度ではなかったのである。

ところが今度の旅行中に私は銀座の喫茶店で朝昇淳先生と数人の韓国学生らと大声で韓国語で話した。

独立がいいものであるということは私のように虐待を受けたものでないと分らないということを身にしみて感じたのである。

それにもかかわらず民団系僑胞の家庭では大抵日本語を使用し、中、高、大学に進学しても国語で話す講演を聴講することのできない学生が多い。

一度、箱根の芦の湖で韓国学生らのキャンプがあるというので二日ほど参席して講演や座談会をやってみたが半分以上が日本語でなくては通じなかった。

彼ら学生はいうまでもなく日本語を日常語として使用しているのである。この反面、総連系の学校では韓国語を徹底的に使用しているため、ほとんどの学生らが国語の学術講演を理解するとのことである。だが彼らの国語使用は宣伝的であり共産主義への忠誠であることはもち論のことである。

ならば、僑胞らが日本語を日常語として使用する理由は何処にあるのであろうか？

大部分の僑胞がもともと本国で不遇なために日本に渡り、そのため本国に対する関心がだんだんと薄れてきたことと、日帝時代には日本語を専用しなくてはならなかった事情、また日本人社会との接触によって習得された言葉が自然に家庭にまで延長されてきたこと、そして優秀な日本文化の中で生活していることなどが国語に対する愛着を弱めているのかも知れない。

そしてまた日本内で発刊される韓国人の新聞も五、六種あるようであったがすべて日本語で発刊されているような状態であった。

つぎに東京には日本に帰化して日本国籍を持っている者もあり、また国籍までは変えなくても日本人姓を名のっている者もみうけられた。

また日本人妻を得っているものは子供らを日本戸籍に入れており、また完全な日本式生活をして神社等に行って礼拝しさい銭を投げ込む僑胞もある。

ところがみてくると、わが僑胞は少数民族として残らず、多数民族に吸収されてしまうのは火をみるよりも明らかな事である。

これは歴史的にみれば現実的生存のため不可避なことであるかも知れない。だが、私は国語を使用しないからといって僑胞らの愛国心を疑いたくはない。日本語を使用していても実業家の中には日本への帰化をきらい大韓民国の国籍をそのまま堅持している者もあれば、また日本人妻をもっている僑胞が妻の戸籍を大韓民国に入籍させ、韓国語を教え、、民団系婦人会の会合には韓服を着せて参席させ、子供らを韓国人学校に通わせている者もある。

民族陣営拡大の好機

まず国語の尊重が肝要

しかし、このままで行くならば国語を知らない韓国人が多くなり彼らは早晩、千辰倭乱時に日本に連れ去られた韓国人の後裔と同じようになるだろう。

私の目には僑胞らが余りにも早く国語を忘れ去ってしまったようにみえる。それは自然的というよりもむしろ人為的であるというのが正しいだろう。

ユダヤ人は完全に国が亡びて二千五百年間、彼らの言葉（旧約聖書の言葉）を忘れないように努力を続けてきたし、そして各国に流浪したユダヤ人が国語を忘れ、自分の住んでいる国の言葉を使うようになっても、十九世紀国民主義の影響を受けて、古ヘブライ語を研究復興させ、ヨーロッパ各国にヘブライ語とその文化研究所を設立し、遂には今日のイスラエル共和国の国語としてヘブライ語を使用するようになったことを考える時、わが僑胞らは国語に対して余りにも無関心であるように思われる。国語を忘れることが民族観念を喪失することになるということを僑胞らは意識していないようである。

彼らには間違いなく愛国心がある。だが、その愛国心が国語の使用によって日常にその行為に現われるというまでには考えが及んでいない。

ところで、われわれは僑胞らに国語を通じて民族精神を育てることのできる幾つかの方法があるということを知らなくてはならない。

その一つはソウルの対日放送を強化して一日のプログラムをたて強力な電波で放送することである。なぜならば以北の放送はよく聞こえるが南韓の放送は弱いということである。多くの家庭で本国の送放を待ち望んでいるとのことである。

もう一つは、現在日本における国語の唯一のセンターは教会、日曜学校である。もっとも数的には些々たるものであるが、それでも国語を使用する所は教会である。したがって日曜学校をより強化して児童らに国語を教えるのに努力すべきである。

そしてもう一つは、韓国から派遣するのが困難ならば、日本で大学を卒業した学生の中から選んで国語と国史の先生を本国で再訓練して、日本の地方都市に送って成人教育を施すのが緊要なことである。

滞日中に四日市に行ったところが、同地の僑胞らは自分達の子供らと共に国語や国史か習いたいとのことであった。何んといっても血は水よりも濃いもので、われわれの一行から祖国の姿を知ろうとする僑胞がいた。誰もが故国をなつかしく思っており、あるお婆さんなどはわれわれに会った時と別れる時に目に涙を浮べていた。このような僑胞らにもう少し近くから手をさしのばさなくてはならない時期に到達していると考える。

私は日本特に本国事情にうとい地方都市の僑胞らと姉妹結縁を結んだら良いと思っている。学生らは日本の大学内の韓国学生らと姉妹関係を結ぶならば、良い結果が得られるのではないかと思う。

実際、僑胞らは現在大韓民国が大きく進展することを待ち望んでおり、また楽しみにしている。過去において彼らは大韓民国の秩序的な発展のない時期に共産党と血闘をして今日の民団を築きあげたのである。

ある人は民団に対してとやかくいい、また民団自体にも問題がないわけではないが、過去においユ何んの背景もなしに北韓の走狗団達と戦って民団系の僑胞を団合してきた功績は高く評価されるべきであると思う。現在、民団は何処でどのような会合を開いても国旗を掲げて、本国における同様な儀式を行なっているのである。

われわれがもう少し手をさしのばすならば、僑胞らはわれわれを背景として生きようとしており、わが国がもっとも住みよく、そして強大な磁力となるならば、われわれの側についてくる僑胞の数は日増しにふえてくるだろう。それを僑胞らは期待していると私は感じとった。そして、総連系の僑胞までも引き入れるために方法が講じられなくてはならない。

（四）

ヨーロッパにおいては第一次大戦後、多くの新生国家の出現と共に少数民族の移動があって問題は一段落ついているが、現在の僑胞の場合には本国にくることもできず、また日本政府の意志で帰すこともできないような状態である。ところで少数民族のたどる道は二つで、その一つは少数民族として残ることと、もう一つは多数民族に帰化する道である。

だが、在日僑胞の場合には帰化も問題であり、少数民族として残るということも問題であると思う。なぜならば、帰化したところで完全な日本人待遇を受けられないということを大部分の僑胞らが知っており、また少数民族として生きるためには余りにも日本人が島国の排他的根性を持っていて、いまだに民主化されていないからである。

結局、帰化せずに少数民族として残る道は、韓国人として韓日両国に有益な仕事をすることができる時に、それを日本人が完全に理解できる時である思う。

何よりも韓国の国際的比重が大きくならなくてはならないのはもちろんのことであり、また僑胞に対する韓国の手がもっとさしのばされなくてはならないことはいうまでもないことである。

韓国が在日僑胞六十万を全部韓国人として帰国させるのに成功するならば日本政府の政策も変ってくるのではないだろうか？

現在、中立系の僑胞と総連系の穏健分子が民団に近づいているとのことである。その理由は僑胞の大多数が南韓人であるため大韓民国に登録しなくては死ぬ前に故国の姿をみることができないという心情、そして今では総連が暴力や蛮行を用いることができなくなったから、こちら側にきやすくなったということ、そしてまた上級学校に進学が不可能になったため、総連系の学校を離脱した子弟が多くなったことなどである。

したがって、今が僑胞を民団系統に団合させるのに絶好の機会であるから、より組織的計画的な政府の施策を望む次第である。（終）

韓国の声

米・ケ大統領の年頭教書

十四日、ケネディ米大統領は年頭教書を通じてその執権第三年の基本政策を闡明した。五千五百語に達する同教書の結尾でケ大統領は「……海が暫くの間平穏であり、空がすこし晴れてきたからといって放心してはならない……」と述べているが、教書全体の基調をなす思想はこの簡単な言葉に要約されているとみることができる。

ケ大統領が国内外の情勢をこのように比喩し、将来の政策の根拠をここに置いたのは決して偶然なことではない。過去二年にわたる施政において、対内的には沈滞の鑑であった景気後退が止揚され、百余万の失業者を減少させたことと、対外的にはアジアからヨーロッパにまたがる自由の前線で現状を維持し、キューバに対する措置の成功、そして共産圏の理論闘争が激化しているなどから、情勢の展望は暫定的な平穏という特別の性格として彩色することが可能だと言えよう。

しかし、ケ大統領は、これからの政策をかかる事態に応じて転換しようというのではなく、この事態における放心を警戒し、それに継続して対処することを強調したのであるが、われわれはそれを高く評価せざるを得ない。事実、過去における政策の諸成果が大きかった所以が果敢な対処にあったことを想起する時、希望的事態だからと言って安閑と満足してはいられない。米国自体の継続的な繁栄や自由前線の維持には、より合理的な対策あるのみである。ケ大統領はこのため、対内的に減税を含む類例のない野心的な税制改革の推進と非核軍の新立法措置を打出すと同時に、対外的には米国および自由世界同盟の防衛力強化と対外援助を強調した。

このなかでわれわれの関心事である自由世界防衛力の強化に対しケ大統領は、さる十二月の米英首脳会談で合意を見た核共同軍の推進と非核軍の強化を語り、対外援助面では受援国家の自助精神を強調したのが目につく。だが、これらの政策が充実をみるには、前途が決して平たんであるとはいえないだろう。

また、同一党の大統領の政策を同一党の国会議員が必ずしも支持しない米国議会と行政府の性格や、また自由列強内における見解対立を勘案すれば、ケ大統領の政策がそのまま実現されるとは思われない。過去ケ大統領が強く打出した諸立法計画中挫折されたものは一つ二つに止まらず、自由同盟強化のための方案の中にも、現在まだ足踏みしているものもある。とくに、さる八十七次国会で外援援助額が大幅に削減されたことや、また大西洋同盟の発展が遅々としている感を与えていることがとりもなおさずそれを代表していると言えよう。

しかし、このなかでも格別われわれの注目を引くものは外援の将来であり、その前途は容易でないものと予想される。それは以前と大同小異な八十八次国会の勢力分布から見て将来あり得る動向であることにもよるが、ケ大統領自身の政策にもある程度うかがうことができる面があるからである。ケ大統領の第一年（一九六一）、第二年（一九六二年）の教書を想い起せば無償援助を止揚して借款に転換しようとしていることがわかるが、今度はさらに一歩を進めて援助計画を革新したいと言明した。即ち、援助を与えても効果的、能率的に使用できない国を敬遠していることを示唆したものと見て間違いないし、また、これに基づく援助額の策定が注目されるのである。また、新しく議論している税制改革に基づく支出抑制が外援額に作用するかも知れない。それでなくても、米議会の外援削減勢力がそのまま持続されることを考えれば、問題は簡単でないと見なければならぬ。

われわれは、ケ大統領が今度の教書で「放心を警戒」した点に共鳴するとともに対共態勢の万全のため外援の強化を要望する。これは直接米国を始めとする全自由世界の安全と繁栄に直結されているがためである。

（朝鮮日報）

汎在野勢力の団結を再び促求する

汎在野勢力の単一政党組織を目標とする旧各政派の努力は一進一退を繰返しており、いまだその前途を楽観することはできないといわれる。中央において順調にこの大同団結の実を収め得る準備委員会が発足されたとしても次の段階である地方末端組織の複雑な様相は十分予見できるものがあるところへもってきて、これという政治資金も確保されていないことは容易ならぬ不利な条件といわねばならないのにも拘わらず、活動を開始して半月を過ぎると言うのにとりたてるほどの進展が見られず、牛歩を重ねていることは悲しむべきことといわざるを得ない。それも、政党の象とも言える大本である政治理念と基本路線においてはすでに合意を見たといわれながら、党運営の技術的方法に過ぎない大統領候補の事前選定だとか組織原則に対する見解差のために難航をくり返すなどは、やるせないというよりはさびしさを禁じ得ない。われわれは数日前本欄で、過去の政派別観念の払拭が汎野大同団結の先決条件とならねばならぬことを指摘したことがある。現実の問題として、旧政治人の過去の因縁と人間関係を問い、政派的に動くことがあるいは多少容認されるとしても、各自が汎野の旗幟（きし）の下に自派の既成組織を育成しようとか、新党のヘゲモニーを掌握しようとの執念が潜在している限り、将来もことごとに対立と葛藤を誘発するだろうことは火を見るようであり、決して国民の与望に即応する新しい政治態勢とはなり得ないだろう。問いただすなら、大統領候補を問題視するとか組織原則の派別比率を頼むことで団結の安全弁と考えることなども、もともとかかる党派心理の発露以外の何物でもない。われわれは、どの派が良いとか悪いとかは論じようとは思わない。要は、彼らが原則的な合意を見たという基本路線に忠実であり、自由民主主義原則下に野党を育成することによって平和的政権交替を期することに確固たる目標を同一に定めたのならば、そのような枝葉の方法論でもって時日を費すことができるだろうか。

われわれの後進性のゆえに、政党の組織に当って「ボス・システム」を全然無視することはできない。しかし、今この時局は若干様相が異る。中断されていた民主政治を再収拾する端にあって、当面の目標が何んであるかに狙いを到さねばならぬ。ボスと言っても、事実上「ボス」になり得るほどの重鎮はほとんど政浄法によって拘束されているため、それの身代りとして取りあえず革命主体勢力の作る新党と肩を並べるためには在野勢力を一つに結束させ、政治理念によって団結された立派な政党を作ってこそ始めて両党制度を確立することができる。したがって民主主義的政権交替に一すじの希望をつなぐことができるのであり万が一、三分四分されて群小政党の乱立を呈するならばその夢さえも描く余地はなくなるというものだろう。これは国民なら誰でも判断することができる常識である。その常識の大流がこん然一体となって国民の与望として澎湃したのであり、またその国民の与望を体得したからこそ旧各政派が過去を互いに不問に付し単一政党を指向することに努力しているのではないか。一説には、大統領候補内定の合意に失敗した時は別々に政党を組織し、大統領選挙戦に連合戦線をはるのが有利だという意見も台頭している模様であるが、これほど論脈の乱れた論理もあるのかと苦笑せざるを得ない。なぜかと言えば、一つの政党に団結しようとして合意を見るに至らなかったものが、重大な利害関係がからむ大統領候補に、互いに決別し、各々競争的な政党として対立しながら如何にして単一候補を押す連合戦線を布くことができるだろうか反省してみれば分かることだ。それゆえ、われわれは、在野勢力が真実に大同団結する誠意があるなら、まず核心となる発起人会を広範に構成し、然る後に民主主義的秩序のもとに党内において注意深く研究・討論して多数決に従うべきで、団結の前提条件に政略的問題を持出してはならないと考えるのである。むしろ問題としなければならないのは、汎野大同団結の名分に隠れて潜入する可能性がなくもない瞬間または謀略分子と、国民の信頼とは縁遠いエセ政客を、どうしたら排除することができ、新時代に呼吸を共にし得る勇敢にして健全な政党とするにはどのような人物を組織の対象としなければならないかという人選の基準であり、これこそは一種重要な安全弁であり、党の運命を決定する緊急な命題であるというほかない。彼ら人士の良識と時代的に対処する責任感を繰返し保求するものである。

（朝鮮日報）

本国入国許可者氏名公告

韓国駐日代表部領事課旅券担当官
在日本韓国居留民団中総民生局長

李源植	KJ	[illegible]	神奈川
金栄沢	〃	[illegible]	福岡
金鳳鶴	〃	[illegible]	東京
洪句杓	〃	[illegible]	神奈川
金光植	〃	[illegible]	静岡
黄光鎬	〃	[illegible]	神奈川
崔栄瑛	〃	[illegible]	東京
金太栄	〃	[illegible]	〃
白英基	〃	[illegible]	〃
裴太一	〃	[illegible]	〃
成東祚	〃	[illegible]	神奈川
金敬南	〃	[illegible]	東京
金元玉	〃	[illegible]	〃
金元圭	〃	[illegible]	〃
尹琪水	〃	[illegible]	青森
秋　憲	〃	[illegible]	東京
尹海炳	〃	[illegible]	〃
金安守	〃	[illegible]	〃
李再九	〃	[illegible]	神奈川
丁寛徳	〃	[illegible]	〃
李　栄	〃	[illegible]	東京
朴元熙	〃	[illegible]	〃
金相祐	〃	[illegible]	〃
曹學柱	〃	[illegible]	〃
孫　也	〃	[illegible]	〃
崔信淑	〃	[illegible]	〃
金宝鉉	〃	[illegible]	〃
方鶴浩	〃	[illegible]	静岡
朴成鎬	〃	[illegible]	神奈川
南瑞煥	〃	[illegible]	東京
金甲植	〃	[illegible]	神奈川
金順祚	〃	[illegible]	東京
李玉滋	〃	[illegible]	神奈川
盧栄渓	〃	[illegible]	東京
鄭淑鎬	〃	[illegible]	新潟
朴万圭	〃	[illegible]	〃
趙福萬	〃	[illegible]	東京
張基鳳	〃	[illegible]	〃
崔文道	〃	[illegible]	〃
張　勲	〃	[illegible]	〃
金鎮殷	〃	[illegible]	神奈川
洪得竜	〃	[illegible]	東京
李明洙	〃	[illegible]	〃
石寿星	〃	[illegible]	〃
朴鎮大	〃	[illegible]	〃
朴三圭	〃	[illegible]	〃
崔鶴男	〃	[illegible]	北海道
文自行	〃	[illegible]	宮城
朴準範	〃	[illegible]	北海道
朴応圭	〃	[illegible]	〃
[illegible]	〃	[illegible]	〃
黄錫圭	〃	[illegible]	〃
金平九	〃	[illegible]	東京
金奈洙	〃	[illegible]	〃
呉泰順	〃	[illegible]	茨城
鄭昌鎬	〃	[illegible]	山形
文奎得	〃	[illegible]	東京
鄭福萬	〃	[illegible]	〃
金容碩	〃	[illegible]	北海道
権永奇	〃	[illegible]	神奈川
崔信祚	〃	[illegible]	〃
崔鍛鎬	〃	[illegible]	東京
李啓熙	〃	[illegible]	〃
朴順玉	〃	[illegible]	〃
李明植	〃	[illegible]	〃
安鎮大	〃	[illegible]	〃
李相春	〃	[illegible]	北海道
李仁変	〃	[illegible]	東京
李鋼俊	〃	[illegible]	東京
李鳳運	〃	[illegible]	〃
朴鳳相	〃	[illegible]	秋田
金元述	〃	[illegible]	神奈川
金昌順	〃	[illegible]	静岡
金柄俊	〃	[illegible]	東京
金鍾浣	〃	[illegible]	埼玉
白光鎬	〃	[illegible]	東京
金信仲	〃	[illegible]	〃
黄　健	〃	[illegible]	〃
李人鎬	〃	[illegible]	〃
金相熙	〃	[illegible]	〃
韓甲洙	〃	[illegible]	〃
尹吉炳	〃	[illegible]	栃木
韓貞斗	〃	[illegible]	東京
宋仁見	〃	[illegible]	〃
金鍾浩	〃	[illegible]	〃
高興徳	〃	[illegible]	〃
金且永	〃	[illegible]	〃
李学東	〃	[illegible]	神奈川
朴淳祚	〃	[illegible]	東京
徐道石	〃	[illegible]	〃
田炳武	〃	[illegible]	神奈川
金鋼沢	〃	[illegible]	東京
李本出	〃	[illegible]	青森
成道鉉	〃	[illegible]	東京
李鎮浩	〃	[illegible]	茨城
金点鎬	〃	[illegible]	神奈川

旅券発給者氏名公告

韓国駐日代表部領事課旅券担当官
在日本韓国居留民団中総民生局長

安敬俱	KJ	[illegible]	東京
金順善	〃	[illegible]	〃
鄭南植	〃	[illegible]	埼玉
鄭洙元	〃	[illegible]	〃
梁參環	〃	[illegible]	東京
朴相元	〃	[illegible]	静岡
河一道	〃	[illegible]	〃
李学平	〃	[illegible]	神奈川
徐有佐	〃	[illegible]	〃
楊宗元	〃	[illegible]	北海道
鄭鍾淑	〃	[illegible]	神奈川
李竜達	〃	[illegible]	〃
劉順南	〃	[illegible]	〃
李鐘淳	〃	[illegible]	栃木
崔広燁	〃	[illegible]	東京
安徳康	〃	[illegible]	〃
安点伊	〃	[illegible]	〃
黄又鉉	〃	[illegible]	神奈川
林春善	〃	[illegible]	〃
李達先	〃	[illegible]	東京
安二一	〃	[illegible]	〃
鄭判竜	〃	[illegible]	〃
朱判男	〃	[illegible]	東京
朴東佑	〃	[illegible]	〃
金昇烈	〃	[illegible]	〃
任永鉄	〃	[illegible]	神奈川
金東栄	〃	[illegible]	静岡
崔敦衛	〃	[illegible]	東京
金寿福	〃	[illegible]	〃
李蘭子	〃	[illegible]	〃
李月善	〃	[illegible]	〃
尹成夏	〃	[illegible]	〃
李栄贊	〃	[illegible]	〃
金徳鎬	〃	[illegible]	神奈川
李錦容	〃	[illegible]	〃
殷熙洲	〃	[illegible]	東京
張泰学	〃	[illegible]	〃
金順南	〃	[illegible]	〃
朴弘律	〃	[illegible]	北海道
申黄出	〃	[illegible]	神奈川
韓月教	〃	[illegible]	〃
権寧恵	〃	[illegible]	東京
権洛花	〃	[illegible]	神奈川
韓栄植	〃	[illegible]	〃
朴丙好	〃	[illegible]	〃
朴斗礼	〃	[illegible]	東京
李春鳳	〃	[illegible]	東京
李乙粉	〃	[illegible]	宮城
朴甲守	〃	[illegible]	〃
朱鍾植	〃	[illegible]	東京
孫泰東	〃	[illegible]	山梨
金栄鐵	〃	[illegible]	東京
朴孝三	〃	[illegible]	山梨
金洙永	〃	[illegible]	新潟
朴梅子	〃	[illegible]	〃
鄭護植	〃	[illegible]	北海道
許泰子	〃	[illegible]	東京
徐昌用	〃	[illegible]	北海道
孫承殷	〃	[illegible]	北海道
辛正福	〃	[illegible]	千葉
金永鐵	〃	[illegible]	〃
河福子	〃	[illegible]	東京
尹永錫	〃	[illegible]	宮城
崔達仙	〃	[illegible]	〃
李洸洙	〃	[illegible]	静岡
元千福	〃	[illegible]	宮城
李鳳林	〃	[illegible]	〃
赤間妙子	〃	[illegible]	〃
金和分	〃	[illegible]	山形
李学竜	〃	[illegible]	〃
朴五乗	〃	[illegible]	秋田
呉允根	〃	[illegible]	東京
河今石	〃	[illegible]	青森
梁貞玉	〃	[illegible]	東京
呂貴正	〃	[illegible]	〃
金周亨	〃	[illegible]	〃
李根世	〃	[illegible]	宮城
李鐘百	〃	[illegible]	栃木
田明祚	〃	[illegible]	東京
梁政春	〃	[illegible]	神奈川
崔吾子	〃	[illegible]	東京
李　希	〃	[illegible]	茨城
梁在守	〃	[illegible]	東京
金卜ル俊	〃	[illegible]	〃
裴鍾秀	〃	[illegible]	神奈川
沈太用	〃	[illegible]	北海道
梁仁寿	〃	[illegible]	神奈川
金漢琪	〃	[illegible]	北海道
権相旭	〃	[illegible]	〃
権相卓	〃	[illegible]	〃
金丁玉	〃	[illegible]	静岡
金願七	〃	[illegible]	大阪
李起祥	〃	[illegible]	〃
崔忠信	〃	[illegible]	〃
金小女	〃	[illegible]	大阪
宋俊変	〃	[illegible]	〃
姜守南	〃	[illegible]	兵庫
李　慎	〃	[illegible]	大阪
金順伊	〃	[illegible]	兵庫
李良斤	〃	[illegible]	〃
金目聞	〃	[illegible]	〃
趙貴漢	〃	[illegible]	滋賀
崔漢成	〃	[illegible]	大阪
彭其栄	〃	[illegible]	〃
呉文孝	〃	[illegible]	〃
朴在春	〃	[illegible]	〃
金炳竜	〃	[illegible]	〃
白中鎬	〃	[illegible]	〃
安鶴守	〃	[illegible]	〃
李順姫	〃	[illegible]	〃
李柄吉	〃	[illegible]	〃
鄭奇王	〃	[illegible]	〃
韓成春	〃	[illegible]	福岡
朱李相	〃	[illegible]	山口
金貴竜	〃	[illegible]	長崎
尹時学	〃	[illegible]	〃
殷和基	〃	[illegible]	大分
柳敬秀	〃	[illegible]	広島
李松甲	〃	[illegible]	〃
鄭末祚	〃	[illegible]	〃
金鶴南	〃	[illegible]	〃
朴鳳運	〃	[illegible]	〃
李七根	〃	[illegible]	〃
金甲述	〃	[illegible]	福岡
馬光鎬	〃	[illegible]	広島
金寿鎬	〃	[illegible]	福岡
李斗京	〃	[illegible]	〃
崔己順	〃	[illegible]	〃
崔順善	〃	[illegible]	山口
金月奏	〃	[illegible]	〃
李子福	〃	[illegible]	〃
李鶴順	〃	[illegible]	福岡
金栄順	〃	[illegible]	〃
金徳光	〃	[illegible]	長崎
李斗達	〃	[illegible]	福岡
曹慶元	〃	[illegible]	広島
黄且先	〃	[illegible]	福岡
申鶴熙	〃	[illegible]	長崎
李壬紛	〃	[illegible]	福岡
尹鍾竜	〃	[illegible]	〃
房今達	〃	[illegible]	〃
李学竜	〃	[illegible]	〃
林好道	〃	[illegible]	〃

（一月十四日現在）

合成樹脂成型加工
金型製作
SPK
三協プラスチックス化工業工場
宋 璨 鉄
大阪市生野区東西足代町四八五番地
TEL（七四一）五八〇六－七

グランドバー
黒い蝶
ハカタ東中洲永楽町
TEL(2)3404・6127

平壌冷麺
京城料理
博　水　園
高　山　仙　吉
福岡市東中洲新橋町
電話(2)5860・(3)7551

貿易・船舶代理店
極東商事株式会社
取締役社長　文　圭　準
福岡市下東町2
電話(3)2553

平和信用組合
理事長　黄　末　鳳
副理事長　金　柄　洛
専務理事　黄　玉　水
常務理事　生田　義介
〃　岩尾　本治
門司支店長　金　末　石
小倉市米町2丁目40の2
電話（小倉52）2645・8541

福岡県韓国人商工会
会　長　金　柄　洛
副会長　金　泰　烈
〃　金　仲　浩
〃　金　栄　沢
専務理事　李　判　律
福岡市大字竜頭崎496
電話(65)7981番

福岡韓国貿易促進協議会
会長　阿　部　源　蔵
専務理事　塩　沢　豊
福岡市上呉服町1番地
（博多三井ビル7階）
電話(3)7661番

在日大韓民国居留民団福岡県本部

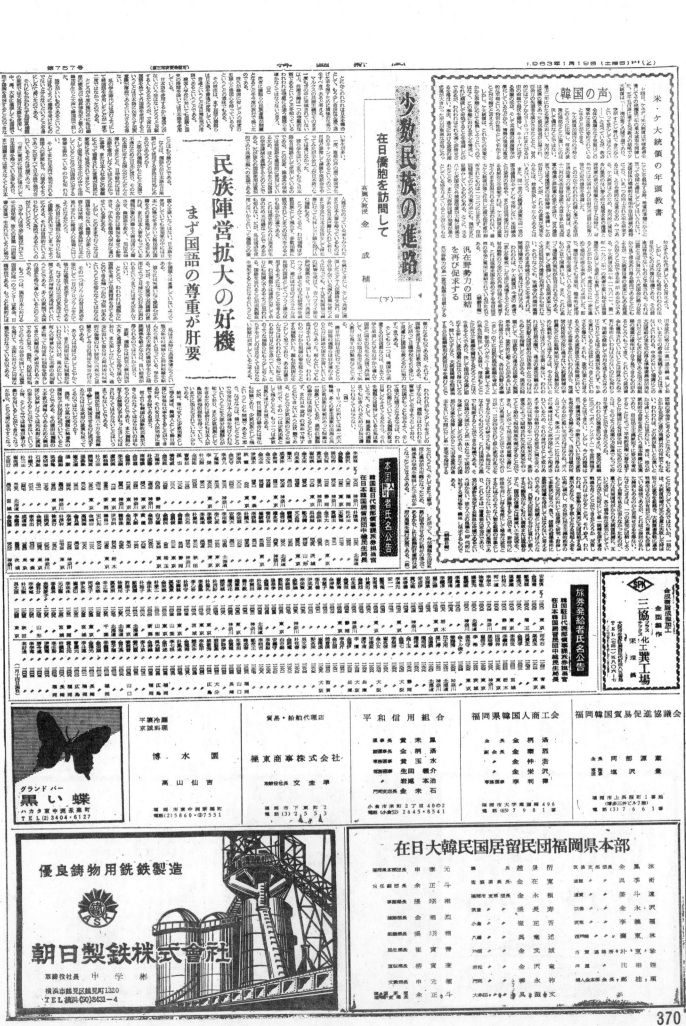

福岡県本部団長　申　泰　元
常任副団長　余　正　斗
事務局長　張　翊　相
総務部長　金　相　烈
組織部長　張　翊　相
民生部長　崔　寅　善
宣伝部長　柳　寅　奎
文教部長　申　元　植
韓国新聞福岡支局長　余　正　斗
議　長　趙　景　衍
監察委員長　金　在　寛
福岡市支部団長　金　永　植
筑豊　〃　〃　張　長　寿
小倉　〃　〃　崔　正　吾
八幡　〃　〃　呉　竜　述
戸畑　〃　〃　金　武　城
若松　〃　〃　金　沢　竜
門司　〃　〃　柳　永　祚
大牟田　〃　〃　呉　滋　文
筑後支部団長　金　鳳　沫
直方　〃　〃　呉　季　術
遠賀　〃　〃　姜　斗　達
宗像　〃　〃　金　永　沢
筑紫　〃　〃　李　義　福
西戸崎　〃　〃　裵　東　林
古賀連絡所　朴　東　珍
芦屋　〃　沈　相　睦
婦人会本部会長　鄭　桂　順

済州道訪日親善視察団が来日

楽園造り着々進む

歓迎会で金団長語る

来日した済州視察団、団長金栄寛知事（右）に歓迎のメッセージを読む開発協会会長金坪珍氏（左）

在日済州開発協会（金坪珍会長）では、十六日午後八時から東京日比谷の日活会館で、金栄寛道知事を団長とする"済州道訪日親善視察団"の歓迎パーティーを催した。裵大使、張民団中総副団長、野田日韓農林水産技術所長や在日済州道出身僑胞百二十名が参席した歓迎パーティーで、金栄寛道知事は金坪珍会長の歓迎辞に答えて「済州道の楽園造りの開発事業は夢でなく、朴正熙議長の指導の下で現実的に着々と推し進められている」と別項のように挨拶した。これに引き続き、裵大使、野田卯一日本自民党代議士をはじめ多数の来賓から訪日の歓迎辞が述べられた後、朴広子嬢の歌う韓国民謡と、発展する郷土の生々しい消息に、同十時近くまで耳を傾けていた。

【写真】裵大使らも出席して盛大に行なわれた歓迎パーティー

裵大使らが歓迎辞

金坪珍会長の歓迎辞

最も寒く、最も忙しい金栄寛道知事をはじめ六人のかたがたが、在日僑胞のために訪日されたことに感謝致します。

現在済州道の開発五カ年事業は金道知事の御指導の下で画期的に推し進められておりますが、われわれ在日済州開発協会も開発事業に全力をつくします。

親善視察団の皆様は滞在中、開発事業に役立つ日本の現実的な姿を充分視察されることを期待します。

金栄寛道知事挨拶（要旨）

忙しいにもかかわらず両日間にわたってわれわれを羽田まで迎えにこられた多くの僑胞に感謝の意を述べます。

私はこの場で在日済州道出身の僑胞に、済州道にいる父母兄弟、親友たちの安否を先ずお伝えします。

私達の訪日は以前から金坪珍会長から度々招請がありましたが、今般、朴正熙最高会議議長が、済州開発事業に物心両面にわたって援助して下さっている在日僑胞と会って来いとの許しがあり、短時日に訪日が実現しました。

私達の訪日に際し多くの労苦を費やした裵大使をはじめ、日本政府関係当局に感謝し、滞日中は裵大使の指導の下で、済州開発事業にすばらしい多くの意見を聞き、よい成果をもって帰国し、それらを開発事業に実現したい。そして皆様の生活実情を見聞し、それを朴議長に報告すると同時に済州道民にも報告したい。

現在の済州開発事業に後退はありません。過去の済州道は全国で最も貧しく、文化水準の低いところと中央政府からも見はなされていましたが、五・一六革命以後、朴議長が自ら済州道を視察され努力すれば済州道は全国で一番住み心地のよい楽園になると指示した。われわれ済州道民はこの朴議長の指示に一致団結し、楽園の地造りに取り組んでおります。

裵義煥大使祝辞（要旨）

祖国の国土開発経済五カ年計画は、各道の地域的特殊性を考慮に着々とおし進められております。

済州道出身の在日僑胞と一同に多くお会いできたのは今日がはじめてのようです。

済州道開発協会の皆様は済州道に限った国土開発に協力するのでなく、本土との連絡機関の発達にも大いに寄与されることを期待します。金知事の滞在中はよい成果を収めて帰国できるよう皆様の協力を期待します。

野田日韓農林水産技術所長祝辞（要旨）

済州道訪日親善視察の来日を日本の農林関係を代表して歓迎します。昨年済州道を視察してきた人の話によりますと、金知事をはじめ開発関係者は、済州道開発事業に堅い自信をもっていると聞いております。

視察団の皆様はこの際日本各地を視察され、とるべきところがありましたら大いにとらん下さい。私も皆様の視察に大いに協力するつもりです。

空港で記者会見

29日まで日本各地で農・水産施設を視察

本紙既報の如く、在日済州開発協会の招請によって、十六日午後六時五十分着のNWA機で来日した韓国済州道訪日親善視察団団長の金栄寛道知事は、羽田空港で記者会見し、別項のように訪日の目的と訪日の挨拶を行なった。なお視察団は、主に済州開発五カ年計画に関係のある日本各地の農林、水産、観光地などの諸施設を約二週間にわたって視察し、二十九日朝のCAT機で帰国する。

金栄寛知事の空港での記者会見は次の通り。

問＝訪日された目的について

答＝訪日は在日済州開発協会の招請によるもので、在日僑胞と親睦を深めながら、今済州開発五カ年計画でくり広げられている輝やかしい事業状況を紹介すると同時に、僑胞たちの生活実情などや考え方などを済州道民に知らせたい。

問＝日本側と公式に話し合うような期待はあるか？

答＝そのような計画は今のところ期待していない。私達のスケジュールは全て韓国駐日代表部に一任してある。

問＝済州開発五カ年計画の重要事業は、どのような点に重点をおいているか？

答＝済州開発の重要事業部門は三つある。第一は畜産の開発だが、五カ年計画で現在四万頭の牛を十万頭にふやす事業だ。第二は美しい済州道をつくる観光事業だ。美しい済州道ができれば本土との交流も盛んになり、済州道の文化的水準を高めるであろう。第三は水産業だが、済州道は非常にすばらしい漁場にめぐまれている。この漁場をフルに利用できる水産技術を高め零細民の所得水準を高めたい。こうした済州道の特殊な立地条件を生かすこと、全国どの地よりも住みよい美しい楽園となる。

僑胞へのあいさつ

実は十五日来日する予定でしたが、旅券の関係で遅れました。在日僑胞のあたたかい歓迎に心から感謝します。私たちは滞在してできる限り在日全僑胞とひざまずいて今済州道にくりひろげられている莫大な開発事業の模様や、今後やらねばならない事業などを語り合いたいと思っております。

新帝国主義研究

◇最近の共産主義の諸形態◇

最近のユーゴの政治変化

アレクス・N・ドラクニチ　④

三、経済的分権化の結果

経済的分権政策に対する最終的評価は、もう少しみなければならない。チトー主義者たちは、同政策に対する欠点を指摘しながらも、それは成功的だったと主張した。その他の観測者たちは、新政策が生産を向上させ、経済的成長をもたらしたと主張した。しかしそのような結果は、ユーゴが西方国家から獲得した援助に起因するといえよう。

しかしユーゴ政治指導者たちの立場からみたら、経済的分権化政策はその当初から一部否定的傾向を明らかにしたという点が重大であるといえよう。その中でも注目されるのは「排他主義」あるいは「地方主義」また浪費的な「不忠実」な競争といえよう。労働者議会と地方機関たちは労働者の生産向上と、各地方の発展は経済分権化政策が許容する限度内で地方企業体から資金の調達をうけることによってもたらすことが出来ると認識している。従って彼等は、全般的な国家的利益を「無知」する傾向があった。

すべての決定は地方の利益に根拠を置いていたし、その結果多くの地方に競争的な企業体が出現するようになったが、それはまた投資資本が不足する原料及び外国市場等に対する競争と

して発展するようになった。資本主義的精神が社会主義建設の手段として復帰された手段によって再燃するようになったのである。地方共産党までが「地方的一見解を持つようになったのである。

従ってチトー主義者たちは、次のような結論に到達せざるを得なかった。即ち、経済分野で全面的に完全放任をしているという多くの徴候が見えた。しかし利益の調整を強要する強力な集中投資政策が、一部措置として、直接的統制に代えた。しかしそれと同時に、計画事業者、経済経営及び諸監督者たちは、経済的発展が所期の目的を達成しているかどうかの監視を直接に出来ないという、より重い責任を持つようになった。

説得することは、ベルグラードからの直接的指示によって厳格に制限せねばならないというのである。それでも経済的結果は満足すべきものではなかった。その結果新しい法の制定が施行され、一部統制から経済企業体を解放し、彼等をして長期的な活動計画を樹立させようとする問題が再び提起されるようになった。

四、政治的機構に対する影響

経済分権化政策の結果、ユーゴ指導者たちは継続的に政治機構を改正しなければならなかった。二つの主要問題が彼等指導者の脳裏から離れないようにみえたが、それは、①地方政治行政機構をどのように組織することによって所期の目的を達成することが出来るだろうか。②必要の時は地方自治を統制出来る国家統制体制を如何に組織するか、であった。しかしそれは独裁的というよりは「地方自治的」であるといわなければならない。このような問題に対する回答を得るためにユーゴの指導者たちは、数多い政府機構の改編を実験するようになった。

その主要な変化の一つは、地方政府の単位数を減らす為に地方政府を改編したことである。この目的のため「公社」と呼ばれる「自治団体」が一九五五年に創設された。

四千以上に達する旧式委員会は千五百未満の公社に減少された。三百四十一個の地方行政区域を百七個に減らすため、地方行政区域が改編された。この改革は労働者委員会が生産者委員会を通じて公社の開発と公社の問題解決に直接影響を及ぼせるようにするためであった。しかしこの改革が権力の実例を唯一化して、地方行政に対する中央政府の支配を強めたという事実がより重要である。

県本部を郡山市に

財政委員会を設置

民団福島

民団福島県本部（金用道団長）では、去る十二日福島県郡山市岩城館海温泉で財政委員構成の事務的面、信用組合設置問題審議のため福島県本部三機関連席会議を開いた。

同会議は、金用道団長から昨年月十九日再建大会以後の経過報告を皮切りに、つづいて来賓として駐日代表部第二領事課書記官李起秀氏のあいさつがあった。

金珍中総組織委員長、陳直様栃木県本部団長、金時茨城県本部議長らが同席した中で行なわれた財政委員会構成討議事項では

一、福島県本部を運営する問題においては、財政委員会構成が必要であるとし、参席人の満場一致で左記の財政委員会を構成することに決定した。そして今後の福島県民団運営の財政は一切財政委員会で責任をもってねん出することにした。

二、現在平市にある県本部事務所は交通不便なところにあるためこれを交通便利な郡山市に移転することにする。そしてその新築事務所予算を百五十万円にする。

三、各地に信用組合が設置され僑胞企業育成に大きな力となっている現在、福島県にまだ信用組合が設置されていないため、今年中に設置するべく、事務所新築後発起人会をもつことなどを決定した。

財政委員会構成員は次の通り。

委員長＝鄭勇徳、副委員長＝李英春、曹玉鉉。委員＝李秀烈、權文錫、朴南祚、李寿万、李鉉浚、朴潔洙、李寿甲、満鍾徳、李鍾根、呂世琥、金宗鉄、孫景守、崔寿用、張在徳、柳外述、尹栄桂、梁錫徳、金文生。

立教大バスケットチームが訪韓

延世大学の招きで二月下旬出発

日本の立教大学バスケットチームが延世大学の招きで来る二月下旬訪韓、三月十日まで親善試合を行なう予定である。

韓国民謡農楽団が来日

来月八日から全国主要都市で公演

韓国民謡農楽団一行が来日し、来る二月八日の東京特別公演をふりだしに三月二十六日まで全国主要都市で公演を行なう。

このたびの韓国農楽団の来日は株式会社ファーイーストプロダクション（代表取締役大見山静夫氏）の主催によるもので、一行には韓国農楽のシンボル金四鍾氏、民謡界のナンバーワン安福植氏、漫談界の王者張笑八氏、農楽サンムの天才児金子嬢など多彩な顔ぶれ。この民謡農楽団の来日は早くも僑胞間の人気を呼び、久かたぶりに真の民俗芸術が味わえるものと楽しみにしている。

来日する民謡農楽団の日本での公演日程は次の通り。

【二月】▽八日・九日・十日東京（夜のみ）開演午後六時、会場文京公会堂、▽十三日　博多・福岡市民ホール（夜1回）▽十四日　長崎・三菱会館（昼夜2回）▽十五日　戸畑文化ホール（夜1回）▽十六日　下関市民会館（昼夜2回）▽十七日　広島市公会堂（昼夜2回）▽二十日　岡山市農業会館（夜1回）▽二十一日　神戸海員会館（昼夜2回）▽二十二日　大阪大手前会館（昼夜2回）▽二十三日（〃）▽二十四日　〃（夜のみ）▽二十五日　京都祇園会館（昼夜2回）▽二十六日　名古屋・中日会館（昼夜2回）▽二十七日（〃）▽二十八日　静岡市公会堂（昼夜2回）【三月】▽三日　横浜文化体育館（昼1回）▽五日　北海道札幌市民会館（昼夜2回）▽九日　仙台市公会堂（昼夜2回）▽十日　盛岡市公会堂（夜1回）▽十二日　青森市民会館（昼夜2回）▽十六日　秋田県民会館（昼1回）▽十七日　山形県民会館（昼1回）▽十九日　新潟市公会堂（昼夜2回）▽二十一日　富山公会堂（昼1回）▽二十三日　福井放送会館（夜1回）▽二十六日　金沢観光会館（昼夜2回）

白金女　安福植　張笑八

不平うずまく北韓体育界

北韓脱出の体育人が語る

既成人を徹底粛清

五輪控え共産式猛訓練

北韓カイライ集団では政治宣伝の一方法として体育を全的に利用し、既成体育指導者らを撤底的に粛清すると共に一方ではオリンピック競技種目に該当する各種競技の選手らを所謂「共産党式方法」できびしく訓練をするで体育人らの間に不平と不満がたえないという。これに対して北韓カイライ集団内閣体育指導委員会指導員であり、北韓カイライ交通省のサッカー選手として、苦しみを自ら経験し六十一年十一月北韓から南韓に帰順してきた孫尚憲（二十九歳）氏は去る十四日次のように北韓体育界の内幕を語ってくれた。

◇

北韓カイライ集団では内閣の中に内閣直属の内閣体育指導委員会をおき委員長に金蓮洙（音訳）を任命して北韓オリンピック委員長を兼任させ、鉄道省など政府高位幹部らをすわらしている。北韓カイライ内閣体

○各官庁にもチーム

育指導委員会ではカイライの各省ごとに職業体育団体をおいている。また「オリンピック」競技にそなえて北韓内閣体育指導委員会直轄で中央体育学所に北韓カイライ総合チームをA、B二つに分け、各種目別において全国職業団体で発展性ある若い青少年を総合訓練している。

その外にも職業体育団体としては民族保衛省チーム、イナズマチーム（内務省）、メボン山チーム（人民軍）、ツバメチーム（空軍）、鉱鉄チーム、青年チーム（農業省）郵逓省チームなど各省体育チームを男女各種目別おき、一つのチームの選手は百九十ないし二百五十名の人員で網羅している。またその外にも平壌体育大学、青少年スポーツ学校、一般企業所内体育団体で青少年らを体系的に養成している。

○優遇のうらに苦役

北韓カイライでは体育選手に限り、普通労働者とか、事務員らの月収よりも三倍以上の物質的優遇をあたえている。しかしこのような優待を与える代り、「政治と思想を離れてはなにもない」と常にいいきかせ、基本練習一つするにおいても党と金日成のためということを強要、血涙の出る無理むさで千里馬の術車にさせている。

○猛烈な跳やく訓練

選手らは大部分が合宿訓練をしており、朝六時に起床して水まき運動、ウォーミングアップ、新しい形式の走力などで訓練をうける。午前九時から正午までは党の学習をやり、午後二時から五時までは休みなしに猛訓練をしている。この訓練というものはわれわれが考えている訓練とは全然異なっていて最初から終りまで休みなく一材の距離を四十回以上飛ぶということである。

北韓の選手らがこぼしている通り、あまりにも訓練が猛烈であるため、実際の競技では休息がとれるというのである。それほど北韓の体育人らは本意でない千里馬のむちのしたで死にものぐるいの訓練を強要されている。

以上のような超人間的訓練が五時に終わると、六時からはその日の訓練に対する思想的批判が行なわれる。その日の訓練で失敗とかよくない動作があった場合に対しては「また精神がたるんでいる」という批判をうけ所謂金日成抗日闘争の精神を見習って、ボール一つけるにおいても革命精神というものを強要する。

○毎月一回反省大会

その例として一月に一度ずつある選手らの決起大会では百計競技を一カ月の間に一秒短縮するなどの決議を強制的に党の前で誓わせる。

○スポーツ学校とは

北韓では一九五七年北韓各地域に青少年スポーツ学校なるものをもうけた。ここは満十二歳以上のものが正確な医者の診察をうけ、身体発育段階によって入学することになる。二年間ずつ六年間の訓練で、初級班十二歳―十四歳、中級班十四歳―十六歳、高級班十六歳―十八歳にと進学し、国家卒業試験によって一級、二級選手称号と共に職業体育団体に配属することになる。スポーツ学校の一斉の経費負担は国家経費で運営され、体育器資材などは、一つ生産できないため全部外国産（共産国家）を使う。

その外にも平壌体育大学は本科四年、予科二年で各種目別に選手と指導者を養成している。一般教育部門では体育サークルなるものを組織して選手養成にはげんでいる。

一九五七年の大々的粛清があるまでは大部分が既成体育人らであったが、行ないが悪いという名目でほとんど粛清されてしまい、新人選手らで構成している。以上のように組織していても海外競技に出るときは厳密な調査と統制をうけることになる。（本稿は朝鮮日報による）

民団大阪各支部新年会

東淀川支部（金敬石団長）＝十二日午後六時から同区十三東元町の"第一料亭"に僑胞約五十名が参加して行なわれた。なお同新年会には淡路警察外事主任も参席、韓日両国民の友好と相互協力の挨拶を行なった。

城東支部（李基宏団長）＝十二日午後七時から北区の喜楽苑で同支部財政委員会をかねた新年会を催し、団員約六十名が参加した。

中央支部（李昌秀団長）＝十二日午後七時三十分から同区北浜料亭で男女団員六十余名が参席、新年会を催し、組織強化と新年のスタートを誓い合った。

第16回定期大会

大阪東淀川三国分団

【民団大阪発】民団大阪東淀川三国分団（金万鉄団長）では、三日正午から同分団事務所で第十六回定期大会を開いた。

全団員が参加して行なわれた同大会では、組織経過報告、過去の反省などが行なわれたのち、新年の課題である韓日会談妥結と組織強化など活動方針を決めた。

なお大会後は新年会を行ない、なごやかなひとときを過ごした。

冷房暖房　ダイキン冷房機代理店　日立冷房機代理店

○最高の技術とサービスは完璧です
○僑胞の事業体・団体に対しては至誠を尽しますから冷房及冷凍機関係の一切を御用談下さい。

北洋冷凍機工業株式会社

社長　洪起華
監査　金炳泰

東京都新宿区原町三の八四
電話（341）〇〇四九　代表

'63東京公演

民謡舞台の一部

韓国民謡農楽団日本特別公演

①民謡合奏　②長鼓合奏　③民謡　④ダル舞　⑤漫談　⑥農楽　⑦農楽と民謡

東京公演は夜のみ☆2月8日⇨9日⇨10日☆開演午後6時

ファイーストプロが新春に贈る―豪華実演―第一弾！

韓国の民謡が東京の真中でまき起す陽山道の煽風！

製作　大見山静夫・企画　鄭永根・構成演出・舞台美術　皇武童

○韓国民謡のNo.1―文化放送専属　安福植
○漫談界の人気者　張笑八
○農楽の天才児　全金子
○器楽の奇才　金銀山
○演劇界の人気司会者　白金女
○韓国農楽界人気者　全四鍾

（漫談界の王者）張笑八
（韓国民謡界のNo.1―文化放送専属）安福植
（演劇界の人気司会者）白金女

爆発的人気!!

出演者
●民謡　安翡翠
●農楽　李銀珠、金玉心、墨桂月、沈明花、劉仙女、元仙女、朴招宣、朴貞淑、文明花、李銀美、全金子、金千興、許浩永、鄭在嬉
全四鍾
●漫談　張笑八
白金女
●器楽　李忠善、徐公哲
金銀山

絶賛前売中　プレイガイド　売切れない中に！

特別席¥800・A席¥500・一般席¥300

文京公会堂

国鉄・水道橋　地下鉄・後楽園前　下車

お問合せは→（株）ファイーストプロ・電話（591）5341〜3番・（東京都港区芝田村町2−12・三進ビル）

提供　（株）ファイーストプロダクション
後援　韓国公報館・韓国新聞社

地方公演日程

月	日	地	会場
2月	13日	博多	
〃	14	長崎	
〃	15	戸畑	
〃	16	下関	
〃	17	広島	
〃	20	岡山	
〃	22	大阪	
〃	23	大阪	
〃	24	大阪	
〃	25	京都	
〃	26	名古屋	
〃	27	名古屋	
〃	28	静岡	
3月	3	横浜	
〃	5	札幌	
〃	9	仙台	
〃	10	盛岡	
〃	12	青森	
〃	16	秋田	
〃	17	山形	
〃	19	新潟	
〃	21	富山	
〃	23	福井	
〃	26	金沢	

李朝野史物語

太宗世祖時代篇 (31)

死六臣余話
世祖大王の治績など

成三問始め死六臣が罪なく殺されたという無実の罪が晴れることができたのは、それから二百年も後のことであった。

粛宗朝のときに、宋時烈が死六臣の冤罪論を論じて六臣の無実が立証されて官爵が回復された。

それから後、英宗朝のときには死六臣たちの爵位を高め神位を祀ることになった。その墓がある鷺梁津には愍節祠が建立された。

その後、正祖大王も華城行幸の際に六臣の墓参をされ、その忠節に敬意を表された。墓守を任命して墓を見まもらせ、墓碑を建立して六臣の事跡を記録した。

端宗大王のことも、その死後二百余年間李朝王列から外されていた。粛宗朝に至り廟号を端宗と称することができ、その陵を荘陵と称した。

端宗の神位が回復され、宗廟に奉安されるときに面白い挿話があるが、それは割愛しよう。

かくして端宗大王始め金宗瑞以下死六臣その他の人も、二百年を経て漸くその人権でない復権が回復された。

さて、世祖大王はその王位簒奪に際して端宗大王に対する仕打ちは残虐そのものであった。そのため世祖が当代および後世の人々から非難を強くうけた。

しかし、大王が即位してから帝王としてみるときにその治績の上では、非常にすぐれたものがあった。史家の説を借りるまでもなくその功績は太宗、世宗両名君に次いで、李氏朝鮮の国家の基礎が世祖によって、より一層強固不動なものになった。

いま、その治績のうち主なものを上げてみることにしよう。

世祖が非常手段を用いて王位を手に入れたのは、もとはと言えば彼が経国の大望を抱いてその経綸を実現するためであったが、農本主義に立脚して農事に関する積極的な施策をした。先ず宮中に蚕室を設けて王后や公主をして養蚕をさせ、「養蚕経験」を選修した。

全国の未亡人や孤児のために厚生の途を与え、屯田の増設と農田の法制化を図った。そのうちでも「常平倉」制度を確立したが、これは農を大本とした国家としての最も大事な施策といえる。

貨幣制度―「八方通宝」といわれる鉄銭を鋳造した。

人材登用にも留意した。王位問題で集賢殿を廃止したが、世祖十一年には科挙制度を復活した。多くの文書が刊行されたが、「国朝宝鑑」や「東国通鑑」などの古典史書編修がこのとき始まった。

太祖以来弾圧をうけていた仏教に対しても、世祖は崇仏政策を取った。仏典の研究を奨励し「刊経都監」を任命して仏書刊行にも力を入れた。世祖十年には興福寺の旧跡に大刹「円覚寺」を建立した。円覚寺はいまのソウル・パゴダ公園のところであり、その十三層の石塔は国宝となっている。

世祖はご自身が武芸の達人であり兵学でも造詣が深かった。「兵政」（三年）「兵将説」（六年）「兵書大全」（十年）などを編述し親しく陣形作戦に関して講述をした。殊に、李施愛反乱があってからは国防を強化し国軍改革を完成した。

世祖大王の治績のうちでもっとも注目しなければならないことは、「経国大典」の編修であった。既に太祖大王のときに「経国六典」が刊行され、世宗大王は「続六典」、太宗大王は「六典謄録」などの法典が撰定されていた。

その後、時代が経過するにつれて法令施行上いろいろな矛盾と不適当なことがあったので、世祖大王はこれを修正再編修して万世不易な法典を制定されることを決意した。

崔恒、盧思慎、韓継禧など当代の学者に命じて吏、戸、礼、兵、刑、工の六典を編さんした。大王自身も出来上った草稿を克明に校閲をした。これを「経国大典」と名称した。吏典は世祖六年に、刑典は七年に完成頒布し、六典全部が完了したのは世祖崩後一年の睿宗元年（一四六九年）であった。

世祖大王、即位前後の事情が特殊的ないきさつであっただけに国民から憎悪され、畏敬もされた。しかし、その王位が安定されるにつれて、その治績は上記した通り稀れに見る賢君となった。

国民を愛し、秩序と紀綱を正し国家を盤石の上におかれた。

真に偉くて立派な帝王であったが世祖在位十三年にしてついにこの世を去った。ときは睿宗元年（一四六九年）十月のことである。

大王は、先年李澄玉の反乱を平定されたので「祖」と諡して世祖と号された。

「祖」という謚号は反乱を平定した王に対する敬称である。李朝五百年の間、祖の謚をされた王と反乱は次の通りである。

太祖―開国創業。世祖―李澄玉の乱、宣祖―壬辰倭乱、仁祖―李クワルの乱と丙子胡乱、英祖―李麟佐の乱、純祖―洪景来の乱。

（石鼓山人）

映画法改正案の反響

国産　数社独占化を憂慮
外商進出のおそれ　外画

最高会議での最終審議だけを待っている「映画法改正案」に対して、映画製作界では国産、外画界を問わず、一様に不安と混迷状態を続けているようだ。最近、同案の輪郭が映画界に知らされるや、取敢えず外画業界では、全面的反対気運を盛りあげ、異口同音に改正案の矛盾と不合理性をついているが、国産映画業界でもこの案は、むしろ国産映画産業の衰退を招くものだとしている。

多くの国産映画製作者らの反対世論を総合して見ると、現在六十余社が形式上十七社に統合されたとはいうものの、看板だけが減少されただけで内容的にはいぜんとして群小プロに分離された製作システムで動いているが、敢えて、これ以上設備したところで別段効果なしという点。次には、外画輸入権を得るがための目的のみでは優勢な大外商の資本が導入された場合、長らくこの事業を営んで来た国産製作者らが当然宙に浮いて来るだろうという心配。三番目は現在に市場網をつかめず市場と販路の隘路にぶつかっている状態において、需要供給に適合しない過剰生産状態が招来されれば、会計浮わついて来る国産映画の企業をどのように調節するか？　四番目は、同案は統合整理や映画資本の形成の成果よりも、幾社からの独占化を招来する恐いもある、などの理由で比較的有能な独立プロダクションなどでは反対気勢をあげている。

製作者らのみでなく、監督、シナリオ・ライターらも、現在、米国や日本あたりではむしろ、メイジャー・カムパニーよりも中小独立プロの製作システムが活発に動き、良質の映画を製作している現在、時代的趨勢に平行する政策であると思っているようだ。

「これは"七大社"によって独占されている日本の映画製作体制よりも、韓国の現体制がより意欲的な作品が収穫されよう」と昨年来韓したことのある日本の著名なプロデュサーも太鼓判を押したことがある。

一方「外国配給協会」でも意見書を提出、反対気勢を見せているが、同協会宋専務の話をうかがえば―。

この「改正案」によれば、外画輸入は国産映画の製作者のみに与えられる結果になりそうだが、経験の多い業者らはこの案が予定通り七月から発効される場合、先ず劇場街の需要供給に一大混乱をもたらすものと予想され、ぼう大な外国資力の国内浸透によって国産映画資本は大きくいためられるだろうと見ている。

その理由としては、この空白状態をうかがって長らく虎視たんたんとねらっていた外国映画商社らが直接韓国の劇場側と行動を取る事態が招かれると予想され（現在の日本の場合と同じく）そうなった場合関税引下攻勢、入場税引下攻勢などがひん繁に行なわれ、国産映画はもっともっと押されるだろうと、過去「中配」時代の体験を思いだしながら指摘している。

また、国産映画製作者らに対して外国輸入権を与えるとしても、結局プレミア付きでやみ売りされ、外画輸入業者に対して専売するなど、ややもすれば外画興行までも左前になるだろうと見る点、また、これよりも民主社会の通例である「分業」に逆行するようなこの兼業措置が、どれほど国産映画界に利をもたらすだろうか？と疑問視している。

だが「改正案」は、表面上では映画企業の単一化、秩序化を招く利点くらいはするが、そうだとしても退嬰消極のすえ、どうやら安定しそうにも見える国産映画製作界を根本からゆさぶるような気配が見え、次は、外画業界が新しい冒険を犯すことになるだろうとの悲観しているような反論で持ちきりである。

大体「改正案」は二、三の大会社のみに有利で、多くの製作者、業者らには収拾のつかない状態に落ち込むだろうというのが映画界の公論であるようだ。

文化

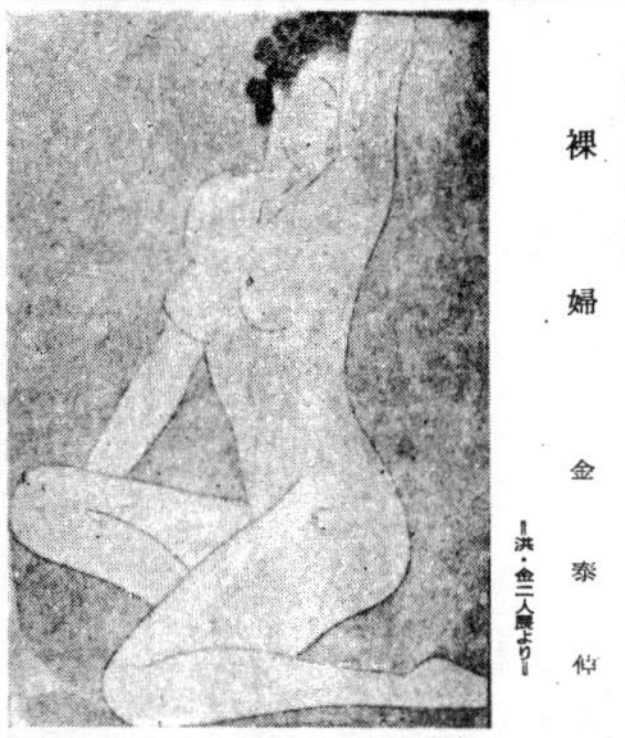

裸婦　金泰倬

＝洪・金二人展より＝

優良出版社を表彰

文教部選定、六十二年度優良出版社表彰式が十四日午前十一時、文教部会議室で開かれた。

今度、表彰された八社は、全国六百三十社の中でも特に質的量的に優秀な出版物を刊行した功績が認められたものである。

表彰された八社は次の通りである。▼乙酉文化社▼民衆書館▼東亜出版社▼学園社▼文化教育出版社▼正音社▼博英社▼一潮閣。

韓国観光ポスター
国際観光大会で最優秀賞

韓国の観光宣伝ポスターが第十回国際観光ポスター大会で最優秀賞を受けた。

同大会は去年の春、泰国首都バンコクで開かれた第十七回国際官設観光協会（IUOTO）総会の際であったが、韓国は去る六十一年度第一回観光ポスター懸賞募集で入特選をしめた作品（ソウル大金起顯作）を出品した。最優秀賞に対する賞牌は交通部で保管している。

ウォカー・ヒルのプールを開放
水温は常に二十四度

ウォカー・ヒルのプールが、韓国の水上選手らに公開されることによって、シーズン・オフにも拘わらず水泳練習が出来るようになった。

長さ二十三㍍、幅七㍍の近代式プールは、室内水温二十四度の理想的なプールとして、シーズンの短い韓国の水泳競技の発展に画期的な契機をもたらしている。

大韓体育会では、来る二月一日から実施される優秀選手合宿訓練に同プールを使用することを決定したが、韓国ではこれが初めての冬期水泳訓練にあたる。

三千年前の古代人の墓標を発見

京畿道富川郡の水宗島で今からおよそ三千年前の新石器時代のものと思われる古代人の墓標が発見された。

これは昨年の夏休みに水宗島の寝内里に休暇を利用して遊びにいった仁川高校の郷土班の学生が発見してソウル国立博物館長に報告しておいたもので、このほど同博物館長金載元氏によって踏査された結果、三千年前の古代人墓標に間違いないと折紙がつけられた。

全国各地に古代人の墓標がすでに発見されているが、今度発見されたものはその状態からして多くの考古学資料をもっており、これの発掘によって未知の分野が解明されるものと期待されている。

この墓標の大きさは、その岩石が長さ一・六五㍍、幅一・四㍍で花崗岩でできている。

五月に開館目標
芸総会館二月に起工

芸術人の集会所になる芸総会館が来る五月に開館することを目標として、一千万ウォンの予算で南山の入口に約四百平方㍍の地所に建築を急いでいる。

二月から着工する同会館は地下二階、地上五階の大きな建物になるという。

なお、同館では音楽、舞踊、演劇などが発表できる会場と、その他、図書室、娯楽室、映画館なども設備されるという。

住所移転

敬啓

新春を迎え益々御健勝のことと存じます。小生住居移転の都合等から御年賀も疎かになりました事をお詫び申し上げ、ここに移転先をお知らせいたします。何卒旧に増して御支援御鞭撻の程お願い申し上げます。

一九六三年一月十五日

移転先　東京都調布市上石原一五〇五番地

金　光　男

電話調布局0424（22）八五三七番

國寶巡禮 (24)

館長・李[illegible]筆

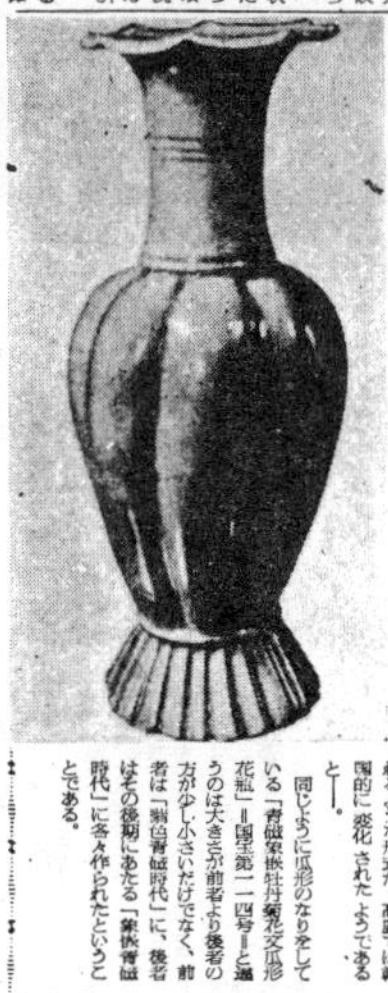

青磁素文瓜形花瓶

〇…別に変わった紋もなく素紋の胴身が瓜形をなしている国宝第九十四号「青磁素文瓜形花瓶」＝高さ二二・八㌢、国立博物館所蔵＝は淡い緑に灰色を混ぜたような、独特な釉薬が淡い光沢を放って素朴な味を漂わす花瓶―。

京畿道長湍郡長道面仁宗王陵から出土されたというこの花瓶もやはり、十二世紀ごろ全北扶安か全南康津あたりで焼かれたものとされている。

〇…瓶の口は、花びら八つの瓜の花に似ており、瓶首には三本の三が並んで横に通っているだけ。胴身の下の方は、スカートのギャザーのような瓶台をなす。氷裂はないが瓶胴が少し歪んでいるように見えるのが、傷といえば傷であろう。

この花瓶は、宋の磁器に見られるような形式が、高麗では韓国的に変化されたようであると―。

同じように瓜形のなりをしている「青磁象嵌牡丹菊花文瓜形花瓶」＝国宝第一一四号＝と違うのは大きさが前者より後者の方が少し小さいだけでなく、前者は「翡色青磁時代」に、後者はその後期にあたる「象嵌青磁時代」に各々作られたということである。

安住の地よいずこ (128)

許槿旭

え　金泰伸

安住の地は（十四）

「あのう　赤ちゃんが！」

「なに　赤ちゃん？」

「私　知らないっ」

「俺たちの赤ちゃんのことだろ？」

私は黙ってうなずいた。

「ありがとう！」

彼の柔い手が、私の髪をなでながら、いきなり私を抱きしめた。

私は彼の胸に顔を埋めたまま、低く呟いた。

「私たちもこどもを育てることができるかしら？」

「勿論、育てられるとも」

「もしも、私たちの前に何かの不幸が訪れて来たら……」

「君！　すべてのことは運命に任せなさい。俺たちは、あすのことを考えないことにしよう。あの広い空と星が、二人の前に存在しているように、俺たちもいまこうして存在し呼吸している。俺たちのこどもも……」

私の耳に聞こえる彼の息が、ある湖畔の静かな波の音のようであった。

「あなたが私の側にいてさえくれれば、私は煩悩を忘れ、悲しみを忘れることができるわ。永遠に私の側から離れないでくださいね」

「君だけを愛する！」

暗いきれのただ夏の夜の神秘の中で、彼と私は愛の歴史を創造していた。

いつのまにか、陽気と風景が変っていた。いなかの屋根の上には、赤いとうがらしが干され、垣根ごしに見える日まわりは、葉が萎はみ頭を深く垂れていた。野原のように広いたんぼには、黄金色の稲穂が風にそよぎ、まぶしく波うっていた。

陽気が冷たかった。夕暮れごろ、たそがれが窓に迫れば、私の心が何かを頼りなく求め、窓の外をさまよった。

窓をあけると、いつものように向い合う二つの風景があった。それは、太い枠の下に散らかっている落ち葉を一ぱい抱えて立っているポプラ、向う側の丘の上……教会の赤い煉瓦には、赤褐色の蔦の葉が一ぱいはっていた。

鉛灰色に被っていく深い空の下、鐘の音がインインと聞こえてくれば、久しく忘れていた故郷の懐しい街を思い浮べながら、私は声も立てずに忍び泣きした。

清波洞の丘の上に恰好よく場所を占めた洋館……父の悲しみ深くて情深かった顔……いつも静かで親切であった母の理智的な顔が見えた。

とりとめない追憶が、優しく波打ってくるはるかな時間の中で、私は、ただ忘れてしまった名まえなどを呼んでいるのみであった。

そうすると、どこからか知れないように、その顔などに似た生命たちが私を呼んでいるようであった。途方もなく重なった恨み多い時空の中で、私は孤独を味わいながら静かに溜息をついた。

（どうしてまた帰らないのだろうか？　彼の心の中に、何かの変化が起こりはしなかっただろうか？）

さわぐ胸に両手をあてて、私は背暗坂道を静かに見守った。

しかし、彼の姿は見えなかった。

お宅の電化は三和から！
御値で小売も（本紙読者特別割引）
各社テレビ電気器具卸
三和テレビ・ラジオKK
東京都台東区御徒町1-5
TEL（866）4177（代表）

＊商銀が築く
明るい事業！
熊本商銀信用組合
熊本市米屋町２－２
TEL ２－3566,6003

一般鋼材
丸棒型鋼
安田金属
代表者・安田圭鎬
東京都墨田区緑町４～３０／電話　本所（６３１）１３５５／８５７３／８９８３番

◎サッカリンナトリウム・化学工業薬品製造販売
大東化学工業株式会社
取締役社長　林　奉　善
川崎市桜本町２０５８　TEL（2）3381

女子事務員募集
一、女子事務員　一名
年令十八歳ー二十五歳マデ
二、待遇　本給　一三〇〇〇円以上
別に交通費支給す
右希望者は履歴書持参の上来社せられたし
東京都千代田区神田松枝町二三（三恵ビル内）
電話（866）0016
総合韓国資料社

韓国服地と韓国レコード！
営業品目
特殊香港洋丹・中国洋丹・金糸織洋丹
テトロン洋丹・京都洋丹・美術丹・七色丹
リバレース・オパール・ニュートン・ベルベット
其他・本絹・季節向一式・朝鮮古典長鼓販売
貸古典婚礼衣装
韓国レコード総販売元
韓國レコード
祖国訪問者および帰国者には特別御奉仕しております
仁川商会
東京都台東区浅草公園六区10－3
TEL（871）3981・5498

韓日定期航路
釜山　下関　博多
就航船　男島丸
４日１航海
博多出帆　午後４時
（博多新埠頭）
福岡市大浜町３の27
九州郵船（株）　電話③－0831～0834

発展の基礎をささえる愛知商銀
皆様と共に歩み
皆様と共に栄える
信用組合　愛知商銀
組合長　姜求道
（神野登治）
名古屋市中村区廣羽町３－１０１
電話・代表５６－２５６１

第一物産株式会社
◇各種遊技機販売◇
各種遊技機のことなら、技術とサービスの
第一物産株式会社に御相談ください
代表　荒川友司（李在昊）
群馬県桐生市金泉町７０５
電話桐生（２）７５５１番

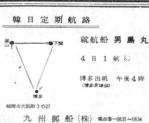

韓國新聞
発行所 韓国新聞社
発行人 曺寧柱
東京都文京区金富町51
電話(813)2261・2263 編集
東京(812)1921(813)2262 業務
振替口座 東京 34988番

日本漁網船具株式会社
取締役社長 福井保
本社 東京都千代田区丸の内二（丸ビル）
電話代表二〇一局一八四一・一三六六

平和線は堅く守る
80万漁民の生命線
外務部 水産団体の建議に論評

【ソウル発＝連合】外務当局は十七日平和ライン問題の解決は八十万韓国漁民の権益を守ると共に全国民の生活に及ぼす重大な影響に照らし、慎重に取扱わなければならないと述べた。十六日午後国内水産業関係の代表者達が外務部及び主務官庁である農林部などに建議書を提出し国民の生命線である平和ラインを堅く守るよう主張したのに対して、外務当局はこのように論評した。

ところで、漁民の代表者達は十六日漁撈管轄区域（平和ライン）の保存に関する建議書を通し、平和ラインの範囲が狭くなれば近代化された日本漁船の無制限な漁撈により水産資源を涸渇させる恐れがあり、また外貨を稼ぐにも大きな打撃を与えるだけでなく、八十万韓国漁民の生命線を完全につぶすであろうと論調した。

なお、この建議書は日本との合作条件の下での漁撈は漁業施設と技術の面で大きな開らきがあるので到底不可能なことであり、日本が第三国と結んだ協定による漁撈管轄水域は相対の国に広い範囲の漁撈ラインを認めているという点などを指摘しながら政府当局の強力な態度を望んでいる。

順調な生豚輸出

主要輸出先きである香港での市場価格下落により沈滞気味であった生豚輸出は、十月以来続けて伸びを示し、昨年十二月末現在四万五百三十五頭、百六十七万七千五百六十三ドルの輸出実績を挙げた。その内訳は一－三月九千三百九十頭、四－九月二万七千九百七十八頭であり、十－十二月には一万三千百六十七頭とかなりの増加を示しており、今年も続けての上伸が予想される。

大法院、軍務離脱に新判例
有罪の原判決を破棄

大法院は十七日午後陸軍高等軍法会議で軍務離脱及び窃盗嫌疑で懲役三年の宣告をうけていた崔ホジュ（三十一歳、前第二十二分隊所属）被告に原審を破棄するという判決を下し、軍法会議判決に対する三審制が実施された後、初めての破棄判決を宣告した。大法院はこの原審は事務離脱の公訴で有罪と認定したが軍務離脱罪は市民として軍務から脱出した行為をすることによって完成されたものであり、新兵役法付則第三十条によれば五・一六以前に軍務から離脱した者に対しては公訴権が消滅されているのが明白であるため、陸軍高等軍法会議が被告に対して軍務離脱罪を適用したことは違法であると判断したものである。

寸筆窓
成人の日に想う

日本では、今年も成人の日のお祝いが全国各地で盛大に行なわれた。当局の発表によると、今年度は百八十九万人もの若者たちが大人の仲間入りをし、これからの社会を担っていくことになった。

成人式は毎年行なわれる年中行事の一つではあるが、成人した若者たちの希望に燃えるハツラツとした姿を見ていると、何か新しい力がわいてくるような気がする。いままで未成年・半人前としてあつかわれていた若者が、成人の祝いではじめて社会から大人としての待遇をうけいろいろ祝辞や激励を述べられると、喜びとともに何か社会人としての責任感すら感ずるのはいつの時代の若者にも同じであろう。

たしかに成人の日は成年者が立派な社会人としてスタートしていく決意を新たにする転機である意味において有意義な存在である。しかしこのような祝日はわが国にはない。日本にいるわれわれ僑胞にとっても、一月十五日は単なる他国の祝日にすぎない。当然、成人の日が来ても僑胞子弟の成年者には国からお祝いの言葉はない。今年も大人への仲間入りをしながら誰からもお祝いやお言葉もかけられず寂しい思いをした僑胞子弟は少なくなかろう。筆者も十数年前そのような思いをしたことを記憶している。

成人の日など存在しない外国でならともかく日本に住んでいる限り、われわれ僑胞も子弟の成年者を民団などが中心となっておおやけに祝ってやってはどうだろうか。それは単なる形式にすぎなくとも、そのような行事や催しが積み重ねられることによって相互の親睦を深め、団結を強くする点を考えるとあながち無意味なものであるとはいえまい。

日本ではいま"人づくり"国づくりが盛んに叫ばれているが、僑胞唯一の団体である民団では青年の育成にあまり力を入れず、これといった成果も収めていないのは否めない事実である。折にふれ、事あるごとに青年の育成問題が台頭するが、常にその場限りの論議に終始しているのが実状である。民団の全組織を見るとき、十年前、十五年前に組織のために貢献した人たちがいまなお第一線で活躍しており、それが指導層の大多数を占めているが、それは一面、後につづくべき人材を欠いていることを実証しているといっても過言ではない。

われわれは民団が真に僑胞大衆に根をおろし、民団綱領の目的を達成するためには"青年の育成"が時間を争う基本問題であることを忘れてはならない。一朝にしてその成果を望むことができないこの問題は、時間と努力を傾注する以外に方法はない。民団もそろそろそれだけの決意をする時機が到来しているのではないだろうか。何も講習会を開いて理論を教え、理論をたたき込むだけが青年の育成ではない。希望のない僑胞の若者に共通の広場を与え親睦と提携を深める機会を数多く作るだけでも意義がある筈だ。（太白山）

民主共和党に決定
新与党の創党準備終る

【ソウル発＝連合】仮称再建党は十七日午後の発起人全体会議で同党の名称を民主共和党（略称共和党）と確定する一方、十八日の発起宣言手続を前議した。共和党は十八日午前九時三十分発起人総会を開いて臨時議長を選出、十時に創党発起宣言をすることに決定した。この発起宣言は革命理念を継承して革命課業を民主的秩序下で遂行すべき新政党出現の必要性を強調するものである。同党は発起宣言後、七十九名の発起人で創党発起委員会を構成、発起委員会の下に運営、連絡、政策研究の三つの分委をおく。

公報活動を強力に
朴議長公報部を視察

【ソウル発＝連合】国家再建最高会議の朴正熙議長は十七日午前公報部とその傘下機関であるTV放送局、国際放送局、ソウル中央放送局を各々視察した。この日午前朴議長は李周一副議長、洪鍾哲最高委員、李厚洛公報室長を伴って公報部に到着、約三十分ほど李公報長官から業務現況を聴いた。朴議長は金内閣首班が同席したこの席で訓示を通じて政府各部署長官は定例記者会見と各部署公報官の活動を通じて政府の公報活動を積極的に展開しなくてはならない。特に経済施策に関する公報活動を強化して国民から不必要な誤解と困難を排除するよう指示した。また朴議長は韓国映画を育成して海外に進出できるようにしなくてはならないし、海外公報活動強化策の一環として外国の研究機関と図書館にわが国の本を沢山送ることを指示した。また農村にラジオを送ろうという運動にも大きな関心をよせた。

一般銀行の定款一部改正
新商法実施に伴い

十七日開かれた定例金通委では第一種一般銀行の定款一部改正を認可した。同定款の改正は六十二年十月に実施された財産再評価額の一部を資本金に転入（ソウル銀行は除外）する一方、新商法実施に伴って用語及び制度を変更したため行なわれたものである。

師範学校学生に視聴覚教育

文教部は十七日新学期から師範学校及び教育大学生全員に対して視聴覚教育を恒常的に実施するように指示した。この教育はこれらの学生が卒業後、視聴覚教育を受けもった時、万全を期するための措置であり、これらの者は幻灯機、写真機、テレビの操作と理論を学ぶと同時に教材のスライド及び写真製作、録音方法、ラジオ私立など教育用器材なども製作することになる。

国家考試不合格者の一部を救済
合格者数三十六％に

文教部が十七日伝えるところによると先ぽど発表した今年度大学入学資格国家考試不合格者の内女子等の合格線を九十四点から八十九点に下げ千四百十八名を追加救済することに決定した。これによって今年度大学入学資格国家考試に志願した一七、五六四名の内合格者は四、九一九名の一次合格者と二四一八名の追加救済合格者を合せて六、三三七名三十六％に達した。

経済閣議対策を考究
輸出リンク制の副作用除去で

商工部では輸出実績リンク制に伴なう外貨プレミアの上昇および輸出物資の高騰など諸般の副作用を除くために一連の補完対策を立て、これを十六日の経済閣僚会議に上程すると伝えられる。同補完策は輸出リンク制実施以後ドル当り四十ウォンから五十ウォンにもなった外貨プレミアを抑え、同時に輸入物資の価格高を抑制することを目的とし①定期的に輸出ドルを売りに出し②実需要者品目を大幅拡張し③自動承認品目に対しては輸出リンク制を適用せず④原資材導入資金を潤沢にして輸入物資の価格高を抑えることなどを内容としている。なお同対策は経済閣僚会議を通過し次第直ちに実施される予定といわれる。

政府機構の改編準備
民政を控え政府動き活発

金炳三内閣事務処長は将来の民政移譲を前にして、大統領中心制にしたがう政府機構改編を研究中であると語った。十七日午前記者と会見した金内閣事務処長は政府機構改編のため現在最高会議では内務委員長を中心とした特別委員会が構成され研究中であり、内閣では専門委員らがこの政府機構改編のための方案を研究中であるが、公務員数は現在の人員数の枠内で調整されるだろうと語った。また政府は公務員の政治的独立と身分保障のため新しい国家公務員法を試案中であると述べ、新しく作られる公務員法は公務員は政党とか政治団体の結成に参与するとか加担することはできず、選挙においても特定人とか政党の支持または妨害ができないと共に、寄付金を募集するとか、公共資金を利用することができないように研究中であると語った。金処長はまた現在、内務部と商工部の庁舎を除った予算で中央庁の裏側に四、五階建ての建物を作って中央官庁を一所に集めようという政府庁舎総合計画をたてていると述べ、この建物は来年の十月ごろ完成されると語った。

韓国日報筆禍事件被告に無罪
政府誹謗の意志認められず

韓国日報筆禍事件を取扱っていた陸軍本部普通軍法会議は十七日午後の公判で韓国日報記者韓南喜被告に宣告猶予、大韓養蚕会企画委員柳貞紀被告に無罪をそれぞれ宣告した。二人の被告は特定犯罪処罰に関する臨時特例法三条三項（虚偽事実流布）違反嫌疑で昨年の十月十六日から裁判に付されていたが、この日裁判長は被告らに政府を誹謗する目的がなかったという理由で以上のように宣告したものである。二人の被告はこの判決に大変なよろこびようでカメラの前でポーズをとったりし、午後ソウル教導所（刑務所）から釈放された。

エクアドル、韓国と外交関係樹立

キートからの報道によるとエクアドル政府は大韓民国と外交関係を結ぶことになったとエクアドルの外務省が十七日発表した。

輸出計画月末まで受付
六三年目標達成 奨励策のため

商工部は六十三年度の輸出目標である七千百七十万ドルの達成と[illegible]動的な奨励政策を立てるため輸出業者の六十三年度輸出計画を来る一月三十一日まで、また毎月の輸出実績報告をよく月の十五日まで各々商易局振興課に報告するよう十七日付けで公告二一、九一六号を発表した。

多期国体開幕
全国から六百余名が参加

第四十四回全国体育大会冬期スケート大会は十七日六百余名の男女選手らが参加のもとで盛大にその幕を開いた。二十日まで続けられるこの銀盤戦にはソウル、京畿、江原道地方からスピード競技に三百五十名、アイスホッケー十八チーム、一般八十名、フイギュア競技に七十名の選手らが参加している。同大会の開幕式は十八日正午に挙行されるが、開幕式にさきだって十七日中高等部のアイスホッケー競技が挙行され、中学部では準決勝戦で京畿が八対〇で徽文に大勝、決勝戦に進出することになった。

工業地区の調査報告おくれる
原料供給計画の変更で

去る十五日まで韓国政府に提出されることになっていた米国ディエンドソンマルマン会社の蔚山工業地区に対する総合技術調査報告書の提出は来る二月の末まで延期されたと十七日午後経済企画院が明らかにした。総合技術調査報告書の提出期限が延期されたことは（一）総合製鉄工場の原料供給線が変更され（二）港湾建設区画地が修正される一方（三）第三肥料工場の肥料および規模が変更されたのがその理由であるという。

ソウル卸売物価微騰
五日現在総指数二二四

韓銀で調査した五日現在ソウル卸売物価指数は二二四（五五年＝一〇〇）で十日前に比らべ〇・一％上昇した。年初以来穀物をはじめ、生活必需品、輸入物資などの物価が微騰しているにも拘わらず、総指数がこのように横ばいに留っているのは年初に継続された休日によって取引が閑散しただけでなく、一部商品の価格形成がととのわなかったためであり、次の週の物価指数は相当な高騰をみせるのではないかと当務者はいっている。

グァテマラに移民調査団
保社部来月初旬派遣

保社部ではグァテマラへの移民調査団を来月の初旬に派遣する予定である。なお、保社部ではブラジルにも駐在移民官を派遣し、病院、学校など公共施設をつくるため三万ドルを補助することになったといわれる。

シートバーの適期供給を確保
商工部、本年度導入計画を発表

商工部工業局では鉄鋼材主要原料であるシートバーの本年度導入供給計画を作成、これを関係業界に通告したが、それによると輸出不振である鉄鉱石、重石とのバーター貿易を行うと同時に直輸入や年賦輸入（BA取引）なども許可して適期供給を計る方針である。シートバーの年間需給量は四〇八〇〇トンであるが、これらの大部分はバーター貿易により輸入し、それでも支障の生じた場合には直輸入などでカバーすることになっている。

タイヤなど七つの品目解除
B・A政策による禁納

昨年七月以来米国のB・A（米国商品優先購買）政策によって制限措置をうけて来た韓国内米軍納品物、タイヤなど七個品目が解除された。これは十七日商工部で開かれた韓米軍納促進会議で、米国側から通告されてきたことによって明らかにされたものであるが、今度解除された品目はタイヤ、チューブ、バッテリー、冷凍えび、タマゴ、野菜、煙草などである。

行き悩む野党結成

単一野党実らず
大統領候補指名で決裂

【ソウル発＝連合】汎野単一政党の形成のため継続されている会議は十七日午後旧民主党系側の退場によって決裂されてしまった。執権党である仮称再建党との対決のため汎野党が団結しなくてはならないという大原則で賛同した旧政治勢力は、大統領候補選挙及び組織比率問題などで論議をくりかえしたが妥協点がみつからなかったものである。この日退場した旧民主党系は始めから大統領候補選挙を各政派組織比率で立てようとしたものであり、この日の会議でもこれを固執し、大統領候補は党大会で決定するのがよいという無所属側主張と対立、決裂にいたったのである。午後三時三十分退場した洪翼杓氏は過去の歴史をくりかえさないため、他の人々と共に働けないと述べ、李相哲氏は同調できないと退場理由を説明した。旧民主系を除く、無所属系、旧新民系、旧自由系は会議を継続している。旧民主系の今後の出方が注目されるが、無所属旧新民系は一部勢力が離脱しても仮称民政党発起を促進する形勢にある。

一月中に準備委会構成
大統領候補は党大会で

汎野単一政党（仮称民政党）形成のための十七日午後の第五次拡大大会は旧民主党系代表洪翼杓、李相哲両氏が会議途中退場してしまったので、金炳魯、李仁、尹潽善、金法麟氏などを中心とする各会派だけで単一野党運動を強化することにしたがこの結果一月内には発起準備委員会構成をみるようである。金炳魯氏はこの日の会合で発起人審査に関するものと、その議決を早急促進することを決定したと明らかにし、金法麟、李仁、金炳魯氏ら四氏で発起人審査委員会を構成、発起人を決定することにしたという。同時にこの会合で組織に参与する政派比率は無所属二、新民一、旧自由一の比率と決定し、またこれから単一野党運動に参加希望するものに門戸を開放することにした。この会合が終った後、金炳魯氏は洪翼杓、李相哲両氏が別な旧民主党系の政党を創立するとしても、単一政党に対する一対一の闘争では事前に妥協して行動統一するよう努力するということを強調した。金氏は洪・李両氏の脱退理由は両氏がある特定な人が次期大統領に立候補しないという約束を求めるよう提案したのに対し、拡大会議では論じることができないと拒否したためであると述べ、つづいて大統領立候補は政党大会で決定するものであり、党発起人は三十名が定数となると語った。

金法麟氏遺憾の意

旧自由党系を代表した金法麟、金炳魯両氏は十七日午後の汎野各派拡大大会で旧民主党系が脱退したことに対し、彼らと決別することになったことは大同団結で単一野党を結成しようとする今大経済遺憾なことであると語った。両氏はこの日の会議が終った後、六者は全部大統領候補とか党首などの一線にでず、えんの下の力のような役割をさせようという彼らの主張を放棄したのかという質問に対して、そうではなく両氏は自分達の立場は声明を通じて明らかにすると述べ今日の会議は満足すべきものでなかったと語った。

旧民主系野連結成へ

汎野単一政党運動から離脱した旧民主党系は独自的な野党を組織することを宣言した。十七日午後の拡大大会で退場した洪翼杓、朴順天両氏は同夜記者会見を行なって単一政党を放棄して独自に政党を作って野党連合戦線をひくと語った。洪・朴両氏は単一政党に参加しながらもまもなく国民の前に見解の差を露呈するよりは政党でない汎野単一戦線をひくのが大局的見地からみて誠実な方法であるという結論を得たと汎野会合から離脱した理由を説明した。洪氏はこの野党連合のため協議体構成を提議する用意があると語った。洪氏はまた野党連合戦線でも大統領候補問題で斜合されない場合はどうするかという質問に「辛棒強く協議をすれば解決する」と述べ、旧民主系が早急に離脱したことは選挙期日までいくらも日が残っていないし、下手をすると政党構成すら出来ないでしまう憂いがあるためやむをえず推進した点を強調した。万一旧民主党系が出馬できず尹潽善、金炳魯、李仁、金法麟氏等が大統領候補として出た場合旧民主系が押してやるかという質問をうけた洪氏は党綸にしたがって決定するものであるとだけ答えそれ以上答えなかった。しかし朴順天女史は野党連合戦線が立てた大統領候補を支持するのが国民の要望であると含みのある答えをした。

金融資金 計画を討議

昨年の暮れから引き延ばされてきた一般銀行の今一・四半期金融部門資金計画が来週の初めごろ確定されるようだ。十七日韓銀で開かれた定例金通委では同部門委で審議完了された一般銀行の一・四半期金融部門資金計画を論議したが政府の総合資金需給計画がまだ確定されていないため、同総合資金計画が完了された後、来週の初めに臨時会議を開き全部論議することにした。金通委で合意された期中貸出増加額は一般資金二億ウォン、施設資金一億ウォン、合計三億ウォンと知られている。

皆様にとって最も親しめる銀行…
最古の歴史を誇る朝興銀行を御利用下さい。
外国為替・信託
韓国・ソウル特別市
朝興銀行

お宅の電化は三和から！
御値で小売も（本紙読者特別割引）
各社テレビ電気器具卸
三和テレビ・ラジオKK
東京都台東区御徒町1-5
TEL (866) 4177（代表）

ご商売やお住いのご計画に……
東京商銀信用組合
東京都文京区湯島天神町三ノ一四
電話代表（八三二）五三二七～九・五三三〇

新しい国造りの
最先端を行く
国産自動車
ここに誕生!!

セナラは今般、日産自動車株式会社との技術提携により年間三、〇〇〇台の国産自動車を生産する目標で力強く発足致しました。韓国自動車工業界の夜明けに新しい息吹と希望を一杯積んで活躍する弊社の自動車に御期待下さい!!

ダットサン ブルーバード

車種
乗用ダットサンブルーバード
商用ダットサントラック
マイクロバス、サービス部品

日本で最も人気があり、世界各地に輸出されて好評のダットサン ブルーバードのふるさと……日本の代表的自動車メーカー「日産」が神奈川県追浜に建設した東洋一の乗用車工場です。100万平方メートルの広大な敷地に並び立つ工場では、すべてがコンベアーシステムで運ばれています。日産自動車では、このたびセナラ自動車と提携し、ブルーバードを韓国に輸出することになりました。

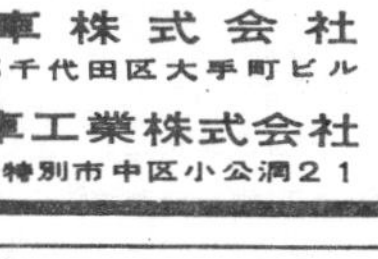

ダットサン トラック

NISSAN
日産自動車株式会社
東京都千代田区大手町ビル
새나라自動車工業株式会社
ソウル特別市中区小公洞21

選挙法はどう変ったか

十二日最高会議常任委を通過した国会議員選挙法案は、国会議員の選挙方法において地域・比例代表制を併用したこと以外にも、徹底した公営制によって選挙運動を制限していることが注目される。これ[illegible]べき制限を設けている選挙運動関係条項は、それにより選挙の不正と選挙運動に起因する弊害を防ごうとするものである。現実には過度の萎縮を招くのではないかという疑問をも生んでいる。[illegible]

徹底した公営制で　選挙運動等を制限

一候補にも投票　不在投票認定

選挙日と投票

全国区議席は　第一党が過半

全国・比例代表の議席配分方法

被選権を制限　兵役忌避者は

その他

全国の選挙区は　一三一個区に

地域選挙区

選挙運動

運動員制の廃止

選挙運動

[illegible]

国会議員選挙法全文（上）

第一章　総則

[illegible]

第二章　選挙権と被選挙権

[illegible]

第三章　選挙区域と議員定数

[illegible]

第四章　選挙人名簿

[illegible]

第五章　議員候補者

[illegible]

第六章　選挙運動

[illegible]

（つづく）

本国入国許可者氏名公告

韓国駐日代表部領事課旅券担当官

在日本韓国居留民団中総民生局長

[name list illegible]

旅券発給者氏名公告

韓国駐日代表部領事課旅券担当官

在日本韓国居留民団中総民生局長

[name list illegible]

（一月十四日現在）

SPK

合成樹脂成型加工
金型製作

三協プラスチックス化工興業工場

宋　滓　鎬

大阪市生野区猪飼野中八丁目八五番地
TEL（七四一）五八〇六―七

JAPAN TOKYO

地方公演日程

2月	13日	姫路	多崎
〃	14	長崎	
〃	15	戸畑	
〃	16	下関	
〃	17	広島	
〃	20	岡山	
〃	22	大阪	
〃	23	大阪	
〃	24	大阪	
〃	25	東都	
〃	26	名古屋	
〃	27	名古屋	
〃	28	静岡	
3月	3	横浜	
〃	5	札幌	
〃	9	仙台	
〃	10	盛岡	
〃	12	青森	
〃	16	秋田	
〃	17	山形	
〃	19	新潟	
〃	21	富山	
〃	23	福井	
〃	26	金沢	

'63東京　公演

民謡舞台の一部

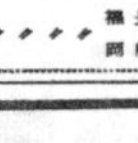

（漫談界の王者）張笑八

（韓国民謡界の№1）（文化放送専属）安福植

（漫談界の人気司会者）白金女

爆発的人気!!

韓国民謡農楽団日本特別公演

①民謡合奏　③民謡　⑤漫談　⑦農楽と民謡
②長鼓合奏　④ダル舞　⑥農楽

東京公演は夜のみ☆2月8日⇨9日⇨10日☆開演午後6時

ファイーストプロが新春に贈る―豪華実演―第一弾!

韓国の民謡が東京の真中でまき起す陽山道の煽風!

製作　大見山静夫・企画　鄭永根・構成演出・舞台美術　皇武童

○韓国民謡の№1　文化放送専属　安福植
○漫談界の人気者　張笑八
○農楽の天才児　全金子
○器楽の奇才　金銀山
○演劇界の人気司会者　白金女
○韓国農楽界人気者　全四鍾

出演者
●民謡　安鶴翠
李銀珠　金玉心　崔桂月　沈明花　劉仙女　元仙女
●農楽　朴招直　朴貞淑　文明花　李銀美　全金子　金千興　許浩永　鄭在嬉
●漫談　全四鍾　張笑八
●器楽　白金女　李忠善　徐公哲　金銀山

絶賛

前売中
プレイガイド
売切れない中に!

特別席￥800・A席￥500・一般席￥300

国鉄・水道橋／地下鉄・後楽園前→下車

文京公会堂

お問合せは→（株）ファイーストプロ・電話（591）5341～3番・（東京都港区芝田村町2―12・三進ビル）

提供　（株）ファイーストプロダクション
後援　韓国公報館・韓国新聞社

民団監察委員会 各県代表が祖国訪問

鄭監察委員長ら20名

韓日国交正常化新情勢に対処

民団中央監察委員会（鄭烱和委員長）は、懸案の韓日国交正常化を目前に控え、民団組織強化と体質改善に役立たせるため、鄭烱和委員長以下全国各県本部監察委員代表二十名が、今月下旬本国を視察訪問する。

鄭監察委員長

民団組織を最前線で防衛しているこれら全国各県監察委員長が、こぞって本国を視察訪問することは、これがはじめてのことで、関係当局は最近朝総連が韓日会談に反対するため民団員に偽装して本国へ旅行するなどの最後のあがきを示しているのに対しこれを封じるためにも同視察訪問団を非常に深く注視している。同訪問に際し、鄭監察委員長は別項のような談話を発表した。なお訪問視察団の滞在日程は約一週間の予定で、その間朴正熙最高会議議長をはじめ、金内閣首班など政府・政界要人らとも会って懇談するかたわら、経済五カ年計画の推進施設なども視察するが、具体的なスケジュールは韓国駐日代表部と相談し、追って発表される。

鄭監察委員長談話

昨年十一月二十一、二日の全国監察委員長会議で、民団組織の強化と体質改善のため、全国監察委員長が本国を視察訪問することを決定しました。中央監察委員会ではこの決定に基づき、その訪問の手続き推進してきましたが、このほど手続きも順調に終え、今月下旬ごろには出発できると思っております。

今般のわれわれの本国視察訪問は、革命課業の推進と、特に民政移管を寸前に控えた政治に直接接して、韓日国交正常化後にくる在日公館の情勢に対処すべき、民団の体質改善、並びに機構改革を一層効果的におし進めるために、本国の全般を十分に検討することが目的であります。

また、全国各県本部の監察機関は、組織防衛の重要な役割を果さなければならず、最近朝総連のあがきに対して、本国から力を得て、より効果的に対策を練るつもりです。そのためには監察委員自体の自覚、質的向上が望まれています。

われわれのこうした初めての訪問の機会に、多くの成果を収めたいと思います。

分団長に李一和氏

民団大阪小松分団が選出

民団大阪東淀川支部小松分団（鄭盛華分団長）では去る十五日第八回定期大会を開催左記の通り新役員を選出した。

午後一時から団分団事務所で開かれた同大会には大阪本部、支部役員をはじめ団員六十余名が参加した。また同大会は現役員の任期満了によって開かれたもの。国民儀礼のあと鄭分団長から人事についての経過報告があり、つづいて組織強化のために活発な意見が討議された。

終りに現役員総辞職、新役員改選に入って新役員が選出されたのであるが、分団長、議長、監察委員長、副分団長、副議長以下の役員は三機関に一任することにし、午後六時閉会した。

選出された役員は左の通り。

分団長＝李一和、議長＝鄭聖華、監察委員長＝金安語、副分団長＝白守東、副議長＝金奉徳、同委員＝朴雄甲。

事務所を移転

民団愛知西北支部大会

民団愛知県西北支部（李且竜議長）では一月十九日午前十一時から愛知県犬山農業協同組合会議室で尾北分団の第二回定期大会を開催する。

同大会では役員改選をはじめ、新事務所設立、今後の活動方針、韓日会談早期妥結を呼訴する決議文などが採択される予定である。

同大会で特に関心をもたれるのはいままで古知野に設置されていた尾北分団事務所を犬山市に移転させ犬山市、江南市、小牧市などを中心にこれからの分団事業を活発に展開しようとする点であり、大きな期待がもたれる。

新事務所を完成

民団大阪生野支部西部分団

民団大阪生野支部西部分団（金晋一分団長）では去る十二日、同分団事務所で新築落成式を盛大に行なった。

同落成式には大阪本部団長徐相夏氏を初め支部役員多数と同分団建設委員及び団員約六十余名が参席して同分団事務所新築と同分団のより一層の発展を心から祈った。

現在生野支部には四万余の僑胞が密集して生活しており、その人口に比例して東、西、南、北に四つの分団をおいて組織強化をはかっている。その中でも全国的にその名を知られている鶴橋国際市場、御幸森韓国市場（朝鮮市場ともいう）のある所が西部分団に当たり、この西部分団が結成されてここ二年余り、同分団の事務所を事務課長黄駿甲氏の事業事務所と並用していたのであるが、同分団のより一層の発展のためには事務所を新築しなくてはならないという管内僑胞の要望に応え、昨年十月の第一回臨時大会において当面活動方針として事務所の新築が決定された。同時に左記の建設推進準備委員会を構成してわずか二カ月余の活動で三〇〇万円を調達、十五坪モルタルぬり平家、（総工費二百二十万円）で同事務所を完成した。また建設費の一部残金八十万円は基本財政に充当することになった。

同事務所は事務室と会議室それに宿直室という構造になっており住所は大阪市生野区猪飼野中三丁目三十六番地となっている。

同分団建設推進準備委員は次のとおり。

安明錫、金士文、林容一、宋昌萬、金仁鏑、姜慶奎、朴鐘圭、金賢一。

韓日親善拳闘試合

ライト級・康（韓国1位）と虎谷（日本二位）

2月3日・後楽園ジムで

韓日親善拳闘試合が、来月三日午後六時から東京後楽園ジムで、韓国ライト級第一位康富英選手（二〇歳、富平）と日本同級第二位虎谷一吠選手（二〇歳、親和）の間で一〇回戦が行なわれる。

康選手は結城拳闘倶楽部の招きで、去年の十二月二十七日に来日、新和拳闘倶楽部所属の虎谷一吠選手と来日第一戦（第一八一回ダイヤモンドグローブ）を交えるべく契約を結び、同倶楽部で代表師範康元根氏のコーチの下に、トレーニングに励んでいる。

康選手は一九五九年度韓国アマチュアライト級新人選手権を獲得以来同級選手権を九回も獲得、その間、一〇〇戦中九八勝（KO勝四〇）二敗という輝かしい戦績を残しており、来る東京オリンピック大会の韓国ライト級第一次候補にあげられていたが、突然プロに転向（個人的事情により）したため韓国のアマチュア協会でセンセーションを起こした話題の選手である。

プロ転向してから四戦四勝（全部KO勝）の誇々たる戦績をあげて"殺し屋"というアダ名をつけられている。康選手と、現在日本の人気絶頂の虎谷選手との間に好試合が展開されるものと、早くからボクシング・ファン達の期待は大きい。

康選手は、引続き滞在して、日本の一流選手らと試合を予定しており、東洋ジュニア・ライト級チャンピオン勝又行雄選手（不二拳）への挑戦にファイトを燃やしているという。

康選手のコーチをしている康元根（通称＝結城敏夫）師範は、元日本バンタム、フェザー両級の選手権保持者で、全盛時代のピストン堀口を負かしたこともある無敵の拳闘歴保持者であるが、本国文教部公認の結城拳闘倶楽部誕生後始めて韓国選手を迎えて次のように語った。

康元根氏の話　拳闘を通して韓日親善と向上を図りたい。今までにいく度も韓国選手が日本で試合をやっているが無責任なマネージャーたちによりそのほとんどが実質を無視した興行本位にすぎない。本国の威信を落すようなことをしたことは許し難い。康君は立派な素質を持っているので、立派な国際選手に育て上げたい。

写真向って左は康富英選手、右康元根師範

尋ね人

金相守さん（日本名）大山[illegible]

連絡先　ソウル特別市鍾路区鍾路一街二八の二号　尹亨南（義兄）

駐日代表部公報官室　電話（451）八二〇六

朴鶴花さん　右の人の妻

本籍、慶南釜山直轄市東莱区正墳洞一〇二八

住所、一九五四年六月四日まで東京都大田区仲蒲田一の二四

右御夫妻の行方を釜山にいる父朴理煥氏が尋ねております。消息を御存知の方は左記へ御連絡下さい

連絡先＝、釜山直轄市東莱区正墳洞一〇二八、朴理煥

崔聖奎氏　現在55歳位

本籍地　全南順天市東外洞

現住所　東京（？）

右の方は終戦前に来日、東京都内に居住している模様。本国で義兄（妻兄）が緊急な用件で尋ねております。ご存知の方は左記までご連絡下さい。

盧氏（岡村一夫）

全南光州市出身

第二次大戦中輸送船関係に従事、戦後北海道方面にて飲食業を営んでいたとの風聞。娘の節さんが尋ねております。

連絡先　東京都練馬区東大泉東映撮影所　朴英勲まで

事務員募集

一、資格、在日韓国人で民団登録済みの満20歳から40歳未満の男子

一、採用人二人員（なるべく都内居住の独身人）

一、待遇は優遇す

右希望の方は自筆履歴書を持参の上左記へ御応募下さい。

連絡先　都内江東区平久町一の一三、電（六四四）〇五一二

在日大韓民国居留民団江東支部

新帝国主義研究

◇最近の共産主義の諸形態◇

最近のユーゴの政治変化

アレクス・N・ドラクニチ　⑤

その次の主要変化は、各地方政府に対する支配をより効果的にするために計画された中央政府の改編と関連するものである。この目的を達成するため、一九五六年中央政府機関の数は大幅に増加された。これは主に連邦執行会議の一つの委員会と書記局の性質に属するものであり、地方分権化の一部として廃止された以前の省（部処）に該当するものである。連邦執行会議と地方政府の中間位置を占めているこの新機関は、連邦執行会議の名目で監督、指揮し、連邦執行会議の行動を必要とするか、または必要と考えるときは地方政府の仕事に注意を喚起させるようになっている。

これら新機関を簡単に述べると、以前の共和国の書記局と地方行政機関に属した監督権を行使する。表面上、中央政府の新機関らは、命令よりはむしろ"特殊援助"と専門的助言をする。

しかしこれらの機関には、地方団体を拘束する訓令を発する権限が賦与されている。これら新機関は、大部分分権化された経済の「重圧結合」を形成させる目的で設立された上に、対外貿易及び経済会議所のような経済会議所を通じてその機能を発揮する。この会議所は「重圧に組織された連合の形態」をもたらすとみている。連邦執行会議の指導者たちはこのような会議所及び委員会がこの会議所を主導するようになるから、ユーゴの指導者たちはそのようなことを望まないけれども、それは再統合の一つの形態であるということは否定出来ないことである。

マクビカーは、ユーゴの新しい事情に関する研究で「彼等の兵団に直結された経済的自治団体の理論及び実践上の内容は、ムッソリーニの戦前の"自治州"の特徴を備えている」という結論を下した。ファッシストの「自治州」が統合されたことは周知の事実である。

五、農業の独特な位置　農業はユーゴ経済の重要な部分を占めているが、最近数年間の農業政策は、農業だけを分離させて考察するだけの充分な特性を備えている。土地の約三分の一が社会化された一九五二年から一九五三年までのチトーの集団農場政策は農業生産高の破局的減退を招来して、農民たちが政府に対して激しいうらみを抱いたという三つの重要な結果を招来したのである。従って政府は一九五三年に集団農場の解体を認めるという法令を発せざるをえなかった。

農業政策失敗の打撃を最小限度に縮少させたのである。しかしこの法令に依って大部分の農民たちは（彼等が集団農場にもってきた農機具及び家畜等を取り戻すことが出来なかった）不利な条件を覚悟で集団農場を離脱したのである。このようにしてチトー主義者たちは、当時、農業部門で彼等の路線を転換させたのである。

度に後退させるため政府は、将来にあっても個人農業はいれられないということを暗示する措置を取った。指導者たちは、総統して「村落の社会主義的転落」を強調した。それから指導者たちが集団農場の解体を承認する法令を公布すると同時に、個人所有の最大土地面積を約二十五エーカーに縮小させた。そのうえいわゆる「一般型」組合を満足させた。従って組合を通じて農業に対し、より以上の統制を加えられるように努力して来たが、この組合の使命は主に流通に局限された。例を上げるとこの組合は、農機具、スキ及び家畜を引ける動物、スキ及び家内工業用道具を所有出来るようにするものであった。個人の私有を不可能にする組織政策によって、この目的を達成させようとするものである。それであるから、個人所有の荒廃地は、共有の生産手段によらせなかったがこれを分析してみると、農民たちをして指示された生産品を生産するよう、強要するために取られたものである。ホテルやその他食物購入所の如き都市施設は、農民から直接購入させず、定まった販路即ち購入独占をしている組合から購入するよう、強制するようになっている。同時に、政府は農業部門への政府投資を大幅増加させていると公然と発表した。政府は、農村地域に資本主義を強化させない反面、農業投資を進めた。従って本質的にチトー主義者たちは、農民の独立性と行動の自由を減少させずに、農業生産高を増加させられるかという問題に直面しているのである。

韓国芸能使節団が来日

僑胞慰問と韓日親善を促進

韓国芸能使節団が、韓日親善と在日僑胞を慰安する目的で、来たる二十二日羽田着CAT機便で来日する。

最近、両国の親善ムードが盛り上がり、民間交流が繁くなっているが、今度、国際プロダクションでは、韓国古典楽と民謡界から朴貴姫、張世貞、金貞九、金演洙、李殷官ら十数名の代表的メンバーからなる韓国芸能使節団を日本に招き、韓国の優れた芸術を紹介させるとともに、両国民の親善と僑胞の慰問に努めるという。

同使節団は、来たる二十六日の九州の宇部を皮切りに、南は九州から北は北海道に至る主要都市十五カ所で公演をする予定という。公演の日程及びメンバーは次の通りである。

▽日程

宇部＝一月二十六日、戸畑＝二十七日、福岡＝二十八日、神戸＝二月一日、大阪＝三日、京都＝四日、高知＝五日、四日市＝六日、東京・品川＝八日、東京・文京＝九日、桐生＝十日、熊本＝十二日、名古屋＝十三日、札幌＝十六日、青森＝十八日。

▽同団メンバー

朴貴姫、高白花、姜文子、林花子、李斌子、尹頭姫、金鶴、李初姫、張世貞、金貞九、金演洙、李炳祐、韓一燮、張泳璣、黄必瑾、金水得、李殷官。

朴貴姫

金演洙

金貞九

李殷官

張世貞

済州道視察団スケジュール

十六日来日した金栄寛知事を団長とする済州道訪日視察団一行の滞在スケジュールは次の通り。

▽十六日午後七時、在日済州開発協会主催の歓迎パーティーに参加。▽十七日は千葉県庁の加納知事を訪問し懇談、銚子市の漁港、水産高校、漁協・缶化工場視察。▽十八日午前は神奈川県庁を訪問後、李ケ崎の坂田種苗会社を見学と、長後種畜牧場視察、午後は平塚園芸試験場と農業高校を視察、▽十九日は西富士の畜産施設、養魚場、観光施設などを視察、▽二十日は伊東、清水、日本平、焼津、牧ケ原、静岡の水産施設、イチゴ栽培、観光施設、蜜柑栽培・加工などを視察、▽二十一日は大阪の農業試験場でたまねぎ品種改良の施設を視察、午後は在日僑胞歓迎会に参席、▽二十二日は、大阪府庁に佐藤府知事を訪問し懇談、午後は大阪商工会議所と久保田鉄工を訪問し懇談、夜は在日僑胞と懇談会、▽二十三日午前は兵庫県庁を訪問、午後は港湾、観光施設を視察、▽二十四日の午後、山口県庁に橋本知事を訪問し懇談後は県知事の招待会参加▽二十五日萩市庁に市長訪問、午後は仙崎港と観光施設を視察、▽二十六日は福岡市庁、商工会議所訪問後漁港、製氷冷蔵施設、飼料関係を視察、夜は歓迎会に参加、▽二十七日は東京で済州開発協会と懇談、▽二十八日は日魯漁業の缶詰加工を視察、午後は日韓農林水産技術交流協会と懇談、▽二十九日朝八時三十分発CATで帰国の予定。

北洋冷凍機工業株式会社

冷房暖房　ダイキン冷房機代理店　日立冷房機代理店

○冷凍の技術とサービスは完璧です
○僑胞の事業体・団体に対しては実費で奉仕しますから冷暖房及冷凍機関係の一切を御相談下さい。

社長　洪起華
監査　金炳泰

東京都新宿区原町三の八四
電話（341）〇〇四九　代表

女子事務員募集

一、女子事務員　一名
年令十八歳～二十五歳マデ

二、待遇　本給　一三〇〇〇円以上
別に交通費支給す

右希望者は履歴書持参の上来社せられたし

東京都千代田区神田松枝町二一（三和ビル内）
電話（八六六）〇〇一六

総合韓国資料社

階上・和室・洋室・御家族連れ
御結婚式場・披露大小宴会
新館完成開店
北京料理　アベノ　東海倶楽部
本店　アベノ橋商館西側
電話（632）0285（632）0286～7
アベノ区旭町1丁目1番地（アポロ座西隣）
電話（632）1255～7

韓国服地と韓国レコード！

営業品目
特殊香港洋丹・中国洋丹・金糸織洋丹
テトロン洋丹・京都洋丹・美術丹・七色丹
リバレース・オパール・ニュートン・ベルベット
其他・本絹・季節向一式・新鮮古典長鼓販売
貸古典婚礼衣装
韓国レコード総販売元
韓国レコード

祖国訪問者および帰国者には特別御奉仕しております

仁川㊓商会

東京都台東区浅草公園六区10－3
TEL（871）3981・5498

営業品目
海狗腎及其他補薬
人蔘鹿茸唐草乾材
和薬医薬各種新薬
直ぐ服める液体漢方薬
内外貿易業務代行

日和堂薬院

大阪市東成区大今里南之町1－14
電話（971）3180・7958

自動車のコンサルタント！皆様の車に関する相談役

新車各種・中古車販売・修理・板金・塗装
自動車保険（事故相談・一般契約）取扱店

（無料相談受付中）
自動車の事なら、売る時 買う時 他一切の御相談に応じています

国電東中野駅陸橋際・東京都中野区上ノ原町11番地

日野コンテッサ・日野ルノー
東京日野自動車株式会社代理店
大東京自動車株式会社
代表取締役・尹和錫
電話（361）1508・0096番

白衣の楼閣 (江陵)

白衣の人よ

呉炳祚

異郷に　彷しくさすらう
白衣の同胞よ
苦しみの過去と
遠い未来に
敗けないで下さい

歴史の重さに
ぼくらの祖先は
いくたびか　耐えて
来たでは　ありませんか

貧しさと拙絶の中で
未来を切り拓こうと
人知れぬ涙と　血に
たえている人々がいるのです

彼らは　吹き荒ぶ嵐の中で
あなた方
貧しい　白衣の同胞を
その熱い胸に
想いながら

遠い歴史の跡を
聞こうと
今日も　話かっています、

だから
貧しい白衣の人々よ
今のかなしみに
敗けないで　下さい

未来が　もう
微笑もうと
しているのではありませんか

5月に国際音楽祭

安益泰さんの弁

目下西独に在る指揮者安益泰氏は九日の[illegible]半島ホテルで来る五月に開かれる第二回国際音楽祭が順調に進行されていると次のように述べた。

安氏は、予算による大きな隘路はないだろうと前提しておきながら、今度参加される数カ国の演奏家らは、ほとんど自国政府の旅費負担によって参加することを快諾、韓国側では滞在費用だけを負担することになろうと語った。

現在予定された日程は、五月一日から十五日までで、安氏を通じて参加承諾をした演奏家には、フランスのチェリスト＝フロンエ、イタリアのビオラ演奏家＝ブルノ・ジュランリー、ピアニスト＝エミリオ・リポリー、トルコのバイオリニスト＝アイラー・エルラン米国のソプラノ＝エベリン・ホーン、バイオリニスト＝ブエンノ・ラビーフ氏らは著名な指揮者であるフランス・ワックスマンも米韓して安氏とともにベートーベンの第九シンフォニーを指揮することになろうと述べた。

この外オーストラリアと氏国の演奏家らも参加する意を表明したといっている。

この人たちは、国際親善と韓国のために無報酬で演奏することを表明したとも述べた。

安氏によれば、今度の国際音楽祭は在野音楽団体らが主催することになり、政府も強力に後押しをすることになるが、同国際音楽祭を一層成功裏に終わらせるために、駐韓外交官婦人と有志らの婦人たちによって国際音楽祭後援婦人会を組織中であり、韓国の有志らによる男子後援会組織も推進中であることを明らかにした。

今国際音楽祭の特色はわが国の「青少年学生のための音楽祭」の一性格を帯びることになることを明らかにした。

安益泰氏

栄光の第一歩

「新春文芸」授賞式

東亜日報

東亜日報社が発表した今年度「新春文芸」当選及び佳作入選者たちに対する授賞式が十五日午後三時同社講堂で行なわれた。受賞者たちと審査委員ら多数が集った中で行なわれたこの日の授賞式で高在旭同社副社長は、いつもの年より多くの当選者を出したことは喜びにたえないと語りながら、今回の当選者たちは文壇に第一歩を踏み出す人たちともいえるので、一層精進して文壇に寄与されることを願うとの激励辞があったあと各審査委員たちから審査所感を兼ねた要望のことばなどがあった。

十一の部門で当選八編、佳作七編を出すという多くの収穫を祝す同授賞式で受賞した人は次のとおりん。

◇短編小説▼当選＝呉春子▼佳作＝蘇文晧◇詩▼当選＝申朗釈▼佳作＝李秀禛◇戯曲▼当選＝金湲万◇文学評論▼佳作＝金湖月◇美術評論▼当選＝呉光洙◇音楽評論▼当選＝李昌範◇映画評論▼佳作＝尹興烈◇童話＝▼当選＝李棒成▼佳作＝李鐘徹◇童謡▼当選＝尹斗赫◇時調▼当選＝金鐘吉▼佳作一席＝李強[illegible]▼佳作二席＝崔石

ソウル国際放送局日本向け放送番組

1962. 4. 1

第1回 9.64MC

語	時	分	日	月	火	水	木	金	土
韓国語	AM 6	00–05	故国の便り	故国の便り	故国の便り	故国の便り	故国の便り	故国の便り	故国の便り
韓国語		05–15	ラジオ	歌のアルバム	社会主義解剖	正しい国史	共産主義解説	今日の北韓	歴史物語
韓国語		15–30	風俗館	韓国ところどころ	韓国語の手引き	われらの歌	韓国語の手引き	歌の小箱	韓国語の手引き
日本語		30–45	あんにょんはしむにかソウルです	歌の花園	文化ダイアリー	民謡メドレー	希望のハーモニー	ソウルジュークボックス	韓国ガイド
日本語		45–00			(文芸紹介)	5個年計画ノート	韓国の顔	スクリーンコーナー	(料理メモ)

第2回 9.64MC

語	時	分	日	月	火	水	木	金	土
韓国語	AM 11	00–05	故国の便り	故国の便り	故国の便り	故国の便り	故国の便り	故国の便り	故国の便り
韓国語		05–15	歌のアルバム	社会主義解剖	正しい国史	共産主義解説	今日の北韓	歴史物語	ラジオ
韓国語		15–30	韓国ところどころ	韓国語の手引き	われらの歌	韓国語の手引き	歌の小箱	韓国語の手引き	風俗館
日本語		30–35	論調解説	ニュース	ニュース	ニュース	ニュース	ニュース	ニュース
日本語		35–45	(今週の話題から)	スポーツダイジェスト	解説	解説	解説	解説	新聞論調
日本語		45–00	お便りありがとう	時調朗読	韓国さまざま	時調朗読	ソウルの日本人	時調朗読	目撃者は語る

第3回 9.64KC

語	時	分	日	月	火	水	木	金	土
日本語	PM 6	00–05	論調解説	ニュース	ニュース	ニュース	ニュース	ニュース	ニュース
日本語		05–15	(今週の話題から)	解説	解説	解説	解説	新聞論調	スポーツダイジェスト
日本語		15–30	時調朗読	韓国さまざま	時調朗読	ソウルの日本人	時調朗読	目撃者は語る	あんにょんはしむにかソウルです
日本語		30–45	歌の花園	文化ダイアリー	民謡メドレー	希望のハーモニー	ソウルジュークボックス	韓国ガイド	
日本語		45–00		(文芸紹介)	5個年計画ノート	韓国の顔	スクリーンコーナー	(料理メモ)	お便りありがとう

第4回 970KC　6.035KC

語	時	分	日	月	火	水	木	金	土
韓国語	PM 9	00–05	故国の便り	故国の便り	故国の便り	故国の便り	故国の便り	故国の便り	故国の便り
韓国語		05–15	歌のアルバム	社会主義解剖	正しい国史	共産主義解説	今日の北韓	歴史物語	ラジオ
韓国語		15–30	韓国ところどころ	韓国語の手引き	われらの歌	韓国語の手引き	歌の小箱	韓国語の手引き	風俗館
日本語		30–35	論調解説	ニュース	ニュース	ニュース	ニュース	ニュース	ニュース
日本語		35–45	(今週の話題から)	解説	解説	解説	解説	新聞論調	スポーツダイジェスト
日本語		45–00	時調朗読	韓国さまざま	時調朗読	ソウルの日本人	時調朗読	目撃者は語る	あんにょんはしむにかソウルです
日本語	PM 10	00–15	歌の花園	文化ダイアリー	民謡メドレー	希望のハーモニー	ソウルジュークボックス	韓国ガイド	
日本語		15–30		文芸紹介	5個年計画ノート	韓国の顔	スクリーンコーナー	(料理メモ)	お便りありがとう

第5回 890KC, 6.0KC (釜山, 江陵放送局中継)

語	時	分	日	月	火	水	木	金	土
日本語	PM 11	30–45	時調朗読	韓国ガイド	あんにょんはしむにかソウルです	論調解説	文化ダイアリー	時調朗読	ソウルの日本人
日本語		45–00	ソウルジュークボックス	(料理メモ)		時調朗読	(文芸紹介)	民謡メドレー	希望のハーモニー
			日	月	火	水	木	金	土

観点

一九六二年の問題作

＝小説＝

徐基源

文壇が沈滞しているということをよく聞かされます。これは、まさか文学団体が或る声明を発表したり、文人劇、文人野遊会みたいな催物がないということではない。小説や詩などにこれといった作品がなかったということになりましょう。

本当にそうであろうか？ただ一つの作品でもよい、芸術の歴史において、革命を意識する象徴的なものを見出すに左程無理でないとするならば、わが国の現役作家―少なくても数百人かの作家・詩人が、千に余る作品を発表している文壇に対して、ただの一語で沈滞していると断定することは堪えられないことではなかろうか。

それだからといって、文人の一人として文壇をかばうつもりはない。しかし、先ず言っておきたいのは作品を読みもせず、また最初から読もうともしない人は、是非を論ずることがなくて残念であるが、ただ文壇が沈滞したという放言は、慎しむべきでしょう。

例えば、軍事革命と云い、人間改造と云い、政治、経済、社会、文化が激動しているに際し、心弱い文人は気をそがれて、じいっとしているかのようで、外見上は活発な動きが見られない、印象を与えることはあります。ここにも、一つの問題点はあります。

例えば、政治の力が作品活動に或る心理的な制約をもって圧力として作用するために、つまり書きたいものを書けないことをいうのであります。

かかる意見を全的に否認はしない。しかし、そのためによい作品が現われないという論理には、反対するのです。これは、作家と現実との対決、または真の創造の意味において、現実参与を企図する上に重要な論理となります。

わたくしは、政府の文化芸術政策を全的に満足するものではありませんが、政治と作品活動の自由との関係に限り反省してみるときに、わが文学が育った日帝治下のときと比較すれば、自然と想像できることであります。

結論から先きに言って、筆者の意見としては文壇は沈滞しているどころか、むしろその反対であります。ただこれは稀な傑作が続々として出現したという包括的な判断ではないのです。

わが文学の歴史的意識を持ちたい観点から、大きな問題性を持った作家たちが、少なくない作品を発表したという意識を、はっきりしておきたいのです。

凡作でも、平年作だけが毎年繰返されることは、ただの単純な再生産に過ぎないのです。次きの年にはよりよき収穫を期するために営農方法に関して絶えざる改良がなされなければならないのです。

創作と農作の比喩は適切な比較ではありませんが、創作においてもよりよき創作のために、将来の可能性を示すことができる作品を、不注意のまま見逃してはならないのです。歴史的な意識は、現在を正確に把握することが前提となります。これを正確にしなければ、放たれる矢は外れるのです。

わが小説の今日を把握する上に、表現の方法から見て、非常に楽観的な判断ではあるが、文学史上稀に見る開花期に入る転機に位置していると思います。

わが小説を評して、思想が含蓄されてないとか、知性がないと非難することが、如何にも高尚な意見であるかの如くとられています。そのために、哲学的な独白又は深刻に見える対話が、よく引用され、優遇をうけています。

文学作品の思想というのは、表現されたものそれ自体であり、思想はあのであるのに表現はこうであるといえないことは、いまなお常識となっていますが、哲学論文では思想は深奥であっても表現が未熟でありうるけれども、小説では他のジャンルに比較して挟雑物が多いだろうが、芸術の座を占めている現在、論説ではない。文学においては、表現が未熟であり又は文体をなしてなければ、思想も未消化物であり、思想もないものであります。（原文六行省略）

若い作家の間に共通した表現の志向に対し、所謂韓国小説のリアリズムを拒否しながら、新しい技法を模索していると指摘することは、決して少なくない。その大部分は時には盲目にはまった新世代論において見られる如き実存主義の影響であるとか、「意識の流れ」、映画の技法、アンチ・ロマンなどの方法を試してはいるが、未だに新しいものが生れて来ないと結論することで、お茶を濁しています。

この判断の正当如何はさておいて、いまやまさに表現面で新機運が、はっきりした一つの流れをなしているのにも拘らず、何故に彼等は（主に戦後世代の作家を指します）それほどまでに、新表現を志向しているのか、何等の必然性を求める関心がないことは、批評の不在といわなければならないと思います。

世界は、めざましく変りました。解放前三十六年と解放後十七年は、前者に零を一つ加えても比較にならないほど、長いのであります。

（つづく）

米、作曲家ホバネス氏来韓

「市響」演奏で指揮する

米国が生んだ世界的な作曲家アルラン・ホバネス氏が十四日午後ピアニストである婦人をともないノースウエスト機便で来韓した。同人は二十二日の市響の定期演奏会に出演する予定であり、同演奏会でホバネス氏は自分の作品である交響曲第八番を指揮し、婦人がピアノを引くことになる。

同氏は一九一一年米国マサチューセッツ州で生まれ、五歳の時から楽譜を読み作曲することができたホバネス氏はニューイングランド音楽学校でコンバス氏から作曲を学び、イストメン音楽大学で名誉博士学位をうけた。

一九四八年から五十一年までボストン音楽高等学校などで教鞭をとったことがあり、その後ニューヨークで創作生活に没頭することになった。同氏の作品がはっきり変化したのは一九四四年以後であるという。それは従来の作曲態度をすて、化学教授であった父の故郷であるアルメニアにとどまっている時からであった。同氏はまたアジアの音楽も研究しており、その作品にはハーモニとかリズムの独創性を発揮させ、多声的手法で異色的なものが多い。また同氏の作品が米国だけでなくヨーロッパでより多く演奏されておりいまや世界的脚光をあびている。

今度市響で演奏する交響曲八番作品一七九は印度に与える同氏の頌讃で神話に現われたナャルス・アルジュナの名をつけている。初演は六十年マドリードであり、その後パリ、ミュンヘン、ホノルルなどで演奏された。

ミュンヘン音楽学校長であるパロウ氏は、ホバネス氏は最も少ない楽器で力強いものを現わすことができる非凡な才能をもっている作曲家である、とたたえている。同氏の音楽は古代の伝統とカラーをこわさず、現代的なものにするのに成功しており、韓国での演奏が大いに期待される。

"家庭教師"の製作許可

日本版を映画化第一号

原作者の正式な承諾を得た日本の文学作品の韓国映画化がながらく慎重に検討されてきたが、この程、公報部当局によって"家庭教師"の製作が許され、解放後十八年目にはじめて日本の原作に対して公けに門戸が開かれた。

今度の日本原作映画化の第一号として公報部映画課から許可の下りた[illegible]の"家庭教師"は、日本の石坂洋次郎原作の"陽のあたる坂道"からとったものであるが、原作者の承諾はすでに昨年の夏にもらっており、主務官庁である公報部当局の慎重な検討のために今日まで保留されてきたのである。

その結果、日本原作の映画化に対する今度の製作許可となったものである。

安住の地は

(129)

許栢旭

え　金泰伸

安住の地は（十五）

漆黒のようにまっ黒なやみが、ガラス窓に染まるまで、私は長い間、彼を待っていた。

秋に入り始めてから、彼はいつもま夜中が過ぎたころ帰って来たりした。千鳥足で玄関に入る彼の蒼白な顔が、いつも酒に酔っていた。

「ああ、きょうもまた、無事に戻った！」

酒に酔った彼は、寝言のようにつぶやきながら、両手で頭の髪をかきむしった。

大きく叫んだ。そうしては発作的に起る身もだえ……彼はむせび泣きもしたりした。

自身の位置と苦悩を、一時でも忘れ去るために彼は酒を飲んだ。幽霊のようにくっついてまわる不安と恐怖に、彼は自らを呪咀し虐待した。誰でも自尊心に陥ると気を正常にもどすことはなかなかできないものである。

こうした夫の姿をみるたびに、私は心がうずいた。朝になれば優しかった彼が、夕方帰ってくると横暴な獅子にも似ていた。

ほとんど発狂にも近いほど興奮した自身の身もだえに疲れて倒れる夫の服とくつ下を脱がして床に寝かせた後、私は人知れずむせび泣いた。

（わが子よ！これから先、おまえの運命はどうなることだろう？どうせ生まれるなら、なぜこんなに不遇な星の下におまえは生まれたの？こういうことが決して私だけのせいではないんだよ。おまえは将来、私をと理解してくれなければだめよ！わかったの？）

水銀色の星が一ぱいに敷かれた夜空をながめながら、私は私の胎内に静かにねむる胎児にささやくように言った。そうすると、悲しみのこもった私の言葉が、まだ醒めない赤ちゃんの心に忍び込むようであった。

暑気が大変暑かった。窓が燃えつくようであったが、陽光は明るかった。

外泊の多くなった夫を待ちわびながら、私は深く眠れなかった。明るい朝であっても、私の心は暗く孤独であった。ちょうど人生の暗い森の中に、夜遅く立っているようであった。

夫と私の間の距離はだんだん遠くなってゆくのを意識した。一歩一歩と迫り来る破滅の影を、私は追い払うすべがなかった。どんなに体が重いのか、立っていることができなかった。

私はいつもより多く、まきを一抱え抱えてお勝手にほうり込んだ。霜が凍り付いて手のはりつくような冷たいまきの感触が、はだをえぐるようであった。肉体を超越した意志の力で、私はかまどに火をつけ朝めしを炊いた。

（ああ……わが子よ！　わたしたちはあまりにも不幸だよ……おまえも　母もそしておまえのパパも……）

私は胸がはり裂けるようであった私は両手を合せて、やがて生まれるであろう可愛い子どもの幸福のために、神さまにお祈りした。幼いときひざまずいて祈とうしたように……。

夜が更けた。夫はまた酒に酔って帰って来た。晩ご飯のおぜんを用意した後、私は静かに彼に話しかけた。

＊商銀が築く
明るい事業！
熊本商銀
信用組合
熊本市米屋町2－2
TEL 2－3566, 6003

一般鋼材
丸棒型鋼
安田金属
代表者・安田圭鎬
東京都墨田区緑町4～30／電話 本所(631)1355／8573／8983番

○サッカリンナトリウム・化学工業薬品製造販売
大東化学工業株式会社
取締役社長　林　泰　韓
川崎市鋼本町2058　TEL (2) 3381

韓国料理
漢陽館
崔泰奎
東京都文京区清水谷町1番地
電話(941)1552番

技術革新の凱歌！
平和ミラクル・セット
パチンコ裏玉還元装置
平和
東京・大阪・北海道

★世界各国航空船舶券発売・渡航手続一切
★KAL航空季節路・韓国旅行案内
★AIU旅行損害保険取扱
★国内鉄道旅行案内
ORIENTAL TRAVEL SERVICE
東洋航空株式会社
東洋旅行社　国内部
本社：東京都中央区銀座西7－2　TEL 571－1340・7930
大阪：大阪市東成区片江町2－50　TEL (971)－5180
fly to SEOUL

経済成長の基礎をさゝえる！松平商事株式会社
営業種目
不動産業・貸ビルディング業
輸出入業・諸機械国内販売業
取締役社長・松平重夫
東京都中央区京橋3丁目11番地
松平ビルディング801・802号室
（京橋交叉点・国立近代美術館隣）
電話　京橋局（561）0994・7013番
赤坂松平ビル・ホテルニュージャパン筋向い

韓國新聞
発行所 韓国新聞社
発行人 曹寧柱
東京都文京区春日町51
電話 (813) 2261・2263
東京 (812) 1921・2262

日本側の誠意に疑問

崔外務長官 池田発言を重視

崔外務長官

【ソウル発＝連合】崔徳新外務部長官は十九日漁業問題に関する韓国政府の見解が改められなければ国交正常化の交渉を中断させるつもりであると警告した池田首相の発言に対してははなだ遺憾なことであると述べた。

崔外務長官は記者会見において、もしも池田首相の発言が伝えられる通りであるならば、韓日交渉が和やかなふん囲気のなかで進められており、懸案問題の解決が本会議前に互いに譲り合うことによって妥結されようとしていることの際、韓日交渉を破壊に導くかも知れないという発言は日本側の下心を疑がわせるものであると語った。

崔外務長官はなお、漁業問題の解決は互恵精神に基づいて解決されねばならないにも拘わらず日本側が自国の意見が通らねば交渉を中断するつもりだとおどかすのは黙視せねばならぬ事実であると警告した。

日本漁網船具株式会社
取締役社長 福井保
本社 東京都千代田区丸の内二（丸ビル）
電話代表二〇一局一八四一・一三六六

2月末までに結成完了

旧民主党系の新党創設

【ソウル発＝連合】朴順天、洪翼杓氏を中心とする旧民主党系は十九日午後五時党組織のためのスケジュールを発表来る二十八日創党準備委員会を組織するまで党名を仮称民主党と定め、二月八日までには地区党創党準備委の組織を終える一方、二月二十五日地区党創党を完了する計画をたて、創党大会日付を追って決定することを明らかにした。

十九日午後民主党系スポークスマンは党名を民主党としたことに対して「門戸を開放して体制を整えるという当初の計画はこれから証明してみせる。党名は復古調を意味するものではない」と述べ、民主党が創党大会日程を後日にまわした訳は七月選挙を主張する汎野の共闘争目標を貫徹して、法定数の地区党が四月初めまでに組織されるとしても、大統領選挙を行なうほどの実質的機能を発揮されないためであると語った。

一方、李相圭氏も大統領選挙を行なおうとすれば全国地区党の半数以上を占めなければならないが現在民主党は五分の三程度しか確保していないし、組織拡大をまたなくてはならないため創党大会日程は遅れるとの展望を語った。

旧自由党系分派、新党結成へ

新党名「自由党」は

仮称民政党参与を拒否した旧自由党再建派は十九日午後会合をもって党名を当の党名である自由党とすることにし、李範甲氏を初めとする二十名の発起人審査委を構成した。この審査委は二十日午後初会合をもち発起人審査に参加する。李範甲、白樂濬、金沢述氏など旧自由党系と群少政党系人士約五十名が参加したこの派は次の選挙にも強硬的な政党を結成すると十九日声明を発表した。

旧自由党系が分裂

単一野党参与をめぐり

旧自由党系は大体汎野単一政党形成に参与するようであるが、単独政党結成を主張する一部人士は離脱し、結局両分されることになった。旧自由系は十八日午後二時半懇談会をもち汎野単一政党参与の可否を論じたが意見の一致を見るに到らず結局参与派と離脱派に分れてしまった。この日覚醒洞所在旧自由党連絡事務室で開かれた会合で金法麟、金鐘圭、李活氏ら主流は参与を積極的に主張し、十九日午後二時に開かれる汎野拡大会議に継続参与すると共に金鐘圭を自由党系の発起人詮衡代表として派遣することに決定した。また民政党に参与する自由党自体の発起人代表資格審査のため金法麟、李活、金鐘圭三氏を決定した。

一方、白樂濬氏を中心とする旧自由党系一派はこの日民政党に参与することを拒否する意思を発表した。

中央選管委二十一日に発足

先月の十七日国民投票によって確定された、改正憲法第百七条の規定により、中央選挙管理委員会が二十一日から発足することになった。

中央選挙管理委員会の定数は九人であるが、大統領が二人、国会で二人、大法院で五人をそれぞれ委嘱することになっている。

総合製鉄工場の株式を公募

二十日から来月四日まで

経済企画院は十八日総合製鉄工場を建設するためその発起人を募集することにしたと発表した。この募集要領をみれば募集限度額は九億一千万ウォン、一人当りの限度額は制限がなく募集期間は来る二十日から二月四日まで十五日間であり、付属書類、事業計画書、定款、資金調達計画書、年度別払込計画書、申請人の履歴書など提出することになっている。また一株当りの価格は千ウォンである。

年間三十一万トンを生産できるこの総合製鉄工場は昨年十一月三十日米国のブルノック共同体と韓国が基本契約を締結したことによって発起人を募集することになったものである。

旧政治人にも割当て

民主共和党の議席

金鍾泌氏が言明

【ソウル発＝連合】民主共和党では来る五月下旬に行なわれる国会議員選挙において、比例代表制による議席を既成政治人らにも相当数割り当てることを、十九日明らかにした。

十八日共和党発起委員会金鍾泌委員長と会談した旧自由党系李活氏は金鍾泌氏が「共和党がある特定の政党にならないため比例代表制による議席を既成政治人に与え、良識と経験によって欠陥を正し、若い力で強力に実現すると述べ、また党公薦においては能力と当選率を科学的に分析して決定する」と述べたと語った。

なお徐氏は十八日午前□□閣議を通じて単一野党形成に個人の資格として参与したが、単一野党を形成すると述べたことがある。この日鄭□□氏は朴順天、洪翼杓両氏が単一野党形成運動から離脱したけれど民主党側は継続して旧民主党系人物の包摂に努力していると述べ、十九日の拡大大会には徐任實氏などの旧民主党系の一部人物をむかえて拡大大会をもつにいたったと語った。

組織づくりに本腰

民主共和党、運動員を全国に派遣

民主共和党発起委は十九日午後運営及び選挙委を開き地方組織方案を検討する一方、各道責任相当者を選定した。これらの者は二十一日午後に開かれる発起人全体会議の承認をうけ次第二十二、三日ころから各道ごとに二、三名ずつ派遣され地方組織と党発起準備委構成に着手することになる。

旧民主党系勢力包摂に努力

単一野党形成をねらい

今月中に発起準備委員会を作ることを目的としている民主党側は、十九日午後二時から旧民主党系の徐任實氏などを含めて拡大大会をもつ。

旧態依然たる野党に失望

李活氏共和党入党を表明

汎野単一政党に参与することを表明したことのある旧自由党系の李活氏は単一野党形成の考えを断念して個人の資格で民主共和党に入党することにした声明した。李活氏は国際ホテルで記者会見をもち、野党に参与して民主基盤を築くひとりの働き手になろうとしたが、これが旧態依然たるものであると悟ったため強力に仕事のできる政党である民主共和党に入党することに決定したと語った。

公務員の政治活動を規制

政党法施行令公布

政府は十九日午後に開かれた臨時閣議で政党法施行令を議決してこれを十九日の日付で公付した。

この施行令では政党の発起人になれない公務員を（一）国会議員を除外した、国家公務員法第二条（一般および別定職公務員全体をいう）に規定された公務員（二）地方議会の議員を除く地方公務員法第二条に規定された公務員（三）その他法令の規定によって公務員の身分をもつもの、と定めた。また党員になれない公務員としては国会議員を除く国家公務員および地方議会議員を除く地方公務員の中で大統領、内閣首班、各部国会議員の秘書を除くすべての公務員と規定した。

その外にもこの施行令は法八条によって創党準備委員会を結成して中央選挙管理委員会に申告する諸事項の中で創党準備委員会の結成年月日と事務員の所在地を追加することにした。

ところでこの施行令は十九日から発効することになる。また現在の国家再建最高会議委員は政党の発起人になることができ、党員になれるよう同施行令経過処置として規定した。

委員長に金鍾泌氏

民主共和党 執行部編成進む

十八日午前発起宣言を終えた民主共和党発起委員会はこの日の午後同党連絡事務所で第一次会議をもち、執行部選挙に入り臨時議長に李元淳氏を選出し、同党発起委が作成した発起委会規約を正式に採択した。同委員会はつづいて委員長に金鍾泌氏を満場一致で選出朗な福祉社会を建設するため全力をつくす」と語った。

この日の会議は同発起委員会の下に常設される運営、選挙、政策研究の三分科委分委長と所属委員らを選出するため金鍾泌（発起委長）尹日善（発起人金当・院議長）金成坤（発起常任委議長）張厚永（法曹会）李東俊（実業界）呉定根（軍人出身）崔仁奎（教育界）徐インギ（言論界）金在淳（旧政治人）など九名の詮衡委員を選出したが、十九日までには人選を終える予定である。

一方この日の会議では委綱を審議採択した。委員長は字句修正は委員長に一任することにしたがその内容は変わらないだろうし、またこれから所用される経費調達は委員会の規約にしたがって構成される運営分委に一任して各自会費を配出することに決定した。

年間輸出計画書を提出するよう

商工部、貿易業者に指示

商工部では十七日、貿易業者に、今年度の年間輸出計画書を提出するよう指示すると同時に、毎月十五日までにその月の輸出実績を報告するよう通達した。なお、輸出組合の結成されている業界にあっては、組合が一括して提出するようになっている。

動乱従軍者は届出るよう

国防部、各軍本部への通報を要請

十八日国防部は六・二五動乱中（一九五〇年六月二十五日から一九五四年七月二十七日）軍に服務したものでいまだ国家従軍記録を受けてない者は来る三月十日まで該当各軍本部に通報するよう要請した。

これは将校、下士官、兵士または民間人で実際従軍に関係なく報告し、対象者らは服務期間当時の所属及び階級、軍番、名前などを本籍に明記して提出すればよいという。

66年までに住宅47万戸

建設部、住宅計画発表

【ソウル発＝連合】十九日建設部は住宅建設第一次五カ年計画を発表した。これによると六二年を起点年として六六年までに政府または民間で総四七五、一〇〇戸の住宅建設を計画し、三百八十九億五十七百十万ウォンの資金（宅地助成金を含む）を投資することになっているが、この内政府計画分は四〇、二六六戸、五十八億六千三百九十万ウォンであり、四三四、八三四戸（資金三百三十億千三百二十万ウォン）は民間で建設するものとよんでいる。

しかしこのような住宅が建設されたとしても人口の自然増加などで目標年度である六六年には百十二万四千戸の住宅不足（不足率需要戸数の二十二、三％）を現わしており、住宅問題解決はまだ先のようである。

建設部、施政方針を発表

朴林恒建設部長官は十九日記者会見を行ない、六十三年度における建設部の施政計画は民政移管までに国土開発計画を立てることと人口の増加並びに外の部門の産業と均衡のとれた開発を遂げることに重点を置くものであると述べた。

朴建設部長官はなお、経済開発五カ年計画の第二次年度の事業を計画通り遂げねばならないと強調し、建設行政の合理化と、技術の向上のため力をつくすつもりであると語った。

保税調査団、五日来日

【ソウル発KP】大韓商議呂相殷副会長を団長に十八名で構成の日本地域保税加工貿易調査団は来月五日出発することになった。

大阪アジア貿易協会の招きで日本に向う一行は日本の保税加工実態を調査する予定である。なお同副団長には崔泰燮氏（東亜貿易社長）が選ばれた。

独立有功者に褒賞

対象者の審査開始

政府は十九日独立有功者褒賞計画を発表した。

この計画によると、さる十八日閣議で議決された審査基準に基づいて内閣事務処に賞勲審査委員会を設け独立有功者達を審査する。

韓国に89万ドル配定

国連特別基金理事会

UN十八個国特別基金理事会は十六日、アジア諸国に十五項目の計画を承認し、その費用として一千四百五十六万二千ドルを計上配当した。その内、韓国分としては、土地肥沃度および土壌調査費八十九万六千ドルとなっている。

二千六百余万ドルの入超

十一月末現在の輸出入実績

財務部では十一月末現在の輸出入通関実績を発表したが、それによると輸出は四百二十九万ドル、輸入が三千七十万六千ドルで二千六百余万ドルの入超となっている。

これにより輸出入累計は輸入三億二千百五十九万二千ドルに対して輸出は四千九百二十万五千ドルと約十五％に過ぎない。

韓銀券の発行高195億に

韓銀の発表によると七日現在の韓銀券発行高は昨年末の二〇七億二千三百万ウォンに比し十二億八百万ウォン減の一九五億千五百万ウォンとなっているが、これは年末に放出された越年資金の回収によるものといわれる。

鉄道業務を大幅改善

車両新造事故防止など

【ソウル発＝連合】朴春植交通部長官は十八日列車が延着を防ぐとともに、鉄道運営の悪いものは今年中に解決する方針であると語った。今年初の記者会見をもった朴長官は記者会見で以上のほか次のように述べた。

（一）動力をジーゼル化し、軽油暖房車両に変える方案を建てていること。

（二）輸入車両を「セナラ」自動車に代える場合、財力が不足する業者に対しては融資方案として月賦販売制のようなものを推進していること。

（三）車を代えるとか廃車処分をする場合は漸次的方法を採ること。

（四）現在鉄道事故を防止するため安全業務を強化しているが鉄道事故は六十一年に比らべ六十二年には二十％減った。

（五）釜山駅を新築する問題は総費用が三億八千万ウォンになっており釜山駅の駅舎建築だけでも七千万ウォンがすでに計上されているが、その起工は新釜山駅付近の地上建物撤去問題などで来る三、四月ごろになる、などである。

無能教授、学生の政治活動を監視

朴文教長官談話発表

朴一慶文教長官は十九日学士考試はこれから二、三年間は存続させるし、今年まで二回にわたって実施した大学入学資格者考試に合格した者は大学に入学させこれらの者には考試制度を廃止すると語った。

この日の午前大邱大学卒業式に参席のかたわら大邱に向った朴長官は慶北道知事室で記者会見をもって以上のように述べ、また無能、腐敗教授は調査して処罰するし、選挙を前に学生らの政治関与問題を厳重に取締ると語った。

「池田発言」は遺憾

池田総理は十八日、通常国会の再開を控えて記者会見を行ない、当面の諸問題について所信を表明したが、そのなかで韓日会談に関して「漁業問題でこちらの考えが通らなければ、請求権問題はご破算ということもあり得る」と語ったことは、われわれ韓国人にとってはカチンとこたえるものがあり、聞き流しかねる。

池田総理がこのような発言をせざるを得ない日本の「家庭の事情」はわれわれとしても一応は理解しているつもりである。が、われわれ韓国人として見逃すことのできない点は、いやしくも一国の総理として、このような時機に、あのような発言の仕方をすることが、果して適切理はさるかどうかということだ。

第一は総理のおかれた立場だ。いまの日本は押しも押されもせぬアジアの先進国であり、これはわれわれも率直に認めている。それだけではない。総理自身の口ぐせを借りれば「いまや日本は世界の大国」だそうだ。そのような「大国」の総理の立場としては、あの発言はいささかミミッチ過ぎはしないだろうか。

第二は発言の時機の問題だ。いまさらいうまでもなく、過去十三年間、多難な道を歩んできた韓日交渉が、いや、さらにさかのぼれば過去半世紀にわたって韓日間をおおっていた暗雲がいまようやく晴れあがろうとしているのだ。そのとたんに、あの冷水を浴びせるような言葉をはくとは、時機をよくみること、が重要な資格の一つである政治家として、まさに痛恨であると申しては言い過ぎであろうか。

第三は韓日問題の本質にたいする総理の無理解、不勉強である。現在の韓日交渉は、これまでの清算」換言すれば一種の「過去の清算」換言すれば請求権問題は「過去の清算」であり、総理がいうが如く、たいうまでもないことだが、自由の擁護と善隣友好の大義のもとに、過去半世紀にわたった韓日両国民間の「不幸な事態」を一掃しようというものだ。もっと率直にいわせてもらうならば、日韓間の過去の関係というものは「加害者」と「被害者」の関係であり、従って韓日会談は一般的な外交交渉ではなく、実質的にみて、公正な世界の世論を「裁判長」とする一種の「国際的な裁判」である。このような性格の交渉においては、「被害者」の立場、とくにその微妙な「未来」の問題である」という国民感情に十分な配慮がなされねばならない。このような見方からすれば、請求権問題は「過去の清算」として聞き流してもらっては困る。韓日交渉の最高責任者として総理はもう少し韓日問題の深さを考えてもらいたい。

「被分裂国家にたいする」前の国家の指導者の「心の奥底」について、もっと勉強していただきたいと思う。

いささか、礼を失した感があるかも知れないが、真の和解というものは、お互いにハラを打ち割って話し合ってこそ、はじめて成立するものと確信するが故に、あえて直言した次第、韓日永遠の友好を願う、われわれの気持が解ってもらえれば幸甚である。（許東江）

砂糖、最高値を示す

生産費の値上りなどが原因

ソウルにおける砂糖価格は五十斤袋当り精白糖千八百五十ウォン、中白糖千七百五十ウォン、黄砂糖千六百二十ウォンと一九四五年来の最高値を示している。

この値上りの原因としては①輸入原糖の値上り②生産費の半減に伴う生産費、経営費の相対的上昇③特別税の賦課④外貨代行使用料の値上り⑤旧正月を控えての需要増と業者の強気などがある。

資金払込みの期限延期を

経済人協会、不正蓄財会社設立で陳情

韓国経済人協会では会社設立に関する法律改正を要求する陳情書を経企院等関係当局に提出した。その内容は、不正蓄財会社設立資金の三分の二払込期限をこの三十一日から六月三十日まで延長するようにとのものである。

輸入原料、消費物資とも大幅値上り

新年に入って以来、暴騰を続けていた生活必需消費財の大部分は、その後も値上りの勢を示し、今週に入るやその上げ幅はますます大きくなっている。

また輸入原料も全般的な値上りをみせ、平均三割以上の値上りを示している。

これらの原因としては、生産地の価格騰貴、外貨プレミアムの跳騰、一部悪徳業者の買占め、売おしみなどがあげられている。

六十二年度物価指数、十六％上昇

預金の年利率をオーバー

韓国銀行の調べによると六十二年中の全国卸売物価指数は十六％の上昇をみせ、したがって金融機関の定期預金利子十五％を一％上回ることになった。

最も値上りの激しかったものは穀物の二十六・五％であり、ソウルの消費者物価指数は十七・五％上昇を示している。

買い占め厳重取締り

政府、物価安定に努力

政府は十八日午後に開かれた定例閣議で物価調節に関する臨時処置法中、改正法案を公布することにし、同法にしたがう施行令を議決した。同施行令は従来臨時処置法第四条②によって統制されてきた十三品目に対して継続統制を加える一方、その他国民生活上、必要不可欠であると認定される物資と重要原資材として主務長官が閣議決をえて指定する物資に対する買占、売おしみなどの不正取引を取締ることにしている。この日閣議で不正取引取締のため新しく指定された物品は人絹糸、スフ糸、紗（混成紗も含む）ナイロン紗、苛性ソーダ、砂糖など九品目である。また同施行令では買占、売おしみなどの物品に対して主務長官が物資名、規格、数量、物資所在地、販売価格、販売期日を明示した命令書を不正取引商人に通達し、この命令書をうけた商人は物品の位置と数量を変えることができないようにした。また政府が指定する場合は（一）当該物資を原料として使う製造業者、（二）当該物資を直接需要する者、（三）その他需要の順位で指定することにした。

つづいて、金首班は旧正月を前に最近物価があがっていることは需要が人気品目に集中される一時的現象にすぎぬものであると述べ新年は物資需要計画で国内需要を充分に供給できるよう策定されていると語った。

またこのような物資の充分な需給にも拘わらず、一部悪徳商人が自粛せず買占、売おしみして流通秩序を混乱させた場合には政府は本法の発動はもち論、特定品目においてはこれから調達庁を通じて適期に物資を直接調達する果敢な施策を実行に移すと語った。

なお、物価対策を強化し、商界の取引活動を善導して国民生活の安全を期するため同法を改正することになったと語った。

商人の自粛要請

金鍾泌内閣首班は十八日午後、物価調節に関する臨時処置法中改正法律とその施行令が閣議で公布されることに決議された後、談話を発表、最近輸入品を中心とする物価が上昇の気配をみせているのは一部商人の買占、売おしみを通じた不正行為が原因であると述べた。

輸入物資の実質的量差はない

朴商工次官、今年度外貨需給計画案で答弁

十八日朴商工部次官は今年度外貨需給計画が一億二千七百万ドルに減縮されて物価に影響がないかという記者の質問に対して朴次官は、今年度規模が一億二千七百万ドルになったが、二千万ドルに該当する肥料輸入を外貨需給計画以外の米国貿易または延払い形式で取扱うことにしたし、また昨年度外貨需給計画で官需物資として輸入した一千二百万ドルが今年は除かれ結局三千二百万ドルが実質的に増加された訳であると明らかにし、昨年度より減った二千万ドルに対する物資補充策は原綿、繊維類などの特殊商品輸出増大で自動的に輸入額を推進することでまかなう方針であると語った。

外貨需給の規模が昨年より縮小されたが、実質的に輸入さも減少されたが、十八日朴商工部次官は今年度外貨需給計画が一億二千七百万ドル減額されたことに対してこれは当初の商工部案より二千万ドル減りの一億七千八百万ドルに比べ五千百万ドル減されたが、昨年度民間輸入実績である一れる物資は昨年とくらべ大差ないと語った。

ゲイッケル氏の遺家族に弔電

朴議長深い哀悼の意表し

大統領権限代行朴正熙議長は英

ご商売やお住いのご計画に……
東京商銀信用組合
東京都文京区湯島天神町三ノ一四
電話代表（八三二）五一四一・五一四二

＊商銀が築く・明るい事業！
熊本商銀信用組合
熊本市米屋町２－２
TEL２－3566,6003

自動車のコンサルタント！皆様の車に関する相談役
新車各種・中古車販売・修理・板金・塗装
自動車保険（事故相談・一般契約）取扱店
（無料相談受付中）
自動車の事なら、売る時 買う時 他一切の御相談に応じています
国電東中野駅陸橋際・東京都中野区上ノ原町11番地
日野コンテッサ・日野ルノー
東京日野自動車株式会社代理店
大東京自動車株式会社
代表取締役 尹和錫
電話（361）1508・0096番

韓国の声

在野単一政党協商の決裂と その根本姿勢を批判する

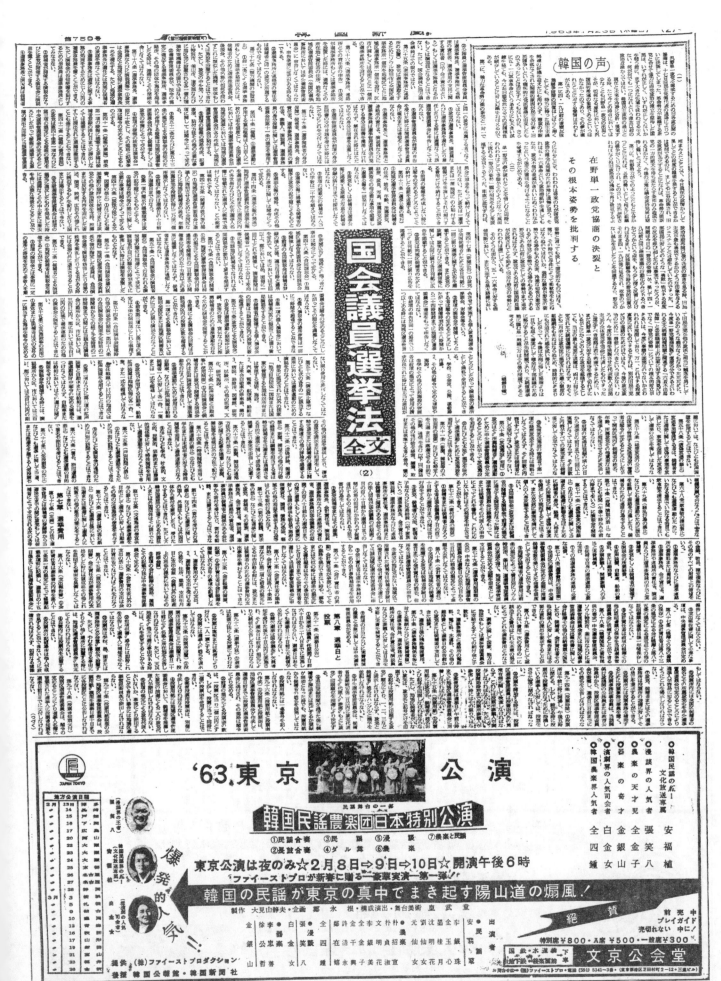

（一）

汎野単一政党を構成するための旧各政派間の協商は、十七日旧民主党側代表の退場によりついに決裂してしまった。革命勢力が組織する新党と合せて強力な両党政治の確立を期待した国民は、いずれが正しく、いずれが正しくないかを問う前に、まず大きな失望を味わわざるをえない。何が何でも一つになれという理念以前の政治感情からではない。韓国民主政治の過去と現在と未来を冷静に分析・展望する時、ただ今この時点においては少なくとも汎野単一政党の出現こそが、如何なる意味においても汎国民的希望の象徴であるというほかなかったのであり、その夢が破れたことに対する失望は言わずもがなである。

第一に四・一九以前の複数反独裁闘争段階の回復はしばらく措くとしても、待ちに待った民主主義政治の好機を迎えたにも拘わらず、憲政の中断を余儀なくされた間接的原因が民主党の新・旧派閥争いという類似的な党派意識に由来したものであったことは否定すべくもないのに、さらに五・一六軍事革命というあまりにも大きい試練を経ても、今なお旧態依然たるその派閥根性が残存していることに対し幻滅をおぼえるのである。

第二に、強力な革命勢力側の新党と一対一で相まみえたところで、今日現在の政情からして果してどの程度の雌雄を決することができるかは疑問であるのに、まして三分四裂され、旧各政派が乱立することになれば、革命勢力側新党の一方的肥大を持ち来たらす条件のみ造成されるほかなく、今後の正常な議会政治発展は期待し難いと言えよう。

第三に、在野勢力がそのようにたもとを分かつことになれば、必然の勢いとして相互に組織の競争がくり広げられ、このさい、当然排除されねばならぬ旧政治悪の残滓を再び吸収するようになることこそ、われわれは将来のわが国政党政治の健全な発展のため非常に遺憾に思う。それは五・一六革命という政治溶鉱炉を通してもなお、政党不信の要素がきれいにぬぐわれなかったという後世の審判を受けるようになることを憂慮するがためである。

（二）

単一野党の夢が破れたことを惜しむと同時にわれわれはここで事態がそのようになった裏面に流れる「野党の姿勢」観の相異をも少し重要視する必要があるようだ。率直に批判すれば、政治活動再開以後の各派の動きを見る時、旧民主党が最も勇敢であるかのような印象を与えるジェスチュアと言動をしていたのである。一部国民に対してそのような「勇敢」性がある程度の反応を呼び起したのは事実であったろうが、問題は今日の「野党の姿勢」が、果して四・一九以前と同じ極限意識の行動化のみにあるべきかどうかという点を、もう少し深く反省しなければなるまい。反独裁闘争当時の野党的姿勢がそのまま四・一九以後に延長され、収拾のつかない混乱を呈したことを回想するなら、野党の姿勢と言っても決して固定的なものではなく、常に、その時代と与件によって柔軟性をもたねばならぬのではないか。熾烈な闘争が野党の姿勢である場合もある反面、冷徹な知性が要求されるのが野党の姿勢である場合もあるのである。野党である以前に政党としての姿勢がまず追求されねばならず、政党である以前に国民的良識が反映されてこそ始めて完全な野党の姿勢だとわれわれは確信している。

そのような面から、五・一六革命に対する価値判断において、また当面する基本路線において旧民主党が他の政派と相当に観念を異にしているかのような感がなくもなかったために、今度単一野党協商決裂の直接名分であるといわれる①大統領候補問題と関連する「六者不出馬保障」との組織原則上の比率に対する意見だけでなく「野党の姿勢」についての根本的対立があるいは、今度の事態の底流なのではないかとわれわれは推測しており、万一、これがある程度事実に近いものであるとすれば、別段旧民主党だけの進路のためだけではなく、今後の政党政治のために一層悲しむべきというほかない。むろん、今度の協商を決裂させた代表数人が旧民主党の全体意思を完全に代表したものであったと規定すべき根拠は若干希薄であるためにいまだ汎野単一政党に対する期待を捨て切れずにいるが、とにかくどのような政党を組織するとしても、当面の最も重要な課題は、四月上旬に予定された大統領選挙にならなければならず、おそくとも二月中には政党法に規定された最小限度の組織網をもたねばならぬため、時間的にあまりにも切迫された感を拭い得ない。

したがって、今後は水泡に帰した協商よりは一日でも早く着実にして健全な下部組織のために努力することが先決問題であり、大統領選挙戦に臨む単一戦線云々はその後の問題であると考える。

（朝鮮日報）

国会議員選挙法 全文 （2）

②公務員と選挙管理委員会委員は選挙事務長、選挙事務所と連絡所の責任者、選挙費用の支出に関する責任者（以下会計責任者という）もしくは演説員となることはできない。ただし、国会議員と地方議会議員はその限りではない。

第三十五条（選挙事務所と連絡所の設置） 政党は選挙運動をするためにソウル特別市に全国区選挙事務所一個所を、地域区ごとに地域区選挙事務所一個所を設け、区、市の洞もしくは邑面ごとに一個所の選挙連絡所を設けることができる。

第三十六条（選挙事務所、連絡所とその責任者の申告） ①政党が選挙事務所もしくは選挙連絡所を設置した時には、遅滞なくその所在地と責任者の住所、姓名を地域区選挙管理委員会（全国区選挙事務所においては中央選挙管理委員会）に申告しなくてはならない。申告事項に変更がある時も同一である。

②選挙事務所と連絡所の責任者は候補者と同一の政党に所属するものでなくてはならない。

第三十七条（類似機関の設置禁止） ①前二条による選挙事務所もしくは選挙連絡所以外には、候補者のために選挙推進委員会、後援会、その他名称の如何を問わずこれに類似した機関、団体もしくは施設を設置することはできない。ただし、政党の中央党、ソウル特別市、釜山市、道支部ならびに地区党に設置される各一個の選挙対策機構はその限りではない。

②選挙管理委員会が、法令の規定に違反する選挙事務所、選挙連絡所、その他の団体や施設を発見した時は、遅滞なくその閉鎖を命じなくてはならない。

第三十八条（選挙事務長、選挙事務員ならびに演説員等） ①政党は全国区と地域区毎に選挙事務長一名を選任する。ただし地域区選挙事務長の選任には地域区候補者の承認を得なくてはならない。

②選挙事務長は選挙に関する事務の処理をするために七人以内の選挙事務員を置くことができる。ただし演説会の告知標識を貼付するための労務員は選挙事務員としてみなさない。

③候補者が開催する演説会ならびに政党が開催する演説会に演説員を置くことができる。

④選挙事務長と演説員は候補者と同一の政党に所属する者でなくてはならない。

⑤政党が選挙事務長、演説員ならびに選挙事務員を選任したり解任したりする時には遅滞なく当該選挙管理委員会に申告しなくてはならない。

⑥選挙管理委員会が前項の申告を受けた時には関係選挙管理委員会に報告または通知をしなくてはならない。

⑦選挙事務長と、選挙事務所と連絡所の責任者、演説員ならびに選挙事務員は選挙管理委員会の発行する身分証明書を携帯しなければならず、解任された時にはただちにその身分証明書を返還しなくてはならない。

⑧選挙管理委員会が前項の身分証明書の交付申請を受けた時にはただちにこれを交付しなくてはならない。

第三十九条（選挙関係者の身分保障） 候補者、選挙事務長、会計責任者、選挙事務所と連絡所の責任者、選挙事務員、演説員、選挙参観人、投票参観人の身分保障に関しては選挙管理委員会法第十一条の規定を準用する。

第四十条（壁報） ①選挙運動に使用する宣伝壁報は人口百人に一枚の比率を限度とし、全国区選挙においては中央選挙管理委員会が、地域区選挙においては地域区選挙管理委員会が各々作成して地域区選挙管理委員会が貼付する。

②前項の壁報の規格作成、記載事項、貼付方法その他の必要な事項に関しては閣令によって定める。

③第五十二条ならびに第五十三条の規定による演説会の告知のために使用する壁報は地域区選挙管理委員会が作成し候補者もしくは政党の申請によって交付する。

④前項の壁報の枚数は演説会一回に十枚とし、その規格と記載事項は閣令の定めるところによるものとする。

第四十一条（壁報の原稿） 前条第一項の壁報に掲載する原稿は候補者登録の済む日までに提出しなくてはならない。すでに提出された原稿は撤回することはできない。

第四十二条（壁報の費用負担） ①政党は第四十条第一項ならびに第三項の規定による壁報の費用を中央選挙管理委員会の定めるところにしたがって壁報の提出と同時に当該選挙管理委員会に現金をもって納付しなくてはならない。ただし政党は一選挙区または一部地域にのみ貼付する壁報だけを申請してそれに相当する費用だけを納付することができる。

③前項の壁報を作成しない時には閣令の定めるところによってその納付した金額を返還する。

第四十三条（選挙公報の発行） ①地域区選挙管理委員会は候補者の住所、姓名、年齢、所属政党、経歴、政見、写真、所属政党の政綱政策その他必要な事項を掲載した選挙公報を一回発行しなくてはならない。

②政党もしくは候補者は選挙公報に掲載する原稿と写真を候補者登録の済む日までに提出しなくてはならない。

③前項の掲載文の候補者一人当りの字数は二千字を越えてはならない。

④選挙公報に掲載する候補者の順序は政党の記号順によるものとする。

⑤選挙公報の規格、作成その他必要な事項に関しては閣令によって定める。

第四十四条（選挙公報の発送） 地域区選挙管理委員会は選挙公報を選挙日の九日前までに選挙区内の各世帯ならびに不在者選挙人名簿に登載された選挙人に郵便で送付しなくてはならない。この郵便は無料とする。

第四十五条（候補者姓名等の掲示） ①地域区選挙管理委員会は選挙人に周知させるために全国区ならびに地域区候補者の姓名、年齢、所属政党を投票区毎に二乃至三個所掲示しなくてはならない。

②前項の掲示は選挙日の十日前から選挙日まで行なう。

③第一項の掲示の掲載順序は政党の記号順によるものとする。

④候補者姓名等の掲示に関して必要な事項は閣令によって定める。

第四十六条（脱法方法による文書、図画の禁止） ①なにびとも選挙運動の期間中に候補者または政党その他の政治団体を支持、推薦または反対する内容を表示した著述、演芸、映画、広告その他これに類似するものを配付したり上演または掲示することはできない。

②各級選挙管理委員会は前項の規定に違反したものを発見した時には遅滞なくその中止または撤去を命じ必要な措置をとることができる。

第四十七条（新聞広告） ①政党は全国区候補者のために各日刊紙に一回に限り選挙に関する広告を掲載することができる。また政党の政綱、政策ならびに選挙綱領等に関しては五回に限り各日刊紙に広告を掲載することができる。

②政党は地域区候補者のために二つの日刊紙に一回に限り広告を掲載することができる。

③新聞広告の規格その他必要な事項は閣令によって定める。

第四十八条（合同演説会） ①地域区選挙管理委員会は合同演説会を開催しなくてはならない。

②前項の合同演説会は候補者登録の済んだ後、適当な日時と場所を定めて、区、市においては五回以上、郡においては邑、面毎に一回以上これを開催し、演説時間は候補者一人当たり二十分以上を均等に配定しなくてはならない。

③当該地区候補者でなければ合同演説会に参加して政見を発表することはできない。

第四十九条（合同演説会の開催公告） 地域区選挙管理委員会は前条の規定による合同演説会の日時場所等を開催日の二日前までに開催単位区域内の五十カ所以上の場所に掲示しなくてはならず、候補者または選挙事務長に通知しなくてはならない。

第五十条（合同演説会の演説者順位） 合同演説会で行なわれる演説者の順位は抽選によって決定し演説者が自己の順位の時刻までに参席しない時には演説を放棄したものとみなす。

第五十一条（合同演説会場の秩序維持） 地域区選挙管理委員会委員長や彼が指定した委員は、合同演説会場で演説を妨害したり会場の秩序を紊乱したりする者がある時には会場の外に退去させることができる。

第五十二条（候補者による演説会） ①地域区候補者は演説会を開催することができる。

②前項の演説会とは事前に一定の場所と時間を定めて多数人を集合させて実施する個人政見発表会、座談会、討論会等をいう。

③前項の演説会を開催しようとする者は閣令の定めるところにしたがって開催時刻の四十八時間から二十四時間前までに地域区選挙管理委員会に書面をもって申告しなくてはならない。

④前項の申告が同一の場所で二つ以上ある時には地域区選挙管理委員会は閣令の定めるところにしたがってその順位を調整しなくてはならない。

⑤個人演説会の場所使用は一回に三時間を超過することができない。

⑥第一項の個人演説会において候補者以外に毎回三人に限り賛助演説をすることができる。

⑦候補者が開催する個人演説会の回数は当該地域区内の投票区数を超過することができない。

第五十三条（政党による演説会） ①政党は選挙運動の期間中に政綱、政策の普及、宣伝ならびに推薦候補者のための選挙運動を行なうために演説会を開催することができる。

②前項による演説会の回数は当該地域区内の投票区数を超過することができない。

③第一項による演説会においては毎回全国区または地域区候補者以外に三人に限り演説を行なうことができる。

④前条第三項ないし第五項の規定は本条の演説部にこれを準用する。

第五十四条（合同演説会開催時間の制限） 第四十八条の合同演説会の開催予定時刻の二時間前からその終了予定時刻の二時間後までの間には当該合同演説会の場所から区、市においては三百米以内、郡においては五百米以内の区域で選挙運動のための他の演説会を開催することはできない。

第五十五条（公共施設等の利用） ①政党または候補者は次の各号の一に該当する施設を閣令の定めるところにしたがって演説会の場所として無料で使用することができる。

1、学校、公会堂、公園、運動場、市場。

2、その他の閣令で定める建物や施設。

③学校その他の公共施設の管理者は前項の規定によって使用の請求が出された時には正当な理由がない限り使用を許可しなくてはならない。

第五十六条（演説禁止場所） なにびとも次の各号の一に該当する場所においては選挙運動のための演説を行なうことはできない。

1、前条に規定された以外の国家「地方自治団体」国営または国家の管理する企業体が所有または管理する建物、施設。

2、汽車、電車、航空機、船舶または乗合自動車の停車場、構内。

3、病院、診療所、図書館、研究所、試験所、その他の医療、文化、研究施設。

第五十七条（拡声装置と自動車等の使用制限） ①合同演説会と候補者または政党が開催する演説会の外は拡声装置を使用して選挙運動を行なうことはできない。

②選挙運動のために使用される自動車、ならびに拡声装置は船舶候補者一人に対して各一台、一隻または一式を超過してはならない。

③政党が使用する自動車、船舶拡声装置は地域区毎に各一台、一隻、また一式を超過してはならない。

④休戦線八千米以内の地点では拡声装置を使用することはできない。

⑤第二項ならびに第三項の拡声装置と自動車または船舶には、選挙運動期間中閣令の定める標識をつけなくてはならず、自動車または船舶においてはその運行区間の制限を受けない。

⑥演説会を開催する時には、演説場所から区、市においては三百米、郡においては五百米以内の距離においては、なにびとも拡声装置を使用することはできない。

第五十八条（虚偽放送の禁止） 放送事業を経営する者は、候補者または選挙に関して虚偽の事実を放送したり、事実を歪曲した放送をして選挙の公正を害してはならない。

第五十九条（経歴放送の公正） ①国家が管理する放送施設の管理者は閣令の定めるところにしたがって関係区域内の候補者の姓名、年齢、所属政党その他重要な経歴を選挙人に周知させるため放送しなくてはならない。

②前項の放送は登録の済んだ日から選挙日の前日までに三回以上実施しなくてはならず、その回数と内容はすべての政党または候補者に対して公平でなくてはならない。

③私営放送施設の管理者が第一項の経歴放送をする時には無料としなくてはならず、その回数と内容はすべての政党または候補者に対し公平でなくてはならない。

第六十条（放送施設の利用） ①政党はその所属候補者の選挙運動のために中央選挙管理委員会の定めるところにしたがって放送施設を利用することができる。

②なにびとも本法の規定を除外して選挙運動のために放送施設を利用することはできない。

第六十一条（新聞、雑誌等の不法利用の制限） なにびとも特定人を当選または落選させる目的で新聞（通信を含む。以下同）雑誌その他の刊行物を経営、編集、取材または執筆する者に金品、饗応その他の利益を提供したり、提供の意思を表示または約束をして、特定政党または候補者の選挙に関する報道その他の評論を掲載することはできない。

第六十二条（虚偽評論、報道の禁止） 新聞、雑誌その他の刊行物の経営または編集を担当する者は特定候補者を当選または落選させる目的で選挙に関して虚偽事実を掲載したり事実を歪曲して記載することはできない。

第六十三条（新聞、雑誌の通常方法外の頒付禁止） なにびとも選挙に関する記事を掲載した新聞、雑誌等を通常以外の方法で配付することはできない。

第六十四条（特殊関係を利用した選挙運動の禁止） ①なにびとも学生または未成年者に対する特殊関係を利用して選挙運動を行なうことはできない。

②なにびとも学校、社会的、文化的、民族的、宗教的または職業的団体等に対して特殊関係を利用して選挙運動を行なうことはできない。

第六十五条（戸別訪問の禁止） ①なにびとも選挙運動をするために戸別に訪問することはできない。

②なにびとも演説会の通知のために戸別に訪問することはできない。

第六十六条（署名、捺印運動の禁止） なにびとも選挙運動の目的で署名や捺印を受けることはできない。

第六十七条（人気投票等の禁止） なにびとも選挙に関して当選または落選を予想する人気投票や模擬投票を行なうことはできない。

第六十八条（飲食物の提供禁止） なにびとも選挙運動のためにいかなる場所でいかなる名目でも飲食物を提供することはできない。

第六十九条（騒乱行為の禁止） なにびとも選挙運動のために徒党を組織して往来を行進したり、候補者のために連呼行為をすることはできない。

第七十条（夜間演説の禁止） なにびとも夜間（午後十時から午前六時までをいう）に演説会を開催することはできない。

第七十一条（虚偽事実の流布禁止） ①なにびとも選挙に関して当選または落選に影響を及ぼすために候補者の身分、経歴、人格またはその所属党に関して虚偽の事実を流布したり摘示することはできず、また公然に事実を摘示して個人の人身攻撃をすることはできない。

③合同演説会と政党または候補者が開催する演説会で前項の規定に違反する演説を行なった時には選挙管理委員会は職権をもって、または候補者やその代理人の申告によってこれを警告し、これに応じない時にはその演説を中止させることができる。

第七十二条（寄付行為の制限） ①候補者または候補者となろうとする者は国会議員の任期満了日の百八十日前から選挙日までの間は寄付行為をすることはできない。

②政党、候補者の父母、配偶者、子供ならびに兄弟姉妹（以下家族という）選挙事務長、会計責任者、演説員、選挙事務所ならびに連絡所の責任者、選挙事務員または候補者と関係のある会社その他の法人団体が国会議員の任期満了の日の百八十日前から選挙日までの間に名称の如何にかかわらず候補者を推薦するものと推定される方法で寄付行為をしてはならない。

③政党候補者またはその家族、選挙事務長、会計責任者、演説員、選挙事務所ならびに連絡所の責任者、選挙事務員が国会議員の任期満了の百八十日前から選挙日までの間に選挙人もしくはその家族に対して金銭の提供もしくは物品や施設の無償貸与、譲渡、債務の免除、軽減その他の利益を提供する行為等はこれを寄付行為とみなす。

第七十三条（寄付の勧誘、要求等の禁止） なにびとも選挙に関して政党、候補者、その家族、選挙事務長、会計責任者、演説員、選挙事務所と連絡所の責任者、選挙事務員が候補者と関係のある会社等から寄付を受けたり、寄付を勧誘、または要求することはできない。

第七十四条（寄付を受ける行為の禁止） なにびとも選挙に関して外国人、外国法人もしくは外国団体から寄付を要求したり、受けたりすることはできない。ただし大韓民国国民の主導下にある外国法人または外国団体はその限りでない。

第七十五条（交通施設の便宜供与の禁止） なにびとも選挙運動を目的として選挙人に対して自動車その他の交通施設の便宜を供与することはできない。

第七十六条（選挙日後の答礼禁止） なにびとも選挙日後において当選または落選に関して選挙人に饗宴その他の慰労の集会をすることはできない。

第七章 選挙費用

第七十七条（定義） この法で選挙費用とは候補者の登録時から当選決定までの間に政党もしくは候補者によって支出される次の各号の金額、物品、確定債務ならびにその他のすべての財産上の価値をいう。

①選挙事務所ならびに選挙連絡所の賃借料または維持費。

②選挙事務長、会計責任者、選挙事務所や連絡所の責任者、演説員ならびに選挙事務員の手当と実費補償。

③政党もしくは候補者が開催する演説会の所要経費。

④拡声装置、自動車、船舶の賃借料、または維持費。

⑤投票参観人、開票参観人の手当と実費補償。

⑥候補者自身の選挙運動に必要な実費。

⑦その他選挙事務の遂行に必要な経費。

第七十八条（選挙費用の制限額） ①全国区の選挙費用は、中央選挙管理委員会が定めた金額に推薦候補者数を乗じてえた金額を限度として支出することができる。

③地域区候補者の選挙費用は前条の規定によって費目別にソウル特別市、釜山市、道選挙管理委員会の承認を得て、地域区選挙管理委員会が定める金額を限度として支出することができる。

第七十九条（選挙費用制限額の公示） 中央ならびに地域区選挙管理委員会は選挙日の公示の日から三日以内に前条の規定によって金額を公示しなくてはならない。

第八十条（会計責任者の選任） ①全国区または地域区の候補者を推薦する政党は候補者登録日の翌日までに会計責任者の姓名、住所を当該選挙管理委員会に申告しなくてはならない。

②政党の地区党がない地域区で推薦された候補者は候補者登録日の翌日までに会計責任者を選任して当該地域区選挙管理委員会に申告しなくてはならない。

③会計責任者は選挙事務員の中から一名の会計事務補助者を使用することができる。

第八十一条（会計責任者の異動） 会計責任者が事故によってその職務を執行できない時や、解職または欠位の時には前条の規定による選任権者は各々その事由が生じた日の翌日までに会計責任者を選任して当該選挙管理委員会に申告しなくてはならない。

第八十二条（会計責任者の職務開始） 会計責任者は第八十条第一項ならびに第二項と前条の規定による申告が終わる前には、政党または候補者らのための選挙費用の支出事務を執行することはできない。

第八十三条（会計帳簿の備置、記載） ①会計責任者は会計帳簿を備置し次の各号の事項を記載しなくてはならない。

1、選挙費用のすべての支出。

2、選挙費用の支出を受ける者の姓名、住所、職業、支出年月日と支出金額（金銭以外の財産上の利益においてはその時価金額）

③前項の会計帳簿の規格、記載方法は中央選挙管理委員会で定める。

第八十四条（会計責任者以外の支出の禁止） 選挙費用の支出は会計責任者でなければこれを行なうことはできない。

第八十五条（領収証その他の証明書） 会計責任者が選挙費用の支出をした時には領収証その他これを証明する書面を具備しなくてはならない。

第八十六条（支出報告書） ①会計責任者は選挙費用の内容を第八十三条第一項の規定によって帳簿記載事項別に記載し、選挙日の十五日後までに当該選挙管理委員会に報告しなくてはならない。

③支出報告書に関して必要な事項は、中央選挙管理委員会が定める。

第八十七条（帳簿その他の書類の保存） ①会計責任者は第八十三条の規定による会計帳簿と第八十五条の規定による領収証その他の証明書類を選挙日後一年間保存しなくてはならない。

②会計責任者は前項の帳簿その他の証明書類の保存を当該選挙管理委員会に依頼することができる。

第八十八条（帳簿閲覧と資料提供の要求） 中央選挙管理委員会、ソウル特別市、釜山市ならびに道選挙管理委員会または地域区選挙管理委員会は支出報告書に関して会計帳簿その他の出納書類を閲覧したり、候補者、会計責任者その他の関係人に対して報告または必要な資料の提出を要求することができる。

第八十九条（選挙費用として認められない費用） 次の各号の一に該当する費用はこれを本章の規定によって選挙費用とみなさない。

1、選挙に関して国家、地方自治団体もしくは選挙管理委員会に支給するすべての納付金と手数料。

2、選挙事務所と連絡所の電話料、電灯料、水道料、その他の維持費として選挙日の公告前から政党または候補者が支出してきた経費。

3、選挙日後の残務整理費用。

第九十条（選挙事務関係者等に対する実費補償額） ①選挙事務長、選挙事務所と連絡所の責任者、会計責任者、演説員ならびに参観人に対しては日当を支給し実費を補償することができる。

②前項の日当ならびに実費補償の種類と金額に関しては中央選挙管理委員会が定める。

第八章 選挙日と投票

第九十一条（選挙日公告） ①総選挙は議員の任期満了日前六十日から二十八日までに実施しなければならない。選挙日はおそくても選挙日三十日前に大統領が公告しなければならない。

②補欠選挙は国会議長の欠員通知を受けた後九十日以内に実施され、その選挙日は前項の規定により大統領が公告しなければならない。

第九十二条（選挙方法） ①選挙は記載方法による投票により行なう。

②投票は直接または郵便により行ない、一人一票とする。

③投票には選挙人の姓名を表示してはならない。

第九十三条（投票所設置） ①投票所は投票区ごとに設置され、投票区選挙管理委員会は選挙日二十日前にその名称と所在地を公告しなければならない。ただし、天災地変その他不可避な事由がある時には、これを変更することができる。

②前項但書の場合には即時これを公告して選挙人に周知させなくてはならない。

③投票所は学校、邑、面または洞事務所と公会堂の順位で設置する。ただし、やむをえない事由により、その他の場所に設置する時には、地域区選挙管理委員会の決定による。

④兵営内には投票所を設置することはできない。

⑤投票所の記載場所は他人が覗き見することができないように設備されねばならず、如何なる表示もしてはならない。

⑥投票所内には全国区政党名とその所属候補者の姓名などを、選挙人が容易に知ることができるようにこれを掲示しなければならない。

⑦政党、候補者または選挙事務長は投票所の設備の是正を要求することができる。

⑧投票所には投票事務を補助するために投票事務従事者を置く。

⑨投票事務従事者は、当該投票区の公務員または教育公務員中から、投票区選挙管理委員会が委嘱し、選挙日三日前までにその姓名を公告しなければならない。

第九十四条（投票時間） ①投票所は午前七時に開場し、午後五時に閉める。しかし、締切る時に投票所で投票を行なうため待っている選挙人に対しては、投票をさせた後に閉めなければならない。

②投票を開始する時には、投票区選挙管理委員は投票箱の内外の異常有無に関して検査しなければならず、これには投票参観人が関与しなければならない。ただし、投票開始時刻まで投票参観人が参席しない時にはその限りではない。

③郵便投票は選挙日の午前五時までに地域区選挙管理委員会に到着しなければならない。

第九十五条（投票用紙） ①投票用紙には政党名、候補者の姓名および記号を印刷しなければならない。ただし、地域区においては、政党名と記号だけを印刷する。

②記号は投票用紙に記載される政党の順位により、一、二、三などと表示しなければならず、政党と候補者の姓名はハングルと漢字を並記しなければならない。

③中央選挙管理委員会は、候補者登録締切後二日以内に政党代表者かその代理人の参観のもとに政党の印刷順位を抽選により決定する。

④追加登録期間が過ぎた後に候補者が辞退または死亡するか登録が無効となった時でも、投票用紙から候補者の姓名を抹消してはならない。

⑤投票用紙には一連番号を記入しなければならない。

第九十六条（投票用紙と投票函の作成） ①投票用紙と投票函は、地域区選挙管理委員会が作成して選挙日前までに投票区選挙管理委員会に送付され、その規格は閣令により定める。

②前項の規定による投票函の数は、一投票区当り二個以内とする。しかし、投票に当って同時に二個の投票函を使用することはできない。

③郵便投票用投票函は、別個に作成しなければならない。

④投票用紙には地域区選挙管理委員会において、候補者を推薦した政党の抽選による二人の政党代理人が捺印しなければならない。

⑤前項の規定により捺印する者がいないか、事故により捺印することができない場合には地域区選挙管理委員長が捺印しなければならない。

第九十七条（投票用紙の公告） 地域区選挙管理委員会は、投票用紙の見本を選挙日前十日までに各投票区ごとに公告しなければならない。

第九十八条（投票通知票交付） 投票区選挙管理委員会は、閣令の定めるところにより選挙人名簿に登載された選挙人に投票通知票を選挙日前日までに交付しなければならない。

（つづく）

JAPAN TOKYO

'63 東京 公演

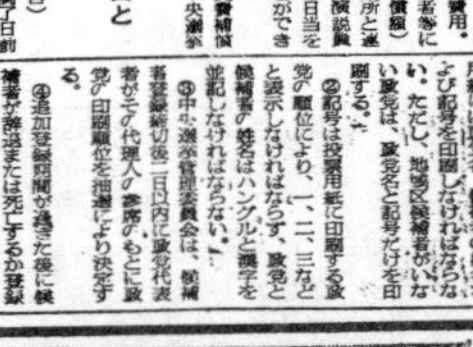

民謡舞台の一部

韓国民謡農楽団日本特別公演

①民謡合奏 ②長鼓合奏 ③民謡 ④ダル舞 ⑤漫談 ⑥農楽 ⑦農楽と民謡

東京公演は夜のみ☆2月8日⇨9日⇨10日☆開演午後6時

ファイーストプロが新春に贈る一豪華実演一第一弾！

韓国の民謡が東京の真中でまき起す陽山道の煽風！

製作 大見山静夫・企画 鄭永根・構成演出・舞台美術 皇武童

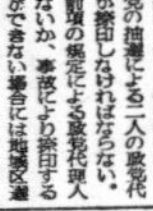
（漫談界の王者） 張笑八

韓国民謡界のNo.1（文化放送専属） 安福植

（漫談界の人気司会者） 白金女

爆発的人気!!

○韓国民謡のNo.1 文化放送専属 安福植
○漫談界の人気者 張笑八
○農楽の天才児 全金子
○器楽の奇才 金銀山
○演劇界の人気司会者 白金女
○韓国農楽界人気者 全四鍾

出演者 ●民謡 安羽翠 李銀珠 金玉心 沈桂月 劉明花 元仙女 仙女 ●農楽 朴招宣 朴貞淑 文明花 李銀美 全金子 金千興 許浩永 鄭在嬉 ●漫談 全四鍾 張笑八 ●器楽 白金女 李忠善 徐公哲 金銀山

地方公演日程

2月	13日	多摩	神奈川
〃	14	畑	浜
〃	15	岡	戸
〃	16	島	下
〃	17	山	広
〃	20	阪	阿
〃	22	阪	大
〃	23	阪	大
〃	24	都	京
〃	25	屋	名古
〃	26	屋	名古
〃	27	岡	静
〃	28	浜	横
3月	3	幌	札
〃	5	台	仙
〃	9	森	青
〃	10	田	秋
〃	12	形	山
〃	16	山	郡
〃	17	井	福
〃	19	沢	金
〃	21		
〃	23		
〃	26		

絶賛 前売中 プレイガイド 売切れない中に！

特別席￥800・A席￥500・一般席￥300

国鉄・水道橋下車 地下鉄・後楽園前下車

文京公会堂

お問合せ先→(株)ファイーストプロ・電話(591)5341〜3番・(東京都港区芝田村町2-12・三進ビル)

提供 (株)ファイーストプロダクション
後援 韓国公報館・韓国新聞社

権団長 新年の課題を語る

"民団の飛躍の年"

体質・機構一新して前進

権逸民団中総団長は、一九六三年度の民団の歩むべき課題に関し、二十日午後三時から中総会議室で新年初の記者会見を行なった。権逸団長は同記者会見を通じ、先ず「一九六二年の世界情勢はわれわれ自由陣営にとって勝利の年であった。六三年も引き続き西風は東風を制し、自由諸国の繁栄をもたらすであろう」と別項のような新年の所感を述べた後、僑胞記者団の質問に答えて次のような新年の課題を明らかにした。

権団長新春の所感

一九六三年度の民団は過去どの年よりも客観的に悦びの年となろう。世界情勢は解放後、左翼から多くの浸透工作をうけたが、しかし昨年を契機に自由陣営の西風は共産側の冷い東風を制した。一九六三年も引き続き、西風は東風を制し自由諸国の繁栄をもたらすであろう。またインドをはじめとする五十余カ国のアジア、アフリカ諸国も従来までの外交路線を変え自由陣営諸国へ近付きつつある。

新年はまた、軍政を民政に移管する年でもある。さる二日から約十日間本国へ行き、さまざまの政治活動を直接見てきたが、わずか二年の軍政が民主制度を整えた民政移管の観があった。

僑胞社会もこうした世界情勢や本国の民政移管、それに国交正常化を控えた韓日間の関係などに関連して希望のある新年である。民団はこうした諸条件に対備して、民団の体質改善を行ない、機構を改編すると同時に、民団内部の封建的派閥を捨て、大同団結しなければならないが、私は新年の課題としてこれらをやりとげるまんまんたる自信に満ちている。いずれにせよ民団にとっては希望する発展の新年を逃してはならない。また韓日会談に際しては僑胞たちの要望を多く聞き入れながら、韓日両国政府に強く要求するつもりだ。

記者との一問一答

民政移管の第一歩をふみだした本国の政治情勢を直接見てきた所感を？

御承知のように尹潽善氏や李仁氏などが中心となって単一野党結成のため活発に動いているのをはじめ、金鍾泌氏が民間人となって与党を結成していた。こうした機構を率直に申して、冷静な四・一九革命指導層の学生なども「旧政治人たちは過去の反省がない」と指摘していた。また一般の国民は単一野党結成を国会議員の就職運動とみなしているとその不誠意を指摘していた。いずれにせよ単一野党の結成は形成されないと思う。一般の民衆もこれまでの革命主体勢力に政権をまずけようという実情のようだった。

権団長は過去本国を度々訪問して在日僑胞の比例代表の要請をしたというが、これについて？

われわれの立場でわれわれの諸問題を解決するためには、国会に対する発言権をもたなければならないと思う。過去にはオブザーバー制が認められているにすぎなかった。この比例代表の要請は正式に本国政府と直接交渉したのではなく、在日僑胞の全般的な要望としてアドバルーンをあげたにすぎない。しかし誠心誠意があれば可能性があり、また当然認められると思う。

通常五月開催の民団全体大会をくりあげて早期開催説があげられるが、この点について—

早期開催説やいろいろなデマや推測をしているようだが、執行部としては、その件に関し一度の論議もしたことがない。

権団長は来る全体大会で任期を終えるわけだが、その後の去就問題について

今は民団の規約改正問題で忙しくそんなことは一度も考えたことがない。いずれにせよ満期だから動議を推挙して、私の去就を考える

新春初の記者会見を行なう権団長

規約改正は来る大会で是が非でも通すつもりか？

是が非でも通すとかの問題でなく現在の民団は改正を必要としているとみるべきだ。これに関し私は全ての私心を捨てて、改正の必要を論す段階でいる。中央議事会も改正案を骨子として来る全体大会に上程することに決定している。

規約改正の展望について？

問題なく規約改正が認められるものと楽観している。

韓日会談に要望する在日僑胞の法的地位対策委員会が、さる十九日最終的に行われたようだがその決定事項について—

これまで在日僑胞の法的地位対策委員会は三回開かれ、十九日は最終的な討議の結果、要望運動を展開する運動方針の骨子をまとめた。具体的な運動方針案は来る二十四日常任委員会で発表すると同時に、運動を展開するが、その骨子は民団がこれまでやってきたものだが、①永住権の確保②永住権者の子孫全部に永住権③在日僑胞の全財産搬出などの六項目にわたっている。

過去二年間民団を指導して、今後の民団の体質改善の基本的な課題について—

感情的な民団から理性的民団にならなければならない。これまでの民団は組織的立場で話し合うのでなく、感情的派閥の傾向で話し合う状態だった。だから民団が何をし、またどうすべきかの民団確立の政策決定はほとんど話し合われなかった。例えば民団は財政確立の一つさえ整っていない。これは過去の民団が僑胞経済人や僑胞有識者を遠ざけていた傾向によるものと思う。こうしたことを反省し、また脱皮させることが今後に民団を発展させることだと確信している。このように私はみんなから好かれる民団はあと一、二年以内にできるものと思っている。そうするためには旧態依然の民団カラーから脱皮させる健全な体質改善の運動が必要だ。

◇尋ね人◇

上田真三氏

右の方を香港にいる北京出身の友人、郭玉璋氏が尋ねております。右の方、またはその家族の住所を御存知の方は左記へ御連絡下さい。連絡先 香港九竜郵箱五〇四一号 または、目黒区上目黒七の一一二六、電（713）五〇七九（崔哲勉宅）

金相守さん（日本名）大山憲次郎

朴福花さん 右の人の妻 本籍、慶南釜山直轄市東来区正規洞一〇二八

住所、一九五四年六月四日まで東京都大田区仲蒲田一の二四。右御夫妻の行方を釜山にいる父朴理燮氏が尋ねております。消息を御存知の方は左記へ御連絡下さい。連絡先—釜山直轄市東来区正規洞一〇二八、朴理燮

愛知県韓国人商工会が初会合

韓国学園設立を決議

金竜煥氏らが準備委に

【十九日名古屋にて・鄭記者発】中京地区在日僑胞の商業経済向上の発展のために努力している愛知県韓国人商工会（会長張永駿氏）では十八日午後六時から、名古屋市内清香園において新年宴会を開催した。会長を始め金竜煥（民団愛知本部団長）、蔡求道（愛知商銀組合長）鄭煥麟（松風会館社長）氏その他会員約五十人が集まり会員相互の初顔合せとなり六三年度における事業活動その他について隔意のない懇談を行ない九時に散会した。

宴会は和気あいあいのふん囲気のうちに進められ、新春をかざるにふさわしい会合であった。商工会は前身韓国人経済会を発展改称してから約一年、現在加入会員は約百五十人という。新年会は国民儀礼をもって始まり会長張永駿（松永製菓社長）氏開会のあいさつをかねて商工会の事業方針と組織強化および名古屋地方の民族教育問題について、力強く決意を語った。

次いで、金竜煥民団団長が、来賓祝辞を述べたがその中で特に韓国学園設立に関する具体的な提案をなして、会員一同の奮起を強力に訴えた。つぎに、本国派遣教師金煥氏を紹介し、同氏から名古屋を初め愛知県下の民族教育の実態を詳しく披露して会員一同に民族教育問題に対する認識とその必要性を痛感させた。

宴会は、李仁九（商工会副会長）氏の祝杯をもって始まり会員の自己紹介、かくし芸などをもって終りまで楽しんだ。

会長と団長の訴えにより当夜の会合は商工会の新年宴会ではあったが名古屋韓国学園創立のために、熱烈な討議と希望が述べられて、民族教育発展のムードをもりあげた。その場で韓国学園設立に関する提案を韓学東（民団愛知本部事務局）氏がなし、満場拍手をもって可決した。

提案は

一、名古屋韓国学園創立準備委員として金竜煥、蔡求道、張永駿三氏に一任し、創立準備拡大委員を選任することおよび創立に必要な規約と事務一切を用意すること。

二、創立資金一億円を募金すること。ただしその半額五十万円は右三氏が拠出することを張永駿氏が準備委員を代表して確認した。残る五千万円は孫朝秀（東鉄工社長）が愛知県僑胞を代表して必ず責任をもって募金を完遂することを確約した。

散会後、準備委員として鄭煥麟氏は記者に語ったことは「オランダは海面より地面が低いので完全な堤防備をしている。これは国家民族のために百年のことをしたのです。われらもこれにならってわが僑胞百年のためになること—すなわち教育事業をやりたい決心です」。

力道山に訪韓の印象を聞く

韓国が生んだ世界的なプロレスラー力道山（韓国名…金信洛氏）は去る八日文教長官の招きによって韓国を訪問（既報）十一日帰国したが本社では十九日リキ・アパートに力道山を訪れ二十二年ぶりにおとずれた韓国での印象、体育界協調、及び体育向上の問題などを話してもらった。

若さがいっぱい

数年来の訪韓希望やっと実現

スポーツ交流を痛感

いろいろなスケジュールで大変忙しいらしく、約束の時間より遅れて現われた力道山は開口一番、「待たせて申し訳けない」と、巨体に似合わないやさしい言葉をかけ記者をめんくらわせた。

試合の打ち合わせや、不意の客の訪問などでスケージュールを組んでいてもなかなかその通りいかないらしく、人気稼業のつらさというものが記者にもわかる気がした。韓国を訪問しようと思ったのはいつごろからですか、という質問から初まった一問一答に力道山は気楽に答え、また日本に帰化していても韓国の事はいつも心配していているらしく日本の新聞などで韓国の事を常に関心を持って読んでいると語った。一問一答は次の通り。

記者＝二十二年ぶりの韓国訪問の印象をまず—

力道山＝思ったより大変盛大に歓迎しくれた。日程が短かかったため、地方の方にまで足をのばすことはできず全体の印象なんというのはいえないが、みたところ国民生活は苦しいようだ。しかし町は奇麗であるしみんな意欲にもえて建設にはげんでいるようであった。二十余年前にくらべれば大変な発展であり希望的なものがいっぱいであった。

記者＝韓国訪問はいつごろから考えていたか。

力道山＝はっきり何年前といえないけれど自分が生れた国であるから数年前から行って見たいとは思っていた。いろいろな人々に相談したり聴いたりしたところ行って見なさいという人もいれば、行ったっておもしろくないという人もおり、いままで迷っていたわけだ。

記者＝今度はどうして行く気になったか。

力道山＝韓国の文教長官および体育関係の人々がぜひ来て体育向上のため一役買ってくれないかというし、先にもいった通り行きたい気があったので短かい日程だけど行くことになった。

記者＝韓国ではどのような事をしてきたか。

力道山＝初めから何かをするつもりで行ったわけでないので遊びのようなものであった。

豪華な居間にくつろぐヒマもないほど忙しい力道山

記者＝韓国で体育人たちから受けた印象、及び体育状況はどんなものであったか。

力道山＝こう言ったら何だけど韓国は日本及び他の国とくらべて体育施設などがずっと不足しているし、食べる物も足りないような気がする。素質のある青年は多いようだが、それではそだたないと思う。だから政治とか国と国との感情などをぬきにして大いに選手の交流などが必要であると思った。

記者＝例えば韓国などでプロレスリングなどをやっても興行的になりたつだろうか。

力道山＝国民の生活水準が低いためいまのところ金もうけを考えてあちらでプロレスリングするのはすすめられないと思う。プロレスというものは、ファイトがなければできないスポーツである。私のやっているプロレスリングなどが国民の建設意欲に必要なファイトをひきおこすに役立てば私はそれで満足だと思う。

記者＝韓国から素質のある選手などをつれてきて養成する気持などあるか。

力道山＝先にも言ったように韓国では素質があってものびなやんでいる選手が多い。だから私は素質ある選手をつれてきて大いにその持っている実力をのばしてあげたい。今度の訪問でも二十三歳になる有望な新人を一人みつけた。旅券の問題などで一緒にくることはできなかったけれどもまあ楽しみである。

記者＝韓国に体育館を一つ寄付するといっているが具体的に…

力道山＝日本にある私の財産をむこうにもっていって建てるのでなく（それはいろいろな手続きがあってめんどうであるから）つぎに（六月ごろ）に行ったときむこうで試合をやりその利益金をすべて政府に寄付してその金で建ててもらうということだ。

記者＝日本の芸能界及びスポーツ界のスターの中には韓国系の人々が多数いるが、そのような人々どうしが団結して本国の力になるようなことをする計画などはないか。また韓国系ということを発表して人気にかかわることはないだろうか。

力道山＝いまのところ何もないというしかない。中には韓国系というのを絶対発表したからない人がいるが、実力があればどうということはないと思う。

記者＝忙しいところどうもありがとうございました。

お知らせ 「新帝国主義研究」最近のユーゴの政治変化は本日だけ休みます。

盛大に代表部別館の落成式

趙武祖氏からカギを受ける裵大使

建設協会の美挙実る

明るい近代的な建物

裵大使が感謝の辞

代表部別館の落成式は、去る十九日午前十一時から同館の二階に関係者約二〇〇名が参集して盛大に行なわれた。

祖国の再建事業に対し在日僑胞たちも、各方面で非常なる意欲と積極性をみせていることは周知の通りであるが、徐甲虎氏から駐日代表部の建物（時価約五億円）譲渡に引き続き、在日韓国人建設協会（代表＝趙武祖氏）が、老朽した別館を新築寄贈を申し出て、代表部を感激させ、僑胞社会に明るい話題となっていることは既報の通りである。

同落成式には、代表部の全職員と在日韓国人建設協会メンバーの全員をはじめ、東京のみならず近県からも多数の僑胞が参加して、先ず第一の儀式に引き続き落成記念パーティーを盛大に催した。裵義煥大使、権逸中総団長、趙武祖建協代表をはじめ各界の代表から落成を祝い、在日韓国人建設協会の篤行をたたえる感激な祝辞が述べられた。

白く化粧して代表部に明るさをそえているライト鉄筋の同館は、総坪五十八坪の二階建てだが、時機を得って三階に増築する予定という。（工費約五〇〇万円）

裵大使祝辞 在日僑胞たちが祖国再建に対する意欲と積極性が日増しに高まってきていることは非常に喜ばしい現象である。別館の新築自体はもちろんであるが、在日僑胞の建設業者が団結したことと、僑胞の手で建築したことに大きな意義がある。

趙武祖建協代表挨拶 われわれ僑胞業者の試みが実ってうれしい。われわれ建設協会は、今後も僑胞たちの住宅難解決に努めるつもりだが、僑胞諸氏の協力を望む。

写真㊤完成した代表部別館と㊦奉仕した趙武祖氏ら韓国人建設協会員

民団三多摩武蔵野支部役員改選

三多摩の武蔵野支部は、第九回総会を、去る十三日に開き、次のように役員を改選した。▽団長＝呉仁鎬▽副団長＝尹鍾愚▽議長＝安洪柱▽副議長＝趙蒼伊▽監察委員長＝崔炳喫▽副議長＝崔□敏、鄭汝琪。なお、同会では支部事務所を今年中に新築すること等を決議した。

冷房暖房 ダイキン冷房機代理店 日立冷房機代理店
○最高の技術とサービスは完璧です
○僑胞の事業体・団体に対しては実費で奉仕しますから冷暖房及冷凍機関係の一切を御相談下さい。
北洋冷凍機工業 株式会社
社長 洪起華
監査 金炳泰
東京都新宿区原町三の八四
電話（341）〇〇四九 代表

韓国服地と韓国レコード！
営業品目
特殊香港洋丹・中国洋丹・金糸織洋丹
テトロン洋丹・京都洋丹・美術丹・七色丹
リバレース・オパール・ニュートン・ベルベット
其他・本絹・季節向一式・朝鮮古典長鼓販売
貸古典婚礼衣装
韓国レコード総販売元
祖国訪問者および帰国者には特別御奉仕しております
仁川㊁商会
東京都台東区浅草公園六区10−3
TEL (871) 3981・5498
韓国レコード

北京料理 東天閣
美味と安価が定評
大阪市心斎橋御堂筋角（そごう北隣）
電話・代表 二七一−〇一二一
和室・洋室完備
結婚披露・大小宴会

経済成長の基礎をさゝえる！松平商事株式会社
営業種目
不動産業・貸ビルディング業
輸出入業・諸機械国内販売業
取締役社長・松平重夫
東京都中央区京橋３丁目１１番地
松平ビルディング８０１・８０２号室
（京橋交叉点・国立近代美術館隣）
電話 京橋局（561）0994・7013番
赤坂松平ビル・ホテルニュージャパン筋向い

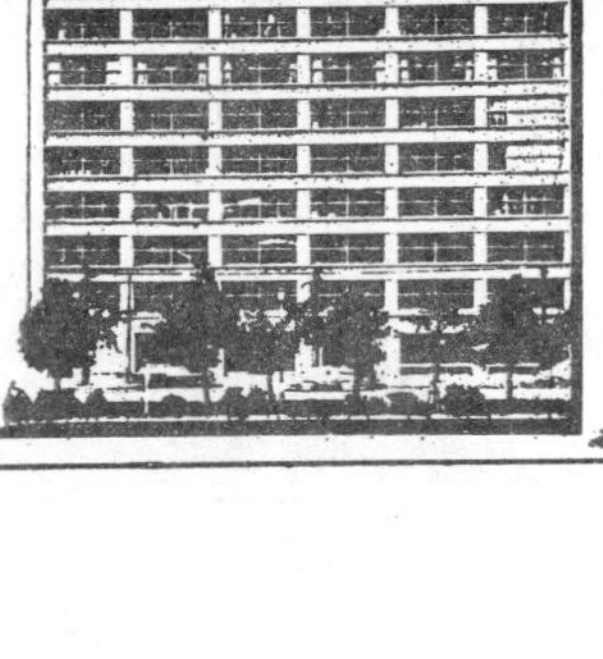

文化

白武萱 画

韓国の美
線に流れる静かな喜悦
②衣装箪笥の巻

楽浪出土の彩画漆篋は、この国土より発見されたもののうちでは、恐らく最初の家具となろう。それ以前や以後李朝中期に至るまでは、どんな模様の家具が、この民族の寵愛を受けて来たかは全然知る方法がない。ただ、高麗時代には、米床・光明台（燭台）・寝台などの什器が使用されたということくらいが知られているだけで、タンス類の歴史をたどるにしても、それが豊かに発達した李朝末期以前よりはさかのぼることが出来ない。だから、伝統は李朝末期時代から成りたったとみても差しつかえない。

立式生活になじんで来たヨーロッパや中国大陸の人々が比較的豊富な家具をたずさえて来たのとはいささか異なるわれわれの生活でもあった。それで、おのれの生活様式にふさわしい方便物を適当に発展させて来たということは至極当然なことでもある。われわれの唯一の室内装飾品として貴族（両班＝ヤンバン）らに寵愛されて来たタンス類は、彼らの陰で生活を営んだ木工匠らによって、環境と慣習に従う伝統内において、時代感覚に対する自由なモードの飛躍が試図されて来た。

その上、天賦の芸術性は、その表現されたモチーフを妥当にあつかって、中国から伝わる大陸的な煩雑さから来るけん怠感を消滅させることにも成功した。したがって何んとなく強烈なごつごつした感じを与える中国の工芸品とは大分に、隔たりをつけ、そのような点などから今日その芸術性は高く評価されているといっても過言ではない。韓国のタンス類の特色を探すならば、全体的なデザインもそうだが、唐草や不老草紋、また花紋などを彫り込んだ白銅装飾のにぶい白色が、漆で彩色された花櫚木（中国原産）の朱色の素地とマッチして、韓国的な美的感覚を余すところなく発揮させているということである。また、立体的な全体の造形美は、このような調和美に強烈なアクセントをつけ加えているようだ。

この特有な白銅装飾はタンス類の全面からエペットを強調しているが、その模様が各々異なっているとはいえ表わしているイメージは一様に平和と幸福の希求であるともいえるだろうか……。

高麗磁器を見本にしたような紋様は、流れるような韓国的な線条の表現がこもり不老草紋や寄禍紋、双喜字紋、寿福紋のようなものは一切このようなイメージから表われたものといえる。

白銅装飾のうち、抽き出しやとびらの中央にアクセントを挿入している釘の模様は、四葉紋、または五葉紋や曲玉模様のものがよく使われているが、これらの紋様もやはり楽浪出土（王盱墓）の漆盒から見られるものと似ているだけに、その模様に多少の変遷があるとしても、その歴史は連綿たる伝統からしぼりだされたものではなかろうか。その線は流れから見ても「おだやかな喜悦」を現わしたものともいえるし、唐草紋にしてもやはり漢代文化の遺物であるとしても、線には韓国的な味を漂わせている。そうであればこそ今だにわれわれのそばを離れず寵愛を受けているであろう。また、蝶やコウモリ模様の釘はデザイン上の美を強調するために取り入れているようで、まんじ字紋が透刻されているのは仏教的なイメージから来たものだろう。

主材である木材は、中国原産の花櫚木よりも木目（紋）の自然な楓木や木の根（主に松の根）として柏の木の瑞紋などをよく生かして特色のある何かを醸しだしているのをよく見かけるが、これなどは自然から自然美をさがそうとする韓国人の天性を表わしたものといえるだろう。（写真はいずれも韓国の衣装ダンス）

文化映画講習会
21日よりソウル公報館で

韓国文化映画株式会社（会長＝金用雨氏）では、二十一日から四週間、ソウル中央公報館で、第一回「文化映画講習会」を次の通りに開いて新人を養成することになったが、受講申請は、十九日までで市内鍾路区寛勲洞一四六の二において、同社総務部で受付けることになっており、受講料は無料で実習材料費が八百ウォンぐらいになる予定である。講習内容は次の通りである。

▼映画法と文化映画 ▼成人教育と文化映画 ▼映画概論 ▼映画史 ▼放送TV映画 ▼西欧の文化映画 ▼視聴覚教育映画 ▼映画の国策など多方面にわたり、斯界の権威者らによって各科の講義が担当されることになっている。

韓国の作品が五点入選

朝日新聞社で主催する二十三回国際写真サロン展に、韓国の作品五点が栄えの入選にきまった。

世界各国より応募された二千五百点のなかから、百二十点の入選作品が選定されたが、同サロン展に韓国では二百八十点にのぼる作品を出品したのであった。

入選した作品と作家は、次の通りである。

◇「行路の姿勢」＝朴英達
◇「手」＝鄭相河
◇「つむじ風」＝金由灝
◇「無酔」＝朴敬東
◇「童心」＝康益培

高等考試第一次合格者発表
二次試験は二十八日から

内閣事務処では十八日第十六回高等考試第一次合格者七百六人を発表した。ところで、合格者の第二次考試は来る二十八日から二月一日までソウル大学校法科大学及び文理科大学で行なわれる。

フルブライト留学生決まる
志願者から十二名選抜

駐韓米国教育委員会（フルブライト委員会）では一九六三－六四年度米国内各大学の大学院に留学できる全額奨学金給与学生として韓国人学者及び学生十二名を選抜した。このフルブライト奨学金は米国への往復旅費と一年間の留学資金を全額負担するものであるが、これらのものは約二百名の中から選抜された。

ウオーカー・センター竣工
朴議長参席、竣工式挙行

東洋一の規模をほこるウォーカー・センターの竣工式が十八日午前現地水原で挙行された。

このウォーカー・センターは戦没軍将遺家族のため建てられたものであり、竣工式には大統領権限代行朴正熙議長をはじめ最高委員各部長官、三軍参謀総長、駐韓外交使節、メロイ国連軍司令官及び多数の貴賓が参席した。

国寳巡禮（25）

〇…一九二一年九月、慶州市路西洞、金冠塚と呼ぶ古墳から有名な「金冠塚金冠」（国宝第八十七号）と一緒に発掘されて世間を驚かせた出土品のうちに、「銙帯」と「腰佩」と称するものがある。「銙帯」とは腰につける帯のことをいい、「腰佩」とは銙帯について垂れさがっている「腰飾り」（さがり）のことー。

国宝第八十八号「金冠塚銙帯と腰佩」（国立博物館所蔵）は帯の長さが一メートル九十センチ、「さがり」十七個のなかでも最も長いのが五十四・五センチに達する。新羅王族らが儀式のさい正装に着けたアクセサリーだという。「さがり」は出土当時はもつれていたが研究した結果、大体写真のような順序で帯にぶらさがっていただろうと推定している。

〇…「帯」をよく観って見ると両端にはバックルのようなものがあり、その間には四十個の金製「銙」がつく。飾りは四角形と心葉形の二つの部分から成りみな草紋が透刻されている。「腰佩」の右はしにある一番長いのに念珠のような金モールがあいだにはさまり、その先端には鈴のような飾りが三個ついている。あと十六個もやはり色とりどりの飾りが着いて全体から受ける感じは華麗そのものである。

この「帯」と「腰佩（腰飾り＝さがり）」は学術研究の上では、その価値は金冠と同様であり、現在国立博物館陳列室でも、金冠と並んで陳列されている。

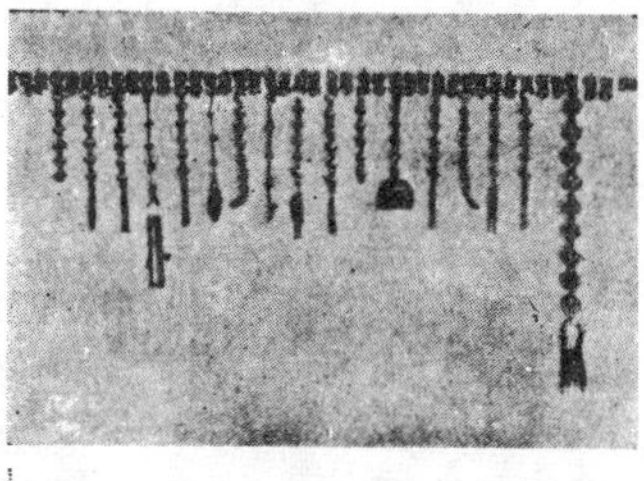

金冠塚銙帯と腰佩

一九六二年の問題作②
小説に漢字混用の可否

徐基源

解放前の文学が、解放後今日でも変化していないとするならば、以前、作家たちは昼寝でもしていたことでしょう。コトバ（言語）が非常に大きく、速かに変わっています。それは解放直後の新聞と、このごろの新聞を比較してみれば十分わかることと思います。

それであるにもかかわらず、小説は変わっていけないというのですか？ 作家も言語に新しい秩序を、または個性に新体系を持たすために努力する詩人の場合と、本質的には異ならないのです。これは作家が意識する、しないにかかわらず、創作の本質を、いうのであります。

それであるからといって、作家というのは時代が変わったから、その作品の表現方法までも、すぐ変えるべきであると機械的な方法を強いることはできないのです。

いまはリアリズムの方法は旧いので、世界文学潮流についてゆくためには、アンチ・ローマンを輸入すべきであるといわれることをよくききます。作家―少なくとも良識的な作家―は、リアリズムの時代が過ぎ去ったから、リアリズムの方法は捨てなければならないということではなく、新しい現実と体験を再生することができる表現の次元として、昆虫が触角をのばして前に進むように、彼等の想像力と文学的感受性を信じようと試みるのであります。

精神作業においては、新らしいということは、いいものを別に切り離して、眼の前で見られるものではないのです。それは、形成される過程を意味するものです。これが真の伝統の展開方式であります。新しいものが、突然出現して旧いものを追い払うという対立関係ではないのです。

新らしいというのは、旧いものの内部で育ち、旧いものを、よりよい堅牢な構造に築き上げる生命力が、ないといけません。ここで、私はわが文学が外来思潮または方法をつけ入れることができる可能性に限界があること、またより優位な水準を指向する早道であり、それへの唯一の途がひらかれたとみるのです。

そのために、私はたとえアンチ・ローマンのまねをするといって、憂うつになったり、または鮮然であるとしません。しかし、表現の方法に関心を持たない作家に対しては、彼の文学が洗練されているとして好評をつけていても、彼を尊敬することもできず、または信頼することもできないのです。

以上語った内容だけでは十分意をつくしませんが、私は今日のわが小説を、丁度水彩画で油絵を発見する段階で、これを見るのであり、この前提において六二年の問題作をとり上げたいと思います。

問題

▽張竜鶴「円形の伝説」（思想界掲載）

今のわが作家は、丁度絵画家が絵をかくのに水彩画具をもって油画の効果を出すようにしなければならない。同情すべき宿命的なものと考えます。しかるに張竜鶴氏は油画具を求めるために、余まりに性急であるようです。これが問題です。彼の試みる勇気は讃えるべきですが一方同情することができないのです。

「円形の伝説」の内容にふれる前に、氏はわが文壇では唯一人の漢字混用者である。その孤高な氏には敬意を表します。何故に、氏だけが漢字を混用しているだろうか？ この疑問から先にただしたいと思います。

それは氏自身がもっとも的確な解答をするだろうか、これは氏一人だけの問題に限られておらないのです。他の作家とも関係が深いと信じます。

丁度よい材料があります。この小説が終ってから開かれた座談会（とび越えたか？＝思想界十一月号）で、作者みずからが次の如く述べています。

「自分は、韓国文学の作家と考えていますが、漢字を韓国小説で使用しないとしても、それを韓国で用いるとすれば、自分は使用します。ハングル専用が表現において力となるということを認識できるまでは、それを用いるでしょう」

大変、個性の強い語感でありますが、それをそのまま容認することができない、わが小説の一断面を挟るコトバです。これを解釈してみれば、ハングルを専用するよりも、漢字を援用することが、表現をよりよくするということです。

この点で、ハングル専用というジャーナリスチックな規定よりもわが国語あるいはわが文学的言語が持っている表現上の疑の問題が、提起されてきます。

これは氏個人のことでなく一般的な現状です。反面、次のような意地の悪い反論もでてきます。張氏はわが文学的言語に得手でないと、この推測にも一理があります。

しかし、氏がわが国語が不得手のために漢字をもって補っているという解釈の方法は、心理的な作家研究としてはどうかと思うが、文学の一般的現状の関連においては問題を究明する方法にはならないのです。

創造の意志が弱い作家は、表現上に横たわっている障害を打開する勇気がなくて、死んだ条件の中に安住をし、冒険的な試みには反感と怖れを抱くようになります。そのために、こういった作家を伝統の擁護者であるように想疑する過誤が、よく社会の美徳とされるしきたりになっていますが、この風習こそわが文学の舞台にもなっています。

×××

（つづく）

安住の地よいずこ（130）

許槿旭
え　金泰伸

安住の地は（十六）

「ゆうべはどこへ行きましたの？」

「新聞社から出張したんだよ」

「ひとこと知らせてから行けばよいのに……寝ずに待っているとは考えても見なかったんですか？」

「忙しかったから仕方なかったんさ！ 君は俺を理解できないのか。俺は朝、眼が覚めると、夜、眠りに就くまで常に不安に追われているんだよ。もしかして知っている人にあいはしまいかと思って…。いつも気持が落ちつかず、神経をすりへらして生きなければならない！ 一体、俺が何の悪いことをしでかしたというんだ」

にらみつけながら叫ぶ彼の顔が険しくなった。私は全身の血が逆流するような興奮を抑えながら、唇をきゅっとかんだ。

「あなたが悪いことしたと何も言っていないわ」

「では何で言いがかりをつけるんだ？ 俺は今、神経がとがっているんだよ！ 俺を静かにほおっておいてくれ……頼むから……」

「すべて、あなたを愛しているからだわ」

「うるさい！ 君がいなかったら俺は平壌には行かなかったろう君の顔を見る度に、俺はお父さんを思い出すようになるし、救われる道のない俺たちの運命を呪咀するようになるんだ！」

「ああ、もう止めて。なぜ私だけに責任を負わせようとするの？ あんまりだわ」

「君のせいだよ！ 君が俺から自由を奪ってしまったんだ！」

「何んですって？ 私がなぜあんたの自由を奪ったというの？ あなたはほんとに卑怯だわ！」

「何だと！」

荒々しい彼の言葉が、私の耳を鳴らしながら、素早く手が空を切った。

ピシャッ！

私の頬に音が鳴った。

涙が泉のようにほとばしった。

「私と結婚したことを後悔しているのね！ 私を憎んでいるのね！ 私のせいだけではないわ！ 誰の罪でもないわ！」

私は戸を開けて外に飛び出した。

「君！」

彼の両手が私の両肩をしっかりとつかんだ。

「放して！」

私はじたばたしながら彼の両手から脱がれようとした。

「君！ 済まない。俺はちょっと酒を飲み過ぎたようだね。寒いから早く中に入れよ、ね？」

静かに言う彼の声を聞きながら私は黙ってむせび泣いた。

「すまん」

どこからか、十二時を知らせる時計の音が遠くきこえてきた。

「お坊っちゃまです」

産婆の声がかすかにきこえてきた。

「おぎゃ……」

母体の温い暗闇の中から、冷い人生の道に初めて生まれ出た幼な児は、急にまぶしい光に気絶するほど驚き、力をふりしぼって泣き始めた。

この新しい人間は、不安と恐怖のために泣くものである。生まれ出るということは、人間の最初の死である故に……。

大東化学工業株式会社
取締役社長　林　泰　善

一般鋼材
丸棒型鋼
安田金属
代表者・安田圭鎬
東京都墨田区緑町4－30／電話　本所（631）1355／8573／8983番

輸出入・貿易業
陽和物産株式会社
取締役社長　朴根世
本社／東京都千代田区神田神保町2－28　岡村ビル
TEL／（331）1427（332）4577・6573

韓国料理
漢陽館
崔泰圭
東京都文京区清水谷町1番地
電話（941）1552番

山を崩し！谷を切り開らき、海を埋めたて
建設界に躍進する！
愛知重機株式会社
取締役社長・柳川泰光（朴三竜）
専務取締役・柳川正作（朴正作）
愛知県名古屋市中村区岩塚町字龍子田9
電話（54）8759番
（56）1784番

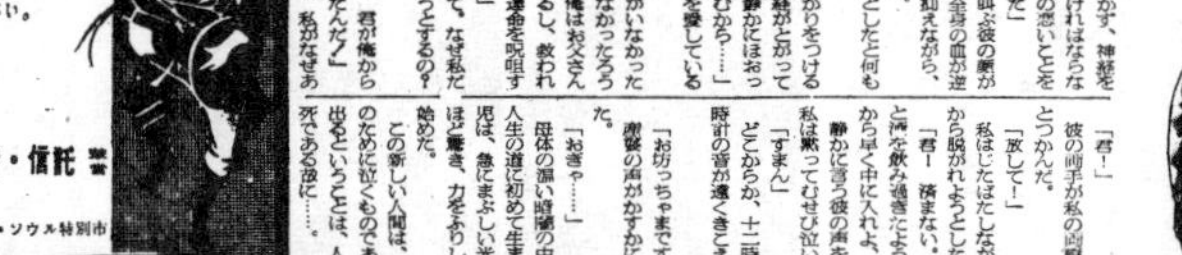

優良鋳物用銑鉄製造
朝日製鉄株式會社
取締役社長　中　学　彬
横浜市鶴見区鶴見町1320
TEL 横浜(50)8431－4

韓國新聞
発行所 韓国新聞社
東京都文京区
電話（813）2261・2263
東京（812）1921・（813）2260

日本漁網船具株式会社
取締役社長 福井保
本社 東京都千代田区丸の内二（丸ビル）
電話代表二〇一局一八四一・一三六六

外貨事情明るい見通し

基幹産業に重点

金首班 今年の施策を語る

【ソウル発＝連合】金顕哲内閣首班は二十一日、外貨保有が昨年末現在一億六千五百万ドルであると述べ、来る六十五年末からは外貨事情が好転されるだろうし、その間においても外貨遏れはうまれないだろうと語った。

この日の午前記者会見を行なった金首班は、政府は今までのような消費中心をすて絶対的な基幹産業に重点をおいて貯蓄性ある預金を増すと語った。また金首班は証券市場に言及、いままでの証券市場は投資のためのものでなく投機であったと述べ、これから証券市場正常化のため、第一段階として証券会社の再整を禁止しており、第二段階として現在一割になっている証券価格金を二割に緩和すると語った。穀価安定に対しては、御窮の場合は問題がないとみるが、小麦において価格が上昇する場合、その対備策として農林部から二七〇万石ほどの政府保有米の内二三〇万石をもちだして調整できると語った。

産業構造の変革が必要

金顕哲内閣首班は二十一日午前記者団と会見し、当面の問題について あらまし次のように語った。

今までの韓国経済構造は消費中心のものであったが、政府はこれを基幹産業を中心のものに転換させている。

したがって当分の間国民は耐乏生活を余儀なくされることであろう。

政府の外貨事情は悲観する段階ではなく輸出を振興させることによってこれを補うつもりである。

物価の統制問題も商人側の協調によって解決されるものであり、政府としては物価の統制をつづけなければならない。

外国商標氾濫は徹底的に排除

劉商工次官、不正業者に断

劉彰順商工部長官は二十一日商標と広告などの不正行為中止に関する談話を通じて健全な商取引の育成に力を尽しているこの時、一部無自覚な者が不正競争防止法にふれる商標の使用と広告をすることによって善良な国民に大きな被害を与えていると語った。そしてこのような不正行為はこれから徹底的に取締ることを明らかにし、取締り対象は外国商標と同じようなものとか、外国商標類似のものを使用することによって商標に誤解をもたらすような物、また外国商標と同じ表示とか広告をしたものなどである。また外国との技術援助とか援助計画などを理由に外国商品と誤認されるもの、および商品の品質内容をでたらめに広告するものなどを含んでいる。

最高委員 金東河氏が辞任

民主共和党発起人も

【ソウル発＝連合】最高会議外務国防委員長であり、民主共和党発起委員である金東河氏は二十一日午後最高議員職と新党発起人など総ての公職から身を引くということを明らかにした。

金中将（予備役）はこの日自宅で記者会見を行ない、五・一六軍事革命の最終理念は自由民主主義の守護であり、この基本理念に立脚して民政に積極的に参与するため去る十七日新党に加入したがいままで考えていた線での問題点で理解される余地がない事を知り、国民に背信することはできぬという結論で最高議員職と党職から手を引くことに決心したと語った。

民主共和党の発起人になるため去る十六日予編した金将軍はその声明で「五・一六革命主体勢力の一人として国民に誓った革命公約を約束どおり全部行なえなかったことに対してすまないと思う」と述べ、処身を慎むとつけくわえた。金将軍は、これからの革命課業を完遂するため国民と共に努力すると述べ、これからの去就に対しては明白な言及をさけた。補項で出馬すると伝えられた氏は「すこし休んで考える」と述べたが、野党に加入するかどうかも明らかにしなかった。金氏はまたすでに最高委員職及び党職辞退を朴議長に伝達したといわれている。

金東河氏

民政党、発起人の資格審査

28日には創党大会

民政党（仮称）発起人資格審査のための第二次人資格委員会は二十一日午後二時会合をもち、各政派から出した発起人名の中から百余名の人士に対する初審査を終えた。これらの名は二十二日午後の五人委で最終審査をおえ民政党の発起人に確定されるが金炯燦氏はこれらの者の内三分の二が政治経験のない新人であると述べ残る者は予備役将星、学界、その他の人物で構成されるだろうと語った。

ところで二十三日に予定されていた同党の創党発起人大会は登録要件と書類上未備えで来る二十八日ごろになるようだ。

造船資材の導入決定

伊・仏との漁業借款協定で

【ソウル発＝連合】二十一日午後経済企画院会議室では去る八月に締結をみた伊・仏漁業借款基本協定による第一基本契約が、政府代表の間で結ばれた。この契約は去る八月に十一万八千五百四十㌦に達する漁船を建設、導入することにした約一億二千万㌦規模と推定される漁業借款協定によって初めて結ばれたもので、この第一期執行契約によって導入される漁船の総数は百五十九隻、総トン数は三万五千六百二万㌦、価格は五千四百万㌦である。この外に国内造船用資材、付属品など総額四百五十四万㌦に該当する器材が供給されることになっている。

この契約によって今年の末から順次導入され来年には約百余隻、明後年には残量の全部が導入される一方、造船用資材として国内各造船所が漁船二千九百㌧を建造することになっている。これで三年後には最新の器材で装備された三万八千五百㌧の漁船が近海はもちろん世界各処の漁場に進出して年間十五万㌧の漁獲高をあげるものと期待されている。

一方この日契約に調印した張炯淳農林長官は「この契約はわが国水産界の飛躍的発展を期する転換期になり、将来漁獲物をヨーロッパ市場を初め世界各国に輸出して年間二千三百万㌦の外貨を獲得する基点になる」と語った。

重要物資品目最高価を公布

統制品は二十一品目

物価調節改正臨措法を公布

政府は去る十八日午後物価調節に関する臨時処置法中改正法律と全文六条付則になる同臨時処置法施行令を公布し、すでに価格統制された米、麦及び居間導入肥料、家庭用煉炭、石炭の五品目と新たに麦粉、黒鉄板、鉄筋、木材、綿布（広木）・セメントの七つの品目の最高価格を指定する一方、人絹糸、スフ糸、毛糸、ナイロン糸、牛肝、共性ソーダ、曹達灰、硫黄、雪糖の九品目は主務部長官がこれから閣議の議決をえて最高販売価格を決定することにした。

したがってこの日前記施行令によって最高価格が指定された統制品目は現在十二品目であるが事実上統制圏に入って買占売惜の処罰をうける品目は二十一品目とみなされる。同施行令による前記品目の最高価格は①米、麦及び居間導入肥料は一九六二年五月十五日現在の価格。

②家庭用煉炭は一九六二年五月十五日現在時価にその一割を加算した価格。石炭（無煙炭）は大韓石炭公社の販売価格。

③麦粉、黒鉄板、鉄筋、木材は一九六二年六月九日現在の時価でソウル特別市長、釜山市長または各道知事が告示する価格、ただし木材中炭鉱用坑木は生産地蔵置駅価格を一材当り六ウォン五十銭とする。

④綿糸、綿布（広木）、セメントは主務部長官が閣議の議決をえて指定告示する価格。

⑤国民生活上必要不可欠と認定される物資と重要原資材で主務部長官が閣議の議決をえて指定する物資である人絹糸、スフ糸、毛糸、ナイロン糸、牛脂、苛性ソーダ、ソーダ灰、硫黄、雪糖の価格は主務部長官が必要であると決定された時閣議の議決をえて指定告示する。

違反者は五年以下の懲役

改正をみた物価調節に関する臨時処置法の該当条文は次の通りである。

▽第三条（調節の範囲）＝前条の規定による物価調節の範囲は次の各号の行為を調節する。

①米、麦、石炭、煉炭、肥料など閣令で定めた最高価格を超越して重要物資を取引する行為。

②重要物資を買占とか販売を忌避する行為。

③正当な理由なく他の物品を付加するとか負担をかけ重要物資を他人に販売する行為。

④重要物資の価格を引上げるため故意に生産を縮小させる行為。

⑤重要物資の取引とか入札においてその自由または公正を害する行為。

▽第四条（販売の強制）主務部長官は第三条一号乃至第三号の規定に違反したと認定する者が所持または所有する重要物資に対して必要と認定するときは閣令の定めによって販売できるように命じることができる。

▽第五条（罰則）①第三条の規定に違反する者は六月以上五年以下の懲役か取引した重要物資の取引価格の二倍以上の十倍以下の罰金に処する。

②前項の場合懲役に罰金を併科することができる。

③第四条の規定によって命令に違反する者は一年以下の懲役または百万ウォン以下の罰金に処する。この場合違反者が所持または所有する該当重要物資はこれを没収することができる。

金氏辞任は遺憾

共和党、金東河氏辞任で談話

【ソウル発＝連合】共和党（仮称）スポークスマンである尹柱栄氏は二十一日午後金東河将軍の共和党発起人職辞退に言及して「遺憾である」と述べた。

この日金将軍の辞退声明があった後、尹スポークスマンによって発表された共和党の公式声明内容は次の通り。

「革命理念を継承発展させる同志として共和党の柱となってこれからの政治発展のため専心努力することを期待していたのに党発起宣言に署名してわずか二日目に急に辞退するということをきき遺憾に思う」。

民主共和党、運営委開く

企画・組織委などを設置

二十一日午後民主共和党では専門委員運営分科委員会の第三次会議を開き、運営分委の効果的機能を発揮するために企画、宣伝、調査、組織など四つの小委員会を設けまた臨時事務局を設けることに決定した。

ところでこの事務局は運営分委の活動を支援すると共に運営分科委員が幹事委員を兼任し、事務局長指揮のもとに活動することになっている。

共和党緊急会議

金東河氏辞任で新局面

【ソウル発＝連合】最高会議は二十一日午後遅く非公式会議を開いて金東河外務国防委員長の最高委員職辞任受理可否を論議する。朴議長はこれにさきだって金東河委員長の辞任書をうけた後、民主共和党発起委員である金在春、李錫済、姜尚郁、吳正根部長四人の最高議員を呼んで党機構を初め新党組織現況全般に関する意見をきいた。朴議長及び最高会議が金委員長の辞任をおもいとどませるのではないかという質問に対して李厚洛公報室長は「まだ話せない」と答弁した。

金委員長はこの日辞任声明書を出したあとの記者会見で、党機構に関し金鍾泌前情報部長のプランに非常な不満をもらした。

不正取引を取締る

ソウル市警物価上昇に断

ソウル特別市警察局は最近一部生活必需品の値段があがっていることに対する原因を調査するため、市中商人らの商品取引状況を調査せよと関係者に指示をくだした。

このような警察当局の調査は石炭など一部生活必需品の国際市場価格の高騰を理由に一部悪徳商人の暴利のための買占、売惜行為をおさえるためのものである。

キリスト教信者数が第一位

文教部、宗教信者統計を発表

基督教、天主教、仏教及び儒教などの全国各宗教の教職者及び信徒の総数は二百五十八万六千四百七名であると明らかにされた。

文教部が建国以来初めて発表した六十二年末現在の教徒の分布は基督教が教職者及び信徒を合わせて七十三万六千八百四十四名で最も多く、次が仏教の六十七万八千三百四十五名、天主教が五十八万八千六百六十二名となっている。以上のほかに次を占める儒教はソウル、忠南、江原道の三個市道だけが報告されており、その数は二万六千百三十余名にすぎない。

罹災民に住宅復旧費支給

保健社会部、罹災民に緊急措置

二十一日保健社会部はこの日の朝木浦市で発生した一千二百四十名の火災罹災民のため住宅復旧費二万ウォンずつと副食費一人当り六ウォンずつ十日分を各々緊急支給した。そしてこの罹災民を収容するため昨年度購入市に割り当てた天幕を緊急に配定した。

一方基督教世界奉仕会でも衣料十箱と寝具などをおくってきた。

軍人年金法案を可決

二十一日午後の臨時閣議は軍人年金法及び軍人年金特別会計法を公布することに議決した。この外この日の閣議で公布することに決議したものは下級法院設置と管轄区域に関する法律中改正法律があり、不正取締に関する法律の廃棄なども議決されたといわれる。

百三十六名の死亡を確認

燕号沈没事故の責任追及

二十一日午前十時現在全南道警によれば旅客船燕号の沈没によって死亡した人の総数は百三十六名と確認された。遭難当日の乗客は一般乗客百三十一名（生還者一名含む）と船員七名であったということが確認されることによって、当局は定員八十六名に五十一名も超過乗船させたことに対して捜査を進行中であると語った。

半官半民で塩公社

タバコを対日輸出計画

二十一日辛専売庁長は塩公社法が閣議に上程されている事を明らかにし、この公社を管轄する部署が決定され次第設立されるだろうと語った。この日記者と会見した辛専売庁長は専売事業特別会計財源（官営塩田二千余町歩）を投資して半官、半民体で設立されるこの塩公社は官・民の生産育成を目的としており、民営塩の買上、塩の国内需給調節、塩の海外輸出などを担当することになると述べ、現在この公社が商工部所管の下にあるべきか農林部所管にあるべきか、専売庁の検査等級の差をなくすため六十三年度塩専売の取納時からは鑑定業務を専売庁が取扱うよう建議するつもりであり、これが実現できなければ塩煙草専売暗価金を検査結果にしたがって支給することにすると言明した。また辛庁長は、今年度煙草輸出問題に言及、現在日本の二、三の業者から製造煙草の輸出交渉をうけ、二十万ドル程度分を輸出する計画であり、米八軍に十八万ドル分軍納し、航空、港などで外国人を相手に数万ドル分を販売して総三十万ドルの外貨を獲得する方針であると語った。

無医村解消と家族計画の推進を

朴議長、保健社会部を視察

大統領権限代行朴正熙議長は二十一日午前金顕哲内閣首班、金在春文教社会委員長、洪鍾哲最高委員、李厚洛公報室長、李東煥大統領秘書室長などを伴なって保健社会部を巡視した。約一時間にわたる巡視で朴議長は約四十分間保社部の昨年度業績と今年度計画に対して鄭保社部長官から現況報告を聴いた後、簡単な訓示を行ない、今年度には無医村解消と家族計画の積極的推進、大学生らの農村啓蒙と零細民救護に力をつくしてくるよう指示した。

なお鄭長官はこの日朴議長に医師の処遇改善問題と労働庁の設置問題を建議した。

木浦に大火

一千二百四十名が被災

二十一年前零時二十分頃木浦に大火があり、木浦市公設市場の店舗と人家がやけ一千二百四十名が焼け出された。百九十八戸、千二百二千三坪の店舗が全焼近隣住宅三十戸が全焼四十二世帯一千二百四十名の罹災民が発生した。この火事による被害額は一億ウォン以上とみられるが人命の被害はなく、確実な点は現在糾明中にある。

自由党、二十三日に発起人大会招集

自由党（仮称）は二十一日午後二時仁寺洞党連絡事務所で発起準備会をもち臨時議長に李澔中を選出した。この日の会合には五十四名の発起人中四十名が参席し、来る二十三日大会を招集して趣旨文と党憲のための執行部署を定めることにした。またこれらの人は十七名の準備委員を選出し、発党準備のための実務をこれらの者に委任した。

二月十五日以後に断行か

金首班、内閣改造で示唆

二十一日午後金顕哲内閣首班は来る国会議員選挙に出馬する閣員並びに中央長官その他公務員は二月十五日までに辞表を提出するよう指示した。

金内閣首班は改閣問題にもふれ改閣は二月十五日以後に行なわれるだろうと語った。

選挙管理の公正を期す

中央選管委、正式に発足

中央選挙管理委員会は二十一日午前初の会合をもって委員長に史光郁氏、副委員長に李炳熙氏を各々選出した。この日の午前十時光化門電話局三階で開かれた初会合には九人の選挙管理委員が集り、委員長と副委員長を選出、常任委員に尹炳求氏を選出した。委員長に選出された史光郁氏は全力をつくして選挙管理の公正を期すると語った。

エカフェ地域貿易増大会議開かる

エカフェ（アジア極東経済委員会）の地域貿易増進会議が十三カ国の会員国参席のもとで去る十六日タイのバンコクで開催された。この会議で韓国首席代表参席限参事官は昨年度の韓国国際貿易の発展状況、政府の対外貿易施策、及び貿易発展に関して演説を行なった。この会議では貿易増進のため各国の経済開発計画を調整する方案などが強く論ぜられた。

ヘロデベルト太平洋地区総司令官訪韓

対韓軍事援助を討議

太平洋地区米国総司令官ヘロデベルト提督は夫人及び従員を伴なって二十一日午後三時半特別機便（金浦空航着）で来韓した。空港には朴国防長官を初め三軍参謀総長メロイ国連軍司令官など多数の将領が出迎えた。東南アジア地域視察旅行途中訪韓したベルト大将は三日間在韓する予定であるがこの日空港であった非公式会見を通じて、対韓軍援計画を討議することが訪韓の目的の一つになっていると記者に述べ、韓国の強固な反共態勢は自由世界の最も緊要なものであるとつけくわえた。ベトナム共和国を訪問したことのあるヘロデベルト提督はベトナムの事態にも言及、ベトナム軍は共産ゲリラの攻撃で成果をあげていると説明した。提督は在韓中朴正熙議長をはじめ、バーガー大使、及びメロイ国連軍司令官などと会談し、また休戦ラインを視察する予定である。

休戦ラインの偵察

米八軍、三十八度線防衛で発表

二十一日アメリカ第八軍当局はアメリカ第一軍団公報部を通じて、韓国に駐とん中のアメリカ軍は毎日休戦ラインに沿って偵察の飛行を行なっていると発表した。

このような事実はアメリカ星条紙を通じて発表されたものであるが、星条旗紙は偵察飛行がソウル北方のアメリカ第一軍から出動するアメリカ陸軍の軽飛機で実施されていると報道し、この偵察飛行が飛行予定表を忠実に守っているため非武装地帯を北韓カイライが犯すような憂いはないだろうと強調した。

韓日会談代表ら向日

韓日会談の再開を控え裴義煥首席代表をはじめ代表及び専門委員ら一行は二十一日午後空路東京に向った。

お宅の電化は三和から！
御値で小売も（本社読者特別割引）
各社テレビ電気器具卸
三和テレビ・ラジオKK
東京都台東区御徒町1-5
TEL（866）4177（代表）

皆様にとって最も
親しめる銀行…
最古の歴史を誇る朝興銀行
を御利用下さい。
外国為替・信託 兼営
韓国・ソウル特別市
朝興銀行

ご商売やお住いのご計画に……
東京商銀信用組合
東京都文京区湯島天神町三
電話代表（八三二）五二二七・九・五二二〇

新しい国造りの
最先端を行く
国産自動車
ここに誕生!!

セナラは今般、日産自動車株式会社との技術提携により年間三、〇〇〇台の国産自動車を生産する目標で力強く発足致しました。
韓国自動車工業界の夜明けに新しい息吹と希望を一杯積んで活躍する弊社の自動車に御期待下さい!!

ダットサン ブルーバード

車種
乗用 ダットサンブルーバード
商用 ダットサントラック
マイクロバス、サービス部品

日本で最も人気があり、世界各地に輸出されて好評のダットサン ブルーバードのふるさと……日本の代表的自動車メーカー「日産」が神奈川県追浜に建設した東洋一の乗用車工場です。100万平方メートルの広大な敷地に並び立つ工場では、すべてがコンベアーシステムで運ばれています。日産自動車では、このたびセナラ自動車と提携し、ブルーバードを韓国に輸出することになりました。

ダットサン トラック

NISSAN
日産自動車株式会社
東京都千代田区大手町ビル
새나라自動車工業株式会社
ソウル特別市中区小公洞21

381

韓国の声

汎野勢力と反革命傾向

人類は感性的生活と理性的生活が互いに絡み合い、調和されていくことによって初めて、その生活が向上発展している。むしろ人類らしいところという点からすると、放任的であり追随的である感性的生活の自然におけるよりも、反省的であり創造的である理性的生活の非自然における方がより高次的な意義と価値を発揮しているという方が正しい。政治もこのような人類の理性生活の一分野であるからして、小我的で、偏狭な感性的生活を止揚して大局的で普遍的な大我的態度に解消するところに、その存在の意義があるのである。それであるから個人であろうと、集団であろうと常に後進性を脱皮し得ない者のなかに、われわれは感性的生活を好むという傾向を多く発見するのである。

今度のわれわれの当面する政治現実を静観するとすれば、どの面からながめても汎野一党の堅実な発足が要請されるし、またこの要望は現下わが国家の祖国再建に直面して避けられない国民の至上命令でもあるからして、誰が扇動するまでもなく政治を口にする者であれば異口同音にこれを提唱しており、それはいわば一種の時代的納得、天機の漏泄ではないかと考えられる。

それにも拘わらず、一部小我に固執する旧政治人のなかには、いまだに旧態依然たる感性におぼれ、感傷的追憶にさまよっている有様は寒心すべき程度であり見るにたえないものがある。ことここに至って、自由党がどこにあり民主党がどこにあるというのであろうか。彼らは言うかも知れない、われわれの考えは理論であり、実際においては過去の闘争性にかんがみ一系列を無視することはできない、と。だが、そのような考え方こそは前革命的思考方式であり、感性的、放任的、後進性がとりもなおさずそのような感傷的感念であると言いたい。われわれは軍事革命を発展的に迎え入れた以上、過去は一切清算されたものと知らねばならず、また断然たる清算の上に立って再出発しなければならないのである。個の中には衷心から革命を受け入れてはいない旧政治人もいるかも知れない。それなら彼らはどこまでも自己の個性を尊重せねばなるまいし、また自己自由を放棄する意思がないものと思われるからして「帰去来の辞」を吟誦しながら隠処士となるか、高麗末葉の杜門洞七十二賢の気迫にならって清談と名節を持して自己独善を固守しながら不合作、非妥協を断行するようなことがあっても、祖国再建のためにあまたの不便と逆境を克服しようとあらゆる精力を傾注する革命隊列の前に現れて、自己も一端を担おうとあらゆる小才を弄しながら分裂相を演出するとか、建設的批判とは距離があるやや中傷をもって離間を画策するようなことは、それこそ政治運動であるどころか反革命運動であることを覚悟せねばなるまい。

今日まで彼らは、集ってあまたの模索を尽した挙句に野党勢力の結集結体なる集団から最初に絶叫された第一声というのが「自由民主主義議会制度による平和的政権交替」というゆゆしい中傷に満ちた語句程度で表現されたのだが、これをもって如何に将来の祖国再建に貢献する、愛国心の発露ということができようか。これは正に革命主体勢力に対する挑戦だけを構想しており、前日に政権闘争の手法を再演しようとする前ぶれであるとするほかないという印象を与えている。誠に国民の期待に背くことおびただしい。今になって杜門洞七十二賢になりたくないなら、旧政治人としては来たる日の旧殻を脱ぎ捨て、実践面においてどれだけ謙譲と遵奉心を発揮することができるかに彼らの実力を窺い知ることができる。過去自由党時代に民主党の陥っていた習癖と民主党時節の新旧派対決の習癖が今日になってまた再演されるならば、それを黙認するには国民感情と時代が余りにも違っているという現実を直視しなければなるまい。汎野勢力は反革命勢力になってはならない。一日遅ければそれだけわれわれにとっては不幸である。速やかに団結し、地方ではすでに団結を終って中央の消息を待っている国民の実情に服従し、ひいては力を結集する経済五力年計画と貧困打破および後進性克服等の再建課業に在野勢力の総進軍を企図して理論闘争によるよりは実践によって国民の支持を戦い取るよう望む。

終りに一言付記すべきことは賢明な国民は自ら冷徹な判断があるものと思うが、かつて軍事革命隊列に参与していた人士のなかにその隊列を離れたからといって革命主体勢力を中傷するのは、自分の顔につばするものであるということだ。忠言と中傷を混同してはならない。そのような人士は、またの日には自己利害と感傷のために、今支持している集団をどのように非難することになるか、その去就を誰が保証できるだろうか。そんなこととは知らなかったという言葉は自己に対する無責任な言辞であり、自己不明を告白する自虐行為に過ぎない。

（ソウル新聞）

国会議員選挙法 全文

(3)

第九十九条（投票用紙受領）①選挙人は自身が投票所に赴き、投票参観人の参与のもとに投票通知票を提示し、本人であることの確認を受けた後、投票区選挙管理委員会委員の前で選挙人名簿に捺印または拇印して投票用紙一枚を受けなければならない。

②郵便投票の投票用紙は、選挙日前十日午前九時に地域区選挙管理委員会で政党、候補者または選挙事務長の参観のもとに投票用紙の一連番号を切取った後投票用紙を封筒に入れて回送用外封筒に入れ、再び発送用外封筒に入れて封緘し、二日以内に発送しなければならない。

③郵便投票の発送と回送は無料書留郵便とする。

④投票区選挙管理委員会は、選挙人がその本人であるかどうかに疑いがある時には、選挙人が居住する洞・里長か近隣居住人などの証言を聞き、その本人与否を決定する。

⑤投票区選挙管理委員会委員長は、前条の規定による投票通知票を持参していない選挙人であっても選挙人名簿に登載された選挙人であることが確認された時には投票用紙を交付しなければならない。

第百条（投票の制限）①選挙人名簿に登載されていない者は、投票することはできない。ただし、第二十条第二項または第二十一条第二項の決定を持参した者は投票することができる。

②選挙人名簿に登載されていても選挙日に選挙権がない者は投票することができない。

第百一条（記標手続）①選挙人は他人が覗き見し得ない設備された場所において、投票用紙に政党と候補者が記載された欄または政党だけが記載された欄（当該地域区に候補者がいない場合）の中の一つを選択する標をした後もその標が外から見えないように折たたみ、投票区選挙管理委員会委員と投票参観人の面前において番号紙を切り離して他の箱に入れ、投票紙だけを投票箱に入れなければならない。

②選挙人が投票用紙を汚損した時でも、再び交付することはしない。

③盲人その他身体の不具により自身で標を行なうことができない選挙人は、その家族または本人が指定する者二人を同伴して投票を援助させることができる。

④前項の場合を除外しては、同一記標所内に二人以上が同時に入ることはできない。

第百二条（記標方法）選挙人が投票用紙に標をする時には〇標一つを行なわねばならない。

第百三条（選挙委員の参席数）投票所には投票区選挙管理委員会委員の過半数が参席しなければならず、おそくとも投票開始一時間前までには出席しなければならない。

第百四条（投票所参観）①政党、候補者または選挙事務長は参観人をして投票用紙の交付状況と投票状況を参観させることができる。

②政党、候補者または選挙事務長は選挙日前三日から投票開始[illegible]十分までに参観人の姓名を当該投票区選挙管理委員会に申告しなければならず、選挙日にあっては投票所で申告をすることができる。ただし、参観人の変更は何時でもこれを行なうことができる。

③投票区選挙管理委員会は参観人席を投票用紙の交付状況と投票状況をたやすく見ることができる場所に設置しなければならない。

④投票所参観人は政党ごとに四人を選定し、二人ずつ交代参観するようにしなければならない。

⑤投票所参観人は、投票事務に干渉するとか、投票を勧誘するとか、その他如何なる方法によってであろうと選挙に影響を及ぼす行為をしてはならない。

⑥投票区選挙管理委員会は、投票所参観人が投票干渉、不正投票その他この法の規定に違反する事実を発見してその是正を要求した場合にその要求が正当であると認めた時には、これを是正しなければならない。

⑦参観人は投票所内において事故が発生した時には投票状況を撮影することができる。

第百五条（検事などの投票所出入禁止と秩序維持）①検事、警察官もしくは現役軍人は、選挙人として選挙を行なう時以外には投票所に入ることはできない。

②投票区選挙管理委員会委員長は委員会の決議により投票所の秩序が甚だしく紊乱され、公正な投票が実施され得なくなったと認めた時には、投票所の秩序を維持するためには制服警察官の援助を要求することができる。

③前項の要求により投票所内に入った警察官は、投票区選挙管理委員会の指示に従わねばならず、秩序が回復されるか、委員長の要求があった時には、即時投票所から退去しなければならない。

第百六条（投票所出入禁止）投票者、投票所参観人、投票区選挙管理委員会およびその上級選挙管理委員会の委員および職員と従事員を除外しては、なにびとも投票所に入ることはできない。

第百七条（武器や兇器などの携帯禁止）第百五条第二項の場合を除外しては、なにびとも投票所内においては武器や兇器または爆発物を携帯してはならない。

第百八条（投票所内外における騒乱言動の禁止）①投票所内においてまたは投票所から百米以内において騒乱した言動をする者がある時には、投票区選挙管理委員会委員長はこれを制止し、その命令に従わない時には投票所またはその制限距離外に退去させることができる。

②前項の規定により退去させられた選挙人は最後に至って投票するようにする。しかし、投票区選挙管理委員会委員長は、投票所の秩序を紊乱する憂慮がないと認めた時には、その前であっても投票させることができる。

③なにびとも選挙日においては腕章・胸章などの着用その他の方法により選挙に影響がある標識をすることができない。

第百九条（投票の秘密保障）①投票の秘密は保障されねばならない。

②選挙人は投票した候補者の姓名や政党を誰に対しても陳述する義務はなく、国家または如何なる機関であっても、これを質問したり、その陳述を要求することはできない。

第百十条（投票函などの封鎖）①投票区選挙管理委員会委員長は投票所を閉める時刻が来た時には、投票所の入口を閉めねばならず、投票所内にいる選挙人の投票が終了すれば参観人の参与のもとに出席した委員全員と共に投票函とその鍵を封鎖、封印しなければならない。ただし、正当な理由なくして封鎖、封印を拒否する委員とか、参与を拒否する参観人がいた時には、その権限を放棄したものと看做し、その事由を投票録に記載しなければならない

②投票函のカギと残余投票用紙は前項の規定により各々封印しなればならない。

第百十一条（投票録作成）投票区選挙管理委員会委員長は投票録を作成し、出席した委員全員と共に署名なつ印しなければならない。ただし、正当な理由なくして署名なつ印を拒否する委員がいた時には、その権限を放棄したものと看做しその事由を投票録に記載しなければならない。

第百十二条（投票函などの送致）①投票区選挙管理委員会委員長は、投票が終了したる後、遅滞なく投票函、投票函のカギ、投票録並びに残余投票用紙を地域区選挙管理委員会または区・市・郡選挙管理委員会に送付しなければならない

②前項の規定により投票函を送付する時には政党または候補者の参観人一人ずつを同伴することができ、護送に必要な警察官は制服二人に限り同伴することができる。

第百十三条（投票関係書類の引継ぎと保管）①投票区選挙管理委員会は、選挙が終了したる後、選挙人名簿その他選挙に関するすべての書類は地域区選挙管理委員会委員長に、印鑑は当該区・市・邑・面の長に引継がなければならない。

②前項の書類はその当選人の任期中これを保管しなければならない。

第九章　開票

第百十四条（開票管理）①開票事務は、地域区選挙管理委員会と区・市・郡選挙管理委員会（以下開票管理委員会とする）がこれを行なう。

②開票する時には、委員の過半数が出席しなければならない。

③開票管理委員会は選挙日五日前に区・市・郡庁所在地に設置する開票場所を公告しなければならない。

④開票管理委員会は開票事務を補助するための開票事務従事員を置く。

⑤開票事務従事員は当該区域内の関係行政機関または法院の公務員中から、開票管理委員会が委嘱し、選挙日三日前までにその姓名を公告しなければならない。

第百十五条（開票所の出入制限と秩序維持）①開票管理委員会の委員およびその上級選挙管理委員会の委員・職員・開票事務従事員・候補者・開票参観人以外には開票所に入ることができない。

②開票管理委員会委員長は委員会の決議により、開票所の秩序がはなはだしく紊乱され、公正な開票が実施され得ないと認定した時には、開票所の秩序を維持するため制服警察官の援助を要求することができる。

③前項の要求により開票所内に入った警察官は開票管理委員長の指揮に従わなければならず、秩序が回復されるか委員長の要求がある時には、即時開票所から退去しなければならない。

④前項の場合を除外しては、なにびとも開票所内において武器や凶器または爆発物を携帯することはできない。

第百十六条（開票開始）①開票は投票区選挙管理委員会から投票函が全部到着された時に行なう。ただし、交通その他やむを得ざる事情により一部投票函の到着が遅延された場合には、投票函の三分の二以上が到着されれば開票を開始することができる。

②開票参観人は投票函が到着された時には、その封鎖・封印を検査して、管理状況を参観することができる。

③地域区選挙管理委員会は郵便投票を接受し、これを即時不在者用投票函に投入、保管しなければならず、郵便投票函は選挙日の午後五時から政党・候補者または選挙事務長の参与のもとに、本人が発送したかどうかを確認し、外封筒して一般投票函の投票用紙と共に混合して開票する。

第百十七条（投票函の開函）①投票函を開函する時には委員長はその旨を宣布し、出席した委員全員と共に投票函の封鎖と封印を検査したる後、これを開函しなければならない。ただし、正当な理由なくして検査を拒否する委員とか参与を拒否する参観人がいた時には、その権限を放棄したものと看做し、開票録にその事由を記載しなければならない

②委員達は開函したる後、投票数を計算し、投票録に記載された投票用紙交付数と対照しなければならない。

③投票函は順次的に開函し、同時に計票する投票函が二個を越えてはならない。

④政党別および候補者別得票数の発表は投票区単位で行ない、出席した開票管理委員会委員は発表前に得票数を検閲しなければならない。ただし、正当な事由なくして開票事務を遅延させる委員がいた時には、その権限を放棄したものと看做し、開票録にその事由を記載しなければならない。

第百十八条（開票参観）①政党候補者または選挙事務長は開票参観人をして開票所内で開票状況を参観させることができる

②前項の開票参観人は政党または候補者ごとに四人を選定して開票の前と後とを問わず開票管理委員会に申告し二人ずつ交代して参観させるようにしなければならない

③開票管理委員会は候補者または開票参観人が開票内容を識別し得る近い距離（一米以上二米以内）から参観することができるように開票事務従事員の相対方向に参観人席を作らなければならない

④候補者または参観人は何時でも巡回監視することができる

⑤開票管理委員会は候補者または参観人から開票に関する違法事項に対しその是正の要求があった場合にその理由が正当であると認めた時にはこれを是正しなければならない

⑥候補者または参観人は開票所内において開票状況を撮影することができる

⑦一般人は区画された場所から開票管理委員会が発行する観覧証を受け観覧することが出来る。

⑧前項の観覧証の枚数は開票場所を参酌して適当な数とし、政党（候補者別）に均等になるよう配付されねばならない。

③開票管理委員会は一般参観人席に対して秩序維持に必要な設備をしなければならない。

第百十九条（無効投票）次の各号の一つに該当する投票は無効とする。

1、正規の投票用紙を使用していないもの。

2、どの欄にも標をしていないもの。

3、二つ以上の欄に標をしたもの。

4、どの欄に標をしたのかを識別できないもの。

5、〇標をしないで文字または物形を記入したもの。

6、〇標一つ以外に他の事項を記入したもの。

7、郵便投票において封緘されていないものまたは選挙人が本人であるかどうかが確認されていないもの。

第百二十条（投票の効力の異議に関する決定）投票の効力に関して異議がある時には、開票管理委員会の委員の過半数の出席と出席委員の過半数の議決によりこれを決定しなければならない。

第百二十一条（投票紙区分）開票が終了した時には、投票区別に投票を有効・無効に区別し、有効投票紙はさらに候補者別または政党別に区分して各々封筒に入れ、開票管理委員会委員長と出席した委員全員が封印しなければならない。

第百二十二条（選挙録・開票録・集計録の作成報告）①開票管理委員会は開票結果を即時公表すると同時に、開票録を作成しなければならない

②区・市・郡選挙管理委員会は前項の開票録を即時地域区選挙管理委員会に報告しなければならない

③地域区選挙管理委員会は政党と候補者の得票数を計算、公表すると同時に、地域区選挙においては選挙録を、全国区選挙においては集計録を作成し、開票録を添付して上級選挙管理委員会に報告しなければならない

④ソウル特別市、釜山市、道選挙管理委員会が前項の報告を受けた時には、全国区政党別得票数を計算、公表すると同時に、集計録を作成し、選挙録および前項の集計録を添付して中央選挙管理委員会に報告しなければならない

⑤中央選挙管理委員会が前項の報告を受けた時には、遅滞なく全国区政党別得票数を計算、公表すると同時に、選挙録を作成しなければならない。

⑥選挙録、開票録および集計録には委員長と出席した委員全員が署名捺印しなければならない。ただし、正当な理由なくして署名捺印を拒否する委員がいた時には、その権限を放棄したものと看做し、その理由を選挙録・開票録および集計録に記載しなければならない。

⑦選挙録・開票録の書式は中央選挙管理委員会が定める。

第百二十三条（投票紙・選挙録・開票録などの保管）①選挙が終了したる後、区・市・郡選挙管理委員会は投票紙・投票録・投票函・選挙録および開票録その他選挙に関するすべての書類を地域区選挙管理委員会委員長に、印鑑は当該区・市・郡の長に引継がなければならない

②地域区選挙管理委員会は投票紙・投票録・投票函・選挙録・開票録その他選挙に関するすべての書類を、ソウル特別市・釜山市・道選挙管理委員会は選挙録と、その他選挙に関するすべての書類を、中央選挙管理委員会は全国選挙に関するすべての書類をその当選人の任期中各々保管しなければならない。

第十章　当選人

第百二十四条（地域区の当選人決定）①地域区選挙管理委員会は有効投票の多数を得た者を当選人と決定する。ただし得票数の同じ候補者が二人以上の場合には年長者の順に決定する。

②候補者登録の済む日に候補者数が一人であっても投票はこれを実施する。

第百二十五条（全国区議席の配分ならびに当選者の決定）①中央選挙管理委員会は地域区選挙において三席以上の議席を得られなかったり、その有効投票総数の百分の五以上を得票しえなかった政党を除いたすべての政党に対して第二項乃至第十一項の規定にしたがって全国区議席を配分する。

②第一位の票を得た政党（以下第一党とする）得票比率が百分の五十になる時には各政党の得票比率にしたがって全国区議席を配分する。ただし第一党に配分される議席数は全国区議員定数の三分の二を超過することはできない。

③第一党の得票比率が百分の五十以下の時には第一党に全国区議席の二分の一を配分し、残余の議席を第二党以下の政党に得票比率によって配分する。

④前二項の場合に第二党の得票が第三党以下の政党の得票総和の二倍を超過しない時には第二党に残余議席の三分の二を配分し、その残余議席を第三党以下の政党にその得票比率によって配分する。

⑤第二項、第三項ならびに第四項の得票比率は政党の得票数を議席配分に参加する資格のある政党の得票総和として分け、小数点以下第五位を四捨五入して得た数を百分率として表示する。

⑥議席は全国区議席に配分率と得票比率を乗じて得た数の整数にしたがって配分した後、残余議席がある時には端数の大きい順位にしたがって各政党に一席ずつ配分する。

⑦第六項の場合において、同じ端数がある時にはその得票の多い政党に配分し、得票が同じである時には当該政党の抽選によるものとする。

⑧候補者の登録日から当選人決定までの間に政党が合党した場合には政党もしくは候補者の得票数は合党前の所属政党の得票として計算する。

⑨政党が選挙期間中にその推薦候補者を除名した場合には全国区の得票はその候補者を推薦した政党の得票として計算する。

⑩政党に配分された全国区議席数がその政党の推薦した全国区候補者数を超過する時には超過した議席は空席とする。

⑪中央選挙管理委員会は提出された政党別候補者名簿の順位にしたがって政党に配分される議席の当選人を決定する。

⑫中央選挙管理委員会は第百三十条第一項第一号、第百三十一条または第百三十三条の事由によって全国の選挙結果が終結されない場合には当該区域の人口を全国人口で除した後、全国議員数を乗じて得た数の整数を全国区議席から控除した議席を第一項乃至第十一項の規定にしたがって配分して当選人を決定する。

第百二十六条（当選人通知と公告）①地域区の当選人が決定した時には地域区選挙管理委員会は遅滞なく当選人に当選通知をして当選人の姓名を公告する。

②全国区の当選人が決定した時には中央選挙管理委員会は遅滞なく各政党と当選人に通知してその当選を公告しなくてはならない。

第百二十七条（被選挙権喪失等による当選無効）①選挙日に被選挙権がないものは当選人となることができない。

②当選人が選挙日の後、議員の任期開始前に被選挙権がなくなったり、党籍を離脱、変更したり、またはその所属政党が解散した時には当選の効力が喪失される。ただし合党もしくは除名によって所属が異った場合は例外とする。

第百二十八条（当選決定の錯誤是正）①中央選挙管理委員会もしくは地域区選挙管理委員会は当選決定に対して明白な錯誤があることを発見した時には選挙日後十日以内に当選人の決定を是正しなくてはならない。

②地域区選挙管理委員会が前項の規定による是正を行なう時には中央選挙管理委員会の審査を受けなくてはならない。

第百二十九条（当選人の再決定と議席の再配定）①中央選挙管理委員会は全国区選挙の当選人が議員の任期開始前に辞退、死亡もしくは第百二十七条の規定によって当選が無効となった時にはその所属政党の推薦候補を政党別候補者の名簿に記載された順位にしたがって当選人と決定する。ただし政党の解散によって当選が無効となった時には、その議席は空席とする。

②第百二十四条の規定による当選人決定の違法を理由に当選無効の判決がある時には地域区選挙管理委員会は遅滞なく当選人を再び決定しなくてはならない。

③第百二十五条の規定による全国区の議席配分は当選人決定の違法を理由に当選無効の判決がある時には中央選挙管理委員会は遅滞なく議席を再配定して再び当選人を決定しなくてはならない。

④中央選挙管理委員会は全国区選挙において第百三十条第一項第一号、第百三十一条または第百三十三条の事由による選挙を実施する時には第百二十五条第十二項の規定によって控除した残余議席を得票比率にしたがって配分し当選人を決定しなくてはならない。

第十一章　再選挙と補欠選挙

第百三十条（地域区の再選挙）①次の各号の一に該当する時には地域区の再選挙を行なう。

1、当選人がない時。

2、選挙全部無効の判決がある時。

3、当選人が任期開始前に辞退死亡または被選挙権を喪失した時。

4、第百二十七条第二項の規定によって当選の効力が喪失された時。

5、当選人が第百七十一条または第百七十二条の規定によってその当選が無効となった時。

②再選挙はその事由が確定した日から九十日以内に行なわれなくてはならないが、その選挙日は第九十一条一項の規定に準じて大統領が公告する。

第百三十一条（選挙の延期）天災、地変その他不可避な事由によって選挙を行なうことができないかまたは行なえなかった地域区に対しては大統領は選挙を延期したり再び選挙日を定めなくてはならない。

第百三十二条（選挙の一部無効による再選挙）①選挙の一部無効の判決がある時には地域区選挙管理委員会は選挙が無効になった当該投票区の再選挙を行なった後、再び当選人を決定しなくてはならない。

②前項に規定のよる再選挙は確定判決の通知を受けた後三十日以内に行なうが地域区選挙管理委員会は選挙日の十五日前にはその選挙を公告しなくてはならない。

③前二項の規定による再選挙は判決に特別な明示がない限り、第二十一条の規定にもかかわらずその選挙に使用された選挙人名簿を使用する。

④一部再選挙における選挙運動、選挙費用に関しては地域区選挙管理委員会が定める。

第百三十三条（天災、地変等による再投票）①天災、地変その他不可避な事由によって投票区または数投票区の投票が行なえない時と投票函の消滅、紛失等の事由が発生した時には再投票を行なった後、地域区当選人を決定する。

②前項の事由が地域区の選挙結果に影響が及ぶ憂いのない時には再投票前に地域区当選人を決定する。

③第二項の投票日はその原因が除去されるとただちに前条第二項の規定に準じて公告しなくてはならず、選挙運動、選挙費用等に関しては地域区選挙管理委員会が定める。

第百三十四条（延期される選挙等の実施）総選挙において第百三十条第一項第一号、第百三十一条または第百三十三条の事由によって選挙を延期したり、実施できなかったり、選挙が未了の地区の再選挙は可能な限り同時に実施しなくてはならない。

第百三十五条（補欠選挙）①地域区で選出される議員に欠員が生じた時には補欠選挙を行なう。ただし補欠選挙によって当選された議員の任期が六カ月未満の時と第百三十六条ならびに第百三十七条の規定によって選挙に関する訴訟が繋属中の時には補欠選挙を行なわない。

②全国区から選出された議員に欠員が生じた時には中央選挙管理委員会は欠員通知を受けた後十日以内にその欠員となった議員がその選挙当時に所属していた政党の全国区候補者名簿に記載されている順位にしたがって欠員となった議席を継承する者を決定しなくてはならない。

第十二章　選挙に関する訴訟

第百三十六条（選挙訴訟）①選挙の効力に関して異議のある選挙人、政党もしくは候補者は選挙日から三十日以内に地域区選挙管理委員会委員長を被告として大法院に訴訟を提起することができる。

②前項の規定によって被告となる委員長が死亡もしくは辞退した時には副委員長を、副委員長が死亡もしくは辞退した時には当該選挙管理委員会の委員全員を被告とする。

第百三十七条（当選訴訟）①当選の効力に関して異議のある政党または候補者は当選決定日から三十日以内に当選人を被告として大法院に訴訟を提起することができる。但し第百二十七条の規定による決定または第百二十四条の規定による決定の違法を理由に訴訟を提起する時には地域区選挙管理委員会委員長を、第百二十五条の規定による決定の違法を理由に訴訟を提起する時には中央選挙管理委員会委員長を被告とする。

②前項の規定によって被告となる当選人が死亡、辞退したり、第百二十七条の規定によって当選が無効となった時には当該地域区を管轄する高等検察庁検事長を被告とする。

133,000 KVA Water Wheel Generators purr powerfully in their berths at Okutadami Dam.

"大は原子力、小は電球、トランジスターまで"

東芝の製品はより良き世界、より良き生活を創る

東京芝浦電気株式会社は"TOSHIBA"の愛称で全世界に広く行き亘って居ります。現在資本金693億円、年間総販売額は1,800億円を超え、従業員8万5千名、工場21個所、東洋最大の研究所、傘下会社57余所のマンモス企業は全世界の最も著名な一大電機綜合メーカーであります。

"TOSHIBA"のマークが表示されている全製品は品質と性能が完全に保証されております。

"TOSHIBA"は其の研究の独創性に依り明日の無限なる発展が約束されております。

Leader of the Industry it Started

東京芝浦電気株式会社

TOKYO SHIBAURA ELECTRIC CO., LTD.

東京都千代田区有楽町一丁目十二番地

韓国向代理店　不二貿易株式会社

東京都中央区銀座一丁目五番地

大韓民国ソウル特別市中区太平路一街六四

B/W TV Receiving Set

本国招請奨学生を募集

有能な国家人材養成

経済困難な僑胞に勉学の道

民団中総文教局では今年度本国招請在日僑胞子弟学生を来る二月五日まで別項の要綱で募集している。これは在日僑胞中優秀な学生に、本国各大学へ政府奨学金で進学させ、その学業成就を助け有能な国家人材を育成することを第一のねらいとしているが、他方、在日僑胞の優秀子弟中、経済的困難を理由に大学進学を断念している学生などにも勉学への光明を与えている。

昨年以来現在までのところ、十二名の僑胞子弟が、月額四千ウォンの奨学金を受けながら、希望した本国各大学へ無試験で進学し、勉学に励んでいる（下宿費は月千五百ウォン）

なお奨学生募集要綱は次の通り

一、応募資格＝本国、または、日本政府の認可を受けた僑胞高等学校、および、日本人高等学校卒業生、または、卒業予定者で本国大学で修学できる能力のある者

二、応募手続＝（イ）提出書類、①本国招請奨学生志願書、および、環境調書（代表部所定様式、各県本部、各学院備置）一通、②卒業証明書又は卒業予定証明書一通、③民団本部団長推薦書一通、④出身高等学校成績証明書（1〜3学年）一通、⑤履歴書二通、⑥外国人登録済証明書二通、⑦国民登録証明書二通、写真三枚

二、提出期間＝一九六三年二月五日まで駐日代表部奨学官室に到着するよう送ること。

三、選抜方法＝①書類選考合格者に限り、筆記及び口頭試験を実施して最終的合格者を決定する。②書類選考結果、書類選考合格者の試験場所及び、期日は個別的に通知する。

四、募集人員は若干名

五、合格者発表＝本人に個別的に通知する。

六、特典＝①月額一人当り四千ウォンの奨学金と入学旅費補助二千五百ウォンを支給する。但しその他所要経費は本人が負担し、旅券手続および入国手続も本人が行う。②大学入学資格試験を免除する。③選抜された者は文教部で本国大学入学を斡旋する。

国語講習会を開講

民団神奈川県鶴見支部で

民団神奈川県鶴見支部では以前から韓国国民の中で母国の言葉と字を知らない人々（団員諸賢も含む）が多く、また知っていても非常にあいまいなのが多いのに対して国語の普及に努力しようと考え何んとか国語の講習会を開いていたが、適当な場所や、教師の関係などで延び延びになっていた。しかしながら昨年の十月二十二日団員たちの積極的な協力によって積極的な支部会館が新築されたので同会館二階ホールで来る二月一日から講習会を開くことになったもの。多数の参加と大きな期待がよせられている。

売買確認証発行は正確に

劉商工長官、取引円滑化で所信表明

劉商工長官は二十一日国内一部商人らが確認されない物品売買確認書を発行するために国内物資の需要と供給に跛跌をもたらしていると語った。

劉長官はつづいてこれからこのような跛跌をもたらす発行者に対しては貿易法の関係規定にしたがって一定期間許可申請書類を許可しない方針であると語った。

韓国フェンシング選手団来日

韓日親善試合を挙行

韓日国交正常化を目前に最近韓国と日本との間にスポーツ交流が盛んであるがこの度び韓国選抜フェンシング選手団一行十名が（金栗烈団長）韓日親善フェンシング試合のため十八日午後来日した。

一行は二十八日頃まで滞在して日本の各大学と親善試合を行なう予定であるが、二十一日忙がしいスケジュールをさいて金昌煥監督を初め一行十人が本社を訪れた。

同席で金昌煥監督は韓国フェンシングの歴史と最近の韓国フェンシング界の状況などをあらまし次のように語った。

「韓国人で初めてフェンシングを始めたのは一九三五、六年頃日本に留学していた金用済、金顕、後金昌煥などの諸氏であり、これらのものが東洋人で初めてフェンシングをした岩倉具清師範からフェンシングの師範をうけ、解放後韓国のフェンシング普及のため一九四七年十一月朝鮮フェンシング連盟を組織したのが韓国フェンシングの初まりである。しかしその後運動具生産不能などの為殆んど運動らしいものができなかった。そして一九四九年九月やっと国産剣五十本ぐらいを作りYMCA体育部にフェンシング部を新設したが翌年六・二五動乱で中断の止むなきにいたり、それから数年全然運動具などの入手がなく運動らしいものができなかった。その後さいわい一九五六年九月在日僑胞鄭泰仁氏が韓国ソウルで短期講習会を開いたのが本格的なフェンシング普及となった。それからは運動具も韓国産などができ一九五八年二月一日韓国体育館にフェンシング部ができ（金昌煥氏が師範）現在にいたっている。韓国のフェンシングは外国語大、高麗大、延世大、中央大などの大学を初め京畿、ソウル等数校な中・高等学校で盛んである。また毎日新聞社の親善競技は一昨年あたりから推進していたが数々の難関で今度やっと実現をみたのである。そして今度の来日の目的としては親善のほか世界選手権や欧米への遠征等で世界的なレベルに達している日本の選手などと競技を行なって私共の実力を試してみること。また国際試合の経験が全然ないわれわれにとって雰囲気審判などになれていないため、その雰囲気審判に馴れて国際競技にのぞみたいということなどである」

代表部を礼訪した選手団一行

一行は東京お茶の水学生会館に滞在するが二十八日までの日程は次の通り。

二十二日対明治大戦（午後一時から）二十四日対混合チーム＝慶応大、法大戦（午後八時から）二十五日対中大戦（午前十時から）二十六日対早大戦（午後二時から）二十八日出発予定

僑胞の要望まとめる

在日僑胞法的地位対策委員会

在日僑胞法的地位対策委員会は、さる十九日中総会議室で第三回委員会を開き、韓日会談両国政府代表に要望すべき全在日僑胞の①永住権問題、②強制退去問題、③財産搬出問題、④国籍確認問題などを骨子とする要望点を決定し、これを成文化し両国政府代表に手渡すこと、今後この要望貫徹の運動方針を常任幹事と事務局に一任した。事務局は委員会決定の骨子に基づいて、両国政府代表に送る全在日僑胞の要望点をまとめた。なおこの全在日僑胞の基本要望を貫徹させるため、主に関東、近畿、中部地区を中心に全国的な要望貫徹運動を展開する。

（上の写真は在日僑胞法的地位対策委員会）

在日僑胞助合い運動

全国で大々的に展開

裵大使、金公使ら代表部各職員らが給料袋をはたいてはじめた、"在日僑胞助け合い運動"は、今や全国各地の津々浦々で、僑胞の間に行なわれている。民団中総民生局はこれに一歩進んで、今春妥結の韓日会談に備えて、在日三十万貧困家庭の基本的権利を確保するため、先頃の中央議事会の決定に基づいて設けられている在日僑胞法的地位対策委員など在日僑胞の社会保障制度に関する一切の方針を急ピッチで検討している。

現在在日六〇万の内、貧困家庭といわれる人は①戦争未亡人家庭②第二次大戦徴用労働不具者家庭、③職業権の差別などによる貧困者などを合わせると三〇万人内外と推定されている。この貧困の原因が日帝時代の圧政に起因しているにもかかわらず、これら貧困家庭には法的に①住宅公団への申込、②住宅金融公庫からの貸付、③各金融機関や国民金融公庫からのしめだし、④国民健康保険や国民年金などのシャットアウトで生計向上の道が全部ふさがっている。

このように人間として基本的に生きる総ての道をとざされている在日僑胞の貧困者救済は、今や、在日僑胞の親睦と相互扶助の方法だが、しかし、各関係当局では今春妥結の韓日会談を契機に、日本政府に対し在日韓国人の法的地位を確立させる方法以外に、在日韓国人の根本的な貧困救済にはならないと団結を強くよびかけている。

今全国各地で行なわれている"在日僑胞助け合い運動"の模様は次の通り。

新潟県本部

民団新潟県本部（朴水正団長）では"在日僑胞助け合い運動"の一環として管内貧困者家庭に対し米や、越冬資金などを支給した。同管内には、現在八〇世帯の貧困家庭がいるものと推定されているが、その内月額四千円の民生保護を受けている家庭は四世帯にすぎないといわれている。残り五十五余世帯は日雇労務者などでその日その日の生計を営んでいる有様である。

秋田県本部

民団秋田県本部（呉琮玉団長）でも在日僑胞助け合い運動を展開して、管内貧困者家庭をそれぞれ見舞った後、残額五千九百円を全国各県本部の貧困者にへと民団中総民生局へ送ってきた。

民団大阪都島支部定期大会

民団大阪府都島支部（金三国団長）ではさる二十日大阪都島神社で新年初の第二回定期全体大会を開催した。

大阪都島支部は昨年十月八日の大阪本部第二十五回地方議事会で正式承認され発足されたので、今年の三月に定期大会をもつつもりであったが支部の事情によって日がくりあげられたものである。

僑胞を有名会社に

在日韓国人信用組合協会が斡旋

在日韓国人信用組合協会（権赫律事務局長）では今年の春大学、高等学校を卒業する学生及び同等の実力ある者を有名会社に斡旋しようとしている。

多くの在日僑胞子弟は優秀な成績であり、実力があっても日本人の会社から締め出されているのが現状であるため同協会では毎年就職斡旋して多大な好評をえている。同協会はまた民団中総文教局も積極的に協力しており、今年も多くの期待がもたれる。

写真の入れ違いの訂正とお詫び

本紙一月二十三日付第三面の権団長の写真と韓民協会長の写真はいれちがいでした。お詫びして訂正いたします。

尋ね人

上田真三氏 右の方を香港にいる北京出身の友人、鄭玉波氏が尋ねております。右の方、またはその家族の住所を御存知の方は左記へ御連絡下さい。連絡先 香港九竜郵箱五〇四三号 または、目黒区上目黒七の二一二六、電（713）五〇七九（崔寄勉宅）

金相守さん（日本名）大山忠次郎 右の人の妻 **朴鶴花さん** 本籍、慶南釜山直轄市東莱区止堤洞一〇二八 住所、一九五四年六月四日まで東京都大田区仲蒲田一の二四 右側夫妻の行方を釜山にいる父朴理煥氏が尋ねております。消息を御存知の方は左記へ御連絡下さい 連絡先＝、釜山直轄市東莱区止堤洞一〇二八、朴理煥

崔聖寔氏 現在55歳位 本籍地 全南順天市東外洞 現住所 東京（？） 右の方は終戦前に来日、東京都内に居住している模様。本国で義兄（妻兄）が緊急な用件で尋ねております。ご存知の方は左記までご連絡下さい。

尹亨南（義兄） 駐日代表部公報官室 電話（451）八二〇六

盧氏（岡村一夫） 全南光州市出身 第二次大戦中輸送船関係に従事、戦後北海道方面にて請負業を営んでいたとの風聞。娘の節さんが尋ねております。連絡先 東京都練馬区東大泉東映撮影所 朴英勲まで

新帝国主義研究

◇最近の共産主義の諸形態◇

ソ連の対中東政策の展開過程

ジョージ・レンジョフスキー ⑤

今、その結果を予言することは出来ない。マッピカーは「チトー主義者たちと大多数農民間の関係は、継続して悪化一路をたどっている。政府が農民の気に入るようにとなされたすべての譲歩は、農民の自由と個性に対する新たな攻撃となることが確実であるということを、農民たちは苦難を経て知るようになった」と結論した。「チトー主義者たちの社会民主主義が存続するか、それとも消滅するかは、社会主義を地方にまで伝えられるかという問題にかかっている」という点で闘争が始ったと彼は付言した。

従って、最近のユーゴの実態は、ユーゴの指導者たちが目的を達成すると、ゴマ化しの希望を見せびらかして、種々の独裁の手段を実験するものであったといえる。将来、より多くの実験が予想され、必要だったら若干のマルクス主義の原則は、実際において犠牲にされるかも知れない。しかしわれわれは、ユーゴの指導者たちが改革不可能なものを改革しようとしているか、でなければ改革するふりをしているかに関する根本的な問題に答弁するには、また日時を必要とするだろう。

改善された対ソ関係

一九五三年スターリン死亡以来、ユーゴとソ連との関係は継続して改善されてきた。これは一九五五年フルシチョフのベルグラード訪問と一九五六年にチトーがモスクワを訪問してから特に明らかになった。しかし両国間にはいまだに幾つかの意見の差があるという証拠をしばしばみせている。その大部分は、ユーゴの「社会主義建設」への接近方法に関するいくつかの面に関係されるようにみえる。その反面、対外的問題についてチトー政府は、最近の数年間、公開的には終始一貫してソ連の立場を支持した。

チトーのソ連支持は二個の主要な形態を取っている。

①、チトーはフルシチョフ指導下の「ソ連」が事実変化したという考えを宣伝しようと努めた。外観上チトーが一九五四年と一九五五年に印度、エジプト及びその他の国家を訪問した際に獲得したメッセージと、チトーを訪問した主要外国人に伝えようとしたメッセージとはその内容が同一であった。特に最近に至って彼は、大衆が自分の話しを額面通りに信じようとしないのが苦痛であるかの如く"ソ連指導者層のすべての動きを今も疑いの目でみる理由は何か"と公開的に反問をしたのである。

②チトーのソ連支持は、主要国際問題に関するソ連の立場を支持する形式を取った。ドイツ統一、東欧の将来、中共のUN加入、中近東問題の性格及び所謂資本主義陣営のソ連包囲と、NATOの性格に関するチトーの態度は、本質上ソ連指導者の立場と差異がない。特に一九五七年九月のUN総会でハンガリーの革命弾圧を画策した際、チトーのソ連を支持した態度と一九五六年十月の東独危機事態はチトーのモスクワに対する外交的及び政治的援助の、いま一つの証拠といえよう。

最近の事態が民衆に及ぼした影響

ユーゴが未だに少数独裁をしているという点に関しては、一般的に意見が一致している。これはチトー政府が国民から大きな支持をつけられないでいることを意味する。一九五五年のユーゴは、外国人訪問客をして「中世紀の要塞の二階の階段」を回想させた。即ち、「上層部は熱狂と勝利感と自信に狂っており、下層部には恐怖と憎悪と諦念の気分がただよっている」。また、チャールス・P・マクビカーは、共産党は少数の支持しか受けていない点を認めながらも「チトー主義者たちは、個々のユーゴ人に人間の尊厳性を回復させるための正直な努力をしてきた」と主張したが、次のページでは「人権と尊厳に関するチトー主義者たちの理論と実践の間には大変な間隙が未だに存在している」と主張した。

教職員募集要項

大阪市西成区梅南通り五丁目 電話（66）二八九八

学校法人 金剛学園（大阪韓国学園）

前言 本学園は幼稚園・小学校・中学校・高等学校（男女共学）を併設し、韓・日両国の学校教育法に則り国際的な教養を高めると共に、それぞれの教科課程を教育し韓国々民の人づくりに専念しています。

募集人員 A、幼稚園保母 女子一名 B、小学校教諭 男子四名 女子一名 C、小・中・高音楽担当 男・女 一名（但、韓国語で指導可能な人） D、中・高理科担当（韓国語）男子 一名 E、民族教科担当（韓国語）男子 三名（韓国々史・地理）男子 一名

資格 在日韓国々民で各免許状を有する人、又は将来修得可能な人（但、民族教科担当は、この限りにあらず）

待遇 優遇します。

提出書類 履歴書 一通、卒業見込証明書 一通、成績証明書 一通、学長推薦状 一通、写真 一枚

期間 上記希望者は一九六三年一月末日まで、提出書類持参又は本校へ送付願います。

尚、詳細は本校庶務まで問合せ下さい。

以上

一九六三年度 生徒募集要項

一、募集人員 幼稚園 一年保育児 一〇〇名（男・女・共学） 小学校 第一学年 一〇〇名（〃 〃） 中学校 第一学年 一〇〇名（〃 〃） 高等学校 第一学年 八〇名（〃 〃）

二、出願期日 幼稚園・小学校・中学校 三月十六日（土）まで 高等学校 第一次 二月二十八日（木）まで 第二次 三月二十八日（木）まで

三、出願手続 本学園に所定用紙があります。

四、考査料 幼稚園・小学校・中学校 無料です。 高等学校 三百円也

五、考査 幼稚園・小学校 面接、健康診断 中学校―面接、健康診断、学力審査 高等学校―面接、学力審査、学科（国語又は日本語、数学、英語）試験

六、選考日 幼稚園・小学校・中学校 三月十七日（日）午前九時半 高等学校 第一次 三月四日（月）午前九時半 第二次 三月二十九日（金）午前九時半

七、合格者発表―幼稚園、小学校、中学校は三月十八日（月）午前十時 高等学校 第一次 三月六日（水）午前十時 第二次 三月三十日（土）午前十時

八、入学金 幼稚園、小学校、中学校はありません。 高等学校 二千円也

九、その他 小学一年入学児は教科書代が無料です。その他多くの特色がありますから、詳しいことは教務まで問合せ下さい。

大阪市西成区梅南通五丁目五番地 学校法人 金剛学園（大阪韓国学園） 電話 大阪（66）二八九八番

一九六三年度生徒募集

一、中学校

○募集人員（男女）＝第一学年九十名、第二学年若干名。

○出願期間＝第一次一月十六日―二月二十六日。第二次三月一日―三月二十五日。

特典＝①、入学金授業料無し。②、生活貧困者に教科書を無償支給。③、奨学金制度がある。④、韓国高等学校に推薦入学する途がある。

一、高等学校（商業科）

○募集人員（男女）＝第一学年九十名。

○出願手続＝期間までに必要書類を本校教務課に提出すること。

○出願期間＝中学校と同じ。

○考査日＝第一次二月二十七日、二十八日、第二次三月二十七日、二十八日。

○選考方法＝①、学力考査（日本語、社会、数学、理科、英語）②、面接。

○特典＝①、奨学金制度がある。②、韓国の大学に留学する途がある。

京都市左京区北白川東平井町八

京都韓国中高等学校

電話⑦一八三五

'63 東京公演

民謡舞台の一部

韓国民謡農楽団日本特別公演

①民謡合奏 ②長鼓合奏 ③民踊 ④ダル舞 ⑤漫談 ⑥農楽 ⑦農楽と民踊

東京公演は夜のみ☆2月8日⇨9日⇨10日☆開演午後6時

ファイーストプロが新春に贈る―豪華実演―第一弾！

韓国の民謡が東京の真中でまき起す陽山道の煽風！

爆発的人気!!

（漫談界の王者）張笑八
韓国民謡界のNo.1（文化放送専属）安福植
（演劇界の人気司会者）白金女

製作 大見山静夫・企画 鄭永根・構成演出・舞台美術 皇武童

出演者 ●民謡 安翡翠 李銀珠 金玉心 墨桂月 沈明花 劉仙女 元仙女 ●農楽 朴招宣 朴貞淑 文明花 李銀美 全金子 金千興 許浩永 鄭在嬉 全四鍾 ●漫談 張笑八 白金女 ●器楽 李忠善 徐公哲 金銀山

○韓国民謡のNo.1 文化放送専属 安福植
○漫談界の人気者 張笑八
○農楽の天才児 全金子
○器楽の奇才 金銀山
○演劇界の人気司会者 白金女
○韓国農楽界人気者 全四鍾

絶賛

前売中 プレイガイド 売切れない」中に！

特別席¥800・A席¥500・一般席¥300

文京公会堂 国鉄・水道橋 地下鉄・後楽園前 下車

地方公演日程

月	日	地
2月	13日	博多
〃	14	長崎
〃	15	戸畑
〃	16	下関
〃	17	広島
〃	20	岡山
〃	22	大阪
〃	23	大阪
〃	24	大阪
〃	25	京都
〃	26	名古屋
〃	27	名古屋
〃	28	静岡
3月	3	横浜
〃	5	札幌
〃	9	仙台
〃	10	盛岡
〃	12	青森
〃	16	秋田
〃	17	山形
〃	19	新潟
〃	21	富山
〃	23	福井
〃	26	金沢

提供（株）ファイーストプロダクション

後援 韓国公報館・韓国新聞社

お問合せは→（株）ファイーストプロ・電話（591）5341〜3番・（東京都港区芝田村町2−12・三進ビル）

文化

金泰伸画伯

韓国学園　第七回の文化祭　来る二月三日「日本青年館」で

最新設備の韓国学園校舎㊤と学生舞踊団㊦円内は朱学園長

新校舎の完成によっていよいよモデル・スクールの貫録を十二分に備え得た東京韓国学園では、来る二月三日午前十一時より午後四時まで、日本青年館で第七回文化祭を盛大に開くことになった。

今回の文化祭が、前例にも増してシーズンはずれの感を抱かせる裏には、「僑胞らの子弟はそろって民族教育を—」というスローガンをアピールする意味と、祖国再建の一翼を担って立つ「学園精神」をひき立てようとする意味、が含まれ、目下、祭典を前に生徒、先生らは出し物の練習に余念がない。

去る二十一日午後、朱洛弼園長は園長室で同文化祭の意義と期待に関して次のように述べた。

「要路機関はいうまでもないが僑胞の惜しまぬ後押しによって、毎年このような催しを持つことを誇りに思う。この喜びを何んとも表わしようがない」

「先生らは、明日を担う児童らに堅実な訓育をほどこすため、日ごろ、より進んだ教導方針をうち立てるべく頭をひねっている。これは、われわれ教員たる者らの信条ともいえよう」

「この文化祭は単なる学芸会ではない。これには、僑胞子弟は遠非民族教育を極めよう、とする呼びかけと、わが膝近で「手に手を繋ごう」という叫びとがこもっているはずだが—。」

「学校を盛りあげるためには心骨の労を惜しまない積りだ。今後とも皆様の指導と支援を望んでやまない」

なお、同文化祭プログラムには先ず、国民儀礼から始まって本国映画上映を皮切りに吹奏楽、マンドリン演奏、ピアノ独奏、独唱、合唱、詩の朗読、民俗舞踊、歌と踊り、演劇、特別出演（マンドリン演奏）など多彩なプランが織り込まれ、同学園の先生、生徒一同は、われわれの参観を期待して、胸々は、はち切れそうである。

エグリーン楽団に千ドル寄贈　米経済使節団が

民族芸術の現代化を目標に、韓国民謡を重要レパトリーとして来たエグリーン楽団では、新年度から従来のてぬるい公演態度を改め、作品中心主義公演に重ねて主に職場慰問公演をすることに定めたという。

一方昨年の春、来韓したことのある米経済使節団一行はエグリーン楽団の演奏を観賞して帰国したが、今般同使節団から千ドルを寄贈して来た。これをきっかけに、外人らにわが民俗音楽を広く紹介するのに尽力すると同楽団幹部は述べた。

故郷の味

（牛の尾のスープ）

【材料】7〜8人前

牛の尾、1㌔
醤油（濃々）、大さじ6杯
胡麻油、大さじ2杯
擂り胡麻、大さじ1杯
胡椒、小さじ½杯
ねぎみじん切り、大さじ6杯
にんにくみじん切り、大さじ1杯
化学調味料、少々

【作り方】

（1）牛の尾は8個くらいにぶつ切りにし、きれいに洗って、カップ10杯の水で2時間くらい、中火よりやや弱めの火で、あくをとりながらことこと煮る。

（2）水がカップ8杯くらいにへり、骨が通るぐらいに柔らく煮えたらとり出し、大さじ2杯の醤油と胡麻油と擂り胡麻、胡椒、ねぎ、にんにくを混ぜて、よくあえます。

（3）牛の尾をとり出して残ったスープに、大さじ4杯の醤油と化学調味料を加え、味をととのえておきます。

食べる直前に、(3)スープに(2)を加え、一度さっと煮立てていただきます。

—趙重玉—

第44回冬季体育典　3日目を迎えて

三日目に達しかかった第四十四回全国体育大会冬季氷上競技大会は、十八日朝ソウル運動場特設リンクで、スピード競技から始まったが、同日のスピード競技は風も強くリンクの氷質もつづいて良いコンディションではなかった。また強豪らが日本遠征によっていなかったせいもあったが参加選手らは良い成績をあげられず全般的に非常に低調であった。

同日のスピード競技の成績は次の通りである。

◇五百㍍
▽女中決勝
①姜成淑（崇義）54秒9
▽男中決勝
①鄭忠求（大同）54秒1
▽女高決勝
①崔煥嬉（崇義）58秒5
▽男高決勝
①朴昌変（大同）48秒3
▽男大部決勝
①朴相緑（京熙）50秒2
▽男子一般部決勝
①陳正男（陸軍）47秒7
◇千五百㍍
▽女中部決勝
①姜仙淑（崇義）3分7秒1
▽女高部決勝
①洪蘭英（崇義）3分15秒3
◇五千㍍。

「木枯し」

金 貫

木枯し吹き荒みて
木立ち悶え呻き
木の葉敷き狂いて
ばらばらばらばら枯葉散り舞う
傷ましきや此の自然
とよなく哀れなる寂滅の歌よ。

國寶巡禮

青磁麒麟鈕蓋香炉

李 [illegible] 雨 筆

○…国宝第六十五号「青磁麒麟鈕蓋香炉」＝（全鎣弼所蔵）は、かかんでいる麒麟を蓋にした（熊蓋）高麗時代の香炉で、その手法は「青磁獅子鈕蓋香炉」＝国宝第六十号）と殆んど同じ構象を見せている。

香炉蓋の真中に坐っている独特な麒麟模様は後を振りかえってかかんでおり、鬣のある長い尾は振りかえって見る頭部側にくねりついている。胸にはえた毛が単調な雰囲気から活潑効果を盛りあげ、顎髭と均斉をたもつべく上下に突起している角が、惜しくもとられてはいるが、蓋の下に陰刻された如意頭紋と雷紋、それに香炉の胴身に刻まれている瑞獣紋とが優雅な調和美をなしている。

○…特に、香炉の胴身にかすかに釉氷裂を残しているが、翡色と呼ばれる高麗特有の青緑系色の釉彩が気品も豊かに香炉全体を覆っている。

稀なる逸品としてその面目をたもち、大きさは高さ二十㌢、直径が十六㌢。

十二世紀頃、全北扶安か全南康津の産といわれている。

徳寿宮所蔵品のなかにも、これと似たような麒麟香炉はあるが、洗練された釉彩がこれにはおよばず、麒麟香炉としてはやはりこの作品が代表的であると—。

観点

一九六二年の問題作③　小説に漢字混用の可否

徐 基 源

「他の作家からみれば非難といいますか、それを感じています。形式の問題であるが重大なことである。小説であれ詩であれ、その文章形式が何故にちがわなければならないのか。この問題は解決されていない。小説で、私が漢字を使用するとして非難をうけているが、詩ではそれがない。それを、詩で書くときに非難がないなら小説でも問題がないはずではないか」というのが、氏のコトバである。

自分の所見では小説でハングルを専用しているのは、その原因は植民地下で育ったわが小説の発展史を通して政治の圧力、民族意識の抵抗等、文学外的の要求からきた、必然な傾向であったと肯定するものでありますが、氏の発言とは直接関係がないのです。

氏だけが漢字を使用しきるといっても、厳格にいうと漢字でない漢字すなわちわが国語に表記された漢字を全然用いなくては、散文を一行すら書くこともむずかしいのも事実である。こうなると、言語学の専門的な知識がない自分としては深入りする立場でないのです。

ただ、確実であると考えられるのは、氏はハングルだけでは表現の材料すなわち言語手段に不足を感ずる点であり、これを壁とみるなら、これは氏一人だけの経験でなく、程度の差はあるが他の作家たちにも、共通したことであります。

前に、わが小説の現在は一つの次元をたかめている過渡期または転換期であるといったが、一言で「円形の伝説」が試図した形式には賛同しない。その理由はその段階をこえる方法である漢字使用が、あまりにも性急な態度でもあり、また文学的言語に対する史的な高揚を等閑にしているところからきたものではなかろうか。

言語の発達は、社会環境、生活様式、科学などの風土を離れることができないし、コトバの仕事をする人々の貢献と作用を斬捌することができない。この二側面を受容する一つの途が、かすかながら予見できる気がします。

わが文学が、封鎖されたかこいから、広い世界の場に開放され、より高い水準にまで拡大するには、わが国語が具有する生命力を、有機物のように、忍耐強く創造の局面に育成すべきであります。

氏の形式は、わが国語をもって小説をかく作家として文学的方法をほう棄したことを意味する。わが国語が、この時点からは文学的表現の手段として劣っており狭くそして浅いといえども、この自己制約の中でたたかう方法がいばらの途の光栄であり、感傷的な表現でいうなら、わが国の貧しい作家だけが享受する十字架であります。

漢字を借りなくては、詩が生れないようなわが詩の現状を、氏が言うように不公平であるとして、非難する必要はないであろう。いつかは、わが詩人たちが如何にすれば漢字を用いないで詩を書かなければならないかと決定的な難関に突当るであろうと予測するなら、それは氏の独断というべきである。

「円形の伝説」は、この作品がただ漢字を使用したので、失敗したのでない。漢字に依存する創作の方法から、言語表現の造型的または構成的努力が等閑にされたために、小説として失敗したものといえます。

この作品は、主人公李章を現代の英雄としており、英雄となるキッカケが近親相姦となっています。その主題は野心にあふれています。共産国際となり越南した李章の行動と事件は、作家の哲学を展開するために、きわめて概念的に借用したものであります。事件と事件を連絡する具体性がない。近親相姦を取りいれたのは、これが作家として李章を英雄にするために、もっとも手ごろな素材と判断したからである。論説やメッセージの断片が氾濫しているこの作品は、リアリズムの方法でないことはもちろんであり、そうかといってこれに対するアンチ・テーゼを代表する表現方法にもなってない。自己主張と証言が、象徴とイマージネーションよりも、より重要な任務とする小説的見地に立脚して、この作品を小説として読ませるには、説得力が足らないのです。

リアリズム（特に韓国の文学的風土において）の克服は、リアリズムになれない新しいリアリズムを創造する表現の方法であると信ずるものであります。

「円形の伝説」は、リアリズムを追払ったために、リアリティがないのではない。文学として表現方法あるいはこれを把握するための作業を、最初からほうきしたことにより、リアリティがないのであります。

この作品から、哲学的概念の価値を見出せるか、否かは、ここでは論外のことになります。

終りに私は、この作品がわが国の文学の転換期において、わが小説の宿命のうちで、共感が濃く咲いた一輪の妖花と呼びたいものであります。

（つづく）

安住の地よいずこ

許 権 旭
え 金 泰 伸

（131）

安住の地は（十七）

その死に対する恐怖と嫌悪などを、私たち人間は一生、振り払うことのできないものである。

初めには不安がある。そして、人間は偉大な警告……死が訪れるときまでは、この不安につきまとわれて一生を過ごすものである。

一たん、終焉が訪れると、万事が終わってしまうし、終りが来てしまえば、粉のような灰色の凝固と固まった眼ざし以外には何も残らない。

そうだ！ 立ち上がらなければならないし、また、立ち上がるすべてのものは、この地上から、そして、この人生から立ち上がらなければならないものである。

最初の不安と驚きの間に架けられた橋の上を、何年でも何十年でも一生を空しく費して渡らなければならないものであるとすれば、なるべく勇気をもってぶつかって行かなければならないであろう。

私は静かに喉を閉じた。自らの自由のために闘うことも、生命を維持しようと抵抗する私との闘争は今や終った。

、自身の世代に対する肉体の義務が終ったことを意識しながら、私は気が抜けていくのを意識した。異常な幾月かが過ぎた。いつも忙しい中で、どんな考えも、感慨も、記憶も私の体から離れてしまったようであった。

こどもという新しい存在が、私の生活全部を占め始めてから、夫と私の間の距離はだんだん遠くなっていった。彼の心の中に、如何なる変化がおきているかということを私は推測することもできた。

愛情を失った人間の間におこる窒息しそうな空虚を、彼に接するたびに感じるのであった。胸に忍び込む孤独感に、人知れず苦闘する私とはかかわりなく、こどもは嬉々として大きくなっていった。

まるまると肥るこどもの百日が迫るころ……突如、私の生活には大きな変化が起った。夫が別居することを決心したことである。

垣根のれんぎょうの花がパッと開いたある日の夜、彼は熱に浮かれた人のように、興奮を抑え切れずしゃべりまくった。重くて辛い秘密を持った人のみが持ついらいらした狂わんばかりのしゃべり方であった。

「実際、俺たちはこのままでは続かないような気がする。俺はもう少し、独りで、静かに、俺自身を整理しなければだめだ。俺たちを縛りつけているこの鉄鎖から俺は……俺は解放されたい。あの、俺たちはお互いが犯すことのできない自身の文学の世界がある。お互いが自由になるために当分の間、別居して見てはどうだろうか？」

「そう？ しかし、別居するということは、そんなにやさしい問題ではないわ！」

「俺はこれ以上、もう耐えられない！ このまま行けば精神分裂をおこしてしまうだろう。俺は今、あまりにも疲れた。昼は職場に出て終日神経を使い減らし、夜になって家へ帰れば、安らかな休息所となるべきわが家が……。ああ……俺は狂わんばかりだ。君を見るたびに俺はお父さんの幻影を振り払うことができない。君の身分が平凡なものであったなら、俺たちはすでに自首することができたかも知れない。お父さんの名声はあまりにも大きい」

■ホール
■御座敷
純京城料理
京城館
東京都新宿区神楽河岸3号地
国電飯田橋東口下車橋のたもと
宋万里　電話（331）2652

一般鋼材　丸棒型鋼
安田金属
代表者・安田圭鎬
東京都墨田区緑町4〜30／電話 本所（631）1355／8573／8983番

○サッカリンナトリウム・化学工業薬品製造販売
大東化学工業株式会社
取締役社長　林春替
川崎市板本町2058　TEL（2）3381

階上・和室・洋室・御家族連れ
御結婚式場・披露大小宴会
新館完成開店
北京料理　アベノ　東海倶楽部
本店　アベノ橋南詰西側　電話（632）0285　（632）0286〜7
新館　アベノ区旭町1丁目1番地（アポロ座西隣）　電話（632）1255〜7

韓国服地と韓国レコード！

営業品目
特殊香港洋丹・中国洋丹・金糸織洋丹
テトロン洋丹・京都洋丹・美術丹・七色丹
リバレース・オパール・ニュートン・ベルベット
其他・本絹・季節向一式・朝鮮古典長鼓販売
貸古典婚礼衣装
韓国レコード総販売元
韓國レコード
祖国訪問者および帰国者には特別御奉仕しております
仁川㊁商会
東京都台東区浅草公園六区10−3
TEL（871）3981・5498

冷房暖房
ダイキン冷房機代理店
日立冷房機代理店
○最新の技術とサービスは定評です
○僑胞の事業体・団体に対しては実費で奉仕しますから冷暖房及冷凍機関係の一切を御相談下さい。
北洋冷凍機工業株式会社
社長　洪起華
監査　金炳泰
東京都新宿区原町三の八四
電話（341）〇〇四九　代表

山を崩し！谷を切り開らき、海を埋めたて
建設界に躍進する！
愛知重機株式会社
取締役社長・柳川春光（朴三龍）
専務取締役・柳川正作（朴正作）
愛知県名古屋市中村区岩塚町字龍子田9
電話（54）8759番
（56）1784番

第一物産株式会社
◇各種遊技機販売◇
各種遊技機のことなら、技術とサービスの
第一物産株式会社に御相談ください
代表　荒川友司（李在昊）
群馬県桐生市金泉町705
電話桐生（2）7551番

韓國新聞
発行所 韓国新聞社
発行人 曺寧柱
東京都文京区金富町51
電話（913）2261・2263 編集
東京（812）1921（812）2262 業務
振替口座 東京 34988番

日本漁網船具株式会社
取締役社長 福井 保
本社 東京都千代田区丸の内二（丸ビル）
電話代表（201）局一八四一・一三六六

最高会議 党機構一元化問題で合意

全員が創党に参加

共和党側とも合意

【ソウル発＝連合】最高会議は二十一、二十二両日非公式会合をもち、党機構問題などに関して意見交換を行なったあと、①中央事務局を党議会の所属におき、②事務党員制をなくすなど、五項目の党機構一元化原則に合意をみた。二十二日午後の会議には党代表らも参席したが、この席ではその外にも最高委員が（朴議長を除く）全員創党準備大会に参加すること及び最高会議機能維持のため一部最高委員（比例代表でたつ委員）を除く、他の最高委員らは党業務に参与するということで合意をみたと李厚洛公報室長が明らかにした。

事務党員制をやめる

李室長はこの日合意をみた党機構一元化原則は共和党側とも合意したものであると述べたが、このような党機構問題が金東河将軍の辞退と関連あるかという質問に対して「同人と関連あるかどうかは知らない」と答弁した。金将軍の辞任を契機に露呈された党機構に関する共和党側と一部最高委員らの意見はこれで一段落されたものとみられる。

この日合意をみた原則は次の通り。

党機構一元化問題

① 中央事務局は党議会所属とし、議決事項の事務執行を担当する。

② 道党にも事務局をおき委員会内の機構を一元化する。

③ 区党には事務局をおかない。

④ 事務党員制をなくして一般党員制とする。

⑤ 各組織責任者は道及び区党発起人会議で互選して中央党で認准する。

このため中央党に小委員会を構成するかこれは革命主体と民間発起人で混成する。最高委員は創党準備大会に全員参与する。最高会議機能維持のため専担最高委員を除くその他最高委員は党業務に参与する。

スケジュールにはなんらの影響なし

金鍾泌氏、金東河氏辞任で言明

民主共和党は金東河最高委員が発起人を辞退したことには かかわりなく当初のスケジュールを予定通り推し進める計画である。

民主共和党の発起委員長である金鍾泌氏は二十一日午後この問題についてあらまし次のように語った。

「金東河氏が発起人を辞退しても党の計画とかスケジュールにはなんら変りない」

金東河氏の辞表受理

最高会議は二十二日民主共和党の機構問題をめぐり辞表を提出した金東河外務国防委員長の辞表を受理するとともに金東河氏の辞表提出の直接動機となった党機構試案を修正し、それを一元化することに意見の一致をみた。

AIDドル輸入資格にリンク制

商工部、経企院に要請

商工部では輸出振興のための強力な施策のひとつとして、AIDドル輸入資格にも輸出実績リンク制を適用するよう、十九日経企院に正式要請した。

九周年を迎える「自由の日」

さる一九五三年一月二十三日の反共青年釈放を記念して一九五八年バンコクで開かれた第四次アジア反共大会で定められた「自由の日」もこの二十三日で九周年記念を迎える。

同日韓国アジア反共連盟では午後一時から国民会堂で第九周年記念大会を盛大にひらく。

金親書を手渡す

第23回予備折衝 韓国側、本会談を提案

韓日会談第二十三回予備折衝は二十三日午前十一時半から（約一時間二十分にわたり）日本外務省で、韓国側から裴義煥首席代表と崔英沢参事官が、日本側から杉道助首席代表と後宮アジア局長の四者が出席して行なわれた。

この日の会談では、先ず金前情報部長から大平外相あての親書が手渡されたのち、今後の会談の進め方について協議した。今後の会談の進行方法について韓国側から諸懸案は各分科委員会で討議することとして、予備会談をこのへんで切り上げ、次回からは本会談に切りかえるよう、提案した。これに対し、日本側は回答を保留し、よく検討したうえで次回の会談で返答する、と答えた。

なお、次の第二十四回同会談は来たる二十八日午後三時から日本外務省で開くことに決めた。

金前情報部長の親書の要旨はつぎの通り。

請求権問題に対する日本側の案に対し、原則的には同意するが、金・大平会談で合意をみた線と合致するよう、お互いが誠意を示し合って努力を続け、韓日会談の早期妥結を望む。

六三年の韓国と極東

APスペンサー・ディビス記者特別寄稿

韓・日間懸案は解決

世銀の経済援助も計画

韓・日問題に新しい希望

米国は今年アジアで最も深刻なあつれきの一つ、即ち韓日間の長い懸案問題が解決されるだろうという希望をもっている。事実東北亜のこの隣接国間の和解の可能性は、ずっと南の印度とパキスタンのカシミール紛争を解決する兆候にくらべずっと有望である。ところでこの二つの事態発展は中共に対する「封鎖政策」を効果的に成功させるのに大へん重要である。

昨年の十月下旬、中共は、ヒマラヤの印度領侵攻で、全世界に衝撃を与えた。それはまたモスクワと北平間に深刻な新しい緊張状態を醸成したため、米国の高位層ではこの二つの国の対立は解消されないものと信じている。

ケネディ大統領は昨年の十一月十七日テレビ記者会見で、「万一中共が世界共産運動を支配することになれば、彼らは戦争を革命の手段と信じているため、われわれはもちろん全世界の危険がより激化されるだろう」と語ったことがある。

中共拡張主義の封鎖緊要

中共に対する封鎖の必要性は昨年十二月初旬米日経済閣僚会議がワシントンで開かれた時、その午さん会で異例的にきたんなく意見交換され強調された。またこれより数日前ケネディ大統領は米国と日本が同じ同僚として中共の拡張主義がしょうけつされないよう各自がどのような役割をすることができるか論議する必要があるとのべた。

大統領は中共封鎖策を如何に実行するかということに対し仔細な点は明らかにしなかった。しかし米日経済会議がおわったあとに開かれたラスク米長官と大平日本外相との会談では韓国問題が主要議題として検討されたのである。

ラスク長官はこの時の会談を説明して"なんら秘密合意に達したものはないが、話す必要のある問題に対しては必要な注意を傾けた"と意味深長な話をした。

実際、何カ月間は韓日交渉が穏便に進められて双方の見解の差はせばめられた。

池田首相は財産請求権の解決策として韓国に対して三億ドルの無償と二億ドルの長期借款を提供しようという大平提案を受けいれた。

この外、漁業ならびに独島のような難問題はまだ未解決のまま残されている。

ワシントンでは池田首相が日本の衆議院で予算審議を終えた後、四月に韓日解決協定を国会に提出し、これに対する正式批准は六月ごろになるだろうとみている。

米国は日本と韓国に対して両国間の懸案が解決しても米国の対韓援助は減らさないと約束した。

公明選挙に対して至大な関心

ワシントンでは今春の韓国での自由選挙がどのように実施されるかについて関心を抱いている。

朴議長は軍服を脱いで出馬し最も有望な大統領当選者となるものと考えられている。

しかし選挙期間中に韓国人らが公明選挙を実施し、野党も組織され、制限のない選挙運動が許されるのが重要であると考えられている。

責任のある米官吏らは政浄法が緩和されれば、旧政客らが解禁されるものと期待している。

消息通は今春の選挙結果について再びみにくい話題が立つならば自由党時代の不正選挙が李博士を追いだした点に照らして、不幸なことであると述べた。

ケ大統領の訪韓は難しい

近づく韓国の選挙のため米国官吏らは一九六三年度の上半期中にケネディ大統領が韓国を訪れるのは難しいとみている。

韓国の高位外交消息通らはケネディのソウルを含む極東訪問を極めて歓迎すると示唆したことがあるが米国の高位当局はこの訪問を暫定的に検討しただけである。

米国は韓国のあらたな民間人政府に対して特に経済面でその支援様式を変えるだろう。

少し前にパリで開かれた経済協調開発機構（OECD）の財政指導者会議で報告された米国政府の研究は次のような結論を下している。

外援によって経済安定は可能

韓国は共産侵略を防ぐ自由世界のシンボルである。韓国は自由世界の防衛とまた韓国の国土防衛のためみずからの経済力よりも高い軍備を支えている。

米国は軍事的、経済的援助を通じて韓国の防衛と韓国経済の発展に寄与してきたが今後もこの重い任務を続けることだろう。

韓国の経済発展は韓国民の望みをかなえさせるためのものだけでなく、共産北韓カイライと経済競争においても勝つ必要がある。広く自由世界の各国から経済援助を受けることのできるのは韓国の利点である。

米国の援助だけでは充分でないと思われる。

頭の優れた、そしてまた勤勉な韓国人らに侵略からの安全と内政の安定に必要な援助を与えてくれるならば韓国経済は大きな成長をみせてくれることである。

一九五二年から一九六二年までの十年間に米国の対韓援助額は四十九億ドルに達している。

このうち二十九億ドルが経済援助で二十億ドルが軍事援助である。借与の形式をとったものは単なる八千万ドルに過ぎない。

ワシントンの指導者らは繁栄する西欧諸国と日本が今まで米国のみが韓国に対して負っていた荷を分ける時がきたと感じている。

五カ年計画は経済社会発展の里程表

韓国の革命政府は五カ年経済計画に最優先権を与え、韓国の経済状態を向上させるのに力を注いだ。同五カ年計画は高い生活を要求し、一九六二年から六六年までに韓国経済の年平均成長率を七・一％増加させる計画である。

米国の経済援助専門家らは同計画の幾つかの点については極めて楽観的に考えている。

例をあげると、韓国は年平均成長率の七・一％を確保するために必要な国内貯金と投資の増加を達成し得ないかも知れないが、同計画を樹立して採択した事は韓国の経済ならびに社会的発展の重要な里程表であると考えている。

世界銀行は国際開発協議処から融資してやるため、韓国の経済計画の検討を終えた。

その検討の結果、韓国計画を絶対支持はしなかったが、世界銀行の高位専門家を韓国に派遣して、経済開発計画を後援しまた助言しようとの話しがあった。

OECDでも援助用意

韓日関係が正常化され、健全な発展計画が形成されれば経済協調開発機構（OECD）の開発援助委員会でも韓国経済計画に長期的に参与する可能性が強いと報道されている。

この事実は韓国の経済開発において現在まで提案された民間銀行融資よりもずっと有利な条件が伴う広範な国際的協調の契機を造ることになるのである。

この問題と関連して希望的な点があるのは、ある米経済人が開発協調委員会の欧州会員らに次のような報告をしたことである"はじめて国民経済を強化してより高い生活水準を与えようと決心した政府が一連の目標を韓国国民に示した。このように誠実で決心に満ちた目標は同計画に含まれたいかなる技術的な欠陥よりも高く評価することができる"—本稿はディビス記者がソウル新聞に寄せたもの

予備役編入早まるか

最高委全員共和党参加で

【ソウル発＝連合】最高委員全員が民主共和党創党準備大会に参与することに決定されるにしたがってこれらの者の予編時期は当初の予定より自然に早くなるだろうと観測される。

最高会議は二十二日午後非公開で会議を開き党機構の一元化原則に合意をみ最高会議機能維持のための専担委員（今後比例代表制で出馬する者）と朴議長を除く全員が共和党創党準備大会に参加することに決定したので、遅くとも創党準備大会が開かれる一月末から二月初までには軍服をぬいで予備役編入処置をとらざるをえないも

すでに同党発起委員会に参与している四名の最高委員（金東河氏を除く）らが予備に加えられたときと同様、一括予備でなく漸次何人かずつの委員が予編するものと観測されている。

共和党、組織つくりに注力

創党代表に三百八十六名選定

民主共和党の発起委員会は来る二十六日まで中央百七十八名、地方二百八名合計三百八十六名の創党準備代表を選定することにする一方、二十三日各道に発起委員を派遣、各市・道臨時事務局設置責任者と共に地区党組織に着手することにした。

一方、創党準備代表選出は中央で百名内外にし、八名の発起委員を三人内に推薦することにし、地方は市道連絡委員団と市道臨時責任者が協議して五人ずつ選出、運営分委が審査決定することになっているが、構成比率は

一、発起委員七十八名
二、中央有力党員百名
三、市道で五十五名
四、市道臨時事務局設置責任者及び組織責任者二十二名
五、選挙区臨時事務局設置責任者百三十一名になっている

民政党も近く創党

発起人一五〇人を選出

【ソウル発＝連合】民政党（仮称）は二十二日午後創党発起人資格審査を完了、人員を百五十名に確定した。三日間にわたって金炳魯氏宅で進行された同党発起人資格審査のための五人選考委は各政派から推薦された人物約五百余名の中から二次の審査をえてこの日確定をみたものである。この百五十名の発起人資格選考を終えた金炳魯氏は二十二日午後、汎野拡大会議を開いて選考結果の報告、創党発起人大会日付け、これまで四度にわたって修正をくわえた発起趣旨文の再検討、党準備方法の具体的方案などを論議すると語った。

ところで同党の発起人大会は遅くとも来る二十八日以内にあると思われるがこの発起人の比率をみると無所属系六十人、元自由党、元新民党並びに元民主党系がそれぞれ三十ずつとなっている。

民主党でも発起人審査

仮称民主党は遅くとも今月の末頃までに発起人審査を終える計画をたて去る二十一日からその審査に着手した。

二十二日午後民主党消息筋が伝えるところによるとこの発起人審査には過去の民主党員とその関連者以外にも多くの外部人士が対象にあがっており約五十名程度の芸術、言論など各分野の人士らが発起人申請をしてきたといわれる。

消息筋は民主党は国民の要望にしたがって体質を改え斬新な型で結成するため外部人士らを発起人に出来るだけ多く加えることにしたと伝えた。

共和党 組織原則を採択

派閥防止や指導体系確立

【ソウル発＝連合】民主共和党発起委員会の運営分科委員会は二十二日午後党の組織原理を採択してこれを各市、道臨時事務局責任者らに組織指針として伝達した。運営分科委員会は過去の政党が個人中心の私党または朋党のわくをぬけきることができなかったと指摘し、共和党はこのような点を是正し合理的運営管理と指揮体系を確立して恒久的な発展体になるようにしなくてはならないと語った。

この日採択された組織原理は次の通り。

一、公共組織、イ個人中心の止揚、ロ派争の派閥防止、ハ同党所属国会議員本然の活動保障、ニ党勢のための忠誠

二、党組織、イ派閥と系譜の排除、ロ個体の自主性確立、ハ理念結束の原則

三、核心組織、イ選挙時も平時と変らない継続的活動、ロ一線党員の社会参与拡大、ハ継続的な理念の伝播と国民の政治意識教育発展

四、領導権の確立、イ指導系統の単一化、ロ強力な統率権の確立、ハ運営に対する責任と管理の迅速化

五、汎国民組織、イ全国民の福祉を促求、ロ各系各層間での結束、ハ民族共同の自由促求、民族的指導層の形成

共和党へ大挙入党

慶南の旧自由党議員32人

【釜山発＝連合】旧自由党系慶南道議員三十二名は去る二十一日午後釜山市内で会合を開き、行動統一で民主共和党に加入することを決定した前慶南道議長や同議会議員などを主動とするこれらの者はその間慶南道議員グループを対象に同志糾合を推進してきたのであるが、この日の会合に参席した三十二名だけが与党に参与することを決議した。

このような旧自由党系の動きでいままで汎野単一政党形成に突進していた同地旧自由党系革新派の中心人物らはこれで完全に解散状況におちいったし、釜山及び慶南地方の地方組織は四分五裂状態になった同地の旧自由党系の単一政党支持派らはその間同党のグループ組織を足場に同志糾合を行なっていたものである。

なお、民主共和党は二十二日道党準備大会を来る三十日市内「三・一堂」で開くことにした。

肥料工場の設備増強

日本商社 三六〇万ドル投下

【ソウル発＝連合】東京エンジニヤリング会社ではかねて同社が計画中の韓国内の湖南肥料工場に三百六十万ドルの追加施設を建設する件に関し、韓国側との会談を始めるものといわれる。

同計画によれば、西独商社が湖南地方に建てた肥料工場の現在の生産能力である八万五千トンを二十万トンに引き上げるための追加建設であり、来週中には東京エンジニヤリング会社の担当員が訪韓することになるという。

鉄のカーテン排除に進もう

朴議長、自由中国にメッセージ

大統領権限代行朴正熙議長は二十三日中華民国自由の日を迎え中華民国鉄のカーテン内人民自由獲得援助委員会委員長谷正綱氏にメッセージを送った。朴議長は同メッセージで九年前のこの日駐韓国連軍に抑留されていた二万名以上の共産捕虜が釈放されたという事実を想起させながら、共産治下の人民を解放させようとするわれわれの誓いを新たにしようと述べている。

目標額の一〇三％を調達

昨年度政府内資調達実績発表さる

昨年度の政府内資調達実績は、年間目標額六億ウォンより約一億ウォン多く、約一〇三％の実績をあげた。調達庁集計によればこのような結果は従来調達庁が予算面において各部署に分散して編成していたときより約十七％に該当する一億二千六百余万ウォンの国庫を節約したことになるという調達庁の昨年度主要内資調達目標は全部で六百余種に達しているが、この内から主要目標をみれば各種事業に使用される資材を初め、被服類、印刷物、燃料、官需備品などになっている。

一方、調達庁はこのような実績を基盤にして今年度には昨年の目標額の約一・五倍に達する十五億ウォンに達する内資を適期に調達することによって官需品の規格、その質的向上に拍車をかけ、また合理化による大量調達などで、より多くの国庫を節約する方針である。

科学技術の普及など

農林部発表の今年度施策

農林部は二十二日今年度の農産物増産施策指針を一般方針と個別施策に別けて発表した。この内米の増産計画をみれば今年度には米生産基準量である千五百九十五万石より二百三十一万石多い一千八百万石を生産する計画であるが、このために千五百九町歩に対する土地生産性を高めると語った。

また麦の増産計画は今年の生産量より四十五万石多い七百六十六万石を生産する計画である。農林部はこの外にも蚕繭増産計画と耕作物の生産計画も立て、また植物に対する防疫も徹底的に実施する。

この日発表された農産物増産施策の一般方針をみればいくつかの生産計画の積極化と科学技術の普及、経営の協同化、農業生産事業の評価と表彰などとなっている。

実需要者中心主義で輸入を推進

商工部はアクリックファイバー、古紙など八個品目を実需要者品目に追加することに決定し、二十二日公告第二一九一九号で発表した。これで現行貿易計画上許可品目として実需要者中心主義で輸入を許可された品目は商工部公告第二一九一一号による十二個品目になる。

記事訂正

本紙一月二十三日付第一面「肇慶欄」（囲み記事）の四段目に「洗錬」とありますのは「簡錬」の誤りにつき訂正いたします。

戦闘力増強に一層の努力

陸軍指揮官会議開かる

新年初の陸軍主要指揮官会議が二十二日午前九時陸軍本部機密室で開かれた。金参謀総長を初め陸軍本部参謀将星と張昌国第二軍司令官、第一軍司令官（代理張参謀長）、各軍団長など重要指揮官が参席した。この日の会議では昨年度陸軍の業績を総評し、次の目標と方針を論議した。この日の会議で金総長は訓示を通じて全将兵が革命理念で固く結束し、さる一年間国土防衛と国土建設の二つの大きな業務を遂行するため発揮した高い責任感と成果は大きなものであったとたたえ、革命後築いた陸軍の成果と戦闘力の発達は大きいと語った。

金総長はつづいて今年度課題の重要目標に言及、勝共統一に対する精神を透徹することは勿論、人力管理の徹底と戦闘力増強に一層努力するようにと語った。

ノリ、牛の対日輸出を討議

韓・エカフェ代表、貿易増大で話合い

現在タイのバンコクで開かれているエカフェ（アジア地域経済委員会）会議に参席している韓国代表は去る十九日、日本代表と韓日間の貿易増進問題を討議した。

外務部が二十二日発表したところによると、この席で韓国代表は日本代表に対して、韓国で生産されるノリ、牛の輸入を勧告、日本代表はこれに対してノリ輸入制限処置などは日本政府に建議して緩和するよう努力したから、これに関しては来る二月初旬頃日本漁業界代表らを韓国に訪問させノリ輸入を交渉させると語った。日本代表はまた韓国代表に対して両国間の政治問題と関連あるノリと牛以外の商品も輸出してほしいと勧告した。

ご商売やお住いのご計画に……
東京商銀信用組合
東京都文京区湯島天神町三ー一四
電話代表（八三二）五三三七～九・五三三〇

＊商銀が築く明るい事業！
熊本商銀信用組合
熊本市米屋町２－２
TEL ２－3566，6003

経済成長の基礎をさゝえる！ 松平商事株式会社
営業種目
不動産業・貸ビルディング業
輸出入業・諸機械国内販売業
取締役社長・松平重夫
東京都中央区京橋３丁目１１番地
松平ビルディング８０１・８０２号室
（京橋交叉点・国立近代美術館隣）
電話 京橋局（５６１）０９９４・７０１３番
赤坂松平ビル・ホテルニュージャパン筋向い

国会議員選挙法 全文

（四）

（第十二章　選挙に関する訴訟のつづき）

第百三十八条（選挙等無効の判決）大法院は前二条の訴訟において選挙に関する規定に違反した事実がある時でも選挙の結果に影響を及ぼしたと認められる時に限り選挙の全部や一部の無効または当選の無効を判決する。

第百三十九条（訴訟の処理）選挙に関する訴訟は他の訴訟に優先して迅速に裁判しなくてはならない。

第百四十条（行政訴訟法等の適用）①選挙に関する訴訟に関しては本法で規定する外に行政訴訟法第九条、第十四条の規定を準用する。ただし民事訴訟法の中の第百三十五条、第百三十八条、第百三十九条の第一項、第二百六条、第二百五十九条と第二百六十一条の規定は準用しない。

②政党もしくは候補者は開票完了後に第百三十六条または第百三十七条の規定による訴訟を提起する時の証拠を保存するためその地区を管轄する地方法院またはその支院に投票函、投票紙、投票録等の保全申請をすることができる。

③法官は前項の申請がある時には現場に出張して調査し適切な保管方法をとらなくてはならない。

④前項の保管は第百三十六条もしくは第百三十七条の規定による訴訟の提起がない時にはその効力を失なう。

第百四十一条（選挙の訴訟に関する通知）本章の規定によって訴訟が提起された時または訴訟が繋属できないようになるか、判決が確定した時には大法院長はその事実を国会、中央選挙管理委員会と当該地域区選挙管理委員会に通知しなくてはならない。

第十三章　罰則

第百四十二条（詐偽登録・虚偽捺印および虚偽証言罪）①詐偽の方法により選挙人名簿に登載させるようにした者とか第九十五条第一項または第四項の場合にあって、虚偽の捺印または証言をした者は六カ月以下の懲役か禁固または二万ウォン以下の罰金に処する。

②選挙に関係ある公務員が選挙人名簿に故意に選挙権者を記載することを怠るか虚偽の事実を記載した時には、一年以下の懲役か禁固または二万ウォン以下の罰金に処する。

第百四十三条（買収および利害誘導罪）①次の各号の一つに該当する行為をした者は、三年以下の懲役か禁固または六万ウォン以下の罰金に処する。

1、当選するか、させるかまたはすることができないようにする目的で、選挙人または他の政党とか候補者の選挙事務長、会計責任者、演説員、参観人、選挙事務所と連絡所の責任者および選挙事務員に金銭、物品、車馬、饗応その他財産上の利益とか公私の職を提供するか提供の意思を表示または約束した者。

2、投票をするか、しないか選挙運動をするか、しないかまたはその斡旋・勧誘に対する報酬を目的に選挙人または他の政党とか候補者の選挙事務長、会計責任者、演説員、参観人、選挙事務所と連絡所の責任者、選挙事務員に前号に規定した行為をした者。

3、選挙運動に利用する目的で、学校その他公共機関、社会団体または青年団体、在郷軍人団体、氏族団体などに金銭、物品など財産上の利益を提供するか、その提供の意思を表示した者。

4、前各号に規定した行為に関して斡旋または勧誘を行なった者。

5、第一号ないし第三号に規定した利益または職の提供を受けるか要求するか提供の意思を承諾した者。

③選挙管理委員会の委員とか職員、選挙事務に関係ある公務員または警察官が前項の行為をした時には、四年以下の懲役または禁固に処する。

第百四十四条（多数人買収および多数人利害誘導罪）次の各号の一つに該当する行為をした者は五年以下の懲役か禁固または十万ウォン以下の罰金に処する。

1、財産上の利益を図謀する目的で、政党または候補者のために多数の選挙人、選挙事務長、会計責任者、演説員、参観人、選挙事務所と連絡所の責任者、選挙事務員に対して前条第一項に掲記された行為をするか、するようにした者。

2、前号行為をすることを請負うか請負うようにした者。

第百四十五条（候補者に対する買収および利害誘導罪）①次の各号の一つに該当する行為をした者は五年以下の懲役か禁固または十万ウォン以下の罰金に処する。

1、候補者とならないようにするか候補者となったことを辞退させる目的で、候補者となろうとするとか候補者に第百四十三条第一項第一号に規定された行為をした者。

2、候補者となろうとすることを中止したとか候補者を辞退したことに対する報酬を目的に、候補者となろうとする者とか候補者であった者に第百四十三条第一項第一号に規定された行為をした者。

3、前二号に規定された行為に関して斡旋、勧誘を行なつた者

②前項第一号または第二号に規定された利益または職の提供を受けるか要求するかその提供の意思を承諾した者は、三年以下の懲役か禁固または六万ウォン以下の罰金に処する。

③選挙管理委員会の委員とか職員または選挙事務に関係ある公務員とか警察官が前項の行為をした時には、六年以下の懲役または禁固に処する。

第百四十六条（当選人に対する買収および利害誘導罪）①次の各号の一つに該当する行為をした者は一年以上七年以下の懲役または禁固に処する。

1、当選人に対して当選を辞退させる目的で、第百四十三条第一項第一号に規定された行為をするかするようにした者。

2、前項に規定された利益または職の提供を受けるか要求するかその提供の意思を承諾した者

②、前項に規定された行為に関して斡旋または勧誘を行なった者は、五年以下の懲役か禁固または十万ウォン以下の罰金に処する。

第百四十七条（新聞・雑誌不法利用罪）第六十一条ないし第六十三条の規定に違反した者は、三年以下の懲役か禁固または六万ウォン以下の罰金に処する。

第百四十八条（買収と利害誘導罪に因る利得の没収）前五条の行為に因って受けた利益は、これを没収する。ただし、その全部または一部を没収することができない時にはその価額を追徴する。

第百四十九条（選挙の自由妨害罪）①選挙に関して次の各号の一つに該当する行為をした者は、五年以下の懲役か禁固または十万ウォン以下の罰金に処する。

1、候補者、候補者となろうとする者、選挙事務長、会計責任者、選挙事務所と連絡所の責任者・選挙事務員、演説員、選挙人、参観人、選挙事務従事員（投票・開票事務従事員を含む）または当選人に対して脅迫・暴行または誘引をするか不法に逮捕または監禁した者。

②検事・警察官とか軍人が前項の行為をした時には、一年以上十年以下の懲役または禁固と五年以上の資格停止に処する。

第百五十条（軍隊による選挙干渉罪）軍人として、特定の候補者のために当選するようにするか当選しないようにするために、その隷下軍人または軍属である選挙人の選挙権行使を暴力・脅迫またはその外の方法により妨害した者は一年以上十年以下の懲役または禁固に処する。

第百五十一条（職権乱用による選挙の自由妨害罪）選挙に関して選挙管理委員会委員とか職員・警察官その他の選挙関係公務員とか選挙人名簿作成に関係ある者が、故意に選挙人名簿の閲覧を妨害するか、その職務を遂棄するか、投票通知票を交付させないようにするか、正当な理由なくして候補者を尾行するかその住宅・選挙事務所または選挙連絡所に許可なくして入るか退去を要求しても退去することをしないなど、職権を乱用して、選挙の自由を妨害する時には五年以下の懲役か禁固または十万ウォン以下の罰金に処する。

第百五十二条（職業・その他宣伝施設などに対する妨害罪）①壁報・候補者の姓名など掲示・その他宣伝施設の作成・貼付を正当な理由なくして妨害するか、毀損・撤去した者は二年以下の懲役か禁固または四万ウォン以下の罰金に処する。

②選挙管理委員会の委員とか職員・選挙事務に関係ある公務員か警察官が、前項の行為をした時には、三年以下の懲役か禁固または六万ウォン以下の罰金に処する。

③選挙管理委員会の委員とか職員またはその選挙事務に従事する者が、第四十条の規定による候補・第四十三条の規定による選挙公報または第四十五条の規定による候補者の姓名など掲示を不正・不当に作成・貼付または配付したか正当な理由なくしてこれを実施しなかった時には、三年以下の懲役か禁固または六万ウォン以下の罰金に処する。

第百五十三条（投票の秘密侵害罪）①なにびとも投票の秘密を侵害するか選挙人に対してその投票しようとする政党とか候補者または投票した政党とか候補者の表示を要求した時には、二年以下の懲役か禁固または四万ウォン以下の罰金に処する。

②選挙管理委員会の委員とか職員または検事・警察官・軍人とか選挙事務に関係ある公務員が、前項の罪を犯した時には、五年以下の懲役または禁固に処する。

第百五十四条（投票や開票の干渉罪）①投票所や開票所で正当な理由なくして投票や開票に干渉した者または投票を勧誘するか、その他投票または開票に影響を及ぼす行為をした者は、三年以下の懲役または禁固に処する。

②検事・警察官とか軍人が前項の行為をした時には一年以上十年以下の懲役または禁固に処する。

第百五十五条（投票函などに関する罪）①不法に投票箱をあけるか投票函または投票紙を取去・破壊・毀損・隠匿または奪取した者は、一年以上七年以下の懲役または禁固に処する。

②検事・警察官とか軍人が前項の行為をした時には一年以上十年以下の懲役または禁固に処する。

第百五十六条（選挙事務関係者や施設などに対する暴行・かく乱罪）選挙管理委員会委員とか職員または選挙事務に関係ある公務員に暴行・脅迫をするか投票所や開票所をかく乱するか、投票用紙・投票紙・選挙人名簿その他選挙に関する書類または選挙に関する印章を抑留・毀損または奪取した者は、五年以下の懲役か禁固または十万ウォン以下の罰金に処する。

第百五十七条（投票所または開票所乱入罪）①武器・凶器・爆発物、その他人間を殺傷することができる物件を携帯して投票所や開票所に乱入した者は、五年以下の懲役または禁固に処する。

②第百六条および百十五条第一項の規定に違反した者は、三年以下の懲役か禁固または六万ウォン以下の罰金に処する。

第百五十八条　多数人の選挙妨害罪）①多数人が集結して前三条の行為をなした時には次の区別によって処罰する。

1、主謀者は三年以上十年以下の懲役または禁固。

2、他人を指揮したり、他人に率先して行動した者は一年以上七年以下の懲役または禁固。

3、付和して行動した者は一年以下の懲役、禁固もしくは二万円以下の罰金。

③前三条の行為をなす目的で多数人が集合した時、関係公務員から三回以上の解散命令を受けたのにもかかわらず解散しない時にはその主導的行為者は三年以下の懲役または禁固に処し、その他の者は六ヵ月以下の懲役もしくは一万ウォン以下の罰金に処する。

第百五十九条（詐偽投票罪）①姓名を詐称したり、その他詐偽の方法で投票したり、投票させようとした時または選挙人でない者が投票したり、投票しようとした時には二年以下の懲役、禁固もしくは四万ウォン以下の罰金に処する。

② 選挙管理委員会の委員や職員・選挙事務に関係のある公務員

③ 選挙管理委員会の委員や職員、選挙事務に関係のある公務員や従事員が前項の罪を犯したり、犯すようにした時には三年以下の懲役か禁固はしくは六万ウォン以下の罰金に処する。

第百六十条（投票偽造または増減罪）①投票を偽造したりその数を増減した者は一年以上七年以下の懲役もしくは禁固に処する。

③選挙管理委員会や職員、選挙事務に関係のある公務員や従業員が前項の行為をなした時には三年以上十年以下の懲役もしくは禁固に処する。

第百六十一条（虚偽事実の公表罪）なにびとも演説、新聞、雑誌、壁報、宣伝文書その他いかなる方法によっては議員に当選させたり当選させないようにする目的で所属、思想、身分、職業または経歴等に関して虚偽の事実を公表したり、公表させようとした者は五年以下の懲役、禁固もしくは十万円以下の罰金に処する。

第百六十二条（候補者誹謗罪）①なにびとも演説や新聞、雑誌、壁報、宣伝文書その他いかなる方法によっては議員に当選させようとしたり、当選できないようにする目的で公然と事実を摘示して候補者を誹謗した者は三年以下の懲役、禁もしくは六万ウォン以下の罰金に処する。

②前項の行為が真実の事実として全く公共の利益に反しない時には処罰しない。

第百六十三条（放送不正利用罪）第五十八条、第六十条第二項の規定に違反する者は三年以下の懲役、禁固もしくは六万ウォン以下の罰金に処する。

第百六十四条（事前運動、特殊地位利用、戸別訪問等、不正運動罪）①次の各号の一に該当する者は二年以下の懲役、禁固もしくは四万ウォン以下の罰金に処する。

1、第三十二条ないし第三十五条、第三十七条または第六十四条の規定に違反して選挙運動を行なった者。

2、第六十一条または第六十二条の規定に違反して選挙の公正を害した者。

3、第五十六条または第六十五条ないし第七十条の規定に違反して不正運動を行なった者。

①公務員がその地位を利用して事前選挙運動を行なった時には三年以下の懲役、禁固もしくは六万ウォン以下の罰金に処する。

第百六十五条（文書図画規制違反罪）次の各号の一に該当する者は二年以下の懲役、禁固もしくは四万ウォン以下の罰金に処する。

1、第四十条、第四十五条、または、第四十六条に違反して文書、図画、その他の宣伝施設を作成使用した者。

2、第四十七条、第五十一条、第五十二条第三項、第五項、第六項や、第七項、第五十四条または第五十七条に違反して選挙運動を行なった者。

第百六十六条（寄付行為の禁止制限等の違反罪）①第七十二条第一項または第二項に規定された者が同条の規定に違反して寄付をしたり、第七十三条第一項の規定に違反した者は三年以下の懲役、禁固もしくは一万ウォン以下の罰金に処する。

②第七十四条の規定に違反した者は四年以上七年以下の懲役もしくは禁固に処する。ただし十万ウォン以下の罰金を併科することができる。

③第七十五条の規定に違反した者は二年以下の懲役、禁固もしくは四万ウォン以下の罰金に処する。

第百六十七条（選挙費用不正支出等の罪）①政党、候補者、選挙事務長、会計責任者または会計補助員が第七十八条の規定に違反して選挙費用を支出した時には五年以下の懲役、禁固もしくは十万ウォン以下の罰金に処する。

③政党、候補者または会計責任者が第八十二条ないし第八十六条または第九十条の規定に違反した時には二年以下の懲役、禁固もしくは四万ウォン以下の罰金に処する。

第百六十八条（各種制限違反罪）①前各条の外に選挙に関してこの法が規定する各制限規定に違反した者は五千ウォン以下の罰金に処する。

②選挙に関してこの法が規定する申告義務を怠った者は五千ウォン以下の過料に処する。

第百六十九条（選挙犯罪の扇動罪）なにびとも演説、壁報、新聞その他のいかなる方法でも本章に規定する罪を犯すことを扇動した者は三年以下の懲役、禁固もしくは六万ウォン以下の罰金に処す。

第百七十条（選挙費用超過支出による当選無効）第七十九条の規定により公示された費用総額を超過支出した理由で会計責任者を懲役、禁固もしくは一万ウォン以上の罰金刑に処する時にはその候補者の当選は無効とする。ただし他人の誘導もしくは挑発によって当該候補者の当選を無効にするために支出した時は例外とする。

第百七十一条（当選人の選挙犯罪による当選無効）①当選人が当該選挙において本法に規定する罪を犯したことによって懲役、禁固もしくは一万ウォン以上の罰金刑に処せられる時にはその当選は無効となる。

③前条ならびに前項の犯罪に対する確定判決がある時には当該裁判長はその判決謄本を国会と中央選挙管理委員会ならびに地域区選挙管理委員会に送付しなくてはならない。

第百七十二条（政党による選挙犯罪ならびにこれに基づく当選無効）政党関係者が当該選挙において第百四十三条に規定する罪を犯すことによって懲役、禁固もしくは一万ウォン以上の罰金に処せられる時にはその政党が推薦した当該地域区候補者の当選は無効とする。

第百七十三条（起訴に関する通知）検事は選挙に関する犯罪で当選人、候補者、選挙事務長、会計責任者ならびに政党関係者を起訴する時には当該地域区選挙管理委員会にこれを通知しなくてはならない。

第百七十四条（公訴時効）この法に規定する罪の公訴時効は選挙日後三か月を経過することによって完成する。ただし犯人が逃避した時にはその期間を一年とする。

第百七十五条（裁判の管轄）選挙犯とその共犯に関する第一審裁判は、地方法院合議部の管轄とする。

附則

第一条（施行日）この法は公布した日から施行する。

第二条（人口基準）この法施行後最初に実施する国会議員選挙における人口の基準は、第五条の規定に拘わらず一九六二年十一月十日現在で住民登録法により調査した人口統計による。

第三条（投票区の設置）第十七条の規定による投票区は、この法を公布した日から三十日内に設置しなければならない。

第四条（公務員と選挙管理委員会委員の解任）この法施行後最初に実施する国会議員選挙において、候補者となろうとする公務員と選挙管理委員会委員は第二十八条の規定に拘わらず、一九六三年二月二十八日までにその職が解任されなければならない。

第五条（同）この法施行後最初に実施する国会議員選挙においては、国会再建最高会議最高委員は法第二十八条第一項但書の規定を準用する。

第六条（寄付行為の制限）この法施行後最初に実施する国会議員選挙において、第七十二条に規定する国会議員任期満了日前一八〇日をこの法の公布日とする。

第七条（廃止法律）法律第五一号国会議員選挙法はこれを廃止する。ただし、この法施行当時選挙犯罪に因って事件が繋属中にあるか処罰を受けた者は影響を受けない。

韓国の声

東独共産党大会で表明されたソ連・中共の立場

フルシチョフ・ソ連首相はさる十六日、約五千名の東独および世界共産党代表らが参集した東独共産党第六次大会において約二時間三十五分にわたって諸般の国際問題に関する演説を行なった。だが、フルシチョフ首相はこの演説で如何なる国際情勢も説明しなかったし、また対内、対外政策における時に注目すべき政策転換も示してはくれなかった。

まず、同氏が演説時間の半分以上を費やした対中共問題だけを取り上げても、平和共存路線を再確認するに止まっている。フルシチョフは戦争とか暴力を通じて社会主義の勝利を獲得しようという中共の所謂、戦争不可避論をば理念上からも現実面においても不当であると指摘し、中共の主張はむしろ大衆を遠ざけるものであると非難している

しかし、ここで一つ看過してならない点は、フルシチョフが中共との理念紛争をさる十二月三十一日の人民日報と一月七日のプラウダ紙の対決以上に拡大させたくないとしている点である。氏はまた、理念紛争を討論するために世界共産党大会をひらこうという中共側の主張を拒否し、共産圏内の暫定休戦を提議した。のみならず、このような理念紛争を拡大させないため共産圏内の新聞までもその問題をある期間は取扱わないようにと、要請した。氏は、そうすることによって暫定的な休戦において時間的余裕を得たいというのである。

次に東独共産党大会で行なったフルシチョフの演説においてドイツおよびベルリン問題が占めた比重が、予期したよりは比較的軽かったことがわれわれの目につく。

氏は、ドイツおよびベルリン問題に関して、従前に繰返して来た線から少しも進展を示してはいない。すなわち東・西両独と各々講和条約を結ぼうというのと、西ベルリンを国連管理のもとに自由都市化しなくてはいけないという従前の主張を反復しただけである。そして、この問題に関して一つわれわれの注目をひく点は、過去にはフルシチョフが東独で演説した時にはいつもドイツおよびベルリン問題の解決の緊急性を強調したし、また一種の期限付で西方側に受諾を強要したのであるが、今般はそのような期限付きではないという事実である。

これは、そのような問題の解決に対する東独共産党の圧力が減らされたためとも解釈され一方では東独に対するソ連の支配権がさらに強化されたとも見ることができよう。それがどうあれ、フルシチョフは国際問題全般にわたり一種の現状凍結を提議したものと見られ、また小康の期間を得たいのだとも考えられる。

フルシチョフのこのような休戦提議に対して、同大会に参席していた中共代表伍修権は十八日の同氏の演説を通じてそれを全面的に拒否し、ソ連に対する辛らつな攻撃を浴びせたと言われる。中共代表は理念上の紛争を解決するための共産世界頂上会議を依然として固執し、フルシチョフ首相に正面から挑戦したという。

われわれは、今般の東独共産党大会において表明されたソ連と中共の態度について、従前と異なる何らの新味をも発見することはできない。共産圏内の主導権をめぐって展開されるソ連と中共の闘争が、世界共産主義運動の将来の性格をどのように規定することになるか、まだどうだと断定するには困難な段階にあるといえよう。

それゆえ、わが自由陣営としては、世界共産主義運動が将来どのような様相を帯びて現われようともこれに対処することができるよう和戦両面において万端の準備を整え、継続して警戒を怠らないようにしなければなるまい。

ソ連と中共間の紛争はどこまでも、どのようにすれば自由世界を最も効率的に征服することができるかという方法論における争いなのである。われわれはこの点を銘記しなければならない。対共放心は自由陣営の最大の敵であるのである。

（東亜日報）

韓国経済に対する外紙の論評

米国の著名な経済紙ウオール・ストリート・ジャーナルは去る七日韓国経済に対していくつかの論評を加えた。その論評がすべて正確なものであるとはいえないが、われわれはそれを通じてわが経済の進路に参考となる点が多いと考えられる。

まず、同紙は韓国軍事政府が社会主義計画を模倣する低開発国家の真似をして、農業国家である韓国に重工業を建設しようとやっきになっていると論評している。この論評はわれわれをして首肯しがたい幾つかの問題を含んでいる。自由経済の発展理論の下では農業国家は重工業建設が容認されないという印象まで与えるのである。

わが国の場合には、綜合製鉄と精油工業をはじめ需要市場がすでに国内に確保されているという点をまず考慮に入れるべきであると思う。

また国際的分業と商品交易条件を重視することが自由主義経済理論でもあるが、交易条件には単純に商品交易条件だけがあるのではない。要素交易条件ならびに所得交易条件をも一緒に考える時には、わが国の国情ならびに所得水準を上昇させるため、たとえ価格が高くついても重工業は優先的に発展させる必要がある。この方向は自由主義経済理論でもすでに容認されているところである。

次いで五カ年計画が果して野心的なものであるかどうかという問題が登場してくる。米国政府の経済専門家らはこの計画があまりにも野心的でインフレの要因を含んでいると判断しているとのことである。インフレの要因を主に論評するものならば、それは投資額の大きさに重きを置いて五カ年計画を分析しようとするものであると思う。

五カ年間に三千二百億ウォンの資本動員はわが国経済力からみる時、決して容易なものではないとわれわれも考えている。現実に照らして要求が過大であるという論評は避けられないところである。特に一九六三年に入ってインフレの傾向が強まっているのをみる時この論評が正当であると思われる。

だが、わが国の所得水準の下で九億ドルの外資導入を含めて三千二百億ウォンの資本動員は運用如何によって可能である。要はどのように適切に運営していくかが問題である。

また同紙は去る一年間の小売物価の十五％の上昇率を指摘しているが、経済発展率が高い時には一国におけるこの程度の物価上昇は驚愕するにあたらないと思う。だが、資本の動員をより効果的にするためには韓国政府はもう少し民間資本を活用すべきであると思う。

第三に民間企業を育成するというよりもむしろ萎縮させているという論評である。

この論評は主に不正蓄財の還収企業に関してでたものと考えられる。たしかに国営企業体の数は当分の間増えそうであり還収企業に投資しようとする米国投資家らは株主総会の議決を経て主務長官の認可を受けなくてはならないという法令に不安感を抱いていると思われる。

この点、韓国政府ではもう少し弾力性のある民間資本の動員策を反省しなくてはならないと思う。国営企業体を増大させている措置は民間資本の動員に効果を得られなかったために韓国政府が取った対策に違いない。

「朴議長は断乎と緊縮を強調しているが韓国人らはこれに徹底していないようである」と同紙は指摘している。また韓国の実業家らは長期的な投資計画に無関心で、不動産に投資したり、タクシー事業のような利潤の回転の早い事業に重きを置いているとも論評している。

このような同紙の論評は正しい。韓国政府としてはこのような現実を前に不正と腐敗を防ぎ、インフレの除去に一層の努力を傾注することによって韓国実業人らがみずから長期的な計画投資の道を切り開いていけるようにすべての与件を造成しているのである。

われわれは不正蓄財者の還収企業が政府投資だけを強化させる要因からでたものではないとみている。前に述べたように、経済発展を促すためにやむを得ずとった措置にすぎないのである。

この措置は同紙が論評したように韓国で民間企業の育成を抑圧するためにとったものでもなく、また決して経済安定をもたらそうとする米国の目的に反するものでもないということを力説したい。

われわれは同紙の論評の中から適切な部分を受けいれて政府当局者の反省の糧とされんことを望むものである。

（東亜日報）

皆様にとって最も親しめる銀行…
最古の歴史を誇る朝興銀行を御利用下さい。
外国為替・信託 業務
韓国・ソウル特別市
朝興銀行

お宅の電化は三和から！
御値で小売も
各社テレビ電気器具卸
三和テレビ・ラジオKK
東京都台東区御徒町1-5
TEL (866) 4177 (代表)

運転手募集
車種　小型自動車
年令　満十八歳〜三十五歳迄
給料　二三、〇〇〇円以上
経験　二年以上
○通勤・住込み
右希望者は履歴書持参の上御来社下さい。
株式会社 福島商店
社長 徐辛甲

韓国服地と韓国レコード！
営業品目
特殊香港洋丹・中国洋丹・金糸織洋丹
テトロン洋丹・京都洋丹・美術丹・七色丹
リバレース・オーバル・ニュートン・ベルベット
其他・木綿・華緞向一式・朝鮮古典具類販売
貸衣裳礼装
韓国レコード総販売元
韓国レコード
祖国訪問者および帰国者には特別御奉仕しております
仁川商会
東京都台東区浅草公園六区10−3
TEL (871) 3981・5498

冷房暖房
ダイキン冷房機代理店
日立冷房機代理店
北洋冷凍機工業 株式会社
社長 洪起華
監査 兪炳泰

自動車のコンサルタント！皆様の車に関する相談役
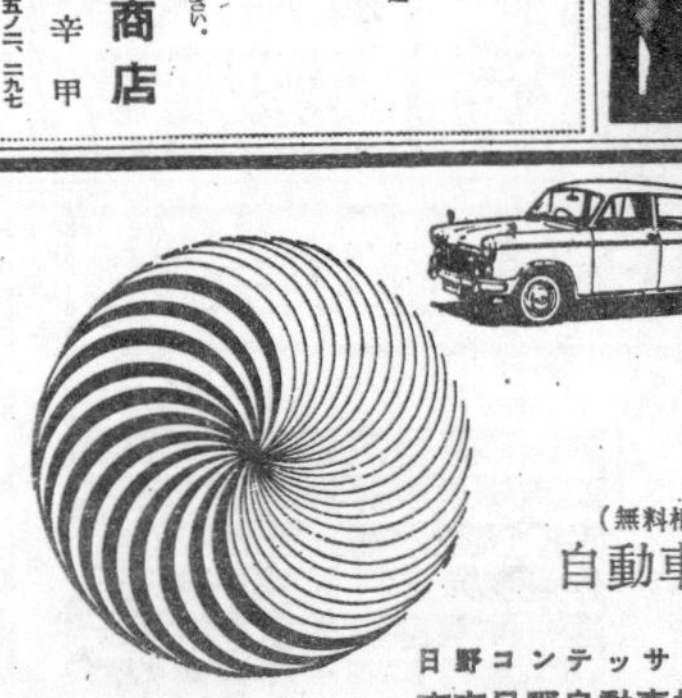
新車各種・中古車販売・修理・板金・塗装
自動車保険（事故相談・一般契約）取扱店
（無料相談受付中）
自動車の事なら、売る時 買う時 他一切の御相談に応じています
国電東中野駅陸橋際・東京都中野区上ノ原町11番地

日野コンテッサ・日野ルノー
東京日野自動車株式会社代理店
大東京自動車株式会社
代表取締役・尹和錫
電話（361）1508・0096番

母校へ愛の8ミリ

児童ら大よろこび

郷里の夫赤国民学校の文化啓家に一役

江東支部の金敬哲さん

東京・江東管内に居住している一僑胞、金敬哲氏（民団江東支部議長）がこのほど忠南論山郡夫赤の郷里を訪れ、母校の夫赤国民学校に八万円相当の八ミリ撮影機と映写機を贈って千五百人の児童や父兄たちに感銘を与えている。

昨年三月、在東京僑胞経済視察団の一員に加わって本国を視察訪問した金敬哲氏は郷里を訪れたついでに、母校の夫赤国民学校で行われた三・一節記念行事に参加した。母校へ行った金氏は、校舎のボロボロの姿や設備が整っていないのに驚いて、何かに役立ちたいと決心して一たん帰任した。

その後金氏は、祖国の革命課業の遂行は農漁の文化啓蒙からということを再建国民運動本部が全国民に訴えていたのを思い出し撮影機や映写機を贈れば学童の社会教育に役立つだけでなく、部落民にも映画やニュースなどが楽しめると決めてこのほど本国を再び訪れ贈ったもの。

金氏のこうした温い贈物に対して千五百人の児童たちは、金氏のことを「文化の神」と有難がっており、父兄たちは「東京の先生」といって感謝している。特に夫赤国民学校長の朴壕学氏は、千五百の児童や父兄を代表して、金氏に対し「帰郷時国民教育を遵守して児童たちに贈った映写機と撮影機は生徒の社会教育面や部落民の文化啓蒙に有難く活しております」と感謝の手紙を送ってきている。

贈り物をした金氏は「今後もできれば校舎の一部新築や、部落の棚の一つでも作って、祖国の革命課業に参加したい気持で一杯です。現在民団は口を開けば祖国の革命課業への積極的参加だの、民族教育を叫んでいるが、しかし今本国からの血税による援助を受けないで自立するだけでも立派な革命課業への参加といえるんじゃないかと思います。だから在日僑胞の商、工、有識者は一致団結すべきだと思います」と民団による民団の自立体制と、民族学園の自立を強く訴えていた。

母校の児童たちに贈りものをする金敬哲さん（壇上の人）

金敬哲氏

金剛学園生徒が献金

「ラジオ運動」に三千五百ウォン

【ソウル発＝連合】大阪にある韓国金剛学園学生一同は、本国で展開されている農漁村にラジオを贈る運動に応じて二十二日三千五百ウォンを文教部におくってきた。

文教部は即時これを公報部に送ったが、同学園ではラジオを贈られることになる農漁村と姉妹関係をむすぶことを希望している。

愛知本部 犬山分団大会

支部に執行態勢を整え

民団愛知県西北支部尾北分団では、さる十九日午前十一時三十分から第二回定期大会を、犬山市駅前農協会館で開いた。愛知県本部役員始め一般団員など約五十余名が参加した。

議事は議長李且竜氏により進められ、次の決議があった。

一　組織強化を計るために分団事務所を犬山市内に移転すると共に名称を犬山分団と改称する。

二、役員改選

▽分団長＝李鉉佑▽副団長＝全得分、崔泰岩▽事務課長＝鄭求福▽顧問＝趙一顕、俞敬福、許命鍋。

決議と監察機関は西北支部役員が兼任する。

なお、同分団は近いうちに犬山市支部に発展昇格することになっているので新役員および団員一同は非常な希望と熱意に燃えてスタートを切った。閉会午後三時。

新団長に金寛植氏

民団広島11回定期大会

民団広島県本部では、さる十九日午後二時から広島市商工会議所で、同本部第十一回定期大会を開いた。

本部新事務所の新築問題、役員選出など重要な議題を多くかかえた同大会には、代議員九十三名と一般団員および百五十名が参加して行なわれたが主として役員改選のほか民団運営、事務所新築問題に論議が集中した。

まず民団運営問題では、韓日会談の妥結が目前にせまっている折から、民団の運営をより一層発展させる必要があるとして、新たに政策審議委員会を発足させることを決定した。

次に事務所新築問題については、その必要性を認め、以前から有志の間で進めている計画を具体化することを決めた。

また役員選出では次の通り三機関役員が満場一致で選ばれ、残る役員および政策審議委員は来る二十六日の第一回三機関連席会議で選出することになった。

改選された三機関役員は次の通り。

▽団長＝金寛植▽副団長＝李秀元▽副団長＝崔成派▽議長＝朴尚培▽副議長＝権成範、曹判凧▽監察委員長＝崔錫範▽監察委員＝鄭重出、李相熙▽顧問＝林炳台、張泳模、金正甲、徐漢圭、張泰鉉

烈士墓地造成基金を醵出

公務員などの俸給をさいて

政府は十八日の閣議で殉国烈士墓地造成基金を集めることにした。

この基金運動は全国公務員と国家及び私企業体職員俸給月額の〇・五％を醵出し四百六万九百ウォンを集めるもので来る十月三十一日まで事業を完了するようにしているが、募金期間は一月一日から来る二月二十八日まで二カ月間である。

緊急原資材にはリンク制不適用

本年度輸入手続要領発表さる

商工部では十六日、本年度輸入手続要領を発表したが、それによると

国民生活に不可欠な物資生産のための原資材で物価をリードする品目に対しては輸出実績リンク制を適用することなく一定限度内で輸入を許可する、方針としている。

姉妹結縁状

1962年12月1日

首都女子師範大学長

在日本大韓婦人会長

首都女子師範大学から送られてきた結縁状

婦人会が姉妹結縁

本国の首都女子師範と

韓日会談妥結を前に在日僑胞と本国国民間の交流がひんぱんであるが、この度び本国の首都女子師範大学では在日大韓婦人会と姉妹結縁をむすび、祖国と在日僑胞の紐帯を強化させたいと中総婦人会（呉基文会長）あてに姉妹結縁状と単子（寄子…崔学長絵画一個。冊子…朱名誉学長二百部。学報…大学部五十部。校報…高等学校部二十部画報…大学案内十部）をおくってきた。

この姉妹結縁状は本国の視察状況を視察するため昨年六月末、呉基文中総婦人会会長が本国へ行った時に話しがあったもので、その後手紙のやりとりなどで具体的な話し合いをして注目されたものである。またこの首都女子師範大学が大韓婦人会と姉妹関係を結ぶことになったいきさつには呉基文会長が本国に行ったとき同大学で講演をおこなって好評をえたことにもよるが、首都女子師範大学長編玉子女史の在日僑胞に対する同胞愛と相扶相助に対する理解が強かったことによるのであり、今後本国の国民と在日僑胞間でこのような姉妹関係を結んで相扶相助する傾向がますます増えていくものと予想される。

朴皓秀刺繍個展

—1月28日から31日まで—

東京・京橋 西村画廊で

屏風など64点出品

第一回東洋刺繍朴皓秀個展が来たる二十八日から四日間にわたり京橋西村画廊（中央区京橋一の五・中央公論社前）で、韓国公報館（洪景模館長）などの後援によって開かれる。

朴女史は、ソウル梨花女子大学美術科刺繍部を卒えて斯界の第一線で活躍し、一九五五年度には皓秀研究所を創設してソウルの著名な百貨店や、韓国中央公報館などで展示会や、バザーを開いて好評を博している、韓国の著名な刺繍家の一人である。

今度、日本においての個人展は、韓日両国の親善ムードが盛りあがり、文化の交流などで相互の理解が進められている折柄固有の伝統を生かした韓国の刺繍を日本に紹介するとともに親善を図るためのものであるという。

なお、同個人展には屏風十二点、表装四十三点、額九点の出品が予定されている。

◇写真は展示される作品の一部（上）（下）とも

単一チームに合意

東京五輪出場問題 ブランデージ委員

シカゴからの報道によると、国際オリンピック委員会のブランデージ氏は二十一日南北韓の代表が一九六四年の東京オリンピックのため南北韓単一チームを構成するのに原則的に合意したと発表した。

ところでブランデージ氏は北韓代表およびIOC代表達と会談するためスイスのローザンヌに赴むく韓国代表達と先週話し合ったがその席上ブランデージ氏はあらまし次のように語った。

私は昨年の夏モスクワで北韓の代表と会談したが北韓の代表達は韓国の代表達が受諾したのと同じ点に対して同意した。

主任警官を再教育

派出所、支署を強化

内務部は警察官派出所と警察支署の外勤勤務を強めるため二十日から各警察署単位に派出所並びに支署主任級の教育を行なうことを決定した。

新帝国主義研究

◇最近の共産主義の諸形態◇

最近のユーゴの政治変化 ⑮

アレクス・N・ドラクニチ

ユーゴの市民が享有している自由は「政府によって自由に制限されるか、抹殺することが出来る」とマクビカーが主張した点は、人間の尊厳性を回復させるという表面上の努力が事実上虚言であるというジラスの主張とはさ程距離が隔っているようにはみえない。しかし両人共に文学および文化面での制限の緩和は、それが例え僅少なものであっても若干の所得となると主張した。本稿執筆現在、最近数年間の政治的新事態は、いまだに政府を敵対視する大多数国民の気持を変化させられなかったということを、記録に残しておかなければならないと結論出来よう。

最後に、最近数年間に起きた政治的な事態が共産党自体におよぼした影響について、簡単に言及せざるを得ない。党独裁が継続されてはいるが、党は一般党員に対して、若干の変化を経験しているかも知れない。党を民主化させ、間接的な方法で党の役割を遂行させようとする、第六次党大会での決定で起きた党内各階級の混乱は、主に追放によって党員を縮小させたが、一九五二年の七十七万名が、一九五五年には、六十万名に減った。このような状態では「ユーゴの共産党は、にわか出世に飢えている官吏と秘密警察によってのみ構成されるであろう」と一外国人観測者は語った。特に最近発刊されている刊行物は、党の下級党員の熱意がさめて行くことに注意を喚起したし、チトー主義の指導者たちは、さめる一方の熱意と関心を回復させる幾つかの方法を発見しなければならない」と付言しながら「全国的な党活動が比較的不振」であると述べた。

このように、賢明なるジラスは「党は漸次弱化される反面、階級は強化される。これは権力を掌握しているすべての共産党の避けられない運命である。」と付言した。来たる党大会では、党の内部事情が主に注意を引くようになることは明らかである。ユーゴの最近の政治事態は、十年前の共産党の目標とか、党独裁の支配形態になんら根本的な変化も見せなかった、と要約できよう。ユーゴの最近の政治事情は、手段に関する不安と不確実を反映したものであり、それ自体が独裁機構の一実験形態であった。この実験の結果を指導者たちの観点からみるとき、求めた通りにはならなかったが、経済政治的及び行政組織に継続して適用することを要求した。このような実験の結果は、人気のない少数独裁としての政権の地位を変貌はさせられなかったし、人気のない少数独裁政府は、共産党の各階級間の深刻なる問題に直面しているようである。

（この項終わり）

尾北僑胞に呼びかけ

民団愛知県本部では、犬山分団を支部に発展強化させるに先だって、同地区犬山、小牧、江南市地区の一般僑胞、および、朝総連系僑胞に対し、次のようなパンフレットを配布して組織強化の宣伝啓蒙を大々的に行なった。

尾北方面（犬山市・小牧市・江南市）に居住する親愛なる僑胞の皆さん！

自由と民主主義を守るために、世界至るところで血をながして闘っています。

かつては共産侵略による韓国動乱、東ドイツ、ハンガリーにおける暴動、ラオスの内乱、その他枚挙にいとまがない程、国際共産主義者の自由への挑戦は、人類への大きな脅威となっています。

去年のキューバ事件をみてもソ連を中心とする共産主義者らが、いかに侵略的であるか事実が如実に物語っているではありませんか。

アメリカのケネディ大統領は、世界自由愛好国をバックに、ソ連のフルシチョフに迫り、ついに国際政治の主導権をにぎり、ひいてはソ連と中共との論争に拍車をかけ、共産主義者らの、いわゆる鉄の団結のタガがゆるみ、共産主義への人類の大なる批判が集中されている過程であります。

在日僑胞のわれわれは在日本大韓民国居留民団を主体に、自らの生活権を守りぬくために闘ってきました。

自らの生活権を守るためには、やはり、祖国大韓民国の背景を必要とするのはいうまでもありません。

われわれは、韓日会談の妥結により、法的地位が確立され、就職の道がひらけ、安心して生活できるのであります。

北韓・金日成カイライ集団の手先である朝総連は、韓日会談反対をとなえる理由の一つとして、統一への妨害、在日在僑胞青年の徴兵あげていますが、これこそ彼等らの無知と暴論を露呈する何物でもないことを あらわしております。

南北統一は韓民族の悲願であり韓民族である以上、一人として反対している者はおりますまい。ところが、北韓・金日成カイライ集団は、共産主義と、ソ連、最近は中共に忠実な余り統一を妨害してきたのであります。

大韓民国は過去も現在も統一への道をとざしたことは一度もありませんでした。あくまでも国連決議に基づき統一への論議を重ねてまいりました。

また、韓日会談妥結によって、在日僑胞青年を徴兵する云々は、認識錯誤もはなはだしいナンセンスでなくて何でありましょう。

彼らは常識外、論理外の無知な暴論をもって、大衆をあざむき、甘言利説をもって大衆を裏切っているのであります。

尾北方面に居住する僑胞の皆さん！

皆さんの祖先伝来の故郷であり、また親兄弟親戚と友人のいる生れ故郷の大韓民国を忘れ、北韓、金日成カイライどもの悪宣伝にまどわされたのでは悔を一生のこすことになりましょう。

われわれ民団西北支部尾北分団では皆さんの便利を図るため犬山市に分団事務所を移しました。

皆さん生れ故郷へ行ってきたい方、共産主義者でない方は民団に加入し、韓国民としての権利を行使して下さい。

尋ね人

金相守さん（日本名）大山忠次郎

朴䪻花さん 右の人の妻

本籍、慶南釜山直轄市東莱区正撥洞一〇二八

住所、一九五四年六月四日まで東京都大田区仲蒲田一の二四

右御夫妻の行方を釜山にいる父朴理撲氏が尋ねております。消息を御存知の方は左記へ御連絡下さい

連絡先＝、釜山直轄市東莱区正撥洞一〇二八、朴理撲

上田 真三氏

右の方を香港にいる北京出身の友人、孫玉淑氏が尋ねております 右の方、またはその家族の住所を御存知の方は左記へ御連絡下さい

連絡先 香港九龍郵箱五〇四二号 または、目黒区上目黒七の一一二六、電（713）五〇七九（崔善勉宅）

教職員募集要項

大阪市西成区梅南通り五丁目 電話(661)二八九八

学校法人 金剛学園（大阪韓国学園）

前言 本学園は幼稚園・小学校・中学校・高等学校（男女共学）を併設し、韓・日両国の学校教育法に則り国際的な教養を高めると共に、それぞれの教科課程を教育し韓国々民の人づくりに専念しています。

募集人員
A、幼稚園保母 女子 一名
B、小学校教諭 男子 四名 女子一名
C、小・中・高音楽担当 男・女 一名（但、韓国語で指導可能な人）
D、中・高理科担当 男子 一名
E、民族教科担当（韓国語）男子 三名 （韓国々史・地理）男子 一名

資格 在日韓国々民で各免許状を有する人、又は将来修得可能な人（但、民族教科担当は、この限りにあらず）

待遇 優遇します。

提出書類 履歴書 一通、卒業見込証明書 一通、成績証明書 一通、学長推薦状 一通、写真 一枚

期間 上記希望者は一九六三年一月末日まで、提出書類持参又は本校へ送付願います。

尚、詳細は本校庶務まで問合せ下さい。

以上

一九六三年度 生徒募集要項

一、募集人員 幼稚園 一年保育児 一〇〇名（男・女・共学） 小学校 第一学年 一〇〇名（〃） 中学校 第一学年 一〇〇名（〃） 高等学校 第一学年 八〇名（〃）

二、出願期日 幼稚園・小学校・中学校 三月十六日（土）まで 高等学校 第一次 二月二十八日（木）まで 第二次 三月二十八日（木）まで

三、出願手続・本学園に所定用紙があります。

四、考査料 幼稚園・小学校・中学校 無料です。 高等学校 三百円也

五、考査 幼稚園・小学校 面接、健康診断 中学校—面接、健康診断、書類審査 高等学校—面接、書類審査、学科（国語又は日本語、数学、英語）試験

六、選考日 幼稚園・小学校・中学校 三月十七日（日）午前九時半 高等学校 第一次 三月四日（月）午前九時半 第二次 三月二十九日（金）午前九時半

七、合格者発表—幼稚園、小学校、中学校は三月十八日（月）午前十時 高等学校 第一次 三月六日（水）午前十時 第二次 三月三十日（土）午前十時

八、入学金 幼稚園、小学校、中学校はありません。 高等学校 二千円也

九、その他 小学一年入学児は教科書代が無料です。その他多くの特色がありますから、詳しいことは教務まで問合せ下さい。

大阪市西成区梅南通五丁目五番地
学校法人 金剛学園（大阪韓国学園）
電話 大阪（661）二八九八番

一九六三年度生徒募集

一、中学校

○募集人員（男女）＝第一学年九十名、第二学年若干名。

○出願期間＝第一次一月十六日—二月二十六日。第二次三月二日—三月二十五日。

特典＝①、入学金授業料無し。②、生活貧困者に教科書を無償支給。③、奨学金制度がある。④、韓国高等学校に推薦入学する途がある。

一、高等学校（商業科）

○募集人員（男女）＝第一学年九十名。

○出願手続＝期間までに必要書類を本校教務課に提出すること。

○出願期間＝中学校と同じ。

○考査日＝第一次二月二十七日、二十八日。第二次三月二十七日、二十八日。

○選考方法＝①、学力考査（日本語、社会、数学、理科、英語）②、面接。

○特典＝①、奨学金制度がある。②、韓国の大学に留学する途がある。

京都市左京区北白川東平井町八
京都韓国中高等学校
電話⑦一八三五

JAPAN TOKYO

'63東京公演

民謡舞台の一部

韓国民謡農楽団日本特別公演

①民謡合奏 ②長鼓合奏 ③民謡 ④ダル舞 ⑤漫談 ⑥農楽 ⑦農楽と民謡

東京公演は夜のみ☆2月8日⇨9日⇨10日☆開演午後6時

ファイーストプロが新春に贈る—豪華実演—第一弾！

韓国の民謡が東京の真中でまき起す陽山道の煽風！

製作、大見山静夫・企画 鄭永根・構成演出・舞台美術 皇武童

○韓国民謡のNo.1 文化放送専属 安福植
○漫談界の人気者 張笑八
○農楽の天才児 全金子
○器楽の奇才 金銀山
○演劇界の人気司会者 白金女
○韓国農楽界人気者 全四鍾

（漫談界の王者）張笑八

韓国民謡界のNo.1（文化放送専属）安福植

（軽演劇の人気司会者）白金女

爆発的人気！！

地方公演日程		
2月	13日	博多
〃	14	長崎
〃	15	戸畑
〃	16	下関
〃	17	広島
〃	20	岡山
〃	22	大阪
〃	23	大阪
〃	24	大阪
〃	25	京都
〃	26	名古屋
〃	27	名古屋
〃	28	静岡
3月	3	横浜
〃	5	札幌
〃	9	仙台
〃	10	盛岡
〃	12	青森
〃	16	秋田
〃	17	山形
〃	19	新潟
〃	21	富山
〃	23	福井
〃	26	金沢

出演者
●民謡 安翡翠 李銀珠 金玉心 墨桂月 沈明花 劉仙女 元仙女
●農楽 朴招宜 朴貞淑 文明花 李銀美 全金子 金干興 許浩永 鄭在嬉
全四鍾 ●漫談 張笑八
白金女 ●器楽 李忠善 徐公哲
金銀山

絶賛 前売中 プレイガイド 売切れない中に！

特別席¥800・A席¥500・一般席¥300

国鉄・水道橋 地下鉄・後楽園前 →下車 文京公会堂

提供 （株）ファイーストプロダクション
後援 韓国公報館・韓国新聞社

お問合せは→（株）ファイーストプロ・電話（591）5341〜3番・（東京都港区芝田村町2—12・三進ビル）

第二級国宝指定発表

誇るべき民族の遺産　ソウル東大門など386点

韓国政府は「文化財保護法」によって、文教部文化財委員会が新しく第二級国宝＝宝物＝として指定した三八六点の名単を次の通りに発表した。旧国宝中から同法によって「国宝」指定を解除されたのを「宝物」として指定したものである。

▲一、ソウル東大門▲二、ソウル普信閣鐘▲三、円覚寺碑▲四、中初寺址幢竿支柱▲五、中初寺址三層石塔▲六、高達寺元宗大師慧真塔碑亀趺および螭首▲七、高達寺元宗大師慧真塔▲八、高達寺址石仏座▲九、瑞鳳寺玄悟国師塔碑▲一〇、江華河岾面五層石塔▲一一、江華銅鐘▲一二、驪州春宮里五層石塔▲一三、驪州春宮里三層石塔▲一四、彰聖寺真覚国師大覚円照塔碑▲一五、法住寺四天王石灯▲一六、俗離寺大智国師碑▲一七、浄土寺法鏡大師慈灯塔碑▲一八、定山西亭里九層石塔▲一九、聖住寺址五層石塔▲二〇、聖住寺址中央三層石塔▲二一、唐劉仁願紀功碑▲二二、金山寺露柱▲二三、金山寺石蓮台▲二四、金山寺慧徳王師真応塔碑▲二五、金山寺五層石塔▲二六、金山寺石鐘▲二七、金山寺六角多層石塔▲二八、金山寺幢竿支柱▲二九、金山寺深源庵北綿三層石塔▲三〇、万福寺址五層石塔▲三一、万福寺址石座▲三二、万福寺址幢竿支柱▲三三、実相寺秀澈和尚楞伽宝月塔▲三四、同塔碑▲三五、実相寺石灯▲三六、同浮屠▲三七、同三層石塔▲三八、同証覚大師凝寂塔▲三九、同塔碑▲四〇、同百丈庵石灯▲四一、同鉄製如来座像▲四二、竜潭寺址石仏立像▲四三、万福寺址石仏立像▲四四、益山王宮里五層石塔▲四五、同蓮洞里石仏座像▲四六、同古都里石仏立像▲四七、聖住寺址三層石塔▲四八、大興寺北弥勒庵磨崖如来座像▲四九、羅州東門外石幢竿▲五〇、羅州北門外四層石塔▲五一、関寧内化里三層石塔▲五二、奉化西洞里三層石塔▲五三、開心寺址五層石塔▲五四、高霊池山洞幢竿支柱▲五五、鳳停寺大雄殿▲五六、安東東部洞五層専塔▲五七、安東造塔洞五層専塔▲五八、安東安奇洞石仏座像▲五九、積水寺址幢竿支柱▲六〇、栄州里石仏立像▲六一、仏国寺舎利塔▲六二、慶州西岳里磨崖石仏立像▲六三、慶州拝里石仏立像▲六四、慶州普門里石槽▲六五、慶州西岳里三層石塔▲六六、慶州石氷庫▲六七、慶州孝峴里三層石塔▲六八、慶州皇南里孝子孫時揚旌閭碑▲六九、霊妙寺址幢竿支柱▲七〇、慶州西岳里亀趺▲七一、威安大山里石仏▲七二、断俗寺址東三層石塔▲七三、断俗寺址西三層石塔▲七四、通度寺国長生石標▲七五、昌寧松峴洞石仏座像▲七六、春川前坪里幢竿支柱▲七七、春川七層石塔▲七八、居頓寺円空国師勝妙塔碑▲七九、洪川希望里三層石塔▲八〇、同幢竿支柱▲八一、寒松寺址石仏像▲八二、江陵大昌里幢竿支柱▲八三、江陵水門里幢竿支柱▲八四、神福寺址石仏座像▲八五、堀山寺址浮屠▲八六、堀山寺址幢竿支柱▲八七、神福寺址三層石塔▲八八、塔山寺銅鐘▲八九、道岬寺石造如来座像▲九〇、松広寺大般涅槃経疏▲九一、慶州倉里三層石塔▲九二、慶州下里三層石塔▲九三、坡州竜尾石仏立像▲九四、獅子頻迅寺址石灯▲九五、槐山弥勒里五層石塔▲九六、同石仏立像▲九七、同磨崖仏座像▲九八、忠州鉄仏座像▲九九、天興寺址幢竿支柱▲一〇〇、安国寺址石仏立像▲一〇一、同石塔▲一〇二、普願寺址石槽▲一〇三、同幢竿支柱▲一〇四、同五層石塔▲一〇五、同法印国師宝乗塔▲一〇六、同塔碑▲一〇七、普光寺重●碑▲一〇八、扶余定林寺址石仏座像▲一〇九、光州西五層石塔▲一一〇、同東五層石塔▲一一一、開仙寺石灯▲一一二、中興山城三層石塔▲一一三、清道鳳岐洞三層石塔▲一一四、安東玉洞三層石塔▲一一五、同泥川洞石仏像▲一一六、栄州石橋里石仏像▲一一七、尚州化達里三層石塔▲一一八、尚州曾村里石仏立像▲一一九、尚州伏竜里石仏座像▲一二〇、同曾村里石仏座像▲一二一、掘仏寺址石仏像▲一二二、慶州斗垈里磨崖石仏▲一二三、同普門里幢竿支柱▲一二四、慶州南山里三層石塔▲一二五、金剛寺阿弥陀仏造像事蹟碑亀趺▲一二六、金蔵寺址石塔▲一二七、慶州三郎寺址幢竿支柱▲一二八、般若寺元景王師碑▲一二九、月光寺址三層石塔▲一三〇、竜飛手鏡第三巻・第四巻▲一三一、証心寺鉄造毘盧舎那仏座像▲一三二、華厳寺東五層石塔▲一三三、同西五層石塔▲一三四、経帙▲一三五、石造浮屠▲一三六、慶州南山弥勒谷石仏座像▲一三七、鳳巌寺智証大師寂照塔▲一三八、同塔碑▲一三九、月精寺石造菩薩座像▲一四〇、五台山上院寺銅鐘▲一四一、ソウル文廟▲一四二、ソウル東廟▲一四三、開心寺大雄殿▲一四四、通度寺大雄殿▲一四五、竜門寺大蔵殿▲一四六、密陽嶺南楼▲一四七、観竜寺薬師殿▲一四八、公州中洞石槽▲一四九、公州班竹洞石槽▲一五〇、同幢竿支柱▲一五一、長谷寺三層石塔▲一五二、同玄覚禅師塔碑▲一五三、同東浮屠碑▲一五四、同西浮屠▲一五五、宝林寺東浮屠▲一五六、同西浮屠▲一五七、同普照禅師彰聖塔▲一五八、同塔碑▲一五九、防禦山磨崖仏▲一六〇、安東李氏文書▲一六一、浄水寺法堂▲一六二、長谷寺上大雄殿▲一六三、双峰寺大雄殿▲一六四、清平寺廻転門▲一六五、江陵烏竹軒▲一六六、ソウル弘済洞五層石塔▲一六七、井邑瑞仙里三層石塔▲一六八、慶州千年里三層石塔▲一六九、鳳巌寺三層石塔▲一七〇、双峰寺澈鑒禅師塔碑▲一七一、鳳巌寺静真大師円悟塔▲一七二、同塔碑▲一七三、霊海寺社石造浮屠▲一七四、長谷寺鉄造毘盧舎那仏座像附石造台座▲一七五、松広寺経碑▲一七六、同金銅揺鈴▲一七七、ソウル社稷壇正門▲一七八、伝灯寺大雄殿▲一七九、同薬師殿▲一八〇、神勒寺祖師堂▲一八一、長谷寺下大雄殿▲一八二、安東臨清閣▲一八三、江陵海雲亭▲一八四、扶余長蝦里三層石塔▲一八五、無量寺五層石塔▲一八六、慶州南山茸長寺谷三層石塔▲一八七、同石仏座像▲一八八、義城観徳洞三層石塔▲一八九、松林寺五層専塔▲一九〇、居頓寺円空国師勝妙塔▲一九一、普賢寺郎円大師悟真塔▲一九二、同塔碑▲一九三、雲門寺金堂前石灯▲一九四、扶余石槽▲一九五、金銅観世音菩薩立像▲一九六、金銅釈迦如来立像▲一九七、青銅石造三尊仏立像▲一九八、慶州南山仏谷石仏座像▲一九九、同神仙庵磨崖菩薩半座像▲二〇〇、同七仏庵磨崖石仏▲二〇一、同塔谷磨崖彫像群▲二〇二、義城観徳洞石獅子▲二〇三、清道珀谷洞石造釈迦如来座像▲二〇四、松広寺妙法蓮華経観世音菩薩普門品三玄円賛科文▲二〇五、同大乗阿毘達磨雑集論疏▲二〇六、同妙法蓮華経讃述▲二〇七、同金剛般若経疏開玄鈔▲二〇八、雲門寺銅壺▲二〇九、懐徳同春堂▲二一〇、陶山書院典教堂▲二一一、同尚徳祠附正門前四周土塀▲二一二、観竜寺大雄殿▲二一三、三陟竹西楼▲二一四、江陵文廟大成殿▲二一五、北漢山旧基里磨崖釈迦如来座像▲二一六、法住寺磨崖如来倚像▲二一七、大邱寺石造弥勒菩薩立像▲二一八、灌燭石造弥勒菩薩立像▲二一九、湧泰寺址石仏立像▲二二〇栄州北枝里石造如来座像▲二二一、栄州可興里磨崖三尊仏像▲二二二、陝川紅仁里磨崖仏立像▲二二三、塔岸寺三層石塔▲二二四、庇仁五層石塔▲二二五、神勒寺多層石塔▲二二六、神勒寺多層専塔▲二二七、昌寧塔金堂治成文記碑▲二二八、神勒寺普済尊者石鐘▲二二九、同石鐘碑▲二三〇同大蔵閣記碑▲二三一、同普済尊者石鐘前塔灯▲二三二、灌燭寺石灯▲二三三、無量寺石灯▲二三四、浜溝鉢山里石灯▲二三五、荘義寺址幢竿支柱▲二三六、弥勒寺址幢竿支柱▲二三七、青磁淳化四年銘壺▲二三八、白磁博山香炉▲二三九象嵌草花文瓶▲二四〇白磁透彫牡丹文壺▲二四一、青華白磁鉄砂辰砂菊花文瓶▲二四二、開目寺円通殿▲二四三、桐華寺入口磨崖仏座像▲二四四、同毘盧庵石造毘盧舎那仏座像▲二四五、梧▲洞石造釈迦如来座像▲二四六、孤雲寺石造釈迦如来座像▲二四七、桐華寺毘盧庵三層石碑▲二四八、同金堂庵三層石塔▲二四九、浮石寺三層石塔▲二五〇、梵魚寺三層石塔▲二五一、鳳林寺大覚国師碑▲二五二、宝鏡寺円真国師碑▲二五三、清凉寺石灯▲二五四、桐華寺幢杆支柱▲二五五、浮石寺幢杆支柱▲二五六甲寺鉄幢杆および支柱▲二五七、同浮屠▲二五八、石造浮屠▲二五九、水鍾寺浮屠内遺物三点▲二六〇、屠巌日記▲二六一、神晉日記▲二六二、近思録▲二六三、松広寺下舎堂▲二六四、海印寺石造如来立像▲二六五、清凉寺石造釈迦如来座像▲二六六、同三層石碑▲二六七、任実竜岩里石灯▲二六八、粉青沙器蓮華文扁壺▲二六九、紺紙銀泥妙法蓮華経巻第六▲二七〇、紺紙金泥妙法蓮華経巻第六▲二七一、麻紙銀泥首楞厳経巻第一〇▲二七二、長水郷校大成殿▲二七三、大安寺寂忍禅師照輪清浄塔▲二七四同広慈大師塔▲二七五、同塔碑▲二七六鉢山里五層石塔▲二七七、来蘇寺高麗銅鐘▲二七八、法華経折本写本。（つづく）

第二級国宝に指定されたソウル東大門

第二級国宝指定基準

一、建造物（木造建造物、石造建築物、墳墓）

遺構やその部分あるいは付属物または建造物の模形として

①歴史的価値が多いもの。

②意匠が優秀なもの。

③技術が優秀なもの。

④時代的あるいは地方的特色が顕著なもの。

⑤芸術的価値の多いもの。

二、典籍、書籍、文書。

①書道史上代表的なもの。

②史料として価値の多いもの。

③系統的歴史的に整理されている重要なもの。

④学術上価値の多いもの。

⑤考古史上代表作となり得る稀有なもの。

三、絵画、彫刻

①形態、品質、技法、題材等に顕著な特異性あるもの。

②製作が優秀で韓国文化史上貴重な各時代の遺物。

③韓国絵画史あるいは彫刻史上特に重要な資料になり得るもの。

④特殊な作家あるいは画派を代表する重要なもの。

⑤外来品として韓国文化に重要な意義をもつもの。

四、工芸品

①製作が優秀で韓国文化史上あるいは工芸史上貴重な各時代の遺物。

②形態、品質、技法または用途が特異なもの。

③外来品として韓国工芸上重要な意義を持つもの。

④学術上価値の多いもの。

五、考古学的遺物

①石器時代あるいは金石併用時代遺物として認定されるもので、学術的価値が多い重要な資料。

②古墳（墳墓、支石墓等包含）あるいは寺跡、その他遺跡の出土品として学術的価値あるもの。

③伝世品として価値の多いもの。

④宗教、教育、学芸、産業、政治、軍事、生活などの遺跡の出土品、あるいは遺物として歴史的な意義が大きく、学術的資料として重要であったり製作上価値の多いもの。

一九六二年の問題作 ④

国語に対する鋭い感覚

徐基源

期待

▽李浩哲「研ぎすまされる矢」（思想界七月号）

この作品は、小説というよりも戯曲の構成に近い。象徴的効果をねらって言語の密度に、力点をおいて積みあげた作品であります。この作品を、アンチ・ローマンの影響をうけたとみる批評家がありますが、万一皮相的な類似性だけをもってそうみるなら、作者自身は苦笑するかも知れません。自分がみると、この作品を支える構想は、他の作品よりも手堅いものがあります。

「食母（女中）が応接室のドアを開けた。英姫は自愛の片手を握っていた。成植は新聞を読んでいるようでもないが、灯のあかりで眼鏡だけが光った。老いた主人は長女を、自愛はまだ見ぬ義妹を、英姫は姉を、成植は姉を、待っているところである。しかし、事実は、そのうち誰を待つという意識はなかった。大体が、話にならないことだ。ただ、ばくぜんと待っていると、考えてるだけである」

この作家の眼は、舞台をてらす照明を、連想させる。一台は、老主人を、また一台は自愛を、強烈な光線で、直射してから、また別の人物に回転している。顔だけを照明するのでなく人物の心理を、射示する手法である。この文章は「研ぎすまされる矢」の中でも格別な題目ではないが、この作品の状況設定と主題を圧縮した感じであり、時評に引用するには手ごろな例であります。

私は、先ずその文章のリズムに注意します。このリズムは、非常に単純であり、韻律とすれば、さほど高尚なものではなさそうですが、せきこんだ呼吸を反復する感じが、作品全体に流れているのです。

「印象を圧縮し、集中化するために、印象を排除する精神活動と、印象や記憶の追憶から、分散する精神活動——凝固活動と分散活動（H・リード英語散文詩）、この二つを詩と散文の発生的要因に分類するならば、氏の表現方法は多分に詩的表現となるでしょう。いや、それよりは詩と散文の精神活動が、相互に巧みに織り重なるので、写実の平面性を超えて、比較的厚い溝（カサ）と、リアリティを創造したという方が、正確であります。

これは、わが国語に対する言語感覚が、洗練されていなければ、困難な作業であります。この作家は、言語に対して、非常に鋭いのであります。これは、この作家の貴重な資質ともなります。

「善哉は、急いで、顔を前の方に長くのばしながら、吐くための、身構えをした。英姫は、すばやく、両手をもって、善哉の口許に、あてがった。ヌルヌルしたものが、両手にうけとられた。英姫は、わけがわからない笑いが、こみあげてくるので、キャッキャッと笑いながら、それを道端にすててから、親父指に両手を二、三度こすった。闇の中でも、善哉の眼は、涙がにじんだ。それを、ぬぐってやった。善哉は、再び笑った。一方の手では、善哉の全身を支えてやり、片方をもって、背中をさすってやった。甘く奇妙なわびしさが全身に伝わってきた。健康な男をこのように介抱しているという実感がわいてくると同時に、結局はこのように落ち着くようになると考えた。英姫は、徐々に、黙禱していった。善哉の背中をさすってやりながら一方の頬を彼の背中に、ぴったりくっつけた。彼の体温が感じられ心臓の打つ鼓動が高鳴り、木々の間からみえる空には星がまたたいていた」

この心理描写は、不必要なものが節約された言語の駆使であり、作家の精神集中の軌跡を、鮮明に描いた緊張があります。

このような文章の素質の上に、作家は正確にリアリティを成立させており、これは、この作品の長点となっています。

▽鄭炳烈「申之君」（思想界五月号）

氏ほど、誤解あるいは過当評価されている作家は、稀であります。彼は、わが小説界の現段階において、どの作家よりも問題視すべき作家であると思います。

「申之君」は、作品としては成功していません。しかし、わが小説の総壮な行軍を、その一身に象徴しているような、作品であります。この作品は、主人公が煙草を十五服する間（それは主人公申之君の限られた時間です）、求職と恋愛などの、若干の事件が、展開される。煙草を一服々々吹かしながら、読者をしてこれからの期待を持たせますが、その手法自体はとりたてていうほどの神妙さも、かわったところもないのです。

「十五本残っている煙草をみなのんでしまわない中に、彼はてっ■、そのんがとまると思った」

この切り出しコトバは、タバコ十五本がきれてしまうまでに読者に期待を持たせる効果からして、作家の親切だけはわかります。この作品の価値は、彼の内面像を執ように追求している散文精神にあるのです。その内面像を描くために、「一瞬点から主観を持続的に叙述する手法を用いています。

氏は始めから終りまで、事件自体よりは事件につれて反応する主人公の心理に、読者をひきつけておこうと努めている。この企らみは、音楽が数学であるという意味と全く似ているような意識が、その裏づけとなっています。

「にわかに怖くなった。どうしてそうなんだろうか。再び枕をして横になった彼は、恨めしい思いつきで、壁にかかっている外套をにらんだ。クソくらえ！これしきのことで…まさか死にゃしない！それから、彼は強いて起き上ろうとした。しかし、やめにした。自分勝手に、こんなに病気になったことではあるが、いずれにしても病気になったのは、わが（申之）君の体である。それが理由であるかどうかはわからないが、こんなになってしまった」（つづく、筆者は作家、思想界十二月号より）

×××

安住の地よいずこ (132)

許槿旭

え　金泰伸

安地住のは（十八）

彼はさらに言葉を続ける。

「おれたちは、おれたちは……いつまでこんなに不安そうに隠れて暮さなければならないんだ！君に接すれば接するほどおれたちの暗い位置を、いまさらのように感じるようになるし、不運なおれたちの運命を呪咀するようになる。君にあうことさえなかったら……」

「もう……もうよして！」

私は彼の言葉をさえぎり低く叫んだ。

沈痛に響いてくる彼の言葉が、私の心臓をずたずたに引き裂くようであった。

私は両手で顔をおおい泣き崩れた。

「率直にいって！私に対する愛情がなければないと……。私たちがこうなったことを、なぜ、お父さんや私に責任を負わせるの？

絶対お父さんを冒涜しないでちょうだい。お父さんの政治的位置とか思想を超越して、私は血肉の情で結ばれたお父さんの娘としていうのよ。私を愛し、大事に育てて下さったお父さんが、たとえ政治的な汚点を犯したとしても、私は……お父さんをにくむことはできないわ！罪を犯した罪人がにくいのではなく、その罪がにくいだけよ。死が私をおびやかそうとも、どこの誰の前であっても、私はお父さんを愛すると叫ぶことでしょう。それが人の子としての道だわ。一つの動かすことのできない厳然たる事実よ！この世の中のどの誰よりも、私はお父さんのうらさびしい感情を理解できるような気がするの。私の顔が、それほどあなたに眼ざわりだったら、むしろ、死んでしまいたいわ？気のすむまで自由にしゃべりなさい。お父さんの娘として生まれた宿命が、私に与えてる如何なるものであっても、私は甘受するのみです。誰をうらむ必要もない。誰でも自分の事は、自分が責任を負うべきだわ！」

急にこみ上げてくる涙をのみながら、私は外に飛び出た。闇やみにおおわれた夜空のどこからか汽笛の音が遠く聞こえて来た。

（彼は私を憎んでいる。私は彼にくっついている必要のない一個の荷物に過ぎない。こんなにくつ辱を受けるよりは、きれいさっぱりと生命を断ってしまおう！誰でも一度は経験する死が、さほど恐いことはない！）

まっ暗な夜空に、きらきら輝く星が、私の眼の中でまばたいた。胸をえぐるように押し寄せてくる大きな悲しみに勝てず、私は何も眼に入らなかった。

暗やみをまさぐりながら、私は表門を出て坂道を下りた。

そのときであった。こどもの泣き声がやみの中を裂くようにきこえてきた。私はハッとして足を止めた。

「坊や」

私は深い眠りから覚めたようにわれにかえった。

（可哀そうな私の坊や！罪のないこどもにまで、か酷な刑罰を与えることはできない。そのこどもは、誰が望もうと望むまいとすくすくと育って行くだろう。どんな親のところに生まれてくるのか、そのこどもは知りもしなかったし、また知る必要もないのである。自分の新しい世界のために、平和に育つこども……」

私は小走りに家にかけて行った。ドキドキする胸を押えながら私は戸を開けた。

三愛貿易
SAN-AI TRADING CO., LTD.
MATSUDAIRA BUILDING NO. 11, 3-CHOME KYOBASHI, CHUO-KU, TOKYO　TEL. (535) 3821-3

■ホール
■御座敷
純京城料理
京城館
東京都新宿区神楽河岸3号地　国電飯田橋東口下車橋のたもと
宋万星
電話（331）2652

○サッカリンナトリウム・化学工業薬品製造販売
大東化学工業株式会社
取締役社長　林泰善
川崎市本町2058　TEL (2) 3381

一般鋼材
丸棒型鋼
安田金属
代表者・安田圭鎬
東京都墨田区緑町4～30／電話　本所（631）1355／8573／8983番

輸出入・貿易業
陽和物産株式会社
取締役社長　朴祖世
本社／東京都千代田区神田神保町2～28　岡村ビル
TEL／（331）1427（332）4577・6573

技術革新の凱歌！

平和ミラクル・セット
パチンコ裏玉還元装置

平和
東京・大阪・北海道

営業品目
海狗腎　及其他補薬
人蔘鹿茸唐草乾材
和漢医薬各種新薬
直ぐ服める液体漢方薬
内外貿易業務代行
日和堂薬院
大阪市東成区大今里南之町1－14
電話（971）3180・7958

華やかな装身具から、近代工業の先端を行く精密機器用宝石部品の日本国内唯一のメーカー
納品先
電電公社　日立電気　三菱電気　松下電子　シチズン時計　ヤシカカメラ　三協精機　リズム時計　東京時計　島津製作所KK　品川製作所KK
日本碍子KK　安立電気　セコニックKK　協立無線　日本電子　千代田光学　理研電計　矢島計器　日本電装　其他計器メーカー70社
株式会社　光陽精密宝石製作所
営業品目
軸受宝石　計器用軸針　時計用宝石　装身具用宝石　電気指示計器用　航空計器用　其他各種計器用

当社直営店の御案内
光陽宝石直売店
自由ケ丘　宝石部　田園（喫茶部）
ヒカリ街デパート2階　TEL（717）2131～3
五反田駅前　コーヨー宝石
五反田駅前　TEL（441）5911
●右掲載の割引マークを当社直売店に御持参の方には一割～二割の割引サービスをいたしております。

山梨工場研磨部
山梨工場検査部

株式会社　光陽精密宝石製作所
代表者・郭泰石
本社・工場　川崎市小杉陣屋町2丁目1280番地　電話中原（0447）5254・9029番
山梨工場　山梨県都留市上谷1680番地　電話（都留）2175・2176番

韓國新聞
発行所 韓国新聞社
発行人 曹寧柱
東京都文京区金富町51
電話（813）2261・2263 編集
東京（812）1921（812）2262 業務
振替口座 東京 34988番

日本漁網船具株式会社
取締役社長 福井保
本社 東京都千代田区丸の内二（丸ビル）
電話代表二〇一局一八四一・一三六六

鉄鋼材に1900万ドル

鉄鋼材の計画全貌

63年の資金計画を発表

【ソウル発＝東合】商工部では六三年度の鉄鋼材及び同主原料の資金計画とこれに基づく品目別資金計画を明らかにしたが、これによると資金計画規模は総額千六百万ドル、AIDドル三百万ドルの計千九百万ドルとなっている。

分期別には一・四分期が五百八十九万九千六百七十四ドル、二・四分期五百七十三万三百三十四ドル、三・四分期五百二十六万二千七百ドル、四・四分期二百一万七千二百九十二ドルとなっている。品目別数量と資金計画および分期別資金計画はつぎのとおりである。（単位＝ドル、カッコ内は数量＝トン）

形鋼大型 一、二〇三、四〇〇（一〇、九四〇）
形鋼小型 一三三〇、二〇〇（一三、〇二〇）
棒鋼 二六、四〇〇（六、三三〇）
鋼線 八二〇、〇〇〇（四、一〇〇）
板材 一、八一九、四〇〇（四、一〇〇〇）
薄板 一、三八三、八〇〇（一二六、五四〇）
帯鋼A 二一九、六〇〇（一三、五八〇）
同B 一、八四〇、三〇〇（一五、七三〇）
鋼管 一、三六五、〇〇〇（六、五〇〇）
軌条 三七五、九〇〇（三、五〇〇）
軌条付属 五〇、〇〇〇（三五〇）
その他 三九四、〇〇〇（一、四七〇）
小計 一〇、〇七〇、〇〇〇（九三、七〇〇）
▽主原料
古鉄 三、一五〇、〇〇〇（三〇、〇〇〇）
銑鉄 一、二三〇、〇〇〇（二〇、〇〇〇）
半製品 三、三一〇、〇〇〇（四二、四三〇）
合金鉄 一、三五〇、〇〇〇（六、七五〇）
小計 八、九三〇、〇〇〇（一三五、一八六）
総計 一九、〇〇〇、〇〇〇

輸出実績リンク制 補完策の細目発表

商工部ではさきに輸入に対する輸出実績リンク制補完策を発表したが、その細目は次の通りである。

（一）商社当り輸入限度の使用は次の期間に限る。

1、六二年輸出実績による輸入限度額で未使用分は本公告の日から三十日以内に使用する

2、六三年の輸出代金の入金日から四十日以内に使用する

3、前1、2、項の期間内に使用しないのは無効とする

（二）商社当り輸入限度は譲渡できないのが原則だが次の場合は商工部長官の承認をつけ、他商社の輸出実績により輸入させることができる。

1、物資の性質上または取引条件により分割発注のできない分で五〇％以内の不足額を他商社の輸出実績により輸入する場合

2、外国映画等特殊法令により代行輸入が認められない場合

270世帯の海外移民計画を推進

保健社会部では年内に二百七十世帯の海外移民計画を実現させるため二月初旬、保社、農林部係官三名からなる技術調査団を東南アとブラジル、グァテマラなど中南米に派遣する。

沖縄への米穀 輸出三万トン 三菱商事の仲介で

六十二米穀年度の琉球向け米穀輸出は既に二万トンの成約をみているが、この度、日本三菱商事の仲介により更に一万トン追加されるもようである。

先日米三菱商事では駐日代表部を通じて同社の仲介を条件に一万トンの輸出契約を政府当局に申入れてきていたものであるがこれに対して外務部では農林部、商工部に同案を積極推進するよう要請した。

注目ひく最高委員

共和党妥協案を模索

【ソウル発＝東合】民主共和党の党機構一元化の成否をかけて深刻な対立をみせている党側と最高委員らは二十四日また妥結案について協議する。去る二十二日党機構一元化原則に合意をみたとの報道に対して尹代弁人は数時間後これを反ばくする声明を発表したことがあり、これに刺激をうけた最高委員らは二十三日午前と午後にかけて非公式会合をもちその対策を論じた。二十三日の会議にさきだって李厚洛一副議長は午後三時ごろ打合の後、朴正煕議長を公館に訪問しており、その後継続して最高委員らは李副議長室で会合をもち、午後六時ごろ散会した。李副議長の訪問は最高委員らの総合された意見を伝達したものと観測され、その後の会議は彼らの意見に対する朴議長の回答を検討していたものと推測されるがその内容に関しては全然明らかにされていない。会議をおえた委員らは会議内容に対して言及をさけたが、その内の一人の最高委員は党機構問題に関して中論をはくしているが二十四日には結論が出るだろうと語った。同氏は会議の結果に対して朴議長がこの日自体が忙しく発言できなかったため結論を得ることができなかったと語った。

一方この会議中金鍾泌党発起委員長、金東煥臨時事務局長も最高会議を訪問したが会議をおえてでてきた金東煥事務局長は雰囲気がよくなっていると語った。共和党側は明二十四日午後在京発起委員非公式全体会議を召集して最高委員らの党機構問題などに関する意見を検討する予定になっているが、最高委員非公式会議の途中でも相互連絡は取られ、妥結点を模索するものとみられる。双方の主張がまだ深刻な対立を維持している時だけに円滑に解決されるかどうか注目されている。

に翻訳したと同党スポークスマンが明らかにした。また創党準備大会代表選定のため構成された地域分科委員会は、ことごとく宣伝活動を始めたと同党スポークスマンはこの日の午後発表した。

ご商売やお住いのご計画に……
東京商銀信用組合
東京都文京区湯島天神町三ノ一ノ一四
電話代表（八三二）五三七一・九・五三二〇

金鍾泌氏辞意表明

韓日両国政界にショック

金鍾泌氏

金東河最高委員の爆弾的声明と辞職は、民政移管をひかえた韓国政界に一大センセーションをまきおこしその成行きが注目されていたが、二十四日韓国政界の中心となっていた民主共和党発起人委員長金鍾泌前情報部長が、突如「この国の政治社会の弊害を除去し、ほんとうの政党政治を樹立するため民主共和党を発起した。しかし意外な誤解によって混乱を起し、このような事態を招いた責任を感じて引き下がる。私はこの混乱が民主主義の原則である互譲と理解の精神によって解決されることを望む」と辞意を表明した。金氏の辞表は二十七日開かれる発起人総会に提出されて正式に決定することになるが、請求権問題の解決により韓日会談妥結の調印を前にして同会談の推進力とみられていた金鍾泌氏の辞意は韓国政界のみでなく日本政府当局にも一大ショックを与え、成行きが注目されている。

税源確保に努力

李財務長官、税制の合理化を強調

財務部では二十三日午前九時から……

長距離電話 大幅に増設

西独ハッス社との提携で

調達庁は西独借款基金四百四十七万余ドルによる通信部需要の自動交換施設と長距離直通施設資材の輸入契約のため、ハッス商社に対して来る二月末まで見積書を出すよう通報した。今度導入されるこの通信施設資材は昨年の十一月国内通信網拡張のため西独との間に結ばれた借款基金八七五万ドルの中の第一次分で、その品目別内容をみれば、自動交換施設に三万六千六百回線、長距離直通電話施設に二百八十八回線となっており、契約社にハッス会社を選んだのは今の国内自動交換施設がハッス社の製品になっているためである。

一方今度導入される長距離直通電話施設はソウルを始め、大邱、釜山間の直通電話通信網のためのものであり、今後通信網拡張施設のため六十名の西独通信技術班が来韓することになっている。

ら今年初の官処長会議を開いた。李財務長官は席上訓示を通じて二百二十二億ウォンの内国税と五十九億ウォンの関税及び百三億ウォンの国有化財産収入を確保するようにと指示する一方、特に今年は税務行政を合理的に運営して延滞されている税源を捕そくして脱税を防止するなど取力強化に力を入れなくてはならないと語った。

東南アに貿易を拡大

タイの首都バンコクで開かれているエカフェ第六次地域貿易増進会議に参席した韓国代表らは二十一日インドネシア、印度、フィリピン及びマラヤの四カ国と貿易増進に関する四者会談をもったと外務部は二十三日伝えた。

この対談でインドネシア代表は来る三月韓国に通商使節団を派遣すると述べ、また寒天を始めとする韓国商品を日本を経ないで韓国から直接輸入することを希望し、今まで日本で加工されインドネシアに輸出されていた援助原綿を韓国で加工する問題も提議した。

インドネシア当局者らはまた両国間の通商連絡のため韓国がジャカルタに連絡官を派遣するならばこれを歓迎するとほのめかした。

一方マラヤ、フィリピン、印度の会談では主に事務的な問題が論議された。この会議には駐泰国バンコク駐在大使館参事官が首席代表として参席している。

李活氏創党大会に参加

共和党、旧政治人三氏の入党を発表

民主共和党発起委員会は二十三日午後、白斗鎮（前国務総理）氏と李活（前国民会長）及び金益俊（前江原道知事局長）など三氏がこの日共和党に入党することになったと語った。これらの者は党発起委員ではないが、来る三十日開かれる創党準備大会に参加することになるという。

反共の遠高らかに

第九回「自由の日」祝典

韓国アジア反共連盟主催の第九回自由の日記念式は、二十三日午後一時から内外貴賓多数参席のもと国民会堂で盛大に挙行され、反共の強い決意を示した。この日の記念式には朴議長の祝辞（代読）、金内閣首班の激励辞、国連軍司令官の祝辞（代読）及び自由中国将介石総統のメッセージなどが朗読され反共功労者三十四氏に対する表彰状授与もあった。そして韓国アジア反共連盟はこの記念式を通じて北韓同胞を初め各界におくるメッセージ及び決意文を採択することによって、九年前のこの日反共青年達が自由を求めた当時の感激を新たにした。

お宅の電化は三和から！
卸値で小売も
各社テレビ電気器具卸
三和テレビ・ラジオKK
東京都台東区御徒町1-5
TEL(866)4177（代表）

共和党、綱領試案作成を終了

民主共和党は最高会議側と党機構問題で意見の対立を露呈したまま二十三日午後二時から政策研究分科委員会を開いて政治、経済、社会、文化および勝共統一、国際関係を重要項目とする綱領試案に対する審議を終えた。同委員会は引きつづいてこの綱領試案の成文化……

崔外務長官から感謝状

代表部別館建設を謝し

崔徳新外務長官は駐日代表部日代表部領事課建物を新築寄贈した在日実業人催鶴らに二十三日感謝状を授与した。建坪五十七坪二階だてのこの建物は、在日韓国人建設協会会員八名が五百万円（日本円）をかけて建てたものであり、この日感謝状をうけたのは同協会代表趙武祖氏他一氏である。

予想以上の経済発展

ベル国際処長米議会で報告

ワシントンからの報道によればベル米国国際開発処長は二十二日、韓国の経済成長はごく順調であり、自由ベトナムの経済展望も好転されていると語った。

ベル処長は上院外交委員会で以上のように述べ外国の援助計画を担当している一線職員らはワシントンにある本部職員らの責任と職能をよく知らぬと語った。最近極東のいくつかの国を訪問してワシントンに帰ったベル処長は、自由ベトナムでの戦争はまだ初期段階であり、有能なオブザーバーらはわれわれが自由ベトナムの事態を逆転することができると信じていると述べ、自由中国の経済状態が安全であることを確信すると語った。

一方ベル処長は今度の韓国訪問で韓国では漸進的な経済成長を予想していたが、予想よりずっと好調である事実を発見したと述べ、韓国は今後数年間でよりよい自給自足体制を造成する計画のもとで……長足の発展をみせていると語った。

輸出ドル・プレミア半値に下落

一ドル当り五十ウォンにまで値上りをみせていた輸出ドルプレミアは、去る十七日輸出リンク制の補完策が採用が発表されるや直ちに反応を示し、二十日現在、一ドル当り二十五ウォンと急激な値下りをみせた。

四・一九の精神を継承

学生有志、青年同盟を結成

大邱の学生らで構成された仮称自由民主青年同盟が二十三日大邱市内で発起人大会を開いた。四・一九革命を継承するため、同志結合を主張するこの青年同盟は、大学生らが主動になって動いており二月初旬ごろ結成大会をもつことになるだろうといわれる。

民政党二十七日に発起人大会開催

民政党（仮称）は二十三日の発起人準備委員会で来る二十七日午前中に発起人大会をもつことを決定するとともに、その間資格審査委員会で折衝した百五十名の発起人をこれに参席させることを満場一致で採択した。同委員会ではまた選出したがこれらの者は一、発起人大会の場所を準備する。二、二十四日正午まで発起人名簿を一括発表する。三、発起人登録準備などを行なうが発起人登録事務は来る二十七日以後になるようである。

論壇

本国政界進出に際して在日韓国人は自主的統一の見解を述べる広場をつくれ

本国の政情が文民政府樹立移管に伴うについて朝野にわき立つ活気を帯び、これに細心の注意を払うことは、在日韓国人として当然なる心情である。祖国に関しての心情は受ける人々の立場によって多少、異なった受け方をするのもやむを得ない事情にあろう。しかし、祖国に対する愛国心から個々の事業に支障が生れてみたり、喜んでみたりする心情、そのものはともに等しい心情である。文民政府樹立移管が朝野を分かたず、ともにその準備に忙殺されている中において、在日韓国人のうちにも、これには並じて名乗りをあげんとした者が十数名を数えたともれ聞く。これは民主共和党（与党）に加入せんとした人々で、野党に参じる者は何にかの結束した形をとって本国に乗り込む動きをみせている。

これらの与野両派の動きが祖国ではまだ知らず、祖国を離れ海を隔った日本においても、その与野両派の動きが低流しながら活発なる動きがあるところに在日韓国人の時点における特殊性をみいだすのである。政治に志す者も、経済界に雄飛せんとする者も、祖国に帰国してそれぞれの志す道で民族国家に貢献せんとすることは双手をあげて賛意と援助をおしむものではない。しかし、在日韓国人の一人一人が自己の力と教養をもって本国政界に進出すること自体に対しては、なにもくちばしを入れる理由は見当らないが、すくなくとも在日韓国人を代表する立場から本国政界に名乗りをあげんとする場合は、自ら異った使命と責任を負うものがあることを強調したい。

責任を負うものがあることを強調したい。政界に進出をせんとする在日韓国人代表志望者は認識すべきである。この認識なくばくぜんたる気持で自称在日韓国人代表者たる振る舞いをなすとすれば、在日韓国人の迷惑はこのうえなきものがあろう。与党に志望した者のうちには昨年送れちかく釜山港の密輸で問題をひき起したいわゆる“パチンコ機事件”の張本人となるような人物があったと聞くが、その者の心理状態を疑いつつ自分の耳を疑いたくなるのである。祖国に貢献せんとする者がトバク性のあるパチンコ機を本国に輸出するというような気持になることは、正常なる者の考え方ではない。この者が、政界に進出を試みるとはもっての外で、在日韓国人の一人として恥辱このうえもないことを感ずるものである。

もしも本国政界に進出し民族国家に尽し、ひいては在日韓国人の立場を代弁する者があるとすればその者はわれわれ民団においても指導的立場をとる者であることが第一条件であることが望ましく、またそうであらねばならないと考えられる。ただ日本に居住して経済的に名をなさしめたからといって、その者が自己解釈にかかって身の程を忘れて本国政界への進出をたくらむような者は在日韓国人の恥をさらすのみの効果はあっても一利なきものであるから自しゅく自戒が必要である。

出来得られれば、民団を中心として、与野両派がなにかの形を整えて、そのうちから在日韓国人本国政界進出代表を選んで、数名を本国政界にお送り出すことも、その方便だと考えられるが、もしこれが不可能なる場合においても与野両派の候補者が自分の陣営から在日韓国人代表として推薦形式をとるような方式にもって行くことが好ましい方向だと考えるが、如何なるものであろうか。

在日韓国人が本国政界に進出することは望む者ではあるが、その進出方式と人選に当っては、すくなくとも在日韓国人を代弁し得る者とそれに伴う人格教養を身につけている者でなければならないが、この者の人選には自主的統一見解を述べる広場を在日韓国人は形成すべきである。

（崔大案）

諸懸案の一括解決

池田首相施政方針で語る

池田首相

日本の池田首相と大平外相は二十三日午後日本国会で施政方針演説を行なったが席上池田首相は韓日問題にも言及し今年はアジアを中心とする発展途上の諸国に対して経済協力をより一層積極的に推進する。

韓日交渉とビルマ賠償再検討問題はいずれも日本の戦後処理として残されている問題であるから、このような意味からも本人はすみやかな交渉妥結を望み、これがため格段の努力をみなさんとするものであると語った。池田首相に引き続いて大平外相は韓日問題に関して次のように述べた。

韓日両国の国交正常化はそれ自体当然の要請である。今次の日韓会談は長い両国朝野における国交正常化への機運を背景としてようやく軌道に乗って具体的討議が進められている。とくに請求権問題については その討議を通じての法的根拠に関する両国の見解に大きな隔たりがあること、また戦後十数年を経過し、その間韓国動乱があった等のために事実関係の正確な立証もきわめて困難なことが判明するに至ったのである。しかしながらこのような両国の対立をそのまま無期限に放置することは大局的にみて適当でないことは明らかであり、そこでかかる困難を打開する構想にもとづき昨年夏以来韓国側と交渉してきたがその大筋は昨年末までに両国間で合意を見ている。政府としては請求権問題のみならず漁業問題をはじめ在日韓国人の法的地位、竹島等の全懸案を一括して同時に解決することにより国交正常化をはかるべく目下鋭意折衝中である。

市中銀行貸出しを停止

旧正月控え金融事情悪化

旧正月を前に市中銀行事情はますます悪化され各銀行は新年度貸出限度が策定されないため資金貸出を出来ないでいる。去年の末に付議された今年度一・四半期金融分門資金計画を経済委が決定できないでいる理由を二十三日韓銀当務者は、去年の末の正確な通貨量がまだ集計されず、政府の総合資金需給計画が樹立されていないためであると説明、金融部門資金計画を論議するため今週中に開く予定であった金融運委は自然延期され、今月末か二月初めに開かれるだろうと語った。したがって新年の各銀行の貸出取扱いは二月初めころ実施されるものとみられる。

新しい国造りの
最先端を行く
国産自動車
ここに誕生!!

セナラは今般、日産自動車株式会社との技術提携により年間三、〇〇〇台の国産自動車を生産する目標で力強く発足致しました。韓国自動車工業界の夜明けに新しい息吹と希望を一杯積んで活躍する弊社の自動車に御期待下さい!!

ダットサン ブルーバード

車種
乗用ダットサンブルーバード
商用ダットサントラック
マイクロバス・サービス部品

日本で最も人気があり、世界各地に輸出されて好評のダットサン ブルーバードのふるさと……日本の代表的自動車メーカー「日産」が神奈川県追浜に建設した東洋一の乗用車工場です。100万平方メートルの広大な敷地に並び立つ工場では、すべてがコンベアーシステムで運ばれています。日産自動車では、このたびセナラ自動車と提携し、ブルー バードを韓国に輸出することになりました。

ダットサン トラック

NISSAN 日産自動車株式会社
東京都千代田区大手町ビル
새나라自動車工業株式会社
ソウル特別市中区小公洞21

経済開発第一年度事業総評

緩漫な漸進的発展

好調の農水産、不振な基幹産業

第一次経済五カ年計画は経済ではあるが漸進的な発展をみた。期間中の国民総生産は一次産業が八百二十九億八千万円、二次産業が五百十億四千万円、三次産業が一千百三十二億七千万円（六一年末の価格に換算）合計二千四百七十二億九千万円で目標額を無事達成した。しかし一九五五年を基準とした不変価格による経済成長率は二・四％で人口成長率を勘案すると低調な方である。第一次経済開発五カ年計画に対する産業部門別の実績は第一次経済開発五カ年計画事業プロジェクトの中からソウル新聞が選定した八十五種目のうち、目標以上最高百三十六％まで六二年度事業計画を完了したものが二十五種目で、今年度事業目標を完了した二十五種目は一次産業で八種目、二次産業で六種目、三次産業が十一種目となっている。意外に不振な部門は外資に依存していた総合製鉄、ジーゼル・エンジンならびに自動車五十台組立、群山火力建設、中小企業育成のための十億円放出事業等があげられる。経済開発五カ年計画の初年度事業は大体、当初計画した目標額に対する負担が過重であったことと経験不足からくる施行の錯誤によって所期の目的を達成し得なかったのであるが、今後の福祉経済向上の基盤は築かれたものとみることができる。また初年度事業では農林、水産、交通、通信部門は活発な進展を示したが基幹産業建設は不振であった。施行錯誤からの前年度の未完成事業は第二次年度に繰り越されるが、そうなると第二次年度の目標額と合せられる工程高に対する国民の負担をどのように調整するかが当面の課題となる。

一次産業

初年度計画は完成

第一次産業は初年度計画をほとんど終え、すべての事業が順調に進んでいるが、農協の育成と大型漁船の導入ならびに経済作物の買上げだけが当初計画に達していない。

国民の食生活改善のために推進された乳牛の目標額一千九十頭は全部到着し、第二次年度からは粉食奨励と共により多くの牛乳を供給して体位向上と米食偏重を幾分かでもただすことになろう。

金肥の使用だけがよいものとしていた農民らが有機質である堆肥がより効果的であるということを自覚して堆肥生産に力を入れて五十三億貫を生産し、計画量を二十六％も超過させたことはよい現象である。

農地改良のための貯水池設置事業は五十一地区で九十七％を終え小溜池の設置事業も六百五十三カ所全部を終えて一万千四百九十九町歩の土地に水利の恩沢を受けられるようにしたから、米穀増産に期待がかけられるようになり、その外の既設耕地施設五十五カ所もほとんどその補修を終えた。

造林、砂防事業は初年度事業を昨年の春にすでに終えたが、二次年度には三十七万七千町歩を終えて赤い山を緑の山に変えるという遠大的な計画をどのように進めるかが関心事である。

南江流域の開発と治水事業もほとんどその目標額を終えており、今後は洪水の被害もある程度まぬがれると期待される。

共用漁船の建造漁業、施設の改良、漁港の修築、浅海内の水面開発事業等も順調に進められているが百二十トン級の漁船を導入して遠洋漁業を奨励しようとの予定が果せられていないから第二次年度には一層の奮発が望まれる。

二次産業

製鉄建設等足踏み

経済開発五カ年計画の起点年度である六十二年度中の第二次並びに第二次産業部門で最もめざましい進展をみせた事業としては石炭開発と電源開発を指摘することができる。

また所期建設事業としては予定通りの対外借款の結実をみて比較的に順調な歩みをみせているのが五カ年計画の支柱ともなる第三肥料ならびに綜合製鉄とPVC工場の建設である。

第三肥料は一時、肥種と施設規模について問題があって、韓米間で合意をみたと伝えられていたが、再びぶり返しているようである。

綜合製鉄もまた、不正蓄財の返取対象業者らで構成されていた投資共同体を解散してあらたな会社体制を整えるために始発点に逆戻りしているような状態であるが対外借款の前途は予測を許さないものがある。

一方、石炭公社は一年間に三百五十三万トンの石炭を生産して六十二年度の生産目標量を十一％超過して解放後の最高記録をだしたことや、また年産八万五千トンの施設容量をもつ湖南肥料工場が予定工期を短縮して完成されたことは大きな業績であるといえるだろう。

セメント工場である。だが、江原道寧越を工場指定地としている第五セメント工場は政府の承認の遅延によって着工が延びている。

特に第一次年度の業績を評価するのにおいて最も不振な様相を呈

三次産業

客車製造が活発化

第三次産業のうち蔚山工業センターの建設事業は第一次年度目標の九十％を終え順調に進行しており、昭陽江ダムも九十八％の進捗率を示している。

橋梁架設と復旧工事、産業道路の開設、道路舗装と道路改修、港湾拡張等の工事は計画の九十％を超えており、成功的であるといえる。

住宅建設では麻浦のマンモス・アパートが六棟の建設を終え、国民住宅も九十五％を終え、すでに入居できる段階にあり、住宅難に大きな助けとなるだろう。

交通部門の事業もジーゼル機関車の導入問題を除いてはほとんど計画量を達成している。

そのうち黄池線は敷設を終え、昨年の十二月十日に開通し、慶北線、旌善線、東海北部線などの三鉄道建設も年間目標を完了した。

客車の国内新造事業も活発に進められており、百六十九両の計画で百七十両が造られたのであるから、わが国内の技術程度も相当に発展したと評価してもさしつかえないだろう。

通信部門の事業も計画通りに進んでおり、電話の新設と増設事業も九十六％達成している。

昨年の農水産物輸出実績を発表

商工部は二十日、昨年の年間農水産物輸出実績を発表したが、それによると干エビ、果実、海草類、カン詰などの輸出による外貨獲得高は六一三万二千ドルにのぼるといわれる。

経済開発五カ年計画

第一年度事業総合評定

ソウル新聞経済部調査

第一次産業

事業名	所管	完工後事業効果	事業期間	昨年十二月末現在進捗状況
畜産業	農林	乳牛導入一、〇九〇頭 有畜農家造成	1～12月	一、〇九〇頭全部到着 有畜農家六万戸造成
農業資材	〃	自給肥料二、二〇〇万トン	〃	五三億貫生産で計画値の一二六％達成
試験教導	〃	教導事業各種展示五種	〃	九千万ウォンの補助金を放出し全国農村で五種の展示事業を完了
南江流域開発	建設	受益一万町歩に一万二千KW発電	62～66	付着道路および防水路掘さく第一次年度目標の九六・三％達成
農地改良（国土）	農林	小溜池一一、四九九町歩 水利五一地区施工	〃	水利事業九七％小溜池事業百％改補修事業九七・四％終了
治水事業（国土）	建設	河川改修一一六KM	〃	二〇六件竣工全工程の九九％達成
造林砂防（国土）	農林	燃料林六二、六九三町歩 用材林二九、四六一町歩	2～7月	造林砂防事業は計画量の一〇〇％完成
蚕業	〃	桑田造成約四千町歩 生糸輸出	1～12月	桑田九九・七％達成 生糸一一五％輸出 外貨四六一万ドル獲得
種子更新	〃	種子更新面積四五万町歩	〃	米穀六九・九％麦類九七・六％じゃがいも六九・九％薄荷七六・六％計六七・一％終了
地域社会開発	〃	示範部落五二五部落	〃	各示範部落に補助金放出し総合指導終了
農協育成	〃	里洞組合に共同利用施設三六八カ所	〃	三六三組合に共同利用施設完了 郡組合購販場二五カ所施設
経済作物	〃	菜油三六、〇〇〇石 薄荷油二七万ポンド	〃	菜油八、三四二石（二三％）買上、薄荷一六三、九五〇ポンド（六〇％）買上
営農資金	〃	六十二年度中に三七億ウォン放出	〃	対充資金三二億ウォンと金融資金五億ウォンなど三七億ウォンを全額融資
共用漁船建造	〃	十五トン級一一六隻 二十トン級三隻 一二〇トン級七隻	〃	一一九隻は建造完了 導入七隻中三隻到着二隻は一月中到着 二隻を推進中
漁業施設改良	〃	ジーゼル機関一、八四〇HP 魚探機一〇〇台	〃	ジーゼル機関二一三〇HP（一一六％）設置 無電機九六％ 魚探機一〇六％設置
漁港修築（対策）	〃	防波堤五〇〇M 船着場一、一〇〇M	〃	防波堤二四カ所船着場三四カ所揚場四カ所全部施設完了
浅海内水面開発	〃	干潟地開発一、一二五千坪	〃	浅海干潟地一、三九〇（一二〇％）施設完了 養魚場拡張融資九五％終了
営漁資金	〃	製氷冷凍工場新設五カ所（四千八百万ウォン）	〃	営漁資金三億三千五百万ウォンの九九・三％貸出終了

第二次産業

事業名	所管	完工後事業効果	事業期間	昨年十二月末現在進捗状況
石公	商工	石炭六一八万トン（石公三一八民営三〇〇）生産	継続事業	石公炭十二月末まで三、五三五、〇二八トンを生産年中目標量三一八万トンの十一％超過
鉄鉱	〃	六十二年度中に鉄鉱四五万トン生産	1～12月	大峙鉄鉱十二月末まで二七一、一七五トン生産年中目標量二六四、〇〇〇トン一〇二％達成
蛍石	〃	蛍石精鉱七、四五四ST生産	〃	生産実績不明
その他鉱業	〃	その他鉱業一億八千八百万ウォン	〃	鉱業開発審議会で一億八千八百万ウォン全額融資推進・産銀で一部放出中
地下資源調査	〃	太白山地区綜合開発計画の一部	〃	大単位炭鉱開発および鉄鉱石賦存価値有無調査進行中
中央選鉱場	〃	蛍石原鉱一五、六〇〇MTを精鉱	〃	錦山に施工全工程の九〇％進捗・六二年末までに竣工予定のところ遅延
専売事業	専売	新煙草工場（九一億本）既存施設代替	62～64	新煙草工場の第一次整地工事完了・二月七日本工場新築起工式
ナイロン糸	商工	ナイロン二百万ポンド	継続～62	立地大邱・今年度目標工程の九二％進捗・六十三年四月竣工予定
精油	〃	各種油類九三〇万バーレル	62～64	第一次整地工事三万八千坪完了・第二次工事着工
湖南肥料	〃	尿素肥料八万五千トン	継続～62	十二月二十三日竣工式挙行・六三年度一月中旬頃から尿素肥料試製品生産
第三肥料	〃	硫安七万九千トン	62～64	肥種および規模未定で若干不振・整地工事進行中
ソーダ灰	〃	ソーダ灰三九、〇〇〇MT	62～63	仁川市鶴翼洞に代地三万二千坪購入完了・AID五六〇万ドルで東洋化学着工
PVC	〃	PVC四、六〇〇MT	62～63	立地三陟・技術用役調査完了・米西独日本と借款交渉中
テクファン	〃	テクファン二三、〇〇〇BF	62	立地釜山・AID資金一一〇万ドル借款確定したが三七万ドル追加申請、検討中
既存セメント1	〃	セメント三〇万MT	62～66	東洋セメント（三陟施設九五万トンから三〇万トンに拡張完了）
既存セメント2	〃	セメント三〇万トン	62～66	大韓洋灰（聞慶施設二十万トンから三十万トンに拡張完了）
第三セメント	〃	セメント十五万MT	62～63	立地丹陽AID四二五万ドル借款確定・今年度目標工程七六・八％進捗（現代建設）
第四セメント	〃	セメント三〇万MT		立地丹陽西独五八一万ドル借款確定・今年度目標工程七七・八％進捗（韓一セメント）
第五セメント	〃	セメント三〇万MT		立地寧越カナダ五三三万ドル借款確定・政府立地承認遅れ着工延期（中央産業）
第六セメント	〃	セメント四〇万MT		立地寧越西独六四九万ドル借款確定・今年度目標工程一〇〇％完了（双竜セメント）
PC枕木代替	交通	PC枕木五万個	62	年間目標の二〇〇、九〇〇丁敷設完了
綜合製鉄	商工	銑鉄二五万MT鋼塊二五万MT	62～66	立地蔚山・投資共同体解散し設立会社体制改編・借款交渉不振
製鋼業	〃	年間五万MT施設を七万MTに増産	62～63	仁川重工業会社で七万トン施設を九万トンに計画変更し拡張工事推進
製錬業	〃	増資五千万ウォン	62	韓国鉱業製錬公社で鉛・亜化製錬施設工事中・今年度目標工程六六・五％進捗
車両新造および改造	交通	設備改良車両四、〇二五合建造	62～66	客車一六九両新造計画に一七〇両完成改造五〇〇両目標に五〇〇両完成
造船業（政府）	商工	施設拡充一〇、〇〇〇トン級能力	62～66	「造公」法公布・施設拡大第一次年度目標一〇〇％達成
造船事業	〃	船舶建造六七、〇〇〇トン	62～66	第一次として一億六千万ウォン融資完了・新造船二、六六〇トンを四、〇五四トンに超過達成
ジーゼルエンジン	〃	ジーゼルエンジンおよび自動車五千台	62～64	計画遂行全体的に不振・対日借款交渉中
中小企業育成	〃	十億ウォン		全国協同組合組実態調査完了し検討分析中

第三次産業

事業名	所管	完工後事業効果	事業期間	昨年十二月末現在進捗状況
光州火力	商工	発電所建設容量一万二千七百九〇KW	62～63	予定工程を二カ月短縮し十一月十四日竣工
三陟火力NO.2	〃	発電所建設容量三万二千KW	62～63	全工程の五六・六％進捗・十月末から機械設置工事を進行中
釜山火力	〃	発電所建設容量十三万二千KW	61～64	全工程の二五・四％・十月末からIGE本工事を進行中
新規寧越火力	〃	発電所建設容量十万七千六百KW	61～64	全工程の十七・二％進捗・本館新築および附属物工事進行中
群山火力NO.1	〃	発電所建設容量六万六千KW	61～64	全工程の五・三％進捗・技術妥当性および借款申請書をAIDに提出
寧越火力（復旧）	〃	発電所復旧（既存施設三万KW）	61～63	全工程の七五・四％進捗ボイラー八合中五台を復旧運転中
釜津火力（国土）	建設	発電所建設容量一万四千四百KW	61～64	全工程の三〇％進捗・年間ダム打設目標量四一、三六〇立方Mを十一月中に完了
春川火力（国土）	〃	発電所建設容量五万七千六百KW	61～64	全工程の二八・二％進捗十二月末までダム打設目標量六三・四六五立方Mを十二月初完了
昭陽ダム	〃	発電所建設容量八万六千KW	62～65	第一次目標額の九七・三％終了
蔚山工業センター	〃	人口五十万の綜合工業都市	62～66	重機三十三台導入、蔚山工業地区造成は一次年度目標の九〇％を終了
清平水力（復旧）	商工	発電所復旧（既存施設三九、〇〇〇KW）	61～65	全工程の十四％進捗模型実験を始め水門造作装置と鉄物工事進行中
黄池線建設	交通	十七・五KM完成、無煙炭輸送強化	年内完成	年間目標対比一〇〇％実績十二月十二日支線開通
慶北線建設	〃	五八KM中三八％	62～64	年間目標対比九七・六％施工
旌善線建設	〃	三七KM中一七％太白山地区開発	62～64	年間目標対比一〇〇％施工
東海北部線建設	〃	二七KM完成	年内完成	十一月六日開通式挙行
ジーゼル機関車導入	〃	一〇〇両導入	〃	AIDから三〇台分、八、三〇〇、〇〇〇ドル借款承認
線路施設改良	〃	中央、栄岩、咸白線改良	継続事業	年間目標対比中央、栄岩、咸白線各々一〇〇％施工
鉄道施設改良	〃	通信、信号、電気および操車場施設改良	〃	自動交換施設改良およびSSB無線通信新設は明年に施行、その他事業百％
橋梁架設および復旧	建設	四・九KM橋梁建設	〃	一三一件竣工全工程の九五％を終了
産業道路（国土）	〃	産業道路三二KM建設	62～66	一件竣工全工程の八九％終了
道路舗装（国土）	〃	道路八五KM舗装	継続事業	二三件竣工全工程の九二％終了
墨湖港拡張	〃	岸壁一三四M築造石炭搬出十万トン	62～66	二件進行中全工程の八六％終了
港湾修築および改良	〃	物揚場二九〇M木浦港岸壁一二〇M	継続事業	施設四七竣工浚渫工事は全工程の九八％施工
航路標識	交通	有人灯台一カ所	〃	年間目標対比無人信号機一〇〇％有人灯台七〇％
航空施設拡張	〃	金浦・釜山・三陟飛行場拡張	〃	年間目標対比金浦空港九七％釜山飛行場一〇〇％三陟通信所一〇〇％
電話施設	逓信	全国四七、三〇〇回線新増設	62	四六、三〇〇回線開通九六％進捗
搬送および無線施設	〃	搬送設備三二七回線国際電信一回線	〃	月末現在四六％進捗（今年度目標は一〇〇％達成）
電信およびその他施設	〃	音声電信二〇回線線路機械更新	〃	十二月十三日竣工一〇〇％進捗
電気試験および電波	〃	各種施設八五種拡充	〃	五七種機保余他は導入中九八％進捗
郵便局新設	〃	一九九個局新設	〃	一九九カ局全部開局一〇〇％進捗
技術訓練所新設	〃	建物および施設	〃	建物工事中五五％進捗（今年度目標は一〇〇％達成）
住宅建設	建設	十万六千戸建設	〃	麻浦アパート竣工、国民住宅建設九五％終る
教育文化事業	文教	国民校五、〇〇一教室	〃	五、一二九教室竣工・年間目標額の一一二％施工
〃	〃	中・高校教室七九七教室	〃	徴収した期成会費五億ウォン・地方別に一〇〇％進捗
公報事業	公報	放送施設拡張TV	〃	華城郡南陽に五〇〇KW送信所完成
上・下水道事業	建設	上・下水道拡張施設	〃	上水道三二件竣工により全工程の九九％終る 下水道は一〇〇％竣工
観光事業	交通	観光施設および観光道路	〃	年間目標対比一〇〇％施工

三愛貿易
SAN-AI TRADING CO., LTD.
MATSUDAIRA BUILDING
NO. 11, 3-CHOME KYOBASHI, CHUO-KU, TOKYO
TEL. (535) 3821-3

＊商銀が築く
明るい事業！
熊本商銀
信用組合
熊本市米屋町２－２
TEL ２－3566,6003

冷房暖房
ダイキン冷房機代理店
日立冷房機代理店
○最高の技術とサービスは完璧です
○僑胞の事業体・団体に対しては実費で奉仕しますから冷暖房及冷凍機関係の一切を御相談下さい。
北洋冷凍機工業株式会社
社長　洪起華
監査　金炳泰
東京都新宿区原町三の八四
電話（341）〇四四九　代表

当店は
京都の中心地に位置し
京洛　随一の豪華な設備と
徹底したサービスを誇る
味覚と栄養の殿堂であります
南大門　京都市下京区西木屋町　TEL 35－3647・9691

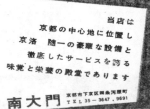

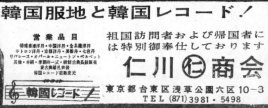

韓国服地と韓国レコード！

営業品目
特殊香港洋丹・中国洋丹・金糸織洋丹
テトロン洋丹・京都洋丹・美麗丹・七色丹
リバーシーオパール・ニュートンベルベット
其他・本絹・季節向一式・新鮮古典民族服装
貸衣裳他衣装
韓国レコード総販売元
韓國レコード
祖国訪問者および帰国者には特別御奉仕しております
仁川㊀商会
東京都台東区浅草公園六区10－3
TEL (871) 3981・5498

山を崩し！谷を切り開らき、海を埋めたて
建設界に躍進する！
愛知重機株式会社
取締役社長・柳川春光（朴三龍）
専務取締役・柳川正祚（朴正祚）
愛知県名古屋市中村区岩塚町字龍子田9
電話（54）8759番
（56）1784番

優良鋳物用銑鉄製造

朝日製鉄株式會社
取締役社長　中　学　出
横浜市鶴見区鶴見町1320
TEL 横浜（50）8431－4

民団中総、大学進学推薦試験
文教局第一次合格者発表

民団中総文教局が毎年おこなっている各短大、新制大学進学学生に推薦状を発給するための第一次推薦試験は去る十五日全国七カ所（東京、名古屋、広島、福岡、仙台、札幌）で一斉に実施されたが、二十四日中総文教局はその第一次分（東京、大阪、愛知、福岡地区分）を別項の通り発表した。

本年度の推薦試験応募状態は二月十五日第二次があるので全体的に把握できないが、第一次試験からみた限りでは例年より第二次試験にも多数の応募が見込まれている。

また本国の経済再建及び技術者優遇が反映されてか理工系の応募者が例年よりずっと多かったのが特色である。

第一次分（東京、大阪、愛知・福岡）合格者は次の通り。

◇東京地区
金旭東、金知代子、鄭寛浩、李栄鉉、辛秀雄、徐照三、辺安守、金成測、金俊二、曹欣英

◇大阪地区
金鎮洙、金光春、金止福。

◇愛知地区
裵竜学、曹相鍋、許鍋、金元博。

◇福岡地区
金興栄、朴茂光。

なお以上の者に与える推薦状は同日各試験地区を通して送付された。

朝総連幹部が詐取
北送を利用して僑胞家屋を
朴宗根弁護士が無知の老婆を救済

朝総連の一幹部が、遠縁関係というので頼ってきた無知の老婆から、家屋をめぐる訴訟問題の委託をうけたことをよいことに、費用云々の名目で多額の金銭をまきあげ、そのうえ、馴れ合いでその家屋を同僚に売り飛ばして北韓に逃亡した不祥事が発生したが、幸い朴宗根弁護士によって、共謀による企みが、法廷において明らかにされた。朝総連系の北送を悪用しての悪らつな詐欺行為が暴露されており、明るみに出ていないとのような例が全国的にひそんでいることも考えられ、僑胞社会に一大警告となっている。

金順伊さんは、都内三河島区一丁目二七二九番地で一人暮しのか弱い僑胞老婆であるが、一九五八年ごろ金某から理不尽の債権云々で金さんの家屋（時価約三〇〇万円）を強要してきたので、無知な金さんは迷ったあげく、当時、朝総連支部幹部職に就いていた遠縁の韓明年に事情を打ち明けたところ、自分に任せろといわれ、韓のゆうなりに彼の名儀で所有権の移転登録をした。その後韓は、前記金某との訴訟費用と称して幾度にわたって多額の金銭をうけて行ったが、どうも韓の態度に不審な点がうかがわれたので、家屋の所有権登記を自分の名儀にもどしてくれと要求した。

しかし、韓は本人の要求にも応じないでいたが、一九六一年二月ごろ北韓に逃亡してしまったのである。

その後、突然文某から金順伊さんに対して、法的手続きをもって明け渡しを要求しきたのである。金さんにとっては晴天へき靂のようなことであった。調べてみると、文は韓の同僚で、家屋をめぐる行きさつを良く知っておりながら、韓が日本を去る直前（同年正月ごろ）に約五十万円で取り引きし、所有権を自分の名儀に移転して、法的手続きをもって明け渡しを迫ってきたことが明らかになった。東京地方裁判所での第一審では、文の主張通りに金順伊さんに対して「文に明け渡せ」と言い渡された。

金さんは強制執行を前に路頭に迷っていたところ、たまたま僑胞弁護士朴宗根氏のことを知るようになり、同氏を訪ねて一部始終を打ち明けて救済を求めたところ、朴弁護士は事件の内容を察して快く引き受け、多くのあい路を克服しながら①前えを主目的とする移転登記は無効である、②文は、韓から買い受けた当時、内部事情を熟知してのことだから信義則違反であり、金順伊は所有に基づいて登記なくして文に対抗出来る、などの点をあげて弁護に努めたところ、去年の十二月二十四日、東京高裁では第一審の判決を覆えして金順伊さんの「文への家屋明け渡し拒否」が認められ、事実上の結着をみるに至ったのである。

朴弁護士が、数多いあい路を克服しながら挺身をもって事件解決に当ったから金順伊さんは救われたもののもしそのまま文の主張が通ったとすれば大変なことになるところだった。北送を利用してのこのような例は、外にも数多くあるものと考えられ、僑胞社会に警鐘を鳴らしている。

支払い準備率引下げの実現は無理
韓銀、一般銀行へ回答

資金難解消の一策として一般銀行から関係当局に建議された預金の支払い準備率引下げ問題は実現可能性がないようにみられる。

昨今一般銀行は資金難で苦しいあまり預金に対する支払準備金のほとんどを韓銀から借り入れ充当しているのに、仮払金として出した証券金融（三億五十万ウォン）に加え今後十億ウォン程度の証券金融などが放出されれば一般銀行はますます資金事情が悪化されるため、預金の支払い準備比率の引下げを財務部及び韓国銀行に建議していたものであるが、これに対して韓銀高位当局者は基準率調整問題は金通運委で決定するものであると前提し、昨今一般銀行の資金難は認めるが、これは毎年年末にある恒例的現況で憂慮されることはないし、また物価が全般的に強勢をみせ、通貨量増加を極度に抑制している現実では考えられないことであると語った。

来月17日に大会
民団岡山県本部

民団岡山県本部（姉崎発団長）では、このほど同本部会議室で支団長会議を開き、同本部第二十回定期大会を来る二月十七日午前十時から、岡山駅前三好会館で開くことを決定した。

順天風水害見舞金追加分
埼玉県本部
総五万七千二百円也

一万円 西北支部
五千円 川口支部
一万一千五百円 浦和支部
九千九百円 大宮支部
三千円 県南支部
五千八百円 越谷支部
七千円 草加支部
五千円 秩父支部

東洋一の観光地
ウォーカー・ヒルの全景

韓国革命政府は目下国力を傾けて経済建設を推進しているが このほどソウル近郊のウォーカー・ヒルに東洋一のリクリエーションセンターを建設し、昨年十二月二十六日その完工式をあげたことは本紙既報の如くであるが、革命政府としてはここを国民の健全なリクリエーションセンターとするとともに外人観光客を誘致しドルをかせごうと企図したものである。（写真はウォーカー・ヒルの全景）

“商銀設立”を具体化
民団岐阜13回定期大会

民団岐阜県本部（崔丁煥団長）では、さる十九日正午から同本部講堂で第十三回定期大会を開き新団長に趙世済氏（前監察委員長）を選出した。

姜学文中総事務次長、朴太煥中央監察委員、金竜煥愛知県団長ら多数来賓と、代議員五十九名の参席で開かれた同定期大会は、執行部提案の今年度の活動方針を審議し次のように決定した。

一、僑胞中小商工者育成のために設立中の商銀信用組合を来る二月末までに設立のメドをつけ、早期設立促進のため組織人、商工者が一体となれる専任事務員を置く。

一、民団組織を強化発展させるために、各支部の下に班組織を結成する。その小グループの班組織を強化させるために本国から派遣されている講師と相談して、民族教育を実施する。さらに近い将来民族教育実施の講習所を新築する。

このあと大会は次のような三機関長を選出した後、中総宣伝局提供の最新本国再建ニュースなどを観賞して七時過ぎ閉会した。なお同本部顧問ならびに役職員は近日中三機関長が相談して任命する。

日本の中小企業団体韓国へ
黒川武雄氏を団長に

大韓商工会議所保税加工貿易案内所および韓国生産性本部では、かねてからの日本、東京の実業連合会の要請に基づき同連合会に対する招請状発給の承認を商工部に申請した。

東京実業連合会の計画によれば二十五名の訪韓を予定しており、二月十日からの約一週間ソウルをはじめ大邱、釜山等を視察することになっている。

なお一行の顔ぶれは次の通り。

姓名	会社	業種
黒川武雄	東京実業連合会	会長、参議院議員
大坪金太郎	大坪硝子製造所	ガラス
楢崎新一	東織（株）	メリヤス
長行司満	蝶商（株）	Yシャツ、靴下
柳沢深美	柳沢商店	子供服
黒沢鑑三	黒沢機工	機械
吉田治昇	吉秀（株）	文具、事務用品
内藤千代三郎	内藤商事	毛糸、洋装品
中根三朗	中根商事	〃
大槻直二	大槻（株）	タオル
大槻道明	市川繊製（株）	繊製
中川鉄蔵	中川製作所	アクセサリー
水口宝一	ユニオン製靴	靴
柳田善積	柳田盛和堂	文房具
大熊政雄	三菱ゴム	ゴム
石塚芳兄	松崎（株）	靴装物
下島手沢	下島荷具企業	包装用品
武藤孝喆	東京紙問屋同業組合	団体
吉田孝一	エビス商店	ポリエステル紙製品
石井精二	郡繊維（株）	メリヤス布帛
宮崎睦	丸松繊維（株）	タオル
川久保義人	ウテナ（株）	化粧品
海渡享	三洋（株）	プラスチック
田上貴久	田上特殊工業所	プラスチック印刷
鈴木俊彦	実業連合会	常務理事

営業品目

海狗腎及其他補薬
人蔘鹿茸唐草乾材
和薬医薬各種新薬
直ぐ服める液体漢方薬
内外貿易業務代行

日和堂薬院
大阪市東成区大今里南之町1−14
電話（971）3180・7958

新帝国主義研究
◇最近の共産主義の諸形態◇

東独政権とソ連の対東独政策 ①
メルビン・クロアン カール・J・フリドリヒ 共述

ドイツ民主共和国（DDR）を自称する東独共産政権はポーランドの政治的変動と失敗に帰したハンガリー革命があった数週間の渋じんな混乱期を剛直にこらえた。この不撓不屈の剛直によって東独共産政権は模範的で忠実な衛星国になったのである。執権党の社会主義統一党（SED）の機関紙、ノイス・ドイツランド（新独逸）はポーランドのゴムルカ領導下の「人道主義的社会主義」の主唱者には悧と攻撃を加えた。

ハンガリー人のほう起は最初から反革命的悪党の行動であるという非難をうけた。SED（社会主義統一党）の中央委員会は特別声明を通じてソ連軍のハンガリー介入を平和■の為導として歓迎しカダル政府の成立を完結的結束として歓迎した。国家共産主義をさして、ワシントンの国家安全会議（NSC）が社会主義陣営を分裂させ、ソ連の孤立を目的とする政策の一つとして非難した。またSEDはソ連に対する東独政権の継続的な忠誠およびSED党員のウルブリヒト領導に対する継続的な忠誠を確保するため必要あれば秘密警察が使用されると警告した。国家安全相エルンストボルベポはつぎのように言及した「平和の確保と労農国家の富強のための必要な基本的前提条件はプロレタリア国際主義の原則に立脚して社会主義陣営の領導ソ連に対する忠誠と、社会主義陣営それ自体の団合と、各国を領導していく労働階級の政党を統一するものであることをすべての同志は明瞭にしらなければならない」

西ドイツ政府はそのNATO同盟国らに一九五三年六月のほう起が再燃されないかというおそれを表示したことがあるが、またこのような恐れは現実的に具体化されたのではない。ベルリン市にあるフンボルト大学とライプチヒにあるカールマルクス大学校では露語とマルクス主義社会科学の強制授業に反対して、非共産主義学生機構を支持する学生らのせん動があった。これに対して東独逸政権は武装軍隊の派遣、また党員らを配置することによって学生らが、知識人らの自発的非難をしないように警告した。この事実をよりはっきりさせたものは指導的で人道的なマルクス理論を主張したブルブカン・ハリッヒ教授及び若干のその同僚らを国家安全首官史が逮捕して反革命的陰謀を理由に告発した事実である。

事実上現在の東独逸政権の安定性とは明白な逆説である。なぜならばその安定性とは反相的なものにすぎないためだ。なによりも東部中欧（東独）におけるソ連の地位に対する最初の挑戦である一九五三年六月十七日の民衆ほう起がおきたところが、すなわち、独逸のソ連占領区域であった事実をみても知ることができる。この実態を説明するにおいてSEDに対する批判を加える中で、この党をスターリン主義的と規定した人は多い。しかしこのような指摘が実際に東独逸政権の性格と基本的要素を理解するのに有益であるかどうかは疑問視される。現在スターリン主義という用語はどのような意味を含蓄しているか？万一スターリン主義がすでに死亡したソ連の一人の独裁者の人品と、業績を追求するものであれば、東独逸政権はこれを欠如しているのである。すなわちSED党書記バルト・ウルブリヒトは死亡した進歩的人類の天才の欠点を自ら宣言した衛星国頭目の一人である。

スターリン主義がより普遍的な概念として使用され政治技術の一つとしてみた場合この政治技術の特性それ自体が総ての全体主義政権に共通の特性になっていないか？とわれわれは反問することができる。本質的な反スターリン主義者チトーがミロバン・ジラスを投獄したのと、ウルブリヒト政権がボルカン・ハリッヒを逮捕したのはなにかちがうか？。

尋ね人

朴英来（46歳）
本籍地 忠清南道公州郡[illegible]
右の方の消息を御存知の方は左記までお知らせください。
忠南燕岐郡[illegible] 朴尚圭
または東京都杉並区正保町二八 梁翊山
電（391）五七五一番

金相守さん（日本名）大山忠次郎 右の人の妻
朴福花さん
本籍、慶南釜山直轄市東莱区正堤洞一〇二六
住所、一九五四年六月四日まで東京都大田区仲蒲田一の二四
右御夫妻の行方を釜山にいる父朴理煥氏が尋ねております。消息を御存知の方は左記へ御連絡下さい
連絡先＝、釜山直轄市東莱区正堤洞一〇二六、朴理煥

上田真三氏
右の方を香港にいる北京出身の友人、郭玉淑氏が尋ねております 右の方、またはその家族の住所を御存知の方は左記へ御連絡下さい
連絡先 香港九龍郵箱五〇四二号 または、目黒区上目黒七の一一二六、電（713）五〇七九（崔青艶宅）

崔聖寔氏 現在55歳位
本籍地 全南順天市東外洞
現住所 東京（？）
右の方は終戦前に来日、東京都内に居住している模様。本国で義兄（妻兄）が緊急な用件で尋ねております。ご存知の方は左記までご連絡下さい。
尹亨南（義兄） 駐日代表部公報官室 電話（451）八二〇六

盧氏（岡村一夫）
全南光州市出身
第二次大戦中輸送船関係に従事、戦後北海道方面にて請負業を営んでいたとの風聞。
娘の勲さんが尋ねております。
連絡先 東京都練馬区東大泉東映撮影所 朴英勲まで

金寿夫さん
本籍、忠南保寧郡大川面東■里
住所、三年前まで広島県内に居住
右の方をソウル特別市城東区杏堂洞一三〇の三にいる実兄金寿元氏が尋ねております。
消息を御存知の方は左記まで御連絡下さい。
連絡先、東京都文京区春日町51 民団中総 文教局長

教職員募集要項

大阪市西成区梅南通り五丁目 学校法人 金剛学園（大阪韓国学園） 電話(661)二八九八

前言 本学園は幼稚園・小学校・中学校・高等学校（男女共学）を併設し、韓・日両国の学校教育法に則り国際的な教養を高めると共に、それぞれの教科課程を教習し韓国々民の人づくりに専念しています。

募集人員
A、幼稚園保母 女子 一名
B、小学校教諭 男子 四名 女子一名
C、小・中・高音楽担当 男・女 一名（但、韓国語で指導可能な人）
D、中・高理科担当 男子 一名
E、民族教科担当（韓国語）男子 三名（韓国々史・地理）男子 一名

資格 在日韓国々民で各免許状を有する人、又は将来修得可能な人（但、民族教科担当は、この限りにあらず）

待遇 優遇します。

提出書類 履歴書 一通、卒業見込証明書 一通、成績証明書 一通、学長推薦状 一通、写真 一枚

期間 上記希望者は一九六三年一月末日まで、提出書類持参又は本校へ送付願います。

尚、詳細は本校庶務まで問合せ下さい。

以上

一九六三年度 生徒募集要項

一、募集人員
- 幼稚園 一年保育児 一〇〇名（男・女・共学）
- 小学校 第一学年 一〇〇名（〃 〃 〃）
- 中学校 第一学年 一〇〇名（〃 〃 〃）
- 高等学校 第一学年 八〇名（〃 〃 〃）

二、出願期日
- 幼稚園・小学校・中学校 三月十六日（土）まで
- 高等学校 第一次 二月二十八日（木）まで 第二次 三月二十八日（木）まで

三、出願手続 本学園に所定用紙があります。

四、考査料
- 幼稚園・小学校・中学校 無料です。
- 高等学校 三百円也

五、考査
- 幼稚園・小学校 面接、健康診断
- 中学校―面接、健康診断、書類審査
- 高等学校―面接、書類審査、学科（国語又は日本語、数学、英語）試験

六、選考日
- 幼稚園・小学校・中学校 三月十七日（日）午前九時半
- 高等学校 第一次 三月四日（月）午前九時半 第二次 三月二十九日（金）午前九時半

七、合格者発表―幼稚園、小学校、中学校は三月十八日（月）午前十時
- 高等学校 第一次 三月六日（水）午前十時 第二次 三月三十日（土）午前十時

八、入学金 幼稚園、小学校、中学校はありません。高等学校 二千円也

九、その他 小学一年入学児は教科書代が無料です。その他多くの特色がありますから、詳しいことは教務まで問合せ下さい。

大阪市西成区梅南通五丁目五番地
学校法人 金剛学園（大阪韓国学園）
電話 大阪（661）二八九八番

一九六三年度生徒募集

一、中学校
○募集人員（男女）＝第一学年九十名、第二学年若干名。
○出願期間＝第一次一月十六日―二月二十六日。第二次三月一日―三月二十五日。
特典＝①、入学金授業料無し。②、生活貧困者に教科書を無償支給。③、奨学金制度がある。④、韓国高等学校に推薦入学する途がある。

一、高等学校（商業科）
○募集人員（男女）＝第一学年九十名。
○出願手続＝期間までに必要書類を本校教務課に提出すること。
○出願期間＝中学校と同じ。
○考査日＝第一次二月二十七日、二十八日。第二次三月二十七日、二十八日。
○選考方法＝①、学力考査（日本語、社会、数学、理科、英語）②、面接。
○特典＝①、奨学金制度がある。②、韓国の大学に留学する途がある。

京都市左京区北白川東平井町八
京都韓国中高等学校
電話⑦一八三五

JAPAN TOKYO

'63東京公演

民謡舞台の一部

韓国民謡農楽団日本特別公演

①民謡合奏 ②長鼓合奏 ③民謡 ④ダル舞 ⑤漫談 ⑥農楽 ⑦農楽と民謡

東京公演は夜のみ☆2月8日⇨9日⇨10日☆開演午後6時
ファイーストプロが新春に贈る―豪華実演―第一弾！
韓国の民謡が東京の真中でまき起す陽山道の煽風！

製作 大見山静夫・企画 鄭永根・構成演出・舞台美術 皇武童

出演者
●民謡 安翡翠
●農楽 李銀珠 金玉心 墨桂月 沈明花 劉仙女 元仙女 朴招宜 朴貞淑 文明花 李銀美 全金子 金千興 許浩永 鄭在嬉
●漫談 全四鍾 張笑八
●器楽 白金女 李忠善 徐公哲 金銀山

○韓国民謡のNo.1 文化放送専属 安福植
○漫談界の人気者 張笑八
○農楽の天才児 全金子
○器楽の奇才 金銀山
○演劇界の人気司会者 白金女
○韓国農楽界人気者 全四鍾

（漫談界の王者）張笑八

韓国民謡界のNo.1（文化放送専属）安福植

（話演劇の人気司会者）白金女

爆発的人気!!

・地方公演日程

月	日	地
2月	13日	博多
〃	14	長崎
〃	15	戸畑
〃	16	下関
〃	17	広島
〃	20	岡山
〃	22	大阪
〃	23	大阪
〃	24	大阪
〃	25	京都
〃	26	名古屋
〃	27	名古屋
〃	28	静岡
3月	3	横浜
〃	5	札幌
〃	9	仙台
〃	10	盛岡
〃	12	青森
〃	16	秋田
〃	17	山形
〃	19	新潟
〃	21	富山
〃	23	福井
〃	26	金沢

提供 （株）ファイーストプロダクション
後援 韓国公報館・韓国新聞社

絶賛 前売中 プレイガイド 売切れない中に！
特別席¥800・A席¥500・一般席¥300
文京公会堂 国鉄・水道橋 地下鉄・後楽園前 →下車
お問合せは→（株）ファイーストプロ・電話（591）5341～3番・（東京都港区芝田村町2−12・三進ビル）

文化

金泰伸

日本色濃い映画宣伝に問題化

＝未完成の「幸福な孤独」＝

韓国に帰化した日本人女学士の手記を映画化した「幸福な孤独」（申敬均監督）が、検閲当局である公報部によって「日本色が濃い」という理由でひっかかった。同映画はまだ完成されてはいないが、現在予告編と広告に「日本人の特別出演」「日本と韓国云々」など国名の転倒ら列や日本キモノの大げさな展示などが問題になっているようである。韓国に帰化した日本人の手記であるだけに、日本のキモノや日本の背景登場などは仕方のないことといえ、このような日本色を興行的な要素に乱用している底意が指摘されるほど日本色が濃かったのが、そもそも当局の槍だまにあがった理由になったようだ。

去る十八日「製協」は、この問題をめぐって理事会を召集、代表委員からして当局と折衝するように取り図ったものと伝えられているが問題を解決するための、これと言った合意点にはまだ達していないようである。

邦画製作界では一部の外画輸入商社で日本色映画を仕入れて上映しにいということに真向から反対した手前、邦画界にも潜入しつつある日本色を正当化するような名分はやはり立たないものと見られる。

しかも、当局で一時解除措置をほどこした資材事前審査制を復活したのが、日本色物の宣伝文幅に脅かれたことに対しこのような復活措置を取ってまだ幾ばくもたたない時だけに「幸福な孤独」は当局の施策上テスト・ケースとしてアップされたと見る向きもある。

邦画製作界は、現在D劇場で上映されている「夜の世界」という映画がほとんど日本を軸にして撮影した映画であるだけに日本の盛り場のストリップ・ショウまで撮されているにも拘わらず、上映されている例を参考にすべきだということを揚げて「幸福な孤独」の場合と引き換えろという気勢をあげている。だが、当局では「夜の世界」は記録映画であるだけに問題が違うという見解を表明した。記録映画にしろ、劇映画にしろ、日本色には変わりがないというのが大勢論であるようだ。

ふくれあがる大学
ついには「警察行政学科」も

この程、大学街は「入学期」を前に本調子にゆれだしているようだ。

新聞などには新入生募集要綱がにぎやかに飾られ、学生らも、あっちこっちの学校と学科にてらいながら、はえの誉れを占めようと頭をしぼっている。

最高学府の道は、依然として険しく狭いとはいえ、今年度はほとんど百余の学科が新設・復活されともすれば募集定員も大幅にふくれあがりそうである。昨年度に比すれば、えらい余裕が生じたようだ。

革命後の大学はそれこそ受難期であったともいえる。門は閉ざされ学科も改廃されたりして定員もぐんと減ったようで……。恐しい革命の旋風は穏やかな学園には余りにも強すぎた。「学園の正常化と大学の質的向上」という大目的のために――この名目のために一切のことを忍んでは来たが、どうした訳か大学行政は、やたらに昔の夢を追っているようにも見える。

遠慮なく締めあげた手前、大学に息抜きでもやらせる積りなのか――。国家興隆の礎となるべき教育―特に教育制度には試行錯誤の安易な心掛でもって手をつけるということはさ程感心したものではない。いろいろと考えたあげく広く意見を求め、微じんも欠点のない遠大な計画をたてた後、始めて手をつけられるものではないだろうか。

これからは、大学街に台風が酷く荒れないものと信じて、入試を前にした学園の表情を探って見ることにする。

学生らが多数集まる学校に必ずしも立派な施設、優秀な教授らが控えているとは限らない以上、応募者数の多少によって定員を増やしたり減らしたりすることは、どうにも理解しにくい。

だが、このような理くつはどうであっても、一部の大学では応募者数が少なくても定員の二〇％を越させるべくPR活動に弄走しているようだ。

例をあげれば「入学成績の優秀な者には入学金を免除する」「女学生は成績が八十点以上の場合は入学金の三分の一は減じてやる」「入学後成績優秀な者には、総長奨学金を始めとする十余種の奨学金を受け得られる」などと。

学生らが、各自の資質と個性と実力とを伸ばし得る学科、学校を選んで志願する場合、果してどの学校がどれくらいの志願者を集められるかは、例年にない興味の材料として関心が寄せられる。

○…先きほど、私立大の学科再編整が明らかにされた際のことだが、余り耳なれしない妙な学科のたぐいが新しく現われて注目された。

いわく警察行政学科、いわく技指導科、酪農科、衣類学科、聴覚教育科、健康教育科、食品工科など――。

すべての分野がしきりに分化されて行く傾向にあるとはいえ、このように枝葉の分裂のみにとらわれては、しまいにどんな学問を専攻する科目が顔をつきだすか分かったものではない。

第二級国宝指定（続き）

▲二七九禅雲寺金銅菩薩座像▲二八〇、同地蔵菩薩座像▲二八一、広寒楼▲二八二、高寺址双獅子石灯▲二八三、琴譜▲二八四、金銅如来立像▲二八五、金銅菩薩立像▲二八六青磁象嵌[illegible]童子文梅瓶▲二八七、粉青剥地花文瓶▲二八八銅製銀入糸香炉▲二八九坡香亭▲二九〇、[illegible]寺大雄殿▲二九一、来蘇寺大雄宝殿▲二九二、開岩寺大雄殿▲二九三、洗兵館▲二九四、昇安寺址三層石塔▲二九五、観竜寺竜船台石造釈迦如来座像▲二九六青岩寺修道庵薬光殿石仏座像▲二九七、同三層石塔▲二九八、月南寺址模伝石塔▲二九九、華厳寺大雄殿▲三〇〇、同円通殿前獅子塔▲三〇一、大興寺北弥勒庵三層石塔▲三〇二、松広寺薬師殿▲三〇三、同霊山殿▲三〇四、筏橋虹橋▲三〇五、安東石氷庫▲三〇六、安東護[illegible]▲三〇七、青岩寺道庵堂石造毘盧舎那仏座像▲三〇八、普済門▲三〇九、泉谷寺址七層石塔▲三一〇、昌寧石氷庫▲三一一、錦渓日記▲三一二、小台里五層石塔▲三一三、月南寺址石碑▲三一四、紫地金泥妙法蓮華経▲三一五白紙墨書妙法蓮華経▲三一六、寧円寺円応国師碑▲三一七、同石造如来座像▲三一八、同四天王石柱▲三一九、直指寺石造薬師如来座像▲三二〇、大興寺応真殿前三層石塔▲三二一、至正四年在銘高麗青銅銀象嵌香炉▲三二二、観徳亭▲三二三、清道石氷庫▲三二四、[illegible]水鎮南館▲三二五、松林寺五層[illegible]伝塔内遺物▲三二六李忠武公遺物▲三二七、義城氷山寺址五層石塔▲三二八、金銅薬師如来立像▲三二九、軍守里石造如来座像▲三三〇、同金銅弥勒菩薩立像▲三三一、方形台座金銅弥勒菩薩半座像▲三三二、春宮里鉄造釈迦如来座像▲三三三、金銅菩薩立像▲三三四、通度寺銀入糸銅[illegible]香炉▲三三五、石造如来座像▲三三六、鄭地将軍頭彩▲三三七、長谷寺金銅薬師如来座像▲三三八、金鈴塚金冠▲三三九、瑞鳳塚金冠▲三四〇、鉄彩白画[illegible]文梅瓶▲三四一、青磁象嵌雲鶴牡丹文瓢形水瓶▲三四二、青磁象嵌袱紗文梅瓶▲三四三、[illegible]伝▲三四四青磁陽刻蒲柳水禽文浄瓶▲三四五、白磁象嵌牡丹文梅瓶▲三四六、青磁象嵌辰砂牡丹文梅瓶▲三四七、青磁象嵌遊魚文梅瓶▲三四八、粉青沙器牡丹文[illegible]盒▲三四九、青磁象嵌母子盒▲三五〇、道東書院講堂、祠宇、附墻堂▲三五一、石造浮屠▲三五二、紺紙銀泥妙法蓮華経第七▲三五三、鷲岩寺址双獅子石灯▲三五四、天興寺址五層石塔▲三五五、洪城新耕里磨崖石仏▲三五六、無量寺極楽殿▲三五七、浄兜寺址五層石塔▲三五八、令伝寺址普済尊者舎利塔▲三五九、浄土寺弘法国師実相塔碑▲三六〇、月光寺円朗禅師塔碑▲三六一、普提寺大鏡大師塔碑▲三六二鳳林寺真鏡大師宝月凌空塔▲三六三、同塔碑▲三六四、羅州西門石灯▲三六五、興法寺真空大師塔附石棺▲三六六、成恩寺址西三層石塔内遺物▲三六七、己丑銘阿弥陀如来諸仏菩薩石像▲三六八、弥勒菩薩半座石像▲三六九、石南寺浮屠▲三七〇、潤月寺趾石造如来座像▲三七一、月城石造如来座像▲三七二、竜岩寺[illegible]浮屠▲三七三宝泉寺址三層石塔▲三七四、巽谷寺大雄殿▲三七五、咸陽馬川面磨崖如来立像▲三七六、咸陽石造如来座像▲三七七、居昌陽坪洞石造如来立像▲三七八、居昌上洞石造観音立像▲三七九、晋陽孝子里三層石塔▲三八〇双谿寺浮屠▲三八一、陝川白岩里石灯▲三八二、青松寺址三層石塔▲三八三、敦化門▲三八四、弘化門▲三八五、明政殿同廻廊および明政門▲三八六、玉川橋

以上

國寶巡禮

李 嵩 雨 筆

青磁飛竜形注子

○…恐らく、今四十代以上の韓国の知識人であるなら、日本人学者（柳宗悦氏）が総督府統治を攻撃して、次のように述べたことを、まだ記憶している人も多いだろう。

「私は世界芸術に確固たる地位を占めている朝鮮の誉れを、そのまま留保させるのが、日本がなすべき正当な人道と考える。日本が「国宝」として世界に誇り、また世界的にその美しさが認められている大部分のものが一体、誰の手によって作られたものというのか。日本の「国宝中の国宝」だとするほとんどのものは、実は朝鮮民族によって作られたものではないか。だが、現在どのようなことが起きようとしているのだろう。芸術的な素質に恵まれた民族が、固有の民族性を放棄するように強要されているのではないか。私は、この世界的損失を忍びただ傍観する訳には行かない。一国家の芸術、特に、その芸術をうみだす精神を破壊し、抑圧するようなことは、罪悪のなかの罪悪である…。」

われわれの古美術品をこのように敬念とせん望の目からながめる「柳」氏でなくても、誰でも一度見れば感嘆せざるを得ないものの一つに、国宝第六十一号「青磁飛竜形注子」（高さ二四・四㌢＝十一、二世紀作＝国立博物館）がある。

安住の地よいずこ　(133)

許 槿 旭

え 金 泰 伸

安地住のは（十九）

きいろいあかりがぼんやりと照らす部屋のまん中に、夫は頭を抱え込んだまま、首を深く垂れて坐っていた。

「坊や！」

私はこどもを抱き起して乳を吸わせた。

こどもは豊かな乳をむさぼり吸いながら、二つの眼でまじまじと私を見つめるのであった。母の苦悶は、何のかかわりもないといったように…。

こどもの黒い瞳を静かに見守る私の心に、急に抑え切れない悲しみがこみ上げて来た。

涙が止めどもなく流れ、こどもの顔の上に雨のように落ちた。いままで大事に――、心にしまっておいた希望などが、見る影もなく散々に砕かれてしまうようであった。

五月が訪れた。ライラックの香りが風に乗ってくるある日、私は涙をのんで、無言で夫の荷物をまとめた。

たしかに彼は心に何かの苦しい秘密を持っていることがはっきりした。彼が恐れていることは自己の良心であろうか？それともある決定的な何ごとかをしでかし、これと対決するのが恐くて苦しみを忘れようと努めているのではなかろうか？

「あまり心配しないでくれよ。俺が一人で居たいという苦しい気持ちを、君は理解してくれなければいけない。現実から逃避しようというのではない。ただ、しばらくの間、精神的に、私自身の疲れた頭を整理したいからそうするんだよ。生活費は責任を負うから心配しないで。こどもを連れて疲れるからそのまま家に居なさい。見送らないで、あす来るから」

ゆるしを乞うかのように私を見守る彼の眼ざしを避けながら、私は静かに言った。

「作品を多く書くようにしてね。孤独が私自身を悟るようにしてくれるかも知れないわ。しかし、私たちは、再び昔のようにはならないでしょうよ」

私は窓越しに夕暮の闇に包まれた坂道の下に曲る彼を見送った。

やがて、彼の姿は消えてしまった。突然、全世界が沈黙したかのように、恐ろしい空虚が私の心に忍び込んだ。

何かを追いかけて行って捕えようとするかのように、私の思いはとり止めもなく散っていった。すさむ心の動揺に、胸がしきりに高鳴った。

脚がふらつき、気が抜けて、気絶してしまいそうであった。

（私がなぜそうしたのかしら？彼を行くように放っておくなんて……）

潮のように押し寄せてくる後悔に、私は体をふるわした。

（どんなにしても、彼に追って行って哀願して見ようか？しかし彼は結局は行ってしまうだろう……」

どうするくともできない諦めの前に、希望と絶望が錯そうして、辛い心のいたでをかきむしるようであった。

一九六二年の問題作⑤
国語に対する鋭い感覚

徐 基 源

これは、申之君が腹を痛めたくだりです。この文章を、最初にこの作品は失敗作であると指摘した理由を、或る程度示唆することができる欠点を、持っている。この引用をもって判断するならば、心理ではなく虚構物にすぎない。これは作家が表現方法のイメージと、形象化できないところからくる焦燥を、反映するものであります。

氏の感覚性は、皮膚的といえるほど鋭敏だ、もし、彼に造型的能力を持ち合せなかったら、その感覚性はかえって作家を傷つけ易い。小説は、分析的方法の芸術であるが、分析のために言語を浪費する場合には、表現とリアリティは成立たぬのであろう。

自分は努めて、この作品の欠点をつくためにしているようにみえますが、それ以上にこの作品が試図した方法の可能性に、期待を寄せるものです。次は、申之君が校長の前で自分を主張している点であります。

「しかし、普通人々は或る不可抗力な人類の仇敵からうける災厄を、自分たちが他の人々に代ってそれをかぶってしまうように、恩済がましい錯覚をして烈女か聖者然とする。そうして、何にも福音でも著述した顔をする。自分が小説家を志望するのは、そのためです。そうでないことを書くためです」。

このコトバは、この作品の場合作家自身の発言として認めても、差支えないのです。しかし「そうでない小説」というのは、倫理的主題よりも美的表現に歪形されている氏の作家的素質と傾向を、言ってるように思います。

▲南廷賢「自首民」（思想界七月号）

氏は、対象を戯画化する手法をもって、誇張しています。この誇張した映像を重ねることによって個性的なリアリティを、つかみたいと努めている。その方法は、わが国語が持つ強靭な粘着性（民族的性格の一端でもあるが）を、諷刺的方法に密着させながら、わが小説の中では稀れな、實量をみせております。

氏の想像力は、現実と対決させて炎を燃やしながら、悲壮な諷刺を描いています。

（紙面の都合で作品からの引用文十三行割愛省略）この作品では、いくらも見られる、こういった叙述方法は、外に向う眼ではなく、内に向う眼を、躍動させます。氏は、小説の虚構を創造しながら、高次的リアリティを指向しているのでしょう。

▲徐廷仁「後送」（思想界文芸特別増刊号）

初対面の作家です。処女作である上に、これに該当する数篇の作品だけでは、時評の対象にはなれないので、この作品を取り上げることはいささか躊躇します。

「後送」は、将校である主人公が耳にするひびきの音のために、前線から後送される過程を、一々克明に、着実な呼吸をもって編みあげた作品であります。挙銃を乱射して後、耳の中でひびき始めた声は、ここでは生理的現象（事実）であるというよりは、意識の内部から反響する持続的な現象とみるべきであろうか。それは、孤独であり自己以外を象徴するイメージである。

前方の医務隊と野戦病院の軍医から、仮病として疑われながら、多くの関所を通りぬけ、ついに後送されるまでに、作者はわざと主人公の心理的推移を書こうとしないのです。

「いままで、どのようにして勤務されましたか？」

「中耳炎か何にかよくわかりませんが、以前かかったことがあります。でも、そのとき病気はなおしました」

「それでは、どこか痛むのですか。一寸拝見しましょう」

軍医は、成中尉の左の耳をのぞいた。

「こちらは異状なし、右は？」

「そちらは、なお異状ないでしょう」

「そうですか？それで、耳から音が出るというのですね」

「そうであります」

「後送しなさい、音がするのですね」

「戯談する気分になれません」

「成程、戯談はよしましょう。診察も終りました。異状ありません。退院しなさい」

「退院は」と、成中尉は真っすぐに見上げながら話した。

「すっかり癒った人がすることでしょうね」

「癒すところがありません。将校さんは」

「それでは、自分はこちらまで遊ぶために来たとおっしゃるのですか」

この対話は、言語を大事にすることを知っている作家の表現力を、感じることができます。彼が耳の中でひびく音は、余程の診断ではわからないのと同じく、彼の内部に巣食う孤独は、他人ではわかってくれません。この主題と合致するように、彼の表現方法は、象徴的効果を、ものにしています。

弁明

六二年の小説中、前項列挙した作品の外にも、同一な期待がかけられる作品を上げれば、▲崔仁勲「九雲夢」（自由文学四月号）▲安相玉「聖ポーロの神父」（思想界四月号）▲[illegible]南哲「帰郷」（思想界文芸特別増刊号）▲康信哉「荒涼の日の童話」（同上）▲徐竹海「使役の後」（現代文学七月号）

新文学は新しいコトバを語ります。新しいコトバが芽ばえ始めたのは、六二年からではなく、ずっと旧いのです。それ故に、この時評は表現の問題を中心にした新世代論の性格を帯びたようです。

（筆者作家・思想界十二月より）＝終り。

大東化学工業株式会社
取締役社長　林 春 善
TEL (29) 3381

／舞台構成／舞台装置／会場装飾美術
皇 武 童 画 房
東京都品川区大井倉田町3292　電話 771・9583番（共）

★世界各国航空船舶券発売・渡航手続一切
★KAL航空券取扱・韓国旅行案内
ORIENTAL TRAVEL SERVICE
Code: ORIENTRAS Tokyo
東洋航空株式会社
東洋旅行社　国内部
本社：東京都中央区銀座西7－2　TEL 571－1340・2930
大阪：大阪市東成区片江町2－50
fly to SEOUL
ORIENTAL TRAVEL SERVICE

技術革新の凱歌！
平和ミラクル・セット
パチンコ裏玉還元装置
★シマの構造は、あまりいじりたくない……
★人為的な玉の上げおろし作業は、人手不足の折から、もったいない…
★サービス員の出入り出来る余地があるだけで、悪質客は心理的にもガス玉が打ちこめない…
★他機種の入れ替えにシマをつくり直す手間が要らない…
★したがって、完全な還元装置があれば、いちばん理想的…
以上の問題は、平和のミラクル・セットのご使用で、すべて解決します。
平和
東京・大阪・北海道

韓国料理
漢陽館
崔泰奎
東京都文京区清水谷町1番地
電話（941）1552番

自動車のコンサルタント！皆様の車に関する相談役
新車各種・中古車販売・修理・板金・塗装
自動車保険（事故相談・一般契約）取扱店
（無料相談受付中）
自動車の事なら、売る時 買う時 他一切の御相談に応じています
国電東中野駅陸橋際・東京都中野区上ノ原町11番地
日野コンテッサ・日野ルノー
東京日野自動車株式会社代理店
大東京自動車株式会社
代表取締役・尹和錫
電話（361）1508・0096番

、1）昭和24年10月10日第三種郵便物認可第2 中獎643号・昭和37年1月12日国鉄東局特別扱承認新聞紙第11号　韓　国　新　聞　1963年2月3日（日曜日）　日刊 第768号

韓國新聞
発行所 韓国新聞社
発行人 曹寧柱
東京都文京区金富町51
電話（813）2261・2263 編集
東京（812）1921（813）2262 業務
振替口座 東京 34988番

日本漁網船具株式会社
取締役社長 福井保
本社 東京都千代田区丸の内二ノ二（丸ビル）
電話代表二〇一局一八四一・一三六六

共和党 創党大会準備を終了

代表委員らを選出

創党準備 中央事務局を設置

【ソウル発＝連合】三十一日午後に開かれた民主共和党発起委員会全体会議は来る二月二日の創党準備大会手続および準備事項を確定し、同大会を二日午前十時からソウル市内三一堂で準備代表四百余名と百五十名程度の来賓参席のもとで開くことにした。

この日会議では創党準備大会代表選定問題を論議、中央で選定した百名の代表を確認する一方、市道で選定してきた人員の最終的数字を連絡分委で決定するよう委任した。また創党準備大会で採択する大会声明案と準備規定案を検討した。委員長と副委員長をそれぞれ一名、委員約四百名内外をおくことにした。そして委員会には総会、常任委員会、企画、組織、宣伝、政策、調査などの五分科委をおき、常任委の下には創党準備中央事務局をおくことにした。この事務局は事務総長のもと企画、組織、宣伝、政策、調査、総務などの部署をおくことになっている。

今明日中に内閣改造

閣僚の出馬に伴い

政府は一日午前中に出馬閣僚辞退による改閣を断行するものとみられる。改閣の範囲は経済企画院長、法務長官、財務長官、内閣事務処長などと伝えられており、金顕哲内閣首班は三十一日朴正熙議長と改閣に関して協議した。

政府は一日午前最高会議常任委の承認をうけ次第改閣を発表する予定であるが、内閣事務処長の後任は民間人の中から起用されるようであり、援護処長には同次長尹準将が昇進発令されるだろうと伝えられる。

学令児童 三十五万人増加

六十三学年度の適令児童は六十二年度に比べ三十五万一千二百六十一名も増える。三十一日文教部集計によれば六十三学年度全国の適令児童数は七十八万五千三百六十二名でその内約九十五％が就学するものと予想されているが、各市、道の適令児童数は次の通り。

ソウル七九、一一六名、釜山三六、六七八名、京畿八七、五三九名、忠南八〇、二六八名、全北六二、六八二名、全南一〇七、六九一名、京北一二三、九七八名、慶南九六、二五二名、済州八二八名。

観光事業の振興を

朴議長、交通部に指示

三十一日午前十時朴正熙議長は交通部を視察、朴交通部長官から交通事業全般にわたる報告を聴いた後、これからは経済企画院と協調して観光事業振興に力を尽すよう指示した。金内閣首班、玉昌鎬最高会議交通委員を伴なって交通部を視察した朴議長に対して朴交通部長官は六十二年の業績と六十三年度の交通事業全般に関して報告したが、席上京仁線電化の年内起工、民間観光事業育成の指導資金設定などを建議した。

旧政治人を救済

許政氏など二百七十五人

【ソウル発＝連合】最高会議は一日、政治浄化法によって追放中にある旧政治人に対して第二次追加救済処置を断行する予定である。金炯旭内務委員長は三十一日午後旧政治人の追加救済を一日午前常任委に報告し、朴議長の決済をうけ次第すぐ発表すると語った。同氏はその数は明らかにしなかったが、ある消息筋は許政氏なども対象にあがっているというが確認されていない。また閔寛植、鄭成太氏など前新民党議員なども含まれているといわれる。

「連座制」は不当

野党、選挙法反対に総結集

最高会議常任委員会が三十一日通過させた大統領選挙法案に規定されている「選挙費用超過支出による当選無効（百五十七条）選挙事務違反などによる当選無効（百五十九条）」条項に対して、野党側は即刻反対態勢をみせておりその是正を最高会議に要請する一方反対国民運動を展開する気勢をみせている。野党側はこれを契機に対与闘争において連合戦線を張る考えである。この日民政党指導委員代理尹潽善氏はこの条項に対して古今東西を通じ空前絶後の規定と酷評、このような法を強行するならば大統領選挙は無意味であると主張した。尹氏はこれを撤回させるため同党は全力を尽して最高会議にその是正を要求する一方、世論に訴えて国民運動を展開する方針であると語った。また民主党の李相喆氏は当選無効とは本人が法を犯すことによって成立するのが常例であるのに事務長とか会計責任者の過誤で当選無効になるとはあまりであると非難した。李相喆氏はまたこのような条項が適用されると候補者が選挙事務長とか会計責任者を兼任しないと安心できないと述べ、選挙を不正に利用する憂があるがこれで当選無効の要因になるとはあまりにも苛酷であると強調した。この条項には野党勢力全部に利害関係があるため法条問題の検討が終り次第、対与闘争を行なうと李氏は語った。

第25回 予備折衝 推進方法を協議

韓日会談第二十五回予備折衝は、一日午後三時から外務省で韓国側から裴首席代表、崔参事官、日本側から杉首席代表、後宮アジア局長らが出席して約一時間二十分にわたって開かれた。

この日の折衝では主に会談の推進方法について協議したが、その結果、会談を促進させるためなるべく早い内に本会談に切り換えることに決め、それまでは現在進行中の予備会談を継続する、ことに意見の一致をみた。諸懸案は各関係の専門家会合で検討することとし、船舶関係を除く請求権問題、漁業協定問題、法的地位問題、文化財関係の専門家会合を来週から開くことにした（船舶関係は準備の都合で遅れる）

また同席上駐韓日本代表部設置問題が最近日本国内で論ぜられているのに鑑み、韓国側から、二週間以内の滞在の便宜は図れるが、代表部設置は実情からして認められないとの従来の態度を再闡明した。次回の予備折衝は来たる七日午後三時から外務省で開かれる。

大統領選挙法を採決

選挙運動員は自党のみ

【ソウル発＝連合】最高会議は三十日、大統領選挙法を採択したが、同法に候補者と同一の単一政党に属する者だけが選挙運動に参加できると規定されている点、およびいわゆる「連座制」を採っている点など、野党候補に不利な条項が含まれているため、既に野党側では同法に対する反対を表明している。同選挙法の骨子は次の通り。

▽被選挙権者

韓国国民であって選挙日までに五年間国内に居住する四十歳以上の者。ただし、公務で国外に居住した期間は国内居住とみなす。

▽被選挙権のない者

禁治産者、準禁治産者、選挙権喪失者、服役者、選挙法により五千ｗ以上の罰金刑をうけて後四年を経ていない者、および禁固以上の刑をうけその刑終了、あるいは免除後八年を経ていない者。刑の執行猶予を宣告された者は刑の不執行確定の日より三年を経過していない者。

兵役忌避で禁固以上の刑の宣告をうけ、その刑終了あるいは免除後十年を経ていない者、および刑の執行猶予宣告をうけ刑の不執行確定の日より十五年を経ていない者。ただし、刑の執行を終えるか免除された場合、および刑の不執行が確定されて兵役義務を履行した者は除外する。

法院の判決あるいは法律により被選挙権を停止、あるいは喪失した者。

▽登録

大統領候補者（以下候補者という）登録は選挙日公告日から十日以内に政党が候補者推薦書と本人の同意書を添えて中央選挙管理委員会に申請しなくてはならない。

▽追加登録

候補者登録申請期間後に候補者が死亡した時は、その候補者を推薦した政党は選挙日十二日前まではあらためて候補者を申請することができる。

▽登録無効

候補者登録後に候補者に被選挙権のないことが発見された時、候補者の所属する政党が解散した時および候補者が政党から離脱した時は、その登録を無効とする。

▽選挙運動の期間

選挙運動は当該候補者の登録終了時から選挙前日までこれをなしうる。

▽選挙運動をなし得る者

候補者、選挙事務長、演説会の演説員、選挙事務所と連絡所の責任者または候補者の所属する政党の選挙事務員以外のものは選挙運動をなし得ない。

▽選挙事務所、連絡所およびその責任者の申告

（一）政党は選挙事務所または連絡所を設置する時は遅滞なくその所在地と責任者の住所氏名を当該選挙管理委員会に申告しなくてはならない。申告事項に変更の生じた場合も同様である。

（二）選挙事務所と連絡所の責任者は候補者と同一政党に属する者でなくてはならない。

▽選挙事務長、選挙事務員、演説員など

（一）政党は選挙事務長一名を選任しなくてはならず、それには候補者の同意を要する。

（二）選挙事務長は選挙に関する事務処理のため選挙事務所には五十人以内、連絡所には二十人以内の選挙事務員を置くことができる。ただし、演説会のための労務員は選挙事務員とみなさない。

（三）政党は演説会において演説を行なうための演説員を置くことができる。

（四）選挙事務長と演説員は候補者と同一の政党に属する者でなくてはならない。

（五）政党は選挙事務長、演説員および選挙事務員を解任したり解任しようとする時は遅滞なく当該選挙管理委員会に申告しなくてはならない。

▽ポスター

選挙運動に使用するポスターは人口百人について一枚の比率で中央選挙管理委員会が作成し、当該区の選挙管理委員会が掲示する。

▽新聞広告

（一）候補者は宣伝文を各日刊新聞に五回を限度として掲載することができる。

（二）政党は候補者の政見、選挙綱領等の宣伝文を各日刊新聞紙上に十回を限度として掲載することができる。

（三）新聞広告の規格その他必要事項は閣令をもってこれを定めることができる。

▽演説会

（一）政党は選挙運動期間中、政党の政策発表及び候補者のため選挙運動を目的とする演説会を開くことができる。

（二）演説会の場所使用は一回に五時間を超過することはできない。

（三）第一項の演説会にあっては毎回四人を限度として演説することができる。

（四）演説会の回数は開票区数の二倍を超えることができない。

（五）演説会では録音器による政見発表または演説をすることができる。

▽拡声器、自動車などの使用制限

（一）演説会を除いては拡声器を使用して選挙運動をすることはできない。

（二）政党が選挙運動のために使用しうる自動車、船舶、拡声器は国会議員地域選挙区当り各一台ずつを越えてはならない。

▽放送施設の利用

政党はその所属候補者の選挙運動のために中央選挙管理委員会の定める放送施設を利用することができる。

▽選挙費用の制限額

選挙費用は中央選挙管理委員会の定める額内において拠出することができる。

▽会計責任者の選任

候補者を推薦する政党は候補者登録後五日以内に選挙事務所及び選挙連絡所に会計責任者を選任しその住所氏名を当該選挙管理委員会に報告しなくてはならない。

▽開票参観

（一）政党、候補者、選挙事務長または選挙連絡所の責任者は、開票参観人をして開票所内で開票状況を参観させることができる。

（二）前項の開票参観人は政党代理人を通じて、開票区選挙管理委員会に申告しなければならない。

（三）候補者または開票参観人は常に監視を行なうことができる。

（四）候補者または開票参観人は開票所内で開票状況を撮影することができる。

▽当選者の決定

（一）中央選挙管理委員会は投票数の多数獲得者をもって当選者とし、これを国会議長に通告しなくてはならない。ただし、候補者が一人の場合には有権者総数の三分の一以上の支持を得なくてはならない。

（二）最高得票者が二人以上の場合には中央選挙管理委員会の通告によって国会は在籍者の過半数が出席する公開会議において、多数票獲得者を当選者とする。

△被選挙権喪失による当選無効

（一）当選者に被選挙権のない場合は当選者になりえない。

（二）当選者が選挙後就任前に被選挙権を喪失した場合には当選の効力を喪失する。

▽選挙費用超過支出による当選無効

公示された費用総額を超過して支出したとの理由で会計責任者が禁固または二万ｗ以上の罰金刑に処された時は、その候補者の当選は無効とする。しかし、会計責任者が候補者の当選無効を目的として故意に超過支出をなした場合は例外とする。

▽当選者の選挙法違反による当選無効

（一）当選人が当該選挙において、この法に規定された違反を犯し懲役、禁固または一万ｗ以上の罰金刑に処される場合には、その当選は無効とする。

▽選挙事務長等による選挙事犯のための当選無効

（一）選挙事務長か会計責任者が当該選挙において一三〇条ないし一三三条（買収および誘導罪）に規定された罪を犯し懲役または禁固に処された時は、当該政党の候補者の当選は無効とする。

▽公務員と選挙管理委員の解任

この法施行後初めて行なわれる大統領選挙における候補者たらんとする公務員及び選挙管理委員は第二十六条の規定にかかわらず一九六三年二月二十八日までにその職を解かれねばならない。

立候補する最高会議委員に対しては法第二十六条第一項の規定を適用する。

綿糸が最高

昨年度、織物原料消費量

鐘連の発表によると六十二年度の織物主要原料消費量は綿糸が一六六四万余ポンドで最も多く、つづいては人絹糸八一七万五千ポンド、アセテート糸五三二万ポンドとなっている。

米原子力平和利用計画、着実に進展

韓国の「原子炉」にも援助

＝ＡＥＣ報告＝

【ワシントン一月三十日発】米原子力委員会（ＡＥＣ）は三十日議会に年次報告書を提出、一九六二暦年度の米原子力平和利用計画は「ますます拡大する分野で前進を続けた」と報告した。

報告書は同年中の業績を次のように列挙している。

▽五つの新しい原子力発電工場が運転を始め、三十万キロワット近くの電力が全国の電力総供給量に追加された。

▽ケネディ大統領の要請で、ＡＥＣは原子力発電の初期と成熟期の間の「ミゾを埋める」役割をもつことを改めて明確にした。ＡＥＣはこのほど、自ら消費する以上の燃料を生産する改良された原子力発電工場と純増殖型原子炉を使う原子力発電工場を建設するために今後十年間民間産業に財政援助を与えることを約束した。

▽小型の核爆発装置を地下で爆発させ、七百五十万立方呎の土壌を爆破させた。この爆破実験は、原子爆薬が人工の港湾、運河の造成など大規模な土壌破砕作業を安全かつ経済的に行なえることを実証した。

▽増殖型原子炉は今後十年間に必ずや開発され、原子力発電が、あらゆる地域で従来の動力と経済的に競争できるものになるだろう。純増殖型原子炉を開発することを決定したのは、消費エネルギーの現在の漸増速度でゆくと、石炭などの容易に入手できる低コストの発掘燃料が今後百年間に使い尽くされてしまうことが予測されるからである。

▽五年以内には核爆発物の利用によって、在来の方法による費用の十分の一ないし十二分の一ぐらいで港湾や運河を掘ることができるようになろう。

▽一九六二年には国際原子力機関（ＩＡＥＡ）メキシコ、アルゼンチン、ブラジルおよびインドに対し合計四十九万二千八十ドルに上る原子炉設備助成金の交付を承認、イラン、コロンビアおよびアルゼンチンに対し研究用原子炉設備のための助成金の供与を約束したほか、韓国、ス[illegible]およびタイ国[illegible]た研究炉のた[illegible]補助金を交[illegible]

▽二つの大型[illegible]をバンコク、[illegible]およびメキシ[illegible]二十五の国際[illegible]

▽生物医学研[illegible]また放射性追[illegible]の利用によっ[illegible]機船に関する[illegible]った。

▽火星および[illegible]を推進するに[illegible]トを開発する[illegible]要な措置」を[illegible]

（在日米国大使館[illegible]）

民主党、創党準備大会

政浄法の全面解除を決議

仮称民主党は一日午後二時ソウル市民会館で創党準備大会をもつ。革命当時の執権党である旧民主党を中心に新しい政党造りを目標とする民主党はこの日の大会で創党発起趣旨を宣言する一方、早期選挙反対、政浄法の全面解除、大統領選挙法の反対など対政府決議案を採択する予定である。二年ぶりに再建される旧民主党は名実ともに新しい政党として出発するため門戸を開放、その間各界各層の人士を糾合した。二日開かれる同創党準備大会は来る三月五日の発党大会までの創党業務を遂行する臨時機構として常務委員会を作り、五つの執行部署を決定、大会が終り次第地方組織に本格的に入ることになる。創党準備大会で選出される同委員会委員長には現在朴順天氏と盧鎮高氏が候補にあがっている。約三十名内外で構成される常務委員会議長には洪益杓氏が有力であり、副委員長二名をおき、党内外人士が各々この席にすわることになる。

学生は学問を

政治に学生は不介入

朴議長が強調

朴正熙議長は三十一日午前、政界人が学生を政治に利用しようとする企てがあるが、これは徹底的に警戒しなくてはならないと強調した。万一政治人が、学生を政治に利用するとするならば、その政治人は政治人としての資格に欠けるものであり、また政治に利用される学生があるとするならばその学生は学生としての本分を忘れていると語った。朴議長はこの日文教部を視察して現況を聴取した後以上のように述べ、文教政策を樹立して実行するにおいて一貫性をまもるよう指示した。朴議長はわが国の教育の究極的目標は国家民族の繁栄に貢献することができる人間を造るところにあるから、文教政策はこのような大原則に立脚して樹立されなくてはならないと述べ、その政策は確固とした方針のもとで貫徹されなくてはならないと強調した。朴議長は教職者の教育観に対しても言及、教職者は自分の職責を正しく認識しなくてはならない、特に教育の本質が人格の土台にあるということを念頭におき、単なる知識の切売りのように思う低俗な教育観をすてなくてはならないと強調した。終りに朴議長は文教部[illegible]は各自の位置[illegible]せ、新しい人間[illegible]つ任務を果し[illegible]った。

アジア映画祭、四月一日に開幕

[illegible]

アジア映画[illegible]ら十五日まで[illegible]る。韓国映画[illegible]ところによる[illegible]年間生産量に[illegible]画と、五編の[illegible]品を出品する[illegible]映画界では昨[illegible]の映画社だけ[illegible]いうようなへ[illegible]今年には一社[illegible]品しなくては[illegible]が支配的であ[illegible]

集会、デモの取締りを強化

違反者は中央情報部でも調査

三十一日検察庁は集会及び示威に関する臨時処置法違反者に対する取締り基準を各級検察庁に示達した。これによれば検察庁が同法違反者を拘留するとか訴訟告発を受けた時は二十四時間以内に中央情報部に連絡して指示をあおぐか違反者の内に北カイライ工作員がいるかどうかの問題、政浄法違反者とか学生がまじっているかどうかを徹底的に調査せよと指示した。

物価対策委を召集

根本的な対策を検討

三十一日午後、物価対策委員長職にある金経済企画院副院長補は、いままでの政府の物価対策を全面的に再検討するため一日午後、各部関係当局者及び経済人協会、貿易協会、商工会、などの関係者で構成された物価対策委を初召集すると語った。物価に対する総合対策をたてるための資料を集めているという金委員長は明日の初会合では委員会の運営方針を協議するだろうし、最高会議の対内外指示事項を受け入れ①長期及び短期対策をたて②独占原資材販売網調査③不正蓄財者に対する罰金が国民負担に転嫁されていないかどうかの調査④主要物資の在庫調査⑤経済人らの意見反映⑥年初以来の物価動態調査などを実施すると語った。金委員長は昨年までの物価対策検討において石炭、原木、ナイロン糸などのぜいたく性をおびている不急不要物資の導入に対しての指示があるだろうと述べ、価格変動が激しい石炭に対しては直売店を通じて斤当り三十五ないし三十六ｗ程度で販売するよう生産業者側と協議したと明らかにした。金委員長は物価昂騰の原因が政府の朝令暮改式施策にあると主張した経協側声明に対してそれは見解の相違にすぎぬと述べ、経協側で発表した石炭価格の上昇率が昨年十二月二十日の基準から六％といったのはまちがいであり事実は二十二％あがったと指摘した。

金委員長はまた最近の物価昂騰現況は経済的なものより、国民の心理的不安による一時的なものと述べ、心理不安を助成するものとして①ＡＩＤ援助が例年より減少されている点②外援事情に対する展望がたっていない点③輸入、輸出リンク制のプレミア④米及び穀の搬入不振⑤特別関税などにあると指摘した。金委員長はこれから買占め、売惜しみに対しては物価調節に関する臨時処置法によって処置すると述べ、一時的な物価昂騰現象は長期及び短期対策で克服していくと語った。

レーヨン工場施設

興韓化学が東レから

興韓化学では先日来東洋レーヨンとの間にレーヨン工場施設の輸入交渉を行なっていたが、この度東洋レーヨンでの生産中止に伴う滋賀工場廃棄により、同工場施設の輸入を決定したといわれる。なお価格は三十億円であるが支払条件は政府の許可を必要とするため本契約の時期は未定である。

八百万ドルの赤字

昨年度医薬品輸出実績

保健社会部の発表によると、六二年度末現在医薬品（医療器具、衛生材料、化粧品）輸出入実績は輸出一〇二万五、八一八ドル、輸入九一六万九、一六五ドルになっている。

ご商売やお住いのご計画に……
東京商銀信用組合
東京都文京区湯島天神町三ノ一四
電話代表（八三二）五三三七～九・五三三〇

お宅の電化は三和から！
御値で小売も
各社テレビ電気器具卸
三和テレビ・ラジオKK
東京都台東区御徒町1-5
TEL(866)4177(代表)

／舞台構成／舞台装置　／会場装飾美術
皇武童画房
東京都品川区大井倉田町3292　電話 771・9583番（共）

◎サッカリンナトリウム・化学工業薬品製造販売
大東化学工業株式会社
取締役社長 林 奉春
川崎市桜本町2の58　TEL（2）3381

日韓出版貿易株式会社

■移転及び社名変更のお知らせ

謹啓 弊社毎々格別の御高庇に預りまして、有難く厚く御礼申上げます。御陰様にて業務日増しに発展に向いますことは、偏に各位の御愛顧の致す処と深く感謝致して居ります。今般営業組織を変更し、弊社名を日韓出版貿易株式会社と改号し併せて左記の所へ移転致しました。何卒今後共旧倍の御引立の程御願い申上げます。

（旧綜合韓国資料社）謹言

◆業務案内◆

貿易部（書籍輸出入）

販売部 販売及び宣伝業務、特に日本書籍・中国書籍・洋書も皆様の御要望に応じます。海外及び国内発送もお取次致します。

資料部 写真資料・マイクロフィルム・取引関係信用調査・商品市場調査・其の他

広告部 韓国各種新聞雑誌・ラジオ・テレビ・ネオン塔 韓国向PRなら弊社におまかせ下さい

雑貨部（三月一日から業務開始） 韓国人形・レコード・オボン・オゼン・食器・屏風・美術工芸品

韓国料理全書 方信栄著
此の本一冊で母国の料理が自由に作られます。（純国語版）定価 一、七五〇円

韓国歴史小説全集 全12巻
此の全集は重点的な史料を小説化した作品を選んで歴史的に系統立てたものである。又韓国文化を通じ歴史を正しく面白く読めるように韓国文学の代表的作品として時代を超越して永久に残[illegible] 定価 一五、四〇〇円

式辞演説全集
【主な内容】式辞・人事・演説・講演・祝賀挨拶・集会・激励・弔詞・年中行事・選挙・推薦・政見発表・賛助演説・雄弁・座談・東西古今金言名句 定価 一、八一〇円・箱入

日韓辞典 （小）七二八面…一、八〇〇円 （大）九六三面…三、〇〇〇円 箱入
【本辞典の特色】（1）収録言十万（2）日常用語・科学用語・古典用語総網羅（3）新語・外来語・原語併記（4）動詞・形容詞・助動詞・形容動詞の活用表附録

最新弘字玉篇
本書は漢字二万字をもっとも詳細に訳した新玉篇である。古字・新字・俗字・略字・漏れなく収録されている。定価 二、〇〇〇円（箱入り）

▼注文方法…御注文なさる図書名及び発行所を記入の上弊社宛にお送り下さい。壱千円以上総て現金引換便で迅速にお送り致します。

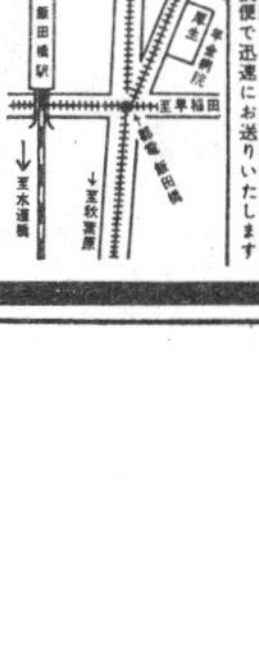

日韓出版貿易株式会社
東京都新宿区市ケ谷船河原町四 TEL（三三一）四七五二
代表取締役 金 正 祐

62年度韓国経済動向（下）

通貨量が六十億ウォン増加

金融

十二月十五日現在の通貨量は三百七十二億ウォンに達し、前年末比六十億ウォンが増加した。これは特に、五月末の証券波動に関連する証券金融資金三十八億ウォンを主とする貸出増加により民間部門で七十億ウォンが増加され、金融機関の国債買入増加および貸出金の増加などで公共部門で三十二億ウォンが増加されたため、都合百八億ウォンが通貨増発要因として作用した反面、海外部門における外換売却の増加ならびに外国機関預金の減少などで海外部門で四十五億ウォンが還収要因として作用した。また主に西銀の対政保預金の増加に伴ってその他の部門で三億ウォンが還収されたため都合四十八億ウォンの通貨量減少要因があった。かくして、総体的には六十億ウォンの純増加を示した。

一方、金融活動において金融機関の預金は通貨量の増加と前年度後半期中に実施された定期性預金金利の引上げおよび投機性投資機会の減少などに伴う待機性資金の金融機関還流を反映して顕著な増加を見せ、十二月十五日現在預金残高は三百六十億ウォンに達した。

かくして前年末比百十一億ウォンが増収したが、特に要求払預金よりも貯蓄性預金の増加が著しかった。

貯蓄性預金がこのように増加したのは通貨措置以後、封鎖預金から振替わった特別定期預金の増加と国民貯蓄運動の展開および通貨措置に起因する一時的な麻痺状態が回復し、流通秩序の正常化に伴う金融機関の公信力回復に縁由したものと思われる。

一方、同期中政府を除外した金融機関の信用供与活動は極めて活発で、前年末比貸出増加額は百四十五億ウォン、この中金融資金による貸出が百六億ウォン、財政資金による貸出が三十九億ウォンであった。

このように貸出が大幅に増加したのは、五カ年計画事業遂行に伴う資金需要の激増と法令貸出、農漁村高利債整理により解かれた農漁村の資金事情を緩和するために巨額の営農資金が放出され、また中小企業資金と国民銀行を通ずる庶民金融資金が散布されたことに起因したものであるが、六十二年前半期に六十九億ウォンが増加したものが、年末になって金融面からの緊縮政策（営農資金回収貸出抑制）により、十一月からは減少し始めた。

いま十二月十五日現在の銀行別貸出状況を、前年末に比べてみると、一般銀行においては手形貸出約十三億ウォンを始め商業手形約二十三億ウォン、その他四十五億ウォンが各々増加、都合七十九億ウォンの貸出増加があった。

農協においては三十六億ウォンの信用供与増加があったが、これは金融資金において米穀融資十一億ウォンの回収があったものの、財政資金において営農資金を始め水利資金および漁村資金など都合四十七億ウォンが増加したため、三十六億ウォンの純増を示した。

次に中小企業銀行においては、十六億ウォンの金融および財政資金貸出増加があったし、また二月初めに庶民金融機関として発足した国民銀行では金融資金による十四億ウォンの貸出増加があった。

金融貸出大幅増加

結論

以上で六十二年の経済動向を部門別に概察したが、これを要約すると、まず、年中には五カ年計画の効率的な遂行のための諸般制度の整備、強化がおこなわれ、これらに伴う多くの施策面で基盤の造成がなされた。

五カ年計画第一次年度には計画遂行のための制度面の整備と計画事務の技術面に重点が置かれていたため外形的な成果は大して現われていないが、事務推進を迅速にしたことにより将来の計画推進のための基礎を構築した。

六十二年の国民総生産額は、推計によれば一九六一年不変価格で二千四百七十三億ウォンに達し、計画値より二十億ウォンの増加を見たものの、成長率からすると計画成長率五・七％に及ばない二・四％であった。しかし、これは空前の凶作であった前例のない大豊作で計画成長率マイナス〇・一％をはるかに上回ったため、基準年度に対比してみる時、六〇～六二年間の成長実績は計画成長率五・六％を〇・四％上回る六％に達した。

したがってこのような面からながめると、第一次年度は計画成長率を超過達成している。

六十二年には農業生産が大きく減産されたために一次産業は九・三％の減少を示したが、鉱業および製造業部門は石炭生産の増加ならびに消費需要の増大、既存施設の稼動率増大などにより全体産業中で最も大きい増産を見せた。かくして、工業界の漸進的な構造的改善が見られるようになった。

一方、国民総生産に対する支出面においては消費支出が計画を六十八億ウォン超過し資本形成率が計画に五・八％及ばなかったために、投資に対する消費の相対的増加現象が現われた。

このような消費支出の相対的増加は開発計画の成功的な遂行において制約となるもので、わが国の消費パターン改善の必要性を提示している。

前述した二次産業部門の生産額増大は、鉱業生産の記録的な増加に起因するものであった。

六十二年の鉱業生産額は、五カ年計画の推進に伴う投資需要および一般消費需要の増大、輸出需要の増大、物資導入の好調などで既存施設の稼動率が増加したことにより、六十一年より約十五％の増産を見たのであった。

生産面においてはこのような記録的な増加があったが、物価は年初の税率引上げ、鉄道および郵便などの公共料金引上げ、それに通貨改革のような多くの要因により十三・四％上昇した。

これは六十一年の物価上昇率十八・三％よりは低い水準だが、年間十三・四％の物価上昇率は決して楽観できるものではない。生産が記録的な増産を見せ、物資導入が順調であったにも拘わらず物価がこのように上昇したのは、五カ年計画推進のための内資調達の一環として採択された税率および公共料金の引上げ、それに通貨改革のような無謀な変革のために惹起されたものとはいえ、このような物価上昇率が持続されるなら、それは反対に開発計画の効果を減殺し、安定政策の維持を困難にするだろう。

財政面では、五カ年計画のための投資所要の増加で財政規模が六十一年より二十六・三％膨張し、歳入面での三十一億ウォンの赤字と二十八億ウォンの通貨増発を不可避ならしめた。

しかし、歳入構成において租税収入が援助収入に比べて相対的に増加しただけでなく内国税収入が計画額を超過して一〇七％の実績を収めたのに反し、援助収入は計画額の八十八％を示していて、開発計画遂行のための自力的努力を表している。

財政面における投資増大と歩調を合せて、金融面でも貸出が増大し、新規事業の推進と既存施設の稼動に必要な資金供給を円滑ならしめるとともに、産業生産の増加に寄与した。

また、このような貸出増大は預金の増加で可能になったものだが、これは貯蓄性預金金利の引上げと国民貯蓄運動の展開に伴う結果であった。

次に国民経済の対外関係を表わす貿易においては、商品輸出が六十一年に比べて三十二・二％増加し、輸入は援助輸入まで含めて五十四・一％増加した。それにより商品輸入においては対外赤字が拡大されたが、用役受払面において受入れが支払いを超過したため国際収支上の経常取引赤字は多少縮少された。

だが、総体的に見て、援助収入を勘合させても四千六百万ドルの経常取引の赤字が生じ、これに伴って外貨保有高も減少した。

韓国の声

物価抑制の政府対策をみて

政府は二十六日国務会議を開らいて最近の物価上昇を抑制する対策を講じた。

その内容は①輸出リンク制の廃止、②原資材ならびに生活必需品の優先的供給、③政府保有米の放出、④小麦粉価格の六割引下げ、⑤通貨量を抑制して四百億ウォンを確保、⑥公共料金の引上げ抑制、⑦援助金に対する物資の急速な導入、⑧山間援助の早急な確保、⑨買占め、売惜みの防止等の九項目である。

この九項目の内容は時期に適した対策であり、一日も早く実施して昨今の物価騰勢を安定するよう期待するものである。

本紙ではすでにこの九項目と同じような施策の早急な樹立を強調してきたため、ここではいちいちその評価をしないことにする。

だがこの九項目は国民の積極的な協調を得なくてはならないことについて余りにも無関心であるという事が気がかりである。

昨年のインフレ傾向には国民の心理的要因が多分に作用していることはいうまでもないことである。

国民の心理的要因は九項目の確固たる方針によって必然的に安定される可能性もあろう。

しかし、九項目の推進だけでは容易に修正されがたい心理的要因もある。

九項目といえども、かかる施策が果してどの程度まで徹底的に実践されるものやら中途で挫折をきたすのではないかというのが国民のいつわらぬ心情である。

このような疑念があるかぎり国民はみずからの利益を守るために買占め、売惜みが続くものと思われる。

今日のインフレ傾向は通貨量が膨張しているからであるとはいえない。

過去に供給されて一般国民の手中に退蔵していた通貨までが浮動購買力としてあらたに登場して、換物気勢をあおっているのである。

国民の心理が通貨保有を排して換物にでる時にはインフレは助長されるものである。

国民のインフレ心理を安定させるためには通貨政策と共に外換政策を通じて政府と国民に相互理解の気運が推進されなくてはならないと思う。

政府保有のドルが不足していないということを政府は国民に知らすべきであると思う。

通貨量と外換供給に危険性がないことを理解させれば、次いで米価に対する疑惧心を解くのが政府の緊要な対策であろう。

政府は節米運動を呼びかけたがこれは国民に米不足の危機感を与える結果となった。

九項目はこの点と関連して政府保有米の放出と小麦粉の価格引下げを打ちだした。

節米運動を呼びかけた政府の根本意図はなんであろうか。この点について政府はその目的を国民に解明すべきであると思う。

米の絶対量の不足からであるとするならば詳細な需給予定を発表して国民に協調しなくてはならない節米運動ははっきり示すべきである。

そしてこそ国民の協力が得られるものであると信ずる。

粉食の方が米よりも安くつき、栄養もよいという官庁の宣伝であるが、国民の立場からはかえって米よりもむしろ高くつくということである。

政府の物価抑制対策は国民の利害と合致するような方向に推進されることを期待するものである。

この方向だけが物価安定に対する国民の協調の得られる道である。

政府は現実宣伝をするよりも国民の実利に即した物価安定策を推進することによって心理的な動揺を一日も早く収拾すべきであると思う。（東亜日報）

ボルネオ紛争の複雑性と深刻性

昨年十二月の武装反乱を英軍の出動によって鎮圧されたボルネオに"外部勢力介入の可能性がある"ということで英国防省は数日前、陸軍予備役一個旅団の非常待機を命じシンガポール駐屯の戦略予備軍の一部を去る二十六日ボルネオに空輸した。

事態がこのように緊迫したのはインドネシアが六万の義勇軍をブルネイの境界線に集結させ、空軍機で絶えず同地域の一帯を威嚇、示威し、すでに失敗に帰した同地区の反乱を直接介入の態勢を整えているからであると伝えられている。

もともとこの地区の紛争はマレイシア連邦の結成運動の具体化によって露見しはじめたものである。

同連邦運動はマレー、シンガポール、ブルネイ、北ボルネオを統合しようというもので、その主要目的は同諸地域の赤化を防止し、経済的な紐帯を強化しようということである。

これは一九六一年の八月にラーマン・マレー首相とリー・シンガポール首相の間で原則的な了解をみ、その後英政府の協調を得て今年の八月ごろには正式に誕生する運びとなっていたものである。

昨年十二月、アジアハリを指導者とする同地区の反乱の際、北ボルネオの指導者ドナルド・ステッフェンスは"反乱指導者の大多数がインネ共産党の訓練を受けた者達である"と暴露したことがあったが、現在インドネシア共産党はスカルノの新興ナショナリズムの拡張主義に便乗してそれを扇動、助長しながら事実上は赤色勢力の拡張ならびに同地域の完全赤化のために彼らの計画を成功裏に推し進めているのである。

ミサイルを含む陸海空軍の装備がフルシチョフによって続々とスカルノに提供されることによってインドネシア反共の唯一の支柱である陸軍に赤いシミがだんだんと拡ろがっている反面、インドネシア共産党は中共の強烈な扇動のもとにスカルノに対する政治的圧力を一段と強化している。

したがってスカルノが対外拡張によってその内部矛盾を蔽おうとする必要性は一層切迫してきた。

かくて、マレイシア連邦運動の進捗を契機として醸しだされたブルネイの反乱と同国境戦上の昨今の緊迫は英・インドネシアの間の国交断絶の危機まで招来しているのである。

一方、フィリピンもまた北ボルネオの領有権の主張と共に"赤化からの自国の安全保障"を口実にマレイシア連邦を正面から反対しはじめた。

この問題を交渉するために二十八日から開かれた英・比会談は双方とも強硬なため妥協の余地はみいだされなかったが、英領北ボルネオと隣接のセレベス海ならびにフィリピン南海一帯を哨戒するために比・インドネシア共同海上機動部隊の編成計画が二十カ日発表されたことによって比英関係が急速に発展しつつあるとのことである。

端的にいってマレイシア連邦問題と関連して起きたボルネオ地区中心の今度の紛争は一部の新興国家らの拡張主義のために国際共産徒党の攪乱戦術におちいり、ついには彼らに漁夫の利を与える結果となるのである。

ここにこの問題の重要性と複雑性がひめられているのである。

特に自由世界の同盟国である英国とフィリピンは大乗的見地で互恵の精神を発揮して、問題の合理的解決を計って、東南アジアの全面赤化に躍起となっている国際共産徒党の陥穽にはまらないように努力すべきであると思う。（ソウル新聞）

単一チーム構成なるか

東京オリンピック

六十四年東京オリンピックに南北韓単一チームを送るための準備は、その第一段階を思いのほか順調に迎えたようだ。先月二十四日スイスのローザンヌで開かれた南北韓代表の会談がオリンピックに単一チームを送ることに原則的な合意を見、国旗を除いた国歌、選手選抜方法、ユニフォームなど具体的な問題にまで意見の一致を見たことは、性急な見方からすれば単一チーム構成の前途が楽観されると言えるかも知れないが、最も重要な核心については互いに論議を避けたまま会談を終わったことを見れば、これから先も幾多の難題が残されていると見るのが正しいようだ。IOC主宰下に開かれた今度のローザンヌ会議において合意された事項をみると①国歌は韓半島固有の民謡である「アリラン」とする②選手選抜はドイツ式選抜方法を採用し③ユニフォームは統一したものを出場選手全員が着用④選手団団長には出場選手が多い側から選任し、各競技種目の責任者も同一の方式による、ことになるようだが、最も重要な国旗だけは合意に達しないまま二月七日に開かれるIOC執行委員会で検討することにして除外されたと外信は伝えている。が、それだけでもなさそうだ。

カギ握る国旗選定

決裂を前提とする北傀の政治的野心

選手選抜など難問山積

当初国旗問題に関しては、北傀側である程度太極旗使用に同意するだろうとの見通しもあったのに、彼らが新しい旗を作ろうと主張する魂胆は、太極旗がその間わが国の象徴となっていることがすでに広く知られているために北傀側がその政治的野心から反対していることは、火を見るように明らかなことだ。

したがって、今度の会談が成功的であったと判断することはできない。北傀側は会談が彼らの固執によって、決裂されたという印象を与えないために、用心深く会談に臨んで来たものの、国旗問題だけは如何にしてでもがん張る可能性が強いからである。

ここにさらに将来の情勢を暗くしているのは、わが代表が二十六日引揚げたのも北傀側は二月七日のIOC執行委員会が開かれる時まで滞在したいと残っていることである。北傀はIOC事務局長オット・メイヤー氏が提議した国旗問題をわれわれが拒否したことは論理上当然であるにも拘わらず、彼らの意思を貫徹する公算が多い。

わが方としては太極旗の使用を最後まで主張するだろうが、これに対する北傀の態度が最後まで反対方向に出てくるならば、単一チーム構成の主役を務めるIOCの行動如何によってその構成与否が左右されるだろう。IOCがどちらか一方に対し他の一方の意見を強制するならば政治的な問題に発展することも考えられ、論争はさらに長期化することになろうし、①単一チームか②韓国単独参加か③南北別個チーム出場かの三つの道をさまようことになる。

国旗問題が今度の会談の成功を左右するカギになると思われるが、前途の見通しは暗くなるばかりだ。

ドイツ式選手選抜問題

今度の会談において採択されたドイツ式選手選抜方法というのも、それほど簡単な問題ではない。ドイツは五十六年メルボルンオリンピック大会の時から単一チームを構成して参加しているが、その際最も問題となったのがとりもなおさず国旗と国歌であり、国旗は第一次大戦後のワイマール共和国旗、国歌はベートーベン交響曲第九番「勝利の曲」に合意して出場したのであった。

その後六十年のローマオリンピックに参加するための選手選抜の模様をみると、笑えない現象があったようだ。参加全種目を二分して東西独が半々ずつ予選を行なったが、東独ですれば東独選手が、西独ですれば西独選手がそれぞれ優勝を思うがままに独占し、それでも未解決の種目は中立国のスイスで予選試合を挙行する有様であった。

韓国単一チーム構成も結局は日本か香港のような第三国において選手選抜試合を挙行しなければならない運命にあるが、多くの困難が伴うだろう。第一は、記録競技の場合は記録だけで選手選抜がなされると言えるが、団体競技の場合は優勝した選手の評価基準をめぐって物議がかもされ、そうなると南北韓間の選抜試合を行なってそこで優勝したチームが単独に出場するという珍現象を見せるだろう。第二に、予選試合を担当する審判として第三国の厳正中立を守る審判を選択しなくてはなるまいが、これはそんなに容易なことではない。

また、選抜された選手のトレーニングのための合宿訓練の問題だが、その合宿訓練の場所をどこに置くかも頭痛の種となるに違いない。

相互に自分の側の選手を多く送り出そうとする競争の副作用を及ぼし、あまたのナンセンスを演じながらも果して所期の目的を達成することができるかどうか。ともあれ、今後の成り行きが注目される。

昨年六月四日から四日間モスクワで開かれた第五十九回IOC総会以来台頭してきた南北韓単一チーム構成の問題は、今度のローザンヌ会談でその実現のための輪郭が示されたものの、IOCのあいまいな態度をわれわれは容認することはできない。KOC（韓国オリンピック委員会）は一九四七年IOCの会員国となって以来、その年の第十四回ロンドンオリンピックから一九六〇年の第十七回ローマオリンピックまで代表選手団を派遣してきたのに反し、北カイは五十七年ブルガリアのソフィアで開かれた第五十三回IOC総会において北カイのNOC（国内オリンピック委員会）を制限された地域内で国内活動だけを行なうようにし、対外的なオリンピック参加はKOCが代表することに決定を見たにも拘わらず、今度IOCはKOCの代表権を無視するかのような態度を見せた。KOCは政治理念を超越したスポーツ精神に立脚して今度の会談を円満に終えはしたが、IOCは、北カイNOCの地位を忘却したかのように同一な資格で会談に臨ませたのであった。

原則的に言って、北カイが単一チーム構成のためのKOCの指示に順応するようIOCは努力しなければならないことをわれわれは指摘することができる。

終りに、将来山積された技術的な問題を処理するため香港などで実務者会議を再び持つことになろうといわれる。だが、単一チーム構成の原則が決まったからと言って、残された問題が容易に解決されるとは考えられない。ローザンヌでは和気あいあいのふん囲気の中に会談を終え、パーティーを持ったと伝えられるが、難関の多い単一チーム構成の前途はまだまだ波が高いといえよう。

三愛貿易
SAN-AI TRADING CO., LTD.
MATSUDAIRA BUILDING
NO. 11, 3-CHOME KYOBASHI, CHUO-KU, TOKYO
TEL (535) 3821-3

SPK
合成樹脂成型加工
金型製作
三協プラスチックス化工業工場
宋 [illegible]
大阪市生野区猪飼野西足代町四八五番地
TEL （七四一）五八〇六―七

当店は
京都の中心地に位置し
京洛 随一の豪華な設備と
徹底したサービスを誇る
味覚と栄養の殿堂であります
南大門 京都市下京区四条河原町 TEL 35-3647, 9691

伊勢ロース!!
郷愁の
本場味覚!!
金巴里
KIN PARI
東京都千代田区神田多町一の五
T 神田 251～0918
E 新宿 369～7733
L 362～0823

技術革新の凱歌！

平和ミラクル・セット
パチンコ裏玉還元装置
★シマの構造は、あまりいじりたくない…
★人為的な玉の上げおろし作業は、人手不足の折から、もったいない…
★サービス員の出入り出来る余地があるだけで、悪質客は心理的にもガス玉が打ちこめない…
★他機種の入れ替えにシマをつくり直す手間が要らない…
★したがって、完全な還元装置があれば、いちばん理想的…
以上の問題は、平和のミラクル・セットのご使用で、すべて解決します。
平和
東京・大阪・北海道

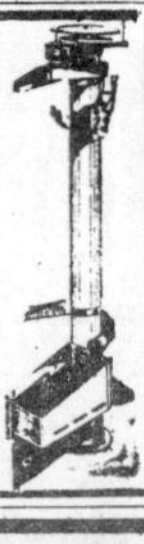

水道衛生器具製造販売
朝日工業株式会社
ASAHI KŌGYŌ & CO. LTD
取締役社長 尹秉元
東京都足立区本木町2-6-12
電話・(881) 4556, 2624番

国土建設の一翼をになって、躍進に、躍進を続ける建設基礎産業
東栄商事株式会社

取締役社長・李栄鎬
営業品目・砂　利・砕石生産
本　社・神奈川県相模原市淵野辺1910・電話淵野辺局112
工　場・神奈川県津久井郡津久井町三ケ木道志川・電話 215

鄭監察委員長、所信を表明

規約改正はぜひ必要

人物本位から政策本位

三機関長は次期団長に立候補せず

鄭炯和民団中総監察委員長は、一日午後六時から東京新宿の〝葵楽〟で僑胞記者団と会見し民団当面の諸問題についてその所信を明らかにした。鄭監察委員長は同席上、特に①いま民団は一つの岐路に立っている。全団員は真剣にわれわれ自身のことを反省する必要がある、②民団が発展し、体質改善をするためにはいま問題となっている規約改正はぜひ行なうべきだ。そのためにはお互が私心を捨て、民団を一本化する必要がある、③これからの民団は若返りが必要であり、適材適所・政策本位の民団に改造すべきだ、などを強調した。その内容および記者団との一問一答は次の通り。

鄭民団中総監察委員長

◇規約改正問題について

われわれの組織が生れて十七年の間、民団の発展が論議されてきたが、特にその中で規約の修正、改正問題が多く論議されてきた。しかしそれは常に上からのものであり、下からのものではなかった。昨年の民団大会を前後して諸情勢が複雑化してきたため、民団でも何とかしなければならないの声が高まり、昨年の大会で規約改正委員会が正式に生れたわけだ。

現状では規約改正・体質改善をしなければ民団の発展はありえない。これはもはや民団の至上命令といっても過言ではなかろう。ところが権団長が就任して以来、これに対する反対が強く、よくても悪くても「権がやれば反対」の声すらある。

規約改正はやらねばならないが、それが政争・抗争の具になっていることは改正を真剣に考えている人に迷惑である。私はその点この問題は上からでなく下からの盛り上りによらねばならぬと従来から主張してきた。これを本当に推し進めるためには三機関が私心を捨て、その実のあるところを一般大衆にアピールする必要がある そのため先日の三機関会談で規約改正を円満に解決するため三機関は次期団長に立候補をしないことを申し合せ、真剣な態度で大会に臨むことを決めた。

◇民団の今後のあり方について

民団はいま大きな曲り角に来ていることを率直に認めなければならない。目まぐるしい世界情勢、韓日会談妥結後のわれわれのとるべき態度を考える時、このままの民団ではだめだと思う。民団の現在の殻を打ち破り、人の若返りをやらなければならない。そのためには指導者が目覚め、派閥をなくさない限り民団の団結、一本化はありえないと思う。

民団を今後にもっていくためには、若返りはぜひ必要である。四十代、三十代で組織を担い、五十代以上は退いて後輩を養成する新しい任務につくべきだ。これからの民団大会は人を中心としたものでなく、政策を中心とした一本化を考える必要がある。私はこの運動を推し進めるため一団員として努力してみたい。

◇僑胞の法的地位問題について

この問題についてはすでに民団では法的地位対策委員会が設けられ、そこでいろいろ検討しているが、少なくともわれわれには今後安定した生活が営めるようにあらゆる努力をし、その線にそって運動を行なうべきだと考えている。

◇国内問題に関して

革命主体勢力内の争いによって盛り上がっている韓日会談に影響を与え、われわれにも動揺を与えたが、それが円満におさまったことは喜ばしいことである。今後とも革命主体勢力は革命当初の気分であってもらいたい。

問　近く本国に行くそうだがその目的は。

答　全国監察委員長をつれて民政移譲前の本国情勢を視察し、政府要路とも会って今後の民団運動の参考にするためである。一行は二十名となるだろう。

問　三機関長が来る大会の団長に出馬しないことを申し合わせたのはいつか。

答　約一カ月前。この際われわれはムードを盛り上げ、新しい民団を築こう。私心をすてて本当の民団造りをやろうと約束したわけだ。

問　情勢の変化によって約束を破った場合は——。

答　それは三人の問題ではない。こうして発表したこと自体が天下に約束したことになる。

問　指導者の三十代、四十代への若返りといったが、次期団長に考えている人があるか。

答　それを考えていては団結や前進がない。政策中心であれば誰が団長になってもよい。

問　全体大会の三月繰り上げ説があるがその理由は。

答　まだ確定したわけではない。韓日会談などの諸情勢からして早くなることは事実だと思う。

問　与・野党の団結を委員長は積極的に進めているが、達成は可能と思うか。

答　永い間のだ性が問題であって、それほどまでの対立はないと思う。私の考えは長老たちも賛成してくれている。各人の期待は大きいように思う。

問　委員長は執行部の改正案には全的に賛成か。

答　規約改正委員会で決め、提出したものであるからそれを基礎にして大会にはかるべきだと思う。改正するからには何か具体案が必要ではないか。絶対に案そのまま通さなければならないとはいわない。大会が決めることだ。

私が今日特に皆さんに強調し、理解してもらいたいことは、私が過去十余年の組織活動を通じてみて感じたことである。人を中心とした民団運営は失敗であったということだ。政策の貧困は隠し得ない。民団の前進は結集であり、政策であり、そこに同志的結合が生れるべきだ。そこには上下の区別はない。今の民団には何よりもそのようなムードが必要である。

韓日会談に英断を

全日本学生自治会議が要望

全日本学生自治会議中央執行委員会では、開催中の韓日会談に対して「自由世界団結のため大局的見地で交渉妥結の努力と英断を要望する」という趣旨の韓国朴正熙最高会議議長へ送る要望書を決議し、先月三十一日午後二時、森田富夫国際担当顧問など六人の代表が韓国駐日代表部を訪れ、裵義煥大使に要望書を手渡した。

十年間あらゆる曲折を経てきた韓日会談に、日本の青年学徒がこのような見解を公式に発表したのはこれがはじめてのことで、関係当局から注目されている。

学生自治会議が朴議長に送った要望事項は次の通り。

一、自由世界の団結のため大局的見地で、交渉妥結の努力と英断を要望する。

一、両国親善のため互いに私情を捨て、兄弟として現在より将来へ理解をふかめよう。

一、両国が一日も早く手を握り、アジアと世界の明日を考え、互いの善意で共通の場を作る努力を切望する。

都内各大学と交渉

文教局、僑胞大学進学難打開へ

民団中総文教局では僑胞子弟の大学進学難解消のため、来る十一日から約一週間、張代表部奨学官と共に都内公私三十三大学を訪れ、①特別在留僑胞子弟の入学拒否問題、②朝鮮奨学会からの推薦状無効などを各大学当局側と話し合って交渉する。

現在、全国各大学で学んでいる僑胞子弟大学生は約三千名だが、このうち勉学のため、日本にいる父母や身寄りを頼って日本へ渡ってきて、日本当局の入管令による特別在留許可を受けている僑胞子弟はおよそ二百名近くと推定されている。しかし一部大学ではこの特別在留許可済の僑胞子弟に対して入学を差別的に拒否している。

こうした主な原因は、民団中総文教局が僑胞子弟の入学に際して推薦状を発給する以前から、左翼系の朝鮮奨学会からの推薦状で進学した一部僑胞学生などが全学連と共に政治運動に暴走したことから起因したものらしい。

こうしたものを含めて呉中総文教局長は「僑胞子弟の進学者には代表部の奨学官と文教局とが一体となって、その学生の身分を保障する推薦状を発給するから、各大学は特別在留僑胞子弟に勉学の均等性を尊重して欲しい。なお韓日両国の国交が正常化されれば、韓国人の留学生資格についても強く要望する」といっている。

記事訂正

本紙二月一日付三面の記事訂正中「裵燮鎬」とあるのは「裵錫瓊氏」の誤りにつきお詫びして訂正いたします。

活発化する信用組合

今年中に七組合を新設

在日韓国人信用組合協会（会長＝朴漢植氏）では、日本全国に韓国人信用組合を設立し、全僑胞を網羅、名実ともに民族金融機関たらしめることを目標に、民団と協力して精力的に推進させて多大な成果を収めつつあることは周知の通りであるが、去る二十九日に開かれた同協会の臨時総会でも、裵大使、権民団中総団長、韓銀東京支店長らの参席のもと、同問題について活発な話し合いがあったが、その見通しは極めて明るい。

信用組合の動きは、本国政府が中小企業の育成基金融資等、僑胞に対する積極策が打ち出されるようになってから活発になっており、最近は韓日関係の好転や民団に新たに設けられた中小企業育成対策委員会（会長＝□学文氏）の積極的な指導協力により目覚しい発展ぶりをみせているが、昨年度は広島、岡山、横浜、千葉の四つの県に新たな創立をみ、目下推進しているうち、和歌山と長崎は今月中に創立の段取りであり、さらに札幌、茨城、埼玉、宮崎、長野等の地区でも推進中であるが、この五県のうち今年中に少くとも三つの創立が予定されている。

昨年度は朝総連系が一つの組合を創立したのに対し、わが民族陣営では四つの創立をみたが、今年度中に予定している五つを加えて計二十の組合となるが、これは朝総連系の組合の数十八を追いこすことになる。

預金の総面も一九六二年十二月現在、朝総連系の約一四九億に対し民族陣営は約九十億で約六十億の差をみせているが、それを追い越すのも近いうちであると楽観している。

現在信用組合に加入している組合員の数は約一万四千名で、これは就業人口十四万九千名に対し約一割にしか該当しない数で、今後いくらでも開拓の余地があり、推進者たちは大いに張り切っている。

一九六二年十二月現在の同協会所属の僑胞信用組合は次の通りである。カッコ内は店舗数。

大阪興銀信用組合（3）大阪商銀信用組合（3）愛知商銀信用組合（3）東京信用組合（1）京都信用組合（2）大平信用組合（2）太平信用組合（1）横浜商銀信用組合（1）広島信用組合（2）三□信用組合（2）熊本信用組合（2）岡山信用組合（1）千葉商銀信用組合　滋賀信用組合　山口信用組合。

新帝国主義研究

◇最近の共産主義の諸形態◇

東独政権とソ連の対東独政策 ⑥

メルビン・クロアン　カール・J・フリドリヒ　共述

第一書記の報告は、十五万の統一社会党員たちが、六月蜂起の結果、党から除名されたということを指摘した。しかしウルブリヒトとしては、基本的な問題が解決されないままであった。即ち、それは統一社会党を規律のある幹部要員による団体への整備工作の失敗、また党の相当数が社会民主党に加担しようとするのを防ぎ、大衆的基礎のうえに党を存続させることなどであった。

このようなウルブリヒトの訓戒に従い統一社会党はその統制方法をより厳格にすることによって、大党員を含む難題を解決しようとした。一九五四年四月五日、第四次党会議では、新たな党規を採択した。この新たな党規は、東独を全体主義的方式で支配しようとする党の主張を形式化し、最高指導層の階級的支配をより一層強化させた。また理論上、党の選挙機関である党会議を二年毎に召集していたのを、新党規によって四年毎に召集するようにした。反面、この新党規には党と国家に対する中央委員会の権限を確認して次のように宣言している。即ち「中央委員会は、中央の国家及び社会機関の業務を、その機関内で活動している党の諸集団を通じて指導する。……」そのうえこの党規は次のように個々党員の闘争精神を要求した。

「党の決議に同意することだけでは不足である。党員はこの決議の履行のために闘争しなければならない。被動的で形式的な行動で党の闘争力を弱化させる党員は、厳格に責任を追窮されるであろう」

党が政治的優越性の基準を採択したことは、党員間に差別制を設けて、指導層の周囲に訓練された党行動分子が囲ところとするものであった。ウルブリヒトは第十六次中央委員会で、次のように行動することを要求した。

「われわれはわが党内の事業として、近い将来に党指導部の周囲に十五万乃至二十万の党活動分子を集めることに全力を集中しなければならないと考える。六月十七日党に対して忠誠心を示し、それから新階級に級的な党の基幹要員はここに参加させ、これから精鋭分子の中から国家と経済機構の責任ある職責に交替されよう」。

精鋭分子運動は、六月蜂起の再発を防止する措置として人民警察を強化させるため統一社会党が、党に依って認定され「職場別予備隊」として知られている武装した党員、あるいはその他の集団を配置した各工場に導入された。ハンガリ蜂起があったとき東独、内乱に対する戦闘訓練をさせた。

党は六月の蜂起以来強化されることによって、特に家族、教会、大学のような全体主義的な要求に反抗する分子たちを服従させる為の努力に拘束を加えることができた。一九五四年六月、伝統的に強固な結束体であるドイツ家族制度の解体を促進させるために、婦人の労働および政治活動の参与を促求し、産児教育の国家教育化のための法律を採択した。一時教会に対して柔かい態度をみせた東独政権はふたたび抑圧策を用いたした。一九五四年六月十七日、無神論的視点の宣伝の為に、「科学的知識普及会」という機関が設置された。東独政権は一九五五年宣教的儀式と、競争するための計画的な企図でもっていわゆる「青年浄化」儀式を制定した。鉄道伝道会の如き教会らは弾圧され、聖職者たちは再び警察の監視を受けるようになった。また早くから「調整」をうけてきた大学に対し、党の干渉が活発化してきた。一九六二年の知識人の動揺で、数多いマルクス主義者を含めた相当数の教授を隠退させ、反抗的な学生は追放した。東独政権がいうところのいわゆる、大学生たちのブルジョア化を防ぐ為に、大学志願者たちを入学試験前に最少限一年間国営企業体で働かせようとする措置が現在考慮中である。

（対東独策終り）

白頭学院　建国中・高校生募募集

◇高校の部◇

一、募集人員及受験資格
二百名①普通科一二〇名（男女）
②商業科　四〇名（男女）
③機械科　四〇名（男子）
中学を卒業した者又は同等の資格を有する者（今年三月卒業見込者を含む）

二、願書受付
推薦入学二月一日〜二月七日試験入学二月八日〜二月十八日
（1）推薦選考＝一般の試験選考に先立って出身中学校長の推薦ある者に限り選考する。面接＝二月八日十時より。選考場＝本校。合否決定は二月十二日まで行ない直ちに出身学校長に通知する
（2）試験選考　学科試験＝二月二十日（国語又は日語、数学、社会、英語、理科）面接＝二月二十一日、試験場＝本校
合格発表二月二十八日

三、出願手続
提出書類及考査料
（イ）入学志願書　（ロ）報告書　（ハ）無試験入学推薦書（推薦学生のみ）（ニ）身体検査証明書　（ホ）考査料＝一千円

四、特別奨学生制度
本校では、成績優秀な者に対し、学費の一部として年間の授業料その他に相当する額を附与している

◇中学の部◇

一、募集人員及受験資格
第一学年　二〇〇名（男女共学）小学校を卒業したもの
第二、三学年若干名（男女）

二、願書受付
（1）出願期日＝二月十五日（金）から二月二十八日（木）
（2）出願手続＝入学志願者は必ず出願書類を一括して出身校長経由の上提出すること
（書類郵送の場合は必ず書留便として受験票送付用の封筒に送り先を表書し、書留切手をはった上同封すること）
※提出書類＝A入学志願書（本校所定の用紙に限る）B報告書（本校所定の用紙に限る）C検定料三〇〇円　（3）考査＝第一学年　人物考査のみ
第二学年　国語、日語（一科目選択）
第三学年　数学、英語及人物考査
（4）考査日＝三月二日、三日午前十時
（5）合格発表＝三月十日正午於本校講堂
（6）特点＝本校卒業者は本学院高等学校に優先入学

大阪市住吉区遠里小野町二ノ九七
白頭学院　建国中、高等学校
電話（六九一）三七一－三八番

東京韓国学園生徒募集

一、募集人員
初等部一学年50名　二学年以上各若干名
中等部一学年100名　二学年以上各若干名
高等部一学年100名　二学年若干名

二、出願期日
初等部　一月十日－三月一日まで。
中・高等部　一月十日－二月二十三日まで。

三、出願手続
本学園所定の入学願書に該当事項を記入し、下記書類と考査料添付提出すること（初等部編入生および中等部以上）
（イ）前学年の修了または卒業を証明した書類および成績証明書。
（ロ）外国人登録済証明書、国民登録完了証明書。
（ハ）写真三枚（一枚は願書に）。

四、考査料
初等部三〇〇円、中等部五〇〇円。
高等部一〇〇〇円。

五、考査
面接、身体検査、書類審査、学科試験（英、数、社会、国語、日語のうち一科目選択）但、高等部に限る。

六、考査期日
二月二十四日（日）午前九時、中・高等部。
三月二日（土）午前九時初等部面接、健康診断。

七、合格者発表
二月二十七日（水）正午本学園玄関ロビー。

八、入学手続
所定用紙に記入して三月二日まで完了すること。

九、入学式
四月一日午前十時

十、納付金
入学金、初等部一〇〇〇円、中等部五〇〇〇円、高等部一万円
授業料三百円、中等部千五百円、高等部二千円。
生徒会費（一年分）中等部千八百円、高等部千八百円。
PTA会費（入会費）初等部三百円、中等部三百円、一カ月会費初等部百円、中等部二百円、高等部二百円其他教科書代金、暖房費、施設援助費等あり。

東京都新宿区若松町二一
東京韓国学園
電（341）一八五六
　　　　一九八七番

韓国舞踊生徒募集

在日韓国舞踊界やテレビ舞台などで活躍中の金秋子舞踊研究所では、満三歳から十九歳までの舞踊生徒を募集している。
募集要項は次の通り
一、年令は満三歳から十九歳まで月謝は月千五百円（入会金千円）
一、レッスン日は毎週、月（四時から五時）水（月と同じ）土（二時から三時半）
右希望者は左記へ問合せのこと
連絡所、民団品川支部（電七八一－九□二七）かまたは金秋子舞踊研究所（電七七一－三〇一六）

大阪金剛学園生徒募集

一、募集人員　幼稚園　一年保育児　一〇〇名（男・女・共学）
小学校　第一学年　一〇〇名（〃　〃）
中学校　第一学年　一〇〇名（〃　〃）
高等学校　第一学年　八〇名（〃　〃）

二、出願期日　幼稚園・小学校・中学校　三月十六日（土）まで
高等学校　第一次　二月二十八日（木）まで
　　　　　第二次　三月二十八日（木）まで

三、出願手続　本学園に所定用紙があります。

四、考査料　幼稚園・小学校・中学校　無料です。
高等学校　三百円也

五、考査　幼稚園・小学校　面接、健康診断
中学校－面接、健康診断、書類審査
高等学校－面接、書類審査、学科（国語又は日本語、数学、英語）試験

六、選考日　幼稚園・小学校・中学校　三月十七日（日）午前九時半
高等学校　第一次　三月四日（月）午前九時半
　　　　　第二次　三月二十九日（金）午前九時半

七、合格者発表－幼稚園、小学校、中学校は三月十八日（月）午前十時
高等学校　第一次　三月六日（水）午前十時
　　　　　第二次　三月三十日（土）午前十時

八、入学金　幼稚園、小学校、中学校はありません。
高等学校　二千円也

九、その他　小学一年入学児は教科書代が無料です。
その他多くの特色がありますから、詳しいことは教務まで問合せ下さい。

大阪市西成区梅南通五丁目五番地
学校法人　金剛学園（大阪韓国学園）
電話　大阪（661）二八九八番

京都韓国中・高校生徒募集

一、中学校
○募集人員（男女）＝第一学年九十名、第二学年若干名。
○出願期間＝第一次一月十六日－二月二十六日。第二次三月一日－三月二十五日。
特典＝①、入学金授業料無し。②、生活貧困者に教科書を無償支給。③、奨学金制度がある。④、韓国高等学校に推薦入学する途がある。

一、高等学校（商業科）
○募集人員（男女）＝第一学年九十名。
○出願手続＝期間までに必要書類を本校教務課に提出すること。
○出願期間＝中学校と同じ。
○考査日＝第一次二月二十七日、二十八日。第二次三月二十七日、二十八日。
○選考方法＝①、学力考査（日本語、社会、数学、理科、英語）②、面接。
○特典＝①、奨学金制度がある。②、韓国の大学に留学する途がある。

京都市左京区北白川東平井町八
京都韓国中・高等学校
電話⑦一八三五

新しい国造りの
最先端を行く
国産自動車
ここに誕生!!

セナラは今般、日産自動車株式会社との技術提携により年間二、〇〇〇台の国産自動車を生産する目標で力強く発足致しました。韓国自動車工業界の夜明けに新しい息吹と希望を一杯積んで活躍する弊社の自動車に御期待下さい!!

ダットサン ブルーバード

車種
乗用ダットサンブルーバード
商用ダットサントラック
マイクロバス、サービス部品

日本で最も人気があり、世界各地に輸出されて好評のダットサン　ブルーバードのふるさと……日本の代表的自動車メーカー「日産」が神奈川県追浜に建設した東洋一の乗用車工場です。100万平方メートルの広大な敷地に並び立つ工場では、すべてがコンベアーシステムで運ばれています。日産自動車では、このたびセナラ自動車と提携し、ブルーバードを韓国に輸出することになりました。

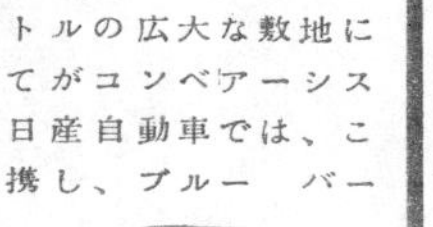

ダットサン トラック

日産自動車株式会社
東京都千代田区大手町ビル

새나라自動車工業株式会社
ソウル特別市中区小公洞21

読書

○…民族教育の演劇・音楽・舞踊・工芸・技術などが「無形文化財」として指定される。三十日午前、文教部からの知らせによれば「文化財委員会」は演劇・音楽など総四部門・四十二種目に亘る伝統的な演技・技術・様式を始め、名人らの演技および技術などを含め「無形文化財」として指定することになったと言われる。したがって、演技及び技術が「無形文化財」に指定された名人らは、事実上「人間文化財」として指定されることになるが、このように、韓国以来初めて特定の人々の演技および技術を文化財に指定するわけは、漸次衰微されてゆく固有の民族文化を保存するための措置である…○

固有の歌舞を42種目

無形文化財を指定

消えゆく民族の文化

「文化財委員会」では、先きほど指定することに定めた「楊州サンテノリ」の外に▽安東＝「松坂サンテノリ」▽全北＝「井邑農楽」▽忠南＝「民俗ノリ」▽済州＝「民俗ノリ」▽忠北＝「清州農楽」▽慶北＝「ノッタリクッ」「ケケナチンチン」「尚州モンムキプシ」「水車打鈴」▽慶南＝「農楽」「忠武五広大ノリ」▽江原＝「農楽」および「民俗ノリ」など十二点を候補にあげ、その演技者らの演技を映画で撮影すべく各道市に通達した。対象部門を総四部門、四十二種目に決定した。

指定された「無形文化財」（演技者を含む）は映画撮影および音面記録によって、永久的に保存されるが、最終的な指定は年末までに終わらせることになる。決定された対象部門および種目は次の通りである。

△指定基準▽

古代演劇、音楽、舞踊、工芸技術では①民族生活の変遷と発達を理解するのに役立ち②発生年代が比較的古く、その時代の特色を生かしたもの、③形式と技法が伝統的なもの、④芸術的価値の豊富なもの、⑤貴重な研究材料になるもの、⑥消滅される恐れが多く文化的価値を失いやすいもの。

相手種目

◇演劇（二種目）▽人形劇 ▽仮面劇（サンテノリ）鳳山仮面舞」「ヤル五広大」「別神クッ」

◇音楽（一四種目）▽祭礼楽 ▽宴礼楽 ▽大吹打 ▽歌曲 ▽歌詞 ▽時調 ▽唱楽 ▽散調 ▽農楽 ▽雑歌 ▽民謡 ▽巫楽 ▽梵唄 ▽その他

◇舞踊（六種目）▽儀式舞 ▽呈才舞 ▽仮面舞 ▽バラ舞 ▽僧舞 ▽その他

◇工芸技術（二十種目）▽陶磁 ▽馬尾 ▽金属 ▽華角 ▽竹細 ▽装身 ▽螺鈿漆 ▽製紙 ▽木工芸 ▽建築 ▽皮革 ▽紙物 ▽織物 ▽染色 ▽玉石 ▽刺繍 ▽服飾 ▽楽器 ▽草梁

古くから伝わる農楽

韓比両国映画を交流

毎年六本ずつ

○…韓・比合作映画「裂かれた道」（李ハンウク、ラムベルト・アベルネナー共同監督）のフィリピン現地撮影を完了、全国映配の安炳夏社長を始めとする李ハンウク監督、渉外担当朴ポヤン両氏は、去る二十三日帰国したが、安氏によれば韓・比間の映画交流によって年六本の両国映画が交換されることになろうと明らかにした…。

これは、比国の製作者であるとともに、タマルロ・スタジオの責任者でもあるアルバート・アル・ジョセップ氏と韓国の全国映配社長安炳夏氏とによって進められたが、毎年両国間には各々六本ずつの映画が交流されることになる。安氏は、主に双方製作者の作品が交流されることになるが、年三本程度は他社の優秀作を選ぶことになるだろうとも述べた。

今年度は、全国映配作品から「土」＝権寧純監督「林巨正」＝ユヒョンモク監督「愛と憎しみの歳月」＝姜大振監督など三本に加えて、国内映画三本を決める予定のようで、比国からは、タマルロ社作品「陸地と海」「沃土」「バザオ」などが送られることに決まった。

安氏は、もう一本の韓・比合作映画をやはりタマルロ・スタジオと提携、来る三月より製作することになろうと述べ、作品は李珉載脚本の「二つの平和勲章」で監督は「裂かれた道」と同様。

この映画には比国より五名、米国より三名の人気俳優が出演し、その他は全部韓国俳優が出演することになるとも語った。

二月の詩

吹雪の中で

安 福 基 子

天と地が諍う吹雪の中で
コリアの歴史は流れて来た
何度も躓き よろめき 窒息しそうになりながら

血縁うすき大昔の祖母よ
あなたは大陸からの吹雪にこごえて死んだ
母よ あなたは玄海灘の連絡船が運んだ
吹雪にまみれて悶えた
そして あなたの子は
二十世紀の竜巻にまかれて悲鳴をあげている
そのこごえた小さな手が
果てしなく広がる荒野で春を呼んでいる

飢えた魂の声悲しい歴史の呟き
言葉を忘れた詩人のすすり泣き
天かけるべきハーモニーが二月の地下でこおりついている
吹雪の合間に垣間見た春への思慕
一枚の葉すら散ってしまった灰色のポプラがゆれる
おお、ポプラよお前の春は
風と雪と盗まれた時間に傷つけられて
死んでしまったというのか
思慕の胸にうずまくかぎりない冬への不満

天と地が諍う吹雪の中で
コリアの歴史は流れている。

國寶巡禮 (29)

委員・李 吉 雨 筆

南渓院趾七層石塔

○…ソウル景福宮建春門、これは今の「首都軍病院」向いの門から「文化財管理局」庁舎前を通って慶会楼側を曲ってはいろうとすれば、勤政殿裏の芝園に、人の背丈の三・四倍くらいある古色蒼然たる七層の石塔が 目の前に迫る。

この塔こそ国宝第一百号「南渓院址七層石塔」（高さ＝七・五六米、高麗時代作）。もともとは開城市徳岩里の南渓院古寺跡に残っていたのを、一九一五年「朝鮮総督府」が移して置いたものである。四角の花崗岩の塔で、塔身と塔蓋は同じ石でなり、二階以上の塔身の大きさは上層部にあがる程、逓減率が他の塔よりも少さくなっている。

▽…塔台が少し砕けたにせよむしろ、荒涼たる長い年月の呟きは、塔全体の雄々しい気風とともに、一層古人らの優秀な建築様式に欽慕の情を寄せられる。高麗石塔の特色である重厚な屋根の転角の曲線美ー。

日本の学者柳宗悦氏の言葉が浮ぶ。「南山に登ってソウルの市街を展望して見ろ。目前に現われるのは家屋の屋根に現われた果しない曲線の波ではないか。もしも、この原則をはずしてその中に直線の屋根が見えるとしたなら、それは日本西洋建築であろう」

無言の一つ一つの石塔に、われわれの生活様式がからまっているということを知ろうとはせず、たんに考古学者らが研究対象に扱う「石の固まり」だくらいにしか考えないわれわれの現代的思考方式たるや情けなく、実に哀れである。

李朝野史物語

徳宗・成宗時代篇(6)

成宗大王の治世（四）

名儒金宗直の直諫

宮中奥深く王の私室で王と対座している反逆人は、手荒な鞭一つだに打たれなかったが、一日たち二日たつうちに次第に心のはりがゆるんできた。成宗大王の威厳に威圧されて針のしとねに座している気持ちがしてならなかった。

不安と焦燥のために生きた心地でなくなった。さすがの彼もついに兜をぬいだ。

「どうか、生命だけは！」と哀願しながら、王の前に平伏してしまった。憐れな犠牲者を前にして

「朕が汝を殺さないと約束したのに何んでそんなに怖れるのか。汝の気象をみると王者の資ではないことがわかる。

これ。いま汝を釈放することにする。いまもう一度この座を奪うことを試してみろ。朕、汝を待っていて汝の勢力に押されればこの座を譲ることにしよう」と、王のコトバであった。

列席していた閣臣たちは王の処置に対して、猛烈に反対を唱えた。

しかし、王は左右の反対を退けて反逆者を自由にした。王の寛容に対して当の謀反人を初め一同のものはただ驚くばかりであった。

◇ ◇

端宗元年（一四五三年）に殺された金宗瑞を初め三人の大臣と成三問以下死六臣が端宗のために殉死してその家門は廃絶され、官職がはく奪されているにも拘らず、そのままになっていた。

ある人々はこれを遺憾に思ってならなかった。これを最も強く感じて立った人がいた。

金宗直（一四三〇ー九二年）その人である。彼は慶北善山郡の人で佔畢斎を号とした成宗朝の学者で刑曹判書をやった人である。

学統は高麗の大儒治隠を継ぎ嶺南学派の総師としてソウル学派に対抗した。その門人には金宏弼、鄭汝昌、金馹孫など当時の有名な学者などがあった。その遺著には佔畢斎集、青丘風雅等がある。

人物剛直をもって聞こえた人で成宗大王も彼を尊敬しその言行は朝廷でも重きをなした。後年燕山君時代に発生した獄事ー戊午士禍により、剖棺斬屍をうけた人であった。剖棺斬屍は重刑の一つで、死後その柩を暴いて屍体を斬刑にすることである。

彼は、成宗大王に進言して三相と六臣の冤罪をそそぎその官職を回復すると共に、国家によって忌年祭を祭祀することが正当であると、強く直訴した。

王は金宗直の訴えを聞かれて大変お困まりになった。事理を正しく判断される賢明な方で金宗直の訴願は正しいことであることは十分理解した。しかし、如何にしても三相と死六臣の事件は祖父王世祖がやったことである。王には誠に厄介なことでもあり決して愉快なことではなかった。自然とその不快感がお顔にも現われた。

しかし、王が如何に不快感をされようが剛直な人として知られる金宗直は、少しもひるまなかった。彼は再び語気まで強めながら

「臣下は君に忠でなければなりません。また、君は臣下をして忠誠をつくすように指導すべきであります。世祖大王がおやりになったことは一時の事情止むを得ずやったことと察しますが、世祖大王の御仕打ちに対して、臣下として如何にすればよいでしょうか。まさか、鄭麟趾や申叔舟などのまねをしてはならないと信じます。どこまでも顧命に殉じた三相と六臣をならうものでなければいけません」と直諫した。

死を怖れぬ直言である。大王も金宗直の忠告が正当であると認めた。しかし、世祖大王の孫である王としては祖父王のやったことに是非を論ずることは忍びなかった。やや暫く黙していた王は

「臣下としての卿の直言はよく理解できるが、その孫である朕の立場としては卿の忠言をとりあげる訳にまいらぬ」と、いわれた。

当時のこととして臣下が王の意に逆ってまで三相六臣のことで直言することは、まかりまちがうと逆賊となり死か流罪となるところであった。それにもかかわらず、敢えて直言した佔畢斎金宗直は真の勇者であり、またその人の直言の正しさを認めた成宗大王も立派な帝王であったことを感ずる。

◇ ◇

丘従直（一四〇四ー七七年）は成宗朝の有名な学者で博学強記をもって世に知られた人である。長安と騒された。

世祖朝に初出仕をした人であったが、慶会楼（景福宮の中にある宴会場）に出入することは一般人は許されなかった。彼は或る晩その夜景を一目見たいと思って平服のまま禁制を犯して入った。夜景に感じてその場で即興詩を詠んだ。

ときたま成宗大王も慶会楼上で夜景を観賞していた。そのときその楼辺で玉でもころばすような詠詩する声がきこえてきた。王は朗朗とした詠詩する主をたずねた。丘従直にめぐりあった王は大いに喜ばれて彼に今の詩をもう一度朗詠してくれと言った。丘従直は王の御前であるので感激をもって先きの即興詩を詠んでから、一段と声をはり上げて春秋左伝を諳むところなく詠誦した。（石鼓山人）

安住の地は (139)

許 槿 旭

え 金 泰 伸

安住の地は（二十五）

（どんなにお腹がすいただろうか？）

一晩中ふくれあがった乳房を押えて、私は夢中で走った。うす暗い闇の中に、彫刻のように立っている藁ぶき家とか、空の星などが私の眼の前をかすめて行った。青白く光るその星群が、ともすればこどもの眼のようであった。

「おかあちゃん」

どこからか、こどもの声がきこえてくるようであった。私はふらふらしながら坂道をかけ下りた。

どうしてよいかわからない心が混沌の淵に狂おしげにさまよった。悲しみがもたらす絶望のために、私は自身の破滅の限界を見ることができなかった。試練の流れの中に、人生を予測することができなくなったとき、急に運命の潮流が私に押し寄せて来た。天にもう一つの宿命のように結ばれた女の潮流に押され、海岸についたものであった。

夕暮れが迫っていた。

小雨にしっとりぬれた木の葉が風にぶるぶるふるえていた。私は眼を下に落し、S国民学校へ行く道を急いだ。

（その女にあえたらどうしようか？）

ひとり思いめぐらす私の想像の中に、女の顔がいろんな形で重なる。大きく迫って来るかと思えば一つの黒点のように遠ざかったりした。

私は全身の血がす一っと引いていくようであった。眼の前に女がいたなら、一気にかけ寄って、頬でも打ってやりたくなるようなひどい衝撃が、怒涛のように押し寄せて来た。

（堂々と対決して、何らかの解決を着けよう）

異常にからんでくる複雑な感情を抑えながら、私は学校の門に足を踏み入れた。放課後の校庭は水をまいたように静かであった。ドキドキする胸をしずめながら、私は玄関から入って長い廊下を歩いて行った。どうたずねたらよいか？思案をしているときであった。

黒のベルベットのチマ（スカート）に白のチョゴリ（上衣）を着た女教師が、出席簿をのぞきこみながら近づいて来た。私は足をとめ女をじっと見つめた。

（あの女ではなかろうか？）

不思議な予感に指先が微かに痙れる。その刹那、いなずまのように走る一つの考えに、私は再び胸がしめつけられた。

（この女は、あの晩、私が気を失って倒れたとき、はっきりと私の顔を見たことだろう）

私は女の方に近寄って行った。

「もしや李忠良先生を知りませんか？」

胸に渦巻く興奮を押えながら、私は落ち着いてきいた。

女はびっくりして顔をあげた。

「あ！」

細い悲鳴と共に、彼女の顔が一瞬あわてたようにこわばる。しかし次の瞬間、彼女は気まずげな微笑を含みながら、ゆっくりと言った。

階上・和室・洋室・御家族連れ
御結婚式場・披露大小宴会

新館完成開店

北京料理 アベノ 東海倶楽部

本店 アベノ橋南詰西側 電話 (632) 0285 (632) 0286～7

新館 アベノ区旭町1丁目1番地 (アポロ座西隣) 電話 (632) 1255～7

韓国服地と韓国レコード！

浅草 金宮商店

東京都台東区浅草公園六区2ー2
電話 (841) 0003・0004・0005・0006

営業品目
特殊香港洋丹・中国洋丹
金糸織洋丹・テトロン洋丹
京都洋丹・美術丹・七色丹
洋服地・各種ナイロンレース
リバレース・オパール
ニュートン・ベルベット
其他 本絹 季節向一式
朝鮮古典長鼓販売
貸古典婚礼衣装

韓国レコード関東代理店 総販売元

冷房暖房 ダイキン冷房機代理店 日立冷房機代理店

○最高の技術とサービスは完璧です
○官庁の事業体・団体に対しては実費で奉仕しますから冷暖房及冷凍機関係の一切を御相談下さい。（遠近県問わず）
○各種（内外製品）冷蔵庫・クーラー類の修理、販売も御相談下さい。
○一年間のアフターサービスの御契約もします。

北洋冷凍機工業 株式会社

社長 洪 起 華
監査 金 炳 泰

東京都 新宿区 原町三の八四
電話 (341) 〇四四九 代表

韓国芸能使節団海外進出記念公演！

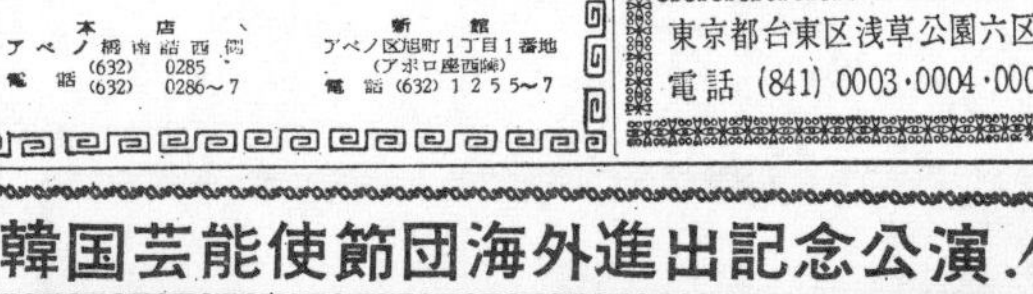

李全黄張韓李金金張楊金尹李林美高朴
殷守必周一炳濱貞世招 蹂春花文白貴
官徳奎瓊斐祐洙九貞黨鶴姫子子子花姫

出演

製作／企画／尹 吉 炳・構成演出／美術／皇 武 童

韓国民謡と古典音楽で織りなす豪華舞台！

公演日程

1月27日	戸畑	2月9日	東京神田共立講堂
〃 28日	福岡	〃 10日	群馬・桐生
2月1日	神戸	〃 11日	仙台
〃 3日	大阪	〃 13日	熊本
〃 4日	京都	〃 16日	札幌
〃 5日	高知	〃 18日	青森
〃 6日	四日市	〃 20日	名古屋
〃 8日	東京・品川		

提 供／KK国際プロダクション・東京銀座・TEL (571) 4468～9・0015
後 援／在日大韓民国居留民団中央総本部

■団体券は各民団支部・KK国際プロ (571) 4468～9・0015まで

韓國新聞
発行所 韓国新聞社
発行人 [illegible]
東京都文京区金富町51
電話(813)2261・2263 編集
東京(812)1921 (813)2262 業務
振替口座 東京 34988番

日本漁網船具株式会社
取締役社長 福井保
本社 東京都千代田区丸の内二（丸ビル）
電話代表(201)局一八四一・一三六六

強力な物価政策を推進

集中的な努力で

朴議長、各長官に指示

【ソウル発＝連合】国家再建最高会議の朴正熙議長は四日政府施策が国民に充分理解されていないと述べ、行政各府の長官は自己の所轄事務を国民に充分啓蒙しなくてはならないし、それが出来ない時はそれ相当の責任をとらせる方針であると語った。

朴議長

週間定例業務報告をうけた席で最近政府施策が国民に充分理解されていないと指摘、ソウル市内に三月末まで使用する無煙炭が搬入されているにも拘わらず七十日分しかないとか、肥料代があがっていないにも拘わらずあがったようなうわさがとんでいるということは政府が国民に対して真実を知らせる努力が不足であったためであると語った。朴議長はこの日全内閣首班をはじめ経済各部長官を招いて物価動態と経済全般にたいする報告をきいた後以上のように語ったのである。

朴議長は物価があがった四十日間内閣が取ったなまぬるい態度に不満をあらわしまた多くの輸入生活必需品を銀行担保に入れ、買だめ行為をして物価を刺激したいく人かの不徳商人をそのまま放置しておいたことに対し不満を表明した。

朴議長は政府が確固たる方針で集中的に努力をすれば物価問題は解決できる問題であると述べ、各経済部の長官はより一層自信ある物価安定策を強力に推進するようにと強調した。

物価、昨年の12月線に引下げる

四日正午、最高会議は内閣首班を初め各経済部長官と在庁最高委員の連席会議をもち、金顕哲内閣首班から物価動態と経済全般にわたる報告をきいた。

この報告によれば昨年のくれから高めをみせていた物価は四日現在保合状態にあり、政府は物価を昨年十二月二十日の線に引き下げるため各種の研究と対策を考えていることを明らかにした。その一つの方法として①国民に一ヵ年度物価展望を科学的に理解させる公報活動を展開する。②政府は原資材生産工場の生産原価を再検討して適正な原価を算出し、生産価格引き下げと販売価格の調節③引下げ方法として中間卸売と小売を研究検討する。④大衆飲食店（茶代も包含）などの協定料金の正常化を勧告するなど考慮[illegible]た。

なお金内閣首班は昨年度の国民所得は増加されたが、資本形成ができたのがすくなく、国家目標である経済再建のためある程度の消費抑制はやむをえない、この消費抑制を考えず国家再建を考えるのは安逸な考えであると語った。

一方張農林長官はソウルに搬入される米穀の六十％が全北地方であることを明らかにし、去る一ヵ月間酷い寒波で全北地方の米穀搬入に支障を与えたが、遅くとも十日後にはソウルへの米穀搬入状態は正常化されると見通しを述べた。

国家安全保障と国民安全のため

中央情報部は必要な機構

金容珣中央情報部長は四日、中央情報部は国家安全保障と国民の安全のため必要な機構であると語った。

金情報部長は記者会見席上で、政治活動が再開された以後北韓カイライは政局を破壊するため多くのスパイを浸透させているから国民はこのような破壊工作に眩惑されないよう望むと語った。同氏はつづいて中央情報部は総ての捜査機関に対して対共警察をより一層強化するとともに、政治活動に関与しないよう指示したと明らかにし、中央情報部は与党政に関与しないと語った。

九億千六百万ウォン減

韓銀券発行高、一月末現在一九八億

一月末現在の韓銀券発行高は一九八億七百万ウォンで昨年の年末にくらべ九億千六百万ウォンが減少された。減少要因は年末の資金需要増大ででていた現札が漸次回収されているためである。

結党大会は25、26日

民主共和党常任委で決定

【ソウル＝連合】民主共和党は四日午前第一次常任委員会を開き、結党大会の日程を二十五・六日両日と決め、二日目の二十六日には朴正熙最高会議議長を大統領候補に指名することに決定した。

なおこの日の常任委員会では事務総長に金東煥氏の創党準備委員長からの任命同意を承認、満場一致で受けいれた。また創党準備委スポークマンには尹胄栄氏を留任するよう決定したが、次長と部長級に対しては五日に開かれる第二次常任で金総長任命同意提請を受け入れるものとみられる。この日の会議は創党準備日程を論議したのであり、四日から来週までに全国百三十一地区党の準備委員を構成することにし、十日から二十三日までは市、道党準備委員を構成することに決定した。市道及び地区党の創党準備委組織計画を審議した同委は各分科委員会で原案を中心に審議した後、これも第二次政策分科委の下に四つの専門家で構成される政策研究室をおき、党政策研究をするようにと論議されたが第二次常委にまた上程することにした。

当分野にとどまる

金東河氏共和党離脱を表明

【ソウル＝連合】前最高議員金東河氏は四日午後記者会見を行なった席で自分は当分野にそのままとどまるという意思を表明した。金氏は記者との対話で離脱という言葉を使うことによって共和党と手を切ったことを明白にした。

許政氏民政党に加担

金炳魯氏の勧誘を受諾

【ソウル＝連合】政浄法から解除された前過渡政首班許政氏と民政党代表委員金炳魯氏は四日午前、野党単一政党をともにするという点で意見の一致をみた。以上のような内容を伝えた金炳魯氏は、許政氏は民政党の基本理念と汎野党形成の大同団結原則に賛同したと語った。また金氏が民政党に入って一緒に仕事をしてみようといったことに対して許氏はそのようなことになるだろうと述べたという。

一方金氏は前民議院議長である郭尚勲氏が朴議長を大統領候補にするという声明を取消せば、彼を迎え入れるつもりであると語った。

許政氏ら275名解除

政治活動禁止の対象者

許政氏

最高会議は一日午後第三次で政浄法該当者の内、許政（過政内閣首班）白南勲氏をはじめ二百七十五名に対して政治活動禁止を解除した。これはその間内務委が調査したものを常任委にかけ、朴正熙議長の職権をもって行なわれたものであり、政浄法対象者総四千三百六十名中適格判定一三三六名、一次解禁を合わせると一七八二名が解禁されたことになり、二千五百八名がまだ解禁にならないということになる。今度の解禁には許政過政首班をはじめ、前職高官六名、前民議員の李甲植氏をはじめ旧自由三十名、閔寛植氏をはじめ旧民主十五名、権仲敦氏ら旧新民党十名前参議員十九名が含まれており、各政党、該心、党副議長級が大部分であり、政党組織に活気をもたらすための配慮がみられる。これらの者を名派別にみると旧自由十七、旧民主五四、旧新民四十七、諸小政党十六、無所属八十一名になっている。

▽前職高官＝許政（過政首班）催成雄（農林次官）宋元英（交通次官）禹晩亨（内務次官）金鼎昌（石公総裁）金鑛甲（国防次官）

▽前職民議員李恩泰、金晶安、朶英柱、金元泰、俞英濬、金竜黙、柳承俊、尹漢求、印泰植、元容奭、李源長、李玉童、洪淳熙、李甲植、呉奭南、孫[illegible]斗、李東寧、李[illegible]、政烋、鄭南沢、呉泰会、安徳基、趙璟武、徐鎮斗、林南采、張錫龍、宋鎬熙、崔容根、徐王済、金鐵信（以上自由党）申相楚、閔寛植、金在坤、安東俊、李錫淳、曺逸煥、呉定国、崔海容、禹[illegible]、李炳夏、趙明煥、金命瓚、崔俊吉、鄭泰錫（以上民主）金泳三、高濟竜、[illegible]、尹宰南、李喆来、趙漢伯、李相敦、権仲敦、李忠煥、劉沃裕、金世栄、崔敬煥（以上無所属）

申義湜、金大植、梁方鎮、朴諸鍾、鄭文甲（参・自由）朴己云、鄭克模、権東哲、白南檍、康才良、李渊万 以上

民政党、企画委員会を設置

追加解除された中堅人士包摂のため

民政党は政浄法から第二次解禁されたもの内中堅人士を包摂するため指導委員会の下に企画委員会をおき指導委の質問に応じるという方針をたてた。

四日現在まで政浄法第二次追加解禁者の内、旧新民党系十余名、旧民主党系三、四名、旧自由党系四五名（前国会議員）が民政党に参与する意思を明らかにしているが、これらを包摂するため民政党各政派指導委員らは、新しい機構を設置しなければならないと主張している。

民政党、執行部署の役人を追加

民政党は四日午後指導委員会で執行部署である政策に八名、宣伝に四名、財政に四名の役員を追加することに決定した。

近代式設備の体育館開館

東洋屈指の近代式設備を整えた室内体育館である奨忠体育館の開館式が一日午前最高会議の朴正熙議長をはじめ金顕哲内閣首班並びに尹潽善ソウル特別市長の参席のもとに盛大に行なわれた。

ところでこの奨忠体育館は元は陸軍当局が管理して来た露天体育館であったが、一九六〇年三月ソウル市当局がこれを引き受け、国内はじめての室内体育館をつくるためその後九千二百万ウォンの工事費をもって工事にとりかかりこのたび完成されるようになった。

信任を受ける政党を作るよう

朴議長、金委員長に要望

国家再建最高会議朴正熙議長は、さる二日午後民主共和党創党準備大会を終えて経過報告をするため議長公館を訪ずれた金鍾泌委員長と鄭求瑛副委員長に過去のように国民から疑問を受けるような政党であってはいけないので団結して信任を受ける政党をつくることに努力するよう要望した。

韓日両国の経済提携

政情をよそに着々と進展

金鍾泌氏の辞任問題をめぐり、韓国及び日本の政界には若干の動揺がみられたが、こうした政界の動きをよそにして、韓日会談妥結にともなう両国国交正常化をみこして韓日両国の財界、とくに日本の各種メーカーは極東における最も安定した、また最も有力な市場としての韓国に大きな期待をかけ、単に貿易の拡大のみならず、経済提携、技術援助等あらゆる形で、国交正常化の実現を前に早くも活発な動きを示し注目されている。

自動車　早く技術提携という形で韓国に進出した日本の大企業は日産自動車である。

日産は昨年一月、韓国のセナラ自動車（仁川）との間に乗用車ブルーバードとダットサントラックの製造技術提携の契約を結んだ。契約期間は七年で、当初セミ・ノックダウンから出発、七年間で完全国産化を実現するという計画である。昨年八月に仁川の組立工場が完成し、十二月までに一部完成車を含めて合計千七百台を輸出している。今後も年二千台ないし三千台を組みたてることになっている。

このほか自動車関係では、いすゞが過去のディーゼル・エンジンの輸出を手がかりに、昨年末トラック用ディーゼル・エンジンの技術提携の仮調印を行なった。相手はもと機山工業の工場だった朝鮮機械（仁川）である。これもノック・ダウン方式から出発し、完全国産化に進む契約で期間は五年間である。

電機　すでに電機業界の動きは極めて活発である。重電機では韓国が五カ年計画で電力開発に重点をおき現在の三十五万キロワットを五年後に百万キロワットにする計画があり、発電設備の対韓輸出には大きな期待がよせられている。昨年日立製作所が三陟の火力発電設備を受注し、また三菱日本重工でも大型車両建設と組んで建設を進めているほか東芝も春川水力発電所の設備を受注しており、そのほか明電舎、三菱電機も火力設備を受注している。

また東芝では仁川の利川電機工業（旧朝鮮東芝＝モーター、変圧器、ポンプのメーカー）との間に、モーターポンプに関する技術提携交渉が進められている。また富士電機は韓国メーカーとの間に積算電力計についての技術提携の話し合いが進められている。

また通信機業界では通信設備を主として搬送電話装置の輸出に期待がかけられ、日本電気、富士通信機の両社が昨年から輸出している。

肥料　日本は韓国への肥料のプラント輸出についても大きな期待をよせている。韓国は肥料の大部分を輸入してきたが、肥料の自給政策を推し、目下、忠州、羅州の増設拡張が進められているが、この両工場がフルに稼働するようになれば韓国の窒素肥料の四十六％がみたされるといわれ、韓国政府はこのほかにも湖南肥料工場の新設を計画している。しかし現在のところ韓国は台湾とともに日本肥料の大市場で、昨年末には三十七肥料年度分として、韓国向けに硫安四十四万五千トン、塩安二十万トンの輸出契約がほぼまとまっている。しかも韓国の肥料自給化のために日本からのプラント輸出が要請されており、目下尿素、硫安プラントについて神戸製鋼、東洋エンジニアリングが商談を進めている。

セメント　日本のセメントの対韓輸出は三十七年には約二十八万トンに達し、今後、韓国の経済建設の進展とともに増加する見込みである。また東洋セメント三陟工場、大韓セメント聞慶工場が稼働しているが、その拡充および新設工場の計画も進められており、これについて日本にも韓国からプラントの引き合いが出るものと期待されている。

プラント　プラント輸出では東洋レーヨンの人絹糸プラントも注目されている。目下興韓化繊との間に交渉が具体化しつつあるが、東洋レーヨンは同社の済州工場のプラントを輸出する計画を進めている。また帝人大屋社長が新春早々訪韓したが、これも人絹プラント合繊関係の技術提携の折衝とみられている。

水産　また水産業関係では、さきに訪韓した大洋漁業の大塚常務によれば韓国は日本から漁船、漁具の提供、漁労や水産加工の技術援助を要請している。

論壇

日本政府の国会答弁は釈然としない

卑屈を感ずる韓日会談は是正しよう

軍事政権が文民政府樹立移管に伴う国内政治活動を解除し、与党結成に準備を行なう過程に、内紛を巻き起こして、内外にただならぬショックを与えた。

これは、韓国のみならず諸外国の歴史にも、現時点においても、類する政治現象は往々にみることの出来る人間社会の通例的現象で、敢て韓国において起こったからだと、特異に看視せられるべきものではない。しかし韓国の現状から推察する場合は、まさこれを軽視すべきものでもないことは否定の出来ない政治的現象であった。

この政治的内紛現象が微妙に影響したのは、なんといっても韓日会談の妥結を目前に控えていた日本政府と、その国民に与えた影響は過小評価されるものではない。

また、この影響が否かは別となし得ないが、日本国会における池田首相ならびに大平外相の答弁に対して、われわれ在日韓国人は釈然としない諸点がある。

すなわち、さる二日から衆議院予算委員の総括質問において、民社党の春日一幸氏と日本政府側との韓日問題に関する質疑応答で、春日氏が「もし南北朝鮮が統一するような場合、また南北が決定的に分離して、北朝鮮から請求権がもちだされたら、政府はどうするか」との質問に池田首相は「アメリカの軍令第三十三号は三十八度線以北については規定されていないので北朝鮮の請求権は残っている」と答え、さらに春日氏の「北朝鮮は日本に対し賠償請求権があるのか」に対して首相は「平和条約第四条A項により双方に請求権がある。しかし北朝鮮に対する賠償はないと確信している」と答弁をしているが、これをさらに追及したのをみると、大平外相は〝有償、無償供与によって請求権については一切なくそうということは韓国側も了承しているが、無償供与は俗語で無償経済協力としてもよい。予備折衝での文書では「経済協力」となっている〟との韓日会談予備折衝における具体的な表現をもって答えている。

ここに、われわれが奇異に感ずるのは①北韓には請求権があるが、賠償はない②韓国には有償、無償によって請求権については一切なくし、これは経済協力である、との日本政府の韓日会談を遂行せしめる請求権問題に対する基本的態度を採っているが、これは日本国内の情勢から日本側がいっているものであろうとは推察するけれども、双方の予備折衝の文書の中に〝経済協力〟という字句で無償供与という請求される性質のものを〝経済協力〟という字句で合意に達したとは、一体なにごとであろうか。われわれの子々孫々がこの両国の調印文を見た時なんと評するであろうか。さらに三十八度以北は及ばないとするならば日本側は韓国政府が北韓を統一した場合は、その時さらに北韓にのこしている請求権を発動し得るともいうのであるのか。韓国が北韓を統一した時は無く、北韓が不幸して完全分離したら北韓には請求権があるとは、この地上における人間社会の気まま勝手な方便がここまで来ると反逸ざたとみるより方法がない。

いずれにしても、韓日会談を妥結せしめることは重大なわれわれの至上命令ではあるけれども、その合意に達しつつある表現字句的内容には、いささか、是正せしめなければ賛成し難き諸点がある。

もしも、このままに是正なくして妥結調印をみることは、現在のわれわれが如何に日本に対してひくつであったかを子孫にさらけ出すのみであることを深く認識すべきである。

このひくつ感ずる韓日会談ならばいかに実利が大きいかはしらないが、その実利を捨て去ってひくつ心をとりはらい、請求するものは請求し、賠償するものこれを請求して、有償借款は有償借款として毅然たる態度で韓日会談を妥結にもって行くべきである。

（崔 天栄）

協議体構成を具体化

汎野大統領単一候補のため

汎野大統領単一候補をたてるための単一戦線協議体構成は今週から具体化されるようだ。汎野単一政党を構成している民政党側が冷たんな態度をみせたため、単一戦線協議体構成は一時沈滞状態であった一日創党準備大会をもったが民主党（仮称）は再び協議体の構成を民主党に提議し、今週中に協議体構成問題を論議するため民政党側と接触をもつ積りである。

さる二日民主党代表委員[illegible]氏は大統領単一候補をたてて対与共同戦線をはかるため協議体が構成されなくてはならないと強調、民主党の提議を他の政党も支持してくれるよう訴えた。

創党準備委結成申告

民主党、民政党中央選委に

中央選挙管理委員会は四日午後三時民政党及び民主党の創党準備委結成申告を接受した。

同委はこれで四つの政党から申告をうけたことになる。いままでのところ同委に申告された政党は次のとおり。

民政党（金炳魯）自由党、自民党（鄭万朝）民主党（[illegible]）

政府米価を引下げる

経企院、物価対策に八項目

【ソウル＝連合】一日経済企画院は最近騰貴傾向をみせている物価現況を収拾し、安定した経済基礎を確立するため綜合物価対策を発表した。

その対策案をみれば①穀価安定策として政府保有米を公示価格以下の水準で適時放出、小麦粉導入の促進と混食奨励のため麦粉公示価格大幅引下、②物資収給の円滑策として一億三千万ドルに達する移越し物資の導入促求③米公法四八〇号物資の適期導入と糧穀の確保鉄鉱財の円滑な需給と一部消費性物資に対する消費抑制及び物価上昇の先導的輸入物資の適期供給④輸出リンク制にしたがう物価上昇要因除去策として実需要資財の拡大、輸出業者が負担したプレミアム添加防止及び輸出実績に対する輸入比率の引上など補完処置の強化、財政安定計画の効果的執行で年末通貨量を四百億ウォン線で、維持し歳入内支出原則を固守、計画外新規事業の抑制、金融面での貯蓄内貸出原則の固守⑤外貨需給円滑増大のための積極的施策実行及び用役ドル輸入を増大させるため輸納、観光事業の振興⑥公共料金及び官営料金の不引上⑦物価調節に関する臨時処置法の活用による買占、売惜行為の厳禁⑧食事代、お茶代など協定料金と現状に還元できることのできる処置強求などになっている。

この日経済企画院当局は物価動向を分析する中で去る六十二年度物価が十三・四％上昇したのは①間接税率の引上②通貨改革③鉄道貨物運賃引上④タバコ価格引上⑤秋穀の減収などによるものであると指摘、昨年八月にあった一部穀物品目に対する物価統制と物資供給の増大策として四・四分期に入って安定された物価動勢をみせたと語った。つづいて最近の物価動勢を分析してその上昇現象は①前年度の農産物減収②援助減少傾向を反映して外貨事情に対する憂い③消費先導策にしたがう奢侈性物資の輸入抑制④輸出入リンク制に従伴するプレミアム発生などによって起きた心理的不安にその原因をおいていると指摘した。

今年度の物価展望に対して①穀物および燃料などは冷凍と大雪による輸送難がとけるにしたがって解決されるし、政府保有米の廉価放売や農産物の早期導入などの処置が推進中であるため価格騰貴はないだろうし、③外貨事情で政府の計上支出を最大限度抑制する一方物資導入に一億五千六百万ドルが策定されているし、外貨保有高が六十三年末に昨年水準である一億六千五百五十万ドルにくらべ三千五百万ドル減少されるとしても年末外貨保有高は一九五六年から六十年にいたる過去五年間の平均保有高一億二千万ドルより多い一億三千万ドルになるため、外貨事情に対する不安はないと語った。特に物価の安定のため今年度輸入需要（施設投資材除外）を三カ年平均三億ドルより二十二％増加した三億七千七百[illegible]

経済企画院当局はこれに対する供給で六十二年末現在すでに発注されて未到着または未通関にある移越分を含めて総一億三千万ドル該当額が継続導入されており、六十三年度資金による計画で政府保有ドル一億五千五百六十万ドル、米国AID支援助一億ドル米剰農物援助一億二百十一万ドル合計三億五千七百万ドルを策定することによって総四億八千七百万ドル該当量の物資導入を予定していると明らかにした。

この日発表された重要物資の品目別需給状況は次のとおり。

①糧穀今年度総需要二、一六八九千石に対する国内生産量二、六六八万千石、輸入需要中前年度輸入計画による移越量六十万四千石を控除した五七〇万石を米剰農物援助計画によって導入充当することにした。この内三十万石は三月まで導入される。肥料、石油類、肥料は今年度輸入需要が四、九三〇万ドルにあるのに対し、その適期供給公売のための政府保有ドル三千二百万ドルAID資金二千二百万ドル合計五千四百万ドルを策定、年度にとの移越量を前年末の二、二六〇万ドル該当量より四七〇万ドル増額された二七四十万ドル確保することにし、石油類は二千五百万ドルの需要に対し前年度移越資金五五〇万ドルに六十三年度資金二千万ドル合計、二五五〇万ドルに策定した。繊維類、原綿に対しては前年度の三千四百万ドルにくらべ四千二百万ドルを策定し、その内三千万ドルが導入中にある。人絹糸、ナイロン系、スフ綿その他合成繊維などに対しては全部前年度水準をはるかに上回るよう策定、ナイロン系は去る年末現在発注未到着移越金が九八〇万ドルにもなる。

調達庁二月中外資購買計画発表

一千四百十一万九千八百余ドル

二日調達庁は総一千四百十一万九千八百余ドルに達する二月中の外資購買計画を発表した。この計画によれば交通部需要の客車、炭車をはじめ合計五件の資材が国際入札を通じて購買されることになっている。資金別では①IDA借款に関するものが一件一、三三〇万ドルであり、政府保有ドルによるものが五件で九十一万九千ドルになっている。

ビスコス人絹糸輸入

六十七万ドルで調整

商工部は公告第三九一〇号三項に表示された品目の内ビスコス人絹糸の銀行ドルによる輸入量を六十七万四千ドルに調整する一方、主務当局が認定する実需要者に限って輸入を許可すると内定し遠からず公告する予定であるという。ビスコス人絹糸はAID品目として銀行ドルによる輸入は原則的に不許であるが、商工部は貿易計画の制限処置によってAID地域で生産されない分を銀行ドルによって輸入許容すると規定している。

昨年台湾への輸出82万ドル

目標額を十六万ドル超過

台湾駐在金鑾東商務官は昨年度の台湾政府の対韓輸入実績は八十二万三千六百六十ドル九十九仙で、韓国の台湾向け輸出目標額六十六万四千七万ドルを十五万九千六百四十三ドル九十九仙も上回る実績であったと商工部に報告してきた。台湾向け輸出内訳をみると、スルメをはじめ十九品目からなるがスルメが三十二万五千八百三十一ドル五十八仙で首位を占め、リンゴ十六万八千四百九十八ドル七十五仙、漢方薬材十四万四千五百三十八ドル二十四仙の順位となっている。

高麗人参酒等東南アに輸出

東亜製薬、約十万ドル相当を

東亜製薬会社では今年約十万ドルの高麗参精、高麗人参酒、生命水、高麗参茶を東南アジアに輸出する計画である。同社の昨年度の右四種目の輸出高は五万ドルであ[illegible]

社告

本紙は今般、諸般の情勢上、取材網、配布網などの再整備をすることになりましたので、その間、臨時に従来の発行日のうち水曜、金曜、土曜を休刊させていただくことになりました。民団各県本部・支部および一般読者各位は右事情ご了察の上、倍旧のご支援を下さいますようお願いいたします。

一九六三年二月七日

韓国新聞社

日韓出版貿易株式会社

■移転及び社名変更のお知らせ

謹啓　弊社毎々格別の御高庇に預りまして、有難く厚く御礼申上げます。

御蔭様にて業務日増しに発展に向いますことは、偏に各位の御愛顧の致す処と深く感謝致して居ります。

扨て、今般営業組織を変更し、弊社名を日韓出版貿易株式会社と改号し併せて左記の所て移転致しました。

何卒今後共旧倍の御引立の程御願い申上げます。

（旧綜合韓国資料社）謹言

◆業務案内◆

貿易部（書籍輸出入）

販売部　販売及び宣伝業務、特に日本書籍・中国書籍・洋書も皆様の御要望に応じます。海外及び国内発送もお取次致します。

資料部　写真資料・マイクロフィルム・取引関係信用調査・商品市場調査・其の他

広告部　韓国各種新聞雑誌・ラジオ・テレビ・ネオン燈　韓国向PRなら弊社におまかせ下さい

雑貨部（三月一日から業務開始）韓国人形・レコード・オボン・オゼン・食器・屏風・美術工芸品

韓国料理全書（純国語版）方信栄著　此の本一冊で母国の料理が自由に作られます。定価 一、七五〇円

韓国歴史小説全集 全12巻　此の全集は重点的な史料を小説化した作品を選んで歴史的に系統立てたもので、又韓国文化を通じ歴史を正しく面白く読めるように編集されており韓国文学の代表的作品として時代を超越して永久に残る名作である。定価 一五、四〇〇円

式辞演説全集　【主な内容】式辞・人事・演説・講演・祝賀披露・集会・激励・弔辞・年中行事・選挙・推薦・政見発表・賛助演説・建弁・座談・東西古今金言名句　定価 一、七五〇円　八一六面・箱入り

日韓辞典（小）七二八面…一、八〇〇円（大）九六三面…三、〇〇〇円　【本辞典の特色】（1）収録百十万（2）日常用・科学用古典用語総網羅（3）新語・外来語・原語と共に収録（4）動詞・形容詞・助動詞・形容動詞の活用表附録

最新弘字玉篇　本書は漢字二万字をもっとも詳細に調訳した新玉篇である。古字・新字・俗字・略字・漏れなく収録されている。定価 二、〇〇〇円（箱入り）

▼注文方法…御注文なさる図書名及び発行所を記入の上弊社営業部宛にお送り下さい。壱千円以上総て現金引換便で迅速にお送りいたします

日韓出版貿易株式会社
東京都新宿区市ケ谷船河原町四　TEL（[illegible]）四七五二
代表取締役 金 正 祐

再建祖国を訪ねて

カメラ・文 曺圭必

（忠清北道の巻）

本紙の国内カメラ記事で読者に親しまれていた曺圭泌氏は昨年八月下旬本社カメラ記者として国内に特派されたが、それから十二月いっぱいまで四カ月間ソウルを初め江原、忠清、慶尚、全羅各道を巡回しながら意欲的なカメラ取材をして先日帰社した。本紙では同記者の取材したものをここに連載し、革命後のうつり変わる祖国の姿を紹介する。

桶里峠を越えて（江原道）

私は三陟工業地帯の取材を終え翌日忠清北道に向う予定で旅館に帰ってきた。私は記者としても、写真家としても素人の範囲を出ないので自分の責任をまっとうするため取材の方法をあれこれ思案している内、東の空が明るんできた。腕時計は早くも午前四時をさしており、間もなく昨日予約していた車がきたのでそのまま出かけることにした。

いそいで荷物を取りまとめ暗い道を出発して約三十分位走ったら国鉄の桃渓駅に着いた。汽車がすぐきたので多くの客と一緒に私も荷物をとひっさげて乗ることにした。

約一時間走っている内に夜が白らじらとあけてき、（私は韓国特に江原道のこのへんは山が重複して深いので夜あけが遅いように感じた）汽車は高い谷こうばいの道をのぼって行き、のぼり終った処が終着駅の深浦里駅であった。乗客らは我れさきにと下車、山頂の桶里駅まで千尺の急坂を登って行くのであった。

ここから桶里駅の機関車の往来をみていると、機関車が空から降って来る有様であった。

私は荷物が多いので此の坂道を登ることをあきらめバスに乗るつもりで停留場に立っていると、誰かれなく皆が一寸ハンドルを切りそこなったら骨も拾えないという

ので私もバスに乗ることをあきらめ皆につづいて重い荷物をぶらさげ急坂の道を歩いて登った。

これが江原道と慶尚北道との道境にある高い峠（桶里峠という）であり、乗客は歩き荷物はケーブル式にグレンで引きあげているが、上下の鉄道を連結させるため目下建設中であった。

山も谷も黒一色で黒ダイヤのもりあげた山に土と草木がかぶさっているようであった。

無煙炭の本場桶里一帯

山紫水明の清州市

桶里駅からの汽車は深い谷へ降下しているようであるが、この附近は無煙炭の鉱山が無数に広がっていて谷も、川の水までが黒一色であり、各停車駅の周囲は鉱山町の光景を展開していた。

江原道には至るところで無煙炭が探れるが特に太白山脈を中心にしたこの一帯は無煙炭の本場である。

この曲りくねった谷を永い時間降りきった処に栄州駅があった。此の栄州邑は昨年四月の水害のため全市内が流されたが政府では栄州市内をくねり、くねり流れる川をまっすぐ流れるように改修し、栄州市全部復旧したので、真新しい文化住宅が建ち並んでいた。

栄川駅から堤川駅に着いたがまだ清州行きの汽車の時間がだいぶ分あったので記者はタクシーをかりて四KM離れたところにある義林池池をカメラにおさめるため義林池にいった。この池は天然の池で周囲約一・五KM、水深約三〇尺。遊覧船あり、滝ありでこの辺の観光地としては客の足を充分とめるものがあった。

汽車の時間がま近いので堤川駅にいそいだ。堤川駅を出発して、かたことゆられること五時間あまり、やっと目的地の清州駅（忠清北道道庁所在地）についた。

この清州市は韓国屈指の地方教育都市として山紫水明であり、都市計画も整然、いたるところ世界各国の書籍、出版物を扱っている本屋がたち並び、多くの学生らが書物をあさっているのが印象的であった。私は日本にいるような錯覚をおぼえた。

翌日から予定通り道庁に知事を訪ね記者の来意を告げ、各官公署にも挨拶をすませ、道指定の模範部落である佳景里をたずねたのち（模範部落の記事は別に記載する）当地唯一の観光景勝地である俗離山を探訪した。

店舗のかまえ土産物（地方特産物）等もご多聞にもれず日本並みであり、また往来の観光客の服装も日本の観光地と同じで、夜にはいってあちこちで団体客の歌声がこだまする光景など日本と全然変りなく、日本のどこかの温泉町のようであった。

旅館に一泊した後、朝早くカメラをさげて法住寺に行った。大自然林がおい茂り、紺碧の空だけを仰ぎみる深山に雄大な古代建築物が建ち並んでいるのにはただ驚くばかりであった。

この俗離山には法住寺を中心として谷間に幾つかの建物が散見されてる。この法住寺は新羅時代（真平王時代）建立され全国から三〇〇〇余僧侶が集って念仏に余念がなかったといわれている。

私は生後始めて仙境とはこのようなところを指すのであろうと感じた。ここを訪ねる客は団体、修学旅行の学生、アベックなどであり、都市とか、農村の人達にとってここは疲れをいやす唯一の場所なのである。

マンボズボンで登山帽にサングラス（色眼鏡）をかけた女流登山家の姿は日本の山岳で行き違う人と何らかわらない感じであった。「民主主義国家には労働、歓楽共に自由であって共産主義国家では味わえない事であろう」。

お宅の電化は三和から！
卸値で 小売も（本紙読者特別奉仕）
各社テレビ電気器具卸
三和テレビ・ラジオKK
東京都台東区御徒町1-5
TEL（866）4177（代表）

郷土建設に立ち上る軍人

奇岩絶勝の丹陽八景

記者は道庁差し回しのジープを走らせ、公報係長の案内で忠北大学専売庁煙草工場等を視察して定着民部落を経て予備師団に着いた。

同師団では軍の基本教育の外毎週四八時間をさいて郷土建設教育を受けているのだ。

この教育は当該師団のみならず全国各道予備師団でも同じく受けてはいるが、記者が訪問したのはこの師団が始めてである。郷土建設教育には農作物改良と栽培、酪農、畜産、手工芸品、養魚、養蚕果樹、肥料、駆虫、その他等あらゆる技術教育をするため、それぞれの分野にわけての教室を設けて直感的な視聴覚教育と練習実習等を一定期間に受けて除隊すれば農村振興院にはいって再教育を受けた後に、各出身地の郷里にかえって立派な指導員になれるとのことだ。

さらに記者はジープで丹陽へ向う。途中国内唯一の模範部落として最高会議より表彰された丹月里を訪問した。ここは田舎の静かな保養地のような温泉場でかなり熱い湯がわきだしているので、四季を通じて客の出入りが多いというのだ。

それからいよいよ丹陽八景へ踏み入ることになった。行く先き先き亀沢峯、玉筍峯等の奇岩絶景をながめながらこのすばらしい風景に気をとられてカメラのシャッターを切るのにいそがしかった。

この仙境の場から無数の詩や歌を生みだし、万人の胸に悲喜こもごもの感傷をあたえ心をゆさぶったのであろう。

この付近には上仙岩、中仙岩、下仙岩、舎人岩、島三峰、石門等数限りない名勝がある。かたわら石灰石や無煙炭等の鉱産物に恵まれ、薬草も採取され、牧畜にも適しているとのことだ。

ここの鉱山町に住む住民と一般農民の生活はゆたかである反面、山田地帯なので他の地域から移住して来た火田民も約一割近く居るようだ。政府の五カ年計画の中の一つであるセメント工場建設敷地も目下整地してある。

幾日かに亘って道内を巡回する中に記者に接した人々は、官民を問わず皆親切にあり人情深い人達である。昔から忠清道の人は人情深い事は聞いて居たが、一般に性格が温順で素直であり昔ながらの礼儀道徳を重んじて保守的である反面順法精神にも徹しているのだ。

祖国解放後幾星霜、この間政府与党が何回変わろうと依然としてその与党政府の指示に順応して地方文化発展を向上させ被害を最小限に止めたのも当道民の独特なる性格と言えるであろう。

奨学生を募集

在日韓国奨学会

在日韓国奨学会（大阪市北区中崎町四三）では、一九六三年度（第七回）の奨学生募集をはじめた。同募集内容は次の通り。

一、応募資格
近畿地区の各大学に在学する韓国人学生にして、学業人物ともに優秀であり、かつ学資の支弁が困難な者（ただし大学院学生を除く）

二、提出書類
1、本会所定の奨学生願書一通（備考2参照）
2、在学証明書 一通
3、成績証明書 一通（ただし新入生は高校の証明書でよい）
4、写真一葉（六カ月以内に撮影のもの、脱帽上半身、名刺型）

三、給与規定
1、給与額は月額金六〇〇〇円で返済の義務はない。
2、給与期間は四月より翌年三月までの一年間とし毎年再審査する

四、採用人員
滋賀、京都、兵庫、大阪、奈良、和歌山の各府県より約十五名

五、応募期間
自 一九六三年四月十日（水）
至 一九六三年四月三十日（火）
（郵送の場合は四月二十八日の消印有効）

六、書類提出先
大阪市北区中崎町四三番地（市電「中崎町」下車北へ二分右入る）
在日韓国奨学会事務所
（郵送の場合は表に「奨学生応募書類在中」と朱書きのこと）

【備考】1、応募者の選考は書類審査、及び面接によって行なうが詳細は後日各自に通知する。
2、奨学生願書は十円切手貼付のあて先明記の封筒を同封の上、当会に直接請求のこと。
3、奨学生は何時でも奨学金の辞退を申出ることができる。
4、当会の奨学金は、在日韓国人有志の寄付による。
5、当会の奨学生には、希望に応じて就職のあっせんをする。

弥勒仏像…1939年全羅北道の人 金スダンが施主となって、ソウルの人 金プチョンが彫刻して高さ75尺 周囲が50尺のわが国最大の仏像である。俗離山法住寺境内にある。

七岩景（新丹陽八影）この岩は台石が三十尺であり、台石上に削り立つ七個の岩石は、高さが七十余尺にもなり、岩石最上峰には樹齢約三百年の老松が立っているのも奇異な感を与える。大興寺の末寺円通庵の四方にあり、祈祷すれば子宝が授かるとして信仰を集めている。

堤川義林池

法住寺（俗離山）新羅真興王14年（西紀562年）新羅の僧侶義信が、法住寺開山創建当時は3千僧侶が営業した名刹で、現在朝渓宗大本山の一つであり、忠北宗務院がここにある

王筍峰（丹陽八景）花潭を逆に登り、南歪の絶壁の下に到れば、その上の諸峰が竹筍のように削り立ち千百尺にもなるかと思わせる。

島潭三峰 島潭は丹陽八景の一つで上津 上流十里許 梅浦面 島潭里 漢江水の波打つ水中に 怪岩三柱が、毅然と聳え立ちその奇観は天下無比である。水深二十余尺、川幅百余間にもなる漢江碧流の中央に位する最高峰は高さ二十丈、周囲十間である。

忠北丹月里模範部落、手入れのよく届いた農家。平和そのものである。畠はとり入れがすんで麦まきを待っている。

'63東京公演

民謡舞台の一部

韓国民謡農楽団日本特別公演

①民謡合奏 ②長鼓合奏 ③民謡 ④ダル舞 ⑤漫談 ⑥農楽 ⑦農楽と民謡

東京公演は夜のみ☆2月8日⇨9日⇨10日☆開演午後6時
ファイーストプロが新春に贈る―豪華実演―第一弾！
韓国の民謡が東京の真中でまき起す陽山道の煽風！

爆発的人気！！

（漫談界の王者）張笑八

韓国民謡界のNo.1（文化放送専属）安福植

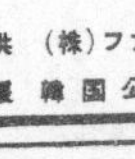

（躍演劇の人気司会者）白金女

○韓国民謡のNo.1 文化放送専属 安福植
○漫談界の人気者 張笑八
○農楽の天才児 全金子
○器楽の奇才 金銀山
○演劇界の人気司会者 白金女
○韓国農楽界人気者 全四鍾

製作 大見山静夫・企画 鄭永根・構成演出・舞台美術 皇武童

出演者 ●民謡 安福植 李銀珠 金玉心 沈桂月 劉明花 元仙女 仙女
●農楽 朴招宣 朴貞淑 文明花 李銀美 全金子 金千興 許浩永 鄭在嬉
●漫談 全四鍾 張笑八
●器楽 白金女 李忠善 徐公哲 金銀山

地方公演日程		
2月	13日	多治見
〃	14	長崎
〃	15	戸畑
〃	16	下関
〃	17	広島
〃	20	岡山
〃	21	神戸
〃	22	大阪
〃	23	大阪
〃	24	大阪
〃	25	京都
〃	26	名古屋
〃	27	名古屋
〃	28	静岡
3月	3	横浜
〃	5	札幌
〃	9	仙台
〃	10	盛岡
〃	12	青森
〃	16	秋田
〃	17	山形
〃	19	新潟
〃	21	富山
〃	23	福井
〃	26	金沢

絶賛 前売中 プレイガイド 売切れない中に！
特別席¥800・A席¥500・一般席¥300
文京公会堂 国鉄・水道橋→下車 地下鉄・後楽園前
提供 （株）ファイーストプロダクション
後援 韓国公報館・韓国新聞社
お問合せは→（株）ファイーストプロ・電話（591）5341～3番・（東京都港区芝田村町2-12・三進ビル）

規約改正とわれわれの決意

中総三機関長が発表

ぜひ実現させたい

三機関長は通過直後に退職の決意

体質改善のために必要

権逸民団中総団長は、二日午後二時から中総会議室で在日韓国記者団と会見し、来る全体大会で「規約改正はぜひ実現したい。そのため三機関長は改正案の通過と同時に現職からしりぞく決意である」という趣旨の別項のような"規約改正とわれわれの決意"を発表した。権団長はまた、記者団の質問に答えて「規約改正は来る全体大会で必ず実現できるものと確信しているが、もし実現できなかった場合は、必ず通過させる使命を果したい」といい、またその場合「団長立候補はその時の情勢判断によって決意したい」と語った。

記者団に決意を発表する権団長（左）

規約改正とわれわれの決意

われわれ三機関責任者が民団中央を引き受けて約二年間、革命という超非常時局を迎え幾多の難関があり、団内外には類例のない事態が起きて、本団に要望されている幾多の使命を充分に成しとげられなかったので、ねむることができないほど焦慮したことも一日や二日ではありませんでした。

この根本原因を検討した結果、それはもちろんわれわれの不徳と不察に原因したところもありますが、より大きいことは、人材の欠乏、慢性的な財政難、運営におけるマンネリズムなど、民団の致命的欠陥からくるものでありました。

それでこのあらゆる欠陥を除去するには、民団の体質を改善する外に道のないことを発見し、またその体質を改善するためには民団運営の土台である規約の根本的改正が必要であるという結論に到達したのであります。

さらに、韓日国交正常化など将来に招来される事態に対処して、本団に負荷された使命を完遂するためにも、多年の間、懸案となっていた規約改正が当面の急務であることを自覚しました。

これは組織者の良心であり、組織者の使命であることを確信しましたので、幾多の難関があることを知りながらも不退転の決意をもって改正試案を全国同志たちに問うたのであります。それが幸いにもその後全国同志多数の賛成を得改正事案が今のところ順調に進行されていることは皆様周知のことと思います。

しかし、意外にも一部では主観的な憶測をして、われわれの意図とは正反対に、その動機や時期が適していないとか、その内容において、民主主義に逆行するものだとか、団長独裁を招来するとか、ついにはわれわれの意図を歪曲して地位保障などの私心からでてきたもののような憶説までして非難を流布していることは、非常な遺憾といわざるを得ません。

このような情勢にかんがみ、われわれはいま、全国団員と同志諸君にたいし、われわれの規約改正の根本態度は、一切の私心から離れ、ただ在日僑胞の運命と祖国の将来を考えながら、また韓日会談に備えて今日のわが民団の一大発展を期そうとする組織者の当然の使命であることをもう一度闡明するものであります。

従いまして全国同志の賛意を得規約改正が来る全体大会で通過されれば、これでわが民団の基盤が確立され、われわれの使命の一部もまた達成されたものと確信しながら、われわれは各々現地位からしりぞく決意のあることをここに言明するものであります。

民団中央総本部
団長 権逸
議長 金光男
監察委員長 鄭烱和

権団長との一問一答

問 規約改正の実現と同時に三機関長が現職からしりぞくとの決意は三機関で話し合って決めたものか。

答 規約改正はこれからの僑胞社会にとって至上命令である。それなのに一部では団長独裁に結びつくものだと云々しながら誤解している。われわれの任務は民団の体質改善と機構を改編し、韓日会談妥結後の組織発展に備えるにある。だからこの目的を完遂するためには、一部の同志諸君の誤解を取り除いてやらねばならないので三機関は約一カ月以前からこのことを申し合わせていた。

問 規約改正が大会で通過すれば三機関長は現職からしりぞく決意のあることを明確にしているが、不幸にして通過しなかった時にはどうなるのか。

答 先にも言ったように、われわれの任務は僑胞社会の至上命令である民団の体質改善と機構改編にあるので、必ず通過させる使命を果したい。

問 規約改正の使命を果したいということは団長に立候補するものと解してよいか。

答 規約改正が通過すれば現職からしりぞくとの三機関決定は、組織人としての良心が決めたことだ。しかしこの組織人としての良心の訴えが通過しなかった場合はその時の情勢を判断して、立候補するか否かを決めたい。

問 来る大会では現在の改正試案のままを通過させる積りか。

答 われわれ規約改正委員会はそれが最善と思っている。しかし多少の修正はあるだろう。が、しかし三機関廃止、中央委員会制、事務局長の任免制などの三大基本原則をくずすような改正はありえないと思っている。

問 団長は半面から全国各地方組織人と直接会って話し合いを進めているようだが、来る全体大会での規約改正の展望、見通しはどうか。

答 一部誤解していた地方同志なども話し合ったが、民団を根本的に発展させる基本原則を前提にいろいろ話し合ったら、同志たちは充分理解していた。だから来る大会での規約改正通過は必ず実現すると確信している。

問 大会はいつごろ開く予定か、うわさでは三月説もあるが……。

答 大会開催時期は議長の権限なので今は何ともいえない。うわさはいろいろあるようだが、いずれにしても組織の立場からいつ開けば最もよいかを考えて見たい。

新帝国主義研究

◇最近の共産主義の諸形態◇

共産主義は現代にマッチしているか?

チェスター・ボールズ

①

共産主義は、世界を支配するイデオロギーとしてその勢力を拡張しているであろうか?

共産主義は、彼等の力と不可避性等によって、新生国家と古い伝統をもつ民族たちを席巻する運命を負っているのであろうか?

そうでなければ、共産主義は歴史の真理と現実から逸脱し、既に時代にそわず、その推進力を失っているのであろうか?

去る二十カ月間にわたり、四つの大陸、四十ないし五十個の国々を視察した結果、私はこのイデオロギーとしての共産主義の力は衰弱していると確信するようになった。共産主義理論と今日の冷酷なる経済的政治的現実の間に明白化していく矛盾が従来よりも広範に理解されるようになった。ソ連自体の内でも社会現実面の変化が、公然と認定されてきた理論面の変化に反映されている。要するに共産主義イデオロギーが要求ないし予想した通りについて行くことをこの世界は拒んでいるのである。

以上の主張に対する根拠を検討し、その結果を記録する前に先ず用語を規定しよう。

私がいう共産主義イデオロギーというのは、次の三つを意味する。

一、一定の「法則」が一つの社会を支配し、一連の経済段階を経て共産主義に到達するという仮定の上に立っているカール・マルクスの歴史観。ここで共産主義というものは、社会の如何なる構成員も搾取されることなく、その社会のすべての必要性を充足させる経済制度として理路整然と提示されている。

二、歴史の発展が「政治的」手段、主に革命によって促進されるというレーニンの仮定。

三、共産党が以上の如き経済的政治的変化の全知全能！それから唯一の手段であるというレーニンの信念。

マルクス思想が有力になった主要な理由は、それがその周囲の生活に対する、鋭敏な洞察に基礎をおいているためである。この思想に限界がある理由は、それを支配する時間、場所及び一般的傾向にあって、それに許容される事実だけをみたためである。マルクスがみたのは産業革命がもっとも粗雑な時期に処していた当時の日常生活の陰鬱な現実であった。彼はロンドン貧民街の住民たちが、粗悪な住居にひしめき混乱し、限りなく深まる困難な経済事情の下、疲れ果てて倒れるまで働き続けるのをみたのである。

彼はまた、工場の所有主とか政府支配者たちの権力の前では彼等がどれ程無力であったかをみたのである。その後の半世紀の間、レーニンがみた帝政ロシアの都市地域でもこれと似たような状況が発見された。

しかし、時代はマルクスやレーニンが観察した「客観的現実」に深刻なる変化を招いた。

二世紀にわたり民族的の固有な諸勢力の力、諸事件の圧力及びソ連の指導者たちが漸次実用主義化していく反応等が、絶え間なく共産主義イデオロギー的基盤を浸蝕してきた。

イデオロギーと現実とのこのような対立から、最終的に何が発生するであろうかは予言することが出来ない。その長期的確立の方針、経済開発のための計画及びソ連外交政策手段と二つの面で、漸次、時代と遊離してゆくという私の主張に対する障害物を、漸進的に除去させるものかも知れない。しかし当面した結果としては、ソ連の支配者たちが国内の混乱と不満のため、極めて危険な政治的軍事的政策に反映されるかも知れないことである。少なくとも共産主義イデオロギーが、ますます現実にそわない結果としてソ連のピラミッド式機構の内部のみならず、共産圏内部または世界主要な処の共産党内に大規模の内部的緊張が発生することを予想出来る。このような緊張を無視したら、建設的な方法で事件を発展させてゆくわれわれの能力は甚だしく低下するだろう。

一方、このような緊張の性格と本質を認識したら、われわれは自国が処している当面の国家的利益の擁護のみならず、世界平和を漸進的にもたらし、より合理的な将来にもってゆくという面からも有利な立場に立つようになるであろう。

以上をもって、序説を終えよう。それなら共産主義イデオロギーが持つ決定的に重要な二つの面から、即ち、政権の動向と確立の方針、経済開発のための計画及びソ連外交政策手段と二つの面で、漸次、時代と遊離してゆくという私の主張に対する検討を進めてみよう。

規約改正は全体大会に提案 内容を充分に討論せしめる

議長 金光男氏談

金光男議長

民団では来る第二十八回全体大会を目前に控え、その準備に忙殺されているが、現行規約改正による抜本的民団体質の改善と運営面における円滑を図るための団運営資金の恒久的確保策などが俎上にあげられて、これらに対する意見が活発に甲論乙駁の状況を呈し過去にみることの出来ない有意義な意見が述べられている。これらの状況に対して三機関長はそれぞれの立場から所信が表明されているが、金光男中総議長は"規約改正はすべきだ"との基本態度を前提に、所信の要旨が左の通りの談話をもって発表した。

金光男議長談＝規約改正はすべきである。しかし議長の議決機関の形を変えることは考えさせられたのである。全国の議長、副議長の立場から容易ならざる決心が必要であった。これについて長短の二面を指摘すれば、人物を保証するには長といえるが、その機能をなくして啓発せしめる側面がなくなることは短である。

いままでの議長職は大会費用も会場費も、付帯予算も確立していない財政的立場で、執行部に勿もらいの格好で今日までやって来たのである。事務的にも要望届や、大会許可、代議員の手続などもー切、執行部がやって来たのである。

議決運営機関についても数件をのぞいては代議員の身分の保証も出来ないし、選出も、任期の変動も、執行部自体の手にかかっていた。議決機関の性格通りに運営出来なかったのであり、これによって議会はマンネリズムに落ちたのである。では、だれかの反問を待つまでもなく、機能発揮のために育成して議決機能全体を建て直せば良いではないか、というかも知れないが、これに対しては相当実現性が希薄なことを感じている。全組織の力量とニラみ合せた時、規約改正をして新しい制度を立てるよりは、数倍の努力を感ずる。

私の説を許せるならば規約改正草案に大会は二年一回、中央議会は年に二回を団長が招集し、議長は臨時に選出する議事にしたい（という案は現規約上の姿そのままの形である）地方事務局長を中央で任命、育成することは余りにもばらばらになっている組織の主軸・軌道化としての焦点をおいているが、事務局長の人件費を中央で負担するということは、いつまでつづけるかということが疑問視される。このような費用があるからこのような制度でするのではなく、組織の発展のために必要だとの信念と確信が持ちたいものである。

監察機関の形を変えて、この規約を改正することには異論どころか、私心を抜きにして、改正にも行くべきである。けれども、この改正は団員の意思から生れ、代議員の責任と良識から大会において改正されるべきである。世間で誤解して、上からの抑圧的なものだとか、これを改正利用して特定の人の手柄とし、派閥を操るようなことがあってはならないのである。だから賢明なる代議員の方々は審慎を持って、こういうことにならないように規約改正されるよう願う者である。来る大会においては議長としては組織の立場に立って公正に充分な討論の時間を与え、たとえ多少の反対があっても反対の人々自体が納得が行くよう論議する機会を与える。

民族学園だより

金剛学園の巻

幼稚園から高校まで

本国大学に無料留学も

張益和園長

◇学校の沿革

金剛学園は終戦とともに大阪地区在日僑胞らの絶大なる要望に応じて一九四六年大韓西城小学校として創立され、白頭学院とならび大阪での民族学路の双璧を担っている。

一九五〇年校名を金剛学園と変更、一九五〇年四月付属幼稚園を併設。一九五四年四月には金剛中学校を併設、同じく一九六〇年四月金剛高等学校を併設開校することにより一貫した民族教育を施している。

◇教育対象及び目的

民族文化を理解、把握させ在日大韓民国二世国民の自覚と実行を喚起、社会人としての人格完成を期しているのが同校の主たる教育対象であり目的である。

◇教育方針

金剛学園は大韓民国国民法に依拠して国民としての義務と教育を履すとともに、日本国学校教育基本法にしたがって幼、初等、中等商業科教育課程を実施して、日本の社会でも、祖国でも立派に活躍できる人材養成を目的としている。

◇学級編成・教科内容

幼、小、中、高等学校は男女共学で編成し、幼稚園は保育科、小、中、高等学校は普通課程の一般教科を主とすると同時に、学校の自主性の範囲内で民族教育として国語、社会生活などの民族科目をおいている。

◇高等学校課程……国語、国史、社会（一般社会、世界史、人文地理）数学、理科、保健体育、芸能、日語。

◇中学校課程……国語、英語、習字、社会、地理、国史、数学、理科、音楽、保健体育、美術工作、職業科。

◇小学校課程……国語、社生、日語、社会、数学、理科、音楽、図工、保健体育、家庭。

◇幼稚園課程……国民教育、健康安全、好い習慣、観察、音楽、話し方、図画、工作

現在のところ小、中、高校合わせ生徒の数はおよそ五百余名であるが今年度からは大幅に増員される見とおしである。教員の数も今のところ三十名であるがこれはまた増員される予定である。

◇クラブ活動

課外活動として文化部と体育部がある。

▽文化部＝吹奏楽部、ピアノ、合唱、放送、舞踊、語学研究

▽体育部＝サッカー、バレー、バスケット、陸上、ソフトボール、ピンポン、野球、テニス。

◇奨学及び留学制度

金剛学園では広く優秀な生徒を集めて教育し有能な人材を社会に送り出す目的をもって、特別奨学生制度を設け、中学校、高等学校在学中の生徒及び上級学校在学中の学生で人物学業成績の優秀な者に対して書籍の上に年間の学費に相当する額を付与している。

また同学園高校卒業後成績優秀なる者で本国留学を希望する時は推薦により本国志望大学に在留中学費一切を無料で留学生になれるそのほかに本学園小・中・高各校在留中の者で本国にいって学びたいと思うものはいつでも転学ができるようになっている。

空からみた金剛学園の全景 校庭は「金剛」の人文字

尋ね人

朴英来（46歳）

本籍地 忠清南道公州郡友湖面鶴峰里

右の方の消息を御存知の方は左記までお知らせください。

忠南燕岐郡錦南面鶴岩里 朴尚圭

または東京都杉並区正保町二八 梁利山 電（391）五七五一番

SPK
合成樹脂成型加工
金型製作
三協プラスチックス化工興工場
宋琮鎬
大阪市生野区猪飼野西足代町四八五番地
TEL（七四一）五八〇六ー七

白頭学院 建国中・高校生徒募集

◇高校の部◇

一、募集人員及受験資格
二百名①普通科一二〇名（男女）②商業科 四〇名（男女）③機械科 四〇名（男子）
中学を卒業した者又は同等の資格を有する者（今年三月卒業見込者を含む）

二、願書交付
推薦入学 二月一日～二月七日 試験入学 二月八日～二月十八日
（1）推薦選考＝一般の試験選考に先立って出身中学校長の推薦ある者に限り選考する。面接＝二月八日十時より、選考場＝本校、合否決定は二月十二日までに行ない直ちに出身学校長に通知する
（2）試験選考 学科試験＝二月二十日（国語又は日語、数学、社会、英語、理科）面接＝二月二十一日、試験場＝本校 合格発表 二月二十八日

三、出願手続
提出書類及考査料
（イ）入学志願書（ロ）報告書（ハ）無試験入学推薦書（推薦学生のみ）（ニ）身体検査証明書（ホ）考査料＝一千円

四、特別奨学生制度
本校では、成績優秀な者に対し、学費の一部として年間の授業料その他に相当する額を附与している

◇中学の部◇

一、募集人員及受験資格
第一学年 一〇〇名（男女共学）小学校を卒業したもの
第二、三学年若干名（男女）

二、願書交付
（1）出願期日＝一月十五日（金）から二月二十八日（木）
（2）出願手続＝入学志願書は必ず出願書類を一括して出身校長経由の上提出すること
（書類郵送の場合は必ず書留便として受験票送付用の封筒に送り先を記入し、書留切手をはった上同封すること）
※提出書類＝A入学志願書（本校所定の用紙に限る）B報告書（本校所定の用紙に限る）C検定料三〇〇円
（3）考査＝第一学年 国語、日語（一科目選択）第二、三学年 数学、英語及人物考査のみ
（4）考査日＝三月二日、三日午前十時
（5）合格発表＝三月十日正午於本校講堂
（6）特点＝本校卒業者は本学園高等学校に優先入学

大阪市住吉区遠里小野町二ノ九七
白頭学院 建国中、高等学校
電話（六九一）三七一三八番

韓国舞踊生徒募集

在日韓国舞踊界やテレビ舞台などで活躍中の金紋子舞踊研究所では、満三歳から十五歳までの舞踊生徒を募集している。

募集要項は次の通り

一、年令は満三歳から十五歳まで（月謝は月二五百円（入会金千円）
一、レッスン日は毎週月（四時から五時）水（月と同じ）土（二時から三時）

右希望者は左記へ問合せのこと

連絡所、民団品川支部（電七八一ー九二二七）かまたは金紋子舞踊研究所（電七七一ー三〇一六）

大阪金剛学園生徒募集

一、募集人員
幼稚園 一年保育児 一〇〇名（男・女・共学）
小学校 第一学年 一〇〇名（〃 〃）
中学校 第一学年 一〇〇名（〃 〃）
高等学校 第一学年 八〇名（〃 〃）

二、出願期日
幼稚園・小学校・中学校 三月十六日（土）まで
高等学校 第一次 二月二十八日（木）まで 第二次 三月二十八日（木）まで

三、出願手続 本学園に所定用紙があります。

四、考査料
幼稚園・小学校・中学校 無料です。
高等学校 三百円也

五、考査
幼稚園・小学校 面接、健康診断
中学校ー面接、健康診断、書類審査
高等学校ー面接、書類審査、学科（国語又は日本語、数学、英語）試験

六、選考日
幼稚園・小学校・中学校 三月十七日（日）午前九時半
高等学校 第一次 三月四日（月）午前九時半 第二次 三月二十九日（金）午前九時半

七、合格者発表ー幼稚園、小学校、中学校は三月十八日（月）午前十時
高等学校 第一次 三月六日（水）午前十時 第二次 三月三十日（土）午前十時

八、入学金 幼稚園、小学校、中学校はありません。
高等学校 二千円也

九、その他 小学一年入学児は教科書代が無料です。その他多くの特色がありますから、詳しいことは教務まで問合せ下さい。

大阪市西成区梅南通五丁目五番地
学校法人 金剛学園（大阪韓国学園）
電話 大阪（66）二八九八番

東京韓国学園生徒募集

一、募集人員
初等部一学年50名 二学年以上各若干名
中等部一学年100名 二学年以上各若干名
高等部一学年100名 二・三学年若干名

二、出願期日
初等部 一月十日ー三月一日まで。
中・高等部 一月十日ー二月二十三日まで。

三、出願手続
本学園所定の入学願書に該当事項を記入し、下記書類と考査料添付提出すること（初等部編入生および中等部以上）
（イ）前学年の修了または卒業を証明する書類および成績証明書。
（ロ）外国人登録済証明書、国民登録完了証明書。
（ハ）写真二枚（一枚は願書に）。

四、考査料
初等部三〇〇円、中等部五〇〇円。
高等部一〇〇〇円。

五、考査
面接、身体検査、書類審査、学科試験（英、数、社会、国語、日語のうち一科目選択）但、高等部に限る。

六、考査期日
二月二十四日（日）午前九時、中・高等部。
三月二日（土）午前九時初等部面接、健康診断。

七、合格者発表
二月二十七日（水）正午本学園玄関ロビー。

八、入学手続
所定用紙に記入して三月二日までに完了すること。

九、入学式
四月一日午前十時

十、納付金
入学金、初等部一〇〇〇円、中等部五〇〇〇円、高等部一万円
授業料三百円、中等部千五百円、高等部二千円。
生徒会費（一年分）中等部千八百円、高等部千八百円。
PTA会費（入会費）初等部三百円、中等部三百円、一カ月会費初等部百円、中等部二百円、高等部二百円其他教科書代金、暖房費、施設援助費等あり。

東京都新宿区若松町二一
東京韓国学園
電（341）一九八五番 一八七六番

京都韓国中・高校生徒募集

一、中学校

○募集人員（男女）＝第一学年九十名、第二学年若干名。
○出願期間＝第一次一月十六日ー二月二十六日。第二次三月一日ー三月二十五日。
特典＝①、入学金授業料無し。②、生活貧困者に教科書を無償支給。③、奨学金制度がある。④、韓国高等学校に推薦入学する途がある。

一、高等学校（商業科）

○募集人員（男女）＝第一学年九十名。
○出願手続＝期間までに必要書類を本校教務課に提出すること。
○出願期間＝中学校と同じ。
○考査日＝第一次二月二十七日、二十八日。第二次三月二十七日、二十八日。
○選考方法＝①、学力考査（日本語、社会、数学、理科、英語）②、面接。
○特典＝①、奨学金制度がある。②、韓国の大学に留学する途がある。

京都市左京区北白川東平井町八
京都韓国中・高等学校
電話⑦一八三五

伊勢ロース!!
郷愁の本場味覚!!
金巴里
KIN PARI
東京都千代田区神田多町一の五
TEL 神田 251～0918
新宿 369～7733
362～0823

韓国服地と韓国レコード！

営業品目
特殊香港洋丹・中国洋丹・金糸織洋丹
テトロン洋丹・京都洋丹・美術丹・七色丹
リバレース・オパール・ニュートン・ベルベット
其他・本絹・季節向一式・朝鮮古典長鼓販売
古典婚礼衣裳
韓国レコード総販売元
韓國レコード
祖国訪問者および帰国者には特別御奉仕しております
仁川㊁商会
東京都台東区浅草公園六区10ー3
TEL (871)3981・5498

水道衛生器具製造販売
朝日工業株式会社
ASAHIKOGYO&CO.LTD
取締役社長 尹秉元
東京都足立区本木町26ー12
電話(881)4556・2624番

李朝野史物語

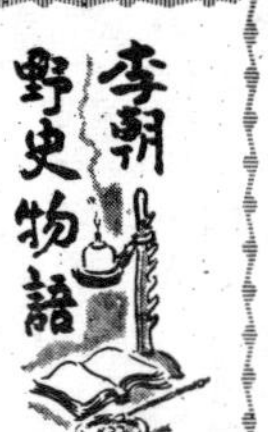

徳宗・成宗時代篇（7）

成宗大王の治世（五）

博覧強記の丘従直の話

丘従直が、難解の書である春秋左伝を一字一句正確に暗誦するのを御覧になった王は、彼の天才的な記憶力に驚嘆した。

王は、その人材を深く愛し特旨をもって承旨に抜てきした。

封建性と門地を尊ぶ当時としては、この人事発令は異例なことであった。そのために、朝廷の官僚共は大いに物議を引き起した。

彼等の言分は、丘従が何等の功労もないのにいきなり承旨に特任することは、官僚の伝統と秩序を乱すことになるとした。

彼等は、これを不可とした旨を連署の上、陳情書を提出した。

訴状をうけられた成宗大王は、それには一言もふれないで、丘従直を礼曹参判に昇進させた。官僚共はびっくりすると共に再び上訴状を提出した。すると、王は今度も訴状には構わず丘を工曹判書に任命した。

官僚共は丘に対する王の措置が普通でないことがわかった。もし再びその不可を訴えると、しまいには大臣にもなる可能性がある。反ってやぶ蛇となるから訴状を出すことは見合せることにした。

さて、このことがあってから何日か日が経った。王は朝廷の諸臣をお呼びになった。一同に対して春秋左伝を暗わり、これを誦（暗誦すること）するように命じた。元来、春秋左伝というのは難解書とされ余程の博学強記の学者でないと、暗誦することはむつかしいことであった。

一座のうちから一人として自分から進んで暗誦するものが出なかった。一同は普段に似合わず頭をかきかき黙っていた。この有様を見て取った王は意味ありげに微笑んだ。

それから、丘従直が呼び入れられた。彼に春秋左伝を誦ぜよとの御命が下った。彼はいささかも動揺することなく、むつかしい春秋左伝を一気で誦じ終えた。

丘が左伝を誦じ終ったのを御覧になり、これ見よがしに列席の臣下を見回わしながら

「武官は弓をよくするのが本分であり、文官は文をよくすることが本分だ。先日、この丘某が文をよくするので承旨に任じた。そうしたところ、これを不満として朕に対して抗議がしきりである。汝等、一体、文をよくするものでも名門の出でなければ任官することができないのか。文ができなくとも門閥さえよかったら高官になれるというのか。汝等、注意せよ。今後再び余の措置を不服として訴状を出すものがあれば、丘を宰相にすることにしていた。ところが、汝等もどう考えたか訴状を出さないのを見ると、その時期でないようだ。汝等、人をねたむことを止めろ。一生懸命に学を励むようにせよ」

王の前に平伏した臣下たちは、王のコトバで恐縮し身の置きどころを知らないといった体であった。丘従直はその後、左賛成にまで進んだといわれる。

◇　◇

俞好仁（一四四九－九八年）は慶北高霊郡の人で李朝初期の一大文章家で忠孝、詩文、筆力で三絶として有名である。その号を林渓とし、前記金宗直に師事した。

成宗大王も詩文の大家であったので彼を非常に愛された。そのために、慶会楼池で船遊びの際や何にかの催しにも彼は王に陪席することを許された。

俞好仁が宿直の晩などにはその宿直室にまで王みずから行かれ、古今の典籍を討論した。夜ふけて彼の夜具がやぶれているのを見られ、王は御自身の布団を送るなど深くその人物に傾倒された。

或るとき、彼は故郷に居るその老母を見舞うために帰省を願い出たので、王はこれを許した。それから密かに侍臣をして彼を尾行するように命じた。彼がどんなことをするのか詳細に報告するようにした。

俞好仁は尾行されていることも知らないで、故郷に帰ってから嶺南楼に登った。一首を詠んだ。

「北望君臣隔、南来子母同」（北を望めば　君臣隔たり　南に来たれば、母子が同座した）

この詩をお読みになった成宗大王は以前にもまして彼を寵愛した。しかし彼は、どこまでも詩を好み書をよくする一介の文人でしかなかった。そのために、当代その名をうたわれた大文章であったが、所謂政治や世俗のことには無欲でもあり無能でもあったといわれる。

そんなことなどから彼は、責任のない微官末職の地位に甘んじなければならなかった。ただ、彼は大変な親思いであったので、その母に孝養をつくしたいから地方守令でもやらせて下さいと、王におねだりした。

成宗大王も彼の切なる願いを叶えて義城（慶北）県令に任じた。それから、別に慶尚監司には彼のために（本人に秘して）

「俞好仁は朕の情詢（寵愛）する友人であるから、多少足らないところがあっても大目に見てやってくれ」と、特に口添えをした。しかし、彼は王がそれほどまでに自分のために気を配っていられるのも知らずに、好き勝手なことばかりした。

（石鼓山人）

慶　第7回　文化祭　祝

1963・2・3　東京韓国学園

さる三日、僑胞教育界を飾る恒例の東京韓国学園文化祭が、東京青山の日本青年館で開かれた。今年は例年にも増して来賓や父兄らの数も多く、わんさと押し寄せた観客で場内はごった返すほどの賑わいをみせた。音楽、舞踊、演劇など日ごろ修学した技りを舞台一杯にくりひろげるレパトリーは、いずれも熱演で退屈させるようなことは先ずなかった。

㊤韓国舞踊「江々水越来」㊦劇「常緑樹」

見事な生徒の演技

父兄も顔ほころばす

民俗舞では、花の精、扇の舞、夏の夢、武女道以入舞、江々水越来などが披露されたが、なかで特に印象的なのは単純素朴な身振りで運ばれる輪舞「江々水越来」であった。むしろ、単調な踊りではあるが、踊り子らの鮮かな衣装との色の波が渦を織るように、くるくると映り変わって丁度お祭ころの回り灯籠をながめるような幻覚をおぼえてうっとりとさせられたが、「早乙女らの清らかな月夜の輪舞」といったらぴったりしそうな情景でもあった。また、いろんな踊りを見ているうち、なかには姿態、素質ともに舞踊家の才質に恵まれているような生徒も発見されて頼もしかった。

演劇の場合、なまできごちないセリフやゼスチュアーを振りまわすような素人芝居も結構面白いものである。生硬な素振りがかえって乙に澄ました玄人演技よりも笑いを買い、それはそれなりに吹きだしたくなるような場面が随所に顔をだして、場内に爆笑をもたらすものである。

この文化祭の最後を飾る演劇、「常緑樹」でも、未来の名優らが大勢登場して精一杯立ち回り、理屈抜きに大いに笑わせてくれたほほえましい芝居であった。

当日、来賓や父兄らに配布された学園誌「年輪」は、これまでの「鳳仙花」を改題したものであるが、すでに八号という誌齢通りの年輪を数えられるようになっている。先生や生徒たちの随筆や詩などを九十余穴にわたって盛込み、あか抜けた小冊子にまとめてある。

また、このような行事があるたびにぶつかる問題の一つは、僑胞社会にのみついてまわる奇現象、場内「喧騒曲」である。学校の集会にまで有難くもない後進性というシンボルを窺わせるような騒音などは、どうも感心しない。大いに防止策研究に頭をしぼる余地がありそうだ。先生らはただ物の準備に追われて手がまわらないとしても、上級生らを動員して静止させる方法もある。管理が行き届くような状態にして、絶対に騒いではならないという観念を植えつけるべきだ。

康選手、親善にひと役

対虎谷戦で近来の好試合

韓国ライト級第一位康富英（20・拓大）対全日本ライト級第二位虎谷一吠（20・新和）のプロ・ボクシング韓日親善試合は、三日午後八時十分から東京・後楽園ジムで行なわれた。

民団東京世田谷支部などから両選手への花束贈呈後、開始された注目の同親善試合は、康、虎谷の両選手とも韓日親善にふさわしいフェアプレーで最近まれな好試合を展開した。

同親善試合中、康選手はこれまで来日韓国選手たちの不振感を一挙に吹き飛ばす凄まじいファイトプレーで、終始左のジャブで虎谷選手のアゴをとらえ、また、時たま適時に放つ右フックで虎谷選手のアッパカットを決めるなどで、余裕たっぷりの試合運びを見せ、ジムにつめかけた三百余名の僑胞ボクシングファンに歓声をわきたたせていた。

一方の虎谷選手は最初から康選手の素速い左ジャブとするどい右フックに押され通しで、四回戦のバッティング・ダウンなどの場面ではあわやTKOされたのかと日本のボクシングファンのドキモを抜く苦戦状態であったが、後半やや優勢となって引き分けにもち込んだ。

アマチュアからプロに転向したばかりの康選手は、今回の試合が国際試合のはじめての経験だが、同試合を通し来日最大の目的であった勝又幸雄東洋ジュニアライト級チャンピオンへの挑戦に自信を深めたようで有望視されている。また、日本のプロ・ボクシング界では早くも康選手の存在は油断を許せない強敵と警告を発している。

善戦する康富英選手（前向き）

文　化

学園誌年輪より

父の教訓

高一B　金淑子

人間として広い大地に生まれ出てきたものが誰れでも願い求めること、それが幸せなのであり、それを求めて人間は長い人生の旅をはじめる。幸せ……それは自らそれを求めようとする者のみ与えられるのであって、それは常に不幸と一緒に与えられるものである。それ故に、不幸は結局幸せを求めようとする者に与えられた、ある種の喜びであるとも言えよう。生き苦しみ悩うそしてそれらを雄々しく越えて行くことにのみ一個の人間としての価値があるのであってそしてその時に始めて幸せというものを身にしみて感ずるものである。悩むこと、苦しむこと、これらの苦悩こそ人生の真の姿であろう。我々の最後の喜びや慰めは結局苦しんだ過去の追憶にほかならないのであろう。悩み苦しむ、それは私自身も何度も身をもって経験して来た事である。私はこんな場合何らかの形でいつも何者かに励まされ力づけられて来た。

その何者……それは父だった。一人で悩む時一人で心の中で苦しむ時そんな時には私は父がふと口にした言葉をいつも思い出すのだった。「人生の小さなふしあわせは、人々が大きな不幸をのり越えて行くのを助けてくれるのだ。どんな不幸のに中も、かならず幸福がひそんでいるものだ」。なにげなしにいった父の言葉が、私にはなぜか忘れがたい言葉となって私の頭から離れられないものとなってしまった。

それ故に私は小さな悩み事ではくじけないつもりでいる。こんなことから始まって、父はたえず不安定な私の心をささえてきてくれた。

父はよく五本の指を出して私達にいった。

「人指し指をけがしても、親指をけがしても痛いのは皆同じだ。そして、その痛みは、どれもお父さんの体に伝わってくるのだ」

父のいった事が、私にはどれもよく理解することができた。また父は、私達に勉強の尊さを教えそして、それを私達にすすめた。

学問だけにあくせくしている人間は、役者が舞台に出て、一つの役をつとめているにすぎないのであって、そのつとめている役の背後に、存在する何者かがなくてはならないとも言った。つまり、勉学よりももっと大切な何物かを忘れてはならないというのだ。

私はその何物かを、豊かな人間性、人物的な深みと自分なりに理解し、常にそれを念頭におき、努力しているつもりでいる。

こうして、十年間父に教えられしかられ、そして、励まされて今日までにいたった。しかし、まだ未熟な自分であることを知りこれからの自分の前途にくり広げられる人生を、いかに生きぬいて行くかということに不安を感じている。

だが、人間は徐々に立派になっていくのであって、未熟な自分でも、人一倍の希望と自信をもって人生を歩んでいくべきだと考えた。

希望、それは強い勇気であり、新たな努力でもあるのだ。希望はそれを求めるものを決してみすてはしないだろう。そして幸いと同じように求めようとする者のみに与えられるものであるろう。

一方これからの私の人生、私の旅していく道、そこには数知れぬ苦悩と、かかえきれぬほどの不幸が待っているかもしれない。しかし、私は、それらとの戦いに喜びを感ずる。人一倍の希望をもって限りない幸いと果しない喜びを求めつづけてゆく自分を、そして父母の暖かい愛情でつつまれた自分を、この上もない幸福者だと信じている。

何時かまた悩み事に出合う時がくるだろうが、そんなとき、父のあの言葉にはげまされて、私は力強く生きていくだろう。

真白な雪景色もいつか消えて、やがて春がおとずれ、夏がやってくる。時はどんどん流れ、自然は変わっていく。しかし父の言った言葉は変わることなく私の心の中に生きつづけるのだ。

安住の地は（二十六）

許　權　旭

え　金　泰　伸

（140）

「私です。そうでなくても一度お目にかかりたいと思っていました」

優しく話す彼女のいいぐさが、私には多少不快であった。しかしその女の前で不快な感情を現わすほど、狭量な自分にしたくはなかった。私は優しい言葉で彼女に話しかけた。

「静かにお話ししたいのですが……お茶でも飲みに行きませんか？」

「はい。ちょっと待って下さい」

彼女は急ぎ足で職員室に入って行った。

しばらくしてから、私は彼女と一緒に、繁華な街に足を運んだ。両側に並んでいる洋品店、宝石商店、靴屋、洋服店、本屋……ネオンサインがまぶしく輝く喫茶店の中から、甘いムードの音楽が流れ出した。私たちは喫茶店に入って行った。

店内一ぱいに漂うたばこの煙と香ばしいコーヒーの臭いが鼻を突く。私たちは片隅に腰をおろした。椅子に向い合ってすわり、私ははじめて彼女の顔をまじまじと眺めた。現行犯で捕えられた泥棒のように、不安と悔恨と羞恥で錯雑された表情で、しょんぼりとすわっている彼女は、首を深くうなだれていた。

薔薇の実のような淡しい瞳を持った素朴な乙女であった。少し前に起った反感とか嫉妬を私はちっとも感じられなかった。今までの激情がきれいに沈んでしまったような淡々たる気持ちであった。彼女は深い思いに浸っているかのように言葉がなかった。

ウェイトレスが来た。私はコーヒーを頼んで無言で窓外を眺めた。いつのまにか雨は止み、黒い空には星が一ぱい金粉を散らしたように輝いていた。その星群を眺めながら、私はいまさらのように現在の自分の位置が嫌になって来た。愛とは何であろうか？　心の合う真実な友人の間に、知らず知らずの中に起る感情と、異性間の深い個人的な愛情との間に、どこに境界線が引かれることだろうか？　はっきりと夫と彼女は、個人として愛したことに外ならない。

宿命的な因縁が二人を近づけたとしたら……彼らとしてそれ以外にどうすることができるというのであろうか？　壁の中に、誰が道徳を要求できるのか？　道徳とは、弱い者の弁明に過ぎない。そして、犠牲に対する讃歌である。

急に、私は私自身が恐くなった。すべてのことから逃避したい衝動を感じる。しかし、実は私自身から逃避したいのであった。私は重いため息をフーッとはき出した。一すじの淡い寂しさが潮のように押し寄せてきた。

しかし、私は泣くまいと唇を噛んだ。火花を散らすように、眼の前の女と喧嘩でもしたら、かえって胸がすっきりするような気がした。しかし、そうもできない自分を愚かであるとあざ笑えば、なお一そう心は苦しく寂しくなるだけであった。

ウェイトレスがコーヒーを運んで来た。湯気がゆらゆらとのぼる濃いコーヒーを眺めながら、私はひどい渇きを覚えた。激しく波打つ胸の動悸をしずめながら、私はゆっくりと口を開いた。

営業種目

鉄材／丸棒／ステンレス

加工及販売

南星ステンレス工業KK

代表取締役　李武夫

東京都大田区大森6－2654

TEL 761／8118

※世界各国航空船舶券発売・渡航手続一切

※KAL航空券取扱・韓国旅行案内

※AIU旅行障害保険取扱

※国内観光旅行案内

ORIENTAL TRAVEL SERVICE

Code: ORIENTRAS Tokyo

東洋航空株式会社

東洋旅行社　国内部

本社：東京都中央区銀座西7－2　TEL. 571－1340・7930

●電通正面日軽ビル隣　ウエスト喫茶店二階

大阪：大阪市東成区片江町2－50　TEL. 971－6180

技術革新の凱歌！

平和ミラクル・セット

パチンコ裏玉還元装置

★シマの構造は、あまりいじりたくない…

★人為的な玉の上げおろし作業は、人手不足の折から、もったいない…

★サービス員の出入り出来る余地があるだけで、悪質客は心理的にもガス玉が打ちこめない…

★他機種の人れ替えにシマをつくり直す手間が要らない…

★したがって、完全な還元装置があれば、いちばん理想的…

以上の問題は、平和のミラクル・セットのご使用で、すべて解決します。

平和

東京・大阪・北海道

冷房暖房

ダイキン冷房機代理店

日立冷房機代理店

○最高の技術とサービスは完璧です

○僑胞の事業体・団体に対しては実費で奉仕しますから冷暖房及冷凍機関係の一切を御相談下さい。（遠近を問わず）

○各種（内外国製品）冷蔵庫・クーラー類の修理、販売も御相談下さい。

○一年間のアフターサービスの御契約もします。

北洋冷凍機工業株式会社

社長　洪起華

監査　金炳泰

東京都新宿区原町三の八四

電話（341）〇四四九　代表

韓国芸能使節団海外進出記念公演！

李全黄張韓李金金張楊金尹李林美高朴

殷守必周一炳演貞世招　環春花文白貴

官徳奎瓚燮祐洙九貞鶯鶴姫子子子花姫

出演

韓国民謡と古典音楽で織りなす豪華舞台！

公演日程

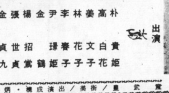

1月27日	戸畑	2月9日	東京神田共立講堂
〃28日	福岡	〃10日	群馬・桐生
2月1日	神戸	〃11日	仙台
〃3日	大阪	〃13日	熊本
〃4日	京都	〃16日	札幌
〃5日	高知	〃18日	青森
〃6日	四日市	〃20日	名古屋
〃8日	東京・品川		

提　供／KK国際プロダクション・東京銀座・TEL（571）4468～9・0015

後　援／在日大韓民国居留民団中央総本部

■団体券は各民団支部・KK国際プロ（571）4468～9・0015まで

製作／企画／尹吉炳・構成演出／美術／皇武賞

韓國新聞
発行所 韓国新聞社
発行人 裵東湖
東京都文京区春日町

日本漁網船具株式会社
取締役社長 福井保
本社 東京都千代田区丸の内二ノ一（丸ビル）
電話代表（201）八四一一・一三六六

第二十六回 韓日会談予備折衝

諸懸案を実質的審議

法的地位など四分委開催に合意

韓日予備折衝の第二十五回会議を去る一日に、第二十六回会議を去る八日日本外務省で、韓国側裴首席代表、崔参事官、日本側杉首席代表、後宮北東アジア課長らが出席して開かれ、主に今後の交渉の進め方などを協議した。その結果諸懸案を実質的に検討して煮つめるとの建前から、また懸案の残っていない船舶問題を除く、四専門分委を今週から開くことに合意をみた。

第十五回法的地位分委（六日午前）、第十一回漁業分委（六日午後）、請求権分委（八日午後）がそれぞれ開かれ、文化財関係は来週から開くことにした。

各委員会とも新年に入ってからの初会合であるが、今後の推進方法について次のように合意をみた。

△法的地位分委
週一回の割合で会合を開き、永住権の範囲、強制退去の要件などを引き続き審議する。

△漁業分委
漁業問題に対する双方の第二次案は、両国の現状からして無理だとの立場から、既に提示されている第一次案を基礎に、専管漁業区域、共同漁業区域など、協定を作る上の基本的な問題点を一つずつ取り上げて審議する。

△請求権分委
有償、無償の支払い細目などを討議する。

△文化財分委
討議を国有財産にしぼるかどうかの原則論は棚上げにして、事実関係の情報交換をする。

今週から一応四専門家会議が出そろい、予備折衝の重点は専門家会談の審議に移ることになったが、各分委で解決をみられない点は、予備折衝に上げて行なわれる。

裴大使

杉代表

崔元国防次官を新たに代表に任命

【ソウル発＝連合】政府は韓日交渉の韓国代表団の陣営を強化するため崔世璜元国防部次官を新たに代表として任命したと外務部が伝えた。崔代表は主に漁業交渉を受けもつわけだが、来週中に東京へ出発する予定である。

外務部消息筋は現在進行されている韓・日予備交渉を可能な限り早く本会議体制に転換するが、それまで請求権、法的地位、漁業および文化財などに関する個別交渉をそのまま継続することになるだろうと語った。

"政治活動は旧態依然"

朴議長 政治家の反省促す

朴議長

【ソウル発＝連合】地方視察のため全南光州に着いた朴正熙議長は六日午後、全南知事官舎で道内の各機関長ならびに有力な人々と夕食を共にした。

朴議長はこの席上で最近の政党活動は与・野党をとわず旧態依然たるものであると断言し、このような過去の弊害をうち破らない限り、われわれが目指している憲法精神にもとづいた政党活動の進展を阻害すると述べ政治家の反省を促した。

なお、朴議長は政府は政治活動の自由を最大限に保障するため努力を傾けていると述べた。

働く村には積極協助

朴議長、高陽郡命村視察で強調

朴正熙最高会議議長は五日午前京畿道庁を視察し営農資金と畜産資金の回収に当たって、農村の実情を充分に考慮するように指示した。

朴議長はこの日金鍾泌内務委員長、朴[illegible]内務長官、李厚洛公報室長を帯同し、京畿道庁の状況室で朴知事から道政全般にわたる状況説明を聞いた後このように指示した。

一方、この日の午後には京畿道高陽郡碧蹄面にある「革命の村」を視察し、随員らと昼食をともにしながら「働く村に対しては政府は積極的に協力する」と語った。

なお朴議長は開墾事業を促進させ、田畑を広げなくてはならないと述べながら、開墾促進法を農民らに広く公報せねばならないと語った。

経済政策にさ跌

柳経済財経委員長言明

柳陽洙財経委員長は七日午後経済開発五カ年計画の補完作業は鋭意進行中にあると述べ、この補完作業は来る四月末で一段落され、[illegible]

論壇

北送の実体があばかれた

日赤は金幸一君を招請せよ

北送反対をさけんでこの方、日本政府ならびに日本赤十字社はわれわれの声を馬耳東風にききながして今日にいたっている。昨年十一月十二日、北韓カイライ政権との帰国協定をめぐる双方の折衝は、期限切れ寸前に日赤の大幅な譲歩によってどうやら落着したが、北韓カイライ政権の強引な主張に苦もなく押し切られた形である日赤は"帰還を続けるという人道的な立場と、赤十字の原則を守るためには譲歩もやむを得なかった"と説明して、お茶をにごす態度をとっている。

この日赤のいう人道的立場と赤十字精神が果して北送された在日同胞におよんでいるのであろうか。

第一次船が新潟港から立った一九五九年十二月十四日より昨年十一月十日に出港した第百次船までに、すでに七万八千人が北送されているが、北韓カイライ政権の出先機関である朝総連の甘言と誤略に踊らされていった、これらの在日同胞が如何なる生活と処遇が与えられているかは、日本にいる知人や家族にその安否さえ気ずかう便りから送り届けられる紋切り形の通信文で推察する以外は、まったく手がなく、鉄のとびらは北送された在日同胞の実態を深くおおいかくして知るすべがなかった。ただ"作業服を送れ""靴下を送れ"という短かな依頼文より、北送された在日同胞はそんなに苦しい生活を営んで、北韓カイライ政権の労働ドレイの酷酷に呻吟している姿を想像するにとどまっていたのである。

ところが、この想像が的中し日赤がいう人道的立場とは、もはや、偽装的字句にすぎないことが、北韓カイライ政権の労働ドレイであり、北送協定の不質をさらけ出す実証が、この自由民主韓国社会の目前にあらわれたのである。

この青年は金幸一君（二十三歳）で一九六一年六月二十五日第六十二次北送船で北韓カイライ政権のもとにおくられたのであるが、彼が憩みた北韓には一日十二時間以上の労働の強要とわずかなアワ飯がまっていたのである。

金君はソウルの新聞会館での記者会見の席上、"今後日本に帰るようになれば北韓のこのような実態を暴露し在日同胞たちを一人も北送させないため、余力を尽すつもりだ"と、叫けんでいる。

聞くところによれば、このニュースをいち早くキャッチした朝総連側は金君の出身地である愛知県岡崎市横生町にいる近親者たちにこの事実を隠ぺいすべくあの手、この手をろうしたときくが、故なきことではないとうなずく思うのである。

それはほかでもなく、この甘言と謀略に踊らされて、自分の子供を単独に北送し、この甘言を信じて北韓カイライ政権のもとに去った在日同胞のひとりの青年が、労働ドレイの酷酷に絶えかね、命ちからがらさる十一月二十五日南鮮してきたのである。

日赤はもとより日本政府も北送された在日同胞が果して人道的に赤十字精神によって、その身辺を保証されているのかを、よく調査すべきであろう。この事実を前提にして日赤が人道的立場を主張するならば北送協定を破棄すべきである。

この生きている事実を日本政府ならびに日本国民の前にさらけ出すために、わが民団はいうにおよばず駐日代表部のあっ旋によって金君を日本に迎えてやろうではないか。これが本当の人道的立場の方策である。

日赤の鳥[illegible]社長談話に「日赤の手段が不幸にして北韓側の理解するところにならなかった」と遺憾の意を表わしているが、しかし連日押しかける朝総連側の行動に手をやいたことも事実である。こうした状態が続けばどんな不祥な事態が起きるかーといった恐れも日赤を消極にした一つの理由になっていることも事実である。

しかし、これが人道的という美名にかくれた事実だとすればその責任は日赤ならびに日本政府にあると指摘せざるを得ない。日赤が、北韓カイライ政権の口車に乗っているとすれば、これを返上するためにも、金幸一君を日本に招請してその実体を調べ、速刻に北送協定について善処すべきである。

（[illegible] 天楽）

展開する野党結成運動

国難打開は挙族的団結で

卞栄泰氏、記者会見で所信語る

卞栄泰氏は国難打開には挙族的な団結が要請されるとのべた。七日午前新堂洞の自宅で記者会見を行なった卞栄泰氏は現政局に対してこのように所信を明らかにしながら団結から離脱するものは民族の糾弾をうけなければならないと強調した。前国務総理卞栄泰氏は大統領出馬与否に対する記者の質問に対して自身は党を作る考えもなくまた党を背景に出馬する意思もないことを明らかにした。また現在野党側で話している革命公約六項に対して、軍服を脱いで政治に参与することとは問題になるところがないと前置きし、だれでも出馬し競争するのが民主主義の原則であると語った。

共和党、事前組織の暴露声明

民政、民主、自由三党代弁人合意

民政、民主、自由など三つの野党は八日午前民主共和党が政治活動以前に事前組織をした内容を暴露してこれらを糾弾する声明を各々一斉に発表することにした。

このような決定は七日午後前記三つの野党のスポークスマンである金俊衛、宋敬栄、金伯述の三氏の合意で作られたものであり、共同声明を出すところまでは合意をみていないようである。

早期選挙反対地方遊説

民主党十日から光州、全州等の地に

早期選挙反対闘争を実践に移す計画をたてている民主党は来週の初めから地方遊説に出かける。同党は来る旧日光州で開かれる地区党代表者大会に朴順天、[illegible]代表最高委員を派遣して、早期選挙反対の地方遊説の幕をきっておとす。

野党連合結成で意見交換

郭尚勲氏、許政氏訪問

元民議院々長郭尚勲氏は七日午後三時ごろ元国務総理許政氏を訪ねおよそ一時間にわたって話しあった。

この話し合いの後許・郭両氏は話合いの内容を明らかにしていないが大統領候補問題、単一野党及び大統領選挙における野党連合戦線の結成などを称えている許政氏の主張と郭尚勲氏の政局の見通しを中心としてお互いに意見を交わしたものと伝えられている。

郭氏はこの話合いを終え自宅に帰った後、民主党が党名を変えるならば許政氏を次期の大統領候補に推戴するのも不可能なことではないとのべた。

民主党は六日早期選挙反対のための闘争を汎国民運動にするため、今週末ソウル運動場で早期選挙糾弾大会を開催することに決定、七日当局に屋外集会のとどけを提出する予定である。同党は六日民政党をはじめ在野人士達とも歩調を合わせるため働きかけている。

五カ年計画等政府施策を総批判

民主党、二、三日後に当面政策発表

仮称民主党は五カ年計画を初めとする政府施策を総批判する当面政策を二、三日後に発表する計画である。

六日午後金俊演政策委員長は総合的な政策批判の案を作成公開されるだろうということを明らかにし当面政策の中に一、五ヵ年計画の存廃与否、二、物価高の抑制策、三、言論政策、四、軍政二年間の非民主的な法制定及び法運用、五、貨幣改革と農漁村高利債に対する成敗、六、韓国民主政治における城郭の段階的発展策などを検討分析して提示されるだろうと語った。この当面政策は政策委で審議して政綱、政策に反映する計画である。金政策委員長は五ヵ年経済計画が韓国経済発展の城郭の方案であるかを研究、検討して政府で推進している五ヵ年経済計画を全面的に修正する代案がでてくるだろうと語った。また金氏は韓国民主政治における段階的発展策、指導者の良心、権力機構体系などを具体的にあげ、その長短点を提示することになるだろう。

民政党と民主党の反目露骨化

野党協議体の構成を中心に民政党と民主党の両大野党は反目を現わし初めた。このような両大党の協議体を中心とする反目は民政党が六日午後の指導委で仮称民主党と自由党（仮称）は完全な野党とみることができないと断定、これらと提携するとのような形態も野党協議体も現段階では構成しないという原則を立てたところにはじまった。このような民政党の決定に対して民主党スポークスマン宋敬栄氏は「論評する余地もない」と述べ、それに応酬しないと語った。この日宋氏は民政党指導委の決議は受き入れないと述べ、早期選挙反対と政浄法解除という大事な闘争を前に強い力であっても一緒に固まって前進しようとするわれわれの立場としては応酬するなんら価値も感じない。野党どうしで争っているという印象を国民に見せたくないと語った。

議で決議文を採択し、早期選挙に反対する具体的な方案を代表委員、党務委員長団、各分科委責任者などの各幹部に一任した。

この日採択した決議文は四月上旬の大統領選挙反対を確認するとともに全国民とともに不純な早期選挙を粉砕し、軍事政権があくまで早期選挙を強行する場合には輩ての政党と歩調を合わせ大統領選挙の拒否も辞さないと決定している。またこの決議文は一、野党を束縛している上に早期選挙を敢行しようとするのは鋭利な武器をもって徒手の相手方を夜襲するのと同じく真の意味の自由選挙を忌避しようとする行動である。二、朴正熙議長大将の革命公約履行与否と与党の組織、政浄法の解除基準及び不必要な早期選挙の理由などを国民の前に解明することを要求した。

営業種目
鉄材／丸棒／ステンレス
加工及販売
南星ステンレス工業KK
代表取締役 李武夫
東京都大田区大森6－2654
TEL 761／8118

大幅な内閣改造断行

経企院長、商工、財務、交通、各部長更迭

【ソウル発＝連合】政府は六日経済閣僚の辞任に伴う大幅な内閣改造をきめ、同日最高会議はこれを承認した。

この日最高会議第十一次常任委員会は金裕沢経済企画院長、劉彰順商工部長官、金世錬財務部長官、朴春植交通部長官ら四人の辞任を認め、その後任として経済企画院長に劉彰順前商工部長官、商工部長官に朴忠勲前商工部次官、財務部長官に黄鍾律前最高会議財経委員、交通部長官に金光玉元交通部次官の四人を任命、承認した。

[illegible]

14回産業国債一億五千万ウォン発行

財務部では第十四回産業復興国債一億五千万ウォンを二月五日付で発行し産銀に引き受けさせたと発表した。

なお、今度の同国債発行から調達される復興基金は経済開発特別会計に繰出、大韓石油公社出資金として使用される。

政治情勢で意見交換

バーガー米大使、尹前大統領訪問

【ソウル発＝連合】前大統領尹潽善氏は七日午後一時ソウル市内安国洞の私邸にバーガー駐韓米大使夫妻を招いて昼食を共にした。

尹氏とバーガー大使はこの席で約一時間にわたって最近の国内政局、来る大統領・国会議員選挙の展望など広範な情勢に関して忌憚なく意見を交換した。尹氏はこの日記者会見をさけたのでその具体的内容は明らかにされていない。

尹氏の側近者はこの昼食会で広範囲な政治情勢に関して意見交換を行なったと語った。

さきほど、宋堯讃氏と要談したことがあるバーガー大使が突然野党指導者と接触をもったことは政界に大きな関心をもたらしている。

国内保税加工業者に致命傷

米国の繊維製品輸入制限

保税加工貿易界によると、アメリカの対韓繊維製品制限措置に対し、国内輸出業界はその緩和運動をくりひろげているが、すでに契約が結ばれている二千六百万ドルの繊維類保税加工契約のうち一千万ドル内外は前記制限措置の対象になるといわれる。

ところで、現在までの保税加工契約高は二千三百万ドルに達しているが、そのうち二千六百万ドルは衣服、ワイシャツなどで、この大部分が制限対象になれば、国内契約者（八企業体）は致命的な打撃を受けることはもち論、ひいては政府の経済開発五カ年計画にも混乱をもたらす恐れがあるといわれる。

保税倉庫の決済を交渉

AID物資四つの品目に

経済企画院は物資価格の円滑にし物価安定の一元策としてAID資金によって導入される苛性ソーダなど工業用原料四つの品目にBW／T（保税倉庫渡し）決済を許容してくれるようAID当局と交渉中であることを六日明らかにした。

このようなAID物資のBW／T決済許容処置はAID物資の導入遅延などを予想して一部物資の値上り傾向を未然に防止するため推進するもので、PA（購買承認書）が発給され次第、苛性ソーダ、ソーダ灰、硫安、パルプの四つの品目に適用されるといわれている。

政府ドルで物価調節

金首班、釜山で語る

政府首班である釜山市をみ回っている金顕哲内閣首班は七日朝、東莱観光ホテルで記者団と会見し物価が今後もつづいて上昇するならば一千万ドルの限度内で政府保有ドルを放出し、物価を調節するつもりであるとのべた。

なお金首班は不足する食糧を導入するため経済開発五カ年計画を修正する必要まではないとのべ、入学シーズンをひかえて農民達が持っている米が出回るであろうし、アメリカの余剰農産物の導入も活発であるので食糧の事情は悲観的でないと語った。

大統領ならびに国会議員選挙は予定通り行なうと強調した金内閣首班は、野党側は既成組織を活動すれば来る選挙になんらの支障も持たらさないはずだから、これらの主張する早期選挙反対は非現実的主張であるとのべた。

なお、金首班は今後民政移管まで内閣の改編はないと明らかにした。

単一チームの構成は楽観許さず

李大韓体育会副会長談話発表

李浩大韓体育会副会長は談話を発表、去る一月二十四日ローザンヌで開かれたオリンピック南・北韓実務会談の単一チーム構成に関する南・北韓実務会談成果に対して、国旗、国歌、選手選抜問題で合意したことを再確認した。

ところで最も重要な国旗問題は北韓側の政治的反対とIOC事務局側の理解不足でまだ合意をみるにいたっていないと述べ、韓国側の代表は八十余年間民族とともに運命をともにしすでに四回にわたってオリンピック大会に使用されたことがある太極旗が韓国の象徴であることを強調、これを東京オリンピックに出る単一チームの国旗として使うことを提議したが、北カイ側はこれを反対したと述べた。そしてIOC側が提示した五輪の下にコリアンという英字で書かれたそれこそ臨時方便的な旗に無条件で同意しており、結局全韓単一チーム構成問題はこれから楽観できない状態である。

なお李副議長はこのような会談経過を説明し、来る八日にあるIOC執行委員会でこの国旗問題が最終的に研究討議されるので、それに期待をかけているが、予測はできないと語った。

大統領選挙拒否等

民主党常務委、早期選挙粉砕対策研究

民主党創党準備党務委は六日午後早期選挙の計策を粉砕することに決議した。同党務委はこの日の会

遊説班を地方に派遣

共和党 創党大会代表は七百名

【ソウル発＝連合】民主共和党は地方組織を促進するため中央で九つの遊説班を組織して地方各地に派遣、ソウルでは著名な人士らを党に包摂するため五つの班を編成して八日から包摂工作に出発することにした。七日午後開かれた第三次常任委員会は企画分科会から、来る二十五、二十六両日にわたって開かれる創党大会準備の報告をうけたが、この創党大会に参席する代表は全部で千七百名内外に定めることにしたという。この千七百名の内訳は創党準備委員五百九名（権世璜、呉在璟両氏除外）と中、選挙代表七百七名、地区党代表二百六十二名、区職時事務局代表百三十一名、その他若干で構成される。

一方全国各地に派遣される遊説班は党勢拡張などの役も果さないことになる。ところでこの遊説班は一班に五名ずつで九班に構成され来る十二日から四日間遊説活動を開く。

国会は国民会堂で

最高会議、政府庁舎を開放

国家再建最高会議常任委員会は六日午前内閣の政府庁舎開放計画を承認した。この政府庁舎開放計画によると、国民会堂をこれから国会の臨時庁舎に予定し、きたる六月末まで本館庁舎を開放することにしており、政府庁舎を中央庁付近に集結させ世宗路街には官庁街をつくることにしている政府庁舎を払下げて国有敷地に建物を新築することによって狭くて不足な庁舎をなくすことにする一方、今の最高会議の庁舎は民政移譲直前の最高会議解散とともに行政府に移管することになっている。

金鍾泌氏地方党部視察に出発

民主共和党金鍾泌創党準備委員長は八日大田煙草工場上棟式に参席するため七日後大田に向った。金委員長は十日ころまで大田をはじめ地方党部の組織状況を視察して帰京する。

企画に朴商雲氏任命

共和党、事務局五部長を任命

七日午後開かれた民主共和党第三次常任委員会はその間両派間の意見不一致をみせてきた中央事務局の五つの部長と総務局長を事務総長の提議によって任命同意した。

従前に伝えられた六部署の内、訓練部を削除五つの部署に決定、この日任命することに同意したが、事務局の中で中心をもたらす企画部と組織部には意外な人物である朴商雲氏と[illegible]氏がそれぞれ任命された。この意外な人物が選ばれることになったのは両派間の協商によるものであると伝えられている。

この日決定された部長らの名単は次の通り

- 企画＝朴商雲（前商工次官）
- 組織＝[illegible]（前慶南中央選挙委員）
- 宣伝＝尹[illegible]（前京郷新聞編集局長）
- 調査＝[illegible]（前東洋通信社編集局長）
- 政策＝李[illegible]（前国防大学教授）
- 総務局長＝金[illegible]（前農村研究所幹事長）

事前組織云云は野党側の中傷

尹共和党代弁人談

民主共和党尹[illegible]スポークスマンは七日午後民主共和党の態度と信念を説明する談話を発表、最近の政治批判は革命の理念を忘却し発非の論争だけを行なって困惑していると語った。民主共和党は法律にある線での法律の合法性と法を守りながら創党計画を推進するとの述べ、民主共和党が事前組織をしたという野党側の宣伝的な中傷はこれからの政治理念とか政策の

お知らせ

平素のご愛顧とご指導厚く御礼申し上げます。
陣館は韓国の文化公報事業拡充のため、此の度左記へ移転しました。
何卒倍旧のごべんたつをお願い致します。
移転先＝東京都港区青山南町一丁目三十九番地
電（402）五二一二一四
一九六三年二月十日
駐日韓国公報館
館長 洪景模

大統領選挙拒否等

三・四月に処女輸出

国産化粧品、東南アへ

品質を向上して本格的な生産段階に入っている国産化粧品が、来る三、四月ごろに東南アジア市場に進出することになった。

このたび、高麗化学では同社製品、美々マダム・クリームを東南アに輸出するため、近く現地に幹部社員を派遣するが輸出量は交渉結果決定されるといわれる。

新聞用紙等13品目

実需要者本位に輸入

商工部は放射用繊維、糖蜜、新聞用紙など、十三品目を実需要者本位で輸入することを推進中である。このような動きは六日工業局が放射用繊維など十三品目に追加してくれることを貿易局に要請したことによって具体化されている。

日韓出版貿易株式会社

■移転及び社名変更のお知らせ

謹啓　弊社毎々格別の御高庇に預りまして、有難く厚く御礼申上げます。
御蔭様にて業務日増しに発展に向います ことは、偏に各位の御愛顧の致す処と深く感謝致して居ります。
扨て、今般営業組織を変更し、弊社名を日韓出版貿易株式会社と改号し併せて左記の所で移転致しました。
何卒今後共旧倍の御引立の程御願い申上げます。
（旧綜合韓国資料社）謹言

◆業務案内◆

貿易部（書籍輸出入）

販売部　販売及び宣伝業務、特に日本書籍・中国書籍・洋書も皆様の御要望に応じます。海外及び国内発送もお取次致します。

資料部　写真資料・マイクロフィルム・取引関係信用調査・商品市場調査・其の他

広告部　韓国各種新聞雑誌・ラジオ・テレビ・ネオン燈　韓国向PRなら弊社におまかせ下さい

雑貨部　（三月一日から業務開始）韓国人形・レコード・オボン・オゼン・食器・屛風・美術工芸品

韓国料理全書　方信栄著
此の本一冊で母国の料理が自由に作られます。
（純国語版）定価 一、七五〇円

韓国歴史小説全集　全12巻
此の全集は重点的な史料を小説化した作品を選んで歴史的に系統立てたものである。又韓国文化を通じ歴史を正しく面白く読めるように編集されており韓国文学の代表的作品として時代を短縮して永久に残る名作である。
定価 一五、四〇〇円

式辞演説全集
【主な内容】式辞・人事・演説・講演・祝賀披露・集会・激励・弔話・年中行事・選挙・推薦・政見発表・賛助演説・雄弁・座談・東西古今金言名句
定価 一、七五〇円
八一六面・箱入り

日韓辞典
（小）七二八面…一、八〇〇円
（大）九六三面…三、〇〇〇円
【本辞典の特色】（1）収録言十万（2）日常用・科学用・古典用語総網羅（3）新語・外来語・原語と共に収録（4）動詞・形容詞・助動詞・形容動詞の活用表附録

最新弘字玉篇
本書は漢字二万字をもっとも詳細に訓訳した新玉篇である。古字・新字・俗字・略字・漏れなく収録されている。
定価 二、〇〇〇円（箱入り）

▼注文方法…御注文なさる図書名及び発行所を記入の上弊社営業部宛にお送り下さい。壱千円以上総て現金引換便で迅速にお送りいたします

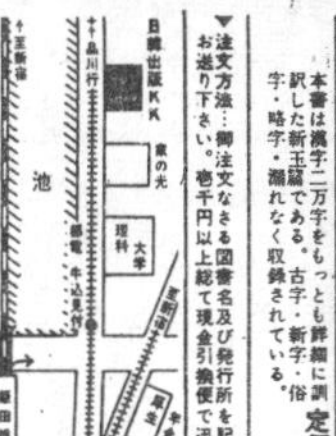

日韓出版貿易株式会社
東京都新宿区市ケ谷船河原町四　TEL（331）四七五二
代表取締役 金正祐

再建祖国を訪ねて

慶尚北道の巻（1）

カメラ・文　曺圭必

栄州、大邱を訪ねて

復興進む栄州水害地

忠清北道を経て栄州に向う鉄道沿線には処々に、韓国特産物である人じん畑が並んでいるのが印象的であり、その中でも豊基は特に多いようであった。

栄州は丁度江原道三陟のように南院川という川が町をくるりと取りまいて流れているため、年々堤防が切れて水害の多いところであり、特に昨年の大水害には栄州邑全体が山つなみと濁流に家屋と家財、家畜その他等を流されて一夜のうちに湖となったとの事である。

栄州市内をくねりくねりとりまいた川を山の中間から切り開いて川の行路を真っ直ぐに直流させる工事は三陟とまったく同じ工事である。

この難工事もわずか数カ月の内に完成するものとみられており、また罹災者の店舗住宅六〇〇余戸を短期間に建設し終えたこのスピード振りは革命政府でなければ到底に出来ない事だと市民達は異口同音にいっていた。

栄州邑の位置は太白山脈の下流にあるので国土開発建設部では当地に特別局を設けて、太白山開発に力を入れているのだ。

開発事業の内容は荒蕪地こん開、地下資源開発、電力開発、干拓事業等、道路建設、橋りょう建設、薬草栽培等も同建設部がやっているが、特にここでは国土建設団が駅と鉄道建設に努力していた。この付近にも名所旧蹟は多いようだが、時間の都合で大邱にむかった。

整然とした大邱市街

この地特産物であるりんごはもうすっかり取り入れを済んで市内の果物店の店頭をかざってあった。さすがに本場大邱だけに見られる光景であった。値段も他の地方より安かったのも大邱ならではである。

市街は、新羅の都である慶州をひかえている中部地区の古い都なので、さすがにソウル市街と大して変らなくきれいで整然とした町であった。駅前からは慶北地方へ行く特急、急行、普通バスの発着でにぎわっており、特にこのバスは色色な装飾をほどこし、また花電車がならんでいるのが目立っていた。

道庁さし回しのジープで、孤児園、慶北大学を回って洛東江堤防建設工事場、貯水池等を回ったがその中堤防工事は農村部の農地開発のために計画された。

この工事が完成される事によって沿岸に数十万町歩の農地が開こんされるとのことだった。

大邱は昔から野党の金城鉄壁の都市としても、有名である。市民にはいずれの政府の政策も批判するところが多分にあるとのこと。

今五カ年計画事業が各地で行なわれ、国民運動促進会の活躍も活発におこなわれている。

都市農村をとわず、勤労意欲はだんだん向上しているようだが、生活改善は、未だにぜいたくなすまいをつくしている惰習が旧態依然である傾向が多分に見受けられた。

栄州国土建設団　昨年の水害で流失した栄州駅と鉄道再建にとり組んでいる。

水災民厚生住宅（栄州）政府建設の水災民厚生住宅で、長期年賦で返済することになっている。

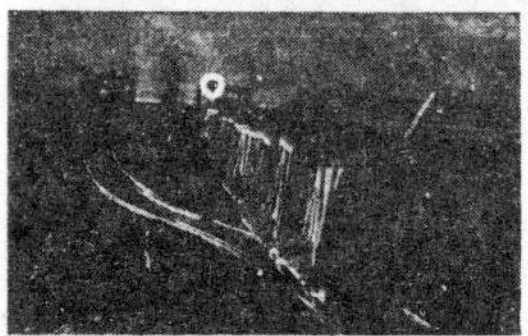

洛東江堤防工事（大邱）

洛東江上流の治水工事（栄州）山をけずって、曲りくねった川を直線に開たくしているところ。

大邱りんご　大邱は、黄海道黄州（北韓）と共に韓国におけるりんごの二大産地である。

老人の散歩　笠に長いきせる、白いトゥルマギを着て大邱達城公園を散歩する老人の、のどかな光景。

婦女保護指導所（大邱）財団法人新生園が経営している倫落女性の更生施設。孤児院も併営している。

北韓傀儡の一九六二年　共産統一策略決定的破綻の年（1）

韓　載　徳

北傀の三つの基本策略

「われわれは今日、革命の時期に生きている……。われわれは国を統一し、祖国の南北に共産主義を建設して始めて朝鮮共産主義者としての任務を完遂したと言い得る……。

われわれの革命は世界革命の不可分な一部分であり、まず自分の国の革命をさらに発展させてこそ国際革命に寄与することができるのである……」

（金日成の「朝鮮労働党第四次大会総括報告」）

金日成一党の究極の目的が共産統一にあることは万人周知の事実であるが、金日成の以上の一言はそれを公然と吐露した不遜な宣言である。のみならず、それは彼らの究極の目的である共産統一が結局は世界共産化の一環にすぎないことを率直に告白したものである。実にこの一言は彼らの野心の「最尚表現」（北韓カイライが最近好んで用いる述語）である。

それなら、金日成一党はこの究極の野望をいかにして達成しようというのか？

これについてもまた、金日成自身をして吐露させてみよう。

「朝鮮人民（金日成一党という意味）は社会主義（共産主義）陣営の強力な支援と全世界の平和愛好人民（主に中立・新生国家を意味する）の声援に強く依拠し、自体の革命力量をさらに結束し強化することによって必らずや祖国の平和統一（共産統一という意味）を達成せずにはいないだろう」（金日成の「八・一五解放十五周年記念大会報告」一一九六〇・八）「朝鮮革命の終局的勝利を遂行し、祖国統一を成就するために北半部において社会主義建設が速やかに遂行されねばならず、同時に南朝鮮人民は「米帝」を追出して総てが国土の統一（もち論共産統一をいう）を達成するために緊決に闘わなければならない」（金日成の前掲第四次党大会における「総括報告」一一九六一・九）「共和国北半部の社会主義力量と南朝鮮の愛国的、民主主義的力量（亡国的共産主義的ないし容共的勢力をいう）の団結を実現しなければならず、全民族が固く団結して「米帝」を反対し、祖国統一のために闘争しなければならない」（金日成の「最高人民会議第三期第一次会議施政演説」一一九六二・一〇）

筆者がここに金日成の反逆的言辞を網にさわるのもかまわず長々として引用したのは、ただ彼の共産統一方策を想起すためだけではない。その後それがどのように破綻をきたしているかを考察するためである。

国際情勢、北傀に不利

破れ去った"一枚岩"の団結

まず、金日成が打ち出している共産統一の方略とはなにか？

それを要約してみると、

①ソ連・中共を始めとする共産陣営の積極的支援と中立国および新生国家の声援に依拠——すなわちそれに基づき

②北韓の共産化をさらに早め、特に革命力量すなわち侵略力量を最大限に強化する一方、

③南韓に自分の指令で動く容共勢力を大きく育成し、

④それらを呼応合勢させてその団結された力で南韓共産化を成就しようというものであった。

もとよりこれは夢のような青写真ならぬ赤写真であった。一時はそれが実現可能性があるように見えた時もあった。そして勇壮した金日成は五・一六革命が勃発する数日前の五月七日、咸興市群衆大会において遂に「今日の南朝鮮における事態の発展は祖国統一の日が近づいたことを示している」とまで壮談したのであった。だが、このような凶悪な夢が実現されようはずはない。彼らの赤い夢は五月革命によってまたも座折されたのである。然るに、彼らは教訓に学ぼうともせず、引き続き共産統一のための金日成式三個策略を繰返した。それが継続して失敗したのはいうまでもない。かくしてそれは今や完全に破綻段階に直面してしまった。

昨年のあらゆる現実はそれをはっきりと示してくれる。

次にそれを具体的にみよう。

国際的「支援」問題

第一に、共産陣営の声援と新生・中立陣営の声援問題すなわち国際的後押しの問題だ。これは国際情勢に関連する問題である。

金日成は今年の新年辞においても、例年と一字一句違わない「今日、全般的国際情勢はわれわれの革命課業に有利に発展している」を繰返した。だが実際には、今日の国際情勢は彼らの赤化事業にとってあまりにも不利に発展しているのである。

キューバにおけるソ連の敗退——これは敗退そのことよりも、その核撤退を不可として流血的な主張を行なう中共を始めとする好戦陣営に対する国際世論の非難と打撃がいまとなってさらに大きい問題である。しかし北カイは、その人類憎悪の焦点である中共側に加担している。

中共のインド侵攻の失敗——これまた侵攻失敗そのことよりも、その不法な侵攻に対する世界世論と打撃がさらに大きい問題なのである。しかも北カイは、その中共侵略者側に味方してそれをよくやったと無理押しをしている。

国連については付け加えるまでもない。今度の第十七次国連総会における共産陣営の惨敗——その中でも韓国問題における共産陣営特に北カイの「恥辱」は惨たんたるものがあった。インドを始めとする数多くの中立国家と新生国が従来の態度を変えてわが方の案に賛成票を投じ、共産側案に反対票を投じた。従来は共産側に無条件追従した偏在的中立国でも棄権した国が少なくなかった。かくして、ソ連が提案した「南韓からの外軍撤退案」は投票直前に自ら撤回するはめになった。中立国は漸次彼らから顔をそむけつつある。北カイがあれほど自分の側に引き寄せようとした日本も、今や完全に大韓民国と手を握り、両国間の国交正常化は決定的事実となった。このような形勢にあって、北カイが共産統一に利用しようという国際的声援特に新生・中立陣営の「声援」など思いもおよばないことだ。

しかし共産側のいわゆる「革命事業」において決定的に不利な情勢は何よりも「一枚岩」を誇示していた彼らの団結がほとんど決定的に割れてしまった事実だ。しかもソ連、中共という双璧が両派に分かれて対立するにいたったところに大きな「悲劇」があるのである。それはちょうど、数年前（一九六〇年十一月）モスクワに集った八十一カ国共産党会議共同宣言の中でも、彼らは「このように社会主義諸国が一つの陣営に結集し、その陣営の統一が強化され、その力が絶えず強固になりつつあることは社会主義の完全な勝利を保障する」とか「すべての社会主義国は社会主義陣営の一致団結をその貴重な眼目であると考える」など強調したのであったが今やその眼目に穴があいてしまったのだ。

金日成も今度の「新年辞」で「社会主義偉業の勝利にとって最も重要なものは社会主義陣営の統一の強化」だと同じ言辞を繰返したのだが、統一の強化どころか今やそれ自身も分裂を助長させ、その統一はとらえどころなく崩れつつあり、社会主義の勝利は望むべくもなくなったではないか！

だが、それだけではない。金日成一党にとって事態が一層不利なのは、中ソ両国を頭に頂きその擬目で苦もんしていたのが今や決定的に中共側に加担するようになった事実である。これはもちろん、もともとが中国共産党員出身であり、毛沢東と共に米国を不倶戴天の仇敵とみなす好戦的で狂信的な金日成として、また徹底的なスターリン主義者として、その手法に基づいて今日の独裁権を手にしている金日成として宿命的な態度であるといえるだろう。が、ともかく彼が、今日共産世界内でも孤立している少数宗派であり、世界世論からはさらに大きな憎悪を買っている中共側に加担したことは、金日成一党の前途を一層困難なものにするだろう。もとより国連を敵にまわしてきた彼らではあるが、これからはさらに世界に敵対するようになろう。またこれからさき彼らは、共産陣営の統一された支援はもとより彼らが最も依存してきたソ連の「支援」も受けられないだろう。すでにそのような兆は現われている。早くも足並みの乱れを起している。昨年十一月末日ソ連を訪問した北カイ副首相金光侠を団長とするいわゆる軍事代表団は、モスクワで冷遇を受けていたが、幾日もたたない十二月五日平壌に舞い戻った。最後に何かをねだりにいって、冷たくあしらわれた模様である。そして、同十日からいわゆる労働党中央委員会第四期第五次全員会議を開いて武力強化に対する決議を採択公表した。これが平和共存を主張するソ連に対する反発の表示であると同時に、好戦的中共に対する迎合の表示であったのはいうまでもなかろう。同時に「あなた方が武器援助をしてくれないなら、われわれの方で造って使う」との強がりさえいったのである。しかしソ連の援助を受けないで果して北カイがどれだけの「乱動」をなし得るのか！ それはそれとして、国連第十七次総会でソ連代表は、さきに北カイと声をあわせて提出していた「外軍撤退案」を突然投票を前に撤回してしまったのである。けだし、いま一つの不調和であり醜態であった。かくして、北カイが共産統一の根本的前提条件として打ち出している南韓からの外軍撤退問題は国際的にも問題にされないことが実証されたのである。これからは彼らの間の乱脈とあつれきは更に激しくなろう。事実金日成はすでに一九六二年フルシチョフがスターリン批判を行なって以来それを妥当でないとしながら「主体性確立」だとか「経済的自主性」、「自力更生」などをうたって経済自立策に「千里馬」を駆使してきたのであり、それがまた初期にはある程度成果を収めたのは事実であった。だが自立して行けるなどは思いも及ばない。いわんや軍事面においておやである。分別のない金日成にとっては「中共があるではないか」のつもりのようだが自分自身困窮と危機にあがく中共から一体全体何を期待できるだろうか！そこから受けるものは「核爆弾何するものぞ！」の類の流血的あがきの外はあるまい。それは自滅を催促する以外の何物でもない。

がたがたの七年計画

金日成一党の共産統一方案の第二項目は、北韓に社会主義建設という名の共産化を急ぎ、革命基地という名の共産侵略基地を強化する問題だ。要するに、共産統一の基本力量の強化問題である。

いわゆる「北朝鮮革命基地路線」といえば一九四五年十月金日成がカイライ財首となった時から打出している出緒深いものだが、特に六・二五南侵の失敗以後には「結局、力足りず失敗した」との見地からこれにさらに拍車をかけることとなり、すべての住民を千里馬のように造り上げ軍馬のようにコキ使うという強行を繰り広げた。その野蛮なセッカチぶりは実に共産圏内にも類例のないものだった。このようにして、最初は北韓同胞の血汗によってある程度の成果が上ったのは事実で、三カ年計画だとか五カ年計画だとか、それに現在は七カ年計画だとか、さももっともらしく言いふらしている。金日成は「北朝鮮の社会主義建設は祖国統一の決定的担保」だとか「北半部における社会主義建設の成果は、遠からず統一を成就させないではいないだろう」だとか、大きなことを言ってきた。

しかし、われわれはずっと前から、北カイがある程度の成果を上げていると言ってもそれは北韓同胞を牛馬や機械のように非人道的に酷使した血涙という無理の結実であり、またそれは住民生活を犠牲に供して一側面（主に軍需工業）にのみ集中した無理の畸形にして、しょせん無理は長続きするものではないと指摘してきた。また、幾百%を越える実行といい、百何割に超過達成といっても、それは休戦後最も低下された現実を基準としてのこと、初めはある程度早い速度を現わすこともあるだろうが、一定の水準に達すれば必ずや停滞をきたし、そして後退するに至るだろう。無理は、結局、停滞し後退するのが落ちだからである。われわれはかく指摘したのであった。（「時事」一一九六二年十一月号筆者論文参照）

その時は早くもやって来ずにはいなかった。

金日成は今年の「新年辞」において、彼らが昨年総力を集中したいわゆる六個高地占領運動（六個基本目標達成運動）で穀物、水産、織物の三つは辛くも目標を達成したが、最も基本となる鋼鉄と石炭それに住宅建設は「目標に達しなかった」と告白せざるを得なかった。

つづく

冷房暖房　ダイキン冷房機代理店　日立冷房機代理店

〇最高の技術とサービスは発展です
〇僑胞の事業体・団体に対しては奉仕しますから冷暖房及冷凍機関係の一切を御相談下さい。（遠近無問わず）
〇各種（内外国製品）冷蔵庫・クーラー類の修理、販売も御相談下さい。
〇一年間のアフターサービスの御契約もします。

北洋冷凍機工業　株式会社
社長　洪起華
監査　金炳泰
東京都新宿区原町三の八四
電話（341）〇四四九　代表

韓国料理
漢陽館
崔泰奎
東京都文京区清水谷町1番地
電話（941）1552番

階上・和室・洋室・御家族連れ
御結婚式場・披露大小宴会
新館完成開店
北京料理　アベノ　東海倶楽部
本店　アベノ橋南詰西側　電話（632）0285 （632）0286～7
新館　アベノ区旭町1丁目1番地（アポロ座西隣）電話（632）1255～7

輸出入・貿易業
陽和物産株式会社
取締役社長　朴根世
本社／東京都千代田区神田神保町2～28　岡村ビル
TEL／（331）1427（332）4577・6573

豪華浴室と高級焼肉料理の殿堂
温泉気分と最高のムードで
個室トルコ　早朝五時より（800円）浴後にビール1本ツマミ付サービス
大衆男女トルコ風呂　100円
◆五〇〇坪全館冷暖房完備◆
上野　宝苑
上野駅前昭和通り…ホテル隣

チャングのリズムに乗って韓国の古典床しき美妓の舞い
御宴会
御一人様　500円より
料理5品　酒1本（500）
高級焼肉料理
御予算により御相談に応じます。200名様用大広間御家族ずれ、大小10室準備
温泉部電話（832）2619～20，食堂部電話（832）6505～6

韓国服地と韓国レコード！
浅草　金宮商店
東京都台東区浅草公園六区2－2
電話（841）0003・0004・0005・0006
営業品目
特殊香港洋丹・中国洋丹
金糸織洋丹・テトロン洋丹
京都洋丹・美術丹・七色丹
洋服地・各種ナイロンレース
リバレース・オパール
ニュートン・ベルベット
其他　本絹　季節向一式
朝鮮古典長鼓販売
貸古典婚礼衣裳
韓国レコード関東代理店　総販売元

北送僑胞に重労働
見ると聞くでは大違い

【ソウル発＝連合】朝総連系の宣伝により北韓に送還された在日僑胞達は、最近かれらが送還の際持って行った財産全部を北韓カイライ当局に取り上げられ、一日十二時間以上の労働を強要されており、ひもじい腹をかかえながら、かれらの祖国をあこがれている。送還された在日僑胞のこのような実情が、一九六一年六月二十五日第六十二次の送還船で北韓に行き、いろいろな苦労のあげく、去年の十一月二十五日命をかけて韓国に帰順してきた金幸一君（二〇）によって明らかにされた。

記者団に語る金幸一君

朝総連にだまされた
金幸一君が内幕を暴露
お先きまっ暗の生活

金幸一君の本籍は慶尚南道鎮海市であり日本愛知県岡崎市康生町五目十五番地で生れ、朝総連岡崎市支部総務長である彼の父（二年前交通事故で死亡）によって北韓に送還されたものである。

ところで金幸一君は五日の午前十一時ソウルにある新聞会館で記者団と会い、韓国に帰順するにいたったいきさつについてあらまし次のように述べた。

父はもし北韓に行けば無料で勉強ができる、卒業後は就職の心配もないと語った。しかし北韓に行ってみたところ、学校はおろか一日十二時間も働かねばならない工場に行くよう強制された。工場では食糧に乏しく、北韓に帰ったのを後悔し、父と朝総連系の人々を恨まざるをえなくなった。そこで命をかけても、地獄のような北韓を逃れ、このような実情を暴露するため大韓民国に帰順するに至った。

なお金君は今後日本に帰るようになれば北韓のこのような実情を暴露し在日僑胞送還を一人も送還させないため全力を尽すつもりだと述べた。日本にいる両親にはどんなことがあっても絶対に北韓送還船に乗らないよう訴えている。

なお民団愛知当局の調べによると金幸一君の父は二年前に交通事故で死亡し、保険金百二十万円が出たが、幸一君の母には二十万円しか渡らず、残りは中に入った姿が朝総連と結託して横領しているというため、幸一君が日本に帰ってくることを恐れているという。

活発化する公報館
独立建物の新築計画も
＝事務官らを大幅に増員＝
青山の新ビルへ移転

大韓民国駐日公報館（館長＝洪景模氏）は、韓国の政治、経済、社会、文化などの広い分野にわたる実情を、日本人、在日僑胞、在日諸外国人に正しく認識させるため、昨年四月二十七日に開館して公報活動を始めたが、昨年度の準備段階を経て、新年度からは本格的な公報活動を展開する態勢をととのえている。

本国政府は、海外公報館設置法に基き、先ず第一次的に日本（東京）米国（ニューヨーク）フランス（パリ）に設置することを決めたが、初代趙敦俊館長金永河事務官らの活躍によって昨年四月二十七日に日本設置の実現をみるに至ったのである。

去年は、悪条件にも拘わらず数多い隘路を克服しながら公報活動をする一方、本格的な機能発揮のための準備に努めた結果完全な準備を整えるに至ったのである。

洪公報館長

同館では建物を近い将来のうちに新築する予定で目下計画を進めているが、さし当たり、環境に恵まれた港区青山にホワイト・青山ビルディング（地下一階、地上七階のモダン・ビル）の三、四、五階（約一〇七坪）の広い部屋を借り切って利用することになった。陣容も従来は書記官兼館長と事務官各一名に嘱託五名であったが、今度は理事官兼館長一名、書記官一名、事務官二名、主事一名と大幅に強化し、嘱託も五名から十名と倍に増やした。

新館長洪景模氏と李再弘事務官は、ビザなどの関係で予定より遅れたが、去る一月十八日既に就任しており、近いうちに全員が揃う予定である。今年新たに就任した洪館長は就任の挨拶を次のように述べた。

洪館長挨拶＝本館は、初代趙館長らの精力的な活動によって既に準備段階はすぎた。本国政府でも駐日公報館の意義を重要視し、予算の増額と陣容を強化したのである。官吏的な立場からでなく、韓国の文化奉仕者としての精神をもって、共産主義陣営の如き虚偽宣伝をこととせず、韓国の政治、経済、社会、文化の各方面にわたり、実情の通りの公報活動を活発に展開し、真の大韓民国を理解させることに努めたい。

洪館長略歴（当三十七歳）国立ソウル大学文理科大学政治科卒業。香港領事、外務部総務課長、公報部文化宣伝部副局長。

李事務官略歴（当三十二歳）外国語大学校英文科卒業。公報部長官秘書勤務六年。

農楽団が初来日
本国各地で絶賛の26人

韓日親善のため韓国から数々の芸能団が来日して多大な成果を収めているが、今度また初の民謡農楽団（呉瑱河団長）が去る七日来日した。

一行は呉瑱河以下二十六名で編成されており、八日の文京公会堂を皮切りに全国各地で親善公演を行なうが、公演にさきだって七日午後一行の内の二十一名が本社及び中総を訪れ来日のあいさつをした同席で引率者呉瑱河氏は韓国の民謡界の現状と来日の目的について次のように語ってくれた。

「民謡というものは純粋な民族の気持を伝えるものであり、誰の心にも侵透する要素があるので本国では民謡が盛んである。私たちが民謡農楽団を組織してからまだ満一年ぐらいにしかならないけれど、本国の各処での公演または中央放送局を通じてのラジオ放送などでは多大な好評を得ている。今度の親善公演では本国民謡界のナンバーワンである安褀植、漫談界の王者張笑八などをはじめ総二十三人が出演する。滞日日程は約二カ月間の予定であり、韓日親善が主な目的であるため僑胞の皆様はもちろん、日本の方々にも沢山みてもらいたいと思う」

◇写真は中総を訪れた一行

挙族的な記念行事を
三・一節控え中総が指示

民族史に燦然と輝く三・一節記念日（今年で四十四回になる）が今年もまじかにせまった。その意義深い記念日をより効果的に実施するため、民団中総組織局では各県本部に要旨つぎのような公文を送り、記念行事を行なうよう指示した。

三・一運動の民族的意義

一九一九年三月一日韓民族代表孫秉熙以下三十三の烈士が、ソウル仁寺洞明月館支店で独立宣言書を発表して大韓独立万才を高唱したのは、民族自決原則による全民族的事業であり、韓民族が死生決断に際して鉄のごとき団結を全世界に宣布したものであり、悠久な歴史と伝統に輝く自由民主主義の民族的聖業である。

独立宣言は民族自主性、祖国忍、自由主義、対世界義務の四大目標に基づいて韓国が独立国であり、韓国人は自主民であることを宣言し、これを世界に連邦につげ民族自存の政権を求有することにあったのである。

旧時代の遺物である侵略主義、帝国主義を打破して、半万年歴史の権威を保全し、三千万民族の誠意を合わせわが民族の恒久的な自由発展のため、一方全人類共存同生権の正当な主張として固有な自由権を護って世界平和と人類の幸福を指向しながら民族的精華を結集したものである。

三・一記念事業に関する基本態度

全世界で最も輝かしい三・一運動の民族的意義を全幹部が認識し崇高な独立精神を継承すると同時にわれわれに負荷された民族的課業を完遂するのに重点をおかなくてはならない。

同記念事業を最も効果的に推進するため、地方組織指導者は三・一精神の意義を現代社会の組織活動面に合理的に符合させ、本団組織強化事業を側面的に進展させる方案を講究しなくてはならない。

各級機関では会議をもち地方実情に合致する方案を樹立して挙族的な運動を展開すると同時に全僑胞が崇高な三・一精神のもと、本団組織に結集するようにしなくてはならない。

現在全僑胞の最も焦点となっている韓日会談の早期妥結運動を総符させ、とくに法的地位に関する僑胞の意思を結集しなくてはならない。

三・一節スローガン

一、三・一精神を継承して再建課業を完遂しよう！

二、ひとつごころ三・一精神、築こう再建課業！

三、積極的に粉砕しよう、朝総連の赤化陰謀！

四、韓日会談を成就させ、世界平和につくそう！

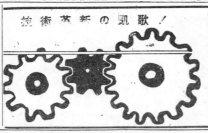

大喝采をうけた韓国芸能使節団の大阪公演

好評の芸能使節団
大阪で六千人つめかける

韓日親善のため去る一月二十二日来日した韓国芸能使節団は、来日以来各地で公演を行ない大いに好評を博しているが、さる二月三日には民団大阪本部、報知新聞社などの後援を得て、大阪大手前国民会館で公演を行ない韓日親善のため一層の気をはいた。

同芸能使節団は団長朴貴熙をはじめ、金貞九、張世貞など二十余名の著名な芸能人らで編成されているので大阪での昼夜二回の公演には延べ約六千名以上の観客が押しよせた。

公演にさきだってまず報知新聞社からあいさつがあり、ついで民団大阪本部徐相夏氏から「韓日会談成立を目前に控えてわれわれは民団の旗のもとで一層団結しなくてはならない」というあいさつがあった。

また来賓として日本側から韓日友好親善協会会長河道氏から目前にせまった韓日会談成立と韓日親善の促進を強調するというあいさつがあり、韓日親善にふさわしいムードがもりあげられた。

引き続いて韓国芸能使節団による数々の民族芸術が披露され、拍手喝采をうけアンコールの連続があり盛大裡にその幕をとじた。

鄭炯和氏ら本国へ
政府要人と会談予定
一行11人

鄭炯和民団中総監察委員長をはじめとする祖国訪問監察委員長らの先発一行五名が（鄭炯和、韓参洙、薛文傑、李宮基、孫龍植氏）去る七日午前十時半羽田発ノースウエスト機便で韓国に向け出発した。

全国監察委員長らによる初の祖国訪問には全国から二十人ほどの監察委員長らが参加する予定であったが都合により十一人に縮小、残る六名も八日午前出発した。出発にさきだって去る六日には全国監察委員祖国訪問団結団式が中総会議室で行なわれたが、席上鄭炯和民団中総監察委員長は訪問団員の数、訪問目的、滞在日程などのあらましに対して次のような説明を行なった。

一、今度の訪問は昨年の十一月にあった全国監察委員長会議で決定をみたもので二月四日行くことになっていたが、色々な事情でおくれ二月七日と八日になってしまった。全員十一名であるが都合により東京本部金巳哲監察委員長と埼玉張巌徴監察委員長などは八日出発することになった。

二、訪問目的は民政移譲前の本国の情勢をはじめ、経済再建状況、産業発達状況などを視察し、また政府要人と会い、われわれのおかれている立場など強力にうったえるつもりであり、今後の民団運動の参考になるような点を学び、帰ってきて役にたてたい。

三、訪問日程は約十日ぐらいである。

なお視察団員氏名は次の通り。

鄭炯和（民団中総）韓参洙（三多摩）薛文傑（石川県）尹仁述（京都府）李宮基（群馬県）朴太煥（民団中総委員）孫龍植（静岡）李鍾根（福島）張巌徴（埼玉）

四人死亡、四人不明
佐世保沖で韓国船が衝突、沈没

さる二月三日午前五時半ごろ、長崎県佐世保港沖で、韓国大城海運会社所属の「第五長徳号」（貨物船＝一八〇トン、金顕鎬船長ら十人乗組み）と、アメリカ輸送船（三万トン）が衝突、韓国船第五長徳号は沈没した。

この事故で第五長徳号の乗組員のうち四人が死亡、四人が行方不明、二人が負傷した。死亡した四人の遺体は収容後本国に送還されたが、行方不明の四人はまだ発見されておらず絶望視されている。負傷の二人は佐世保市内の病院で手当てをうけたが軽傷である。

なおアメリカ船の損害は軽微。第五長徳号の遭難者名はつぎのとおり。

【死亡】▽事務長、崔栄旭＝釜山市▽調理士、裵裕根＝釜山市▽海士、李七万＝釜山市▽同、文玉南＝釜山市

【行方不明】▽船長、金顕鎬＝釜山市▽機長、高南春＝釜山市▽機関士、李善雨＝釜山市▽甲板長、金公鎬＝釜山市

【負傷者】操舵手、金京鎬＝釜山市▽金[illegible]訓＝釜山市

板橋（東京）で婦人会支部を結成

民団板橋支部（崔学林団長）では金叔子、崔麗子などの婦人有志が中心となって去る一月以来大韓民国婦人会板橋支部結成を働きかけたところ、管内婦人らがほとんど賛成、去る五日午後一時民団板橋支部で同結成大会をおこなった。

同結成大会には婦人会中総本部から呉基文会長をはじめ、約三十余名の管内婦人が参加し、別項のような役員選出をおこなったあと、婦人らの教養をたかめようという趣旨のもとに近い内（未定）お茶、お花などの講習会、及び無尽をもつことを決定、また韓日親善のため日本の婦人たちと親ぼくをたかめようということを決議した。

選出された役員は次のとおり。

▽会長…崔麗子、▽副会長…金叔子、徐光子。▽監事…李斗然。

山口商銀、近く発足
3月10日に設立総会

民団山口県本部（陳点春団長）では、在日僑胞商工業者育成事業の一環として一昨年から山口県商銀信用組合を設立準備中であったがこのほど山口県庁から二年ぶりに設立が認可され、来る三月十日に設立総会を開く予定である。

陳点春団長、朴龍山口県商工会会長、金漢坤設立準備会長らが中心となって、同商銀の設立認可申請して日本当局と交渉すること二年余であったが、日本関係当局は終始朝総連の既成金融機関を理由になかなか認可しなかった。しかし、日本の各金融機関などからの貸出条件のきびしい僑胞商工業者にとっては、僑胞間の団結による相互融通が自立へのよりどころとされていただけに、日本関係当局と交渉に交渉を積み重ね続けたのが今回の喜ばしい実を結ぶに到ったのである。

設立される同山口商銀には、すでに五百八名の組合員が加入しており、目標額五千万近くの出資金も設立総会までには整えられつつある。

新帝国主義研究
◇最近の共産主義の諸形態◇
共産主義は現代にマッチしているか？
チェスター・ボールズ
②

マルクスの誤算

伝統的なマルクス・レーニン主義が、現状況下で妥当な政治的観念の源泉となり、また近代世界での政権奪取と維持の指針としての役割りをどの程度果たしているかに対しては、ソ連の指導者たちも心ひそかに深刻な疑問を抱いているだろうに違いない。

マルクスは「歴史」それ自体の必然的にして不可避的な過程により、世界が共産主義化するだろうと期待した。工業諸国が階級なき社会、即ち地上天国に向うパレードのスタートを切る役割をするものと信じていた。しかし共産主義が最初に政権を獲得したのは、後進社会的な帝政ロシアからであったし、その次は三十年後に至って、世界主要国中もっとも開発の遅れている中国においてであった。一九四八年のイタリヤ総選挙以後、世界の工業諸国の中で、共産主義の採用を深刻に考えた国は無かった。

このような誤算は、資本主義諸国が新たな情勢に適応する能力が本質的に欠けている、というマルクスの独断的な仮定から発生するものである。如何なる資本主義政府も必然的に少数の特権階級の支配下に置かれるようになり、これらの政府は、その支配を修正するか、またそのワクから脱することは不可能だし、その支配関係は永久に大衆搾取のために利用されるだろうと主張した。資本主義諸国間の競争――主に市場開拓と殖民地争奪をめぐる競争――が一連の戦争につながる結果、資本主義諸国は崩壊を余儀なくするだろうと述べた。

このような仮定が誤っているということは、諸事実がこれを証明している。今日大部分の資本主義諸国は、進化的発展過程を通じて、ある一定の階級のものでなく、程度の差はあるにしても国民全体のものとなっている政府をつくり出している。福祉国家の発達は、窮極的には世界を共産主義化するだろうと、マルクスが仮定した階級闘争の焦点をボカしているのである。

資本主義諸国は、より大きな利潤を追究しており、競争破棄でなくむしろそれとは反対に、相互間の政治的、経済的協力を増大させた。これらの諸国は植民地帝国を拡大させるどころか、むしろそれを急速度に放棄してしまった。西欧でもっとも貧しい国だけが、未だに海外諸国に対する自国の「権利」を抱えているというのが今日の実情である。

近代資本主義諸国の労働者たちもまた国内経済問題の共産主義的解決を図るとか、国際問題で自己勢力を拡大させる手段としてプロレタリア国際主義を強力に要求してマルクスに協力する態度は取らなかった。労働組合の発達を通じて、大部分の大工業国の労働者たちは、既成秩序の中に増大している生産の恩恵をより多く受けることが出来た。このような左翼的エネルギーは、間断なき発展と改善の逆方向に進んでいるのである。

死滅しない国家

既述の事実は、マルクス主義的思考方式が、理論的な政治指針としては、既に時代遅れを意味するものである。ソ連はまた一九四五年以来、ソ連支配下にある東欧諸国でこの思考方式を適用しようとの努力に対しても同じ結論を下すことが出来る。

レーニン自身がマルクスの教えを遵守しなかった。即ち、彼は「歴史」が不可避的に革命をロシアにもたらすまで待たなかった。第一次世界大戦がなかったならば、ロシアの革命もあり得なかったかも知れない。レーニンに絶好の機会を与えたのは死傷者、失望及び激増する不満を伴う戦争であった。レーニンは戦争で荒廃したその他の諸国でも、これと類似した勢力が、これと類似した動乱を起こすだろうと信じていた。

しかしハンガリー、ドイツ、イタリーなどで蜂起が失敗に帰した後、プロレタリアは立ち上がるのを拒否した。

水道衛生器具製造販売
朝日工業株式会社
ASAHIKŌGYŌ &CO. LTD
取締役社長　尹秉元
東京都足立区本木町26―12
電話・（881）4556，2624番

技術革新の凱歌！
平和ミラクル・セット
パチンコ裏玉還元装置
★シマの構造は、あまりいじりたくない…
★人為的な玉の上げおろし作業は、人手不足の折から、もったいない…
★サービス員の出入り出来る余地があるだけで、悪質客は心理的にもガス玉が打ちこめない…
★台機種の入れ替えにシマをつくり直す手間が要らない…
★したがって、完全な還元装置があれば、いちばん理想的…
以上の問題は、平和のミラクル・セットのご使用で、すべて解決します。
平和
東京・大阪・北海道

※世界各国航空船舶券発売・渡航手続一切
※KAL航空券取扱・韓国旅行案内
※AIU旅行障害保険取扱
※国内観光旅行案内
ORIENTAL TRAVEL SERVICE Code: ORIENTRAS Tokyo
東洋航空株式会社
東洋旅行社　国内部
本社：東京都中央区銀座西7－2　TEL．571－1340・7930　※電通正面日経ビル隣 ウエスト喫茶店二階
大阪：大阪市東成区片江町2－50　TEL．971－6180
fly to SEOUL

経済成長の基礎をさゝえる！松平商事株式会社
営業種目
不動産業・貸ビルディング業
輸出入業・諸機械国内販売業
取締役社長・松平重夫
東京都中央区京橋3丁目11番地
松平ビルディング801・802号室
（京橋交叉点・国立近代美術館隣）
電話　京橋局（561）0994・7013番
赤坂松平ビル・ホテルニュージャパン筋向い

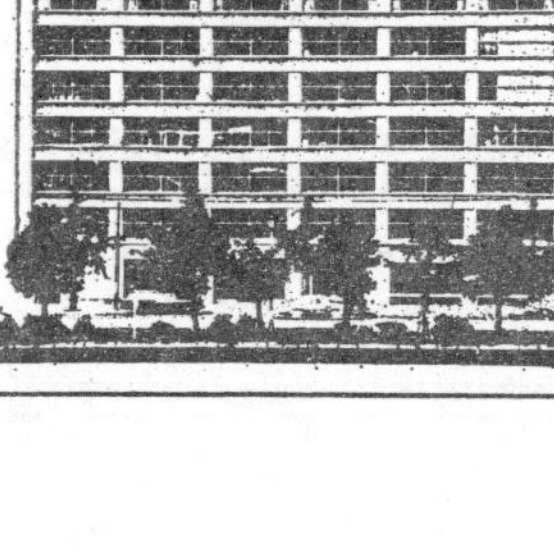

文化

農楽のおこり

＜カットは農楽＞

始まりは農民の慰安

大むかしから伝わる農夫の舞楽

代々の王が育成・奨励

洞穴の奥でゴジラがほえるに似たキャンガリ（銅鑼）が、ゴォーンと余いんをひいてうなれば農民らの五臓六腑は大きくゆさぶられる――この音にそそのかされたようにセナブ（ラッパ）のかん高い音律が、耳から頭のテッペンへ抜ける感じで一望四方は優に鳴り渡る。これに合わせてテュレーション付きの帽子と赤・黄・緑・青・紫など色とりどりのタスキを、肩から両脇へたらした農民らは、ジャング（杖鼓）やブク（鼓）を下げ、全身リズムのとりこになってたたき踊る。

輪を作ったり、隊列を組んだりおっちりおっちりと踊りまわる彼らの五体からは、平和そのものが発散される。

農民らは、「農楽」には無限の憂苦を抱き、また慰労を求めて、洋楽などには容易に感動しなくても農楽には感動し、一そう仕事に精をだし、ときにはその疲れをいやしたりもする。

また、村をあげて行なう「祈雨祭」や「節句」には必ず登場し、田植え唄、草取り唄その外、伝来の雑多な農夫歌に合わせて興ずるのである。

▽……▽

「音楽を聞きながら作業を始めると疲れを忘れて能率がぐんと上がった」ということは、誰しも経験ずみである。「農楽」の起こりは大昔このような理くつに感づいた農民らが、田植えや穫り入れの際などに唄ったり踊ったりすることを始めたのだろう。ころして「農楽の元祖」が生まれ、これにはおよそ二つの機能が含まれている。つまり「全体の均一的な統一」と「疲労の減少」とが――

韓国に農楽が発生したのはいつごろか？ということは、文献などには載ってない。したがって詳しく調べる方法はないが、大体農耕生活を営み始めた「三国時代」以前にさかのぼりそうだ。

三国時代には、五月の「播種後」と十月の「穫り入れ後」に、天と鬼神を祭るという「祭天儀式」があった。「飲み、唄い、踊ったりのお祭り騒ぎ」と伝わるのを考えても、既に農楽の卵のようなものはあったらしい。このお祭りには五穀豊じょうを祈る「祈願祭」と豊作を祝う「感謝祭」とがある。

当時使用された農楽器は何んであったかは不明であるが、どの民族も太古に用いた太鼓のような単純楽器ぐらいは持っていたらしく高麗歌謡などのトントン（動々）の一節りかえし」に（アウトントンタリ）という文句があるようにトントンとは太鼓の擬音（どんどん）から来たものと思われる。

「隋書」によれば三国時代には臥箜篌・琵琶・五絃・笛・斉鼓・担鼓・貝などの楽器があったとある。これを見ても楽器を所有したことには間違いなく「新増書」に述べてある「鉄板」は今日の「鉦」（銅鑼）のことをいっているようだ。

新羅時代の「百結先生」の故事によれば、労働に伴楽を伴なわせるために「碓楽」（水車歌）を創ったようだが、五穀をつくにも唄を伴なったことから推しても農事百般にわたって唄や音楽が随伴されたと見られる。

高麗時代は、「俗楽」が発展するにつれ、楽器にも新しい物が多く現われた。高麗史によれば、玄琴、かや琴、大琴、杖鼓、牙拍、舞鼓、拍など俗楽器が登場した。「李斉賢」の「解詩」には「沙里花」のような「農夫歌」もあった。高麗二十八代忠烈王は「俗楽」を好み庶民農楽に対し、強い関心をもち、これを奨励したと伝わる。

李朝時代には、世宗王が民俗楽に関心を寄せて以来、特に七代世祖王は「農謳歌」を呼んで演奏を催すほど好きで、「農歌人」や「農歌謡」らを支援しながら「歌鼓」をして農歌を奨励せしめた。

成宗王も民謡収集をする傍ら、農歌を評隊して育成に努め、高宗王に至っては、大隊農楽を愛好したらしく、景福宮の修築工事には、農楽を奨励、夜毎に農楽大会を開いて人夫たちの慰安と育成に力を入れたとある。

現代に至って、農楽に使用される主な楽器には①鉦（銅鑼）②キャンガリ（銅鑼の一種でそれよりもやや小さい）③杖鼓④鼓⑤小鼓⑥セナブ（ラッパ）⑦シンバルなどがあげられるが、好みによっては伴楽器やバンドまでが加わる場合もあり、ますますその規模は大きく花やかになって行くようだ。

民族文化財を蒐集

文教部が保護に乗り出す

【ソウル発＝連合】文教部の文化財管理局では韓国の独特なそして価値のある民族文化財を集める事業にとりかかった。

文化財保護法第二条の規定に従って指定される民族文化財の対象は、民族生活の移り変りと発達を理解しうるもの、発生年代が古くてその時代的特色のあるもの、形式が伝統的であるものなどになっている。

九月にアジア美人コンクール開く

【ソウル発＝連合】アジア親善民族芸術美人コンクールが来る九月七日から二十五日までソウルで開かれる。

セントラル・ライオンズ・クラブが政府ならびに各文化機関の後援をえて主催する同コンクールには主催国の韓国をはじめ日本、フィリピン、台湾、香港、ビルマ、タイなど東南ア十五カ国から美人代表一名と民族音楽舞踊団らがその国固有の衣装をつけ参加する。

なお、この催しが行なわれる九月頃は、ちょうどわが国の民政移譲と時期的にうまく合って、国をあげての慶祝気分に花を添えるものと期待されている。

李朝野史物語

徳宗・成宗時代篇⑧

成宗大王の治世（六）

博学無能な俞好仁

俞好仁が任地における行動は話にならないほどの任務放棄であった。慶尚監司も初めのうちは大目に見てやったがいささかの反省もしない。それで仕方なく彼の治績について事実通りに報告を上啓した。

その報告は一度ならず俞の行政官としての無能なことを報じた。報告は次の句で結ばれていた。

「不恤民隠　戦詩不被＝人民の苦しいことには目もくれないで詩作にばかり耽っている」とこの報告をご覧になった王は、俞のことを特に頼んでやったのを監司が誤解して本当のことを報告したものでないと考えた。それで、これを不快とされ監司に対してお叱りになった。すると監司から

「守令というものは人民のためにあるものと存じます。しかるに、彼は赴任以来政務には無関心で人民の願いごとなど顧みず、ただ毎日の如く詩作にばかり熱中しています。俞のことに対しては、特に主上のお声掛りもあることで小臣もできる限り庇護もしました。しかし主上に対しては彼の実績に関しては偽ることはできないのです。事実を事実通り上奏することが小臣の職責であると存じます。もし、そういったことが不当であるとすればよろこんで罪をお待ちいたします」と、返書がきた。

監司の言分は正当であり真の忠義ものの話である。これに対して王も職責に忠実な臣下を責めるわけにはいかなかった。監司の報告を諒解した。

それほど無責任なものをそのままおくことができないと考えた。彼をその本職から免じソウル市内の他の職に転任させることにした。

俞好仁の場合は彼が如何にその職務に怠慢無責任であったかがわかる。

或る日、一人の人民が何かの事件で訴願を出した。十余日を経過しても何等の沙汰がなかった。その人は待ち切れなくて役所に出頭して

「以前出した訴状はどうでもよろしいから書類を戻して欲しい」と申出た。

人民の抗議に対して、県監俞好仁は返事すらできなくて、ただ唖みたいに黙していた。その側でこの有様を見た一人の胥吏が代って答えて

「これ百姓よ。少しは道理をわきまえなさい。県監さまは赴任して三日目に出された訴状に対しても数カ月になる今日、いまだにお目を通されてないのだよ。君の書類は僅か十日位いのところであるのにそんなに性急に催促するな。今年中には裁決することになるだろうからそのつもりで待ち給え」と、皮肉まじりに脅かして帰した。

俞好仁には胥吏が自分に代ってやってくれたことに好意を持ち

「君は、この次には守令も十分につとまるだろう」といった。この話を聞いていた同席の人たちは、呆れ顔で思わず失笑したという。

彼は義城県監を免じられソウルの方に転動してからも、依然として、本職のことは留守にして好きな詩作で日を送った。ノンキな役人もいたもの。

◇　◇

酒保の人の話を一つ。

孫舜孝（一四二七―九七年）は成宗朝の多くの人材のうちで特異な人物でもあり、医学者としても名をなした。その号を七休居士と呼んだ。端宗朝に文科に出仕して右参成にまで進んだ。その遺著には「食療撮要」がある。

彼は文章と徳行が高いので国民から尊敬され、成宗大王のお気に入りでもあった。ただ、一つ欠点があった。大の酒飲みであったので王もこれに対しては大分手をやいた。それで、厳に酒を慎しむよう注意した。

或る日中国に送る国書を書かせるために孫舜孝をお呼びになると、彼は相変らず大酒に酔っていた。王はご自分の忠告をきかないのに対して、色をなして

「朕があれだけいましめたにも拘らずあんなに酔いつぶれてはいけないではないか。そんなだらしない心掛けで咨文（中国との間の外交文書）を書けるであろうか」と、たしなめた。

それから、他の文臣をお呼びになった。すると、孫舜孝は恐縮した体でお詫びしながら

「今日は、小臣の娘が嫁入りする日でありますので昼から勧められるままに、ついに飲みすごしました。しかし、咨文をお命じになることでしたら他の臣下を呼びになる必要はありません。どうか小臣にやらせて下さい」とお願いした。

王は、彼がどうするか試すつもりでお許しになった。彼は、筆硯を取りよせたかと思うと別に考える様子もなく、そのまま一気に文案を書きあげた。

彼が差出した文案を一字一句詳細に検討してみたが文意と文体は立派な出来栄えであった。成宗は内心非常に満足された。

しかし、彼がご自分の戒めもきかないで大酒を呑むのには余程勘気に障られた。一つお灸をすえてやることにした。

（石鼓山人）

朴晧秀刺繍展をみて

素晴しい女の芸術

安　福基子

一月二十八日から三十一日まで東京・京橋の西村画廊で朴晧秀女史の刺繍展が開かれた。韓国の現代刺繍をみせますといわれても、男性にはあまりピンとくるものではないが、私たち女性にとってはぜひ一度みたいという気をおこさせるものである。それは、本国から直接持ってきた刺繍への興味以上に、細かい糸で作られるその美術品が繊細な女の神経と相通じるものがあるから、本能的に懐しさを感じるのかもしれない。

日本育ちの私などは、本式の韓国刺繍を数多くみたこともなければ、刺繍の伝統なども知らない。ただ、昔、韓国では刺繍は結婚前の女性のおけいこごとの一つであり、お嫁に行く時は枕や鏡台かけなどいろいろな小物にきれいな刺繍を沢山して持って行くという実用的なエピソードを母から聞いたことがある。だから、韓国ではどんな女性でも、一度はロマンチックな気持ちで刺繍をするところがあったのである。

それほど韓国の女性と刺繍は縁が深い。もともと刺繍はこのようなロマンチックな女ごころから出発したものかも知れない。しかし、現代の韓国刺繍をみると、オンドル刺繍からとび出して一つの立派な美術品にまで達している。ここまでくるには大勢の女性が細い刺繍糸とたたかってきたのだろう。その韓国の女性が育てた刺繍芸術を他国の日本にまで運んできたことは、在日韓国人にとっても大変誇らしいことである。

一方、日本の女性にとっては驚くべきことであるらしく、朴女史の刺繍展をみた私の友人の日本人女性は「韓国の女性が一本の針からこれほど素晴しい芸術をつくりだしていることは知らなかった」と驚き、そして「この刺繍をみていると、刺繍こそ本当の女の芸術ではないかと思うほどだわ」と感嘆していた。

朴女史は現在、韓国で活躍している著名な刺繍家の一人と聞いている。作品は屏風十一点、額七点、表装八点と大変数も多く、作品そのものも多彩であった。

まず会場で目をひいたのは「春香伝」（屏風）であった。韓国の映画、芝居、絵画と、あらゆるものに春香が顔を出すから、また春香か――とうんざりするところだったが、一本一本の糸でつづられた春香の恋話の物語をみていると、いままで感じなかった新しい情緒がわいてきた。そして、ながめている中に、春香を描くには刺繍糸が一番いいのかもしれないと思ったほどだ。

二枚の屏風に色とりどりの糸でつづられてある春香の物語絵は、優雅というより表現の方法がない。それだけに、日本人も特にこの作品には目をひかれるらしく、会場にきていた何人かの日本婦人が「素晴しいですね」とか「きれいなものですね」と盛んに感嘆の声をもらしていた。

風俗図（屏風）＝これは韓国の山河をふんだんにもりこんだ農村光景を春夏秋冬にわけて、日本の浮世絵風にしてある。日本の浮世絵と韓国の刺繍との組み合わせとはちょっと面白い手法であり、みていてもなかなか楽しい。それに、もっともコリアン的な風景図だから異国にいる私たちにとってはなんとなく郷愁心をそそられるものである。

金剛山（屏風）＝金剛山は東洋画でしばしば見るばかりでなく、東洋画の専属モデルのようになってしまっているほどだ。その金剛山を東洋画がつくりあげたイメージをこわさないように東洋画風に刺繍している。ただ、東洋画では冷たい禁欲さしかみせなかった金剛山だが、同じ図で似たような色彩を使っても刺繍にしてみると、趣ががらりと変っている。これは女にだけ与えられた針の特技でつくりあげた女独特の情緒豊かな金剛山である。

その他、「仏像」（屏風）は金糸の神秘さが巧みに生かされた作品であり、「香炉」「古鏡」「高麗陶磁器」「国宝」（屏風）などは、刺繍糸そのものの美しさや刺繍の技巧の表現ではなく、下地の色を巧みに生かしたものである。この手法は単調な符という品を表現するにはぴったりしているともいえる。

小作品の「花鳥」（表装）は刺繍の繊細さをみせどころとした作品であり、「山水画」（表装）は下絵の東洋画の特色の淡さと、それを形づくる刺繍の優雅さが見事に織りこまれている。

「詩経」あり、「鷹」あり、「神仏図」ありと、作品全体が古典色をただよわせていたが、その中で毛色の変った刺繍が二点あった。その一つは、李朝時代の有名な画家の絵を下絵にとった「弼泓」（泓）である。これは下絵のデッサンそのものが抽象画風であるから、一見刺繍には不向きなものにみえる。ところが、藤色・茶色・緑色・金色の糸を織りまぜるようにして刺繍してあり、藤色と金色の古典的ムードと、茶と緑の現代色の抽象画の中でうまくからみあっているから、ありふれた刺繍にはみつけることが出来なかった新鮮さがあふれていた。

刺繍もこのように下絵をちょっと一風ずれば、現代風の芸術品になるのだと思うと、刺繍の面白さがしみじみ感じられた。

もう一つはミレーの「落穂拾い」（額）であった。これは普通の模写ではなく、ミレーの持つ西欧の特色を東洋の刺繍で再現出したものであるから、ながめていてもなんとなく楽しいものである。こういうのはおそらく楽しみながらやる刺繍の一つだろう。

◇……◇

人間社会に芸術が芽を出し初めた、はるかギリシャ時代のころから、芸術は男が作り出すものであって、女が手がけるものではないといわれた。何故なら、女そのものが芸術品だとされていたからである。

しかし、刺繍は立派な現代の芸術品であり、しかも男には作り出せない女の芸術なのである。豊かな情緒と優雅な技巧を必要とする刺繍芸術は、頭で芸術に親しむ男の世界では到底育ち得ないものだろう。

この芸術は長い長い封建社会下でオンドルに閉じ込められる習慣の中で生きて来た韓国女性の圧迫された情緒の発露の一つとして生まれ、そしてその中で育って来たものともいえる。

朴女史はこの韓国独特の芸術品を広く日本の人々に見てもらいたいと言っていた。茶道を尊び生花を愛する繊細な神経を持つ日本女性も、おそらく細い糸を一本々々織りこんだこの刺繍から共鳴するものを得るだろうと思う。また、その優雅な刺繍模様の中から新しい韓国女性の姿を発見してほしいものである。

安住の地よいずこ

（141）

許槿旭

え　金泰伸

安住の地は（二十七）

「コーヒーをどうぞ」

「はい」

女のこわばった顔が、いくらかほぐれた。私は茶を静かにかみながらさらに言葉をついだ。

「私たち人間として、良心のかぎり問題を解決しましょう。いままでの既成道徳とか、妻の権利であなたを苦しめるほど偏見の狭い人間ではありませんのよ。お互いに、ちょうど同じ立場におかれた人間にしか過ぎません。私にこどもさえいなかったらいまここにこうしてすわってはいないことでしょう。いたでをうけた私の自尊心が、気の変った人の後を決して追うようなことはしなかったでしょう。ただ、こどもに犠牲があってはなりません」

「は？」

女の肩が、かすかに慄えながらびっくりしたように聞き返した。

「あかちゃんはいま、いくつですか？」

「二つになります」

彼女と私は、しばしの間、言葉を忘れた。私は静かにため息をついた。

「あの子がかわいそうですわ。私たちには、他人には言えない辛い事情があります。水におぼれた蟻が、両肩にやっと掴まり命をつないでいるのと同じように生命を保っているのです」

「何のことでしょうか？」

何ごとか聞き出したげな彼女の眼ざしを避けながら、私は泣き声で返事した。

「いえ、何でもありません。時間がすべての問題を解決することでしょう」

静かに流れ出るメロディを聞きながら、私は、さらに言葉をついだ。

「私たちが、この世の中を生きていくとき、時には愛よりも、もっと切迫した問題があると思います。それは、死を目前にした人間の、生命への狂わんばかりの執着でしょう。強烈な生への欲求…人間は誰でも、そうたやすく死の前に体を任すようなことはしないでしょう。ただ、人間自身の薄弱な意志にたよって生きようとあがくことでしょう。こどもと私がいまそういう状況と条件の中で生命を呼吸しているとしたら、あなたは自身の愛を放棄してくれるでしょうか？」

烈しく詰問する私の感情に押されたように彼女は慄える声で言った。

「ご免なさい。私は、ばかでした。最初、こうなるだろうとは思いもつかなかったことです。始めは師として尊敬しただけでした。憂鬱な表情をおびたあのかたの眼が、いつも遠い山を眺めているようで、孤独で悲しくうつりました。私はあの方を慰めてあげたかったのです。どんな犠牲でも払いたい衝動を感じました。それが……」

「過ぎた説明はその位…言わなくても大体推測できます。問題はこれからです」

本能的に首をもたげる嫉妬を抑えながら、私は乱れた心を整理して再び言葉をついだ。

昌慶苑
本場　味覚
京城　料理
大小宴会
終夜営業
SHOKEIEN
新宿区柏木1−96西口電停前　李[illegible]鎬
電話（362）2585番

○サッカリンナトリウム・化学工業薬品製造販売
大東化学工業株式会社
取締役社長　林　春　善
川崎市桜木町2の58　TEL（2）3381

／舞台構成／舞台装置／会場装飾美術
皇武童画房
東京都品川区大井倉田町3292　電話 771・9583番（共）

営業品目
海狗腎及其他補薬
人蔘鹿茸唐草乾材
和薬医薬各種新薬
直ぐ服める液体漢方薬
内外貿易業務代行
薬剤師数名採用　履歴書送付乞う
日和堂薬院
大阪市東成区大今里南之町1−14
電話（971）3180・7958

当店は
京都の中心地に位置し
京洛　随一の豪華な設備と
徹底したサービスを誇る
味覚と栄養の殿堂であります
南大門　京都市下京区西条河原町　TEL 35−3647，9691

伊勢ロース!!
郷愁の
本場味覚!!
金巴里
KIN PARI
東京都千代田区神田多町一の五
TEL　神田 251～0918
新宿 369～7733
362～0823

優良鋳物用銑鉄製造

朝日製鉄株式會社
取締役社長　中　学　彬
横浜市鶴見区鶴見町1320
TEL 横浜(50)8431−4

漢陽
2月号…200円
＜在日＞国文版의 綜合雑誌
主要内容
美国의 対韓経済援助十七年間의 総決算……金景鎬
韓国의 物価安定策……金基深
五個年計劃第二次年度의 資金展望……李泰鎔
韓国農村의 社会学的再認識……鄭鍾寛
第三共和国憲法에 対한 考察……朴元錫
民政移譲과 革命主体勢力……夢泰旭
政党政治와 韓国의 民主主義……金仁在
反省과 展望……張一宇
—一九六二年 韓国文壇 小感—
文学建設과 휴머니즘……金純南
＜名勝古蹟巡礼＞
서울宮趾
薬山東台……編輯室
野談～～度量있는 金氏婦人……李俊錫
伝説～～마실굴……金炳玉
＜韓国歳時風俗＞
遊戯娯楽篇……文哲鎬
＜創作＞
朴校長……金鉄洙
親山……沈載彦
其他　時事評論・随筆・詩・創作　多数
※定期購読料金　六個月　一二〇〇円　一個年　二三〇〇円
発行所　漢陽社
東京都豊島区池袋東一−一五五
電話　東京（九八三）五三一三
振替番号　東京　四五一一六八

韓國新聞
発行所 韓国新聞社
発行人
東京都文京区
電話 (813) 2261～2263
振替口座 東京

韓日 諸懸案には北韓も含む

崔長官、日本側の見解に反論

崔外務部長官

【ソウル発＝連合】崔徳新外務長官は十一日対日請求権を含む韓・日間の諸懸案は南韓だけでなく、北韓を含めた全部にわたるものであると語った。崔長官は最近日本衆議院での質疑で請求権問題に関して南北韓を分離して論議、北韓にある日本財産に対する請求権を主張したことに対してこのように論評した。

これから我国の互恵精神で漁業と同胞を保護するため両国国民は現在と将来に恩沢を受ける方法を考えていると語った。崔長官は日本が二つの韓国論を云々することは本来共産主義者らが二つのドイツを論じると同じもので、日本がこれにひきいれられることは大変遺憾なことであると語った。

両国の利益考慮

妥結に日本の誠意望む

漁業問題

朴議長金載圭氏に表彰状授与

湖南肥料の増産をたたえる

最高会議朴正煕議長は九日午前金載圭湖南肥料会社社長に表彰状を授与し沈滞状態にあった同社の業務を刷新して、年産八万五千トンのニョウ素肥料生産を可能にし、七百万ドルの外貨節約させた功労をたたえた。

氏が国際平和と自由守護に寄与した功労と第十七回国連会議で韓国を支持した労功をたたえた。

来年度から徴兵適性検査を実施

国防部は十一日午後来年度徴兵検査には身体検査だけを受けさせる方針で、同期該当者の資質および適性検査を実施し兵科別に分けると発表した。

遊説班を全国に派遣

民政党の活動活発化

民政党は来る十六日ソウルで早期選挙反対、政治活動浄化法全面解除、政府施策批判などを骨子とする時局講演会をもち、三つの班からなる遊説班編成を論議、慶南北、全南北、江原、京畿などの地方遊説に着手すると十一日明らかにした。

この遊説班は釜山、大邱、大田、忠清、江陵、元州、金州、慶永、光州、木浦、忠州、馬山、仁川、晋州、慶州、安東などの主要都市を巡回する。

偽幣犯を検挙するよう

治安局、全国警察に指示

九日治安局は最近京郷各地で使っている偽幣犯を短時日の内検挙するよう全国警察に指示した。警察は先月二十三日五百ウォン券六十四枚を偽造した李南洙(二十三歳)を検挙処理したが、また慶州で石版印刷によるにせ札五百ウォン券一枚と馬山で一枚、釜山で三枚を発見したので特別捜査をすることにしたのである。

伸縮性ある施策を

柳経企院長経済政策を語る

新任柳経企院長は十一日午後、これからの経済政策実施において経済開発五カ年計画の目標成長率を達成する方向のもと流動的で伸縮性ある施策を進めていく積りであると語った。柳院長は五カ年計画執行において、公共部門産業も出来るだけ創意性ある民間企業家に移譲させる方針であり、財政金融においてはインフレーションを抑制する原則を固守し、現実に適した伸縮性ある運営をすると言明した。

一方外国援助機関との協調を一層緊密化させ外援を国民経済発展に有効に使うと言明した。

米価は「五・一五」線を維持

張農林部長官は九日記者会見で…あらまし次のように語った。

米価はこれからも「五・一五」線を維持する。運送費などの関係に一部地方の米の不秩序を是正するため各道知事は主務長官の事前承認を得た後、五・一五線内に定めると語った。三千三百六十八万三千石の糧穀需給は心配ないが、今年度需要量で八百万石の米が不足であるため国民は一日に一人当り約三合ずつの雑穀を混食することを勧告する。

万一米がどうしても必要であるならば外国から導入することもできる。ところで三十三万石の今年度秋穀は去る十月末すでに買い上げてあり、肥料と糧穀交換において五百八十三万石が収納されている。

運輸の迅速正確を期す

金交通部長官、新任の挨拶

金允基新交通部長官は十一日午前任命後初の記者会見で、交通部はこれから輸送面をより安定させ、迅速正確に処理していく方針であるとあらまし次のように語った。

「これから事故未然防止は勿論のこと、近い内業務限界を明確にしてすべての仕事を責任もっていく方針である。人事行政を刷新する。交通料金引上などは政府が放任にしたく」

民族の意識を確立

綱領試案を審議完了

党委 和策 共政

八日民主共和党創党準備委員会の政策分科委員会第一小委は四・一九と五・一六革命が民族主体意識を確立させるところにあったという六項目になっている民主共和党の綱領試案に対する審議をおえた。この試案はこれから政策分科会全体会議に上程され完結されるのであるが、六項目になっていることの綱領の重要骨子は次の通り。

①四・一九と五・一六革命の完遂＝責任ある政党政治で最少限の政治権力による最大の国民福祉を保障する自由民主主義の体制を指向して民族主体意識の確立を期する。

②経済観＝民生苦の解決と貧困からの解放を急先務とし、自由経済体制に立脚した経済政策を追求する。

③社会観＝民主主義的国民性を向上する。

④科学、技術、文化観＝教育及び民族文化の暢達と科学技術の振興をきする。

⑤国土統一観＝あらゆる分野で北韓カイライより上に立ち、共産主義に勝利することが捷径であることを確認する。

⑥世界観＝国際協調と安全を目標とする平和主義に立脚する。

論壇

平和線は韓国の生命線

漁業問題が韓日会談における妥結への鍵となる模様を呈して来た。請求権が韓日会談のキーポイントだと一般は推測していたが、これが合意に達したとみると、漁業問題がそれに比して劣らぬ会談における最大なる派避のような性格をおびて来て、韓日会談はアリラン峠どころか難関の天下の険を思わしめている。

さて韓日双方が漁業協定の第一次案を提示し合っているが、双方の主張は根本的に大きく対立している。この第一次案の日本側の内容の概要は第二次海洋法会議(一九六〇年)での国際世論の動向からみて、韓国の沿岸十二カイリまでは韓国の専管漁業水域として認めるが、このうち外側から六カイリまでは日本漁船も十年間は操業できるものとなし、それ以外の水域には一方的な規制措置は一切認めない、との強い態度を貫く方針だというのである。これに対して本国政府は、平和ラインとほぼ同じ広範囲の水域を日本漁船に対する禁止区域として主張している。

この双方の国内事情から、会談の進行方策として現在までの討議方法を変更して双方の第一次案を基礎として、協定の骨子となる問題点を個々に取上げていくことにしたのである。従って、沿岸国の漁業専管区域や漁業規制区域の範囲、漁族資源の科学的調査方法などの問題点が順次に積みかさね式で問題解決の方法がとられるものとみられている。

しかし、韓国内における漁業民団体の強力な連続的な陳情によって政府がつき上げられている韓国内の情勢に対して日本の外務省では韓日会談における漁業問題も結局は事実上の政治折衝が必要になるであろうとの見方から、その政治折衝は韓国大統領選挙、国会議員選挙後に政府、与党の体制が固まってからでないとむずかしいのではないかとみている。

これらの事情がきするような、漁業問題がどんな結着を見るにしろ、日本語が本国で発表せられている。すなわち、さる十日民主共和党準備委員長金鍾泌氏が韓日会談や韓国内の政局に与党結成の過程における内部分裂の状態をさらけだしたので、これらの悪印象を拭い去ろうとする外交的辞令ともうけとれるのである。

しかるに、金鍾泌氏が情報部長時代に訪日して請求権問題の解決を大平外相と行った内容からして今回の発言内容は金委員長の本意であろう。さらに

(黄大東)

民政党の内紛表面化

許政氏大統領推戴で

許政氏の大統領推戴問題を中心とする民政党各派間の内紛は十一日午後の指導委員会でいよいよ表面化された。民政党は許政氏を擁立する旧自由党系と、許政氏の推戴及び入党すらも反対する旧新民系とこれに同調する無所属の李仁氏系に大別され、これが内紛の種となっているが、現状は政党内から金法麟氏を中心とした旧自由党が退脱する危険な段階にある。

大統領候補選出は独自に

民政党は十一日午後指導委員会を開き民主党が出した早期選挙反対などの汎野党協議体構成提議を受け入れず汎野単一政党構成に主力をおくことにした。協議体構成に反対した民政党は早期選挙反対、政治浄化法全面解除、革命政府政策批判などの対与共同闘争方案を模索するためには個人とか団体にかかわりなく協議する用意があると語った。

金幸一君歓迎大会

ソウル市内の国民会堂で

一九六一年に北韓に送還された在日同胞で昨年の十一月韓国に帰順して来た金幸一君(二)を歓迎する催しがアジア反共連盟の主催のもと、八日午前十一時ソウル市内にある国民会堂で行なわれた。

野党の動きに深い関心示す

李室長、初めて政府態度表明

最高会議李厚洛公報室長は九日夜、最近の野党の動きについてあらまし次のように語った。

貸与糧穀を57万石

絶糧民に二月から放出計画

今年に入って初の各道地方長官会議が、九日午前金顕哲内閣首班を初め各閣僚参席のもと京畿道庁会議室で開催された。

この日の会議では朴議長内務長官の開会宣言につづいて金顕哲内閣首班の訓示があった後、経済企画院長から地方長官に物価対策に対する指示と、各部長官からの穀価対策をはじめ絶糧農家対策、今年度の肥料需給、今年度の砂防事業、農村振興模範地域の育成、生産増殖業務の強化、今年度上半期雇用民救援と失業対策事業の推進、メータ法の実施事項、家族計画の促進、住宅建築の促進、災害防止対策事項など十二項目の指示事項があった。

お知らせ

平素のご愛顧とご指導厚く感謝申し上げます。

事務局は韓国の文化公報事務の…移転しました。

一九六三年二月十日

駐日韓国公報館

館長 洪景模

日本漁網船具株式会社
取締役社長 福井保
本社 東京都千代田区丸の内二ノ二(丸ビル)
電話代表 (201) 八四一・一三六六

日韓出版貿易株式会社

■移転及び社名変更のお知らせ

謹啓 弊社毎々格別の御高庇に預りまして、有難く厚く御礼申上げます。御蔭様にて業務日増しに発展に向いますことは、偏に各位の御愛顧の致す処と深く感謝致して居ります。今般営業組織を変更し、弊社名を日韓出版貿易株式会社と改号し併せて左記の所で移転致しました。何卒今後共旧倍の御引立の程御願い申上げます。

(旧綜合韓国資料社) 謹言

◆業務案内◆

貿易部 (書籍輸出入)

販売部 販売及び宣伝業務、特に日本書籍・中国書籍・洋書も皆様の御要望に応じます。海外及び国内発送もお取次致します。

資料部 写真資料・マイクロフィルム・取引関係信用調査・商品市場調査・其の他

広告部 韓国各種新聞雑誌・ラジオ・テレビ・ネオン塔 韓国向PRなら弊社におまかせ下さい

雑貨部 (三月一日から業務開始) 韓国人形・レコード・オポン・オゼン・食器・屏風・美術工芸品

韓国料理全書 方信栄著 (純国語版) 定価 一、七五〇円
此の本一冊で母国の料理が自由に作られます。

韓国歴史小説全集 全12巻 定価 一五、四〇〇円
此の全集は重点的な史料を小説化した作品を選んで歴史的に系統立てたものである。又韓国文化を通じ歴史を正しく面白く読めるように編集されており韓国文学の代表的作品として時代を超越して永久に残る名作である。

式辞演説全集 定価 一、七五〇円 (八一六面・箱入り)
【主な内容】式辞・人事・演説・講演・祝賀披露・集会・激励・弔辞・年中行事・選挙・推薦・政見発表・賛助演説・雄弁・座談・東西古今金言名句

日韓辞典 (小) 七二八面…一、八〇〇円 (大) 九六三面…三、〇〇〇円
【本辞典の特色】(1) 収録語十万 (2) 日常用・科学用・古典用語総網羅 (3) 新語・外来語・原語と共に収録 (4) 動詞・形容詞・助動詞・形容動詞の活用表附録

最新弘字玉篇 定価 二、〇〇〇円 (箱入り)
本書は漢字二万字をもっとも詳細に調訳した新玉篇である。古字・新字・俗字・略字・漏れなく収録されている。

▼注文方法…御注文なさる図書名及び発行所を記入の上弊社営業部宛にお送り下さい。壱千円以上総て現金引換便で迅速にお送りいたします。

日韓出版貿易株式会社
東京都新宿区市ヶ谷船河原町四 TEL (331) 四七五二
代表取締役 金正祐

慶尚北道の巻（2）

再建祖国を訪ねて

カメラ・文　曺圭必

新羅の都、慶州へ

着々進む観光事業

慶州名勝古跡は本紙に依って既報の通り観光シリーズにも度々紹介したので記者はこれに対しては多くを語ろうとしないがその後復旧振りを読者に見たままを伝えたいと思う。

大邱から慶州まで三時間余りゆられて新羅時代の都慶州につくと直ぐに目につくのが彼の小高い鳳凰台である、この鳳凰台が無数に町を取りまき、町がこれをとりまいている光景は慶州独特な風景である。ここは記者の生れ故郷でもあり世に知れ渡った新羅時代の文化発祥地であり名勝古跡地であるので記者は特にカメラのレンズに総てをゆだねた。

記者は二十有余年振りで祖国を訪問したので市内に散在した新羅時代の文化発祥地の名勝古跡をたんねんに見たが、都市計画に依る道路もきれいに整いここのロータリーには花壇もあり建物も建ち並んでまるで変わった都市のようであった。

市の観光事業としては道路舗装も、仏国寺に至るまで完成し同寺の境内にはきれいに浄化された駐車場、売店、ホテル、噴水等も立派につくってあった。

記者は市観光課に行ってこれから推進すべき計画事業を聞いて驚いたことは仏国寺入口には高さ八十八尺の仏像建立と共にこの周囲に国立公園造成と仏国寺または四天王門を再建し鐘閣再建、廃趾浄化整備、半月城一帯整地、雁鴨池臨海亭修築、仏国寺駅前に観光センター建設等の他各地無数に散在してある旧古の修理をしているということであった。

特に五カ年計画事業としては南山を開発して国立公園にするとの事である。これ等の工事はいずれも一九六三年度には完成するはこびだという。資金は政府補助金と市財政からと当地の仏教神道会で負担するとの事であるがいずれにしても市の為政者達の労苦も大変なものである事がわかった。市長は日本観光地視察のため近いうちに来日するとの事であった。

慶州は文化都市でありながら反面慶産物の集散地でもあり特に牛市場は有名なものである。牛を数頭ずつつないで町をねりあるく光景はめずらしかった。

市民はいたって落ち着いた表情であり観光都市だけに町ゆく人達の服装も花やかで土産物売店で特産物のみやげものをあさっている客の姿は東西をとわず同じものであるようだ。

慶州市街　鳳凰台から眺望したところ。向う側に聳えているのは南山である。新羅の古都慶州は近代建築に押されて日増しに古都の感じが失われていく。

仏国寺ホテル（慶州）吐含山麓に立っておりショウシャな感じのするきれいなホテルである。

仏国寺極楽殿　極彩色の建築美は参けい者の眼をみはらせる。新羅法興王時代に創建されたもの。

鶏林（慶州）新羅第五代王の金氏の生誕の地で、それ以前は始林とよばれていた。

王陵の祭壇と陵奉（墓守）新羅始祖朴赫居世王から五代の王陵の祭壇の前に立っている陵参奉。

牛市場（慶州）年寄りたちが牛の売買について何か相談でもしているのだろうか？

北韓傀儡の一九六三年

共産統一策略決定的破綻の年（2）

韓　載　徳

こんな声は、従来は金日成の口から絶対に聞くことはできなかったものである。今や、彼らの誇張も限界に達したのである。もちろん、虚言はいくらでも繰返し得ようが。

一方、金日成はその「新年辞」で、一九六二年の工業生産額がその前年に比べて二〇%に達したと誇示した。共産主義者たち特に金日成一党の数字がそのまま信用できないことは定評がある。だがそれは彼らが発表する数字間の比率をみる場合はある程度参考になる。先に金日成は、第四次党大会報告において「一九五七年から一九六〇年までの四年間に、工業総生産額の年平均増加速度は三六・六%に達した」と誇示したことがあった。それが（これらすべての比率数字が事実であるとして）昨年度には二〇%しか増加していないことになるのである。すなわちそれ以前の速度がほとんど半減したことになる。後退は始まっている。そして北カイ自身も一九六三年度の工業生産額の増加率を今年に比べ二一%増と予定している。すなわち、増加率を前年よりも半減させたのである。しかし、数字を操作しないなら今年にはこの予定目標よりもさらに下回るだろう。もともと無理があったのであり、彼らが行なおうとすることに継続して無理があるためである。もちろん、金日成一党は、如何にしてでもこの退勢を挽回すべくさらにあがき続けるだろう。昨年十二月に開かれた労働党中委全員会議では、新年に北韓住民に対して強要する十大課業なるものを提案されたのであるが、第一課業においていわゆる「政治事業を先行させる」と云々し第二課業で「党政策貫徹においてと党員に対する政治思想教養事業において引き続き前進を期す」云々の常套的用語から推測できるように、要は、共産党式打撃をさらに加速することのようだが、人間は馬でもなければ機械でもない。如何に食うものも食わせないでムチ打ったところで思いのままに動くものではない。昨年度にあれほど二重千里馬運動まで繰り広げて騒いだのに、目標の半分しか「占領」できなかったことがそれを雄弁に物語っているのではないか！

金日成は昨年の「新年辞」でそのいわゆる六個高地占領の号令を下しながら「六個高地占領は七カ年計画の全体課業を成功的に遂行するための重要な担保となるもの」であると確認した。

その担保がくずれたからには、七カ年計画それ自体もガタガタになってしまった。彼らのいわゆる社会主義建設の決戦といわれる七カ年計画がガタガタになれば、社会主義建設なるものもガタガタになり、彼らが統一（もちろん赤色統一）の担保と称す社会主義建設がこのようにガタガタであるならば彼らがその力量で是が非でもなし遂げたいとしている共産統一もまたガタガタになってくるのは理の当然であると言えよう。

対南策略の問題

金日成の統一方略の第二項目は主として間接侵略の問題である。すなわち、南韓に自分の仲間を造り勢力を育成して彼らをして反米反政府闘争を展開させ、それ自身の力量で南韓における共産革命を起せばそれに越したことはなく、そこまで行かなくとも、成算がある時を見計って直接南侵を行ない合同した力量でもって一気に南韓の共産化を実現しようとするものである。北韓カイライが共産統一のために力を注ぐもう一つのことは正にこれなのだ。

彼らは休戦後いくばくもない時から所謂平和統一攻勢を着々と展開してきたが、序頭にも言及した通り一時はある程度それが実現するかに見えた。しかし、五・一六革命が決然としてその道に立ち塞がったのである。そして革命政府が反共態勢を強化するにつれて、北韓カイライは足がかりを失ってしまった。特に、革命韓国が失敗に帰すことのみを願う北韓カイライの意に反して、すべてが逆止されて行ったことは北韓カイライの対南策略の足場をつきくずしてしまったのである。

こうして、五・一六革命以降の彼らの対南政策は完全に失敗の連続であり、行きどころを失ったのである。

その当初彼らは、従来のような平和統一だとか協商・交流だとかの無益な叫びをきれいに捨て去り南韓にマルクス・レーニン政党を組織しその指導の下に「反米救国統一戦線」を結成して外軍を追出し、革命政府を転ぶくせよ、のごとき宣伝扇動に熱中した。これは共産主義運動の原則であり、正攻法的手段であった。だが、そんな寝言のような声に耳をかたむける者は一人もなかったし、そんな夢物語りが実現されるなど万に一も考えられなかった。北韓カイライの決定的誤算は、わが韓国のあらゆる階層の国民が皆米国を敵対視していると誤算したことである。事実は正にその正反対であった。

そのうち、南韓で一部米軍人の暴力行為が連発し、一部青年学生間に韓米行政協定を要求する声が漸次高まってきたが、この叫び声は米国に反対し出て行けというのではなく、反対に韓米関係をもっと正常化することによって紐帯をさらに強化しようというものであった。北韓カイライは好都合な事が起ったかのように態度を転換して再び南韓に対して米軍を追出し協商を行なって平和統一をしようとの古くさい言葉を繰返すに至った。北カイライはまたも誤算したのである。一九六二年六月二十一日には「最高人民会議」の緊急召集を行なって「大韓民国国家再建最高会議および南朝鮮社会政治活動家並びに全体人民に送る書翰」なるものまで仕組み、その後同二十三日には国連に送る「備忘録」なるものも採択されたが、その中には南北がそれぞれの軍隊を十万に縮小し、相互に不可侵条約を締結しようとの提案まで含まれていた。だが、こんなに訳の分からない提案が何らかの反応を呼ぶ理は皆無である。にもかかわらず北韓カイライは執拗に同じ言葉を繰返したのであり、金日成は同年十月二十三日所謂最高人民会議第三期第一次会議において三度目の「首相」となっての施政演説の中では、さらに狡猾な言葉でこれを繰返して「南北連邦案」「南北経済委員会案」まで持出し、特に武力縮小案と不可侵条約の実現を強調しながら、さらにこんなことまでいったのであった。

朝鮮人民は同族相争を願うものではなく、国内戦争のために自己の貴重な労働の成果を浪費することを決して願わない。軍隊を増強し軍備を拡張するのではない、武力を縮小し緊張状態を除去することによって南北朝鮮が等しく経済建設と人民生活向上に力を傾注しなければならない…」

誠にごもっともな話である。だが、陰険な侵略者たちがその本心を現わすには五十日もかからなかった。周知のとおり、十二月十日から開かれた朝鮮労働党中執委第四期第五次全員会議では「国防力をさらに強化することについて」という議題を討議して「人民経済発展に一部制約を受けても、とりあえず国防力を強化しなければならない」との決定書を採択した。そしてその決定書は住民に対して「全体人民が武装し…常に緊張した動員の態勢を整え…一方の手に武器を他の一方の手にクワとカマを提げて…」のごとき全く戦時と同じ好戦的な呼訴ならぬ号令を下した。ちょうど五十日前は、軍事力を強化すべきでなく縮小しなければならぬとか、緊張状態を除去し経済向上を図らねばならぬとか言ったことは皆どこへ行ってしまったのか？　そんな羊の皮を覆った狼の叫びを誰も信用しないためか、今や狼は本来の自分の声に戻ったのである。これが金日成一党の地声なのだ。それは、平和協商統一の呼訴にも共産地下組織の指令にも何らの反応がなく、ついにこらえ切れなくなって爆発した地声なのだ。（もち論、他の理由もあるが）ともかく、今や彼らが再び平和協商を唱えることは、如何に鉄面皮とはいえ難しくなった。そのため、今度の「新年辞」で金日成は平和統一などおくびにも出せなかったのである。

一体全体、北韓カイライはこの問題においてなぜこんなに右往左往するのか？それは今日までの対南政策があれもこれもすべて失敗したためであり、だからと言って新しい妙案もないからである。

反共民主統一の道へ

一般的に見ても、金日成一党の共産統一方策は三項目すべてが完全にあるいはほとんど破綻しつつある。

今や彼らは、国際的にはもとより、共産圏内でさえさらに孤立を深め、北韓に侵略力量を育てるいわゆる社会主義建設はさらに停滞に陥り、南韓に対しては足がかりはもち論のこと、宣伝するツテさえも獲得することはできないだろう。

われわれは今後、このように難渋している彼らの困境と弱点に対しさらに追撃をかけなくてはなるまい。

これほど困難に直面すると、窮余の策としてどんな冒険を試図するかも知れないのが彼らである。その可能性は厳存する。好戦的な中共と新たな結託をし、まず武力増強から打出していることがその一面を物語っている。万一そうなれば、今度こそは共産統一策略の破綻程度ではなく彼ら自身の破滅をきたすであろうが、われわれとしても充分な警戒を要することは繰り返すまでもなかろう。

また、共産統一策略が全面的に破綻しつつある難局に際して北韓カイライが最後に期待する唯一の僥倖は、わが国における民政移譲が混乱し失敗することを望むことである。そのため現在彼らはそれを破綻させるための扇動と工作に全力を集中している。

もち論、これはとてつもない夢である。われわれとしては間違っても彼らに利用され、彼らに漁夫の利を与えることのないよう全国民が銘記しなければならない。それはある一党の運命に関する問題ではなく、わが国家そのものの運命に関する問題である。

そのためには、第三共和国を立派に地ならし発展させることによって、共産統一の道を完全に封鎖し、反共民主統一の道を開拓しなければならない。

一九六三年は、このような決定を下す年でなければならず、またそうならずにはいないだろう。

くずれ去った対南策略
民政移譲の失敗を煽動

営業種目
鉄材／丸棒／ステンレス
加工及販売
南星ステンレス工業KK
代表取締役　李武夫
東京都大田区大森6−2654
TEL 761/8118

国内政情を説明

金鍾泌氏バーガー駐韓米大使と会談

金鍾泌民主共和党創党準備委員長は十一日午後バーガー駐韓米国大使との昼食会で国内政治情勢に関して忌憚なく意見を交換したと語った。三時間にわたる昼食会での要談内容は明らかにしなかったが、金委員長は十二日地方党組織状況を視察するかたわら釜山にいき、要談の内容を説明すると記者たちに語った。

張勉氏に執行猶予

反政府陰謀に判決

十一日軍法会議は旧民主党反革命事件の張勉被告に懲役三年、執行猶予五年を宣告する一方、安炳範など十二名の被告に対して死刑ないし公訴棄却を各々宣告した。張勉被告は一審で懲役十年の宣告をうけ刑執行免除されていたが、検察側と弁護人側の訟訴で執行猶予言渡をうけたものであり、同氏の身柄に対する再拘束可否問題は提起されないことになった。ところで各被告に宣告された刑量は次の通り。

張勉＝三年懲役、五年執行猶予
安炳範＝死刑、鄭命日＝公訴棄却
李竜焕＝無期懲役。

金漢旭君が委員長の職務を代行

韓学同

金相天韓学同委員長は、一身上の事情により委員長の職務執行を金漢旭副委員長（明大四年）に全て一任した。

委員長の職務を受け継いだ金漢旭委員長代理は、このほど別項のような執行部を構成し、今後の活動について次のような抱負を述べている。

韓学同の最も緊急な課題は、一年余り続いてきた分裂的傾向を一日も早く解消することである。これに関して私は金相天委員長の基本路線を堅持し、彼ら旧執行部の一部に猛省を促す。

新しく構成した執行部は次のとおり。

委員長代理金漢旭（明大）、副委員長金京東（法大）、副委員長兼財政部長金明煕（中大）、総務部長権球範（中大）、組織部長朴永沢（明大）文化部長兪聖圭（東洋大）、情宣部長金英敏（法大）、渉外部長姜勝熙（中大）、企画部長崔政範（明大）

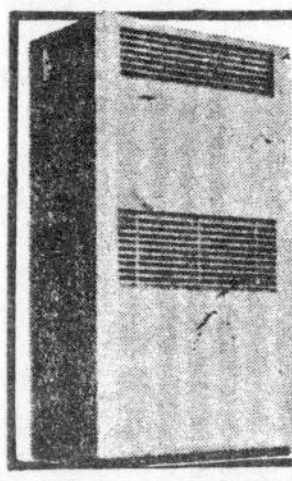
北洋冷凍機工業株式会社
冷房暖房　ダイキン冷房機代理店／日立冷房機代理店
○僑胞の事業体・団体に対しては実費で奉仕しますから冷房房及冷凍機関係の一切を御相談下さい。（遠近業問わず）
○各種（内外国製品）冷蔵庫・クーラー類の修理、販売も御相談下さい。
○1年間のアフターサービスの御契約もします。
○最高の技術とサービスは完璧です。

社長　洪起華　東京都新宿区原町3ノ84
監査　金炳泰　電話（341）0449代表

韓国服地と韓国レコード！
営業品目
特殊香港洋丹・中国洋丹・金糸織洋丹
テトロン洋丹・京都洋丹・美術丹・七色丹
リバレース・オパール・ニュートン・ベルベット
其他・本絹・季節向一式・朝鮮古典長鼓販売
貸古典婚礼衣装
韓国レコード総販売元
韓國レコード
祖国訪問者および帰国者には特別御奉仕しております
仁川㊁商会
東京都台東区浅草公園六区10−3
TEL（871）3981・5498

埼玉で誇る誤楽の殿堂
志木　エビス遊技場
埼玉県北足立郡足立町大字志木2073−3
電話／志木246番
金鐘斗
本籍地
慶北善山郡舞乙面安谷洞425番地

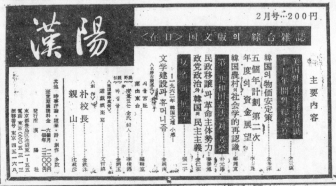

漢陽
2月号…200円
＜在日＞国文版의綜合雑誌
主要内容
美国의対韓経済援助十七年間의総決算……金ＯＯ鎮
韓国의物価安定策……金基深
五個年計劃第二次年度의資金展望……李ＯＯ
韓国農村의社会学的再認識……鄭ＯＯ
第三共和国憲法의対照考察……朴元錫
民政移譲과革命主体勢力……姜ＯＯ旭
政党政治와韓国의民主主義……金仁在
政治的展望……張一宇
文学建設과휴머니즘 —一九六二年韓国文壇小感—……金純南
＜名勝古蹟巡礼＞
서울宮趾
薬由東台……編輯室
野談　度量있는金氏婦人……李俊錫
伝説　마실골……金炳玉
＜韓国歳時風俗＞
遊戯娯楽篇……文哲鎬
＜創作＞
朴校長……金鉄洙
親山……沈載彦
其他　時事評論・随筆・詩・創作　多数
※定期購読料金　六個月　一二〇〇円　一個年　二三〇〇円
発行所　漢陽社
東京都豊島区池袋東一−一五五
電話　東京（九八三）五三一一三
振替番号　東京　四五一一六八

それでも北送続ける

日赤に北送の態度を聞く

"北送僑胞の窮状は初耳"

一九五九年以来、北韓カイライとその手先の朝総連の"北韓は楽園"だという偽瞞宣伝によって北送された七万八千七百余の在日僑胞たちは、その後北送前に日本にいる家族や知人たちと事前に約束しておいた暗示文などで、北韓の非人道ぶりや生活難を強く訴える文面が日を追ってふえている。このことを一層裏付けする生きた証人として一九六一年六月二十六日の第二十六船でだまされて北送された金幸一君（23歳、愛知県）が昨年十一月二十五日命をかけて韓国へ脱出し、記者会見などで北韓の実情を暴露している。在日僑胞の北送がこのように非人道的なものであることが実証されても日赤は今なお人道という美名の下に貧しい在日僑胞を北韓へおいやる業務を続けている。そこで本社では、こうした問題をもとに日赤の意向をきいてみた。

木内日赤調査課長との一問一答

—北韓との北送協定に基づく現在の北送進行状態は、希望者が非常に減っているようだが、その主な原因について？

答=今は最初と違っていつでも帰れるというふうに落ちついてきている傾向と、寒さが原因していると思う。

—北送された僑胞たちは日本の家族や知人などに「北韓はむぎやあわ飯も満足に与えられずに一日十二時間の重労働をしいられている」と北韓の非人道ぶりや生活難を暗示文などで訴えているが、日赤は現段階で北送を中止する意思はないか？

答=日赤へもたまに帰国者たちから手紙が来るがそれはほとんど礼状だ。また、北送の基本態度を決めるのは外務省で、日赤のわれわれは北送希望者を実務するすぎない。だから先ほど結んだ北送協定を履行する。

—日赤は真の人道的立場で北送僑胞たちの生活実態を調べたいと北韓赤十字社に要求したことがあるか？またこれから調査する意思はあるか？

答=これまで一度も要求したことがない。また今のところこれから調べたいという何らの方針も意思も決っていない。

—北送者金幸一君が命をかけて南へ脱出して、北送僑胞の苦しい実情を訴えているが、これについてどう思うか？

答=それは初耳だ。最近北送希望を申請しておいて、こちらから新潟へ行くようにとの通知を出しても来ない人たちが多いが、そうしたところにも起因しているのだろうか？

—人道をたてまえとする日赤は金幸一君を日本に呼んで北鮮の事情を聞いて見る意図はないのか？

答=日本にきたなら聞いてみたいと思う。しかし韓国からわざわざ呼んで聞くつもりはない。また日本に来るため本人が日赤の助けを求めるなら、日赤としては最善を尽したい。

韓国の隆盛・発展に目覚め

朝総連の元幹部が入団

大阪北支部の曺昌吾さん

【民団大阪発】民団大阪布施支部（鄭寶天団長）管内に居住する元朝鮮連大阪北支部副委員長曺昌吾（42歳=古鉄業）氏は、このほど朝総連を脱退、要旨次のような声明文を発表して民団支部に入団した。

声明文

このたび私は民団に入団を決意しました。私は今まで事業上やむをえず朝鮮総金組合の会員の当時に役員に推薦され、副委員長に選出されました。また以前朝総連大阪北支部の副委員長もしたことがありますが現在は一さい各団体の役員はやっておりません。世界自由陣営の一員である神聖なる大韓民国が日に日に隆盛発展している現実を認識すると共に、本人の全生涯を通じて忠実な大韓民国国民として全力をあげることを声明致します。

一九六三年一月二十二日

本籍慶尚北道迎日郡連田面柳江洞

現住所大阪府布施市長栄寺一ノ一三番地

曺昌吾

曺昌吾さん

韓国へ中小企業視察団

韓日提携して企業育成へ

東京実業連合会（黒川武雄会長）では、韓国生産性本部の招きにより来る十八日同連合会鈴木常務をはじめとする十八人の経済視察団を韓国に派遣する。

これは技術者とか原資材不足で遊休している韓国工場設備に日本から原資材を送り、それを保税加工させ、東南アジアに再輸出することによって両国の中小企業体をともに繁栄させようとするところにその目的があるといわれている。

韓国には日本の大手会社がすでに韓国の大企業者らと手をむすんでワイシャツ、既成服などを加工しており、今度は中小企業もそれと同じことをやろうというもの。

東京実業連合会では昨年からこの問題を検討していたが、まず視察団を派遣して韓国の政府、産業団体、中小企業者の意志を確認するとともに、取引条件などを協議する予定であるという。

同視察団の滞在日程は約八日間の予定であり、視察地は主にソウル、大邱、釜山、大田、全州、光州などにある中小企業地帯である。

同視察団のメンバーは次の通り。

鈴木俊彦（実連常務理事）、大坪金太郎（大坪硝子）、楠瀬栄一（東繊）、柳沢保章（柳沢商店）、長行司満（蝶商）、黒沢愛三（黒沢機工）、内藤千代三郎（内藤商事）、吉田治昌（吉秀）、中根三朗（中根商事）、大槻道明（市川繊製）、柳田啓槙（柳田盛和堂）、武藤孝吉（東京糸問屋同業組合）、大熊政雄（三叢ゴム）、石塚芳光（松崎）、古田孝一（エビス商店）、石井清二（都繊維）、宮崎隆（丸松繊維）、安部内匠（ウテナ）。

日本の大学専任講師に

徐碩煥氏（韓国奨学会前理事長）に異例待遇

【大阪発】日本における僑胞学生にとっては、その学業を終えて適当な就職先を見つけることは、きわめて困難な現実におかれているのであるがここにひとつのよろこばしいニュースがある。

在日韓国奨学会（大阪市北区中崎町四三）の前理事長であり、現在も引き続き同会で僑胞学生の育英にたずさわっている徐碩煥氏は本年三月、神戸大学大学院経営学研究科博士課程を修了するが、このほど立教大学の姉妹校でイギリスの聖公会所属、桃山学院大学経済学部（大阪市阿倍野区昭和町）に専任講師として迎えられることになり、新学期の四月より「経営財務論」および「簿記会計」の講座を担当することになった。

現在、日本の四年制大学には、幾人かの同胞が教員として奉職しているが、そのほとんどが時間講師であり大学教授への正規コースとしての専任講師には徐氏が初めてであるとみられる。また日本国文部省の資格基準には、たとえ博士課程を修了しても、最低一カ年間は助手として採用される。という規定があり、同氏の待遇は各大学のこのような慣例をも破棄したもので、いずれにしても異例の措置である。

徐氏には昨年末より関東の法政大、専修大などの四大学より招へいの申込みがなされているが、関西にとどまりたいという同氏の強い意思にそって、前記の桃山学院大学に決定したものである。専攻は経営学・会計学で、学士論文「利益管理論研究」、修士論文「ハンス・ルフティ研究」、博士課程修了論文は「貨幣論的減価償却の研究」というふうに、大学以来一貫して経営学を研究中。

地協であいさつする韓団長

三・一節は日比谷で

関東地協　当面の問題を討議

民団関東地区協議会（丁栄玉事務局長）は、さる九日午後二時から東京本部三階講堂で開き、①三・一節記念行事、②在日僑胞法的地位問題、③世界氷上選手権大会に関する対策などを討議し別項のように決定した。

一、来る第四十四回の三・一節記念行事は関東地区各県の本部が協力して、当日の午前十一時から日比谷公会堂で開催することにする。なお、準備実務は、関東地区実務者会議で具体的に決定する。

一、在日僑胞の法的地位問題に対しては次のような決定の骨子を成文化し、事務局が日本政府や韓国政府に送るかたわら、同趣旨を中総に建議し、中総は全国各県本部や各支部に通達して同運動を盛り上げる。

第五十一回関東地区協議会は、在日僑胞の永住権を子孫にまで付することを両国政府に要求する。なお在日僑胞の強制退去の該当は日本国法令の定めによる外患、内乱犯に限るとし、その他の一切の在日僑胞の強制退去は認めない。

一、来る二十日から五日間、軽井沢で行なわれる世界氷上選手権大会には、関東地区の各県本部が積極的に、わが韓国選手を応援する。同選手権大会への参加準備は中総組織局と緊密な連絡の上決定する。

民謡農楽団

農楽にやんやの喝采

文京公会堂と品川公会堂

深い感動与えた使節団

韓国親善の一環として去る七日来日した韓国民謡農楽団一行二十六人（呉旗河団長）の初公演が去る二月八日、九日、十日三日間東京文京公会堂で盛大に催された。

ファーイーストプロダクション主催、駐日韓国公報館、本紙後援による同民謡農楽団の日本公演は初めてであり、来日前から各方面で大いに期待されていたものであるが、期待にたがわず三日間に延べ五千余人の観客がつめかけ、初日である七日たけでも約千七八百の観衆がつめかけ近来まれな盛況ぶりであった。また韓日親善にふさわしく着物姿の日本人たちも多数参観、拍手をおしまない姿がみえた。

田植えと豊年を祝って農民たちが踊る韓国特有の舞踊と歌を中心にくり広げられた同公演は正楽・霊山会像中打令でその幕をあけ、つづいて四月八日の仏の誕生を祝う塔回り、尼僧がうたう回心曲などがあり、さらに当年十九歳になる郭任娘嬢の十二鼓舞があるや場内から一斉の拍手があって同公演のムードがもりあがった。

また蛮突八、白金女両コンビによる熱烈にとんだ漫談と司会が場内をわかせ、漁夫歌、離別歌、江原道アリラン、アリラン楽、山の歌、長鼓舞、かや琴散調などが次々と紹介、披露の圧巻にいたって韓国舞踊の天才児といわれている当年十歳の全玉子嬢が扇舞で期待にたがわずその天才ぶりを発揮するや、やんやの喝采が鳴りやまず観衆をわかせた。

公演が終ったあと同公演を記念して民団東京本部婦人会と台東支部婦人会から同農楽団代表安福相女史に花束贈呈があり、盛大にての幕をとじた。

観衆をうならせた農楽団の「農楽」の舞台—文京公会堂で

かや琴のみごとな調和音を聞かせる芸能使節団—品川公会堂で

一だんと充実した内容

芸能使節団

民団中総の後援で来日中の韓日親善"韓国芸能使節団"は、各地の公演で非常な好評を博しているが東京では去る九日、十日の二日間品川公会堂と神田共立講堂で昼夜三回にわたって公演し、延べ二千五百余名の観客に深い民族的感激を与えた。

朴貴媛女史を団長とする同使節は、昨年来これで三度目の来日公演でおなじみだが、今回は四月八日の釈迦生誕日に歌と踊りで喜びや祈りをこめるものや、また、崔貞姫女史を中心に六人の乙女が韓国独特のダイナミックなチャンゴに合わせて踊るなど、以前の公演に比べて内容が一段充実したもので、観客たちをみりょうし、喜ばせていた。

また時たま、笛と太鼓とチャングで、韓国のある片田舎の若い男女同志が恋をささやく演出なんかは観客を爆笑させるかたわら、しんみりとしばしの郷愁にひたらせていた。

なお同使節団は、来る二十日まで全国各地で公演する。

尋ね人

金寿夫さん

籍、忠南保寧郡大川面東城里

住所、三年前まで広島県内に居住

右の方をソウル特別市城東区杏堂洞一三〇の三にいる実弟金弼元氏が尋ねております。

消息ご御存知の方は左記まで御連絡下さい。

連絡先、東京都文京区金富町51　民団中総　文教局長

盧氏（岡村一夫）

全南光州市出身

第二次大戦中輸送船関係に従事、戦後北海道方面にて請負業を営んでいたとの風聞。

娘の節さんが尋ねております。

連絡先　東京都練馬区東大泉東映撮影所　朴英勳まで

結婚相談など月例会

婦人会東本、運動を活発化

在日韓国婦人会東京本部（金信三会長）では、このほど第十八回定期支部会長会議を民団東本会議室で開き、つぎのような諸事項を決定した。

一、結婚相談所について

結婚相談事務をより活発にするため

（イ）各支部を役員に任命し、その地区の責務者とする。

（ロ）毎月十五日にその役員の定期会合を開く。

二、月例幹部指導会について

（イ）目的=幹部の時局、組織一般女性教養などについての資質の向上を図る。

（ロ）日時・場所=毎月十五日午後一時、民団東本講堂。

（ハ）講師=各界の著名人士。

わたしも一言

韓国をもっと知ろう

現在私は大学で経済学を専攻している平凡な日本の青年であります。私は長い間日本を出て海外を歩きまわって見聞を広めたく数多くの参考資料を集めてまいりましたが、思いたって一年以上すぎた今日まだ実現の日をみないでいます。私は思うのですこれから海外に渡る者は今までの旅行者と違ったもっと新鮮で、そして日本にないもっと有益な事業を学び取るべきであると。

外国に出かける場合まず最初にどうしても朝鮮半島に行くべきだと思います。（現在としましては南朝鮮つまり大韓民国である）我々はまず身近な手から学ぶべきでしょう。日本のすぐ隣りに日本人の知るべき立派な国が存在しているということを多くの人は忘れているようであります。現在日本の大人たちは大変とりかえしのつかない危険な心理をもっています。ご存知の方も多いでしょうが、日本の今の世代の大人たちは大韓国の方々を心の中で軽べつし、見下し、はてはバカにするという大変にはずかしい行為があります。テレビ、ラジオ、新聞に姿をみただけですぐに「あっ朝鮮人だ！」と何ともいやな鼻にかけた声を出すのですよ。そして人によっては時として実際に表面に出して行動する人さえあるのです。

何たるバカな行動をするのだとし、理解できません。ましてや大人たちは無意識にも我々これから日本を導く若い者たちに教えつけようとさえしているのです。

私は信じているのです。今こそ転換期が来ていると…。今こそ若い者の手で新しい日本にすべきなのです！若い世代の中でも大韓民国の人をバカにするものが少数いるが、そんなものは若い人達で反省させることができます。

そのためにも我々日本青年は一人でも多く韓国をたずねてそしてはかなしみを学び取ってきて、若い時代にぶちまけるべきだと思うのです。また居留民団の方々をはじめ韓国政府では日本青年の招請にもっともっと力を入れるべきだと思います。

（東京都下国分寺・片根貴盛）

新帝国主義研究

◇最近の共産主義の諸形態◇

共産主義は現代にマッチしているか？

チェスター・ボールズ

③

ソビエト・ロシアの内部でレーニンをもっとも強くしたのは、平和と繁栄、土地とパン、自由と機会をもたらすという未来に対する希望であった。彼はこの希望を搾取されて憤慨しているとか、戦争にまきこまれている国民—おそらく誰よりも強力に—の子弟たちに提示した。彼が共産主義の名目の下に主張した解決策は、当時においては未だ経験や失敗などによってケガされていなかった。

マルクスが残しておいた未来に関する構想には相当なあいまいさを内包していた。彼は将来実現する共産主義社会の構造よりは、それを実現させる闘争の過程により多くの関心をもっていた。

彼は生産手段が、労働者の名目で国家の所有となる「プロレタリア独裁」の必要性に対しては明確に陳述している。資本主義社会で選抜された階級と、ブルジョアが打倒されたらこれに代置される単一階級が出現するようになり、この階級の内部には、各自が自己の能力に応じて働き、必要な物を所得するということであった。国家自体が階級支配の手段であるから、この階級支配はそれ以上の存在理由を失うようになる。従って国家は、後になってレーニンが話した通り「死滅する」と予想したのである。

それから四十五年を経過した今日、そのような死滅過程が発生していないということは、ソ連市民の誰もが熟知している事実であるのである。むしろそれとは反対に、共産主義社会の内部的対立、または実行不可能であり矛盾した諸目的の設定等に起因する計画の失敗に困り、国家はその全能なる役割をより強力に維持しなければならなくなっている、とろい状態である。この問題については数多い例を挙げることが出来る。

近代工業社会の複雑な要求に対応する能力を備えたし、相当な教育をうけた男女を必要としているソ連の立場は、国民思想を統制しなければならないという立場とは相反するものである。

他の例としては、理論上からして、共産社会ではあり得ない国家財産に対する犯罪が非常に広範囲にわたって発生したため死刑制度を復活して抑制せざるを得なくなった。そのうえマルクス主義イデオロギー自体が、ソ連工業労働者の生産性向上に必要な技術をソ連に提供するようなこともなかった。この問題の処理のために用ひられた方法は、資本主義が用いている方法と極めて似ていた。即ち、実際において生産の向上を図るために個人に支払われる報酬が、西方工業の国家間よりも上昇する場合が多く発見されるのである。

足を縛られた農業

ソ連の農業に元来から存在する[illegible]を考察すると、特に学ぶべき点が多い。都市指向的なカール・マルクスは、農民を「農村のオロカな生活の中に埋没された者」として扱い、別に問題視しなかった。一八四八年の共産党宣言も農業に関しては若干しか言及しなかった。しかしレーニンは実用主義者だったし、彼が接したつ大部分（八十五％）のロシアの国民は、土地を利用して生活する農民であった。従って政権奪取後、彼が先ず実施した措置の中の一つが、すべての土地を農民に分配するという布告を承認したものであった。「これがわれわれの革命の中でもっとも重要な業績である。今日に至ってはじめてボルシェビキー革命が実現したし、取り消せない事実となった。」とレーニンは述べた。

ところが革命が、共産主義イデオロギーと経済的社会的現実との対立に巻きこまれた。規律ある共産国家は、規律ある農民を必要とする。しかしながら政治的規律だけで、個人主義的傾向の農民をどのように説得させ自分らが必要としている量の食糧を増産出来るように、労働時間を延長させられるだろうか。

ボルシェビキー革命から一世紀を出ない一九三八年までは、資本主義的保障方法でこれを解決していた。それは、農民たちが国家的食糧の不足を満たさせる法として私有区画を設定して農産物の制限付自由市場を公認したことである。

一九六二年に至るまでの政治的統制と農業増産のための充分な保護問題の基本対立は、ソ連においてのみならず、中共及び東欧諸国では未だに解決されずにいる。そのために非能率的な農業が依然としてソ連や東欧諸国の足を縛っており、中共では国家の前途に対する脅威となっている。

また、われわれはソ連自身の社会発展の様式でもマルクス主義理論の破綻を認めざるを得ない。階級の存続のありえないはずの幾つかの新しい階級が生まれたし、そのなかでも支配的な一つの階級は顕著なピラミット式特徴をみせている。

水道衛生器具製造販売
朝日工業株式会社
ASAHIKŌGYŌ & CO. LTD
東京都足立区本木町２６—１２
電話・(881) 4556，2624番

北京料理　東天閣
和室・洋室完備
結婚披露・大小宴会
美味と安価が定評
大阪市心斎橋御堂筋角（そごう北隣）
電話・代表　二七一—〇一三一

営業品目
薬材業
補乾新薬
他草種漢方薬
其唐各液体代行
及茸薬める業務
腎鹿医服貿易
狗蔘薬々外
海人和直内
薬剤師数名採用
履歴書送付乞う
日和堂薬院
大阪市東成区大今里南之町1—14
電話 (971) 3180・7958

※世界各国航空船舶券発売・渡航手続一切
※KAL航空券取扱・韓国旅行案内
※AIU旅行障害保険取扱
※国内観光旅行案内
東洋航空株式会社
TEL 571−1340・7930
ウエスト喫茶店二階
TEL 971−6180

華やかな装身具から、近代工業の先端を行く精密機器用宝石部品の日本国内唯一のメーカー

納品先
電電公社
日立電気
三菱電気
松下電子
シチズン時計
ヤシカカメラ
三協精機
リズム時計
東京時計
島津製作所ＫＫ
品川製作所ＫＫ
日本碍子ＫＫ
安立電気
セコニックＫＫ
協立農機
日本電子
千代田光学
理研電計
矢島計器
日本電装
其他計器メーカー７０社

株式会社　光陽精密宝石製作所
営業品目
軸受宝石
時計用宝石
電気指示計器用
航空計器用
其他各種計器用
計器用軸針
装身具用宝石
ミリ波進行波管気
密窓用サファイヤー
カメラ用軸受
メーザー用ルビー
当社直営店の御案内
光陽宝石直売店
自由ケ丘　田園　宝石部（喫茶部）
ヒカリ街デパート２階　TEL (717) 2131〜3
五反田駅前　ユーヨー宝石
五反田駅前　TEL (441) 5911

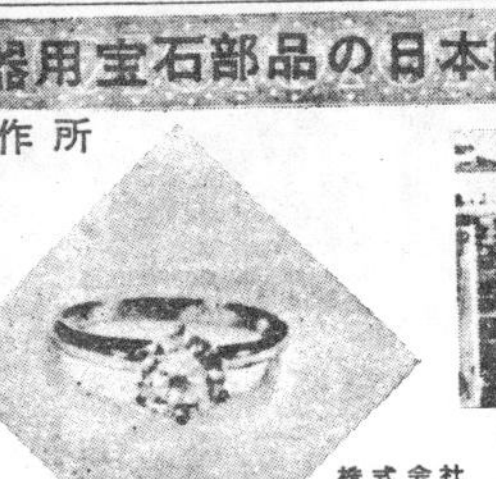

山梨工場研磨部
株式会社
光陽精密宝石製作所
代表者・郭泰石
本社・工場　川崎市小杉陣屋町２丁目１２８０番地
電話中原 (0447) 5254・9029番
山梨工場　山梨県都留市上谷１６８０番地
電話（都留）2175・2176番
割引マーク　KOYO
●右掲載の割引マークを当社直売店に御持参の方には一割〜二割の割引サービスをいたしております。

文化

春を目の前に控えながらも、寒波の波状攻勢は容易にひるもうともしないが、韓国より国楽舞踊と民謡を満載した宝船が、届けられて、われわれにぬくもるような感慨を与えている。

朴貴姫女史一行の「芸能使節団」は、国楽・舞踊・歌謡・農楽などとレパートリーの多様性に眼目をおいているのに比し、「民謡農楽団」は、韓国伝来の四季のお祭り儀式を中心に季節感を折り込んだ各地の民謡をアレンジして、ふんだんに出かせる趣向であるが、どちら側もそれなりの趣好を凝らした熱演が見られた。

土の香りを貯える民謡とアカデミックな匂いを誇る国楽舞踊とは共立講堂と文京公会堂とに別れて、しかも同日に張り合う形になったが、観客らの吸取なぞはともかくも、ショーそのものの実力のほどを示し合うような結果にもなった。

ともあれ、この鍔り合いを野次馬根性で興味本位に成り行きを見守る積りよりも、多分に気を使って構成したようにも思われるレパートリーなどについて検討してみよう。

芸能使節団公演をみて
重量感溢れる唱劇
ドラマは演技も鮮やか

金演洙氏

金貞九氏

朴女史一行の「芸能使節団」は先ず、民俗舞踊から始まって国楽唱劇 民謡 歌謡 農楽などで終わったが、前例になく出し物の組み合わせに力を入れたのが窺われた。

舞踊にしても、いやに背伸びした奇抜のみの空転も見当らず、ソツのない構成でキッチリ踊りのけたのが、かえって善策にもなり得たと思われるが、もち論これには「ありきたりだ」という指摘もあるだろう。しかし、滑稽と失笑くらいが売物であった今までの踊りに比べ、堅実な歩みだとする衆目の見直しはあったものと見る。つまり着実さがあってこそ次の段階へ踏みだせるという理屈もなり立つものであろう。

殊に扇舞に至っては、民俗とか伝統とかいうややこしい根源的な詮索を棚にあげて眺めると一応現代感覚をほのめかした振り付け構成が汲み取られ、まとまりのついた踊りと見ても間違いないだろう。

そのほか気づいた点は、むしろモダン感覚を打ちだしたとも思われる扇舞にしては、手にした扇子の図柄と色彩がごてごてとする割りにパッとしていないが、図柄を単純化したりして強烈に視覚へ訴えるような色彩が好ましかった。

「沈清伝」の一部から抜いた「唱劇」の一齣は、金演洙氏の重量感に満ちた声に物をいわせて聞く人に圧倒感を与えるが、お涙頂戴一辺倒の「沈清伝」にしては、ユーモア、ウイットに富んで腹を抱えさせた、セリフのやりとりや役者たちの立向わりなどに熟達者なのが窺われ、時代感覚も彷彿と衆目に最も郷土的な感触をさわらさせながら、民族特異な息吹きをつかせていた。

往年の人気歌手金貞九氏、張世貞氏らが醸しだすリバイバルな空気は情緒も豊かに流れ、両人ともまだ声のつやもあせてないらしく「今なお健全だよ」という印象を与えて頼もしい限りであったが、歌手が唄う際、伴奏音楽が高音過ぎて歌手たちの声がはっきり聞き取れないのが傷であろう。

ともあれ、このたびの公演で最大の収穫の一つは、演奏者らの舞台に接する態度の真面目さとこれにもまして大きな前進だと思われる点は、司会者らが、舞台袖に鈴なりになろうとする子供らを遠回しな呼びかけで制した注目すべき名案などがあげられている。今後ともこの面に関する限り遠慮なく適当な機智を以って制してもらいたい。また同時に、大人たちの「喧騒楽」にもおぼれなく—。

東京舞踊学院で指導する金女史（右から二人目）

李朝野史物語

徳宗・成宗時代篇（9）

成宗大王の治世（七）
酒豪孫舜孝の話

王は孫舜孝に対してあらたまった語調をもって

「汝は素面のときよりも少々酒気を帯びたときが頭がさえるように見える。しかし、お酒は過すと概してしくじることが多いものだ。以後注意せよ」と諭されてから、銀製の盃を一個彼に与え

「この盃で一日に一杯だけにするようにせよ」といわれた。

孫舜孝は王が自分のことに気を配られる御心に深く感銘をうけて帰っていった。しかし、王から頂いた銀盃は小さいので、彼の酒量に間に合うはずがなかった。そのために彼は大変弱ってしまった。

どうしたら王の命令もまもり、お酒もたしなめることができるだろうかと、しきりに思案していたが、銀盃を調べてみると、地金が大分厚くできていることがわかった。

彼は或る考えが浮んだ。銀匠人（銀細工師）を呼んで、銀杯をウント大きく改作させた。出来上った銀杯はドンブリ大であったので、それで毎日の酒を楽しんだ。

王は或る日、所用あって彼をお呼びになった。彼は御前に伺候したが、相当酒気をおびていた。王は彼が相変らず酒を慎しまないのを見られて、御不快であった。

「汝に、銀盃一ぱいだけにしろといったはずではないか。それなのに一体どうしたわけか。何杯位い呑んだか？」とたしなめた。

舜孝はとぼけた顔で

「御命令通りに銀・で一つだけにしています。どうして御命令に背きましょうか」とお答えした。

王はまさか彼がウソを言っているとは考えなかったが、銀杯一つであんなに酔うていることは腑に落ちない感じがした。それで孫にその銀杯を差出すようにした。

銀杯を手にされてから、うまいことを考えたと感心されながら

「これが汝に与えた杯か？」ときかれると

「はい。陛下から頂戴しましたがそれではどうしても満足できませんでした。それで勝手ながら銀匠に大きくしてもらったのです。しかし、銀の重量は元のままであります」とすましこんでいた。

王は、愉快に笑いながら

「成程、汝は朕の狭量を諌めるつもりでこんなに大きいものに改作したのか」といわれ、それ以上追求しなかった。

その後、孫舜孝は江原道監司に転出されていた。暫らくソウルを離れていたので、王に一目お会いしたくてならなかった。

それであるとき、昼夜兼行して上京し、王宮で御機嫌伺いをしてから戻ったので、数日任地を留守にしたことがあった。

このことが中央の合議たちの耳に入り表沙汰となった。

「地方方伯が無断で任地を離れたことは違法でござる。罪を厳刑もって懲戒にすべし」として奏上した。

王も、監司が任務中勝手にそこを離れることはできないことを、よく承知していた。しかし、孫舜孝は敬愛する臣下でもあり、彼が御自分のことを思う心情から昼夜兼行で上京して、すぐ戻って行った位いのことだけであるので、それを規律一点張りで処罰することはよくないと考えられた。

そこで、王は次の通り裁断した。

「臣下が君主を慕うのは丁度子がその親を思うのと同じものだ。彼は長いあいだ京を離れていたので朕のことが忘れられず一寸の間寄って帰ったことで、左程重大事件でもなさそうだ。汝等も考えてごらん。長年遠く離れていても親に会いたくないのか。また朕にも会いたくならないだろうか？」

合議たちも、臣下をかばう大王の思いやりのある人情論の前には、一言反対ができなかった。

さて、成宗三十のときに燕山君を封じて世子とした。或る日、宮中で内宴を催して王始め諸臣たちが楽しい一時を過した。酒宴がはずんでいた折り、孫舜孝から王に申上げたいことがあると耳打ちした。

王が手招きするので彼は御座の間近に寄った。御座を手で撫でながら「この御座のことが惜しいのです」とそっとお耳に入れた。

彼は世子に冊封した燕山君は帝王の資質でないことを言ったのである。王も彼の意中が理解されたらしく、「しかし、仕方ないではないか」と言われた。

幸い二人だけの対話であったので他の同席者はその内容を知らなかった。

しかし、孫が臣下の分際でなれなれしく玉座間近にいるので

「孫舜孝は不敬者でござる。臣下の分際もわきまえないで御座の間近で御座に手を触れることは許されぬ行為である」と、入啓（王に上訴すること）した。

王は、その入啓状に対して

「汝等よ、彼を咎むる勿れ。臣下が諌めるのも朕が聞き入れないで女色を近づけることを諌言しているのだ。朕の欠点を大勢の前で表沙汰にしたくなかったから左様にしているまでのことだ。彼をとがめることは相成らぬ」と。

成宗大王は、私心のない忠義の臣孫舜孝に対して思い遣りある裁決を下されたのであった。

（石 山人）

子供たちのこえ
＝東京韓国学園誌「年輪」より＝

人間ておもしろいな
中二B　曹慶姫

人間ておもしろいな
外では
どんなに苦しくても
どんなに悲しくても
にこにこしているのに
家に帰って
お父さん　お母さんの顔を見ると
ちょっと苦しくても　悲しくても
なみだが出てくる
私だけかな
ちがう　ちがう
人間ておもしろいな

外では
つよがりをいったり
いばったり
いじめたりしても
やみの中では
あの話
この話と
おびえてばかりいる
私だけかな
ちがう　ちがう
人間ておもしろいな

楽しいわが家
初五　金姫中

私の家は六人家族です。

私の家ではみんな希望をもっています。父はいつも「ソウルへいって政治家になりたい」とおっしゃっています。

母は「みんなを立派に育てたい」と、おっしゃっています。兄は「大きくなったらりっぱなお医者さんになりたい」と、いいました。弟は、父が「大きい船を作る仕事をしたらいい」とおっしゃったので「うん、なるよ」といいました。

一番下の姉はまだ小さいのでわかりません。私は大きくなったらバレリーナになって、世界中を旅行してみたいと思っています。こういうことを、お正月テープ・レコーダーにふきこみました。そしてあとで、ひとりひとり歌をうたって、ふきこみました。

私のすぐ下の妹は礼子といってふとっています。ですから私が、「でぶ」というとてもおこります。そして、この韓国学園に入ってからは、三年生のお友達が礼子ちゃんに「マリン・コング第五号」とあだなをつけたそうです。でもふつうだったらおこるのにおこらないで「一号、二号、三号、四号とあるのよ」と言いました。

それから、私の弟は建ちゃんといってひとりむすこなので、とても父にかわいがられています。そして、今年からようち園なのでとてももおりこうになりました。

いちばん下の妹の貴子ちゃんは二歳でも、とてもせが高くておしゃまなので、いつも三歳ぐらいにまちがえられます。でも、この間学校に来てから風をひいてしまって、母にあまえてばかりいます。でもふつうは元気で"どんぐりころころ"とかいろいろな歌を歌ってはしゃいでいます。

日本人の韓国舞踊祭
3月3日・東京上野文化会館で

韓日会談妥結を目前に、韓日親善の一環として最近芸能界の往来が激しいが、来る三月三日には日本人による韓国舞踊が東京上野文化会館で催される。

これは八・一五解放後初の試みで東京舞踊学院主催のもと、約百余人の舞踊学校生徒が参加、絢爛たる韓国舞踊を披露するもので大きな期待がよせられている。

同院では昨年の四月、立案以来韓国舞踊家金順星女史を招くとともに、韓国舞踊の特別講座をもうけその稽古に励んでいるが、それに対して金順星女史はきっと満足していただけるものになると述べ、そのいきごみを次のように語ってくれた。

「五・一六軍事革命後、視察公演のため台湾にいった帰り日本にたちよって思ったことであるが韓日親善の一環として私たち舞踊家が公演するのもよいが、より広く日本の方々と親善の火をともすためには直接日本人に韓国の舞踊をおしえ、そしてその人たちに韓国舞踊を紹介させるのがよいと考えそのような趣旨を東京舞踊学院の方々に話したところ大変賛同されまた、いったん帰国して関係方面にその事を相談して催しをすることに決めたのです。参加する人は同学校の生徒であるが、皆日本人ばかりであり、僑胞の皆様もきっと満足するほど立派なものになるでしょう。」

なお同舞踊祭の演出は本国の演出家白恩善氏が当たることになっている。

三愛貿易
SAN-AI TRADING CO., LTD.
MATSUDAIRA BUILDING
NO.11, 3-CHOME KYOBASHI, CHUO-KU, TOKYO　TEL.(535)3821-3

にらとかきの漬物

◇にらの漬物

材料　にら　大一わ　いわしの塩から汁　カップに一杯　にんにく　二かけ　塩　少量　とうがらし粉　大さじ二杯

作り方　①にらをきれいによって洗い五センチ長さに切って水気をきります。
②にんにくをみじん切りにする。
③、①と②にいわしの塩から汁を加えてよくまぜ合せとうがらし粉を入れて、またまぜ味をととのえます。
④かめにうつしきちんとふたをして、二日程たてば出来上りです。

◇かきの大根漬

材料　大根　三口　ねぎ　二本　にんにく　二かけ　しょうが　少量　とうがらし粉　大さじ一杯　かき　カップに一杯半　えびの塩から汁　味をみて。

作り方　①大根を細くせん切りにします。
②ねぎ、にんにく、しょうがをみじんに叩いて①に加え、とうがらし粉をまぜ合せます。
③かきは殻のまざらないようていねいによって②に加え、えびの塩から汁で味をととのえ
④かめに移して上から押へ、きちんとふたをして四、五日たてば食べごろになります。

安住の地よいずこ
許槿旭　え　金泰伸　（142）

安住の地は（二十八）

「愛し合わない人間どうし、同じ家にくらすということは苦しいことです。自身をだまし、偽りの殻の中で喘ぐよりは、率直に自分を受け入れることが、心の安らぎをもたらすことでしょう。人間には忘却というものがあります。重大のままに永久に縮まるものはないのです。日が経つにつれ、苦しい感情もあせて行き、人間の頭の中で忘れ去ってしまうのです。こどもを犠牲にしてはなりません。罪のない私たちのこどものためにあなたは賢明な態度をとってください」

「私は…私は生きていく勇気がありません！」

彼女は急にすすりなき始めた。どうしてよいかわからない私の眼ざしが、彼女の顔の上でぐるぐるまわった。

「泣かないで、はなしてごらんなさい！」

私は彼女の肩を軽くゆさぶりながらやさしくいった。

「ご免なさい。もう、こどもが…すでに満六カ月です」

「こども？」

全身の血が逆流するようであった。あらあらしく渦まく興奮をおさえ切れず、私はいきなりその場から立ちあがった。

「それでは、彼と交際して大分長いんですね？」

あらあらしい私の問いに、彼女は蚊の泣くような声でいった。

「昨年の秋からです」

「まあ…」

両手で彼女の顔をなぐりつけてやりたい衝動にかられた。こみあげる怒りに涙を呑んだまま、私は席からはなれた。

「ご免なさい！」

青ざめた彼女の声が微かに聞こえた。

「あなたたち二人は、私が死ぬことを願っていたでしょう。私を苦しめ、死に追いやろうと……。別居したのもみんな計画的だったのね。私のような不運な人を……なんで私だけに……」

私は語尾をにごしながら、喫茶店から飛び出した。暗闇の中を小走りに露路を抜け出した。複雑にからんでくる感情の奔流を抑へながら……。

どこをどう歩いたかわからない。闇が濃くなって来た。無数のさまざまの形態の煩悶が死刑宣告のように私に強く迫る。死の露路のように狭苦しい田舎の道を、私は夢中で歩いて行った。

（人生を尊しくのみ見たのが私の誤りである。人生を知れば知るほど、一そう大きくなる煩悶と絶望の中で、私は最後まで不運な私の生命をつないで行くべきか？自身の性格的な力で、現在の生活を維持すべきか？、または、その生活の中に埋もれてしまうべきか？二つの中の一つである。現在の苦痛を減らすために未来の力を借りることはできない。あすはあすの試練と共に迫ってくるだろうし、つぎの日もまた迫ってくることだろう。それは遠い未来の日にも絶えることなく徐々に迫ってくることだろう。重い苦悶の荷を背負ったまま、いつになってもその荷を減らしてくれる奇蹟は、現われてこないだろう。一日が経ち二日が去って、人生の終局は近すき、そこに苦悩と死が待つのみである。死……そうだ！死が私から苦悶を減らしてくれるだろう。これ以上もっと、生きなければならない何の理由も、私にはないのである）

昌慶苑
本場　味覚
京城料理
大小宴会
終夜営業
SHOKEIEN
新宿区柏木1—96　西口電停前
李昌鎬
電話（362）2585番

営業種目
金属表面処理加工
サンドブラスト加工
旭メタリコン株式会社
ASAHI, METALICON, K・K
取締役社長　尹炳奭
東京都大田区大森6の2648
TEL（761）5018

技術革新の凱歌！
平和ミラクル・セット
パチンコ裏玉還元装置
★シマの構造は、あまりいじりたくない…
★人為的な玉の上げおろし作業は、人手不足の折から、もったいない…
★サービス面の出入り出来る余地があるだけで、悪質客は心理的にもガストが打ちこめない…
★他機種の人れ替えにシマをつくり直す手間が要らない…
★したがって、完全な還元装置があれば、いちばん理想的…
以上の問題は、平和のミラクル・セットのご使用で、すべて解決します。
平和
東京・大阪・北海道

伊勢ロース!!
郷愁の
本場味覚!!
金巴里
KIN PARI
東京都千代田区神田多町一の五
TEL　神田　251−0918
新宿　369−7733
362−0823

韓国芸能使節団海外進出記念公演！

韓国民謡と古典音楽で織りなす豪華舞台！

公演日程

1月27日	戸畑	2月9日	東京神田共立講堂
〃28日	福岡	〃10日	群馬・桐生
2月1日	神戸	〃11日	仙台
〃3日	大阪	〃13日	熊本
〃4日	京都	〃16日	札幌
〃5日	高知	〃18日	青森
〃6日	四日市	〃20日	名古屋
〃8日	東京・品川		

出演
李殷官　全守徳　黄必奎　張周瓚　韓一燮　李炳祐　金演洙　金貞九　張世貞　楊招黛　金鶴　尹璟姫　李春子　林花子　姜文子　高白花　朴貴姫

提供／KK国際プロダクション・東京銀座・TEL（571）4468−9・0015
後援／在日大韓民国居留民団中央総本部
■団体券は各民団支部・KK国際プロ（571）4468〜9・0015まで
製作／企画／尹吉炳・構成演出／美術／重武豊

韓國新聞
発行所 韓国新聞社
発行人 青寧柱
東京都文京区金富町51
電話(813)2261・2263 編集
東京(812)1921 (813)2262 業務
振替口座 東京 34988番

韓国と日本を結ぶ!!
広告企画と立案・図案文案製作
新聞雑誌広告・ラジオテレビ広告
ネオン屋外広告・市場調査と興信
その他広告宣伝PR
広告代理業
KPR
TOKYO 港区芝琴平町25 電話(501)0471
SEOUL 乙支路一街101 電話(2)1811

朴議長出馬は確実

選挙期日の延期も決定

【ソウル発＝連合】朴正熙議長は十五日時局収拾のため重大な談話を発表するものとみられる。野党の主張及び建議である選挙延期問題、政浄法問題をはじめ時局収拾問題についての発表が行なわれるが朴議長自身の明白な去就には言及されないものとみられている。

朴議長不出馬による政局の激動は、朴議長の重大談話発表とこれを後押しする選挙延期及び政浄法該当者の大幅解除などで緩和されるものと観測されている。これにさきだって十四日午後在庁最高委員らは非公式会合をもって時局収拾策を内議、共和党幹部らも旧セブランス病院で再会合をもって朴議長不出馬説に対する対策を講じたものと伝えられている。この日最高委員非公式会議では、急騰した米価問題を解決するため糧穀需給計画を再調整することにする一方、朴議長の指示にしたがって委員選の主張と建議に対する具体的方針を論議したものと伝えられている。この会議ではまた朴議長の出馬を継続させるし、どうしても朴議長が出馬を拒否した場合、最高委員らの去就をどうするかにも論及されたと伝えられている。会議を終えて出てきた一最高委員は朴議長が政治から手を引こうという意見もあり、自由投票にするという意見もあったと伝えた。

一方共和党は、十四日午後六時ソウル市内で金鍾泌委員長を中心に党幹部会議をもった。会議内容は明らかにされなかったが朴議長を同党大統領候補に指命するという原則を再確認する一方、政局のふん囲気をやわらげるため、選挙日の延期と政浄法該当者の大幅解除と果敢な物価政策を施行するよう建議する点で合意したものと観測される。最高委員らの非公式会議にさきだって最高会議を訪問した呉定根共和党政策委員長は総てのものが円満に収拾されると楽観的見解を表明したところで共和党の有力な消息筋によれば朴議長の不出馬決意は相当緩和され、結局不出馬決意は翻意されたと伝えた。

金首班、辞任説を自ら否定

金顕哲内閣首班は最近台頭している自分の辞任説は事実無根であり自分は辞任を表明したことがないと語った。

金氏は十四日午後記者会見でこのように述べ、現在の物価問題には責任を感じるが、外貨事情を初め総ての条件がそれほど危険な線までには行っていないと語った。

求償貿易許可方針発表さる

商工部は輸出振興および物資需給の円滑化のための一環策として六三年度上半期中（一月－六月）の求償貿易輸出入許可方針を定め十二日公告第二九二七号として発表した。

同方針は今後肥料求償貿易を包含するすべての求償貿易の輸出入許可方針を規定するもので、これは輸入の輸出実績リンク制とは別途に施行され今後申請書の受付けが行なわれるという。この求償貿易輸出入許可方針の内容は代償輸出品目は①現行輸出奨励補助制度のみをもってしては欠損が補填されぬか輸出が不可能な品目②輸出適格商品で重点的奨励が必要な品目③輸出相対地域の輸入制限、需要減退、品格下落などにより輸出不振の品目④市場転換を含む新規輸出商品などを輸出対象品目に選定するものである。

一方輸入対象品目はAID品目を含み①外貨獲得を目的とする原資料および施設機材②物価の先導的役割をなす品目で物価安定に緊急に必要な品目③国民生活に不可欠な物品の生産原資材④工業生産品を輸出し代価輸入する原資材及び施設材⑤その他輸出奨励のために必要な品目となっている。

そして取引方式は①有為替求償による「バック・トウ・バック」あるいは「エスクロ」方式による取引を原則とするが先輸出後輸入を優先して取扱い②対象品目の選定は当該輸入品目の需給計画を勘案し③対象輸入許可においては競合のある場合には貿易法施行令第十三条によって処理し④輸出入の均衡のため必要時には輸入の比率を一定線に定めうるとなっている。

朴議長推戴で新局面

共和党

民主共和党は朴正熙議長の大統領出馬の確定化及びそれに伴う選挙時期延期の確実化を前提とする選挙戦を建てているようだ。朴正熙議長の出馬拒否説に衝撃をうけた民主共和党の幹部らは朴議長と十二日夜要談した金鍾泌委員長を中心に十四日午後五時から七時三十分まで会合をもったが、この席で朴議長が共和党の党憲をうけ入れ大統領候補に指命されるものと前提し、選挙対策を論議したものとみられている。この日会議に参席した金鍾泌委員長と鄭求瑛副委員長は朴正熙議長の不出馬説を否認した。特に金委員長は「朴議長の大統領候補指名に対して党としては変らない」と明らかにした。

金委員長はこの日の会議で十三日夜会った時局収拾した選挙時期の延期、政浄法解除、物価対策など三つの問題点で論議しただけだと語った。金氏はまたこの日の朝の金・バーガー会談内容に対する質問をうけ全般的問題を協議したとだけ語った。

官営料金 引下げを検討

予算編成への影響も考慮

【ソウル十三日発＝連合】政府では連日物価対策委を開いて官営料金引下げ範囲およびその対象に対する全般的な検討を行なっており、官営料金引下げに伴う歳入減少とこれに付随する予算編成も考慮中であるといわれている。

十二日消息通の伝えるところによると、現在物価対策委で検討されている官営料金引下げ対象はタバコ、電話度数制料金（すでに引下げ）、鉄道運賃のうち貨物料金、石炭などであり、これにともなう予算改編も最高会議から内閣に一任され、現在内閣では予算改編とともに財政投融資の減額に起因する五カ年計画第二次年度事業計画の調整なども協議しているといわれる。

輸出品検査を強化

鉱産物など七品目に検査機関新設

十二日商工部は輸出検査法第三条による鉱産物など七つの品目の検査機関を指定してさる十二日付けで公告第二九二八号として発表した。

同公告によって指定された検査機関は①鉱産物に対する鉱業会②工芸品に対する工芸協同組合連合会③織物に対する紡織協会紡織検査所④毛皮に対する紡織協会工業会⑤酒類に財務部醸造試験所⑥人参製品に国立化学研究所の林産物に対する林組合連合会など七つの機関である。したがってこれからの物品を輸出しようとすれば指定された検査機関で検査をうけなければならない。

一方商工部が伝えるところによるとこの日公告第二九二八号によって指定された輸出検査法など特殊法令によって指定され設立されており、検査を実施している農産物検査所、水産物検査所および動物検疫所はすでに指定されたものとみなし、輸出品に対する検査を継続担当することになるという。

5月選挙は受入ぬ

民政 民主 両党政府案に反対

民政・民主両党は革命政府が四・五月の選挙方針を変更して、五月末同時選挙を実施しようと検討していることに対して五月末同時選挙は野党側にはたすけにならないと主張、選挙延期のため対与闘争を継続することを強調した。野党側は十三日午後五月同時選挙を実施するといって我々の闘争が終ったとは見ないと主張して、七月選挙実施を貫徹しようとしている。

民政党全スポークスマンは大統領選挙実施結果最高得点者が二〇％以上の場合は選挙管理委が国会に報告し、国会で多数得票者を決定することになっているため、六月に国会議員選挙、七月に大統領選挙を実施しなくてはならないと主張。

一方民主党の宋スポークスマンはまだ党論が決定されていないためなんともいえないが七月中心にどちらを先にやろうと問題ないと語った。民主党は、先＝大統領、後＝国会議員選挙を主張する側と、先＝国会議員、後＝大統領選挙を主張する側と二つに別れている。

民政党、許政氏の勧誘締めず

在野政治人と頻繁な接触をもって政情を観察している前過渡政府首班許政氏は十四日午後市内の自宅で民政党（旧民主党系）の徐延賢氏と約三十分間要談した。民政党は許氏が政浄法から解かれるや多くの人士が根気よく交渉したが、許氏の躊躇で入党勧誘を放棄してしまった。この日徐氏が許氏を再度訪問した動機は伝えられていないが徐氏が単一政党形成を主張している許氏の意中を最終的に打診したものと思われる。

民政・民主両党、対与闘争に共同戦線

両党スポークスマン初会合

民政、民主両党スポークスマンは十三日午後市内瑞麟洞茶房で初の共同記者会見をもち彼らが合意をみた三つの綱目を発表した。野党連合戦線の初段階であるこの共同記者会見では一、共同声明、共同議会開催、二、共同時局収拾策強求、三、民生問題に対する対案作成など両党の合意内容を明らかにした。民政党全スポークスマンはこのような合意内容を具体化するための合意体は構成する必要ないと述べ各党で立案した政策を最終的に検討するためには両党代表者が随時会って協議できると語った。

民主党、党憲を採択

16日の常任委で決定へ

民主党（仮称）政策委員会は十四日午後党憲及び政綱政策（案）を採択、来る十六日開かれる常委に回付する予定である。

選挙時期を決定

（5月大統領 7月国会議員）

【ソウル発＝連合】民主共和党の鄭求瑛副委員長は十四日午後朴正熙議長の不出馬説が報道されたことはおく測記事であり、われわれもしらないことであると語った。

この日午後五時から二時間半にわたって行なわれた共和党幹部会議に参席した副委員長はこの会議で朴議長の去就は論議されていないとのべ、政浄法全面解除と選挙延期問題が論議されただけであると語った。鄭副委員長は共和党が五月下旬、七月中旬大統領および国会議員選挙を政府に建議したことを明らかにし、政浄法該当者が全面解除されることはないが、大部分が解除されていくと語った。氏は政浄法全面解除と選挙期問題が十五日か十六日中に発表されると展望した。

一方この日の朝行なわれた金鍾泌氏とバーガー大使との会談では時局問題が主に論議されたが、政治問題も意見交換されたと語った。

政府はイタリア及びフランスと一五九隻に達する漁船導入に関する借款契約を締結した。

韓国の政情を説明

大統領不出馬説は否定

第27回予備折衝

韓日会談第二十七回予備折衝はさる十四日午後三時から外務省で、韓国側裴首席代表、崔参事官、日本側から杉首席代表、後宮北東アジア課長の四者が出席して開かれた。

約二時間にわたって開かれた同会合では、主に韓国の政情について説明がなされたが、韓国側から朴最高会議議長の大統領選挙不出馬説を全面的に否定し、政治的混乱のないことを明らかにした。朴議長の不出馬説が流布されているが、議長は不出馬云々の意思表示をした事実はなく、野党系新聞が、選挙のための心理作戦としてデマ情報を流したもので、朴議長の出馬は既定方針通りであり、また当面している経済問題打開のため、全力を注いでいると説明、日本政府が事実無根の報道に迷わされぬよう要望した。

この日の会合ではすでに四つの専門会議がスタートしているので実質的な話し合いはなく、早期妥結のためにベストをつくすことに合意した。

次回は、きたる二十一日午後三時から外務省で開かれる。

政府事業も民間に移管

五カ年計画運用に伸縮性加味

新任の劉彰順経済企画院長は十一日午後、経済開発五カ年計画の今年度目標経済成長率である六・四％は必ず実現せねばならぬと前提しながら、同計画の実現のためにはその運用に当ってより多くの伸縮性を加味せねばならぬと語った。

同時に内・外資導入に注力し政府部門計画事業中のものでも今後は責任、創意性を兼ね備えた民間事業に任せる計画であると明らかにした。

また金委員長は米国の追加援助は二十日以後来韓するAIDのアイブス・クレイ両氏の到着をまって具体化するだろうと述べた。

安定財政の確立

金首班

金顕哲内閣首班は電話料金を除く官営料金の引き下げは現在のところ計画していないと言明した。金氏はウオン貨の価値を堅持するため政府の緊縮予算を減らす金融政策を立て六十三年度一般会計と特別会計で約二十億ウォンの歳出を節減させたと語った。

金首班は十四日午後記者会見においてこのように述べた後、このような歳出の節減は五カ年計画と関連のない人件費と施設部門の予算執行の一時的中止から作ると語った。このような歳出の節減で政府は今年度の通貨量の十五ないし二十億ウォンを減らす計画であり、民政移譲後財政金融面で赤字のない基盤を作る計画で執行予算の節減を検討していると語った。金氏は官営料金の引き下げを研究せよという朴議長の指示をうけたことはないと述べ、官営料金の引き下げ問題でこのような執行予算の再調整をしているのではないと語った。

金首班は米国の二千五百万ドルの追加援助に言及、これを前提にした政府の一億ドル援助資金施行計画には変動がない事を明らかにし、これに対して米大使館と随時接触をもっているから来る四月までには追援をうけることになるだろうと語った。

市場開拓業者に特典

各種独占権などを賦与

商工部では貿易法施行令第三九号による市場開拓者に賦与する特典として、入絹糸の香港向け輸出を行なっている蚕業会社に対し向う一年間独占権を与えるよう決定、十三日公告第二九二九号を発表同時になお商工部は冷凍カレーの対米輸出を向う九カ月間新規冷凍に限って許容する一方、鉄板の対ベトナム向け輸出を今後六カ月間この企業に独占せしめることを決定し公告第二九三〇号および第二九三一号をそれぞれ発表した。

国内需要七百万トン

十二日経済企画院内で開かれた物価対策の広報活動のための各部処公報官会議において、六三年度の石炭需給計画が明らかにされたがこれによると、需要は国内七六七万トン、輸出三十万トンの都合七九七万トンで供給は国内生産が七七九七万トン、輸入炭（有煙炭）十四万トンの都合八一一万トンとなっている。

有望なゴム製品輸出

ゴム靴などで二百万ドル見込む

年毎に増加しているゴム製品輸出問題に対して、十一日ゴム協同組合専務李煥氏は、今年度はゴム靴六百万足、二百万ドル内外の輸出が可能であろうとその見通しを語った。

このような好成績は第一に韓国製ゴム靴などの価格が安いという点、第二に過去の実績が物を言っている点にあるとしているが、同組合ではより一層の輸出増大を目指して輸出機構を組合に一元化すること、輸出を専門に受持つ協議体を組織することなどを計画しているといわれる。

政治犯釈放は十名内外

三・一節特赦の審議進む

来る「三・一節」を期して受刑者に対する大量仮釈放を計画している法務当局は各教導所に設置されている仮釈放審議委員会でその対象者の審議を行なっているが十三日午後法務部高位当局者は、今度の仮釈放には旧政治人である政治犯は十名内外になるだろうと語った。しかし同当局者はその対象者の名簿は現在検討中であり、来る二十四日ごろ最終的決定をみるとのべ、その外の一般刑事犯に対する仮釈放者名簿は来る二十五日確定されると語った。

ウォン貨の再改革考慮

物価騰貴抑制対策に

【ソウル発＝連合】高騰一路にある物価を安定させるための一つの方法として、現在通用されているウォン貨を通貨改革以前のウォン貨に還元させなくてはならないという経済界の世論がたかまるにしたがって、韓銀高位層でもその原則に賛成しているが、技術的な面で慎重な態度をみせている。

十三日韓銀の高位責任者は貨幣改革当時単位是正に失敗したことによって新ウォン貨に対する価値意識が低下することになり、これが物価高騰に少なからず原因をもたらした、特に庶民生活には無視できない悪影響をあたえているという点を強調、市民一部ではすでに新ウォン貨に対する過少評価意識がかたまっており、また一部物価に新ウォン貨による価格形成がおこなわれており、政府は官営料金、協定料金、及び物価統制などにさきだってウォン貨を旧ウォンに早速断行しなくてはならないと主張した。

一方韓銀の責任者は六・一〇通貨改革時貨幣を外国で印刷したおかげで貴重な外貨を三百五十万ドルも消費したことを挙げ還元処置を断行した場合を仮想した時、新貨造幣を外国で行なわず国内で印刷しようとすれば時間がかかると語った。

ところで中央銀行の使命が通貨価値の安定にあるだけにこの問題に対する韓銀の意見を総合して政府に建議しないかという質問に対して、これら責任者は一切言及をさけた。ところで去る年末現在の韓銀券発行高は二百七億二千三百万ウォンであるが、券種発行の内容をみれば百ウォン券が百四十四億六千八百万ウォンで流通量が最も多く、五百ウォン券四十三億七千六百万ウォン、五十ウォン券八億七千百万ウォン、十ウォン券七億五千二百万ウォン、五ウォン券七千八百万ウォン、一ウォン券六千七百万ウォン、五十銭券百万ウォン、十銭券三十万ウォンの順位になっている。

安定基調を堅調

輸出振興など基本施策を明示

経済企画院では九日第一次経済五カ年計画第二次年度（六三年度）の国民経済の展望と基本政策を総合した「第二次年度計画書」を発表したが、それによると六三年度の三大基本経済政策として（一）安定基調の堅持（二）輸出振興による外貨獲得の増大（三）経済施策の効率的運用などを挙げている。

（一）については（イ）歳入内支出原則の固守（ロ）計画外新規事業の抑制（ハ）通貨量の供給抑制と回収強化（ニ）物価対策強化（ホ）政治的安定勢力の造成をあげ（二）については（イ）品目別輸出産業への投資計画化（ハ）二重価格制の漸次拡大（ニ）輸出入リンク制の補完施行（ホ）各種支援策強化を計画、また（三）については（イ）施策立案の慎重（ロ）散発的補完措置止揚（ハ）総合調整機能の強化（ニ）長期経済予測の樹立などが列挙されている。

米穀輸出多量に取り止め

国内需要を充たし得ず

張農林部長官は今年外国に輸出しようと計画していた二万トンの米の内、土地改良組合ですでに船に積んでしまった六千トンは輸出し、残る一万四千トンは輸出しないことになると語った。張農林部長官は糧穀対策に関する談話の中でこのことを明らかにし、今年度輸出することになっていた二万トンの米の内、一万四千トンは今年の秋取り入れられる米で補なわれると語った。今年不足な米は外国から導入して充当する一方、五・一五線を維持しながら調節米は十五日から大量放出すると語った。

工・農業高校に補助金

文教部は十三日実業技術教育施設費二億ウォンを各市道に配定した。この施設費の内十一の工業高等学校に一億三千二百三十万ウォン、七つの農業高等学校には四つの水産高等学校に二百七十七万ウォンが割当られた。

教育の自主性を守ろう

教育自治制を早く実施するよう促求する全国教育者会議が十三日国民公会堂で約六百余名の教育者代表らが参席した中で開かれた。この大会での俞鎭午会長は、開会辞を通じて教育の発展と創意性を発揮しようとすれば何よりもさき教育の中立性が保障されなくてはならないと主張、憲法に明示されている教育の自主性と政治からの中立性を来るべき選挙前に実現してくれることを全国教育者の名で当局に建議した。

対沖縄米穀輸出取り止め

国内食糧事情緩和のため

十四日朴商工部長官はこの日の朝農林部が発表した沖縄米輸出中止処置に言及、これは経済閣僚会議で熟議した後、現在の食糧事情を緩和するための方法として決定されたものであると語った。

貨物船導入で借款承認

十四日経済企画院で開かれた第二十六次外資導入促進委員会は、海運公社貨物船八隻導入のための借款一、一五三万ドルの支払保証をはじめ四件を議決した。

追加援助、四月に正式決定か

韓米協議会四月に開催

韓米両国政府の官史たちはおそらく来る四月初旬ごろ、ソウルでアメリカの対韓追加援助の件を協議する予定であると十四日消息筋は伝えている。

また同会合でさきに金顕哲内閣首班が行なった韓国の二千五百万ドル追加援助要請もおそらく正式に受諾されるだろうとみられている。

ご商売やお住いのご計画に……
東京商銀信用組合
東京都文京区湯島天神町三ー一ー四
電話代表（八三二）五三二七～九・五三三〇

お宅の電化は三和から!
御値で小売も（本紙読者割引勧誘）
各社テレビ電気器具卸
三和テレビ・ラジオKK
東京都台東区御徒町1-5
TEL(866)4177(代表)

営業種目
鉄材／丸棒／ステンレス
加工及販売
南星ステンレス工業KK
代表取締役 李武夫
東京都大田区大森6−2654
TEL 761／8118

日韓出版貿易株式会社
■移転及び社名変更のお知らせ
謹啓 弊社毎々格別の御高庇に預りまして、有難く厚く御礼申上げます。御蔭様にて業務日増しに発展に向いますことは、偏に各位の御愛顧の致す処と深く感謝致して居ります。扨て、今般営業組織を変更し、弊社名を日韓出版貿易株式会社と改号し併せて左記の所で移転致しました。何卒今後共旧倍の御引立の程御願い申上げます。
（旧綜合韓国資料社）謹言

◆業務案内◆
貿易部（書籍輸出入）
販売部 販売及び宣伝業務、特に日本書籍・中国書籍・洋書も皆様の御要望に応じます。海外及び国内発送もお取次致します。
資料部 写真資料・マイクロフィルム・取引関係信用調査・商品市場調査・其の他
広告部 韓国各種新聞雑誌・ラジオ・テレビ・ネオン燈 韓国向PRなら弊社におまかせ下さい
雑貨部（三月一日から業務開始）韓国人形・レコード・オボン・オゼン・食器・屛風・美術工芸品

韓国料理全書 方信栄著
此の本一冊で母国の料理が自由に作られます。
（純国語版）定価 一、七五〇円

韓国歴史小説全集 全12巻
此の全集は重点的な史料を小説化した作品を選んで歴史的に系統立てたものである。又韓国文化を通じ歴史を正しく面白く読めるように編集されており韓国文学の代表的作品として時代を超越して永久に残る名作である。
定価 一五、四〇〇円

式辞演説全集
【主な内容】式辞・人事・演説・講演・祝賀披露・集会・激励・弔詞・年中行事・選挙・推薦・政見発表・賛助演説・雄弁・座談・東西古今金言名句
定価 一、七五〇円 八一六面・箱入り

日韓辞典
（小）七二八面…一、八〇〇円
（大）九六三面…三、〇〇〇円
【本辞典の特色】（1）収録語十万（2）日常用・科学用古典用語総網羅（3）新語・外来語・原語と共に収録（4）動詞・形容詞・助動詞・形容動詞の活用表附録

最新弘字玉篇
本書は漢字二万字をもっとも詳細に訓訳した新玉篇である。古字・新字・俗字・略字・漏れなく収録されている。
定価 二、〇〇〇円（箱入り）

▼注文方法…御注文なさる図書名及び発行所を記入の上弊社営業部宛にお送り下さい。壱千円以上は総て現金引換便で迅速にお送りいたします

日韓出版KK 法政大学 池 東の光 理科 大学 都電 牛込見付 飯田橋駅 至新宿 品川行 至早稲田 至水道橋 至秋葉原 都電 飯田橋

日韓出版貿易株式会社
東京都新宿区市ケ谷船河原町四 TEL（三三二）四七五二
代表取締役 金正祐

自立経済確立の可能性

韓国現段階経済への検討

前ソウル大学講師　林　鍾　哲

一、低所得国家韓国

田植期の気候不順とその後の旱魃によって昨年の穀物生産は六百万石を割るようになり、かくてわれわれは良かれ悪しかれ米国の余剰農産物に頼らなくてはならない食糧事情となった。

一方、年々減少されてきた米国のAID援助も今年度は七千五百万ドルに減らされる暫定的な決定をみるにいたった。

この援助額とさきに調印された余剰農産物の導入額四千九百三十四万ドル（運送費四百九十八万ドルを調印額から控除）を合せても一億二千四百三十四万ドルに過ぎず、これはウォン貨で百六十一億六千四百万ウォンで、二百七十一億ウォンを計上した六三年度政府予算の対充資金に約百十億ウォンの不足となる。

したがって八千五百万ドル程度の追加援助がなければ、わが国の財政は根本的に再編しなくてはならなくなる。さもなければ悪性インフレの要因となる赤字をださざるを得ない。これが六三年度のわが国財政事情なのである。

労働人口の六八・三％を占める六百三十二万人の農民と一千万を越えるすべての家族が賦役を分かたず汗水を流して生産したものが農業国である韓国民の一年間の糧食にもみたず、首都においては絶糧騒動が起きるということは一体どうしたことだろう。

また五千年の歴史をもつ文化民族が米国のゼネラル・モータース会社の一年の予算の半分にも満たない六億ドルの国家予算も組めないというのはどうしたことなのだろう。

これは一言でいえば韓国が貧困であるからである。

二、貧困と依他の原因

一国の経済社会を論ずる時、その国特有の歴史性を無視することはできない。

西欧社会が、資本主義精神に立脚して資本の本源的蓄積のためにいわゆる"万人の万人に対する闘争"を展開している時、われわれの祖先は物質的な価値を認めず、資本と技術の蓄積を怠った。そして不平等な地主制度は単純な搾取機構として存在するのみでなく、蓄積と拡大生産の資をふさいでしまったのである。

また数世紀にわたる封建圧制は農民の創意意欲を喪失させてしまった。東洋的停滞は韓国においてその典型を示したのである。

日帝三十六年の桎梏は主権の喪失という悲運は受けたが経済的には近代化の道を開らいた。

しかし、自然的な立地条件と植民地政策によって工業が偏在するところとなり、これが南北両断の悲劇と共に南韓の経済的貧困をもたらす結果となったのである。

そしてまた植民地政策の一環としての地主階級の擁護は農業生産力の発展を阻害してきた。

一九四九年の土地改革がもう少し資本主義的色彩を帯びていたならば農業経営の近代化と生産力の飛躍的な発展の契機となったに違いない。

だが、地主階級出身の議員らによって主導権が握られた制憲国会において、改革法案はそのような発展要素を失っただけでなく、唯一の民族資本の萌芽までも破壊してしまったのである。

土地資本の産業資本化は当初からその道がふさがれていただけでなく、事後処理の不始末からすべてを失ってしまったのである。

このような事実は土地制度の近代化の障壁であったし、また土地改革は近代化をもたらすということを当時の為政者らが認識しなかったということからきた悲劇でもある。

資本の本源的蓄積をなし得なかったことと、不平等機構によって蓄積＝拡大再生産の機構に転じ得なかったということで貧困の原因とするならば、低所得生活を甘受するかぎり対外依存は必要でなくしたがって自立経済は水準は低くとも成立ってきたはずである。

だが南北の両断と南北間の戦争状態の継続は韓国経済の対外依存を強化させたのである。

重化学工業が北韓に圧倒的に偏重しているということは、日帝の北進侵略政策のための北韓兵站基地化にも一因もあるが、それよりも水力資源をはじめとする諸般の工業資源が北韓には富んでいるということである。

肥沃な平野、豊饒な穀倉地帯をもつ南韓と無尽蔵の工業資源をもつ北韓は不可分の一体をなしており、その分断は両方にとって致命的な打撃を意味するのである。

工業と農業が均衡を保っていた韓国経済は工業北韓の喪失によって純然たる農業国に転化し、工業化への道と自立経済は完全に閉ざされてしまったのである。

かくてあり余る北韓の電気は満州を明るくし、南韓は一九四八年五月十四日の北韓側の断電処置によって暗黒化され、貴重な外貨がジャコナ、インディペンデンス等の発電船の煙と化してしまったのである。

そしてまた巨大な生産力を北韓に残しておきながら毎年七十万トンを越える肥料を導入しなくてはならない状態におかれているのである。

もしも両断されなければ一KW当り二ドルの金を毎年浪費しなくても済むし、また発電量増加のための新規施設のために一KW当り二万二千ドルの資金が投入されなくてもよかったし、そしてこれらの資金が生産面に活用されたはずである。

だが、たとえこのような生産設備が設立されても統一された後には火力と水力の原価の差で廃物化されるのは当然のことで、したがってわが国の分裂状態は経済の奇形をもたらすのみでなく、浪費を強いていることになる。

肥料も充分に国内で調達できるものを外国から買入れるために年間六千万ドルを越える貴重な外貨を使わざるを得なくなってしまう。

分断が終結されれば多くの分野で建築施設のスップ化が予想クラされるが、分断が続けば軍事費支出の永続化を招来して対外依存の一大要因となるのはいうまでもない。

反共の第一線で民主主義を守るためとはいえ、六十万の大軍を維持するには貧困な韓国経済では負担が重すぎるし、やむなく軍事援助等の支援を受けざるを得ないのである。

国民所得の約一〇％、一般財政支出の約三〇％を国防費にあてなくてはならない悲劇は、一人当りの所得が七十ドルしかない低所得層とともに必然的に外国援助に頼らざるを得ないようにしている。

この援助のために韓国経済は決定的に依存経済化している。

商品の形で入ってくる援助によってかりに所得水準が上昇するようなことがあっても、対外依存は免れないし、不平等な従属機構となるのである。

また後進国としては、経済開発の出発点ともなる綿花生産の面についてみても、日帝時には品質と量においてその優越性を誇っていた棉花の耕作面積と収穫高が余剰農産物の導入によって激減し、工業原料をしては導入棉がその九八％まで占めているような現状である。

換言すれば、米国のダンピングによって国内棉の生産は壊滅に帰したのである。

このような現象は麦類の生産でもみられる。麦類の耕作面積は一九五七年を頂点にだんだん減ってきている。これは同年から余剰農産物の導入が大量化し始めたからである。

一般援助の減少と余剰農産物援助の増大によってわが国の依存性は高まる一方である。

三、自立経済確立のための道

以上述べたように資本の本源的蓄積のできなかったこと、国土が南北に両断されていること、世界第四位の大軍を保持しなくてはならないということ、これらの理由で毎年二億ドル以上の軍事援助、経済援助が必要だということは自立経済の確立を阻害し、韓国を貧困な状態に停滞させる最も大きな要因である。

しかし、自然科学的な現象とは異なって、社会科学の研究対象となる社会現象において一つの現象の要因が除去されたからといって、その要因が作用する以前の白紙状態に還元するものではない。

その要因が及んだ結果は化石化し、一つの歴史的要因として永久にのこるのである。

以上に列挙した貧困と依他の原因が、今ここで除去されたとしても、韓国がただちに富強となり、経済的に自立できるものではない。これはながくわが国経済のガンとなることであろう。

貧困と依他の要因が完全に除去されてもそのような事情であるのに、わが国の現情はそのどの一つの要因も除去できない状態でありしたがって自立経済は遼遠な夢物語にすぎない。

自立経済の確立が不可能だということは意欲的な五カ年計画が完全に成功しても国際収支の逆調には変化をもたらさないし、失業者も吸収されないし、また国民の生活水準も高められないということである。

事情がこうなると経済自立はもはや一つの経済問題ではなく政治問題である。

経済自立は経済原理の作用によって受動的に達成されるものではない。不平等、従属の機構を能動的に破壊し、自立と成長の道を打開する政治力が作用してこそ達成し得るものである。

ここで要約されなくてはならない経済的事情は、まず第一に国際経済のすう勢である。

十九世紀あるいはそれ以前における先進国の工業発展のためには後進国の第一次生産物がほとんど同じ比例で需要されていたため第一次産物と第二次産物の交易条件は有利であった。しかし、二十世紀に入ってからは第一次生産物と第二次生産物の生長に大きなギャップが生じ、価格においても大きな開きを示すにいたった。

これは第一次生産物が戦略的成長をはかるために先進国間の価格が大きくなり、後進国はこれに反比例するために交易条件が悪くなったということである。

致命的な南北両断

経済自立は政治的解決へ

再建祖国を訪ねて

慶尚道の巻

カメラ・文　曺圭必

建設を推進する蔚山工業センター

蔚山工業センターへ

記者は慶州より南方三二キロ地点にある有名な蔚山工業センター建設地に着いて邑長の案内の下に特別建設局を訪ねた。そこで日本からきた杉山団長一行の経済視察団とかちあって説明を聞き、かつ現場へ自動車で出掛けた。自動車は大和江の右側に六二二平方㌖の広く展開した平野の中央にある新しい工業道路を急スピードで目的地を目がけて走っていたが数十分の後、長生浦南側に在る建設工事場に到着した。

建設局の引率責任者が工事場を回ってたんねんに説明したがそれによると先ず交通は東海南部線の引込線と蔚山番山間に工事道路を建設し築港工事並に防波堤等を造って湾内には四万㌧級の船舶が自由に出入するようにする十二万㌧の給水施設と共に工業用水の水源地を数カ所設けて貯水量一二〇〇万㌧のくみ上げポンプ等を完備する。肥料、製鉄、製油、製炭、製氷等の各工場を大々的に建設するなどであり、目下着々とその敷地を整地中であると語った。

邑内の都市計画は①商工業地区と②教育地区とを区分し、道路も至る所放射状に建設しているありさまであった。

自動車は引返して長生浦の港に着いたが発動機船がすでに用意して待機してあったので視察団一行と共に記者もこの船に同乗して湾内一帯をかけ回った。

この湾は三叉形をなして天然的に優れた湾であり、その中央に小島があって陸から距離が五百㍍位の所に石垣の防波堤が築かれてあった。その工事は軍人の努力の結実だとのことだ。船は白い水しぶきを上げながらぐんぐんとこの小島を中心にしてまわって蔚山邑の方向によった製鉄工場の岸壁に着いたが再び自動車に乗ってこの建設場を見ながら蔚山邑に引返した。この付近は工業センター建設ブームを巻き起して人口の増加と共に地代もうなぎのぼりに昇っていた。

旗をついて出漁する漁船団（甘浦港）

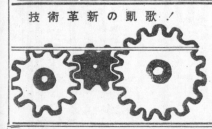

躍進する甘浦の港

記者は慶州で甘浦邑長金斗祥氏に出迎えられて東海岸唯一の魚港甘浦をたずねることになった。

二十数年以来、初めてみるこの港町のあちこちを金邑長案内のもとで見回したが、町の復興振りは二十年前とは打って変わった躍進振りである。小高い丘の上に白いペンキを塗った現代建築の邑事務所の華しさは今も尚記者の脳裏からさらない。

邑事務所まえの広場からはこの港のほぼ全体が手にとるようにみられるとともに港の入口からは無数の発動機船が煙をはき音をたてながら漁にまたは漁を終えて帰る魚船でにぎやかであり桟橋には魚網を積み上げたり積み下す漁師達の姿が太陽の逆光を受けてシルエットにみえ、海には光が反射して調和の取れた風景はまるで詩情的なものであった。

この町の左手に松林が立ち並んだ丘をすすむと灯台があってそのまわりには奇岩絶壁がとり囲んだ所ろへ墨を流したような真っ黒い潮が白い波を岩壁に打ち上げる光景をながめているうちにうろうろしていて、我を忘れてしまうほどであった。

この港には相当量の魚獲があっていつも漁民の生活をうるおしているがとくに邑長は農漁村政策の計画を綿密に立てた統計（グラフ）を室内一ぱいにはって①生産向上②技術指導③機具斡旋④事業所得規増等の政策の実施のため日夜東ほん西走している姿はそのままこの町の躍進する姿ともいえるだろう。

なおこの邑は人口は三万余の半漁半農の町である。

（御多聞にもれず此処でも所得倍増運動が展開されている）

甘浦邑事務所

漁船と漁夫（甘浦港）

旅券発給者氏名公告

韓国駐日代表部領事課旅券担当官
在日本韓国居留民団中総民生局長

氏名	番号	住所
鄭臨福KJ	[illegible]	大阪市
呉判介	[illegible]	〃
明亮錐	[illegible]	兵庫県
高栄介	[illegible]	神戸市
馬得先	[illegible]	〃
蔡淑美	[illegible]	大阪市
姜熊瑞	[illegible]	〃
李寿岳	[illegible]	〃
朴斗春	[illegible]	名古屋
徐文煕	[illegible]	〃
李静子	[illegible]	〃
李石トツ	[illegible]	岡山県
金殷分	[illegible]	香川県
南順任	[illegible]	神戸市
崔遠翔	[illegible]	〃
李成俊	[illegible]	〃
梁行九	[illegible]	〃
康益漢	[illegible]	大阪市
梁康烈	[illegible]	〃
金寅玉	[illegible]	〃
康又道	[illegible]	〃
呉始竜	[illegible]	兵庫県
都文学	[illegible]	京都市
金漢洙	[illegible]	〃
張致祚	[illegible]	〃
延積煕	[illegible]	〃
韓七竜	[illegible]	〃
金守利	[illegible]	〃
崔善愷	[illegible]	〃
権寧学	[illegible]	〃
張貞連	[illegible]	〃
姜千寿	[illegible]	〃
朴桂日	[illegible]	〃
李重六	[illegible]	大阪市
甲玄道	[illegible]	愛知県
李福心	[illegible]	〃
金兌基	[illegible]	〃
金聖竜	[illegible]	〃
洪丙順	[illegible]	大阪市
甘寛植	[illegible]	〃
金占高	[illegible]	〃
高成伯	[illegible]	〃
金彰吉	[illegible]	〃
金鍾移	[illegible]	〃
金承烈	[illegible]	〃
金堅培	[illegible]	〃
金鳳南	[illegible]	名古屋
林賢子	[illegible]	〃
白正基	[illegible]	大阪市
朴節子	[illegible]	〃
金鳳珠	[illegible]	〃
黄今順	[illegible]	〃
徐宗烈	[illegible]	〃
鄭南守	[illegible]	愛知県
徐西業	[illegible]	名古屋
李甲宰	[illegible]	〃
洪相俊	[illegible]	〃
尹竜述	[illegible]	〃
金点述	[illegible]	〃
裴斗出	[illegible]	〃
文孝元	[illegible]	大阪市
鄭鳳和	[illegible]	〃
李永中	[illegible]	〃
趙演変	[illegible]	〃
許泰喜	[illegible]	福井県
白応珠	[illegible]	三重県
殷庚突	[illegible]	〃
徐積洙	[illegible]	〃
崔秀岩	[illegible]	〃
李今善	[illegible]	〃
尹永淳	[illegible]	大阪市
李相一	[illegible]	〃
曹在鉉	[illegible]	〃
金者玉	[illegible]	〃
呉外息	[illegible]	兵庫県
車碩燦	[illegible]	三重県
李命達	[illegible]	〃
裴星鎬	[illegible]	奈良県
張天錫	[illegible]	大阪市
韓貞淑	[illegible]	滋賀県
崔鍾律	[illegible]	京都市
李詩寂	[illegible]	岐阜県
康順淑	[illegible]	兵庫県
李仙分	[illegible]	〃
崔福順	[illegible]	〃
李任善	[illegible]	大阪市
朴憲行	[illegible]	兵庫県
朴順錫	[illegible]	〃
任鳳出	[illegible]	〃
崔采峯	[illegible]	〃
梁正守	[illegible]	島根県
朴異述	[illegible]	兵庫県
李鍾洙	[illegible]	岐阜県
殷照尹	[illegible]	滋賀県
朴順仁	[illegible]	岐阜県
鄭翊慶	[illegible]	兵庫県
安徳善	[illegible]	〃
太元奎	[illegible]	〃
李潤奎	[illegible]	〃
李甘鳳	[illegible]	大阪市
柳根祚	[illegible]	〃
全命順	[illegible]	〃
金元宅	[illegible]	〃
崔永泰	[illegible]	愛知県
文性根	[illegible]	香川県
金虎門	[illegible]	神戸市
朴正福	[illegible]	福井県
金智寿	[illegible]	〃
曹水命	[illegible]	〃
盧竜定	[illegible]	大阪市
李宣基	[illegible]	兵庫県
河泰錫	[illegible]	大阪市
李順伊	[illegible]	〃
柳慶殷	[illegible]	〃
張時伯	[illegible]	〃
金正一	[illegible]	名古屋
鄭熙根	[illegible]	兵庫県
裴日成	[illegible]	兵庫県
李漢用	[illegible]	〃
金鳳喜	[illegible]	〃
鄭昌真	[illegible]	大阪市
崔碩実	[illegible]	兵庫県
崔南伊	[illegible]	〃
文未牙只	[illegible]	大阪市
白石根	[illegible]	〃
金守先	[illegible]	兵庫県
金珠玉	[illegible]	〃
李茂吉	[illegible]	岐阜県
張金錫	[illegible]	〃
李次賢	[illegible]	兵庫県
白福運	[illegible]	〃
申昌洙	[illegible]	〃
朴点寅	[illegible]	〃
金吉坤	[illegible]	大阪市
申萬出	[illegible]	〃
金辛亥	[illegible]	〃
呉雅竜	[illegible]	岐阜県
金庚生	[illegible]	大阪市
鄭一南	[illegible]	〃
南且順	[illegible]	〃
張戴善	[illegible]	神戸市
金明順	[illegible]	兵庫県
崔東花	[illegible]	兵庫県
尹福甲	[illegible]	〃
権介	[illegible]	〃
柳溶坤	[illegible]	〃
李春夫	[illegible]	〃
金鍾両	[illegible]	〃
金在先	[illegible]	〃
鄭大寧	[illegible]	大阪市
朴幸淑	[illegible]	〃
丁幸秀	[illegible]	〃
呉斗辰	[illegible]	〃
白守寅	[illegible]	〃
金万連	[illegible]	〃
金吉子	[illegible]	島根県
金錫桂	[illegible]	〃
金教鳳	[illegible]	大阪市
呉粉開	[illegible]	〃
安行貞	[illegible]	〃
崔金礼	[illegible]	兵庫県
高益鍾	[illegible]	大阪市
朴漢石	[illegible]	三重県

伊勢ロース!!
郷愁の
本場味覚!!
金巴里
KIN PARI
東京都千代田区神田多町一の五
TEL 神田 251〜0918
新宿 369〜7733
362〜0823

輸出入・貿易業
陽和物産株式会社
取締役社長　朴　根　世
本　社／東京都千代田区神田神保町2〜28　岡村ビル
TEL／(331) 1427 (332) 4577・6573

韓国料理
漢　陽　館
崔　歩　童
東京都文京区清水谷町1番地
電話(941) 1552番

水道衛生器具製造販売
朝日工業株式会社
ASAHI KŌGYŌ & CO. LTD
取締役社長　尹　秉　元
東京都足立区本木町26−12
電　話・(881) 4556，2624番

技術革新の凱歌！

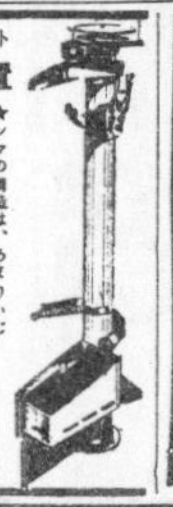

平和ミラクル・セット
パチンコ裏玉還元装置
★シマの構造は、あまりいじりたくない…
★人為的な玉の上げおろし作業は、人手不足の折から、もったいない…
★サービス員の出入り出来る余地があるだけで、感覚客は心理的にもガス玉が打ちこめない…
★他機種の入れ替えにシマをつくり直す手間が要らない…
★したがって、完全な還元装置があれば、いちばん理想的…以上の問題は、平和のミラクル・セットのご使用で、すべて解決します。
平和
東京・大阪・北海道

豪華浴室と高級焼肉料理の殿堂
温泉気分と最高のムードで
個室トルコ　平日五時より(800円)浴後にビール1本ツマミ付サービス
大衆男女トルコ風呂　100円
◆五〇〇坪全館冷暖房完備◆
上野　宝苑
上野駅前昭和通り宝ホテル隣

チャングのリズムに乗って
韓国の古典床しき美妓の舞い
御宴会
御一人様　500円より
料理5品　酒1本(500)
高級焼肉料理
（花見用弁当もうけたまわります）
御予算により御相談に応じます。200名様用大広間御宴席ずれ、大小10室準備
温泉部電話(832) 2619〜20，食堂部電話(832) 0505〜6

これが北韓の実態だ！

強制的に職場配置

金幸一君発表の詳報

折角の財産も減る一方

記者団に北韓の実態を暴露する金幸一君

朝総連系の宣伝により北韓に送還された在日僑胞たちが、彼等の財産を北韓カイライに強奪され、日に十二時間以上の重労働を強要され、空腹をかかえながら、北送されたことを後悔し、朝総連系の人々を恨みながら祖国をあこがれていることは周知の事実である。

一九六一年六月二十五日の第六十二次の送還船で希望を抱いて北韓に行った金幸一君(23)が、就学の希望は無視され、咸鏡北道経営委員会雄基総合機械工場農機械修理職場の修理工としての地獄のような北韓を逃れ、去年十一月二十五日命がけで韓国に帰順、北韓の実情は既報の通りであるが、その後次のような詳報がはいった。

帰順の動機及び経過

金幸一君は金の父と朝総連の偽瞞宣伝に幻惑され、送還を希望したものの、下船直後から北韓の実情に幻滅を感じ、機会があれば越南することをねらってきたという。そのうち一九六二年十月八日第三期代表議員の選挙が終ったら警備が緩和されるものと予想し、避難を当局の指示に応ぜず機会をうかがっていたが、一九六二年十月十六日に決行に移した。

出発に先立ち資金を調達するため、時計と布団を売って現金五百二十ウォンをつくり、元山、朱乙、平康などの地域を遊覧しながら十一月十八日までをすごしたという。

このように金幸一君は長期間の旅行で手持ちの金がなくなるに従って越南の時期が促され、十一月十九日大同江駅から平壌行列車に乗り、同日の午後十時ごろ済浦駅で下車、野宿しながら南へおりてくる途中、暗夜がけからつい落して腕の骨折にも屈せず十一月二十五日の午後二時に国軍の哨所にたどりつき、無事帰順することが出来たという。

北送僑胞への待偶

金幸一君は、一九六一年六月二十五日の第六十二次北送船で清津港に上陸、六月二十二日まで清津で待機させられていたが、六月十八日清津官から十数分間にわたり審問され、翌十九日には案内員から咸鏡北道に配置されるという話しを聞いた。

待機所で行なわれる北送者たちの配置は、配置される道名程度のもので、それ以上の詳しいことは明らかにせず、職場や進学のことは全然知らされなかったという。

即ち北韓カイライは審問のとき配置希望地という項目もあったが上記の如き措置は全然一方的なもので、金幸一君の場合は進学を希望したが、不本意の雄基総合工場の労働者として配置されるに至ったのである。

このような措置は、極少数を除く大部分の場合がそうであったし職場配置の不平に因る抗議は通じなかったという。

北送者の携帯品処理

北韓カイライは、北送者たちが搬入する物に対しては無制限で個人所有を認めているので自動車も所有出来るが、燃料の購入が不可能なため、致し方なく国家に買い上げられている実情である。録音機の如きものは党が強制的に買い上げるようにしており、トランジスター・ラジオはバッテリーの品不足で使用出来ないので殆り殆は[illegible]している実情である。北送者の九〇％以上が各種のラジオを携帯したが、付属品の不足と生活難等の理由で売り払い、現在所有しているのは約五〇％程度だという。

深刻な食糧事情

金幸一君は一九六二年十月現在職場で、一日八〇〇グラムの食糧配給をうけていたが、白米四〇％モロコシ一〇％にイモが五〇％だったという。副食物はつけ物とみそ汁程度であり、肉類は週に一度の割で給食されたという。

日本人女性の現実

雄基郡内には、日本女性で配偶者に従って帰国した者が三名いるが、彼女らは北送を後悔しながら涙の毎日を送っている。しかし彼女らに対し[illegible]は強要していない。

その他の面での待偶

帰還僑胞らに対する特別待偶はとっていないが、就職のうえ路上で職場を選る事とか、職場の無断欠勤、自由な旅行など（原住民らにとっては考えることもできない）点について傍観しているという。

従って路辺で就職のうえ飯服を演じている者のほとんどが北送者だけだし、北送に対する後悔と自暴自棄からくる罪が募るばかりだという。しかし上記の如き寛大なる措置は暫定的なものであり、僑胞の北送が完了され次第本格的な圧力がかけられるものとみている。

北送僑胞たちの士気

大部分の北送者たちは、朝総連の宣伝とは異り、深刻なる食糧難と、居住地選択の自由、就職選択の自由がはく奪されているし生活必需品の絶対的不足、各種会議の強要等で不平不満がみちみちているという。就学選択のことも全然保障されておらず、日本で学籍をもっていた者に限って進学の機会が与えられるが、これも個人の意思ではなく、必要に応じて専攻科目の配定を指示している。また日用品の不足によりラジオやカメラまでも使用出来ずにいる状態だという。

これに反して、北送者の約二割程度は、北韓の生活に満足しているというが、これらは朝総連の熱誠分子で、進学及び職場の配置が希望通りにかなえられた者たちだという。北送者のうち職場配置に対する不平は病気を口実に一カ月中に十余日を無断欠勤するとかの反抗的な現象として現われているが、欠勤に対する配給料の控除は日本から持ち帰った品物を売却して、生活費にあてているという。

物価はあがり、布団一枚で三〇〇余ウォンで売買されているというがこれは一般労働者たちの八カ月分の収入に該当する金額で、いわゆる熱誠党員という者たちも珍貴な日本産の各種品物を欲しがり、やみ取り引きを盛んに行なっているという。

また日本製品に対する関心は結婚条件としてまでも登場しており、原住民の間には北送者との結婚を渇望しているという。

北送僑胞の反抗事件

このような生活条件から不満を抱いている北送者たちは、これに対する反抗として各種の事故をおこしているが、次のことなどは金幸一君が北韓滞在中に、直接見聞したことどである。

一、一九六二年三月ごろ、咸鏡北道会寧郡会寧邑に在る某職場に勤務する青年三名が、帰順越南する目的で開城まで南下して休戦線を接近中、休戦地点で発見逮捕され、一カ月間平壌刑務所に収監されたという。

二、一九六二年三月ごろ清津市で日延、北送僑胞がめいていして日本の歌をうたってさまよっているうちに内務員と格闘となり、短刀で内務員を刺した事件が発生した。

三、平壌、清津、咸興などの地には北送者たちによる秘密サークルが組織されているという。

潜水界に一大革命

◇羅鍾卿氏の研究実る◇

潜水病・時間を解決

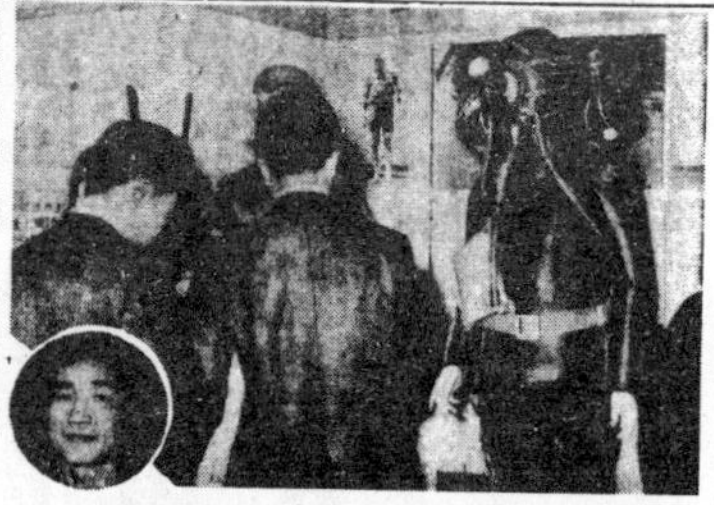

在日僑胞羅鍾卿氏（東京・富永商事社〇）が、潜水界の多年の課題であった潜水病と、極度に制限されていた潜水時間などを、集年の研究によって見事に解決、去る一九六二年十一月二十四日付で日本特許局に同特許が登録された。

また去る二月五日から六日間にわたり、東京・上野松坂屋での第十五回東京発明展覧会（東京都発明協会東京支部主催）にも出品され好評をうけており、斯界の話題をさらっている。

▽……△

在来の潜水器は高圧空気を使用したため、高圧空気に含まれている過い窒素に人体の血液や体組織（血管、淋巴腺、神経系統）をおかされて潜函病を起こし、いわゆる恐しい潜水病にかかり半身不随になったり重症の場合は死に至る場合も少くなかった。

また潜水時間が極度に制限され水中における作業に支障が起きやすかった。

これらの致命的な欠陥を解決するため、多年にわたる研究を重ねた結果、電機モーターによる遠心力応用の特殊風車を駆使して、平圧の酸素に富んだ新鮮な空気の吸入及び炭酸ガスに汚れた空気の排出を同時に循環作用を行なう送排気方法と腹部並びに胸部の諸内臓器官を水圧の強圧迫から保護する装置により呼吸作用をなし、健康体の男女なら長時間の訓練を要せずして、恐しい潜水病にかかる心配もなく、長時間潜水出来るのが革新的な特徴で、いま斯界の話題をさらっている。

現在は試作の段階であるが、斯界の要請に応えて近日中に量産態勢に入る予定であり、本国潜水界の革命にも意欲を燃やしており、目下同計画を推進中であるという。

写真は出品された新製品、円内は発明者の羅鍾卿氏

保税貿易調査団が来日

一行18人　各地を20日間視察

日本地域保税加工貿易調査団（呂相圭団長・大韓商工会議所副会長）一行十八名が、去る十四日午後一時十分羽田着のCAT機便で来日した。

同調査団の来日は、在日韓国人商工連合会（李康友会長）、大阪アジア貿易協会（杉道助理事長）の招待によるもので、約二十日間滞日しながら、東京、名古屋、大阪、京都などの地の生産施設や日本の輸出事業などを視察し、保税加工の可能性を検討する。

呂団長は空港での記者会見で本国の経済五カ年計画とは関係ない純然たる民間ベースとよるもので今度、話し合いによっては契約を結ぶ者もあり得ると思う、とのべた。

来日した調査団、右から２人目が呂団長

代表部別館寄贈者に感謝状

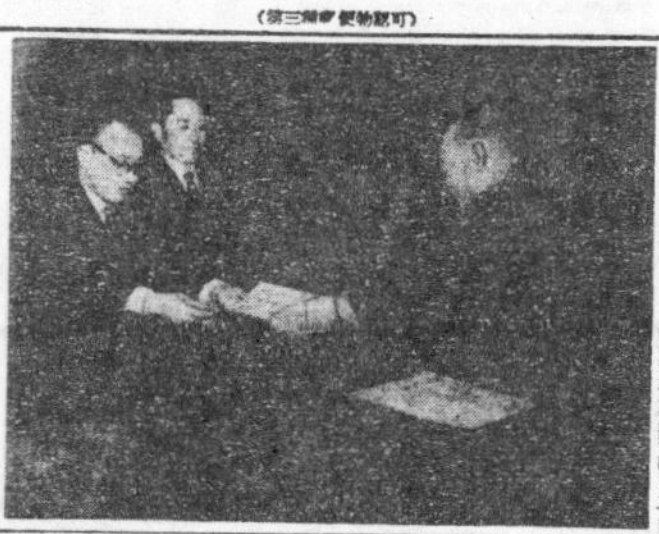

代表部の別館（銀座館）を、在日韓国人建設協会（仮称・趙武相代表）が自進建設寄贈して関係者を感激させ、僑胞社会の美談となったことは既報の通りであるが、この程、崔徳新外務部長官から同協会の新館に対する感謝状が授与された。

写真は崔長官（右）から感謝状を受ける趙代表（左）・

葛飾支部役員改選

民団東京葛飾支部ではさる十日午後二時から葛飾公会堂で第十二回総会を開き、三機関役員を次の通り改選した。

▽部長＝金資瑢、▽副部長＝趙昌玉、陣貴昆、▽監察委員長＝李在煥、▽委員＝成落守、尹竜植、▽団長＝徐辛甲、▽副団長金哲得、金昌植、▽事務部長＝秋元植

広島県事務所移転

民団広島県本部では県下全僑胞たちの多年の宿望であった新韓僑会館を建設することになった。これによって従来の会館は諸般事情で継続使用が困難なので、会館が竣工されるまで左記へ事務所を移転する。

移転先住所＝広島市富士見町三十八の二（バス竹屋町下車）電話(4)〇三二〇。

なお民団本部移転と同時に商工会、婦人会、韓青も右記へ同時に移転した。

招請学生二人も来日

不二貿易で二ヵ月研修

来日した二人の招請学生

国際経済・商業学生協会＝韓国（IASEC－KOREA）＝の尹汝民君（男20、ソウル大商）と李順京嬢（女22、高麗大商）の二名は国際経済・商業学生協会＝日本との交換招請学生として二月十二日来日した。

来日した二人は国際経済商学学生協会＝日本＝のあっせんによる不二貿易社（中央区銀座一の五）で、日本の貿易に関する実務を約二カ月間にわたって研修するかたわら、国際的感覚を身につけると同時に、国際間の学生友好をふかめる。

注＝国際経済商学学生協会（INTERNATIONAL ASSOCIATION OF THESTDES OF ECONOMICS AND COMMERCE）とは四八年にヨーロッパ諸国の経済商業部の学生たちが中心となって、国際的学生交換の仲介を非政治的に学生自身で行なうことを基本精神として設立されたものだが、現在では本部をスイスのジュネーブに置き、二十七カ国・二百四十五校の各大学が参加している。アジアでは日本（東大、一ツ橋大、早大、慶大）と韓国（ソウル大、高麗大）とが設立されているにすぎない。日本では現在日経連、経団連、同友、東商会の各経済団体が顧問となって、活動の機会がヨーロッパやアメリカに限定されることなく、アジアの学生に広く与えようと活発に活動を展開している。

大阪地区三機関会議開く

規約改正、三・一節などを協議

民団大阪本部（徐相夏団長）では去る九日午後三時から民団大阪本部奨学会会議室で民団大阪第九回各支部三機関会議を開催した。

同会議には大阪本部三機関長、各支部三機関ならびに来賓として朴玄中総副議長、張聡明中総副団長らが参席した。

国民儀礼に引きつづいて徐団長のあいさつで開かれた同会議では当面の議題として

一、財政確立の件

一、規約改正に関する件

一、法的地位に関する件

一、進学に関する件

一、三・一節記念行事に関する件、などの報告と討議があったが特に、進学対策の件では本国派遣教授権五寧金剛学園教員が在阪僑胞子弟の教育実態とその対策などに対する意見があり、活発な論議のもとに会議を終えた。

漂流中の六人助かる

船長は死亡　乗員無事本国へ

去る一月十四日午前四時ごろ江原道注文津港を出港した韓国漁船永久号（乗組員七人＝船長鄭永玉）は、メンタイ漁場で操業中、機械故障で漂流し、十四日ぶりに、兵庫県柴山港北方二〇カイリ沖で日本の柴山漁協所属の漁船松進丸に六人が救出された。

乗組員中鄭永玉船長は死亡し、遺体は永久号の浸水のため救出できず船体とともに沈没した。

民団兵庫県本部は民生部を中心に救出対策本部を置き、市内各支部と婦人会や韓青らが協力して、救助された六人の凍傷と過労の看護に努めた。そのかいあって遭難船員たちは元気を回復し、このほど韓国駐日代表部大阪事務所のあっせんにより定期貿易船星号便で帰国した。

乗組員氏名は次のとおり。

【死亡】船長兼船主鄭永玉（37、江原道・発案里）

【帰国者】船長代理池玉珠（50、発案里）、船員全敬沫（33、釜谷里）、機関長梁泰守（33、発案里）、船員金水根（32、慶北三思洞）、船員李万元（34、釜谷）、船員金基碓（58、発案里）

元気を回復して帰国した永久号の乗組員—神戸新聞提供

金剛会が会合

新役員、方針など決める

在日僑胞の内の江原道出身者によって組織されている金剛会はさる一月十五日都内会館で新年会を催すとともに、総会を開いて役員改選やひとこれからの運動方針を別項のように定めた。

同金剛会は一九二三年六月に創立され、四十年の歴史をもっている親ぼく団体で、僑胞社会に数多く知られており、これからの活躍が大いに期待される。

改選役員はつぎのとおり。

会長—南相読（東食局株式会社社長）副会長—李在鼓（前議四）金亨植、崔吉苑、幹事長—朴明煥、幹事—桂顕池、金貞植、金奭球、金彰元、李献永、李会竜、地方幹事—奎任、慶尚—李鍾莪、朴斉鶴、慶尚知、申永道、咸国東、[illegible]

◇運動方針◇

一、本国の発展とともに江原道の飛躍的発展を念願し、道関係者が来日の際は交流を図る。

一、会員の福祉向上に研究を注ぎ、郷土学生の進学、就職に努力する。

一も在日友好団体との交流増進をはかる。

☆おことわり☆

本日紙面の都合で「新帯国主義研究」は休みました。

北洋冷凍機工業株式会社
冷房暖房　ダイキン冷房機代理店／日立冷房機代理店
○僑胞の事業体・団体に対しては実費で奉仕しますから冷暖房及冷凍機関係の一切を御相談下さい。（遠近県問わず）
○各種（内外国製品）冷蔵庫・クーラー類の修理、販売も御相談下さい。
○1年間のアフターサービスの御契約もします。
○最高の技術とサービスは完璧です。

社長　洪起華　東京都新宿区原町3ノ84
監査　金炳蓉　電話（341）0449代表

韓国服地と韓国レコード！
浅草　金宮商店
営業品目
特殊韓装洋丹・中国洋丹
金糸韓国洋丹・チトロン洋丹
京都洋丹・模範丹・七色丹
洋服地・各種ナイロンレース
リバーレース・オパール
ニュートン・ベルベット
其他　本絹　韓服内一式
韓国古典楽器類
貸古典婚礼衣装
東京都台東区浅草公園六区２－２
電話（841）0003・0004・0005・0006
韓国レコード関東代理店

KAWAISHI SANGYO
○鉄鋼材
○建設材
KSK
河石産業株式会社
取締役社長・河石巌
本社・東京都大田区糀谷町５～１２４８
電話・代表（741）3322・0985・0185番

埼玉で誇る誤楽の殿堂
志木　エビス遊技場
埼玉県北足立郡足立町大字志木2073－3
電話／志木２４６番
金鐘斗
本籍地
慶北善山郡舞乙面安谷洞４２５番地

文　化

民謡農楽団公演をみて
庶民の素肌の味
しんみりした唄の氾濫

大地にはぐくまれた民謡は、農民らの喜びや悲しみを託して、働く時も遊ぶ時もまた旅の道づれにも愛唱されてきたが、これには、素朴な吟懐をぶちまけてつぶやいた庶民らの果てしない想念の結晶がこもる。

長閑かな夏の昼さがり、離れの土間から聞えて来る機織りの単調なねいろは、しばしばあえぬ心の人をしのぶ女の「独り言」にリズムを与え、心に秘められたきれいぎれのつぶやきは、形を整えて行きながらやがては「機織りの唄」などに化したようだ。野良で働く李サム、朴ゾウらも、容易にしのびあえぬ村のケットンヨを想うあまり、ホミ（農具）を投げだして「アイゴーあいたい」とぶちまけた嘆きが、郭公やケコリ（夏鳥ウグイスの一種）の鳴き声からメロディーを拾い、微風にのって伝わる間に心ある人の手加減によって言葉が修飾されるうちに「興打鈴」＝（即興節）や「身勢打鈴」＝（身の上節）などに杯あげされて、今のような民謡にまとまったのだろう。

こうして素朴さから生まれた庶民感情の集大成ともいわれる民謡を披露しようと、韓国から「民謡農楽団」一行が来日して、親善と慰安を兼ねる公演を東京は文京区公会堂を振りだしに目下地方巡演の途上にある。

この「民謡農楽団」を二回ほど見に行ったが、最初は泥臭い非ショー的な組み合わせにまたかといささか眩りさえ覚えた。だが、次の段にはこの気持を抑えざるを得なかった。これには、歌手らがすでに舞台なれして仕事の角が取れたということもあるが、むしろ、野暮臭いのがミソになっていることに気づいて、別な角度からながめなければとする態度が加わったからでもある。

張笑八

韓国伝来の四季のお祭り騒ぎに儀式など——、むやみにショー化しないという点には、儀式ばるほどの休息的な間隙がからむようだから、ダイナミックな花やかさよりも、ありのままの風俗や抑えたような仕事などを眼目に置いて構成したようにも見える。だが、どろした吹きまわしか尼僧の「ガチャ踊り」＝（シバル舞）に至っては女学生らのフラワー・ダンスよりヒントを得たような感じもし、韓国舞踊の持ち味である独自な「揺踊」振りは影をひそめて「仏歌」のイメージさえ消さずには僅かない新モダン・ダンスが顔を出していた。

興も庶民的な息吹きを感ずる海辺のシーン。

夏は浜辺である。女あり男あり酒もあり恋もある。これに民謡が加われば、お膳立てもでき上がりと来た——。

酔うほどに唄うほどに、李サム朴ゾウらも調子を取り、崔ヨンガムは唄えよ踊れよでじいっとしてはいない。しとやかなケットンヨは、はにかみながら恋を唄った。

「仏歌」回心曲の一場面

朴ゾウも相づちを打ち母も控え目に踊りの仲間にはいる。入れ替り立ち替わり、とめどもなく続く唄とへっぽこ踊り……。聞けば聞くほどに意味深である。

やがてこの乱痴気騒ぎにも出船の合図が鳴り渡った。コーラスもさわやかに「船唄」は沖へと消えて行く。「エンヤラホイ・エンヤラホイ・ホイキタホイ　ホイキタホイ　吹くよそよ風　西の風——」

船に乗らなかった朴ゾウがケットンヨを探して浜に現われた。「船乗りはもうご免だ。陸で働いて早く君と一緒になりたい」と。

やがて朴ゾウは見知らぬ遠くの町へ働きにたつ。そして別れる同志の哀惜とむせび泣きとをはらむ「別れの唄」は情緒もたっぷり流れだした。このメロディーのどこかには、日本の俗曲と一脈通ずる曲回しがうかがわれてならないが違うのだろうか——。

白金女

舞踊と演劇の元祖的な要素を骨組とする仮面舞は、現代感覚とはおよそずれてはいるが、単純素朴な仕草のなかには、今まで余り日の目を見られなかった芸であるだけに純粋性がこもり、今の人たちが、それを見る見られない問題などとは別に、韓国古典舞踊にとっては考古学的な輝きが内包され、その郷土的なにおいには民俗芸術の標本ともいえるべき源泉が流れている。

最後を飾る「農楽」の場面ではアクロバット風の「象帽踊り」と「杖鼓舞」など喝采を一手に引き受けたような形になったが、わずか十歳そこいらの子供の芸にしては、目もくらむばかりの回転で息をのませ象帽のリボンさばきも生きものずばりの鮮かな妙技をくりひろげた。

全体としてレパトリーの性格からややもすれば、もたれ気味になるショーではあったが、幕間を賑わす張笑八と白金女コンビの漫才などは、懐かしい限りのウイットをとばして場内に爆笑の渦をまいたが、超肥満型の体はかえって愛敬にもなり得て小造りの張笑八とはつり合いのコンビであるらしい。お喋りの筋も舞台の進行に歩調を合わせて運ばれ、しかも退場際の「締めくくり」も見ものだ。

滅多に味わえない韓国庶民の素朴の情緒——、ショー的要素に欠けるとはいえ、じっくりかみしめれば踊りたくもなるしんみりとした唄のはんらんであった。

詩　壇

金　賢

「夕景」

けぶる地平線に身を秘め入りなごりつ
ひとときは赤く燃き夕日の悲情つたえる湖
ふくれ上がる情炎は
あかき糸引きつつわななく
波上に影おとすボートは杭につながり
寂しく人の恋しく揺られ揺られ悲しく軋み
茂の色あせて幽かに息づく凪の空を呪うがごと
痛き風にうたれ慄える心に煩悶かもしつ
湖に祈るがごと頭垂れり
暮ろう四方の夕景静もり深もり黒々と変身
さながら角高き悪魔のごと
その姿あらわにむき出し
迫り来る虚空白の地平線になく
紅さし粧り咲く菊は空を眺めるも
舞のうごめき暗く裂りつつ
月の出でるも星のきらめき日ごと変うつなり
その紅くらみゆくごと

「亀」

すがた醜き亀は
その姿を憂え命を呪いしが
そのあし一途に歩むめり
しかし人の醜き
その姿知れるやとろろや
亀みにくきかくすも人の醜うつ
ああ哀れ咲くも声えず
傷つけど救いなき
耐え忍ぶ日々の醜き歩みなるが
地には地の光　日には日の光
時として消ゆることなく
炎出でつづる青き芽
光り輝く黄金の芽
醜けくがこそ歩むめり

李朝野史物語

徳宗成宗時代篇（10）

成宗大王の治世（八）
科挙にも運が伴う

成宗大王はお微びで巡行中相当逸話がある。次の話もその一つ。

或る冬のこと、雪が降りつついた。雪はやんだが北面から吹き下ろす寒風は、身をちぎる様い夜であった。

雪の間だけは夜間巡行をやめていた王は、その日の生活に困っている国民が、どれだけ難儀しているだろうと、心を痛めた。寒気が厳しいので侍臣から夜間外出を強く止めたが、王はこれを退けてから侍者の服装で一人御殿を出た。

街は雪一色に覆われていた。時刻を知らず鐘の音は、いんいんとして夜空にこだまし、夜半三更の都は静まりかえって人の影は絶えた。その中を一人して行くのは王その人であった。

王が南山の麓に差しかかると、どこからか読書する声が聞えた。元来好学の人であったので自然と読書する声の方へ足が向いた。

書を読む主の家は、名ばかりの家屋で塀はくずれ、屋根もふき替えてなかったので佗びしかった。

王は、好奇心をもって塀の中に入って立聞きした。読んでいるのは春秋左伝であった。読書の主はすらすら読んではいるが、滅入るような弱々しい声であった。

暫くすると、内室から人が来る気配がしてから、女の声で「あなた。二日も空腹で火の気もない冷房でそんなに無理すると体に障ります。もうお止めにしては…」というと男の声は「ひもじい上に冷房であるので眠れないのです。書でも読まなければやりきれない。何時になったら貧乏神を御免できるだろう」

この夫婦の話から、二日も飢えながら書を励んでいる主の忍耐強いのに感心した王は、窓のところで咳払いをした。戸外の人の気配に驚いた夫人は内室に帰り、その主人は窓を開けてから声をかけた。

「どなたですか」

「夜道を行く者ですが灯火が消えたので火を借りたい」というと、主人は「一寸お待ちを」と言いながら火をつけて差出した。それがきっかけとなり、王は「では、少々休まして欲しい」と云って房内に入った。房は氷より冷たかった。

主客は初対面の挨拶をしてから話は書の方にはずんだ。王は、主人が博学であるのにどうしてこんなに不遇だろうと不審に思った。

「主人よ。貴公のような大学者がどうして科挙に漏れたのです。恐らく試験官が不公平でなかろうか」と聞くと、主人はそれを否定しながら曰く

「小生が馬鹿だからです。また科挙には運がつかなければ駄目じゃないでしょうか」

王は、何んとかして彼を助けてやろうとして、その自作集を見せてくれと頼んだ。

主人は客人が熱望するので自分が得意とした文集を差し出した。王は、それを一通り眼を通してからその中から秀逸作を指して、口をきわめてほめられてから、「聞くところによると不日科挙があるそうだから」と、それに応ずるように勧めた。

主人と別れた王は、別監に命じて銀子百両、白米一俵と魚干斤をその儒生の家に届けさした。

さて、儒生の方では夜中に火を借りた見知らぬ客を送り出してから、考えてみた。その人品気格は気高く、どことなく威圧される感じがしたので普通民間人でないことはわかった。不思議な来客者のことを考えつづけていると、戸外で何にか重い物が落ちた音がした。びっくりして戸外を見ると大きな包みが置かれていた。それを見てその贈主が誰であるか、すぐ悟った。

儒生夫婦は、宮城に向って恭しく四拝して聖恩に感泣した。

一方、王は大提学に命じて科挙令を発令した。南山の儒生も科挙の布令を聞いた。彼にとってはめったにない好運が間近に訪れることになった。しかし、やはり彼にはどこまでも不運がつきまとった。

というのは、二日も空腹でいたので思わぬ夜中の賜物で腹一っぱい過食したのが原因となり、ひどい腹痛で病床に倒れた。

あいにく、この日が丁度科挙の初日であった。到底科挙に出られるどころでなかった。そのとき彼の弟子が来てくれたので、当夜のことを話して聞かせてから、弟子をして科挙に出るようにした。

さて、王は科挙の題目を例の儒生の私集の中から選んで置き、その結果を待っていた。

やがて、応試者の優秀作が王の前に回わされた。王は答案の中から儒生の詩を状元と決定した。ところが、答案の作者を調べて見たら他の人の名となっていた。王は不審に思われてその作者をお呼びになったら、儒生ではなく紅顔の美青年であった。事が案外であったのでその若者に対し

「今日の科挙に出した詩は汝の自作に相違あるまいね」と聞かれた。青年は王を偽わることはできないと考えたので、事実通りに申上げた。

青年の話を聞かれた王は「汝の師が云った如く科挙は運が伴うものである」と嘆息しながら、儒者のために嘆いた。（石鼓山人）

故郷の味

お正月には、必ずつきものの、おいしく冷たい飲物を作って、不意の来客にも、あわてないようにしましょう。

干柿汁（スウジョンクヮ）

材料
干柿一〇個、胡椒の実（丸のまま）小さじ一杯
しょうが一コ、肉桂の皮、小片
砂糖一五〇グ、松の実、少量水二以

作り方
①生姜の皮をむいて薄く切ります。
②こしょうの実と肉桂の皮片と①とを水煮して味と香りが充分にじみ出たら火から下す。
③ほうろうびきの器か小さなかめの中に砂糖を入れ、②を注いでかきまぜ、砂糖がすっかり溶けたらそのまま冷ましまます。
④③の中に干柿をいれて一日か二日たちますと出来上りです。

シッケ

材料
麦芽の粉六〇〇グ、白米〇・四以
水一・二以、砂糖或は蜂蜜、適量
柚子一コ、生姜一コ、松の実少量

作り方
①麦芽の粉を水溶きして、三—四時間おきますと黄白い液体に変ります。
②白米ではとわめのご飯をたいて冷めない中にとって早く小さいカメの中に移し①の上澄液を注ぎ座団をよく包んであたたかい所に、三—四時間おいて飯粒が二・三粒上に浮かび上った頃、冷たい場所に移します。
③水一、二以の中に、しょうがと柚子、なければ蜜柑の皮などを入れて煮込みきれいにとして、砂糖か蜜で、適当な甘い味にします。
④ガラス器に、②のご飯粒一杓子ほどを水で洗い水気を切って入れ、③を注ぎ松の実を浮かします。

安住の地よいずこ

許　種　旭
え　金　泰　伸
（143）

安住の地は（二十九）

すでにある覚悟をしていた後の沈着な心で、私は足を運んだ。いつのまにか私の足先が貯水池についた。孤独と沈黙と寂寞がただよう貯水池を、私は穴のあくほどみつめた。

あまたの悲しい生命を遠慮なくのみこんだであろう静かな波が妖気をただよわせて、私の眼の中にはいってきた。瞬間、私は全身に鳥肌のたつのを意識した。

（私としたことがどうしたのだろう？）

自らに対する疑問がわくのを意識しながら、私は眼をじっとつむった。つむった眼の中にかけよる幻像があって、私はびっくりとして首をふった。形すらはっきりしない死の群像が、足かせをずるずる引きずりながら歩調を合せて迫っていた。絶望におちいったその姿は、哀れで恐ろしいこと、この上もなかった。

「あー」

自身も意識しない中に、私は叫びながら一歩一歩後にさがった。私は、息を殺して後をふりかえった。闇の中の繁茂し黒々とした森が風にささやいていた。その風の音に混って、どこからか遠いところから子どもの泣き声が小さく聞こえてきた。

（私は気でも狂ったのか。乳のみ児を残して死ぬとは……。生きねばならない。自己を喪失しないで現実に負けてはだめだ。自己を喪失しないで勇気をもって生きねばならない）

誰もしない絶叫が、闇の中を静かに拡がって行った。私はきた道を引き返して走り出した。（すべてのことはなるべくしてなったのである。自身におおわれた暗黒を払い除けて、温く心をほぐしてくれることは、絶対、自分自身にあるものである。もしも人間が孤独に耐え切る力を持っているとすれば、どんなことをしてでも耐え抜くことができることだろう。孤独に耐え切れず、自己を喪失することによって、落ち込む破滅の淵……どのくらい多くの人が惜しげもなく自己を切り売りし、新しい相手から相手に移り、自己の一部分、一部分をいくらにもならない幻滅と交換しながら、だんだん孤独に不安の奴隷になってしまったことだろうか……。すべてをあきらめるところからくる自我救出の道……それのみが、いま私がとるべきただ一つの道である。疲れた生活にも心の余裕を与え、希望を投げてくれる文学の世界が私にはあるのではないか……。それは誰よりも私の情深い伴侶となるであろう。人生は、決して私をすてたのではなくて、かえって私の手をしっかり握ってくれたのである。勇気を出して現実にぶつかっていこうぞ。そうすれば現実はまたとない私の友となるであろう。

私は何度も心の中で繰りかえしながら、家に帰る道を急いだ。

やがて私は家の前でためらい足をとめた。誰にもあいたくなかった。内に入れば必らず誰かにつかまることだろう。私は心にもない慰めの言葉を聞きたくなかった。それは好奇心の仮面をかぶったに過ぎなず、あるいは人の苦しみをみて、ひそかに喜ぶ心の表現であるがためである。外部から受ける言葉は無意味なものである。そういうことは決して自身を助けてくれはしない。助けてくれるということは、自分自身にあるものである。

■ホール
■御座敷
純京城料理
京城館
東京都新宿区神楽河岸3号地
宋万星　国電飯田橋東口下車橋のたもと
電話（331）2652

○サッカリンナトリウム・化学工業薬品製造販売
大東化学工業株式会社
取締役社長　林　泰　善
川崎市桜木町2の58　TEL（2）3381

一般鋼材
丸棒型鋼
安田金属
代表者・安田圭鎬
東京都墨田区緑町4〜30／電話　本所（631）1355／8573／8983番

営業種目
金属表面処理加工
サンドブラスト加工
旭メタリコン株式会社
ASAHI,METALICON,K・K
取締役社長　尹　炳　奭
東京都大田区大森6の2648
TEL（761）5018

営業品目
海狗腎及其他補薬
人蔘鹿茸唐草乾材
和漢医薬各種新薬
直ぐ服める液体漢方薬
内外貿易業務代行
日和堂薬院
大阪市東成区大今里南之町1−14
電話（971）3180・7958

階上・和室・洋室・御家族連れ
御結婚式場・披露大小宴会
新館完成開店
北京料理　アベノ　東海倶楽部
本店　アベノ橋南詰西側　電話（632）0285　（632）0286〜7
新館　アベノ区旭町1丁目1番地（アポロ座西隣）　電話（632）1255〜7

※世界各国航空船舶券発売・渡航手続一切
※KAL航空券取扱・韓国旅行案内
※各人ＩＴ旅行障害保険取扱
※国内観光旅行案内
ORIENTAL TRAVEL SERVICE
Code: ORIENTRAS Tokyo
東洋航空株式会社
本社：東京都中央区銀座西7−2　TEL（571）1340・7930
大阪：大阪市東成区片江町2−50
fly to SEOUL

近代工業の先端を行く精密機器用宝石部品の日本国内唯一のメーカー

納品先
電電公社
日立電気
三菱電気
松下電子
シチズン時計
ヤシカカメラ
三協精機
リズム時計
東京時計
島津製作所KK
品川製作所KK
日本碍子KK
安立電気
セコニックKK
協立機機
日本電子
千代田光学
理研電計
矢島計器
日本電装
其他計器メーカー70社

株式会社　光陽精密宝石製作所
営業品目
軸受宝石　計器用軸針
時計用宝石　装身具用宝石
電気指示計器用
航空計器用
其他各種計器用
ミリ波遮行計器電気　岩部用サファイヤー　カメラ用軸受　メーザー用ルビー

当社直営店の御案内
光陽宝石直売店
自由ケ丘　田園　宝石部（喫茶部）
ヒカリ街デパート2階　TEL（717）2131〜3
五反田駅前　ユーヨー宝石
五反田駅前　TEL（441）5911

割引マーク
koyo

山梨工場検査部
山梨工場研磨部

株式会社　光陽精密宝石製作所
代表者・郭泰石
本社・工場　川崎市小杉陣屋町2丁目1280番地　電話中原（0447）5254・9029番
山梨工場　山梨県都留市上谷1680番地　電話（都留）2175・2176番

●右掲載の割引マークを当社直売店に御持参の方には一割〜二割の割引サービスをいたしますします。

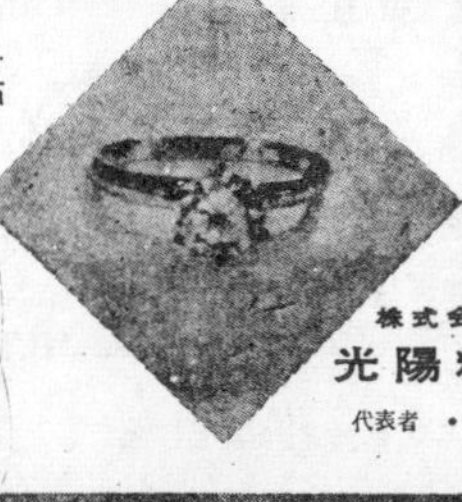

韓國新聞
発行所 韓国新聞社
東京都文京区金富町51
電話(813)2261・2263 編集
(812)1921 (813)2262 業務
振替口座 東京 34988番

韓国と日本を結ぶ!!
広告企画と立案・図案文案製作
新聞雑誌広告・ラジオテレビ広告
ネオン屋外広告・市場調査と興信
その他広告宣伝PR
広告代理業 KPR
TOKYO 港区芝琴平町26 電話(501)0471
SEOUL 乙支路一街101 電話(2)1811

政局収拾に九条件を提示

朴議長が重大声明発表

政治指導者が応諾すれば 大統領選出馬せず

政治活動禁示を解除

【ソウル発=連合】国家再建最高会議朴正熙議長は十八日正午、最高会議において時局安定のための収拾策として九つの事項を提示する重大声明を発表した。同声明書において朴議長は軍の政治的中立を堅持することをはじめとし、韓日問題は超党的立場から政府の方針に協力すること、政浄法を全面的に解除することなど九項目を提示した。そしてこれを政党人及び政治的指導者が受け入れるなら民政に参与しないと述べた。同声明の要旨は次のとおり。

朴議長

五・一六革命の直接的動機が政治的な腐敗と混乱にあったことを考える時、腐敗と困窮を一掃し新しい政治道義を確立すべき革命課業を達成し得ぬままに民政移譲を行なうことにあたり、革命政府にとっていかにしたらこの革命課業達成をなし遂げ得るかは大いなる関心にならざるを得ない。過去四十日間の政治活動をみると、旧態依然とした政治様相は私に例えようもない失望と国家の将来に対するこの上ない不安を与えずには置かなかった。またどの政党にしても心の底から進んで革命課業継承をなさんとする努力どころか、大部分の政党はむしろ革命を非難するなど革命課業を無視する態度にでていることは私の極めて遺憾とせざるを得ぬところである。

ここにおいて政治人達の反省なしにこの政局を進めて行くならいかなる結果を招来するかは火をみるより明らかである。われわれは二度とふたたび革命という手術を必要とせぬ健全な民政を誕生させるべき歴史的環境にあり、ここに革命政府と政治人達の間に反目のない政治的協商がなによりも必要となるのである。

私は革命をおこした一責任者として深く現事態を憂慮せざるを得ず、政局の改善なしに民政を迎えるとか、または革命理念の継承される保障もなしに軍政を終らせることなどは結局五・一六革命の意義を否認し再び五・一六以前の腐敗した状態に戻ることにしかならないとの結論に到達したのである。

混乱した現政局を打開して民政移譲を前に総合的継承と民政の総合的反省を要約する次のような政局収拾のための方案を総ての政治人に提案しまた総ての国民の前に提示する。

九条件の内容

一、軍は政治的中立を堅持するものであり、民意によって形成された政府を支持する。二、次期政府は四・一九精神と五・一六精神を受け入れ革命課業を継承することを確約する。三、革命主体勢力は自分ら個人の意志にしたがって軍に復帰または民政に参与することができる。四、五・一六革命の正当性を認識してこれから政治的報復を一切しない。五、革命政府が合法的に任命した公務員に対してその身分を継続保障する。六、有能な予備役軍人の国家に対する功労は認め能力にしたがっておい優先的に起用する。七、総ての政党は中傷、謀略を常とする旧態依然たる宣伝を是正し、国民のため何をするかという確固たる政策をたて国民の信任を問う。八、国民投票によって確定された新憲法の権威を保障し、これからの憲法改正は国民の世論にしたがう合法的手続をふんで実施する。九、韓日問題に対しては超党的立場で政府に協力する。右記の提案が総ての政党人とか政治指導者らによって受け入れられるならば一、本人は民政に参与しない。二、自由民主主義の基本秩序を保存する方案を強く求める革命行為を妨害した者、不正蓄財者の内還収金を完納していない者、刑事拘束を免じる目的で逃げている者を除く、政浄法によって政治活動を禁じられている総ての政治人らの政治活動禁止を全面的に解除する。三、選挙時期を五月以後に延期する本提案に対する総ての政党政治指導者らはその受諾可否を来る二月二十三日まで国民の前に明らかにすることを提議する。本提案を受諾した時本人はちゅうちょすることなく各政党代表と政治指導者、各界責任者を一席に招請して、この席でこの内容を厳しゅくにぼって行なうことを国民の前に宣誓することを提議する。

親愛なる国民の皆様、本人はこの方案が勝共の完遂と民政の新しい出発のための最善のものであることを確信しながら国民の前に提示するところである。また政治人の皆様は本人のこの心境をうけ入れこの提案を受諾してくれることを望む。このような問題が円満に解決されれば革命政府は残る軍政期間のあいだ一切の政党に加担せず中立的な立場で行政面を通じて時局と民政の安定に力を尽すものであり絶対公明選挙を実施して自由民主主義の土台を確固にして革命の有終の美をかざるため最善の努力を尽すということをいま一度再確認する。この機会に本人は国民から現在政府が依託をうけているいくつかの問題に対してこれを積極的にうけ入れ責任課題を明白にすると共に国民の前にその真相を公開することを明らかにすることを確約する。

野党側は大筋で歓迎

尹潽善氏朴声明を歓迎

国民は卒直に受入れよう

【ソウル発=連合】前大統領尹潽善氏は十八日午後声明書を発表し、旧政治人らも国家の難局を打開するため小我をすて朴議長の提案に全面的に同調することを望むと語った。

朴議長の政局収拾方案を支持するという声明を発表した尹氏はその声明を通じて、私は朴議長の声明は国家の難局を打開するため軍人らしい決断から出たものとみるし、総ての国民は良心的にこれを受け入れることを信じると語った。

尹氏はまた、いま我が国はどの時よりも国民の人の和と団結を必要としており、私は朴議長の声明が民族分裂と政局混乱の危機を大きく緩和する契機になることを信じると述べ、世界は韓国を注視しており、国民は政治人らを注視しているから政治人らは覚醒して自由民主主義の基盤を築く時がきたと強調した。

民政移管の円滑化に寄与

米大使館、情勢を検討中

【ソウル発=連合】米大使館側は十八日午後、朴議長の政局収拾声明とこれに対する政治指導者らの歓迎を慎重に検討している。米大使館側は短い声明を通じて朴議長の声明が「国民の団結と安定したふん囲気の中で民主的方法によって民政移譲を円滑にする基礎になることを確信する」と語った。

ワシントン筋も歓迎

朴議長の決断に賛意

【ソウル発=連合】ワシントンからの報道によると、アメリカの官吏たちは十八日、朴議長の民政に参与しないという声明はもっとも立派な政治行動であると述べた。アメリカの官吏達は権力を握っているある個人が、その権力を自発的に譲るということはたやすいことでないものと指摘し、朴議長の決断力に好意を示した。

政局収拾に希望

自由党も歓迎の意表明

【ソウル発=連合】仮称自由党は十八日午後、朴議長の政局収拾案は希望をもたらすものであるが、内容は慎重に分析検討された後決定する、と語った。

態度決定急ぐ民主党

新局面に政策の建て直し

【ソウル発=連合】民主党は来る二十日午前十時常務委員会を開き、朴議長の二・一八声明を検討した後、九項目の収拾方案に対する受諾如何を決定する予定である。朴議長の二・一八声明に原則的に賛成した民主党は来る二十三日に朴議長との会談で五月以後にのばすとした選挙日時の明示、公明選挙のため各政党代表送の各級選挙管理委員会参加等、対策を作成する。

民主党高位幹部は朴議長の次回大統領不出馬声明で野党の対与党闘争は政府に協助する方向に緩和されるものと展望し、民主党も新たな事態に対処する闘争方案を模索することになろうと語った。

革命の正当性認める

民政党、朴声明を歓迎

【ソウル発=連合】民政党の指導委員会は十八日午後、朴議長の政局収拾方案を検討した後、大体歓迎するという結論を下し、九項目の収拾方案を細目別に検討して受諾可否を決定することにした。この日の会合で政局収拾案を細目別に検討するにさきだって他の野党指導者らと事前に協議はしない方針を立てた。金炳魯代表指導委員はこの日会議を終えて「朴議長の声明を聴き、我々としては朴議長の心境を充分理解し大体肯定できる」と述べ、「事の重大性にてらして文意にはっきりしない所があり、細目別に検討する考えである」と語った。同氏は政局収拾案を細目別に検討するにさきだって野党指導者会合をもつ考えはないと語った。五・一六革命の正当性を認定しているのかという記者の質問に対して、五・一六革命はその時の情勢からして不可避であったと語った。

一方、同党は十九日午後二時、指導委員会を開いて朴議長の政局収拾方案を分析検討して受諾可否を決定する。

受理書類は二時間以内に処理

商工行政の能率向上を計る

朴忠勲商工部長官は十八日記者会見を行なって商工行政の機動化のため新規事業を除く貿易に関する書類を二時間以内に処理すると語った。工業面の協議制を廃止して商易局には技術事務官二名をおき貿易事務の能率をあげると次のように語った。

これからは長官または次官は毎週水曜日ごとに商工会議所にでて貿易実務者から民間の商談を直接聴く。商工部に送られてくる陳情書は企画調整官に担当させ、最も適切に処理するよう指示した。

五カ年計画を再調整

経済政策の全面的再検討

【ソウル発=連合】国内商工業界は物価高騰と外貨不足など最近の経済的難局を打開するために（一）五カ年計画の全面的再調整（二）物価抑制策の再検討（三）財政金融政策の改革（四）輸出振興および構造改編に重きを置く産業政策など一連の独自の総合経済安定対策を成案しこれを施策面に反映させるよう政府に建議するという。

五カ年計画再調整については、原案の平均成長率七・一%を五ないし六%に引下げ、物価安定対策については財政金融の正確な把握、導入資材と国内資源価の調整、原資材導入財源の確保、リンク制の再検討など、財政金融安定策については租税収入総額の再調整不必要な資金放出を抑制することによりインフレを抑える、金利体系を再検討して引下げを行なう。輸出振興策については輸出金融の金利引下げと融資対象拡大、リンク制を再検討し開発補償制を確立、産業政策については二次産業に重点を置き、基幹産業に注力することなどをそれぞれ内容としている。

大統領選出馬せず（承前）

誇大広告に取締り

薬事法に新規定

十八日伝えられたところによると保健社会部は薬事法三十三条によって医薬品、医療用具化粧品などの誇大広告を取締る方針をたて附令として取締方案を作ることになったという。

軍部の強力な働き

朴議長声明発表を後押し

【ソウル発=連合】軍の政治的中立を守り民意によって樹立される政府を支持すると言明した朴議長の九項目の時局収拾提案が十八日発表されるまでには国防当局を始め陸・海・空軍首脳部等の真剣な進言があったようである。国土防衛の先頭に立っているこのような三軍首脳部らの憂国的進言は、軍は政治から中立であるべきであるという意見に集約され、過去三・一五不正選挙時のように政治への介入をくりかえしてはならないと朴議長に直言したことが十八日国防部一高位消息筋によって明らかにされた。過去自由党政権のもとで軍が三・一五不正選挙に高位指揮官を直接介入させ軍の伝統をけがしたため、このような汚点をくりかえしてはならないという立場から政争を重視した三軍首脳部らは朴国防長官の主催のもとで数次にわたって会合をもち、軍本来の態度死守を決議してこれを朴国防長官自身が朴議長に伝達したといわれる。去る一月中旬陸海空軍参謀総長と海兵隊司令官は竜山の国連軍司令部に招請されてメロイ大将と長時間協議したが、この席では韓国の現情勢を検討した後、「軍は絶対政治に関与しない」との合意をみ、軍の指揮系統確立に関しても慎重に検討されたという。朴国防長官は軍のこのような動きを実践に移すため最高会議の金鍾泌最高議員とともに共和党の金在春氏と接触し、これらの者の参意を得、朴議長に対して一、軍は絶対厳正に中立を守ること、二、合法的選挙によって樹立された政府はどの政党であれ認めること。三、一日でも早く混乱した現政局を解決する方法を講ずるなどを強力に要請したと伝えられた。以上の内容を明らかにした同消息筋は万一このような要求が貫徹されなかった場合、大変な混乱状態が起きていたかも知れないと意味深長な余韻を残しながら九項目の時局収拾方案が発表された事に対して安堵の色を現わした。同消息筋はまた十九日ごろ三軍参謀総長と海兵隊司令官が軍の態度を明らかにする声明書を出すため、朴国防長官主宰のもとでまた会合をもつと伝えた。また同高位消息筋は「軍が中立を守っていくため何よりも頭痛の種であった某関係との線をたち切るため朴国防長官がどれだけ苦心したかわからない」と述べ「今や軍は国土防衛のための至上目標だけをもって働くことができる」と付言した。同筋はまた革命主体勢力でも軍に復帰しようとするならば階級にしたがって軍人事法によって公正にその身分が処理されるし、少しでも恩恵するとか特別な待遇はうけないことを明らかにした。

誤りは忠実に正せ

民政への円滑化に全力

【ソウル発=連合】朴正熙最高会議議長は十八日午後、最高会議内閣連席会議において民政移譲を控えて、残る五、六カ月間革命初期の気分で再び旧悪を一掃する姿勢にもどって果敢に政策を遂行するよう要望した。

なお朴議長は中央情報部及び捜査機関は政治に関与するか或は脱線及越権行為を行なうことによって国民の不信任を招くようなことがあってはならないと語る一方、誤った点を是正するに躊躇してはならないと強調しながら最少限革命政府は他に失敗があったとしても不正腐敗とは生命をかけても妥協しないということをその目標としていると語った。

議長の訓示要旨は次の通り。

▽民間資源処理の遅延、末端公務員の収賄、列車札符暗売等公務員の紀綱に害を及ぼしているが、所属長官は、部下職員の監督に徹底を期すること、特に政権交替を控えて政局に対するゆき過ぎた関心によって情勢を観望しつつ、自分の業務をおろそかに処理して不正があった場合には断固これを処罰する。

▽失政は果敢に是正しなければならないが長官の威信や立場のためこれを放置して置き、国民を苦しめてはならない。

▽最高会議は行政部から移譲されて来た法案を早急に処理すること

▽CIA（中央情報部）や捜査機関が国民のひんしゅくを受けることがあるが本然の任務だけを忠実にすること。

▽政府は自信のある計画を樹てこれを国民に納得させること。

輸出入の不均を是正

韓、比貿易会談開催

わが国とフィリピン間の貿易不均衡状況を是正するための韓・比貿易会談が来る二十五日からマニラで開かれる。外務部伝によれば六十一年二月韓・比貿易協定が締結された後初めて開かれるこの貿易会談は年間一千二百三十一万九千ドル程度の原木、アバカなどをフィリピンから輸入したわが国が、わずか十五万六千ドルしか輸出できなかった（六十二年度実績）ことに対して輸出入不均衡状況を是正するため開かれるものである。

一方、この会談のわが国首席代表は金溶植駐米大使館参事官であり、代表は申五植商工部商易局長、尹河璡外務部一等書記官、梁亀変駐米大使館二等書記官、金鎮東駐中国商務官、柳燗植貿易調査部長、李炳龍貿易振興公社国内事業指導あっせん課長などの諸氏であり、ソウルにいる代表らは来る二十日現地に向け発つ。

UNCURKでも討議

緊急会議を開催

UNCURK（国連韓国統一復興委員団）は十八日ソウルにおいて四カ国代表の緊急会議を開き、朴議長の声明と最近の国内情勢などについて協議した。しかしその内容はまだ明らかにされていない。

外援企業体の稼動率低下

資金難が主原因

十五日韓国外援企業協議会（会長[illegible]氏）の発表によると、ICAおよびUNKRAなどの外国援助によって設立された全国九十三カ所の外援企業体は、主として資金難により五十八・五%の稼動率を示すに過ぎぬという。

同発表によると三、四三四万五千五百ドルの外貨を費して設立された百九十三カ所の外援企業体は年間百十四億ウォンの生産実績（六一年）を挙げて、一、二九七万ドルの外貨を節約する一方、一、二九二万ドルの外貨を獲得し国内産業に寄与するところ大であったが、現在では自転稼動は、三十四企業体、完全休業が十八企業体、五十五企業体が五十%以下の稼動率

民政党が時局講演会

鍾路国民学校に八千人の聴衆

【ソウル発=連合】民政党時局大講演会は十六日午後三時市内鍾路国民学校に数千名の市民が集った中でその幕を開いた。この日弁士らは演説を通じて激しく革命政府の施策を批判した。ソウルでどの政党よりもいち早く開いたこの野党時局講演会を聴くため主に年配層の約八千余名の市民が講演が始まる前に校庭に集り校庭外の人道でも耳をかたむけていた。最初に演壇にあがった李仁（民政党指導委員）氏は政浄法をはじめとする革命政府の諸立法が憲章を冒した法律でないため改編しなくてはならないとし、現行大統領及び国会議員選挙法では公明選挙を期することができないため改正しなくてはならないと語った。つづいて李仁氏は平和線独島は絶対に譲歩することが出来ないし、生命をかけても守らなくてはならないと主張した。また証券波動の経緯を国民に公表せよと要求した。高亨坤（同党政策委員長）氏は革命二十カ月の生活圧迫と窮屈の中に我々はあった。行動の自由を生命のように尊んだ同氏の自由を奪ったと指摘した。高氏は革命政府が現実を無視した計画を敢行して国民生活を恐怖の中に落し入れたと述べながら五カ年経済計画の失敗をあげた。また再建国民運動は毎年三十億という莫大な予算を使用しながら政党組織の手先のようなことをしたと糾弾、再建国民運動機構と中央情報部を解体して貧民を救済するための予算を転用せよと主張した。鄭鎬溶（同党指導委員）氏は革命政府の政策貧困と朝令暮改的な立法によって国民は不安と飢餓の中にさまよっていると述べ農村高利債整理、貨幣改革、言論政策は形式的で観念的な政策で一つも成果を得ることができなかったと指摘した。鄭氏は革命主体勢力が公約に違反して民政に集団的に参与しようとする独善的な行動であると非難し軍事政府を背景とする不正腐敗が過去の自由党政権時代よりもひどいと語った。彼は過去独裁者の手法を踏襲して各界各層の人々を自分達の傘下におき莫大な予算で十万名の中央情報部員をおいたことは恐怖政治と異るところがないと語った。この日の時局講演会には李仁、鄭鎬溶などが弁士として立ったが、終始秩序正しいふん囲気の中で進行された。

デ杯選手団、来月19日来日

アジア地域予選で日本と対戦するデビスカップ争奪アジア地域予選の韓日第二戦が来る四月五、六、七の三日間東京で開催される。この競技に出場するため、わが国選手団一行五名が三月十九日東京に向う予定である。選手団一行は本競技にさきだって大阪で練習をするため早めに出発するものである。

最高委員は残らず声明支持

民政参与如何は未定

李厚洛最高会議スポークスマンは十八日午後朴正熙議長の時局収拾方案に対し最高委員らは全員支持すると伝えたしか。し最高委員らの行動統一で民政に参与するかどうかは明らかにしなかった。これらの者は去る十五日非公式会合会議で「朴議長不出馬行動統一で民政に参与しない」という意見が圧倒的であったが、一部委員らは個人の意思にまかすべきだと反対したという。最高委員らはそのため近い内に非公式会合をもって自分等の去就問題を論議するものとみられる。

一方共和党はこの日会議で決委員長の声明があるものと予想したが、午後六時現在朴議長声明に対して公式的論評をさけた。

去就問題など討議か

革命主体党員ら朴議長と要談

朴正熙議長の政局収拾案が発表された十八日午後、姜尚郁、呉定根氏を初め徐相鈞、趙南哲、曹昌大、李錫根、申允昌、張東雲氏ら革命主体勢力党員らは最高会議に朴議長を訪問して要談した。これらの者のこの日の要談内容は明らかにされなかったが、これにさきだってこれらの者は法司委員長室で一連の会合をもち共和党の進路を初めとする、自分達の去就問題を論議したものと伝えられている。金鍾泌氏の去就問題に対しては固く言及をさけた。

労総の解体を要求

新たに労連結成へ 保健社会部で指示

十八日保健社会部労働当局者は現韓国労総の解体を要求し、準備大会を終えた韓国労連問題に対して勤労者の団体活動に関する臨時処置法と労働組合法の規定にしたがって手続だけ終えれば労働組合として発足できるという見解を表明した。同当局は現行「労働組合法」は必ずしも韓国労総の組織体系である産業別労組体系を要求するよう規定してはいないと語った。

職種別労組を組織

労連の発足に伴い

韓国労連の発足を契機に十六日午後、ソウル労働会館では「鉄道運輸労働組合」と「鉄道機関車労組組合」創立準備大会がそれぞれ挙行された。これは韓国労連の組織要項にしたがって職種別労組で発足しようとする試図でこの日あった二つの大会はそれぞれ声明書と宣言文を採択した。

営業種目
鉄材／丸棒／ステンレス
加工及販売
南星ステンレス工業KK
代表取締役 李武夫
東京都大田区大森6ー2654
TEL 761／8118

ながいご愛顧
かがやく伝統
✻第一銀行

ご商売やお住いのご計画に……
東京商銀信用組合
東京都文京区湯島天神町三ー一ー四
電話代表（八三二）五三三七九・五三三〇

日韓出版貿易株式会社

■移転及び社名変更のお知らせ

謹啓　弊社毎々格別の御高庇に預りまして、有難く厚く御礼申上げます。

御蔭様にて業務日増しに発展に向いますことは、偏に各位の御愛顧の致す処と深く感謝致して居ります。

扨て、今般営業組織を変更し、弊社名を日韓出版貿易株式会社と改号し併せて左記の所で移転致しました。

何卒今後共旧倍の御引立の程御願い申上げます。（旧綜合韓国資料社）　謹言

◆業務案内◆

貿易部（書籍輸出入）

販売部　販売及び宣伝業務、特に日本書籍・中国書籍・洋書も皆様の御要望に応じます。海外及び国内発送もお取次致します。

資料部　写真資料・マイクロフィルム・取引関係信用調査・商品市場調査・其の他

広告部　韓国各種新聞雑誌・ラジオ・テレビ・ネオン燈　韓国向PRなら弊社におまかせ下さい

雑貨部（三月一日から業務開始）　韓国人形・レコード・オボン・オゼン・食器・屏風・美術工芸品

韓国料理全書（純国語版）　方信栄著
此の本一冊で母国の料理が自由に作られます。　定価 一、七五〇円

韓国歴史小説全集　全12巻
此の全集は重点的な史料を小説化した作品を選んで歴史的に系統立てたものである。又韓国文化を通じ歴史を正しく面白く読めるように編集されており韓国文学の代表的作品として時代を超越して永久に残る名作である。　定価 一五、四〇〇円

式辞演説全集
【主な内容】式辞・人事・演説・講演・祝賀披露・集会・激励・弔話・年中行事・選挙・推薦・政見発表・賛助演説・雄弁・座談・東西古今金言名句　定価 一、七五〇円　八一六面・箱入り

日韓辞典　（小）七二八面…一、八〇〇円　（大）九六三面…三、〇〇〇円
【本辞典の特色】（1）収録語十万（2）日常用・科学用古典用語総網羅（3）新語・外来語・原語と共に収録（4）動詞・形容詞・助動詞・形容動詞の活用表附録

最新弘字玉篇
本書は漢字二万字をもっとも詳細に訓訳した新玉篇である。古字・新字・俗字・略字・漏れなく収録されている。　定価 二、〇〇〇円（箱入り）

▼注文方法…御注文なさる図書名及び発行所を記入の上弊社営業部宛にお送り下さい。壱千円以上総て現金引換便で迅速にお送りいたします。

日韓出版貿易株式会社
東京都新宿区市ヶ谷船河原町四 TEL（三三一）四七五二
代表取締役 金正祐

革命公約と軍政二年の省察

前最高会議外務国防委員長　金　在　春

国家中興という重大な使命をもつ軍事革命を朴議長は「瀕死状態に陥った患者に対する手術」にたとえた。自由党政権による腐敗と専政、四・一九以後の社会的混乱とそれに随伴する民主党政権の無為無能と無節制は国家と民族の運命を瀕死状態に投込んでしまった。

瀕死状態に落込んだこの患者が選ぶ道は二つしかなかった。手をこまねいて死を待つか、でなければ一大手術を施して患部を抉り出してしまうという冒険を敢えてするかの二者択一をするほかなかったのである。

国家の運命はたくましくて、この患者は軍事革命という一大手術を受けることになった。幸いにも手術の結果は良好で、この患者は療養期を経て健康体に回復することも遠くないようになった。その健康体に回復されて行く過程こそ、われわれがここでいう「軍政から民政へ」の転換過程である。

手術には必然的に多くの苦痛が伴なうものである。その手術が終った後の療養期にも多くの不自由と節制が強要されねばならない。軍事革命以後に流れた二年間という歳月は、手術の苦痛と療養の不自由を忍ばねばならぬ時期であった。これはひとえに、健康体を回復するための、健全な民政への復帰のための準備期間であったことを考慮するならば、苦痛も苦痛ではなかったし、不自由も不自由ではなかったといわざるを得ない役回りではあるまいか。

この革命期間を通じて外務国防部門の国家最高政策樹立を担当した最高会議外務国防委員会の任務は、それこそ重にして大であった。革命公約第一項に明示された「防共態勢の再整備強化」第二項の「国際協約遵守」と「自由友邦との紐帯強化」第五項の「国土統一」とそのための「勝共態勢の確立」などは、われわれ外務国防委員会に賦課された最も大きな任務である。このような任務を遂行するにおいて、われわれ外務国防委員会が過去二年間に歩んできた足どりを回顧することは、この外務・国防部門においての軍政から民政への転換準備がどの程度なされているかを検討するのに有益であると考えうれる。

筆者はこの外務・国防部門の政策樹立を担当した最高委員の一人として、この部門における過去二年間の業績と功を探り、これからの民政復帰の要項を論じたい。

外交部門

積極外交を強力推進

朴議長が米国、日本を訪問

革命政府の外交政策の特徴は、端的に言って消極政策から積極政策への転換をあげることができよう。従来の他力依存から自力本位への転換を意味するものであり、同時に従来の小児病的姑息策あるいはドロナワ策から大胆な積極策への発展を意味するのである。

この積極外交は二つに分けて考えることができる。第一段階は、われわれの最も近い友邦である米国までを包含した友邦諸国が革命初期に革命動機とその必然性ないしは不可避性に対して抱いていた疑惑を解きほぐすための外交活動の時期、すなわち革命政府に対する理解と支援を促求するための活動の時期であり、次の段階は、第一段階から発展してわれわれが自主的な積極外交を展開している現段階を言うのである。

この段階において特記すべき事実は二つある。革命の黒雲もさめやらぬ一九六一年七月に派遣された親善使節団の目ざましい活躍がその一つであり、同年十一月に行なわれた朴議長の米国および日本訪問がもう一つの画期的な事実である。

（A）親善使節団の派遣＝革命政府は革命が勃発して二月も経たない一九六一年七月、米州十七カ国を始めアジア、中東、欧州、アフリカなど五大地域に親善使節団五チームを派遣した。

この親善使節団は最高委員あるいは現地使節を首班にし、学界、言論界、その他社会有志たちを班員として構成された強チームであったため、革命の動機とその不可避性を友邦諸国に理解させ、ひいては彼らの支援の獲得において成果をあげることができた。この親善使節団派遣において特記すべきことは、中立国家を容共国家として蛇蝎視しそれら中立国家との非公式接触すら忌避した従来の小児病的態度から脱皮して〝非共産国家〟であればどの国とも外交接触をもちたいとする革命政府の積極外交がこの親善使節団派遣において開始されたという事実である。

余談だが、ここで思い出されるのは、自由党時代にあった「ニューデリー会談説」である。某政客がヨーロッパ旅行の帰途、ニューデリーに立寄ったことが政治的に歪曲され、ニューデリーで共産側と接触、会談したという一幕の政治謀略が展開されたことを想起すれば、わが革命政府の親善使節団がニューデリーを公式訪問したという事実だけを取上げても画期的な事実であるといわざるを得ない。追って述べるが、現在はそのニューデリーにわが国の総領事官が行っている事実に想い到る時、実に隔世の感があるといえよう。

この親善使節団があげた成果はその後わが国外交網の拡充だとか国連総会における大韓民国支持票の増加のような面で具体的に現われているから、ここで再言する必要を感じない。

一つ付け加えたいことは、この五つの親善使節派遣に所要された経費の問題である。五つの使節団を派遣するのに所要された経費は、従来自由党あるいは民主党治下で国連総会に派遣された代表団の一回の経費にしかならなかったという事実は、革命政府の緊縮政策を意味するというよりは、前政権の浪費を端的に示す好例となるものである。

（B）朴議長の訪米＝われわれの民族運動の歴史は悠久である。民族の独立のためにあるいは外勢からの解放のためにわが先烈たちが傾注した着実な努力と、彼らの不屈の精神は、連綿として継続されて今日に至っている。しかし、この民族運動の多くの例からわれわれは自力本位でない外勢依存の要素を発見できることも、是認しなくてはなるまい。遠い昔の例はさておき、わが近世独立運動史のうえに最も赫々たる記録を残した三・一運動も、その例外ではない。三・一先烈たちの不屈の独立精神を、われわれは過小評価しようというのではない。しかし、当時民族自決主義を提唱した米国のウッドロー・ウィルソン大統領に対しばく然とではあるがその何物かを期待したのではなかったか？　外勢依存とまでは極言できないが、われわれが日常に抵抗し決起するならば列強が援護してくれるだろう、どいったばく然たる期待があったことは否認できないものがあった。

五・一六軍事革命の特異性はそのような意味からも見出せる。われわれは革命の歴史的不可避性を弁護するあまり、またその方法以外には国家の運命を開拓できないと確信したがために、われわれの最も強力な盟邦である米国の意思を排してまで自らの運命を自らの力で開拓するこの大事業を決行したのであった。

形式的な民主制度に拘泥し民主党政権を存続させることだけが韓国の民主主義育成のための最善策だと考える米国にとっては、五・一六軍事革命は晴天のへきれきというほかなかった。米国は革命初期には、この軍事革命の真意を掌握することができず、したがって革命政府に対して多くの誤解と疑惑を抱くようになり、最も緊密でなければならぬ韓米関係は危機を免れなくなったのであった。

かくして韓米間に介在するようになった誤解と疑惑を完全に霧散させてしまう契機となったのが、とりもなおさず朴議長の訪米旅行であった。

朴議長は一九六一年十一月、米国ケネディ大統領の正式招請を受けてワシントンを訪問し、両国間に存在する種々の問題を検討した。その結果として、先に述べたすべての疑惑が解消されただけでなく、ひいては革命政府の五カ年経済開発計画を始めとする長期開発計画に対する米国の積極的な支援をケネディ大統領自身から確約されたのである。

朴議長がこのような外交的成功を収め得たのは、もちろん氏自身の政治的・外交的力量によるが、われわれの五・一六革命が大義名分に背かない国家中興の偉大な事業であったために、盟邦の元首であるケネディ大統領を納得させるにさして困難を感じなかったためでもあったのである。

朴議長は訪米の途上、日本首相の招請により日本を公式訪問し、過去十年間膠着状態に陥っていた韓日関係正常化会談の積極的打開する素地を作った。朴議長のこの訪日成果については後で述べるが、今になってそれが効果を発揮し韓日関係打開の原動力となったのである。

金在春氏

対中立国外交の結実

革命政府が推進してきた積極的外交政策は前にも指摘したように、対中立国外交と、外交網の拡充となって成果を現わした。この積極的な外交政策が最近になって結実した実例としては、第十七次国連総会においてわが国が前例のない多数の支持票を獲得した事実があげられ、また韓日会談の画期的進展にも窺うことができる。

対中立国外交において特記すべき事実は、自由党政権や民主党の時代であれば想像さえできなかったことを、わが革命政府は敢行してのけたということだ。今やわれわれは、中立路線を取っているインドのニューデリー、カンボジアのプーンペン、ビルマのラングーン、それに統一アラブ共和国のカイロにそれぞれ総領事館を置いており、その他の中立国家とも外交関係ないしは領事関係の樹立を推進中である。

もともと国際社会を自由、共産、中立の三陣営に分けて考えること自体が消極的な思考方式である。わが革命政府の外交政策は、この国際社会を非共産、共産両陣営に分類する。共産主義国家でさえなければ、彼ら自体の何らかの利害関係のために中立路線を現在取っているといえども外交接触の必要を感ずるのであり、またそうすることでわれわれは、将来国際社会での孤立を免れ得るものと確信する。

このような対中立国政策はさきほどの第十七回国連総会においてはっきりと効果を示した。最も顕著な例は、中立陣営の指導者として従来は例外なく韓国問題に関して国連で棄権をしてきた印度が、今回の総会ではわれわれに支持票を投じたのである。

革命政府の外交網拡充努力も大きな成果をあげた。

五・一六軍事革命直前にわれわれが外交関係を樹立していた国家は、世界を通じて十三カ国に過ぎなかった。革命以後ほぼ二年を経過した今日、われわれは外交関係を正式に樹立したが、将来外交関係を樹立することに完全合意を見た国家は六十九カ国という驚異的な数字に達している。すぐる二年間だけでも常駐公館十個（その中六個は中立国家に対するもの）と兼任公館十カ所を増設し、これでわれわれは現在四十一カ国と正式国交を結んでいる。これに国交樹立に正式に合意を見た残り二十八カ国を合せると、われわれは現在六十九カ国と実質的に外交関係を結んでいる勘定になる。

今回の国連総会で韓国問題討議に大韓民国代表だけを招請するという決議案が七十一票という圧倒的多数票を獲得したことも、上述したように積極外交の結実であると言い得る。

外資導入に成功

経済外交積極化の成果

革命政府の積極外交は経済面にも反映された。革命政府の至上目標の一つである経済開発五カ年計画の強力にして効果的な推進のために、政府は、外資および技術援助導入と貿易増進のための経済外交を積極的に推進した。

革命公約にも明示されているように「絶望と飢餓線上であえぐ民生苦を即刻に解決し、国家の自主経済再建に総力を傾注」することを目的に、わが国外交もその方向に総力を傾注したのである。

この課題を遂行するための外交活動は在外公館に経済担当官を派遣することから始められた。この経済担当官たちの課業は海外経済実態を把握し、わが国の輸出振興のための市場調査と市場開拓ないして外資導入のための案内役までも引受けることであった。

一方、過去二年間外資および技術援助導入のための経済使節団の派遣も活発だった。北米、欧州、亜州地域に対する借款交渉団ないし技術援助交渉団が随時派遣され所期の目的を達成したのであった。

一例をあげると、一九六二年一月には西独間に経済協力了解覚書が交換され、同年八月には漁船および水産物製造工場建造に必要な所要資金一億二千万ドルの借款協定がイタリアとの間で締結を見るに至った。そしてまた、西独とも経済および技術援助に関する議定書を調印し、フィリピン、マラヤなど数多くの国家とも貿易協定を締結して互恵貿易振興のための基盤を開拓した。

わが経済外交は国際機構との積極的な協力にも示された。

革命政府はECAFE主催の各種技術会議に参加し、国際通貨基金、世界復興銀行および食糧農業機構（FAO）にも代表を派遣して技術要員養成を交換する外交活動を展開した。

昨年末、わが国がコロンボ計画の正式会員国として加入するようになったのも、わが経済外交の結実の一つとして特記すべきことというほかない。

文化外交にも留意

文化使節団を派遣招請

文化交流および韓国文化の外国宣伝もわが外交の重要課題の一つである。それと共に海外留学生および僑胞に対する補導事業もまた革命政府が常に留意してきたものである。

海外文化宣伝事業が現在は大部分公報部に移されているが、革命政府はこの事業の重要性を逸早く認識し、革命当初ワシントンと東京に公報官を派遣してわが国の実情を海外言論界および一般に紹介することに力を注いだ。文化宣伝事業は公報部にすでに移管されているが、わが政府は現在ワシントンと東京に公報官を置いており、この公報官はわが国文化を海外に宣伝するにおいて多くの成果をあげている。

在外僑胞善導策においても、政府は最善を尽すべく努力した。政府は機会あるごとに海外僑胞の母国訪問団を組織し、彼らを招請して彼らが母国に対する認識を正しく持つよう努力した。

特に、留学生対策においても、彼らに対して従前加えられていた旅券制限を大幅に緩和することにより、彼らが安心して学業に専念できるようにした。

これからのわが国文化外交は米国を始めとする自由友邦に対するわが国文化の宣伝はもちろん、中立諸国家との文化交流も構想しており、特にアフリカ新生国家との文化交流を増進してわが国の国際的地位を向上させる計画である。

特に付け加えておきたいことは、文化外交面においてもわが国文化使節団の海外進出と合せて、外国文化使節団をさらに多く招請する方向を目指す招請外交への道を開かねばならないという事実である。このようにして少しでも多くの外国人をわが国に招請することが、彼らにわが国の実情を一層効率的に理解させることになると確信するからである。俗に言う〝百聞は一見に如かず〟ということは、外交活動においても適用される言葉である。

国防部門

実力の培養に全力

直接間接の侵略を粉砕

祖国の運命が百尺竿頭にある時救国の旗幟を掲げて決起した国軍将兵たちは、彼らの使命が国土防衛と国家の安寧秩序を維持するにあることを認識したがためであった。

革命公約第五項で明示されているようにわが国軍は「民族的宿願である国土統一のために共産主義と対決することのできる実力の培養に全力を集中する」責任があるのである。それのみによってこそわれわれは直接、間接侵略を粉砕し、彼らと対決して勝利を占めるための勝共態勢を完備することができるからである。

国軍の勝共態勢に完璧を期すべくわれわれは、革命の二年間に次のような諸般措置を取った。

（1）戦闘力の強化

軍の生命は戦闘力にある。戦闘力なき軍隊は烏合の衆に過ぎない。戦闘力は不断の訓練のみが維持してくれるものである。その不断の訓練と同時に装備の近代化も戦闘力増強のために不可欠な要素である。この二つの目的のためにわが国軍は次のような教育訓練と新装備導入を実行した。

（A）教育訓練＝一九六二年に入って韓米合同の「ウバク作戦」という機動訓練が実施された。高度の機動性を必要とする現代戦においては、特に韓国におけるような酷寒と険峻な地形では、機動性は軍の生命にも等しい。この「ウバク作戦」はそのような主眼点をもち、酷寒期である二月五日から四日間実施され多大な成果を収めた。

一方、三面が海であるわが半島の海防面においても、訓練を疎かにはしなかった。八月二十七日から四日間わが海軍艦隊の機動性を強化するための「銀河作戦」を実施し、わが海軍の臨戦態勢が完備されていることを実証したのである。

これと合わせて海兵隊の上陸作戦能力をテストする目的で、十月十日には注文津近海において海軍海兵隊合同上陸作戦である〝海馬作戦〟を実施して多くの成果を収めた。

昨年の最も大きな教育訓練作戦としては、第一野戦軍麾下六万の兵力が動員された〝進撃作戦〟がある。これは、わが野戦軍の臨戦態勢を実証すると同時に、国土防衛の責任を負う国軍の威力を誇示する目的を充分に達成したのであった。この〝進撃作戦〟は十月十五日から始まった秋季大演習であった。

（B）新装備導入＝戦力増強のための新装備の導入は計画どおり進行されている。これに関しては計画どおり進行されているという以外述べることのできないのは遺憾である。

陸軍においては火力と機動力の増強が進行されており、海軍においては艦艇勢力の増強、海兵隊の上陸作戦に随伴する諸般装備の増強がすべて順調に進行されていて、わが国軍の臨戦態勢には寸毫の支障もない。

（2）士気昂揚策

いかに訓練と装備が行き届いた軍隊であっても士気のない軍隊は戦闘力を持ち得ない。士気の昂揚と維持が前の二つに劣らない重要性をもつのも正にそのためである。

われわれは国軍の士気を昂揚し振作するために次の幾つかの重要措置を取った。

（A）軍人事法制定＝軍人身分に対する法的保障はこの法令によって始めて確固としたものになった。この法はまた人事運営に公正を期すことを保障しており、士気振作の最も重要な要素である信賞必罰の原則を確立したのである。

（B）兵役法改正＝過去不合理に運営されてきた兵役法を改正して、国民の兵役義務賦課において諸般矛盾を除去するとともに、兵役管理に公正を期した。特に、兵籍管理においては、兵役行政の一元化を期すべく兵事区司令部制度を撤廃し、兵務庁を新設して効率化を期した。

（C）軍法会議三審制実施＝軍人の人権も擁護されねばならない。人権の擁護されない軍隊に士気を期待することはできない。このためわれわれは三審制軍法会議および軍刑法を改正公布実施した。一方、過去にあった煩雑な懲罰を広範に赦免することにより、それら過去の犯法者が安心して国家再建の役軍として参与し得る道を開いてやった。

（D）補給軍紀の確立＝軍で発生し得る不正は軍需物資に起因する。そのような不正の要素を除去するために、同時に軍需物資の合理的な運営管理のために、補給軍紀を確立し、合理的な指導と強力な取締により過去に根絶させることのできなかった軍需物資不正流出を抜本塞源した。

一方、軍需品を最大限に利用し得る道を開いてやることによって自立的軍需補給支援を可能ならしめた。

（E）国防費節減＝莫大な軍事力を維持するための予算がわが国全予算において占める比重は極めて大きいものがある。しかし、われわれは国防予算を最小限に節減するための努力として、その効率的な運営管理を期したのであり、そうすることによって革命政府の至上課業の一つである経済開発五カ年計画実施に貢献しうるようにした。

（F）反共教育強化＝敵の間接侵略を粉砕するために最も要請されることは、軍将兵の精神武装を強化することである。この精神武装の強化のために将兵に対する反共教育を徹底的に行なっており、積極的な情報組織および活動によって間諜[illegible]に万全を期している。

（3）対民支援事業

民間の支援がない軍隊は強くあることはできない。民間の積極的な支援を受けた、そしてまた民間を積極的に支援してくれる軍隊だけが軍民一体の強固な力を発揮し得るのである。かくしてわが国軍は対民事業を極めて重要視し、民間救護支援事業を積極推進しているのである。

敵の攻撃から国土を防衛することも重要な国軍の任務であるが、天災地変から国民の生命財産を保護することもまた劣らず重要な軍の使命である。わが国軍は昨年の間、次のような対民事業を行なって民間の信望を得た。

（A）栄州、順天水害復旧＝この地区の水害復旧のために兵力と装備を機動的に投入し、短時日内に住民が復帰できるよう住宅、農地復旧と緊急救護事業を展開した。

（B）西海遭難漁船救助＝わが海軍は西海ムツ漁船団の保護と遭難漁民の救助のため昼夜の別なく努力を展開した。

（C）農繁期帰休＝農繁期において手の足りない農家の労力を補うため、農家出身の士兵たちには農繁期休暇を与えて父兄らを手伝わせた。同時に農業期には部隊近隣の農家を助けて苗床作業、収穫などに兵力を動員した。

（D）国土建設団支援＝軍工兵隊では原州、大邱、晋州などで施行された国土建設事業に重機装備を投入して、効率的に支援した。この事業は主に産業道路、鉄道建設ないし堤防築造工事などであった。

（E）営農教育実施＝除隊士兵の営農補導の一環として除隊士兵に対して営農教育を実施して、彼らが除隊後にも農村に定着し郷土開発事業に従事するように教導した。

（4）その他の業績

（A）国軍の日行事＝昨年十月一日建軍第十四周年記念日には、十四年来最大の記念行事を挙行し国軍の士気を昂揚させると同時に国軍の威容を世界万邦に誇示した。特に、この式典には参戦十六カ国高級将軍らを招請して、国軍の戦友としての参戦国軍隊と相互友好団結をもう一度確認する機会を持った。

（B）軍墓地記念館開設＝祖国防衛の支柱たる国軍戦没英霊たちの偉業を後世に永遠に遺すために軍墓地記念館を開設した。国民各自が英霊たちの功勲を目撃できるようにするため、この記念館には英霊たちの記念品を陳列公開したのである。

（C）在郷軍人会館落成＝二百五十万在郷軍人の団結を促求し、彼らの憩いの場とするために在郷軍人会館を建設した。この場所では彼らは相互親睦を図ることもでき、いったん有事の際祖国の呼び出しがあれば再び現役に復帰する準備を整えることになろう。

旅券発給者氏名公告

韓国駐日代表部領事課旅券担当官
在日本韓国居留民団中総民生局長

朴南祚	KJ	[illegible]	福島県
康敏夫	〃	[illegible]	東京都
朴元徳	〃	[illegible]	〃
権図達	〃	[illegible]	〃
金永彩	〃	[illegible]	〃
文寅守	〃	[illegible]	千葉県
金小順	〃	[illegible]	〃
李寶淑	〃	[illegible]	青森県
尹滋鎬	〃	[illegible]	福島県
金順守	〃	[illegible]	神奈川
安貞枝	〃	[illegible]	東京都
安起勝	〃	[illegible]	〃
孫午甲	〃	[illegible]	北海道
金千変	〃	[illegible]	東京都
尹順鳳	〃	[illegible]	千葉県
林好達	〃	[illegible]	東京都
金東岩	〃	[illegible]	埼玉県
崔順根	〃	[illegible]	東京都
蔡操鎬	〃	[illegible]	〃
金善粉	〃	[illegible]	〃
李且鎬	〃	[illegible]	〃
高仲鎬	〃	[illegible]	〃
洪鍾徳	〃	[illegible]	福島県
姜琦子	〃	[illegible]	東京都
金相子	〃	[illegible]	岩手県
徐炳文	〃	[illegible]	北海道
李永福	〃	[illegible]	〃
黄永采	〃	[illegible]	〃
文安斗	〃	[illegible]	東京都
申守楽	〃	[illegible]	〃
河貴達	〃	[illegible]	〃
金東珍	〃	[illegible]	〃
李順只	〃	[illegible]	〃
朴炳献	〃	[illegible]	東京
林東詰	〃	[illegible]	〃
徐炳柱	〃	[illegible]	〃
尹昌鶴	〃	[illegible]	神奈川
李吉見	〃	[illegible]	宮崎
尹鶴鎬	〃	[illegible]	〃
殷熙順	〃	[illegible]	熊本
李政秀	〃	[illegible]	〃
呉允熙	〃	[illegible]	大分
馬栄根	〃	[illegible]	佐賀
安今順	〃	[illegible]	福岡
辛一善	〃	[illegible]	〃
李永信	〃	[illegible]	山口
李鶴伊	〃	[illegible]	〃
金日善	〃	[illegible]	〃
白南相	〃	[illegible]	〃
沈分水	〃	[illegible]	大阪
尹南伊	〃	[illegible]	名古屋
崔海凛	〃	[illegible]	〃
呉仁生	〃	[illegible]	兵庫
金又甲	〃	[illegible]	〃
鄭種祚	〃	[illegible]	〃
鄭三祚	〃	[illegible]	〃
馬孝佐	〃	[illegible]	大阪
朴文玉	〃	[illegible]	〃
林貴子	〃	[illegible]	〃
金今玉	〃	[illegible]	福井
鄭成鎬	〃	[illegible]	三重
尚鐘李	〃	[illegible]	大阪
呂健夫	〃	[illegible]	東京
崔石煥	〃	[illegible]	神奈川
金有甲	〃	[illegible]	〃
徐福鎬	〃	[illegible]	宮城

李連伊	[illegible]	三重県
曺トツ徳	[illegible]	〃
朴鎮士	[illegible]	〃
朴堂淳	[illegible]	〃
金炳桂	[illegible]	鳥取県
金石子	[illegible]	〃
朴慶粉	[illegible]	〃
権乙淑	[illegible]	大阪市
李貞和	[illegible]	岐阜県
朴末連	[illegible]	大阪市
朴貞今	[illegible]	〃
李三礼	[illegible]	〃
裵正任	[illegible]	〃
金鍾吉	[illegible]	〃
朴竜圭	[illegible]	〃
朱必連	[illegible]	大阪市
朴福得	[illegible]	〃
権碩謙	[illegible]	〃
柳寅交	[illegible]	和歌山
禹連寿	[illegible]	〃
李永載	[illegible]	〃
金平三	[illegible]	大阪市
朴福基	[illegible]	〃
金有順	[illegible]	福井県
朴福寿	[illegible]	和歌山
全永浩	[illegible]	大阪市
趙又広徳	[illegible]	〃
呉晩旭	[illegible]	兵庫県
金順点	[illegible]	〃
洪在竜	[illegible]	〃
文石順	[illegible]	〃
尹福丸	[illegible]	大阪市
姜権官	[illegible]	愛知市
崔宗起	[illegible]	大阪市
康辛生	[illegible]	〃
高漸卓	[illegible]	〃
金土明	[illegible]	〃
李晩先	[illegible]	兵庫県
李淳鎮	[illegible]	大阪市
成鳳順	[illegible]	〃
金華源	[illegible]	〃
高玉千	[illegible]	〃
金爾斗	[illegible]	〃
玄鶴出	[illegible]	〃
裵乙祚	[illegible]	東京
崔貴一	[illegible]	岩手県
金学祚	[illegible]	〃
朴基夏	[illegible]	茨城県
鄭戸奎	[illegible]	新潟県
李錫願	[illegible]	茨城県
李福満	[illegible]	新潟県
崔合連	[illegible]	新潟県
姜富江	[illegible]	東京
金正鳳	[illegible]	〃
鄭祥模	[illegible]	〃
李昌玖	[illegible]	大阪市
尹永泰	[illegible]	三重県
金熙潤	[illegible]	大阪市
金又点	[illegible]	兵庫県
金牛連	[illegible]	〃
李洛栄	[illegible]	〃
秋米満	[illegible]	〃
沈華川	[illegible]	愛知県
田仁述	[illegible]	京都市
金在道	[illegible]	〃
李殷聖	[illegible]	〃
金在連	[illegible]	愛知県
金述寿	[illegible]	〃
洪鍾鎬	[illegible]	〃
鄭相柱	[illegible]	〃
孫百合子	[illegible]	〃
金幸煥	[illegible]	〃
朴貴得	[illegible]	兵庫県
呉五煥	[illegible]	愛知県
姜徳順	[illegible]	〃
李且徳	[illegible]	〃
鄭炆圭	[illegible]	〃
金仁植	[illegible]	兵庫県
姜幸娥	[illegible]	大阪市
趙玉金	[illegible]	〃
宋才准	[illegible]	兵庫県
金徳順	[illegible]	大阪市
朴在京	[illegible]	〃
金幸植	[illegible]	〃
洪智約	[illegible]	〃
申声祚	[illegible]	〃
林萄賢	[illegible]	〃
金玖慶	[illegible]	大阪市
金棋生	[illegible]	兵庫県
朴順行	[illegible]	大阪市
尹月順	[illegible]	大阪市
金一燮	[illegible]	京都市
金利植	[illegible]	〃
金述奉	[illegible]	〃
李素順	[illegible]	〃
高昭集	[illegible]	〃
金徳謙	[illegible]	〃
金春花	[illegible]	〃
尹南寿	[illegible]	名古屋
姜正雄	[illegible]	大阪市
李春子	[illegible]	京都市
張進漢	[illegible]	〃
黄赫伊	[illegible]	〃
鄭南道	[illegible]	〃
林俊沢	[illegible]	〃
楊玉女	[illegible]	〃
諸徳模	[illegible]	〃
李圭文	[illegible]	〃
因性助	[illegible]	〃
沈相鎬	[illegible]	〃
崔必伊	[illegible]	〃
大万慶	[illegible]	大阪市
兪聖祚	[illegible]	岡山県
南判姫	[illegible]	兵庫県
金徳仙	[illegible]	大阪市
金夢致	[illegible]	名古屋
諸相善	[illegible]	京都市
崔相弼	[illegible]	〃
孫永祚	[illegible]	〃
金水竜	[illegible]	〃
兪正根	[illegible]	東京都
孫周仙	[illegible]	兵庫県
房演赫	[illegible]	〃
梁古斗	[illegible]	愛媛県
崔石圭	[illegible]	兵庫県
李甲斗	[illegible]	大阪市
金元甲	[illegible]	〃
李夏喜	[illegible]	〃
金漢変	[illegible]	兵庫県
金貴任	[illegible]	大阪市
金正洪	[illegible]	奈良県
李宗大	[illegible]	愛知県
朴末秀	[illegible]	〃
李鉀植	[illegible]	三重県
任景玉	[illegible]	大阪市
尹俊烈	[illegible]	三重県
徐尹煥	[illegible]	大阪市
因点尚	[illegible]	〃
朴龍世	[illegible]	〃
呉点述	[illegible]	〃
鄭源三	[illegible]	〃
金成植	[illegible]	京都市
孫達和	[illegible]	大阪市
趙順熙	[illegible]	〃
朴春月	[illegible]	〃
文秀順	[illegible]	〃
張寿億	[illegible]	香川県
梁元承	[illegible]	大阪市
権五順	[illegible]	島根県
林吉連	[illegible]	福井県
孫達淑	[illegible]	大阪市
金五月	[illegible]	〃
梁元鍋	[illegible]	〃
蘇武源	[illegible]	〃
金三俊	[illegible]	〃
姜外秀	[illegible]	滋賀県
姜信玉	[illegible]	大阪市
韓煥鍋	[illegible]	京都市
康聖淑	[illegible]	大阪市
文幸信	[illegible]	大阪市
車承子	[illegible]	〃
申求鳳	[illegible]	〃
康東華	[illegible]	〃
金玉碩	[illegible]	京都市
李炳華	[illegible]	大阪市
姜求宗	[illegible]	〃
孫鳳寿	[illegible]	愛知県
崔粉連	[illegible]	〃
申順南	[illegible]	〃
李徳祚	[illegible]	大阪市
李海集	[illegible]	愛知県
申佐祐	[illegible]	大阪市
申斗南	[illegible]	〃
李乙生	[illegible]	〃
李鐘林	[illegible]	静岡県
朴文洪	[illegible]	埼玉県
李相鎬	[illegible]	〃
金信行	[illegible]	静岡県
李粉順	[illegible]	〃
崔錫坤	[illegible]	東京都

漢陽

〈在日〉国文版의 綜合雑誌

2月号…200円

主要内容

韓国의 物価安定策
五個年計劃第二次年度의 資金展望
韓国農村의 社会学的再認識
民政移譲과 革命主体勢力
政党政治와 韓国의 民主主義
反省과 展望
文学建設과 휴머니즘 ―一九六二年 韓国文壇 小感―
〈名勝古蹟巡礼〉 서울宮址 蓬山東台
〈韓国歳時風俗〉 遊戯娯楽篇
〈創作〉 朴校長 親山
其他 時事評論・随筆・詩・創作 多数
※定期購読料金 六個月 一個年
発行所 漢陽社
東京都豊島区池袋東一－五五
電話 東京（983）五二一三
振替番号 東京 四一一六

埼玉で誇る誤楽の殿堂
志木 エビス遊技場
埼玉県北足立郡足立町大字志木2073－3
電話／志木246番
金鐘斗
本籍地
慶北善山郡舞乙面安谷洞425番地

—414—

世界スピード・スケート選手権大会

韓国チーム不参加を決定

体育会で声明発表

ＩＯＣへの単一チーム参加意思は変わらず

太極旗以外の出現認めぬ

二月二十日から開かれる世界スピード・スケート選手権大会に参加する韓国代表一行十六人（安鳳翊団長）は昨年の来日以来、北海道及び長野県苗場などで合宿訓練をおこない大きな期待がよせられていたが、その後北韓のサイライチームの参加が決まり、またそれを政治の宣伝材料にするサイライ予先朝総連の動きが目にあまるところがあったので大韓体育会では数度にわたってこの問題を慎重に協議した結果、十八日正式に参加しないことに決定した。

大韓体育会ではこのためこれに対する声明を同体育会顧問張協氏を通じて去る十八日正午東京帝国ホテルで発表した。

要旨次のとおり。

われわれは政治と体育が別問題であるということは十分認識している。しかしこの問題より高次元の問題があるということも認めないわけにはいかない。われわれは韓国にある唯一の合法政府として過去のあらゆる国際競技に民族代表として参加し、民族の象徴として太極旗をかかげ、また国歌は愛国歌をうたったということを再確認するものである。

政治と体育が別問題であって、国土が両断されている今日の現実を悲痛に思う。われわれが単一民族の象徴をそこなう太極旗以外の他の旗の出現を容認してまでこのスケート大会に参加することはないということは遺憾に思うところである。

大韓民国の不参加による失望も少なくないが、この大会を主催した国際氷上連盟大会開催に最大の便宜を提供した日本氷上連盟および日本国民、この大会に参加している各国代表とその国民はわが代表団の信念と立場を理解して支持してくれることを心から願う。

このような決定が太極旗のもとに単一民族として将来の国際競技に出場ようとＩＯＣを通じてのわれわれの努力をさまたげるものでないことをとくに明言するところである。

声明を発表する張協氏（帝国ホテルで）

葛飾支部で定期大会

民団東京葛飾支部では、去る十日第十二回定期大会を開き次のように役員を改選した。

団長＝徐辛甲、副団長＝金容得、金昌植。議長＝金東奕、副議長＝宋昌玉金寶完。監察委員長＝李在煥。委員＝成楽守、尹竜鍚

宮城に日韓親善協会

会長に屋代氏、副会長咸氏

民団宮城県本部（咸昌淑団長）ではさる十一日午後一時から仙台市天力ホールで〝日韓親善協会〟を結成した。

駐韓国駐日代表部大使、尹民団総副団長、三浦宮城県知事、千葉県自民党議員など知名有志多数の来賓を招いて開かれた同結成大会には、例年にない朝からの雪にもかかわらず五千余名の両国民が参集し、約二千余名は会場からあふれる盛況さであった。

結成大会は先ず咸団長から「韓日両国民は過去にこだわらず両国の国交を、一日も早く回復させようと」との宣言に次いで、各来賓から「両国民の提携こそ両国民の繁栄を築くものだ」という力強い祝辞が述べられた。

引き続き大会は初代会長に屋代文太郎氏（宮城県会議長）を選出したほか、別項のように役職員を決定した。

この大会は第二部に移り来日中の〝韓国芸術使節団〟と日本側の〝東海林太郎、勝太郎、菅原都々子〟などが韓日両国の芸能を披露し合って午後五時盛会裡に閉会した。

日韓親善協会の役職員は次の通り。

▽会長＝屋代文太郎（宮城県県会議長）▽副会長＝咸昌淑（民団宮城本部団長）河合宇三郎（仙台商工会議所会頭）▽常任理事＝榎保根（県本部副団長）後藤勝蓮（宮城県会議員）他八人、▽理事＝渋野豊助（県会議員）他九人。

仏独両政府で教授派遣

外国語大学で開講

フランス外務省とドイツ連邦政府では、各々一名の教授を韓国外国語大学に派遣、来る三月の新学期より講義することになった。

仏語講義を担当するフランスのアンドレ・ファーブル教授はソルボンヌ大学出身で、現在パリの中国文化研究事務局長をやっており、ドイツ語を担当する予定のテトブレ・エカルト・スティーブケ教授は、ハンブルグ大学で言語専攻によって博士学位を獲得した言語学者である。仏・独政府で韓国に教授を派遣するのはこれが最初である。

〝祖国再建を援けよう〟

僑胞らが開発後援会結成

「祖国の革命課業は農漁村の地域社会開発から」という主旨で、五・一六革命以後、国連機構による世界的地域社会開発運動の一環として本国内に〝社団法人韓国地域社会開発協会〟がある。この本国の協会の運動をもっと活発化させるため海外のわれわれが後援しようとの主旨で、来る二十七日午後五時半から東京・帝国ホテルで韓国地域社会開発協会在日僑胞後援会〟の設立総会を開く。

これは五・一六革命以後の一韓高応喆氏が祖国を訪問して「祖国のためにわれわれは何をすべきか」ということを強く心打たれて帰国後、色々考えた末、米国にある地域開発協会（会長劉錫昶医学博士）を強力に後援することに決心して多くの僑胞に呼びかけたもの。

高応喆僑胞代表は韓国地域社会開発協会在日僑胞後援会の発起創立総会に際し、在日全僑胞へ要旨次のように呼びかけている。

祖国のためにわれわれは何をすべきか？鍬一本だけでも祖国の地域社会開発のために捧げるべきだし、また、われわれが送る鉛筆一本がどれだけ次代を担う子供達を力づけることだろうか？それで多くもてる人は多く、少くもてる人は少く私を技術を捧げることによって祖国の再建は進展すると思います。多くの僑胞がこの運動に積極参加されることを期します。

金剛学園高等部全焼

隣りの工場から出火 損害一千万円

さる十六日午後二時すぎ大阪市西成区梅通り五、水島化学会社＝水島昌社長＝と花園化学工業会社＝小西義明社長＝が共有している作業場から出火、木造、平屋建て約一一五平方㍍を全焼した。火はさらにもえひろがり南隣の金剛学園（別名＝大阪韓国学園、徐中虎理事長、張益和園長）の高校部校舎（木造二階建て延べ四三六平方㍍）を全焼、むね続きの作業室の屋根（六平方㍍）と内海遊覧店＝経営者、石田勤男さん＝住宅兼倉庫の一部一一五平方㍍▽浮田楽品会社＝経営者浮田三三夫さん＝の作業場の屋根の一部を焼き、同四十分ごろ消えた。

この火災により金剛学園のうけた損害は約一千万円。

ソウル―東京間定期空路

国交に先立ち実現か

ＪＡＬが合同制度を提議

ソウル―東京間の国際路線航空就航問題が、韓日両国で慎重に検討されている。

最近の関係消息通は、日本の国際航空会社である「ＪＡＬ」は、大韓航空社（ＫＡＬ）に対し、ソウル―東京間を就航する場合、国際航空協助形式から「共同運営」形式よりも一歩進んだ「合同制度」にしようという案を提議しており、韓日国交正常化以前でも就航させるようにしようという内容のものである。

この問題を目下検討中であるという同消息筋は、この路線の就航は、微妙な韓日国交問題とからみあっているため隘路はあるが原則的には両国の航空社間に合意をみた場合、政府の承認を受けて国交正常化以前にも就航出来る可能性はあると述べた。

日本の「ＪＡＬ」は年次国際路線就航計画にソウル―東京路線の就航を織り込み、今年中に何とかして就航出来るよう努力中であると伝えられている。日本の「ＪＡＬ」当局は、たびたびこのような交渉進行を発表したことがあるが韓国側はこれを否認し続けてきたものである。

奨学生の論文・作文募集

中総文教局

民団中総文教局（呉敬福局長）では奨学生の実績を知り、一方優秀作を抜萃編集して本国及び僑胞社会に発表するため別項のような公文を各県に発送して政府奨学生の論文、一般作文などの募集に力をそろったえている。

公文要旨次の通り。

一、政府奨学生（大学生論文—一般作文募集）

一、前記の件に関しては本国政府のあたたかい配慮で在日僑胞学生約一、五〇〇名が毎月奨学金をうけている。これら僑胞二世学生らが過去一年間どれだけ学業と祖国観念が向上されたかを知り、また本局（文教局）では奨学生実績の資料とする一方優秀作品を抜萃、編集して本国および僑胞社会に発表する計画で左の通り実施するから全員もれることなく応募するように処置して下さい。

一、提出期間＝奨学金三月分支給日まで中総文教局。

一、募集範囲＝（大学生—論文自由）②高等学校＝「本国再建について」作文、③中学生＝「韓国学生として進むべき道」、④小学生＝「われらの国」。

料理の権威者来日

韓国料理学院長の金済玉女史

韓国料理の権威者金済玉女史（金済玉家庭料理学院長）が、在日韓国婦人会中総（呉基文会長）栄養学院（神卜シ子院長）などの招請によりこの程来日した。

金女史の来日は、約二カ月間滞在、神栄養学院や栄養大学などの諸学校で韓国料理を講義するとともに、日本の料理を研究する一方婦人会中総と協力して全国の僑胞女性の啓もうに努めるという。

金女史はソウルで金済玉家庭料理学院を経営しながら、梨花、淑明の両女史大学で家庭科の教鞭を執っており、ラジオ、テレビの講座も担当して非常なる人気を博している人。女史が著した〝家庭料理全書〟も好評である。

金済玉女史

力道山に感謝の書簡

朴文教長官が誠意に対し

韓国が生んだ世界プロレス界の王者力道山（咸鏡道出身・金信洛）が、去る一月中旬ごろ朴文教部長官の招きによって韓国を訪問して再建のいぶきに満足し、体育施設への協力、体育向上のために積極的な誠意をヒレキして関係者を大いに感激させたが、この程、朴文教部長官から力道山へ「誠意に対し謝意を表する」という書簡が送られた。

力道山は二十二年ぶりに韓国を訪問したが、挙国的に再建へと邁進している様相を直接見聞して力強さと希望を抱き、国民の再建意欲に役立てばとの願いから体育館を寄贈することを当局に約束し、韓国人の優秀な素質が充分に発揮されていないことを遺憾に思い、今後、直接または間接に積極的に協力するとの誠意をヒレキして韓国民たちを感激させたことは既報の通りであるが、この力道山の誠意に対し、朴文教部長官が書簡を寄せてきたもの。

書簡の要旨

貴下の来韓に謝意を表する。貴下の来韓を契機に韓国体育界の発展向上を確信するとともに、韓国の体育施設に物心両面にわたる積極的な協力を申し出たことに対し関係者のみならず全国民が喜ぶと同時に感謝にたえません。今後も来韓の機会を多く持ち、韓国体育界発展のため声援を望む。

力道山

韓婦練馬支部を結成

初代会長に李性女女史

韓国婦人会練馬支部は、豊島支部から独立して去る十五日新たに結成されたが、初代役員を次の通り選出した。

会長＝李性女、副会長＝孔秀南、安寧也。監査＝黄連森、総務部長＝朴文子。財政部長＝李徳鴻、文化部長＝孔秀南（兼）厚生部長＝安貞順、渉外部長＝諸南仙。青年部長＝李必久。顧問＝朴魯琰、愈芳子。

中野支部で定期大会

新団長に李和範氏

民団東本・中野支部（団長権寧…）では第十三回定期大会を十七日正午より同支部ホールにおいて開催した。参会者は約七十名。

会議は議長高洵洛氏により開会を宣言し三機関の経過報告その他を採決した。役員の任期が満了したので新役員選出は選考委員五名により次の候補者を推薦し満場一致をもってこれを選任した。

顧問＝権寧安、金泰坤、馬炎鎬

団長＝尹和範、副団長＝金両拱

議長＝高洵洛、副議長＝呉成鎮

康公謙

安獎道

監察委員長＝李鍾旅、委員＝鄭淑欽、薛昌鎔

事務部長＝（三機関に一任）

民団豊島支部結成さる

団長に金義淑氏

民団東京豊島連合支部は練馬、板橋の両地区がそれぞれ単独支部を結成したことにより、去る十一日豊島支部結成大会を開き、次の通り役員を選出した。

団長＝金義淑、副団長＝姜興守、尹希炳

議長＝韓秒俊、副議長＝李竜海、李根洙

監察委員長＝辛万向、委員＝李鍾宝、崔竜奎

新帝国主義研究

◇最近の共産主義の諸形態◇

共産主義は現代にマッチしているか？

チェスター・ボールズ

④

いままで引用した例はそれが特にことあたらしく新規なものであるからではない。これを全部合わせ、またそれに新しい例をより多く追加してみると、なぜ共産主義のイデオロギー的主張が低開発諸国間で疑問と疑惑をおこし始めたか理解することができるためだ。

中立的な新興諸国の大部分はアジア、アフリカの反植民主義運動が成功して以来、情勢が大きく変化している。欧州帝国主義と植民主義が消滅されるにしたがって「帝国主義」とか「植民主義」とささやく声の効果が弱化された。事実民族解放といいレーニン主義的スローガンが最も正当に反響される地域はやはりソ連軍に占領されている東欧諸国である。

植民地主義が闘争スローガンの適切性を喪失した後、共産主義者は強力な抵抗力しか、みせることができないでいる地域の場合、多数の人々に少なくとも地を個々の農家に分配した結果、その九十四％が自作農になっている。一方日本の場合農地を個々の農家に分配した結果、その九十四％が自作農になったためソ連の宣伝家らは、どの呼訴力を弱化させるのに力となっている。

民の事情が漸次明らかにされたためである。

土地を耕も、平等な形態下で再分配するため米国と国連が加える強力な圧力もまた共産主義の呼訴力を弱化させるのに力となっている。

浪農民達である。特にアジアと中南米がそうである。長い間の不公平な状態によって発生した農村貧民地帯の悲しみと苦痛は農地改革を支持すれば不満の固まりを和らげることができる。

んな苦痛なジレンマに直面しているかはすでに見た通りである。ソ連宣伝家らもそのような一世紀以来マルクスを驚かした都市の貧民街におとらない。それにもかかわらずこのような見して有利な地域でも共産主義者は不利な立場にたたされている。それは共産主義下でせん動者らが約束した人々の利益に違背する行動をすることになるわけである。

だろう。反面これらの者がそのような改革に反対すれば、それらの者は自分たちが援助すると約束した人々の利益に違背する行動をすることになるわけである。

東欧の情勢

ブルジョアジーもまた低開発国家での有効な革命手段になりえない。中産階級らが強力な民族主義的分子になる場合がよくあるが、共産主義者らは民族主義者らを反対することができない。これら諸国に散在した土着ブルジョアジーは革命の手段、または革命の目標としてはあまりにも小さな対象にしかならないのが普通である。革命の原動力になるプロレタリアを探しまわる努力もまた水泡に帰している。

大部分のアジア・アフリカ低開発国には団結を呼訴するに十分な多くのプロレタリアをもっていない。そのような地域でも共産主義スローガンは内容のない空虚なものになっている。

東欧共産主義者らの任務は効果的な共産主義的政治および経済機構をあみだすことだ。それはソ連軍駐屯に代置されるもので受けいれることができるイデオロギーに基礎をおかなくてはならない。この任務達成のためモスクワの恵沢をうけている政権を樹立した執地共産党は過去十七年間、戦後の新世代に忠誠心をよびかけるのに大変な努力をしている。それにもかかわらず、またこれらの者が実利に関する権限を手にもっているのにいままで必要な力と能力を動員するとか、必要な熱誠をたすけることに成功しないでいる。今日東欧共産党指導者らは大部分老年および中年の共産主義者らで構成されているため不平、または無関心な人民から遊離されている。

一九五六年のハンガリー暴動は共産主義学校で共産主義教育をうけた学生らが主動になったのであり、マルクスが共産主義革命の突撃隊と宣言したことのある労働者らによって強力な支持をうけた。これと同じような人々がポーランドとか東ベルリンで共産主義反対抗議運動の先頭にたった。

×　×

東京韓国学園生徒募集

一、募集人員
初等部一学年50名　二学年以上若干名
中等部一学年100名　二学年以上若干名
高等部一学年100名　二学年若干名

二、出願期日
初等部　三月一日まで。
中・高等部　一月二十三日まで。

三、出願手続
本学園所定の入学願書に該当事項を記入し、下記書類と考査料添付提出すること（初等部編入生および中等部以上）
（イ）前学年の修了または卒業を証明した書類および成績証明書。
（ロ）外国人登録済証明書、国民登録完了証明書。
（ハ）写真三枚（一枚は願書に）。

四、考査料
初等部三〇〇円、中等部五〇〇円。
高等部一〇〇〇円。

五、考査
面接、身体検査、書類審査、学科試験（英、数、社会、国語、日語のうち一科目選択）但、高等部に限る。

六、考査期日
一月二十四日（日）午前九時、中・高等部。
三月一日（土）午前九時初等部面接、健康診断。

七、合格者発表
一月二十七日（水）正午本学園玄関ロビー。

八、入学手続
所定用紙に記入して二月二日まで完了すること。

九、入学式
四月一日午前十時

十、納付金
入学金、初等部一〇〇〇円、中等部五〇〇〇円、高等部一万円。
授業料三百円、中等部千五百円、高等部二千円。
生徒会費（一年分）中等部千八百円、高等部千八百円。
ＰＴＡ会費（入会費）初等部三百円、中等部三百円、一カ月会費初等部百円、中等部二百円、高等部二百円其他教科書代金、暖房費、施設援助費等あり。

東京都新宿区若松町二一
東京韓国学園
電（341）一八五六・一九八七番

水道衛生器具製造販売
朝日工業株式会社
ASAHIKŌGYŌ &C.O. LTD
取締役社長　尹　秉　元
東京都足立区本木町２６—１２
電話・(881) 4556・2624番

ORIENTAL TRAVEL SERVICE
Code: ORIENTRAS Tokyo
東洋航空株式会社

伊勢ロース!!
郷愁の
本場味覚!!
金巴里
KIN PARI
東京都千代田区神田多町一の五
ＴＥＬ　神田 251—0918
新宿 369—7733
362—0823

営業種目
金属表面処理加工
サンドブラスト加工
旭メタリコン株式会社
ASAHI, METALICON, K・K
取締役社長　尹　炳　秉
東京都大田区大森６の２６４８
TEL (761) 5018

KAWAISHI SANGYO
○鉄鋼材
○建設材
河石産業株式会社
取締役社長・河　石　巌
本社・東京都大田区糀谷町５～１２４８
電話・代表 (741) 3322・0985・0185番

優良鋳物用銑鉄製造
ASK
朝日製鉄株式會社
取締役社長　申　学　彬
横浜市鶴見区鶴見町1320
TEL横浜 (50) 8431—4

文化

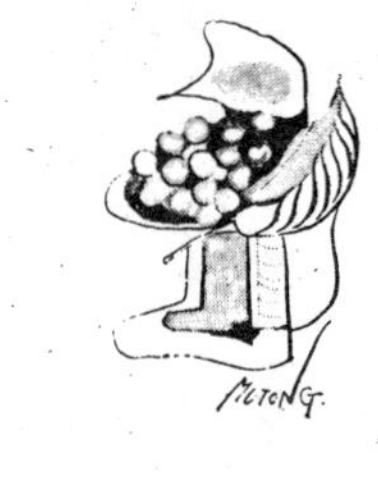

わが国の現代文学開花期に先駆的活動をして物故した多くの文化人がいる。そのうちで特にその作品または雑誌について回想してみるのも必要であると考える。「現代文学」誌が「物故文人回顧特集」をしているので、その中から転載することにした。次の「土月会」はわが新劇運動の土台をおいてくれた運動であり、雑誌「白潮」も短命ではあったが、わが文学運動には切っても切れない関係がある。（H訳）

土月会と洪思容
物故文人の回顧
金八峰

日本の東京で留学していた頃ソウルで発行していた雑誌「白潮」を懐月・朴英熙から贈られたので同誌で始めて露雀を知った。勿論名前だけであった。

その後一九二三年五月に第一回土月会公演を準備するために、東京からソウルに帰ってソウル仁寺洞慶興旅館に下宿した。当時その旅館の近くに白潮社同人の事務所があった。

懐月が案内して、事務所を訪れて同人たちと初対面をした。同人の顔触れは、稲香羅彬は培材同窓（一年先輩）で旧知の間柄であったし、月灘朴鍾和は朴英熙の紹介で東京にいるときから文通をしていた。全然始めての人は洪露雀・洪思容、玄憑虚、玄僖運、廉想渉、羅彬、元雨田らで、そこで彼等と名乗り上げた。六月の初めであったろうか。

露雀の初印象は鋭敏でいて固執的なところがあり、淡々としているかと思えば傲慢なところのある神経質な性質であるが、和やかな時にはその極まるところを知らない程の学者肌なところがあり、口数が少なく目だけがキラキラと光っているその顔は如何にも詩人らしくみえた。

自分は東京にいた時分に小波・方定煥と共に「白潮」同人として参加していた。同人たちが集まるその事務所が楽園洞であったが、玄関には「新文化社」という看板がかかっていたと思う。

このとき、自分が下宿していた慶興旅館とその社とは僅か百歩の距離のところにあったので土月会公演準備の合い間には、よくその事務所を訪れた。そこでしばしば逢った仲間には元雨田、洪稚香、羅稲香、玄鎮健などあり、洪露雀ではなかった。そのときの同人の一人李相和は大邱に居たので事務所では会えなかった。

演劇公演の準備が或る程度進んでから懐月（朴英熙）に案内されて露雀の下宿を訪ねて行った。当時懐月は土月会創立同人ではなかったが、第一回公演の始まりから土月会の仕事には陰に陽に協力した同志であり、彼の話によると白潮同人の中で土月会が目論んでいた事業に対して、誰よりも共鳴し声援を惜しまないのは洪露雀であると言っていた。このとき、彼をその下宿に訪ねたのもそういった関係であった。

露雀と二人きりで語り合ったのはこのときが始めてであった。この時に二人で取り交わされた話の内容は記憶してないが、いまでも覚えているのは「できる限り最善をつくしゃりなさい。そうすれば自分も力のある限り努力しましょう」と云った彼のこの言葉だけである。

それから後年聞いて知ったことであるが「白潮」雑誌は水原にあった露雀私有のたんぼを売払った金で発刊できたという。白潮雑誌のために消えた金額がどれだけであったかはっきりしないが二、三百段歩もあったそのたんぼがこのためになくなってしまった。このことは露雀が故人となってから大分後になってその令息から聞かされた。

いずれにしても、慶興旅館にあった下宿で彼に対面してからの彼には、以前になかった親しさを感じた。彼もまた自分と土月会に対してはより一層親近感を示してくれた。彼は、公演準備のためにわたしたちが合宿していた旅館にも、しばしばやって来ては、脚本を読みセリフを稽古する同志たちに自分の意見や注意をしてくれた。

第一回公演は七月末であったが、そのために六、七千円赤字を出した。その損失をカバーするために九月の学期に間に合うように日本へ帰ることを延期することにし、第二回公演をしてその債務を弁済することにした。

そのために、第二回公演のために土月会同人だけでなく白潮同人の中で多くの有志が協力してくれた。その中で夕影・安碩柱は自ら扮装して舞台に立ってくれたし元雨田は徹夜までして舞台背景を仕上げるために画筆を手離さなかった。そのうちでも露雀・洪思容は懐月とともに土月会のために物心両面にわたり助力をしてくれた。

幸いにして、第二回公演は上成績を収めることができたので、諸赤字をカバーしてもなお残るものがあった。

それから、自分は土月会を退いて新劇運動から手を引いたが、露雀は土月会の第一、二回公演を助けた経験と、演劇に対する嗜好心を持つようになり、一九二四年であったと思うが土月会公演には彼の創作戯曲「山有花」を上演するまでになった。そのとき、自分も朝鮮劇場（現在鍾路区庁跡）で「山有花」上演を見た。その作の筋書きは記憶にないが、非常に浪漫的であり民俗的な「郷土芸術」とすべき作品であったようだ。

彼は、その後も土月会末期まで同会とは有機的関係を持っていたと記憶する。

八・一五前、一度きりであったが路上で彼に会ったことがあった。彼が死んだことも知らないでいたが、その死を知ったのは一カ月も後になって友人から聞いた位いで、いまでも故人に対しては済まないと思っている。

（筆者は作家）

教科課程を大幅改編
教科書も新しく編纂

【ソウル発＝連合】文教部は各級学校の教科課程を改正、公布した。文教部令で公布された新教科課程は国民学校一・二学年は六四年、三・四学年は六五年、五・六学年は六六年三月一日からそれぞれ施行され、中・高校は六五年三月一日、実業高等学校は六三年三月一日から施行することになる。

これにしたがって国定検定教科書もすべて新しく編纂されるが、文教部は国民学校教科書を六三年度から三カ年計画で低学年用から編纂し、中・高校は六三、六四年度に、実業高等学校は六十三年度から続けて発行する計画である。これで国民・中・高等学校は新教科課程の施行と時を同じくし、新しい教科書を使用することになり実業高等学校は新教科書の種類が多いため教科課程の施行日から一年後である六四年度から新教科書を使うことになる。

主席に大統領賞
国立大学卒業生に授与

【ソウル発＝連合】従来ソウル大学卒業式で授与されていた大統領賞はソウル大学校以外の国立六大学卒業生にも授与されることになった。

政府は十五日定例閣議で大統領および内閣首班授賞与規定を議決したが、卒業生の中で首席卒業生には大統領賞を、二等には内閣首班賞を授与することになっており大統領賞を授与されていた三軍士官学校でも二等には内閣首班賞が授与される。

三愛貿易
SAN-AI TRADING CO., LTD.
MATSUDAIRA BUILDING
NO. 11, 3-CHOME KYOBASHI, CHUO-KU, TOKYO
TEL. (535) 3021-3

李朝野史物語

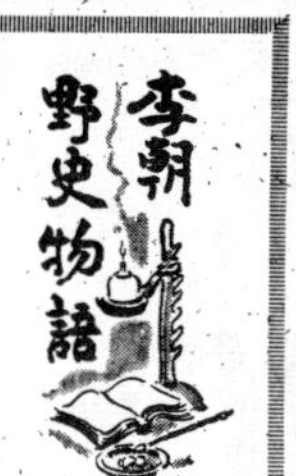

徳宗成宗時代篇（11）

成宗大王の治世
無知な村人金喜東（九）（上）

成るとき、成宗大王例の如く夜間、平服姿でソウル市内に民情視察に出かけた。

この日も、お一人であるので道中万一のことでもあったら困るので、単身外出を中止されるように王大妃から諫められた。王はそれを聞き入れないので、武芸庁の別監数名のものだけが間かくを置いて後からお伴することにした。

この夜も既に夜がふけた三更で、あたりは静寂そのものであった。王は、鍾路広橋を通りながら橋の下に、一人の男が蹲っているのを見られた。寒い時候でもないのに、人影が杜絶えた時刻に橋の下に男がいるのを不審に思ったので、曲者をお呼びになった。

一見したところ、年頃は四十前後の人で何か包物を背負っている田舎ものであった。

王は、彼に「何者だ」と誰何すると、彼も人の声が余程なつかしかったらしく間近く寄ってきて

「自分は慶尚道興海のもので金喜東と申します。四十になるまで王様がいらっしゃるソウルを見物したことがないので、長年かかって工面した旅費ができたので故郷を立ち、数十日ぶりで漸くソウルにたどりつきました。いま、夕食だけは済して一夜を過す炭幕でもあるかと思ってさがしてみたのですが見付けることができなかったので、仕方なくこの橋の下で一夜を明かすことにしました。（炭幕というのは炭焼小屋のことをいうので、彼は田舎のもので、ソウル市内にも炭小屋があると思っていたとみえる）。そこで、貴公は一体どなたでいらっしゃるのか知りませんが、どうしてこの夜中に出歩くのですか？お見受けしたところ御立派な両班でソウルの方らしい。もしか、王様がいらっしゃるところをご存知でしたら、どうか教えて下さい。自分が千里を遠しとしないでソウルまで来たのに、賢君でおわすわが王様に一目お目にかかって帰りたいからです」と、旅人は語るのであった。

旅のものは田舎丸出しで純朴な飾り気のない人柄であるので、非常に好感が持たれた。王はさりげない態度で

「わしは漢陽という村に住んでいる李食知（食知というのは普通民間で通用する呼び名）というものです。王様のいらっしゃるところは知ってはいるが、一体王様にお目にかかればどんな話をするつもりですか？」と聞かれると

「他のことではありません。手前の村でも人々は、いまの王様は大変御立派な聖君といわれています。国民をわが子の如く可愛がり善政を施していらっしゃるので国民は少しも心配なく安楽に暮すことができると、もっぱらの評判です。そうでありますので手前もどうやってソウルまで来た以上は、そんなに御立派な賢君でいらっしゃる方に御挨拶でも申し上げたいのです。それで、ただ何にか持たずに手ぶらでお伺いすることも相成りませんので、村の土産である海参（ナマコ）と鮑（あわび）を持参しました。（包物を指しながら）これを王様の御食膳に進上げたいのです。貴公は王様のお宅を知っていらっしゃるといわれる。お見受けしたところお話ばかりでなく、まさかウソをいっておられるようにも見えません。どうか御案内を願えませんか」と。

王と旅人がこんな話をしているところへ、おつきの武芸庁別監が寄ってきた。王はそれらに何にか耳打ちをしてから

「旅人よ。この人について行きなさい。そうすれば、わしの方で何んとかして王様にお目にかかれるようにしてあげることにしよう」と、旅人に言いきかせた。

旅人は、自分と対座している人がまさか王であることを知るはずがないので

「ソウル両班は、親切な御仁でごわす……」と言いながら、別監について行った。別監の方でも、王が口止めをされたのでただ彼をわが家につれていった。

その翌日の晩にも、王はお微びで街に出られたついでに別監の家に立寄った。旅人は大いに喜んで

「李食知は真に両班でいらっしゃる。始めて会った田舎ものに対してこんなにも手厚くもてなしをして下さる。ところで王様にはお目にかかれるでしょうか？」と真面目な顔で問うた。王はいまにも笑いが爆発しそうなのを抑えながら、田舎者に微笑みかけた。

お側についている別監は無礼な田舎ものをその場で叱りとばしたかった。しかし、王からの厳しいお言葉があったので、だまっているより仕方なかった。王は

「貴君の誠心は見上げたものですが官吏でなかったら王様にお目にかかることができないのが掟となっている。それ故に、もしどうしても王様にお目通りをしたければ何にかの仕官を願出なさい。そうすれば、わしが何んとか力添えをしよう。そうしなければ貴君の願いは叶えられない」と言ってきかせた（石韓山人）

近代舞踊の父 石井漠の記念像
3月31日、東京・浅草で除幕式
見逃せぬ韓国舞踊への貢献

日本の舞踊界に初めて近代バレーの息吹きをもたらした故石井漠先生の功績には、並大抵ではくぐりぬけぬ開拓者の労苦も伴なっていたが、輝やくばかりの舞踊家の生涯でもあった。

世間が、いやでも応でも近代化の波に押されて、ハイカラなセンスを重宝がる時分、舞踊界もひけを取ることなく洋舞の開拓にのりだしたが、故石井漠先生は、正面からこれに取り組んで近代バレーと名のつく新舞踊を受けいれ、世間にひろめだしたのである。

やがて、この余波が朝鮮にも及ぶや、時代感覚に目覚めた舞踊界は色めきだし、近代バレエの緊急性と民俗古典舞踊の近代化などに熱中し、趙沢元氏と崔承喜女史らは、いち早く注目して先生の門下生におさまり、手塩をかけられながら洋舞の摂取や民俗舞踊の改革などに本腰をいれて世間にデビューされるにつれて、多くの韓舞踊家らは相いついで石井家の門をたたき鍛打たれて養成されたものである。

今では南北韓にまたがる舞踊界の重鎮らは、これらの門下生によって占められているのが実情で、しかも、韓国民俗舞踊の近代化に尽した先生の功労に関する限り見るまでもなく、近代バレーの普及はもちろん、民俗舞踊の現代化に関しても陰の功労には大きいものがある。

このたび、故人の夫人八重子女史の発案による「石井漠記念像」の除幕式を、来る三月三十一日午前十一時から先生ゆかりの地、浅草は六区観音堂の境内で行なうことになったが、この記念像には、故人の最も傑作とされる「山を登る」が選定され、建造には彫塑家谷口吉郎氏が当り、碑文を作家の谷崎潤一郎氏が作成することになった。目下、故人の知友はもとより、石井漠同門会の面々やその他大勢の賛同者らを得て建造を進めているが、資金募集に奔走中のようである。

舞踊とか交流とかいう、もっともらしいプラカードばやりの時勢ではあるが、このような政治的用語をひっぱり出すまでもなく、真の文化交流や啓蒙などに率先した故人の偉業はいくら讃えても讃え切れないものがあり、この除幕式には純粋な理屈抜きの称賛の拍手を送りたい。

なおわれわれ僑胞の立場からもこの建造に応分の寄金をおくることが望ましいことではないか。

▼八重子未亡人のことば

漠逝いて早や一周年、ともすれば乱れ勝ちな心は、孤独な幽明を異にしていても漠の踊る姿は絶えず私の胸に去来して居ります。思えば大正六年九月六日、日本館に立籠って、浅草オペラ創成期から舞踊家としての死の瞬間までの長年月、労苦を共に味わい、漠の仕事を私の仕事として、表裏一体となって生きてきた私は、舞踊家としての漠の存在が日本文化の発展にいささかの貢献となった事は皆様方の激励とご後援のたまものと、あらためて衷心よりお礼申上げます。

さて夫の業績を讃えることは妻の私としてまことに潜越なことと思いますが、このたび漠のゆかりの地浅草観音堂境内に、漠の実姉栄子と踊る「山を登る」の記念像を建設して故人の霊をなぐさめたいの念願を発しました処、幸に[illegible]兄姉、知友、浅草の会、石井漠同門会等の多くの方々のご賛同をいただきましたので、この念願達成に身を鼓して邁進する決意をかためました。

すでに土地の選定もすみ碑文は芸術院会員谷崎潤一郎先生、制作は芸術院会員谷口吉郎先生にお願いいたしてご快諾をいただき、三月三十一日午前十一時より除幕式の予定で、目下進行中でございます。なにとぞ私の微衷をおくみとり下さいましてご協賛たまわりますよう伏してお願い申上げます。

安住の地は（三十）

許槿旭

え 金泰伸

（144）

私はきびすを返してまがきを回って裏門から入って行った。家の中は静かであった。私は高鳴る胸を抑えながら障子を開けた。

「君、どこに行って来たんだ。こどもがどのくらい泣いたか、のどがかれたよ」

紺の服をひっかけた夫が、しょんぼりと私の前に立っていた。私は両手のこぶしをぐっと握り、まじまじと彼の顔をながめた。

「こどもを泣かすようにしたのは誰方ですの……もう、あなたとは口もききたくありません。すぐに行って彼女とくらしなさい。ひくつに止めはしないわ。私たちが堂々と光りを仰ぐようになったとき、あなたとはきれいにわかれるわ。その日まで、罪のないこどものために、あなたも私も犠牲にならなければならないわ」

「落ち着いて…。そんなことをやたらに…」

私は発作的に彼の言葉をさえぎりながら、静かに叫んだ。

「こどもの養育費だけは、良心のかぎり負担してちょうだい。そしてお互いの行動については、干渉しないようにして！」

「ふん…勝手にしなさい！」

彼ははき出すように言って、くつをはいた。

「後悔するなよ」

彼の憎悪に満ちた眼が私を射た。私はカーッと頭がほてる興奮を抑えながら、はっきりと言った。

「この世に私自身を堂々とおし出すことができる日までこどものために、この寂しい屈辱を忍びます。あなたは卑きょうだわ―サッサとその女のところに行きなさい！ 私とはもうお終いだわ」

私は唇をきゅっとかみしめながら、障子をピシャリと閉めた。やがて彼の足音がだんだん遠ざかった。瞬間、気が抜け、眼がしらが熱くなるのを意識した。涙が止めどなく流れ出した。夫の前では、神経の不自然な緊張と自身の性格の中にあるあらゆる抵抗力で、その場面をゆうゆうと受入れることのできた私であった。しかし、いま、ただひとりになったとき、私の心の片隅をしめている弱い心を隠すことはできなかった。

（彼はすでに、私から消え去ったのである。彼が仮りに帰ってくるとしても、それは不可能なことである。心が融け合うことの出来ないほどに、私の頭にうずくまっている憤りが、如何なる妥協も拒否してしまうことだろう。小説を書こう！明日がある。明日は、永遠に近づいてくる。明日のために私は現在に忠実であり、私自身に忠実でなければならない。追憶は風がほかの塵埃と一しょに運び去って既に久しいのである）

私はこみあげてくる涙を抑えながら、こどもの方へ近寄っていった。

（どんなにお腹がすいたことだろう？）

泣き疲れて倒れたこどもの寝顔をのぞきながら、私は胸がはりさけるようであった。

「ぼうや、ぼうや！」

■ホール
■御座敷
純京城料理
京城館
宋万里
東京都新宿区神楽河岸3号地
国電飯田橋東口下車橋のたもと
電話 (331) 2652

○サッカリンナトリウム・化学工業薬品製造販売
大東化学工業株式会社
取締役社長 林 泰 善
川崎市桜木町2の58 TEL (2) 3381

一般鋼材
丸棒型鋼
安田金属
代表者・安田圭鎬
東京都墨田区緑町4～30／電話 本所 (631) 1355／8573／8983番

北京料理 東天閣
和室・洋室完備
結婚披露・大小宴会
美味と安価が定評
大阪市心斎橋御堂筋角（そごう北隣）
電話・代表 二七一－〇一三一

北洋冷凍機工業株式会社
冷房暖房　ダイキン冷房機代理店／日立冷房機代理店
○僑胞の事業体・団体に対しては実費で奉仕しますから冷暖房及冷凍機関係の一切を御相談下さい。（遠近暴問わず）
○各種（内外国製品）冷蔵庫・クーラー類の修理、販売も御相談下さい。
○1年間のアフターサービスの御契約もします。
○最高の技術とサービスは完璧です。
社長 洪 起 華　東京都新宿区原町3ノ84
監査 金 炳 泰　電話 (341) 0449代表

営業品目
海狗腎及其他補薬
人蔘鹿茸唐草乾材
和薬医薬各種新薬
直ぐ服める液体漢方薬
内外貿易業務代行
薬効解説名採用
服用指導送付そう
日和堂薬院
大阪市東成区大今里南之町1－14
電話 (971) 3180・7958

近代工業の先端を行く精密機器用宝石部品の日本国内唯一のメーカー

納品先
電電公社　日本碍子KK
日立電気　安立電気
三菱電気　セコニックKK
松下電子　協立農機
シチズン時計　日本電子
ヤシカカメラ　千代田光学
三協精機　理研電計
リズム時計　矢島計器
東京時計　日本電装
島津製作所KK　其他計器メーカー70社
品川製作所KK

割引マーク koyo
● 右掲載の割引マークを当社直売店に御持参の方には一割～二割の割引サービスをいたしております。

株式会社 光陽精密宝石製作所
営業品目
軸受宝石　計器用軸針
時計用宝石　装身具用宝石
電気指示計器用
航空計器用　ミリ波進行波管気密窓用サファイヤー
其他各種計器用　カメラ用軸受 メーザー用ルビー
当社直営店の御案内
光陽宝石直売店
自由ケ丘 田園 宝石部（喫茶部）
ヒカリ街デパート2階 TEL (717) 2131～3
五反田駅前 ユーヨー宝石
五反田駅前 TEL (441) 5911

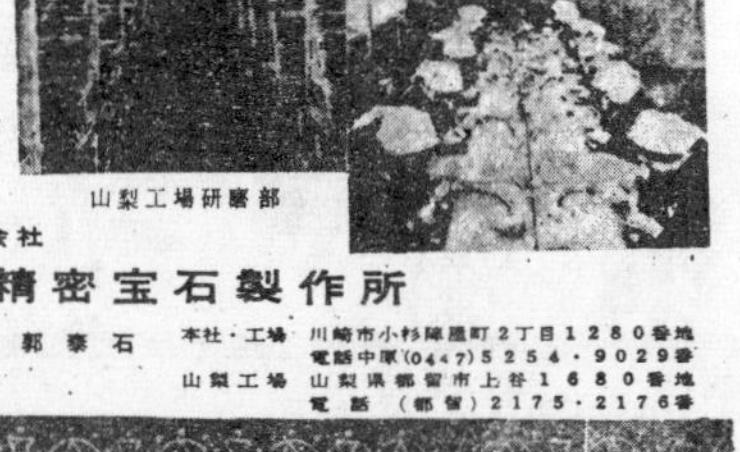

山梨工場研磨部
山梨工場検査部
株式会社 光陽精密宝石製作所
代表者・郭泰石
本社・工場 川崎市小杉陣屋町2丁目1280番地 電話中原 (0447) 5254・9029番
山梨工場 山梨県都留市上谷1680番地 電話（都留）2175・2176番

韓國新聞
発行所 韓国新聞社
東京都文京区会[illegible]町51
電話(813)2261・2263 編集
東京(812)1921 (813)2262 業務
振替口座 東京 34988番

韓国と日本を結ぶ!!
広告企画と立案・図案文案製作
新聞雑誌広告・ラジオテレビ広告
ネオン屋外広告・市場調査と興信
その他広告宣伝PR
広告代理業 KPR
TOKYO 港区芝琴平町26 電話（501）0471
SEOUL 乙支路一街101 電話（2）1811

与野党とも朴声明受諾

各政党体質改善へ

朴議長不出馬、野党有利に

【ソウル発＝連合】二十一日与野党は朴議長の提示した九項目の時局収拾方案を無条件受諾することになり、与野の激突が予想された政争は止揚され、朴議長の次期民政不参加の態度はかたまることになった。

朴議長はさる十八日混迷している政局を収拾するため軍の政治的中立、政治的報復禁止、政浄止揚、民政の革命理念継承などの時局収拾方案を提示して、この提案が受諾された場合、朴議長は民政不参加、政浄法全面解除、五月以後に選挙延期などを再確認し、国民の前に宣誓するため、各政党指導者会合をもつ、と言明したことがある。

二十二日党の進路を明らかにする民主共和党を除く在野勢力は、朴議長の時局収拾方案を検討した後大局的な立場でこれを無条件で受け入れるという方針を各々明らかにしており、朴議長の民政不参加を一層確実なものにした。野党側は対与党闘争で完全に後退、政局に安定勢力を築くため努力することになり、公明選挙実施の保障を受けるため最大限の要求条件を立てることになる。野党側の一部では朴議長の不出馬が再確認された後には、革命政府には民政移管選挙の実施管理、公明選挙保障の態度をとってもらい、また、大統領および国会議員選挙法改正と政党結和などを要求条件として立てようとしている。

またこれらの者は政党推薦人を各級選挙管理委に参与させることをともに主張している。五月以後に大統領および国会議員選挙が延期されると同時に政浄法全面解除による既成政治人の政党活動は与野にかかわりなく再検討され、各政党の体質改善は不可避のようだ。

退職金などを調整

最高会議の第十五次常任委員会は二十一日午後公務員年金法中改正法律案を審議通過させた。同改正案は公務員年金法中いくつもの給与に対する他の法令との調整規定を給与の統一規定に統合する一方、退職給与に対する勤労基準法対策、公務員の二重給与を調整して公務員年金法施行当時の在職者に対する在職期間を通算する。

李駐英大使、デンマーク大使を兼任 崔圭夏氏は特命大使に

最高会議第十五次常任委員会は二十一日午前英国駐在韓国大使李[illegible]根氏をデンマーク王国駐在兼任大使に発令し、崔圭夏氏を外務部特命大使に任命することを承認した。

選挙期日、世論で決定

李公報室長が朴声明を解明

【ソウル発＝連合】最高会議の李厚洛公報室長は二十一日去る十八日朴議長が発表した時局収拾方案に対して次のような細部方案を発表した。

一、二・一八声明の中、第二項目で指摘した革命課業とは革命公約と収拾方案第一項目から第五項目までの理念実現のため革命政府が推進してきた健全で建設的な基本政策をさす。

二、選挙を五月以後に延期するということは政局収拾案が受諾された場合、国民の世論にしたがって選挙日付を決定するということである。

三、政浄法解除から除外される者は不正選挙関連者処罰法、特殊犯罪処罰に関する特例法、不正蓄財処理法に規定された罪を犯して禁固以上の刑をうけ刑の執行を終らないものとか、また刑の執行をしないと判決されていない者、回収金を完納しない者をさす。

四、九項目に述べた韓日問題解決は超党派的な立場で政府に協力するということであり、朴議長の提案が受諾された場合、政府が韓国的な外交縮勢を衰えるということである。また政党代表と政治指導者らというものは、創党準備委員会の代表者と政治指導者らというものは、創党準備申告以前に政治団体で選出された代表者、または政治活動をしようとする者で大統領、国務総理、国会議長、副議長及び大法院の法官とかその職務を代行した者、五・一六以前の政党の総裁とか党首または最高委員、中央委員、議長などの職にあったものであることを明らかにした。

韓日会談の促進要望

バーガー米大使、崔外相に

【ソウル発＝連合】崔徳新外務長官とバーガー米大使との二十一日の会談は主に韓日問題があつかわれたと伝えられた。外交消息筋は朴正熙議長の大統領不出馬声明と金鍾泌氏の辞退によって韓日交渉は活気をなくしているが、これに対する韓日問題前途に深い関心をみせており問題の合理的解決を期待しているようだ。米国は大局的な立場から韓日国交正常化は早急に実かれることを望んでおり、政局移動に関係なく妥結に行くよう韓・日双方を説得しているようである。

米国は特に請求権問題解決ですでに話し合いのついた無償三億ドル、政府借款二億ドル、民間借款一億ドルの線を確定させる一方、漁業問題解決においては韓国側の譲歩を多少すすめていると伝えられた。

初の新聞研究所開設 現職ジャーナリストに再教育

我が国初の新聞研究所が三月中に開所される。二十一日午後李完[illegible]公報部長官は同研究所開所のための文教部と公報部間の交渉が終ったことを明らかにした。

同研究所は現役言論人と公報担当公務員を一年間二十名ずつ入所させ訓練をすることになる。

スイス大使に李ジュネーブ公使を任命

政府はスイス駐在特命全権大使に李[illegible]駐ジュネーブ代表部公使を任命するよう最高会議に要請した。

金鍾泌氏が引退声明

一切の公職から退く

鄭副委員長が職務代行

金鍾泌氏

民主共和党準備委員長金鍾泌氏はさる二十日記者会見を行ない一切の公職から引退する声明を発表した。これにより一昨年の五・一六革命以来、朴議長の片腕として活躍してきた第二の実力者は一切の公職から引退することになった。なお、金氏の辞任によって共和党の委員長は暫定的に鄭求瑛副委員長が代行し、後任は創党大会で決定することになる。記者会見の内容は次の通り。

一、残っている同志がりっぱに党の運営をやっていけるし、私は自分の責任を完遂することができないという考えから辞任する決心をした。この仕事は私の力に余るものであり、いろいろと足りない欠点があると考えたからだ。委員長ばかりでなく、党員としての職からも一切はなれる。その方が党にとって有利だと思う。

一、（金氏の辞任は朴議長声明と関連があるのかとの質問に）私はたとえ朴議長とからだははなれていても、心はいつも同じである。

一、共和党は朴議長の提案を受け入れるのが正しいことだと思う。

一、党の準備委員会規則により、委員長不在の場合は、副委員長が代行することになっており、正式の後任は党議によってきめることになろう。

一、党の責任者が代わったからといって党の組織面や事務局員の間に一時的な心理的動揺はあるだろうが、残っている同志たちが団結して解決していくはずだ。それに党自体は特定の個人のものではなく、個人の異動によって変わるものではないから、党員たちがよく理解してやってゆくだろうと信じている。

一、（党で辞意を受理しない場合、または将来また党に帰る意思はあるかとの質問に）現在私はやめるという考えしかなく、静かに思索したい。私の生命のある限り静かに過ごしたいと思っている。

一、海外に出る考えは今はない。

一、（朴議長の不出馬声明や金委員長の辞任は結局軍事革命が失敗に帰したことを意味するのか、との質問に）失敗だとは考えていない。朴議長が大統領に出馬すべきだという考えは、今でも変わっていないが、議長自身がすでに不出馬声明を出したからこれ以上は何ともいえない。朴議長の不出馬声明によって党の大統領候補や総裁をどうするかという問題は、私がとやかくいう必要はない。

一、証券波動や通貨改革で私自身いろいろとうわさされているが朴議長が声明で明らかにするといっているから、いつか真相が明らかにされるだろう。

一、（現在の心境は、との質問に）私のいままでやってきたことは、みなさんがよく知っていることだから想像にまかせる。

なお、この記者会見のあと鄭副委員長は「きのう金委員長はよく考えてみるといったので希望をもっていたが、ほんの少し前になってどうしてもやめると決心したという知らせを受けて驚いている」と語った。

最高会議大幅に改編

国民に対する統卒力を強化

【ソウル発＝連合】最高会議は二十一日午後第四次緊急本会議を開いて金鍾[illegible]陸軍少将を外務国防委員長に、[illegible]陸軍准将を内務委員長に、張志涼海軍准将を財経委員長に、[illegible]海兵准将を法司委員長に、[illegible]空軍少将を内務委員長に、朴斗先空軍准将を交通委員長に、朴[illegible]植を外務国防委員に、[illegible]を運営委員長に各々任命議決した。なお新任最高委員の前職及び経歴は次の通り。

外務国防委員長＝陸軍本部軍首参謀部長、内務委員＝内閣事務次長、財経委員＝海軍司官学校校長、法司委員長＝海兵隊行政参謀部長、交通委員長＝空軍作戦司令部処長、朴斗先交通委員長＝空軍作戦司令部処長、朴[illegible]植外務国防委員＝ソウル市教育局長

新任最高委員経歴

▽法司委員長＝[illegible]（三十七歳）全南出身、四十六年海軍少尉、五十四年大領に進級、六十年[illegible]領、六十年航空本対空司令部処長、現在に至る

▽外務国防委員長＝[illegible]（四十一歳）慶南出身、陸軍官学校第二期生、陸軍少将

▽交通委員長＝朴斗先（四十四歳）全北出身、五十五年陸大卒、五十七年工大卒、五十八年国防研究院卒、五十九年空本監察官、空軍大学卒、国防研究院卒業、六十一年准将に進級、現在駐米武官

▽内務委員長＝[illegible]（三十八歳）慶南出身陸軍士官学校第三期生、建国大学卒、最高会議文教会委員長、中央情報部長

▽内務委員＝朴[illegible]（三十九歳）慶南出身、第二軍作戦処次長兼任軍監察参謀、内閣事務処長兼任

▽外務国防委員＝[illegible]（三十九歳）陸士第六期生黄海道出身、ソウル大学行政大学院卒業、国防研究院教授、ソウル市教育局長

▽財経委員＝張志涼（四十一歳）慶南出身、海軍司官学校第一期生、海軍司官学校校長

香港に二千七百万HKドル輸出

香港政府当局の発表した対外貿易統計によると昨年十一月中の香港の対韓輸入は三百二十八万香港ドル、中韓輸出は五百七十万香港ドルであった。同統計によると昨年一月から十一月までの香港の対韓輸入は二千七百九万香港ドルで前年同期の三千百二十五万に比べ一千二百十六万香港ドルの減少である。同期間中の香港の対韓中継輸出は二千八百六十七万香港ドルで前年より一千五百四十二万の増加である。一方香港の対韓輸出は九十七万香港ドルと前年比七十九万の減となっている。

朴勝準氏、財務長官顧問に

証券取引所の責任者として政府は二十一日財務長官顧問に朴勝準氏を任命する一方証券取引所管理責任者に派遣することに決定した。なお、現行の証券取引所法が改正されれば、証券取引所理事に任命されることになる。

争議権否認は認められぬ 労総、行政指示無効を提訴

保健社会部長官の行政指示無効を要求して行政訴訟を提起した韓国労総は二十一日午後労働組合法が改正されこれにしたがって公告後三カ月がすぎてから争議権が認定されるとしていると語った。これは金内閣首班がこの日の記者会見で公布後三カ月あとになって発効される労働組合法が順調を遵守しているため労働争議権がその時まで合法的にできないと言明したことに対する反応で労総は今度の行政訴訟が不法に争議権を否認した保社部長官の行政指示に対抗しようとするものであるため訴訟取消しの意思はないと強調した。

三愛貿易
SAN-AI TRADING CO., LTD.
MATSUDAIRA BUILDING
NO. 11, 3-CHOME KYOBASHI TEL. (535) 3821-3
CHUO-KU, TOKYO

韓国政情と日本財界

民間経済協力は推進

請求権の線はくずれまい

朴議長の民政不参加に対する歴史的声明、共和党準備委員長金鍾泌氏の退陣等相つぐ韓国の政情激動に対し、韓日会談の推進力となっていた日本財界人グループは、やや困惑に陥ったことは否定出来ないが、韓国という大きな市場に不況打開への途をみている日本財界人は、しかし韓日経済交流の今後の見通しについては、「たとえ政情不安によって韓日会談の妥結が若干遅れるとしても、基本的方向は変わりようがないのであるから、韓国政情のいかんにかかわりなく民間経済協力の話し合いは前向きで進めていく」という態度を堅持し、朴・金ラインの退陣にもかかわらず、韓国の五カ年計画に関連して現在活発に進められている韓国との商談はとくに中断されることはないとみられている。

日本財界が本格的に韓日経済交流に取り組みはじめたのは昨年九月の植村使節団の訪韓以来で、同使節団は帰国後「韓日会談妥結のチャンスはいまをおいてはない」と政界財界に対し活発に働きかけてきた。

こうした動きに対し石坂経団連会長らは批判的であったといわれるが、一般財界には「バスに乗りおくれまい」との空気が強く、植村使節団につづいて十二月訪韓した安藤小野田セメント社長を団長とする第二次使節団には金融、鉄鋼、化学、機械、自動車をはじめとする各界大企業から約四十社が参加し、この種の使節団としては最近にみられない大規模なものであった。しかも調査団、視察団の韓国派遣計画はひきつづき進められている。

こうした財界の強力なバックアップにより韓日会談にあっては問題の請求権について、有償無償合計五億ドルの線で話し合いがつき、財界に一つの目安を与え、この五億ドルをめぐり民間の経済協力に関する商談はいよいよ活発化し、最近は過当競争すらみられるにいたった。

こうした情勢の下に今回の政変が起ったのであるが、今後の見通しとしては、たとえ朴・金ラインが崩壊しても、韓国政情の現状や世界外交上における韓国の地位などからみて、韓日関係が従来の"経済の基本線"から逆行することはあり得ず両国の請求権も朴議長、池田首相の諒承も得ていることとてさきに決った五億ドルの基本線がくずれることはあるまいというのが関係各方面の見方であり、この線にそって日本財界はこれまで進めてきた商談をあらためていく心構えを変えてはいない。

ただ経済協力の具体的方法としては、日本側が韓国の高度で豊富な労働力をあてにして合弁会社などの企業進出を期待しているのに対し、韓国側はかねてからこれを日本資本による韓国経済支配として警戒する空気が強く、この傾向は金鍾泌氏の退陣により一そう強まるものとみられている。

革命に有終の美を

朴議長、最高会議改編で強調

【ソウル発＝連合】朴正熙最高会議議長は二十一日午後、政治活動以後最高会議の人事移動などで一時機能が後退された感がないでもなかったが今度各軍で有能な将軍らを最高委員に補強したので最高会議の機能を強化することになったと語った。朴議長はこの日本会議が終った後以上のように述べ、これを契機に歴史的革命の再出発となし革命をより輝しいものにあるものであり、革命の有終の美をかざらなくてはならないと強調した。

各軍参謀総長、朴議長と要談

陸海空軍参謀総長と海兵隊司令官は二十一日午後最高会議本会議が終った後、朴議長を訪問約一時間半要談をしたがその内容は明らかにされていない。

辞任委員は原隊復帰

最高会議李厚洛公報室長は二十一日午後最高委員辞表が受理された鄭世雄、朴円彬、金潤根、呉致成委員は二十一日付けで原隊復帰されたと語った。

反金鍾泌派の四委員辞任

最高会議最高委員二十一名は二十一日午後第四次緊急本会議にさきだって提出された金潤根、朴円彬、鄭世雄、呉致成など四人の委員らの辞表を受理することに議決した。したがって二十一日午後現在最高委員総数は二十一名になる。

株価全般に再暴落

経済界は十八日発表された朴議長の時局収拾策に対して「経済人は政治に関係する発言は慎む」との慎重な態度を採ってはいるが、いわゆる「疑惑問題」の帰結を注視している。朴議長は十八日の声明で「この機会に国民から疑惑を受けているいくつかの問題に対し徹底的にこれを調査してその真相を究明し責任の所在を明らかにすると同時にその真相を公開する」といっているが、これに対して経済界消息筋ではこのいくつかの疑惑問題には証券波動が介在しているとみている。特にソウル証券市場の十八日後場と十九日の株式全般に及ぶ暴落原因の一部は前記疑惑問題糾明方針の影響を受けたためであるとしている。

十九日前場は財務部の証券会社正常化措置にも拘らず前日に引き続き投売の激増により株式全般が暴落し、実物取引きで大証旧株は四厘落の二銭五厘、同新株二厘落の二銭四厘、証金旧株四銭落の二十七銭、また清算では当・先限ともに実物価格比率で下落した。一方最高会議消息通はこの日現在、疑惑問題を調査する動きはなく調査機構、時日に対する何らの指示もないと伝えた。

国民の疑念を解明 金首班が強調

金顕哲内閣首班は朴議長の二・一八声明は愛国心からでたものであるとたたえ、野党側もこれを受け入れ、政界のふん囲気はよくなるだろうと楽観した。

二十一日午前記者会見した金内閣首班は金鍾泌氏の公職辞退に関する質問をうけて、野党の一部では民主共和党が変貌するとみているが、そのようなことはないだろうとのべた。

また朴議長の声明の中に国民の疑惑をうけている事件を明らかにするとのべたが、この疑惑をうける問題は具体的になにかという記者の質問に対して、証券波動など巷間にうわさされているいくつかのものだけであるとのべ、現在いくつかの捜査機関で捜査中であり、現関係には関係者がないだろうと語った。終りに金首班は美土産業の労働争議問題に言及し、政府として現在争議権がないものと解釈しているとのべ昨日閣議で労働争議法が議決されたので、この方法が公布されれば三カ月後からは争議権があることになると語った。

玉昌鎬、吉在号氏は平委員に

二十一日の最高会議常任委員会で最高委員の更迭を契機に現交通委員長の玉昌鎬最高委員は交通委員に、法司委員長の吉在号氏も法司委員にそれぞれ決まった。

生産指数五・八％の下落 昨年十二月から一カ月間に

韓銀で調査した一月中の生産指数は一二八・九で昨年の十二月にくらべ五・八％の下落をみせている。その要因は年始休日、または旧正によって稼動日数が相当へったためである。これを部分別にみれば、鉱業部門では五・四％、製造業部門では七％、電気業部門では八・五％がそれぞれ下落している。

美土労働争議妥結か 保健社会部の調停で

革命後初の組織的な労働争議をかもした美土産業労働争議は二十一日中に妥結をみるようだ。保社部労働当局は二十日からこの事件解決のため妥協案を労使双方に提示、二十一日全国化学労組側と雇用側代表間で妥協会議を開催することにしているが、午後八時ころまでには妥結されるものとみられている。

外貨需給計画修正へ

外貨準備の大幅減に備え

政府消息筋は年初からの継続的外貨消耗の結果、年内外貨赤字を三千七百九十万ドルと計上した今年度の外貨需給計画は大幅に修正されざるを得ぬだろうと観測している。

この観測の理由として、政府は今年度の外貨支出超過を三千七百九十万ドルと計上しているが、韓銀で集計した二月七日現在の外貨保有高は一億四百三十七万八千ドルで年初以来三十余日間に一千六百十六万四千ドルも減少し、年内支出超過に計上した外貨の四十八％を既に上回り、今年度輸出目標額の七千百万ドルの月平均輸出予定額が六百万ドルであるにも拘らず、一月中の輸出実績は二百八十万ドル（信用状開設）に過ぎず、今後の輸出展望が暗いということ、および米三万トンを輸出し四百五十万ドルの外貨収入を見込んでいたところが最近の米穀事情の悪化で六千トン（九十万ドル）しか輸出できず、ここからだけでも三百六十万ドルの収入上のくい違いが生ずるのみか、米国が今年度から対韓援助物資輸入を制限してその結果年間五・六百万ドルと予想される輸出ドルの減少があり、また伊・仏両国との商業借款にあっても政府が当初に協約条件として今年度の支払額とした三百万ドルが五百三十万ドルに増加したなどの点をあげている。

一方十九日韓銀外換関係者たちも外貨需給上このようなくい違いを憂慮し一つ物価の高騰傾向など現在の経済与件からみて外貨支出面をこれ以上抑制することはできぬため、政府は対外的に外援の増額、バイアメリカン政策の緩和、観光施設に対するUN軍側の積極的利用を推進する一方、対内的には輸出増進のためのより現実的な対策を至急講究せねばならぬと語っている。

新しい国造りの
最先端を行く
国産自動車
ここに誕生!!

セナラは今般、日産自動車株式会社との技術提携により年間三、〇〇〇台の国産自動車を生産する目標で力強く発足致しました。韓国自動車工業界の夜明けに新しい息吹と希望を一杯積んで活躍する弊社の自動車に御期待下さい!!

ダットサン ブルーバード

車種
乗用ダットサンブルーバード
商用ダットサントラック
マイクロバス、サービス部品

日本で最も人気があり、世界各地に輸出されて好評のダットサン ブルーバードのふるさと……日本の代表的自動車メーカー「日産」が神奈川県追浜に建設した東洋一の乗用車工場です。100万平方メートルの広大な敷地に並び立つ工場では、すべてがコンベアーシステムで運ばれています。日産自動車では、このたびセナラ自動車と提携し、ブルー バードを韓国に輸出することになりました。

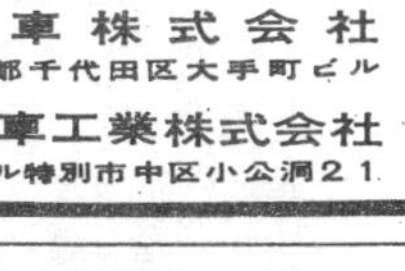

ダットサン トラック

NISSAN
日産自動車株式会社
東京都千代田区大手町ビル
새나라自動車工業株式会社
ソウル特別市中区小公洞21

民団 信用組合 商工会の連繋への提言

僑胞社会の三本柱として協力団結

在日韓国人商工会連合会
専務理事　朴　鍾

三者の連繋を緊密化
僑胞の経済的地位の向上へ

去る一月二十九日夜、本商工会連合会および韓信協の共同主催の下に、駐日代表部、民団中総との間に、合同懇談会を新宿東京会館において開催した。

同懇談会の主な討議内容については、ここで改めて言及することはさけるが、要は、在日僑胞の経済的地位の向上という共同の目的を達成するために、各自の姿勢が如何にあるべきか、ひいては民団、信用組合、商工会三者の連繋関係が如何にあるべきかを、それぞれの立場から率直に話し合うというのが懇談会の趣旨であった。

この日の懇談会は議事運営に若干の制約をきたし、各者からの建設的意見によって充実した結論を出すまでにいたらなかったのは真に遺憾であり、当事者として深く反省するところである。

しかし、裵義煥大使をはじめ駐日代表の経済関係担当官各位の参席の下に民団、信用組合、商工会の三者が一堂に会したことは、近来画期的であり、在日僑胞の経済的地位の向上という共同の目的を如何に達成するかという問題についての各自の見解が詳明にされたことだけをとってみても、今後の話し合いに糸口をつけ、緊密な連繋への布石となったという意味で、その意義は軽視できないと確信するものである。

ただ会員諸賢の留意をうながしたいことは、自明のことながら、布石はあくまでも布石にとどまるものであり、第二手、第三手の努力を継続しないかぎりは、所期の目的を達成することはおろか、布石すら無為に帰すのである。

そこで、蛇足ではあるが、筆者がかねてより抱いている民団、信用組合、商工会の三者連繋の在り方にかんする所感を披瀝し、読者各位にこの問題にたいする論議の材料を供することによって、理想的な連繋への基石となるならば幸甚である。

約一年間にわたって商工会連合会事務理事の職務を担当してきた筆者のとぼしい経験によると、民団、信用組合、商工会の各者内部の欠陥と隘路はともかくとして、三者間の連繋関係は必ずしも緊密におこなわれていないように思われるし、一部の所では、信用組合、商工会が地元民団と対立しているかの如き観を呈しているのも見うけられるのである。こうした対立にはそれぞれの当事者以外には理解できない深い理由があるのであろう。例えば、地方民団員の派閥的人間関係が民団と商工会という二つの組織に分離集合して、この二つの組織が両極的な対応形態をとっているケースだとか、あるいは、民団の信用組合にたいする育成指導が過度におこなわれ、組合業務の細部にわたって容かい人事にまで干渉するという傾向に組合側が反発するとか、さらには、信用組合側が純然たる営利団体であるという組合の性格を楯にとって、民団にたいして冷淡かつ非協力的態度をとるというケースも考えることができるのである。

加わえて、民団が慢性的隘路として苦慮している財政難状を一時的にくぐりぬけるために、信用組合乃至商工会から一部財政援助の協力を全的に依存し、強制的財政調達手段をあたかも当然であるかのように錯覚するという傾向が連繋の絆を細くしているという事実も見逃すことができないし、はなはだしきにいたっては、民団における派閥的人間関係が、執行部の主導権をめぐって醜悪な紛争を演じ、自己の勢力を扶植するために、組織原則を無視して、新設の信用組合、商工会にまで派閥関係をもちこみ裏面工作に奔走するが如き言語道断な態度もあるであろう。こうした現象のすべては、組織秩序の紊乱、組織よりも個人の利益を優先させようとする態度、自分が所属している組織を大事にする反面、他の組織をかえりみないという、ゆがめられた家族主義等が災しているように思われるのである。

殊に商工経済人だけの団体である商工会とか、在日僑胞の金融機関である信用組合等が、慢性的な財政難にあえいでいる民団をやっかい物扱をし、下手に関係すると益だけとられるような気持から、対民団折衝には消極的な態度に終始しているというような傾向は、先の民団側の変則的財政調達と同様に、ありうべき姿ではないであろう。

昨年、わが商工会連合会が在日僑胞商工人の協力と本国政府の助成の下に出発してから一年経過したが、その間連合会自体の花々しい活躍があったと誇語することはできないにしても本連合会結成を前にして、昨年一月から二月までの間に、京都、広島、山口、福岡、鹿児島の五地区で韓国人商工会が組織され、その後現在までに三多摩、栃木、新潟、長崎で組織されている。すなわち、現在の商工会傘下の十五地区商工会の中、昨年一年間に九州地区の商工会の結成をみているのであり、本連合会が出発する以前の既設商工会は六地区に留っていたのである。この他にも数地区において商工会結成が準備されており、今年度中には本連合会の組織は全国的に拡大することがみこまれているのである。

昨年、信用組合の場合をみると、横浜商銀、広島商銀、千葉商銀設立の成果をあげ、現在十二信用組合をようしているが、今年に入ってすでに滋賀商銀の設立をみており、この他にも今年度中に、山口、和歌山、岐阜、栃木、静岡、その他の地区での信用組合設立がみこまれ、組合数においては、朝総連系の信用組合を圧倒するという展望が開らかれているのである。

このようにみると、昨年度は商工会と信用組合の二機関を足とする在日僑胞の商工経済組織が整備強化されてきているのであり、当事者の一人として同慶にたえないところである。

こうした商工経済人組織のめざましい発展には、組織結成にあたった担当者たちのなみなみならぬ労苦の成果が報われたものであろうが、しかし、その余り自己の力を過信し、自分等の努力のみが発展の原動力であったという考えは偏見もはなはだしいといわざるをえない。

本来、非力なわれわれのいささかの努力が報われるのは、気息奄々としながらも戦後十七年間にわたって、わが僑胞の基本団体である民団組織を守ってきた組織人の命かけの努力の積重ねを土台としているからである。

ともすると、われわれは現象面に現われた活動の華々しさに眼をうばわれて、その背後にかくれた労苦の蓄積を忘却することがままあるのであり、このような一面的認識が自力を過信させるという傾向に陥いるのである。

信用組合ないし、商工会にたいする民団の指導協力関係の多くは、このように形に現われない、いわゆる無形の努力に負うているのであって、これを全く無視するかあるいは観念的に肯定しながらも、過小評価する場合、自ずから組織軽視の感覚が植えつけられていくのである。

こういったからといって、筆者は、商工・経済人組織が民団の指示に全面的服従せよといっているのではない。われわれ一人一人が商工会々員であり、信用組合員である前に、民団々員である以上、自分の機関にたいする要求、批判はむしろ執ような程くりかえされるべきであろう。だがそれはあくまでも民団が自分等の組織であるという切実な組織認識から発せられるべきで、批判がやがて組織軽視の傾向を発展させ、あたかも自分は民団と何の関係もないかのような言動をとることとは異るのであって、むしろその逆でなければならないということを強調したいのである。

したがって、商工会、信用組合がそれぞれの立場から、民団に指導、育成協力を要請し、民団のその対し方に批判をするということは当然であろうが、それと同時に、商工会、信用組合の立場で民団に協力する対応の仕方を探求しうちだすということも不可避的な条件である。

卑近な例をとるならば、筆者は再三民団の財政問題をひきあいにだしているが、今日民団財政の苦境は、あまねく周知のところである。これについては、東京地区では昨年度から財政委員会が構成され、都内商工人が協力しているが、いずれにしても、その調達財源を商工経済人に求めざるをえないのは火をみるよりも明らかである。

つぎに、信用組合の例をとってみると、組合発展はあくまで金融ベースを基本とする健全かつ慎重な融資活動が条件であることはいうまでもないが、そうしたわく内においても民団とのタイアップの下に、在日僑胞中小企業の育成対策を重点政策としてこうずる余地は十分に残されてと思うのである。こうすることによって、民団に対する団員の信頼が高まりこそすれ、信用組合を損傷することはなにもないであろう。

このようにいくつかの問題を考えてみても、在日僑胞の経済的地位向上の目的の下に、民団、信用組合、商工会の三者の連けいがいかに要求されているかがわかるのである。

筆者の提起した問題がごく初歩的な組織論を繰りかえした感が多分にあるが、それは、こうした初歩的問題がわが組織陣営の中で未解決のままのこされているためであるという現状認識にまでさかのぼってもらえれば幸いである。今回の懇談会を契機として、三者の連けい関係を具体的に定立するために、三者間の一致した協力が必要であろう。そのためにはこのような素ぼくな組織認識が前提となり共通分母となるのではなかろうか。

慶尚道の巻

再建祖国を訪ねて

カメラ・文　曺圭必

伊助里模範部落を訪ねて

溢れる希望と建設意欲

住居の改良　籬をとりはずして石と土の半永久的な垣をつくり屋根も藁葺を止めて瓦葺にふきかえ労力と資材の節減をはかった。

慶州市より南方一二粁の地点にある内南面伊助里部落を訪ねる機会を得た。特に記者は感慨無量なるものを感じた。幼くしてこの部落よりほど遠くない処で生を享けたのだからである。

記者はこの部落の入口にある共同戸籍再工場を右手にみながら前方の丸い花壇の中央につっ立っている石碑に視線がとまった、その石碑には大きく「花咲く伊助里」と書いてあるのが印象的であった。

この部落では道路を拡張し路辺には数カ所に花壇が設けられてあった。部落へ入ると、まず伊助里事務所（部落事務所）と宿舎（共同）倉庫、購売場（部落住宅の生活物資の共同販売所をいう）等の建物が立ちならびその前には種々の石碑がたち、掲示板と観合等が建っているのが目につく。

この部落の指導者は里長（部落長）の外に地域社会開発委員長というもう一人の方がいた。この委員長である崔炳駿氏は部落開発のために多年間無料奉仕をしている事も分った。

この部落は総戸数八五戸、人口四九八名、小学校中学校各一校となっている。この部落は日本の農村によくある有線放送の部落と同様に各家庭にはスピーカーがとりつけられ、この有線放送に依ってニュースはもとより農村気象、文化向上生活改善その他あらゆる村の指示連絡を受ける。

部落民の文化活動は特にめざましくこの有線放送により文盲退治運動を展開し一年有余で完全に退治教育は終り小学校を卒業し中学校教育を受けられない児童には夜学校課程を設けて教育をしている。

十七歳から二十歳までの女子達は百合クラブという名称をつけて苗代作りと田植を手伝うかたわら節米運動によって得た米を売った金をもって、カマト（焚口）の改良等に奉仕し男子は二十歳までの部落単位の四Hクラブ（頭のH、手のH、健康のH、心のHの四つの頭文字をとってつけていて日本にも全国的にあり民主国家には大概あるものである）を作り山の造林と青少年保導、禁酒禁煙、部落の保安等の維持に活躍しながらかたわら農繁期には原動力になって農耕に従事する。

なお十四歳より十七歳までの女子はバラクラブを作って部落の花壇作り、清掃を担当するようになっている。国民学校の全学生は早朝起会を作り朝早起きして部落の衛生面である清掃を受けもっている。

石碑の立っている花壇、中央に見えるは乾草飼料

推進する生活改善

記者が驚いた事には部落を案内されて回っていると道行く学生達は誰となく皆が丁寧に挨拶をして行くのである。

一般部落は農事改良クラブを作ってクラブ活動として毎月二回農作物栽培法、農薬使用法、苗木栽培法等を講習と実習をかねてやっている。

もう一つのクラブ活動方針の一つとしては更に部落民の所得倍増のために家畜の飼養と養蚕の奨励、飼料の共同生産等々である。この部落の特徴は飼料庫が各戸に設けてあり豚舎も皆なコンクリート造りである。また果樹園経営と蔬菜造り等も所得倍増の一助としてやっている。なお生活改善にはカマド、便所、塀、煙突等の改良と井戸をコンクリートで造り上げてある。

もう一つの特に力を入れている事として全部落民が一致してやって成果をあげているものはまず生活費の軽減とじょう費節約のために特に冠婚葬祭等の簡素化等を奨励実行していることである。また村の共同作業場（共同経営）であるセメント瓦工場の共同製造により全部落民家の草葺き屋根をこのセメント製の瓦葺きに変える事もやっている。

もう一つ部落民のクラブ活動として共同苗圃を作り育苗をした苗は砂防、防風林造成をするために植樹運動も毎年やっている。

この部落は一致団結して農業組合からの借入金の返済と納税、肥料代金の返済、米穀供出等の納入成績は自郡管内ではいつもトップを切っているという（一等）。本年度のこの部落の計画事業としては文化会館、共同理髪館、自家発電所等の建設と全部落の草葺きを瓦葺きに変え、更に部落の全塀をコンクリートにする計画だという。

記者の印象は部落の人には新しい生活のよろこびと共に明るい希望にみちた表情であり全部落が親しみがあってかつ建設的であった事が今でも脳裏からさらない。

記者は部落を離れる事が何んとなくおしい気になったが行先の日程がつまっているのでこの部落の人々とは再会を約して別れを惜んだ。

セメント瓦共同作業場　住居改良に伴う瓦の需要を充そうと部落で共同でセメント瓦を生産している。

井戸　どの家庭も井戸のまわりをコンクリート打ちしてあり非常に清潔で衛生的である。

旅券発給者氏名公告

韓国駐日代表部領事課旅券担当官
在日本韓国居留民団中総民生局長

氏名	番号	住所
鄭順福KJ	[illegible]	大阪市
呉判介	[illegible]	〃
明亮鉄	[illegible]	兵庫県
高栄介	[illegible]	神戸市
馬得先	[illegible]	〃
孫淑美	[illegible]	大阪市
姜館瑞	[illegible]	〃
李寿岳	[illegible]	〃
朴斗春	[illegible]	名古屋
徐文姫	[illegible]	〃
李静子	[illegible]	〃
李石トツ	[illegible]	岡山県
金殷分	[illegible]	香川県
南順任	[illegible]	神戸市
崔遠翔	一三九九	〃
李成俊	一四〇〇	〃
梁行九	[illegible]	〃
康益漢	[illegible]	大阪市
梁康烈	[illegible]	〃
金寅玉	[illegible]	〃
康又逸	[illegible]	〃
呉始竜	[illegible]	兵庫県
都文学	[illegible]	京都市
金琛洙	[illegible]	〃
張致祚	[illegible]	〃
延積熙	[illegible]	〃
韓七竜	[illegible]	〃
金守利	[illegible]	〃
崔善吉	[illegible]	〃
権寧学	[illegible]	〃
張負達	[illegible]	〃
姜千寿	[illegible]	〃
朴桂日	[illegible]	〃
李鳳六	[illegible]	大阪市
甲玄道	[illegible]	愛知県
李福心	[illegible]	〃
金兌基	[illegible]	〃
金聖竜	[illegible]	〃
洪禹順	[illegible]	大阪市
甘寛植	[illegible]	〃
金占万	[illegible]	〃
高成佰	[illegible]	〃
金彭吉	[illegible]	〃
金錦穆	[illegible]	〃
金承烈	[illegible]	〃
金基培	[illegible]	〃
金鳳南	[illegible]	名古屋
林賢子	[illegible]	〃
白正基	[illegible]	大阪市
朴節子	[illegible]	〃
金鳳珠	[illegible]	〃
黄今順	[illegible]	〃
徐宗烈	[illegible]	〃
鄭南守	[illegible]	愛知県
徐西葉	[illegible]	名古屋
李甲宰	[illegible]	〃
洪相俊	[illegible]	〃
尹竜述	[illegible]	〃
金点述	[illegible]	〃
裵斗出	[illegible]	〃
文孝元	[illegible]	大阪市
鄭鳳和	[illegible]	〃
李永中	[illegible]	〃
趙演変	[illegible]	〃
許泰喜	[illegible]	福井県
白応珠	[illegible]	三重県
殷庚奐	[illegible]	〃
徐礦洙	[illegible]	〃
崔秀岩	[illegible]	〃
李今善	[illegible]	〃
尹永淳	[illegible]	大阪市
李相一	[illegible]	〃
曹在鉉	[illegible]	〃
金者玉	[illegible]	〃
呉外息	[illegible]	兵庫県
車碩崇	[illegible]	三重県
李命達	[illegible]	〃
裵星鎬	[illegible]	奈良県
張天錫	[illegible]	大阪市
韓貞淑	[illegible]	滋賀県
崔鍾律	[illegible]	京都市
李勝徹	一四六二	岐阜県
康順淑	[illegible]	兵庫県
李仙分	[illegible]	〃
崔福順	[illegible]	〃
李任善	[illegible]	大阪市
朴憲行	[illegible]	兵庫県
朴順錫	[illegible]	〃
任鳳出	[illegible]	〃
崔采峯	[illegible]	〃
梁正守	[illegible]	島根県
朴異述	[illegible]	兵庫県
李鐘洙	[illegible]	岐阜県
殷照尹	[illegible]	滋賀県
朴順仁	[illegible]	岐阜県
鄭翊慶	[illegible]	兵庫県
安徳善	[illegible]	〃
太元奎	[illegible]	〃
李調奎	[illegible]	〃
李甘鳳	[illegible]	大阪市
柳根祚	[illegible]	〃
全命順	[illegible]	〃
金元宅	[illegible]	〃
崔永泰	[illegible]	愛知県
文性根	[illegible]	香川県
金虎門	[illegible]	神戸市
朴正福	[illegible]	福井県
金智寿	[illegible]	〃
曹水命	[illegible]	〃
盧竜定	[illegible]	大阪市
李宣基	[illegible]	兵庫県
河泰錫	[illegible]	大阪市
李群任	[illegible]	〃
李順伊	[illegible]	〃
柳慶熙	[illegible]	〃
張時伯	[illegible]	〃
金正一	[illegible]	名古屋
鄭鳳根	[illegible]	兵庫県
姜日成	[illegible]	兵庫県
李漢用	[illegible]	〃
金鳳喜	[illegible]	〃
鄭昌真	[illegible]	大阪市
崔碩実	[illegible]	兵庫県
崔南伊	[illegible]	〃
文末芽只	[illegible]	大阪市
白石根	[illegible]	〃
金守先	[illegible]	兵庫県
金珠玉	[illegible]	〃
李茂吉	[illegible]	岐阜県
張金錫	[illegible]	〃
李次賢	[illegible]	兵庫県
白福理	[illegible]	〃
申昭洙	[illegible]	〃
朴点寔	[illegible]	〃
金吉坤	[illegible]	大阪市
申蘇出	[illegible]	〃
金辛亥	[illegible]	〃
呉雅竜	[illegible]	岐阜県
金庚生	[illegible]	大阪市
鄭一南	[illegible]	〃
南且順	[illegible]	〃
張載善	[illegible]	神戸市
金明順	[illegible]	兵庫県
崔東花	[illegible]	兵庫県
尹福甲	[illegible]	〃
権　介	[illegible]	〃
柳浴坤	[illegible]	〃
李春夫	[illegible]	〃
金鍾爾	[illegible]	〃
金在先	[illegible]	〃
鄭大寧	[illegible]	大阪市
朴率徽	[illegible]	〃
丁寧秀	[illegible]	〃
呉斗辰	[illegible]	〃
白守寅	[illegible]	〃
金万連	[illegible]	〃
金吉子	[illegible]	鳥取県
金錫柱	[illegible]	〃
金教鳳	[illegible]	大阪市
呉粉蘭	[illegible]	〃
安行貞	[illegible]	〃
崔金礼	[illegible]	兵庫県
高益鍾	[illegible]	大阪市
朴漢石	[illegible]	三重県

水道衛生器具製造販売
朝日工業株式会社
ASAHI KŌGYŌ & CO. LTD
取締役社長　尹秉元
東京都足立区本木町26—12
電話・(881) 4556, 2624番

技術革新の凱歌！

平和ミラクル・セット
パチンコ裏玉還元装置
★シマの構造は、あまりいじりたくない…
★人為的な玉の上げおろし、量は、人手不足からも、もったいない…
★サービス員の判断の余地があるだけ、心理的にもガスが打ちこめない…
★他機種の入れ替え、つくり直す手間が…
★したがって、完全…があれば、いちばん…
以上の問題は、平和ミラクル・セットのご使用ですべて解決します。
平和
東京・大阪・北海道

営業種目
金属表面処理加工
サンドブラスト加工
旭メタリコン株式会社
ASAHI,METALICON,K・K
取締役社長　尹炳[illegible]
東京都大田区大森6の2648
TEL (761) 5018

豪華浴室と高級焼肉料理の殿堂
温泉気分と最高のムードで
個室トルコ　平日五時より(800円)浴後にビール1本ツマミ付サービス
大衆男女トルコ風呂　100円
◆五〇〇坪全館冷暖房完備◆

チャングのリズムに乗って
韓国の古典床しき美妓の舞い
御宴会
御一人様 500円より
料理5品 酒1本(500)
高級焼肉料理
(花見用弁当もうけたまわります)
御予算により御相談に応じます。200名様用大広間御家族ずれ、大小10室準備・
上野　宝苑
上野駅前昭和通り宝ホテル隣
温泉部電話 (832) 2619～20，食堂部電話 (832) 6505～6

韓国服地と韓国レコード！

営業品目
韓國レコード
祖国訪問者および帰国者には特別御奉仕しております
仁川 ㊓ 商会
東京都台東区浅草公園六区10—3
TEL (871) 3981・5498

本国農漁村にラジオを贈る

神奈川県本が19台

中総 今後も運動おし進める

民団神奈川県本部（金桂善団長）では"本国の農漁民に送って下さい"といって、さる二十一日同県内僑胞から集まったラジオ十九台を民団中総宣伝局へ手渡した。同本部は先ごろの川崎支部からの二十台と合わせて三十九台を本国の農漁民に送っている。

この運動は五・一六革命以後、本国の再建国民運動本部が"祖国造りは農漁民の文化啓蒙運動から"というスローガンで農漁民の人造り運動を全国青年・学徒たちを中心におし進めているが、公報部も同運動と一体となって五百KW出力の南陽送信タワーをたてるなどで農漁村へラジオ普及運動を全国的に展開している。ところが同運動は韓国民だけでなく世界各国の心ある人に意外な感動を与え、今では在日僑胞をはじめ在アメリカ僑胞や日本国民の間でも"韓国の農漁村へラジオを送る運動"が展開されている。

民団中総の話によると現在までのところ同運動の目標をほぼ三分の二達成したとのことだが、今なお全国各地の僑胞からラジオが送られてきているので、継続してこの運動を進めるとのこと。

神奈川県本部から贈られてきたラジオ

自費母国留学生募集

三月二日までに書類提出

民団中総文教局では在日僑胞二世子弟に民族教育を一層充実化させるため、本国の文教部に"在日僑胞学生自費母国留学生"の入学（本国にある中、高、大）資格を強く要望していたが、このほど本国の文教部で許可された。

それで同局では僑胞子弟の[illegible]在留者で、本国の中、高、大で学びたい自費留学生を次の要領で募集している。

一、在日僑胞学生として本国の中、高、大学に留学を希望する者に対しては①定員にかかわらず学校収容能力に従って入学を許可し、②入学選考時国語は特別に取り扱い、③入学した後は国語に対する特別訓練を実施して、本国学生と同一課程を履行するに支障のないようにする（大学では訓練課程の国語成績を学校教養学点に取り扱う）

二、上記内容に従って母国自費留学生を周旋するが、在日僑胞学生で自費で本国の中、高、大学へ進学を希望する者は中総文教局かまたは各県本部文教部で所定の手続を経え、来る三月二日まで中総文教局に書類を送ること。

三、書類選考合格者に限って筆答（英語、数学）及び口頭試験を実施し合格者を本国政府に入学周旋する。

四、詳細は所属県本部文教部に問合わせること。

民団福岡県本部役員改選

民団福岡県本部ではこのほど次のように役員改選を行なった。

▽団長＝趙賛衍▽副団長＝金在実、文圭準▽事務局長＝強翊相▽事務次長＝金東和▽総務部長＝金相烈▽総務次長＝鄭佑宗▽組織部長＝権赫斗▽組織次長＝尹封演▽文教部長＝金成大▽宣伝部長＝崔貴善▽宣伝次長＝権応昌▽民生部長＝李判律▽民生次長＝金好淩▽文教次長＝朴圭萬。

▽議長＝河相亨▽副議長＝金仲浩、林快守▽監察委員長＝金炳洛▽監察委員＝李義[illegible]、朴泰九。

福岡商工会でも

福岡県韓国人商工会（金炳洛会長）では去る十八日商工会会議室で第一回定期総会を開き、さる一年間の経過報告及び執行部改選などを行なった。

この日の会議には四十余名の執行委員理事をはじめ民団福岡本部趙賛衍氏らが出席した。

金炳洛会長の挨拶があった後、来賓として東本顧問丁賛鎮、民団福岡本部団長趙賛衍、駐日代表部福岡所長李文洙氏らからそれぞれ祝辞があり、つづいて経過報告、質疑応答があった後、討論事項に入った。

討論事項では金炳洛会長をはじめ、副会長金仲浩、金栄沢、専務理事李判律氏ら役員総辞職があり臨時議長に趙賛衍氏を選出して挙手で新役員を次の通り選出した。

▽会長＝金泰烈▽副会長＝孫明秀、黄玉水▽監査＝朴泰九、李孝植、権大淀▽専務理事＝李判律▽顧問＝李文洙、趙賛衍、金炳洛、河相亨、黄末鳳。

なお常任理事、理事は新執行部に一任することに決定した。

新帝国主義研究

◇最近の共産主義の諸形態◇

ベルリンの障壁は、共産主義教育をうけた若い精力的な者たちが、いわゆる資本主義搾取の結晶体である、と公式的に呼称している西ベルリンへ大量脱出することを阻止するための見えすいた努力に過ぎない。ポーランドのゴムルカは、政権の安定度を高めるために教会と慎重な平和関係を保つ一方農民が土地を保有することを認めざるを得なくなったのである。今日、東欧では、共産主義イデオロギーが人民の才能を束縛するものであり、あるいはそれとは反対の事実かっして尊敬されている一種の理論となってしまったといっても過言ではないだろう。

マルクス主義理論も、あるいはこれを混合した、または混合した形態に実わさせようとするソ連の努力も、共産主義条件下の政権奪取を保障する指針となっていなかった、ということが

共産主義は現代にマッチしているか？

チェスター・ボールズ

⑤

私の結論である。これは現在共産主義治下にある多くの国や、ソ連が狙っているとみられる多くの国々にも同じく適用されるのである。

マルクスの経済理論

経済の発展過程にあって、不変の法則でもって規定されるという共産主義イデオロギーの第二の面をみても、このイデオロギーが現在の諸国が直面している実際的な諸問題に適用されていないという実質的な証左が発見される。これは共産主義者たちがもっとも有望な目標地域であると選定した、即ち、最近ヨーロッパ諸国の植民地支配から解放された新興諸国の場合特によくあてはまる。彼等の第一の難点は、イデオロギー的指針が明らかでないという点である。それはマルクスやレーニンたちは、アジアとアフリカが、ヨーロッパ型に発展するだろうかという問題を深く考えてみたことがないためである。

二世代の間にソ連は、強力な軍事機構、優秀な科学者、教育をうけた国民をもつ高度に工業化された近代国家に発展した。共産党代弁人たちはもちろんこのような業績を、マルクス技術の功績だとみなし、このような技術は共産ブロックに加入せんと希望する新興国に提供出来ると宣言した。ここで彼等は、決定的にして重要な差異は発見出来ずにいる。この差異の中でもっとも重要なことはソ連にはほとんど信じられない程天然資源が豊富であるという事実である。それ程恵まれていない国家では、急速な工業発展に必要な資本の大部分を、困窮に処している民衆の「貯蓄」から搾り出さなければならないが、それは不可能である。スターリン主義的原則に副って無慈悲な行動をしながら、モスクワから相当な援助をうけている中共は、大胆にもこのような方法を試わした。中共の農家が平均二エーカー以下の耕作地しか持っていない以上その試みが失敗に帰するだろうということは、疑くに足らないことである。

このような現実をそれ以上直視出来なくなるや、ソ連は西方側に対抗して、低開発諸国に経済援助を提供するようになった。しかしその結果として買取された政治的影響力、またはその結果として強要出来たマルクス主義理論の範囲を考慮したら、その経済援助の代価は寂しい程に高価なものであることは事実である。ソ連の如くはるかに有利な物理的条件の下で、スターリンが必要だと認めるような全体主義的規律を適用する能力と意志を新興諸国がもてないのは当然だといえよう。

結局、急速な経済発展を実現させるために、厳格にして信頼出来る方式は未だにないのである。マルクスの最初の経済理論やまたはソ連が低開発国に輸出しようと努力した政治形態も、その如何なるところでも成功しなかったことは明確な事実である

新戸籍

3月1日から実施

簡便になる新制度

次男以下 結婚すれば自然分籍

居住地に戸籍もてる

当局は戸籍法改正に基づき戸籍制度変更を三月一日を期して実施する。先進国の例にならって市民へのサービスと便宜のためのこの制度が実施されたら、戸籍行政はもちろんのこと、一般家族制度にまで大きな影響を与えるものとみられる。相当の近代化された新しい戸籍事務の骨子は次の通りである。

◇転籍の自由◇　従来は法院の転籍承認を避けたがる傾向があったため自由なる転籍が抑制されていた。

これに因る各種法律行為または司法活動などに頻繁に用いられる戸籍謄本および抄本の交付の請求のため、原籍地まで直接行くとか、人便あるいは速達を利用して行なったために市民たちの不便が多かった。しかし三月一日からは、居住地に戸籍がもてるようにした法の恵沢により、謄本をはずして居住地の区庁に転籍届と一緒に提出することによって転籍が簡便に行なわれるというものである。

◇自動分家制◇　一戸籍に長男だけを残し、次男以下の兄弟たちは結婚申告と同時に自動的に分家できるようになっている。もちろん本人の意思のいかんにかかわらず実施されるものだが、既婚者に対しては、本人たちに勧告して分家するようにする方針である。

◇仮戸籍制度廃止◇　原戸籍の単一化措置として、仮戸籍を原戸籍に更新する。

韓国スケート選手団の送別会

"つぎの機会にはやる"

スケート選手団帰国

軽井沢で行なわれる世界スピード・スケート選手権大会に参加するため来日していた韓国選手らは、来日以来北海道をはじめ各処で猛練習をおこなって、各自自己の記録を更新、大いに注目されていたものであったが、大韓体育会からの不参加決定により、去る二十一日羽田発ノースウエスト機便で離日した。

選手団の離日にさきだって去る二十日には午後三時から東京青香苑で同選手らをおくる食事の会が僑胞の有志である崔成順、張礼均氏らによってもたれた。

崔成順氏は韓国選手団が来日以来ずっと色々な面で面倒をみてきた人である。同食事の会には選手団全員と民団中総尹團団長をはじめ各局長、張協大韓体育会顧問をはじめ体育関係者らが参席した。

席上崔成順氏が選手たちに対して「今回のスケート選手権大会に参加できなかったとして失望せず次の機会に今回の練習成果を発揮して下さい」と挨拶、それに対して選手側を代表して片監督が滞日中僑胞たちの数々の厚意に感謝し「日本での練習成果をむだにせず次の機会にいかす」と語った。

金剛学園を再建しよう

文教局が救援金よびかけ

民団中総文教局では、さる十六日隣りの火が原因して火災を受けた大阪金剛学園校舎を一日も早く再建し生徒たちの民族教育に支障をきたさないようにと全国各県本部に対しつぎのように義援金の拠出をよびかけている。

これまで多くの僑胞学生たちに民族教育をになってきた大阪金剛学園（張益和園長）が、さる十六日午後二時ごろ、近隣の火災が原因で同校舎を延焼した。

同校舎は生徒たちが授業を受けている校舎なので、一日も早く再建しなければならないのだが、しかし再建にはばく大な費用を要すと考えられる。長期間の期日をかけて再建できる立場ならば、大阪地区だけの募金でまかなえる見通しもつくが、しかし焼け出された生徒たちの民族教育の支障を考えると、一日とてものばせない緊急の課題である。

われわれ在日僑胞二世生徒たちの民族教育の重大性にかんがみ、各県本部は義援金を募集して、金剛学園に送ってくださることを願望しますので、各県本部団長は事の重大性を十分理解して緊急な措置をあらんことを願う。

すっかり焼け落ちた金剛学園高等部校舎

福岡に韓日親善協会

民団筑豊支部の努力実る

民団福岡県筑豊支部（張長春団長）では韓日親善のための韓日親善協会を発足させようと約五カ月前から推進運動をおこなっていたがこのほどそれが本決りとなり、去る十七日同支部会議室で発足会を盛大に催した。

同支区は福岡県内でも日本社会党、日本共産党が最も多い地区でありその運動はいろいろな面で圧迫されたりしたが張長春氏をはじめ管内団員、日本自民党系飯山支部議員諸氏の努力によってみのったものである。

同発会式には県本部団長趙賛衍氏をはじめ、李文洙、河相亨、朴泰九氏ら多数の貴賓が参加。田中貴次会長のあいさつがあった後、民団側を代表して金泰烈監察委員長のあいさつがあり、つづいて山本哲義氏から経過報告があった。引きつづいて議長選出（日本側で岡部陽、韓国側で金泰烈）、規約案審議、役員選出、新役員あいさつ、来賓祝辞、祝電披露があって万歳三唱のもと盛大にその幕をとじた。

【写真はその発会式＝あいさつするのは趙賛衍福岡県本団長】

本国へも野球選手団を派遣

韓国人野球協会総会で決定

在日韓国人野球協会（権寧繁会長）はさる十日東京・お茶の水の韓国YMCAで同会第五回定期総会を開き、別項のように今年度の事業目的と執行部を改選した。

▼事業目的＝夏期に僑胞学生野球団の本国派遣と、秋期に本国で開催されるアジア野球選手権大会に僑胞選手を派遣する。

▼執行部＝▽会長＝権寧繁▽副会長＝金正柱、朴鐵、▽理事長＝呉成奎▽専務理事＝崔文道▽常務理事＝崔大吉、郭炳得▽財務理事＝高尚綾▽理事＝梁会珍、金斗鎮、崔学阜他十名。▽監事＝崔浮賢、高順賢、許泰成、他四名。

なお、同協会事務所を次のように臨時設置した。

中野区本町通六の五番地　電（381）四七六六・二一三六

柳泰夏再収監指示

大韓検察庁は、病気のため刑執行停止処分をうけてソウル大学病院に入院加療中の前駐日大使柳泰夏氏の刑執行停止処分を取り消し、ソウル教導所に再収監するよう十九日ソウル地検に指示した。

一億円募金始める

愛知県の学園建設活発化

民団愛知県本部（金竜煥氏）では先般学園建設委員会を設置し、準備委員に金竜煥団長をはじめ鄭煥麒、姜求道、張水鍛各氏らを選出したが、同県本部では同学園の目標額を一億円と決定し、それの募金に意欲的な活躍をしている。

また第四十四回三・一節記念行事を盛大に催すため岐阜県本部と合同で日を繰りあげ二月二十七日名古屋金山体育館でおこなうことになった。

同記念行事には韓日親善のため来日公演している韓国民謡慶楽団も招き、また結団以来未曽有の大会を開くために信用組合愛知商銀組合員総決起大会をも兼ね、約六千名動員を目標に全力をつくしている。

なお支部のほうでも式典をおこなうため東三支部、豊川支部及び西宝支部が主体となって二月二十六日豊橋市公会堂で式典と公演をおこなうことになっている。

民団大阪で臨時大会開く

民団大阪布施支部（鄭[illegible]天団長）では去る十七日午後二時から同支部二階会議室において第二十六回臨時大会を開催し、次の通り新役員を選出した。

▽団長＝金満守▽副団長＝金正守、金正石▽議長＝高時鍾▽副議長＝尹甲善、金仁奎▽監察委員長＝沈在己▽同委員＝宋貴鳳、林淳義。

尋ね人

康主三（山本）57歳

本籍地　済州道

解放前は大阪市東成区猪飼野町中で「山本ファスナー製作所」を経営。本国で審計院に勤務している長女の康明淑さんがたずねております。

右をご存知の方は左記へ連絡下さい。

東京都杉並区高円寺五ノ八四六　張世淳

営業品目

海狗腎及其他補薬
人蔘鹿茸唐草乾材
和薬医薬各種新薬
直ぐ服める液体漢方薬
内外貿易業務代行

薬剤師数名採用
履歴書送付乞う

日和堂薬院

大阪市東成区大今里南之町1—14
電話（971）3180・7958

北洋冷凍機工業株式会社

冷房暖房　ダイキン冷房機代理店／日立冷房機代理店

○僑胞の事業体・団体に対しては実費で奉仕しますから冷暖房及冷凍機関係の一切を御相談下さい。（遠近県問わず）
○各種（内外国製品）冷蔵庫・クーラー類の[illegible]、販売も御相談下さい。
○1年間のアフターサービスの御契約もします。
○最高の技術とサービスは完璧です。

社長　洪起華　東京都新宿区原町3ノ84
監査　金炳泰　電話（341）0449代表

階上・和室・洋室・御家族連れ
御結婚式場・披露大小宴会

新館完成開店

北京料理　アベノ　東海倶楽部

本店　アベノ橋南詰西側　電話（632）0285、（632）0286～7
新館　アベノ区旭町1丁目1番地（アポロ座西隣）　電話（632）1255～7

KAWAISHI SANGYO

○鉄鋼材
○建設材

KSK

河石産業株式会社

取締役社長・河石巖

本社・東京都大田区糀谷町5－1248
電話・代表（741）3322・0985・0185番

漢陽

2月号…200円

<在日>国文版의 綜合雑誌

主要内容

美国의 対韓経済援助十七年間의 総決算……金景鎮
韓国의 物価安定策……金基漢
五個年計劃第二次年度의 資金展望……李泰燮
韓国農村의 社会学的再認識……鄭鎭寛
第三共和国憲法에 対한 考察……朴元錫
民政移譲과 革命主体勢力……姜孝旭
政党政治와 韓国의 民主主義……金仁在
反省과 展望……張一字
文学建設과 휴머니즘 —一九六二年 韓国文壇 小感—……金純南
<名勝古蹟巡礼> 서울宮趾 薬山東台……編輯室
野談～～度量있는 金氏婦人……李俊錫
伝説～～마십굴……金炳玉
<韓国歳時風俗> 遊戯娯楽篇……文哲鎬
<創作> 朴校長……金鉄洙
親山……沈載彦
其他 時事評論・随筆・詩・創作 多数

※定期購読料金　六個月 一二〇〇円　一個年 二三〇〇円

発行所　漢陽社
東京都豊島区池袋東一－一五五
電話　東京（九八三）五三一一三
振替番号　東京 四五一一六八

文化

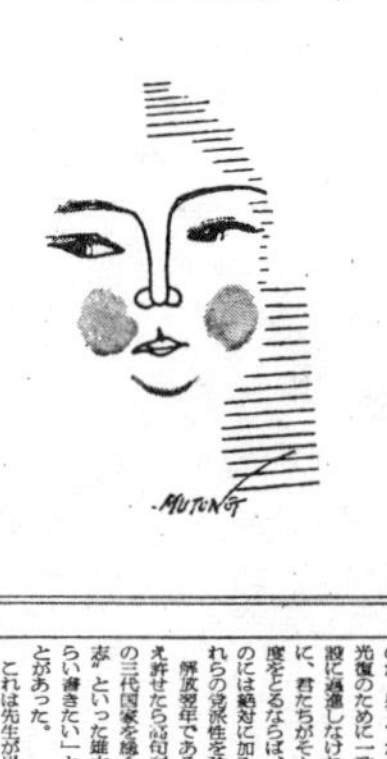

一九二〇年早春のころであったが東京留学生の間で文芸雑誌「創造」を手にしたときの感激は、いまでも忘れない。金東仁、朱耀翰、田栄沢、金煥などの作品に接したのもそれが始めてであった。次の金東仁は創造誌の中心人物であった。創造は我国の純文芸誌の嚆矢であり現代文学発展に一転機を促したのである。(訳者)

東仁先生懐古記
物故文人の回顧
②　鄭　飛　石

金東仁先生がこの世を去ってからいつの間にか十二年。いま懐古記の筆をとると、先生在世中の思い出が今更ながら眼にうかぶ。感慨ひとしおである。筆者が先生と始めての縁は自分が十八歳のときであった。

幼いころから文学を愛好し文学作品を手あたり次第に耽読していたわたしは、十七歳の時に学生読書会事件のために一年間を刑務所で送った。十八歳の春出獄した。このときから本格的に文学勉強を始めた。短編と長編などを随分沢山習作してみた。しかし、その作品が果してどの程度の水準であるか、自分では判断できなかった。

そのために、平素私淑していた東仁先生に短編一つを送って、その批評を乞うた。約一カ月後、先生から返事をもらったが、それは単純な返信ではなかった。便箋で六、七枚の短編小説講義であり、そのときの感激と感謝はいまでも忘れられない。

この講義によって、短編小説がどんなものであるかを知った。その次には、新しい知識をもって短編「一夜」を書きあげて、平壌にいられた先生に送った。すると早速その読後感を送られ「今度の作品は先きのものに比してずばぬけて優秀である。進歩がこれほど早いのであるから、未来に大分嘱望をかけられる。どうか精進せよ」と、激励をしてくれた。

その後十年の一九三七年の夏のころである。この年の朝鮮日報新春文芸に私の「城皇堂」が当選することになって、新人作家として脚光を浴びることになった。

その夏ソウルに上京して先生を杏村洞の自宅に訪ねた。十年前に書信をもってその指導と激励をうけていた少年が、十年後ひとかどの栄誉ある新人作家となって、恩師を訪問したわけである。

当時、再婚した金慶愛女史との新婚生活であった先生は、自分の来訪を非常に喜んでくれ、喜色のチマで新婦の装いをした夫人から冷たい清水をもてなしてもらったことは、いまも忘れない。

平壌生れで長身の偉丈夫である先生は、幼い時分から浪費癖の人であったので、その日本留学当時東京に往復する際にも三等学割を使わないで、二等に乗ったことは有名な話となっていた。彼は競馬、麻雀のような賭博にも格別な趣味を持っていたので、競馬のために新義州に何回となく行った。

新義州では、「カルピヨ」という高級タバコ一個を買うために、人力車に乗って安東県まで行ったことを話したが、その浪費癖のために、遺産を三十前後に蕩消してしまったので、その最初の夫人は家出をしてしまった。この話は「無能者の妻」という作品に出ている。

先生は天性的に芸術家の気質をもって生れた。それでいてその書は小学四、五年程度の悪筆であったが、一度筆を手にすると長江流水さながらに、すらすらと進んだ。一字の誤字もなければ推敲もしないのに拘らず、どの文章でも文学でないものはなかった。

李太白は、酒一杯に詩一首をものにしたといわれるが、東仁は筆さえとれば短編一つを、その場で書きなぐる超人的な作家であった。推敲を必要としなかったので原稿用紙を予め本綴りにしてから執筆するのが習性であった。

あるとき原稿用紙で五百枚の「王府の落照」という中編歴史小説を、夕方から書き始め翌朝食事ごろには脱稿した。先生もこれは自分の生涯のうちでも記録的な速筆であるといわれたが、一夜のうちに中編一作を脱稿したということは、東仁先生でなければできないことではなかろうか。

先生は、大変義侠心に富んだ人である。解放直後、林和、金南天、李泰俊等が主となって中央文化建設会を組織したが、一流の文人たちが過去の日帝に協力したことを理由として加入を拒否された。すると、先生は「日帝三十六年間に多少でも、日帝に協力してないものが、果してだれだろうか？祖国光復のために一致団結して文化建設に邁進しなければならないときに、君たちがそんなセクト的な態度をとるならば、自分はそんなものには絶対に加入しない」と、かれらの党派性を強硬に非難した。

解放翌年であるが「生活問題さえ許せたら高句麗、高麗と李朝等の三代国家を総合した〝東方三国志〟といった雄大な長編を十巻くらい書きたい」と、述懐されたことがあった。

これは先生が畢生の大作とすることを目論んだことと思われる。

先生のような大家が生活費のために、所期していた大作を残すことができなかったことは、実に痛惜にたえないことであって、先生は、自分に対して常にそういったものを書けといわれたが、わたしみたいな無才としては到底考えることもできないことだ。

東仁は、無口なことでも有名人であった。私が中央新聞文化部長のころはほとんど毎日のように立寄ってくれた。わたしから多少でも、しゃべらないと、先生は一言も言わなかった。それでいて、後輩を愛することは大変なものであった。わたしから原稿をお願いすると、断らないで必ずなにか書いてくれた。

そうして、自分の作品も熱心に読んでくれた。あるときは、二人きりになったとき、

「飛石は、恋愛小説しか書けないね」と、じょう談まじりときにいったこともあった。

解放後三年のことであるが、先生が博文書館の依頼で「小説作法」を書くことになったことを知らなかったので、自分も宣文社の依頼で「小説作法」を引受けた。

しかし、後になって先生からこのことを聞いたので、自分も同じものを執筆することにしたことを明らかにして、自分の分は執筆を断念することを申上げた。同一のものを先生と競争執筆することは、礼に反するからであった。

先生はわたしの話を聞くとご自分のものは断わるから、君の方で書けといわれた。しかし、自分はこれを遠慮した。先生も譲らないので一年以上ものばされてしまった。それでも先生はどうしても、わたしに書けと言われたので結局は「小説作法」はわたしが書くことになった。そのとき、もし先生が書かれたら後進のために大きな利益となったろう。わたしにしてみれば自愧自責にたえない。

先生が故人となってから、すでに十二年になる。しかし、先生が残された名作は未だに多くの読者から愛読されている。先生の全集が、出版社の事情により中断されたことは何よりも惜しいことだ。

志ある出版社により東仁全集が刊行されるようになることを、切に願ってやまない(現代文学転訳)

アジア映画祭に46人が参加

【ソウル発＝連合】来る四月十五日から五日間東京で催される第十回アジア映画祭に参加する韓国代表者数が、さる十九日午後開かれた韓国映画製作家協会理事会で四十六人に決まり、この映画会に参加するための総経費三百八十万ウォンの予算も計上された。

ところで李炳逸氏(映画監督)を団長とするこの代表団の具体的な人選はここ数日内にあるものといわれるが、代表団四十六人の構成内容をみると、李炳逸団長をはじめ、政府側のオブザーバー二人、副団長一人、国際審査員二人、映画監督二人、カメラマン三人、照明技士三人、それに十人の女優と五人の男優ならびに映画製作家協会員十八人からなるもよう。

韓国の奨学制度

◇貸与奨学金

文教部が教育法によって一昨年制定して公表したが、昨年度からこれが実施された。総貸与額は国庫金三千五百万ウォン以上を予算に組みいれることになり、大学ないし大学院、それに実業系高等学校に在学する学生らが対象にされている。各人に貸与される額は年間大学生には三万ウォン(毎学期一千五百ウォン)、高校生が一万ウォン(毎学期五千ウォン)学校を終えるまで貸与する。

この奨学金を受けるには、才能は優秀でも経済的事情で修学が難しい学生で、学業成績が同じ科と学年から定員数の百分の二十以内にはいり、新しく入学した学生の場合は、最終学校の卒業成績が優秀で入試成績順位がやはり百分の二十以内にはいらねばならず、大学生の場合は学長または総長、高校生は校長と管轄市長または道知事を経て文教部長官あてに申請しなければならない。だが、貸与奨学金の特徴は学校を卒業した一年後から、受けた期間の四倍に相当する期間内に、その金額の元金だけを返納することになっている。

昨年度に同奨学金を受けられた大学生数は、大学生一期一、一二五名、二期一、三九〇名、実業高校生一、四一一名である。

◇五・一六奨学金

昨年六月、各界の献金と基本財産約一億ウォンをもって設立された同奨学会は、その基金から推しても韓国では今までにない画期的な事業でもあるようだ。とくに、この奨学会は、給与相手を、①学資補助②学術研究費補助③海外留学費補助④文化普及に対する事業への補助⑤体育向上を期する事業に対する補助など、五種類にわかれているが、その中でも、給与額の約七〇%を占める学資補助と約一〇%を占めている海外留学のみを探ってみよう。

まず学資補助は中学校(高等公民学校も含む)以上で、やはり経済的事情により学業を続けられない才能優秀な学生であるか、行ないが他の学生よりも模範になり得る学徒がその対象にされるが、校長または学長(総長)の推せんをへ、同会(ソウル仁寺洞一五)内に設置された中央奨学生資格審査委員会の審査をへなければならない。

審査方法は、書類選考または選考試験に合格しなければならない。そして、海外留学は、各機関の海外留学生選抜試験に合格したものが、それと同等な資格をもつもので現在研究機関にある者が対象にされ、審査方法は書類審査と人物考査によって選抜される。六三年度奨学金配定額をみると、学資補助に▽大学院五十名(一人あたり二万ウォン)一百万ウォン▽中・高学校生二千名(一人当八千ウォン)八百万ウォン、それに海外留学に一百五十万ウォンを支給することになっている。

これは、自然系六、人文系四の比率である。

一方、昨年下半期に臨時に支給された同奨学会は▽大学生四十二名(四十二万ウォン)▽高校生四十九名(二十四万五千ウォン)▽実業高校生六十名(十八万ウォン)▽中学生五十名(二十五万ウォン)などである。

三・一文化賞を制定した大韓洋灰では毎年三百万ウォンの金額を一百二十名内外の大学ならびに大学院生(自然科学系約八十五名、人文科系約三十五名)に対して各々三万ウォンずつ支給することに定めた。

一九六〇年に設立された同奨学金(六二年に改定)はすでに二次にわたって実施されている。とくに同奨学金は同社(ソウル乙支路一街一六)が給与対象大学と給与生徒を決定してから、各大学総長または学長がこれを選抜することになったが、規準成績が平均九十点またはA級点以上でなければならない。だが、同奨学金の特徴は毎月二千ウォンないし七千ウォンを支給するかたわら、修学状況表を毎月一回ずつ提出することである。

◇学園奨学金

学園社(ソウル大平路一街三一一)が一九五二年に制定したこの奨学金は、今年度に八期生を選ぶのを見てもあなどれない年輪を数えられる。基金は七千六百万ホワン(旧貨)であるが学園社から随時補助があり、また同社刊行による「世界名作選集」の版権収入で充当することもある。給与対象は中学三年生らで校長の推せんをへ一次は書類審査、二次は選考考試によって毎年二月中に約二十二、三名を選抜し、これらの生徒らが高校ないし大学を終えるまで面倒をみることになっている。

給与額は高校生らに毎月七百ウォン大学生らには入学金をだしてくれることになっている。現在、百三十余名の学生らが同奨学金の恩恵をこうむっているようだ。

◇各大学奨学金

全国四十八公私立大学には種々の奨学制度が設けられている。だが、その大部分は入試成績が優秀であるか毎学期の学校成績が卓越なる少数学生らに支給されるのが通例で、額も入学金程度である。

ソウル市内の各大学の奨学金実態をながめると、一つの大学に約五—二十種の奨学金制度があるようだが、国立大学よりも私立大学に奨学金種類が多く、支給される額もはるかに多い。

高大の安岩奨学金の場合は新入生のうち出身高校の定員から百分の一以内の学生十名内外に毎年各々四万ウォンの奨学金を支給し、慶熙大は男女高校生学力テストを開いて入賞者が同大学に進学する場合年四万ウォンの奨学金を支給している。とくに、最近は大学内に奨学金庫なども登場して異彩をはなっているようだ。

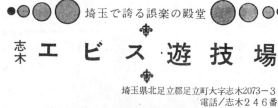

李朝野史物語
徳宗・成宗時代篇(12)

成宗大王の治世(十)
無知な村人金喜東(下)

旅人金喜東は、それまで考えてもなかった官吏でなければ王様に会うことができないといわれたので、まごついてしまった。彼は、到底望めないことであると考えたのか、がっかりしながら

「京の事情にうとい田舎ものが何の手づるもないのに、どうして仕官することができるでしょうか。手前の村に忠義役をやっている朴某がいますが、その忠義という官位は非常に高い位らしいのです。貴公にどんな力があって、そういった高い位を斡旋できるのでしょうか。どうしても、王様にお目通りができないのでしたらこのまま帰るより仕方がありません。

そこで、誠に失礼ですが、この土産物だけでも誰かの伝手で王様に差上げて頂けないでしょうか」と言いながら、土産物を差出した。王は内心その人の真心に打たれたらしく

「わしの方で、何とかしてその忠義とかいう官職になれるよう骨を折ってみるから、もう一日だけ待ちなさい。万一、仕官することができたら貴君の方で直接王様に差上げた方がよい」といわれた。

その翌朝、大王は係りのものに命じて内官をもって金喜東に忠義叙任の辞令をとられた。

一方、金喜東は王とは知らない李僉知の約束をどうなるものかと、半信半疑の気持ちで待っていた。すると、間もなく彼が、留まっている家の主人が、官服と紗帽、木靴など一揃えを持ってきて

「君公は忠義初任の辞令をうけた。いま、すぐこれに着替えて参内して殿様に感謝しなさい」と伝令した。

金喜東は、彼の願い事があまり早く実現したので、夢でもみている心持がした。どうしても信じられない感じで、主人に向い

「李僉知はどうしましたか？」

と聞いた。その外のこともいろいろ知りたがって聞いたが、その主人(別監)はそれには一言も答えないで、仕度を早くするように促した。

そこで、彼は不審に思いながらも宿の主にしか過ぎないと見られる別監について、王宮詣りをした。海参とあわびを大事に持って…。

さて、宿の主につれられて宮中に入った旅人金喜東は、事が意外に発展したのに魂消げてしまった。

二人が参内した旨を告げた。丁度このとき朝礼が終ったときであったので、あまり待たされないですぐ王の御座の間に呼び入れられた。彼にしてみれば、王にお目通りするのには大変むずかしい手続が要るのであろうと予想していた。それなのに、いきなり前導官の案内で王の前につれていかれ、その指示の通り二度最敬礼してから、うつ伏せにしていた。すると、上の方から厳かな声がかかった。

「汝、王にお目通りをしたいという。朕が王だ。怖れないで朕を見上げろ」と。

喜東は全身硬直するのを感じたがそれでもかろうじて気を取りなおして面を上げた。生まれて始めて見る玉座の間の光景と左右に侍立している侍臣たち、そうごうしい雰囲気に威圧されてしまった。

玉座の方を仰ぎ見ると別人ならぬ李僉知が座している。彼は気も転倒せんばかりで、つい思わず

「おお！李僉知がどうしてここにいられるのですか」と、口をすべらしてしまった。

すると、内侍と司諫の方から厳かな口調で「シーッ」と遮られた。瞬間、一座のうちからどよめきが起った。一同の鋭い眼光が彼に集中した。

ここで、彼も始めてその前夜対座して話を取り交わした李僉知が、外ならぬ王その人であることを悟った。彼は大変な不敬を敢えてしたことがわかり、どうしてよいかわからない怖れで青くなった。

侍立している承史閣員の方から彼に重刑をもって罰することを、王に奏上し議論が沸とうした。

この場の空気を見て取った王は、一同に静かにするように制してから、金喜東との間のいきさつを一部始終語られた。

「金喜東の罪は問わないことにする。彼は知らないのだ。しかし、彼は一旦、王に会いたい一心から田舎から出てきたのだ。その赤心を有りがたく思うぞ」と。

その場に侍立している侍臣たちも、その説明で始めて事情を納得した。一同はただ聖恩の宏大さを感激するばかりであった。

一方、金喜東は、田舎ものの無知からしたのであったが、自分が振舞っていたことが、とんだことであったのにも拘らず、思遣りのあるその寛大な措置を聞いて、恐惶感激のあまりそれまでしっかり持っていた献上品の包を手から落してしまった。

この有様を見た王は、再びほほえみながら

「この土産品は、金喜東が朕を慕う赤誠心から、陸路千里の道を背負ってきたものだ。これを頂戴することにしよう」とのコトバ。

それから、彼には沢山の恩賞を賜わったので、彼は故郷に錦を飾ることができた。目出度し。(石蔵山人)

安住の地よ
(145)
許　槿　旭
え　金　泰　鈾

安住の地は(三十一)

冷たい風が吹きすさぶ荒野の真ん中で棄てられた私の精神が、よるべなくさまよい、ぶるぶるふるえた。激しい苦痛に勝てず、石のように固くなった私の感情は、堅い殻の中に閉じこもるより外なかった。私は何事にも無感覚なほどに冷笑的であった。人生において笑顔を忘れた私に、ただ一つの希望を投げ与えてくれるものがあるとすれば、それは、文学の世界であった。それは私の救いであった。叫びたくなるほど、悲しみに陥ったときは、私はいつも訪ねる無心川の堤を散策した。

秋になれば、褐色に染まった落ち葉の敷きつめる丘が両側に傾斜し、その中を小さな川が流れるところであった。ところどころ白い花崗石が流れを止め、流れの早いところは小さな砂利がみえ、キラキラ光る砂が洗われたりした。私は無言で足を運びながら、足跡、足跡に、うちひしがれた傷痕を消してねった。このように自身を忘れて、瞳しない実相の中に、美しい希望を心ゆくまで夢みるのであった。蒼い空にふんわりと浮ぶ雲、風にそよぐ木の葉などをながめながら、私の心は夢を見考え、美を創造しようとする意欲のとりこになるのであった。コケのむした岩の間をチョロチョロ流れ出る山あいの泉のように、誰であれ、それをせき止めることはできなかった。まっ暗闇のどこかの窓辺で燃えあがる炎のように、灰色の空の下で感ずる吹雪のように、私の体の中の骨の節ぶしから感じられるすべてのことを、私は発散しないではおられなかった。このように、何時間でも夢の中に浸っているとき、私の心はおだやかであった。

夜になると私はきいろいあかりの下で原稿用紙を前において文章を書き下した。すると、自己を喪なった熱中のうちに、驚くほどのイメージが浮かび、表現の手段の言葉と一緒に、インスピレーションが最高潮に達するのであった。言葉と意味の象徴であり、宝庫である言葉自らが、人間の代りに考え、語り、音楽に変わってしまう。それは、ある内部の流れの力と、惰性としての音楽である。言葉の流れは、自らの法則の力によって、自由に韻と、リズムと、はかり知れない形式と構成を創り出すものであった。こうした瞬間、眼にはみえないある力によって、作品ができあがるのを意識したりした。こうした感じが、絶望からくる自虐と虚無感から短い時間であるにせよ私を救ってくれた。

実に悲しい長い日の中で、いく度も季節が移りかわった。その間私の周辺には多くの変化が起きた。うら悲しい宿命のように夫に縛ばれた女は、どこへか行ってしまった。春が来て、むし暑い夏がすぎ、秋が訪れても女は再び現われはしなかった。苦しく悲しい記憶を忘れようと努力しながら、夫は誠実な生活態度をみせてくれた。どうすることもできない輪の中で、夫と私の間の距離は、再び昔のようには近くはならなかった。しかし、日が経つにつれ、苦しみと悲しみも消えさり、自らあきらめる心が、そして寛大な心が私の心の中に渦まくのであった。

(彼もきっと苦しんだことだろう)と思う心が……。

営業種目
鉄材／丸棒／ステンレス
加工及販売
南星ステンレス工業KK
代表取締役　李武夫
東京都大田区大森6－2051
TEL 761／8118

優良鋳物用銑鉄製造
朝日製鉄株式會社
取締役社長　申　学　彬
横浜市鶴見区鶴見町1320
TEL 横浜(50)8431－4

埼玉で誇る誤楽の殿堂
志木　エビス遊技場
埼玉県北足立郡足立町大字志木2073－3
電話／志木246番
金　鐘　斗
本籍地
慶北善山郡舞乙面安谷洞425番地

華やかな装身具から、近代工業の先端を行く精密機器用宝石部品の日本国内唯一のメーカー

納品先
電電公社　日本碍子KK
日立電気　安立電気
三菱電気　セコニックKK
松下電子　協立農機
シチズン時計　日本電子
ヤシカカメラ　千代田光学
三協精機　理研電計
リズム時計　矢島計器
東京時計　日本電装
島津製作所KK　其他計器メー
品川製作所KK　カー70社
●右掲載の割引マークを当社直売店に御持参の方には一割～二割の割引サービスをいたしております。
割引マーク　koyo

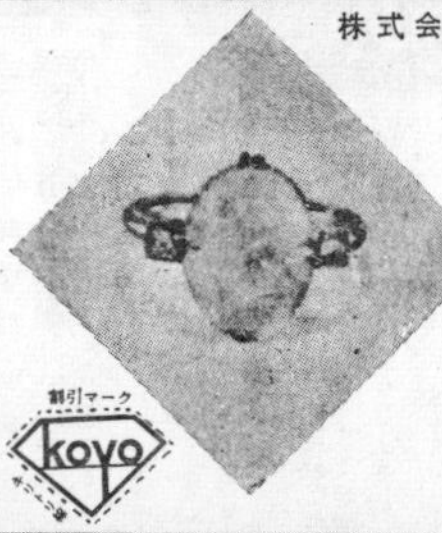

株式会社　光陽精密宝石製作所
営業品目
軸受宝石　計器用軸針
時計用宝石　装身具用宝石
電気指示計器用　ミリ波進行波管気密窓用サファイヤー
航空計器用　カメラ用軸受
其他各種計器用　メーザー用ルビー
当社直営店の御案内
光陽宝石直売店
自由ケ丘　田園　宝石部(喫茶部)
ヒカリ街デパート2階 TEL (717)2131～3
五反田駅前　ユーヨー宝石
五反田駅前　TEL (441)5911

山梨工場検査部
山梨工場研磨部

株式会社
光陽精密宝石製作所
代表者・郭泰石
本社・工場　川崎市小杉陣屋町2丁目1280番地　電話中原(0447)5254・9029番
山梨工場　山梨県都留市上谷1680番地　電話(都留)2175・2176番

韓國新聞
発行所 韓国新聞社
東京都文京区金富町51
電話(813)2261・2263 編集
東京(812)1921 (813)2262 業務
振替口座 東京 34988番

新党つくりと野党の動き

選挙法改正を推進

金弘一氏ら新党結成へ

朴議長の大統領不出馬、金鍾泌氏の引退等により与党の民主共和党が大きくゆらいでいるのをよそに、立場が有利となった野党各派では新党つくりや、大統領候補問題、選挙法修正等をめぐり活発な動きをみせている。

許政、金弘一氏中心に新党つくり進行

【ソウル発＝連合】元暫定内閣首班許政氏と元外務部長官であった金弘一氏の間で進められている新しい政党つくりは相当な進展ぶりをみせ、来月の初旬ごろには創党準備発起大会を開くものとみられている。

二十三日午前、元外務長官金弘一氏は、この新党運動を許政氏と共に進めている事実を認めながら去る二十一日の両者会談でこの新党運動について許政氏と完全な意見の一致をみたと述べた。

また、この意見の一致に従って宗教人、言論人、学者ならびに軍人出身の人々たちとも活発な接触を保っていると語り、これらの人々の間で [illegible] が数多く含まれていると述べた。

予備役中将でもある金弘一氏はこの日ソウル市内の孝昌洞にある自宅での記者会見であらましこのように述べ、新政党に関する自身の構想を明らかにするとともに、この新党は旧集団に変るあらたな政治理念を持ち過去の意識をすて国のため国民のために尽くす清新な人によってつくられるものであると語った。

なお、金氏は第三共和国を革命以前の集団にまかしてはならないと述べ、新党はあらたな勢力を育て上げるため大きな役割を果すだろうと語った。

なお、民主党が許政氏を党首に推そうという計画はすでに過ぎ去ったものだと指摘し、民主党が組織体系を完全に改造してこの政党に加わらない限り民主党との合流は事実上不可能であると述べた。

許政氏推戴は不変

民主党大統領候補問題で表明

【ソウル発＝連合】民主党（仮称）幹部李相圭氏は二十三日午後、許政氏が大義名分をかざして擁立を拒否し、新党を結成しても大統領候補におすと主張した。李氏は朴議長の二・一八声明以前に八十余個の地区党組織承認書を発給して組織された旧民主党勢力を白紙化することはできないと述べ、許氏を領導者として受け入れた場合、民主党側が党名改称、許氏の勢力包含、選挙区調整などの体質を全面的に改革する用意をみせたにも拘わらず、許氏側はこれを受け入れなかったと指摘した。李氏は体質を改革する態勢を整えている民主党に参加せず旧自由党系や穏健派など許氏側の大きな勢力が民主党とは別の新党を形成するとしても、民主党内の人物を大統領に立てるわけにはいかず許氏を立てると語った。

伝えられるところによると、民主党の一部では前参議院議長白某氏と前民議員金某氏（党内人物）を大統領候補として擁立しようとする動きがある。

単一選挙法案作成に合意

民政党指導委各派会議提議

【ソウル＝連合】野党側は現行選挙関係法律を修正して単一案を作るため二十六日野党各政党代表者会合をもつ予定である。二十五日午後開かれた民政党指導委員会は大統領および国会議員選挙法、選挙管理委員会法など選挙関係法律を修正する方案をたて、他の政党に共同案を作成するため各派代表者会合をもつよう提議した。

民政党はこの会合で①選挙管理委員会に政党推薦代表を参与させるようにし、②大統領当選無効条項の削則緩和③現行選挙区を十五万単位の小選挙区に改正するなどの原則を立てて、他党の代表らとこのような原則で事前協議して単一案を作ることにした。

韓国と日本を結ぶ!!
広告企画と立案・図案文案制作
新聞雑誌広告・ラジオテレビ広告
ネオン屋外広告・市場調査と興信
その他広告宣伝PR
広告代理業 KPR
TOKYO 港区芝琴平町26 電話（501）0471
SEOUL 乙支路一街101 電話（2）1811

筆窓

無責任というもの

二月一日を以って韓国新聞は日刊発行一周年を迎えた。奇しくも記念すべきこの日を迎えて、新聞社が「再建」にとりかかったことは、余りにも皮肉なことである。一年前、僑胞社会唯一の日刊新聞として、大きな希望と期待をもって出発したこの新聞が誕生一年にして早くも運営難に陥り、再建という事態のやむなきに至ったことは、何といっても寂しい限りである。

一昨年の十二月、急遽日刊発行を決定し、わずか四十日たらずの準備期間をおいて、翌年二月一日から日刊に突入したときは、一般からその無謀さを非難する声があったが、その反面〝仕事は始めが半分〟といって日刊発行の勇気を讃える人も少なくなかった。出発らい今日まで、韓国新聞は最初から疑問視され、注視され、期待され、そして失敗に帰してはならざる事実であろう。

再建という事態を招いた直接の原因とその責任は、いまさらここで論ずるまでもないが、従業員の新聞に対する未熟さもさることながら、幹部の社運営に対する無計画性と無誠意にその根本的原因があることは否めない。このような不手際は、わが民団社会の恥部の一面をさらけ出したものといえよう。とかくわれわれの社会には、声を大にして自己を主張するわりに無責任な人が余りにも多すぎる。それは個人にも団体にも通ずる問題である。かかる「無責任な者性」は、十七年の民団社会を通じて今日まで受け継がれ、生存しつづけているのだ。いかに立派な理論を展開し、強力な組織を持っていても、それを導いていくエリートの心が腐敗している限り、そこには発展向上もなければ安定もない。

少なくとも僑胞団体の代弁紙である韓国新聞に直接・間接的に影響力を持っていた人たちは、今回の事態に対してどの程度の責任を感じているだろうか。疑問である。もちろん責任をとる方法には、いろいろあるが、唯単に職責を離れるだけでは責任は果されない。百家争鳴我を主張し、責ゆき怪しとみるや一言の釈明もなく消え去って自己の責任のがれ、弁明にこれつとめる態度はいつまでも許されてよいものだろうか。〝失敗しましたハイそれまでよ〟だけでは一年の間、影ながら声援をつづけてくれた読者たちを余りにも馬鹿にした態度である。

号令一下、万難を排して無我夢中に前進を強いられた一兵卒ならぬ記者子たちに、しわ寄せられた新たな任務は余りにも重いものがある。しかしこの任務を遂行するために、記者子は声なき指導者に代ってただ一言読者に伝えたい。〝責任を感ずる〟と。そして新たな建設に立ち向かうため「花と咲くことを願うよりも、それを育くむ土となる」決意を新たにしたい。

（太白山）

各政党朴提案受諾

【ソウル発＝連合】最高会議の李厚洛公報室長は二十三日午後朴議長の二・一八政局収拾方案を受諾するにおいて条件をつけた民政、民主、自田、自民党などに対し「無条件受諾」を行なうかどうかだけを明らかにするよう要望した。

同氏は朴議長の提案に対して受諾可否を通告してきた各政党および政治指導者数は五十九件であると述べ、この内反対した政党は自由大衆党と、徐珉濠氏だけであることを明らかにした。この日李室長が明らかにした各部門別受諾可否通告内容は次の通り。

政党準備委代表者九件の内完全受諾四、再通告四、反対一（自由大衆党）、創党準備申告以前の政治団体七件の内完全受諾六、再通告一（韓国独立党）、政治活動をしようとするもので前職大統領、国務総理、国会政府議長、大法院長、政党党首、政党最高委員中央委議長など三十件の内完全受諾二十九件、反対一件（徐珉濠氏）政党を樹立して代表になろうとする者十三件全部完全受諾。

公務員の政治的中立を強化

規制細目を設ける

金顕哲内閣首班は民政移譲を前に公務員の政治的厳正中立のため細則を作って近い将来発表すると二十三日午後消息通が伝えた。この公務員の官紀確立のための談話について談話形式で発表されるという。

党憲、政綱等原案通り

民主共和党準委会議で合意

【ソウル＝連合】民主共和党は二十五日午後一時市民会館で創党準備委員会全体会議を開いて党憲基本政策、政綱、綱領、創党宣言などを常任委案の通り採択する一方二十六日の創党大会で党総裁に鄭求瑛氏を推すということで合意をみた。五〇九名の発起人の中で三〇九名が参加したこの日の総会ではまた創党大会議案報告をきき、つづいて二十六日の大会進行事項を論議したが金東成、金用雨、金栄鏡氏など三氏に大会進行を一任することにした。いまのところ党議長には金貞烈氏が有力であるがこの任命は党総裁が決定する。

清潮会系行動統一で離脱気勢

民主共和党創党前夜の動き

二十六日に決定された民主共和党創党大会を来る四月に延期することと、比例代表を廃止することを主張してきた共和党内清潮会系は近い内行動を統一して共和党から離脱する気勢をみせている。二五日午後旧清潮会系の有力な消息筋は離脱のための大義名分をさがし次第、この動きは具体化されるであろうし、現在朴浚圭氏が考えている俞鎭午氏を中心とした新党形成工作に積極参与する計画であることを明らかにした。民主共和党に入党した後も、朴浚圭氏と接触を継続していたことを明らかにしたこの消息筋はその間常任委員会で党総裁決定をめぐって革命主体側は人物をもっと探そうと主張し、民間発起人側は総裁職を空白にしておこうと言ってきたが、反対事務党員側は求心力の早急な形成と朴議長の民政不参与を明らかにする意味で総裁を決定しようという新しい主張をたててきたことを明らかにした。しかし今日まで自分達の主張が貫徹されないと述べた同筋は朴浚圭氏によって推進されている俞鎭午氏を中心とする新党形成説には一斉言及をさけ、彼等の要求条件である革命主体勢力側と事務系の大幅整備、また党機構の改編がない限り民主共和党にとどまらないことを明らかにした。氏はこのような離脱態勢に呼応している勢力には先般入党した旧自由党系（李容範氏等）が同調していると語った。

金鍾泌氏が来日

人々との接触一切避ける

巡回大使の資格で外遊の途にのぼった元民主共和党準備委員長金鍾泌氏は二十五日午後五時東京に着いた。金氏が羽田空港に着いた時駐日代表部の裵義煥大使、金在鉉公使、崔英沢参事官が出迎え、日本政府側からは外務省の前田東北アジア課長が出迎えた。

ホテル・オークラに宿ることになった金鍾泌氏は人々との接触を一切避けている。

なお金氏は二十八日午後六分四十五分、羽田発パン・アメリカン機で離日、香港経由でタイ、ビルマに向うことになった。

金氏は日本に約一週間滞在する予定であったが、金氏が日本の政界首脳とあうことは日本の国会審議や韓日会談の進展にもあまりよい影響を与えないと判断、予定より早く日本を去ることになったものとみられる、このような状況から金氏は大平外相をはじめ日本政府関係首脳と公式会見をしないこととなった。

雪景におおわれたソウルのパコダ公園、右の八角堂で独立宣言書が朗読された。

独立宣言書

あすは四十四回目の三・一節記念日である。いまから四十四年前の一九一九年（己未年）三月一日当時日帝の圧迫のもとに呻吟していたわが三千万韓民族が祖国の自主独立のため、起ちあがった永遠に忘れることのできない日である。祖国大韓民国では、今年もこの日を記念して大々的な記念行事を行なうが、在日居留民団でも東京日比谷公会堂での中央民衆大会をはじめ、全国各地で盛大な記念大会を開く。つぎの独立宣言書は一九一九年三月一日、民族代表三十三人によって宣言されたものの日本訳である。

われわれはここにわが大韓国の独立国たることと大韓国人の自由民たることを宣言する。これを以て世界万邦に告げ人類平等の大義を克明しこれを以て子孫万代に誥えて民族自存の正権を永有せしむるのである。半万年歴史の権威に依してこれを宣言し二千万民衆の誠意を合せてこれを佈明し民族の恒久一如の自由発展のためにこれを主張し、人類良心の発露に基因する世界改造の大機運に順応併進するためこれを提起するのであって、是天の明命であり、時代の大勢であり全人類共存同生権の正当な発動である。天下どの国もこれを阻止抑制し得ないであろう。旧時代の遺物である侵略主義、強権主義は犠牲をもたらし、世界史以来数千年にわたりわが生存権が剥奪されしことは如々どれほどであり新鋭の独創を以て世界文化の大潮流に寄与機縁を遺失せしめたことはどれほどであったか？噫！旧来の抑鬱を宣揚するには時下の苦痛を擺脱するには、将来の脅威を排除するには民族的良心と国家的廉義の圧縮銷残を興奮伸張するには各個人格の正当な発達を遂げしむるには可憐な子弟に苦恥的財産を遺与しないためには、子々孫々の永久完全な慶福を導迎するには最大急務が民族独立を確立することにある。二千万各個人は皆寸鉄といえども刃を懐帯し、人類通性と時代良心が正義の軍と人道の干戈を以て援護する今日吾々が進んでなす処如何なる強きも挫けないことがあろうか。退いてなすとき如何なる「志し」を展べ得ないであろうか。丙子修好条約来時につれ種々の金石盟約を取り定めたとて日本の無信を罰せんとするのではない。学者は講壇において政治家は実際においてわが祖宗の世業を植民地視し、わが文化民族を土昧人待遇して、ただ征服者の快を貪るのみで、わが久遠な社会基礎と卓栄な民族心理を無視することで日本の小義を責めようとするものではない。自己を策励するに急なわれわれは宿昔の懲弁に暇を持たないのである。今日吾等の目的はただ自己の建設に存するのみで、決して他を破壊するに在るのではない。厳粛な良心の命令によりて自家の新運命を開拓するものであって決して旧怨や一時的感情を以て他を嫉逐排行するものではない。旧思想旧勢力に羈縻した日本為政家の功名に犠牲された不自然不合理な錯誤状態を改善匡正して自然かつ合理的な正経大原に帰還せしめるためである。初めから民族的要求から出ていない両国併合の結果が、畢竟、姑息威圧と差別的不平と統計数字上虚飾の下、利害相反する両国民族間において永遠に和同できない怨溝を益々深造する近来実績を見よ。勇猛果敢を以て旧誤を廓正して真正な理解と同情に基く友好的新局面を打開することが彼我間の遠禍召福の捷径であることを明知するではないか。また二千万含憤蓄怨の民を威力をもって拘束することはただ東洋永久の平和を保障する所以でないのみならず、これにより東洋安危の主軸たる四億万中国人の日本に対する危懼と猜疑を益々濃厚にし東洋全局が共倒同亡の悲運を招致することは明らかであって、今日吾人の大韓独立は韓国人をして正当な生存を遂げしむると同時に日本をして邪路から出て東洋支持者たる重責を全うせしめ中国をして夢寐にも免れない不安恐怖から脱せしめ、東洋平和にとって必要な一部をなす世界人類平和によって人類平和幸福に必要な段階たらしむるものである。これがどうして区々たる感情上の問題であろうか。ああ新天地が展開するのだ。

威力の時代は去り、道義の時代が来たのである。過去全世紀を通して錬磨長養された人道的精神が将に新文明の曙光を人類歴史に投射し始めたのである。新春が世界に訪れ万物の回蘇を催促するのである。凍氷寒雪に呼吸を閉蟄することが彼の一時の勢いなら和風暖陽に気脈を振舒するはこの一時の勢いであって、天地の復運に際し世界の変潮に乗った吾々は何一つ躊躇することなく、何一つ忌憚することがないのだ。我が固有の自由権を護全し生旺の楽しみを飽享し、我が自足せし独創力を発揮して春に満ちた大界に民族的精華を結紐するであろう。

吾等はここに奮起した。良心は我と共にあり、真理が我と共に進するのだ。男女老幼を問わず陰鬱な古巣から活発に起来して万象をして欣快な復活を成就せしめたのである。千万の祖霊が吾等を佑し、全世界の気運が吾等を外護するからには着手が即ち成功である。唯唯前途の光明に向って驀進あるのみである。

公約三章

一、今日吾等のこの挙は正義、人道、生存、繁栄のための民族的要求である。ただに自由精神を発揮すべきであって、決して排他的感情に逸走するなかれ。

一、最後の一人まで最後の一刻まで民族の正当な意思を快然と発表せよ。

一、一切の行動はあくまで秩序を尊重し、吾等の主張と態度をしてどこまでも公明正大たらしめよ。

建国四二五二年三月一日

民族代表（三十三人）

孫秉熙、崔麟、権東鎮、呉世昌、林礼煥、権秉悳、李鍾一、羅仁協、洪基兆、羅龍煥、李鍾勲、洪秉箕、朴準承、金完圭、梁漢黙、李寅煥、朴熙道、崔聖模、申洪植、梁甸伯、李明龍、吉善宙、李甲成、金昌俊、李弼柱、呉華英、鄭春洙、申錫九、朴東完、金秉祚、劉如大、韓龍雲、白相奎。

韓米合同委設置合意

第15次行政協定実務者会談

【ソウル発＝連合】韓米行政協定の交渉を続けている両国実務者らは二十五日午後外務部で第十五次会議を開いて行政協定運営のための韓米合同委員会の設置に関する条項と予備兵の召集及び訓練に関する条項で完全に合意をみた。二十五日午前新しく政務局長に任命された黄鎬乙氏が初めて韓国側首席代表として参席したこの日の会議で実務者らは定義に関する条項、航海補助施設に関する条項、外貨統制に関する条項なども進展をみせた。次の会議は三月三日午後二時から開かれる。

第44回 3・1節
記念中央民衆大会
日時 1963年3月1日午前10時
場所 日比谷公会堂

政党の資金工作監視

朴議長が指示

朴正熙議長は二十三日午前最高会議と内閣の連席会議で政治活動が始まって以来政党を作る人達が銀行から金を借りようとしているが最高会議はこれに深い関心をしめし、厳重に監視すると語った。ついて公務員の官紀問題に言及、来る三月初め特別監査を実施して公務員の非行を除去すると述べ、強力な行政とは国民を抑圧してしめるものでなく、適期に施行するということを各自銘記して中央官署は当初の計画通り働くようにと述べた。

公務員の強綏に警告

金首班、民政移管への準備態勢

金顕哲内閣首班は二十三日午後談話を発表して民政移譲を前にしている公務員は革命政府が願っている公明選挙管理者としての義務をまっとうするよう語った。

金首班は同談話で朴正熙議長の二・一八声明は国家百年の大計からでたものであると述べ、国民は与野の区別なく三・一精神にかえって私感をすて、団結することをよびかけた。金氏はつづいて公務員は国民の公ぼくとして民意審議の迅速なる処理、各種腐敗一掃などによる官紀の確立を強調した。金首班は公明選挙の管理者としての義務をまっとうするためには厳正なる紀綱確立が要請されると述べ民政移譲は過去の単純な復旧でないと指摘した。また最近の紀綱のみだれと、便宜適当主義は看過できないと警告した。

反革命事件被告に減刑措置

張都暎氏は刑確定

金鍾五陸軍参謀総長は二十三日去る十一日の軍法会議控訴審で死刑の判決を言いわたされた旧二主党反革命事件の関連被告安炳都と旧民主党反革命事件の関連被告曹仲瑞被告を死刑から各々無期懲役に減刑手続を取る一方、控訴審で執行猶予を宣告された二主党事件関連被告張勉、張履淳など三被告と九日保釈中死亡した民主党事件の金奎満被告らは宣告刑通り確認処置をとった。

グァテマラに移民使節団を派遣

韓保健社会部次官は二十五日政府レベルで締結されるグァテマラとの集団移民協議のため来る二十八日数名で構成される移民使節団を派遣すると言明した。

この日記者会見では韓次官はとやかく言われている初のブラジル団体移民問題にも言及、これは各自の自由意思にしたがって定着地が決定されるため、政府は継続してこのような移民を推進するであろうし、今度の移民の実情にしたがって将来移民の成功を期することができる方法を講究中であると説明した。

また韓次官は今度の初の移民団を定着させることによって政府として収容所を完備できなかったとか、土地問題に対して充分考慮されていなかった点は失策であったとつけくわえた。

米軍事顧問団長更迭

新任エンシ少将七月初来韓

二十五日午後米第八軍スポークスマンは駐韓米軍事顧問団長にトマスマル・エンシ少将が新しく任命されたと発表した。来る七月初来韓が予定されるエンシ少将は今米国テキサス州にある米第八軍団長の職にある。

政界動態を報告検討

最高会議は二十五日午後四時半在庁最高委員非公式会議を開いて李厚洛公報室長から朴正熙議長の政局収拾方案に対する各政党と政治指導者らの政治態度に関する報告を聴いた。条件をつけて通告してきた民政、民主、自田、自民、韓独など五つの政党は総て条件なしで受諾すると再通告してきたが、これらに再通告を要求することになった経過も明らかにされたと伝えられた。

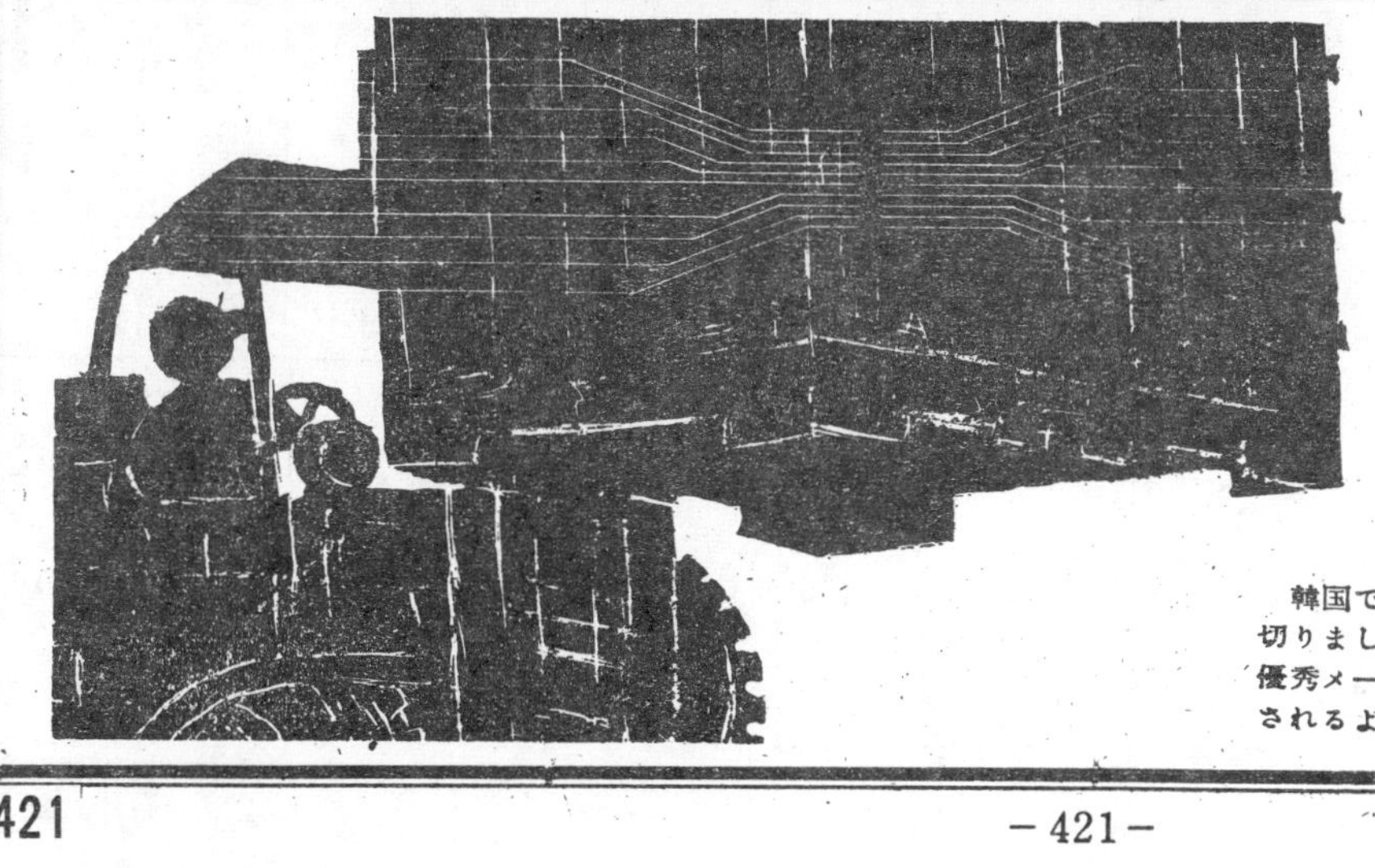

三井物産
本店
東京都港区芝田村町1丁目2番地（三井物産館）
電話 東京（211）0311・3311（大代表）
東京中央郵便局私書箱 第622号
電略 和文 トウキョウカニュウミツイブッサン（22-001）
トウキョウカニュウミツイブッサン
英文 MITSUI TOKYO
貿易で世界を結ぶ
総合商社
韓国では いまや経済総合再建5カ年計画のスタートを切りましたが 三井物産は 日本はもちろん 世界各国の優秀メーカーの技術と機械を提供 計画が1日も早く完遂されるよう ご協力したいと思っております

再建祖国を訪ねて

慶尚南道の巻

カメラ・文 曺圭必

海雲台を経て釜山へ

美しい海雲台の夕映

釜山はかつて六・二五動乱の時に政府の各種機関が置かれた臨時首府であったし、その発展振りはどう目にあたいするものがあった。駅前通りから海岸通りには高層建築物が建ち並び道路も幅広く完全に舗装されていた。

記者が釜山についた翌日からは不幸にも雨大にあい、取材活動が出来なく困っていたが、三日目からは小雨をついて昔、関釜連絡船の発着場であった桟橋に足を向けた。

先ず新旧両方の建物が目についた。新築建物は水産センターであり古い建物は我々日本にいる僑胞は誰でもが一度は通って来た昔のあの連絡船の待合室だった。

往来した人々の胸には人生の悲喜劇を心深く刻みこんだその場所が今は徐々に取り払われて市民生活向上に一役を買い、水産センターとして再発足する為に立派な新しい建物に改築されて行くのであった。

ここで更に車を走らせて市民の憩いの場であり観光地で名ある

釜山海岸通り都市計画に依り道路拡張と舗装工事をやっているところ

"松島"に行ったが波静かな海辺には観光施設も充分だし季節はずれではあるが客足も絶えなかった。とくに五色のテープを飾った新婚組の車が幾台かきていた。

この都市建設状況や文化施設をもう少し取材しようとしたが天候の回復見込みがたたなかったので残念ながら後髪を引っぱられる思ひで小雨でけぶり続く港を後にして次の晋州を訪ねる事にした。

すばらしい発展ぶり

近代工業都市化される蔚山市をあとに数時間後にはいよいよ韓国唯二の商工業都市であり漁港貿易港として名高い釜山につくことになった。その途中温泉と海水浴場で有名な"海雲台"付近を通過したが、左手の海には大小無数の島々があり、西空の夕映えを逆光にあびた島影ではうすぼんやりと霧が濃い海面の静かな波の上にきらきらと金波銀波がさざなみたてながら西陽をあび交錯して反射し、その光景はその名にそむかないものがあった。(その名海雲台の如く)

海雲台と釜山間は記者が幼少のころ田畑だけの農耕地帯であった事を記憶していたが、今はそのおもかげはなく住宅街(日本の団地と同様に)商店街、海陸地の利を得て数多い工場等が密集していてそのあいだに高速道路の建設工事をしていた。

前記した釜山は昨年から政府直轄の特別市となってからは総べての事業が尚一層進展しているらしい。

釜山水産センター

釜山市街の一部

観光地松島

韓国農村経済の再建

農村政策の合理化問題を中心に

韓国経済人協会員……李成一

韓国経済は今まさに伝来的な農業問題の解決点を探して苦闘している。わが国農村は"貧困と飢餓線上であえぐ"民生苦"の母体—これこそ今日の農村社会を指し示す適切な診断書であるといえよう。累積された貧困が極限にまで達したわが国農村社会は何処へ行くのか?

危機に直面した農村 革命政府果敢な施策

韓国農村の将来を蒙昧もなく占うよりはその経済的社会的諸問題の正体をはっきりと明るみに出すことによりその解答を求めねばならない。

農村経済が極度に疲弊し、破綻の危機に直面したのは、他の原因もあろうがその大部分は旧政権の腐敗と無能に直結する。解放以来外援が約四〇億ドルも投入されたが沼や溜池の外は何らの実績もなく放置されたことも旧政権の体系のない施策によるものである。

累積された政治的不正と腐敗は農家経済を疲弊させてきたし、農業政策の無計画性と混迷のなかで農村は国民経済と遊離し孤立化した。

旧政権が残したものがあるとすれば、それは農民の依他心の助長と、一七〇〇億に達する天文学的数字の農村高利債論議、実りのない協同組合だけは数十個も作って彼ら政権の展示効果をねらい、離農という悲しい現実を産み出した以外の何があろうか。

しかし、わが国の農村は、その内包する後進性のためにいつまでも放置するわけにはいかず、歴史の舞台から独り除外されさまようこともできないのである。

ここに革命という直接手術が必要となる歴史的契機があった。

もち論、革命後の農政は画期的な転換を見せた。革命直後に発表された基本政策において農村再建は最も重点的な政策目標にあげられ、この目標を達成するために旧政権下のような微温的で弥縫的な政策態度を脱皮して多面的で実質的な種々の施策が果敢に実行され史上始めて農民たちの非常な関心を巻き起したのである。累年の積弊である農漁村高利債に断を下し農協の強化、水利組合の整理などの制度的な改善を実施する一方、農業生産力を高めるため、肥料供給方式の改善、営農資金の果敢な放出、教導事業の強化に努力が傾注された。

だが、ここに看過できない韓国農業経済の難関がある。農産物価格離脱の問題がそれである。

過去李政権下で低物価政策という美名のもと農産物の生産費を考慮することなく農民だけに出血犠牲を押し付ける非現実的な農産物価格政策を取って農民の生産意欲を低下させ、国民経済という巨視的立場から見て購買力減退という副作用を誘発して全般的な経済秩序をかく乱する愚を犯した。

このため農民たちは収穫期に農産物を生産費以下の出血価格で投売りせざるを得なくなり、その結果高利債は不可避的に累進の一路をたどり、農村経済は疲弊と貧窮が加重されたのであり、かくて農民たちは農業を続けることもやめることもできない深刻なディレンマに陥ったのである。

のみならず、農業生産の季節性により一般消費物価が上昇した時に高価に生活必需品を購買することになるため、鋏状価格差が拡大されて農村経済の窮乏をさらに加速化させた。

このような実情にかんがみて、革命政府は農業生産意欲の増進と農家経済の安定を期するため「農産物価格維持法」を公布し、主要農産物の価格水準を維持するため必要ならば生産費をカバーすることのできる価格で政府が買い上げることにした。これは確かに資本蚕食と不等価交換からくる農家の縮小再生産を防止するのに大きな意義があり、政府の賢明な施策として立法目的に照らして充分に活用したならば大きな成果が期待されるものである。

革命政府の農業施策

革命政府は国民経済の後進性を克服して自立経済を早急に達成するために、一九六二年を起点とする第一次経済開発五カ年計画を樹立した。これと合わせて政府は「政組法」を改正して経済企画院を設置し経済開発計画の樹立と強力な遂行を担当させる一方、計画性あり均衡性ある総合的経済行政を行なう基礎を作った。

過去わが国においてはネイサン報告書の五カ年計画を始め、李政権下の三カ年計画など経済開発計画がなくもなかったが、行政府の無為無能と腐敗経済開発の潜在性と利得に関する認識の不足などのために実践されなかった。その結果、国民経済の発展は総合的な均衡が得られず、構造的矛盾が露呈され、自立成長の基盤を造成することができなかった。このため今度樹立された第一次五カ年計画は、計画性がなく均衡性を失っていた韓国経済にはっきりした方向を提示し、資源と精力の浪費をできるだけ除去しようとするものとみられる。

したがって今度樹立された第一次経済開発五カ年計画の基本目標は、経済の自立成長と工業化のための基盤造成にあるとみることができる。このような目標を達成するため、韓国経済の構造的特質を勘案して計画期間中次の順位で開発の重点を設定した。

一、電力、石炭、エネルギー供給の確保

二、農業生産の増大による農家所得の上昇と国民経済の構造的不均衡の是正

三、基幹産業の拡充と社会間接資本の充足

四、遊休資本の活用、特に雇用の増加と国土保全および開発

五、輸出増大を主軸とする国際収支の改善

六、技術の振興

以上のような開発目標を達成するために政府は、自然資源と人的資源の合理的な結合により資源を最も効率的に利用するようにし、国内資源の最大限の動員と積極的な外資導入を図ることになった。

計画の主要内容をみると、年平均七・一%の経済成長を成し遂げて計画期間中国民総生産を四〇・七%増加させるというものである。

それでは次に五カ年計画において第二位の順位に入っている農業部門を見てみよう。

まず農村部門においては何よりも国民食生活の基本となる食糧の自給自足のために、穀類の増産を主要目標とした。これを達成するために農地の拡張と単位面積あたり生産力の増大を計画し、木浦栄山江および蟾津東津江流域の干拓事業を始めとする全国的な開墾事業を展開して、計画期間中十二万余町歩の耕作地を新たに追加すると同時に、単位面積当り生産高を増やすため現在継続事業地区に残されている水利事業を完成する一方、種子更新、施肥管理の改善、病虫害防除、農事試験および教導事業など営農方式の合理化を期した。これにより、目標年度の一九六六年には穀類生産を基準年度に比べて三二%の増産になる三千五百万石にしようとするものである。また、畜産業の発展のために二十余万戸の有畜農家を助成し、処理加工施設、牧野地造成、家畜防疫事業などにも力を注いだ。

結局政府は開墾事業三十九億ウォン、水利事業一億五千万ウォンなどを効果的に投入し、農家の所得増進と国民食生活様式の改善、自給肥料増産を大きな目標点として設定していることがわかる。

こうして計画期間中革命政府が重農政策を指向し、効果的で果敢な資本の投入を行なうなら、強力な行政力を背景に停滞した農業経済を安定に導き得る基盤を造成することができ、韓国農業の近代化の一契機ともなろう。

農村開発の付随問題

韓国農村の疲弊ぶりは、前述したごとく革命政府の強力な意欲のもとで安定に向う新たな土台を準備しつつあるが、根本的解決にはまだ多くの問題点が依然として潜在していることも事実である。

農村経済は国民経済の重要な一環であり、国民経済は時時刻刻変する世界経済の一環として不断に影響力を受けていることを忘却してはならない。そして、根本的に農村経済の再建が農家の高度な所得を意味するなら、たとえ長期的であっても問題の一つ一つに対する国家の確固不動な対策が要請される。もち論われわれは、ヌルクセ教授がいう人口と資源に比べて資本と資本設備が小さい後進国には違いないのであり、相対的に"貧困の悪循環"のなかで当分間は苦しむ外はあるまい。しかし、このような悪条件下にあっても農民たちのフロンティア精神を鼓舞し、有効な国家政策が立案実践されるならば、後進国の不名誉を拭い去る日も遠くない将来に属する。そのためには上述した一般的な農政も重要ではあるが、次のような幾つかの重要問題も疎かにはできないだろう。

農家副業の開発策

農家副業においてもまた、わが国はその零細性と原始性をあげることができる。農民たちの主業である農業自体の低所得による負担を軽くするためには副業の積極的な奨励が効果的である。もち論新しい副業をといってもそれには困難な点が一つ二つではあるまい。資本と技術と製品の販路がそれである。とくに市場価格の不安定性は副業開発のあい路であり、農民の副業意欲を減退させる直接の原因となっていることにかんがみて、政府はこれに対する適切な指導と市場確保に適切な政策を実施することによって農村の再建意欲に火をつけなければならない。そして、計画生産、計画出荷、計画販売のために農民の組織である協同組合の積極的な活動が要求されるし、技術指導に対する配慮がなければならない。

それと共に、最近活発に論議されている保税加工貿易であるが、農村の無尽蔵な遊休剰余労働力をこれに吸収する方策が講究されねばならない。

郷土発展への協同

地域社会開発を通じての郷土開発運動を合理的に強力に推進しなければならない。

農村の最単小位である部落民の自主的団結、文化生活の導入、協同と相互扶助のための組織など政府の有機的な指導策と育成策があらねばならないだろう。それは農村の精神的近代化にとって極めて必要なものであり、郷土愛がそのまま祖国愛へと昇華することができるよう指導されねばならない。

もち論、革命政府でもその重要性を認識し、「模範部落」または「実験部落」を設定して全農民に郷土愛ブームを起させようとしているのは非常に幸いなことで、多元的な効果が期待される。

農村家族計画も必要

経済問題はいつでも個人問題と直結される。わが国でもおそまきながら家族計画問題がクローズアップされているのは不幸中の幸いだ。近年都市ではこれに対する関心が上昇一路にあるが、全体人口の七〇%を越す農家人口がそれから除外されているかの印象を与えているのはどうしたことだろう?

一戸当たり耕地面積が平均一町歩にも満たない九・一五反であるわが国農村の零細性をもってしては、いくら反当たり収穫高を上げてみたところで限度があり、生活水準の向上改善を期待するのは困難な現実にある。わが国の人口密度は極めて高率で、毎平方キロに二二〇人である。大部分が機械化、電化の恩恵を受けられない農家であり、この数多い過剰農業人口が戸当たり平均六・二名という食口を引きつれていて、現在の農村の疲弊にも大きな原因となっている。ましてや、農村には旧態依然たる家族制度のもと多男多福という思想が根深く生きていることにおいておやである。この問題の解決方策なくしては、農村生活改善は口先ばかりとなる憂慮がある。

このため、農村婦人に対する受胎調節の啓蒙指導は緊急課題の一つとなる。政府で一日も早くこのための方策を準備し、農民たちの家族計画に対する実践なしでは農業経済の恒久的な安定を期することは容易でないと思われる。

このほかにも、韓国農業の将来には幾多の難関があるだろう。例えば、農業労働政策問題または市場政策および農業経営政策などだ。このようにして農村は再建されねばならず、北韓カイライより経済的に優位に発展しなければならないのである。

尋ね人

青山(全)春雄さん (当年三十一歳)

本籍 忠清道

右の方の消息を妹の青山静江(金順善)さんが本国で訪ねております。御心当りの方は左記まで御知らせ下さい。

東京都文京区金富町五一番地 韓国新聞社業務局庶務係まで TEL (812) 一九二一番

営業種目
鉄材/丸棒/ステンレス
加工及販売
南星ステンレス工業KK
代表取締役 李武夫
東京都大田区大森6−2654
TEL 761/8118

民族教育を確立しよう 茨城県韓国商工人親睦会々員一同 信用組合設置を早急に推進しよう

大韓民国居留民団 茨城県本部 水戸(2)三三三七
遊技業 孫道鉉 慶尚南道密陽郡山外面茶竹洞 水戸市柵南町三六八ノ一 水戸(3)〇六六一
遊技業 金時弘 慶尚南道昌寧郡南旨面南旨里 常陸太田市木崎町二丁目一九九一 太田九〇五
飲食業 李纘鎬 慶尚南道固城郡馬岩面佐連里八七〇 日立市助川町一八四三ノ二 日立(2)一四六五
貴金属商 尹炳泰 慶尚北道金陵郡牙浦面智洞二区江湖里九〇〇 水戸市東柵町五ノ一五 水戸三八四四
製粉業 金貴奉 慶尚南道咸安郡漆西面大峠里五二 東茨城郡小川町上宿 小川一四七
遊技業 崔錫泰 慶尚南道釜山府富平町二丁目 猿島郡岩井町横町三四一三 岩井七二
遊技業 金竜鎮 慶尚北道安東郡臥竜面中佳邱洞 土浦市川口町八九九 土浦一一四五
遊技業 姜馨錫 慶尚南道咸安郡代山面玉小悦里 那珂郡大宮町三楽遊技場内 大宮四一六
遊技業 朴貞祚 慶尚南道釜山市草場町三ノ五〇 石岡市大字石岡一一三一ノ一 石岡二〇二四
遊技業 文槍変 慶尚南道泗川郡西浦面内旗里 下館市稲荷町丙一一二三 下館一四二
遊技業 張一慶 慶尚北道醴泉郡虎鳴面元谷洞 結成市国分町五三一 結城六三七
旅館業 権寧錫 全羅北道井邑郡荒東面山城里 日立市助川区城米二二四七 日立(2)〇六七一
鋼鉄業 李再述 慶尚北道大邱府南山町二三七 常陸太田市木崎町二 太田八五三
金融業 洪得竜 慶尚南道梁山郡山面南部里 日立市宮田町一二三二 日立(2)二〇二一
飲食業 権泰錫 全羅北道井邑郡荒東面山城里 日立市助川町高野区一八三 日立(2)二五一四
遊技業 金在坤 慶尚南道宜寧郡鳳樹面長興洞 土浦市川口町三〇七三 土浦一二八一・一八一九
電気器 金大顕 慶尚北道安東郡豊山面玄歩洞三四九 勝田市武字武田一二三七 勝田六六四五
鋼鉄業 呉孝順 全羅南道長城郡長安面寿山里一五六 日立市助川区大和町三ノ四 日立(2)八六六
鋼鉄業 裵永桓 慶尚北道義城郡比安面双渓洞二二一 日立市助川町大和町四ノ二 日立(2)三二四
遊技業 金済干 慶尚南道昌寧郡二班城面 常陸太田市東一丁目 太田二五八
旅館業 崔鏞国 全羅南道長城郡長邑寿山里一五〇 日立市助川町新駅通り 日立(2)六〇七
鋼鉄業 張炳泰 忠清南道忠州郡舞川面花井里一三〇 日立市久慈町新宿八〇六ノ六 久慈浜二二四
飲食業 李貴熙 全羅南道順天郡黄田面美草里 日立市助川中町一ノ二 日立(2)一四六九
鋼鉄業 金有鑫 慶尚南道東莱郡長安面奇竜里 日立市多賀町下孫九九六 日立(3)一七三
遊技業 姜哲浩 全羅南道光陽郡光陽面牛山里 西茨城郡岩瀬町東区 岩瀬六一二一
鋼鉄業 宋鳳元 忠清南道公州郡川面南山里 常陸太田市山下町一一八六 太田二三八
鋼鉄業 趙炳華 忠清南道公州郡維川面山里 日立市多賀町河原子泉町 日立(3)二九九八
遊技業 朴台守 慶尚北道慶州郡外東面 日立市大久保町五四一 日立(3)四九八
孵卵業 李錫麟 慶尚北道高霊郡開津面新安洞一五九 結城市登岡町横曽根 水海道一〇八

韓国学園函館分校が落成

僑胞の悲願実る
14日盛大に落成式

北海道韓国学園函館分校（金熙寿校長）では、去る十四日午後三時から同校舎（木造平屋・建五十三平方㍍）の落成式を盛大に挙行した。

北海道韓国函館分校の生徒の大部分は樺太から引揚げている特殊性により種々のあい路が多かったが、本国から派遣された僑胞教師（金国斎先生）を迎えて一年程前から掘立小屋で分校教育が始められ、教職員たちの献身的な教育指導と、函館民団及び学校父兄たちの深い理解と熱烈な協力が実を結んで、多大の成果を収めてきたが、同校舎の不便を解決し、全日制学園設立を期するため、本国からの校舎新築補助費と地元僑胞たちの拠金によって、この程新築の落成をみるに至ったのである。

同落成式には、来賓として張奨学官、函館市長、同市議会長ら臨席のもと、在函館民団員多数が参席して盛大に挙行された。

席上、張奨学官、函館市長、同議長、同教育委員長をはじめ、南元北海道学園園長、朴俊竜民団北海道本部団長、金泰栄民団函館支部団長からそれぞれ関係者たちの功労を讃えると同時に、今後を激励するあいさつが述べられた。

写真（上）＝落成した校舎の全景、（下）＝落成式であいさつする張奨学官

非常に意義深い

南元園長あいさつ　民族教育の熱意が高まった北海道では、全日制学園設立を目ざし期成会も設立されて具体的な運びをみている今日、函館分校の新校舎落成式を盛大に行なうようになったことは非常に意義深いことである。現在北海道韓国学園の分校は、千歳、函館の二カ所であるけれど、旭川、室蘭、釧路等でも分校設立の動きが活発になっていることは頼もしいことである。本分校の新築は、本国政府からの援助金と、張奨学官の御指導によるものだが、われわれはもっともっと自覚して民族教育に努力すべきだと思う。

とてもうれしい

金熙寿分校長あいさつ　約五〇名の生徒が黙々と勉学に励んできたが、掘立小屋での過去の一年間は非常につらかった。本国派遣教師とこのことを幾度も語り合いました。この苦しみの後、このような素晴しい校舎を新築するようになったことは、この上もない嬉しいことである。張り切っている生徒たちの顔には民族の誇りが感じられます。この喜びをもって花を咲かせたく決意しております。今回函館民団支部の幹部たちの献身的な協力に対し心からの御礼を申し上げます。

部品を入れてオートバイ組立
起亜産業が本田技研と技術提携

このほど起亜産業株式会社では日本のオートバイ・メーカー本田技研と技術提携を結び、毎月五百台分のオートバイ重要部品を輸入することになった。

起亜産業が入れる部品はタイヤ・チューブを除く内燃機関など主要部品の全部で、この部品を基に起亜産業で組立てを行なう。

なお今後起亜産業の組立施設が拡張されれば順次数量もふやされることになっている。

神奈川にも商工会
準備委員長に安周中氏

在日僑胞の利益を守り、事業の発展を期して東京をはじめ各地で続々結成をみ、多くの成果を挙げている韓国人商工会が今度は神奈川県で設立される運びとなった。

去る二月二十二日午後五時から横浜商銀信用組合の二階会議室において県下の商工業家有志約二十名が参席して民団県本部団長金佳植氏を座長に熱烈な討議の末、準備委員会の設立を決定した。

まず地域別に選出された準備委員約四十名のうちから準備委員長に安周中氏、副委員長に李泰善氏、孫武臣氏、事務局に文英雄氏らを選出し、商工会設立までの準備委員会事務所を暫定的に横浜商銀信用組合内に設けて活発な設立運動に乗りだすことになった。

同商工会が設立された暁には国際港横浜を控えている立地条件とにらみ合せ、目覚しい発展が予想されている。

花やかな出版記念会
趙女史の「韓国料理」

僑胞の趙重玉女史が〝韓国料理〟と題する本を、昨年十月に出版して僑胞社会のみならず、日本人の家庭でも大変な好評を博しているが、同出版記念会が在日韓国婦人会東京本部（金信三会長）主催で去る二十三日午後二時から韓国公報館（港区青山）で盛大に催された。

同会には崔参事官をはじめ代表部の職員および同夫人、元李王妃殿下方子女史、MRA日本代表相馬女史、日韓親和会鈴出女史ら国際色豊かな約百五十名が参席して……餐会であった。

なお、著者趙女史は、同書を英語などにも翻訳して、韓国の料理を世界に広くPRするつもりだという。

花やかにくりひろげられた出版記念会

高等司法科に金成基君ら36人が合格

十六回高等考試司法科最終合格者三十六名が二十五日午前発表された。

昨年十一月十七日実施された第二次司法科高試の応試者は千百二十名であったがその中で二十一歳の金成基（ソウル法大二年）が最高得点を得た。また最年少者は二十歳の張洙吉（普通考試合格者）であり、最高齢者は三十八歳の金貞求（仁川）氏であった。合格者三十六名の中には女子は一人もなく、普通高試合格者一名、大学卒業者十二名、大学二年修了者が二十三名であった。

職業別では学生が二十五名、公務員が二名、無職が十一名であった。（人名はいずれも音訳）

韓国時計協会発足
輸入許可再開申請を決議

韓国時計協会（会長金秉燦氏）ではこのほど創立総会を開いて、政府に対し時計輸入許可再開の交渉を行なうことを決議するとともに、役員の選出を行なった。

会長金秉燦（正金物産）　副会長黎永珍（永明産業）〃金斗吉（九一社）

金剛学園の再建資金募集
民団大本文教部が呼びかけ

【大阪発】民団大阪府本部（徐相憲団長）では、さる十六日近隣の火の元で火災を受けた大阪金剛学園を鉄筋コンクリートで再復旧することを決定し、その対策として〝金剛学園火災救護運動募金〟を次のように実施している。

募金期間　二月二十日から三月三十一日まで
募金担当　大阪市北区中崎町　民団大阪本部文教部

三・一運動の経緯

韓国は一九一〇年に軍国主義日本の侵略を受けて強制的に合併され、以後日本の苛酷な植民地政策と武断統治にあって呻吟していたが、第一次世界大戦の後、フランスのパリで開かれた講和会議によって世界改造の機運が高まるや民族代表三十三名の指導のもとに一九一九年三月一日独立宣言を世界万邦に発布して、全国の老若男女が日帝官憲の銃剣の前に徒手で総決起し自主独立をとなえたのであった。これがすなわち己未独立運動である。

純然たる自主独立
武力行使を徹底的に排除

原因

歴史的にこの原因を尋ねると
❶日帝が韓国を侵略して以来彼らの植民地政策は実に世界にその類例がないほど野ばんなものであった。

憲兵、警察を先頭に立たせた総督政治は韓国民のすべての自由を完全にはく奪し、民衆の尊敬する指導者や愛国志士らは片端から検挙投獄してしまい、一般国民の財産も彼らのあくなき手段によって没取されてしまったのである。すなわち、国全体がろう獄と化してしまったのである。

竜山、平壌、羅南に三個師団の兵力を常時駐屯させ、また鎮海、永興湾には海軍の軍事施設を完備し、その上全国に設けられた一万六千二百十四カ所の警察機関には二万二千人の憲兵と二十万人の憲兵補助員ならびに密偵を配置し、小学校の児童にまで日本語を強制的に習得させ、小学校の校長や教師にまで金筋の入った制帽、制服、剣を着用させて童心を脅やかし、また多くの疑獄事件を造りあげて愛国志士や国民を検挙投獄し殺害したのである。

三・一独立運動が起きた年までの事件数は一九一二年＝五万二千件、一九一七年＝十三万五千件、一九一八年＝十四万二千件となっている。

それにもかかわらず日帝は全世界に未開な韓国民は自分達でなくては自立させることができないとまことしやかに吹聴したのである。かくて韓国民はこらえにこらえたふん懣と屈辱を発散させる機会をねらっていたのである。

❷かかる際に第一次世界大戦が終る前（一九一八年一月）、当時の米国大統領ウイルソンが戦争防止の方策として〝すべての民族はみずから欲する国を樹立することができる〟との民族自決の大原則をとなえたのである。

これに呼応して韓国民は死を決して自主独立に総決起することを決心したのである。

時を同じくして世界大戦は終りを告げ、自由の鐘の音が鳴り渡り正義と人道によって全世界を改造してみようとの気運がパリの講和会議において高まり、これにさきがけて李承晩、安昌浩、鄭翰景らが米国にあって活発な海外活動を展開し、また申圭植、金奎植らは上海においてその先端を切りこし、また敵の首都である東京においても留学生らが官憲の目を逃れながら抗日独立運動に奔走したのである。

そして国内においては孫秉熙らの天道教、李昇薫らのキリスト教、韓竜雲ら仏教徒らが緊密な連絡のもとに着々とその歩を固めていったのである。

❸当時日帝はさきの米国、ハワイ、上海等の動きを伝え聞き韓国民に対して二つの凶悪な計画を推し進めてきた。その一つは国内の売国奴や親日走狗をかえり立てて彼らの署名入り総督政治賛揚の虚偽文書を作成して、これをパリの講和会議に提出し、わが民族の独立運動を妨害したのである。

そしてもう一つは、旧皇帝の世子英親王をして彼らの皇族梨本方子と強制的に結婚させて、新婚旅行という名目でパリに引っ張りだし、列強の代表らに鮮日同化の見本であるということを強調しようとしたのである。

そしてこの凶計を高宗皇帝に認めさせようとしたが皇帝がこれを拒否したため彼らは残忍非道にも一服の毒薬で皇帝を殺害してしまったのである。時に一月二十二日のことであった。

高宗皇帝の暴崩が伝わるや一般国民の憤怒は頂点に達し、かくて着々と準備されていた民族中興の偉大なる己未独立運動すなわち三・一運動はりょう原の火のように拡がっていたのである。

三・一運動の形態

一九一九年二月八日、まず日本の首都東京においてわが独立運動のほう火はあげられたのである。

崔八鏞以下十一名の留学生代表が朝鮮の名のもとに独立宣言書と決議文を作成しこれを各国語に翻訳し東京駐在の外国使節らに伝達して大示威運動を展開したのである。この運動によって数百名の代表者らが投獄された。

この事実が国内に伝わるやその衝撃は大きく、高宗の国葬日である三月三日を前に国葬のために全国各地からソウルに集る群衆の数は毎日数十万をかぞえるほどであった。

そして三月一日正午、民族代表孫秉熙以下の三十三名が署名入りの独立宣言書をパゴダ公園で声高らかに読みあげるや、男女学生らを先頭とする数十万の大示威行進は地軸をゆるがす勢であった。

この大群衆が口口に叫ぶ〝大韓独立万歳〟の声は天を衝いたのであった。

この日の行動が指導者らによって如何に用意周到、機密に行なわれたかは同日同時刻を期して全国一斉に行なわれた運動が日帝の官憲に知られなかったことでも知ることができる。

民族代表らは明月館の泰和館で民族独立の宣言をし、祝杯をあげた後この事実を正々堂々と官憲に通告したのである。この日のソウルは秩序整然としており数十万の群衆は手に手に太極旗をかかげ〝大韓独立万歳〟を叫んだのである。

その日の夕暮、騎馬憲兵と歩兵部隊が出動して銃剣でこのデモンストレーションを中止させようとしたのであるが、群衆は独立宣言書で示された崇高な民族精神を発揮して、正義と人道、自由独立のために最後の一人まで戦いながら前進していったのである。

先頭に立った学生が倭奴の馬蹄の露と消えるとその父母が隊列の後に加わっていった。父や母が非道の剣で倒されると、その息子や娘がその剣に向っていったのである。

このようにして全国津々浦々にまで拡った独立万歳の声は絶えることなく、烽火は山々にもえ続けたのであった。

この年の四月に内外の民族代表らは上海に集合して臨時議政院を組織して大韓民国を樹立したのである。

このようにして独立運動は継続され、韓国民の闘争は全世界に認識されるようになったが敵の銃剣に対して素手で闘った愛国者らの犠牲は余りにも大きかったのである。

ちなみに当時の犠牲者数と損害をあげると（三月－五月）

①各目の集会数＝一千五百四十二回。
②動員された人数＝二百二万三千名。
③殺害された者＝七万五百九名。
④負傷した者＝一万五千九百六十名。
⑤検挙された者＝四万六千九百四十名。
⑥敵によって消失された教会数＝四十七カ所。
⑦消失された学校＝二校。
⑧消失された民家＝七百十五戸。

このように日帝官憲による弾圧は残忍非道を極めたのである。

結果

その歴史的な成果を述べるならば、まず自由と独立を命にかけても戦い取ろうとした大韓民族は高度な文化民族であるということを世界に知らしめると同時に日帝は真に野ばん、無能であるということを暴露したのである。

第二にこの運動を通じて韓国民は君主制度を排して敵の侵略に対抗する民主共和国を樹立したことである。

第三にこの運動によって世界および東洋の平和は韓国問題の解決なしにはあり得ないということを全世界に認識させたのである。

尋ね人

金蓮沫さん　日本名　吉野　実
◇本籍　平北厚昌郡
◇厚昌旭小学出身
解放後、東京目白あたりで会ったが、その後消息なし。級友の江山政弘氏が尋ねて居ります。
連絡先＝東京都練馬区東大泉一〇三四　東映撮影所　朴英勲　まで

朴振局さん（当三十五歳位）
一、本籍地＝慶尚南道釜山市新平洞二七七
一、昭和十六年頃から下関市西大坪町に在住し、その後北海道札幌市に移転
右の方の住所を御存知の方は、岡山市大供鹿田町二六四ノ六在日本大韓民国居留民団岡山県本部までお知らせ下さい。

東京韓国学園専任教師募集

一、募集人員
初等部教師（全科）二名
中・高等部教師
理数科担当教師一名、保健体育科教師一名、英語科教師一名。
二、採用試験日時
一九六三年三月九日午後一時。
試験場所
東京都新宿区若松町二十一番地（電話三四一―一八五六・一九八七）
試験科目
初等部（一般教養・面接・書類審査）中・高等部（一般教養・担当科目・面接・書類審査）
三、提出書類
①願書（各自作成、自筆、初等部及び中・高等部は志望科目明示）。②最終出身学校卒業（予定）証明書、成績証明書各一〇通。③外国人登録済証明書一通。④国民登録完了証明書一通。⑤履歴書一通。⑥其他証明書類（資格証所有者は添付）
四、提出期限
一九六三年三月八日まで
五、採用決定通知
一九六三年三月十五日本人あて。
六、待遇
日本学校の水準以上で優遇。

東京都新宿区若松町二一
東京韓国学園
電話（341）一一八五六番・一一九八七番

純京城料理
■ホール
■御座敷
京城館
宋万里
東京都新宿区神楽河岸3号地
国電飯田橋東口下車橋のたもと
電話（331）2652

3・1精神を想起して総力を結集しよう！

民団神奈川県本部　議長　金任祚　住所　川崎市大師河原町四六四三　電話　三―三九二六	有限会社光商会　代表取締役　鄭東仁　住所　横浜市神奈川区六角橋一八九　電話　四九―九二五二	川崎物産株式会社　中央車輌株式会社　取締役社長　李圭　住所　川崎市南幸町三ノ九七　電話　三―三〇三六、二―五〇一五　二―三五八	旅館恵荘　李泰善　住所　横浜市中区松影町三ノ一〇六　電話　六四―二四〇八九　六八―四〇八九八	神奈川県韓国人商工会　結成準備委員長　安周中　住所　横浜市南区高山根町一ノ三　電話　八一―七八七〇番	新明和精機株式会社　取締役社長　姜大変　住所　小田原市国府津二一四三　電話　三四四九、二六六八	横浜商銀信用組合　理事長　李鍾太　住所　横浜市中区曙町一ノ二　電話　六四―五一八三、六四―五〇四八　六四―五一八四、六四―五〇四九
東陽運輸物産　代表取締役　韋仁夏　住所　横須賀市大滝町一ノ四　電話　横須賀　五一―二三二　五一―三三一〇	富士鋼材株式会社　代表取締役　金碩根　住所　横浜市保土ケ谷区宮田町三ノ二七八　電話　四三―三四五一	海栄海運株式会社　代表取締役　金贊柱　住所　横浜市中区山下町二二四　電話　六四―五五九八、六八―〇〇一七　六八―〇〇三七	民団高座地区支部　団長　金甲植　住所　大和市下草柳四七八ノ三　電話　六一一五	神奈川県韓国人商工会　結成準備副委員長　孫武臣　住所　横須賀市安浦町三ノ七　電話　②三三〇三	横浜商銀信用組合　専務理事　田炳昊　住所　川崎市十手二ノ九二　電話　三―八八三八	民団神奈川県本部　副議長　孫聖文　住所　大磯町大磯八七八　電話　一二〇

文化

春園・李光洙は韓国文化史上の巨人である。わが文学ないし文化は彼を持つことで誇りを感ずる。その残された業績は偉大そのものである。一々それを紹介するよりも詩人毛允淑女史の追慕記をわれらの追憶としたい。殊に春園は、東京の二・八独立運動宣言文筆者でもある。三・一を記念するためにも、故人のことを追憶しておくことにした。（日訳・現代文学誌より）

春園先生追慕記

物故文人の回顧 ③

毛 允 淑

春園は去った。何処に去ったか。その面貌、音声、文章などは再びこの地では接することはできない。残された作品が、全集となって色褪せた写真と共に、書店の店頭に、さらされている。

生きてさえいれば、多くの人に会える。高（位）い人低い人、善人悪人、創造的な人、人工的な人など。こういった人々は、相交わっては、去ってしまう。

自分は、神に、春園のような人物を、この地に生んでくれたことを常に感謝する。また、摂理によって、自分が春園を知るようになり、尊敬しながら、生きられる機会を恵んでくれたことに対しても、感謝する。

春園は、幼いとき孤児のように育てられた如く、その人生も孤独のままに生き、そうして、われわれのところから、消えて去った。

荒れ果てた時代の中で、朝露と水でしのぎながら、人生の永生を祈願した永生の使徒でもあった春園は、韓国の意志と血の中で、自己完成を試み努めた、民族の使徒でもあった。

時折り、春園の、無抵抗の眼の光りを思い出す。善の戒律を、そのままに実行しようとして、彼は多くの小説と詩を書いた。家庭と隣人と社会と国家のために、絶え間なく、関心と情熱を傾けた。湧き出する詩心と、やむことを知らぬ人間愛の努力をもって、その筆は疲れを知らなかった。

彼の健康は、執筆を許さなかったが、その筆は、四六時中、人生と共に語り、生命と共に前進しながら、果て知れぬ未来を指向して進んだ。

彼は、文人として生きたというよりは、よりよい美と善に、その意味を見出し、彼自身が、自ら善と美を発散しながら、存在する一人の人間としての、偉大性を忘れなかった。

彼は、道と美だけが、人間の内面的な推進力となることを強調した。

われわれは、その作品から、その人間性とから、善と美を見出しまた、多くのことを学んだ。春園は、常に今日よりも明日を夢み、熱い、生きていた未来の人でもあった。不幸な現実を解剖し物語りながらも、明日と明後日、または永遠なる明日のことを待ち望み、隣人の読者に、人生の行くべき途を提示した。

そのために、彼の筆は、道行く乞食、如何なる貴族の心にも、平等に人間の伴侶となり、人情のひらめきを示してくれた。読みやすく、わかりやすく、そのまま、よどみなく、われわれの心の中に、しみこんでくる、その文章は、何時読んでみても、親近感を持たせた。

病苦の青春、受難多い中年期の彼に、しばしの休息の日が、その老年期にでも訪れることを期待したが、その老年は、黄昏そのままに、闇となってしまった。

考えるだけでも、身ぶるいする平壌監獄での、春園の最期を誰が知ろう。その苦しみ、その孤寂。その背かれた運命の刃で、彼が魂は、いかほど戦きふるえたろう。

彼が胸に懐き恋い慕うわが祖国の姿を目にしたときに、彼はその死と共に如何にあわてふためき、かつ驚きのうちに息を引き取ったことであろう。

彼の最期は、誰も知らぬ謎だ。しかし、その年配と健康から見ておそらく彼は、既にこの世に生存していないことだけは確かだ。彼は、あの世において、その霊魂は苦痛と悩み多かった現世を、黙々として眺望していることであろう。

いま、彼が残した多くの作品のなかには、春、夏、秋、冬の、この国の風景と物語りと、音色などが相変ることなく聞えてくる。

韓国は、始めて、彼においてやさしい人間愛と友情と、愛情の欲望を見出した。それでいて、この社会は、彼を遇するにつれなく、つらくあたった。それでも、彼はすべてに甘んじ、侮蔑と没理解を我慢しながらも、彼自身を堅持しながら黙々として独行した。

高い理想の主人公春園は、治に光輝ある明日のために、土台石を築いた石工であり、如何に現実が乾燥荒廃しても、傷心したりつぶやかず、そのときどきを最善をつくして生きぬいた。

彼が愛した山河には 紅葉がおとずれてきた。彼が唄った大空は、あんなにも高く、澄みわたっている。彼が住みなれた田園のあぜ道、黄稲、初秋に標ぶる屋根と屋根、すべては春園の微笑であり、幸福でもあった。

この、貧しい国と村の中においても、彼は永遠を発見し、愛を見出した。この国の荒寥たる風景なども、彼の心の中では、すべては天国であり、絵画として感じとられたのに！。

彼は、偉大な夫であり、賢い父でもあった。人々には、よき友人としてわれわれのうちに在ったが、ついに去った。彼を不満とし、非難するものはあったが、彼が人を論難したことを見たことがない。

彼ぐらいに、昼夜を別たず、作品を書き、訓えてくれた人が、わが文壇で外に誰れがいるであろう。大小の事に拘らず、国のために有益なことであれば、それが小説であれ、論説であれ、何んでも書いて発表してくれた。

彼が残した業績を回顧してみるときに、その一つ一つが、宝石として光り輝くその一生であったが、彼が愛したその国は、あまりにもそれに反応することが少なすぎた。憐れにも、孤独であったその最期！。

彼が信じた神よ、彼の霊魂を胸にだき入れて、永遠の休息を垂れ賜わんことを祈る。（韓国詩人）

李仁氏などに褒賞

三・一節に独立遺功賞

政府は二十二日午後来る三・一節に褒賞する独立遺功者六百七十名の名簿を最高会議常任委を通じて発表した。今度褒賞される遺功者の内四名は建国功労勲章、二百二十五名には同功労賞が授与され、四百四十一名には大統領表彰が授与される。

この表彰対象者は二千五百名の対象者らから選ばれたもので李範錫氏が複章をうけることになり、李仁氏などが単章をうけることになった。褒賞は来る三月一日の記念式典で全国一斉に実施される。

映写機付属品輸入外貨三万ドル

公報部、商工部に配定要請

公報部は国立映画製作所に必要な官需用映写機付属品輸入のため三万ドルの輸入外貨割当てを商工部当局に要請した。

なお、この付属品は米国から輸入するという。

文化親善の標本

金順星舞踊公演（東京文化会館）

三月三日は「お雛さま」「桃の節句」または「女の節句」とも呼ばれ、おなごらがあやかれるお祭りだ。春に先き駆けて心にくいほど、気を粋にまわしたならわしでもある。床の間あたりにお雛さまを飾り子供らの世界に晰の夢を一杯添えるのだ。だが、こういう浪漫的なよき日にちなむわけではないが、三日に開かれる金順星舞踊公演には、約百五十余名の踊り子たちを東京文化会館の舞台に立たせて韓国民俗舞踊日本民俗舞踊・アジア民俗舞踊などをくりひろげるが、「春は上野の山から」ともいわんばかりに、都民へ絢爛たる舞踊祭を送ることにもなりそうだ。

「韓国舞踊を韓国人が踊る」なら何んら珍しいこともないが「日本人が韓国舞踊を踊る」と来るから大抵のことでは見向きもしない人でも、何んて物好きなくらいには思ってくれるようだ。ところして、好奇心を引きさらったようにも見える同舞踊は、同日夜二回にわたって公演されるが、金順星女史は韓国でも一流の民俗舞踊家である。昨年末に来日してほうぼうから絶讃された「少女文化使節団」の民俗舞踊は、女史の振付、演出によるものであった。映画にも出演したり海外にも派遣されるなど一流人としての貫録も他にひけをとることはないが、今度の舞踊祭に対する熱意も、わざわざ韓国から舞踊演出家白恩善氏を呼ぶほどで、意欲の片りんをうかがうことが出来る。

演出家白恩善氏は韓国舞踊界の錚々たる存在のようだ。「韓国の舞踊界はいまだに体系された民俗舞踊の音楽が整っていない、何んとかしなくては—」と嘆く氏の心情の裏には、明日の民俗舞踊の方向を荷負って立つ者の気概と抱負とがあふれているのが分る。われわれの民俗舞踊を近代化する上には、今までの韓国的な動作ではどうにもならない、要するに新しいモーションを創作しなくては—」

韓国舞踊の姑息な動作は現代的なセンスにはマッチしないらしい。何をどのように表現するかが最大の問題点でもあるようだ。

白恩善氏（右）と金順星女史

だが、同公演に最高の関心を寄せて骨身を惜しまない人に榊原舞踊学園の校長榊原帰逸氏がいる。

この公演で大きくアップされて来ているが、仏教家で印度舞踊研究家でもある同氏は「積極的な文化交流によって韓日親善の一翼を担いたい。今回の公演で、韓国民俗舞踊、日本民俗舞踊、その他アジア民俗舞踊などを舞台にのせる理由は、アジア各国の民俗舞踊にはどれほどお互の共通点が内包されているかを探究するためと、お互に長所をどしどし取り入れて明日の民俗舞踊にそなえることとがある。日本は音楽はもち論、民俗舞踊にも大陸的なあるいは韓国的なものが大部摂取されている。秋田県あたりの郷土舞踊にはこれが濃厚だが、雅楽や宮廷舞などに至ってはいうにおよばない」など新しい日本民俗舞踊の形成になみなみならぬ意欲を傾けている。

「金女史は、わしの振付指導による印度民俗舞踊を踊るが、これは韓国舞踊にもどれほどアジア的な源泉がつながっているかを見きわめるためだ。こうしてわれわれはお互に交流し合って明日の新しい民俗舞踊のために何かを取り入れたい」とざっくばらんに指摘している語調には、研究家としてのわだかまりのないすがすがしさがあるが三者とも自国の民俗舞踊の新

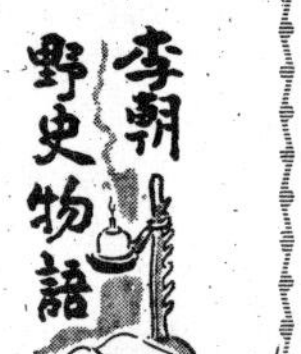

徳宗・成宗時代編 ⑬

成宗大王の治世 (十一)

曺偉と申従濩 (1)

ある晩のこと。例の通り貞洞をおしのびで進行していたときである。

一人の樵夫がマキを売りにきたが買い手がなくて、夜の街でうろついているのに出あった。王は、彼に聞いて果川（ソウル南方三里の地）に住んでいることがわかった。彼が困っているので、それではそのマキを買ってやることにした。別監に案内してやれと命じつれ立って行きながら

「そちは果川に住んでいるというから聞くが、父母や妻子も共に住み、暮し向きはどうか？見うけたところ百姓らしいが、そんなに貧乏暮しでも、何か楽しいことがあるのか。わしらはソウルでお役所に勤めている者であるので、貧しい国民のことを考えると不びんでならないが……」というと

「はい。父母も妻子もあり一家団らんして暮しを立てています。男は田畑を耕し、薪をまきす、女のものは紡ぎごとや台所の用事をします。一生懸命やるものですから細々ながら楽しく暮しています。冬の間だけは毎日ソウルでマキを売ってそれで家用にしています。ソウルの偉い人からみればひどい暮しですが、これでも一家のものは結構楽しくやっています。自分からみればソウルの官員さんたちは毎日忙しい思いをしながら、一寸でも失敗すると譴責をうけたり、流罪にされたりするのを考えると気の毒でなりません。旦那さんから手前たちのことを可哀相といわれるのが、おかしい位いです。いずれにしても、百姓をやっている手前共にしても、またお役所勤めの旦那方にしても、堯舜のような王様の御治世に住んでいますから、自分さえ正直にやれば極楽の世界に住むことができるのではありませんか。これはみな王様のおかげであります。いまの王様は、手前たち国民を楽にしようとするために随分苦労していると思います。旦那さん、手前たち田舎もののことは結構ですから王様のことでも考えてあげなさい」と、百姓はいった。

無学な百姓ではあったが彼の言い分は立派に筋が通っていた。王はそれに蛇足を加える必要がなかったので、ただ一言「もっともなご意見だ」といわれてから、別監に命じてよい値でマキを買ってやった。

王は無学な村人から大変よいことを学び得たことに満足した。それから何日かの後、妃とお二人で雑談をされているときに、この樵夫のことを詳しく物語ってから

「妃よ、世の幸福は地位や財産にあるものではない。朕や妃は地上では最高の栄華を得、幸福であるようにみられるが、それもあのきこりの方がわたしたちよりずっとましと考える」と、述懐されたという。

思うに、成宗大王が王として如何に治民のため苦心をし、国民もまたその王さまのことを心から慕っていたことを、よく理解することができる。

◇ ◇

成宗朝には、立派な人物が多かった。そのうちで二人—曺偉と申従濩は堂々たる立派な風格と、名文章をもって双璧をなしていた。

曺偉は、成宗朝の名臣で吏曹参判に進んだ人。その呼名を梅渓と呼び、雄麗な文章家として知られ、門弟には当代の学者が多かった。彼はその義兄が金宗直であったので戊午士禍に連座することになり、全南順天へ流罪となった人である。

成宗大王は李朝帝王の中でも世宗同様に立派な王様であり、文人としても大家である。その生涯のうちには相当ロマンスの持主でもあった。そのために、臣下たちの女性問題についても思いやりのある理解者であった。

つぎのことはそれにちなんだ話。

ある月夜のことである。王は宮城の中をおしのびで一人巡視していた。たまたま学士たちの当直室の方にお寄りになった。既に夜はふけていたが当番に当る曺偉の部屋から、朗々とした書を読む声がきこえてきた。元来、好学の王であったのでその部屋の窓のところでしばらく立聞きされた。朝臣のうちでも美男美声の持主である曺偉の誦書する声に誘われるまま王は、つい窓のすき間から室内をのぞかれた。

部屋の中はきれいに整とんしてあり、ところどころと点された燭台を前にして、曺偉は端座して一心不乱に誦書していた。堂々たる風彩と邪気のないその場の印象に、王も深く感じ入られた。

王は、部屋の中にお入りになろうとして部屋の窓に手をかけようとされた。そのとき、人の気配がしたので、手を引っ込めて様子をうかがっていると、前の方の内宮の門がそっと開いた。

きれいに装いをした一人の宮官女が用心深く部屋の方に走り寄ったかと思うと、その中にすべりこむように入ってから、曺偉の書卓の前に座った。

若い二人—美しい男女は一幅の絵画そのもの。成宗大王もいたく興味を覚えられたらしく、二人のやりとりを見まもることにした。

（石鯨山人）

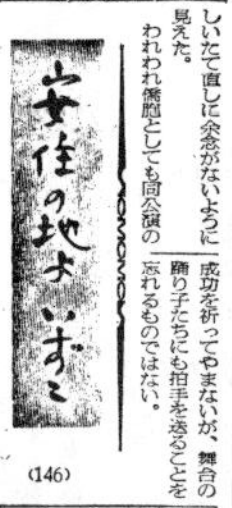

許 槿 旭
え 金 泰 伸
(146)

安住の地は (三十二)

その後、四年という歳月が流れた。無心川の見えるところに小じんまりとした瓦葺家を建てて、私たちは引越した。広々とした庭に草花とか植木を植えるのに、夫は子どものように夢中になった。お互いのいえやらぬ傷跡をいたわりながら、気まずい笑顔でつないでいく夫と私の間の感情は、近づくようでありながらも近くはならなかった。それは、きつくなった私の性格のせいだけではなかった。五つになったこどものしぐさが、いつも気まずいふん囲気をほぐしてくれた。隠れて生きるというお互いの立場において、いつも不安と恐怖におののかなければならない私たちは、愛情を超越して、人間的に助け合いながらくらしていった。しかしこうした平和も長くは続かなかった。

春のかげろうがゆらゆら揺れるのどかなある日、三年前のその女から夫に便りが来たのである。その時から夫の表情はだんだん憂うつになり、ある煩悶に苦しむようであった。こうした夫をながめながら、私は彼に何かの秘密があるということが大体つ[illegible]た。夫の旅行の数がだんだん多くなっていった。何も言わずに旅行して帰り、私の顔をさぐる夫の自責にかられた表情を、私は見ないふりをした。そして、一ことの詰問すらしなかった。すべてのことを運命であると締めたまま、だんだん、自らの象牙の塔の奥深く埋もれて行った。好転していた夫と私の感情が、再び悪化して行った。私は一切、彼に干渉しなかった。

（私自身が堂々と光を仰ぐようになる日、私はここを離れるべきである。そのときまで、こどものために、私はすべてを耐え忍ばなければならないんだ）

私はこのように、自らを鼓舞し、いつかは輝やかしく始まるであろう未来のために、すべてを我慢してきょうを送らなければならなかったのである。

木葉がきいろく染まり始めてから、私は極度に体が衰弱していった。腹膜炎というひどく冷い手が無情にも私のひよわい体を撫でていた。私は身動きもできずに、倒れた彫像のように病床に横たわっていた。生活にあえぐ夫には、大きな打撃であった。眉間にしわを寄せながらたばこの煙をはく彼の表情に接するとき、私は針のふとんに寝ているように心が痛かった。心身共に疲れて、何も考えることができなかった。風に落ちる哀れで疲れた木の葉のように、そのまま下に永遠に落ちて行ってしまいたかった。むせび泣きたいほど胸をえぐる悲しみの中に、私はこの時ほど、人の美しい情が懐しいときはなかった。血が冷たくなっていく人には、温かい体温が貴重であった。会話のとぎれた離れた地域で、私はただ多くの名まえを呼んで見るのみであった。温く心にしみ込んだ名まえを……。

また一年が過ぎた。さらに一つ年をとったこどもは幼稚園児になった。親の秘密を知るよしもないこどもは、気ままに楽しく大きく育っていった。眼の前に展けてゆく新しい世界を受け入れるのに夢中するこどもは余念がなかった。遊びに熱中するこどもをながめながら、私は憂うつな中にも心が満ち足りていた。心の隅に悲しい対話を残しながら、私はこどもに不びんな愛情を贈った。

SPK
合成樹脂成型加工
金型製作
三協プラスチックス化工巽工場
宋 琰 鎬
大阪市生野区巽西足代町四八五番地
TEL（七四一）五八〇六—七

北洋冷凍機工業株式会社
冷房暖房 ダイキン冷房機代理店／日立冷房機代理店
○僑胞の事業体・団体に対しては実費で奉仕しますから冷暖房及冷凍機関係の一切を御相談下さい。（遠近県問わず）
○各種（内外国製品）冷蔵庫・クーラー類の修理、販売も御相談下さい。
○1年間のアフターサービスの御契約もします。
○最高の技術とサービスは完璧です。

社長 洪 起 華 東京都新宿区原町3ノ84
監査 金 炳 泰 電話（341）0449代表

韓国服地と韓国レコード！
浅草 金宮商店
営業品目
特殊香港洋丹・中国洋丹
金糸織洋丹・テトロン洋丹
京都洋丹・美術丹・七色丹
洋服地・各種ナイロンレース
リバレース・オパール
ニュートン・ベルベット
其他 木綿 季節向一式
朝鮮古典長鼓販売
貸古典婚礼衣装
東京都台東区浅草公園六区2—2
電話（841）0003・0004・0005・0006
韓国レコード関東代理店 総販売元

苦しいあの何度の嵐の中でも、私達の父が…母が護り通して来た此の伝統ある民俗農楽と民謡をもって一親愛なる同胞及び日本の皆様に贈ります。
萬人의心琴을울리는우리民俗灼熱의演技陣
製作 大見山静夫・企画 鄭 永 根・構成演出・皇 武 童

◎韓国農楽界人気者 全 四 鍾
◎農楽の天才児 全 金 子
◎器楽の奇才 金 銀 山
|当日売りします|

韓国民謡農楽団
ズバ抜けた面白さ！ 爆笑！ 哄笑！
하늘과땅사이에잊을수없는우리藝術感動의물결

◎漫談界の人気者 張笑八
◎演劇界の人気司会者 白金女
◎韓国民謡の名手 文化放送専属 安福植

月	日	地
2月	24日	大阪
〃	25	京都
〃	26	名古屋
〃	27	名古屋
〃	28	静岡
3月	3	横浜
〃	5	札幌
〃	9	仙台
〃	10	盛岡
〃	12	青森
〃	16	秋田
〃	17	山形
〃	19	新潟
〃	21	富山
〃	23	福井
〃	26	金沢

農楽：鄭在嬉 全四鍾 許浩永 金干興 全金子 李銀美 文明花 朴貞淑 朴招宣
器楽：金銀山 徐公哲 李忠善
漫談：白金女 張笑八
民謡：元仙女 劉仙女 沈明花 墨桂月 金玉心 李銀珠 安翡基

日本公演
明日の発展に努力下さることを願いつつ本国より来日致しました。
提供 ファイースト・プロダクション 東京都港区芝田村町2—12・三進ビル・TEL 591・5341〜3

韓國新聞
発行所 韓国新聞社
東京都文京区金富町51
電話（813）2261・2263 編集
東京（812）1921（813）2262 業務
振替口座 東京 34988番

軍政を四年間延長

朴議長特別談話 国民投票へ

【ソウル発＝連合】朴議長は十六日午後四時五〇分最近おきた一連の不幸事態を収拾して今度こそ革命のない健全な民政の誕生を約束するため約四年間の過渡的、軍政期間を設けるため国民投票にかけることを明らかにし、同国民投票はなるべく近いうちに実施し、その間政治活動は暫定的に停止すると語った。

朴議長は国民が革命政府に期間を委ねるならば、次のような大項目の施策を誓約し、軍政延長に国民の信任が得られない時には即刻政治活動を再開して「二・一八」「二・二七」の声明事項通りに政治家らに全般に政権を移譲することを明らかにした。

軍政延長の施策は次の通りである。

一、革命施策を広め広範囲に人材を登用して過渡政府に参与せしめる。

一、職能代表、地域代表等の民間人が参与した立法機関として最高会議を全面的に改編する。

一、超党派的政界の重鎮で構成された諮問機関を設ける。

一、民政移譲のための超党派的研究機関を設ける。

一、過去の一切の党派ならびに派閥を清算して健全で清新な二党政治の発展のための意見を取りいれ政治雰囲気醸成のために努力する。

投票は来月25日ごろ

なお同国民投票は四月二十五、二十六日頃に実施される模様である。

近日中に超党派で

韓日会談で各界懇談会開催

【ソウル発＝連合】政府は来る十八日政治指導者、学界、言論、経済あわせ約三十余名の人士を招請して韓・日会談の懇談会を開催する崔徳新外務部長官は十二日午後の記者会見でこの懇談会は政界から超党派的な協力を得る一方、挙国的な態勢を整えるためのものであり、二、二七宣誓の第九項を具体化するためであると語った。

崔外相

民交換がある予定であることを明らかにしたが、十二日内閣首班名義で発送された招請状名簿は同人らの出席与否がはっきりしないため公開することができないと語った。

同懇談会の結果は韓日会談の進行に大きく影響されるということを明らかにした崔長官は、同懇談会に対して常設機関ではないけれど必要にしたがっていつでも開催できる臨時機構として設置される可能性もあると語った。

崔長官は韓・日会談進展に言及し、現在進展がないのも事実であるが、中断されず継続中であると述べ、民政移譲前に妥結するという政府方針に変わりはないが、調印は民政移譲後になる可能性もあると語った。

金・大平会談で合意を見た請求権問題はまだ有効であると主張した崔長官は請求権と漁業問題の取り決めが両国間で結ばれたことはないし、そのようなことはこれからもないと語った。崔長官は引き続いて請求権妥結で日本政府に対する国内各個人の請求権が消滅されるし、

同懇談会では韓日会談経過と現況に対する説明とこれに関する意

許政、兪鎮午氏ら30人を招請

外交消息筋が明らかにした同懇談会の主なメンバー次のとおり。

許政（ホ・ジョン）張沢相（チャン・テクサン）卞栄泰（ピョン・ヨンテ）以上元総理、崔圭夏（チェ・ギュハ）元外務次官、兪鎮午（ユ・ジノ）高麗大学総長・元日韓会談首席代表、崔斗善（チェ・ドゥソン）東亜日報社長、張基栄（チャン・ギヨン）韓国日報社長、李寛求（イ・グワング）合同通信社理事、李庭林（イ・ジョンニム）韓国経済人協会長、李秉喆（イ・ビョンチョル）第一毛織社長、盧田述（ノ・カプスル）韓国鮮米輸出組合長、

地方遊説班を編成

人口五万以上の都市へ

共和党

他党より組織づくりの進んでいる民主共和党は、九日午後党務委員会を開き政策委員会規定、財政諮問委規定を各々採択した。

許文三十三条付則となっている同規定によれば、同委は法制司法党務に、外務、国防、財政、経済、農林水産、商工、文教社会、交通通信、行政管理など九つの分委をおき、別にまた政策研究室をおくことを規定している。研究室には委員外に十八名の専門委員と十余名の研究委員をおくことになっている。

また民主共和党は今日十七日から二十五日までの九日間、六つの班で編成された地方遊説班を全国三十二都市に派遣することを決定した。

民主共和党の理念、政策を広く知らせるための時局講演会は人口五万名以上の都市を対象としている。

20日に創党発起大会

新政党発起人は700名程度

来る三月二十日新政党（仮称）はソウル市内の三・一堂で創党発起人大会を開く。

新政党は準備委発起人の人選比率に伴って旧民主党と許政氏側の意見の対立があったが、十日準備委員の会合で来る二十日に発起人大会を開くことに決定した。人員の選定は来る十七日に行なうことに同意し、許政氏の指名する張澤相、李寅基、金道演、李商載、宋邦鏞、鄭憲甲氏の準備小委は十日の午後ソウル市内新総満の許政氏宅で協議した。発起人数は大体五百乃至七百名程度であると述べている。

このような進展の反面、許政中心の仮称新政党は旧主党国守派の反発で党指体系に大きな影響を与えている。

首席代表崔圭夏氏に

韓・日会談代表団を改編

【ソウル発＝連合】崔徳新外務長官は十二日午後韓・日会談代表の改選と補強がまとまると語った。

同日政府側の高位消息筋は韓日会談の韓国首席代表裵義煥氏が更迭されて、後任に外務部待機大使崔圭夏氏が任命されると述べ、裵義煥大使は駐日大使として継続とどまると示唆した。

旧政治家大挙民政党へ

ここ一週間の民政党の動きを要約してみると、

韓日会談の早期妥結

米国務省日本に強く要請

クーデター事件の前後をめぐり韓国政局の激動のため韓日会談の早期解決という線が崩れつつある時、韓日両国に対し最も大きな関連をもつ米国務省当局が、去る十二日「韓日会談を韓国の民政移管のメドとなっている八月十五日ころ前に実質的に妥結されることが望ましく、それ以降にのびると見通しが立たなくなる恐れがある」との見解を表明し、関係各方面から注目されている。

米国政府が韓日会談についてこのようなはっきりした意見をのべたのは、現在の朴政権が対日関係打開に積極的であり、民政移管前に既成事実をつくっておいた方が

クーデタ事件の経過と意義

金在春中央情報部長

大規模な反革命計画

雨降って地固った朴体制

日本対韓延払を許可

ディーゼルカー三百44万ドル

三つの条件合えば輸入許可

韓米高位経済会談

追加援助問題等を討議

追加援助で意見交換

二千500万ドル追加配定

メタノールの輸輸

海外取引の御相談なら…
第一銀行のCONTACTSERVICE
（海外連絡サービス）を御利用下さい。
第一銀行 外国部

三井物産
本店
東京都港区芝田村町1丁目2番地（三井物産館）
電話．東京（211）0311・3311（大代表）
東京中央郵便局私書函 第822号
電略 和文 トウキョウカニュウミツイブッサン
英文 MITSUI TOKYO
貿易で世界を結ぶ
総合商社
韓国では いまや経済総合再建5カ年計画のスタートを切りましたが 三井物産は 日本はもちろん 世界各国の優秀メーカーの技術と機械を提供 計画が1日も早く完遂されるよう ご協力したいと思っております

当面の経済問題

解放後初めて母国を訪問した一僑胞の所感

南宮然坤

（2）

本年一月末ごろ、韓国経済再建委員と帰国経済人協会との間に、物価問題に対する責任転嫁の声明文の応酬で連日の新聞をにぎわしたことは、まだ記憶に新しい。その責任問題はとも角くとして、昨年十一月から本年一月にかけて、小売物価にして平均六割の上昇を来たしたというのが一般的のようであった。二月初旬、筆者が南大門市場その他で見聞した所によると、米穀を除く一般生活物資で、同期間中に、約三割から一〇割の上昇、輸入原材料加工品に至っては、実に三〇割から三八割に急騰したものもかなりあった。もっとも米穀も主食期では、最高統制価格をはるかに下まわっていたのが、旧正月にかけて最高価格まで急騰した。そこで、今回の物価上昇を来たした要因としては、次の諸点が挙げられると思う。

①新興国家のように、生産規模よりも消費経済規模が大きい体制下では、常にインフレ傾向が潜在している。

②後進新興国家は、その成長過程に、むしろ緩慢なインフレ傾向を前提とすることさえある。

③軍事政権が樹立されて約二年近くなるので、やや、緊張感が緩み、貿易改革前後の分離線が漸次稀薄となり、心理的動揺感が台頭しはじめた事。これに加えて、旧暦年末という季節的需要期があったこと。

④民政移譲回復段階において、政治不安と選挙資金の大量放出を見込むインフレ予想。

⑤昨年度農産物凶作に因る食糧不足感。

⑥米国余剰農産物減額による米㌦に対する世界的不安と共に、米国対韓援助額削減も手伝って、現外貨保有高に対する不安感。

⑦輸入原材料のインフレヘッジ化への傾向と相待って、短資の純品市場大量流入、輸入原材料の急騰。

⑧経済五カ年計画に対する慢性的外貨不足感。

以上の内、一ないし四項は対内問題で、しかも新興国家にはよくありうる、現実的あるいは潜在的経済現象であるだけに、余程、深く気にすることはないとしても、五乃至八項は、対外的に関係が深く、殊に外貨に関する問題だけに一層深刻のようだ。ただ、七項に対しては、従来の輸出入リンク制を改めて、実需要者へ直接割当によって、ある程度の目的は達しうるが、輸出補償制等には相容らず、インフレ要因は残るものと見なければならぬ。一般的にいって、今回の物価騰貴の根本理由はいかにも後進新興国家らしく、国内事情の不安と外貨に対する現実的、あるいは心理的不安によるものと見ることができましょう。併し使える保有㌦の底が見えている現在において、その対策も自力経済政策では致し方がない。従って他力政治策に求める他なく、最悪状態に至らざるを当面の目標にせねばならぬと思う。そこで次善策として考えなければならない事は、過去の諸政策を顧みると共に、その経済効果計画を深く反省して、じ後かかる状態にならぬよう努めることが何より大切だと思う。それには、特にいままでの外貨支払協定に対する、経済効果計画を根本的に再検討すると共に、更には経済五カ年計画を含む、わが国の進むべき経済方向をも根本的に、再検討して見る必要があると思う。

（一）外貨に対する経済効果計画

後進新興国家においては、外貨支払協定の経済計画の方が、既取協定のそれよりも、より重要である。なんとなれば、経済後進性と対外政治事情依存が、「入るを計って出するを制す」の原則を余儀なくしているからである。従って外貨支払協定は、それの小さな経済作用であっても軽視することなく、適切な体制下において最大の経済効果を期せねばならぬことは言うまでもない。言い換えれば、外貨協定の経済計画は、後進新興国家の経済的生命を規定するものだといっても過言ではない。しかるに、今までに数々の問題点があったことは、ただ、もったいないとばかりは言いすまされない、誠に残念至極と言う他はない。無理な経済条件飛躍は、その経済効果はおろか、また未熟な技術科学条件の実践企図は、その科学的合理性はおろか、共に、無用な時間とエネルギー、そして外貨の浪費ともなりかねないのである。そして、私利私略に関係があるとすれば、言語道断で、問題にもならない。一般的にいって、外貨に対する経済効果計画は、外貨の投資にあっては周到綿密な輸出振興策によって、それの集中にあっては強力な国家権力によって、その補助に、外貨の割当支出にあっては慎重な財政経済政策によって、それぞれ所期の経済効果を期せねばならぬことは申すまでもない。しかしてその財政経済政策はわが国の進むべき経済方針に依って、規定されねばならぬ。この点については、以下項を改めて詳述して見たいと思う。

（二）我が国の進むべき経済方針

元来、我が国は一次産業よりなっていて、現在もそうである。ここでもし、我が国が一次産業国としてのみ満足すべきか、それとも工業国へ一大飛躍を企図すべきかの議論があったとすれば、現実は一次産業国としてのみ満足もしないだろうし、また、工業国に一大飛躍も不可能であろう。何んとなれば、現状過渡期は、進歩成長がなく、現状維持は、条件飛躍とはりがちだからである。そうだとすれば、我が国が進むべき経済方向は、正しい現実把握によってのみ規定されなければならぬことになる。正しい現実把握は、過去と未来を現在に評論して、世界的視野においてのみ可能だと見なければならない。過去のない現実は自信がなく、未来のない現実把握は希望がもてない。そこで私は、我が国の過去を経済的に顧みると共にその未来像を描き、正しい現実を規定して、我が国の進むべき経済方策を考えて見たいと思う。

（1）回顧。産業革命の余波を受け、日本は明治維新を契機として、国家主義を背景に独占資本が形成され、帝国主義、軍国主義の台頭により、独占資本がその極度に達した。その間、重工業国へと一大躍進を成し遂げた。併し日本のように資源の乏しい国が急速な工業進展を期するからには、どうしても一次産業就中、農業を低水準に抑制しなければならなかった。当時、朝鮮の農業は、日本のそれよりもはるかに低水準にありながら、そのまま以上のような強要を余儀なくされ、日本の敗戦と共に、解放にはなった。併しその後、農地改革等はあったにしても農業の生産性、科学性においては十年一日の感がある。

（2）未来像。第二次大戦後、人類普遍性原理は、すべての民族に、自主性、生命尊厳性を付与しそれぞれの伝統と民族的特性に基づく創意工夫による科学、文化、経済の互恵、機会均等を通して新しい経済体制が形成されつつある。地上に共産主義国家群が実在している限り自由国家群の経済的未来像は相互依存保護制へと創意と努力を惜しまないであろう。従って前世[illegible]した国家主義、軍国主義そして経済障壁があろうはずがなく、また世界を挙げて宇宙時代に大戦争がおころうはずもない。従って、我が国は後進、弱少そして新興国家であるが故に、却って、諸国に、率直に、我が国の経済的未来像を描いてもいいのではないでしょうか。

（3）現実規定。我が国は、過去でも現在でも一次産業国であることには変りなく、その水準もはるかに低位にあるのだ。しかも、我が国には工業資源があるわけでなく、技術科学条件が備はっているわけでなく、外貨の蓄積、あるいは、外資導入の条件が出来ているわけでなく、ただ、三八度線の緊張感の余り、あるいは、後進性克服に性急の余り、近代工業化への飛躍を企図するとすれば、問題は、おのずから工業化条件規定のら外と見るべきだ。自由国家群は我々の三八度線緊張感と経済の低水準に対しては深甚の同情と敬意をおしまないようだが、こと、対韓投資となると我が国の工業条件規定とは別に、慎重な、そして緻密な経済計画が働くものと見るべきだ。そうだとすれば、既述の世界的経済未来像に照らして見ても、我が国には、工業化への条件飛躍を企図する理由も、また工業化条件充足の可能性も見当らないとゆうのが現実のようだ。

（4）以上のように見て来ると、現在我が国が進むべき経済方向は現在の経済条件充足性に重点をおいて、低水準にある農業の発展向上に求めざるを得まい。元来、我が国の経済は農業によって支えられて来ている。即ち日本時代には五十万トンの移出米が、現在では一次産品の貿易収入と米国援助に依って経済が支えられている事実と、両者が貨幣換算にしてほぼ類似額である事実をも見逃してはならない。しかるに、どうして農業水準をかくも低位において甘んじているのか、不思議でならない。農業は科学する必要がないとでも言うのだろうか、科学しつくしたとでも言うのだろうか。条件飛躍企図のハデさと我が国農業特性とは何か関連でもあるのだろうか。或いは身近にあることをも忘すべきだ。わずかばかりの内資投下と農民の経済負担[illegible]をもって、重農主義とかゆう古典語まで引用しているが、全く苦肉の策としか思えない。問題はもっと深い所にあるようだ。世界に視野を向ければ、在来の米穀偏重農業は斜陽傾向と見るべきだ。米専食生活も非科学的だ。世界的に米穀の消費量は、相対的に減りこそすれ、増えることは先ずあるまい。ここで私は敢えて換言する。明日では遅すぎる。既成の自然的所理的条件を科学変更して、従来の米穀中心農業を再編成する。そして多角[illegible]化、近代化して、農耕加工、農芸化学まで水準を高めるべきだ。それには外貨と技術を集中的に従属投入すべきだと。「汝の立てる所を掘れ、さらば泉あらん」を想い起すまでもあるまい。

かくすることによって、従来の沈滞した農業方式は、新しい生気を帯び、科学する農業と一変する。更には我が国に一番多い農業技術者達の自覚と創意工夫が期待出来る。米作中心農法による遊休労力が四季を通じて稼動するようにする。農業従事者の自発的勤労意欲はやがては、生活向上に、農村文化に、そして勤労はリズミカルに、益々創意創造することまちがいなし、かくして、農産品、農産加工品、農芸化学品の外貨源へと夢は果てしないであろう。

次に水産、畜産にも外貨と技術の投入を惜らず、近代化、合理化更には遠洋漁業、水産加工、そして鉱業資源開発に、探鉱条件拡大充足へと、これまた夢がもてる。

それから、近代工業への進展には、先ず経済的技術科学的条件の成熟に地道な努力を傾注すべきである。我が国の場合は化学工業へ焦点をしぼって考えて見るのも面白いかも知れない。いずれにしても、後進性克服は、創意工夫、勤勉努力によって時間的に飛躍を期すべきで、条件原則の飛躍を期すべきではない。不経済で、冒険でそして危険でもある。

最後に、以上申し述べたことが、現在我が国で盛んに唱えられている「国造り」の一助ともなれば、無上の光栄と思います。

（終り） （筆者は旭産業社長）

全羅南道の巻

再建祖国を訪ねて

カメラ・文 青圭必

市庁舎からみた木浦市街

三鶴島からみた木浦港

笠岩島干拓工事場 在日僑胞金英結氏の投資による

新築される木浦共生園、円内は尹鶴子園長

美しい良港木浦にて

進展する開墾事業

木浦市は栄山江が深く入り込んだ沿岸に位置して裏には儒達山の象形的な岩山がそびえ、前方の海には三鶴島があって風光めいびの観光的な良港がひかえている。人口十三万余を有し昔から海産、穀物、綿花、米等の集散地として発展した処だ。

栄山江は水深二五米ゆうに四、五万屯の船舶が出入可能なのに、いままで船舶する施設がなかったので此度政府が五ケ年計画事業の一環として目下築港工事中であり、一九六四年には完成するはこびだ。

三鶴島の東側一帯の〃カッパウ〃墾拓事業は在日僑胞（木浦出身）大阪市泉大津在住の金英培（会社社長）氏が私財を投じて開墾工事を始め防波堤一、四二四米突を築き墾拓面積五四五、〇〇〇余坪を起して同市の面積を倍に拡張して将来人口五〇万都市に建設するとのことだ。

これ等の工事の外市長宋成寛氏は多年同市建設の為めに尽して来た人であり、市内には文化施設としては商科大学（元木浦商）、中、国民学校の新設を始め、市民会館、図書館、文化会館、放送局等も建設し劇場には市専属合唱団、国楽研究会等もあって芸術都市として名高い処だ。

工業方面は東洋でも屈指に数えられる耐火煉瓦工場、とう磁器、造船、火力発電所等があり、観光事業としては儒達山を道立公園にして観光道路等を既に舗装が終え、ケーブルカーと展望台も建設するという。

栄山江流域の開発事業では一五、〇〇〇余町歩の墾拓とダムを建設して食糧の増産に努め、その沿岸一帯には三〇〇余の〃々に六〇〇戸余り農漁民の為め九〇〇町歩のかん拓も計画した栄山江の水源をもって羅州、木浦間水道を施設し、道路を舗装するという。それから一市民保健の為め海水浴場を建設し老弱者の無料治療所並に結核病院を兼て孤児院、劇場も増設するなどで当地の市長は張り切っているようすであった。

尹鶴予女史を訪ねて

親しみある共生園々長

記者は市長と放送局長の案内の下に日本婦人で韓国孤児の母である共生園々長尹鶴子女史を訪ねた。

此の共生園と日本木浦会の記事は既に昨年本紙が報道したので多くを語ろうとはしないが、敷地面積二〇、〇〇〇余坪の処に宿舎、講堂、倉庫、食堂等を完備し、大勢の孤児達は元気で明るい顔であった。

此の外水田三〇〇〇坪余りも有し、又在日木浦共生園後援会長日野先生の旅費あかる寄付金を以って園児宿舎八〇坪と事務室二一坪を目下新しく建築中である。

韓国の良き母であり社会事業功労者である園長尹鶴子女史は初めて逢った時やさしく、親しみのある方だと強い印象を受けた。園長は廿八歳の時に当地に来て教育を受けた後、二五年間韓国孤児のため奉仕しており今後も一生捧げると語った。

園内の児童達は乳児から高校生までいて園長様をオモニ（御母様）と呼びながらそれぞれの学校へ通う一方、基督教の感化も受けて将来心身の健全な社会人を養成するのが目的だという園長は昨年再建国民運動本部長より功労賞を受けた。

記者が済州道に向う為めいよいよ当地を離れる夜七時、うす暗い桟橋から船が出帆すると共に手を振る園長さんの顔がだんだん暗やみの中に消えて、一瞬さびしく感じたが然し私は生後始めて心の中に憾いと共に尹女史を始め孤児達に幸ち多からん事を合掌しながら船室へ這入ったが何となく寝付かなかった。私は心の中で尹園長をもう一度思い出す事にした。自分の母親に別れたようであり、また生きた聖母マリヤ様のやうな気がしてならなかった。

旅券期限延長許可者氏名公告

在日本韓国居留民団中央総本部民生局長
韓国駐日代表部領事課旅券担当官

姓名	旅券番号	県別
李来玉	[illegible]	奈良
金桂順	[illegible]	兵庫
金相鎬	[illegible]	大阪
李婦嘉	[illegible]	奈良
金鎮沢	[illegible]	東京
田炳武	[illegible]	神奈川
徐道行	[illegible]	東京
金且業	[illegible]	〃
高洲鎮	[illegible]	〃
金義浩	[illegible]	〃
李斗然	[illegible]	〃
鄭二亀	[illegible]	〃
鄭官岩	[illegible]	〃
崔学林	[illegible]	〃
李鶴成	[illegible]	福岡
崔洙性	[illegible]	大阪
孫三用	[illegible]	京都
成楽亨	[illegible]	〃
李寛伊	[illegible]	三重
崔判杏	[illegible]	〃
宋仁児	[illegible]	東京
尹洪水	[illegible]	青森
金元圭	[illegible]	東京
金元玉	[illegible]	〃
金粉南	[illegible]	〃
成東祚	[illegible]	神奈川
閔丙珊	[illegible]	東京
裵明煥	[illegible]	〃
裵允奎	[illegible]	〃
金英鑫	[illegible]	〃
李奇南	[illegible]	〃
秋春一	[illegible]	〃
尹永植	[illegible]	京都
李相鎬	[illegible]	〃
曺鳳甲	[illegible]	〃
韓今礼	[illegible]	〃
高淳業	[illegible]	大阪
金一文	[illegible]	兵庫
金鐘化	[illegible]	大阪
尹順粉	[illegible]	兵庫
李珠漢	[illegible]	〃
李斗玉	[illegible]	〃
王応祚	[illegible]	和歌山
文奎植	[illegible]	〃
李圭徹	[illegible]	千葉
呉南順	[illegible]	宮城
金明徳	[illegible]	東京
秋徳	[illegible]	〃
姜仁宋	[illegible]	〃
趙井順	[illegible]	〃
権寧秀	[illegible]	〃
朴純三	[illegible]	〃
尹大煕	[illegible]	〃
趙俊寿	[illegible]	宮城
金在福	[illegible]	静岡
池栄沢	[illegible]	東京
文済春	[illegible]	〃
方然南	[illegible]	埼玉
趙議海	[illegible]	東京
金栄益	[illegible]	〃
金宝鉉	[illegible]	〃
崔奎男	[illegible]	北海道
朴応圭	[illegible]	北海道
金鐘熙	[illegible]	神奈川
片正述	[illegible]	東京
丁栄玉	[illegible]	〃
朴永宝	[illegible]	東京
高尚稷	[illegible]	神奈川
許鳳先	[illegible]	東京
高太休	[illegible]	〃
中村千代子	[illegible]	神奈川
宋仁祚	[illegible]	静岡
南炳煕	[illegible]	東京
李仲起	[illegible]	〃
黄貴重	[illegible]	〃
尹福元	[illegible]	〃
朴述祚	[illegible]	神奈川
趙信寿	[illegible]	郡馬
林元沢	[illegible]	東京
李守福	[illegible]	〃
申点順	[illegible]	〃
裵福童	[illegible]	東京
鄭貫鎬	[illegible]	〃
梁孔寅	[illegible]	〃
孫正基	[illegible]	神奈川
盧載甜	[illegible]	東京
申東殷	[illegible]	〃
金声振	[illegible]	〃
鄭安恵	[illegible]	〃
金元司	[illegible]	〃
朴幸子	[illegible]	〃
裵庸韓	[illegible]	
韓晛相	[illegible]	東京
金点南	[illegible]	神奈川
呉外祥	[illegible]	〃
千舜命	[illegible]	東京
秋国善	[illegible]	〃
張興竜	[illegible]	〃
金南述	[illegible]	静岡
趙福重	[illegible]	東京
鄭逸鍋	[illegible]	新潟
朴陽	[illegible]	東京
朴宗鉉	[illegible]	〃
金三祚	[illegible]	福岡
柳貴奎	[illegible]	〃
金俊竜	[illegible]	〃
秦学南	[illegible]	大分
許萬福	[illegible]	〃
朴幸九	[illegible]	福岡
権大洸	[illegible]	〃
尹貴深	[illegible]	大阪
朴在万	[illegible]	兵庫
甘月奉	[illegible]	大阪
蘇洙仁	[illegible]	東京
許仁沢	[illegible]	〃
尹哲	[illegible]	新潟
朴元鼎	[illegible]	東京
金有泰	[illegible]	静岡
金長述	[illegible]	東京
林元沢	[illegible]	〃
李守福	[illegible]	〃
沈幸男	[illegible]	福岡
金仲杏	[illegible]	〃
金文洙	[illegible]	広島
崔又順	[illegible]	福岡
尹潤並	[illegible]	大阪
甘正相	[illegible]	〃
李鉉	[illegible]	東京
朴鍾経	[illegible]	兵庫
金君鍋	[illegible]	大阪
金応秀	[illegible]	京都
姜信光	[illegible]	大阪
曺在煥	[illegible]	兵庫
許性道	[illegible]	〃
康元華	[illegible]	大阪
李吉成	[illegible]	大阪
呉鳳汝	[illegible]	兵庫
河栗林	[illegible]	兵庫
朴一守	[illegible]	〃
尹福礼	[illegible]	大阪
金長植	[illegible]	〃
尹元淑	[illegible]	兵庫
朴在根	[illegible]	島根
金小均	[illegible]	愛媛
呉文鶴	[illegible]	大阪
秋相春	[illegible]	兵庫
金福達	[illegible]	〃
金承泰	[illegible]	兵庫
安吉保	[illegible]	大阪
金仙玉	[illegible]	兵庫
金福祚	[illegible]	神奈川
崔喜三	[illegible]	東京
崔春子	[illegible]	〃
李大秉	[illegible]	〃
李炳淑	[illegible]	北海道
黄在烈	[illegible]	東京
康福寿	[illegible]	〃
李元祚	[illegible]	〃
羅鐘烈	[illegible]	〃
郭炳煥	[illegible]	秋田
崔根沢	[illegible]	東京
丁光夏	[illegible]	〃
吉乗玉	[illegible]	神奈川

姓名	旅券番号	県別
高錫文	[illegible]	東京
朴厚相	[illegible]	秋田
李福洙	[illegible]	愛知
韓龍東	[illegible]	東京
韓光子	[illegible]	〃
李鐘晴	[illegible]	〃
盧樹俊	[illegible]	新潟
朴性鎮	[illegible]	〃
呉在竝	[illegible]	宮城
劉允植	[illegible]	静岡
金寛泰	[illegible]	神奈川
尹太殷	[illegible]	静岡
鄭過祚	[illegible]	新潟
金圭式	[illegible]	神奈川
李周朋	[illegible]	埼玉
鄭在英	[illegible]	東京
張道源	[illegible]	東京
金文培	[illegible]	〃
趙杏遠	[illegible]	〃
李鍾相	[illegible]	〃
徐相竜	[illegible]	神奈川
朴得祚	[illegible]	〃
徐浩年	[illegible]	〃
鄭潤秀	[illegible]	茨城
姜甲秀	[illegible]	群馬
印炳煥	[illegible]	東京
鄭留煥	[illegible]	北海道
金鐘九	[illegible]	千葉
秦太一	[illegible]	東京
金太栄	[illegible]	〃
李辛出	[illegible]	青森
金成道	[illegible]	東京
李鍾浩	[illegible]	茨城
金含徳	[illegible]	神奈川
朴ユ伊	[illegible]	東京
金大栄	[illegible]	
朴播泰	[illegible]	静岡
金畨畑	[illegible]	長野
金昆佼	[illegible]	東京
南俊浩	[illegible]	〃
元英喜	[illegible]	〃
韓過東	[illegible]	
金相圭	[illegible]	東京
金義煥	[illegible]	〃
林南寿	[illegible]	〃
甘貞鍍	[illegible]	〃
曺圭鋪	[illegible]	〃
黄学性	[illegible]	〃
姜完靖	[illegible]	東京
金杏辛	[illegible]	〃
黄錫圭	[illegible]	北海道
鄭基石	[illegible]	東京
李命鷹	[illegible]	〃
孫永基	[illegible]	〃
朴栄河	[illegible]	〃
金相潢	[illegible]	〃
康綃藻	[illegible]	〃
尹在洙	[illegible]	〃
柳徳業	[illegible]	
金君子	[illegible]	
林海寿	[illegible]	東京
金庸鋪	[illegible]	
崔奎銀	[illegible]	
李圭春	[illegible]	東京
申先伊	[illegible]	〃
文漢石	[illegible]	〃
尹海炳	[illegible]	〃
趙守達	[illegible]	〃
高漢俊	[illegible]	〃
崔積順	[illegible]	〃
崔康玄	[illegible]	〃
李惠奉	[illegible]	〃
金良吉	[illegible]	静岡
文一道	[illegible]	東京
金周奉	[illegible]	〃
鄭泰與	[illegible]	〃
韓康洙	[illegible]	神奈川
権寧変	[illegible]	東京
姜善竃	[illegible]	宮城
李元世	[illegible]	新潟
朴水正	[illegible]	〃
金守毋	[illegible]	〃
南元	[illegible]	北海道
金曽鍾	[illegible]	東京
呉光烈	[illegible]	〃
洪承圭	[illegible]	新潟
宋佐鶴	[illegible]	静岡
崔京三	[illegible]	東京
金平允	[illegible]	〃
金聖道	[illegible]	新潟

北京料理 東天閣
和室・洋室完備
結婚披露・大小宴会
美味と安価が定評
大阪市心斎橋御堂筋角（そごう北隣）
電話・代表 二七一—〇二二一

北洋冷凍機工業株式会社
冷房暖房 ダイキン冷房機代理店／日立冷房機代理店
○諸般の事業体・団体に対しては実費で奉仕しますから冷暖房及冷凍機関係の一切を御相談下さい。（遠近県問わず）
○各種（内外国製品）冷蔵庫・クーラー類の修理、販売も御相談下さい。
○1年間のアフターサービスの御契約もします。
○最高の技術とサービスは実証です。
社長 洪起華 東京都新宿区原町3ノ84
監査 金炳泰 電話（341）0449代表

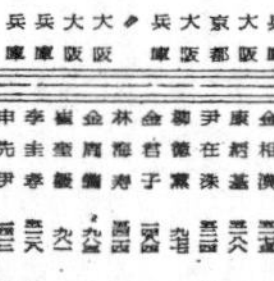

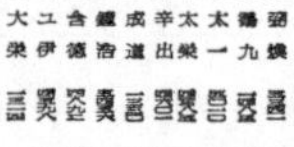

韓国行きの航空券・船舶券・その他の諸手続きは信用ある弊社へ
国際線もあり
KOREA AIR LINES
東京海外旅行社
旅行新聞社
社長 朴東佑

遊技界の花形・ニューギン号
ニューギン
人件費が6割節約！
常に業界のトップを誇り
貴店の経営合理化に応える
ニューギン号無人機
製造販売 丸新物産株式会社 東京営業所
遊技界の花形・ニューギン号・無人機・遊技界の花形・ニューギン号・無人機・遊技界の花形・ニューギン界の花

韓国服地のメーカー各種レース専門店！
営業品目
絹織物・各種洋丹・各種レース・ナイロン地・テトロン地・ミナロン地・デヤガード地・ウール地・カシミヤ地・芙ノ地 各種生地、及雑貨、品数豊富！
住込女店員募集中！
韓国標準語の話せる方 年令不問 履歴書及び写真送られたし！ 電話申込も可
浅草 釜山商店
東京都台東区浅草公園六区2号20
電話（841）3471・（871）1782

第二回 民団全国各県本部団長会議

36県本部団長が参席

法的地位、団結、規約改正等を討議

第二回民団全国各県本部団長会議が、去る十三、十四の両日にわたり江の島（神奈川県）の岩本楼旅館で開かれ、法的地位に関する諸事項、団の結束、規約改正、国民登録更新、韓国新聞、奨学制度、花郎銅像建立など民団が当面している諸問題に関して討議し、同席上、再建国民運動本部[illegible]本部長からの感謝状が、東本丁栄玉団長をはじめ同運動に功労のあった団長らに授与された。

同会議には、代表部から[illegible]参事官が臨席し、中総三機関と全国から三十六県の本部団長らが出席して開かれたが、先ず権団長、金議長、[illegible]委員長、それから李（裕）副団長の順にあいさつが述べられた後、直ちに次のような討議に入った。

第二回民団全国各県本部団長会議

本国情勢の推移に関する統一見解

本国の政情が民政移譲を目前にして混迷を続けている折柄、朝総連系の謀略宣伝や、一部無自覚な団員たちの言動などにより動揺する傾向があるとし、執行部案に基づき慎重なる論議を重ねた末、別項のような統一見解を打ち出した。

民団の結束に関する件

いわゆる「民団正常化委員会」「民団正常化同志会」「在日韓国人有志一同」など称する形態の存在や、最近の彼らの言動は全体大会の意思を無視し団の秩序を乱すものであると指摘し、また最近の韓青中央常任委員会の公開状や、いわゆる「韓根会談」などについても目録すべきだとした。

また徐相夏大阪団長の一権団長は曹寧柱（?）[illegible]の公開状をめぐり権徐両当事者を中心に長時間の論議があったが、丁度その審議中に、中総執行部の要請（二月二〇日付）で同件の監察中だった朴太煥監察委員長が出席して、詳細な同審査報告があった後、監察委員会の見解として、民団規約第四〇条適用規定第二条七項に該当すると指摘した。同見解に対する執行部の今後の態度が注目される。

【注】規約第四十条適用規定第二条七項、非詐的誹謗または虚偽報[illegible]

本国情勢に関する統一見解

民団全国各県本部団長会議

十三、十四の両日にわたる民団全国本部団長会議において討議の末、本国情勢の統一見解について次のように確認した。

一、二・一八の朴議長の九項目提案と二・二七の共同宣誓によって、わが国民が今後一致団結して平和的かつ民主的に革命課業の完遂に向ってまい進する基本方針が確立されたことを、われわれは双手を挙げて歓迎する。

したがって、八月十五日の民政移譲まではもちろんのこと、その後においても"五・一六革命"の精神を受けついで革命課業を推進しなくてはならず、決して腐敗から民政に移譲したことによってこの革命課業が終ったものではない。

二、本国の[illegible]する政局の推移は、革命の発展過程における必然的な陣痛現象であって、絶対に革命それ自体が否定されるという性質のものではない。

三、民団が革命発生以後、大会、中央議事会、執行部等の各機関の名のもとに明示してきた革命支持の方針は今後においても全団員の一致協力のもとに堅持、推進されなくてはならない。

国民登録更新実施の件

事務的な体系を確立し、正確な数字と実態を把握するため、国民登録更新実施に関する中総国民生活局の説明があったが、今後実務会議を[illegible]して今年の六月一日から実施することを目標に推進させることにした。

法地位に関する件

法的地位の問題に関する両国当局えの要望事項については、既に充分な検討を経ているので、法的地対委の案中、5、国籍確認問題2項（日本国籍取得云々）を削除しただけで同案に満場一致の合意をみてこれを法的地対委として韓日両当局に提出することにした。（別項参照）

規約改正に関する件

権団長から、規約改正のための三月大会を予定していたが、諸事情により延期しなくてはならなかった旨[illegible]

韓国新聞に関する件

名実共に充実した新聞に育成するため、従来の経験に基いて民団（機関紙）から分離させ、営業体制を確立すべきであると[illegible]長、権団長から経過報告及び将来構想に関する説明があった。

奨学制度の件

教育センター＝全国主要都市に教育センターを設け、成人教育を行う一方民族学園の設立を推進させ[illegible]

花郎銅像建立に関する件

[illegible]

アジア反共自由センター募金の件

[illegible]

通関要領の一部変更

強制送還者移送貨物

先般財務部税関局からの強制送還者の移動貨物に対する通関要領を一部変更し、各税関に示達した。

即ち従来移住貨物として鑑定価格一〇、〇〇〇ウオン範囲内で自己が使用中である物品に限り通関してきたがこれを変更して強制送還者の外国での居住期間生活程度職業及び家族数を参酌して税関長が当該送還者のこれからの生活維持に必要な範囲内で通関を許容するようにしたものである。

民団大阪八尾支部

民団大阪八尾支部では去る十日午後一時から同支部事務所において第九回定期大会を開いた。

民団大阪八尾支部定期大会

民団鶴見支部 定期大会開かる

民団鶴見支部では去る十日午前十一時より同支部会議室において定期大会を開いた。

婦人会中総役員移動

[illegible]

三月十日を勤労の日と決定

政府は毎年三月十日を勤労の日と決定した。[illegible]

三月下旬に開所

ソウル大学の新聞研究所

[illegible]

大阪金剛学園罹災義援金名単

[illegible]

韓国柔道団来日

[illegible]

韓日文化交流歓安会

[illegible]

朝総連貴長野委員長が民団入団、誓約書

[illegible]

尋ね人

金永斗

[illegible]

法的地位と処遇に関する問題について

在日僑胞の法的地位問題と処遇に関しては次のようになっている。

一、永住権問題

①賦与範囲

イ、居住期間の始点について我方は一九四五年八月九日、八月十五日、九月二日の三つ案があるが我方は一九四五年八月九日を主張しており、日本側は九月二日を出している。

ロ、子孫に対しては我方は、協定の発効日から二十年内に出生した者はその父母と同様の協定上の永住権を賦与し、二十年以後に出生する者に対しては、その時に双方の協議して協定上の永住権を賦与するよう主張しておる。

日本側は、一九五二年四月二八日（平和条約発効日）までに出生した子孫に限り協定上の永住権を賦与し、それ以後に出生した者に対しては成年に達する時では父母よりもその父母よりも多少不利な永住権を与えるということである。

ハ、日本側は前項の子孫が成年に達した時にはその者の自由意思[illegible]

②方法

[illegible]

③効力

[illegible]

二、強制退去の問題

[illegible]

三、処遇問題

[illegible]

在日韓国人の法的地位並びに処遇問題に関し日本政府に対する要望点

一、永住権問題について

[illegible]

二、強制退去問題について

[illegible]

三、処遇問題について

[illegible]

四、財産搬出問題

[illegible]

五、国籍確認問題

[illegible]

特別要望事項 対日本政府

[illegible]

一般鋼材 丸棒型鋼 安田金属 代表者・安田圭鎬
東京都墨田区緑町4～30／電話 本所（631）1355／8573／8983番

○サッカリンナトリウム・化学工業薬品製造販売
大東化学工業株式会社
取締役社長 林奉善
川崎市桜木町2の58 TEL（2）3381

中央金属工業株式会社 木村純三 東京都板橋区前野町六ノ三二 電話（960）〇八九三・〇八九四・〇八〇七

石相奉 東京都板橋区[illegible]

遊技場亀有会館 石寿星 東京都葛飾区亀有町四ノ一七〇 電話（601）〇七七五

技術革新の凱歌！

平和ミラクル・セット
パチンコ裏玉還元装置
★シマの構造は、あまりいじりたくない…
★人為的な玉の上げおろし作業は、人手不足の折から、もったいない…
★サービス員の出入り出来る余地があるだけで、感覚客は心理的にもガス玉が打ちこめない…
★他機種の入れ替えにシマをつくり直す手間が要らない…
★したがって、完全な還元装置があれば、いちばん理想的…
以上の問題は、平和のミラクル・セットのご使用で、すべて解決します。

平和
東京・大阪・北海道

金山建材 社長 金竜珠 住所 神奈川県高座郡座間町座間二ノ一 TEL 二七三

青山鋼材 社長 李且晩 住所 厚木市厚木八二五 TEL 七二六

有楽（遊技業） 李一揆 住所 相模原市橋本駅前 TEL（7）二九五八

大原商店 金成潤 住所 川崎市桜本町三ノ一五一〇

三陽商事 社長 全徹 住所 川崎市藤崎町三ノ一〇八 TEL（4）二九一六

春日苑（韓国料理） 鄭聖秀 住所 川崎市大島町四ノ三三 TEL（4）一五八七

朝日金属（鋼鉄商） 社長 李鍾珉 住所 川崎市昭和町二ノ一三二 TEL（3）五八八二

民団神奈川県本部 監察委員 李源植 住所 川崎市浜町三ノ一七 TEL（3）五四八八

東洋精機（ネヂ、自動車部品製造） 代表取締役 裵奈介 住所 川崎市桜本町二ノ五七 TEL（3）七六四一

三興商会 社長 河在彦 住所 川崎市池田町三ノ九五 TEL（3）五〇二九

新山商店（鋼鉄商） 新山宗吉 TEL 川崎（3）八八八〇

河本鋼材 代表 河漢一 住所 川崎市桜本町一ノ三七 TEL（2）三九一三

民団川崎支部 団長 朴来豊 事務所 川崎市浜町四ノ一 TEL（3）二七六五

李朝野史物語

徳宗・成宗時代篇（15）

成宗大王の治世（十三）

曺偉と申従護（3）

曺偉と申従護の二人に対しては成宗大王も信任していた臣下であったので、正論をもって直言する申の毅然たる態度を立派であると考えた。

王は人情だけで無理押しするわけにもいかないと思われたので一時的便法として

「いずれ、相当な処分をすることにしよう、そのつもりでいるように」といわれた。

それから四、五日が過ぎた後に王は、申従護に紬衣と馬牌（身分証明）を賜わり平安道御史に任命した。平安道各地を巡行しながら貪官汚吏を粛清し善良な国民を安んずるように命令を与えた後、若い青年であるので、道中の心得として

「平安道は古来色郷として聞えているところだ。余程しっかりしないと脱線することがある故に、特別用心していけ！」とか。

微笑しながら注意された。青年御史申は有難い王命に九拝感謝して、即日任地に向って出発した。

彼を送り出してから、王は別に平安道監司には次のように密旨を下した。

「どんな計画でもよいから、今度赴任する御史に妓生を一人つけてやれ。万一、それ位いのことができなければ一道の方伯になる資格がないものと見做して罰するであろう」と厳しい達しであった。王の密旨をうけた平安監司は、非常に心配した。恐らく今度の御史は有名な女色嫌いであるので、王からもあんなお達しをされたのであろう。他に十人のお巡りで一人の愛人を捕えることができないといわれると同じく、かんじんな本人が女嫌いときているからどうしたらよいか。

監司は一方ならぬ心配顔であるので、その愛妓玉梅が見かねて

「妓生は各地にあるではありませんか。殿から各邑の守令に通達され、多くの人の協力で成功するようにした方がよいのです」

監司も愛妓の意見によることとして、各邑守令に密令をもって成功したものは厚い恩賞にあずかるであろうと通達した。

このとき、成川に玉梅香という妓生がいた。彼女は府使からその話を聞いて自分がやってみると申出た。彼女は年は二十で絶世の美人でもありかつ大変な知識ものでもあった。

さて御史として赴任道中にあった申従護は既に巡視地には路文（予め巡視を通告すること）で通達して巡視したので行く先き先きでは大変な歓迎をうけた。しかし、どうしたわけか御史は、女人は一こう寄せつけなかった。

彼は妓生は絶対に宿所に入れては相成らぬと言ったので、彼の身辺に奉仕するものは男の公吏だけであった。そのために、各地の守令たちは彼のことを、内官（宦者のこと）御史とか仏さんといった陰口をきいたが、妓生は一こう近づけなかった。

天下の色郷で有名な平壌を振り出しに沿道各地を巡視して回っていたが、成川に着いた。成川は景色で聞えた名勝地で、その中でも美哉堂と降仙楼は平安道でも第一といわれている。御史は、ただ風景を愛で興が至れば詩を詠ずるばかりで、女人禁制は依然鉄の掟としてまもり通した。

さて、前記した妓生玉梅香が登場となった。彼女は何を考えたか、通引（秘書役）のうち一番利巧ものを選んで彼に策を授けてから、御史の宿所詰めにした。

御史が成川宿舎で休養していたときのことであった。旅の無聊をまぎらすために書を読んでいた。夜は大分ふけた。玉梅香から差向けられた通引は隣室で待機していた。

やがて、夜はふけゆき三更の刻となった。このとき、どこからか人に断腸の哀感を思わすような女のすすり泣く声がきこえてきた。哀絶をきわめた女の哀号は真に訴えるものがあった。旅の御史は心の乱れるのを覚えた。彼は、しばらくためらっていたが読んでいた書を閉じた。

それから、通引を呼び、「誰が如何なる事情があってあんなに悲しんで泣くのか」と聞く、

「その女は早主に死なれた十九になるものですが、父母も親戚もなく他に頼る人もない可憐な女です。亡くなった早主のことが忘れられずあんなに毎晩泣き悲しんでいるのです」

通引から女の身上をきかされた御史申従護は女を憫む心で一っぱいになり、眠れぬままにその夜を明かした。その翌日の夜も前夜と同じく女の哀号する声がきこえてきた。御史は、それ以上聞くに忍びなかったので通引に

「あなに毎日を泣いているとしまいには倒れるだろう。可哀相でならない。わしから事理をよく言いきかせて少しでも力づけてやることにしよう。汝、いま女の方へ行って呼んで来い」と言った。しかし、通引は駄目だと言いながら、

「操を守る節婦として外の男が呼ぶのに来るわけがありません。殿が、もしあの女人を可哀相と思われて励ます思召しがおありでしたら、女の家もお隣りですから殿が一寸お出でになった方がよいかと思われます」

（石籔山人）

文学者の社会的地位

人間の自由と文学の確立を

尹　柄　魯

作家というものは特権層ではないむしろ、平凡な人間であり、この世の誰れよりも孤独な人間である。東西古今を通じて見すてられた不幸なまずしい族属たちが即ち作家たちであった。この激しい不平不満が真実に表現されたと言てのような数多い運命が拍手喝采をもって享受したであろうか。社会の一部分を占めた作家たちが発言したのが詩と小説に文字化されて永遠に伝えるのである。政治家が人間の肉体を気のままに虐待することが出来るとすれば作家は人間の心理を支配することができるといえる。故に作家の一脈の文章は慎重にあつかわれなければならないし社会において重い責任を負わなければならない。それは単なる作品だけのことでなく私生活の一挙一動にいたるまで読者大衆に大きな影響をあたえることになる。

生活の反映が文学であれば作家と作品を別個の物にあつかうことはできない。あくまでも統一された因果関係で検討されるようになっている。われわれが作家研究をするとき、作家の私生活に対して細心な興味と関心をよせるのもそういうところに理由があるからで

いの作家が心境なことによって時勢に迎合し、あるいは妥協して一節の自己の世界を歩かず、本意でない機会主義の汚名を残した名単を短く短い現代文学史からでも無数に見られることは実に遺憾なことである。その外にも些細な汚辱のために文学の栄光を失った作家があまりにも多い。

多くの作家は無軌道な私生活を作家修業とか創作過程で合理化しようとするのが多いがこれはとんでもないナンセンスである。

真実な生活がなく真実な文学が生れるという言葉は書いたことがない。酒場で一ぱいのどぶろくをのんでろたったのが即ち詩であった時代はもう遠い昔のことではなかろうか。だからといってろすぐらい喫茶店でフランス文学、ドイツ文学を語るからといって現代の文学人とは自負することはできない。文学というのは必ずしも特殊な環境と生活の中で芽えるよりはむしろ平凡な現実で取材され形象化されるのがより健全なものである。些細いなことでも黙殺すると か知らんふりをすることは、作家としての資格喪失を意味する。

しかしこれに先立って考えなければならないことはいくらでもある。たとえば文学という作業が一つの独自的な職業になれるのか？という問題だ。われわれ社会の職業概念というのは、その内容と意味からよりも経済的な収支によって決定されるという理由を考えるとき、その解答は火を見るよりも明らかである。

日本では大ぜいの作家が困窮に等しい生活と納税をする程度だということから実にうらやましいことである。実際において作家の幾人を除けば文壇生活を一個の余技とか副業となっているのが隠せない韓国的現実である。しかしそれがけっころ正常な現実にはなれない。なぜかというと、そういうところから作家根論があまりにも安逸な姿勢をもちやすいからだ。せめて真剣な文学作業を実施するためには文学があくまでも彼らの本業であるのが当然である。これが即ちわが文学の後進性を意味すると言っても言い過ぎではない。たとえば文学者が、かいた原稿料でまずしさに耐えられずのちには彼らの忠実的な文学観を忘れて現実とたやすく妥協しなければならなかったのではなかろうか？

即ち作家の私生活のためにはいくらでも通俗化して堕落してもさしつかえないという論理が成立されるのだ。このようなせつ劣な判断から作家たちの無責任なジャーナリズム生理に同調してくだらない秘密をはてしなくらん発している。せめて文学というのは時代的な精神文化をリードする重大な使命を忘却しなければならないとすれば問題は、はるかに違ってくる。作家はどこまでも彼らの本来の位置を、かみしめ味じ合いながらも果敢な文学修業に専念しなければならない。

ですから文学がはっきりした正業として承認され評価されるとき我が文学が健全に成長するということである。だからといってただばく然とした理想論を述べて見ようということでなく、文学に専念する分子としての社会に対する素ぼくな告発を提起するだけのことである。

いずれにせよ、文学が当然な職業的比重を維持できないとなると、これは如何に苦い悲劇であろうか、これはより早急に文学があたりまえの職業として営める時期がこなければならないということに期待しているからだ。

文学が今日のように立派な、作家の本業になれずつまらない副業になるとすその悲劇はここから芽ばえてくるのである。

このような社会的責任とともに忘れがたいものは作家の態度である。いまになってすべての責任を社会に返し、いつまでも作家たちが消極性と局部性で偏狭主義にかけてしまうのはあまりにも卑劣なやりかたである。むしろ果敢な積極性、社会性、また行動性をもって現実に密着するのが妥当ではなかろうか。

世間でよくいわれている革命完遂という口号が文学的実践でどう成り立てることか？　これが今日の唯一無二なテーゼである。

「書くということはどういうことか？」「誰の為に書くのか？」「何で書くのか？」これは周知の通りサルトルの「文学とは何か？」で提示された文学体系である。

実に情けない話かもしれないが今までわれわれ作家はあまりにも自身をだましてきた。しまいには素ぼくな読者たちを本意でないながら見捨てた。以上のような初歩的で基本的な文学的な問題が再認識され実践されることを切実に望む次第である。

常に後進的状態におかれているこの社会の主観性で文学を確立し人間の自由文配を実施して保障する未来を図る革命的論理的証人としてペンを握ることではなかろうか。

慶会楼……悠々と流れをながめながら古き歴史を誇りとして今もなおその雄大さを見せている左が慶会楼その下が観覧者総室である。

高山対徐強一 戦来月行なう

プロ拳闘フェザー級試合

日本プロボクシング・フェザー級選手権者である在日僑胞高山一夫（韓国名＝金圭哲、済州島出身）選手が来る四月初め訪韓し、四月七日奨忠壇体育館で韓国のフェザー級チャンピオン徐強一選手と対戦することになった。

今年二十七才である高山選手は五十四年度日本プロ拳闘界にデビューして以来、五十六年六月フェザー級選手権を獲得今日まで九回タイトル防衛に成功しており、現在世界フェザー級ランキング第二位にある。

一方これと対戦する徐強一選手は今年十九才の弱冠で拳闘生活一年目である去る六十二年韓国フェザー級選手権を獲得、十五戦、十三勝二敗、八KO勝を記録している。

あの夢この歌

「トラジの花を敷く道」

文化放送ラジオ

韓国歌謡界の女王の座を占めており、日本でも古くから多くのファンを持っている張世貞女史が、先ほど、来日、各地での出演で絶賛を浴びているが、来たる十七日は文化放送の人気番組「あの夢この歌」（午後八時から九時まで）に出演、最っとも得意とする十五曲を選んで歌う。

そのプログラム及び出演者を次の通り。なおきたる二十四日民間放送（ラジオ）（九州アサヒ、福岡、鹿児島、宮崎、高知、大阪朝日、山口、札幌）の各放送局でも放送する。

放送日　三月十七日（日）午後八時－九時

出演　張世貞

語り手　高橋和枝　きのしまさる

構成　堀　俊彦

担当　細倉幾勝

曲目

①アリランの唄（韓国民謡）

②すずらん日記（吉屋潤作品）

③幌馬車（金海松作曲）

④思い出だけは私のもの（吉屋潤作曲）

⑤さようならタンバルヨン（金海松作曲）

⑥群山港の青い花（吉屋潤作曲）

⑦木浦の流れ星（　〃　）

⑧故郷の丘（　〃　）

⑨鳳仙花（洪　蘭　波）

⑩トラジの花（韓国民謡）

11別れの船歌（緑牧人作曲）

12お母さん（金海松作曲）

13アリラン波止場（飯田景応作曲）

14連絡船の唄（金海松作曲）

15懐しい友にまた逢えた（飯田景応作曲）

安住の地よいずこ

許　櫃　旭

え　金　泰　伸

（149）

安住の地は（三十五）

私はふと、少女時代にかえったような幻覚の中で、しきりに画幅の上に涙を揮ろ白身の顔を見た。過去へのやるせない渇求が、暗い諦めの中からうるさく角を出してくる。こらえ切れない寂れさに、私はくびすをかえしてタタタタッと階段をかけ下りた。

足が滑って前にのめろうとしたせつな、力強い男の手が私の腕をしっかりとつかんだ。四十に近い中年の紳士である。

「すみません」

なぜか声が小さくふるえる自身を不思議に感じながら、私は顔が赤くなった。

「気をつけて下さい。絵をながめる表情があまりにも深刻で印象的でした」

どこか、郵重で温か味のあるやさしい声であった。瞬間、私はどこかで見たような顔であると思いながら記憶をたどって行った。

「絵を描きますか？」

彼の問いに私はまごつきながら低くこたえた。

「いまはかきませんが、以前は好きでたまらなかったんです。いまは文学の勉強をしております」

「良い素質を持っておられるんですね」

「まあ先生も！　以前に毛糸の店でおあいしたような気がしますわ」

「いつごろですか？」

「六年前でしょうか。その時、私は毛糸を買いに行きました。側におられた先生がアルチュル・ランボの詩の話をなさったので、大変印象が深かったんです」

「そうでしたか。思い出せますね。ほんとに記憶力がすばらしいですね。お忙しくなかったら、コーヒーでも一しょにいただきましょうか？」

「はい」

彼と私はならんでアスファルトの道を歩いて行った。人生のあらゆる乱影を踏み越えて来たようなこの中年紳士に、私はなぜか心が引かれるようであった。それに関しては何も知っていないのに、不思議にも多くの言葉と時間の浪費を節略して、もっと親密になるように思われた。

背が高い彼の体は、少しやせたようであった。方形の広い額の下のやさしい眼は、燃えるような強い情熱を秘めていた。そして、誰にも負けない温い真実性を現わしていた。固い意志を象徴するかのようなしまった口もとの上に、でんと座った鼻すじが家長的な印象を与えた。色がかげって来た。黙って足を運びながら、彼と私はほほえみあった。唄と眼が恋のように開く、そのようなほほえみであった。

「さっき、絵を見ながら泣き出しそうだったんですね。何か悲しいことでもあるんですか？」

やさしくきく彼の声が、風のように私の心臓に溶み込んで来た。一瞬即発のような自らの感情を抑え切れず、私は訴えるように低くいった。

営業品目

海狗腎及其他補薬
人蔘鹿茸唐草乾材
和薬医薬各種新薬
直ぐ服める液体漢方薬
内外貿易業務代行

薬剤師敏名採用
履歴書送付乞う

日和堂薬院
大阪市東成区大今里南之町1－14
電話（971）3180・7958

階上・和室・洋室・御家族連れ
御結婚式場・披露大小宴会
新館完成開店
北京料理　アベノ　東海倶楽部
本店　アベノ橋南詰西側　電話（632）0285　（632）0286～7
新館　アベノ区旭町1丁目1番地（アポロ座西隣）　電話（632）1255～7

KAWAISHI SANGYO
○鉄鋼材
○建設材
KSK
河石産業株式会社
取締役社長・河　石　巌
本社・東京都大田区糀谷町５－１２４８
電話・代表（741）3322・0985・0185番

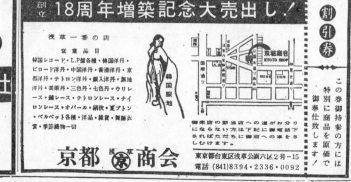

韓國新聞
発行所　韓国新聞社
発行人　張聡明
東京都文京区金富町51
電話(813)2261・2262 編集
(812)1921 業務
振替口座　東京　34988番

サンダイヤ香料
小川香料株式會社
大阪市東区平野町三丁目

韓日会談と政府の立場
金・大平合意内容公開
金首班、在野政治人声明に反駁

【ソウル＝連合】金鍾泌外務長官は一日記者団と会見し、韓日会談に関する在野政治家達の共同声明は国家の外交問題までも政治問題と結びつけようとするもので極めて遺憾に思うとあらまし次のような談話を発表した。

韓日会談は一九五一年から韓日間の懸案を解決するために押進めてきたものである。特に韓日間における漁業問題に対してはサンフランシスコ条約で明らかにされたとおり韓国側はその時、十分なる保障を受けていないので、これから協定によって解決し、保護措置をとろうとするもので極めて道理にかなったことである。そのほか対日外交で少しも秘密的な態度は取っていない。独島は厳然たる韓国の領土であり、平和線も韓国の漁業資源を確保する方向で進めている。財産請求権問題は先の金・大平会談で合意を見たがこの内容は何時でも公開できる。在野政治家達の「民政移譲後に会談の再開を」あるいは韓国人の体面と利益を害するという」声明は極めて遺憾なことである。対日外交に対する国論の統一と全国的な協力を得るため、各界の代表と出席懇談会を開くことについては現在検討中である。

韓日問題は民間政府に任せよ
在野政治指導者らが声明

【ソウル一日発＝連合】許政、尹善氏はじめ在野政治指導者十三人は一日共同声明を発表し「韓国の威信を傷つけ、国民の利益をそこなうような韓日両国間の協定および条約は一切拒否すべきである」むねの共同声明を発表した。要旨次の通り。

（一）韓日両国の国交正常化を早期に達成することを望むが、この解決は韓国民の面子を失なわず、国民の利益を確保できるものでなければならない。

（一）韓日問題の解決は軍事政権のもとでおこなうより民間政府でなすべきことである。

（一）軍事政権は財産請求権問題及び国交正常化に関するいわゆる金・大平協定を公表すべきである。

（一）李ラインは漁業資源保存と共産主義分子の潜入防止のためにも絶対必要な生命である。

なお同声明の署名者は次の通り

許政、尹潽善、金炳魯、白斗鎮、張沢相、李範奭、李仁、金俊淵、朴順天、鄭一亨、金度演。

長期化する韓日会談
国交正常化の基本線は堅持
日本側の立場

本国の政情動揺を反映して韓日会談はこのところ全く足踏み状態となっているが、これに対し日本政府の立場を検討すると、日本政府としてはあくまで韓日国交正常化の方針を堅持している。しかし内外の情勢からして交渉の妥結はかなり長引くものとみて、消費財を含めた延べ払い供与などを積極的に進めている。

一方日本政府は韓国の政情を正しく把握するため三月から四月にかけて外務省の前田北東アジア課長、小木曽条約局法規課長、安川官房総務参事官らを訪韓させた。その結果韓日会談については軍事政権、民間政治家側とも積極的で、現軍事政権でまとめようという態度に一致しているとの判断を強めたようである。

請求権問題については一応の目どがついた今日、韓日会談の焦点は漁業問題にしぼられてきた。これに対し韓国側も駐日会談漁業代表を本国に召還して新提案を検討中といわれる。この新提案の内容は領海十二海里（領海六海里と排他的専管六海里）とし、そのほか四十海里までの間に共同規制水域を設けるものと伝えられている。日本側としては伝えられる漁業新提案について、雑魚の多い関係水域に規制区域を設けることはむずかしいのではないかという批判を加えながらも、その内容によっては会談を進展させる材料になるものとして注目している。ただ民間政治家側が軍事政権の大幅譲歩をけん制する構えを示しているほか、十二月民政移管の日程で進められる今後の韓国政情はなお波動の要因を内包しており、韓日会談の先行きは楽観を許さぬとみている。

論壇
合理的現実政策の実施
切望される米国の対韓政策

策動を続けて来た韓国政局も朴議長の四・八声明により一段落を告げたが、革命政府と野党諸派との見解の対立は依然として継続しており、政局の安定については楽観を許さぬものがあるが、ここに最も注目さるのはこうした韓国政局に対する米国の態度である。野党各派があのように大胆な行動が出来るのは民主主義という大義名分をかざし米国のバック・アップを期待しているからにほかならない。

周知の如く第二次大戦終了以来とくに六・二五動乱により国土の大半を荒廃に帰して以来、韓国は専ら米国に依存して存在してきた。韓国軍に対する軍事援助はもちろん余剰農産物供与をはじめとする米国の対韓援助は韓国経済にとって決定的なものであった。

こうした情勢の下では当然ながら韓国の政治経済に対する米国の発言権は絶大なものがあり、従って今回の軍政延長問題についても米国の出方が注目され、とくに野党各派はバーガー米大使の抱き込みに狂奔する、とともに、政府当局としても同大使に対する了解工作を進めざるを得なかったのである。

共産主義の侵略防衛を基調とする米国の世界政策は、第二次大戦終了後強力に推進され、アメリカ大陸、欧州地域にあっては顕著な成果をあげ、ドイツ、イタリア、フランス等における共産化の危機は米国の強力なテコ入れによって阻止されたのである。しかし極東地域に関する限り米国のこうした政策は不手際の連続であった。日本占領政策がわずかに若干の成果をあげたのを除き、資源豊かな中国大陸を中共に引渡し、韓国とベトナムを南北に分断したというような事実は、なんといっても米国極東政策の失敗といわねばならない。

韓国問題については六・二五動乱に際し、韓国全土を廃墟と化することにより三八度線を維持することは出来たが、北韓に共産政権の存在を許したことは何と弁解しようとまずいことだった。こうした不手際な成果のもたらされたことは米国が極東事情にうとく、甘い情勢判断の下に現状を無視した軽率な行動をとったからにほかならない。

今回の軍政延長問題にしても、当初米国が「八月民政移管の公約」をたてにとり、公式的民主主義を革命情勢のわきにたつ韓国の現実に押しつけてきたことは非合理的なものと判断せざるを得ない。米国における民主党対共和党、英国における保守党対労働党といった二大政党対立の典型的な民主主義政治を数十年にわたって続けてきた国家と、韓国のように長年にわたって日帝の圧政下に政治的自由を奪われ戦後日帝から解放されたのちも南西両陣営の対立により南北に分断され、さらに李承晩政権下に独裁腐敗政治が続き、ついに軍事革命を余儀なくされたような国家とは全く異った政治的基盤に立っていることが確認されねばならない。

本年に入り政治活動の解禁により腐敗汚職により追放された旧政治家が大手をふって復帰し、彼らをめぐり大小十数の政党派が離合集散し、その客観的成果は別にしても主観的には真面目に国家再建に努めてきた革命政府に対し、無責任な批判をしたり悪口をいったりしては朴議長ならずとも軍政延長を考慮せざるを得ないであろう。

大統領選挙、国会議員選挙を前にしてこれから旧政治家たちは与党の共和党のほか民主党、民政党、新政党に結集したが、与党として絶対多数を予想されていた共和党が、創党準備委員長の金鍾泌氏の失脚により党勢を著しくそがれたのをはじめ、民主党、新政党、民政党等もそれぞれドングリの背比べくらいで小さく分裂し、野党連合の結集すら出来ない状態でありこれでは民政移管により選挙を行っても、経済困難を克服して国家再建の要望に応えられる強力な政府の成立はとうてい期待できないのである。

こうした韓国の政局はすでに日本政界にも反映し、野党の社会党はもちろん、与党の自民党内にあっても、従来のいわゆる親韓派は苦しい立場に追い込まれ、せっかく両国首脳間で合意をみて調印をひかえた韓日国交正常化も無期延期を余儀なくされるにいたった。

こうした情勢を反映して日本政府部内でも親米親韓派と目されている池田首相すら、このほどヒューム英外相との会談の席上、韓国問題について「一韓国が民政へ移行することは望ましいが現実からみて急ぐべきではない」と暗に米国の対韓政策を批判する態度を示している。民政移管にともない韓日会談における韓国側の硬化は当然予想されこれを与野党から譲歩しすぎると批判されている池田・大平ラインの立場をさらに困難とし、韓日両国が熱望している国交正常化の実現はますます困難となろう。

現在依然として韓国政治経済に絶大な発言権をもつ米国としては、こうした状況を正しく把握し、韓国の政局危機打開に対し、合理的対策を推進すべきことが強く要望されている。

林顕一

筆窓
韓国の食糧難

最近、韓国では深刻な食糧危機が迫っているという。

北韓とちがって、米がたくさん取れるはずの南韓で、不足食糧が年間九十万トンにも達しているといわれており、このため政府は日本から五万トンの米買付けを急いでいるが、昨年まで日本に米を輸出していた韓国が、逆に日本から輸入しなければならないとは皮肉なことである。

韓国の食糧不足が如何に深刻なものであるかは政府当局の調査によって、全国の小学校の欠食児童（栄養失調児童を含む）が全国小学校生（六二年度末現在）四百十万人の四分の一に当る百八万四千余人という驚くべき事実が明らかにされたことからも容易に察することができる。欠食児童のうちには、二食以上の欠食児童もかなり多いといわれているが、児童ばかりでなく一般社会人もいれると、その数はさらに大きなものになろう。

このような心痛いニュースに接していると食糧難に苦しんだ第二次世界大戦直後の日本が思いだされるが、独立後十数年をへた韓国が終戦直後の日本の姿そのままであるのは、いったい何を物語っているのだろうか。農民が大多数を占める農業国韓国では、米がたくさん取れることが唯一の誇りであったが、その米が不足するとなると国民大衆の生活がどんな状態におかれているか想像に難くない。政府では、この危機を乗り切るため、応急的に米の輸入やトウモロコシ粉、麦粉の導入などを行なっているが、しかしそのようなことをいつまでも繰り返していてはこの問題は永遠に解決されない。

現在、韓国が食糧難に悩む原因は、天災による不作、人口の増加などいろいろあげられるが、その最も大きな原因は、政治の貧困にあるというほかない。韓国において最も重視すべき農村対策は、解放いらい今日まで少しも進歩のあとがみられず、これといった成果も収めていない。独裁と無能、腐敗した政府、不安定な社会経済、それらによってシワ寄せられる農民大衆の苦しみは、十年一日の如く繰り返されているのだ。口を開けば自由をふりかざし、民主主義を吹聴して日夜政争に明けくれている既成政治家たちは、この事実に、どれだけの責任を感じているのだろうか。いかに美辞麗句を並べ、言葉巧みな弁明を行なっても百万の欠食者にはもう通じない。

日夜、寝食を忘れて働きつづけ、それでもなお食えないこれらの人々にとっては、政治家たちの吹聴するような「民主主義」も、「民政」も「軍政」もみなどうでもよいのだ。ただ「働けば食える社会」が願いなのである。

この願いが解決されない限り、韓国から欠食者はなくならない。

（太白山）

革命主体勢力が結集
金在春氏、組織体発起を示唆

【ソウル発＝連合】革命主体勢力は「二日午後市内コリア・ハウスで代表指導者会議を開き、五・一六革命当時にかえって固く結集することに合意する組織をもつことに決定、二日午後七時、百五十余名による拡大会議を開いた。

同会議に参席した金在春中央情報部長は「全ての主体勢力が結集するという原則的な問題だけに合意をみ、これからの運営問題に対しては三日午後の拡大会議で決定することにしている」と述べ、拡大会議で原則問題が確認できれば来る七日再度集合して正式に総ての主体勢力を糾合する組織体の発起をみることになる」と語った。

以上のような革命主体勢力の集まりは四月二十七日青瓦台で開かれた朴議長招請のパーティ以来具体化してきたものである。この日の集まりには最高会議側から金炯旭、柳炳瑞、金振ウィ、金在春、民主共和党から金東煥事務総長、呉学鎮、李東煥また前内閣から[illegible]る呉致成、朴炳権、韓尚郁ら十名が参席した。二日午後七時から開かれた拡大会議では当面の問題として勢力糾合にしたがう具体的な問題と、朴議長をはじめ主体勢力の去就問題が論議されたといわれる。

趙始衡無任所長官は一日記者団と会見し、最高会議または政府機関にいる革命主体勢力が主体となって、親睦会を結成することを明らかにした。この親睦会の目的及び政治性についての言及は避けたが、この構成メンバーは前歴または現職の最高委員と一部の閣僚それに革命主体勢力の中心メンバーおよそ数百人に達するだろうといわれている。

革命同志結合は汎国民政党と無関係

【ソウル発＝連合】最高会議金炯旭運営企画委員長は革命同志会の結成についてあらまし次のように語った。

革命政府に参与した五・一六革命同志たちは、革命理念を具現して有終の美を飾るために再結合することにしたのであって、全国的政党とは何んら関係がない。革命同志会は別に政治的目標があるのではなく、革命に参与した百五十人乃至二百人の五・一六革命同志を構成して、合法的な団体として新しく発足するものである。

朴議長の出馬を歓迎する
共和党の鄭求瑛総裁声明

【ソウル発＝連合】民主共和党の鄭求瑛総裁は一日、朴正熙議長が政局収拾のため、大統領選挙に出馬することを歓迎するとあらまし次のような談話を発表した。

韓国の近代化という歴史的課題を完成するためには、朴議長の出馬は当然の要請である。一部の政客たちは革命公約をたてに出馬依然たる論をはいているがそれは大変迂闊な事である。革命主体勢力の民政参与に反対する旧政治家達の主張は彼らの利益と権力欲からでた偏頗である。

駐日公使に方熙氏

【ソウル発＝連合】政府は三十日付けで現在ニューデリー駐在総領事方熙氏を、駐日代表部公使に任命したと発表した。なお方熙公使の略歴は次の通り。

ソウル生れ、満州国建国大学卒、陸軍士官学校卒、米国参謀大学卒、国防部長官秘書室長、国防部長官補佐官、陸軍本部副官、准将六十一年予備役、英国公使、ニューデリー総領事。

全閣僚 朴議長出馬支持
「五・一六」で朴議長態度表明か

【ソウル発＝連合】金鉉哲内閣首班は去る三十日異例の閣僚懇談会を持ち、選挙の実施に関する問題と朴正熙議長の次期大統領出馬如何の問題をそれぞれ論議したと伝えられている。消息筋が伝えるところによるとこの秘密懇談会では、全閣僚が朴正熙議長の次期大統領選挙に出馬することを確認、支持したといわれている。これについて金内閣首班は一日の記者会見でおそらく五・一六革命二周年記念式典で朴正熙議長自身の意思表示があるだろうと語った。

朴議長は絶対出馬
金内閣首班言及

【ソウル発＝連合】金鉉哲内閣首班は二十八日国会議事堂で記者会見し「朝・野会談を繰上げ、五月中旬にでも開く可能性ができた」と語った。

朴正熙国家再建最高会議議長、金内閣首班ら政府首脳は二十七日から両日で今後の政局に対する政府の意向を協議したのであるが、金首班の発言内容は次のとおり

（一）現政情からみて、朝野会談を予定の九月から繰上げて開催する可能性がある。それが五月中旬に開かれるなら総選挙は八月ごろさらに九カ月の際は総選挙を十一月二十五日までに実施すること。

（一）しかしいかに朝野会談を早く開いても八月十五日の民政移管は時間的に不可能と思われる。

（一）次期政権は軍部の支持が絶対に必要だ。従って朴議長は絶対

バーガー大使 金首班と要談

【ソウル発＝連合】バーガー駐韓米大使は一日午後中央庁に金鉉哲内閣首班を訪問し、約四十分間要談した。同席では朴議長の出馬問題など現政治情勢に対して拡範囲な意見の交換があったとみられている。

（一）特定の人物の出馬に反対するのはよくない。

米、対韓追加援助考慮

【ソウル発＝連合】米国の対外援助官吏らが三十日明らかにしたところによると米国は韓国の経済をたすけるため追加援助の策定を考慮中にある。韓国に供与される追加援助金額と日付けは米国国際開発処代行機関の最終的決定にかかっているとみられており米国官吏らが示唆したところによると韓国がさきに要請した二千五百万ドルないし約一千五百万ドルの援助額数が現在考慮中であるという。

一方米国官吏らは韓国政府が先週にたてた経済安定施策によって、韓米両国は同追加援助で合意をみる段階に立ったと説明した。

農協中央会に貿易行為許容措置

【ソウル発＝連合】商工部はその間検討をかさねていた農業協同組合中央会の輸出入業行為を認許することに決定した。このような措置は農協が貿易行為の許容措置を屢次商工部に要請するにしたがって、商工部当局で法務部の有権解釈を依頼したことがあり、法務部は農協法および輸出振興法施行令四条（政府直轄企業体輸出入行為規定）に依拠して貿易行為を実行できるという結論を下し、実行することになったものである。ところで農協はこれにさきだち乳牛、種豚、農薬、飼料工場機械等を直輸入するため合計七十四万二千一百十一ドル八十セントの銀行ドル配定措置を商工部に要請してきた。

今年度運営計画など
建設部が各機関に示達

【ソウル発＝連合】三十日建設部は六十四年度基本運営計画および予算編成指針を傘下各機関に示達した。同指針によると建設部が指向する六十四年度の運営計画目標は、

一、国土資源総合開発の基本計画の継続および補完。

二、経済開発五カ年計画による第三次年度国土建設事業を調整および補完し、これを積極的に推進する。

三、人口増加と他部門産業開発に対備できる国土保存事業を積極的に推進し、生活の便宜を図る供給施設の整備。

四、建設行政の合理化および技術評価を図るなどになっている。

特に建設部は六十四年度の投融資事業で（一）経済開発第三次年計画事業を充分に反映させ、（二）過去施工中中断された工事の内経済性が高く年内に完成することができるものは慎重に検討反映させる。（三）五カ年計画の非計画事業は原則的に抑制し、（四）予算編成規模は経済開発五カ年計画第三次年策定額に準じる計画である。

湖南肥料株式会社法案審議通過

【ソウル発＝連合】最高会議第四十五次常任委員会は三日午後湖南肥料株式会社法案を審議通過させた。

全文二十四条付則になっている同法案は総資本金三十五億ウォンになっており、その三分の一以上を政府が負担することにしている。同会社は商工部長官の承認をうけて社債を発行できるよう規定している。

上半期貿易計画変更

【ソウル発＝連合】商工部は貿易行政の事務能率を向上させるため現行六三年度上半期貿易計画を大幅に改変し、不表示または商工部許可品目の幅を減らす一方、自動承認品目を多く復活させ輸入許可事務を銀行に委任する新しい措置を遠からずとるものとみられる。

このような変更措置は朴長官指示によって実務者会議で検討されるが大体約二四〇個品目が自動承認品目として転換されると伝えられており、五月一日を期して施行にうつるものとみられるが事情によって多少遅延されるかも知れない。

なお現行許可品目または不表示品目が大部分外国換銀行に委任されることになれば限定された外換需給計画上項目別に調整されなくてはならない外換使用問題がさきだつため機械類等大部分の人気品目等は商工部主務局の事前承認制度をとることになり、現行指定されている実需要者及主輸入品目等はそのまま従前制度が持続されるものとみられる。

輸出入都合約110個品目選定

商工部は輸出入事務の簡素化のためさる四月分から輸出入基準価格制度を復活したこともあるが伝えられるところによると五日から施行される五月分輸出入基準価格は都合約一一〇品目（輸入二十三個輸出八十七個）に選定しこれに対する最終検討を加えているという。なお今次分は事務的な混雑をさけるため各部門の総合的輸出資料収集として適正価格が採択されると伝えられている。

輸出無煙炭船積制限解除
墨湖港、船舶入港順位に変更

【ソウル発＝連合】商工部は無煙炭輸出増進で輸送の円滑を期するため従来、墨湖港で国内越冬用炭輸送を優先取扱って輸出用炭船積を制限してきたものを解除して去る五月一日からは船舶の入港順位にしたがって積載するよう措置し交通部の積極的な協調を要請した。

また商工部は無煙炭の月別供給計画輸送に万全を期し、墨湖港の石炭船積施設の能率向上のため炭生会をはじめとする関係実務者会議を召集して合理的な方案を講究してくれることとともに要請した。なお従来の船積制限は越冬用炭の確保のため石公炭船舶三隻（三五〇〇〇トン級）輸出炭一隻（一二〇〇〇トン級）民営炭一隻（一二〇〇〇トン級）の比率になっていた。

三愛貿易
SAN-AI TRADING CO., LTD.
MATSUDAIRA BUILDING NO.11, 3-CHOME KYOBASHI, CHUO-KU, TOKYO　TEL.(535)3021-3

ご商売やお住いの御計画に……
東京商銀信用組合
東京都文京区湯島天神町三ノ一四
電話・八三一―五七二五・四〇〇九・八六六―五三三〇・五三三九

大阪商銀信用組合
大阪市北区曽根崎三ノ六
電話(三四)三八五一―四

新しい国造りの
最先端を行く
国産自動車
ここに誕生!!

セナラは今般、日産自動車株式会社との技術提携により年間三、〇〇〇台の国産自動車生産を目標で力強く発足致しました。韓国自動車工業界の夜明けに新しい息吹と希望を一杯積んで活躍する弊社の自動車に御期待下さい!!

ダットサン ブルーバード

車種
乗用ダットサンブルーバード
商用ダットサントラック
マイクロバス、サービス部品

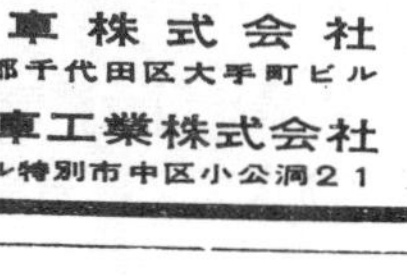

日本で最も人気があり、世界各地に輸出されて好評のダットサン　ブルーバードのふるさと……日本の代表的自動車メーカー「日産」が神奈川県追浜に建設した東洋一の乗用車工場です。100万平方メートルの広大な敷地に並び立つ工場では、すべてがコンベアーシステムで運ばれています。日産自動車では、このたびセナラ自動車と提携し、ブルー　バードを韓国に輸出することになりました。

ダットサン トラック

NISSAN
日産自動車株式会社
東京都千代田区大手町ビル
새나라自動車工業株式会社
ソウル特別市中区小公洞21

再建祖国を訪ねて

カメラ・文　曺圭必

見てくれ私の村を

開発進む韓国の穀倉地

全羅北道の巻

十一月八日済州島から木浦に引返して全州へ向う。汽車は栄山江沿岸に広く展開された水田の平野を走って湖州へ着いた。湖州邑は人口約四万近い小都市であるが、だ手に湖州邸再建工場がニコット微笑を見せている。

彼の三多の石が多い石垣が延々と築かれている不毛な地で、石にかじりついて生きる済州島民の姿とは目前に展開された豊かな土地、田ぼの清を白い周衣裳（ツルマキ）を姿で歩く農民とはまるで対照的である。この平野に米麦の二毛作は広く一部で、その八割近くが一毛作だという。

しかしこの地は韓国米産地としては数の一つで、三南のわれは何とかの（慶南、忠南、全南）全南米産地である。この産地は四つの平野でなっている木浦平野湖州平野、裡里平野、井州平野等である。汽車は裡里駅についた。裡里は全南地方の交通の要所で、国鉄湖南線の全南線光州、和順、順天、麗水等への旅行者の乗換え場所であり、さらにバス乗換え所でもあり交通の要では湖南線で大田を除けば唯一だといわれている。米麦が主で野菜の両地で、特に有名なのはソウル、釜山、大邱、大田、その他都市でのカクテキ漬けに、白菜が多くて重宝がられる大根の産地でもある。果実は裡里梨（長十郎梨ともいう）の産地でもあり、人口は約四万五千人で小都市であるが、元日帝当時はハッカ油の産地で全国唯一であり、日本にほとんど輸出していたといわれている

進む世界の文化も経済に遅れないためには、一台の機械でも余計に休ますに二倍以上の能率を上げる時期ではないだろうかそうすることにおいて始めて彼の広い豊穣な土地も米価格は五割ぐらい上がり、農村はいくら向上するだろう。

裡里市は道内の交通の要所で湖南線と群山線の交叉する上に、各方面行きのバスも発着し、市内は近代建築の店舗が立ち並び商品も豊富に積まれていた

湖日全州公報館を経て道公報室を訪ねると「見て行く村」と書かれた部厚い本を一冊贈された。この本は革命政府の再建政策の白書でもあり、本道内の農村発展史でもある。この一冊の本に記者は興味を持ち、農村実情をながめることにした。

まず道内各道路、街路樹の両には花崗岩に彫刻した標識をたて、村と村の境界には「いらっしゃいませ」何々村ですとか「さようならまたいらっしゃい何々村」とか書いた掲示板はおもしろいと思った。「ここをどる旅人よ、私の村を一目見ていって下さい」と書いて下に小さく「何々村」と書き込まれてあり、もう一枚には村の略図が詳しくわかりやすくかかれてあり、またそのそばには部落の開発目標を書いた三枚の掲示板が立ち並んでいる。その下には村と指した矢印の標示も立っているので、自然この村をおとずれることになるのである。

村はすべてが整備されていて記者が前回派遣講習場を訪に聞きに伝えたところと同じようなので大略してここでは趣く つかの特徴的なところだけを紹介しよう。

本道は数千年来のろう習を打破して農村改革に立ち起ったのが昨年一月二十日である。計画方針として農家目標と部落目標を三段階に分けての外的整備作業がわずか九カ月間に当初計画の二千部落から飛躍して、四千部落の「見て行く村」が出来上り、初期の成果以上の実績を得たので、道当局ではここに自信を得、さらに内的整備作業に入り、農業経営技術目標と生活改善目標を確立して、第四段階に分けて農村再建に邁進を示してきた。

本道内の自然部落の総数六千百余の中四千部落が既に完了したとすれば残り全部落も間もなく改革になるようだ。これらの目標を実現して成功するには当局の指導者を始め、名誉村指導者並に再建青年団（四Hクラブ）婦女同盟が相互団結と友好協力なくしては到底出来ないことであるが、特に先頭に立って活躍人々は各農村の指導者であったこの指導者は道内に約六千名に上り、この指導者達を指して農村の灯と称している。この農村の改革事業にとまかくメスを入れれば①農家目標の中には植林、十坪、瓦屋根、ザンバン（堀に張る油紙の一種またはこの頂はビニール製家物）、藁ま張紙、外壁に白い石灰を塗る、窮乏生活で貯蓄家畜は、一戸当り牛一頭、豚三頭、鶏十羽を飼う、畜舎と便所を改良、乾草貯草倉、井戸改良（焚き口改良）チゲ（背負うもの）の代りにリヤカーを使う、ハエとダニ駆除施設に果実の苗を植え、花壇を造る等であり、部落目標とは相互補助、道路拡張、街路樹と草葉を植える。

家畜に牛馬車の出入、豚飼育合と取合場を設ける、公会堂婦設、共同井戸と洗たく所の区分共同墓地、理髪所を設ける、薬林造成、子供達の遊び場と、共同浴場を造る、文化浴場する等であった。

農家投資目標とは十数多良、深耕して肥沃に育成する、種子選択と消毒して使う、推肥を多量に造り、肥料を選択して使う、能率的な農機具を使う、農業の利用、遊休土地の利用、灌漑施設の品質向上、農協利用で安く買入れ高く売れること、病害の選択と病害の予防、家畜の生産実現、4Hクラブにはいって勤める事である。

生活改善目標とは衛生服と消酒、一日一回の粉食と雑穀の混食、ミジ（しょうの実）の改良とモチの節食（米の節米運動の口実である）台所の改善とん体操をする、衛生と入浴をすすめ消費生活、冠婚葬祭を簡易にする、贈号を使い迷信と浪費を打破する、産児制限、収入をのばして支出を節減させる、時間節約、読書と旅と娯楽を楽しむ他に依存せず自力を向上する等で大きな計画事業であった。

経済五カ年計画を完遂するため蟾津江水力発電所のダム工事を始めており西海岸の干拓事業も各地で行なわれている。

名勝地も世に知られているとうる位の成春香の誕生地である南原には春香祠と広寒楼が古木ウッソウたる森に囲まれ山紫水明な処である特にこの地方農民の演ずる全国的であるまた浄楽五千坪は道から入山する人はあっても下山する人はないといわれるところでくねりくねり曲った山深い処ろに金岩岩が立並び切品渓始林がウッソウしたところへ無数の滝や渓流ある名勝地だが今も尚ほ熊や野獣が数多く棲息しているそうだこの外にも西海岸には海水浴場と辺山半島の採石場等があり道内至る処ろに寺院と景勝地があるようだ。

見て行く村々にある共同洗濯場

全州市の一部

蟾津江ダム工事現場

見て行く村の入口に建てられてある数々の掲示板

平山半島の採石場

春香が生まれた南原広寒楼

内蔵山渓谷にある三段瀑布

ソウルに活躍する日本商社

40商社が駐在員派遣

民間ベースで商談を推進

韓日両国民が切望している国交正常化は、妥結寸前、本国の政情により一時ストップの形となっているが、こうした政治的動きをよそに民間ベースによる両国の経済交流は進展しており、とくに日本政府が対韓延べ払いを認めて以来日本の商社メーカーの韓国への関心は非常にたかまってきた。こうした情勢を反映し、経団連副会長植村甲午郎氏を団長とした第一次訪韓経済使節団、調査団等の韓国訪問が跡をたたない有様であり、また韓国としても五カ年計画にともなう外資導入の必要から、建設部門に対する日本の民間資本導入には歓迎の意を表明している。

現在ソウルには四十余りの日本商社が駐在員を派遣しており、三井物産商事、三菱丸紅飯田、江商、住友商事、伊藤忠、日本綿花安宅産業、兼松商事などの日本一流の商社は、半島ホテル、メトロホテル、サボイホテルその他大ビルに宿舎をかねた事務所をもって活動している。ただこれら商社は韓日国交正化が実現していないため、まだ正式の支社、支店、出張所の看板は出せず、一定期間の滞在許可証または通過許可証により一時滞留するという形式で訪問している。こうした形でも日本商社員の韓国における営業活動は大きな支障もなく進められているが、最近政府が六カ月間の滞在許可証発給を中止し、三十日期限の通過許可証だけを発給するようになったためその期限の更新と入国手続きに少からぬ個を感ずるようになったといわれる。

また日本商社側としては当然ながら韓日両国の国交正常化を熱望しているが、さしあたりの現実的問題として求償貿易により肥料先輸入に伴う代償輸出における運賃手続料などの送金が出来るよう当局に要望している。

なお現在ソウルに活躍ねている日本商社の概況次の通り

▽三井物産

この日本第一の商社は業務部次長仲者氏を責任者として、池田孝藤氏（機械）、粕本徹男氏（繊物油脂）大木壮三氏（肥料）山池氏（原毛）川山俊治氏（化学繊維）河野謙吉氏（鉄鋼材）など七名の駐在員と韓国人職員三名が事務をとっている。同社は春川発電所設材と米菓余農産物の導入に全力をつくすとともに、求償肥料など一般貿易品を取扱っている。

▽三菱商事

仲藤氏を責任者とし、吉田、金井藤谷が働いている。同社は晋州にある大同工業社と技術提携を結び農機具を製作するとともに、求償肥料十四万トンを今年度供給することになっている。

▽丸紅飯田

中里氏（繊維機械課長）一人に韓国人従業員十名がつとめている主な取扱業種は原料、繊維、肥料機械類、アスファルト、セメントなどである。

▽伊藤忠

小林氏を責任者として日本人三名と韓国人八名が仕事に従事している。

▽東洋綿花

小松健二氏（外国部第二課長）と韓国人三名を加え、主として綿花、合成繊維、産業機械、漁船などの輸入と鉄鉱石、水産物の輸出を重要業務としている。

▽住友商事

鶴山俊夫氏（東京支社海外部技師）を代表に韓国人一名を職員として、肥料と委託加工をもつ対越南輸出品である鉄板、機械、綿など調達庁を通じた客車、四八〇号級な船どの国際入札に参加している。

▽日本綿花

田宮正光、海老原二氏と韓国人四人を職員として調達庁入札と一般貿易品を広はんにとり扱っている。

▽その他各社

安宅産業、兼松商事、日立製作所、東洋レイヨン、日産自動車、東洋高圧、いすず自動車、富士通信、大洋漁業、日本通運、新潟鉄工所などの日本商社メーカー社員が、三陟火力発電所、蟾津江水力発電所、韓国ナイロン工場、セメント自動車、朝鮮機械製作所、電話設備工場、漁業施設、米倉、運輸などの施設材導入と技術提携を結んでいる。

営業種目

鉄材／丸棒／ステンレス

加工及販売

南星ステンレス工業ＫＫ

代表取締役　李武夫

東京都大田区大森６－2654

ＴＥＬ 761／8118

東京唯一の韓国情緒キャバレー・ムグンファア・サパークラブついに開店！

무궁화 茲に誕生

一流韓国人

バンドマン

並びに

人気歌手を集めて愈々開店!!

★歌手及びホステス募集中★

東京都墨田区寺島一丁目（電停前）

電話　(611) 3711・0027番

KOREAN RESTAURANT

ソウル料理（大塚駅北口）

鳳仙花

代表者　朴義淑

東京都豊島区西巣鴨三の九五〇

TEL（九八一）五九〇三

二階 お座敷有り 二十名までの宴会用完備

金孔

目黒区上目黒八－一六二八

不動産売買土木建築など請負

協同信拓株式会社

協同建設株式会社

取締役社長　金容大

専務取締役　金容九

本社　東京都中央区銀座西５～５

電話(571) 1423～4・2794～5・7514

＊増築開店春季大売出し！

浅草一番の店

営業品目

韓国レコード　L.P盤各種　韓国洋丹　ビロード洋丹　中国洋丹　香港洋丹　京都洋丹　テトロン洋丹　銀入洋丹　無地洋丹　美術丹　三色丹　七色丹

ウリレース　綿レース　テトロンレース　ナイロンレース　オパール　絹　秋　夏ブトン　ベルベット各種　洋品　雑貨　舞踊衣裳　季節織物一切

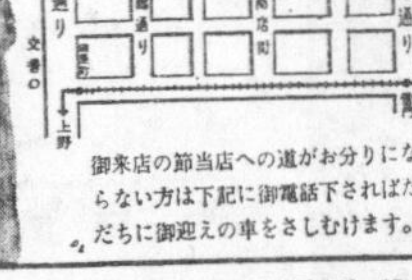

御来店の節当店への道がお分りにならない方は下記に御電話下さればただちに御迎えの車をさしむけます。

京都（浅草）㊌商会

東京都台東区浅草公園六区２号―15

電話　(841) 8394・2336・0092番

サービス券

この券御持参の方には特別に商品を原価で御奉仕致します！

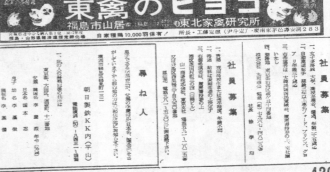

米国直輸入種鶏専門孵化場（カタログ進呈）

東禽のヒヨコ

福島市山居　㈱東北家禽研究所

自家種鶏10,000羽保有！

所長・工藤定雄（尹斗定）・慶南東莱邑壽安洞２８３

社員募集

一、女子事務員　大学、高校卒業者、優遇、年齢二十五歳迄

二、自動車運転手　経験三年以上車名フォード、プリンス、グロリア　年齢三十歳迄

三、右希望者は　大森氏国四馬鎮洪、履歴書持参の上、米社面いたし

四、勤務地　東京都渋谷区桜ヶ丘十四番地　株式会社　丸和商会　電話（461）七九六七・四八二九番　社長　徐学均

社員募集

一、資格　夜間高校生または高卒程度、年齢不問

二、待遇　給料は委細面談の上決定す

三、右御希望者は、履歴書持参の上

港区芝田村町三の四（山崎ビル）

山一商事株式会社、東京支社　電話五九一－一六八一五番

又は豊島区西巣鴨三丁目九五〇番地

鳳仙花　電話九八一－五九〇三に御連絡下さい。

尋ね人

息子である李基昌氏が、父親の李慶烈氏（日本名、国本忍）をさがしていますから御存知の方は左記住所宛にお知らせ下さい。

横浜市鶴見区鶴見町一一三三

朝日製鉄ＫＫ内（平山）

電話横浜（50）－八四三一～四番

一、此の人の終戦以後の住所は

東京都、大田区、清掃町、十二番地

父親　韓国名　李慶烈　年令（56歳）

日本名　国本忍

息子　幼名　李基栄

現在名　李基昌

日赤国際委員会に厳重抗議

人権擁護局にも提訴

朝総連にだまされた僑胞

"北朝鮮は地上の楽園である。祖国に帰ればどんな望みも無条件にかなえてやる"……公々然と在日僑胞の北送を強要し病弱者をはじめ生活困窮者を優先的にと人道主義を高く標榜する北韓カイライ当局と朝総連の偽り宣伝にのって北送を申し込み、彼らの指示に従って新潟港で乗船しようとした直前に、患者にデッチあげて乗船を拒んだのみならず、本人の現住所の住民たちに、彼は悪性の患者だといいふらして、本人の人権を蹂躙し、病気のどん底に追い込まれた一僑胞が、彼らの非道を憤り、日本赤十字社の人権擁護委員会に訴えるとともに、去る二日、日赤の国際委員会に厳重な抗議を行ない、在日僑胞たちに大きな警鐘を鳴らしている。

写真は実情を訴える金さん㊨と関貫理氏

岡山在住の金永均さん（当41歳・全羅南道麗天出身）は、八氏病を患い、岡山の国立療養所邑久光明園で永い間の闘病生活の末、去る一九五六年（昭和三十一年）六月軽快退院するに至った。金さんも他の北送者たちと同じく朝総連の宣伝にのって北韓に帰ることを決心、昨年一月に北送を申請した。

一切の家財道具を整理し、指示に基づいて同年八月七日に新潟の日赤センターに到着、翌八日に出国手続きを済ませ、乗船のために待機した。約二カ月後の十月三日に新潟港を出航する予定だったが、乗船約三〇分前になって朝赤代表から"らい既往症"を理由に突然乗船を拒否してきたのであった。

金さんは軽快退院後も定期的に受診したが異常がなく、待機中、朝赤からの指示によって現地の医師から診断をうけた結果も全快が確認され、その旨の証明書を提出したのであるが、朝赤側は診もせず前記の如き無慈悲な態度に出たのである。

金さんはその後も朝赤と朝総連に対して"全快"したことを主張したが、これをうけ容れないのみならず、彼らのデッチあげを正当化させるために、金さんが今なお八氏病患者であるかの如く吹聴したため、居住地の友人や知人たちまでも何時のまにかそのように思い込み金さんを敬遠するようになり、今では完全に村八分にされた恰好で、家財を整理されたうえ生業にも就けず、絶望のどん底に突き落されてしまった。

金さんは、朝赤と朝総連の余りの非道さを憤り、先輩に当る関貫理氏の指導のもと、岡山法務局人権擁護委員会に訴え出るとともに、去る二日関氏に伴われ日赤本社に赤十字国際委員会代表テステコー・ミシエル博士を訪ねて、厳重抗議したところ、テ代表は朝赤側の横暴な態度に憤慨を表明し、最善の協力を約したという。

金さんと同行して抗議を訴えた関氏は、人間を商品同様に扱っている朝赤と朝総連の非道さに激しい怒りをぶちまけながら、彼らの偽瞞性を暴露するとともに、非人道性を指摘しながら、広く与論に訴えて徹底的に追究してやると強い態度を表明した。また、金さんを慰問、激励するため日赤本社にはせ参じた民団中総の申民生局長は、次のように述べた。

申民生局長談＝彼らの非道ぶりは全く言語道断である。金さんの場合は、彼らの馬脚をあらわした一例で、これは氷山の一角に過ぎない。金さんの苦い体験を通して彼らの正体をみきわめ、今後一人たりとも、彼らの偽瞞宣伝にのらないよう切望する次第である。

A・A言論人大会は遺憾

韓国A・A協会で声明

【ソウル発＝連合】韓国アジア・アフリカ協会は三十日次のような声明を発表した。インドネシアのジャカルタで開かれているアジア・アフリカ言論人大会はジャーナリズムの精神にそむいた親共的な政治団体化しており、大変遺憾なことである。こんどの大会は共産主義国家間で主に造成したクレムリンの陰謀と背後操縦の下で開かれた大会であり、これは言論機構を共産主義者たちの独占にする傾向である。

成果あげた日本公演

韓国ろうあリズム演奏団

既報の通り、"手をむすぶ会"（徳川夢声会長）の招きで来日した韓国ろうあリズム演奏団は、四月二十三日の東京日比谷公会堂、朝日講堂での演奏を皮切りに、全国各地で演奏会を開いて白熱的好評を博しているが、来る五月十八日東京・九段会館で再び演奏会を開くことになった。

同日の演奏会は大韓民国居留民団、東京身体障害者団体連合会の後援によって行なわれるもので、午後一時、六時半の二回行なわれる。

韓国ろうあ演奏団が行なった音楽会の純益金はすべて日韓両国のろうあの皆さんの福祉増進のためにつかわれるが、同演奏団の今回の来日は、韓国ろうあ少年少女たちの不可能を可能にした努力と鍛錬の事実を披ろうして同じ境遇にある日本の人々を勇気づけた。

なお韓国ろうあリズム演奏団を日本に招いた手を結ぶ会会長徳川夢声氏は次のように語った。

私は先ごろ、ある機会を得てろうあ児の親御さんや心身障害児の親御さんたちにお目に掛ったが、皆さんいずれも非常に明るい表情で居られたのに驚いた。これはそれらの方々が互いに心を結びあい手をとり合う機会を持っているからであろう。心をあわせ手を結びあうことは、お互いに愛と励みを与えあう意も好いことである。ひとり同境遇にある同志だけでなく、この社会に生きる人すべてが、おなじ思いおなじ尽し合いを以って、それらの人々と手をむすびあって進むべきである。本会の趣旨も、ここに在る。この度の音楽会も、そうした思いで催されたものであるが、殊に多年の苦心と努力によって、りっぱな演奏技術をかち得た韓国ろうあ少年少女の楽団を迎え得たことに、大きな意義と喜びを覚える。このすばらしい楽団の公演によって、日韓両国の親善と文化交流に尽し、更に広くこの人たちの福祉増進にささげ得るのを、つよく念願するものである。

五月五日香港で南北韓会談を提議

大韓オリンピック委の李相伯氏帰国

大韓オリンピック委員会の副委員長である李相伯氏は二十九日午後ノースウエスト機便で帰国した。その間南北韓単一チームが使用する国旗問題解決のためロザンヌのIOC本部を訪ね帰ってきた李氏はこの日空港で「きたる五月五日香港で南北韓実務者会議を開くことを」提議したと述べ、「諮問委員会を組織して会議にのぞむため万全の準備を整える」と語った。李氏はまた北韓カイライ側が香港で会談することを拒否しているという外電に言及し「IOCを通じた回答を聞く前になんともいえないし、北韓が主張する板門店とかロザンヌは会談場として適当でない」と語った。つづいて李氏は今度の旅行を通じてIOC当局者らにわれわれの立場を十分に理解させ積極的に協調するよう約束をうけたと語り、国旗問題は単一チーム構成原則に同意した以上そんなに大きな問題にはならないことを明らかにした。

神奈川商工会生る

会長に李鍾河氏

民団神奈川県本部および神奈川県下の僑胞経済人らによって推進されていた神奈川県韓国人商工会の結成大会が、四月二十六日正午から横浜にある中小企業会館で盛大に行なわれた。

同結成大会には県下の僑胞商工経済人百余名のほか民団中総権逸団長、東京商工会許弼奭会長ら来賓多数が参席、商工会の前途を祝った。

大会はまず横浜商銀の李鍾太理事長の経過報告があったあと、定款審議に入り、満場一致でこれを可決した。つづいて役員選挙が行なわれ、午後六時結成大会を終った。

選出された役員は次のとおり。

会長＝李鍾河
副会長＝田耕作、李泰衛、孫寅臣
専務理事＝白成杰
事務局長＝文永雄

家庭週間を設定

幼児教育の啓蒙を強調

保健社会部は、五日より来る十一日までを家庭週間と設定し、一千三百余万名の児童のための行事を行ない、幼児教育の啓蒙をたかめる計画である。

明朗な家庭は母たちの力で

国家再建最高会議朴正熙議長は家庭週間にあたり「健全な国家と明朗な社会は忠実で和ぼくな家庭を土台に築かれる」と述べ、それは母さんたちの力にかかっていると語った。

全国の子供に医療

子供の日の記念行事

保健社会部は第四十一回子供の日の記念行事として、今月の五日から十一日までの一週間医療機関を通じて、全国の子供たちに医療を実施することになった。

5・16記念前夜祭

民団神奈川、12日県立音楽堂で

民団神奈川県本部（金在華団長）では、五・一六革命記念日前夜祭、神奈川教育センター開設並びに商工会結成を祝って「祝賀映画祭」（韓国公報館・民団中総後援）を次のように催す。

日時＝五月十二日午後五時
場所＝神奈川県立音楽堂
演目＝無情（李光洙原作）
近況の本国ニュースその他

北九州経済人が訪韓

京仁、釜山等工業地帯を視察

【釜山発＝連合】釜山商議が伝えるところによると日本の北九州経済人らはわが国の経済現況を視察するために五月二十六日に船便で釜山に到着するといわれる。

同経済視察団は門司商工会議所会頭五郎丸勝氏を団長とする一行十三名であり、約十日間滞在しその間、京仁、釜山、大邱、蔚山等の各地商工会議所と工業施設を訪問視察するといわれる。視察団一行の名簿次の通り。（敬称省略）

団長　五郎丸　勝　株式会社五郎丸商店社長、戸畑商工会議所会頭
副団長　梨本　三郎　門司商工会議所専務理事
幹事　山地　桑　山地薬品株式会社
団員　東本　盛雄　東本商会株式会社
同　大谷鉄三郎　株式会社大谷鉄三郎商店取締役社長
同　小笠原壮吉　株式会社小笠原商店社長、戸畑市議会議員、戸畑商工会議所副会頭
同　清原　覚二　合資会社清原材機製作所、代表社員
同　小島　次男　三共商事株式会社
同　駒井茂一郎　久野食糧株式会社代表取締役
同　自見　喜輝　自見薬業株式会社社長
同　藤村　一久　株式会社藤村一久商事代表取締役
同　本田　寛己　本田商事株式会社取締役社長
同　吉田　文雄　第一工業有限会社社長、小倉市議会議員

蔚山肥料の建設方案

単肥だけでは不承認

企画院長、仮契約是正言明

【ソウル発＝連合】蔚山肥料KKと神戸製鋼KK間で仮契約が締結された蔚山肥料工場建設方案は、肥料と借款期間問題で政府が再検討するとみられている。先般元企画院長は蔚山肥料工場建設に関する前記仮契約（案）はUSOM当局と協議が進行されており遠からず最終的な決定をみることになると前提し、肥料では政府の基本施策が土地の酸性化を防止するためになっているだけに単肥だけで推進されている前記仮契約は一部複合肥料に転換しない限り政府としては承認しない方針であると言明した。また借款計画も期間があまり長いという点を指摘し、政府施策に随応できるよう是正されなくてはならないと語った。

元企画院長は予算削減措置について外換需給計画も大幅修正する方向で再検討中であるが年間外換受払赤字三千八百万ドルを二千万ドル内外に縮小する方針であることも明らかにし、財政投資事業部門を減らして民生安定をはかる方向に転換すると語った。また蔚山精油工場等政府投資計画も民間に移譲する方針のもとで外換需給計画を修正すると言明した。

元企画院長はSA追援が一千五百万ドル線に落着されるだろうという外信報道に言及し、「経済相互協商が進行されているだけに円満な妥結がみられる」と述べ、四八〇号追加策定も遠からず結果をみることになると語った。

朴議長、蔚山精油工場建設現況視察

国家再建最高会議朴正熙議長は四日[illegible]建設部長をともなって蔚山工業センター精油工場の建設現況を視察した後、慶州に向った。

朴議長は建設現況説明途中「来年の二月まで完成予定である精油工場が今年の十一月末まで完成することができる」という報告をきき工事完成に力を尽すよう朴建設部長官に指示した。

釈迦誕生記念行事で

比丘、妻帯それぞれ別行動

五月一日釈迦誕生二千九百八十九周年を迎え比丘、妻帯僧らはそれぞれ独自的な記念行事をもつ予定である。曹渓寺にがんばっている比丘僧側では同日午前十時から大雄殿で奉祝式を挙行するとともに一、二両日午後一時から国民会堂で特別講演会を開き、また一日午後七時からは男女信徒及び市内各大学仏教信徒らの市内一円にわたる提灯行列を予定している。

一方西大門区の奉円寺を本拠地としている妻帯僧側では一日午前十時から同寺で記念式を挙行し、午後七時からは五百提灯を準備して燃灯あそびをする計画である。

愛知商銀視察団

ピアノなど寄贈

【ソウル一日＝発KP】母国訪問中の在日愛知商銀経済視察団は一日、大韓商工会議所でピアノ一台、工業用ミシン八台、ラジオ十台などを各施設に寄贈した。

各県本部役員改選

民団愛媛県本部

三月二十一日民団愛媛県本部第十八回定期大会において次の通り役員改選された。

顧問＝奇点衍、金致九、鄭米介、金敬竜、河任冰、白南鋼、朴允相、宋恵学、鄭寅洙、羅吉東、姜海詞、崔二竜、南八植

議長　朴振興、副議長朴鍾奐、監察委員長　韓宗弼、同委員李昌烈、朴鍾祥

団長　金泰淳、副団長張永碧、事務局長韓享洙、総務部長河敏先、民生部長孫崇俊、文教部長李貴出、組織部長趙竜増、経済部長金泰万、宣伝部長鄭治

錫均、民生部長—李鍾竜、文教部長—林鍾信、宣伝部長—河成一

青森県本部

第三回大会（四月十八日）でつぎの通り役員を改選した。

顧問—尹琪水、張渠武、韓文代、金光植、李鉉万、金義坤、金石用

議長—金東洙、副議長—趙鏞出、沈敬明、監察委員長—呂棋、委員—金鐘竜、朴洪顕

団長—金世錦、副団長—崔材善、事務局長—成舜度、総務部長—崔材善（兼）丁一鳳、民生部長—金鴻洪、文教部長—諸正容、宣伝部長—金相度

奈良県本部

四月七日第十六回定期大会での役員改選。

団長　李栄玉　副団長　化順年　呉小先　事務局長　李康尚　総務部長　金大根　組織部長　李相権　民生部長　李貴翼　宣伝部長　金方出　文教部長　金永云

議長—崔東　副議長—尹鍾守　崔永植

山梨県本部

三月二十六日第十七回定期大会で次のように役員改選を行なった。

議長　鄭成喆　副議長　文一夫　李廷守

監察委員長金鎮煥　同委員、李鋼万、金哲鎬

顧問　金東英、呉仁道、洪在根、李孫九、朴良好、李享洪、金賀洙

団長　[illegible]　副団長　李吉頂

金竜沢　事務局長—金清俊、総務部長—鄭基洪、組織部長—崔鳳祥、民生部長—韓尚烈、文教部長—蔡宗截、宣伝部長—許弘明

大阪本部

三月三十一日第三十四回全体大会で次のように役員を改選した。

議長　河甲祚、副議長　卞先善　高時鍾

監察委員長　崔箕萊、同委員　姜宅佑、権裕偉

団長　金容同　副団長　金錦一、事務局長　金錦一（兼）次長　金凍鍋、総務部長　柳道郎　組織部長　金容同（兼）、民生部長　姜斗成、文教部長　金振玉　宣伝部長　金載鍋、無任所部長　宋金出

岡山県本部

四月十二日第二十回定期大会で次のように役員を改選した。

顧問—柳暁英、千学祥、姜然竜、鄭守、李裕興

議長—金在鋼、副議長—林炳、鄭容基、崔万才

監察委員長、厳奇蓉、同委員

団長—[illegible]、副団長—李時允、孫泰談、事務局長—李時允、総務部長—朴東鎮、組織部長—李

千葉県本部

四月九日第十六回定期大会で次のように役員を改選した。

顧問＝金泰峰、李鍾稷、鄭福和、曹允具、南泰広、徐鎮洪、金奎銘、金慶吉、白元福

議長＝鄭永和　副議長＝金洙成、洪容宇

監察委員長＝宋言万、同委員＝崔祥表、金鍾祚

団長＝姜成竜、副団長＝李白九、金永甲、事務局長＝崔廷奎、総務部長＝辛正福、組織部長＝彭元石、民生部長＝張斗複、文教部長＝李次煥、宣伝部長＝李寅根

民団東本執行部人事異動

民団東京本部では、さる四月二十七日の定期大会後、執行部人事を次の通り構成した。

団長＝丁栄玉
副団長＝金細煥、千水命
事務局長＝金鶴鍋
総務部長＝梁命介、組織部長＝呉竜衛、民生部長＝人濃中、文教部長＝張鋭、宣伝部長＝黄命東、韓僑通信編集局長＝黄命東（兼）

*商銀が築く
明るい事業！
熊本商銀信用組合
熊本市米屋町2－2
TEL2－3566,6003

■ホール
■御座敷
純京城料理
京城館
東京都新宿区神楽河岸3号地
国電飯田橋東口下車橋のたもと
宋万重　電話（331）2652

サービス・能率向上に
信用・技術・責任ある　冷・暖房機
○最高の技術とサービス完璧です。
○僑胞の事業体には実費、団体に対しては原価で奉仕しますから冷暖房及び冷凍機関係の一切を御相談下さい（遠近県を問いません）
○各種（内外国製品）冷蔵庫・クーラー類の修理販売も御相談下さい
○一年間のアフターサービスの御契約もします。
日立冷暖房機代理店・ダイキン冷暖房機代理店
北洋冷凍機工業株式会社
代表取締役　洪起華　取締監査役　金炳泰
東京営業所　東京都新宿区原町3の84　TEL（341）0449　埼玉営業所　埼玉県入間郡武蔵町302　TEL武蔵703

日本石油特約店
株式会社　松田商店
取締役社長　松田　正
鋼材部　東京都江東区深川枝川町一丁目三番地　電話（644）三六六八・（645）二〇七〇番
豊洲給油所　東京都江東区深川豊洲四丁目一番地　電話（641）三七九四・五五二一番

◆娯楽の殿堂パチンコホール
堂々　新規開店
新世界
江東一豪華なパチンコホールがこの度南砂町六丁目に開店致しました 近代的設備・最新型器械と皆さまへのサービスをモットーにパチンコファンのよりよい娯楽場として新世界は皆様の御来店をお待ち申上げております。
●出血サービス期間　満一年
冷房完備
パチンコホール
新世界
江東区南砂町六の五八九
電話（644）2808　2316　（645）2858　1364

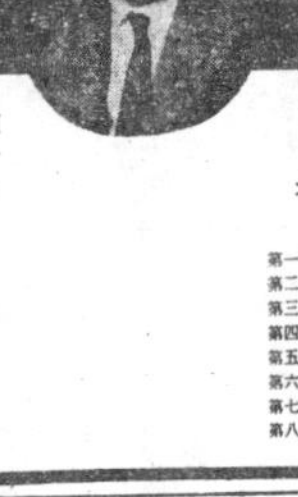

三信興業株式会社
社長　高本欽司
本社　東京都江東区深川森下町2丁目10番地
電話　本所（631）0556・1468・3047番
第一営業所　東京都墨田区東両国四丁目二番地　電話（631）一五三六・二五四九番
第二営業所　東京都江東区南砂町六丁目五八九番地　電話（645）一三六四・二八五八番
第三営業所　東京都江東区常盤町二丁目二〇番地　電話（631）〇三二九番
第四営業所　東京都江東区住吉町二丁目二一番地　電話（631）〇二三九番
第五営業所　東京都江東区北砂町二丁目一七四番地　電話（644）〇七三六番
第六営業所　東京都江東区深川高橋一丁目四番地　電話（631）九三二九番
第七営業所　東京都江東区深川森下町二丁目八番地　電話（623）六〇三二番
第八営業所　東京都江東区大島町六丁目七〇〇番地　電話（681）一六四二番

定林寺五層石塔 中の塔は百済末期の石造建物で高八・八米もあって我が国の唯一の塔である

金外務長官の思い出
忘れ得ぬソウルの生活
河村秀明

今もなお忘れぬ 渋茶飲んで語った日

僕の現住所近くに、偶然にも「韓国新聞」という思い出多い標識が目についたのは、大分以前のような気がする。

いつか立ち寄ってみたい、とはかえていたが別に用件もないの閑人が対手の迷惑も知らないで……と、つい思いすごして来た。

ところが、今日所用の帰途、丁度雨が落ち始めたので雨宿りの意味も含めて、だしぬけに訪ねたにもかかわらず、丁寧に応対してくれたのが無性に嬉しかった。

そして夕食のとき、ぼんやりのぞいた夕刊に日本に韓国民七十万が住み、対日貿易が韓国の総貿易量の半ばを占めていることを考えるとき、日韓交渉を中絶させるなどということは考えられないことである。

との君のことばをAP通信が報じているのを読んで、君のヒューマニズムと実際政治家としての温い感覚がひしと胸に迫り、急に白皙端麗な君の風貌が、ふと僕のまぶたに蘇るのを覚えた。

君を初めて識ったのは、南大門通りのあの赤煉瓦造りの本府営繕館のうす暗い地下食堂で、たしか昭和十二年の九月ごろであったろう。

グレーの地色に淡紺の縞柄洋服の背広を、長身にピタリと着こなしたダンディ姿は、ちょっとアメリカ俳優を彷彿させる印象であった。二三日後、なにかの弾みに両人で話し合ったとき、僕がついうっかりして、

「君はまるで映画俳優か、モダンボーイみたいで……受験生なんて感じ全然ないじゃないか」ともらすと、たちまちきっとなって、

「フン！ なにいってやがるんだ。人間はだな、そんな外見じゃなくってココの問題なんだぜ…」

と反撥しながら長い人差指で、自分の右耳のあたりをさしかしていた。

そして、しばらく雑談を交わし打ち解けて来ると、急に顔をやわらげて自分の身の上を語ったあとで、黄海道だったかの素封家の父に、

「——男が翻訳や通訳のような、他人の意思を伝達媒介する仕事で、いい気になってはだめだ。自分の意思を堂々と発表していけるような職業でなければ……」

といわれたからちょっと遅まきながら、自分は今から法律家を目指し、さ来年から三回計画で司法科を攻め落とすつもりだ。と寂かな口調でしみじみと話してくれた。

僕はその前からやっぱり中大出の、度外れに背の低い張彰昊君と親しくしていたが、両人は東京時代、すでに中大図書館で面識があったらしく、金君はたしかに落第何回かのレコードを持つこの張君と共鳴し合ってしまった。

それから両人は間もなく形影相共の勉学態勢を作り、はた目にも羨ぐましい友情と猛烈な勉強で結ばれていった。

つまり、今月は民法、来月は刑法という工合にプランを決め、その計画遂行研究のため時にはつかみ合わんばかりに議論を戦わすこともあった。

午前中は三階の閲覧室で読み、お昼のとき一緒に食堂に姿を見せ週一回ぐらい互に二問題ずつ提出し合い、本試験そのままの二時間きっちりで答案を書き上げると、また食堂へ降りて来てそれを交換し合い、採点と同時に猛烈な批評反駁などし合うことを、約二年間ほど日課のように反復していた。

そして、元来頭の構造のよくない僕など、またたく間に追い抜かれてしまった。例によって食堂で渋茶をすすりながら、僕が金君と卓をかこんで向き合ったとき、牧野刑法の「行為の違法性」で博士の「刑法研究」数巻を通読していた君から、つい尻尾を握られた僕はこっぴどくやりこめられ、しゃくにさわって仕方がなかったことを、今でも不思議に忘れない。

また、当時の「弁護士試験制度（現今第〇〇号）」＝朝鮮弁護士試験制度＝は昭和十五年で廃止の運命にあったのを、内地人であるという唯一の理由で特におだてられた僕が、多くの先輩や朝鮮新聞などの応援をえて、法務局長の宮本元氏に交渉し、これを二十年まで延長させたときなど、

「……キ、君がやってくれたんだってな。半島数百の青年学徒のために、ホントに感謝する」

と、張君や金洪金君などと共に、僕の両手を心をこめて堅く握りしめた、激情の一瞬もあったのだ。

しかし、この問題は後日いろいろな方面からの話しを総合すると必ずしも僕の手柄でもなかったらしく、当局の方針も内々は延長の意向だったらしいかしら、あまり自慢にもならない。なおそれらは別として僕はこの問題について、

「お前は余計なことを、恐中になってやるから試験に受からない」

などと先輩や友人らにたしなめられたり、わらわれたりしたことも今はなつかしい昔話である。

こうした僕は、十六年の秋第七回目の落第発表を見て東京へ舞戻り、君 後を追いかけ中央の法科へ恥もなく入学し、卒業後はからずも今度は文学の方によろめいて現在に及んだのである。

僕が京城のころ、君は京城地方法院の判事補？ だったか……さらにこのたびは外相として日韓両国の親善に熱烈な情熱を傾けられていると聞くが、往時を懐ろうとまったく感慨なきをえない。好漢新外務長官の健康を祈ってペンをおく。（六三・五・一 東京・自由優文学会主宰）

自我を知る
朴花城

自分自身を知るということはきわめてむずかしいことだと思う。金さんはこれで、李さんはあれなのに朴さんはどうだと、自分でない他人の事とか、話しとか生活などの批判をしながらも自分のことだけは知らないふりをする動物は人間ではないと思う。

せめて自分の位置、自分の責任自分の能力、この三つだけを正確に知っていることなら、人間はそれほど訳もなく、でしゃばるとか狂信的な行動は、とれないはずであろうが、完全にその三つを忘れた白紙の状態で思考し、また行動するために、失敗と混乱を呼び起すのではなかろうか。

「自我というのはわれわれの総てにおいて真に神聖なるものだ」といった「ノマン フィル」の言葉のように神聖不可侵の自己を直視し自尊するのが真の人間の姿勢ではなかろうか。

おれは政治家だ、おれは軍人だ、おれは作家だ、教育者だ、宗教人だ、言論人だということのように自分の位置を明確に知っている人たちは、本当に賢明な人間である。

政治人は明るい政策を樹て政治を行なう。軍人は公正無邪な国家防衛に全力をつくす。作家は如何なる環境においても、良い作品を創作しなければならない。教育者は献身的な意志で熱と愛をもった教育をすることである。宗教人は奉仕的な精神を持ち、言論人は良心的な分別をもたなければならない。

各自はこれくらいの着実さをもって自分の責務を知りまた実践するならば、社会の秩序は整然として民度は上昇一路に向うことは明若観明なことである。

われわれになによりもほしいのは自己の能力を認識する力である。本当に自分は明るくて正しい政治を行なった政治家であるか、また本当に自分は軍人らしく国家防衛に全力をつくしたか、自分自身の能力を反省する政治人と軍人たちをわれわれは堅く信じるのが当然であろう。

また作家であるわれわれはしんけんに創作をしてきたか？ 自分の能力を認識している作家を尊敬して引き立てたとして他人の非難を受けることではない。

自己の能力を知っている献身的な教育者にわれらの二世の国民をお願いして安心することだし、自己の能力を知っている奉仕的な宗教家にわれらの"魂"は疑いなくたよることだし、また自己の能力を知っている良心的な言論人の指針をわれらは正しく従うことであろう。

このように総てが自身の位置と責任と能力を正しく認識していることは今日のような混乱と無秩序と不信がわれわれの前に横行することをなくし今後も二世に与えるはずかしくない遺産をのこされることではないか？

私はいつまでも自我を知らなければならないという信条を生命の如く思っている。（小説家）

小説家の責務
徐基源

汚れない精神の自由
意志の一貫は作家の態度

作家はなるべくなら社会倫理に拘束されてはならないと思う。ここでなるべくという言葉を使ったのは社会倫理の概念を普遍の緩和程度まで広げないにしても、それがある社会の思考方式を指すものとしたら作家は根源的に自由であるか、あるいは自由であるように神経をつかわなければならないからである。

裏をかえしていえば作家には社会倫理という化石になってしまったような規範でなく、常に動いている有機体のように把握されなければならないということだ。文学だけではなくて真正なる精神の作業が必ず最後にもつ要求は、社会倫理の中に内在する精神の秩序を再現するか、もう一歩進んで再構成することであろう。作家と社会倫理との関心はこのような前提の下で論議が出るのが正しいと思う。

今一つ作家としての特権と栄誉がありうることならそれは如何なる社会倫理に対しても自由であろうから作品製作においても自由になれることである。

真正な社会倫理の秩序を発見できる能力はそのような精神の自由がないところに根はあかないからである。偉大なる作家が偉大なる反逆者であったし、究極的には新しい倫理を具現した創造者であったことの真実は決して偶然なことでない。このような純粋性は作家の貴重な資質の一つであろう。天才というのはただちにこの純粋性をもって生れた人であると強調してもさしつかえないくらいの貴重な資質に属するのだ。

芸術、特に文学は現代に近くなればなるほど社会が要求する倫理的な責任が加重されてきた。小説は、たいくつした人間のためにおもしろい物語から徐々に重い荷物を背負わされ、最後には誤りの方法まで教えなければならない含苦しい要素まで担当して窮に陥いったかっこうだ。

ここには色んな要素がからみ合っているので、たとえば宗教人が汗と血で守ってきた社会倫理が急にくずれる混乱期まで転換期でその代用物のようなものの限界がいつのまにか小説までに及んでいることが見られるし、また生活様式の変動と印刷術の発達の要因を除けないことだが、作家の立場で言うならば、真の社会倫理と良心の所在が多かれ少なかれ創造的所産の中にしみこんでいるかも知れないという漠然な過程こそ重大な意味があるようだ。

このような過程が広い学問と知識によるよりもむしろ文学、芸術の手段であるので動かせない宿命にむけられている現象は作家が同時に偉大なる思想家になることを強要されているに違いない。サルトルを例にあげれば、それほど現代作家の責任を強烈に意識しながらも力が及ばぬ領域に存在だ往ずる作家が少ない。だからと言ってその態度が現代作家の唯一な可能な作で代表的なものだと主張するのではない。

芸術がユーモアから追放されない限りサルトルにも美しい神への憧憬と尊敬心があるだろう。他の作家よりも倫理と体系をこのむ彼は「文学とは何にか」で自から神よりも人間に奉仕する意志を明らかにし詩と小説を本質的に区別して、小説こそ人間に奉仕する最大と断定した。彼は「呼訴するためにかく」と作品をかく理由を述べたがそれは実存主義を呼訴するためではなく、文を書く行為自体が、他の人に呼訴するものでなければならないというサルトルの当為を一言に表現したものと思われる。

それは言うまでもなく、サルトルがおかれている条件と歴史の現実はわれわれとは異なる。

ある面ではわれらの小説はまた観念の対象として、もう一歩洗練するとか、美感を充足させる知能が必要であるかも知らない。あるいは作家の社会的な評価度は他の国々のように高水準にきていないため、まだまだ無理だと自からが鈍化している事情かも知らない。しかし作家は現存と無関係な……が少ないと言って不平をもってはならないし、またそういうことは許容されないだろう。

作家は社会と現実から孤立することもない がまたそうであってはならない。しかし社会を恐れてはならない。この意味は社会の不正とか倫理の腐敗を継続告発することを恐れてはならないという次元よりも、根本的な問題として精神の自由（これを作家の良心と言ってもよい）を社会の倫理と野合させてはならないし名声とか地位とか、また反対に非難や誘惑にも耐える勇気が望ましいことだ。このような誘惑が大きいほど作家は現実から逃がれて技術とか語美の世界に、にげやすい。

社会は作家が政治偶像に殉ずるとか作家が醜出する作品から政治の罪悪と不正を引っぱり出すのが常態ない。それにもかかわらずそのような行動が即ち作家の社会参与であるかのように、作家自身までも誤解している傾向は、いわば文学精神の真意が理解できない傾向かと思う。

社会が作家に強むのは社会倫理に汚染されない精神の自由、万一この観定が非現実的であればその自由を最顕的に死守しようとする一貫した意志であると確信する。これが作家的な良心の本質である。私は社会倫理に対する作家の責任というのは不道徳だと社会一般が判定するのは皆かないという、そんな妥協でなく、社会倫理を拒みなく突貫していく自由を忘れないような義務感という言葉で閉じたい。

韓国公報館で定期映画会

駐日韓国公報館では在日僑胞の異国での苦労を慰安するために母国の消息（最新ニュース）と音楽と映画を毎週土曜日定期映画会を（無料）設け皆さんの御観覧を待っております。

その日程は次の通りである。

上映日・時間 五月四日（土）午後二時ー三時半、①最新韓国ニュース②夜は明ける③韓国古典音楽④母情の絆路。

五月十一日（土）二時ー四時、①最新韓国ニュース②劇映画「裕福」

五月十八日（土）二時ー四時、①最新韓国ニュース②劇映画「鳳夫」

五月二十五日（土）二時ー四時 ①最新韓国ニュース②劇映画

なお座席に制限がありますので時間前に来館されたい。

東京都港区青山南町一ノ三九 TEL（四〇二）五三二一ー五 下鉄青山一丁目下車

高山一夫、徐強一に判定勝ち

日本プロボクシング・フェーザ級チャンピオン高山一夫選手は二十日午後後楽園体育館で挙行された徐強一選手との十回戦で判定勝をおさめた。なお同日の観衆は六千余名であった。

北韓同胞に慰問の手紙送る

国際親善花の種協会では二十日板門店付近から北韓で苦労している北韓同胞たちを慰問し、激励するため美しい花の種四十余種類と三千通余りの慰問の手紙をゴム風船でそれぞれ北韓の同胞に送った。

「子供の日」の記念式 挙行功労者など表彰

第四十一回子供の日記念式と功労者表彰式が、五日午前十時から国民会堂で開かれた。子供育成会演劇部の合唱で始まった同記念式では金顕哲内閣首班は記念辞を通じ、国家の将来は子供たちのかたにかかっている。国民は子供たちの考えを育て指導しなくてはならないと語った。

朴議長、新羅文化祭に参席
"共産主義を排し民族文化を確立"

国家再建最高会議朴正熙議長は四日、第二回新羅文化祭に参席し固有の民族民族文化を再建し堅実な思想で共産主義に打ち勝たなければならないとあらまし次のようなメッセージを送った。わが国の先祖が残した文化遺産を通じて更に新しい現実的な理念と健実な思想で共産主義に打ち勝ち、固有な民族文化を再建しようと語った。

現行の普通・高等考試制度を廃止
採用試験制度に転換か

関係消息筋で伝えるところによると、今後定められる司法試験制度は現行の公務員考試令に従う普通考試と高等考試行政を廃止して、採用試験制度に転換させると同時に、高等考試法科はこれに代わる司法試験制度をおき、資格考試による司法試験を実施する計画であるといわれる。

国際建設協会々長 金鈴根氏に決定

国際建設業者総会は四日午後三時東京上野文化会館で最後の会議を開き、同協会会長に金鈴根氏を事務総長には李成燦氏を万場一致で選出した。一方第五次総会は来年の十月一日ソウルで開くことに決定し閉会した。

金企画調整官辞表受理

政府はさきに辞表を提出した公報部金徳保企画調整官を来る五月九日付けで受理免職発令した。

安住の地は（三十七）
許桂旭
絵 金泰伸
(151)

「もう愛淑さんも私を信じてくれるでしょうね。ほんとに私はあなたのすべてを知りたいのです。私たちが知り合ってもう二カ月が過ぎたのに、お互いに相手をあまりにも知らな過ぎるのです」

私の耳にささる彼の話声が、静かに私の耳朶をふるわした。

私はいきなり彼の胸に顔を埋めてしまった。

彼のやさしい手が、私の頭を撫でた。私はドキドキする胸を静めながら、ゆっくりといった。

「先生は、張り切った私の心の中に、前のように元気よく現われました。そして、かすかな愛情で、氷のように冷たくなった私の心臓を、温く包んで下さいました。疲労と倦怠がもたらした灰色な感情の結果からくる虚脱の中で喘ぐ私を、先生はいつも温く導いて下さり、勇気をつけて下さいました。ほんとに先生を信じます。私には人にいえない重大な秘密があるのです」

「私を信じて下さるとしたら、安心してはなしてごらんなさい」

「文愛淑というのは仮名です。私の本名は許禮旭といいます」

「なぜ、名まえをかえたのですか？」

「お父さんが……北韓最高人民会議議長であるためです」

「え？ では許憲先生の…」

「私がその次女なのです」

あまりにも意外な事実にあわてたのか、彼はふるえる声でいった。

「夢のような事実ですね。ほんとに感謝無量です」

急に私は、私のまわりが寂くなった。私は発作的に体を起した。月光、草田、麦の穂波、蒼白な彼の表情が寂かった。

私はいきなり両手で顔を蔽い、低く叫んだ。

「もう私が嫌になったでしょう。警告しても構いませんわ！ 私は何の罪もありませんから。さあ、早く私を捕えて下さい！ 逃げはしませんから」

いきなり彼の手が私の口を蔽いた。

「私を信じなさい！ 人間として私が、あなたにできることは、何でも惜しみたくありません。愛するあなたのためとあらば……。私の生命の火が消えない限り、この地上に太陽が無くならない限り、私の心には変ることがないでしょう」

声を殺したせつない叫びと共に、彼の手が力強く私の手を握った。私は黙ってすすり泣いた。

「いままでの経緯を詳しくはなしてごらんなさい」

諭すようにいう彼の問いに、私はおとなしくうなずいた。

夜のやさしい月の光が温く私たちを照らしてくれ、麦穂を渡る風に、草むらがむせび泣いた。

その後、いく日か過ぎたある日夫に思いもよらなかった悲しいたよりが伝えられた。

姑が永眠したことである。悲しみに浸った彼の顔が、不吉な旅行を前にして、無性にかられていた。

彼は重いため息を吐きながら、低くいった。

韓国料理 漢陽館
崔泰奎
東京都文京区清水谷町1番地
電話（941）1552番

信用組合 横浜商銀 組合長 李鍾太 横浜市中区曙町一ノ二 電話 横浜（64）五一八三〜四

信用組合 千葉商銀 組合長 鄭徳和 千葉県 千葉市 新宿町一ノ三五 電話 千葉（2）九六一四

済州開発協会 会長 金坪珍 東京都千代田区神田元佐久間町 電話（832）三四三二・五〇七七〜八

株式会社 国際プロダクション 東京都中央区銀座六ノ四（交詢社ビル602号） 電話（571）四四六八〜九・八一一五

株式会社 ファーイーストプロダクション 専務 雲井浩介 東京都港区芝田村町二ノ二（三海ビル） 電話（501）五三四一〜三

在日大韓民国居留民団埼玉県本部 団長 尹相臣 浦和市常盤町二ー七八 電話浦和（〇四八八）②三九五九

日韓出版貿易株式会社（韓国書籍専門取扱） 社長 金正祐 東京都新宿区市ケ谷船河原町四 電話（331）四七五二

金宮商店 社長 金同元 東京都荒川区日暮里町六ノ一三三 電話（891）〇〇一五・三四四三

三和テレビラジオ株式会社 社長 星野幸平 東京都台東区御徒町一ノ五 電話（832）〇三四・〇四〇・三四〇

三和合成株式会社 代表者 呉福琛 東京都荒川区日暮里町六ノ一六〇 電話（891）三八五六・四四五六

株式会社 岡村金属商店 社長 岡村金次郎 東京都墨田区緑川町三ノ一二 電話（631）五六一四

三護貿易株式会社 東京支店 支店長 劉元相 東京都中央区日本橋兜町一ノ六 電話（671）七七四七（661）六一三六

韓国日報・英文コリア・タイムス・ソール経済新聞・少年韓国日報・韓国広告社 東京支店長 李志水 東京都港区芝田村町四ノ二 電話（431）七九八五（代表）

松平商事株式会社 社長 松平重夫 東京都中央区京橋三ノ一 電話（561）〇九九四・七〇一三

永増製鞄所 社長 梁明元 東京都荒川区日暮里町五ノ一九八 電話（801）二〇〇七

韓国高級料理 錦竜閣 東京新宿十二社料亭街 電話（369）三二九七〜八

遊技場 桜本センター 社長 延田政彦 神奈川県川崎市桜本町一ノ一 電話川崎（3）〇六三三

大韓航空公社代理店 東洋航空株式会社 本社 東京都中央区西銀座七ノ二 電話（571）一三四〇・七九三〇 大阪 大阪市東成区片江町二ノ一六 電話大阪（971）六一八〇

東京海外旅行社 東京都台東区西町三九 電話（832）五八二七・〇九二

双葉ネームプレート製作所 社長 金村吉雄 第二工場 東京都大田区蒲田町三ノ八 電話（731）一三三一・〇二三九

丸友商会 社長 張元沢 東京都荒川区日暮里三ノ八〇五 電話（891）六〇〇（807）五九四五

宮本加工所 社長 李重奉 東京都荒川区日暮里六ノ一二九五 電話（891）三五七三（807）一四八〇

平壌料理 春晃園 代表 金山栄作 東京都台東区仲御徒町三ノ五八 電話（831）三八三四

高級焼肉料理 上野宝苑 上野駅前 昭和通り 宝ホテル隣 電話（832）六五〇五〜六

韓国服地とレース 釜山商店 東京都台東区浅草公園六区三ノ一 電話（841）三四七一（871）一七八二

大韓民国居留民団台東支部 団長 趙辨訓 東京都台東区 ビル 電話（871）四〇四（841）六〇三一

韓国服地・韓国レコード 株式会社 光陽精密宝石製作所 代表者 郭泰石 本社工場 川崎市小杉御殿町三ノ一四〇 電話 中原 七五・三九

株式会社 仁川商会 東京都台東区浅草公園六区三ノ一 電話（871）三九八一・五四九八

内外織物卸・小売 モナミ・ストア 社長 許弱爽 東京都新宿区西大久保一ノ四八 電話（351）二八〇〇・〇〇五七

金宮商店 東京都台東区浅草公園六区三ノ一 電話（841）〇〇〇三〜六

在日大韓民国居留民団埼玉県本部 議長 裵云道 浦和市常盤町二ー七八 電話浦和（〇四八八）②三九五九

事務用機械・土木機械 株式会社 谷村商店 東京都北区上十条二ノ一四 電話（919）二七二（913）一八四五

各種鋼鉄家屋・倉庫 小野工業株式会社 代表 小野芳雄 東京都江戸川区東小松川四ノ一三九 電話（651）六一二九

株式会社 新東京企業社 代表 丁栄玉 専務 丁順玉 東京都台東区上野町中通一ノ八 電話（831）四四〇九

岩本興産株式会社 社長 岩本精治郎 神奈川県 川崎市 大島町一ノ五 電話 川崎④三四六（代）

三陽製菓株式会社 社長 張仁建 東京都中央区日本橋兜町二ノ三 電話（860）二七二八〜九

韓国銀行 東京支店 東京都千代田区有楽町（三信ビル） 電話（591）七四六二・二六七一

東京鋼鉄工業株式会社 代表 田辺竜 本社 東京都北区王子一ノ一〇 電話（919）三一七六〜九

金属鋼鉄商店 金敬弌 東京都江東区深川豊洲町四ノ二

鋼鉄商 金奉洙 東京都江東区南砂町二ノ一六九八

松田商店株式会社 朴汞銅 東京都江東区豊洲四ノ一

精肉業 田園 趙永来 東京都江戸川区小岩町四ノ一六

遊技場・食堂 有楽 李梅弱 東京都江戸川区東小松川三ノ一

日進製鋼株式会社 社長 金鍰洙 東京都江戸川区東小松川三ノ一

松田製作所 シャネル美容院 段寛植（松田寛裕） 東京都江戸川区小松川三ノ一七九

小岩センター 崔金哲（大野鉄作） 東京都江戸川区小岩町三ノ一 電話（657）六八〇七

信用組合 三重商銀 組合長 朴魯基 副組合長 孔樹泳 〃 中又均 専務 崔判秀 常務 谷鶴吉 桑名市中央町三 電話 桑名 三三・六三

帝王興業株式会社 専務 金炳贊

在日大韓民国居留民団三重県本部 団長 呉麗根 議長 李英春 監察委員長 鄭仁栢 四日市市大字泊町五四

（祝） 四日市支部学院 新築落成 李英春

韓國新聞
発行所 韓国新聞社
東京都文京区…

サンタイヤ香料
小川香料株式会社
大阪市東区平野町三丁目

憲法改正案

民政移譲までに撤回

三・一六声明を白紙化

李公報室長が示唆

【ソウル発＝連合】革命政府は朴議長の三・一六声明を白紙化させ、年内に民政移譲を推進する一方、現在公告中にある憲法改正案を民政移譲スケジュールが発表されるまでに撤回する方針であると伝えられている。この改憲案撤回時期はまだ明らかにされていないが、同問題などに対する李公報室長と記者の一問一答次の通り。

問＝三・一六声明を撤回する用意はないか。

答＝一つの声明の一部を撤回するため、新しい声明というものが発表されるのではないか。三・一六声明を撤回するとかしないとかいうこと自体が無意味である。また公告中である改憲案処理問題は民政移譲スケジュールが正確に発表されるまで自動的に解決されるだろう。しかしその時期はまだ推測できない。

問＝金首班は去る八日「朴議長が五・一六革命記念辞で民政移譲スケジュールが発表される」と語ったことがあるがそれに対しどう思うか。

答＝自分としては記念辞にそのような計画が含まれていると思えない。しかし変更される可能性もあるが、それは最高会議政策小委が決定するだろう。

問＝朴議長の四・八措置で提示された政界改編、休養政党などがよく出来ていないと感じた時でも年内民政移譲は行なうのか。

答＝年内民政移譲は最高会議の確固とした方針である。

問＝公明選挙のため政党法の改正を主張している在野側の要求をどう思うか。

答＝公明選挙は革命政府が命をかけて守る方針である。

問＝朴議長が出馬する場合軍服をぬいででるのか。

答＝法にしたがってとられる。

問＝現行法によれば最高委員は軍服を着ても出馬できる道が開かれている。法の通りするというのは軍服を着て出馬することか。

答＝朴議長の去就が決定されたのち発表する。

問＝共和党が朴議長を大統領候補に推挙しようとしていることに対してはどう思うか。

答＝言及したくない。

問＝言論政策に対してはどうか。

答＝革命政府は言論政策において過去のどの時よりも建設的な言論育成案をたてているためほこりにしている。

五・一六同志会を結成

朴議長の大統領出馬推進

革命主体勢力は七日午後七時からコリアン・ハウスで第三次会合を開き、親ぼくと相互援助を目的とする「五・一六同志会」を革命二周年の五月十六日前後に結成することにきめた。この日の会議には金在春中央情報部長、吉在号最高委員、尹泰日ソウル特別市長、金炯旭国防部長官ら八十二名が出席、規約草案と会の名称などを論議し、連絡責任者に納無任所長官を選出した。

規約草案によると単に軍事革命に参加したいわゆる革命主体勢力の会というよりは、三・一独立運動四月革命までも含め革命精神に共鳴した民間人までも含めるという幅の広さで、「政治活動は行なわない」とうたってあるものの、朴議長の提唱した国民政党の一つの母体とするものとみられている。

この動きはもちろん朴議長を次期大統領に推そうというねらいであるが、こうした情勢をみた新政党の許政準備委員長は同日朴議長の大統領出馬の公算がほぼ決定的になったことを率直に認めるとともに、朴議長が出馬するならば選挙管理内閣を即時構成すること。朴議長はじめ中央、地方の高級官吏は軍服をぬいですべての公職から退くこと、野党側は統一候補を立てて、選挙戦をたたかわねばならないことなどを強調した。

革命記念式で発表か

民政移譲のスケジュール

【ソウル発＝連合】最高会議政策小委員会委員長は十日、民政移譲のスケジュールは朴正熙議長が五・一六記念式典で発表すると思うが、それ以前にも発表する考えはないか、という記者の質問に対し「年内に総選挙を実施し、民政移譲をおこなうという大原則はすでに発表された通りであり、民政移譲のための具体的方法とその発表時期は現在研究中である」と語った。

また同氏は朝野会談の開催如何とその方法に対しては「知らない」と述べ、「内閣から民政移譲と朝野会談に対する建議があったかどうかも知らない」と語った。

選挙法改正を推進

吉在号法司委員談

【ソウル発＝連合】最高会議は大統領選挙法と国会議員選挙法を改正する作業を推進中にあるといわれる。

この選挙関係法の改正は来たる八月初旬本会議に上程することになると伝えられている。

吉在号法司委員は十日午後、同法の改正では、（一）各政党から推せんされた人は無限に参加できるようにする、（二）地域会計責任者の通報による法定選挙費用の超過による当選無効条項は削除する考えであることを明ひかにした。吉委員は選挙関係法の問題点に対する資料を集め内閣側が検討中の問題に対して意見が一致しているため前記二つの点は改正されるだろうと語った。

同氏はまた「政党法中群小政党の乱立をふさぐための政党登録要件などの条項も必要である」と語り、政党法の改正も示唆した。

国際社会奉仕会からソウル一般市民に米が分配された

論壇

国論統一と挙国態勢

韓日会談交渉打開への途

三・一六軍政延長声明をめぐる本国政局の波動をよそに、革命政府当局は韓日会談の促進についてかつてみられなかったほどの強い姿勢をみせはじめ、外務部を中心とする韓日問題促進機運は四月中旬から異常なほどのたかまりをみせている。これと同時に野党政派がこうした政府の韓日会談促進に根強い抵抗力をみせているのも注目される。

政府当局は金溶植外務部長官の言明とともに韓日会談促進の姿勢が急速にたかまり、去る四月五日野党首脳の尹前大統領、許元国務総理に韓日交渉への協力を申し入れ、四月下旬には交渉の焦点となってきた漁業協定案について…りくんだ。同二十七日には水産関係代表十二人を招いて政府案の骨子を説明したとの政府案は平和ラインの現状的要請といわれ、それだけに当局の苦心のほどがうかがわれるのである。

当局はこの政府案を突破口として懸案の韓日会談を打開しようとしており、その背景には会談の早期妥結を要望する米国の意向も若干反映しているともいわれている。

去る二月二十七日の宣誓式で政党各派は「韓日問題については超党派的に政府の方針に協力する」と言ったが、三・一六声明でこの言葉は吹っとび、さらに三月十八日に開かれることになっていた野党を含めた韓日問題協議会も流れとなり、野党側の会談に対する態度は批判的なものとなってきた。

さらに四月二十九日野党指導者十人が会談する必要はない、会談の内容が国民に知られていない、という二点で会談の促進に反対の態度をとっている。

こうした野党の態度に対し、金溶植外務部長官は五月一日の記者会見で、「韓日会談に関する在野政治家達の共同声明は国家の外交問題までも政治問題に結びつけようとするもので極めて遺憾に思う」とのべるとともに、財産請求権問題は金・大平会談で合意をみたがその内容は何時でも公開出来ると強調し、さらに対日外交に対する国論の統一と挙国的な協力を得るため各元国務総理らこそ参加しなかったが、…

このように政治指導者たちが集って韓日会談を公然と批判したのはこれが初めてである。

尹、許両氏は韓日会談の促進という大義名分に対してはこれに公然と反対してはいないが、民政、新政両党の幹部はじめ野党各派の指導者の多くは軍政当局があわてて韓日会談を妥結する必要はない、会談の内容が国民に知られていない、という二点で会談の促進に反対の態度をとっている。

韓日会談に対するこうした本国の動きに対し日本政府としては年一月以来一韓日会談は継続するとの建て前を堅持しながらも、実際は韓国政局の推移を見守ってきた。三月はじめに外務省伊関田北東アジア課長を韓国に派遣したのをはじめ、四月にはいっては小木曽条約局法規課長、安川官房審議官を相ついで派遣、ソウルに…

先月二十六日帰国した安川審議官は大平外相に対しこの点について、①韓国政府は予想外の熱意で会談交渉打開の方法を検討している②新任の金溶植外務部長官は軍政内部の評判もよく、野党首脳部ともよく連絡して慎重に交渉打開の準備を進めている③韓国の政局はここしばらく表面的には小康が続いている、の諸点を報告したといわれる。

現段階の政治情勢下にあっては韓日会談の促進は韓国政局に対する日本政府の態度に大きくかかっており、従って対日問題に対する政府野党の対立は会談交渉において韓国側に大きなマイナスをもたらすものであり、この意味からして個個の政策問題はともかく、少くとも韓日会談に関する限り国論の超党派的統一と、挙国的協力態勢の強化が強く要望される。

ーー（林周一）

年内選挙に同調

米国、早期民政移管見切り

軍政延長をめぐる本国政治の動向について米国の出方が注目されていたが、最近にいたり米国は速かな民政移管の実現という当初の主張から、大統領選挙の年内実施という軍事政府の線に歩みよってきたことは各方面から大きく注目されている。

米国務省スポークスマンのリーブ氏は七日午後の記者会見で、「最も重要な問題は韓国民全体の納得のいく手続きによって年内に自由公正な選挙が行なわるべきだということだ」とのべ、さらに「この選挙でだれが立とうが、米国は特定の人物を支持することはできない」と言明した。これは年内選挙をはじめて公式に認めた点で、二月二十七日の朴声明（六、七月選挙、八月十五日民政移管）への復帰という米国政府の当初の方針の明らかな修正といわざるを得ない。米国務省筋ではこの修正の理由を次のように説明している。

一、米国政府当初の方針は①いま民政移管を押しても、北韓からの攻略の危険はないとみられること②朴政権内部の不統一と国民の政策反③民間指導者の大同団結への可能性――という判断にもとづいていた。

一、しかしその後朴政権側から撤回十月末選挙、十二月二十六日の新国会招集などの意向が明らかにされたため、韓国内の関心の的は「年内選挙を既定の事実として朴議長が出馬するかどうか、野党の対立候補がしぼれるかどうかに移ってしまった。

一、何よりも決定的なものは民間指導者たちが、二・二七声明への復帰を非現実的として選挙はむしろおそい方がよいとの態度をとり、一方新聞、世論もこれを支持するようになった。従って米国としてはこれ以上手のうちようがなくなった。

米国としては朴議長が年内選挙を約し、国民投票の主張を事実上放棄したとみられるところから、まがりなりにも従来の対韓政策の成果はあったとしている。

このような韓国の内情に歩調を合せて今後の米国の関心は

一、年内のできるだけ早い時期に選挙を実施すること

一、朴議長出馬の場合、これに対処して民間指導者の大同団結による単一候補を擁立させること（この点については国務省はきわめて悲観的である）

の二点に集中されている。ただ民間に選挙が自由に行なわれ、民間候補の乱立によって朴議長が当選した場合、これを認めざるを得ないとしており、米国政府としてはその点で大きなジレンマを感じている。なお朴議長が年内選挙を実施しなかった場合については「重大な事態が起ころう」と米国務省筋はみている。

僑胞の教育強化策

さきごろ韓国政府は、在日僑胞の教育を本格的に強化する九項目の方針を確立し、それを駐日代表部に通達した。

その内容をみると、奨学館の強化、僑胞学校運営に対する補助、日本側学校との連携強化、巡回講師の実施、学生課外総合指導書の発行、僑胞学生代表および僑胞教育有功者の本国招請、僑胞学校教師の再教育など従来から実施されているものの継続乃至補強のほかに、新たに政府の特別補助金二千六百七十万円を第一次年度の設立基金として「在日韓国人奨学会」を設立するほか、僑胞が最も密集している日本国内十二の都市に教育センターを設けて僑胞社会教育の基礎を築くことに重点が置かれていることも注目される。

在日僑胞の民族精神と反共思想をとり戻し、母国に対する精神的紐帯を強化するため、政府が力を入れている在日僑胞の教育問題は、旧政権時代にはみられない顕著な成果を収めており、革命政府としてのこうした積極的な施策に答える全僑胞的な努力の中でも、特に高く評価してよいものであるが、今回の指示方針からも、さらに強い期待のほどがうかがわれる。

今年度からの新たな計画である奨学会や教育センターの設立問題なども、すでに駐日代表部奨学官と民団文教局の手で具体的に推進されているが、いろいろな面でアイ路が多いとのような計画は、関係当局ばかりでなく、広く一般僑胞の積極的な協力がない限り、容易にその目的は達成されない。

複雑な環境のもとにおかれている現在の在日僑胞にとって、教育問題は深刻なものとなっているばかりでなく、僑胞一人一人が自身の問題としてこの計画に協力し、自立的、恒久的な教育態勢を確立させる方向にもっていかなければならない。

経済的に成功した人が多いばかりでなく、平均して本国国民の一般的な生活水準よりも比較的高い水準を維持している在日僑胞が、身近かな教育問題まで本国政府の財政的援助によりかかろうとする態度は、一日も早く捨て去らなければならない。

在日僑胞が本国の援護金を"呼び水"として受け入れ、それに十倍する成果を収める努力と熱意を示した時、本国政府の在日僑胞教育対策は半ばその目的を達成したといってもよかろう。

（本白山）

朴議長、慶北農村振興院を視察

農民の自発的意欲を強調

国家再建最高会議の朴正熙議長は十日午前釜山から大邱に到着した。

朴議長はこの日慶尚北道農村振興院を視察し「政府の農業政策により農村の振興は軌道にのぼった」と述べ「農民らの自発的な意欲」…

野党単一候補が理想

実現は困難 柳民政党幹部語る

【釜山発＝連合】民政党の最高委員柳珍山氏は十日「朴議長の出馬を前提とし、在野勢力の単一候補を立てることは理想としてはよいものであるが、その実現は困難であるだろう」との所信を明らかにした。しかし柳氏は単一候補を出せないからといって大統領選挙を在野勢力がさけるということは考えていないし、かえって在野勢力側では楽観視する根拠があると語った。十四日の結党大会を前に、釜山市党の総新問題を調整するため来釜した柳珍山氏は引き続き「九月総選挙に備え、民政党は来る十四日の創党大会で、大統領指名大会もかねる方がよいと思う」と述べた。

汎国民政党運動に参加の党員を処断

共和党慶南支部調査に着手

【釜山発＝連合】共和党慶南支部と釜山支部では、現在釜山、慶南などで旧自由党系人物が中心になって動いている汎国民政党運動を認めず、すでに組織に接触している共和党員らを調査して処断する方針であるという。そのため同党ではすぐ公式声明を通じて現在地方で行なわれている汎国民政党運動と共和党は何の関連がないということを明らかにするといわれている。

前記のような汎国民政党運動は時局収拾協議会の旧自由党系人物らによって活発に推進されており、かれらは釜山と慶南の地方組織一線で共和党の既成組織に大きく浸透しているといえられている。しかしその包摂規模はまだ明らかにされていない。

十七万九千三十三名

民主共和党々員数

【ソウル発＝連合】民主共和党は十日、同党の党員数は十七万九千三十三名に達したと発表した。

この数字は去る四月十日集計した十五万九千四百二十三名よりも一万九千六百六十名増えたものである。

14日に結党大会

大統領候補も指名

民政党

【ソウル発＝連合】民政党は十四日、ソウル市民会館で結党大会を開くが、十日の指導委員会で、七人の最高委員による指導体制を決めるとともに、結党大会で大統領候補を指名することにした。代表最高委員には金炳魯氏元代表委員長が選ばれた。

駐カイロ総領事に 裵春熙氏

駐タイ大使館参事官には權僖永氏

政府は来る十五日付けで駐カイロ総領事に裵春熙駐タイ大使館参事官を起用発令した。またタイ大使館参事官には權僖永外務部文書局長を来る二十五日付けで発令した。

公報部企画調整官に李春成氏を起用

政府は来る十三日付けで空席中の公報部企画調整官に、李春成国立図書館長を起用発令した。

任哲鎬氏らを釈放

軍事革命二周年を記念し

政府は十日午後、定例閣議で五・一六革命二周年を記念し、十五年刑以下の政治犯百二十八名を特赦することに議決した。

政府消息筋によるとこの特赦の中には任哲鎬前国会副議長、慎道晟前慶南道知事など五十名以上が釈放、減刑が七十八名であるという。

臨時特例法施行令を公布

没収金品などの処理に関する

政府は十日午後閣議で没収金品などの処理に関する臨時特例法施行令を議決し、同日付けで公布した。

同施行令によると中央情報部長は公益上必要であると認定するときは金品の一部または全部を最高会議の承認をうけ使用できるよう規定している。この日閣議ではこの外にも次の法令を議決公布した。

国土建設団特別会計法廃止により一般会計で引きついだ財産の処分に関する法律施行令、…規定中改正の件。

海外視察経済記者のゼミナー開く

五月二十九日から三日間

韓国新聞編集人協会は五月二十九日から三日間、新聞会館で海外視察経済記者達のゼミナーを開くが、このゼミナーは世界各国の経済視察の総合報告と、各国別の経済状況及び韓国と各国の経済計画の施策などが討論される予定である。

朴議長、金昌淑翁一周忌に追悼文

金昌淑翁の一周忌を迎えて、朴正熙議長は十日李秘書室長を通じて次のような追悼文を送った。

金昌淑翁は八十余年の生涯を通じて独立と民主主義擁護のためにささげてきたが、その志がわれわれの誇りであると語った。

輸出分委長に郭東善氏

韓国貿易協会輸出事業部分科委員会は委員長を互選した結果輸出分委長に郭東善氏（南方物産KK社長）、事業分委長には金鍾徳氏（正金物産KK社長）をそれぞれ選出した。

穀類輸送を倍増

政府は最近米価は騰貴したが、穀類輸送は前例のない量増加していることを明らかにした。

金交通部長官が十日の定例閣議で報告したところによると、去る五月一日から全国的に四百九十両もの穀類を輸送したが、これは一日平均六十両で昨年度の平均三十二両にくらべ倍になるものである。

一方、同期間中ソウルに搬入された穀類は三百四十一両で一日平均四十三両（昨年度二十八両）になる。

ご商売やお住いのご計画に……
東京商銀信用組合
東京都文京区湯島天神町三ー一四
電話・八三一ー…

チップ製造
鹿沼利材工業所
社長・三中逍九
本社・宇都宮市荒針町野尻　電話（宇都宮）(2)4685
工場・宇都宮野尻工場
・鹿沼鼎所工所　電話・鹿沼2064
・今市大沢工場　電話・大沢・42

サービス・能率向上に
信用・技術・責任ある 冷・暖房機
○最高の技術とサービス完璧です。
○僑胞の事業体には実費、団体に対しては原価で奉仕しますから冷暖房及び冷凍機関係の一切を御相談下さい（遠近県を問いません）
○各種（内外国製品）冷蔵庫・クーラー類の修理販売も御相談下さい
○一年間のアフターサービスの御契約もします。

日立冷暖房機代理店・ダイキン冷暖房機代理店
北洋冷凍機工業株式会社
代表取締役 洪起華　取締監査役 金炳泰
東京営業所 東京都新宿区原町3の84 TEL (341) 0449　埼玉営業所 埼玉県入間郡武蔵町302 TEL武蔵703

＊増築開店春季大売出し！
浅草一番の店
韓国レコード L.P盤各種 韓国洋丹 ビロード洋丹 中国洋丹 香港洋丹 京都洋丹 テトロン洋丹 銀入洋丹 無地丹 美術丹 三色丹 七色丹
営業品目 ウリレース 絹レース テトロンレース ナイロンレース オバール 絹秋 夏ン プト ベルベット各種 洋品 雑貨 舞踊衣裳 季節織物一切

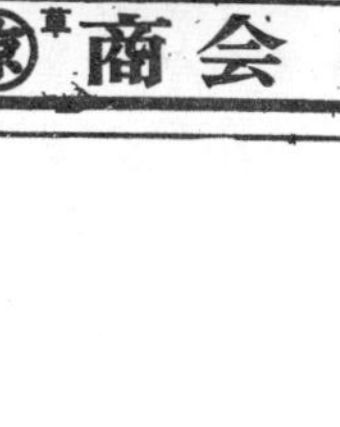

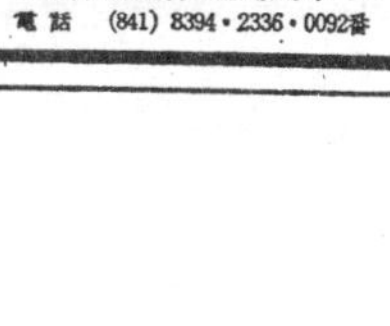

御来店の節当店への道がお分りにならない方は下記に御電話下さればただちに御迎えの車をさしむけます。
京都 浅草 京 商会
東京都台東区浅草公園六区2号ー15
電話 (841) 8394・2336・0092番

サービス券
この券御持参の方には特別に商品を原価で御奉仕致します！

一九六三年度の財政安定計画

財務部理財局長 閔 泳 薰

最近「安定」という言葉がよく使われている。昨年の末から始まった物価高とそれに依る混迷な経済状態が伴なって国民の経済生活が脅かされるようになった。これに従って物価も緩和し経済秩序を回復するために当局では、緊縮と安定を看板にしてこの事態に臨むことになったし、一般国民もここに大きな関心をよせて生業安定を心配するようになった。

最近通貨政策の推移

（イ）財政安定計画の歴史

韓国で初めて通貨安定をたて財政安定計画を樹立するようになったのは一九五七年だと思う。六二五動乱が一旦休戦状態になって、戦時中に積った財政「インフレション」の収束に忘走ね戦後の復旧を後押しするための通貨需要がまたここに重なることになった、これで政府は米援助当局の積極的な参加の下で、いわば「財政安定計画」を樹立施行することになった、主に通貨供給の抑制のための財政の収入支出と銀信膨張の規制に重点をおくことになった。

またこのような通貨政策は、しまいには一九五九年に入りその実績をおさめるようになり、韓国で初めて見る中間安定期を迎えることとなった。通貨量は一九五九年に九%一九六〇年に四%の増加に到った。従って物価は何時よりも安定状態を維持して通貨の対内価値を高めて大きく回復するにいたったのである。

しかし、続く四・一九と五・一六革命に伴って政府、社会秩序は混迷し、自由主義経済のメカニズムが一時その機能を失ってから自然に市場秩序と通貨に対する国民の信頼は極度に萎縮するにいたった。なお革命後に必然的に行なわれる各種の社会経済政策は莫大な財政需要を伴なったし、一九六二年から着手した第一次経済開発五個年計画は莫大な内外資使用を避けられないようになった。

その結果一九六一年に四二%、一九六二年の一八%という急増されれる「インフレ」を造成し推後には今日の切迫きわまる経済的効果をもたらした一つの重要な原因を引きおこすことになった。

（ロ）安定と成長

われわれはここで過去の通貨政策をかえりみ、また評価しともに安定の経済価値基準を提示しようとするのである。

安定と経済的成長に対する論難がわが国初めて始まったことではないことは周知の通りである。すでに先進国では実験的理論の成立があっただけではなく、遠く南米諸国の経済政策においても、最とも重い比重を占める理論の対立がたった。最近に到り後進国一般にも経済開発計画を推進しながら共通した一つの政策手段選択の基準を作ってしまった。しかしいまは安定の基礎なくしては成長がありえないし通貨の価値安定は積極的に国民経済の成長、いいかえれば所得と厚生水準の向上にその目的があるというのが広く認められた事実ともいえよう。

わが国では一九五九年代の中間安定期を経て革命とともに再び膨張政策の印象をあたえる施策を踏み、昨年下半期からは再び通貨安定政策の求心点がみられると思われる。それに過去の安定政策は文字通り安定第一主義に終った感じがする。

即ち経済成長のための政府の開発意欲を大きく発揮せずにただ米援助当局の勧誘に従い通貨の収縮だけを主体としたのであったしたがって一部の産業構造調整と援助景気の衰退に大きな原因もあったことだが中間安定期に該当する一九五九年の経済成長率はやっと人口増加率を「カバー」する程度にすぎなかったことはあまりにもよく知られている事実である。ここでわれわれは革命直後に一時的ながら台頭した安定放棄論の所以を見られるし、経済のむずかしさを再認識することになった。

革命政府はこのような懐疑で緊急経済施策を断行し租税制度を高める一方、第一次五個年経済開発計画の成案施行の基礎作業をいそぐことになった。

一九六二年に第一次年度計画の施行とともに緊急経済施策の断行では主に結果としている新しいインフレーションの収策と莫大な投資需要の適切な調整が成りたつ試行と錯誤の連続であったと見るが同年六月の通貨改革を契機としては新しい様態のインフレーとこれに対処するための断乎な政策が必要になった。

即ち緊急施策があった一九六一年には四二%という通貨の急増があり一九六二年に入ってもかなからぬ不均衡状態を露呈したにも拘らずその間の物価は通貨量の増加と比較し見るときそれほど大きな変動はなかったのである。

これは通貨所得に対する消費弾力性の変化が惹起したことを示唆したのに革命前だけでも月平均九回以上に達した要求払予の回転率が革命直後には五ないし六回転でとどまったことを見てもあきらかである。

しかし通貨改革後にとられた一連の経済施策はすべてが沈滞された生産活動と硬直な流通秩序の回復に主点をおいたために国民の消費状態が次第に原状の消費性向の増加に現われ始めたのである。

従って潜在力として温存されていたインフレーション要因が急に顕在化され物価を刺激したので資源の非生産的投資を誘致することになった。

これに政府は強力な物価統制を行ない、一方では通貨安定の為に財政安定計画を執行して、経済開発五カ年計画を最大限に支援しながら「安定」にすべての政策の求心点をおくことになったのである。

すでに広く公表されたように一九六二年には年末の通貨量を四〇〇億ウォン線で抑制するという内容の計画を樹立施行したことがあるが幸いにも年末に入り農業資金の回収が良好したし租税の収納実績がたかく、三六七億ウォン線で通貨量がとどまるようになった。

63年財政計画の内容

ハ、計画の成案とその目的

前に述べたように一九六二年末現在の通貨量が三六七億ウォンに審定するによって政府はただちに一九六三年度財政安定計画の成案をいそぐことになった。

第一に経済開発五カ年計画のための資金の効率的な供給と安定された、経済基調の維持にその目標をおき、集中の通貨供給を三三億ウォン即ち九%増加を許容することを内容とする。

第二は、財政収支差を最少限度に抑制する原則の下に去る一月二九日第九回閣議で通過を見るようになった。ここでわれわれが特記する事実は昨年度と今年の財政安定計画はその立案においてあくまでも韓国政府の独自的で自発的な雰囲気の下で成立しまた執行されているという点である。言い換えれば過去のように援助当局での勧誘とか指導の下に成立したのではないということだ。またこの通貨安定策があくまで経済開発五カ年計画の成功的な遂行のため安定基調の達成にその目的があるし安定と収縮その自体だけを叫ぶ安定至上政論ではないという点を強調しなければならないと思う。

ニ、計画の概要

一、一九六三年末通貨量は前述のように四〇〇億ウォンに定め増加限度三三億ウォンは次のような部門別に配定した。

財政部門	三四億ウォン増加
金融部門	二四億ウォン増加
外換及び資益金	三八億ウォン増加
予備限度	一三億ウォン増加
合計	三三億ウォン

二、部門別の内訳を説明すれば次のように各名増加あるいは減少要因を形成している。

①財政赤字三四億ウォン（別表一）

財政部門はまず一般財政（対充基金とその他特別会計を含む）で予算赤字二六億ウォンを内包している。即ち新規産業復興国債を発行し出資機関の外換貸入代償に使用する二八億ウォンがあるしここで過去の復興国債発行基金による融資金の回収に因る考えていた徴収要因二億ウォンを差引いたのがこれであった。しかし政府は予算の執行過程で約八億ウォンの赤字を抑制することで自然一般財政の赤字は一八億ウォンに縮少をあらわしているし。一九六二年度予算の整理期間（一九六三年一月）中、執行で発生する赤字は一億ウォンに達することと計画している。

次に特別会計は各名均衡を維持することと計画し、ただ糧穀管理特別会計の一時借入金処理過程で発生する赤字一五億ウォンだけを計上した糧穀管理特別会計は予算上では赤字がないが一九六三年度の両特別会計一時借入限度は五〇億ウォンに昨年度の三五億ウォンを一五億ウォンも超過しているのでその償還過程で糧穀一五億ウォンは実質的な民間入り性質をもって年末通貨量の増加要因に作用することになった。

②金融赤字二四億

金融部門の資金需給計画は経五カ年計画の金融推定表に依って作られたことを明らかにしておく、年間六六億ウォンの貯蓄増加と四二億ウォンの通貨を膨張許容するのである。

融出金六六億ウォンにはもちろん財政資金運用特別会計で融下する七三億ウォンの政府融資金を含まないので一九六三年右の総融出金増加限度は一三九億ウォンに達するのだといえる。

別表二で見られるように銀行別資金割限度の配定を行なったことがあるのをわれらは知っている。

③外換及び出資

まず外換部門で四九億ウォンの「ウォン」貨が回収される。一九六三年度外国換需給計画を見れば三八百万ドルのKFX売上額を計上している、ここで四九億ウォンが回収され通貨量を収縮する要因に使用することになる。

ホ、予備限度13億ウォン増加

一九六三年財政安定計画には特別に予備限度が設けられてある。これは六二年度末の通貨量の政府の強力な緊縮政策を反映して例年に見られない信用縮少をもたらしたために今年に入って年初を中心に一時に増加される与信量を動案対備した措置である。従ってこれは今年度の安定計画が注意深く計画されたかを証明するいい例である。

財政安定の問題点

今年の安定計画を成功裡に導き成長を発揮し当面した経済危機を克服するにおいてはいくつかの問題点をもっているということを知らねばならない。

（イ）安定計画の問題点

去る一月末の通貨量は三八七億ウォンに達したことがある。また二月から七、八月までは大体、通貨の還収期に該当し、年末に到っては再び、膨張期を迎えるようになった。

しかしその計画には次のような問題点を含んでいる。

一、一般財政の歳入中には株式販売収入四一億ウォンが計上されているが、証券市場の最近実績で見れば、その確保が困難視されているし、対充資金収入は二千五百万ドル追援交渉の成功、如何によるものとみられている。従って財務当局では証券市場以外の道を通して株式の直接売却の道を模索しており、また新しい財源の捕捉で具体案をすでに成案しているし追援交渉もほとんどその成功が確実視されている。

二、糧穀管理特別会計では若干の追加赤字が予見されると伝えられている。糧穀の絶対需要量確保、高利債償払期限の到来などの難点は多いだろうが政府はその赤字を最少量に制限しようと最善の努力をつくしている。

三、前記のように一九六三年度の米担融資規模を一九六二年度規模と同一なものに仮定したことがあるが、この米担融資は實上政策と関連をとりながら、秋穀の生産量増減に直結しているので予測を許さない。また今年度の四・四半期中にも昨年と同様強力な農業資金の回収を前提にしているが、その実現如何もやはり通貨量規模を大きく左右する要因に違いない。

四、六三年には九%の通貨量増加だけを許容する緊縮を断行するそれでは四二億ウォンという巨大な貯蓄性預金の確保が可能であろうか、きわめて難問の一つである。

（ロ）財政安定に関する一般問題

一、通貨政策の一貫性に関する問題だ。一九六一年と一九六二年には膨大な通貨量の供給が避けられなかった。

然し政府はそのような過度的な緊縮作用が終ったので安定を害することのない投資政策に細心な注意をしているし、このようにして資源の効率的な供給配分とか物価など経済全般にわたった、極大効果をおさめようとしている。

二、財政赤字と金融に関する相関関係だが一九六三年度予算だけでも四一億になる赤字を含めているし多くの財政支出を金融資金で調達したことが韓国金融実績の過去であった。しかし経済成長に伴う流動性規模の拡大は民間部門で達成するのがよいというので現在財政部門で取扱っている投資計画中相当部分を民間企業に移譲す

忠南道の巻

再建祖国を訪ねて

カメラ・文 曺圭必

名勝旧跡の地扶余で

大田市街、忠清南道道庁の三階窓から望む市街の一部

十二月十日全州市からバスで忠清南道の論山に向った、本道はわが国の三大旧跡名勝地の中の一つに数えられ、ソウル（京城）慶州の次には扶余といわれる処ろである。郡庁のジープで約四キロ離れたところにある灌燭寺、石造弥勒菩薩の立像に案内された。小高い山の中腹の雑木林の中に確立した立像は高さ五十五尺余りで東洋一の高いもので約千年前高麗時代に建立したものらしい。この前に拝石石灯、石塔等が立てられそれぞれにはすの花紋が浮刻りされて古代美術を現わしていた。ここは風景も良い処で灌燭寺の庭の林の間からかの有名な鶏竜山の岩峰が遠くながめられる。一人の老婆が寄って来てこの弥勒仏像を背景にして写真をとれば縁起が良いというので記者も遂につりこまれて自分の写真をカメラにおさめて次の行地である扶余に向った。

扶余は昔百済の都で小高い山の扶蘇山城跡の下に小さな町が広っている処ろへ白馬江の清流がこれをぐるりと取り巻いて流れ静かで風景の良い処だ。

城跡の裏手には百済が滅亡する時に宮女三千が身を投げた落花岩の上頂には百花亭を始め三忠祠、迎月楼、皐蘭寺の外無数の古代建築物と石仏も石塔等が至る処ろに散在し、またここにある国立博物館の分館には百済文化の遺物が多数陳列してあった。

道内にはここだけでなく公州天安その他各所に寺院、城跡等の名勝旧跡が多い外に休養地としての温泉場も約五百年前から伝わって温度五十度位いの温陽温泉から儒城温泉、徳山温泉等があって近代建築の各温泉ホテルが立つようになった。

翌十二日バスが大田に向う途中左側に海抜八一六米と周囲二十里余り広がっているといわれる鶏竜山の岩峰をながめつつバスは走り続けた。この山は奇岩絶壁の谷間に原始林が生茂ったところに甲寺、東鶴寺、新原寺等の古代から伝わる寺の建物とこの外数多の寺院があってそれぞれに宗派を異にしているようだ。

バスが山野を絶えて走る沿道には見取れる程の絶景の連続であった。間もなく大田に着いて公報館並に道公報室にあいさつを済ました後道庁三階の窓から市景をカメラにおさめた。カイライ軍の進撃に伝って焼土化したのであったが、今は全市が完全に復興し商工業が発達しているようすであった。

本道も政庁五個年計画事業なり道の建設が各処で行なわれて居るようだが日程がないので全国一周取材行動をここで終りにして読者と御別れとする次第である。

三忠祠の本殿、百済が滅びる際忠誠をささげた三義士の遺影が祀られている

落花岩、百済が滅亡の時宮女三千名がこの岩壁から身を投じて純潔をまもった

皐蘭寺、扶蘇山の裏にありその前を白馬江が流れている

国立博物館扶余分館、この中に百済時代の文化、芸術の遺物が陳列されている

泗沘楼、扶蘇山頂にある二階建ての楼閣

民族教育を確立しよう　茨城県韓国商工人親睦会々員一同　信用組合設置を早急に推進しよう

大韓民国居留民団 茨城県本部 水戸(2)三三三七
鉄鋼業 金有鑫 慶尚南道東萊郡長安面 日立市多賀町下孫九九六 日立(3)一一七三
遊技業 孫道鉉 慶尚南道 水戸市柳南町三六八ノ一 水戸(3)〇六六一
遊技業 金時弘 慶尚南道 常陸太田市木崎町二丁目一九九一 太田九〇五
飲食業 李横鎬 慶尚南道固城郡 日立市助川町一八四三ノ二 日立(2)一四六五
貸金業 尹炳泰 慶尚北道 水戸市東柵町五ノ一五 水戸三八四四
製粉業 金貴準 慶尚南道咸安郡 東茨城郡小川町上宿 小川一四七
遊技業 崔錫泰 慶尚南道釜山府 猿島郡岩井町横町三四二三 岩井七二
遊技業 金竜鎮 慶尚北道安東郡臥竜面中佳邱洞 土浦市川口町八九九 土浦一一四五
遊技業 姜華錫 慶尚南道咸安郡代山面 那珂郡大宮町 三栄遊技場内 大宮四一六
遊技業 朴貞作 慶尚南道釜山市草場町三ノ五〇 石岡市大字石岡一一三二ノ一 石岡二〇二四
遊技業 文檜変 慶尚南道泗川郡 下館市稲荷町丙一二三 下館一四二
遊技業 張一慶 慶尚北道醴泉郡虎鳴面元谷洞 結城市国分町五三一 結城六三七
旅館業 権寧錫 全羅北道井邑郡 日立市助川区城北三四七 日立(2)〇六七一
鉄鋼業 李再述 慶尚北道大邱府南山町二三七 常陸太田市木崎町二 太田八五三
金融業 洪得竜 慶尚南道 日立市宮田町一二三二 日立(2)二〇二一
飲食業 権寧亀 全羅北道 日立市助川町高野区一八三 日立(2)二五一四
遊技業 金在冲 慶尚南道 土浦市川口町三〇七三 土浦二八一・二八一九
電気商 金大鉉 慶尚北道 勝田市武字武田一一三七 勝田六六四五
鋼鉄業 呉孝庸 全羅南道 日立市助川区大雄町三ノ四 日立(2)八六六
鋼鉄業 裵永福 慶尚北道 日立市助川町大和町四ノ二 日立(2)三二四
遊技業 金済千 慶尚南道 常陸太田市東一丁目 太田二五八
旅館業 崔鐘国 全羅南道長城郡 日立市助川町新駅通り 日立(2)六〇七
鋼鉄業 張炳泰 忠清南道 日立市久慈町新宿八〇六ノ六 久慈浜二二四
飲食業 李貴鳳 全羅南道 日立市助川中町一ノ二 日立(2)一四六九
遊技業 姜哲浩 全羅南道光陽郡 西茨城郡岩瀬町東区 岩瀬六一二一
鋼鉄業 宋鳳元 忠清南道公州郡 常陸太田市山下町一一八六 太田二三八
鋼鉄業 趙炳華 忠清南道公州郡 日立市多賀町河原子 日立(3)二九九八
遊技業 朴台守 慶尚北道慶州郡外東面 日立市大久保町五四一 日立(3)四九八
鄭鉄業 李錫麟 慶尚北道 水海道市豊岡町横曽根 水海道一〇八

民団第29回全体大会を控え

中総三機関長、所信を表明

民団の第三十八回中央議事会と第二十九回全体大会は来る二十四、五の両日、東京都港区虎の門・久保講堂で開かれる。
今回の大会では、教育センター設置問題などの新年度活動方針ならびに多年の懸案であった規約改正の審議決定、任期満了による中総役員の改選などが行なわれ、とくに規約改正、役員改選などに焦点が向けられるものと予想されるが、民団内外の諸情勢が相当緊迫している折から、果して大会がいかなる決定を下すか関係各方面の注目を集めており、代議員はもとより全団員の良識ある協力が大いに望まれている
そこで本紙は現在、民団の最高指導に任ずる中総三機関長に今次大会にたいする所信を語って貰った。

民団改革の完遂期す

団長　権逸

▼任期二年間を省みて
私はこの五月を以って中総団長の任期二年間を満了する。いま静かに過ぎた任期を振り返ってみるとき、やろうと決心した幾つかのことの中である程度成果をあげたこともあるが、その反面、痛烈に自己の力倆不足を反省させられる点もあって、その心境はまことに複雑である。
私が一昨年五月、中総団長に選出された時、偶然の一致ではあったが祖国において五・一六革命が勃発して、その目的と精神において…命を支持する決意を固め、爾来二年間、中堅層、経済人層よ…在日僑胞社会における革命精神の具現に一路、まい進してきた。

その具体策としては六大活動方針を定め、議論よりも団員の日常…

…的な面では、五・一六革命の好影響のもとに、中堅層、経済人層より二万余名の集団的入団、横浜商銀をはじめ全国で七カ所の信用組合の増設（現在手続中の十組合と既設九組合を合すれば総寄の十九組合を上回ることになる）全国各要地における日韓親善協会の創設などの進展をみることができた。もとより、これらの成果は全団員ならびに各級組織幹部、中総執行部各位の協力によるもので、まことに感謝にたえないところである。

指導層の若返りを

監察委員長　鄭烔和

▼今次大会の性格について
こんどの大会は、緊迫した一般的客観情勢からみても、また創団以来十数年を経た民団自体の発展段階からみても、実に画期的な重要意義を持っている。これを一言にしていうならば、どうすればわれわれの持っている力を総結集して新事態に対処し、負荷された任務を十分に果し得る民団を生み出すことができるか、ということである。
私はこの課題にたいして、中央監察機関の責任者として、また民団の現状を憂うる一団員として、全国の有志とともに、ここ数カ月来、真剣な討議を続けてきた結果、その解決策として、①過去の民団運営の経過の中で醸成された派閥や地域にまつわる対立感情をこのさい、民団本来の立場に立って、民団内に新しい生命力が芽…

切り変えることと同時に前記二項に関連して、人事の若返りを行なって指導世代の更新を断行することなどが絶対に必要であるとの結論に達した。

今次大会は、これらの諸目的を達成することを主要任務とすべきであり、画期的抜本的な民団新体制の起点とならねばならないものと確信されるのである。

▼規約改正について
こんど提案される規約改正は、前記諸目的を達成するために絶対必要な措置であり、その基礎となり力ギとなるものである。とくに、その主眼となるものは中央委員会（同常任委）制の創設であり、この中に実力本位で多くの若い有能な人士を吸収することによって、民団内に新しい生命力が芽…


…じている。各選手のバトン・タッチ（継走）がうまく行なわれることによって勝利がもたらされると同様に、団体の運営も役員交代が円滑に実施されて、はじめてその一貫性ある発展が約束されるのである。

過去のわが民団においては役職…ながらとの原則が事実上無視されており、毎回の役員改選は激烈な派閥対立感情のうちに行なわれ、そのシコリが尾をひいて民団運動の円滑な進展を妨げてきたのみならず、敵陣営につけ込むスキを与…

革新的な新体制へ

議長　金光男

第二十九回民団全体大会が来る二十四、五の両日、東京で開かれることになった。その開催時期の遅延については多少の異論もあり、議長として、その間いろいろ苦慮もあったが、幸い関係者の良識ある努力によって、民団規約の示す通りの時期に召集されることとなり、満足に思っている。
今大会のポイント（重点）は規約改正、役員改選、活動方針の決定などであり、とくに前二者に論議が集中されるものと予想されるが、私としては活動方針の審議に重きをおくべきだと思っている。

▼活動方針について
私は民団を取りまく諸情勢にかんがみ、民団の新しい活動方針は思い切って革新的なものとなら…


…を持っているようであるが、いよいよ今大会において結論が生み出されることであろう。

いずれにせよ、私としては大会に出される試案というものが、なにがなんでも提案通りに可決されるべきだとは考えていないが、こんどの規約改正がこんごの民団運動の発展にきわめて大きな意義を持つものであり、またこんどの機会を逃しては当分それが実現できなくなるだろうことを思い、代議員各位が自己の信念によって十分審議の上、立派な規約改正が成し遂げられることを切望している。

▼役員改選について
団長候補者については既にいろいろ噂が出ており、いくつかのグループがそれぞれ特定の人物を考えているようだが、願わくは六十万在日同胞の長たるにふさわしい人物を選び出したいものである。

また、団長だけでなく三機関の責任者すべてについて私利私欲や…

▼議長の態度について
私は議長として民団の方針に従い革命政府を支持する余りに、一部において誤解を招いている点がなきにしも非ずであり、また現執行部にたいする態度についても、私自身としては決して盲目的であったとは思っていないが、この点についても多少の批判があるやに聞かされている。私は今大会を通じて、これらの点について態度をはっきりさせ誤解を一掃したいと熱望している。

▼結びのことば
本国においては民政移管の準備体制が着々と進展しており、また韓日会談の妥結も近き将来において予想される今日、私たちの民団はなんとかして旧殻を脱して新しい体質に盛り上げることができないものであろうか。今大会の任務はこのような全団員の願いを実現することであり、このようなふんい気の中で立派な大会が持たれるよう代議員各位の良識に待つものである。

5・16二周年記念日

民団、各地区で記念行事

きょうは韓国の五・一六軍事革命二週年記念日である。

就任あるこの日を記念して韓国では、朴正煕最高会議議長以下、…

韓国陸上競技に赤信号

…百㍍を除き全部大幅に上回っており、大体ローマ大会五位から十位間の水準に達している。

一方、大韓陸上競技連盟は六十…

本国許可者氏名公告

韓国駐日代表部領事課旅券担当官
在日本韓国居留民団中総民生局長

旅券発給者氏名公告

KOREA AIR LINES
東京海外旅行社
韓国行きの航空券・船舶券・その他の諸手続きは信用ある弊社へ
国際線もあり
旅行新聞社
社長　朴東佑

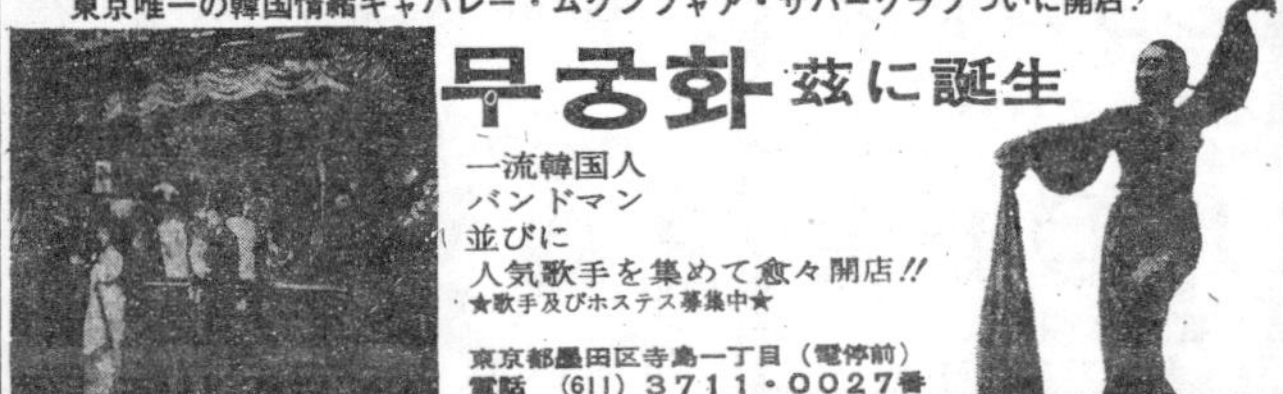
東京唯一の韓国情緒キャバレー・ムグンファア・サパークラブついに開店！
무궁화 茲に誕生
一流韓国人
バンドマン
並びに
人気歌手を集めて愈々開店!!
★歌手及びホステス募集中★
東京都墨田区寺島一丁目（電停前）
電話　(611) 3711・0027番

※世界各国航空船舶券発売・渡航手続一切
※KAL航空券取扱・韓国旅行案内
※AIU旅行障害保険取扱
※国内観光旅行案内
東洋航空株式会社
東洋旅行社　国内部
本社：東京都中央区銀座西7-2　TEL. 571-1340・7930
大阪：大阪市東成区片江町2-50　TEL. 971-6180

文化

秩序は自由の根源
自然への逆行は破滅
崔　徳　新

秩序への念願

秩序のある革命政府時代

昨年の暮れ、旧友一人が来て世間話をしているうちに、こんな話しをしてくれた。自由党時代は何といってもお金が一番よくまわったし、民主党時代には言論の自由が一番多かったし革命政府時代は秩序が一番とれていたーと。

いまさら、ほころびた自由党、民主党の良悪を語る必要はなかろう。ただわれわれが望むのは彼をいわずに自由党時代のように金のまわりがよいとか民主党時代くらい言論の自由が保証されながらも革命政府の下のように秩序がよくとれていればよいとのことであった。

私はこの話しを革命政府に対する一種の不満の表示だと思いながらも、なにか考えさせられるものがあった。

私はこの話をこう解釈したい。若いときは先輩たちの経験と知識と技術をよく学ばなければならない、そのような知識を教えてくれる先輩に対して感謝する気持で尊敬しなければならない。

働ける能力がある中年には国家社会の総ての方向において力いっぱい活躍し、人類発展の向上にささげられない限りで正々堂々と争っても自分の力が先輩におよばないからといって設計、中傷をもって先輩を追越すのではなく他人より先に走りたい時は他人より多く働き、実力を養って先に進むのが人間社会全般の発展を招くことだし、このように正々堂々と向かして、あらゆる試練に耐えた実力を発揮できるのが真の栄誉でまた先輩に対する良い報酬ではないだろうか。

若い世代へ譲り伝えるもの

人間が老年になると自身の経験と知識と技術を若い世代に伝えて継承させて彼らの間違いと脱線を指示しながら、息子に財産を譲るように、自身の栄誉と地位をゆずり、それを鼓励し、またはげましてあげるのが社会安定の唯一の道であろう。それがなり立つためにはお金も必要であり、自由も尊いものだが、やはりその根底には秩序がなければならないし、この秩序こそ自由と経済をささえる根本的な組織の原理ではないだろうか。偉大な宇宙、森羅万象には各々秩序があり、その中でくらしている総ての生物と無生物がこの自然的な秩序にたよりその秩序を信じることによって自由な生を営むのではないか。万一宇宙のある一部門の秩序が破壊されたとしたらその時即から連鎖反応により宇宙全体が爆発してしまうだろう。このように考えると宇宙の基本秩序というのは即ち自由と生を営む基本条件になるのである。

新しい秩序には新しい力

なによりも人間社会には自由が必要であるからこそ組織を守る基本秩序がなければならない。だから四・一九以後の混乱した社会を正すためにたちあがった革命政府は第一に社会秩序を正しくすることに力を入れたのはあまりにも当然なことであった。近ごろ民政移譲を控えて再び社会秩序が混乱してきたが、それは革命政府が[illegible]という威力をもって他律的にあたえた秩序であったがこの他律的な秩序を人間革命を基調にした国民革命に転換して自律的なスムーズな秩序に転換することに功をおさめる前に、民政移譲という段階に入るから、いままで後押しをしていた威力が弱くなる反動で現われる必然的な現象である。新しい秩序のためには新しい力が必要である。このような感情を超越するには、法と力を超越した自律的な人間社会のスムーズな秩序を一つ確立する方法しかない。

世代と世代にある間隔

はてしなく遠い大昔、どこで始まったか知らない生命の根源地で出発し、どこに行くのか、またどこで終るのかも知らない限りない未来に向かって、休まずに止まらず未来から未来に新らしい境地を開拓しながらその境地で住み後でくる世代にゆずりながら終止なく流れる大河のようなのがこの社会である。だから人間社会の流れに中断がありえないように、世代と世代の間に間隔があってはならないし後からくる世代がいっぺんに飛びあがることはありえない。

しかしわれわれが冷静に反省すれば日帝から解放され二十年に近い今日まで社会はこの自然の秩序の流れに逆行し、また無謀なことがありすぎた。先輩後輩関係が混乱し地位を占めるためには手段と方法を選ばない行為が多すぎた。こんな行為のはんらんにより後輩は先輩のまねをする、この結果は社会全般に中傷と謀略と非人間的な無人地帯を導いたのである。

正常な流れの中での責務

このような人間社会の流れに逆流する風潮はこの社会に無秩序な生存競争を起し、閥閥と社会悪が助成され末には絶望と飢餓がこの社会を脅すことになるだろう。どうしてもわれわれは人間社会の流れに逆行するこの悪習をくりかえすのであろうか？　何でわれわれは天国の過れるこの地上を地獄にし、その中でうようよしているのか？　われら生命の目的は未来の永遠な生命を創造することにあり、生活の目的は人類全体の幸福を増進させることにあるという人生の真理のために大河の正常な流れにしたがい自己の位置で果すべき仕事をつくすことだ。人間社会の秩序を如何に確立するか。

社会の安定は秩序確立で

昔のある賢人が曰く「若い時は年寄を尊敬し、中年には功をおさめなければならないし、老年には若い人を育てなければならない」これによって人間社会は上下の秩序が確立され、愛情ゆたかな人間社会になり、お互いに情が通じて生命が連結され、活気に満ちた人間社会が成り立つのではないか。

私は今のこのような無秩序が真正な人間社会の自律的で自然な生命をもつ新らしい秩序を生じるための前ぶれであることを願って止まない。また経済とか政治が総ての部門の社会秩序が結局は人間対人間の問題に限る以上、人間社会の秩序確立がなくては安定がありえないということを、確信するもので、このような私の願いはよりせつなるものである。

（前外務部長官）

春の望郷
安　福　基　子

百花亭　全北落花岸上にある　撮影・曹鉉泌

（春） は四季の中で、自然においても人間においても、いちばん歓迎される季節である。灼熱の夏、孤独の秋、忍耐の冬を通り越すとやっと春が来る。

春の息吹にふれると、草の芽や木の芽が出る。いろいろな花が咲く、木枯しの中で歌を忘れていた小鳥がさえずり始める。土の中から様々な生き物が「死」の季節である冬からはい出して来る。春は自然の処女であり、「生」の初まりなのである。

（季） 節に左右される自然ばかりでなく、春は人の心もなんとなくうごめく。寒さにおさえられていた人間の感情が、草の芽や木の芽がのびるように頭をもたげて来るのである。だから春の人の心には他の季節にはあまりなかった詩がわき、歌がわく、思い出なども鮮明に浮き出て来る。望郷心も一段と大きくなる。

丁度、若芽が出はじめるころになると、私は何時もゼンマイやワラビのことばかり浮える。それというのも、私の母は春の話の好きな人だった。それも、彼女が娘のころゼンマイやワラビを取りに行った話であった。

（昔） から韓国では春になると、若い女性たちがかごをかかえて山や野へ出かけて、食用になる木の芽や若草を摘んで来た。それをおいしく料理して食卓にのせると、ようやく春の実感がわく。韓国の春はこのような形で人々の心におとずれて来るそうだ。

（そ） のような春が忘れられないのか、私の母はながい日本での生活の中でもめぐって来た春には必ず山や野へ出かけて、一年分のゼンマイやワラビを摘んで来た。姉や私が年ごろになると持っていましたとばかり、春に山や野へ出て木の芽や若草を摘んだ思い出を持たない韓国人の女性ほど可哀想なものはない、といってよく一緒に引っ張り出されたた。ハイキングのつもりでついて行き、日本の山の中で韓国の自然をいろいろ教えられたものである。だから、東京にいる今も春になると、あの若草はおいしかったのにか、あの木の芽は出たろうか、今ごろはゼンマイやワラビが真盛りだろうとかいろいろ思い出す。

（春） は自然の中にいる時がもっとも春を感じさせる。人間のジャングルの都会にいると、春そのものを直に感じることが出来ない。それでも、人体の中には春への反応の本能があるのだろう、やはり春になると肌が輝き出す。特に女性は春には敏感である。日に日にはなやかになる女性の装いでなんとか春が来たのかな――と思う。全く都会の春は人工的である。

（自） 然の春の中で育って人工的な春の中へ放り込まれた私などは、都会の春がもの憂くて仕様がない。それでせめて外観でも春らしくなりたいと考えはじめた矢先、たまたま先日の日曜日、銀座である会合があった。出席者がオール日本婦人の会合でもあり、振り袖姿で現われることはわかりきっていた。私も春の装いをしてみたいと思い、チマ、チョゴリを着て出かけてみた。

（女） 性というものは不思議なもので、衣装替えをしただけでなんとなく春の気分になる。結構楽しみながら春のひざしの中を歩いていたら、急に肩をたたかれた。ふり返えると「なつかしい姿ですね」といって、見知らぬ人がしみじみチマ、チョゴリをながめていた。その一言で私は彼が同国人であることがわかった。見知らない同士があいさつをかわした後、彼は、「大変失礼ですが、あの交差点まで一緒に歩いていただけませんか。お願いします」といって来た。歩きながら話すのを聞いてみると日本へ来て十四、五年になるらしい。その間、銀座でこのような姿をみかけたのは初めてだといった。

「いや、故郷を思い出しますね。今ごろ韓国でも女性が着飾る時ですよ」と、いかにも故郷をなつかしんでいる表情だった。

（名） 前も聞かず交差点で別れたが、望郷のめぐりいのような気がした。

故郷は遠くにありて想うもの
そして哀しくうたうもの――

という有名な詩があるが、〝望郷〟特に春の望郷はせつないものである。

今ごろ韓国では、ポプラの葉が出そろって美しい緑の春になっていることだろう。

第一回ミス韓国　姜貴姫
映画俳優　金衣香
一九六三年度ミス韓国　孫良子
一九六三年度韓国ミスワールド代表　鄭泰子

韓国ファッションショウ
＝親善と服装文化交流に一役＝
22日東京赤坂プリンスホテル

韓日親善〝韓国ファッションショウ〟を、両国の親善と服装文化交流のため在日韓国婦人会中総（呉基文会長）らの主催により両国の首都で催すことになったが、日本におけるショウを来たる二十二日午後一時（特別招待）午後四時（一般招待）の二回、赤坂のプリンス・ホテル新館で、韓国民俗服など五十四点で盛大に催す。

このショウは、韓女子の衣生活の合理化運動、ファッション親善使節の交換などを通じて韓日親善を図るため、韓国公報館の後援のもと在日韓国婦人会中総、日本の帝人K・K、朝鮮日報社の共同主催によるもので、その内容は次の通りである。

▽発表作品（総五十四点）
第一部＝韓国民俗服　十二点
第二部＝改良婦女服　十二点
第三部＝家庭着、子供服　十点
第4部＝社交服　十六点
第5部＝婚礼服　四点

▽デザインと製作
孫徹子（首都女師大教授）
金英淑（漢陽女高教諭）
金順玉（婦人会文化次長・NDK会員）
崔敏子（ソウルデザイナー協会理事長）
金道子（トキ洋裁研究所講師）

▽使用生地
テイジン・テトロン（合成繊維）

▽モデル
鄭泰子（一九六三年度ミス・ワールド韓国代表）
孫良子（一九六三年度ミス・韓国）
姜貴姫（第一回ミス・韓国）
金衣香（映画俳優）
孔美都里（映画俳優）

安住の地は（三十八）
許槿旭　え 金斎伸　(152)

「眼をとじながらも、最後までおれのために気がおけなかったことだろう。不幸な息子であるとひどく恨んだことと思う。お寺を出てきた後、一度もお訪ねできなかったことは、おれたちの不安な立場のためだったが……。しかし、なくなられた知らせを受けて、行かぬわけにもいかないし……」

「行っていらっしゃい。とっくに行って見なければならなかったことであるが、仕方なかったんですわ。一たび旅立てば、二度と帰れない道であるのに……生きておられたとき、よく尽してあげるんだったものを……。この世の中で一番さびしいことは、人間世界に結んでおいた節ぶしを、一つ一つ解き放し、遠い道に旅立しようと仕度した人間の最期でしょう。さびしい山寺で、どのぐらい孤独だったんでしょうね」

「大田には、おれの過去を知っている人が多いので、なんだか不吉だ。青鶴寺に行くには、どうしても大田を通らなければならないから……」

「そうかといって行かぬわけにもゆかないでしょう。すべてのことを天地の神にお任せなさいよ」

「では行ってくるよ」

「気をつけて行っていらっしゃい」

トランクを手にして玄関を出る彼の後姿を見送りながら、私は胸がしびれるような悲しみを感じた。

（いつまで私はこんなに隠れてくらさなければならないのか？）

夫が青鶴寺に出発してから三日が過ぎた日の夜明けであった。

「戸を開けて下さい」

さわがしい表戸を叩く音に、私はハッとして眠りから覚めた。窓が明るく白んできた。

（こんなに朝早く誰だろう？）

私は着かえてから、表戸のかんぬきをとった。

「ここが相衡ちゃんの家でしょうか？」

紺の背広にパナマ帽をかぶった背の高い見なれない紳士だった。

「誰方ですか？」

「これを相衡ちゃんのお父さんから伝えてくれといわれたので……」

紳士は私に手紙を渡した。瞬間、何事かが起きたということを直覚的に感じながら、私は手紙を拡げて見た。戸籍問題のために大田にくるようにとの内容であった。

（何の事だろう？　隠れてくらす私たちに戸籍などとは？）

はかり知れない形態の疑惑が、潮のように私の胸に押し寄せて来た。

「友人の方ですか？」

「はい」

紳士の口辺に冷笑が浮んだ。

「早く出発しよう」

彼の催促に、私はこどもを起し、簡単な旅装を整えた。

まだ眠りから覚めないこどもは、眼をこすりながら泣きべそをかいた。

「お母ちゃん、どこへ行くの？」

「お父さんのところへ行くんだよ。早く服を着て」

私は女中の女の子に、留守番をよく頼んで家を出た。

韓国料理
漢陽館
焼肉とホルモン料理
営業時間　朝10時～翌午前3時まで
大小宴会引受けます
崔泰奎
東京都文京区清水谷町1番地
電話（941）1552番

米国直輸入種鶏専門孵化場　（カタログ進呈）
真実の多産鶏
東禽のヒヨコ
福島市山居　東北家禽研究所
宮城県連出ひな納入第1位（36・7年度）
福島・山形県経済連指定孵化場
自家種鶏10,000羽保有！
所長・工藤定雄（尹斗定）・慶南東萊邑壽安洞283

○サッカリンナトリウム・化学工業薬品製造販売
大東化学工業株式会社
取締役社長　林　春　善
川崎市桜木町2の58　TEL（2）3381

■ホール
■御座敷
純京城料理
京城館
宋万星
東京都新宿区神楽河岸3号地
国電飯田橋東口下車橋のたもと
電話（331）2652

遊技の殿堂
チェリーホール
宇都宮市曲師町
電話（二）八六三二・八六〇五

KOREAN RESTAURANT
ソウル料理（大塚駅北口）
鳳仙花
代表者　朴　義　淑
二階　お座敷有り　二十名までの宴会用完備
東京都豊島区西巣鴨三の九五〇
TEL（九八一）五九〇三

尋ね人
息子である李基善氏が、父親の李慶烈氏（日本名、国本忍）をさがしていますから御存知の方は左記住所宛にお知らせ下さい。
横浜市鶴見区鶴見町一三三〇
朝日製鉄KK内（平山）
電話横浜（50）一八四三一～四番
一、此の人の終戦直後の住所は
東京都、大田区、清水町、十二番地
父親　韓国名　李慶烈　年令（56歳）
日本名　国本忍
息子　幼名　李基栄
現在名　李基善

社員募集
一、資格　夜間高校生または高卒程度、年齢不問
二、待遇　給料は委細面談の上決定す
三、右御希望者は、履歴書持参の上
港区芝田村町三の四（山崎ビル）
山一商事株式会社、東京支社　電話五九一～一六二三番
又は豊島区西巣鴨三丁目九五〇番地
鳳仙花　電話九八一～五九〇三に御連絡下さい。

社員募集
一、女子事務員　大学、高校卒業者、優遇、年齢二十五歳迄
二、自動車運転手　経験三年以上車名フォード、プリンス、グロリア年齢三十歳迄
三、右希望者は　大韓民国国民登録証、履歴書持参の上、来社願いたし
四、勤務地　東京都渋谷区桜ケ丘十四番地
株式会社　丸和商会　電話（461）七九六七・四六二九番
社長　徐学均

豪華浴室と高級焼肉料理の殿堂
温泉気分と最高のムードで
個室トルコ　早朝五時より（800円）浴後にビール1本ツマミ付サービス
大衆男女トルコ風呂　100円
◆五〇〇坪全館冷暖房完備◆
上野　宝苑
上野駅前昭和通り宝ホテル隣
チャングのリズムに乗って
韓国の古典床しき美妓の舞い
御宴会
御一人様　500円より
料理5品　酒1本（500）
高級焼肉料理

韓国服地のメーカー各種レース専門店！
住込女店員募集中！
韓国標準語の話せる方
年令不問履歴書及び写真送られたし！電話申込も可
営業品目
絹織物・各種洋丹・各種レース・ナイロン地・テトロン地・ミナロン地・デヤガード地・ウール地・カシミヤ地・其ノ地
各種生地、及雑貨、品数豊富！
浅草　釜山商店
東京都台東区浅草公園六区2号20
電話（841）3471・（871）1782

韓国服地と韓国レコード！
営業品目
特殊香港洋丹・中国洋丹・金糸織洋丹
テトロン洋丹・京都洋丹・美術丹・七色丹
リバレース・オパール・ニュートン・ベルベット
其他・本絹・季節向一式・朝鮮古典長鼓販売
貸古典婚礼衣装
韓国レコード総販売元
韓國レコード
祖国訪問者および帰国者には特別御奉仕しております
仁川㊁商会
東京都台東区浅草公園六区10－3
TEL（871）3981・5498

技術革新の凱歌！
平和ミラクル・セット
パチンコ裏玉還元装置
★シマの構造は、あまりいじりたくない…
★人為的な玉の上げおろし作業は、人手不足の折から、もったいない…
★サービス員の出入り出来る余地があるだけで、感覚客は心理的にもガス玉が打ちこめない…
★他機種の入れ替えにシマをつくり直す手間が要らない…
★したがって、完全な還元装置があれば、いちばん理想的…
以上の問題は、平和のミラクル・セットのご使用で、すべて解決します。
平和
東京・大阪・北海道

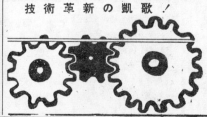

韓國新聞
発行所 韓国新聞社

公明選挙のため立法措置

朴議長5.16記念日に演説

革命なき政治風土

新しい福祉社会の建設を

五・一六軍事革命二周年記念式典が、去る十六日（臨時公休日）午前十時を期して全国各行政区域単位で盛大に挙行された。ソウル特別市の主催で、三府要人と駐韓外交使節、革命主体勢力、各軍指揮官、三軍士官学校生徒、学生ら二万余の官民が参集して城東原頭で行なわれた首都ソウルの記念式典で、大統領権限代行朴正熙最高会議議長は「挙族的課業である年内民政移譲を完遂するため、愛国愛族の一念から民族全体の気魄と力量を一つに集結し、渾然一体となって協心団合するように」と、二千一百字に及ぶ記念辞を通じて呼訴したが、その要旨は次の通りである。

親愛なる国民の皆さん！

革命を主動したわれわれは、腐敗と不正に染った固陋なる習性を払拭することによって、曲げられた民族史を正し、民族意識を抑制した他律の根深い伝統を打破して、自立と民族的主体意識を確立しようとするのがわれわれの唯一の念願であったのであります。

そのように過ぎた二年間革命政府は、累積された腐敗と旧悪を抜本塞源し、急を要する民生苦を解決する一面、畸形化した産業構造を改編して、国家自主経済の堅い基礎を築こうとする意欲的な経済開発五カ年計画の成案、推進に努めたし、前例なき果敢な施策を通じて、顧りみられず、沈滞されていた農村に生き生きとした生活の意欲を鼓吹させたし、政治、経済社会、文化のすべての分野にわたる熱誠のこもった努力によって、国民道義の刷新とこう揚を期することによって、他のいかなる政府よりも進取的にして果断性のある一大改革を断行したのであります。

しかし、二年間にわたる革命政府の熱意と努力が完全に結実するには、余りにも時間の制約を受けてきたため、新らしい民政でわれわれの当初の理念が継続的に反映具現されることを期待したが、今年の初を期して許容した政治活動再開以後に展開された政局の動向から、われわれは多くの失望と悲哀を感じたのであります。

私がその間、数回にわたり声明を発するようになった動機は無計画なる民政移譲から招来する政治的危険性を切実に感じたためであり、また他の革命の危険があり、未熟な韓国の民主主義や虚弱なわが経済が当面するであろう新たなる危機を痛感したからであったのであります。

幸にも朝野の共同努力で、その間造成された政治的緊張は漸次緩和され、今日は、ひとえに今年内に民政移譲を完遂しなければならないという挙族的な課業が残っているのみであります。

親愛なる国民の皆さん！

旧政権下の不正と不義を是正しようとして革命を起こしたわれわれが、二年間という軍政の最後を装飾するこの挙族的行事で、われわれはわれわれの信念と良識をかけて選挙の公明、正大性を期そうとしているのであります。

政府はまたこのような選挙の公明を期することを国民の皆さんに明らかに致します。

親愛なる国民の皆さん！

年内選挙を前にして、われわれはより大局的な見地から現実を直視し、より冷静な態度でわれわれの当面課題を再検討しなければなりません。先ず、われわれは政治活動再開以後、今日にいたるまで招来された過剰した政治的関心から冷静を回復しなければなりません。政局安定のためには、現在時点ですでに焦点を失った感情的対立と政治的闘争を止揚し、新らしい理念と、清新にして現実的な政策を通した競争をこの国のすべての政治指導者に要望する次第であります。

間断なき共産侵略の脅威を目前にしている緊張したわれわれの現実では、なによりも反共態勢を再強化し、米国をはじめとする自由友邦との紐帯をより堅固にすることによって、勝共統一のため万般の態勢を整える一方、来たる民政において真正なる自由民主主義を……

演説する朴議長

公明選挙実施を準備

海外同胞、学生にメッセージ

朴議長

【ソウル発＝連合】五・一六革命二周年に当って国家再建最高会議朴正熙議長は、海外同胞及び留学生に対して、あらまし次のようなメッセージを送った。

親愛なる海外同胞及び留学生のみなさん！

軍事革命が発生して二年を経過しましたが、その間革命政府は多くの困難な課業を遂行し今後の韓国の発展のために確固たる基礎づくりを行ないました。外来品に対する依存度を減少させ、経済開発五カ年計画をたてて、これを果敢に実践しているのであります。

さらに対外的には多くの国家との外交関係を締結乃至は強化し、今日までに三十二カ国との外交関係を新らたに樹立し、韓日会談も順調に進んでおり近い将来には妥結するものと見通しています。

国内では旧悪を一掃して社会秩序を回復させ、政府の機構は着々近代化の方向に進んでおり、その運営の面でも著しく改善の跡がみられ、予算の節約をすることができました。……

論壇

根強い朴議長支持

革命主体勢力が大同団結

情勢における共産侵略防衛の第一線を担当している韓国は東西両陣営双方から注目の的となっているが、去る五月十六日で軍事革命二周年を迎えいまや第三年目に入った。

周知の如く本年一月政治活動解禁以来の野党攻勢、革命主体勢力の内紛、食糧危機等の悪条件を前にして革命政府は野党の攻撃にさらされ、またこうした野党各派のPRにより韓国の盟邦として絶大な援助を供与している米国部内にすら革命政府に対する批判、対韓政策の転換等が云々されるにいたったことはすこぶる遺憾なことといわなければならない。

野党各派ならびに米国務省筋の一部の人々はしきりに軍政の失敗を強調するが、韓国の経済的困難をもたらしたものは必ずしも軍事革命政府のみの責任ではなく、韓国のおかれた歴史的役割と特殊事情によるところが頗る大きいのであり、例えば国土が東西冷戦の犠牲となって三八度線で不自然に分断され韓国は電力その他の工業資源を北方に押えられたまま、片よった資源と経済力で二千五百万という莫大な人口を養わねばならない状況にあり米国からの軍事経済援助は供与されてはいるが、これをめぐり米国からの各種の制約を受けねばならないのである。

こうした客観的な悪条件のうえ昨年は冷害その他で大凶作となった。従って彼にとの国民間政治家が政権を担当していたとしても結果がいまよりよくなっていたとはいえないであろう。

事実革命政府としては通貨改革というような技術的なミスはあったにしても政綱掲示以来目にあまっていた不正、腐敗の摘発を断行するとともに、グレン隊その他社会悪を街から一掃し、また官庁の出勤退庁の時間を厳格にし事務を簡素化することに成果をあげた。その他交通秩序、衛生等の公共施設も見ちがえるほど改善された。

さらに経済面では政府の奨励策が効を奏して輸出振興が顕著な成果をあげ、今年の第一四半期（一月―三月）の輸出額は一千六百万ドルで昨年同期の二倍強、昨年同期の七倍強となっている。

これに関連し駐韓米経済協処長ジェイムス・キルレン氏は去る十五日午後商工会議所主催の懇談会で、「韓国経済危機が誇張されているとは思わない」と強調し、その根拠として、今年度上半期四カ月間を前年同期の経済指標と輸出実績、政府導入、工業生産高、通貨量、物価傾向等と比較してみると、一年前より韓国経済はすべての分野で健全な指標をあらわしているなどをあげ「自分の見解としては韓国の輸出実績は六四年で一億ドルを突破する可能性は十分ある」とのべている。

ともかく最近伝えられている韓国経済危機はキルレン氏も指摘している如く政治的利害関係、商業上の利害関係等によって造成されたもので、政治活動再開の副産物のようである。

また話題となっている絶糧農家の問題にしても、政府は日本から米五万トンの輸入、政府保有米の無制限放出等あらゆる手段をとって、農家に援助の手をさしのべ、各市町村長には一人の餓死者もだしてはならないと厳命している。かくして五月はじめ、一かます（八〇キロ）三千ウォンという韓国以来の高価をよんだ米価も、政府の非常措置により三日間で五百ウォンも引下げさせることに成功したのである。

また二・一八声明以来四・八声明にいたるまで朴議長の動揺が伝えられているが、これによって朴議長が鉄腕の政治家というよりも韓国家ハダの軍人であり、良心の人というよりも人情型の政治家であり良心的な政治家であることが明らかとなった。しかも尹前大統領、許元国務総理らを中心とする野党連合の足並みがいっこうにそろわないのをみて叡命する韓国の現政局を収拾するには朴議長をおいては外に人はな……

（林周一）

韓日会談の早期妥結

代表陣の補強も考慮

金外務部長官談

【ソウル発＝連合】金溶植外務部長官は十七日午後「韓日交渉を早急に妥結させるという政府の方針には変りなく、妥結結果も楽観する」と語った。

金外務長官は同日記者会見で以上のように述べるとともに、漁業問題で去る十五日杉代表、金命年両代表が東京に行き日本側と接触をはじめたが、両代表らがもっていった漁業協定に対する新しい政府案は会談を通じて明らかにされるだろうと語った。

金外務長官は会談の展望を楽観する根拠として、両国間で妥結できるだろうという雰囲気が造成されている点をあげ、相手方を理解させるに最善をつくせば難かしいと思わないためであると語った。また漁業協定に対するわれわれの立場は、韓国漁民の権益保障であるとくりかえし強調、漁業の水産所得が従来よりも一層多大な利益をあげる方向を模索していると語った。

金長官はまた会談の進展において必要ならば、韓日会談の代表を補強することも明らかにした。

アフリカ親善使節団多大な成果

金溶植外務長官は十七日午後、アフリカ親善使節団の九カ国訪問は大きな成果を収めたと語った。

金長官は同使節団が訪問したナイジェリア、コンゴ、ウガンンダ、スーダン、リビア、エチオピア、チュニジアなど九カ国中大部分の国家とは将来外交関係を樹立しようという点で合意したと語った。

金長官はまたこれらの国家は国連でわれわれを支持する事を明らかにしたと語り、その外にも次のような事を明らかにした。

▽ブラジルと今週中に関税上互恵原則に基づいた貿易協定が締結されるが、調印には現地でブラジル大使があたる予定である。

▽エチオピアで開かれている各国……

早期妥結方針は堅持

成否は政局の動向と漁業問題

日本側会談消息筋の見解

約一カ月間にわたって実質的な審議が中断されていた韓日会談は、さる十七日おこなわれた第三十八回予備折衝の結果、今週から漁業専門家会合を中心に再開されることになった。これにたいする日本側のハラ構えについて政府、自民党など関係消息筋を打診してみると、……

中央委議長に申珏休氏内定

合同参謀部を新設

遠かに民政移譲を

五カ年計画の強力推進を強調

注目される全体大会

李駐英大使ノルウエー大使を兼任

駐コンゴ公使に李晶会氏を内定

大統領候補に朴正熙議長

国民運動本部長に李寛求氏を任命

サンタイヤ香料
小川香料株式会社
大阪市東区平野町三丁目

チップ製造
鹿沼利材工業所
社長・三中道九

東京商銀信用組合

日本石油特約店
株式会社 松田商店
取締役社長 松田正

＊増築開店春季大売出し！
浅草一番の店

御来店の節当店への道がお分りにならない方は下記に御電話下されば、ただちに御迎えの車をさしむけます。
京都商会
東京都台東区浅草公園六区2号―15
電話(841) 8394・2336・0092番

サービス券
この券御持参の方には特別に商品を原価で御奉仕致します！

裵大使 軍事革命二周年祝辞

革命精神を再認識

団結して祖国の再建に貢献

親愛なる在日同胞の皆さん！本日皆さんと共に、五・一六軍事革命二周年記念日を迎えることを、限りなき喜びとするものであります。

内外さんも周知の如く、過去の二年間は韓国に多くの変化があり、史上新たな改革と発展の一時期を開いたのであります。

軍事革命二週年を迎えた今日民政移譲問題を始め、種々の革命政府の功罪に就いての世論が少なくないが、在日僑胞の皆さんもあるいはその判断に混迷する場合があると推測します。

五・一六革命の意義について……と、その精神を再認識し、国民としての義務を新たにしようとするものであります。

今日、民間政府の動が回復され、国内は再び騒然たる様相を呈し軍事政府に対する非難も少なくないが、弁明は控えるとしても、今までの革命政府の歩んだ跡をみると……

……は皆さんが熟知している通りであり、再論の余地がないと思います。

われわれは今一度五・一六革命と革命政府が歩んできた足跡をたどりかえりみて、……

……実であります。しかし、このような点は政府が自認したら直ちに改善しているのであります。

革命政府が果断性をもって推進した政策の中、なによりも重要なのは急速度の経済建設であり……

これは第一次経済五カ年計画に具体化されるものであります。次に政府は、韓国社会を根本的に改革するため、社会的道徳の回復、日常生活の改善を通じて「人間の改造」を目標に、一連の適切な改革を行なったのであります。もち論「人間改造」は、人為的に短時日内に達成されることは……

韓国銀行発表 1962年度国際収支

支出……四億五千三百万ドル

収入……一億六千三百万ドル

八日韓国銀行は、一九六二年の国際収支状況を発表したが、その内容は次の通りである。

一、概況

一九六二年は「文化計画に依る自立経済確立を目標に、年五・七%の経済成長を目標として諸般政策を施行したが、国際収支は最近数年間にみられなかった特徴的な様相を示顕することによって一三〇対一の平価切下げとともに実施してきた外換及び貿易の自由化政策が止揚され、より強硬的な管理及び統計のための政策転換の契機を造成した。

その特徴的現象は①計画成長率達成のための財政投融資の拡大と六・一〇通貨改革でもたらされた一時的経済活動の萎縮及び潜在的インフレ除去のための一連の輸入促進策及び鉱工業生産活動の活発化による輸入需要の増大で一九五六年以来増加趨勢にあった外貨保有額を大幅減少させたものであり②一九六一年以来大幅増加された通貨量とその他の要因が先導する物価上昇で政府の輸出促進策にも拘らず、米など特殊品目を除外した一般的な輸出は大きく伸長されなかった。③米国の対外援助政策の変更で、一九六二年度無償援助……

二、項目別動向

（イ）輸入

……

第二・四半期貿易動態

リンク制で輸出好転

不急品抑制で外貨節約

……

韓国服地のメーカー各種レース専門店！

営業品目

絹織物・各種洋丹・各種レース・ナイロン地・テトロン地・ミナロン地・ギャバジン地・ウール地・カシミヤ地・其ノ他各種生地、及雑貨、品数豊富！

住込 女店員募集中！ 韓国標準語の話せる 年令不問 履歴書及び写真送られたし！電話申込も可

浅草 釜山商店

東京都台東区浅草公園六区2号20 電話(841)3471・(871)1782

豪華浴室と高級焼肉料理の殿堂

温泉気分と最高のムードで

個室トルコ

大衆男女トルコ風呂 ¥100円

◆五〇〇坪全館冷暖房完備◆

上野 宝苑

上野駅前昭和通り宝ホテル横

チャングのリズムに乗って 韓国の古典床しき美妓の舞い

御宴会 御一人様 500円より 料理5品 酒1本(500)

高級焼肉料理

サービス・能率向上に

信用・技術・責任ある 冷・暖房機

○最高の技術とサービス完璧です。

○個人の事業体には実費、団体に対しては原価で奉仕しますから冷暖房及び冷凍機関係の一切を御相談下さい（遠近県を問いません）

○各種（内外国製品）冷蔵庫・クーラー類の修理販売も御相談下さい

○一年間のアフターサービスの御契約もします。

日立冷暖房機代理店・ダイキン冷暖房機代理店

北洋冷凍機工業株式会社

代表取締役 洪起華 取締監査役 金炳泰

営業種目

各種遊技機

各メーカ中古機

各種部品

ホール備品

加工修理

株式会社 モナコ商会

東北地区総発売元 モナコ商会

代表 高田善弘

名古屋本社 名古屋市中村区千成通1の30 電話(47)6151~3・4791番

東北本社 福島県喜多方市幸町 電話 793・1198番

各地で盛大に革命二周年記念式

"総連の陰謀を粉砕" 東京"会談妥結"などを決議

五・一六軍事革命二周年めを迎えた十六日、韓国では国家的な記念行事が行なわれ、朴議長から内外各方面に対してメッセージが送られたが、在日僑胞社会でも、意義あるこの日を記念して全国各地でいろいろな行事が行なわれた。この日中央では、民団東京本部主催のもとに、午後六時から九段の千代田公会堂で都内各地区の僑胞および民団中総、駐日代表部関係者多数参席のもとに盛大な記念式典を行なった。革命公約の朗読、丁栄玉民団東京本部団長の開会の辞につづいて駐日代表部の金任鉉公使、裴義煥大使、権逸民団中総団長らの記念辞が述べられたのち、決議文、朴議長に送るメッセージ（別項記事）を満場一致で採択し、午後七時記念式典を終えた。【写真は東京での記念式典】

決議文

今日われわれは今から二年前、一九六一年五月十六日、頽廃した国民道議に民族正気を正すため、「反共を国是の第一義」として立ち上がった「五・一六」第二周年を迎えるにあたり、東京地区僑胞一千余名は、東京千代田公会堂に会集し、「五・一六軍事革命第二周年記念祝賀式」を開催し、この集会の名においてわれわれは次の如く厳粛に決議する。

一、われわれは五・一六軍事革命の崇高精神をうけつぎ、国家再建課業完遂に総力量を傾注する。

一、われわれは「再び革命の念願がない健全な民主政権の誕生を念願し、このために最善をつくす。

一、われわれは在日僑胞のための居留民団の使命を完遂するため一層強力な組織運動を展開し、朝鮮総連の赤化陰謀を徹底的に粉砕する。

一、われわれは六十万居留民のあすの生活安定と社会的地位を確保するため韓日会談の早期妥結を促求し両国民の親善を一層強化し、世界民主平和の達成に貢献する。

神奈川では前夜祭 県立音楽堂に八百人集まる

民団神奈川県本部では、去る十二日五・一六救国軍事革命第二周年記念前夜祭を神奈川県立音楽堂で挙行したが、各界有志、僑胞約八百人が参席して盛況裡に行なわれた。

李起雄駐日代表部副領事、洪兼奎韓国公報館長、権逸中総団長ら来賓多数を迎えて午後六時からはじめられた同前夜祭は国民儀礼に次いで金任祚県本部議長が開会辞を述べ、金柱奉県本部団長のあいさつのあと、来賓祝辞で権逸中総団長、裴大使の祝辞を李副領事が代読してそれぞれ今から二年前にぼっ発した救国軍事革命の意義を回顧し、様々な曲折を経ながらもその後の成果を高く評価し、今後われわれは、この崇高な革命理念に立脚して革命課業完遂に協力を結集しなければならないと語った。

このあと、決議文を尹珠純副団長が、また朴議長に送るメッセージを大韓婦人会県本部趙鐘順副会長がそれぞれ朗読、満場の拍手でもってこれを採択し、万歳三唱をもって約一時間にわたる式典を終え、直ちに第二部に入り映画「無情」上映を終えて同九時に散会した。

代表部、中総から来賓を迎えて盛大に催された五・一六前夜祭

募金運動始める

ソウルに設置する自由センター 民団、商工会など

このほど民団、商工会、信用組合など在日僑胞の各経済機関の働きかけによって、韓国ソウルに設置される「自由センター」の建設基金募金運動が行なわれることになった。

これは昨年、アジア反共連盟の「自由センター」がソウルに設置されることになったのを機会に、在日居留民団でも同趣旨に賛同して募金運動を行なうことを決め、昨年十二月十四日駐日代表部で民団、商工会、信用組合の各幹部参席のもとに「在日同胞アジア反共連盟自由センター設置基金賛助委員会」を設けることを決定し、その委員長に権逸民団中総団長、副委員長に李康友商工会連合会長、朴漢植信用組合協会長をそれぞれ選出した。

この募金運動に関しては、さる三月十三日に開かれた民団全国団長会議でも検討され、積極的な運動を展開することになった。

募金運動のために設置される自由センター設置基金賛助委員会は①民団中総三機関長、民団地方県本部団長および中総団長が指名した人②在日韓国人商工会連合会長が指名した中央および地方幹部、在日韓国人信用組合協会長が指名した信用組合幹部、などによって構成されており（事務局を代表部内に置く）募金総額三億円を目標に運動を展開する。

【注】アジア反共自由センターは所要予算二億九千余万ウォンでソウル特別市奨忠洞山および南山に設置され、本館（三階・二〇〇坪）国際自由会館（十七階・二〇〇〇坪）国際会議場（三階・一四〇〇坪）記念館（二階・一五〇坪）などからなっている。

革命二周年を迎えた大韓民国

そのおこりと業績をみる

韓国の軍事革命が、どうして避けられなかったか。軍事政府が国民のために何をやったか、そしてまた革命公約で約束したように、革命政府は過去二年間、国家の威信と生活の向上のために、どれほどの努力をしたかについて概要を述べてみよう。

軍事革命

一九六一年五月十六日、暁の静寂を破って首都ソウルに勃発したのは国を憂う一部青年将校に依る無血クーデターであった。国軍の不屈の魂を誇る、当時朴正熙少将の率いる革命主流は遂に、崩壊直前にあった張政権を倒したのであった。一九六一年午前三時を期して開始された無血クーデターは、驚くほど効果的かつ迅速な作戦で同日午前九時にはすでに完成したのである。そして革命指導者で構成する国家再建最高会議は政府を接収し、当時の大統領尹潽善氏は引続きその地位に留任することになった。

もち論、合法的に構成された政府に反対して革命を起すということは、容易く企図するものでないのは事実である。特に韓国の軍事高位将校たちが指揮した五月革命はなお一層容易く企図されたのではないのである。

彼等は国家の福利に忠実であり、祖国に燃え、厳格なる訓錬を受けたといえども、完全に奈落のどん底に陥っている自己の祖国を救うためには、ある行動を取らざるを得なかったのである。

祖国を共産侵略から守るために闘って来た軍の指揮官たちは貴実、自己の祖国が絶え間なく共産分子の侵略を招来するような混乱に陥ってゆくのを座視することは出来なかったのである。

共産主義者たちは六・二五動乱の武力侵略に依っても征服出来なかったものを、間接侵略と工作を通して獲得しようとするのには如何なる手段方法も総動員して、それに対抗しなければならなかった。

事実、韓国における安定勢力といえば唯一つ国軍だけしかなかったのである。彼等だけがあらゆる侵略に対処出来る、団結された強固な力だったのである。それのみならず強力な政府を組織する能力がある唯一の集合体であったことも亦事実である。

それで、国軍は遂に祖国を救うために立ち上ったのであり、指揮者たちは強力な義務感から革命に加担したのであった。而して周知の通り、革命の目的を達成すれば直に、政権を民間人に移譲すべく決心したのであった。

革命公約

一、反共を国是の第一義となし、従来の形式的かつ口先だけの反共態勢を再整備強化する。

二、国連憲章を遵守し国際協約を忠実に履行し米国をはじめとする自由友邦との紐帯を一層強固にする。

三、社会のすべての腐敗と旧悪を一掃し、頽廃した国民の道義と民族の正気をとりもどすべく清新な気風を振作する。

四、絶望と飢餓線上に彷徨う民生苦を早急に解決し、国家自立経済の再建に総力を傾注する。

五、民族の宿願である国土統一のため、に共産主義と対決しうる実力の培養に全力を集中する。

六、かかるわれわれの課業をすみやかに成就し、新しい民主共和国の強固な土台を築きあげるべくわれわれは身心をささげて最善の努力を傾注する。

業績

一九六二年に入って、軍事政府は精力的で実に驚く程の勢いで、外交政策を強力に遂行した。外務部は九カ項目の外交目標を樹立し自由友邦国家との外交をなお一層強固にする一方、とくに経済外交に重点をおいて施行し、前例のない外交活動を展開した。

一九六二年末までに、韓国は合計五十四カ国との外交関係を樹立した。軍事政府の二周年である一九六二年までに、多くの親善外交使節団が諸外国に派遣された。親善外交使節の規模は、世界六大陸すなわち、南北米州、欧州、中東、東南アジア、アフリカおよび豪州

一番であった。その成果は単にその活動の分野だけでなく、その特殊性においても輝かしかった。

韓国外交は、現在、間接的で姿勢的であり、不振であった過去の活動と比較して、より活発で、直接的で、現実的になった。政府は各種国際会議および国際機構に参加、または加入して他国との条約締結などによって、世界舞台における韓国の威信を高めた。このようにあらゆる努力は、北韓共産主義者の宣伝を牽制する結実をもたらした。韓国の民主的政府のこのようなあらゆる積極的な外交は、北韓カイライが国際舞台へ進出するのを防止した。また、革命政府は、外務部をはじめとする外交機関の構成を再調節し拡張した。経済外交を支援するために、政府はまた外国公館に駐在する経済担当官を訓練する計画を施行し、彼等が経済五カ年計画の完遂に助けとなるようにした。その他韓国人を世界各国に送るため移民計画も樹立した。

政府は、国家の教育計画に一大改革を加えると同時に、四大政策を発表した。即ち、共産間接侵略の粉砕、人間精神の改造、貧困の打破や文化活動の改革などである。過去においては、大部分の教育機関が乱立し、韓国の将来には希望がなく、また教育界にもあらゆる旧悪と不義がはびこっていたのである。

革命政府は、過去の教育界の弊害を是正する一方、その重要政策を再検討して、外国の教育施設を視察し、教育施設を科学教育に重点を置いて、職業教育を発展させ、教育制度を決定的に改革するのにも多くの努力を集中させた。なお、技術と工業面の知識普及に拍車をかけ、国家固有の文化芸術の保護を振興させ前例のない成功を収めたし、この分野でも特記すべきものであった。文化芸術団体は統合されたし、政府はそれらが健全に発展するために必要なあらゆる面倒を見てやったのである。このような過程の中で文化芸術面に新しい転機が到来した。

芸術分野で特記すべきことは、各種にわたる国際的な行事である。国際音楽祭とか、アジア映画祭などが過去二年間に非常にひんぱんに行われ、次のような文化的業績をあげた。第一に公報機関の強化、第二に農漁村の公報活動の強化、第三に民主主義や思想に対する適切な指導と普及、第四に他国との親善関係の樹立や、海外公報活動の増進は韓国に対する理解と国家の威信を打ち立てたこと、第五に文化芸術分野での文化芸術を育成政策として固有文化を振興させた新契機、第六に政策樹立に必要な与論調査や、あらゆる社会与論調査を通して、国民の声を多く傾聴したことなどである。

五・一六革命以後の過去二年間は、実に目ざましい年であり、韓国歴史上、また国民の胸に忘れられない期間となろう。軍事革命は、過去二年間、国家の繁栄と国家の威信を高め、生活水準を引き上げるための積極的な政策と、努力を通じて施行してきた。否認することのない事実は、過去二年間に大々的な旧悪の手術がなかったことであろう。国民は全般的に経済五カ年計画を施行することを信じており、韓国民は、政治的安定なくしては経済的繁栄は達せられないということをよく認識している。

現在、この時点で軍事政権に全幅的な支持と信頼を与えようとする考えは、再び輝しい将来に向って、強力な指導の下に、国民を結合させ、よりよき明日への前進を可能ならしめるであろう。

横浜に教育センター

僑胞の文化教育活動が眼目

横浜韓僑教育文化センター（所長金命水氏）が去る七日民団県本部に張駐日代表部奨学官、洪公報館長、県中総文教局長、韓国学園および、県下各支部から有志多数が参席して盛大に開設式を行い、今後県下僑胞に対する文教・公報活動を行なう専門機関として僑胞の民族意識昂揚に努めることになった。

この日の開設式をもって新らしく発足した同教育文化センターは本国政府から派遣されて来た金永参教育主官の下に専任の教育委員をおいて成人およびその子女に対し主に国語、歴史の講座を活発に行ない、地域の実情に応じてはこのほかの特別講座も設けることを予定しており、また本国の刊行物や映画等を通じた一般公報活動を系統的に行なって、海外に住む韓国国民として民族的態度を高め、さらには古来のわが民族文化を正しく認識させ、文化・教養の向上を眼目とするものである。

尹相臣氏の還暦祝賀宴

日時・一九六三年六月二日正午
場所・埼玉県庁隣自治会館
親族代表
尹乙星　尹一星　尹徳炳　尹敦
夏　尹徳鍋
招請人代表
権逸　鄭烔和　張基元　片守介
金八生　李鍾奎　張元鎬　韓昌植
李鎬柱　李瑾仲　李東仲
崔一嫡　任斗植　金東植　趙鋪世
黄炳玉　陳斗鉉　金用文　金乃根
子　尹元炳　弟　尹相八
姪　尹吉炳　尹海炳

国展に写真部門を追加か

芸総から関係当局に建議書

韓国の「芸総」では、最近「写真部門」を国展に追加編入させるという建議案を、関係当局に提出したようである。芸総理事長尹逢春氏の名儀によって出された同建議書には「われわれの生活のすみずみまで浸透している写真部門がいまだに国展に編入されていないということは、韓国の芸術界のみならず、国民全体にとって大きな損失である。写真芸術は、他の芸術部門に比べれば歴史こそ短いが、展示会や鑑賞者の数は年々増加の一途にある」点を強調している。

県下写真協会の統計によれば、毎年五十万名以上の鑑賞者が動員されていることを明らかにし、また「諸外国の多くは美術展などに写真部門をれっきとして設けているではないか」と付け加えている。しかも、権威のある国内展がないだけに、多勢の作家らが、わざわざ海外展にまで応募して当選しているような事実をも取り上げ、大衆に愛好されている写真芸術は、本年度から、国展の一部門として是が非でも追加編入されなければならないと建議している。

群馬県韓国人商友会生まる

初代会長に金蓮洙氏

民団群馬ではかねてから金蓮洙出団長、金基永監察委員、梁仁浩組織部長の三氏が発起準備委員となって、同県下経済人を打って一丸とする群馬県韓国人商友会の設立を準備中であったが、その努力が実を結び、去る十日午後一時から高崎市の金華亭で開かれた創立総会によって正式発足した。

同会は同県下韓国人経済人の相互扶助と経済的地位の向上を目的としており、現在の会員は七十二名、こんご毎月十日に各支部持ち回りで定例会議を開き、目的の達成に努めることを申し合わせた。

当日選出された役員はつぎのとおりである。カッコ内は所属支部名。

▼会長　金蓮洙（渋津）▼副会長　金基永（高崎）▼理事　金世顕（大泉）李在典（桐生）張政夏（伊勢崎）趙シン舟（渋津）金西潤（太田）鄭永喆（桐生）▼会計　梁明右（伊勢崎）梁仁浩（太田）▼監事　李殷奎（桐生）外一名未定。

金蓮洙会長談　このたび県下同胞経済人を中心とする団員のみなさんのご協力によって、かねてからの念願であった商友会がめでたく発足することになり、まことによろこびにたえない。こんごはこの会を中心に県下同胞の経済的地位向上が図られるわけであるが、必ずや大きな成果があげられるものと期待している。

新団長に金台文氏

民団大阪西淀川支部大会

民団大阪西淀川支部では、この程定期大会を開き、次の如く役員を改選した。

▽議長＝金鐘甲、▽副議長＝崔在寛、権学奎　▽監察委員長＝安元甲　▽委員＝李永高、朴永哲　▽団長＝金台文、▽副団長＝朴福善、李永植　▽事務部長＝金七用

事務所移転

民団愛媛県本部

民団愛媛県本部は、去る四月五日左記に移転した。

愛媛県新居浜市泉川町松原

尋ね人

金容植さん（51歳～53歳）

本籍地　全羅南道宝城郡

右の方は八・一五解放三、四年前に当時の住所「京城府三判町（現在の厚岩洞）」から本籍地に帰り、一年後に来日しております。子息金承軍さんが、行方を探しております。お心当りの方は左記まで連絡下さい。

東京都文京区春日町五一
民団中総総務局まで
TEL（812）0229番

金炳善さん（46歳～47歳）

本籍地　平安北道郡山面仁川洞

右の方は解放前、北支太原近処に居住し、解放と同時に来日しております。本国で父親の金鐘謹さんが行方を尋ねております。

元義甸さん（当38歳）

本籍地　平安北道定州郡郭山面

右の方は日本名を松原義甸と呼び、昭和二十年まで大阪市に在住していた方です。本国で父親の元亨亀さんが行方を尋ねております。右の人にお心当たりの方は左記までお知らせ下さい。

横浜市神奈川区鶴屋町二ノ一八
民団神奈川県本部
電（44）六六一四番

皆様にとって最も親しめる銀行…
過古の歴史を誇る朝興銀行を御利用下さい。
外国為替・信託 業務
韓国・ソウル特別市
朝興銀行

三愛貿易
SAN-AI TRADING CO., LTD.
MATSUDAIRA BUILDING
NO. 11, 3-CHOME KYOBASHI, CHUO-KU, TOKYO
TEL. (535) 3821-3

遊技界の花形・ニューギン号
ニューギン
人件費が6割節約！
常に業界のトップを誇り
貴店の経営合理化に応える
ニューギン号無人機

製造販売　丸新物産株式会社　東京営業所
遊技界の花形・ニューギン号・無人機・遊技界の花形・ニューギン号・無人機・遊技界の花形・ニューギン界の花

東京唯一の韓国情緒キャバレー・ムグンファア・サパークラブついに開店！

무궁화 茲に誕生
一流韓国人
バンドマン
並びに
人気歌手を集めて愈々開店!!
★歌手及びホステス募集中★
東京都墨田区寺島一丁目（電停前）
電話（611）3711・0027番

◆娯楽の殿堂パチンコホール
堂々　新規開店
新世界
江東一豪華なパチンコホールがこの度南砂町六丁目に開店致しました 近代的設備・最新型器械と皆さまへのサービスをモットーにパチンコファンのよりよい娯楽場として新世界は皆様の御来店をお待ち申上げております。
●出血サービス期間　満一年
冷房完備
パチンコホール
新世界
江東区南砂町六の五八九
電話（644）2808 2316　（645）2858 1364
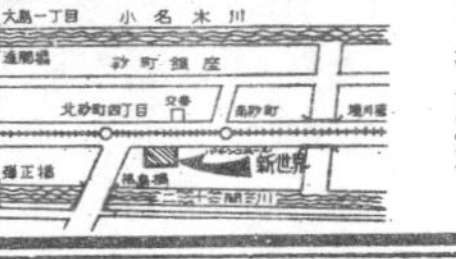

三信興業株式会社
社長　高本欽司
本社　東京都江東区深川森下町2丁目10番地
電話　本所（631）0556・1468・3047番
第一営業所　東京都墨田区東両国四丁目二番地　電話（631）一五三六・二五四九番
第二営業所　東京都江東区南砂町六丁目五八九番地　電話（645）一三六四・二八五八番
第三営業所　東京都江東区常盤町二丁目二〇番地　電話（631）〇三二九番
第四営業所　東京都江東区住吉町二丁目二一番地　電話（631）〇二三九番
第五営業所　東京都江東区北砂町二丁目一七四番地　電話（644）〇七三六番
第六営業所　東京都江東区深川高橋一丁目四番地　電話（631）九三二九番
第七営業所　東京都江東区深川森下町二丁目八番地　電話（623）六〇三二番
第八営業所　東京都江東区大島町六丁目七〇〇番地　電話（681）一六四二番

潭獨寺の庭にある石造彌勒菩薩の立像

新時代の自由発言

文化

辛東門

ミイラよさようなら

はっきりいってどんなことがあってもいきぬいて生きたい。それならこの何か知らないが、またその目的がなにか知らないが、生きていきたいということ、それがもっとも純粋な生命の存在方法ではないか？

この生きぬきたい生命の方法は哲学とか科学で解明しようとかかっても、結局不可能なことかも知れない。

（総）ての知識と学問は、社会と口総の具体的研究することかできるかも知らないがこの生命の方法だけはどうにもならないのだ。

このように生命の方法だけを神する科学までを動員してそれを規定することができるだろうか、この詩という学問は科学のように科学的な究明にまかしてしまうそんな性質のものではない、生命とおなじく限り知らないものに属していると考えられる。

この言葉を誤解すれば、詩論を無視する態度に誤られるかも知らないがそうではない。

（日）く〝エリオット〟トーマス云々しながらも、彼らの詩と詩論をプラカードのように掲げ機械を組立るように詩を書くつもりでいる人たちが可哀そうで、最少限私の境遇は詩を書きたい気が先立っている、その次に詩が文化の一ジャンルとしての面目を立てようとするからそれに対する定義とか方法論を論議することになると思っている。

ですから詩を書くには絶対に前提条件があってはならない。

（詩）は、何となく生きぬきたいから生きているように、書きたいから書くというのでなければならない。限ち無条件の行為である。

この無条件の純粋発献を妨害する障害物を除いた詩人はもっとも徹底的に現実を実感している人である。

自分には自分より具体的なことはない。いくら身近な他人が失恋談を語って苦しいなやみを訴えたとしても、またそれを自分自身が身をもって体験したように実感して理解しまた同情するとしても、自分自身の失恋の如く切迫するのではない。即ち他人の事実も自分自身の具体に比べば一つの抽象にすぎないのだ。

（そ）のように詩人の純粋な現われはそれを狂行する総ての抽象（既得思想、主義、方法論懐古と未来への憧憬）……で脱皮した今日という時点に立った自己実感それでなければならないのである。

よく見ることは、千年前の新羅文物を偏愛して現実のなやみをさけようとするとか、四季の景色の素朴な情緒にふけって、にごった社会に汚れたくないと孤高な姿勢をとる詩人がいるが、彼らはすでに自己の現実的具体を失った観念的な抽象の、ロボットである。

彼らにはすでに今日という現実が、即ち自己の具体的な分身であることを実感し、それを反応させた純粋な発献をするには感受性が枯渇されたし、自我が喪失されてしまったのだ。

（だ）からな気なく生きたいその純粋な生命が詩を受けた現実的な危険と罪悪に対してもなんの反応も起すことを知らずにいる〝ミイラ〟になっているのである。

現実が如何に乱れていても何の責任がないミイラにわれらが生きている温いいぶきをふき入れるということもまた無責任なことであるから、われわれ若い世代は千年また万年を経た複眼という文明のミイラと訣別する時始めて狂った純粋に今日を生きて今日を責任もつ、今日とたたかい、最後に今日の自我をもつことになろう。

文化

（き）よう私は自分が小から一やりたいことがなにか？と考えてみた。しかしいくら考えてもこれだと指摘するくらいのものがないようであった。きょう一日の生活をしていながらも自身がやりたいことがなにかを知らないでいたのかと思うと何だか顔の皮フがあつくなるのを感じた。

お金持になりたいということでもなく、大統領になろうとも教授になろうとも、文豪になろうとも聖人になりたいとも思っていないが、だからといってこじきになろうとは思っていない。そこで私は生きていながらも、なにかになりたいというものがなくては、生きるというのがありうるのか？と考えて見ると私もよく納得がいかない。

（し）かし何かになろうとするのではないけれど、生きるのがいやだと思ったことはない。

説明不可能なことのように、私は書いた詩を書く行為も決局説明できないのではないかという疑問をもっている。

何にかというと、私は詩が書きたくて詩を書くのだが、この詩を書く行為というものをいったい何んでやっているのかと考えて見ても知らないことである。

（こ）れを書いて金持になるのでもなく、有名人になりたいからでもない、人格が高くなるのでもなく悲しみが喜びになるのでもない。にもかかわらず詩が書きたいので詩を書くのだ。

それで私は特に論議されている詩論に対してこのごろになっては会議をもつことになった。

（人）文、自然の総ての学問はそれを保証し、解論

愛国の精神 文人の任務

暗黒の時代は過ぎた 今こそ真価を示すとき

異河潤

名家の意味を知らない僕が名家出になるはずがないが、書きたいことがあんまり多くても、いざ書こうと思ってペンをとったらむしろなんにも書けない気になってしまうのである。

八・一五の混乱したあの状態を再び思い出したくはないが、苦しい生活になればなるほどお互いが和睦しなければその将来が暗たんとして幸福になれない。と言った聡賢の言葉でなくても、つらかったわれわれの過去がもっともよく証明しているのではないか。にもかかわらず、解放後わが国土内に展開された不義、不徳によって党派の乱立はその極に達し、テロの横行によって民族の星である人材を数多く倒したこの族属たちに、如何に慈悲である神様でもその恩を返ませるだろうか！

学園内の問題が続出するたびに、私は何回もこのような意を含んだ話をくりかえして民族の将来を憂慮し警告してきた。それが天運はきたのであった。それが天人共怒する共産カイライの侵略蛮行で起きた動乱ではあるけれど、同族相の大虐殺がいよいよ全世界の注目をあびたのではなかったか。

日帝弾圧の四十年、民族の解放と祖国の幸福のために血を流し命を捧げた先烈の貴い精神を継承したと、自負する愛国志士があったとしたら、わが民族が背負っていなければならない凛懐に答える軽の代償と犠牲の宛敵が明白でなければならないと思うが、今だにわれわれがまずしい境遇を免れずにいるのはその責任の所在が那辺にあるか区別がつかない。

国土が両分されただけでも痛歎きわまることであるが、わが民族と平和を脅かさせる共産カイライは殺人の言葉の通り、自から武力するだろうか反共を国是とし、統一のひ業の完遂を目指しているわれわれがどうして反省と悔悟はとして誠にならない目前の富貴に目をくらまし民族と国家の将来に累を及ぼすことがあるとしたら、烈祖先せないことではないか！ われわれは今日われらがおかれているこの位置を冷静な気持で再確認しなければならないと思うのだ。

国家と民族を云々し美しい言葉で愛国を標榜する偽善者にならずに各々が自分自身の能力を正確に評価し真の自分の位置に立って謙譲なる精神で自分の過誤を反省し真面目な愛国者であることを望まない人がいるだろうか…

自己の功績を誇示しようとしなくても犠牲の貴い代価は永久に輝くだろう。

解放と同時にいわゆる愛国闘士を数えきれないほど海外から迎えた。それこそいいわるいを分別できぬほどであった。民族を忘れて私目主義で奔走した者、反逆行為のあった者、私利私欲的な者皆なが日和見主義に汲々せずに国家を再建するために自分の本心にもどり実践躬行、全国民が正に祈らせる正しい道を開拓し前進する決心をもつことだ。

日本語の常用、新聞雑誌の廃刊、創氏改名を強要させてもわれわれ文人はペンをとおして暗黒の五年間の苦難に耐えてきた。

神社参拝、徴兵徴用、「宮城」遥拝、韓国民の誓詞など彼等の侮蔑と酷使されながらもわれらの信念は力強くかたまってきた。

三・一精神の継承によって六十万の識事件と光州学生事件など青年学徒のたくましい闘争史をかざってきた民族ではないか……

われらの言葉を守り、文化創造に全力を注げることを唯一の楽しみにしてきたわれらの努力が、無駄にならず、そのテンポはおそいけれども、今日のような発展を見たことは嬉しいことである。

しかし、またわれわれの真価は評定されないまま、高度の世界的な潮流にまきこまれてさまよっていく後進的存在から免れずに依然としていることも自認し、倍前努力しなければならないのである。

文人に対して五年間の暗黒時代から解放されたわれわれ文化界が二年間の混乱期と六・二五動乱による最大の受難に耐えながらも活気を失わずに、また新人の進出はもちろん、後逸した資材の蒐集、整理と全集の編集、刊行などの輝かしい過程には大いに賞辞を送るのであるが、われわれには何にか知らない大きなバックアップがほしいのである。率直に述べてわれわれの文学は美術とか音楽とちがって言葉の壁により国際性が薄いのはもちろんだが、われわれ自体の能力にもまだまだ世界文学の一環として登場する資格が完備されたとはいえない処だ。

量よりも質を、安逸から苦行に芸術的な作品を山のように積み上げながら不滅の脚光を浴びる日が早急に来ることをせつなく待っている気持だ。それから純んな文化の交流が成り立つように国際的な文化の認識を企図しながら「キブ・アンド・テイク」の実を収めるに全力をつくすことだ。

民族の正しい精神史を飾る芸術家たちに要求されるのは「スケイル」とか、態度とか、雅量とか、団合で部同であるが不幸にも混乱する世渡にまきこまれ本然の任務を忘却することはなかったか深く自省するときではないかと思う。

豊富な資料と伝説

洪貞杓著「済州島民謡解説」

よく「三多の島」ということばが、済州島に対して伝われているが、それに、固有文化資多をもう一つ付け加えて「四多」ともいえるところが、つまり済州島である。

済州島は島として大陸からは孤立しており、したがって、風土的にも条件を異にしているが、歴史的には日本や元の国などと特殊関係をもっていただけに、社会的にも民俗的にも陸地とは違った固有な様相をなしている。その個性のなかでも民謡はよけいに趣を異にしているようだ。

済州民謡は、陸地民謡とは趣きの異った歌詞や調子をたたえている。「オトルトキ船唄」を始め無尽蔵に埋もれる民謡は、好事家ら絶好の関心事になっているようだ。済州島民謡に関する文献も二三あるにはあるが、気をつかって解説までついているのはこの「済州島民謡解説」が最初である。

済州島教育界の元老であり先駆者である洪先生が、済州島民謡解説を引き受けたということは最も適格者を迎えたとも言える。先生の博識とするどい洞察力は、資料を正確に入手し、いちいち故事、伝説、風俗までも明解しているのが特徴である。

明洞のフィナーレ

李賢雨

明洞午後七時。
煉瓦場に集る青年たち。
あるいは
感傷にふけた若き大学生たちが
地下室
（ミュージックホールトルチェ）で
たばこをくわえる。
× × ×
一日の日課は単調すぎて
味がうすい〝コーヒ〟と
安い国産酒で
詩論を
ながめる
〝所〟。
× × ×
ネオンが明滅する寂しい夜街を
そぞろしい ベビー野球場の
雑音。
酒場の喊声。
〝ダンスホールカポネ〟で
流れるトランペットのメローディ…
〝セントルイスブルース〟のメローディを。
きかせてくれ。
× × ×
夜街を行く紅い口びるの女たちは
あるいは
植民地の残後をかざる
追放された貴婦人でなければ
淑節に違いない。
× × ×
何の感興も感動もなく
戦争が休む
戦地に向う
大学生たち。
× × ×
彼らのために
栄光の花たばは
絶えずに
待っている
太陽がその本来の光明を失う。
× × ×
〝大韓民国万歳〟
〝大韓民国万歳〟
× × ×
ある若い無名詩人が
地下室
孤寂な茶房で自殺を
企図した所。
× × ×
若い世代の不幸と絶望が
よく論議される所。
芸術が生れまた死んで行く所。
× × ×
総てが始まる所がここなのに
頽廃するのも
なお急速だ。
× × ×
暗黒。
× × ×
寂寞をやぶる連音〝サイレン〟
それは
一世代の終末を告る
悲痛な信号。
× × ×
巨大なる歴史の条頁
僕の悲劇的なわさの演技は
これで終る。
× × ×
何にもなかった。
幕。
× × ×
どんでもない。
実は結論のないフィナーレ。

安住の地は

(153)

許樺旭

え 金泰伸

安住の地は（三十九）

表の道には、何のジープか、一台止まっていた。

「主任さん、時間がありません」

アロハシャツを着た若い青年が彼に近寄りながらいった。

「これに乗りなさい」

意味ありげな笑顔を見せながら紳士は私に勧めた。

「相衡ちゃん、乗ろうよ」

車に乗ろうとして、私ははっと驚き、ためらった。

（警察！）という二文字が、だんだん大きく私の眼の前にひらめいて来た。

ドキドキする胸を抑えながら、私は車に乗った。

脚がぶるぶるふるえる。

やがて、車はプラタナスが両側に立ち並ぶ白い大道を、速力を出して走って行った。

六月下旬の新鮮な風が車の中にしみこむ。私はこどもの手をしっかり握って、静かに窓の外をながめ…

緊張がまだ覚め切れない暁の空気の中で、きいろく尖った麦の穂があくびをしていた。

太陽が頭上高くのぼったとき、ジープは大田市内に着いた。

私はこどもと一しょに、ある旅館の縁側に腰かけていた。

「おかあちゃん、家に帰ろう。おとうちゃんとこに行くといって、おかあちゃんはうそつき、ねー」

口をとがらせして、だだをこねることもを見ていた刑事主任が、やさしく笑いながら百ボアンの紙幣を一枚出した。

「坊や、おかあさんにだだをこねないで、行ってお菓子買っておいで」

こどもは喜んで外へ出た。

「元気を出しなさい。北韓議会の議長の娘であるとしたら、誰であれ一度は〝間諜〟という疑いを受けるようになります。わが警察で、こうして拘束することを誤解してはなりません。形式にしたがって、一たん、調査はしなければなりませんからね。すべてのことを率直にはなして下さい。何の罪のない人を、わが大韓民国の警察は決して刑罰に処するようなことはしないでしょう。かりに罪があるとしても、過ちをきれいに悔悟すれば、堂々たる大韓民国の国民として、自由に暮らすことができます。罪を犯した人を罰することのみが、私たち警察の任務ではありません。罪を犯した人を罪から救うのが私たちの目的なのです。他人を愛するということ…私たちは、そこから平和と幸福を得ることができます。私たちの諦を信むものは、他人を憐む心でしょう」

面ながの顔に、やさしい微笑を浮べる刑事主任の言葉が、私に勇気をつけてくれた。

「感謝します。いま、おしゃったこと、決して忘れません」

私はなぜか涙が出るほど、その刑事主任がありがたかった。

「主任さん、あの婦人が見えました」

若い刑事が玄関に入りながらいった。私は何の気なしに玄関の方に眼をやった。

「あっ！」

玄関の前に、五、六歳になる女の子を連れて、一人の女が立っていた。

■ホール
■御座敷
純京城料理
京城館
東京都新宿区神楽河岸3号地
国電飯田橋東口下車橋のたもと
宋万里　電話（331）2652

○サッカリンナトリウム・化学工業薬品製造販売
大東化学工業株式会社
取締役社長 林春蕃
川崎市桜木町2の58　TEL（2）3381

米国直輸入種鶏専門孵化場（カタログ進呈）
真実の多産鶏
東禽のヒヨコ
福島市山居 電（福島）2 4791 3339番 東北家禽研究所
宮城県産中ひな納入第1位 36・7年度
福島・山形県経済連指定孵化場
自家種鶏10,000羽保有！
所長・工藤定雄（尹斗定）・慶南東萊邑修安洞283

韓国料理
漢陽館
焼肉とホルモン料理
営業時間 朝10時〜翌午前3時まで
大小宴会引受けます
崔秦奎
東京都文京区清水谷町1番地
電話（941）1552番

KOREAN RESTAURANT
ソウル料理（大塚駅北口）
鳳仙花
二階お座敷有り 二十名までの宴会用完備
代表者 朴義淑
東京都豊島区西巣鴨三の九五〇
TEL（九八一）五九〇三

尋ね人
一、此の人の終戦直後の住所は
東京都、大田区、道塚町、十二番地
父親 韓国名 李慶烈 年令（56歳）
日本名 国本忍
息子 幼名 李基栄
現在名 李基善
息子である李基善氏が、父親の李慶烈氏（日本名、国本忍）をさがしていますから御存知の方は左記住所宛に御知らせ下さい。
横浜市鶴見区鶴見町一三三〇
朝日製鉄KK内（平山）
電話横浜（50）—八四三一〜四番

社員募集
一、資格 夜間高校生または高卒程度、年齢不問
二、待遇 給料は委細面談の上決定す
三、右希望者は、履歴書持参の上
港区芝田村町三の四（山崎ビル）
山一商事株式会社 東京支社 電話五九一—一六一五番
又は豊島区西巣鴨三丁目九五〇番地
鳳仙花 電話九八一—五九〇三に御連絡下さい。

社員募集
一、女子事務員 大学、高校卒業者、優遇、年齢二十五歳迄
二、自動車運転手 経験三年以上東名フォード、プリンス、グロリア 年齢三十歳迄
三、右希望者は 大韓民国居留民団証、履歴書持参の上、来社願いたし
四、勤務地 東京都渋谷区桜ケ丘十四番地
株式会社 丸和商会 電話（461）七九六七・四八二九番
社長 徐学均

民団埼玉県本部 団長 尹相臣 埼玉県羽生市上羽生一六〇 電話 八六五
民団埼玉県本部 監察委員長 張泰元 埼玉県川越市大工町一四九九 電話（川越）七〇七
民団埼玉県西北支部 副団長 李鎮■ 埼玉県熊谷市弥生町三〇 電話（熊谷）八三八
民団埼玉県西北支部 団長 李滝中 埼玉県飯能市久下一六 電話（飯能）二三九六
民団埼玉県西北支部 副団長 黄炳玉 埼玉県熊谷市熊谷二九五六 電話（熊谷）八〇七
コンドル会館 李相洙 埼玉県熊谷市熊谷一七四 電話（熊谷）一一五〇
金明坤 埼玉県北足立町志木一六八〇
金鐘斗 埼玉県熊谷市寄物町一ノ一 電話（熊谷）一一六一

※世界各国航空船舶券発売・渡航手続一切
※KAL航空券取扱・韓国旅行案内
※AIU旅行障害保険取扱
※国内観光旅行案内
東洋航空株式会社
東洋旅行社 国内部
本社：東京都中央区銀座西7−2 TEL. 571−1340・7930
●電通正面日経ビル隣 ウエスト喫茶店二階
大阪：大阪市東成区片江町2−50 TEL. 971−6180

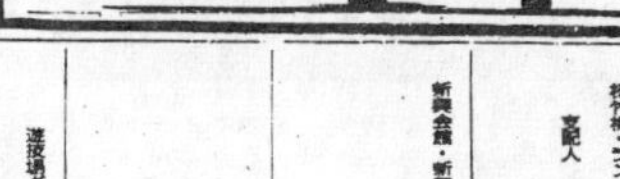

遊技の殿堂
チェリーホール
鄭再出
宇都宮市曲師町三三五
電話（二）八六八〇

株式会社 大山硝子製作所
取締役社長 大山佳佑
東京都足立区千住寿町五十二
電話（881）四一一一〜三

民団北海道空知支部 団長 金漢石 北海道美唄市東一条南二丁目 電話（美唄）三五二一
民団北海道空知支部 議長 孫貴錫 北海道美唄市東一条南三丁目 電話（美唄）五三二一
民団北海道本部 顧問 王得竜 札幌市南九条西四丁目 電話③二三六九、②五四七
宮の森ガーデン 松竹梅・ランブル 支配人 金本盛 札幌市宮の森荒井山スキー場入口 電話⑤三三三三、④三七〇
新興会館・新興ビル 孫在永 北海道美唄市東一条南一丁目 電話（美唄）二三八六
鳥山彰（姜信学） 小樽市稲穂町東八ノ一四 電話③一六四九、②三三三三
遊技場グランドホール 上原国清（梅勲錫） 北海道滝川本町一七四 電話（滝川）二七七五
平田商事株式会社 取締役社長 平田正（鄭泰鎬） 北海道岩見沢市二条西一丁目 電話（岩見沢）一〇一一
日光商事 秋田有作 札幌市南三条西二丁目 電話⑤五〇三八・七三三三
東和商事 金城忠雄 札幌市南八条西六丁目 電話⑤二六八三
株式会社 山一観光 代表取締役 山口文男（張礼均） 札幌市南五条西二丁目（付利ビル） 電話⑤九二一四
新栄会館・五丁目会館 高村和良（高順吉） 札幌市豊平三条七丁目 電話（81）八四七六
北海道剣道連盟当別道場長 剣道錬士 新井弘一（朴弘準） 北海道石狩郡当別町西小川通 電話（当別）二四

韓國新聞
発行所 韓国新聞社
発行人 張聡明
東京都文京区金富町51
電話(813)2261・2262編集
(812)1921業務
振替口座 東京34988番

サンタイヤ香料
小川香料株式會社
大阪市東区平野町三丁目

朴議長、大統領出馬を受諾

民主共和党の指名に

各政党、基盤の強化を推進

朴議長はさる五月二十七日、民主共和党の大統領候補指名に対して、「受諾する用意がある」とはじめて大統領出馬の意向を明らかにして注目をあびた。消息筋によれば、朴議長の正式受諾は民政移管のスケジュールを発表し、朴議長自身が予備役に入り、民主共和党に入党の手続きを踏んだのち行なわれるので、その時期は六月下旬になるものとみられている。

朴議長

朴議長の大統領出馬声明は、一般に予想されたより早く発表されたが、これに対し野党各派は一斉に反発しつつも当然来るべきものがきたという受取り方をしており今後は体制の強化に力を入れ、民主共和党とまっこうから対決しようとする気構えをみせている。

民政移管のスケジュールについては、いまのところ十月大統領選挙、十一月国会議員選挙という意見が最高会議内で支配的といわれる。政党法によれば、この選挙には無所属で出馬することが出来ず政党は五十以上の地方組織と五千人以上の党員を必要とすることになっているため、各党とも目下その体制つくりに懸命となっている。

すでに与党の民主共和党と野党の民政党は正式に党を結成、それぞれ大統領候補を指名したが、その政治的基盤は必ずしも強固ではなく、また新政党、全国民政党などはまだ結党準備に追われている状態である。

このうちこんどの朴議長の出馬表明で大きな影響を受けたのは、全国民政党と民政党であり、周知のごとく全国民政党は金在春中央情報部長の胆いりで計画されたもので、各界各層の中堅幹部を集め軍部も支持せざるをえないような国民的大政党を組織することを目的としたものである。しかしその内容は朴議長を大統領候補に推して民主共和党を吸収、革命理念を継続すべきであるという与党的立場と、朴議長の大統領出馬に反対な野党的立場をよせ集めたあいまいな点がある。

朴議長の出馬表明は民主共和党を革命理念の継承者として正式に認めたことを意味する。そのため民主共和党の吸収により朴議長擁立をはかっていた全国民政党内の与党的政治家は宙に浮いた格好となり、一方朴議長不出馬を結党の条件としていた野党的政治家は大義名分を失う結果となった。同党は近く結党宣言を発表する予定だが一部には空中分解を予想する向きもあり、したがってたとえ発足したとしても、きわめて基盤の薄い政党になりそうである。

一方民政党は同党の反主流派代表の金度演氏が、朴議長不出馬を条件に全国民政党参加をもらしていたため分裂の危機が心配されていた。しかし朴議長の出馬声明で金度演氏の立場は不明確なものとなり痛しかゆしといったところのようである。

これに反し民主共和党は金鍾泌氏の外遊によってリーダーを失い朴議長の軍政延長声明で与党としての政治的空白を生じ全国民政党の切りくずしにあい、さらには財政難という文字通りイバラの道を歩いてきたが、この試練にもめげず最近一カ月間に党員は十六万から二十万にふえ、地方遊説では人口三十二万の光州で一万以上の三万五千人を動員するなど各地で人気を集め、さらに今回の朴議長出馬で気勢が大いにあがっている。

いずれにせよ今回の朴議長の出馬表明で懸案の大統領候補問題はある程度すっきりしたわけで、これから各政党は内では党基盤の強化、外では選挙法の改正要求など活発に動くことになろう。

米国の追加援助確定

物資需給計画変更へ

【ソウル発＝連合】元経企院長は三十日午後、一九六三年度米国の対韓追加援助額は千五百万ドル、余剰農産物の第二次協定額は千九百六十ドルそれぞれ確定されたと発表した。

以上の発表は三十日、マイクレベ駐韓米国大使とキルレンUSOM処長が金顕哲内閣首班を訪問した際通告されたものである。

なお元経企院長はさきに韓国から出されていた追加援助要請額二千五百万ドルに対する今度の決定額千五百万ドルに対して「今後追加援助のための対米交渉はこれ以上行なわない」と語った。

一方農財務部長官は追加援助が前記のように決定されたことに対しあらまし次のように語った。

今度の決定は今年度物資需給計画にはさして影響はないだろうが来年度からの計画には支障をきたすかもしれない。

同務長は米側の追加援助削減にともなう今後の政府方針について、つぎのようにその見解を明かにした。

一、援助資金予定総額一億ドルに対し第一次、第二次その他で九千三百五十万ドルにとどなり、六百五十万ドルの不足が出る。政府は物資需給計画を修正せざるをえないだろう。

一、余剰農産物のうち小麦は七万五千トン、五百六十万ドルにすぎず、食糧不足分をカバーできない。小麦を主とする余剰農産物第三次追加協定を継続交渉する。

朴議長京仁地区視察

【ソウル発＝連合】朴正熙議長は去る三十日午後三時から約二時間半にわたって京畿道金浦、富平、素砂、悟柳洞一帯を視察した。

優秀な韓国産商品に驚嘆

インドネシア通商使節団

【ソウル発＝連合】わが国に滞在中であるインドネシア通商使節団の団長ハデノ・ノドシ氏をはじめとする一行四名は大韓貿易展示館を視察したのち、インドネシアで生産されていないラジオをはじめ綿製品など、いくつもの商品が優秀であることに驚嘆するとともにこれからはわが国で生産される絹織物を輸入したいと語った。

選挙を控え非違公務員の取締強化

金在春中央情報部長談

金在春中央情報部長は去る五日「選挙を前に非違公務員を徹底的に取締るが、非違公務員を見のがす捜査機関員も厳断する方針である」と語った。

衣岩水力発電建設を積極支援

（ソウル一日発＝連合）朝建設部長官は先般民間資本による衣岩水力発電の建設は、自己資本不足等の欠かんがあるとしても積極的に援助する一方、基準に達しない約三十%該当の建設業者免許取消しを法規および現実面をよく参酌して処理する方針であると語った。

朝長官はつづいて記者の質問に対し、①水資源開発のための基礎調査は多目的ダムと水力発電等二十二個地点を完了した②財政緊縮による九億四百余万ウォンの削減にかかわりなく、三百四十六件の発注工事は予定通り執行されると語った。

対韓援助継続は必要

米国務省に次官補が力説

【ソウル発＝連合】ワシントンから伝えるところによると、ロゼ・ヒルズメン米国務省極東担当次官補はこのほど、下院外交委員会でケネディ政権の対外援助計画を説明し、その中で韓国問題に言及「韓国民は共産主義者らの侵略に対し頑強に抵抗しており、自分たちの力で経済を発展させようとする意欲にもえている」と語り、米国は韓国に対し援助を継続すべきであると強調した。

同氏は最近の韓国の政治情勢に言及し軍政を民政に移譲する過程で軍人と民間人たちの見解の違いがあり、多少の混乱と不安がでまわっていることは事実であると述べた。同氏はつづいて韓国、自由中国及び自由ベトナムなど極東諸国に対する軍事及び経済援助額は七億九十万ドルに策定されており、これは米国の対外援助総額の十七・七%にすぎないものであると述べ、このような額は自由世界の安全ということを考えてみるとき、それほど高価なものとは思わない。同地域で米国がどのような決意をみせるかは、共産主義者らがベルリン、中東、中南米などでの米国の決意を判断する尺度になるだろうと語った。

同氏はまた韓日関係に言及し、韓国の安全と経済的安定は日本と不可分離の関係にありながら、両国は半世紀にわたる日本の韓国占領で生まれた傷で、いまだに和解に到達していないと語った。しかし両国は和解しようとする動きをみせており前途は有望である。

十月に大統領選挙

金内閣首班記者会見で語る

【ソウル発連合】金顕哲内閣首班は一日記者団と会見し、大統領選挙は来る十月十五日以前に実施し国会議員の選出は大統領選挙のあとに行なわれるだろうと当面の政局について、あらまし次のように語った。

一週間ほど前朴正熙議長から民政移譲のスケジュールを早急にたてるよう指示を受け、現在柄始衛無任所長官が中心となって選挙法と政党法の改正問題に対する比例代表制の定数方法を調整中であり朴正熙議長が先に共和党の大統領候補に指名され、また公式の受諾の意思表示は行なわれていないが、これを受け入れるようになると思う。年内民政移譲スケジュールに関する試案は、大統領選挙を十月に国会議員の選出は大統領選挙の後にそれぞれ行なうことをもくろんでいる。

全国民政党も朴議長を大統領候補に

金在春中央情報部長談

【ソウル一日発連合】全国民政党の指導者金在春中央情報部長は二日午後、済州島で「全国民政党（仮称国民党）も朴議長を大統領候補に推すことになろう」と述べ、注目された。

韓国の政情を報告

バーガー大使、ケ大統領に

【ソウル発＝連合】二十九日ワシントンから外電が伝えるところによると、バーガー駐韓米大使は三十一日、ケネディ大統領と会談する予定であると米国務筋が明らかにした。ケネディ大統領との会談日程は臨時的なもので会談時間もケネディ大統領自身のスケジュールには含まれていないものだと同消息筋は伝えている。

バーガー大使は今年中に総選挙を通じ民政に移譲すると発表した韓国政府の意図にしたがって、詳細な韓国政治事態の分析と評価を含む現在の韓米関係に関するいくたの問題をケネディ大統領に直接報告するものとみられる。

なおバーガー大使は二十一日以来本国政府と協議を行なっており、これにさきだちラスク国務長官にも報告したバーガー大使は五日間の協議を終え、六月一日当地を出発ニューヨーク経由でソウルに帰る計画であると伝えられている。

企画統制官室など存続

政府機構大巾改編せず

政府機構改編を審議中である内閣は①内閣企画統制官室をそのまま置く②各部処と市、道の企画調整官室もそのまま存続することにした。三十日臨時閣議をおえたのち、任公報部長官は以上のように語るとともに、その他部署の機構に関しては三十一日の定例閣議で再検討した後、最高会議に提出することになると説明した。任長官が明らかにするところによると、今度の機構改編は行政能力を高めるものであるだけに、一部課の改編に終わるだけで大幅的な改編はないという。

韓日会談の早期妥結

朴議長、NHK特派員に強調

【ソウル発＝連合】最高会議の朴正熙議長は七日午前、日本NHK放送特派員と単独記者会見をおこない「現在わが国が処している国際関係は過去のどの時よりも強化されており、わが国の国際的立場は反共戦線で確固たる地位を占めている」と語った。

朴議長はまた南北統一問題の質問をうけ「わが国の南北統一問題の基本方針には何ら変るところがなく、わが国は国連を通じて南北統一を積極的に推進してきた」と述べた。

引きつづいて朴議長は韓日問題に対し「わが国政府は韓日国交正常化のため過去どの時よりも努力してきており、一日も早く韓日会談が妥結されることを望む」と語り、つづいて個人の考えであると前提して次のように述べた。

韓日会談の年内妥結を望んでおり、これはわが国よりも日本政府と同国民の努力にかかっている。

国民運動で生活向上

柳達永氏、世界農業機構で報告

【ソウル発＝連合】ワシントンから外電が伝えるところによると現在ワシントンで開かれている世界食糧農業機構会議に参席した韓国代表柳達永氏は、韓国国民は再建運動を通じて生活水準を向上させることができると報道した。

韓国飢餓解放運動委員会の柳達永氏はこの会議での報告の中で、飢餓克服のための韓国の努力を指摘した。柳氏はまた国民再建運動は同運動に積極的に参加しようとする一般大衆心理の結果をその基盤としていると述べ、同運動の目的を（一）自給自足（二）協同と団結（三）地域社会開発と国民の生活水準向上においていると語った。

全国経済団体連合会

韓日国交正常化の促進を要望

韓国工業化のために

韓日会談促進が必要

大韓商工会議所は去る五月二十四日午後、韓日会談妥結促進のための全国経済団体連合会議をひらき、全国経済団体と商工会議所の意向として、韓日国交正常化の促進を決議した。

この会議には業界代表や各地の商工会議所会頭など八十団体の代表のほか、金溶植外務部長官、金[illegible]最高会議外務国防委員長も出席、外務部長官の韓日会談の経過報告をきいたのち、各界代表が活発に意見を交換した。

席上、金長官は「いま韓日会談の焦点は漁業交渉が解決させると漁民の利益は増加されるか、近いうちに漁業代表との懇談会を開く」とのべ、朴長官は「韓国経済観念など一種の劣等意識を捨てて、対等な立場で、先進国の資本と技術を受け入れねばならぬ」と語った。

これに対し韓国ノリ輸出組合代表の「漁業交渉の根本解決は、韓国漁業輸出組合の「漁民の収益を保証する具体案がないかぎり、平和ラインは保持すべきだ」という発言がけられたが、李韓国経済人協会副会長は「漁業問題だけの争いが国家的に有利かどうかを考えねばならぬ、日本の経済界は両国の国交正常化のためにそって自民党をあと押ししている、しかし韓国経済界はどうか、現在の国際経済の観点からして、やらねばならぬ韓日会談の妥結が遅れればそれだけ両国の損失は大きいと思う」と強調し注目された。

結局韓国の工業化のために韓日会談の促進が必要であることが力説され、別項ようように決議文が採択された。

なおこの日あつまった財界人たちで、韓日国交正常化対策委員会がつくられた。韓国財界はこれまで政府の施策にたいし傍観的な立場をとることが多かったが、こんど韓日会談に反対する野党を批判して、積極的に政府の方針に協力する立場をうち出した点が注目される。

決議文

韓日国交正常化のために韓国の提議で一九五二年十月二十日会談が開催されて以来十年余りの歳月となった。その間数回にわたった会談があったにも拘らず今日にいたるまでその妥結を見られず中断、決裂をくりかえしてきたのは両国の繁栄と極東の安全のために大変不幸なことである。

韓日の両国は地理的にも歴史的にも深い関係をおびているだけでなく、六・二五動乱以後実質的に経済交流は増大しているし、また反共民主友邦として共存共栄のために緊密な関係にありながらも未だに国交が正常化されずに不接触状態にあることは実に両国の損失であり外交史上でも見られない難問だといわざるを得ない。

近ごろ幸にも韓日両国間の為政当局者らが理解と努力に対して絶好の時機もあったが、一九六二年十月二十日第六次韓日会談開催を契機として韓日両国指導者の相互往来と「金・大平」会談の結果懸案中にある請求権問題も原則的な妥結に合意を見たし、韓日国交正常化が成熟していくことを歓迎し、また期待しているが、最近日本政府は平和ライン問題とわが国の政治情勢の不安を理由に再び国交正常化を躊躇する傾向があることは理解に苦しいことで国内政治人士のはっきりした代案もない発言で会談を遅延させようとする印象を国民にあたえているのは誠に遺憾なことだといえよう。

第二次世界大戦以後西欧平和保障上、敵になっていた独仏間が不和を一掃した結果EECの繁栄を招来した実例を教訓にして、当然韓日為政者はせっかく造成された韓日間の諸般懸案問題を解決できる絶好の時機を逸失せずに互恵平等の原則下に国際信義を永遠に遵守していける共通点を発見して韓日国交正常化を成り立てるに誠と努力をつくして全国経済団体と商工業者一同は次の通り促求する。

記

一、韓国政府は互恵平等の原則下に国家百年大計のために早急に国交正常化が実現されるように全力をつくすことを促求する。

二、韓日在野政治人たちは国交正常化に対しては正当な理由と代案なく時日を遅らすことのないよう自覚し外交問題を政略的に利用せずに理性的な理性をもって国交正常化のために協力することを要望する。

三、日本政府は韓国の政治情勢に対して神経をとがらし躊躇することなく極東の安全と両国の繁栄のために互恵精神を発揮して会談妥結に誠意を見せることを促求する。

四、韓日会談代表に実業界権威者を参加させ理解と説得をもって公平な妥結を見るように要請する。

以上のようにわれわれ経済団体代表者一同は韓日国交が早急に実現されることを強力に促求する。

一九六三年五月二十四日

大韓商工会議所主催

全国経済団体連合会議

参加団体は次の通り

ソウル商工会議所、仁川商工会議所、水原商工会議所、安城商工会議所、春川商工会議所、江陵商工会議所、清州商工会議所、大田商工会議所、全州商工会議所、裡里商工会議所、群山商工会議所、井邑商工会議所、光州商工会議所、木浦商工会議所、順天商工会議所、麗水商工会議所、大邱商工会議所、金泉商工会議所、安東商工会議所、浦項商工会議所、慶州商工会議所、釜山商工会議所、馬山商工会議所、晋州商工会議所、忠武商工会議所、三千浦商工会議所、鎮海商工会議所、済州商工会議所、大韓金融団、大韓建設協会、大韓鉱業会、大韓紡織協会、大韓製粉工業協会、大韓生命保険協会、大韓石油協会、大韓損害保険協会、大韓薬品工業協会、大韓酒精工業協会、大韓煉炭工業協会、大韓医薬品輸出入協会、大韓農薬協会、大韓製靴協会、大韓製材協会、大韓穀物協会、大韓酒精原料協会、大韓証券業協会、大韓[illegible]会、韓国経済人協会、韓国保税加工品輸出協会、韓国貿易協会、韓国紡毛紡績協会、韓国タイヤ工業協会、韓国合板工業協会、韓国皮革工業協会、中小企業協同組合中央会、水産業協同組合、大韓石炭工業協同組合連合会、大韓印刷工業協同組合連合会、全国菓子食品工業協同組合連合会、韓国機械工業協同組合連合会、韓国製紙工業協同組合連合会、韓国鉄鋼工業協同組合連合会、ソウル市場組合連合会、水産カン詰協同組合、大韓陶磁器工業協同組合、大韓[illegible]工業協同組合、韓国計量器工業協同組合、韓国金属工業協同組合、韓国文具工業協同組合、韓国合成樹脂協同組合、韓国自動車工業協同組合、韓国ペイントインキ協同組合、韓国[illegible]工業協同組合、韓国出版協同組合、慶南定置網漁業協同組合、水産協業組合、韓国綿布紙輸出協会、韓国[illegible]、韓国冷凍水産物輸出組合、韓国冷凍食品輸出組合、韓国物品軍納組合、韓国[illegible]輸出組合、韓国生糸輸出組合、国際糸輸出組合、韓国用役軍納組合、韓国[illegible]組合、韓国活魚輸出組合。

企画委議長に曹正煥氏を選出

全国民政党運動代表者会議で

全国民政党運動を推進してきた各派は一日、代表者会議を開き、結党問題について協議を行ない、党名を「国民党」として正式発足を急ぐことに合意をみた。また結党趣旨文を発表するとともに、全国民政党企画委員会を構成、議長に曹正煥（元外相）氏を選出した。

民政党、他党と共同歩調取る

単一大統領候補問題は別

（ソウル一日発＝連合）民政党は一日午後、最高委員企画委員の連席会議を開き、大統領単一候補擁立問題を除いて、他党と共同歩調で進むことに決定した。同会議ではさる三十日、在野政党の連絡委員を選出し、選挙関係法改正だけを受任事項としたことがあるが、この日の会議ではその範囲を拡大したものである。これよりさき新政党は在野共同戦線形成のため①朴正熙議長の出馬阻止②選挙関係法の改正③公明選挙のための方法研究④選挙管理内閣構成⑤在野党単一候補を擁立しようと提議したことがあるといわれるが、民政党は第五項目の単一候補問題を除いて残りの問題は受諾するという。同党は在野政党の大統領候補に適した人物は、尹潽善氏のほかにはないという点をあげ、いまこの場で単一候補問題を云々することはできないと主張している。

勝共体勢確立に努力

朴議長「在郷軍人の日」に談話

【ソウル発＝連合】朴最高会議議長は一日「在郷軍人の日」にあたって次のような談話を発表した。

二百万の在郷軍人達の死線を突破したその犠牲の精神と魂は国民の模範である。この在郷軍人の日を中心に新生韓国国民の模範としてさらに献身的な努力によって勝共体勢を確立することはもちろん、民族の新しい気風を作る大きな礎となってほしい。

閔陸軍参謀総長大将に昇進

【ソウル発＝連合】国家再建最高会議朴正熙議長は一日午前、閔機植新任陸軍参謀総長を大将に昇進させ、金鍾五合同参謀会議々長にそれぞれ任命状を与えた。

金鍾五大将に護国功労勲章

【ソウル発＝連合】閣議では三十一日合同参謀本部長金鍾五陸軍大

釜山で強力な米価取締開始

釜山市警全捜査力を動員

【ソウル発＝連合】三十一日午後釜山市警は全捜査力を動員して、軍警的に市内全般にわたる米価取締りを開始した。治安局の指示による強硬な警察発動は、穀価抑制のため米価を二次調節価格（升当たり四十八ウォン）で販売しても、精米業者など雑穀を抱き合せ販売すれば取締っている。このような警察の強力な米穀商たちは、一時店を閉める事態まで現われるものとみられているが、市穀物当局は政府米を無制限に放出する方案の準備を整えている。

電話番号のお知らせ

居団中央総本部　（八一二）〇三七一　〇三二九　〇六七三

団長専用電話　（八一三）二三六三

韓国新聞社　編集局（八一三）二二六一　業務局（八一二）一九二一　（八一三）二二六二

チップ製造
鹿沼利材工業所
社長・三中道九
本社・宇都宮市竟針町野尻　電話（宇都宮）(2)4685
工場・宇都宮野尻工場
・鹿沼府所工所　電話・鹿沼2064
・今市大沢工場　電話・大沢・42

鉄鋼材・建設材
KSK
河石産業株式会社
取締役社長 河石巌
本社・東京都大田区糀谷町5～1248
電話・代表（741）3322・0985・0185番

サービス・能率向上に
信用・技術・責任ある 冷・暖房機
○最高の技術とサービス完璧です。
○僑胞の事業体には実費、団体に対しては原価で奉仕しますから冷暖房及び冷凍機関係の一切を御相談下さい（遠近県を問いません）
○各種（内外国製品）冷蔵庫・クーラー類の修理販売も御相談下さい
○一年間のアフターサービスの御奨め致します。
日立冷暖房機代理店・ダイキン冷暖房機代理店
北洋冷凍機工業株式会社
代表取締役 洪起華　取締監査役 金炳泰
東京営業所 東京都新宿区原町3の84 TEL（341）0449　埼玉営業所 埼玉県入間郡武蔵町302 TEL武蔵703

駐韓欧米商社の動態

民間資本導入に活躍

輸入代行は不振、輸出に重点

ソウル市内半島ホテルをはじめ市中心部、大部分のビルに事務所を占めている欧米系外国貿易商社は最近韓国内の外換事情の悪化に日本商事の積極的な韓国内での漸増的な工業製品の生産によって、それほど活発な輸入発行の活動ができない状態である。しかし欧米各国に有力な販売組織をもっている外国商社を通じて韓国商品を輸出しようと積極的な活動を展開している一方韓国政府が強力に推進している経済開発五カ年計画達成に必須不可欠な外国民間資本導入に見えないながらもおどろくほどの活躍ぶりを見せている。

半島ホテルに事務所をもっている「アイゼンバーグ」会社によれば同社の年間取扱実績は韓国商品の輸出が冷凍エビ、寒天などを含めて約一百万ドルに達しているし輸出は約一千万ドルに達しているまた同社ではすでに仁川製鉄工場、十万KW発電施設…の外国資本導入に成功を見せると同時に現在にも「セメント」工場をはじめ数件の外資導入の渉を進行中であるという。

また半島ホテル内にある「イタオア」会社は大韓重石で生産される重石を米国の「コンティネンタル」商社を通じて輸出している一方米国の「インタナショナル・オア・アンド・ファトライズ」商社を通じて年間八十万ドルに当る百五十万ポンドの冷凍エビを輸出している。同社ではまた米国の有名な「ブルノックス」共同体ピトロ（V－T RO）及び「バスズ・アント・ウエトモア」と韓国内肥料、製鉄、「パルプ」、ソーダ灰・PVC工場等を設置するために外資導入を進行中である。

このほかにも大小の外商社は従来の輸入一方で輸出及び外資導入には何時よりも積極性を帯びているが韓国内で有望な輸出商品の発見が容易でないので広範な海外販売網を充分に活用できない隘路を指摘している。

一方これとは反対に輸入だけに依存してきた一部欧米系外商社は韓国内の外換事情の悪化、AIDド購買制限に依って相当な打撃を受けているので事務所の継続維持までも論議されている商社もいる実情である。

商工部に登録された百七十三個の「オバ」商の中でソウルに外国人の代表者が派遣されている外商の数は六十余個に達しているが、これらの取扱品目は農産物から鉱産物、機械類化学薬品及び事務用品にいたるまでの全品目で外商の手を通って輸出入される量と額数の面の比重は実におどろくほどだ…

五三億三千余万ドル

解放後外国からの援助総額

【ソウル発KP】議保が調べて発表したところによると、解放以来五月三十日通告のあった追加援助までふくめ韓国が受けた外国援助総額は三十五億三千五百七十一万二千ドルとなった。

このうち大部分の二十九億五千六百二十六万ドルが米国からのもので、残り五億七千九百四十六万二千ドルも米国負担が大半を占めるCRIK（民間救護計画）、UNKRA（国連韓国再建団）によるものである。

この援助総額は経済開発五カ年計画に策定された物資導入総額二十四億四百万ドルの一倍半にあたるもので、米国の年間対外援助総額（六二年度三十億ドル）とほとんど同額である。

一方、資金別輸入額は、AID資金が十九億三千百六十一万三千ドルで総額の五七％を占め、次がよびSEC一億九百十六万四千ドル…

一九四五年から四九年までのガリオア（占領地区救護援助）五億二百九万七千ドル五六年からの米公法四八〇号による余剰農産物援助二億三千百五十五万六千ドル（民間救済援助一億二千万ドルふくむ）CRIK四億五千七百三十七万八千ドル、UNKRA一億二千二百八万四千ドル、四九年から五年間のECA（米経済協調処）およびSEC一億九百十六万四千ドルなどである。

解放された四五年の四百三万四千ドルを皮切りに五七年には六・二五動乱復旧援助もあって年間三億八千二百八十九万三千ドルにまでのぼった援助が今六三年度にはAID九千万ドル米公法四八〇号余剰農産物七千三百九十一万ドル技術援助四百五十万ドルに減ってしまい、今後も米政府のますます減っていくことが予想される。

保税加工貿易を契約

日本とトランジスターラジオで

保税加工品輸出協会が伝えるところによると、異信物産（代表金致錫氏）では年間九十四万四千ドル（合当たり四、七〇ドル）に達するトランジスターラジオの保税加工貿易契約を日本ニューホープ実業COと締結した。

この保税加工品は米国、中南米、欧羅巴、中東地域に再輸出されるが、総額は年間十九万二千ドルで、同社の生産能力は月二万台という。

永豊商事が一手販売

三菱日本重工の建設機械を

三菱日本重工はこのほど建設機械について韓国の永豊商事と一手販売の契約を結んだが、これにより同社の韓国市場開拓が積極化するものとして関係各方面から注目されている。

今回の契約では三菱商事を窓口として、韓国永豊商事と同社で製造しうる建設機械の全機種について一手販売契約を締結したものである。

永豊商事は韓国でトップクラスの綜合商社で、今回の提携を機会に、建設機械の販売部門を新設同国の国土開発機関への売り込みを計画している。三菱日本重工はこのため近くブルドーザー・トラクターショベル・トラクターなどを現地向け見本輸出する予定。

輸出競争国の台湾

実情把握

鉄鋼材の対南ベトナム輸出業者会議開催

（ソウル発＝連合）先般商工部会議室では鉄鋼材の対南ベトナム輸出業者会議が開催された。同会議は商工部関係官臨席のもとに鉄銀外資部道保者と鉄鋼材対南ベトナム輸出業者である東栄企業株式会社など八個商社が参席、黒鉄板および亜鉛鍍鉄板輸出問題が論議されたが、外資獲得のため両品目とも輸出を奨励すべき事情にあるが、輸出競争国をある台湾政府の実応を当地駐在商務官を通じて調査させ、AID規程上正確な輸出限界を把握したのち、黒板および亜鉛鍍鉄板両品目の対南ベトナム輸出問題を決定することにした。

理事に永豊商事など15個社選任

スルメ輸出組合定期総会で

（ソウル発＝連合）韓国スルメ輸出組合では、先般貿易協会会議室で第三回定時総会を開催した。同日の総会では昨六二年度事業および決算報告があったのち、事務理事選出など懸問題に入り、より一層組合を育することで合意をみた。つづいて六三年度事業計画および収支予算を承認したあと、役員選任に入り、理事に永豊商事など十五個社、監事として三明産業、富国建設を選出した。

一方理事長および副理事長はつぎの理事会で選出することにしたが、同日選任された役員はつぎのとおり。

理事＝永豊商事、南方物産、亜洲産業、振東株式、都栄実業、開豊商事、大韓農産、復興株社、正金物産北星物産も正金物産…前進洋行、香港商事、大韓産業、和信産業富国建設、三明産業。監事＝富国建設、三明産業。

繊維物輸出人気品

輸入とリンク

朴忠勲商工部長官は繊維物の輸出促進のため、それを予想貿易による輸出対象品目と策定し、比較的収益性がある輸入品（繊維品等）とリンクさせていると語り、繊維物用糸の引受価格国際相場に輸出プレミアム該当額をだれが負担するかの原則問題に対しては農林部とも合意をみたが、細部方案に対しては実務者間で検討されているので、妥協され次第早速実施するよう努力すると言明した。

また朴長官は商工業振興のためソウル、釜山、慶北に商工局設置を学府機構改編委に建議しており、各種中小企業協同組合の事業税徴収義務を免除するよう財務部と折衝中であることを明らかにした。

輸出産業企業体を育成して輸出振興に貢献させるため、中小企業資金中一億円を配定し、その外にも企業診断、技術指導、免税等に努力しているとのべ、商工人の奮発を要求した。

63年度　外換需給計画修正全貌

収入一億九千三十万ドル
支出二億千三百万ドル

政府は先月二十二日の閣議で、現行外換需給計画の第一次修正案を通過議決した。

今度修正された同需給計画は、当初総受入一億九千七十万ドル、総支出二億二千八百六十万ドルで赤字が三千七百九十万ドルとなっている現行計画を総受入から一億九千三十万ドル、支出から二億千三百万ドルに減らし結局千九百万ドルを減額させることによって赤字要因を二千七百九十万ドルの規模に変えたのである。

今年度外換需給計画の第一次修正案の全貌を紹介すると次のごとくである。

原案と修正案との対比表に依ると、総収入による原案一億九千七十万ドル中、民間貿易部門七千百七十万ドルから六十万ドルを増額させることによって修正案を一億九千百三十万ドルに計上した。

それから貿易以外による総受入は一億千九百万ドルとなっているがこれは原案通り計上決定したしその内容をみると海外旅行＝三百五十万ドル、運輸保険＝百五十万ドル、元利金＝三百万ドル、対国連軍受入＝八千五百万ドル、雑用役＝六百万ドル、贈与＝二千万ドルになっている。

一方、総支払による原案二千七百九十万ドルの赤字要因を…

ルに修正した。その内容によると政府部門（案）四千三百三十万ドルの中五百六十万ドルを増額させ三千七百七十万ドルに計上決定したし政府投資機関（原案）五千九百万ドルから八百四十万ドル減らした五千六十万ドルに減させた。

一方、同計画修正による項目別調整指標をみると、

（一）政府投資機関による五千六百万ドル中に含まれている精油工場建設費がKFX直接投資（千五百九十万ドル）から外国投資または借款で転換が確定されたら、同投資またはUNESCO CUPO門から転用使用する。

（八）移民経済費含む。

（九）PL四八〇号による小麦五万トン（約四百万ドル）の導入代価…

同計画の調整原則は次の通りである。

一、赤字は現行計画上の三千七百九十万ドル以下に調整する。

二、政府部門は次の如き原則の下に調整して執行する。

A、物件費①大事業導入のための三百二十万ドルは、民間貿易支払部門から転用使用する。②国庫債務負担行為は全額を削減する。③現行計画策定分外の新規事業は一切認定しない。④外貨配定額から計画分に限る。

B、人件費①技術訓練費以外の旅費は認定しない。②運輸保険は…

C、その他①長期決済方式による元利金の支払いは全額これを認める。②法的負担金を除外したその他の費用は、これを一切認定しない。

四、輸出は商工部の計画変更に従って七千百七十万ドルを七千二百三十万ドルに変更する。

五、民間支払い原則は次のごとき原則の下に調整を執行する。

A、貿易（輸入）①政府投資機関分を控除して政府投資機関項目に統合して別途に計上する。②肥料求償貿易輸入条二千万ドルを今年度貿易計画範囲内に含める。

B、貿易外＝過去の実績および外換事情を勘案して推進する①海外旅行および贈与は政府投資機関該当分を控除した残額をもって充当する。②運輸保険および雑役用…

◇原案と修正案との対比　（単位＝100万ドル）

項目	受入 原案	受入 修正案	支払 原案	支払 修正案
1、政府	──	──	──(43.3)	37.7
2、政府投資機関	──	──	──(59.0)	50.6
3、民間	190.7	191.3	185.3(126.3)	130.9
A．貿易	71.7	72.3	156.7(107.9)	106.5
B．貿易外	119.0	119.0	26.6(16.4)	19.9
海外旅行	3.5	3.5	2.0 (1.5)	1.4
運輸保険	1.5	1.5	11.0 (3.9)	8.7
元利金	3.0	3.0	10.6 (9.9)	7.4
対国連軍受入	85.0	85.0	(──)	──
雑用役	6.0	6.0	2.5 (0.6)	2.0
贈与	20.0	20.0	0.5 (0.5)	0.4
C．通常予備費	──	──	2.0 (2.0)	4.5
4、合計	190.7	191.3	228.6	219.2
5、受払(Δ)差	──	──	Δ 37.9	27.9

註▲政府投資機関の括弧内数字は、民間部門から政府投資機関該当分を集計したもの。
▲民間部門の括弧内数字は政府投資機関該当分を控除し、残りの民間部門限度額である。
▲伊、仏漁業借款調整額を含む。

三分科委員会決定

韓国貿易協会会長団は去る三日午前会合を開き、去る二日午後常務役員会から委任をうけた輸出、財政及業三個分科委員会の委員配定に対して審議決定したが、各分科委員名簿は次の通り。

分科別　姓名　商社名

事業分科委員　金秉煥　正金物産
〃　金八鉉
〃　呉鼎煥
〃　李炳璟
〃　金沢瑞
〃　崔利赫
〃　金亨鎬
財政分科委員　朴道彦
〃　沈相殷
〃　沈相俊
〃　李奉守
〃　崔泰渉
輸出振興分科委員　郭東龍
〃　金光均
〃　金斗植
〃　金茂滋
〃　金相鴻
〃　羅篤鎬
〃　朴大用
〃　朴道燮
〃　孫晋叔
〃　呉辰錫
〃　兪元華
〃　李道楽
〃　李東學
〃　李宗昌
〃　鄭駿高
〃　林栄一
〃　韓一燾
〃　黄相根

旅券発給者氏名公告

韓国駐日代表部領事課旅券担当官
在日本韓国居留民団中総民生局長

本国入国許可者氏名公告

在日本韓国居留民団中総民生局長
韓国駐日代表部領事課旅券担当官

豪華浴室と高級焼肉料理の殿堂

温泉気分と最高のムードで
個室トルコ　早朝五時より（800円）浴後にビール1本ツマミ付サービス
大衆男女トルコ風呂￥100円
◆五〇〇坪全館冷暖房完備◆

チャングのリズムに乗って
韓国の古典床しき美妓の舞い
御宴会
御一人様　500円より
料理5品　酒1本(500)
高級焼肉料理
電話（832）2619　2620　6505　6506

上野　宝苑
上野駅前昭和通り宝ホテル隣

東京唯一の韓国情緒キャバレー・ムグンファア・サパークラブついに開店！
무궁화　茲に誕生
一流韓国人
バンドマン
並びに
人気歌手を集めて愈々開店!!
★歌手及びホステス募集中★
東京都墨田区寺島一丁目（電停前）
電話（611）3711・0027番

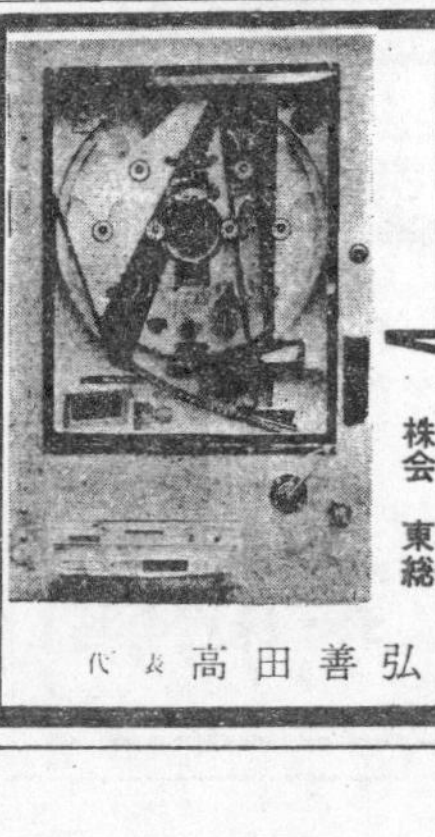

営業種目
各種遊技機
各メーカ中古機
各種部品
ホール備品
加工修理

株式会社　モナコ商会
東北地区総発売元　モナコ商会
代表　高田善弘
名古屋本社　名古屋市中村区千成通1の30　電話（47）6151－3・4791番
東北本社　福島県喜多方市幸町　電話　793・1198番

＊増築開店春季大売出し！

浅草一番の店

韓国レコード
L.P盤各種
韓国洋丹
ビロード洋丹
中国洋丹
香港洋丹
テトロン洋丹
人絹洋丹
地布
銀無地色
黄紗
三七

営業品目
ウリレース
綿レース
テトロンレース
ナイロンレース
オパール
夏秋冬ブトン
ベルベット
絹布品
洋服生地
舞踊衣裳
季節用品一切

御来店の節当店への道がお分りにならない方は下記に御電話下さればただちに御迎えの車をさしむけます。

京都浅草商会
東京都台東区浅草公園六区2号－15
電話（841）8394・2336・0029番

サービス券
この券御持参の方には特別に商品を原価で御奉仕致します！

金団長初の記者会見

大同団結へ尽力

中央委を10月中に召集

民団中総金今石団長は、去る四日午前十一時半から同会議室で、就任後、初の記者会見を行ない、「第二十九回全体大会は、前例のない画期的なものであった。大同団結を実現させ、民団の使命達成のために努めたい」と挨拶、去る三日開かれた初の常任執行機関会議で決った民団の大同団結を期し、中央訓練所を今年中に設立するなど今後の活動方針について発表した後、一問一答に入り、対代表部関係などの所信を明らかにした。

写真中央が金団長、左は高副団長、右は金監察委員長

大同団結を強力に推進

分裂、混乱状態に陥っている民団の現状を止揚するため人和政策をもってし、反対者に対しては説得をもって臨みたい。"民団大同団結月間"（自六月十五日～至七月十五日）を設定、あらゆる方法を講じて実効果をおさめるようにする。同月間中末了の各県本部の大会が数多く行なわれるが、中総としては、前述の如き精神でもって臨む。

中央訓練所を今年中に完成

民団発展を期すために宿題とされていた中央訓練所を今年中に完成させる方針である。従来は、民団と韓青が別々に考えていたのを一本化して計画を進めているが、韓青が既に、訓練所用地と、ある程度の基金の準備が出来ているので順調にすすむと思う。

同訓練所では、既成の組織人幹部のみならず、民族学園の教師、青少年、その他傘下団体の幹部を対象とする、名実共に具備した民族の訓練所としたい。

韓日会談を促進させる

韓国側の要求貫徹の方向に進めることはもち論であるが、特にわれわれ民団としては僑胞の①永住権②強制退去③内国民待遇（参政権など除く）等の法的地位確保のために闘争を展開したい。

代表部とは表裏一体で

民団の自主性をいかしながら表裏一体の協力関係であるべきことは再論を要しないことである。

韓日国民親善を促進

各地に親善協会の設立の動きがあり既に七、八の協会が発足しているが、今後も同協会の設立に積極性をもたし、両国民の親善を期するように努めたい。

卒業生の就職問題解決

日本の理解ある有力者らと協力して法人機関を設け、同機関を通じて毎年約一、〇〇〇名の就職を解決し、職場で技術を修得して将来は祖国に貢献出来る道を開く。

信用組合、明春まで十個新設

現在十六の組合が設置されているが、明年の春まで新たに十個の組合を新設し、民団の立場から同組合の発展に積極的に協力する。

奨学事業を推進

奨学会の発足に協力し、同会の趣旨に基いて人選を厳重にするなど措置を期する。

中央委の初召集を十月中に

去る大会で、審査委、中総三機関及び同顧問団に委員の選考などを委任されたが、中央委員を今月中に成文化の予定である。また、今秋までに選挙を終え、十月に初召集の目標で推進させる。

この後一問一答に入り次のような諸点を明らかにした。

問—財政問題の解決は
答—本国に依存せず、僑胞が自給自足するという原則のもとに財政問題を解決していく。過度的第一段階として、全国的に一〇〇名程度のメンバーによる財政委員会を設けるが、約半数は既に応諾している。

問—軍政反対運動について
答—そのときの本国政府に順応するということは民団の基本原則である。従って民団としては軍政反対などの運動はもち論あり得ない。しかし個人の思想や行動の規制は出来まい。

問—大会で論議された停権処分者たちの再審議の件は
答—規約に基いて善処したい

問—文教政策について
答—教育委員会みたいなものを構想中である。

問—朝鮮奨学会問題対策は
答—対策委員会の設置を考えている。

新執行部への外務部長官メッセージ

互譲大同団結の精神の本、和気に満ちた大会を終えたことを慶賀します。民団の堅い礎の上に、民団の画期的育成を期するよう、諸役員の奮発と献身的な努力あらんことを切望しております。

一九六三年五月二十八日
外務部長官　金溶植

組織局長に尹相源氏

文教・民生は留任　中総、新執行部決まる

新任の民団中総金今石団長は、その間執行部人事構成のため、各方面からのスイセン者多数のうちから、「民団の大同団結のため、派閥を超越して有能者を登用する」との原則に基き、適任者の選抜のため慎重に組織構成を練ってきたが、財政局長を除く全局長を、去る三十一日付で次のように任命発表した。なお、呉敬福（文教）、申瀬（民生）の両局長をはじめ、組織、総務を除く新執行部の次長級全員を選用した。未定中のポジションも、近日中に適任者を物色して発令する予定。

総務局長＝丁海竜（元慶尚大阪委員長）
組織局長＝尹相源（元中総宣伝局長）
民生局長＝申瀬（留任）
文教局長＝呉敬福（留任）
宣伝局長＝呉龍雲（前東本組織部長）
財政局長＝（未定）
総務局次長＝韓成元（前文教次長）姜富南
組織局次長＝鄭韓（韓青、機関誌主幹）
民生局次長＝李仁煥（前宣伝局次長）
文教局次長＝宋鍾用（留任）
宣伝局次長＝（未定）
財政局次長＝（未定）

完成へもうひと息

建設急ぐ「反共センター」

世界反共精神の形成および反共指導者の体系的確立とともにその主体的役割を担当することを目標とするアジア反共連盟自由センターは、二十余会員国家の積極的な賛同の下、去年九月十五日仁川上陸作戦の意義深い戦勝記念日を選び三億ウォンの予算で総六千百余坪に達する大規模な反共殿堂を設立するため、奨忠壇公園の一角で歴史的な起工の礎石を築いたが、同工事は整地工事から基礎工事を終えて建築工事の段階が着々と進められている。

全工程の30%を終わる

現在工事中の「自由センター」は奨忠壇公園の東側に位置を占めており、三階の本館建物が三千二百坪、十七階に達する国民自由会館が二千坪、国際会議場として三階に一千四百坪、反共記念館が二階に百五十坪など、六千七百余坪の自由に近い建物らが三千三百余坪の自由広場を間にして整った姿で建てられることになっており、整地工事は既に終了し、本館をはじめとする各建物の基礎工事も完了し、目下年内竣工を目標に工事が着々と進行しており、全工程の約三〇％を終え、首都ソウルの新観光名所として脚光を浴びることが期待される。

しかし「自由センター」は順調な工事の進行に反比例して建設基金確保が不振状態なので重大な難関に直面しているのである。

三億ウォン予算の調達が問題であるのである。韓国政府補助額一億ウォンのうち六千万ウォンが令達されたが、国内外募金は予想額二億ウォンの中、拠出額は四割にも達していないのである。（現在の拠出率三八％）

反共が生命線であるということは周知の事実であり、共産主義たちを地上から抹消させることによってのみ自由を享有出来得るという原則を賛同する人々、特に経済人たちの積極性ある後援が要請されているのである。

募金上の隘路を打開するための「自由センター」設置準備委員会は、全委員たちを動員して同「センター」建立資金寄付誘致を展開しており、各経済人たちを個別訪問しながら寄付の勧誘をしている一方、在外同胞の献金に呼訴するなどあらゆる可能な方案を研究している。

資金難が解消し、予定通り「自由センター」が開館されるときは自由世界は進一歩する対共闘争の成果をもたらすのみならず、韓国がその主導権を掌握し、国際的に進出する契機をもたらすものと期待する。【アジア反共連盟自由センター設置準備委事務局提供】

反共政策及び戦略を研究策定する最高機関を目標に建築工事が目下活発に進行中であるアジア反共連盟自由センター設置準備委員会では、反共理念の理論的体系の研究のため、教授陣の海外派遣等諸般を前にして各種の準備を推進しているが、十日、自由センター設置準備委員会が発表した現況は次の通りである。

▲教授海外派遣＝朴東河教授を米国コロムビア大学に派遣して冷戦問題を研究中であり、西独政府の招聘で康成学教授と共産主義研究の氏を反共戦術研究のため西独に派遣した。

▲奨学生海外派遣＝スイスのフライブルグ大学と米州国立大学の教授で近い将来に自由センターの教授候補を派遣する予定であるが、このような奨学生会の提供は、教授及び研究員の交換計画を自由友邦から継続援助してきているという。

図書館開館準備▲＝米国＝五千五百巻ドイツ＝五九巻、フランス＝七五巻日本＝一九巻国内各出版社＝五一八巻の反共書籍の寄贈をうけており、ユネスコ当局の協力を得て二五〇〇巻の基本書籍を発注して準備を推進中である。

北九州市にキリスト教会

九州僑胞の祈り集めて完成

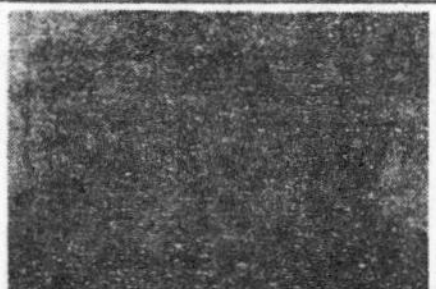

北九州市に、大韓キリスト教会小倉教会が建てられた。

この教会は、在日僑胞のキリスト教信者の祈りを集めて、このほど北九州市小倉区白銀町二ノ四〇六に建てられたもので、崔昌華牧師が主管する。

新会堂は、二階建ての教会と牧師館あわせて六十二坪、収容人員九十六で、総工費は四百五十万円、この工費のうち五十五万円はカナダ長老教会ミッションからの援助で、残りは教会員と北九州に住む一般僑胞の献金で、未信者の献金が百八十万円もあった。

崔牧師は今回の新教会建設について「設計・建築にあたって、日本人信徒の奉仕に深く感謝します。おかげでこの教会は、日本にあるコリアン・チャーチの中では最高のものになりました」と、その喜びを語っている。

写真は完成した北九州小倉教会

奨学金を欠食児らに

静岡僑胞学徒らが六万円

「私の奨学金を本国の欠食学童らにやって下さい」と、金久美嬢ら静岡の政府奨学生らが六万三千円を拠出して駐日代表部奨学担当者を感激させるとともに、僑胞社会に大きた美談となっている。

静岡県僑胞学生四十二名に対する一九六三年度在日僑胞政府奨学会支給終了式が、去る五月九日午後一時から静岡商工会議所で行われ未払中の三カ月分（一、二、三月分）が各自に支給されたが、同席上、昨年度学生祖国訪問団に参加した金久美嬢（静岡・静華高）から「われわれの誠意を本国欠食学童らに」と提案したところ、静岡城内中二年在学中の金正純、同会安倍勝君はその場で支給されたばかりの三カ月分（九千円）全額を喜捨した。

これに大きく感動した他の奨学生たちはもち自の立場に応じて醵金をかぶし合いたちまちにして計六万三千円を集め、これを駐日代表部を通じて本国の欠食学童らに伝えることにした。

また、匿名（平和を願う子）の日本の女学生から『韓国の欠食学童らに伝えて下さい』と一金三百円を寄託してきて、国境を越えた美しい善意に静岡民団役員たちを非常に感激させている。

日本人七世帯、十六名に帰国許可

【ソウル発＝KP】法務部出入国管理所によると、同部に帰国許可を申請していた日本人帰国希望者七世帯十六名（男三、女十三）に帰国許可がおり、三十一日釜日定期旅客船で帰国した。

広島県のヒロカネ氏ほか十五名は三十一日午後四時出入国管理所に集合し送還されたが、さらに帰国を希望して待期中の日本人はまだ八名もいるという。

静岡教育文化センター開館

教育要員に、権五豊派遣教師

その開発足準備を進めてきた静岡教育文化センターは、去月二十日午後二時、駐日代表部張俊相奨学官、静岡民団三機関役員及び有志多数参席のもとに同開館式を挙行した。

開館を祝して、県内僑胞韓村鎮氏から乗用車（ルノー・一九六〇年型）一台が贈られ一同を感激させた。なお、同センターの教育要員には、本国政府派遣権五豊教師が任命された。

韓国人を理由に追出し

法大校友会　張仁建氏問題で紛糾

去る三月二十四日に行なわれた法政大学の校友会評議員選挙で、同会の幹事席を持つ在京韓国人張仁建氏（通称＝中村良樹、三協製薬社長、元民団東本団長）が被選挙者百五十人の中から十一位（定員＝二十八名）で当選した。

一方選管委員長の細谷啓次郎氏が二十九位で次点落選するや、選管で張氏の立候補を認めておきながら自分がなりたいばかりに、"張氏は三国人であるばかりでなく、そのうえ法的地位の未確定な韓国人"云々など日本人の良識を疑うような発言をもって張氏の当選を無効にして自分が繰り上げ当選と決めたことから、ゴタゴタが続き、学校を思う心ある校友たちはこのような暴挙に対して憤慨のうえ結束して張氏に支持と激励をもって事態の収拾に当っている。張氏は去月八日、東京地裁に対し、当時の選管委員長を相手どり上智、青山学院、立教大学の例を指摘して「自分の当選有効と細谷氏の繰り上げ当選無効」の訴訟を提起したが同月二十四日付で細谷氏の職務停止が認められ、八日付本訴を進めている。

一方、母校の体面を重んじ学校自治の原則に基いて建設的な解決を望んでいるが、相手方の出方によっては臨時総会の召集など緒ゆる手段により徹底的にやる腹をもっているようである。この問題に対する福原総合校友会長や谷川徹三総長らの誠意と能力も疑われており、一部ではこの事をきっかけに、昨年の会計監査事件の他、未だ世に知られていない数多い事柄を暴露し、"大手入れを"と強く主張する声も上っており、今後の成り行きが非常に注目されている。

張仁建氏の話　法政は、四、五千名の韓国出身の卒業生を出しておるのみならず、私自身も二人の子供を法政にやっておるので、母校の発展と隆盛の気持で過去二年間総務の幹事を勤めたし今度また評議員に立候補して当選した。幸い真に学校をおもう良識ある多くの校友らに支えられているので、大局的な立場から相手方の出方に応じて徹底的にやる決意である。母校の名誉と将来を傷つけ隠便にして建設的な解決を望んで努めてきたが、相手らの無反省と無誠意によってここまで進展したことを遺憾に思う。

神長謙五郎氏の話　選管が中村氏の立候補を認めておきながら、当選すると自分（細谷氏のこと）がなりたいばかりに無効というのは筋が通らない。学問の大学には国境はないはずだ。第三国人にして、そのうえ韓国人云々とは何事だ。（現評議員）

真鍋宗雄氏の話　選管が当選を云々する自体がおかしいことだ。元刑事ともあろう細谷氏の頭が最近おかしくなっているのではなかろうか。校友会長や総長らにかけ合ったが、無誠意にして無能力も甚だしい。母校のむちゃくちゃな現状をみるにつけはずかしさを禁じ得ず、卒業状も返上したい心境だ。張氏の問題は個人だけの問題じゃない、徹底的にやるべきだ。（元評議員）

韓青茨城県本部結成さる

在日韓国青年同盟中央本部では、このほど茨城県に新たに本部組織を結成した。茨城県下に在住する韓国青年たちの積極的な働きかけによる同本部創立大会は、さる五月十二日茨城県水戸市で、中央本部の韓昌圭委員長ら各幹部参席のもとに盛大に開かれた。同大会で選出された初代役員は次の通り。

委員長＝林慎力　副委員長＝崔元鎬　李勲　総務・会計＝金基正　組織＝金文顕　宣伝＝徐錦朱　文化教育＝李信吉　女子部、徐粉伊　監査＝金錫昇　李宗了

黄池本線20日開通

黄池本線が来たる二十日開通する。交通部では当日現地で開通式を挙行、開通列車を運行するというが、これでソウル——江陵間太白山を縦断する一貫鉄道が誕生したのである。

民謡・舞踊に大喝采

第2回　アジア親善横浜大会

亜細亜友之会は創立以来十三年を数え、その間アジア友邦民族との親善活動も年々盛んになり、昨年神奈川県支部を結成したが、去る六月一日午後一時第二回アジア親善横浜大会を亜細亜友之会神奈川県支部主催、神奈川県および横浜市、横浜商工会議所後援の下に横浜県立音楽堂で盛大に挙行した。

同大会は堀万吉、洪賢基氏らの司会で大会委員長竹内強一郎、亜細亜友之会理事長大山量士氏らの挨拶から始められ、ついで各国アジア学生代表の挨拶、陳中華民国駐横浜総領事その他来賓多数の祝辞があり、第二部に入ってアジア各国の民話、舞踊などが披露されたが、特に韓国の古典舞踊と民謡は約一千名以上の聴衆を魅了し拍手喝采を受けた。

徐廷権氏を力道山が招く

【ソウル発＝KP】オールドファンから忘れかけている往年の世界的バンタム級プロボクサー徐廷権氏が力道山の招きで渡日する。徐氏はかつて日本選手権ばかりでなく一九三一年渡米四年間に五七戦四九勝八敗、特に三六のKO勝ちを記録し、コリアのリトルジョーの愛称で名声をあげた人。

大学総長、言論人ら再建状況視察

来る十六日から七日間

【ソウル発＝連合】政府は革命二周年を迎えた今日、日々に発展していく全国の再建状況を実際に見せるため大学総長、言論人、文化人、経済人などを招請して、来る十六日から七日間全国各地を視察させる予定である。

京都韓国学園PTA総会

新会長に文東奎氏

京都韓国中・高等学校PTAでは、この程開かれた同総会で新年度の役員を次のように選出した。

会長＝文東奎
副会長＝呉德洙、朴相守
監査＝権寧晩、白淳然
実行委員＝宋文祚、権五福、札在慎、徐守根、文鍋鎮、李昌基
顧問＝李琪瑛、金鍾順（学校長）
書記＝徐洪殷
会計＝姜永祐

八月ごろ本国へ経済視察団

荒川商工会で決定

東京・荒川韓国人商工会（李福千会長）では、去る五月二十六、七日の両日にわたり熱海のシムラ旅館で懇談会を開き、次のような事柄を話し合った。

一、名実共に充実した内容の組合の育成に努める。
一、商工会館を近いうちに建てる。
一、今年の八月頃、経済視察団を本国に派遣する。

なお、懇談会には、会員六十一名の外、日本の銀行員二人も参席し、相互協力を話し合うとともになごやかな雰囲気のうちに会員相互の親睦を図る意義ある会合をした。

運転手募集
◇年齢・国籍問わず
◇優遇す
◇詳細は業務局へ来談のこと
東京都文京区[illegible]町五一
韓国新聞社
電話（八一一）一九二一～二　（八一三）二六二一

■ホール
■御座敷
純京城料理
京城館
宋万里
東京都新宿区神楽河岸3号地
国電飯田橋東口下車橋のたもと
電話（331）2652

祝　群馬県在日韓国人商友会結成

民団群馬県本部　団長　金栄出
第一物産　李在吴　群馬県桐生市今泉町七〇五　電話②七五五一・六七四三
李瑩基　群馬県桐生市新宿通一ノ四五九　電話②九六九六
第五チェリー・第三チェリー　金基泳　群馬県高崎市田町一一五　電話③一五六二
大成ホール　梁仁浩　群馬県太田市太田一ノ五二ノ二
友信金融本社　金東根　群馬県伊勢崎市栄町一九　電話一八五七
吉原研磨工場　金泗潤　群馬県太田市浜町三ノ一〇三　電話三四七一
末広ホルモン　金鍾守　群馬県太田市太田二丁目　電話二八七八
パーマ・着付　ローマ美容室　呉亨植　東京都江戸川区平井二ノ八八九　電話（六八二）三七九一
家具製造卸　三星堂　鄭昌煥　東京都江戸川区上一色町八八五　電話（六五七）三五一二
製鉄原料　金原商店　金敬天　東京都江戸川区東船堀町一四五一　電話（六五一）六四五四
有限会社　友信商事　金相熙　本社　群馬県伊勢崎市栄町一九　電話一八五一七　支社　群馬県太田市浜町一八一　電話太田三七〇三　三八七
木材・薪炭業　李鉉直　群馬県勢多郡大胡町堀之内一二九九
紡織原料商　石山商店　権杜甲　群馬県桐生市清水町一一五　電話桐生②五五二八
辰巳商事第二部営業所　朴文用　群馬県桐生市桐生町一ノ二四　電話桐生②七八四〇
遊技業　梁明哲　群馬県伊勢崎市本町一七　電話伊勢崎一一三〇
石材採取業　趙鏞鎬　群馬県草津町草津三八六　電話草津三四五
遊技業　李愚律　群馬県桐生市泉町二四九　電話桐生②三八五〇
衣類販売業　趙信洙　群馬県草津町草津一九　電話草津二〇一
遊技業　朴永収　群馬県富岡市富岡三六　電話富岡五七五
コロナ遊技場　鄭鉉宋　群馬県富岡市富岡一八
徳山精肉販売業　洪本益　群馬県草津町草津三九五　電話草津三一七
金丸製材所　金遂洙　群馬県吾妻郡草津谷所
国際ホール（遊技場）　金世顕　群馬県邑楽郡大泉町上小泉三〇二　電話大泉③三一〇九

韓国ファッションショウをみて

安　福基子

「衣・食・住」という文字の配列があるように、人間の生活の三大重要素の中でも、「衣」は筆頭に出るだけにもっとも重要な役割をはたしている。これは、文化が発達すればするほど、その役割は大きい。その人間の身につけている「衣」によって、身分・教養・センス、趣味などを感じ取る習慣が何時の頃からか出来ているからである。だから、「食」は貧しくとも「住」は借りものであっても、より美しく着飾ろうとするのが現代人の欲望の一つになってしまった。

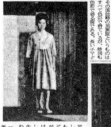

改良服に欧米ムード
婚礼服は豪華で世界最高の美しさ
楽しんで着られる家庭服

そもそもの「衣」の始まりは、暑さ寒さをしのぐ防具であったのだろうが、人間の集団が社会にあり、そして文化が生れ、その文化の波にのって人間の感情が発達するにつれて「衣」は防具としての必需品から装飾としての必需品に変っていった。

装飾には必ず虚栄がともない、その虚栄によってますます発展するが「衣」も多分の虚栄に押されて変せんし発展してきた。

西洋においても東洋においても「衣」がもっとも華やかだったのは、世の王政時代である。フランスの王政時代、中国の皇帝時代の華やかな服装はあまりにも有名である。混乱と苦悩の世界からもっともすぐれた文学が生れてくるように、権力と虚栄の時代の中から、服装史上もっとも素晴しい「衣」が現われたのである。

わが韓国の「衣」がもっとも美しい形として現われたのは、李朝時代の宮廷からである。

五月二十一日、赤坂プリンスホテルにおいて、韓国親善の「韓国ファッションショウ」が開かれた。これは日本の化学繊維界の王者「帝人株式会社」が生地を提供し韓国人デザイナーたちによって韓国服が作成されているから、文字通り韓日親善である。

第一部「韓国民族服」

オランダにしても日本にしてもその国独特の民族服というものはすべて色彩で着ているが、韓国も色彩で着る服である。長いチマと短いチョゴリという服のもっとも基本形だけにすぎない単調なデザインをより美しくみせているのは、鮮かな原色で組み合わされているからである。また、ゆるやかに女性の全身をすっぽりつつむような韓国服は、体を全然束ばくしないから健康上においても理想的であるる。

見た目にも花のように新鮮であり、着るのにも楽である韓国服のもう一つの特徴は、女性の体の線をほとんど外にみせていないところである。これは、女性の内向性を物語っているようでもある。とくに、女性の内面にのみ美徳が存在しているとしている東洋においては、この外面をおしかくしている韓国服はもっとも東洋的なムードを持った服ではないだろうか。

第二部「改良婦女服」

宮廷を中心にした上流社会で発展してきた韓国服は決して活動的なものではない長いチマはオンドルにじっと座っているか、牧丹の花が咲きほこる庭園を甘い思いにふけりながらそぞろ歩きするには適しているが、食べるために働き、生きるために一日の大半を動きまわらなければならない庶民向にとっては、無用の長物にすぎない場合が多い。そこから、改良の第一のきざしが現われたのだろうと思う。

第二は、女性が自我にめざめ、自分から活動性を求めたことであろう。時代の変せん期には、必ず古いものはその時代に溶けこもうと足掻く瞬間がある。

第三にはますますスピーディーになって行く世界の波に影響されている。ショウに発表された改良服は、チマの幅を細くし、丈を膝までの短さにしたり、チョゴリの袖丈を短くしたり、幅を細くしたりして動きまわっても身にまつわりつかないようにしている。

その他には、チョゴリのえり元の美しさだけをとり入れた韓国服のムードをただよわせてデザインされたワンピースなどがあって洋装に溶けこもうとする傾向があった。中国服は早くから変形して世界中の女性に愛用されている傾向があった。中国服は早くからの美しさを持っていて世界の人々に愛用されている。

【写真はショウの舞台（上）と欧米ムードの改良婦女服二種】

第三部「家庭服」

往々にして女性に着物を、着物を他人にみせる虚栄の道具にする傾向があるから、衣服を楽しむことを忘れがちになる。本当のお洒落を心得ている女性は、みせるために着るのではなく、楽しみながら着るのである。家庭着は形式ばることがないから、常に楽しんで着られる服である。

さすがに、ショウの作品にもその点を強調したものが多かった。韓国服の利点を生かし室内着、ちょっぴり韓国的なスラックス、あるいは、チョッゴリからヒントを得たワンピースなど、どれも楽しんで着られそうなものばかりだった。一点一点みながら、韓国服もあれだけ応用出来るものだろうかと、新ためて驚きを感じた。

第四部「社交服」

女性はそのとき着ている着物によってその場のムードをつくるといわれるが、着物は目よりも口よりもものをいうことがある。だから、社交服は衣服生活の中で重要なものである。

ショウでは、韓国服の古典的な美しさを最大に生かした古典的なものと、韓国服を現代的にアレンジして洋装化したものと二通りのものが披露された

刺しゅうをあしらった華やかなチマや、ほんのちょっと気分転換をしたようであるが、大変身にみえる切り変えを入れたチマなど、豪華な美しさがあった。

第五部「婚礼服」

どこの国でも婚礼という儀式は仰々しいものであり、その時に着る服は人生最大の晴着となっている。だから色も華やかであり、デザインもこっている。発表されたのは、韓国古来の婚礼服と、現代的なニューモードもの二点とであった。

◇

服装史によると、韓国服は中国服を基礎にして変形し、日本の着物は韓国服をさらに変形させて発達したものだそうだ。だから、韓国服は、日本の着物とはまんざら他人様でもないわけである。

そのいにしえの縁をたどって今会の韓日親善の「ファッション・ショウ」が開かれたのではないだろうが、韓国服の美しさを存分に日本の人々にも見てもらえたのはうれしいことであった。

韓国の仏教
一五三二の寺院と九万人の信徒

韓国には西紀三六九年、はじめて仏教僧侶が中国から入ってきた。仏教は「マハヤナ」すなわち大乗仏教として韓国に紹介された。

仏教はたちまち韓半島に普及しさらに日本に布教された。しかし仏教が韓国で支配的位置についたのは西紀五二七年ごろである。その後約二〇〇年間、仏教は国教として認められ、僧侶たちは外国の例と同様、特権階級を形成して権力をほしいままにしたこともあった。

仏教は十一世紀に入って全盛期をもたらしたが、その当時男の子を四人もつなら、その一人を必ず僧門に入れなければならないという法が定められたほどだった。多くの寺院が建立されたのもこの時期であり、多くの国民が仏教のためについやされた。

韓国の仏教徒は人の永遠不滅の霊魂、仏を通しての救援、再生、懺悔、そして地獄と極楽を信じている。仏教徒たちは、また、ほんのうの浮世から逃がれ、栄楽に成仏が出来るよう六つの徳目、即ち慈悲・道徳・忍耐・精進・黙想・智恵を信じている。

各寺院は美しい彩色が施され、色々の仏像を安置して奥深い奥を構成している。

現在韓国には約七千名の僧侶および九万人の信徒と一五三二カ所の寺院がある。また仏教が経営する総合大学が一つあり、その単科大学と七つの高等学校、十三個の中学校があり、そのほかに三十三個の仏教講院、仏教関係教育機関がある。

【写真は韓国の寺院の内部】

東学と東学革命

朝鮮は後期にいたって儒教と中国に対する事大主義を前提として王朝を維持した。だから儒教と程朱学にもとづくものでなければ如何に立派な科学でも技術でも理由なく排斥または抹殺されたのである。このような中で国家は各方面から弱体化され混乱し始めた。これに堪えられない国民は新らしい方向を望んでいた。その中には新しく入ってきた天主教（西学）をあらゆる迫害にもかかわらず信奉しまた発展させようとした。

このような状態で政治は混乱し各地方では民擾と民乱が起きる一方、干ばつと洪水、また疾病が流行し、東西海岸には今まで見られなかった鉄船が倍時出入するなど民心と世相は不安と恐怖の中にあって民族的または国家的な危機にあった。この時、天主教は新しいものではあったが、当時としては国の法を無視し国家義を侵害するものと知られて、近かよれぬものとされて、思想的にも政治的にも不安と動ようはさらに増大した。

そのような情勢において民族的自覚心で新しいものを探究しても他人に求めず自から求めようと苦悩し、また彷徨したのである。

自我にめざめた民族、特に農民大衆にバックをもって立ちあがったのが東学運動である。

一八六〇年（哲宗末）慶州の両班出身である崔済愚（一八二四―一八六四）が「天道」を最高板として東学を主張したのである。それは儒教、仏教、禅道を合せた思想の源流とした。

東学を要約して言えば当時朝鮮の民族的な性格をもち、特に慶尚道を中心にする農民たちに普及した。

一八六四年に崔道教主、崔済愚は惑世誣民の罪で処刑されたがそのあとをつづいて崔時亨が二代目の教主になった。彼は一八八〇年教祖の遺文を編し「東経大全（漢文）」と「竜潭遺詞（国文）」を刊行しながら東学を広く南韓一帯に普及させた。一部の両班たちも支持参加したが、政府の弾圧がはげしくなるにつれて地方官吏たちは良民まで圧迫した。ここで教祖たちは教祖の伸冤と東学の合法化と地方官吏の侵虐禁止を唱えた。

韓国最初の民族運動
69年前　全琫準、為政者を覚醒

一八九三年全羅道で何千の教徒の群衆が忠清道の観察使に訴願。ほぼその目的を達することができた。つづいてソウル大闕前に代表四十余名が集って中央政府に万人疏をもって請願した。

そのような動きにおいて教徒の言動と上疏文の中には外人を排析する内容があったし、ソウル各地の外人宅、教会、領事館などには外人はこの土地から出ていけと叫ぶ声で在留外人と政府には大きな衝撃をうけた。政府では再びその鎮圧のため教徒たちを逮捕した。

一八九三年四月二十六日崔時亨は二万余名の教徒を忠清道に集まるようにして、石壁に「斥倭洋倡義」の旗をあげ陣を作った。

この集いの特色はこれまでの教祖伸冤と教義合法化でなく西洋と日本の排析と政府の腐敗無能に対して二十四日間の集いをもって対抗した。だが国家の軍隊の前には解散をせざるを得なかった。

しかし、東学徒の実力が強かったということが各地方でも教徒たちの結束をまとげることができなかったこと、教徒がやむをえずに解散した理由は武器をもっていなかったのである。それでその中には全羅道の教徒が多かったというのは、ここは本来から穀倉地帯として地元の官使が多く、二十六回も民乱が起きた。そのようなことが原因になって一八九四年三月二十一日全羅道で東学の乱が起きた。

当時の官吏の不当な行為におこった百姓は東学の主人公である全琫準を先頭に約一〇〇〇余人の群衆が官庁を襲撃し、税米を貧民に配給し不当な官吏に抗議して解散した。政府はその民乱の本質の考察を誤り、総ての責任を東学教徒にかぶせることによって教徒たちの弾圧を強化した。これにより農民たちは「輔国安民」を唱えて再び立ち上り各地方にその波は広がっていった。

東学教徒たちでできた民軍は五月十一日黄土峴で全州軍と反動的商人を破って各地の官庁を攻撃して要因を解散し、軍服を破ってその武器で武装し進撃を続けた。

政府は情勢の拡大を恐れて清世凱の援助を得たが援軍の中には東学に同情する人が多くて途中で逃げる人が多かった。全琫準軍は官軍と増援軍の追撃を功妙にさけながら無抵抗の中で五月三十一日全州を占領した。

この時に六月八日清の援軍が牙山湾に到着を機に、日本政府は天津条約にもとづいて居留民の保護を口実にして出兵した。

このように我が国の内乱の混乱をねらって清軍と日本軍はそれぞれの軍隊を牙山と仁川に上陸させる情勢になり情勢が悪化することを予想して東学教徒の軍隊の[illegible]解散を前提に全州で休戦条件を結んだ。あとで全琫準は一時混乱を鎮圧させたが、日本軍は退去せず六月九日一万の軍隊を仁川に上陸させて、王宮を占領。かえって七月六日には日・清戦争が始まるのを見て九日に再び農民に訴えて運動を展開させたが、全琫準の十万湖南軍と忠清道の十万湖西軍は公州で、官軍と日本軍の連合軍と対戦したが近代式の装備をもった日本軍に敗退したのである。

東学乱は三〇―四〇万人の犠牲者を出して争いは終った。そのように東学乱は両班社会と官りょうの否定、腐敗と外国侵略に対抗したが、すべての悪条件により敗北した。しかしそれは韓国歴史において最初の民族運動として後世に大きな影響をあたえ、対内には為政者に覚醒を呼び起こして甲午更張の政治的革新を導いたし、対外的には日、清両国の出兵を招いたのである。

安住の地よいずこ　(155)

許槿旭　え　金泰伸

安住の地は（四十一）

「相衡ちゃん、このおばさんが街の見物に連れて行ってくださるんだって、ついて行っておいで」

「嫌だ。家に帰ろう」

「家には、少ししてから帰るんだよ。早く見物に行っておいで、兵隊さんが鉄砲うったり、馬に乗ったりするのを見たくないの?」

「それじゃ、おかあさんも一しょに行こう」

「うん、おかあちゃんはね、ここでちょっと字を書くのがあるんだよ。このおばさんが、お菓子もパンもたくさん買ってくださるんだって」

「ううん、じゃ行ってくるからおかあちゃん、きっとここにいるんだよ」

「はい」

こどもは、何か未練らしく、しきりに後をふり返りながら、女の子の側について行った。

「それではご安心なさい」

女は早ばやとこどもたちの後について行った。

彼女が道の角を曲ってしまうまで、私はその場にぼんやりと立っていた。

信じられない現実の前に直面した私は、そのまま感覚を失ってしまったようであった。

そうしては発作的に起る身悶え…私は狂おしげに呼んで見た。

「坊や！　相衡ちゃん！」

頭をうなだれて歩いて行くこどもの後姿が、むやみに眼の前にちらついた。

どうしようもない心が、悲痛にも裂かれていく。

私は両手に顔を埋めて、わっと泣き出した。

刑事主任が両手をそっと私の肩にのせて、口を開いた。

「少し時間がたつとなおります。さあ、早く乗りましょう」

私は涙をふいて、車に乗った。

西大田警察の建物が見えた。私は心を落ちつかせながら、車から降りた。

鉄条網の張った留置場の前に、手錠をかけられた夫の姿が眼についた。

「あー」

刑事主任がポケットから手錠を取り出しながら低くいった。

「あまり心配しないでください。罪がなければ、みんな無事に釈放されますから、調べが終るまでがまんしなければなりません。どんな環境におちいろうと、決して絶望してはいけません。希望をもって生きるということは、不運の中で生きる人たちの義務なのです。さあ、手錠をかけなければなりません」

私は静かに手を出した。

あかがねの手錠が、ガチャンと音を立てて、私の手にかけられた。

私は沈着な歩き方で、鉄条網を張った留置場に向って歩いて行った。

警察署の庭にずらりと並んでいる警官の中から、誰だか低くささやいた。

「赤のスパイだよ！　スパイ」

瞬間、私はびっくりして首をまわした。

「早く歩きましょう」

刑事主任が静かに私の背を押す。

（スパイ）

ガンガン私の耳に響くその声、果しなく広く青い空に向って、私は心の中で絶叫した。

ご商売やお住いのご計画に……
東京商銀信用組合
東京都文京区湯島天神町三―一四
電話・八三一―五七二五・四〇〇九・八六六―五三三〇・五五三九

技術革新の凱歌！
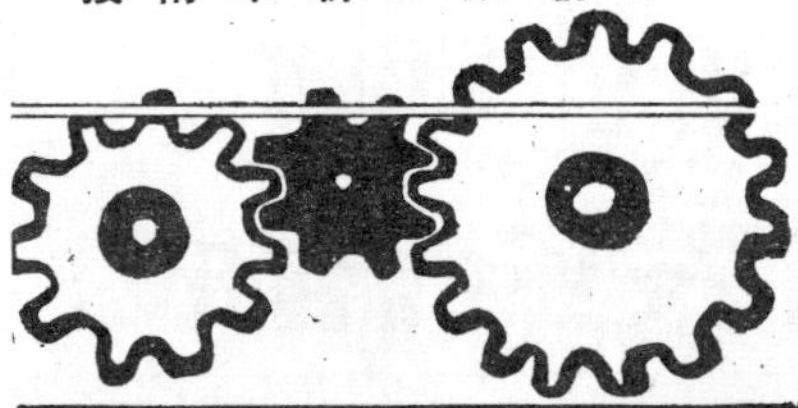

平和ミラクル・セット
パチンコ裏玉還元装置
★シマの構造は、あまりいじりたくない…
★人為的な玉の上げおろし作業は、人手不足の折から、もったいない…
★サービス鉄の出入り出来る余地があるだけで、悪質客は心理的にもガス玉が打ちこめない…
★他機種の入れ替えにシマをつくり直す手間が要らない…
★したがって、完全な還元装置があれば、いちばん理想的…
以上の問題は、平和のミラクル・セットのご使用で、すべて解決します。
平和
東京・大阪・北海道

米国直輸入種鶏専門孵化場
（カタログ進呈）
真実の多産鶏
東禽のヒヨコ
福島・山形県経済連合会指定孵化場
自家種鶏10,000羽保有！
東北家禽研究所
福島市山居　電話（福島）(2)4791・3382番
所長　工藤定雄（尹斗定）
慶南東莱邑寿安洞283

訃告
族叔振伯氏閣夫人義城金氏以宿患四月二十四日辰時別世玆以訃告
啓告
襄礼以陰四月二十八日（陽五月二十一日）定行于本郡山外面希谷里長者峰先塋下亥坐之原当日発引臨家十重下棧巳時斬祀同日寅時慈揮啓告
嗣子　是鉉
慶鉉
道鉉
聖鉉
孫　永佑
永泰
癸卯四月二十四日（陽歴五月十七日）
護喪　孫　斗鉉　上

韓国料理
漢陽館
焼肉とホルモン料理
営業時間　朝10時～翌午前3時まで
大小宴会引受けます
崔泰奎
東京都文京区清水谷町1番地
電話（941）1552番

韓国服地と韓国レコード！
浅草　金宮商店
東京都台東区浅草公園六区2－2
電話（841）0003・0004・0005・0006
営業品目
特殊香港洋丹・中国洋丹
金糸織洋丹・テトロン洋丹
京都洋丹・美術丹・七色丹
洋服地・各種ナイロンレース
リバレース・オパール
ニュードン・ベルベット
其他　本絹　季節向一式
朝鮮古典長鼓販売
貸古典婚礼衣装
韓国レコード関東代理店
総販売元

当店は
京都の中心地に位置し
京洛随一の豪華な設備と
徹底したサービスを誇る
味覚と栄養の殿堂であります
南大門　京都市下京区四条河原町　TEL 35-3647, 9691

※世界各国航空船舶券発売・渡航手続一切
※KAL航空券取扱・韓国旅行案内
東洋航空株式会社
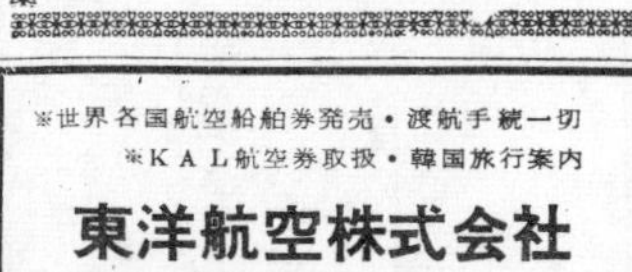

本社・東京都中央区銀座西7－2　電通正面日軽ビル隣
TEL（571）1340・7930　ウエスト喫茶店二階

三洋物産株式会社
取締役社長　韓貞斗
東京都千代田区神田鍛冶町二の16
大賀ビル、二階
T 二五一―〇〇七七―七〇七〇

韓國新聞
発行所 韓国新聞社
振替口座 東京 34988番

三星物産株式会社 東京支店

裵大使 共産主義者の欺瞞宣伝に警告

餓死状態の北韓同胞 "救護米提供"で欺されるな

裵義煥大使は、朝総連のいわゆる「救護米提供説」に対し、この程次のような談話文を発表し、「在日僑胞は共産主義者らの欺瞞宣伝に欺されぬよう注意しなければならない」と強調した。

北韓カイライ政権から日本に密派され、あるいはこの地で特殊訓練を受けた小数赤色分子たちが、いわゆる朝総連を操縦しており、朝総連代表という美名の下に、わが居留民団に対して本国の食糧事情を援護するとして、在日僑胞から救護米を拠出し、提供するとの風説が流されているといわれているが、これはあくまでも欺瞞的な共産側の悪らつな宣伝に過ぎないことをわれわれ僑胞は銘心し、警戒しなければならない。

共産カイライ政権に不法強占されている北韓には、原来、食糧が不足していることは、全国民が知っているごとく、現在北韓はわれわれが想像もできない程の深刻な食糧難に逢着している事実をわれわれは知らなければならない。その実例の一、二を挙げれば、北韓カイライはいわゆる彼らの主人である労働者に、配給食糧を日当りわずか七百グ、扶養家族に三百グ、それも七十％は雑穀を配給しているため、毎日ところ食糧難にあえぎながらも労働を強要され、多くの北韓同胞が現在餓死状態におかれている。

また北韓カイライは、日本商社を通じて最近、オーストラリア産の小麦七万トンの輸入計画まで締結した事実などは、何を意味しているか、われわれは正しく注視しなければならない。このような生地獄北韓地域で苦しんでいるわが同胞たちを一日も早く救出しなければならないのが、われわれ国民の前途に横たわっている最大の課業である。

共産カイライはこのような悲惨な事実はあくまで隠蔽しており、海外の同胞には絶対に北韓同胞の生活状態を知らせず、虚偽宣伝のみをくりかえしている。

わが本国には、六・二五動乱当時、北韓カイライ治下でしん吟し南韓に避難してきた人たちが約八百万名に達し、現在二千七百万名の人々が共に生活している。

この事実は、北韓共産カイライ治下がいかに生地獄であるかを証明している。要するにわが国はいま、昨年の凶作と最近の類例のない風水害によって食糧事情が若干円滑にいっていないのは事実である。しかしわが全国民と政府の一致した努力と自由友邦の協力によって唯今現在、今年度の所要量を補充することができており、在日僑胞は安心するとともに、在日共産分子たちの欺瞞的な宣伝などにまどわされないよう望む。

朴議長、来月下旬頃立候補声明か

【ソウル十七日発=連合】政府消息筋が語ったところによると、朴正熙最高会議議長は民主共和党指導部と十七日会談した際、軍籍を離れて八月二十日頃、大統領立候補を発表する意思表示があった。

世界女性大会の紛糾

共産世界の外廓が分裂

【解説】共産系列の唯一国際女性組織である国際民主女性連盟主催の世界女性大会が、さる六月二十四日から同二十九日までモスクワで、一一九個国代表千、五〇〇余名参加の下に開かれたが、この大会の経過と結果が、共産世界に投げかけた波紋は実に重大な意味をもっている。

会議は開幕の初日から紛争、深刻な紛争と混乱に始まり、連日乱闘一歩直前の衝突、険論に終始したが、その主な理由は、中共が例のごとく過激、偏狭な毛沢東路線―特に反米、反平和共存政策を大会に反映させようとしたためである。中共の主張は会議参加者たちの猛烈な反発、反撃を呼び、二十九日の国際民主女性連盟の綱領に対する表決の結果、中共と北韓カイライ、アルバニア、インドネシアの四カ国代表のみがこれに反対し、日本、ラオス、ベトナム共産同盟の四カ国代表は棄権し、のこりの米国、ソ連、インドをはじめとする東南西陣営および中立陣営一〇〇余国家代表全員が賛成したまた中共が期待していたアジア・アフリカ代表たちも中共と反対の行動をとり、中共の完全な敗北に帰してしまったが、そのあとに行なわれた大会呼訴文の採択では、中共側が一層みじめな敗北をみた。すなわちこれに反対投票したのは、アルバニアのみで、インドネシアまでその反対投票に加担せず、賛成投票をし、棄権したのは共産ベトナムのみで、のこりの代表たちは一致して賛成投票をしている。このようにして中共ブロックは三カ国に完全に孤立したことが数字にも実証されたが、これは今日、戦争を誘発しようとする冒険路線が、共産同調者にまでも一致した反対をかっていることを実証しているものである。

大会が終るや、惨敗した中共代表団は、大会を非難し、その決定に反対する声明文を発表したが、さらに北韓カイライも中共と全く同じ声明書を発表した。彼らが新たに採択した連盟の綱領までも反対したことは、今後の連盟自体の分裂までを示すものである。

周知の如く、すべての国際会議での共産代表たちは、常に彼らの国の独裁者の指令通り機械的に動いているが、今回の国際民主女性連盟のような紛糾は、今後の共産系列の他の国際的組織すなわち国際職連、国際民主青年等の国際会議が開かれる場合でも当然ありうることであり、遠からず国際的共産勢力分野を完全に分裂させる事態にいたることが展望される。

世界民主女性連盟での中共や北韓の敗北は、中共や北韓ばかりでなく、広く共産陣営自体の破綻を意味している。

朝・ソ防衛条約締結記念日を軽視

北韓傀儡

【解説】最近にいたり、北韓カイライが中・ソ論争問題で、毎事件ごとに中共にへつらい、ソ連に対抗していることは周知の事実であるが、いまではソ連に関連のある記念行事までも等閑視するにいたっている。さる七月六日にあるいわゆる「朝・ソ防衛条約」締結二周年記念日がその端的な例といえよう。

北韓カイライは例によって七月五日夜、平壌で「朝・ソ友好および相互援助に関する条約」締結二周年記 平壌市大会という集いをもったが、その式は従来の例にくらべてあまりにも簡単なものであった。大会の規模をみてもそうであり、その大会に参席した北韓カイライ人士たちの顔ぶれをみてもそうである。

また同大会で行なった報告者の政治的および社会的地位をみると一層明確である。

昨年のこの大会は金日成そして北韓カイライ第二の実力者第一副首相金一などが参加し、彼が直接ソ連にアプする長い報告演説を行なったが、今年は北韓で二・三等級に属する端首級ていどの人物が参加し、報告演説者も北韓ではすでに使い道がなく、廃品化しているといわれているいわゆる「朝・ソ親善協会」委員長の李箕永が簡単に行なっただけである。

そればかりでなく、昨年は金日成とフルシチョフの間で祝電交換も行なわれ、さらに「親善夜会」など多彩な行事が催されたが、今年はそのようなものは何一つ行なわれていない。

特に見落せられないのは、記念式場が逆にソ連を攻撃する場所に利用されたという事実である。

すなわち報告者である李箕永は自己の演説を通じて「米国に反対する斗争を忘れてはいかなる平和斗争に対しても、そして社会主義の勝利に対しても語れない」と語り、また「朝鮮人民は現代修正主義に反対するため続けて一貫斗争している」として、中・ソ論争で中共がとっている立場と主張をそのまま強調して間接的にソ連を非難した。これも北韓駐在ソ連臨時代理大使が参席している前で行なわれた。このような事実などは、北韓カイライが中共とソ連の争いで、中共の立場と主張を一層露骨に支持していることをあらわしているものに他ならない。

芸総の筆窓

"芸総"の結成

"芸総"の東京特別支部(韓国芸術文化団体総連合会)が誕生した。

各部門十個の芸術文化団体がその傘下に入っているのをみても解るように、在日僑胞の文化人、芸術家は一応総網羅しているといっても過言ではなかろう。

芸総が出発のあいさつの中で述べているように、いままで日本に居住する韓国芸術文化人たちは、特殊な環境のなかで、ややもすれば民族芸術の方向すら見失いがちであった。かかる条件のなかでは、育くまれて行く次の世代のためにも、また民族芸術文化発展のためにもならないことは明らかである。このような停滞した状態から脱け出して、在日韓国芸術文化人の権益の擁護と民族芸術文化発展という共通の問題を討議し、共通の広場として「芸総」をもったことはこの上ない意義あることである。

このような芸総の結成にも、口のうるさい僑胞スズメの間では批判的な目でながめ、"自称芸術家文化人たちの年中行事"として嘲笑をむきだしにする者が少なくなかった。三人寄れば四つの意見が出るといわれるほどのわが僑胞社会であってみれば、別段驚くほどのこともないが、しかし芸総にたずさわる人たちにとっては決して左から右に聞き流すだけではすまされないものがある。

いままで、僑胞の文化人や芸術家の間で、協会や団体のようなものが幾度か結成されながらも、そのつど、これといった活動もおこなわないうちに内部分裂によって、自然解散の憂き目を見てきた。しかも、つねに同じ人たちによって離合集散が繰り返されてきたことを考えるとき「僑胞スズメ」たちの批判も、あながち的をはずれた批判のための批判とは断定できない。

とかく文人や芸術家の中には、自己の力にとじこもって他との融合に欠ける者が少なくないが、個性を主張するあまりに協力を忘れたり、政治的個人プレイに走る従来の惰性が断ち切れない限り、鳴り物入りでスタートした芸総の命脈はいくばくもなかろう。

いま日本には、韓国出身の文人や芸術家が数多くおり、それぞれの分野で名声を知られている人も少なくない。中には韓国人であることを堂々と表明している人もいれば、日本名を使って僑胞社会とはあまり交わりを結ばない人もいる。これらの人たちをどのように抱摂していくかは、芸総にかせられた今後の任務であり、その成否如何が芸総東京特別支部の発展後退のカギともいえよう。

すべての僑胞芸術文化人が一つになり、民族芸術文化の発展という共通の目的に向って前進することができれば、芸総の前途には洋々たるものがある。(太白山)

論壇

注目される金、大平会談

本年に入り本国における政局激動により事実上開店休業を余儀なくされてきた韓日会談も、朴議長の早期妥結という強い決意を反映し、さきに裵義煥大使が日本に特派されて、懸案を提示して日本側と交渉を進める一方、欧州の公館長会議に出席した金溶植外務部長官は、帰途日本に立寄り大平外相と会談し懸案の諸問題を一挙に解決し、仮調印にまでこぎつけようと意気ごんでおり、二十六日に予定されている金・大平会談に各方面から大きな関心がよせられている。

公館長会議を終えて米国を訪問した金外務部長官は、去る十六日国務省でラスク国務長官及びライス国務次官補(極東担当)と昼食をともにし、約二時間にわたり会談したが、この席上、金長官は米国で韓日関係の打開に積極的な役割をはたすことを要望するとともに、漁業交渉では韓国の沿岸零細漁民の保護育成策がとられるならば韓国は必ずしも専管四十カイリ案にこだわらないと言明したが、これは韓国の強力ある態度を示すものとして注目された。

さらに会談後、金長官は「東京での大平外相との会談で意見交換以上のものを期待している」と語り、みずから本格的な交渉を行なう意向を明らかにした。

この日の金・ラスク会談では韓日会談の現状と見通し及び民政移管の展望がおもな話題であったが韓日会談について金長官は次のように説明したといわれる。

一、韓日会談は請求権問題が原則的に合意され、漁業交渉も大詰めにきており、この二つの柱が確立されれば、韓日関係の正常化はきわめて容易である。しかもその見込みは非常に有望である。

一、漁業交渉では、韓国は第二次案と補足的な漁業協力案を提示したが、専管水域四十カイリ案は沿岸零細漁民を保護するためのものなので、もしこれに代わる合理的な漁民保護育成策がまとまればこれに固執しない。また自分の判断では日本側も必ずしも十二カイリ案にこだわっていないと思われるので妥協の余地は十分ある。韓国が提示した協力案は妥協の根拠となろう。

一、現在韓日両国とも早期妥結の気運がたかまっており、この機をはずすと解決は六、五年以降になる恐れがある。米国は韓日会談の打開にもっと積極的な役割をはたすべきである。

なお金長官はワシントンの韓国大使館で日本人記者の「韓日国交正常化について韓国政府はいつごろをメドにしているのか、韓国内の野党政治家の間には批判が強いが、国内での受入れに不安はないか」との質問に対し「韓国に関する限りとしの末までに朴政権のもとで正常化を実現したい。見通しはきわめて明るいと思う。私は野党政治家は政府が日本に対し譲歩しすぎるのではないかという懸念から反対しているのであって正常化そのものには反対していない。公正な取決めで妥結するならば反対はない」とははっきり答えている。

周知の如く韓日会談は請求権問題が一応の合意をみて以来、焦点は漁業問題にしぼられている。しかも韓日双方の当局者は従来の腹のさぐり合いから双方に具体案を提示して交渉を進めている。現在のところ韓国側の提示した漁業協力十三項目について日本側は原則的にこれを認めており、問題はこの漁業協力を請求権の五億ドルのワクに入れるかどうかで対立がつけられている。

専管水域四十カイリ案については金長官自身が言明している如く弾力性をもつもので、韓国零細漁民の保護が得られれば韓国側はこれに公式的にこだわらない態度を明らかにしている。

また漁業協力を請求権のワクに入れるかどうかは政治的に解決されるべき問題で、現在の漁業専門家会合で決論の出ぬことは当然である。しかしこの問題も専管水域同様極めて弾力性をもっており、日本側も必ずしも請求のワク内に入れることに最後までこだわることはないように思われる。

このように韓日会談もいよいよ最後的な段階に達しており、従って今回の金、大平会談の成果に大きな関心がもたれるわけである。これを如何に解決するかは韓日両国当局者の政治力にかかっているといえよう。

さらに強調したいことは金長官がラスク国務長官に要望した如く米国が韓日会談の早期妥結についてもっと積極的に協力すべきことである。韓国と日本は台湾とともに米国のもっともたよりになる防衛前線であり、この三国の団結を強化することは米国の義務とさえいわれる。米国務省の一部には韓日会談への米国の介入は内政干渉のそしりを受ける恐れがあるとしているものもいるが、共産主義侵略の脅威が存続している今日、こうした面子はかなぐり捨てて、米国は韓日国交正常化のため最大の協力を行なうべきである。(林周一)

ソ連、北韓援助中断か

政府の消息筋が伝えるところによるとソ連は、北韓カイライの五カ年計画の失敗を理由として北韓カイライが現在進行している七カ年経済計画を賛成しないだけではなく、最近になっては五カ年計画遂行のために、その間北韓カイライがソ連から借款した金額を償還するまで北韓カイライに対する一切の経済援助を中止とすることに決定した。

またソ連は借款金額を早急に償還することを強要しているという。

それで北韓カイライは七カ年計画で最も深刻的に推進してきた発電所建設事業まで中断をよぎなくされたが、その実例として平壌火力発電所建設工事は完全中断状態に落ち入っており、その外にも西頭水、北倉火力発電所などはわずかの手を加えるくらいの状態にあるという。

この他建設作業を進行中にある多くの工場がその機能を中止したまま放置されているという。

またソ連からの債務督促にたえられなくなると北韓カイライは果実、海産物などを北ベトナム、アルバニアなどに廉価で輸出してこで得た外貨を償還金の一部を当てているという。

しかしこのような少量の輸出で得た外貨では到底償還の履行が不可能で、北韓カイライは最近鉄道賃金を二倍に引上げる一方物価も大幅に引上げたという。ソ連が北韓カイライに経済援助を中断してまた借款金額を早急に償還することを要求した理由に上記のようなことをいうが、これはあくまでも外面的な理由で、事実は中ソ紛争で北韓カイライが中共のカタをもったことに対する報復であることはいうまでもない。

ソ連は北韓カイライだけでなく中共とアルバニアに対してもこのような手段をとった前例がある。

このようになれば北韓カイライが宣伝をし、さけんできた七カ年計画も必然的な失敗を意味するのである。

漁船導入など13項目

韓日漁業協力で具体案提示

韓日予備折衝第三十回漁業専門家会合は去る十二日午後三時から霞友会館で二時間にわたり開かれた。漁業専管水域については韓国側四十カイリ案と日本側十二カイリ案が対立したまま平行線をたどったが、漁業協力問題については韓国側から十三項目にわたる具体案が提出され注目された。

漁業専管水域については韓日双方とも譲らず歩みよりはみられなかったが、この日韓国側は同水域の基線を直線基線(岬ならびに沿岸諸島を直線で結んだもの)とすることを主張した。これに対し日本側は国際慣例上、基線を低潮線(退潮時の海岸線)とすることに必ずしもこだわるわけではないが、問題は直線基線をどう引くかにあるとして、やや弾力的な意向を示した。

漁業協力問題について次のような十三項目の具体案を正式に提出した。

一、①大型、中型漁船の導入と建造②老朽漁船の補修③ディーゼル導入④ディーゼルエンジンの修理及製造工場の建設⑤合成繊維ロープの製造工場⑥漁業無線(陸上と漁船間の)⑦漁撈指導船の導入⑧試験船、調査船ならびに監視船⑨その他の漁獲施設の漁船ならびにその他の水産物製造加工施設⑩水産試験施設の拡充⑪水産教育研究施設⑫水産技術センターの施設⑬研修生の訓練ならびに漁業技術者の招聘。

一、その他韓国水産物(魚、ノリなど)を日本が輸入することと日本からの漁船の買入れを容易にする。

この案については日本側としてはフランス、イタリア両国が対韓漁業共同借款(総額一億二千万ドル、金利五分五厘、七カ年計画)にのり出していることもあり、内容的には別に異論はなく、また項目によっては借款にかぎらず、与償としてもよいとしている。問題は対日請求権問題、金利、返済期間などの条件である。日本側は輸銀ベース(最優遇金利は五分七厘五毛)による民間借款なら、個によっては国交正常化前に応じてもよいが、長期低利の政府借款であれば正常化前は認められないとの態度をとっている。さらに正常化後においても韓国側が希望しているようにすでに合意ずみの無償、有償五億ドルの外ワクとすることには難色を示している。

この漁業協力問題は専管水域とウラハラの関係にあるだけに、それが今後どうにつまるかは漁業問題全般の進展に決定的な影響をもたらすものとみられている。ともかく金外務長官の訪日を前にして韓日双方は歩みよりの気配をみせつつあり成り行きが注目されている。

中央情報部長に金炯旭氏

金新中央情報部長

最高会議は十二日午後の本会議で、金在春中央情報部長を解任、金炯旭最高会議運営企画委員長を新部長に任命した。

なお新任金炯旭中央情報部長は十三日就任にあたり次のように語った。

私は今後政治問題から手をひき中央情報部の任務である事実を事実の通り明らかにして、最高会議の政策樹立に反映させるとともに国家安全保障を脅かす諸害を除去する中央情報部本来の任務のため努力する。

今回の最高会議の人事異動次のとおり。

▽外務国防委員長=柳陽洙、▽財政経済委員長=金顯徹、▽運営企画委員長=張坰淳、▽文教社会委員長=李元燁、▽財政経済委員=朴賢植、文教社会委員=洪鍾哲、▽監査委員長=韓信。

株式会社 日立製作所
取締役社長 駒井健一郎
東京都千代田区丸ノ内1−4新丸ビル

北韓カイライ 中ソ会談に沈黙

分裂直前の危機におかれていた中共とソ連が、長期間にわたって継続してきた彼らの「イデオロギー」紛争を解決するため、さる七月五日から「モスクワ」で会談を開き、激論が展開されたことは万人が周知の通りである。

特にこの会談の成否は東西冷戦に多大なる影響をおよぼすため、会談の内容はただいまの共産陣営内だけではなく自由世界でも大きな関心の的となっており、世人の耳目を集中させている。

ところで世間にはどのような世間の耳目が集中されているこのような会談があるのかどうかも知らずに暮らしている大衆がいるそれは北韓同胞たちである。

北韓カイライは中ソ会談に対して今まで一切の報道を禁止しているだけでなく、北韓カイライは今まで中ソ間の対立関係に対して報道として発表したことは一回もない。

それゆえに党とか「政府」高位層にいる一部分子をのぞいて、北韓の一般国民はいったいどのように中共とソ連との間の反目が深まっているのかも知らないだけでなく、北韓カイライとソ連との関係がはなはだ「友好的」で「親善的」とばかり思っており。北韓カイライがソ連から冷遇と無視されていることはまったく知らずにいる状態である。

このように北韓カイライが中共とソ連との関係を一切報道しない理由はどこにあるか?その理由は極めて簡単である。

北韓カイライが今日まで北韓同胞たちに宣伝してきたのは「ソ連と中共を先頭とした社会主義国家の団結は鉄のようにかたく、朝鮮はソ連と中共との親善団結を固守する」といい、「分裂は帝国主義国家内部だけであろう」と主張しながら共産主義国家間には分裂などは夢にも考えられないと偽りの宣伝をしてきた。

ところが今になってソ連と中共が理論闘争によって相互が歩みよらずその主導権争いが激化している現実を北韓同胞に知らせるといいままでの彼らの宣伝がうそであったことが暴露される。そうなるとその結果は直ちに金日成に対する不信感が増大するのは火を見るより明らかであり、そのために北韓カイライは中共に対する報道をあくまでも禁止しているのだ。

金外務長官、ラスク米国務長官と会談

民政移譲スケジュールなど説明

【ソウル発=連合】ワシントンからの報道によると、今ワシントンを訪れている金溶植外務部長官は、十六日に開かれたラスク米国務長官との会談で韓国政府は自由でかつ公正な選挙をこの秋に実施し、今年中に政権を民政に移譲すると確約した。

この席上、金溶植外務長官は、民政移譲のスケジュールに関し詳しく説明し、来る十月と十一月に予定されている総選挙が自由かつ公明な選挙になることを確約し、また軍人の身分問題と、韓国の食糧問題に関してラスク国務長官と話し合った。

一方、金外務長官は十六日、ラスク国務長官と会談した後、米国政府が韓国の緊迫した食糧不足を緩和するため、援助して欲しいう韓国の要請を好意的に［…］いる旨あらまし次のよう［…］た。

今度の会談は非常に有益で［…］足すべきものであった。韓［…］は共に自由世界の一員であ［…］し米国が自由陣営のこの［…］をさらに接近させるよう［…］れば大きな助けになると考［…］る。

民政移譲スケジュール発表と同時に改憲案を撤回

朴議長

【ソウル発=連合】最高会議朴正熙議長は十七日、［…］を視察中記者会見で「軍政［…］に関する憲法改正案は、民政移［…］ケジュールの発表と同時に、［…］されよう」と述べ、さらに［…］政局などについて要旨次の［…］語った。

(一) 民政移譲年内実施の予［…］変わらない。十五日のパーティ［…］大使との会談でも、この所信［…］っきり説明した。

(二) 選挙は十月大統領、十［…］国会議員の二つに分離して行［…］方がよいと思う。

(三) 野党の対政府攻撃を放［…］ているが、最近行き過ぎがあ［…］

(四) 物価のつり上げをねら［…］悪徳商人は厳に取締る方針で、［…］関係法案を作成中である。

サービス・能率向上に
信用・技術・責任ある 冷・暖房機
○最高の技術とサービス完璧です。
○僑胞の事業体には実費、団体に対しては原価で奉仕しますから冷暖房及び冷凍機関係の一切を御相談下さい(遠近厭を問いません)
○各種(内外国製品)冷蔵庫・クーラー類の修理販売も御相談下さい
○一年間のアフターサービスの御契約もします。
日立冷暖房機代理店・ダイキン冷暖房機代理店
北洋冷凍機工業株式会社
代表取締役 洪起華 取締監査役 金炳泰
東京営業所 東京都新宿区原町3の84 TEL(341)0449 埼玉営業所・埼玉県入間郡武蔵町302 TEL武蔵703

韓国服地 夏季大売出し！
祖国訪問者には特別原価奉仕します
浅草一番の店
営業品目
韓国レコード L.P盤各種

御来店の節当店への道がお分りにならない方は下記に御電話下されば、ただちに御迎えの車をさしむけます。
京都浅草 京 商会
東京都台東区浅草公園六区2号―15
電話 (841) 8394・2336・0092番

サービス券
この券御持参の方には特別に商品を原価で御奉仕致します。

米国対韓援助の全貌と問題点

一貫性ある政策提示
自立精神を高め将来に自信を

駐韓経済協調処長　J・S・キルレン

われわれは毎日のようにわれわれの周辺でおきている変化とか日常的な向上発展を知らずに過してしまうときが多い。人間というのはいつも性急で不断に将来の目標を追求する結果は即ち自分をとりまいている環境の中で、目に見えても意識されない進歩、即ち着実に行なわれてはいないがそれほど劇的でない進歩はかるい気持で見くびってしまうことが多い。

しかしひん繁に往来しない人が五年とか十年目にあるところにいってそこの情勢を見れば過去と現在との判然な対照を充分に認識することが出来るし、従って深い印象を受けることになろう。

動乱前の生産力を上回る

韓国はこのような境遇に該当する。休戦が成立して十年になるがその十年間に戦争の廃墟は完全に再建されて国家産業の土台は開かれたし、交通網、通信網、配電網などが確立されて今は拡張の一路にある。通商交易は国民生活においてより一層重要な役割を果すようになって都市は改良美化されているし、韓国国民の生活水準は着実に高まっている。

過去十年間の変化と進歩をどういう尺度をもって測定しても既述のような結果は否定できないことだろう。

韓国においてのそのような進歩はその間の米国の経済援助をむだ使いしたとか真面目に利用されなかったとかまたは方向をまちがえたという人たちに対して援助そのものが決してむだではなかったと言う充分なる回答がなり立つと思う。過去をふりかえって見るとき常に事がもう少しよくできるのではないかという点を発見することが出来る。このような観点から見れば、今まで援助として提供された財源と国内資源の使用においてある程度不合理な点があったことは否定できない。しかし要は韓国がこのような財源を使用することによって戦災を復旧していまは韓国戦争前の生産能力を回復しまたその当時よりもずっと上回る現状にあるこの事実がより重要な意義をもっている。

昨年中韓国は米国の贈与経済援助の削減によって財政経済面では転換期の試練に逢着するようになった。このような贈与援助の削減は二つの要因から見て避けられないことであった、その一つは米国議会で贈与援助に策定された資金を大幅に削減したこともう一つは米国行政府から韓国が今は正常的な消費物資の導入を韓国自体の所得でもって購買する責任を増大させる態勢と能力をそなえていると信じているからだ。

私はいまこのような問題などが、偽りとかざりを伴わず率直に論議されなければならない時期だと思っている。いま韓国人とか米国人を問わず経済援助の行政と利用管理の実務を担当しているわれわれとしては贈与援助の水準がそれほど低下されることによって諸般難しい問題が台頭しているのを充分に認識している。

われわれは韓国の友人たちの中で起きている批判、例えば韓国に対する米国の関心が薄弱であるとか、韓国に対する米国の友情が冷めつつあるとか、韓国の諸般問題に対して米国はあまりにも無関心であるとかまたは経済的発展のために努力する韓国の立場を支持しないと、などの米国の援助態度に対して批判的な人士が少なくないことを知っている。

これに対して韓国に居住しているわれわれ米国人は、米国の動機と目的がこのように曲解されていることは遺憾に耐えない。

しかしわれわれはわれわれの政策と行動が賢明であることは将来証明されると確信してそれが確認されることを待っている次第である。

私は経済援助の基本目的が受援国の経済的自立度を高めるよう鼓励し、それを可能にするために力を注いでいることに対してはだれも異議をもたないことだと思う。

またある一国が他国に対して経済的にあんまり長く依存する状態にあることは、先者が漸次無気力になりやすいしその依存度が恒久化される恐れがあるという事実はだれも否定できないことだと思う。これは個人の境遇は言うまでもなく国家の境遇においても同じことである。

故に一国家の外部依存状態を漸次的に減少し自立能力をなるべく速かに拡大するのが賢明でありまた緊要である。われわれは誰もがこのような一般的な原則には賛同しながらもそれを適用させる時機と方法に関しては誤解と疑いを持ちやすい。

輸出は毎年大きく上昇

贈与援助水準が年間平均二億五千万ドル内外に達した一九五三年から一九六〇年の韓国の輸出が年間わずか二千万ドル程度に低調したし反面援助が大幅削減された一九六一年には輸出が四千一百万ドルまで一九六二年には五千四百万ドルに上昇したし一九六三年には七千八百万ドル乃至八千万ドルに達したことは決して偶然ではないだろう。私はこの分野から今のように努力すれば一九六四年には韓国の民間輸出が年間一億ドルの水準に到達するのは可能であると思う。

輸出所得においてこのような向上は経済援助が削減されたことに対する自動的でまた自然発生的な反応であったことではない。それは援助削減に対備して韓国政府と実業界が輸出所得を増加させる必要性を切実に認識して外資を獲得しようとする強い決心から現われた努力の結実であった。その目的のために総ての当事者が専心全力をつくして満足すべき成果をあげたのである。すでに達成したこの成果と輸出が継続拡大されるだろうという展望はそのような会議が援助としてただ入ってくる時代よりも、ずっと大きな国民的自信をもり上げたしより大きい業績を積み上げられるということに激励される。このような事実は直に韓国において韓国人たちに依って韓国人のために提供されてきた援助の目的が達成されていることを意味するのである。

贈与代りに開発借款増加

贈与援助の水準が低下される面に開発借款は増加されている。韓国が現在の輸入の要求を自らの所得をもって充足させる能力の増大に伴って米国の投資財源は韓国の電力交通工業水利鉱業など一連の基礎生産部門の拡大と共に必須的な投資施設に漸次投入が増えている。

このような投資施設とこれらが韓国国民の生活及び福祉に対する効果に関しても詳細に記述しなければならないが、いずれにせよ、このような援助の効果は今後われわれが望む、米国経済援助の韓国たる基本形態にならなければならない。

このような借款とその効果的な利用は韓国の経済発展の努力に対する新しい対策の基本性格を端的に描写したものだといえよう。

新進国家は早急に先進国家のような経済構造を備えることを願っている。このような意味の発展は普通現代的工業を建設するのと大規模の工業集結地帯を形成することによって工業部門での生産能力の拡充をはかろうとするのと同一視される。

このような表面上の施設も重要ではあるが、それは海面上に浮いている氷山の八分の一の部分にすぎないともいえる。発展された社会においては可能的な発展相の基礎を造る低面より重要なものが築礎をかためているのだ。

このような氷山の水面下の持続を総括すればそれは即ち能率的な制度とこれを受け入れる国民たちの正しい態度と現代的な技術また管理能力の複合構造が完璧を形成しなければならないということを意味する。もう少し実際的な用語で説明すればそれは確実で責任性ある金融制度と実務または生産企業においての正確な原価計算、政治的また心理的考慮よりは経済的要素に立脚した判断力、短期の利潤よりも長期の資本成長に立脚した企業の収支計画などを必要とする。またそれよりも劣らず重要なのは一般貯蓄者と投資者また生産者たちとしても確固たる将来をのぞめられる信頼件があって一貫性ある政府の経済政策が提示されなければならないということだ。

以上諸要素らの成就如何は政府または個人企業を問わずこれを決行しようとする意味とともにこれを実践に移せる行政管理能力如何になっている。

正しい成長を目ざすためには総てを決定する過程において上記の諸点を優先的に考慮することにおいて成功の秘訣を得られるだろう。このような発展的な要素は韓国において漸次的に反映されている。

深い紐帯で難関打開

私は韓国の友人たちに韓国の将来をながめるにおいて悲観的なものよりは長くて鋭い目で展望することを勧告するのである。率直に言って韓国の将来は楽観的でまた明るいのである。

その展望は成功的な軌道にのるまでは種々の短期的な難関が数多く横たわっているのもやむを得ないだろう。しかし韓国民が望む生産と所得と福祉の成長目標は必ず達成できることと信じている。一時の難関によって将来の展望と約束が破れてはならない。

韓国と米国は自由世界の防衛のためにわれわれ両国の若者たちが流した血でもって結ばれている友邦国である。

そのような紐帯は韓国を経済的で、社会的、政治的強度の輝かしい標本として作り上げようとするわれわれの共同の努力で強化されなければならない。

米国対韓援助の反省
大胆な転換で立派な寄与を

経企院長　元容奭

動乱の傷なおした援助とその寄与

今日世界の経済と政治を論及するにおいて米国の対外援助が占めている比重は莫大なもので二次大戦後の世界の構造的変動の要素を形成している。自由陣営の一員として、また極東におかれている共産主義との対決に橋頭堡的な位置を占めている韓国としてはただ政治とか経済問題だけではなく社会文化教育の総べての領域において米国との紐帯強化が切実に要請されてきたのである。これは本来から韓国の独立自体がすでに帝国主義的植民政策の瓦解と自由世界の相互安全保障の一環としてなり立っていた事実に照して見るとき必然的に帰結される事理である。

二次大戦の終熄とともに日帝は韓国領土から追い出されたが半世紀にわたる日帝植民政策は民族の資本の枯渇と畸形的な産業構造上に無知と貧困だけをのこしておいた。GARIA援助を始発点として米国の対韓緊急支援援助は当時の極度に昏迷した政治的経済的情勢に一筋の活気をあたえてくれたのである。このようにしてやっと息をとりもどしたときに共産軍の南侵に困ってわずかの産業施設であったが灰燼されて文字通り塗炭でさまようことになった。

この民族的危機を打開するのに主導的役割をしたのが米国を始め国際連合の軍事的経済的な支援であったことは周知の事実でこれはその後の韓米経済協調強化と友好増進に決定的な「モメント」になったのである。

このようにして本格的な米国の対韓援助はMSA法に依るFAO援助で始めICA援助を経て今日のAID援助に継承されたのである。休戦後である一九五四年以来一九六二年までに受け入れた経済援助はPL四七〇号援助を合せて二十二億ドルに達したがここに軍事援助まで合せて計算するとその規模はもっと大きいものと考えなければならない。三十億ドルに近い被害と六十万戸の家屋を焼失され五百万にのぼる欠食人口が街路に氾濫した悲惨な動乱の傷痕に今日の再建相を見るまでには韓国民の結束した努力も大きいのであったが米国の援助がなかったならばこのような再建相は見られなかっただろう。

休戦の翌年の一九五四年にはわずか九億KWHにも及ばなかった発電量が六二年には二十億KWHに倍加の増進をみたし、石炭生産量は五三年の八六万トンから十年後である六二年には九倍に近い七・四〇〇万トンに激増されたのを見てもこのような発展ぶりは納得がいくと思う。この外にも肥料セメント、紡績、製紙、製糖など生産工場の建設拡張を始め運輸通信施設の補修拡張など社会間接資本の拡充にも少なからぬ寄与をしている。

援助物資の受入は、ただ物財面で国内の供給不足の穴をうめただけてはなくその販売代金を受け入れた見返資金の運用を通じて過大なる国防費を包含した財政上の赤字を補塡し進んでは財政安定計画の実施を可能にすることによってインフレ収拾の後押になったのである。これと同時におくれた技術水準を向上させて未熟な経営能力を改善するために毎年二、三百名に及ぶ国内技術者を海外に派遣訓練させ、多い外人技術者を招いて技術上の指導や助言を図っている事実も忘れてはならない。一方援助資金の効率的な運用のために合同経済委員会を設けて韓米間の調整を図謀してきたことは両国間の友好増進にも大きく役にたったと思う。

成功か失敗か……幾つかの反省点

上記のようにその間米国援助は表には韓国経済再建にたゆまぬ活気をあたえたし裏には両国間の紐帯強化を通じて自由世界の安全保障に大きく貢献したことは事実である。しかし一方ではその間の実績をかえり見るとき幾つかの反省点があることは否定できない事実である。

即ち過去の米国の対韓援助は長い目で見るときあまりにも姑息的で近視眼的であったという点である。安定基調の維持だけにかたよったあげく積極的な経済開発には大きな役割をあたえられなかった。言い換えればその時その時の応急的な経済危機は克服したが自立するような経済的基盤構築の形成は見られなかった。

これは一九五四年以来PL四八〇号を含めた経済援助額二二億ドル中に消費財部門に策定されたのが七七％である十四億ドルで施設投資部門に導入されたのは技術援助を含めてやっと二三％にすぎなかったという事実だけでもこの間の事情を充分に理解できると思う。それに依って国民の消費性向をもっと高めてきたのだ。

もう一方では援助運用面において伸縮性が欠けていたために機動性と自律性ある調整を阻害した欠点がないとはいえない。この点は米国が対外援助において成功した欧州復興計画の経験に照して見るとすぐ理解が出来る。一九四七年当時の米国のマーシャル国務長官は援助国がヨーロッパの経済再建計画を一方的に作成するということは適当でないことはいうまでもなく効果もないだろうということを指摘して米国の立案は欧州復興計画案に対する友好的な助言にとどめなければならないと力説したこともある。

韓国は「米国援助戦略の展示場」

韓国のような後進国がその自体の計画案を作成する技術とか経験において欧州諸国とは差異があるとしても被援助国の自主性を最大限にいかす方向に支援または誘導されなければならない。

その間漸次に援助国とか被援助国の皆がこのような誤謬を反省してその是正策を講究するようになったし、近ごろは大きな改善を見ているのも事実である。特にケネディ行政府の執権とともに対外援助政策も新しい転機を作り自助的努力に依る自からの開発計画を持つ国家に限って援助をすること短期援助から開発援助に重点をおくということを闡明するようになったことは確かに援助政策是正において一歩を進めたものであると思われるがまた被援国に対して長期的な援助額を「コミト」できないままにいるのは依然として従来の様相から脱けられないものだといえよう。

これは米国内の世論が今も援助に対して賛否両論に分れているのでその数は少ないにしても果敢な援助を阻止する力が彼らの一部で作用しているからではないかと思う。言うまでもなく世界が政治的にまた軍事的に分極化されている現代においては弱小後進国が友邦先進国の援助なしに早急な経済自立を達成するということは不可能であるし、一方後進諸国の経済的自立なくして先進国の経済繁栄または自由世界の安定保障は常に不安を免れないことも事実である。

このような点から米国の経済援助計画は自由世界の総ての国家資源を調整する合理的な試みとして理解されると同時に相互安全保障の土台になるとみなければならない。自由世界の共同の目的と目標を追求するために統一戦線という意味で、それは根本的に戦略的なものだ。従って共産軍と接線している韓国はこのような米国援助戦略上の試金石でまた展示場だといえよう。

韓国はその間国内政局の不安が一時的に続いているが、その社会的不安が漸次消えつつある。

また外援の効率的な使用とともに経済的な自立経済の基盤を構築する目的の下で総合的な経済開発五カ年計画が樹立され現在果敢な実施をしているのも周知の事実である。この計画の成敗如何は韓国の経済発展の関鍵になるだけではなく米国としても後進国援助政策成敗の試金石になるということも特に強調したい。

援助の焦点を「開発」におくこと

故に対内的には韓国民、自からこの点を深く自覚しその成就を期する固い決意の表明と努力が先だたなければならないのはもちろんであるが、対外的には米国朝野でもこの点に対する深い配慮があり、大局的な見地から積極的な支援をなまけてはならないことをかさねて要請する。

このような点から今後展開されなければならない米国の援助は特に次のような点を[illegible]することを喚起する次第である。

即ち韓国援助計画の焦点はあくまでも経済開発におくがこれは長期にわたって充分な援助でなりたたなければならないという点だ。過剰な人口と資源、資本の欠乏で個人当所得が八〇ドル線で低徊している韓国の中で前近代的な経済構造を帯びたまま自然資源の保有状態までがとぼしい韓国のような後進国においては可用資源の開発とその合理的な配分最大限の資本調達、また高度の能力をそなえた管理人の確保が産業構造の基礎的な改編とともに中心課題にならなければならない。だから経済援助は開発のためのこのような制約要因と基本あい路の打開を助成することにわれわれの国内的な自助努力とともに全力量が集結されなければならないからだ。

これは受援国の経済成長の長期的な潜在的努力に対する持続的な関心が要求されることを意味する。言い換えれば経済援助計画は長期的事業と考えられることによってその持続性の保証が計画の総体的な規模と同じく重要であることを意味する。なぜかというと経済開発の過程には時間が要するしまた計画が展開されるに従って年次別可用資源に対する長期的な保証なくしては計画担当者特にその国の民間人の不安と不信で、果敢で効果ある開発計画の実施が困難であるからだ。だから盟邦の一友邦国の自立と厚生を支援してこれに対する彼らの信頼を忘れない。

間接的な経済支援
米国軍事援助の効用性

物資とサービス投入

韓国に対する軍事援助計画は本来軍隊だけのために構成されたのではあるが、この計画がもつ重要は軍事・経済両面にまたがっているといえよう。

米国の対韓経済援助活動の一面を形成している軍事援助計画で莫大な量の物資と「サービス」が韓国に投入されている。

一九五六年から一九六二年にわたる七ケ年間米国の対韓援助総額は約三十五億ドルにいたった。この金額中二十億ドルは経済援助で残りの十五億ドルは軍事援助として使用された。

韓国に提供される援助額が毎年一定してはいないが前期七カ年間年平均してみれば経済援助に約二億八千万ドルまた軍事援助に約二億二千万ドルが提供された計算になるが、合計年平均約五億ドルの援助が提供された。

今日における韓国には約六十万名の兵力（一九六〇年までは七十万を越えた）がいるが共産北韓の脅威を受けている韓国としてはそのような大軍維持は当然なことである。しかし韓国の経済条件の下ではそのような大規模の軍隊を自力では維持不可能であるし万一これを維持するならば国民生活を犠牲するか、あるいは外部からの援助に依存する外は別の道がなかった。

過去六年乃至三年間、韓国軍が必要とした軍事費は年間平均約三億五千万ドルにいたった。万一この軍事費を国内資源だけでまかなうとしたら、国民総生産高の二〇％以上をこれに充当させなければならなかったろう。

しかし米国の援助によって軍事費のために加重される韓国の経済的負担は減るようになった、即ち平均三億五千万ドルに達する軍事費の中で約二億三千万ドルが軍事援助資金で直接支出されて残りは経済援助で生みだした財源に依って埋めるようになった。経済援助で得た財源で韓国軍事費予算を充当しただけでも毎年一億五千万ドルを超過するものであった。

韓国軍費の60％負担

国防予算が増額され経済援助が減少されたにもかかわらず近年に来ては経済援助を含む国民総生産額の中で軍事費に消費された比率は前よりのびなかったという事実は大きな意義をもつものといえよう。

それは去る五七年に援助を含む国民総生産額の中で軍事費に使用されたのが六％であったが援助が大幅に減って一九六二年にもその比率変化がないという理由は明らかである。即ち韓国経済が発展するに従って国内生産高は増大されこれで援助減少から生じた空白をカバーすると同じに増えていく財政支出が維持されるようになった。銃器、飛行機、タンク、トラックなどを始めとして通信施設、電子装置など韓国軍が使用している軍装備は軍事援助計画に依って無償で直接提供されている。建築機材及び火薬油類、タイヤ、チューブなどその他資材も同様である。

また韓国軍に補給される衣類と食糧もその大部分が軍事援助計画によって提供されてきた。一九五六年から一九六二年にいたる七年間韓国軍の発展及び維持に所要された全費用の六〇％が軍事援助に支出されたしそののこりは米国経済援助で造成された韓国法貨で支出してきたがこの資金は対充資金を財源として韓国の国防予算を通じて使用された。

軍需物資の間接寄与

軍事援助計画は韓国軍維持のために使用するようになっているが韓国の全体経済にも相当な利益を与えた。毎年軍事援助として支出される二億二千万ドルの約半分が軍隊に対して直接的な支援になったことはもちろんで民間経済にも役に立つような諸装備と物資購買のために使用された。一例を上げれば大部分の韓国工兵工場ではこのような軍需余剰物資を原料としている。韓国経済開発に重要な役割をしている道路と橋梁は軍事援助計画として韓国に提供されたブルドーザー、トラクター、トラック油類などで建設されたしまた補修拡張された。これらの道路と橋梁の建設及び修理工事は韓国軍、また「USOM」及び韓国政府と駐韓米軍が共同で実施したのが多い。ある工事は韓国政府単独で実施したものもあるがその工事で使用した装備及び補給品は無償で提供された軍剰余物資である。

駐韓米軍で必要とする諸経費は米国議会が承認した米国防費で支出する。

八軍援助だけ四千万ドル

一九五三年から一九六三年までの十年間韓国経済に寄与した駐韓米軍の独自的な援助額は約三千五百万ドルに達している。同援助に依って学校、孤児院、公共保健施設などが建築されたし橋梁道路その他建物などが建設され、砂防事業土地改良事業も実施された。

米国の軍事援助が韓国の国民経済に具体的に寄与した物資とサービスの総額を算出することは事実上不可能である。このような援助は価格で換算化し難い幾つかの互いに異った方法で遂行されたからである。その中でも最も重要な一例をあげれば橋梁とか道路の建設及び修理または災害を受けた地域に対する緊急救護及び再建事業に工兵隊が動員され軍用機材などを投入したことをあげられる。また駐韓米経済援助処（USOM）の事業場に軍剰余装備を贈与したことがあるがこのような方法で譲与した中で相当量の装備と物資が民間に払い下げたことがある。韓国経済に与えた軍事援助計画の全体影響力を評価するにおいてこのような間接要素分も過小視されてはならない。

133,000 KVA Water Wheel Generators purr powerfully in their berths at Okutadami Dam.

"大は原子力、小は電球、トランジスターまで"

東芝の製品はより良き世界、より良き生活を創る

東京芝浦電気株式会社は"TOSHIBA"の愛称で全世界に広く行き亘って居ります。現在資本金693億円、年間総販売額は1,800億円を越え、従業員8万5千名、工場21個所、東洋最大の研究所、傘下会社57余所のマンモス企業は全世界の最も著名な一大電機綜合メーカーであります。

"TOSHIBA"のマークが表示されている全製品は品質と性能が完全に保証されております。

"TOSHIBA"は其の研究の独創性に依り明日の無限なる発展が約束されております。

Leader of the Industry it Started

B/W TV Receiving Set

東京芝浦電気株式会社

TOKYO SHIBAURA ELECTRIC CO., LTD.

東京都千代田区有楽町一丁目十二番地

韓国向代理店　不二貿易株式会社

東京都中央区銀座一丁目五番地

大韓民国ソウル特別市中区太平路一街六四

本国食糧難救援運動

現物は横浜、神戸、門司に集荷

民団 第二次実施要綱を指示

民団中総ではさる?日、目下実施中の「本国食糧難救援運動」の第二次実施要綱を各県本部に送り、横浜、神戸、門司など現物の集荷場所を指示した。第二次実施要綱要旨はつぎの通り。

一、在日僑胞全体の救援運動の基準量を団員一人あたり米一升（日貨で一四〇円程度）と定めたが、これだけではあまりにも微々たるものであるため、各県本部では三機関、支団長実務者の連席会議を召集し、各地方団員の実情に応じて地方有志、経済人の特別救助など適切な搬出方法を講究して基準量の数倍の成果があがるべく努力することを望む。

二、搬出方法については、この救援運動の意義を生かすためにも現物を原則とする第一次要領で指示したが、集荷、輸送などでいろいろ難問題があるため、できるだけ現金を拠出してくれることを望む。

三、しかし現物が集まる場合は、各県本部は次の通りの指定場所に送荷すること。
⑴ 関東地区、近畿地区、東北地区の各県本部は横浜倉庫。
⑵ 中北地区、近畿地区、四国地区、中国地区（岡山、島根、鳥取県本部）の各県本部は神戸倉庫、
⑶ 中国地区（山口、広島県本部）、九州地区の各県本部は門司倉庫。

四、募金できた金額はそのつど名簿とともに中総民生局に送ることを望む。

五、親友会や宗親会が本国の出身部や宗氏家門のためにのみ救援米を送ること、および米麦以外の副食類（たとえばラーメン、乾パン等）等の特殊行為は、関係機関と協議した結果、いろいろ困難な問題があるため、今般実施されている全体運動には一切取扱わない。

韓日商社の懇談会

福岡韓国貿易協会の主催

来日中の韓国商社訪日視察団と福岡韓国貿易促進協議会（会長＝阿部源蔵福岡市長）の懇談会が、さる十三日午前十時から同午後三時まで福岡市天神町のレストラン?で行なわれた。

同懇談会には、来日視察団のほか日本側からは福岡市長、市経済局長、各商社代表五十名が出席、両国の貿易と交流について熱心な意見交換を行なった。

来日している韓国商社の視察団一行は次の通り。

団長＝金厚運（韓国鮮魚輸出組合理事長、幸和実業社長）団員＝鄭昌植（大同水産会長）甘弗祚（?栄水産社長）李?鐘（?一商工専務）孫?祥（東洋水産企業公社代表）

18日、金団長本国へ

民団当面問題を建議

民団中総金今石団長は、十八日午前十一時羽田発ノースウエスト機便で本国を訪問した。

金団長の今回の本国訪問は、団長就任のあいさつかたがた、本国と民団の事務一元化問題、民団中央訓練所問題、在日僑胞の法的地位改善問題、僑胞学生の就職問題、本国自由往来に関する問題、国民登録更新問題などについて関係当局と協議するためである。

8・15に挙族的記念行事

地協別に慶祝民衆大会を

民団中総、各県本部に指示

第十八回光復節を間ぢかに控えた民団中総（団長＝金今石氏）では、このほど各県本部に対し当日の記念行事に関する実施要綱を指示した。

同実施要綱によれば、民団各…

①、十八年前の民族解放の日を思い起こし当時の喜びを喚起するとともに、祖国の繁栄と三千万民族の念願である国土統一達成のため大同団結をはかり、栄光ある明日を迎えるための決意を新たにする。

②四・一九革命精神を光復精神とともに宣揚し、その意義と精神を再び深く認識することによって全僑胞が固く団結、円満な民族移管の実現および自主経済と民主発展を期し、国家再建事業に貢献する。

③自由陣営の一員である韓国民としての民族的自負心と矜持を保ち、民主友邦間の団結と国際親善のための広い視野を堅持するとともに、韓日会談においてはわれわれの望む法的地位が確保されるよう一大運動を展開する。

④民団全体のより一層固い結束によって祖国に貢献し、わが組織の分裂を企む…の陰謀を打破、彼らの冒険な…策しているいわゆる「北韓自由往来運動」の真相を暴露、阻止…県本部では地区協議会別に大規模な記念慶祝民衆大会を開く一方、…なども催すことになっている。…同民衆大会では…などの標語を強く打ち出すことになっている。

代表部、中総を通じて

本国政府から指示 本国政府向け書類

本国政府外務部はこのほど、駐日代表部に対し、民団各機関からの本国政府に対する一切の書類は、民団中総、駐日代表部を経由して提出するよう指示した。

同指示によると、最近在日居留民団の一部から本国政府に対する書類（陳情書、請願書、声明書）を通じないで直接本国政府各機関に提出することが多くなっているが、本国ではそのような書類を接受しても、その真相を正確に把握評価できないため、今後は民団自体の事務的系統確立と組織強化のためにも一切の書類を民団中総、駐日代表部を通じて提出してくれるよう望んでいる。

在日僑胞の財産搬入の道ひらく

政府、関税法を決議

政府は十八日午前臨時閣議を召集し、関税法百二十五条の施行に関する件を議決した。ところでこの議決の内容は、自己所有財産の国外への搬出、そして国内への搬入、交換などに関する事項を規定したものである。

なお、この議決にもとづき、在日同胞の帰国如何にかかわらず、自分の財産を容易に国内に搬入することができるわけである。

民団対馬島本部役員を改選

民団対馬島本部では、さる六日第二十三回定期大会を開き、次の通り新役員を選出した。

▽団長＝金晋琪▽副団長＝安相憲、姜泰敏▽事務局長＝朴琪変▽総務部長＝康東玉▽組織部長＝徐任九▽民生部長＝裴武夫▽文教部長＝玄昌殷▽宣伝部長＝朴琪変（兼任）▽議長＝玄相敏▽副議長＝康容興、金斗明▽監察委員長＝朴三万▽監察委員＝朴一郎、鄭時完

北韓自由往来の阻止で

各県本部団長が陳情書

民団東北地区協議会で合意

民団東北地区協議会はこのほど札幌市で第十三回会議を開き、事務局長に曺?鎬北海道本部団長を選出した。

金今石中総団長も出席した同会議では

①同協議会下各県本部の大同団結運動をより一層推進する
②本国食糧難救援運動を直ちに展開、最大の成果をあげる
③朝総連のいわゆる北韓自由往来運動阻止のため各県本部団長の連名により各県知事ならびに県議会議長に同運動が（イ）日本の赤化と（ロ）北韓カイライ政権の実質的承認をたくらむものであり、（ハ）自由陣営に対するスパイ行為を合理化し（ニ）自由友邦の結束を妨害するとともに（ホ）韓日会談の紛糾をねらうものであることを強く訴える陳情を送る一方、各県は市町村長および議会に同様の陳情書を送ることに合意をみた。

大山八段 道場を新築

四階ビル・年内に竣工

日本は言うに及ばず国際的にも空手の権威者として広く知られている在日僑胞大山倍達八段は、国内外の斯界の要望に応えて、この度立教大学（東京都豊島区）近辺に鉄筋四階建の新道場（総建坪一七〇坪）の建設に着手した。竣工は年内の予定。

大山八段は早くから都内池袋に"極真道場"を開き、その間約八〇〇名の弟子を養成して優秀な人材を多く世に出していることは周知の通りであるが、その中には在韓大学のキャプテンを勤めるなど各界の中堅的地位を占めている僑胞の青少年も多数いるという。

同氏のことは、日本国内はもちろんのこと、海外でも存分の活躍を続けてきたので"マス・大山"というニック・ネームで国際的にも広く知られている。米国にある十五の道場を筆頭に、カナダ、オランダ、西ドイツ、フイリピン、セイロン、北ノーデシヤ、南ア・ターバン、ケープ・タウン、アルゼリヤ等々の各国に約四〇余りの道場を擁しているが、これら道場から年々増えてきている希望者の受け入れ、空手の国際交流を増進させるなどの目的で、国務大臣佐藤栄作氏（後援会長）ら日本政・財界の有力者たちの後援を得て財団法人・極真を建てるようになったという。

同ビルは、現代的設備を完備した大・小の道場をはじめ、外国選手のための宿舎、会議室などを備えたデラックスなもので、斯界では他に例のないものである。

韓学同の夏期学術研究会

一八〇名が参加、二日から河口湖で

韓学同（在日韓国学生同盟）では、来る八月二日から同四日までの三日間、富士山麓の河口湖（大月明光山キャンプ場）で夏期学術研究会を実施する。

毎年実施されているこの夏期研究会は、韓学同の組織強化と団員相互の親ぼくを図る上に大きな成果を収めているが、特に今回は、過去二年間の学同組織に流れていた団員相互の不信感を一掃し、学同本来の使命達成と大同団結を目的として大規模な夏期研究会を計画している。

同研究会では、「国際における…」「祖国の…」「ハングルの歴史的意義」「…経済状況」などの講義の他に民族歌謡練習、体育実技なども行なわれることになっているが、これには関東地区学生一二〇名、関西地区学生五十名、その他一〇名、合計一八〇名の学生が参加することになっている。

わたしも一言

韓国人の同胞愛に感銘

私は日本人ですが韓国人の夫を持つ者でございます。思えば昨年七月三日、私方始め六軒が火災に会い一夜にして灰となってしまいました。

火のまわりが早く子供を外に出すのがやっとの事で、着のみ着のまま、はだしで外に飛び出し、現金一つ出来ず、その日から無一文のこじき同様衣食住を失ってしまいました。

私達一家は何の生きる希望もなく、死をえらびたいと考えて居りました。燃え落ちる我が家をじっと、見守っておりました。そこへ一番にかけつけてくれたのは思いがけず同胞の人達でした。もう手の付けられないので一先ず避難をしたのでした。

佐野支部の民団の人は全部かけつけてくれました。非常に暮れた私達一家に、その日に婦人会の人達が出て、食事の道具、子供達の衣類、布団まで、皆で手分けして町中歩き買いととのえて下さいました。新世帯のような品物で、その日から生活するようにしてくれました時は、私達は何と言っていいのかわかりませんでした。ただ有難さに胸が一ぱいでありました。

一先ず一間を借りておりましたが、県本部では全支部に通知をして寄付を集めて下さいました。そしてその一週間のうちに何十人が見舞いに来て下さって、力づけて下さいました事はふところに一生忘れる事は出来ません。

近所の日本の人々はその同胞のあたたかい心に皆おどろいて「日本人では出来ない事だ」と口々に言って下さいました。そして皆様の寄付で作っていただきました。

国をはなれて他国にいる人のその団結力の強さには心より頭の下る思いでございます。

やっと一年過ぎ、苦しい生活とたたかい力のかぎりがんばって居ります。昔の生活にもどるには三年かかる事と思って居ります。それでも同胞の人達の力強いはげましと同情に感げきしている次第です。このような事は韓国人でなければ出来ない心だと信じます。

この韓国人の心の誇りを日本に居る皆々様に御知らせしたいと思いこの手紙を書きました。

私の主人も民団の事となると骨おしまず何事も先頭に立つと言ったがん固な精神の持主です。前団長の樺?様より十五周年記念の時の感謝状をいただきましたが、それがやけてしまった事が一番残念でなりません。

私もこれから民団の事には力を入れてやる覚悟でございます。韓国婦人としてこの上もない光栄と存じます。

どうぞ日本に居られる同胞の人の耳に入れていただきたいと、切に御願い致します。

栃木県の居留民団の人の為に有難く感謝してこの筆を取らせていただきました。

（栃木県佐野市若松町六六八・小川文）

郷里に文化センターを寄贈

東光産業の鄭武祖氏

写真は寄贈した文化センターと寄贈者の鄭氏（円内）

さきに駐日代表部の建物（現在の僑民課、領事課が利用している建物）を政府に建築寄贈して話題をまいた東光産業株式会社社長鄭武祖氏は、こんどは氏の郷里である慶南咸安郡山仁面に文化センターを建立することを決め、日貨にして八百万円の予算でさる三月から工事に着工していたが、このほど完成。その落成式をさる二十日盛大に行なわれた。

この文化センターは韓国式、西洋式をとりまぜた二階建てで、建坪が二十坪。食堂や入浴場も備えつけられており、各種の会合や結婚式などにも利用できるという文字通りの文化センターとあって土地の人たちは大よろこび。鄭武祖氏の郷土愛に心から感謝している。

在日僑胞の教育財団

在日韓国人教育後援会

早くも大口拠金ぞくぞく

さる七月十八日、東京韓国学園で在日韓国人教育後援会が創立総会を持ち、正式に発足することになった。

同会は在日韓僑の教育機関はもちろん教育文化センターに対する運営補助、奨学金の供与や貸与、学術団体その他の在日韓僑の教育振興に必要な事業を行なうために、政府の莫大な補助金を基金として、在日僑胞の有力者から入会金を集めて成立するもので、将来は在日韓僑の教育財団として発展する目的で創立されたものである。

会員には特別会員、正会員、準会員の別があるが、同会では全在日僑胞が入会することを希望している。

現在、入会金を納めた会員は次の通りである。

【東京】金乃泳 百万円
〃 朱洛弼 〃
〃 曺圭鎬 〃
【神奈川】李熙太 〃
〃 朴俊男 〃
〃 李鶴洵 五十万円
【新潟】朴水正 〃
【愛知】徐相錫 〃
【兵庫】徐正浩 〃
【北海道】朴準竜 五十万円
【北海道】金占鎮 〃
〃 南元 二十万円
〃 金本正 五十万円
〃 崔致光 〃
〃 崔東海 〃
〃 田秀寿 三十万円
〃 崔成顕 十万円
〃 崔順吉 〃
〃 崔侑波 五万円
〃 朴弘律 五万円
〃 李寅栄 二万円
〃 金成寛 〃
〃 金福童 一万円
〃 孫武鎬 〃
【静岡】孫相禧 五十万円
〃 金在福 〃
〃 金容沢 〃
〃 朱性鶴 〃
【長崎】金庚甲 五十一万円
【熊本】崔秀元 五十万円
以上

千葉県本部の新役員

民団千葉県本部ではさる十日第十七回臨時大会を開き、次の如く役員を改選した。

▽顧問＝金在湖、李鍾根、鄭?和、鄭成南、曺元真、南成広、白?吉、高元一、曺京俊、張?翊、金坪烈、梁孔順、金東圭、裴大淳▽常任顧問役＝高海宗、▽監査役＝…

元莪、金萬吉、蔡日九。▽議長＝金泳成▽副議長＝孫智煥、張鎬▽監察委員長＝崔祥宰、▽委員＝金東洙、李判文。▽団長＝鄭鳳和▽副団長＝申鐘煥、李萬祥。▽事務局長＝李鶴洙▽総務部長＝申鍾煥▽組織部長＝李鶴洙▽民生部長＝全憲栄▽文教部長＝李沢換▽宣伝部長＝申煥吉

民団栃木県本部役員改善

民団栃木県本部ではさる十六日、栃木市商工会館で第二十六回定期大会を開き、次の通り三機関長を選出した。

▽団長＝鄭再出▽議長＝辛吉祥▽監察委員長＝崔?哲

済州商事の新役員

▽代表取締役＝金坪珍▽代表取締役＝趙昇鎬、…▽取締役＝…▽常務取締役＝…

富山県本部の新役員

民団富山県本部ではさる六月三十日、第十八回定期大会を開き次の如く役員を改選した。

▽顧問＝…▽議長＝…▽副議長＝…▽監察委員長＝…▽委員＝…▽団長＝李相文、▽副団長＝…▽事務局長＝…▽総務部長＝…▽組織部長＝…▽民生部長＝…▽宣伝部長＝…▽文教部長＝…

婦人会対馬島本部新役員

▽会長＝梁点伊▽副会長＝高連伊、金愛文▽総務部長＝朴君子▽組織部長＝金順玉▽文化部長＝崔海?▽財政部長＝崔?烈▽厚生部長＝金今連▽監査＝梁在順、崔点順、崔日順▽顧問＝鄭敬愛、崔玉心、李相南

民団三多摩本部の役員

民団三多摩本部では、さきの第二十四回定期大会で全役員の留任を決定した。

お知らせ

元民団東京本部副団長李基水氏は、来る二十九日羽田発飛行機便で永住帰国する。

事務所移転のお知らせ

さる七月十日当事務所を左記へ移転しましたのでお知らせします。

東京都豊島区池袋二ノ一一〇七
山本税務会計事務所
電話（983）三〇二七番
税理士 金声振
工業経営士 金允貞

杉山タイヤ・自動車株式会社
取締役社長 鄭奎鵬
千葉市登戸町二の二七六
電話②二五八六番

暑中お見舞申上げます
大韓民国居留民団滋賀県本部
団長 姜相淙
副団長 鄭照喆
〃 権寧煥
議長 李且奉
副議長 崔允鳳
〃 朴鳳祚
監察委員長 宋学道
〃 委員 卞璨変
〃 金石載

祝 創業記念
信用組合滋賀商銀
今度盧様の物心両面とお支援の賜であります滋賀商銀が誕生致しました。我が民族の金融機関として御利用下さることをお願い致します。
理事長 鄭泰和
専務理事 卞璨変
常務理事 朴乗圭、岡崎英夫
監事 姜相淙
〃 鄭照喆
〃 李且奉
滋賀県大津市…
電話（大津）三〇九七番

暑中お見舞申し上げます

鉄・鋼材販売 きょうやま商店 姜相淙 滋賀県大津市粟津町 電話（大津）七〇〇七・三三三八番

バルブ コック製造販売 三好バルブ工業株式会社 取締役社長 木原鍒治 李鍒満 本社工場 滋賀県彦根市錦町二九 電話（彦根）…

製鋼原料・非鉄金属・伸鉄及機械 伊藤昇商店 代表 尹石允 滋賀県彦根市元岡町 電話（彦根）二六六番

焼肉「お多福酒場」「草津清禅社」 社長 権寧崙 滋賀県草津市本町二丁目 電話（草津）六九七四番

土地家屋売買 三和不動産業 代表 鄭照喆 滋賀県長浜市高田町 電話（長浜）七七七、七七八、一一八番

砂利採取販売業、徳田砂利店 社長 金在徳 滋賀県八日市市浜野町 電話（八日市）八六一番

建築資材一式・藤山工務店 代表 姜興植 社長 姜茂元 滋賀県近江八幡市出町 電話（近江八幡市）三〇五八番

金属製紙原料一式・東本商店 社長 鄭輝元 滋賀県長浜市八幡中山町一ノ宮 電話（長浜）一三一五番

土木建築請負業 吉川建築株式会社 社長 権寧煥 滋賀県栗太郡栗東町字林 電話（上田上）六二六番

総合建設業 東洋建設株式会社 社長 李且奉 星山益吉 滋賀県大津市馬場南町 電話（大津）三六一四番

洋食・喫茶「ヴェニス」「ビクトリヤ遊技場」 代表 卞璨変 滋賀県大津市石山… 電話（大津）七三一六・四七二一番

株式会社 湖南鉄工所 取締役社長 金相浩 滋賀県大津市北大路三丁目… 電話（大津）…

湖南電機株式会社 取締役社長 金相浩 滋賀県草津市… 電話（草津）一〇〇一・一〇〇二番 自宅 滋賀県大津市柴町三番十八号 電話（大津）六〇五二番

有限会社 金元組鉄所 取締役社長 金寧弘 滋賀郡… 電話（大津）三一五七番

総合建設業 亜細亜建設株式会社 取締役社長 宋泰顯 平田保満 本社 … 滋賀県坂田郡山東町… 電話…三七…

洋酒・喫茶「クイン」 ビクトリヤ玉突遊技場 ビクトリヤ商事 代表 崔允鳳 滋賀県大津市… 電話（大津）四四八〇…

共栄生コンクリート株式会社 共栄建設 取締役社長 林義雄 営業所 滋賀県栗太郡栗東町大字… 電話（手原）… 出張所 滋賀県守山町吉身 電話（守山）二六六二…

野洲川建設株式会社 代表取締役 松山峰芳 李正来 滋賀県野洲郡守山町… 電話（守山）三〇〇四…

生コンクリート製造販売 宅地造成工事 安田建設株式会社 取締役社長 安東鎬 本社 滋賀県野洲郡野洲町… 生コン工場 … 砂利採取場 … 土砂石材採取場 …

グリルびわこ ホテルびわこハイツ アタリヤ遊技場 社長 李成雨 滋賀県野洲郡守山町… 東海道守山駅前 電話（守山）…

大山石材店 代表 大山義雄 李?錫 滋賀県甲賀郡石部町… 電話（石部）一五四番

砂利採取・土建業 万和建設株式会社 社長 高山萱久太郎 … 事務所 滋賀県大津市… 自宅 滋賀県大津市石… 電話（大津）…

洋食レストラン・大津モーテル 砂利土建業 大島建設 社長 大島英次 宋?萱 滋賀県大津市下別所 電話（大津）六九九六・三五六八番

砂利販売 運送業 三元建材店 代表 裴元聖 滋賀県大津市… 電話（大津）三五〇一番

網走刑務所

＝日本一周旅行記⑤＝　宣一九

人を憎まぬ刑務所
僑胞受刑者の為に祈る

網走

網走刑務所に連絡がとれたとのことである。午後一時から、刑務所見学の予定をとった。

味そ汁にたくわんづけ、百円で三皿だというにしんが大きい。今がこちらではにしんの時期らしい。ただ今海から参りました、といわんばかりの新鮮なにしんである。昔、大阪戦の時、豚のまるやきというやつがあったようだが、これはにしんのまるやきともいおうか。塩としょう油、ほかの調味料無し、すべてセルフサービスである。この六畳の、ボロボロのたたみ部屋が寝室であり、食堂であり、営業場であり、また民団網走分団の事務所でもある。

昨夜の夜行列車で腹がへった。美味しい、うんとなんばいもたべる。

約束の定時に、ふるさびた木造の小さな橋を渡って、私達は網走刑務所の正門に到着した。

高いへいの外には人影一つみえない。シーンとした、ものさびしい町はずれである。かたくしめられたドアをノックする。補助ドアがあき、中から腰をかがめながら？銃を持った制服の看守が「誰だ」と声をかける。

〝私は韓国から…〟ここまで話すと、待っていましたといわんばかりに〝ああ、宣一九さんですか〟と、この看守がいう。正確な連絡がとれているらしい。案内されるがままに事務室にはいる。

一面識もない初顔の人から、こんなときに自分のなまえをよばれるということは、なんとなくしたしみを感じるようになる。事務室には、ひん（品）のよさそうな制服の看守が二人と女の事務員が一人いた。金鎮岩氏とは、よくよくの知り合いであるらしい。刑務所が一パイになるような大きな声を出して談笑す。

二人の看守と私は、名刺を交換する。網走刑務所看守部長法務事務官、田中勇雄、同所看守長兼会計課長法務事務官市松藤夫の両氏である。奥の方で所長が待っているから、と私を所長室に通す。五十を三つは越したと思われる教授タイプの人が一人、座っている。私がはいると、しずかに立って名刺をだしながらあいさつをする。名刺には、網走刑務所長、木村栄太郎と印刷されている。「一葉落ちて天下の秋を知る」とか。もし、私の直感力に狂いがなかったなら、この人からうけた初印象から推定するに、この網走刑務所は、罪をにくんで人をにくまない法の基本精神にのっとって、この立派な人柄を持った木村所長を中心に、刑務所の職員はもちろんのこと、受刑者一同も、一致協力して意義ある人生への再出発を目指して、はげましつつ、ムチ打たれつつ、きびしい人生試練の道場で、あかるい明日への希望を抱いて、自分自分を磨いているにちがいないと思った。

木村所長は、しずかな口調で話した。網走刑務所は七十三年前にできて、その当時は千三百余名の受刑者がいた。そして、その受刑者は、主に北海道開拓に必要であった道路工事につかわれた。現在の受刑者数は九百三十名、そのうち韓国の人が十七名いた。

この刑務所の特色は、最優刑務所だということとも話した。木村所長のはなしの中で特に私の注目をひくのがあった。それは、この刑務所では凍傷患者がいまだに一人も出ていないということであった。別にこれという特別な凍傷防止法をとっているのでもないのに、凍傷患者が一人も出ていないというので、私は疑問になった。それで私はきいてみた。こんなに寒いところで、どうして凍傷防止に、これという予防策もとってないのに、一人の凍傷者も出ないんでしょうか？と。木村所長はそれについてこう説明してくれた。気をつかって風呂に入れる、そしてクツ下や手袋がしぜんに、よく乾燥するようにする。これだけのことだといった。平凡なようでなかなか合理的にやっていると思った。

むずかしく体系化された部厚い哲学書にだけ真理があるんじゃなくって、現世の人のためになるような、ほんとうの真理はありふれた私達の日常生活の周辺の中にも、なんぼでもあるというのを教えられたような気がした。・・・

ゆっくりと、一時間も話したであろうか。日曜日でやすみの日にもかかわらず、おいで下さったことに対して、厚く感謝しながら、祖国の空が恋しいであろう十七名の同胞の身の上のことを案じ、九百余名の受刑者一同の更生の日の、一日も早からんことを真心こめて祈りつつ、深く固くしめられる網走刑務所の門をあとにした。このとき、ふと思い浮ぶことがあった。それはレ・ミゼラブルの冒頭での、ユーゴーのあのしぶい言葉であった。

（写真は左から看守長、刑務所長、筆者、金鎮岩氏）

文化

芸総の結成にあたって

安福基子

意義ある〝砂〟の結集
今後に大きな使命がある

人間には、持って生まれた才能によって先天的といえるタイプがあるが、育った環境や風習によって後天的にも様々なタイプがつくられる。

この先天的なものと、後天的なものとが、ちょうどほどよい調合いで調合されたならば、理想的な人間像が出来あがるだろう。

しかし、世の中のすべての人間は、先天的なものが強すぎるのか後天的なものに左右されすぎるのかのどちらかのイビツになっていてもしまっている。

後天的なタイプを持つ人間は、社会の順応（じゅんおう）性があるから大きなトラブルはない。

先天的なものが強い場合、一般に社会的で個性の激しいタイプになる。

才能から生まれた先天的なタイプを持ち、たやすく順応しない強い個性を持つ人間といえば、大半が芸術家として生きている。

だから世の中で一番集団性に欠けているのが芸術家である。

芸術家というものは砂のようなもので、決して団結しない。これは宿命のようなものであるともいえる。

つまり芸術はエゴイズムから発生し、孤独の中で成長し、非凡なところで花が咲くからである。だから芸術家は妥協によってつくられる集団を嫌れ、何時も孤独の中にいたがる。その芸術という異状な世界から脱却して一つの集団をつくるのは、ハチの巣をふところにしまいこまねばならない破目に陥ったような困難さがある。

マスコミが極度に発達した時代は集団時代で、あらゆる芸術家が大なり小なりに集団している。マスコミにかかわりなく、浮き草のような存在のわれわれ異邦人には強い組織が必要であることは、はるか以前から持っていた気持ちであろう。

今度、在日僑胞の芸術家を統合した「韓国芸術文化団体総連合会」特別東京支部が結成された。おそらく外国にいる韓国芸術家たちが、このような結集をみせたのは韓国史では初めてのことではないかと思う。それだけにまた、これからの使命も大きい。

七月十六日久保講堂で結成記念文化祭があった。

文化協会、演芸協会、映画会協、音楽協会、舞踊協会、演劇協会と各部門の多彩な公演があった。

◇軽音楽……にぎやかな歌で人々の心をうるおしてくれた。これはもっとも大衆的でそして一番望郷心を満足させてくれるものとして何時も人々を浮ばせてくれる。

◇映画……「韓国の美」は先日赤坂プリンスホテルで開かれた「韓国ファッションショウの記録を天然色のフィルムにおさめたものであったがこのようなところみは初めてであっただろうか、願わくはこの韓国の民族衣装の美しさの記録を広く日本人にもみせて韓国の美を再認識させてほしいものである。

◇音楽（クラシック）……日本の音楽界で活躍しているそうそうたるメンバーが舞台に立って同胞のために歌ってくれたことはうれしかった。

◇舞踊……いままでの民族舞踊にバレーがくわわって一層のはなやかさをみせてくれた。

◇…演劇…新しいところみとして構成詩劇（生きる）を出してくれたが素晴しい出来だった。これは在日韓国人演劇界では新しい開拓である。

今度は演劇が素晴しい発達をみせてくれたので、ともすれば何時も同じ舞踊を見、同じ歌ばかりを聞いてマンネリズムになりがちだった舞台に新風をまきこんでくれたことでほっとしたものを感じた。

他の部門もどんどん新しい面を開拓してほしいものである。

◇芸術……それは最終的には自分の祖国につながるものであることを忘れないで今後の活躍を期待したい。

【写真説明】カットは、バレエを踊る金玲さんの舞台姿。上の写真は、もっとも大衆的で、望郷心を一番満足させてくれるものとして人々から歓迎されている軽音楽の舞台で、観客も歌う人も心のとけあう楽しいひとときである。（写真提供[illegible]氏）

ソウルに韓国最大の図書館
南山公園に建立計画
来年着工　南大門図書館は払下げ

ソウル市では我が国最大の近代的図書館建立を計画、現在これに対する予備調査が進められている。市当局は、すでに南山公園に敷地を選定、来年着工する計画で、収容能力は二千五百名で、各種の近代的施設を備えた四階コンクリート（建坪二千坪）になるという。

このような大規模の図書館を建てるには莫大な予算が必要であるが、予算のバックアップもなく市当局はやむを得ず現在の南大門図書館を払い下げ、そこで捻出される約一億七千万ウォンを新図書館建立予算に当てることを検討中である。

これに先きだって市当局は市立南大門図書館を補修拡張する案も検討したが、図書館建築基準に照してその拡張が不可能であるという。

現在の南大門図書館は建坪七百十八坪の建物で六百二十八名を収容しているが、一千七百坪では収容人員をこれ以上増やせないという。（図書館建築基準によれば一人当の所要建坪は二・五坪で環境敷地は十坪という）この計画に依って都心地の南大門図書館が閉鎖されたら数多い閲覧者は南山の山頂まで通わなければならない不便は免かれないだろう。

韓芸総、正式に発足
理事長に郭仁植氏が就任

韓芸総（韓国芸術文化団体総連合会）東京特別支部結成大会が既報の通り去る十四日午後二時から韓国公報館で行なわれた。

同大会には裵大使、洪公報館長、権逸民団中総団長、鄭寅錫文教局長ら来賓臨席の下、僑胞芸術・文化人約八〇名が参席して盛大に行なわれたが、定款の原文を一部修正通過させた後役員を次のように選出した。

理事長＝郭仁植（美協理事長）
監査＝劉振植（映協副理事長）
鄭達鉉（劇協副理事長）
朴栄基（音協理事）
事務局長＝金慶植（文人協理事長）

なお、理事長だけは傘下各協会の理事長が巡番に就く。（任期六カ月）

郭理事長は東京支部発足にあたり次のようにあいさつした。

本格的な芸術を発表したい

かねてから準備推進中であった芸総東京特別支部が、十四日に結成大会、十六日に合同文化祭を、無事にとどこおりなく終ったので、ホッとしたところです。

戦後この方、このような連合体の必要性がさけばれてきたが、やっといまごろ実を結んだということは、実のところ遅すぎたという感じですが、これも混乱する本国の情勢のため、止むを得なかったことであり、少なくとも今後は、朝総連の〝赤い芸術家〟たちの結集体である「文芸同」の向うを張って、実質的な意味での内容ある活動をして行きたいと現在傘下各協会では案を練っているところです。実際のところ、朝総連系では、数の上では多いようですが、私たちの場合、量よりも質をというのが、基本的な立て前になっており、皆さんもすでに知っている舞踊の白成珠氏（島田氏）とか、声楽の趙大鉉氏（牧博）作曲の高鐘甲氏（夏田鍾甲）同じく李[illegible]）といったような、藤原歌劇団の南実氏といったような、日本の芸術界でも、第一線に活躍していられる方たちが、その大部分を占めている点は、何といっても私たち組織の強みであり、誇りでもある訳です。

今後の活動方針のあらましを申し上げますと、まず各協会の拡充（地方支部も設置）を計る一方、個別的な活動を展開して行くことになります。たとえば、演劇協会主催による創作劇発表会を年何数回定期的に催すとか、映画協会の技術提供により、芸総内に製作委員会を設けて、長編記録、または劇映画を、年間事業として推進する、また美術・建築両協会の合同展を大々的に催おす、そしてこれらは主要都市まで持って行くと同時に本国との交流も図る。さらに年一回の本格的な芸術祭を催おすといった、幅広い弾力性のある計画を目下準備中であることも、広くお報せしたいのです。ただこのような芸術文化運動が、僑胞各界の協力なくしてはできないということです。

八万大蔵経を韓国語にほん訳、出版
来月出版　権威者二十人で一年がかり

我が国の最大の誇りである海印寺の八万大蔵経がハングルで翻訳され出版することになった。

昨年の春から大韓仏教青年会で推進してきたこの本は一年間の斯界の学者と権威者二〇名を網羅してほんやくしてきたが近々一般読者の手に渡るだろうという。

この八万大蔵経は高麗高宗時完成されたもので両面が木刻で、八万一千枚をこすぼう大なもので国宝三十二号に指定されその価値は誰もが知っている。漢文になっているので一般が読むのはあんまりむずかしくなっている。しかし今回発刊されるハングル版大蔵経は全経典が全部訳されない点は遺憾であるが仏教信徒と一般に関連が深い部分だけを選んでほん訳したことは意義が深い。

暑中御見舞
日本空手道　極真会館
館長　大山倍達
豊島区池袋三の一三六〇
電話（九五五）五六八六

暑中お見舞申し上げます
大韓民国居留民団　茨城県本部　団長　尹炳泰
民団茨城県西連合支部　支団長　張一慶　茨城県稲敷郡江戸崎町三三一　電話　二三三七
株式会社ドラゴン　取締役社長　金竜鎮　茨城県土浦市川口町
民団茨城県水戸支部　団長　姜馨石
太陽電器製作所　社長　金田文利　東京都品川区中延五ノ一三四四
ノーベル遊技場　社長　李学伊
南陽興業株式会社　社長　金永鶴　東京都品川区大井権現町三六四八

高級焼肉料理の殿堂
三京園へどうぞ
豪華な設備と徹底したサービスを誇る味覚と栄養の殿堂で有ります。
二階に大小の宴会場も完備して皆様をお待ちして居ります
東京都墨田区須崎町248番地　電話（623）6332・8683番

東京唯一の韓国情緒キャバレー・ムグンファ、サパークラブ
무궁화
茲に誕生
一流韓国人、バンドマン
並びに
人気歌手を集めて盛況中
★歌手及びホステス募集中★
東京都墨田区寺島町1丁目（電停前）
電話（611）3711・0027番

技術革新の凱歌！
平和ミラクル・セット
パチンコ裏玉還元装置

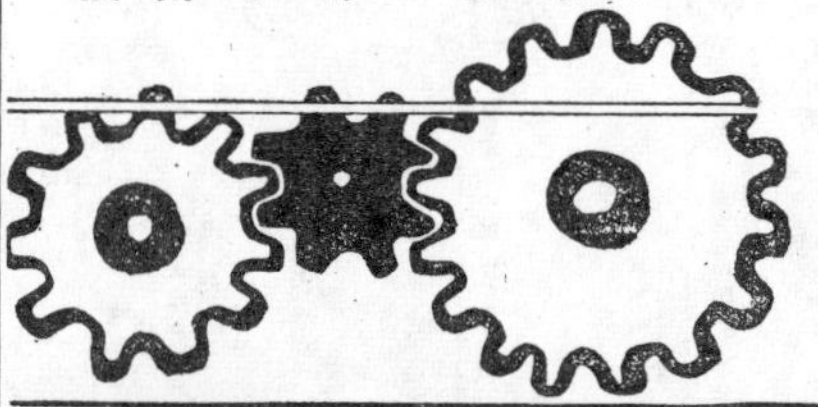

平和
東京・大阪・北海道

豪華浴室と高級焼肉料理の殿堂
温泉気分と
最高のムードで
個室トルコ　早朝5時より（800円）　帰途にビール1本ファミ付サービス
大衆男女トルコ風呂　100円
◆500坪全館冷暖房完備◆
御宴会
御1人様　500円より
料理5品　酒1本(500)
高級焼肉料理
上野　宝苑
上野駅前昭和通り宝ホテル隣
電話　食堂（832）6505〜6
大衆風呂（832）2620
個室（832）2619

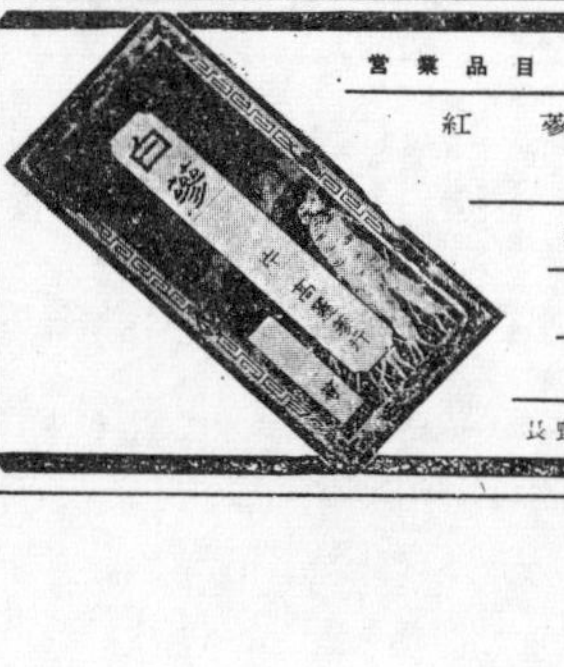

営業品目
紅蔘・白蔘・生人蔘
人蔘エキス・切干・白毛・鹿茸（ロクジョウ）・附子（ブシ）
薬用人蔘栽培・製造元　（必要の向きは直接問合されたし）
信州金宝社
金根光永　本名　金竜煥
長野県小県郡東部町田中　電話　田中156番

世界各国航空券船舶券発売・渡航手続一切
KAL（大韓航空）　航空券取扱（代理店申請中）
韓国旅行案内・日本航空国内線切符販売
ORIENTAL TRAVEL SERVICE
fly to SEOUL

東洋航空株式会社
本社　東京都中央区銀座西7丁目2番地　Tel. 東京571−1340・7930
大阪　大阪市東成区片江町2丁目58番地　Tel. 大阪971−6180
CABLE ADDRESS "ORIENTRAVEL, TOKYO"

暑中お見舞申し上げます
大韓民国居留民団　長野県本部　団長　金竜灝
大韓民国居留民団　長野県本部　副団長　金竜煥
孫晋発　長野営業所　電話②五一三〇　横浜営業所　電話③三一七

每週土曜日發行
一部八圓 送料五圓
一ヵ月 送料共四五圓

韓日新報
HAN-ILL SINBO

發行所
在日本大韓民國居留民團東京本部
東京都文京區本鄕二丁目四番地
電話小石川(85) 1256. 1535番
編集兼發行人 元心昌

在日韓國民族總けつ起民衆大會

民團、建靑、學同の共同主催で 去る五日神田共立講堂で開催

卑劣極まる赤色徒黨の暴發による祖國動亂の報を、異鄕日本にあつて聞いて既に旬日刻々の形勢毎にわれわれの血は奔流し沸り立つ。かかるとき開かれた「在日韓國民族總蹶起民衆大會」は文字通り民族を擧げて「打倒赤魔」の一點に凝結する非常大會であつた。

この日七月五日、東京神田の共立講堂には、定刻前早くも數千の同胞が詰め掛けたが、この日の參席者は貧富を問わず老幼といわず唯祖國の急を憂うる精神一本に結集されていた。當日受付に特設された「赤防基金班」の手に投じられた募金額が四萬を超えるに至つたその一事をもつてしてもこの日の參集者の心を如實に見ることが出來るのである。

「正義人道の敵金日成撲滅！」「國際連合、反共國家萬歲！」等のスローガンを大書した民團支部のトラックが乘り込んで來る頃には興奮は、いやが上にも沸き上つて來た。

定刻午後一時、司會者朴性鎭氏立つて開會宣言――國民儀禮……。

一、總動員せよ本國赤防基金に
一、確信せよ世界民主國家の勝利を
一、團結せよ世界民主國家
一、蹶起せよ在留同胞
一、大韓民國萬歲
一、國連韓國援軍萬歲
一、建設せよ正義祖國を
一、撲滅せよ侵略共產國家

の大會スローガンが、全會集の無言の聲を代辯するかの如く場內に流れる。建靑中總委員長洪賢基氏の力強い開會の辭があり、民團執行部の選定に入り、民團中總團長金載華、建靑中總委員長洪賢基、民團中總議長金光男の三氏が大會議長に、柳東烈、姜願化兩氏が書記にそれぞれ選出されれば。議長團を代表して金載華氏が立ち、身魂を傾けた熱烈な挨拶を述べる。續いて立つた駐日代表部金龍周公使は、本大會に參席の皆樣に送る言葉、をそして先ず三十八度線設定の宿命的必然性を說いた後、大要次の如く述べられた。

大同團結は總てを解決する最短距離である

……三千萬同胞が如何に統一を望み、韓國が三八線の平和的解決のために如何に努力し來つたか、今回の如き不祥事を避けるために如何に堪え忍んで來たことか。武力による解決策は破滅的な同族相殺であり、四千年の歷史を一朝にして血潮に汚すものであるとして極力排して來たのであるが憎むべき國際共產黨の手先たる北鮮かいらい政權の計畫的なる侵冦によつて、總ての努力が根底から破り捨てられてしまつたのである。だがわれわれは正義韓國の勝利に確信を持つている。同胞の皆樣、皆樣の大同團結は總てを解決する最短距離である……。

と小異を捨て大同に就くべく詳述し、最後に反共の一線に沿つて全同胞は民主主義陣營に糾合さるべきであることを、力强く要請された。

この頃から在京各新聞社の寫眞班、ニュース映畫等の照明、フラッシュは、いよいよ本大會の國際的歷史的な意義を强調するかのように興奮を盛り上げた。

續いて立つた民團東京本部團長元心昌氏の挨拶は、寸鐵式の短かい語句の中に氏の祖國のために捧げ盡した身魂の閃めきが端的に現され、說く言葉そのものよりも直接に迫る感動は一瞬會場を包んだ。

更に經濟界を代表する、在日韓國經濟同友會副會長李源萬氏に續き、前韓國文敎部長官安浩相博士が、ソ連共產主義の害惡を說き、今回の動亂の僞わらざる姿を喝破し、國民としての固き決意と希望とを長時間に亘つて大要次のように講演、本大會の意義を徹底させ得たことは誠にこの日の壓卷と稱さるべきであつた。

民衆蹶起大會

赤魔の亡滅は歷史が示す
白頭山上に太極旗を
…安浩相氏の熱辯…

ソ連共產帝國主義の害惡さは舊日本帝國主義の比ではない。恐らく歷史始まつて以來の人類の敵であり、その魔手に捉えられたが最後、永久に救はれぬものである。その事例を一々述べるまでもないが、彼ら赤色指導者は、人民に無智を强要し、自由を與えず倫理を沒却させ、野獸をも凌ぐ殘虐性を訓練させ、その政策たるや狡智の限りを盡して破壞と混亂を惹起し、その動搖に乘じては侵略の手を延ばして帝國主義的慾望を充しているのである。私は長い間ソ連國內の旅をして現實にそうした實例の數々をこの目で見て來ているのである……。

今回の動亂に我が國軍が一應敗退した理由は日曜日の未明に不意打ちをして來たこと

一、ソ連の指揮の下に、ソ連製の重火器、戰車、飛行機等を使用して來たこと

講演する安浩相博士

一、國軍に彈藥武器が不足していたこと
一、數ヶ月以前からの侵略計畫を樹てていたこと
一、わが國としては同族の相殺を嫌つて出來る限り衝突を避け爭鬪を控えていたこと

等である。眞實にわが南北の實狀を知る人であれば、今日の狀態が如何に韓國の不利を思わせるものがあつても、些かも心配し、驚き慌てる理由のないことを了解し得るであろう、卽ちソ連、中共の指揮支援する國際共產黨なくして、どうして三八線を一擧に進擊し得たであろうということである。

世界歷史の上から、過去帝國主義者達とその國家の辿つた運命を二三拾つて見れば

一、伊太利のムッソリーニはエチオピアを侵略して
二、獨乙のヒットラーはポーランドをかすめて
三、日本の東條は眞珠灣に侵攻して……

ともに滅亡しているのである。今回三八線侵攻の北鮮かいらい軍はすて指き、その陰に潛む國際共產黨とその元兇スターリンの滅亡は歷史が何物よりもはつきりと敎えて呉れるであろう。われわれにとつてはこの動亂こそ轉禍爲福、南北統一の念願達成の絕好期でなければならない。

今や白頭山上太極旗の翻える日は遂に來たのである！

在日居留民の皆樣は、先ず第一に思想の武裝を整え、一連の世界指導原理たる民主主義に依つて民族の團結を固くし、彼ら赤魔との思想的妥協は自殺行爲であることを自覺しなければならない。落間地帶とも云うべき所謂中間派の方々は彼らに依つて最も利用され易い立場にある。この際是非赤魔擊滅に一致團結されんことを願うものである。

最後に友好的な隣國として再建されつつある日本の治安と秩序維持には、率先協力されるよう。これは兩國の共立關係からいつても重要な問題である……。

慰問品に托す赤誠

かくて熱狂裡に大會は進行し、學同代表委員金庚信君が、リー國連事務總長宛の決議文草案を朗讀、又、大會議長金光男氏が、韓國大統領宛の決議文草稿を朗讀し滿場にはかつた處、萬雷の拍手裡に全會衆の起立贊成を得、各委員の手に依つてそれぞれ發送することになつた。

このとき、本大會を通じて祖國に送る慰問袋の數量の發表があり、現品を壇上に公開したが、個數は百數十、うず高く積まれたその一つ一つが同胞の赤誠と愛情を物語つており、誠に感激的な風景であり本大會の最後を飾る華としてふさわしいものであつた。

最後に朴性鎭氏の閉會の辭、大韓民國居留民團中央總本部金載華團長發聲によつて萬歲三唱、熱氣深き「韓國民族總蹶起民衆大會」の幕を閉ぢた。

社說
韓國動亂の現況と世界平和

韓國の動亂と現在の戰況を見て眞實な意味に於ける世界平和確立の爲め人類はどれ程の犧牲が要請されているかを知る上に大きな示唆を與えて呉れたと云える。

韓國の動亂が始まるや、世界は擧げてその態度を決定し國連參加國の三分之二以上が直接援助を表明する程世界平和が韓國に直結されている事實を物語つて居り、アメリカは國連の旗を揚げて侵略者擊退の爲め最善の努力をすると同時に、如何なる犧牲をも辭しない固い決意を行動を以つて明らかにしている。

併し乍ら韓國の動亂が果して何故に斯くも大きく發展し又大袈裟に取扱わなければならなかつたかを究明することに依つて動亂自體の性格も明らかになると思う。

つまり動亂が始まる迄の色々な事情は本紙の前號を通じて又一般言論機關が擧げて論じている丈再論する迄もないがアメリカがあの樣な急速な非常手段にて韓國援助に乘り出したにも拘らず益々惡化する動因は果して何んであるか？

それは動亂が始まる當時色々な不安に襲われていた丈け、アメリカがあの樣な援助と行動に出た事實だけで韓國は勿論世界が安堵の色を見せ早急解決するだろうと云う直感的な甘い見透が持たされた過誤を指摘しなければならない。

それは最初侵略軍を甘く見過ぎ、ソ連が此の擧に出た事がアメリカの行動に依つて誤算であつたかの如き結論のみを見て韓國軍の士氣を鼓舞すると云う點に止つた最初の態度が物心兩面から完全に敵に逆用されたと云う點である。

事實に於いてソ連が大きな誤算をしたかも知らないが、少く共アメリカが斯る行動に出るかも知らないと云う前提のもとに計畫された事實を看過してはならない。

アメリカ自體が强い決意を見せることに依つて躊躇するだろうと云う勝手な想像で決定的行動に出る迄には時間的空費が大きかつた。

アメリカは始めからその出鼻を切り落し、斷乎たる行動で侵略者に見せしめるべきであつたにも拘らず國內政治の調整と國際輿論を喚起する必要上、アメリカ的手段が、結局時間的空白をなしたことになつた。

ソ連に取つて見れば現在のところ韓國問題で第三次世界大戰に迄發展させる意圖がない丈、臺灣問題が急迫に惡化する可能性と、韓國の强化に對するアメリカの本意を確めざるを得なくなつた譯である。

つまり韓國の戰況から見る時彼ソ連はアメリカが援助するにしても時間的に必ず空白があることを見越して、一氣に南韓を攻略して旣成事實たらしめるに充分なる計畫と、結局は敗北になるにしても韓國を破壞に導くまで相當な戰果を一時擧げることに依る政治的なねらいが、今度の動亂の性格を變質せしめたものである。

現在日本にいるソ連病患者共が一時の戰果に醉いどれて祝杯を擧げる等の狂態を見られる通り、アメリカが援助するにしても反亂軍があの樣に强味を見せるからにはソ連が直接援助すれば問題はないと云う錯覺をソ連病患者共に持たせ、捨石的戰法を强行しようとする陰謀である。

之れは勿論韓國に限られた問題のみでなく中國や日本を始めアジア隣國に對し彼の手先を通じて爲す大きなデモである。

韓國はソ連の斯る陰謀的デモの犧牲となり同族相殺のむごい悲劇を喜び作らやる樣に迄その陰謀に乘ぜられたのである。

ソ連の世界侵略の陰謀が凡ゆる民族文化や精神を抹殺し、自分の利益の爲めに他人の犧牲を顧みない方法――つまり目的の爲め手段を選ばない哲學に基いたもの丈、世界平和確立はソ連侵略の魔手を切り取る爲め又ソ連病患者を退治しなければならない爲め大きな出血が强要されていることを忘れてはならない。

國連が思い切つてその旗を侵略者にむけたことは世界平和確立に對する基本的態度を明らかにしたものとして喜びに堪えないものがあるが、今後この旗を目的達成の時迄引こめない爲めの、犧牲を又同時に覺悟すべきである。

◇安浩相博士 地方遊說へ

來日中の李承晩大統領特使、前文敎部長官、安浩相博士は今般地方遊說に向つたが其の日程は左記の通りである。

京都市 七月十四日
大阪市 七月十五日
神戶市 七月十五日
下關市 七月十九日
小倉市 七月二十日
松山市 七月二十五日
名古屋市 七月二十八日
以上

駐日代表部内に諮問委員會設置さる

駐日代表部は團長以下職員の殆んどが就任して來てまもないばかりでなく、人員の整備すら完了していない際本國に動亂が起きて事務的にも相當な無理があつたものと推察する。

就任以來民族陣營强化に腐心していた團長は動亂の上、參事官まで軍籍復歸で代表部員陣容に受けた打擊も相當大きかつたが、代表部一同の不眠不休の活動に依つて關係當局との連絡手續も一應完了し戰局の見透しもついたので宿願である民主陣營强化運動に乘り出したと見らるる。

民衆大會において團長の挨拶にもあつた通り、動亂勃發後荒廢した國土再興に實際的責任を持たされた在留同胞の陣容强化は國土守護の新たな武裝であるといわざるを得ない。

團長は民主陣營强化の根本問題の解決に乘り出したが取敢えず代表部に諮問委員會を設置することにし、去る九日代表部官邸に全國から委員候補四十餘名が參集して正式に諮問委員會の設置を見るようになつた。

團長から現非常時局下外國に居住している同胞の心構えと代表部の使命並びに諮問委員會の設置を決意する迄の經過を說明して一般からの協力を要請した。

非公式に團長が議長を勤め政治部委員十四名と（候で出席しなかつた六人）經濟部十四名、出席しなかつた七名とに對し正式に諮問委員として任命する旨發表した。

即時準備されてあつた規約の審議を濟ませて規約に有る政治經濟兩部の部長各一名と兩部の常任委員各六人づゝを詮衡する爲左の委員を選定した。

經濟關係
金英洲　盧榮璜　朴賛範
李元萬（以上四名）
政治關係
補金載華　洪賢基　權逸
白武

の八人に依つて次のように常任委員を選出した。

政治部々長　權逸
金載華　全斗銖　蔡鴻錫
曺寧柱　白武　鄭哲
經濟部々長　金鎭烱
盧榮璜　徐甲虎　李元萬
朴賛範　金相哲　金英洲

職員は幹事長金熙明氏を任命することにし幹事と書記は後日決定することにした。

早速團長より現下情勢に鑑がみ日本に於ける同胞達の安定を計り法的地位問題を解決する必要上未完了の儘になつている國民登錄完了事務を正式に開始する案に對する討議を提案した。

國民登錄問題は實施當時の計畫が不完全な爲め失敗した儘になつている關係上その再實施に對する色々の意見があつたが結局論議された意見を全部を參考として政治部委員に一任して具體策を練る事になつた。

義勇兵問題に對しても一般の要請に全面的に應える事は大ヶ敷い段階にあるが實際的には全國に施行されて居り。

特に大阪地方に於いては大韓靑年團と民團が受付を開始したと云う實狀に鑑み今後に於いても民團を中心として一應接受すると同時に義勇兵問題に對する對策を講ずる事にした。

當日は委員會を設置したとはいえ、代表部としても具體的提案が準備されておらず、結成と現下狀勢に對する懇談をするというのが主なるねらいであつた。特に大阪、京都から來た代表者から現在やつている活動に關する詳細な報告があつて、皆も滿足して懇談を爲した。

諮問委員

政治部
金載華　金光男　全斗銖
金貞淙　權逸　洪賢基
白武　裴正　鄭哲
徐相漢　曺寧柱　蔡鴻錫
李商烱　趙重九
缺席者
金在和　吳允台　黄性弼
金錫診　南龜封

經濟部
李源萬　盧榮璜　金英洲
孫達元　朴賛範　金鎭烱
朴四次　韓學敎　金元守
吳祇㮾　玄熙　金相哲
金英顯　吳炳壽
缺席者
徐相鎬　柳鉎鉉　徐甲虎
裴在潤　高爲日　鄭天養
明利禎

反亂軍に結ばれた破壞分子紛碎に乘り出した

民團荒川支部

舊朝連の暴力の中心地であつた荒川地區に一昨年民團結成を見たが、名實共に彼等の暴力的謀略の凡ゆる妨害に惱まされ荒川支部の發展には涙ぐましいものがあつた。

朝連解散後民團强化に乘り出した地方有志達は率先頭に立つて準備に當り事務所として大通りの二階建四十餘坪の獨信用組合事務所を買い入れ修理し屋上に太極旗をかゝげたのは昨年の十二月であつた。

かゝる動きが從來朝連的暴力と謀略に惱まされた全般的民衆の要請に應えるものであつた丈に發展は實に目ざましいものがあり現在は東京本部の支柱になる程發展する樣になつたのである。本國の動亂が始まるや民團の攻勢に一時鳴りをひそめていた彼等は反亂軍の奇襲侵犯で一時鎭靜の有利な機會を利用して鎭めていた暴虐性を爆發せしめ惡宣傳を始め一般良民を威嚇せしめ反亂軍を援助する樣妄動せし

開始したのである。

民團は時を移さず斯る反民族的反動運動を徹底的に擊滅すべく東京本部非常對策委員會の線に沿い本國の實相を正しく報道し逆宣傳を對殺すべく直接活動を開始した。

靑年達は徹夜彼等の破壞行爲に對する一方、ビラ・ポスター・マイク等を通じて一般同胞ばかりでなく日本國民に對する全般的運動を展開しているが特に婦人達が祖國の情勢に對し家庭のみでなく全般的運動の一翼を擔つて立つべく去る四日大韓民國婦人會の結成をなした。

婦人會は本國非常時下の民團活動を婦人の立場から直接援助する一方正式の婦人運動に邁進すべく緊張裡に結成されたが當時選出された會長及び役員は次の通りである。

部署名	氏名
會長	許貞淑
副會長	金生江
副會長	李仁哲
總務部長	朴關
財政部長	金生江
社會部長	孫雅世
文化部長	高初實
文化部次長	鄭順男
宣傳部長	李春成
組織部長	黄信愛
顧問	林姸子
〃	吳文子
〃	文仁玉
〃	梁成賢
〃	玄發生
〃	金明實
〃	李申生
〃	高理子
〃	吳子龍
〃	李千鶴子

民團は結成された靑年部と婦人會の活動を合せて義勇兵應募者に對する處置と赤防獻金運動を積極化せしめ去る九日には婦人子供等五十餘名が集合して慰問袋の製作をする等その活動は實に目ざましく涙ぐましいものがあつた。

民團澁谷支部

商工會と協定して全面的に新攻勢を始めた

民團澁谷支部は結成されて以來二年あまりも殆んど有名無實で看板を守るのに手一杯であつた。

それも同地區に勢力を持つている商工業者の大多數が從來朝連傘下にあつた朝鮮人商工會の組織下にあつたからである。それが朝連解散と共に舊朝連派が組織を喪失し慌てて、非常手段にも近い惡どい經濟攻勢に反感を持つ一方、大韓民國に對する一方的宣傳の正體を知ると同時に奮然として居留民團澁谷支部と緊密な連絡のもと去る四月三十日韓國人澁谷商工會を結成した。

結成總會席上で滿場一致で會館の建築が決定され現在宇田川町十五番地に總工費百萬圓で去る六月廿日に起工式を爲し七月下旬には落成する見込みである。民團澁谷支部は商工會の再建に力を得て民團再建に活動を開始している最中此の度の動亂の報を接し救國運動に積極的行動を始め民團本部に設置された非常對策委員會との連絡指導のもと、その活動は實に驚異的なものがある。赤防基金として三十日現在三十餘萬圓が集まつて去る一日婦人子供總動員され慰問袋を一個五百圓程度に約六百個を作る等猛烈な活動を展開している。

民團江東支部

赤防基金募集始まる

去る二日に結成された居留民團江東支部では一昨年所謂枝川事件で共產黨勢力が最も强いといはれる地區であるだけ、結成以來支部の活動は涙ぐましいものがあつた。敵對陣營が强ければ鬪爭力も效果的に集中され江東支部の活動に對する期待は東京本部としても大きかつたのである。

斯る狀勢下に日頃緊張していただけ去る二十五日本國に起きた動亂に對する衝擊も最も大きく翌日緊急執行委員會を招集し

一、國連の休戰勸告を全面的に支持し即時休戰するよう要請する

一、本國の動亂に對處すべく赤防獻金を廣く募集する

一、援助國並びにマ司令官に感謝狀を送る

等大ヶ條目を討議決議をなし即時實行に移した。

支部の斷る決議に應えて高橋分會では全太和氏以下幹部一同が即時活動を開始して二十九日現在現金一萬二千圓、慰問袋七十五個を作成して駐日代表部に獻納した。

支部に於いても各分團の活動と同樣現在文字通り不眠不休の活動を展開して獻金だけでも二十九日現在二萬二千圓が集まつている。

江東地區には現在千三百名が居住しているが生活基盤が出來ている人は殆んどないだけ、破壞運動に最も適當している悲しい狀況にあるので支部では大變困つているとのことである。

週間日誌

★七月九日　（一）韓國の現戰局に對應米徵兵法發動（一）マ元帥を國連最高司令官に正式任命（一）米機械化部隊天安周邊進擊開始（一）韓國問題をめぐり英ソ會談說傳はる（一）米空軍興南猛爆（一）ウオカー第八軍司令與前線視察（一）戰車と重砲持つ米新鋭隊反擊開始。

★七月十日　（一）韓國問題を巡りクロムイコソ連外務次官とケリー駐ソ英大使再會談發表（一）國連安保理事會の責任範圍韓國に限定さる（一）陰城戰線にて共產軍二ケ大隊全滅（一）米國の高名な物理學者マンプトン博士ラヂオのインタビユーで「必要あれば韓國動亂で原爆使用ためらうべきでないと言明」（一）極東空軍百機東海岸猛爆鐵道施設徹底的擊碎（一）トルーマン大統領國連の決議遂行聲明（一）國連安保理事會の對韓援助五十ケ國となる（一）韓國全土に戒嚴令發令。

★七月十一日　（一）米野戰重砲全襲で初登場（一）ト大統領大規模對ソ宣傳を議會に提案中（一）米陸空軍參謀總長韓國問題につきマ元帥と協議の爲め訪日豫定

★七月十二日　（一）米際空軍三百機出動北鮮共產軍施設に壞滅的打擊與う（一）北鮮共產軍、捕虜米兵虐殺（一）米軍當局捕虜兵虐殺事件重大視し戰犯問うと言明（一）米韓兩軍總反擊開始し北鮮共產軍全綫へ敗走（一）毛澤東中共首席訪ソ　（一）米國防省外國人兵募集？

★七月十三日　（一）韓國問題の英ソ會談再開（一）ブラットレ米參謀議長米以外の派兵を言明

寫眞說明（上より）
●駐日代表部諮問委員會結成式
●荒川支部慰問品獻納に集る同胞達
●澁谷支部慰問袋を造る光景
●大韓婦人會荒川支部結成式

印刷一般
白泉社
東京都港區麻布霞町 7
電話赤坂(48) 2824・2920
5472・5473

決議文

偉大なる結晶はありとあらゆる恨難辛苦を經ねばならない。

ローマは一日にして出來上つたものでない。

我が大韓民國も半世紀に及ぶ長い桎梏より離れ我等が祖國の五千年歴史を承繼し國家光復の獨立宣言を世界に宣布して今第三回の紀念日を間近かに迎えつつある折、去る六月二十五日未明赤魔共産軍の不法侵攻も我が祖國の將來の爲の試練であり且つ偉大なる結實の爲の陣痛の一つである。

聞く所に依れば祖國の機危は迫りつつあると、も云われるが我々は必らず正義が最後の勝利を決定づけると云う歴史的事實を確信するものである。

見よ！ 今朝の戰果と今後の大勝のきざしを更に國連の決議と米國を初め連合諸國の決意と實力行使を

我々は我々の最高指導者李承晩大統領を始め政府各要人と第一戰に於いて祖國防衛に敢闘する將兵にその健全と武運を祈り、且又戰災の爲困却して居る戰災同胞の窮狀に深き同情を寄するものである。

本日は不法侵攻を受けて十日を經た。

日本國關東地域に居る居留民が祖國防衛と共産黨打倒の義憤に燃え、在日韓民族總蹶起大會を東京都神田の共立講堂に於いて開催し四千を超える我々は大極旗の下で嚴肅に左の諸事項を滿場一致の拍手の嵐の中で審議決定した。

一、義勇軍志願受付並に赤防基金及び戰災救恤金品募集

既に血書志願者を交え數萬の在日青年が祖國防衛の爲義勇軍を志願して居り更に米國を初め友邦各國は身命を捧て不法侵略者に出擊している。我々は内外の情勢に鑑み居留民團に於いて義勇軍志願者の受付けをなし適當な機關を通じ祖國の前線に送る事を決議す。

尙一般居留民は各自の能力に應じ赤魔共産軍打倒と、戰災民救恤の爲の基金を募集し駐日代表部を通じその目的達成に努力する事を決議す。

二、居留民自衛の爲一致團結する事

今我々は祖國の樂國體制に眼覺め過去の凡ての感情とわだかまりをきよく捨て赤魔の破碎の爲韓民族全部は强く團結し我等居留民の自衛を强化し大極旗の下で勇ましく行進せん事を決議す

三、日本の治安と秩序維持の爲に協助する事

一九四五年終戰以後我々の反對陣營である朝連系統は日本共産黨の手足となり日本共産黨の暴力行爲の前衛として數々の破壞と混亂とを卷起し、これに因つて我々居留民全部が思わざる誤解を受け國際信義を失墜した所があつた。

我々は我等が居住する地域の治安と秩じよ維持に進んで協力し破壞と侵略を共に防衛する事のみ平和と自由を愛する道義的韓民族としての本然の姿を表示するものである。

我々は平和と自由を愛する民主主義日本の治安と秩序維持の爲進んで協力する事を決議す

四、共産黨の陰謀を天下に公開する事

世界社會は共助共榮の精神に則り文化を交流發展せしむる事に依つて全人類の平和と幸福を築き上げようと努力している。然るに共産主義社會は鐵のカーテンを下ろし全人類の抹殺と文化の破壞とを欺瞞と陰謀と、更に進んでは武器に依る殺人行爲とを敢行し、クレムリンの指令は銃劍の偉力で盲從せしめている。

我々は共産黨のかかる陰謀を發露し天下に公開する事に依つて盲いたる共産黨員を覺醒せしめ無意味なる同情者を一人でも多く救い出す事に努力する事を決議す。

五、三十八度以北へ侵略再發の憂い無からしむる事

我々三千萬全民族は我々の意志に依らざる三十八度線の區切りと更にソ連の妨害に依つて國連の統一選擧を不成功に終らしめ今その鐵のカーテンの事で强盜殺人集團共はソ連の兵器を以つて我々の財産と生命を脅かし終局に於いて我々を共産黨の奴隷にしようとしている。

國際連合軍に依つて間もなく侵入軍は三十八度線の彼方へ擊退されるであろうが若し北韓全域に於ける武裝と陰謀とをそのままにして兵を撤するとせばそれは共産軍の培養を意味する事であり、必らず次の段階には今度以上の武裝を以つて再攻する事は共産黨に於いて明白なものである。

先に我が國會が滿洲國境迄進擊平定に依る祖國統一を決議したと云う事は誠に妥當にして且賢明なる措置であると我々は信じ且つ我々も共決議を支持すると共に我が指導者大統領を初め國軍將兵に之を强よく要請し且つ世界の全自由國家に國連憲章に基く安全保障の完全なる效果の爲國連が承認した。我が憲法と國連朝鮮委員會の目的を速かに實行する樣强く要請する事を此處に決議す。

檀紀四二八三年七月五日

在日本韓民族總蹶起民衆大會

議長 金載華
金光男
洪賢基

山積する澁谷支部慰問袋

北緯三十八度線の事變に際して

再び日本國民諸賢に告ぐ

道義と人情を解するものは、第三次戰爭を回避せんと欲するだろう。それは、原子力による前代未聞の大破壞が餘りにも人類を悲慘に導くからである。

しかし、ソ連が世界赤化の支柱となつてその目的達成のために人道をすらヒューマニズムと冷笑して帝國主義的侵略を試みている今日、いくらアメリカが平和的立場を主張しても、かかる魔の手を收めない一方的な存在が厳として控えている限り第三次戰爭は人類にとつて不可避であろう。ただ時機の問題である。

今次大戰が終るやソ連は第三次戰爭を迎えるべく準戰時體制としてその地固めに惹起となつた。對外的には何十回となく拒否權を發動して利己的攻勢をつづけ、對内的には原子彈と長距離輸送機の生産目標のためノルマ制を强行して戰いに疲れた農家出の日本兵士を抑留してまで自國の生産增强にその勞働力を搾取した。

今次大戰の終點がすなわち第三次大戰の起點であつたのだ。これまでの冷い戰爭も徐々に溫度をたかめてまさに熱からんとしている。六月二五日北鮮軍による越境侵犯も第三次大戰への加熱度の一點である。いまや世界は西に東に大分赤く染められた。

今次大戰で多大な犧牲を拂つた連合軍將兵の流血の代償として漁夫の利を收めたのはソ連だけではないか。

この度び韓國の南北動亂は、われわれに敎えるものが多い。

民主主義を愛好する世界諸民族と共同戰線を張ることなしにはアメリカの一國的繁榮もあり得ない。ソ連にしてやられてはアメリカの孤立のくる日もそう遠くはあるまい。

しかるに、民主國家の援助がいつも質量的にも時間的にも生ぬるいのに對して、ソ連の衛星國に對する援助は自國の運命までかけている。充實せる北鮮軍の裝備と素手で戰う韓國軍と比べてみよ。これのため今度如何にアメリカの出血が必要以上に迫まられたことか。打つべき手には勇敢であれと敎えてくれた貴重な誡めである。對韓方針の微溫である日本にとつてもよき警告である。

また、韓國の動亂はアメリカと國連に對する世界のテスト・ケースである。もし反亂軍の蹂躙にまかせて遠見の火事とせんかわが、韓國と運命と等しくする新生國家の數多ある今日、アメリカに對する期待外れは當然反動となつてソ連の支配を受けるだろう。

アメリカの韓國援助も武力進出も共に民主擁護と平和死守の至上命令からである。韓國を失うことは、米ソの勢力均衡が破れたことを意味するもので民主國家の敗北を意味するものである。

韓國の進退はまた日本の去就を決するものであることを、この度びの赤軍侵入によつて實感的に味われた。

地理的に近接した日本と韓國とは文化的にも政治的にも經濟的にも國防的にも歴史的交涉が密接に行われ、韓國の運命は共に日本の運命でもあつた。しかるに、日本は歴史はじめての敗戰によつて虛脫狀態におかれ、アメリカに依存することのみにアクセクして對外關係などは講和後に讓るべきものと、何らの對韓政策もなくただ逡巡たる態度であつた。

戰爭を拔きにしても兩民族は相互の復興、發展、のため協力し合う運命にある。日本にとつては防共の第一線である韓國の山野に火の手があがつた際、日本自體に燃えあがつた内亂とどれほどの距離があるか。

義勇軍志願を申し出る日本青年が非常に多いときく。戰爭拋棄した平和立國の日本をせしめて將來の原子戰に導きいれる危險な好戰徒輩だと排擊する日本人も多いが、しかしこれは背中あわせの隣國の安否を以て自國の安危を計る本能的な愛族心理からであつて、決して猪突な振舞ではないのである。また、われわれとは歴史的に血緣の最も近い民族的本能が地緣と結びついて、志願という慾求に出たのである。

ソ連を祖國とする北鮮カイライ政權は賣族奴の集まりてわが同胞ではない。路線のちがうものは同族たりともわれらの敵である。

わが韓國を愛するあまり死線をもなお辭せざる日本青年の多いことは、とりもなおさず兩民族の將來に花を咲かせる時期もあるという力强さを示すものであつて、われらの最も感激するところである。

、われらはいくら窮したりとはいえ、軍閥に强いられて、苦勞しつくされた日本青年に對してまた道義立國日本のため輝かしき未來を約束された有爲な日本青年に對して、わが祖國の戰線にその血の一滴たりとも希求するがごとき無暴さはないのである。たゞ、艱難に遭遇してはじめて隣人の誼みを知つたときの喜びを皆さんに捧げるまでゝある。

終戰後、一部同胞の無自覺から心ならずも敗戰日本に對してよからぬ印象を多く殘し、日本共産黨の暴力的先棒をかつがれて事毎に破壞沙汰にでた朝鮮人連盟のため、日本人のヒンシュクも多かつたが、ひと度びわが同胞の存亡を告げるや過去の系累など捨てて親愛を寄せる皆さんの大乘的熱誠には、ただ感謝の念あるのみである。

日本の政黨の現狀を見る場合、かなり進歩的政策を掲げていながら結局は政權のトリコになつて國民の多數票を掘ろうとあせるあまり、同じ政黨内にて左派右派論が水と油が呉越同舟し結局は容共的陰謀に利用されてしまう場合が多いことは遺憾に堪えないものがある。

特に講和條約、韓國動亂に對して一般民衆の切實な要請を素直に聞きいれようとしないかの如きは、世界平和が目前に破壞されようとする際甚だ危險であるとさえいわざるを得ないのである。

しかし、韓國の火の粉は日本にも飛ぶものである。

いまやソ連は世界赤化を目指して隙あらば侵略を試みる。奇襲侵犯で緒戰の利を占めた傀儡反亂軍が或は韓國を支配するやも計り離しの思惑だけで、直ちにソ連に媚びるごとき不介入決議を以てすることは、ソ連强ければ日本の赤化また期すべしの奴隸根性ではないか。口で共産黨を貶しながら身で共産黨を助ける彼等のどこに獨自な主義主張があるといえようか。ソ連を含める全面講和を主張した手前、如何にソ連が世界熈を動こうとも媚態を呈することが上策であるとなすほど彼等は政權亡者なのか。

世界の民主主義輿論を擁つて立つた連合軍は國連旗をかざして韓國の陸海空に血闘を展開している。これも世界平和と國際道義と民主擁護のためである。

口で民主々義を讃えながら身で侵略行爲を助ける政黨の存在こそ民主國家の癌である。

やがて北鮮軍も戰線がのびて膠着狀態になるだろう。韓國軍の志氣また旺盛である。連合軍と共同作戰で反擊に出る日も遠くない。

自國のソ連領土化を欲しない日本人ならば誰しもが韓國の立ち直りの早からんことを望むであろう。われら兩國民は日露戰役の前夜にかえつた。當時韓滿交換論の輿論まで出たほど韓國は日本の咽喉であつたのである。韓國の動亂收拾に日本國が一肌ぬぐのも兩國共存のため宿命的な因緣とみえる。

この度びの事件はわが韓國にとつてよき試練であつた。動亂終了後も韓國は國防建設に萬全を期するであろう。もとより日本との經濟提携また後日に殘された大きな課題である。

歐米の遠隔地ですら韓國のために老若男女の至誠が日に日に昂じつつある。

韓國からの米穀輸入が絶たれて日本の食糧も不足してきたが、この度び乏しい食糧を割いてまで雜數を逆輸出するに至つた日本政府の好意には、わが同胞等しく感泣している。この時こそ兩國の親善を契機つける絶好のモーメントである。

朝野を問わずひきつづき日本國民におかれては、韓國の動亂こそ日本内亂の延長のごとくみなして、物心兩面に互る格別な御支援あらんことを切に望むものである。

一九五〇年七月一五日

在日大韓民國居留民團東京本部

非常對策委員會

東京都文京區本鄕二ノ四
代表電話小石川(85)一五三五

休暇のひととき

國土を踏みにじる反徒を迎え打つ國軍達は完全な武裝に依つて身を固めているのはいう迄もないが民衆の熱情に溢れる支持と慈愛に溢れる母妹達に依つて强固に見守られている。

感謝狀

世界の自由と平和と秩序を攪亂し破壞するものは國際共產主義ソ聯及び其の衛星國である。民主主義の歷史に示された現實の行爲、即ち共產主義に示された、歷史的諸事實、其の中から明確な敎訓を引出す事が必要である。軍國日本はドイツと共に侵略の戰爭を起した。緒戰の勝利に醉いどれて居ろうちに强力な民主國家の防壁にぶつかつた。それは世界四十數ヶ國の誠に痛快な共同戰線であつた。

全體主義は實に此の共同戰線の世界をおおう正義の銃劍に屈したのである。その生々しい記憶を「正義と自由を守る」我が三千萬同胞と四海の同胞は夢にも忘れない事である。恰も「眞珠灣」に日本が奇襲攻擊したと同樣に、去る六月二十五日未明に暴惡な國際共產主義侵略者、北韓傀儡軍が大韓民國に不法侵入した事に對して、國連はきびしい制裁を加える事にし、實力行使の賢明な措置を取つた。世界の正義と自由平和を破壞と侵略の脅威から守る貴閣下以下五十九ヶ國々連各國代表の皆樣！國際共產主義徒輩の常套手段である軍事的侵略を拔本的根治がいま韓國に國連警察軍の軍事措置を契機として完遂されん事を確信すると同時に、東亞の安定と世界の平和維持の爲に今般侵略軍の擊滅は怨恨の三八線にて終るのではなく、檀君の子孫の單一民族の玉土である鴨綠江、豆滿江の滿州國境まで追擊殲滅して平定な、後禍の再來が無き事を本大會全員の總意で決議すると同時に賢明な國連各國代表は我が衷心を察知して大韓民國の歷史と現實と將來を考察し、必ず此の渴望を實現されん事を要望して止まない次第であります。最後に閣下以下各國代表の御健康を祝福し國連の威信が正義の旗と共に永遠に輝かん事を祈ります。

一九五〇年七月五日

在日本大韓民國民族總蹶起民衆大會

議長　金載華　洪賢基　金光男

國連事務總長　リー閣下

『祖國防衛宣言』

我々はこゝに史上未曾有の岐路に立つ祖國防衛戰線に蹶起突入することを中外に宣言する。

これを以つて祖國防衛の大義を宣明し之れを以つて民族獨立の榮光を獲持せんとす。

人類の敵「世界クレムリン帝國」の陰謀は亞細亞赤色革命を狂號し對韓宣戰布告の名の下に北鮮軍の韓國侵入を決行した祖國を分裂蹂躙し同胞相殺の修羅場ともしたこの悲戲の內戰は更に、無氣味な第三次大戰の導火線たらんとしている。

眞理をして正義たらしめるは動亂旣倒に歸す勇猛果敢なる「戰」ひのみが決する。

今日我々の任ずるは夢にも忘れ得ぬ鄕土の防衛と三千萬同胞を不安と恐怖より救い更に韓國の再建のみ、今にして逡巡姑息し危機に瀕せる祖國の現狀を傍觀せんか！

內に同胞の信を失い外に世界の冷突を買うは必至である。

我々は良心と責任に於いて益々激化する故國の內戰の解決は、我等自らの血の代償を以つて解決さるべきことを確信し此處に嚴肅なる歷史の審判に問い廣く世界の同志に訴え決然として祖國防衛戰に參加し戰鬪任務を貫徹せんことを期す。

かつて祖國解放の先人は絕叫した「最後の一人まで最後の一刻迄民族の正當なる意志を我等の屍を以つて守れ」と

想起せよ！

一九五〇年五月二十五日

祖國防衛戰線萬歲

韓國防衛義勇隊總本部

かいらい京都學同を解散
勅令違反の搜查旋風

京都市警は去る七月四日午前十一時頃より搜查警備兩課員十八名が京都市左京區北白川平井町の「在日傀儡朝鮮學生同盟京都本部（委員長同志社大學李昊虎君）を勅令三百十一號「新聞言論に關する覺書違反の容疑で急襲して家宅搜查をした結果、前記傀儡同盟が一般大衆に配布した「朝鮮事變に外國干涉絕對反對」「ビラ」多數を押收した。そして去る七月三日には同種類の宣傳「ビラ」と同種の「ポスター」多數を市內各所に散布せんとする計畫が、あつたが探知した堀川署は京都市中區千生松原町朝鮮人解放救援會京都府本部事務所（責任者金夢世委員長を急襲し、同事務所にて「朝鮮統一有志會」名儀の「ポスター」四種類千百枚を押收したと云う報道だ。これらの者は日本共產黨の政治局指令に基き事實無根な虛僞欺瞞宣傳をするばかりか自由と平和を破壞する惡質分子賣國共產徒輩の常套手段である。我が民族を故意に滅亡の企圖をし暴惡殘忍な侵略行爲をもつて同族相殺の野獸的蠻行の大犯罪者金日成賣國奴國際共產徒輩を徹底的に粉碎すべきである。

前記大犯罪者以下少數の陰謀者は正義の銃劍に斷然處刑されるであろう。

戰災同胞を救う

赤魔の走狗北鮮共產傀儡軍の大韓民國侵入は天人の共許さゞる事で世界人類の憤激を買い、世界史上その類例のない五十餘ヶ國の膺徵を受けるに至つた事は旣知の事實である。

今やその滅亡も時間の問題となつた。

日本に於ける我が韓國居留民は總てを祖國に捧げ盡さねばならぬ時期が來たのだ。

前線に散り行く花郎魂を思い或は又苦鬪に又苦鬪力の限りを盡して赤魔の侵入と鬪いつゝある時、我々は一杯の水すら與える事が出來ないのではないか

今の今只我々に殘された忠誠表現の道は赤魔の侵入を防ぐ基金を送る事であり例え醫藥の一箱でも送つて傷兵を慰さめる事ではないか

勿論赤誠の慰問品を澤山送つているとの事は傳え聞いているがこれ位の事で果して良かろうか我々は玆に赤防基金と慰問品の一大居留民運動を展開し最つと積極的に進めなくてはならないのではないか

靜かに手を胸にあてゝ故鄕の父母兄弟友の身を案じて見よ果してこれで良いだろうか

最つと〳〵前進し最つとも積極化させようぢやないか

赤魔の侵入に蹶起する
日本青年の叫び

旣に報道された樣に、日本の若人達の韓國義勇兵志願熱が日增に昂揚されているが又もや血を吐く樣な志願者の數々が押寄せて來た。

戰爭を放棄した日本人としての是非を糾する前に、彼等は韓國の動亂を對岸の火災視し兼ねての激情を高く買い度い。

牙をむき出しての露骨な赤魔の侵入に對し民主々義陣營世界四十餘ヵ國の諸邦が直接武器を取つて援助を惜しまない今日友邦日本の若人達の蹶起した事實に對し聊さかの不思議もない筈である。

或る若人は涙を流しつゝ志願を懇請して來た又多くの人達は心情を手紙に託して來たその山積した中から一二枚取つて見ると大要次の通りである。

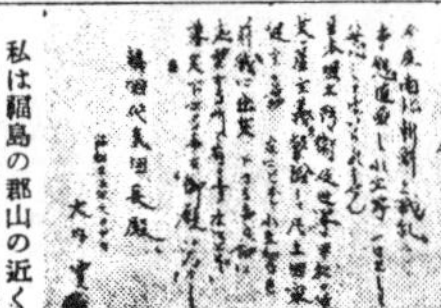

（寫眞）血書の志願書

私は福島の郡山の近くです、私の幼い時、家の近所に土木工事に來ていた韓國人松本さんや田中さんは私の幼い學生時代より可愛がつて呉れた、私は今でも忘れられません此の人達は終戰と共に韓國へ歸つて仕舞つた。

私はこのような人達が住んでいる國が戰亂の渦卷の中にあると云うことを一言聞いた丈でも羽があつたら鳥のように飛んで行きたい　そして彼の北鮮共產軍を擊滅したいと思います。

平和を犯し總てを破壞し犧牲を强いるような北鮮共產軍又その背後の赤い國この樣な國を一日でも早く世界よりなくして、新しい幸福な平和な國と世界にしたいと思います。

私は平和な國と韓國又は平和な世界にすることには身命を惜しみません義勇軍に應勝出來ますよう伏して御願い申し上げます。

福島安積郡　渡邊信三

私は江原道江陵より引揚げて來た日本人ですが、私が生れた故鄕京城が危機にひんして居る事を新聞、ラヂオで、見聞きして、私は是非共生れた故鄕の爲め平和を亂す共產軍を擊退させて元のような平和な韓國として我々民主主義者が手を取り合つて世界平和と親しく手を取り合つてやつて行きたいと思います。

私を義勇軍の一員として御使い下さい日本は戰爭放棄しましたが世界の平和を保つため許されないでしようが韓國の皆樣御願いします義勇軍の手續を御敎へ下さい。

仙臺市　太田雄三

父祖墳墓の地を想い

裵　正

世界歷史が指向する民主々義の必然過程に於いて巨大なる民族使命と至公なる世紀的要請に依つて檀祖以來四千餘年の輝しき傳統を繼承して誕生された我が祖國大韓民國は悠遠なる過去に於いての我が父祖の墳墓の地であり無窮なる將來に於いて我が子孫の安住の地である此の聖地が今不幸にして赤匪の凶惡なる鐵蹄に蹂躙されている。

顧るに僞政四十年の人類史上、その類稀なるべき試練が未だ盡きざることは「下愚と上智は移す能わざると」救う能わざる無智なる民族のせいか嗚呼天無心なる哉である複雜なる國際制約に依つて意を意とする能はざる外國に在住する我々の痛根骨に徹するものがあるが今我々に秋毫の涙のみが能事ではない。

許される可能なる範圍に於いて長善を盡し悔を千秋に遺さないと共に恥を萬邦より受けざる樣誠忠の限りを盡すべきであろう、即ち祖國より何時たり共要請有らば即應すべき態勢を整備すると共に滅賊基金及び慰問品を廣く募集し敵前將兵の士氣を鼓舞すると共に銃後災民の苦痛を慰救すべきである。

代表部を始め民團、韓靑婦人會等の誠忠溢るゝ努力に感泣する、人心即ち天心なり世界萬邦の好意是れ天意に非ずして何んであろう。

天常に善に與す世界平和の爲め人類幸福の爲我が祖國の戰定早からんものと信じて意を强くするものである。

日本の一女性

世界人類の平和を希念する民主主義國家大韓民國で突然去る六月二十五日北韓傀儡共產軍がソ連の侵略の手先となつて、平和な國、韓國に對し不法侵略を開始した報に接して、同じく自由と平和を愛する民主主義國家である吾が日本國の一女性として友邦韓國の勝利と平和の再來を信じると同時に自由と平和を破壞せんとする共產軍の侵略に對して憤激を禁ずる事ができません眞理を愛する正義は勝利を得ます。此れは今までの歷史が雄辯に物語つている如く、惡は眞理と正義に屈し劍を取る者は劍にて亡びて居ります。侵略者國際共產主義者は口には戰爭反對を唱え平和を愛するが如き宣傳をしているが、彼等が本當に愛しているのは侵略戰爭を起す事と平和の破壞である事が明確に現われて來ました。友邦韓國居留民の皆樣此の世界の平和を攪亂する人類の敵北鮮共產侵略軍をば擊滅して呉れる事をかたく信じ又希望します、東洋の平和と世界の平和は此の度びの友邦韓國の働きに依つて左右されると思います。私も一女性の看護婦として許されるならば友邦韓國の平和と世界人類の平和の爲何時でも一命を捧げる覺悟であります。これが眞の日韓親善の實行であり東洋民族の理念であると思います。私の他に日本女性が友邦韓國の勝利を信じ平和を希求している女性が幾百萬居る事を信じて下さい。韓國居留民の皆樣は總團結して吾が同胞と共に防共のため「スクラム」を組んでこの一大試練を乘り越えて行こうではありませんか。私達が一番心强く思つている事は正義の味方は數限りなく有ると言う事です。それは米國を始め四十餘ヶ國の民主主義國家が韓國の味方であり同じ目的に向つて突進しているではありませんか、此れ以上力强い事が何處にありましょうか力の有る限り奮張つて呉れんことを切にお祈りし前線で働らいて居られる將兵及び三千萬韓國の皆々樣の同胞の成功と御健康をお祈りしつつ私のそまつ乍ら心ある激勵の筆を終ります

在日大韓民國居留民一同樣江

東京女醫大病院生　南芳拜

寸舌

×

寢込みを襲つてよく親兄弟を同族を殺したと赤くないマッカリ飲んで共殺主義の顏をして齒をむき出して喜んでいる地獄三丁目の住人達を

×

恐らく聞かせても知るまいがその顏で喜べるのも世界を異にした民主主義國家だぞ有難く思え

×

言は無いことぢやないが敗退した時は前借は返さねばなるまい化けの皮や赤いもの迄吐き出さねば濟むまいそれで始めて人間性を帶びることを知つた義理で相せる恩になんか寄せやしない

×

千夜一夜でもないんだが驢馬の背中に地藏尊を積んだら道行く人がおじぎをした、處が驢馬は自分が偉いと思つたのだ

×

共產國え行つて他國に化されたと喜んでマッカリはさて置きメチールでも飲んで見ろメチールより一步御先に首が留守だぞこれで知らねばそれは馬鹿だろうな如何せん馬鹿に使う藥はないから

社告

本國の緊急情勢を憂慮してのあまり在留同胞の中には默え切れない憂國熱が多角的に爆發して血書志願兵を始め獻金、慰問袋等が集りつゝありますが、本社並に東京本部非常對策委員會では委員會の決議に依り斯る一切の申し出に應ずると共に、代表部並に本國政府に中間連絡を爲し本紙及び東京本部ニュースを通じてその氏名、金額その他を明細に掲載する事にしました。

尚詳細は本社並に非常對策委員會宛に連絡して下さるようお願い致します。

在日本大韓民國居留民團東京本部

韓日新聞社

急告

本國の情勢に便乘して敵對的謀略策動として民團を始め、民族陣營に關係しているかの如く僞身分證明書や、古證明書を携帶して步く者が急增していますが、斯る證明書を見せて如何なる事を要求したりしても確かな紹介狀がない限り絕對應じないようにお願いします。

甚だしき者は計畫的に僞名で造つた大韓民國登錄證を利用する者や、志願兵云々という者まで出ているから特に注意して戴きたいのです。

在日本大韓民國居留民團東京本部非常對策委員會

言論・出版・結社・信仰の自由を認めぬのはファシズムの常套であり、マルキシズムも其同類である。民主主義は平等と自由の根本精神によつて成立つ。

韓日新報
HAN-ILL SINBO

發行所　韓日新報社
東京都文京區白山御殿町三七番地
電話小石川（85）3555番
編集兼發行人　鄭　哲
一部定價拾圓　送料五圓
一ケ月送料共　五〇圓

朝鮮建国促進青年同盟解散し
大韓青年団として再出発す

朝鮮建國促進青年同盟
第十一回全體大會に於て發展的解散

朝鮮建國促進青年同盟は終戰直後朝鮮人連盟より約一ケ月遅れて結成した青年團體として最初のものであり、朝連が信託統治を支持し人民共和國死守なる逸脱行爲に出るや、俄然反對し終局において民族陣營の橋頭陣地として幾多の功績も殘し民團結成の母體として今日まで到達したのはあまりにもよく知られている。

建青は昨年本國の總選擧に際し、總選擧が可能な地域における選擧として内部には本國と同樣贊否兩論が對立した建青自體の路線に一大動搖を來たし幾つかの大會を通じて相反する幹部構成、聲明書發表等を見たが之が結局建青活動に大きな癌になつたが——其後はやはり活動として見るべきこともなく昨年以來は二分した建青として統一派、支持派として開店休業の狀態で今日まで來た。

勿論總選擧後一年間の建青の足跡も華々しい闘爭時代の建青に劣ることなく複雜な本國の政情を思はすものがあり、日本における青年運動史を汚して民青と對比し後日の批判の的となる幾多の重要な事實があることを忘れてはならない。その中にも總選擧反對派が事實に反して大韓民國反對派であるかの如く（事實そのような傾向が一部なかつたとはいえないが）見做され、名稱變改に際しては殆んど感情的對立として當時複雜だつた建青内部を曝け出した點も批判餘地があるといえよう。

去る六月本國より前文教部長官安浩相博士が來日し日本における韓國青年運動の檢討と再建に努力するようになつたが、安博士は現在本國大韓青年團の團長であるだけ同博士の動きも大韓青年團結成に目的があり必しも建青を土臺とせざるを得ない事情に對する檢討をも充分にしたことと思う。

去る二十四日各界代表十五名に依つて、大韓青年團結成準備委員會をもつようになつたが準備委員長は建青委員長洪賢基にし、結成式も建青大會にひきつづいて二十九日にした事實を見てその經緯を別ることが出來る。

大會は二十八日午後二時過ぎにやつと開會したが當日早朝四時頃中總事務所近邊一帶に雜多のビラを撒布して一人〳〵をして遮二無二興奮せしめたのは青年運動の前途に多くのものを考へさせた。大韓青年團結成準備なる事實と大會召集の理由に規約名稱變改なる條項が統一派を刺戟したらしく見えビラの内容も『大韓青年より朝鮮青年となれ』とか『盲爆反對』等の内容で始めから名稱變改反對の氣勢を見せたものである。

開會へき頭より統一派から代議員資格審査に必要以上喰いさがつて大會成立を妨害する觀をすら見せ結局感情的對立となり、絶對多數派に壓えられ提案をも受け入れないで神戸から來た十二人が退場するように迄なつた。

統一派退場後は格別なる討議もなく臨時執行部選擧で議長團に洪賢基、全斗銖、文東建三氏を選出し洪議長は、さすがに初代委員長であり最後の委員長として既に解散の運命にある最終大會として感慨無量な表情で祖國の要請に應え有終の美を飾りたいと、挨拶をなした。

駐日代表部團長金龍周公使は國家非常時に對應すべく曖昧な大同團結よりも態度を明らかにし民族と國家の要請に應えるべきであり民族と國家を除外した生活があり得ないという事實を立證すべきである旨の機的祝辭があつた。公使は特に義勇軍接收という曖昧な從來の態度を一變して多數の青年が志願するよう懇とくな要請をなした。

安浩相博士は公使に對して非常時局における青年運動の使命を力說し、國家民族の花としての青年が國家民族が實るため自ら散るという大乘的犧牲として今日建青を發展的解散し大韓青年團を結成することにより見られるという悲愴な祝辭をなした。

祝辭のあとは直ぐ討議事項にはいり、發展的解散することに滿場一致で可決し大韓青年團準備委員を現常任より六名、地方より九名を選出し午後六時五年間の血みどろな闘爭の歴史を殘した建青を解散し大會も解散した。

——建青全體大會々場——

大韓青年團結成
建青解散のあとをうけ二十九日
中總講堂にて盛大裡結成式舉行

前日建青解散時の興奮に反し緊張の色は見逃がせないとはいえ、いともなごやかになにからなにまで滿場一致で決議結成を見た。

午後一時張聽明氏の司會と大韓青年團結準備委員長洪賢基氏の開會の辭で開會し代議員資格問題に多大の議論もあつたが結局結成大會に許り大韓民國人として出席した全員に發言並決議權を與えることに落着した議長團に洪賢基全斗銖丁遠鎭三氏を選出し河一清諸氏より結成準備經過を簡單に報告した。

團憲の通過後役員選擧にはいり團長に曹寧柱副團長洪賢基氏を選出し大韓青年團の結成も終了したが、初代團長曹寧柱氏は今後青年運動の抱負として大要次のような談話で挨拶した。

日本における從來の青年運動は解放と建國段階、日本の特殊事情に影響され政治運動化した故本來の青年運動の立場から見る時はやゝ逸脱した向さえも見逃がせないものがあつた。

今後は現在本國の非常事態に對應する必要もあるが主として訓練本位で健全な青年養成に盡そうと思う。

特に大韓青年團々憲に本國の國務總理を總裁とし本國大韓青年團々長に駐日代表部團長を名譽團長と推戴することになつていることは今後の活動に注目されるところ多い。

公務多忙であるにも拘らず駐日代表部團長金龍周公使も結成終了迄列席し公使並名譽團長として今後の青年運動は協調と教養の二つの目標で邁進したいと力强い訓辭があり、安浩相博士は純血と熱情で時代の裁判官になれと激勵し午後六時過ぎ散會した。

——大青結成式場——

宣言

檀記四二七八年八月十五日帝國主義的侵略者は正義の前屈服し新らしき歴史は展開された。戰爭に呻いていた人類と破壞に荒廢した世界は自由と平和の曙光が見られるものと信じ三十六年間の暗慘な生活の幕も閉じ解放の榮光を見るようになつた。

なんと感慨無量な瞬間であつたか——第二次世界大戰も終了したしかしこれは戰爭一般の根本的終結ではなく武力戰爭の一時的休息に過ぎなかつたのだ。第二次世界大戰が終る翌日より世界は政治戰と經濟戰をして思想戰は熾烈する一方ではなかつたか——斯る綜合戰は過去如何なる時より第二次大戰が終了した日から最も强力な計劃裡に進行したのである。事實斯る計劃は大戰終了前既に始まつていた。韓國の南北兩斷と獨逸の東西兩斷こそ民主主義に對する共產主義の侵略戰の始まりでなくなんであろう。

このような陰凶な計劃裡に進展した思想戰は結局爆發し去る六月二十五日三十八度線を突破侵略戰を開始したのである。

三千萬同胞——、四二七八年八月十五日我が祖國は日本帝國主義より解放されたが即時三八線を境界として我々の自由は踏み躙られたのである。

斯る不自由と闘かいながら三年後の四二八一年八月十五日は大韓民國が誕生し世界民主主義諸國家が承認するようになつたが三八以北を基地とした赤色侵略主義は凡ゆる手段と機會をとらえて破壞殺害を繰り返した事實をどうして忘れることが出來よう——

我々は侵略された民族の悲慘な生活が骨身に泌み、民族の獨立がどんなに貴重

（二面え續く）

社説

國際連合と戰災民救護運動

國連は結成以來世界平和を攪亂し計劃的妨害に惱やまされ、米國ですら對華白書を始め韓國抛棄論等までが台頭し國連も國際連盟の二の舞いをするのではないか——という不安が諸大國を始め弱少民族國家間に益々大きくなる最中、國連が韓國侵略軍擊退に英雄的行動を起したるは凡ゆる不安の暗雲を一掃し國連に對する世界の期待がどれだけ大きいかを說明する痛快な解答ともいえよう。

いまさら我々が韓國動亂の性格を再論し民族や國籍の問題に言及する必要すらない。

國連が侵略と規定したのも韓國侵略を指したのでなく世界侵略たるを明らかにしたのである。五十三個國が國連の決定を支持し第二次大戰においてすら中立を守つたトルコが率先して派兵を決定したという一つの事實だけでもその性格の全貌を推察してあまりある。

だが我々は斯る國連軍の活動を外國内政干渉ときめつけようとするソ連の暴論と、例え偶然とはいえ逆に歩調を合せて米國が自分の權益を擁護しようとして國連を利用する行爲であるかの如く吹聽するのを聞くには驚かざるを得ないのである。トルーマン米大統領が獨立記念日に李承晩大統領に送つたメッセージの中に「自由と獨立を再發見するであろう」という言葉が赤色侵略の魔手が武力と謀略をもつて世界を暗瞻たらしめようとする恐ろしき事實に對する自由と獨立のあり方を明らかにしなければならないという點を彼トルーマン氏自身が痛感したものと見るべきである。

國連は武力行爲を平和運動の一環たらしめようとする意圖が武力行爲と並行して復興計劃と戰災民救護運動を展開している事實を通じて說明すると同時に、世界はこの救護運動が武力行爲に先行するものとして率先協力すべきであるという要請と見らるる。

韓國は既に南北を問はず焦土化し、凡ゆる施設が破壞されているが世界と人類の名において守り通すであろう。勝利は疑う必要がない。だが之等の焦土を復興し戰災民を救護するということは、侵略軍擊退には比較にならない程困難な問題であるといえる大衆に對し米國は既に醫療關係にECAを通じて千四百萬ドルの豫算を投じ、UNには韓國援護機關を設置し現地には既にマッカーサー元帥を責任者となし行動を開始しており、UNでは食糧對策を樹立し、ECAでは日本で一千四百萬ドルの援助物資買いつけを開始した等、既報の事實だけでも戰災民復興問題を武力に先行している感を持たしめるのを見て我々は國連のあり方と平和確立の手段に對する新たに大なる決意を爲すと同時に世界各國におかれても國連支持と武力援助と並行するであろう平和的援助を注目し期待するものである。

國連が韓國動亂に對する態度とまつたく同じく韓國の現狀は戰災民とはいうものの實際には戰災民ではない。火とも水とも見境もなく狂濤のように押しよせ鬼畜的人海戰術を驅行する彼方の侵略は又その被害は天變地災と解すべきである。

我々は關東大震災の悲劇なるものを記憶すると同時に、又災罹者に對する人類的同情が民族國境を越えて如何に大きかつたかも忘れることが出來ない。

韓國戰災民こそ關東大震災を幾十倍も規模を大きくした大震災のようなものたる本質的根源を再認識すると共に戰災民救援活動も進展さるべきである。我々は往々にして事實を事實として認識することに怠慢な場合があるが韓國戰災民の人間的、世界的立場を明らかにすることに依つてのみ國連活動の協力のあり方を知ることが出來る。

日本においては在留韓國同胞が多いので援護對策と活動も活潑に展開されており、特に去る十七日より東京全域を通じて街頭募金を實施して大なる注目と期待が持たされている。又日本人側を始め諸外國人においても援護活動が相當具體化しつつあると聞く。

唯斯る國連的援護活動と並行する大小なる援護活動に對し現在の言論機關があまりにも冷靜で戰局に對する關心にのみとらわれ過ぎるのは遺憾といわざるを得ない。

我々は今一度戰災民救護活動に依つてのみ國連活動を支持し得る點を再認識すべきである。

（一面よりの續き）なものであるかをよく知つていればこそいかなる形の侵略たりとも決して容認することが出來ないのだ。

世界民主主義諸國家は赤色共産主義の侵略に蹶起した大韓民國に絕對なる援助を送り自ら鬪爭を展開している。我々は今や自分の獨立を護り世界の友邦を見出したのである。

大韓青年諸君！　民族國家の基礎は純粹な青年達の團結の上にのみあり得るのだ。

三、一革命を始め勇敢な獨立鬪爭者は青年であり、解放後治安建設者も青年であつたし、現在祖國防衛に蹶起したのも青年である。動亂を蹂躪した後破壞された祖國を再建するのも青年以外にはない。青年の血と汗がなくしては祖國防衛も再建もあり得ないのだ。青年は祖國の守護者であり建設者であり民族の原動力である。

祖國と運命を共にすべき我々青年はいまこそ私心を捨て一大公心にて團結しなければならないのだ。青年が一つになることによつて分斷した國土も一つになり得るのだ。一民の思想に依つて凡ゆる外敵を擊退し破壞的思想と對抗することも出來る。UNは侵略された我が民族の新たな親友となつたのである。親友に對する信義を守ることのみが民族的良心で人間的本義といえる。

世界平和の立場を死守するUNと民族國家建設なる民族念願が一致することによつて新たな秩序は保たれる。我々青年は勤勞によつて技術を體得することによつて新羅の花郎少年が三國統一の先頭となり祖國建設に盡したように現在の大韓民青年こそ南北統一の勇士となり祖國建設に盡そう。

綱領

一、我々は青年だ一民主義で思想を統一しよう

一、我々は青年だ各國民族と親善を圖ろう

一、我々は青年だ勤勞實踐で祖國を建設しよう

韓青新任役員

團長	曺寧柱
副團長	洪賢基
總務部	張聰明
監察部	趙鏞懋
訓練部	姜仁錫
組織部	康庠萬
委員	李海龍
	金學鳳
	孫永起

建青聲明書

韓國青年の運命は苦難の連續である。でも新しい世界の創造と建設に光輝ある榮譽が與えられているのだ。

第一次世界大戰後より第二次世界大戰迄三十數年の間獨立のため韓國本土は勿論海外に於ける青年の受難は云う迄もなく、終戰以來六年の間も世界二大潮流に弄弄され、統一された民主國家の出現を熱望する全民族の明確な目標は容易に實現されず、純情無垢な青年學徒は心身共に傷手を蒙り又は暴虐無比な共産勢力の戰術に依つて無惨な犧牲を强いられた。

一九四八年八月十五日、我が大韓民國の政府樹立以來、世界民主國家は擧つて韓國に支援を與えたが、共産軍の惡辣な妨害と北鮮傀儡の背逆侵害に對する戰いは決して生易しいものではなかつた。

此の度六月の全力を擧げての大々的な侵攻を開始した、北鮮共産軍は六年以來の欺瞞の皮を剝いで態々同民族を殺戮國際信義の破棄讓士の破壞を敢えて行動したのである。强要されて侵攻に狩り出される青年の悲酷な運命は世界青年に其の例が無い事であろう。今や韓國の戰局は地圖の上では大部分を赤に染めたように至つたが、其の實國連軍の戰略と韓國軍の勇戰は勝利への鼓聲に立つて居るものであることを信ずると共にまたそうでなければならない。道義と機械を武器とする韓國は侵略と肉彈を持つ共産軍と戰つている。我々の青年が肉彈に使用され而も人類征服者の奴隷化に强制される事を我々は死を以つて反對するものである。

我々青年は國際自由人民の擁護の爲、祖國の統一と平和の爲、國連の勝利と、國連の行動に全身全靈を傾けて協助挺身する決意を固めるものである。

在日二十數萬の青年は終戰以來、職場から工場から復歸したものが大多數で實に荒野に放された馬の如く孤立無援の儘放置された。一九四五年十一月朝鮮建國促進青年同盟が日本各地に組織され民主獨立國家の出現と共産軍の暴壓と欺瞞の粉碎に鬪爭して來たと共に日本を含む國際青年との提携を强調して來た。六年の功罪決して一言で盡きるものではないが、海外青年組織として比類のない陣容を備え二大潮流の激しい渦流のさ中で、決然民主反共の旗を擧げて鬪爭を續けた事に於いて、又新生韓國青年として凡ゆる活躍を日本に於て續けて來た事は特記すべき事實である。

然し、我々は時間と環境の爲又は、自身の不覺の爲決して期待と成果は滿足なるものではない。

今や世界自由人民の願望である平和は、共産軍の脅威に晒され、我等民主國家の祖國は赤軍の蹂躙に依り存亡の危機に瀕している。

我々韓國青年の一部は不要の强制により肉彈に狩り出されて無念の血を流している。

我々が蹶起する時は來た。祖國の防衛に、人類の自由の爲に奮起する重大なる先頭に立つているのだ。

我々は國連の友軍と協力して祖國の統一平和を打立て建設の旗手として態勢を固めなければならない。

茲に於て我々青年同志は六年の業績を殘した朝鮮建國促進青年同盟の發展的解散と共に在日韓國全青年の集大成を期して大同團結した在日大韓青年團を結成する。

我々は本國青年團の三大綱領である國家防衛、南北統一平和建設を貫徹する爲以下三大行動を綱領を推進する。

一、强固な思想を以つて武裝する

二、勤勞精神と建設技術を體得する

三、教養を高め國際青年の提携を推進する

以上らの三大綱領實現のため我々は在日青年同志十數萬を目標に運動を展開すると共に同憂の國際青年の協贊を强調するものである。

一九五〇八月二十八日

在日大韓青年團準備委員長　洪賢基

關東大震災犧牲同胞追悼會

去る一日民團中總では了度關東大震災の二十七週年に當るので當時犧牲になつた同胞達の追悼とするため民團韓青、學同講堂に集まり簡單な式を擧げた。

緊急を要する戰災援護に就いて

白　武

一、慘禍を呼びし者は誰れぞ

一九五〇年六月二十五日！國際共産黨の手先でありソ連を祖國とする北鮮人民共和國指導者達は突如として三八度線を銃劍を以つて越え韓國を侵犯した、美しくも靜かに明け暮れる祖國の疆士は半萬年に亘る歷史に未だ曾て經驗したことのない民族相剋の血潮に依つて濡れることとなり、三千萬單一民族は赤色帝國主義の野望の牙に倒れ飢え彷徨う悲慘な運命に陷つたのである。世界史的運行の中の偶然な決め事に依つて設定された三八度線は元より我が民族の望み且つ喜ぶもので無く解放以來この線を撤廢し民族の統一を期する爲め幾多の努力を傾けたものであつたにも拘らず世界情勢の未成熟により實現し得ず唯欲しない現實として諦め難て惠み來るであろうその日まで單一民族を以つて形成する韓民族は例へ南と北に分裂していようとも各々その建設に勵み、世界情勢の解決と共に解決される民族統一の瞬に殘された相和の建設を民族の發展的果實として受けようとした。李承晩大統領以下韓國の指導者達は常に愛族的理念の下に血氣盛んな青年を誡め平和と建設を論じていたのであつたにも不拘して北鮮共産黨至上主義者達は武力を以つて侵犯し來り殺戮と破壞を恣にしたのである。これは明らかに國際共産黨の反帝鬪爭の一環性に依る指令に基くものであつて彼等は例へ口に朝鮮語を話し身に白衣を纏うといえども國土を慈しみ民族を愛する一片の民族感情をも持たない赤色帝國主義者達の便衣姿以外にあり得ないものである。

見よ！　この便衣强盜の白晝の放火の結果を、そして血に飢えた彼等殺人鬼の銃劍の赴くところを！　戰鬪は次第に南へ擴り營々として我等の祖先の營める豐土は化して焦土となり無垢の民衆は爲めに飢え彷う群となつたのである、そして日々刻々に倒れ行く彼我の青年等は民族發興の明日の爲めの榮譽ある役を果すことなく空しくも青志を呑んでその血は焦土を濡すのみとなつた。

誰が罪することぞ！　それは汝北鮮共産黨至上主義者である。

愚かの限りかな！　汝赤色帝國主義手先共よ、民族的自主精神に缺け事大主義に盲目となりその情勢分析は希望的觀察に充ちもつて騎虎の勢のあまりはクレムリンの思う壺に嵌つた流血の役を演ずる醜となり終つたのである。そして事態の趨勢をも辨えず八月三十一日までには國連軍をしてダンケルクの再演に陷れると豪語し絕望的な人海戰術を以つて再愚を敢てなし强迫と督戰に依つて貴き我が若い民族の花を近代武器の試驗臺に供しつゝあるのである。

軈て民族の審判の下りる日の近きを悟らねばならない汝等は萬死を以つてしても尙贖い切れぬ民族反逆者の名を永遠に歷史に記せられるだろうことを銘記すべきである。

二、我等何を爲すべきか

今やこの犯罪的に强いられた戰に依つて祖國はその十三分の二弱を殘して焦土化し一千萬以上の大衆は戰災者となり流浪する憂目を見るようになつた。今より先忠勇なる韓國軍と世界平和の十字軍たる國連軍の失回地復の戰いの野には更に多くの我民族の血を流すことであろうと共に衣食住なき戰災を蒙る民の數も又增して行くであろう、思へば斷腸血涙の限りではある。然しこれは眼を蔽うことの出來ない冷嚴なる現實である。我が民族に與へる天の試鍊と思わねばならない。困難は介人を鍛へ社會を淨化發展し民族を榮華へ導くものである。眞實の解放と獨立を勝ち得る爲めの嚴しくも貴き犧牲と思わねばならない。天は自ら助ける者に幸するのである。我が韓民族は擧つてこの困難なる試鍊に打ち勝ち明日の榮華を戰い取らねばならないのである。民族永劫の平和と繁榮を戰い取る爲め我等は何を爲すべきか？　は今日生を祖國疆土に受け同一の運命にその生死を俱にする我が民族の一人々々が當面せる最大の課題である。

北鮮の指導者に若し一片の愛土愛族の精神が殘つているものなら今や情勢を再分析し矛を收めその罪を天下に謝し審判を待つべきことであり、共産軍の前線に戰う兵士はその指導者の欺瞞を悟り北鮮の勝利は民族と祖國を赤色帝國主義に貢り渡す結果にしかならないことを知ると共にその銃劍の先を百八十度に廻さねばならないことである。韓國の一人一人はその勝利の爲め軍人は死を以つて戰うことであり政客、當局者、要路人は過去に對する嚴しき自己反省の下に心氣一轉己れを無にして國家の爲め奮鬪すべきであり、外地に在留する僑胞は祖國の復興の爲めその意を鍊り力を貯め奉仕の時を期すると共に戰災民衆の援護の爲め最善を盡すべきこと等々であろう、實にこの戰災援護事業は祖國復興の爲めの第一義事であつて戰災に依る民衆の當面の窮狀を救い以つて心身の安定を取り戻し明日の祖國復興の戰士となるようにしなければならないのである。若しこの戰災大衆の援護に關して萬全の施策と實踐とを以つてしない限りに於てはその結果するところ戰爭に勝利し政治と思想に敗北を喫することとなきを保し難いのである。貧困は常識を不健全化し事態を曲視する卑屈懷疑の情を育ませるものである。共産主義は常にこれ等を溫床として發展しこれ等の味方に依つて破壞の基盤となすのである。故に誠實なる援護事業の發展なくしては赤魔の爆動に依る戰いの繰返しに依つて民族の平和と繁榮を保し難い事は三八度線を放置する結果と何等の變りがないのである。

三、援護の性格と方法

戰勝後の我國土は世界に未だ曾つて見ない程の破壞と混雜が殘るものと思う。中國やギリシヤの內戰はその樣相に於て感情的な馴合いの氣がありその人的損傷も物的破壞も致命的なものでなかつた。それ故に復興と戰災援護問題は決定的な主要命題とはならなかつた。然し我が祖國の共産軍に對する戰いは民族的馴合いの感情的なものがなく不倶戴天の仇敵に對する如き樣相を呈し、而もその使用するところの武器は過去の幾多の戰爭に依つて發達しきつた精銳なる性能を誇るものであつて世界兩陣營の代表的國家の所產のものであり尙且つ疆士に愛着を期待し得ない外國軍に依つて助戰された故に我等の想像も及ばないものがあると覺悟しなければならないと思う。無論國家は擧げて戰後の機能復活と國土復興と戰災に依る難民の援護の爲め最大最善の施策をもつて臨み實踐するであろうことを我等は期待するけれどもこれ等は廣義な面であり後日論ずべき點であるが今日の直面せる現實とこれより大攻勢に依つて發生するところの罹災同胞に對しその狹義的援護を如何にすべきかを考えねばならない、そしてその結論を追い實踐せねばならないのである。

我等は今より先尙困難なる戰いを要しその最短距離の道標を進むとしても來年春頃ようやくその勝利を得るものと思わねばならない、されば麥と稻の收穫もない戰災民衆は荒凉たる焦土の上に嚴寒の冬を迎へ饑餓と貧困に喘ぐことになり、不潔と榮養失調の爲めに流疫や疾病は猖ケツして更にその悲慘の度を增すことであろう、これ等の具體的事實に兆して如何に援護の手を差し延べるべきかを考えねばならない。既に世界の同情は集り國際的救援機關も動きその成果の見るべきものがあるとはいえ九牛の一毛にしかならないものと思われる。外地に在留する僑胞の數に於てその冠たる存在は日本に於ける僑胞であり、その次ぎがアメリカであろう。公式國際機關に依る救援の外にその在留する現地に於て祖國の戰災に對する援護に關し最善の努力をする必要があるのである。各々その現地の政治及び社會狀勢に應じ具體的方法を案出して日常生活必需物資、醫療品、簡易なる住居資材等を可能な限り多量を獲得して祖國に發達し人の情の溫かさに潤う樣にしなければならないのである。そして援護事業の一つとしての診療機關を編成派遣する必要があるのである。

外地在留僑胞の各々はその赤心の發露を集結し同胞援護に積極協力すべきことは[illegible]ものであろう。要は巨額の資金を捻出することであるが[illegible]本國民やアメリカ國民の同情にすがらなければならな[illegible]や民主陣營の親近に訴へ[illegible]彼等が自ら動き自ら運動を展開して現れるようにする爲め我等は[illegible]努力をせねばならない。そして我等の[illegible]あるべきもので[illegible]て熱情と赤誠の[illegible]功名的な[illegible]はならないのである。

——在日同胞の慰問品造り光景——

大韓民國居留民團北海道本部

團長　金斗英

韓日新報貴下

貴紙へ除名處分者記載依賴に關する件

首題の件は八月十四日道本部非常對策委員會及常任執行委員會に於て左記四名を除名處分する。

役員名	氏名	年令
民生局長	朴準龍	三二
監察局長兼企畫室長	金根學	四九
企畫委員	金鏞麟	二七
札幌東部北部副團長	辛道元	四二

理由

團務に不誠意と本團威嚴上不遜なる流言を以て分裂工作を策動し、[illegible]して暴力行爲をなしたる事實

以上

追而

右者四人は[illegible]民團內部[illegible]に對する國連、特に米軍の武力援助を非難し事實無根を流布して[illegible]動す。

この處分は米軍當局より數次の要請あり故に是非共貴紙に記載方を[illegible]のです。

純東洋的醫術と　最高漢藥

三靈堂無病長生會

會長漢方醫　金鐘英

東京都港區芝伊皿子町2　電(45)1229番

省線品川驛・都電伊皿子際下車

先づ健康體より　世上万事は

戰災同胞救援活動 着々と成果擧る

民團東京本部主催で韓國戰災民救護街頭募金が十七日より開始するということは既報した通りであるが、果して十七日を期して東京全都五十餘ケ所にて行動を開始した。

なにしろ宣傳がいきとどいていないので五十ケ所とはいえ賑やかなところに十名位が旗一本や二本をたてて立つてどんなに大きく叫んだところで殆んど氣がつかない儘に素通りする場合が多く成績は概して思いらしい。

陣頭に立つた責任者は勿論婦人子供に到るまで戰災の苦しみは骨身に滲みこまれ募金活動は涙ぐましい程悲壯な張り切りようでメガホンを持つて二・三時間で聲がつぶれるという始末である。

日本においても終戰後色々な募金が街頭にておこなわれたが國連旗と太極旗が斯る平和運動に直接街頭に進出したのは始めてのことでもあるので見る人々の胸に打つものも大きいらしい。記者は全部に亘つて募金箱を追つて成績と募金運動の反響を見ることにした。

本國動亂發生後救援金募集は今度が初めてであるが、舊朝連側では反亂軍の結成の利をかさにして一般同胞の家庭を訪問し戰災民救護の美名を盜用して金品は勿論食糧道具にいたる迄大々的募集運動を時には威脅時には脅をきかせ、時には學童を利用してくどき落し術等で一般同胞から大變な非難を受けている。募金運動が始まつて幾日にもならないのに既に妨害戰術で色々な策動をしその去就も注目されるものがありそれ等の妨害が街頭にはどんな形に現われるかは注目に値する。

荒川支部の募金振り

記者は斯る空氣とにらみ合せで交通の本據である

荒川地區を訪問した

が民團事務所には留守番だけ殘して既に街頭に進出した後であつた。荒川地區は貧民窟で有名であり繁華街と名のつくところはないし交通網も都電と社線が一本通るのみで日暮里三河島より上野、淺草迄進出したとのことである。

記者は先づ其の活躍振りの狀況を觀察すべく、驛を地下鐵で上野公園出口に出ると、居る!! 省線入口の前に、一二三……全員十一名の募金組が、國連旗と韓國旗を入れた大きな旗、募金函、メガホンを各々持つて、幹部の安氏と婦人會長の許さんの統卒の下に全員汗だくでやつて居た。

記者の御苦勞樣の挨拶に皆はほゝ笑んで與れて頼もしかつた。

通る人の大部分は機械的に國連旗、太極旗を入れた大旗に、募金函、協力を乞う少女の組の顔に目を寄せた。

ふと、貧困者身なりの奥さんが拾圓札二枚を入れる時に氣付いた。

すぐ後を追いかけて「一寸失禮しますが…」と記者の聲に婦人は困惑の態で立ちどまつた。「どう云う心境で募金に應じたのですか？」

「私も苦い戰災の經驗者です。戰災者程可哀相な人は居りません、一日も早く救けなくては…」と恥かしそうにやつとの思いで言い終つたらしく下をうつむいた。

何時の間にか荒川支部團長李壽成氏が募金箱のそばで汗をふき乍ら立つて居るので「一日の募金額は」ときいて見た……「まあ――惡い日で三千圓を下らないですよ」

「一募金運動の費用は」「勿論支部と各自の負擔ですよ」

募金班の方は七歲から十五歲迄の少女でどの顏も皆つかれて青い顏だが熱火の如く協力を乞う姿は本當に殺ぐましい、特に目立つのは當年七歲の李成花という少女であるが募金始まつて以來一日も缺かさぬ熱心振りで年上の子供達もまける位の張り切りを見せている。

品川支部の街頭募金

杉並支部

舊朝連赤色分子の最も多い杉並支部の闘爭振りも、東京管內に於ても其の强力さを稱讚されて居り、募金開始以來地理的に全くの片田舍であるし、一番不利な場所を受け持つて居て一方ならぬ苦闘をして居るが金團長と玄副團長の犧牲的な活動で、毎日午前、午後の二班に分け一班十名の割で午前組は朝九時――十二時午後組は四時――七時阿佐ケ谷、高圓寺、西荻の各驛で募金を行つて居るが記者の訪れた所は阿佐ケ谷驛だつた。

電車を降りると東出口の方でやつて居るのが見えた。此所は又皆が少年である十歲――十五歲迄だろう。

戰災民、職工風の人達が二、三拾圓ずつ入れて行く。又子供達が婦人の方が多い。紳士風の通行はたまに見られるが此れ又無關心振りである。

旗を見て顏色を變えて、通る者が多分に居る。共產分子らしい。話に依ると此所に於ても彼等の妨害が非常に多いとの事である。

中央連合支部地區

中央連合地區は荒川支部とは正反對に東京中でも一番の繁華街が主であり、銀座、日本橋、丸の內を中心としている。斯る地區を背負つているだけ支部隊長李潤烱氏の張り切り方にも驚く程である。

一班十餘名にして最も賑やかなところを選んでやつているとのことであるが記者が訪れたところは丁度銀座四丁目角駐日代表部前で男女八名が、團長と混つて「お願いします」と叫んでいた。

ここはあまり繁雜してどんなに大きく叫んでもききとれないので案外素通りになるのが多いとのことである。

いれる數は他地區よりも尠ない位であるがいれる額は多いといへる、百圓札もたまたま見られるし昨日は進駐軍將校が千圓札を入れたとのことである。

一日どの位いですかというと

平均三千圓位いであるといいながら一般日本人の協力が想像以下でなんとか宣傳してもすこしは協力があつて望ましいとのことである。

港支部の募金狀況

港支部では募金開始以來團長以下各幹部總出動で全力を擧げての活躍振りで募金成績都內一位を占めて居り特に婦人子供の活躍が目覺ましい。

朝九時より午後七時迄休まずやつて居り主に商人の出入の多い新橋と有樂町驛田町驛、虎ノ門等の地區で行つて居るが、記者の訪れた所は有樂町驛であつた。省線の南口に出ると各入口のいたる所に四、五名ずつが一班に成つて、やつて居る、中央連合支部の募金班も來て居てここだけはかなりにぎやかであつた。

往來する人達は主に商人風、紳士、サラリーマン風が多く商人風の拾圓組が多い特に同胞達の二、三〇圓組と百圓組が多少ある。ふと同胞らしい中年紳士の百圓札を入れるのに氣が付き記者は「此の運動をどう思いになりますか？」……と質問した。

「同胞團體として今度の樣な美擧は始めての事で私自身が救われる思いです。實に感謝して居ります」と緊張の面持ちで答えた。

記者は團長さんをさがしたが見えない。港支部の常任委員の書氏にたずねる事にした。

「成果は何うですか？」

「先ずですね、港支部內の一般同胞の團體に對する協力心が目覺めた所が一番心强く思うし、募金の成果よりも宣傳效果が大であり一般日本人に對して韓國人のあり方を非常に認識普及が出來ましたよ」

「一日の募金額は？」

「普通三・四・五千圓位ですよ？」

ふとあたりを見廻すと少年少女數名がお辨當を食べて居る。又御婦人が幼兒にお乳をのまして居り皆出勤する時各自辨當持參で交代で食べると云う徹底ぶりであつた。

品川支部の活動情況

東京都の南西部に位置する品川支部は開戰以來の猛烈な活躍振りは我が民族陣營の爲冠と言えよう救護募金以來崔團長以下各幹部並に青年層を總動員して、品川、五反田、武藏野、大井の各驛前で巡回募金を行いあらゆる惡條件を克服し敢然たる活躍をして居る有樣であるが記者は其の管下の五反田驛を訪ねた。

驛の改札口を出るとすぐそこの方で、大人の少女達が旗、募金函、メガホンを各々持つて橫隊で並んで居る。記者をつかまえてお願いしますと、すがりつくのには本當に苦笑した、間も無く崔團長以下三名の幹部が自轉車で來た。

時折電車が着いたのだろうどつと人波が驛前を溢れる、大部分が中流以下の人達で十圓札をたまに入れて行く、身なり貧しい人が多く入れるのはどこも共通しているらしいが彼等も戰災者だろうと思つた。

間もなく同胞らしい人が前を通り乍ら旗を見ても喰い付き相な顏付でにらみ乍ら通つて行く、おそらく共產系だろうと想い記者は其の人に質問した。

韓國語で「此の運動を何う思いますか？」…「此んな事は必要無い賣國奴のやつてる事でろくでもない」と喰いつきそうな顏付できだした。

「戰災者救援募金です？」

「何んの戰災者か皆賣國奴の集りじやないかもう賣國奴とは何にも語らない」と捨ぜりふを吐いて逃げて行つた。戰災民を救う事を賣國奴と罵る彼にも良心に負けるであろう。可哀想なあわれむ可き同胞だと心から悲しい想いだつた。

「一日の募金額は？」

「此所は貳千圓を一寸越えますよ」とのこと。

侵略軍の士氣地に墜ち 集團的投降者激增す！

新編成部隊の殆んどが南韓地區で狩り集めた雜兵と少年兵で督戰隊に依つて投降を監視している。（寫眞は＝戰線で活躍する韓國兵）

時を稼ぐため撤退撤退を重ねて最後の防禦陣地ともいへる大邱――馬山線まで撤退した國連軍と國軍は去る十六日B29大編隊による倭館爆擊を契機として戰況は第二段階にはいり反擊態勢を整えつつあることを明らかにした。反亂軍は致命的損傷を蒙りながらも反擊を試みるべく大部隊を再編成し第一線の狀況は樂觀を許さないと各通信は報道しており臨時首都を大邱より釜山に移轉する等やはり憂しいものがあることを認めなければならない。しかしながらその後の戰況は反亂軍の均整が破れ士氣もまつたく地に墜ちて集團的に投降して來るものが多いばかりでなく投降者や捕虜達によつて反亂軍の混亂ぶりもあきらかになつている。

丁度B29倭館爆擊直前に從軍カメラマンとして歸國した李芳寧氏が二週間に亘つて前線一帶を觀察して戾つて來たので氏より本國の戰況と銃後の情勢を聞いて見ることにした。

問 大體どの方面を廻つて見ましたか、

答 今度前線に行つたのは撮影するのが目的でなく撮影する準備の必要で狀況を見に行つたので馬山地區を始め浦項まで前線一帶全部を廻つて見ました。

問 前線に亘つて一番印象深く想像したよりも慘めであつたところはどこだつたのですか、

答 どこの戰線もその攻防戰が繰り返しているせいか慘な點においては同じ位である。だが浦項に行つたのが五日間反亂軍に占領された後奪回した八時間後に着きましたが浦項に着いた時は未だに硝煙が消えていないし路上には炎焼を續けていた。浦項全體の三分之一以上の住宅が破壞されており、殘りも滿足なのは一軒もなかつた。

問 軍人でなく一般住民の狀況は、

答 一般住民達の狀況は全然分らない、なにしろ前線には幾十里を步いても一人も見えないし農作物も雜草と一緒にのびているし果樹園にも主人もなく野營している軍人達が食後の味を無償で提供している仕末である。無論軍人以外の死傷者は見當らなかつた。

問 一般避難民の狀況と民心は、

答 避難の狀況は直接見る事が出來ないが前線からずつと離れた地區や河川の近處に集團的野宿に等しい生活をしている。彼等のいうところに依れば山にはゲリラ部隊が何時やるか知れないから行かれないとのことである。

問 避難民の生活は、

答 避難民の生活はまつたく慘めなもので二日や三日目に一食喰うという場合すらそう珍らしくもない。だが民心は至極平隱で一刻でも早く國軍が全土を鎭壓することを願つている。

問 避難民援護活動は！

答 避難民自體がまつたく自主的になすだけで政府でもその動向すら知ることが甚だ難しい狀況にある。避難民達も何時戰場になるかも知れない地區にいるだけに一日でも落ち着いた氣分ではいられない。唯國軍が奪回したことを知ると、ぼつぼつ歸つて來るらしい。

松の木に足を縛られた少年兵

問 前線に行つて一番强く受けた印象は。

答 反亂軍の戰術がどんなに慘虐であるかを知ることが出來た。人海戰術なる言葉を聞いたが人海戰術よりももつと酷い事實がいくらもある。十五・六歲位の少年兵が足を松の木に縛られた儘死んでいるのを見た。それは逃がさないため督戰部隊だけじやどうにもならないので足を縛りつけて標的たらしめていたらしい。

問 投降兵は！

答 現在の反亂軍は反亂當時の士氣も人員もなく現在は南韓で狩り集めた者が大多數で兵器の操作すら出來ない。唯督戰隊に威迫されて前線に出されているだけで督戰隊の目さへ盜めば何時でも逃げて來る。

社告

從來韓日新報は在日大韓民國居留民團東京本部機關紙「東民時報」を改名して發行されたものでしたが、其の間幾多の困難を克服して發刊を維持して來たものの、此度いろいろな事情により東京本部から分離してこれを獨立することにしました。勿論前途は多難なることは想像されながら、充分それを覺悟の上で韓日新報社として發足することになりました。居留民團各位の從來に變らぬ御支援は勿論、江湖諸賢の御援助を併せて切望する次第であります。

江戶・趣・味

壽司委託加工

壽司政

店主 崔鍾圭

新宿區戶塚三丁目五高田馬場本通り

電話 九段 (33) 六三一一番

学同ニュース

第六回中央委員會召集

九月八、九兩日

學生同盟創立以來健全なる學生運動を指導して來た學同中央總本部では來る九月八・九兩日間若松町學同中總假事務所會議室で學同名儀變更後第一回目の第六回中央委員會を召集することになつた。

此の度の中央委員會は學同より赤色分子を肅清しての最初のものであるのみならず祖國の青年學徒の奮起活動を要請する歷史上最も切實なる今日、然も學徒義勇軍の出陣も目前に迫つた情勢下で、北は北海道より南は九州に至る七地方より選出された中央委員が一堂に會し當面問題である、義勇軍問題、各地方本部の組織強化、より有機的な連絡獎學問題等々を俎上に開かれる。

今日世間の注目を浴びている學同がその最高機關である中央委員會が重要な議題を持つて然も重大なる時局下に召集されることは、その實務甚大なるものがある。必ず多大な成果を擧げると同時に民族、國家非常時の要望に應へより迅速にして活潑な然もより強力な學生運動を推進するであろう。

來る九月三日
東海本部結成

名古屋を中心とする東海地方の我が民族陣營學生は共產系學生の執拗な謀略と破壞工作に對して勇敢に然も冷靜なる態度で四年間闘い拔いて來た。

外では數に於て優る赤色暴力學生との血みどろの闘爭を、内には内藏する多くの難問題を克服しつゝ、田樂鳳君（名城大學）を先頭として各大學の同窓會の再組織を推進して來たが、今般努力の效を奏し同窓會の再組織も終り久しく同胞間に期待されていた韓國學生同盟東海本部の結成を九月三日に擧げる事になつたことは時局柄特に意義重大なるものがある。

同地方には留學生百五十名内外居るが現在では過半數の學生が熱烈に大韓民國を支持し團結も強く今後の活動に期待する所大なるものがある、尙同日は學同中央總本部より二名特派される事になつている。

韓學同西部本部主催で
非常時局對策協議會開く

去る二十日二十一日兩日に亘つて西部本部主催で中總及び各地方本部、支部代表の參席の下非常時局に處して學生の基本的態度及び其の他の案件を議題に嚴肅に且眞劍に討議して多くの成果を擧げた。

又協議會終了後新世界新聞社主催で在日學生運動に關して紙上座談會がありその席上生活の困窮が學究に致命的な打擊を與へている事及び學同を育成するには一般同胞の絕對なる支援が必要である點等が論議された。

自願兵指導本部設置

動亂發生後在留同胞の間には色々な形にて救國運動として自然發生し現在までに多大な成果を見せているが中にも特に志願兵問題は現在占領下にある外國であるだけに、その取扱上困難な問題であり又本國においても兵隊に對する格別な要請もなかつたので接收の形にて民團を始め各團體で取り扱つて來た程度であつた。確かな情報によれば敵對陣營においてに事前に四千名以上が北鮮に送られており動亂發生後民族陣營の攪亂工作に終止し韓國人登錄問題の時より兵隊を徵發する工作だと逆宣傳しただけその取扱方は愼重を要せざるを得ない問題であつたのである。

民團各地方本部でも斯る敵對陣營の實情を知つているだけ自願熱は激しくなるだけ血盟志願を始め涙ぐましい自々な事實が代表部をして憫ましたが愈々本國動亂も收拾の氣配が明らかになり反擊態勢の整備がなつたので反擊後の焦土地帶と當分の間續く筈のゲリラ部隊に對處する人的必要に事實上迫られていると見え自願兵取扱方は代表部で善處するよう本國での承諾が來たという點は既報した通りである。

代表部では去る三十一日午後一時より民團、韓青、學同より代表を招請し自願兵問題に對する討議をしたが、結局とりあえず自願兵指導本部を設置することに決定した。

自願兵指導本部は現在まで接收した志願兵を適當に導いて事情を參酌し本國に送るまでの間世話する目的で設置するもので場所は韓青新聞社を使用することにした。

責任者は民團中總議長金光男氏で韓青團長曹寧柱氏と適當に相談することにした。

指導本部では色々な混雜を避けるため

施設班、連絡班、統制班經理班の四部署をおき責任者は金光男曹寧柱兩氏に一任するようになつたとのことである。

祖國動亂に活躍
新宿支部

大韓民國居留民團新宿支部は發足以來民團發展に幾多の貢獻をなし特に去年十一月定期總會で團長以下役員を一新陣營を强化して再出發以來韓國人登錄、稅金失業及び貧困者救濟等山積する難問題の對策を考究し着々其の解決を推進中にあり其の活躍が期待されるなお此度の本國動亂勃發に際しては李東聖團長以下役員が陣頭に立ち義勇軍志願者應對、血液獻納、慰問袋製作等に忙殺されている。また韓國戰災民救濟募金には都内随一の繁華街新宿を中心として各要所に團員を配置し優秀な成績を擧げている、特に同團監察局長崔鍾圭氏は家族並びに從業員を總動員し大事な事業もかへりみず街頭に立ち皆樣に呼びかけている、通行中の人人は彼の愛國心に燃える熱烈なかけ聲に感激し募金箱に基金を入れて行く同支部の募金成績は締切後のその總計がみものである。

本國内亂戰によせて

爾來我が祖國は民主々義國家の一員として微力乍ら人類の平和と自由のために不斷の努力を捧げて來たのでありますがこの度魔的な三八度線が癌となつて平和的民族の統一を見ることなく銃火を交じえ同族殺戮の不詳事を惹起したことはその理由と原因の如何を問はず眞に民族的一大悲劇と云わなければなりません。しからばこの樣な民族的恥辱である悲劇を捲き起し世界の平和を破壞せんと企てたのは一體誰でしょうか。

この張本人はコミンフォルムを使嗾する破壞主義ソ連であることは明かで北鮮共產軍はその手先を勤める傀儡に過ぎないのであります。我等はソ連を祖國と叫び、ソ連のためには民族の存在さえも平然として無視する彼等北鮮共產軍をもはや同胞として考へることができないと共に、その背後にあつて侵略の毒牙を磨いているソ連に對して限りない憎惡を感ずるのであります。

北鮮共產軍の不意の侵略戰で我が韓國は俄かに戰亂の修羅場になつて仕舞つた。

彼等共產主義者達は口では平和と自由を叫び、暴力と戰爭に反對しているが、實際は世界の自由と平和を破壞し、人類の自由を蹂躪し剩さへ自己の野望達成のためには暴力による威かくや戰爭の挑發等を常套手段として用いているのであります。一旦彼らに屈服したならば民族は總ての權利を失つて奴隷化し國家はソ連えの隷屬を餘儀なくされて屬領化することは中共、北鮮軍、ソ連其他の衛星國家と稱する東歐諸國の實情が、このことを如實に物語つているのであります。然らば共產徒黨の總本家たるソ連の現狀は果して彼等の憧憬に値する理想鄕でありましようか？ 又韓國の同胞は今どこの民族も曾つて經驗しなかつた同族自身からの慘虐な殺戮に戰い苦しんでいるのであります。事實はツアーの權力がスターリンを頭領とするモスコーの長者共の手に移り、共產黨員と職業軍人が貴族や地主に變つて新しい特權階級の椅子に坐つたと云うまでの話で下層階級の一般人民は相變らず帝制時代に優る共劣らない苛斂誅求の下に呻吟しているのであります。又他國に誇つている、御自慢のソビエート制度は、最初から有名無實の單なる對外宣傳用組織に過ぎず、言論結社の自由その他の基本的人權は肅清される覺悟がなければ人並に主張することさえ許されない極端な獨裁國家が即ち侵略者ソ連の實體なのであります。このことは最後まで思想の自由を護り通してソ連から歸還された引揚者の皆樣が異口同音に語つているところであります。從つて世界各地で蠢動している惡質共產分子徒黨の背後には、必ず世界制覇の野望達成を目論むソ連の少數獨裁者等がその魔手を延しているのであります。勿論北鮮共產軍の此度の侵略行動も決してこの例外ではありません。賢明なる國連當局はこの事實を逸早く看破して北鮮共產軍の行動を全世界人類の平和と自由に對する侵犯行爲と斷定して國連警察軍による軍事裁判を決議し、友邦アメリカを始め民主々義諸國は直ちにこの決議に基いて我が大韓民國の援助と侵略軍打倒の爲に決然立ち上つたのであります。今や我が國大韓民國の後援を正式に表明した國連加盟國は已に五十四ケ國に達し、名實共に正義の軍として彼等侵略軍を絕滅するのも、最早時の問題となつたのであります。

我が大韓民國々民は祖國第一線で勇敢に戰つている韓國軍及び連合國連軍將兵に對して心から感謝の意を表すと共に、我々韓國學徒義勇隊が本國戰場に出戰出來た時には一生懸命に戰い微力乍ら共戰する決意で居ります。

第一線で擊戰中の各將兵の武運長久と韓國勝利の日を祈つて筆を擱きます。

大韓民國萬歲

日本大學政經科三年　郭道容

―韓國軍の臼砲陣地―

戰災同胞救援金
献納者明細表（三）

献金者住所氏名

金額	住所	姓名
三〇〇	東京都江東區深川枝川町一ノ九	朴光浩
一〇〇	〃	金光勳
二〇〇	〃	安致順
二〇〇	〃	吳世煥
三〇〇	〃	車朴石
三〇〇	〃	朴三出
二〇〇	〃	權春波
三〇〇	〃	高五根
四〇〇	〃	田文鎭
三〇〇	〃	任源春
二〇〇	〃	金大昌
五〇〇	〃	裵命萬
一〇〇	〃	劉福龍
二〇〇	〃	朴東基
三〇〇	〃	鄭巡化
五〇〇〇	江東區城東龜戸町	全相裕
三〇〇〇	江東區深川枝川町一ノ九	金目基
三〇〇〇	〃	李熙祥
三〇〇〇	〃	金昌樂
二〇〇〇	〃	鄭容澤
一〇〇〇	〃	尹壽甲
五〇〇	〃	鄭鎰得
五〇〇	〃	金想默
五〇〇	〃	金春好
五〇〇	〃	黄外鎬
三〇〇	〃	崔正龍
二〇〇	〃	金粹年
三〇〇	〃	洪八龍
一〇〇	〃	禹洛圭
三〇〇	〃	卞鳳德
五〇〇	〃	趙斯植
五〇〇	〃	趙斯浩
五〇〇	〃	趙斯勳
五〇〇	〃	金龍鎭
五〇	〃	朴月守
三〇〇	〃	尹德根
三〇〇	〃	金道憲
五〇〇	〃	鄭敬和
一〇〇	〃	金一振
一〇〇〇	〃	金聖千
三〇〇	〃	朴柄俊
三〇〇	〃	金喜吉
三〇〇	〃	崔甲成
三〇〇	〃	金敬昌
一〇〇	〃	李順京
五〇	〃	黄順五
一〇〇	〃	裵鵬權
一〇〇〇	〃	柳大鉉
五〇〇	〃	日本人西仲末吉
三〇〇	〃	〃 佐藤鶴之助
二〇〇	〃	佐藤一家
五〇〇	太田區矢口町一〇六	南炳亨
二〇〇〇	品川區瀧王子町四四〇四	金光淳
二〇〇	大井鐙町三六三〇	金求徹
一〇〇	〃 中延一丁目三四二	朴泰根
二〇〇	品川區豊町三ノ三〇一	兪八奎
三〇〇	〃	金昌植
一〇〇	大井山中町四三五七	崔河變
二〇〇	大井權現町三七一六	權軍五
三〇〇	大田區馬込東二ノ八五七	崔萬泰
五〇〇	品川區豊町二ノ一三九（日本人）	武内辰治
五〇〇	品川區小山六ノ三六九	李幸九
五〇〇	〃 二葉町二ノ四五九	姜相大
三八〇〇	品川區豊町三ノ三〇一	李且範
二〇〇〇	東京都江東區深川高橋三ノ一	金太和
一〇〇〇	〃	文熙根
三〇〇〇	〃 森下町	具磁順
一〇〇〇	〃 高橋三ノ七	金元同
五〇〇	〃	李敬熙
二〇〇	〃	朴東元
二〇〇	〃 白河町	張相律
一〇〇〇	〃	金聖學
二〇〇	〃	鄭道憲
一〇〇	〃	洪性權
一〇〇	〃	金尹首
一〇〇	〃	金龍源
五〇〇	〃	曹京煥
一〇〇	〃	金判吉
五〇〇	〃	吳德津

後記

別掲の社告にもある通り、韓日新報は東京本部から分離して獨立した。別段に多分の準備があつた譯でもなく、何はともあれ當つて砕けろ！で奔命するつもりなのだが、經濟的に人的に不便が多く、編集などに際しては原稿など一々吟味する遑もなかつたので不體裁なものが出來てしまつた。四面の學同版など當初から學同に全面的に解放して活動して貰うつもりであつたが連絡不充分と原稿不備から申譯ないことになつたことをお詫びする。何もかも今後にあることで皆樣の絕大なる御支援をお願いする。

大韓民國居留民團
目黑支部
團長　朴魯楨
副團長　金炳榮
東京都目黑區上目黑六丁目一一三四五
電話（48）四三七八番

協同戰線

發行所
協同戰線社
東京都文京區本鄕 2～4
大韓民國 居留民團 東京本部
編輯兼發行人 丁 贊 鎭
印刷人 東京都 中央區 日本橋 濱町 2～89 日本語字 印刷 K.K
…新聞字法活字研究部 辛 石然

☆ 오 대 강 령 ☆

① 우리는 대한민국의 국시를 준수한다.
② 우리는 재류동포의 민권옹호를 기한다.
③ 우리는 재류동포의 민생안정을 기한다.
④ 우리는 재류동포의 문화향상을 기한다.
⑤ 우리는 세계평화와 국제친선을 기한다.

左翼分子여 過去를 清算하고 自由陣營에 參加하라!!

◎ 民團과 旧朝連의 對立이 날을 거듭하여 심해가고 있는 것을 ◎
◎ 일상 보고 듣는 바다. 이것은 무슨 理由이며 어데서 오는 ◎
◎ 原因일까? 여기에 심심히 생각않을 수 없고 또 究明하지 ◎
◎ 않을 수 없다. 日本이 항복한後에 그야말로 冲天之勢로 朝 ◎
◎ 鮮人聯盟이 조직되여 우리 在日僑胞가 大同단결하야 總力을 ◎
◎ 集結하였던것은 決코 우연한 일이 않이고 또 그 指向해야 ◎
◎ 될 主張과 目標는 오늘날의 이러한 結果를 가져오리라고는 ◎
◎ 眞實로 良心있는 사람으로는 생각지 못하였을 것이었다. ◎
◎ 共産主義者들은 일숙히 同族反目政策으로 大衆우에서 선동했고 ◎
◎ 이 조직을 못하여 자기네들의 조직을 擴張시키였던것이다. ◎
◎ 그러므로 우리는 그들에게 끌려가고 있는 일반민중을 共産 ◎
◎ 主義者라고는 지적하고 싶지 않다. 오래동안 友交를 通한人 ◎
◎ 情과 의리를 끊지못하여 思想이라는 主張보다도 어쩔수없이 ◎
◎ 끌리어가는 心境을 充分히 엿볼수 있다. ◎

眞實한 자유社會에서 平等과 幸福을 누리자

人間으로서 언제나 希願하고 要求하는 것은 自由와 平等일 에서 個個의 幸福을 가지고저 함이 우리들의 本能이고 삶아 가는 사람의 가치 일것이다. 서로 속이고 거짓말하고 利用하는 밑에서는 참된 眞實이 있을 수 없고 억압하고 독재의 強權이 발동하는 곳에 眞正한 自由도 있을 수 없다.

진실한 自由社会를 맛볼수있는곳에서 완전한 平等을 가져올수 있다. 우리는 언제나 진실한 자유사회를 요구해야만한다. 어떠한 理論일지라도 獨裁的 독재사회에는 참된 진실이 없을것이고 따라서 平等과 幸福이 있을 수 없다.

◇ 共産黨은 魔術꾼
그 指導者에 속지마라

공산당의 정책은 魔術꾼과 조금도 다른点이 없다. 그들의 政綱과 선전은 실로 허울좋은 간판을 가지고 대중앞에 나온다. 그러나 실질에 있었어는 그와 정반대의 方法을 제조하고 있다.

가까운 例를 드러보아도 充分히 알수있다. 무식한 大衆들을 動員하여 그 一線에 희생의 役任을 맨들고 實正그指導者는 後方에서 督戰하는 格이다. 남의 희생우에서 자기主張을 貫通하려면「네돈이 내돈이고 내돈이 내돈이다」는 자기본위고 이것이 즉「공산」공산주의라고 할 수 있다.

최근에 川崎方面에서 본일이나 철모르는 어린 女生徒들을 길거리에 내세워서 朝鮮人学校 私立反對運動의 서명운동을하고 있는것을 보았다.

이것은 참으로 야비한 일이라고 않이 할수없고 정정당당한 일이면 자기가 할 일이고 또한 자신이 해야 할 것인데 언제나 그들은 자기의 희생은 어데까지라도 피하고는 남의우에서 공떠는 수작을 한다. 약장사 연설꾼은 약을 파는것이 目的이지 연설하는것이 目的이 않인것과 마찬가지다. 공산주의자는 당홍한 선전으로서 대중의 利益을 위한다는 즉 자기들의 獨裁政治의 政權爭奪이 目的이라고 안할 수 없다.

대중은 그들의 하는 소리가 正當하게 들리는것보다 그들이 하고있는 實態를 모르는 까닭이다.

수백의「스타린」首相은 二十세이나 참신한 지키고있는것은 진실한 大衆우에서 서있는것이 않이고 오직 무서운 독재強權 공산당우에서 서있는 것을 알어야 한다.

民主陣營의 代辯 民團을 育成하자

民團은 어느 한 독재자의 所用機關이 않이다.

가장 넓이 大衆의 意思를 反映시키는 民主陣營의 集結團体이다.

이것은 自由를 사랑하는 사람과 民主政治를 要求하는 사람은 오로지 民團團員일 것이고 團員으로서 행세할 權限과 義務를 가졌다고 볼수있다.

진실한 자유사회를 건설할려면 平等互助의 原則밑에서 万人의 幸福을 가져와야 할 것이다.

그러므로 마음은 공산당지도자들의 甘言利說에 속지 말고 하로바삐 反省하여 지나간 그들의 단순한 정의를 정산하고 自由世界陣營에 參加해야만 한다.

망동공산당지도자 극좌분자들은 일반대중은 걷고 無心的으로 民族과 國家를 忘却하고「크레링」宮의 從卒이되는 것을 반대할줄알며 敢然히 指導할줄 믿는다.

◈ ◈ ◈

民團은 언제나 僑胞들의 中心體요. 總기의 集結体이다.

◈ ◈

在日僑胞의 母体가 되여 우리의 財産과 權利를 擁護하는 同時에 民主主義政治下에 民團을 育成해서 健全한 自由世界 建設에 指向되기를 믿는 바이다.

送年辭

正初에 꾸었던 꿈과 바래고 기둘렀던 希願은 及其也 오지 않고 恨많고 말많고 變動無双한 一九五二年도 바야흐로 지나가려 한다.

赤鬼가 우리조국을 侵犯한지 벌서 三年―

錦山 血海로 우리의 江山은 變容을 하였고 良風 美俗이든 우리生活의 傳統과 倫理와 文化는 근본적으로 파괴가 되어버려 폐허로 化한 내 고향에 내 가족, 내 親知는 어데로 갔는가? 年餘에 亘한 판문점 休전회담도 유엔측은 決死的忍耐와 誠意를 傾到했지만도 何等의 아효가없어 困難무대에서 最終으로 인도대표「메논」씨가 제안한 파멸가능성 있는 妥協案 까지도 역시 소련강도단의 非協助的野慾으로 인하여 片手落花하는 結論을 지으려한다.

한편 우리 在日僑胞에게 死活休戚에 관계가 깊은 韓日会談조차 日本當局의 아직도 옛날이 그리워 그러는지 原子力맞이 不足하여 그러는지 無理解하고 利己一方으로 無誠意非協調로 인하여 수차에 정돈결렬된 뒤로는 아직도 재개의 희망없이 또 한해가 넘게 되니 在日 六十万 僑胞들의 不安한 感情과 心理的動搖야말로 자못 深刻한바가있다.

日本이 강화조약이 체결되여 소위 獨立을 하고난뒤로는 우리가 당하고 있는 유명무실한 일본당국과 관민일반에게서 오는 학압과 천우가 적지않어서 우리의 고통은 날日로 가중하여가고 있다.

◇ ◇ ◇

우리 民團 東京本部는 금년동안 거러 온 발자최를 한번 냉정하게 회고(回顧)하여볼때에 어느정도로 僑胞大衆의 이익과 인권을 위하여 싸워왔오며 활동의 성과를 거더 왔는가?

금년만 하여도 세번이나 전체대회(全体大会)를 열고 결의기관(決議機關)과 집행기관(執行機關)이 바꾸었고 그달그달의 운영상 필요한 경비를 ―民團에 아직 기본 재원이 없음으로― 조달(調達)하느라고 귀중한 시간과 정력을 허비하게되는 관계로 僑胞大衆앞에 뚜렷하게 내여놓을수 있는 구체적성과(具体的成果)가 없이 또 한해를 보내게되니 자책 자괴(自責自愧)의 느낌이 자못 깊다.

◇ ◇ ◇

지난 九月十九日附로 日政當局이 실시한 외국인등록법(外国人登錄法)으로 인하여 복잡곤난한 문제와 이에 관련되여서 일본자처에서 발생되고있는 우리 교포사회(僑胞社会)의 때 안닌 벼락비극을 방지하기 위하여 제약(制約)될 악조건아래에서 미약하나마 가능한 투쟁을 전개해 왔었고 문교대책(文教對策) 조직강화(組織強化) 정보 선전 활동(情報宣傳活動) 세금대책(稅金對策)을 위하여 준비태세(準備態勢)를 확하는등 生死關頭 이나마 운동을 전개하였으나 전부가 오는해의 과제(課題)이다.

◇ ◇

東京본부 자체가 내포하고있는 약점이나 모순이나 산하(傘下)의 各 支部의 인적구성(人的構成)과 조직면(組織面)에의 반성(反省)과 개혁(改革)해야 될 점도 적지않으며 民團運營을 하여 가는데 절대로 필요한 기금 조달하는 방법이나 各 團体와 중첩되는 미묘한 관련에 대하여도 기술적으로 연구해야 될 점도 적지않어서 특히 금후의 우리진영(陣營)의 경제활동(經濟活動)에 대한 중요하고도 곤난한 과제(課題)인가 한다.

◇ ◇

우리의 환경이나 현실은 가혹하다!

◇ ◇

모든 조건과 술을 대여야할 숙제(宿題)는 오는 새해의 우리의 활동을 기다리고 있다.

◉ 豫 告 ◉

趙澤元 舞踊團公演

◇……一九五二年 一月 九日 밤 六時부터
◇……千代田区 神田 共立講堂 에서

☆ 世界的으로 名聲이 높은 우리 舞踊界의 ☆
☆ 第一人者인 趙澤元氏가 明年四月부터 ☆
☆ 三個月間 佛蘭西 巴里에서 公演을 하기 ☆
☆ 爲하여 明年一月下旬에 渡佛하게되었는데 ☆
☆ 特히 東本 會館修理費募金目的을 爲하여 ☆
☆ 贊助公演을 하게 되었읍니다. 團員 여러 ☆
☆ 분의 厚하신 援助 觀覽을 바랍니다. ☆

빨갱이들의 발악을 보라!

소위 민천 외장단의 한사람인 中홍시 金宗衛동은 외국인 등록 갱신의 기회를 이용하야 동포들을 기만할려고 서둘었지만 여지없이 실패하였다.

대중은 점점 현명하게 생장되고 있다.

또 다시 요지음 빨갱이들은 삼년전에 해산당한 조선인 연맹을 재건 할려고 가진 모략과 흉계를 써가며 선동하고있다. 그러나 대중은 부화래동치 않을뿐만 아니라 귀도 기우리지 않는다.

지난 十一月二十日 杉並区제九 조선인 소학교에서 조련결성식을 거행 할려고 P·T·A 회장인 鄭文宗과 학교 교원 趙炳희等이 최후 발악으로 선전 선동하였으나 결과는 사람이 모히지 않었어 류회되고 말었다.

그 원인은 어데 있는가?

빨갱이 늙이 생각하고 있는 것과 같이 언제 까지던지 어리석지는 않다. 민족반 이간시키고 밑도 끝도 없는 모략선전으로 동포를 기만 하고 또 동포를 위하여 싸운다는 탈을 쓰고 사실은 日本共産黨의 앞재비가 되여 날뛰는 매국, 매족 행위를 대중이 너무나 잘 아는 까닭이다.

◎ ◎

모든 현명한 동포들이여!

우리는 조련을 쳐부시고 民團旗아래 튼튼히 뭉쳐야 만 산다.

第四回組織課長會議
大성항리에 擧行

지난 十一月五日 午後二時부터 제四회 민단동본 산하 자지부조직과장 회외가 中野지부 회의실에서 입추의 여지도없이 유집한 가운데 동본 조직부장 홍순 동지의 사회로 막이열렸다.

먼저 中野지부단장 권영섭씨로부터 간단한 인사의 말이있었고 뒤이여 홍순하동자로부터「동본의 현 집행부가 구성된 이후로 이번까지 네번재의 조직과장회의를 갖이게 되었다. 우리는 회외라는 명색에 옮지기는것이 않이고 즉 형식을 벗서나서 진정한 마음으로 어떻게 했으면 동본산하 十八개지부를 건전하게 발전시킬수있는가를 열열히 토의하여 건설적 외견을 토론하는 태도로 이회의를 종결시켜야 한다」는 개회사가 있었고 곧 이여 전번 회의에 삼석지 않은 지부 자 조직과장으로 부터 진심 에서 우러나오는 사과된 자아 비판에 의하야 사과를 구한바 있었다.

다음은 토의사항으로 드러가서 첫재로 中野지부외 조직활동외 과거 현황 또 장래에대한 계획을 중심으로하야 상호 비판한 결과

① 中野支部는 본단조직이 타지부에 비하야 잘되어있다
② 기성조직분야에 대한 전저 향상을위하여 활동방침을 구체화 하다.
③ 미 조직분야에 대한 조직활동의 방침이 철저히 서지 못 하였다.
④ 재건면에 있어서 정년부 부인부의 재조직과 앞으로 독립시킬 것은 하오나 앞으로 자부가 재정활동에 있어서 활선지 않은 지부 자체가 해야 할 것이다.

둘째로 조직운동을 퇴진시키는데 있었어 추후저 연합을 해야할 방침을 연구하는 모둠으로서 조직문제연구위원회를 설치할것을 결정하였는데 이날 선출된 이 위원은 洪性龍 金敎厚 李大熙 [illegible] 劉翁禧 이상五이다.

셋재로 부인부문제가 외론되였는데 신속정확이라는 사무취급원측에서 이탈되는 지부에 대해서는 그 책임이 누구에게 있는가를 구명하야 동본조직부에서 책임을 추궁하기로 결정되였다.

넷재로 기타 사항에 있었어 자지부에서 참고될 외견교환이 더 때롭게 버려저 일층더 이회외를 빛나게하였다. 회외는 오후六時에이르러 막을 닫고 참서 전원은 中野支部의 초대로 영화감상과 즐거운한때를가졌다.

聲 明 書

民族의 피를 지키고 나라를 사랑하는 滿天下의 同胞 앞에 告하노라. 나라를 다시금 파라먹고 民族을 分裂시킬려고 畫策하는 反逆徒輩에 對하야 峻嚴한 審判을 내려 反逆者의 烙印을 찍어라.

親日派들은 一時的인 變身策으로 全民族에 對하야 순종하는 態度를 보였으나 結局은 假面이였다는 것을 自己自身들이 如實히 暴露하고야 말었다.

그들은 機會만 있으면 어떠한 手段方法을 써서라든지 政治的主導權을 掌握하야 다시금 我國民族의 歷史를 反復 할 것을 꿈 꾸고 있다. 즉 日帝時의 代議士로서 民族運動을 彈壓하고 民族을 受難당하게한 某를 主軸으로하야 張世民(一名張在?·日名 和田輝夫) 鄭寅学 (日名 丸山修一, 一心会首領) 盧永九 (鄭寅学의 部下 現銀座에파—르交配人, 日名 光山某) 金判岩 (辯護士로서 赤狗偽造紙幣事件頭目 李觀述을 辯護하다 조끼 日本에 密入國한者) 그리고 團体와 事實을 지닌 幹部數名外에 親日徒黨 多數가 某处에서 數次에 걸처 会合을 갖인結果 某国의 財政的 밑갑에 眩惑되여 親日派의 元兇前代議士某를 主席으로 반드러 所謂 第三勢力을 構成할려고 昨今 猖獗妄動하고있다.

이 策動은 벌서 數年前부터 計劃하고 地下潛行을 하여오면서 具体化를 하기爲하야 機会를 엿보든次에 民團陣營의 結束狀態가 不如意하고 政治的으로는 韓日会談이 中斷된 空白時間에 있었어 某는 前総督政治의 日人要人들과 數次에 걸처 秘密会合을 갖었으며 또 前親徒黨들은 民團 中總團長이 本国에 出張하야 不在한것을 奇貨로삼아 政府的解消라는 美名밑에 民團을 解体한다고 言語道斷의 行爲를 마하는 가진 암약을하는 한편 그들의 同類를 求得하는 手段으로 民團산下에 있는 純眞無垢한 靑年들에게까지 誘惑의 魔手를 버첬다. 이는 大韓民國의 嚴然한 存在를 無視하는 反民族的行爲며 民團의 組織을 破壞함으로 民族分裂을 이르키며 이 混亂을 巧妙하게 利用하야 그들이 꿈꾸는 反動政治勢力을 構成하려는 完全한 政治的 陰謀다. 지난 十二月十一日付로 [illegible] 記者團에 對하야 發表한 談話는 앞이 면 굴욕에 [illegible]없다는 것 然한 因果의 關係로서 如上의 事實이 介在되고 있는것을 證明한다.

우리는 民族的正義感이 命하는 바에 依하야 그들의 所致를 到底히 容納할수 없으며 우리는 民族的大義明分下에서 斷乎코 處斷할것을 聲明한다.

親愛하는 在日六十万同胞들이여! 民族反逆徒輩를 峻嚴한 審判에 依하야 處斷함으로서 民族陣營의 團結을 一層더 緊密히 하며 나가서 우리의 民族國家 大韓民國을 死守하기爲하야 奮闘努力하여 주기를 바란다.

檀紀 四二八五年 十二月 十七日
在日本大韓民国居留民團東京本部

亜細亜團結을 爲하여 日本國民의 反省을 促함!!

◎ 독립의 제일보를 거른 日本은 다시금 화려하였던 군국주의 찾소정 ◎
◎ 재의 옛날의 보금자리를 사모하야 복고의 길을 걷고있다. 재일六十 ◎
◎ 万동포의 대변자로서 민단(民團)은 日本政府와 일본국민에게 告하 ◎
◎ 노라. 周知하는바와 같이 外国人登録更新은 지난 十月 二十八日로서 ◎
◎ 종결되었다. 그간 우리 민단은 日本政府당국에 대하야 다음과 같은 ◎
◎ 各 項目의 요청을 하였다. ◎

인의와 도덕 밑에서 정당한 주장을

① 登録更新에 있어어 世帯主 또는 各地方 民團에서 일괄하야 代理申請을 할수 있도록 하라.

② 太平洋戦争中 強制疎開에 의하야 韓国에 歸国하였다가 다시 日本에 入国한 者에 대해서는 정식으로 동록증을 부여하라

③ 不法入国에 의하야 현재 동록을 갖이지 않은者에 대해서는 韓国動亂, 休戦成立時 까지 잠정적으로 동록을 부여하라.

④ 一九五二年 四月二十八日 以降의 出生児에 대해서는 出生届만으로서 자동적으로 영주권을 부여하라.

⑤ 国籍은 一律的으로 大韓民国으로 하라.

日本국민은 韓國人을 再認識하라

이상의 요청 사항은 너무나 정당한 것이라고 우리는 확신하고 있다. 때 마침 日本共産黨에 충동받어 일본국의 治安을 교란하는 旧朝連系의 좌익분자들의 更新拒否運動이 맹렬하였스므로 민단은 日本政府의 誤解를 사지않도록 신중에 신중을 期하야 온당한 교섭을 수차에 걸쳐 하여왔던것이다.

그러나 일본정부당국은 우리의 요청사항에 대하야 협조할 의사를 조곰도 갖이지않고 일방적으로 거부하여 버렸다.

그러나 우리는 일본의 治安確保에 협조한다는 大局的見地에서 동록갱신에 협력 하도록 傘下各民團에 대하야 指令을 내렸던 것이다.

우리행동에는 시비할바가 조금도 없을 것이다. 여기서 우리는 외국인으로서의 法的地位의 問題에 있어어 論議할 필요가 있다.

우리는 物理的 또는 歴史的宿命에 있었어 수많은 同胞가 日本軍閥의 帝国主義遂行에 무참한 희생을 받었다. 지나간일을 새삼스럽게 論하야 상처입은 옛감정을 소생시킬려고 하는것이 않이고 자기들에게 유리할때는 日本人 이라고 하고 불리할때는 朝鮮人 이라고 헌신짝 취급하듯이 경거망동하는 日本政府의 為政者들의 健忘症的処置에 대하야 엄정한 비판을 하기위한 것이다. 구체적인 례를 들면 태평양전쟁의 전쟁범죄자중에는 당국의 피를 노는 동포가 아직도 巣鴨형무소에 二十數名이 있다.

일본의 자주독립을 계기로하야 우리는 그들의 身分을 석방시킬려고 운동을 이르킨데 대하야 日本最高裁判所는 그들을 日本人이라고 判決을 내리고 석방을 거부하였다.

그러면 法理的으로볼때 종전전부터 일본에 거주하고있는 자는 編入할 여지도 없고 [illegible]國에 의하야 현재 일본에 살고있는자 몰트러가 日本人으로서의 권리가 있는것으로 해석할수있는고로 외국인으로서 登録更新을 強制받을 하등의 의무를 갖이고 있지 않다.

이와같이 司法의 최고기관인 日本最高裁判所는 韓日両国의 国交가 締結되여 있지않는 오늘날 日本에 거주하고있는 우리国民를 一部에 있어어는 日本人으로 取扱하는 法律解釋이 있는 한편 行政面에 있어어는 外国人으로서 동록갱신의 의무 수행을 강요하는 묵과치 못할 모순이 내포되고 있다.

法的 地位 無視하고 當局은 獨善斷行

먼저 언급한 바와 같이 우리는 法的地位가 확립될때 까지는 외국인동록을 할 의무는 있을수 없는 것이다.

그럼에도불구하고 우리가 동록갱신에 협력한 것은 우리가 外国人으로서의 法的地位 속 国籍問題가 確定되였다는 전제밑에서 행해진 행위가 않이다. 다만 日本의 治安유지에 협력한다는 道義観念에서 출발한 것이다.

우리의 法的地位가 不明한存在에 있다는 것은 往年 日本国의 法務総裁 木村氏가 国会에 있었어 言明한바 있었다.

法的으로는 日本人도 않이고 韓国人도 않이라는 애매한 태도를 갖이고 있는 日本政府當局은 너무나 獨善的이며 도에 넘친点이 많은 것이다.

日本政府는 우리들에게 동록 경신을 강제한 반면 이렇다는 外国人으로서의 아무런 대우도 하지 않었다.

특히 昨今에 있었어의 日本政府의 거동을 보라.

우리는 동록없는 者에 대하야 韓国動亂이 휴전성립될때까지 잠정적으로 동록을 부여하라고 간곡히 요청하였던 것이다.

그러나 그들은 가意치 않고 一蹴하여 버렸다. 이는 도리에서 버서난 무리한 요구는 않이다.

隣邦国으로서의 友誼와 비감한 韓国동란에 대한 日本政府의 도의감에 호소한 것이라.

우리 민단은 治安을 자란하며 日本共産黨의 前衛로서 허명 장재세력을 구성하고있는 悪質分子까지 포학하야 옹호하고저 하는 의사는 조곰도 갖이고 있지 않다.

우리의 道義的인 호소는 万人에 리해될수있는 것이다.

의지할 집 없고, 먹을 량식이 없고, 입을 옷 조차 없이 전쟁에 의하야 폐허화한 大地에서 신음하는 隣人의 고통을 전재속에서 소생한 日本国民들은 뼈에 사모처 너무도 잘알 것이다.

昨今 新聞에는 강제송환이라는 말이 류행되고 있는데 그는 반드시 도의에 부합되는것이라고 할수없다.

일본인의 일부에서는 「동록에 협력치 않는 자는 잔소리말고 자기 나라로 도라가라」고 暴言을 토하고 있는데 좀더 깊이 반성할 필요가 있다고 생각한다.

왜냐하면 인간은 현재를 소중히 하야 사라가는 동시에 과거의 역사도 그들 자체의 손으로 생성 발전 시켜 온것을 마시 인식하지 않으면 않될 것이다.

端末的인 언사를 로하기전에 三十六年이라는 기나긴 동안 그네들에게는 밝은 벽이 빛여젔고 우리들에게는 암흑 밖에는 아무것도 없었다.

이 엄연한 사실을 그리고 그 저야할 책임을 잊었는가 묻고 싶다.

우리는 굴욕과 넘내 속에서 영광의 독립의 첫거름을 거른 일본국민에게 충고 하노라! 為政者가 하는 일을 무비판으로 받어드리며 또 이에 부화뇌동 하는 어리석은 국민이 다시 되지 말고 좀더 현명한 국민이 되어야 할 것을 거듭 忠告한다.

日本警察은 또 다시 特高警察의 옛모습 그대로의 형체를 재택하고 있다.

孤獨外策은 민주社會의 禁物

[illegible]야흐로 [illegible]은 동록없는 우리 國民을 검거 하야 강제송환시킬 人員을 擴充하고 [illegible]予算까지 計上하야 全面的으로 [illegible] 민족을 탄압하고 있다.

이것은 장차의 韓日 両国의 外交面에 장해의 防害物을 이루는 외에 아무런 이익도 주지않는 것으로 断言한다.

日本政府의 為政者들이 현재 취하고있는 정책은 그들이 無意識的으로 亜細亜에 있었어 日本의 孤立을 助長시키는 外에 아무 成果도 걷을수 없는 어리석은 外交政策이다.

왜냐하면 亜細亜全地域에 있었어 아무 나라도 일본에게 대하여 호의를 갖이고 있지않다.

그러나 일본은 아세아에서 고립하여서는 생존할수 없을것임으로 성실성의로써 아세아 민족에 대하야 友誼를 개척하도록 새로운 努力이 필요할것이다.

우리 在日 六十万僑胞는 참된 마음으로 日本의 번영과 행복을 위하야 분별없는 日政為政者들의 官僚的 조치를 배격하는 同時에 韓日両民族의 友好的 提携에 의하야 韓日両国의 親善과 世界平和에 공헌하기 위하여 하로속히 韓日会談이 再開되여 両国의 国交가 調整됨에 의하야 우리들의 法的地位를 확립하므로써 近隣者로서의 友誼를 더욱히 두터울것을 원하는 바이다.

過般의 韓日会談의 決裂은 一方的으로 일본정부에 책임이 歸属되는 것으로 앞날의 韓日会談 成立与否는 오로지 日本政府의 태도 여하에 달닌것으로 確信하는 바이다.

내가 본 북선괴뢰의 ☆☆言論政策☆☆

나는 북선괴뢰(北鮮傀儡)의 언론정책을 북에서 남으로 온 사람 북선에서 日本으로 밀항하야 온 자들로 부터 견문한바에 의거해서 나의 주상을 가미하야 쓰려고 하지 않는다.

왜냐하면 나는 짧은 시간이였오나 나 자신이 실제로 북선괴뢰치하의 언론인이였기 때문에 그들의 언론정책에 대한 진상을 엿볼수 있었든 것이다.

그들은 허울 좋게 법령의 조문에는 언론의 자유를 보장한다고 하였오나 그 법령자체가 때성을 기만하는 밀 갑에 지나지 못하는 것이다.

왜냐하면 金日成 자신이 이 법령을 부곡해서해서 악용할수도 있으며 또 없앨수도 있는 까닭이다.

소련과 주구인 金日成도당이 정치적 헤게머니를 잡고 낳어는 공개적 언론은 일절 여압을 당하고 자유비판이란 일절은 종국을 고하였다.

그들은 괴뢰정권의 기관지와 괴뢰정권을 절대적으로 지지하는 정당, 사회단체의 기관지外에는 일절 민간인의 언론기관을 허용치 않었다.

이것은 언론의 강력한 통제와 곧 국가가 만반을 소유하고 전체국민을 맹목적으로 추종케하는 언론국가관리(言論国家管理)를 강행하는 것을 의미하는 것이다.

여기서 우리는 그들이 왜 언론의 자유를 탄압하지 않으면 않되는가 하는것을 구명해볼 필요성을 늦긴다. 계급없는 사회란 허공에 뜬 유토피아향이다.

그들은 계급없는 즉 모든 인민을 착취와 여압에서 해방하는 사회를 건설한다는 기만 정책을 수행하에는 철저로 절대적인 비밀의 보지가 필요하였던 것이다. 그들이 선전, 선동하는 전체가 진리이며 조고마한 허위도 개재되어 있지않다는것을 전체인민에게 이식시키는데 거짓을 은폐, 여멸하는 수단방법으로 취하야진 것이다.

둘째로 그들이 가장 두려워하는것은 소위 그들이 명명하는 반동세력이다.

반동 세력의 조장과 생장은 그들의 새로운 특권계급에 의한 독재정권에 위협을 주는것으로 반동세력을 구축하는데는 일절의 외부와의 통신을 차단하여버리고 전체인민만을 완전히 비밀(秘密)속에 잠기게하고 철의 장막속에 사는자들로 하여금 자유세계(自由世界)의 정치적자유의 의의라든지 또는 정치상의, 자유에 의지하여 옹호된 인권자유의 진상을 리해치 못하게 문자그대로 철의장막속에 인민을 잠가넣고 일절 외국에서 이러나고 있는 소식을 보도하지 않는다.

다만 그들이 찬양하는 소위 소련의 위성국가에서 날조하야 보도되는 소식을 정재적 으로 보도할 뿐이다.

그리고 모든 자유국가에 대해서는 고의적으로 부곡 또는 허위를 조작하야 악질적인 모략선전에 인용하고 있다.

신문(新聞) 급 통신(通信)에 대한 언론통제에 병행하야 민간인의 방송수신까지 완전히 그들의 권력으로 통제하고 있다.

즉 특권계급 않인 보통 민간인은 라디오를 사유재산으로 갖일수 없게 되어있다.

왜냐하면 자유세계의 방송을 인민들이 듣게되면 모든 인민은 인권의 자유에 대한 열렬한 자극을 반게될것이고 나아가서는 해방의 약속이없는 압제의 사회에 있었어 새로운 혁명세력이 양성 될 것임으로 그들은 가혹한 압제의 사회질서를 완전한 통제밑에 유지하기 위하여 인민에 대하야 귀머어리가 될 것을 강요하는것이다.

그들은 언론을 완전히 통제하는 방법으로서 인간성 또는 개성을 표현하는 기사(記事) 회곡(戯曲) 소설(小説) 시(詩) 등은 일절 쓰지 못하게 하며 엄밀한 검열 제도를 채택하고 있다.

한 기자(記者) 또는 소설가 시인 극작가 가 작품을 쓰면 하급(下級)으로 부터 상급(上級) 검열판에 이르기 까지 이중삼중 구준으로 검열을반게 되며 깟닥실수하면 작품에 의한 사상검토까지 반게되니 언론인(言論人)은 모두 위축되여 사물추외저 태도로 주판을 객관을 살니 기사를 쓰는것이 않이고 형식에 맞우어 기계적으로 작품을 만든다.

언론인의 본래의 사명은 사회의 현상을 가장 정확 하게 또 가장 신속하게 보도 하는 동시에 사회 의 폐단을 시정(是正)하기 위하야 가장 예민한 감자파 가장 정신한 양심(良心)으로서 그가 쓰는 작품(作品)을 통해서 만인을 옳은 길로 리-드 하는 리-다-가 되어야 함에도 불구하고 그들은 완전한, 일종의 인생관(人生觀) 속에서 살고 있다.

◎ ◎ ◎

그러나 언론인으로서 양심이 마비 되는 것을 원치않고 자유(自由)를 갈망하는 자들은 북선괴뢰(北鮮傀儡)의 언론탄압(言論弾壓)을 박차고 남으로 남(南)으로 자유(自由)를 찾아 북선(北鮮)에서 가라졌다.

(H)

納税貯蓄組合의 東京連合會結成

지난번 東本会議室에서 都内 各支部 組合有志代議員 六十余名의 參席下에 納税貯蓄組合東京連合会의 結成을 보게 되었다.

本部 民生部長 梁相基氏司会로 開会되여 本部副団長 [illegible]氏를 臨時議長으로 選出하고 連合会組織의 必要性과 運営方針 當面問題에 열렬한 討議를 [illegible] 連合会規約을 通過하고 役員 選擧를 끝마쳤다.

会長 丁[illegible] 副会長 李海룡 [illegible]섭 監事 李寿成 孫安秀 理事는 各支部에서 一名式 十八支部에서 十八名과 其外三名 計 二十一名으로 構成하고 各理事가 選出되여 理事会가 열리게 될때까지 우선 東本民生部에서 執務를 보기로 하였다.

실적이 혁혁한 中野支部

本支部는 久間의 苦闘와 찬란한 歴史를 가지고 있다.

初代 단장 金[illegible]氏로 부터 徐忠臣 韓鍵東 金顯祐 李鍾植 洪賢男 윤두섭氏로 이르러 現在 [illegible]섭氏가 단장으로 任任하고 있다.

支部事務所는 다른支部에 比하여 손색이 없는 훌륭한 建物을 점영하고 있다.

부단장 安德遠 李元道同志는 中心으로 젊은靑年同志들이 每十日에 集会를 열고 조직문제와 民生問題를 熱論하고 日曜日에는 직업別訪問等을 斷行하여 혁혁한 成績을 내고있다고 한다.

團 組織 状況

現在 支部에 거주하고 있는 僑胞의 總人口가 一、三二七名인데 그중 韓国国籍으로 登録된 數는 五〇四名, 朝鮮国籍이 八二三名이다 (이中에는 [illegible] 朝鮮으로 [illegible]한분이 [illegible]數라 한다)

단이중에는 土建業, 빠찡꼬, 砂利業, 飲食業, 古物商, 洋服, 木炭業, 自動車業, 金融業 등의 確実한 事業을 가지고 있는수가 상당히 많다 한다.

青年部가 맹렬히 활동한다고 하는데 [illegible] 團長 및 [illegible] 部長이 中心이되어 中堅幹部 二十名以上의 青年조직을 하고 基金이 五万円이나 積立되었다고 한다.

婦人運動에도 상당히 운동을 전개하고 있다 한다.

厚生事業을 하기위하여 資金이 五万円이나 있었어 婦人들이 동원하여 무어, 마늘, 고초가루等의 物品을 협캐 購入하여 염가로 배급하는等 서로내왕하는 친목된 분위기는 참으로 부러울만하다.

納税組織도 금년 八月에 조직되었는데 현재 조합원이 四十名이나 되며 서로 相互扶助하는 단결정신은 참으로 敬意를 表치 않을수 없다.

團 分團이 九個分團이되여있다

本町通분단 단장 [illegible]섭
昭和通분단 단장 윤두섭
江古田분단 단장 安德遠
前原町분단 단장 金仁幸
天神町분단 단장 윤利錫
野方분단 단장 金孝均
千光前분단 단장 鄭周鎬
上高田분단 단장 [illegible]湖
鷺ノ宮분단 단장 최신찬

信任두터운 澁谷支部

團長 金[illegible]氏는 가장 信望이 두터운것 같다. 副團長 [illegible] [illegible] 兩氏의 絶對的인 援助밑에서 支部運営에 [illegible]한 誠意를 發揮하고 있다.

現在 常任陣은 昼夜를 불구하고 遊説團員 抱拱과 組織強化에 努力을 다하고있고 納税組合運動도 맹렬하다.

管内에 居住하고있는 團員들에게 絶對的인 信任性을 가지고있는것은 과연 오범될 만한 支部다. 무엇이던지 솔선적이고 적극적인 운동 태세를 볼때에 앞으로 큰 成果와 業績이 있을것을 크게 기대되는바이다.

協同戰線

發行所 協同戰線社
東京都文京區本鄕 2~4
大韓民國 居留民團 東京本部
編輯兼發行人 丁贊鎭
印刷人 東京都中央區日本橋濱町 2~89 日本活字鑄造KK
한글新聞字技活字研究部 李石鉉

☆오대강령☆

① 우리는 대한민국의 국시를 준수한다.
② 우리는 재류동포의 민권옹호를 기한다.
③ 우리는 재류동포의 민생안정을 기한다.
④ 우리는 재류동포의 문화향상을 기한다.
⑤ 우리는 세계평화와 국제친선을 기한다.

李承晩大統領訪日

韓민족의精神을직히라!!

지난 正初五日에 日本을 来訪하시였든 李承晩大統領께옵서는 在日同胞의 生活問題에 깊은 関心을 가지시고 各團体代表者들을 引見하시여 여러가지로 저정하시였다.

특히 우리 在日同胞들에게보내온「멧세-지」말씀中에 共産黨과 우리가 싸우려는것은 共産主義를 반대 한다든지 共産黨을 미워해서 싸우는것이 아니고 共産主義者들이 소련을 저의 祖国이라해서 저의祖国의 国權과 国土를 남에게 빌려주고 노예적지위를 자원하는關係로 우리는 우리国家獨立과 민족의 자유를 위해서 목숨을내놓고 싸우는것이니 우리 内地(韓国)에있는 민족은 공산당 선전에 속아서 變할수없이된자와 공산당지도자들의 위협에굴려서 전쟁과 선전하는 小部分外에는 다 단결되여서 變할수없는 決心을가지고 나가는터이므로 世界自由国家들이 우리와 合心해서 韓国統一을위하여 싸우고 있는中이며 우리 實情을 철저히 아는 사람은 우리와같은 步調를 取해서 各各 自己나라안에있는 共産分子와 싸와서 共同安全을 保障하기로 날로 진전되고있는바이니 在日同胞들도 아직도 韓민족의 정신을 가진 여러분은 모두 이目的을 지지해서 各各 自己들의 있는곳에서 이 정신을 지키며 이 정신을 진전시키기 위해서 분투노력해야만 될것이라고 말슴 하시였다.

民族團結에協同하라

東京本部 團長 丁贊鎭 談

都内 五万 團員 諸賢들에게서 物心両面으로 많은 支援을 해주시였는데 무어라 그謝意를 말할수없다.

外国에서 사는 우리 同胞의 地位와 財産을 어떻게하면 完全히 保障할수있을까 唯一 생각하고 努力하는 바다. 各自의 思想과 主張의 見解가 多少差異가 있더라도 민족적 見地에서 우리끼리의 個人的感情을 떠나서 大同團結 해야 하겠는데 自己主張으로서 민족전체의 利益 많은 支援을 바라마지않는다.

◎ 東京本部는 首都에있는고로 政治的으로 重要한 關係上 앞으로는 韓日兩民族의 親善을圖하기兼하여 日本當局者들과 連絡進席會같은 것을 開催해서 意見交換 連絡에 必要條件을 研究하겠다.

할수있는대로 與論界人士들과도 週期的으로 座談会等을 가질 必要도 있겠고 널이 政策을 開催하여 一般에게 公開해보려 入團시킬 생각이다.

◎ 支部와 分團사이에 青年隊를 組織하여 強力한 組織員을 養成하고 連絡의 敏速과 動員의 体制를 세워서 活動의実力을 發揮케 할 것이다.

만일 民團을 비방하거나 모략으로 비난하는 言動을 하는 사람은 誹謗을 糾弾하고 制裁하고 追放할 実力을 確立하겠다.

◎ 組織員은 機動的으로 움직이도록 訓練을 해야하겠다. 定期会合, 報告連絡의 一定化가 되도록하여 上下의 連絡이 充分하도록 하겠다.

◎ 現在 十八支部中에 十五支部가 納税組合이 結成되어있다. 다음의 三支部도 年頭에 結成하도록 推進하고 既成組合員을 널이 加入시켜서 民衆의 負擔과 生活面에 相談役이 되해야 하겠다. 未에 結成을본 納税組合의 事務는 年初理事会를 소집하하고 連絡에대겠다.

◎ 部内에 浮動労動者對策과 無職者, 技術者를 就職을為하여 勞動組合을組織하고 그래서 日本當局과 交渉하여 職業斡旋의 對策을 樹立하는데 各 官工場, 会社, 工事等의 採用可能의 与否를 政治的으로 解決해서 就職採用토록하겠다.

◎ 機関紙「協同戰線」은 本紙로써 四号까지 發刊하고있다 年頭부터는 좀더充実한 内容도 가지기為하여 部数도 増員하고 紙面도 拡大시키겠다. 現在에 三万部인데 독자망을 넓히여 五萬部로 증배하고 經営는 一般購讀者와 特殊購讀者로 区分하여 半額程度는 特殊購読者에 負担을 要하고 其外는 一般과 維収入으로 經營할 予定이다.

機関紙는 우리組織에 重要한 役割을 가지고 있으니 만지 솔직한 독자들의 비판도 해 주시고 많은 支援을 바란다.

◎ 敎育對策委員会를 去般에 召集한바까지 일으켰는데 當時十名의 委員을 指名하였고 앞으로도 委員을 召集하여 對策을 강구케하고 児童敎育에 関한 学校問題와 環在 朝鮮人学校를 民主教育으로 指導하려는 對策等을 樹立해야 하겠으니 広範囲한 發展으로 標準하고 싶다.

◎ 各 支部에서는 于先 児童敎育에 한글 講習会를 準備하는 計이 좋아서 荒川支部에서는 넘말부터 교실과 책상걸상이 完備되여 곧 始作하였는데 이에 收容生이 七十名이나 募集되고 늦어도 一月以内에는 開講할 作定인에 教科書도 東本에서 印刷를 完了하고 기다리고 있다. 다음 準備에 着手된 足立, 世田谷支部가 늦어도 一月以内에 開講이 될 것이다.

◎ 이리하여 今年은 革期的으로 運動을 展開하려고 하오니 團員各自는 망설거리는 기회저 에대한 態度를 一掃하고 민족的上 命令의 ... 에 一致團結도 여러분의 協力과 支援을 바란다.

東本議事會開催

各支部代議員 假政府問題에激憤

지난 一月十五日 東京本部会議室에서 第十七回議事会는 各支部代議員 二十名参集裡에 開催되였다.

田相会民生部長司会로 開会되였다. 順序대로 討議되였다.

議長으로부터 前般 中総團長会에서 重大한 話題를남긴 間에 流布되고있는 소위 假政府問題에 대한 経来과 아울러 앞으로 민족진영 단속에대하여 充分한 對策을 討議해달라는 議案이 있었고 丁贊鎭團長으로부터 李大統領来日과 公給会와 복잡한 여러問題에 對해하여 說明이 있었고 各支部는 一層더 協力하여 東本의 적이를 세워달라는 人事가있었다. 中総組織次長 金今石氏로부터 자세한 인사가 있었고 総括的報告로 드러가 各項目의 報告를 맞었다.

質疑問答에 있어서

▲ 今般에 東本에서 取한態度는 앞으로 어떻게 할 것인가

▲ 이번 議事会에서 강력한 決議를 決定하라

問答을 맞이고 三十分間 休会를 하였다. 一時頃 續会되여 丁團長으로부터 組織強化의 問題에 誠意있는 活動을 論調하고 財政確立에 根本的對策을 討要請하라는 要望의 說明이 있

組織強化問題에

▲ 東本은 여러가지의 問題를 그때그때의 선전에대하여 저절히 지도 지령을 하라.

▲ 常時로 支部의 실정을 보고하고 그외 타개책을 하라.

▲ 무능하고 非活動한 支部를 併合하여 大韓荒台支部로하자.

▲ 臨時로 召集하여 적극적인 지도를 하라.

▲ 지저 民生問題와 関連되는 納税組合을 推進하라.

決議案採決에 드러가서

◎ 地域的으로 協議会를 設置에서 東本이 成案하여 支部主動으로 推進할것. 可決

◎ 今後 組織을 어나하여 或은 기부금等에 있어서 반드시 各支部会員過当할것. …【可決】…

◎ 支部활동이 미약하여 그기능을 發揮못하는 支部에대하여는 직접 東本이 大会를 召集하여 再組織할수 있는 權限을 附与할것. …【可決】…

關하여 떠돌고있는 소위 假政府問題가 討議되자 맹렬한質問과 파져한 論議이 많았다.

▲ 各民團으로부터 자세한 보고가 있은다음

▲ 이번에 東本에서 取한態度를 全面的으로 支持한다.

▲ 東本議事会의 名儀로 聲明書를 公表하자.

▲ 五, 六名의 代表를 本国에 파견하여·本国同胞에게 이에 眞相을 糾明시키라.

▲ 東本의 態度를 確実히 決定하라

▲ 調査委員会를 構成하여 徹底한 對策을 세워라.

이러한 決議이 있은다음에

◎ 東本議事会의 名儀로써 眞相을 本国政府에 報告하는 同時에 在日居留民團에대해 誤解가 없도록 本国派遣委員을 勝長과 團長에게 一任하도록하고 朴鍾教의 움직임에 대한 강력한 반박과 東本에대한 그들의 誣陷과 韓日親善의 基本的觀과 朴에關連하는者 誰何를막론하고 犯罪된 罪状을 要旨로한 聲明을 天下에 公開할것을 可決하였다.

調査委員五名을 選定하고 對策을 樹立하기로 하였다.

聲明書 (第二号)

||소위假政府樹立을策動하는 雜類들에게 警告한다||

우리 大韓民国은 李承晩大統領을 領導者로 뫼시고 建国大綱의 国是를 遵奉하여 光復聖業完遂를 위하여 外로는 赤狗共産徒輩와 民族繁困的으로 死闘를하는中이며 「 」 工는 戰傷修復을위하여 日夜奮闘하는中에있다.

따라서 우리에게는 大韓民国이라는 国家와 政府外에 다른政府가 있을수없고 이外의 政府를 樹立하려는 妄動에對하여서는 斷固히 容認을 할수없으며 이러한 策謀를 하는雜類들은 宜當히 天罰을 加하여야 될 것이다.

그런데 昨冬以来로 우리陣營内에는 소위 假政府樹立 또는第三勢力結成을 꿈꾸는 몇分子의 망영된 策動으로因히여 때아닌 動揺와 疑惑이 떠돌고있어 事実을 모르는 僑胞一般에게 적지않은 不安을 주고 있다.

이 策動은 相當한 根據와 旧 日帝時代의 親日奴僕들의 殘滓勢力과 野合하여가지고 日政要人들과 緊密相通하면서 多額의 金品授受까지하여 日夜로 그들의 策動을 正當化시키고 同志獲得을 위하여 狂奔하는中에있어 昨冬 十二月十二日附로 陳内務部長官이 警告的聲明이 있었고 우리東京本部로서도 民團創立精神을 살리고 立場을 表明할 必要에依하여 昨冬 十二月十七日附로 聲明書를 内外에 發表하였다.

그런데 民團 中総議事会로 傘下 各團体의 連席会議가 있었고 그 席上에서 「新聞에 發表되고 있는 所謂 假政府 운운 하는것은 一種「데마」로 몰리자 이것은 우리민족의 수치임으로……」 一同이 諒解하는 程度로 落着을지였었다.

그러나 우리는 冷靜히 事態를 注視하는一方 슬쩌히 策動主謀者들의 反省과 自覺을 期待하고 있었다.

그럼에도 不拘하고 民主新聞 第三〇号 (一九五三年一月一日發行) 同七日 (號外) 紙上에 이 假政府運動을 合法化시키려는 伏線으로 内外에 聲明을 하였다.

이! 무삼 망영된 所爲인가! 이것이 民團中総의 正統하고 真実한 態度이며 僑胞六十万을 代辯하는 中総当局의 心事인가!

우리는 묻는다.

所謂 假政府樹立運動은 売国 売族하는 天人共怒할 逆族의心思이요 行動이라고 본다. 더구나 主謀者로 推戴하려는 朴狗는 우리 大韓民族으로는 到底히 容納할수없는 売国의 元兇이다.

君等이 아느냐? 朴狗의 正体와 相愛会와 大韓民国의 罪状을!

우리는 이 朴狗의 정체와 그 罪悪系列에 對한 資料를 充分히 갖이고 있어 時期가 오면 發表하겠오나 지금 이 短文聲明書에는 固定하기로하고 左에 소위 假政府 樹立에 関連된 要領만 摘記한다.

一, 朴狗의 勢力으로 六十万同胞로 国家를 形成할수있다.
一, 政府와 같은것을 맨들어 強力한 軍隊도 編成할수 있다.
一, 이 運動에 反對하는者는 武力으로 制裁 할 것이다.
一, 英国政府로부터 韓僑治安費가 每年 十七億圓인데 其中約五分之一인 三億圓을 받어서 僑胞를 彈壓할 特殊隊를 할것

이것이야 말로 共産徒輩以上의 逆族的行為이다. 過去 相愛会 一心会가 日政走狗로 동족 학살을 代行하던것 外에 他意가 없다.

前記 朴狗는 解放後로도 一貫半辭, 国家와 민족앞에 謝罪한바가 없었다. 君等은 冷靜히 生覺하라. 聲明하고 純眞한 愛国僑胞들이 이者들의 策動에 同調할줄 아느냐? 도저들아! 우리 愛国革命先人의 熱血을 또다시 더럽힐느냐!

君等은 注意하여라. 아직 僑胞六十万中에는 이러한 勢力이나 誘惑에 屈服하지않을 韓人이 泰山같이 있다. 万一 韓人이 一人도 없을지대 길거리 동맹이가 니히들의 頭骨을 粉砕하리라!

一, 大韓民国萬歳!
一, 在日本大韓民国居留民團萬歲!

단기 四二八六年 一月 八日

在日本 大韓民国 居留民團 東京本部

民團이今后指向할길 ①

日本全国에 散布되여 居住하고있는 昨日 六十万同胞中에는 民團이란 무엇을 하는 團体이며 또는 民團과 僑胞와는 어떠한 關係에 있는지를 아직까지 알지못하는者가 大部分이다.

그理由로서 六十万이라는 적지않은 거혜가 살고있으며 맞당히 民團傘下에 굳게 結束되여야 함에도 不拘하고 極少部分의 사람밖에는 結合되지않고 있는것이 이를 如実히 証明하고 있는 것이다.

그 原因이 奈邊에 있는가를 낱낱이 드러 본 다면 「적재된」 사람이라는 것은 現実에서만 살고있는것이 않이고 過去와 現実을 基盤으로하여 永遠한 未来에 耳하야 사는것이니 사람은 오날의 現実에 處現하는同時에 옛을 回顧하야 過去와 現実을 比較批判함으로서 未来에 있었어 指向할 길을 發見할려고하는 習慣이 있음으로 아무런 思想과主義의 体系를 갖이지못한 사람일지라도 과거의 朝鮮人團體은 이렇게 일을 하여왔는데 民團은 이렇다고 比較批判하는것이 例事이다.

群衆의 批判의 決論은 絶對로 民團을 支持하는 群이 않이다 民團自体는 뚜렸한 路線을갖이고 있으면서도 自己스스로가 그路線을 거리가저 못했기때문에 大衆에 대하야 民團은 果然 六十万을 代表하는 機関이라는 인식을 주지못한点이 가장 큰原因의 하나를 이루는것으로서 今더 이原因을 詳細히 分析해본다면 民團初創期에 있었어 幹部들자체가 無能한 남어지 그中 民團을 자기의 栄辯와 個人의 経済的基盤確保에 利用해온 몇몇의 不純한幹部가 있었기때문에 民團은 大衆에대하야 逆効果를 주게된것이다.

그러므로 앞으로 우리民團이 가는 길에 있었어는 大衆으로부터 信望을 받을수 있는者를 指導者로 받들어야 할 것이다 大衆의 信望은 처음부터 얻어지기前에 연어지는 것이 않이고 그가 항상 大衆과 같이 있을수있으며 大衆과 苦楽을갈이 할수있는者라면 大衆의信望우에서 일을 할수가 있는것이다

또 民團자체가 六十万이 共有하는 大衆의 機関이니 만큼 指導層에 있는者들은 大衆의信頼의 基盤우에 서지못하면 民團은 大衆을 이끌려고 努力하기前에 于先 民團内部統一을 為하야 大衆을 背反한 幹部가 있으면 이를 清算하고 自己스사로의 革命을 이르키지 않으면않될것이다. (第五号에續續)

幕

다.

密輸品, 不正品, 闇取引 等이 둘러싸고 天下의 협잡꾼, 사기꾼, 강도, 不良輩들 의 来往에 都心經濟의 動脈을 左右하고있는 거와마찬가지로 近間世間에 物議를 이르키며 世心을 놀내게한 所謂 假政府운운은 実로 重大한 問題가 않일수없다.

이 끔찍한 事実이 어떻게하여 世上에 누설되었는가? 그 真相이 어떤程度에 가있는가? 이黑幕의 진상을 누구나다 궁금히 여이고 있는바이 [illegible]는 수 [illegible] 멀리 本国에 [illegible]가도 波動이 이르려고있다.

黒幕속에서 체면을 걸고있으니 觀客이야 그 영문이 어떻게 되어있는지를 몰르나 엇잿던 第三勢力을 構成하기위하여 움직인 事実은 確然하다.

지난 十一月十七日付로써 發表된 東京本部의 聲明은 断呼히 그 内容을 指摘하엿다.

공산주의를 反對하는것은 물론 누구나 同一한 바로민이만 大韓民国을 반대하는 觀點에서 出發이라하면 그의 根本性格을 追窮하지 않을수 없다.

財政을 맨들기 위하여 演出되는 一種의 喜劇인가?

原来로 売国売族하는 政商輩들은 名誉를 위하여서는 자기 조상도 팔수있고 金銭에 있어서는 本妻라도 버리는 사람들이니 예말에 돈이라면 배속에 든 아이도 나온다는 말이있으니 이것이 그들의 唯一한 処世觀일지도 몰르나 소위 외시중의 指導人士들 까지 고개를 기우리는 것은 참으로 민족正気에 可嘆之事이요 根本性格을 의심 않을수 없다.

어느곳에서 政治資金 三億円이 지출된다하니 이것도 또한 공돈 이라고 너도 나도 하며 파장에 건달꾼 모히드시 이구서 저구석에서 金노다지나 만나갓 처럼 질방으로 골방으로 몰려다니며 쥐도 새도 몰르게 수군거리던 内容은 무엇을 하기위함인가?

正正한 일이라면 天下에 내놓을 일이요 떳떳한 일이라면 누구에게라도 알여야 할 일이거던 무슨 말못할 비밀에 屬하는 것은 위험천만이라 않을수없다.

共産主義란 이렇다

공산주의자(共産主義者)들의 부유은 맑스 엥겔스등이 론한 경제리론만이 아니다. 그학설을 이르는것은 그들의 세계관이며 인생관이다.

이는 공산주의자들로 하여금 전폭적으로 지지케하며 몰생활도 없이 엄밀하게 조직된 공산당 내부에 있어서 목숨이라도 바칠수 있는 군대식협력과 다같은 당원일지라도 특수한임무와 사명을 갖인자에 대해서는 절대적인 헌신을 요구하는 것이다.

공산주의자들 에게는 당에서 결정된 사항 또는 당의 지령등의 당자체의 의사에 비판의 여지도 없이 절대적으로 복종하다는 조직생활의 원측은 가히 침범할수없는 그들의 헌법이다. 그들에게 있어서 전체적인 사회는 그를 구성하는 個体보다 우위에 있으며 전체적인 또는 사회적인 이익을 최고의 가치로 삼는 것이다.

여기에 우리가 살고있는 민주주의사회(民主主義社會)와는 근본적으로 배치되는점이 있는 것이다.

그들은 독일의 일대의 풍운아였든 히틀러와 이태리의 뭇소리니를 팟쇼라고 비난하지마는 실제에 있어서 히틀러 와 뭇소리니 는 스탈린 의 팟쇼모습을 어린애 작난 모양으로 모방 한데 지나지 않은 것이다.

인격(人格)을 최고가치로삼는 자유와 평화의 세계는 스탈린도당의 전체주의적 세계관을 워치안하야 할 것이며 또 절대적으로 배격해야만 할 것이다.

공산주의자들은 그들이 원하는대로 류혈혁명(流血革命)을에 정권을 차지하게되면 그들의 뭉기에 변화가 생기는 것이다.

쏘비에트 정부는 이상주의적인 맑스 의 원리대로 된다면 푸로레타리아 의 예하에 있는 국가로서 계급(階級)이 없어야하며 가장 평화스러워야 할에도 불구 하고 반대로 항상 조전적인 태도를 갖이고 있으며 철의 창막속에 완전히 비밀로 통제된 경찰국가(警察国家)가 되고있으며「계급없는사회」의 전설이 않이고 기술자 전문가, 군인, 행정가 들 로서 구성한 최고 의 특권을 갖인 관료들은 지배계급 으로 삼고 새로운 사회계급을 발전시켰은 것이 소위 그들의 푸로레타리아 혁명이다.

어느 공산주의국가를 막론하고 사실상의 정부인 공산당중앙집행위원회 급 정치국의 권력은 인류의 역사상에 나타난 어느 전제왕국의 그것 보다도 더 절대적인 것이다.

국가가 곧 전체를 소유하고 국민전체를 그들이 뜻하는대로 역사(役使)하는 것이니 국민은 법절에 있어서 오로지 국가에 의지 할 뿐이고 개인의 자유의사에 의한 선택은 도저히 허용 되지 않는 것이다.

국가 아니! 새로운 특권계급의 의사대로 묵묵히 가는날도 오는날도 움지겨야만 하는 것이 공산주의국가 의 국민의 진정한 자태다.

공산주의가 정권을 잡게되면 독재자가 국민 우에 군림하야 비판이라는 것을 일절 허용치 않고 언론(言論)의 자유(自由)는 일절 억압당하고 국민은 일이 있어도 벙어리가 돼야하고 눈이 있어도 봤어도않될 것이며 비록 귀가 있어도 들어서는 않되는 암흑속에 잠겨야 하는 것이다.

공산주의자들은 그들을 반대하는 모든 선량한 시민의 자유와 양심을 강제하기위하여서는 수단과 방법을 가리지않는 것이다.

공산주의자들은 그들의 사업이 완성되기 만 하면 인간의 기본적인 자유는 자연히 소생되는 것이려니 하는 어리석은 생각을 갖이고 있는 것이다.

그러나 공산주의자들이 강제와 기만으로 침쓰튼 사회에는 자유가 생장치 않는 것이다.

쏘비에트의 교육을 받은 공산주의자들에게는 정치적자유의 의의 라든가 정치적자유에 이거한 인권의 자유 또는 言論 出版, 結社의 자유를 도저히 리해 할 수 없을 것이다.

철의 장막속에 잠겨버린 비밀사회 이외의 사회에 대해서는 아무것도 모르는 것이다.

또 알았어도 않될것이고 알을려고 노력하여도 않되는 것이다.

왜나 하면 그들은 영낙없이 「게·페·우」의 제단의 희생이 되고야 마는 까닭이다.

철의 장막의 비밀사회는 인자이 자기로서도 여지할수없는 어떤 권력의 일종을 형성하여 그것이 점점 만연하고 이 만연된 사회상을 그대로 영속시키기 위하야 점차로 더 강한 여압을 가하게 되는 것이다.

공산주의에 대하야 나는 거짓없는 가혹한 사실을 냉연하게 비판할때 공산주의는 그들의 세계관 인생관 에 있어서 근본적으로 자유와 평화와 배치되는 것임으로 인격의 존경을파 인권자유에 대한 진실 한 인도적인 이해가 없음으로 그들의 혁명이라는것은 결국인간의 해방의 약속이 없는 전제주에의한 여압의 새세계에 돌입하게 되는 것이다. 공산주의에 의한 인류의 해방은 있을수없는는 것이다.

사억의 중국인민(中国人民)이 모택동 정권하에 왜 신음하고 있으며 우리빛나는 삼천리강토의 일부인 북한(北韓)이 文字 그대로 지옥이 되여 모두 도탄에서 헤매이고 있는 엄연한 사실이 인민의해방인가 않인가를 비판할때 오로지 민족의 비극을 통탄할 뿐이다.

◎ ◎

우리는 평화와 자유를 애호하려면 단연코 공산주의를 배격해야만 한다.

三億圓은 空돈 일까?

미갈에 물이는 고기가 낚시 돈것을 알며는 그 낚시를 물리가 없다.

日本政府에서 政治資金으로써 一金 三億円也를 준다는 말은 돈을 주는사람의 말이지 돈을받을사람의 생자인지 그 의도가 분명치 않다.

주는편에는 무슨 計策이 있어서 주겠지만 받는편에는 어떻게 하여 이 돈을 갚을것인가? 생자이나하고 받는지 알수가 없다.

이러한 利子없는 돈은 뿌전파에 있는 돈과 같기도 하다 벼락千金이라 痛哭也요 파연 발을나니 空酒라면 十里만라고 자다하니 받기로하나 말할수며니에 구멍이 하도많으니 밑없는 장주리에 호박담기다.

하기는 하겠지 오인젝이 문자로 사랑도 잘고 산다는데 상승된 과거의 솜씨있는 문둥이니 一場取引이야 朝飯事이겠지! 고기도 먹어 본 사람이라야 잘먹는 格式으로 売国 売族도 해 본 者라야 売国商의 看板을 걸수 있을 것이다.

과거 四十年間에 잘때로 잘 다못해 마지막에는 우리의 조상까지 우리의 말까지 外上[illegible]까를 [illegible]한것을 생자하면 과거도 과거거니와 앞으로는 이러한 国商客들의 노름에는 덕어놓고 장단은 칠수없다. 兩班은 굶어도 남에게 [illegible] 않는 法이다. 이는 배곺은것을 좋아 하는 것이 아니다. 오직 人格의 節操를 말하는 것이다. 生日에 잘 먹기위하여 七日饑食은 무리한짓이나. 남의 잔치에 空飯食을 過食하여 자다가 豚싸는 品으로 과히 空[illegible] 注意해야 할 일이다.

협잡꾼 養成所 必至

이러한 外上잡지판에는 어떠한 주정뱅이가 나올는지 알수없다. 原来로 돈있는곳에는 반드시 협잡꾼과 사기꾼이 横行하는 通例이다.

자기의 實力과 勢力은 생자지도않고 空酒에 앉주달라는짓은 結果에 위험하다. 上殿에게 빚지는것은 金力보다도 精神에서오는 奴隷根性이 더 큰것을 알어야 한다.

우리의 權利는 우리의 힘으로 獲得해야하고 우리들의 總力으로써 민족권위를 堅持해야 할 것이다.

우리들은 駐日代表部와 緊密한 連絡밑에서 民團을 強化하고 政治的으로 日政當局과 절충해서 僑胞團体로써 強力히 推進하는데 누구를 막론하고 여기에 協力하고 一致團結케 한다면 않될 理由가 없을 것이다.

三勢力이나 五勢力을 맨드는 精力을 集中 한다면 民團에서 않될 理가 없고 그 眞意如否가 問題일것이지 方法에는 두가지가 있을 수 없다.

日本의 援助眞意라면

日本當局이 民團을 信用치않는다고하면 日本을 위하여 우리나라를 第三国으로 민족正氣를 떠나서 남에게 賣된 性格을 갖이잔많[illegible]가?

우리는 민족正氣가 있는以上 그 大韓民国이 存在하는 以上 여기에 대하여 根本原則이 다를 수가없다.

日本이 民團을 믿지않는다고하면 그러면 共産陣營의 旧朝鮮聯盟을 支持할것인가?

原則的으로 大韓民国과 日本国은 自由陣營의 圏内에 있오면서 相互間에 援助하고 協助하여야함이 當然한 일이다.

日本이 民團을 支持援助하지 않는다는 것은 北鮮도 支持않고 大韓民国도 支持않고 그러면 어메를 支持한단 말인가? 이것은 論理上 있을수 없는 일이다.

第三勢力을 援助할 意圖라면 그 根本意圖가 않이고 민족을 분열 시키는 음모에 갓갑다

日本이 참으로 진실한 友邦親善을 위하여 兩 민족의 存을 策한다면 무엇 보다도 民團을 援助하고 하고 참된 [illegible]国主義에 옹호해 [illegible] 발 [illegible]수 없다. 이는 結果에 있어 不利한 때문이다.

사실은 方法으로써 잘.못하면 협잡꾼과 사기꾼을 제조하고 養成할 것 밖에는 아무것도 없을 것이다.

日本當局이 참으로 好意라면 民團을 中心으로 政治的援助를 加해야 한다.

在日僑胞의 단일단체가 [illegible]게하고 在留六十万이 直接組織에 関連되게하는 方法에 協力하면 될 것이다.

民團이 六十万僑胞를 完全히 組織할수있는 權威가 政治的으로 援助를 받을수있다면 資金은 問題가 아니다.

六十万名에 每月一人當 百円의 團費를 據出하드래도 月額 六千万圓이라는 巨額을 確立할수있다. 이러한 實際的이고 組織的인 完全한 方法을 通치않고 金力으로特殊方法에 集中함은 [illegible] 實施하는 [illegible] 生徒없는學校에 협잡꾼先生養成 [illegible]이 없을 것이다.

民族教育振興에 關하야

地球上에는 枚擧不能한 여러 民族이 있고 그 民族은 文化와 高低에依하야 内容의 単複의 差는 있으나 그民族固有의 民族語와 歴史를 갖이고있어서 自己의 意志를 表示, 傳達, 傳承하고 있다.

各 民族의 言語와 歴史는 特定人의 一時的으로 机上에서 創造한것이 아니고 長期間에 亘한 그 民族의 物心両面生活의 結晶体이며 그 民族精神을 包含하고 있음으로 그 民族構成員으로서는 그것을 理解 修得하는것이 必須 基本條件이다.

如斯한 重大性을 갖이고있는 祖先傳来의 民族語와 그 民族으로서 具備하지 않으면 안될 常識的知識을 外的原因에 依하야 使用, 傳承, 修得의 自由를 剝奪當하야 使用, 傳承, 修得못할 境遇에 遭遇하는것은 그民族의 一大悲劇이며 이 以上의 悲哀가 없을 뿐만아니라 民族的 自覺과 民族精神을 消失하는 結果를 招来하게 된다.

如斯한 理由로서 征服民族이 被征服民族의 民族的自覺 特殊性을 麻痺抹殺하기為하야 그民族語 歴史의使用, 修[illegible] 単語 禁止하는 [illegible] 救하기為하야 犧牲當한 愛族的 有識者와 流血事件도 많이있었다.

民族語 歴史에對한 外的試練 彈壓을 가장 많이 받고 被征服民族의 悲哀와 苦痛을 痛感한 民族은 우리 韓民族이다.

即 約半世紀에 亘한 長期間 日帝의 徹底的인 民族抹殺 愚民教育政策에 依하야 民族語와 民族性 消滅의 危機에 當面하고 民族語 歴史 修得 傳承에 말할수 없는 彈壓과 苦痛을 받었으나 一身의 榮達 犧牲을 不願하는 多数의 愛族的 有識者와 政治的으로는 征服 當해도 精神的으로는 他民族에 同化, 征服을 當치않한 強固한 民族性과 全民族의 愛族精神이 [illegible]援으로 多幸히도 [illegible]

然이나 今日에있어서 日帝의 暴惡한 政策의 影響은 完全히 拂拭消滅했느냐하면 그 余波는 今日까지 影響되고있고 그影響을 가장 많이 받은 最大犧牲者는 在日同胞子弟라고 할수있다.

解放後 八, 九年이된 今日까지 民族語와 祖国에對한 知識은 充分히 成온 全然히 理解修得 못 해서 모든 社会生活에 많은 苦痛과 不便을 받고있는 者가 多数있는것은 否定 못할 現實的問題다.

現状대로 推移放任한다면 當事者 個人立場으로 받은 精神的 苦痛 悲哀와 社会生活上의 不便은 고사하고 國家的立場에서 볼때 多数의 이와같은 青少年이 將来에있어서 血縁的으로는 韓민족이라하되 實際面에 있었어 우리들이 期待 希望할파같은 自他가 認定 할 수있는 真実한 우리国民으로서 成長할수있느냐 없느냐 를 生覺할때 青少年자체는 그래된다고 생자해도 結局 우리들이 기대하는 真実한 韓민족의 一員이 되기 困難하고 本志와 相違되지않으면 안될 結果를 招来하게 될 [illegible]고 생자한다.

勿論 海外国民으로서는 特히 그居留地에서 生活하는데 必要하는 知識도 修得할必要가 있음으로 生活環境을 無視하는 또 排外獨善的 민족教育은 排斥해야되나 獨立国家의 国民으로서 全部가 国語와 祖国에関한 常識的知識을 갖어야 될 것은 當然한 것이며 人類의 現段階에 있어서는 何人도 認定하지않오면 안될 事実이고 国民으로서 當然히 具備하여야 될 지식을 구비못한者가 多数있는것은 민족저 恥辱이며 그責任은 當事者만의 責任이 아니고 전체의責任이다.

민족저責任下에 이 민족저恥[illegible] 一掃하야 獨立国家의 国[illegible]民하야 真実한 國民에 될 수있는 知的要素를 附与하야 민족의 本姿에 還元育成시키는 方法은 生活環境에 適応한 민족 敎育 実施以外에는 없다고 断言해도 過言이 아니라고 할 수있다.

민족敎育은 前述한바와 같이 重大問題인데도 不拘하고 항상 祖国 민족을 力說하고있는 우리 민족陣營에있어서는 卒直히 말合하면 組織的으로 봐서 전체가 너무나 無関心 等閑視했다고 아니할수없는 状態에 있었으나 既往은不問하고 只今부러라도 그重大性을 再認識하고 민족敎育을 받어야될 青少年과 그 父兄 指導層에있는者는 勿論 全同胞가 真摯히 超越하고 民族的으로 合心하야 如何한 悪條件이라도 克服하야 急速히 解決하지않으면 안될問題라고 생자함으로 민족敎育振興에 全同胞의 総力을 集中하도록 要望하는 바이다.

最後에 特히 민족敎育을받을 必要가있는 青少年의 父兄에게 要望하고자 하는것은 여러분이 민족敎育実施振興의 推進母体가 되어야 된다는 것이다.

即 민족陣營에 있어서의 민족敎育不[illegible]은 指導層의 [illegible] 不足等 其他 여러事情이 있고 그責任은 結局 指導層에있오나 卒直히 말合하자면 根本原因은 被教育者側의 熱情不足에 있었다고도 볼수있다. 即 現段階에 있어서의 민족敎育을 받지않으면 안된다는 被敎育者側의 自發的意志가 없는限에는 如何한 妙策도 實冊化할것이고 被敎育者側의 熱情이 先決條件이 되고있으니 여러분의 사랑하는子弟가 將来 現存로서는 到底히 予測할수없는 어떤境遇에 當面할것을 생자해야하고 여러분의 子弟에 對한 민족敎育의 必要性을 재인식하여 민족敎育実施振興의 気運醸成의 原動力이되도록 要望하는 바이다.

被敎育者의 自發的 熱情만 있오면 민족敎育実施의 隘路條件은 能히 克服할수있다고 確信하는 바이다.

東本時報

在日大韓民国居留民団東京本部機関紙
発行所　東京都文京区本郷二ノ四
電話小石川(92)1256・1535
発行人　丁賛鎮

綱領

一、われらは大韓民国の国是を遵守する。
二、われらは在留同胞の民権擁護を期する。
三、われらは在留同胞の民生安定を期する。
四、われらは在留同胞の文化向上を期する。
五、われらは国際親善を期する。

韓國學園設立期成會發足

在留民子弟への民族教育愈々實施へ

先ず東京大阪にモデル校

写真は期成会々場

在日僑胞の十万子弟に、とてつもないお年玉とでも云うか、正月初々、待ちに待つた民族教育を実施するための韓国学園設立期成会が、去る九日午前十一時四十分、中総講堂においてひらかれた。

この日民団は勿論、全国各界代表二百余名を始めとして、代表部から金溶植公使、柳泰夏参事官、崔圭夏総領事の出席を得て、先ず代表部高僑民部長の司会により国民儀礼があつた後、金公使、金載華中総団長の挨拶に続き、金光男中総議長が臨時議長に選らばれ期成会規約審議に入つた。規約審議に先立ち鄭哲氏の超民族的見地から代表部、中総だけがこの学校設立に成をなしている如き印象を与えず根本的にこの問題を考える余地があるとの議論があり、期成会の運営、又はその原動力となるべき諸事項について、意見が交換されたが、結局この教育機関設置は政府及び代表部から、援助を継続し、初期の目的通り全国に完全な教育機関設置を期すことに大体の意見の一致を見て規約審議に入つた。

規約草案が高僑民部長により読み上げられ、各条にわたつて質疑応答があつたが、何等修正もなく通過され、役員選出に入り、議長が指名した。丁賛鎮、沈韓一、高珂基、張聰明、崔仁俊、蔡利植諸氏の詮衡により次の如き役員が選出され午後四時十分に閉会した。

名誉会長　金法麟文教部長官
会長　金溶植
副会長　金載華　柳泰夏
監査　丁賛鎮　崔圭夏
顧問　元心昌　金光男　徐甲虎　全採辰
参与　張聰明　沈韓雄　蔡利植　金柄旭　金乙俊　吳基文　曹寧柱　金基澤　李相悉　高濩基　金在和　吳允合　鄭實鎬　田栄沢　金耶洙　鄭天善　学同代表一名
（順不同）

（写真説明）上より金会長金、柳副会長丁、崔監事

（金溶植公使挨拶）

二世国民の教育問題は吾が国の最も重要な問題であります。特に海外においての子女に対する民族教育は吾が民族の海外発展と深く関連する問題で、現下の急務の一つであります。

今回本国政府の絶大なる指導、賛助と在日僑胞の盛上る力によつて、民族教育機関がこゝに設立される運びに至つたことは、その時期遅しとは云え、このとは誠に劃期的であり、偉大なる成果と云わなければならない。この時に当り在日同胞諸氏は本国々民と国会、政府の要望と期待に沿うべく、一層の努力を傾注することを誓つて、慎重なる討議が行われる様期待すると共に代表部としても最善の協力と努力を惜しまないものであります。

（金載華団長挨拶要旨）

過去民族陣営が共産分子との苛烈な闘争の連続により、日夜子弟の民族教育に心根を砕きながらも、その好機を得ることが出来なかつたことを甚だ遺憾とするものであります。幸い今回本国政府並に国会の御好意に基づき吾が在留民の児童教育機関設置案が可決され、政府予算の一部をさいて明年度から日本全国に教育機関を設置することになつた。先ずその手始めとして今年は東京、大阪にモデル校を設置し、来る四月までに開校の予定の運びになつたことを深く感謝するに共に、本年を「民族教育問題」解決の年として、皆さんの一層の努力と御協力を願つてやみません。

東本屋舎修築三月に完了

年頭支團長会議

東本では五日午後一時、同本部会議室において第四六回緊急支団長会議を開らき、四二八七年度の活動方針を次の如く決定した。

一、東本屋舎修築を三月末日迄に工事完了すること各支部の割当修築基金を早急に納入完了する。

一、組織活動方針、昨年度の活動を回顧するに、大半の支部は大衆に対しての働らきかけが消極であつた、各支部の中堅幹部達が、その運営の缺陥による怠慢あるいは不正があり、大衆に不信をいだかせたことを省みて、各団長自信が陣頭に立ちこれら中堅幹部の再訓練をする。

一、民生問題、既成納税貯蓄組合を積極的に育成し、今尚未設地域には早急に当該組合を設置すべく働らきかけ、この連合会を軌道に乗せる

信用組合の問題は、日を新らたにして討議する

一、文教問題　韓国学園設置にともない教育対策委員会を置き、四月開校を目標に活動を開始する。

一、民衆大会　荒川支部事件は、日政の弾圧であることを対内対外的に知らしめ、抗議する要あるの提案があり、専門委員を選定し同案を一任する。

漢城信用組合の開店もう一息

第47回支團長會議

東本は去る五日の第四六回支団長会議で決定された信用組合問題と、荒川支部事件の件に付き、二十三日午後一時同本部会議室で再び第四七回支団長会議をひらいた。

席上丁団長より、漢城信用組合の育成につき、過去も現在もその主導的な役割をなして来たが、愈々その仕上仕事の段階となつた。この意義ある事業が早急に完遂される様、具体的な討議を要望するとの挨拶があつて後、組合出資金回集に関する問題と、同和信用組合の問題につき次の如き結論を得た。

一、出資金の未収分を二月十日迄に完納する

一、同和信用組合問題は漢城信用組合問題と分離し、来る十日、新たに支団長会議を召集する。

尚荒川支部事件の件に入り、先づ李荒川団長より同事件の真相報告書の朗読があつて、結論として日政のこの様な弾圧は、政治的にも経済的にも重大なることを認め、常任的専門対策委員会を設置して、汎く宣伝抗議するとの決定を行つた

対策委員は次の通り

李寿成　鄭哲　金仁洙　朴弘烈　孫栄秀　梁相基　権寧燮
（順不同）

パンフレット「組織」発行さる

東京本部組織部では旧冬より都内組織課長会議で計画中であつた、パンフレット「組織」一月十五日号を発行して下部の活動家達に重宝がられている。

尚これからも継続発行するが、下部からの活潑な通信活動がなされる様同部では要望している。

世界スピードスケート選手　東本を訪問

世界スピードスケート選手権大会に出場した韓国選手八名（団長安重熙氏）は旧冬二十八日京城を出発して以来、一月十六、七日の札幌大会で優勝は出来なくとも国際親善に多大な成果を上げ、北海道同胞の盛大なる歓迎を受けた。

尚東京後楽園においての国際親善スケート大会にも出場した後、二十三日午後四時雪の中を辛熙氏（在日韓国人体育協会理事）に案内され東京本部を訪問感謝の挨拶を述べた。

出場選手と役員の氏名

監督　安重熙（韓国氷上連盟理事）
主務　李明天（〃）
選手　張英（東国大）
〃　弓益裕（滝山高）
〃　金元徳（成均館大）
〃　張潤植（陸軍憲兵司）
〃　李泰信（通信部）

税務講習會開く

民生部と納貯連合會で

東京本部民生部と、韓人納税貯蓄組合連合会では、二十二日午後二時三十分、東京本部会教室に、国税局下谷税務署所得税課の山田富士男課長と、同第一係長を招き、所得に就いての講習会を開らいた。

同講習会は、各支部の民生課長と、納税貯蓄組合役員二十九名が出席して行われたが、その意図は、各支部管内に設立された納税貯蓄組合が四年にわたり、活発に活動して来たが、未だに大衆のところ迄、徹底した浸透がなされず、納税面においても、書類不備及びその方法違いが続出したので、それを防ぐべく、中堅幹部から具体的な講成を受けさせ、来る確定申告の指導に備えたものである。

尚この日講義が終つてから一般質問に入り、韓国人は本国の動乱による戦災民或は在日同胞の権益を守るための民族団体等に相当額の（見えない負担が課せられている現状に鑑み）当局はこれらに就いて、どの様な控除方法をとるかの質問があつたのに対し、山田課長は非常にむつかしい問題であると云つて確答を避けた。

日共の傭兵ではないと　民戦を脱退

李康勲民戦議長

民戦議長李康勲氏（五二）（東京都杉並区神戸町一三九）は去る十六日民戦を脱退して即日「政治的立場と民族的良心を持つてこれ以上民戦に留ることは出来ない。なぜなら吾々は日共の傭兵ではないからだ」と声明した。

同氏は解放直後、朴烈先生と新朝鮮建設同盟を結成し副委員長に就任、同々盟の発展的解散と同時に在日居留民団を組織して初代団長を務めた。

尚未確実ではあるが李氏の声明を契機に約三百名の青年幹部も脱退したと云われる。

聲明書

李康勲外幾百名の者は、なぜ民戦を脱退したのか？親愛なる在日六十万僑胞の皆さん！吾が民族は、最も困難であり、危殆なる現実に遭遇している。

全民族は、容共か？反共か？両者が相容れられない現実面において、不本意ながら三個星霜にわたり流血の惨劇を継続して来たのである。

前者は階級のない社会を建設すると云う口実の下に勤労大衆を欺瞞し、その犠牲の上に我がもの顔の政治家、政党員、軍人作家、官僚等が新らたなる特権階級を形成し、独裁強権を持つてこれら大衆を、がんじ搦めにし、人類の自由をはく奪して来た。

後者は万民の平等と自由を保障する、民主々義の原則に立つて、民族の団結と正義の為めに献身し、共産主義の侵害と勇敢に闘つている。

韓民族の幸福と発展、団結と統一は、反共主義思想から出発し、滅共が完遂されてこそ、成就されるものと確信するものである。

しかるに彼等共産主義者達は民衆の血と油を搾るだけではあきたらず、国土の沙漠化を行い二百余万の善良なる民衆の生首を、クレムリンなる名の祭壇に供えて来た。且つ日本では六十万僑胞に対し、火炎瓶、人糞瓶投擲、集団襲撃等を破廉恥にも白昼堂々と行つて僑胞の生活と事業をおびやかすのみならず、対外的には民族体面上測り知れない罪悪史の汚点を残して来たこの非道は青天白日下についに暴露されたのである。

祖国に於いて、元は彼等の古巣であつたはづの、共産主義を嫌う数万の捕虜が三ケ月にわたる説得にも拘わらず、全員が韓国市民として自由の身となつた。

一方日本でも、僑胞のみならず、国際的に不信と憎悪の的であつた、民戦が分裂され、今や全民族の峻厳なる批判と、その処断を受けるところとなつた。

今度李康勲の民戦脱退声明は、単なる彼個人の問題ではなく、一時の迷いで我が民族陣営を背信し、民戦に加担した多数人が、新らたなる認識と、喪失された民族正気の覚醒により立ち起つた、共産主義への宣戦布告である。

吾々は、共産分子に指嗾され、軽挙妄動する者と、日政の弾圧下に置かれている六十万僑胞の自活の道を見出す為には、固い団結によりのみ、民族権益を保全出来るものと確信し、共産分子と大衆の完全分離の為め、善策を講究実践し、赤狗の魔手より大衆を救出すべく敢闘して来た。

吾々は斯様な精神に基き固き信念と決意をもつて民戦を脱退した大衆に対し、我が陣営への加入が自由に選択される様、歓迎の雅量をもつて、いつでも彼等を抱擁すべく門戸を開放するものである。

一、解放後民族的に団結した朝連を奪取した者は誰か？　共産党である！
一、在日僑胞の現実を見よ、民族分裂の責任は共産党にある。
一、全在日僑胞は、民団を中心に総集結しよう！
一、全同胞は、一致団結し民族の利益と民権を擁護しよう！
一、在日民族陣営万歳！

一九五四年一月二十一日
東京都文京区本郷二ノ四
在日本大韓民国居留民団東京本部

融資推薦権は民團か
在日同胞企業者に融資對策

民団中総は十五日民団中総会議室において、在日僑胞中小企業者に対する融資対策委員会を開らき、二百万弗の中から先ず五十万弗を融資するに当り協議した結果次の様な結論を見るに至つた。

一、融資対象者の推薦権は民団が持つ
一、融資は今度新設される漢城信用組合を通じて行う
一、韓銀は融資の技術面の責任を負う
一、代表部は総括的監督権を持つ
一、融資を受ける第一条件は韓国々民登録の手続を済ました者に限る
一、左翼系列の勢力の見える組合には融資をしない
一、これを実行する融資対策委員会を設置する
一、前項委員会の構成は代表部一名、韓銀一名、民団三名、但し東京一名、大阪一名、神戸一名づつにして計五名にする
一、委員会は実行方策を協議する

尚この委員の構成は追つて発表する。

全員同和を脱退
出資者全権を漢城に與う

同和信用組合対策委員会では、十八日午後一時、東本会議室に委員十一名と、漢城信用組合の金得済組合長を招き、同和信用組合に出資した民団側組合員の問題につき、次の如き討議を行つた。

先ず丁団長より、漢城信用組合の創立総会が無事終了し、近く開店の運びとなつたことに対し謝辞が述べられ未だに解決を見ぬ、同和信用組合問題の最終結論が出る様充分なる討議を願うとの挨拶があつて後、討議に入り、同和脱退を決定、その方法について民団側出資者の全員は前記解決策を漢城信用組合に委任し、同和に脱退を申し入れ、東京都金融課に関係書類を提出し、法的に行動することを決めた。

大雪警報下に大会
大田支部

関東地方に大雪警報迄出て、東京には三十センチも積つた二十四日午後一時半大田支部では第十一回定期大会を大田区役所支所に於いて開らき、次の様な役員と活動方針を定めた。

この日の大会は雪のせいか集つた大衆はわずか三十名余り、議事進行も一向振わず寒さも厳しくあつてか大会役員を定めるだけで、同四時に終了した。

団長　李万錫
副団長　徐次奎
〃　姜信鳳
議長　呉徳律
副議長　白英基
〃　朴永寅
監察委員　郭鏞河
〃　姜錬

尚大会が終つた後、李団長、徐、姜両副団長は、これからの支部運営につき、今迄は余りにも、不正が多かつた。今日の大会に出席者の少ないのも、実は雪ではなくこの辺にその原因がある。

今度選出された吾々は、商人であつて組織のことゝ来たらずぶの素人である。しかし満期迄には、これあれと沢山の熱を出さずに財政を充実させ、内部の事務を整えて、大衆の信用を挽回するつもりであると語つた。

足立支部総会開く

民団足立支部では七日午後三時より、代議員三十四名(定数五十名)参席の下に第五回臨時総会を開き、次の様な役員改選と討議を行つた。

先ず開会されるや、場内の空気は執行部総辞職に集中され、総括報告の質議もそこそこに討議事項の冒頭にあつた総辞職の理由説明が要求された。

金団長の説明は、"一時帰国と自分の無能力無政策、自己経済難等を前り上げたが、総会は過去の仕事を見ても理由にならぬとして、留任を要請した。しかし全団長の辞意が強固であつたため、改選を行うことが決定され、開票の結果、団長金溶均、副団長金午南、同韓泰変の三氏が改選された。

尚事務部長の認准は三機関に一任することにし、おつて発表する様にした。

同大会に出席した。東京本部梁副団長は大会感想を次の様に述べた。

昨年足立事件であれだけ闘つて来た、同支部の総括報告を見て驚いた。組織性が高められただけでなく、会計の黒字が三万円余りもあると云うことは、未だかつてない好例だと思う。

江東支部の誕生
二十八日に創立総会

城東連合支部江東区深川分団では、立地条件に基き組織活動の機動性を一層迅速化する為め、城東連合支部より分離独立して、新らしい支部を創るべく運動を重ねて来たが、その具体案が作成され、来る二十八日創立総会を開く運びとなつた。

これにつき、東本でも第十四回常任委員会を開らき現在同分団が所属している城東連合支部は墨田、江東江戸川の三区を集めた支部だけに、その管轄区域が余りにも広大である関係上、組織活動に機動性が欠かれていたことを認め、新支部設立に賛同を与えた。

尚東本管下はこれで十九支部と二十分団となる。

幹部の養成に重点
台東支部役員会

民団台東支部では、十二日同支部役員と納税貯蓄組合理事十五名が集り、合同役員会を開き次の如き活動方針を定めた。

支部活動方針、昨年新らたに加入した団員、又入団可能な者に啓蒙を行い、主として事務、連絡等を充実させる。

納税貯蓄組合　管内の納税者も大体は結集されているが、未だに最後の仕上げまでは出来ないまゝである。この欠陥を打破するには先ず活動家を養成することにある。そこで今年は組合活動家養成に重点を置く。

尚全容文専務理事の辞意があつたが前記の活動家養成が出来るまで保留となつた。

金銀永君 玄熙淑嬢 両名の華燭

足立支部団長金溶均氏三男銀永君と、玄君環氏長女熙淑さん両人は、高順欽先生の主礼により、二十四日午前十一時、雪におうわれた足立天理教会堂に於いて盛大な結婚式を挙げた。

豊島連合支部事務所

韓國人戰犯に慰問
豊島連合支部

豊島連合支部では、兼ねてから計画中であつた、管内巣鴨プリズンに、日本帝国主義時代、無理に刈り出され、第二次大戦南方作戦に参加したかどで、所謂戦犯と云う名目で、青春時代を鉄鎖につながれ呻吟中にある、韓国人二十四名を慰安すべく二十日午後六時、同プリズン講堂に、日本人戦犯をふくめた約三百名の参席の下に、映画、舞踊、歌謡等による慰安演芸大会を開き満場の感激を受けた。

この日の出しものは、映画「母の愛」「正義の進撃」「民族舞踊」徐春華、徐英子さん、歌謡、全弘子ちやん等によるもので、特に全弘子(九才)ちやんの歌「トラジ」の時は全員光る眼に涙を潤ませていた。

寄附行為に警告
東本の認可が必要

指示第一二九六号(四二八六年)で伝達したごとく、東本管内各支部に於ける、中総以下各友誼団体の寄附行為は、その趣旨の如何を問わず事前に東本の承認を得なければならない。

これは東本の承認も得ず各団体が各支部を歴訪し寄附行為をするので、組織統制上多大なる支障と弊害があり考慮すべき点が少なくないので、昨年八月二十三日東本常任委員会は、前記の如く各支部に於ける寄附行為には事前に承認を受けさせることに決定したのである。

しかるに最近大韓海洋少年団と称する団体が、各支部を歴訪し寄附行為を行つているが、この団体は東本ではその実態すら確認出来ない団体であり、且つその寄附行為に関しては何等の承認も与えていない。

したがつて各支部は東本の承認なき団体の寄附行為は応じないよう注意を喚起するものである。

偽就学通知書
部内の僑胞子弟に

韓国学園の設立が具体化され、四月の開校と在留子弟の民族教育への熱誠も高まる此の頃、あわて出した民戦側では既存の学校を材料に子弟就学争奪戦を開始し、我が民族陣営に嫌がらせ戦法をとつて来た。

彼等は既存朝鮮人学校を材料に叶えぬものとは知りながら一月十五日を皮切りに、東京都立朝鮮人小学校長(日本人)の名儀で、都内居住の僑胞宛最もらしい適齢児童の就学通知書を作発送している。

この悪質なる煽動行為に対し、東京都教育庁学務課当局では、それは彼等民戦の常套手段である陰謀策動であつて、別に当局が指示したことでも何んでもないと云つている。

尚これに就き東本文教部では、各支部に公文を発行し斯様な偽造通知書には絶対に応じないことゝは思うが、念のため管内僑胞の注意を喚起すると共に、各自の自由意志による新規入学がなされる様許え、韓国学園の完成も目前に控えている折、これに対してこの育成培養に鞭韃善導あらんことを要請した。

四日に新宿
支部総会

新宿支部では、来る四日正午十二時半から支部事務所において、第七回定期総会を開き一九五四年度の活動方針と、韓国学院問題、漢城信用組合出資問題、納税貯蓄組合問題等を討議することゝなつた。

お願い

各支部で支部のニュース記事、活動状況、組織計画等の通信が活溌に行われる様、お願い致します。

編集部

台東支部宣傳啓蒙活動方針

現実の組織に於いて焦眉の急務は、宣伝啓蒙活動である。特に台東支部管内には、ソ連世界赤化革命の一翼を担う傀儡となつている狂信的な共産分子の偽瞞的理論や、謀略宣伝に便動され、日共の破壊工作に奴隷化せんとする共産分子の野望に、不幸にも附和雷同している無知曖昧な同胞が多数いる。

しかもこれらの連中によつて構成された、所謂「解放部落」が三ケ所もあつてこゝを難攻不落の要塞たらしめようと、共産政治教育を受けた煽動工作員が精鋭分子の育成に精魂を打ち込んでいる……。

この部落こそは全く反逆者らの策源地であり、独裁と専制にのみ支配権のある別社会である。

今年こそは先ずこれらに目標を置き、如何なる重大な試練や生命に脅威が加わつても、強靱な意志と不動なる信念を持つて、今までの微温消極的な態度を捨て積極果敢な方針を樹てて、部落民の中へ深く浸透して行き、大韓民国の政治イデオロギーと我々の窮極の目的を認識させる覚悟である。

この目的を達成する為めには、先ず部落民を集めて討論会、映画会等を行い、機会あるごとに本国の情勢を話し、批判力と広い視野と政治意識の向上に目覚めさせ、生活や福祉増進の為めにも、良き相談相手となり、愛情を持つてその指導に当り、難事業ながら完遂する覚悟である。

情報蒐集活動方針

現実の組織強化において緊急に要望されることは、常に立体的な行動がとられるよう、機動力を確保することである。例えば情報を迅速に、且つ正確に捕えて共産分子の策動を未然に粉砕する上においても、機動力は絶対必要である。

卒直なところ、今日まで共産分子の動きを明確に把握する情報を得る面における脆弱さがあつたことを認めねばならぬ。

一片の言葉や千切れた紙に書かれた、わずかの文も皆んなの寄り集めたものを綴り合わせば、彼等の動きを知る立派な価値ある情報となり、我々の活動を迅速ならしめることを力説し、輝かしい成果を得たい。よつてこれからは冷徹、理性、論理のみが支配する役員会を、具体的な実践のための討論の場所として組織強化に万全を期したい。

豊島板橋練馬 連合支部

東京都内を絶間なく巡走する国電山手線は、東京、上野、池袋、新橋、新宿、渋谷、品川等七つの主要駅で成り、その中でも商業地として知られ、最近は地下鉄の開通で、尚その繁昌が注目される池袋駅を西に抜けると、こゝで最も繁華街である池袋二丁目の真中に、我が国の象徴大極旗が翩光に色も鮮かに翻つている。

即ちこゝが豊島、板橋、練馬の三区を合同して出来た連合支部で我が、誰もが民族の代表の場所として親しみ訪れて来る所である。元来こゝは共産分子民戦系の最も活溌なところで、民団組織に最も困難視された地域でもあつた。ところが現団長金仁洙氏が、今から六年前若冠二十代で結団して以来、全僑胞五千の中三千五百名迄が同支部の下に結束され、日増しにその組織が強化の途へと躍進していく、記者はこの様な躍進を続けるその活動振りを覗うことにした。

「先ず訪れての第一印象は、団長団以下八名の役員、全員が机に向つて統計事務に多忙を極めていると云うことで、組織活動を行うには、出歩くものとばかり思つていた記者に、まるで銀行にでも行つた様な錯覚を与えるのであつた。後で金敦淑副団長に教えられて始めて合点が行つたが、その説明に依るとこうである。

大衆が務めから帰つて一日の疲れを休めながら、「コタッ」を囲つて家族との団欒のひと時にまじわり、和やかな雰囲気の中で団務の話から祖国の実状等を語り合つて、これら同胞の信頼を高め組織啓蒙の基本を成していることであつた。

しかしこれ迄に成るには同支部も相当廻り道を歩きつゝ悪戦苦闘の末の賜であつたことを忘れてはならない。過去の簡単なあゆみを綴いて見るに、呉濟根、柳虎一、片守哲、朴鏞変、崔学林ら諸氏の歴代団長は、広汎なこの立地条件を克服出来ず、それに伴う組織力の欠如から同胞の中には傍観的な者すら現われる状態であつた。

一方隙あらばと、鵜の目鷹の目で狙う左翼分子の暴挙策動等に唆かされた悲観的な観測組は、一時支部運営危険状態にありと迄伝えた位であつた。

そこで団長のバトンを受継いた現団長の勇気ある統轄力と、役員達の前記の様な活動に基き、僑胞の積極的な協力を得る様になつたのが一昨年からで、堂々今日の支部を築き上げたのである。

○執行部
団長　金仁洙
副団長　金敦淑
〃　呉容根

○議長団
議長　崔　鮮
副議長　李根洙
〃　許宗一

○監察委員
委員長　崔学林
委員　安廷権
〃　鄭仲變

主張

在留全僑胞は民團の下に團結せよ!!

我々在留全同胞は共に自我に返つて、今一度過去一九四五年八月十五日迄に遡つて当時をこゝに振り返り乍ら順を追つて其後に於ける僑胞動態の一端を省察してみよう。

我が民族が日政の限りなき桎梏と呻吟から解放された、あの八月十五日祖国に於いては云うに及ばず我々在日全同胞は饒舌出来ない感激と喜びに飛ばんばかり、共に民族待望の解放を喜び合つた。

時に日本は無条件降服という敗戦に依り、一時虚脱状態を免れなかつた。此の混沌たる過渡期的世相に於て我が僑胞は日帝の奴隷状態からは解放されたものの、無軌道な日本の社会に其儘放任されたのであつた。そこに必然的に我々在日同胞の民族共同体的自治体制の確立を要請されたことは当然である。こゝに民族的自治機関として所謂朝鮮人連盟なるものを結成するに至り、俄然在日同胞の民族気運は抬頭し、日本全国に散在する同胞大衆は共に結束し、中央に答えて本支部の細胞を組織するに及んで漸くにして民族運動の正常なるコースを辿らんとした。ところが其後幾何も経ずして計らざる一部不穏当なる者共が凶悪なる陰謀を策し、混乱期に乗じて日本共産党と結託、民族自決の自治団体であるべき朝鮮人連盟を日本共産党に隷属させ、在留同胞を曾ての日帝にあらざる第二の鉄鎖、日共の下におきかえんと一部の悪党共が企んだのであつた。こゝに於て良識を持つ者が悲憤慷慨天下に脱退を宣して脱退を敢行し、新らたに民族自決精神に立脚した民族的自治機関を組織したことは当然過ぎる程当然な理である。即ち現在在留全同胞の唯一なる民族擁護機関である我が民団こそは、全く此の精神に立脚した真摯なる在日民族の結束体そのものであることは何人も否めない事実である。

民団が発足してから爾来、我々は機会ある毎に共産党に隷属状態の我が在留同胞に対し民団の下に結束せんことを強調して来た。其後良識ある同胞は彼等共産徒翠の惨忍なる暴力と強制、脅迫から逃れて我が民団に馳せ参じて自由なる環境に安んじているが、無知曖昧なる一般大衆に対しては脅迫、暴力、強制、陰謀等ありとあらゆる手段に訴えて善良なる一部大衆の自由を共産党の鉄鎖に縛りつけている。

その証拠に彼等はあの古臭つたマルクス用語「プロレタレアの使命」、「二律背反からの自由革命」とか云う神話的夢想狂にかゝり火炎瓶、人糞瓶はてはラムネ弾等を以て無こな同胞の家を焼き払い、或は人糞瓶を持つて同胞の店舗を襲う等我が民族同胞社会の生活権を奪い、且つ恐怖がらせたあの事実は忘れるには余りにも生々しい事実である。彼等共産党には同民族もへつたくりもない彼等の祖国は只ソヴエトがあるのみである。

彼等が求むるのもソヴエトのみであり、彼等にとつては指示を受けるのもソヴエトのみである。果してソヴエトは自国の利益を棄てゝ他国民の為にのみ存在するのであろうか彼等の信奉するその祖国ソヴエトに於て、無実な罪名を強制告白させられあの陰惨な裁判に依つて昨日迄の同志が可哀なくも処断されつゝあるではないか。ソヴエトの全体主義が如何に人間天賦の自由なる価値を脅威する致命的な危険物であるかを明瞭りと青天白日下に暴露させているのである。彼等が掲げている自由解放の思想とは只彼等が陰謀の道具飾と、偽装、カムフラジュとしてのみにしか使用されていないことは周知の通りである。此の時に当り、曾て我が民族陣営を背反し附和雷同して民戦に加担した李康勲氏が民戦を脱退したことは、唯単に彼一個人の問題として取扱うべきでなく、前途多難なる日政下に於て我が在留同胞の民族権益を保全せんには民戦ではなく矢張り民族陣営の下に結束せねばならぬという、一般大衆の決定意志として反映したものとみて決して過ぎたる専断ではないと信ずるものである。未だに民戦の恐圧から逃れきれざる同胞諸君は今からでも遅くはない。勇気を以て彼等一部共産徒輩が信奉している神話的マルクス主義から一切断つて、挙つて我が民団の下に団結せよ。再び言うが我が在留同胞の活路は一筋に我が民族陣営下に総結集せねばならぬことを確信してやまない。

"久保田暴言"

極右団体を踊らす

去る十月二十一日決裂された韓日会談は、その後米国も中を執る様に見受けられ旧冬中にも再開されるかの動きであつたが、明けても依然埒があかず、海のものとも山のものとも未だに扉は固くとざされている。

この原因は、あの久保田発言を取消さずに、押そうとする日本側の態度にある。

岡崎外相は、あれは個人の発言であるから、取消すの取消さぬもないと云つて逃げているが、果して個人の発言であるか、その不当なる主張を次に並べて見よう。

一、韓国の独立が対日講和条約成立前に、出現したのは国際法違反である。

二、在韓日本人が連合国の強制により送還されたのも国際法違反だ。

三、在韓米軍政府の在韓財政処分は国際法違反だ。

四、カイロ宣言の中に「韓国人民の奴隷状態云々」の語句は連合国の戦時中の興奮状態に由来したものだ。

五、三十六年間たしかに日本は韓国を支配はしたがこれは韓国にとつて有益であつた。

この様な国際的暴言は、韓国に対し大侮辱だけでなく、日本政府の韓国に対した基本的認識を代表したものであり、今迄の会談の不誠意さにも察しがつくのである。

この様な暴言で会談を決裂させた日本側は、なに喰わぬ顔で、二回も公式声明を発表し、その責任を韓国側に転嫁しようとする意図に対し、韓国代表団は二回に亘るその声明の虚偽を痛烈に反駁して、「朝鮮政治」を正当化しようとする彼等の意図が過去の帝国主義時代と何等変らぬ点を指摘した。

仮にこの暴言がなかつたにせよ、彼等の意図は、漁業問題、船舶問題、在日韓国人国籍処遇問題等に、いいがかりをつけ、過去の過誤を正当化し、国力伸長につれて、ついには敗戦事実さえも否定しかねないやり方である。この様なことでは日本側がこの暴言を正式に取消したにしても、問題が根本的に解決されるには日本の成長がない限り極めて困難でなかろうかと思われる。

現在、日本国民の大多数は未だに、韓日会談で露呈された、自国政府の意図を正しく把握出来ないだけでなく、これら為政者、策動者達が云うなりで、日本の再軍備完成の暁には、韓国が逆さになつても……と夢見る仕末であり、旧在郷軍人会、旧日本憲兵の集りある憲友会、殉国青年隊皇道会、何々団、連盟等々の横行には、さすがに日本識者もはなもちならぬと伝えられている。

この様な舞台に現われたのが米国で、アリソン駐日米大使の調停的努力もあつたが、日本岡崎外相は十二月初旬迄久保田発言は取消さぬと議会で言明している。果してひつこめて陳謝するか?せぬかに会談再会の鍵が握られているし、米国の調停がどれ迄功を成すか…更に角日本は韓国との国交を調整することが、他の東南亜各国よりも、緊急に成就しなくてはならない点をしりつつも、日本の状態を最も理解する韓国にその正体をかくしていることは事実である。

平和線侵犯者の處罰を强化

鄭法務部次官言明

鄭在煥法務部次官は五日「平和線を侵犯した、外国船員に対する処罰方針がきまつた。今後平和線を侵犯した外国船員をその本国に送還するなど、従来のような寛大な処分はしない。日本船員に対しては韓日会談で何らかの決定がなされるまでは勿論この新方針が適用される」と言明した。

なお、鄭次官が言明した「平和線侵犯の外国船員に対する処罰方針」の内容は近く公表されるものとみられる。

平和線侵犯の日本漁夫廿名を釈放

六日外務部が発表したところによれば、平和ライン侵犯で抑留されている、日本人漁夫二十名が、李大統領の命令で釈放され本国に送還されることゝなつた。

即ち前記日本漁船「羽衣丸」の船員達は韓国貨物船「アルシオネ号」で八日神戸に入港する予定である。尚同部ではこれが最後の寛大なる処分であるこれからの平和線侵犯者を厳重に処罰するとつけくわえている。

日本の對韓侵略意圖

卞長官記者会見

卞外務部長官は、二十六日記者会見で「日本政府は漁業権問題がその武力増加によつてのみ解決できると公言、韓国に対する従来の侵略意図を変えないでいる」と非難「韓国は平和線設置により韓日間の問題を解決する機会を日本にあたえ、その誠意をまつていた」と語つた。次いで卞長官は韓日会談再開などに関し、日本の対韓態度に遺憾の意を表し大要次のようにのべた。

韓日会談の再開は、日本の久保田発言取消しによるが、日本は平和的態度とは反対に好条件のもとで再武装を進めており、その対韓態度は甚だ遺憾である。日本の為政者が、韓日問題の解決を日本の武力によつてなされるとみているのは間違つている。東洋にあつて反共陣営に脅威をあたえる如何なる国家も警戒されねばならず、当該国に援助をあたえている国家は、この点を再考慮すべきである。

中国が過去、対日抗戦に名をかりて共産党を容認したため、中国共産党はその兵力消耗をさけ、結局は自由中国が共産化してしまつた事実を想起せねばならないであろう。

自由世界は侵略の意図をすてた証拠のない日本に対し武力的にも、経済的にもその再建を促進する現在の政策を変更すべきであり、自由陣営特に韓国の援国家で侵略意図を内包した国家があつてはならない。

済州島殘存ゲリラ

たつたあと六名

李成柱治安局長は、二十六日の定例記者会見席上で軍警合同作戦による共産ゲリラ掃蕩戦の経過に関し次のような談話を発表した。

「共産ゲリラの根拠であつた済州島も、昨年の秋行われた、我が警備隊の徹底的な掃蕩作戦で治安が確立され、現在済州島に潜伏中の残存共産ゲリラの数は、女子二名を含みたつた六名に過ぎなくなつた。」

なお去る二十日より二十五日迄の六日間の智異山附近の共産ゲリラ掃蕩戦であげた、警備隊の戦果は次の通りである。

殺傷　四名　　捕虜　五名
帰順　二名
鹵獲　小銃　十二丁
　　　小銃弾　五八六発

カメラマン白石の判決に検事控訴

旧冬二十三日午前二時頃国連従事記者宿舎の庭で、同守衛林氏を殴り全治二週間の負傷をおわしたことを認めた。日本人カメラマン白石彰はソウル地方法院において、七日一万円の罰金刑（求刑懲役八ケ月）を言渡され罰金と引替えに釈放されたが、ソウル地検は十五日これを不服とし検事控訴を行つた。

その控訴理由として、鄭検事は白石に対する判決が八ケ月の求刑に比し余りに軽すぎるからであると云つた。

反共同盟使節團東南アへ　團長に崔德新將軍

李承晩大統領は、五日板門店の休戦会談韓国代表であつた崔徳新少将を東南アジア派遣使節団長に任命した。同使節団は、六日京城を出発東南アジアの各国を訪問し、反共同盟計画の促進につとめることになつている。尚同使節団一行は台湾、マニラ、サイゴン、ジャカルタおよびラングーンの各地を訪問する予定。尚同団員は追つて発表する。

赤教諭追放同盟休校

伊勢崎高校生

大達文相は、教育公務員の政治活動規制だけではなく、学校教育に対する外部からの特定の政治的目的に基く教唆、煽動の禁止案の中に含めて国会に提案する運びとなつている様だが、一方日教組でも静岡に於いてこの外部から政治的教育が強制される問題を巡つて左右共に熱戦の陣をはり一大論争が展開されている。

その矢先、去る二十五日群馬県立伊勢崎高校学生達が「同校教諭十五名（全校四十九名）で結成されている、木曜会の手によつて左翼偏向の教育が行われている」と同盟休校に入り、県教育長に一部赤教諭の退職を要求した事件が持ち上つた。

その内容の報道によると同木曜会は去る二十六年夏頃羽島教諭ら十五名が教育研究という名目で結成したもので、同会によつて校内外に左翼的教育が行われ、県木曜会の行動に同調しない教諭を学校から追放した事実もあり、昨年十一月六日の復興祭の前夜祭では、中共礼賛の講演、中共映画白毛女等を上映し、校内においては、生徒らに松川事件の被告弁護の教育をしたり同事件の資金カンパを仂らきかけたことがあるそうだ。

これでは国民二世の教育の場所として綱とも思う、父兄達の心配とその不安はひとしおでなかろう。

これらは前記の様な共産分子のかくれた組織活動により、骨抜きされた文教当局の弱体によるものとしか思えぬが、今節十九通常国会に前記の法案を通過させるだけの腹が出来ているか文相の腹心が見物である。

組織課業に對する意見書

序言

組織は結束を意味するものである。結束するには必ず中心体が無ければならない。此の中心は確固不動なるものであつて、或る個人又は特殊社会階級を中心にするものではなく、万人に共通する中心体でなければならない。即ちそれは、イデオロギーである。故に吾々はイデオロギーを通じて組織を持たなければならない。イデオロギーの存在しない所に、組織体が存在する筈はない。仮に存在するにしても、組織体としての力を発揮する事の出来ぬ烏合の衆に過ぎない。

吾々民団は六十万僑胞を結束すべき組織運動を常に展開しているのである。しかし吾々が予期したその成果は成し遂げていないのであります。従つて吾々は組織活動を促進し、組織を最高度に発展させるため、全ての力量を傾注しなければならない。吾々民団は、大韓民国の国是を遵守し、在日六十万同胞の人権財産及び生活保護を中心にした自治団体である。故に組織活動に於いて

一、大韓民国の政治イデオロギーを確実に把握認識し此れを六十万同胞に広く知らす為め、機関紙、パンフレット、伝達等を通じ、不断の努力を継続する事に依つて、常に同胞と密接なる接触を保ち、未組織分野に対しては、同胞糾合に鋭意努力をすべきである。

二、既成分野に対しては、組織強化と団員間の同志的結合の鞏固化、及び質的向上のため団体自体を規正する強力なる活動を展開すべきである。

三、吾々民団のイデオロギーに対する、実践過程に依つて組織を完成しなければならない。吾々が組織のため思惟するその思惟自体が実践行動の表徴を意味するものでなければならない。

四、正義と人道を忘却したる悪質赤色分子等は、彼等の兇計を実践するためには如何なる手段方法でも行使するものである。従つて吾々は彼等の殺論的行動を単に論難批判する事に依つて終るのではなく、悪は源を持つて制止しなければならないのである。故に、吾々は必要に応じては、政策的臨機応変なる組織的手段を行使しなければならない。畢竟、吾々民族陣営の勝利を獲得するには、先にイデオロギー戦に於て勝利を獲得しなければならないのである。

㈠組織幹部が保つべき態度

団体運動は、自己自身に対して最も忠実に奉仕する所に於いてのみ出発しなければならないものである。そして団体運動に従事するものは、他の者よりも、組織生活に対し強烈な意欲と、熱情を持たなければならないのであり、社会安寧と秩序、幸福になくてはならない存在であるべきである。団体幹部は自己自身の発展と繁栄にのみ行動してはならない。然るに団体幹部は他人のためにだけ働き自己自身はかえりみない故に社会に於いては排斥され落伍的存在ではない。芸術家が芸術作品を製作するためには、作品の中に全力を傾注して自己の思想を表現せんとするその様にして動くが如く、社会運動者は大衆のため無形的なる社会作品を完成するために依つて、自己の存在を発見する喜びを持つ者でなければならないのである。

特に組織幹部は大衆の心理を把握する識見がなければならないので、大衆の心理を如何なる目的に導く技術的機能を持たなければならない。従つて吾々民団は過去に於て歩んで来る民団の因習的なる態度に始終してはならない。吾々は冷徹なる批判台の上で自己批判する事に依つて進むべき道を創造し、真心で大衆を観察する事に依つて大衆を正しき方向に指導し、結束させる運動を展開しなければならないのである。

（続く）

組織部

國寶 高麗朝酒煎子
（高サ　一尺三寸五厘　短径　四寸七分五厘）

陶業家の釉薬中最も困難なものは、青磁釉と云われる。それにもかゝわらず、青磁釉に交わる辰砂を持つて火力の関係を如何にして成功せしめたか？この点に就いて見ても、麗朝陶業の発達振りのすざましかつたことがわかる。

この図案は、葡萄を以て紆余曲折せる唐草紋様を描き、その間に童子を配している。唐草紋様の巧なのには云うに及ばず童子の[illegible]に至つては、実に奇想天外と云わざるを得ない。本品は高麗発掘陶器で高麗焼中辰砂入のものとして最も優秀なものと云われる。

文化界一年の回顧

趙演鉉

（映画界）

尨大な製作費と施設を要する映画界は、一九五三年度に於いてもその活動が非常に微弱であつたことは誰もが認める事実である。

これは我が国に於いて、未だにどうすることも出来ない、映画人達の悲哀であるかも知れない。

金聖珉の「北韓四十一度」と李万興の「青春」その他いくつかの製作があつたと云つても、これで映画人達の意慾を満たしたとは云えないだろう、情熱と意慾だけはあつても、実現出来るだけの条件が具備されないのが、我が映画界の実情である。

映画界の元老格である、李圭煥、安鍾和、金蘇東等を中心に、大韓映画監督協会が発足し、金聖春、李必雨らを中心に、大韓映画技術者協会が組織され、田沢二、卜恵淑、金　、李錦竜等が韓国俳優協会を発足させたことは、皆これら映画人達の情熱と意慾を表現しちびにはなつているが、彼等が仕事が出来るだけの条件は、未だに成熟されてはいない。

芸術家が創作意慾はあつても、外部的な条件でその仕事が出来ないと云うこと程、不幸であり悲惨なことはない。

今年こそは、為政者達を始めに社会的な関心が、この様な我が映画界の惨相に集中されんことも要望してやまないのである。

（文壇）

昨年度の文壇の一般的な創作意慾は、それ程旺盛と云えない迄も、作品集の出刊開始からすれば、前に比べ多彩なる年であつたと云わざるを得ない。

柳致環の「エルサレムの月」を始めとして、趙芝薫の「草葉断章」金相沃の「衣裳」朴斗鎮の「午禱」金容浩の「南海讃歌」金春浩の「隣人」李元燮の「響尾蛇」朴琦遠、崔戦亭合作の「烈火集」徐定鳳の「素汀詩抄」金宗文の「不安なる土曜日」金宗文の「憂鬱の皇帝」等この他にも確かな記憶ではないが、八、九種の詩集があつたと云うことを計算するならば、今年度の我が詩壇はこれだけで充分でないとは云えない。

尚前記の詩人達は勿論のこと、この外に朴鍾和、呉相淳、毛允淑、金珖燮、金丘庸、李炯基、趙炳華、趙霊岩、李漢稷、盧天命、朴暘均、金顕承、李東柱、金奎東、金環麟、張万栄、金東鳴、朴木月、金鳳健、孫東仁、李敬純、薛昌洙、朴南秀、張寿哲、孔仲仁、金潤成、具常、金洙暎、金相華、朴寅煥、朴仁洙、朴薫山ら諸氏の皆が、三、四篇以上の作品を発表し、宋稶、崔寅熙ら新人組の進出があつたと云うことは、赤又昨年度の我が詩壇が休みなく活動して来た証拠である。

昨年度の作壇は、金東里、黄順元らが力量に満ちた本格的な長篇を手掛けたことが、特別な印象を与えて居り、詩壇に劣らぬ創作集を放つたことは、例年に見られぬ進歩振りであつた。

崔仁旭の「底流」朴容九の「もやは未だに」柳周鉉の「姉妹系譜」方基煥の「童姿」等は作者達の処女創作集として刊行され、崔栄濬の「かげつた花園」崔泰徳の「戦後派」朴鐘和の「洪景来」李無影の「B女の素描」金末峰の「星の故郷」「太陽の谷風」金光洲の「誰を便りに」金東成の「人生画帖」等も全部昨年の長篇乃至短篇である。尚廉相渉、呉永寿、金松、韓戊澄、康信哉、安寿吉、徐横培、張竜鶴、孫素熙、郭夏信、朴淵嬉、李周洪、林玉仁、尹金澄、鄭飛石、趙欣波、崔貞熙、李鳳九等も各々二、三篇以上の作品を出したと云うことゝ、孫昌出、郭鶴松等の新らたな登場は昨年度の我が創作界に新鮮味をも加えて来たことである。

随筆陣としては、李相殷の炉辺筆談を始めとして、田澄嬉、金卿岸、池金松、洪暁民、卞栄晉等が活動を続け、児童文学分野に、姜小泉、馬海松、金英一、李鐘恒、尹石重、韓唱東、崔啓洛、金竜煥等が相当の作品をのこしている。

昨年度の我が詩壇は、争いから始まり、争いに暮れた感がないでもないが、趙霊岩、林肯載対白鉄三の争いは決局は、ポリウームのある者が勝つたかも知らないが、これを契機に評壇は或る反省期に置かれていると云うことは事実である。

なぜなら論機が人身に対したものであろうが、文学上の理念に関するものだろうが、過ぎた攻撃と批難は、批評の正当な使命ではないからである。

しかし昨年の評壇において最も活動したのは、やはり前記の白鉄三、林肯載、郭鐘元等であろう。

（画壇）

昨年度の画壇は「大韓美術協会展」が良い成果をあげたと云えよう。東洋画西洋画は勿論、彫刻書芸迄も包含した。この展覧会は一種の綜合展として、その参加人員にしろ、出品された作品の質にしても、昨年度の画壇を代表したことになる。

唯遺憾に思うのは、金煥基の出品が抜けたことだ。

大韓美術協会展が一つの綜合展であると同時に、新写実派展は一定した一つの傾向に置重された。同人展であつた。画壇のこの様な現象は「其潮展」と同じく我が国の美術を尚一層豊富に発展させるに、良い運動となつたのである。

尚、都相鳳、千鏡子、李俊、白栄洙、朴古石、全赫林、文信等の個人展は、昨年度我が画壇の個別的な活動の重要なる一部分であつた。

しかし昨年度の最も重要な活動は「第二回国展」であつた。十一月に開催されたこの国展は、昨年度の画壇のみならず、第一回国展以来、今日迄の我が画壇の歴史的な一大決定版でもあつた。それだけでなく、国展自体の性格も、この第二回展により確立されたと云わざるを得ないだけに、この第二回国展の影響は実に大なるものとする。

（楽壇）

楽壇の重要な活動は、各グループ音楽会と、シンフォニー演奏会で代表されたた。前者には「実験学会」「新緑四重奏団」「音楽同好会」の三団体が参加し、後者には「海軍政訓音楽隊」と「陸軍交響楽団」が主に活動して来た。この外に各種の独唱奏会等により、昨年度の我が楽壇も辛じて生きて来たと云えよう。

個別的な活動では、李相根、羅運栄の作曲発表会と金大賢の「オペレッタ」尹伊桑、金東振尹竜何等がある。

尚附記すべきことは、各種の音楽団体が韓国音楽家協会に、その組織を一元化したことである。これは今迄の楽団の群雄割拠主義が一定した全体的な秩序へと変更されたことを意味するもので、良い傾向と思われる。

（演劇界）

演劇界は従前通り「新協」がその王座を占め「ハムレット」「オセロ」「ウイリアムテル」の誤訳ものの再上演と「女性戦線」「処容の唄」等の創作劇の上演に過ぎずたいした進展を見せなかつた。

又この外に「劇協」が「慟哭」を創立公演に「自由劇会」が「僕は自由を選択した」を各々一回づつ公演したときより消息を断つ仕末とは淋しい話である。

愛読者諸賢にお願い

本紙が発刊されて以来お蔭様で十号迄続刊出来ましたことを厚く御礼申し上げます。

就きましては次号より読者の声、論壇等の欄を設けまして皆様の御投稿に依りもつと紙面の幅を拡げたい心算であります。どうか皆様の絶大なる御援助あらんことをお願い致します。

編集部

人を避けて

金三僖

ひとを　さげすみ
ひとを　だまし
ひとを　害する
この　世でも
ひとを　かたらず
ひとを　にくまず
ひとを　うらまぬ
ひとに　なりたい
ただ　ひとり
ひとを　避けて
山にも　逃げたい
海へも　行きたい
だけど
ひとの　とみをうらやみ
ひとの　なをねたむ
ひとなるを　かなしむ

（抄訳）

群島

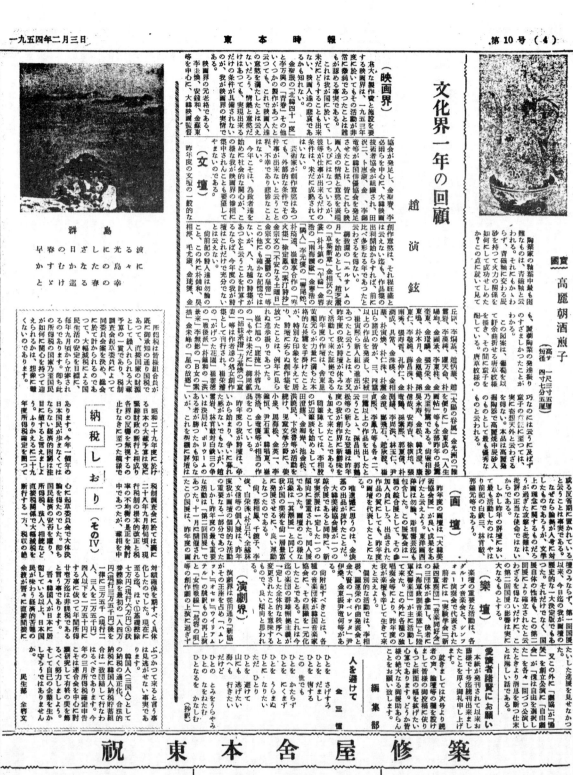

早春の日ざしに光る波
かすむかなたの島々に
とゞけ巡る春の幸

納税しおり（そのIV）

所得税は皆様組合員が既に御承知の通り国税であつて、直接国家の財源として繰入れられる大蔵予算の一貫であり、税制調査会起草委員によつて同委員会案を決め、総会に於て計かられるのであつて、大幅減税による国民生活の安定を目標に、毎年九月頃から立案されるのであります。即ち此の所得税の国家乃至国民が如何に関心を持つて迎えられるかは、想像に難くないのであります。

昭和二十九年度に於ける日本の大蔵予算は竟に緊縮財政の断行と相成り各界の反響を無視するの止むなきに至つた模様であります。今年一個年の日本国民が歩まなくてはならない経済的困窮は注目に値すると言えましよう。ふりかえるに二十九年度所得税確定を繞つて税制調査会に於ては嚢に二十八年九月初旬頃、現行税制の根本的改正と税率の不均衡の是正を検討中であつたが、蔵相を中心に起草委員会で大体決論を得たのでした。即ち国民経済の安否を慮り、所得税、法人、相続など直接税関係で大幅減税を断行する一方、税収の絶対額確保を期すべく具体化したのでした。現在に至る迄、ほゞ①基礎控除七万円（現行六万円）②扶養控除を最初の一人四万円（現行三万五千円）後を一律に三万五千（現行二人、三人を二万五千円）四人以下を一万五十円にする事に依つて年間所得廿壱万迄は非課税であると言う事であります。

吾々韓国人が日本に居留している以上、日本国民が味わう経済的苦難の余波が吾々に直接間接にぶつかつて来ると言う事は見逃がせない事実であります。

韓国人（三国人）としての納税の適正化、合法的納税に韓国人納税貯蓄組合は一致団結して行なわはるべきであります。今年の三月所得税確定申告こそは連合会を中心に討議研究して有終の美を飾るべく努力しましよう。そして自己の企業を生かし守ろうではありませんか。

民生部　全晳文

祝　東本舍屋修築

國際交易株式會社
本社　東京都千代田区有楽町1ノ10
三信ビル205号室
電話（59）1181・7977番
工場　東京都墨田区業平橋5ノ2
電話（63）2359・0117番

汎韓貿易株式會社東京事務所
東京都千代田区有楽町1ノ10
三信ビル412号室
電話（57）7966・7050番

美進産業株式會社東京事務所
東京都千代田区有楽町1ノ10
三信ビル424号室
電話（57）5329・6264番

韓僑新聞

在日大韓民国居留民団
東京本部機関紙
発行所
東京都文京区本郷二ノ四
電話小石川（92）1256・1535
発行人
李　寿　熵

綱領

一、われらは大韓民国の国是を遵守する。
二、われらは在留同胞の民権擁護を期する。
三、われらは在留同胞の民生安定を期する。
四、われらは在留同胞の文化向上を期する。
五、われらは国際親善を期する。

号外

所謂統準の怪体暴露！

「統準」は平和の裏切者だ
欺瞞政策をあばく

国境にあらざる三八度線による祖国の両断は、全民族に対し名状し難い苦悩をあたえている。この現実が時間的に長ければ長い程、流転する世界状勢に左右され、全民族は、奈落の道をたどるよりほかない。三千万白衣同胞が団団している冷酷なあまり冷酷なこの現実を打破って大韓民国の失地である北韓を回復し、民族のしめくがんを達成することが民族の使命である。われら民主陣営は、祖国の平和的統一を誰よりもこいねがっておりまた、平和統一の実現のためしのび難きをしのんで終局の目的のためにたゆまず前進をつづけている。

北韓傀儡集団は、韓国動乱においてまぎれない侵略者の役割を演じており、罪なき民二百万名を殺戮したことは厳然たる事実である。この罪悪は永遠に民族史の汚点としてぬぐいされないのであり、あくまでもその責任のありかは追究されなければならない。共産主義を願わない六百万の自由人民は傀儡集団がいうところのいわゆる敗戦軍「国連軍」にともなわれて大韓民国へやって来たのである。常識的に考えてみてもはっきりするとおり敗戦軍と行動をともにして難をさける人はありえない。共産主義を排撃する自由人民の無言の抵抗ではないか、かれら傀儡集団は共産党の専売である恐喝弾圧政治におびえているわずか六百万の人口をもってしては、二進も三進もゆかなくなったあげくの策略として偽装平和を打出さずにはいられないほどの窮地においこまれたのである。

彼等はこの欺瞞的策謀を一部の破廉恥厚顔の雑類どもにまでおしおよぼしている。即ち僑胞社会において足場をすっかり失っていた雑類どもは、これを機会におのれ達の政治生命を維持しようと小心翼々としている。われらはこれら不平分子に対し逸早く民族的な良識において数次に亘りかれらの反省をうながす 警告を発し たのである。大極旗のもとに南北統一の完遂をねがうわれらとしては、共産徒党の欺瞞的な策謀をにくむはもとよりこの魔手から大衆を擁護するために、われらは、偽装平和を暴露するところの民族正気をうたった一連の宣伝文を発表し、南北平和統一は大韓民国の名において実現することを強調し、あまねく六十万僑胞に訴えたのであるが、節操のない元心昌、権逸等の輩は民族反逆者の元兇朴春琴の配下に座して民団の名を悪用して如何にも民団が南日の提案した偽装平和に応 ずるかの如く大衆をまどわしたことを始めとして去る一月三十日は、下谷公会堂において会議進行の原則によって民団は正々堂々と論陣をはり、秩序整然と会議を進行したのにもかかわらず、日本共産党の手先として、往時には日本共産党の暴力革命の先棒をかついで一九五一年のメーデーにおいて一大騒乱を惹起して国際的に韓民族の威信をしっついさせたことを筆頭に、お家芸であるところの暴力をふるって火炎瓶を投擲して僑胞をふるいあがらせたあげく生活権をおびやかした悪質暴力団祖防隊をかり出して老若男女のみさかいなくかれらの日ごろの残忍性を露骨にむき出して平和を愛好する大衆を打つ、なぐる、けるの断末魔的なろうぜきぶりをたくましくして、由々しからざる事態を引起した。

「統準」の責任者には民族の良心なるものがやどっているかどうか疑わざるをえない。口には平和統一のための話合いだといいながら事実はこれと全く相反しているということは当日の出来事が雄弁に物語っている。平和を愛好する大衆に対して暴力行為を以ってむくゆる平和統一とは、あきれてあいた口がふさ がらない。われら民団はあくまでも同族相愛の精神に立ってかれらを説得して、共産党の毒牙から救い出そうと努めて来たのであるが、時すでにおそしとかれらの容共的行為にみきりをつけたわが民団は、やむなくここに彼等のうごきに関して白書を発表するはこびとなった。

統準発足の経過
＝後の黒幕は誰？＝

北韓カイライ集団では、既知のごとく一九五四年十月二十八日平壌においていわゆる最高人民会議を開き、南日提案なる偽装平和のよびかけ案を採択して、かれらの十八番のお家芸である謀略宣伝術をもって本国はもとより日本に居住している者にまで指名してよびかけて来たのである。そのうちにはかれら共産分子が民族反逆者として不倶戴天の仇敵として[illegible]らっていた朴春琴のごとき[illegible]までによびかけをなし、目的のためには手段方法をえらばないところの共産売国奴どもは、朴にたいし、先生、民族英雄、愛国者等、決しておせじにもいえない尊称をおしみもなく、またおく面もなくかれに与えていることは何を企図としているかは想像に難くない。愚考力において三尺童子よりも低能な朴は自分の手で つかあな をほっているということもつゆしらず、人民共和国ではやはり過去のおのれの存在をみとめてくれているということをよろこんで、同類を糾合するために動きはじめたのである。これとやや時を同じくして、指名よびかけの栄誉に浴しえなかった権逸は、不平不満のぶちまけどころを日本共産党員である「南正一」に面会を求めてかれにいわく「私の過去において民族性に反疑する行為があったからとて私を永遠に民族反逆者としておくべきか？ このたび指名よびかけを受けた者のうちには私と比較だならない者も多いではないか？ 実におもしろくない」とぶちまけたところ、これは思うつぼだとばかの南正一答えていわく「指名をうけたもののみが平和統一運動をするわけではないから、あなたもいまからでもおそくはないから一生懸命に運動をすればかならず、むくいられる」

と言われて権逸はこれをきっかけに朴春琴、元心昌、金三奎、鄭寅学等とグルになって東京都の都心にある日活国際会館、三信ビルを拠点として同類糾合のために奔走したのである。此のグループの運動はたゞ単に南日提案を契機に再燃したという丈の話で、かれらの反政府的な運動は三年も前からおしすゝめられている。反政府云々の説があった中立化運動体が当時の周囲の事情と民団の猛烈な反駁を受けて挫折されてしばらくなりをしずめていたところ、共産陣営の政策転換期において謀略的に提案した偽われる統一案を契機に再び頭をもたげて来たのである。この機会主義者達は主観と主義をもたず大韓民国に対する不平分子であり、為政者に対する個人的な感情にもとづいて動く連中である。大韓民国政府に対する野党的存在だと規定するよりはむしろ、反政府的反民族的だと規定するのが妥当だと断言する。何故ならば民族主義と共産主義は両立しえないのみならず、容共運動に民族という存在 は とめられない。共産思想を捨てるか、民族をすてるか両者のうち一つを選択せねばならないからである。此の運動に参加した大多数が過去は勿論のこと、現在においても反民族的な傾向が濃厚な分子であることは默認出来ない事実である。かれは正式の会合をもつに至るまでの誘引工作及同類糾合をする中心人物は朴春琴、元心昌、権逸、金三奎、李北満等である。ある消息筋が伝えるところによれば運動資金はすべて朴春琴の、ふところから流れるそうであるが、朴は官憲でも何でもないのであるからもとより自腹を切ると言うことは考えられないし、ある筋から融通されるものだろうとうわさされている。又李北満および南浩栄の両人はこの運動を通じて所謂人民共和国の文化勲章授与者の候補にあげられているとも言い李北満は直接北韓傀儡集団の五人委員会から指令を受けているという。

かれらは十一月三十日東京都内錦糸堀にある鄭寅学の家錦糸荘において午後二時から会員十七名参席裡に正式会合をもった。この日金三奎が草案した声明「南日のアピールに答える」が修正採択されたのであるが、声明の内容を見るに体制だけは人民共和国及び大韓民国の主権を否定する線を表明しているが、結論的には南日のアピールを肯定して国民「人民」の力によって統一を推進させなければならないと強調している。当日の参加者は「鄭寅学、朴春琴、元心昌権逸、金容太、李康元、楊皓、朴準、金三奎、李儁覚、李浩然、許南麒、李季白、洪寛平、申鴻湜等であるが、この会には北韓傀儡集団から総括指令をうけてこの会合成立の立役者がいるのであるが、今発表する段階ではないから氏名は指摘しない。

かれらは十二月五日午後二時から東京都内文京区湯島町帆台荘、朴春琴の家で第二次の正式会合をもったのである。当日議長団としては元心昌、白武、朴春琴、李仲冠の四人がえらばれ、司会者は鄭寅学、書記としては楊皓等、会議役員がえらばれた。この日の会合では、僑胞社会の政治経済（民生問題）は既成団体である民団、民戦に従前どおりまかせておき、本会は南日提案に応じ南北統一を促進する運動のみを多角的に展開することに決定した。この日の会合の注目すべき点は次の諸点である。

①名称は同盟体でなく「南北統一運動準備委員会」の仮称をもつこと。
②日本共産党員は発起人としての署名は出来ないこと。
③民戦の要請により李康勲を発起人として参加させないこと。
④権逸、金三奎、南浩栄、李北満四者間の事前連絡の不充分から必要以上の南北の論争が長時間つづいたこと。
⑤準備委員会代表委員として、朴春琴、白武、元心昌、李仲冠、李守変、金三奎、李在東、李哲三、李北満、南浩栄。
⑥民戦側は北韓傀儡集団から指令をうけかかる団体の出現を要望した点。
⑦威圧を加えるために同和信用組合に集結した青年行動隊がおしかけて来たこと。
⑧左翼の欺瞞に乗ぜられて「南日のアピールに答える」の声明がとりあげられなかったこと。
⑨当日の参加者
朴春琴、元心昌、権逸、白武、金披両、朴準、楊皓、金三奎、南浩栄、李北満、李在東、李仲冠、李哲三、李英表、金容太、鄭寅学、鄭寅勲、李光瑞、金学鳳、李守変李康元、李季白、申鴻湜、洪寛平許南麒。

民団は説得に努力
＝数次に亘り警告＝

大韓民国の国是を遵守することを綱領の第一としているわが民団は、もとより偽装平和を唱えている南日のアピールなるものに応えるはずがないことは勿論のことであり、逸早く民団東京本部ではかれらの提案がうわべかざりのものであり真に民族的自覚にもとずいた平和統一えのよびかけではなく全韓赤化の野望の政策転換であることを見抜き、これを反駁する声明を発表すると同時に真の平和的統一に関する最善の方法を全六十万僑胞に対し訴えたのである。ところが民戦系の赤色分子等は勿論のこと統準の連中までが民団東本の声明と方法論なるものは恰も李承晩大統領式の統一論だときめつけてこれに応ずるわけにはゆかないと公言している。それならば、平和を愛好し、民主主義に指向しているわれら民団としては共産思想を背景とした協力水論、即ちソ連帝国主義及び中共の侵略主義を容認するところの偏向的な和平論には到底賛成するわけにはゆかなかった。一方的に米帝国主義及び韓国政府を平和統一妨害者だとおこがましいことをいっているが、これは決して民族の自主性の表現だとはいえない。むしろ容ソ病者及び容中共病者のうわごとであり新しい事大思想の典型的なものとしてわれらは仮借なく排撃するところである。民団東京本部の声明とつづく一連の和平えの解説は民族のおもむくべき道をといたものだと確信する。もちろんわれら民団は大韓民国の国是を遵守することをスローガンとしているがこれは盲目的に政府のやり方に追従することを意味するのでは決して ない。時の政治を担当するところの為政者の政策の優劣にたいして国民の基本的権利として批判し、これを是正すべく要求する権利は保有しているものである。

かかる意味あいにおいて統一問題はいやしくも全三千万同胞の民族問題であるが故に各個人はいかなる抱負をもっているかということすなわち与論をきく必要性にもとずいて民団中央総本部では十二月八日を期してすべての門戸を開放して民団の団員でない人にも出席をしてもらって意見を開陳させる機会をもったのであるが、当日主なる人物の発言の内容をひろってみれば―とくに「統準」の連中の発言を分析してみるとかれらは全く反政府的であり容共的であることは論ずる必要さえない。参考にその実例をあげるとすれば権逸のごときは、信託統治論が失敗に帰し、あらゆる協約が失敗をつづけた今日においてそれでも民族の欲求にもとずいて北韓側から統一しようと一応握手をしてきたのであるから私はこれにこたえるのが正しいと考える自己の政治主観にそぐわないからといって全面的に拒否するということは理論的敗北だといえる。李承晩政権の対日態度は非難すべきであり、絶対に正しいとはいえない。日本共産党の手先である民戦があらゆる策動のイニシアチイヴを握っているのは民団のせいであり、民団は過去にたいし反省する必要があると思う。民団の声明とわれら統一運動とことなる点は、大韓民国を土台にするのでなく総選挙に重点をおくのであるから私は民戦の態度に賛成する。南日の呼訴文は南北の両政権をともに否定しているのであるから、われらはもりあがる民衆の力をもって統一を実現せねばならない。政治性のないところに民族性はありえない。私は北韓の内容もよく知っております。過去となんら変りのないことを否定しております。しかし両陣営の分裂は世界の滅亡を招くものであり、時はまさに水爆時代である。われら自身の分裂より両大陣営の分裂を考慮に入れるべきであり、自由のふんいきにおける南北総選挙が統一原則だと思う。平和的統一のためには民団、民戦うんぬんを論ずるのではない。私自身愛国者でない。

終戦後、あるものが民族性に取戻したからとて感情的に走るべきではなく忠告的に出てるべきであり私はことに朴春琴の立場を皆様が諒解せられることをのぞむ」といっているが、権逸は自分のみがもっともすぐれた思索家であり、理論家であるかのごとき誇大もう想狂におちいっているのであり、平和といういつわれるたくみにまどわされて共産党の正体を正しく見きわめられない皮相的な観察と見解にとりつかれて大韓民国に対して許しがたき礼を失していることは事実である。かかる権逸の矛盾にみちた発言に義憤を感じてこれに応酬する論客として鮮于宗源氏は大体要旨つぎのような発言を行った。「権逸さんあなたは法律を専攻したという方がよくもそんな理不尽なことがいえますね…南日提案は共産党 の 謀略であり、大韓民国の政権を否定したのみで所謂人民共和国を否定した事実はない。南日提案の平和的な統一の条件は共産側の我田引水的な方法論であるが故にこれを一蹴することはあまりにも当然な あり方で ある。平和ということ および 提案は大韓民国によってなされるべきであり、いわゆる人民共和国においてなされるべきものではない。かなしいことにはこれをなしえなかったことについて大韓民国の政治政策の貧困さがあるのではないかと思う。われら三千万民族の宿願として平和的統一は必ず実現されなければならないことは論ずる必要がない。大韓民国の民族陣営において、ある人の発言したように容共的な立場において支持しようるということは言語道断である」と論じた。

（二面に続く）

（一面よりの続き）

一時南北協商の可能性を信じて不本意ながら民戦議員に席をおいていた李康勲氏は民族的なあまり民族的な発言をした。即ち「皆さん戦術と原則を混同するような矛盾をおかしてはならない。南日提案は原則的に私としては必要性をみとめない。これは祖国の光復及び祖国の統一のために血を流した先烈に対する冒涜である。現政府のあり方はさておいて大韓民国は私の祖国である現在南日提案におどらされて調子づいている連中は結局は共産党の世界赤化の小道具にすぎない。われらはここにおいて共産主義を撲滅する戦術は如何になすべきかを論ずることがもつとも緊急な事項であると思う。私は五年間民戦にいてよく戦術を学んで来た。それ故に私は二度とかれらに乗ぜられるようなミスはしないとの確信をえている。突然今日私がこの会に参加した主な理由はあまりにも明白な事態に対して、ああいえばこういうといつた工合に反共の目標が定まらない事実を暴露するがためである。大韓民国の政府要人達は何が故欺瞞的に巧妙な仕事が出来ないか実になげかわしい。われらは名誉を重んじて仕事をするのではなく民族のためになすという自覚をもたねばならないことを特に強調したい。民族の自覚なる言葉を忘れてはならない」といつた。

最後に結論として民団中央総本部団長金載華氏の発言があつたが、民団はいやしくも五大綱領がある以上そのスローガンを変えないかぎり南日提案に応えられるわけにはゆかない。北韓傀儡集団の欺瞞的宣伝にまどわされて大韓民国を背信する者に対しては極力説得してわが民主陣営にほうようすべく努める決意であるが、もしきかないときは、断固として処断する覚悟であるといつた。かくの如くわが民団はしのびがたきをしのんで同族相愛の精神を重んじて最後まで彼等の非をさとらしめるべく最善の方法をもつて努力して来たことは自己宣伝のための宣伝ではなく真心をこめたはたらきかけであつたことをあえてここにいう。

「統準」は民戦の手先だ
かの秘密指令をみよ

十二月十二日「統準」は湯島町にある朴の自邸帆台荘につどい、統準の方針について協議したあげく民戦系朝鮮人商工会の主動的な役割において開かれたところの新宿メイフラウアにおける朝鮮統一問題懇談会準備会に応援すべくこぞって参加したのである。当日は主催者の一人である南正一が経過報告をおこなつたのであるが「伯林四相会談以後における朝鮮停戦成立およびジユネーヴ会議の結果におけるヴエトナム停戦成立はわが陣営の勝利であることを確信すると共に祖国平和的統一は確固たる信念の上にきずかれたものである。それ故にわれらはどこまでも話合いの形式で平和的ふんいきを醸成して統一を実現したい。こゝにおいてわれらの話し相手である民団側が一人も参加せずわれら民戦側だけ参加していることはまことに遺憾である、さつき民団の幾人かゞ見えたが会に参加せずそのまま帰つたのは個人の立場を堅持したものと思う。かれはこの席になくとも心はこゝにあるものと思つてかれらを遇するにわれらと同じくすることによつてこの会合を意義あるものにさせたい。」と言つているが、これを批判するにヴエトナムの停戦および胡志明のことが、わが祖国の統一と何のかかわりがあるのか？また、それをわくめんもなくわが陣営の勝利だと言つているが、わが陣営とは一体何であるか？とりもなおさず共産集団を意味するのであり、かれらは平和という美名のもとに共産独裁的な南北統一を考えているということはかれらの言行がこれを証明している。共産主義を信奉している連中がどうして思想を超越して民族的な立場、即ち立場以前の純粋な意味において話合えるかということは誰も肯定しえない事実であろう。何故か？かれら共産徒は党の指令は至上命令であり批判の余地はない。指令にもとづいた政策と方法論については論議もし批判も出来るだろうが指令は絶対命令であることは共産党員ならぬ、われらにさえわかり切つていることである。かれらが党の指令なくしてうごいていると誰が言えよう。

まじめな気持において又民族的な立場において話し合うものならば何故党の指令はこうだがわれらはこうしたいと言えないものだろうか？それが言えないところにすでに欺瞞性が内包されていることはたしかである。これについてはつきりと態度をあきらかにした民戦員は一人もいかんなことには見受けていない。かゝる連中と平和を論ずるという「統準」は低脳児の巣窟かさもなくは容共分子だと断定せざるをえない。がしかしあながち低脳児ばかりとは言えないのであるから容共分子であり、ひいては大韓民国の国法を犯したところの反逆者であると断定するのが妥当な判断であると我等は信ずる。この会合において馬鹿の三太郎の一人である朴の如きはすつかり調子づいて柄にもない暴言を吐いて民戦の思うつぼにはまり、民族英雄だの大物だのと時にふさわしくない皮肉的な冠詞をさづけられてよろこんでいる位だからあきれてものが言えない。元心昌は「皆さんありがとう統一のために大同団結して大いに頑張ろう」と、りきんでいるが愚の骨頂である。がらくたものどもがよつてたかつて赤の手先になつてさわいで見たところで本国の政治情勢が変るものではない。赤どもはかれらを先生々々とまつりあげて最高度にかれらを利用しているというのが事実である。これは民戦及び祖防隊あたりの決定書に示めされている通りである。「統準」内部では準備委員の編成を右五左五という風に同比率でもつて行こうとした連中もいれば、これでは左翼に主導権をにぎられるから構成を七対三の比率にしようというものもあつたがかんじんな民戦の方ではたとえ比率が十対一であつてもかれらが最初からもくろんだわくの支配権はにぎられるものとして統準の連中の意見を尊重するかのごとくみせかけて平和のためには何でも譲歩するというふうな政略的な態度に出たことは、彼等が共同的にもつたすべての会合で示めされている十二月三十日民戦中央議長団の主催にもとづく懇談会もしかりであり、また一月十日如水会館で開かれた会合もしかりである。日本共産党に党籍をおいている民戦の幹部が日本共産党を脱退しないかぎりかれらは共産党民対の指令によつてうごくのであるからこれらすべての会合は思想を超越するものだとは決していえない。かれらは党の指令によりかれらがあらかじめ限定したわくないに這入つて来るところのものをがんじがらめにするのが目的である。

このわなにまんまとひつかゝつたのが朴、元、権等の輩である「統準」の代表者達がものの考え方において完全にとりこになつている証拠として権逸の如きは「すべての者が共産主義がよいと言えば共産主義もよいものではないか」といつている。こんなつまらない末梢的問題はさておくとして、かれらが走狗民戦と呼吸を同じくして平和を愛好し尊重するわが民団を計画的にきりくずし、正攻法的に暴力をもつて叩き潰さうとした事実である。こゝで重大な二つの事実を参考までに発表する。日本共産党朝鮮人党員会議において決定した事項である即ちかれらは南日アピールにむくゆる方法として、今まで日共あるいは民戦幹部として積極的に活動して来たものを表むきに立てず朝鮮人商工会を立役者に仕立てもとかれらの立場から反動分子だとレツテルをつけていた民団のくずれ、元、権、などを最高度に利用して、民団幹部と団員を離間させることによつて民団をきりくずし、万一かれら「統準」が裏切つた場合の責任は日共が負うことを決め「統準」にまかせたことは一応信頼して運動をせしめ、日共党の党政策および民戦の政策内容については極秘に付しかれらにあたえた仕事の範囲内においてのみ自由な活動をあたえるということになつている。この内容を知ると知らずとを問わず「統準」は民戦と一心同体になつて動いて来たのであるから、かれら統準を赤色陣営の一翼だと断定することは決して不当なものではない。これを裏付する今一つの事実をあげよう。「統準」ではあくまでもかれらの反民族的な行動を反省するところなく、遂二、三とかれらの計画を強引におしすゝめて一月三十日下谷公会堂において南北統一促進協議会発起人大会を開くために万端の準備をとゝのえて来た。当日の不祥事が事前にすつかり計画が出来上つていたことを知つたら誰もおどろきのあまりみぶるいするであろう。

「統準」代表者達は一月二十九日下谷公会堂において開かれていた民戦東京委員会に対し、三十日の発起人大会には民団員が三千名動員されるのであるからこれに対する防衛対策を考えてほしいという申し入れを行つた。この申入れを受諾した民戦東京委員会では祖防隊及び民愛青行動隊に指令を下し、三十日午前四時まで東京都各地区責任者に連絡を終え各地区人員を完全に掌握させ、一部の祖防隊および民愛青は会場にのぞみ幹部（民戦）の身辺保護とともに場内整理にあたり、一気に民団員を叩きつぶす好機をとらえて新宿スポーツセンターに待期している精鋭テロ隊に連絡をする伝令の任務を負つていた。当日スポーツセンターに集結していたテロ隊は朝鮮人中学、朝鮮人高等学校および足立地区の祖防、民愛青であつてかれらが精鋭をほこつているものである。以上のとおり、「統準」は民戦と密接な連けいを保つて計画的に民団に対しテロ行為を加えようとしたことは明白な事実である一月三十日の下谷公会堂の不祥事はあくまでも元、朴、権が負うべきである。「民団の奴等をぶつとらえてくれ」と朴は上野署長につめよつたと言われているが、民族云々している連中がそれきりのことしか言えないのか全く情ない。これでは民族を口にする資格はすでに消失されているといえよう。

「統準」の内部分裂
及び民団の措置

「統準」では十二月十二日正式の事務所として日比谷公園内にある松本楼の二階を借り切つたのである。そして十二月十六日はかれらの運動を対外に宣伝するために日本の新聞記者団とインターヴユーをしたのであるが、当日この会合のスポークスマンは中立運動で有名な金三奎がえらばれたそうであるが名誉のために小心翼々としているもの共は自分の名を売ろうとして各人がすき勝手に発言をしたのである。新聞記者はかれらの行為をさけすんで記事としてとりあげなかつたというエピソートまで生んでいる。もつと具体的にいうならば委員長として金三奎の名前が新聞にのつているとおり、金三奎がヘゲモニーをにぎつて采配したことは事実であるが、これを心よしとしなかつた権逸は挑戦してヘゲモニーを握ろうと画策したと伝えられている。この時からすでに部内にひびがいつたものといえる。金三奎はどこまでも己の持論である中立化を唱え、民族良心の片鱗が心に宿つていると見え、統一はどこまでも太極旗のもとにせねばならない「統準」が民戦に食いこまれ、主導権をにぎられてはたまつたものではないと彼の専売品である中立論をもつてのぞめば権は元、南浩栄、李北満とグルになつて金をおさえるためにああでもない、こうでもないと定見のないことを平気でいつている。曰くこの運動は南北両国又は民戦、民団の両団体に対して野党的な色彩をもつて運動するのではなく、民族的な立場において、各個人の思想及び立場を超越したものであり政治運動ではないといつている。一見、形而上学的な立場において政治をするような理論をもつ反団大韓民国を土台にするのではなく南北統一に重点をおくものであるといつているから、彼等はすつかり左傾した立場にあるといえる。

彼等は朴を自分の陣内にひきずろうとして鄭寅学、金三奎を相手に朴春琴の争奪戦を展開したのである。こゝにおいてかれらと組し難しと諦めた金三奎は一時「統準」から脱退しようと考えていたのであるがそのまゝ身をひくのも大人げないと思つてか、あくまでふみとどまつて中立論を堅持する覚悟だと伝えられている。一方朴春琴はもとより無学であり、単純であるからこの運動が理論なしにたんたんとして出来るものだと考えていたところ部内において、色々と理論がとぶのだから、単純なかれもあれこれと考えさせられるようになり、うるさい時は何んでもかんでも強引にやると無茶を張るので部内でもあれはこまると不平をもらすむきが相当にあるようである。部内斗争の軍配は左翼南浩栄李北満にあやつられる朴、元、権に一応軍配があがつたのである。元、権はすつかり民戦の思うつぼにはまり、過去民団に関係したことのある事実をネタにして民団の目をかすめて団員のうち個別的に三百代言弁護士権に恩を着せられた財閥に個別交渉をする反面、民団中総の名を悪用して如何にも民団がこの運動を全幅的に支持するかの如く大衆を欺瞞しようと、わる智えをたくましくしたが民団の旗のもとがつちりスクラムを組んだ民団組織は微動だにしなかつた事実にもかれらが民団の名を売つた事実に対し、われら民団はかれらに幾度も幾度も警告を発したのであるが、反省するところが見えなかつたので民団中央総本部ではついに断を下し、元心昌と権逸を民族反逆者として永遠にわれら民主組織から十二月十七日付をもつて追放したのである。

「統準」は平和の美名のもと暴力をたくましくした

一月三十日、下谷公会堂でかれら「統準」は南北統一促進協議会発起人大会をひらいたのであるが当日われら民団は中央総本部において時局問題解説報告大会を催したのである。われらは、この大会がすんで、かれらから招待をうけた百三〇名の民団員とその他、団員約百名が発起人大会がどんなものであるかをみ、統一のための所信をのべるために下谷公会堂におもむいたのであるが、かれらは不当にもわれらの入場を拒否したのである。そもそも祖国の平和的統一を語り合う会であつてみれば、韓国人であるものは招待のあるなしにかかわらず誰もが参加しうる権利を保有しているのであるからかれらがわれら民団員の入場を一方的に拒否するということは言語道断であつて結局はわれらの入場をみとめることを余儀なくされた大会は会議進行方法によつて又大衆の意思によつてかれらの発起人大会は流会となり、韓国統一推進民衆大会の名称によつてとつて代つた。

この大会がおわりかけるころ、対民団暴行の機熟せりとばかり祖防民愛青の輩は大会場におしかけ、スダラムを組んで、革命歌を高唱しながらデモを行つた、このときすでに治安確保の任にあたるべき警察は動員配置されていたのであるが、彼らのデモを傍観していたのであり、かれらが強引に会場にのりこみ老若男女のみさかいなくぶつつける、なぐるの、かれら特有のひごろの惨忍性をむき出した暴行が警察官の目の前で行われ、修羅場となつたことにたいしわれらは遺憾の意を表明したい。われらの青年達は必死になつて婦女子をみちびいて会場から脱出するのに成功したのである。そのときはじめて警察隊はパリケートをきずいて一方的にわれらの行動のみ自由制限し入場をこばんだので、やむなく午後四時半にいたりわれらは組織的な行動を解散し引上げたまでである。ところが日本各新聞はジャーナリストの先入感をもつて公平でないニユースを伝えていることはまことにいかんとするところである。問題が民族の問題であつてみれば是々非々の實はさておくとして日本社会に一大波紋をなげかけたことにたいしては、民族の立場において遺憾の意をちゆうしんよりささげあわせて日本の治安当局の労苦にたいし深く謝するしだいである。当日の経過については青年時局対策委員会において詳細に報告したのであるから重複をさけるためこれまでに筆をとめるとしこの不祥の責は当然、元心昌、朴春琴、権逸がにない、全民族にたいし謝罪せねばならないことを強調する。

檀紀四二八八年二月四日
在日大韓民国居留民団東京本部

感激録

昨年末以来、いわゆる統準委の妄動に対して、東本ではいちはやく警告を発し、一般同胞に自粛を望み、愛国愛族のため民団傘下に結束の上、今後一大愛国運動に挺身することを訴えたところ東本各支部、京都、大阪、九州北海地区等、日本の各地区より直接本人が来訪または長距離電話や文書を以つて見舞、激励をする等、東本当局者を感激さした。これ全く純真無垢、大韓民国を守り民主陣営を強化発展することを念い、叛逆徒輩を誅する正義の声であり、これあるがためにわれ等組織運動に身を挺するもの、衿を正して感奮に殉じ以つて祖国を太極旗の下で統一するために百万の志を味方にする思いがしてはならない、衷心感激に堪えない。

在日本大韓民国居留民団東京本部

民族教育の殿堂

韓国学園生徒募集！

韓国人子弟の新入生は

挙つて韓国学園え

韓僑新聞

在日大韓民国居留民団東京本部機関紙
発行所　東京都文京区本郷二ノ四3
電話小石川(92)1256.15
発行人　李　壽　烔

綱　領

一、われらは大韓民国の国是を遵守する。
二、われらは在留同胞の民権擁護を期する。
三、われらは在留同胞の民生安定を期する。
四、われらは在留同胞の文化向上を期する。
五、われらは国際親善を期する。

号　外

慶祝第36回三一節

三一精神は我等の魂
結合せよ祖国復興へ

今日は三・一独立運動第三十六周年記念日である。わが民族史上に永久不滅のこの運動は、弱肉強食をほしいまゝにした帝国主義者たちの魂胆を寒からしめたことは勿論、被圧迫弱少民族の自主独立の解放運動に拍車をかけ、勇気を鼓舞したことは近代史上稀なことである。

然もこの運動が、当時世界三大強国の一と嘔われその最尖鋭の憲兵、武断政治が行われている真只中で、丸腰の非組織大衆が二百万も動員され、一年間の長期に亘つて闘争を展開したことは、我が民族が如何に自由と平和を愛するかを如実に証明したのである。

この意義深い三・一運動の三十六周年を迎えるに当りわれわれは唯この日を記念のための記念日にすることなく、あの脈々と流れる三・一精神を継承し、過去三年間に亘る共産侵略から祖国を防衛しその陰謀を阻止したとはいえ、未だに全民族の念願である統一を見るに至らなかつた祖国統一の聖業と荒された国土を一日も早く復興するために一層結集しなければならない。なお大村収容所問題を始め韓日間に横たわつていた諸問題が非公式ながらもその話合が進められており、大村に収容されている同胞は既に釈放されることにもなつて愈々韓日両国間の国交調整もま近いものと期待される。われら在日同胞もこの機会に過去のわだかまりを一掃し国民外交への民族的自覚と訓練を一層高めるとともに日本の国民にも反省を要望するものである。

韓日関係好轉

日本政府 譲歩濃色し
金公使本国と打合せ帰任

鳩山内閣成立後谷正之氏をはじめ重光外相は韓日関係の急速な正常化外交政策に一つの重点をおき、この線にそつて日本政府高官が韓国側と非公式に折衝し、金公使自身谷日本外務省顧問と数回会見して会談再開方法、時期などについて意見を交換した結果、日本側の案を携行して去る十日金公使は本国政府と打合せのため帰国して十四日夕刻羽田着帰任したが、金公使は決裂したまゝになつている韓日会談の再開について最新の日本の意向を伝え、その回答を持つて帰つたと解されるので、久保田妄言があつたりして感情的に行詰つていた同会談も非常に明るい見通しとなつた。

日本側請求権を放棄か

吉田から鳩山内閣に変つた日本政府は、従来の態度にくらべいちじるしく譲歩の色がみられる。なお金公使の本国政府との打合せから帰任により事態は一層好転するものと期待がかけられている。

韓日会談の早急な再開が必要となつた事情については、日ソ交渉よりもこの方をさきにやるべきだとの内外からの要望と、大局的な見地からいつて台湾をめぐる極東情勢から韓国、台湾、日本を結ぶ三国の緊密化が自由主義陣営として必要となつたことなどがあげられる。日本外務省の谷顧問は金公使にたいし日本側の構想として韓日併合を合理化した久保田発言を撤回し、請求権については日本はこれを放棄する。そのかわりに韓国側も過大な要求は出さない(旧韓国軍人、軍属、徴用労務者の未払給料、恩給、年金、郵便貯金などは支払う)基本条約(公館の相互設置、外交官の交換)を早急に締結する。などの会談再開に関する条件を伝えているが、金公使はこれにたいする本国政府の詳細な訓令を近い中に日本政府に伝達するものとみられるので、両者の会談が注目されている。

日本政界で歓迎

十日帰国した金駐日公使は李大統領に報告を終り同日午後一時半記者団と会見して、韓日会談再開の見通しなどについてつぎのように語つた。

日本の鳩山内閣は韓日両国の国交調整について誠意をもつて臨んでいる。李大統領との会見の意向をもらした鳩山首相に対する李大統領の特別声明を日本の政界では歓迎しており、韓日問題の解決には従来のような大きな困難はないものと思う。韓日会談は日本総選挙に拘らず具体案がきまれば再開される。具体的なことは私が東京に帰任後明かにされよう。

大村収容所に収容されている韓国人の数はいま調査中であるが何れにしても近々全員が釈放されることになろう。

逃亡飛行士二名については機体の返送とともに、身柄の引渡方を日本政府に要求している。米の対日輸出契約は日本側の最終回答がないので確定をみるには至つてない。

李、鳩山会談 実現を予測

韓国外交権威筋は十一日「日本の総選挙が終れば韓日国交協商問題が再開されるであろう」と語つた同筋は「個人的意見である」と前置きして「鳩山首相が今度の総選挙に勝つであろうことはほゞ確実視される。総選挙後鳩山首相は李大統領を訪ね韓日問題解決の原則について検討を行うものとみられる。鳩山首相が韓日問題の解決を強調していることは極めて賢明な考えによるものである。」

なお帰国中の金公使は同日長時間にわたつてべん外務部長官、曹外務部次官と会談したが会談内容についてはかたく言明を避け日本の選挙前に李・鳩山会談が実現するとみるか、との問いに対して「それはむつかしいかも知れない」とのべた。しかし当時の外交筋は金公使のこの言明は李・鳩山会談の実現を予測したものであるとみている。何れにしても韓日協商の見通しは、金公使の帰国で明るいものになつてきており、金公使の帰任後の動きが期待される。

総選挙に関係ない
金公使語る

本国政府と打合せのため帰国していた金公使は、十四日午後五時五分羽田着のCAT機で帰任した。金公使は同夜代表部でつぎのように語つたが、韓国政府の訓令を携行したかどうかについては一切触れることをさけ、また谷日本外務省顧問といつ会見するかについても何も語らなかつた。

こんどの帰国は韓日会談再開を含む種々の問題について打合せるためだ。韓日問題について韓国政府はなるべくすみやかにすべてを円満に解決することを望んでいる。両国が誠意をもつて解決に努力すれば必ずよい結果が得られると思う。会談の再開は日本の総選挙とは関係ないだろう。

韓国訪問を歓迎
李大統領 鳩山首相の提議に言及

李大統領は去る三日午後公報処を通じて「われらは韓日会談を再開して困難な問題を解決し、また日本が誠意さえ表示するならば、両国間の正常な外交関係を樹立するために、最善をつくす用意がある」と言明した。しかし李大統領はこれは「日本の新内閣が先に日本政府代表が発言した侮辱的言辞を撤回し、韓国の領土と財産に対する権利主張を永遠に廃棄する意思を知りたい」と前提したものである。

この言明はまた日本の鳩山首相が韓国を訪問するという外信報道に関した記者質問に対して答弁したものである。なお大統領は「鳩山首相の韓国訪問はよろこばしいことである。私はこの声明が真実であるよう希望する」とも附言した。

日本北韓貿易に疑念

べん外務部長官は十九日北京で日本の半官的貿易代表村田省蔵氏と北韓当局者の間で交渉された七千万ドルのバーター貿易案に言及して「われわれは共産主義に対する日本の態度につき非常に疑念を持つている。日本の態度はいつもはつきりしない。日本が韓国関係正常化前に一方で共産諸国と関係を樹立しようとしているのは韓国の疑惑の念を薄れさせない結果になる」と語つた。なお日本外務省スポークスマンは十九日「北韓との貿易は韓日関係を円滑にする努力を帳消しにする恐れがあるから日本政府はこれを承認しないだろう」と語つた。またべん長官は韓日会談早期再開に関する日本政府との交渉につき金駐日公使から何か報告を[illegible]

日本の竹材を輸入決定

(ソウル十一日東洋)水産局では全南漁連の申請により、本年産海苔の養殖資材所要額を検討中であるが、それによると、所要総額は一億四千余万円である。うち乾燥資材である篠竹は緊急導入を要するので九、六九〇万円を優先的に融資し来る三月末までに日本から輸入する措置をとる。

李大統領誕生日に祝賀行事

李大統領誕生全国祝賀委員会は三月二十六日の李大統領八十回誕生日を祝う盛大な計画を十五日完成した。八十二名の有名人からなる同委員会は李国会議長室で第一回会合を開き各界の国旗掲揚全国各地での祝賀会ソウルで閲兵式記念切手発行李大統領伝編纂記念碑記念図書館記念競技場建設などを決めた。

大村收容者を釈放
韓日両国の交渉成立

去る九日から十三日までの五日間に亘り大村収容所に収容されている同胞の調査を落して帰任した代表部の崔僑民部長は十六日、日本法務省入国管理局をおとずれ日本側の法務、外務両省の事務当局代表と会見して、昨年十二月以来懸案となつていた大村収容所に収容されている密入国同胞の問題について協議した結果、韓国側が二月中に二百九名の密入国者を引取ること、日本側は八十五名の外国人登録令違反者の釈放を行うことで相互の了解が成立、お互に送還者のリスト交換を行つた。よつて入管では早急に送還のための配船準備を進め、二月中にも実現の運びに持つて行きたいといつている。

今回の交渉が難航していたのは日本側が戦前から日本に居住していた者で登録違反者の送還を当初送還人員の中に入れていたのに対し韓国側はこれを認めず相互の間に意見の対立が続いていたためである。なお現在大村収容所に収容されている韓国人は千四百名でその内訳は密航者千名、その他四十名となつている。

内田入管局長談

今回の妥結を基礎として第二次送[illegible]

崔僑民部長談

[illegible]

二百五十万ドル割当

【ワシントン発】[illegible]

仁村金性洙氏死去

[illegible]

十字路

[illegible]

◇随想◇
苦痛の効用
金　素　雲

第一書房華やかなりし頃を知る人なら土田杏村氏の名を忘れてないと思う。哲学・思想方面の甚大な著書が矢継ぎ早やに刊行されてそのエネルギッシュな仕事ぶりが人の目を瞠らせたが、それを執筆している当の土田氏は、じつは病床を離れることのできない肺患の重症患者であつた。(それらの業蹟は、後年「土田杏村全集」として世に遺されている。)

二十六年前、原本「朝鮮口伝民謡集」の刊行のことで土田氏から懇篤な書面をいたゞき、始めて京都に同氏をお訪ねしたとき、私は真つ先に、日頃のその疑問に触れた。

——どこからそういうお力が湧き出るのです? 達者な人の何倍も仕事をしていられる、なんとも不思議でならないのですが……と。

病床に起き上つて、机を前にして私と対坐している土田氏の眼光は病人とは思えないほど炯々と輝いていた。

—よくそういうことを尋ねられるのですが、別に種も仕掛けもありません。三十七度のこの微熱—これが一方から与えられた、私の「平熱」なのです。病気だと思つたらもうおしまい—病気かも知れないが、私が許された健康の限度がここまでだと、そうハラを決めているので、自分では病人だなどと思つていません。どうにか、こんな体で人並の仕事ができるのもそのせいですよ……。

口辺に笑を浮べながら、そのとき土田氏はこう答えた。

☆

結論を先に書いたが、吾々もまた、診断を待つまでもなく肺患の第三期的重症にある。

聞いてオドロけ—(といつたところで誰も驚きはしない。同胞なら誰もが知つている実情なのだから—。)つい最近までの韓国の巡警の月俸は三百ファンそこそこ(何割かゞ上つたという話を四五日前に聞いた。)—公定換算では日本のほゞ六百円に相当するが、市井の闇相場では逆に一対一・八—つまりは三百ファンが日本の二百円に充たない。巡査の月俸が二百円足らず—人間社会の常識では考えられないが、それほど吾々が貧しいというのなら、何もそんなことは不思議でも恥でもない。その、月俸二百円の巡査が、二万や三万の生活は結構営んでいるという、そのことに不思議があり、恥があるのだ。何もこれは巡査だけに限つた話ではない。長官、次官が二千ファン——日貨千二三百円の官俸で、十万やそこいらの生活はやつているというのも同律同断である。

もう一度これは官吏だけに限つた話ではない。大体において物価指数は日本の倍——その国で一枚七十円の原稿を書きながら「文化人」という人種が棲息している。

ともかくも彼等は生きているのだ。この摩訶不思議、この変則は、今日の吾々が処する有りとあらゆる問題に、生活に、繋がつている。具体的に一々取上げるとなつたらこの新聞の全紙面をまるまるそれに充てても足りることではない。

☆

吾々は医者も匙を投げた重病人である。重病人ではあるが、いうならば、これが今の吾々に許された健康の限度なのだ。人並みの健康を取り戻した上で、それからというのでは絶望しかないが、三十七度の微熱が、これが吾々の「平熱」だというなら、この変則の中でなお且つ、文化を育くみ、芸術[illegible]

(二月二十日)

主　張
三六回三一記念に寄せて

民族自決の原則にもとづいて、しいたげられ、ふみにじられた民族の主権と自由を求めて、全世界に対し弱少民族の血涙をしぼり、正義の叫びを訴えた己未年三月一日の独立革命運動の記念日をこゝに三十六たび迎えることになつた。この記念すべき日をしのび、民族団結を更に肝に銘ずる自由をかちえたのは、先烈の民族精神による敢然のたまものであると、今更の如く心髄に訴えるものがある。全民族が国内外をとわず厳粛に記念行事をとり行つているのは、三・一独立革命運動の崇高な精神にのつとつたものであつて徒らに排他的な精神にはしり又は、旧怨に対する復讐心の表現ではないことを明言する。日本の覚醒をもとめる韓民族の叫びだつたのだ。三・一運動の精神は独立宣言書にそのまゝ表明されている。

「厳粛な良心の命令をもつて自家の新運命を開拓することにあるのであつて決して旧怨や一時的感情として、他を嫉逐排斥するのではない。旧思想旧勢力に羈まされた日本の為政家の功名的犠牲となつた不自然且不合理な錯誤状態を改善匡正して、自然にして合理なる正経大原に帰還させるにある……」「今日、吾人の韓国独立は韓国人として正当な生栄をとげしめると同時に、日本をして邪路より出でて東洋支持者としての重責を全うせしめるにある……」この独立宣言書の背景は、日本に対し、不自然な武力的支配による結合をやめて、韓民族の自然合理なあり方をもとめ、東亜の安寧秩序者としての日本の責任遂行を要望したものである。当時の韓民族の叫びが何故日本人とくに為政家にはひびかなかつたのか? 皮肉なことにはベルサイユ平和会議で日本の代表は、人種平等を主張していたはずである。当時韓民族の民族的な主張と一民族自存の権利を尊重して、日本がこの独立宣言書をすなおに理解して善処していたなら、アジヤの歴史はどんなにか変つていたことであろうと考える時、大陸侵略から第二次世界大戦の悲劇えと制止のきかぬ日本民族に与えられた宿命をいまわしく思い、かなしむものである。「自然にして合理なる正経大原に帰還」して自然のすがたとして祖国はわれらの手に帰つて来た。時代を画した新しい世代において新生した大韓民国に対し支配時代の迷夢からさめきらぬ一部日本人は勿論のこと多くの日本人が隣国である韓国を正しく認識しようとする努力に欠けていることをなげかわしく思うと同時にわれらは三、一節を迎えるに当つて、これが日本に対する旧怨の象徴であると考える正しくない認識をあらためて、東洋道義を要にといた三、一精神を理解し、成長しつつある韓国に対するよりよき理解者として善隣のよしみを培い両国親善のため新しい時代感覚をもつて、隣人を認識せられんことを望むや切である。

祖国統一は三一精神のもとに

第二次世界大戦の終焉は、のぞむとのぞまざるを問はず世界的に変化をもたらした。自然のあり方として祖国はわれら韓民族の手にもどつて来たのであるが、韓民族のねがわざる世界列強の御都合主義によつて国土の両断は、かつて他民族による侵略、迫害、弾圧屈辱にも劣らぬ民族的な悲劇をかもし出していることは、事新らたに書きたてるまでもないが、共産傀儡集団の侵略により、昔日の美しい面影をすっかり失い荒涼たる焦土と化し、見るも無惨な祖国の大地に立ち、生活意欲にも民族意識のたかなつているわれら三千万同胞は、両断された国土の統一、イデオロギーによつて分裂された民族の統一、国家主権の統一を明日えの希望として又課題としてたゆまぬ前進をつづけている。共産侵略者達は、武力による大韓民国の侵略が不可能であることを知つたのみか、潰滅にひんしたかれら傀儡集団は、時をかせぐために休戦を求め、思想闘争、政治闘争とあらゆる手段方法をもつて再侵略の機をうかがつていたが、世界情勢の変化にともない彼等は政策の転換としての平和攻勢をもち出し所謂南日アピールなるものを発表し、常套的欺瞞宣伝をするのみか窮余の策としてこれを在日僑胞社会にまでおしすすめて民族反逆の徒にまで媚態を売り、これらの者をほんろうして所謂「統準委」なるものをつくらせ、民族の再分裂を策している。この運動がある程度までは進展し膨脹するだろうが内部的に分裂を来し崩壊するだろうことは時期的問題である。傀儡集団の媚態に踊らされ調子づいている民族反逆徒党「統準委」は原則と祖国の平和的統一を実現させる方法とを混同している誤謬を犯している。原則的に南日アピールなるものは今更不必要であるにも拘らず、これが民族の至上命令としてかれらの目の前に示された統一のための原則であるかの如く錯覚をおこしているが、決して南日のアピールは統一のための原則でありえないことは民族の良識あるものは誰しもが知りつくしているところである。これは三・一独立革命運動以来先烈の流した血に対する冒とくであつてわれらは断じてゆるしえない。民族国家大韓民国を守護し発展させようと努力しているわれらが今更何の義理があつて共産の輩と平和を協議する必要があろう彼等と平和をともに語り合い協議すること自体が侵略をみとめ、共産主義を是認することであり、民族に対する一大反逆である。われらはここに三・一記念日をむかえ、厳粛たる民族良心の命名するところにより、全民族は総蹶起して祖国を再びソ帝国主義に売ろうとしている共産徒党を潰滅し、又六十万在日同胞は挙つてかれらのシンパサイザー「統準委」をして邪路より出で民族正気に帰還せしむべくあらゆる努力を払う決意を新たにする。

喚起せよ！三一自主精神

三一精神を一層光らしめよ
金公使三一記念辞

三十六年前の今日、十三道代表の愛国指導者三十三人が独立宣言書に署名し、韓国が民主独立国家であることを世界に公布したのであります。この独立精神を継承したわが国は一九四八年八月に自主独立を勝ちとり全国民はこの独立を維持し鞏固ならしめるため、合心尽力しており、全世界民主国家の先鋒となつて自由民主陣営の安全を祈願するとともに歴史上にも稀な役割をなしております。大韓民国は独立宣言書に表示された愛国先烈の独立精神を発揮し国を挙げてあの六・二五の共産侵略を撃滅し共産集団の世界制覇の野望を粉砕したのであり、今や政府は国家百年の大計をもつて隆々発展の途上にあります。

われら在外国民においてもこの聖業に直接間接貢献し、わが先烈の独立精神を立派に継承発揮していることは皆さんとともに慶賀いたすものであります。しかし吾等の前途には国土統一という大きな課業があります。在日僑胞は愛国先烈の独立精神を想起して偉大な領導者李承晩大統領閣下の領導する国土統一完遂の聖業に邁進しなければなりません。白衣民族の五千年歴史に輝く先烈の三一節記念日に際し在日僑胞の皆さんは、国民の発展と子孫万代の福利のために一層結束されることを願うものであります。

自主精神を喚起せよ
李海烔団長記念辞

われわれ韓民族の自覚に基いて自主独立を主張し、侵略を排撃した三一独立運動の烽火が挙つて三十六回の記念日を迎えることとなつた。

侵略と弾圧の絆から脱解して世界に誇る民族の壮挙を自由に記念し得るのも、これで十回を重ねるわけで、三一運動の原因と様相については殆んど筆舌に尽されているので、ここではそれを再びくりかえすまい。

それにしても今なお伝来の国土の半分は共産主義侵略下にあり、そ[illegible]

韓国銀行東京支店　支店長 金 基 燁

美進産業株式会社　支店長 朴 俊 栄

大韓水産貿易株式会社　東京事務局

大韓海運公社　東京出張所

東和商事株式会社

株式会社 金吉商社　東京事務所

大明商事株式会社　東京支店

南鮮貿易株式会社　東京事務所

和信産業株式会社　東京事務所

同胞警官に殺さる

池袋駅派出所内で

柔道で投げ靴蹴り 他の警官は見物

★★★★ 民主警察であるべき日本の現職警官が善良なる市民を殺害し、あるいは暴行を加えるという乱脈ぶりがひんぱんに報道されている今日、今度は東京池袋西口駅前において白昼堂々としかも大衆の面前で、わが同胞が現職警官に殺害されるという事件が突発して、在日韓国人は勿論日本民衆にも大きな不安を投げかけている。★★★★

去る十三日午後三時半池袋駅西口前の池袋警察署管内派出所内において、民団員洪禹吉氏(四十三歳)豊島区池袋四の一七九二)が同派出所の巡査保安係国松久也に殺された。

殺された洪氏は昨年来の病気で病床生活を送っていたが 同日友人(日本人)がパチンコの景品買事件により同派出所に引致されたときき、友人の義理からこれを弁護し出来ることなら身柄引受でもと思い同派出所を訪れ、事件の内容を聴き友人に面会を求めたところ拒否されるとともに所外においだされてしまった。しかし洪氏はあきらめず再びとざされた扉をあけようとすると、犯人国松がどなりちらしながら出てきて柔道と逆手を使ってコンクリートで舗装された舗道に洪氏をたたきつけるやスキー靴よりも頑丈な靴でふむけるの暴行を加え人事不省におちいらした。

これを見ていたほかの警官と多数のヤジ馬は誰もとめる者もなく十五六分経過した後急をききかけつけた洪鶴子夫人と、警官のしうちをみかねて憤慨した見物人たちの手で池袋外科病院にかつぎ込んだが診断の結果「脳内出血」多量により見込なしと診断された。しかし近親者はあきらめきらず看病の限りをつくしたが医師の懸命の科学療法も効なく十七日午後一時ついに死亡した。

脳出血 七〇ミリが致命傷

池袋外科病院で死亡した洪氏の死体は同日ただちに東大解剖室に移され解剖を行い右後頭部打撲により頭がい骨に四センチの穴のあいたのをみとめ脳部から七十グラムの血液が混流したのを見出して、これが致命傷であることを確認した。

なお十八日は生前から親しかった小林さん(日本人)宅で、民団東本の李洪烈団長及び豊島支部金団長以下常任一同と各地からかけつけた韓日両国の友人の焼香により仮葬式を行った。

本葬式は三月中旬の見込み。

法務 外務 関係当局に抗議

本国と代表部に眞相報告

東本では去る十三日豊島支部管内において、現職警官国松に殺害された洪禹吉事件を重視しつぎの抗議文を日本政府の法務省をはじめ各関係当局にこれを伝達し、本国政府と駐日代表部にも報告を行った。

現職警察官の暴行による韓国人傷害致死に関する抗議の件

標記の件に関し去る二月十三日午後三時池袋警察署管内の池袋駅西口派出所前において池袋警察署保安係巡査国松久也が在日本大韓民国居留民団々員洪禹吉(洪の知人が同署員に依って拘引されたところ事情のきき取り及び身柄引受等交渉のため派出所へ行ったもの)に対し柔道及逆手を使って、数次に亘り舗装道路上に叩きつけたあげく、けるふむの非人道的な暴行をたくましくして人事不省に至らしめた。洪禹吉は附近に居合せた人々に助けられて、池袋外科病院にかつぎ込まれたが加療中のところ効なく脳内出血のため二月十七日午後一時を最期として息をひきとったのである。

この事件は内国人又は外国人たるを問わず人道上ゆるすべからざるなげかわしい事実であって、加うるに現職の警察官がかかる蛮行を敢えて成したという事実に対しては、日本国の治安当局の非民主性の暴露にあらざるやと疑わずには居られない。現在日本国にはわが同胞が六〇万日本全国に散在して居住しているが、この度のような事件即ち人権蹂躙及び基本人権のじうりんの再発を防止する見地において我等はここに厳重抗議するとともに左記の各項の確認を求める上においてご貴下の御賢明なる措置を乞うものである。

記

一、事件発生の管轄警察池袋署長は責任をとり引責辞職すること。

二、加害者国松久也巡査は殺人犯として依法厳重処罰すること。

三、被殺者洪禹吉の遺家族に対し満足すべき慰藉料を補償すること。

以上

殺人警官を野放し

豊島支部厳重抗議

民団豊島連合支部(団長金蔵淑氏)では去る十七日夜洪氏殺害事件に対し対策討議を行い全員一致をもって斗争することを決定しつぎのような抗議項目を決定した。

在日僑胞の生命財産を守る民団綱領に基き、民団豊島連合支部は洪禹吉同志殺害事件に対し池袋警察署をはじめ日本各関係当局に左の項目をもって厳重抗議する。

一、殺害者巡査国松久也を厳重処罰せよ。

一、管轄の池袋警察署長を即時免職せよ。

一、日本政府は在留韓国人の人権を保護する万全の措置を講ぜよ。

一、遺家族の生活安全を保障せよ。

なお同支部の金団長と鄭副団長は二十一日遺家族とともに池袋警察署に署長を訪問して決定した四項目を提示抗議を行った。

席上同署長は「犯人国松は検察庁の服部検事係が取調べを行っているが身柄は拘束してない。私の関係は本庁(警視庁)に進退うかがいを行ってある。その返答によって決定されるがこの事件が私が免職してかたづくならば何時でもやめる。遺家族の生活保障は責任をもって償いをする。」と答弁した。

活躍する豊島

三一独立運動記念日を前に常任あげての猛活動を開始して、その準備工作に多忙を極めていた豊島支部では、去る十三日の洪氏殺害事件発生にともない大車輪の如き活動を展開している。

去る二十一日は練馬分団の全常任をはじめ各分団の団員が総出で、三・一記念ポスタと洪氏殺害事件のビラはり池袋警察署への抗議、街頭宣伝、檄ながし等を朝から夜くらくなるまで行って組織の強化ぶりを見せている。

「三一記念」東京民衆大会

余興に在日同胞芸能人総網羅

民団東京本部はじめ関東地区の各県本部では、去る三日の「民団関東地区協議会において、三一記念東京民衆大会を三月一日午前十一時半から日比谷公会堂において開催することを決定し特にこの日は在日韓国芸能人を網もう羅した余興を行うことにした。

出演する楽団並に舞踊団はつぎの通りである。

韓国学園合唱団、金光洙舞踊研究所、清原楽団、金松月舞踊団、[illegible]古典芸術研究所、島田バレエ団、東京レイン・ジャズ、その他韓国一流歌手多数

共産主義者との結合は不可能

「南北統一運動準備委員会」が一月十七日付で私を準備委員の一人に補選したことに関し私自身思わぬ迷惑を蒙ったばかりでなく巷間にも彭からぬ誤解を招いたと思われますので私の立場を明らかにするため一言釈明しておきたいと思います。

もともと私は高度な政治運動に挺身するほどの器量人でも趣味人でもない上に、私の属する韓国文化教育会は韓国政府文教部の公認団体であり、会長である私はその職を離脱せざる限り所属機関の決議なしには他の如何なる政治活動にも党派運動にも走ることは許されて居りません。

それに私は昨年十一月より本年二月にかけて記録映画「在日同胞消息」の撮影並びに製作資金のカンパのため地方に旅行しておりましたので東京でのかゝる動きに参画する時間もなく又その積りでも居りませんでした。

それにも拘らず「統準委」が私を準備委員に発表したことは紛れもない人名盗用であり黙過出来ません。

凡そ祖国を思い民族を愛する者である限り南北の平和的統一を願わない者はない筈であり解放この方われわれの至高至大の目標がひとえに南北統一へと集約されてきたことを否む者も居ない筈であります、けれども私は過去において再度ならず人民共和国並びにその勢力につながる一連の集団から裏切られた苦々しい経験をもつので、今日ではもはや共産主義者との結合は不可能であることを知っており、統一の美酒に幻惑する余り吟味もなしに軽々しく呼応することの危険を主張しつづけていたのであります。

私は「南北統一運動準備委員会」が私の旅行不在中一言の相談もなしに人名盗用し入れたり出したりしたことの責任を追及すると共に私は「統準委」との間には始めから何等の関係も存在していないことを確言し闡んで声明いたします。

一九五五年二月十五日

韓国文化教育会本部

会長 崔 鮮

帰国希望者激増

就職難が原因

東本民生部では、最近特に殖えてきた大学卒業者と一般僑胞が就職難と生活苦から帰国を希望してくることも重視して、つぎのような活動方針を樹て本国の関係当局にその受入方と本国復興に寄与出来るような職場にあっせんすることを希望した援衛を行うことになった。

一、最近在日僑胞の民生状態は日毎に転落の一途を辿っている。特に各種大学を卒業した青年は日本での就職は極めて困難な状態にあって、このまま放置することはただ落の道え追いやるようなものである。

二、一般僑胞の帰国希望者は特に多く、その数は日毎に殖えて行くがその殆が帰国後の身の振り方に不安を感じている。

三、現在結婚適齢期にある青年男女の実態は女一に男七の割合になっている関係上、日本の女性と結婚する例が少くない。しかし過去の例を見るにその大部分が不幸な結果となっているところから、本国の女性を希望するようになってきた。

民衆慰安大会盛大

武蔵野支部で

民団三多摩本部傘下で最も活発に組織強化を推進して来た処一月十日当支部団長鄭令出氏、議長安洪柱氏、総務部長崔和奉氏以下六地区分団長等が集り協議の結果一月三十日午前十一時より武蔵野市立第三小学校大講堂に於いて、武蔵野地に在留同胞慰安会を開催することに決定した。然しこの短い期間内全同胞に呼掛けることは相当な困難が横はっていた。勿論宣伝をしなければならないし、亦は経済的条件も伴って来たので、前記役員等は、昼夜絶え間なく、血みどろな運動を展開したのである。処がその当日催し物として、吾が同胞の宝石ホープである「東京レインジャズ」六人兄弟楽団と無窮花劇団の吾が国の民謡の盛り沢山な熱演には同胞無慮六百数十名に多大な感銘を与へ民団に対する認識を新らたにしたので今後民団運動に大きな話題になっている。

以上

韓日國交に精進

左翼の妄動による下谷事件は遺憾

民団中総では去る二月五日第二十一回臨時議事会を開き、韓日友好促進に関してつぎのような決議を行った。

一、われらは日本に居住する韓国々民として韓日両国間に平等互恵の友好関係が早急に樹立発展されることを衷から念願しその促進に精進する。

二、われらは「韓日友好のため李大統領を訪問する意思がある」といった鳩山首相の言明を歓迎するとともに、これは無責任な放言でないものと理解する。

三、われらは反共産主義の共通する立場を前提としなくては韓日友好の実現は困難なるものと考えるからソ連及び中共と接近を図ろうとする日本の動態に対しその危険を警戒しない訳にはいかない。

四、われらは特に去る一月三十日下谷公会堂でおこった事件に対し日本警察当局が民族反逆者朴春琴一派を後援するが如き行動をとったことは、韓日関係の好転を阻害するものとけ念する。

五、われらは前記事件が日本の治安に若干の悪影響となったことを民族的立場において遺憾とするものであり、両国民の友好を促進するためわれら自身が先に秩序を尊重し平和を愛好する居留民として日本国民の信頼を得なくてはならないことを痛感する。

六、われらは日本政府当局及び国民が韓日友好の大局的見地から居留韓国人に対する一切の経済的社会的差別待遇を早急に解消することを要求する。

統準の妄動は遺憾

昨年十一月の南日アッピール以来、南北統一準備委員会の開催が巷間に色々と取沙汰され、何等関係のない私までが話題となっているようであるが、私はこれら一切の事柄に就いて何等関知せざる所であり過去においても関係のなかったことをここに言明するとともに、民戦の策術にかかって妄動する統準の活動を遺憾とするものである。

一九五五年二月二十三日

李 能 相

統準とは全然関係ない

最近、本人が南北統一促進協議会に関係しているかの如く、一部の世論、言論機関に報道されているが、これは全く誤報であります。本人は同協議会に全然関係ないことをここに声明します。

一九五五年二月十五日

楊 [illegible]

南北統協は共産党指令

内務部治安局で重視

一日夜ソウル放送によると内務部治安局では去る一月三十日下谷公会堂における統準委大会の乱闘事件の真相を、次ぎのように発表した。

「東京に本部をおき第三勢力結成を企図する金三奎、朴春琴一派は去る三十日東京下谷公会堂で所謂統準委大会を開催したが、在日韓国居留民と衝突し二十余名の負傷者を出した。

金三奎、朴春琴一党は、南北統一という美名下に在日民戦と合作し北韓傀儡集団に隷属する南北統一促進会をつくった。

金三奎、朴春琴、白武、権逸、元心昌、南浩栄、鄭寅学、李北満、李守奎、李在東、李英表等十一名の代表委員の中、金三奎は元東亜日報主筆であり、朴春琴は日帝時代に日本の代議士をやった親日派であり、李北満、南浩栄は共産党員であり、この全代表委員の顔振れからみて共産党の指令下に動いていることは明白である。彼等は北韓傀儡集団のアッピールを受けとり、所謂南北平和統一という美名の下に、在日韓国居留民団を粉砕する目的で、かかる団体をつくり三十日下谷公会堂で全国大会を開催したのであったが、在日愛国居留民の憤激に会い、同大会は失敗に終った。統促委は共産党の指令の下に共産党員李北満の背後工作によって動いている団体である。同団体は在日韓国学生に奨学金を支給すると甘言を以って同会加入を誘っている」

共産輩の手先統協

日用品で大衆動員狙う

昨年の年末以来民族陣営の結合に水をさしてきた統準は、民戦の指令に基き例年行っている民団側の三一記念行事を破壊しようとする陰謀をもって、あらゆる策動を行っている、以下その策動の全貌を追って見る。

去る十七日統準の元心昌は部下の朴準と日比谷公会堂に現れて公会堂警備力を申し入れたが、これを断られ拳をふりふり大いに暴れたが結局相手にされず、そのはらいせに二十万円を投げ打って国技館を借りたそうである。ところが二万人も収容される国技館では、動員が問題となり思案投首の末大衆を金で売収することに決定して朴春琴から出た百万円でタオル、マッチ等の日用品を買い入れ都内全同胞に配り歩いているそうである。一方民戦では他に動員費として六十万円の募金カンパを目標に民戦員の毎戸から千円以上の金を前とりしまた同日の入場料として一人千円づつ徴収することを決定したそうである。

祖国教育復興に学ぶ

章 太 源

わが韓国学園が開校されて、はじめての新学期を迎えるようになったことを、こころから喜びとするものであります。

すぐる年はわれわれ僑胞六十万の歴史の一頁を永久に飾るであろうところの、韓国学園が東京のど真中に生れた年でありましたが、この年が必然的に一九五五年に一分の隙なく続くと同様に学園は本年こそ一大飛躍を遂ぐべき段階に立ち至りました。

東京にはわれわれの可憐な児童生徒が実に九千の多きに達しております。これらの中には自分が何民族であるかも知らず、自民族の言葉も知らず、そればかりではなく自分の国がどういう国かということも知らない者がいることは周知の事実であります。自分の言葉は説明するまでもない全くの盲である。

この原因は、いうまでもなく過去の日政の愚民政策にあったのでありますが、解放後正に十年、過去は過去としてわれらの運命はわれわれ自身にあるのであって、解放即ち自決であることは申すまでもないと思うのでありますかく申し述べることは何も日政の過去を是認しようとするものでは毛頭ありませんがこれからのわれわれの進路は、われわれ自身で解決する以外に道がないと申し述べたいからなのです。

『民族教育実施』ということはわれ〳〵の久しい間の念願であった筈でありますが、いざ学園が開かれて見ますと、学校の欠点をいう人の多いかわりに卒先自分の子女を入学させる人の少ないのは一体どういうわけでしよう。われ〳〵僑胞社会の指導的立場に立つ方々の子女の入学は皆無に近いと申しても過言でないこの現状はなんと解釈すべきか?われわれのこの学園は一体誰の学校であり、誰の手で維持発展をせねばならないものであるのか、われ〳〵は今からでも遅くはないと思います、とくに反省して見ようと思うものであります。

学園は誕生以来やつと一年足らずのもので、歴史の古い日本の学校と較べれば不備な点は多大であるということは否定出来ない ところも ありますがしかし学園を見捨てることには当らないと思います。

新学期の好き機会にわれわれは事大思想を一掃し民族自決の一大前提に立ってわれわれの子女の為に学園をわれわれの力で盛りとげていきたく思うものであります。私は本国の体育大会に参加する機会を得半月程ソウル大邱地方を旅行し祖国の教育復興ぶりの偉大さを目の当りに見てきました。どこの学校も今は校舎が軍から返還され立派に復興されて居ることです。大邱の横浜高校では、軍隊が校舎を使用していたところを、私が訪問した時は、隣接の岡に天幕を張つて軍隊が移り、生徒達は、立派なレンガ造りの校舎で勉学に励んでおりました。進学者は年と共に殖え高校では一教室七、八十名で施設の拡張が追いつかぬ有様でありました。特に驚いたことは慶北女子高等学校では学校は道立であるが不幸にも火災にあい校舎の大部分が焼かれ道庁の予算ではとてもおぼつかぬ故大邱の市民達は言語に絶する苦難の中でも子弟教育の至誠心から再建費を持ちよつて以前の校舎よりもずつとよいコンクリート造りの校舎を建てたことです。私はこれを目の前に見て祖国の人々のわが子女の教育の為には如何なる犠牲でも惜しまぬという熱烈な精神に胸を打たれ、祖国の人々と在日僑胞との考え方がこうも違うかと思いつつ胸に一種の淋しさの感ずるを禁じ得ませんでした。

ソウル大学の中央図書館には七十万冊の貴重なる書籍が保蔵されているが、動乱に依り共産軍に大部分を奪われたと報道されたが事実は、共産軍が運搬中のところを、見事に奪還して今ではすつかり、元の通りに復元されていました。又先年教育研究校と指定された培材中高等学校ではあらゆる設備が日本の一流校以上に完備され、映画設備まで設けられ実に理想的な授業を行つていました。動乱により破壊され凡ゆる悪条件の中に、斯くの如き復興事業の推進状態を考えるとき、好条件の中にある在日僑胞の今日のあり方を思うとき、自から反省せずにはいられないことを痛感致しました。

私は此処に再度教職員は勿論僑胞諸賢も祖国に対する責けんの一端として最も重要な教育施設を育成強化されんことを切に望まざるを 得ないので あります

(筆者 韓国学園教師)

風針

△韓日関係正常化を強調した鳩山首相 李大統領訪問を言明。早くはないが、行くがよい。

△韓日会談という名の[illegible]、[illegible]中の最完成近し。故障にならぬよう取扱いに注意。

△虎の間客でしっぽをまいた吉田前首相、韓日関係好転とは、痛むであろう神経痛が。

△三一精神は韓民族の魂。党利党略や共産分子に利用されてはならぬ。偏見を捨て自覚に邁進せよ。

△現職警官僑胞を殺す。柔道で投げ逆手で止め、念が入ってる。まだ民主警察とはいえないね。

△帰国希望者激増、大学出は就職難、一般は失業難、結婚しようにも娘がいない。韓国娘ヤーイ

(訂正)本紙第二十号に掲載された権一天氏は、民戦幹部でないことを訂正いたします。

삼일절(三・一節)노래

◇史話◇ 端宗六臣 (2)

金 素 雲

郭 仁 植 画

集 賢 殿 二

集賢殿の学士たちは王の数々の御事業に同じく携わり、いつも王の御諮問を蒙っていたので、王の御識見、御仁徳には、とりわけ感激していた。

その頃また太子であったお世嗣の文宗王も、学問には殊のほか御熱心で、集賢殿の学士たちが、宿直をしている時など、よく御自分で足を運ばれては、夜が更けるまで、学問上の討論をつづけられた。

いつお成りがあるかわからないので夜も学士たちは衣冠をとることが出来なかった。ある晩などはちょうど宿直にあたっていた成三問が、子の刻(十二時)を過ぎたので、もうお出がないものと思い、衣をとろうとしたが、そこへ戸の外に太子のお声がしたので慌てて脱ぎかけた衣をまた着なおして太子を、お迎えした。それほど、王室と臣下とは睦じい親しさの中であった。

首 陽 大 君 一

世宗大王が、三十二年で世を去られると、つづいで文宗王が立たれたが、わずか二年足らずでまた亡くなられ、そのあとを、十二歳の幼王端宗が、臣下に護られて位に即いた。

端宗王には、七人の叔父君があった。何れも世宗王の王子たちであるが、中でも一番上の首陽大君が勢力も強く、人物もしっかりした首陽大君は、予てから悪心を抱いていた。それを知っていた韓明浍という者が「文化人などという者はいざというときの役に立ちません。なるべく武士と結ばるようになさい。」とそれとなく首陽大君に勧めた。その勧めによって首陽大君の邸には、大勢の武士たちが出入りするようになった。

瑞宗王の下で右大臣の位にある金宗瑞は、首陽大君にとって一番目障りな人物であった。

(宗瑞さえいなければ、天下は自分の思いどうりになるのだが……)

ついに首陽大君は、或夜たゞ一人の部下をつれて、宗瑞の住居を訪れた。

宗瑞は、王の叔父君が、ぢきぢきに訪ねて来られた[illegible]で門のところへ出迎[illegible]首陽大君の部下が、[illegible]ろして、一撃のもと[illegible]った。

その後で、首陽大君[illegible]にまみえ

「金宗瑞が、北方の[illegible]組んで、謀叛を企み[illegible]誅を下しました。形勢[illegible]ていたので、お許しを[illegible]がありませんでした」[illegible]な奏上をした。その上[illegible]王命を藉りて、朝廷の[illegible]下たちを残らず呼び[illegible]

韓明浍は、前以って[illegible]「生殺簿」というのを[illegible]てくる重臣たちの中から[illegible]名前のある者は、門の[illegible]人一人殺した。

宰相の皇甫仁はじめ[illegible]李穣など、その他大勢[illegible]たちが、この卑怯な[illegible]命を落した。

首相大君は、自分[illegible]位に立って、その日から[illegible]を一手に収めるように[illegible]朝廷の樹立つた役[illegible]かな部下たちで固め[illegible]つ口出しをさせなか[illegible]かりか、端宗の側近[illegible]臣下たちと対面も出[illegible]した。成三問は、首[illegible]て、「せめて月に二[illegible]いから、王が臣下[illegible]けられますように」[illegible]容れられなかった。

首陽大君の勢力は[illegible]んになり、それに引[illegible]の地位は愈々惨め[illegible]かうして瑞宗王の三[illegible]十四歳になられた[illegible]いに意を決して

「自分は幼いため[illegible]よい王となること[illegible]この上は大任を[illegible](首陽大君)に譲[illegible]と譲位の御意中を[illegible]

領議政は、国内の[illegible]手に占めております[illegible]のやうな大任を、お[illegible]でございますか。」

大韓物産株式会社 東京支店

国生産業株式会社 東京事務所

株式会社 大昌園

株式会社 モナミ 社長 許弼爽

泰昌産業株式会社 東京事務所

三陽貿易株式会社 社長 張仁建

株式会社 アイレス写真機製作所 社長 金相吉

第一貿易株式会社 東京事務所

東京丸一貿易株式会社

民團

発行所
神戸市兵庫区福原町一ノ一
在日大韓民国居留民団
兵庫県本部
電話湊川⑹四二二四

綱領

一、われらは大韓民国の国是を遵守する。
二、われらは在留同胞の民権擁護を期する。
三、われらは在留同胞の民生安定を期する。
四、われらは在留同胞の文化向上を期する。
五、われらは国際親善を期する。

李大統領重ねて明示 韓日問題の基本構想

日本側の誠意が前提

韓国と日本との国交正常化の問題は一九五三年十月「久保田暴言」により決裂され、未だ解決のメドもつかないまま、停頓状態になっている。その後日本側の砂田防衛庁長官は武力による韓国再征伐を論じたりして国民の批判を受けたり在日韓僑に威圧を以って当るかの如き、誠に不幸な事態まで発展しつつあった。旧年末日本の良識ある社会事業家賀川豊彦氏の李大統領に送る書翰および毎日新聞社の質問書に対し、李大統領は日本側に真剣なる誠意なしと指摘し、更に日本が共産主義の衛星国にならなくとも鉄のカーテンや竹のカーテン内に市場を開いてまでも豊富なる利益を得ることを許す共産国でないと警告して韓国側の基本構想を次のように重ねて明らかにした」

一、韓日会談再開の障害はむしろ日本政府にあるから、まず日本政府が再開への誠意を示すことが必要である。

二、韓国としては日本側の請求を公平妥当とは考えぬ。同時に「久保田暴言」の撤回が会談再開の前提である。

三、平和ラインの承認は韓国としては両国間の平和のための最小限度の要求である。

四、ソ連、中共、北鮮に対する日本の認識は甘い。日本は民主主義と自由の敵である共産主義に対し反共の立場を強調して立上ることが米国やアジア諸国の信をつなぐゆえんである。

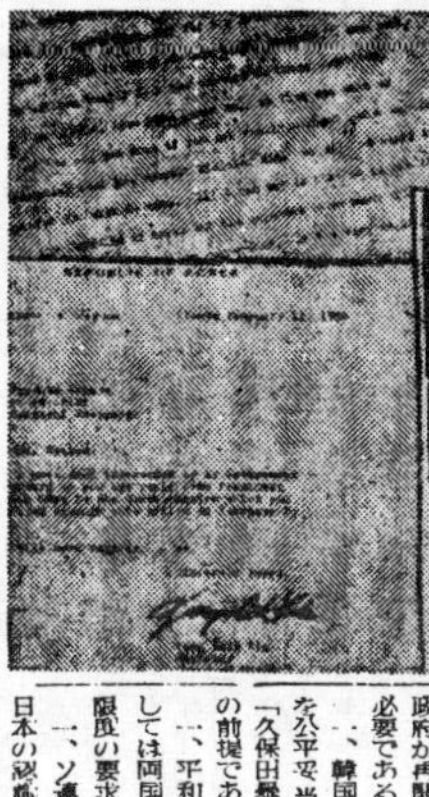

①は李大統領と同大統領の書簡 ②は[illegible]

創刊に際し

本部団長　金　英　俊

民団が創立されて十年の団史を綴って来たが、想起するに実に多事多難の連続であった。民団の在り方は綱領にもある様に韓僑の福利増進、国際親善、就中韓日親善にあるが、特に最近平和ラインを中心とした韓日間の諸問題が、在日韓僑の生活に直接間接に響いて来ている事実を直視し、益々民団の使命の重大さを痛感する。今般本団に於て機関紙「民団」を発行し広く僑胞の為に資する事にした。今日迄の民団は思想闘争に偏重しすぎた感も若干あったが然し此の闘争が間違った方針だと云うことでなく過去の民団の力量が福利増進と云う幅の広い処迄手がかなかったとも言へよう。然し、今や内外状勢は大きく転換し在日僑胞の生活安定のためにケツ然と立ち上り、不安定な渦の中に苦しんで居る僑胞を救うため全組織を挙げて団結し、此の難問題に当らねばならない事を痛感する次第である。一方では朝総連が仮面をかぶり過去の数々の罪悪を飾りつぶし再び彼等の野望達成のため必死のあがきをしているのであるが、即ち日本政府の政治的威圧と人類を恐怖と破壊に導く共産徒党に対し、吾々は自由と生存の為に敢て根気強く闘争をする必要が必然的に生れて来たわけである。斯様な環境と情勢下に於て我々の諸問題を正確に迅速に広く皆様に報導する機関紙「民団」の使命と責任、その役割は大きい訳であるが、皆様は此の紙面を韓僑一人一人の紙面として、僑胞社会の「鏡と鐘」の役を無事果せるよう指導鞭撻しこれを育成されるよう願うものであります。

李韓国大統領からの書簡

＝渡瀬氏に＝

私はご質問を拝見しましたが、おそらく、あなたのご質問の趣旨は、私がどんな返事をするかということだけにあるのではないかと思います。もしあなたが詳細な情報を本当に知りたいなら金公使から聞いていただきたい。金公使はあなたが知りたいことは何でも喜んでお答えするでしょう。私がいえることは会談の再開を邪魔しているのは韓国政府でなく日本政府であるということです。日韓会談の当初にイニシアチブをとったのは韓国政府でありました。日本政府はしぶしぶこの会談に参加しました。我々はいままでも貴国政府が交渉を希望する誠意をもちさえすれば、いつでも会談に応ずる用意があります。不幸な過去の経験を繰り返さないため、そしてまた新しい侮辱を古傷に加えないためにこのような誠意のしるしが必要であります。このような誠意のしるしなくしては両国の関係をより接近させることは望みえないでしょう。韓日交渉をうまく妥結させるためには相互信頼の精神がなければならないというあなたのお考えには全く私も同感です。いままで我々には日本政府が韓日交渉をうまく妥結させようとするいかなる真剣な努力のあともみられませんでした。我々はすでにこれまでに示してきた以上の誠意を示すことはできません。我々は日本の代表の八五％請求権が公平かつ正当であると認めるわけにはいかないことを繰り返し述べて参りました。それというのは事実は全く正反対だからです。もし日本側が国交正常化のためには財産請求権を認めなければならないというなら私はあなた方には誠意がないといわねばなりません。なんとなればこのことは絶対に実現できない相談だからです。ご質問の後段にあるこれらの問題の解決方法であるが、率直に申し上げるなら私は韓国政府の裏をかくような目的をもって行われたすべての外交工作やデマニュースは過去よりも一層事態を困難にしていることを指摘しなければなりません。もし貴国政府がいま、これらの問題を解決することを真剣に希望している証拠を示すなら、我々は過去における話合いで日本の代表に示した以上の条件を出さないでしょう。過去の要求は絶対に最小限度のものでありました。したがって私はつぎのことがいえます。すなわち、もし貴国政府が遅滞なく、かつ駆け引きなしに久保田発言と請求権を撤回することを公式に発表するという条件なら我々は再び交渉する用意を持っています。私がさらに指摘しなければならないことは韓国の最小限度の要求の一つは、我々が平和ラインとよぶ漁業境界線を日本が承認し、かつ守ることです。この平和ラインは両国間の平和を維持するために宣言されたものであります。全世界にわたる民主々義と共産主義の生存の闘いの中で、韓国は民主々義の側に立つことを約束しています。我々は日本が強い反共的立場をとり、世界の征服者になろうと企てているものに対して、全アジア諸国を守るためにともに立上ることを希望していました。したがって我々は日本がソ連、中共および北鮮の共産政権と同列にならぶことを欲するようにみえたことに対して失望しました。一体日本は赤い衛星国にならなくとも共産主義者たちが鉄のカーテンや竹のカーテン内の市場を開いて豊富な利益を得ることを許すと本当に信じているのでしょうか。共産主義者たちはあなた方の友人ではありません。米国の指導者たちは現在平和と正義の二つを求める代りに平和のみを求めている傾きがあるようですが米国民はあなた方の真の友だちです。共産主義者にだまされてはいけません。日本が民主々義と自由の宿敵である共産主義と友だちである限り、米国民やアジアの自由を愛する諸国民も、日本を絶対に信用しないであろうということを誠意をもってあなたに警告しなければなりません。

李韓国大統領閣下に対する質問書

毎日新聞主筆　渡瀬亮輔

終戦後すでに十年を経過した今日日韓両国の善隣関係がいまだに打ち立てられないのは両国の不幸であるばかりでなく、極東平和のため憂慮にたえません。幸いにして賀川豊彦氏の書簡に対する最近の李大統領閣下の返簡によって、ようやく問題解決の曙光を見出したかに感じられます。ついてはこの機会にさらに日韓関係の樹立に関する大統領閣下の抱負をうかがいたく、以下二、三の基本的な諸問題についてお答え願えれば光栄であります。

一、日韓両国関係正常化のためには、まず日韓会談の再開が必要と考えられますが、大統領閣下にその用意ありや。なお両国関係正常化に至る期間、暫定的に京城に日本代表部の設置を認められるお考えはないか。

二、日韓交渉の成功を期するためには両国間の諸懸案について互譲の精神が必要なのは申上げるまでもない。この際いわゆる請求権問題はじめ、その他の諸懸案について、特に大統領閣下の解決案を示していただきたい。

三、共産主義に関する大統領閣下のご見解ならびにその対策および日韓両国をふくむ自由アジアの安全保障ならびにその繁栄策についてのご見解をうかがいたい。

韓国銀行 大阪支店
支店長 李相徳
次長 李重潤
大阪市北区梅ケ枝町（宇治電ビル内）
代表電話㊱二六七一

李大統領の書簡内容

賀川豊彦さんへ

さる十二月十三日付の私あて公開状、誠に有難う存じます。貴方は数年来私がはるかに尊敬を寄せている日本の指導者の一人です。貴方のお手紙でおほめをいただき本当に恐縮に存じます。貴方は多数の日本人が韓国人の血をひいているという歴史的事実を挙げられましたが、この関係は両国間に恒久平和を保証するものです。私が六年前マッカーサー元師の賓客として日本へ渡った時もこの精神で行きました。私は東京における新聞記者会見で「私は日本の友人ではないことで知られているが、もし日本人が協力の精神を示すならば私は過去のことを許し忘れ、新しく再出発しようと思う」と率直に述べました。私は日本政府当局から好意的な応答のあることを希望しましたが、いかなる反応もなかったので、まったくがっかりしました。クラーク大将とマーフィー大使の招待で再び日本を訪れた時私は日本が復興したのは米国の、寛大な処置によるものであり日本もまた弱い隣邦の韓国に寛大をもって臨むべきで、日本側の誠実な行為はいうまでもなく、友情あるいは尊敬を示す態度だけでも約四十年にのぼる日本の支配に根ざした悪感情を和げるのに大いに役立つことでしょうと述べました。しかし当時の吉田首相や岡崎外相は私の言葉に対し、ただ微笑しただけでなにもいいませんでした。貴方はこの手紙で、日本の四十年にのぼる朝鮮の支配に対する謝罪の意を表明されましたが、これは私が注意をひいた知名な日本人の最初の発言であります。これまではそのような発言がなかったので、我々韓国人が日本の韓国に対する関心は韓国の友情を得ることではなく韓国の領土を回復することだと考えたとしても無理ありません。四年前日韓会談が東京で開かれたとき我々は日本に対しわが国古書、美術品、正貨準備金の返還、平和ラインの承認およびいわゆる日韓併合条約の破棄を含め最小限の要求を出し、我々の寛大なことを示そうとしました。四十年の屈辱後の要求は比較的小さなものですが、韓国人にとっては大きな意味があるので、日本が黙って応えていたら日本に対する好感情と信頼の念が生れていたことでしょう。我々はこのような我々のおだやかな態度を、日本が後悔している証拠として心から受け容れるものと期待しました。しかし残念なことに日本の代表は韓国の全財産の八十五％を日本の財産だと主張する途方もない要求を持ち出しました。日本はいっさいの問題を完全に解決するサンフランシスコ平和条約を厳そかな誓いの言葉で調印しました。しかしまた条文のインキが乾かぬうちに日本は条文を無視し、韓国に対する侵略的な企図を再び主張しはじめました。それからほどなく日本は国連監視の選挙により、韓国に独立政府を樹立するのは不法であると公けに[illegible]しました。あなたもご存じのように我々は我々の心配を取除いてもらいたいと繰返し述べてきましたが只今まで日本政府ははっきりした誓約で我々の心配を柔げようとしませんでした。最近平和ラインが一方的であるといろいろいわれています。あなたもご存じのように日本人は平和ラインができる前のマッカーサー・ラインやクラーク・ラインをもほとんど尊重しませんでした。なにしろ日本人は自分の利益ばかりを考えて他人の権利を認めようとしないのですから。しかし我々は日本と相互の理解を欠いているので平和ラインを平和のための最良の保証としているのです。韓国はわが国の漁民と海の資源を守るために日本人の操業を禁止する必要がありました。わが国はいま戦時下にあるので我々は密入者やスパイや敵の手先、密輸業者などから海岸線を守らねばなりません。我々の安全はいかなる犠牲を払っても守る必要があります。平和ラインはまた二国間に起り得る衝突をも避けることができ、この平和ラインを確保することは日本と韓国とって朝鮮水域の一切の紛争にとってよりももっと重大な意味があります。日本は韓国との紛争について我々と話合って協定に達したいという意向を示す代りに我々を非難し、軍事的に強ければ、なんでも解決できるとおびやかし、国際法の違反だと論じています。これは侵略を決意した軍部の指導者たちにだまされたことに心から後悔している国民としての態度ではありません。我々は我々の安全を破壊する意図をもって政府代表、実業家、文化人などからなる日本の使節団が相ついでソ連、北鮮に手をさしの[illegible]ある事実をみのがすこと[illegible]せん。我々は我々の政府[illegible]を否定する共産主義者と[illegible]導者たちの間に連絡があ[illegible]しても責められることは[illegible]よう。我々は二年以上も[illegible]れによって信義を示し、[illegible]分な理解に到達すること[illegible]ような最小限の要求を穏[illegible]て来ました。もしも日本[illegible]がこの要求を身勝手なも[illegible]えるなら、我々はいます[illegible]日本政府と交渉を行い協[illegible]する用意があります。私[illegible]る賀川さん、貴方のキリ[illegible]神にあふれた誠実なメッ[illegible]対しこのような手紙でお[illegible]のをお許し下さい、私は[illegible]が米国の影響によって多[illegible]れたはずの諸目的を依然[illegible]固執しているのをひどく[illegible]いますが、心中には貴方[illegible]人をにくむ気持のないこ[illegible]ていただきたいと思いま[illegible]はすべての隣国、とりわ[illegible]の平和な関係を切望して[illegible]貴方および貴方の御一家[illegible]マスのあいさつを添えて。

十二月十九日

李承晩

李大統領に訴える

賀川豊彦氏寄書の要旨

李承晩大統領閣下―私は東洋平和のために閣下の良心に訴えます。大韓国と日本との関係を平和に導いて下さいと。一九五五年のクリスマスを、われらは日本で祝わんとしています。その際、私は閣下がキリストの弟子であり、平和の使徒であることを思って閣下の良心に訴えます。大韓国と日本のために永遠の平和を築いて下さい。かってアメリカ合衆国は英国の植民地でした。しかし閣下もご存知のとおり、今日においては旧怨を忘れ英米は一つの塊りとして同盟を結び米国とカナダの国境には、一つの要さいなく、一つの兵備もありませぬ。私は、大韓国と日本の関係も同様でありたいのです。日本には古い歴史書が多く残っています。ことに日本書紀の中巻と下巻に記載されている韓国民の日本への移住史は、閣下にご翻読願いたいのです。それは全く日本へ落着いた韓国民の移民史なのです。サウロがタビデを殺さんとしたように、日本人が閣下を迫害し、閣下の国民を迫害したことを、私はキリストの名によって閣下におわびし、閣下のキリスト精神に訴えて、お赦しをこうものであります。ご承知の通り日本は平和憲法を制定し、永遠に戦争を放棄しました。だがこの高遠な理想は近隣諸民族、諸国家の援助なくしては、その実現を図ることは[illegible]せぬ。日本の人口はいまや[illegible]に近いのです。その食糧の[illegible]三百万の漁民は、海岸に出[illegible]ン白食の資源を探してい[illegible]に日本海の漁民は大韓国に[illegible]めに、対馬海流を利用して[illegible]まで漁をしていました。[illegible]近年生活難に苦しみ、眼も[illegible]れぬ状態にあります。私は[illegible]の国会が創造主への祈りを[illegible]開会せられていることを聞[illegible]ますので、あえて閣下の良[illegible]えて、クリスマスを前に、[illegible]訴えをする次第であります。

三・一精神を継承しよう

三・一節と云えば韓民族の唯一人として忘れることの出来ない日であり又忘れてはならない日である。我々民族が独立を得る為め幾千の先烈が血を流して闘った日である。今の四〇以下の若い人には直接の感銘はないかも知らないが、草野に老たる先輩はさぞこの日を涙ぐましく記念するであろう。己未運動は如何にして起き、我々の先祖は如何に闘ったのであろうか。

独立運動の動機

韓日合併条約が発表されるや国内の民心は悲憤の絶頂に達し全民族が挙ってこれに反対し、継続して実施される総督政治に対しても国民全部が機会あるごとに反撃抗争を繰り返したのであった。

そしてその第一弾は満州のハルビン駅頭における伊藤博文を狙撃した安重根事件であり、第二弾は併合当年寺内総督を暗殺しようとした安明根事件、第三弾は総督政治顛覆を目的として組織された新民会などであった。これらの事件が重なるにつれて国内にはあらゆる方向から抗日運動が矢継ぎ早やに起り外には国際輿論を喚起させた。

安昌浩氏等は独立協会々員として国内外に広く同志を糾合、実践運動に従事し、米国においては徐載弼氏が、ハワイにおいては李承晩（現大統領）ソ連の沿海州では李相卨氏、北間島では李始栄、上海では金奎植、北京では申采浩、満州各地には独立軍の活躍等これらの諸氏が中心となって夫々各自の立場から運動を展開した。斯様に抗争の組織基盤が着々と整備される中に爆発の時機が到来したのが即ち日本との合併以来一〇年後の己未年三月一日、今から丁度三七年前である。

革命への発展

一九一八年世界第一次大戦が終ってから連合国のアメリカ大統領ウイルソン氏は民族自決主義を唱へ「各々の民族は夫々自からの運命を自から決すること」「民族と領土は或る主権と主権との間に往来すべきものではない」と力説した。折もよくこの民族自決精神が我が韓民族の胸に強く響いたのである。また丁度その当時、日本人が毒薬を飲ませて高宗皇帝が逝去したと云う流説が世間に広まるや日本帝国主義に対する国民の憎悪と憤怒は天を衝くものがあった。そして高宗皇帝の国葬の日である三月一日を期して全国的に独立運動を展開させるべく決定し、その準備が着々と進行したのである。この時在外要人達は上海に集結し巴里講和会議を機に〝韓国独立〟を世界に表明することを決議して本国内と東京にも密使を派遣してあらゆる工作を開始した。そして愈々三月一日にはソウルのパコダ（塔洞）公園に青年学徒を中心に数万の民衆が集合し、民族代表三三人の署名入りの独立宣言文が朗読され、続いて市街行進に移り「大韓独立万歳」を叫びながら武器の無い弱少民族は自由と独立をかちとる為め抗争の第一歩を踏み出したのである。連日街頭示威と市街行進が増勢なるにつれて日本の武装軍警は銃剣弾圧を断行した。この弾圧はかえって悲憤の絶頂に達した国民の強烈な反発を起すに過ぎなかった。民族代表孫秉煕以下三三人はことごとく逮捕されてしまった。後を続く幾万の運動者が傷づき倒れて逝った。相続いて起る国内各地の「万歳」行列は夜を日についでこの村からあの村へと、全国の津々浦々に至るまで広まった。ソウルにおいて大韓民国臨時政府組織布告文が発表された。東京では韓国留学生から日本政府に、上海では米国のウイルソン大統領にそれぞれ独立通告書が伝達された。

闘争に血は流れた

自由と独立を要求した二千万民衆

【三面へつづく】

大韓民国駐日代表部
大阪事務所長　卞鍾捧

今日三月一日は日本帝国主義の銃剣森厳の中を、三十三人の志士を先頭に二千万韓民族がケツ然と起ち上り、民族の自由と独立を要求して世界万邦に「独立宣言書」を宣布し、武器無き被圧迫民族の悲憤をブチまけて無抵抗の抗争をした由なる記念日である。我が民族の天を衝くような民族意識が全世界を驚嘆させ、外来帝国主義者の心胆を寒からしめた此の日から臥薪嘗胆三七年の長い歳月が流れ、今や独立は獲得したけれども猶ほ国土統一の願ひは叶へず、檀君聖祖の血を享け継いだ吾等三千万は此の日の廻り来る度に胸が熱くなるのを覚えるのである。

自由と独立の為に戦った我等の祖先は偉大であり、吾等の先烈は勇敢であった。清川江で百万の隋兵を撃ち破ったのも、安市城における唐の大軍を殲滅させたのも我等の祖先であり、契丹、蒙古の蹂躙受難、壬辰倭乱、丙子胡乱等の国難を毅然として克服したのも我々の先祖ではなかったか。

今我々は共産主義の侵略と対峙している。正義は必ず勝ち、自由と独立の神は我々を守護している。我々は偉大なる三・一精神を受け継ぎ、自由諸国と善隣友好の宜みを結び乍ら、ひたすら国土統一の民族的偉業を完遂すべく、此の日に当り今一度誓ひを新にすべきである。

各地域別に挙行
三、一運動記念行事

民団では去る二月十日午前十一時第六回支部団長会議を召集し、第三十七周年三・一運動記念行事挙行に関する諸般事項を討議した結果、内外情勢並びに僑胞実情を考慮検討した上左記要領の如く挙行することに決定した。尚当日各支部管内に居住する団員は一人も残らず最寄りの記念式場に参加しましょう。

要領

一、記念行事は各地域単位に挙行する
二、主催は各支部で行い。一般団員は主催側の指示を受ける
三、団員は必ず早朝太極旗を掲揚し又成るべく手旗を持って式場に参加する。
四、記念行事の準備、進行指示及監督をし、協力する為め本部役員（韓青本部包含）が出張する。
五、式順、スローガン、左の通り

三・一運動記念大会々順
一、開会
一、国民儀礼
一、会長着席
一、開会辞
一、民族解放と祖国独立の為め犠牲になった先烈に対し黙念
一、独立宣言朗読
一、記念辞
一、祝　辞
一、決議文採択
一、閉会辞
一、万歳三唱
一、閉　会

スローガン
一、三・一運動の犠牲となった烈者の霊に対し弔意を表しよう。
一、祖国動乱の犠牲になった国軍将兵および同胞の英霊に謹しんで弔意を表しよう。
一、我々は三・一精神をモットーとして祖国統一に決死奮闘しよう。
一、在日六十万僑胞は三・一精神をうけついで民団組織の下に結集しよう。
一、韓国学園を増設し民族教育機関を助成しよう
一、韓日会談即時再開を日本国民とともに促進させよう
一、日本政府は不法に拘束監禁されている大村収容所の同胞を即時釈放せよ
一、在日六十万同胞の生活権を守れ
一、大韓民国の統一なくして世界の平和はない
一、大韓民国万才

独立宣言書

我々はここに我が朝鮮の独立国たることと朝鮮人の自由民たることを宣言する。これを以て世界万邦に告げ人類平等の大義を克明しこれを以て子孫万代に訴えて一民族自存の正権を永有せしむものである。半万年歴史の権威に照してこれを宣言し二千万民衆の忠誠を合せてこれを表明し、民族の恒久一如の自由発展の為これを主張し、人類良心の発露に基因する世界改造の大機運に順応並進する為これを提起するのであって是れ天の明命であり、時代の大勢であり、全人類共存同生権の正当な発動である。天下どの国もこれを阻止抑制し得ないであろう。旧時代の遺物である侵略主義強権主義は犠牲をもたらし、世界史以来累十年に亘り我が生存権が剥奪されしことは抑々どれくらいであり、心霊上発展の障碍たりしことは抑々どれほどであり、民族的尊栄が毀損されしことは抑々どれほどであり、新鋭の独創を以って世界文化の大潮流に寄与機縁を遺失せしめたことはどれほどであったか？、嗚！旧来の抑鬱を宣揚するには時下の苦痛を逸脱するには、将来の脅威を排除するには、民族的良心と国家的廉義の圧縮銷残を興奮伸張するには、各個人格の正当な発達を遂げしむるには、可憐な子弟に苦恥的財産を遺与しない為には、子々孫々の永久完全な慶福を導迎するには、最大急務が民族独立を確立することにある。

二千万各個人は方寸鉄といえども刀を懐帯し、人類通性と時代良心が正義の軍人と人道の干戈を以って護援する今日、吾々が進んで為す処如何なる「強さ」も挫けないことがあろうか。退いて為すとき如何なる「志し」を展べ得ないだろうか丙子修好条規以来時につれ種々の金石盟約を取り定めたとて、日本の無信を罪せんとするのではない。学者は講壇において政治家は実際においてわが祖宗の世業を植民地視しわが文化民族を土昧人待遇して、ただ征服者の快を貪するのみで、わが久遠な社会基礎と卓栄な民族心理を無視するとて日本の小義を責めようとするのではない。自己を策励するに急な吾々は他を怨む暇を持たない。現在を綢繆するに急な吾々は宿昔の懲弁に暇を持たないのである。

今日吾等の目的はただ自己の建設に有るのみで決して他を破壊するに在るのではない。厳粛な良心の命令によって自家の新運命を開拓するものであって決して旧怨や一時的感情を以って他を嫉逐排斥するのではない。旧思想旧勢力に羈縻した日本為政家の功名に犠牲された不自然不合理な錯誤状態を改善匡正して自然且つ合理的な正経大原に帰還せしめるためである。初めから民族的要求から出ていない両国併合の結果が、畢竟、姑息威圧と差別的不平と統計数字上虚飾の下、利害相反する両民族間において永遠に和同出来ない怨溝を益々深造する近来実績を観よ。勇猛果敢以って旧誤を廓正して、真正な理解と同情に基く友好的新局面を打開することが彼我間の遠禍召福の捷径であることを明知するではないか。また二千万含憤蓄怨の民を威力をもって拘束することはただ東洋永久の平和を保障する所以でないのみならず、これに因り東洋安危の主軸たる四億万支那人の日本に対する危惧と猜疑を益々濃厚にし東洋全局が共倒同亡の悲運を招致することは明らかであって、今日吾人の朝鮮独立は朝鮮人をして正当な生存を遂げしむると同時に日本をして邪路から出て東洋支持者たる重責を全うせしめ、支那をして夢寐にも免れない不安恐怖から脱出せしめ、東洋平和によって重要な一部をなす世界人類平和幸福に必要な段階たらしむるものである。これがどうして区々たる感情上の問題であろうか。ああ新天地が展開するのだ。威力の時代は去り、道義の時代が来たのである。

過去全世紀を通じて錬長養された人道的精神が将に新文明の曙光を人類歴史に投射し始めたのである。新春が世界に訪れ万物の回蘇を催促するのである。凍氷寒雪に呼吸を閉蟄することが彼の一時の勢いなら和風暖陽に気脈を振舒するはこの一時の勢いであって、天地の復運に際し、世界の変潮に乗った吾々は何一つ躊躇することなく、何一つ忌憚することないのだ。我が固有の自由権を護全し生活の楽しみを飽享し、我が自足せし独創力を発揮して春に満ちた天界に民族的精華を結紐するであろう。

吾等はここに奮起した。良心は我と共にあり、真理が我と共に発進する。老若男女を問わず、陰うつな古巣から活発に起来し、万彙群衆と共に欣快なる復活を成就せしめた。千百世祖霊が我らを陰佑し全世界に気運が我らを外護するから、着手が即ち成功である。

公約三章

一、今日吾等のこの挙は正義、人道、生存、尊栄のための民族的要求である、ただ自由精神を発揮すべきであって、決して排他的感情に逸走するなかれ。
一、最後の一人まで最後の一刻まで民族の正当意思を快然と発表せよ。
一、一切の行動はあくまで秩序を尊重し、吾等の主張と態度をしてどこまでも公明正大たらしめ、

朝鮮建国四千二百五十二年三月一日

朝鮮民族代表（三十三人）

天道教　孫秉煕　崔麟　権東鎮　呉世昌　林礼煥　権秉悳　李鍾一　羅仁協　洪基兆　羅竜煥　李鍾勲　洪秉箕　朴準承　金完圭　梁漢黙

基督教　李寅煥　朴熙道　崔聖模　申洪植　梁甸伯　李明竜　吉善宙　李甲成　金昌俊　李弼柱　呉華英　鄭春洙　申錫九　朴東完　金秉祚　劉如大

仏　教　韓竜雲　白相奎

太平信用組合
理事長　蔡丁竜
神戸市生田区元町（省線元町駅浜側）
電話③四〇五九

国際都神戸の代表
2階　神戸で唯一ツの本格　アルバイトサロン
1階　ダンスファンが絶対支持する　純ダンスホール
アルバイトサロン
純ダンスホール
新世紀
神戸・三宮生田神社前

大衆食堂　焼肉一切
韓国料理　相楽園
神戸市生田区元町　省線元町駅浜側

電気工事及機具の御用命は
関西配電公認電気工事店へ
光栄電気株式会社
取締役社長　高本義常
尼崎市昭和通9丁目438
電話㊸3347・3348
工場　尼崎市神田中通8丁目271
電話㊸1344

製鉄原料・タングステン精鍊
輸出入及国内販売
大阪製鋼株式会社
大谷重工業株式会社　指定問屋
尼崎鉄鋼興業株式会社
代表取締役　秋田道雄
尼崎市武庫川町二丁目五九
電話大阪㊸2268・0126・1965

大平信用組合 開店目前に迫る

一人一株以上組合員となれ

県下韓僑の長い間の宿望である同胞の手に依る金融機関、大平信用組合の設立を繞る問題は、其の間朝総聯等一部少数の共産主義破壊分子の僑胞に対する裏切り的妨害工作等種々難関を排除し乍ら、発起人等の絶え間ない努力と民団組織を始めとする一般僑胞の支援に依り、昨年九月七日付を以て県庁当局から内認可を得、一〇月二五日には神戸商工会議所に於て六百有余の組合員が集って創立総会を開いたのであった。そして初代理事長には発起人代表であった蔡丁竜氏が選任され、蔡理事長以下役員並びに民団組織では組合加入への勧誘等をし乍ら本認可の獲得及び開店を早急に実現する為、あらゆる努力を傾注しているが、組合員の数は勿論、株券等も最初の目標額一千五百万円を遥かに突破し、其他の規定条件も充分具備する様になったので近々開店の運びとなるのである。そこで組合側では神戸市内省線元町駅山側の繁華街に建坪三五坪のコンクリート二階建の壮麗な事務所を建立し、之が将来県内数箇所に設置される同組合の本店になるのである。

斯くして今迄我々韓僑はそれ相当の財産資本もあり、平素取引や信用のある者でさへも、兎角日本の一般銀行から貸付手形割引等いろいろな面に於て差別的又は不利な取扱いを受け、不便を感じていたのが解消され、今後は此の太平信用組合を利用することに依って諸般便宜を蒙るわけである。民団県本部では県下の各支部を通じ最低一人一株以上の組合員になる様五万有余の全僑胞に呼びかけている。

蔡理事長

僑胞の皆様に親しく御挨拶を申上げる機会を得ましたことは非常に喜びとするところであります。昨今日本政府の緊縮経済政策は在日僑胞の企業体と生活に深刻な打撃を与え、これを此の侭放置する事は僑胞の民生問題上甚だ憂慮されるものがあります。そこで当組合は斯様な深刻な事態を避ける為に、県下の有志や僑胞の健全なる企業者を以って吾々の金融機関を設立し有効適切なる企業資金の融通を図るために発足したのであります。ところで左翼分子の悪らつなる妨害工作は常識を越えるものがありましたが、全僑胞を初め民団及び民族陣営の惜しまぬ支援は関係当局を認識させしめるところとなり、ようやく近日中に本認可を受け開店出来るようになりました。就いては今後当組合は民団と表裏一体の態勢となって僑胞の生活改善並びに僑胞企業体の育成に全力を尽して行き度いと思います。

此の組合が僑胞皆様の御期待に応える事が出来ますのは一途に民族団体の御協力と僑胞皆様の絶大なる御支援に依るほかないのであります。近く払込並びに開店の日取を正式に皆様に御知らせ出来る事になると思いますが其の節は僑胞皆様は一人残らずに加入するよう切にお願申上ます。

対日通商本軌道へ

代表部商務官てんてこ舞い

昨年八月一八日本国政府の対日交易断交措置は、その当時内外各方面に亘り多くの反響を呼び起し、共産主義者のデマ謀略と絡んで一時は韓日国交の危機説まで流布されていた。然しその後本国政府では逐次之を緩和、或いは制限措置を講じて来たが今年の一月一日を期して一般民間人の旅行往来を除いて通商貿易面に於っては、全面的に再開したのである。そうして之に伴う諸般事務手続について従前は本国商工部で一括取扱って来たのを一部変更し、駐日代表部で取扱う様になった。之はいろいろと業者の事情便宜を図ると共に不正なる取引を取締し円満なる貿易を促進する為である。東京にある駐日代表部では去る一月二一日より同事務を開始して以来三名の商務担当官は次から次へと押寄せて来る業者に揉まれ山積する書類を裁くのにてんてこ舞ひになっている。

手続要領は

一、提出書類は所定様式（代表部備へ）の申請書及び輸出入売買契約書原本と写し一通。

二、申請書提出者は次に該当する場合に限る。

1、韓国人商社在日支店

2、輸出入売買契約相手の日本側商社但し申請書申請者名には韓国商社の署名がなければならない。

3、在日支店のない商社は韓国から直接郵送しても差しつかえない、申請書は本国の外務部通商局、韓国貿易協会等にも備えてある。

4、発給手数料は米貨二ドル五〇セント或いは日貨九百円。

四、代表部大阪及ぶ福岡事務所でも申請書受付事務だけは扱う。

五、其の他の詳しいことは代表部商務課（電話四五―四八二〇）にお問合せのこと。

【二面からのつづき】

は唯万才を唯一の武器とした、無抵抗の抵抗をした。弾圧の銃剣の前に非武装の民衆は幾人の吾々が想像するだに余りある。当時わずか一六歳の幼い梨花学堂の学生柳寛順少女は帰省の公州で此の運動に参加し自から先頭に立って民衆を指揮している中に官憲に逮捕されて獄中殉死し、東洋のジャンヌダルクとして今尚我々の涙をそそるものがある。此の外当時の惨事を一一数えるには遑がない。一年間の運動参加者及犠牲者を計数すれば次の通りである。

騒擾件数三、二〇〇件、参加人員二、二七三、五二八名被殺者六、六七〇名、負傷者一四、六一〇名投獄者五二、七七〇名

海外からの活動

北満の間島地方では義烈隊が組織された以外にも、各軍事団体が結成され抗日の闘争が進まれた外に多勿団、一心会、扶民会、義勇団独立団などがある。露領沿海州方面では大韓国民会、大韓新民団、青年会、老人同盟、特に韓族独立期成会などが目立っていた。米国では在米大韓人国民会中央総会が組織されて李承晩氏（現大統領）等が中心となって巴里講和会議へ大韓独立要望書が提出されたことがあり、徐載弼氏を中心として韓米親友会が組織された。上海では共済会があった。金奎植氏が中心となって大いに活躍された。上海の仏租界では大韓民国臨時政府が樹立され、議長に李東寧、総理李承晩以下各部署を決定した。議政院法を制定し臨時憲章を決定発表した。独立宣言書名三三人中解放後までの生存者次の通りである。崔麟、呉世昌、李甲成、呉夏英。

韓僑生産品優先導入

本国政府言明

民団ではかねてより、現在萎縮の一路を辿っている在日韓僑企業者の救済策として本国商工部を始め関係要路に働きかけて僑胞経営に依る生産品を他に優先して本国に導入する様申入れて来たが、此度本国政府では正式に右申入れを賛同すると共に受入れることを解答して来た。そして又本国の大韓商工会議所及び経済界でも非常な関心を持ち、逸早く受入れ態勢を整ふべく目下積極的な準備を進めている。

民団では右のようなことからして之が実現を急ぎ次のような韓僑生産業者組合を設立し、韓僑生産品の本国導入を計画している。

一、構成

本国経済の復興再建に必要なる各種資材を直接生産している僑胞企業者で以て構成するも厳選主義にて着実なる企業者のみを包摂する。

二、事業

1、生産品の共同輸出

2、本国市場調査

3、本国政府及商工団体との折衝

三、運営

組合の運営は組合員の総意に依り選任された役員に依る。特に民団、代表部とは緊密なる連絡を取る。

そこで民団兵庫県本部では神戸市内を主とする県下の企業者達を対象として右組合結成を急ぎ、左記要項に依る組合加入申込を三月一日より同一五日迄の間募集する希望者は左記書類各々二通を添へて右期限迄に民団県本部民生部に提出のこと

㊀生産企業者実態調査書（民団本部に備へ）

㊁銀行取引証明書

㊂最近の会計報告書

㊃会社登記証明書又は営業証明書

大部分が生活苦から

ふえていく引揚げ者

在日韓国人の本国引揚げ者は最近著しく増加して来たが、民団県本部の調査に依るとその大部分が日本に於ける生活難に耐へ切れず故国に居る親戚、兄弟等の縁故を頼って帰る者である。去る二月二五日、神戸港発「北海号」で帰った李某氏（三八歳）は乗船に先立ち「私は十五年前に日本へ来て今度初めて故国へ帰るのだが、その間日本に於ける生活にも馴れているし、知合いも多い。だが年々生活は苦しくなるし、働こうとしても職が無い。日本もせち辛い世になった。長い年月が経っているので故国に帰っても初めの中は少々戸迷うこともあると思う。然し本国の政治、経済、社会情勢も今頃は大分安定して来ているから、帰って働けば何とか食べていかれると思うからそれが楽しみである」と語った。

大村収容所を慰問

民団近畿地区臨時協議会で決定

大村収容所には現在一千六百余名の同胞が収容されているが、此等は終戦前より日本に居住していたものの中、外国人登録法違反で日本国より強制退去令を受け数年前より収容されている者、或いは又日本に居る夫や父母を慕いはるばる玄海灘を越えて来た入国管理法違反者等で、長い間の収容生活にやつれ、その中には栄養失調等で病気に罹っている者もあって悲惨な囚人同様の生活を送っているのがその現状である。

そこで今迄にも度々日本国内に居る韓僑達や民団等から慰問品等を送って温かい同胞愛の手を差しのべて来たが、去る二月一八日民団近畿地方協議会臨時会議では更に此の問題を取上げ、来る三月八日に京阪神本部から一名づつ三名の代表者が一七〇〇枚のタオルを持って同収容所を訪問することを申合せ、目下一般僑胞より慰問金を募集中である。

近畿地方組織部長会議開かる

団勢拡張運動展開か

去る二月十八日午後一時民団大阪本部に於いて中総組織局長鄭炯和氏臨席の下に同組織局員李寅銖氏司会で第一回民団近畿地方組織部長会議を開催した。会議は地元大阪本部組織部長の開会辞に始まり鄭組織局長より同会議召集の意義説明があって討議に入り三、一運動実施要領団勢拡張運動、各県組織実態検討並びに内外情勢に関し熱烈なる討論があった。そして今後尚一層活発な運動展開し、相互連絡の緊密を図ると共に今後継続的に近畿地方組織部長会議を毎月開くことを申合せて同七時三十分散会した。

たった六九名か！ 北鮮帰国希望者

大村収容所の韓国人の政治動向

在日六〇万韓僑の政治的動向については朝総聯等のホラ宣伝もあって、はっきりしたその実態を掴めないのがその現状である。先般日本の法務省入国管理局では大村収容所に居る一千六百余名の韓国人について、その政治的色分けを調べたところ、北鮮帰国者は僅か六九名、残りは全部南の大韓民国に帰る事を希望したのである。それで之等の収容者に対し朝総聯等の在日北鮮系政治団体から慰問金品を送ったり、或いは政治的転向をすすめる工作等が屡々あったが、はっきりと拒絶し、異口同音に「吾々は大韓民国のみが祖国であり、共産党は敵である」と語っている。

大韓青年団兵庫県本部

第四回臨時大会開く

過去多年間に亘り、我々僑胞青年の良き指導者として、その功績多大であった梁一晩団長が今般個人の事業関係上止むを得ない事情があって、団員一同哀惜の裡に辞任し、二月六日の幹部会を開き、その決議によって去る十八日第四回臨時大会を召集し、熱烈たる青年闘士白元基氏がその後任に選出され以下常任役員は左の通り決った。

団長	白元基
副団長	鄭蓮世
〃	金相圭
総務部長	保留
組織部長	文洪泰
文化宣伝部長	金飛鳳
厚生部長	朴竜光
訓練部長	鄭泰吉
監察部長	鄭寿仁

大韓海運公社
神戸駐在所
所長　鄭進源
神戸市生田区海岸通大阪商船ビル内
電話③5236・5237

各種ゴム靴製造及輸出
丸信化学ゴム株式会社
取締役社長　三井達夫
神戸市長田区西尻池町一丁目二二
電話⑦2239・1695

営業品目
製鋼原料・鉄鋼二次製品
プレス加工
西原産業株式会社
代表取締役　金川幸雄
尼崎市道意町2丁目21番地
電話大庄⑧1737番

焼肉・平壌冷麺
食道園
神戸市生田区三宮町1丁目40番地の1
阪急三宮西口南側
電話③1200番

衣料デパート
新三和　大栄
尼崎市神田
代表者　竹本貞鎮　TEL (48) 206

在日僑胞の教育に対する熱意に感激

文教部奨学官 沈泰鎮氏視察了えて帰国

先般本国文教部の指令により奨学官沈泰鎮氏が一週間の間在日韓国人教育施設を視察して帰国したが、同氏は帰国に先立ち民団中総幹部と最終的な意見の交換を行い視察の感想を次のように語った。

在日僑胞の教育に対する熱意に感激された、立地条件の関係もあってその施設は十分とはいえないが僑胞各位の努力の跡がうかがわれた。

唯遺憾に思うのは、これらの教育機関が各自に運営を行っている関係上統一された基本的なものが失われ地方別にばらばらになっていることである。

民団はその点に努力を重ねると同時に学園の理事会にのみ頼ることなく運営並に人事に亘るまで充分な配慮が必要だと思う。なお、民団中総は

一、恒久的な教育施設を講じること

一、領事待遇の奨学官を派遣すること

一、在日教育施設に対する国家補償

一、理事並に教員の本国教育実情視察

一、大学卒業生の本国受入体制等の数項目に亘る要請を行った。

僑胞子女教育の現況

今日我々が何よりもまず第一にしなければならないことは教育の問題だ、若し世界の未開化地に住んでおれば別問題だが、文明の発達した社会で住んでおりながら知らないのは恥である。

「一に教育、二に教育、三に教育である」「教育は国家百年の大計」である

民族の将来隆昌発展は青少年教育の振興にあって、在日民族陣営の真の発展強化も民族教育を土台とした、僑胞子女教育の振興なくしては到底あり得ないことだ。

然し斯様な重大使命をもつ在日僑胞子女教育は民族的立場と同時に僑胞の生活環境を無視することは出来ない。

実際面に於いて日本政府の対韓国人教育方針に対する対策、本国に於ける教育内容と日本に於けるそれとの調節並びに地域的特殊性に対する措置、全同胞の経済的事情、民族教育と一般教育の調整とそれに関する技術方法等、研究課題は山積している。

しかし僑胞の経済条件によって、今尚民族教育の発展を見ずしておることは遺憾に堪えない。僑胞子女の殆んどが日本の教育を受けており県下にしても昨年の民団本部が調査した学生の統計数は六七五八名（小学生四七四一名、中学生二三二二名、高校生二二七名、大学生四八名）県下全僑胞六万として、その一割強に当る。これ等学生の上級学校進学問題にしても第一に学資難、第二に入学難に依って極度に制限されている現状である。すれば如何にして、僑胞社会の教育問題を打開していくか、在日僑胞子女教育全般に関する綜合的研究機関を設け、一部指導者に頼ることなく全僑胞の力を結集して解決の方法を見出さねばならないと思う。そこで民団中総本部では次の様に当面の教育方針を決め、僑胞子女教育の刷新を図っている。

1、自主教育の確立に全力を傾注する。

2、僑胞子弟の教育に対する共産主義教育を封鎖する。

3、日本当局と折衝し僑胞学生の進学上の便宜を確保する。

4、僑胞大学卒業生の帰国就職を斡旋する。

5、僑胞に国語学習と成人教育を振興する。

6、僑胞文化人を結集し、民族文化の向上普及を図る。

貿易業　梁一晩　神戸市長田区川西通五丁目九　電話㊄二五三八

国語読本出版

中総文教局編纂委員会で僑胞子弟の健全なる教化育成と一般成人にハングルを周知させるため本国の成人教本を参考とし成人教育に必要な国語読本を出版中であったが二月八日その出版を完了した。一般僑胞は勿論学生の国語学習にも模範手本となることと思う。本部文教部では各支部を通じて注文部数を受付中である。

記

一、冊名　国語読本

二、程度　学生一般用

三、規格　四六版九六頁

四、価格　五〇円

慶南貿易新聞 KEP通信 神戸支社　支社長代理 朴一哲

糸の如くなれ!

「どこの国にも、父祖伝来の遺産のなかに、ふかく根をおろしたおきて—いくつかの主義信条—があり、国民全体は、それに依って自分が享けている世、処において、その名誉を守り発展させるべく生きて居る、人間社会に於いて変化が避けられないことは明瞭である

我々は短い生涯の中にいくつかの変化を見た。現（イマ）は日本における居留民の一員として、民族の主義信条に則し、民族という織物をおりなす糸の一本として民団を通じて各々の生命力を発揮して居る、ところで一国の価値（資質）についての評定は、その国が現状にたへ、そりなく変化する世れを支配してゆけるかどうかを基礎として行われて来た、個人の能力をはかる場合にも、彼が主義を犠牲にしたり、旗じるしを捨てることなくして、新来の物、新規のものに自己をどの程度まで調整してゆけるかという、適応性が基準となっている。ところが今日では自然の進行速度は奔流の勢となって来た。このことはわれわれが、今までよりももっと良く考え、もっと早く判断し、もっと賢明に行動しなければならないことを意味するものである。民団は過去の幾多の変化の中に、もみにもまれて今日の様な磐石の基礎を築いて来たのである。我々も民団が結成されたその当初から今日迄幾重の自己反省を経て今日の民団の一構成分子に成っているのである。ここに於て我々があらたに覚醒すべきことは小さいことに拘泥することを極力避け民族的立場に於ける主義・信条の大目標に向って織物をおりなす糸の如く現実的に、真摯に結束し、我々の力を一つにすべきことである。先にも述べたように、今日の自然の進行速度は、まさに奔流の如くで、我々同志の拘泥、我々の力の発揮に対する寸分の躊躇等絶対許されるべきではないのである。最後に「民団」は、我々僑胞の日常生活の文化的内容をさらに豊かにすべく、各々にその活力を与へ、この変化の激しく大きい時代における我々の役割について、賢明な理解を持つやうにさせ、これに依って我々すべてに共栄の精神を鞏固にし、そして民族の発展に寄与すべく、その目じるしになる様願うものである。（白元基）

同胞の就職問題の解決を望む

「衣食足りて礼節を知る」人間誰しも、生きる最小限度の衣食住が確保保障されなければ、人間としての品位を維持し難いものである。

日本人の中にも、多数の失業者はあるが、其の%は、我々僑胞より遥かに低い。年々高校大学より卒業して、社会人となる僑胞子弟の九割以上が就職出来ず不安定な家業や或は土木の人夫等をして折角修めた専門的な高等教育を何ら利用出来ず、効果的にその学力を発揮できる機会に恵まれないまま日を送り歳を重ね、有能にして前途有望な男女の多数が埋もれた人材と化している。そして最後の就職口である筋肉労働の仲間入りをして漸くその日のパンを得ている実情である。生きるためには致し方ないが日本経済界一般の僑胞敬遠的な風潮のために折角学力試験に合格しながら国籍問題のために落されたり、漸く就職して真面目に働いていたが、国籍が知れて退職させられた実例のあまりにも多いことに驚かされる訳である。最後の生きる手段である土方等の筋肉労働者すら、失業の連続で「アブレ」に泣かされつつ生きて行くため、夫婦が子供を他人に預け日傭人夫をして漸く命をつないでいる家庭も珍らしくない。然も其の数が最近急激に増加の一路を辿り、中には自殺者や一家心中事件を出す迄になって来た事は注目すべきである。文字通り最低生活線が更に危険な状態になりつつあると云へよう。

此等の問題に就いて民団や、駐日韓国代表部は絶へず努力を続けて来たが、主観的にも客観的にも色々の難点があったし、又主として日本政府当局の理解ある処置が無かったからである。

然し、最早や最後の限界線に瀕っている僑胞全般の此の悲壮な叫びである生活権保障問題に就いて、民団も、韓国代表部も、真面目に此の問題と取組み速やかに政治的に解決するためあらゆる最善の努力を効果的な処置を期待して止まない次第である。又全僑胞も一丸となり強い声援を送り基本問題解決のため強く大同団結しようではないか。

又、僑胞の中で幸い大きく事業をしている人達は進んで一人でも二人でも僑胞失業者を採用して、問題を足もとから解決し全同胞の生活水準向上のため理解と援助の手を差しのべられる様希望して止まない次第である。（朴一哲）

皆様に御願ひ

今后本紙に対して投書、論説、文芸、随筆、所感等一切の寄稿を、歓迎します。寄稿者は必ず、正しく住所、氏名、職業、年令を記入して下さい。紙上トク名希望者は、其の旨御記入下さい。

都売物価（2月25日）

(品名)	(単位)		(ソウル)	(釜山)
……穀類他……			圜	圜
白米	(5斗入上)	叺	10,000	9,700
大麦	(〃)	〃	6,500	8,000
大豆	(〃)	〃	7,300	7,500
赤豆	(〃)	〃	11,000	11,000
小麦粉	(ワシ印)	袋	2,600	2,700
砂糖	(国21号)	〃	14,696	14,784
……紙類……				
新聞用紙	(香港産)	連	4,300	4,200
〃	(国産)	〃	4,000	—
仙花紙	(上)	〃	3,300	—
障子紙	(〃)	2千枚	70,000	65,000
……繊維類……				
綿糸	(香港産ラクダ)	梱		
〃	(国産銀河)	〃	153,000	
人絹糸	( )	〃	99,000	97,000
SF	(香港産ラクダ)	〃	215,000	210,000
毛糸	(孔雀)	ポンド	3,000	3,000
生糸	(28中)	梱	280,000	280,000
広木	(国産上)	反	5,550	53,000
……建築資材……				
ベニヤ板	(ラワン3×5)	枚	490	480
製材木	(家具材)	オ	150	150
セメント	(国産)	袋	1,300	1,300
亜鉛引鉄板	(3×6)	枚	960	960
板ガラス	(2NM)	百坪	8,000	7,500
……化工薬品……				
苛性曹達	(固形米産)		25,000	23,000
生脂	(ブライエン)	〃	42,000	37,000
パラフイン	(155号)	〃	155,000	150,000
生ゴム	(3号)	〃	730,000	710,000
肥料	(硫安)	叺	2,900	3,600
……医薬品類……				
ペニシリン	(米ブリストル)	〃	255	260
STマイシン	(米獅子票)	〃	175	170
ナイトラチット	(米国産)	〃	980	950
サルバルサン	(西独産)	50A	5,000	300
……水産物……				
スルメ	(上)	束	330	320
スイリコ	(〃)	貫	1,400	1,300
乾明太	(〃)	100匹	19,000	20,000
乾海苔	(〃)	10束	220	210
……貴金属……				
金	(1匁)	實価	3,000	3,300
銀	(10匁)	〃	1,350	1,000
タングステン	(WC360%)	ton	750,000	

製銅原料
鋳造各原料
非鉄金属全般
プレス加工
株式会社 伊原商店
取締役社長 伊原市郎
神戸市長田区苅藻通七丁目六
電話⑤4526 3270

高級音楽喫茶
コペン
神戸市生田区北長狭通
平山正太郎 ③0806

豪放堂々3層建1500坪
日本一豪華マンモスアルサロ連日われるばかりの盛況!
万雷の拍手
アルバイトサロン 梅田新道
エムパイア

製銅原料
鋳造各原料・非鉄金属全般
株式会社 岩田商店
取締役社長 岩田成俊
神戸市兵庫区三川口町一ノ二〇
電話⑥1212 1213

慶祝 三・一節

大韓婦人会兵庫県本部
会長 金命朝
外 役員一同

大韓青年団兵庫県本部
団長 白元基
外 役員一同

神支部 団長 金浩沅 外役員一同
東神支部 団長 金玟坤 外役員一同
阪神支部 団長 裵季祚 外役員一同
西宮支部 団長 洪鎬根 外役員一同
尼崎支部 団長 秋相春 外役員一同
宝塚支部 団長 元璜喜 外役員一同
有馬支部 団長 曺且賛 外役員一同
三田支部 団長 崔海満 外役員一同
明石支部 団長 成泰永 外役員一同
淡路支部 団長 朴哲性 外役員一同
西播支部 団長 梁昌煥 外役員一同
播丹支部 団長 卞埈植 外役員一同
但馬支部 団長 一南 外役員一同
川辺支部 団長 申泰奉 外役員一同

大韓民報

発行所 大韓民報社
大阪市北区中崎町48
電話㊱1873・1875・6106
発行人 車忠興
定価 一部十円

▽綱　領△

一、われわれは大韓民国の国是を遵守する。
二、われらは在留同胞の民権擁護を期する。
三、われらは在留同胞の民生安定を期する。
四、われらは在留同胞の文化向上を期する。
五、われらは国際親善を期する。

四・一九英霊よ安らかに！

四・一九精神を確認

民団大本 韓青大本 共催で追悼式を行う

わが民族史上不朽の金字塔をうちたてた四・一九民主革命一周年を迎え、三月一日がわが国の永遠なる記念日であると同様四月十九日もまたわが民族の永世に記念すべき日となつたのである。

すなわち若き青年学徒たちが純真無垢な熱情と勇気をもつて李政権独裁体制に抵抗し鮮血を流し、その高貴な血の代価として第二共和国が樹立する原動力が生れたのである。

われわれ在日僑胞としてはいわゆる旧態幹部はもちろんのこと全僑胞が四月革命の精神を認識し、革命課業の完遂と南北統一の聖業を成就させるという重大使命を達成するための精神的な支柱とするためにも何らかの記念行事を行わなければならない。

民団大阪府本部（車忠興団長）は韓青同大阪府本部（委員長李〇任氏）との共催によりこのほど四・一九記念追悼式を厳かに行い四・一九英霊を慰めた。

追悼式は四月十九日正午より民団大阪府本部講堂及びグランドで行われ、その推進方針として発表されたところによれば、朝総連の平和攻勢が四・一九を契機に一層熾烈化し朝総連機関紙「朝鮮新報」の近刊号にも、中央において四・一九記念行事を共同主催で行うと虚偽報道をなし民族陣営の攪乱を狙つており、これら虚偽宣伝を徹底的に粉砕し、祖国統一方案においては最後まで国連監視下の南北総選挙によつて統一を実現するとの信念を堅持しなければならないとしている。そしてそのような見地から四・一九民主革命記念追悼式は

一、犠牲となつた学徒の冥福をいのる。
二、全僑胞に四・一九革命の意義を一層認識させると同時に自由と民主主義の守護に結びつける。
三、全僑胞に韓日会談促進に関する認識を徹底させ朝総連の平和攻勢の策略を粉砕する。
四、全僑胞に四・一九精神を継承し海外僑胞として祖国の挙国挙族的な国土開発事業に積極的に参加させる。
五、全僑胞が民団組織に一層関心を持たせ進歩的で家族的雰囲気で包摂し民族陣営に集結させる

として挙行されたものである。

即時韓国へ送還せよ

民団大本、関係当局へ要請

統計技術訓練を受けるため来日中に北送申請をしたとして、去る三月二十四日、日本の新聞紙上で騒がれた元韓国政府総務処総務課主事李炳南の問題について本態を重視した民団大阪府本部（車忠興団長）はこのほど韓日親善促進のために李炳南を直ちに韓国へ送還せよと全文次のような要請書を日本国外務大臣、法務大臣及大阪入国管理事務所長あてに伝達した。

要請書

私たちは韓日親善並びに在日韓国人のために不断の努力を続けている閣下に対し感謝と敬意を表すると同時に在阪全韓国人を代表して次のことを要請することを光栄に存ずるものであります。韓国と日本は自由と繁栄を強化発展させるために必然的に提携しなければならないことはいうまでもありません。私たちは両国親善を妨げる一切の障害を除去するために努力を続けながら両国関係正常化と親善強化のために尽す所存であります。

私たちは以上の原則に則つて過日日本国外国人登録令並びに入国管理令違反により貴法務当局に逮捕取調中の韓国公務員「李炳南」を次の理由により速かに韓国へ送還するよう強く要請するものであります。

記

一、韓国政府は四・一九民主革命以後民主々義の原則に則つて全国民の自由を完全に保障している。且つ重要な政治家ではなく一般公務員である李炳南の政治亡命の理由は成立たない。従つて李炳南を韓国へ送還した場合、韓国政府は本人に対し必要以上の刑罰を科するようなことはあり得ないと信ずる。

二、李炳南は一時旅行者として日本入国したもので現実に韓国内に居住する韓国人であることに変りはない。従つて国籍自由選択権から見ても韓国内に居住する韓国人に国籍を選択させる何等の権利も存在しないと信ずる。

三、万一李炳南を北朝鮮に送還することが生じた場合は次のような弊害が生ずる、①韓国政府並びに日本にいる韓国人を含む全韓国民の日本に対する友好感情を傷つけ従つて両国親善を妨げる結果になる。②将来韓国での犯罪人が日本を経由して北朝鮮に逃亡する悪（前）例を残すことになる。③日本は所謂北朝鮮政権や在日韓国人左翼勢力に対する政治的宣伝材料を提供することになる。

西紀一九六一年四月四日
在日大韓民国居留民団大阪府本部

23日に民団大本定期大会

地方議事会は22日に開催

民団大阪府本部（団長車忠興氏）は来たる四月二十二日に第二十二回地方議事会、翌二十三日、第二十六回定期全体大会を召集する。

今次の大会で論議される議題として掲げられているのは①経過報告承認の件、②四二九四年度活動方針審議の件③四二九四年度予算案承認の件④任員選挙の件⑤支部建設問題の件などであるが、今次の大会で現執行部の任期が一応満了することになるほか、祖国統一論議など民団の取り組むべき諸問題が山積しているときでもあり、その成り行きは注目されている。

主張

朝総連分子の本国への攪乱潜入とボッタリ商人の横行を許すな

本国政府では、四・一九民主革命以後、僑胞の本国旅行制限措置を全面的に撤廃し、僑胞往来の門戸を広く開放した。よつて四・一九以来一個月平均約四百人の人が母国を訪問している。これは在日僑胞の当然の権利ではあるが、一度北韓の鉄のカーテン内の労役場へ送り込まれて再び自由の天地へ復帰できない気の毒な同胞たちと比べてわれわれは自由に母国を訪問して祖国をみ父母兄弟と会えるということに最上の喜びであり幸福なことである。

ところがこのような祖国の開放に便乗して朝総連分子と攪乱を目的とする本国潜入が急に増え時々本国各所においてこれらのものによる不穏文書散布、反政府行動の煽動などの攪乱行動が頻々と発生している。本国治安当局では在日僑胞全体に対する影響も考慮しつつ主に勧告等の穏健な方法でこれらを処理してきたが、最近目に余る悪質な行動が計画的、具体的に現れたのでやむを得ず強硬な方針を定め直ちに十数人を検挙し現在取調中で近日中にその全貌が明らかになると思う。

このような実情に鑑み、本国政府もこれを防止する具体的対策を講じているがこれら不穏分子が仮面を被つて計画的にして巧妙な手段を用いて民団や代表部を通じて旅券を受け韓国へ浸透しているのが殆んどである。民団は僑胞の本国旅行の手続に関して直接間接に関係しているから緊急にこれらを防止する具体的対策を考えなければならない。しかしながらこれらの不穏分子を警戒するの余り善良な僑胞に対していささかも迷惑を掛けてはならないのはいうまでもない。

民団は下部組織に至るまであらゆる資料を具備し、この資料及び本人たちの日常の行動等に基いて僑胞旅券申請者の身元を慎重を期して十分審査した上でその身元保証の可否を定めるべきである。ただ形式的に適宜の手数料を頂戴して〇判式に身元を保証すれば朝総連側の計画にはまつて多数の不穏分子を本国に送り込まれることになり結果的に民団は本国社会を攪乱させるための左翼不穏分子を本国へ送り込む機関になることを悟らなければならない。一部無責任な幹部は左翼不穏分子が潜入して行動を起した場合本国の法律に従つて本国で処分すればいいではないかという議論をはく者もあるが、本国ではこんなことに力を入れることよりも第二共和国新建設という大事業が山積していることを忘れてはならない。われわれは海外において祖国の第二共和国建設に十分な協力はできないまでも建設に邪魔になる結果を作つてはならない。

次にボッタリ商人の横行だが、最近釜山とソウルの税関倉庫をみると僑胞旅行者の携帯商品が山と積まれている。当局者に聞くと旅行者の中には一人が大きなトランク三、四個を背負つてくるものがいる。中味は奢侈品をまとする商品が殆んどで、これらは悪質な商人とみなし携帯品の一部を傾倒し韓元又は日本へ持って帰らすということである。これら悪質な商人は大半が外国の既成品を国内へ持込むことによってもたらす国家の弊害についての認識に乏しいが、中には知りつくしていて常習的にやつているのがいる。これは国家民族が滅びてもわが一人よければいいのだという極度の悪商人で意識的に国家経済発展に大きな害毒を流す輩である。勿論、政府も厳重に取締るよう要望するが、われわれも自主的にこれら悪質商人をなくすよう運動を展開せねばならない。韓国旅行者に対して一人二〇〇ドルの外貨割当を認めているので、これだけでも韓国貨一人二十五万ファンになるから国内旅行の所用に最大限度通せられるはずである。民団の下部組織の実務幹部はこの点に留意して旅券申請者を十分啓蒙させると同時に祖国経済発展に害毒を流す悪質な商人の傾向があるものに対しては断乎として身元保証を拒否すべきである。

終りに本国政府に強力に要請することは国旅行為に等しい密貿易商人に対しては最高刑を伴う重刑を科するよう国内法を改正し、厳重に取締り国内から密貿易者を根絶するよう望むものである。

何故ならば旅行者の携帯商品を幾ら取締つても密貿易者が氾濫していては何の効果もなさないからである。政府は国土開発並びに経済建設に当つて積極的対策と政策を臨むものである。

朝総連の毒牙を逃る

北送寸前に民団が救出

最近北送申請者が激減した結果、帰船予定百名の帰還者を北送するとのスピードアップ協定を守っためやせりはじめた朝総連は傘下北送申請者獲得のためあらゆる手段を用いて狂奔しているが、

問題の人金景煥（三六）氏は全羅南道麗水市の出身であるが、昨年の十月十八日船員として韓国の釜山を出港、十月二十八日悪天候のため小倉港に入港した。十一月十五日に上陸を許可され、知人を訪ねた結果、同日の門限に船に戻れずやむなく不本意ではあつたが知人宅で五日間を過してしまつた。結果的に不法在留になつたが、金さんは何もしらず神戸の知人宅世界一ゴム会社を訪れた時、外国人登録証を所持せねばならぬことを知り、また鄭某というものの世話で神戸長田区役所で仮登録を得た。そしてその足でこの鄭が朝総連の廻し者とは知らず同行してあちいの赤十字の窓口で北送の手続きを済ませた。その後東京の知人宅をたよつて働いていたが、長田警察署から呼出して神戸へ戻り、入管及び裁判所の審査が終えた。ところが身柄引受人として朝総連神戸南支部役員である辛某が現われ金さんを同支部へ連行し、北送の申請をしたのだから帰国命令が出たら北朝鮮に帰れと脅迫した。またふとしたことで、金さんを朝総連が韓国の治安要員であるとして小倉の朝総連支部へ秘密連絡した事実を知つた。もし居所を知られるとリンチを受ける可能性も強く身辺に危険を感じたので三月八日民団大阪府本部を訪れ身柄の保護を依頼し善処方を依頼した。民団大阪府本部では早速駐日韓国代表部と連絡をとり種々の手続を経てこのほど無事に神戸から本国へ帰国した。

帰国にあたり金さんは「北送申請者獲得のためにはあらゆる卑劣な手段をも辞さぬ朝総連に限りない怒りを感じると同時に民団の好意に対して何と感謝の意を表したらいいかわからぬが、私のように彼らの甘言に欺された人はたくさんいると思うが、今からでも遅くないから民団に保護を求められるようお勧めしたい」と語つた。

大本の定期大会前に

大半の支部が大会を完了

三月の声とともに大韓民国居留民団大阪府本部管内の各支部にも定期大会シーズンが訪れたが、四月下旬に至つて既に十七支部が大会を終了した。

まず今年のトップをきつて二月十九日に大正支部が第十四回臨時大会を開催、（前号掲載）次いで二月二十六日生野支部が韓国人会館の完成と相前後して第十二回定期大会を開催した。

三月に入つてまず三月十九日に泉南支部、二十一日には港支部及び西淀川支部、二十五日には旭都支部、二十六日には東淀川、布施、北大阪、泉北、此花の各支部がそれぞれ大会を開催した。

四月に入るとまず南大阪、堺、東住吉、西成、枚岡の各支部がそれぞれ二日に大会を開催、八日には住吉及び北河内の両支部が各々大会を終了した。

民団大阪府本部の第二十六回定期大会を目前にひかえ、大本定期大会前には全支部が大会を終了し、新たな構想のもとに民団の活動方針及び祖国統一問題に対処してゆくことになる。

各支部の三機関陣容は次の通り。

生野支部

曺団長

議長 高時鍵
副議長 宋昌岳、梁義松
監察委員長 崔秉学
監察委員 李廷圭、李道述
団長 曺国鋳
副団長 崔詰洙、玄承南
事務部長 宋哲

布施支部

議長 鄭富夫
副議長 李道容、申致禧
監察委員長 李乗奎
監察委員 趙久源
団長 沈在玉
副団長 金正守、裵国祥
事務部長 姜元淳

西成支部

議長 卞先春
副〃 崔仁俊、朴挿相
監察委員長 沈鳳鎮
監察委員 朴昌根、金大洙
団長 金任一
副団長 李鍾寧、南鍾煥
事務部長 金蕃岡

東淀川支部

議長 孫順乾
副議長 金賛琪、曹兆鎮
監察委員長 金賛孝
監察委員 金永俊、李鎔承
団長 方勝煥
副団長 金順伊、李大幸

旭都支部（任期完了前）

議長 崔洛哲
副議長 趙程洞、姜大銀
監察委員長 金命玉
監察委員 朱亨貞、金相録
団長 玄大植
副団長 朴栄俊、趙在万
事務部長 白永稷（新任）

北大阪支部

金団長

議長 許正夫
副議長 金鍾鎮、朴興鎮
監察委員長 河甲祚
監察委員 卓正模、洪慶命
団長 金同
副団長 朱南硯、李相鶴

東住吉支部

議長 安吉永
副議長 金基沢、李相哲
監察委員長 崔料権
監察委員 李正基、李〇玉
団長 黄七福
副団長 朴〇玉、曹朗永
事務部長 辛昌浩

港支部

議長 宋錠洙
副議長 沈漢沢
監察委員長 周永雨
監察委員 金秉現、安千鎮
団長 朴南圭
副団長 張斗鉉、金昌福
事務部長 姜消秀

南大阪支部

文団長

議長 金済云
副議長 辺基柱、金昌奉
監察委員長 宋栄植
監察委員 金鵬斗、鄭占同
団長 文福同
副団長 宋丙変、呉永俊
事務部長 玄乗納

堺支部

議長 朴亨述
副議長 安和範
監察委員長 金允鎬
監察委員 李〇玉
団長 高殷坤
副団長 李〇東

枚岡支部

議長 張徳日
副議長 崔炳南、孫大根
監察委員長 尹肇考
監察委員 林東勲、朴東信
団長 李圭洪
副団長 尹炳逸、盧里永

西淀川支部

議長 林輝権
副議長 鄭致、林〇沢
監察委員長 徐耀泰
監察委員 朴幸文、李水純
団長 洪陳石
副団長 金吉交、林万善
事務部長 金鎮出

此花支部

金団長

議長 朴〇〇
副議長 金成龍、鄭龍水
監察委員長 朴甲点
監察委員 田日鳳、金福文
団長 金一文
副団長 許〇〇、金右鶴
事務部長 宋基南

住吉支部

議長 趙鍾柱
副議長 曹秉顕、沈武俊
監察委員長 李鍾基
監察委員 金万石、金章玉
団長 金鎮出
副団長 許弘祚、金相基

泉南支部

議長 李明三
副議長 李彦夫
監察委員長 文鳳明
監察委員 趙道相
団長 姜〇潤
副団長 城〇斌、文道増
事務部長 陳清輝

豊能支部

議長 李守永
副議長 安壮元
監察委員長 陳施生
監察委員 金八龍
団長 崔乙鉉
副団長 金鳳子
事務部長 金仁弘

八尾支部

議長 河千春
副議長 趙又在
監察委員長 金性甲
監察委員 鄭陽子
団長 李佳出
副団長 高順卓
事務部長 林〇虎

写真は盛会をきわめた第42回三・一記念韓日会談促進民衆大会の模様

南北の實情を相互視察

在日韓記者団が實現申合す

在日韓国記者団では去る二月二日朝鮮新報の記者と南北韓の実情を相互視察することを決定した。

在日韓国記者団では、去る三月二十五、六日にかけ湯河原温泉で朝総連傘下の記者十余名を招き統一問題について懇談会を開き、意見を交換した結果、南北間を相互視察することが南北統一に極めて有益であることを確認した。

三百余万円の予算で

大正支部新事務所 建設委員会が発表

民団大正支部（団長〇〇万氏）は同支部事務所の建設事業達成のためこのほど建設委員会を設置し、その事業の具体的内容を発表した。同委員会の発表によれば百五万円の予算で大正区南恩加島町三ノ二番地に約八坪の敷地（買取成約）を求め、約二百万円の総建設費を投じて二階建ての建築を建設、一階を民団事務所として使用し二階をアパートとして一般に開設する計画とのことである。同支部建設委員会の構成メンバーは次の通りである。

顧問 崔貴柱、車忠興、金鍾洙、金守哲、千年変
名誉委員長 金命基
委員長 姜鎮万
副委員長 崔山沢、裵水東、朴陽遠、鄭永浩、尹勲水
委員 金〇煥、李太平、崔相道、金鐘済、高泰玉、鄭志永、金晩基
総務部長 崔山沢
〃委員 孔〇俊、李〇水、鄭福植
会計部長 洪〇〇
〃委員 李〇〇、龍学圭、洪成再
会計監査 金相潤、金連伊、洪小順、李在成、金道一、権点時
委員 賛助者全員（但五千円以上）

㊗ 第26回民団大阪府本部定期大会 ㊗

阪本紡績株式会社　社長 徐甲虎　大阪府泉南郡田尻村　電話泉佐野八一〜三

日本有機化学工業株式会社　社長 安在祐　大阪市天王寺区東高津南之町九　電話㊆二五一二一・四二五一

信用組合 大阪商銀　理事長 朴漢植　大阪市北区曽根崎町二の六　電話㉞三八五一〜四

共栄ビニール工業株式会社　社長 金鐘寿　布施市高井田西一の一七　電話㊹五三三六

森之宮製鋼株式会社　社長 甘次相　大阪市阿倍野区丸山通二の二六　電話㊆一三五〇

渡辺毛糸紡績株式会社　社長 全時然　岸和田市磯上町二五五　電話貝塚②六八四一

明大製菓株式会社　社長 蔡尚大　大阪市北区菅栄町七三　電話㉝三八七三

第一交通株式会社　社長 千年変　大阪市城東区古市大通一の三九　電話㊹〇三三九

朝日化工株式会社　社長 金光宗雄　大阪市東住吉区加美末次町八の一〇四　電話㊆六六〇四

共和捻子製作所　社長 黄七福　大阪市東住吉区桑津町二の二五一　電話㊆五七六九

大成鉄工所　高杉善久　大阪市都島区内代町二の七六　電話㊴五一九三

味道園　金容守　大阪市北区曽根崎中二の八　電話㉞七三六七

壺山組　宋鳳律　大阪市此花区朝日橋二の一五　電話㊻四四一三

木村紡績株式会社　社長 金基允　岸和田市土町二二〇三　岸和田②五七二二

東亞交通株式会社　専務取締役 車忠興　大阪市東成区深江西四の一九　電話㊆五二三三

内外電線株式会社　代表取締役 徳山隆士　大阪市生野区猪飼野東五の三二　電話（代表）㊆五五五九

ピースタクシー株式会社　社長 崔寅柱　大阪市天王寺区東高津北町　電話㊆三八二二

同和観光株式会社　社長 八城炳三　大阪市北区樋之上町三八　電話㉞七四八八

神農産業株式会社　社長 姜宅佑　大阪市北区曽根崎上三の四　電話㊱二〇八七

食道園　大阪市南区河原町一の一五六三　電話㊆一四五五〜七

富士紙工株式会社　社長 金容〇　大阪市東住吉区桑津三の八　電話㊆一二四一・七二五六

大正商事株式会社　社長 崔永守　大阪市旭区員脇町三五　電話㊴〇七一四

新興ゴム工業株式会社　社長 金基碩　大阪府八尾市竹淵九二　電話㊆六六六一

三洋実業株式会社　社長 李熙健　大阪市東成区東小橋北之町二の一五四　電話㊆五四五一〜二

富士化成株式会社　社長 曹秉昊　大阪市生野区巽西足代町八三　電話㊆九一二一〜二

林工業株式会社　社長 朴信宏　堺市九間之町西二の二一　電話堺②三五五六

五十年の歴史を誇る中華料理の王座・純北京料理　階上・和室・洋室　御家族連れ　御結婚式場・披露大小宴会　アベノ東海倶楽部　アベノ橋南詰　電話㊹〇二八九・四二七四・三一一三

株式会社 富士パネル製作所　社長 朴勝豪　大阪市西成区桜通四の三　電話㊅〇七六一〜二

和・洋室完備　結婚披露・大小宴会　北京料理 東天閣　大阪市心斎橋御堂筋角（そごう北隣）　電話（代表）㉗〇一三一

引揚者帰国案内　本国訪問旅行案内　船舶及び荷物取扱　国際通商株式会社　取締役社長 洪官錫　大阪市東成区東小橋南之町一の七二　電話㊆八〇九三

われわれ自身の手で 歴史的にみた祖國統一方案（資料） 統一を達成しよう

祖国統一方案について

一、カイロ宣言（一九四三・十二・一）

二、ポツダム宣言

三、モスクワ三相会議における「朝鮮に関する決定書」（一九四五・十二・十七）

四、ジュネーヴ会談（一九五四）

A、卞榮泰外務長官が提出した韓国統一に関する十四個条項の方案（一九五四・五・二二）

B、北韓南日外相が提案した朝鮮の民族的統一回復と全朝鮮的自由選挙実施に関する方案（一九五四・四・二七）

五、七・二九総選挙において提示された民主党の統一方案（一九六〇・七・二〇）

六、八・一五解放十五周年式典において発表した金日成の統一方案

七、金三奎氏中立化論（日本に居住）

八、金龍中氏の統一見解（在米僑胞）（一九六〇・十一・十七　ソウル日日新聞）

九、メノンインド代表の主張（一九六〇・十一・十五）

十、マイク・マンスフィールド米上院議員の中立化論（一九六〇・十・二二）

十一、最近の本国における統一論動向

A、ソウル大学対政府及び社会建議文（一九六〇・十一・一）

B、民議院議長郭尚勲氏の発言（一九六一・一・二三）

C、金度演新民党準備委員会副委員長談話（一九六一・一・四）

D、徐珉濠民議院副議長（新民党）談話（一九六一・一・四）

E、金大仲（民主党）宣伝部長中立化統一論に対する声明（一九六一・一・八）

F、社会大衆党の統一方案（一九六一・一・二三）

G、張勉国務総理の統一に対する声明（一九六一・一・六）

H、民族自主統一中央協議会準備委員会の発表

統一宣言書

十二、北韓人民会議第二期第八次会議の崔庸建報告書（要旨）（祖国の平和的統一を一層促進させることに對して）（一九六〇・十二・二〇）

十三、金龍中氏が張総理に送った公開状

南北交流は利益となる、降伏と親共的行為ではない。

北韓の指導者は韓国人である。恐れてばかりいれば協商の機会を失う

いかなる外国制度も最善ではない韓国には「韓国の制度」がある

軍事力の過信は不當、中立的地位の追求が必要である

便宜主義は愛国ではなく外国依存は誇りではない

中立を拒否するならば代案を提示せよ。国家の利益は党派よりも優先する

政治的経済的獨立は統一によってのみ、双方指導者の愛国的和解を

まず経済力の培養が緊要、人的資源総動員、均衡統制

統一は民族の至上命令、方策の模索はわれわれの義務

これ以上耐えることはできない。貧困克服のために統一必要

統一のため、対米協調に伸縮性を

北韓通信交流等協商必要

全国的組織であなたの交通保安！
社団法人　全国自動車保全協会
林　秀　憲
大阪市西区阿波通1－26
電話㊾1071～8

新しい雰囲気
皆さまの社交場
紫　光　ク　ラ　ブ
梅新から東へ約二丁東入る
北区曽根崎1－30

本国から教科書

尋ね人

余徳銘
余乙龍

東海新報

在日大韓民国居留民団
愛知県本部
機関紙

発行所
名古屋市東区長塀町6～10
電話東④2394
東海新報社
発行人
盧恭愚

綱領

一、われらは大韓民国の国是を遵守する。
二、われらは在留同胞の民権擁護を期する。
三、われらは在留同胞の民生安定を期する。
四、われらは在留同胞の文化向上を期する。
五、われらは国際親善を期する。

第23回中央議事会終る

「朝總連統協」打倒に邁進
時局対策など六議案を可決

民団第二十三回中央議事会は、さる十五日正午から中総講堂で開かれた。

朴權熙文教局長司会で 先ず国民儀礼、金載華副議長の 開会辞についで議員資格審査があり金光男議長によって中央議事会成立が宣言されたのち同議長は『中央議員の熱意で満足でない組織の現状を、より以上の団結で巨大な機構につくるべきである。規約の草案精神にのっとり、規約を再検討して改正するよう望む。ジュネーブの四巨頭会談とソ連、中共、インドを中心とする世界的平和政策を充分念頭におきながら、国際問題、諸国のおかれた状態及び民団の在り方等を研究しつくさねばならない。民団の組織強化は先ず第一に規約を忠実に守ること。第二に組織を強化するはかりでなく育成すべきであり、第三に政治的でなく政策的たるべし、第四に理論より実践によってなすべきである。また現執行部が誠実もって努力していることを明言するものであり、努力の結晶が各地方に浸透しつつある」と挨拶した。

続いて丁賛鎮団長は「執行部構成後あらゆる角度から民団本来の精神を生かすよう研究討議の結果運動方針を宣明した。各県本部にこの精神が浸透しているものと確信する。七月は組織整備月間とし実践途上にある。今日の議事会では中総の案を中心に検討と実践に対する可能度を忌憚なく意見を表明して貰い度い」との挨拶があった。ついで駐日代表部から金溶植公使を代理して僑民部洪賢記官が挨拶した後、高順欽中総顧問の祝辞が述べられて経過報告に入り、金光男議長から議決機関報告、金哲総務局長より執行部総括報告、徐相俊監察委員の監察報告があった後一たん休憩に入った。

午後は一時三十分から再開、質疑応答があったのち 討議事項に入り、執行部から六項目からなる議案が上程、各々可決された。すなわち⑴組織整備要綱⑵自主教育機関充実促求案③協同組織推進促求決議案など満場一致で通過④時局対策に関する決議案は各議員から活発な意見や提案があったが、四巨頭会談に際し四巨頭にメッセージを送ろうとの金英俊議員、兵庫県の提案を可決、草案作成委員に金光男、金熙明、金哲、金英俊の四氏が選出された。ついで⑤団史編纂事業に関する決議案⑥事務規程改正案を金哲氏から説明があって後、満場一致で通過、⑦規約第四十条に関する件について議長から第十九回全体大会で決定した追放項目を第四十条四項に挿入する旨述べられた後、第四項の但書に「追放は大会の承認が必要である」との本議事会建議案として採択しようとの提案があったが、議事会の承認を受けようとの提案もあり、挙手採決の結果、絶対多数で議事会の承認を受ける案が決定、次の大会に建議案として提案する事になった。[illegible]から「規約第四十条適用の場合、追放項目の適用だけは、次の大会までに中総を始め各県本部団長の理性ある措置を要望する」旨がのべられ「追放項目の適用を慎重に、できれば次の大会までは適用しないよう勧告しよう」との提案があったが、各議員から中総団長始め各県本部団長の良識に任せようとの意見が多くあって採決しなかった。

以上をもって中総執行部提案の議案の討議を終り午後八時半、引き続いて民団大阪本部から新世界新聞問題について中総との意見の相異があるから円満な解決を求めるとの提案があり、近畿協議会の新世界新聞処置経過を金英俊議員の報告それに対する丁賛鎮団長の所信があって、徐相俊、朴根世両監察委員の意見表示があった後、午前零時半中総と大阪本部との間に事務的に処理すべきものであるとの結論を得て、金熙明副団長の閉会辞、丁賛鎮団長先唱の万才三唱で、第二十三回中央議事会は多大な成果を収めて幕を閉じた。議事会で決議された執行部六議案は次の通り。

◇組織整備要綱

一、各県本部は充分な機能発揮のため、八月末日迄に、次の措置を取らなければならない。

①常時団務に専従する職員を置く。その最少限の県別人数は別表の如くである。
②月二回以上執行委員会を開き団務の推進について討議する。
③月二回十日、末日に活動状況報告を中総に提出し、独断で対処し難い事項は遅滞なく中総の指示を受ける。
④月に一回支部団長或は組織課長会議を召集し、各支部の活動状況を検討する。
⑤充分な機能を発揮出来ずに居る支部に対しては、大会を召集し支部を再建する。

二、各県本部は財政安定並に健全化保障のため次の措置を取る。

①七月末迄に前年度の決算書、新年度予算書及び当面の方針を中総に報告し、指示を受ける。
②八月以降三カ月に一回、監察委員会の会計監査を受ける。
③国民登録完了団員の数を把握して団員制を確立する。団員徴収の能率化を期するために、月末一週を団員徴収週間とする。
④地方割当金滞納分を早急に完納する。

三、定期大会を開いていない県本部は八月十五日迄に大会を開催し沈滞している空気を一新する。

四、各県本部は現地の実情に即応した。傘下団体、協同組合および自主教育実施の整備充実を期する。

五、各県本部は本団組織の劃期的拡大強化を準備するため団外の次の要素を発見して分離する様に努める。

①如何なる団体にも参加して居ない者。
②左翼団体の影響から抜けた大衆。
③左翼団体の幹部であった者で顕著に悔改した者。
④左翼団体の幹部で内紛により到底そこにとどまる事の出来ない状態の者。

六、前五項を履行出来ない県本部には、中総で次の一部又は全部の措置を取る。

①中央組織要員の派遣。
②全体大会代議員および中央議員の権利行使停止。
③大会召集。
④全面的直轄。

◇自主教育機関の充実促求決議

民族文化の要等が民族の奴隷化を意味する事を、我々は苦い体験を通し、誰よりも熟知している次第であり、民族自主教育の必要性は贅言を要せざる事と思う。従って我々は、僑胞自主教育機関がどれだけあり、又如何なる水準にあるかを考える時、痛嘆この上もなく、僑胞の将来は勿論祖国の将来の為に憂慮せざるを得ない。

既に東京、京都、大阪、倉敷、宝塚等には、我々の学園があり各地に民族精神補習施設、講習会等がある。此の中には健全な運営の軌道に乗っているのもあるが、全般的に未及な点が多い。又相当数の僑胞が集居して居るにも拘らず、未だ大部分の地域では、何ら自主教育機関がない有様である。ここに我々は全ての愛国同胞が熱誠をつくし、団結した力によって、各種の自主教育機関を設立し、その内容を充実にする事を懇切に促求する次第である。当然各県本部は自主教育の振興に主導的役割をつとめ、中央本部は、教員養成、教材周旋等で積極的にこれを支援して下さる事を要望する。

◇協同組合組織推進促求決議

在日僑胞の困難な生活環境と企業状態の打開のために、我々は自ら団結しなければならない。生活協同組合、健康保険組合、信用組合、納税貯蓄組合の如き、自助的協同組織を広汎に発展させ、かかる形態で結集された。集団力量で、消極的には我々の権益が不当に侵害されるを防衛し積極的には我々の権益の着実な伸張を保障する事が出来る。既に部分的には、本団各級機関の活動により協同組合が結成され、相当機能を発揮している地域もあるが、また大部分が準備的或は初歩的段階の状態にあるという事は実情である。ここに我々は本団各機関の指導下にすべての愛国同胞が団結するのが焦眉の道たるを覚り、各々の実情に適応した各種の協同組織を推進されん事を促求する次第である。

◇現時局対策に関する決議

「民戦」が祖国の独立と自由を共産主義に隷属させ在日民衆陣営の破壊を策謀し狂奔して来た日共の傭兵的 暴力組織体である事は歴史的な具体的事実が証明する事である。彼等は世界情勢の不利な推移に当って新しい形態の欺瞞政策を提示し得ざる切迫した段階に到達したが故に、民族の宿願である祖国の平和的統一を在日僑胞の団結だと言う標榜を悪用して累積せる彼等の罪悪を隠蔽しようと策動し売族反逆者及び堕落分子を煽動して、去年十月「統協」を結成し政治的策動はことごとく「統協」に集約したのであるが、民族陣営の強力な組織力と、正確なる大衆の洞察力によってむしり取られ挫折せざるを得なくなったのである。大衆との離脱と不信を防止し、本質的変化の印象を仮装するために民戦を解散して「朝鮮総連合会」を結成、最後の発悪を工作しているのである。

しかし、かかる看板の改称が彼等の本質的変化を意味する事でないことは明白の事実である。これは最近北鮮傀儡政権と日本地下代表部との会談が彼等の新聞紙上に暴露され端的に証明された。「統協」の主導的役割を担当をして来た前記地下代表部李北満の正体の発覚は、民戦の方針を判断する事の出来る生々しい資料である。かかる情勢下に我々民団は彼等の金乙の策動を粉砕せんが為に我等の民団団結を一層強化し基本運動方針の実践に全力を傾注する事の出来る確固不動な組織体系の確立に不断なる努力を継続すべきである。ここに我々は当面の時局に対する具体的方針として次の如く決議する。

①在日僑胞全体の基盤の上に組織を発展させその効果的推進のために、共産主義の影響から抜け出た僑胞を寛大なる温情で包摂する。
②地域協議会体制を確立し組織の横的連繋を緊密にして、随時の会議を通し地方情勢分析を正確にする。
③機関紙、文書、芸能、遊説等を活発にし反共宣伝を通した民衆啓蒙を強化し「朝総連」及「統協」のあらゆる欺瞞的図謀を暴露する。
④「朝総連」及「統協」の内情を適確に把握する為に必要な特別措置を取る。

◇団史編纂事業に関する決議

我が民団は発団以来僑胞の権益擁護のために一貫した斗争を継続しつつ今日に到った。今日民団が名実相符した僑胞自治団体として成長した裏面には数多い同志の高貴な犠牲的努力の業績がある。民団発団十周年を明年に迎え、大なる感激の中に民団光栄ある歴史を編纂する事業に着手する事を決議する。我等は執行機関が団史編纂の為に即時必要な措置を取る事を要望する次第である。

海苔一一〇万束 近く全量積出

（韓僑通信）＝韓国海苔輸出組合は二十日、八十万ドル相当の海苔を今月日本に輸出する事になろうと発表した。輸出海苔一一〇万束のうち六十八万五千七百束は一九五四年度、残りは本年度産であると言明した。海苔は日本に対する韓国の主要輸出品目で八、九月にかけて両国間に活発な荷動きが期待されている。

・写真・下は民団を一層強化し「統協」打倒に邁進しようと決議した第二十三回中央議会

八・一五光復節民衆大会行事決る

県本部では八・一五光復節記念行事を組織的見地から大々的に催すべく、去る七月六日第十九回議事会で該件を上程して討議した結果八・一五光復節記念行事準備委員会を構成、次で同二十一日県本部事務室で準委会を開き、左の如く行事計画を決定した。議事会で選出された。準備委員は左の通り

姜熙周、金龍煥、金乙寨、金麟九、金在男、金錫玫、金基満、具五善、盧恭愚、李春植、李康、李一興石、裵小斤、余命辰、劉学変、尹輪玉、張永稜、張清涂、鄭仁守、趙正局、彭弘柱、崔儀浩、崔学草　以上二十三名

一、大会費用予算額　拾五万円
一、財政調達委員
李春植、金麟九、趙正局
徐相俊、鄭炳麒、姜求道
金龍煥

一、大会準備委員
李康、劉学変、盧恭愚、
金在男
一、名誉会長　李康
会長　李春植
副会長　劉学変、彭弘柱
総指導員　李康
副指導員　盧恭愚
会計　李春植、盧恭愚
場所　六反公園グランド（市電六反学校前下車学校奥、中村区）

炎暑をついで大運動会
十一時から六反グランドで式典

時間　午前十二時（正刻）

第一部　式典

一、開会宣言
一、国民儀礼
一、開会の辞
一、記念の辞
一、決議文採択
一、メッセージ採択
一、建国行進曲　合唱
一、万才三唱

第二部　運動会（種目）

1、開会
1、五〇米競走
2、百米〃（支部対抗）点
3、二百米〃（支部対抗）〃
4、二人三脚
5、スプーンレース
6、宮崎夫婦
7、輪回し
8、パン喰い
9、宝探し
10、四百米リレー（支部対抗）点
11、尋ね人
12、猪に紙袋
13、千五百米マラソン（支部対抗）点
14、仮装競走
15、仮装行列（中川支部特別出演）

第三部　脚力大会

1、団体対抗　各支部トーナメント
2、個人対抗

初の全国團長会議
組織整備の実践要領など可決

（韓僑通信）＝十五日開かれた中央議事会に引き続いて、午前十一時から民団中総講堂で全国都道府県本部団長並びに事務局長連席会議が開かれた。

会議は国民儀礼ののち丁団長の団務運営と実践に対する義務について挨拶があり、来賓の金載華前団長、金光男議長、徐相俊監察委員長から各々会議の成功を祈る旨の祝辞が述べられて直ちに討議事項に入った。

討議は主に十五日中央議事会で可決された問題の実行方法について検討が加えられた。議題は、組織整備要綱、現時局対策、事務規程、全国統一割当金上納、青年運動、協同組織推進促求、中央団務講習実施などであったが、団務講習は八・一五光復節開催準備のため七月二十五日開講に延期したほかは各々可決されて、午後七時半閉会した。

なお会議が終って、アメリカ文化センター製作による映画コリア（韓国）が上映された。

中総第一回参与会議
民団財政で意見の交換

（韓僑通信）＝民団中総では十八日午後一時、中総会議室で第一回参与会議を開催した。この日、日本全国から参席した参与約四十名は、中総の規約第二十条に則り設置された参与会の趣旨を全面的に賛成すると共に、民団の健全財政の確立ならびに本国経済復興に関し意見の交換を行い、午後五時盛会裡に散会した。

日本　旧鮮銀資産を利用か
柳駐日参事官重大関心と声明

（韓僑通信）＝日本政府が旧朝鮮銀行日本支店の残余資産を使用すると言明したという報道について、駐日韓国代表部の柳参事官は十八日次のような声明を発表した。

私は日本の通産省が旧朝鮮、合済銀行の日本支店の残余資産を財源として、日本の工業技術発展等を図る意向であるという六月十八、二十六両日の新聞報道（読売新聞所報）に重大関心をもっている。一九五五年六月二十六日の参議院予算委員会における質疑に答えて、通産相はこの問題に関する通産省の計画を確認した。これが事実とすればサン・フランシスコ講和条約第四条の重大な違反である。旧朝鮮銀行日本支店の財産所有権は韓国の法人たる韓国銀行に帰属するもので、日本政府も日本人にも同財産に対し何らの権利を持つ資格がない。日本政府がこの不当な計画を推進して両国の関係を危からしめないことを切に要請される次第である。

行動綱領など決定
第二回巡回総、組会開かる

組織の整備と組織員の質の向上を図り、また全体的な運動方針を確定、県本部の組織活動方針を決定するため、本部組織部では既報その構想を練っていたがさる二十三日午後一時から中村支部事務所で開かれた第一回巡回総務、組織課長会でつぎのような決定をみ同時に行動綱領を採択した。

一、八・一五行事に関する動員体制の確立＝八・一五行事準備委員会の方針に沿って約二千名を動員することを再確認し、八・一五行事動員委員として左のように決定した。

鄭泰鉉、朴泰達、南泰祜、朴景漢、朴福天、李鶴柱、鄭元朝、李晳瑞、朴末守、朴熙哲

一、本部の活動方針

1、文盲退治および啓蒙宣伝＝各支部単位の夜間学校を拡充する。映画を巡回的に上映すると共に、懇談会に重点をおき宣伝する。
2、青年運動の革新＝八・一五行事終了後同日県下有力青年を網羅して青年懇談会をもち沈滞した純粋な青年運動を、新鮮な観点から推進する。
3、国民登録の整備と組織の拡大＝各支部の登録原簿を統一用式に基づいて整備し、幽霊団員を一掃するとともに、団員居住地を再確認する。そして組織を現状の整備から「朝総連」組織を粉砕するまで科学的な企画で立拠する。

一、第二回巡回総、組課長会議は郡外で開催する。

⑴日時　七月三十、三十一日両日間
⑵場所　湯の山に温泉地帯キャンプをはる
⑶討議事項　（省略）

なお行動綱領は左の通り。

行動綱領

民団は政府団体にあらず、従ってわれら組織人は政治家ではない。民団は在日僑胞の利益を擁護し、強化拡大するのが目的であり、この目的を達成することによってのみ組織人として祖国に貢献することができる。

一、われわれ組織人は、大衆の信頼を受けられる組織人になることは、愛知県本部管下十四支部全組織人が自己反省を通じて向上する意欲と実力を養成することにある。
一、われわれ組織人は、大衆の信頼を得るに足りる人格と教養を持たねばならない。
一、われわれ組織人は、常に大衆と共に行動することによって、かつ未組織分野の整備をなし、既成組織分野を大局的見地から包摂する精神的、実際的用意を持たねばならない。
一、本団規律に離脱する言行をする団員がいても感情的に処理すべきではなく、本団目的と比較し、その比重を検討して、可及的に在日僑胞を本団に総結集するのに全力を尽さねばならない。
一、われわれ組織人特に青年組織人は、純正な人間性を持たねばならない。中傷、謀略、背信など卑劣な言行を厳禁し、真の同志愛で堅く団結せねばならない。

（第二回は二面に掲載）

"休戦協定に拘束されず"
三十八度線設定は米国の責任
李参謀総長が言明

（韓僑通信）　李連合参謀本部総長は十五日、共産主義の世界征服計画をくつがえす措置を速かに取れと米国に呼びかけた。李連合参本総長は「韓国は確実な死を拱手して待つ事は出来ない。われわれはもうこれ以上休戦協定に拘束されないことを言明する」と声明した。李連合参本総長は韓国が三カ月だけ休戦協定に従うと約束したのは、その間に国連が交渉を通して問題解決をはかることになっていたからであると指摘、米国には韓国防衛の責任があるとして米国が次の諸点につき即時措置を講じなければならないと述べた。

一、中立国監視委員会の解体
二、北韓共産軍と同程度に韓国軍を強化する。
三、効果的再建のため対韓経済援助を増大する。
四、国連軍司令部を日本から韓国に移駐する。
五、日本の親共的傾向を抑える。

李連合参本総長は米国を烈しくなじり「第二次世界戦争後韓国を二分している三十八度線を設定したのは誰か。韓国に対する攻撃が成立すると北韓共産主義者に思いこませるような発言をしたのはどこの国の政治家であったか。現在認められている不幸な韓国休戦を強く主張したのは誰か。一九五四年の恥ずべきジュネーブ会議を提唱したのは誰か」と質問、韓国の現在の境遇は米国の責任であると非難した。

本国短信
小包は10ドルまで

（韓僑通信）＝韓国に到着する郵便小包で日本及び香港からのものが十ドル以上でない場合（その他の地域が五十ドル以下）は名宛人に手交されることになるもようである。これまで五千圜以上の品物は小包で韓国にもちこむことができなかった。しかし最近の会合で限度を二万圜にすることに意見が一致したが結局品物の評価は圜でなくドルで決めるとの決定があったもの。

業者の渡日を極度に制限

（韓僑通信）＝本国政府は貿易業者の渡日に厳重な制限を加えていることが明らかにされた。先週以来、外務部が却下した商用のための渡日出国申請が五、六件あるもようで、同スポークスマンは近く対日出国が全く禁止されるだろうと語り、これにより政府は日本に住んでいる少数の貿易業者の家族が帰国しなければならないように仕向ける計画といわれる一方商工部では、韓国と取引している日本貿易業者に対して、中共あるいは北韓と貿易を行っていないこと及びこんどもこれを行わないとの誓約書を要求する計画であると官辺筋は語った。

東海余談
久保田発言と韓日会談

最近駐日金公使の帰国についてアリソン駐日米大使の訪韓から、忘れ去られたかに思われていた韓日会談の話題がまた諸方で話題になっている。▲この間も或者の部類に属する韓国人と日本人との間にこの問題が論議されたが、その談議に興味深いものがあるのでつぎに取りあげて見る事にする。

日　李大統領は頑固で李ラインなど非常識も甚しね。
韓　それなら吉田ラインはどう思うか？
日　そんなのは全然ない。
韓　吉田ラインとは、間宮海峡から始まり、東海、支那海、黄海の全域に亘って日本農林省区といってこれを日本の領海の如く考えられていることだ。これを諸外国はどう思っているか知っているかね。
日　日本は韓国のように漁船の拿捕を行うような海賊行為はしなかった。（やや怒り気味）
韓　海上で領海を犯した漁船を拿捕することが海賊行為なら、外国の領海は勿論、国土までを我物の如くふみにじった者をどういう呼ばわりをすればよいのか？貴君の式でいうならば、それは陸海賊といわねばならない。結局三十六年間、日本は韓国に対して公然と陸海賊を働いて来た事になる。日本占領八年間の連合国占領政策で一つの失策がある。それは連合国が日本の国歌を米国々歌にし、国旗を英国の国旗に、日本語を英語に、姓名を〝ジョージ〟〝ウイリアム〟等にしなかった事である。なぜならばこのような占領政策を経て日本が独立したら、今の韓国人の気持の百分の一でも察しれただろう。

▼次でに一この姓名改正について当時のエピソードを紹介する。六十になる爺さんが区役所に改正届に行って自分の姓名を犬子にして届出た。吏員に「犬子とはどういう訳か」と聞かれた爺さんは「韓国では姓名を変えることは犬と等しいものとされている。だから犬子とでも改姓しない限り外につけようがない」と答えたという。

▼この話を聞いた日本の友人は「それまでの事実は知らなかった」と率直に日本の非を認めた。日本人の九〇％はこのような事実を知らないだろう。この非道極まる事実を日本人に知らせるとともに反省しなくてはならないといっていた。それで日本の友人との韓日会談は円満友好裡に解決した。

▼久保田発言は、この間の実情を知らない日本人は、あまり気にもかけないかも知らない。しかし韓国人にして見れば、日本外交官たるものの韓国に対する認識が昔今寸分も変っていない事実を如実に現わしたものとみる外ない。このように根本から日本が韓国人に対する気持をあらためない限り、如何なる虚飾な会談であろうとも国交回復は望み得られない。▼最近韓日会談再開の兆を見せているが両国の外交官諸賢が外交上の慣例に従い如何なる会談を進めるかは知らないが、真実性と友邦精神に立脚したものであるならば、決して難しいことではない。

第一回中央団務講習実施要領

目的　民団運動を推進していく中堅幹部の理論的水準と実践的能力を高めるを目的とする
受講人員　五十名
講習期間　八月二十三日－八月二十九日（一週間）
講習場所　東京韓国学園
講習科目　団史、文化、民族運動論、僑胞受難史、民主論、共産主義批判、世界情勢、民団史、組織論、宣伝論、政治組織、国籍、法律、経済、体育、音楽、会議法、討論、税務、団務運営、協同組織論、自主教育論、その他
受講資格　民団各組織中堅幹部。手続－各地方本部、傘下団体にて八月十八日までに次の書類を揃え一名－五名の希望者を中総に推薦する。履歴書、写真一枚、推薦書
受講生活　全員合宿、昼間は受講、夜間は討論会、鑑賞会等
受講経費　食費一、七〇〇円、教材費五〇〇円、受講生会費三〇〇円、受講者または地方本部負担
備考　受講者は八月二十二日午後五時までに経費と次の必需品を携帯、中総組織局まで到着のこと。毛布三枚か寝具、洗面道具寝巻等。講習後民団組織に服務し、成績優秀者は中央組織要員になる
△……各支部及び傘下団体中堅組織人で講習を受けたい者は八月十五日迄に県本部へ前記受講資格の要領で申請すること

フルーツカクテル
チャイナマーブル
キャラメル
三井のお菓子
名古屋・中村・井深町三ノ四
TEL㊹六四三〇一

われらの金融機関
金剛信用組合
名古屋市東区杉ノ町一ノ三
電話東⑨四二〇五・五〇三五番

農機具各種
電気通信機
紡織機及び部品
製作販売
太洋工業株式会社
取締役社長　孫晋浩
専務取締役　河載玉
名古屋市熱田区中田町一ノ一四
電話南局㉜一四六五番

電化品及ミシン製造販売
合資会社
東海物産
社長　近藤隆一
外交部長　趙永多
愛知県刈谷市新町
電話（刈谷）九九六番

川島遊技場
社長　川島正雄
名古屋市中村区椿町一ノ五
電話笹島（54）五六〇六番

縣本部成人教育方針決る

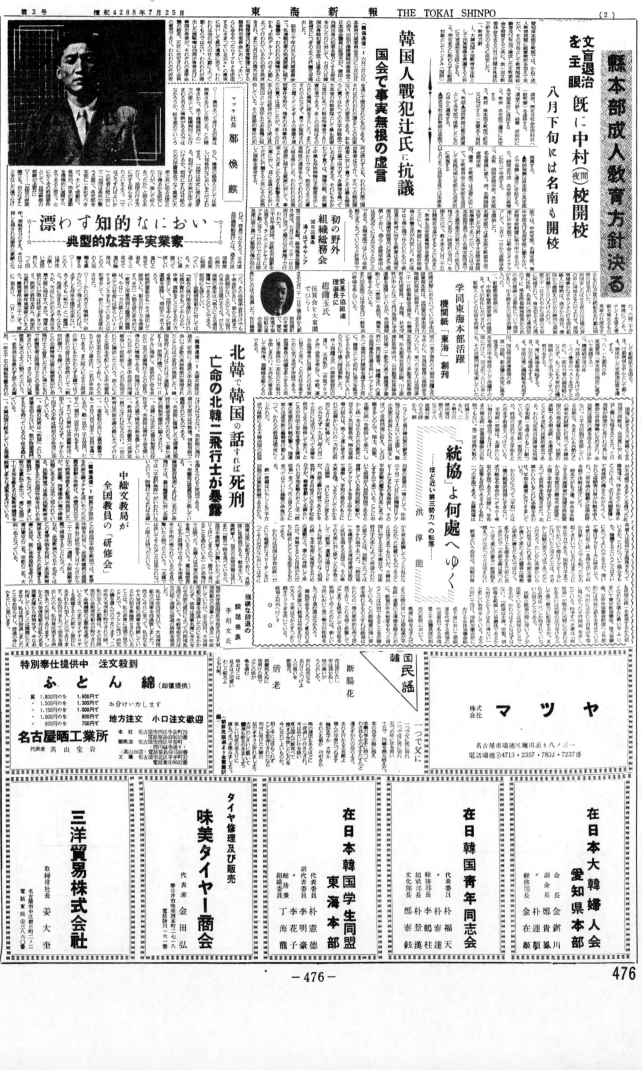

文盲退治を主眼　既に中村（夜間）校開校

八月下旬には名南も開校

愛知県本部文教部では、かねて成人教育問題に鋭意検討を加えて来たが、その方法として教育関係経験者及び有志で構成した文教委員会を設置すると共に、第一回文教委員会を去る六月三日開き具体的方針を左のように決定した。

一、教育方針

1、大韓民国々民教育を主体として民族意識を昂揚すると共に文盲退治を主眼とする。

2、男女老少に拘わらず広範囲対象としてハンクル（国語）講習、歴史及社会生活科目（一般教養）を速修する。

二、運営方針

1、経費　原則的に各支部単位に負担する

2、教舎　各支部で適当に決定する

3、教材　県本部文教部で配布又は指示する（実費本人負担）

4、教師▲国語教師は暫定措置として各支部で推薦したものの中から選考する。

▲歴史及社会科教師は本部で推薦する。

▲教師報酬は県本部と各支部とで協議し適当に支給する。

5、時間表作成　各支部の実情に応じて作成する。

三、名称　国語夜間学校。各支部名を冒頭に使う。例、名南国語夜間学校

四、備考　文教部では必要に応じて、文教委員会と各支部を巡回して実践可能な支部から追次的に実施する

以上のような決定を見て以来県本部では、中村支部、名南支部、東中支部及び名西支部に働きかけ、夜間学校設置に努力中であるが、遂に中村支部では教会とタイアップして、七月十一日から夜間学校を開始した。

名南支部では県本部文教委員会で決定した方針に基ずき夜間学校開校準備中であつたが、このほど県本部副団長であり名南支部団長である劉学変氏の努力により机及び椅子三〇名分（時価約五万円）を揃えたので、愈々来る八月二十五日開校式を挙行することに決まり、教舎も同支部事務所を使用することにし、教師には同支部朴明綏務と朴憲玉氏が内定した。机と椅子は上等な物で作られたもので劉団長の教育に対する熱意は名南支部及び瑞穂支部管内の団員まで感激しており、恐らく夜間学校申込は百名近くになるだろうとのことである。名南支部ではこれで学校設立までもつていこうと計画中である。

韓国人戦犯辻氏に抗議

国会で事実無根の虚言

（韓僑通信）＝六月三日の日本政府内閣委員会並びに七月五日の海外同胞引揚援護特別委員会で日本国会議員辻政信氏が、韓国と台湾出身の犯者を冒とくする発言をなしたのに対して、七月八日韓国出身戦犯者同志会では連名で辻政信氏につぎのような抗議文を提出した。

昭和三十年六月九日内閣委員会で、私達戦犯者の処遇問題に関する審議中、われわれの陳情があたかも〝赤色グループ〟のせん動によつて行われているかの如き発言をされ、また七月五日の海外同胞引揚援護及び留守家族援護に関する調査特別委員会において〝あいつらに金をやつたらドブロクを密造するにきまつている云々〟の事実に対いして甚だ憤慨に思う。われわれは他の何人のせん動によつて動くものではない。われわれが提出した請願書は台湾出身者並びに韓国出身者が、それぞれの連絡会議の結果、正式に決定された全員の意思であり、われわれの代表者を通じて提出されたものである。それはわれわれの譲ることの出来ないぎりぎりの要求である。おもうに貴下はかつての大平洋戦争での大本営の作戦参謀として最も枢要な地位にあつた戦争指導者であり責任者である。多くの同胞はそのために異境に屍をさらした。またそれのみならず、貴下が関係されたと聞くシンガポールの華僑大虐殺事件を始め、幾多の不祥事件のため貴下は逃亡したが、多くの日本人将兵は絞首台にあがり或は長期刑囚として現在もなお巣鴨に服役している。その直接的責任の如何は問わずとも、われわれ第三国出身者は元より、すべての戦犯関係者に対して貴下こそは最も無我の立場で尽力すべき義務を負つているはずと考える。それにもかかわらず貴下は、陳情の際、全代議士中最も冷淡無情なる態度を示したばかりでなく、前述のような事実無根の虚言をもつてわれわれの人格を辱かしめ、われわれの切実な要請に関する審議に対して、事実上このましからざる影響を与えた事に対し、茲に全員の名において正式に抗議すると共にその取消しと陳謝を要求する。

漂わす知的なにおい

─典型的な若手実業家─

マツヤ社長　鄭煥麒

▽…一瞥初あつて受ける印象は精悍さをひしと感じる。この精悍さから、県下韓僑経済下の一方の雄として、縦横無尽にかけまわる若さと情熱があるのではなかろうか。話を進めていくうちに、韓僑の経済人としては珍しい知性的なにおいをただよわせる。「民団は形式に流れ過ぎる。如何にすれば大衆が生きていけるか、如何にすれば月給のための団費徴収でなく真実に大衆と共に在る民団となり得るかを研究した人が、果して何人あつたか」と語るあたり、民団の行き方に対する核心をついたといえよう。「ではどうすればよいか」の記者の問に対して「民団は条件が整う限り、各支部を本部に一本化すべきだ。そして能動的、敏活的、効果的運動を積極的に展開すべきであると思う。とにかくその前提要件として、民団幹部の訓練が必要だ」

▽…「民団の財政確立も、自らなすことをなした後でなければ、容易でなかろう。又今頃民団機関紙発行とは、過去の民団幹部の無力を如実に物語つている。大いに頑張つて欲しい」

進むと見せて退き、退くと見せて進む論法は、この人の人生観を裏書する

▽…この人は浮沈の激しい遊技界に入つて四年、悪戦苦斗のすえ、今日では押しも押されぬ業界の重鎮となつた。その他関係会社だけでも十余会社があり、朝から晩まで全然暇がないとのこと。又毎月の半分は出張だそうな。だから商売の基本は「努力による信用獲得」であるとのことである。如何にも彼らしい。

▽…金剛信用組合に対しては「組合の執行部を信任しなければ誰が責任をもつてやれるか。中傷、謀略をことごとするやり方を是正して、民団を中心に貯蓄運動を展開し、奨励すべきであろう。納税貯蓄組合も一そう強化して経済人に、組合の在り方を啓蒙すべきだ」と語る彼の多角的な一家言と用意周到な論理的論調は、やはり一方の雄としての貫録とこの社会には珍らしいインテリゼンスをもつていることは記者をして、新たに彼を見直おさせた。

▽…かれの若さと情熱が、金力にのつて飛ぶようになれば、必ずしも将来を確定出来ない。あくまでも「努力」と「謙遜」と、地道に生きるべきでなかろうか。欠点にこだわらず長点を最大限に伸はすべきだ。煙草は吸わないが酒は社交上チヨツピリ、映画と野球を好み、典型的な実行派の青年実業家といえよう。慶南晋州出身三十二才。家に一男あり。（H・B）

初の野外組織総務会

30日三重県湯ノ山てキャンプ

第三回巡回組織、総務課長会議野外会は、七月三十日、三十一日の両日に亘つて湯の山の青滝下で行われた。

三十日午後四時、近鉄名古屋駅を出発する。ランニングシヤツにズツク靴と言う一行のいでたちは物見遊山客と異つた緊張の色が伺わた。六時二十分青滝につくや、テントを張る者薪を集めるもの食事の仕度をするものなど其の統制ある行動は周囲の目を引いた。

祖国をしのばせる夜の山は滝の音の中に神秘さをただよわせ、故国情緒豊かなロウソクの灯を囲む組織人の情熱は、過去から現在、愛国から建設えのための熱烈な発展的討議がくりひろげられた。

翌三十一日さわやかな早朝の大気に祝福されて、身を切るような滝壺に沐浴、名実共に清新な雰囲気の下に県本部崔総務部長から此の会の意義と必要性について挨拶があり、引き続き左の如き討議に入つた。

一、組織整備要綱の件

1、中総組織整備要綱の再確認

2、ボス的存在に左右されず、組織人としての反省を前提として組織拡大を図る。

3、行動綱領を中心として動く

4、具体化した支部強化策を講ずる。

二、八・一五動員の件

実施要領（県本部の指示に基ずいて実践する）

三、機関紙活用の件

1、活発な組織をもりあげてゆくべく議論のベストを尽すと共に、一部有力者の御用紙にならず、もつとも大衆的な機関紙として全力をつくすべく努力をする。

2、常に輿論を喚起する。

3、公正な報道をする。

4、支部は常に機関紙を利用する。

四、国民登録漂整理の件

第一回総、組会議の決定に基き推進する。

各支部の中堅幹部として活躍中の面々だけに、同志的つといの中にも、その討議内容は充実していた

学同東海本部活躍

機関紙「東海」創刊

沈滞状態におちいつていた学生同盟東海本部は、民団愛知県本部の飛躍的発展に刺戟され、去る五月二十一日整備総会を開き、朴憲徳君を代表委員、丁海龍、朴末守君が中心となつて再び活発に学生運動を展開しているが、今回機関紙として「東海」を発刊、異常な反響をよんでいる。

また同本部では学生及び一般有志の寄稿を希んでいる。

愛菓子協組連理事長に　趙鏞玉氏

祝賀会を大東園でひらく

さる七月二十一日午後五時から駅前西柳町の大東園で、愛知県菓子協同組合連合会理事長にこのほど当選した。在日韓僑唯の一菓子業界の大御所趙鏞玉氏を中心に、当選祝宴傍ら親睦会をひらいた。集つた主な人は民団県本部団長であり三井製菓社長李春植、松水製菓社長張示鉉、川上直出氏等二十数名の県下韓僑菓子業界の一流行業者。趙鏞玉氏の連合会理事長当選を祝いデフレ下にあへぐ業界の打開策を講ずると共に、韓僑として如何に協力を緊密にするかを話し合い和気あいあいのうちに午後八時頃解散した。

席上趙鏞玉氏の挨拶要旨左の通り。

不肖私が「中部ブロツク会」会長を兼ねて、今般、連合会理事長に当選したのは光栄に思うと共に、この大任を果すために全力を尽す所存である。前理事長の活躍を多とすると共に菓子業界の一本化のため努力を惜しまない。不肖私の意を体して御指導、御鞭撻を願うものである。

北韓で韓国の話すれば死刑

亡命の北韓二飛行士が暴露

（韓僑通信）＝北韓共産党は過去二年間にソ連派と中共派との争いで多数の高級幹部が粛清されたとこのほど政府が発表した。韓国政府によればこれはソ連製YAKI18型飛行機で、六月廿一日ソウルに飛来し、政治的亡命を求めた二名の北韓飛行士との会見で得られた情報である。両飛行士は一九五三年ソ連派と中共派の指導権争いで党幹部七、八名が処刑されたと陳述したという。両人によると全国を支配している中央委員会は五名からなつており、そのうち三人がソ連生れ、二名が中共生れである。また両人によると両派の争いにもかかわらず北韓ではソ連生れの金日成が依然として「絶対的権力」を握つているという。この北韓情報は鄭公報室長が亡命飛行士と会見したさいに得たもので新聞記者は両飛行士との会見を許されていない。さらに両人は鄭室長に次のように語つたという。

一、老若男女を問わず全ての北韓民、一年五十日の強制労働を行わなければならない。共産側の飛行場の大部分は休戦後、強制労働で建設されたものである。

一、共産側に復帰した元捕虜は短時日歓迎を受けたのち、工場か鉱山の強制労働班に編入された。

一、北韓には正式な徴兵制度は存在せず、共産側は青年大会を開いてその場で補充兵員を徴している。

一、教員はすべて労働党（共産党）員でなければならない。一切の教育は共産主義の線にそつて行われている。

一、一番給料の良い工場労働者でも一カ月八百乃至千二百円を得ているが、靴一足が二千五百円、石けん一個が二百五十円もする。

一、すべての青年は共産青年団に加入しなければならず、七才から十四才の少年は特別の少年団に加入している。

一、北韓の民衆は「洗脳」という言葉を知らないが、党が投獄権門する力を持つているので党を恐れている。

一、大韓民国の話をしている現場を押えられると死刑である。

一、労働党は党員百万と称している。

韓国政府発表によれば二名の亡命飛行士は、鄭公報室長に対し北韓では「平和的共存」がいわれいないという。両飛行士によれば北韓陸軍は党に支配されており、各部隊に党細胞がある。戦争未亡人、傷病軍人、孤児の生活状態は低い。また「屋外で物を食べていると、孤児や傷病軍人が襲いかかつて取り上げてしまうので、屋外で食べることを恐れている」と亡命飛行士は語つた。北韓人は兵営の残飯を食べているという。鄭公報室長によると両飛行士はソウル市場で米と牛肉の売られているのを見て驚いたと語つたという。「北韓では決してそんなことは見られない」と両人は語つたという。

中総文教局が全国教員の「研修会」

（韓僑通信）＝純真な少国民を共産主義ドグマえ追いやつた左翼系朝鮮小学校は、今春四月公立から特殊学校えと転落再発足したが、財政難、指導権争い等で停頓状態にあることは広く知られている。民族陣営では真の民族教育を実施するため民団幹部をはじめ全僑胞が一丸となつて、涙ぐましい努力を重ねて来たが、遂に全国二十七カ所を数える民族教育機関を設置し多大な成果をあげている。

この時民団中総文教局では、夏季休暇を利用し、全国教職員の親睦を兼ねた研究会を八月十七日から二十二日迄の一週間、大阪金剛学園で開催することになつた。

なお、全国教員のうち十名近くはこの夏季休暇を利用して本国教育関係を広く視察するため派遣する事に決定、既に旅券発給を受けた者は東京の二名、京都の二名、大阪一名となつている。

「統協」よ何處へゆく

……ほど近い第三勢力への転落……

洪淳能

国境に非ざる三八度線による祖国の両断は、全民族に対し名状し難い苦悩をあたえた。この現実が時間的に長ければ長い程微妙な世界情勢に左右され、全民族は奈落の道を辿るよりほかない。三千万同胞が直面している冷酷な、あまりにも冷酷なこの歴史的試練に打克つて大韓民国の失地北韓を回復し、民族の非願である南北統一を達成することこそ世紀の民族的使命である。われら反共自由陣営は祖国の平和統一を誰よりもこい願つている。また平和統一実現のため、終局の目的である平和えとたゆまず前進をつづけている。

平和統一問題は、北韓かいらい南日の専売品でもなければ、また南北統一促進協議会の占有物でもない。第二次世界大戦の終結とともに、二大勢力の植民地分割のような三十八度線分断のその時から、統一なくして真の韓民族の解放と独立はありえないと主張し、弱小民族の悲哀にみちた血涙をしぼつて世界列強に訴え、しのび難きをしのんで、国土、民族、主権の統一を絶叫して来た。しかし統一をはかるための数次に亘る米ソ共同委員会、南北協商等の試みは、悉くソ連に使そされた北韓かいらいの一方的な拒否により失敗に帰した。

のみならず一九五〇年六月二十五日には武力によつて全韓を併呑しようと南侵して来た。ところが自由と平和を愛する韓国軍の英雄的な抗戦反撃と、国連軍の迅速果敢な援助軍行動によつて、かれらの野望は完全にくじかれた。

武力侵略による大韓民国の征服が不可能であることを悟つた北韓傀儡は、時をかせぎ利を得ることにより、武力を再調養積して再侵略の機をうかがうべく、かれら侵略者自身が休戦を申入れ、二年有余の難航と迂余曲折を経て休戦は成立した。

時あたかもソ連、中共を主軸とする共産陣営が強硬世界政策から平和宣伝の微笑外交政策へと強く平和共存を打出すことによつて全世界を眩惑させた。北韓かいらいもこれに歩調をあわせ、平和主義者になりすましている。

かれらにとつて「平和」とは一種の戦術的用語にすぎない。武力戦争や革命がヘゲモニー奪取の手段であると同様に、平和な言葉も目的であるよりも前に一つの手段である。北韓傀儡は自家の政策の一環として、昨年の十月二十八日に所謂南日アッピールなるものを発表し、その平和攻勢の魔手を日本にまでおしすすめて来ている。ここにおいて祖国が人民共和国であると盲信している赤狗民戦の輩が、このアッピールを至上命令として遵奉し、平和の美名のもとに大衆を煽てようとしてかかるのは無理ないことだと言えるが、共産主義が何者であるかを批判し得る自他共にゆるす知性分子が、軽挙盲動して北韓かいらいの平和攻勢のおとし児「統促協」をつくつたと言うことに至つては大いに論難の余地がある。

統一問題はいやしくも三千万同胞の民族的問題であるから、各個人は如何なる抱負をもつているか、これについて関心をもち、論議するということは大いにあつてよいのであるが、強いて南日アッピールに呼応して、今更の如く統一を持ち出して何か目新しいことでも起つたかの如くさわいでいるのはまことに笑止千万である。知性分子までがうかついて南日アッピールにこびついたと言うことは、さぞかし民戦の思うつぼであつたことだろう。たしかに共産かいらいの出方はこれまで共産主義者が演じて来たような露骨な憎悪と頑迷に満ちたものではなく、多少なりとも趣をかえた形に出て来たので「共産主義は変つた」と言う風な印象を一般僑胞え植えつけなかつたとは言えない。

統協という存在は、民戦自身が大衆を欺瞞してつくらねばならなかつた性質のものであることは言うまでもないが、大韓民国に対する不平不満分子、反政府分子の手によつて形造られたと言うことは、民戦にとつてはモツケの幸であつた。「統促協」を構成する主演役者達は独草く反対を唱える民団と、その傘下の大衆に対し欺マンの手管として「統協」運動は南日アッピールに呼応したものでなく祖国の統一を平和裡に実現するための運動だと、盛んに弁明して来たが、弁解すること自体がただちに呼応したことを証するものである。

かれらは祖国の平和的統一だという魅惑的なスローガンを以つてその出はなにおいては今にも祖国の統一を実現するかの如くなかなか盛んな勢いをふりまいて東京都協議会、地方協議会、又中央協議会結成へと外部的には活発な動きを見せているが、内部的にはかれら自身が予期し得なかつた不協和音を来たしている。特筆すべき事は「統促協」が完全に民戦にのまれるかあるいは民戦の圧力をけちらして第三勢力に転落するか、えらぶ道は二つしか残されていないと言うことである。

民戦と統協の間に深いミゾが出来ていることは周知のことであるが、かれらはそんなはずはない。「統協は主義、思想、信仰等を超越した協議体であるから対立とかミゾはあり得ない」と苦しい弁明をしている。去る六月二十四日、国鉄労働会館における全体協議会結成大会において朝総連を代弁する統協の代表委員である申鴻湜と大会議長就任拒否の釈明において、奥歯に物をはさんだような物の言い方は朝総連が平和統一運動の主導権を握るために、統協が中央制度をもつと言うことは反対であることを示唆している。この朝総連の強い要求を容れるものとすれば統協はかれらの一種の変形的な傘下団体であり、これを強く排撃してどこまでも統協として自主性を堅持してゆくためには、新しい方向において第三勢力の性格をもつより進む道はなかろう。僑胞社会をうろつく寝虫のような果敢ない統協は何処え行くだろう。大衆は又かとずつかり飽きてソッポを向いている。

統協よ何処へ行く？

◎　◎

強硬な辞退の談話発表

李相文氏

現中村支部副団長李相文氏は大栄信用組合の理事として過去一年就任していたが、去る四月、大栄信組の理事を辞退したのにもかかわらず、彼等は理事名簿に李氏をのせ巧妙な宣伝によつて内部撹乱を図るにおいて、今般李相文氏は左の如く強硬な辞退の談話を発表した。

私は今年四月を以て、大栄信用組合の理事を辞退致しました。然るに今日に至つて、私が又もや大栄信組の理事を持続しているかの如き輿論流とされていることは、私の非常に迷惑と思うところで、今ここに再び否定の機を選んだのであります。二年前大栄信組が設立された時、私が加入した動機は、その当時現在の金剛信用組合が設立されず、金融機関の必要性を感じているとき、たまたまイデオロギーを超越するとの欺マン宣伝にあざむかれ加入したのであります。私が四月をもつて辞表を提出したのも、私自身反省する余地があつた所以であります。しかるに大栄信用組合は私の名を理事名簿から抹消せず、今なお利用していることは憤慨にたえません。私は再び辞退しましたことをお知らせし、辞退の弁にかえたいと思います。

韓国民謡

一つで父に

一つで父に死に別れ
二つで母に死に別れ
五つの年に字を習い
十五で　四書を読み終えた。
本の包を小脇に抱え
羊毫の筆を手に持つて
わき目もふらずすたすたと
通るすがたの品のよさ。
あれえ行かるる若殿よ
積んだ学問たづねます
論語孟子か　大学か
それとも槍か　弓引きか
絹の蒲団もあるほどに
一夜過して行きなされ。
冬は冷たい汁を吸い
夏は腐んだ飯食べて
挽まず学問したものを
今に忘れてよいものか。
招く手には目もくれず
ここを素通りされたなら
祝言に受けた大鱗の
足がポキリと折れましよう
大戸のしきいに躓いて
轎馬も股を引きましよう
楽しい初夜の床入りに
頭もづきづき痛みましよう。

断腸花

花は折りたし
手は届かぬし
枝の高いが
うらめしや、
折れぬ花なら
名なりとつけよ
人の想いを
断腸花。

偕老

朝露消えぬに
夜明けの畑で
どこの娘が
桑を摘む
娘おぼこは
見るほど可愛い
わしと契ろよ
とも白髪。

（朝鮮民謡選より金素雲訳編）

特別奉仕提供中　注文殺到

ふとん綿（卸値提供）

貫	1,800円のを	1,600円で
〃	1,500円のを	1,300円で
〃	1,150円のを	1,000円で
〃	1,000円のを	800円で
〃	800円のを	700円で

お分けいたします

地方注文　小口注文歓迎

名古屋晒工業所
代表者　高山宝岩

本社　名古屋市西区牛島町29　電話笹島㉞3655番
販売店　名古屋市西区早苗町（西円頓寺通り）（高山商店）電話笹島㉞1688番
工場　名古屋市北区平手町32　電話東④9602番

株式会社　マツヤ
名古屋市瑞穂区堀田通り八ノ三一
電話瑞穂⑤4713・2357・7832・7237番

在日本大韓婦人会愛知県本部
会長　金鎭川
副会長　鄭貴鳳
〃　朴連順
総務部長　金在姫

在日韓国青年同志会
代表委員　朴福天
〃　朴泰達
総務部長　李鶴杜
組織部長　朴景漢
文化部長　鄭泰鉉

在日本韓国学生同盟東海本部
代表委員　朴憲徳
副代表委員　李明豪
〃　李花子
総務兼組織委員　丁海龍

タイヤ修理及び販売
味美タイヤー商会
代表者　金田弘
春日井市味美西本町二七一八　電話勝川一六一番

三洋貿易株式会社
取締役社長　姜大奎
名古屋市中区朝日町二ノ二　電話東局⑨三八六〇番

韓僑広島

大韓民国居留民団
広島県本部機関紙
発行人　金在賢
広島市荒神町電車24
TEL (4) 1321
印刷所　大晃社
広島市二葉の里
TEL (2) 2669

永遠の記念日　三・一革命節!!

三・一節第三十六周年記念　民衆蹶起大会

於　廣島市児童文化会館

韓民族が、永遠に忘却することの出来ない、三・一節が、本年で三十六周年を迎へるにあたり、在日本大韓民国居留民団広島県本部では、「偉大なる　我が韓民族の愛国志士達が、日本帝国主義の植民地政策の奴隷的存在に反対し、民族の解放と、祖国の独立回復という、崇高なる理念に貫徹され、万感をこめて祖国の完全独立を祈げながら、殉国した英霊に、弔意と感謝の意を捧げる追悼式を兼ねて、三・一節革命独立運動三十六周年記念民衆蹶起大会を、三月一日、午前十時より、広島市基町、広島児童文化会館に於て挙行する

一、記念行事
一、追悼式
二、民衆蹶起大会
三、韓国映画及び歌と踊り上演

韓日会談再開か　両国の気運高まる

韓日両国の正常関係樹立は、両国民年の懸案であったが、去る二月二日、鳩山日本首相が、韓日両国正常関係を樹立する意、李承晩大統領に会談を申入れる意志があることを表明、又、組閣以来、駐日会公使と二度に亘つて会見し、韓国側の意向を打診したことが大きな反響を呼び、李大統領さへ、日本が誠意をもって、両国の友好的国交調整を希望するならば、鳩山構想を歓迎する　と言明し、両国間に従しい動きがあることは、近い将来会談が再開される模様で、両国各界各層は、大きな希望と期待を寄せている。

創刊之辞

金在賢

居留民団が　在日僑胞の唯一の合法的指導団体として結成されて　早や　九年有余の才月が流れたが、その間　民団は在日僑胞の福利増進、民生安定　文化向上　生活刷新　文教普及　啓蒙運動　そして　国際親善などに全能力を結集し、最善にして　賢明なる努力を傾けて来た。北鮮傀儡集団政权の急先鋒共産徒輩の策動　テロ、妨害　迫害にも生命を賭して抗争しつゝ、今日まで　我々の生活权擁護の為に斗い続けて来たのであるが今日に至っては、民団の労苦を繰り返す共産徒輩の術策に操られて　一部不純分子共が売名と政治的生命の延命に、躍起になっているが　我々は　ソ連一連の衛生国の世界赤化の急先鋒となっている、急進赤色分子及び不純分子とは一線を画し、在日六十万僑胞の唯一の擁護団体としての　使命と役割が重大であることを再認識し、健全なる発展を期する為、微力乍ら、崇高なる目的完遂を目標にして、邁進すべく　我々　具体的方針に基き実施中であるが、あくまで　民団は大衆のものであることを自覚して、民団と大衆が遊離する事態を招くことなく、一心同体となり団結し、日本と云う外国に居住する、韓国々民として　日本の治安を脅やかすことなく、韓民族の使命とも　いうべき立場にあることを認識自覚し　半万年の厂史を有する韓民族のプライドと威信を傷つけず、歴史的にも不可分の関係ある　日本との　恒久的親善の架橋とならねばならない。たまたま　鳩山日本首相の提議に基き、韓日両国の　正常関係樹立の曙光が見出され、明るい希望にあふれている現今、我々は、尚一層　苦難に耐へ　既務に忠実に邁進し、自らの向上がやがては民族の発展であることを銘記し　たゆまぬ努力を重ねて、進もうではないか。

本日　ここに　一般僑胞に、「韓僑広島」創刊号を送る次第であるが、日々の民団の動きをキャッチし、民団と大衆が共に進む架橋となれば幸甚と思い、居留民団の具体的指向を見出し、機関紙として一般僑胞と、常に生きる使命のものであることを痛感し、諸賢の手許に届けるものである。（広島県本部団長）

三・一節綱領

一、我等は、事大主義を一掃し、民族正気を宣揚しよう。
一、我等は、北韓の中共軍を逐し　祖国統一を完遂しよう。
一、我等は　共産徒党の策謀による、所謂「我促進」を徹底的に粉砕しよう。
一、韓日会談を再開し、韓日友好の促進に寄与しよう。
一、偉大なる　三・一先烈に不滅の栄光あれ
一、我等は　在日僑胞の民生、民権問題の解決に全力を集中しよう
一、我等は、三・一精神に立脚した韓国主権のもと　祖国統一に決死奮斗しよう。
一、第三十六回　三・一独立記念才
一、在日本大韓民国居留民団万才
一、我等の指導者　李承晩大統領万才
一、大韓民国万才
一、民団を中心に　在日僑胞の大同団結を期する

激

三・一記念民衆蹶起大会に参加しよう!!

我々韓民族の、血が湧く、三・一節革命記念日が到来した。我等の殉国烈士達が祖国独立回復の為、鮮血に、にじみながら、抗争したこの日!!

偉大なる殉国烈士達の遺志を受け継ぎ、祖国を共産主義の植民地にしようとするのを、防止するため、意義深い　三・一節記念行事に参加しよう。

現在、三・一節の民族自決の精神から、離脱し、即ち、ソ連及中共の手先となっている民戦同胞諸君の反省を促そう。

今、在日同胞の生活権相は、日増に悪化している。我等の生活権を、我等子弟の教育の権利を、我等が保証も　確保しよう。

それが為には　お父さんも、お母さんも、あなたも、わたしも、君も僕も、皆な　三・一節民衆大会に参加しよう。

三月一日には　広島県下二万名同胞は一人残らず　全員　広島市児童文化会館に行こう

大韓民国　万才
三・一独立運動三十六周年　万才!!

大韓民国居留民団　第二十一回中央議事会

第二十一回中央議事会は、全国の中央議員が、去る二月五日中央総本部会議室に参集して開かれ、民団強化及韓日友好促進に関する次の様な決議をした。

居留民団強化に関する決議

一、共産主義者達を除外し、在日同胞の総団結を目標として、果敢に積極的な活動を展開する。

共産主義者は、自由と平和の敵であり、祖国の独立と統一の敵、即ち、民族の敵である。敵と妥協することは出来ないが、敵は、ほんの僅かであり、現在その影響下にあった、大衆は離脱している。昨年当初より崩壊しつゝある敵の組織体は、危機的局面に逢着している。「民族」とか「統一」とか唱えているのは、敵の新らしい戦術で、その弱点の由来は窮余の策に外ならない。この時に於て、我々は　同胞大衆の前に敵の本性を、余地のないように暴露しながら、祖国統一を指導する我々の立場を明白にし、組織外の大衆を、漸次　我々の陣営へ引き寄せなければならない。

二、正常なる庇護に依る同胞大衆の生活安定を当面の運動の至上課題とし、それを達成する為、努力を集中し、同胞大衆の現実の窮状を克服しなければならない。民族の品位を失墜している犯罪は、その窮状がもたらしたもので、同胞が互に協力し、扶助すれば、この窮状を打開することが出来る。我々は、韓国居留民の正義に反する　傾向的な　差別的態度を堅持する前に、自ら主体的条件を持つことが先決である。

我々は同胞大衆の向に、扶同扶助の気運を育成し、それを各部門に　合致する組織化を期さねばならない。又　我々はその基礎のもと、祖国の復興再建に、在日同胞の経済力を寄与する方途を講究すると同時に、日本社会に於ける　不平等の撤廃を図らねばならない。

三、現在迄、民団運動は共産系諸組織との斗争に於ては、相当な成果をあげたのであるが、多分に観念的であり、特に、惰性から来る沈滞のように見ることも出来る。引続き、今後は　堅実なる新らしい運動の方向は、その為には、先づ積力的な宣伝と訓練活動を進め、このような運動を通じて、大衆の組織を高揚し、大衆のうちから、新らしい幹部を養成する圧力をなし、特に我々は、不断に青年幹部を補充し、組織の退化を防止する為、活潑なる前進を保証することが急務である。

四、以上の方針に基いて本団の劃期的拡大強化を図る為、各界各層の有為なる人材を網羅し、拡大強化委員会を設置する。委員会は、我々陣営の最高の知識と実践的経験を動員しなければならない。委員会は、先に発足した、在日韓国青年時局対策委員会と緊密な協力をする。

一九五五年二月五日
在日本大韓民国居留民団
第二十一回中央議事会

韓日友好促進に関する決議

一　我々は、日本に居留する韓国々民として韓日両国間の平等互恵の友好関係が速かに樹立され、発展するよう、衷心より念願し、その促進を期さねばならない。

二　我々は　韓日友好の為、李大統領を訪問する意志が有することを表明した、鳩山日本首相の言明を歓迎し、これは、責任のない放言でなく、選挙公約であることを信じる。

三　我々は　反共産主義という　共通的立場を前提としなければ、韓日友好の実現は困難であると思い、ソ連及中共と接近しようとする、日本の動静に対して、危惧の念を抱かざるを得ない。

四　我々は、特に　去る一月三十日　東京上野、下谷公会堂で開かれた「南北統一促進協議会全国発起人大会」に於て　日本警察当局が、民族反逆者、朴春琴を、後援、助力したことは、韓日関係の好転を沮害するものと　憂慮する。

五　我々の前記紛砕が、日本の治安に若干の悪影響を及ぼしたことは、同民族的立場に於て、遺憾に思い、両国民の友好を促進する為に　我々自身が　自ら　秩序を尊重、平和を愛する居留民として、日本国民の信頼を得ねばならないことを、改めて痛感する

六　我々は、日本政府及日本国民が、韓日友好という、大局的見地から、韓国居留民に対する　経済的　社会的差別待遇を、一日も早く解消するよう要望する

一九五五年二月五日
在日本大韓民国居留民団
第二十一回中央議事会

お通夜のようなしめやかさ

祖国号召文支持蹶起大会

去る二月十六日 広島中央公民館に於て開かれた民戦県委主催の祖国号召文支持蹶起大会と銘打った 所謂 南日提案に基く 南北統一運動が 表面化して来たが 当日 会場に参集した人員は 約百七十名足らずで 大半は 婦人 子供 学生が占めるという閑散とした風景で 日本共産党の祝辞にも 拍手一つ起らず 大衆の表情は全く 無関心にあらぬ方向を凝視め お義理に座っている感じで 仮れた窓からは 冷い冬の風が大衆の頬をなぐり まことに 云うならば 民戦の前途を暗示せしめる お通夜に集ったようなしめやかな ふんいきに終始していた。

南北統一に関する「話し合い」の申入れを頭から 拒否された民戦は やむを得ず 単独主催で 祖国号召文広島県蹶起大会と銘打って開催した。

会場中央の議長席には 紅バラを胸につけた四人の男が おもむろに座り 白い壁にはお決まりの 美辞麗句がならび 来賓祝辞に於て 日本共産党もお決まりの アメリカ帝国主義云々 と かつては万雷の拍手を受けたものだったが今は 場内は氷のように冷い空気に包まれ 又 若い女性の「今朝の日本の新聞紙上に 民団側の強硬態度が載っている為 今日の大会の参席者が数少いのである」という発言がされるに及んで 民戦の非力を自ら暴露した。

午后一時過ぎ 三十分間 休憩したが 会衆は 解放されたとばかり 近くの動物見物日向浴と退散し 再会時間が来ても 再び集らず 若い整理員達が躍起となり 大童に集め廻っていたが 舞台にしたのは百名ばかり 参席者の中から 二の会議は 民団 民戦中間派を網羅し得た時 初めて南北統一を云々することが出来るのではないか との質問に対する議長の答弁はなく 不満を抱いた会衆がざわめき初めたので 混乱状態に陥入り・午后の休憩で 飲酒した主催者 会衆が 夏の水田の蛙のような声が甲高く立った 整理委員の声がにしろ 参席者のアピールの声が入り乱れて 何一つ決議されず 散会していったた。

金剛碩を除名処分

—広島県第一号—

広島県本部では 昨年十月二十八日の南日アピール以后 再三再四 声明書 警告文を発し 特に 本年二月十六日の 民戦県委主催の 祖国号召文支持広島県蹶起大会開催に際しては 日本新聞紙上を通じて 大会に参加するものは 反逆者として烙印を押すと同時に 韓国々民としての資格を永遠に抹消する と民団々員として 採るべき立場を明白にしたのにも不拘 去る二月二十日 広島市雑魚場町 広島教育会館に於て開かれた 南北統一促進山陽協議会に 民団々員である広島市仁保町東雲金剛碩（四八 元朝連県委員長）が参席しただけでなく 民戦の術策に乗られて 広島県に於ける南北統一運動の首領として クローズアップされたので 二月二十二日の広島県支部団長会議に於て 本団々員の資格を抹消すると同時に 除名処分に付した。

注 除名処分に依って 金剛碩は韓国人としてのすべての権利が 事実上 失はれる。

三・一記念日に際して

姜 永浩

祖国統一を叫び 声高い希望の中に 第三十六回三・一節を迎へるにあたり 愛国同胞と共に 感慨に堪えない次第である。この日は世界万邦が周知のごとく 今より三十七年前 偉大な愛国先烈の指導者により 時の二千万韓民族が 日帝の植民地の奴隷に反対し 民族の解放と祖国の独立回復の為 総蹶起し「独立でなければ死を与えよ」と方天下に我等の堅い決意を宣明した日なのである。この偉大なる三・一精神こそ 我が国を解放したのであり 大韓民国を樹立した原動力である。かゝる崇高な三・一節の歴史的意義は三十七年も過ぎた今日に於ても 三千万韓民族の脳裡から消えず 尚その意義は 深淵なる中に益々 光を放っている。

日帝より解放され 拾星霜が流れ 悪逆なる六・二五 共匪侵略者を追い返し 四年の才月が経過したのにも不拘 未だ 国土統一を実現出来ぬ我が祖国に於ては 明哲なる李承晩大統領の領導下に 国民が一既のごとく団結して 一部共産徒輩の悪質果敢なる陰謀を粉砕退治し 進んでは 戦災復興事業を急速度に発展させ 偉大なる成果を挙げながら 民族の宿願である 国土統一の基礎を着々と築いていることは 即ち 三・一精神の血統をそのまゝ 受け継いだ 愛国愛族心の現はれであるといえる。

〃韓日友好関係

一方韓日両国間には 鳩山提携により 韓日両国間の友好の曙光が見出され 明るい希望がもたれていることは 大変喜ばしいことである。この様な情勢にあって 第三十六回三・一節を迎へる我等は 三・一精神を受け継ぎ 国土統一の決意を新に一層 鞏固にし 対日問題についても 過日の一切の 因果関係 諸在懸案を払い去り 両国の友好関係が樹立する為の努力をしなければならない。

（民団広島県本部 強化対策委員長）

民戦の申入れに、強固に拒否した民団

民団広島県本部では 昨年十月二十八日の所謂 南日アピールに基く 南北統一運動展開の動きに対し 彼等の意図と由来は 南北統一という美名のもとに 組織と拡張による民戦の組織強化と勢力挽回を意図するものであることを看破して、

去る二月五日は 民戦県委議長 河秉鍵以下三名の 南北統一に関する「話し合い」の申入れに対しても 頭から 拒否し 善良なる僑胞が 彼等の美辞麗句を連ねた宣伝に乗せられないよう 前后五回に亘って 声明書 警告文を発し 又 日本新聞紙上を通じても 警告し 県下支部団長会議に於ても 彼等の会合に参加するものは 即時 除名処分に付することを決議しているので 善良なる僑胞諸賢は 冷静に思考と判断をなし 自重するよう要望している。

推薦試験実施

広島県本部文教部では 創期的文教活動の一端として 一九五五年度 大学進学希望者に対し 身元保証を兼ねた 駐日公使の推薦状を要求する推薦試験を 中 四国を包括して 去る二月六日 県本部に於て実施したが 次の二君が 晴れの推薦状を受けることになった。

表 鉉 权 （広島皆実高校）

李 鐘 安 （広島県城高校）

祖国慰問団

三月中旬出発予定

広島県本部では 祖国動乱に於て 祖国防衛という聖業に 生命を捧して尽くし 傷ついた将兵を慰問する為 祖国傷痍兵慰問団を編成し 県本部 林保台議長引率のもと 三月中旬頃 広島を出発する。

在広学生の動

韓国派・中間派 鋭く対立

昨年十二月廿六日 広島県本部文教部と広島YMCA韓国人倶楽部の共催に依る 在広韓国学生懇談会が 広島教育会館に於て 開催されて以后 急速に 学生層の動きが活発化し 学生会結成の気運が 盛りあがったが 不思議なことに 在広韓国学生会結成準備委員会が 韓国学生等の懸命な阻止にも不拘 全鮮学生会結成準備委員会と塗りかえられていった こうして たまたま第三勢力の指頭に時を同じくして 全鮮学生会結成大会が 一月三十日と決定されるに及んで 事態を重視した 心ある学生は 前日の二十九日 民団県本部に集り 善後策を講じた結果 結成大会に臨み 万一 最悪の事態が起れば 韓国学生は総退場し 民団県本部で 韓国学生同盟を結成しようと固い決意を誓って 散会した。

韓国学生同盟

圧倒的支持で生る

かくして 一月三十日 結成大会々場 広島YMCAに参集した 学生約三十余名 大会が開催されるや 各学生から発言が求められ「韓国学生会準備委員会としてスタートしたのにもかゝはらず 何故 全鮮と看板したのか」と鋭く詰め寄るところから 論議がふっとうし 波乱を呼び韓国学生同盟 全鮮学生会 三八線問題 等と名乗りをあげたが 表決の結果 韓国学生同盟が 圧倒的多数で 採決された。任員には次の三君が選出された。

代表委員 韓 日 和 （国泰寺高校）

副代表委員 朴 茂 楷 （松岡高校）

許 泉 文 （崇徳高校）

編集後記

本紙を発刊するにあたり 各方面より 多大の教師と指導 御協力を賜り 紙上をもって 厚く 御礼申上げます。

初めのことで 不備な点が多々あると思いますが 何卒 皆様の機関紙として育成するため 本紙に対する 御希望 御意見がありましたら 本紙が意義と価値を そして充実した機関紙として発展するよう 御指導 御鞭撻を賜りますよう 伏望します。

今后 充実した機関紙として 皆様の御期待にそうよう 編集室一同 全能力を結集して 努力すべく 心がけています故 何卒御支援下さいます様 衷心より お願いします

編集部 下…生

声明

親愛なる僑胞諸賢に告ぐ！

在日本大韓民国居留民団が 最近 各面に流布している 所謂 第三勢力の南北統一運動展開云々に対し 何故 排撃しているのか 居留民団は 祖国の統一を欲していないのではないのか という疑が なきしも 非らずだが 民団は 真実に祖国の統一を希求していればこそ反対せざるを得ないのである。

北韓傀儡集団政権の急先鋒として 朝鮮人連盟から解放救援会 そして民戦へと移行し 今度は 昨年十月二十八日の南日外相のアピール 以后は 南北統一という美名スローガンのもとに 南北統一促進協議会と偏の目が変るように 名を 姿を変えて工作しているのは 一体 何を意図しているのだろうか？ 疑問とせざるを得ず そして又 南北統一云々が 一般同胞にアピールしなければ 次は 何を見出すか 想像して見るに 更にこつけいでならない。彼等の意図と由来は 最くまで 南北統一という美名を呼信し全国的に崩壊の一途を辿っていた民戦の勢力挽回に在日居留民の合法的団体として 民団の切崩しを図る為 一矢を報いようと躍起となり 血みどろになっているのは 自明の理で彼等に残された終局的断末魔のあがきであると冷笑するものである 唯一つの道であり 又 人民会議と民戦県委の連名によるアピールに (1) しかし南半部の主権当局は アメリカ帝国主義にそゝのかされて (2) アメリカ帝国主義どもと 李承晩および そのひとにぎりにもならない同族どもだけであり 等々と書っている事実を見ても 彼等の意図がただ単なるいやがらせと宣伝にうつゝをぬかしていることが明白ではないか。

かゝるが如き 欺瞞と奸策に満ち足りた 思慮のさゝやきに 良識ある僑胞諸賢は 耳を傾けることなく 彼等の謀略謀を徹頭徹尾 粉砕すると同時に 三千万韓民族の十年星霜に亘る渇望であった 祖国の統一は 左記条項で実現されねばならないことを提議しよう。

一、国連総会に於て 全朝鮮の合法的政府として承認された 大韓民国の主権のもとに 祖国の統一を実現する。

二、大韓民国々会には 人口比例に依る 1/3の議席が空席にしている事実に基き 即時 北韓自由選挙を実施する。

三、北韓傀儡集団政権は 過去十年に亘る数々の犯した罪悪を三千万民族の前に謝し 即時 解散する。

四、北韓傀儡集団政権は 即時北韓国民に思想 言論 信仰の自由 そして基本的人権を保障する。

五、白頭山の山峰に 燦然 太極旗を飜かえす。

一九五五年二月十六日

在日本大韓民国居留民団

広島県本部

The KANNICHI TIMES　(昭和26年3月2日 第三種郵便物認可)　(毎週金曜日發行)

韓日タイムス

發行所 韓日タイムス社
編集兼印刷發行人 朴 [illegible]
[illegible]

統一平和の年を確信
尚一層の奮斗で侵略紛碎
李大統領新年のメッセージ

一九五二年を迎えるに當って李承晩韓國大統領は二十六日韓國民に對して大要次のようなメッセージを發表した

要旨　韓國全体民族の英雄的斗爭と國聯の絶大なる援助にも拘らずこゝに統一と自由及平和を迎えることに先立って一九五一年を送ることとは誠に遺憾に堪えない、然し韓國動亂以來殊に今年の一年間は赤色侵略主義者をして如何に侵略が不可能なことであり、又侵略を遂行せんとする者に容赦斉ない正義の鐵槌がどんなにか辛らつかつ徹底したものであるか充分知らしめることが出來たかだけでも大きな收穫である、だが一方この戰爭の長期に依って民主陣營の最も先端となるべき韓國は莫大な人命の損傷と資産の破壞を受けた、六百万に上る人命の犧牲は史上類例がなく、國土の破壞とその慘狀はかつて如何なる戰爭にもそれを求めることが出來ない程悲慘なる損害をさらけ出した、然しながらかゝる逆境に際會した韓國民は悲觀よりも勇氣と信念と自信をもって勇敢に戰い拔いて來た、韓國領士から共產主義侵略者を追放することのみが我々に自由と平和を與えてくれるものであることを最もよく自覺しているから全てをその一點に集中して來た、どの國の國民よりも韓國民こそ民主々義の眞髓を最も深く理解し最も高く評價しているからだ、民主々義の確立以外に韓國を統一し平和をもたらす方法が他に無いことを自覺しているが故にあらゆる犧牲と困難を樂々と克服して來た又今後もそれを達成するまでは少しも屈するものでない、我々は一九五二年中には完全に韓國領士から共產主義侵略者が北鮮から追出され、韓國の統一平和が完成するものと期待する、そうならなければこの災厄は韓國という特定地域に止まらずもっと犧牲を强要する方向に擴大する恐れがあり、又世界民主諸國はそれを未然に防ぐ爲にもこのことだけは絶對に成し遂げねばならない、韓國は中共の侵略に依り名狀し難い損害を受けただがこの損害は民主諸國の犧牲となって一身に引止めたという所に大きな意義を持ち、今後よりよい發展と建設の爲め一時的な苦難と思えばこそ益々勇氣を振って鬪うことが出來るのである、弱すればきゆうする程、困難が加はれば加はる程なお一層敵愾心と勇氣を揮ふい起して鬪い拔く韓國民と呼吸を同じくする國連軍の勇戰は必らず韓國を共產主義侵略から守り得るし、それは直ちに世界平和の基礎であることを信ずるものである、我々は過去の經驗を最大限度に生かして明日の幸福の爲に如何なる苦難がこの上に又加はろうとも一九五二年こそは勝利の年であり平和の年であることを信じて今一層の奮起をなすべきである（寫眞上は李大統領下は中央政府）

米軍の損害十万三千四百名

米國防總省は二十六日韓國動亂における米軍の損害は十萬三千四百十八名に達したと發表した、これは先週より四百五十名の增加である

社説　迎春の所感

光陰矢の如しで慌ただしかった一九五一年も暮れて辰年を迎えた、一年三百六十五日は長いが、みかたによっては短い時間でもある、現在以前は昔であり、明日のことは斷言出來ないといつかトルーマン大統領が言明した聲明文の中にあるが、まさにその通りで紆餘曲折を繰り返しながらもどうにか平和を維持して來た卯年は既に過去に葬り去られた、我々はさして大きな不幸も悲しみもなく辰年を迎えたことに感謝せねばならないし、その感謝の余韻じてなお一層の努力と理性に依ってよりよい年と取り組まなければならない。

現在をよりよく維持し發展させる爲には常に過去自から歩んで來た足跡を振り返り、その是々非々を檢討し追求してそこに生み出された新らしい要素に依って己れを自制し己れの針路としなければならない、個人的にも社會的にも又國際間においてもその規模性格の相違はあっても須らくそうである。

我々は視野を廣くして過去一年間を回顧する時實に色々な事態を直觀し體驗し又見て來た、就中最も大きな歷史的事實は我々に關する限り日本の主權的回復であり從って韓日兩國の正常國交が開始の前夜にあることである、もち論これは韓日間の問題でなく大きく世界的習要に根ざした當然の所産であり、從って世界的規格の一端をなすことはいうまでもない、それにもう一つ世界的歷史の頂點に立つ韓國動亂が決定的な勝利を收めることが出來ない限り早急にそれが最後的且つ決定的解決を迫られつゝあることである、韓國という特定な地域に限られた戰爭はたとえそれに勝利しても次の禍根を排除することは不可能であり、又動亂そのものに依る直接間接の損害は事態の解決がない以上無制限的なものでなるからである

韓國動亂は自由民主々義諸國民をしてその團結と決意を固める刺戟となったことはいうまでもないが、それよりも世界の在り方に對して確固たる信念と自信を抱くようになったことは直ちに平和えの道であることを自覺すべきである又侵略者をどうすればよいかという結論を韓國動亂を通じて体得したことも亦大きな收穫である、それは侵略者をして侵略の如何に不可能であるかという事實を彼等に認識させるかあるいは根本的にその芽を拔き取る以外に平和の道は開けないとの事實に對する確信を得たことである、それは必然的に韓國動亂を終局的にどう解決すべきかに對しても明快な回答が出てくるわけである。

世界は擧げて韓國動亂を直視しつゝその擴大を回避する方向に眞面目な努力を續けていることは確實だし、同時に韓國動亂の解決如何によって世界平和の基礎が發見されるという確信を益々固めているのも事實である。

一九五一年の世界が新機な足取りを着實に刻みながら辰年を迎えたことはその前途において大きな希望と期待をもつものであり、一九五二年こそは平和の確立と自由の尊嚴を遺憾なく完遂し發揮出來ることを心から望み併せて韓國動亂で平和の使徒として永遠に逝かれた幾百萬の英靈に對し衷心からその冥福を祈って止まない（南民夫）

韓日親善强化の年
金廣島縣團長

在日大韓民國居留民團廣島縣本部團長金在賢氏は新年の抱負を次の樣に語った

一九五一年はまさに苦難の年であり試錬の年であったが、我々はよくこれに耐え克服して來たことをもう一度回顧してみると同時に益々その決意と認識を新たにするものである、我々がなした全てのことを反省し檢討することに依って明日の發展の爲の新たしい要素を發見すべきである、とりわけ我々と最も關係の深く最も意義のあることは日本の講和條約締結と韓日正常國交開始の前ぶれとしての韓、米日合同會談であった、この事は申すまでもなく世界歷史の一轉換をなすものであり、我々韓國人は又別の意味において大きな歷史的事實に際會することになったのである、四十年間の屈辱生活から對等生活えの出發であったし、世界的民主精神が立證した韓日關係の開始であった、韓日關係の改善向上は客觀的情勢の力だけでは成就されないものであることを我々は歷史的事實によってよく知っている、双互の國民的自覺と國さい的意識に芽生えた双方の在り方を究明し理解することに依ってのみ可能なのである、韓國民にとっては何よりも既往の民族的感情を揚棄して新たらしい世界觀に立脚した大きな抱持で現在及將來に處して行くべきであるが、日本も又民主主義日本としての眞價を國民的自覺に於て發揮して行くことが何よりも韓日關係向上えの捷徑である、今日の韓國民の民族的要求を是として之を援助し同意することは、とりも直さず日本が民主主義体制を整えその致意を積んだ一つの証據に他ならない、何となれば韓國民は民主々義者と共產主義者との悲慘な殺戮破壞戰によって民主々義とは如何なるものであるかを戰爭の中で体驗しその偉大なる價値を知っているからである、又韓國民はこの知り得た偉大なる民主々義的價値を日本國民をして納得せしめることは即ち韓日親善えの一助となることを信じているからである、國家の外交はまさに國民外交によってのみ成し遂げられるのが近代外交の特色である、韓日兩國民は各々その國民と國民との個人的結びつきを密接にすることはその親和において動かすことの出來ない密接な韓日關係を作り出すものである。

それにはお互が理解と信頼の情を湧き立たせて凡ゆる部門における交流を繁頻にすることである　私は新年を迎えるに當って韓日兩國のお互の幸福と發展の爲に、今まで度ある毎に叫ばれてきた韓日親善が名目だけにおいてでなく實さい的に行動的に强化される方法を冷靜に兩國民は反省檢討し、今度新らしく迎える年はこのことを最大の目標にして努力するよう日本國民に切望して止まない

直言

△いよ〳〵一九五一年もくれゆこうとしている、一九五二年の夜明けも後何時間に迫って來た、顧みれば實に多事多難だった一九五一年である

△誰も等しく思う事は曲りなりにもどうやら無事に年越しが出來た事だ、何の悲劇もなく新しい年を迎えた事だ、競走して作った原爆も秘蔵された儘年が明けた事で、一たんそれが飛び出したら最後恐らく騷も大分變ったことであろう

△それは一つにただ人間の理性の力があったからである　醜いものには蓋をし、みるべからざるものはみたくない人間の本能が然らしめたものだ、人間は誰も不幸を望まない、だが不幸の原因は慾を出しすぎることにもあるそうだ、兎に角無事に新年の陽をあびるという事はその慾を自制する力がまだ人間にはあったが爲だ

△アメリカでは「マンハッタンが焦士と化すのは一九五?年」というポスターをはり廻して大いに反戰氣分を鼓舞しているそうだが結構なことである、もっともな話である、戰爭を好む人間は侵略者に限る、侵略者と言へば知っての通り「赤い化物」だ、「クレムリンが焦土と化すは一九五?年」というポスターがモスクワにないのは好戰氣分を物語るものであろうか

謹賀新年

東京都千代田區有樂町三信ビル
韓國銀行東京支店
支店長 千炳圭
副總裁 金鎭烱

福岡市代名町
大韓民國駐日代表部
福岡事務所
所長 宋鶴來

大阪市北區中之島朝日ビル
大韓民國駐日代表部
大阪事務所
所長 姜聖九

東京都中央區銀座四丁目服部ビル
大韓民國駐日代表部
參事官 柳泰夏
公使 金溶植

吳市商工會議所
專務理事 三村郁夫
頭會 下原次郎

大藏省 中國財務局
吳出張所
第一課長 山本元
總務課長 森榮一
所長 山下勝利

尻崎製鐵株式會社
吳作業所
吳作業所長 占部政彦
社長 千葉雄三

吳市警察署
次席 榎木秀穗
署長 桐原松雄

吳市役所
第二助役 芥川暉雄
第一助役 大濱芳雄
市長 鈴木術

廣島縣廳
副知事 河野義信
知事 大原博夫

帝政ロシアの韓國侵略史 (五)

ロシア公使館では本館階上の四室をさいて李太王、王世子殿妃及び女官達の居室とし、公使夫妻とミス・ソンタクが接待これつとめた、外部との往來は一切遮斷し商議の出來るものは李範晉、李允用及び通譯金鴻陸らに限られていた

歐米列强の利權奪い

李太王のロシア公使館滞在に亘る一年の長きにわたり、この一年間に露、佛、米、獨等の强國に依つて奪はれた韓國の利權は實に大きなものであつた、即ち

(イ)京仁鐵道の布設權=米人モーリス
(ロ)咸鏡道慶源鏡城の鑛山採掘權=露人ニシレチエンスキー
(ハ)平安道雲山金鑛採掘權=米人モーリス
(ニ)京義鐵道布設權=佛人モリスル
(ホ)茂山及鴨綠江流域とウツ陵島の伐木權=露人ダンスブルグ
(ヘ)江原道堂峴金鑛の採掘權=獨人ウオルター
(ト)京城の電氣水道の架設權=米人ゴールブラン
(チ)咸鏡、江原、慶尙道沿岸の捕鯨權=露人ゲーゼリング

その他小さな利權も多々あるが、以上が大体重なる部分でしかもこれらはみなウエルべロシア公使が韓國政府内閣總理大臣と結托してやつた仕事であつた、ウエルべがかくまでに列國の歡心をとるのに一生懸命でやつたことは、それより他にもつと大きな野心があればこそであつた、彼はこれに依つて列國の歡心を買うと同時に李太王、政府の各閣僚に莫大な利金を與えてこの金錢の魅力をもつて政府を懷柔せんがためであつた

ウエルべの遺謀

ウエルべは一八八四年露韓條約を締結したがその翌年公使の資格をもつて京城に赴任して以來十年余、當初は默々として何らなすところなきが如くであつたが、その間人知れず策謀したところはほとんど軌道に乘り、就中日淸戰爭を一轉機としてロシアの對韓政策は最も積極的に大韓にその本性を露呈しはじめた、彼は先ず李王室を完全にロシアの手に收めることに成功したのである、そして次の手を打つべく乘り出した、當時ロシアの極東政策は擧げて極東總督アレキシーフの手にあつた、日本、韓國、淸國に對する外交行動はアレキシーフの權限であつた、日淸戰爭以來韓國を舞台にする露日の外交關係は複雜となり、殊に北淸事變直後から事態は急轉直下緊迫を告げていた、露日兩國が頻繁に事態收拾に折衝しつゝある間にアレキシーフ總督は旅順要塞の築造を急ぎ、大連港を軍港地港として建設へ拍車をかけ、韓國々境に兵員を增員し伐木經營を名目としては兵營を築き、電信電話を架設するなど、ついには伐木會社揮登に名を籍りて龍岩浦の租借を京城政府に要求するに至つた、目ざすところはロシアの傳統政策たる極東制覇に外ならない、滿州、韓國を併呑しひいて日本までもその手に入れんとするにあつた、この遠大なるロシアの極東政策を遂行する爲に先ずその擁護としてウエルべは韓國懷柔政策をとつていたのである、ウエルべは既に韓國の軍隊をロシアの士官をもつて訓練することを約し、多數の士官、下士官を招致していた、又度支部顧問兼總稅務司(大藏省顧問の樣な地位)であつた英國人ブラオンを解雇してロシアの大藏省官吏アレニスヤーをこれに代らせることにも成功した、これによつてロシアは韓國に於ける軍隊と財政に關する實力を握つたわけである

かくして淸國及日本の韓國における勢力を相當程度驅逐し韓國操縱の基礎が確立されたことが認められるや、彼は後事をミス・ソンタクに言い含めてそのまゝ京城に駐在させ、自からはメキシコ公使としてひようぜんと韓國を辭し去つた

三十八度線の歴史は古い

ロシアの極東併呑の野望はこの様に遠大なものであつたから、日本としてもこれを傍觀することは出來ないばかりか、大陸伸長政策をとつていた日本は殊にこと韓國に關する限り非常な神經を集中していた、韓國を中心にする日露兩國の利害が同じいだけに日露の國交調整には常に困難な問題がつきまとつていた、一八九六年山縣有朋公が特命全權大使として、ニコラス二世の戴冠式に列した時、山縣有朋大使がロシアの外務大臣ロバノフと韓國問題につき協議した結果、一つの秘密協定を作つた、その條約文の中に日ロ兩國が韓國に事變が勃發してこれを救援する爲に出兵することがある場合には「兩帝國政府はその軍隊間にすべての衝突を豫防するため、兩國政府の軍隊の間に、全く占領せざる空地の存するよう各軍隊の用兵地域を確定すべし」と規定した、「帝國主義時代の外交政策史論」の著者ベ・ア・ロマノフは當時の山縣、ロマノフ會談について「ロシアは韓國の獨立ということを考えておらず、日ロ兩國が韓國に出兵する場合には北鮮三八度線を限界とし、その以北はロシアが占領し以南は日本軍が占領すると話し合つた、そして三十八度線以北は淸國に所屬させるといつて暗に三十八度線に依る分割を考へていたようだ」と述べている

韓日併合と韓國人國籍上の地位 (完)

韓國人の日本保護籍立場から韓國外の居住者には、國際連盟のB・U式委任統治原住民又は各國の植民地原住民と同様に日本の外交機關に依る名目上の保護下にあるが、その實は韓國獨立運動に對する監視であつたし脅迫であつたし國籍においては祖國の主權なき無國籍民としてあるいは又隷民としての取扱にすぎなかつたのである、そしてこの事實の由來は韓國の事實上の支配が國家併合の內容を施行せず單なる事實上の長期占領にすぎなかつたのである、その具体的說明を施せば

(1)併合條約それ自体が國際秩序維持の爲對外的には有効であつたにしても、該條約中に韓國人の國籍上の問題が明記されていないこと即ち(A)一七九八年フランス・デユネバー併合條約には「ミユールハウゼン人及ジユネバー人は之等國內に居住し又は佛國又は外國に居住するも全て生來の佛國人と同視すべし」という規定を有し、(B)、ナポレオン戰爭時代の各併合國もかゝる規定を有し、(C)タヒチの佛國併合條約にも「佛國の法律をもつて國籍に關する規定を設け、佛國は當然タヒチ王の前の臣民を取得すべきものとす」と規定され(D)佛、アルゼリア併合の場合も「アルゼリア人と見なす」と規定し、(E)テキサスの米國併合の場合も「人は全て米合衆國人と見なす」とし又(F)ハワイの米國えの併合條約文にも「ハワイの國籍を有する者は全て米合衆國人なり」と規定している、然るに韓日併合條約にはこれに類する何等の規定もしていない、即ちこれは日本が韓國全体より慾したものは韓國の占領が大陸進出えの兵站基地として必要であつたことゝ經濟的な搾取の爲であつて最初から韓國人自体の人格上の事は考慮されなかつた証左であり、かゝる韓國人をして日本の國籍上の問題までは到底思いも及ばない所である

(2)、在滿韓國人の中國えの歸化に關する日本の處置

在滿韓國人に關しては一九〇九年「間島に關する日淸條約」でも實に不可解な韓國の國土及國民の權利を侵した先例もあるが、一九二五年六月所謂三矢、于珍秘密協定なるものが成立した後、滿州に居住する韓國人の立場が完全に無國籍人としての取扱いに及び、更に一九二七年十二月前後して在滿韓國人が多數中國々籍え歸化した時、日本政府は國籍上の問題を提起しなかつたのみか、それが當然の如き態度をとつていた、血統主義を母体とする日本國籍法よりして、國籍の離脫は內務大臣の許可を要するとしながら、しかも在滿各地より集團的に歸化する韓國人をそのまゝ見逃がす日本政府はその歸化によつて日本の蒙るべき損害を誰よりもよく知悉しながら拱手無策であつた事は韓國人が事實上の日本國籍を有していないことを自から証明したものと斷定出來よう

(3)日本國籍法は韓國に施行されなかつた

即ち韓國人が併合條約に依つて當然日本國籍を取得したとすれば、この國籍關係を規定する最も重要な國籍法が韓國に施行されないというむじゅんをどう解釋するかである、日本の國籍法が施行されなかつた事は明白に韓國人が日本國籍取得者でないことを証據立てた實例である、そして日本の女子が韓國人と結婚した場合でも、日本女子は日本の戸籍より離籍することが出來ないという事は、あたかも未承認國家の國民と婚姻せる日本女子の國籍上の問題と同一であり、朝鮮の男子が日本人え婿養子又は入夫婚姻して日本戸籍に入籍した場合でも原則として朝鮮戸籍から離籍の出來ないところや、朝鮮人が日本え轉籍出來ない事は、これに承認を與えるべき國家主權が一時機能停止の狀態にあつたと同樣であり、外國人が朝鮮內では日本人として歸化することが出來なかつた事は占領軍政長官が自國の國民たる要件の規定までの權限を有しないことを表示したものであり、韓國人が外國人に認知され又は婚姻をなしたる場合も何等日本の國籍上の問題とならなかつた事は、日本國籍法下における無國籍人と同樣であつたことを示すものである

要するに一八七一年五月十日のフランクフルト條約におけるアルサス・ローレンにおいての領土上の問題は條約の强制性如何の問題は論に取扱うとしても、その住民の國籍に關し第一次大戰後のベルサイユ條約前文に「アルサス、ローレン兩州人民の希望に加えたドイツの非行を是正し」とあり、條約正文第五十三條には右兩州人民が當然「フランス人たることを言明しており、又一九四三年十月三日モスクワ三相會談公表文中には「一九三九年三月十五日ドイツがオーストリー國に對し强制したる併合を無効なりと認む」と規定している

以上の事は更に一九四五年二月十二日のヤルタ會談公表文中に「侵略國家により主權及自治を强奪された者に主權及自治を恢復せしむる太西洋憲章(聯合國の勸告)の一原則に外ならず!!」した所と一致する、即ち韓日併合條約は條約として夫自体が無効である、たゞ三十六年間韓國人の韓國々籍は韓國主權が機能停止の狀態にあつたと同樣に對外的に表示されなかつたのみであつて韓國々籍が消滅したものでも無論ないのである

樂浪文化に就て (五)

塼槨墳は從來の調査ではかようになお原形をとゞめたものに乏しく、引いて今日なお木槨墳の樣に副葬品の詳細を確め得ないのであるが、現存の知見に即すると、木槨墳に比べて內容の豐富さにおいて劣る場合が多く、殊に明器類を含んだものゝ少くない事が注意せられるのであり、更に時代において下るとする所見を裏書きする資料が段々と見出されている、これは昭和に入つて貞柏里附近からの出土例を加えて今や三十に近い數に上つた紀年を錄はした塼瓦の示す所が主として大朝に屬し、そのあるものは樂浪帶方の兩郡廢滅以後の時代に屬している事からも裏書きせられるのである。もつとも、この塼槨墳にも梅原氏の調査した貞柏里の第二二一號の如きは上述木槨墳の基本的なものとほゞ同じ副葬品を藏している点で同時に兩者の並行が認められる樣に思はれ又木槨墳にあつても、例えば彩篋塚の如きは構造の上で塼槨墳の式を木造を以てしたものに外ならぬ点から、一概に論じ得ない点をのこすことながら、そこに自らなる通じての二者の時代的に見た特異が考えられる次第であつて、これまた上記の副葬品のさまで豐富でない点と相俟つて段々と確められて來た各地に分布する千條古墳の實際と自から表裏するものがあるのである。即ち韓國における當代に屬する遺跡に就いて大同江面の主要分布地帶を除く自餘のものにあつてはそのほとんど全部がこの種墳墓に屬する事實とする。これは上記の時代觀と併せてこの種墓制がより、普通的なものだつた事を物語る有力な証據というべきであろう。

以上は從來一般に取りあげられて來た墓制の概觀であつてこの二者が當代墓の主要な部分を占めることには固より疑をはさむべき餘地を殘さないのである。併し他方是等とは別になお擧ぐ可きやゝ違つた墓制のあるにもかゝはらず、從來全く看却されていた。それは中國支那學者の所謂仰天壙と稱する單一な竪穴式に屬する墓室である。これの基本形式は地表下穿つた長方形の壙內に塼、時には木材を以て墓室の壁を築成し、埋葬成つて後に上部に木材を渡してそれを被ふたものである。同式の墓制は十三、四年前多數の奉天省遼陽及至紀年銘を出した折江省紹興の古墓群において所謂淵鉢形天井の塼築墳のそれとの並存が傳へられて學界の關心に上つたものであるが其後の知見に依ると同じ類が北部佛印の漢式の塼墓中にも存して學術調査を經たものがあり、本樂浪群地帶でも大正五年關野博士一行調査の大同江面第八號は同式の複雜な一例と見る可く、更に昭和十二年發掘の吉野里の第二五號もその系統に屬するものと解せられる四壁塼築の式である。同樣な木造のものとしては帶方郡地帶の塼廓の間で大正六年調査の行はれた一例が帳郷縣治附近での踏査や平壤レース、コースから見出された墓などと共にこの類の實例として、實は通有な木槨とは區別せらる可きものと考へられ、その系統において古く行はれた地下に壙穴を伸展して竪る原始的な葬制の流れを受けている事が新たに氣附かれて來て興味を高める樣になつた。

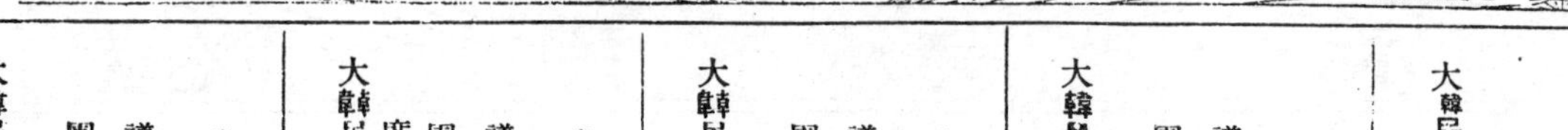

大阪市北區深田町三ノ五六
團長 金貞沫
大阪本部
大韓民國居留民團

京都市中京區烏丸太町西八上
議長 李像鎬
團長 金在和
京都本部
大韓民國居留民團

東京都文京區本鄕二丁目四
議長 辛熙
團長 鄭寅錫
東京本部
大韓民國居留民團

廣島縣吳市淸水通一五
議長 林炳台
團長 金在賢
廣島縣本部
大韓民國居留民團

東京都新宿區若松町一二
議長 金光男
團長 元心昌
中央總本部
大韓民國居留民團

東京都千代田九段二ノ三
三榮交易株式會社
社長 孫東赫

東京都千代田區有樂町三信ビル
中央交易東京事務所
社長 金正道

東京都千代田區有樂町三信ビル
美進商會東京事務所

東京都練馬區下赤塚町
エンゼルコムパニー東京本社
社長 黃性弼

東京都有樂町三信ビル
協和貿易公司東京事務所
社長 丁圭成

東京都千代田區丸ノ內ホテル東京內
東亞商事株式會社東京事務所
社長 李漢恒

東京都千代田區內幸町富國ビル
和信產業株式會社
社長 李奎載

東京都千代田區有樂町三信ビル內
大韓海運公社
社長 金龍周

韓國學生新聞

發行所 韓國學生同盟關東本部機關紙
発行人 朴権熙
編集人 張道源
東京都新宿区若松町21番地
電話九段(33)1169番
電話九段(33)2771番

学同後援会發足す

運営指導と財政後援を目的 理事長に盧泳漢氏 育英会は追って

九月二十六日午後二時から雅叙園において有志十数名参席のもと韓国学生同盟後援会が新しく発足した。先月学同先輩座談会で痛切に論議されたまでもなく在日留学生の前途を一日でも早く打開し、一意学究に専心せしめねばならぬということは心ある僑胞のだれしもが考えて来たところであるが座談会以後この機運が一層濃厚になり、特に民団中総文教部金禹錫氏並び学生同盟副代表朴炳憲外有志数名の並々ならぬ努力によって今般目出度く後援会が結成されたものである。

準備されてあった当後援会世話人の草案を検討することになり、第二案の目的の項において育英会就職問題等を含めた学生全般的な問題を取扱うという論とそのような厖範囲なことを取扱っても実現し得ないから先立って学同運営指導と財政後援とに局限したいという二論に分れて討議されたが、結局後者に決定され育英会等学生全般に関する問題はこの後援会の活動が軌道に乗ってから漸時に手を伸ばして行くことにした。その他八條の文句を二、三訂正しただけで草案の条々通過させた。

常務理事は金禹錫

草案の検討を終え左記理事十五名の承諾を得駐日公使を顧問に推し理事長に盧泳漢氏、常務理事に金禹錫氏が各々選出された。

理事（順不同）

権逸、金正柱、田炳昊、裴東湖、盧泳漢、李鉄、白武、金禹錫、金允中、朴俊栄、李裕龍、呉炳瑞、孫芳鉉、金炳済、鄭寅錫、以上

固定した賛助員に 定期的援助を受く

続いて寄付金募集の方法としては継続的に出せる範囲内の程度として理事が中心となって固定的な賛助員を定め、毎月定期的な援助を受けることにし、常理事は契約書を持って早速賛助員獲得に乗り出すことになった。

毎月一定した金額を學同に後援する

後援会は現在にいる僑胞生活の新陳代謝の激しいことを充分考慮に入れ仮りにその月に多額の金額が入っても可能な範囲内において一定した金額を（月額五万円程度）學同に後援し、永続性ある方針を決め一同感激に燃えて同六時解散した。

なお理事会には学生同盟代表者若干名の参加が許されている。

主張 民族陣営の新役員に望む

われわれが在留している日本は独立して第一回目の総選挙を終えた。この日本の総選挙は日本国民自身の運命を自から方向ずける重大なものであった。この総選挙の結果は彼等の明日の実生活の上に大きく響いて来る。それは同時に日本の法令に順じて生きているわれわれ在日居留民六十万の実生活の上にも反映されることは言を俟たない。

この重大な時期にあり、わが民族陣営では民団の各支部大会を始めとして軍人会、韓青、民団中総と九月二十日から連日続けて行われた。遠く九州、北海道地方からもはるばる東京に出て三日四日滞在してこの大会に出席した。

この事実を見てもわれわれ居留民の周囲に刻々と生起する問題が如何に多難であり、居留民の各自が如何に真剣にこの問題と取組んでいるかが推測される。

この厳粛な大会において何を討議したか、われわれは学生の立場からこの大会に臨んで見、聞き、感じたありのままを率直に述べ、今後の活動に期待したい。

わが陣営のどの大会を見ても実生活に即した具体的な運動方針が欠けている。このことはいい換えれば団体及その役員が民衆と遊離している事実を示すものであり同時に反民主的であるともいえる。

ある民団支部の一例をとって見ても分る。団長ともなれば総務以下の部員を一手に握り、自由に仕事に就かせたり、やめさせたりする。その犠牲になった人を保証する機関はない。団長が非であり、ひ免された人が正当である場合に、後者の立場を擁護して立つ民衆のバックがない。それだけに部員は淋しく、団長の権限は首減法に拡大し、そのやった行為に対する責任は薄らぎ、民衆からは益々遊離されて行く。このような弊害は団長以下各役員が、日常生活における民衆の利益の擁護に積極性を欠き民衆と共に生き、民衆と共に苦しんでいない事実である。この事実がその実今度の大会に反映されている。この基本的なものを解決しない限り、組織の強化もなく、活発な運動の展開も期し得ないことであろう。

今一つはわれわれ居留民の生活を左右するものは本国の動きではなく、現にわれわれが生きている日本の土地であり、その政治であり、経済であり、その文化であることを忘れている。始終本国の情勢に気を奪われ、カンジンな足本を忘れがちである。その論拠として、日本の総選挙に依って変動するであろう日本政界に対する検討もなく、その結果によって必ず大きく影響されるはずであるにも拘わらず、これに対処する何らの検討もなされていないことが挙げられる。日本に在留するわれわれは単なる外国人ではない。現在生活の地盤は本国にあるのではなく、あくまでも日本にあり、その直接的な影響を蒙らねばならぬ特殊事情にある外国人であることを最も深く自覚せねばならない。

われわれ学生はこの大会に臨んで、新しく改選された役員に以上述べた点を深く考慮し、これからの実践運動に活かし、在日僑胞の生活安定を計り、民族永劫の発展を期して止まない。

沈滞している民族陣営が活発に活動するも、現状維持するも、又は後退するも一つに新役員の双肩にかかっている。それ故に新役員の責任は重大なのである。

われわれは絶対に現状維持も後退も歓迎せぬ。ただ活発な活動を展開する前進のみを期待する。

対策委員会を設け 学生の法的地位を確立

戦後向学心に燃えて渡日し、各学校に入学している学生に対する法的地位に関しては、今日までわれわれの大きな悩みの種であったが、日本法務府では韓国学生の特殊事情を能く了解してくれ、深く同情して、そのような学生に法的地位を賦与してくれることになり、九月二十九日から行われる外人登録の切換期間を通じて登録されるようになった。韓国学生同盟は九月二十七日早速対策委員会を設立して、登録事務を開始することになった。

法的地位のなかった学生にとっては大きな福音といわねばならない。

告

在日韓国留学生にして法的地位の保証のない者に対して、本同盟が法務省と交渉した結果、正当な法的地位を與えることを確約し外国人登録切替期間を通じて登録事務をとっていますから右に該当する学生は至急本同盟に連絡願います。

記

一、在学証明書 二通
一、生活保証書 二通
一、期日 十月十五日まで

韓国学生法的対策委員会

顧問 権逸　委員 明大 朴炳憲
〃 金正柱　〃 中大 李今龍
〃 鄭寅錫　〃 明大 楊基根
〃 早大 趙万済

新宿区若松町二一
在日韓國學生同盟事務所

骨髄に泌みる切々なる団長の辞表

韓青全国第一回大会

十月二日午後四時から民団講堂に於て韓青第一回全国大会が全国から集った代議員六十一名（過半数）参加のもとに開かれ、曹団長の切々なる辞表の朗読があり、続いて李燦雨氏他来賓多数の激励の祝辞があって今後の活動方針並びに規約改正などを終え左記の如く新役員が改選された。

団長 曹寧柱
副団長 洪賢基

韓日会談再開には 日本側の誠意が必要

梁駐米大使が記者団に言明

梁駐米韓国大使は二日ジョンソン米国務省極東問題担当次官補代理を訪問、四十五分間にわたり会談した後記者団に向って次のように語った。

日本側が善き隣人になりたいと望むならば韓国との不和を解決すべきであり韓国を侮さずに両国間に明白な理解をもたらすべきである。日本側は奇怪にも在韓財産所有権を請求し損害賠償を求めた後会談を打切った。対日講和条約は日本が韓国に権利を有しないと明記しているのだからそれはばかげたことだ。日本側はわれわれの国土に白刃をかざしてきたがそれでは友好条約を締結できない。日本側が会談を打切ったのだから会談再開申入れは日本の方からさせよう。しかし日本は先ずアジア諸国に正しい精神を示し民主々義に従うことを証拠立てなければならない。なおわたしとジョンソン氏との会談は韓国陸軍強化と韓国復興促進に関するものであった。

活発に活躍する 在日韓国カトリック学生会

在日韓国カトリック学生会は、一九四一年六月発会以来、左の綱領

一、われわれは各自の自己聖化及び相互親睦を期す。
一、われわれは如何なる敵なりとも神の敵とは戦う可きものなり。
一、われわれは祖国の精神文化国家建設に寄與するものなり。

……の下、宗教運動を通じて健全な学生生活の向上に邁進しているが、そのめざましい活躍は花郎クラブの活躍とともに沈潜している民族陣営の範となっている。

去る七月二十三日より一週間にわたって日本カトリック学連全国大会が長崎において盛大に挙行されたが、韓国カトリック学生会代表として崔成源（明大）金康沢（一ツ橋）が招待され、討議に参加したが、韓国への資本運動がその大会で決議され。なお両代表はアジアブロック結成のために努力したが、これらの活躍は韓日親善促進を地でゆくよい例であろう。

会長崔成源君は、学生会の活動方針について左の如く述べている。

本会の活動は綱領に見られる如きものであるが、どこまでもカトリック教会の活動と一致されるもので、あらゆる政治的、社会的諸問題もこの線にそうて解決する。それ故に現状としては他の学生諸団体とは異なりできるだけ政治問題にはふれない方針である。そして信仰を通じての真の平和と幸福のため、カトリック教徒に示された歴代法王の運動に忠実であるように努力している。また内部的な問題としては信心をとりもどさせるための布教的役割及びインテリゲンチャに與えられた特殊な知的使徒職を通じて日本国内における韓国人の布教のため働らく方針である。

なお日韓国カトリック学生会の機関紙として"アンチエラス"を月刊で発行している。

組織の基本確立等 民団東本大会で決議

民団東本では三十日午後二時から第十三回臨時大会を代議員七十余名出席のもとに開催し、今後の東本強化対策に関する件、役員改選、中央臨時大会に提出する建議案等を討議した。

即ち東本の今後対策は強力な下部組織を結束させ基本財政である団費を徹底的に徴集し組織の基本策を確立すること。

一、中央臨時大会に提出する建議案は韓日会談再会促進運動の展開と教育機関（左翼に所属している）を民団に引継ぐようすること

一、団体指導者養成機関を設置すること等を討議決定して次のように新役員を選定した。

▽団長丁賛鎮▽副団長韓晛相、李禧永▽事務局長鄭鴻烈

在日在郷軍人会総会を開く

在日在郷軍人会第一次総会は昨一日午後二時東京若松町の民団中総講堂で開かれ全国軍人会同志五十余名が会合、民団中総団長元心昌、来賓代表李燦雨両氏の祝辞があった後、遺家族救護問題、未帰還者の帰還促進問題等を討議した。次いで会長、副会長及び監察委員等を次の通り改選した。

会長＝金学鳳、副会長＝孔泰英、監察委員＝鄭元朝、同金鎬吉

会誌"白雲"の發刊

明治大学韓国留学生同窓会では十月一日から会誌として月刊"白雲"を発刊することになった。

編集責任金仁培

学同電話番号変更

九段（三三）二七七一ー内線十番
九段（三三）一一六九ー内線十番

学同機関雑誌発行

今般具体的に雑誌発行が決定されました。盟員はもち論の事、盟員外の読者にも投稿されるよう切に望んでいます。なお雑誌名は未決定ですからお望みの誌名を投書して下さい。

本国の動き

居留民団議長の両金氏政府要路を訪問

さきに帰国した在日韓国居留民団議長金光男、金載華両氏は十九日政府要路を訪問して、（一）対日貿易は居留民団を通じて行うこと（二）在日韓国人企業体に対する融資を韓銀支店経由で積極的になすこと等を陳情した。

戦乱で手足を失った韓国児童に

在韓米軍が義肢を寄付

在韓米軍は戦乱で手足を失った韓国児童に義肢を寄付する義金として十万ドルを目標に募金運動を行っていたが最終日の二十一日には同日だけで八千ドルの寄付申込みがあった。これにより募金総額は目標額の半ばに近い四万二千ドルとなった。なお二十一日寄付申込額が一番多かったのは海兵隊であった。

金光男、金載華両氏 李大統領を訪問

在日韓国居留民団議長金光男、金載華両氏は李大統領を訪問した。

国連韓国復興委員長が李大統領を訪問

二十八日釜山に到着した国連韓国復興機関総代理人ドナルド・キングズレー氏は三十日李承晩大統領を訪問、韓国復興計画につき会談した。同氏は韓国の復興活動を視察、国連総会に報告の予定である。

張国務総理辞表を提出

張沢相国務総理は三十日午前十一時韓総務処長を通じ李大統領に辞表を提出した。張総理は同日朝大統領臨時官邸における国務会議に出席せず、その辞任理由は古市事件に関連しているといわれるが、これに関しては一両日中に大統領官邸から正式発表があるものとみられる。なお後任決定は国会の承認もあり相当の日時を要するのでその間総理署理を任命することになろうと消息筋は語っている。

政府現地償還の現金制に反対か

【釜山一日東洋発KP】農地改革法により政府からの分配農地に対する地代償還につき国会ではさきに現行現物制を現金制に改正したが、国務総理、財務部長官、農林部長官らは現金納付制に反対していると伝えられるが、任農林長官は一日「農民たちは金納制を支持しており又大統領政府遂行上財政的制約があっても農林部としては現金納付制を実施するつもりである」と言明、地代の償還方法に関する政府の態度が微妙である。

宝城第二発電工事等の促進

【釜山一日発KP】全南道議会では国家産業増強と農業物増産及び罹災救済対策として宝城江第二発電所設置工事と貯水池拡張工事等の促進を国会に建議した。同発電所は三千キロワットであるがこの貯水池の堤を三尺拡張すれば一、五〇〇キロワットを増加出来、水利で五百町歩の新規開畓と既畓水利により約一千町歩の蒙利が可能である。

京畿道知事金氏発令

【釜山十四日東洋発KP】政府は十三日京畿道知事に金[illegible]氏が発令された旨正式に発表した。

法官の再教育を実施

【釜山十六日東洋発KP】法務部では大統領からの内示により全国にわたって法官の再教育を実施すべく目下その予算を編成中といわれる。現役法官の大半が独、仏、日系の法理論を学び新時代の民主的法理論に案外うとく、このため再教育により法の民主的運営をはかろうというのである。

内務次官と治安局長も更迭

政府十七日午後の発表によれば内務次官の新任に黄虎鉉（前国会議員、院外自由党幹部）氏、また治安局長には同じく院外自由党政務局次長の文鳳済氏が各十七日付で発令された。

国際美術家大会への韓国代表決る

来月二日から一週間イタリーのベニスで開かれるユネスコ国際美術家大会に出席の韓国代表は次の通り決定、金[illegible]氏はすでに日本に立寄っており他の代表は十九日東京着来る二十日一行そろって空路イタリーに向う。

文学ー金末峰、金光洲、彫刻ー尹孝重、音楽ー[illegible]、美術ー金煥基

登録切替え手引

自九月二十九日
至十月二十八日

法務省登録課長 伊藤卓也

外国人登録法の附則のい定規基にて、去る九月二十九日より来る十月二十八日までに在日外国人は全員登録書切替（更新）をする事になつた。悪質なデマが多々飛んでいる時でもあるので、特に法務省登録課長伊藤卓也氏の登録切替えの手引を左に記載する。

（一）今度の登録証明書切替（更新）の根拠は何か？

対日平和條約発効と同時に四月二十八日施行された外国人登録法の附則の規定に基くものである。この規定によれば、在留外国人の現在持つている登録証明書は四月二十八日から六カ月で効力を失うことになつており、従つて、効力を失う日までに新しい証明書と交換しなければならないわけである。九月二十九日から十月二十八日までの三十日間にわたつて切替を行うのは、登録法の規定に基いて旧登録証明書が効力を失うときから逆算して三十日以内に新証明書の交付を受ける必要があるからである。

（二）戦前から在留する者と戦後入国した者とは切替が異るか？

登録証明書の切替という点では両者同じである。しかし、戦後（昭和二十年九月三日以後）入国した韓国人はすべて出入国管理令に従つて「在留資格」を入国管理事務所で取得しなければならないから登録を切替を申請する前に在留資格の取得をする必要がある。戦前から在留する人はその必要がないが、ただ、注意しなければならないのは、戦前から在留する韓国人が四月二十八日以後子供を生んだ場合には、やはりその子供の在留資格を取得しなければならないことである。

（三）講和発効後に入国した者も切符を必要とするか？

今回の切替で新しい証明書と交換する必要のあるのは旧登録証明書すなわち講和発効前に交付された証明書である。従つて、たとえ同じ形の登録証明書を持つている韓国人でも講和発効後に入国した人や講和発効後に生れた子供は、切替をする必要はない、旧登録証明書で講和発効後に交付されたものには、（特）という印がついてあるはずで（特）の証明書の切替の対象にならない、しかし、新しい形の証明書と古い形の証明書とが同時に流通するのは非常にまざらわしいので、たとえ、講和発効後に交付された（特）の証明書を持つている人もできる限り市区町村で新しい証明書と交換することを望んでいる。紛失に基き再交付を受けた証明書は、たとえ講和発効後にもらつたものでも必ず切替をする必要がある。

（四）切替のときに提出する書類は何か？

（1）外国人登録証明書交付申請書一通（市区町村の窓口でもらえる）

（2）旧登録証明書

（3）写真 三葉

このうち、写真については、大体現在の代金相場は三葉百二十円から百五十円位であるが、全国の写真屋の大部分を会員とする社団法人日本写真文化協会の協力によつて特に登録証明書用の写真は三葉五九円で撮影してくれることになつたから外国人の負担も大いに軽減されると思う、なお、写真は、十四才未満の人には必要でない。

（五）切替申請は必らず本人がしなければならないか？

登録申請は、市区町村が一人一人の外国人について一々本人であるかどうかを確めて証明書を交付することになつているから、切替の申請の場合でも市区町村の方は、申請者が提出した旧登録証明書の写真と本人とを対照して間違いないことを認める必要がある。それ故申請は必らず本人がしなければならない。勿論足腰のたたない病人までも市区町村の事務所に出頭せよというのではない。この場合病人は特定の代理人によつて申請をすることができるのは言うまでもない。このように申請は本人がしなければならないが、新しい証明書を受け取りに行く場合は子供の分、六十才以上の者の分、妻の分を世帯主が代表してもらうことができる。

（六）不法入国者や刑務所に在監中の者はどうなるか？

不法入国者であつて入国管理事務所で現に取調中のものは切替と関係がないが、所定の手続を経て特に在留を許可された者については関係がある。不法入国者で在留を許可されて正式に市区町村で登録した時期が四月二十八日以前であればやはり今回の切替を行なわなければならない。又こうした不法入国者でも、もし入国の時期が昭和二十年九月三日以後であれば登録の切替の前に在留資格を取得しなければならない。在監者については刑務所長が面倒をみてくれることになつているから代理人の心配は必要ない。

（七）新証明書の有効期間は二年であるから切替をした者はだれでも二年間は日本にいられるか？

この問題は、これまでしばしば間違いを起した事柄である。登録証明書の有効期間というのは、あくまでも証明書自体の適用期間であり、所持する外国人によつて差別されない。これに反し、外国人が日本にいられる期間というのは、個々の外国人が入国の際に取得する在留資格によつて異る。たとえば、商用入国者という資格の人いわゆるバイヤーは三年であるが、観光客という資格の人は、六十日である。これを「在留期間」といつている。有効期間の方は、証明書自体に興えられたものであり、在留期間の方は、個々の外国人自身に興えられたものである。前者は、登録法に基き、後者は出入国管理令に基く。

終戦前から引き続いて在留している韓国人の場合は、現在のところ在留資格も在留期間もなくして在留できるから問題はないが、戦後に入国した韓国人で、たとえば在留期間六カ月の人が有効期間二年の登録証明書を持つていてもその人は六カ月経過すれば最早や日本に在留することができなくなる。もし、そのまま在留すれば登録法に関しては一厘誤りがなくても出入国管理令の違反となる。又反対に在留期間三年の人が有効期間二年の登録証明書を持つている場合たとえ在留期間が三年であるからといつて二年経過して登録証明書の切替を行わないときは、出入国管理令に関しては正しくても登録法に違反する。往々在留期間を経過している人が、登録証明書の有効期間が切れていないからといつてそのまま在留していることがあるが、これは間違いであるから注意してほしい。

（八）切替に当つて国籍欄はどう書くか？

今回の切替は、旧形式の登録証明書を新形式の証明書と交換することであり、いわば内容の移し代えとでもいうことができる。従つて国籍欄も旧証明書に書いてある通りを新証明書に移し代えることになる。国籍の変更を希望される人は切替が終つた後に、その変更の事実を証明する文書を市区町村に提出して書き換えてもらうことができる。

（九）文字の読み書きできない者はどうするか？

もし、本人がいわゆる文盲であつて自分で申請を行うことができない場合は、親兄弟姉妹、あるいは友人又は親類の人が代つて書いてやつてもよい。知つている人がだれもいないというようなときは、市区町村の吏員に書いてもらつてもよい。要は、本人が自ら市区町村の事務所へ出てくれればよい。

（一〇）切替期間中旅行するような者はどうするか？

九月二十九日から十月二十八日までの期間中やむを得ない事情によつて居住地を不在にしなければならないことが予めわかつている人については、二つの取扱がある。旅行が三十日以内のときは、九月二十九日以前でも随意申請を受け付ける。そして本人が旅行から帰つた後に新証明書の交付を受けることができる。もし、三十日以上居住地を離れる人は、現在の居住地の市区町村に出頭し、居住地変更届を出し、届出証明を貰つてそれを持つて新居住地（たとえ、旅館やホテルでも差しつかえない）の市区町村に行き居住地変更申請を提出した上で切替の申請をすることになる。これらの措置は、今回の切替期間に旅行する場合にだけ認められるものであつて切替期間以外では行わない。

（一一）切替は必らず登録地でしなければならないか？現住地ではできないか？

外国人が実際には住所を変更したにかかわらず登録法上の変更手続を執つてない場合登録地（登録上の居住地）と現住地（実際の居住地）が異ることがある。切替事務は、登録地の市区町村で行う。これは、登録証明書の原本ともいうべき登録原票を保管しているのが登録地の市区町村であるからである。しかし、実際問題として、悪意はないが、やむを得ない事情で変更手続が遅れている人がある。登録法の建て前は、どんな事情があつても、一度登録地へ行つて切替申請をして貰わなければならないわけであるが、現住地の市区町村で、このような外国人を登録地に行つて切替申請をさせることが肉体的にも経済的にも甚だしい苦痛を興えると判断する場合は、切替申請と同時に居住地変更手続を執らせることができる。甚だしい苦痛を興えるというのは、たとえば九州が登録した人が北海道に居住地を変更し、まだ居住地変更手続が済んでいないうちに切替が始つたため、この人を再び九州に行かせるということは甚だか酷であるというような場合である。故意に居住地変更を遅らせているような外国人に対してはこの措置は絶対に執られない。必らず登録地に行つて切替をして貰うことになる。

（一二）もし、切替期間内に切替申請をしない者はどうなるか？

外国人登録法の規定によれば、切替期間の三十日以内に切替を行わなかつた外国人や、切替申請に虚偽を書いた外国人（たとえば、名前をいつわつたり、うその在留資格を書いたりした人）は、一年以下の懲役若しくは禁固又は三万円以下の罰金に処されることになつている。

（一三）やむを得ない事情で切替をしなかつたりする者も出ると思われるが、切替期間を延長するようなことはないか？

昭和二十五年の切替のときは、期間を再度延長したため、各地で紛料が起り、又不正登録が行われた経緯があるので、今回の切替は、どんな事情があつても絶対に期間延長を行う意思はない。九月二十九日から十月二十八日までの間に切替をすることができなかつたような人が現れてもそれは一應違反者として取扱う。もつとも、このような人を処罰するかそれとも情状によつて不問に付すかは、一に裁判所の決定する問題である。

（一四）切替をしなかつた者は強制送還されるか？

強制退去は、出入国管理令に基く処分であつて登録法の規定に根拠を持つものではない。出入国管理令第二十四條に規定する退去強制の多くの事由の中に、外国人登録法令の規定に違反して禁固以上の刑に処せられた者という規定がある。従つて、切替をしなかつた人が裁判にかかつて禁固以上の刑に処せられればあるいは強制送還されることもある。最近日本政府を破壊しようと企てる外国人が、盛んに登録をすればそのまま韓国に強制送還されて徴兵にされるから登録の切替を拒否しようと宣傳しているとのことであるが、登録法の規定はむしろ反対で、切替しない人の方が退去強制の可能性があることになる。日本政府の行う登録が韓国政府の徴兵の下調べであるなどという噂は、常識のある韓国人の目でみれば全くナンセンスであり、悪質極まるデマであることは直ちにわかるであろう。このことは個々の外国人の登録原票の閲覧は在留外国人の誰に対してもお断りしているのでも分つてもらえると思う。登録制度が政治と関連することは、厳にいましめている次第である。要するに、登録制度は、合法的に在留している外国人を十分に保護するとともに不法に在留する人が合法的な在留者の影に隠れて悪いことを続けるのを防ごうということであるから長年日本に在留し静かに生活している一般韓国人の方々は安心して切替に應じてほしい。

三十年前の思い

川副国基

私の郷里は長崎である。地理的な親近感もあつたのかもしれないが、私共は子供の頃から韓国をひどく身近いものに感じて育つて来た。私共の周囲では、東京あたりに出て行くよりも韓国に出かけて行く人の方がはるかに多かつたのである。兄が、姉が、従兄が、叔父が、甥が、というように、どこの家庭でも肉親や親類、縁者の一人、二人を必ず韓国に持つているのであつた。大抵、生活のつらさから、なにかはけ口を求めるようにして玄海灘を渡つて韓国に住みつくようになるのであるらしかつた。

それらの人々はその地に渡つてからも、その地を植民地視して優越的に威勢よく振舞うという種類の人々ではなかつたと思う。その証拠には、それらの人々の中からは決して世のいわゆる「成功者」も「なりあがり者」もあらわれなかつたからである。そこの土着の人々と同じく、日本の資本主義機構の枠のなかできびしい搾取をうけていたのであろう。海を渡つて行つた向うにもやつぱりよいことはないのであるらしかつた。

私が郷里の中学をおえて上京したのは、今から二十七年前、一九二六年の春であつた。その頃は一應九州の北端の門司で下車して連絡船で下関に渡りそこで乗りまた山陽線の汽車に乗り継ぐことになつていた。うしろ髪をひかれるような強い郷愁の想いにすつかり心細くなりながらゆつくりと揺れる連絡船に身をまかせて[illegible]潮水の海峡を下関へ[illegible]いたのであつたが、そこで私は思いがけない光景を見たのであつた。駅頭にも待合室にも、ベンチにも、やはり深い郷愁にやつれきつた感じの白衣の韓国の人々が一杯群がつていたのである。[illegible]しわを刻み[illegible]ら長い煙管をくわえて考えこんでいるひげの長い老人、一夜の旅にくちやくちやになつた白衣を身にひき[illegible]子供に乳をふくませている[illegible]、荷物や切符の[illegible]をしながら疲れた人々の間をかけまわつている白ズボンの青年、そこには韓国の小さな世界が確かにひらけていたのであつた。それらの人々の顔つきからは、知らない土地に来た一抹の不安と、その不安に堪えて行こうとする努力とがありありと読みとることが出来るのであつた。それは祥しにくい韓国の生活から逃げるようにしてこの地に渡つて来た人々であつた。丁度郷里の私共の周囲の人々が一縷の希望を求めて韓国に渡つて行つたことと丁度逆に、苦しい韓国の生活に見切りをつけて玄海灘を渡つて来た人々の群であつた。

そうするとこれは一体どういうことになるのであろう。同じくうちひしがれた生活から立ちなおろうとして、一方にはその土地に向つて行く人々があり、一方にはその同じ土地から去つて行く人々がある。そしてこれら二組の人々は汽車か汽船かを待つ間の幾時間かを同じこの下関の駅の冷たいベンチの上でわびしい思いを抱くのである――十七才の多感な私の胸は、落膽し混濁していく人々の姿をみつめて切ない感じで一杯になるのであつた。

だが私もいつまでも感傷的な少年ではいられなかつた。成長して視界がひらけて来るにつれて、あの悲しい姿の白衣の人々を韓国から去らせたのは、そこに移つて行つた私共の隣人たちではなかつたかと思うようになつた。私共の隣人たちは個人的には善良な人たちばかりであり、それ故にこそこの地の戦争場裡の敗者になつたのであつたが、これらの隣人たちの善意にもかかわらず、この国の政治や経済は、韓国から更に善良な人たち多数に苛酷な生活に追いやるようになつたことを考えざるを得ないようになつた。悄然とした風持で関門の駅頭から韓国へ去つて行つた人々とあわれな恰好で下関駅頭をさまよつていた韓国の人々との姿とそれにまつわる思いはいつまでも頭からはなれないのであつた。

（早稲田大学教授）

歴史の問題意識的理解

─近世史講義への公開質問状─（完）

学芸大学 金大淵

第二次大戦後、占領軍の強制と日本国民の激しい要望が結集してでき上つた教育の民主化、文化的平和的国家形成を目指す教育の役割の重視によつて、不完全ではあるが、一應小学校から大学へ至るまでその教育内容が、特に歴史教科書が書きなおされたことは先生もよく御存じのことでしよう。明治以来超国家主義、軍国主義的支配機構が作り出した歴史教科が如何に真実をゆがめ、日本国民を苦痛の底へたたき込んだかは、われわれは経験をもつて知らされたのです。それにも拘らず、敢えて先生は、未来の教育を養成する大学で、学校教材から追放された「侵略」の礼讃と「侵略」の正当化をもつて、日本国民を裏切り、歴史的真実を裏切り、世界諸民族との融和をおびやかさんとするのでしようか。歴史を正しく理解し教えることが如何に今日の時代を創ることに正しく参興することになるかはあらためて申し上げませんが自国の歴史の正しい理解と同時に他国の歴史との関連も正しく捉えるのが、これからの自国の歴史を正しく創り出すことになると思います

排外的なショウニズムは真の愛国心とあまりにも遠いものです日本の指導層に、無意識的に、根強く潜在する弱者への侮蔑と強者への屈服をその歴史の理解にも容易に発見することができるのです。これが濫用される国家主義的愛国心を伴つて歴史の真実を曲げ、侵略的新たな歴史を創り出す促進剤ともなることは戦時下の多くの知識人のあり方からしても演繹し得ると思います。

真に平和と友愛と文化こそ、世界人類にとつて望ましいものであるならば、それは歴史の真実をより正しくたどればたどる程、よいものであつて、真実への探求のみが人類のあらまほしき未来への導き手であると確信致します、少くともこの車輪を逆に引き回す役割だけは、われわれは知識人として遠慮したいものです。

先生に対して失言も多かつたと思いますが、善意と真情は察していただけると思います。

編集室から

本紙も愈々軌道に乗り、先月から毎月二回づつタブロイド四頁になりました。読者諸君と共に喜んでいます。でも先月は学校の試験があつたりして充分な活動ができず新聞委員二人の力では学業を放り出してこれに全力を注いでも間に合わぬ位です。読者諸君の協力なくしてはどうしてもこの貧弱さから抜け出ることはできません。学究論文、小説、詩、ニュース何でも良いです。原稿を寄つて下さい。

終戦直後の横浜と同じ

日本人の見た釜山の姿

神戸市生田区海岸通り五、佐藤国治郎、御島丸事務長原田力氏は、短時日における停泊中の見聞ではあるが動乱の大きな旋風を経且つ経過中の釜山の実情を次の如く述べている。

関門よりの航程十数時間足らずの所に位する釜山は、外国とはいえ日本本島には最も接近し、戦前長年月にわたって日本本島と同様に感じていた関係上、異国といった感じは少しも出ず、十数年前と同じく後に山を控えた山腹の人家は当時と少しも変らず、星移り月変るも山河は厳然としてわれ等の目に昔の姿をうつってくる。が、こうした変らざる外観もいざ上陸の一歩を印す時、その変化の大なるに一驚した次第である。うしろに聳える山々は、安住の地を求めて南へ南へと追われてきたおびただしい避難民の手によってこれらの立木は大半切り取られ、思い思いの掘立小屋となり、ために昔日緑の山は殺風景なはげ山に一変し横浜の終戦当時のみじめさを一廻りも増したようないぶせき人家が雑然としてあらゆる空地に立ち並び、ために二十数万の人口が一躍四十万を越える程に増加し、現在もなおこれ等避難民の数を増すのみで市内はごった返す汚らしさと無秩序に動乱の韓国をひしひしと身に感じられた。一坪足らずの間いも名ばかりの小屋に数名が住み寒風吹きすさぶ冬を過すと聞くに至っては昔ながらのその生活力の強さにあきれる程である。上陸したとはいえ現在戒厳令下にある釜山の町は夜間十時以後の外出は何人といえども一切厳禁されているので、ほとんど夜の釜山は伺い知る事はできない。聞く所に依ると通行中日本人と知れると身ぐるみは剥ぎ取られるか、スパイの名のもとに投獄のうきめに会う恐れがあるというので充分に思うまま市内を見る事はできない。物価は非常に高く、特産物の主食は充分にあるが、日用品、雑貨類は不足を来し原料品を持って製品に困る状態である。インフレは異常に増大して物によって不同なるも日本の通貨の数十倍の換算率にしてもち論日本通貨の行使は禁じられ、強いて物を買わんとする時は物々交換である。

クリーム四－五個又はシャツ一枚を以て僅に一夜の欲をつくす事ができる山である。このような生活の苦しさに耐えかねて日本に密航を企てる者が多く毎日の新聞紙上に見る通りである。港には、アメリカ軍艦が数隻遊よくし、港内外は厳重な要塞地帯として撮影等を禁じられ、戦争前夜の日本の姿を再現したるが如き感がある。入港と同時に来船した官吏も、にわか仕込みの素人芝居を見るように板につかず徒らに戦勝国らしく振舞うのみで事務は渋滞し、実に不快な感じをうけた。在留日本人はほとんど引揚を完了して、残るは韓国々籍を持って韓国人と結婚した女子のみといわれる。ただ一名港務関係の大阪生れらしき人に会い種々話す機会を得たが、この人すらほとんど外出はできず米人関係の中で仕事をしている由、日韓合邦以来永き年月にわたっての日本人に対する無感情だろうと感じ取られた。原料物資に恵まれながら、戦禍と混乱の中に貧弱な工業しかもたない韓国の行末をあんじつつ夜のとばりの下りたにぎやかな港の灯をあとにわが船は錨を揚げた

慰安の夕

在日本在郷軍人会では韓国戦線に散華した出征軍人遺家族を慰安する夕べを去る九月三十日午後六時から税関ホールで多彩に催された。この晩、八・一五祝典の時出場して絶賛を受けた金氏の子女六名が又もや大人気を得、鄭錫燕舞踊研究所の民族舞踊（その内でも〃パラチュム〃）も中壮年に喝采され、軍人会有志の素人演劇〃無情〃も悪くはなく、洞原監督の〃山寺の和尚さん〃は学生達に喜ばれ大変人気があった。

予想以上の期待

代表委員朴権照君一信

十七日午後三時無事釜山に到着しました。十八、十九両日文教部外務部、学徒護国団、延、淑、東亜各大学及び高校を巡りました。仕事は順調に（予想以上）行きそうです。実情を正確に把握することと本国学生との有機的連絡の方途及び在日留学生の為の教育官駐在は最少限成立させるよう努力を致しています。東京で話していたこととは大変違っている面が多く、学同に対する認識も未だそこまで手を伸せないというところです。今日は医科系大学病院を巡回して明日あたり故郷にいって見ようかと思っています。そして九月二十七、八、九の三日間に亘って東亜劇場において、行われる全国学生雄弁大会（主催護国団、私学校（各道から一名）大学が参加）に参席するつもりでいます。二十九日正式な会議を白楊官とやる予定でありますが、私の宿所が文教次官が寄宿している同宿舎であり隣り合せですから非常に便宜が良いです。

埃、人波、車波、放浪者、醜利屋等あらゆる物が錯綜して、性急な人は神経病に罹りそうです。学生達は日本に留学することを望んでおりわれわれに大きな期待を抱いています。悲惨な校舎や学生生活の状態をつぶさに見て、在日留学生は余念なく勉学し、本国学生がしたくてもできないことを想えば国家観念や人生観その他百般の事に一層勇気をもって民族の指向する道の烽火とならねばならぬことを痛切に感じます。盟員各位に宜しくお伝え下さい。

九月十九日　朴権照

（日文に直訳）

帰りは二十一日の予定

代表委員朴権照君より二信

無事に仕事やっています。経過は思った通り進行されています。これからのプランは二日朝故郷に帰って〃秋夕〃を送り、七日釜山に再び出て政治学術研究会に参席八日国際新聞主催の座談会に参加九日東亜劇場で学生を対象に在日留学生の実情報告その他各大学等と多忙です。それから大邱、金泉を経て十八日か二十一日渡日（羽田到着予定）するつもりです。中間報告は別に出しません。学同臨時総会はよく研究して十一月初めあたりがどうかと思います。ではお元気で

十月一日　朴権照

金世湧画伯個人展

韓国動乱の悲惨な状態を画がいて全世界の自由人類に訴へ、努力をして来たわが民族の至宝である金世湧画伯の個人展が、駐日韓国代表部主催で銀座教文館前のサンサロで二十四日から三十日まで開催されたが、各界名士の参観で盛況であった。

四十四点の出品は、瞬間の不断な情熱と迫力に満ちた新しい時代感覚の創造力が充分に発揮されていた。今般の個人展は先般G・H・Q EDUCATION CENTERで開かれたものに次ぐ第八回目であり、渡仏を前にした日本での最後のものであるだけに、批評家の絶讃を博した。

芸術を商賣に生す

李瑠善

人物紹介

銀座の中心街並木通りに人目をひく芸術色豊かな〃えちゅーど〃音楽茶室があるが、有名無数にある銀座界隈喫茶店の断固のトップに出る〃えちゅーど〃を今日あらしめたのは、経営者李瑠善氏のたゆまぬ芸術研究の結晶ともいへるであろう、氏は日大芸術科を卒業し当年四四才の働き盛り、二人の子息も音楽に堪能でKR東京のステージに立つ音楽一家である。音楽茶室の名に恥ぬ古今東西の名曲レコード四千余枚の膨大なコレクションは音楽愛好家の羨望の的である。何時も文化人音楽研究生に依って満員な〃えちゅーど〃の由来を簡単に紹介する事によって、経営者李氏の努力の一端がうかがへるであろう。

ETUDE（佛）は、音楽では〃練習曲〃文学、美術では〃習作〃といふ意味で、一九四〇年高円寺の一隅に孤々の声をあげ純粋の名曲茶室として成長した。大東亜戦争に入るや喫茶店の看板でさえ欧米語禁止となり、やむなくショパンの前奏曲の中から〃あまだれ〃を選び改名し、中央線文化人のみならず東都音楽愛好家諸兄姉のオアシスとして存続して来たが、一九四五年五月二十五日の大空襲に惜しくも灰燼に帰し去った。八月十五日の休戦と同時に再び焼跡に〃えちゅーど〃を復活したが終戦後の社会の経済的な困窮状態は終戦以前の苦難な窮乏期に会ひ一九五〇年六月閉店やむなくなったが銀座の並木通の角に理想的で閑静な場所に〃えちゅーど〃を再開した。以上が〃えちゅーど〃の史の大略である。

李氏の希望として

一、この茶室は伝統的に音楽を中心とした雰囲気を持続して行きたいと思っている。

一、海外最新〃輸入盤〃LP〃を紹介致したいと思っている。

一、土曜コンサートは、室内楽独唱等の実演を続行して行きたいと思って居ります。

日本政府正式に陳謝

日本の海上警備船が、対馬の三島近海で韓国船海乗号を臨検した事件に対し、韓国政府は日本政府に同臨検が全く不法なものであることを指摘すると共に、以後同様な事件のないよう厳重抗議したが日本政府はこれに対し九月八日附で正式に陳謝の意を回答してきた。外務部筋が三十日語ったところでは、日本政府のその書簡には日本船舶が公海上において韓国船舶を臨検したことはきわめて遺憾であり再び同様な事件がないよう海上勤務の全公務員に指示した旨が明記してある。

恐しい人間の生きる力

金団長の感想談

先月十五日渡韓し、李大統領以下政府要人との会談を終え、本国の事情をつぶさに観察して東京に帰ってきた団長金在華氏は次のように感想を述べた。

釜山市に足を入れたとたん、列をなして走る無数の自動車に驚き、日本で想像していたのとは全く違って凡ての人が正常にそして活発に動いている事実を見て内心うれしく思った。避難民におおわれた釜山市に、かつてそれ程多かった乞食の姿が全く見られず、七、八才の子供までが朝早くから晩まで街頭に立って新聞を売る姿少し可憐ではあるが自から生きようとする力が猛烈であり恐しい人間の生きる力を痛く感じた。

九月三十日　李大統領に面会したが大統領は至って壮健で〃独裁だ〃〃独裁だ〃といって騒ぎ立てる人もいるが、実際会って見るとそのような面は寸毫もなく、慈父のような厳めしさと柔和な慈愛に充ちており、強い信頼感が持たれた。

外国人登録証明書の切替を申請しましょう

現在お持ちの登録証明書は来る十月二十八日以後無効になります。新しい証明書の切替えを申請しましょう!!

△申請期間＝九月二十九日より十月二十八日まで

△申請所＝居住地の市区町村役場

△提出書類

(1)申請書（役場にあります）

(2)現在お持ちの証明書　これと引替えに市区町村で指定した交付日に新証明書をお渡しします

(3)写真三葉　最近六ケ月以内撮影約五糎平方、無帽、正面上半身のもの、裏面に氏名、出生年月日を記入すること　但し、十四才未満者は写真の必要はありません。

法務省

朝鮮料理　春香園　池袋新天地

故郷料理　我故郷　池袋新天地　電話五一一二三

雑感

民団中総文教局次長
金禹錫

出来ないながら長い間学生関係の仕事を担当してきた者として、学生問題について平素見たり、聞いたり、感じたりしたことの若干について、四角張つたことは抜きにして、極く気軽な気持で述べて見ようと思う。考えようによつては文教問題担当者の一人としていえた義理でない点もあるが、それはそれとして何かの参考になれば幸甚の至りです。

一、学問に対する情熱

何人でも入学当時特に入学決定通知に接した瞬間は感激して大いにがん張ろうと奮起するが、入学後と角「来て見れば左程でもなし富士の山」で学校に対する幻滅の悲哀的心理、時の経過に伴う感激性の冷却、これに加うるに経済的不如意、現実に対する矛盾その他いろいろの精神的苦痛、煩悶などからして、何時しか全責任を経済的事情その他の外的條件のみに帰嫁して学問に対する情熱、学校に対する魅力が薄らぐ傾向を生じ、結局学校の出席率も成績も悪くなり韓国の学生は在籍だけして、出席率成績が芳しくない者が多いという風評を受けるに至つたことがしばしばあるが、もち論学校へ出るだけが能でないし、確かに外的條件も悪いし、またこの事で問題になる者が全部でないが、このことはやがて韓国人学生の全体の威信に関し、時に後輩のために禍根を残し、結局本人の不為のみならず他に迷惑を及ぼすようになる故、今の学生の大部分はいわゆる学生らしい楽しい学生生活が出来ない苦境にあるが、卒業までの学生当時の感激を継続して、学問に対する情熱をし続けてもらいたい。

二、立場ー時、処、位を知れ

在日留学生の国家的使命の重大さは再論を要さないところであるが皆様と同年輩の者はあるいはペンを銃に代え、あるいは施設がなくて勉学しようと思つても出来ない今日，苦しいながら比較的平和裡に留学している皆様は常に思いを祖国にはせて、今、われわれは如何なる時、如何なる処で、如何なる立場において勉学しているかという時、処、位の三者を明確に把握して自他共に悔いのない学生生活をしてもらいたい。

由来、学生は何かにつけ社会の注視の的となるが、特に韓国留学生はその特殊的立場から看過にかかわらず学校当局からも、社会からも注視されるが、具体的事例は省略するも要するに学校当局や日本人社会から見て芳しくないことに関しては、一を以て全体を律せられ勝ちな現実に留意し、学内においてはもち論、社会においても各自が韓民族の将来の指導者、学生代表たるのプライドを常に堅持、併せて日本社会において一般韓国人が色々問題になつているが如く意味は異つても学生も学校当局はもち論日本全体としても大きい課題になつていることを再認識して学内外における言動を慎重にしてもらいたい。

自分の子供の悪戯あるいは親に対する批判、反抗は自分の責任として締めたり、時には可愛いいと思うことでも他人の子の場合は自分の子の時のように行かないということが間々あることを思い浮かべてもらいたい。

三、自信と謙虚

終戦後、各学校入学者中に、入学試験時の学力の点において一般の合格圏に到達しなくて入学した者も大部あるが、これは諸般の社会的條件、国際的友好関係などを考慮した日本政府、学校当局の好意的特別措置によるものであるが、学問の世界には特権や妥協は存在せぬことを再認識して、何時までも入学時の臨時的特別措置に甘んずることなく、一日も早く一般レベル否それ以上になるよう努力してもらいたい。努力さえすれば容易にできることである

即ち入学当時の成績芳しからぬ事は本人の勉強不足にあるのはもち論であるが、これは経済的、知識的、その他環境的諸條件に基因するもので、民族的素質の優劣という根本的な諸條件に基因するものでなく、各自の基本的素質は一般日本人学生に劣るとも劣らぬことは事実が雄弁にこれを立証している、古い先輩のことはさて置き昨年あたりの卒業生の中に、入学の時は無理解みで入学したが、優等生で卒業した者もいる。

よく韓国人は優劣の差が甚だしいという風評は、結局努力するか否かによるもので民族的素質の優劣に基因するのでないことを物語つている。

これは要するに学問研究の最大の敵は、過信、きよう慢心である故、常に足らざる及ばざるを憂うる謙虚な気持であらねばならないが、各自の基本的素質は優秀なることを再認識して、大いに自信を持つて、その優秀性を発揮してもらいたい。

四、健康

留学生中、気候、風土、食物等の自然、社会的環境の相違や経済的諸條件、不規律な無理な生活のため健康を害し、あるいは学業を中途で放棄しなければならぬ気の毒な者が多数あるのを見受けられるが、他郷で病床にふすことは淋しいことはなく、客死程惨めなことはない故、まず第一に健康に留意してもらいたい。

人間たる人間の所以は、健全なる肉体的健康度にあるのではなく、「斃れて後己む」の気概はもち論必要であり、その意気は壮とすべきであるが、「健全なる精神は健全なる身体に宿る」という諺は逆必ずしも真ならずであるが、一片の真理を持つているのは事実であり、凡ゆる人間活動において健康は必須條件であることは否定できぬ事実であり、健康を害しては、やろうと思い、又やらねばならないこともできず、万一死んでしまつては勉強はもち論、凡ゆる、社会活動も何もかもできなく、それこそ万事終りである。人の社会的貢献力を持つ者が病弱のため五年で死ぬより、五年の貢献力しか持つていなくとも十年、十五年と長生をした方が結果的には効果が大きい。

もち論身体だけ丈夫にすればよいというのではないが、日本の、「命あつての物種」という俗諺は何か力強い響きを持つており「朝に道を聞く事を得れば夕に死すとも可なり」という学に志す者が忘れてはならぬ古諺と共に併列して味うべき言葉である。

これを要するに、各自の環境に順應した規律正しい生活をして健康を保持してもらいたい。

富士に学ぶ

沈韓雄

昔から富士は日本唯一の山最高の山として広く知られている日本国民は古来より日本精神の権化だとか、日本の象徴だとか、いつて絶賛している。

事実、富士山は地理的にも、文化的にも、又は科学的にも有名な山として、世界に知られている。

登らぬは馬鹿、二度登るも馬鹿と人々はいう程、有名な山かも知れない。

昔は誰でも自由に登れる名山ではなかつた。霊峰に女は禁山、普通一般の人も絶対に登れず、ある特定な修験人のみの登山が行われたが、今では男女問わず東西南北何れの人も自由に登れる。そして日に何千何万の登山者があゐ様になつた。

登らぬは馬鹿とは　それ程立派な名山であり。霊峰であることを強く現わし、二度登るも馬鹿とは余りにも単調で、自然の美に欠いている上に、非常に困難な登行山から、これを風刺した事であろう

私は日本に来て、既に十年を迎えるが富士に登ろう〳〵と思つても仲々登る機会を持たなかつた。が今度は家族一同を始め学徒諸君と格別な決意で、いよいよ富士登山の夢を実現した訳である。

富士は旧山が約百万年、新山が約三十万年とか、大昔、地中深くから爆発して、その山体を形成した、つまり雄大な自然力の動きより生れた紀念碑なのかも知らない

一七〇七年（永宋四年）までは活火山で絶えず激しいふん火を繰返していたが、同年以来眠れる大火山として今日に至つた。

一つ一つの岩くれにも、いついつのふん火の遺物を刻印されている足跡を一歩一歩としるしながらつくづくと感ぜられたことは、富士こそ、彼は地球の激しい、胎動より生れ出た、巨大な自然像であるということだつた。

海抜三七七六メートルの雄大無比なこの自然像を私の足先で、一歩一歩とこれを踏み抜き、金剛杖でコツン〳〵とつゝきながら、登り続く時、これ程、高い山であり、これ程有名な山でありながら、どこから見ても只、円すい形の単純な山形をなしており森林、溶岩、岩肌の流れでた裸山ではあつても、この単純な、無味な自然像を形成している自然力の雄大さ、壮厳さを感ぜざるを得なかつた。

私は、今この宇宙の大自然の巨大な力の固まりの上を歩いていると思うと、自然と力と、その動きの荘大さに感激せざるを得なかつた登る足先に、つまづく一ケの小石も、大岩も、そして土砂にも激しい動きーー自然の激斗の跡が歴々としていた。激しいふん火により噴出された溶岩や、砂礫や、岩肌は、皆あの激動の遺物に違いない激しい生存競争の俗世をしばし離れ、この壮厳な大自然の激しい胎動の現われに、身を接したかと思うと、何だか、われ知らずにヒヤツとする位精神的に大きな衝撃を受けざるを得なかつた。

世間の凡ゆる悪戦苦斗に慣いてた私に取つては、あの大自然の激斗の中で、白戦万乱を雄々と押出け、厳然として聳えている富士は如何にも若く、雄々しく、たくましく、美々と見えてならなかつた

一層は健途を急いで、六合目に腰を下し身を横にした。一夜あくれば、既に山では数るが白髪頭を白雲の上に、四方の山々を眼下に見下し、平川万野を叱献しているの富士の雄々しさそれにそお然たる旭日の光明に照らされる時、富士の登山の以寂に胸を打たれざるを得なかつた。

富士登山は一種の修行である、と古今修験の言葉がある。正に然り、富士を登る気持は、只前辺の登山の感じとは余然別ものである。

多くの人々が富士に登つているのを一瞥すると、何か一種の真剣な勝負でもしている様に何か、厳面目な仕事でもしている様に、誠端なのは、何か信仰的行事でもしている様に見受けられた。事実自分が自身の状態を顧みても然りである。

我ながら、知らずに木ばりの風景を見るとか、色々な雑談をするとか、登山のこと、下山のことを考えるよりか、それ以外のことに心寄せているのは事実であつた。

健康には需求れ登山には生れながらの環境の御蔭で誰よりも自信を持つている私でありながら多年の両親離しの独歩をやらなかつた事と身が肥大なことゝ数日回キャンプの疲労と足に求めが出来我ずれ等の障害によつて最初のコースからこの登山は非常に無理だとは思つた。しかしどんなに無理でもこの途こそ登らねばならぬわが途である。希望の峰はいまかく〳〵の間際に見えている。他の者は途中は他を顧みずぐん〳〵先を競う。小さいセツの子供達で私より先立つている。ここで一歩でも遅ればもう落伍者になる。絶対に負けてはならない。瞬間でも躊躇してはならない。多少の痛さつらさは我慢せねばならない。さー行こう。と考えている中に何時の間にか足は運ばれ馬力がかかつた。さー登れこれこそ我が人生なのだ、今われは人生の希望の峰に向つて登つているんだという感激と興奮にさらされてしまつた。

その中に、わが胸中には最早や富士の登山は、わが心の、わが身の修業のコースと変化して来たのだつた。

私は自身に向つて、静かに絶えず反省することが出来た。

富士に登りそして下りるまで無言のまゝ、この反省と新しい決意と希望と勇気と力の泉の湧くのを覚えた。

しかし希望の峰は眼前に見えるわが肉体も、精神も事業も成功も先も皆、この富士登山のコースである私にとつて富士登山の一歩はわが生涯の一歩であると信じたその為に富士登山の一歩一歩は実に意義ある一歩であつた。

一歩一歩と希望の峰へ足を運ぶ中に私は何時の間にかその希望の峰に登つてしまつた。

私は心から感激と勝利の喜びで泣いた。小さい七つの子供までが元気で自分の足で歩いて登つたのである。

全家族が完全に登つた。讃んなで抱合つて泣きたい位嬉しかつたわが人生コースもかく登り度い。かく勝利を得たい。

子供達までが天下を取つた様な喜びと自信に燃えている。

あゝうれしい。

あゝよかつた。

富士はわが人生だ

登山は修行

勝利は成功だ

これからは毎年々々この希望の富士に登ろうと決心したのも、この富士登山の賜なのだ。

映評

風と共に去りぬ　MGM

南北戦争を背景として戦火の渦巻く中から九死に一生を得て敗戦の荒廃と飢餓の中に取残された南部の大農場主オハラ家の長女スカーレット（ヴイヴィアン・リー）が厳しい生活と戦いながらも、一筋の絶望的な恋を求めて目まぐるしい社会動乱の中にたどり行く女性の悲劇的な運命をミツチエルの原作によつて描いた二十四巻四時間にわたる超長尺物である。

色彩効果をスペルタクル的に生かした南部の貴族的生活の華麗な場面や色彩効果凄惨な戦火の光景

それに「とにかく心配するのは明日のことにしよう」というせりふが暗示しているようなさし迫つた緊張した生活と事件の連続的展開、申分のないキャストと細かくゆき届いた演技指導これらがこの映画を大衆映画として完全に成功させ、四時間という長時間にわたつて観客を飽きさせない要素となつている。

但しそれは主役にヴイヴィアン・リーという当代随一の名女優を得たことを條件としている美貌で勝気で自信のお強い大家のお嬢さま、それが敗戦で何もかも失われたはいきよの中から我武者羅に生活と戦つていく、それに自分愛のを裏切つて自分と仲のよい従妹メラニー（オリヴィア・ハヴィランド）彼女はスカーレットとは正反対な貞淑そのものゝような美しい性格の持主であるーと結婚した男（レスリー・ハワード）に対する失恋の苦悩を振り棄てることができない。そして真実は自分を愛しているんだという希望的な自信をもつて男を恋い続けるが、結局はメラニーの死によつてこの自信が微塵に打砕かれるまでの悲劇的な性格、つまり悪女型の強さと弱さを変化と陰影に富んだ演技をもつて描いて完璧である併しながらこの映画は所詮アメリカ的な大衆映画にすぎない一九三八年ごろのヴィヴィアン・リーの素晴らしい美貌と演技を四時間にわたつて堪能するほど楽しみたいと思うなら別だが三百円も五百円も出してまで見るほどの映画でもあるまい（張）

詩

長い隊列

UMT

折れた電柱が立つている
ガケが崩れている
焼け焦げた民家の黒い柱が立つている
崩れた道をジープが行く
砲車がゆれながら行く
汗みどろな兵士の長い隊列が行く

それとは反対に
白衣の長い列がやつてくる
持てるだけの荷物を肩にのせ
チゲでかつぎ
あえぎ、あえぎやつて来る
無表情な顔々々

戦場へ行くものと戦場から帰つて来る者と
誰も明日の運命は自分でも分らない
彼等をこのように駆り立てている者は誰だろう
そいつらはちつとも顔を出さない
そいつらははるか後方で
チミツな計画を立てているのだろう
そいつらはラヂオや新聞で世界に向つて演説する
ー民族の解放と独立のために
独占資本主義を駆除するために
ー世界の平和を守るために
赤色帝国主義の侵略を破砕するために
どちらの言うことが正しいようなのか
どちらが正しいにしても
犠牲を強制されるのは幾百万の人民
いのちを捨て、傷つき、血を流し
家を焼かれ、雨の中をさまよい
飢え苦しみ
そうして興えられるものは
勝利者のとなえる大義名分だけなのか

今日も飛躍して国土の中を
一片のパン、一杯の水にも飢えながら
武器を負うた長い隊列は戦場へ
おとろえた体に、荒野を負うた隊列は戦場から
見えない意志に強制されながら
長々とつづいている。

韓國學生新聞

發行所
韓国学生同盟
中央機関紙
発行人 朴権熙
編集人 張道源
東京都新宿区
若松町21番地
電話九段(33)2771番

綱領

一、吾らは自由なる思想と創造的精神をもつて学術を練磨し、眞理を探求せん。
一、吾れらは祖国統一と自立独立を確立し、民主国家社会建設に盡力せん。
一、吾らは相互親睦を図り、高尚なる人格形成と進歩的精神をもつて世界人類の文化向上に貢献せん。

今年こそ祖國統一を期せ
親愛なる在日同胞へ
金溶植公使年頭の辞

惨烈なる戦争と無用退屈なる休戦会談に終始した西紀四二八五年も幕を閉じ、癸巳年を迎えることになつた。顧るに無知もう味で傲慢無道の共産徒輩が不意に南侵を開始してわれらが先祖墳墓の地であり民族文化の土台である麗わしい三千里疆土を血で染め、その野望が中途で挫折するとずうずうしくも休戦会談という仮面をかぶつて長い期間、妄言を濫発して時をかせいで来た。われわれは当初からこの休戦会談に寸毫の期待もおかけていなかつたし、これが戦争の決定的な終結策でないという断定のもとに、その非を屡々内外に宣言して来た。果せるかなそれはわれらの予断と寸毫もなく去年四月完全に決裂し、戦争は新しい段階に入らざるを得なくなつた。即ち武力の勝利のみが共産勢力をわが郷土から完全に驅逐できるという信念が的中したのであり、世界友邦国家の輿論も漸次この方向に動き始め、過般アイゼンハワー米次期大統領の訪韓によつてこの輿論は一層拍車を加えた感じである。ともあれ去年はわが自由陣営において勝利えの一歩前進であり民族の宿願を達成することは出来なかつたけれども、今年度こそわれらの決定的勝利の年であることを確信してやまない。今年こそわが国民の総力を結集して必ずや勝利を得て祖国統一を完遂することを固く決意するものであります。われらの長期にわたる呻ぎんと苦悩はここに結実を見る日が到来しました。かかる重且大なる難局に逢着してわが全国民は国内外を問わず、われらが持つている総ての力を結集して国家民族のために斗わねばなりません。親愛なる在日同胞諸氏!!海外にいるわれらは些少なる不満とカツ藤を一切超越して、人間の自由と民主主義の崇高な理念を世界で最も端的に実現している国家の国民であるという矜持を寸時をも忘れることなく、常に自己自身を省察して各々生業に邁進することが、即ち、戦争している。わが国家に貢献する唯一の道であり、勝利の道であることを今一度認識し自覚されることを切願して止みません。海外にいる同胞諸氏よ加一層の愛国的結束と新年に当つて多幸多福なることを衷心より祈願するところであります。

年頭辞
民団中総団長 金載華

我が民族の悲願であり且又全人類の希求であつた韓国動乱の休戦はついにその実現を見ないまゝに一九五三年も明けた。これは我が民族のみならず暗い不安にとざされている人類の又とない不幸と言わねばならない。

その点清新なる希望と明日への飛躍に明けるべき新年もある重苦しい感慨を禁じ得ない。これは一つには我等の最善を盡しての平和への努力と犠牲が報いられなかつた事に対する憤りと悲哀であり一つには明日も又同族相食む悲惨なる戦争を継続せねばならない民族的不幸に外ならない。

然し兇暴なる赤色分子がその非人道的侵略の野望を捨て去しない限り我々は平和と自由確保のためのあらゆる努力と犠牲を避けられないであろう。侵略者を撃滅し、祖国統一を民族至上命題とする滅共の闘士として今後幾多の障害と苦痛を甘受し大なる犠牲をも覚悟せねばならない。

特に次期米大統領アイクの訪韓を契機として韓国動乱も一大変動が予測される。それはアイクの新世界政策が端的にこれを明示している所であつて積極的なる力の攻勢による動乱解決を取らざるを得ない段階に突入していると言えよう。再三の韓国出張によつて痛感させられる事は全国民が如何に想像に絶する困苦欠乏と悲哀をたえ忍びつゝ戦勝に総けつ起して戦つているかである。それは実に涙ぐましいの一字につきる。在留同胞は誰でもこの実状を直視すれば本国同胞に対して深い敬愛の情と単一血族として実にすまないの責苦を禁じ得ないであろう。日本にいる我々は"常在戦場"といつた闘魂と眞摯さを以つて最大限本国に寄興し国策遂行に身を挺して斗はねばならない。

すでに世間周知の如く今まで沈滞の状態にいた我が民団もわれ等が本国に要請した四項目の成果如何によつて眞に盤石の如き民団発展の王道が開かれたと信じる。すでに六名の代表を本国々会に派遣する事が正式に我が国会に通過した事は我が民団史上にさんたる金字塔をうち建てたようなものであり民団は勿論本国にとつても実に意義ある事と言わねばならない。韓国銀行からの融資の件も民団運営の件も本国の積極的なる後援の下ほとんど決定的見通しがついている。昨今韓日会談の[illegible]しからず日本国民の在日韓国人に対する感情悪化する折柄民族的矜持の任務益々加重するをおぼえてやまない。一九五二年は実に民団の一大飛躍発展の地ならしをし大道を拓いたとすれば一九五三年こそこの大道を如何に強く逞く邁進するかにあると言わねばならない。我々は本国に要請した四大項目を民団発展の基幹とし、更に民団綱領に則した拡大強化策を強力に推進して行きたいと思つている。願わくば江湖諸賢の御奮斗と御声援を切に望んで年頭の辞とする次第である。

一九五三年一月一日

年頭の辞
文教局長 金禹錫

多事多難な一九五二年を送り新たな一九五三年を迎えるに当りいささか所感の一端を述べて年頭の辞としたい。

古今東西を問はず一民族国家の盛衰興亡を決するものは、青年学徒であるのはゼイ論不要の通則であるが、特に吾が国においてはその感が一入深い。近代国家として重要な時期の約半世紀間にわたる長期間、日帝の徹底的愚民政策に犠牲せられ、その上独立後幾何もなく世界史的動乱が発生し祖国防衛の為に許多の前途有能な人士が凶弾にたおれ他の施設と共に凡ゆる文化教育施設は破壊され、同志は昔日の面影なきまでに破壊しても尚民族の興亡を賭して総力を挙げて世界戦史上比類稀なる熾烈な戦争を継続中の為動乱後の建設、民族国家百年の大計たる教育も所期の如く出来ぬ祖国の現状において、在日学徒は許多の悪条件下に在るとはいえ比較的平和裡に勉学出来得る立場に在る為、明日の祖国再建の推進体となるのは、在日学徒であり、又事実かくあらねばならずその民族、国家的使命たるや誠に重且大なる事は再論を要さぬ処で、身近の在日同胞は勿論、本国においても朝野を問わず、諸賢が想像する以上に期待して居る。

その具体的実例の若干を挙げれば、本国においては戦争遂行上の苦しい国家財政、言語に絶する許多の悪条件下にあるにも拘わらず在日学徒の為、教育官設置奨学金の交付、卒業生の本国内就職あつ旋、本国視察等諸般の対策を講究して居り、一部は既に実施中であり、又残余の問題も近日中にその実現実施を見るまでに至つて居り又在日同胞も諸賢に対する関心は極めて強く、その反映の一例として各団体においては機会ある毎に留学問題解決が大きな課題として論議せられて居り、その結果において諸般の悪条件の為、所期の如く実現出来ぬ点も多々有るが解決に努力して居り、又一般同胞の協力により発足した、学同後援会は経済的悪条件下に在るにも拘わらず日を逐つて発展の一途をたどつて居り、要するに国の内外を問わず挙族的に在日学徒に対する関心は瞩物としてたい願していること等は挙げて将来各部門において貢献するべき諸賢に期待する処大なる愛する心の発露に基く結果である。

古語に「一年の計は元旦に在り」という。年頭に当つて諸賢は、諸賢に負荷せられたる任務の重大性を再確認して、決意を新たにして、常に思を祖国の現状にはせ、実なる大言壮語は慎しむべきだが「乃公出でずんば祖国三千万同胞を如何にせん」の気慨と熱情をもつて挙族的期待に副う様に驀進してくれる一番大いに奮起せられん事を切望してやまない。

以上

在日風信
姜舜

現代山脈の
山嚢の
小暗き
裏部
わが同胞
生きるなり
頬 濡いて
時の風 すさみ
細々と
りん雨 絶えず
如何なる星の下なる
哀しき ながれの子か
今日も
乏しききぎ煙たつ
いまはの
希い 消えぬ
涙 乾れ
わが同胞
ムシ（南京虫）の如
蔑しみをうけて
細々と やせり
昨日の層をめぐらず
今日の 日の本を
まだ 忘れ得じ
われらに 戦いあり
指を 噛りて
耐え 行かん
明日えの 潮騒
われに 日輪あるを

古語に金剛山を見ずして山水を語るべからずとある如く、自然美の極地にたとえられるその金剛山に今年こそ戦乱が終りをつげ真の平和がおとずれんことを祈願する。

機構の徹底的刷新
再出発する西部本部
「声明書」

一九五二年も将に終らんとするに祖国大韓民国はその史上最大の悲劇たる動乱のため、人命財産損失の細類計するを値はざるにも拘らず一歩だに統一への意願を果し得ず、今尚苦難の抗敵に全力を傾倒し、その前途は実に暗たん多難なるものであることは周知の如くであります。

かかる重大時期に当り吾々韓国学生は祖国の吾々に期待す所や如何に大なるかを痛感し自己の学究に全力を盡し祖国再建の礎たらんとの覚悟を新たにせざるを得ないのであります。

しかるに吾が西部本部はその使命の重大たるに拘らず活動停滞組織弱化の一途をたどる状態であります。かかる弱化は吾々盟員の恥辱でありひいては民族陣営の後退を意味する事を無視して居りました。之を阻止しひるがえつてその本来の目的たる韓国学生の発展を期する為第八回学同中央委員会を特に大阪の地に招致し関東本部、京都本部その他各地学生代表が参集し韓国学生同盟に山積せる諸問題を討議決議し有意義なる成果をみたのであります。しかし該中央委員会に際しては代表部、民団始め在日民族陣営の諸先輩の西部本部に対する御批判と教導を賜じけなうし吾々の努力と熱意の至らざるを衷心より愧じ、ここに決意を新たにして各界の期待に違わざるべく乾坤一てき、全員結束して民族陣営の知能前衛たらんと立上つた次第であります。

顧りみれば吾が西部本部は数年前かの左翼陣営より主権を奪回して以来在日韓国人学生の奨学、文化向上面において数多の成果を挙げて来たのではありますが、その間一部不純分子の学生たるの本分を逸脱せる破廉恥行為のため折角の厚意を無にし剰つさえ多大の損害と迷惑を及ぼし本西部本部が不信と汚職を醸せし事は如何なる言語を盡しても陳謝し得ざるものと深く責任を感じて居ります。総ては本西部本部を構成せる吾々盟員の不明と致す所であり右の事に対する御批判は小生ら一同謙虚な態度にて自己批判の鑑門とする所存であります。

本西部本部は今後、新委員一同は西部本部の浮沈を吾々の双肩にかかれる[illegible]しより一層の努力を盡す所存であります。

吾々はこの不名誉と汚辱をば単なる弁明により解決するものではなく、吾々の今後の活動と誠実によりそゝがなければならないと存じて居ります。

以上の如くでありますれば各界の諸先輩並びに同志におかれましては吾々の信意を諒とせられ革新の意気に燃ゆる本西部本部の御鞭撻と御援助を切願し声明と致す次第であります。

一九五二年十二月十五日
在日韓国学生同盟西部本部

送本に百万円目標
第七回定期執行委員会で

中央委の決定した執行事項を[illegible]ので今月は少し早めで十二月二十日第七回定期執行委員会を開催し新役員を加えて全委員出席した。この日は珍らしく明大、大[illegible]

会場は至つて真剣な空気に[illegible]て突風に似たまれに見られる[illegible]も起るが如く見えたが結局[illegible]のような決定に落着いた。

中総委規約の起草については[illegible]二名、執行三名から成る草案委員会の構成を見ることになり、学会の件は駐日代表部にこの問題[illegible]学校当局に直接交渉[illegible]

[illegible]する公文を発することと同盟でも文教局と力を合わせて組織強化の一対策としても積極的に推進することにした。

第二次本国派遣学生に関してはその目的を明確にして①本国の調査報告②贈本③既定推進事項の促進とし人選の決定権についていさゝか紛糾を起したが①科別部門を拡める②理工科では大学院生を優先的に考える③専攻学生を第一条件とするの三条件をつけて常任委員会に一任することにした。本国学生えの贈本問題においては中央委で関東本部に割当てられた十五万円を百万円目標に増大して大々的に送本運動を展開することにした。

主張
一九五三年を迎えて
代表 朴権熙

独立後すでに八春秋、ここに新しき年を迎えることとなつた。感慨も新たに祖国を顧みれば、動乱は依然として続き無辜の民衆に呪うべき戦いの犠牲となつて苦しめられているのである。思えば韓国にとつて一九五二年は戦乱による苦しみに終始した不幸な年であつたともいえる。

しかし、韓国の不幸は同時に世界の不幸に直結しているのである。米ソ二大陣営の相剋はついに冷戦より熱戦に展開し、ときにアメリカ共産陣営封じ込み政策の積極化ソ連の欺瞞的平和攻勢が呼号されたとはいえ、それが何等の成果を収め得なかつたことは、韓国の現状をみれば瞭然たるものがある。

一九五三年はアイクの政策を基調として米の態度は韓国の戦乱を収める線に一層積極化されるであろうが、一方、ソ連のロボットとして実戦の犠牲に供された中共陣営にも疲労の色は濃厚であり、同時にアイクの訪韓、又はUN総会においての印度の新提案可決、特に韓国動乱の解決策に対して特殊な見解をもつているマッカーサーとの会談それに国府軍の強化など何等か決定的なものが自ら生れるに思いをいたせば、今年はそこに予感を覚えるのである。

世界戦争の危機既に去れりというのが一般の観測ではあるが、歴史の歩みは必ずしも常識のワクにとどまらない。第二次大戦に[illegible]る悲惨さを日本において[illegible]われわれは、その現[illegible]返させぬ意味において[illegible]にし平和への悲願を[illegible]ばならぬ。

歴史を綴るものは[illegible]指導者ではなく、一般民衆なのである。ここに次代の[illegible]く我々在日留学生に[illegible]

われわれは祖国復興の先駆[illegible]して、国際親善の役割を果すために不断の努力をつづけねばならない。

希望に船出したこの年、われわれの悲願が実を結んだとしても祖国は戦いによつて荒廃していた[illegible]第二次大戦の終結によつて独立を約した韓国は、平和の花であるべきであつた。われわれは一日も早く運命の三八度線を撤回し、大韓民国を基盤とした真の平和をまねかねばならない。

国家の経営はその民族自身の手によつて行わねばならぬ。交流も親善もその自立精神を基盤として生成発展するのであつて、他国のあらゆる干渉こそ悲劇の因をまねくのである。率直にいつて日本と韓国の間には例外をのぞいて真の親善交流が盛り上つているとは断言出来ない。これには種々の原因がある。われわれが日本政府に要望したいことは、まず正しい理解の精神であり、韓国に対して謙虚な反省心である。日本が韓国に対して犯した過去の歴史をかえりみるならば、自ら韓国への親しさを新たにせねばならない。

なかんずく、将来文化を中軸として背負うべき国家の学生に対してはとくに留意すべきである。

戦乱のなかにあつて知性教養を磨きつつある祖国の学生を思う時われわれは一層困難なる環境を認めるのではあるが、条件は必ずしも豊かではない。ただ、われわれには祖国復興の重い任務が課せられている。荒された祖国の文化をとりもどすものは、いま異邦の学窓より祖国を凝視するわれわれ在日留学生であらねばならぬ。

もとより時の流れは、韓国はむしん世界に平和の栄光を招来するであろう。しかし、われわれはそれを供手して待つべきでなく、その日のために勇気をもつて前進せねばならぬ。新しき年一九五三年をわれわれ光輝あるその前奏として迎えたいと思うのである。

忘年會盛大

一九五二年は早くも暮れて行く。本同盟は十二月二十六日午後二時から学生同盟大講堂で民団、軍人会、有志等の来客を迎え約五十名の学生が参集して忘年会を開催した。御粗末な食卓ではあつたが日が暮れるのも忘れて歓い興じ、われわれの血と汗でぬり、苦悩に充満していた一九五二年をキレイサツパリとぬぐい去り、各自新しく訪れて来る未知の一九五三年に期待をかけ又学同の発展を誓いながら同七時解散した。なお同日留学生会に分担される学同からの援助金の交付があり年末に当つて角さびしくなりがちの各学校同窓会に喜びを投ずることになつた。

常任異動

文化委員 趙相斗（慶大） 十二月十一日就任

有志先輩懇談会

同盟は二十二日午後六時銀座滝花荘において、有志先輩謝恩懇談会を開き、同盟に対して絶大な後援と愛護として下さつた恩を謝した学同後援会理事長崔栄漢氏を始め十数名が来会して懇談し、学同の運営方針等について具体的な論議があり、同九時散会した。

韓国社会研究会発足

さきに明大総会で韓国社会研究会の設置を可決したが、規約その他の準備が整い明大文連に加入申請したところ、十二月十三日文連総会で二七対一〇票で明大文連加入が決定され、正式に韓国社会研究会が発足することになつた。

クリスマス祝賀会

二十三日午後六時YMCA講堂において本同盟主催高麗奨学会後援で一九五二年のクリスマス祝賀会を開催し、前社会部長官朴昌順氏を始め約百名の学生が集まつて盛大に行われた。祝賀会を終えて金信子嬢の渡米歓送会もかねて行われた。

「進学問題取扱方針決る」（西部本部）

新春が来るや近く又在日韓国人学生の進学取扱時期がやつて来た。学同西部本部は十二月十五日駐日代表部大阪事務所並所長と協議の結果次の如き暫定方針を取決め問題取扱いに遺ろうなきを期している。

一、進学問題取扱は代表部民団学同の三者協同の下行う。
一、代表部より進学問題取扱専門担当官を置く。
一、従来の如き推薦名称及び機関を認めたい。

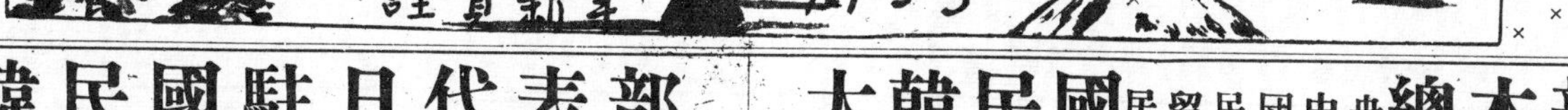

大韓民國駐日代表部
公使 金溶植 参事官 柳泰夏

大韓民國居留民団中央總本部
団長 金載華

大韓青年團中央本部
団長 曹寧柱

大韓婦人會中央本部
会長 吳基文

在日本在鄉軍人會
会長 金学鳳

在日本韓國学生同盟中央總本部
代表委員 朴権熙

東京本部
団長 丁贊鎮
文京区本郷二ノ四 電(85)一二五六 一五三五

台東支部
団長 孫案秀
台東区車坂町小泉ビル内 電(87)〇九七三

渋谷支部
団長 金大建
渋谷区宇田川一五 電(46)五三八三

荒川支部
団長 李寿成
荒川三河島町四ノ三一五〇 電(38)八七七二

品川支部
団長 崔[illegible]埈
品川区豊田三ノ三〇一 電(08)五三七二

城東支部
団長 金元吉
墨田区石原町四ノ一三 電(73)〇七三一

新宿支部
団長 李東聖
新宿区新宿二ノ七七 電(37)二四一〇

目黒支部
団長 韓大乙
目黒区上目黒六ノ一三四五 電(46)四二七八

足立支部
団長 金周奉
足立区本木町一ノ九三六 電(117)四一五五

豊島支部
団長 金二沫
豊島区池袋二ノ一一六七 電(86)四八七七

今日の日本の政象(四)

沈 韓 雄

日本に眞の民主主義が存在し得るか 今年満七歳になる日本のデモクラシー

一九四五年七月二十六日、連合国は、日本に対し、ポツタム宣言を発し、日本の降服を勧告した。しかし日本は、これに服することなく、全国民玉砕特攻の体制を固……

であつた。一九四五年九月二日ミゾリ艦上において、帝国日本の無條件降服の調印をなした。この日こそ日本のデモクラシーの降誕の日であつた。

この世紀的な奇蹟によつて日本のデモクラシーが生れるや一九四六年一月一日には日本の天皇が神権を否定ただの人間に生れ変り……

れた。一九四七年四月一日よりは、帝国主義的ファッショ式教育は撤廃され、デモクラシー式の新教育が実施された。

この様に、日本のデモが生れてわずか一ケ年にして、日本の帝国主義的、資本主義的一切の存在がこの社会から完全に排拭され、それらすべての勢力は一瞬にして大掃蕩を余儀なくされ、おいおい破壊より新建設の第一歩が踏み出された。

一九四七年四月三日の民主日本の新しい総選挙によつて新しい立法機関が生れ、これによつて同五月には新しい日本の憲法が実施された。

民主新日本の性格と権威、国民の生活の新たなる規範である。この新憲法の内容を見るに、明治二十二年二月十一日に始めて公布された日本の旧憲法とは、根本的に……

民主韓国と知識人の任務

権 逸

朝鮮海峡を渡る

コバヤシ ヒデオ

……(筆者は弁護士)

在日留学生諸君よ!!

趙 相 斗

戦前戦時を通じ日本の至格下にあつた朝鮮を「プラツト・ホーム」に比ゆした史家がいる。事実ミリタリズムを謳歌する日本帝国主義はこの「歩廊」を土足のまゝかつ歩し、帝国主義を肉付けする資本主義はわれわれの「土地」を舞台として跳梁を試み、われわれ祖国の民衆は久しく忍辱の生活を発つたのである。

第二次大戦によつて日本は敗退し、われわれの祖国は完全に独立した。「プラツト・ホーム」は世界の大道としてよみがえつたのである。

……

ヨーロッパ・レーポト

松 尾 邦 之 助

文化自由会議

シローネの意見

ジャン・ゲイノオとの会談

カミューとユネスコ

マルロオに会う

フランスの青年達

フランス人の四つの型

結び

お知らせ

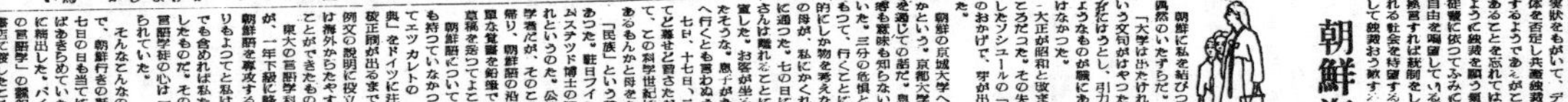

株式会社 朝光工業 取締役社長 呉炳寿 東京都港区芝白金三光町29 電話三田(45)2228・2247

モナミ式パチンコ 業界ナンバーワン 株式會社モナミ 超最新型各種 新宿区歌舞伎町八七九中央通 電(35)〇〇五七・二八〇〇番

マシヤ機械の販売支店 ことぶき遊技場 須田町一ノ五 電話(25)七五三一

モナミ式パチンコ 最新型各種 処女園遊技場 本店 台東区上野町二ノ四 中央区日本橋室町二ノ八 電話(83)24六一〇・一二六二八番 支店 千代田区神田須田町一ノ二 電話(25)一九七五番

松本家具製作所 李鐘鳴 工場 名古屋市中区矢場町三ノ四 営業所 名古屋市中区裏門町一ノ三七 電話中局(24)二四八番 支店 〃 一一八九

問屋業及輸出入業 大洋交貿株式会社 社長 趙馨沫 東京都千代田区神田小川町一ノ三(小川町ビル) 電話神田(25)六九二〇・二五〇九番

KIP通信社 社長 金允中 中央区銀座七丁目四番地 電話銀座 九二八番

世界新報 大阪市南区谷西之町三 電話(南)一八九番・九二三番

京城料理 新宿名物 芙蓉軒 東京都新宿区町旭二番地・新宿松竹劇場前

平壌冷メン朝鮮料理一式 小会議所小宴会可能 金剛亭 京都中央区東銀座三ノ三 電話(97)銀座6222番

五反田名物 朝鮮料理 漢城舘 元祖 平壌冷めん (宴会五十名マデ可能) 東京都品川区五反田二ノ三七七 東京セントラル劇場前 電話大崎(49)3902番

同和信用組合 組合長 盧栄漢 専務 李中冠 常務 水谷和夫 東京都御徒町三ノ六番地 電話下谷(83)九〇七六(直)三二六六

十年後に備えるもの

沈 韓 雄

一九四五年八月十五日正午私は行田のある友人の庭で日本の天皇のポツダム宣言受諾し無條件降服のあの歴史的な放送を聞いた。

その時、友人は私に「これで世界は今後どうなるだろうか？」ときいた。

私は常に考えていた通り「一九五〇年には韓国の三八度線より世界大戦が勃発し、一九五四年末が第三次にこれが終り一九五五年にはいよいよ民主世界国家が創設されるであろう。」といつたことがある。

勿論いまでも、この信念に変りがないのみか、あらゆる世界の動向を冷静に観察して、更に意を得たと、自負している。

一一九四一年七月、大平洋戦争勃発による一九四三年のルーズベルト、チヤーチル、蒋介石の、カイロ会談とその宣言、同年ルーズベルト、チヤーチル、スターリンのテヘラン会談とその内容、一九四五年、トルーマン、チヤーチル、スターリンのポツダム会談とその宣言と、これに依る日本の無條件降服などの諸ゆる現実を見る時、私にはどうしても割り切れない大きな世界の諸問題がこの宇宙内にまだまだ山積していると思われてならなかつた。

もつと極端にいえば以上の歴史的諸決議とか会合とかはある共同の敵を滅亡させる爲には共同の提携ではあつたがその効果的根本においては相異なるアイデアーとその利権の爲の戦争の動機を蔵したことにもなるのである。どうして、この一時的な目先的な利害関係とか断定的な軍事行動の停止をもつて全人類永遠の重大問題が完全に氷解されたといえよう。

それよりむしろ、人類はいまや真の平和と自由の爲、より勇敢に戦わねばならない必然的な運命にたどりついているというべきだ。

その最も根本的な理由は民主自由世界建設の重大使命に立つ民主主義はその第一発展段階において人類の諸ゆる特権的存在と相対立してこれを撃破し、その第二発展段階においては、人類の諸ゆるフアッシヨ的傾向を共同の敵、共産主義と相提携してこれを粉砕し、然りには相異なる民主主義と共産主義との対立により、これが正面衝突の危機に直面していることである。

次ぎに現実的な理由としては人類の相異なるアイデアーとその勢力が韓国の三十八度線を南北に相対立し、相互に世紀の運動を賭して相戦つている事実である。

三八度線における韓国の動乱ももう既に数年を経ている。北は共産主義をモツトーとする全世界の諸べての人類が北朝鮮を中心にかたまり、南は民主主義を信奉する全人類の諸ゆる勢力とが相対立して正に民主主義と共産主義の正面衝突の末端に直面している現状である。

民主陣営の政治的、経済的、戦略的、科学的、国際体制が整い、共産圏やはり国際共産勢力の、完全統制と積極的行動にする闘争の準備はいよいよ完成していると推察する。

世紀の運命を賭したこの戦こそ最後の勝利の爲め絶対に勝たねばならない運命の決戦である。この勝負によつて新しい世紀が創造され、そしてその勝利者こそ未来の世界の指導者になり得るであろう。

この新しい世紀創造の朝、人類はアイクをその立役者としてこれを選んだと見る。この意味においてアイクはアメリカ及びアメリカが主軸になつて前進をしている民主自由、世界建設の唯一無二の主要者に相違ない。

今に彼の采配により東西における経済的、戦略的、科学的、積極政策が実現され、西欧においてもこれと同様な共産主義撃滅の新体制が確立されるであろう。

一九五三年は、これら諸見地より見ていよいよ人類の新世紀創設への第三段階——民主主義対共産主義の決戦にまで突入しつつあるというべきだ。

——世紀の決戦は、韓国に始まり中国に激突し、その決勝戦ソ領に展開されるものと推察する。

このもつとも重大な秋われらが三、〇〇〇の学徒は今やこの世界の鍵ともいうべき日本において意義ある歴史的一九五三年を迎えんとしている。

いうまでもなくこれより十年間は人類の諸ゆる経済力と科学力とを持つて最善の死闘を続け、更に人類史上空前の一大惨劇を演出し、そしていよいよ新しい世代の現われによつて真の自由と平和と幸福の世界を建設することが出来るであろう。

十年後の新しい民主文化の世界建設の朝、一体われらが、若き日の学徒諸君は如何なる地位において何をなすべきか？

これが今日在日韓国三、〇〇〇留学生諸君の現実的理想であり希望であり、また決意でなければならない。

私は敢えて諸君にいう。

諸君こそ未来の祖国の柱であり棟梁である。と——

諸君こそ十年後の韓国の大統領であり、長官であり、国会議員であり、将官であり、学者であり、法律家であり、実業家であり、建築家であり、芸術家であり、科学者であり、発明家である。

今日のわが国の苦悶は人物の飢餓であり、今日の社会的空間は人物の空間であり、三、〇〇〇万魂の永遠の絶呼は偉大なる指導者の現れである。

もしもこの人物の飢餓と空間と絶呼がわれらの未来においてこれ以上更に延長を続けるならば我等三、〇〇〇万民族は食糧の欠乏とか、外邦の侵入とかに依つて倒壊する前に自殺自滅の惨禍に陥るであろう。

この意味において三、〇〇〇の諸君こそわが三、〇〇〇万同胞のただ一つの望であり、喜びであり生命なのだ。

人類史上かつて見られなかつたこの規模悲惨な戦と、死と、飢と病と、苦しみの中からでもわれらが未来の柱である三、〇〇〇の若きコクリーアーの雄々しき姿を見ればこそ希望に満ち歓喜にわき、勇氣と情熱に燃えてまたも生きようとし勝とうと闘つているのだ。

三、〇〇〇の学徒よ——この意義ある一九五三年をより意義あらしめよ——そして十年後の現実に備えようではないか。

命ある種は一、〇〇〇年後でも実を結ぶ。米の種は米を実らしリンゴの種はリンゴを結ぶ。

この種と実の如く若きコリーアーは、コリーアーの魂と希望と理想に生きねばならない。

諸君の前には金力、権力、栄誉の総べてに誘われる機会も多々あることであろうが諸君こそコリアーの魂を絶対に護守すべき唯一つの志操をもたねばならない。ということである。

一寸の虫にも魂あり、一寸の鱗でも命あるものは魂を宿る。この蟻に一寸の虫、魚にも生命力が如何に偉大なるかが良く解る。人間の将来を勝利に導く唯一なる原動力は生命力であり、人間の総べての業を成功に至らしめるものは能力である。つまり未来の勝利は能力である。

民主世界はアイデアーの経済の敵治の友の世界である。民主社会に出発するものの唯一の道は、良き友を作れ、同志をより多く作れ、良き友なきものに大成は約束されぬということをもつて諸君と共にこの新年を迎え、そして十年の未来に備えようと思う。

アイク訪韓と韓国経済

金 承 浩

アイク次期米大統領が訪韓後「軍事と経済を学んで帰つた」ととくに"経済"という言葉を口にしたのが注目される。帰米寸前の記者会見でアイクの新聞総督ヘガーティ氏も記者團の質問に答えて「アイゼンハウアー元帥は数人の経済専門家（米、韓人）を招き、彼の第八軍司令部内での会議に加えた」といつたが、韓国側からは「出血過多のこの韓国経済を救つてもらわねば、これ以上軍隊をふやすことも、強くすることもできない。武器とともにパンの援助を與えよ」とある程度具体的な要請をした模様である。

戦乱は三度目の正月をまさにむかえんとしているがこれという解決案は一つもない。

ヴイシンスキー外相がインドの休戦案に反対したつて大して驚くにはあたらない。彼としては現在この時期には急いで戦闘を終らせる理由がないからである。この戦闘は最初南鮮に対して攻撃が行われた時にはたしかに期待も希望もされていなかつた予想外な政治的、戦略的効果をもちはじめている。米軍部隊をずつといやいやながらも紛闘にかかわりあいにしておくこと、死傷者リストに現れる不平等な犠牲分担によつてアメリカとその與国間に不和を起させること、ソヴィエトとしては一兵も失わず相手国の資源を枯かつさすこと——これらすべてを加算するとモスクワにとつては代役によるおそろしく有利な戦闘行為ということになる、だからこそ休戦條件についてがんばるべき時と考えているのだ。中共が現在平和を欲しているかどうかを判断するのは不可能である。中共は動乱で一文も得をしていない。実際、動乱が続くかぎりソ連への完全な依存から脱けだせなくなつておる。いまやアメリカの政策を決定するものが、アチソン氏を弱腰としていつも非難してきた共和党である。

この前の選挙で共和党は戦線の米軍の一部を韓国軍と交替すると公約した。そこで韓国軍の増強は必至なものになつた。しかし十月末現在すでに六百五十五億二千二百万円（約一千万ドル）の赤字を出している韓国財政は、現有十個師團のための二千五百万ドル（被服食料、給料など）だけでせいいつぱいなのである。

現に本国では、軍費にリンクした通貨を発行して軍政経済的色彩のある安定策がとられるとか、円・軍票レート改定があるとかのウワサが飛んで一月半ほどで軍票のヤミ値は五〇％前後あがつているそうである。ある外人記者は「韓国の財政はやぶれた穴をドルでふさぎ、ドルのカンフルで虫の息をついているようなもの」とまで評している。三千万の人口が四十万の軍隊を養い、しかも戦わせているのだから第三者はまつたく想像外であろう。

四月から十月までの本年度財政収支をみても、外資軍上代金と援助物資代金との収入が三一四三億円（五、〇〇〇万ドル）で、一般会計や特別会計の収入のそれこそ半分以上を占めている。外資または援助物資を売ることが国家財政の大きな収入となつているのは、数年前の苦しかつた日本経済のヤリクリをみるようだ。しかも「国連軍貸與金」勘定というのがある。国連軍は必要なだけいつでも無制限に韓国銀行から借金の形で引出す。いままでに合計四七一五万ドルが外貨で償還されたが十月現在まだ三〇五〇億円（五〇八三万ドル）財政収支上赤字の形で残つている。三千億円といえばいまの発行通貨が八千億円だから、我国にとつてはその約半額というとんでもない大金なのである。政府としてはこれを一日も早くドルで返してもらつて有効に使いたいわけだ。そのためこの夏国連軍側と韓国側でつくられた合同経済委員会ができ、韓国側は白斗鎮財務長官（一橋大卒、いま国務総理署理）を長とする委員が折衝しているが、一日も早く返してもらつて、軍事経済復興にのみ使用して戦線後方の安定を確立してほしいものである。そこで韓国軍をもう十個師團増強するためには、まず負担能力を與え韓国経済の建直しをすることが先決問題である。アイクの来訪で、アメリカが、日本で成功したように本腰を入れたドツジ政策を試みる動きが出てくるかも知れないことを本国の金融界などはむしろ歓迎している様である。ただし財政主権が管理状態にならない様警戒すべきである。

（韓君一橋大学商学部）

韓国宮廷舞踊の一こま

学生だより

日本の學者へ 韓国學者から

LEE JONG WHAN

「CARTHAGEは北部アフリカの古国で紀元前一四六年ローマ人に亡ぼされた」

拝啓

Seoul 大学校・歯科大学の学校團体に代つて貴方に手紙を差上げる事は、本当に大なる喜びです。私達は日本における学者達とともに親密な交りをつくることを心から熱望しています。私達は予て斯様な全世界の学究者同志者間の文化交流運動を考察していました。この考えは一九五〇年我が国に共産軍が侵入する以前の事でありました。その全べての考えは当時私達が遭遇した災難によつて当然なさねばならぬ事が一時中止になりました。そこで私達が推察するに特殊問題に就いて、この国の学究者から貴方が受取る手紙はこれが最初の機会だと思い致します。

私達はこの釜山における韓国出版になる我々の学校雑誌の一冊をお届け致します。当地の学校は京城から避難して来た人達によつて保たれています。この雑誌は釜山において発行される最初の試みであります。雑誌を発行する事は我達にとつて大変な仕事だと、考えねばなりません。私達がこの雑誌にそそぎました、非常なる努力を御理解下さいまして、御参考までに御覧下さる事を希望致します。よく御理解の様にこの国における全べての教育設備と同じ様に我達大学も当地における最近の戦争により非常にいためつけられています図書館も含み私達の建物の大部が破壊されました私達はバラックの中で参考書もなくして、次の研究で満足しなければなりません。かつて連合軍の戦争通信は、次の様に報じています。『韓国における非劇はカセジの破壊以来の人類史上との大きなものである』しかし、我達はそれでも失望していません。私達は自由連合諸国の一致した努力によつて平和と自由を確成出来ると確信しています。韓国は実に専制と全体主義に対しデモクラシーによる戦いの試金石なのであります。若し誰でも韓国を訪ねる機会があれば、共産主義の害悪なようそうをチユウチヨウもなく確信するでしよう。そして新共産主義の本当の性質について新しい考えを持つ様になるでしよう例えば前においてこの問題に就いてどんな考えを持つていましても。

私達は当地の文化に飢えたる学究者のためにいくらかでも貴方がたの資料を御発附願いたく思います。現在世界が直面している偉大なる仕事がすべて成功する事を望みます。貴方は日本における韓国学生新聞を通じて御承知のことと思います。草々

一九五二年一一月一六日

伊達邦春様

中央本部へ

拝啓 厳冬も足早やに参りさぞかし御地はお寒い事と存じます。当地も朝夕はやはり多らしく霜停も見られますが、霊御はしのぎよい気候でもあります。

さて中央委員会以來、何の音信も無之、誠に申訳ありません。これも同委員以来の事務多忙なためでありますれば、御承願える勤と思います。右事情の内、特に重要な財政活動に就きまして、小生の日誌より抜萃せる拙文を附して居きますれば、その間の活動情況を御推察下さい。

日誌抜萃 泉大津市を訪ねて

十二月七日 日曜日 晴後曇

午前十時難波駅発急行に財政部委員李嬢と乗車

後援会のみに依存していた財政問題を学園で開拓せねばならない井のカエルが大海に泳ぎ出した心算りで日曜日と言うのに電車に揺られた。

十一時 財政部委員の知り合いと言う槐和毛糸紡績の社長松村氏（申氏）宅に着く。

偶然にも父の旧友であつ社長とは思いもよらぬ事である。流石に旧知の子弟となつて歓迎も良く、金一封も特に親切の様な気がした。これにもまして、私達が喜しく思つた事は清水博（祖演使）氏と知合つた事である。私達の趣旨を御理解なされたのであろう、氏自から案内役を申し出られた。

一時半 清水氏の御紹介で木村紡績を訪ねた。社長不在、常務取締役金田氏に会つた。

毎月民團大阪本部に多大の御援助を約束せられ、後日再來せよとの事であつた。又ある学生が個人的に再々来て寄附を強要して困つているが、出来れば團体で何んとかならないかとの御意向もあつた。

二時 間後に清水氏の御紹介ですぐ隣りの東亜毛糸紡績を訪ねた、社長不在、事務の方に会つた、民族支持の会社である。

在日同胞の多数が支持する民族からの紹介があつた場合には、仮え個人で来た学生にも援助をした事が再々ありました。だが趣旨の程も解りましたから当方の気持丈致します。明日、清水氏を通じてお渡し致しましよう。

この話を塩水でも飲んだ井の中のカエルの様な気持で聞きながら思つた。木村紡績の様に積極的に御援助下さる方には勿論の事東亜紡績の様な方達の運動が正しければ御理解と御援助をいただける事に自信を得たのであつた。木村紡績と東亜紡績のお話の中に出て来た学生は同一人の様な気がする。民族の紹介で東亜紡績で寄附をもらつての帰りに木村紡績へ行つて寄附を強要しているのでは無いかとも思つた。

十二月八日 月曜日 晴

午前十一時、清水氏を通じて東亜紡績から金一封を受く

十一時半海東紡績を訪ねて社長に会う

今まで賄つていた後援会費も現在の如き繊維業界の不況では現金の学費は難かしく、二十日過ぎ製品を下さる約束であつた。

こうした二日間の訪問は大海の廣さと塩水のからさを舌めさせられたのであつた。

西部本部代表委員 宋甲憲

学生の就職問題

宋 甲 憲

居恰而不羌乱とか行楽のシーズンの秋の日に、明春卒業後の事を心配する、韓国大学生の苦痛は就職難が大きく絶望的領域まで浸透していると言つて過言でない。卒業即ち失業、これが真実ならば、余りにも悲惨な現実ではないか。

就職問題の前途は祖国の前途の如く暗たんたる情況にあると悲観的観測に拍車をかけるが如きうわさが発生している。即ちこれは、在日韓国人実業界方面においてすら韓国人の雇傭を避けているとの見解を持つている事である。若しこれが事実ならば来春卒業する韓国人学生によつては致命的打撃であり、且国家百年の大計に重大な危惧を残す結果となろう。終戦以来日本の実業界は全く韓国人の雇傭を拒絶し、今日においては肉体労働まで奪わんとする現実なれば特に大学中身者の入り込む隙は更にない。同胞実業界までが糊口を封ずるならば、これ等学生の運命は想像するまでも無心の至りである。

明春卒業を約束された数百名の韓国人学生に対して一考するならば、その過半は思想的に不安定だとしても、我等半数学生の就職率を分離して見ると、縁故関係、あるいは自家営業に従事出来る学生は微々たるもので思想的に穏健なる学生までも就職あつ旋必要者が二百余にのぼる。だがこの問題は我等同胞有力者の熱意に依つて解決出来るものと思う。惨酷な戦乱下においては、人材の消耗が甚しく、従つて将来祖国が期待する中堅人物は在日韓国人学徒にあらねばならない。

この様な現実に対し、同胞中堅有力なる実業界諸氏に特に私は要望する。有能なる学徒まで放置の進路を迷しめ、いたずらに赤化するのを傍観視するのが愛国的精神であろうか。国家再建は我等韓国人の手でなさねばならない。韓国人学生を社会的に育成する事が即ち国家再建に最大の礎になるものと思う。

韓国人実業界で韓国人雇傭を回避する理由を了としないでもない実業界の態度を今日の如く硬化した責任の一端に彼等学生の先輩等であつた事は周知の事実である。あるいは能卒が低く、あるいは高慢であり、あるいは労働争議の中心人物となり、企業者に損失を齎致した様な事であつた。万事において、慈善事業もこの現象の下においても粉骨細身、事業に従事している多くの人格者が忘却されている事は遺憾である。

明春卒業する数百名の学生は世間安定した一九四八年に入学し経済的にも安定した時に修学した者であるから、これを前者の先入観を以つて、同一視する事を回避していただきたい。彼等も又困難な時代を良く認識しているはずである。これに対する方法としては確固たる保証制度を設け、成績、品行、思想、その他を保証する各大学の学部長の推薦書かあるいは人物保証書を要求する事も出来る。又保証人制度も良く、あるいは在日有力団体の保証制度も可能である。こうした保証制度を過去の韓国人企業者間において看過していたのではなかつたろうか。この様な條件下に入社試験を施行するならば完璧に近い人物を採用し得るであろう。ここに依つて韓国人自身を排して外国人を雇う必要性は無いものと思う。これが即国家再建の基礎である中堅人物を保存育成する明途である。

会社は営利団体で救済団体でないと言われるが、目前の小利にとらわれる事なく、将来の真実の利益が祖国と共に存在する事を、推察するならば、吾韓な祖国再建に無関心ではおられないないはずである。

この様な見地よりして韓国人実業界諸氏＝愛国の士＝諸氏に卒業生の就職問題丈で無くこれが国家百年の大計である事を配慮して下さるものと伏望する。

「判例から見た日本国憲法第三十六条と死刑についての考察」

庶 政 哲

一、刑罰としての死刑と判例

刑罰とは国家が個人の不法行為に対して法益を剥奪する事をいう即ち刑罰は国家が法違反を理由として之を科する点において租税の徴収、土地収用と異り、又法の遵守を強制するために之を科する点において私人間の損害填償を目的とする損償賠償とは区別される。従つてその剥奪される法益の種類に依り刑罰の種類と生命刑、身体刑、財産刑、名誉刑とに区分される。

現法刑行は死刑を生命刑とし自由刑として懲役、禁錮、拘留とし、更に財産刑として罰金、科料、没収とを規定しているが、名誉刑は明治憲法下の旧刑法において剥奪公権、停止公権等の制度があつたが現行刑法とは存在されず従つて今ここにて論ずべき対象は生命刑たる死刑についてである。

本事案は昭和二二年の尊属殺致人死体遺棄被告事件であるが控訴審の高等裁判所が被告人に対して死刑の言渡判決をした事は憲法制定当時の立法趣旨及び憲法三十六條に違反するが故に憲法違反として最高裁判所に上告したのである

この事案の判決に対して弁護人の上告趣旨第一点は「原判決は法令の解釈を誤りて適用した違法な判決である。即ち原判決は被告人に対し刑法第百九十九條同第二百條を適用して死刑の言渡をしたがこれは憲法違反である。何となれば新憲法第三十六條は「公務員によるごう問及び残虐な刑罰は絶対にこれを禁ずる」と規定している。しかして死刑こそは最つとも残虐な刑罰であるから新憲法によつて刑法百九十九條、同二百條等における死刑と関する規定は当然廃除されたものと解すべきである。然るに原判決は被告人に対し新憲法によつて絶対に禁示され従つて又当然失効した刑法百九十九條、同二百條における死刑の規定を適用して被告人に死刑を言渡したのであるから法令の解釈を誤りて適用した違法な判決として当然破毀を免れざるものと信ず」と上告したのであるが最高裁判所は昭和二十三年三月十二日に死刑は憲法違反でないとして次の如く判決したのである。

即ち判例の趣旨は「生命は尊貴である。一人の生命は全地球よりも重い。死刑はまさにあらゆる刑罰の中で最も冷厳な刑罰であり、又まことにやむを得ざるに出ずる窮極の刑罰である。それは言うまでもなく尊厳な人間存在の根元である生命そのものを永遠に奪い去るからである。現代国家は一般に統治権の作用として刑罰権を行使するにあたり刑罰の種類として死刑を認めるかどうか、如何なる罪犯に対して死刑を科するか、又如何なる方法手続をもつて死刑を執行するかを法定している。そして刑事裁判においては具体的事件に対して被告人に死刑を科するか他の刑罰を科するかを裁判する。かくてなされた死刑の判決は法定の方法手続に従つて現実に執行される事となる。これ等一連の関係において死刑制度は常に国家刑事政策の面と人道上の面との双方から深き批判と考慮が払われている。されば各国の刑罰史を顧みれば死刑の制度及びその運用は、総ての他のものと同様に常に時代の環境とに応じて変せんがあり、流転があり、進化がとげられたという事が窺い知られる。わが国の最近において治安維持法、国防保安法、陸軍刑法、海軍刑法、軍機保護法及び戦時犯罪処罰特例法等の廃止による各死刑制の消滅の如けその顕著な例証を示するものである。そこで新憲法は一般的概括的に死刑そのものの存否について如何なる態度をとつているのであるか。弁護人の主張する様に果して刑法死刑の規定は憲法違反として効力を有しないものであろうか。先ず憲法十三條においては、総て国民は個人として尊重せられ生命に対する国民の権利については、立法その他の国政の上で最大の尊重を必要とする旨を規定している。然し同時に同條においては公共の福祉という基本的原則に反する場合には生命に対する国民の権利と雖も立法上制限乃至剥奪される事を当然予想しているものといわなければならぬ。そして更に憲法三十一條に依れば国民の個人の生命の尊貴といえども法律の定める適理の手続に依つてこれを奪う刑罰を科せられる事が明かと定められている。即ち憲法は現代多数の文化国とおけると同様に刑罰として死刑の存置を想定し、これを是認したものと解すべきである。言葉をかえれば死刑の威かく力に依つて一般予防をなし、死刑の執行によつて特殊な社会悪の根元を絶ちこれをもつて社会を防衛せんとしたものであり、又個体に対する人道観の上に全体に対する人道観を優位せしめ、結局社会公共の福祉のために死刑制度の存続の必要性を承認したものと解せられるのである。

弁護人は憲法三六條が残虐な刑罰を絶対に禁ずる旨を定めているのを根拠として、刑法死刑の規定は憲法違反だと主張するのである。然し死刑は冒頭に述べた様に正に窮極の刑罰であり、又冷厳な刑罰ではあるが刑罰としての死刑そのものが一般に直ちに同條にいわゆる残虐な刑罰に該当することは考えられない。ただ死刑といえども他の刑罰の場合におけると同様にその執行の方法等がその時代と環境とにおいて人道上の見地から一般に残虐性を有するものと認められる場合には勿論これを残虐な刑罰といわなければならぬから将来若し死刑について「火あぶり、はりつけ、さらし首、釜ゆで」の刑の如き残虐な執行方法を定める法律が制定されたとするならば、その法律こそまさに憲法三十六條に違反するものというべきである。

前述の如くであるから死刑そのものを以つて残虐の刑罰と解し、刑法死刑の規定を憲法違反とする弁護人の論旨は理由なきものといわねばならぬ。」

と判決したのであるがこの判決の補充意見として島保、藤田八郎、岩松、河村等の各裁判官は「憲法は残虐な刑罰を絶対に禁じている従つて死刑が当然に残虐な刑罰であるとすれば憲法は他の規定で死刑の存置を認めるわけはない。然るに憲法三一條の反面解釈によると法律の定める手続によれば刑罰として死刑を科しうることがうかがわれるので憲法は死刑をただちに残虐な刑罰として禁じたものとはいう事が出来ない。然し憲法はその制定当時における国民感情を反映して右の様な規定を設けたにとどまり死刑を永久に是認したものとは考えられない。ある刑罰が残虐であるかどうかの判断は国民感情によつて定まる問題である。しかして国民感情は時代と共に変せんする事を免がれないのであるから、ある時代に残虐でないとされたものが後の時代に反対に判断され得る事も在りうる事である。従つて国家の文化が高度に発達して正義と秩序を基調とする平和的社会が実現し、公共の福祉のために死刑の威かくによる犯罪の防止を必要と感じない時代に達したならば死刑も又残虐な刑罰として国民感情により否定されるに違いない。かかる場合とは憲法三十一條の解釈もおのずから制限されて、死刑は残虐な刑罰として憲法に違反するものとして排除される事もあろう。然し今日は又この様な時期に達したものいうとは事が出来ない。されば死刑は憲法の禁ずる残虐な刑罰であるという理由で原判決を違法を主張する弁護人の論旨は採用する事が出来ない。」と補充意見を発表せられて居り更に井上裁判官は別に次の如き補充意見を発表して居られる即ち……具体的に憲法三六條の「残虐の刑」という語が死刑を包含する意味に使われて居るかどうかという事である。そしてこれは純然たる法律解釈の問題だから何といつても法文上の根拠というのが重要である。……憲法三六條の字句丈けでこの問題を決するのは無理で、法文上の根拠といえば他の條文に之を求めなければならないと思う。そこで憲法第十三條は「総て国民は個人として尊重される生命、自由及び幸福追求に対する国民の権利については、公共の福祉に反しない限り立法その他の国政の上で最大の尊重を必要とする」と規定し同第三十一條は「何人も法律の定める手続によ[illegible]命若しくは自由[illegible]の他の刑罰を科[illegible]規定している。これ等を綜合す[illegible]として憲法は[illegible]は法律の定める[illegible]によつて人の生[illegible]を認容している[illegible]ならない。之れ[illegible]六條を見ると[illegible]の中には死刑[illegible]反対説は第三十一[illegible]依つて制限されて[illegible]然し第三十一條を[illegible]うしてもこれは無[illegible]しか外見えない。若し第三十六條が[illegible]さぬ趣旨だとすれ[illegible]規の手続によると[illegible]絶対に刑罰によつ[illegible]われ得ない事にな[illegible]條と生命という字[illegible]ないのみならず却[illegible]てはいけないはず[illegible]要ある條に「生命」[illegible]限り右の趣旨に反[illegible]が出て来るのは当[illegible]文句としてこんな[illegible]からである。他に第三十六條が[illegible]止する趣旨と解す[illegible]拠は見当らない。社会情勢その他か[illegible]がら今直ちに刑法[illegible]ずしも適当と思わ[illegible]文を読く無効化に[illegible]命じて居るもので[illegible]は絶対に死刑を許[illegible]というだけで国民[illegible]から、若し死刑を[illegible]若しくは国民全体[illegible]忍び得ないという[illegible]国会は進んで死刑[illegible]るであろうし、又[illegible]も事実上裁判官[illegible]ないであろう、今[illegible]んで死刑を言渡す[illegible]実状だから。[illegible]

この判例を先づ[illegible]ず私は死刑と憲法[illegible]として論争されて[illegible]て見る事にする。

憲法三十一條に[illegible]定める手続によら[illegible]命若しくは自由を[illegible]の他の刑罰を科せ[illegible]と罪刑法定主義の[illegible]居り、旧憲法も二[illegible]臣民は法律に依る[illegible]監禁、審問処罰を[illegible]と同様な趣旨を規[illegible]従つて罪刑法定主[illegible]法三十一條の趣[illegible]條文に死刑の規[illegible]刑は違法である[illegible]している。

然し憲法三十六[illegible]依るごう問及び[illegible]にこれを禁ずる[illegible]この條文に重要[illegible]依るごう問」と[illegible]あつて文の構造[illegible]務員に依る残虐[illegible]である。

従つて「残虐な[illegible]している以上加[illegible]な限りは憲法三[illegible]に反する事にな[illegible]そうなると生命[illegible]虐な刑罰である[illegible]死刑は国家が、[illegible]て個人生命を剥[illegible]てその死刑自体[illegible]が残虐であるか[illegible]若し死刑が残虐[illegible]るならば憲法三[illegible]事になる。

所が憲法第十三[illegible]は個人として尊[illegible]自由及び幸福追[illegible]権利については[illegible]ない限り立法そ[illegible]最大の尊重を必[illegible]

〔以下三面に続く〕

謹賀新年 1953

地銅問屋 福村金属株式会社 社長 李元寅 川崎市南幸町三ノ八六番地 電話川崎四五三七・二二九一・二二二三番

株式会社 美進商会 社長 李年宰 支店長 朴俊栄 代理 三信ビル四二四号 電話銀座(57)五三二九・六三二六・六二四六

和信産業株式会社 東京事務所 社長 朴興植 副社長 李圭載 三信ビル四一一号 電話銀座(57)五三三五一七番

大韓海運公社 社長 鄭雲秀 外役員社員一同 千代田区有楽町(三信ビル) 電話銀座(57)七二六六番

小杉金属工業株式会社 社長 明利顧 中央区日本橋兜町二ノ四 電話(67)三四九六・二七三五

東一物産株式会社 取締役社長 鄭寅錫 東京都中央日本橋茅場町3−6 電話兜町(69)0657番

韓国銀行東京支店 副総裁 東京駐在 金鎮炯 支店長 劉彰順 三信ビル二階 電話銀座(57)6707・9272・6749

神奈川県本部 団長 黄昌周 横浜市西区岡野町一ノ三 電話横浜④七二九番

千葉県本部 団長 梁漢教 千葉市院内町三〇 電話千葉二一九七番

埼玉県本部 団長 李添輔 埼玉県浦和市常盤町二ノ七八 電話(浦)三九五番

愛知県本部 団長 趙正局 名古屋市中村区西町六ノ一〇

大阪本部 団長 金聖洙 北区中崎町四二番地 電話北(35)一八七〇・一八七四番

大韓婦人会 大阪本部 北区中崎町四三番地 電話北(35)一八七五番

大韓青年団 大阪府団部 団長 金栄圭

文化

文學における個性と社会性……完

植村諦

以上によって簡單に芸術の最も大きな要素である、創造の本能とその本質上の社会的共感作用と、個性の問題をのべたが、この原則から今日の政治と文学の論争の何れが最もよく藝術の本質に合致しているかを考えてみよう。

さきにのべたように、純粋藝術を主張する人たちが文学に対する政治の優位性や、党派性に反対する理由としてあげていいる主なるものは、

（1）文学は眞と美と善をあくまでも追求する藝術の一分野に立っているのであるから、これら眞善美が階級や党派によって、その價値が変るものではない。もしそれが万人に共感しないようなものなら、ほんとうの眞善美とはいえないであろう。

（2）文学はその本質において個性の自由な創造の上にのみ生まれるものであるから、政治や党派への従属はこの個性と自由を奪うものであるから、そこから自由な純粋な文学は生まれない。

（3）「政治や党派は人間を自己の信ずる世界観や、戦略戦術の範囲内に規制し隷従せしめようとするのであるが、藝術は一政党や一党派の世界観や戦略の範囲内に拘束されるような狭いものでなく、もっと廣い、全人間、全宇宙の眞実を追求しようとするものであるから、その時間と空間の振幅よりもはるかに廣く、遠いものである。」

というのがその主張の最も基本的なもののようである。これに対して文学における政治の優位性と党派性を主張するマルキシズム文学者たちの基本的な主張は、最近出版された宮本顕治の（人民の芸術」の藝術が最も端的に、代表的にこれを語っている。

（1）「階級社会では如何なる科学上の学説―例えば引力の法則にしても、ダーウインの進化論にしても―いかなる藝術も、一定の社会的階級的関係の産物でないものはなく、またその階級的位置から孤縁であったイデオローギはなかった。かかる階級性のより一層の深化として党派性こそ、あらゆる哲学藝術、科学の持つ必然の性格である。「超階級」を主張するのは「無党派」を主張するのと同じで、歴史上社会上の実際に反しており、「ブルジョア的公平無私純粋性の幻想に過ぎない。」」

だからプロレタリアートの党派性に客観的眞理の把握と矛盾しない。それは、

（2）「世界を変革する歴史的任務を持つ社会的階級的人間、プロレタリアートは、その歴史的地位によって自己の階級的主観が史的発展の客観的行程と合致する。それ故にこそ革命階級としてのプロレタリアの主観的利益性のための闘争は事物の客観的把握を強める可能性を有しているのだ。

（3）「プロレタリア文学はこの党のものとなることによって、自己の客観的現実の把握を益々深めるのみである。階級の最先導的能動的な部分、その理論的実践的中央部としての党の見地こそプロレタリア文学に最も科学的な展望を與え、最も大きな批判力を與える。党の政治的任務と結合されてこそプロレタリア文学は客観性と革命性の弁証法的統一を闘いとることができるのだ。」

と結んでいる。

それではこの二つの主張はどこで食いちがっており、どこで誤りを犯しているか。

藝術の純粋性を主張する人たちが個性の確立と、その自由を説き、その作品の個性化を主張することは正しい。また藝術の眞善美の普遍性を説き、それが一党一派の思想や政治的方策に従属しなければならぬようなものでなく、もっと全人間的、全宇宙的な空間を包含し永遠の時間に亘るものであることを主張するのも正しい。しかし彼等は常にそれから先を、自己の現実の立場を擁護するためにスリ代えてしまうのである。即ち彼等は政治を排撃することによって、自己の現実の生活の隅々までも政治によって規制され、支配されていることを忘れてしまって、これに対する純粋人間的な立場からの抵抗と戦いを回避し、個性の確立と自由を主張することによって、現実の生活の中にまるで自由な個性が社会と離れて存在するかの如く錯覚しながら、実はブルジョア的な生活慣習や藝術の中で、日毎に虐げられ、亡くさたて行く幾千万の生命には無関心に、彼のクロポトキンが指摘したように、藝術の眞理を「写真の中にこれを見出し得たと信じて、あるいは木の葉の上の白露の玉を色写真に撮ったりあるいは牡牛の脚の筋肉を模写したり、あるいは息の根も止まるような臭いドブの汚穢物や、陋劣な貴婦人の居間などを事細かに描いたりして芸術の能事終れり」といいるのである。このようなものも、人間世界の現実の一部として認めるにやぶさかでないが、その藝術家が真に純粋な人間性を持ち燃え上る生命欲を持っているならば、また芸術の本能である全生命に対する共感を持っているならば、その芸術家の心臓の鼓動が人類の正と不義に向ってはげしく抵抗し戦いを賞するところの、虐げられたるもの、貧しきもの、の味方であることは当然であるが、「それが党派の文学となることが眞の文学である。」というマルキシズム文学者の主張を肯定するためには始めにのべたように、この世界を改革して、その不合理を拂拭し、万人を解放する道は「マルキシズム以外にはなく、それが唯一のものである。」ということを肯定することが前提である。さきの宮本君の立論の一切はこの前提の上にたっているのであり、他の一切のマルキシズム文学者も同様であるしかし不幸なことには、彼等の信仰にもかかわらず、この世界を革命して万人を解放する道は、マルキシズムだけではない。アナキズムもあれば、その他多くの改革理論がある。その何れが正しいかは歴史の判定を俟つより外は、その思想を信ずる人の信仰と独断に過ぎない。それを信じている人がそう考えるのは止むないとしても、それを信ずることのできない他の文学者にそれを強いる論拠はない。

まして宮本君の言うように、階級的社会では科学的眞理も藝術的眞実もすべて階級の産物でないものはないということによって、科学の眞理や、藝術の眞実に階級性があるなどと主張するに至っては眞理の何ものたるかを知らず、これを階級性によって故意に歪曲せんとするものである。眞理や眞実を発見した個人が社会制度や階級の規制をまぬがれないとしても、それが眞理として階級を超え、時代を超えて万人に首肯されるのは眞理そのものが階級や社会制度に歪曲されていない部分があるからである。トルストイの文学が、彼の階級やその世界観にもかかわらず、なお今日われわれを打つのはその作品の中に含まれている階級性以外に、その階級性を超えて万人に共通する人間性の眞実を多分に持っているからである。藝術にしても、科学にしても、それが時代を超え、国境を超えて普遍的な力を持っているのは、社会制度や階級性にもかかわらず、それに歪曲されずして、万人に共通する眞理を含んでいるからである。社会制度と階級の中では、人間はそれ以外のことは考えられないなどというのは、マルキシズムの宿命的唯物史観の考え方であって、生命は如何なる規制と抑圧の下にあっても、常にそれを突破して自由を求めてやまない創造の活動があることを無視するものである。

一歩ゆずってマルキストのいうごとく、その党派が「世界を変革する歴史的任務を持つ」ものとしても、政党というものは、現実の世界の動きに應じて時々刻々その戦略戦術を離て、政策を変えつつ現実的な戦いをしなければならぬ任務を持っている。このことなくして戦いに勝利を得ることはできないであろう。ところが文学がその時々刻々に変化する党の方針や政策や決定に従わなければならぬとすると、文学は一片の党の宣傳文学に堕する外はないであろう文学は現実の上に立ってもっと長い時間と、廣い空間の凝集の中にその創造が行われる。一一の現実の変化に追従しているものではない。現実の來るところを受けて、その流れ行くところの生命の本能を、現象の背後に直感して行くものである。この感得は、時に現実の自己の所属している党派や階級の誤謬や不自然を純粋な人間性の立場から批判し、攻撃する自由を持っている。もしもこの純粋人間的な自由を失ったら、その藝術は堕落してしまうであろう。

しかし不幸なことには共産党という党派は、ブルジョアの政治機構よりももっと強力な中央集権機構であり、その方針や、指令や命令に対しては背反や、批判を許さない党派である。人間の本性がどうあろうと、そのイデオロギーと、方策以外には自由な創造も、思索も許さない党派である。とところが藝術の本能は、自由な思索と深究による、無限の未知の世界への突進であり、大膽な創造である。こういう藝術の革命性と創造性と人間性は、このような党派の中では圧殺される外ないであろう。最近のロシアにおける相次ぐ藝術家や科学者の粛清はこのことを物語るものであり、また日本のプロレタリア文学華やかなりし頃の、彼等の文学の類型性や劃一性による無生命化もこの現れである。

更に一歩を譲って、同じ世界観を持ち、同じ生活をして、同じ題材を扱ってもその作家の気質や個性の異なるごとく、その作品はそれぞれ独得の個性を発揮していなければ、それは藝術となることはできない。

要するに彼等の世界観は、生命は物質によって決定づけられており、社会の発展はその生産力によって必然づけられており、人間の一切の思考も創造も階級によって決定づけられていると考え、それ故にその社会的必然の集中表現である党の指令と方策に従属する以外に、文学が客観的現実を把握する方法はないと考えているのであるから、このような所では藝術の根本的な本能である、自由な創造、自由な思索、自由な想像は封じられてしまうのであるから、そこに自由な藝術の花咲くことを望むことはできないであろう。

このような藝術の本能と一致するものは、個性の唯一不可侵と尊厳の上に、その全共感と調和と、自由なる連合を社会性と見、その社会は生命の自由を求める拡充意欲と創造意欲が、社会の不合理と抑圧を破壊して行く所に、社会の進歩と発展があると観ずるアナキズム以外にはあり得ないであろう。それ故に私は藝術はその本質においてアナキスチックなものであると考えている。そこでは文学の個性と社会性は常に一致する。しかしそれは政治に対しては常に如何なるものに対しても不断の抵抗と闘争を示すであろう。このことも藝術そのものの本質と一致する。

それではアナキズムの革命運動と文学はどんな交流と統一を持ち得るかということについては、紙幅も尽きたので、「アナキズム文学論」として詳説する機会を持ちたいと思っている。（一九四八、六、一〇）

（筆者は詩人）

書評

自由論　尾高朝雄著

こんにち、自由ほどでたらめに使われ、人々を欺き、世界の矛盾と混乱をはっきりと現わしている概念は、ほとんどない。もしこの世の中に自由というようなものがなかったなら、むしろ世界はずっと確かで安定していたかもしれない、と思えるほどである。

尾高教授の近著「自由論」は、この混乱を解決することはもちろん、さらにいま一つの混乱を加えるほどの名著でも、力作でもないが、ともかく自由についての體系的な論述として、注目をひくことができる。

教授は時に文学的な言い回しを挿しはさみ、時に古風な名文で読者を赤面させるが、しかし中味はお粗末なものである。表現まで翻訳調でありながら、れいれいしく某大教授某々著と書いて平氣でいる。一部のプロフェッサーに比べて、一歩前進といえるかもしれない。だが肝心なところをカントやフッセルやメンガーやラスキ、カアーなどに代弁させて、「事務長のアナウンスを聞いた旅客たちが「フジヤマ、フジヤマ」と連呼しつつ立ち上って眺める富士」などいうところに幽幹な味（もしくは醜味）をみせているのは、かなり惨じめなことである。

教授の哲学上の立場は「精神物質平行論」、つまり精神と物質はいずれが主、いずれが從というものでなく相関関係におかれているという理だが、その扱い方に問題がある。それは教授が例えばカント、ハイデッカー、フッセルの理論を引用する場合にも共通していいるが、これらの理論の手足、胴体を適宜にもいで継ぎ合わしているという感が深い点である。

パウルゼンやフエヒネルは教授も言っているように、「精神物質平行論」から汎心論、多元論の形而上学を築いたのだが、教授は問題をその前で打切ってしまう。それだけで「必要で十分な認識」であるといっている。そしてハイデッカーという全く系統の違った哲学者の存在論や、ヴィンデルバントのような新カント派の自由論の基礎に、この認識を用いている。

このような乱暴な扱い方の故にさきにぼくは教授の論述を指して「偽體系的」と呼んだのである。尾高氏はさかんにとの必然、因果律を強調するが、パウルゼン、フエヒネル、ハイデッカー、フッセル等それぞれの思想が、さまざまな因果関係から産出されたもので、そうたやすく切離しのきかないものであることは無視したようである。

哲学上の問題はそれまでとして次に本書の眼目である政治、経済の章に移ろう。ここでわれわれにとってもっとも問題となるのは「国家への自由」という新自由論である。この理論けやはり教授の新説ではなく、主にイギリス労働党の理論家達、ウエッブ、ラスキ、カアーの所説であるが、イギリス労働党の政策（かなり宣傳的な）がかなり多くのインテリーに注目されている今日、特に重要な意味を含んでいる。

この「国家への自由」論の説くところによると、十八世紀の自由思想家達の説いた「国家からの自由」という思想は消極的であり、結果として経済的不自由をもたらした。それ故民衆の意志を代表する議会政党による政府によって、資本家の不正利得を廃し、社会保障制度を完備し、国家權力をもって経済的自由を実現しよう、というのである。

この理論には二つの根本的な誤りがある。その一つはいわゆる資本主義のレッセ・フエヤーは、スタートからして私有財産の不可侵というハンデイキャップを負わされていた、ということである。そして国家はこの私有財産権の保護者であった。従って十八世紀の眞の自由思想家、例えばゴドウインが言った「国家からの自由」とは、この私有権という特権（国家が與えている）の廃止をいみしていた。

第二に政治的自由と経済的自由は決して二律背反でなく、それは分つことのできない一体化したものだということである。経済的な自由とはたんに欲するものを買ったり、欲するところへ就職できたり（完全雇傭）することでなく、自から必要な生産手段を所有する、つまり一般的には共有することによって始めて実現される。そしてその共有が名目上でないためには政治的自由が必要である。もし政治的に不自由なら權力者は自己のために生産手段を行使できるだろう。

国家への自由を強調する教授は国家は人間社会になくてならぬものの、否、始めからあづたものと主張し、無政府主義をたんなる空想として却けている。この教授の所論の奥には教授の独断的な人間不信と支配者気質が流れている。教授にとって人間は罪業を負った存在である。教授は決してその事実を立証していないが、それ故により大きな罪を除くために、より小さな罪を犯す国家と權力者はなくてならないのである。

しかしこのような理論はあらゆる御用学者がつねに用いたものの繰返しにすぎない。ただそれが「福祉国家」の綱領であるかのように伴奏されている点が問題である。完全雇傭、つまり使用者から給料を貰うことが経済的自由!!であり、国家の政策に服するが政治的自由!!である、という自由論を読む時、われわれはソヴエート同盟の自由論との相似を見出すのに苦しみ、オーウエルの「一九八四年」はたんにスターリン主義ばかりか、いわゆる民主的社会主義をも諷刺しているように感じられる。

（勁草書房・二四〇円）

（大沢正道）

『英文法・基礎から完成まで』　西尾孝著

外国人が英語を学ぶ場合、英文法に関する知識は文法書を通じて学ぶのが一番早道であることは言うまでもない。又こうした要求から文法に関する参考書は数百種類にも過ぎるほど出版されている。しかしそのほとんどすべては説明のしかたこそ異り、大同小異で最後まで読者を引きずって行く魅力のあるものはごくわずかである。

ところが、西尾孝著「英文法・基礎から完成まで」は、一頁に読み通して最後まで面白く読者を引っぱって行く珍しい良書である。著者は多年早稲田大学で文法学の講座を担当し、ツシユール言語学に基づく文法学の新体系を展開しそのユーモラスな饒舌ぶりと相まってともかく無味乾燥に陥りがちな文法の講義のいかにも面白く魅力あるものとして学生の人気を集めているのであるが、「英文法・基礎から完成まで」も、著者の性格がよく窺われ、誠に新鮮味があり、読んだ例文が直ちに作文や会話に應用出來るようにできている。巻末に大学入試問題の傾向と対策を示してあるのも、受験生にとっては重宝であろう。

同書が、東大教授瀬井善孝、一橋大学教授山田和男、外語大学教授小川芳男その他一流の英学者の推薦となっているのも、誠に当然とうなづかれる、出版社はベストセラーを常に出す研究社が大学館という名をもっと宣傳すれば「英文法、基礎から完成まで」は恐らく英語参考書界のベストセラーを保持することは疑いない。英語研究の能率増進のためにも、同書が何回版と版を重ねることを念願してやまない。（張）

東京都千代田区内幸町二の三幸ビル、大学館発行
B6二四六頁定價一八〇
右書籍入用の方は学同に申込まれてもあっ旋致します。

年頭に思う

島　葦水田

この世に生を承けて二十五年、私には忘れ得ぬ幾人かの友がある。小学校からのたった一人の親友は、大戦末期、特攻機諸共南の海に突っ込んでしまった。中学時代の友人としては、三人ばかり挙げられるが、一人は戦後共産党に入り、一人は現在医者になっている。あとの一人は、戦後随分探したのだけれど、未だに行方がわからない。

軍人だった頃の私が、男の中の男として敬愛していた双人ある。一人は戦後共産党に入り、一人は既に奥さんを貰って保安隊にいる。

敗戦後、一時ではあるが思想的立場の異る者の間に友情は有り得ない、敵に対しては敵愾心があるのみで愛情など湧く筈がない、と考へたことがある。だが、その後七年、現実には必ずしも割り切れるものでない、といふことが判って来た。憎むべき共産党の中にも愛すべき人間は存在する。同じく尊皇を唱へる仲間にも、唾棄すべき卑劣な男がいる。戦友を倒し同胞を焼いた米国の軍隊にも、憎み切れない好人物がいる。憎めないものは努力しても憎めない。敵視出來ぬ奴は、何んなに無理しても敵視出來るものではない。

現在共産党で活躍しているといわれる友人が、かつて兵学校在学中、悲壮な先輩戦死の報を聞いて、ほろほろ涙を流していた情景を、私は未だに忘れることが出来ない。祖国に身を捧げていた当時の彼の面影が、瞼に浮んで仕方がない。恐らく今頃は、世のため国のためと純粋に信じつつ、泣きながら党活動に従事していることだろう。彼を憎むことは、私には出来さうもない。

私は飽くまでも、日本の国体を信じている。皇室に生き愛国に死することを身の本領とする。だが理想追求のための、同志選択ということになると、必ずしも形式的にはゆかないと思ふ。仮令今日は敵であっても、何時かは眞実の同志となれる、さういふ素地を持った人間が、敵の陣営の中にも居るかも知れない。

私は、主義主張や国籍などに促はれず、廣く心の友を求めたいと思ふ。人でも多くの心の美しい人間を見出して、互いに磨き合い励まし合ひ、美しい人間社会を築き上げるため努力しなければならないと思ふ。同志は先づ、心の友であるべきである。だが、実際には難しい問題がある。耐へることの出来さうもない、苦しい現実が控へている。

例へば、共産革命が実行に移され始めたとする。私は、此処を先途と共産党に対して闘ひをいどむその時、敵方にいる懐しい友と遭遇するかも知れない。今のままの気持では、私が彼を殺すなど、想像することも出来ない。かつての親友を、この手で殺す位なら、その方が殺された方がよいと思ふ。

共産党員である友は恐らく、主義のために私を殺すだろう。近頃まで私は、それでよいと考へていた。だが、極く最近になって、ある事に気がついてろうばいした。闘はずに殺されるといふことは、私を信頼している同志達を置き去りに見殺しにすることだ。私を信じつつ闘っている同志達を、昔の友の刃の前に曝してしまうということになるのだ。

私は、今日の敵が明日の味方になるという、可能性の存在することを信じている。然し可能性は飽くまでも可能性である。それが実現されるまで。敵は待って呉れぬかも知れぬ。何時かは味方になれるという希望がありながら、而も敵味方に別れて闘はねばならぬ悲しい現実を無視してはならぬ。

共に眞実を追求し、自己の是と信ずる道を歩みながら、その立場の相違から血を流し、争闘を繰り返すということの悲劇は、少くとも現在の段階では人間の宿命の様に思はれる。私達の祖父は、この命を悲しみつつも、正々堂々敵に対し精一杯に闘った。それか、良き敵に対する最後の禮の最も眞実な表現であった。だがそれも、いうに易くして行うに難い。この難問題と、日本人が現実に取り組まなければならないのも、さう遠いことではなさそうである。

学習院大学四年生

金信子嬢の渡米留學を前にして祈りの手記

金泰烈

（写眞は金信子孃）

一、私の過去と誇り

一九三二年の春まで九ケ年間の平壌光成中学教員生活を辞去し妻と三人の子を連れて東京へ参りました目的と唯だ一の目的は何か？長女「信子」に先づ帝大において男女共学を許さざるため日本帝国において女子最高学府である「津田英学塾」へ進学と長男の高等学校理科より帝大工科へ進学と二女の医学を目標に定め大膽にも教育に乗り出しました。昭和の初期において一個の無名なる韓国人として無謀この上もなき冒険であったためそれを口外にせず二十六年後の会員その目的が全部達せられたので始めてその一片を公開させて頂きます。誰か私に質問して曰く「君の子供等は天才型？」といわれた時に私も妻も答えます……「否!! 凡人の子の凡人です」と「さらば如何にして世の羨望の的にその凡人なる子供等を入学せしめしか？」と反問されました。吉來私は教育と宗教に全生涯の志を注いで來た理由からその事を先ず信子に例を取り皆様に教育上の御參考とさせて頂きます。

二、天才児は先天的か？後天的か？

私は青年学生時代に図書館の中で一冊の本を見出し興味深かく読みそれに依り將來私が結婚し子供が與へられた場合は是非その原理を実験して見たく決心致しました。ドイツ田舎の教会のウイッテ牧師は夫婦協力しその子カール少年にかく施した教育方法でありますがともかく後年その少年は十六才にして法学博士となり八十余年の高齢に達するまで大学の教壇に立ち彼の大独逸魂を青年に與へたのでありま す。その実験談がドイツ原文より Education of Karl Witte と一アメリカの学者に依り英訳されました。外の一アメリカの大学に依り自己の子供に実験されて出來たのが現代世界最大の心理学者 Prof and Kr William James であります。タルトンヴフランヴスパルタ式教育、孟母三遷之教、遺傳学の原理を超越した一つの眞理がありますがそれは休みき努力と祈りの力こそ不可解な奇蹟をその子に來たらすのでありま す。この事はキリスト教に信仰厚き母モニカ女史が我が子不良見を人類歴上の聖者にした聖オウカスチンに導いて祈りと努力をいふたのであります。

三、我が家娘は「津田」を目的に！

二十六年前平壌に生まれ一家東京に移住し先づ五才で久布白オチミ先生を園長とせる東京市民幼稚園を卒へて正規のルートから東京千駄ケ谷第一小学、香蘭高等女学校を卒業したのは終戦前の年の春でありました。いわゆる大東亜戦争中英文学を選ぶ事は如何に困難であったかは読者皆様のよく知る処であります。家庭にありては絶えず祈りと努力が彼女の英文学的基礎として文法学、発音学、翻訳法式会話法が不完全な親の教授法に依り次第に自信を固めて参りました。全家族がペント持ちて東京を遠く離れた武蔵野の眞中にある津田大学の入学受験番号第一番で臨んだが競走率激烈のため失敗に終り全家族の失望はこの上もありませんでした。空襲下で食料難のため次の年の再起を決心し私は娘を連れて安全地といわれた廣島女学院に往き一ケ年浪人の前と思って同院英文科に入学させました。然しその後ある日娘は無断で東京へ帰って來たので両親はしかって居る中原子爆弾は廣島に投下されすべて灰と化しました!!この原爆より我娘を救ひし神様に私共は永久に感謝して居ります。

四、津田塾大學卒業後国際舞台へ！

翌年願ひの如く無数の天才女人群に打ち勝ち光輝ある津田歴史中第四人目の韓国女性として入学許可されました!! 入学最初級長に選出され級友に卒業訓練を指導したり又同大学YWCA委員として又はチベルヴピアニストとして在学中は奉仕し無事一九四八年卒業致しました。卒業と同時に極東連合軍最高司令部（GHQ）附翻訳官に就任後一ケ年にして駐日大韓民国代表部大使の紹介に依り Charge of visa に任命せられ戦勝国人韓国向出入国事務で国家に御奉公申上げました。その後信子は津田大学総長、GHQ、駐日韓国代表部の特別なる御推薦に依り学位候補者としてハワイ大学に入学許可されたるも出発前、ソールへ戦火飛んだため彼の女の学費のすべてを灰に化せしため中止となりました。

五、祈りに應じて渡米留學の旅へ

津田卒業後日本国家免許証して下附されたものは英文学と社会学の二科目に就き高等学校で講義する資格なるもなお祖国の第二世將來教育のためには以上の修学の必要からこの度び米国合衆国ニューヨークの近くにあるキングス大学に留学する事となりました。終りにこの足らざる両親の祈りに同情と協力を貸して頂いた信子の諸恩師並に地球上の東西両洋の諸友各位に心から感謝の意を表して止みません。神様は私共夫婦の祈りに應へ四人の子共が與へられ皆んな無事に育ち本年を以って江戸ッ子として生れた末子までが大学に進学せしめ私共夫婦は子も物も家も金も世界も信も考えずにキリスト様の十字架の救民とその甦り（復活）を世に叫びつつ居ります。

一九五二年　クリスマスを前にして

（終り）

「青年と煩悶（ハンモン）」

全承泰

人生は冒険だ。それはその將來を予見しえない点において、更に大なる冒険だ。もしそれ吾々の生活は遺傳や境遇の支配するところであって、吾々自身の自由意志に從って之を指導する事が出來ないものであるならば、それは敢て冒險である事は出來ない。さような生命は一片の塀と同じく、飄々浪々として流れ去るばかりだ。それがどうして冒険でありえよう。人生が冒険であるのは、自分の運命を自分自身で開拓せねばならぬからだ。自己の運命は自から開拓するには、現実の自己から遠くかけ離れた理想がなければならぬ。遠大な希望なくして生存する事に人生の冒険があるはずがない、自分は自分をこんなものにしたい、あんなものにしたいと願望する。過去や現在の自分を見詰め、自分の環境を見詰めて、之を改善し又は改造しようと要求する。これがために色々なアコガレ、夢想、幻影希望がわき立つ。そして如何にせば現実の我を脱して、理想の我と一致し、現実の世界を改造して、理想の社会を実現せんかという事につき、色々な苦心と努力とを要する。そこに人生の煩もんがあるのだ。人生の煩もんは現実の世界に在りながら、將來の世界に生きんとする冒険即ち、人生の行路そのものが一大冒険である以上、人生に煩もんは免がれない。殊に学生青年の魂に、どうして煩もんなきをえよう。青年の理想は空想に近いというが彼は直ちに実現さるべきもの一切を徹底するまでやって抜けようという。勇氣と情熱にかられているのである。彼は大政治家となって、己が意のまゝに天下国家を経綸したいと思う。彼は大実業家となって、世界の富を一手に支配したいと願う。彼は大学者となり、大発明家となって、あるいは大宗教家となり、大詩人となって、霊の世界を支配したいと熱望する。そして自分はその何れにも容易になれるという自負心がある。学校に入る時、あるいは卒業する時、又は独立の生計を営まねばならぬ様な境遇におかれた時又そうでない時にて、一体自分はこの世において如何なる仕事に従事すべきであるかという問題に逢着した時、時に今日の様な社会でその解決、特に今日の様な社会で先づその解決に煩もんしない者はあるまい。もしこの場合に、これかあれかと選択に苦しんで煩もんしない人があったならば、彼は人生に対して真面目でないからだ。自分の性格や性能にぴったりと合った職業は沢山はない。にも拘らず、どれでもよい、親の職業をそのまま継承してもよい、あんなに他から推めるから、それでもよいなどというが如きうやむやの態度を以て職業を選ぶ者には、何の煩もんもないかわりに、彼はその運命的に採用した職業から、彼自身の品性を築き上げるに適當な材料を得る事は出來ない。青年は何時も誰にも増して、眞面目に、率直に、物を考えねばならないと思う。そして慎重に將來の問題を解決しようと努力せねばならないのだ。そして自分の使命は自分で創るのだ一旦決定した処のものに向って脇目もふらず一心に前進するまっしぐらに突進すという意氣と元氣と抱負と努力とがあれば、そこに自ら使命の感じが生れてくるのだ。この仕事は自分でなくてはならぬ、自分はこの仕事において、誰もなすことの出來ない独自の貢献をなさねばならないという自覚が、自分の抱負や努力を一層強烈ならしめる。もしこの自覚がないという人があったならばそれは彼が真面目に慎重に職業選択の問題を取扱っていなかった証拠だ。出來るだけ眼界を廣げ深く考えて一つの仕事を択べ、そしてこれに生命をぶち込んで努力する決心を持たねばならない。しかれば、不成功に終っても、自分の使命のために奮闘したという勇士の誇を失わない。願わくば、青年諸志よ、今日の祖国を見よ、あの荒廃された国土を如何に再建し、そして現実の吾々の立場で如何にして協力するかが、見よ、そして考えよ、祖国を再建するのは、吾々韓国人の青年同志であり、日本人でもなければ中国人でもない、若き熱情と情操に燃える青年同志よ、何時何処の他国にいても韓国人としての誇を失わず吾々は各自の学術研究と勤勉そして自分の抱負や努力を一層強烈にして、來るべき近き將來の我が祖国の再建の使命とに吾々は立派に貢献せねばならぬ

（筆者日大工科生）

教養政治學（韓国語）
趙相斗著
近刊予定約二百頁

謹賀新年
李元範
新宿区若松町21

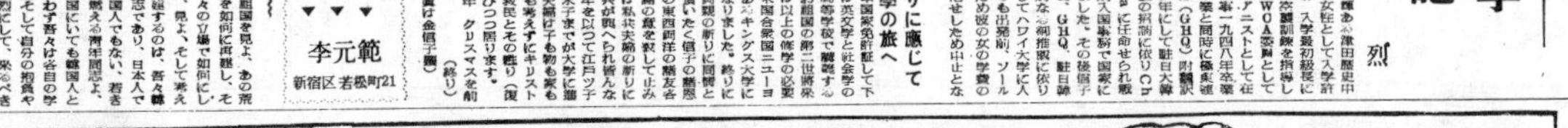

韓国学生同盟 関東本部 委員一同

韓国学生同盟 西部本部 委員一同

韓国学生同盟 京都本部 委員一同

韓国学生同盟 名古屋本部 委員一同

明治大学 韓国留学生会 委員一同

中央大学 韓国留学生会 委員一同

慶応大学 韓国留学生会 委員一同

日本大学 韓国留学生会 委員一同

在日 韓国YMCA

花郎クラブ

在日韓国カトリック学生会 委員一同

学同後援会役員及賛助員名（順不同）

理事長 常務理事 理事

盧栄漢　金禹錫　権逸　金正柱　朴俊栄　田炳昊　鄭寅錫　裵東湖　李鉄金　金允中　白武　金炳寿　朴魯吉　呉炳寿　辛澈善　董玉模　孫芳鉉　金相祐　明利禎　呉福琮

賛助員

李鐘鳴

金今石、金在植、金東春、李興珠、元喆健、金東昊、金容桓、朴炳台、鄭京述、鄭相潤、朴俊栄、金応烈、盧奇漢、徐洪錫、池来漢、朴鳳鉉、

朴石憲　李元植　崔圭凡　金世基　李和錫　呉成国　金正杰　金相吉　李基寿　李福栄　金熙星　辛格浩　郭景勳　李炯録　重光武雄　金鐘宇

韓國學生新聞

韓国学生同盟
中央機関紙
発行所
東京都文京区本郷
二丁目四番地
韓僑会館
電話小石川(92) 1256番
発行人 金承浩
編集人 鮮于[illegible]

綱領

一、吾らは自由なる思想と創造的精神をもつて学術を練磨し、真理を探求せん。

一、吾らは祖国統一と自主独立を確立し、民主国家と均等社会の建設に尽力せん。

一、吾らは相互親睦を図り、高尚なる人格と進歩的精神をもつて世界人類の文化向上に貢献せん。

大学祭の壓巻
韓国寫真展など
心琴に觸れた韓国古典舞踊

大学祭シーズンも師走の声と共に去り行かんとしている。十月二十五日の日本大学大学祭を皮切りに、全国各地の大学では恒例の文化祭、芸術祭が、華やかにとり行われ十一月二十八日の駒場祭をもつて一応終止符がうたれることになつた。さて今年の大学祭に於いて、各大学の韓国留学生会では、我々韓民族のありのままの姿を、ひたすら謙虚な態度で紹介する事に努力し、時に左翼まがいの強がりや、押しつけがましい宣伝は、成るべく避けるように注意が払われた。これは「親善は相互を理解する事を前提とし、理解は相互を先ず知る事に根ざす」という極めてありふれた真理に従つたまでの事であるが、我々の真摯な態度が予想外に功を奏して今年の大学祭も例年に劣らず時宜に即した成果を挙げる事が出来た。

写真展

我々の主な企画は、写真展示会と韓国舞踊とであつたが、特に展示会の準備には細心の注意をもつて臨んだ。重点を写真の選択に置き、東邦新聞特派員安世民氏の撮影された最新の韓国スナップ百数十枚を使用した。これに、ユーモアたつぷりのキャプションをつけ、親切な説明やグラフと一緒に配列した。

今年の写真展の白眉は、何といつても、明治大学と中央大学であつた。両大学とも、留学生会の会長以下会員達数名が学同の委員達と一緒に徹夜をして準備しただけその盛大ぶりも、大したものであつた。

省線お茶の水駅から大学に至る道路の両側一面にはりめぐらされた「韓国写真展」の色彩りポスターが先ず観客のどぎもを抜く。校門を一歩入ると、校舎の壁に、黒字の鮮やかな筆体で「韓国写真展—韓国留学生会」と大書したポスターが高々とはりつけられている。さて、三階の展示室は、引きも切らぬ観客の人いきでむつとするような混雑ぶり。十坪そこその教室に、およそ、三〇名近くの見物人が群がつて、物珍らしそうに首をかしげたり、感心して嘆声を発したり、さまざまなかつこうで写真に見とれなかなかその場を動こうとしない。

キャプションの効果てきめんで たとえば「パゴダ」公園の写真をはりつけたその下には「パゴダ」公園と切つても切れない縁がある「三・一独立運動」の史実を紹介するという用意周到さを忘れなかつたため、一瞬して考えさせられる観客が多い模様であつた。動乱の時、共匪軍が行つた大量虐殺事件のスナップには思わず顔をそむける人も居たが、韓国の女子大生や一般の女性達の美しい衣装が観客の心にやきつけた印象も見逃す事が出来ないものであつた。

中央大学における「韓國古典舞踊と國際音樂の集い」に会場をうずめた観衆。今永沢ブルーシスターズの軽音樂公演が満場を魅了している所である。

大学祭最大の人出 舞踊公演

写真展と同じく、むしろそれ以上の人気を呼んだものは「韓国舞踊と国際音楽」。国際音楽とはちよいと聞きなれない熟語であるが、それもその筈、これは学同の某委員が苦心の末ひねり出した「ジャズ」の代名詞であるそうな。ともかく徐春韓嬢の素晴らしい古典舞踊と天才少年少女一座として既に令名のある「東京レインジャーズ」の熱演は、一ツ橋、明治、中央の各大学祭で最大の人出をつくつた。一ツ橋大学では、中山伊知郎学長がわざわざ観客にもまれながら熱心に見物されたし、明治大学では三千人収容の記念館講堂が超満員になつて会場の外に観客が溢れ応援部が総動員で整理にあたるという、てんやわんやぶりであつた。明大では、左久幸嬢（英文科）が定評ある美声で韓国民謡を唄つて満場の喝采を浴び、又、公演の終幕に学同代表委員から留学生会長に花束の贈呈があつた時、割れるような拍手を贈つたのは韓日親善のほほ笑ましい情景であつた。

来年の大学祭をより立派なものに

これとは打つてかわつて閑散を極めたのは左翼学生達の催しである。彼等が鳴りもの入りで準備した所謂「朝鮮展」はまさに羊頭を掲げて狗肉を売るに等しいもので物々しい扇動的文句や民戦から押しつけられた切り抜き写真がベタベタとはりつけられた「朝鮮展」の部屋には、浮かぬ顔の観客が一人二人ソソロ歩きをしているだけ—ヒッソリと静まりかえつた部屋の中で人相の悪い見張り番の党員が退屈のあまりグースカグースカ舟を漕ぎ始めるというノドカさであつた。

今年の大学祭は、時宜に即したプランニングが如何に大切であるかの教訓を我々に与えて呉れた。又より広汎な学生の協力があればより立派なものに仕上げる事が出来るという見透しを与えて呉れた。要するに大学祭は、一時的努力や冒険で切り抜けられるものでも、又そうすべきものでもなく、平素の協助団結の延長として結晶されるべきものである。明春早々、東大の五月祭もある事だし、来年の大学祭をより立派なものにするため、今のうちから、協助団結の雰囲気を盛り立てて研究して行きたいものである。

こゝにも韓日学生の友情

大学祭が、このような成功を収めたその裏には、いくつかの美しいエピソードが秘められておるがこれはその一つ——一ツ橋大学の古宮一郎君、東京外語大学の、生稲裕君、中央大学の星野昇君は、わざわざ貴重な時間を割いて一ツ橋大学と中央大学における写真展覧会の準備に率先協力して下さつた。同君達の美挙は、日韓学生間の友情の発露として両大学の韓国留学生を始め一般同胞学生達の感謝のまとになつており、近い内に記念品を贈呈しようとの準備が進められている。取り敢えず紙面を通じて古宮君、生稲君、星野君に厚くお礼を申し上げる次第である。なお、今年の中大の大学祭において韓国憲法の解説図作製に骨をおられた李鉉氏、ならびに貴重な写真の使用を快諾された安世民氏に対して厚くお礼を申し上げる。

代表委員金承浩君 空路本国へ
懸案解決に明るい見透し

学同三千盟員の期待を担つて、代表委員金承浩君は、去る十一月二七日、羽田発の航空便で、勇躍本国に向け出発した。

この度の、代表委員の本国行きは去る八月下旬の第十一回中央委員会で、「奨学官の派遣を本国政府に要請する」などの、重要な決議が採り上げられて以来、通信その他の連絡が不便なために、交渉が一向ラチがあかず、問題は山積する一方なので、この際、本国政府の要路に直接、在日留学生の実情を訴えて、日ごろの懸案を一挙に解決せんものとして計画された。

代表委員の本国派遣がもたらす成果については、今の所、本国の政治的、経済的事情が多事多難であるから、余り楽観的な予断を下す事は、難しいが、少くとも、在日留学生の卒業後の就職対策、本国学界との学術的連携などについては、かなり明るい期待をかけてもよいのではないかと思われる。代表委員の旅程スケジュールは、文教部長官、高等教育局長、国会の文教委員会との会見、学界との意見交換、学生団体幹部との申し合わせ、各大学訪問、在日留学生の実情報告会などが含まれている。

最善をつくす —代表委員談—

去る十一月二十三日、各大学同窓会代表者や有志達が集つて、代表委員のために盛大な壮行会をひらいた。席上「激励に期待する」という声に応じて、代表委員は、本国行きの抱負を、およそ、次のように語つた。

談—本国の当局者達と、折衝をしに行くというよりも、我々の実情を誠意をもつて訴えてみたいというのが、私の偽らぬ気持です。

私自身、学校のゼミナールの関係もあつて旅程を二週間以上延ばす事は出来ないので大分、忙しいだろうと思いますが、学生団体や学界、文化団体の関係者ともなるべく広範囲に接触して、今後、我々在日留学生と本国学生との間に恒常的な親善協力の紐帯を作り上げるよう努力してみるつもりです。私の本国派遣を実現させるために、色々と援助を賜わつた諸先輩や諸兄に厚く感謝します。

ソウル行きのCATのタラップで歓送陣の見送りに応える金承浩君。この日天候が好調で予定通り四時間半後にはソウル金浦に着陸した。

同窓会代表者 懇談会
文化サークル案具体化へ

十二月三日（金曜日）、各大学の同窓会代表者ならびに有志の懇談会が、学同中総の事務所でひらかれた。

日程の関係上、関西や、その他の地方から代表を招待する事が出来なかつたのは甚だ残念であるが関東地方から、二〇余名の盟員が参集し、午後三時から三時間あまりにわたつて熱心な話し合いが行われた。

病をおして出席した組織委員の石君から この度の懇談会が、学同の企画した諸活動について盟員達の意向を具体的に盛つて行くために意義深いものである事、今後もこの種の会合をなるべく度々ひらくつもりである事などと、懇談会の趣旨について説明があつた後副代表鮮于君の司会で話し合いが始められた。

先ず、朝日マラソンに出場する崔倉七選手を応援するための打ち合わせがとんとん拍子にきまり次いで文化サークル結成について学同執行部の腹案が紹介された。

特に文化のサークル結成の問題に関しては、この試みがある程度の財政的な準備を必要とする事から、経済的見地からしても、現在焦眉の急務になつている同窓会強化対策と並行して推進されるべきではないかとの意見が活発であつた。学同執行部としては、学同に成るべく学術的雰囲気をもり上げて行きたいのと、卒業生の本国受け入れ対策の一環として専攻別のグループ研究活動が望ましいとの見解の下に、同案を作成したのであつたが今後は、更に、組織強化にも充分役立ち得るよう一層具体的な検討を重ねる事を約して文化サークルに対する話合いを打ち切つた。

所謂南日提案は 歯牙にもかけず

最も論議の焦点になつたのは、例の通り南北統一を実現させるために我々学生の取るべき態度の問題であつた。特に昨今は、国連政治委員会の葛藤で、朝・統一問題がさかんに取沙汰されて居る際であり、丁度、北韓の共産政権が積極的に平和攻勢に乗り出して来て以来、僑胞社会の空気が緊張の度を増しているせいもあつて、出席者の大多数が卒先して発言した。

本国政府の態度が、こうと定まつたからには、我々がこれについてとやかく論議すべきでないと言張る人も居たが、結局、我々は、共産主義の表裏不同な政策を過去に経験している以上、彼等の動きにとらわれずに、独自のイニシアチブを発揮して統一の方策を考究すべきではないか、という意見が一般的であつた。

このほかにも二、三の案件を囲んで意見が交されたが、終始一貫、[illegible]なうちにも和気あいあいたる雰囲気の中で進められた事は、会が申し合せた案件以上に重要な収穫であつた。

執行部としては、今後とも、この種の懇談会をなるべく、しばしば開いて行くつもりである。

民団東本が声明
北韓で[illegible]を！

民団東京本部は、一糸乱れぬ組織活動で民族陣営の団結発展に多大な貢献をなしており、事実上、在日韓僑社会に於ける中枢的存在となつて居るが最近、北韓の共産政権や在日民戦系の所謂「平和攻勢」が本格化するに及び、僑胞の精神的武装を一層強化するために慎重な対策を練つている。

これに関連して、東京では、去る十一月九日、所謂南日提案を排撃する要旨次の如き声明を発表し北韓最高人民会議の統一会議案はあらたな政治的陰謀に過ぎないと六〇万同胞に訴えた。

声明要旨

平和を願うことにかけて我々は人後に落ちるものではない。併し侵略者である共産主義者の称える「平和」なるものが如何に不純な下心から出でたものであるかは自明である。南北韓の文化交流、書信往復、住民の往来など、共産主義者は、いかにも体裁のよいことを口にしているが、これは、戦災民や避難民のノスタルジアに訴えて、我々の内部の攪乱をめざす新たな陰謀にすぎない。官制投票で選ばれた人民会議を話し合いの北韓側代表にするという提案は、不合理極まるものであり、それ自体がすでに、南日提案の裏にかくされた陰謀的カラクリを暴露するものにほかならない。

我々は、南日の提案を、断乎として排撃すると同時に、人民会議を直ちに解散し、人民軍、秘[illegible]衛病然など、人民の自由を拘束する一切のカイライ機構を解体して、国連の監視のもと、絶対に自由なふん囲気の中で、北韓だけの単独選挙を実施することを主張するものである。

韓・中親善のために
——[illegible]——

中国留日学生東京同学会
主席 [illegible] 国民

歴史始まつて以来、韓国と中国は不可分の関係にありました。韓民族と漢民族は親善であるにも拘らず、ヨーロッパを始めとする世界各地の異民族間のそれにあつた如く、互に殺し合つた流血の歴史がなかつたのみならず、常に時代の推移と共に文化、貿易の交流を通じて二大民族は夫々独自の発展をしてありました。是は実に世界歴史に類例のない事柄でありまして、如何にこの二大民族が平和と文化に生きる偉大なる民族であるかを立証して余りあるものと信じます。斯くの如くこの二大民族は発展と運命を共にして参りましたが、今日においてもわが中華民国の運命は韓国の運命に繋がつていることは申すまでもありません。韓国の運命はわが中華民国の運命であり、わが国の運命は即ち韓国の運命であります。この共感を一層身に強く感ずる我々学生が共通の理想と目標に向つて一致邁進せんとする自然の団結が生ずるのは是亦二大民族の歴史の然らしむる所であるといえましょう。

現在の両国の情勢はどうでありましょう。両国ともその国土の大半が侵され、幾多の同胞が今なお苦しみ抜いている状態にありますことは、また、なんと皮肉な一致でありましょう。この困難は、実に、両国共通の敵であり、自由世界の共通の敵でもあるのであります。我々はこの共通の敵の本質を見極め、如何なる謀略、平和攻勢にも屈せず、世界平和と最後の勝利を得るまで断乎と戦うものであります。韓国がこの敵とあくまで戦い一歩もゆづらなかつたその敢闘精神は実にわが中華民国の讃辞を惜まない所であります。今日わが国は台湾に退き苦境にありますが決して屈することなく最後の勝利を信じて着々と大陸反攻の態勢を整えているのであります。中華民国留日学生は常にわが国革命の原動力でありました。この血は今なお、脈々とわが同学会の中を流れているのであります。また、同様に次代の自由韓国を担うものは在日韓国学生であると信じています。この共通の崇高な使命を我々は必ず果せると信じて疑わないのであります。我々両国学生は我々の上に課せられた責任の重大さを認識すると同時に、一致団結して共同の敵に向い断呼と戦い、最後の勝利と自由をかち取ろうではありませんか。

大韓民国学生同盟万歳
中国留日学生東京同学会万歳

（筆者は東京大学学生）

主張
手綱を引締めよう

一

多事多難であつた一九五四年もまさに暮れなんとしている。

休戦をめぐる異論がまださめやらぬ内に迎えたこの年であつたが、我々の周辺に打寄せる荒波はいよいよはげしく、ジュネーヴ会議では共産側の策動に再三再四の幻滅を味わされ、祖国の経済再建は遅々として捗らず、民衆の生活は依然として塗炭の淵をさすらい、政情は無軌道ぶりを増すばかり、あれよあれよという暇もなく、いつの間にか我々は二〇世紀後半の第五年目に押し出されようとしている。

新しく迎えんとする一九五五年こそはとむやみに力んでみた所で、若し我々に過去に対する反省とこれに立脚した準備がなければ、まさに愚も極まるべしである。勇気ごむ前に我々は先ずじつと手綱を引きしめる事を知るべきであろう。

二

民族に対するオブリゲイションの重大な点にかけては、世界ひろしと雖ども我々韓国の学生に比肩するものが居まい。それは非常に多くの点で、世界の水準に立ち遅れている後進的な我が民族社会において我々学生が指導的地位に立たされているからというだけの理由によるものではなく、民族の死活に直接ひびくような大きな影響力を我々学生が握つているからである。

即ち我々は、両断の憂目にあつて破局に面している民族の行方に絶えず目を注ぎ危機に際しては剣をとつて死地に臨む覚悟を持つと共に、恒に叡知の燈火を掲げて民族の将来を照らすべく精進せねばならない。左手に破邪の剣、右手に叡知の燈を持ちしかもこれを上手に使いこなせなくてはいけないのである。学生同盟は、まさにこのような要請に応えて生れ、このような要請を果しつつ生長した。学生同盟の演じた重要な役割をむやみに過大評価する事は慎しむべきであるが、少くとも民族の危機が未曾有の尖鋭化を呈している今日学生同盟の有する役割は増大しこそすれ減少はしていない。

三

「学生なにするものぞ」「学生は勉強だけすればよいのだ」という声を巷にきく。われわれはこのような発言に対して反撥を感ずる前に、先ずこのような声を生ぜしめるに至つた事情を探らねばならない。破邪と叡智とを使いわけるわれわれの役割に果して万全が期せられたであろうか。政治に関係するのあまり、勉学を等閑視する弊はなかつたろうか。遺憾ながらこれに対するわれわれの返答は必ずしも断定的にそのどうちだとも言い切れないであろう。

政治ということを履きちがえて、闇にかけひきや横車を押すことに頭をしぼり、大義のために大同団結する事を軽視したことがなかつたといえまい。学生をしてその二重の役割を充分に発揮せしめるべく学生同盟が、彼等を広範囲に抱擁し後援し指導する上に手ぬかりがなかつたといえまい。

巷の声は、学生が、自己の本分—破邪と叡智—を充分に全うする事が出来なかつた所から来たものである事を認めよう。政治にこだわるの余り、勉学が、ややもすれば忘れがちであつた事を反省しよう。学生を後援し抱擁する仕事に欠陥があつたことを認めよう。

学生同盟は、過去一年の成果を省りみて、その誇りを感ずる前に なしとげた重大な役割に対して以上指摘された欠陥を是正し補充するため万全の態勢を整える決意を新しくしている。学生の政治活動のみならず、勉学生活、ならびにこれにつながるあらゆる文化活動も、優先的な庇護と後援をうけなければならない。そしてこのためには特に学生の生活問題の解決にも、文化活動の後援にも一段と有効な対策が講究されなければならない。

かくしてこそ、学生同盟は名実ともに一般学生大衆の頼り所となり、大同団結して破邪と叡智の役割りをともに全うする事が出来るようになろう。そして、このことが成し遂げられるとともに、学生は事実上、民族に対する責且つ大なオヴリゲイションを全うしているという誇りと新たな勇気を持ち得るようになるであろう。

馬脚を露した
南日提案
解放新聞のデマにのるな

北京を訪問したインドのネール首相が、朝鮮統一問題に関する新提案をほのめかしたり、中ソ合同宣言がとび出したり、国連の政治委員会で参戦十五カ国が目まぐるしい立ちまわりを演じているなどの情勢から判断して、北鮮のカイライ諸君も、ソロソロ御輿をあげる頃だゾと予想していた折も折、いわゆる北鮮の最高人民会議のアッピールなるものが、平壌放送の電波にのつて送られて来た。

それ以来、在日民戦系の手先きや、その同調者共の狂気じみたうごめきが、最近ようやく鼻につくようになり、一部には、無軌道な政治屋さん達が盛んに動揺しているという噂さが飛び交う中に、民戦のスピーカー「解放新聞」は連日「号訴文を支持して」なる見出しを掲げて、あることないことを手あたり次第にデッチ上げ、デマ宣伝にウツツを抜かしている。

ところが、何を血迷つたか、この「解放新聞」は、わが学生同盟までもが、アピールに呼応しているかのような デマ記事を 報道し とうとう自らその化けの皮をぬいで馬脚を露わすに至つた。とても信じられないような嘘を、平気でつくのが、共産主義者の常套的やり口であることは既に万人の常識であるが、併し、うそもここまで来れば全くあいた口がふさがらないというべきであろう。

学同の既定方針は 確固不変

共産主義者の誠意が行動の裏付けを伴わぬ限り彼等に対する疑いを弛めないという学同の基本方針は不変である。実の所学同は当初から北鮮のアピールの陰謀的性格を見抜き、これを敢えて取沙汰しないことに決めていたものでその後も同窓会代表者会議の席上で既定方針を再確認するにとどまつたのである。これをどう間違えたのかくみし易しとみてとびついた「解放新聞」のムジナ達こそいい面の皮、かねてからの嘘八百ぶりが一度に暴露されてわらいものになつている。

民戦系学生に動揺の兆し、左翼学同の某委員も

左翼宣伝の虚偽的性格に対し猜疑性をもつわれわれはともかくとして左翼の学生、それも人もあろうに、左翼学同のレツキとした某委員が、「北鮮のかけ引きのやり方は、アクが強くて、とても信頼出来ない」とコボスことしきり。われわれの興味は、もう今度のアピールのきまりきつた成れはてから放れて、この次には北鮮から、どのような新しい嘘をもちかけて来るだろうかということに注がれている。

警戒心を高めよ！ 口車にのるな

アッピールに感涙をしぼつている一部の政治屋さん達はよつぽどお目出たく出来ているとみえ、「解放新聞」のデマ記事をそのままうのみにして、学同を手なずけるために、近く説得使を派遣するという噂さがしきりである。真偽の程は別としても、すべてを理くつだけでわり切ろうとする傾向のある学生インテリ層が、こんどのアッピールの主な狙いの一つになつているかも知れないという事は、一応うなずける はなしである。われわれは、この際特に警戒心を高めて、行動の慎重を期する事が大切であろう。

我苦斗

吉田内閣崩壊／鳩山内閣誕生／百日天下を喜ぶ鳩山内閣が三箇月間に在日韓僑にどれだけの誠意ある政策を示すのか案じられる。重光副総理の片足が気になるのは時勢に気をとられる所為だろうか。カタキウチで鮮やかだつた過去を知つているだけに——。

● ● ●

世は正にヒロポン全盛時代、曰くヒロポン亡国、ヒロポン中毒、ヒロポン患者収容所、ヒロポン密造所、ヒロポン取締り強調週間等と朝夕このいやな活字が擬えつけられない新聞がないものだろうか。また朝鮮人がなどとヒロポンに結びつけられてこの上ない迷惑なことだ。作つた奴は日本人で捕つた奴は日本人で打つた奴は朝鮮人。全く要領の悪い朝鮮人だ。

● ● ●

世界人権宣言デーに韓・中・日の三国学生共同宣言に署名した鮮于副代表君、ヒロポン撲滅は人類社会の課題であること勿論ですがね エー、われわれ同胞の人権がヒロポン禍のために侵害されているンですよ。三百人もの武装警官がネヅミ一匹もらさぬ暁の襲撃をして二、三人の容疑者を連行したとは全くフンダリ、ケラレタリの朝鮮人さア。

● ● ●

平和攻勢シキリに譲う。日本在留同胞え近づく。平和攻勢警戒警報発令中。

キイタときは、いいもんですよ。気がついてみたらもうがんじがらめというわけさ。だんだん要るようなもんですよ、命をね。ヒロポンと同じようにネ。いうなればヒロポン攻勢ですナ。

▼編集部より

学同の財政不如意から、韓国学生新聞に欠号を出すに至つた事は甚だ残念です。

いつもの通り、今度の十二月号の編輯にあたつても多数の盟員の助力を仰ぎました。趙万[illegible]、崔成源両氏は多忙な時間を割いて記事編集などに有益な御助言を下さいました。文化委員金炳三氏は、編輯委員と二日も徹夜で頑張つてくれたし、組織委員石南国氏は無理に時間を割いて印刷所との交渉などに奔走して下さいました。厚くお礼を申し上げます。その他陰に陽に御協力下さつた先輩、盟員諸兄にもお礼を申し上げます。

▼お礼

● 国際緑消運盟（主幹、宋政勲氏）では、学同の困難な財政に[illegible]かでもお役に立てばと、同社発行の「韓国動乱三年史」（写真集、一部百円）を一千部寄贈された。

● 民団東本では、韓僑会館の一階を、電気、電話、水道料など、一切自分持ちで学同に貸しておりかねてから学生運動に深い理解を示していたが、今度は、電話一基を学同の一層の発展のために使用させて下さるとのこと、常任委員達を感激させている。

声明
—共産主義者は行動を以つてその誠意を示すべきである—

三八度線による祖國の両断は我が民族一人一人の生活に名状すべからざる苦悩をもたらした。しかもこの状態が更に永びけば世界状勢の有爲轉変と相俟つて民族の運命そのものさえも奈落の底に轉落する危険性またなしとしない。

然るに去る十月二八日、北韓の第八回最高人民会議は「南北統一の平和的実現のための提案」と銘うつた長文の決議文を採択しこれを南韓や在日の同胞達に寄せて來た。過去における共産主義者達との話し合いの経緯が立証しているように彼等の一挙手一投足はこれすべて「共産主義の終局的ヘゲモニー」に貢献すべく仕組まれていた。一九四七年の南北協商会議にしろ、動乱末期の休戦会談にしろ、所謂平和の美名をかりて話し合いのイニシアチヴを執つたのはつねに共産主義者であつたが、一亘話し合いの場に臨んで、これをかけひきや宣傳のエリーナに轉用し、元來の話し合いの目的を闇に葬るのも、きまつて共産主義者であつた。その都度我々は、共産主義者達の眞意が、果して問題の解決にあるのか、あるいは單に話し合いの場をもつことのみにあるのか、疑惑の念を抱かざるを得ない立場に立たされた。従つて今日、祖國の平和的統一実現の途上に横たわる最大の障碍は、この問題に対する頑迷さとによるものだという觀念が風びするに至り、共産主義者達との話し合いによる平和的統一の可能性は絶望的だとの見解が支配的になつたのは、ひとへに共産主義者達の無誠意と策謀的態度と、共産主義ドグマに固執する共産主義者達の責任である。

このたびの最高人民会議のアピールも共産主義者の誠意を知る上に何らの手がかりも提供して呉れないものである。彼等は韓國動乱が共産主義者自身の所作であるという明白極まりない事実をいまだに肯定しないのみか、これを作爲的に李承晩大統領個人の責任に帰してともあれ韓國政府の元首の地位にある人物をアピールの対象から除外するための陰謀的口実としている。彼等はそもそも話し合いなるものが双方の平等な讓歩によつて成立するものであるという常識的な觀念さえ等閑視して祖國の平和的統一の実現が韓國の無誠意な態度に阻害されているという宣傳に余念がないのである。

よしんば共産主義者が、郵便物の交換、經濟物資の交流、北韓における交通の自由など、一見魅力的な秋波を投げようとも、そこに一片の誠意の証據が伴わねば、これは祖國の平和的統一の可能性に些かの希望も添えるものではない。

我々は、此のたびの最高人民会議のアピールが、從來のそれと全く同巧異曲のものであり、祖國の平和的統一を眞しに念願する韓國の学生に新たな失望を與える結果に終つたことを極めて遺憾とするものである。我々はこの際にあたり、我々が、つとに研究し論じ盡して到達した結論に基ずき、次の如く共産主義者にアピールすると共に、全韓國学生をはじめ良識ある社会人一般に対して、一層警覺心を高め、民族至上の精神に生き抜かれんことを要望するものである。

一、共産主義者達が眞に平和的話し合いによる祖國統一を希うならば行動をもつてその眞意を裏付けるべきである。そしてその行動とは少くとも次の三条件を充分にみたすものでなくてはならない。

二、共産主義者が、韓國動乱において、まがうことなき侵略者の役割を演じたことならびに、侵略の準備に際して外國から與えられた指令、援助などの一切を公表する。

三、北韓における非民主的な圧制機関、秘密警察、密告制度などの一切を廃し、民衆に言論、出版、結社などの基本的人権を保証して話し合いのための代表を選挙するに必要な民主々義的ふん囲氣を準備する。

四、しかる後、國連の任命した委員團による監視を受け、その指導の下に、平和的統一に関する話し合いを召集する。

檀紀四二八七年十二月十四日

在日韓国学生同盟中央総本部

書齋閑談

崔　南　善

私は、幼少のときから文献の価値を、甚だ尊重なものとひとりきめこんで、おうよそ文字の記されたものは、洩れなく大事に蔵つておいたものだ。中でも、特別なものとして、国家と民族の生活に関係をもつ文献を収拾保存するのに苦心したことは、ほゞ天性といつてもよい程のものであつた。

私が国文を読めるようになつたのは、六七歳頃のことだが、その時には国文で発刊される本が、キリスト教編の伝道書のほかにはなくて、それを、発刊されるがまゝに購い、読み、保存して、一寸した一つのコレクションをつくるくらいになつていた。

そのつぎには、七、八歳に漢文を読むようになつた。その頃、漢文で西洋の書籍を翻訳刊行する機関が中国に何個所かあつて多数の書籍が韓国にまで流れてきたりしたのだが、韓国にきたこんな種類の本も何よりも先に読み、何よりも深く認識しようと力を入れていて、こんなものも私が持つていた書籍のなかからまた一まとまりのコレクションになつた。

いま考えてみれば可笑しくもあるが、元来西洋の学術書籍を東洋に移してくるのにおいても、日本より中国が先んじていて、従つて中国人が先に手をつけ、たとえば経済学を生計学とし、社会学は大同学とし、哲学は性理学だとする類の訳字があつたのだが、実際私は西洋学術をこんな書籍と用語を通じてはじめて受け入れたのであつた。

十三歳の時に日本の新聞を通じて日本語を知ることになり、知るにつけて日本の本を集めて見たのだが、その時ソウルで見ることの出来た日本の本は、官立のいくつかの学校で使う類のものがあつただけである。ひとつは官立学校で初等算術を教える数学教科書であり、またひとつは、官立医学校で日本医学書類を翻訳して教科書につかう内科学、解剖学と同じたぐいのものであつた。私はこの二つを手にしてみて、貪欲な想いを禁ずることが出来なくて、算術問題と解剖学名詞のようなものを、日々に暗記するようになつた。

十五歳の年に、俄日（露日）戦争が起つて、韓国にある日本勢力はアラサ（露西亜）の代り役をつとめ、その年の十月に、韓国皇室から留学生五十名を日本政府に委託する時、私もその中の一人としてはいつていた。

日本に着いてみると、文化の発達と書籍の豊富さは想像のほかで国文のキリスト教書類と漢文翻訳書類だけをみていた時に比べるとふし穴から覗いていた空を、二つの眼を大きくあけてみるような感銘であつた。私はそんな本というものが何もかも気に召して、読みに読み、またその傍ら翻訳まですべる罪が、日本に行つてから、よけいに活溌になつた。その時はこんな勉強に、夜の眠りもとらないで精神をうち込んでいた。

日本にカントの純粋理性批判という本がはじめて翻訳されて出た。カントという人が近代哲学の大御所だということは、誰れにも知られていることであるが、私もその本を購つて、読み、またひねくりまわしてみたことがある。いまみてもわからないカントの理性批判に関する新書をその時の私の知識と日本語で知つたかぶりしていたことは、今考えても冷汗三斗のおもいである。

その後三年間のあいだ、日本で本を集めはじめて、時に時勢に鼓戯されて国民精神運動を起させるのだとの考えから、歴史地理の研究に眼を開き、この方面に関する書籍をことにあつめるようになつた。

そして当時、日本の学者の傾向をみるとき、私たちが国祖と信ずる檀君を、後世に誰かある人が政治的必要上からつくりだしたのだではないという説が盛んに行われているのをみ、国民感情から激憤を覚えて、檀君の科学的研究をはじめた。その時から朝鮮の原始宗教と東方の古代文化に手を延ばしながら、朝鮮精神の根本を檀君に置こうというのが、つね日頃の研究題目となつた。

いわば私の国史の研究は、歴史のための研究というよりも、国民精神のために歴史を開拓するものであつたというべきであろう。ところで、檀君を科学的に研究するには人類学、民俗学、宗教学、言語学等の許多な補助科学の知識を必要とするので、この各方面の予備知識を体得するために大変な苦心と努力をしないわけにはいかなかつた。それで、私の書籍蒐集は自然、その範囲を少しづつ拡げることになり、数量を増やすことになつた。

十七歳の時、机を投げやつて故国にかえり、新文館というものをつくつて、教科書を編集する傍ら雑誌を発行したが、これは朝鮮の新文化にかかわつて、かなりに重要なひとつの事実であつた。しかし、いくばくもなくして時勢が急転化をし韓日併合が実現することになつたので、国は保存することが出来ないとしても、文化はあかろくしなければなるまいとの考えから、朝鮮光文会をつくり、本格的に国内書籍の収拾に力をついやし、おおよそ、朝鮮文化の材料になるくらいのものは、内容の傾向を問わないで力の及ぶかぎり蒐集した。

その時には一般的にいつてこんな方面の仕事を重んじて考える人もなく、価値についても正当な認識がなかつたために、図書蒐集はかなりに都合よく進んだ。一、二年のうちに数万巻の書籍をあつめることになつて、ことに、前刷疏領平始栄氏が西間島に立たれる時その大小家に伝来していた数万巻の書籍と文章を私に託していかれたことは、私たちの事業の進行上に多大な寄与をなした。そのなかには、日清戦争前後に関する貴重な材料だけでも数百をかぞえられた。

かれこれ歳月が過ぎるにつれて私の蔵書は各種国語にわたつて比較的多くの累積をみ、内外の国で梯梯に朝鮮の蔵書家という風評を聴くにいたつた。

ではあるが、私は本来蔵書が目的ではなくて、その中から朝鮮文化の埋れた光を発見しようとすることが目的であつた。書物の数が多くなつたことは、その副産物に過ぎないのである。

その後、種々の波乱を経たりして朝鮮史編修会が生れ、博物館や図書館その他学術機関が誕生するにつれて、これと直接間接の関係をもつことになりこれがまた私の蔵書を多くすることにずくなからぬ助けになつたようである。たとえば、満州国がうまれて建国大学が創立されると同時、朝鮮民族の代表教授という名目をもつて建国大学におもむくことになつた時の前後四、五年間というものは、満州と蒙古と北支那一帯を歩き廻りながら、数多くの中国書籍を蒐集するのに、莫大な便宜をもつことになつた。

あれやこれやの関係からして私の蔵書の数は、大平洋戦争当時、書籍保存を本位として、東郊、牛耳洞に疎開する時にはトラツク八台をもつて積み出したし、その数は約十七万余と計算された。

牛耳洞に出向いてからは、世上の風雲をそしらぬげに、書籍保存の目的をほぼ達成するかというところであつたが、一九五一年一・四後退の時にそれをそつくりそのままにして南部に避難した後、U・N軍が追撃戦を行う砲火に、全部灰となつてしまつた。

このなかには私たちの文化と歴史のための貴重な材料が、数うべくもないくらいに多くて、惜しまれる心情からすれば、心臓が破れ裂けないのがやつとであるほどだが、これも時代の犠牲なのだ、世紀の悲劇なのだとすれば、これまた断念しないわけにはいかないのである。

、その年、六月一日に、痛む胸を抱いて、牛耳洞に残された書籍の灰燼を涙でとむらい、ただちに書斎再建に着手して今日まで三年のあいだ、やつと（前の数から）約四分の一である四万巻ばかりを蒐集して、せかれるがままに、日をつぎ要求されるものを探してみることになつたのも、考えてみれば不幸中の幸であるとすべきことである。

ソウルの女子大生

女性の勉学熱は、戦後の韓国における特異な、そして力強い現象の一つである。現在渡米留学生五千名の中、女性の数はその二千名にも昇るだろうと伝えられる程であり、事実上の「女男同権」の時代になるのもそう遠い将来のことではあるまい。

戦後、女性として大臣の席についたり、判事職についたりした女性陣の先覚をはじめ、休戦反対運動に際しては、「涙のデモ」を敢行して、共産主義者どもの肝をちぢみ上らせたソウルの女学生など女性達の鼻いきはすざましい。それにしても民議院に進出した女性が男性の議員達とグルになつて乱斗に一役かつたという出来事がないのは、いささか淋しい（？）限りのである。

ソウルの大学は殆んど男女共学で、女性だけの大学はだんだん影をひそめているが、上の写真は伝統をもつて知られている梨花大学のスナツプである。溌剌たる彼女たちのいでたちのなかに、次の世代の新鮮な息吹きが感じられる。

最近の消息によれば、女性達で卒業後、社会に進出する数が激増し、従来男性のうけもつていた職場にもさかんに侵透しつつあるという。これは生活難よりも、寧ろ女性の活動力向上という喜ばしい現象であると見られており、男性達をして嬉しい（？）悲鳴をあげさせているそうな。ともかく三千万の人口の半分—一千五百万人が女性であるという事実を知らされて、今更ビツクリするのは男らしい度胸とは言いかねる。

彼女等のみなりは、国粋派あり、アプレ派ありといつた中にも、共通な明るさを取りもどしており、動乱中に見られたカーキ一色の味けなさは微塵も偲ばれない。さて日本も漸く最近になつて女性天皇を認める事にきめたが、女男同権を憲法が保障している韓国では女性も大統領になつて差しつかえない筈だ。女性よ、大望を抱け！

産業復興の構想

ソウル商科大学教授　高　承　済

1

解放後十年という長い歳月がながれた。が、その当時から増々高調されてきた経済再建はやつとその前提条件をつくりあげただけであり、未だ本格的な進展をみることが出来ずにいる。ことに、経済復興の焦点である産業再建にいたつては、その基礎すら、確立されていない。それが止むを得ないとされるところには、勿論、歴史的及び現実的様々な要因が省りみられなければならない。しかし、産業再建の停滞という帰結が止むを得ない結果だということについて何が支配的な原因であり、何が附随的な原因であるかを計数することが緊急なことでないというのではないが、そのまえに、あらたに検討の対象として残されなければならない一つの問題が横たわつている。

ほかでもない、私たちが産業復興の問題にぶつかつて考えようとする時、私たちの感慨は、それが二言もないくらいもどかしいものだということに尽きてしまう。産業建設のもつもどかしさ、これはそのまま看過されてよいことではないようである。いま、かりに産業再建に於ける停滞性の原因を検討すると同時に、産業建設のもつもどかしさを検討する場合、この二つの検討のうち、どちらかと云えば、むしろ、後者の検討の方が先んぜられねばならぬと、しない訳にはいかない。

経済学の発達過程を、ふたつの時期に区分して、前半期経済学と後半期経済学の特徴を要約してみるとき、生産力増進を意欲する経済学と、消費力増進を意欲する経済学とを対照してみることが出来る。ところで、前半期経済学のなかでも、最も古典的な位置にあるものとして、アダム・スミスの国富論を指摘しないわけにはいかない。が、人をして驚かしめるもう一つの事実は、スミスのこの経済学こそ、近世英国社会に近代的産業を創設することを、排他的に強調した類例のない情熱的な、産業建設の経済学であつたということである。ところが、産業建設論の歴史的古典である国富論の全体系において、産業建設を独自的に究明している所は見あたらない。その尨大な著書を貫流する情熱は産業建設、この一つであつたが、何ら惜しくありながら産業建設という用語は、一度でも叫ばれていないのである。

ある意味からは、ふかい真理を暗示する沈黙である。分業的な労働方式から貨幣価値の問題、租税論、対外貿易、国家対産業の関係など、数多い問題に関する鋭利な分析が展開されているが、産業建設の問題が登場させられなかつたという事は、この問題を悟らなかつたからではなく、寧ろ、あらゆる自然的条件の調和ある総体的な発展の自然的な結実として、産業建設が帰結されるという正しい認識の所産であると、みない訳にはいかない。

2

周知のように近代的経済発展において、英国は、最も典型的な国家である。また英国において、近代工業は、綿織業を支柱的な産業としつつ形成した。実に綿織業の発展こそが、英国経済の近代過程にあつて生産力的背景をなす産業であつた。しかし綿織業がそのように輝かしい歴史的な役割をまつとうするためには、毛織物工業の前提的発展が不可避的に必要であつた。そして毛織物工業等の発展をはじめとし、19世紀三〇年代の綿織物等において機械的生産体系の確立までを、かえりみるならば英国において近代的な意味の産業建設を完成するのに少なくとも四世紀半近い長久な懐妊期が必要だつたのである。

このように歴史的な視野からみるならば、産業建設という一個の独自な問題領域から、海外諸国にあつて失業救済問題を論議されているように問題がそれを解決し得る問題ではなさそうである。ある意味においては無謀することの出来ない産業建設の問題を、無謀し構成して、実践しようとするところに産業再建の停滞的帰結の部分的な原因があるのかも知れない。

アイロニカルな表現かも知れないが、「大体産業建設という言葉、異人の共鳴を誘う程易だが具体的にまた政策的にぶつかつていくとき、空漠としているものはない。勿論、発電事業の拡張、肥料セメント工場の設置といつたときは、産業建設の厳密な実例だ。しかし、産業建設が全体経済発展の総体的指標であるならば、それに対する認識態度は異つてあらねばならない。

このような断片的な素描からしても、経済学はその誕生とともに対外収支の問題を基本的な究明点として待偶しており、世界各国の経済政策の焦点が対外収支改善へと合一されつつあるのを実感することが出来る。

韓国に関する限り、産業建設の初歩的認識は、産業構造論的なものである。云いかえるならば植民地的な産業構造を、国民経済的な産業構造に再編成しようというのが、産業建設論の支配的なドグマである。断片的な理念としては、最大級の共感を及ぼす程のものではあるが、実際的な指針として、このようなドガマが、いかばかりの効用を発揮することが出来るかは疑問である。

何よりも注意しなければならない事はこのような産業構造的な産業建設論は後工業後進産業の建設にあつて、絶え間ない自給性を原則としているということである。云いかえると、海外市場への依存度を残さない完璧な孤立圏を志向しているということだ。おおよそ歴史上に、このような産業建設が実践された時代というものがあつたであろうか。またこのような産業建設というものが、果して合目的的であると云い得ようか。

寧ろ、インフレ収束論に対する変奏曲としての産業建設論は、対外収支均衡を目標とする政策体系から改編されればよいかと思われる。そうしてはじめて肥料工業の創設が外貨流出を防止しようとする政策的意欲の反映となり得るのであり、米作農業の振興が外貨獲得と意欲的表現となり得るであろう。また、かくすることによつてのみ、理念的な産業建設論が具体的な従つて有効な産業建設論として止揚され得るであろう。

3

現今の韓国経済は、私金融の横行、米麦価の生産費以下的下落、都小売価格の拡大的分裂等、正常性を欠如した片鱗を示している。このような一連の事態発展は経済政策の責任にのみ帰させることの出来ない、倫一層広大な世界市場的な背景を持つものである。

今年初頭から顕著に見えてきた世界各国の景気下落から、韓国だけがひとり除外される筈もないとは明らかな道理である。従つて韓国の経済政策も、従来の安定であるか、復興であるかというシーソゲームから、景気の対策にあらたな関わり方をもたなければならないようである。

二言の要もなく、景気下落過程に於ける対応策は、デフレ政策である。それでなくても、今日の世界経済動向を規制する最も支配的な要因は、インフレ政策からデフレ政策への再編成なのであるが、この事実こそ、経済事態における景気下落と、経済政策に於けるデフレ政策とは双生児的な密接な相互関係を保つているのを暗示する。ところがデフレ政策それ自体は、産業建設に対して、消極的な政策であるかの印象を与える。果してそうであろうか。

謂わゆる「新経済学」というものは、一九三十年代以後に展開された新しい世代の経済学をいう。人々が一九三十年代以後の経済学を特に新しい経済学と形容するのは、時期的な区分からそうするのではない。最も主要な理由は、理論構成上の特色が新しいためである。新経済学は、始めから、景気変動という不安定性を克服することによつて、経済体制に恒久的な安定を賦役しようとする使命を追求してきた。それ故に人々は、従来の経済学にみられなかつた新鮮味を新経済学から発見することになるのである。ともあれ、「新経済学」は、景気変動の原因究明と対策樹立を基本課題とする経済学である。で、新経済学の教訓を要約すれば、景気上昇は不信のはじまりであり、景気下落は希望のはじまりだということである。一見するに、理論を超越した所定のようであるが、いいようもない魅力を含んでいる警句である。

少なくとも、二次大戦をその間に置き、デフレ政策の効率は、戦前と戦後において顕著な差異を顕わしている。即ち、戦前だけでもデフレ政策は景気下落に対する有力な克服策であることが出来た。しかし、二次大戦後には、金融の需要に対する支配力が弱化したために金融緊縮、生産量下落、物価安定、景気回復の政策過程を蘇生する機能がくじかれた。

だからといつてデフレ政策の信頼を全面的に否定するのではないが、それとともに、景気下落過程であるのだから、寧ろ、産業建設の旺盛な意欲を発揮することにおいて、景気転換の実質的な契機としなければならない。巨人に比論される程の米国の工業体が、戦争と景気下落に対する対応策によつて建設されたということは、余りにも有名な事実である。

★　★

現代の革命（上）

アーノルド・J・トインビー

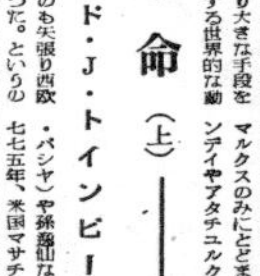

われわれは、大きな革命の中を生き抜いている。これはわれわれのすべてが気付いている事であるが、よくよく目を据えて眺めれば、それだけこの革命が巨大なものである事がわかつてくるのである。この革命は、五六千年に及ぶ全文明史を通じて文明の特色となつていた二つの事に挑戦するものである。ほんの昨日までは、文明が、地域的であり貴族的であつた。地域的に別々の文明が存在していて、その各々が独自の行き方をし、これ等の地域的社会の中において権力と富が小数の特権者達に握られていた。地域的文明は各々相異る諸面もあつたが、特権の集中という事に変りはなかつた。

われわれの時代には、われわれは今までの地理的な境界が取り除かれて行くのを目撃している。人が住み足を踏み入れる事の出来るすべての地球表面が、人類全体の一つの家庭になりつつある。同時に、すべての大国民、階級や個人が、従来少数の独占物にされていた権力と富に与る事を要求しているのを我々は目撃している。

○現代の革命は二重の挑戦

確かに革命というものは、その言葉の意味や響きが有する程度革命的ではない。革命が旧態に逆戻りする事もありうる。それに現在荒れ狂つていま世界革命だつて、今までの革命みたいに尻切れとんぼに終らないとは限らない。

併し、現在の革命は、たとえその極めてラヂカルな目標を完全に達成する事がかなわぬとしてもエポツクメーキングなものとなるであろう。そして、この革命は、我々西欧人—特に中産階級の人々—にとつて驚異的な経験になるであろう。現在の革命は二重の叛乱である—世界の上に位する西欧の覇権に対するものと、西欧の産業労働者の上に位する西欧の中産階級の覇権に対するものと。

このように西欧の中産階級の覇権は二重の挑戦を受けているわけであるが、人類のほんの一かけらに過ぎないこの少数の人々は、今なほその手にぼう大な力を握りその肩に重大な責任を担つている。世界革命に対してこの人々がどのように応ずるかは、未来の世界のあるべき姿を決定する上に於いて他の如何なる要素よりも遥かに大きな影響を与えんとしている。

従つて西欧の中産階級は、今日処している多難な新しい環境において、度量と聡明さとを発揮して行動する事が甚だ重要である。聡明は理解をもつて始まる。そして恐らく先ず最初に理解すべき事は、今ロシヤとアジヤとアフリカから、そしてラテン・アメリカの一部からも我々西欧の頭上に降り注いでいる石つぶてが、実はその昔、我々の父や祖父達が孤空に打ち上げたブーメラングであるという事である。

現在の世界革命の二つの特色の一つについてもこの事がはつきりと言える。地域的文明をお互に切り離していた地理的境界を革命的にくつがえす事は今まで我々西欧の学藝技術がなした仕事であつた。西欧の学藝技術は、見事に「距離を抹殺」し、風俗習慣や思想や理想が猛得に相異る色々な社会をお互いに面と向い合せたのであつた。社会正義のためにより大きな手段を講ずる事を要求する世界的な動きを推進させたのも矢張り西欧の学藝技術であつた。というのは、生産力を向上させる上に我々の学藝技術が果した功績のお陰で、全体の福祉という事が遂に可能であり、従つて大多数の貧困という事が最早や耐えられないものであるように見えて来たからである。

○西欧は革命の生みの親

しかし、世界革命とは、現代の我々の西欧機械時代から自動的に生れて来たものではなく、永い間蓄積を持たれていた西欧理想から精神的に派生したものである。今日、西欧の覇権に挑戦している民族主義とか共産主義なども西欧に発端して輸出されたイデオロギーである。共産主義は、ライン地方で生まれた卵からかえり、大英博物館の孵卵器でふ化されたものである。マルクスのみにとどまらず、ガンデイやアタチユルク（ケマル・パシヤ）や孫逸仙なども、一七七五年、米国マサチユセツツ州のコンコルドで発砲されて「世界中に響きわたつた一発の銃声」のこだまに刺戟されたのである。

アメリカ革命自体も十七世紀のイギリス革命の連続であり、このイギリス革命に先んずるものは十四世紀のボヘミヤ革命である。ボヘミヤ革命で西欧の平民達は神聖同盟を受諾する条件として、初めて社会正義に対する要求を掲げた。事実上、現在の世界革命の根は、西欧歴史の土に深く根を張つている。

世界革命が西欧に根を発したという事は、われわれ西欧人にいくらかの安堵と自信とを与えてくれるものである。確かに、西欧人の手で始められた運動ならば、同じくわれわれの智慧や頭脳で何とか片附けられない筈がないからである。では、われわれの政策はどうあるべきであろうか？、それには先ずわれわれが倒しまなくてはならない事がらを知るために、十九世紀初頭にメツテルニヒが行つた弾圧政策の失敗から教訓を学びとらねばならない。

○反革命主義者、メツテルニヒ

メツテルニヒは我々が今日当面している革命の揺らん時代の初ものと対決させられた西欧の政治家であつた。彼はナポレオンをセントヘレナに流したり、又フランス革命が火をつけた不寛的な勢いが数人のみじめな国勤家のなせるしわざに過ぎないと高をくくつたりするだけで革命の火を消し止める事が出来るだろうと考えていた。所が噴火口の上にあぐらをかくだけでは火山を消しとめる事が出来ないと悟つた時には既におそくこれがメツテルニヒの命取りになつたのである。

とうとう一八四八年に噴火がおこつてメツテルニヒを空高く吹き飛ばしたが、一九五四年には彼と同類の後の世代の西欧人達が、メツテルニヒの身から出た錆を肝に銘じて考えさせられるべき運命に当面する事となつた。というのは厳然な現実と対決する事を厭うメツテルニヒ的心理は人間性の永遠な病いの一つであり、今日西欧にはこの危険な弱点を暴露するようないくつかの症状があるからである。

世界通信

英国

結婚すれば補助打切り
補助金は持参金に非ず

英国西サフオルク州の州議会では同州の一般大学と工業大学の学生が結婚した場合には学生として与える補助金を与えないことにすると発表した。但、特別の事情がある場合にはこの規則の適用は免れるとのことであるが、同州教育委員の一人は教育上の補助金を"持参金"に使われるような真似はして欲しくないと述べている。この規則に触れる者は約百人にのぼると見られている。

インド

自転車で世界一周
民間大使の意気込みで

インド人の二人の学生が先日ニューデリーから自転車による世界一周旅行の途についた。両君はインドの民間大使といつた役を果す意気込みで他国大学の学生や教授と文化的交流を高める為である。世界一周の途上で訪れるのはイラク、トルコを皮切りにギリシャ、ユーゴから欧州諸国を廻り英国、米国を経て帰国する。

ドイツ

ソ連地区強制学生を調査
四百名以上の生死不明者

全ドイツ学生団総連盟ではこの政治的理由でソ連地区で逮捕され判決を受けた四百人をこえる学生と教授の氏名とその生死を調査してくれるより米下院の調査委員会に依頼した。そこで当局では六月初めより調査にとりかかり、多数の証人を喚問している。これら証人の言はソ連地区の大学の内幕にも触れている模様である。

英国

一番読まれるタイムズ
オ大学の新聞調査

【ステユーデント・ミラー＝SIF】オツクスフオード大学新聞「チヤーウル」により、この程同大学々生の新聞購読習慣に関する調査の結果が発表された。これによると、新聞を読む方法は、新聞を買う者は殆んどなく、大部分がクラブで読んでいる。記事はスポーツ欄が第一で、第二はニュース、読まれる新聞の順位は「タイムズ」「マンチエスター・ガーデイアン」「デイリーテレグラフ」の順となつている。

アメリカでは、クリスマスを前にして、全国的に海外児童へのギフト蒐集運動が行われ、最近ニューヨークでは、小学校のよい子達の人形コンテストが行われた。（写真は韓国向けの人形を抱いた在米邦人の子供）

フランス

労働大臣のきも入りで
新研究所たつ

【ステユーデント・ミラー＝SIF】この程ソルボンヌに労働大臣の援助の下に労働と社会科学の研究所が設立された。同研究所はソルボンヌ大学の哲学、法学両学部の学生で構成され、労働法社会学専門家を育成するとともに海外における問題にも協力することになつている。

チリ

政治的偏向と学生祭に反対

【リベスタリSIF】チリのカソリツク学生連合（AUC）では南米青年連合と国際学連との協同で明年一月サンチヤゴで開かれる学生祭に反対の意向を表明した。この学生祭への参加を検討した結果政治的偏向にかたんせずという最前から同フエスアイバルが共産主義的傾向を捨てぬ限りAUC会員の参加を禁止するという結論に達したもの。

ブラジル

全国の学生がスト？
報道の自由擁護に

【ステユーデント・ミラー＝SIF】ビコザ農業大学の全学生は同大学新聞で大学の方針を批難した二名の学生の為にストライキを続けている。またベロ・ホリゾンテ裁判所にこの処分が不当であると告訴したこれと共に学生たちは大学側に処分取消の手続交渉を行うとにしたがもしこれが不調に終れば報道の自由擁護をうたい全国の大学学生団体がストに突入するものとみられている。

ドイツ

肉体労働希望は減少ドイツのアルバイト

【ステユーデント・ミラー＝SIF】ベルリンの五大学々生七千人を対象にしているツスマ学生就職あつせん局はこの程創立五周年を迎えた。同局はこれまで毎月千二百人の男子学生と四百人の女子学生のアルバイトあつせんを行つて来たが、肉体労働希望者は当初の二四・三%から一八・四%に減少している。

オーストラリア

初の国際学生寮建設
資金獲得に博覧会

【ステユーデント・ミラー＝SIF】オーストラリアで初の試みとしてオーストラリア大学を中心とする国際学生ハウス（寮）の建設が政府に承認された。このハウスはメルボルン大学の近くに建てられる予定であるが、海外からの留学生と同国一二〇名を収容する。建設資金獲得の為にメルボルン大学で国際博覧会が催され四千ポンド（約三百二十二万円）が集つた。同国と留学生を送つている海外諸国の要請にもとずいて二年後に完成する予定である。

パキスタン

留学生全員が落第

【SIF】パキスタンの学生は英国のケンブリツジ、オツクスフオード、ロンドン等の大学に留学しているが、この程行われた学期末試験に全員落第した。これについてタイムズ、オヴ・カラチ紙は「今後留学生選抜に厳密な対策が必要だ」と次の様に論じている。

試験で留学生全員が落第した不名誉はこれらの大学では未曾有のことであり、留学熱の盛んな今日留学生の特権として経済的保証を受けるため学問的な成績がややもするとそれに影響されるのは事実であるが、本国ではこれらの学生の不名誉で本国自身が非難されることを痛感しておりまた今後の留学生選抜にも支障を来さぬとも限らない。その原因としては政府やその他の当局が留学生選抜の基準などをルーズにしたためであるがことで留学を廃止するようなことは国家将来のためにも全くの愚であるから、今後は留学生としてそれ相当の成果を修めうるような学生を選出するよう厳格な対策が望まれる。

男女共学は反対！
誘惑→犯罪と

【カラチ発ステユーデント・ボイス＝SIF】カラチ学生会議はこの程男女共学の是否について討論会を開いた。ところが、ほとんどの出席者が共学に猛烈に反対した反対のいい分というのは「共学は青年を堕落させ、学園以外の道へ誘惑、性の無秩序と文化面での混乱をひき起し、犯罪を増加させる」議長はこの討論会の結末に当り、「反対者の言はその論旨、具実性、具体性において賛成者の弁解よりも明確で信じるに足る」といつた後「しかし共学はやはり続けるべきで、その代り大きな改革こそなされるべきだ」と結んだという事である。

キユーバ

薬剤師は学位不用

【ハバナ発ヴイダ・ユニレシタリア＝SIF】キユーバ政府では同国で薬剤師が不足している現状から、学位のない者でも薬局を開業し、又、経営できるという法案を作成している。

インド

寺院の寄付で新総合大学生る

【エイジヤン・ステユーデント＝SIF】現在インドには三〇の総合大学があるが、この新学期からさらに一つの新総合大学が生れた。それはアンドラ州のテイルウパテイに開校したテイルムパテイ大学で現地の住民は長年大学設立を願つていた。大学の初代総長にはアンドラ州高等裁判所主席判事が任命された。なお同大学の設立資金の大半はテイルウパテイの寺院から寄付されたものである。

米国

アジアから二千人留学

【サンフランシスコ発＝SIF】今新学期アジア各国から二千人に及ぶ留学生がアメリカの大学や研究所に入学した。今年度のこの留学生は約二十二ケ国から来ておりこの数は昨年度をはるかに超すものである。

朝鮮文化展をみて

京都アメリカ文化センター　所　長　ヘ　ン　ダ　ー　ソ　ン

ここに紹介するのは今年京都立命館大学の大学祭で民青系学生の手になる「朝鮮 [illegible] 観した京都アメリカ文化センター所長ヘンダーソン氏の所感である。（原文—日本 [illegible] 九四八年から一九五〇年まで駐韓米国大使館の副領事に在任、その後西独に三年間 [illegible] 日本に来られたもので、朝鮮と日本の文化に対する造詣が深く韓日両国語を自由に [illegible] 者である。

私は十一月十二日、目下立命館大学で開催中の"文化週間"の展覧会を見に行きました。展覧会は「朝鮮文化展」と名づけられておりました。そしてこの展覧会は更に引続き他の方面えも移動されるだろうと聞いております。私は朝鮮文化に対し多大な興味をもち、且、朝鮮語をも知つていますので個人として参観しました。

展覧会は北鮮人民共和国から供給された写真が大部分でありました。その外、朝鮮服一点、朝鮮人形一点（南鮮製のレッテルが取除かれたもの）靴一足、茶碗、匙各一点、其の他若干のものがありました。しかしての展覧会の内容は所謂「アメリカの爆撃」「アメリカ人捕虜」「スターリン写真の前に立つている金首相」を始めコムミユニストの宣伝資料が極めて有勢なものでありました。

かような展覧会が朝鮮文化に関係ある文化財に特に豊富な都会である京都市において開催されるということは悲劇的なことであります。京都特に京都大学に保有されている朝鮮文化財が豊富であることは世界に冠たるものであります。

京都大学は朝鮮考古学研究のためには朝鮮以外においては行かねばならない学府であります。朝鮮考古学に関しては恐らく世界では最も有名な現存権威である梅原末治教授は　この大学の教職　にありその保管の朝鮮文化関係写真は他所においては見ることのできない程豊富であります。私自身も朝鮮文化関係写真を沢山所持しておりますから無償でこの展覧会に貸与することが出来たはずです。又この事実は展覧会準備の任に当つた若干の学生諸君が既に承知していることであります。然し遺憾ながらかような方面から出品された一枚の写真、一点の参考品、一点の文化財もこの展覧会では見ることができませんでした。聞くところによれば、この展覧会開催に際し朝鮮学生諸君から梅原教授に対し何等の連絡もなされなかつたそうです。

勿論、私は北鮮軍の犯した残虐行為または彼等の挑発した戦争行為により蒙りたる南鮮都市の被害を撮影した写真を蒐収することも出来たし又この展覧会で中共国旗や中共軍が展示されたと同じように国連旗や国連軍の写真をも蒐収することが出来たはずです朝鮮問題に関する国連側撮影の写真も沢山持ちあわせておりますが、私はかような写真を「朝鮮文化」の名のもとに展示する意思はありません。というのは私自身或の朝鮮文化に対し過大といつてよいほど大きな敬意をもつているからであります。私はまた真実なものを真実として伝達することを真理のために正しいことだと信じております。

私にもし真面目な朝鮮文化紹介のための展覧会に出品することが許されるならば出品したでありましようところの私の写真は美しい陶磁器、日用雑器、寺院建築の理想を示現した仏像、寺院建築の壮麗等に関するものであります。かようなものを日本学生諸君の鑑賞に供することは大に意義のあることであります。真に偉大なる文化に対する敬意から出発して、日本は朝鮮人及びその文化を尊敬する念をいよいよ深くし、進んで両国間の親善関係は一層鞏固たるものになると私は信じます。かような目的をもつて展覧会を開催することこそ価値あるものであります。

この展覧会の計画者は多く朝鮮学生諸君でありながら、自国の文化に対し何等の敬意をもつていないということは悲劇的で不幸なことであります。彼等が本当の朝鮮文化を紹介する展覧会を開催するため何等の努力を払はなかつたことは明らかであります。

彼等は劣等な物品や、外国政府が朝鮮に強要した、傀儡政策に「朝鮮文化」の名を冠せて一応尤もらしい文化的尊厳を見せびらかしているのであります。

北鮮が外国政府に牛耳られている現象は、金首相がスターリンの写真の前で人民に対し演説している光景の写真がよくこれを象徴しております。私は真の朝鮮文化が悪用されたこの展覧会により無視されたことを記憶に留ひます。私は在日朝鮮学生諸君が自国の真の偉大さをもつとよく認識 [illegible] 日本人に対し衷心から紹介するよ [illegible] を希望いたします。日鮮両国の親 [illegible] にして、このように悪用された展 [illegible] 利用されるものではありません。

もう一つ遺憾に堪えないことがあ [illegible] のような活動の場所としてアカデ [illegible] 用されたことであります。大学は [illegible] 擁護されたものであつて、今日、[illegible] とプロパガンダの相違を明確に識 [illegible] ところであります。然るにこの展 [illegible] な識別に対する注意が払われてお [illegible] 研究の基本原理が守られておりま [illegible] 資料のソースが明示されておりま [illegible] 的数字が列挙されておりますが、[illegible] ろべきものであるや否やこれを検討 [illegible] 与へられておりません。

文化の名の下に、この展覧会は偏 [illegible] 的なもの、非真実なものに没頭し [illegible] 大学の存在理由はかかる非知性的 [illegible] 園の研究に乱入することを防止す [illegible] す。実にこの展覧会は明白に宣伝 [illegible] 諸問題に関するプロパガンダの場 [illegible] ガンダの技術研究に許するもので [illegible] いかぎりそれは大学内において展 [illegible] のではないと信じております。[illegible] 様に偏動的な又は偏見的な展覧を [illegible] リカ側又は韓国側の展示を敢てす [illegible] 展示についてやはり同じ事が言は [illegible]。私自身、かような展示を計画し [illegible] もなければ、また大学側にその [illegible] ズムに対しその宣伝の場所として [illegible] することを許可するならば恐らく [illegible] 必要とする宣伝のために乗り出す [illegible] れるでありましよう。かかる事態 [illegible]、大学は宣伝戦場と化し無意な [illegible] れるでありません。果して大学 [illegible] 君はかかる事態の発生を希望して [illegible] ねいたしたいのであります。

展覧会を禁止することは国連で [illegible] ろ問題は客観的真理を展示して [illegible] す。大学自らが真理なるものを [illegible] きでたとへば現在朝鮮の政治的 [illegible] 関するコムミユニストの宣伝のあ [illegible] てこれを客観的に提示するような [illegible] よさそうだと思ひます。かような [illegible] された展覧会ならばそれは興味あ [illegible] 価値のあるものであります。とい [illegible] は今日世界を通じて知られている [illegible] と彼の文化とに対する無視的態度 [illegible] ものであるからであります。この [illegible] 値を以てその実状を申上げること [illegible] なれば、私はかつて朝鮮に在住し [illegible] し、またソヴィエト側ドイツの芸 [illegible] ン並にライプチヒにおいてソヴィ [illegible] 催した展覧会において、この立会 [illegible] いて使用されたものと同一の写 [illegible] からであります。夫故、私はこの [illegible] かれるならば真実を伝えるもの [illegible] 在朝鮮の政治問題に関する兵器 [illegible] 銘打たれてこそ意義があるでし [illegible] 在日朝鮮学生諸君が朝鮮文化の [illegible] ふさわしく、決してその名を辱 [illegible] 化紹介の展覧会を開かれること [illegible] る展覧会は日鮮両国の親善関係 [illegible] であつて、京都市民のみならず [illegible] も挙つてこれを歓迎するであり [illegible] 義ある展覧会が開かれるならば [illegible] 化を礼讃する人々は喜んでその [illegible] りません。

★

貧困学生を援護しましょう
学同 僑胞社会に呼びかく

デフレの波が日本の社会の隅々にまで及び、我が僑胞社会にも戦後最大の不況が訪れて来た。多かれ少かれ我々僑胞社会のだれもが、この不景気のあふりをくつているわけであるが、中でも最も深刻な打撃をうけているのが、在日韓國留学生であろう。

日本社会に於ける偏見と偏見のため、アルバイトの機会さへ、ロクに恵まれない留学生達は、デフレの進行にともなつて、学費が捻出できないという状態から生きて行けないという切ツ羽ずまつた立場に追いこまれている。

学生同盟の調査によると、在日韓国留学生二千八百余名の中、定期的な送金や確実な収入（家族や縁故者から）に頼つて勉学しているものは、ほんの二百名程度で、全体の七%にあたり、アルバイトで何とかやつているというのが七百名で全体の二五%、学業よりも口に糊するのに忙しいという学生の数は残りの六八%で前年度の四七%を大きく上廻つている。

学生同盟を例にとつても、後援会の援助は例年の五分の一程度という低調さで、デフレの立直りが来ない限り、当分間はこの調子が持続するものとみられている。そのほかにも従来の優秀な留学生奨学團体で解散寸前に臨んでいる所もあるという。

民族の真の幸福を実現するための期待が、現在勉学中の世代にかけられねばならないという事は、今さら多言を要せぬ常識である。特に、三千名という大世帯の在日留学生が将来韓国に帰つて如何に重大な役割を果すであろうかを考えると、思い半ばにすぎるものがある。

学生同盟では、新年度から、より積極的な厚生対策を確立して、学費、生活費、健康保険、アルバイト斡旋などに乗り出すことになり、現在、その方策を鋭意研究中であるが、これの成否は、ただひとへに、在日僑胞達が貧困学生後援に対して、どの程度の関心を示すかにかかつておるので、取り敢えず近く、大々的な呼びかけを行おうと準備をすすめている。

亡国病を葬ろう

ヒロポン撲滅の声が今や巷にみち溢れているが、これはわれわれ在日僑胞にとつても決してよそごとではない。われ等の間にも社会悪に染まつてヒロポン禍に溺われ、善良な一般僑胞の顔に泥をぬる者があとを断たない。警視庁の取締り当局者の言明によれば、一般に考えられているよりも、韓国人でヒロポンの密造、使用に関係している者は、遥かに少いそうであるが、とにかく、この怖しい亡国病がわれわれの社会の一部を蝕んでいる事は、絶對に軽視出来ない重大事である。ヒロポンの害毒が戦後日本における一般的社会悪の所産であることは今さら喋々するにあたらないがとにかく論議は後まわしにして、先ず足許の火を消し止めなければならない。われわれは率先してわれわれ僑胞社会におけるヒロポンの根治に乗り出そう。祖国の統一という重大にして困難なる事業を前にしてわれわれの道義を蝕ばむ獅子身中の虫を徹底的に退治しよう。

ヒロポンと人権問題で 韓・中・日学生会議
—社会の浄化は吾等の手で—

去る十二月十日午後四時半から如水会館で韓国学生同盟、国連学生連盟（日本側）ならびに中華民国留日学生東京同学会などの三團体代表者達が集つて目下社会問題となつて取沙汰されているヒロポン対策に就き真剣な意見交換をおこなつた。

学生同盟からは副代表委員（鄭[illegible]）、総務（金正[illegible]）、組織（石南国）、文化（金柄三）の各委員ならびに日韓学生協議会の韓国側委員（崔成源、朴炳憲、張[illegible]源）など都合七人が参席した。

この日は世界人権宣言デーに当りヒロポンと人権擁護の問題を結びつけて、活発な議論が展開された。特に中華民国同学会の主席[illegible]民君が、麻薬で辛酸をなめた中国の歴史を背景にして、ヒロポン問題の深刻性を説き、満席者一同に切実な感銘を与えた。

期せずして皆の意見が一致し、ヒロポンを人類の敵と規定すると共に、これの絶滅のため活潑な運動を展開すべきであると申し合わせた。

ヒロポンは日本の社会悪

席上、最も活発な意見を提出したのは韓国側代表達で、ヒロポン問題は、もとをただせば、戦後の日本における社会悪にその原因があるという事、この際、ヒロポン問題の解決は、いわゆる第三国人の基本的人権の解決と並行して推進されなければならないという事などが強調され、中国、日本の代表達も一致してこれを認めた。

話し合いは終始和やかな空気に包まれて進み、結局、上のような声明文を満場一致で採決し、具体的活動計画の申し合せのために、近い内に再会する事を約して、午後九時半頃解散した。

共同声明書

私共、日本国際連合学生連盟、在日韓国学生同盟、中華民国留日学生東京同学会は、一九五四年十二月十日世界人権宣言記念日を期して東京神田の如水会館に会合し、人権擁護とヒロポン及び麻薬の問題に関し慎重に討議を重ねた結果、ヒロポン及び麻薬の製造使用が人類の将来に重大なる災害を与えることを確認し次の如き結論に達した。

私共、三ケ国の学生は、今後力を合せてヒロポン及び麻薬が三ケ国の青年に侵蝕することを防止すると共に、これらの製造使用に関係する無自覚なる同国人に対し、深く反省を促すものである。

併しながら、ヒロポン及び麻薬の取締りがいたずらに、いわゆる第三国人に対する日本国民の憎悪を誘致し、或いは人権を無視した不当な取扱いに逸脱することを怖れるものであり、ヒロポン及び麻薬の問題が、究極に於ては戦後の一般的社会悪に端を発していることに想いを致し、これらの問題の解決は人類愛のひろい立場から推進されなければならないと信ずるものである。

以上の見地から、私共、三ケ国の学生はヒロポン及び麻薬の禁止に関し、日本政府及び各国政府に対し、恒久的にして積極的な政策の推進を切望すると共に、学生としての立場から、今後、積極的に協力することを声明するものである。

十二月十日

日本国際連合学生連盟
在日韓国学生同盟
中華民国留日学生東京同学会

プリン・モウ大学の 李廷蘭嬢
小説コンテストに入選

春園李光洙といえば、朝鮮文学史上、現代ロマンチシズムの祖として、誰一人知らぬ人がない程、韓国の民衆に親しまれて来た文豪であるが、この度、同令嬢、李廷蘭さんが、米国の大学短篇小説コンクールに入選して、話題をまいている。

李廷蘭嬢は、一九五二年に、ソウルの梨花高女を卒業し、十八才の時に、ソウル国立大学仏文学科に入学、現在は、米国の、プリン・モウ・カレツジの文科三年に在学中の才媛である。今回の入選作品はThe Sorrow of Adaの題で、エダアという、純真な少女の心に動乱のもたらした悲しさがどのようにひびいたかを、実に流麗な英語で書き下したものである。学長が全校学生の前で、李嬢の作品を発表しながら「英語が母国語でないのがキズでなく、却つて、迫力があり味わいがある」と口をきわめて褒めちぎつたという。

李嬢は、厳父の後を継いで一生を文学に献身する心算であるといわれ、やはり栴檀は双葉よりかぐわしいの例え通りだと、大いに将来を嘱望されている。

女性判事登場
黄允石嬢

女男同権の当世に、韓国でも初めての女性判事が登場した。話題の主は黄允石嬢―判事嬢といういかめしい肩書に似合わぬしとやかな美貌の持主だという。最初の公判臨席が九月だつたというから今頃はもう堂々たる判事ぶりの貫禄をつけていらつしやるであろう。

崔選手惜しくも四位
朝日マラソンに学同の応援

十二月五日、韓国の誇り、崔選手をはじめ、カルヴオーネン、ゴルノなどの世界的強豪を加えた朝日マラソン大会が、鎌倉―下柏尾間の四二・一九五キロコースでくりひろげられた。

この日を期して在日僑胞社会では、民團東京本部、神奈川県本部、学生同盟などが中心となつて、早くから盛大な応援を準備していた。

学生同盟では、十二月三日の各大学同窓会代表者会議で打合わせた通り、当日午前九時半に東京駅に集合、スタートに先だつ一時間前には既に応援の陣勢を整えて予定の遊行寺坂上（十二K地点）で待機していた。

選手達は十二時半正刻にスタートし、エスコートするNHKのアナウンサーが懸命に崔選手、カルヴオーネンの名を連呼する。間もなく、坂の上に、崔選手のガツシリした体軀を先頭に、カルヴオーネン、ゴルノがこれに続いて現われる。崔君は余裕しやくしやくたる走りぶり。熱狂的な歓声のあらしの中をみるみる通り抜けて行く選手達の後姿に思わず誰もが目頭のジーンと熱くなるのを覚える。ほつと我にかえつて思わず見合す顔が思いなしか赤くほてつている。皆が一つになつてとけ合つた感激の一瞬だ。ラジオにしがみついて選手達の帰路を待つこと一時間余、やがて坂の上（折返し三〇K地点）に姿を現わした崔君は、カルヴオーネン、ゴルノに続いて三位、右足を重そうに引ずつて苦しそう。これであと十五キロも走らされるのかと思うといきなり走りよつて抱きかかえてやりたい衝動に駆られる。夢中で打振る国旗のはためきの中を、必死に先頭の選手を追つて驀進をかけ下りていく。七里ケ浜からゴールまでの五キロのコースには、おいおいかけつけた僑胞で黒山の人だかりである。沿道の歓声と万才の声に送られて崔君はついにゴールイン。ゴルノ、カルヴオーネン、ブオラツカーに続いて四位だつた。

勝敗を超えて、この日は、雨の中を数時間も立ちつくして応援したわれわれも、本国でラジオにしがみついて中継放送に聞き入つた同胞達もみんな目に見えぬ糸でしつかりと結び合つた一日であつた。それだけではない。意地を張つて鎌倉に姿を見せなかつた民戦系の学生達も、一日中ラジオをかこんで手に汗をにぎつていたという。

帰りの車中で誰かがいつた。「崔君はよく頑張つた。あれでよいのだヨ」。だまりこくつて聞いていた連中が、みな申し合せたように、首をコツクリとふつてうなづいた。

レポート
ISU国際学生会議

すぐる夏、ISUの主催で、一九五四年度国際学生会議が開かれ、在日韓国学生同盟では、国際キリスト教大学（ICU）の尹新皓君外一名の代表を派遣したが、おくればせながら、同会議の成果を綜合して、尹君から要旨次のようなレポートが寄せられた。

議題「現代の危機」

今回の学生会議は、太平洋に面した諸国の青年学生等を中心として、相異る文化、宗教、生活様式を有する諸民族間に於いて相互の理解と親睦を促進し、国際的協力精神を培養し、相互の文化交流に貢献しようという所にその意義があつた。又、日本側としては、これを機会にして、各国学生代表に自国の戦後の復興状態と生活様式を紹介し、新生日本に対する認識を新たにしたいという意図も抱いていたものであろう。東京を筆頭に、名古屋、神戸、大阪、京都、札幌、仙台等の都市では議題「現代の危機」を俎上にして活撥な討論が闘わされると共にこれと並行して、古蹟の訪問、工場見学、図書館、博物館、国会議事堂訪問等、及び、特別講義、映画観賞、余興会等々の、多彩なスケジュールが、織り込まれていた。

今年度の会議に参加した代表はアメリカ、自由中国、ビルマ、インドネシア、パキスタン、インド、日本、フィリツピン、泰国、ヴエトナム、、韓国等、十一ケ国の約百二十余名という物々しい顔ぶれで太平洋に面した自由諸国の青年学生を網羅したものであつた。

活潑な討論 平和問題をそ上に

会議の議題は「現代の危機」と定められていたが、何しろ、問題の範囲が総花的に流れる嫌いもありとみて、各分科委員会に、それぞれ副題が与えられ、逐次研究討議する事になつた。討論は英語で討わされ、甲論乙駁の真剣な論戦が随所に繰り展げられた。特に目ぼしい議論は、政治分科委員会でなされた「平和」をめぐる意見の対立であろう。「平和」に関する問題は、第三勢力論や原子力問題の延長として取り上げられたのであるが、計らずも、インド代表の特異な主張により、最も激烈な討論が闘わされる事になつた。

特異な インド代表の立場

周知の如く、第三勢力圏の形成に関する主張は、インドの現首相「ネール」氏の唱導するものであつて、東南アジア諸国、特に「コロンボ・ブロツク」に対して、無視すべからざる影響力を有している。国際学生会議の席上でインド学生代表が発言した内容を見ると現世界の東西両陣営の圧力と冷戦の渦中にあつて、中立的路線を貫き経済的、政治的独立を維持する事を要求するものであつた。併し現実を直視すれば、今日の世界政治は、権力政治の一現象であり、特に共産主義が拡張政策を押し通して、隣に弱少民族国家を侵略し奴隷化せんとしている以上中立的な第三勢力圏形成云々は余りにも理想的であり白昼夢にすぎないものである。結局、「平和」問題に関する討議は、現在世界の平和と安全保障を維持し、国際間の紛糾を解決する平和的仲裁機関として国際連合が存在する限り、我々は、国際連合に平和の唯一な希望をかけ、出来得る限り協調すべきであるという事を再確認して一応終止符をうつことになつた。

原子力問題に就いてもインドを始めとする二・三の代表は極めてアイマイな態度をとつていた。彼等は、原子兵器の、条件附廃止を主張したソ連の提案を額面通りにうけ入れようとして居り、その発言内容には、非現実的で妥協主義的な色彩が濃厚であつた。併し原子兵器の使用が人類の破滅を意味するという点は、討論者の誰もが認めざるを得なかつた。又、原子力を平和的用途に利用するために、これを国際管理下に置くべきである事を提案した、米大統領アイゼンハウアーの演説に関してもインド代表等を除いた全員が賛意を表明した。

アジア共同防衛と 国連の支持―結論

その他、色々な問題が議題にのり、中共がその拡張政策を撤回しない限り、国連加盟の資格がない事を結論する等、対立意見や感情の中から、次々に、統一された結論が、まとめられて行つた。

会議は、最後に「東南アジアの平和が、共産主義の脅威のため、眼前の燎火の如き事情にある事を指摘し、共産主義の滲透と侵略を阻止し得るような強力な「アジア防衛共同体」が必要であり、世界平和のために国連に協力すべきである」旨を決議した。

人気をさらつた アリランの調べ

会議では単に政治問題の討議のみならず、各国代表が、自国の文化を紹介し合うという和やかな雰囲気がかもし出された。なかんづく各国民謡の中でも、わが国の「アリラン」「トラジ」が、最も、人気を博し、学生代表の半数以上がこれをおぼえて歌うという情景であつた。

声
在日学童を路頭に迷わすな

在日学童の教育事情は、政治性を除外して考えられないとされています。これは、或いは厳しい現実を超越した漠然な歴史的時代的課題を背景としていることも否み難いでありましよう。

が、その前に、一層根源的な問題というよりむしろ危惧を、在日学童教育の展望を通して抱かずにはいられないのです。そしてこの危惧の側というのは、その殆んどの学童について云えることですが、今迄特殊な状態におかれてきた在日学童の、内面的な民族性の行方、あるいは、その死活の問題とも云はなければならない感情です。

共同から云つて、在日学童の生活感情に浸みとおつている筈の民族性というものは、その姿を失つています。それが悲劇だというのではありません。虐げられた朝鮮として放任していいのです。彼等がこのまま成人した日を想像してみるとしたらどんなものでありましよう。

真のジプシーというものは、外的な、地域的な放浪をいうのではないと考えます。内面的な生活感情の崩壊から、一日々々一瞬々々の困乱と、かえりつくところのない、おそらくは最後に救いすらない放浪をいうのです。

彼等が、日本人になれるものなら、それはそれでよいと、僕はあえて放棄したいくらいですが、決して彼等は日本人になり切れない、と、声を大にして叫びましよう。

僕自身、日本に育ち故国をいまだ知らぬものです。日本人に劣らぬ日本語を話すことも出来ます。が、僕の一日々々の生活は日本をかたちづくるものから、冷たい理解に浴して距離を感じて過ごすばかりです。

いまさらこんなことを持ち出したのは、「朝鮮人学校」が閉鎖されたあとの、在日学童の行方を憂うるからです。特殊学校として経営が成り立つか否かはただ否定的な解答が残されているばかりです。（読谷、K生）

政治的偏見をすてよ

僕は、「朝鮮中学」を卒業したものではありますが、いま学校当局者の誤謬を指摘せずにはいられません。政治性のかげにいつしか、真の教育のあり方を見失つたばかりか、学校閉鎖を前にして、何故頑なに政治性にこだわり、同じ同胞の学童教育を思んばかる他の人々には、頑に政治思想の相異のみによつて歩みよることすら望みきらうのか。またその結果のどもり[illegible]。

日本政府、教育委員会の人道にたわまえぬかずかずの処置を怒りながら、何故、互いに譲歩だけを怒るにとどまつているのか。

意地張りなのか、愚昧なのか僕にはその心理がつかめません。如何にも、政治的な複雑な事情の前に、事の困難を知らぬでもないのですが、政治思想もそれが、数知れぬ不具者を造りあげたとあつては、名分が立たぬでありましよう。困難を前にして、政治思想の異同にかこつけ、手をこまねいている安全地帯は、卑怯者か臆病者の逃避でもありましようし、第一、政治家の[illegible]でありましよう。ワヘ（新宿生）

同窓会ニュース

カトリツク学連 組織を改編
クリスマス行事に大わらわ

機関誌アンジエラスの発行、研究会等で知的布教を兼ねた特殊な学生運動を推進中の在日韓国カトリツク学生会は去る十月六日より九日迄ソウル市で開催された大韓カトリツク学生会全国大会に崔成源君（学習院大）を送るなど活撥な動きをみせていたがこの度来る学生会組織の改編に伴い在日学生会も東京、京都、大阪各地の学生会をほ合して在日本部を在日韓国カトリツク学生連合会と称してこれを東京に設置することになり従来の東京学生会がこれに代行する機関となつた。連合会第一回役員会に先立ち同会では役員の移動を行いたる十一月十三日信濃町真生会館の事務所で役員会が開かれ聖母特別週間行事の決定に引続きクリスマス行事の計画が決定され本年度は主に女子部及び高校部の積極的企画のもとに恒例の深夜ミサ前後のクリスマス・イブを古典舞踊・演劇等で楽しく過し女子部学生の手料理で腹ごしらえをしてからダンスパーテイに興じるとのことである。

尚同会京都支部では指導神父（京大）のもとに毎週三回の定例研究会があり会員のめざましい活動振りが伝えられていたがその他大阪・名古屋各地でのカトリツク学生の動きは次第に活撥化し、回会では新入会員の激増のため特別講座を設ける等うれしい悲鳴を挙げている。

＊早稲田大学

従来とかく不振がちであつた早大韓国同窓会では金振純、張泊源両君を中心として同窓会強化を鋭意推進中であつたが去る十一月二十五日会員及び有志約三〇名参席のもとに同窓会再建の協議に一大気えんを挙げ同窓会の結束をはかつた。尚早大出身の本国先輩の動きとも密接な連絡のもとに本国同窓会との有機的な連絡体を確立し卒業後の就職問題打開えの道を講じる等生活と学業に結びついた同窓会の在り方を検討している。

＊明治学院大学

瀟洒な大学として知られているミツシヨン系の明治学院大学には韓国文化研究会が他校にある同窓会の役割を果しているが会員約二〇名が会長金翔教君（経2）のもとに良くまとまつて左右の対立もなく着実な活動に励んでいる。韓文研は学内自治会の文連にも正式に加入しており学校側の会に対する関心も増大し今後の活躍が期待されている。

現在文研の活動としては韓国古代文化の展示による日本学生えの積極的紹介等をしているが来る二十六日には先輩を囲んでクリスマスの集いを行う予定である。

＊学習院大学

初等部から大学院まで一貫教育をめざす学習院にも韓国学生の在学の事実を知つていながらこれまでまとまりをみせなかつたがこの度年末を期して崔成源、金昌道両君を中心として一応在学中の韓国学生が会合するため活撥に動いている。在学中の学生数は約二〇名内外であり今後の活動に大きな期待が寄せられている。

＊中央大学

会員八〇名を擁する中大韓国同窓会は明大と肩を並べて韓学同における重要地位を占めているが過般の大学祭にもみられた如く誠意ある活動は賞賛に価いし盟員一同大いにみならう可き点が多々ある。大学祭には講堂における韓音楽と韓国写真展、経済事情展、憲法展解説等を展示し韓学生に決定的打撃を与え韓日両国親善を大いに高揚した。尚大学卒業後における会員の結束は増大しつつあり来る二十一日午後三時より中大において学術会を兼ねた総会を開催することに決定している。

＊明治大学

学園祭下同窓会中最大規模を自他共に認められている明大同窓会は新任韓会長のもとに会員二百五十名が強力な威力のある活動を展開して週過般の大学祭には明大韓国同窓会講堂で約三千名の観衆を前に韓国民族舞踊の他民族華麗、東京レインジヤズの華やかな民族祭典をくりひろげ万場の喝采を浴びた。他方五十一番教室では、戦乱の祖国の惨状の写真集と祖国の文化の数々を展示し平和な祖国の姿を参観者に提供した。北韓系学生の共産宣伝展示に対して[illegible]展に多くの人々は在りのままの韓国の姿に深い興味を持つて色々と質問があつた。

発展の一路 新韓学術研究会
学術論文集を発刊

在日韓国研究学徒の純学術機関である新韓学術研究会は去る十一月三日をもつて創立三周年を迎えた。戦後の混乱を極めた在日僑胞社会においてひとり祖国の研究に没頭し三十余名の若い学徒が会長金[illegible]氏の熱心的な研究援助のもとに祖国の功業が学問の探究に在ることを学派に示して多大なる成果を着げている。

既に知られている通り新韓学術研究会は大学々部卒業後大学院、研究室で学術研究に従事している僑胞学徒を中心にして構成されているが、これら研究生は自然科学及び社会科学に分れ各々の指導委員のもとで毎月研究会発表を行い純粋の研究機関として一切外部との政治関係又は社会的関係を持たないのがその特色である、といわれている。研究会機関紙として「新韓会報」が月刊で発行されて居りこれまでの研究成果をまとめた学術論文集を今年中に出版の予定であり、その成果は僑胞社会に明るい話題と希望を与えて居る。

主要メンバーとしては東大大学院数学専攻中の崔娟精女史をはじめ崔田（東大水産）金元鉢（東大経済）趙方済（同）姜昌宗（東京工大）李聖徳（慶大）朴鳳烈（京大物理）韓東鎮（阪大）等の諸君であるが同研究会では、会がここまで発展したというものの三十余名という少人数の会員で構成されているので今後研究生の新規採用と内容の充実のため、学術学生との接触を推進し一般社会に対して更らに積極的な理解と協力を求め発展を期する方針ですと意気込んでいる。

去る十一月四日の新韓学術研究会で原子力問題に関する研究を発表する東京工大の姜昌宗君左は金竜周□

日韓学生協議会
映画"友情は国境をこえて" ロケ強行中

既に昨年末より撮影が開始された日韓学生共同製作による映画"友情は国境を越えて"の最後のクランクインが多くの経済的障害を退けて再び行されるに至り去月十五日より三浦岬においてロケーシヨンが行われている。両国学生の友情を結ぶために企画されたこの映画は来る十二月下旬までに完了の予定で十二日未日には山葉ホールで試写会を行う予定のもとに去る十一月十七日学同本部事務室に国際連合日本学連と韓学同の双方委員が参集し金承源代表委員挨拶に引き続いて松原事務局長経過報告の後映画完成のために必要な経済問題の解決について熱心な討議があつた。そのため両團体代表者において台算をみた問題は製作費三十六万五千円の調達について[illegible]とすることに決定した。又スロケーシヨンは学同及び国連学連、羽田飛行場等で行われる[illegible]とした。

尚従来の日韓学生協議会は国連学連と学同の両團体をもつて構成されていたがこれを近日中更らに発展的な協議会を結成するため日本側は国連学連以外にユネスコ、カトリツク学連、Y・M・C・A、W・U・S、I・S・Aその他日本学生連、学生放送協会、日本学生報道連盟等の諸団体をも含めた廣範な日本学生團体をもつて韓学同との日韓学生協議会を発展させるため日本側は代表者会議を数次に亘つて開いている。

文芸サークルの結成すゝむ

本年度から、いよいよ、学同機関化、学術共同研究、厚生事業の一環として、文化サークルの結成が本格的にのせられることになつているが、そのこてしらべに、学同では文化委員金柄三君が、先ず「文藝サークル」の結成に乗り出し、去る十一月中に大体の構想を練えて、第一回の会合を持つまでに漕ぎつけた。当面の仕事としては、サークル員の個性をなるべく尊重し、お互いの研究方の中に共通なものを楽しもとめつ仕事を通じて一般学生との接触面を着実に拡張して行く予定であり、学同としても、これが大事なテスト・ケースである事を認めて、後援に万全の態勢を期している。

なほ、文藝サークル有志会では國際ペンクラブ韓国支部とも密接な連絡を保つはずで、年内に発会式を行おうと意気込んでいる。

アメリカ文化センター
東京・芝
女子会館内
◇御希望の洋書が自由に貸出せます

日本支社発足す
京郷・平和両紙

本国の動きに対する在日僑胞の関心が特に高まつて来ている今日ソウルの有力紙として知られている京郷、平和の両新聞では、この度、日本に支社を設置して、在日僑胞に本国ニュースを提供することになり、既に業務を開始した。

平和新聞社では、来年の正月から少くとも月一回づつ、在日僑胞版を発行する予定であるといわれ目下廣く資料を蒐めている。購読料は月六百円。希望者は左記に申し込まれるとよい。

平和新聞日本支社
中央区日本橋兜町二ノ五五
電67四四一一、五四三六
（支社長 李泰男）

京郷新聞日本支社
中野区鷺の宮三ノ九三
電39三五三七
（支社長 韓維東）

WINK

◆クリスマスに酒を飲んで踊つてオールナイトは異教徒の定義、現代日本版の定義は不景気を吹つ飛ばし大衆のフトコロをかすめ労働争議に心理的圧力を感じることナリ。我々は下宿代に窮し質草が尽きてクリスチヤンの家え行く。御チソウして我々を迎えてくれるああまことに救い主天降り給う。ハレルヤ、ハレルヤ。

◆学年末試験ヒンピン随所に悲劇あり。授業料未納のため受験停止、空腹のため徹夜不眠、講義録、参考書類を買えないまま零点覚悟組、顔面蒼白、クリスマス前の七面鳥以上に顔色異変。

◆過日学同重要案件をどつさり抱えこんで本国へ飛び立つた代表委員のソウルでの後日風聞によると正に天晴れ学徒代表振りを発揮しているらしい。彼の社交術は東京でも評判のものであるが一ツ橋大学という秀才揃いの雰囲気からうまれ出る知的感覚がそれに輪をかけひときわ目立たせていよう。文教部長官、国会、学生團体代表との会合その他各大学訪問の度毎に留日学生を押し売りしているとは何と小憎いくらも憎す可き代表（大阪）であらう

◆一見したところ共産党風の金柄三君文化学院では名物男であるらしいが何も好男子だからといわけではない。まるでバタヤ風の格恰でニューモードを着り女学生群の中に囲まつているとは全くのアンバランス。

学同では文化委員として持ち前の詩人ぶりをハツキしているが新聞編集技術にも相当丈けている。編集といえばある所で夜を徹しての最中如にくさいので犯人が誰かとさわいでみると何と彼の足から発散しているとは。そこで編集子は靴下一足贈呈の篤志家を求む。（C）

告
中央大学韓國留学生会の総会および忘年会を左記の要領で開催致します。会員、先輩諸兄の多数の参加を御願いします。
記
一、日時 十二月廿一日（火）午後三時
一、場所 中央大学本館四〇五号教室（四階）
中央大学韓國留学生会 会長 森 溝
幹事長代理 石 南國

ソウル料理
春香園
パーテイ用宴席完備！
新宿区角筈一ノ八三七（新宿二幸うら）
電話 三五—七五一五

새벽
URORA
綜合時評
文藝 美術 音樂 舞踊 教育
社会 経済 政治 出版
韓國語月刊！
韓国一流の著名人を網羅した筆陣—崔南善、李軒求、毛允淑、洪性夏 諸氏。
連載 春園李光洙の未発表作品 運命
在日販價 百二十円
詳細は学同中総に問い合されたし。

研究会案内
1 カトリツク社会問題研究
講師 エルリンハーゲン師 上智大学教授
日時 毎週土曜午後3時—4時
場所 眞生会館（國電信濃町駅北降り）
2 公教要理研究会（主に未信者のため）
講師 エルリンハーゲン師
日時 毎週日曜日午前10時—30分—12時
場所 上智大学250教室
3 公教聖歌講座
講師 申相佑氏（國立音大生）
高声七氏（韓國学園教師）
4 韓国語講習会（高校生向き）
講師 金学弦氏
日時 毎週日曜日午後1時—2時
場所 眞生会館
場所 眞生会館（國電信濃町駅際）

豪華版！
1954 韓國画報
KOREA
六〇〇余点の最新スナップを通して韓国の歴史、風俗、文化など、その全貌を伝える唯一最適の紹介版！
國際報道連盟（主幹 宋政勳）
本社 ソウル市中区乙支路三街三四九
東京事務所 神田美倉町十六（電二五—六二一七）

学 芸

国民主権と民主政治

李 炫

周知の如く、近代民主主義国家は、何れもその前提要件として国民主権主義を採用し、国民の名において憲法を制定するのが原則である。即ち国民が主権を有し、凡ての国家権力の源泉は、主権を有つ国民から発するものとする。韓国憲法にも第一条に「大韓民国は民主共和国である」とし、第二条には「大韓民国の主権は国民にあり、凡ての権力は国民より発する」と明記してある。

この様に国民主権主義を採択する所以は、国民の基本権を尊重しそれを保障するのが目的で、その民意を政治に反映させ、国民の総意に基いた「人民の、人民による人民の為の政治」を行うことを趣旨とする。換言すれば、国民の基本権を出発点とし、これを中心として立法、司法、行政の諸国家権力が発動されねばならないとする原理である。従ってこれは、主権者たる国民各自の常識たるべく、又主権者たる国民の委任を受けた政治担当者の行動の基本観念たるべき重要問題である。然し実際に政治担当者や国民が、これについて如何に認識し、且つ実行しているかは疑問である。

ところで民主政（Democracy）には、二種の意義がある。即ち（一）は、法律的または形式的意義においての民主政であり、（二）は、政治的または実質的意義においての民主政である。（一）の法律上の意義においての民主政は、即ち上述の「国民主権」(Sovereignty of The People）と同意義で、主権が国民に属する政体をいうのである。（二）の政治上の意義においての民主政は、右の様な法律の規制を認めずまた法律上の意義においての主権が何人に属するかに拘らず、政治の実際において、国家の最高の意思決定に際し、国民の多数の意思が、国家の最高の意思を決定する主たる勢力として作用することを意味する。従って、法律上の意義における主権は君主に属するにしても、君主が統治権を行うに当り君主の恣意に依らず、直接間接に国民の表現する意思に従って行うことが保障・実施されているならば、法律上は君主政であっても、政治上では民主政が行われているといい得る。英国や日本等はその好例である。

次に「主権」（Sovereignty）の意義については、これを用いる場合に依り、異る意義において濫用せられるものであるが、次の四種の意義に要約し得る。（一）は、国家の意思力即ち国権を意味する場合であり（二）は、国家の対外独立性を意味する場合（国際法上の対内主権、対外主権等として）であり（三）は、国家の権利即ち統治権を意味する場合であり（四）は、国家組織において、国家意思を構成する最高の力を意味する場合で、換言すれば、国家の為に統治を最終的に統一決定する権力を意味する場合である。国民主権または君主々権は、この意味においての主権の所属を示すものである。

元来、主権概念が意識せられるようになったのは近世初期以来のことで、主権論の創始者は、フランスのジャン・ボーダン（Jean Bodin, 1530—1596)である。しかし彼は、君主主権論として、絶対君主国家擁護の為の権威の説証であって、国民の自由を強調するものではなかった。ところが後、君主主権説は、数議の転回に依り、ルッソー（Jean Jacques Rousseau'1712—1778）に依って主張せられた社会契約説と結合して、国民主権説に転化しこれが近代民主国家の形成に重大な影響を及ぼすに至った。謂わば主権の所在についてのコペルニクス的転回である。而して、アメリカの独立やフランス革命等は、国民主権論に依って、思想的根拠が与へられ、又逆に、国民主権論はこの二つの革命に依って、地上の制度として普及するに至ったものである。

このような主権概念は、その発展過程において次第に変遷し、上述の如く色々な意味に潤色されて来たものである。殊に十九世紀のドイツにおいて擡頭した国家法人説に依り、主権は、君主にも、国民にも属するものではなく、主権は国家に在ると主張するのが所謂国家主権論である。之は国家組織体説を提唱することに依って、国王個人の絶対主義的な権力を剥奪し、国王個人と、国家とを分離させようとする政治的意義を含むものであるが、さればといって、一挙に国民主権への転回でもないのである。日本の天皇は、法人たる国家の機関であるとする、美濃部博士の有名な天皇機関説も、国家法人説に由来するものであったが天皇主義者の攻撃に依って潰られたのであった。

ところでわれわれ大韓民国は、第二次大戦を契機として、帝国主義の植民地の圧政から解放せられ建国以来最初の憲法を制定し、二十世紀的文化国家として新発足することになった。いう迄もなく、「解放」ということは、自主独立国家としての憲法を有つことに意義があり、それは民主国家として国民主権主義に基き、国民の基本的人権を保障することに依って、国民を人間的に解放することに意義がある。換言すれば、参政権その他の基本的人権が保障されなかった植民地人民から解放せられてそれを自主自律的に保障し確保することが出来るに至ったのである。従って、若しも国民主権又は国民の基本権を無視しての憲法の運用は、真の解放の意義を没却するし解放前即ち敗戦前における日本軍国主義下の特高警察や憲兵等の職権濫用に依る基本的人権侵害の真似をされたり、解放前と同様に、人間たるに値いする生活の保障が得られないとしたら、三一運動の独立精神を継承するとした憲法前文の基本精神は没却される。斯様であれば、解放は、単に政権者交替の意義しかなくなり、圧政の主体から解放せられた歓喜は、水泡に帰することになる。従って、「われわれ及びわれらの子孫の安全と自由と幸福を永遠に確保すべきことを決意」して憲法を制定したのであるから、主権者たる国民は、憲法の運用について、無関心たり得ない筈である。

然し、主権者は国民であると言っても、直接政治に参与する直接民主政治のみに依って主権を発動するとは限らない。面積と人口が狭少であった古代ギリシヤ、ローマの都市国家においては、それが可能であり実施されたにしても、近代国家の大社会においては、スイスの一部を例外として、所謂間接政治又は国民代表の代議政治を不可避とする。然し現代国家において、直接民主政治制度として採用されているのは、次の三種の場合である。即ち（一）は、国民発案（これには直接発案 Direct Initiativeと、間接発案 Indirect Initiative とがある）であり、（二）は国民表決（Referendum）であり、（三）は、国民解職又は召還制度(Recall)である。

要するに、民選議会制の代表制度を通じての国政参与である以上は、国民は、理性と政治的関心を

以て、賢明な代表者を選出することが議会制の危機を予防し、民主政治をして衆愚政治、暴政政治から守り、国民各自の基本権を確保する前提である。

筆者紹介

氏は、京畿道驪州郡の生れ、一九四七年に中央大学法学部を卒業して直ちに大学院に入学し、その後、憲法を専攻しつつ、今日に至っている。今年の三月、中央大学から、戦後在日留学生として最初の法学修士を授けられ引続き、同大学院で、憲法の研究を続けている。

現在、中央大学同窓会では名実共に、大先輩格で、氏の学識、人格、猛勉ぶりは、既に定評のある所。

解放新聞に出た私の名前

崔 成 源

解放新聞に出た最初の私の名前は五六年前に起った例の学同五・八事件の頃、陰謀宗教家云々のデマ記事であったが今度は名誉ある「社会活動家」として金日成から表彰のメッセージを受けたという一連の発表である。

解放新聞は旧朝連時代にあった所謂在日朝鮮人団体の機関紙であり主として北鮮と在日共産系分子の宣伝機関紙であるが一度だけでも読んでみるとすぐわかるように金日成さまさまで活字がはんらんしている程、全く、ばからしいデマ新聞のシンボルである。

最初は一九四九年夏頃の話であるが休暇も近づいたので帰省先の廣島え色々な プランを夢見乍らいる矢先に親許から「キヒロトリヤメヨフミスルチチ」と一枚の電文が下宿先に舞い込んできたので何ことかと速達便を待っていると驚く勿れ「陰謀宗教家」云々で私が非難されており当時左右学生間の激しい対立の中で騒いでいた私は槍玉に挙ったわけであった。そのために田舎の親許は毎日のように左翼系のテロ分子に「お前の息子は東京でわれわれの組織に破壊行動をやって われわれ の同志に危害を加えている……」との理由で廣島に帰ってくればタダで置かないとおどかされている様子が詳細に記されていた。

解放新聞の普及は特に地方に出れば出る程共産系分子には根強く浸透して居りハングル 一字すら読めない家庭にも強制的に配付され購読料として所定額をまきあげている有様で金日成の写真が彼等の間では完全に偶像化した信仰の対象であった。字は読めなくても金日成の写真だけさしいれておけば後は組織的に料金は徴集されていたので廣島山口県辺りにはその数が随分あったものだ。親許では何処え行っても息子が一体何事をしでかしたのかお前の息子は反動だとか人民裁判にかけてなくしてみせるとかいひよられて日夜悶々としていたようだった。中央で幾人かの煽動的なデマネツ造家が何気なく書いた幾つかの文字がやがて全国的に流れて行くデマと中傷に押し拡められて民衆の心理に働いて行くのである。田舎に住む無智な連中は最も信頼する新聞に隣りの家隣りの町のあすこの何某の息子が東京で……と一斉に眼を向ける始末でしまいには重大犯罪人扱いでそれ以来というものは廣島では反動分子の最大級にのし上ったわけである。その後六・二五動乱に際しては民団結成を強行したり等があってからというものは彼等とは全ったく違った世界で生きていたが今度はあの調子で呼びかけられているとは皮肉な出来事である。共産党の宣伝術は実に巧妙であることは今更感心することもないがその心理戦術たるや誠に妙なるものも微妙に心理作用を利用していることは明らかである。民族陣営の新聞や雑誌に自分で書いた原稿や名前が載っているのにはあまり関心を持たないが解放新聞や平壌放送等で何か出された時にはギクッとするのは一種の恐怖感から来たものではなく人間の感情自己を愛する気持をよく利用したものだと思う。平壌放送以来、こんな馬鹿な話をある人から聞いたのであるが青年運動界では有限なひとりのリーダ格の者が自分の名前が呼ばれたと——それは北鮮でも俺のことを重大視していると思わんばかりに——内心まんざらでもなさそうな顔をしていたのによく調べてみると自分の名前が見当らないのでついには北鮮人民会議で呼びかけられた奴等は生いきだ……といっているとは。要するに平壌カイライ放送も解放デマ新聞も我々の陣営の中にそのような連中のためにエサを与えるだけに止まらないであろう。彼等はそれでいいのだいいのだと内心よろこんでいるかも知れない。

私はソ連のカイライ政権から指名された不名誉のはき捨て場をここに求めたものでは決してないのであるがあの狡猾な南日の外交戦術がややもすると民族陣営の中に乗じ入い名誉と謀利に身をあやつ一部の連中のために割込みそして動揺の念を禁じ得ないのである。それでなくても成可く同族間の殺し合いを避けて平和裡に祖国が統一されなければと日頃から念願している数多くの良民や夫婦親子兄弟が一家離散の憂き目に会って今もなお別れ別れの生活を歎いているこの世の不幸にかこつけて悪魔の囁きにも似た甘言で祖国えの再侵略に躍起となっている北鮮カイライ政権の所謂平和攻勢を断固排撃せねばならない必要を逆に強く感じるのである。

カイライ政権のその手先共は現に東京やその他の各地において所謂平和攻勢の効果を高めるために両国の事業家や良識者等で何気なく寄り添い来ては カイライ放送やデマ新聞に話題を転じ「貴方は若しも板門店か何処かで開かれたとしたら平和的統一のために出席する用意がありますか」と問いかけ何はさておいてもとにかく平和的に話合うことが必要であり、そして民族の生きる道は外国の干渉無しに我々だけで話合う以外に無いとたたみかけられるであろう。勿論そんな見え透いた謀略には乗らないと断言するであろうが我々には平和的統一方式について語り合う—いや彼等が勤務するまでに—具体的な新提案はないものだろうか。これまで主張された北韓のみの自由選挙は何時になれば実施されるのやら。

祖国統一の宿望に散華した幾多の英霊に報いるためにこのひとりの弱々しい民は祈り続けるばかりである。（筆者は学習院大学生）

肥料工業の常識

—東工大 姜 晶 圭—

（1）肥料工業の発展過程

肥料が今日の化学工業特に一国家の必須化学工業までに発展した跡をたどつてみると非常に古いものである。

即ちローマ及アラビヤ時代から既に人糞尿若しくはその固形化物を使用しておるが如何なる理由から植物に対して之等が良い効果を賚らすかは知られていなかつたのである。段々と時代が経るに従つて緑肥を使うに至りたるも肥料が学問的に研究論議される様になつたのは十八世の末頃でありこの大いなる功績者はいうまでもなくドイツのリービツヒ博士である。博士は一八四〇年に土壌に存在する諸種の鉱物質中、燐窒素カリ等が植物の主要な養分であることを認め従来施用して来た糞尿及び緑肥のみでは不充分であり、別に容易に溶解して植物に吸収される養分を人為的に補給しなければならないことを主張し、実験的に骨粉を硫酸で処理する時出来るものが著しい肥効性のあることを明らかにしたのである。之が今日の過燐酸石灰の起源であり又化学肥料の始まりである。

十九世紀の末になつてガス・コークス工業が発達しその副産物である硫酸アンモニヤの生産が増大されるに従つて、これが智利硝石に次ぐ窒素肥料として硫安が使用された。二十世紀になつてからは空中窒素固定に依る石灰窒素、硫安、硝安等の製造が可能になるに及んで肥料工業も画期的発表をとげ、現在においては更に一段と前進して製造の面ばかりでなく肥効性からも検討して窒素含有量の大きい、アンモニヤ水または尿素等種々な型の生産が出始されている。この空中窒素固定に依つて肥料工業が発展したのはいうまでもないが更に進んでこれに関連せる一大総合化学工業へと進んでおることも否めない事実であり、今や

一面原子物理学の発展に伴い原子エネルギーの肥料としての利用法も研究されつつある。そして空中窒素固定に依る肥料工業においては高温、高圧を使用する関係から特殊装置を必要としまた触媒の使用及び合成技術等が他の工業への応用等化学肥料工業はそれ自身の技術の進歩に依つて他の化学技術機械工作技術等に浸透し近代技術の完成に大いなる寄与をなし農業問題のみでなく一国の産業復興の基盤になつて来ているのである。

（2）韓国に於て作らる可き窒素肥料は何にか

世界を通観する時農民の取扱ひ上の問題とか種々な面で硫安を最つとも多く使つて来ているがその基礎原料の一つであるアンモニヤは空中窒素固定に依るとしても他の一つである硫酸事情の解決がなければならない。ところが硫安一屯の生産には五〇Be硫酸一・二屯が必要である然るに硫酸原料である硫黄資源は世界的にひつ迫して来ているにも不拘硫酸の他の工業への需要は増大して来ている現状から硫酸を使はない窒素肥料を凡ゆる角度から研究生産せんとする傾向であり韓国の様に全く硫黄資源の乏しい国に於ては硫安を作つては経済的に企業が成立しないということになつて来る。

では硫安以外の窒素肥料といへばどんなものがあるかというと硫安、硝安、尿素、アンモニヤ水又は之等の誘導物であり世界の情勢大勢も濃厚肥料或いは化成肥料、配合肥料等へと転換しつつあるのである。窒素肥料の窒素の含有量は石灰窒素二〇—二五・五%、硝酸アンモニヤ三五%、硫酸アンモニヤ二〇・五—二一%及び尿素四六—四七%等である。そして、窒素の含有量（肥効有効成分）からすれば尿素がその代表的存在で次に硝安になつているが、尿素肥料の工場建設費と窒素成分当りと硫安のそれとを比較した時大なる差はないけれども原料費及び人件費は共に遥かに少であつて唯硝安の場合と同様に器材腐蝕対策と未反応原料の循環方式が大きな問題となつておる。

米国に於てはアンモニヤ水即ち液体肥料が最つとも多く使はれ次に硝安を使用している。それに最近に至つては粒状尿素の生産も活発になり且硝安は爆発性のため取扱いに不便であることが大きなあいろになつていたが種々の工夫がなされこれも硫安に変る貴重な窒素肥料となつて来ている。即ちこれは石灰素と共に物理的作用を与えて粒状にして使用している。そして英国のICIに於てニトロチヨクこそその最先端を行くものであろう。

この様な考察からして韓国に於ては矢張り粒状尿素及び粒状硝安(Nitro-Chalk) としての窒素肥料が適合するものでありそれらの施肥方法の研究も又考えねばならない問題であると思う。

（3）製造面からの考察

アンモニヤ系（窒素系）肥料製造の第一段階はいう迄もなくアンモニヤの合成でその試的方法には多種多様あり各々一長一短はあるけれども長期に渉る改良によりほぼ完成の域に達しているといはれている。

そして窒素は空気の液化分離によるのであるから水素の様な問題はないわけである。アンモニヤ合成費中最つとも大きく影響するのは水素供給であつて大体合成費の三〇—五〇%を占めている。そして水素供給源としては水性ガス、コークス炉ガス、天然ガス、電解に依る方法があるが韓国における立地条件からして水性ガス或ひはコークス炉ガスに依る方法を採用するのが当然である様に考へられる。

肥料工場建設問題に附随して電力問題が云々されるが、どれ位の電力が必要であるのかというとガス法に依るアンモニヤ合成においては窒素トン当一五六キロワツト時が必要であるのに対して電解法に於ては六一八キロワツト時であるから現今の韓国の電力事情からは前者が適合することが明白でありこの方法においてはガス発生炉及び原料炭材の適確操業が問題でアンモニヤNH3一屯を生産するのに一・四屯—一・九屯の原料炭材を必要とするものとしている。

次にアンモニヤ合成方式にはハーバーボッシュ法、フアウザー法、カザーレ法、クロード法、N・E・C法、I・C・I法、モンサイス法その他種々あるが紙面の都合上各々の詳細なる説明は省略するけれども世界で最つとも多く使はれている方法はN・E・C法の二〇・三%（一九四九年）でありとの事実からして一応注目に値する方法であることは窺はれると思うでは何故N・E・C法が良いのかということになるが圧力三〇〇気圧前後で温度はこれに附随して決定されてくるがこれは米国において割合他の方法に遅れて確立発展された方法で工程各面に於て確実安全且経済的で操業が安定していることと融通性があり完全なガス精製及び合成反応に大事な解媒温度調節を正確になし得ると共に優秀な解媒を使つて歩留を大にしていること等が他の方法に比してもつとも大きな特徴であるといはれている。その操業行程及び設備内容等からN・E・C法が最つとも推奨さる可き方法であり特に後進国において之を選ぶのは当然な成行である。

ここにおいて合成されたアンモニヤから他の物質を反映させることにより硫安、硝安、尿素等種々の形の結晶としての窒素肥料を得るのである。

（4）結 語

以上の理由から数に空中窒素固定に依る窒素とガス法に依る水素からN・E・C法に依つてアンモニヤを合成し粒状硝安又は粒状尿素へと合成して行く方法を取るのが韓国の立地条件に適合するものと結論し得る。

そして如何なる方法を採用するにしても最つとも合理的な建設操業をするためには技術的、経済的企画と計画を持たねばならないが一つの方策として最つとも完成された技術にて建設された後進国の新しい肥料工場についてみることも効果があると思う。例へば世界に於て技術的に最優秀工場として米国のC・C・C社が建設したN・E・C法に依る印度の肥料工場の如きそしてパキスタン、フィリツピン等の建設途上にある工場を立地条件から比較対照してみることも意義あることであると思はれる。

それでも矢張り米国、西独等の先進諸国に於て肥料工業への準備段階としての技術を修得をすることが韓国肥料工業将来への大きな力となり得るものであることを信ずる。

化学肥料工業特に窒素肥料工業は原料が大部分空気、水、石炭又は佑力であり、この天然の豊富な資源を利用する化学肥料工業の早急な出発こそ二十世紀の我々に課せられた最大任務であるといへると同時に韓国化学工業確立の要因であろう。

筆者紹介

姜晶圭君は、慶尚南道の出身、現在東京工大大学院で、化学工業を専攻中である。アンモニア合成肥料研究に関しては、在日留学生中自他共にゆるす最高の篤学で、目下本国学会との連絡をもちたいと熱望して居る。新韓学術研究会員原子動力の点に於いても極めて、造詣が深く、大いに将来を嘱望されている。

金素雲著「恩讐三十年」盛大な出版記念会

去る十二月十三日、午後五時から、東京日比谷の日活国際会館六階のホールで、金素雲著、「恩讐三十年」の出版記念会が、内外の名士多数を集めて盛大にとり行われた。

この出版記念会には、発起人として、青野季吉、舟田享二、石垣綾子、川端康成、三好達治、平林たい子など、日本文壇の一流どころが、ずらりと名を連ね、事実上、韓日親善知的交流の集いといった感があったが、当日は、おなじみの徳川夢声氏や、下村海南、石川哲などの名士の顔ぶれも加わり出版記念会としては、申し分のない賑やかさであったと言えよう。

席上で、徳川夢声氏が、金素雲氏との旧交を述懐して一席弁ぜられ、その昔、素雲さんに案内されて、京城は鍾路のさる「怪しげな」呑み屋で「タイホウ」という朝鮮酒を一寸瓶にのみほした話が飛び出したり、懐古談に花を咲かせて一座を楽しませた。

当日は、言論界からも参席する人多く、学同からは、副代表と文化委員が出席して、金素雲氏の意義深い業績に、心からなる祝意を表した。

読 書

金素雲著「恩讐三十年」をよんで

—趙 万 済—

天下の金素雲先生が私のようなものからその伝記ともいうべき「恩讐三十年」の紹介をされては迷惑千万である、と例の調子でオコルかも分らない。しかしいくらオコルとしても[illegible]をモノにする偉ら方ではなく、祖国が生んだ一人の詩人であるそれ故に私は先生に親み、且つ尊敬している。

二十年前に出した先生の「朝鮮童謡選」序文を読んで涙を出しながら感激し、雑誌「花郎」の編集のために「なつかしき朝人」等の玉稿を頂戴し、そして今ここに先生の、三十年の波乱曲折を綴った随筆集「恩讐三十年」を読ませて戴いたせめてもの恩返しにと思って、東京日活ホールでの出版記念会の日に、学同の人の再三の注文も加勢しまして敢えて筆を取った次第である。

この著書は「梅の花」の如く十五年前の旧稿から今年の九月文藝春秋に記載された「恩讐三十年」に至る、折に触れ時に摘けてあるいは愛情を、あるいは悲恨慷慨を惜らしい程ウマイ日本文（三好評）で記した、一読して必ず有益なる愉快な本である。「愛することを讃揚しそれに向けて惜みなく己を燃えたすことの出来る人は幸福である恋愛は時として石に打たれる。しかも母の愛、郷土への愛は貴いもの崇高なものとして何時の世何時の時代にも人類の美しい義務に提されていた。如何なる智者の理論を以てしても母性愛の高貴な精神を冒すことは出来ないと同じく生きる者がその即した郷土に対して純一無邪な愛を注ぐことを何人と雖も拒むことはできないはずである」（朝の花）と書いている。英国人がバイロンを誇りとすれば我々は金素雲と立てたい。バイロンがイタリーで金素雲先生が日本という時代とは話は違うがその漂泊はよくも似ている。ただバイロンは彼自身が詩を書いたが先生は祖国の詩を外国語に訳して紹介している。これを価値的に紹介しているバカはいないと思うが、若しいるとすれば不思議な話しである。特に先生は朝日両国の同僚達とアンデルセンの如くスキナオヂイサンとして親しまれている。

一九五一年十一月、中央公論に記載された「日本えの手紙」の中に「先だってある親しい米国人の一人が私に申した。「ミスタ・キム！あなたが韓国でなくアメリカかフランスに生れていたら、何十倍もの多くの仕事が出来たであろうに—」「どう致しまして—」。その時の私の答です。「私の生みの母はレプラ（癩）かも知れません。けれども私は自分の母をクレオパトラと取換えようとは思いません。」「オオ、サモアルベシ…」と書いている。先生がどれ程の愛を持っているかはこれでお分りと思う。でも世の中は必ずしもそうは行かない。韓国で先生を民族反逆者とか親日派とかいつているのも事実である。

「日本の悪口をいうことが（愛国）だと勘定している連中が韓国にもワンサいる。私が日本人なら、こういう手合は歯牙にかけない。それよりも、日本を知り、日本の鋳や美を大つぴらに認めてかかる相手をこそ警戒する。前者は権威や利益の前ではシツポを振るが、後者にはハツタリやマヤカシが利かない。こういうのを敵にまわすことは不利で手ごわいからだ。御同様、アメリカにタテついたり、ヨーロツパを屍のカツパに見くだしたりすると、日本が偉くなりでもするように勘違いする（愛国者）が、日本にもボツボツ出て来たようだ。おせつかいなことながら心から「お勇ましい」と言いかねる。」（日本の客席から）「三好達治の好意で昔の訳詩集を東京で再刊した。もとの名のまま（朝鮮詩集）としたところ（それが書店の勘つての希望でもあつた）なぜ(韓国詩集)でないかと横ヤリが出た。（それでいて韓国には(朝鮮日報)がある。）おまけに、表紙に朱色のカナ版をつかつたというのでこれが話題になつた。金素雲が（赤）になつたといりわけである。そうかと思えば今度はその反対に、巻末の友人の跋文中に（この詩集の事実上の編纂者であるが）（韓国）という言葉があったとの理由で、その友人が左翼連に非難された話を本人の口から聞かされた。どちらもどちら、まことに救い難い馬鹿な郎どもである」。（平和来たらし）「言論取締の当局（公報処）が四十人の新聞記者の前で「韓氏的にやつけろ」と大いに檄励するところがあつたという。金素雲も偉くなつたものである。一片の新聞記事によつて、きのうの国際代表がきようは(非国民)となる。なるほど便利なものである。」

「近ごろの伝聞によると、空巣狙いたちは（非国民）の理由薄弱を憂うるの余り「金素雲アカ説」が専らだという。「いわんこつちやない、金素雲は日本で〃赤〃になつたとよ」というわけである。申訳ないことだがたぶん、彼等の生きている間に彼等のこの「希望」は達成されないであろう。」（ものいえば唇寒し）…

又、特に読者の感傷を湧き立たせるものは六、二五動乱に夫君と二人の息子を戦死させた健気な慶□淑女史の詠嘆「韓国の母」である。これは婦人画報、花郎、婦人、プリント、婦人青年新聞にも掲載された誠に涙ぐましいものである。

次にその中の幾つかを紹介しよう。

同族の討ちつ討たれつ幾千度 はやむつみてよはらからなるに

あまりにも日々に乱るる国なれば 若きいのちの散るぞ哀しや

星二つ 夕空に出でむつまじき 世に在りし日の吾子らにも似て

（筆者は東大経済学部学生、新韓学術研究会幹事）

心のふるさと

—愛国ということ—

洪 万 基

つい最近虎の門の共済会館で、邦画〃こころの故郷〃が優秀映画観賞会の手によって上映された。僕が観たかぎりのわが民族映画の中ではもっとも優れたものである。演出、演技とも素朴に繰りひろげられ、ケチをつければきりがないが、まずしい環境と闘ひながらよくこれだけのものを生みだしたというひたむきな意慾が頼ぐましい。人里離れた山寺で顔も知らない母を慕う少年道成を主人公に、きびしい住持、少年を養子にのぞむ素封家の未亡人、彼を捨てて男の許に走った生母が織りなすドラマであったが若い未亡人に扮する崔銀姫嬢のひややかな氣のなせるような体臭はなつかしく、やはり民族の血筋と伝統がそこにもあった。全編を民族の詩情と哀愁がながれ観衆にそれぞれの感銘をあたえたものと見え劇……からず拍手があった。すぐれたものを素直にいいとし拍手をおくる日本人のたかい教養に敬意を表したい

明治の大学祭では、永沢姉弟たちの共奏したジャズ・バンドが面白く可憐であったが、最後に五つ位にしかならない末妹久子さんを躍ってフラダンスの真似を演らせたのに対しては唖然とし、可愛いい久子さんが氣の毒になった。

さて、不意に全く突然なにかうーんと悪口でも書いてくれと編集者から頼まれた。頼まれてものを書くということは不愉快である。この不快さ加減をかみしめながら悪口を叶き散らさなければならないところにわれわれの苦しみがあろうか。

本国の情勢はというとかいへぬにしても、例へば在日同胞間で発行される新聞が五指にあまる全部ではないが、その大部分がくだらない。読む新聞をこしらへるのではなく読まない新聞をばら撒いている。意図はよく知らないが、読ませるために出すのではなく、看板にするために刷るのではないかとも思われる。僕はあるひとの原稿を頼まれて活字にしてくれまいかと持込んだことがあったが、その編集子は原稿を覗きもしないでそんなものは要らない、新聞なら一晩もあれば自分ひとりで全頁を埋めることが出来ると大そうなことをいった。

よく人々は「文化・文化」と安直にいう。口癖にする文化性を誰よりもないがしろにするのもまたほかならぬ彼らご自身である。

又、これと並行してよく「愛国」を賣りものにする人がある。

壮士風の男が「お前は朝鮮人か韓国人か?」と見えすいた難癖を吹つかけることがある。ひとをひきずり降しててめえの勝手にしたい下ごころがあるからだ。「オレを知らんか、この俺様を、ええん！ 総督時代の親日派で民族叛逆者のラク印をおされ国も追はれたが、それでも俺は日本に協力している。嘘だと思つたらきいて見ろ。オレはあのときの警察部長もみんなよく知っている。ええン！」

終戦後の駅前交番であった。大柄の男がお巡りをつかまえて啖呵を切り狂演である。流しを拾ってロハ乗りしたらしく訴へられて巡査と押問答していたが、ほかのお巡りが近ちやんを外へ誘い出して、「あんなバカを相手にするンぢやないよ。まごまごしていたら又殴られるぞ。あとのケリはこちらでつけるから早く乗って消え失せろ。」バカといはれる大柄な男をよく見ると驚く勿れ、ある団体の幹部であった。口角泡をとばし腕をまくし立てながら、よく「愛国」をわめき散らす男であった。

問題はそんなところにあるのではなく「愛国」の掛声も大いに結構であるが、民族を賣りものにして恥の上塗りをすることは大いにつつしまなければならない。

日本の大学

ダラス・ブイン

【紹介】筆者ダラス・フイン女史は東京大学でつい最近まで教鞭をとつていたアメリカ人である。日本における「大学という名の社会」に対して女史の向ける観察の眼は極めて示唆に富み批判し通して余す所がない。外国に来て学ぶ我々が、現実のマンネリズムに堕する事なく正しい研究生活を維持するためにも、一応西欧の知性に照し出された日本の大学の内幕を知つておく事は是非必要であろう。

〇重点的な専門教育

日本は所謂持てる国民ではない併し教育のためにかける費用は大したものである。東大や京大は、それぞれ毎年の予算が三百万ドル以上にのぼる。政府予算を幾多多数の大学にばらまくようなへまはしない。ちやんと二、三の一流大学に重点的にふり向けている。大規模な総合大学になると、文芸から医学、原子物理学に至るまで広範囲にわたる専攻部門をかかえている。

あらを探せばキリがないが、ともかく日本の大学はノーベル物理学賞を受けた湯川秀樹みたいな大学者を生むに足る程進歩したアカデミツクな殿堂である。

はばの廣い「一般教育」よりも専門教育の方が日本人の趣味に合うらしい。これは恐らく、日本では西欧技術を身につけた専門家が必要だという事実のせいであろう日本は今の所まだ、「一般的」な事柄にまで手を拡げる程生長していないのである。若同、われわれの社会で伝統的に尊重されて来たような想像力とか融通性とかいうものは、日本の社会には不必要なのだ。日本のように島国で且つ過剰人口の歴史を持つ国民としてみれば、今のような総合大学重点主義はただ単に実用的であるばかりか万巳むを得ないものである。

〇根強いマルクス色

思想の面から見れば日本の大学は擬くばかり一律化されている。彼等の物の考え方に主な影響を与えたものは、思うに伝統的東洋思想や十九世紀の西欧思想、なかんずく、ドイツ思想やマルクス主義である。日本の学者は色々雑つた根本的な物の中から自由に好みの思想を選び出す事よりも何かしらある特定の派閥に所属しなければ気が済まないと感じるらしいが、これは中国日本系の思想の名残りかも知れない。大学におけるヘーゲルの影響は迚に強い。これは日本の大学が丁度十九世紀のドイツ哲学黄金時代に礎をおかれ、それ以来他の新しい哲学的思潮の洗礼をうけた事がないからである。ヘーゲルはマルクスえの道をひらいた。そしてマルクスの天下り式弁証法に対して日本の学者はほどこすべきを知らなかった。事実上付和的な共産主義教授は居ない。しかし理論的な面ではマルクス主義が大学のすべての部門に経済法律（政治）の如き枢要な部門にまで侵透している。思想とはおよそ縁の遠い分野、たとえば文学や科学とか工学や医学のように大学の他の主要な部門の人々もマルクス主義的な物の考え方をうけいれている。

◉ケインズよりもマルクス

日本のマルクス主義は時代おくれだ。たとえば労働価値説などはソ連では大部分かが廃らいで来ているにもかかわらず、日本の大ていの経済学部ではまだ旺んに取り上げられている。これと毛並みの異なるケインズ経済学も東大とか一ツ橋みたいに日本における経済学研究の指導的立場にある所で教えられてはいるが、むしろ歴史的記述的な取り扱いをうける傾向にある。

マルクス主義が支配的な勢力を有する原因としては、終戦前に日本政府が行つた思想弾圧であつて部分的ながら説明をつける事が出来る。この思想弾圧は極左の根源い哲学で支えられた反対勢力を除く一切の反政府派を抹殺するのに成功したのであつた。従つて戦後大学に帰結した人々の、戦前中にの弾圧を免れた極右に対して一言でも抗議めいた事をいつてやらずばという気持の人々がいくらか居たとしても不思議はないのである今日ですら共産主義は「進歩的」と考えられる事が多い。日本人の学究心に対しては行動よりも理論がより強くアツピールするからである。

〇苦しい教授生活

もてるフランス文化

日本の大学教授を経済的な見地から理解する事も面白い。彼等は戦争で家や書物もなくし、戦後のインフレでいくらかの貯えもけし飛んだ。九年後の今日彼等の経済的境遇は戦前に比して些かもよくなつていない。正教授ですらいくつかの大学をかけ持ちで教える傍ら色々な雑誌に寄稿したりせねばならず、それでやつと収入がせいぜい月三万五千円（八八ドル）程度である。彼等の周囲の出来事はマルクスの予言が的中しているようにしか見えない。即ち、「資本家」はますます「キャデイリアツク」を乗り廻し労働者は低賃銀に縛られ、西欧の「資本主義」国家がのさばりこれは言い方如何によっては「帝国主義」だと片附けられない事もない。

〇知られざるアメリカ

永い占領期間にも拘らず大学教授やその仲間連はアメリカについて知る所が余りない。これは戦前アメリカに対する研究が禁物であつて、又危険であつたせいでもある。彼等がアメリカの経済について抱いている考えは旧式のものでその知識は、マルクス主義者の一口言葉みたいな十九世紀の追剥ぎ貴族時代の用語で表現されるのが普通である。アメリカ文学はおよそ「怒りの葡萄」やT・S・エリオツト程度のものだとされ、エリオツトがアメリカを去ったのは、アメリカの文化の貧弱さ状態を証明するものだと考えられている。マルクス主義者、非マルクス主義者を問わず、彼等は日本の敗戦に無差をかかれたせいもあって、しばしばフランス文化に慰安を求めるがこれはフランス文化が古くて偉大だとの理由からではなく、日本とフランスは政治的に利益関係を有しないという事が理由になつているのである。

〇世襲する経営観

大学教授の政治的影響力は一般に過大評価されている。彼等がいくら雑誌の寄稿をしようがこれを読むのは他の教授や学生達である政界実業界などの実社会と大学との関係はもどかしい位に縁が遠く、このために困難な問題が生じて来る。大学教授が難共に声をはり上げる一つの問題は学問の自由という事である。彼等は一九三〇年代に学問の自由のためより積極的に闘うべきであつたと良心の苛責をうけているのである。彼等が日本の再軍備に反対するのは大ていい軍隊に思想弾圧はつきものだと思いこんでいるからである。彼等の大部分は日本が反動の暗黒期にあり、左翼よりも右翼の脅威が切実だと考えている。大学教授達は日本の政府が立ち代る毎に、待つてましたとばかりの批判の矢を向ける。恐らく彼等の大部分は自由な社会を希求しているであろうが日本は代議制による民主々義的政体を持てる程に成熟し切つていないと心配する人も多いのである。彼等は現在大学に学んでいる世代に対して希望よりも悲観をひき起いでいる。

◉どたんばの学生生活

—アルバイト、結核、就職難—

日本では大学に通う事が裕福のしるしにならない。それは学問が出来る事の証拠になるだけだ。従つて国立大学の学生といえば、親併半と学期式授業料（年十六ドル以下）のため、いきほい全国で最も貧乏で最も聡明な青年達であり勝ちだ。貧乏と聡明、これは危険な組み合せである。国立大学に比べればいくらか準備がましたとは言え、お金の要る私立大学でも学問の出来、不出来が最も重要視される。

大学生が直面する経済的精神的な問題はひどいもので、しかも彼等は大ていの独力でこれを切り抜けなければならない。寄宿舎が少ないので大部分の学生は学校周辺の不潔な鮨ずめの下宿屋に住む。結核罹病率が相当ひどいにも拘らず、彼等は殆ど燃料費を切りつめて月十五ドル（五千四百円）の生活費でまかなつている。私立奨学金制度は殆んど存在しない。国立大学生の半数（私大生の八〇%）は、二五年間貸与制の国家援助をうけて居る。併しその金額は月平均五ドル（一千八百円）という粉細なものである。このようなわかり切つた事情のために、大部分の大学生（文部省推定によれば学生の九〇%）はアルバイトをする。教授の出席率が悪いのはアルバイトのせいだと思えばよい。学生向きの仕事口は大部分授業中にあるそれとても学生にふさわしい仕事だとは限らないし又収入もかんばしくない（月平均六ドル）迄に今一つの経済的問題の種は卒業後職にありつけるかどうかという事である。文部省の報告によれば毎年大学卒の半数は適当な職に就くが残りの半数は永い間就職のため無駄な努力を重ねた揚句、専門的技術を要しない低賃金の仕事に甘んじくそうである。

韓國學生新聞

発行所 韓国学生新聞
中央機関紙同盟
責任者 金承浩
編集人 鮮于澈
東京都文京区本郷2丁目4番地 韓僑会館
電話（92）1256番

綱領

一、吾らは自由なる思想と創造的精神をもつて学術を練磨し、真理を探求せん。

一、吾らは祖国統一と自主独立を確立し、民主国家と均等社会建設に尽力せん。

一、吾らは相互親睦を図り、高尚なる人格と進歩的精神をもつて世界人類の文化向上に貢献せん。

主張　学同発展のために

（一）

「光陰矢の如し」とはよく聞かされる言葉でありながらこのようにもあわただしく過ぎ去つた一年を顧みて、矢張り感慨無量にならざるを得ない。

さて、これで形式上の任期は一応おわつたものの、我々はまだ、肩の重荷をすつかりおろしてしまつたようなホツとした気持にはなれない。なぜならば、我々執行部ばかりでなく、本気で学同のあり方を憂慮する歴代の先輩たちが、終戦以来、十年という永い年月をかけて解決しようと努力を重ねて来た問題がまだ沢山処理されないままにのこつているからである。その問題のうちのあるものは、我々の任期中にほぼ片が附き、あるいは、やつと手をつけたばかりになつているものもある。実をいうと、我々執行部としては、時間が足りなかつたことを憾む気持で一杯だ。これらの難問題に対して些かでも全般的な解決えのいとぐちを与えようとすれば、一日が二四時間でなく五〇時間であるとしても、やはり一年の歳月では難しかつたろうと思う。このように、我々を取巻いている問題は、執行部の責任だけで解決するには、余りにも深刻であり、かつ歴史的である。

ほとんどこまねずみのように忙しくこき使われた我々の生活には、もう一種の加速度がついてしまつて、これに俄かにブレーキをかけることには非常な離儀を感じている。したがつて、執行部の席を去るにあたつて、今我々がここに述べる二、三のことは、単なる儀礼では決してなく、次代の執行部や一般の盟員たちに、「正直な生々しいもの」としてうけとつて貰つて然るべきだと信ずる。

（二）

どうして我々の間には政治家がこのようにも多いのみと情なくなる時が一再にとどまらなかつた。政治屋とはどういう種類の人をさすのかと問われるかもしらない。併し、国家経綸のことならいざしらず、少くとも学生運動に関する限りにおいては、これを定義することは、そう難しいことではない。いはば、学生の本分である勉学のことは棚上げにして、さしあたり、かけひきやゴシツプ騒ぎにうつつをぬかしている人々のことだ。学生であるというのは、名義でも肩書でもなんでもない。それは、祖国がその将来を期待する若い近代の総称である。学生として最も大前提である勉学を忘却して顧りみぬ人、祖国につくす最もふさはしいみちを棄てて顧りみぬ人が、学生運動にとやかく口を出す権利があるなどとはとても考えられない。この際、われわれがはつきりときもに銘じておくべきことは、学生同盟は、政治やかけひきを学ぶための練習場ではなく、勉学する学生に少しでも好適な環境を作つてあげるための、そして、異国に留学している学生ら共同利益を擁護するための組織だということである。

（三）

われわれの間において、逃避主義が一種の傾向になつているのであるまいかという懸念を禁じ得ない。民主主義とは、執行部を選出するための投票権行使だけに終るべきものではないはずだ。執行部を選出した以上、その執行部を後援し、同時に建設的な助言と批判とを与えてこそ、民主主義的権利と義務が立派に遂行されたと言えるのではなかろうか。いたずらにゴシツプのみに打ち興ずる人々のことはとりあげないが、投票権さえ行使すれば、それで社会に対する自分のつとめは終つたものと考えて、自分のからの中に逃避する傾向をなくすために学同を民主主義的訓練の場に育て上げなくてはならない。

（四）

日本の言論界が、最近とみに、ロマンチツクになつて、ソ連や中共に対して無批判的なお人好しぶりを発揮している。我々はこれを敢えて、ロマンチツク・ヒユーマニズムと呼びたい。このことは、特に、共産陣営からおしよせる平和共存宣伝のなりゆきにおいて、特に顕著にあらわれている。

人情として、いやなことはなるべく考えたくないし、あわよくば忘れ去つてしまいたいという気持はよくわかるが、共産主義世界と自由陣営の世界の間柄は、共産主義がその原則、すなわち、「目的のために手段をえらばない」という偏理に於いて実質的な譲歩を示さないかぎり、結局緩和されることがないものであるということを忘れるのは、一種の自殺行為である。問題の解決を渇望する我々の誠意は、濫用されてはならない。そして、それがためには、我々は、表面だけの共存ではなく、原則面に於ける共存の条件を追求せねばならない。

左傾色が自慢のたねになるような時代は、すでに過去のものである。またヒユーマニズムが、単なる飾窓としてのみうけ入れられるためには、共産主義のイデオロギーは、あまりにも悪意に充ちている。現実からの逃避が、無原則的な妥協となり、ひいては自滅の原因となることがないよう今後とも、学同が、同胞学生のイデオロギー的支柱としての役目を充分に発揮することを切望してやまない。

新たな発展を協議
第十一回中央委員会で

去る五月八日、関東本部中央委員会が、韓国学生同盟中央総本部（韓僑会館）内でひらかれた。

昨年の八月に第十一回中央委員会が軽井沢でひらかれた後、中央委員会の名のもとで招集された会合は、これがはじめてであるが、種々の悪条件が重なり合つて、全国的な中央委員会をひらくまでには至らないので、取り敢えず、地方本部の諒承を得て、関東本部だけの中央委員会で代行することになつたものである。

この日、午後四時から、代表委員金承浩君を始めとする執行部側五名、中央委員十五名が参席し、組織委員金正祐君の司会で、各部の経過報告、質疑応答、討議に入つた。

執行部報告

総務委員金正祐君が立つて、昨年の第十一回中央委員会以来の執行部活動経過ならびに一般情勢報告を行い、代表委員金承浩、副代表委員鮮于澈の両君がこれに補足説明を行つたが、その概要は――

（一）第十一回中央委員会の決議にもとづいて、昨年の八月三十一日、大統領あてに奨学官派遣の要請書を送付した。

（二）代表委員金承浩君が、昨年の十一月廿七日から十二月十六日まで、本国を訪問し、在日留学生の実情を官民各層に訴えるとともに、奨学官派遣、卒業生受入れ対策などについて文教当局と折衝した。

（三）いわゆる「南日声明」が昨年の十月二十八日に発表されこれを口実にして、一部の左傾分子らが、学生の抱込みに乗り出して来たので、学同は、情勢を充分に見極めた上、十二月十四日付で声明を発表し学生の立場から、「共産主義者は、平和統一への誠意を、行動で表すべきである」と訴え、同胞社会に対して良識のあり方を示した。

（四）韓国青年時局対策委員会に学同から四名の委員を送り込み、「平和統一」の仮面をかぶつた共産主義的陰謀の除去に重要な役割りを果した。

（五）十二月十日、日本国際連合学生連盟や中華民国留日学生東京同学会と如水会館で会議をひらき、日本政府のヒロポン取締りにおける盲点を指摘する声明を採択し、朝日、毎日、読売の三大新聞のとり上げるところとなつた。

（六）昨年の十二月二十一日、中央大学の同窓会総会を学同後援で開催し、これを「中央大学韓国同窓会」と命名するとともに新規約を採択、同日忘年親睦の集いをひらいた。

（七）本年の一月十四日、新宿の公香園でひらかれた早稲田大学新年会で、統一促進協議会の行つた懐柔工作に対し、学同から代表（金承浩）、副代表（鮮于澈）及び財政委員（金道宰）らが参席して「政治的誘惑で学窓の雰囲気を乱さないでほしい」と訴え、同窓会の人事改選で左傾学生の抬頭を抑えた。

（八）本年の二月十八日、明大の卒業生歓送会を後援して盛会をきわめた。

（九）学同代表委員金承浩君が去る四月廿八日から五月五日にかけて地方本部の視察を行い、名古屋、京都、大阪、広島の各地を巡歴して、地方組織の強化に貢献し、新しい情情を検討した。

（十）財政難を克服して、学同新聞を四頁に拡張発行し、時にその内容を学術的なものに盛り上げることに努力した。

（十一）財政難を克服して、昨年の大学祭シーズンには、一ツ橋、明治、中央の各大学で、韓国展、古典舞踊、音楽会などをひらき、執行部の各委員が徹夜作業で後援した。

（十二）去る五月八日、神田の如水会館で本年度新入生歓迎ならびに卒業生歓送の集いをひらき、およそ七〇余名が参加して盛大をきわめた。

（十三）今年の一月三日、NHK第二放送で主催した「アジアの若き世代」番組の座談会には学同から、副代表鮮于澈君が参席しマイクを通して、共産主義者の欺瞞的な平和アピールの本性を暴露した。

（十二）東京大学の「朝鮮人同窓会」に於ける左翼偏向を是正するために積極的な働きかけを行い、現在重要な動きが進行中である。

（十三）その他

総会は五月廿八日に

以上の報告を前にして、活発な質疑応答がかわされたあと、会議は予定通り、地方組織強化対策、在日留学生の本国派遣問題、規約改正問題の討議に入り、締めくくりとして、第十二回総会対策に関する意見がかわされたあと、学生同盟の万才三唱で幕を閉じた。討議事項及び決議事項の内容は、およそ次の通りである。

▲地方組織強化対策――各大学の同窓会を強化することに重点をおき、学同中央総本部は、これに対する原則的指導と後援とを受けもつて、各同窓会のイニシアチブを生かすように努めることがのぞましい。

▲本国の学徒護国団から、在日留学生二〇名を護国団年次総会に招待する用意がある旨の通知が到着したので、現在詳細を問合せ中である。

▲規約改正原案を、呉世経、金徹哲、朴炳憲の三名と執行部側三名に依頼し、二十五日に開催予定の関東本部中央委員会に提出させる

▲総会は来る五月二十八日に開くが、次期代表委員は、真面目に勉強する学生を選出することにする。

▲総会に先立つて、来る五月二十五日に関東本部中央委員会を召集する。

正副会長に崔文鶴 金正祐君選出
明大同窓会総会

明治大学韓国留学生同窓会では二十六日同校五六講堂で総会を開き会長に崔文鶴君（法四）副会長に金正祐君（法四）を各々選出した。

学同オ12回総会せまる

第十二回総会を迎えて
学生としてふさわしい人格者を選ぼう
＝代表委員 金 承 浩＝

歳月は流水の如く、何時しか私達が執行部を受け継いで一年になり早くも定期総会の日も近づいて来た。かえりみるに受け継いだ仕事の性質上、最初から苦しいスタートを余儀なくされたが、自分としては昨年総会の時にした、公約即ち学同を「純粋な学生自治体、学生にふさわしい団体」えとリードして行くことに対して、およばずながら最善の努力をしたつもりであるし、又それに応じた成果も多分にあったと自負している祖国の現状は、今だに南北に両断され動乱後の復興も完成されず、よって国民生活も安定の域に達していないのであるが、この様な苦難の中からも、我々は民族の前途に対する光明を追究し、真面目な努力を続ける限り、いつかは、そしてなるべく近い将来に、幸福と繁栄えの道が拓けるだろうという希望に生きて来たのであった。

このような重大な時期に我々は日本に留学しているのであるが、韓日両国間の国交も正常でなく、むしろ険悪な空気さえも感じとられる。したがって、政治、経済、精神的な諸面において少しも恵まれない立場におかれている。そして、その肩には、祖国の再建という大任が課せられているのである。そればかりではなく、過去半万年の歴史を通じて、民族の難境にあたつて常に民族の気慨を内外に闡明しつづけて来たのが青年であったということに思いを致せば今さらながら、我等の責任の重大さを痛感せざるを得ないのである。

このたびの第十二回総会は、この意味において、救国済民の大任を負う我々学徒があらゆる困難にもめげず、堂々と前進し続けているという立派な姿を暗示し、新しい勇気をわかち合う機会になるようにしたいものだと思う。これが、われわれ留学生社会に、失望をもたらし、新しい慨嘆のたねをまきちらす原因になるようであってはならない。

そのためには、学同を「あらゆる学生から愛され親しまれる存在」につくりあげるようにすべきであり、このような存在に盛り上げるために、まず、学生としての本分を充分にまもる人格者を役員に推さねばなるまい。我々がどのような人を役員に推すかは、我々在日韓国学生の一般水準をはかるバロメーターにならないとも限らない。

又、選ばれる役員の性質如何によって我々の祖国再建と繁栄の温床である現在の神聖な環境が、大きな影響をうけることも覚悟せねばならないのである。教養や、生活態度において、真に学生らしい内容に欠けた人と、実際に我々の共同利益の代表者たり得る立派な人物とを、外面や言辞にとらわれずにその実際的内容において区別判断すべきである。

学同を名実ともに我々の母体に作りあげるため、ひろく盟員諸兄の良識に訴える次第である。

写真説明…学同広島県本部委員向つて右前が韓日和委員長との記念写真

地方本部を視察
組織強化に明るい動き

去る四月二十八日、東京を出発した金承浩代表委員と崔成源君（学習院大、中央委員）は、翌廿九日大阪に到着し、直ちに学同西部本部を訪れた。学同地方組織の実態把握と強化のための地方視察旅行は、まず西部本部を皮切りに遠く広島にまで足をのばし、多大な収穫をもたらしたのであるが、以下はその報告を要約したものである。

▲西部本部

大阪、神戸を中心にして戦後十年間僑胞運動の尖端をきつて学生運動を展開していた在日韓学同西部本部は、昨年金益和君が代表委員に就任して以来、急激に活動不振となり、各方面から組織上重大な責任ありとして批判の槍玉に挙げられていたが、一部紙上にも報道された通り、責任者の行方不明による収拾困難が伴つていた。中総代表委員金承浩君の来阪を契機として四月廿九日、民団大阪本部会議室で民団金福洙団長、金文敦部長をはじめ、学同西部本部李光洙委員、その他先輩有志の話し合いの結果、五月三日に各大学同窓会の代表会議を召集することが決議されたので、その間、広島の学同広島県本部訪問を終えて再び来阪することを約し、五月三日、同会議室で召集された学同西部本部懇談会では、民団、学同先輩、各大学代表者、執行部、それに金承浩代表委員、崔成源君も交えて西部本部の再建策について活発な意見の交換を行つた。

席上、李光洙君より、懇談会を学同非常対策委員会に切り替え、学同総会時迄の一切の権限をこれに与えようとの提案があり、全会一致で可決された。会議は直ちに学同西部本部第一回非常対策委員会に切り替えられて、初の権限発動として、金益和被委員を職務怠慢、運営不能、名誉損失のかどで代表委員としての職務停止処分を決定し、五月十五日に定期総会召集を決議した。なお、襲正氏の不法入居により学同寮生が困惑し、学同寮として充分の機能が果されていない実情が報告され、その善処法として早急に正氏の退去を求めることが決議された。

こうして西部本部は力強い再建えの前進をはじめ、去る十五日、盛大に総会もおわり、本来の学同にかえつて、関係団体や同胞学生から多大な期待をよせられている。

▲広島県本部

去る三月、広島YMCA会館で結成大会をみた学同広島県本部は大学生よりも高校生が主体となつて大きな成果をあげている点が注目さはる。

即ち、民団広島県本部の努力によつて発意をみた学生会結成の動きが伝わるや、県下各学校に在学中の学生が集り、最初は学同の下部組織も考えられず、自主的な同胞学生団体をもくろんでいたが、結成大会当日の成り行きが、学同広島県本部と多数の意見によつて、まとめられ、中央より参加した崔成源君のまとめ役が功を奏して、学同の地方組織拡張に大きく一役かつたものである。

その後、規約改正、組織強化のため、臨時総会を五月中に召集するため、韓日和委員長、朴、許両副委員長を始め、曹女子部委員等は（広島大在学中の李、申両先輩と緊密な連絡をとりながら熱心に努力してきたが、色々な事情で実現できず、近日中に召集の運びになつている。

金代表委員、崔中央委員は、四月卅日に広島に到着し、直ちに駅前で民団、学同代表者と会い、翌日にひらかれる予定の各学校代表者を含む拡大執行委員会の討議事項を具体的に検討し、五月一日、市内"もん"集会室での執行委員会に臨んだ。

地方学同の活動目標、高校生を主体とした学同の特色、中総との緊密な連絡、学内における民族差別問題などについて活発な意見の交換があつたが、全国的にみても広島県本部のような若々しい純粋さを他に見出すことは不可能だと思われるほど、学同中総の今後のあり方に大きな示唆をあたえるものであつた。在日韓僑の子弟が街様に高校時代から祖国と民族に深い関心を寄せそれがひとつのかたまりになつて行こうとする現れは韓学同に明るい未来が約束されているとの印象を強く受け、こうした高校生主体の学同が他県にも結成されねばならないとの自覚を持つに至つたことは何よりもの収獲である。現在盟員は県下で約九〇名であるが学同広島県本部は将来隣接県の岡山山口、鳥取、島根の各県と統合された学同中国本部にまで組織の発展を考究中である。

▲京都本部

隣接の西部本部に比較すると色々な点で特色はあるがここでも学生運動の沈滞を自ら歎いていた。勿論執行部は李済代表委員をはじめ全委員が一体となつて組織強化のため躍起となり盟員五百を数える同胞学生の自覚を促すべく努力している事実は見逃せない。元来京都は他県にみられる華々しい動きはみられないが地味で着実に問題を処理しており学生社長もいる程経済的にも学生々活に他県よりは余裕あるところが見受けられた。京都にはキリスト教学生会とカトリツク学生会が相当数学生を含摂しているにも不拘、学同に積極的協力を示さないのが残念であつた。各大学の中でも立命館大学、同志社大学の両同窓会が学同運動に最も積極的に協力していた。京都本部の活動内容は主に学術討論に主力が注がれ、京都本部の活動は夕暮れ時の京の町を思わせる静かな歩みを今後共続け、どこかでみられる感情的対立や、つまらぬ批判のために学生らしくない態りは決してみならわたいよう心から祈るものである。

▲東海本部

名古屋を中心として中部日本の総元締である東海本部は同地の民団青年同志会の代表者が異口同音にいうように学同の実情は寒心に堪えない。現代表委員金一山君、副代表委員[illegible]よりも南山大学の丁瀬龍君が今後積極的に学同再建のため尽力したいと決意のほどを披瀝し心強く思つたほどである。

以上が大略地方学同の実態と視察報告であるが全般的に綜合すると今後日本における学同運動の在り方に大きな警告が発せられているといえる。それは数的に大学生が卒業して行く割合いに入学生数が少くないため従来の高校生軽視を改め高校生を組織化し真に祖国の民として育成するための活動、それがしいては大学え進学後、よりすぐれた学同運営者として学生運動の戦士として、ふさわしいという結論である。

学同西部本部 再建成る
代表委員に宋甲憲君

韓国学生同盟西部本部では学同再建をもくろんで非常対策委員会を設置し金益和代表委員の職務停止処分を可決する等して総会対策を講究していたが去る十五日正午から民団大阪本部大講堂で来賓及び盟員約百名参席のもとに臨時総会が開かれた。

総会は国民儀礼に続いて非常対策委員会委員長であり学同総会召集に献身的奉仕をした李光洙君（関学院）の開会の辞にはじまり来賓にみえた民団大阪本部金永大文教部長の祝辞があつて議長に徐公直君（大阪市大）副議長に任正雲君（阪大）書記に金相洙君（近大）が大会の臨時執行部に選ばれた。

李光洙君より非常対策委員会経過報告があり総会召集までの学同西部本部再建に関する動きが詳しく報告され盟員の提案で臨時総会を第十二回定期総会に切り替えることが可決されてここに学同西部本部の懸案の定期総会成立をみたのである。

討議は学同再建に関する件が主に論議され西部本部が再び金益和代表委員の如き職務怠慢による学同活動不振の不名誉を招来しない決意がみられ進学指導、学同寮の問題等が論じられ特に学生に提供された朴根世氏所有の学同寮に不法入居を続ける襲正氏の非行に対する追及はかなり激しく早急に襲正氏の退去を求める声が大きくみられた。

最後に役員改選があり代表委員に宋甲憲君（阪大）副代表委員に英楠君（近大）が選ばれて午後六時閉会したが在日韓国学生同盟西部本部はここに本来の姿をとり戻し盟員の力強い歩みは必らずや関西地方民族陣営全般に大きな功献をするものと期待される。

代表委員には まじめな学生を
三・一会で申し合せ

現執行部が、「学生が、学生のための、学生による学生同盟」をかかげて出馬して以来、多くの面に於いて、惰性の打開や、旧弊の浄化に見るべき業績を挙げ、今や、学同をその本来あるべき姿に発展させようという声は、従来になかつた程、力強くもり上つている。同時に、かつて学生同盟の幹部をつとめた人々の一部には、学業よりも、学生運動に熱をあげるという矛盾した生活をしたために、社会の良識ある人々から批判されたりしたことがあつたので、このようなセミ・プロ的学生運動家に退いてもらうことこそ、学生同盟発展の第一歩であるというのが一般的輿論の内容である。

このような雰囲気を背景にして、去る四月二十六日、今までの学生同盟幹部を始めとする有志約二十名が会合し、今後の学生同盟のあり方を語し合つたのち、学生同盟の健全化をはかるため、会合者一同で三・一会を組織してその後見にあたることになつた。

三・一会で先ず第一番目にとり上げられた問題は、矢張り、代表委員の資格問題であつたが、慎重な協議の結果、今後、代表委員になる人は、人物として優秀なばかりでなく、従来まじめに学校に出て、学業の上でも他の人々の模範となるような有籍学生でなければならないとの合意をみた。

代表委員資格問題は、去る五月八日にひらかれた関東本部中央委員会でも論議の焦点となり、学同代表委員として、従来学同の執行部に関係して来た人々を除外するには及ばないが、学業に不熱心な学生、無籍者などは一切やめて、学生をしてまじめな人物を推挙べるできあとの決論に達した。

昨年度執行部の任期も、大ずめに近ずいて、毎年のことながら、次期の学同代表委員の下馬評がしきりに取沙汰されている。

李元範同志にのぞむ
学同出身の国会オブザーヴアー
―楊 泰 根―

民団全体大会でみた本国々会オブザーバー選挙の光景はいまだ生々しい記憶に残されている程異常な雰囲気の中で正に壮烈といつた具合であつた。票を読み上げる者、数える者、それを見守る不気味な静寂の群、その合間をやけにふかす煙草のけむりが立ちこめる午前二時近くの会場に冷やかにこだまする候補者の氏名…。こうして見事第二位に選ばれた李元範同志は本国々会オブザーバーとして遠からず帰国するであろうが嘗つて在日韓国学生同盟中央総本部代表委員として三千名に達する在日韓国留学生に激しい社会正義の情熱を植えつけ共産主義に対決する強固な態度を学生青年層の間え拡大し遂に日本における韓学同の勝利を今日にもたらしたその業績を讃え乍ら今後本国々会議政壇上で更らに在日学生青年の意志を反省していただき度いと願うものである。同会オブザーバーは決して名誉職であつてはならない。又単に特権的利益を享受するものでもない。

それは同志が申している通り選ばれた者の義務と選んだ者の権利として国会え送られて行かねばならない。国会オブザーバーを選ぶ者の権利は被選者である同志が本国国会で在日韓僑代表として果す役割を中実に最後迄見守ることであり、この厳粛な権利が踏みにじられることがあるとすれば、それは選んだ人々の意志に反して国会オブザーバーを他目的に利用するときであろう。然し若き学生青年は絶大なる信頼と期待のもとにかつて学同時代より今日迄の同志の社会正義と反共のための斗争経歴それに立候補の弁にもみられた留学生及び青年運動諸問題解決に全力を尽くしたいとの公約を深く信じて疑わないものである。勿論運動家であり将来も又真に民族国家を愛するものとして変らざる活動を展開するであろう同志は、常に良識と知性に基いた多くの学生青年に圧倒的支持をかちえていたが、それがやゝもすると僅かばかりの感情や意見の対立による所謂熱烈な運動家には物足りない感を与え同志の軟柔味ある活動が誤解された印象を与えている点に深く同情するものである。茲々数年来、反共斗争と知性と良識ある勢力の結集によつて健全な民陣営の強化実現のため努力されてきた同志の業蹟は必らずや本国各界に於いて広く認められ誤解を招いた幾つにもみたない原因を除き去るであろう。

数多い学生青年は今同志の信念に燃みたその誰よりも祖国を愛する態度に深甚な関心を寄せているが同志が更らに強く激しく多くの人々に訴え響かせる勇気と叡智を持ち合わせるよう望んで止まない。在日韓国留学生は山積した当面の諸問題を未だ嘗つて本国え托せる先鑿を持たなつたのであり又嘗つて学生諸君の熱望を送り届け達してくれた例もないが、今度こそ真に選ばれた学生同盟の先鑿を本国々会に送り得ることは日本に於ける学同運動史上特筆さる可き栄誉といわねばなるまい。学生は祖国の礎石たらんがため学びの道にいそしむに不拘本国政府が在日学徒に何を望んでいるか、在日学徒がよりよい祖国の民となるため本国に何を望んでいるかこの思いを届ける役割はまことに重大且緊要である。我が学生同盟の李元範先輩が祖国と我々を結びつけてくれる最良の掛け橋であり、在日学徒の激しい祖国愛を本国に真実のまま伝えてくれる良き使者であつて欲しい李元範同志！どうか最後迄国会オブザーバーとして我々から科せられた凡ての義務を忘れないでいただきたい。在日韓国学生連盟三千の盟員は他の幾万にも有り余る青年同志と共に熱烈なる拍手をもつて本国々会え同志を送り実のり豊かな収穫の日、早からんことを祈る や切である。（本年三月慶応義塾大学経済学部卒）

反共学生会議を計画
日本自由学連から申し入れ

日本自由学生連盟では韓国、中国、フイリピンを主とした東南アジア各国学生団体による反共会議を今年七月下旬に日本で開き度いとの申し入れを行つてきたので去る二十四日東京新宿の同学連事務所で第一次予備会談が韓国側は学同金代表委員並びに金正祐総務の参席によつて開かれその成果が期待されている。

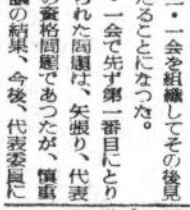

◆学同総会は怒涛の如く押し寄せる。三・一会統一候補論の夢破れ東京の巷に飛び交う選挙運動員に疲労の色濃し。国会議員並みの選挙戦術になる。くどいてみると対立候補のヒモ。冷汁百斗、イヤハヤ悲喜劇随所にある。☆

◆代表委員の椅子は百万金の夢。昔も今も変りなく在日学徒の代表が本国々会議員選挙に出馬すれば次点は間違いなしとは――当選迄は聞いたたしがない。☆

◆蛍の光窓の雪、ではなかつた。コツペパンにアルバイトの愛読も過ぎてみれば高等ルンペン。卒業は即ち失業なり。失業イコールルンペン。ルンペン生活のんきだねは昔のこと。☆

◆統協の私生児、南北学生協議会春の霞に消え去り行かむ。認知されないイジや仕方ないですな。ソビエット孤児収容所で今頃じやうろついているンだろう、育て「お前の親爺は誰だい、何を何処でもしないで」「いやアン」「友達が遊んでくれないンだもン、恥かしくつて外え出るのはいやアン」「あやがつて親爺奴養育費をまんまとせしめやがつて何処えずらかつたんだ」――一幕終り―☆

◆光陰矢の如し、長いようで短かつたこの一年。学同金承浩内閣遂に満期総辞職。成果の多少はあれ心から盟員諸兄姉の学生新聞愛読を感謝し我苦生、WINK同欄を通じて若返えり美容術を伝授した覆面紳士もいささか別れが辛らうござる。

去るものの弁

副代表 鮮于 澈（東大）

[illegible]

総務委員 金 正 祐（明大）

[illegible]

組織委員 石 南 国（中大）

[illegible]

財政委員 金 道 宰（日大）

[illegible]

韓国学生諸君に望む

二つのこと

三木治夫

このごろ、数学に興味をおぼえて、統計をとってものを考えるくせがついた。

日本にきた朝鮮の学生数をしらべてみると、昭和元年に三九四五名、昭和十一年に四九四四名いた。それを出身地別にみると、昭和元年は、南鮮二四三一名（六二%）、北鮮一五一四名（三八%）昭和十年は、南鮮三〇四九名（六二%）北鮮一八九五名（三八%）をしめている。（朝鮮教育会奨学部「在内地朝鮮学生調」による。便宜上、江原道は南鮮に、黄海道は北鮮に入れた）。在日朝鮮人総数の九五%以上が南鮮出身なのに比べると、学生のみは、南北の総人口数に比例して来日しているのは面白い。

二十五年五月の韓国国会議員選挙（いわゆる五・三〇選挙）に立候補した二、二三五名中、大学専門出が一、一五八名いるが、そのうち日本の学校出身が大学出四七六名、専門出七九名、計五五五名をしめている。韓国で刊行された韓微永著「韓国の人物」五十人集には、韓国第一級の人物を紹介しているが、その第一選（二十七年十二月刊行）には、五十名のなかで二十名が、第二選（二十八年十一月刊行）には五十名のなかで十八名が日本の大学出身と紹介されている。

一九五三年版大韓年鑑社の「大韓年鑑」の「韓国人名」の頃をみると、韓国の指導者二、〇六九名あり、そのうちに学歴を書いたもののうち、五五六名が日本の大学出となっている。南北の政治家を網羅した日本外務省調査局編「現代東亜人名鑑」（昭和二十五年版）朝鮮之部をみると、七十四名中三十二名が日本の学校出身である。実に、現代朝鮮の指導者中に日本の学校出身者の占める役割は大きい。

解放後、北鮮から日本にきて入学したものは、ほとんどないといってよいのであるが、今日本にいる大学生二千五百名は、出身地域別にみると、どういう割になるであろうか。明日の朝鮮に、今の在日学生はどんなに活躍するだろうか。これは在日学生諸君に敢えていただきたいことである。

◇

優秀な在日学生諸君におあいする毎におねがいしていることをこでのべさせていただく。

それは在日朝鮮人移住史をかいて頂きたいことである。

在日朝鮮人の移住は、土地収奪の結果とか、徴用とか、そういう公式的論議は沢山にきかされ、またこれを取扱った文学的作品はある。しかしこれは世界史の一頁を形成する民族移動史としてかかれるべきものである。明治末以来四十余年をへ、時に二百万まで数え今も五十余万もいるというのに、体系的な移住史が一冊もないというのは何となさけないことであろう。

歴史の編さんといっても、文献が少いだけに、日本の各所にある朝鮮人街形成の実態調査や、古くから来住した人の回顧談の記録から始まることになると思う。戦前には大阪、東京などでは、統計的調査報告がまとめられておる。戦後はわずかに在日朝鮮科学技術協会の枝川町を調査した「在日朝鮮人の生活実態」、李大偉氏の「在日韓僑の実態とその対策」、朝鮮文芸社の「在日朝鮮人文化年鑑」など一応見るべきものはあるが、もっともっと充実した全体的体系的なものが必要だ。この仕事は在日韓国人学徒の手ではじめてできることで、日本人の手では限界のあることである。

在日朝鮮人問題については、抗議や宣伝や論議があまりに活溌すぎる。あの紙と金とエネルギーをこの実態調査や移住史編さんにむけてほしい。今はもう抽象的論議の段階をすぎて、右も左も、官も民も、日本人も朝鮮人も、在日朝鮮人社会の実態として示された具体的事実を基礎にしてこれからを考えるときである。

一介の学兵として朝鮮や日本にきたワグナー氏が、その後、僅かの間に 'Korean Minority in Japan' の著述を書き上げている。君たちの歴史だ。多くのすぐれた在日学徒諸君の中に、これを一生の念願とする人が一人くらいいてもよいのではないか。

（筆者は城大出身。韓国に対して関心の深い文化人で、金素雲著「恩讐三十年」の木権通信にも顔筆をふるっていられる。本稿は、特に学生新聞のために、と、金素雲先生が斡旋して提供されたものである）

1954年の韓国経済

祖国の実情を知ろう

写真説明…修理成った華川ダム。華川発電所は、出力六万KWで、現在急速に補修工事がすすめられている。

解放後の混乱による施設の老朽破損、戦乱による被害、国土の両断など、幾多の悪条件になやまされながら、祖国の経済は、自主と繁栄をめざして、果敢な歩みを続けている。休戦後の経済再建事業が、ようやく軌道にのりはじめた昨年度の祖国の経済情勢を一覧して、我等学徒が果すべきつとめの重要性を再認識するよすがとしよう。

本稿は、本国で出版された統計年鑑、銀行資料などを基礎にして学同新聞編集部がまとめ上げたものである。

金融

投資販売代金の徴収不振による財政赤字の増加のために通貨の急激な増発を招き、またCEB（合同経済委員会協約）に規定された金融部門の年間与信増加限度額（五十億ファン）による制約のため、伸縮性ある自律的金融活動は不可能な状態にある。

韓銀券の発行高は一九五三年十二月現在の二百二十八億八千四百万ファンから一九五四年十二月の三百八十七億一千八百万ファン（百六十六億三千四百万ファン増発）に伸び、五五年度に入ってからは更に急激な増発ぶりを示している。物価も前記期間中に、小売が一・四倍、卸売が一・六倍（総指数）に高騰し、インフレ収束、金融安定政策の失敗を立証している。一方、金融機関の同期間における与受信実績をみると、一年間に延滞貸出は九億ファンの増加を示している。

一九五六年四月二一日に発足した産業銀行は、長期金融と短期金融を分離させて金融業務分野を再割定し、金融秩序を確立するという構想のもとで長期金融を担当することになったのであるが、対充資金の積立て不足で貸出し資原が涸渇し、いまだにその機能を発揮出来ずにいる。これにつれ、市中銀行は依然として七〇%近くの長期金融（電力、塩田関係など）を負わされているので、市中の資金が硬塞し、保全経済会式の私設金融「契」がさかんに流行している。

このような金融界の混乱を招いている原因としては、「外貨管理法」や民間資本動員のための「証券法」がまだ制定されていないということも挙ぐられようが、国政監査で明るみに出た巨額の不正貸付事件にみられるような官制金融の非民主性が大きくとり上げられねばなるまい。インフレが制御し得ぬまでに昂進した昨年の十月ごろになって、ようやく政府は、緊急物資輸入用の保有ドルのうち五百万ドルを公売に附したがすでにあとのまつりで、センスのない金融政策が批判されている。

一国社会経済の健全性を示すバロメーターとなる通貨量に対する預金水準は、ようやく三〇%にすぎず、これは世界の最低であり、一九三四年の二百二〇%には比すべくもない。公定のドル換算レートは、一九四九年度の九〇〇円が一九五一年（動乱の翌年）には六千円に上昇し、一九五三年二月には貨幣改革、一応六〇ファンに落着いたものの、同年十二月には、一八〇ファンに、三倍の上昇を示している。

産業

六、二五動乱によって五億余万ドルの被害をうけた産業界は、漸次立ち直りをみせ、電力をはじめ綿紡織、セメント、製紙は動乱前の水準を凌駕しているし、新しく製鉄、ナイロン、製糖、苛鉛、火薬、小麦粉、合板などの工業分野が新設拡張されている。ほかにも綿毛糸、パルプ、石油精製などの施設が輸入され、肥料工場と板硝子工場も一九五五年度内には着工される予定、又UNKRAによってセメントの新工場が着工されることになって既に国際入札もおわり、製鉄用の平炉施設も新設されつつある。これを項目別にみると

【綿紡織】生産実績は、綿糸が、五二年度の二千一百八六万ポンドに比し、五三年には二千九百三二万ポンド（三四%増産）、五四年には六月現在、すでに一千八百四九万ポンドを生産している。綿布は、五二年度に比し、五三年度には四〇%増加の一百四五万六千七百疋、五四年六月現在で、すでに八七万二千疋の生産をあげている。施設部門では、紡績施設には一七万七千錘（二八%増し）に、五四年六月現在には二五万六千錘（八六%増し）に急上昇している。紡織施設は、五二年に比し、五三年には三千九百台（一〇%増し）、五四年末までに六千台に漕ぎつけることを目標としている。

【絹人絹織】人絹織工業は、工場数や需要面において本絹織工業より優位にあり、現在一千余の大小工場が、京仁、忠南、嶺南地方に集中して殷賑を極めている。最近は、従来の品種のほかに、ビロード、ナイロンなどの織物も生産している。生産量は、五二年度の二千百七二万五千ヤードに比して五三年度は、二千八百八九万三千ヤード（三二%増し）の増産ぶりで、引続いて躍進が予想される。

絹織物はさして振わず生糸輸出その他の原因によってむしろ減産を示している。

【製鉄精錬】燃料難、資金難のため不振状態にある。三陟（江原道）には、日産二〇トン（設計容量）小型熔鉱炉が八台あるが三台が運転中で、毎日四十七トン程度の生産をあげているのみである。五三年度の十一月に、仁川で製鉄及び製鋼工場が着工され、五〇トン平炉の基礎工事がすすめられているが竣工のあかつきには古鉄を原料とした鋼鉄生産量が年五万トンを上まわるものと予想されている。

写真説明…農法近代化の先頭に立って活躍しているトラクター

【金属機械】製鋼、製鋼工業の不振のために、この部分も不振にあえいでいるが、生産品目は、発動機、揚水機、自転車、鉱山機械、交通車輛工具機械などである。

【製紙】動乱によって七二%という手痛い被害を蒙ったにもかかわらず、UNKRAの援助で目覚ましい立直りをみせ、五三年末現在設備は九七%、能力は七二%に復旧し、生産量は一九四九年に比して二倍以上になっている。現在二十一個の工場で、保有台数三十一台中、二十八台が運転中で年間二万五千九百六〇トンの生産量を出しているが、供給不足はまだ深刻である。しかしこの部門にはUNKRAやFOA資金が続々と配当され、見透しは案外楽観的であるといわれている。

【セメント】荒廃した国土再建の需要だけに、復旧にはもっとも力こぶが入れられている。三陟セメントは、五三年度UNKRA資金五五万ドルで補修用資材機械を輸入設備することになり、また五四年度のUNKRA計画によって聞慶に、乾式ポルトランド・セメント年産三十万トンの工場を新設することになり、国際入札の結果デンマークが着工を請け負うという。これで、将来、国内の年間需要量六〇万トンが生産されることになるが、聞慶セメント工場が完成するまでは、一応外国からの輸入に頼るほかはないであろう。

【ガラス工業】良質で豊富な原料をもちながら生産は不振状態にある。現在UNKRAの援助で、年間十二万箱の生産能力を有する板ガラス工場の新設を推進中で、これが竣工すれば国内の需要は充たされるという。

【製糖工業】ドル・ローンによって、五三年三月に製糖会社が釜山で発足してから五四年五月末までに早くも約六千四百トンの生産実績をあげた。現在、施設の拡張や新設が行われている。

【肥料】FOA資金二千二万ドルをかけて、工場新設が計画されており、その工事期間は三ケ年、年間生産量は尿素肥料八万九千トンの設備容量が予定されている。

【無機化学】無機化学工業の基礎である「アルカリ」工業は、施設が動乱で破壊されたので一九五四年現在、苛性ソーダ、漂白粉の生産は皆無状態であり、わずかに硫酸が月間約六〇〇トン程度生産され、国内の稀硫酸用途や過燐酸石灰生産にふりむけられている。塩酸は年間一千トン程度が小規模経営で生産され需要をみたしている。

【合成樹脂】政府のドル・ローンで新しく輸入された施設が十五工場を擁し、ビニール、プラスチック製品の生産が進められ、将来が大いに嘱望されている。

【ゴム工業】民需、軍需の製靴用ゴム類は自給自足をしており海外への進出さえも可能になっている。年間の自動車タイヤ需要二十二万個に対して生産は皆無で、取り敢えず六万本生産、十万本再生のための施設輸入が計画されてFOA資金で、生産能力二千トンの再生ゴム施設を発注しているが、これが完成すれば、生ゴム全需要量の三分の一を国内でまかなえるわけである。

電気

韓国の水力発電資源は南北を通じて総地点数一六一個所、包蔵出力は六二〇万KW（日本の約三分の一）に達し、これに西海岸の潮力発電包蔵量百万KWを加算すると優に七二〇万キロワットに達する。発電実績は、終戦前、世界で第四位の発電能力（六四万キロワット）を有する水豊ダムなどを擁して、水力だけでも一六〇万KW以上を発電していたが、南北の分裂によって、北から電力供給はとだえ（南韓の水力資源は約八万五千KWで全国の一三%、石炭埋蔵量は三〇%）、動乱以前には、火力発電によって約十万乃至十二万KWを出していた。南北間の境界線移動によって華川発電所を利用出来るようになったので、現在は十五万KWを突破している。併しセメント、肥料などの基幹産業をはじめとする再建事業の進展により、五五年度には二五万KW、五六年度には三〇万KW、五七年には三二万KWの電力需要が予想されるので、政府は五三年十一月に電源開発三ケ年間に水力火力あわせて二六万四千KWをあらたに開発することになった

火力系統＝寧越発電所の補修工事が進捗して現在出力二万四千KWを確保、石炭輸送用ケーブル・ウエイが完成したので出力増加が期待出来る。唐人里発電所（最大出力二万二千五百KW）は修理工事中である。新設の分はFOA援助資金で、唐人里に二万五千KW、馬山に五万KW、三陟に二万五千KW、設備容量計十万KW、平均出力計八万KWを設備することになり、工事は既に相当の進展ぶりを見せている。このほか仁川、釜山では合計出力二万六千KWの発電艦二隻が運転中である。

水力系統＝華川発電所は一号二号機の修理が完了して第三号機の復旧が行われており、現在の出力は約二万KW、蟾津川発電所（最大出力六千KW一九四八年）は現在修理中で、実績六千三百KW、清平発電所（最大出力一万九千五百KW）も目下補修調査中で実績一万八千KWをあげている。

新規開発によって十八万四千KWを目標にしているが、開発予定地点は寧越（四万KW見込み）、丹陽（六万KW見込み）、忠州（五万六千KW見込み）、麗州（五万六千KW見込み）である。問題は技術及び資金の欠乏であって、電源開発三ケ年計画の成否はひとえに外国援助の如何と、もっと合理的な再建事業の運営にかかっているといえよう。

写真説明…部分品完備の新型トラクター二十四台がフォード自動車会社から韓美協会に寄贈された

鑛業

韓国の地下資源は、有用鉱物だけでも一四〇種に達するという豊富さで、世界でも屈指の鉱業国である。特に重石を輸出していた頃は、全輸出量の八割を鉱産物が占めたほどで、国民経済に重大な比重を有している。現在では、資金難によって不景気の下積みになっているというのが実情のようである。

【金】一時、南韓だけでも年間十トンの生産をあげていたが、終戦前後の混乱で鉱山設備が荒廃し、生産量は著しく低下した。金鉱は全鉱区の八割を占める国内鉱業界の大もとであり、金鉱の採掘に伴って、銀、銅、鉛、鉄などの重要鉱物も自然に開発されるので金鉱整備の急が叫ばれている。

【重石鉱】一九五二年以降五四年の三月末まで、韓米重石協定に依って、重石の輸出は一万五千トンにのぼったが、協定の失効と休戦後の世界市場における価格暴落のために、輸出は行きずまり、業界も不況に悩んでいる。それでも重石鉱は、輸出鉱物のうち第一位をしめている。

【石炭】南韓における石炭の生産可能量は、年間六〇万トン（長省が二三万五千トン、道渓が十一万七千トン、恩城、和順がそれぞれ約三万トン、その他十八万六千トン）にのぼるが、実際はそのうちの九万トン内外を生産しているにすぎず、一九五三年六月から五四年五月末までの一ケ年間だけでも七〇万九千八百四一トンの有煙炭を輸入している。

農業

周知の通り韓国の人口の七〇余%が農業人口で、農産物生産額は南北を通じて、全生産額の四〇%乃至五〇%を占め、農業は各種産業中第一の比重を示している。

五四年度の農政を単的に表現すれば、それこそ失敗のくり返しであったといえるであろう。農産物の耕作面では、肥料、種穀、農機具などの必需農物資の供給が時期おくれのため、農民達は種まきの適期をのがすまいとして、仕方なく闇市場から法外の値段で買入れた。したがって生産コストが高くついたうえ、政府は一九五二年の大凶作以来ひきつずいて外穀を導入したので、国内市場では需給の均衡をうしなう程の余剰米が出来、穀価の大暴落をみた。政府は穀価調整策として、百億ファンに近い資金を放出して、米八三万七千石を買い上げ、輸出のため二回にわたる国際入札を行ったが、入札条件に無理があったりして、実現をみるに至らず、生産後一年もたった旧米るいまでに輸出できないでいる。

このような現象は百億ファンに近い放出資金の回転を全く不可能にしてインフレ昂進に拍車を加えている。政府樹立以来の懸案であった「農村協同組合問題」も五四年内には結末をみず「農地改良事業」も、水利事業用の資金難で行き悩んでいる。しかし前途は必ずしも悲観的ではなく、外国援助によって莫大な肥料が導入され、FOA資金百万ドルによる百二五棟の農業倉庫の新設と、同資金十一万ドルによる農業工場建設が推進されており、おくればせながら農地改良事業資金調達策として国債が発行されたり、疲弊した農村救済のため農民会、農業協同組合、四月倶楽部など農村社会組織が活発になっている。

【作況】五四年度は、颱風のため江原道の一部、済州島などでは甚大な被害をうけたが、全般的に好天気に恵まれたので、米穀は千五百三五万五千石の収穫が予想され、麦類生産高は九百二九万八百五四石、棉花は八千六百三二万七千九百五九斤の成績をあげ、特に麦類は前年度の七百二五万五千百二石を大きく上回っている。

【畜産】動乱で莫大な被害をうけたが、政府の畜産復興計画や国連の援助で目ざましい復興ぶりをみせている。一九五〇年末は三九万二千頭だった畜牛は五四年四月末には七二万四千頭に達して戦前最高の八八万六千八百四二頭（一九四四年）に肉迫し、豚は、五四年七月末現在、七四万四千六百頭で、従来最高の五一万五千頭（一九四九）を突破し、鶏は、一九五四年七月末現在で四百九三万八千羽で一九四四年の二百六万七千二百羽をやはり超過している。

【蚕業】生糸は輸出農産物のうちの筆頭で、その量は急激に増加一路を辿り、政府樹立の年（一九四八）に三千貫しか輸出していなかったのが、五三年と五四年には、当時の十七倍以上の五万二千百貫を輸出して二百五〇万ドルの外貨を獲得している。生産量は動乱の痛手から完全な立直りをするまでには至っていないが、一九五三年には一三万五千貫に達している。

水産業

終戦による日本人の施設撤去、施設の老朽化、動乱による被害などのために不振状態を抜け切れないでいるというのが実情らしい。施設の新設拡大及び科学化などを目的とする色々な対策が講じられているが、UNKRA基金の拠出不振と、対外購買地として日本が除外された結果、特殊魚網、竹材、漁船の導入などに困難をきたし、復旧は除々にしか進んでいない。水産資金の融資も、五四年には予想額の三〇%が供与されたのみでこれも中堅以上の漁業者に吸収され、六十万の零細漁民は何ら恵みにあずかれず高利貸業者に弄絡されているという。

重要水産物の魚獲高は、五四年の一月から八月まで魚類が十三万四千六百九十トン、貝類が九千四百六十四トン、藻類が七万九千八百二十五トン、其の他一万五千百四十トンが総計二十三万九千百十六トンにのぼり、特に水産製造部門では、五三年度に比して、罐ずめが四万トン、製氷が五万トンの増産をみている。

写真説明…新設された國本紡績の安養工場の内部。最新機械が輸入取付けられている。

春を待つ韓國經濟

ソウル商大教授　高承済

経済学の初歩的知識を示す用語として、自然経済という言葉がよく使われる。商品生産がまだ発芽をみず、貨幣の流通がさして振わなかった中世紀の経済状態を概括的に表現する歴史的概念である。

今日の韓国経済は中世紀の経済ではない。明らかにれっきとした商品生産の経済であり貨幣流通の経済である。それにもかかわらずわれわれが韓国経済に関する自画像を描くとすれば、自然経済としての韓国経済を描写せざるを得ない。もし自然経済を農林経済として理解するならば、韓国経済の原動力が農村経済から流れ出るものと断定することは、さしてむずかしくない。

この三月に入ってからしきりに問題にされているもののうち、そのいくつかを取上げてみると、（イ）全国的に三〇万余名を算する絶糧農民の問題、（ロ）導入肥料の販売方法の改良、または、肥料の導入価格と販売価格の差額を開墾や水利などのような農政事業に投資するか営農資金の貸出し財源に活用しようという農村経済復興法の構築、（ハ）全国的に七万余戸を算する離農家の問題、（ニ）二百四〇万石の増収を目標にして十五億一千六百万ホアン（一ホアンは日貨二円に相当）を投下しようとする農地改良事業の推進、（ホ）六三億四千四百万ホアンに達する農地代金未払い（一九五三年までの分）の問題、（ヘ）日本への米穀輸出問題の再燃、（ト）土地収得税の物納制から金納制えの形態的転換の問題などである。

このような問題が発表されたのは、三月八日から二〇日までの間である。時がちょうど春の三月にあたるので、農村経済に関する問題がよくとり上げられるのは季節性の反映だともいえよう。しかし注意してみると、三月だけでなく、春夏秋冬を通じて、種々の経済的問題のうちで、もっとも多くの件数を占めもっとも重要を蔵しているのが農村経済であるということははっきりと頷けよう。

なかでも、特に土地収得税を物納税から金納税に形態的に転換する問題は重要な関心事にならざるを得ない。その理由は次の通りである。第一に、この問題の占める位置が農業政策の一局面に尽きるのではなく、財政、金融、対外貿易などの諸問題と密接に関連し合っているからであり、第二に、農村窮乏とインフレイションの複合的苦悩につきあたっている韓国経済の立場からは、物納・金納両制度のうちどちらが可であるという解答をおろしにくく、それだけに最も公正な経済的ボン・サンスの発揮が要請されるからである。

周知の通り、土地収得税の形態的転換の問題が取り上げられた経緯は次の通りである。従来施行されていた土地収得税の物納制を金納制に是正することによって農民の過重な負担をへらそうという意図のもとに、すでに自由党では金納制案を当面の政策の一大項目として採択した。そしてこの案は国会農林委員会で審議されている。こうして金納制えの転換が実現されるだろうとの予想が有力になっていたところえ、去る三月十六日に財務、国防、商工、農林、復興など五関係部長官会議は、金納制案に反対することに意見の一致をみたのである。

政府の反対理由は、こうである。軍需用の糧穀をはじめとする官需用の糧穀量は、年間官需用米を現金として買い上げざるを得なくなる。そうなると、買上げ金として二億乃至三億のかねが放出され、このように老大な財政支出の増加はインフレーションの悪化を招くだろうというのである。

「二つの智慧が調和されないときに悲劇がおこる」とはある思索家の随想録の一片であるが、農林窮乏の打開のための金納制案も、インフレ収束のための金納制反対案も、どっちみち智慧の表現である。従って問題の核心は、この両案は結局調和されることの出来ない二筋の並行線か、もし調和されるならばどのようにしてそれをうるかという可能性を発見することにある。

金納制への転換を操急に強調するのあまり、物納制の存続は農村窮乏を深刻化するという公式論が出まわるのをよくみるが、物納制イコール農村窮乏という方程式を立証するためには、金納制が果して農村窮乏を一掃出来るものかどうかをまず論証すべきであろう。

たしかに韓国のインフレは、財政支出の増加を主な原因として進展してきた。したがって、インフレを収束すべき立場からすれば、この上、更に二百億乃至三百億のあらたな支出を加えることに対しては二の足をふまざるを得ないのが当然である。要するに新しく登場するすべての政策は、財政支出の健全化を侵さない限度に於いてのみ、その効力を発揮さすべきである。

しかしながら、農村窮乏の深刻化、そしてそれの派生現象である絶糧農家の続出や離村農家の増加などの一連の事態は、そのまま放任をゆるさぬものである。その現象に対しては対応策を講ずることが出来るが、その本質を除去するためには、農業生産力増進のための遠大な対策が、地味に続けられねばならない。とはいへ、臨時的措置に安住することも出来ないし長期的な根本対策に没頭することも出来ないというのが実情であってみれば、果して農業政策の適切な出発点をどこに見出すべきであろうか。これは、早速に解答を見つけねばならない問題点である。色々な論議をすることが出来ようが何よりも先ず農業経営の危機を克服することに、農政の焦点がおかれねばなるまい。

既に述べた通り開墾、水利事業の展開、営農資金の放出なども、農業経営の健全化をめざした直接的な対策項目としてその意義が強調されなければならない。しかしこれなどもその緊急性からすれば第二義的である。

経営の原則は価格にある。従って農業経営の健全化のための直接的対策も農産物に対する価格対策的な環境の中で運動せざるを得ない。米穀の対外輸出や外米の導入などの事態は韓国の農産物価格が、国際経済的な環境の中で運動せざるを得ないという必然性を裏書きするものである。そうであればあるほど、農業政策に於ける市場政策または価格政策の比重が重くなるのである。

インフレ防止のためには金納制案は譲歩すべきである。しかし物納制を施行するにあたっては徴収率を算定するにあたって、生産者価格を保障してなおあまりあるような価格政策が貫徹されなければならない。

農村窮乏を解決する主道は農業生産力の増進である。しかし、どこまでも心に銘じなければならないことは、価格政策の合理化を伴う生産力増進策は、政策としてみのり多い収穫をあげにくいという事実である。米の価格の変動は韓国経済の生態を示すバロメーターである。それだけに、韓国経済は自然経済として規制されるところ絶大である。韓国経済に春をよみがえらすためには、農業政策から出発すべきである。

現代の革命

—反共のあり方—

アーノルド・J・トインビー

西欧は寛大なれ

たしかに、希望と寛耐のみちは、我々の祖先の西欧的民主々義の信念に忠実に振舞うことである。人類の大多数を占める西欧外の世界が、我々西欧の自由主義思想を自分のものにしてしまった今日、我々は世界に於ける西欧自由主義の使命を全うする意味に於いても、自由と闘争と友愛に対する彼等の要求をうけ入れるべきである。うけ入れるだけでなく、彼等の行方をさえぎるつもりがないということを示してやるべきである。それではじめて我々は、アジアとアフリカから好意をもたれる事を期待出来るであろう。

しかし、我々がこの世界革命の後押しをすることは、とりもなおさず、共産主義者の思う壷ではなかろうか。決してそうではない。むしろ、メッテルニヒ的なヘマをやることが共産主義者の思うつぼであって、我々のやり方は、全く異るのである。

一面宗教、一面政治の共産主義

世界革命において、共産主義は、一面宗教、一面政治運動という性格をもっている。宗教としての共産主義の将来は有望でない。政治運動としての共産主義の将来はどうかというと、これは西欧の態度如何にかかっているといえる。共産主義の運勢は、共産主義者の活動の巧拙よりも、むしろ、今まで数百年の間、西欧から「原住民」として待遇され、うかばれない存在であった人々、全人類の三分の一の人口を占める人々に対して、西欧が、さっきの二者択一の政策のうち、どっちを択ぶかによってきまるであろう。

宗教としての共産主義に将来性がないというのは、共産主義は、生命のかてに飢えている霊魂に対して、石ころしか提供出来ないからである。又、現在行われている人類の宗教、すなわち仏教、ヒンズー教、イスラム教、キリスト教などは、すべて、困難に陥っているとき非常に現実的な援けが得られるということが経験で明らかになったからこそ、なけなたって来たのである。人類が、共産主義の石ころのくれ物をかじって歯をこわすために、わざわざ今までなじんで来たこの精神的なかてを棄て去るなどとは、とても考えられない。

共産主義が、今日、我々西欧人にとって政治的にこわい存在になっているのは、それが「原住民」の待遇をうけているすべての人々に対して、政治的な魅力を発するからである。だれでも「原住民」の待遇には反撥するであろう。いまだに「原住民」の待遇をうけている無数の人々にとって、共産主義はたしかに特効薬である。なぜならば、これらの人々は、自分らが共産主義者になれば、もう「原住民」の待遇をうけることはないということを知ってしまったからである。

共産主義のひがみ

又、別の面から見れば、共産主義者というものは、上院議員（米国上院の非米活動調査委員会を指すものであろう）や下院（英国を指す）議員達をハラハラさせる人種だと定義出来よう。共産主義者にかぎらず、誰であろうと、もし「家畜」の烙印をおされたり、「歩く木石」とみなされたりするくらいならば、むしろ、あまのじゃくでもよいから人間として社会に縋りついてやろうとするであろうからである。中国人もヴエトミンの人も昨日までは「原住民」であったのであるが、彼等は共産主義者として再び人間になりかわったのである。

昨日は「現住民」として蔑んだ人々を、今日は共産主義者として真剣に相手にするというのは、共産主義者の術中に陥ることであって、このような態度の変化は高い代償を支払わされるのみである。これはメッテルニヒ的態度が生んだ罰金である。我々はメッテルニヒのように振舞う必要はないし、こんな次第である。

民族主義と共産主義

ヴエトナムの民族主義的運動が成功するかどうかは、アジアとアフリカにおける共産主義の将来は西欧の手にかかっている。今日どうして共産化したのであろうか。なぜヴエトナムは中共とタイアップするようになったのであろうか。東南アジアのどの民族も数世紀のあいだ中国民族から侵略と征服の脅威をうけてくらして来たはずだから、中国と同盟をくむということはたしかに不自然な関係である。

もし第二次世界大戦のあと、ビルマ、インド、セイロン、パキスタンが独立を得た一九四七年に、ヴエトナムにも独立が与えられたのであったら、たしかに今日、ヴエトナムの民族主義は中共に反対して西欧陣営に加わっていたであろう。民族の独立を高唱するヴエトナムに対して西欧の頑迷が演じたメッテルニヒ的愚行は、すでにとりかえしのつかないものであるかもしれないが、それはどうあろうと、アジア、アフリカ、ラテン・アメリカにはまだ非西欧的な厖大な人口が居るから、我々は彼等にみずからすすんで公正な待遇を与えることによって、彼等が共産化する前にこちらの側につけることが出来るであろう。もし我々がみずからすすんで「現住民」に「平等」を承認する政策をとるならば共産主義の政治的将来性は、その宗教的将来性と同じようにみじめなものになるであろう。

—自由平等な解決えのみち—

これこそ、共産主義の脅威に対する西欧の正しい反撥である。とは言え、この剰余の寛大政策も、もちろん順風に帆かけてというわけにはいかない。今まで「現住民」であった人類の大多数は、少しでも早く再び人間として待遇されたいとあせっている。一人立ちするための自由と力とを要求しているのである。したがって、このあせりのまえに、西欧は、微妙なタイミングの問題にぶつかるわけである。

一九一七年から一九四七年までの三十年間の過程を経て、インド、パキスタン、ビルマに独立を認めて来たのは、どちらかといえば、そのタイミングにおいて成功であった。アフリカでは、適切なテンポを見出すことが一層むずかしいかもしれない。西欧外の諸民族との交渉に我々の西欧的寛大の原則を応用するにあたって、我々は、色々な困難に遭遇し、まちがいをおかすにちがいない。しかし、もし我々が本当にまじめな気持でこれらの原則を実行に移そうと努力するならば、我々は、おそれることなく共産主義に対することが出来るのである。（完）

○編集部より

今号の編集は、総会を前にして目まぐるしい程の忙しさのなかで強行したので、色々と不備な点も多かろうと思う。が、何よりも御協力を賜わった鄭記者稀進、割りつけ、校正など一切に関して面倒をみて頂いた権成源兄（学習院大研究室）と、校正の手伝い、貴重な原稿の提供など に御協力を賜った金圭煥兄（東大社会学科博士課程）に深く感謝する次第である。

一年間、編集部としては、機関紙を学術的な面に於いて、リファイン、我々の間に於ける学究的な雰囲気を向上させることに努力を傾注したが、この目的は或る程度まで達せられたと思う。

新聞編集でお世話になった江湖の諸位、とくにUSISに感謝をささげる。（鮮于）

学芸

政治学の新分野

―早稲田大学　金敬哲―

一、権力理論から機能論理へ

極く概括的にいって、十九世紀後半から二十世紀初頭にかけて政治学の主流をなしたものは、国家学(Staatslehre)及び国法学(Staatsrechtlehre)と呼ばれるもので、ドイツのイエリネツク、ラーバンド・ケルゼン等を中心として、主に国家及び民族の目的理念、形態等を法学的に考察した。同時代に英国ではT.H.グリン、ボサンケ等がヘーゲル及びカントの影響の下に哲学的立場から国家及びその権力の存在理由を論じ、米国ではバーヂエス、ガナー、ゲツテル等が政治学(Political Science)として国家学及び国法学を導入して斯学の代表者となつた。英米のポリテイカル・サイエンスは比較憲法学が取扱う制度論の分類学性格が強いという特色もあつたが、当時欧米の政治学は主としてドイツ流の形式主義的、形而上学的色彩の濃い「国家の法学的考察」の学問であつた。その重要論題は何れも国家及び民族の目的、理念、国家の主権、憲法における個人の自由等であつた。それはドイツ市民社会の形成が著しく立遅れ、政治は国家を中心とする上からの支配現象として強制力をもつ国家の命令―即ち法律―を通じて理解されていた点と、ドイツ学界の形式的体系尊重の伝統が、折からヨーロツパに勃興して来た民族国家における国家及び民族の過重視という風潮と相まつてドイツに国家学及び国法学が発展し、それが英米に導入されるようになつた。特に資本主義の後進性と国家権力の過大尊重という面に於てドイツと酷似し、更にドイツを学問の師と仰いだ日本の政治学はつい最近まで国家及び国法学の強い影響の下にあつた。

然し、独立した科学として政治学を確立しようとするその努力は「政治とは何か」の究明に力を注ぎ「政治は国家特有の現象であり、国家の行動や作用の全体若しくはその特殊な発現である」とする従来の法学的乃至は哲学的な権力理論に対抗する機能理論を発展させた。今世紀に入つて英米(ラスキ、コール、マツキイヴア)に興つた政治的多元論(Political Pluralism)及びドイツ、オーストリヤ(シユミツト　ダムブロヴイツ)を中心とする社会学的国家論(Soziogische Staatslehre)等が後者で、国家内のいろいろの政治的集団及び社会的集団の内部的統制や集団相互関係の独自的意義に着目して国家「外」の政治現象の存在を立証し、政治概念から解放して逆に政治の本質の機能的把握から国家及び国際政治現象を解明しようとするものであり、現在米英政治界の主流をなしている機能理論は特に近代民主主義(普通選挙、労働組合等)の発展により下からの政治的勢力が理解されるようになつた事と、ダーヴイン以来の進化論的思想の影響が実証的な国民性と相まつて特に米国に於て大いに展開された。政治学が反覆不能な(Unrepeatable)社会現象を叙述、解明、批判するのをその目的とする以上政治現象の外形よりもその機能を重視し、それを支配する要因の解明に力を注ぐのは当然である。哲学的思惟によつて国家乃至は民族の存在理由を論じてみても、それは現実に生起する政治現象を解明する鍵たり得ないし、国家、憲法、主権、憲法における個人の自由等は政治現象とは密接な関係ありとしても、これらの法学的考察が直ちに政治そのものの解明にならないことは、株式会社の性格、起源定款等を如何程法的に論及しても商業そのものの解明にはならないのと同じである。

国家の目的とか活動とか抽象的にいわれるものは実際的には特定の人々の具体的な目的であり、活動である。彼等に特定の目的を追及させ、特定の活動をさせる要因は何かを究明せずには政治は解明されない。又、国家の目的とか活動とか主権などということは、国家を単一の有機体として擬制することによつてはじめていい得るものであるが、実際には国家は種々相異る意見と利害の対立する多数人の集りであり、政府は国民全部の支持によつてのみ存在するものでもなく、絶対、不可分、不可譲な主権なるものも現存しないのである。憲法に教育の機会均等が規定されているといつても、これが直ちに実際政治において実現されていることを意味しない。

ここに国家権力の静止的、形式的論及から前進して、政治現象をその過程において実証的に解明せんとする機能理論の成立を促す要因があつた。

二、機能理論の展開

権力理論の批判として一団の強力な政治学者が英米仏において機能的国家論を展開したのは第一次大戦後である。

コールによれば国家は経済的並びに非経済的機能を担当する一つの結社であり、国家内の諸結社の調整者ではあるが、その構成員の全人格を吸収するものではないから、彼等の忠誠の全部を独占し得ない。デユギーは国家は強者による弱者の支配体制であるから、国家は社会生活それ自体から生じる社会連帯の法に従わざるを得ず、その権力は公共義務(service public)を遂行する義務を持つ。従つて国家は他の団体と異つた法的優越性をもち得ないと説く。ラスキは、国家は支配関係を有する地域集団で全体の秩序をその機能とするが、労働組合等と同様に一つの結社に過ぎない。従つて所謂主権は単なる擬制にすぎずその権威は各人の良心によつて規定さるべき道徳的機能の遂行に依存するとしている。

今日機能理論によれば「政治は人と人との間における関係現象」として理解されている。キヤトリンは、政治とは国家の行為ではなく、人間の意志の行為であり、甲人の行為を乙人の意志に従わせるコントロールの行為である。彼のいうコントロールは支配関係よりも寧ろ協調関係を意味する。政治学とは他人の行為をコントロールせんとするかかる人間の意志の関係、即ち社会現象の一面についての研究である。ラズウエルによれば、政治現象は個人の行動から生じ、個人の行動は彼の求める「価値」という目的的なものから発する。社会には限りある価値の追求をめぐつて個人の対立、集団の対立が内在しているが、この関係を秩序するものが権力であり、その獲得のための競争に政治行為はその起源をもつ。メリアムは各人はそのもつ個性と環境の相異から異る価値体系と利害をもつようになるので、個人及び社会の一般善を実現するために調整するのが政治であるという。マツキイヴアは人間の社会性に着目し、そこに生じる秩序の要求が権威を必要とし、この権威を獲得するための行為の中から政治力が発生すると説く。かかる権威をもつて人間の社会生活の秩序を維持するのが政府である。彼によれば、人間の人間に対する関係の中には、何処においても政治は社会一面である。

ここに至つて政治学は人間の社会関係を解明する科学となる。国家権力の法学的哲学的研究に代つて、生きた人間の機能的実証的研究が政治学の新しい出発点となるのである。高度発達した社会学、心理学、遺伝学、統計学等を駆使して、個性と政治権力及び政治力の関係、個性と集団の関係、神話と権威の関係、財力と支配の関係、プロパガンダ、群衆心理、選挙心理等が新らしい政治学の研究対象となつて来るのである。最近の政治学は独立した科学としての強い自己主張とともに、政治の運用と政治過程の問題を人間の社会性乃至は政治性を出発点として意識的に取り上げている。この様な基盤に立つて、機能理論と新らしい権力理論を体系的に統一することが今後の政治学の課題であると思う。これによつてこそ、実現可能な政治理想が生れ得るのであり、政治学は実際政治を動かし得る生きた学問となり、社会改善の科学となる。

【筆者紹介】金啓哲君は、一九二九年、慶尚南道に生れ、一九五五年、早稲田大学政経学部を卒業后同大学院で政治学を専攻中の篤学青年。英語を自由自在に繰り、極めて多才の人物である。

技術のはな

電気工学

東大　尹志重

すばらしい進歩

電気を始めて発見した人は、西紀前六百年ギリシヤの七賢人の一人といわれた、ターレスであると、知られている。ターレスは琥珀と鉱物をこすることによつて、帯電現象が起ることを知つた。当時この様な電気が将来、今日の様に津々浦々にまで応用されるとは思つていなかつたことであろう、今日に於いては、電気なくしては文化向上は考えられぬと言つても過言ではあるまい。

技術が進歩するということは人力を物質のエネルギーに置換していく事だといえるだろう。されば、人類文明の起源が火の発見にありとするならば技術の根源もそこ迄たどるのが本当のように思える。しかしながら、今こゝで書こうとしているのは、通信技術の歴史的考察なんてまどろつこいことでなくて、まさに日進月歩、専門家達が瞠目するような激しい動きをみせている技術界なのだ。見方によつては技術屋だと いつて すましておれない世の中になつて来たよい例が原子力発電の問題だ。今から十数年前頃は原子の内包するエネルギーはこんなに大きいといつて夢物語のように聞かされていた話が、僅か二十年位の間に物理学者の手から技術者の手にバトンが渡されようとしているのだから、全くもつて恐ろしい、こんな恐ろしい世の中なんだから気を付かなければならない。

我が祖国の復興建設も一日も早く進ませねばならない。それに就いてはかけ声ばかりでは建設は出来ない。もつと積極的に技術者を優遇すべきである。筆者が聞くところによると敗戦後ドイツは、周知の通り東西に二分されている点我が祖国と同様であるにもかゝわらず、西ドイツの産業復興は素晴らしいものである。そのドイツは敗戦後マーシヤル計画による経済援助を受け、最初に何をしたかというと、先づ中央官庁の事務所建設よりも、所究所、会社の事務所建設より立派な工場建設えと行つた為、現在では戦勝国であるフランスより産業復興が早かつたのである。

○人造神経―系統操作

ところでこの原子力発電てなことが世間で取沙汰されているが、一口にいうと弱電技術と強電技術との融合した新しい技術の芽生えなのである。

この考えを更に進めると、経済的要素も採り入れたようなものに発展するのではないかと考える次第だが、いずれにしても、こういつたことを精密な電気計算機のようなものを使つて、瞬間に今迄の人力では出来なかつたものをやろうというのだからこれまた恐しい。なんでこんな大それた話が出て来たのだろうか。原因は至極簡単である。なかんずく電子管技術が異常に進歩したからに他ならない。とりわけ最近では、トランジスターなんてやゝつこしいものが表われて、各メーカーが本当に血眼になつて研究しており、ゆくゆくは電子管にとつて代るのではないかと技術者共が噂つている。そうするとあながち電気計算機で系統操作をするのも夢物語ではなさそうである。

今電気事業を動物にたとえてみよう、そうすると発電所で発電したエネルギーを、末端の需要家迄送り届け、需要家は貰つたエネルギーを色々の形で消費する。これが昔のようなら気が楽であるが、今のように色々な系統が連繋し合つて全体で大きな系統を構成していると、話はそう簡単には参らぬ。そのこと、昔のようにバラバラにして置けば良いじやないかというところで関わり合つた系統を、それぞれ関連して運用するところが系統運用の妙なのであるが、その第一要件として、発電する側と、消費する側とで連絡がとれなければ何もならない。何もならないところが危険である。連絡するもの即ち電話である。そうすると消費者は筋肉であり、送電線が循環系であり、発電所が消化器であり、電話はいわば神経系に属するものである。

これだけ揃えば動物はどうやら動きうるが、大脳が発達しないと進化から遅れて了うし、第一、生存競争の激しい今日の世の中で到底生命を維持することはおぼつかない。また一方、からだが大きくなれば脳味噌も沢山要る理窟である。ところが電力の大きな系統では発電所や人力を以つてしてはどうにもならない限界点に到達するのは自明の理で、系統自動制御ということに考えつくのも誠に尤もな次第である。こうなると電話も昔めいた奴ではもう間に合わなく多重と称す種類のものが何うしても必要になつて来る、これが電搬多重であり23cmマイクロウエーブ なのである。

人口頭脳のモダン・タイムス時代

第二の要件として先程一寸触れたが、系統制を電話でやるのが如何にも大変であり、機械的にやらせるのが順序である。それには大脳に相当するところから指令信号を出してやらなければならない。指令する先は発電所であり、場合によつては負荷制御も考えなければならぬだろう。そして大脳に判断させるデータをテレメータで提供する形が最も自然であろう。A・F・Cテレメーターリング等が一生懸命研究される意味はそこにあると思う。

第三の要件は電気計数装置が出来ることである。人間の脳で判断することを機械がやる訳だが、絶対故障のないようなものに作らなければならない。さもないと、モダンタイムズという映画に出て来る自動飲食器の故障以上に大変なことであるから充分バツクアツプは考えておるものと思うから安心してよいだろうが、「念には念を入れ」というはかるたの教えにも従つたまでである。

【註】マイクロ・ウエイヴ(Micro-Wave)とは波長がおよそ一メートル以下の電波で、極超短波ともいわれる。レーダー、レーダー・ビーコン、テレヴイジヨン放送などにも用いられている。

トランジスター(Transistor)これはTrnsfer of energy Through varistor を縮めて作られた語で、結晶三極管ともよばれる。ゲルマニユームを使用した一種の増幅装置で、真空管のような陰極加熱装置が不要なので電力効率がよい。(編集部)

【筆者紹介】尹志重君は、一九二七年、忠清南道公州郡の農村に生れ、日本大学工学部を経て、東大生産技術研究所に入所、現在、同生技研の斎藤助教授のもとでマイクロウエイヴの研究に従事している。同学の士との交流をのぞんでいる。

社会調査の客観性のために

東京大学　金圭煥

すべての事柄は科学的な、正確な根拠にもとずいて処理されなければならないという要求に従つて今日、調査は、あらゆる分野において重要視されてきた。自然科学における、観察と分析から、たとえば、韓国の経済構成というように、すでに与えられた具体的な問題のFACT FINDINGまでも、調査の対象に拡大包含させることもある。しかしこれらはただ、その測定方法、調査法だけが主として問題となるべきものであるので、ここでは、世論調査等で対象とする意見、態度の発見、評価、測定に関する、社会心理学の分野の調査における客観性の問題について考察する。

調査は社会生活を行う個々人の意見を抽出することから、行動を予見し、さらに、これらの人々によつて構成される社会的結果を予測するのが、窮極の目的である。意見や態度から行動を予測することは、心理学上の問題である。個人の信念や態度を研究し、この研究を特定のグループへ、さらにこれを社会全体におしすすめる操作を通じて、社会の発展を決定する諸々の要因の一つを、測定することは、今まで屡々用いられ、その妥当性は、漠然的にではあれ、一応認められている。

しかし、その測定の結果の客観性を問題にする場合、われわれは出発点から種々の難関にぶつからざるを得ないであろう。個人の意見はもちろん個人的な選択によつて決定し得るものと考えるのが、心理学の領域で客観的に承認された概念であるとしても、そこには、つぎのような問題が提起されなくてはならない。

まず、個人の意見や態度は、それが、調査される場合に、与えられる刺戟によつて反応が求められるときに、正しく、ありのままの姿で表現され、調査する人に歪曲されずに完全な形で受けとられるか否かの点に、疑を持たざるを得ない。たとえば、ドラード教授(シユラム編「マスコミユニケイション」)は「世論調査の妥当性に条件を与える諸条件の中で、神経障害者は精神的に動揺すると行動の予測が困難になる」といつている。異常精神者を取り上げた、特殊なケースであるとはいえ、個人の性向、経験、意識等内部的状態の各々について解剖学的分析を行い得ずして行われる調査は、最初から一定の限界が与えられる。調査と反応において用いるシムボルや合図の内容と、その受けとり方法に対する複雑な心理的諸作用の分析は心理学的の領域に属する。

すべての調査は、意見は存在するという前提の下で行われる。しかし実際には、ある問題に対して、被調査者の意見が、成立していない場合にも、刺戟によつて意見が誘導される場合がある。

さて、測定された意見は、統計的方法によつて整理分析されるが、この段階では、意見はあくまでも意見の特殊な場面が映し撮られたものにすぎない。イエス、ノーの簡単な選択法から、自由回答法に至る具体的反応の集計だけが実際に可能であつて、その条件において個人がもつ意見をすべて包括的に表現したものではない。意見や知識は、集計上の便宜から調査者の恣意によつて類型化され、制限されるので、客観性を欠くことが多い。

さらに重大な問題は、個人の意見や態度が情況の変化にしたがつて刻々に変化するものであるという事実である。したがつて、ある特定の情況の下で測定された、意見の有効性は、限られた期間しか通用しないので行動の予測も困難である。いわゆる静的調査方法とよばれるものは、調査の目的に実質的に、貢献する面が局限される。したがつて、意見を決定するあらゆる諸条件が、浮動、変化するものであるという立場をとつた場合に、調査の客観性の基礎を確立することは非常に困難になる。意見の変化の原因を調べるために用いる、パネル法とか、意見の固定度合を測定する、スプリット・バロツト法等が研究されているが、これとても特定の局限された場における意見の比較であつて、問題を根本的に解決するものではない。

人々は各自の意見を、過去の経験や学習によつて自由に確立しようと欲する。しかし、実際には、意見は絶えず動揺し、不安定な状態に陥りやすいものである。その理由は、個人は常に、社会集団の中で、たえず交錯しつつ思考し、行動する からである。ここに個人と社会との結びつきが生ずる。そしてこの結びつきは非常に複雑な面をもつて相互に作用している。また、一人の人間を完全に捉えることは、不可能であると同様に、個人をとりまく一定の社会的環境を測定する完全な方法はあり得ない。地理上の条件、人口分布、社会的慣習、政治構成、経済諸条件等々、外部的諸要因と個人の心理的平面を結びつけるために、社会学と心理学が結ばれ個人と社会組織制度の相合する社会心理学の分野があらわれた。心理学が個人の平面を離れて、集団の平面にまでのぼつて行く。そこで精密な実験の方法によつて両者の関係を敵対ではなく、相補的な立場においた事は、意見測定の諸技術の研究と共に、社会現象の鮮明に大きな発見である。しかし、反面、社会的諸条件の極度の複雑化は、個人と社会との交錯点を決定することを困難にしている。政治的信念や経済的諸条件の多様性は、大衆民主主義や、マスプロダクションによつてSOCIAL CONFORMITYを形成する。今日の状態において も、さらに相異なる意見 や 態度を同一化させることはない。集団に属する個人におよぼす、社会的処条件はあまりにも多岐多様なために、一見同質化されて見える個人間の意識上の間隔をいつまでも保存させる。よくいわれる、マス、コミによる「社会的一致」にしても、相異なる、社会的条件をもつ集団や個人間においては、単なる示威と、上つぺらの、PRETENSIONに終る場合が多いものと考える。

以上述べたのは調査の客観性の基礎の確保を困難ならしめる二、三の基本的な問題点である。かような考え方を推し進めるならば、調査の客観性を確保することに、全く悲観的であるように見受けられる。しかし、およそ、人間と社会を扱うあらゆる科学において、絶対的な客観性を確保する事は、不可能であるという学問的態度をもつ以上、もつとも具体的で、基礎的な学問の分野であるといえる調査においてその完全性を求める事は難かしい。したがつてわれわれは限られた範囲で、可能なあらゆる科学的テクニクと注意深い操作を研究しつゝ調査対象を拡大して説明し得る方法を見出して行かなければならないと思う。

(筆者は東大最初の修士学位を受け現在同大学博士課程に在学中、専攻新聞学)

読書

コンウエイ・ザークル編　ロシアで滅亡した学説

Conway Zirkle: DEATH OF SCIENCE IN RUSSIA
University of pennsylvania Press, 1949.

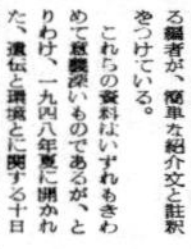

本書は、ソ連に於ける生物学をめぐる論争についての文献をまとめたものである。これらの文献や資料は、ソ連、アメリカ、イギリスなどから集められたもので、これに植物学の教授である編者が、簡単な紹介文と註釈をつけている。

これらの資料はいずれもきわめて意義深いものであるが、とりわけ、一九四八年夏に開かれた、遺伝と環境とに関する十日間にわたる討論会の速記録は興味深い。この討論会において対立した一方は、いわゆる「進歩的」な立場をとるもので、ミチユーリンの流れをくむ農学者ルイセンコにより代表された。彼は熱心な、心からの共産主義者で、ソ連共産党幹部とあつながりがあつた。これに対する一方は、メンデルーモルガンの線にそい、現在世界の生物学界一般にうけいられている学説をとなえる、「反動的」なヴアヴイロフであつた。本書には、この討論会で行われた五七におよぶ演説の中から二四をのせているが、この討論会に参加した人のうち、遺伝学者とよばれるのは数人にとどまり、あとは農学者農業技術者などで、政治家、哲学者まで含まれていたことがわかる。ソ連共産党はヴアヴイロフの説を非とし、ソ連の科学界及び教育界から追放したのである。この、表面は科学の問題に関した討論は、実際にはイデオロギーの問題をめぐるものであつた。ソ連においては、二つの相反する学説が共存することはあり得ないのである。

編者は、十二章にわたるこの本を、ソ連当局の圧迫に苦しむ生物学者たちに捧げている。彼等のあるものは行方不明になり、あるものは家族を救うために説を変えたのである。

本書は元来、専門家、歴史家の興味を対象に企図されたものであるが、実際はひろく一般にも読まれるべきである。本書を読み終えたとき、これほど科学が進歩をとげた時代に、今なお中世紀的な偏狭さが科学を束縛している事実に暗然とからずにはいられないのである。ここには、科学的な学説も独断的な理論に圧迫され、国家の政策に追従してゆかなければならない。この事実に対するはげしい怒りは、編者の短い解説のなかにもみうけられる。

編者ザークルは一九二五年にジヨンズ・ホプキンズ大学から博士をあたえられ、一九三七年以来ペンシルヴアニア大学植物学の教授をしている。専門は細胞学、遺伝学である。

ジエローム・ネイサンソン著　ジヨン・デユーイ

Jerome Nathanson: JOHN DEWEY
N. Y., Scribners, 1951.

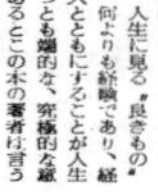

「相共にする経験は人間の〃良きもの〃のうち最大のものである。」

ジヨン・デユーイの思考と言説を凝縮したものが上の一文である。人生に見る〃良きもの〃とは、何よりも経験であり、経験を人とともにすることが人生のもつとも端的な、究極的な意義であるとこの本の著者は言う。この命題を中心に、デユーイの哲学、論理学、心理学、教育学倫理学、美学、宗教観察に関する広汎にわたる労作を、ネイサンソンは明確に解釈して見せる。

青年時代にデユーイに傾倒しコロンビア大学で哲学をおさめてデユーイその人とも親しい関係にあつた著者は、現在ニユーヨークで成人教育機関を文宰しかたわら著述や編集しことにしたがつている。デユーイの解説者としては、この上なく適当な人である。

本書は五つの章にわかれ、第一章はデユーイの哲学が形成されていた背景、青年デユーイの心理的発展、ヘーゲルからうけた影響、進化論的観念と歴史的態度、ウイリアム・ジユームズの思想の影響などが説明される。第二章では〃自然〃〃経験〃〃知識〃に関するデユーイの見解が示され、従来の見方が真理を固定不動のものとしていたのに対し、一切は変動する、という立場からドイツ流の認識論を根本的に批判する彼の態度が論じられる。つぎの章ではデユーイの有名な〃実験学校〃の経験にもとずく〃進歩主義的教育法〃の特徴を説き、為すことによつて学ぶ意義を明らかにするとともに、その根拠である人間性の解明がなされる。つぎは民主々義哲学者デユーイが見た現代社会の疲弊と、その解決方法として彼がとなえた産業民主々義の理想が説かれる。民主々義は、デユーイにとつては一つの道徳的主張である。ネイサンソンはさらに筆をつずけて〃経験〃の本質を論じてデユーイの思想の帰結を示そうとする。彼は智慧をもつて科学と道徳を融合し、相対主義によつて共同社会の融和と発展を目標とし、それに宗教的精神を見出すデユーイをヒユーマンスト的、理想主義的であるとみるのである。

デユーイが扱つた深い問題を解説するのに、ネイサンソンはたくみな比喩を用いて読者をたのしませる。妻の誕生日をわすれた男、たまごをゆでる水がはたして〃水〃であるかを知るための実験、落雷の際に九死に一生を得たときの話など、卑近なものではあるが、微笑なしには読めない個所もあれば、シエークスピアのジユリアス・シーザーと歴史にあらわれるシーザー、ベートーヴエンの交響曲とピアニストのシユナーベル、モダンアート展覧会と観衆、等々の芸術に関する小話も随所に添えられて、デユーイ理解の一助となつている。

一昨年、九三才で歿したこの巨大な思想家デユーイ研究の入門書として、この本は申し分ないものである。

韓国学園々長に金鍾在氏再任

東京韓国学園では去る十一日午後一時から同学園講堂において、定例理事会議を開き、問題視されていた学園長に金鍾在氏を再任命し、教員の再審査問題においては、五人専門委員を決め同委員会に一任する等を決定した。この日十二人の理事(十四名)が参席して先ず

一、学園長の任命は理事会がこれを行い、教員任命は学園長が行うが理事会の事前承諾を必要とする

一、副園長制度は、現段階においてこれを必要としないため廃止する。

一、学園長には金鍾在氏を再任命する。

一、教員の再審査問題はつぎの五人専門委員会を設けこれを一任する。

教員再審査専門委員　金相吉、許弼奭、朴鐘九、呉宇泳、朴熙楷

京都本部に異例の桂離宮参観許可

約五百名の盟員を擁する学同京都本部(代表委員李猷済君)では進学、厚生商團等を通じて活発な動きを示しているが、この程京都桂離宮に特別参観を大量許可され去る二十一日に三十一名の盟員を選抜して日本古代美術の粋を集めた桂離宮を参観した。なお桂離宮は天皇家の別荘であり日本人の場合には高等官以上の人にのみ参観許可されるとのことである。

写真説明

国立ソウル大学では今年も多数の卒業生を送り出し、特に、博士八名、修士三六名を出して注目された。卒業式に臨んで、崔奎南総長(理博)は、懇切な送別の辞をのべ、「国家社会の百年の計を念頭において将来、社会改革の戦士」たれと、卒業生一同を激励した。

団結権の権利と現行法

明大労働法学研究室　呉貞根

団結権(Cright to orgav-itye Vev,einigungs fleih-eit)は、国家権力との斗争と、旧制度(経済的)の破壊に始る人格解放史といつても過言ではない。特に裁判の反動的役割が大きかつた丈に団結権として確立する迄には、どれほど大きな困難があつたかは、敢えて指摘する迄もなかろう。イギリスにおける団結権の獲得が文字通り非合法運動の連続であつたということは何よりもこれを示すものである。

註(1)イギリスにおいては、労働者の団結は一八〇〇年の団結禁止法やコモンロー上の営業制限の法理と共謀 Conspiracy という極めて曖昧な団体責任の理論で一八二四年迄禁止されていた。アメリカにおいても一八四二年迄は、一般的に労働組合は、共謀或は営業制限であると看做された。アメリカでコンスピラシーの理論がその毒気を失うに至つたのは、マサチユウツ州最高裁判所がComm on Welthv. Hrnt ケースにおいて「オンスピラシーの理論は適用してはならない」と判示した後である(Nretz, Lohro Poeioy of the Feclere Oronermn ent P. 26)フランスでもかの悪名高きル・シヤプリエ法や一八一〇年の刑法典(四一四条乃至四一六条)が労働者の団結を犯罪としたが、漸く一八四九年十一月二七日法によつて、刑法所定の罰則を軽減すると共に、労使間の差別を撤廃したがこれを廃止するには至らなかつた。労働組合が、默認されたのは一八六〇年代に入つてからであり、法的に認められたのは一八六〇年十一月である。(外尾健一・フランスの労働運動と労働争議権・審判労働法第十五号参照)ドイツにおいても、一八六九年五月のライヒ工業条例(一五二・一五三条)によつて漸く団結の自由が認められたが、再び一八七八年一〇月ビスマルクの社会主義者取締法により事実上禁止された。従つてドイツにおいて団結権が法律の問題にされたのはワイマールドイツ以後のことである。(横井芳弘ドイツにおける労働争議の法理学季労働法第十五号参照)又日本においても一九二六年迄は治安維持法(十七条)に依り事実上団結は否定されていた。

註(2)有泉教授は、一九〇一年の Tabtcale ケースの例をあげながら労働者の団結に対する裁判官の反動的役割を次の如く立証される。即、判決において上院は、労働組合の役員の不法行為による損害に対して、一八七一年法に依り登記した組合は責任がある、としているが Jenks によればそのような判例はない。のみならず労働組合法の規定をそのように読む根拠もない。「上院は先に、私法上の共謀という不法行為を発明し今後は再びその責任者として新しい種類の被告(労働組合の責任能力)を創造した」と(同教授レイバーインジヤクション五一七頁、法学論叢一四八巻)アメリカにおいても一八〇九年のシヤーマン法の制定当時連邦政府は原則として、労働組合の存在は営業制限を構成しないで「一定の特別な労働組合の活動」(Certain specifis actintids of unions)のみが営業制限であると考えられたのに対して、裁判所は、一定の労働組合は営業制限を構成するとした。(Metz, op. cit., P. 26)

註(3)ブランダース判事は一世紀末から二十世紀迄の英国労働運動の過程を次の如く要約している。「英国においては一労働者が、単独行為をする場合には、その状態を改善しようとする努力は一八一三年迄労働者の要求することの出来る賃金の額を制限する法律により対抗された。一八二四年迄同盟と協同して賃金を引上げるか労働時間を短縮するかその他如何なる方法でも事業に影響を与えようとする団結は、ストを実行しなくても犯罪として処罰された。――」(戒能通敦教授英国における団結権―団結権の研究三一四頁で引用)

団結権は、形式的原理としての法の前での平等を、労働者全体に対しても実質的な平等を実現させる唯一の手段である。今日において団結権は、国民の大多数である労働大衆の人間らしき生活を営むのに必要な絶対条件であるから、国家が(仕方なく)認めた権利である。即団結権は、労働者達が資本の横暴に対抗して生存の脅威を除去する手段であり、永年に亘つた生存的基本権である。斯く如労働者の団結権は国家権力=資本勢力と永い闘争の後獲得した権利である点において自由権とその本質を異にしている。ワイマール憲法(一五九条)やボン憲法(九条)が、団結権を制限し若くは妨害しようとする協定を無効とし、その為の措置を違法であると宣したのは以上の如き団結権の歴史的特殊性を最も充実に表現した例といえよう。果角二十世紀国家が民主主義と福祉国家を標榜しているということは、結局において無産者(国民の大多数)の生存を維持せしめる義務を負つているということであり、好むと好まざるとを問わず労働者の団結権を保障しなければならない運命に到達しているということを意味する。

換言すれば今日の社会は、労働者が「労働力を価値以下に切下げようとする資本に対抗して、自己の生存(労働力の価値)を守らねばならない」(4)歴史的段階に到達している為に、労働者は団結することによつて生存の脅威から自分を守る立場に置かれているのである。そして、そのことは資本主義社会において労働階級としては最も根源的な事態である。「契約の自由」が資本の横暴を助長せしめ経済的弱者を抑圧する原理と堕落するとき(5)必然的に市民法を修正する団結権が形成されるのである。ホームズ判事も此点を指摘して次の如く述べている。「凡そ産業社会においては契約の自由は常に当事者の経済力の平等から始まる。故に近代企業の一般条件からいうならば、労働者は、強力な労働組合の存在に依つてのみ公正な労働契約の条件が保障される」(6)。二十世紀憲法が所有権を制限すると同時に労働者の団結権を保障することはこのような市民原理を修正して民主主義の理想を実現せんとするものである。従つて労働者の団結権がどの程度保障されているか、という問題はとりもなおさずどの程度民主化されているか、という問題に他ならない。

註(4)沼田博士　団結権擁護論　上　一二九頁

(5)この点に関して吾妻教授は次の如く述べている。「契約という法原理は労働者個人と経営者個人を、孤立的には対等の関係に位置せしめているが、社会的には労働階級と資本家階級を服従と支配を必然ならしめる支配関係の中に引き入れる。この意味で契約の観念は封建的支配の方式を、原理的には排除するが、実際的にはこの絶対支配の形式と結合し易い労使関係を放置する結果となる」(同教授近代社会と労働法一四〇頁)

(6) Helmes Oeeppage V. Kanssas, 236 U.S.1

大韓民国憲法は斯る近代法原理に立却して、第十七条においては労働権を規定すると同時に勤労条件の基準を法律化することを規定し第十八条においては団結権、団体交渉権及争議権を保障し労働者の企業参加をも予定している。これは大韓民国憲法が国民の経済生活に対しては「生活の基本的需要を充足」せしめることを基本とするも(八十四条)その方法においては、有産者に対しては所有権を保障し(十五条)無産者に対しては労働基本権(十七・十八条)を保障することにより之を実現せんとする構想であるからに他ならない。換言すれば大韓民国憲法は国民経済を財産権と労働基本権の二大支柱を以つて維持せんとする証前である。

従つて我国においては、労働者の団結権はイギリスやアメリカの如き市民権的な集会・結社の自由の一種ではなく、それ以外の労働者権である。これはイギリスやアメリカの如き先進国においては労働者の力が強いから、市民権的基本権の保護のみを以つてしても充分に労働者の生存が維持出来るのに反して(7)日本や殊に我国においては労働者の力が微弱なるが故に市民法上の自由権の保護のみを以つてることが不可能であるから憲法において特別に労働基本権を保障したものと解すべきである。(8)

従つて大韓民国憲法第十八条が団結権を保障したことは、国家は、

【筆者】開城出身、一九五二年明大旧制法学部を卒業し、五四年に明大大学院法学研究科(修士課程)を修了して法学修士号を得、現在、同大学労働法研究室で研究に従事している。

在日韓国学生育英会

奨学生を募集

会長に張利郁博士

一九五一年五月に発足して以来、約三年間にわたつて、日本における優秀な韓国学徒の育英につとめて来た「花郎倶楽部」は、財源の中断によつて経営難に陥り、実質上解消状態にあつて学生界や同胞社会から惜しまれていたが、このほど、韓、米、日の有志達から、理解ある援助の手が差しのべられて新しく「在日韓国学生育英会」が発足し、日本における韓国学生に新しい福音が伝えられるに至つた。

すなわち、花郎倶楽部の窮状を見るに忍びずと、張利郁博士（前国立ソウル大学総長）がまず立上つて内外の有志に呼びかけたところ、アジア文化財団（もとの自由アジア協会）が巨額の後援を申し出たのに続いて、韓国、アメリカ日本の名士達からも続々と援助の申し出がなされた。それで、財政的な基礎も一応整備され、また、従来の花郎倶楽部会員が大部分学部を卒業するかまたは大学院に進学して、あらたに学部在学生を奨学の主な対象者として考慮する必要が生じたので、これを機会に、「在日韓国学生育英会」が組織されたものである。

育英会の会長には、張利郁博士があたることになり、理事として金龍周氏（前駐日代表部公使、新韓学術研究会々長）、J・E・フイツシヤー博士（前延大教授、現在は青山学院大学教授）、L・V・マコイ氏、鈴木一氏（前、日本政府法務省入国管理局長）、加納久朗（国際商業会議所議長、韓C銀行顧問）斎藤惣一（日本YM国A同盟理事）、柳一韓氏（柳韓洋行社長）、金禹鉉牧師（在日韓国YMCA総務）、金巳哲氏（事業家）などの知名人士が芳名をつらねており、趙万済氏（東大経済学部卒業、前花郎倶楽部委員長）が総務の仕事を担当することになつている。

奨学規定

現在、この「在日韓国学生育英会」は、新規の奨学生を募集しているが、その要領は次の通りである。

一、資格…日本の各大学に在学する学業の優秀な韓国学徒で、信義を遵守し、協同精神を発揮し国家社会に貢献する意慾を有すると認められねばならない（規定第二条）

二、手続…所定の奨学生願書、履歴、在学校長推薦書、または在学証明書、成績証明書または研究実績表、身許保証書などを提出する。（現在、提出期限が五月二十五日までになつているが、これはなるべく五月中に第一回の奨学金を供与するためにとられた措置であつて、厳格な規定ではない但し、なるべく早く手続きを済ますことが望ましい）

三、金額…一人当り毎月五千円也であるが、特別な理由があれば数ケ月分を給与する。

五、期間…毎年四月から翌年三月まで。

五、選考…育英会役員会で選定し理事会の承認を経る。

六、育英会の住所は、東京都武蔵野市吉祥寺八八五、電話、ムサシノ（398）二四六九番である。手続及び問い合せ一切は左記住所の趙万済氏を通じてなされたい。

七、その他、奨学生は特別な事情がない限り留学生宿舎に入荘する。又出来るかぎり適当な様式と方法で社会奉仕の実践をなすべきである。

大体以上の如きものであるが、新生した「在日韓国学生育英会」の性格と抱負について会長張利郁博士は次のように語つていられる

会長、張利郁博士談

在日韓国留学生達を一般的に指導奨励し、また必要な経済的援助を与えて彼らをして正しい人生観をもつようにみちをひらいてやるべき必要性に対しては、特に、過去数年以来、われわれ韓国のうち、心ある人々の間で深く痛感されて来たことであると信じます。

われわれは、いま、この切迫した学生指導と補助問題の一部分のみでも解決してみようというささやかな誠意をもつて、幸いにも内外有志の特別な協力を得てこのたび「在日韓国学生育英会」を発足させることになりました。過去三年間、在日韓国学生の奨学機関として経営されてきた「花郎倶楽部」は、その後、財源が中断されたために、昨年の夏以来、実質上解消をみるに至りました。しかし、同倶楽部が、従来学生寄宿舎として使用してきた「花郎荘」は、こんど、別途に、財団法人「花郎荘」を設立するとともに、これを在日韓国学生育英会の管理の下において、学生宿舎として使用することになりました。

ところで、こんど、本育英会の奨学会を「花郎奨学会」とよび、また、その宿舎を「花郎荘」とよぶことにしたのは、従来存在していた花郎倶楽部との何かの事業的あるいは組織的関係が、まだのこつているからではありません。ただ、過去において、花郎倶楽部を設立し、永い間、われわれの学生を援助して下さつた関係官諸師たちの実績を紀念し、また、そしてなによりも花郎道の崇高な精神を尊重したからに外なりません。

本育英会は、いま、別途に制定された奨学規定に依り、在日韓国学生に奨学金を支給し、学生宿舎を経営し、また、そのほか、学生文化事業を援助しようと計画しております。本育英会が、将来、より一層発展して、永らく、日本で勉強するわれわれの学生たちに、真の奉仕を与えることの出来る力強い確実な機関になれるように、各界人士諸位の御協力をねがつてやみません。

五線会のリサイタル

山葉ホールで大盛況

去る五月三日、銀座の山葉ホールで、五線会の第二回発表会がひらかれた。

異国で恵まれない境遇にありながら、将来、真の芸術家になろうと励まし合い、鍛え合う音楽学生の集いとして、今を去る三年前に呱々の声をあげたのがこの五線会である。今度の発表会は五線会発足以来、すでに第二回目のものであるが、会場には、外人の姿もちらほらし、まずは大盛況の出来ばえであつた。

なかでも、特に充実していると感じられたのは、バリトン独唱で、オペラ「哀れなる父」をうたつた金慶植君（東京芸大）、ソプラノ独唱で「農夫歌」をうたつた黄英金嬢、テノール独唱でトステイの四月をうたつた、申相佑君（国立音）、同じくテノールで「七つの民謡」を美しく聞かせてくれた韓聖鎮君（東洋音卒業）であつた。韓聖振君と黄英金嬢の二重唱「乾杯の歌」などは、賛助出演の通大勲氏の貫録ある歌いぶりとともに第三部の圧巻だつたといえよう。

聞くところによると左翼民戦では五線会に於ける韓国音楽生の実力にとても敵わぬとみて、すでに職楽人である某バリトン氏やその他の人々を、強引にわり込ませたところが、ふたをあけてみると結局イデオロギーを芸術に先行させようとして来た矛盾ができ面にあらわれてボロを出すに至つたものらしい。はきちがえた芸術家のなれの果て、芸術をさえも政治的かけひきの具にしようとする共産主義者の悪らつさ、そして心魂をうちこんで芸術一路に精進する人の美しい姿が同時にこの発表会で明らさまに出されたのは意義あることといえよう。

五線会を聞いて

岡 稚子

五月三日山葉ホールでの第二回発表会が開き、感じたままに、少し書き記したいと思う。

何よりも先ず、祖国を離れ、逆境の中にあつて、音楽の勉強に精進していられる方々の努力に対して心から敬意を表したい。

数多いプログラム の大半 が声楽によつて占められていたが、歌ふことは、器楽の分野に比して、音楽へ一番入り易い道でもあり、一面、韓国の人達の中には、声楽家として恵まれた素質を有している人々の少なくない事がうかがはれた。が、たとえすぐれた素質をみんなが有していても、その上に絶えざる修練を積み、果して、音楽芸術のどの高さに迄、到達できるかに問題があるのだと思う。

全体にどの演奏も冗長に感じられたのは何故だろうか。生き生きとした「リズム」が感じられず「フレージング」が不自然に思えたのはどうしてだろうか。折角すぐれた声を持ちながら、「リード」では、一つの詩の世界をくり展げ、又「オペラ」では、「ヴイヴイツト」に一人の人間像を示されるに至らなかつた事は残念である。

それは、先ず、楽曲の構成をしつかり把握しその作曲者の意図を譜面によつてよみとり、更に、音楽の脈搏を共感を持つて汲み取るという根本的な態度がおろそかにされていた事に原因するのではないだろうか。かうした音楽に対しての知的な態度を見失う事なく、又常に音に対しての鋭い感受性を培つていつて欲しいと思う。

が、しかし当日数人によつて歌われた、幾つかの民謡は大変に楽しく聞く事が出来た。ここでは、豊かな表情に富み、のびのびした歌い方が、充分に発揮された様に思う。

そしてこの様な会を通じて広く民謡を紹介するという事は、大変に有意義な事であり、古くから歌い続けられ、様々な生活のにじんだ民謡を採譜し編曲し、演奏する事によつて一つの立派な芸術にまで高めていつて頂きたいと思う。

こうして人々の中に脈打つている伝統を大切に守り育てる事と、一方、東洋人として、西洋音楽を学び、マスターする為にぶつからねばならない様々なギヤツプや問題は韓国だけでなく私共日本でも常に取りあげられ、一つ一つ真剣に克服しようと努力が続けられている。そして、如何にして新しい我々の音楽を創りあげるかに今後の問題が残されているのではないだらうか。それは単なるエキゾテイズムに終る事なく、広く世界に理解され、共感を与へるものでなくてはならないと思う。

当日、印象に残つた演奏としては、ソプラノの黄英金（東京芸大）七つの民謡を楽しく聞かせてくれたテノールの韓聖振（東洋音大卒）すぐれた声の持主であり、立派な歌ひ方を示したバスの金慶植（東京芸大）ブラームスのリードを歌つた美声の金安鎮氏の名前を上げよう。

なお、今後、器楽の分野も、より、一層開拓される事を期待し、五線会の成長を心から祈つて筆を擱きたいと思う。（筆者は東京芸術大学、楽理科三年音楽史専攻）

学術論文集出る

新韓学術研究会の成果

「本会は、祖国の民主々義的な建設と、文化の発展を期し、これに必要な学術を研究する」と綱領にかかげて発足した新韓学術研究会も、すでに創立第二週年を迎えたが、同研究会では、その第二回の誕生日を祝つて去る三月一日「新韓学報第三号」を編集発刊した。この学報は、従来、在日留学生だけの手で作られた学術内容の出版物としては、恐らく最初のものであろうと思われる貴重なもので、会長金龍周氏（前駐日代表部公使）を始めとする会員学生諸君の研さんのあとが偲ばれて頼もしい参考までに、その内容を紹介すると、

○南北統一問題の北韓アピールに対する見解（会長、金龍周）
○後天的民族性化した五百年士禍党争の弊（会長、金龍周）
○基本的人権と憲法の運用（李安[illegible]中大大学院法学研究室）
○韓日二千年関係の史的概観（金正柱、外交史研究家）
○強制調停制度ー主に韓国の労働争議調整制度に関してー（呉貞根、明大法学部、労働法研究部）
○国語の時制に関する研究ー助詞に附する終止辞についてー（[illegible]暁）
○資本制農業に於ける生産力問題（李現坤、明大旧制大学院、政経研究室）
○近代雇傭理論の展開ーヒックスの理論を中心にしてー（金元経、東大経済学研究室）
○韓国経済の諸問題（趙万済、東大経済学研究室）
○連続向流抽ー液抽出塔設計に関する研究（姜晶圭、東京工大研究科）
○脳と言語ーAphasiaに関してー（李炳栞、慶大医学部、精神医学教室）
○伊川津湾産のVenerupis Semiedcussataの形態変化（崔相、東大農学部大島研究室）
○フエニール・フロロンの合成及びそれによるゲルマニユームの比色定量法に関して（李大秀、日大工業化学研究室）
○乳酸の光学的分割（李龍均、阪大理学部金子研究室）
○宮川鉱山の硫黄鉱床（呉在賢、早大理工学部鉱山学科研究室）
○新合成繊維テグレンについて（姜敦祥、東京工大化学研究室）
○ON THE THEORY OF UNSTABLE HEAVY PARTICLES（朴鳳烈、京大理学部、物理学教室）
○ON SOME BOUNDARY VALUE PROBLEM IN AN ANNULUS（洪姫植、東大理学部、数学研究室）

この「新韓学報」第三号は、韓国語と英語を使用し、一部は活字印刷、一部は肉筆の写真版になつている。

ランチ・パーテイで、学同の発展のために乾杯をあげる参席者たち

盛大なランチ・パーテイー

学同主催、如水会館で

本年度大学新入生の歓迎と、卒業生の歓送とを兼ねた祝賀のランチ・パーテイが、神田の如水会館ホールで盛大に行われた。

この日、先輩側から、李元範（前学同代表委員、現在民団の国会オブザーヴアー）、朴権熙（前学同代表委員、現在民団中総文教局長）李大秀（日大化学工業研究）鄭炯和（民団中総組織局長）の諸氏が参席し、新入生や卒業生をあわせて約六十名が招待された。

先づ国民儀礼があつて、先輩側のあいさつをかねたスピーチが一通りおわると、在学生代表鮮干徹（東大）卒業生代表楊泰根慶大）、新入生代表沈[illegible]（東大）が立つてそれぞれの立場から感想を披瀝した。

乾杯と自己紹介があつて、アリラン楽劇団による舞踊公演が行われた。この日は、学同主催の行事に始めて参加する新入生も多かつたらしく、みな、身をのり出して興味深く郷土の古典舞踊に見入つていた。アリラン楽団の公演の合間に、左久幸嬢（明大）が名指しで呼び出され、得意の「済州島エレジー」を歌つてヤンヤの喝采をうけた。如水会館のウエイトレス嬢たちも、ただめづらしいばかりでなく、歌や踊りの美しさに魅せられたような面持ちで、ホールの入口に人垣をつくつていた。

このようにして時の経つのも忘れて和やかな気分にひたつているうちに、いつの間にか午後四時も過ぎ、名ごりを惜しみながら、学同の万歳を三唱して解散した。

東京大学同窓会に新しい動き

左翼偏向行きづまる

東京大学には、現在、学部在学生三十八名、大学院約十名、（内新制大学院一人、旧制九人）其の他聴講生、研究生などを加算すると、しめて約六十余名の韓国人学生が在学中である。

ところが、従来は民戦系の学生達が活躍に立ちまわつて「朝鮮同窓会」、「朝鮮文化研究会」を牛耳り、韓国学生の存在はあつてなきが如き状態であつた。たとえば新入生歓迎をかねてひらかれる例年の同窓会総会では、堂々とインタナシヨナルの歌がうたわれ、同窓会、朝文研の会是などは彼等の聞でたらいまわしされ、一部無気力な韓国学生は、「トンム」つきの名ざしで呼ばれても抗弁もしないといういくじなさであつた。

昨年の秋工学部のS君がはじめて「トンム」の呼び名に対してきつい抗議を行つてからは、左翼学生達の間にもだんだんと態度軟化の傾向がみえ始めていたが、今年の四月にひらかれた同窓会総会では、従来の「朝鮮同窓会」の偏行的やり方についてS君から全般的な批判が行われ、雰囲気がにわかに一変した。同窓会々長には、法学部四年の呉秉元君、副会長には法学部三年の朴英徹君（韓国）が推され、今後、同窓会の運営にあたつては、従来のような左翼的偏行に陥ることなく、同窓会の計画するあらゆる行事に、全学の同胞学生が、こだわりなく参席出来るようにするとの申し合せも行われた。

五月会に改称

東京都の名物の一つになつている例年の東大五月祭（五月二十八日二十九日）を前にして、新しい雰囲気で再出発した東大「朝鮮同窓会」は、副会長朴英徹君の発議によつて「朝鮮」という聞えのわるい名称を改めることになり、去る五月十五日の幹部会合で、これを一応「東大五月会」（オ・ウオル・ホエとよむ）に仮称し、五月四日の臨時総会で正式に可否を問うことにしている。

五月祭の企画としては、主に日本の大衆に対する啓蒙を主としてわれわれ韓民族が、伝統ある文化や現在の経済資源や生活様式、才能などのあらゆる面にわたつて、独立国民としての能力と資格とを有するとともに、祖国統一の大業さえ成れば、堂々たる実力をも兼ねそなえて世界から尊敬されるような国家になれるという可能性を誇示することにした。

現在、乏しい予算にしばられながらも、多数の学生が準備に奔走しているが、今までに確実になつた行事の内容としては、風俗、文化その他に関する写真（在日韓国学生同盟中総と、国際報導連盟ー主幹、宋政勲氏ーの提供）の展示、昨年来行われて来た春香伝研究成果の発表、韓国人形や衣類の陳列、ハングルの歴史と内容の紹介、統一された韓国の状態を仮定して、祖国に対する東大の同胞学生の研究紹介（祖国のエネルギー資源と自然改造の見透し、祖国の建築、教育、産業その他）などを始めとしてなかなか多彩である。又、別に公演を行うことになつているが、これには永田絃次郎氏が特別に出演して韓国の民謡を歌われることになり、徐春華嬢、沈恩郷嬢の舞踊、金松月姉妹の舞踊、その他映画一編も予定されている。

学校当局の緊縮予算のために、今年、韓国学生にわりあてられた金額は、昨年の半分ぐらいで、これではとても思つた通りのことが出来そうもないので、「東大五月会」では、一般同胞達に次のような趣旨文を配付して助言と後援をのぞんでいる。

趣旨書

祖国の平和的な統一独立の大業を前にして、日夜御精励の同胞のみなさんに、心からなる敬愛の意を表します。

東京大学に在学している私たち同胞学生一同は、お互いの人格と立場を尊重する精神から、対立と衝突をさけ、なるべく睦じい気風を維持しようと努力してきましたが、従来の「朝鮮同窓会」が、すべての在学生の意思を公平に代弁することが出来なかつたことを認識して、このたびこれを「五月会」（仮称）に改編し、新しい発展を期することに致しました。時に恒例の東京大学五月祭には、学内のすべての同胞学生たちが一人のこらず参加して、立派な協同作品を作り上げることが出来るように次のような行事を企画しました私たちは、この行事うがたちに学園と友愛のための新しい環境を与えてくれる意義深い契機になるだろうと確信して居ます。祖国の真の働き手になろうと努力している私たちの微衷を賞く諒解されて、忌憚のない助言とともに積極的な後援をたまわれば幸甚に存じます。

各位様

東京大学五月会（仮称）

（原文、韓国語）

朴権熙先輩民団中総の文教局長に就任

学生同盟元代表委員朴権熙氏（慈恵医大卒）は此の度民団中総文教局長に就任した。同氏は学同代表委員時代より今日迄学生運動に深い関心を寄せ、後輩の指導に余力を惜しまなかつたが、文教局長就任を契機に再び学生問題の解決に直接たずさわる職務についたわけで、学同では氏の文教政策に大きな期待を寄せている。朴権熙氏略歴、慶北密陽出身、慶北中学校を経て慈恵医大卒業後、社会運動にはいり在日僑胞の民生問題解決に努力、昨年本国民議員選挙に高陽で立候補し惜しくも次点で落選その後民団中総民生局長を経て現職に至る。

カトリック学連 第七回定期総会

同胞学友え友情のメッセージ

学生に依る学生えの知的使徒職を打ち出して発足した在日韓国カトリック学生連盟は上智大学教授エルリン・ハーゲン神父並びに金大寛神父指導のもとに毎日曜の礼拝の他、定期的カトリック社会問題研究講座宗教音楽講座等を開設しまた月刊「アンヂエルス」の発行等在京学生間に多大な好評をはくしている。同学連では去る二十二日第七回定期総会を上智大学カフテリアで会員約五〇名参加のもとに開催した。

総会はカトリシズム研究、默想会月例会設置について討議が進められたが在日韓国留学生の精神的支柱として同学連の在り方が価値あるものとの結論に達し特に共産主義に対決する学生はカトリシズムの体得以外には完全な方法はないとのメ ツセー【ジを全国学生え発するよう決議された。なお役員改選は同学連の伝統的特色である万場一致制によつて学同副代表鮮干徹君（東大）が会長に選出されたが学連機構を改編し幹事制度の設置と、それらの任務を具体化した強力な体制を整えてことにカトリツク学連は再出発のスタートをはじめた。

【委員】

会長	鮮干徹（東大）
副会長	鄭夏沢（明大）
総務部	金貞植（国大）
財政部	李道一（拓大）
渉外部	鮮干徹（東大）
文化布教部	黄綴熙（聖心インターナショナル）
女子部	左玉花（明大）
高校部	文福先（都立高）

各部担当幹事

総務部	祖成源（学習院）
財政部	玄永鎬（工大）
渉外部	朴炳勇（工大）
文化布教部	金承浩（一ツ橋）
機関誌部	金圭煥（東大）
女子部	全英明（成城大）
高校部	金学畝（中大）

メッセージ

在日韓国カトリツク学生連合会は第七回総会にあたり、現在日本において、共に勉学にいそしんでいる三千名の同胞学生諸兄に対し、心からなるあいさいを送ります。

過去数十年来、多くの先輩が、数々の屈辱と不平等な条件にうち克つて祖国解放の推進力たるべき人格と学識を修めており、いまわれわれは、独立国の若き働[illegible]こりをもつ学徒としてこの[illegible]んでいる、学究生活の環境[illegible]去のいかなる時よりも不利[illegible]に当面しているのです。経[illegible]の不安定、韓日関係悪化に[illegible]障害はいうまでもないが、[illegible]遺憾とするのは、精神的[illegible]如です。祖国両分の悲劇は[illegible]義のイデオロギーが跳梁す[illegible]においてわれわれ学究生活[illegible]映し、絶えざる動揺と不安[illegible]つつあり、斯様な不安と[illegible]ともすれば、将来に生き[illegible]れわれに確固な希望と目標[illegible]わしめる傾向においやり、[illegible]不健全な日本の社会相と、[illegible]絶望と堕落の危険をも呈示[illegible]ます。

われわれ在日韓国カトリツク連合会はこのような状態を[illegible]留意し兄弟の愛情をもつて、すべての同胞学徒が一日も早く、心の平和と、精神的支柱を、とりもどして、祖国再建の働き手となるべき使命を銘記して意義ある、学究生活を営まれんことを念願するものです。

動かざる、心のよりどころ、エネルギーの根源を有し、カトリシズムの精神によつて結ばれているわが連合会は諸兄と共に悩みを語り、よろこびを分ち合う機会を持つことを熱望するものであります諸兄の健闘と、主の祝福あらんことを祈つてやみません。

五月二十二日

在日韓カトリツク学生連合会
第七回総会

ソウル大学

正式には、国立ソウル大学校と呼ばれるこの大学は、文理、法、工、農、商、医科等十二の単科大学をもつて構成される韓国最大の総合大学である。第二次大戦終戦の時、京城帝国大学をそのままソウル大学として新発足しようとする動きも強かつたが、軍政府は、ソウル市周辺の各官公立専門学校を統合してこの大学を作つた。動乱中は釜山に避難仮校舎を転々としたが、その後校舎の軍使用が解かれ現在は、ほぼ原状に復帰した。建物の大部分が戦災を免れ特に、七十万巻の図書が生き延びたのは大きな幸であつた。

学生は現在男一万一千、女九百六十名を数える。在学中の徴集は保留されるが、週三時間の軍事訓練が課せられ、卒業と同時に、全員が二ケ月入隊することになつている。また戦時経済の圧迫による設備、書籍、教授の貧困は学究生活を極度の困窮に追いやつている。このため多くの学生が外国留学を熱望しており、他方政府の施策や米国等からの援助を期待する向きが多い。

しかしこの大学の学生たちはいま、戦争のためとり遅れた勉学を回復しようと、異常な熱意と自覚で研究に励んでいる。（金圭煥）

毎日新聞二月十二日付「世界の大学」より

【ソウル大学の卒業式光景】

WINK

●一・六銀行の顧客S君、春[illegible]に入れた春秋服を出すため[illegible]いたオーバーを入れ、スプリ[illegible]ートを出すためにイツチヨラ[illegible]服を入れ、先日は夏服が欲し[illegible]やつと出したが、この頃で[illegible]値安のスプリングに時計を[illegible]ラスに陽時計作つてタケノ[illegible]文化人と時間は全くのくさ[illegible]と嘆くことひとしきり

●世を挙げてマンボ時代、[illegible]「マンボ」、レコードも「[illegible]ボ」、ダンスも「マンボ」、[illegible]店の看板も「マンボ」、イ[illegible]の若者もマンボがお好きだ[illegible]うちのパパはマンボが好き[illegible]聞いたような、誰かうちの[illegible]員はマンボがお好きなのを[illegible]ですか。

●文展はタチが悪いといわ[illegible]かつての学生新聞編集関係[illegible]係通信に二人もいる。民団[illegible]部の先生達"タチの悪い"[illegible]るそうな。従順で羊のよう[illegible]たといつてウエルカムの[illegible]君おかげで今頃はダイブ[illegible]んらしく"タチが悪い"に[illegible]いるらしい。

●代表委員の旅日記一週[illegible]江戸ツ子のチヤキチヤキで[illegible]が一応は東京弁、大阪では[illegible]わんといてな、チヨーセン[illegible]たかて、なんでそんなうそ[illegible]んのやと旅館で散々やり[illegible]広島では本家本元同行の[illegible]島弁の講釈に耳を傾けたが[illegible]もうまくいかない。それ[illegible]急に郷土弁で譲りまくる[illegible]んたどうしちつたんね、ひ[illegible]みえたんだのオちいとは[illegible]あそびにきんさいやア"[illegible]方どうしたの、長い間[illegible]たね少し位家えも遊びに[illegible]やいの意）代表委員さつ[illegible]ないらしく"なにいおるん[illegible]しやしらんど"の恰如で[illegible]それにしても世は不思議[illegible]京の列車の中で誰がみ[illegible]

豪華版

数百点の最近スナツプを通して、韓国の文化、風俗、産業など、その全貌をつたえる唯一最適の紹介書！

一九五五年号が発行されました

国際報道聯盟（主幹、宋政勲）

本社 ソウル市中区乙支路三街三四九

東京事務所 神田美倉町十六（電話二五ー六二一七）

株式会社 木下商店

取締役社長 呉炳寿

港区芝白金三光町二九

電話（45）七〇一二

新装開店

グリル ロッテ

新宿東横OSS隣り

京城料理 平壌冷麺

＝食欲不振の夏には是非御試食をお奨めします＝

食道園

新宿区新宿二の五四

電話(35)七五五三

要通り

大阪 韓青時報

韓青大阪府團部
大阪市北区中崎町43番地
電話堀川(37)1873番
発行者 羅 永 秀

綱領

一、われ等は青年である。心身を鍛錬し以て国家の干城になろう。
一、われ等は青年である。各国民族と親善を図ろう。
一、われ等は青年である。勤労実践を以て祖国を再建しよう。

予備會談重大段階へ
韓國政府が主導權行使か

政府は板門店における政治予備会談が膠着状態に直面したので局面の打開策を行いうるものと重視される。同予備会談の国連側代表ディーン氏は会談再開日から二週間以内に政治会議開催の日時および場所が決まるであろうと言明したが、これについては今まで何らの進捗をみせてない。この事実にかんがみ韓国政府は政治会議予備会談で主導権を行使しなければならない最終段階に入ったことを示唆している。

有力な外交筋によれば、予備会談においてディーン国連側代表が(一)議題順序の変更に関する譲歩と(二)事実上中立国の政治会議参加問題を論議したので韓国政府は政治会議に関する国連の決議を忠実に守るとの見地から去る二日の第七回会談で国連側代表が共産側に接近するためのものとみられる提案をした場合はこれを拒否するかさもなければ同予備会談出席を拒否するつもりであったといわれる、責任ある外交筋によれば、ディーン国連側代表が板門店予備会談で国連総会の決議した本来の権限を超えて政治会議の場所・日時以外の問題を論議する意思表示に対し、大きな不満の意を表明・米国務省代弁人リンカーン・ホワイト氏の「印度の参加問題は考慮する」との公式声明に非常な関心を示しており、これは政治会議開催に対する米国の従来の態度をひるがえすものであると指摘している。同筋は板門店予備会談に派遣された韓国代表は米国のこのような意図には同意しないであろうとほのめかした、しかし韓国代表の正式な態度表明は李大統領の新たな訓令をまたねばならないので国連側代表に意思表示の保留方を要請するか国連側がこれに応じない場合は会議参加の拒否も辞さないことを明かにするであろうといわれる、何れにしても板門店予備会談は新たな重大段階に直面するであろうというのが外交筋の一致した観測である。

久保田發言撤回せよ
民團中總聲明發表

去る二十一日韓日会談が決裂に際して日本政府の猛省を促すべく民団中総では次の如き声明文を発した。

わが韓国代表が決裂原因たる五項目による正式な抗議にもあるが、特に総督政治が韓国に利益を与えた。韓国は日本が統治しなかったら他の国が侵入したであろうと等の発言を以って判断出来ない発表が何を意味しまたどんな結果になるかを考える時に戦慄せざるを得ない。

われわれは今更三十六年間の総督政治なるものを思い出すだけでも不愉快なものだ。終戦後八年になったばかりの今日、敗戦による講和の機、経済復興の調子に乗って忘れて仕舞ったかの如く日本が為した侵略政策と行為に類する侵略政策が流した害悪と罪悪に対し少しも悔ゆることなくむしろそれを合理化しようとする発言が国際会議の席上日本国の代表によって堂々と陳述し我間に憤怒にも限度がある。戦争の火蓋を切るべきだとの昔日侵略の再起的行動と思い合せて見る時韓日会談決裂は計画的政策の感すら受けられる。

いまや韓日会談決裂の責任が日本側にあるというような話をする必要すら感じない。ただわれわれ在日六十万同胞は日本当局と進歩的良識のある分野と共に韓日両国が世界平和確立の道として努力する旨の綱領を掲げており韓日会談再開に際しても円満裡に妥結を見るように願って誠意も声明を発した。

久保田代表は当時日本は年に二千万円もわが国に出したというが、それが東拓、不二農場あるいは侵略者の手先の日本人個人によってわれわれ農民から命よりも大事な土地を奪い上げ農民をして満州なりシベリヤえ追払った功績(?)は当時の日本官憲だけ讃えられるであろう。

今思い出すだけでもわれわれの血は逆流する。

このような試い醜き悖骨があるにもかかわらずわれわれは大局的見地に立脚して共同の防共民主主義陣営に対処し極東の安定と世界平和確立のために相互尊重、平等互恵の精神で忍耐強く会談を成立させようとしたのである。

然るに日本は終始わが国の独立を法的に認めようとせず、吉田政府に対する自国民の国政不満の捌け口を韓国に見出そうとし、それがための決裂を予定しての計画的行為であったことは十分知り得ることである。

然しながらかくもわが国わが民族を侮辱したる発言に対して、またもわれわれ代表が会談を継続させる誠意を以って発言の撤回と不当を認めさせようとしたことも受け入れない不遜なる計画的予定行動に対してわれわれはあくまでその責任を追究するものである。日本は韓国側の態度を本質的問題でないものを取り上げたと主張しているが、これは基本問題であり、基本態度が解決され得ないところに如何にして枝葉問題が解決され得ようか。

故にわれわれ在日本六十万全同胞は久保田代表の発言五項目に対して即時撤回謝罪を強硬に要求すると共に日本政府の誠意ある措置によって一日も早く会談続開を要求するものである。

木村君曰く「腹がへっちゃ戦さにならねえ」「この鬼でも料理するとしようか」

第19回大阪地方定期議事會

標記の件第十九回定期大阪地方議事会を左記のごとく召集する。時局の重大性と民団業務の重要なる段階たることを深覚し必ず本会に出席されることを通知する

記

一、日時 四二八六年十一月七日(土曜日)正午
一、場所 大阪本部講堂

政治會談について
―わが團員は見通しを誤るな―

曺 寧 柱

北鮮の共産軍が南侵した三年前の六・二五動乱当時は、韓国の軍隊が弱かった。警察防衛隊が「軍隊」にかわってからやっと二年という若さであり、装備も編成も防衛を専らにして、特に対戦車火器もなかった。こちらの砲弾をピンポンのタマみたいにハネかえす特殊鋼の装甲をもった連続鋼の北鮮軍には、施すべくもない。

だが、この三年間、急速に成長して、いまはゼット機、一五五ミリの自走砲までもつ近代装備の強力軍となった。しかも、国連軍と調子をあわしている韓国戦線である。

中共軍の人海戦術をもってしても、現戦線を突破することは見込ウスとなり、あい対峙したまま持久戦の様相を呈するにいたって、中共もアメリカも根負けした。他国戦線で出血を強いる中共の国内不安から、共産側もつい休戦構えをとり、ダンスと高級酒のほかは何の哲学も知らない米国民を厭気そのうえに英国から後足をひっぱられて共産勢力を満州まで追いだす態構えのできていないアメリカ側も、戦争がいやになった。そこで、去る七月に韓国動乱は、三〇〇万人以上の若い世代の尊い生命を半島の山野にさらして、三年間のながい血闘も終幕をとじたのである。

休戦調印がすんで後にくる南北統一のための政治会議であるが、私は、休戦会談は成立しても政治会談だけは成立しないとみる。いまディーン米首席代表が板門店にのりこんで政治会談のための準備会議に汗タクタクのようだが、共産側ははじめから南北統一を欲していない。統一を欲しないかぎり政治会談も成立させないだろう。

準備会議のいまですら彼らは難クセをつけている。今後ひらかれる政治会談に、参加する構成国の半分以上を共産国にしたいというのが彼らの要求だ。会談のときに横ヤリをいれて会議をこじらせるためには多数決に勝たねばならないからである。これをみても会談に誠意がないのである。

口では、もっともらしく政治会談についてカレコレいっている。つまり背後の圧力をぬきにした自由雰囲気による公平な総選挙で南北統一国家をつくろうではないかと、きりだしてくるに違いない。

しかし、武力に訴えないでは衛星国一つもつくれないのが、彼らの前例だったではないか。東欧もチエツコもポーランドもハンガリアも、みなソ軍のニラミで少数の共産党が政権をとった。

かりに、警察も軍隊もなんの関知もせずに野放しのまま自由選挙を試みんとせよ、わが半島は完全に反共国家となる。その理由は、六・二五動乱による共産側の惨虐行為が、史上未曾有だからである。共産党員のむごい仕ウチを、日本人などはまさか同じ民族がと、マにうけない人もいるらしい。

三年まえ、緒戦に利をしめた共産軍は大邱・釜山の一角をのぞいて全半島を席捲した。その当時、いわゆる内務部員なるものが、これまで韓国に協力した政府要人、官公吏、財界、教員はいうにおよばず村の世話役までも惨殺し、その家族にまで手をのばす大惨劇を演じた。反動と名のつくものはロクな調査もせず「人民裁判」にかけて処断する。

マッカーサの仁川奇襲上陸で北方に敗走するの羽目にあったときはあらためて破壊、掠奪、放火虐殺の総仕上げをおこなった。おそらく、彼らは満州まで退却して当分のあいだは南北半島に見切りをつけたので、韓国が二度とたつ瀬のないように、あればどの破壊と大量の虐殺をおこなったのであろう。

家族主義のもっとも発達した同胞だ。一人として迫害をうけていない家族はあるまい。その後、一〇〇万の中共軍が南侵して二度目の惨害をうけた。

日本人は米潮による反共意識だが、韓国の同胞は復讐に燃える敵共産党である。為政者よりも一般の民衆がつよい。共産党を仇敵となして必ずや見返してやるという報復の怒りが心頭にみちている。なお、北鮮における同胞は、南鮮以上に苦をくいしばってその圧政に堪え忍んでいるだけだ。

かかる朝鮮に、自由選挙をおこなって、果して共産党のくいとむ余地があるだろうか。ソ連を祖国とおもい同じ民族を殺りくし国を焦土化した彼らが、元山でも平壌でもソウルでも大邱でも釜山でも堂々と「共産党〇〇道本部」なる看板をかかげて、悠々と組織工作にのりだす勇気があるだろうか。おそらく民衆の手で白昼暗殺されるだろう。治安当局も手がつけられまい。私のみた逆敵からも、現地においては中間派的な存在すら利敵行為として否定する、民衆の尖鋭さであった。

利巧な共産側は、反共国家必至であると、すでに見込いている。自由選挙による南北統一とは、彼らのカラ宣伝にすぎない。なまじつか南北統一して反共国家にするよりは、現戦線のまま以北をソ連の自由になる人民共和国として、東部地帯の貴重な鉱物資源でもコミンフォルムのため活用した方が、はるかに有利であると、抜け目のない共産党はちゃんとソロバンを休戦まえからはじいている。

で、休戦調印のまえに、東部戦線では開戦以来はじめての大武力を投入し、戦線の一吋でも多く延ばそうと、自ら多大の出血を強いたのである。けわしい山岳の重畳している東部戦線を突破して、国連軍の側面か背後をつかんとする狂じ作戦ともみられない。要するに、鉱脈だけが欲しいのだ。

昨今は、ソ米経済援助に見ならって、ソ連と経済提携をおこなった。

これらをみても、彼らは南北統一どころか、境界線そのままの南北分断を前提としている。ただ共産側としては、自分らの会談してやまなかった南北統一を邪魔したのは韓国と国連側であると結論つけて、対外的に宣伝効果をねらうのが、残っているだけだ。私は休戦は調印されたが政治会談は成立しないとみる。これは共産側の最初から自論でいる断定怒意だからである。

私が韓国からこの夏日本にかえってみると、一流新聞の論調が勘違いしていることだ。つまり、共産側のいう南北統一の仮装表現に魅せられて、李大統領さえ腕を折ったら統一可能なりと思いこむすじである。

せいぜい会談がはじまると共産側は、前ぶれとしてもったいぶった芝居を二、三するとは思う。すなわちこの六月に李大統領の手でおこなわれた捕虜釈放はアメリカとの馴れあいではないかと、つつかかってくるだろうが、昨年共産側の五万の韓国捕虜を無断釈放して軍隊にくりいれたからこれも水掛け論におわるだろう。

そして同時撤兵はアメリカ軍もふくむべきだというだろうが、これも無理な話、北鮮も軍を解体するから韓国も解体して永世中立国にしようと持ちだすだろうが、これも眉ツバもので、地つづきの満州からはいつでも編成軍が出動できるから、無防備の韓国とあっては赤子も同然だ。あたかも装袋のなかに刀をかくしてお前は裸でこいだから、これも通らない話である。

とにかく、あい容れない水火の論をもちだして政治会談の不成立を韓国側ひいては国連側の責任に仕むけると思う。

奇怪なのは、成立もしない政治会談をひらく用意をしているアメリカと国連の暗愚である。ソ連のプラワダ紙は、いまから否をだしているではないか。

不幸ながら、わが祖国の南北分離は、第三次戦争までつづくだろう。わが韓国は中共と北鮮の連合軍がふたたび南侵したとき、これを撃退するに足る精鋭な陸海空の国防力を充分にそなえてこそ、平和国家の基礎を築くのである。このころ李大統領が韓国の青壮年によびかける民兵隊云々も、明日を控えての今日の備えのためである。

(筆者は本部団長)

ユリア樹脂成型粉
製造發賣元
日本有機化学工業株式会社
本社工場 大阪市天王寺区東高津南之町九 電話南(75)2512番
市川工場 千葉県市川市八幡六丁目一四七 電話市川4206番
東京出張所 東京都千代田区東神田一 電話茅場町(66)6503番

各種工業用ゴム製品販売・各種自動車用新品タイヤー販売・各種自動車用タイヤー更新再生及・中古タイヤー販売・タイヤー修理原生地販売・各種自動車タイヤー更新修理機・各種タイヤー大量修理更新一手引受及部品修理機械販売
輸出入業
東洋ゴム工業株式会社代理店
大阪タイヤゴム工業株式会社
取締役社長 金 本 剛(金剛斗)
本 社 大阪市浪速区宮津町六七番地 電話戎(64)1236・1237番
本社工場 大阪市浪速区大国町五丁目一二番地

製鋼材一般
大阪鋼材・中山製鋼・久保田鉄工所 指定商
丸新産業株式會社
取締役社長 山 田 新 吉 (金 雲 峯)
大阪市西区道頓堀通三丁目二〇番地
電話新町(53)0907番

大阪府團部 事務室擴張
六十萬圓豫算にて着手

在阪二万余の団員と日増しに発展を遂げている韓青大阪府では今度約六十一万円の予算で約百坪余りの事務所を改造、去る一日から拡張に着手、完成は来る十一月末までの予定である。この修理が完成すれば早速第二回特別幹部再訓練と特別講座（政治理論）などの講義を行う予定にて、各区団部ではこの事務所修理資金六十万カンパに全的に協力し自区に居住している有志にまで掛け運動に協力するよう望んでいる。

第三回
韓青近地連開催
大阪府團部に於て

第三回大韓青年団近畿地方連合会を去る五日午後一時当事務所において開催した。兵庫県団長宋学道氏をはじめ兵庫県副団長趙??氏、和歌山県総務部長金成烈諸氏、大阪側では団長羅永秀、副団長尹鍾洙、組織部長金壽日諸氏。来賓として民団大阪本部を代表して民生部長高股淳氏、在日韓国人体育会会長??氏を迎え大阪団長から開会の辞があつて各県団部代表から活動報告、今後の運動方針など活発な意見の交換があり有意義に当会は盛大に終つた。なお討議事項は次の通り。

一、近畿連合会運営問題に関する件
毎月五日に近畿地方連合会を開催する。方式は順番制とするが小委員会連絡処は韓青大阪府団部に決定して連絡事項のあつたときは当府団部で各県団部に緊急連絡をなす

一、組織強化および情報活動に関する件
組織体制確立および情報活動に関しては現在大阪韓青にて発刊している韓青時報を通じて緊密強固な情報活動を確立させ、特に情報交換に重点を置き、その

秋季大運動会 盛大に行わる
和歌山韓青

大韓青年団和歌山県団部では例年行事として居留民団和歌山県本部および大韓婦人会和歌山県本部の協力のもとに去る二十五日和歌山市広瀬小学校において在県同胞秋季大運動会を盛大に挙行した。この日午前十時定刻龍々しき楽隊（韓青楽隊）建国行進曲の楽奏で入場式を行い県下各支部のプラカードを先頭に男女老少約七百余名が参加し、国民儀礼につづいて会長李敏和（韓青団長）氏の「健全の精神と健全な体育をもつて大韓民国の国民たる本分を充分に発揮しなければならぬ」との開会の辞があつて、競技に入つた。青空に高く翻つている太極旗と大韓青年団旗のもとに始終一貫和気あいあい裡に最大の闘斗と親睦を計り円満進行し午後五時に閉会した。同大会では民団県本部と婦人会各役員の献身的奨活動はもちろん特に韓青役員および団員は責任完遂と秩序整然規則正しい青年たる模範を一般観衆者に多大なる感銘を与えた。

功労賞を授與
東成區團部前常任に

去る二十五日東成区団部では新役員選ぶれが決定し、旧常任役員との今後の活動方針ならびに発展を祝し有志、団員計約五十余名が参席し功労者特別賞状授与式を兼ね懇談会を開催した、功労賞授与は特別に府団部団長羅永秀氏より記念品などの贈呈があつて、授賞者代表人事には前団長朴永在氏からあいさつがあり、前役員の功労を讃えるべく慰労会を催して盛大に当会は終つた。なお、功労賞授賞者は次の通り

朴永在、千瑞潤、李炳哲、姜道潤、鄭慶鎮、徐貞夫

（裵副会長）

本國では
技術者を要求
商工会使節團長帰任談

裵東玉氏が去る二十一日帰任し、本国商工業者実態報告および政府当局と交渉の経過を次の如く発表した。

現在本国では何よりも技術者を要求している。生産の機械よりも先ず技術者をといつたところだ。次に日本の生産業者は本国に帰つてきて韓国復興事業に貢献して貰いたいとの要請があつた。日本で現在の企業体の設備をそのまま韓国に搬出して技術者とともに帰韓し韓国での設備などについての資金は本国政府当局で負担するとの確約を得たのである。第二に日本に居住している韓国人の製品のことについても目下政府当局も考慮しているところである。韓日会談の決裂になつている現在、いろいろ難点があると思うが出来るだけ輸入するように積極的に交渉していくから安心してほしいとのことである。次期帰韓する第二次商工使節団が出発するときは日本全国を通じてのわが同胞の生産している商品とその「カタログ」を是非もつてきてほしいとの要請などがあつた。

本国の政府要人、国務総理白氏をはじめ財務部長官、商工部長官、企画処々長、購売処々長および市場局長、購売局長、大韓商工会議所会頭と会つて日本にいる商工業者今後の動きなど詳しく話しあつて多大なる功績があつた。特に本国の商工会議所と在留同胞生産業者との提携並びに商品のあつ旋など具体的に話合いがまとまり、重要な視察した工場は次の通り。永登浦工場、ソウル紡織株式会社、朝鮮重工株式会社、三興鉱業株式会社その他各社の視察をなし具体的な打合せ契約のため次回は年内に再び渡日する予定であると語つている（写真は使節団々長裵東玉氏）（韓国人商工会副会長）

これが かれらのしわざだ

この寫眞を見よ、これが即ち本國においての共産主義殺人惡質徒輩どものしわざなのである。常に平和を高唱しながら本質そのものは何か？　放火、虐殺暴力、強奪などを悠然と行つているのである。これは共産主義者どもがソウルを脱出する時、ソウル東大門附近に遺棄された無心な婦女子を虐殺した屍體には目を蔽うものがある。無心な子供までも虐殺する共産徒輩どもは、少しも躊躇しなかつた。これは最後までねばつていた共産軍パルチサン隊の行爲である。在留僑胞よ、これらを粉砕すべく一致團結し滅共に邁進しようではないか。（本紙ソウル特派員提供）

テロ團の民愛青
陰謀作戦組織の全貌

各地区並びに職場・学校などを利用して盟員三名以上からなる班などを組織してその班の活動（煽動または破壊）の計画を会議し上部機関の方針と指令、条件を考慮し青年大衆（無智なわが同胞）に悪質的な欺瞞宣伝を行い機関紙などを強制的に見らせてこれを党の資金として浪費するのである。かれらの組織体制の系統は次の如くである。

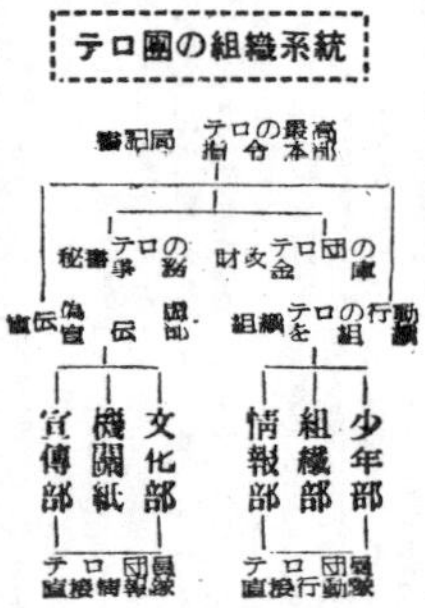

民愛青中央委員会は当該盗団の全般的な方針や計画または立案して各専門部署に指令または総合計画をなし中央委員会の決定を指令し統制これを監督する。書記局なるものは本同盟の論ての方針を実行するのみ、そして各部役割の履行不履行を常に監督し命令を忠実に履行しないものは制裁または追放ならびに監禁、これらが常日頃の組織活動である。

お知らせ

第四回韓青近畿地方連合会開催、去る五日大阪府団部において開催された第三回韓青近畿地方連合会席上で決定された通り次回第四回韓青近畿地方連合会は都合により来る七日午後一時に変更になりましたから御了承の程を

一、場所　大韓青年団兵庫県団部

韓への輸出倍増
一—八月の實績

李ライン問題など国交関係の緊迫にもかかわらず本年に入つての韓国向け輸出は非常に好調で、通産省の調べによると本年一—八月の輸出実績（日銀為替統計）は四千六百万ドルと早くも昨年実績の約二倍となり年間貿易計画額をはるかに突破している。日本と韓国との貿易計画は昭和二十六年に日本側の輸出三千二百万ドル、輸入千六百万ドルと定められたが、朝鮮戦争のため輸出入とも停滞し、二十六年は輸出千百九十八万ドル、輸入五百五十六万ドル、二十七年はそれぞれ二千四百四十九万ドル、千六十二万ドルといずれも計画額を下回つていた。

しかし休戦の成立によつて韓国内の復興資材の需要が高まり、また悪化したインフレ抑制のため食糧・原材料・民生物資を早急に輸入する必要からこれらの物資が急速に買い進まれたため異状な伸びを示したものである。

同省ではこの傾向は今後も続き、さらに復興が本格化するにつれ、食糧・衣料・医薬品など民生物資、機械類・肥料・セメントなど復興建設資材に対する需要が高まるので、輸出はさらに伸びるものと期待しており、年額にして七千万ドル以上に達するとみている。

なお日韓会談の不調による貿易面への影響について同省ではさほど悲観していない。

中韓貿易振興へ
商議所が對策案

次第に衰える阪神貿易をなんとか打開しようと商工会議所ではこのほどその振興対策を立案、業界関係当局に積極的に働きかけることになつた。同案によると戦前わが国の最大輸出市場であつた中国および韓国への輸出を特に促進すること、昭和二十七年度において全輸出の僅か一二・六%しかしめていないドル地域への輸出もあわせて促進するというのが狙い。

本國の動き

警備隊、捕虜一名を射殺

捕虜収容所内で殺人が行われたという共産側の非難を調査する中立国代表一行の保護にあたつていたインド警備隊は逃げ寄ろうとした中国人捕虜一名を射殺した。その後は捕虜はおとなしく整列・共産側証人の首実験を受けた。証人は二十三名を指摘、列外に出した七名は殺人共犯、十五名は証人である。

政治會議二ケ月で成功せねば再戦

国連当局筋は二日、韓国政治会議が開催されるとしても二ケ月以内に韓国を統一できなければ韓国政府は戦争を再会するだろうと予言した。

今日も説得取止め

中立国送還委員会は二日午前九時三十分国連側にたいし二日の北鮮捕虜説得は中止すると正式に通告した。この通告によると説得予定の北鮮捕虜五百名が収容所を出ようとしないのである。しかし同時にインド側スポークスマンが明かにしたところによるとその原因は送還委と共産軍司令部との意見不一致であるという。

共産側の説得失敗

共産軍政治将校はこれまでに千八百四十二名の捕虜に祖国を説いたが共産側への送還に応じたものは僅かに六十名（約三%）に過ぎない。

捕虜収容所で殺人事件11件

北京放送は一日、インド管理部隊がさらに一名の捕虜の殺害を報告したと放送した。同放送によると十月二十九日北鮮捕虜一名が死亡一名が重傷を負つたがこれまでに少くとも十一件の殺人事件が収容所で発生している。

區團部の動き

大正區團部役員改選

▽団長蔡鐘万▽副団長金鍼洙、孔錫俊▽総務課長梁在正▽総務委員鄭春吉▽組織課長姜太興▽副組織課長李学基▽監察課長崔社洪▽評議員権炳均、趙子寅、黄永福、張虎星、金鍾培▽顧問姜永玉、崔貴福、金相潤、宋鳳燮、金春甲、金次鎮

東成區團部人事異動

新任▽副団長金用伊▽辞任副団長金勇燮▽新任総務委員徐炳奎

本國人事

▽任命総務局長　張　暎　旧総務部委員

金屬一般
大阪金屬工業株式會社
取締役社長　金　永　一
大阪市東成区大成通り一丁目三三番地
電話　東（94）６７４７番

反毛一般
豊山反毛工業所
趙　壽　熊
大阪市東淀川区小松通三丁目四一番地
電話　吹田（32）１２４番

傘にぎり
其の他セルロイド一般
吉田セルロイド
吉田政夫（韓寅祐）
大阪府布施市足代三丁目三八番地
電話　布施（89）８８４番

文教新聞

東京都豊島區池袋一ノ六一一
電話大塚(86)2939番
發行所 朝鮮文化教育會本部
發行兼編集人 崔 鮮

(週刊) 毎月曜日發行 昭和二十三年一月十日第三種郵便物認可 定價三圓

3月1日 (月曜日) THE BUNGKYOSHIMBUNG 第24號

朝鮮民族と三・一運動

朴 峻

今を去る廿九年前一九一九年三月一日我等朝鮮民族は日本の帝國主義總督府政治の傀儡政權に抗して敢然と祖國獨立に鬪つた日である。惜しいかなその目的は成就できなかつたが、朝鮮民族獨立の思想は愈々確固たるものとなり、又當時世界諸國を震撼せしめた。然しながら日本政府は朝鮮人間に於ける獨立思想普及を恐れて事實を歪曲し朝鮮は永久に獨立不可能なる言辭を弄して朝鮮人の耳目を隱蔽しようとした、が三十年後の今や獨立志士の念願は報いられ獨立鬪爭の結實は將に得られつゝある。

獨立運動に血を流した幾多の志士の靈魂の安らかならんことを祈ると共に虐げられし我等朝鮮民族の辿りし荊棘の道を省みよう。

虐げられし朝鮮民族

李朝五百年の歷史は李氏王專制政治であつた。太祖以後の二三代を除けば政治なるものは所謂有名な黨爭に終始し何等人民の利益幸福をもたらしてはくれなかつた。

中央の官吏並に地方豪族の兩班階級及しよ吏は重稅高利貸による農民の搾取を行い典型的な官僚政治を行つた。世宗大王の時訓民正音なる平易な文字が發明されてもそれは女のもてあそぶ卑しきものと一蹴せられて庶民文化の勃興は妨げられた李朝五百年の文化は貴族文化であり李氏名族の文化であつた。多くの書籍が刊行され學校も建てられているがそれらは皆兩班子弟の獨占物の他何者もなかつた鑛山の發掘等行われたにしてもそれらは皆王室のものであり景福宮造營の負擔は造營の度毎に人民に課せられている、又農民の一き洪景來等の政府に對する鬪爭をも暴動として彈壓している。

我等の祖先はこのような壓政に堪えてきた。世にいう封建政治的なものではなくて李氏の專制政治であつたのである。この李氏の專制政治は末期に於て世界先進資本主義國の進出によりその無力さを暴露してその侵略の魔手を克服することが出來なかつた。

就中地理的位置の好條件と後進資本主義の表れとして逸早く帝國主義に轉向した日本資本主義は他國の勢力を駆倒して朝鮮を搾取の據占場とした。

日本帝國主義侵入

●日本の陸に侵出しようとしたことは過去に於て幾度かあつた、かの豐臣秀吉の如きはその代表的侵略であり、西鄕隆盛の征韓論もそれである。江華島事件、甲申事件などにより日本は朝鮮の弱點に喰込み更に一八九四年の民主々義革命の東學黨運動の彈壓より日清戰爭の勝利に進展して着々その地盤を築きつつあつた。

然しこの當時に於ける日本の利權は他のアメリカ、フランス、ロシヤ諸國と比して決して優勢ではなかつた。是等の侵略目的は言うまでもなく朝鮮の東亜に於ける軍事的位置並に經濟的利權の獲得敷設に外ならない日本は政治的外交的に他國に壓倒せられ利權も及ばなかつたが、その反面主要なる貿易開港を中心として着々と居留民を送り出し、それらの商人貿易の援助を通じて將來侵出の地盤を築きつつあつたのである。日露戰爭の勝利により朝鮮に於ける政治的經濟的實權は完全に日本の手中に入つていつた、そして一九〇六年の保護政治と共に日本の侵略は公然と白晝裡に行われていつた。

その手始として日本貨幣えの切換え、土地山林調査であり、これらはつまり資本主義から帝國主義えの切換えであつた、これらにより朝鮮の經濟權並に土地所有權の獲得は日本の思う壺に入つた、土地山林調査という私有權の確立は表面的のもので土地の半分は完全に日本の官僚、資本家の私有に歸したのである。

一九〇八年ヘーグの萬國平和會議に於ける密使をして日本の支配より脫せんとする運動がをこつたが大勢は如何ともできず一九一〇年屈辱的合併宣言が朝鮮の反動政治家の協力を得て總督政府武斷政治が始まつた、かくて寺內、長谷川、齋藤等總督により食糧及原料生產地として朝鮮、商品販賣路としての朝鮮、投資軍事基地としての朝鮮えの植民地政策が行われ朝鮮人の生活をどん底に陷れていつた。

三・一運動の意義

かかる間に第一次世界大戰が始まり日本は是を機として更に大陸に侵出した。一九一七年大戰終了直前に於て米國大統領ウィルソンの提唱した講和基礎條約の中に植民地問題等の主權に關する事項は民族自決主義に從つて解決する趣旨の一條項の正義人道論は大小戰爭に關係のあつた弱少民族をして頗る興奮せざるを得ざらしめた。

我が朝鮮民族はこの世界弱少民族の奮起に呼應して當然日本の植民地統治の羈絆より脫し獨立運動は起るべき歷史的必然性のものであつた。

これは決して總督政治に對する不平不滿でなくも日本に合併えの反抗でありあくまで祖國獨立の念願愛國心の表れである。

換言すれば二十世紀初頭に於ける世界の資本主義の帝國主義えの移行に伴う植民地搾取に反抗する正義の鬪爭であつたのである。

この點に我等は注目の眼を注がなければならないと同時に現在の祖國の狀勢に眞に科學的なる批判の眼を離してはならない。

即ち我等は過去の我等の祖先が壓迫搾取せられた君主專制政治、帝國主義政策政治、反動政治に對する認識を正しく把握すると共に我等は敢然とそれらのものに抗して鬪爭する意志を强固にしなければならない。

（一九四八、二、二〇）

大極旗の下に （金建中畫）

主張

三・一革命記念日

吾々の父祖が日本帝國主義の壓政から逃れ、朝鮮民族自身の主權を確立し、人間が生れながらにして持つ自由を享有せんと祖國の全域に於て「獨立宣言書」を配布、萬才を絶叫しつゝ三・一革命運動を開始してより二十九年を經過して今日を迎えた。

氷山のそれの如く表面に表われた部分は僅かであつたかも知れないが獨立を渴望する吾が民族の日本帝國主義えの長期に亙る抗爭と民主々義の擁護を標榜する連合國の徹底的勝利に依つて、吾が民族が求めて止まなかつた祖國は一願吾々の手に還つて來たかのように見えた。

然し、吾が民族をして感激の坩堝に陷し入れた解放の日より四ヵ年の長年月を經過したにも拘らず、祖國獨立の榮光は吾が民族の目前に姿を見せながらも之を自分自身のものとすることが出來ず焦燥の日のみを送つたのである。

解放後、三回目の三・一革命記念日を迎えるに先立つて吾々の耳朶を打つたものは、最近の外電の傳える北鮮民主人民共和國樹立の報である。之はやがて南鮮をも包含し、その首都をソウルに定める由である。近き將來米ソ兩國軍の全朝鮮より撤退を見、彼等がいうが如く祖國の統一が實現され得たとしても問題はなお其の後に存するのではあるまいか。

吾々は共産主義政體そのものを無批判に排斥するものではない、唯、吾々が危惧するところは、ソ連の衛星國家的民主人民共和國として一應統一の形態を取るところの朝鮮において將來、吾々が共産主義政體を嫌惡し、他の主義政體を信奉せざるを得ない時期に逢着した場合、自由を求める吾々の正當なる權利の行使が許されるであろうか、吾々の自由が吾々の手に保有されるであろうか、之を客觀的に考察するならば「否」という以外の結論を見出せないのではあるまいか。

二十九年前に父祖が日帝の暴壓から脫せんとして流した血潮を思う時吾々は日帝に代る何者かの手に再び吾が祖國を委ねる愚なる行爲は絶對になすべきではない。

人類が自由を克ちとらんとして流した血潮こそ最も尊いものであり。吾々はこの貴重な犧牲こそ子々孫々に迄も傳えなければならない之れば吾々こその義務でもあり權利でもあるのだ。

今日、三・一革命記念二十九週年を迎えるに當り、父祖が祖國の自由を求めるために流した血潮の尊さを思う時、吾々のなさねばならぬ義務を考える時吾が朝鮮民族の進むべき道は自づから明らかである。父祖の流した血潮が無意義にならぬ様、又、祖國の前途に榮光あれと祈ると共に、事態を冷靜に見つめなければならないと考えられる。

風見どり

小平事件、壽產院の貰い子殺し、帝銀毒殺事件、妻子殺害肉食事件等、實話新聞、獵奇雜誌の出版氾濫しているが、日本人には確に野蠻性、殘虐性がある。

この殘虐性は今始つたものでもなく、日本人本來の宿命的な野蠻性ではあるまいか、日華事變以來、上海虐殺行爲、マニラの虐殺などを平氣でなし、平氣所かでかでかと報道、虐殺の數を算える程、名譽であり、殊勳?であつた。

所が、この日本人の殘虐性、野蠻性の根は、既に、三・一事件にはじまつた。

日本人以外には、人間的な感情もなく、情緒もなく軍閥が行つた合法的の掠奪や殺人行爲が、日本の道德であり、名譽であつたろうとは。

標準教科書の出來!!

日本內におけるわが國、國定教科書の飜刻發行權は本國米軍政廳文教部發文編第八三號をもつて本會がその權利を取得し、これを日本內全地域に普遍せしめて教科書の統一を圖るべく目下着々制作を急いでおりますが差し當り左記の科目が出來上りましたから何卒御採用あらんことをお奬め致します。

既刊

初等公民	一、二年用	九、〇〇
同	三、四年用	一〇、〇〇
同	五、六年用	一二、〇〇
初等國語	二―一用	二五、〇〇
同	四―一用	二六、〇〇
同	六―一用	二七、〇〇

近刊

中等國語初級	一、二年用	三月末
中等國史	全	五月末
初等國語	一年用	月末
同 算數	各學年用	七月末
同 理科		八月末
同 地理	上下卷	八月末

注文先

東京都豊島區池袋一ノ六一一
朝鮮文化教育會本部
文教部

獨立宣言文

吾等ハ玆ニ吾朝鮮國ノ獨立國タルコト及朝鮮人ノ自由民タルコトヲ宣言ス、此ヲ以テ世界萬邦ニ告ケ人類平等ノ大義ヲ克明シ此ヲ以テ子孫萬代ニ傳ヘ民族自存ノ正權ヲ永有セシム半萬年歷史ノ權威ニ依リテ此ヲ宣言シ二千萬民衆ノ誠忠ヲ合シテ此ヲ佈明シ民族ノ恒久一ノ如キ自由發展ノ爲ニ此ヲ主張シ人類的良心ノ發露ニ基因シタル世界改造ノ大機運ニ順應並進セムカ爲ニ此ヲ提起スルモノナリ是天ノ明命時代ノ大勢全人類共存同生權ノ正當ナル發動ナリ天下何物ト雖此ヲ阻止抑制シ得ス

舊時代ノ遺物タル侵略主義ノ犧牲トナリテ有史以來累千年初メテ異民族拑制ノ痛苦ヲ嘗メテヨリ玆ニ十年ヲ過キタリ、吾生存權ノ剝喪シタル凡ソ幾何ソ、心靈上發展ノ障害タル凡ソ幾何ソ、民族的尊榮ノ毀損タル凡ソ幾何ソ、新銳ト獨創トヲ以テ世界文化ノ大潮流ニ寄與補裨スヘキ機緣ヲ遺失シタル凡ソ幾何ゾ。

噫舊來ノ抑鬱ヲ宣セムトセハ、時下ノ苦痛ヲ排脫セムトセル將來ノ脅威ヲ芟除セムトセハ、民族的良心ト國家的廉義ノ壓縮銷殘トヲ興奮伸張セムトセハ、子々孫々永久完全ナル慶福ヲ導迎セムトセハ、其ノ最大急務ト民族的獨立ヲ確實トナラシムルニ在リ二千萬各人カ方寸ノ刃ヲ懷ニシ人類ノ通性ト時代ノ良心カ正義ノ軍ト人道ノ干戈トヲ以テ護援スル今日吾人ハ進ムテ取ルニ何ノ强力挫ク能ハサル退ヒテ作スニ何ノ志カ展シ能ハサラム。

丙子修好條規以來時々種々ノ金石盟約ヲ食シタリトシテ日本ノ信ナキヲ罪セムトスルモノニアラス學者ハ講壇ニ於テ政治家ハ實際ニ於テ我祖宗世業ヲ植民地視シ、我文化民族ヲ土昧人遇シ專ラ征服者ノ快ヲ貪ルノミ吾久遠ノ社會基礎ト卓越セル民族心理トヲ無視スルモノトシテ日本ノ少義ナルヲ責メムトスルモノニアラス、自己ヲ策勵スルニ急ナル吾人ハ他ヲ怨尤スルノ暇ナシ現在ヲ稠繆スルニ急ナル吾人ハ宿昔ヲ懲辨スルノ暇ナシ、今日吾人ノ任スル所ハ只自己ノ建設アルノミ、決シテ他ヲ破壞スルニアラサルナリ、嚴肅ナル良心ノ命令ニヨリテ自家ノ新運命ヲ開拓セムトスルモノナリ、決シテ舊怨及一時的ノ感情ニ依リテ嫉逐排斥スルモノニアラサルナリ、舊思想舊勢力ニ羈縻セラレタル日本爲政家ノ功名的犧牲タル不自然ニシテ又不合理ナル錯誤狀態ヲ改善匡正シテ自然ニシテ又合理的ナル正經ノ大原ニ歸還セムトスルモノナリ、當初民族的要求ニ出テサリシ兩國合併ノ結果カ畢竟姑息的威壓ト差別的不平及統計數字上ノ虛飾ノ下ニ於テ利害相反セル兩民族間ニ永遠ニ和同スル能ハサル怨溝ヲ益々深カラシムル今來ノ實績ヲ觀ヨ、勇明果敢ヲ以テ舊誤ヲ廓正シ、眞正ナル理解ト同情トヲ基本トスル友好的新局面ヲ打開スルコトカ彼此ノ間遠禍召福ノ捷徑タルヲ明知スヘキニアラスヤ、二千萬含憤蓄怨ノ民ヲ威力ヲ以テ拘束スルハ啻ニ東洋永遠ノ平和ヲ保障スル所以ナラサルノミナラス、此ニ因ッテ東洋安危ノ主軸タル四億萬支那人ノ日本ニ對スル危懼ト猜疑トヲ益々濃厚ナラシメ其ノ結果トシテ東洋全局ノ共倒同亡ノ悲運ヲ招致スヘキハ明ナリ、今日吾人ノ朝鮮獨立ハ朝鮮ヲシテ正當ナル政策ヲ遂ケシムルト同時ニ日本ヲシテ邪路ヨリ出テテ東洋ノ支持者タル重責ヲ全フセムトシ、支那ヲシテ夢寐ニモ免レ能ハサル不安恐怖ヨリ脫出セシメムトシ、又東洋平和ヲ重要ナル一部ヲナス世界平和人類幸福ニ必要ナル階段タラシメムトスルモノナリ、是豈區々タル感情上ノ問題ナラムヤ。

嗚呼新天地ハ眼前ニ展開セラレタリ、威力ノ時代ハ去リテ道義ノ時代ハ來レリ、過去全世紀鍊磨長養セラレタル人道的精神ハ方ニ新文明ノ曙光ヲ人類ノ歷史ニ投射シ始メタル新春ハ世界ニ來リテ萬物ノ回蘇ヲ催進シツツアリ、凍氷寒雪ニ呼吸ヲ閉蟄シタリシモノ彼ノ一時ノ勢ナリトセハ和風暖陽ニ氣脈ヲ振舒スルハ此レ一時ノ勢ナリ天地ノ復運ニ際シ世界ノ變潮ニ乘シタル吾人ハ何等ノ躊躇ナク、何等ノ忌憚スヘキナシ、吾固有ノ自由權ヲ護全シ生旺ノ樂ヲ飽享スヘク吾自足ノ獨創力ヲ發揮シテ春滿テル大界ニ民族的精華ヲ結紐スヘキナリ。

吾等ハ玆ニ奮起セリ良心ハ吾ト同存シ眞理ハ吾ト並進ス男女老少陰鬱ナル古巢ヨリ活潑ニ起來シテ萬彙群衆ト共ニ欣快ナル復活ヲ成遂セムトス、千百世祖ハ吾等ヲ陰佑シ、全世界ノ氣運ハ吾等ヲ外護ス、着手ハ即チ成功ナリ只前頭ノ光明ニ向ッテ驀進スルノミ。

公約三章

一、今日吾人ノ此ノ擧ハ正義人道生存尊榮ノ爲ニスル民族的要求ニシテ即チ自由的精神ヲ發揮スルモノニシテ決シテ排他的感情ニ逸走スヘカラス。

一、最後ノ一人迄最後ノ一刻迄民族ノ正當ナル意思ヲ快ク發表セヨ。

一、一切ノ行動ハ最モ秩序ヲ尊重シ吾人ノ主張ト態度ヲシテ飽マデ光明正大ナラシムヘシ。

朝鮮建國四千二百五十二年三月一日

朝鮮民族代表

孫秉熙 吉善宙 李弼柱 白龍城 金定圭 金秉祚 金昌俊 權東鎭 權秉悳 羅龍煥 羅仁協 梁田伯 梁漢默 劉如大 李甲成 李明龍 李昇薰 李鍾勳 李鍾一 林禮煥 朴準承 朴熙道 朴東定 申洪植 申錫九 吳世昌 吳華英 鄭春洙 崔聖模 崔麟 韓龍雲 洪秉箕 洪基兆

獨立宣言書に關する秘史

全世界弱少民族解放運動の烽火ともなつた己未年（一九一九年）獨立運動は大體どのような動機によつて誰が、何時、如何に發起し決行したのであろうか？之は最も興味ある問題である朝鮮獨立運動秘史の骨子ともなつている之等の問題を左記の秘史にのぞいて見よう。

日本に併合されていた朝鮮が獨立運動を起す動機となつたのは、今更云云する迄もなくウイルソン米大統領が唱えた民族自決主義に立脚し、日本帝國主義の支配より朝鮮民族が完全に解放され朝鮮民族をして自由獨立國家を建設しようとする崇高なる目的のために出發したものである。

しからば、己未年三月一日に擧行された獨立運動は最初如何なる人の發意によつて計劃がなされたのであろうか……

一九一八年陰曆十二月二十四日のことである。漢陽城近き敎義洞四十五番地に所在する蘇滄吳世昌氏宅の奧まつた一室において數人の人々が何事かひそひそと謀議をこらしていた、犬の遠吠にも彼等は口をつぐみ、僅かに足音が聞えても耳をすますという位愼重な注意を重ねながら夜の深まるのも知らず協議を續けていた。

讀者には既にお判りになるであろう。彼等が獨立運動を擧行せんと密かに計劃しているのを。

然らば、その夜敎義洞の吳世昌氏宅に集つていた人達は誰であつたのだろうか、この人達こそ吳世昌、權東鎭、崔麟の三氏であつたのである。卽ち、吳、權、崔の三氏が吳世昌氏宅に集つて獨立運動の烽火を揭げ準備工作を進めたのがこの運動の嚆矢と見ることが出來る、

その夜、吳世昌氏宅において三氏が密議をこらしている時に突然、門の外部より大門をゆすぶり吳氏を訪ねる人があつた、三人はハッとして緊張し、互に顔を見合せた、やがて吳氏が門迄出てこの夜更に訪れた人を質すと彼の人は東京からわざわざ吳氏を訪ねて來た宋某という學生であつた、緊張していた空氣が解け三氏の外にこの宋という若い學生を含めて再び討議を開始した。宋というこの學生は、東京に住む崔八鏞氏（學生）の同志で或重大使命を帶び今回歸國し、前記の場所に姿を見せたのであつた。

この時、宋氏は彼が被つて來た角帽をとり上げ、その中より一片の絹布を取り出し、吳、權、崔の三氏に見せた、その絹布には東京に留學している朝鮮の學生達が作成した獨立宣言文が細字によつて綴られており關釜連絡船に網を張る日本官憲の目を避けるために角帽の中にかくしそれを被つて來たのである。そして宋は東京にいる留學生達が獨立運動を計劃しているということや、この宣言文を朝鮮において印刷したいと思うから印刷費や運動資金として一金千圓也を寄捨して下さいと火の如き情熱をこめて語つた。

吳、權、崔三氏は再び逢う約束と共に資金も出來る限り調達しようと確約した後、宋氏を送り出したおも夜が明ける迄相議した結果東京にいる留學生達が計劃した獨立宣言文を朝鮮內にいる同志達が之に署名し發表することに意見の一致を見た。

其の後、常春園へ義菴孫秉熙老人を訪問し、自分が計劃している獨立運動の內容を話すと孫老人は即座に贊成したばかりか、運動資金の總べての責任を自分が持とうと確約した（當時の運動資金は約百萬圓と謂われている）そこで當時中央學校長であつた宋鎭禹氏と相議した結果宋も快諾し、獨立宣言文は六堂崔南善に交渉し、かくて六堂崔南善氏の執筆になる獨立宣言書は一九一九年三月一日を期して二千萬民衆の絕叫する萬才の聲と共に發表されたのである。

いづれにしても、己未年における獨立運動の起つた原因は、勿論日本帝國主義軍閥の代表者たる寺內總督（初代）の武斷政治に對する反抗意識の表現だ、そしてその運動の直接導火線となつたものは東京に留學していた朝鮮の學生達が獨立宣言書を發表しようとした運動であつたことは間違いのないことである。

このような客觀的情勢と共に數十萬の敎徒を持つていた天道敎々主義菴孫秉熙氏がこの運動の總指揮をとり、キリスト敎の李昇薰氏や佛敎の韓龍雲氏が參加し內容が强化されたものである。

當時、南鮮地方に住む儒者の中、この宣言書に署名したもののないのは一應異常に感じるが、事實は金昌淑氏が參加する爲出發したのであつたが、宣言書を發表した三月一日までに京城に到着することが出來ず署名者に加われなかつたからである。

三・一革命志士略歷

崔　麟（四三）普成高等普通學校長
吳世昌（五七）天道敎導師
權秉悳（五三）同
羅仁協（四九）同
金完圭（四四）同
李鍾勳（六五）天道敎長老
朴東完（三五）基督敎新報社書記
申錫九（四五）基督敎南監理派牧師
白相奎（五七）僧侶、通名龍城
林　圭（五六）
權東鎭（六〇）天道敎導師
林禮煥（五三）同
李鍾一（六三）天道敎月報記者
洪基兆（五六）同
羅龍煥（五七）天道敎導師
吳華英（四一）基督敎南監理派牧師
鄭春洙（四五）同
韓龍雲（四二）僧侶
安世桓（三二）平壤基督敎醫院會總務
金智煥（二九）基督敎南監理派傳導師
崔南善（三一）書籍出版業
宋鎭禹（三一）前京城中央學校長
朴準承（五五）天道敎導師
朴熙道（三一）中央基督敎青年會幹事
申洪植（四七）基督敎北監理派牧師
李明龍（四八）農業
李甲成（三四）セブランス病院事務員
李弼柱（五二）基督敎北監理派牧師
李景燮（四五）農業
金弘奎（四五）普成社工場監督
朴寅浩（六六）天道敎大道主
金世煥（三二）水原三一女學校敎師
金元璧（二七）延禧專門學校生徒
咸台永（四八）基督敎長老派長老
洪秉箕（五三）天道敎長老
李寅煥（五六）基督敎長老派長老、通名昇薰
崔聖模（四七）基督敎北監理派牧師
梁甸伯（五一）基督敎長老派牧師
吉善宙（五二）基督敎長老派牧師
金昌俊（三一）基督敎北監理派傳導師
[illegible]（三〇）
韓秉益（二九）紙製造販賣業
金道泰（二九）
咸應容（五三）天道敎金融組合長
康基德（三一）普成法律商業專門學校生徒
劉如大（四二）基督敎長老派牧師
孫秉熙（六八）天道敎主
玄相允（二八）前京城中央學校敎師

李寅煥先生の三・一革命後

三・一革命當時の民族指導者三十三人の中基督敎を代表した李寅煥氏は刑期を終え出所後、鄉里の定州に還り朝鮮民族を救う爲には民族精神に徹した、しかも優秀なる青年の養成にありという信念のもとに私財を投じ鄉里定州を隔てること三里の古邑に五山學校を設立し專ら青年育成に勉め、六十一才を最後として偉大なる一生を閉じた、其の後發生した學生萬才事件の時五山學校の學生一千名が定州に進擊を開始した、先生も之に遲れじと老いの身に鞭打つて險深き山路を三里も遂に追いついて運動に參加したという程の徹底的な愛國者であつた、先生の遺言に死骸は解剖に附し學校に博物用の標本にするようにと述べたが、先生の遺儀に參列した人々は偉大なる民族指導者である先生を標本にするにしのびず死骸をガラス箱におさめ、之に藥品を滿して密閉し五山學校の裏山に墓地を築き、そのガラス箱を縱に安置したのである、先生の設立した五山學校は今も五山中學としてその歷史を誇つている

獨立運動の經過

第一次世界大戰が終局に近づき、平和の曙光漸次顯著となりつつあつた一九一八年一月、米國大統領ウイルソンは講和基礎の條件として十四個條を提唱したが其中に殖民地問題の主權に關する事項は、民族自決主義に從い之を解決するという趣旨の一條項があつた。越えて翌年一月、佛國巴里に於て講和會議は開催せられ、連合各國の講和委員は四方より巴里に參集し對獨講和條項を審議したが、米國大統領ウイルソンも亦渡佛して自ら講和會議に列席し其主唱の徹底に努力したこのウイルソンの正義人道論は世界の强國を悽に捲き民族自決主義の提唱は弱少國家を興奮のルツボに捲きこんだものである。

この一大快報に欣喜雀躍した朝鮮の民族指導者たち中でも天道教主孫秉熙とその有力な教徒及び普成高等普通學校長崔麟、天道教導師權東鎭、吳世昌氏等は、巴里の講和會議が戰亂の結果を處理すると共に、永久平和のために世界の改造を圖り、ウイルソンの提唱に係る民族自決主義は戰亂の巷に在りたる歐州各小邦の民族のみならず世界一般の民族にも亦之を應用せられるべきを確信し、此機に乘じて朝鮮民族は蹶起し獨立希望の熾烈なるを表示して歐米各國の注視を惹起し、且つ米國大統領の意を動かし朝鮮民族の獨立に關してウイルソンより之を講和會議の議題とし、其承認を得る手段を講ぜんとした。殊に外國に亡命している獨立指導者中には秘かに佛國に渡航し側面工作を試み、獨立可能の風說は全朝鮮に傳播し又上海假政府の民族指導者は日警の眼を盜んで西鮮地方に潛入し獨立運動の宣傳に從事した。かくて京城を中心とする各地の人心は漸く動搖し獨立運動勃發の兆は三千里方々谷々に一觸卽發の形勢を釀成した。

孫秉熙崔麟の奮起

此の好機を掴んだ孫秉熙氏らは一九一九年一月下旬朝鮮を日本帝國の羈絆より脫し國家の自主を確立せんと數回に亘り嘉會洞宅に會合し獨立企圖の手段として先づ同志を糾合し、朝鮮民族代表者孫秉熙等の名を以て朝鮮獨立を宣言し、その宣言書を印刷してそれを朝鮮全道に配布して民衆の蹶起を促し盛んに示威運動を起し、以つて朝鮮民族が如何に獨立を熱望しているかを世界に表示すると同時に一面日本政府貴衆兩院、朝鮮總督及講和會議に列席せる各國の委員に朝鮮獨立に關する意見書を提出し、又米國大統領ウイルソンに宛て朝鮮獨立に關する盡力を乞う旨の請願書を提出することに定めその實行は崔麟普成高普校長が擔當することになつた。

崔麟氏は二月上旬夜、中央學校長宋鎭禹及同校教師玄相允及史學家崔南善氏らと自宅に會合し前記の計劃を告げて贊同を得たる後、其後二三日を經て前記三氏は桂洞中央學校內宋鎭禹氏の居室に會合して熟議したる結果、朴泳孝、尹用求、韓圭卨、金允植等舊韓國時代の要路に在つた知名の士及び基督教側を說いて同志としこれらの基督教派及び孫秉熙以下天道教派中の主要者をもつて朝鮮民族代表者としその名義を以て朝鮮獨立を宣言し、獨立請願意見書及請願書をもその名義を以て作成せんことを協定し又朴泳孝等知名の人物に對する交渉は、崔麟、崔南善及宋鎭禹氏ら三人これを擔當し基督教側に對しては崔南善氏がその交渉を擔當することにしたのである。

基督教側動く

爾後崔南善氏は基督教側に同志を求めんとして先づその知己である平北定州郡基督教長老派の長老李寅煥氏に交渉を試み傍ら玄相允氏は水下町の鄭魯湜家に赴き同氏方止宿の平北定州出身金道泰氏を定州に特派することとした、同月八日金道泰氏は京城を發し翌九日定州に至り五山學校の教師朴賢煥氏に連絡方を依頼したれば朴賢煥氏は時に宣川に急行して旅行中の李寅煥氏にこの旨を傳え李寅煥氏は同月十一日急遽上京した崔南善氏は日警の注目を避くるため自身は會見せず宋鎭禹氏をして桂洞金性洙氏の別宅に李寅煥氏と會見せしめた。宋鎭禹氏は同志の計劃と準備を語り基督教側の參加を求め且つ同志糾合の事を託す。李寅煥は直ちに之を承諾して即日京城を辭して平安北道宣川に赴き同月十二日基督教長老派牧師梁甸伯、及長老派李明龍及劉如大、同牧師金秉祚氏等と會見して獨立計劃を告げて贊同を得、且つ獨立運動の事に關しては萬事を李寅煥に一任し必要の書類に押用すべき印章をも之を同人に託し、梁甸伯氏李明龍氏は李寅煥氏の勸告によりて孫秉熙氏等の獨立運動に參與するため上京し、李寅煥氏は息つく間もなく同月十四日平壤に至りて長老派牧師吉善宙氏基督教監理派牧師申洪植氏等と面會し獨立計劃を告げて同志とし、李寅煥氏の勸告により二人は上京し獨立運動の審議に參與することになつた。

（寫眞說明） 絞殺光景

李寅煥の活躍

李寅煥は平北、平南に於て多くの同志を募り二月十七日再び上京して昭格洞の金昇熙方に投宿し、直ちに人を遣わし宋鎭禹に來城の旨を通知したが交渉の本人たる崔南善とは容易に面會せざるをもつて內心大いに憂い基督教長老派側のみにて事を爲さんとした。恰かも中央青年會幹事朴熙道に遇い、朝鮮獨立運動に對し基督教側の同志と會見せんことを申込たるをもつて李寅煥は直ちにこれを諾し同月二十日夜需昌洞の住所に於て、基督教南監理派牧師吳華英、同牧師鄭春洙、同北監理派監理司吳基善並に申洪植等と獨立運動の同志者を集め、自らその席に列して李寅煥と會合し運動方法に就て協議を凝らし、京城及各地方に基督教の同志者を求め、これと同時に日本政府に獨立請願書を提出し、同志募集に對しては、鄭春洙は元山方面を擔當し其夜は又別に基督教長老派咸台永の住所に於て、米國人の經營する京城南大門外セブランス病院の事務員李甲成、平壤基督教書院總務安世桓、基督教長老派助師吳尙根、同牧師玄楯等と同志者を會合し、其翌二月二十一日に至りて崔南善は李寅煥を其宿舍に訪い、相伴うて崔麟方に赴き崔麟と會見した、崔麟はこのとき李寅煥に、朴熙道方にて基督教徒の同志會合し、基督教側のみにて獨立運動を爲さんということを聞いたが獨立運動は朝鮮民族全體に關する問題であるから宗教の異同を問わず合同すべきである、貴意如何と尋ね、李寅煥は同志と協議してこれを決定すべしと答え且つ若し合同するとすれば相當の運動費を基督教側に貸與して貰いたいと答えた、崔麟は之を諾し即日孫秉熙に對して金五千圓を基督教側に貸與せんことを求めたところ孫秉熙は即座に諾し、天道教大道主朴寅浩及同教金融部長盧憲容にその事情を告げ其金額の支出を求めたれば二人は異議なく五千圓支出の手續を了し、其翌二十二日金五千圓を崔麟に交付した。これを懷ろにして李寅煥の宿所に到りこれを同人に交付して基督教側の運動費とした。

基督天道教合同成る

是より先李寅煥は、前日崔麟と會見後、南大門外セブランス病院構內李甲成方に於て、朴熙道、吳基善、吳華英、申洪植、咸台永、京畿道水原郡女學校教師金世煥、安世桓、玄楯等と會合し、徹宵協議の後、獨立運動に對して天道教側と合同する可否の問題に關しては、先づ天道教側の運動方法を確定して後、之を決定すべしと爲し、此解決は李寅煥及咸台永に一任し、獨立請願書提出に對しては、同志者を多數募集して其請願書に署名捺印せしむることとし、李甲成を慶尙南道に、金世煥を忠淸南道に派遣し、且つ歐州に書面を發送する準備のため、玄楯を上海に派遣して假政府と內通した。

基督教側に於てもかく運動の方法に就て協定しつつある時、李寅煥は天道教側より金五千圓の運動費を受取り來れるを以て、咸台永李寅煥と共に崔麟を訪問して、獨立運動の方法に對し天道教側の意嚮を確かめんとした、崔麟は基督教側の計劃の如く、同志多數の連印を俟て請願書を提出せんとするも、未だ時ならず然れども、獨立宣言に對しては天道、基督兩徒合同の必要を論じ之を勸說した、李寅煥は之に贊同して、同日吳基善、朴熙道、安世桓等と咸台永方に會合して熟議し、遂に天道教側の主張を容れて、獨立宣言を爲すに決し、二月二十四日李寅煥、咸台永は崔麟方に赴き合同の承諾を正式に通告した。

茲に於て朝鮮獨立運動に對し、天道教徒と基督教徒の合同は成立し、天道教側は崔麟を代表者とし、基督教側は李寅煥、咸台永を代表者とし、之等代表者は數回協議を重ねたる結果獨立宣言は李太王の國葬の前日即ち一九一九年（大正八年）三月一日午後二時と定め、太王の國葬に都鄙幾十萬の參觀者の京城に蝟集するを利用して、獨立萬才を唱和せしめ、大々的示威運動を開始せんことを申合せた。

（寫眞說明） 銃殺光景

準備全く整う

こゝに至り孫秉熙を始め天道、基督の同志は、パコダ公園に集合し、孫秉熙は獨立宣言書を朗讀することとし、その朗讀を了えてのち多數の印刷物を京城市中に撒布し、又各地方の同志と一般民衆に分送し、京城の獨立宣言日時及宣言書配布の次第を傳達して、京城及地方同日同時刻を以て、獨立萬才を唱和することとし、其宣言書及印刷物の配布は、天道教側、基督教側各々之を分擔し、又日本政府及貴衆兩院に對する書面の提出は、天道教側之を擔任し、米國大統領及列國講和委員に對する書面の提出は、基督教側之を擔任した、而して朝鮮民族を代表せる各書面の連名者は、天道教側基督教側より各十數名を選定し、のち佛教側關係にも獨立運動に參加を求め其連名にも參加するようにした。かくて獨立運動に關する萬般の準備は整えられたのである。

學生の參加

茲に於て朴熙道、李甲成等は獨立運動實行に對し、學生等の力を藉るを良とし延禧專門學校學生金元璧、普成法律商業學校學生康基德、京城醫學專門學校學生韓偉健等に會見し、一面孫秉熙等の獨立運動計劃を告げ、一面學生層の奮起を慫慂し、學生等が別に獨立宣言書を作成して、獨立宣言を爲すを知り、朴熙道は金元璧に對して、學生等の獨立運動は中止させ、孫秉熙等の獨立運動に參加し、一團となりて大いに氣勢を擧ぐべきを勸告すれば、金元璧は之を可とし、康基德、韓偉健其他の學生と相諮り、共同動作を取ることを承諾した。

此に至り金元璧等は二月二十八日、京城府勝洞禮拜堂の中學程度の代表生徒十數名を召集し、同日康基德は醫學專門學校學生金成國の手を經て、李甲成より受取りたる獨立宣言書一千五百枚を學生同志に分配し、翌三月一日午後二時、孫秉熙等がパコダ公園に獨立宣言を爲すに際し之に參加し且つ同時に京城市內に獨立宣言書を配布して、公衆を激勵することを約した。

決行

連名一同は最後の會談を爲して各部署を定めんとし二月二十八日夜、齋洞孫秉熙方に集會し、當夜の協議に於てパコダ公園は、多數の學生集合して紛擾を來すを慮かり、急に獨立宣言の場所を仁寺洞明月館支店に變更した。かくして三月一日午後二時に至るや、獨立宣言書連名者中、吉善宙、劉如大、金秉祚、鄭春洙の四氏を除き、外二十九名の同志は明月館支店に會合し獨立宣言書百枚を卓上に置きて、來會者の閲覽に供し宣言書の朗讀は之を省略して、韓龍雲起立して口を開けば、一同は之を獨立宣言と見做し、萬才を三唱して食卓に就いた、かねてこの事あるを豫期して近所に徘徊していた日警の犬共はびつくり仰天して總督府に走り、此報を得たる總督府は數百名の警察官を派して逮捕の陣を敷いたのである。

恰かも同時刻に至り、金元璧、康基德等に引率されたる京城附近の中學生五千名は、鐘路通りよりパコダ公園に參集し、一團は德壽宮大漢門前に至りて、韓國獨立萬才を高唱し、一團は京城郵便局前、一團は南大門停車場前、一團は義州通り、佛國西領事館前に至り一團は昌德宮前に至りて獨立萬才を唱え、一團は朝鮮駐屯步兵隊前に至りて兵營門內に殺到し、一團は米國領事館前に至りて万才を高唱し、一團は倭奴總督の巢窟たる總督府に往かんとして警官のために本町に於て阻止せられ亂鬪の修羅場を現出せしめた、この間に於て首謀と目せられた約一千三百餘名は日警の銃劍のために殺害乃至逮捕せられ、世紀を震駭する革命の怒號は萬代の怨を含んで京城の街々にこだましたのである。

爾後各地は一齊に革命鬪爭に入り、所在官憲と衝突して流血の慘狀を見るに至り、無辜な良民は血に迷つた日憲の銃劍下に曝され夥しい犧牲を蒙るに至つた。

時の朝鮮總督長谷川は狂氣の餘り直ちに憲兵司令官に命じて全道に戒嚴令を布き軍隊の悉くを動員して、武力をもつて朝鮮人全部を殺せと命じ、一面日本政府に電請して軍隊の增派を求め彈壓の本領を擅にしたのである。

朝鮮同胞よ！

三・一精神を以って救國に邁進しよう！

三・一獨立運動記念民衆大會

一、時日 三月一日(月)午前十時

一、場所 日比谷公會堂

一生活權獲得(税金・食糧)の爲に
一大示威行進を行なおう

主催 朝鮮建國促進青年同盟
在日朝鮮居留民團
其の他 團體

吾々の運命を吾々の手で切拓け

崔　鮮

日本帝國主義の鐵鎖に呻吟した最近三十六年の朝鮮悲史の中に、吾々は三・一革命という一つの聖なる民族血闘史を持ったことを誇る。朝鮮の革命史、獨立史を飾った民族闘爭史を他に持たなかった譯ではないが吾々が特に三・一運動を國慶日と制定し、永久にこれを記念ぜんとする所以のものは、三・一運動當時の吾々の先輩が聖なる一つの目的のために結集した美しい團結の姿を讃えるからである、一つの結集された力が歷史的必然性によって沈默を破るとき、その前提として常に偉大なる創造が約束するものであった。これが即ち解放となり自由、獨立となったのである。

この創造のために吾々の先輩は如何に險阻な道を歩まねばならなかったか、吾々は彼の日に流された先輩の犧牲を偲び、日本帝國主義に對し今更の如くに新な憎惡を覺える。しかしこのことはまた先輩の血に報ゆる正しい道ではない。もっと大きな理想に邁進する國民であらねばならない吾々は、そんな詰らないことよりも民族の團結と祖國獨立の將來を思わなければならないからである。

いまや吾々は獨立えの第一歩を踏み出したが、事態はむしろ退歩し、祖國の現實相は第二の三・一革命を必要としているかにさえみえる。左翼も右翼も唯一つの旗印の下にひたすら突進した二十數年間の獨立運動史は吾々にとって無限の教訓だ。そして朝鮮が獨立出來なかったら世界は再び戰爭の慘禍に見舞われなければならないことを銘記すべきだ。吾々の父祖は吾々の生きる道を自らの手によって切り拓いてきた、吾々も亦自らの運命を自らの手によって切り拓かねばならない。吾々は嚴肅にこのことを誓いたいと思うのである。

三・一革命の烈士に續け

金　哲　洙

弱肉强食の惡弊が横暴をきわめ弱者は涙をのんで毒牙に葬り去られその搾取に呻吟せねばならなかった時代があった。その一例は日本帝國主義軍閥政治そのものと吾が祖國朝鮮である。思うだけでも慄然とせんりつを感ずる三十數年前である。

彼等は數度の戰爭に辛勝し世界に誇った軍刀を以て大陸侵略の野望を計畫し、その魔手を我が祖國にのばし最も悲しき韓日併合を招來し、功妙にも內鮮一體とか一視同仁と言う美名を使い三千萬同胞を奴隷化せんとしていた。

此の暴擧に忍び耐えない吾等先輩は祖國再興と民族の幸福を念じて敢然として起ち世界史上に類のない三・一流血革命となった。

然し不幸にも武器なき抵抗に涙をのんでの敗北に期してしまったとは言え此の一事は四千年に亘る輝い歷史にはぐくまれた民族の骨肉をゆさぶり、民族運動えの烽火となった。この意味よりして決して敗北でなく最後の勝利を獲得する基盤となったことは後日の歷史が證明して呉れたのであった。

輝やかしい解放の進軍後在日同胞は感激の中に三年目の三・一革命記念日を迎えたのである。しかも當時の虐殺魔日本の首府で記念行事が擧行されることは一層の感慨深いものがあろう。

最近北鮮はソ連の應援の下に人民共和國樹立を報道し南鮮は單獨政府樹立の實現を見んとしているが淋しいことである。

丁度このような時に三・一革命を迎える我々は三・一革命に殉じた烈士の神靈に謝罪しなければならないだろう。

然し世界の狀勢が如何なる形態に變化するとも我々は現在以上の努力と烈士に負けぬ烈々な情勢を以て斷乎として南北統一に邁進し我々の幸福を獲得しなければならない、三千万同胞よ三・一革命の烈士に續けそして、永遠の平和と幸福を闘いとろうではないか。

三・一運動とフューマニズム（上）

鄭　達　鉉

一

朝鮮には傳統的に、嚴格な儒教思想と封建的な忠孝大節の如き、偏狹で孤陋な東洋原蓋の倫理道德というものが、人間の精神と個性を壓制してきた關係上、消極的で非普遍的でしかも宿命的な精神生活が根强く支配していたとみることが出來る。

だがかゝる精神時代と環境生活の中にも、人間本能の覺醒が起きなかった譯ではない、朝鮮古代の時代性とその關連の下に、强いてフューマニズムを究明しようとするならば、先づわれ〲は春香傳、沈淸傳等、古典文學の史書から、人間性の解放と精神の再生を窺うことが出來る、次に實質的に表面に現われたものとしては、近代朝鮮の民族的な革命運動と共に、新文藝運動をフューマニズム運動と關連させてみることが出來る、なぜならば、朝鮮における民族革命運動は、單に政治上はイデオロギーのみの革命運動だとはいえないからである。

朝鮮における革命運動の根本的發露は特に、人間性に對する新しい關心である。それ故に、フューマニズムの叫びがそのまま革命運動の主流になったのは勿論であり、反ってフューマニズム運動から從生されたものが、政治革命にまで發展したものと考えられる位で、朝鮮の革命運動は即ち、朝鮮のフューマニズム提唱運動であるとみても過言ではないと言える。

朝鮮に於て歷史的に意識的であるフューマニズム運動の先驅者は、なんといっても金玉均先生、徐在弼博士以下、李朝末期に活躍した革命志士をあげることができ、またかくすることが順序であるが、紙面の都合上割合し、こゝでは單に三・一運動を通じて現われたフューマニズムとの關連についてのみ取り上げてみたいと思う。

二

自然主義乃至自由主義の勝利を謳歌した近代西洋文明が朝鮮に移入されてから新しい朝鮮文藝運動が勃興し、自由を求める新思想がいろいろな形で表現せらるる內に、庶民の社會的地位が段々向上するにつれて、人道主義、藝術至上主義から無産階級文藝運動の崩芽を生じ、被壓迫民族として立場が大きな變動を豫測しなければならないような何物かゞ內藏して來た。即ち民族的な自己批判と舊時代の遺傳である封建的イデオロギーに反對してきた自由な運動と、人間の價値や個性の自由を阻止する新封建主義、言葉を換えて言えば、非人間的な日本帝國主義の政策に對する民族的自覺と人間としての慾求、即ちこれらの要素がフューマニズムの發芽であったとみることが出來るのである、ここに至って吾々は民族自決的な三・一運動の爆發をみることが出來ると同時にフューマニズムに徹した朝鮮人の「生」の叫びを感知することが出來る。

文化革命はフューマニズム精神を徹底して、革命的フューマニズムを確立しなければならない故に、フューマニズムは安價な同情や無用の教訓でもなく、嚴格に評價し峻別する精神である以上、この革命的フューマニズムの確立が、植民地人として人間としての價値と自由を失い、あらゆる面で壓迫されていた朝鮮民族を必然的に政治革命まで決行させるということは、寧ろ當然の結果であると言えると思う。しかのみならず三・一革命運動の母胎的役割をした當時の朝鮮人民の宗教觀、或は宗教思想も、忘却出來ない重要な要素であると考えられる。だから文化革命又は民族革命は、常に宗教的なものに對應するということを世界歷史は證明している。

三

人間を解放するということは人間を再生するということである、そして再生とは宗教的な言葉であって人間が再び生きかえるということを意味する。文化革命ということは、このようなフューマニズム精神に立脚して理解しなければならない。かくて革命的な文化精神は社會革命と女化革命を通して形成されるものと信ずるのである。

かゝる意味で考えるときに、三・一革命運動の原動力は、フューマニズム精神に徹底した宗教上からみた民族再生の發端であると言える。その理由は、神とは辨證法的で宗教とは即ち人生再生の辨證法的原理だからである。

三・一革命運動と我等の任務

尹　快　炳

輝やかしき民族闘爭の歷史的革命記念日も既に三十年を迎えんとしている。

夢寐にも忘れ得ない一九一九年三月一日憂國の烈士によってなされた獨立宣言が日本帝國主義軍閥政治の暴政と搾取に呻吟していた我が三千萬同胞の熱血をわかせ三十三名の英雄により堂々と中外に發表され、日帝の爲政者をして心膽を寒からしめた。然し悲しいかなこの歷史的神聖な一瞬は日帝軍閥の殘虐なる同胞殺戮と言うなまぐさき鮮紅色に色どられ闇密の中に總ては隱蔽されてしまって所期の目的は遂し得られなかったのである。だが然し弱少民族解放の烽火として三十三烈士によってなされたこの偉大な流血革命の詳細は全世界に報道され世界人の刮目の的となり同情を誘致せしめたのである。勿論三千萬同胞の胸裏には深く深く刻まれたことは言をまたないのである。それ以來三十餘年間陰に陽に同胞先輩の獨立獲得えの闘爭は繼續され今日の榮冠を得たのである。

解放後三星霜を數した今日の國情をみるとき誰しも寂寥の感にたえないであろう、左右の分裂、同胞相對して目をむき合い、牙をとぎ合っている。これで果して良いのだろうか、我々は三十有餘年間我々として祖國完全獨立に手をとり合って純血をそそいで來た筈である。それにもかかわらず現實は混迷の道程をたどっているのである。地下に眠れる、三一革命に敢然として民族繁榮の爲に殉じた烈士に對して顔向けが出來るだろうか、何を以てわびたらよいのであろうか、祖國の狀況を見てこれらの民族の先覺者は悲憤慷慨していることであろう、かく思う時我々は双脇に冷汗を覺えるのである。この尊き民族の犧牲者の靈をなぐさめその愛國心にこたえるべく小を捨て大に融せ參じ速に祖國獨立に邁進するより外に道はないと信ずるのである。現在の祖國を救うものは立派なイデオロギーでもなく政治でもないのだ總てを超越して民族永劫の團結を計り民族の幸福に殉ずべきであるのだ。それにもかかわらず民族の反逆者共は赤魔にへつらい北朝鮮單獨の人民共和國政府の樹立という悲報に接したのであるこれこそ青天のへき靂にも等しい國民最大の痛恨事である。統一え傾注された總ての努力も既に水泡と歸してしまったのである。

今や祖國赤化の魔手はのびんとしているのだ。これを防止すべく努力を傾注する任務が又附加されたことを我々は再認識すべきである、人民共和國の樹立なった北鮮の民衆は果して幸福であろうか、そしてこれを喜んで受け入れるであろうか、そんなことは斷じてあり得ないのだ、言論の自由その他の總てを剝奪されている北鮮の同胞としては盲從せざるを得ない狀態に引き入れられているのである。

眞に祖國の前途を憂う愛國者は民族の分裂と言うこの暴擧に贊成するとは思えないのである。（我々は共産主義そのものを排斥するものではない、唯朝鮮の國に適した主義ならば良いが現在はソ連の衛星下になる）この暴擧を完全に阻止し赤魔におどらされている民衆を覺醒させ、赤魔の放逐をなし祖國の完全統一と獨立を念願して闘うべき時は來たのだ、我々は三・一革命の烈士以上の愛國心を持って烈士につゞくべきであるのだ輝かしい解放三年目の三・一革命記念日に際して私は同胞に懇願したいのである。

即ち「祖國を救うべく赤魔を放逐し永劫の泰平を築く爲我々は小を捨て大に和し三・一革命の志士を凌駕する愛國心を發揮し敢然として民族の幸福を闘い取り祖國完全獨立の礎石たるべく鐵力を結集し祖國獨立運動に殉じた烈士に報いよう」と。

三・一革命を迎えて

鄭　義　禎

人は死んでゆく、これは生きるものの免れぬ運命である。

然し死して生きるものがある、それは精神である。

人は生を惜しみ生について慮るけれども、死を惜しみ、死について考えることは稀れである。若しあるとすればそれは聖人であって凡人ではない。が我等は歷史を讀み先輩の訓を數って世界史に最も輝しい三・一運動を知っている。特に死を惜しみ、死について考え、死して尚生きてるは、當時の殉國烈士達である。

「死はすべての物のおわりにして又すべての物の始なれはなり」と言う。すれば一九一九年三月一日は烈士達の死によって祖國は獨立えの始となり、暗黒荊門のおわりであった。

三・一運動は即ち我等の生であり祖國の永生であった。しかし我等は死について考え、惜しんだことが一日だってあったゞろうか、あるとすれば解放後三年を迎える今日祖國は完全に獨立じたことであろう。

三・一運動の事實を知りながら、獨立を高呼しながら、我等は生について、死について忠實に考えたことなく、唯生きていることを知るのみである。

解放後三度目の三・一運動記念日を迎え且つ祖國の現狀と各自の思想の微弱さを切實に自覺するとき、永生の殉國烈士靈前に、三・一運動の精神を受けついだ同胞だと言えようか。しかし我等は死を超越し生についてもう少し考えて烈士の後に續けば、その日の血涙は消え、今日の廿九回目の三・一運動記念日をもっともっと有意義に迎えることが出來るだろうと思われる。

故安昌浩先生をしのぶ夕

朝鮮の偉大な民族指導者島山安昌浩先生が西大門刑務所で笞刑の犧牲となって痛憤の一生を閉じてから十年になります。

祖國完全獨立の悲願に散華した愛國者の偉業を偲ばんとする有志によって左記に依りさゝやかな十周年忌を催したいと思いますから御希望の方は至急お申込み下さい。

準備委員　李康勳　洪大龍　尹徵夏　崔　鮮　李禧元

記

日時　三月十日午後五時（正刻）
會場　朝日ホテル（豫定）
會費　無料
申込先　東京都豊島區池袋一ノ六一一

後援　文教新聞社　自由新聞社

改名及び移轉通知

今般朝鮮體育協會は、本國の奬めにより名稱を在日本朝鮮體育會と改め新事務所を左記へ移轉し、舊事務所は分室として殘置し、朝鮮文化教育會及び本國に於ける朝鮮體育會と緊密なる連繋のもとに在日同胞の體位向上に益々努力したいと思います倍舊の御指導と御鞭撻をお願いします。

記

新事務所　東京都千代田區猿樂町二ノ四朝鮮ＹＭＣＡ內　電話神田（25）二六二三番
新名稱　在日本朝鮮體育會
分室　東京都千代田區神田小川町三ノ一四

朝鮮文化教育會綱領
一、我等は祖國の繁榮と同胞の幸福のために三千萬の礎石とならん。
二、我等は正義の發揚と自由の擁護のために眞勇の鬪士とならん。
三、我等は文化の向上と平和の確立のため人類の希望とならん。

本號の主要記事
◇注目される建青問題。◇學生同盟關東本部問題。◇オリムピック雜記。
◇フアツシズム排除。◇イタリー文壇の新傾向。◇フロイドに對する檢討。

文教新聞

東京都豊島區池袋一ノ六一一
電話大塚(86)2939番
發行所 朝鮮文化教育會本部
發行兼編集人 崔 鮮

(週刊) 毎月曜日發行 昭和二十三年一月十日第三種郵便物認可 一部 三圓
7月19日 (月曜日) THE BUNGKYOSHIMBUNG 第41號

建青動向微妙

現常委總辭職決行す
建青前途暗膽
飽く迄統一を主張
第二回中委路線護持
現常任十三回中委決議反對

南北協商以來、民族的立場に於いて統一を護持してきた建青第十三回中委は、去る二十五、六、兩日に亘り建青中央順練所講堂にて開催された。

前第十二回中委で從來の情勢と一變し、單選、單政を反對し、自決的立場で完全統一獨立を樹立すべく、本國、兩金氏を中心とする統一運動的基本路線を確立、正當なる路線を歩む建青の重大問題だけに、在日同胞は勿論、本國の各政界に於ても、今回中央委員會の成果に對する、一般の期待は多大である。

第一日(午後一時三〇分、開會の宣言、資格審査及名簿考點に移り(出席中央委員七十三名)委員長、全斗洙氏の開會の辭があり、議長に、洪賢基氏他二名を選出し、會順に依つて、徐副委員長から、總括執行經過報告の後、國際情勢及本國情勢報告等があり、討議事項は二十五日午前十時に持越しと決定。

第二日 討議事項の「政治路線確立に關する件」議案を先に討議すべきであるとの提案に反し、國連小總會にて決議された「可能なる地域内の總選擧」に對し討議を進ませるべきであると、兩陣營は早くも對立狀態に置かれ、擧手可決と決定、後案を採擇し支持派、反對派、各々兩派各十名づゝ、十分間の演說時間を述べ、「可能なる地域内の總選擧」(國連小總會の決議)を飽く迄主張、此れを積極支持していた、朴根世、金通斗氏陣營と對聽し、民族自決的立場で、民族分裂の危機到來を絶叫し、南朝鮮、單政、單選を絶對排擊し、統一を叫んできた反對派との對立は激化した、單選反對側は、現段階に南北朝鮮統一主張を堅持している兩金氏を支持、救國唯一の途は、この路線のみは依つて、危險な祖國を救うべく建青の立場を力說、當問題は複雜化し中委會は一層緊張した。約三時間に亘り、反對、支持の理由を行つた後、場内は大波亂となり、二十分間休會後、投票可決で支持四九票、反對三六票で、可能なる地域内の總選擧支持と決るや、第十二中委の線に歩み來たる現常任中央執行委員は、委員長、全氏を始め、總辭職宣言を行うと同時に辭職書を中委會に提出したるも、一應大會臨時全體大會迄繼續すべきである、と、單選支持派の要望に對し、斷固辭退、臨時執行委員を選出し、來る七月十五、十六、十七、三日間臨時全體大會の招集を決定、午後八時閉會。(張)

去る六月廿五、六兩日開催された第十三回中央委員會に於て、一部感情の煽動と一時打算の短見が委員會の空氣を作用した結果、第十二中委の決議と正反對に「可能なる地域内の總選擧」支持決定に對應し、建青の前途並に祖國情勢とを考慮し、永久不變第十二中委路線を護持する現常任中委では左の如く聲明書を發した。

要旨

朝鮮獨立を實現させるべく「米・ソ共委」は兩國の意見衝突から決裂されて、國連總會の決議案亦是ソ連の同意を得ず、その基本的課題たる統一朝鮮の實現は不可能なる立場に置かれた。

我等が期待していた國連朝鮮委員團は結局、その賦與された使命と本來の任務を遂行出來ぬ境遇に落ち入り、その活路を小總會に相議した結果「可能なる地域に於いての總選擧」と極めてあいまいであり且つ不完全な決議により、去る五月十日南朝鮮だけ單獨選擧を實施した實に疑問である!

夢寐に自主獨立を絶叫していた民族の失望は如何程であろう、朝夕に統一朝鮮を熱望していた青年の不滿はどうであろう。

斯樣な點を憂慮し、我等の愛國的であり民族的である指導者達は、去る四月下旬崇高な理念と、悲壯な決意を護持し、三八度線を突破して、過去の對立と現在の相剋を超越し、幾多の障害と離闘を排除して平壌に集合し統一獨立に對し具體的方法を北鮮要人達と協議し、萬丈の氣焔と多大成な果を獲得したのである、此れこそ我が祖國の獨立運動史上、特筆大書せざるを得ぬ事實であり、民族の總意を遺憾なく發揮したと言へる、統一無くしては獨立無く、獨立無き處に民族の生存すら無き事は再言する必要もない。

故に、我が建青は海外に在留する青年運動を通じて、祖國の完全獨立に貢献すべく、熱々に去る第十二回中央委員會に於て南朝鮮だけの選擧を反對し、南北要人會談に於て明示された統一方針を支持する事を決議し、急速に統一、自主、民主獨立を念願して止まぬ次第である。

朝鮮建國促進青年同盟
常任中央執行委員一同

學同關本
完全統一成る

過去、約半年餘に亘り分裂狀態にあつた學同關東本部は、去る五月三十日の定期總會に於て多少の論議はあつたが當時大會に分立兩委員は、總辭職となり、四十四名の新委員が選出され平和裡の裡に互讓の効を得て、統一の第一歩を踏み出し、學同前途の爲、革命途上にある祖國の爲誠に慶事の至りと言わざるを得ない。

委員代表、姜理文君談

我々委員は喜々樂々として、學問運營方針並に常任委員の選出を終えて、亦部署配置、その他討議事項に於て、我が學同創立以來、未だ嘗つてない融和的に行われた、これは偏に盟員諸兄の學同を愛する熱情の徴表であると共に、在日六十萬同胞の熱誠溢るゝ御支援の賜物であることを思い、衷心より感謝の意を表する次第である、我々委員は所謂公僕となつて、學同統一發展の爲、盟員諸兄の獎學並び厚生の爲め、碎身粉骨努力する覺悟である、けれども我々委員が身命を賭して盡力致しましても盟員諸君の熱烈なる御協力を前提にしてこそ、所期の發展を遂行し得るものと思う、どうか雄々しく御協力の程を御願申上げる次第であると同時茲に學同完全統一を聲明するものである。

主張
他山の石

最近の新聞紙上を賑わしている日本の政界の内幕を見よ。西尾の土建献金の個人献金か政治献金かの紛爭、更に飯村、池崎、山口代議士等々の政治官僚の不正事實暴露、腐敗事件の續出はまさに是等代議士を人民の意志代表として選んだ人々を唖然たらしめている。今や日本人民は現在の日本の政治指導者と呼ばれる政府、代議士、官僚の如何に腐敗墮落せるかは明かに認識することができたであろう。

このような政治官僚の腐敗を目擊して[illegible]等自稱の日本政府指導者を人民の指導者として政治を任しておくことができようか。斷じて容認することはできない。若し假りに許容するとしたらばそれこそ日本人民の近代精神の喪失を意味する外何物もないであろう、一方日本人民の中には是等政治指導者の野獸性にも等しき本性の暴露に政治えの關心に嫌惡を來し果ては人間性の信頼感に疑惑をもち物質的にも精神的にもこがらしの吹きすさぶ路頭土をさまよつている。

何故にかくも日本の政治官僚指導者が腐敗しているかここに吾等の注目の眼を注がねばならないのである。人間は困難や苦痛に遭遇して始めてその人間の偉大性を發揮する。

吾等は自任せる日本政治官僚指導者の崇高なる政治理念の低劣さ、人間性の尊重精神の缺除を發見することができるのである。

日本の政治家が全部とも西尾に類するが如きものとは思わないが殆ど大部分はその足を洗つて見れば矢張り同類項にすぎない。

かの西尾の傲慢不遜の態度を見よ、日本政治の態度がここによく現れているではないか。

かの神戸事件に於ける日本政府の彈壓の態度が、そして在留朝鮮人學校教育問題に對する日本文部省の態度が、日本政府官僚指導者の傲慢不遜性、腐敗性がそれらの人々の心の奥底に共通しているものであるかを吾等は明確に知ることができるのである。

日本に在留していて祖國朝鮮の成長を希求して已まない純眞なる精神の持主の同胞諸氏よ、吾等はこのような日本政治官僚指導者の腐敗性を究明すると共に是等を決して對岸の火の如く無關心でいてはならない、吾等はかかる腐敗政治官僚性に染まる事のないように相互に厳格に戒め合い、助け合つていかねばならない。吾等にとつての喫急なる任務は南北統一政府樹立であると共に先見性のある政治理念の裏づけなるものを育てていかねばならない。永遠性のある確固たる政治理念、實踐力だけが獨立朝鮮を盛り立てるものであつて一時的の瞬間的の現實にしか眼を向けられないものは政治を云々する資格はない。過日の南鮮總選擧に選ばれた議員が今後如何にその政治理念を實踐に發揮するか吾等は注視せねばならな。い日本政治官僚指導者に於けるが如き腐敗性の内紛を危惧する、何故なら彼等議員の政治理念の深さを見ることができないから、また最近の學同内部に於ける、建青に於ける委員辭職問題、單選反對、支持問題、ここに政治理念の喪失をみるのである、永遠性のある確固たる政治理念、實踐力の養成に努力を期待して止まない。

自由販賣の酒類が六日から値上げになつて三七〇〇圓ベースの左黨を嘆かせているが、一方大藏大臣は「之で四百五十七億圓の增收だオホン」とお濟ましである。

・專賣局で生產價格を伺うと一升九百圓になつた一級酒がオドロイテハイケマセン七十四圓、百五十圓のビールは六圓五十七錢也である。

もうこうなると酒やビールを飲むのではなく、稅金を飲むのと全く同樣である、最近は搾取する資本家に對する勞働者の攻擊が非常に活潑になつて資本家も昔のように易々と搾取を續けることは不可能となつて來た。

一方、政府という新興財閥の代辯者は酒類、タバコ鐵道運賃等あらゆる必需品の値上げで新たな搾取を强行しつゝある。

昔、德川幕府は人民に『殺さず生かさず』主義で政策を進めたそうだが、現政府は『生かさず、生かさず』主義で行くらしい、いつの世も勘からないのは一般大衆である。

尋ね人

(寫眞を送つて下さい)
小生は六月二十五日東橫演舞場内で未知の方にカメラ寫眞(五人橫並び大寫し、康仁錫、黃炳寬、朴烈、李貼天、李禧元)を撮つて貰いましたが是非記念に取つて置きたいと思いますから心當りの方は何卒文教新聞社宛に御連絡下さい。

尋主 李禧元

標準教科書を使いませう

朝鮮學校騷擾問題を契機として、朝鮮兒童への朝鮮語教科書による自主教育が、不當なものとして處理されるに至つた主な原因は、教科書の撰擇を誤つたことにあつたことが明白になりました。

本國文教部より正式な認可を取得し本會で飜刻發行している標準教科書を使用していたならばこのような問題は未然に防止されるべきでありました。

而もこの教科書は現在本國に於て全般的に使われているものでありますから將來歸國せられる兒童の爲にも非常に便宜であることは申す迄もありません。

同胞各位に於かれましては眞に正しき意味に於ける兒童教育に思いを致しますならば主義主張を問わず所屬如何を問わず偏向觀念に拘らることなく眞動を揮つて是非この教科書を御採用あらんことをお奬め致します。

既刊

初等公民	一、二年用	九、〇〇
同	三、四年用	一〇、〇〇
同	五、六年用	一二、〇〇
初等國語	二―一用	二五、〇〇
同	四―一用	二六、〇〇
同	六―一用	二七、〇〇
中等國語 初級	一、二年用	四五、〇〇

近刊

中等國史	全	六月末
初等國語	一年用	七月末
同	算數各學年用	七月末
同	理科	八月末
同	地理 上下卷	八月末

注文先
東京都豊島區池袋一ノ六一一
朝鮮文化教育會本部
文教局

オリムピツク雜記

其の歴史や吾が選手團のことども

在日朝鮮體育會　會長　蔡洙仁

一九三六年ベルリン大會以來十二年ぶりに開催される第十四回ロンドンオリンピツク大會は七月二十九日より八月十四日迄十七日間に亘りウエンブレーエンパイヤスタジアムを中心に世界平和のスポーツ繪巻を繰り展げられる。吾が朝鮮代表選手は六月二十一日ソウルを出發し各地に於ける同胞の熱誠溢れる歡迎を受け同二十五日横濱に到着した、翌日は米第八軍の競技場において各種目のウオーミングアツプを行い、二十六日乘船午後六時在留同胞の歡送テープを切り一路ロンドンへと出發した、尚全種目中七種目の參加を見ることになりその參加種目全部は朝鮮の歴史的といえる競技である。一行の役員を紹介すると、團長鄭恒範氏はかつて英オツクスホード大學陸上選手で明朗な英國紳士であり現朝鮮體育會々長である、副團長申基俊氏は永らく中國におりロスアンゼルスオリンピツク大會には中國代表團々長として參加し、英國語、中國語をはじめ數カ國の語學に堪能である、總監督の李丙學氏は日大出身で朝鮮體育界の大先輩である、總務丁相兊氏は筆者と古くからの親友で籠球界の先輩であるが選手團一行のマネーザヤとして丁氏を除くことは出來ない。醵斉委員李榮敏氏は本國野球界の大先輩で解放前全京城の四番バツターで、世界のホームラン王ベーブルース來日の際、日米對抗戰に朝鮮より招聘され、朝鮮李「朝鮮のベーブルース」の名を恣しいまゝにし、又籠球では名HBとしてベルリン大會出張豫選に金容植氏と共に活躍優勝した。高麗大學出身の情報局閔鼎鎬氏は名スポーツアナウンサーで、朝・米拳闘、籠球戰のアナウンスぶりは、日本の名アナ志村氏を思わせ今回のオリンピツクには英國の好意により會期中BBCを通じて午後十一時四十五分より十二時迄の十五分間祖國に向け吾が代表の活躍ぶりを放送することになつている、こゝにオリンピツク史に關し少し述べて見よう「オリンピツク大會」を古代ギリシアの「オリンピア競技」に對し「近代オリンピツク大會」と呼ぶ。古代オリンピア競技は西歴前七七六年に初まり爾來四年に一回づつ規則正しく開かれ、その回を重ねること二百九十三回、實に一千百七十年の長きに亘り西歴三九四年までその歴史は續いた。オリンピツクが「平和の祭典」と謂われる所以は一九三六年以降は例外として往時はオリムピア競技の行われる時は各國が一齊に休戰し、たといえ一時的にせよ完全な平和状態となつたことである。オリンピツクの旗は白地に青、黄、黒、緑、赤の五輪を左からW型に組合せたものである、この五つの輪は五大州を象徴しているが、その色は第一次世界大戰前における各國の國旗に用いられた基本的な色である、この旗の發生はクーベルタンの創案で一九一二年ストツクホルムのIOC總會で採用されて始めて日の目を見たのである。IOC（國際オリンピツク委員會）は一八九四年六月に組織され、本部をスイスのローザンヌに如かれてあるが、その委員は各國スポーツ界を代表し得るものと認めた人物を推薦するが、その候補者は實行委員會が各國の國內オリンピツク委員會（KOC）と連絡して選定し總會で推薦する、それを以て決定するのである大會に參加するためにはその國に國內オリンピツク委員會（KOC）を結成しなければならない、前回の特集號に吾が選手團一行のコンデーシヨンが出ていたが、外電の傳えるところによると香港において吾が籠球チームが中國人チームと試合を行つて快勝したとも謂い、初參加の朝鮮選手團は各國の注目の的となつているとのことであるが、在日する六十萬同胞は、心から奮闘を祈ろうではないか。日本通過時に御援助下さいました同胞の皆さまや日本の諸氏には心から感謝します尚ロンドンオリンピツク村の朝鮮選手團への書信及び慰問、激勵文は體育會に於て便宜をはかり發送致しますから御連絡下さい。（七、九記）

乏しい中にも心盡しの贈物

準備委員會は存續

準備委員　李禧元氏は語る

第十四回ロンドンオリンピツク大會に祖國朝鮮の榮譽を擔い太極旗を飜して勇躍壯途に上る途次横濱に一泊して英氣を養う我等の代表選手團を歡送激勵するため、在日本朝鮮體育會では會長蔡洙仁、常任顧問李禧元氏らが中心となつて準備委員會を設置し、基金募集に歡迎準備に記念品調達に大童の活動を續けたが、在留同胞の全的な援助を受けて無事にその任を果し、數々の思い出を胸に秘めた選手團一行は六月二十六日横濱港よりゼネラル・メーグス號で在京同胞の熱誠溢るゝ歡送裡に必勝を誓いつゝ船出した。準備委員會では特に本紙を通じて別項の如き寄附金收支表及び記念品贈早細目を發表されたが、今次選手團一行の歡迎に當り寢食を忘れて終始奔走された李禧元氏は往訪の記者に次の如く語つた。

何一つとして胸のすくようなことのない今日、新生朝鮮のシンボルである七十餘名の大量選手團をロンドンオリンピツク大會に送ることの出來たのは近來になき痛快事である。選手達の記録も世界最高水準であり、コンデイシヨンも良好であるので數種目の優勝は絶對間違いのないところと確信する。今次の如き大量選手の派遣は本國の情勢から推しても實に困難なことであつた。從つて選手達は何一つ國際舞台に出るらしき物質の環境に惠まれなかつたのも事實であつた。それで我々は形式に拘泥して華々しい歡迎陣をしくというよりも不足な金を節約して本當に選手達の喜ぶ、而も絶對必要な物品の贈與に力を入れた。幸い同胞各位の理解と援助により乏しい乍らも心づくしの贈物をすることが出來選手一同も心から喜んでくれた。我々の期待した選手達は必ずや各選手の一人々々に通じロンドン上空に輝く勝利の旗を掲げてくれると確信している。

選手團一行は大體十月末頃歸國の途次再び東京に立ち寄りその時には十分の日數の餘裕もあると思うので準備委員會は存續して歡迎準備を展開せんと待機しており同胞各位の尚一層の援助協力をお願いする次第である。尚民主新聞五一號に私の談話として「東京公館の歡迎拒否云々」とあるのは誤報であつて、李總公館長以下全員が心を盡して世話を焼いてくれたことに對し深く感謝している位である。

五輪大會派遣選手　歡迎寄附金

五萬圓	李元泰
一萬圓	國際事業聯盟
一萬圓	鄭在哲
一萬圓	朝鮮文化教育會
一萬圓	國際平和文化協會
二萬圓	國際タイムス
一萬圓	金東春
五萬圓	平和ゴム曺業昊
五萬圓	梅田組長孫海圭
一萬圓	張吳
一萬圓	高成權
五千圓	張仁泰
一萬圓	國際企業社尹澤信
一萬圓	李龍三
一萬圓	僑留民團
一萬圓	東京華僑聯合會會長林以文
五萬圓	金相哲
五萬七千圓	三多摩有志
五萬圓	張斗川
一萬圓	鄭黨
一千圓	原本祚
二萬圓	民主新聞社
五千圓	自由新聞社
一萬圓	建青
一萬圓	朝鮮新聞社
一萬圓	李允求
一萬圓	鄭東醉
一萬圓	任千年
五千圓	吳善一
一萬圓	幽野檀
一萬圓	安壽福
二萬圓	趙錦石
二萬圓	朴晉楨
一萬圓	高桂淳
三萬圓	在日本朝鮮人商工會
二千圓	吳基文
五百圓	三千里食堂
三千圓	金佳祚
一萬圓	三越地下食堂　朱氏
一千圓	孫芳鉉

合計　六十四萬九千五百圓

寄贈品收支明細書

品名	金額
蹴球ユニフオーム	六二、〇〇〇、〇〇
同　ストツキング	一〇、二〇〇、〇〇
籠球ユニフオーム	二〇、七〇〇、〇〇
同　ストツキング	五、四〇〇、〇〇
胸章オリンピツク用	一七、五〇〇、〇〇
サポーター	四、七四五、〇〇
アンクル	三、八四〇、〇〇
ニーカツプバンド	五、六〇〇、〇〇
エルボバンド	六、四〇〇、〇〇
ピーカツプバンド	五、六〇〇、〇〇
スキツピングロープ	三、五〇〇、〇〇
アンカ	一〇、五〇〇、〇〇
マウスピース	三、二〇〇、〇〇
アブスコース	三、八〇〇、〇〇
ヘードマスタ	一、四〇〇、〇〇
ロードワーク靴	一一、二〇〇、〇〇
サロメチール	七、二〇〇、〇〇
ワセリン	六、〇〇〇、〇〇

アルコール	二二、〇〇〇、〇
フイルム（プローニ）その他	九八、五六〇、〇
ライカ	三五、〇〇〇、〇
記念寫眞	二八、〇〇〇、〇
コンサイス（和英、英和）	一〇、〇〇〇、〇
マホー瓶	二、〇〇〇、〇
安全ピン	五、〇〇〇、〇
針糸	一、二五〇、〇
選手團名簿	一五、〇〇〇、〇
案內狀	五、〇〇〇、〇
愛國歌、オリンピツク歌	三、〇〇〇、〇
太極マーク	一五、〇〇〇、〇
テープ	七、八二〇、〇
リボン	一四、〇〇〇、〇
墨汁、筆大小四本、オシピン、糊	二七六、〇
包紙	五〇〇、〇
テープ（布）	一八〇、〇
贈呈用抱裝紙	一六〇、〇
花束	九、〇〇〇、〇
オリンピツク記念章印	五〇〇、〇
オリンピツク參加章	三、五〇〇、〇
オリンピツク旗	一〇、〇〇〇、〇
體育會旗	二一、〇〇〇、〇
ペン	二、〇〇〇、〇
體育會腕章	七五〇、〇
旗ザオ	一八、七五〇、〇
ネクタイ	一二、〇〇〇、〇
樂隊	五、〇〇〇、〇
乘用自動車	七五、〇〇〇、〇
同	三〇、〇〇〇、〇
公用	
出張費、宿泊料、食事費、その他雜費	三〇、〇〇〇、〇
總計	六九三、〇三一、〇

ヤリ三本、圓盤男女各一個、ハンマ槌（日本體育會ヨリ贈呈。ライカ（李禧元氏寄贈）バクチ…リンピツク用、在日同胞應援旗（アジヤ微…所寄贈）

公廳の夏

舊政の時代には官長兩班の遊樂の場所とせられた。今は市民平等誰にでも使用されている。寫眞は田舍兩班等が或は納涼に或は碁戰に夏日の閑を銷すを景である

オリムピツク開會式

英帝臨席の下に廿九日

第十四回オリンピツクは來る廿九日英國皇帝ジヨージ六世臨席のもとに開會式を擧行するが參加國實に六十二、選手數は五千餘名に及び前回のベルリン大會の五十三カ國、三千名をはるかに引き離すオリンピツク新記録をつくつている。競技種目は十七で前回より二種目減少しているがその細目は百卅六競技で二十競技增加している、また近代オリンピツクが初つて以來今回のように簡案なコンデーシヨンの下に行われるのは珍らしい。なお米、英、佛、チエコ、ハンガリア、伊の六カ國は全十七種目に出場し、シリア、シンガポール、ビルマ、モナコは各一種目だけに選手を送つている、初參加の朝鮮は七種目である。

五輪聖火出發

一路ロンドンへ

第十四回オリンピック大會を象徴するオリンピツク聖火は去る十七日出發した、聖火は千七百名のランナーによつて引繼がれイタリア、スイス、フランス、ルクセンブルグ、ベルギーを通過し七月廿九日十五時四十五分（英國サンマータイム）ロンドンのウエンブレイ競技場に到着移し點じられる豫定である。この間聖火は紛爭のバルカンの地を避けアドリア海とドーヴア海峽の二つの海を英海軍の護衛で運ばれる。

隨員孫基禎氏　空路ロンドンへ

かつてのマラソン王孫基禎氏は第十四回オリンピツク大會に隨員として選手と共に出發し、釜山にて急性盲腸炎で倒れ治療していたが、この程全快し十四日空路ロンドンへ出發した。

五輪吾が蹴球團

香港で中國に快勝

オリンピツク派遣蹴球チームはロンドンへの飛行便を待つていた七日、香港において中國人チームと交歡試合を催したが五對一の好成績で快勝した、その一點もG・Kのミスで奪われたものである。在香港運動專門家、外國人記者團は朝鮮チームの實力を高く評價し歐州諸國チームと好試合を豫想すると共に選手團一行の認識を新たにした。

吾が選手團參加

競技日程

七月二十九日　開會式

三十日　女子…
一萬…

三十一日　ハン…
走巾…

八月二日　圓盤投、…
レスリン…

三日　三段跳

七日　マラソ…

九日－十三日

十日－十三日

九日－十一日

八月十四日午後六時エンパイヤ、スタジアムに…閉會式。

ファシズムと官僚主義を如何に排除するか……（下）

次に官僚主義はどうして發生するか、それには二つの主なる理由がある。一つは政權沈下作用である。

大體平和時代が長く續くと政權政治の福利は下に下つてくる。革命が起きたりする時は、優秀な人が出てきて國を建國する。次第に時代が下るに從つて二人三人の人がその下に／＼まかせるから本當の政權を握つているものは下に下つてくる。偉い政治家が政權を持たないで結局官僚が政權を持つ。二番目には政治家の怠慢と知識が無くなつてくる。何故ならば選擧運動と僚官運動に全勢力を使つてしまう。寢ても覺めても選擧の事を考へて本當の政治をやらない。次に官僚とは何か。これは官房の機械的事務に從事し、從つて內容よりは形式を尊重する所の形式主義に陥ちて、消極的職業的心理的特長を有している官吏群の事である。又云いかえれば、ボアリーが職業とは何かというと、いかなる道具をもつて如何なる物に加工するかによつて決まる。鋸をもつて木に加工すれば大工、石に加工すれば石屋になるわけである。其の事から官僚は法令をもつて法令に加工する人、之れが官僚で、從つて國家の權力を代行して、其れに依存して生活ける。で官僚と云われるには特徴がある。それは民主政治に反對する。こういう特長を持つている官僚主義に好意を持つている人を官僚と云う。だからデモクラシーの事を定義してリンカーンは人民の人民による人民の爲の政治と云つたが官僚政治を定義すると官吏の官吏による官吏のための政治という事になる。所が官吏になつたらばどうして惡くなるかそれは官僚の物の考え方に一つの特長がある。二十位の特長があり二つに大きく分けて官房性或いは體統である。第一は階位性で官僚になると必ず位階とか勳等を重んじ、課、局、省とか中央と地方の如きで準位を貴ぶ。これは上の位に居る人は下の人間の首を切る事が出來るからである。第二は阿附性、第三は傲慢性で相反するような性質であるけれ共同じ性質である。だから官僚になると女性的で小人的になる。例えば軍人のイデオロギーは絶對服從で自分より偉い人には絶對服從する。自分が偉いと思うと絶對服從させる。上の人におべつかを使うが自分が偉くなると傲然と構えておべつかを使わせる。實際は同じであり役人になると傲然と構えて傲慢である事により自分の權位を支持する。第四は習禮性で上の者に對しては禮儀を盡くす。禮儀を正しく盡くす人は一種の護身術である。第五は約現性で下の者に對してはいばるけれ共、上の者には最敬禮をする。即ち轉任榮轉という關係で從續關係である。第六は獨善性で何故獨善性になるかと云うと彼人は觀念論でいく。之れはいつも完全だという事を考えているからで例へば馬と考えると、足が一本無く共馬も馬だけれ共、完全な馬を考える。法律で考える時には完全なものを考へる。法律は權位を持ち萬能性であり其の反映で自分も萬能と考え政黨人に比して研究的であるという自信を持つている。第七は機械性で官吏は使われているものだから命令の度に動く。第八は責任性で責任を歸にしたり責任をのがれる事を考えている。その無責任になるために、九番目に遞帶性がある。責任を回避する。官僚は受け付けから大臣まで六〇位印を押す。其れを見ないで皆に廻す、問題になると皆承知したという事になつて責任を分割する事が出來る。第十は浪費性で官僚になると謙算を餘計取る事を考え、豫算を餘計取つて來た大臣は有能と考える。結局官僚になると豫算のぶん取りをして全部使つてしまう。第十一は抽象的になる。大體官僚のやる事は訓令でいつて、責任を考えているから訓令の內容は非常に空虛になる。第十二は官令性である。第十三は劃一性で法律は一貫性を持つて平等性を持つている。例えば戰災の補助金が三千圓であるとすると金持にやる三千圓をゆずつて貧乏人に六千圓やればよいがそうはいかない。第十四は按分性、日本で十年前に調べた日本の法律は四十六萬以上ありその法律を全部知つている人は殆んど無い。第十五は萬能性、第十六は私擁性、第十七膠着性で臨機應變の處置が出來ない。第十八陰險性。上の人に隸屬し法律に隸屬しているから絶えず受身になつて來ている。反抗の意思を持つていても反抗出來ない。內抗して陰險的にたる。第十九は獨裁性になる。第二十自由性で、これは大衆には自由でなく官僚だけで自由がある。この內で一番惡いのは獨善性と獨裁性である。

最後に官僚主義を如何にして排除するか、第一は能力のある民主主義的な政治家を擡頭せしめる。第二は法律の萬能主義を排除する。政治を具體的にする。第三は輿論を活發に活動させる。第四は官吏と民間人とを交流させる。（赤神先生談）

マルクス主義批判（五）

成　常　煥

三、剰餘價値說

剩餘價値說はマルクスによつて資本主義の本體を分析したものである。

「資本主義的生產方法の廣く行はれる社會の富は、商品のぼう大なる集積として表面に現はれ、個々の商品はすなわちその富の單位形體をなす。故に我々の研究は商品の解剖から始まる」（資本論）と述べ、そして貨物の價値を使用價値と交換價値の二種に區別し、使用價値とは人間のある欲望を充たすという性質で、交換價値とは交換上の價値、すなわち一つの物と他の物と交換する際に生ずる價値であるとしている。

具體的に言えば交換價値は商品としての價値である。しかし使用價値は商品のみに限らない。すなわち空氣や日光や水のごときは人間の生存に缺くべからざる効用として使用價値を持つものであるが、これは誰でも自由に得られるものであつて、交換によつて求める必要のあるものではないから商品とはならない。

しかし「物の効用はそれの使用價値をつくる」から財貨はすべて使用價値をもつているけれども、あらゆる使用價値をもつものがすべて交換價値をもつているという譯ではない。即ち使用價値は商品および一切の財貨の根抵をなすものであるから、交換價値が成立するためには、先づ使用價値の成立が必要である。使用價値のない商品、交換價値のみの商品というものがない筈だ。つまり交換價値は商品の特質であるが、その根抵をなすものは使用價値であるということである。

マルクスは「單に使用價値としての使用價値は、まつたく經濟學の研究外に屬するもので、使用價値は、經濟的形體をなす場合にのみ、經濟學の研究範圍に入り來る。使用價値は直接には、一定の社會的關係の、すなわち交換價値の依つて以つて自己を表現する物質的基礎である」と言つている。

しかし使用價値と交換價値とは同一商品においては互いに反撥する性質をもつている。商品が使用としての存在に入る時、交換價値は消失するもので、交換價値の上に成立した或る社會的關係であるとしている。

「美術用にせよ、工業用にせよ、遊女の胸に飾る場合にせよ、ガラス切りの手に握られている場合にせよ、ダイヤモンドが使用價値として使用される限りは、それは單にダイヤモンドであつて商品ではない」と言つて、財貨は交換する際にのみ商品としての價値をもつものであるということである。即ち大根を他の或物と交換する際にはそれは商品であるが、喰う時には商品にあらず、使用價値をもつ單なる大根に外ならないということである。

では使用價値と交換價値との相違は何に基くか。使用價値の中にない或物が交換價値の中になければならない。或物は何か。マルクスはそれは勞力であると斷定した。

人間の動き

話題の主　朴魯禎氏

▲前設國際日日の社長であつた許氏と朴氏との間に色々問題があつて陳明書を出すやら、事件の眞相を暴露するやら、內部に於て一大波瀾を卷き起こした事件があつた▼最近又一つ大きなセンセイションを起こして一般大衆の注目の的となつている▼或日（五月十日以前）の出來事（KIPで受信したるところに依ると、南朝鮮選擧に、朴氏は大統領候補者として選出されていると、國際日日に訪れ誓い傳えたところ、朴氏大いに喜び、早速宴會を開く事とし、右派の最有力陣營の人間どもを呼び集め豪華な祝宴を催したとの事▼嘘みたいで本當の話、一ケの新聞社を經營している社長たるものが、前後も知らず、自分の人格とコンスルテイションもせず、一方的虛聞を事實視し、數萬圓の宴會費を投じたと聞いては、一般大衆もあきれざるを得ない▼そこで斯樣なる行動を氣にしていた或る人、朴氏を訪問、斯樣な事實があつたのかと聞くと、陳腐は陳腐なれど事實は事實なるが故に、否定は出來ず「それはみんな、右派の連中が拙者の人格値下げ運動をやつたものだ」とプンプン。

藝術家の町に暴行

ニューヨークの藝術家の住宅地として知られているグリユッチ村の一角にある四階建のアパートに、突然家主が指しむけた人夫の一隊が侵入して、壁や床板をはがし始めた。付近にはユージン・オニールを始め、フアンニ・ハースト、ジョン・ラフアージなどの作家や美術家が住んでおり、このボヘミアン街に起つた時ならぬあらしに手を燒いている形である。

もう建つてから五十年にもなるこのビルには澤山の有名無名の藝術家や宗教家が住んでいるが、ことの起りはビルの持主であるアンリユ・カンペーニヤ氏がこれをこわしてあとへ最新式の高層アパートを建てようとしているためである。

せめてアパートでなしに藝術館でも建ててくれという嘆願もことわられ破壞工事はせつせと進められているが悲憤やるせない詩人や畫家たちが壁といわず、床といわず書き散らした作品（?）のなかに何か掘出し物はないかとカンペーニヤ氏が見廻つているとはどつちに轉んでも拔目がない。

左翼運動に對する限界

理論的ビラは許容

首都所長張澤相氏は八日左翼運動に對する警察方針を明らかにしながら九日更に「左翼同胞へ再び聲明す」と題して警察今後の取締り方針を細目別に次のように發表した。

昨日新聞紙上に首都警察今後の方針について明瞭に聲明した。左翼運動の同胞は私の衷衷を諒解し今後は本所の諸施策に順應してくれることを望む。先づ先入觀を捨て、混亂の南朝鮮社會を明朗化するための打開策を考究しよう。

△從來左翼分子のうち惡質的犯法行爲をなすものがあつたが今後は一切停止して合法的運動線上に進化して堂々と自己陣營の政見を主張し一般民衆の判斷にまかせよ。

△警察は民主主義一貫で進み、彈壓一貫主義には出ない。

△今般左のような命令を首都管下警察官に下した。

一、暴動を煽動するビラ以外の理論展開のみで構成されたビラは取締らない

一、ビラの內容はあくまで理論的であることを要し暴動或は現政權の轉覆煽動は許されない。

一、警察を批判することは取締らない。正當な批判即ち根據ある警察の不法行爲を批判する文學は許容する。

一、屋內集會は無許可集會として取締らない、三三五五屋內で政治理念を討論することは民主主義國家に中立けた人民の天賦の權利である。

一、屋外集會は正當な性質の主權者によるべきで地下運動か、中將水的示威强行は此の際一切放棄せよ。

一、無利得な虛僞的煽動によつて善良な青年を過らすな、これは幽默であり今後もかゝる不法行動に對しては一層の彈壓を加える用意がある。

祖國便り

獨立記念行事　着々進む

（ペンヤン放送＝KIP）北朝鮮人民委員會では八月十五日の解放三周年を記念するため產業、文化、藝術各方面に亘り祝賀記念事業を計畫中である。同日は各地で盛大なる祝賀大博覽會を開催するが特に平壤に於いては各部門を總網羅する未曾有の大博覽會を行うこととなつた。一方演劇部門に於いても音樂團體と協同、平壤國立劇場に於いて演劇、音樂、舞踊等の記念公演が行われるが、體育部門に於いても各地で記念運動會を開催する。工場や農村の各職場に於いてもこの日を意義あらしめるべく多彩な行事を計畫している。

到る所に斷水騷動

（ソウル發＝KIP）ソウルでは昨年以來每日水道の配水量が十一萬トンであつたが、北朝鮮より電壓の低下を來し、だんだん惡化され三萬トンが減水、現在九萬トンしか配水していない、所がこれは水源地で惡いのではなく小配水池に斷電された結果で高地帶は勿論のこと到る所に斷水騷動を起している。

警察、機構大改革

（ソウル發朝通＝KIP）警務部の發表に依れば現下の腐敗せる警察機構をしゆく正し明朗で强力なる民主警察を具現し、國家建設に貢獻すべくこの度大々的に警察專門學校の機構改革を行うことになつた。

戰災民住宅大量に建築

（ソウル發＝KIP）保健厚生部では解放以後歸還した多數の戰災民及び越南同胞の住宅問題を解決すべく、今年度は約一億圓の豫算を立てて戰災民住宅を五、四七六戸を建築し無料貸與することになつた、既にこの種の住宅は一二、〇三〇戸が建てられ六萬五千餘名が生活しているとのことである。

全學生に夏期休養

北朝鮮では各級學校の全學生を今年夏休みに各地の名勝、古蹟へ送つて特別休養させる、即ち北朝鮮人民委員會敎育局では每年夏期範學生を選んで金剛山、松島園等の海水浴場や朱乙溫泉、妙香山信泉寺等で休養させていたが、今年も敎育局で千六百餘名、三千餘名を休養させる。なおこれとは別に各道、市、郡でも小規模のもので多くつて各地の名勝、古蹟におり集團生活をさせることになる。また白頭山險隊を組織して夏休みに入り次第出發するはずで、この期間に自然科學に對する學生の認識を高めるため動植鑛物の研究材料を蒐集する。

米國から著名教育家來朝

（ソウル發＝東朝）南朝鮮各道の教員を再訓練するためソウル國立大學內に設置される中央教員訓練所は、八月一日から開所するが同訓練所に教鞭をとる米國大學、專門學校の著名教育家二十一名が引續いて來朝している。

各學校に英語週報配代

（ソウル發＝KIP）文教部袋の發表によれば、英語科目の教材として各中等學校に英語ウイクリ（週報）を配付することになつた。その部數は初等中學校五十部、高級中學校に四十部づゝ配給すると。

啓示者か破壊者か

フロイドに注がれる検討

今世紀の思想文藝に深い影響をあたえたフロイドの精神分析理論が、期せずして三つの文獻によつて解剖台にのせられた。まづ亡命ドイツ作家エミール・ルドウイツヒの「フロイド博士」は、フロイドを青春の破壊者であり、意志薄弱者にアリバイを提供するものとして痛烈に攻撃しているのに對し、前フオーチユン誌編集者ヘレン・W・プルナー著「フロイド　その生涯と精神」はそれほど否定的ではないが、フロイドがユダヤ人としての意識とそれから脱れようとする努力に惱まされたこと、レオナルドやミケランジエロの「セーゼ偏」の分析が實は彼自身の内部葛藤を反映したものにほかならぬことを指摘した點が注目される。第三は一現代の神經症を示した十五篇の小説集」と銘うつた「内部の世界」で編者はハーパーズ・メザート誌の小説記者メアリア・L・スウエルの編集だが、ニユーヨークの神經病權威フレデリク・ウエルサム博士の解説は必讀の文字である。

×　×

エミール・ルドウイツヒはフロイドの性本能抑壓の理論や、エデイポス・コンプレツクスがあらゆる人間に潜在するという思想を非難し愛や戀愛が、病理的と考えねばならぬ理由はどこにあるかと強く反問する。フロイドの結論には何ら科學的な實證性がない。患者から暗示の技巧で引き出した單なる主張にすぎない。「この遊戯はまず患者の信用をかちうることに初まり、次に行われる有名な轉換作用は一種の戀愛行爲の如きもの、最後に診察料の小切手で終るものだ」と攻撃のほこ先はするどい。

ここで彼は清教徒的アメリカの批判に移る。一體アメリカは言葉の使用において二重の道徳を行使している。彼らには「あらゆる秘密を統計にしようとする情熱」があつて、いかがわしい行爲を好んでフロイド用語で片附けたがる。要するにアメリカ人のフロイド熱は古ローマのそれに似たデカタンスの徴候だというのである。

ルドウイツヒによると「實現しない性的欲望は自然で正常であり、むしろ飽滿こそ眞の不滿をもたらすものだ」という意見が、すべて抑壓を神經症の原因なりとするフロイド説に對する反證の根據となつている。いわゆる抑壓心理は文明人特有の不安にすぎない。フロイドこそゆがんだ眼鏡を通して世界を見て、餘計な頭痛を病んだ男だというのである。この論法をもつてすれば、フロイドと共に、マルクスもまた弱蟲のためにアリバイを提供したものと斷じて然るべきだろう。前者は精神生活の混亂を幼時に養われた潜在意識の責に後者は感情生活のたい廢を、環境と經濟組織の責に歸したからだ、責任轉換では五十歩百歩である。

次にブナア女史の著書もまたフロイドの極端な思想、ことに親殺しを意味するエデイポス・コンプレツクスを不幸な行きすぎとして否定しているの興味深い。しかしこの著者はフロイドがいかに學説に忠實であつたかを強調し、寸分の矛盾も許容しなかつた態度をたたえている。同時に、夢が何かしら怖るべきものを意味するというその學説は果して眞實であるか、それについて著者は何ら實證すべき手段がなく、醫師の告白にたよるほかはないとも論じている。最後に女史はフロイドの經歴を示し、精神分析を彼自信に適用する女性や結婚に關するフロイドの近視眼的見解はまつたく彼の個人的な經驗に影響されたものとして受け入れ難いとしている。同じようにダ・ヴインチの卑拔な解釋も、主要な點は認めながらも「これまでに書かれた最も奇異な、最も巧みな神秘小説だ」と結論している。結局それはフロイド自身のエデイポス・コンプレツクスを示したものにほかならないというのである。

アメリカの作家が精神分析の影響をつよくうけていることは事實だが、この著者の指摘する通り、多くは時代思潮として取り入れているにすぎない。フロイドの缺點はともかくとして、精神の暗所のヴエールをはぎ取つた功績は消しがたい。「内部の世界」のウエルサム博士の解説は、作品を科學的に分析する前に一應藝術として見ている態度は正しい。しかし小説や劇や映畫でフロイドの術語をらん用する卑俗化の傾向には反對する。「現代の社會危機は經濟病者の感情に似ている。それは過多に對する缺乏の徴候である。かくしてまちがつた理想が人々にしみこんで、男は生産と賣ること、女は再生産と買うことを吹きこまれる。この宣傳に對して、個人の尊嚴を支持するものは精神病學と文學とであり、ともに病的の反對はきびしい藝術ではなく、生長だということを主張するものである」この選集にはエイギン・F・B・ホワイト、エデイタ・モリス、ユードラ・ウエルテイ、フオークナーなどの現代作家が含まれているが、博士によると、正確な意味での神經的テーマで書かれた最上の傳記はヘンリー・ジエームスの「ジャングルの動物」だということになつている。

イタリー文壇の新傾向

現在は過渡期

現代イタリヤ文壇を回顧して見ると、今日の文學の誕生に多大の影響を與えている。二十世紀のイタリヤ文學者という先づ世界的な名聲をはくしたダンヌチオであるが彼が去つた後は少しも振るわずわずかにノーベル賞のグラチア・デレツダ、劇作家のルイジ・ピランデリロが輩出し文壇を賑はせているが、これ等の作家を今日見るとすでに過去の人である。それでは二十世紀の始め作家として實り出した者の中には戰時中トリエステに在つて獨文學に接し、フロイド教授の影響を受けたと言はれているイタロ・ズヴエボおよび戰時中よりフアシズムに對し常に批判的な立場を採つて來た現代文壇の賣れつ子で且ブジカナリジ派の第一人者でイタロ・ズヴエボを師とするアルベルト・モラビアがあり兩者とも心理解剖に秀でた作家である。このほか大戰中米國に亡命していたジユゼツペ・アントニオ・ボルゲーゼ、劇作家のロツソ・デ・サン・セコンド、ヴイルジニオ・ブロツキおよびアントニオ・バルデイニぐらいものであろう。次に終戰後のイタリア文學界に大きな影響を與えたものとして、二つの作家の集團が存在した事を記憶する必要がある。

その一つは一二九十年より二十二年までフローレンスにおいて活躍した作家の集團である。即ち、シピオ・サルタベル、ジヨバンニ・パピーニ、アルデーニヨ・ソフイアジヨベンニボ・イネ等の作家で、思想の自由を標榜して、文學雜誌「ラ・ボーナエ」を出版していた。この中で今日活動しているのはパピーニである。これとほとんど同時代に、即ち一九二〇年より二十七年までローマにおいて「文體を自由にし、内容に重點を置く」ことを目標とする文學雜誌「ラ・ロメン」（巡邏兵）を發行していた一團で、これには、リツカルド・バツチエリ、エミリオ・チエツキ、アントニオ・バルデイニ、ヴインチエンツオ・カルメレツリが參加していた。この中でアントニオ・ベルデイニは今日なお活動を續け、終戰後、ローマに於いて保守派の文學雜誌「ヌオーバ・アントロジーア」を發行している。このほか佛文學の影響を受け、未來派の運動を展開して未來派文學を確立したフイリツポ・トマゾ・マリネツテイ及びその追隨者達は今日伊文壇に大きな影響を與えたものと云うべきである。しかし第一次世界大戰後に、イタリアに外國文學が盛んに紹介されたが第二次大戰終了の今日まで、外國文學の飜譯書が氾濫した。これは、イタリアに見るべき作家の無かつたことと、フアシズムに離反した青年層がその精神的空虚を埋めるため、外國文學に非常な興味を集中し、特に戰時中イタリア青年層に愛讀された英國の作家クローニン（育ち行く年の原作者）は今日イタリア文壇に大きな影響を與たものと考えられる。例えばボンピヤーニ社が出版したA・J・クローニン（一八九六年―）作「城砦」（一九三七年）および「星は眺めている」（一九三八年）はイタリアにおいて、すばらしい好評を得、その文體手法はわざとらしい表現の文學に慣らされた讀者に大きな影響を與え、又イタリアの作家達に廣い視野と、取材によつて書く事を教えた。したがつて終戰後は、從來とは全く異つた、新らしい健全な文學換言すれば從來の文學の文體本位主義を捨て、自由な表現方式を採り、その内容に重點を置いた文學を生み出そうとするのが第二次復興運動のねらいだ。從來の支學の大家の獨占であつたのに反し、今日の文學は社會全體のもので、作家は農民、中産階級、貴族をも含めた全社會階級から出ている。現在の文學は國家的色彩より、地方的色彩の強い文學へ進んで行くことも否めない。したがつて方言で書かれた文學が生れて來る。この新文學を代表する作家としては、イニヤツイオ・シローネを擧げる事が出來よう。彼の文學は伊文學の傳統より全く離れ形式ばらず、内容を重んずる作家である。現在社會黨員である彼はサルヅニアの貧農の出で、彼の描く所は、主として農民の生活である。彼は戰時中ズイスに亡命し、こゝで世界文學、特に米英文學に接しつつ、マイス國内のイタリア文壇温存地悲においては静かに勉強する事が出來た。此の間「そして彼はかくれた」を著した。かくしてイタリアには新しい文學が生れつゝあるが、言わば、一つの過渡期を乘り切つた時、健全な文學が生れるであろう。

泰西文豪夜話

バイロンの秘密

ずつと以前の事であるがロンドンの某書店から「バイロン卿夫人アン・イサベラの一生と書簡」と言ふ書物が刊行された。

其の本に依ると、バイロン卿の夫人イサベラはミルバートクと言ふ大きな莊園を所有している名家の娘であつた。バイロンは其處を見込んで求婚した。結婚後暫くイサベラの家で生活して居た。此の滯在中に、バイロンは、イサベラ夫人の實家が、思つたより内幕のよくないことを看做し、大いに思惑の外れたことを失望した。

いよいよ二人は密月の旅に出ることになつた。花束で飾られた馬車は、カラカラと動き出した。急にバイロンは苦蟲を嚙みつぶした樣な顔になつて、石の樣に默り込んでしまつた。イサベラはどうしてよいか迷つてしまつた。

白けきつた馬車の中――と、突然、下卑た、卑猥な勞働者でさえも口にしない樣な俗歌が、白皙温厚の詩人バイロンの咽喉をついて流れ出した。

無作法な態度で其の一節を歌い終ると、バイロンは急にイサベラの方に向き直ると「貴樣は、僕がたつた一度きりしか申込みをしねえのに何だつて直ぐ承諾しやがつたんだ」

其して密月の旅では彼女をまるで犬の樣に慘めに虐待した。――と言ふのである。

ランボオと虱

ランボオは、ヴエルレーヌの招きを受け早速パリーに乘り込んだ。ヴエルレーヌは玄關に立つた當時十七歳の少年の姿を眺めて啞然とした。嘗て送られた素晴らしい詩から判斷して少くも三十の坂は越えた男と想像していたからである。

不器用に伸びた彼の大きな身體の上には褐色の髮の渦卷く美しい少年の頭が不調和にのつていた。其の鋼鐵の樣な黒い眼は忽ち醉漢ヴエルレーヌを魅了した。

ランボオとの最初の晩餐が開かれた。ヴエルレーヌとヴエルレーヌ夫人お母さん其れからシヤルル・クロスとの五人であつた。

がランボオは鼻を皿に突込んでガツガツ食い始め一言も口をきかない。時々息をつくため首を上げるが其の眼付は猛獸の樣に凄かつた。

夫人が「御道中如何でしたか」とか「お疲れでしよう」とか話しを持ちかけても「ウン」とか「ヘン」とか、如何にも面倒臭いと言つた顔をして、返事をしない。詩に就いて訊ねても返事をしない。

食事を終えるとパイプに火をつけ一吹き氣持よさそうに天井に煙を吹きあげた。――と突然彼は立上り、「寢臺は何處です」と訊ねるのであつた。

翌朝夫人が、ランボオの起きた寢臺の上を見ると、虱がウジヤウジヤしていた。

「まあ！」思わず、後へ飛びのいてランボオの顔を見ると、彼は至極平氣な樣子で話しかけた。

「お宅の寢臺は、大そう清潔ですが虱だけは豐富ですね」――夫人は二の句も告げられず卒倒せんばかりに走り出した。

書評

戰後ソビエト紀行

（スタインベツグ著、角邦雄譯）昨年七月ソ連に赴いた「怒りのぶどう」の作者が新聞紙上に發表した問題のルポルタージュを譯したもので「ロシアには惡人もいるが非常な善人の方がはるかに多い」と見ることの有名なアメリカ作家のソ連紀行は、反共熱にあおられた米讀書界に大きな衝動を與えたことからしても感動の深かつたものであるか察せられる　新人社△一三〇圓）

童話

フランダースの犬（11）

三

「今日はアロアの誕生日だろう」と、其の夜おぢいさんはネルロにきゝました。ネルロはたゞうなづいていました。

「お前はどうしていかなかつたの」と、おぢいさんはたづねました。ネルロは返事にこまりましたがすぐに、「おぢいさんが病氣なのに行くことが出來ない」と、いつてしまいました。

「いやわしのことはピユレタトおばさんが來て世話するから、ネルロお前は何かあそこのアロアさんの惡口でもいつたのではないのかね」おぢいさんはふしぎそうにといました。

「いゝえ、おぢいさん、惡口なんかいいません。只僕がアロアちやんを松の板に寫生しただけです」

「あゝ。そうか――」

おぢいさんは急にだまつてしまいました、そして、やさしい手つきで少年の顔を自分の胸のあたりにだきよせ、

「ネルロ、お前は貧乏人の子だからなあ」

おぢいさんの聲はぶるぶるふるえていました。

「いいえ、おぢいさん」

少年はこういつたまま小屋の戸口のところ出へていきました。

秋の夜はしづかにふけて空にはつめたそうな星がまたたいていました。少年はぢつとそれを見ていました。水車屋からは時々笛の音がひびいてきました。少年は涙を流していました。けれどもにつこりと笑つて「何、きつとやつて見せる」とひとりごとをいいました。

少年はたつたまま空を見ていましたがやがて、犬と家にはいつて眠りました。

さて、少年にはだれにも知らせない一間をつくりました。よく光が入つてくるところをえらび、そこに木片でそまつな畫架をこしらえて、それに大きな紙をはり彼がよいと思うものを一つ描こうと一生懸命になつていたのでした。

しかし少年には繪具を買うお金もなく、誰あつて教えてくれるものもありませんでした。ただパンを買うのを少しづつがまんして白と黒との煤のようなものを買つてきたばかりでした。

彼がいま描きたいというのは、一人の老人が倒れた木のそばにすわつている所――ただ、それだけでした。

少年はいよいよ筆をはこばせました。ただ自分の考え一つでつかれたおぢいさんを描くのでした。

夕暮があたりを包もうとしている、倒れた木におぢいさんが腰をかけて何か考えている。悲しそうな顔付で――。

パトラツシエは何時間も動かずすわつたまま。ネルロの描く畫をみていました。ネルロは強い望にもえながら、自分のたましいをうちこんで描いているのでした。

発行所
新民報社
編集人
扶余弘建

購読料
一カ月卅円
一部　拾円

新民報

1 …極左極右の思想的偏向に反対する
2 …暴力と破壊活動に反対する
3 …自由と民主主義を守る

民戰に對する公開狀

一、民戦はなぜ日本労農戦線の一翼でなければならないのか？

日本における 外国人である在日朝鮮人の団体民戦が日本労農戦線の一翼であるということはいかに考えても不可解である、民戦の考えるところによると第三全大会宣言のなかでいうているように、「祖国独立と民族解放のために戦う日本の労働者農民を先頭とする愛国勢力と固く団結しなければならない。なぜならば同じ敵をもつ両民族の利害は一致するからである。」ということである。だがこういう考え方は端的にいつて共産主義革命理論の公式論と現実錯倒からくるドンキ・ホーテ的な狂想である。日本は事実上独立国家であり、日本の労働者農民は独立国日本の自覚に立つている。日本民族は一昨年の五月をもつて独立を認められている。日本の独立を認めようとしないものはソ連と中共ならびにその一連の国家だけである。日本人をいまだにその国内に抑留しているのは中共である。

ゆえに真実 かつ現実的な意味においては日本の独立と民族解放的立場からすれば敵は民戦が跪拝するソ連と中共でなければならない。また日本労農戦線ということばがもつ現実的実体の問題であるが、それは一体何物をさしていうのか？　総評と左社と青白いインテリの一部を網羅する一派をいうのか、それとも日共をいうのか、そのどつちなのだ？　総評はすでに労働者大衆からうかびあがつた形式的存在にすぎない。左社は国会における少数派であり都市労働者の一部と小市民の一部と無気力なインテリの一部にささえられているにすぎないものである しかもその総評や左社は民戦など相手にしようともしていない。民戦が汎称する日本労農戦線とは日共だけである。しかるにその日共は実勢力十一万余、国会に一人の代議士をようやく送つている一グループにすぎない。八千万のうちの十一万、すなわち八百万分の一にしかならないごく少数の日共と民戦は六〇万をひきいて抱合心中をやろうというのが日本労農戦線の一翼という御題目である。日本労農戦線ということば自体大げさであるが、十数万の日共の一翼だと自ら吹聴し大衆をあやまらしめている事実はこつけいそのものであるというほかはない。

それは ともかくとして、ふりかえつて在日朝鮮人の基本的な立場というのはどういうものかこれを一応再検討してみなければならない。在日朝鮮人は日本における少数民族でもなければ被圧迫階級でもない。一九四五年八月十五日をもつて敵対関係も切断されている。今日の在日朝鮮同胞の日本における立場は独立国の在外居留民として日本における外国人である。したがつて在日朝鮮人は日本において参政権なく、表面的政治活動は許されないのである。在日六〇万は日本に居留するだけである。これが在日朝鮮同胞の基本的立場である。

しかるに民戦は 在日朝鮮同胞の団体としての基本的な立場を無視して自らを日本労農戦線の一翼だと規定し、日共の破壊活動の一翼をになわんとしている。国際共産主義運動の通念からすればそれは一応ありうる公式論的考え方であろうが、在日朝鮮同胞をあげて非常に不安な困窮な立場においこむ悪質きわまる暴挙である。日本は独立国として固有の国是と国策をもつている。それは民主反共立国ということである 自由国家群の一翼として国際社会に立つている。民戦のもつて立つ本質的な立場と活動方針は日本の法秩序と国家的立場からは否定さるものである。同時に在日六〇万の民族的自主性と道義からも民戦的立場には断じて同意できない。在日六〇万は日本共産党の傭兵ではない。自らの立場と生活を犠牲にしながらまで日共に協力しなければならない義理もない。民戦は日本の民主化を促進するためにたたかうということを四全大会の宣言のなかでうたつているが、これも日本国民がやるべきことであつて、在日外国人のやるべきことではない。民主化がそんなにやりたければ北鮮と中共とソ連にいつてそこを民主化してからでなおした方が立派な方法である。

民戦よ思いあがりをやめよ日本労農戦線の一翼だなどと馬鹿げたことをいうのをやめよ

在日同胞の現状を直視し、唯物的観念論から脱却せよ

二、五大方針がもたらす効果は何であるか？

四全大会 は五大活動方針なるものをうちだした。いわく、

1 政治会議を成果的にたたかいとる
2 戦線を拡大する
3 民主的民族権益を擁護する
4 反吉田、反再軍備、反米
5 平和擁護、戦争反対

共産主義革命運動の宣伝方式として何でもよさそうなものは実行ということを度外視して一応羅列することになつている、ソ連革命当初ソ連共産党によつてかかげられた宣伝題目が全部実現されたならば今頃ソ連は天国となつているであろう。だが共産党はどんなことをいつたにしても自分に都合のよいもの、やれるもの以外はいつたことを実行した例がない。五大方針もそういう意味ではどういう効果をもたらすかなどときく方が馬鹿かも知れない、けれども民戦を尊重する意味で一応ききたいのである。

政治会議 の進展を妨害しているものは国際上難なのか？、民戦は米帝だというにきまつている。しかし公平な立場でみるばあい政治会議の成功をもつとも恐れているものは北鮮と中共ではないか。南北鮮を通じて自由選挙をやるばあい北鮮現在の人口最大限五百五十万であり韓国現在の人口は最少限二千百万であるが、北鮮民衆の六割までが反共であること、韓国内では容共民衆が二割四五分になるかどうか疑問であるから

北鮮側の敗退は 一目瞭然であり、この事実は北鮮も認めている事実である。だから自由選挙による統一方式にもつとも反対するものは中共とソ連であり、北鮮である。ほかにもつとも合理的な統一方式のない今日唯一の民主的統一方式におそれをなす北鮮と中共が政治会議の進展を願わないのは当然である。政治会議の予備会談で論議されるべき本質的な問題を逸脱してよこみちにばかり議論をそらそうとした中共と北鮮の態度に政治会議の進展をおそれる証拠が端的にあらわれている。ゆえに民戦は政治会議云々をする資格はない。

大衆欺瞞のための方便としてならば効果がいくらかあるというものだろう。

次に、戦線拡大云々、平和擁護云々はどんな団体でも一応いわなければならないまじないみたいなものであるから論ずるに足らない問題である。

もつとも重大な 要点は民主的民族権利の擁護と反吉田、反米、反再軍備というお題目である。

そこできくが民戦は一体どういう方法で民主的民族権利を擁護しようというのか？　同時に民主的民族権利の実体は何であるか？、民戦側の説明によると民主的民族権利を擁護するためには反吉田、反再軍備、反米という運動が絶対に必要だといつてこの二つを一体化して考えている。吉田内閣は反動政府だからフアツシヨ政治で日本国民ならびに在日同胞を弾圧しているという前提のもとに、民主的諸権利を守るために反吉田をやるべきだというのである。また再軍備のために税金を高くするから生活が貧窮化する。ゆえに生活を守るために再軍備反対をすべきだというのである。反米は両民族が米帝国主義のアジア侵略のためにひどい目にあつているから民族解放の立場からやるべきだというのである。これはいかにも理路整然とした論証のようであるが、現実をよく検討するばあい、あまりにも共産主義的牽強附会であるのに一驚を禁じえないものがある。大衆を欺瞞し、煽動するためにはこれくらいのこじつけは当然であろうがあまりにも現実歪曲であるのに驚かないわけにはいかない。

社会事象は すべて相対的で交互作用をするものである。民戦が反吉田といえば、吉田内閣は反民戦となるにきまつている。そういう敵対関係で問題が解決できるであろうか？　断じてできない。民戦がたおれるか、吉田内閣がたおれるかでなければならなくなる。しかし、吉田内閣が在日六〇万外国人のためにたおれるであろうか？　それはできない話である。おなじく戦うことでも内容的に、方法的にいろいろあろう。だが全然敵対関係にあるもののたたかいはどつちか一方がたおれることによつて終結する。民戦の反吉田という立場は利害関係よりも思想的なものであるから全くの対立関係である。しかるに民戦は在日外国人の団体であるからいわばすじちがいであり、はじめからできない相談である。在日六〇万朝鮮同胞は日本に居留するだけの存在である。それが日本の統治者と絶対的対立関係に立つというのはまつたく本末てん倒である。ドンキ・ホーテ的狂想というのほかはない。再軍備反対、反米などの問題も以上と全く同様であつて論ずるに足らない。全然できないことであるし、やつても効果は一つもなく、在日外国人の団体民戦としてはタツチしてはならない問題である。ただ一ついえることは民戦が国際共産主義運動の公式論と革命主義にとらわれているということだけである。そして、そういうことでは在日同胞のために何もできないばかりか、かえつてその立場を悪化するということだけである。

民戦は まず共産主義病の高熱から頭を冷してでなおすことが絶対に必要であろう。

〜爆弾〜

△四国外相会議何をもたらすか？　ドイツ統一英国案どおりにいくとソ連勢力は必らず敗退する。少なくとも自由総選挙の結果生れる政権は親ソ容共政権にはならないからだ。

△東ドイツでは反共運動が再燃強行されている。これだけでも親ソ政権ができない証拠充分。モロトフ外相はモロイ豆腐のようにくずれていく東独の形勢とにらみながらイーデンさんの平和攻勢には進退きわまつてしまつたろう。しかし古狸何をいいだすかが見物というところ。

△米国よフランス連合軍に武器を与えるまえにインドシナ民族主義者達の歓心を買つてやれ。

三、李康勳氏がスパイだという実証を示せ

民戦は 李康勳氏の脱退声明にたいして追放声明をもつて答えた。その追放声明のなかで、李康勳は木村法務大臣と連絡し、国警に情報を売つたスパイだとひぼうしている。しかし、そういう抽象的文句だけでは李康勳氏を大衆から遊離せしめることはできない。のみならず民戦の下劣な大衆欺まんとゲス根性を暴露するだけである。すでに一般大衆は共産党の常套手段だと冷笑し、問題にしようともしない。けれどもひぼうや中傷にもほどがある。いかに厚顔無恥な共産党のなりさがり者とはいえ人間的良心があるとすれば自分のいつたことに社会的責任を感ずるすなおさだけはなければなるまい。だから李康勳氏がスパイであつたという実証を示すべきである。それができなければ満天下に謝罪せよ。事実無根のひぼうにすぎませんでしたと。それが民戦の信用をまがりなりにも大衆につなぐ方便である。

主張　現代専制主義を打倒せよ

角を矯正せんとして牛を殺すということわざがある。このことわざは共産主義にもつともよくあてはまる。

共産主義は資本主義がもたらす社会的矛盾を止揚して人類の経済的不幸を救うことを目標としているといわれる。だが共産主義の実行と実現は人間の抹殺という恐るべき破局をきたすものである。人類は自らの発展をたたかいとるためにかの戦慄すべき中世暗黒時代を克服すべく数百年間努力して人間性の尊貴、思想、信仰、良心の自由をかちえたのである。絶対権力と身分制度を打破して民主主義をうちたて、人間ならびに人間社会の合理的発展の基礎をきずきあげたのである。しかるに共産主義はプロレタリアート独裁の名によつて中世暗黒時代の封建専制君主以上の絶対権力をうちたて、党員と非党員に対する深刻な差別観をもつて身分制度を再現し、思想の名においてローマンカトリック以上に思想と信仰と良心を束縛し、殊に人間において絶対であるべき人間の尊貴をさえ無視する横暴をあえてしている。これが人間と社会の抹殺でなくて何であろうか？

われらも現代社会の諸矛盾に盲目たらんとするものではない。貧困と貧困のためにかもしだされるあらゆる不幸は断じて容認できないものであることを知つている、能力に応じて働き、必要に応じて分配されるべき社会の実現を要望するものである。

しかしながら、中世暗黒時代の再現によつて現代社会の諸矛盾を克服せんとする共産主義には断じて反対である。歴史は前進し、進歩すべきものであり、そうであるかぎりにおいてのみ人類の幸福はありうる。過去の体制を再現することによつて現状を糊塗せんとするやり方では人類の幸福はえられるものではない。

われわれは従らに共産主義を反対するために反対するものではない。共産主義のもたらす恐るべき歴史的破局を観破するが故に、共産主義がかもしだしつつある醜悪を日常みるがゆえに、しかもそれが人類を破滅においこむものであるがゆえに反対するものである。最近の例では岐阜県高山市内校の尹致官の事件がある。彼は自分の日記をしるしたにすぎない。日記というものは一般の常識では個人の秘密に属するものであり、他人の容喙を許さないものである。にもかかわらず、民族の文教部員はその日記をぬすみみをし、かつそれを暴露し、糾弾をしている、個人に絶対であるべき思惟、判断の自由までがじゆうりんされる社会に何の幸福があるといえるであろうか？　人間の肉体はすこしの力でも束縛することができる。しかし人間の思惟力はいかなる力でも束縛できない。しかるに共産主義は人間の思惟力までも束縛しようとし、かつ束縛している。これでどうして、一人の自由ある発展が万人の発展と完全に一致しうる社会が実現できるのか？　ある絶対的権力のもとに万人が屈従する社会以外の社会は成立しないだけのことである。

われわれは個人の思惟の自由、判断の自由だけはどんなことがあつても守らなければならない。社会秩序の名において行動の絶対自由が抑制されることにも我慢ができよう。社会的発展の名において人類が進歩のためという理由で自己犠牲がしいられることにも我慢ができよう。しかし、思惟する自由、判断する自由まではいかなる名においてもゆずるわけにはいかない。

われわれは人間自由のこの最後の一線を守るためにも共産主義とたたかわなければならないのだ。

去勢される民族の良心

ソ連中共 批判の日記帳みられて 再教育の要ありと罷免さる

……岐阜高山市南校の一教師をめぐる事件の全貌……

最近岐阜県の高山市南校の民族学級の教官尹〇〇氏がソ連と中共を批判した日記帳を高山地区民戦文教部長に発見されて、自己批判を強いられたうえ罷免された事件があつた。事件の内容は民族的立場からきわめて重視されるべきものである。すなわち尹教官は停戦後ソ連と中共が北鮮に莫大な援助をおしげもなく与えていること、中共軍五万が北鮮に帰化して人民軍に編入されている事実、ソ連人中共人が北鮮で横暴をきわめ何事も自由勝手にやつている事実などについて憤慨し、この一連の事実からみて北鮮は実質的には完全に中共ソ連の植民地化したことを意味するものだということをその日記帳にかいた。誰でも民族的良心がけがされていない人ならばこれくらいのことは考えもし、いいもしがちなことである。しかし思想統制と中ソ一辺倒を信条とする共産主義者のなかまではそういうことでさえも許されないのであろう尹教官の日記帳が運わるく高山地区民戦文教部長の手にはいることとなり、その文章が彼の目にふれた。文教部長はこれを一大事とばかりに尹教官を査問委員会に附し尹教官が反動の宣伝にだまされていること、思想的武装が不充分であるという理由をあげて、彼を罷免すると共に再教育の要ありというわけで政治学院に入学を命じたのである。これで事件は落着したかたちになつたわけである。

だがわれわれがここで重視しなければならないのは民族の良心が売国奴共によつて去勢されているということ、この民主主義社会と時代においてさえある種の集団的圧力によつて個人の人格と自由がふみにじられている事実があるということである。個人の日記帳は第三者によつて検閲されるべきものではない。また個人が事物をどういうふうにみ、どう感じようとそれはその個人の絶対的自由である。しかるにその自由は共産主義社会では絶対に通用しない所のの いわれろ自由である。共産主義と党の施策というプリズムを通してのみ何事も何物もやりうるし、みうべきものとされているのが共産主義社会の実相である、共産主義プリズムと共産主義ブループリントによるのでなければいかなる真理、いかなる正義もすべて存在しないというのが彼らのおきてである。すなわち人間の意識と行為が完全に束縛されているのが共産主義社会である。けれども日本は民主国家でありわれわれには民族の良心を発揮しうる自由の天地がある。何がゆえに横暴きわまる民戦の思想的圧制と集団暴力の前に屈服しなければならないのか?、尹教官の見方と憤慨は全くそのとおりである。尹教官が民戦に所属する人間であるにしても彼の良心はいまだに麻痺していない。自由を愛し、民族の良心を尊重するわれわれは断乎民戦に対して抗議し尹教官のために彼を擁護し、彼の良心の自由をあくまで保障するためにたたかうべきである。思想的圧制と集団的圧力を排除して人間本来の自由と人権を断じて擁護すべきである。われわれの民族的良心と人間の自由をふみにじる世紀の悪魔共を退治するために民戦に鉄槌をくわえるべきである。

ここにも疑獄?

学資金を横領詐取 運動資金にした民戦幹部

韓国から日本に留学している学生たちが一番困るのは学資を送つてもらうプロセスの問題である。今日一般的におこなわれている方法はいわゆるチエインジという方法である。すなわち同国人同士で日本から本国に金を送らなければならない人と、本国から日本に金を送らなければならぬ人とが、本国か、日本かで当事者同士相談して本国にいる人同士と、日本にいる人同士とで受けはらいをすることによつてお互に送金の不便をさけているのである。ところがそれが当事者同士で打合わせてチエインジをするばあいは問題はないが、中間に人をいれてチエインジをやるばあいにはいろいろと不都合が生ずることが多い、中間に立つているものが両方をうまくごまかして詐取横領をしてしまうのである詐取横領をされてもされた方はまたどうにもならないのである。本国で日本でとのことであるから連絡がうまくいかないし、連絡がついてそれがわかつても、法的に処理することが容易でない。そこに目をつけて人の大事な学資までも詐取横領する不徳漢がままあるといわれるが、兵庫県民戦幹部韓徳沢もその一人である。

韓徳沢は名古屋のある大学に留学している某学生のところにチエインジの方法で五〇万くらいの学費がゆくのを中間に立つて詐取横領し、しかもその大半を民戦運動の資金にしたといわれる。この事実を知つた神戸のある人士が韓徳沢に詰問したところ、韓徳沢はかくしきれず事実を告白したとのことである。その告白によると彼はその金を民戦の運動資金に転用したが、もしも事実が暴露するときは民戦の名はださず、あくまでも韓徳沢個人が着服したことにするということで民戦がつかつたということである。なお民戦がつかつた金額は十万円である。これは韓徳沢が神戸の某人士の詰問に対して答えた自白書にはつきりしるされているからまちがいないことである。

兵庫地区の民戦では今この事実をやみにほうむるために韓徳沢の軽率さを非難するとともに話が一般にもれることを非常に警戒しているといわれる。だが共和信用組合をめぐるいろんな疑惑が一般にひろがつている現在、四方がかちあつてますます民戦幹部の不信行為に対する非難の声が高まつているようである(従来民団だけが腐敗しているように喧伝されたが事実は民戦も相当なものであるとのことである。ただ民戦は内部の不正を外部にもらさないだけの結束力があつたにすぎなかつた。ところがそれも時間の問題でそう長くつづくはずはなく、最近いろいろな民戦のスキヤンダルも外部にもれはじめているといわれる。

最近の民戦

組織防衛に狂奔

民戦は李康勲氏が脱退声明をだすとねぼけた顔で追放声明をだし、中傷とひぼうで李康勲氏をほうむりさろうとした。だが大衆はそう簡単にだまされるものではない。大衆は李氏の声明の正しさ、脱退が当然であることを知つている。民戦のいうことを半信半疑でみている。それだけならばまだよいが李康勲氏を支持する意向が地方には多い。そこで民戦は地方幹部を中央に召集して大衆の民戦離脱と動揺をいかにふせぐかについて鳩首協議した。しかし妙案などあろうはずはない。そこで李氏がスパイであり、日本政府が在日朝鮮人間の分裂を策するのに李氏がのつているといつたようなばかげたことをさかんに吹聴し、李氏がいかにスパイ行為をしたかをしらべてたたくということにしてチヨンとなつた。同時に反動攻勢からいかに組織をまもるかということで頭をひねり、各地幹部を督励している。しかしそんな姑息なことではなにもできないというのが一般の見方である。各地幹部の大半はやむをえず民戦に留まつているけれども心はすでにほかのところにいつている。ある消息通の話によると地方有力幹部の大半は時間の問題ではあるが、いずれ近いうちに民戦を脱退する準備をしているといわれ、ところによつて全県が民戦から脱退するだろうといわれている。

民主戦線改題

みにくし左翼エゴイズム

大衆欺瞞と唯我独尊

誹謗とウソでこりかたまる

天邪鬼子

革命的段階においては目的は手段を正当化しうるし、目的のためには非道義的な手段も一応は肯定されうるであろう。けれどもそこには常識的判断と限界というものがなければならない。いかに立派な目的のためとはいえ、あまりにもひれつな手段、ひどすぎるやり方は許されないものである。例えば人を救うためにという理由で殺人強盗をやつて金をとることは許されえないのと同様である。いかなる目的があつたにせよ常識的判断でそれはやむをえないとか、人間的行為の限界としてそこまでは致し方ないというところで手段はえらばれなければならない。目的のために手段をえらばないなどということはいわば自ら自滅の墓穴を掘るようなものである。

共産党の革命運動様式ほど目的のためには手段をえらばないものはまたとないであろう。

李康勲氏が民戦脱退の声明をだすと民戦では李康勲氏を民族分裂主義者、スパイなどとひぼうをくわえた。しからばそれをうらづける根拠や物的証拠があるかというとそういうものは勿論ない。だから常識的判断ではそういうことはいえないはずである。ありもしないことをいつているだけである。普通人の常識と良心では到底いえない話である。にもかかわらず民

一九四五年八月十五日祖国が解放されると共に海外に亡命しておつた革命家、政治家が続々と帰国してきた。その当時朝鮮共産党はいうところの人民共和国を密造しその主席に李承晩博士を推戴した李承晩博士が帰国して人民共和国主席になることはできないし、そういう陰謀には賛成できないんだと朝鮮共産党の行為に反対すると彼らはただちに李承晩は売国奴だとひぼうした。「われらの主席かえる」というポスターが方方にベタベタとはつて一日もならんうちに「李承晩は売国奴だ」というポスターをはりかえる醜態をあえてした。

金九先生が帰国されると朝鮮共産党は金九は国際テロ団の首魁だとか、封建反動的な野心家だとかいろんなひぼうをやつてのけた。しかるに金九先生が南北協商を主張し、平壌にゆくようになると、彼ら共産党は掌をかえしたように愛国者金九先生、良心的指導者金九先生というふうに吹聴した。

一体人間という者は一日にして善人から悪人になり悪人から善人に早変りできるものなのか?、李承晩博士にしろ、金九先生にしろ七十才になるまで祖国解放のために全生涯をささげてこられた民族の英雄達が一日や二日でどうして一方は偉大な指導者から売国奴になり、一方は封建反動的野心家から良心的指導者になりうるのか?唯物弁証法がいかに調法なものでもそういう卑劣な欺瞞宣伝の矛盾までをたくみにカーバーしうる力はないであろう。要するに問題は共産主義運動に同調するものはいかなる悪人も英雄であり、反共主義者はいかに善良であつても悪人であるというように考える唯我独尊的な左翼エゴイズムをはなれては考えられない野蛮的ドグマ以外のなにものでもないと断ずるよりほかに考えようはないのである。

端的にいつて共産党は気違い党であり、それこそ狂サン党である馬車馬のように自分の行先以外は何もみようとせず、頑迷な子供のように自分のやることが何でも正しいんだという馬鹿げきつた独断それが共産党の考え方、見方である。

李康勲氏に対するひぼうもいわば共産党的な唯我独尊的なひとりよがり的独善独断と大衆欺瞞による自己弁護のための方便である。李康勲氏がほんとうにスパイであつたならば集団防衛ということに必要以上の神経をとがらせている民戦の日共民対派が議長留任を指令するはずもなく、辞表呈出のときに絶対に慰留せよという指令を出すはずもない。ベリヤ粛清、北鮮の朴憲永一派の粛清、日共における伊藤律粛清など一連の事実があつて民戦でも右にならうために粛清してみようとしたけれども該当者が見当らないためにや[illegible]みになつた事実さえあるそれが動機になつて李康勲氏が民戦脱退声明をしたからといつて、馬鹿の一つおぼえみたいに早速スパイよばわりするとはいかに共産党の亜流とはいえ笑うにも笑えない道化役者的狂言である。民戦にもし人間らしい人間、普通人的常識をもつ人間が二人までいてもそういう馬鹿げたひぼう宣伝に断じて反対したであろう。なぜならば昨日まで自分達の集団の最高指導者であつたものを今日脱退したからといつてひぼうと中傷を目的とする宣伝をすればただに[illegible]ものと同じで民戦自体の恥辱となることを知るからであろう。しかるに民戦は李康勲氏をスパイにデツチあげるために今後も努力するという。まことに民戦のためにあわれをもよおし、冷笑を禁じえない次第である。

トキノコエ

逆も亦真なり

中国の名文集文章軌範のなかの阿房宮賦の末尾に、六国を滅ぼしたものは秦ではなく六国自身であり、秦を滅ぼしたものは秦そのものだということが書かれている。よみかえして思いをわれわれが生きている現在の世相とアジア政局にいたすとき感慨新たなるものがあるを禁じえない。

中国を赤化したものは国民政府であつて中共ではない。国府の政治が腐敗せず、国民党員が真に中国のために己を無にして働いたならば中国は中共以上の力によつてでも赤化されることは断じてなかつたであろう。日本を敗戦にみちびいたものもこれまた日本自身であつて連合国の武力ではない。日本が節操と真のアジア主義的道義にたつていたならば日本は今日の悲哀をあじわうこと断じてなかつたであろう。朝鮮問題またしかりである。三八度線ができ、南北に米ソ両軍が進駐して勝手な軍政をしいたにしても、南北三千万民族が一致団結して民族の自立統一独立に向つて努力したならば南北分立もなく、三年間の同族殺しあう悲劇もみずにすんだであろう。朝鮮の今日の悲劇と惨禍はすべて三千万民族自身がもちきたつたものであつて、米ソ関係からもたらされたものではないのである。

アジア諸国に今日共産党の勢力がはびこり、赤化工作がはげしく進展している。勿論われわれは自分の民族自主性を失つていたずらにコミンフオルムの指令に盲従する共産主義者をあわれみ、にくまざるをえないのではあるが、アジア大半の民衆を共産党の笛におどらしめるようにしている者は一体誰なのかを考えるとき、英仏帝国主義の猛反省を促さざるをえないものがある。東南アジア諸国は英仏諸国の帝国主義侵略のために多年苦しんできた。その反動が今日のホーチミンではないか?

在日朝鮮問題の問題もこういう観点からみなおされるべきである。民戦を今日のように強大にしたのは民団の無力からである。民戦をあのように横暴にし気違いにしたものは在日六〇万朝鮮人である。心ではいけないと思いながらも情実、日和見主義、長いものにまかれろ主義、附和雷同する無定見などが民戦を今日のようなものにしたのである。岐阜県高山市南校の尹教官問題などをみてもそれははつきりしているのだ。良心自体は失われていない。にもかかわらずその良心のままに行動する勇気の足りないところからすべての罪悪は助成されていくのである。

自己を強くすること、良心の命ずるとおりにすること、客観情勢などにめきりひきずられないこと、これが正しく生き、強く発展するための条件であり、自己にかえれ自己自身に帰らなければならぬ。

× × ×

新世界新聞
發行所 新世界新聞社

讓移政權行

美側占領費를要求

韓側拒絶로難關에逢着

韓美共同委員會今日부터續會

(서울七日發＝合同) 지난三十一日 以來 休會中이든 韓美會談은 八日 下午一時부터 開會하기로 되었다 이에앞서 韓國政府側의 修正案에 對하여 美國側은 本國에 照會하는 한편 同會委員을 派遣한바 있었는데 美國政府로부터의 訓令이 到着하였음으로 美側에서 同會議를 要請한것이라한다 그런데 有力한 消息通이 傳하는 바에依하면 지난三十一日以來 李承晩大統領과 무초特使는 數次 會合하여 韓美會談의 難關을 打開하려고 努力한바 있었다고 하는데 今般 美國政府로 부터의 訓令은 한國政府側의 修正案을 考慮한것같이 보이지 않는다는바 따라서 同會談에서는 새로운 打開點에 努力할것이라고 한다

政府側에說明을要求

尹長官談의趙氏反逆者問題

趙特使

尹長官

(서울六日發＝合同) 六日의 第五十八次 國會本會議는 申翼熙議長司會로 開會되어 尹內務長官이 ... 趙炳玉氏에 對하여 反逆者라고 指摘한바 있었는데 政府에 對하여 說明하자는 發言이있어 結局 表決한結果 趙憲泳議員의 「政府側의 責任있는 說明을 듣자」는 動議가 九十三對十五로 可決되어 十一時頃 李國務總理及 尹內務長官 張外務長官 이 各々 國會에 出席하여 ... 第三章十八條 ... 「法官中에서」 ... 修正案이 採擇되고 ... 反民族行爲處罰法案 第二讀會는 滿十五日만에 完了되었다

尹長官談話를否定

(서울六日發＝合同) 일서 尹致暎內務長官은 趙炳玉氏에 對하여 ...

民聯常任委員에 安在鴻氏就任

美大統領選擧戰開幕

듀氏遊說旅行次로出發

共和黨의政策을痛擊 투大統領의遊說第一聲

無貞氏歡迎會

大韓體育會會長에 申翼熙氏

反族行爲處罰法成立

張外務部長官 金性洙氏訪問

美軍當局者도非難 韓國前途困難 하는現政府

赦免法全文 (二)

南北統一

政治力으로解決못하면 實力行使도不可避

北鮮最高人民會議의全屬別

議長氏名訂正 北鮮人民會議副

蔣總統嚴重警告 非協力的인銀行家에

亞細亞諸國婦人會議 印度갈캇타에서開催

八項目의指令

縱觀橫談

美、韓國을放棄? 戰略的基地로서無意味

中、八月末金圓 發行高三億圓

쏘、獨接收 工場返還?

暴徒襲擊으로 市會開催不能

英地區에서도

파키스탄政府 UN案을受諾

波勞働紛爭 正工作着手

韓國에서의美쏘冷靜戰

毒舌로攻擊하는쏘聯 民衆은信頼보담混亂

社說

在留朝鮮人의就職問題

三菱銀行增資 新株募集
增資金額 八億九千五十五萬圓
募集株數 千七百八十二萬千株
一株の金額 金五十圓
拂込金 一株ニ付五十圓
申込證據金 一株ニ付五十圓
申込期間 九月二十日より 九月三十日まで
お申込は三菱銀行本支店へ

安田銀行が
10月1日より
皆様の
富士銀行になります

帝國銀行解散 十月一日新發足
第一銀行
只今株式募集中一株50圓即刻お申込み願います
本店 東京・丸之内一ノ一

いまの名前で
10月1日から
生れかわる新しい
帝國銀行
新本店 東京日本橋 三越前

30年만에 밟은 祖國땅

進步보다 오히려 退步의 感

李國務總理의 統一自信에 感銘

本國에서 歸還한

朴烈氏談

對日感情

駐日代表團長說否定

祖國反逆分子送還當然

一問一答

太平洋同志會의 活動

在日某々團體에도 影響?

密造酒를 徹底取締

違反者엔 五年以下의 體刑

上重下輕의 方針으로

大阪市市民稅徵收方法

公定以下로 販賣되고있는데 公定價額올리는 日政의 矛盾

野菜

電熱用만 壓縮

第三四半期電力

味覺가을의 王者果實

戰前狀態로 豫想되는 豐作

處分에 困難할만치

고구마도 大豐作豫想

冬수로今으로 上昇된炭 貯炭

列車平常대로 運轉

留置中의 少女와 宿直室에서 同宿

醜行 巡査 起訴

文化

教養과 文藝 (一)

李杞雨

隨筆 仲媒

八達山人

朝鮮畫 趣 小林秀人 勸

黃鶴山直持寺

雨豪의 地方伊丹

侵水家屋 三百餘戶

建靑大本役員改選

民主主義에의 入口

冷靜한 戰爭에도 一役

美對韓民衆의 文化施設

短篇小說 어느 女子의 告白 (四)

茶雲道人 作

閔英孝 畫

國產サルバルサンを創製したる "萬有" 30年の傳統と技術の結晶

ペニシリン "萬有"

페니시린

萬有製藥株式會社

東京都中央區日本橋本町二丁目七番地
支店 大阪市東區道修町

信濃橋產業株式會社
取締役社長 高泳夏
大阪市西區

本場の特級品 ミシン

メーカー品二十一種入

ロンチンミシン

販賣元 伊藤ミシン商會

自動車の修理は南組へ
設備完備
親切低廉本位
バンキン塗裝
內張各部修理專門

南組自動車修理工場

南 廿 柱

大阪市 阿倍野區
電話 天王寺(77)九七四番

人蔘廣東·漢藥材 藥種貿易商

株式會社 日和堂乾材藥房

大阪市東成區大今里町六七七
電話 (75) 二七九二番

調查票作成의 件

一、調査票記入要項

韓國貿易協會日本支部

(昭和26年2月21日日本運輸省特別扱承認新聞紙第642号) (昭和21年7月3日 第三種郵便物認可) (大韓民國公報處 國內配布許可第30号)

新世界新聞
新世界新聞社
編集發行人 宋基復
東京都目黒区下目黒4の849 電話大崎(49)4074
大阪市南区鰻谷西之町三 電話(27)881·9231

日政의北韓接近露骨化

既成事實의積累企圖

貿易協定期於히締結乎

南北을不問코 漁業線侵犯不許

日—北韓協定에外務長官談

十億弗超過

對韓援助總額

"日本보다韓国이重要"

美防衛에 李參謀総長이指摘

僑胞社会 淨化와建設에

積年의弊習一掃에勇進

西紀一九五五年六月十日

新世界新聞社

社說

漸次逼迫하여가는在日僑胞의生活難을打開하는길

對日貿易 制限強化必至?

商工當局慎重히考慮

對美關係는軟化

動搖하는日對外政策

船舶·艦艇의製造·修理
日立B&W디—젤機関
各種化学機械·装置
鉄骨·橋梁·鉄塔
日立造船株式會社
取締役社長 松原與三松
本社 大阪·中之島2 電話北浜(23)8051—9

堅牢·優美하고便利한
Y.K.K.スライドファスナー
吉田工業株式会社
東京·大阪·魚津

쓰기좋은시구날미싱

シグナルミシン株式會社
大阪市都島区大東町2丁目364番地
電話堀川(35)5863·1947番

朝日号最新型スマートボール機
各社高級パチンコ遊技機!
朝日が誇るスマートボール
朝日商會
大阪市南区鰻谷町43番地
電話(75)7822·7393番

力が強く能率的!
寿命が長く経済的!

ダイナミック
明電モートル
株式會社 明電舎
東京·大阪·名古屋·金沢·福岡·札幌

現金正価 7,950円
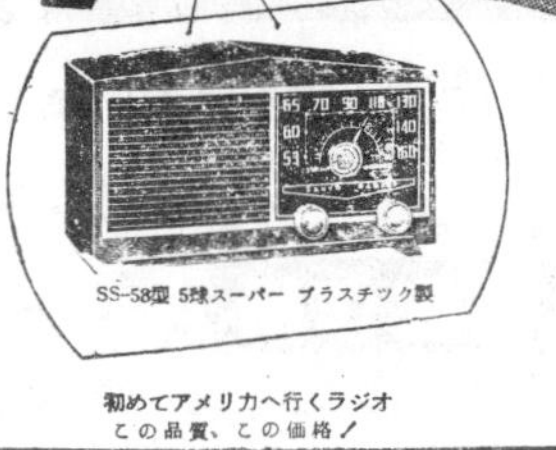
SS-58型 5球スーパー プラスチック製
初めてアメリカへ行くラジオ
この品質、この価格!
サンヨー
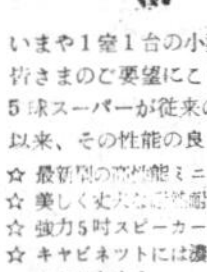
いちばん買いやすいラジオ!
いまや1室1台の小型ラジオ時代です。サンヨーラジオでは皆さまのご要望にこたえて画期的な生産の合理化を進め、5球スーパーが従来の½のお値段で完成いたしました。発売以来、その性能の良さは非常なご好評をいただいています。
☆ 最新型の高性能ミニアチュア管を使用
☆ 美しく丈夫な耐熱耐衝撃性スチロール樹脂のキャビネット
☆ 強力5吋スピーカーの豊富な音量と快い音質
☆ キャビネットには濃緑・チョコレート・クリーム色の三種を取揃えております
サンヨーラジオ
三洋電機株式会社

幸せをお約束する!
20万円の幸運者が当る
ゴールデン定期
1口1000円・期間6ヶ月
ダイヤ積立定期
100円よりお預り・目標5千円→10万円
池田銀行
本店 池田市城南町499の4

左翼系列旅券發給事件
民團發展에重大支障
代表部某職員도関連

本紙「自由論壇」投稿로 問題가된 左翼系列 金熙玉(三重県桑名町) 旅券発給事件에関하여 本社調査에依하면 意外에도駐日代表部大阪事務所旅券係아닌某下部職員이 이에関連된事実이 判明되고 民族威信上重大한影響을가져오게하였다

即 前記金은 解放以来数次麻薬 ... 行商次本国에密航하였고 解放 ... 民戦의地区分会長及、民戦経営学校의理事長等을歴任하였으며 韓日会談反対와 同時에金十万円을寄附하는等 旧民族陣営파의와함께 前衛로나서는左翼系列의首領이였으므로 民団三重県本部에서는 危険分子로서 "이야마-크" 되어 ...

金團長의非行眞相調査
二八日地方議事會開催

「大阪統協」正式發足
二十四日에는全国大會

桑名韓國学院 開設
青少年雄辨大会

三重民團에서 週刊通信發行

月間反侵略運動
民團中總實施方法発表

居留民団中央総本部에서는 今六月을 "反侵略運動月間으로" 定하고 ...

腐敗된大阪民団
特權利用코大衆搾取
無知無能한最高責任者

自由論壇
僑胞社會의淨化를爲하여
似而非指導者의非行을싯고
神戸 安相均

「似而非指導者의非行蹂躙」라는 ...

行動은反逆 말은愛國者요

密入國者의避難處

本來의性格 을回復하라

各種고무製品製造
朝一工業株式會社
東明産業株式會社
取締役社長 鄭辰錫
大阪市東成区東今里町4ノ88
電話(94)4457番
서울特別市永登浦区 ... 222番地

營業品目
ワイヤーロープ・ワイヤヘルド線
鋼硬線・ピアノ線・洋傘骨・燒入鋼線
(特히韓國向需要에應함)
東洋鋼線株式會社
取締役社長 崔鐘洙
本社工場 大阪府泉佐野市(具田127)番地 電話泉佐野692・1039番
第二工場 大阪府泉佐野市岡本2478番
大阪営業所 大阪市天王寺区 ... 電話南(75)2705番

輸出入 OK 全般
大阪交易株式會社
取締役社長 安東均
大阪市北区絹笠町50番地(堂ビル4階)
電話堀川(35)4905・7267・1821〜6番
서울事務所 서울特別市中区小公洞50番地 電話③2260番

輸出入業 船舶代理店
國際貿易株式會社
取締役社長 金澤義治
専務取締役 平山康守
山口県下関市豊前田町122
電話③3704番

歴史와信用과技術을자랑하는／光金屬의精密螺子
轉造螺子引出ボールト・ローリング螺子 其の他各種捩物加工
光金属工業株式会社
取締役社長 光本済相
本社工場・大阪市東成区西今里町4丁目131番地 電話(94)0813番
第二工場・大阪市生野区北生野町4丁目11番地

歴史와傳統을자랑하는 丸三의볼트・낫트
丸三鉄鋼株式会社
取締役社長 金山炳五郎
本社 大阪市西区北堀川町2丁目38番地 電話新町(53)1922・1587番
生野工場 大阪市生野区田島町1丁目542番 電話天王寺(77)5160・3350番
泉尾工場 大阪市大正区今木町1丁目56番地 電話泉尾(55)0227番
堀川工場 大阪市福島区福島町2丁目8番地 電話堀川(35)2637番

朝鮮布木
朝鮮레코-드 都散賣
金宮商店
東京都台東区浅草公園六区2号20
電話浅草(84)8357〜0198番

各種物産 東洋貿易株式會社 輸出入業
呉市堺川通六丁目六 電話5125−7番
遊技界のニューモード 東洋号スマートボール機
株式會社東洋製作所
代表取締役 盧福永 專務取締役 郭海屏
呉市堺川通6−6 電話5125−27番 工場・呉市西二河通11 電話3762番

山이면金剛山
料理면食道園
大阪名物元祖平壌冷麺
食道園
大阪南区千日前
電話南(75)4483・6022番

東亞新聞
発行所 東亞新聞社
東京本社 東京都港区芝新橋7—4
電話銀座(57)0271番
編集兼発行人 朴石憲
新聞定価一カ月50円
一カ年定価600円

信用ある歴史古い布木商
平壤商店
東京都文京区福山町小石川柳町電停前
電話小石川(58)〇一八七・四八七九

統一なき休戰に反對

韓國唯一の境界線は鴨綠江

現狀の休戰は悲慘

李大統領、ア大統領にメッセージ

李大統領はワシントンの韓國大使館を通じてア米大統領にメッセーヂを送つたが韓國を分裂したまゝの如何なる韓國戰爭解決案も共産主義者を喜ばせるものでありこれには絶對反對であると述べた。

韓國問題の解決は半島の腰の広い部分或いは狭い部分であれ、いかなる地点で行われようともそれがわれらの本来の境界線である鴨緑江において行われない以上それは共産侵略者に勝利を与える事になるだろう。このような勝利は共産主義者が韓国において勝利するのみならず全自由世界に対して勝利をかち得ることを意味するものである。斯る結果はわれわれにとつて悲惨なものとなるばかりでなく現在なお自由を保つている米国およびその他全世界の国々にも崩壊をもたらすものである。われわれは二年前あの様な貧弱な武器弾薬でかくも勇敢に戦つた。これは何のためであつたろうか？われわれは共産主義者も慰撫しようとしているとは信じられない。然しもしこの様な政策が取られるならば明白に率直にわれわれに語られるべきである。しからばわれわれは民族としてのわれわれの運命を自ら知る事が出来るであろう。

クラーク司令官は共産側に対し新しい書簡を送つて会談再開を提案する。

世界平和は韓国休戰から

自由選挙で統一を

ア大統領重大声明

アイゼンハウアー米大統領は十六日午後一時ワシントンで開かれた全米新聞発行人協会の年次大会に臨み重要な政策演説を行つた。ア大統領はこの声明で韓国戦争を停止し軍縮会談に同意して世界の恒久平和確立のためソ連指導者が誠意を示す様呼びかけた。演説要旨つぎの通り

一、米国はソ連のあらゆる平和的行動を歓迎する

一、平和へ向う第一の措置は韓国における名誉ある休戦であり、自由選挙による韓国の統一でありこの問題から始まつて他の問題の解決を図ることが重要である。米国にはその用意が出来ている。

一、インドシナ、マレーに対する指導援助を停止する事が必要である

一、ドイツの自由選挙による統一

一、全国家の軍隊と治安軍の提携を絶対的な数字或いは国際協定による比率によつて制限し軍縮協定を結ぶ用意がある。

一、真実を試すのは簡単で行動だけである。ソ連の新指導者達は具体的な証拠をみせるべきである。

休戰成立後も駐兵

ア米大統領言明

アイゼンハウアー米大統領は七日「韓国休戦が成立しても国連軍は相当長期の間戦地に駐屯せざるを得ないだろう」と語つた

米會談再開に同意

クラーク司令官 中立国にスイス提案

米政府は休戦交渉を再開する用意がある旨を共産側に通告する様クラーク国連軍司令官に指令したといわれる。また米政府は送還を望まない北韓及び共産中国捕虜をスイスの管理下におくことを提案したがスイス政府は中立国となることに同意したと報ぜられている。

シュルツ氏來韓

自由アジア委員会東京支部長ジマE・シュルツ氏が韓国の文化的古書籍の保存並びに翻写事業を兼ね韓国文化をひろく海外に紹介すべく来韓した。なお同委員会は昨年も一千冊の図書、[illegible]を寄贈した事がある。

自由陣營は强硬前進へ

外務長官歸國談

UN総会より帰国した卞外務部長官は帰国後最初に行つた記者会見で次の様に語つた。

△UN総会において韓国問題が共産陣営の詭計を押し切つて米国等自由陣営の大きな活躍に依つて予想よりも早く論議された事に対し感謝するものでありこれからは自由陣営国家が従来の微温的な態度を捨てて行動を以て強硬に前進しなければならない。

現在韓国の経済実情は逼迫状態にありこれを等閑視することは[illegible]まりないことで、これに対し米国を始めとする各民主国家に格別な呼訴をした所大きな成果が期待される。

△同総会報告書問題で召還されたがこれは後世に判断されるもので私としては現在何とも言及出来ない。

分割は共産主義化を招く

北韓に自由選挙して統一

ノーランド共和党議員提案

ノーランド米上院共和党政策委員長は国連はソ連の平和提案の誠意を試すため韓国統一の自由選挙を要求すべきだと提案を行つた。共産主義者はソ連が原爆を蓄積するため一、二年の余裕が欲しいので韓国で休戦しこの間自由世界には軍縮をさせようとしているのかも知れない。われわれがこれら共産側提案の誠意を見きわめるため今きびしい試錬を与える事は非常に重大になつてきている。北韓における国連監督下の自由選挙即時施行に対し、かれらがどういう態度をとるかはこの間体のはつきりした証明となろう。ついで統一された自由な韓国に対し国連と諸大国は独立と領土保全、中立を保障すべきで分割された韓国は共産主義韓国を意味する。

大韓YMCA五十周年記念

大韓YMCAでは創立五十周年を迎えたので五十周年記念式を市大庁向の中央教会で十五日の両夜盛大に開くことにな

民間人の送還を要求

韓國外務長官談話

卞外務部長官は今週行われる傷病捕虜交換人員数に共産軍が拉致した民間人を加えて要求すべきだと語つた。

国連軍が五、八〇〇人の共産軍傷病兵を送還してたつた六〇〇名だけを受取る事は公平ではない。共産軍がこの人員の差を南韓で拉致していつた多くの拉致者を返すことによつて埋める事に要求する。なお同長官は北韓傷病捕虜が彼等の意志に反して送還されることのないように韓国官吏によつて再審査されることを要求した。

社説

休戰に対する我等の決意

一

傷病捕虜交換をエサにして休戦協定を申込んで来た共産側の真意を米国を始めとする国連側の方ではこれを額面通りに受取り、今にも世界に平和が、もたらせるものと早合点をしている様子であるが、これは至極危険千万な話であると申さねばならない。口では世界の平和を提唱しつゝ、実際において反平和政策を遂行しているものは一人共産陣営であることは、今日迄の国連総会で十二分に説明されている。

二

共産主義者は、この世界が如何にもめていてもよいから、共産化さえすれば良いのであつて、世界共産化の為めには決してその手段方法を選ばないのである。今回の傷病捕虜の交換と言い、休戦協定等というのも一に策略であつて決して彼等が、世界平和を願うからではないことを我等は知らねばならない。これは直接共産主義者の行動を身を以つて体験した者でなければ理解出来ない。即ち共産主義者が赤化の為めに如何なる手段、方法でも平気で、やるという実物教訓を受けたるもの以外はこれを幾ら説明しても、会得出来ないということである。

三

我が韓国民は、この数年間共産主義者の為めに、あらゆる犠牲を払いつゝこれを体験して来たのであるから共産側の方で如何なることを言つても、それを真に受取ることは出来ない。それに最近アメリカ側の消息通が伝えられる統一なき休戦案等は正面から反対せざるを得んのである。今日迄韓国民は統一韓国を樹立すべく貴い血を流しているのであつて、統一なき独立は永遠に我等を不幸たらしめるばかりでなく、世界平和の禍根を残すことになるのである。

四

平和を愛することは、世界の諸民族中韓国民ほど念願しているものはあるまい。表面のみの平和攻勢に、だまされて悔を残さない様自由陣営は用心すべきである。我等は往年の米蘇共同委員会の結果を知つている。二年の長きに亘つて幾十回となく開催された米蘇共同委員会は、[illegible]の得るところもなく物分れとなつたではないか！

五

米国は韓国政府樹立後公約に基いて、その軍隊を引上げたばかりに彼の恐るべき六・二五事件が突発し戦乱は今日尚続いているのである。この六・二五事件の為めに韓国民の払つた犠牲は言うに及ばず今日迄の自由陣営の損害は世界第二次大戦の総被害よりも更に大であることを我等は忘れることが出来ないのである。

六

今回彼等が申し出ている傷病捕虜交換も、将又休戦提唱も結局はアメリカ拡大統領の積極策を恐れて共産側が、これに対する準備が出来る迄時をかせがんとする策略に過ぎないのであつて、この甘い口車に乗つては大変である。米大統領が亜細亜は亜細亜人で守れと言つているその言葉を共産側はつかんで今回の平和攻勢に出たことは火を見るより明な事であつて、この様に蘇連を主とする共産側の真意を知りつゝ余りにも永びく戦禍に、なやまされている自由陣営では、平和、休戦と言えば、飛びつく程弱んで受け入れる弱点を知つての腹さぐりである。

七

共産側は自己の不利な時には、平和、休戦の武器を引き下げて出て来るのである。蘇連の休戦提唱の為めに国連軍は二年の永きに亘つて積極的戦争遂行が出来ずに、いたづらに共産側に時をのみかして来ている現状ではないか？

我等は共産側と妥協はあり得ない。まして統一なき休戦を強いられゝば、最後の一人になる迄戦い抜くだけである。韓国が主張している。中共軍を韓土より追出し、北韓傀儡軍の武装を解除し統一韓国を樹立するに非らずば、休戦に展ずること絶対出来ないのであつての完全独立の聖なる目的達成の為めに我等は最後の一分迄最後の一人になる迄戦うことを三一精神に基いて玆に宣言し天地に誓うものである。今韓日会談も再開されている。韓日両国の歩みよりに依つて有終の美あらしめんことを我等は念願して止まない、この韓日会談の結果が休戦会談に及ぼす力の大なることを玆に再強調し、世界平和の為めにも韓日会談の成功を祈るものである。

韓国政対決意を表明

梁大使ダレス長官と会談

梁裕燦韓国駐米大使は八日ダレス米国務長官を訪問、韓国政府は共産側との分割支配の現状を維持する休戦取決めに反対である旨を伝えた。この会談は梁大使の要請で行われたもので四十五分間で終了した。梁大使は会談終了後記者団に向つて次のように語つた。

「わたしは共産側の休戦提案の実体が（実は戦略上の変化で目標の変化でないこと）が認識されていないのではないかとの懸念をダレス長官に表明、同問題に関する韓国政府の態度として主な五項目を同長官に提出した、この五項目とは韓国を再統一しなければならないこと（経済的理由だけでも南北は互いに独立できない）中共軍を韓国から退出させなければならないこと、北韓傀儡軍を武装解除しなければならないこと、第三国が北韓共産軍に軍事的その他戦略的援助を考えることを許さぬこと韓国政府が韓国に関する一切の国際会議に参加しなければならないことである。またわたしは韓国軍向給与及び軍服という形での米国の援助を要請した。戦火に破壊された韓国は韓国軍の協力を維持するに十分な補給ができない。まして韓国軍増強計画により今後増加する部隊に補給できないのである」と

これに対してダレス長官はこの問題については目下研究中であると答えた。

藝術家科學者を登録

文教部の文化保護法規定による文化人登録規定令案が国務会議で本決りとなつた。同規定は韓国の文化人を保護することに目的がおかれており登録範囲は芸術家科学者と規定されている。

米國移民實現か

年間百名

政府はかねて懸案の米国向移民に関しこの程ようやく具体的実施要綱を内定、近く関係当局で最終案をまとめ社会内部両部が対象者の選定にかかることになつた。今の所人員は年百名とほぼ決定、四月中には対象者を選ぶといわれる。

北韓捕虜に韓国永住希望多し

韓國外務長官声明

卞栄泰外務部長官は傷病捕虜交換に関して「五千九百名の共産軍傷病捕虜は必ずしも全部が帰還を願つているのでもなく、釈放すれば韓国に永住することを心から望んでいる。これ等の捕虜は韓国政府の代表によつて再審査をする必要があり、一括的に全員を送還することには反対し、韓国政府の参加なしに行われる交換行為は韓国の主権を侵すものである」と述べなお「共産軍侵略当時南方から拉致された民間人多数の送還を強力に要求すべきである」との要旨の声明書を発表した。

韓日會談再開さる

先づ基本問題を再確認か

韓国代表 金公使　日本代表 久保田參與

金駐日公使と奥村外務次官の数次に亘る折衝に依て昨年四月来停頓中であつた韓日會談は遂に、十五日から再開された。韓國の外交官筋は韓日會談再開に関し日本側が誠意を以て臨めば今度再開される會談では必ず円満な成果が収められるであろうと次の様に語つた。

日本側が前回の会談を中断させた様な不誠意な事を繰返さない事を望む。基本政策、在日同胞国籍問題、財産、漁業、船舶問題、以上五議題に意見の一致をみれば韓国側は韓日基本友好条約、韓日通商条約を締結する用意がある。

韓日会談韓国代表の顔ぶれは次のように定した

首席代表 金溶植（駐日公使）

代表 林松本（殖産銀行頭取）

任哲鎬（大統領法制秘書）

洪進基（法務部法務局長）

黄聖秀（国会外務委員長）

専門委員（以下同じ）

李相徳（韓国銀行外国部長）

池鉄根（商工部水産局長）

崔文卿（外務部政務局長）

韓日会談は予定通り十五日午前十時から日本外務省で再開された。韓国側から金公使、洪法務部法務局長、池商工部水産局長、[illegible]参事官、崔総領事日本側から久保田参与、下田条約局長、鈴木参事官、広田アジア局第二課長、西山経済局第五課長、高橋条約局第一課長、重光同第三課長が出席した。

先づ金公使と久保田参与から別項のあいさつがあつた後、議事進行について協議公式用語として韓、英語を採用することに決定して第一回会談を終り来週から実質的な議題の審議に入ることになつた。

金公使あいさつ

日本と韓国は地理的関係から良き隣国としてお互い仲良くすることが希望されるが現下の情勢では絶対に友好関係を結ぶことが必要である。去る一月七日李大統領は離日に際し「韓日両国の了解なしでは東洋の平和はあり得ない」と語つた。我々は過去の暗い思い出をすべて忘れることに努力している。一ケ年ぶりで韓日会談が再開されるに際し協力と友好の精神で虚心たんかいに語りあうことを希望する

久保田参与あいさつ

昨年の日韓会談は主として両当事国があまりにも自説や原則に固執し過ぎたため中絶のやむなきに至つた。もし今度も同じことを繰返せば必ず失敗するであろう。従つてこれからの会談においてはギブ・エンドテイクの主義に則つた友好互譲の精神が支配すべきであると信ずる。この精神に従つて共に相会し共にことを進めこの会談を必ず成功に至らせましょう。

李副統領葬儀は国葬に

国会では前副統領李始栄翁逝去に接し、国会代表を弔慰に派遣するとともに韓国独立の元老としてその功労は青史に輝くべきものとして全国民の最大の哀悼を表明する意味においてその葬式を国葬にすることを政府に建議することに可決した。

李始栄前副統領十七日永眠

全生涯を韓國独立運動に捧ぐ

前副統領であつた李始栄翁は宿患中十七日午前釜山外東莱自宅で享年八十四歳を一期に永眠した。回顧すれば翁はその全生涯を韓国独立運動に捧げ終戦前は故金九翁とともに中国に亡命して韓国臨時政府を組織して抗日独立斗争をしてきた。一九四五年十一月、三十年ぶりに帰国してから韓国独立党の領袖となり南北統一をその政治目標としてきた。韓国制憲国会においては韓国初代副統領に選出されたが、悶々として政治的不満な生活を続ける中に昨年遂に国会に副統領辞任を申出て辞任後は東莱の寄居で不遇な生活を続けていた。

韓國留學生のラジオ座談會

韓日会談も再開され、両国関係の今後に関して非常な関心がもたれる折柄韓国留学生の李[illegible]、李鶴九、安基伯、鄭炯和の四君は四月二十一日午後四時五分から同二十分までラジオ東京を通じて時の話題たる「休戦会談後の韓国と日本政府への要望」をテーマとして座談会の放送を行うことになつた。

在日韓僑企業体へ融資

駐日代表へ調査命令

韓国政府では在日僑胞の企業体資金融資に対する基本調査を実施するため去る十日財務部で関係者の連席会議を開催したが、議題としては企業体の担保、融資の使用目的、僑胞の思想検討等について討議したが、財務部長官はその詳細な調査を駐日韓国代表部に通牒を発した。

韓末の先驅者

金玉均先生追悼会

（韓国総局発）大亜細亜主義提唱の先駆者にして韓末の先覚者でありわが国が生んだ世界的偉人故古均金玉均先生の五十九回目の追悼会は三月二十八日釜山劇場にて遺家族並に官民多数参席古均会々長韓永渉氏の憂国の弁ほとばしる挨拶あり来賓が次ぎ次ぎと世界の風雲急なる秋太陽的存在であつた先生の追悼会を意義あらしめよと追悼辞を述べ金玉均先生伝記編纂のため会長韓永渉氏の渡日、金玉均先生の伝記映画化、古均会の強化など古均会の事業計画を会長より披露するところあり当日の費用一切を負担した無名篤志家より準備された第二軍事会館の披露宴に移り遺家族を中心に金玉均先生を偲ぶ話題に賑わい式は厳粛且つ盛大裡に挙行された。

◎◎◎◎◎ 韓国総局版発行社告

東亜新聞の社是たる在日本僑胞代弁紙として且つ民族の国際外交紙としての重大なる使命を果し尚未曾有の戦禍を蒙つた国内動向を報道する役割を負荷せんものと今般韓国総局新発足に際し特に韓国総局版を左記の如く発行、報道報国に邁進せんとするのでありまして国内各界並に官民諸位の熱る々協力と鞭撻を希う次第であります。

記

一、政治 国内政治の建設的動向並に政治人の動態報道。

一、経済 戦時経済の実態把握特に貿易界並に貿易人の展望と紹介。

一、文化 祖国防衛の先端にて文化宣伝に動員された文化界並に文壇紹介。

一、教育 戦時教育と剣璽線上の教育界並に教育人の紹介と展望

一、産業 鉱業、水産、商工、各界分野の実態並にたたかう産業人の紹介。

株式会社東亜新聞社韓国総局
大韓民国釜山市光復洞一街一三番地
電話五七〇六番

國防部に三軍合同憲兵司令部

申泰英国防部長官は陸海空軍庁兵司令部統合設置に関して次のように言明した。

「国軍の飛躍的な発展は勝利に対する国民の信念を一層強固にするものである。ところが一部不心得な軍人の非行も往々あり、民衆に与える影響も少くないので高将兵に対する合法的な取締機関の設置統合が痛感されてきたが、今般陸海空軍を統合した憲兵司令部を国防部内に新設することによつて軍紀の確立と民弊の一掃を期することになつた趣旨を国民一般は熟知してもらいたい」

この司令部統合設置は檀紀四二八二年の大統領令によるもので元将校少将が司令官に就任した。

韓國軍将校一五〇名米國に留學

国防部発表によると米国陸軍歩兵学校に入校するため韓国軍将校一五〇名が既に釜山を出発し米国に向つたが、教育を終え帰国後は将兵に対して米式訓練教育と直接第一線に立つて戦闘指揮をとることになつている。

○韓銀の人事異動○

韓国銀行の人事異動は左の通り。

任外国部長 調査部長 李相徳

任調査部長 総務部参事 金尚栄

任業務部長 総務部長 李[illegible]

任総務部長 釜山支店長 鄭来[illegible]

任釜山支店長 ソウル分室長 裴済人

任大邱支店長 [illegible] 晋[illegible]

任ソウル分室長 仁川支店長 金仁[illegible]

任仁川支店長 大邱支店長 李相[illegible]

任大邱支店長 清州支店長 [illegible]

任清州支店長 監事室検査役 朱琦[illegible]

たのしい家計簿..
ニコニコ掛金　宝来定期
特賞 A 50万円 B 10万円　特賞 30万円以下 総当り
日本相互銀行

第一信託銀行
中央區日本橋通318

The Bank of Korea
TOKYO BRANCH
韓國銀行東京支店
支店長 劉彰順
東京市千代田区有楽町1丁目10番地
三信ビル一階
電話銀座（57）6707・6727・6749

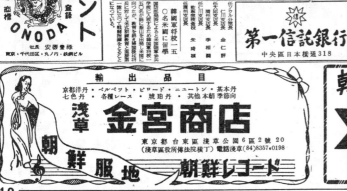

小野田セメント
PORTLAND CEMENT ONODA
商標登録
社長 安藤豊祿
東京・千代田区・丸ノ内・鉄鋼ビル

輸出品目
京都洋丹・ベルベット・ビロード・ニュートン・基本丹
七色丹・各種レース・琥珀丹・其他本絹季節向
淺草 金宮商店
東京都台東區淺草公園6區2號20
（淺草區役所傳法院横丁）電話淺草(84)8357・0198
朝鮮服地　朝鮮レコード

朝鮮布木なら
卸輸出科目
各種レース オパーロ ニュートン ビロードベルベット
洋 京都洋丹 基本丹 琥珀丹 七色丹 其他本絹季節向
淺草 釜山商店
東京都台東區淺草公園六區二號二〇
電話根岸(87)1782番
絶対の信用！

居留民団全国大会開く

団長金載華氏、議長金光男氏再選さる

熱烈な論議展開

居留民団全体大会開く大阪にて

(写真は金載華団長)

(写真は金光男議長)

在日韓国居留民団第十八回中央議事会並に第十六回全国大会は十一、十二両日大阪市北区の大阪府民団本部で全国代議員三百名参集の下に開催した。同大会における討議事項並に報告事項は次の通りである。

一、経過報告
A、国会派遣団報告
B、議決機関報告
C、執行機関報告
D、監察機関報告
E、大韓婦人会本国訪問報告
一、国内外情勢報告

一、地方建議案その他
A、役員改選の件
B、国会派遣員改選の件
C、韓貿委員改選の件
D、韓日会談代表者信任の件

なお同大会における役員改選で次の如く三機関(議決機関、執行機関、監察機関)の人事が決定した。

△議決機関
議長　金光男
副議長　洪賢基
〃　金鐘任

△執行機関
団長　金載華
副団長　裵東湖
〃　金炳旭

一、討議事項
A、規約一部修正の件
B、三千万円民団基金募集の件
C、政府樹立五周年記念映画製作の件
D、幹部養成講習会開催の件
一、二百万弗融資問題の件
一、居住効労者表彰の件
一、全国体育祭典挙行の件
一、失業者救済対策の件
一、政府樹立五周年記念祝賀使節団派遣の件
一、児童教育問題に関する件
一、韓日会談に関する件

事務総長　鄭哲
△監察機関
監察委員長　丁賛鎭
副委員長　梁炳斗
〃　金鍾任

郡単位の農協組

五月末まで組織

協同組合組織は全国各部落単位で今度組織される組合は里洞(一万六千個所)や又は五十戸以下の自然部落単位(四万個所)とした実行協同組合と経済活動機関になる郡単位の農業協同組合である。一方設立許可は農林部長官が行うが実行組合は郡守、農業組合は道知事に事務段投を委任することになっている。

一方来る四月末迄は約半数、五月末迄完全な法人体として組織が完了するものと予想されている。

農林部では協同組合の育成を図るため社団法人としての設立許可規程を定めたが近日中開催される各道関係会議で同規定に対する指示をすることになっている。

着々進行中であるが、現在組織を完了したものが約百三十個所に達している。

ソウルに議事堂新築か

完全還都に対備

国会事務局では還都の際国会議事堂として使用する建物の物色について行政府の協調を求めている。何れも不適当だということになり一部筋では議事堂を別に新築するのではないかと伝えられている。国会は政府の完全還都後国会がソウルへ帰った場合議事堂をどの建物にするかを実施に検討するため

韓国被害実情の調査

政府各部で綿密な統計

外務部では対外的に韓国実情を正確に周知させると同時に友邦諸国に対して、共産侵略軍と闘っている韓国の認識を新にさせる必要から関係各部処に次のような調査方を依頼した。

1、人命被害状況
2、家畜被害
3、一般住居被害
4、道、市、郡、邑、面庁舎被害
5、各学校被害
6、未末、港湾、上水道施設被害
7、宗教団体、建物被害
8、消防施設被害
9、鉄道施設被害
10、公益物被害
11、一般企業体建物及施設被害
12、政府各所要物資及び施設被害
13、その他重要被害

事変発生後始めてで今度に亘り資料を蒐集しこれを対外的に知らせより一層の援助を期待し、今後の共産侵略者に対する…に訴え減共戦に於て血を流している韓国の実情を周知させるためである。

戦災孤児に愛の手

英國で養育希望

戦乱に依て生れた数多い戦災孤児に対しては国内社会団体は勿論時にUN軍を始めとする各宗教団体等外国機関から莫大な私財を投じて温く補育して数は相当数に達している。

今度は遠く英国から不幸な孤児等を自国に呼び寄せ補育したいとの感激的消息が伝え来た。即ち駐英公使より外務部に送って来た公文に依れば英国国際児童救済団体では韓国の再建事業が終るまでこれら孤児を連れて行って養育したいとの事であるがこれに対して外務部では即時同公使に前記救済団体の機構等を照会している。

二年分の生産計画

―経団連防衛生産委員会―

米國側と政府へ提出

経団連防衛生産委員会では、兵器生産計画について検討中であったが、兵器委員会(会長石塚久米蔵氏)を開き、本年八月から三十年六月まで(一九五四、五五米会計年度)の二カ年にわたる兵器生産計画を決定 同日米軍 、米大使館および政府当局に提出すると同時に防衛生産委金融委員会においてその資金計画を検討することとなった。

同計画は、米軍および保安隊の発注と、朝鮮、台湾、仏印向MSA(相互安全保障本部)資金発注分を対象として計画され、生産設備の能力は火薬の生産量を考慮して算定されている。

なお同計画通りに発注された場合初年度一億三千万ドル、二年度二億七千万ドルによる生産が可能であるとしている。計画の内容は別項の通り。

◇弾丸 (単位万発)	初年度	二年度
〇・三吋銃弾および〇・三吋カービン銃	六、〇〇〇	一〇、〇〇〇
〇・四五吋銃弾	六〇〇	一、〇〇〇
〇・五吋銃弾	六〇〇	一、〇〇〇
二〇粍銃弾	六〇〇	一、五〇〇
三十七粍―四十粍銃弾	五〇	二〇〇
三・五吋ロケット	九〇	一五〇
六十粍八十一粍四・二吋迫撃砲弾	一二〇	二〇〇
五十七粍―七十五粍対戦車砲弾	六〇	一〇〇
九十粍高射砲弾	三〇	五〇
百五粍―二百粍リュウ弾	六〇	一〇〇
ピストル弾	二〇〇	二〇〇
前記所要火薬量 (単位トン)		
無煙火薬	三、九六四	七、一八六
TNT	五、五五六	九、三三四
▽砲弾 (単位千発)		
魚雷	〇	一・二
機雷	〇	八・四
爆雷	六	一二・六
爆弾	一、五	四・八
前記所要火薬量 (単位トン)		
TNT	六〇〇	二、三四〇
カーリット	〇	五四〇
▽兵器 (単位丁)		
〇・三吋ライフル銃	一〇、〇〇〇	一〇、〇〇〇
〇・三吋カービン銃	一〇、〇〇〇	一〇、〇〇〇
〇・三吋―〇・五吋機関銃	四、五〇〇	九、〇〇〇
〇・四五吋ピストル	一二、〇〇〇	二四、〇〇〇
二十粍機関銃	二、〇〇〇	三、〇〇〇
三十七―四十粍機関銃	一、〇〇〇	一、二〇〇
三・五吋バズーカ	一〇、〇〇〇	一〇、〇〇〇
六十粍―四・二吋迫撃砲	二、〇〇〇	二、〇〇〇
五十七―七十五粍無反動砲	一、〇〇〇	一、五〇〇
七十五―九十粍ピストル	〇	二五〇
九〇粍航空機用機関砲	〇	三六〇
百五―二百粍ホイツザー砲	〇	一六〇
百五十五粍砲	〇	一〇
▽車両 (単位台)		
装軌車両	三〇〇	三六〇
1―4屯トラック	三、八〇〇	四、七〇〇
9―4屯トラック	一、二五〇	一、四三〇
二屯半トラック	六、一三〇	七、七〇〇

釜山市に重石鑛

凡一洞山にて発見鉱脈十哩

【韓国経局発】韓国経済界を左右する重石―山間僻地あますことなく悪条件を克服し重石掘りに官民を問わず採掘されている重石は韓米協定に依り米国に輸出されわが国庫をみたす功は大なるものであるが従来の重石鉱を見れば一番大規模の上東鉱山、玉房鉱山、達城鉱山は地理的な条件が悪く採掘輸送は勿論四方山にかこまれており治安確保上莫大なる人員補充の警備まで動員されねばならず、それに鉱夫の食糧輸送の意の如くならぬ点など重石掘りに多大な隘路とされているが今般臨時首都釜山市内にて重石鉱脈を発見したという快ニュースは春風と共に春闘話題をなげ出している。これが発見者は市内堀一泊一四六二番地金基(?)氏であるが同氏は発見後ただちに商工部当局に鉱脈出願の手続をとった。同氏が語るところに依れば鉱脈は二尺乃至三尺程度であり附近十七個所に散在しておりその延長は約十哩であり水鉛も同時に採掘することが出来るという二重の快ニュースである。同重石を分析した結果性能六十三パーセントであり、ある消息通の語るところに依れば現在凡一泊から約十哩離れた東莱郡沙上面三個所にて成績のよくない重石鉱を今尚採掘をつづけている点から見て今般発見された凡一泊鉱が母鉱であり沙上面にあるのが末鉱ではないかと推測されている。

冷凍船ルムバ號五月中旬釜山に入港

商工部は冷凍船ルムバ号(六一六屯)を購入するため関係職員を派遣したが同船は内部修理の

百万市民熱狂裡に

模範勇士歓送会

(韓国経局発) 祖国興敗存亡の戦野にて前線の勇士を代表する模範勇士一行を迎えこれが歓送会は去る四月三日市内東亜劇場にて内外貴賓多数参席裏に開催模範勇士ともども口を揃えて統一後に休戦!との叫びは満堂の群衆をうならせ拍手又拍手盛大裡に終え続いて女青、朝紡民議院等の主催する歓送大会に出席引続き壮大なる軍楽隊を先頭に市街行進は百万市民老幼男女の熱狂的歓送を浴び盛大を極めた。

マニラ國際博盛況

去る二月一日より来る四月末まで比国マニラで開かれている第一回国際貿易博覧会には韓国から約二百余種類の商品二万余点を出品しているが、出品と共に玄揆氏を団長とする韓国政府代表十三名が派遣され、韓国商品の宣伝及び通商交渉等に活躍している。今般政府に中間報告のため帰国した代表の一人尹相修氏の伝えた消息は次の通りである。

同博覧会には約三十ケ国が参加したが、出品量と代表団員数は韓国が最も多く、韓国館の開館式は二月十七日五百余名の内外貴客を集めて行われ、開館初日に三千名の入場者があって韓国館の人気は非常なものである。

韓比両国間の通商に対しては比国政府でも非常な関心を寄せて居り今後の積極推進が期待される。

出品中最も人気を集めたのは醤油で、初日で百樽を即売し同時に五千石の予約を受けた。

両国の貿易が正式に開かれれば韓国からは寒天、塩乾魚、雑穀等水産物と醤油等が有望であり、比国からは木材、アバカ鱗蛋、砂糖等が輸入可能である

韓國海苔大阪で入札

去年度産海苔として日本に初めて輸出された十万束は最近大阪で入札により全部売却されたが、販売価は束当最高一弗八十仙最低一弗九仙で取引された。

なお同船の払下げについては入港後競売されるがこの申請は三月一ぱいですでに締切られ韓国にしん魚市貿納入組合外六団体の申請が受理された。なお落札後の代金納入は商業団体の資金難を考慮に入れて長期分納制となるもようである。

徐甲虎氏長者番付第五位に

全国億万長者の番付が国税庁から発表された。日本一流の富豪が名を並べている中に在日韓僑の一人阪本紡績社長徐甲虎氏が三億六千九百六六万円の資産評価額で第五位に入ったのは在日韓僑の経済的窮乏が伝えられている折柄一つの朗報といえよう。

本年度石炭生産

計画量一四五万頓

商工部の本年度石炭生産計画が本ぎまりになった。五三年度の生産計画量は大韓石炭公社生産分九十五万屯、中小炭鉱三十七万屯、前年度よりの繰越炭二十三万七千屯合計一百四十五万七千屯となる。供給計画は発電用二十六万二千屯、軍用七万二千屯、鉄道用二十一万七千二百屯、工業用十四万九千一百屯、民需用三十一万九千九百屯、煉炭用十万三千屯輸出用十六万屯、五四年度への繰越予定量九万三千屯で以上合計一百四十五万七千屯となる。同部ではなおこの需給計画の円滑な運営を期するため石炭販売市場の育成強化策をねっている。

戰禍と春

迎えるる年毎に迎える春の緑みうます太陽―ほほ笑む大地―さざ波の声―せせらぐ小川―さえずる小鳥―爛漫と咲く花花、戦乱の祖国にも春はしずかに爽やかに訪れて来た。戦禍の祖国にも春の驚異はおやけに展げられているのであるが。例年よりも多い春雨は臨時首都釜山を清め潤せてくれている。首都釜山を貿易港?国際都市とのみ誇り得るか?否首都釜山は表面のみおざれる首都ではなく戦うものの釜山であり、働くものの首都である。あゝあゝ戦乱漫春秋ぞ―戦禍の祖国の春をむかえ

うか。前線の将兵はいうまでもなく幾百万の戦災孤児よ、戦災孤児よ。幾度か春風をつまさきつつも、よくも戦いつつけて来た。

春―戦野の将兵のまたたにも春の息吹きは流れふくであろう。傷ついた将兵のベッドにも風はただよいしみるであろう、野に山に春深む村娘、村の農山の姿も日に増すであろう。そしてひもじき腹を抱へながらもアリランの唄、戦地に征いた父や兄弟らの軍歌の流れ唄うことであろう。春風はそよぶき春日和は戦乱祖国の戦禍の民の身も心もいや

記者はペンを祈りながらつ胸で一つぱいだ。いつやむとも はかりしれない風、台風よ―首都変遷がなんであろう。白衣の民の流す血のいつかは祖国の自由を戦いとる日はあるのだ。

住むに家なく、幾多の肉親を失い日に増す戦災孤児の群―戦禍さく漠たる荒野の真つただ中にて冬将軍をしりぞけ祖国とともに生き抜き斗う白衣の民の民族性の強靱さはあの広島が原子爆弾の洗礼にもかかわらず馬鈴薯のみは大地に芽をむくむくと大る自然の強靱さにも似ているともいえよ

がうえにもいたわりつくしてくれるであろう。さりながらさりながら、この自然の春よりも、春よりも、何ものかを憧れもとめ、うえているものがある。それは何であろうか。それは民主の春の風だ!この民主の春風吹くことなくいつかな戦乱が止み得ようか。われわれは民主主義を信じよう、それでは民主の春風は祖国の歴史上かつてふいた時もあったのか?

あゝあゝ戦乱の祖国!戦禍の祖国にも春は来た。共に民主の春の風もふけよ!(特派記者 尹一泰)

韓国人靴メーカーの画期的廉売運動

この程東京は台東区上野クラブに於て靴、靴の韓国メーカー五〇軒からなる見本市が華々しく開かれたが問屋筋に依る見本市とは異りメーカー小売店直結の意味を持つメーカーの見本市は恐らくこれが初めての催であろう。荒川、足立台東、に工場を持つ五十軒程のメーカーが昨年十二月以来「良品を安く消費者の手に」というモットーのもとに朝日靴協同組合を結成この運動を具体化する第一回見本市を三月末上野クラブに於て開いたもので今後も同クラブを本拠として種々な催しが開かれる予定である。生産量においては日本全国の四割強を占めるという同地方のメーカーの結束に一般にも影響を及ぼすものと問屋筋にも注目されている。尚同組合の副理事長文洪範氏はこう語っている「今後技術の向上と廉価販売に依って日韓親善に寄与したいと思っています今後韓国からの需要があればその時はわれわれの組合の製品の輸出も希望するところです

韓國空軍に三人目の将星

韓国空軍の張徳昌准将は…昇進した。同准将は飛行時間一万時間以上の記録をもち韓国空軍の至宝的存在である。

韓國貿易商社輸出實績調査

商工部で登録貿易商社の去る四・四半期輸出実績順位を調査した結果は左の通りである。

1、韓国生糸輸出組合　三三、六〇〇弗
2、大韓産業　…
3、和信産業　…
4、協成実業　…
5、国生産業　…
6、大韓物産　…
7、大韓豚毛　…
8、共生社　…
9、開豊商社　…

釜山医大など四大学増設

中央教育委で討議

中央教育委ではこのほど第五十回委員会を開き次の四大学新設問題を討議した、なお開校予定は何れも五三年四月一日となっている

釜山医大―予科一六〇名
学部三三〇名、設立予算(国庫金)三、五六二、六八八円
馬山薬大―三三〇名、設立予算(国庫金)二、三五五、九六八円、場所釜山西中学校舎、釜山市立病院建物及び器具の寄贈を受ける
嶺林大学―八四〇、場所馬山鎮鶴国民学校
東洋大学―商経科、鉱業科、鉱業科各二百名、財団法人韓国育英会が維持運営、釜山市西大新洞四六七番地

在日婦人會慰問団

前線に向う

在日大韓婦人会々長呉基文女史外十名より成る一行は将兵及び遺族慰問団はこの程在日僑胞よりの慰問品をトラック二台に満載して一線に向け出発した。

濠軍前線に

オーストラリヤ国軍一ケ大隊は最近釜山に到着したが、英国師団とともに一線で戦闘に参加するため前線に出動中である。

傷痍軍警援護に工場設置

政府では傷痍軍警援護のため慶尚保有弗八万二千四百九十四弗を以て日本等より製靴工業(手工用)機械を大量購入し、各地方単位で援護工場を設置し、一ケ月間機械使用法を…

宇垣・田中氏ら参院に立候補

衆参両院の選挙は漸くたけなわである。今度の選挙には戦前派、旧軍人、有頭の立候補が増え注目されている中に日帝時代韓国と関係の深かった次の三氏が選挙出馬した。

△参議院立候補全国区　無所属
宇垣一成　八十四才
陸大卒陸軍大将、陸相六回、朝鮮総督、外相、拓相
(古賀二氏略歴)
△参議院議員立候補、全国区改進党
田中武雄　六十二才
(田中武雄氏略歴)
明治大学卒業、長野県警視警務課長、朝鮮総督府警務局長、拓務次官、満州移住協会常務理事、朝鮮総督府政務総監、内閣書記官長(小磯内閣)貴族院議員、中央日韓協会会長
△参議院議員立候補、全国区、無所属
古賀一　五十八才
弁護士、朝鮮総督府警部、高等法院判事

韓国蹴球団一行

東南アに遠征

体育を通じて国際親善を図るべく二月中旬韓国代表蹴球選手を招請して来たが、その間大韓蹴球協会では選手を選抜して合宿訓練を終えKNA飛行便で壮途に上った。同選手団一行のメムバーは次の通りである。

シンガポール及び香港両蹴球協会

団長＝李裕瑩
監督＝金和集
総務＝裵龍鶴
コーチ＝金容植
トレーナー＝李春一
報道＝柳任朝
主将＝朴大鎰
△選手
GK―洪徳詠　金顯元
FB―朴大鎰　朴奎禎
HB―朱榮光　李鐘桂
FW―関丙大　崔栄根　朴日甲
　李洋翼　林成裕　金栄仁
　鄭南湜　崔貞徹　姜貞浩　沈完燮
　禹相權　樺平淑　金東根

議員の発言状況

速記録でみる

五・三〇総選挙により選ばれた国会議員の発言ぶりを国会速記録で調べてみると三年間に百回以上の発言を行った議員は次の十七名であった。金泰善、李錫(?)…

白南軾(一四八)李鐘栄(一四一)蘇宣奎(一一七)李鎭洙(一一五)呉(?)(一〇七)金光俊(一〇四)郭義栄(一〇二)朴勝元(一〇)

なお議政壇上にのぼって一度も発言したことのない議員は次の十七名であった。金沢八、金洛五、金駿井、朴世秀、朴琨基、朴相淵、裵相淵、徐相国、李喩南、李益柑、李教承、趙時元、崔泰寿、鄭万模、洪順朽、洪吉善

南韓人口二千百萬

動乱による死亡百万

政府では六、二五事変後始めて一九五二年十二月末現在の全国的な人口調査を約三ケ月に亘って行ったが、同調査の結果、総人口数は二千百万

であり事変に依る人命被害は約百万と推算され北韓に残存する人口は三百万というのが科学的に認められる。なお同調査の統計結果、年令順位で…

韓国の人口は人口統計学上から見る年令順位数の正常性を示しているといわれる。然し女子が男子よりも約六十万多いといわれる。

新年度増産計画

一三八余万石

農林部新年度米穀増産計画による増産面積一、〇七三、六九三町歩と増殖取穫量一三、八五一、一〇〇石である、なお増産の条件である耕地面積の拡張は干拓増開発で五五四町歩八、五九〇石、土地改良で四八、九九四町歩三二三、一〇〇石の増産を期している。各道別増産計画の内容は次の通り

ソウル	六〇町歩	六、一六〇石
京畿	一四七、六二四	一、七二五、一〇〇
忠北	八三、〇〇	三二、一〇〇
忠南	一八〇、七〇〇	一、九〇〇、二〇〇
全北	一四二、九〇	一、〇三〇、〇〇〇
全南	一六〇、〇〇〇	一、二三〇、一〇〇
慶北	一五八、八〇〇	一、四四一、〇〇〇
慶南	一四七、九四	一、一八一、〇〇〇
江原	一八八、〇〇	四〇〇、〇〇〇
済州	一六、〇	八〇、〇〇〇
計	一、〇七三、六九三	一三、八五一、一〇〇

貿易界にデビュウ

東亜公社新發足

昨年孤々の声を挙げた国際図書株式会社は我が文壇の著宿尹白南先生を会長として内外図書貿易出版を通じて我が文化界に功献すべく発足を見たのであったが今般更に一般内外貿易を兼ねて社名を変更し株式会社東亜公社として貿易界にデビュウし飛躍的発展を期し次の如く陣容を整えた。

取締役会長　尹白南
取締役社長　任龍吉
取締役副社長　郭任相
取締役　金泰祐
〃　金完著
取締役　尹声九
監査役　玄雲周
監査役　任守吉
監査役　余鳳旲
監査役　草斗石

本社　大韓民国釜山市光復洞一街参番地
支店　日本国東京都港区芝新橋四丁目四八番地　電話五七〇六番
株式会社　東亜公社

前項の附帯事業一切
内外書籍輸入販売、内外貿易業、

滯貨海苔の處分

國内消費と輸出へ

李商工部長官は記者団との会見で海苔輸出問題について「対日輸出は韓日間の協定が未だ成立してないので一応中止の形であるが滞貨分処理を一部は国内消費一部は加工して日本以外の国へ輸出すべく考慮中である」と述べた。

博士學位は十種

文教部では従来文学、法学、理学、医学の四種に限られていた博士学位に次の六種を加えることになったため博士学位は十種となった。哲学、経済学、商学、工学、農学、薬学。

営農資金十六億圜

金融組総裁は記者会見に於て、新年度の営農資金は現預金から六億円は銀再割引から七億五千万円金融の自己資本から二億五千万円合計十六億円を貸出すことになったと発表した。

白民放言

白民放言の本欄は本報紙面を通じての寸言をもってする白衣民族の叫びであり、且つ指針を自負せんとする断片語である、時には喊語もあろうし、天馬空を行く弁もあろう。要約して放言するところ政治、経済、社会、文化、教育、芸術等々多方面に亘りちらちらと民主の理を発散させ、次第に民主の真髄まで透徹するところまで、早晩発展させんとするところに放言子の寓図するところであり、戦う人民とともに雄戦を展開せんと放言するものである。願わくは官民諸位よ、仮借することなく鞭撻あらんことを

ての議案を終え次第、部落単位の工場を設け、その製品は政府の責任で消化させることにした。

政府では本事業が正常化され軌道に乗れば東警軍家族達の生活苦は相当緩和されるものと期待し、この計画の成績如何によって第二次事業に着手する方針である。

人事往來

▲任龍吉氏本社代表取締役、去る十一日釜山本社より帰社
▲朴相祚氏本社東海支社長去る十四日社務の為上京中
▲金頤学氏合同通信政治部長来日中
▲鄭…氏…のため、去る…日よ…本店に出張中の処…十三日帰任した。

本社辭令

取締役兼営業局長　任守吉
渉外部長兼韓国特派員　金宗楔
経理部長　金仁徳
韓国特派員　尹一泰
一九五二年十一月十七日付
東亞新聞社

韓国向新聞広告御希望の方へ

本社は東亜通信社と提携韓國で發刊している最も権威ある日刊新聞に日本各商社の廣告を取扱うことになりました
韓國へ宣傳の向は本社廣告部を御利用願います

東亞新聞社
東亞通信社
新橋駅表口 都出所向側
電話銀座(57)271番

みなさまの金庫
東海銀行
本店・名古屋 支店全国183店

スズキロープ
テント
シート
帆布
トワイン漁網
各種ロープ
マニラロープ
鉄線
ワイヤーロープ
型録送呈
在庫豊富
株式会社 鈴木商会製綱部
社長 竹内安一
本社 名古屋市中村区佐古前町一ノ三六 電話西(53)3867番 5523番 電信略号ナカムラ・スズキロープ
工場 名古屋市西区枇杷島通り
出張所 八戸市 小樽市

花 鯉 ネシン
電話淀橋(37)2694

御贈答に… 松坂屋の商品券
東京、大阪、名古屋の各店共通

年中無休
営業時間 10.00→7.00
池袋 西武

発因保護事業団体
岐阜市安良田町三ノ二四
在日韓国司法保護会中央総本部
会長 永田相作

朝日鞄嚢協同組合
台東区上車坂町三〇
上野クラブ電(84)〇七七七

小杉金属工業株式会社
営業所 東京都中央区日本橋蛎殻町二ノ四
工場
連絡所倉庫

受けて重宝
三越の商品券
10,000円券迄各種
日本橋本店・新宿・銀座・池袋各支店共通

御贈答にはスマートな
高島屋の新型商品券
日本橋

韓陽新聞
発行所 株式会社 韓陽新聞社 東京都杉並区阿佐ケ谷1—735
編集兼発行人 朴石憲 通名 太陽
韓国総局ソウル特別市中区乙支路1街83番地

民団は在日僑胞六十万の代表団体 物心両面から協力しよう

金公使記者会見談

駐日代表部の金公使は、定例記者会見の席上で民団組織の強化問題、在日韓国児童教育問題、韓日会談の展望、その他について大略つぎのように語った。

金公使

韓僑児童教育問題は重要な課題。

民団組織強化問題—民団は在日僑胞六十万を代表する団体であり在日僑胞は物心両面から民団の組織強化に努力するよう強く要望する。特に下部組織である地方の各支部を強化する必要がある。

児童教育問題—在日韓国児童教育問題は重要な課題として大きな関心を寄せているが一般僑胞も同問題の重要性を十分に認識して教育機関を充実させるべくあらゆる援助と労苦を惜しまぬよう僑胞の協力を要望する。

韓日会談問題—去る四月一日開かれた予備会談では会談再開の前提条件として大村収容所に収容している韓国人と釜山に収容している日本人漁夫を同時に釈放することに双方意見一致した。それにもかかわらず日本側法務省の反対で実現されないのは誠に遺憾である。従って釜山に収容している日本人漁夫が未だに送還されず、また韓日会談が開かれないのも日本側の責任である。これら諸問題の解決は日本側の誠意如何にかかっている。

平和線問題—平和線に対する韓国側の態度は従来と変っていない。

さらに同公使は今度の正副統領選挙、中立国監視委員団の撤収問題にも言及して次のように語った。

正副統領選挙—この度選ばれた正副統領は韓国国民の総意に基いて選ばれたのであり国民として喜ばしいことである。また副統領も政府の施策に順応してその職責を全うするものと期待している。また今度の正副統領選挙を契機として韓国は政治的にも経済的にも大きな発展を遂げるだろう。

中立国監視委員団撤収問題—数年前から全国民は同委員団の国外撤退を強く主張してきた。今度韓国戦争参加国中軍側十六ヵ国が同委員団の撤退を決議したことは韓国国民の挙族的な数年間の主張が貫徹されたものとして非常にうれしいことである。

最後に記者団から韓日間の旅行制限を緩和して自由往来ができるよう要請したのに対して、金公使は努力すると語った。

李起鵬氏議長に再選

民議院正副議長選挙は議長に李起鵬氏、副議長に趙璟奎、黄聖秀両氏が当選、自由党の作戦が奏功して正副議長三席を自由党が独占することになった。

文教部長官に崔奎南博士

政府は八日空席中の文教部長官にソウル大学校総長崔奎南博士を任命した。新任崔長官の略歴は左の通り。

ソウル出身、五十歳、松都高普卒（四二五一）延専数科卒（四二五五）米国オハイオ州ウエスタン大学卒（四二六二）同大学院で学位（四二六三）ミズリー州立大学院で学位（四二六六）延専理科科長代理（四二七一）京城大学理工学部長（四二七八）ソウル大学校務処長（四二八〇）文教部科学教育局長（四二八一）文教部次官（四二八三）ソウル大学総長（四二八四）

韓日会談促進民衆大会 六、二五行事と共に挙行

民団中総では六、二五動乱記念行事及び韓日会談促進民衆大会の準備を進めている。中央大会は例年の通り日比谷公堂で開かれる予定であるが、午前中には国防記念行事を行い、同会場において午後には韓日会談促進民衆大会を開くことが決定され、全国各地でも二つの記念行事を行うよう中総組織局から指示が発せられた。同民衆大会のねらいについて組織局では次のように述べている。

同大会では決議文を採択して日本の各要路に伝達すると共に一般国民にも広く訴える。従来の抽象的理論を脱して具体的な問題を取上げ、韓日会談を促進し韓日関係の好転を図るのがそのねらいである。このためには在日僑胞の一致した積極行動が必要であり、われわれとしては韓日関係好転の糸口を見つけようと望んでいる。勿論本国政府当局にもこのことを強く要望する方針である。

在日韓僑実業界展望

株式会社 モナミ百貨店 社長 許弼奭氏

松永製菓株式会社 社長 張永駿氏

謙譲と至誠の人 天下のモナミ 許弼奭氏 (59)

モナミといえば天下にその名を轟かした時代があった。モナミといえばわれわれ僑胞のみでなく、日本人でもおそらく知らない人がない位有名であった。しかし最近彼のウワサをきかない、さては三日坊主とかやのたぐいではなかったかと。パチンコ業は元来水ものの商売いいかえれば一種の投機であってみれば知らない人は、しかし松竹は就物、ハハンとうなづかれる点もなきにしもあらずというところだろう。

彼はやはり時代の風雲児の名に恥じぬ人であったのだ。遊技機の寿命の短さを悟り心機一転企業を始めとして百貨店事業に着手今では群馬県前橋市と東京都内にモナミ百貨店を経営。パチンコのモナミとともに永久性のある多角経営の堅実なモナミとして天下に新たにその名をはせることとはなった。今でも名古屋でパチンコを製作する一面東京の目抜き場所数ヵ所で大ホールを経営し大いに当っているようだ。

彼は人も知る如く名古屋で華やかにデビューしたことは知られているが、彼の苦境時代を知る人は余りいないようだ。ハンマー一つとクギをもち歩いて遊技機取付け時代を地で行った時代、また資金難であちこち奔走し歩いた時代、今や持物語りになりつつある。しかしながら今日店を東京に構えて活躍するなどとは自他ともに夢にも考えなかったであろう。

彼は普通の成金のようにイヤミのない男であろうということは相手がどのような人たとえば多少金のできた人たちは、よく居留守をつかうが彼だけは相手が誰であろうとも来る客にはまず親切にあってやる。至誠以って人と接するトーヤ気味の現代人にとっておそろしいことにない。いわゆるとまどいする位だから彼の正直な人柄がうかがわれる。

また彼の凡人でないところは交友関係にある。友人といえばピンからキリまでいるが、彼ほど日本政財界の高級人物と交友をもっているのも、われわれ僑胞ではなおさら珍しいであろう。何故ならば彼は若冠三十五歳という青年であって見ればなおさら頷がうなづかれるでになかろうか。いま東京韓国学園副理事長としての公職をもっているが、同学園が一時経営難にあえいでいた時、理事長金相哲氏と共に学園ならしめた功績とその積極的活動は人の知るところでもある。そのほか事業など公私関係団体及会社が十指に余るという。家庭は両親のほか四人兄弟がおるが、長男として弟たちを指導し、また親に孝をつくす至誠は彼を知る位積極的な人物である。家に中央会をつくり付近の人に開放しサロンとするなどわれわれの見ならうところが多い。

製菓界の大物 松永製菓 張永駿氏 (60)

名古屋同胞経済人で最有力者は誰かとたづねられたら、躊躇なく松永と答えられるほど有名な存在となっている。狩川の徐相録氏と共に中京韓僑財界の代表的存在であろう。あの腰しの柔かさと、温和な態度はあらゆる人たちに好感をもたれる。いわゆる経済人で彼ほど人に好かれるのも珍しい。名古屋製菓業界で有名な五大メーカーに入り千坪位の大工場と数百人の従業員をかかえ盤石の如くかまえている。

一方金剛信用組合理事長としてさる五月二十九日総会まで一昨年創業以来創業期の諸困難を克服して今日のように韓僑信用組合の中でも堅実を誇れるようになったのは、僑胞の協力もさることながら彼の人徳のゆえんもあずかるところが多かったといえよう。また、総会でも組合員から組合長の留任を強く要望されたが、一応基盤のできた組合は心配ないとし後進に席を譲るべきとの強い信念と謙譲さをまげず鄭煥麒氏（前副理事長）をおしたのであったという。しかしながら一部では彼をして成上り者根性があるとして批難も絶えない。しかしわれわれ僑胞で殆ど解放後の特殊な立場と独立国家を背景とした無形の力があったればこそ、大なり小なり成功できたのであってみれば成上り者と呼ばれてもしようのないことであっても、あながち松永一人に限ったことではないことだが、もちろん、各自の努力が今日あらしめたのはいうまでもないことだが、耳をかたむけ気にやむほど与論を重視しているというな批判に対しても、とはあまりないようだ。何れにしろ彼は実力からしても学歴からしても貫禄からしても中京財界の第一人者といっても過言ではなさそうだ。

また、世界情勢の推移に関心を示し、われわれ僑胞のなかでのコセコセした考えを刷新しようと努力し、つねに大局的立場から団体なり商売なりを運営すると来た。彼の言を借りれば、科学が進歩し原子力という新しいエネルギーが将来人類生活に大きな革新をもたらそうとしており、その反面原子力が人類が自滅する危機にある今日、われわれは人類として小さなことより視野をひろくして世界連邦という大きな機構を考えなければならないら、狭く考えるべきであると断るなど見識ともにわれわれの幅を強くさせられる。慶北出身、四十歳。家庭は令夫人と、六人の子福者。

国務委員の横顔

線が太いので有名な 李内務部長官

内務部長官 李益興氏

この度金孝根内務部長官の後任として新たに任命された李益興内務部長官は、現在外務部長官が欠位中であるので憲法に依拠して首席国務委員として国務委員を代表することになった。新任の李内務部長官は別項略歴のように松山高校、九州帝大出身で日本に留学しただけに今後在日僑胞問題の解決に大きな期待がもたれるので新内務長官としての氏の横顔をのぞいてみよう。氏は人格高潔にして公私の区別は厳格であるといわれるが、その反面なかなか世話好きで進んで人の面倒をみる温情の持主でもある。氏が解放後一介の警察署長から内務部長官にまでのしあがったのは自己の力量もさることながら、職務に忠実であり、常に大衆の福利を優先的に考え実行したからである。新鮮な反面剛愎をもっており、線の太い人でもある。部下を愛し適所適材の妙を心得ている。同じく新任された治安局長金宗元氏は李長官のよき女房役として、その誠実な実行力に大きな期待がもたれる。何れにせよ民主国家の公僕としての国民の信頼を得るであろうことは、既に前歴が示す通りであるが、特に在日僑胞に関する諸問題解決に大きな役割を果すものと期待が大きい。長官の略歴は次の通りである。

李長官の略歴

平安北道宣川出身にして当年五十二歳 檀紀四二五九年三月、平壌第二中学卒業、檀紀四二六四年、三月松山高校を卒業、檀紀四二六七年三月九州帝国大学法科卒業、九州帝国大学法学士檀紀四二六七年五月中等専門大学教授免許証受得、檀紀四二七九年一月ソウル東大門警察署長被任、檀紀四二七九年四月京畿警察庁長歴任、檀紀四二七九年九月首都警察庁副庁長歴任、檀紀四二八〇年八月第一管区警察庁長歴任、檀紀四二八一年九月第七管区警察庁長歴任、檀紀四二八二年七月第一師団憲兵隊長歴任、檀紀四二八三年三月憲兵副司令官兼ソウル憲兵隊長歴任、檀紀四二八三年八月憲兵大領任命と同時に予備役編入され、檀紀四二八三年八月ソウル特別市警察局長歴任、檀紀四二八五年三月ソウル特別市副市長歴任、檀紀四二八六年二月京畿道知事を歴任し去る五月二十二日付にて内務部長官に任命。

韓国警察史に燦たる 雄将 白頭山の虎

五万警察官の総帥金宗元氏

五万警察官を統率する総帥として新しく登場した金治安局長。金宗元というよりも「白頭山の虎」と国内の老若男女は勿論の事、海外特に日本のラジオ放送でも有名なので知られている。氏が常に叶露する愛国の熱情が三十五歳の全生命を賭けて共生徒輩と戦った、白頭山の虎のあだ名は名将の代名詞といっていいのではなかろうか。絶層断ペキ生命の危機に臨する事態たるや、生死の熱火の中でも氏の私心なき忠誠心に天は氏をたて生き永らしめたといってもいい、あれくるう嵐の真只中で白頭山の虎とたて、猛威をふるった氏が、軍門より一転、国内治安の擁護者として共匪掃討の西南地区戦闘警察隊総司令官に任命され智異山一帯に亘る共匪討伐の任命を帯びて第一線警察に乗り出したのも何等異様の感を与えたのではなかった。以来全北、慶南、慶北、全南等全国でも政治、文化、経済、産業の中枢地にて警察局長を歴任したのは、氏にとって治安を担当する一種警察人としてのみでなく人間、金宗元としての絶好の試練期であったかも知れない。国内の一流新聞も氏を評して知略とか戦略の片鱗にみいだす事は出来ないと酷評した。それはあまりにも皮相的な観察であるといわなければならない。向う見ずの猪突のみで治安総帥として治安局長になり得るであろうか。一見氏のむっつりした無表情、どっしりした巨岩の如き不動の姿態、颯快に笑う身ぶりは、千軍万馬戦術でねった武勇と人民の息吹きする真只中に飛び入って全国を飛び廻った人間味——強柔兼備の智略こそ若冠三十五歳にして治安局長としての重責に敢て立ったのではなかろうか。かつて本紙上にて白頭山の虎、金宗元氏を紹介したことがあった。その時在日六十万僑胞の動向に関し絶対の関心を表して、氏は本社主催第三次軍警慰問団来訪に際しても、当時慶北警察局長であった氏はわざわざ慰問団員を招聘、僑胞慰問団員皆そして多方面に亘り好き総際と激励を与えたのであった。特に東京にあるモナミ社長許弼奭氏、名古屋の松永製菓社長張永駿氏らの感激は非常なものであった。白頭山の虎、ソウルの三角山にあらわれたり、時々のセンセイションを街にまきおこした。

赴任早々の氏を訪ねるべく、治安局長、附属秘書長李林氏の案内にて内務部治安局長室の初夏薫風吹く早朝刺を通じた。治安局長金宗元氏の秘書室長李林氏もわが韓陽新聞をばよく理解しているのである。時局は今や正副大統領選挙の直後とて朝野を通じてあわただしき限りだ。治安局長金宗元氏に逢うべく門前市をなしているのであった。自由な雰囲気を中心に国会では今、与野間火花を散らしての論戦の最中である。

一、民弊の徹底的防止。五項目の中のこの一項目こそ、韓国民主主義発展の鍵であって、金局長が民弊の根絶に全力を傾注していることをうかがい知る事ができる。氏の質素な生活ぶりは余り知られていない。各界各層の殺倒する来客にもかかわらずいち早く記者に面接した。局長は昨夏全南赴任の折接したのち始めてである。かたく握手を交えて、本社朴社長引率になる第三次軍警慰問団に関して謝くのであった。この一事をみても如何に氏が在日六十万僑胞の動向に関して至大な関心を抱いているかを測り知る事が出来るのである。今日のアジアの歴史的課題、否、世界平和の歴史的課題は一に韓日問題にあるのだと筆者の叫びに共鳴した氏である。特に韓日関係は在日六十万僑胞の動向如何に依って左右される重大なことを深く認識される氏でもある。記者は声を大きくして、国内国外同胞に叫びたい、歴代、治安局長にかくも深き理解と深大な関心を持った治安局長があったのかを。赴任初の金治安局長談話は国内全国日刊紙に報道されておるが、要約すれば今後の治安に期待する一語に尽きる。上司の命といえども実情—民意を無視してまで強行する場合は断じて是正するという。そして何事に依らず人の和こそすべてを解決するとの信念の下に実情を命令に指揮する法は人事異動は保障するというのである。断職聞局事件の一事を以て全国に金宗元氏への四百余歌的世評の的となっているのだが歴史の審判は時間に伝って、断ぜらるるであろうといって氏は泰然たる信念を社会記者団の初会見に言明している。ともあれ、愛国の至誠の一片丹心は氏をして大韓民国の治安と安寧と秩序段階にある民主警察の総帥としてデビュウさせた。若き情熱をうたがわないのである。史的使命を十分に果す事を生命の鴻毛のかるきに比し身心も祖国の信念に殉ずる治安の総帥として若き情熱を捧げると信念を持った氏に対し在日六十万僑胞は双手をあげて嵐の如き声援を送るであろう。

治安局長 金宗元氏

略歴

慶尚北道慶山郡慶山面中方洞出身
檀紀四二七九年 国防警備隊陸軍士官学校卒
〃 四二八二年 釜山大学文理科大学政治科卒
〃 四二八三年 陸軍憲兵司令部副司令官任命
〃 四二八三年 全南地区戒厳司令官
〃 四二八五年 慶尚南地区戒厳民事部長兼慶北戒厳民事部長
〃 四二八五年 予備役編入
〃 四二八五年 警務官任命
〃 四二八五年 全北警察局長任命
〃 四二八五年 西南地区戦闘警察隊司令官任命
〃 四二八六年 慶南警察局長任命
〃 四二八七年 慶北警察局長任命
〃 四二八八年 全南警察局長任命
〃 四二八九年 補理事官任命、治安局長発令

ソウルにて 任特派員発

また巡る 涙の六、二五 愛本の記念行事は商工会議所

民団愛知県本部の支団長会議が去る八日午後一時より愛本事務室で開かれた。岡崎、東中、中村、中川、名西、名南、東三、豊川、瀬戸、西やの各支部、師勝分団と十一支分団の団長が出席、民団愛本の劉団長より「過去に於て一度も本部の会合に出席のなかった支部あるいは分団からの出席もあり、十一支分団という好成績で、しかも時間正しくお集り下さったことは、民団組織の発展を立証するものとして喜びを禁じ得ない。過去に於て、支部えの公文や電話による連絡が如何に効果がうすいものであったかを痛感した。今後は、執行部の、時間と足の許す限り、各支部を定期的に巡回し地方の実情を知ると共に、本部の指示支部の方針を計り、本部としても積極的な協力を惜しまないつもりである。「ローマは一日にならず」と言うが、組織活動にかかる一足飛びはゆるされない。一年一年、着実なる組織を増大、蓄積していかねばならない、この観点から来る第六回の六・二五記念行事も今までに比し、動員力においてもその盛会においても一層効果あらしめたい」と要旨以上のような挨拶があり、愛本劉団長を臨時議長に迎え、申事務局長の司会で討議に入った。各支部からの報告など活発な討議が行われ、六・二五記念行事に関する件—は本日出席した十一支分団から各々バス一台宛動員し、名古屋市商工会議所にて、第一部の六・二五記念行事を盛大に行い第二部の韓日会談再開促進民衆大会に移り、ラッキーカーを先頭にプラカードを掲げた十四台のバスを連ね、市内の目抜通りをデモ行進することを、満場一致で可決するなど、円満裡に午後四時閉会した。

東本の6・25も 韓日友交大会

民団東京本部第六十六回支団長会議を開催され「六・二五記念」行事について、諸重要事項の決定を行った。

一、韓日会談促進民衆大会問題に関しては来る六月二十五日東本単独主催により、日比谷公会堂で大々的に行うとともに、例年行われる六・二五動乱記念行事は儀式のみにとどめ、予算は二十一万五千円とし、来る三十日迄に各支部は予算割当金を本部に納入することにした。

二、東本基本財政確立問題に関しては、さきの東本第七回定期大会で決定した各支部割当金額を再確認したが、特に財政難の支部に対しては支部財政とにらみ合せ、本部と協議の上割当金を決めることにした。なお納入しない支部に対しては事務停止を行い東本で直接これを代行することに意見の一致をみた。

三、五輪蹴球予選戦、選手歓迎並びに応援問題に関しては入場券を各支部で極力売捌くと同時に大会当日は二十名以上を確実に動員することと決定した。

韓日親善芸能大会 東中支部で開く

韓日親善を図り、僑胞の慰安を兼ねて民団愛知県東中支部主催で、愛知県本部、各傘下団体、金剛信用組合協賛、中部日本新聞社、東海新報社後援で、来る七月三日午後四時から駅前愛知県商工館ホールで、民団中総専属劇団である無窮花楽団（責任者陳洪基氏）を招致し民謡・舞踊・一般劇等を上演することにした。なお当日は一般僑胞は勿論、日本官公庁を始め一般日本民間人も多数招待されるもよう。

組合長に鄭煥麒氏 金剛信組定期総会終る

中部地方の韓僑企業家にとって金剛信用組合ほど大きなプラスとなった機関はなかったろう。ここ一、二年の間ピンチにあった同胞企業家が、金剛信用組合が一昨年十二月開店以来大いに利用して危機を脱したことは同胞の誇りとはいえ創立当時から諸困難を克服して孜々として努力してきた張永駿、鄭煥麒、姜求道、朴性鎮氏らの努力は大いに買うべきであろう。

同組合の第三回定期総会はさる五月二十九日午後二時から名古屋商工館ホールでひらかれた。理事長張永駿氏、劉学変民団本部団長の挨拶について第三期事業報告並に第三期事業計画の承認がなされたが組合員を代表する総代のなかから事業報告の内容が充実していないとの不満もあった。特に岡崎に支店設置計画がありながら実現出来なかったのは事由はともあれ民族陣営の大きなマイナスとして論難されたが執行部で新たな構想の下に実現に努力するとの答弁があって同時に一宮にも支店設置可能度ある場合に限って考慮するとした。ついて定款変更については理事二十五名措置、監事五名を三名に減らすことに決定した後、役員の総辞職があり、役員選出の方法として種々案があったが選考委員による選出方法をとることにして、選考委員選出をめぐって活発な討議があって結局二十名の理事と三名の監事が選出された。なお民団々長を理事に選任せよとの動議があって一時緊張の場面もあったが結局、新理事会に一任することにし午後七時無事終了した。閉会後姜求道氏宅で緊急新理事会をひらき理事長鄭煥麒氏、副理事長趙正局、姜求道氏、専務理事朴性鎮、常務理事落合照尚氏らを選出した。なお常任監事には李相甲氏が就任顧問には前理事長張永駿氏および民団愛本団長劉学変氏を推戴した。

杉並民団 定期総会

東京都杉並民団支部第十回定期総会は五月二十四日役員改選に当り左記の通り選任された。

記
執行機関 団長 李玉童 留任
副団長 金在根 留任
同 柳東烈 新任
事務部長 柳東烈 新任
決議機関 議長 洪賢基 留任
副議長 任千寿 新任
同 張竜石 新任
監察機関 委員長 金正柱 新任
同 安昌永 留任
同 安瑞玄 新任

婦人会京都本部 会長に尹粉伊氏

さる五月二十五日六鶴婦人会京都本部第九回定期大会において左のように任員の改選があった。

会長=尹粉伊、副会長=金成愛、朴点律、総務部=李鳳仙、李先伊、魯代子、財政部=孫貞任、金教伊、朴英姫、組織部=李西粉、李南枝、鄭太道、宣伝部=田末順、田貴順、李鳳万、文教部=金恒実、議長=金末愛、監査=金性順、秋末道、顧問=徐鍾延、金恒

新刊紹介

国連韓国復興機関（UNKRA）はこのほど「UNKRAの活動」と題する刊行物を発行したが、同書はUNKRAを通して韓国に与えられた一億四千万$相当の援助が韓国復興にいかに役立っているかを絵入りで説明し、戦禍に悩む韓国の農業復興、水利施設修築、山林復旧などのための努力を描いている。

謹啓 初夏の候貴台益々御清栄の段大慶至極に存じ上げます。陳者当組合もお蔭様にて順調に第二期決算を終了し五月二十九日名古屋市中村区堀内町愛知県商工館に於て第三回定期総代会を開催承認を受けた次第であります。その席上組合の基礎も固まり愈々飛躍の段階となりました此の際清新溌剌の気を吹き込み今後の発展を期する意味にて役員総辞任の上改選の結果不肖私達がその大任を命ぜられました。この上は私達一同新構想のもとに誠心誠意と努力をもって当組合の発展を期する覚悟で御座います。何卒今後一層の御支援を賜り度御願と共に御挨拶申上げる次第であります。 敬具

一九五六年六月一日

金剛信用組合
組合長 大山陽治（鄭煥麒）
副組合長 姜求道
副組合長 趙正局
専務理事 朴性鎮
常務理事 落合照尚
理事 張永駿
理事 金竜煥
理事 金基睦
理事 朴永魯
理事 李廷変
理事 李任得
理事 李春植
理事 金麟九
理事 李明吉
理事 韓善出
理事 徐相俊
理事 姜秀根
理事 徐戴君
理事 白石達夫
理事 伊藤英男
常任監事 李相甲
監事 姜朱律
監事 金光洙

親睦と慰安の為
大サービス行事
観光地箱根と伊豆半島一周の旅は是非
積立百万円会
名古屋市中村区椿町二ノ五九 金剛信用組合 TEL (55) 2501〜3

在日僑胞実業家100人集

本紙の紙齢がすでに二千号を突破し二千百号に達するので記念出版物として本年より毎年年鑑を発刊すべく準備を進めて来たが従来〃在日僑胞実業界展望〃と題し本号を以ってすでに六十九名にのぼる実業家の横顔を本紙に紹介したが、来る七月十五日頃までには横顔百人集も紹介出来得るので八月十五日光復節記念日を期し在日僑胞六十万のあり方はもちろん、現実的な生活面の実況等を網羅し韓僑経済人実業家を一堂に紹介することにし、菊版約四百余頁に上る名鑑とし、この一冊で在日僑胞の実況を知ることができるものであり、本国の各界からの要望もあって只今印刷中である。出刊されれば本国はもちろん、僑胞一般にも配布することになるがまず名鑑に掲載される人たちの一面を紙面に紹介することにした。

企画の才に富む

青年実業家　呉秉鶴氏

藤本機業社長

いえないまでも多様の可能性があるのであって、解放後のいわゆるアプレは大部分崩壊し去ってしまった。このうちに京都の呉秉鶴氏をあげてみよう。氏は藤本機業店社長というより京都実業信用組合西陣支店長として実腕をふるい同組合を盤石の態勢にもりあげた男として有名である。記者が驚いたことは、予想したタイプとは全然違った僑界で何処にウワサのような手腕があるだろうかと疑いたくなる位もの腰の柔い紳士である。信用組合支店設置の時などは、朝総連系の悪宣伝と妨害にあったにもかかわらず、郝義宰、趙鏞俊氏ら同業界のベテランたちとがっちりスクラムを組んで支店設置をなしとげ、今日僑胞西陣織物業者の殆どが民族陣営に積極的に協力するようならしめた原動力となったといわれる。それから敵国中学校PTA会長として学校運営のための財政確立に新たな構想と犠牲的精神でもって、百数十万円を無利子で提供し、その利子をもって学校運営を円滑ならしめているのである。

彼は重厚な性格の持主で企画的才能に富み自分の工場は殆ど令弟にまかし僑胞の経済問題と子弟教育問題をもっとも重要視し、この方面の諸問題解決に日夜奮闘している。済日二十余年の間もっぱら織物業に従事し今は工場が四ヵ所に散在し公私ともに多忙を極めている。今後の僑胞実業界の問題に関しては、すこぶる悲観的な見解をもちながら、われわれ自身が客観情勢を正確に分析し、正確にして妥当なる企画性のある経営方針でいくならば、国際情勢の変遷によって、益々発展の可能性があると断り、但し僑胞たちの団結あってのみ全うし得るとつけ加えるなど一家言を持っていながらも、多弁を弄せずしてわれわれの欠点を比喩するあたり、柔よく剛を制すとは、氏のことをいうのであろう。家庭は令夫人と一男三女があり、当年三十七歳の青年実業家、慶北尚州出身、趣味は狩猟。（61）

京都財界の第一人者

丸岩染工　許東律氏

丸岩染工社長

僑胞　社会における経済人とか、実業人とかは実に幅の細い経済体であり、又現削りの商法でもって体当り式儲けをもってのける放れ業も一時流行っていたのだが、日本社会秩序と経済状態の安定にともなって反面われわれ僑胞には冷い風が吹き始めて来た。このような実状にあっては、僑胞たちの生きる途は根本的に生活態度を改めなければならず、同時に日本官民の圧迫政策をはねかえす強力で幅の広い政治的力策の結集が必要となってきた。さてわれわれ自身の問題として、どのような生き方がもっとも現実に即しているかは別問題として、既にある企業体のうち解放前から技術面と経営面に経験のある企業体が逆境にありながら、健全とは

われ　われ僑胞社会に表面に出ずに自己の職務を忠実に守って、コツコツと経済活動をしている人が少くない。比較的に多くの人たちが団体に頭をつっ込みたがっているのは、おそらくほとんどが名誉心と政治的経

二十二貫の偉丈夫で、おのずから人を圧する貫録ができている。氏の工場は三ヵ所あって延建坪千百坪の広大さで、染物工業では全国の僑胞業者のなかでも屈指に属する。また京都ばかりでなく世界的に有名な、京の友禅を主に染色し

民団の長老的存在

熱と情の人　李徳善氏

中善商会社長

うのは、民族の一人として自心情であると云い、また氏は民団青年に希うのは、民団屈指りまわさず堅実な生活態度な気持になってほしいと願であった。おそらく、在日たちが悩んでいるのは、同族を瀆って敵を与える時の気持その後の言動の結果をみた気持が担当かけ離れている為ろう。しかし氏は…今後同胞青年を出来るだけ多用し、一人前の技術をつけさ

組織体を背負う人々

愛知県中村支部の巻

在日僑胞社会にもしく波よせて来る…本国の政策がどう…僑胞は僑胞なりの生き方がある。と…でかも知らないが…国の政策に対する…にはいられない今…それだけに一層重…団に加えられて来…までもない。あらゆる問題が山…民団の組織体を背…々の責務もまた重…く加えられたこと…ればならない。加えて乏しい全僑…

…もあらずといえるかも知らないが、何んといっても一般大衆の前に立つ立場からすればこういう人才はまさに得難き存在であり、かず多い支部の中で着実な成果をあげつつあることは何んといっても両氏のよき人格が大きく物をいうといえるだろう。

許氏は副団長就任以来はその職務が注目される位に文字通り東奔西走をつづけているが、実践的な事業家としての性格がややもすると商ばいと組織の両立が果してうまくいくかどうか、それがやはりなやみの種といえるようだ。しかし、この頃では氏自身、組織に対する情熱がついたようで、難なく両立を可能ならしめるところに理性的情熱がうかがわれるのであり、上通下達、寛貴鉄餓なく離れにてもしたしめら…の円滑さはやがて我が陣営での良き成果を収めずにはいられないことを予言したい。

…発展の一途を前進する民団の組…

温和な中にも

信念のある　朴元錫氏

シスコ社長

豪放と剛腹でなる

加藤産業　金大鎮氏

加藤産業社長

名古屋　でも有数なわが同胞が多く在住している。その大部分が労働者階級でその日暮しの人たちが多い。この人たちは労働をしていながらも、民族意識がつよく民族陣営のあらゆる催しなどには物心両面にわたって、協力を惜しまない。このような環境のせいもあるだろうが、この方面では僑胞のなかで古鉄回収として大きく商を営む人が少くない。

その中でももっとも大きな企業体をもっているのは加藤産業株式会社の社長金大鎮氏がおる。同社は同業者を（殆ど僑胞）から集荷品を大拡買入れ、第一物産など大商社を通じて製鉄会社へ納品している。大体この商売は労働者階級の同胞たちが、リヤカーなどをもって買いあさった古鉄などの集積したものを取扱うのであるから就職しうるにくいと断り、将来われわれの…

政府人事発令

△ソウル大学総長　崔奎南
　任　国務委員
　補　文教部長官

あの人

若冠廿四才で団長

三井繊維　李鉉済氏

三井繊維物産社長

京都で　三井繊維物産株式会社といえば、織物業界はいうまでもなく、われわれ同胞で知らない人がいないくらい有名である。六百余坪の工場と百五十余名の従業員をかかえている。わが同胞経済体としては比較的に大きい会社の御当主が当年とって二十四歳ときけば誰しも驚かされる。勿論当代で産をなしたのではなく親の財を継いだものだ。即ち故李寿命氏の長男李鉉済氏が

ば皆ならいざ知らず当代では法的には成年者であっても、社会的には未成年組に入っているといえるだが李氏はちょっと桁がちがうようだ。

立命館大学法学部を出ているから学歴からしては他の実業人の追従を許さぬ知性の持主である。問題は経済人として激しい商売のかけ引やイザ鎌倉という時の腕があるかどうか。しかしこの点も殆ど間違いないようだ。若冠二十四歳に

ある民団上京支部の団長に最近選ばれたのであった。商人としてアプレ的な言動は全然なく、身についた客の応待などかえって老巧といわれる壮者年のイヤミのある応待より客の気分をやわらぐ。京都でももっとも根要な上京支部の団長に絶対多数で選出されたことも、あながちアテコスリや経済的実力ばかりとはいえまい。何故ならば彼が上京支部団長になって支部会基本財政基として約百万円を集め、財政確立を全うしたことである。単なる御曹子でなく腕のある経済人といえよう。しかも彼は、去年四月まで約二年有余、学同京都本部代表委員を務め、現韓青の組織部長であり、組織にも経験があったことは今日の役をあらしめた原因になったろう。将来彼の成長に多くの期待がもたれると共に経験的な面に比重をおくことを希う。家庭には慈母と新婚ホヤホヤ（今年正月結婚）の若夫人がおり、上記の如く若冠二十四歳、慶南咸安出身、趣味は多岐多様で中学時代はサッカーをやり最近は健康的なハイキングに熱中との事（66）

最高技術を誇る

車輛界の雄　沈在一氏

西大路自動車工業社長

中共、大規模な強制移住を計画

デーリー・エクスプレス紙のレン・マッコール記者は四日の同紙上で、中共東部住民の新疆、黒竜江両省への永久移住を計画しているがその第一回百万家族を近く移住させるはずで、これは史上最大の移住の一つになるかもしれないと次のように述べている。

「これまでのところ住民は近く移住させられることについて何も知らされていない。この計画はソ連におけるフルシチョフの〃処女地〃開拓計画の中共版ともいうべきもので、私がこの計画を知ったのは中共の劉瀾濤農業部副部長と北京で三時間にわたって会見したときであった。これらの家族の住宅施設について私が質問すると劉副部長は『まず新しい土地を耕すことが必要で、住宅はそれからあとのことだ』と答えた。

劉副部長は「中国は河南、山東、河北三省の巨大な人口の一部を何とかして流出させようと策を練っている」とわたしに語った。

北京政府当局はすでに無数の青壮年と兵隊を沿岸の都市区域から黒竜江省の東北辺境地帯に移住させて処女地の開発に当らせている。上海市からだけでも五十万名以上の者が昨年中に強制的に移住させられて農業に従事している」

（共産支配下にあるチベットも中国人の植民地として指定されている辺境地の一つである。陳毅副総理が最近発表したところによると北京政府はすくなくとも八百万の中国人を今後十年間にチベットに移住させる計画である。

ソ連地区脱出者七万三千五百名

西ベルリンの難民当局は本年一月から五月までに東独およびベルリン・ソ連地区から西ベルリンへ脱出して来たものの数は合計七万三千五百名に達し、その五月中の脱出者は一万五千九十二名におよんだと発表した。なおソ連地区から西独および西ベルリンへ脱出して来たものの総数は近く一〇〇万を突破するものと見られている。

家華燭の典

愛知県において民団組織上つねに青年の先頭に立ち犠牲的に活躍してきた東中支部元総務李正柳君の結婚式及披露宴が来る六月二十一日午後一時名古屋市千種区今池町一ノ一二木村会館でひらかれることとなった。新婦は京都在住の崔… 八氏長女守淑嬢である。

聖満園を訪ねて

ソウル　本社特派員発　任彪林

写真は聖満園全景

三十万　の未亡人と十万の韓国孤児は、われらの妻であり、われらの兄弟でなくて何であろう。韓国の世紀的動乱によってかもしだされた未亡人、孤児を収容する社会事業団体を歴訪してきた。さきに未亡人授産場や南北愛育園の訪問記は既報の通りであるが、この度はソウル目抜き場所にある朴承鈺氏の経営になる聖満園を訪ねることにした。戦没未亡人と孤児保護という尊い事業に挺身している朴園長は、民族の悲劇として忘るることの出来ない受難期である一九五二年に溢る未亡人、孤児たちのために、キリスト教の長老としてばかりでなく、氏自身も共産徒輩のために満身創痍、片手を捥げられたが共産徒輩に復讐するよりも彼らによって祖国に報うように至った未亡人や孤児らを教育しそして国家に忠誠なる国民として育てあげようと悲壮な覚悟でもっとも困難な事業に着手したのであった。氏の固い信念と情熱は多くの同胞や外国の人士たちを動かし、KCAMの援助と福長浩氏等の支援にて聖満園は基礎が確立され、一九五五年八月始めて今日の本館が竣工した。同年十一月ソウル特別市公認施設認可、その間には忠武教会朴明元牧師の協力が大きかった。今までの事業の概略と施設及び陣容を紹介しよう。一九五二年四月一日一、四后退巨済島で三年間北韓出身孤児並に難民相助会を組織。一九五三年十月五日南現生計開拓と共に忠武路五街一八に復帰。一九五四年五月三日社会事業ソウル聖満園理事会組織、一九五四年十一月一日ソウル市に登録、一九五五年六月九日ソウル市とKCAM援助にて園舎二百坪建築着工。同年八月右園舎竣工。

一、遺族未亡人四九名、孤児一四六名

写真は聖満園の未亡人達

三洋貿易株式会社社長

姜大奎氏

秩父セメント株式会社　取締役社長　諸井貫一　東京都千代田区丸ノ内一丁目二番地　電話東京28局（28）代表一三六一番

煙突パイプ、石綿高圧パイプ　厚型プレート、波型プレート　ホローブロック、シリカセメント　ポルトランドセメント　早強セメント

優秀溶接サッカリン製造販売　東洋興業株式会社　名古屋出張所　大山良一　名古屋市西区幅下町五八　電話㉞九一三〇〇三八五番　本社　川崎市桜本町二ノ五九

洋家具製造販売専門メーカー　株式会社松屋家具製作所　社長　松本米一　本店　名古屋市中区葉町一丁目一ノ三八　電話中㉔一二一四八番

パチンコ　ニュー京都　崔永五　京都市上京区智恵光院西町一四　電話西陣⑤二五二七番

ラッキー遊技場　白南善　京都市下京区西洞院通七条上ル　電話下⑤一七八一番

株式会社中島商事　社長　金在云　京都市中京区大宮通三条下ル東側　電話壬生（84）七一八八番

石・熊友晴

御宴会、謝恩会、結婚披露、御宴会の御利用には是非御相談下さいます様御願ひ申上ます　先ず標準値段を御覧下さい
¥150円　コーヒー　ケーキ付　簡単な御会合には
¥350円　スープ　二品盛合せ皿　デザート　コーヒー又は紅茶　パン又はライス
¥500円　スープ　魚　アントレー　デザート　コーヒー又は紅茶　パン又はライス　6品付
¥700円　スープ　魚　アントレー　ロースト　デザート　コーヒー又は紅茶　パン又はライス　7品付
¥850円　オードブル　スープ　魚　アントレー　ロースト　デザート　フルツ　コーヒー又は紅茶　パン又はライス　9品付
¥1,000円　シリンプカクテル　スープ　魚　アントレー　ロースト　サラダ　デザート　フルツ　コーヒー又は紅茶　パン又はライス　10品付
キリンビール1本¥150円　御酒白鶴特級1本¥130円　一級酒1本¥110円
上記の額のほか御都合により御希望の御献立に照いますよう如何様にも取計らい致します　御問合せは当階五階事務所に直接御電話下さいます様御待ち申上げて居ります
名古屋栄町南一丁西角サカエビル　喫茶・レストラン　サカエサロン　TEL㉔6191－5

綱領

1、わが同胞が犯した過去のすべての誤まりは、お互に寛容し反省して民族的総親和を図る。
2、われわれは、いかなる団体、政党、個人、思想、信仰を問わずお互に協議することによって、祖国建設と民族内の諸問題を平和的に解決することを提議する。
3、われわれは、南北を通じた自由総選挙によって統一中央政府が樹立されることを要求する。
4、われわれは、この自由総選挙とわれらの統一独立が国際的に保障されることを要求する。
5、われわれは、相互扶助によって外国におけるわれらの生活権擁護に寄与する。

總親和

発行所　南北統一促進協議会
東京都台東区仲御徒町１－１５（栗ビル）
発行人　元心昌
電話（83）２９１４
２９１７
（定価１部５円）

祖国の平和的統一促進
原子戦争反対

署名運動

各界代表を網羅して

中央推進機関生る

五月四日 同和ビル　署名推進懇談会で決定

寫眞說明　平和的統一署名開始式（統協本部）

祖国の平和的統一を促進する運動として本協議会が進めている〃南北平和統一促進署名〃と世界的に進められている〃原子戦争反対〃の署名は各地で活発に行われている。

祖国の平和的統一は世界平和の確保によってのみ可能であり、二つの署名は外と内、あるいは表と裏をなす関係であるばかりでなく、同じ時期に、同じ平和を愛し、平和的統一に熱誠をかたむける人で実施される事情もあり、元心昌氏（本協議会事務局長）李浩然氏（民戦議長）李在東氏（同和信用組合理事長）申鴻湜氏（文団連会長）等の発起と招請によって、統協と民戦をはじめとする各団体代表二十数名が集って、種々討議した結果、次のような趣旨で中央推進委員会を設け、さらに各界各層の代表を網羅した拡大委員会を組織して、広く全民族的な行事として総決起して実施することを申し合せた。

懇談会は、五月四日の午後二時同和ビルの二階で、李浩然氏と元心昌氏を議長に始められたが、先ず李浩然氏から議長挨拶と懇談会を持つにいたった経過が説明され、原子戦争反対の署名については、民戦では十九回中央委員会の決定であり、全組織をあげて実施しなければならないし、また実践しているけれど、統一協議会で提唱している「祖国の平和統一促進署名は単に、統協の提唱であっても民戦では協力するというのでなく、むしろ自分のこととして全力をあげて実施したい。特に原子戦争反対の署名については、現在の世界情勢の中で、国際緊張を緩和し、原子戦争の危険を防止して、世界の平和を維持することは、緊急な任務として世界的に実施されているし、もし原子戦争が起った場合はわれわれの祖国はその被害をうけやすい大危険を内包しているので、平和的統一も困難なことになるから祖国の平和的統一を願う気持は、また原子戦争を反対する気持である」点が説明された。

次に統協側で平和的統一促進の署名について説明したが、統協でも一月の大会で決定された当面の重点的な事業として全組織をあげてとり組みつつあり、その間準備と内容を討論するのに時間を要したが、第一には在日六十万同胞が、真に祖国の平和的統一を念願しているということを本国と全世界に訴えるためには一人ももれなく署名するようにしなければならないということと次にはその内容において南北会談を開いて同族同士が民主主義的に統一独立をはかるよう要求するということに重点をおいた点を説明した。

次に各代表の活発な討論があり、〃祖国の平和的統一促進の署名は朝鮮人であれば誰もが念願していることだから反対する人はないだろう。原子戦争反対の署名は人道上の問題だし、人間の良心から発する要求で、むしろ政治的でないし、また全世界的な事業である点から常識的にも巾の広い運動だと思うが、それはそれで平和をのぞむという素朴な要求だが、祖国の平和的統一は独立の問題で実は政治的で高い要求だということが理論的には言える。そしてこの[illegible]い要求である祖国の平和的統一独立が全民族の一致した要求になっているし、それは今現在の苦しみから出ているもので、この二つの署名は同じと言えば同じだが、やはりちがう面があるしどちらもまたやらなければならないものでもある〃

ドイツでも一九四八年に祖国の統一請願の署名をして二千万以上の成果をあげた。たまたま一緒に、はじまった署名だからどうすれば二つの署名とも成果的に実施するかということで、〃そんなにむつかしく考えるから何が何だか分らなくなる。南北の平和的統一に署名する人が原子戦争反対に署名しないわけもないじゃないか〃という活発な討論が続いたが、今日の懇談会を中央推進委員会として発足させさらに各界各層に呼びかけて賛同者を得て拡大していくようにし、もう一度委員会をもつこととし事務局を選出しその準備に入ることにして会を閉じた

東京都協議会結成大会

来る五月二十一日　下谷公会堂で

祖国の平和的統一促進運動を進めるうえで、一番重要な地位を占めている東京都では、去る二月以来数次に亘り準備会合をかさねてきた結果、来る五月二十一日、午前十時より、下谷公会堂で、東京都南北統一促進協議会結成大会を挙げることになった。この結成大会が遅れたのは一部理解しない層もあったので、どこまでも、全同胞の納得のいくまで、各区で充分に意見の調整をはかるためたったが、各区の大衆の中からも、都協結成の声も高まったので今度各区の代表三百余名が、例の不祥事件で有名な下谷公会堂で再び結成大会を行う事になった。特に今度の結成大会では、去る一月三十日の統協全国大会で一応決定された宣言、綱領、規約等が、その後の情勢の発展にしたがって、色々な矛盾と不備な点が明らかにされたので、これらを再検討して、発展させる重要な大会ともなるので、同準備委員会では、都下在住の全同胞の要望を大会に反映すると共に、多数参加をのぞんでいる。

場所　下谷公会堂（上野駅下車）
時日　五月二十一日午前十時より

時論

平和的統一署名運動を成果的に推進しよう

去三月二十五日の統協中央常任協議委員会で、統一促進運動を量質共に強化拡大する為、四月十日から八月十日迄を〃祖国平和統一促進月間ときめて運動を推進しているが、月間の運動において、最も重要な事業として、打出したのが、平和統一署名運動である。既に神奈川県を始め、各地で署名運動が展開され絶対多数同胞の歓迎裡に着々成果を上げている。

今や祖国の平和的統一は吾が民族の世紀的念願という言葉やスローガンの域を飛び出して直接日常生活問題化している。

今日祖国の内外に亘って吾が民族が居住する処は何処においてもその生存と生活がその統一から離れては、成り立たない事を我々は自からの実際の生きた経験から体得している。

之は、世界は、各々異なる体制でも共存しなくてはならないしまたスペテの国民は、自分達の国家型態を自から選ぶべきだという、考え方が、諸国民の念願と生活上の要求に合致しているからである。これはまた戦争は人類が幾世紀に亘って築き上げた文明と国民生活の基礎を破壊し、人間を無差別に殺生する以外、何物も齎らさない行為である事を知っているからである。殊にアジアの諸国民にとって切実なものである。それは先般のアジア・アフリカ会議において如実に示された。

或一群の指導者達がこのような諸国民の願望と生活上の要求を無視して自分達の考えを強要するとすれば、それが如何なる先進国であり又強大国であっても、民族的利益と生活権擁護が切実な死活問題である諸国民の反対に逢着しなくてはならないであろう事は、自明の理である。

他国民に如何なる政治体制も生活様式も強要する事は、只徒らに、民族間において不幸な事態を醸らすだけである事は、従来の歴史が示してくれている。

日本に住むわが同胞がこれら諸国民の位置と考え方に根本的に異なる立場に立ち得るはずはない。いや祖国の分断の悲劇を身をもって体験しているだけにどの誰よりも、それを痛切に感じているし、またその実現のためにまっ先に立たなくてはならない立場にあるといって過言ではなかろう。

在日同胞の一部誤まれる指導者はアジア諸国民と自民族の共通する在り方と指向を事更に見ようとせず、民族問題の自主的な解決と努力を意識的に阻害する事によって、それを外国勢力の政策の中に従属せしめる手伝いをしまた美化している。彼等はそのために、遂には民族的共アジア的な美辞麗句を並び立てながら、大衆の意向には些かの関心も示さず、民族統一に逆行する要求、反アジア的要素だけを探し求めてその政策の論拠としているのである。彼等の正体は統一運動が発足して以来、露骨的になって来ている。結局、彼等は民族統一問題を民族自体の問題と見ないで、外国勢力の政策の延長か、または外国勢力に依存して解決すべき問題と見ている事が明らかになっている

平和統一署名運動は、在日同胞が日常政治社会生活を通じて、如何に独立文化民族としての誇りを堅持すべきか？　また祖国統一は如何なる方法でなさるべきかに対する、切実な念願を内外に誇示する意思表示となるものである。

従ってある一群の指導者の指導理念如何を問わず、署名運動は在留同胞の平和統一に対する切なる念願が組織され結集されるように推進されるべきである。そうする為には署名推進実行機関に団体所属政見如何を問わず、平和統一に賛意を表する各界の人士を網羅し、署名運動の趣旨を十分に話し合って十分な理解に到達すべきである。同胞の集まるアラユル場所や機会を活用して、平和統一運動のあり方と趣旨を広く宣伝解説すると共に個別訪問等を通じてアクまで、納得と理解の下に、署名がなされる様推進すべきである。

またこの署名運動を通じて平和的統一促進運動において外国軍隊を撤退させ、南北会談を開催する事を主張するのは民族の問題を自主的に解決するために初歩的基本的問題であって特定の政権または政治体制思想を支持する運動ではないという事を全同胞に理解せしめると共に日本国民にも理解させる事が大切な事である、これは一部誤まれる指導者達がこの運動を中傷妨害し、民族離間または日朝両国民間の友好関係を中傷する事に対して、正当な解釈を与えることになるのである。

統協では、平和的祖国統一促進署名運動の推進と併行して、原水爆禁止署名運動と、共同推進センターの組織に参加した。これはもちろん性格の異なる二つの署名運動であるが、不可分の関係にあることは否定できない。これは平和的祖国統一問題が世界の平和問題と必然的に結合される問題であるしまた署名対象が共通であるからである。

ぜひの論議はもはや尽されている。運動の正しい進め方に精力的推進が成果を左右すると共に統一団結の基礎を築き上げるものと思う。

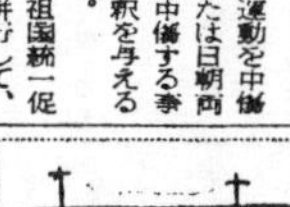

統一春秋

幾らかでも、文字が読める人なら、平和共存という言葉を知らない者はいないだろう。

いうまでもなく、平和共存というからには政体とか自分の政見とか、思想とか、信仰などを相手に無理矢理に押付けたり、自分の意志通りに行かないからといって、武力的に、或は強圧的に強いることではない。

今のような、原水爆時代に、若し戦争が起ったら、東西の両体制は勿論、人類全体の滅亡は明らかである。それだから、利害関係が相反していても、戦争にまで持込まないようにしたいのである。

×　×　×

朝鮮の場合、外国資本と権力が根を張り、軍隊が駐留し、政治的にも経済的、あるいは文化的にも占領されていて、何日何時、また戦争が再発するかも知れず、危険千万である。それにわれわれは本当に独立国でもない。それだから、外国軍隊を撤退させ、外国の支配下から離脱しようとするのである。

民族的に統一するということは、真に、民族的な立場に立つことであり、自分の主張のみを固執することではない。

ところが、双方で、自分達の主張だけを強調して相争う間に外国人に、何も彼もサラワレルのはどうする気なのであろう。共和国の公民たることを主張する余り、同胞から離脱され、大韓民国国民たることを強調するの余り統一を妨げるとすれば共に反民族的といえないだろうか

ある祖国の平和的統一・独立を達成するために、在日六十万同胞の唯一の念願である南北統一促進協議運動は、既に三・一節を"一つの場所"で行い更に下谷事件被検者を"協議"によって釈放させる等多くの成果をあげているが、一部では統協結成当時の宣言、綱領、規約に対して、色々な批判や意見があったので、当宣伝部では別掲のような六項目のアンケートを在日同胞の各界各層に送ったところ次のように多くの回答が寄せられた。

なお、別掲の六項目のアンケートについて、読者の御意見と御示唆を当宣伝部迄御送り下さい。

設問事項

一、本協議会の宣言、綱領、規約について種々議論がなされています。来る五月の全体大会で論議される予定ですが、貴殿はこれについてどういう見解をお持ちですか

二、祖国の平和的統一は全民族の唯一の念願であると思い、本協議会では、同族同士の親睦と協議運動をすすめていますが、どういう方法が一番良いでしょうか？

三、民族的な行事を"一つの場所で"という念願のもとに、第三十六周年三・一節独立運動記念行事は、両国国技館で各界各層の代表を総網羅して挙族的に実行委員会を構成して行いました。この行事は解放後はじめての動きと思いますがこの事についてどう思いますか。

四、一・三〇下谷公会堂における一部暴力分子の行為は、全同胞の厳しい非難を受けました。然し統協ではこれらの行為を非難するだけでなく、民族間の事は民族自身で解決する事が民族的利益と合致すると思い、民団、民戦両団体と協議を推し進めた結果、三団体が共同意見書を作成し、当局へ一緒に代表が行って要請し、被検挙者を全員釈放させました。

この事は解放後十年にして、はじめて民族同士が手を携れるきっかけになったと思います。この事についてどう思いますか？

五、"総親和"（第四号発行済）の内容及び編集について御意見をお聞かせ下さい。

六、その他、本協議会の運動に対して御意見をお聞かせ下さい。

落着きと誠意を持て

東京都芝区　民戦中央常任委員　鄭　白　雲

一、私は貴協議会が宣言、綱領、規約等を持つこと自身は賛成です。しかしその内容は、極めて平易且つ全同胞が今すぐ実践可能な極く身近いもの、すなわち、祖国における外来勢力の干渉排除と、一切の外国軍隊撤退、武力統一反対、平和的統一促進等に大衆が切実に要求する生活、権利等の問題と親睦の問題等をとりあげたらいいと思います。

二、先ず身近かな大衆的接しよくからはじめたらよいでしょう。

三、三・一節行事は非常に有意義でよかったと思います。

四、全くいいことでした。これからもこのような問題はどしどしそうやるし、民団や民戦の区別なく弾圧の犠牲者は共同で救うべきだと思います。

五、まだまだ大分観念的でヒステリックだと思います。特にこの間の李北満氏論文などはそう思いました。

六、なるべくおちついてもっと誠意をもち功をあせらず、じっくりやっていきましょう。

…的統一運動を思う

民族の悲劇を未然に防げ

東京都品川区　朝鮮奨学会理事　李　鐘　欣

各々の立場と政治路線からして、悩みもあると思いますが、統協を単なる第三勢力の擡頭だと言って、恐れることは、甚だ浅はかな考えだと言えましょう。ここは外国の社会であるし民戦も民団も各自の政治路線に沿うての行動しか出来ません。日本国家の現実からして民団、民戦では全僑胞の問題を考え処理する上に、多少行き届かないところがある事を、どうして無視出来ましょう。民戦は大きな腹を持って欲しいのであり、民団も一日も早く、少し寛容になって呉れることを願うものであります。

統協こそを我々が理性的に、知性的に生きるための良き練習場とすべきであり、祖国を平和的に統一し得るような気運を高め得、若しその方法を発見出来得れば、憂慮に絶えない民族の悲劇を未然に防ぎ得るでありましょう。

腰を据えて生活に直結せよ

東京都目黒区　殷　武　巌

一、国際的保障、強調の必要はありません。

二、同族同志の協議運動が最善だと思います。

三、三・一節を"一つの場所"で行ったことは成功だと思います。今後もたのみます。

四、協議によって、下谷事件の被検者を釈放させた事は当然です。その方法に限ります。

五、"総親和"は残念ながら入手せず読んでおりません。

六、統一運動はあせらず、腰をすえて大衆の生活と直結した一運動でありたいものです。

新しい活動家を要望す

東京都澁谷区　安　在　道

一、宣言、綱領、規約には血と肉がついているようですが、骨がないようで、大変遺憾に思っています。

二、地域では思想や個人的利害感情等が強いので、新年会、花見会にも一緒に行くことが難しいようです。集ったにしても、古い活動家ばかりで、新しい人物が一人も入っていません。統協ではもっと地域までできて活動をして下さい。

三、三・一記念行事を統一的に行ったことに満足していますが、その後の活動が出版物や通達しかみられないことは残念です。

四、下谷公会堂で十一時から同和ビル現場までみましたが委員内部に不正な者がいるような気がしました。

五、総親和の記事は、地域的な活動記事が少ないような気がします。

祖国の便りを載せるように

名古屋千種区　民愛青本部　盧　洪　錫

一、先ず綱領にある五項目は賛成です。

ただ統協が政治団体か、それともどんな団体であるか？はっきりしてもらいたいと思います。政治団体であれば、自由総選挙によって統一中央政府が樹立されればどのような政治をやるのか？在日同胞はどのようになるのか？はっきりしません。

二、お互の意見を尊重し、協議すれば良いと思います。

三、三・一行事は、"一つの場所"でやった事を無条件賛成します。これからもこういう統一行事を行うようにしたいと思います。

四、下谷事件被検者を協議によって釈放させた事は、これからの運動に大きな役割を果すでしょう。

五、総親和には、祖国の便りを沢山のせて下さい。また配布責任者をおいて継続的に発送させて下さい。

第二の民戦になるな

長崎県松本　金　致　前

アンケートに対する論議は、その時期ではないので、割愛しますが、第二の民戦にならないように御願いし、統協の健全な発展を心から祝福します。

勇気を持って邁進せよ

東京都北区王子町　北区朝鮮人商工協同組合　申　氏

一、南北統一促進協議会の特殊な宣言、綱領・規約を持つべきと思う。

二、両陣営の極端分子は余り相手にせず、漸進分子に主力を注ぎ、英国の政治形態を理解する者になれる様努力すべきと思う。

三、政治は妥協であり、清濁合せのむの意味で非常に有意義だったと思う。今後もやるべし。

四、思想は違っても同民族だ。民族権利、利益擁護のためには、大衆的見地に立つべきで非常にうれしく思う。

五、発刊日浅く両陣営からいろいろ制約があると思うが、勇気を出して下さい。成功をあせらずがっちり基礎を固めて下さい。民族あっての政治で国家の政治形態は時により変化ある説に賛成だ。

六、退職官吏のたまり場的空気を一掃し勇気を持って進んで下さい。

日常生活問題を取り上げよ

東京都立川市　民戦三多摩委員会　朴　済　植

一、大会において宣言、綱領の内容について討論されることは結こうなことだと思います現在の宣言、綱領が私にとって満足なものとは思えませんしかし在日朝鮮人運動の現状から推してやむをえないことでしょうが、必ずや運動の発展と共に宣言、綱領の内容も変化されるものと確信します

二、運動方法は多種多様でしょう。説得、宣伝、啓蒙、文化活動等と沢山ありますが、それよりも日常生活の問題を具体的に解決するための不断の努力が必要かと思えます。

三、誠に結こうでした。さらに内容の向上と組織の発展のため努力しましょう。

四、三・一節統一大会は忍耐と寛容がこの意味で用いるならば、今の場合これにまさる言葉はないと思います、

五、地方の協議懇談会推進の様子を沢山、詳細に掲載していただきたい。

六、お互に一人一人がひと苦労するという覚悟が必要と思います。

自主的に協議させよ

東京都西多摩郡福生町　金　教　義

一、宣言、綱領、規約に代る運営要綱のようなものをつくって、円滑に進めた方がよいと思います。その理由は民戦も民団も、各々その主義主張による立派な宣言、綱領、規約等をもっているから、統協のそれが納得出来ない筈である。また統協はあくまで協議体だから両団体間に、無数の話し合いの機会を作らせ多くの個人を統一え参加するように説得するのが任務だと思う。

二、下から盛りあげた運動が望ましいから地方の統協結成ばかり焦らないで、自主的に協議させる必要があると思う。

三、民族の団結と対外的宣伝の面で成果的であった。

四、統協本来の寛容精神の顕である。

五、李北満氏の論壇はその内容如何に拘らず"総親和"で取扱ってプラスになるだろうかその機関で結論が出ると思う。

地方組織を強化せよ

山形県新庄市金沢町　[illegible]昌　文

一、宣言、綱領は現在のままでよい。規約については[illegible]地域的協議を起す方法をとったらよい。しかし現在の統協[illegible]されたものと思い、全同胞は今や真の平和と、祖国の統一を真けんに考え、たち上ったものと思う。

四、統協は、一つの問題をスローガンとせず、主義主張は別として全同胞を結集させたこと[illegible]

全国大会の御知らせ

優良中古機並玉売器特売
丸名式遊技機製造販売
若葉式スマートボール機製造販売　総代理店
有限会社　新興商会
社長　秦　嘉　一
（大一の改め）
東京都荒川区日暮里6－341
電話浅草（84）6581番
振替東京三〇五七四番
警視庁証明済
★　同胞遊技業者のために大奉仕致します

輸出入貿易
和光交易株式会社
東京都千代田区丸の内1～1
第一鉄鋼ビル811号
電話和田倉（20）0996 0997 0888

平和[illegible]

「特集」アンケート

私は二[illegible]

風雨にめげず健全に

山口県宇部市
在日[illegible]山口県支部
金斗元

一、宣言、綱領は立派であるが理想と実践を一致させる事は不能を可能にする事である。然し前途に必ずや壁にぶっつかる。例えば統一中央政府を樹立する事は、両政府を白紙にもどすことであるから抵抗があると思うが、これは三千万の団結力による外なく、壁にぶっつかる前に、実践をともなう同志の糾合が先決である。又第三勢力は不可であり民団側もそこを嫌うのである。

二、方法を論ずれば対立するから宣言、綱領を強力に推し進めて国際的に保障を要求せん

三、三・一節独立運動記念行事の精神にのっとり、挙族的に太極旗の下で行いたいものであり、多色旗は不必要と思う

四、他力に依存することなく、今後も自主独立のために波害者を出さぬ様努めまし[illegible]

五、雨にも風にもめげず、平和的統一促進を全国に、全世界に発展せしめ、金三奎氏の如く信念と理論に屈して潜伏る者を出さぬ様結合され度い

六、両陣営のヒモ付き危険人物は徹底的に究明せん、そして既成団体の破壊行為は自滅となろう。

[illegible]とがない。

二、中央より遠い組織のない地方は、いろいろな事情があると思うので、中央よりその地方の有力者と連絡をとって、[illegible]は地方の組織に日和見的な点があるから自己批判しなければならないと思う。

三、三・一節を統一的にやったことは、統一運動が高く評価[illegible]にわれわれ山形県同胞は今後も民団、民戦組織と協議し統一の発展を希望する。

地域の運動に重点を

渋谷区幡ヶ谷
黄泳泰

一、宣言、綱領、規約は在日同胞の一人として全的に賛成します。

二、具体的に地域で二人でも三人でも話し合える自然的な運動から初めていきたい。初めは馬鹿話しより始める方法も良く、また〃無尽〃などの方法も定期的に集るから良いと思います。

三、三・一節は解放後十年になりますが初めてであり、今後の朝鮮人の民族的な集会は必ず三・一節の様にする必要があります。その時に参加した人達は皆大変喜んでいます。今後は日比谷でやった民団の方々も全部が参加する様に持って行く方法を考えて貰いたい。

四、下谷公会堂の事件は、一部暴力分子がやった事だが、その後の対策に統協が中心となって民団、民戦との話合をさせた事は大変よろこばしいことです。

五、機関紙第四号は見ていないので意見がありません。

六、問題点は具体的に、地域にきて民団、民戦の人達の話し合いの骨を折って下されば大変よいのです。この事がない限り統協の運動は一歩も前進しないと思います。

宣言・綱領を実践へ

北多摩郡清瀬町
尹柱現

一、宣言綱領共に結構です。規約第二十五条、会費は徴収していますでしょうか。積極的に事業を起し、収益を計る方途はないでしょうか。賛助寄附のみに依存しては会の健全な運営と将来の発展のために何等支障が起らないでしょうか。

二、同胞の一人一人が相互扶助の精神によって一人一人の生活権の擁護に寄与することが身近かな問題であるだけに統協運動の土台である様に愚考します。方法は同胞は一人も残さず統協に参加協力する様徹頭徹尾誠実に呼びかけるべきでしょう。

三、三・一中央大会は多大の感銘を受けました、が会場が双方に分れたのは残念でした。

四、全く当を得た処置であると思い関係各位に感謝します。

五、総親和は号を重ねるに従って漸次向上しているので喜びに堪えません。

六、お互いに（ハラ）の探ぐりあいをやめて潔く宣言、綱領を実践するためにのみ努力されますよう。

地方組織に重点を

山梨県甲府市
統協山梨事務局
鄭在根

一、宣言、規約については同意見です。しかし綱領に対しては現在考究中です。

二、各地方の代表者の意見を重点とする事は改めて申すまでもありませんが、地方から盛りよる組織体に留意すると同時に、中央から連絡員を派するのです。

今度の様な政治動機はもっとも良い事です。

三、三・一記念行事は一つの場所で、やった事に大賛成です ここに民族的統協の存在意義があると信じております。

四、一・三〇下谷公会堂の件はその解決方法に無条件感銘します。特に外国人であるわれわれはこうある可きです。

五、なお私は二ヵ年前当地方で民戦と別な統一運動に発足致し、先ず民生安定、生活建設を計りました。最近では当地民戦、民団とも話合って現在統協山梨県委員会として発足致しました。

統一運動の統一を計れ

神戸市葺合区
全海建

アンケートの返事

一、宣言、綱領、規約等は今の処そのままでよろしいと思います。一部において異論もあると思うが、それはどこまでも一部であって、全体ではないと思います（一部とは数のことばかりではありません。統協に対する考えをもっている団体、即ち統協の対象になる団体のことです）

二、同族同士との接近、接触親和を計り、お互が従に排ぼうをしないように努力してもらいたいのです。

三、三・一節を一つの場所でやったことは誠によかったと思います。

来る八・一五にはもっと立派にやってもらいたいのです。

四、統協を反対したり、悪行為で妨害するものを釈放云々とは、利用されたこと以外に何ものもないと思います。

五、統一運動の統一を考える必要があると思います。反統一的な意見等はあまり発表する必要はないと思います。

妨害者は指弾せよ

東京都新宿区
李昇鎬

一、宣言、綱領は左右両陣営及中間層の大部分が参加された時期に、討議されるべきである。故に五月村議説は時期尚早であると思います。

二、統一運動は既成団体間の闘争に主力を置いて中間層を協力さすべきである。例へば地域にある組合の共同闘争又は会合等もそれである。

三、三・一節は結構であるので今後も推進すべきである。

四、非常に長かったが、然し故意に計画した者に対しては指弾しなければならぬ。

何回でも繰返して説得せよ

東京都南多摩郡町田町
李根雨

一、宣言、綱領、規約は修正する点は一字一句もありませ[illegible]

二、署名運動を積極的に推進すべきであるが、万一この趣旨を理解出来ず参加しない同胞があっても、それっきりにしないで、何回でもその趣旨を説明すれば一人残らず[illegible]ると思います。

三、今年の三・一節は、[illegible]後を通じて一番盛大であったばかりでなく、祖国愛、民族愛の気運が濃厚だったので欣喜雀躍しました。

四、下谷事件被検者釈放は在日三十年間はじめてみる同胞愛の結晶だと思います。

五、現在の編集に賛成だし、在日同胞に大きな感化力を及ぼしていると思います。

偉方の運動になるな

東京都芝区
民愛青中央総本部
李承二

貴協議会の質問要請に対する返答を送ります。

一、それぞれの個人団体の考えや立場を尊重し、祖国の平和的統一の一点で協議する点は私が申すまでもないと思いますが、もっと具体的な面においても、みんなが統一出来る点まで明示する必要があると思います例えば、生活防衛、教育防衛、祖国との文化経済の交流とか平和を守る運動等は良心的な朝鮮人は誰でも支持出来ると思います。

二、たとえば一・三〇事件被検者を双方が協議で釈放した事実とか、下部での統一行動の成果を機関紙や会合等で意識的に知らせることと、反対意見の人々に対しても、根強い説得によって、分裂による損害の内容を知らせることが大切と思います。

三、今年度の三・一大会は、お互いのわだかまりや感情をなくし民族的統一の契機をもたらした点で、大きな利益であったし、成果であったと確信します。

四、釈放は話合い運動の成果として大きな意義を持っており今後の問題の解決方向を指示していると思います。

五、一項の意見のように、もっと下での統一行動と話合いの成果をとり上げて載せるべきだと思います。何か上での偉い人々のみの統一運動機関紙である感じがします。

六、反対意見をもった人々に対する個人的説得はもち論やっているとは思いますが、もっとやってほしいし、健闘を祈ります。」

宣言・綱領はそのままで

東京都荒川区
宋奉玉

一、宣言、綱領は無図、無害ですから、今のままで良いと思います。

二、親睦と協議を推進する一方米帝と李承晩徒党を孤立させる運動を在日全同胞に浸とうさせなければならいと思う。

三、三・一節を一つの場所で行った事は何よりも大きな成果だが、然しこの高貴な成果をいかしていくためには前途に多くの難関があると思う。

四、被検者全員を釈放させて、大きな成果をあげたとは思うが、反対である。何故なら、悪者を罰さないでおくと、かえって悪の温床となり、助長するからである。

六、米帝と李承晩徒党を孤立させる方向へ運動を展開し、すでに創建された三千万人民の国家、朝鮮民主主義人民共和国を守護防衛し、平和的統一独立を獲得するために総結集させなければならない。

平和の敵
S・ヤング・クム著
B6 243頁
定価 200円
株式会社 陶山書院発行

推薦の言葉
大山郁夫
飽くなき真理の探究、ほほえましい友情、熱烈な平和えの要求、いたましい程の戦争嫌厭、荷貴なき大胆な描写の中に純情溢れる素朴な表現は、読者に深い感銘を与えるであろう――
著者は叫ぶ
「祖国の三千万は不当なる三八度線を一人一人が無視せよ」と。
この態度こそが祖国平和統一えの第一条件である。

同和信用組合
東京都台東区浅草壽町二ノ二
電話（87）七一七一―三

栄養美味 朝鮮料理
亥香園
日本の皆様も 朝鮮사람도
商談宴會に御利用下さい
新宿駅東口 二幸裏通り
電話（35）7515

六月二十四、五日

県下同胞の総意を結集する

神奈川結成大会迫る

來る十九日横浜福祉会館にて

神奈川地方協議会は、その間数十回の会合を持ち、去る四月十三日には県下同胞三千余名集合の下に盛大な決起大会を開いて、統一えの悲願を全同胞の間に盛り上げたが、来る五月十九日いよいよ待望の地協結成大会にまで発展した。神奈川県は、特に我同胞の密集居住地として最も注目されている処だけに、一層その旗上げは重要性を帯びているが、過ぐる三・一節や、四月十三日の決起大会に、何処よりも民団の方々が多数参加した点で、重要意義を持つのである。

民戦と民団が共に協力して統一的な三・一記念行事には、神奈川県で五百人の民団員が動員され、四月十三日のけっ起大会には四百名も参加したことは特筆さるべきである。これらの事実は、わが同胞が平和的な統一のみが民族の真に生きる[illegible]であることを立証してい[illegible]信ずる。全同胞は神奈川地協の成功と発展を支援しましょう。

統一運動の爲に寄贈

北海道　金　容　旭　氏

我々の統一運動が発足して以来全同胞の支持と声援が如何に熱烈なものであるかは、運動展開以来嵐のような反響からも察せられるところであるが、日本全国の津々浦々から、毎日のように激励の手紙や電報によって事務当局者を感激せしめていることもその一つである。

今度、遠く北海道室蘭市海岸町三〇番地に居住している金容旭氏は、去る三月二十二日、統協本部を訪れ「我が民族は平和的統一独立によってのみ生きられることを確信する」と語り、今日まで何れの団体にも所属していなかったけれども、これこそ、朝鮮民族なら誰でも賛成する答だと激励、少ないながら、運動資金の一部にと金二万円を寄付した。そして、自分も微力ながら、北海道え帰ったら積極的に参加すると強調した。

感激的な初舞台

第二回"五線会"発表会

既報の通り、異国にて恵まれない境遇にありながら、将来の祖国の芸術界をになう真の芸術家たらんとして奮闘し、多年の研さんの成果を世に問う"五線会"の第二回発表会は、熱心な同胞聴衆の待望のうちに、去る五月三日午後七時から銀座山葉ホールで開催された。

この日そぼ降る雨の中をもめげず、夕方から同胞ファンが続々とつめかけ、定刻前にはすでに満員の大盛況であった。

発表会は、第一部、第二部と進むにつれて、栄えある今日の初舞台に出演した若き音楽家たちは、長い力強い拍手に頬を輝かせながら、いちいち応えていた。

更に祖国の山野を髣髴させる金祥煒、金時寅、壬熙士、金安晴氏の四重唱"鴨緑江"、"[illegible]"、英金嬢のソプラノ独唱"[illegible]歌"、韓翌振氏のテノール独唱"七つの民謡"等は、久しぶりに祖国の歌にひたり、満足しきった表情が、だれの顔にもよみとれた。

最後に、"我が祖国が誇るバリトン歌手、趙大勲氏の独唱は、聴衆を完全に魅了し、満堂の割れるような拍手を受け、午後九時半発表会は無事終了した。

全国大会（六月二十四日二十五日決定）に就いての

お詫びと要請

中央常任協議委員会

去る一月三十日の統協発起人大会を経て、規約の定めるところにより三月に定期大会を持つか、五月に結成大会を持つか、何れかにしようとしたが、周囲の諸事情により、四月に全国大会を開催することになり、機関紙を通じて、発表されたことは同胞諸賢の既に知られるところである。ところが、中央代表委員会及び中央常任協議委員会の決議により、大会は、更に延期されて六月二十四、五日の両日に開くことに決定された。

この延期理由に就いて、一言おわびと御協力を要請すると共に、その意義に関しても言及したい次第である。

われわれが統一運動を推進して以来、すでに半才を経過している。この間、種々の困難も経験したが、反面、少なからざる成果もあった。困難は、現在も存在しているし、また、将来にもあろう。

このような、われわれ自身のまたは周囲の情勢から、地方組織が予想したよりは後れていたこと、どちらかといえば、平和的という言葉にとらわれ過ぎて全体の運動に若干の遅滞があったことも事実である。

その外、主体的な条件ではないが、在日同胞間に至大な影響を持つ、民団東京本部、民団中総の両大会、民戦の第十九次中央委及び民戦六全大会等の構成果に期待するところもまた、見逃し得なかったことを率直に認める。

以上のような理由と、もっと我々の大会を意義あらしめる上に、重要な日を選ぶべきだとの意見から六月二十四日を選択したのである。即ち二十四日に大会を、二十五日に平和祭を開催したい。

周知の如く、六月二十五日は、五年前に、我々の同胞が、武力を以て、自分達の意志と政策を押通そうと試みた、悪夢の想出の日であった。悪夢は悪夢として、それを想起し、記念するが全然違った形で、つまり、武力では解決されず、不幸と悲惨のみをもたらしたということを記憶し、そのような惨状を、再び繰返えさず、それを反省し、建設的に、発展的に持って行くという意味に於て、この日を記念すべきである。このような意味に於て、不幸な六月二十五日は幸福な六月二十五日に変えらるべきである。

武力闘争では駄目であったという体験を生かして、今度は、平和的に記念しようというので、われわれの大会を、この日に決定した次第である。こんな訳で五月の大会は、一ヵ月延びたがそれだけの意義を見出し、もっと充実した準備を整えた上での大会に発展させたい。同胞諸賢の理解ある御諒承を賜りたい。

上でも触れたように、地方組織は、未た満足すべきものではない。今のところ、まだ十七地方協議会が出来ただけである。目下準備中の地方もあるが、未だ準委が発足したばかりの処とか、それさえ出来ていない処さえある。こんなことでは、全国大会を開いても、本当の全国大会には程遠いとしかいえない。

そこで、我々の統一運動が、真に、全民族的のものになるためには、幾つかの地方の、幾人かのが、積極的に活動するだけでなく、文字通り、全同胞がこれに参加し、運動を推進し、展開しなくてはならないと思う。この意味に於て、我々の全国大会を成功させるか、どうかは、在日全同胞の両肩にかかっている訳である。幾分か起ち後れた地区協議会の結成をみていない地方では、大会以前に、組織を完了し、全国的に総結集して相互に異れる意志を統一させ、これを全国的なものにし、祖国に伝え、祖国の一日も速かなる統一と独立が達成されるよう努力しようではないか！この道のみが、目下、我々に賦課された、最大の任務である。

同胞の皆さん、一人残らず協力しましょう。

原稿募集

当編集部では、各団体及び地方・地域における平和的統一運動の状況を報道するために読者からの原稿を募集します。

(1) 祖国の平和的統一運動に対する意見、批判など。

(2) 小説、評論、論文、マンガ、詩、コント等の原稿を募集していますから奮って御投稿下さい。

(3) 各地方協議会及び準備会では、その地方における運動の状況を御知らせ下さい。

掲載の分には当部規定の薄謝を呈します。」

おくり先　東京都台東区仲御徒町一ノ一五　栄ビル

南北統一促進協議会宣伝部

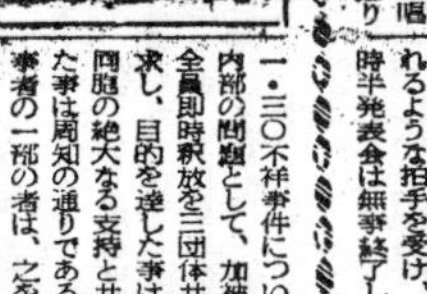

苦言良薬

一・三〇不祥事件について民族内部の問題として、加被害者の全員即時釈放を三団体共同で要求し、目的を達した事は各界の同胞の絶大なる支持と共感を得た事は周知の通りであるが、当事者の一部の者は、之を何と思ってか、一片の自省所か狂信的に"英雄"を気取り、益々本性の暴力を所かまわず振っている。之について巷間では玉石混交の取扱いは間違いであったとする与論が高まって来た。事実その後の成行は考えさせられる事柄が余りにも多く見受けられる。取材にいった新聞記者に有無をいわさず、重傷を負わすかと思ったら、自分と少し違う意見を述べたり、又、ことと統一問題に言い及びでもした日には最後誰彼構わず、手当り次第追手段に出るといった寸法である。春秋の筆法を借りる訳ではないがソンナやり方では良識と正常な感情の持主であれば否応なく反対の立場に立たざるを得ない事は必定である。ソレにしても、ミソといえば重傷を受けた新聞記者のポケットに知らぬ顔で千円札一枚もねじこんで運けば事が済むと思っとは余りにも現金な事である。

×　×　×

その本丸に鎮座して御座る某最高指導者氏。去る二日三、四人集めて初の記者会見に及んだ。席上開口一番いわく「統協の虚妄的考えを清算せしめ、帰順を促進すると共に、常に門戸を開放し、僑胞大衆の与論を尊重云々」と、神がかった土豪劣紳的言辞もさる事ながらこんなにも行動と言葉の関係が平行線では聞いた口がふさがらないとは、こんな事でもあろう。

×　×　×

最近「韓僑通信」なるものが新しく同胞の一部社会に配布されて少なからず物議の種になっているという。統一運動には決死反対する人が「編集印刷発行人」になっているとかで、毎日のように統協に毒づいているがその資金出所の背後筋もさる事ながらその記事内容たるやマサに超時代的シロモノである。"朴春琴氏が統一運動の為に熱海別荘を売却したとか、三・一記念に百万円を投じたとかいう類の事をマコトシヤカニあきもせず並び立てている。ついでながらつけ加えれば朴氏の熱海別荘の件は三年も前、前民団々長金載華氏外二、三の幹部も関係した世称"仮政府運動の時の事であり三・一節の事は本人も知らない事である。その他と言えばそれ以下である。之についてはエピソード一つ。

去る日統協懇談会に悲壮な覚悟を固めて取材に来襲？した、同通信J記者君。統協の人達に快よく迎えられてサモ以外といった顔付で事務所で長い時間をつぶして帰ったが、通信記載内容の事をきかれていわく"ソレは宣伝だから、事実と違うのは止むを得ない、いやムシロ正当である！"と（？）モットモうがった見方をする人達は「読む人は大体裏返しに見るから統協の宣伝になるという向もあるにはあるが。トマレ泥坊にも三分の理ありという諺は吾が同胞の社会や事業には言わせないような事は出来ないものだろうか？

×　×　・

東京の一角での或会合に勢揃いした一群の猛者連。統協の署名運動についてアレコレとケチをつけたのはまだしも、その結論にいわく休戦が三千万民族の悲願を踏みにじったものであるとして、戦争継続を礼讃じたり統協とは同席することも妥協(?)することも決死反対であると勢込んだものだ。（所で民団の最高幹部はひと頃民戦とは協議しても統協とは協議出来ないといって、民戦の人達と内密な会合をもったり往来したりしていたが、今度は統協が民戦の同調者（？）であるからという風に変っている。　体ドッチがドウなんですか）最も彼等の言分に依れば如何なる場合もソ連とか中共と外交関係、通商関係を結ぶのは勿論、彼等と会議に同席するのは、如何なる人士または国家でも、自由世界の裏切り者であると断ずる。従って日本は勿論アジア・アフリカ諸国は敵だという寸法である。果してアナタ達はアジアの一角にドンナ形態の国家を樹立し、以って近隣諸国とドンナ関係を保って国家を維持して行かうとするのか？常識ではドント見当がつかない所でソ連と外交関係を結んでいるアメリカ、ソ連、中共両国と外交関係にあるイギリスその他の国は一体どうなるんですか？

諸君よ！主義は主義、国家は国家、諸民族は各々自己の自由意思によって自国の政権を選択し主義思想は自国内で政争の形で是非を争そうのが当世のシキタリというモノです。何卒、隣近所、親類縁者が余り迷惑しないように、わが民族の事はわが民族同志の間で、余り古い法統だけを持ち出さないで当世のシキタリに則ってフェアプレイで話し合って行こうじゃありませんか！

朝鮮料理
食道園
新宿区愛町二丁目
電話（35）七五五三・七〇四七

御願い

在日同胞の皆さん

愛する祖国の平和的統一を唯一の念願とする在日同胞の熱烈な支持・支援のもとに発行されている本協議会機関紙"総親和"は既に第八号をみなさまの御手許に御届け出来るようになりました。

私達は今後皆様と祖国の平和的統一のために、思想、政見、団体所属の如何をとわず、みなさんとともに語り、ともに考え、みなさんのものとしてこの機関紙を育てていきたいと思います。

愛読者のみなさん！

私達はこうした見地から"総親和"の健全なる発展は、平和的に祖国統一をかちとるために大きな力ぞえになると確信しております。就いては、みなさんの機関紙として守り、発展させるために、紙代納入に御協力願いたいと思います。財政的な裏付と保証がないとての発展は確保されませんし、みなさんに守られないと良い機関紙にもなれません。

記

一部　五円　　一年分（前納）百円

なお文局の設置については別に要綱がありますから、各機関及び希望者は、本部宣伝部にお問合せ下さい

おくり先　東京都台東区仲御徒一ノ一栄ビル

南北統一促進協議会宣傳部

京浜急行電鉄株式会社
東京都港区高輪（南高輪ビル）
電話　(49)　0101・2920

綱領
1、わが同胞が犯した過去のすべての誤まりは、お互に寛容し反省して民族的総親和を図る。
2、われわれは、いかなる団体、政党、個人、思想、信仰を問わずお互に協議することによって、祖国建設と民族内の諸問題を平和的に解決することを提議する。
3、われわれは、南北を通じた自由総選挙によって統一中央政府が樹立されることを要求する。
4、われわれは、この自由総選挙とわれらの統一独立が国際的に保障されることを要求する。
5、われわれは、相互扶助によって外国におけるわれらの生活権擁護に寄与する。

總親和

発行所　南北統一促進協議会
東京都台東区仲御徒町1－15（泉ビル）
発行人　元心昌
電話（83）2914
2911
（定価1部5円）

全國協議會迫る

民族の総力をこの大会に結集しよう

六月二十四日　東京国鉄労協会館で

平和的統一促進の運動がおこって日なお浅いにも拘らず、同胞の間には大きな共感をよびおこしている。即ちここ半年の間の我々の経験は今までの感情を棄て、互に和睦し、親和を計り接触し、話し合いを重ねることによって、同族としての親近感と愛情のこもる交歓が行われている数多くの実例をみるのである。

この和睦と親和の雰囲気のなかで、祖国の平和的統一を達成しようという話し合いと大衆集会は、全国津々浦々で色々な形式で無数に組織されている。既に多くの地域では各界各層を網羅した地方協議会が結成されているし、大阪（九日）神奈川（十一日）及び福井県（十二日）等でも結成を見ているし、兵庫でも近日中に結成されようとしている。

このような盛り上りの中で、来る二十四日に全国協議会は開かれようとしているからわれわれは、全同胞の熱望と創意性ある実践を結集しなければならない。平和的統一署名運動も八・一五を目標に全民族の力を集中して実施されているばかりでなく、川崎市の浜町地区では、全同胞の百%が署名している。

これらの事実は、朝鮮民族の念願と熱誠を表はし、平和的統一を自ら達成できるという決意を示すものである。今度の全国協議会を成功的に組織し、総意を結集し、お互の経験にまなびより大きなより広い運動え発展させる必要を痛感するものである。

今度の全国協議会においては従来の失敗や立後れ、若干の偏向や誤りを是正し、より一層の発展と成長のために努力しなければならない。このために、宣言、綱領規約の改正と、新たに結成された総連や民団との関係等、我等の今後の運動方針を如何に決定すべきかが討議決定されねばならぬだろう。

我等の運動が、幾人かの限られた者の運動ではなく、またある特定の政権や思想の持主だけが定めることでもなく、極めて広汎な異った見解を持った諸々の人々の合意に到達することによって、初めて達成される運動形態であるべきなので、文字通りに、各層各界の人士を総網羅せねばならず、平和的統一を推進する一点で広汎な範囲で意見の交換と一致点を見出すことの必要性から、全国的な各界の参加を求める次第である。

このようにして、今度の全国協議会は、われわれの統一運動にとって最も重要な、最も意義ある会議となるであろうし、また、そうさせねばならない。

今度の全国大会において採択さるべき宣言、綱領、規約および運動方針はこのような規模と観点において討議される。

即ち①自らの統一独立を達成するために南北朝鮮の政党および国会と政府代表による南北会談がひらかれなければならない民主主義的基礎にたって、民族自身が話しあわなければならない。②そのためには外国軍隊の撤退と外国の干渉があってはならないし、平和統一のため必要な措置が講ぜられなければならない、③国連および関係各国は国際会議をひらいて、朝鮮問題を平和的に解決するように要請決議しなければならない④八・一五十周年を目標とする平和統一促進の署名を成功的に組織し完成しなければならない⑤また七月に開催予定の四大国会談に朝鮮問題をとりあげるよう要請する運動をおこさなければならない。

このような内容がこんどの全国協議会で討論され当面われわれが平和的統一を達成するための具体的な方針と要望が明確に決定され、その実現のために全同胞が団結しなければならないだろう。

第一回全国協議会を全同胞の声援と支持によって成功させようため、祖国の平和的統一独立の達成のため、全民族の誠意と力を結集しよう！

平和統一を念願する熱誠者は全員参加しよう！

時論　全国協議会開催の意義

来る六月二十四日東京において全国協議会がひらかれる。われわれが進めて来た統一運動の半年間の評価を正しくし、誤りを正し、成果を発展させることが今度の大会の重要な意義である。

今日までの運動をかえりみる時、正しいと思ってやっていたことが、実は誤っていたり、うまく行くと思っていたことが失敗したり、予想した以上の成果もまた、少くなかった。そこで今後の運動をより正しく、より大きく発展させるために、ここで一応の総決算をして、新たに近づく進まなければならない。

各地で行われている同胞間の交流と話し合いの運動はここ半年の間に非常に昂って来ている民族同士が自ら和睦し、団結して、平和的統一の達成のために力を合せ、生活の問題も協力し合っていこうという動きは何時の時よりも発展している。

このような感激的な同胞大衆の要望と創意的で熱誠的な各地の尊い経験をこの会議に反映し全国的にたかまっている統一えの気運をより一層前進させなければならない。

このような運動の進展につれわれわれは、一月三十日に採択した宣言、綱領を修正する必要を感ずるのである。

さきに採択した宣言、綱領に於ては、卒直にいって、第三勢力的な要素を内包していたことを大担に認めなくてはならない

われわれは、米・ソ両勢力の利害関係を調整することが出来るかのごとき錯覚があった。

われわれの祖国に平和と統一をもたらし、破壊された国土を再建し、同胞愛に充ちた富裕な独立国たらしめることは、いうまでもなく、われわれ自身の力で、われわれがやりとげなければならない。他国に頼んだり、他人にたよることによっては達成出来ない。

こうするためには、兄弟が互いに反省し合い、同胞互いに話し合わねばならぬ。これは、相手の立場を理解し、相手を尊重することによって、自分もまた尊敬されなければならぬ。そこには、政見や思想や信仰の差異があっても、各自の自由意思を尊重することによって認め合わねばならぬ。

これが、民主主義的な原則であるからである。

このような態度は、相互間の話し合いの機会をもたらし、平和裡に、祖国統一問題を論議する端緒を見出すであろう。

祖国を平和的に統一するために実力が行使されてはならない。それ故、南北両政権に対し、先ず軍備の縮少を統制し、同時に外国の干渉と外国軍隊の撤退を要求する。何故なら、外国の干渉や外国軍隊が駐屯していては自主的な、自由な雰囲気は保てないからだ。

しかしわが民族に好意を持ちわれわれを援助しようとする国々や、われわれと何等かの関係をもつ諸国を無視しては、われわれの平和独立は保証されない。そこで、祖国の平和統一のための国連及び関係各国の会議が招集され、討議されて、平和裡に解決されることを望むのである。

これらの諸問題が解決されると同時に、南北両政権当事者が会談を開き、協議し、選挙、交通及び経済、文化の交流の諸問題を解決し、速かに、統一方策を出し合ってくれること、こうすることによって、南北を通じた自由総選挙による中央政府の樹立が成就されることを望むのである。これがわれわれの念願であり、平和統一えの道だと信ずる。

これが、今後のわれわれの運動における宣言と行動綱領の内容となり、この線に沿ってより一層統一運動を発展させなくてはならぬ。

このような新たな方針が正しく把握され、理解されるためには広汎な層の参加と討議が必要であり、これはまた、今後の運動のより高い発展を約束するであろう。それ故、今度の全国大会の持つ意義は重且つ大である

川崎市浜町で百％署名を完了！

各戸を訪問説得して

祖国を平和的に統一する具体的な運動の一つとして、五月九日以来全国的な署名運動を進めているが、我々の念願たるこの運動に対し、全同胞は熱烈な声援と支持を表明していて、実行委員達を感激させている。

その現はれとして、特筆すべきことは、神奈川県川崎市に居住している同胞大衆の示した熱意である。

川崎の浜町地区では、全国のトップを切って五月下旬に全同胞の署名対象者の署名を全部完了した。この成果は、浜町地区の同胞達が示した祖国の平和的統一に対する熱烈な支持であるばかりでなく、全朝鮮同胞の念願と希望がまたここにあることを立証したことにもなるので、我々の運動は、これを契機として一穴進展をみること間違いないと確信する。

これはまた全川崎地区における署名の成果にもあてはまる。川崎地区に在住する全同胞の署名対象数は、三千人であるが、既に二千名以上が署名を完了している。活動家達の熱意と共に全同胞の熱意は他地方の模範となっている。

総連幹部と懇談会持たる！

話し合いで意見一致

総連の結成以後はじめて、総連幹部と統協常任協議員との懇談会が持たれた。総連側では李心喆議長、金聖律議長、金恩順議長、中鴻泥議長をはじめ李季白事務局長と東京の曹喜俊議長と金慶鉉組織部長が参加し、統協関係では代表委員をはじめ中央常任協議員及び事務局全員が参加して、活発な討論が行われた。

十二日は夜おそくまでかかったが、結論をみることが出来ないので十三日の午後五時からふたたび代表者の会合をひらき、統一運動（統協）の性格及び組織の問題等、つっ込んだ討論が行われ、結論として統一運動は私心なく積極的に推進すること、附随する誤解がましい問題は解決するように努力する等、完全に意見の一致を見ることができた。なお来る二十四日に予定された全国協議会と二十五日の平和祭についても積極的に準備をすすめる意見の一致をみた。

私は署名する（3）

曹泰岩（都府県朝鮮人商工連合会々長）

平和的統一促進署名運動を支持し

夢にも忘れてない祖国が二に分つれて、何時統一されるか解らないのを考えると、腹の底からいいようのない憤りの気持がわいてきます。

祖国の統一こそ、私達在日同胞商工業者の生活と利益を守る唯一の道だと思い、私は喜んで署名すると共に、先頭にたって同胞の家を一軒一軒回って、一人残らず署名をとるつもりです。

平和的統一署名に一人残らず参加しよう

六月十一日福祉会館　神奈川統協結成大会開かる

「祖国の平和的統一のために一人残らず統一署名に参加しましよう」「南北を通じた自由選挙によって、統一政府の樹立を期す」等のスローガンを掲げた南北統一促進神奈川県協議会の結成大会は、六月十一日横浜反町、福祉会館で行われた。

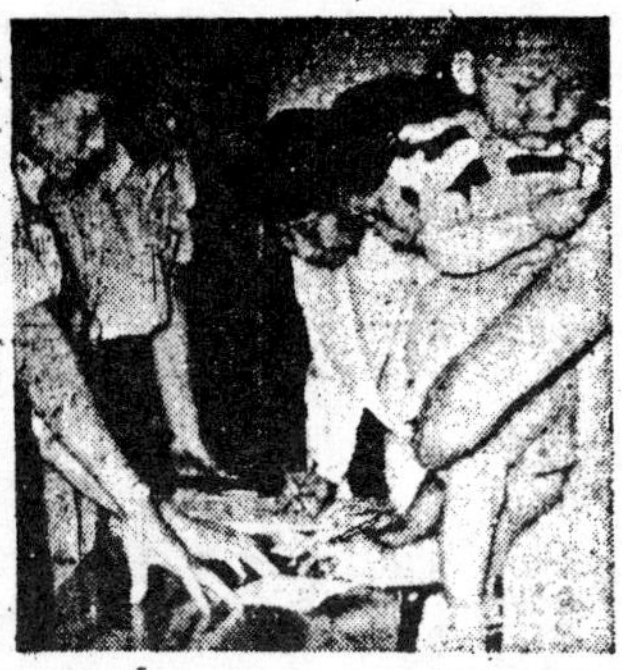

大会は先づ、安正祚氏の開会辞について、議長団に朴鍾和、黄国周、権寧祐、鄭寅勲、洪句杓、白判洙諸氏が選ばれた後来賓から総連神奈川準委崔泳鎬氏、統協中央代表委員李北満権逸、朴春琴諸氏、都協金桀樸氏がこもごもたって祝辞をのべたが、四十度の高熱をおして出席した朴春琴氏はその中で「日本にいる同胞の生活は昨日より今日は余計苦しくなっている。われわれはこの苦しい生活を解決するためにも、早く統一しなければならない」と熱誠をひれきした。

続いて「統協結成について最初は、多くの意見対立があったが、六ヵ月という長い期間、地域においてねばり強い話し合いをした結果、意見の一致をみることが出来、今日この大会を持つ事が出来た」と結成までの経過が報告された後討議事項に入り、「今われわれが直面している不自然な事態と新しい戦争の再現は、到底許すべからざるものである。故に祖国の平和的統一独立の達成は三千万民族の緊急な任務である！」という内容の宣言と「祖国の平和的統一に障害となる外国軍隊の撤退と、外国の内政干渉に反対する」「南北の軍備縮少と平和統一の方法を協議するために、南北会談を即時開始せよ」等の内容の綱領（全国大会建議案）は「宣言、綱領、規約をもつたら単一団体化される恐れがあるから、持つ必要はない」「統一方式を明確にする必要がある」等の統協の基本性格に対する意見があってので、小委員会を選出して、再検討した結果これらの修正意見をとり入れて採択した。更に「平和的統一促進署名運動を強力に推進する」「六・二五を平和祭にする」等の運動方針を採択し、決議文採択及び役員選出を行って、午後六時盛況裡に終った。

（写真は[illegible]会場での署名光景）

第一回都協議委員会開かる

都協代表委員を選出

事務局長に秦太一氏

東京都協第一回協議委員会は去る六月四日午後三時から、本部会議室において開かれた。

先ず元心昌中央事務局長の開会の挨拶について、議長に権逸朴成発氏が選ばれ、秦太一氏の一、組織問題、二、署名運動に関する経過報告があって、討議事項に入り、次のようなことが決定された。

一、東京都協代表委員選出
張鳳基、呉相殷、姜光淑、徐相漢、柳志殷、李成文、李明柱、康吉千、朴成辰、金舜植、朴成発、秦太一、李根雨、徐相洲、金在淑、一名保留、以上十六名。

二、民族相殺の悲劇の日六・二五の平和祭を実施するための準備実行委員を選出することにし、人選は代表委員会に一任する。

三、当面署名運動に全力を集中して組織し、八・一五まで百名完了するように努力する。

つづいて東京都協第一回代表委員会は去る六月八日午後三時から本部会議室において開かれ、次のような事項が決定された。

一、平和祭準備委員は、都協議委員全員がなり、来る六月十四日第一回準備委員会を開くこと。

一、東京都協事務局選出
事務局長　秦太一氏
[illegible]
組織宣伝委員長　金舜植氏

一、全国大会代議員百二十名を都内各区に割当てる。

民族体育祭典盛大に挙行

大阪　六月一日、二日眞田山公園グランドで

二万余同胞参集

既報の通り、大阪では左右を総網羅した「祖国平和統一民族体育祭典」は去る六月一、二日眞田山公園グランドに於て、二万余名の同胞参集の下に、盛大に挙行された。

この日、青葉香る五月の薫風にさそわれて、早朝から男女老若を問わず、家族連れで続々と集ってきた。午前九時三十分役員、選手入場、開会辞、祝辞等の開命式が行われ、続いて陸上蹴球、庭球、相撲等の競技に入った。

特に陸上競技中に「民団側学童と総連側学童が一つの運動場で和気アイアイと競技を行っているのを見ると、十年間の反目が一ぺんにふきとんでしまうような感じがし、更に陸上競技のさい中に、民団側学童が転ぶと総連側学童がかけよって、助けおこして走っている光景は、胸がつまるような感激的なものであった」と見物していた人達は涙を流さんばかりに喜び語っていた。民族の和睦と団結を強化する二日間に亘る体育祭典は同胞に大きな力を与えて盛況裡に終った。

崔承喜女史派遣も可

貿易使節の派遣を希望

畑中氏等　訪朝帰国者報告談

アジア諸国会議に出席した後共和国（北鮮）を訪問して帰国した畑中政春氏、安部きみ子氏など十氏の歓迎報告会は、去る六月十一日港区万寿山で行われた。

訪問団の報告要旨は次のとおり。

畑中氏は、「われわれ一行十名は五月十七日から十日間各地を視察し、熱烈な歓迎を受けた。

われわれ一行が感じたことは全人民があらゆる力をあわせて復興を行っていた。両国の国交正常化についても、その機が熟していて、これからは日本がどう受けてたつかによってきまると思う」と語っていた。

松岡氏は「朴昌玉副首相との会見では、国交正常化、貿易、漁業、日本人帰国問題を話し合った。貿易問題については、日本で生産されているもの、例えば復興資材や修理材料等をはるばる東欧諸国から輸入している状態だから、東欧諸国との貿易を少々減らしても、日本と貿易をしたいと言っていたし、日本の責任ある団体が平壌に来るのを望んでいた。又輸送は日本の商船が、朝鮮の港に直接来る事を希望していたし、決済も両国で直接やりたい」と言っていた。

特に「崔承喜女史の招待問題は、日本で受け入れる条件が整えば、何時でも派遣すると文化宣伝省次官が責任ある答弁をしてくれた」。

崔承喜女史の招待運動は日本の各界各層でも高まっている。その中でも日朝協会や各新聞社では、警備の点で話し合いがつけば、積極的に進めようとしている。

また[illegible]氏は、「この招聘が実現すれば、久しぶりに女史の顔も見られるし、両国の親善にも大きな力となるので、実行委員会をつくっても、ぜひ実現させたい」と語っていた。

時局と南北統一問題懇談会で

三多摩協議会準備委発足

民団民戦現役等百余名参加

六月二日東京都下立川市商口公会堂で、同胞百余名参加し、〝時局と南北統一に関する懇談会〟が開かれた。会は座長に徐相洪氏（元三多摩民団副団長）朴英東氏（現三多摩民団総務部長）朴清権氏（現民戦議長）と李根雨、朴東一氏（一般有志）がなり、お互に固くならず、形式ばらずに進められた。統協中央代表委員南浩栄氏から、署名運動を八・一五まで完了する事と六、二五記念行事について趣旨説明がなされ、満場の賛同を得た。

続いて懇談会に移ったが民戦系三十余名民団系二十余名中間派四十余名と推定された参加者がここには平和統一に反対の人は一人もいないと口々にのべ全員一致で、協議会結成に賛同したので、話はもっぱら協議会結成の方え向けられた。中には民団の副団長民戦の議長及地方有志事業家の顔も交っていた結局参加者全員が、準備委員になり、代表委員として次の三十名を選出した。続いて話は同胞の生活と統一問題に花が咲き、西多摩では民戦も民団もない真空地帯に朝鮮人親睦会が結成され統協に参加したと、話が出れば府中では民団と民戦が完全な諒解の下に統協に参加した事が報告された。韓日問題、自由渡航往来通商貿易の問題も話題にのぼり三多摩全域を通した商工会組織に全力をつくすこと等が決議された。」

代表委員
北多摩　厳今変、尹日万、金百鎰、李季山、朴清権、洪斗元、羅正玟、朴栄河、河東守、朴快出、李孝松、徐相漢、朴東一、金璋祚、崔守鎬、南多摩、趙徳奎、李根雨、許芸、金景逢、裴東湖、韓三洙、梅重実、孫徳万、西多摩朴栽洙、李相一、金宗喆孫海圭、宋順渉、李英成

お便りから

三八度線を笑顔で往来出来るように

神戸市生田区　鄭板祚

私は神戸に居住する二三才になる朝鮮の国籍をもっている者ですが、二十二年間いまだに故郷の山河を知らないばかりか何一つ祖国のことを知らないのです。しかし一度も見たことのない祖国を私は愛さずにはいられないのです。（中略）

ただ朝鮮人であるが故に、就職出来なかったり、愛する人を失ったりしている者は私ばかりでなく、日本にいる朝鮮の若い男女で、どんなに多いでしょう。そんな人達はほとんどが朝鮮人としての誇りを失い、そればかりか祖国を憎みさえしているのです。幸い私はどんな時でも、朝鮮人であるという誇りを持っています。近ごろ祖国の戦いを題材にした映画が流行しているようですが、その中にまだ見ぬ祖国の夢を託すのです。美しい山や河や、私達の兄弟や祖父母がおる家をみると全く心暖まる気持ですが、それが一瞬の間に破壊されていくのです。他の者にはその画面にあらゆるスリルを味い、また楽しむでしょう。然し私はそれが出来ないのです。そんな画面が映る度に、それが劇中であると知りながらも身をえぐられるようであり、何者かに怒りがこみあげてくるのをおさえることが出来ないんです。やはり私には朝鮮人の血が流れているのですね……祖国を愛する血と一緒に……

私はこう思うのです。

何故、親兄弟夫婦がどうして戦わなければならないんでしょう。私達の国は京城まででではないんです。また北鮮に住んでいる人達も釜山までが自分の国ではありませんか？　あの涙と血で引かれた三十八度線を笑顔で私達朝鮮人が大手をふって歩けるようにしましょう。（中略）

私はこんなに祖国のために働きたいと思った事はなかったのです。しかし今まで民団、民戦何れに組すべきかに迷った私は統協の出現によって初めて、青年の進むべき道だと悟りました統一への途なら青年の熱血を捧げても正に本望であります。

御知らせ

第二回全国署名推進懇談会を開きますから御参加下さい。

一、時日　六月二十六日午前十時
一、場所　下谷公会堂
一、議題　中間集計及び八・六平和祭代表選出

平和的南北統一促進
原子戦争反対
署名中央推進委員会

―――切―――り―――取―――り―――線―――

お家族そろつて署名しましょう

平和的南北統一促進署名をしましょう

戦争によって祖国を統一しようとする勢力がいる。

「三年間の祖国戦争は多くの同胞を殺害し、不幸にさせ、祖国は統一されていない。」

戦争で祖国は統一出来ない。話し合いによる平和的方法で祖国を統一する外に道はない。

祖国の平和的統一は三千万同胞の共通した念願である。

この念願を署名によって結集し、祖国統一を達成しよう。

一、全外国軍隊は同時に撤退し、わが国の問題は自身の力で解決しよう。
一、平和的統一独立のため〝南北会談〟を早急に開くようにしよう。

南北統一促進協議会

氏名	年令	住所	基金

ウィーン・アピール

今日、いくつかの政府が原子戦争をはじめる準備をしている。かれらは、諸国民にこれをやむをえないものだと思いこませようとしている。

原子兵器の使用は、みな殺し戦争をよびおこすであろう。

私たちは、すべての国で、原子兵器の貯蔵が破壊され、その製造が即時停止されることを要求する。

一九五五年一月一九日
ウィーン世界平和評議会執行局会議

氏名	年令	住所	基金

この署名簿の送り先
東京都台東区仲御徒町一ノ一五森ビル
平和的南北統一促進
原子戦争反対
署名中央推進委員会宛

綱領
1、わが同胞が犯した過去のすべての誤まりは、お互に寛容し反省して民族的総親和を図る。
2、われわれは、いかなる団体、政党、個人、思想、信仰を問わずお互に協議することによって、祖国建設と民族内の諸問題を平和的に解決することを提議する。
3、われわれは、南北を通じた自由総選挙によって統一中央政府が樹立されることを要求する。
4、われわれは、この自由総選挙とわれらの統一独立が国際的に保障されることを要求する。
5、われわれは、相互扶助によって外国におけるわれらの生活権擁護に寄与する。

總親和

発行所　南北統一促進協議会
東京都台東区仲御徒町1−15（泉ビル）
発行人　元心昌
電話（83）2914
2917
（定価1部5円）

統協は單一團体でない
ー組織問題に論議が集中ー
大阪・祖国統一民族協議会開かる
六月九日中之島公会堂で

一月二十七日発足以来約半年の準備期間を経た、祖国平和統一運動民族協議会の結成大会は六月九日午後一時二十分在阪十二万同胞の大いなる希望と祝福のうちに大阪中之島中央公会堂大ホールで各界各層を代表する代議員百九十二名と、傍聴者及来賓のの参加多数を得て盛大に開かれた。

大会はまづ、準備委員会事務局長金晋根氏の司会で開会が宣せられ〝先烈に対する黙想〟〝祖国平和統一に対する拍手〟から始り、裵正氏の『三千万全民族がひとしく念願する祖国の平和的統一と在日全同胞の総親和のために、思想、政見、所属の如何にかかわらず、過去の行きがかりを捨て、一致して努力しよう』との開会の辞につづいて大会議長団に姜渭典氏を始めとする準備委員会代表委員十一氏と、地区代表甲学畝氏ら十二氏を選出し、進行には金晋根、宋裴台両氏指名して来賓祝辞に入り、統協本部から駆けつけた元心昌氏は「在日同胞運動の重要な地位を占める大阪に於て、本協議会が結成される意義は絶大なものであり、本運動の歴史に輝しい一頁を飾るものである」とのべ、続いて権逸氏は『本運動に対して誤解する向もあるが、本運動はあくまで祖国の平和的統一と在留同胞の総親和を図るための挙族的な協議運動であり、その意味で巾広い民族運動である』とし、更に「決して単一団体ではなく、またそのような意図もない。既存団体の立場を尊重し、相互の理解と協力を図るためのセンターとして役割を果すために、下部組織も必要である」と説いた。続いて統協兵庫県代表全海建氏の祝辞があって、東京都神奈川協議会を始めとする日本全国各地方の統協と内外各団体からの祝電とメッセージ数十通が披露された。

ついで金晋根氏から準備期間中の経過報告と財政部長の決算報告がなされ、議事に入り、先づ金晋根氏より運動方針が説明され原案通り可決、姜鉄氏より綱領規約草案が朗読され、討議に入るや一部代議員から綱領国項の〝国連〟を削除すべきだとし、また、六項は〝国籍選択の自由〟を明確に謳うべきだとの意見が出されたが、熱烈な討論の後満場一致で原案通り可決し規約草案は第十八条、第十九条の下部組織問題については、疑義があるとして、新任の協議委員会に再検討を一任した。

更に経常予算案を原案通り可決し、南北両政府と国連ならびに日本政府に送る要請文を朗読可決し、大会宣言文を採択して、役員選挙に入り別項の通り代表委員十一名を選出し、協議委員は地区から四十六名、団体二十五名、全区七名合せて七十八名とし、その推薦は全区を除いて各地区と団体に委任することとして、最後に余興に入り、元心昌、権逸氏も唄う指名順のノド自慢で和やかなふん囲気をかもし出し、午後九時〝祖国平和統一万才〟〝統協大阪協議会万才〟〝日本国民との親善提携万才〟の三唱で歴史的な結成大会の幕を閉じた。

▼代表委員（アイウエオ順）
姜渭典、康元範、姜鉄、金達寛、金民化、金炯琪、金晋根、李超杓、朴大弼、裵正、呂硯石

時論
〝統協〟性格上の問題点

世界諸国の指導者と国民が平和共存を強調し、その政策を着々進めている時、祖国の指導者と同胞が祖国平和統一を提唱すれば、それが誰であろうと全民族の支持を得るのに、何の不思議があろうか。それが直ちに特定の政府を支持し又は支持しないに拘らず、民族の願望をしてその政策を支持するのはけだし当然であろう。

この観点に立って衆智を集めて発足したのが統一促進運動であったから全同胞の絶大なる賛同と支持を受けたのはもちろんである。

われわれはこの運動を本来の趣旨目的にそう様にし真に挙族的な運動として推進せしめるには数多くの克服しなくてはならない問題があることを指摘しなければならない。

言うまでもなく第三勢力論であるが当初の宣言綱領規約には確かにその要素が濃厚であった事は争われない。しかしその後は中央の運動面では払拭されつつあるものの、その影響が少なからず多くの面に潜在しており多くの地方において、いまなおその賛否について論議が繰返されているのが現状である。即ち、福井における準備委員の既成団体解消論議による協議体構成の回避、大阪における規約上の組織構成における疑義等に現われており、また協議機構を特定の層に限りながら協議体としているのは当を得ないとの意見等に集約されているといえよう。

之は当然、論議の焦点となろうが、発展的に宣言綱領規約を修正し運動方針を実状に合致せしめる事が必要と思われる。

第二に既成の左右両団体の直接連繋を前提とする協議会解消論である。之は主として平和的統一運動を故意に破壊しようとする一部頭まれる指導者の策略に依るものであるが、之等の人達は統一運動の内部で政見立場を異にするという条件を悪用して故意の第三勢力論を論議するか、又は勢力扶植論に終始しようとしている。

これらに対してはわれ[illegible]族の良識と同族愛に則っ[illegible]らに軽挙盲動することなく[illegible]互に忠告激励し、策略せんとする者の意図に陥らないようにすべきであろう。

次に平和的統一に敵する勢力の規定に関する問題である。勿論我々の運動は祖国の平和的統一と、同胞総親和を趣旨とし、すべての事を協議によって、解決しようとする運動であっても、これを根本的に否定し、破壊しようとする分子なり勢力が、今もあり、また将来もあるであろう事は予測に難い事ではない。然し、我等は性急に同族の中に敵を求めず、また従来思想政見[illegible]によってお互に敵視相克し[illegible]人達と〝話し合う〟運動[illegible]いるのであることを[illegible]わけには行かな[illegible]想政見を異にすれ[illegible]そ無益に争ったき[illegible]る。今直ちに敵を規定[illegible]で再び無益な対立紛争を繰り返し度くないというのが多くの人達のもつ自然な気持であろう。ジックリ話しあい、説得し啓蒙して、互に意思疎通し理解しあって大多数の同胞が団結しても尚、分裂を助長し破壊を招来するものがあればそれは大衆から孤立されるであろうし、またその時始めて大衆から、民族の敵、平和の敵と烙印を押されるであろう。平和的独立運動において特定の敵を規定して運動をすすめることは大きなあやまりであり、早急にそれを規定しようとすることは、この運動を挫折せしめることである。

以上のような事柄は運動発足[illegible]今日までの運動過程で、[illegible]い、性格づけられ、おお[illegible]む得たものである。

このダッ[illegible]全体協議会はより正しい把[illegible]な内容を盛った運動方針によって、協議方針を決定するよりも実際の運動を発展させるべきである。

共同行動で平和統一を
福井総決起大会
千余名の大集会
民戦 民団 議長も仲よく幹部団に着席

六月十二日福井市公会堂で四月以来準備を進めていた福井県南北統一促進総決起大会が千余名同胞参加して開かれた。大会は標題〝外軍総撤退〟〝南北会議開催〟〝国連及関係各国会議の開催等平和統一に関する六項目のスローガンを採択し経過報告、元心昌氏（統協中央）、裵正氏（大阪統協）柳宗黙氏、（京都宗教家）白雲台氏（京都有志）権起鳳氏（富山民戦議長）姜栄求氏（民団福井議長）、朱在徳氏（民戦福井書記長）の記念講演が行われた。スローガンを内容に盛った決議文を採択。続いて協議委員の選出を準備委員及大会幹部団に委任し大会は十年目に初めて見るなごやかな雰囲気と親愛感に満ち溢れる中に幕を閉じた。

この日、稀にみる澄み切った夏空に恵まれ、県内に散在して居住する六千同胞の総意を代表して、一地区ももらさず、六人に一人の割でかけつけ、定刻前に既に一千名を突破する盛況ぶりであった。

男女老幼を問わず〝平和統一〟の念願に燃え、入口の署名簿は見る見る内に冊を新める位人気を呼んだ。今まで所属が違う、思想がどうので、出身地を同じくしながら又は同じ地域に住みながら、挨拶もろくにしなかった人達が会場でぶっつかり、一しお感慨をこめて手を握り合うほほえましい光景が随所に見られ、お互に健闘を誓い合うのであった。

準備委員は党派からすればなかなか右近総網羅されたというものの話し合えばたいした考え方の違いはなく、〝平和統一〟には無条件賛成で一人の異議もなかったが、全く新しい型の運動なので、どんなに運動を進めるべきか？または運動形態を既成団体との間に如何にもつべきかで論議は主としてそこえ集中された。話し合いの中に団体所属そのままで、ただ〝平和統一〟のためには同じ場で協議することが出来るばかりでなく、それに附随する民族権益、共通の生活問題は共同行動でやって行くという立場で協議を運営すべきだという結論に達した。

三ヵ月の間地域と団体の間で話し合いが続けられた揚句、到達したこの結論で、大会は建設的に進行され、記念講演も各々立場の違う人達がひとしく〝平和統一〟に団結すべきだと訴えるのであった。民団議長、姜栄求氏が、記念講演の中で、「たとえ政見が違っていても、平和統一のためには敢然、共同行動をとるべきだ」と絶叫すれば満場われるような拍手が起った。民戦書記長は「民団と政見が違っていても、この運動は民族的立場で挙族的に推し進めるべきだ多少見解を異にする面もあるが提案されたスローガンは全面的に支持すると共にあくまでこの運動の推進を積極的に支援する」と言明して満場の共鳴を受けた。

統一するまでは 再び分裂対立しない
民戦書記長と民団議長が 固い握手

大会を終え、地元の劇団と青年達の参加による、文化祭が繰りひろげられた。懐かしい朝鮮民謡が出る度に歓呼がわき、踊り出す老人達も四、五人飛入りで現われる親和感の満ちた中で午後五時万歳三唱と共に統一まではどんなことがあっても再び分裂しないことを誓い合って別れていった。

大会後準備委員と大会執行部連席会議が開かれ協議委員の選出及び運動方針を論議したが、席上民団議長姜栄求氏と民戦書記長朱在徳両氏は〝統一が完遂されるまでは、政見の相違の為再び分裂対立しない〟と誓い合って満場の拍手を浴びるほほえましい光景もあり次の協議委員を選出した。

協議委員（略敬称）
朴三熙、南夏熙、李方洛、鄭洲弘、朴潤東、尹錦庭、徐錦官、李仁錫、曹英洋、金海楨、申孟休、方鳳出、南甲用、姜栄求（外十六名協議委員会で補選することにきめた）

私は署名する
李憙宙
世界帰一会（在東京）主幹

平和的統一促進署名運動を支持して

祖国統一を望むことは、当然中の当然事であるから、理由をいうには及ぶまい。三年間の大殺戮と国土焦土化の事実は「平和的統一の外道なし」と雄弁に物語っているではないか！　南北統一なくては、真の独立はなく、祖国の統一なくして世界平和はあり得ないのだ。「誰か故郷を思わざる……」は、正しく祖国統一を念願する三千万白衣同胞のではなかろうか。[illegible]魂の底よりつ[illegible]

目で見る 運動の歩み

写真説明

①②一九五四年十二月五日松本楼で開かれた統協準備懇談会　③十二月二十三日港区万壽山で行われた民戦議長団招待の各界有志忘年懇談会

④一月十日各界及び地方代表参加の新年懇談会

⑤一月葛飾地区での平和的統一のための懇談会

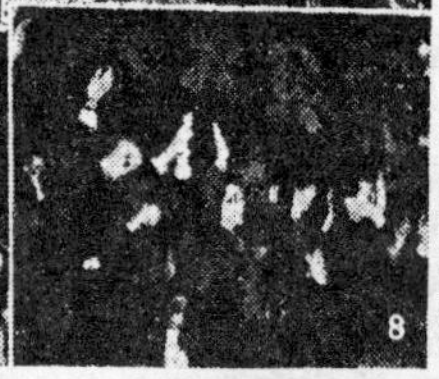

写真説明

⑥三・一節中央大会準備実行委員会（於本部会議室）

⑦三月一日両国々技館で、二万余同胞が参加して行わ

大阪民族体育祭相撲大会

写真説明

右側下段二番目から、一月三十日下谷公会堂で、行われた

大同信用組合　神奈川縣朝鮮人商工連合会副会長　森山捺染株式会社社長
金三出
横浜市保土ケ谷区上星川町六三
電話神奈川④七六九〇番　七三一六番

坂本捺染株式会社
社長 **野村健二**（金水岩）
横浜市保土ケ谷区坂本町一五〇
電話神奈川④七六〇九番

東装捺染株式会社
社長 **森山金次**（金点壽）
横浜市保土ケ谷区坂本町一二三
電話神奈川④七六六八番　七九五〇番

京城料理
伊幸伊
新宿区角筈町一ノ八三〇
オリンピック横通り

朝鮮料理
酒幕 **板門店**
有楽町駅（中央口）前の左側果物店の横入

神奈川県朝鮮人体育協会々長
方台文
川崎市浜町四丁目八番地

朝鮮料理
大明食堂
豊島区池袋二ノ九〇二
トキワ通り（池袋駅西口大踏切近）

第一金屬株式会社
社長 **金本光憲**

統一 寫眞特集

昌氏⑧左、記念講演する權逸氏、右、同金恩順氏、左下、中央文宣隊、右下、祖国の平和的統一万才三唱⑨三月十五日本部会議室で行われた民戦幹部との懇談会⑩五月二十七日本部会議室で行われた十二府縣地方代表六十三名との懇談会⑪五月二十一日下谷公会堂で行われた東京都協結成大会⑫四月十三日の神奈川縣起大会⑬六月十一日横浜福祉会館での神奈川統協結成大会⑭四月十日郡山市公会堂での福島縣統協結成大会⑮五月五日盛岡市公会堂で行われた岩手縣民族大会⑯福島統協結成大会での中央文宣隊のコーラス⑰東京都協結成準備委員会⑱五月七日本部で行われた署名開始式⑲五月二十八日国鉄労働会館での署名推進全国懇談会⑳私達も署名する(六月十一日神奈川結成大会々場)

をのべる元心昌氏、同大会で閉会の辞をのべる朴春琴氏

キミ・ホテル
安正中
趙徳順
横浜市中区石川町一ノ四八
電話②八三一三番
電話鶴見⑤七七六六・四五二五

朝鮮料理
漢城館
品川区五反田二丁目三七七
五反田駅西の側・五反田セントラル前

朝鮮料理
南山亭
中央区銀座西一ノ七(並木通り)
電話・(56)〇二九四

群馬県朝鮮人
商工連合会
会長　曹泰岩

パチパチ遊技場
萬両園
金沂朱
川崎市古川通二五・川崎駅前
電話川崎二九九四番

◎娯楽王殿◎
3階　ゲーム センター
4階　プール バート
川崎振興株式会社
川崎市堀川町3・川崎ビル
3階—電話川崎 5983—84
4階—電話川崎 7748—50

署名運動を一層発展させるために

——全体協議会への提案——

祖国の平和的統一促進署名と原子戦争反対署名は朝鮮民主主義人民共和国が支持したばかりでなく、日本においては朝鮮人総連合会を始め商工人連合会、学生同盟等各種団体が次々と支持を表明し、来る八月十五日を目指して、今、猛烈に署名運動が進められている。

この祖国の平和的統一署名は原子戦争反対署名とあわせて日本に在留する全朝鮮人同胞がこぞって支持と参加を表明しているので、中央では総連、民団その他商工人、貿易業者、学徒等多くの有志が参加して中央署名センターを構成し、署名を推進させている。

ところでこの署名の目的は今日まで各機関を通じてたびたび説明され、宣伝されて来たが、今なお不明な点が多々あり、活動に支障を生じ、形式的偏向に走りがちである。この署名は祖国を平和的に統一しようとする在日六十万朝鮮人同胞の念願を総結集し、その具体的な表明である署名を集計して、南北両政権ならびに全世界に訴えるばかりでなく、祖国の平和的統一独立を実現するところにその最終目的がある。従ってこの署名の目的はただ単に署名の数をより多くあつめ、それを集計し、アピールすることだけではなく、祖国の平和的統一独立をほんとうにわれわれの手にかちとるところにある。このことを充分に把握しない限り、署名運動は形式的になりがちである。

すなわち署名の数字をかき集めることとアピールすることだけが署名運動の主なる活動となる。従って署名を終った人はそれを終えた瞬間に、それだけで目的は達成されるだろうと思いがちであり、署名の推進体も署名を完了した人達に対してこの運動に関する限り、二度とふりかえってみる必要をみとめない。また、この署名が集計されアピールされても、万が一祖国の平和的統一が思う通りに促進されなければ、大衆は署名の効果に失望し、祖国の平和的統一そのものに対してまでも不信を抱きかねない。そればかりでなく、祖国の平和的統一運動は別の新しい形の運動が起るまで大衆と遊離することになる。従ってこの運動に中断的現象を生ぜしめ、運動の中途で挫折するおそれがあり、一時的な全く宙に浮いた運動とならざるを得ない。

署名運動がこのように形式的であったり運動を大衆と遊離させ中断させるような一時的な運動であってはならない。これをさけるためには、どうしても署名の内容そのものが署名する人民大衆と密接に結びつかねばならない。すなわち、署名する人達は内容そのものを明確に認識した上に、祖国の平和的統一を実現する諸条件を見出してこの条件を発展させる運動を起さねばならない。たとえば祖国から全外国軍隊の撤退運動を起し、南北朝鮮の経済、文化、通信の交流を実現させるための運動を果敢に展開させると共に朝日国交の調整、朝日貿易促進等の運動に立ち上らねばならない。署名運動は形式だけではなく、この内容と完全に結びついて始めてその成果をかちとることができる。

従って署名運動の活動方法も、これにそうてその場限りの署名に終るような集会の入口や、街頭でなされるべきでなく、祖国の平和的統一を促進させる力となり、組織となるべき各団体、学校、職場、文化サークル、家庭と家庭を結びつける小地域等を単位とし、あるいは、この署名を通じて新たなグループを組織し、さらにその上に、これらを総結集させた各界各層のグループで構成されるセンターがそれぞれの地域に組織されねばならない。そしてこの各グループでは署名の内容について具体的な研究と討議がなされ、前記祖国の平和的統一を実現させる諸条件を発展させる運動に参加すると共に、この運動の発展過程において祖国の平和的統一を妨害し、平和を乱し、戦争を起そうとする者が何ものであるかを明確に意識し、祖国の統一独立の妨害者を大衆の前に暴露し、孤立させ、そいつをわれわれの祖国と民族から強力に排撃する民族の統一独立運動にまでたかめていかねばならない。

従ってこの署名運動は署名が済めば終るという一時的な運動ではなく、やがては民族独立運動にまで止揚されるべき恒久的な運動であり、署名運動もこの観点に立って組織され、活動せねばならない。

平和的南北統一促進
原子戦争反対
署名中央推進委員会事務局

各戸で全員参加

大分県宇佐郡 祖国統一促進運動親和会

大分県宇佐郡では、今まで郡内在住七十余戸の同胞が、民団、民戦、中立などに分れて対立していた。祖国の平和的統一促進の運動が起って以来「過去の主義、主張や誤りは問わず、祖国の平和的統一のために、一つになろう」という声が各界各層に起り、昨年暮から五回にわたる準備委員会を持って協議した結果、去る三月十五日宇佐郡豊川村公民館において祖国統一促進運動宇佐郡親和会を結成した。特にこの日は、民団、民戦側を問わず、戦後十年間の反目を水に流して、祖国の平和的統一を達成するために、各戸から一名以上が参加し、二時間余にわたる熱烈な討議のすえ、①同胞の問題は、相互の協議で解決しよう。②友好、親善の精神で祖国の平和的統一にすべての力をつくそう、などの運動方針と宣言、綱領、規約を採択して、次のような役員を選出した。

会長　李大燁
副会長　金鳳国
〃　金謙雨
書記長　李鐘声
次長　李昌烈

勉学に専心

祖国の建設に貢献する

朝鮮学生同盟 四臨大会開かる

在日朝鮮学生同盟第四次臨時大会は、去る六月十八、九両日明大で、全国代表員二百余名が参加して行われた。大会は従来の傾向が、勉強をおろそかにして、政治活動に重点をおいたという自己批判を受け入れ、今後は日本では生活が苦しいために勉強が出来ないから、祖国にかえって勉強する条件をつくることと、一切の政治活動はやらないで、祖国の平和的統一及び建設に貢献するための勉学に全力を注ぎ、さらに韓学同に所属する学生とは、共同研究サークルや、合同発表会などを通じて提携を密にする新しい運動方針を決定した。また新中央委員長には朴春日君（法大四年）副委員長に朴行南君を選出した。

× × ×

茨城県猿島郡岩井町
岩井ホール
玄璣澤
電話岩井二二九番

朝鮮の統一について

甘 文 芳

朝鮮統一について吾々は二つの立場からこれを見たいものである。一つは朝鮮の人々の立場からであり、次は世界平和に及ぼす朝鮮統一の問題である。その目的が達成されたときは朝鮮のためにも世界の人々のためにもどんなに評価しても評価し過ぎるということはない程有意義なことである。第一の点は三十八度線は人為的境界線であってこの地域に二つの民族二つの文化二つの経済単位があったわけではない。世界情勢の反映として丁度お臍の所から真二つにさかれた様なもので朝鮮の人々こそ迷惑千万であろう。今や両体制の平和共存が叫ばれ、原爆の発明によって大戦争を不可能にした現在においては、過去の帝国主義的惨害を偲びつつ民族が早く一本に纏まるべきである。それにはゼネバ方式の話合い外交から南北統一のもっと発展した構想はないものだろうか。殊に在外僑民は大きな県人会の立場から日本在住の人々が率先し、これを達成したならば否応なく本国に反映するであろう。それがまた連続反応として世界政局に刺激をあたえ得ると信ずるものである。

次は国際において朝鮮は夙に東洋のバルカンと言われ過ぐる数世紀から最近までアジア動乱の火薬庫的作用を想えば、その平和的統一は東洋各国の平和、自由、独立と通ずるものであると断じて誤りない。殊に平和五原則が広大な第三勢力をも包含しつつ所謂平和地域の拡大が高唱される時、地域的にも重点的にも朝鮮の平和はすべての問題の解決の鍵であろう。地上にとの由緒ある民族の存する限り、この民族は必ず統一すべきであり、その熾烈な願望がとげられると思う。朝鮮の統一は世界史前進の象徴であり世界平和の道に通ずるものである。これに逆うものはやがて歴史から取残されるであろう。バンドン会議は被圧迫民族立上りの会議である。その後もし朝鮮統一が達成されたらそれらに対する鼓舞にもなり、分裂政策がアジアでは最早適用しないであろう。

（筆者は在日中国人）

六・二五平和祭プログラム

第一部

一、記念式典
二、講演
三、來賓祝辞
四、決議文採択

第二部

一、音楽舞踊
二、独唱
三、映画　朝鮮戦争記録映画（全八巻）

場所　下谷公会堂（省線上野駅下車）

日時　六月二十五日　午前十一時

主催　六・二五記念平和祭実行委員会

写眞説明　右、六月一、二日大阪真田山公園グランドで行われた「祖国平和統一民族体育祭典」入場式、左、わが校ガンバレーの応援しきり。

——切——り——取——り——線——

お家族そろつて署名しましよう

★平和的南北統一促進署名をしましよう

戦争によって祖国を統一しようとする勢力がいる。

三年間の祖国戦争は多くの同胞を殺害し、不幸にさせ、祖国は統一されていない。

戦争で祖国は統一出来ない。

話し合いによる平和的方法で祖国を統一する外に道はない。

祖国の平和的統一は三千万同胞の共通した念願である。

この念願を署名によって結集し、祖国統一を達成しよう。

一、全外国軍隊は同時に撤退し、わが国の問題は自身の力で解決しよう。

一、平和的統一独立のため〃南北会談〃を早急に開くようにしよう。

南北統一促進協議会

氏名	年令	住所	基金

ウィーン・アピール

今日、いくつかの政府が原子戦争をはじめる準備をしている。かれらは、諸国民にこれをやむをえないものだと思いこませようとしている。

原子兵器の使用は、みな殺し戦争をよびおこすであろう。

私たちは、すべての国で、原子兵器の貯蔵が破壊され、その製造が即時停止されることを要求する。

一九五五年一月一九日
ウィーン世界平和評議会執行局会議

氏名	年令	住所	基金

この署名簿の送り先
東京都台東区仲御徒町一ノ一五桑ビル
平和的南北統一促進
原子戦争反対
署名中央推進委員会宛

統協ニュース

発行所
祖国平和統一
民族協議会
発行人　金晋根
大阪市天王寺区上本町
7丁目34番地上六ビル
電話天（77）7231～5
8351～5
1部　5円

総親和と統一え

同胞の希望をになつて
統協待望の結成大會
六月九日・中央公会堂にて

祖国の平和的統一独立を念願する在日全同胞の大きな与望と期待をになつて一月二十七日、中央公会堂において各界各層の祝福と注目のうちに歴史的な巨歩を踏み出した統協（祖国平和統一民族協議会）は以来地味ではあるが、着実な活動を続け、日々たかまる広範な大衆と各界各団体の支持を得て、今日までに生野、東成、城東等を始め、すでに十一地区に下部協議会の発足を見るに至り、全国においても横断的な組織としての成果を挙げながら、その運動が着実に発展し、来る六月九日中央公会堂ホールにおいて結成大会を催すことになつているが、過去五カ月の足あとを振りかえつて見ることにする。

民団訪問

民団は統協に対し中央より関与してはならぬとの指令により門戸を閉じているので、統協も相手方の意思を尊重して接触を遠慮しているが、特任委員会やその他重要な会議にも民団側の参聴を歓迎して生々しい実態を理解して貰うべく誠意を尽しており、去る五月四日代表委員崔龍鶴氏と事務局長金晋根氏らが非公式に民団大阪本部を訪問して指紋登録、その他の諸問題について数時間にわたつて懇談した。

統協の役割は大
民戦との懇談会

在日同胞の運動において民戦、民団の占める比重と役割は大きく、同胞間に大きな影響力を持つこの二大組織との協調協力によつて、はじめて統協運動の健全な発展を期しうるとの見地に立つて、統協はたえずこの両者との緊密な接触と話し合いをする努力をつづけて来たが、その一端として民戦を始め各団体との懇談会を重ねて来た。

第一次　三月十六日午後浪速荘において民戦府委員会の主催のもとに、民戦統協から各十名が参加し、統協側より民戦に対する若干の批判が加えられ、民戦側の率直な自己批判があり、つづいて民戦より統協の性格、とくに中央集権制や下部組織問題について意見が交換されたが、民戦書記長より「統協の分会組織について何等の指令を下級機関に下した事はなく、今後もそういう意図はない。また強力な中央集権制は賛成ではないが、統協側の説明のようなものであればあえて反対はしない」との発言があつて、話題は指紋登録にうつり、双方とも原則的に反対であるが、その方法や対策にはなお研究の余地があるとして、今後民戦、民団及び各団体との連席会議を統協の斡旋によつて開きながら統一的運動を展開することにして和気あいあいの中に散会した。

第二次　五月十二日午後統協の主催により浪速荘において民戦統協各十一名が参加し

一、統協に対する民戦の見解と批判

二、民戦に対する統協の要望と批判

三、新しく結成される新組織（朝総連）と統協との関連

などについて活発な意見が交換されたが、民戦書記長より「民戦はこれまで統協運動に対して終始一貫協力して来たし、今後もするつもりである」とのべ「新組織にかわつても統協が果す役割は大きいし、われわれも従来と同様、積極的に協力することを約束する」とのべて拍手裡に散会。

写真　統協主催による三六周年三・一大会会場（天王寺音楽堂を埋めた一万余の会衆）

平和統一共通の念願
各団体有志と話あう

五月十一日午後六時より食道園において各団体の懇談会が催され、民団、民戦、韓青、民愛青の各団体から各三名づつ個人資格で参加し統協より四名出席して祖国の平和的統一と在日同胞の当面せる問題及び統協に対する批判や要望等を中心に意見が交され、❶統協が生れた動機は人民共和国からのアピールによるものか❷祖国を平和的に統一する条件は何か❸日本においてお互が支持する政権と主張が違つているのに共同行動は可能か❹統協に参加するとせば韓国よりの離縁を意味するが、民戦側においても人民共和国を離縁しても統協に参加する用意があるか、などの質疑がなされ、これをテーマにして和やかな中にも忌憚なき意見が交された結果、思想や所属が違つても同じ民族として胸襟を開いて話し合うことは有意義であり、平和的に祖国を統一することは全民族の共通な念願であるから今後も出来るだけ話しあいの機会をつくることを申合せて固い握手を交して閉会した。

創刊のことばに代えて

大阪において統協が組織的に動き出してから早くも半歳になろうとしている。内外共にいろいろの問題があるが、きわめて順調に進んでいると思える。だいたい、思想や所属や主張の違う人々が、一つの組織に集つて、一つの目標に同じ行動をとるということは、却々容易なことではない。なお解放以来十年、お互に思想や所属の相違だけでなく、感情や利害やゆきがかりなどで分裂と対立の要素が、数多く蓄積されている。これらを一つ一つとりのぞいていく地ならしから始めていかねばならない。

特に統協運動という、われらが曾つて経験したどの団体にも見出し得ない独特な組織体であつて見れば、内部においても外部においても、多くの誤解と疑問が出てくることは当然といわれよう。

これらの誤解と疑問を解くには根気づよいしかも誠意にみちた話し合いと、実践以外にはない。実践においてのみ、全てが解決される運命にある。

静観、象をなでるということばがあるが、現段階の統協は各人各様、おのおのの立場と都合で、考え、期待し、または反パツしてあい、誤解しあつた段階がまだないる。静観が象を如何に評しようとも象は象である如く、統協も民族を愛する人々の良心的な努力によつて、本来の性格のままに進んでいくであろう。

多くを語る必要はない。ただわが民族が現在、如何なる状態におかれているかを想えばよい。そこに統協が必要であることも、歴史的必然性によつて、この運動が進むであろうことも理解出来ると思う。

過去半世紀にわたるあの惨めな奴隷的状態から、解放という花火にもにた有頂天の瞬間が、はかなくもすぎ去り、しかも外国製の武器によつて三年有余、同胞が互に殺しあい、破壊しあつた記憶がまだなまなましいのに、何時また三八度線上に火を噴くか予断を許さない現下の状態において、われらは一体、何をなすべきであろうか?。

戦争という最後の手段ですら、原子兵器ですら解決出来なかつた問題はもはや武力によつて解決することは出来ない。元のふりだしに戻つてただ民族という立場において、互に話しあい譲りあう以外に、道はないのである。

わが同胞の切なる念願は、平和に和やかに生活することである。この念願をお互いが手を握り力を合せて守り遂げるのが統協運動ではなかろうか?。日本にいるわれらも、皆が仲よく互に助けあつて自己の生活を守り[illegible]に力を合せて祖国の平和的統一に貢献しようとする運動がおこるのは当然である。

大阪では三一節記念大会をやつた、不充分ではあつたが同胞にあたえた心理的影響は好ましいものであつたと思うし、今度の体育祭典も、総親和と団結に少からぬ効果があるものと期待している。他人のナワバリを犯さず他人の主張にまきこまれず、[illegible]のように黙々として、祖国の平和統一の一本道を歩んでいきたい。今のところ議論から行動を規定しようとはしない、行動と実践の中で、自ら議論の結論が導き出されるであろう。（下）

代表部訪問

体育祭典実行委員長金炯琪及び姜鉄、高時鐘諸氏は去る五月十七日、韓国代表部大阪事務所を訪問し、新所長高鴻基氏に面接して挨拶を交し、今度の体育祭典が思想や所属を離れて、ただ民族的雰囲気の中に暫時童心にかえつて楽しむという文字通りの運動会であるから、何分の協力を願いたいと申出たに対し、高所長は考慮することを約した。

三・一運動記念大会

三月一日、天王寺音楽堂で挙行された第三十六周年三・一運動記念大会は、統協発足一カ月後に迎えた最初の主催行事にも拘らず、民戦を始めとする各団体と各界各層の人士の広範な支持に依り、一万余の同胞が立錐の余地もなく会場を埋めつくし、本協議会代表委員を始め三十名の幹部団を選出し、日朝親善協会、平和連絡会並びに韓僑団体代表の祝辞があり、大会宣言文の朗読に入るや満場粛然として深く頭をたれ、偉大な先烈の霊に心からなる哀悼の念を捧げ民族統一への決意を新たにして、祖国南北両政権と日本政府に送る要請文を採択し、式後建国中学校と西今里中学校生徒の民族情緒豊かな音楽と舞踊に会場のあちこちで老人や婦人たちが踊り出すという従来見られなかつた平和的統一気分をいやが上にも盛りあげて歴史的な大会の幕をとぢた。

おことわり

本ニュースの中で、論評に関するものは全て、編者の責任であります。

南北会談開け
両政権に要請文

第三十六周年三・一運動記念大会において決議されたとおり、わが祖国南北両政権に、〃わが民族のただ一つの念願は平和的に祖国を統一することであるから、南北両政権はすみやかに南北会談を開催するよう全力を尽して貰いたい〃との要請文を、李承晩大統領及び韓国国会議長と金日成首相及び人民共和国最高人民会議常任委員長宛に発送した。

自身で独立を
鎌田氏との懇談会

三月十九日上六浪速荘において統協主催のもとに有志三〇数名が集り、鎌田沢一郎氏（民族文化経済研究所長）を囲む懇談会を開いた。鎌田氏は在鮮十六年のいわゆる朝鮮通であるが、席上同氏は「同じ血でつながるアジア民族は相互の独立と主権を尊重し、相協力しながらいずれの国の干渉をも排除して、民族自身の手によつて独立を達成すべきである」と強調し、外国の力によつて両断された朝鮮の現状をなげいて「朝鮮を平和的に統一するのは朝鮮民族以外にはない。在日朝鮮人も左右を問わず、今までのゆきがかりを捨てて大同団結し、祖国を平和的に統一する一大民族運動を展開すべきである」と激励して懇談にうつり、種々意見を交換して有意義な会合をおえた。

老若男女皆樂しむ
一大体育祭典開く

スポーツに国境がないというが、たまたま大韓体育協会と朝鮮体育連合会が偶然にも統協主催で体育大会を開きたいとの申出により、統協に於ては在日同胞の総親和と団結にこれ以上の機会はないとし統協の全常任を始め各界各層の有志を網羅して実行委員会を作り、四月下旬より鋭意準備を進めており、途中若干の政治的な故障もあつたが、関係者の熱心な誠意によつていよいよその用意が完了し来る六月一、二両日間真田山公園において華やかな民族の祭典の幕が開かれることになつている。この祭典には府下各学校が全員参加することになつており、両日間におそらく十万の同胞が参加するものと見られ、統協においてはこの祭典を通じて青少年の体位向上や民族意識の昂揚に貢献するは勿論、一般同胞間の親和と団結の強化を図り、思想や所属や感情すらも民族の愛情によつて乗り越えられるものであることを実際に示そうとあらゆる努力を払つている。競技種目は陸上、相撲、マラソン、蹴球、庭球（体操、民族舞踊）等である。

一点

統協に対していろいろな見方や意見があるようである。その主なるものをあげれば、第二の民戦になりやしないか?第三勢力になりやせぬか?単一団体化しないか?中央集権制では困る、下部組織は必要でない、など▼これは各自の立場と主観の相違からくるものであるが、われらは、あらゆる人のあらゆる意見を虚心に聞く用意がある。あらゆる意見の中から、出来るだけあらゆる人に満足をあたえる公約数を発見したいと思つている。▼しかしこれらの意見はその殆んどが、特定の団体に所属している人が、その団体のためにする主観的警戒的な観測である。▼如何に統協といえども斯る独断的観測者達の全てに満足をあたえる事は不可能である、若しあるとすればそれは統協が空気にでもなる事であろう。▼統協では如何なる団体をも侵害せず、如何なる団体とも協議して、ただ祖国を平和的に統一するという一点においてのみ、手をつなごうとするものである。▼それを何等の具体的な条件もないのに自己の主観のみにて、妨害をしたり中には全員一致という美名にかくれて、あくまで我執を通そうとするようなことがあればそれは民主主義への冒涜である。▼われわれが祖国の平和的統一を念願するならば、文字とか口約で統協を縛ろうとするよりも、自から進んで統協を援助し協力して共に正しい方向へ進もうとする努力こそが、先決ではないか?。▼一本の苗木を前にして、これが大きくなれば、右にまがるだろうか、左にまがるだろうかなどと、愚劣な論議をするよりも、何故、もつと建設的に、その苗木を真直ぐに伸びるよう力をあわさないのだろう。▼一つの組織が生れることとは一つの生命が生れることである。その生命は自己の性格によつて生きていくだろう、あまり、いじめると、ヤケクソをおこしたり、反抗したりする。▼民族の唯一の念願は祖国の平和統一である。黙々として手をつなごう、道は一本である。

平和統一と総親和に集中
統協規約と運動目標なる

大阪統協では発足以来、南北統一促進協議会の規約及び各界の興論を参考にして慎重に研究中であつたが、先般規約及び運動目標について事務局案を数次にわたつて企画委員会が検討し、更に常任委員会に附議決定して、これを準備委員会に諮つたところ、性格などについて質疑が提起され、論議の結果修正委員と企画委員に一任することに決定した。従つて修正委員会を開き真剣に検討した結果、性格などについて少数意見を保留することにして次の如く決定し結成大会に提出することになつた。

運動目標（大阪統協）

一、祖国の平和的統一と独立の為に！

1、我が祖国に平和的統一独立が一日も早く実現出来るよう南北会談を開くことを南北両政権に要請し、それを推進する運動

2、我が祖国の平和的統一独立に対して理解と援助を得るために関係各国及び国際機構に呼びかけ、それを推進する運動

3、祖国全域との貿易、通信及び往来の自由が保障されるよう祖国の両政権と日本政府に交渉、要請し、それを実現する運動

4、平和的統一独立に関する啓蒙、宣伝の一切の活動＝文書活動講演、懇談会等

5、外国軍隊の総撤退と民族自決を貫徹する運動

6、統一署名運動

二、在日同胞の生活権擁護と大同団結のために！

1、思想、所属、信仰、主義、感情等の一切を超越し、挙族的な大同団結を実現する運動

2、中小企業を擁護するために適切な対策を研究し、特に金融と販路等に対して特別な措置を講ずるよう日本当局に交渉、要請し、その実現を期する活動

3、同胞が運営する金融機関を援助、協力すると共に韓国銀行を同胞大衆が手軽に利用し得るよう門戸開放を促進する活動

4、各協同組合等互に扶け合い、自力更生する機関を促進援助する活動

5、公正な納税と指導のために税務組合の強化と設立を促進する活動

6、失業対策を樹立し、特に日本当局に交渉し、日本国営及び公営工事の一部を請負う活動

7、知識青の就職を日本朝野に訴え斡旋する活動

三、生活合理化運動を強力に展開する活動！

計画生活、冠婚葬祭の簡素化、迷信打破等

四、民族的な教育の為に！

同胞が運営する教育機関が偏向なく、民族的に運営されるよう協力援助し、日本当局にわれわれの正当な民族教育を保障することと、教育費の補助を要請し、それを実現する活動及び日本の高級学校への進学に機会均等を要望する活動

五、人権擁護のために！

在日外国人の中に、わが同胞はその数が多く、生活難と法律に対する知識不足の故に、不当に人権が蹂躙されたり又はその惧れが多いため、その擁護と対策に援助を期し、独立民族としての権威と体面を維持するよう全同胞に要請し、宣伝啓蒙する活動、大村収容所の問題が人道的な見地から善処し得ることを期する活動

六、帰国の自由の為に！

本人の希望により南北何れにも自由に帰国することが出来る運動と現行の帰国手続の簡素化を期する運動及び祖国に在留する日本人の自由な帰還を促進援助する活動

七、法律、税務相談所の設置！

八、同胞財産返還運動！（例、朝連財産等）

九、在日全同胞の共通な当面の問題を挙族的に解決する運動！（例、指紋登録）

十、奨学会の適切な運営を期すると共に学生救済の為の運動！

十一、日本国民との親善を更に強化し両民族の文化交流を促進する運動！

祖国平和統一民族協議会（統協）規約（草案）

第一章 総則

第一条 本会は祖国平和統一民族協議会と称する。

第二条 本会は、祖国の平和的統一独立と、在日同胞の総親和及び正当な権益擁護に貢献することを目的とする。

第三条 本会は、事務所を大阪市に置く。

第四条 本会は、思想、信仰、所属、主義主張の差異を問わず、本会の目的を支持賛同する在阪同胞の個人及び団体を以つて構成する。但、入会及び退会の細則は別に定める。

第五条 本会は、日本各地の共通な目的を持つ協議機関に参加することが出来る。

第二章 機関

第六条 本会は、左の機関を置く。

1、全体協議会

2、協議委員会

3、常任委員会

第七条 全体協議会は本会の最高協議機関であり、各地区協議会及び参加団体から選出された代議員を以つて構成する。但、未組織地区及び特に必要と認める人士は、常任委員会が指名選出することが出来る。本会の選出比率は、常任委員会が決定する。

第八条 定期全体協議会は、毎年五月中に開催し、臨時全体協議会は協議委員会が必要と認めた時又は三分の一以上の地区協議会の要求がある時、協議委員会が召集する。

第九条 協議委員会は、次の全体協議会までの協議執行機関であつて、全体協議会で選出した協議委員を以つて構成し、常任委員会が召集する。

第十条 常任委員会は、全体協議会及び協議委員会の決定を執行し、協議委員会で選出した常任委員を以つて構成する。

第十一条 本会は、全体協議会に於いて代表委員若干名を選出する。代表委員は合議に依つて本会を代表し、会務を総括する。但し細則は別に定める。

第十二条 本会は、常任委員会に事務局を置き協議委員会で選出した事務局長が事務を処理する。但、事務局内に組織宣伝部、財政部、渉外部を置き、事務局の統制の下に事務を分掌処理する。

第十三条 本会に財政委員会、組織宣伝委員会、渉外委員会、民生委員会、文教委員会、人権擁護委員会等の専門委員会を置くことが出来る。各専門委員会は、計画立案を事務局を通じて常任委員会に提出する。

第十四条 本会は、監査委員二名を全体協議会で選出し、財政一切を随時監査する。

第十五条 本会の各会議は構成員半数以上の出席に依つて成立する。

第十六条 本会の決議は出席全員一致を原則とするが、意見が一致し難い時は、その会議で選出した調整委員会に之を付託する。但、調整委員選出と調整委員会の決議は多数決とする。

第十七条 代表委員、協議委員、常任委員、監査委員の任期は一年とし、補選者は前任者の残期とする。

第三章 地区組織

第十八条 本会は、下部組織として大阪府下の各地区に地区協議会を組織する。地区協議会以下の組織はその地区の実情に依る。

第十九条 地区協議会は本規約を準用する。但、機関及び部署は縮少することが出来る。

第四章 財政

第二十条 本会の経費は左の収入を以つて充てる。

1、賛助金 2、事業収入金 3、其他

第二十一条 本会の予算及び決算は全体協議会の承認を要する。

第二十二条 本会の会計年度は四月一日から三月末日とする。

第五章 附則

第二十三条 本規約に不備な点は協議委員会で決定する。

第二十四条 本規約は全体協議会において改正することが出来る。

第二十五条 本規約は一九五五年　月　日より効力を発する。

祖國平和統一民族協議会

統 結成大会 協

◉平和統一と総親和のために!!

全同胞、参集せよ

とき＝6月9日午前10時

ところ＝中央公会堂三階ホール

統協（大阪）役員

一、代表委員（カナタ順）

姜渭典　金民化
姜信吉　裴　正
姜　鉄　呂硯石
康元範　李起約
金遠寛　崔竜鶴
金炯琪

二、事務局（カナタ順）

1、事務局長　金晋根
2、財政部長　朴仁燮
〃　委員　高時鏞
〃　〃　権徳柱
〃　〃　朴天壽
〃　〃　釈法山
3、連絡部長　宋[illegible]台

統協（東京）

1、中央代表委員（カナタ順）

権　逸　南浩栄　李北満
李在東　李仲秋　李禧元
朴春琴　梁兆瀚　元心昌
鄭寅勲　洪寛千

2、事務局

事務局長　元心昌
〃次長　李哲三
総務責任　朴　準
組織責任　金学鳳
宣伝責任　徐[illegible]

体育祭典に思う

姜　鉄

祖国平和統一民族体育祭典をめざしての準備活動は、大阪十二万同胞の期待に副うよう〝統協〟運動がはじまって以来、特筆すべき努力がはらわれている。

就中体育協会常任陣の真摯な動きぶりは地について見るものとこころよさを与える、終始一貫黙々と〝自己に与えられた任務〟に献身の努力を傾注するのみ。〝無言実行とはかくありたいものです〟と手をとってわれわれに教えているようだ。

ややもすれば机上論をすべての運動であるかのように考えがちなわれわれに生きた教訓ともなろう。

×　×　×

体育祭典準備活動を通じて得られた経験は尊く大きいものがある。

〝われわれは過去の誤りをお互に反省し、寛容して、民族の総親和を期する〟という、われらの綱領が全体同胞の心からなる念願であり、その第一歩ともいうべき体育祭典を通じて組織役員に一日を送族的に楽しもうという声は余りにも大きくわれわれの胸をうつ。

名前を出してくれるな、といい乍ら金一封を寄附する同胞の気持。

多年の間相反目していた隣の民団関係の同胞と、それこそ何らわだかまりのない一日を語り合うことの出来る喜びを語る同胞もいた。

新緑ゆたかな好期に、薫風かおる真田山公園に集る同胞は無慮数万を越えるであろう。

地域の相異点は致しかたないが、わが京城の南山公園に見る五月端午節が思い出される。身もかるく白衣袴と色とりどりの鮮かな朝鮮特有の女性装がいかんなく発揮され、三々五々、友人知己同志が無心にたわむる姿……。

これが即ち平和的に統一された祖国の姿ではなかろうか。

そして単一民族を誇るに値する風景ではなかろうか。

萬華鏡

夜統一

△城東区に住んでいるB氏人物識見ともに立派な人である。勿論統協の幹部である。

△統協発足以来、氏は昼夜を問はず、統一運動に献身しているが、どうも黄昏迫るころになるとより熱意が出るそうである。

△いつも送り出す時に、奥様が「今日はどちらえ……」とうかがうと「ウム、統一運動や！」と意気ケンコウとして出て行く。また朝帰ってくることもあるらしい。

△それが、あまりしばしばなので或る日の夕暮、いつもと同じように「今日はどちらえでしようか」とていねいに聞けば、あいもかわらず「ウム、統一運動や！」と答えたとたん、奥様がどういうふうに考えていたのか「あなた！、どうして統一運動は夜だけするのでしようか」と意味深な逆襲、B氏多少はあわてたが、そこは歴戦の勇士「いや、昼もやるが……大体統一運動は夜の方がよいのじや！」とメイ答弁であやふくその場をのがれたとか。つらつら思うに、B氏の夜の統一運動の範囲が少し広すぎたのではなかろうか？いづれにせよ、歴史は夜作られる。

資料

綱領（南北統一促進協議会）

一、わが同胞が犯した過去のすべての誤りは互に寛容し、反省し、民族的総親和を図る。

一、われわれは、如何なる団体、政党、個人、思想、信仰を問わず、お互に協議することによつて、祖国建設と民族内の諸問題を平和的に解決することを提議する。

一、われわれは、南北を通じた自由総選挙によつて統一中央政府が樹立されることを要求する。

一、われわれは、この自由総選挙とわれらの統一独立が国際的に保障されることを要求する。

一、われわれは、相互扶助によつて外国におけるわれらの生活権擁護に寄与する。

宣言文

われわれは祖国の統一独立を熱望している。それは各個人の立場と思想と信仰を越えて、常にこれを願い、これを念じてやまないものである。それにも拘らず、われわれのこの念願はいつ叶えられるか判らない状態であり、分断と戦禍による祖国の惨状また名状し難いものがある。日本にいるわれらも、本国における対立抗争の影響の下に、解放後幾星霜の氷きに亘つて左右に分れ、相争つた結果は、ただ破滅を招くのみとなつた。今やわれら、祖国の惨状を思い、われらの窮状を反省し、ここに、同志相集い、蹶然と立つて、祖国の統一独立のために、微力を尽さんことを誓い合う。

われわれの悲劇は三十八度線による分断に始まるといえども、われら兄弟目重して相争うことなく、米ソの利害関係を調整しつつ、只管に祖国の統一独立に団結しえたら、或は今日の悲劇を避けえたであろう。われら、関係各国を非難することなく、寧ろ、自らに国民的、民主的訓練乏しく、民族百年の計を立てえなかつたことを恥ずるものである。それ故にわれら衆知を集め、あい協力し、是非の二乗論を越えて、良き推進者たらんことをここに銘記するものである。常に道理を重んじ、平和を念願し、良き隣人たらんことを期したいのである。このような態度は、祖国の統一を実現するために不可欠の前提であるのみならず、また世界平和に通ずる途であることを信じて疑わない。われわれは、ここに世界平和と民族自決のために、最善の努力を惜しまなかつた多くの人々に心から敬意を表すると共に、特にジユネーブ会議における双方の主張に留意し、次の如き統一方策を提示するものである

❶ 祖国の統一独立を実現するために、民族の大局に立つてわれら自ら大同団結すること

❷ 統一中央政府は、南北を通じた自由総選挙によつて樹立すること

❸ 自由総選挙と祖国の統一独立は、国際的に保障すること

われらこれらの諸方策に立脚し、同志相携えて、内、民族の総親和を図り、外、関係各国の利害関係を調整し、もつてわれわれの前途に起死回生の途を開き、祖国の統一独立に邁進せんことを期する。

一九五四年十二月十六日

南北統一促進協議会

統一と平和
韓国民主社会同盟機関紙
発行所　統一と平和社
発行人　権　逸
東京都文京区小石川[illegible]1-1
留学生会館
電話(92)―5634
定価　10円

―綱　領―

一、我々は、政治的には和平なる社会、経済的には搾取なき社会、即ち民主社会主義社会の出現を期する。
一、我々は、完全なる人権の自由と民主主義原則に基く議会主義の完成を期する。
一、我々は、偏狭、排他的にして、且つ自由と人権を否定するファッシズムと共産主義を始めた一切の独裁主義に反対する。
一、我々は、民族自決の原則に基き、祖国の平和的統一と自主独立の達成を期する。
一、我々は、南北を通じた自由総選挙による統一中央政府の樹立を期する。
一、我々は、統一された祖国が国際的に永世中立化することを期する。
一、我々は、同志間の相互扶助と在留同胞の生活権の擁護に寄与する。

韓国民主社会同盟

「民社同」結成三周年を迎う

決意を新たに前進せん

祝賀会に盟員、来賓百六十余名参席

本同盟はさる一月二十七日、結盟三周年を迎え、東京神田の如水会館で盛大な記念祝賀パーティーを開いた。想えばこの三年間は、われわれ同志にとって苦難に満ちた荊の道であった。祖国を巡る内外の情勢は常に大きく揺れ動き、これに対処するわれわれ盟員の心は一日として休まる日はなかった。われわれは最近まで左右両陣営からいろいろな中傷と非難もうけてきた。しかし、われわれは民主社会主義の大旆を掲げて屈しなかった。結盟当初、われわれを敵性団体と目した民団も最近に至ってわれわれの真意を理解し、ともに手を携えて祖国の民主化のため邁進することになった。これと反対に、はじめ祖国の平和統一を目指して共同陣列にあった総連は、幾多の不信行為を繰り返した末、われわれにたいして敵性団体なりとの烙印を押して自ら去って行った。

いまや、韓国においては国家保安法改悪強行を契機として、現大統領の四選を阻止し半封建的な独裁政権を打倒して近代的な民主政治体制を打ちたてようとする、一種の民主主義革命が強力に展開されつつある。

アメリカをはじめ自由陣営諸国はあげてこの動きに声援を送り、在日韓国人有識層もこれに呼応して決起し力強い支援運動をはじめている。こうした一連の動きは、韓国の民主化とその祖国再建の第一歩なりとの信念のもとに戦ってきたわが同盟の正しさを証明するものであり、こうした気運の醸成にいささかなりとも貢献し得たことにたいし、われわれはひそかなる満足と誇りを感ずるものである。

また、われわれは日本に在留する特殊な地位を生かして微力ながら国際的な活動を続けてきた。日本社会党はもちろん、与党自由党とも密接に連繋して朝鮮問題の正しい解決に向って常に努力を怠らなかった。一昨年のアジア社会党会議には日本社会党を通じてメッセージを送り、また引続いて来日したインドのネール首相やオーストリーのオーレンハワー社民党首などにたいしてわが同盟の信ずるところを率直に訴えた。現在、ドイツの祖国統一に向って世界情勢が大きく転回しつつあるが、この動きはやがて朝鮮問題にも波及し、われわれが果してきた「縁の下の力持ち」的な陰ながらの努力が大きく実を結ぶ時が来るであろう。

だが、こうしたわが同盟の活動は、一握りの盟員のみによってなされたと思うのは大きな誤りであって、結盟以来三年、陰に陽にわが同盟の活動に支援を惜しまなかった韓日双方の有志の力こそわが同盟の力の源泉であったことを忘れてはならない。

三周年記念祝賀会もこの意味において開かれたものであり、韓日双方の同盟関係者百六十余名が集まりきわめて盛会であったが、われわれはこの機会を捉えて日頃の支援にたいして感謝の意を表するとともに、盟員一同、決意を新たにして結盟の目的完遂に向って努力することを誓ったのである。

祝賀会は当日定刻六時、全国から馳せ参じた盟員六十余名と李裕天民団中総監察委員長、評論家御手洗辰雄氏、日本社会党赤路朝鮮対策特別委員長ら韓日双方の来賓百余名が会場の東京神田の如水会館ホールに集まり李圭本同盟組織宣伝委員長司会のもとに開会された。

まず本同盟権逸委員長が起って結盟以来三年間にわたる同盟関係者の温い支援に感謝するとともに祖国内外の情勢が重大化した折から決意を新たにして結盟の目的に向って邁進することを誓う旨の別項のような力強い挨拶を行った。

続いて評論家師友会会長安岡正篤氏が杯をあげて同盟の前途を祝福する言葉を述べ参会者一同これに和して乾杯したのを皮切りに、来賓がつぎつぎに起って、別項のような心温まるお祝いと激励の言葉を述べた。

一同、杯を重ねて談論風発、宴ようやくたけなわとなるや、本夕のために特別出演を快諾したNHK専属歌手曹大鎬（牧博）氏や前沢元舞踊団の小沢絢子さんらの民族色豊かな歌曲や舞踊が披露され、会場の空気は民族の違いを越えて一つの目的に結び合った者同士の温い心が繋け合って、いやが上にも高潮していった。

かくて一同、時の過ぎるのも忘れて語り合ったが、最後に洪炯祐本同盟財政委員長の音頭で一同、本同盟の万才を三唱し、同夜八時半名残りを惜しみながら散会した。

祝　賀　会　場　　東京神田如水会館

権委員長の挨拶

同盟結成以来、三年間にわたる皆さまのご支援にたいして深甚なる敬意を表する。

いまや韓国は民主主義興亡の関頭に立たされている。昨年十二月二十四日、与党自由党がクーデター的な方法で強行通過させた改悪国家保安法は前例を見ない悪法であって、全韓国民は民権擁護の闘争に起ち上っている。在日韓国人もまたこれに呼応して同法反対闘争委員会をつくり必死の反対運動を展開しており、わが民社同もこんどの中央委員会でこれを支援することを決定した。皆さん方の援助を切望する。

北鮮帰国問題については、いわゆる帰国希望者のほとんど全部が北鮮出身者でない一点からみても、それが人道問題であるかどうか疑いなきを得ない。私はむしろ人道の名において、われわれ在日韓国[illegible]

韓日両政府に望む

北鮮帰還問題について

「民社同」権委員長談話

日本政府は十三日の閣議で在日韓国人の北鮮帰国問題を協議した結果、「居住地選択の自由に基き北鮮帰還を認める」ことを決定した。

韓国駐日代表部の柳公使は日本政府の閣議決定後、直ちに外務省を訪れ、北鮮帰国問題に対する韓国の見解を明らかにすると共に、韓日会談の打切りを初め今後強硬なる対日態度をとることを明らかにした。

わが民社同としては、民主主義の基本原則に立っているので所謂「北鮮帰国」問題は基本的人権に基く真の人道主義的立場において解決すべきことについては異論がない。しかし経理の政治的謀略によって北鮮に行くことは、とり返しのつかぬ不幸を招く恐れが多分にある故、この点については日本政府や国際赤十字委員会も充分考慮せねばならない。

それと共に「北鮮帰還問題」のために、韓日会談が決裂し、国交絶断におちいって、両民族が対立することは、同じ自由陣営の一員として悲しむべきことであり、韓日両民族の一大不幸を招来するものであるから両国政府の自重と慎重なる態度を切望して止まない。

心温まる来賓祝辞

野党的使命を果せ

李民団中総副団長

現在、民団は本国の与党的立場にあり、民社同は野党的な立場に立っている。在日韓国人の中にも野党的立場をとる者があって一向に差支えない。意見の相違はお互いに話し合っていけば良いのであって、これが民主主義のやり方である。権君よ！大いに野党振りを発揮せよ。

共に苦難の道を歩まん

社会党朝鮮対策特別委　赤路事務局長

民社同は今日めでたく三周年を迎えられたが、過去において非常な苦難の道を歩んでこられたことはわが党の歴史をかえりみて十分に察せられる。私はかつて「久保田発言」の不当を鳴らして当時の岡崎外相に迫ったことがあったが同外相はこれを受つけなかった。これはかつて統治者として臨んだ優越感が意識の中に潜在している結果であって、この点いまの政府当局も変っていない。現在、両国の国交がうまく行っていないのはわれわれ国民のせいではなくこうした政府当局者の責任である。民主的な社会主義の道こそ、不幸な両国関係を救う唯一の道である。お互いに前途はなお険しいものがあると思うが、こんごとも手を携えて進んでいきたい。

反共闘争に敬意を表す

李民団中総監察委員長

民団の一機関を代表して、民社同の三周年記念祝賀会に出席できるようになったことを感謝し、これ[illegible]う。今日まで民団幹部が公式にどのような席に出ることはなかったが、話し合いによって相互の理解が進み出席できるようになったのである。民社同が[illegible]をなめながらも屈することなく、いわゆる反共闘争をよく、しっかりした理論的思想的指標のもとに、共産陣営との斗いを続けてきたことにたいし率直にお礼をいいたい。

（本社註。以上のほか多数の祝辞がありましたが、紙面の都合で割愛しました。ご了承下さい。）

時評

国家保安法を撤回せよ

―民主政治を死守しよう―

去る三日、民団系の同胞約二百名が東京八重州口の国鉄労働会館に集り、"国家保安法反対民衆総蹶起大会"を開いた。本国内での保安法をめぐる政治的混乱はついに、自由主義陣営全体からの批判を招き、在日同胞も、この過酷な国家保安法に対しては何らかの意思表示をする必要性に迫られていた。

ところが民団中総の三機関は、同法を遵守するという声明を出して、あたかも民団員全体が同法に賛成しているかのような印象を内外に与え、また代表部においても保安法に反対する野党や張勉副大統領の行動は韓国を危機におとし入れるものであるとの談話を発した。

このような情勢の中で前記民衆大会が開かれたのであるが、この民衆大会が開かれるまでには、いろいろの紆余曲折があった。即ち民団中総からは、中止の申入れがあり、三機関の役員は勿論、団員がこれに参加した場合は適当な措置をとるとの指令を出し、同日、同じ時刻に中総で"北鮮送還反対"の大会を開くなど極力妨害工作をつづけてきた。しかし、保安法は韓国の民主主義を圧殺する悪法であるから、海外にいる同胞といえどもこの際どうしても反対の気勢をあげ、本国内で決死的に行われている同志の斗争運動に応えねばならぬという民衆の決意は極めて根強く、ついに予定通りに大会を決行したのである。この民衆大会は本国へも大きな影響を及ぼし日本のNHKテレビなどもこれを取上げた。本国同胞もこれによって在日同胞の姿勢を知ったことであろう。

だが極めて遺憾なことは同大会に対する民団の態度である。中総では早速幹部の中で同大会に参加した者を免職させると共に、新たに構成した"北鮮送還反対運動"の対策委員には一人も参加させなかった。民衆大会に参加したのはその殆んどが民団の指導層に属する人である。民団のこのような策動には全く賛成[illegible]。三機関の役職は民団員個人の立場としては恐らく同法に反対しているだろう。現職にある幹部の立場から、同大会には参加できぬことは理解できるが、何も団員の政治活動にまで口出しをいれることはない。民団の基本的な活動方針書では団員の政治活動の自由を認めているではないか。

民団は目下"北鮮送還反対運動"に大童である。北鮮の政治的陰謀を粉砕することは民団の義務であり当然のことである。しかし実際に生活に困って帰還しようとする同胞に対する具体的な対策も考えず、唯頭から"北鮮へ行くな"。"日本に居れ"というのでは余りにも無慈悲なやり方ではないのか。むしろ大韓民国へ暖く迎え入れる受入体制をつくることこそ肝要であろう。

保安法と北鮮帰国問題は決して別個の問題ではなく、ある意味においては表裏一体の問題である。保安法のある恐ろしい韓国へどうして、進んで[illegible]した同胞が安心して帰れるだろうか。駐日代表部や民団は今日までどれほど在日同胞大衆に貢献してきたか。北鮮帰国問題は民団初め韓国政府の無為無策から生じた現象として深く自己を省みねばならない。

祖国をして一日も早く保安法のない明るく住みよい民主社会に建設することこそ、われらの悲願するところであり、北鮮帰国を阻止する唯一の方策である。

子午線

▼北鮮[illegible]をめぐる韓日両国間の[illegible]はまことに険しく、日本政府は閣議決定するや、韓国政府は直ちに韓日会談の全面的決裂[illegible]、国交[illegible]も辞さ[illegible]報復手段をとると言明した。六・二五休戦協定の時、連合国の[illegible]をなじり、独断で数万の反共捕虜を釈放した決断力のある李承晩[illegible]のことだ。正しいと信ずれば日本の措置に実力で[illegible]ありうる[illegible]▼北鮮[illegible]韓国[illegible]

在日韓

保安

闘争委の宣言とスローガン

宣言

祖国大韓の真の民主発展を日夜念願する在日韓国人われらは、二四国家保安法騒動によつて祖国と国民の前に醸成された重大な危機に深く思いをめぐらした結果、韓国の民主主義の運命が傾刻に迫つていることに改めて気づき大いに驚き色を失なつた。ここにいたつてわれらがこれを座視するならば先祖と後裔に万死の罪を負うことを恐れ、今日日本国東京の国鉄会館に集まり、燃え沸る愛国愛族の真心を胸中深く締め、奮然として決起することを宣言する。

建国以来十有余年にわたり、漸く築き上げた大韓民国の民主主義は、政府与党、自由党議員たちの横暴無道な行為によつてまれにみる悪法——国家保安法と地方自治法等数多くの悪法が発動されるにいたつて、ここに三千万国民の慟哭の中に悲壮な臨終を告げようとしている。政府与党は一部腰巾着と奸悪な政商たちの跋扈を助長させることによつて、国民をして塗炭の民生苦と政治的幽閉の窮地に追いやつていたが最近に至つては本格的な無法政治を組織化しはじめた。

国民の正義の叫びも建設的な批判も強権をもつて拒否しようとする彼等であつたればこそ、一党の永久独裁を強行するためには幾回でも国憲をくつがえすのに洗練された手法をみせ、四捨五入改憲、五・二選挙騒動に続いて再び国民の基本的人権を決定的に蹂躙している彼等の窮極の意図は何であるかはもはや明白である。

われらはこのような祖国の非民主的傾向を黙視することはできない。また国憲に違背する一部権力者たちの無道なあがきを容認することができない。国家保安法に関連して駐日代表部柳公使が発表した越権行為を看過ごすことができない。もしこのような一連の無道が何らのさし障りもなく容認されるとすれば、彼等は暴力を動員して反対党をことごとく叩き伏せ、一瀉千里にもろもろの法案を只の数分をもつて通過させ、議会政治の施策をあげることもできるであろうし、破廉恥な悪漢のように言論人を脅喝し身体と口を封じて、迫り来る正副大統領選挙においても難なく大勝し緒々の粃政を正当化することができるであろう。しかしわれらは正しい認識に立脚する民族正義を信ずるが故にも、もはや少しの躊躇もない。良心から近代国家としての祖国が再び過ぎ去つた暗黒時代へ逆転して全世界の嘲笑と蔑視をうける愚かな国になるのを悲しむものである。

ここに死を賭しても暗黒専制への後退を[illegible]得ないわれらにとつては、生命を自から切り開くため、置かれている立場の相違を乗り越え固い結束の下に彼等の破廉恥なテガキに立ち向つて最後まで徹底果敢な闘争たけがのこされているあの苛酷な鉄鎖の下においてもあくまで自からの運命を切り開いて生き抜いて来た同胞たちよ！われらの闘争が勝利を得るまでただ前進だけがあることを再び誓うものである。

一、われわれは去年十二月二十四日自由党議員だけで国会において不法に通過させた国[illegible]地方自治法等一切の法律案の無効を主張する「民権守護国民総連盟」の闘争を全面的に支持する！

一、われわれは国家保安法に関連して駐日代表部柳参事公使が発表した一月十四日付声明が一公務員として政治に関与する越権的行為であり、韓国は無秩序だという印象を国内外に与え国家威信を少なからず損なわせたことに対して糾弾し、このような腹官輩の即時召還を本国政府へ要請する運動を徹底的に展開する。

一、われわれは在日同胞の基本人権を擁護するため、置かれている立場の相違を乗り越えて強固な国民的団結の下にあくまで闘うことを誓うと共に本国において勇敢に闘っている愛国同胞たちへ在日同胞の熱烈な声援を送る。

李承晩大統領へ送るメッセージ

祖国の解放と民族の自主独立のために一生をささげ、闘争を継続してこられた偉大なる指導者大統領閣下に、異国、日本に居住する同胞の総意を結集して、メッセージを送るようになりましたことは光栄であると同時に限りない悲しみを禁じ得ません。

去る十二月二十四日流血の惨事までひきおこし、与党の自由党議員のみで国会を通過させ、大統領閣下が直ちに裁可した新国家保安法が、民主主義国家において到底想像もつかない悪法であることは誰よりも民主主義を愛し自由を[illegible]している大統領閣下自身が、過去海外亡命生活数十年の間、身にしみて感じられたものと思料されます。

言論と結社の基本人権が抹殺され、犯人の行跡までも制限を受けるような悪法が横行するとするならば、数百万同胞が生命をかけて共産侵略と戦つてきたその意義がどこにあり、北韓共産軍に押され釜山の橋頭堡だけをようやく維持していた時、米国をはじめとした自由友邦十六カ国の勇士たちが国連軍を編成し貴重な若い血潮を流した理由が一体どこにあつたのでしょうか？

自由韓国を愛し捧げた生命の代価が、独裁韓国にとつて代つたなら、自由友邦の嘲笑を浴びせられるだろうし、地下に眠る英霊すら浄土出来ないでありましょう。

この若い血潮に報いる途は、わが民族の子孫万代に自由を享有する以外なにかありましよう。

閣下！閣下におかれては、自由党の総裁以前に三千万の領導者であるべきであり、自由党の利益以前に三千万の福祉を優先に考えねばなりません。にも拘らず自由党だけの便宜を図るための新国家保安法なる舌禍に値する悪法が不当な措置によつて通過されたる事実に対し、閣下は如何に考えているのですか！

祖国の全体同胞が、この悪法の撤廃と救国のため闘争を継続することは、日帝四十年の桎梏と共産侵略を通じこの経験から見ても当然なことであり、日本に居留しながら大韓民国を支持する在日同胞は、新国家保安法反対在日韓国人闘争委員会を構成し、その名の下に在日韓国人民衆総決起大会を二月三日、東京国鉄会館において開催し、満場一致の決議により新国家保安法を撤回されるよう要請するメッセージを送ります。

お粗末ながら中立を保持し、恥かしみに中立でなければならない公務員の立場で、不当にも政治に関与し、国民の権益と[illegible]を誹謗する声明を発表して、国内外にひんしゅくをかわれるようにした柳参事公使は、大韓民国の威信上許容すべからざるものと認定されるので、早急に召還し罷免するよう決議するものであります。

賢明なる閣下！

願わくは祖国と民族愛に燃えるわれわれの衷心を洞察し、国民大衆の要望を聴き届けて下さるよう願うと共に閣下の長寿を祈るものであります。

スローガン

一、民権なきところに国権なし！民権を死守しよう！

一、われわれは十二月二十四日自由党議員だけで、国会で不法通過させた国家保安法、地方自治法等一切法律案の無効を主張する。

一、新国家保安法は、国民の基本権利である言論自由を侵害するためわれわれは決死的に反対する。

一、自由党と政府は二四国会波動の責任を負い、国民に謝罪せよ。

一、一党独裁は不安と恐怖と貧困を強要するものである。

一、保安法は、反共のためにつくられたものでなくかえつて赤化を招来する法律である。

一、祖国よ！自由か、然らずんば死を与えよ！

一、保安法があばれると民団は破壊する。

一、韓日両民族の友好親善を促進しよう。

一、韓日会談は真正なる愛国者の手によつて早急に推進しよう。

一、今日の立場にこだわつて、永遠の明日を失うな

一、民権守護国民総連盟の同志と愛国同胞に、在日同胞の血湧く声援を送る。

一九五九年二月三日

国家保安法反対在日韓国人闘争委員会

写真上は大会演壇、下は参集した同胞たち

続き裵東湖氏の経過報告に移り、国家保安法が国会で通過されるまでの経緯および民衆大会を開くまでの諸経過報告に入つたが、その報告の途中、司会者が裵東湖氏の発言を中止させ、民団中央総本部から民衆大会の件で緊急な申入がきている旨それを伝えたいと提案した。場内の大衆は激昂し、経過報告を中止させるとは何事か、そのようなことは経過報告が終つてから説明すべきだ。一体司会者は何をしているかなど、その不手際を猛烈に非難した。ために民団と

そこで先ほど発言を許されなかつた李[illegible]元氏が再度登壇し、民団中央総本部から❶二月中に中央議事会を開く❷中央議事会で反闘委三名の発言を与える❸反闘委に出したこれまでの公文を撤回する❹共同声明で民衆大会延期の理由を発表する。などの申入れがあつたが、反闘委準備委員としてもこれを了承したいという旨の発言を行つた。

これをきいた大衆は準備委員内部の不統一を激しく追究し「今さら何をいうか」「そんなことで保安法に反対できるか」と再び会場は混乱化し、特に民団中央総本部の宣伝組織局長であり準備委員の一人である趙尚浩氏は「われわれは

新国家保安法は去る一月十六日に発効されたが、同月二十六日午後三時ごろソウル（旧京城）市内世宗路、太平路等四ケ所で、約八分にわたり、民主党所属議員京畿道議員十五名を中心としたデモが行われた。

この日午後三時ごろ、反共会館隣公報室画報館前、国際電信電話局前、財務部前及び太平路で四名づつ隊を組んだ民主党所属京畿道議員達が、「新国家保安法に反対する」「自由党は国民に謝罪せ

よ」「言論の自由を保障せよ」などの「ビラ」を二百余枚バラマク一方、各自の頭上に同様のプラカードをかかげ「デモ」を始めた。反共会館前からデモを開始したグループは附近に交通巡警がいなか

九名に

二十六日のソウル保安法反対デモで連行された民主党所属京畿道議

釜山でも反対デモ

ソウル市内では二十一日にも三ケ所で保安法反対の〝デモ〟が行われ、十一人の参加者が連行されたが、一方釜山でも数ケ所で〝デモ〟が行われた。

李玉童議員自由党入り

【東京三十日KP】韓国からの報道によると、国会無所属の李玉童議員（全北鎮安）は去年十二月十五日付で自由党に正式入党したことが二十七日自由党組織委員会の一幹部により明らかにされた。これまで発表が保留されていたのは本人の都合からとのこと。これで国会議席は自由党一三八、民主党八二、無所属一三と変つ

自由文学賞授賞式

【ソウル二十六日発KP】アジア財団主催の第六回自由文学賞授賞

写真上は連行される民主党議員、下は即決裁判を受ける同議員たち

川崎新興株式会社
取締役会長　三島健市
取締役社長　岩本精次郎
川崎市堀川町三中央ビル三階四階
電話川崎（32）七七四八―五〇、七〇七五
（32）五九八三―一四番

日韓友好

發行所
東京都大田區馬込東4の18
日韓友好協会
編集發行人　鄭漢永
　　　　　　江上茂

よりよきアジア建設の為に

會長　鄭漢永

世界の全人類が今日程、不安と行詰りを感じさせられている時代は古今東西の歴史を通じてかつてなかつた事であろうと思います。殊に日本は敗戦と云う立場にあつて米ソの二大陣營に挾まれ、今日尚社會は混沌として困り、朝鮮は三十八度線をもつて分断され、同民族が相爭う運命におかれて苦悩している、この現状を果して何んと見るべきでありましょうか。こうした事情にある日韓両國が今尚互に感情的になつてすべての問題を唯國際法的觀念のみによつて解決を圖ろうとする事は誠に遺憾に存ずる次第でありまして、お互がもつと人類愛の下において協力し合うならば必ず打開の道はあり得ると信じます。

特に日本政府にお願い致し度い事は、せめて在日朝鮮人の問題だけでも日本國内問題の一つとして眞剣に考慮して戴き度いのであります。在日朝鮮人の多數は朝鮮が今日所る現状にあるが爲に歸國する事が出來ずに日本にとどまつている實状であり、更に本國の所る現状に堪え兼ねて厳しい警戒網をくぐつて命をかけて日本に密航して來るのでありまして、何卒出來る限りの御同情をお願い致し度いのであります。然しここで問題となります事は、そうした境遇にある人々の中に、一部あやまつた考え方をしている者や生活苦によつて色々な悪質な犯罪を犯している者が居り、それ等によつて起きてくる憎悪の念と双方の感情的問題であります。これ等の問題はひとり日本にとつてのみ重大なる問題ではなく、此の問題が朝鮮人全般の問題として取扱われる場合、これは善良なる朝鮮人にとつては實に堪え難い事でありまして、こうした事が生じてくる原因を探究すればする程これはまさに人道上の問題として世界の世論に訴えるべき重大な問題であると思います。

然し乍ら、今日世界の世論に訴えて解決しようとする事はまさに天にある星を探ろうとするよりも愚なる事であつて、これ等の問題は當然日鮮人自身の問題として、心ある双方の指導者達自らが協力して速に解決の方途を見出す以外には方法がないと思います。適に此の悲しむべき現實の問題を解決せざる限り、何びとが如何に平和を唱えてもそれは机上の空論に等しい事であると考えられるのであります。

そうした意味に於て、私は微力なりとも寄與する事が出來ればと思い、及ばざる自分をもかえりみず、又一身上の事はもとより一命すらも抛つて立ち上り、茲に東奔西走を續ける事一年有半にして漸く識者の理解と協力を得る事が出來、心から結ばれた日鮮人多數の同志と共に去る三月一日「日韓同志協會」を結成するに至つたのであります。其の後運營委員會を設置し、度重なる協議の結果「日韓同志會」という會名は、如何にも政治的若しくは思想的な團体の様な印象を與えるおそれが多分にあり、それでは本會の趣旨に反すると云う点に意見の一致を見ましたので、茲に『日韓友好協會』と名稱を改めた次第であります。これを頂く皆様方にお傳えすると共に、今後も相變らざる御指導と御協力を賜り度いと存じます。

今後推進されて行きます本會の使命は、既にその趣意書に述べてある通りではありますが、特に速に行わんとしております事は、お互が過去の行きがかりや憎悪の念の一切を排除し、何者もおかす事の出來ない眞の愛情をもつて日本人は朝鮮人の立場になり變つてもの事を考え、又朝鮮人は日本人の立場になり變つてもの事を考える様に努めると共に、お互が先ず自分達が住んでいる社會を健全にして平和な、そして安心して生活出來る住みよい社會に造り上げて行く事に努力致し度いということであります。私はそれによつて、はじめて行詰つた両民族の險悪な空氣を解きほぐす事が出來るものと信じているのでありまして、このような眞實の愛の表現によつてこれ双方がもつている憎悪の念と不安を除去する事が出來るものと信じます。そして日鮮人が協力してその精神を世界の人類に波及する事によつて、世界の難問題をも解決する糸口ともなり、ひいてはそれが世界に眞の平和と幸福をもたらし得るようにと期待して居ります。

今日の世の中では自分だけが、或は一國のみがよくなろうと云う利己主義的な考え方は到底許されるべきものではありません。こうした考え方が平和を亂す原因になるのであつて世界の人々が眞に相手の立場になり變つてものごとを考え、よく理解し合つて是正すべきは是正し、協力すべきは協力してこそ眞の平和と幸福があり得るものと信じます。本會は其の目的貫徹の爲に邁進せんとするものであります。

終りに臨み尚一言申し上げておきたいと存じます事は、今日迄朝鮮人問題に同情を寄せて下さつた、日本人は殆んどが革新系の人達でありまして保守的な人、特にその政治家の方には甚だしきに至つては朝鮮人の問題に耳を傾けようともせず、唯頭ごなしに忌み嫌つた爲に此の問題を更に複雑にした原因があつたとも考えられますので、本會は特にそうした人達や政治家の方々に御理解と御協力をお願いすると同時に、過去に於ては警察、検察關係者が最も朝鮮人に理解と同情がなかつた爲、いまだに感情的問題が多く殘されている事實にかんがみ、今日の民主主義政治下にある警察、検察關係の方に對しては特に深い御理解と御協力をお願いする次第であります。そして更に現在日本に於ては十万と云う朝鮮人の子弟達が日本の子弟と共に同じ學校において仲よく机を並べて勉學にいそしんでいるのでありますから、こうした面に關係の深い學校當局や文部省、厚生省當局におかれましても深い御理解と御協力下さらん事を切にお願い申し上げる次第であります。

役員

- 相談役　競馬協會副理事長　鈴木一天一
- 〃　亞細亞同志會　權一
- 〃　元判事　岩田涉
- 〃　民族文化親善協會々長　曹圭訓
- 〃　大韓民国居留民団中央総本部元団長　馬鶴宣
- 〃　産業貿易新聞社々長　金成
- 〃　朝鮮国土計畫研究　楊瀞
- 〃　揚文社代表者　南与之
- 〃　宗教家
- 会長　鄭漢永
- 副会長　江上茂
- 〃　林勝平
- 常務理事　金長述
- 〃　得本時義
- 理事　會社員　具大煥
- 〃　医師　鄭濕珠
- 〃　會社員　朴範桂
- 〃　會社員　金照
- 〃　國際交易株式會社副社長　李聖闘
- 〃　太平洋交易産業株式會社々長　松田久男
- 〃　學校法人白頭學院元事務長　李種泰
- 〃　會社員　梁烔彬
- 〃　中央大學體育部副主任　柳沢基弘

世界平和の礎として

副会長　江上茂

敗戦後既に九年の才月を閲した今日、未だ世界情勢にも國内事情にも安定性なく、殊に世界は米・ソの二大陣營に分れ、口に平和を唱えながら各々軍備の擴充に狂奔し、原水爆の優劣を競い、冷戦を續けている現状であります。

顧つて國内情勢を見ます時乱斗國會に見る悲しむべき政情、而も新黨樹立により唯一を企圖する保守陣營裏面の醜状、勤勞大衆の輿望を擔つて立つと自負する社會黨は、其の渇望にも拘らず、左右に分れて主導權を争い安定した進歩陣營たるの資格を缺く現状、更にデフレ下に相ついで倒産する中小企業、而して裏づけとなるべき確たる社會保障もなく暗黒の街に投げ出される失業者群、狭小な土地に過剰な人口を擁してひしめき合つている日本、此の世相を反映して激増する凶悪犯罪、犯罪の裏に朝鮮人ありとまで云はれる六十數万在日朝鮮人の問題、所く觀ずれば全く問題は悲觀材料はかりで、人類の幸福、世界の平和は愚か個人の幸福、平和すら望めない様な有様であります。

如斯、内外に問題は山積しておりますが、考え様によつては、道は近きにあると思います。先ず已れを整える事、つまり獨立日本としての自主性を確立する事こそ喫緊の急務だと思います

日常不可避的に接する朝鮮人の問題も、國内問題として取り上げ、一貫した政策をもつて處理すべきだと思います而して一部を見て万般を非難する様な近視眼的態度を捨て大愛を以て其の向う處を示すべきであり、善良なる者には救いの手を差しのべ、惡に對しても、よつて來たる原因を探究して其の根を絶つべきであり「ウルサイ存在」として一貫した方針もなく放置する事は、愈々問題を紛糾させる事となり、親善友好など倒底望むべくもないと思います。隣邦韓國とすら友好出來なくて、東洋のそしてアジアの安定など全くオコ沙汰だと思います。私達は私達の周囲から積極的に親善友好を求めて努力しなければならないと思います。

たまたま鄭漢永先生と親しく語る機會を得て其の高潔なる人格と高邁なる識見とを知り、日韓友好こそ眞に東洋の平和を招來し、ひいては世界の平和、人類の幸福への第一歩である。との烈々たる信念を吐露される姿に接し、誠の「友」を得たという悦を深くし、微力をも省みず、その主宰される「日韓友好協會」に入會致しました。

此の會の隆盛を極める日こそ眞に「日韓友好」の時であることを信じ、相提携して世界の平和を叫び、人類の幸福に寄與出來る日の一日も早からん事を祈つて止みません。

機關紙たる「日韓友好」の發刊に當り些か所懐を述べて挨拶と致します。

日韓友好協会趣意書

今日の如き復雑多岐なる世界情勢下に於て日韓両國は益々表裏一體の運命にあるにも不拘、両民族の間には、動もすると故意にする尖鋭的感情の誘發によつて、互に憎悪相対立を招来するが如き動向のあることは、両民族の将来の爲に大いなる不幸を醸生するものにして洵に憂慮に耐えません。

斯の如き情勢をわれわれは徒に拱手傍觀してよいものでしようか。茲に事態を憂うる同憂の士が相集り、両國が暴力や破壊的思想を排除して健全なる民主々義國家として独立し、両民族の相互理解と協力に依て日韓両國間にわだかまる一切の禍根を払拭すると共に、益々融合親善のを固くし以て眞の絆亞細亞民族の興隆と世界人類の恒久的平和の礎を礎くべく「日韓友好協會」を結成するものであります。こいねがわくは日韓人、先輩各位並に同憂の士の御賛同と御協力御支援を心からお願いする次第であります。

規約

第一條　本會は日韓友好協會と称す。

第二條　本會は日韓両國が健全なる自由民主主義國家として独立し強力なる提携協力の下に両民族の友好親善關係を確立し、以つて亞細亞民族の興隆と世界人類の恒久的平和に寄與することを目的とす。

第三條　本會はその目的を達する爲左の事業を行う。

(1) 在日朝鮮人諸問題の解決を図る爲、日韓両国政府に対し陳情、請願、建議等を行う。

(2) 生活、法律相談部等を設けて在日朝鮮人の生活問題その他の相談に應ず。

(3) 講演會、座談會、演劇會等を開催し、日韓両民族の融和を図る。

(4) 機關紙及びパンフレットを發行して啓蒙宣伝を行う。

(5) 日韓両国に不慮の災害が發生した場合その救恤事業を行う。寄附、贈與等による救済物資の收納放出はその都度之を新聞紙上に公表する。

(6) 共の他本會の目的達成に必要なる事業を行う。

第四條　本會は日韓両国人にして本會の趣旨に賛同したる者を以て會員とする。本會は寄附賛助をなしたる者を賛助會員とす。

第五條　本會は本部を東京都に置く。

第六條　本會は左の役員を置く。

一、會長　一名　一、副會長　二名
一、常務理事　二名　一、理事　若干名
一、顧問　若干名　一、相談役　若干名

第七條　會長は會務を總理する。會長は發起人會に於て之を推戴す。

第八條　副會長は會長を輔佐し會長不在の時は之を代理する。副會長は會長之を委嘱す。

第九條　常務理事、理事は會長副會長を輔佐し會務を分掌する。理事は會長、副會長合議の上之を委嘱す。

第十條　顧問並に相談役は會長の諮問に應ずる。顧問並に相談役は會長が之を委嘱す。

第十一條　本會の經費は會費並に寄附賛助金其の他をもつて充當する。

第十二條　本會の會計年度は毎年四月一日に始まり翌年三月三十一日に総る。

第十三條　本會の豫算は理事會に於て審議可決し關係者及び關係各團體に公表する。

第十四條　本會の運營に必要なる事項は別に之を定む。

日韓友好への快挙

衆議院議員 町村金五

私實は鄭さんには、大分古くから御懇意に願つて居るのでありますが、戰後しばらく音信不通になつて居りましたところ、二、三年前に元氣な姿を見せていただき、しかも在日朝鮮人問題について種々御心配になつて居りますお話をお聞き致しまして、其の御健在であつたことを喜ぶと共に、その御意見に深く共鳴もし、私自身考えさせられるところが非常に多かつたのであります。

其の後は屢々お目にかかり私も微力ながらお手傳いし度いと何時も心にかけているのでありますが、何せ全く多忙な立場に居りますのと同時に野黨の代議士であるという關係上、何等充分なお力ぞえも出來ず甚だ殘念に思つて居ります。

私から申し上げるまでもなく、現在日本は政治的、經濟的、思想的に大變な危機に直面し、全くの混亂狀態に陥つております。然るに所謂識者と呼ばれるような人達でさえも夫々皆自分の身近な問題に忙殺されて居りまして、日本の將來を一体どうするか等という重大な問題をじつくり考え、これに眞正面から取り組もうという眞摯な態度が見受けられないのであります。日本人自身の運命に關する問題に對してすらこのような狀態でありますから、いわんや日本人が朝鮮の方々の問題について、何等の關心も示さないのは當然であると言うことも出來ます。しかし乍ら私は、在日朝鮮人問題の解決こそが、現在の日韓兩國の外交的行き詰り狀態を解消して兩國が善隣關係を回復する爲の最も近道であり、且つ又日本が國際社會の一員としてアジアの各國、世界の諸國と友好關係を結んで行きます爲の第一條件で、あると確信して居りますので私達が在日朝鮮人の窮迫した生活狀態とその動向を對岸の火災視することは絶對に許されない、換言すればこれは日本内部の本質的問題とも言い得ると思つているのであります。

今年の一月、即ち第十九國會の劈頭私は、改進黨を代表して政府に對する總括質問演說を致しました。その際私は

『今日まで在日朝鮮人の問題を綜合的に處理する官廳もなく、その方針には全く一貫性がない。かくていたずらに日本人の間に朝鮮人を嫌惡する風潮を生み、反面善良な朝鮮人を惡化させて居ることは元來密接不可分の關係にある日韓兩國の爲に不幸極まりないことと言はなければならない。政府は速に在日朝鮮人に關する諸問題の解決をはかる爲に、急速に總合的な對策を確立すべきであると信ずるが如何。』

とまことに簡單ではありましたが、政府の怠慢を責める意味の質問を致しました。政府からはお座なりの答弁がありました丈けで、其の後も一向に積極的な手を打つて居りませんことは皆さん先刻御承知の通りであります。この点私としても極めて遺憾に思つて居るのでありますが、やはりこれには二つの大きな障碍が介在して居り、これを何とか解決しない限り政府の無策は何時までも是止出來ないのではないかと思つて居ります。

その一つは先にも述べました通り、所謂識者と呼ばれる人々の中にもこの重大な問題に對して關心をもつ人が甚だ少い現狀であります爲、政府をしてこの問題に本格的に取り組ませる樣な氣運が、仲々醸成されて參らないという事であります。

申すまでもなく私一人の力を以てしては、國全体を動かすことは到底出來得るものではありませんので、同志の支援を得たいと一再ならず心當りの人達と話をして見ましたしかし、『其の話は話として非常に大切な問題だから何とかしなければならない』というお答はあるのでありますが殘念なことには更に深く突つ込んで、『大いに努力しよう』というところまでは仲々參らないのであります。從いまして私思いまするに、民間から大きな運動が盛りよつて來て、先づ各界の指導者を動かすことが先決問題である。そうなりましたならば政府當局者も、過去の無爲無策を是止せざるを得なくなると考えて居ります。この意味に於て、『日韓友好協會』が發足し、啓蒙宣傳の爲に機關紙を發行して天下に呼びかけて行こうという企てをなさつて居りますことは、まことには宜を得た快擧であると御賛賞申上げ度いのであります。

第二は、今日の政府が弱体であります爲、如何にしてその日その日を糊塗して行くかという事で手が一杯であり、山積する内外諸問題を一々取り上げて行く姿になり切れない狀態である。これでは何處から手をつけて良いか解決点も見出せないし、名案も出ないという譯で在日朝鮮人問題も其の儘になつて居るというのが現狀ではないかと思います。やはり政局が安定し、安定した政權が確立されるということが、こういう問題を解決する大前提であると考えられるのであります。私が保守黨の大同團結を古くより唱えその爲微力を盡して居りますのもこの意味に於てでありまます。一日も早く清新强力な保守安定勢力が結集せられ、大政治方針樹立の下、具体的施策が積力的に推進されますよう念願して居ります。

いづれに致しましても日韓兩民族の友好關係回復の爲、私は今後も大いにやる積りでおります。たまたま鄭さんからも色々示唆を受けたことにより、私自身も可成り考えさせられたところもありますので、私は私なりに勉強もし、今後更に力を盡し度いと思つて居ります。しかし終始一貫この困難な問題に取り組んで來られました鄭さん始め皆さん方には深く御協力いただかなければなりません。日本の政治の貧困の爲に、ややもすると善良な朝鮮の方々を破壊的勢力の側に追いやつている現狀を憂うる者として、この問題は何としても解決致し度くその爲には皆さん方の强力な御協力を得たいのであります。同時に皆さん方折角立派な目的の下にお集りになられた以上は、努めて多數の同志協力者を得るように努力せられますようお願い致します。

終りに臨みまして、日韓兩民族ががつちりスクラムを組まれたこの『日韓友好協會』が、日韓兩國の繁榮とアジアの福祉、更には世界の平和を實現する大きな礎石となられますことを祈り且つ確信いたしまして御挨拶を終ります。

発刊を祝す

日本中央競馬会副理事長 鈴木一

日韓關係の正常な回復が望ましいことは誰一人として異論のないことである。然し乍らその實現が容易に來そうもないことも亦異論のない所である。洵にこの事實は殘念至極であるが、それだけに寄してこの解決を眞劍に考えねばならない。それは日本側に於ても勿論のこと韓國側に於ても又多少とも利害關係ある世界各國に於ても共同して考うべき問題である。私は何故この樣なことを云い出したかと云うと、日韓問題は誰もが觸れたがらない問題の樣に思われるからである。その理由は幾らもあると思うが、それは兎も角としてこのいやがられる日韓問題に敢然として体當りして行く人達が現れない限り、問題は永久に未解決の儘となるのである。ここに『日韓友好』の發刊されることを聞き私はこの人達こそ正に敢然として立上り、日韓問題解決の一路を切り開くべき人達であると確信する。ここに深甚の敬意を表し將來の御多幸を祈る次第である。

『明朗な期待』

権一天

韓日間のいざこざは、もうくるところまできてしまつて、なおこのまま進めば激化するおそれも多分にあるようだ。その結果どのような事態をまねくかは、双方の良識のみが判斷しえよう。

そもそも政治と大衆とは直結するものと信ずるが、屢々にして大衆生活とは關係なしに政治のみがあらぬ方向へ飛翔することがあるそのために大衆と爲政者とが相對立することすらあるこの場合爲政者側に非があることは言うまでもない。

韓日間の問題も、今日では大衆心理の動きとは別に一部政治家の獨斷專行にまかせている感がないでもない。もとより大衆同志の間にも感情の對立が皆無とは言えないだろうが、しかし全部の日本人と全部の韓國人がこぞつて對立し憎しみあつているとも言えぬであろう。

今日、どちらの大衆も一切をそれぞれの政治家に一應ゆだねざるをえない事情にはあるかも知れない、しかし良識あるものまでが、いつまでも無策にひとしい政治家のやりとりに左右されたり、無關心で見送つたりする態度をとることもおかしいものだ。

あるいは關心をもつからとて、いたずらにあふつてみたり、まことしやかに代弁をつとめるといつたことに時間を浪費しつづけていつたなら、一体、韓國の向うべき基本線は何によつて求められようか。

韓日の過去は是にせよ非にせよ、相互の關係は餘りにも深かつた。今後といえどもこの深さは増大こそすれ減じてはこないだろう。今さらこの宿命的な關係を如何に人爲的に遠く切り離そうとしても、そうた易く離せるものではない。

これを強いて切りさこうとする擧は何たる不自然な仕打ちであろうか。

双方の是は是、非は非と認め合つて、もとより是のみの結合を求めてゆくことにしか他に明るい見通しはないのであるが、さて、それがなかなか實行に移されえない現下の情勢でもある。

○　○

このような情勢下に反映されて、國交問題とは直接關係なしに、當然日本の國内問題として處理すべきはずの在日韓僑問題ですら、感情的にからまり、解決を忌避されてきて、彼らの生活は日日に悲慘さを増していつても、ただ放任されてしまつている。

すでに七五%の失業率を示している彼らは、今では新型の國際孤兒としてあらゆる日本人社會からは閉めだしを食つているありさまである。勿論、それ相應にいろいろな理由はあろう。弁解も主張もあることであろう。しかし現實は百万に近いものらの生活をどうするかの、せつぱ詰つた問題に當面している。それが直接間接に日本人社會に少からず影響を與えていることも事實とみなければならない。

せめて在日韓僑問題だけでも早急に解決してゆくならば、少しは日本社會に明朗さをもたらすことであろう。

もとより日本政府の誠意ある施策に待つことも多いであろうが、何といつても心ある民間人たちの眞面目な動きの中にこそ生活を通じての温か味と安定した生活態度が生れてきよう。

しかし今日の如く惡條件の揃い過ぎているさ中ではよほどの勇氣をもたなければ、到底この問題とは取つ組めないのではないかとさえ思われる。

如何に惡條件下にあろうとも、この困難な事態を打開しなくてはならない勇氣が今日では切望されている愛國愛民の至情誠なるにおいては、例え如何なる惡條件のもとにあろうとも敢然と立ちあがる救國の士現われるを、時代の正流には根づよく求める面もあることを見逃しは出來ない。

それに答えて立つが如くこの度の鄭氏を中心とした韓日有志たちによる『日韓』のくわだてこそは、まさに時流に適した勇氣と誠實と、また明るい結果とが期待されうるものと信ぜられる。

寸言

先日の某日刊紙に『世界の田舎者』と題して『北歐の國々スウエーデン、ノルウエー、デンマーク、アイスランド、フインランドの五ケ國が、共同の編集でそれぞれの國情を紹介した『北の國々』と云う本を出している。五ケ國にはそれぞれの歴史があり、かつては征服したり、統治されたりした仲だ。今でも風俗も違えば宗教、言語必ずしも同じではない。いわんや國民としての誇りはそれぞれに強い。にもかかわらずこれらの國民は、北歐の平和と民主主義を愛すると云う共通の氣持の上に濃い友情と團結心を高めているのである。まことにうらやましい仲である。アジヤではとかく遠交近政的な考えが強い。遠い國とは親しみ、隣國とは憎しみあうのが當り前、といわんばかりだ〃という記事があつたが、我々は日韓友好運動に當を得た言葉と思う。

御趣旨に賛同し 御發展を祈る

（イロハ順）

衆議院議員	池田清
元判事、民族文化親善協会代表	岩田涉
衆議院議員	原健三郎
衆議院議員	千葉三郎
文部大臣	大達茂雄
法務大臣	小原直
東京都副知事	岡安彦三郎
衆議院議員、外務政務次官	秋山俊一郎
東京都民生局長	加藤清一
航空幕僚長	上村健太郎
厚生大臣	草葉隆圓
東京都教育庁学務部長	黒川義雄
師友クラブ事務局長	八木信雄
元帝国大学教授	安岡正篤
東京都社会教育部長	山岸裕
衆議院議員	町村金五
公安調査庁第二部長	福島幸夫
福島県東京事務所々長	福田祐一
警視廳総務部長	古屋亨
法務省入国管理局調査室長	小暮泰用
警視廳警備第二部長	小杉平一
警視総監	江口見登留
警察廳長官	齋藤昇
農林省秘書課長	坂村吉正
衆議院議員	岸信介
内閣調査室長	木村行藏
衆議院議員	三浦寅之助
警察廳警備第二課長	平井學
日本中央競馬会副理事長	鈴木一

在日朝鮮人対策の“綜合機関”設置を
協会、近く政府に建議

日韓両國の外交問題が益々複雑化しつつあることは両國の友好親善を希望する我々としては誠に憂慮に絶えないところであり益々本協會の使命の重要性を痛感するに至つている。

本協會としては發足以來數次に亘る運營委員會に於て、會運營について眞摯な檢討をつづけて來たのであるが、當面の運動内容としては先ず、日韓友好親善の絆でもある約百万人に及ぶ在日朝鮮人に對して、日本政府が友好親善策をとるよう政府に對し強力な運動を展開することとした。

即ち從來日本政府は、在日朝鮮人問題に對して甚だしく認識に缺け、ともすれば一部の事象を捉えて徒らにこの問題を厄介扱いをする傾向が多く、全然根本的方策が打出されておらない。

そこで當協會としては、在日朝鮮人問題は、外交問題とは切り離して政府が純粹の國内問題として取り扱い、早急に綜合的對策を建てるべきであるとの前提に立ちその爲には政府機構内に、對朝鮮人對策を綜合的に檢討處理する機關を設置するよう政府、國會に對して働きかけることが最も緊急の要務であるとの結論に達し、各方面の意見等も聽取してこれを參考とし、日韓友好に強い關心を持たれる町村代議士（改）等を中心に建議陳情の準備を進めている。

委員會としては大要次のような骨子によつて、その具体策をねつているが近く成案を得て活動を開始する豫定である。

一、國内に從前から在留する善良なる朝鮮人に對しては、積極的に援助、保護施策を講じて、差別的扱いをしない。

二、援助保護の要領

(1)政府機構内に在日朝鮮人問題を取扱う綜合的機關を設置する。

(2)日韓両國民間人に依る諮問協議指導機關を設置し政府機關の諮問に應ぜしめると共に在日朝鮮人の援助、保護の實務に當らせる。

子弟に愛情を持て
鄭會長当局に進言

朝鮮人學校問題

去る十月三日の東京都議會文教委員會で朝鮮人學校を來年三月末日で廢止する旨確定し、それまでの間に於ても都側の示した方針に違反すれば即時廢校するとの強硬措置が決定された。

右の處置はその經緯は別として、在校生四、〇〇〇名の子弟の處置は、今後日韓友好運動に微妙な影響を持つ重大問題でもあるので、四日鄭會長は東京都教育廳黑川學務部長を訪問し、都側の善後策を訊した後、四、〇〇〇名の子弟に對しては親の氣持になつて見放すことなく、早急な對策を樹立すべきであるとの進言を行うと共に、今後在日朝鮮人が歸國する場合にせめて自國の言葉、歴史位は習得しておく必要があるから、朝鮮人の希望も入れて、ある種の民族教育は許可すべきである旨の要望を述べた。

これに對して黑川學務部長は次の様に語つた

この様な措置をとるに至つたことは誠に遺憾である都側としても具体的な方針を決定しているわけではないが、熱心に教育を受けている約四、〇〇〇人の人達は何としても放置するわけにはいかない。直ちに日本人小中學校に分散入校の措置をとるとしても、居住地が集團的である點も困難な要素となつており、都が別個に朝鮮人學校を創立することも昨今の文教委員會側の強硬空氣からみても無理のようである。

又私立學校に對して援助するということも文部省側は難色を示しているので、自分としても職責上種々の案を持つているものの仲々困難な段階である。

結局國の方針が決まつていないということに問題がある。又例えば文部省では先方の代表と話し合う必要があるのに全く放任狀況であることは殘念至極である。

何れにしても此の問題は政治的問題として取上げられるだろうが、日韓友好關係樹立のためには日本政府當局が抜本的な施策をとられることを望んでいる。私としてはこれと逆の方向を辿るのを恐れている。

……李大統領に苦言を呈す……
鄭　漢　永

去る十四日付の朝日新聞に「李承晩大統領は共産主義者が民主主義政治及び國民に比べて如何に残忍であり、獨裁的且つ野蠻であるかを教えると共に、日本帝國主義の侵略性及びその韓國に對する悪意にみちた態度を生徒に教える様命令した。この新指示は韓國經濟を獨占しようとする日本の陰謀に對する對抗措置を準備するため、教師及び大學教授に命じ、生徒を激動させようとするものである」と言う記事が掲載されているのを見て、日韓問題の早期解決を心から希つている在日韓國人の一人として「時恰かも三、四日前の新聞報道で駐日韓國金公使が韓國より歸り日韓會談再開の氣運が見られるのではないかと思つていた矢先だけに非常なるショックを受けた。在留韓國人といへども詳細なる本國のニュースを受けることが出來ず日本人同様日本、の新聞、ラヂオ だけで、知るのみである故に私はこの報道が必ずしも誤報であれかしと願つているが、万一事實とするならば、あえて、日韓友好協會の機關紙の發刊に當つて一言愚見を呈して李大統領に猛省を求めたいと思う。今日李大統領が考えてやつている事は半世紀前の政治家達がかんがえてやつて來た様なやり方としか考えられない。政治家というものは何時の時代にかても時代の移り變りを敏感にとらえて、たちおくれない様に失敗にその時代に最も適した健全なる政治を行うのが最も偉大なる政治家といえよう。しかるに李大統領はあまりにも時代の感覺に乏しく大衆の求めている處を知らな過ぎる様にも思える。そして眞の民主主義が如何なるものかを知らずに民主主義を唱えている様に も思える ので ある。

一國の大統領ともあろう者の考え方がこのようなことではこれ程困つたものはなく、危険な事はない。共産主義が如何に残忍であり、獨裁的且つ野蠻であるかを國民に知らそうとする前に先ず以つて健全にして眞の民主主義政治を實現すべきでなければならない筈であるにもかゝわらず、今日に於て尚且つ言論機關を抑圧したり、國民の意志を無視して武力や暴力を以つて一大統領の意のままに事をなそうとしていることは、まさしく獨裁であり共産主義におとらぬ残忍な行爲と云えよう。

このような政治であるが故に國内が安定せず、心あるものは、韓國内でも相當數大統領の政治にひそかに不滿を抱いているということを聞き及んでいる。

こうした失政のあり方を反省せず唯國民のみを非難し苦しめているが如き政治であつては誠に前途が案じられるのである。

次に日本帝國主義の侵略性及びその韓國に對する悪意に満ちた態度を生徒に教える様命令したと云うが、日本のそうした考え方は過去の事であつて現在はそうではない。これは今日日本に在住して日本を最もよく知つている一韓國人の立場からはつきり言える事である、しいて言うならば李大統領の考え方がそうであるが故に斯く考えられる事ではなかろうか。今日の日本は過去を反省もしており又如何にして隣國と仲良くして行く事が出來るかと云う事に努力しているのが眞相の様であるましてや今後の世界に於ては如何なる國といえども他國を侵略すると云う事などは許されるべきものではなく出來るものでもない。斯くの如き世界現狀である事をも知らず、今尚そうした愚かな宣傳をしているようなことでは全くその政治性が 疑われて ならない。そして又日本に在住する韓國民に對して親日分子云々という事を常に口にして在日朝鮮人を苦しめている事は誠に遺憾千万に思う處であつて我々は何も日本國土に住みたくて在住しているものではない。韓國の現狀が斯くなる現狀であるが故に歸えるに歸えられず、今日今だ狹き日本の國土に於いて生活をしているのである。日本に於いて生活している以上日本の爲にならぬ事をしてその生活が許されるものではなく、日本と仲良くする事が當然の事であると思う。　李大統領よ、　我々は決して祖國を一時たりとも忘れた事はない。あまり色々な面に於て苦しめない様この機關紙を通じて切にお願いする次第である。そして尚一言お願いしたい事は一日も早く隣國とも仲良くする事を考えて眞の民主主義政治によつて祖國の統一を圖る事に専念し、外地で苦勞している韓國々民を迎えてほしいので ある。「それが出來るくらいなら」と云うかも知れないが、今日李大統領が考えてやろうとしている様な政策をもつてしては到底實現不可能である。

これからは何處の國の政治家といえどもすべての國と友好親善關係を結ぶことに努力する政治でなければ世界の平和を維持し國民に眞の幸福を與える事は不可能な事であると考えられる、勿論李大統領の過去の政治のやり方を全面的に否定す るもの でもなく、又否定したくは毛頭ないが、世界の李承晩として觀光をあびて居る現在又韓國人の悲願をこの老大統領に期待している韓國人の切實な立場等を十二分考慮して頂くやう、この際特に李大統領に強く要望するものである。

声
先入感を去れ

〃日韓友好〃は両國の置かれている國際的な立場からも、又両民族の歴史的關係からも、何ら 論議の餘地はなく、両民族の至高使命でさへあると見られるにも拘わらず、両國の關係は外交的には竹島問題等によつて日日惡化の一路を辿り、國内的にも日韓人間に於いてのすべての問題が益々離反の方向にのみ向つている現狀は我々としては全く遺憾の極みである

外交問題はすへおき、在日朝鮮人の方々とだけでも互に手を取り會つて、新しいアジアの建設に向つて進みたいと思うのにどうしてそれが出來ないのであろう、勿論在 日朝鮮人 に對して我々日本人の立場から種々の注文も、希 望もあるにはある が、その 前に我々日本人側が反省しなければならない大きな問題があるのではなかろうか。それは我々が朝鮮の人々に對して間違つた先入感を持つているということである、卽ち從來「朝鮮人」という言葉を「いやな相手」、「相手にしたくない人種」の代名詞の如き意味でしか使わなかつた日本人は何人あつたろうか。

これらの先入感が過去に於て如何に多くの善良な朝鮮の人々を恥かしめ、苦しめ壓迫したかという幾多の罪悪を先づ卒直に反省し、認めなければならないと思う

敗戰に依つて日本民族が逆轉した立場に置かれ、總ざん悔したと雖も、やはり、朝鮮人同胞に對する日本人の先入感は變つてはいないこの先入感、偏見が、今日の日韓友 好を阻む大きな「ガン」であることを充分認識すべきであり、このことに依つて始めて當面する外交問題も簡單に解決するであろうし、日韓友好の道は開けよう。要は朝鮮に求め、希望をする前に先づ我々日本人側が間違つた「先入感」を去ること である

(大阪、一日本人會員)

硫安十八万屯国際入札
十一月末京城で

韓國政府がFOA資金で買付ける第二次窒素肥料の國際入札は來る十一月末京城で行われることになつているようである、買付數量は硫安十八万トン、過燐石灰四万トンである。

尚これについて日本側の肥料メーカー、貿易商社筋でも檢討を始めているが、硫安については價格面での自信はあるとしても十八万トン全量の應札は國内需給關係上期待できないとしている。

原稿募集

本會では日韓友好を目的とした原稿を廣く求めたいと思います。本會の趣旨を御理解の上奮つて應募願います。

一、論文、隨筆、盤等

一、締切毎月二十五日

賛助會員 (順序不同)

曙産業株式会社
国策パルプ工業株式会社
山陽パルプ株式会社
興国人絹パルプ株式会社
日本パルプ工業株式会社
国際交易株式会社
株式会社小松製作所
興亜石油株式会社
出光興産株式会社
大協石油株式会社
株式会社日立製作所
三菱電機株式会社
富士電気製造株式会社
旭硝子株式会社
味の素株式会社
株式会社塚本商店
田辺製薬株式会社
ライオン歯磨株式会社
株式会社資生堂本社
三共株式会社
朝日麦酒株式会社
日本麦酒株式会社
麒麟麦酒株式会社
名古屋精糖株式会社
台糖株式会社
宇部興産株式会社
日本セメント株式会社
野田セメント株式会社
秩父セメント株式会社
三菱鉱業株式会社
三井鉱山株式会社
住友化学工業株式会社
八幡製鉄株式会社
日本鋼管株式会社
富士製鉄株式会社
大成建設株式会社
鹿島建設株式会社
株式会社竹中工務店東京支店
明治製菓株式会社
明治製糖株式会社
明治乳業株式会社
森永商事株式会社
日本化学繊維協会
三菱レイヨン株式会社
倉敷レイヨン株式会社
日本レイヨン株式会社
東邦レイヨン株式会社
東洋レイヨン株式会社
旭化成株式会社
帝国人造絹糸株式会社東京支社
日本化学繊維協会
東洋紡績株式会社
日東紡績株式会社
富士紡績株式会社

日韓貿易好転の兆

韓国・対日買付再開に動く

韓國政府のとつた三、二〇対日禁輸措置と、五四年度FOA買付においても日本品除外措置等の方針が打出されたために、日韓貿易は全く失望状態に置かれたまま、一部韓國業者の輸出ドルによる小口買付と、香港を通ずる仲繼貿易に僅かな期待をかけられている状況であつたが、九月に至つてから好轉の胎動を見せるに至つている。

これの口火となつたのは、九月十五日、韓國政府與黨の自由黨議員六名が昂進一途のインフレ要因が対日貿易管制にあるとして、「海外買付地現制法の矛盾を指摘し、米穀輸出價格の引下げ、政府保有ドルの放出で緊急物資を速かに導入せよ」と政府側に建議書提出があつたが、これを契機として韓國貿易協會側も諸種の陳情などがあり、これらの動きに依つて、政府外貨二千万ドルの放出決定と、対日海苔百三万束の輸出實現ならびに米穀六万トンの輸出決定、これに伴う見返物資の輸入内譯、さらに対日無爲替、求償貿易に依る輸出品目決定などが矢つぎばやに決定され、さらに、二十七日には一九五五年度米國對韓援助金七億ドルの使送に關する米韓會談が行われて、物資買付地域に日本地域を含める問題が協議され日韓貿易を希求する兩國側の當路者の愁眉を開くに至つている。

韓國側の有力財界筋もこのような動きから、一面李承晩大統領の反日政策の强化等の動きもあるが、今後の日韓貿易は楽觀出來るとして、その根據を次のように擧げている。

(一) 日本への海苔大量輸出の實現

(二) 政府の三千万ドル放出による緊急物資の買付

(三) 今次の米韓會議における、米國の對日買付說得の可能性

紡機等三百万弗決定

平等互恵の友好通商が肝要

第一の海苔輸出は、日本側の外貨割當が一〇〇万ドルに止つているので計畫量の半分、百三万束がこのほど入荷し大阪で入札が行われたが、韓銀では日本からのLCを擔保にすでに五〇万ドルを輸出組合に先貸しこれによる輸入LCの「アッサイナブル」條件を認めて見返物資輸入において日本業者の個別的な取引が可能となり、対日買付が巾廣く推進されることになつた。

第二の政府保有ドルの放出は三・二〇対日禁輸措置が永年の対日片貿易の是正と日本側の不合理な対韓通商政策の反省を求める見地からなされたが、これに代る其他地域への轉換交易が振わず、香港貿易においても實質的には日本品の流入となり、寧ろ第三者に漁夫の利を與える結果となつた。これが國内必需物資の出廻りを悪くし、加えてFOA資金による買付けが振わなかつたところから、韓國内物價は日々に昂騰し、これに在韓米軍の撤退說と對米ドル、レート切下げ問題で益々インフレ様相を濃くして來たので、これが早急な抑制策として日本その他から必需物資の緊急導入案が政府部内にも台頭し前記二千万ドルの政府保有ドル中から先ず一千万ドルを放出、これによる輸入物資の國際入札を近日中に公告すると十月六日附で企畫處が發表している。同計畫による輸入品目中特に日本からの買付品目として擧げているのは紡織機料品、工業原料、蛙目粘土など三〇〇万ドル、採鑛及び動力施設材三〇万ドル、發電用附屬品六〇万ドル、小型漁船及び水產資材一六五万ドル、計五五〇万ドルとなつている このほか、近く決定する米穀六万トンの對日輸出見返りには、肥料、醫藥品、セメント化學藥品原料を除く特殊纖維品、新聞用紙、板ガラス、機械類などのほかさらに十二品目を追加する旨十月四日に發表された

第三の韓米首脳會議では四日明らかにされたところでは一九五五年度の米國對韓援助金七億ドル(このうち二億八千万ドルは經濟援助として五五年度のFOA買付に充當)の使途に關し、米側は日本からの物資買付を主張、韓國側はこれまでのいきさつから日本側が通商態度を是正せぬ限り應じられぬと反駁したが、諸種の政治的考慮から今回はこれを受諾する氣配が濃く、これを裏付けるかの如く、金駐日公使も五日急遽歸國し、政府當局と愼重に檢討して歸任した

さらに同會議で問題になつたのはドル對円貨のレート改訂であるが、韓國側は飽迄一ドル對一八〇円を主張しているのに對し米側は一對一五〇円の線を强調している、韓國側としては米軍を主とする在韓國連軍に月々貸與している円貨のドル償還にも、レート引下げは財源收入に大きなマイナスであり、FOA資金の決濟にも円貨價値の低落による諸種の障害を考慮してのことで、既に國連軍に對する六、七、八、九の四カ月間に貸與した一千三百六〇万ドルの償還も同問題のため未決となつている際とて、これが切下げには容易に應じられぬ立場にあるが、現在の円貨實勢としては或る程度の引下げは已むを得ないと見られ、そのためかどうかは分らぬが、韓國政府はこのほど貸出しを停止した円貨を六日に至り一先ず現任レートで二億円を再び貸付ける豫定といわれ、近くこの問題も正式に決定するものと見られている。以上の諸点からみると今回の特別放出ドルは勿論今後ドル・ローンによる對日輸禁もいづれは解除される見込みが强く、FOA買付にも日本地域包含が承認されるとなれば、日本の對韓輸出は再び活況を呈することは間違いない見通しとなつて來た。

しかし、日本商社筋としては三・二〇對日禁輸措置のとられた經緯からも、コスト、品質等の面で十分な吟味を加えて、平等互恵の原則に立つて友好的商行爲をなすべきであろう。

結成以来の経過報告

田村代議士を圍む會（向つて左より、楢木、江上、得本、町村、鄭、柳澤、金、權の各氏）

○三月一日 日韓同志協會結成

○三月二十三日 新橋ステージで演說會を開催し日韓兩國民多數の聽衆に感銘を與えた

○六月十日 「日韓親善を希求する」と題する、會長の新橋ステージにおける演說内容を主とし、協會趣意書、規約並に賀辭等を集録したパンフレットを刊行し、日韓要路者を主として各方面に配布した

○七月十日 江上副會長以下役員を別項の通り決定

○八月十日 衆議院第二議員會館に於て第一回役員總會を開き(1)會の運營は會長以下全役員及び會長の指名する若干名の運營委員で構成する運營委員會によつて行うこと(2)運營委員會は毎週一回開催する等の決定をし、鈴木一相談役(現日本中央競馬協會副理事長、前法務省出入國管理局局長)の出席を得て要旨左の如き賛同の辭を受けた。

私は今迄朝鮮半島に旅行したこともなく、認識は殆どない、しかし何故お前は日韓問題を熱心にやるかという質問を受ける。私は、日本に於て初めての仕事であつた出入國管理局で外國人に對する仕事を四年間やつて來たが、一番先に私の考えたのは自分の仕事は何かということであつた。その結果アジアにつながり、世界につながる大きな觀点からもお隣の朝鮮半島の問題が一番大きな問題であるとの結論に達した。ところがいざ具体的問題になると非常な困難な問題に逢着した。それは政府に總合的な對策を樹てる機關のないことであり、總理大臣初め關係諸公に對しても進言したのであるが、認識に缺けており、何等具体的進展を見るに至らなかつた。そこで私の結論としても、日韓問題について正しい認識をもつて貰うことが先決條件であると思つた。ひとりでも多くの人に重要性を說き、また日本及び韓國が世界のどういう位置にあるか、世界平和に寄與するためこの渦から出て行かねばならないと思う、そして、同じ同胞であつた日韓兩國が離れることはどういうわけか、我々は如何にすべきかという事を考える以外にないと思う。幸いに鄭會長はこの重要な仕事を自分の熱でやつて行こうとされているのでそれに對し万腔の敬意を表し援助を惜しみません。

鈴木一氏を圍む會（向つて左より、權、鈴木、鄭、得本の各氏）

○十月七日迄運營委員會を重ねること八回に及び、町村代議士を圍む會等も開いて、會運營の具体策を練つたが、主なる決議事項は次の通りである。

(一) 會名變更

『日韓同志會』は思想、政治團体的印象が强いので『日韓友好協會』と改める。

(二) 在日朝鮮人問題

日韓兩國の外交問題と切離して國内問題として解決處理に當る様政府並に國會に働きかける、特に朝鮮人問題についての總合的機關の設置について陳情等に依る積極的運動を展開する。

(三) 機關紙の發行

運動の第一歩として、機關紙『日韓友好』を毎月一回發行し、啓蒙宣傳に努める第一號の發刊を十月十五日に決定

(四) 演說會開催

「友情は国境を越えて」

日韓学生自主映画近く完成

日韓兩國學生の國境を越えた友情で結び合おうとする目的で、日韓學生會談文化研究會等活發な活動を展開している日本國際連盟協會内の日韓學生協議會が主体となつて日韓親善の學生自主映畫「友情は國境を越えて」の製作が進められており日韓兩國識者間にその完成が期待されている。

この映畫は、日韓學生映畫製作委員には但馬孝雄(立大)山田忠義(國大)孝浩一(中大)李剛(東大)の日韓兩國の學生諸君が當り、早大藝術科在學生を中心に將來映畫界での生活を望む學生が集り、シナリオの研究から實製作迄が全部日韓兩國學生の涙ぐましい努力に依つて進められており、近く完成の見込である

「一九五三年の秋水產講習所の實習生二名を乗せた〃第六あさひ丸〃は海の寶庫對島海峽の豐富なサバを追つて出漁していたが或日、李ライン侵犯の疑で、韓國に抑留されてしまつた。

在日韓國學生同盟が漁業實習生救出運動に乘出し兩國政府間に紛爭があつても學生としての純粹な立場から實習生が釋放され母校に歸る努力を尊そうとして立上當然に本の學生達に感謝と友情の叫びを喚起せしめた

大日本紡績株式会社
東洋紡績株式会社
大和紡績株式会社
呉羽紡績株式会社
鐘淵紡績株式会社東京営業所
敷島紡績株式会社東京事務所
日清紡績株式会社
日本通運株式会社
大日本製糖株式会社
日活株式会社
大映株式会社
東映株式会社
松竹株式会社
東宝株式会社
東京急行電鉄株式会社
京浜急行電鉄株式会社
小田急電鉄株式会社
京王帝都電鉄株式会社
住友海上火災保険株式会社
同和火災海上保険株式会社東京支店
共栄火災海上保険相互会社
日本火災海上保険株式会社
富士火災海上保険株式会社
三井生命保険相互会社
東邦生命保険相互会社
日産火災海上保険株式会社
日動火災海上保険株式会社
東京生命保険相互会社
日新火災海上保険株式会社
平和生命保険株式会社
大正海上火災保険株式会社
社団法人日本損害保険協会
大和証券株式会社
野村証券株式会社
山一証券株式会社
日興証券株式会社
比良田館主 平田ムメ
日本エタニットパイプ株式会社
同栄信用金庫
富士銀行本店
第一銀行本店
三井銀行本店
三菱銀行本店
三和銀行本店
住友銀行本店東京事務所
大和銀行本店東京事務所
日本精糖工業会
パイロット万年筆

日韓友好

發行所
東京都大田區馬込東4の18
日韓友好協会
編集發行人 鄭 漢 永 / 江 上 茂
定價1部20円

在日朝鮮人の對策機關設置を要望

今日の世界情勢下に於て、日韓兩民族は、徒らに過去の感情にとらわれている場合ではないと思う。既に國内問題の一つにしても、世界の情勢と切り離しては考えられない現狀、兩民族はもつと眞剣に世界の情勢とにらみ合せて兩國間にわだかまる色々な問題を解決する事に努力しない限り、兩民族は共倒れとなるであろう。

我々は先ず日韓兩國の爲政者に反省を求め、日韓會談及び貿易の促進を圖る様務めねばならない。然しどうしても現在のままの狀態でそれを希望する事が不可能であるとするならば、更に困難なことではあるがむしろ韓國の統一促進に協力しその實現を見たる後、兩國の理解ある政治家によつて日韓會談を開催し、すべての問題を解決する事が最も肝要な事である様に考えられる。そこで現在のままの狀態では唯單に相方の感情のみを、ますます複雑にする事にしかならないと考えられるので、日本が先ず在日朝鮮人の問題を日本國内問題の一つとして取り上げ、政府部内に、在日朝鮮人對策機關を設けて眞の理解と愛情をもつて、在日朝鮮人問題を眞剣に考慮して戴きたいのである。そこに於てこそ一部、誤つた考え方をもつている朝鮮人に對しての惱みも解消される譯であり將來日韓兩國間の問題を解決する上に於ても、友好的に事を圖り得るであろう事を確信する。

在日朝鮮人の問題においてすらも現在の如く、どの政治家に話をしても、どこの役所に行つて話をしても唯聞き置く程度で打開の道がないとするならば洵に憂慮すべき結果になると思われる。今日在日朝鮮人に關係をもつている役所の中、檢察廳や警察當局では、朝鮮人の惡い面だけの情報しか集めて居らず、しかもその情報の中には、惡い面を事實以上に誇張して提供されている場合も多いように思われる。勿論朝鮮人の惡い面が新聞紙上等に於て多く報道される現狀としては止むを得ない事であるとは思うが、要するにそれは取締りの面であつて、抜本的な朝鮮人問題の打開策にはなり得ないと思う。惡の根源を探究して防犯に務めると共に善意の朝鮮人に對しては、個人としては勿論、國家としても全面的に協力すべきであろう。信賞必罰、取締りを強化すると共にその保護策を忘却してはなるまい。單に取締るだけでは結局、藥で治せる病人を手術しても治せない原因をつくるのと同じ結果にしかならないのであつて、假りにそうなつた場合の費用の点から考えても、藥で治す費用と手術による場合の費用とは雲泥の差があると思う。日本が今日朝鮮人の取締り關係に費している金額は相當多額に上つているものと思はれるがこれは日本にとつて全く無駄な事であるとは言えないまでも朝鮮人にとつては堪え難い事であり、その幾分かでも保護助成策に投ぜられるならば日韓友好關係促進に役立つところ多大であろう。

今日の日本の社會を見るに官、民、を問わず朝鮮人に對しては、善であろうと、惡であろうと單に朝鮮人であるという理由で、殆ど同じ取扱い方しかしていない場合が多いのであるが、然しそれでは當然惡い事をした方が徳だという考え方も生ずるおそれがあり、眞面目な生活を送つて、日本の爲にもなろうと努力しているものにとつては甚だ心外千万にたえないのである。これらの者に對しては、すべての機關、すべての人が積極的に協力してこそ、眞に健全にして希望にみちた日本の社會も造り上げる事が出來るのである。

全日本人に對して我々は、日本に於て生活する限り、兩國の友好を圖りつつ、先ず日本の爲に盡したいと思つている朝鮮人が多數ある事實を認識して戴きたいのである。

およそ日本と韓國の間ぐらい民族的に密接な關係を持ち宿命的なつながりをもつている國は他に多くはないのである。今後世界が如何なる事態におかれようとも、日韓兩國が今日以上に離れる様な事はあり得ないと信ずるのである。かくも兩民族は離れられない宿命にある事を共に自覺し、些事にとらわれて感情的問題を招來する事なく、速かに共存共榮の道を圖る様つとめなければならないと思う。その日韓兩國が心から手を握り合う時に於てこそ、世界に平和を、人類に幸福をもたらす事が出來るであろう。その意味に於て日本は先ず、在日朝鮮人に對して温情ある考慮を以つて臨み、朝鮮人は又、日本に於て生活する以上、日本の法律に從つて、日本の爲に盡すよう努力しなければならない。これは在日朝鮮人に限らず今後世界の人類が共存共榮を圖る上に於ては最も必要な事であると思う。

今日日本に在住する朝鮮人は登錄された者だけでも六十万であり、その實數は百万に近いのである。この中には、日本に對して非協力的朝鮮人も居るが、反面には、兩分された祖國の姿を悲しみ乍ら兩國の友好親善をも心から願つている朝鮮人も少なくはない。これ等の人々が明日の生活を如何にすべきかと云う事に對し悲痛なる惱みをもつて生活している現狀である事もよく洞察せられ、在日朝鮮人に對しての考え方を是正し、速かに政府部内に總合對策機關を設け、眞剣に此の問題と取り組んで、抜本的に解決を圖る様にして戴きたいという事を切に要望するものである。

政府機関として「一セクション」でも

柳　沢　基　弘

日韓外交問題、朝鮮人學校問題等凡ゆる問題が未解決のみならず惡印象を残すのみであつた事は兩國の將來にとつてかえすがえすも殘念な事である。何うして此の様な結果になつたかと言えば李政府側もさる事乍ら、日本人の韓國人に對する認識が零であり、且日本政府に於て此の問題と眞剣に取り組み解決しようとする眞摯な態度が希薄である事に根本的原因が存して居る。米英問題には獨立國家としてとるべき態度であろうかと疑を生じる程卑屈であり、又其の一擧手一投足を重大視する日本政府が、其の數、百万に近いといわれる在日朝鮮人の問題とこれに連なる韓國問題に就て、綜合的機關を一セクションとしても持たない事は納得に苦しむ處である。

抑々此の問題を單なる第三國人問題として處理しようとする其れ事態に無理があり、もつと眞摯的友好的に在日朝鮮人の凡ゆる問題を處理する機關を作り、一つ一つ手近な問題、其れが少さな問題であると否とを問はず率先して解決に全力を盡すべきである。此の問題と眞剣に取組み一日も早く之等を打開すべく苦慮し、行動して居る人々又は團体の意見をとり入れて、日韓兩國民誰しもが心から納得出來る友好親善策、積極的援助保護施策等の具体的方法を示したならば、苦惱して居る人々のみならず、凡ての朝鮮人はもとより、今迄無關心の日本人も擧つて凡ゆる協力を惜しまないであらう。

日本よ健全なれ

世界の二大陣營の調整を圖り、眞に世界の平和を圖る事が出來る國は、果して如何なる國であろうか、それは健全にして、眞の自由民主主義國家を構成し得た國でなければならない。今日の世界を見る時、日本は、それの出來る國の一つであると考えられる、なぜならば現實に世界の二大陣營にはさまれており、而もどこの國からも國内の干渉を受ける事なく、國民にあらゆる自由を與えているからである。

即ち、輿論の自由が與えられて居り、政府を自由に批判し、非謗する事すら許されている様な現狀である。唯こゝで考えさせられる事は、その自由が敗戰によつて、急激に與えられたが爲に、自由をはき違えている人達が餘りにも多く、脱線したり、混線している場合が多い様に見受けられるのである。現段階にあつては無理からぬ處もあるとも考えられるが然し、今後もしその指導を一歩誤るならば、日本獨自の文化や美徳のすべてを失つて、共產陣營に陷いる危險すら多分にあるといえよう。

それを恐れている所以はもし日本がそうなつた時には最早やインドのネール首相が如何なる名言をはいてもそれは無駄な事と言うべく、アジヤ全土が赤化される恐れがあり世界の平和は期し難いものになると考えられるからである。屢々申し述べている如く、もとより世界に共產主義國家が存在することに反對するものではないが、アジヤ全土が赤化される事には絕對に反對である。なぜなら、そこには現在日本に於てあるが如き自由がないからである、人間にとつての眞の幸福はやはり、自由ではなかろうか。先般も述べた通り、ソ連や中共はその時の國情がその政策を要求したのであつて、果してその政策が世界全人類にとつて永遠の幸福であるとは考えられない。その意味に於て、日本が健全にしてゆるぎない眞の自由民主主義國家を造り上げ、世界に向つて、人類にとつての眞の幸福はこゝにあるのだという、實を示してほしいと思う。おそらく韓國の統一問題もそれによつて大きな刺戟をうけるであろう。

今日の日本を見て、最も痛切に感ずる事は自由をはき違えて間違つた考え方をしている大衆を迷わさない様に正しく指導出來る確固たる指導方針がない様に思う。これが現在日本が健全なる眞の自由民主主義國家を構成する上に於て最大なる障害であるといえよう。これでは健全な民主主義は望み難いと思う。世界平和の爲に、速かに指導理念、指導方針を確立し、國民にその向う處を示し、日本が先ず健全な自由民主主義國家を構成する事を衷心より切望するものである。

鳩山・李會談を望む

稻　垣　富　三

日韓友好の第一歩は吉田首相が李承晩大統領と會談することによつて當面する諸問題が解決され、道が開けるものを我々は常に希望して來たにも拘わらず、遺憾乍ら何等の實現をみなかつた

鳩山内閣の成立に際して、日韓友好の打開策として、われわれが望むところのものは政府首腦が進んで韓國首腦との會談を求めることにある。

さきの吉田首相の外遊の場合でも、韓國の途次東京に立寄る程度の誠意を示して欲しかつたが、吉田首相に依つては殘念乍ら何等の具体的進展はみられず、在日朝鮮人問題を含めて韓國外交基本方針についてさえみられず、竹島、李ライン問題等が膠着したままに退陣されたことは遺憾の極みといいたい。

われわれが多數の韓國の人達から聞かれることは「李承晩大統領にしても心底から政策を唱えているのではないが日本政府の韓國に對する餘りにも無視した様な態度が硬化せしめている」と聞き、又韓國人の多數は親日的であり、日本との友好を望んでいると傳えられる。

地理的にも歴史的に密接不可分の緊密な關係を持ち、十年前迄は同國民として共に勞苦して來たことを思えば當然のことと思われる。のであるが、しかし、日本側の韓國における過去の立場を省みるときに、今日の李承晩大統領の反日政策については日本側としても當然なることとして認めざるを得ないところと思う。

しかし、今更ここで説く必要までもなく、當面する問題の國際的地位、さらには百万人に達する在日朝鮮兩國が緊密な友好關係を結ぶ必要に迫られていることは政府當局の急務といつても過言ではないと思う。

鳩山首相は就任第一聲で、「協調、調整外交を推して自主的な國民外交を展開し、自由諸國と緊密な友好關係を持續しながら、賠償その他の懸案を解決して、アジアの復興を圖る」と聲明し、又重光外相の談話としても「アジアの安定に努力する」意向が強くみられるので、我々としても懸案であつた日韓友好方策についての具体的進展をみるものとして極めて重大な關心を示し、期待するところが大きい。

戰後の國内の犯罪の蔭には必ず朝鮮人がありとの印象を日本國民の常識の様に傳えられ、最近喧ましく取上げられているヒロポン問題にしても在日朝鮮人問題が出て來ており、良識ある在日韓國の方達を嘆かしめているが、在日朝鮮人對策にしても、吉田内閣に於ては何等の方策がみられず、徒らに厄介者扱いをし國民大衆も又政府の無策に追隨して「朝鮮人」というと忌避視している傾向がみられる

たしかに我々としても一部の破壊的な又は日本の國に居住しているにも拘わらず、日本の法律を無視する様な朝鮮の人達の存在を認めないわけではないが、しかし善良な人達に對する保護、援護施策について特に要望したいところである。

今日迄、善良な人達に對する保護、援護施策に缺けたがために、善良な人達迄も反日的感情を強く抱く結果となつたことは、特に認識を徹底して欲しく、官憲界の偏見に甚しいものがあることも是正する必要がある

短命選擧管理内閣であり充分なる解決施策を望むことは無理としても、終戰以來の時代のなしえなかつたこの重大問題解決の方向だけでも若し鳩山内閣に於て明示し得るならば「首相の云う國家百年の大計」の大道を開く結果となると確信する次第である。

大成建設株式会社
東京都中央區銀座三ノ四ノ一

東京海上火災保険株式会社
東京都千代田區大手町一ノ六

日韓友好協會に入会して

槇 稔

十一月廿九日の朝日新聞〃きのうきょう〃欄に相馬黑光女史の『まず、過ちを謝せ』の一文を見て、衷心より共感を覺えた。韓小齊女史と黑光女史がお互に各々の民族を代表して、現狀を、過去を、率直に心の底からわび合つて、日韓両國の平和融合、そして世界の平和實現に就いて語り合われた姿こそは、我々日韓両國人全部がそうあるべき尊い姿ではなかろうか。

始めて鄭先生にお會いした頃の私の氣持には、日韓両國が地理的、歴史的に友好關係にあらねばならず、而も世界の現況から見て必然的にそうならねばならぬ運命に置かれている、という事は理論的には解つていても敗戦直後から今日迄の朝鮮人の惡行を考える時、感情的には、どうしても割り切れないものがあつた。

家内同志が近所づき合いで段々親しくなるにつれて、鄭先生の人となりもチョイチョイ耳に入る様になり、ふとした事から一夕話し合う機會を得たのであるが、説たまたま日韓問題にふれ『日本に百万の朝鮮人がお世話になつていて而も惡い事をする人間が多いので、同胞として誠に恥しく申譯ない事だと思つている』とわびられた。此の言葉を聞いてハツとした、自分は此の様に卒直にわびるという謙譲な氣持があつたかと。正に冷汗三斗の思いとは此の事だろう。此の事があつて初めて今日までの感情的なわだかまりも拭ひ去る様にとれて、僕はスラスラと氣持良く二、三時間の歡談の時を過し得た。

日韓友好に微力を捧げる事を約して入會して以來、數多韓國の方々と會談する様になり、愈々食はず嫌いであつた自分の不明を悟り、謙譲に話を聞き、卒直に語り、お互が理解し合う事によつて新しい眼が開けて來た様に思う。韓國の現狀、在日朝鮮人の現況そして李大統領の對日政策、日本の世界的位置、日本人の在日朝鮮人に對する感情、そして吉田政府の對韓政策、就中對在日朝鮮人施策、と考えれば種々複雜な問題が山積しているが、結局はお互が食はず嫌いで感情にとらわれている、と何時迄たつても解決は出來まい、如何に複雜であろうとも、謙譲に話合えば逐次解決出來る答だと思う。

日韓友好協會は今日まだ小さな集りに過ぎないが、兎も角にも皆が胸襟を開いて話合い、キモチを肴に酒をくみ交して一夕の歡を盡して何の不自然も感じない集りなのだ。時には相手の缺点を指摘し、激論を闘はす事もある、或時は風俗習慣の違いから飛んでもない誤解をして感情的對立がある、然しこれらもお互に根本に大きな愛情を持ち、謙譲に話合う事によつて氷解した後は反つてお互の認識を深める好結果を生んでいる。

この様に個人間の親善關係は家庭間の親善となりグループに波及んで來たのだ國家間の調整を圖る事もさして至難な事ではあるまい。お互に島國根性は止めよう。『何だ、此頃獨立させて貰つたくせに』とか『何を言うか、敗戦國のくせに』と惡口の言い合いでは、相方が傷つくばかりではないか。謙譲に話合う事によつて相互理解があり、親善があり、協力して世界平和への大きな力ともなり得よう

人類悲しくも世界の平和を祈念し、平和實現の爲に各國夫々と精根を盡しているのだ。日韓両國のみがその埒外にあつて良い譯はない答だ、日韓両國民こそ心の底から世界の平和を求めている、原爆の最初の被災者として、同胞相慘の悲慘の生々しい經驗者として。其の両國民が親善友好を希望しない譯はない、必ずや心中深くは求めてやまないところであろう、而も尚出來ないのは何故だろう、両國が目前の利害に捉はれ、感情に左右されているからではなかろうか。

敗戦直後、一億總懺悔を叫んで罪を世界に謝した日本ではなかつたか。あれから既に十年を迎えようとしている今日、再思三省自らの非は非として悟つた答だ、過去の誤つた優越感を捨てよう、そして卒直に心から非を侘びよう、そうすることによつて韓國とも過去の怨恨を忘れて貰う事が出來るだろう。

謙譲さのないところには相互の理解もなければ、親善も友好もあり得ない。現在の非は非として卒直に謝り、謙譲に聞き、卒直に語り、過去の そして將來の協力を誓おうではないか。

随想 菊と花(1)

植木光教

朝鮮料理の焼肉の醍醐味を始めて僕に教えてくれたのは金さんである。

それまで僕は、此の世で一番美味しいものは『ウナギの肝』だと信じこんでいた。その日から――味覺の王座は『プルコギ』に乗つとられてしまつた。ニンニクの味はとうの昔から知つていた。學生時代、陸上競技や馬術、それに學生運動までやつて体をこわしてしまつた僕に、若い頃アメリカで長らく生活していた親爺が、イタリア移民の生活を思い出して藥用として服用することを勧奨おくあたわなかつたが爲である。始めは藥用として、終りはかけがえのない調味料として、僕は此のつぶらないのちをこよなく愛した。けれどもその日銀座の『D園』で、金さんから大盤振舞いを受けるまで、ニンニクにこれ程の偉力があるものとは夢想だにしていなかつた

その日から僕は――タレの中で煙をたてる牛肉の、ジューッと鳴くあの妙音を夢にまで聞くようになつてしまつた

これだけでも生きてる甲斐があつたと言うもの。

しかも金さんの御馳走はこれ丈けではなかつた。今時はやりの雑誌よりも大きくて立派な附録がついていたのである。

何時ものように思いゝ切り饒舌を吐き合つて大氣炎をあげた後、おもむろに此の日の御厚志を謝し、神妙な顔付で「D園」を出ようとした時、若いアメリカ人が肩をすぼめて來た。もう閉店間際なので彼はいささか戸迷い氣味である。しかし幸いなるかなそこに大柄で氣さくそうな我が金さんがいた。

彼は金さんに何事かをボソボソつぶやいた。僕にはそれが理解出來ない。しかし驚くなかれ金さんは堂々と受け答えしているではないか。御安心下さい。それもその筈二人は朝鮮語で會話しているのである。

「お茶を喫みに行こう。」金さんは元氣よく言つた。

かのアメリカ人は、軍人として約二ケ年朝鮮にいた。一度本國へ歸つたが、數日前今度はシビリアンとしてやつて來たと言うのである。金さんの問に對して彼は、流暢な朝鮮語で――と言うのは僕にはさつぱり判らないが、金さんが僕に通譯しながら時折感に堪えない風情で、『すばらしい朝鮮語だ』『僕よりうまい位だ』と嘆聲を發したからである――諸々の所感を述べた。

その所感たるや、勿論鄭さんや權さんや金さんに、これでもかこれでもかとたゝきこまれている僕の朝鮮知識以上には出なかつたが（等と言つては『それ位でいゝ氣になりなさんな』と叱られるだろうが）、それにしても二年位で、よくもまあこれだけ鋭利に觀察し、賢明に理解したものだと感服するに足る質のものが一つ二つならずあつた。韓國日本人同胞のかたくなな、偏見に修正を求めるに足る丈けの、

歸途金さんは、何時になくしんみりとこう言つた。

『日本人はね。四十年も朝鮮を支配してたんですよ。この間何十万何百万という日本人が、日本と朝鮮を往復してたんですよ。だけど日本人は朝鮮語をおぼえようとしなかつた。朝鮮の問題、朝鮮人のこゝろの問題を、長い歴史とあのかけがえのない風土に培はれて來た朝鮮人の言葉で考えてくれようとしなかつた。今の日韓問題の行きづまりは、こう言う深いところに根ざしているんだ。我々にとつて此の四十年間は、民族の魂を失えとさゝやきつゞける惡夢のようなたゝかいの連續だつた

(つゞく)

『韓日友好』と『日本の言論』

金長沘

或る日本の雑誌で『新聞と云うものは事實と關係なしに英雄や美人や惡人や犯人を創作する現代の催眠術師である』と云うことを讀んだことがある

韓、日両國は手を握つて行かねばならないことはもはや事新しく論ずる必要もなく両國人はお互いに充分意識していることである

両國が仲良くすることは必要であり、且又そうすることに依つて両國が繁榮して行くと云うことを知りつつも出來ないその大きな原因はなんと云つても日本の政府、役人を始め一般日本人の皆様が餘りにも韓國を知らな過ぎるし又知ろうとしないからである

知ろうとしないと云うことは韓國を等閑視して居り延いては劣等視していると云うことになる、その一端として最近の新聞、雑誌が取り上げた韓國に關する記事を例に擧げたい

その一つとして去る八月十五日號週刊朝日に掲載された『今日の焦点』欄の李承晩韓國大統領――この二人を並べるのはチャーチルにははなはだ非禮なこととなるが……』

私はこの一文を讀んでこみ上げる怒りを押へることが出來なかつた

何たる妄言、失言であり李大統領に對して正にこれ程の非禮はない

両國さえ通るならチャーチルと狂人とを並べたとて何一つ非禮に當るまいと思う。

この一文は著しく韓國人の感情を刺戟し、果ては韓國人の團体から抗議文まで發せられ未だそのほとぼりが覺め切らぬ去る十一月二十二日付讀賣新聞夕刊『よみうり寸評』欄に

『國が衰えるとみんながバカにする事かくの如くである―しかし韓國からバカにされることまでは認めなかつた…』

これは獨島（竹島）の問題に言及しているがこれこそ逆に韓國をバカにした云い方だ、假りに韓國がバカにするからには日本に何かバカにされる根據があるからであろう、韓國からバカにされたら目の色を變えて抗議し、或る特定の國からバカにされても敢えて甘受するのが日本人だろうか

次に最近總ゆる新聞にとり上げられたヒロポン摘發記事にヒロポンの製造者と常習者を國別に數字で表示してメーカーが殆んど韓國人で常習者が殆んど日本人だとして、いかにも謀略的に韓國人がヒロポンを製造して日本人を毒しているかの如く報導されている働くに職があつて、又喰うに事足りていれば誰が危険を冒して迄ヒロポンの製造をする馬鹿者が居るだろうか

そして數字に表はされたのには日本人の人口が八千万で在る韓國人が八〇万であることは表はされていなかつた

八〇万の韓國人を日本國内問題として採りあげて保護解決せず、いたずらに取締面だけ強化すればそのもつとも手近かなヒロポン問題も容易に根絶することは至難であろう

以上擧げた二つの例はいづれも世界に誇る日本の三大新聞のうちの二つである

少くとも新聞人は常に時代の先端を歩み且つ社會の木鐸であるべきである

加ふるに雑誌の論評や新聞の寸評を書くのは一應かけだしの記者ではない答だ、では一体この有能な健筆家であるべき記者達は一体韓國を、そして韓國人をどれだけ識り又識ろうと努力しているのだろうか？

餘りにも僭越であり傲慢だと云はざるを得ない

韓日關係の改善を妨げている大きな要素に日本の言論があることを自覺して、事實と關係なしに韓國人を惡人に創作する催眠術師的新聞でなくもつと大局的な見地から謙虚にそして慎重な氣持で筆をとつて貰いたいものである

日本の言論が現在のようにごう慢なものとして横行する限り、韓日關係は永遠に改善されないものと私は断言したい

石灰窒素六万トン 輸出可能となる

通産、農林両省はFOAが米國大使館を通じて寄せた石灰窒素輸出の事についての質問に對して、明年一月までには六万トン程の輸出が出來る旨の回答があつた、これは十月下旬に京城で行われたFOA資金によつて韓國側が肥料十八万トンを買付けたい意向を示したのに對して、FOAがあらかじめ日本の輸出餘力を確かめてきたもので、この回答によつて、韓國政府は、日本が全額を落札した場合においても輸出許可を與えることが確認された。

日本水産株式会社
東京都台東區南稲荷町一四

株式会社 塚本商店
東京都中央區日本橋本町一ノ十六

山陽パルプ株式会社
東京都千代田區丸ノ内一ノ二

東宝株式会社
東京都千代田區有楽町一丁目

三楽酒造株式会社
東京都中央區室町二ノ十一

朝鮮人経営の茨城育成園を訪ねて

去る十四日午後四時四十分のＮＨＫ「縣民の時間」に茨城縣下館にある「養護施設保育園」についての放送があつた聞けば茨城縣の下館と云う處で、三十年近くも永住していると云う、一朝鮮人が、親のない可哀想な孤児達を現在では五十四人も世話をしているということである。十一月二十三日そこを訪ねて見る事にした。

上野から青森行きの汽車に乗り、約二時間程行つた處に小山という驛があつて、そこから水戸行きに乗り替へて二十分程で下館につく、驛を出て徒歩で約二十分程行くと町はずれに分散場の様な感じのする建物があつた。その門に「茨城育成園」と云う看板がかかつている。中に入ると百五十坪程の運動場があつて、まわりには孤児達の寄宿舎が並んでいた。

先ず案内されて中をのぞいて廻ると骨敷き六畳の部屋が十二三もあつて食堂や風呂場医務室に便所の設備などよく行届いていた。三才ぐらいから中學三年生迄の子供が五十四人も生活し勉強しているのだと言う。それにも拘らず壁に落書一つ見受けられなかつた朝鮮人の子はその中に三人しか居ないとの事である運動場で遊んでいる子供達を見るととても楽しそうで親の無い不幸な子供の様な感じは少しもしなかつた。職員は男二人に保母が六人合せて八人が子供達の世話をしているのだと云う。身なりもしつけも町に居る貧乏で放任されて育てられている子供よりは、はるかによかつた。

やがて園長がやつて來て、日當りのよい部屋に案内してくれた。此の人が育成園を經營している「李学相」と云う人である。とても頑丈で氣性があり、どことなく人情味のある人の様に見えた。

先づ此の事業に手をつける動機を尋ねると、自分も小さい時に親許を離れ見知らぬ日本に渡り、土方をしたり、クズ屋をやつたり商賣をしたりして周囲から冷い目で見られ乍らあらゆる苦難の道を乗り越えて今どうやらこれだけの建物も自らの力で建てられる境遇になつて見ると戦後に親のない哀れな小供達を見るにつけ可哀想でたまらず、最初二三人の子を連れて來て育てたのが病つきでこんなになつたのだという、そして語る處によると無學で何んにも知らない朝鮮人である自分が今日こうした事業をやるについては色々と社會からの非難もあり迫害もあつたのだという。

私はその人の話を聞いているうちに「ジャンバルジャン」の事が頭に浮んで來た。苦勞をした人だけにそれ等の子供達の心理をよくつかんでいるせいか子供達が園長先生々々とよくなついていた。愛は國境を越えて……。

今迄に既に四十人程の子供達を中學迄出して、會社や工場、或はすし屋うどん屋などに世話をしてやつたのだと言う、そして、その子供達が休日や事のある度び毎に來てくれるのが何より一番嬉しい事だと言つていた。

もう日が暮れかゝつていたので禮を述べて立ち去ろうとした處、是非一晩泊つて帰れと云うので、そうした、子供達にも一度會つて見たくなつて、言われるが儘に一夜の宿を借りる事にした。

晩の食事が済むとにぎやかな音が聞こえるのでついさそわれるが儘について行つて見ると、子供達が娯楽室の様な處に集つて、オルガンをひいたり、モッキンをたゝいたり、ハーモニカをふいたりして、とても楽しそうに遊んでいた。

園長先生が、この人は東京から來られたお客さんだから何か歌を歌つてあげなさいと云うと、子供達は誰云うとなく螢の光を歌つてくれた。歌が終つて何か話をしてくれと云うので、子供達の部屋にかけてあつたイエスの額を指さしながら、あのイエスと云う人は貧しい大工の家に生れたのであるが此の世を救うのは自分であると云う自覺をもつて、あらゆる苦難と闘いながら人々によい行ないをし、正しい教を説いて歩いた人であるが故に、今日尚も多くの人々から神として崇められ崇拝されているのだと云う話をした姿、皆静かに目を輝かやかしながら真剣によく話を聞いている姿を見て、意外な感じがした。

そうして最後に皆さんもイエスの様によい行いをして、立派な精神をもつて多くの人々から尊敬される人になつて下さいよ、と云えば元氣よく一せいにハイと答えてくれた。

今日、自由をはき違えてこうした真面目な話は聞こうともしない子供達に比べて、はるかに良い子供達の様に感じたのである。要は子供達は教育如何によつて、どうにでもなるものであると云う事を痛感したのである。下館警察の栗山署長は週に一回必ず來て自分の幼ない時代の話をしていつもよく善導してくれていると言う話も聞いたので、うなずける点もあつた。

別れにもう一つ歌を歌うかと云つて

「兎追しかの山
小ぶなつりしかの川
夢は今も巡りて
忘れ難きふるさと
いかにおわす父母
つつがなきやはらかな

と云うふるさとの歌を歌つてくれた、その歌を聞いているうちに自分迄がつい昔なつかしい故郷が思い出され、親なき子供達の心情察するに余りあるものを感じたのである。

そこで私は更にこうした世の中に於ては人間の愛が如何に必要にして且つ大なるものであるかを悟つた。

終りにのぞんで一言お願いしたいと思う事は、朝鮮人と言へば悪い事をする存在であるとしか多くの人から認識されていない今日、こうした朝鮮人も数多く居る事をお傳えして朝鮮人に対しての認識を改めて戴きたい事を念願するものである。

水五則

一 自カラ活動シテ他ラ動カシムルハ水ナリ

一 常ニ己レノ進路ヲ求メテ止サルハ水ナリ

一 障害ニアヒ激シク其ノ勢力ヲ百倍シ得ルハ水ナリ

一 自カラ潔ラカニシテ他ノ汚レヲ洗ヒ清濁併セ容ルゝノ量アルハ水ナリ

一 洋々トシテ大洋ラ充シ発シテハ蒸気トナリ雲トナリ雨トナリ雪ト變シ霰ト化シ凝ツテハ玲瓏タル鏡トナリ而モ其ノ性ヲ失ハサルハ水ナリ

如水

鄭漢永氏のプルフイル

三上眞一

時は日本敗戦の直後、場所は大阪発九州行の夜行列車の中――

貨車を改造した代用客車はまさに離れようという刹那警笛に怒鳴りながら、なだれ込んで來た一團の為にすし詰めになつた。明らかに朝鮮人引揚者と思われる人達であつた。女、子供を交えた日本人達の間に動揺の氣配が感じられた。無燈火の車内は眞の暗である。

「静かにしろ、俺達はこれから朝鮮へ歸るんだ、どけ、ねるんだから、ガタガタしやがると蹴落すぞ」

一瞬車内はシーンと水を打つた様になり静まりかえつた

そして次の瞬間、ジリジリツと壁際に押しつけられる様に人々の動く氣配がして、又静かになつた。不安と恐怖に包まれた車内は列車の轟音も消えた様に静まりかえつて咳、く鼓動も聞えるばかり。

死の沈黙――と、車内の中央と思われるところから

「皆さん、皆さんの中にローソクをお持ちの方はありませんか」

爽かな日本語が沈黙を破つた。

車内は再び動揺した

「ここにありますが……」

震えた、かすかな中年婦人と思われる聲

「どうも有難う御座います」

此の恐怖の眞中に何の屈託もなげに落着いていられる人はどんな人だろうと、車中が一齊に聲のする方を見つめている時、パツとマツチはすられ、静かにローソクに火は点された。

「アツ」

人々の口をついて、溜息とも安堵の聲ともつかぬ小さな叫び聲が起り、そこには恐怖にゆがんだ日本人の顔、老人若者、女、子供の顔、顔、顔が重なり合つている。うす汚れた黒い壁際に押しつけられる様に立つている日本人旅客そして、其の中に寝そべつた三十人餘りの朝鮮人達、ふてくされた様に頭を擧げようともしない。日本人達の眼は吸い寄せられた様に中央に立つ青年紳士に注がれている。年の頃は三十四、五か

やゝあつて、其の青年紳士の口から今度は鮮かな朝鮮語が怒氣を含んで發せられた。

「おい!!起きろ!!」

思いがけぬ同胞の言葉に驚いたらしく、不承不承、ドタドタと音を立てて一團は起きて立つた。ローソクを手に毅然と立つたまま、言葉の調子を柔げて

「これから長い時間一緒に旅行するんだ、疲れるのは君達ばかりではない、殊に日本の方の中には婦人も子供もいるお互に譲り合うべきではないか、譲り合えば座る事位出來るだろう」

一團の連中は氣を呑まれた様に聲も出ない。理の當然とその毅然たる態度には反抗の氣勢を示すべきスキもなかつたのであろう。

「どうぞ、皆さん座つて下さい、お互が譲り合つたら座れるでしよう。立つていてはこれからの長い旅で疲れますよ座つて下さい」

綺麗な日本語だ。日本人の顔にようやく安堵の色が見え初め遠慮勝ちにモジモジしていた人々も一人座り、二人座りして皆座つた。

「これでローソクは消します静かにお休み下さい、若し騒いだ奴は外へ抛り出す」

毅然と言放つと、フッとローソクの火を吹き消した、しばし荘厳なイメージを止めて――

× ×

列車が下關に着いて、件の一團が降りてしまう頃、ようやく不安の夜は明けて、爽かな朝を迎えた。一睡もしなかつたのであろう、青年紳士の眼はやや充血していたが、其の顔は晴れ晴れと輝いて見えた。

「有難う御座いました」

「有難う御座います」

不安と恐怖から解放されて今は遠慮はばかる者もなく晴々とした顔、顔、そして年老いた婦人の合掌して、その眼には感謝の涙すら光つている姿も見えた。

「いや」

當り前の事ですよと言いたげに微笑し軽く頭を下げると一寸照れたように開け放たれた窓から車の外に眼を向けた

爽かな朝風は車内の空氣を和ませ、遠く山並みはかすみ、海峡を浮ぶ舟の帆柱をかすめてかもめが飛んだ。

~~~~~~

此の物語りには些かの誇張もなく、そして潤色もない。この青年紳士こそ鄭漢永氏の九年前の姿である。今日氏に接する程の人は、其のやや禿げ上つた額に明哲なる理智の閃きを見、其のひき締つた口に強固な意志を感ずるであろう。

京畿の南、忠清南道鷄山に鄭夢周十八代の孫として呱々の聲をあげ、爾來四十餘年、數奇な運命と波瀾万丈の生活は益々其の天性の才に磨きをかけ、物に動じない淡々たる心境を作り上げたのであろう

その熱烈なる祖國愛と世界平和を希念する高い人類愛から只管日韓両國の提携友好を叫ぶ清貧に甘んじ、政界浪社に迷うことなく其の確固たる信念と、ただ一筋に貫かんとする誠は、接する者をして襟を正さしめ、感動させずにはおかない。正に古武士の風格がある。

ただほとばしる情熱の勢激しきが故に或は誤れるヒロイズムと曲解され、或は其の言高過なるが故に世の所謂常識家の批判を受ける事があるとしても、それは氏の罪ではないであろう。又日韓友好親善を説くに急なるが為に一部同胞間に単なる親日家として敵視され、或は賣國奴として非難される事があるやに聞くがこれも全然的外れの中傷と言うべきであろう。

眞に世界の状勢を把握分析し、眞に日本を知り、而して眞に祖國を愛し現状を憂うるが故に、止むに止まれぬ心からの言動である事は、静かに其の言を反芻し、具さに其の行動を見守つていれば氷解する事であると信ずる。

大映株式会社
東京都中央區京橋三ノ二

松竹株式会社
東京都中央區新富町三ノ五

東京生命保険相互会社
東京都千代田區大手町二ノ二

東映株式会社
東京都中央區京橋二ノ八

日活株式会社
東京都千代田區有楽町一丁目一
~~~~~~

鶏林八道殉難者慰靈祭

去月二十七日午後三時から東京丸ノ内工業クラブ講堂で亞細亞問題研究會、新日本宗教團体連合會、全日本佛教會が共催のもとに、大東亞戰爭以來、殉難した朝鮮同胞の慰靈祭が行われた。祭典には三笠宮から贈られた弔花一對が飾られ、多數の日韓兩國の弔慰者が参列して、いともしめやかなうちにも厳に且つ、盛大に心からなる祭典が行われたのである。祭典が濟んで後、食堂に於て懇談會をかねて晩餐會があつたが當日はすべて朝鮮人を優先的にあつかつてくれた。およそ今日迄に日本人側から受けた事のない待遇であつただけに當日出席した朝鮮人側は皆、感激の餘り、唯胸一杯となり言い盡せないものを感じたのである。茲に於て特に感じさせられた事は朝鮮人には青色の花、日本人には黄色の花を胸に付けさせて朝鮮人を優先的に待遇してくれたのはよかつたが、日本人と朝鮮人との席を右、左別にしていたので どうしてこゝまで心を盡してくれていながら、こうした事をするのだろうかと始めは不思議に感じたのである、處が考えてみるとそこにも細やかな心づかいがあつた事に氣がついた。という事は當日來た朝鮮人の中には北鮮系の人も南鮮系の人も半々程いたので それだけに要は殉難した此の靈に對し、せめて日本に居る朝鮮人同志だけでも、南とか北とか言つて、いがみ合わずに仲よくしてくれと云う有難い心盡しであつた。處がこれも皆が、唯感激の餘り、それに氣がつかず、民戰側も民團側も思い〳〵の別な事を云つて、結局、その有難い心盡しは無にされてしまつたのである。

これは全く申し譯けなく、返す〳〵も殘念に思われてならない。然し今後必ず在日朝鮮人だけでも思想を超越して和する事に務め、當日のその厚い心盡に對して報いたいと念願するものである。

經過報告

十一月十八日、本部にて委員會を開催、協議す。政局不安定の為、本會の方針も定まらず。

十一月十九日、學生二人本會に入會したき旨の申入れあり。

十一月廿日　江上副會長、會長と會員、長時間協議す。

十一月廿一日　外務省訪問す。

十一月廿二日　勞働省を訪問す。

十一月廿三日　茨城育成園を訪問す。

十一月廿五日　會長、副會長と會員、會の運營について協議す。

十一月廿六日　第二議員會館に於て委員會を開催、委員全員が参集、機關紙第二號について協議す。

十一月廿七日　工業クラブに於ける鶏林八道殉難者慰靈祭に出席す。

十一月廿八日　本部に於て同胞多數と會員懇談す。

十二月一日　東京都の外務部長を訪問、都内の在日朝鮮人問題について意見を述べ、深く相談に應じてくれる部課を設けてほしい旨懇請した處皆と協議して見るからとの事一抹の希望をいだく。

十二月二日　各相談役を訪問し懇談す。

十二月三日　一青年が本會に入會したき旨の申出あり。

十二月五日　相談役の權一夫氏、關西方面に旅行、續いて江上副會長も關西に旅行するので色々と懇談す。

十二月八日　本部にて緊急委員會を開催、前日、内閣が總辞職と決定したので、新内閣に對應する為の協議を行う。

十二月九日　教育廳を訪問の後、再び都の外務部長を訪問した處、荒川課長代理に紹介されて二時間餘り語る機會を得たのであるが、結局、地方廳において部分的に相談に應ずる事は不可能な事であるとの結論であつた。長時間話しているうちにどことなく荒川氏個人に對しては、朝鮮人が親しみやすい人の様に感じた。

十二月十日　茨城育成園の園長以下多くの同胞達の來訪あり、色々と相談に應ず。

十二月十二日　本部に於て委員會を開催、機關紙第三號について協議す。

肥料業界韓國輸出に關心
韓国政府の好意で日本側有利

FOA資金による韓國向化學肥料の入札が、十一月二十六日には窒素肥料を、二十九日には燐酸肥料をそれぞれ京城で行われたが、窒素肥料の入札に際しては米系商社ウッドワードの副社長が入札定刻を遅刻したことから十二月十四日再入札が行われたが、燐酸肥料は、日本品過燐酸石灰十一万三千屯を應札したところ四万八千五百屯がFOB價格三二ドルで落札が判明した燐酸肥料の過燐酸石灰の應札には、アメリカ、フランス、ベルギー、イタリー等の外國品卅五万の應札があつたが、四万五千屯全量が日本品に落札しており、なお、この輸出の條件としてアメリカ側が、船舶は百%米船を使用することを條件としていたところ、韓國政府筋好意的な取計いで除外例として韓國船の使用條件で日本品の落札をみたと日本業界側ではみている

なお、十四日の窒素肥料の落札結果は年内に發表をみるであろうが、日本品は硫安二万五千屯、石灰窒素五万屯を應札しており、有望視されている

第三回入札は一月上旬、京城で窒素肥料十八万屯、燐酸肥料五万屯の合計廿三万屯の國際入札が行われるので、肥料業界ではその準備も進めている

映画『鄕土を守る人々』

先日、「鄕土を守る人々」と云う映畫を見た。これを見て感じた事の一つ二つを率直に述べて見たい。

この映畫は、北鮮側が宣傳の為に作製した映畫である。その内容は、初に小作人達が地主の為に搾取され、且つ無慙に苛められて實に哀れな生活をしている場面を寫し出し次に、金日成將軍が入つて來て、小作人達を解放し、荒地を開墾させ、今迄の様に搾取される事なく、皆が平等に樂しく豐な生活をしている姿を表し、最後に資本主義的侵略の野望をもつたアメリカが、李承晩をして、此の豐な樂しい生活を再び奪い取ろうとしていると言う場面を強く表し　我が友よ、蹶起して如何なる事があつても此の樂土を戰いとれ。という筋書きである。

この映畫を見て最初に感じた事は、今日、既に民主主義陣營の大部分の國家に於ても農地改革法によつて、小作人はすべて地主から解放されている現在、何もそれを今更の如く、共産主義國家に於てのみ出來る様な觀念を與えて、共産主義に對する國民の歡心を買おうとしている事は、少し時代遅れだという事である。

次に働かざるものは喰うべからずの原則にもとずいて、老人をも強制的に、而も不平滿々たるものを、幹部の人達が叱咤しながら勞働を強要し結局働いただけの僅かばかりのものしか與えないという場面があるが、この映畫は共産主義政策、つまり金日成による北鮮の政策は大衆に、はかり知れぬ幸福を與えているのだということを宣傳することを目的としているにも拘らず その最も得意であるべき宣傳の中に、この老人によつて象徴されるような、大いなる犠牲者が存在することを寫し出しているのを見て、これが果して自由民主主義社會に於ける生活と比較して幸福といえるであろうかという疑問を持たざるを得なかつた。

勿論、共産主義で唱える平等な社會の實現は我々も又、理想とするところには違いないが、十のものも一のものもすべて五にするというように人間社會を數學的、機械的に割り切ることは殆んど不可能に近いことであつて、これを實現しようとする時、無理が生じ、權力従つて暴力によつて、強制的にそれが行われることになる。平等を追及するに急なる餘り、權力乃至は暴力によつて人間の自由が剥奪される事は、まさしく人權の蹂躙といえるであろう。この哀れな老人の姿を見て尚更、その感を深くした。

最後にこの映畫では「我が友よ、どこまでもこの樂土を戰いとれ」というスローガンが強調されるが、こういう觀念を國民に普及することによつて、共産主義自体の侵略性をおおいかくそうしている事實を露骨に感じさせられ、宣傳映畫とはいえ、極めて不愉快であつた。

朝鮮動亂が、北鮮側の南鮮に對する侵略によつて始められたということが、まぎれもない今日、アメリカを攻擊することによつて、自からの侵略性を強化しようとしている態度は決して當を得たものとはいえないであろう。

尚この映畫を見て、深刻に考えさせられた事は、子供が親に向つても「何々友達」と呼んでいる姿であつた。封建的道徳は否定されなければならないが、肉親を同志以外の何ものでもないように致背している共産主義社會は何んという冷酷無比な社會であろうかという感じを受けたのである。これは全く驚くというよりも、むしろ見ていて滑稽にすら感じた。昔から朝鮮人の最も誇りとして來た親子關係の美徳は何一つこの映畫によつては見い出す事は出來なかつたのである。人間社會が果してそれであつてよいのであろうか。

答

私は去る十一月十五日発行の記事の中で

ヒロポン　は

誰が何んの目的で？

その結果は？

という記事を見ましたのでそれについて一言申し上げて見たいのです。

御紙の内容を見ますと、日本に居られます朝鮮の方達が今日の日韓問題が面白くない狀態にある事を心配され、一日も早く色々な問題を解決して仲よくなろうというお仕事の様に感じまして大變感激致しております。それに日本には百万に近い朝鮮の方が居られる。その中に一部、悪い事をする人達の為に、全部の朝鮮の方達が誤解されている点を非常に憂えて居られる様に思いました。

そしてこうしたヒロポンの事に就いて迄も朝鮮の人の名前が出る度毎に非常に神經を使つておられる様にも感じましたが、然し今日の私達日本人は、朝鮮の方が全部悪い様には考えても居りませんし、又ヒロポンについても朝鮮の方が日本に對しての何かの目的の為になしている行為とも考えて居りません。

十一月二十二日付の毎日新聞に「ヒロポンをつく」というテーマでヒロポンの誕生についての記事が出て居りましたが、その記事の内容を見ますと、第二次大戦の時、ドイツと共に日本でも大戦に生産されたものらしく、その用途はパイロットを興奮させて過剰戦闘爆撃にかりたてる為や又軍需工場で増産の實をあげる為に使用されていたものであり、或いは又特攻隊員などの出撃前に強制的に注射を用いたりして、戦時中廣く使用されていたものが、その[illegible]の手筈もされぬ譯に、今度は終戦と同時に放出されたストックに手を焼いた製藥會社の大々的な宣傳によつて、徹夜の仕事をする人、又は文士、演劇の關係者、試驗勉強の學生間などに廣く使用される様となり、今日の様な結果にまでなつてしまつたと言うことです。

ですからその罪は日本人自身にある譯であり、要は日本人自身が目醒めて、しつかりしなければならない問題であると思います。然しあなたがたの機關紙を見ますと、ヒロポンの為被害を蒙むつているのは日本人だけではなく朝鮮の方にも随分あるとの事ですが、いずれにしましてもこの様なものは私達人類の為、一日も早く協力して撲滅しなければなりませんその為の御盡力をお願い致します

一日本人より

「一長一短の米・韓両病院」

毎日新聞〃特派員のメモ〃より（五月三日付）

京城大野亮一特派員

猛烈な腹痛を覚え、知人の紹介する民間醫院で見てもらうと盲腸炎との診斷、やむなく京城のとある小さな外科醫院で手術を受けるハメとなつた。執刀は日本の某醫大を出た韓國人の院長。無事に手術は濟んだ。昔は日本の患者もよく扱つたが、終戦後はこんどが初めてという。院長はじめ代診も看護婦さんもみんな日本語がうまい〃知らぬ他國でさぞ心細いでしょう〃と非常に親切にしてくれた。

ところが、これを聞いた米軍當局が驚いた。

〃韓國人の醫院で手術を受けるとは何んという大膽ノ〃というわけだ。そして救急車まで回してきたので京城郊外の米軍病院に移ることになつた。

米人が韓國人の醫學を見下すには十分それだけの理由がある。韓國の醫學は全般的に水準も低いし、第一、必要な醫療器具や藥品がほとんどそろつていない。物量を誇る米國醫學の水準から見れば危つかしくて見ていられないのだろう。しかし米人のこの態度が韓國人の醫者にはコツンとくる〃なるほど設備もないし藥もない。衛生について無知な民衆も多い。だがこれでも日本醫學を通してドイツ醫學の正統を踏んだ我々だ。野蛮人扱いはしてもらいますまい〃というわけである

ところでこの米軍病院では入院患者を元氣づけ退屈をまぎらせるためにいろいろのレクリエーションが催され患者の表情も明るいが韓國の民間病院にいたときの様な家庭的な氣安さはない。一方の端から患者を入れると片方の端から全快して出てくるといつた流れ作業の様な感じがする。これは患者の一人一人に世話の行届く民間の小さな醫院との能率第一の大きな軍病院との違いだが、同時に東洋的なものとアメリカ的なものとの開きでもあるようだ。いずれにせよ對象が生きた人間だということを考えると兩方とも幾分偏つた感じがないでもないようだ。

平和生命保険株式会社
東京都中央區銀座西三ノ一

日韓友好

發行所
東京都大田區馬込東4の18
日韓友好協会
編集發行人 鄭漢永

定價1部20円

韓國に日本の機械と技術者を

日韓會談が再開される機運が見えていたにも拘らず、諸情勢から見て、これ又早急には望まれそうにもない。いずれにしても百万に近い在日朝鮮人の前途はだんだんと八方塞りの形になつて行く現在何んとか打開の道を図らねばならないと思う

人間の運命はすべて紙一重の差で決する場合が多い。それと同じ様に人間の考え様、やり様によつて平和とか幸福とかも決するものであつて何もむずかしく考える必要はないと思う。今の世の中の人達は餘りにも理屈が多過ぎて實行がともなわない爲に、世の中がだんだんと複雑になつて平和を唱えながら平和を亂す様な事にもなり幸福を唱えながら最も不幸になる様な事をしている様にも思われる要は表面は善人をよそつても心は惡人が多過ぎるからではなかろうか。

現世に於て水素爆弾が出來た所以も或は惡人ばらいをさせる爲に神様がそれをつくらしたものかも知れない。然しそう諦めてしまうのも又少し早過ぎる様な氣もする。要はそれを悟る事であり、悟る事によつて道は開けるものと信ずる。今の世の中の人達は悟りを忘れている、否、悟り方を間違えている。第一今の人達には眞面目さや素直さに欠けている人が多い、人間に眞面目さや素直さが欠けている場合これ程扱いにくいものはない。こうした人間の生存する處に平和とか幸福という事はおよそ不可能な事であつて、これば自分の不幸を招くのみでなく他人をも煩らわし、それが社會を亂す原因にもなるものである。われわれ朝鮮人が他民族からも毛嫌いされ、相手にされない所以がそこにあるのではなかろうか、そこでわれわれは自分を「悟る」「心の修養」が足りないばかりに結局「朝鮮人だと思つて馬鹿にするな」という観念しか生れて來ないのであつて日本人と朝鮮人の間に起きた問題のすべてがむずかしくなる原因がそこにもあるのではなかろうか。

われわれは決して他民族に劣らないのだと自負しているが如く、頭腦にしても才能にしてもそれは自他共に認められる處が多い、然し「心の修養」が足りない爲に、結局それすらも認められない結果になるのではなかろうか。何事によらず自分では一生懸命やつているつもりでも「心の修養」が出來ていなければすべてがうわすべりをして中味が何もない事になり、相手に惡印象を與える結果にしかならない、そして如何に學問をしても、理屈ばかりに先走つて相手からうるさい存在だとしか認められず、無學で低級な人間と同じく取り扱われる場合が多い。

これが過去から現在に至る迄他民族から見られて來たわれわれ朝鮮人の態度ではなかつただろうか、斯く悟る處に反省があり、反省のある處に進歩があるのであつて、他民族からも信頼され、認められる譯である。理屈ばかりいつてむやみに相手を侮つたり、相手を誹謗したり過去三十六年を持ち出して相手の古疵にさわる様な事ばかり言つて見た處で、得る處は何もないという風に考えるのが悟りではなかろうか、「悟り」とは卽ち「心の修養」である。心の修養をして悟つた「宮本武藏」と唯「わざ」だけを自慢にしていた「佐々木小次郎」との相違は知る人ぞ知る處である。悟りがない限り、如何に惡い事であり、他人に嫌われ迷惑になる事であつても、自分のしている事はすべて是なりと過信し勝ちである。朝鮮人の生きる道も、救われる道も、すべてお互が心の修養によつてもの事を悟る處においてこそ與えられるものであると信ずる。假りに大學を出ても朝鮮人は採用してくれないという所以は那邊にあるのであるかを知らねばならない。これは唯朝鮮人であるが故に採用してくれないと思つている様では、日本の社會だけでなく何處の社會においても朝鮮人を採用してくれる處はだんだんとなくなつてしまうであろう。もし朝鮮人が他民族よりも人に仕える道をわきまえて眞面目に働き、ためになり得る存在であるとするならば、誰もが先を爭つてわれわれ朝鮮人を採用してくれるであろう事を確信する。日本に於けるわれわれの生活も勿論そうでなければわれわれは生きる道を自ら失うであろう。日本においての政治や思想云々は日本がやるべき事であつて、今日のわれわれがそれに少しでも干渉してはならぬ筈である。今日われわれが日本で生活する上においては、先ず何よりも善良なる人間になるという事が第一條件でなければならない。世界の問題や國と國との問題もそれぞれの政治家のやるべき事であつて、日本に在住している一般のわれわれに出來る事はたゞ方向を間違えない様に見守る事である。かりに日本が韓國政府を認めず、北鮮政府を認めているとするならば、勿論われわれとしても日本に居る限り、日本の政策に添う様にしなければならない。然し現在日本政府は韓國政府しか認めていないのであるから、當然われわれとしては韓國人として事をなす事が最も妥當な事であると思う。今迄屢々述べて來た通りこれは日本に在住するわれわれ朝鮮人に限つた事ではなく、今後の世界においてはいずこの民族と雖ども、他の國に行つて生活する場合同じ事がいえるのであつて、かくすることによつてはじめてその國においての生活が認められ、共に平和な共存共榮の實を圖る事が出來るものと信ずる。そこで在日朝鮮人としてのわれわれが先ず考えねばならぬ事は、現在日本には百万に近い同胞が居るにも拘らず、韓國政府においてはいまだに一人の日本人も入れず、依然として反日政策を續けているという事である。過去において如何なる事があつたにせよ、日本から離れて既に十年を經過して居り、時代が變つて世界が平和と共存共榮を叫んでいる今日においては不合理な事としか考えられない。これは在日朝鮮人の立場から考えて極めて心苦しき限りであり、それが爲に在日朝鮮人は如何に肩身のせまい思いをして苦しい生活をしているか知れないのである。出來得る限り速かに韓國政府も在日僑胞のこの氣持を察して、今後に於ける韓國復興事業に際しては、日本の機械と日本の技術者を韓國に入れる事を翼望してやまない次第である。

役員

相談役 競馬協會副理事長 鈴木 一
〃 亞細亞同志會 [illegible] 一天
〃 元判事 民族文化親善協會々長 若田 渉
〃 大韓民國居留民團中央總本部元團長 曹 圭訓
〃 產業貿易新聞社々長 [illegible] 鶴宜
〃 國際敬愛連盟理事長 風生嘉三郎
〃 朝鮮國土計畫研究 金 成
〃 揚文社代表者 楊 浩
〃 宗教家 南 興之
〃 キリスト教傳導師 曾田嘉伊智
〃 元代議士 朴 春琴
〃 元判事辯護士 [illegible] 逸
〃 ニュースタイル社社長 眞城 仲秋
會長 鄭 漢永
副會長 江上 茂
〃 林 勝平
常務理事 金 長遠
〃 得本 時義
理事 會社員 呉 大煥
〃 醫師 鄭 濬珠
〃 會社員 朴 範桂
〃 會社員 金 照
〃 國際交易株式會社副社長 李 聖鳳
〃 太平洋交易產業株式會社々長 松田 久男
〃 學校法人白頭學院元事務長 李 極泰
〃 會社員 梁 [illegible]彬
〃 中央大學體育部副主任 柳澤 基弘

祝結成一週年記念

ニュー M エム 式 高速度 編物機 文部省審査合格

毛糸のミシン?

それは、貴女のデザイン、貴女の夢を思いのまゝに編み出してゆくM式編物機のこと……

ハンドル一つであらゆる模様編が出來、なれれば、グングン能率のあがる素晴しい編物機です。獨習書もついており、すぐ暮しのお役に立ちます

學則 詳10円 3 錢

生徒募集
本科、高等科、師範科………各4ヶ月
大學部、速成科………………各6ヶ月
毎月5日入學、新校舍増築中、教師免狀授與
淡路イルゼ先生外十數名、貸機、寄宿完備

M式高速度編物機發売元 株式會社 ニュースタイル社・公認 ニュースタイル高等編物学院 台東區上車坂45 (上野驛前) TEL (87) 6116―8・3909

再び南北統一運動に就いて

槇　稔

在日朝鮮人の間に澎湃として起つた南北統一運動―よしそれが北鮮からのアピールを動機としてであつても―が統協發足以來日を追うて愈々大きな展開を示していることは、分断された故國の姿に悲泣する朝鮮の人々として當然の事であろう。

統協發足以來既に三月餘、此の邊で一度今日迄の運動のあり方をふりかえつて、將來の進め方に資する事も無駄ではあるまい。

先ず民國側が最初から強い反對の態度を示した事である。反對する者は仕方がないと言つて、其のまゝ片着けてしまえる問題ではない様な氣がする。北鮮からのアピールという點に就いて、なかなか解け難い根本的な問題がある様にも思われるが、これも誠意を持つてあくまでも話合いをつけるべきであろう。民國側としても、北鮮のアピールという點に餘りにこだわり過ぎる事なく、政治以前の、思想を超えた、民族の悲願という點に深く思いをいたして、眞向から反對するという態度を止めて、運動を正しく進める爲の制度の役割をするとか、今少し靜觀するとか、何かの方法がありそうな氣がする。たゞ感情的に反對しては頑迷の謗りをまぬかれまい。

民戰側が民團側に反して、統協が發足するや直ちに馳せ參じた事は、勿論北鮮からのアピールを動機として生れたものであるだけに當然の事かも知れないが、然しそれにしても、先制の利を圖り、統協内にいち早く勢力を扶植し、所謂平和攻勢の一環としての力を十二分に發揮すべく、一方的に命を引き廻す素地を作ろうとする野望があつてはならないし、又其の様な氣持を他に與える様な行動は厳につゝしまねばならないであろう。少くとも今日に於ては、統協に參集する人が主として民線系の人々であり、而も民線の一方的運動に過ぎないと批判する人のある事を忘れてはなるまい。殊に最近構成委員の一人が、今日の運動は第二の民線であり協議會の趣旨にも反するという理由で脱退した事に就いては、深く反省すべき事ではなかろうか。以上の言葉を逆に考えるならば、協議會の趣旨は良いが、運動のあり方、進め方が一方的であり、民線の壟断するところとなり、所謂平和攻勢に乘ぜられた、民線の代行機關たるの觀を呈するに至つたと解する事が出來る。最初の構成委員たる數人の人々に共の意が全くないとしても、其の後の動きに些かでもその様な事のあつた事は否めないであろう。

個人の主義、思想は尊重されねばならない事は論をまたないところであるが、統一を考える場合、一方に偏した主義、思想を以てしては成立たない事を銘記すべきである。いやしくも眞の獨立を思い、眞の自由を愛するならば……

主義、思想を超えて現實に切實に、民族全體の求めるもの、それが統一ではないだろうか。祖國の眞の獨立を希求する今日より切實なるものはない筈である。何も彼も打ち捨てゝたゞ祖國を完全に統一された姿にする事こそ急務と言えよう。今一度一九四五年八月十五日を想起されよ、そして……最後に再び言う。あくまでも思想を超えて、[illegible]に[illegible]の統一を[illegible]する人々のみによつて[illegible]を[illegible]されん事を[illegible]つて止まない。

四月から私学として
東京の朝鮮人学校へ設置申請

民族教育の問題が主因で、全国最初に「公立廃止」処分を受けた東京都内の小、中、高全朝鮮人學校（十四校）は来る四月の新學期からどうなるのか、各方面から注目されていたが三日、都立朝鮮人學校PTA連合会では、同会理事長崔塔根氏を一切の責任者として「學校法人」設立と「各種學校」設置認可申請書を東京都へ提出した。都では新學期には各種學校として発足出来るよう、四日の都私立學校審議会に認可問題を提案することになつた。

認可申請書を受付けた都総務局私學課の説明によると、PTA連合会側の新構想は次の通りである。

連合会理事長崔塔根氏（四一）―東京都[illegible]町四ノ二[illegible]を[illegible]として「東京朝鮮人學園」[illegible]。この法人が小學校約[illegible]千[illegible]百人、中學校約千五百人、高校約六百五十人の教育に當る。[illegible]はいままで通りのものを使い、いままでの小學校十四校第一から第十三までの「初級學校」中、高合せたものを「第十四中、高級學校」と呼ぶ。また、ほとんど全部朝鮮人教師を採用する計画だという。更にいままでの全教育費は毎年約八千余万円程度（都費）だつたが、今度の申請書にはこの点に全然ふれず、私學課では受付けに一度は首をひねつたが「審議会の審議中に手続きを取る」との条件を特例として認めた。

さらに「學校教育法」の施行規則によると學校法人は土地、建物が法人のものでなければならない」とされているが、今度の場合は、朝鮮人の土地所有はわずかに一校だけで、他は国有、都有、日本人私有となつており、この点に私學審議会がどんな態度をとるか、注目されている。

（読売三月四日）

重ねて鳩山李会談を主張する

稲垣富三

我々は第一次鳩山内閣成立と同時に「鳩山・李會談」を提唱し、日韓關係の友好前進を希求した。

鳩山首相も、重光外相も、屢々日韓會談再開へ努力する様な言明をして置きながら、一向に前進もみせず、又其の努力も皆無と云つて良いであろう。

第一次鳩山内閣以來外交政策の金看板として、一部國民筋に懸念され乍らも日ソ國交調整に對しては異常な迄の熱意と、突進をみせているが、何故に日韓兩國の當面する外交的諸問題の調整を怠つているのか、我々は政府の眞意に苦しむと共に、鳩山首相の唱える友愛精神に對しても疑念を抱かざるを得ないし、幻滅の悲哀さえ禁じ得ない。

我々は此所で日ソ國交調整に對する批判を下そうとするものではないが、重光外相がダレス長官より訪米を拒否された點からみても感覺のズレがみられるし、又鳩山内閣自らの墓穴を掘つた結果ともなる様に思えてならない。一體、世界各國、特に未だ戰爭狀態の終結を見ないソ連との國交調整を必要とし、交易の回復等は日本國民のひとしく望むところではあるが、然し、地理的には勿論、歴史的にも最も緊密な關係を持ち、深い因縁すらある日韓兩國の友好關係の成立こそ、日本の當面する最も重要な外交政策の基本方針でなければならないのである。

鳩山内閣が日韓會談再開をほのめかしつゝ、何等の進展をみせなかつた點には種々の原因はあつたであろうが、而し、又その努力の欠けていることは明瞭に指摘することが出來るのである。我々は茲で其の基本的な考え方と態度についての誤謬を指摘したい。

先ず政府は果して眞に互惠平等の立場から日韓會談を再開しようとする熱意を示したであろうか、我々はその片鱗すら窺い知れないのである。もともと日韓兩國關係は今更取り上げるまでもなく、其の歴史のすべてが壓迫と被壓迫との關係におかれてあつたことを認識すべきであろう。日韓會談の行き詰りは一々此の基本的な問題にあるといつても過言ではなく、然も、それは日本側の反省にまつところが大きいのである。

我々は吉田首相個人の性格に鑑みても、吉田内閣に對しては全く期待も寄せられなかつたのではあるが、鳩山首相こそは、日韓關係調整へ一歩前進出來るとして多大の期待を持ち、速に「鳩山・李會談」實現によつて局面の打開を要望したのであるが、其の實現はもとより、李承晩大統領に對する何程の誠意の披瀝さえもみられないではないか、山積する日韓兩國の問題は「鳩山・李會談」によつて一朝にして解決すると考えるものではないが日本の韓國問題に對する基本的な態度を明示する具體的な面も重要な課題であると痛感するものである。總ての諸問題も自ら道が開かれ、日韓友好への道を打開する結果を招來すると確信する次第であり、重ねて「鳩山・李會談」を強く主張して止まない。

祝結成一週年記念

富士銀行本店　東京都千代田區大手町二ノ一
第一銀行本店　東京都千代田區丸ノ内
三井銀行本店　東京都中央區日本橋室町
三菱銀行本店　東京都千代田區丸ノ内
三和銀行東京事務所　東京都千代田區丸ノ内一ノ二
大和銀行東京事務所　東京都千代田區大手町二ノ二
住友銀行東京事務所　東京都千代田區丸ノ内一ノ二ノ二

在日朝鮮人の動きと統一運動に對して

在日朝鮮人の最も大きな動きの一つとして昨年の暮から南北統一促進協議會が生れ、目下全國的に進展しつゝある事は既に世人等しく周知の通りである。

これは在日朝鮮人にとつても、日本にとつても重大事の一つであるが故に、最も正しくその動きを紙面の許す限り、報道を續けて來た積りであり、又今後も尚その動きを世人に正しく報道して行きたいと思つている。

南北統一促進協議會は、朴春琴氏が昨年十二月に北鮮からのアピールを受けたのを動機として、今迄の同志を集め、自分の最後の死に場所と定めて活躍しているのが南北統一促進協議會であるのだという事を御本人から直接聞いている。處が發足以来色々と紆餘曲折があつて、民團側の強い反對に反して、民線側はそれに雙手をあげていち早くはせ參じた爲に、世論はそれをアピールによる平和攻勢の一つのあらわれであるとか、

民線の一方的運動に過ぎないものであると認定しているむきも少なくない様になつて來た。特に最近構成委員の一人であつた金三奎氏が「統一運動は所詮第二の民線に外ならず協議會の趣旨にも反するので私はこれ以上、協議會に止まる必要を認めない」云々の聲明を公にして協議會を退いた事によつて、南北統一運動が益々各方面から一方に偏した運動であるかの様に見られる傾向が強くなつて來た事は事實である。然し協議會の中に民線系の人達が多數入つて來ている事は事實であり又目的の爲に行動しているものが居るとしても協議會をつくつた最初の構成委員である朴春琴氏權逸氏、元心昌氏、鄭寅勳氏其の他數人の人達は北鮮のアピールによつて平和攻勢を目的としての行動でもなく、又民線に乘ぜられているものでもないという事を筆者は確信をもつて傳える事が出來るのである。

要は大衆を相手の運動であるだけに、相手が如何なる運動に關係しているものであろうとその趣旨に贊同して來るものなら敢て反對する譯にはゆかない迄の事ではなかろうか、

要は問題は、日本に於ける運動であるだけに、日本に先ず迷惑にならぬ様に努力し、且つ眞の平和の爲に在日朝鮮人が和合して、祖國の平和統一を求める爲の運動でありさえすればよいのではなかろうか。もしその線に反した場合に於て民團側は反對をしてもよい譯であり、その運動が日本に迷惑になる様な事が少しでもあつた場合において、日本がそれに斷をくだしてもおそくはないと思う。茲で唯故なく統一運動に對して誹謗する人達に最も眞劍に考えてもらいたい事は、折角一抹の希望をいだいている同胞達を失望させてはならないという事である

自分の祖國は全然知らない間に兩斷され、それが爲に在日朝鮮人は捨子の様な立場におかれ、外國人登錄によつて、朝鮮だの韓國だのという事で北鮮系だの南鮮系だのと區別され、心なくも同民族が敵對行爲を續けなければならなかつた哀れなる孤獨な自分の姿に悲哀を感じ、そうした事によつてあらゆる面に生きる希望を失うつていた矢先、南北統一促進協議會が生れ、各方面に於て一堂に會する機會を得てほつとした氣持になつたのも束の間、一部心なき人々の爲に又してもそこに暗い影を投げかけている事は返す〴〵も殘念な事であり、現在の在日朝鮮人にとつてこれ以上の不幸な出來事はないと考えるものである

もし茲に自分の利害にのみ走りこの運動に反對し、邪魔する事によつて、そこにわずかばかりの財を得、自分の立場を獲得する事が出來たにしても、それが果して滿足出來る事であり、幸福感を勝ち得らるべき事なのであろうか。この點、良心をもつて今一度深く考え直してもらいたいのである。そして運動を推進して行く人達にも深く考えていたゞきたい事は、こゝは日本の國內である事を最も考慮に入れ先ず、統一運動が日本の立場から見て不安となるべき一切を排除して運動を推進してほしいという事である。もしそれが出來ない儘、推進して行くとするらば、今日以上の複雜さを招き、統一運動はかえつて同胞により不幸を與える結果になるであろう。

その理由としては、終戰後朝鮮人のとつた行動が、いまだに日本人の頭に殘つているが故に、朝鮮人が現在の儘の姿で統一運動を續け、一つに團結すればこれ又、果してどんな事をするか解らないという不安があり、それが爲に表面はいざ知らず內心は喜ばれていないという事を察知しなければならないと思う日本の朝鮮人に對するこうした觀念に對しては如何に過去の三十六年間を唱えて見た處でそれは無駄な事であつて、過去と現在とをわきまえず、われわれ朝鮮人が感情的になつたり、そうした觀念を持續すればする程、われわれにとつて不利である事も察知せられ、今後あやまりなき様事を推進される事を特に構成委員の方々に本紙を通じてお願いする次第である。

福島県郡山市の
統協地方結成大会に参加して

四月十日、福島縣郡山市公會堂に於て、南北統一促進福島地方協議會結成大會を開催するとの事で上野發午前十時の急行にて朴春琴權逸兩氏に同行して郡山に向う。郡山到着一時五分。早速會場に向い中央本部からの先着の人達や地元の人達に迎えられて會場に入る會場は豐の事とて超滿員とまでは行かなかつたが千名を越える盛況

會場に入つて着席する間もなく、豫備交渉なしにいきなり紹介され演壇に立されてしまつた。唯オブザーバーとして取材を目的に同行したゞけにいきなり演壇に立されようとは全然豫期しておらず、而も郡山の實情は全然解らず、會の樣子も又會がどの程度にまで進行しているかも解らなかつたので實に面喰つてしまつた。別に故意になされたとも考えられなかつたし、心中些かヘラヘラしたが何時迄もモタモタしている譯にもいかず勇をふるつて演壇に立ち、今日のわれわれは世界の情勢から切り離してもの事を考える事は不可能な事である旨を述べ、更に如何なる勢力にもあやつられおどらされて相反目し合うという様な事なく、思想を超越してお互に先ず、溫い心と心、人と人との和合が必要であるという意味の事を簡單に述べてホツとした。其の間、彌次一つ飛ばず無事引きさがる事が出來たことは全く意外に感じた程だ。引き續き權逸氏、朴春琴氏の順でそれ〴〵南北統一の必要性を説いての挨拶が終つた後、すぐ演劇大會に移つていつた。大會は午前十時から開會されていた模樣であつた。

現在郡山市に在住している朝鮮人約五千人程の中から千人以上も集つたという事はいまだかつてなかつた事で當日の大會は大成功との話であつた。統一に對する關心の深さが思われる。特にこの大會には民線、民團側は共に關係して居らず、今迄相方に何等關係のない人達が集つて結成したと聞いて尚意外に感じさせられるものがあつた。

四時の汽車で歸京する筈であつたが、主催者側から「本日の大會には朴春琴先生が來られると宣傳をした爲、わざわざ來た人達が大半であり、尚この際先生に親しく會つて話を聞きたいとの事で、わざわざ別に懇談會が用意されているから是非」という懇切な要望があり、朴春琴氏やむなく承諾、懇談會に出席する事となつたので筆者も又、その末席をけがす光榮に浴したのである。

南北統一に示された關心の深さもさることながら朴春琴氏の人氣は正に想像以上のものである。

午後五時より驛前の第一旅館、大廣間に於て、當夜の主客である朴春琴氏を始め、權逸元心昌兩氏と中央本部の記者二名を加えて地元の有志約四十名が集り、晩餐會を兼ねての懇談會は開催された。先ず權逸氏より中央代表としての挨拶があつた後、朴春琴氏の長講漫談の一席が終り、九時近くなつた頃、公會堂は夜の部に入り、「地元の日本人も加えて二千名を越える超滿員となつているから朴春琴先生に是非もう一度御挨拶だけでも」という依頼の電話があつて朴春琴氏再び會場に赴く。斯くして當日の大會はなごやかに盛會裡に終り、多數の同志一同に送られて十時四十五分の汽車で歸京。

特に當日感じた事は在日朝鮮人が今後どうした姿で和合して行く事が出來れば如何に幸せであるかという事である。而もこの事が獨り朝鮮人のみの幸せにとゞまらず世界平和に通ずる道である事を考える時、感慨は又一入であつた。

祝結成一週年記念

大日本製糖株式会社
東京都千代田區丸ノ內一ノ四新丸ビル

東京生命保険相互会社
東京都千代田區大手町二ノ二

東京芝浦電気株式会社
東京都港區赤坂溜池町三〇ノ四

名古屋製糖株式会社
東京都中央區日本橋小網町一ノ一

株式会社塚本商店
東京都中央區日本橋本町一ノ一六

最近の韓國市中主要物資相場

（産業貿易）

品目	単位	価格
ミシン頭部（パイン）		二七、五〇〇ヘン
〃（三菱）		二七、五〇〇〃
〃（蛇の目）		二七、五〇〇〃
〃（ブラザー）		三二、五〇〇〃
万年筆（プラトニウム）	個	四〇〇〃
黒砂糖セッケン	一個	六五〇〃
ウテナクリーム（バニシング）	小型	五五〇〃
明色クリーム（クリンシン）	〃	一、〇〇〇〃
ジュジュクリーム（マダム）	〃	八〇〇〃
△黒龍薬用鹸		六〇〇〃
モナ白粉	一個	八五〇〃
七、七、白粉	〃	八五〇〃
アネス薬用クリーム（強）	小型	六五〇〃
丹頂チック（小型）		七〇〇〃
キスミー口紅	個	四〇〇〃
キスミー香水	〃	四〇〇〃
エーワンポマード	〃	六〇〇〃
グライダーペン		一、〇〇〇〃
クレヨン（十二色ギター印）	一個	二五〇〃
筆箱（セルロイド）	ケース当り	二〇〇〃
十二色鉛筆	〃	四〇〇〃
コーリン鉛筆	打当り	九〇〇〃
トンボ鉛筆	〃	六〇〇〃
セルロイドペン軸	個当り	一五〇〃
セルロイド複写ペン軸	〃	一五〇〃
十二色水彩絵具（ギター印）	ケース当り	三五〇〃
堀井やすり	個当り	四、〇〇〇〃
堀井厚紙	枚	二五〃
油絵具（マチリン印）	箱	二、〇〇〇〃
ピンポン球（ベーマ印十二個）	〃	一、〇〇〇〃
製図器（二四品）	一組	一五、〇〇〇〃
電光燈スタンド（ナショナルF一〇六二型）	一個	六、〇〇〇〃
洋曲（軽）レコード	一枚	二、〇〇〇〃
△穀物類		
白米	叺当り	六、七〇〇〃
モチ米	〃	七、七〇〇〃
小麦粉	袋当り	一、四五〇〃
△衣類		
綿布	疋当り	五、四〇〇〃
ポプリン	〃	一六、〇〇〇〃
△繊維類		
人絹糸（伊太利産）	梱当り	八三、五〇〇〃
綿糸（国産〃金星〃）	〃	一一六、〇〇〇〃
梳毛糸（孔雀印）	〃	二三〇、〇〇〇〃
〃（BIA印）	〃	三五八、〇〇〇〃
毛糸（孔雀印）	LBS	二、二〇〇〃
△服地類		
国産クレバ	三碼当り	一四、〇〇〇〃
日産〃	〃	二一、〇〇〇〃
英産〃	〃	二一、〇〇〇〃
日産オールウール	〃	二七、〇〇〇〃
英産〃	〃	三〇、〇〇〇〃
△紙類		
新聞用紙（国産）	連当り	三、八五〇〃
〃（香港）	〃	四、二〇〇
薄葉紙（日産桜印）	〃	四、九〇〇〃
模造紙（七〇LB）		品切
△建築材料		
PLYWOOD（ベニヤ）一分板		三九〇〃
板ガラス（二M）	一〇〇坪当り	六、二〇〇〃
セメント（国産五〇KG）	袋当り	一、一〇〇〃
〃（西独製五〇KG）	〃	一、〇五〇〃
〃（日産浅野四二KG）	〃	一、〇〇〇〃
亜鉛引鉄板（米製）3×6	枚当り	九〇〇〃
△医療薬品類		
オイルペニシリン（明乳）	一〇〇〇〇	四八〇〃
〃（米製）		二三〇〃
ストマイ（米製）	瓶	一三八〃
〃（独製）		品切
〃（日製）		品切
メイアジン（米製）	一〇〇〇錠	二、六〇〇〃
ダワニジン（〃）		三、〇〇〇〃
ジアミン（一〇〇C）		八五〇〃
テストステローン（ホルモン剤）	一〇〇C	一一、〇〇〇〃
△一般工業薬品類		
アルコール（日製）	DM	三五、〇〇〇〃
硝酸（〃）	MT	一九〇、〇〇〇〃
重曹（〃）	〃	一二〇、〇〇〇〃
氷醋酸（〃）	〃	三八〇、〇〇〇〃
ホルマリン（〃）	〃	一六五、〇〇〇〃
乳酸（〃）	二〇KG	七二、〇〇〇〃
硫安（〃）	叺当り	四、三〇〇〃
硫黄（〃）	MT	七五、〇〇〇〃
△貴金属類		
金	匁当り	三、六〇〇〃
銀	〃	七〇〃

方針

本協會が昨年の三月一日、發足して以來茲に滿一年を迎える事と相成りました。

本機關紙は、日韓問題に關する限り、最も正確な報道を致して來た積りで御座います、のみならず日韓友好の爲文字通り東奔西走を致し大活躍を續けて參りました。

及ばず乍らも在日同胞に對しては出來る限りの世話をしながら一部間違つた事をしている同胞には指導啓蒙に努める反面、日本の方々に對しては、在日朝鮮人に對しての御理解を求めるべく盡力して先ず日本に在住する朝鮮人と日本の方との友好に最も力を盡して來たので御座います。

本協會は政治、思想團體とはその性格が全く異つているのでありまして、唯一途に百万に近い在日朝鮮人の中において一部あやまつた事をしている朝鮮人に對して、正しい指導と啓蒙を行つて朝鮮人の名譽を挽回し、生活の安定を圖る事に努力する反面、日韓兩國に起つた諸問題を正確に判斷をして公平に傳えその調整を圖り、友好親善に全力を盡し乍ら聊かなりとも世界平和に寄與する事を目的としているのでありまして、それ以外には何んの目的もありません、その點特に御理解下さいまして、その意味において皆樣方の御協力を賜り度くお願い申し上げる次第で御座います。

本協會が發足して以來のすべてを御高察下されば御推察願えるものとは存じますが、必ず本協會にして日韓友好の目的を達するのだと言う確信をもつているので御座います。

▼▲

あのヨーロッパに百年戰爭が續いた時、フランスのとある片田舍に生れたジャンヌダルクという少女に何んの力があつて祖國フランスを救いあのヨーロッパを百年戰爭から救い得る事が出來たでありましようか、それは少女の誠實なる涙が神に通じて誰にも與えられる事の出來ない魅力が與えられたからであります。

本協會は、人間がもつている眞實と誠意は必ず誰にも通ずるのだと云う信念をもつているので御座いまして通じない間はまだ自分の努力と眞實が足りないのだと反省し、尚一層の努力をもつて事に當ることを、モットーとしているので御座います。

何卒皆樣方の御鞭撻と御協力を賜り度く本紙を通じまして重ねてお願い申し上げる次第で御座います。

ふた通りの花見風景

去る四月十四日付の朝日新聞の声の欄に、『日曜日に近くの〇公園にこどもをつれて花見に出かけた。思いのまゝに歓をつくす人々の一団だった。静かに酒をくみ、男女うち混って踊っていた。女たちは交互に太鼓を打ち、なにか古めかしく単純な踊りだけをあくことなく繰り返していた。とくべつ騒ぎも立てもず、笑顔をかわし、のどかな調子の歌をうたい、うつとりとその踊りに没頭しきつていた。

それは日本の乱痴気騒ぎの中で一種異様な静けさをたゝえ、心から花見を楽しんでいる風情には、心をとらえるものがあつた。そして日本人は―といみば相も変らぬ泥酔、怒号。

ケンカざたを見なかつただけ辛いというものだつた。われわれの社会がとかく暗い、いやなものであることは事実だ。不安定な政治、貧困、不和、反目、意地悪さ、陰険さ数えたてればキリがない。せめて酒を飲んだ時だけ胸中の不満を爆発させ、同僚へのお体裁をかなぐり捨てゝ、上役の空威張りに報いようというのか。とうてい花見を楽しもうという余裕はないというかも知れぬ。が朝鮮の人々だつてわれわれ以上幸福なわけではあるまい。そうなると、やはりこれは心がまえの問題であろう。』

と云う記事を読んで嬉しいとも恥かしいとも暫くはその記事を手にしたまゝ、色色な事が頭に浮んで来た。先ずこの記事を読んで感じた事は、終戦以来、毎年花見時には何処かで朝鮮人と日本人とのいざこざが起り、そのつど朝鮮人の事が悪く伝えられても、よく伝えられる様な事は一度もなかつたゞけに嬉しかつた。そして斯くも朝鮮人の花見風景を高尚に見てくれた日本の人に、否その気持に対しての感謝の念と、斯くも高尚に見られる様な花見をしてくれた同胞に対して限りなき敬意の念がこみ上り、暫くは自分の身をこわばらしてしまうまでに高揚するを禁じ得なかつた。

然し又反面、在日僑胞達がいずこに居ても斯くの如き立派な態度を示してくれるならこれ程迄に皆の同胞が精神的打撃を受けながら苦しい生き方をしなくとも済むものをと歎息をもらさずにはいられなかつたのである。そして最後に「朝鮮の人々だつて、われわれ以上に幸福なわけではあるまい。そうなるとやはりこれは心がまえの問題であろう。」と云う一句、正に千金の価がした。この人は余程の心の修養の出来た人である事が察知される。そして又これこそ真に民族愛なくしては云えぬ言葉であり、最も真面目にもの事を考えて、将来を憂えている一人である事がうかがわれ、心深く打れるものを感じたのである。

偽造防止指紋とる

日本に在留する外国人の身分証明書ともいうべき登録証明書には、従来写真をはりつけてあるだけだつたが、偽造防止のため四月末から新らしい指紋を押さなければならなくなつた。

政府は二月二十八日の次官会議で外国人登録法第十四条に基く外国人登録指紋押捺に関する政令を決めたので、一日の閣議で決定のうえ三月十日公布、四月二十七日施行の予定とのこと。

祝結成一週年記念

森永製菓株式会社
東京都港區芝田村町一ノ二

ライオン歯磨株式会社
東京都中央區日本橋本町二ノ三

株式会社松坂屋東京事務所
東京都台東區上野廣小路町一

大正海上火災保険株式会社
東京都中央區京橋一ノ五

富士製鉄株式会社
東京都日本橋江戸橋一ノ二ノ一

の主人公は、豈計らんや、サボタージュ、ストライキ、暴力破壊を自己の任務であるかのように考える今の勞働者階級であると言う。果してマルクスの敎えた社會卽ち、高度文明の共産樂園が實現して來るであろうか？　憧れ戀い望むその社會は夢のものではないだろうか？　夢のような憧れの共産主義社會は、マルクス許りが論じたのではない。キリスト敎に於てさえも理想的共産社會を云謂したことがあり、空想的な論客はマルクス以前にも幾人がいた筈だ。然しマルクスは空想的でなく、共産主義社會實現の方法を所謂科學的に檢討し示してくれた。曰く、それは資本主義的生産力の過度の發展は必然的に資本主義社會內部で雇傭しきれぬ過剩の勞働者（所謂ゆる産業豫備軍）を産出する。同時に購買せられぬ過剩の商品を産出する。斯くして資本主義は拾收難い混亂に陷る。その時生産は大經營に集中せられ、中産階級は沒落して、そこに壓倒的多數者たるプロレタリヤと極めて少數の資本豪族と大地主とが對立する。この多數のプロレタリヤが國家の權力を握つて、資本家、地主よりその獨占した資本と土地を國家に收奪する。この國家は共産主義社會への段階としてのプロレタリヤ獨裁をもつて形成する國家だと謂うのである。マルクスはどこまでも資本主義を沒落せしむるものは、資本主義それ自身であると謂つた。資本主義生産力の發展それ自身の爲めに必至となり、資本主義に止めを刺す役割のプロレタリヤの壓倒的增加も資本主義發展の結果であると斷定した。西歐、殊に英國資本主義の發展を注視していたマルクスは今から百年も前に、英國にはそれ自體の資本主義の發展によつて革命を呼ぶ經濟的恐慌が、上記の理論の産物として必顯するとした。然し一八四九年にも一八五七年にも經濟的恐慌は來たが、彼れのソロバンの革命は呼ばなかつた。却て英國經濟は興隆期に入り、勞働者階級の物質的狀態は改善すらされたのである。そして今日尙、英國はそれ自體の資本主義の發展を合理的に進めながらプロレタリア獨裁の國家形態をとることとなく、繁榮しているのである。殘念ではあるが、マルクスの謂う吾人の憧れの共産主義社會は實現し得ないらしい。何故であろうか？　マルクスの唯物史觀公式において『一つの社會形態は其處に餘地ある限りの生産力が發展し盡くさぬ中は決して沒落することなく、新しきより高き生産關係はその物質的生産條件が舊社會そのもの、胎內に於て孵化せぬ中は之れに取つて代ることはない』といつた。英國はその資本主義的生産力にまだ〱發展の餘地があつたのだ。百年後の今日に至るまでも、今後も或いは百年の時をも過ごし得るかも知れない。この原因はマルクスの謂つた文句で「或る社會が自體の矛盾に依つて沒落する前に自ら救う方法と力がある限りその制度の生命は成長する」のためではないか？　卽ち勞働者は機械の發達と、その設備の擴大により益々失業を强いられるとするマルクスの主張に反し、機械を採用する工業生産に從業する勞働者の數量がかえつて增加したことと、これ等の勞働者は自己に目覺め、民主主義的政治の進展に自らが能動した結果の生活の向上、文化の高展に依る爲ではないか！　資本主義は修正せられ大多數の勤勞大衆のより高き文化と安らかな生活の爲めの制度が、民主主義的方法に依つて實現した爲めではないか！

マルクスの僚友で、彼れより十二年も後まで生存したエンゲルス、曾てその軍事的知識をもつて革命に實地に設立しようとした將軍と綽名されたエンゲルスは、晩年資本主義の壽命の遙かに長いのを見て「奇襲の時代、卽ち無自覺な民衆の先頭に立つ少數の自覺ある少數者に依つて遂行せらる革命の時代は過ぎた」と言明し、プロレタリヤ運動方法を改めねばならないと云つたのである。そして革命黨が非合法的叛亂に於てよりも合法的運動に依て、却てより良い目的を達成し得る時が來た事を容認し「世界歷史の皮肉は一切事物を顚倒せしめた、革命家顚覆家たる吾々は違法手段及び顚覆によるよりも合法手段に依つて遙かによりよく榮える」と云つたのである。

（續）

および韓國沿岸數ヵ所の北鮮軍陣地に艦砲射擊を加えた。

●平壤放送、米機二十七機が平壤に爆擊を加えたと放送。

●マッカーサー元帥、前線を視察、李大統領と會談後急遽歸京。

●韓國軍、京城で爆擊開始、金浦飛行場を奪回。

三十日（金）

●トルーマ米大統領、地上部隊に韓國出動命令。

●北鮮軍、漢江を渡り南進。

●中華民國國民政府、三個師の韓國派遣を決定。

七月一日（土）

●韓國派遣の米軍部隊大田に着、後續部隊も續々空輸。

●國連安保理事會は、マ元帥を國連軍最高指揮官に任命するだろうと。

二日（日）

●GHQ發表、第二四歩兵師團長デイーン少將は朝鮮派遣全米軍の總指揮官に任命

●ニューヨークからの情報によると、國連は朝鮮で作戰中の國際遠征軍の組織計劃の準備中だという。

三日（月）

●米軍と北鮮軍とは猛烈な勢で接近し、水原の攻防戰は激化して來た。

●朝鮮の新事態に備え、米政府はパナマ運河からアラスカにいたる主要戰略地點に對し、嚴重な安全保障の措置を施行し、全防備部隊は警備配置についたと。

四日（火）

隷民の目醒め

全 斗 銖

隷民と云う言葉自體が、今から謂えば非常に古いし、特に米蘇兩陣營の對立した今日、双方とも「民族」と云う特殊形態への關心が深くなり、且又それに對する政策が非常に現實的になつて來た故、隷民とか臣民とか、或は國家所屬民とか云う言葉を極力避けている。

只、私は近い中、對日講和條約も成立する事と思い、我々の立場が、未だ舊體の思想のままにいる一部日本人に、獨立國民としての衿持を示すことと、又一つはインドシナの風雲急なる今日、此の原因をなした、一つの要因として、フランスの隷民政策を取上げたいのである。

隷民（Suget）とはフランス辭典に「ふらんす公民ノ權利ヲ享有シナイ、ふらんす植民地ノ土着民ナリ」としている。

卽ち、隷民とは、市民權又は公民權を有たないで、ただ支配され、納税の義務を持つ人民、卽ち屬民の事である。

古代國家に於ては、奴隷が存在した。然し奴隷は完全に一つの「物」の觀念より一歩も外を出ていない。奴隷自體に何等公法上の義務を負擔せしめていない。つまり奴隷は古代より近世に至るまでの經濟形態に於ける、生產、加工、運搬その他の使役に用いる一つの用具であつたに過ぎないが、隷民又は屬民に不完全ながら一つの人格を認め、その自分の得喪變更についても、一定の規律を持ち、更に公法上の一つの義務を持たせている。

しかも隷民又は屬民と云う制度は、一五七六年の、J・ボトン氏の著書の中に、市民と區別して記述されているから、奴隷制度解消によつて、便宜的に作られたものでもない。そしてこんなに古くから存在した隷民の制度が、幾世紀もの間文化世界より隔離されて來たと云う事は少くとも第一次大戰迄の、世界秩序維持が、强者間の一方的專横に依つて打立てられ、民族自體の擊は常にそれを支配する國家又は政府に依つてのみ代辯させられて來たからである。

此の隷民と云う身分は一人、インドシナに於いてのみでない。つい最近ドイツでも一九三五年の公民法に、國家所屬民と公民とを區別し、ドイツ國家及民族の構成部分は、ただ公民のみであり、ユダヤ人を包む「血の純潔」以外の凡てのドイツ支配下にある者は、單なる被治者であり、命令の服從者であつた。過去に於ける我々も、日本の屬民であつて市民ではなかつたのである。

そしてこれら一連の被支配階級又は民族は、その支配國家の對外政策に於て、自國に有利な時に限つて、自國家國民とするが國民たる本質から見て、或る時代の潮流に於ける民族的悲劇を、强大國家間で喰い物にしていたままの事である。

これは隷民は、隷民より生れ又は隷民に依つて認知された以上は一生涯殆んどその地位の變動を來たさないのが普通である。

たまに公民籍に編入される事があつたし又植民地公民權という代物を與えて見たりその居住植民地地域の地方會議、例えば、インドシナ經濟財政大評議會、コーチ・シナ・セネガル植民地評議會、コーチ・シナ省評議會、マダガスカル市會、又は經濟財政委員會、西アフリカ長老評議會の如き機關に對する參加權を與えられたとしても、これは隷民の部落長とか、長老とか少くとも何等の形に於いて、特權的性格の所持者に限られた事であり、隷民大衆はほんの下級官吏の列にたどりつかせるのが、最大の優遇であつた。かくの如く民族的悲劇を、くぐりぬけた民族が、自然と支配者に對する反抗反撥心が、根强く四肢の血に浸み徹つている以上、その手段を選ばない革命の先鋒になり勝ちなものである。

我々は今次大戰の後に、東南アジアに於けるこの一連の被支配民族が、支配民族より離脫せんとする熱意のあまり、再び更に大きな支配と專制の罠に陷ちつつある現狀をあまりにもはつきり見せつけられている今第二の韓國たらんとする、インドシナの動きが、此の反撥心より出發している點を、誰よりも我々は感知する事ができると同時に毛澤東を今完全に敵陣營へ走らした罪の大半を日本及び蔣介石は自覺し、今又インドのネールをして誤ちなからしむる樣世界はより勇義を持ち、より人道的立場に立たねばならないのである。

●モスクワ放送によると、グロムイコソ連外務次官にタス通信を通じて聲明書を發表、國連安保理事會が米國の卽時朝鮮撤兵を命ずるよう要請した。

五　日（水）

●アトリー英首相は下院での朝鮮問題討議の席上、米の行動支持を强調した、

六　日（木）

●北鮮軍は戰車四〇台で南下、水原南方三五キロの平澤を陷れ、更に一擧二四キロを前進天安に突入。

七　日（金）

●ソ連政府は米海軍による朝鮮の海上封鎖に抗議する覺書を米政府に送つた旨發表また國連安保理の勸告にも拒否の回答を送つた。

●國連安保理はマ元帥を國連軍最高司令官に任命することとなつた。

九　日（日）

●北鮮軍は大田北方四〇キロの地點に達したといわれる。

●米陸軍省は第二、三、四軍團所屬部隊に極東出動待機命令を發す。

●ト大統領は國連安保理の決議に從つて、マ元帥に對し國連旗の使用を指令すると聲明、國連旗實戰使用の最初である。

十一日（火）

●ケリー駐ソ英大使はグロムイコソ連外務次官を訪ね朝鮮問題で會談。

十二日（水）

●GHQ發表、北鮮軍は天安地區戰場で六キロ乃至一六キロ進出、韓國軍は整然と

李承晩大統領に對し、民政責任を移讓した。

三十日（土）

●韓國軍四個師は卅八度線に勢ぞろいして待機中である。

●ソ連ヴイシンスキー國連代表は國連軍が卅八度線以北に進むことを猛烈に反對するものと見られている。

十月一日（日）

●マ元師は放送で北鮮軍に對して即時降伏を要求した。またこの降伏要求を韓國語で印刷した二百五十萬枚のビラを首都平壤等にまいた。

●韓國軍は午前十一時四十五分大擧卅八度線を突破した。この突破命令はウォーカー中將から第三師團司令官に投下されたもので、突破したのは强力な探察隊だという。

●米經濟協力局ではマ元師の要請で韓國救濟のため四千萬ドルの食料藥品など急送中だと發表した。

二日（月）

●國連總會政治委員會に對しソ連代表は、「停戰」と「全鮮選擧」の決議案を提出した。

三日（火）

●李承晩大統領は朝鮮再建には全鮮の占領が必要だと力說した。

四日（水）

●國連政治委は八ヶ國共同提案の朝鮮問題決議案を可決した。この決議案は國連軍の卅八度線突破を默認し、マ元帥に權限を一任している。

五日（木）

●ベヴイン英外相は勞働黨年次大會で演說し、北鮮の降伏を勸告した。

●マ元帥は北鮮進擊の決意を新たにした。降伏勸告後四日を經たが平壤から何の音沙汰もないので進擊は數日內に開始されるだろうと。

七日（土）

●國連總會は全鮮占領と全鮮統一のための總選擧に關する八ヶ國提案を可決した。

九日（月）

●マ元帥は金日成北鮮首相にメッセージを送り、國連總會の決議にもとずく即時武器を放棄すべき最後勸告をなし、即答しなければ軍事行動を起すと申送つた。

●米軍二個連隊は卅八度線を突破、進擊は本格化した。韓國軍は元山に突入した模樣。

十日（火）

●韓國軍は午前十時一晝夜の激戰後、元山を占領した。

●ソ連は米戰鬪機が八日朝鮮とソ連國境百キロのソ連飛行場を銃擊したと抗議した。

●ホワイトハウス當局はト大統領が今週末太平洋の某地でマ元帥と會談する豫定で準備が完了したと言明した。

十一日（水）

●午前八時半の平壤放送によると金日成北鮮人民共和國首相は國連の降伏要求を拒絕し、北鮮軍に對し最後まで戰うことを命令したと。

十二日（木）

●國連臨時朝鮮委では秘密會で全會一致國連軍の占領した北鮮をマ元師の統治に委すべきオーストラリア案を可決した。

十三日（金）

●米當局は國連朝鮮委に對し朝鮮に統一政府ができるまでの國連軍の北鮮占領方式を提案したが、それによると米軍はできるだけ速に撤退し、國連軍參加の他の諸國の軍隊にまかせるとある。

十五日（日）

●ト大統領はウエーキ島に飛來してマ元帥と水入らずの一時間にわたる會談の滿足の意を表明して歸米の途についたが、出發に先立ち朝鮮の國連軍隊は使命達成後速かに撤退する、太平洋地域に平和と安全をもたらす措置を討議したと聲明した。

十八日（水）

●國連政治委は米を含む七ヶ國提案の國連强化案を五二對五で可決。

●米高官は北鮮掃滅は今後二ヶ月以內に完了する、その後は赤に脅かされる他の地域に米の努力を集中するだろうと語つたと

十九日（木）

●米軍第一騎兵師團の主力並に韓國軍第一師團は相次いで平壤市內に突入、市の大部分を占領した。

●ト大統領は記者會見で米國は對日講和についていつでも正式に交涉を開始する用意があると言明、更に台灣問題はマ元帥との間で五週間前に解決ずみになつていると語つた。

二十日（金）

●米落下傘部隊約四千名は午後二時平壤の東北方約三七キロの地點に降下北鮮軍の退路を遮斷包圍態勢をとつた。マ元帥はこの作戰を空から視察した。

●朝鮮卅八度十分の線以北は第十軍團司令官アーモンド少將が擔當任務についた。

二十一日（土）

●朝鮮人民共和國の首都を平壤から新義州に移したと放送。

●千八百名の米落下傘部隊が平壤北方四〇キロの肅川に降下した。

●米第一軍團に所屬する軍政部が平壤に創立された。

二十四日（火）

●ト大統領は國連誕生五周年記念講演で戰爭回避の可能、平和保持等を强調した。

●ワシントン某消息筋の語るところによると、朝鮮の北部國境の守備が强化され、次第且つ出來れば年內に國連軍の主力を撤退すべきだとト大統領とマ元帥とは意見が一致しているという。

二十五日（水）

●國連政治委に、ソ連の平和提案に對抗して六ヶ國決議案提出。

二十六日（木）

●五萬の米海兵隊は北鮮の要港元山に大擧上陸した。

●國境へ進擊中の韓國軍は廿六日中に國境に到着する豫定、夜京城に入つた無電によると韓國軍第六師は約五千の中共軍と衝突したと。

三十一日（火）

●國連軍スポークスマンは中共軍兵士十名が北鮮で捕虜となつたことを確認したが組織的な中共部隊については明かでないと言明した。

●マリク・ソ連代表は對日講和米案への賛同保留を言明した。

十一月一日（水）

●中共軍一連隊長津貯水池南方において、戰闘に參加。

●米第二十四師團の第一連隊は龜城に迫る

二　日（木）

●「國境へ廿二キロ」米廿四師快速進擊。

●米軍龜城に突入。

●北鮮軍雲山地區で韓國軍部隊に對し猛反擊に出る。

●ヤク型戰闘機、久しぶりの大空中戰に參加三機擊墜さる。

三　日（金）

●中共軍の參加を確認。

四　日（土）

●國連軍雲山で後退、清川江岸に新防衞陣地を築く。

●英第二十七旅團釜山に到着。

●アーモンド少將、共産ゲリラ掃蕩を命令

●韓國議會、李承晩大統領が指名した。白樂叡氏を拒否。

●濠軍司令官定州の戰闘で戰死。

△中共軍大部隊、續々と南下中。

五　日（日）

△清川江岸で、重裝備の中共軍五部隊と戰闘を交える。

△米第八軍西部戰線で、中共軍二個師團と確認。

六　日（月）

△中共各派、北鮮援助を聲明す。

△清川江北方で英軍危機に迫る。

七　日（火）

△マ元帥共産軍介入を指摘。

△國連軍總司令部、中共の出方を重視。

△共産軍清川江を渡る。

八　日（木）

△マ元帥國連に特別報告

中共軍と戰闘狀態に入つたこと、不法介入の事實を列擧。

九　日（木）

△新義州の大半壞滅、米空軍國境を大爆擊す。

十二日（日）

△國連朝鮮委で現地調査を指令す。

△中共軍撤退決議案を六ケ國が安保理へ提出。

十五日（水）

△ト大統領、中共基地の爆擊禁止を命令。

二十日（月）

△北鮮ゲリラ部隊春川を占領。

二十二日（水）

△第七師團、惠山を占領。

△マ米海軍長官戰線を視察。

二十三日（木）

△韓國軍羅南に迫る。

△韓國空軍參謀次長朴頌智代將、東北部戰線で戰死。

△韓國國務總理に張勉氏を四十八票對六票で承認した。

△中共軍寧邊北方で、米軍の負傷兵二十七名を釋放。

二十五日（土）

△國連軍總攻擊を開始。

△前線指揮のマ元帥作戰は順調に進行中と言明。

二十六日（日）

△韓國軍淸津を包圍（

二十八日（火）

△中共軍續々南下、國連軍守勢に立つ。

二十九日（水）

△中共軍廿萬が越境、マ元帥新しい戰爭に直面したと聲明を發表。

△全戰線で第八軍後退。

△中共軍、全線で攻擊に出る。

三十日（木）

△安保理事會、中共の侵略痛擊。

△國連軍の背後に脅威、淸川江南岸へ撤退

△中共軍平壤をねらう。

△マ元帥邸で、召還を受けた兩將軍、極秘會議を開催す。

十二月一日（金）

△ア長官平和に重大危機と、中共軍侵入を攻擊。

△國連軍淸川江南方三二キロの新防衞線へ後退。

二　日（土）

△「原爆」使用も考慮とト大統領重大言明を發す。

△安保理事會、中共撤退決議にソ連拒否權を行使。

三　日（日）

△戰況にマ元帥見解を發表、「宣戰なき戰爭」を痛擊。

△中共軍侵入は五十萬。

△インド調停に乘り出す。ト大統領期待を表明。

△共産軍平壤に侵入態勢。

四　日（月）

△平壤の放棄迫る。米軍焦土作戰を開始。

△コリンズ米陸軍參謀總長東京へ。

△四國會議の開催、英佛首腦の見解一致。

△平和へ三つの段階ネール首相試案を示す

五　日（火）

△中共側から四條件を提出說、卅八度線で停戰など。

△第八軍巧みに後退。

△國連軍平壤撤退發表。

△コリンズ米陸軍參謀總長、韓國前線へ飛ぶ。

創刊號を發刊以來やむをえない事情により、十一月號が缺刊されたことをお詫び致します。第二號をもつて、年末號と致し新年號からは月刊として毎月發行致したいと存じます。

白武先生より寄稿して頂いた「マルクス理論とソ連共産主義」は次號にも連載することになりました。必ずしもわれわれ靑年の不可缺な理論ともいえましよう。尚次號には本國の權威紙「京郷新聞特派員より第一線の生々しい報告が掲載することになりました」御期待下さい。

建設

THE KEN SHETU

韓国建設参加者連合機関紙

第２号
1957年２月15日

発行所
東京都新宿区柏木町１ノ108
韓国建設参加者連合
「建設」編集部
発行人
李　裕　天

綱　領

1. 我等は今国外に居住しているけれども可能な方法で祖国の民主建設に参加することを期す。
2. 我等はやがて帰国して祖国の民主建設に参加する目的で技能を修業し力量を蓄積することを期す。
3. 我等は祖国の民主建設に参加しようとする志向を持つすべての人達が団結して互に切嗟琢磨することを期す。

祖国の民主的建設のために日本にある我々が微力ながらも寄与したいとの熱意ある諸氏によつて結成された本韓建連は昨年十月十八日発足以来約四カ月の準備期間を経て、今般、本国各方面との有機的交流等による不断の努力の結果、本韓建連内外の諸般にわたつて全くその体勢が確立し具体的な立案計画をいよいよ実践するまでに至つた。第一期本格的な活動の一環として学術、技術視察団を編成、本国に派遣することになつた。

韓建連本格的活動に突入

学術技術視察団を本国に派遣

韓建連では発足頭初からの懸案であつた、本国の民主的建設促進のための視察団本国派遣をこのほど本国政府の招請もあつて、正式に行うことを決め今回は学術技術人による視察団を派遣することになつた。

去る一月十九日の第二次幹事会で決定されたものだが、すでに視察派遣団員の選考も順調に進み、若干の問題が解決され次第出発するわけであるが、ほぼ二月下旬までには確実に出発する。今般の行事は本国の民主的建設のためには勿論のこと、本韓建連の今後を進めるためにも重要な意味をもつものといえよう。多大な成果あるを期待したい。

なお派遣団員は団長李裕天氏以下六十名である。

視察団派遣の目的、資格、視察中の主な行事日程の大要は次の通り。

一、目的　本国学術、技術の現状を視察して、本国建設参加の最も適切なる具体的方法を発見しようとするものである。二、団員資格(1)人文科学、自然科学、文学、芸術の各分野に於いて専門的な研究に従事している者。(2)産業技術者又は企業経営者で、本国に帰つて経済建設に寄与することを希望する者。三、視察期間一箇月　四、経費各自負担　五、出発予定三月中旬　六、視察中の行事予定(1)政府関係者、言論機関、各研究団体との意見交換及び懇談会。(2)大学、研究所、企業体視察。(3)本国大学生との懇談会。(4)公開学術講演会。(5)一線軍警慰問。(6)その他。

韓建連の存在意義

――幹事長　呉　敬　福――

我が国家社会は一日でも早く前近代的な社会発展の段階から現代的なものへと名実共に発展出来るよう、組織が確立されねばならない。このような民族課業を遂行するためには社会各方面の人材を適所に配置して、国民各自が持つている能力を最大限に発揮出来るような土台をまづ築き上げる活動が今日の我が国家社会に於いて強く要請される所である。

喩え身は外国である日本に居住しているとしても、在日僑胞も祖国を愛し、民族発展を念願する心は国内の同胞に優るとも劣らないことを知るのである。この愛国心を結集し、又僑胞社会の表線上に於いて活動するのではなくして、たゆまず全ての分野に於いて専門的な知識と技術を修練している人士達に、祖国建設に参加するに可能な機会と環境を造成し、その各自の持つている能力が祖国建設に於ける如何なる面に適合するかを評量し、適所へ案内する努力と活動がなされねばならないのが時代的な要請である。

この要請に呼応するのが、現在進捗中である学術技術視察団の使命である。

今まで僑胞が本国に旅行した機会と数は多数にのぼるが、誰として計画性があり、具体的なる活動をしたことを見たことがないのに照して本連合は、各大学、大学院に於ける修士又は博士過程にあつて祖国建設のために、専門的な知識と技術を習得するにあらゆる困難と戦いながら努力している、国宝的な学術人を以つて構成しようとするのが学術技術視察団である。このような使命をもつ視察団の具体的な活動内容は、その意義が非常に大きいということは誰しもが否認することは出来ないであろうし、僑胞社会では未だになかつた、又画期的なものであるといわざるを得ない。唯々利害を中心として離合と集散を反復していることはもう出来ないし、我が国家社会が、復興発展し得られるようなすべての要素を補捉し、条件を具備し、進めることに依つて国家の土台を堅実に構築しなければならない。韓建連は緻密に社会を調査し各分野の統計をとり、欠陥ある社会面を是正乃至充美することによつて全体的に我が国家社会をして調和のとれた有機性のある発展が遂げられるように、構成員各自の能力を傾注しようとするのである。

愛国僑胞達は韓建連が意図するところを理解して積極的に後援し協調せられるよう希望して止まない。

本国ニュース

韓国初の原子炉設置
設置場所　漢江以南が有力

当地の半官紙ソウル新聞は先月の二十九日、政府は韓国初の原子炉を漢江以南に設けるため諸般準備を進めていると次のように伝えている。

即ち文教部は昨年七月初め国会に提出した原子力法案が二月末まで国会を通過しなくても原子炉を設置する敷地は選定するもようである。

原子炉設置計画はすでに三年前から進められており研究用原子炉設置のため韓米両国政府が各々三十五万ドルずつ負担することになっているが原子力法案の国会通過がおくれているため同計画は足ぶみの状態である。

米側では同計画に必要な敷地建物及び研究所等の準備ができれば原子炉を共同購入する資金を提供するといっている。

原子炉を設ける敷地としては約二十五万坪（原子炉設置建物三百坪研究所建物二千坪）が必要でソウルに近い原子炉運営に必要な条件を具えているのは安養附近が最も有力視されるが文教当局では沈黙を守っている。

なお海外に派遣された研究生たちも来年八月には全員帰国することになっている。

40万屯を目標
本年度水産物生産計画

海務庁では本年度水産物生産量を四十万屯と策定し、六百三十六万九千ドルの外貨獲得のため一万三千三百二十五屯にのぼる各種水産物の輸出計画をたてた。

水産物生産内訳をみると漁獲量の三十万屯をトップに製造九万四千八百屯、養殖五千二百屯となつている。

これら生産量の三%にあたる一万三千三百二十五屯が輸出されるわけで内訳は漁獲物が六千九百九十五屯、製造六千三百三十屯、養殖物六百屯となる。

文盲一掃に第五次計画

文教部では今年中に約八十万石と推算される文盲者を一掃する計画である。

同計画は本年度第四次計画が三月末でおわるので新計画により第五次計画を実施する。

外交関係を拡充
今年中に八カ国と

外務部筋が四日語つた所によると、韓国は今年さらに八カ国と外交関係を樹立する予定である。

韓国政府はすでにトルコ、イタリヤ、オーストリアと外交官交換の交渉を進めている。

また韓国はラテン・アメリカの五カ国メキシコ、キューバン、ブラジル、コロンビア、アルゼンチンに外交官を駐在させる計画であるという。

韓国が現在外交官を駐在させている国は米、英、仏、国府、フイリピン、オーストラリア、南ヴェトナム、西ドイツ、及び日本である。

あと五年続く
米経済援助
金復興部長官が言明

金復興部長官は五日、米国の対韓経済援助はあと五年間続くと言明した。

ワシントンで米当局者と経済会談を終えて四日に帰国した金長官は本年度援助の一、二〇〇万ドル増額を確約されたとのべた。

韓国はすでに経済援助二億八、五〇〇万ドルと技術協力五五〇万ドルの割当を受けている。金長官は国会復興委員会で「米国の対韓経済援助はあと約五年間続くらしい」と報告した。金長官によれば明年度援助額は本年度と同じ位だろうといわれる。

非営利文化事業に免税

税制改正により営利を目的としない芸術展覧会の入場料などは入場税課税対象からはずされることになつた。

この措置は閣議で本決りとなつたもので税務当局がさきに芸術展覧会に入場税を課して物議をおこしたこともあつたが今後は国民芸術の普及と国民保健の向上をはかるための文化事業の入場料は入場税が免除される。

日本ニュース

韓日問題、非公式で交渉中
金公使が記者会見で言明

駐日代表部金溶植公使は、去る五日午前十時三十分同代表部で在日韓僑記者団と会見したが、席上金公使は、韓日問題をはじめ諸問題に関する記者団の質問に次のように語った。

問　曺外務部長官は去る二日、韓日関係に関して非公式に日本政府と交渉しているといわれるが、その経過は。

答　非公式に折衝はしているが、完全な打開をみていない。政府としてはその間この問題のため努力しているが、まだ、結論をみていない。一日も早く円満な交渉を持つよう尽したい。

問　旅券の問題は世間では種々話されているが、その解決は

答　自国に帰るのであるからもっとワクを拡げ、みんなが思う様にやってやりたいと思っている。手続上少々延びるのはやむを得ない。

問　韓国人戦犯がさきに日本政府に補償を要請したが、政府は如何なる対策をとっているか、

答　第二次大戦で韓国人が強制的に多数動員され、その中には死んだ者もいるが、労務者の賃金その他の問題で第一次韓日会談の時から請求権の中に折り込んでいる。現在いわゆる戦犯として巣鴨に収容されていた者達が個別的に交渉しているようだが、日本政府がこの要求にも誠意を尽すよう促すものである。

学術技術視察団本国に派遣

会長、顧問選出は四月まで保留

第二次常任幹事会で決定

第二次常任幹事会は去る一月十九日午後五時から柏木町の臨時事務所に於て鄭烔和幹事の司会で開かれ、次の事項が具体的に決定されたが、本議題討議に先立ち通例の如く、まず総括経過報告が幹事長不在のため金哲幹事が代行した。

それによると臨時事務所が会長代理李裕天氏の提供によつて設置されたこと。去る十二月二十二日にエスヤホールで本韓建連主催の下に催されたクリスマスパーティーについては非常な好評を得ていること。未定の会長、顧問の選出については未だに決定されていないことなどの報告があつた。

当日の議題においても会長、顧問の選出が取り上げられたが、結局諸般の事情にかんがみ、時期尚早との結論を得たのみで四月まで保留するとの態度を決めた。

最後に機関紙「建設」の第一号が発行されたとの経過報告の後、李相台監査（軍人会々長）の帰朝挨拶があつた。

氏によると本韓建連の存在を本国の各関係当局並びに各方面において高く評価しているとのことである。特に本国政府は本韓建連のように意義ある団体は過去においては例をみないものとして、本韓建連を承認する用意があると同時に予算の支出も考慮してもよいとのことである由。

又同氏のプレゼントとして今般別面に報道した通り、学術、技術視察団の本国派遣の招請状を持参、その受け入れ体制の用意があるとのことが発表され、居並ぶ幹事諸氏の拍手をかつた。しばらく本国の状勢について、幹事各氏が李氏に熱心な質問の矢を浴びせ、いつ尽きるとも知らないほどであつたが、金哲幹事から他に討議すべきことがあるのでそれは打切り次に進むべきであるとの議事進行の発言があり、各部署報告があつて、いよいよ当日の焦点本議題の討論に入つた。

議題(一)会長及び顧問の選出の件については、種々の事情からみて、現在は未だその時期ではないので四月まで保留し現行通り会長代理を本韓建連の最高責任者とするとの態度を決定したことは前にも記した通りである。

(二)本国連絡処設置の件については、日本から帰国した人達を網羅して国内委員会を構成することに決定した。

(三)地方組織の件については時期尚早として何んら決定をみることはなく、後日再度討議されることになつた。

(四)各部署補佐幹事選出の件については、各常任幹事が候補者を決め、上申して決定することになつた。

(五)本国派遣に関する件については一面に報道した通り決定された。

(六)財政の件については普通会費は一〇〇円に決り、学術、技術関係者は全額削除することに決定した。

(七)常任幹事会開催日時の件は毎月十五日午後五時から本事務所で行うことになり、殊に時間を厳守しようとの申し合せを行つた。

(八)機関紙発行の件については、編集委員会を構成して毎月一回発行することを再確認した。

(九)その他、各部署の活動計画を二月末までに立案、成文化して提出することが決定され午後九時半散会した。

韓建連・本国に国内委員会を設置

韓建連に関係をもつ人々が、国内にも相当数にのぼつたので、本連合と国内諸方面との連絡を緊密にするために、国内委員会を設置することに決定し、その準備を進めている。

【会員消息】

○李相台監査が一月十八日、本国旅行を終て帰国。

○卞周浩常任幹事は一月二十日夜行で本国派遣に関する人選のため大阪に出張、二十五日帰京。

○鄭烔和幹事は一月二十八日メイフラワーホテルにて朴美繁嬢とめでたく婚約の式を挙げた。来賓約百五十人。

○金哲幹事が一月三十日午前八時、約四十名の歓送を受けて羽田空港より、ノースウェスト機で離日、帰国した。

○金徹幹事は一月二十八日本国派遣事務連絡のためはるばる北海道より上京。二月七日午後八時十分上野発、青森行急行「北斗」で帰北。

○李相台監査人選のため関西へ旅行二月八日帰京。

○広島の咸多福幹事は婦人会の本国派遣のため上京。二月十八日帰広。

韓建連機関紙「建設」編集部では

原稿募集

会員皆さんの新聞として紙面を盛りたてて行きたいと思いますので、どしどし投稿されるよう希望しています。原稿内容は評論、ニュース、作文、詩等題材は自由です。毎月二十五日まで締切つています。なお宛先は韓建連機関紙「建設」編集部まで

韓国建設参加者連合
機関紙建設編集部

韓国料理
泰興園

遊技場
東京駅
栃木県佐野市佐野駅前
辛容祥

自由を共に戦いとろう

——韓民族とハンガリア民族——

自由の原理は、社会発展の原理である。自由のないところに発展はあり得ない。この自由の原理は又個人の意識発展とも大きい関連があるものである。

古来人類史の一面は政治的に、経済的に、社会文化的にこの自由を勝ち取るための闘争史でもあるのである。

自由の反対は、抑圧と拘束であるが、抑圧と拘束が存するところ、発展の速度は遅々たるものにならざるを得ない、一個人が他人を、一社会階級が他の階級を抑圧し又一国が他国を弾圧する裏面には、必ずや搾取と略奪があるものである。

わが北韓をソ聯軍が占領し、強制的にわが民族の主権と自由を守ろうとする同胞を虐殺又はシベリアに流刑して強制労働に処しあらゆる物質を略奪して行つた事実を同族中の共産主義者達は極力隠蔽しようとしたし、のみならずこのようなことに対し、不平と不満を云い、ソ聯を非難すると、それ自体が米帝国主義者達の宣伝であると逆宣伝までして、北韓傀儡集団は、ソ聯に忠誠を尽し、売国的なことを敢えて行い、同族を欺瞞して来た。

このような弾圧と強奪に対して、我が民族は如何に反抗したか、新義州で、平壌で、感興で、その他各処から反抗運動が展門され、ソ聯に脅威を与え、恐れさせたのであるが、この「レジスタンス」が組織されず、各処で散発的に起つたためにハンガリア民族のように、全世界の注意を引くようなことにならず、又共産主義の内幕を、如実に暴露することが出来ずに犠牲ばかり多かつたのである。併し我が韓民族も勇気のない民族ではないと思う。

ハンガリア民族の学生、労働者、知識人、婦女子達は各階層へと、共産主義の悪政治屋を又その走狗を遣い払うために大衆を動員し、大衆へと抗戦の組織は侵透して行つて、遂にソ聯の独裁恐怖政治家達の肝胆をえぐる程の大胆なことが出来たのである。

喩え数千台の戦車と数限りのない銃剣の下で致し方なく悲痛にも鎮圧されてしまつたとしても、ハンガリア民族の勇敢さは、人類歴史上永遠に賞賛されることであろう。

この勇敢な民族の闘争実情を我が同胞が特に過去の共産主義者達の宣伝によつて無鉄砲に同調してきた同胞達が一人でも多く知ることが出来たならばと思い、今迄で共産主義者達が、如何に虚偽の宣伝をし、地上での悪魔のようなことをして来たかを、暴露することが出来たならばと思い又韓民族の統一と建設に多少なりとも促進剤的なものとしたいために、韓建連では英文であるライフ誌を国語で翻訳して、英文をよく理解出来ない同胞にも、自由のために戦うハンガリア民族の実情を知らしめることに努めた。この訳文を一人でも多く読んで、今迄共産主義者達の宣伝に瞞まされ我が民族が進むべき道を誤つていた同胞達が民族陣営にもどり、結集して、民族的宿願である民族の統一を完遂出来ることを願つて止まないものである。

在日韓国学生、高等考試に参加

考試要項、手続など準備

韓建連で目下推進中

高等考試の科別、部別、又科目別を掲載して日本で勉学している韓国学徒の参考に供すると共に出来るだけ多くの人が応試することを希望して、本連合では出来得る範囲で応試者の便宜を図るべく準備を進めている。

高等考試令は大統領令第一七四号に依つて制定せられたもので二十五条と附則六条から成つており、行政科、司法科、技術科に分れ、又行政科は四部に技術科は二十一部に分れている。

なお高試受験のための本国旅行諸手続等に関して外務部では優先的に取り扱う方針の由。

一、行政科筆記考試科目

（第一部）—必須科目—国史、憲法、行政法、経済学、民法。—選択科目—財政学、経済政策、政治学、刑法、国際公法。（以上の中から応試者があらかじめ二科目を選択すること）

（第二部）—必須科目—国史、憲法、行政法、経済学、財政学。—選択科目—会計学、経済政策、民法商法（手形法及び小切手法を含む）統計学（以上の中から応試者があらかじめ二科目を選択すること）

（第三部）—必須科目—国史、憲法、行政法、経済学、外国語、国際公法。—選択科目—国際私法、外交史、経済地理、商業政策（一科目を選択すること）

（第四部）—必須科目—国史、憲法、経済法、経済学と教育学。—選択科目—哲学、倫理学、心理学、社会学、宗教学、東洋史、西洋史、外国語（中国語、英語、仏語、独語、露語及びスペイン語中の一種）

二、司法科筆記考試科目

—必須科目—国史、憲法、民法、刑法。—選択科目—(1)商法（手形法及び小切手法を含む）行政法。(2)民事訴訟法及び刑事訴訟法。(3)商法、行政法、民事訴訟法、刑事訴訟法、国際公法、国際私法、刑事政策、経済学、財政学。（一、二、三項の中から応試者があらかじめ一科目ずつ選択すること、但し三項にあつては一、二項から選択しなかつた科目に限る）

三、技術科筆記考試科目　技術科は二十一部に分れており、紙面の都合上次号に掲載します。なお詳細について知りたい方がいましたら本韓建連までお問い合せ下さい。

韓建連ではこのライフ誌と訳文を広く同胞に無料で配布、追加注文には応じきれないほどであつた。

編集後記

漸く機関紙第二号を発行することが出来た。毎月一日一回発行することになつているのだが、学術、技術視察団本国派遣の準備に忙殺され、編集する時間がなく本日まで延びてしまつた。遅刊したことをここに深くお詫びいたすと同時に諸位の協力によつて遅まきながらも発行出来たことを感謝する次第です。

第一号は弘版印刷というタイプによる特殊印刷方法を試みたのだが、失敗に帰したものと思う。そこで本号からは、活版印刷をすることになつた。字数も多く多彩な記事を盛り込むことが出来るので皆さんの御投稿を再度お願いしたい。

いずれにしてもプーンと鼻につく新聞紙の臭いをかぐと感慨無量である。それは未熟ながらも編集者のみが味える高価な特権であろう。一息いれて次号に備えるべく英気を養いたい。

前在日本居留民團長 朴烈은 왜 왔나?

吳記者

[사진은 朴烈氏夫妻와 令息]

偉大한 民族 復興의 날 五十選擧 一週年日 早朝五時에 우리의 革命兒 朴烈君을 桂洞의 君宅으로 찾었다 朴烈君은 相當히 早起하는 분이다。 古諺에「一年之計는 在於元旦 一日之計는 在於晨」이라 하였다。 이얼마나 우리가 遵奉할 格言이냐 이 便一生을 두고 實行할 格言이 있음에 不拘하고 우리 民族의 大部分은 深夜까지 觀斟끼리 雜談을 交換하다가 아침에는 白日이 中天에 오를 때에야 起寢하는 惡習弊風이 있다

그래도 都會와 農村의 勤勞大衆은 눈을 비비면서도 各히 일터로 나아간다 그러나 所謂 指導者層이라는 분들은 일으다야 午前七、八時 普通九時 甚至於는 午正때까지 자는 이가 있다 筆者가 直接 經驗한 實例는 이러하다 只今 出勤時間이 普通午前九時였다 그런때 某高官은 九時에야 起寢하야 허둥지둥 洗面朝飯後에 高級車에 오르기는 十時가 훨신 지내는 것을 보았다 또 某長官은 日曜日이라 하야 午正이 넘도록 자는 것을 보았다

筆者는 여기 對하야서는 貴重한 紙面을 보아 善惡間에 許하고저 아니하거니와 過去 우리의 敵인 日本人을 보라 얼마나 早起하는가를 또 只今 在京한 美國人을 보라 東天이 밝기를 待期하야 男女가 各職場에 出勤하는 것을 더욱히 우리 指導者層은 朝寢의 中國人을 模範하는가 여기서 憤然히 猛省함이 있으라 이 點으로 보아 우리 朴烈君은 確實히 우리 指導者들의 模範이 될것이다 우리 朴烈君은 慶北 聞慶産으로 四十八歲의 壯年期의 人物이다 그는 日本大學出身으로 故日人 大杉榮等과 같이 無政府主義運動과 黑濤會幹部로 눈부시게 무시무시한 活躍을 하였다

關東大地震!

우리 民族이 생각만 하여도 몸서리가 치는 우리 겨레 數萬이 殺戮을 當한 핏비린내나는 一九二三年 九月一日 — 그 다음날인 九月三日이라 所謂 그 當時 不逞鮮人의 頭目으로서 朴烈君은 日本當局에 檢束되었다 朴烈에 對한 罪名은 二轉三轉하야 最後에 大逆罪로 判定되었다 所謂 二重橋爆彈事件이다 그는 日本大審院에서 死刑의 宣告를 받었나가 다시 天佑神助하야 無期刑이 되었다 우리 朴烈君은 小毫나 落心落膽치 아니하였다

朴烈君의 辯護士인 日人 布施辰治는 그 非公開의 法廷秘話를 如左히 말하였다

「朴君의 信念은 非常히 牽固하였다 君은 말하기를 나는 被告가 아니다 裁判長이 天皇의 名으로 日本을 代表하야 나를 裁判한다면 나는 朝鮮을 代表하야 堂々히 論爭하겠다」하야 當時의 牧野裁判長을 마음것 골리었다 그래서 一、裁判이라는 名稱을 부치지 말고 法廷宣言을 할것 二、被告座席을 裁判官과 同等히 할것 三、朝鮮代表로서 朝鮮의 王衣王冠을 입고 法廷에 설것等々을 主張不讓하였다 布施辯護士가 牧野와 여러가지로 協議한 結果로 朴君의 主張대로 하고 堂々히 所信을 述히였다 한다 朴烈君이 筆者에게 말할때에도 「나는 平生에 싸워 져본일은 없다」한다 정말로 戰必勝、攻必取 옛말 그대로이다

朴君은 어느모로 보아도 鬪士이다 內容의 充實한 鬪士이다 其前 日本新聞紙上에 나타나던 寫眞으로 보나 또 그 烈字의 이름으로 보면 朴烈君은 우락부락하고 우락두룩한 좀 무섭게 생기고 身丈體重까지 普通은 아니리라 누구나 생각할것이다 그러나 정작 直接對面하여 보면 絶對로 그렇지 아니하다 初印象이 퍽 선비답게 端雅하게 보인다 多情스럽게도 뵈인나 그러나 他面으로는 그 눈동자와 얼굴과 頭骨과 體格이 매우 단단하게 들리 맺히였다 小毫나 흠잡을수 없다 매울 烈字 이름을 가졌으니 맵다하면 고추의 매움이 아니고 후추의 매움일것이다 實行家일뿐 아니라 어데까지나 理智的인것 같다 智仁勇의 天下之三德을 가진듯하다。

二十年이오 또 三年間의 獄中所感을 들으니 答曰 그 커좋은곳에 다녀온줄 안다 큰 訓鍊道場이고 修養道場인줄 안다 그의 趣味요 娛樂이라 할것은 讀書 瞑想、散步인데 獄中生活이라 讀書와 瞑想은 마음껏 하였다한다 全然 不充分하나 散步는

여기 朴君의 獄中詩五首를 적어보자

一、大我無我亦自我
萬物萬我皆大王
遮莫學者說敎家
自由人進大奔放

二、乾坤車輪轉
本來無尊卑
世界渾圓球
何處有邊際

三、靑山年々春色新
碧海歲々舊四海
獄中夜半深自愧
吾不能許五尺身

四、金風蕭榾笑聲高
斜陽照窓影漸長
落葉飛天似金鳥
半獄無爲獨斷腸

五、形骸是婢僕
死生即恩愛
帝同恩愛屬
逍遙雲內外

이것으로 보아 詩才文才도 普通은 훨신以上이다

西紀一九四三年 十二月「카이로」宣言과 및 一九四五年 七月의「포스담」宣言의 國際公約에 依하야 우리 겨레가 近四十年間 拘束받던 異民族의 羈絆을 解脫하고 一九四五年 八月十五日 感激의 自由民으로 된것은 革命先烈의 積年間 끝임없는 血戰苦鬪의 結果이었나。

우리 革命兒 朴烈君은 千葉刑務所 秋田刑務所 大館支所로 轉々하면서 그야말노 血戰苦鬪를 繼續하였다 感激의 解放、八月十五日도 獄中生活인지라 자세히 모르다가 聯合軍이 秋田刑務所의 實狀을 視察할 기음에 意外에도 政治犯人으로서 二十余年間이나 幽閉되었던 우리 朴烈을 發見하였다。 그 不合理를 指摘하고 곧 釋放의 指令을 내리었다 一九四五年 十月 二十七日 滿 二十二個年 一個月餘ㅣ 바루 二十三年間 歲月의 牢獄으로부터 再度出世의 道程에 서게되었다。

[사진은 往年에 朴烈氏가 收監되었든 千葉刑務所]

十月二十七日 出獄한 朴烈(見名準植)은 大館町同志의 집에서 暫時 靜養한後 十一月七日 早朝 東京驛頭에 「凱旋」하였다。 그날 午前十時부터 日比谷公園音樂堂에서 열린 「朴烈歡迎會」에 그 姿態를 나타내었다。 그리하야 二十三年間의 幽閉의 生活을 淡々히 回顧하면서 將來의 希望을 述懷하였다。 「나는 自由民이다。 世界市民이다。 나는 日本帝國主義、軍國主義의 惡魔가 打倒된것을 日本民衆을 爲하야 歡迎한다。 나는 將來의 政治的 見解를 말할 資格이 없다 朝鮮獨立의 指導者가 되겠다는 것은 생각조차 없다 朝鮮獨立의 今日 내 一身을 들어 그 運動의 一兵卒로서 奉公할뿐이다 故國에 갈까 안갈까는 朝鮮獨立問題가 내게 命하는대로 進退할뿐이다」 그후 그는 信託統治를 絶大反對하였고 왼수의 三八線 南北統一을 絶對主張하였다 그다음 우리 朴烈君은 新朝鮮建設同盟을 組織하고 그 委員長이 되었다 그 同盟의 行動綱領은

一、眞正한 民主主義的 建設意識을 涵養하자。

一、民族統一戰線을 完成하자。

一、在日同胞의 現實的 諸問題를 急速 解決하자。

一、誠實한 各分野의 運動을 支持하자。

一、新朝鮮建設方針의 具體案을 速히 完成하자 等이다

또 在日本居留民團長으로 文字그대로 눈부신 活躍과 鬪爭을 繼續하였다。 本國에는 去年 八月十五日 大韓民國政府 宣布式에 大統領의 特別招待로 다녀가고 今番은 李大統領閣下의 數次親翰에도 一次來遊하라한 말씀도 있고 또 本國事情도 자세히 認識하고 겸하야 長時日 滯在云한다 某新聞紙上에는 政府要職에 就任云하나 朴君自身은 不知云한다 著書로는 「新朝鮮革命論」「政治哲學의 急務」共外 多數있다 家族으로 夫人 朴義淑과 二歲되는 令允이 있다 夫人은 芳年 三十一이라니 多子多福할것이다 夫人은 京城女商을 겉쳐 東京女大出身의 才媛으로 良妻賢母일뿐아니라 作劇 作歌 作詩等 能文能筆의 女流作家이다 장차 우리 革命兒 朴烈君의 內助가 많을것을 믿으며 朴君內外가 내々健康하야 우리 三千里江土의 完全回復과 三千萬民族의 將來를 爲하여 積極 鬪爭하여 주기를 빌면서……

(五頁에서 繼續)

한 國家主義가 있으며 쏘聯과 相衝된 可能性을 가진 經濟的 事情이 이것이다

四年만에 처음모여진 지난달의 中國共産黨中央委員會席上에서 毛澤東이 主張해오든 中共의 農村共産主義의 時代가 지나가고 새로히 都市中心의 急速한 工業化政策으로 옮기여진것을 强調하였다고 傳하여진다 勿論 毛澤東은 이것과 完全協調로 나아갈것이다 그러니만치 치토ー政權모양으로 굴너간다는 그러한 保證은 없다

×

現在의 「치토ー」主義를 모나지 않게 圓滿히 包攝하느냐? 그렇지 않으면 決裂을 覺悟해야 되느냐 하는 問題는 共産政治指導者들의 가장 큰 수수께끼가 되어 있다 그러나 「치토ー」主義가 가져온 하나의 明白한 事實이 있다 그것은 다름이 아니라 共産主義가 한번 權力을 잡게되는 날 이와같은 腐敗이 오게되는 事實이다 이러한 意味에서 「치토ー」政權은 西作社會의 바운 存在라 하겠다 (끝)

敗戰獨逸의

◇獨逸사람 없는 獨逸

占領下의 獨逸에 三個月있는동안 나는數百名의佛、英、美의軍官들을만났다 베를린을 평平方키로의面積에 四大國의政策이 다 다르다 英語나露語를지꺼리는편이 「피에」의나便利하다 게다가 獨逸사람도 勝利者들의말을 지꺼리려고 애쓰고있다 露人은 거의露語하나만으로난다「생글로·색슨」은 天性으로外國말을 외우는 재주라고는 없기마련이다 獨逸에서 흔아니라 中國에가거나 伊太利에 가거나 마찬가지다 美계나마 겨우 大國속에 한몫끼입 佛蘭西는 겨우 그저 따라만갈뿐이다 게다가 財數없게 佛人은「二重의異國」에 살어야한다 即地理的으로는 往年의敵國이고 精神的 財政的으로는 美의弗(달라)圈內에孤立하고 있기때문이다 아무도 앞으로 얼마間은 佛蘭西人을 그들의占領地域內에서 멋대로 하고싶은일을 할수는있을것이다 徵用이나 無賃旅行이나 생각나는데로다 佛國方式의勞組도 만들수있고 音樂會도 열어보고 또는獨逸少年들을 모아놓고「우리들의民主主義」를 가르켜줄수도있다 그러나 라인江하나 건너 右쪽으로가서 한거름美英地區에 들어오면 모주가一變한다

◇略字의世界

이地區에서 특별히 느껴는것은 外國旅行의 귀거러운것이다 旅券인데 査券임에하고 번거번거 國境없다 占領地區마다 다른게必要하다 게다가 旅印이만게 있다 國章이各々 다 다르다 占領軍列車를 타재도 代表國의 指令齊揃가 자그만치五六通은 있어야하다 一九四五年 占領以來 到處에 官廳이 많이생겼다 어떤官廳의 무슨部局이 하나생기면 따라서 몇個의 課、係가생긴다 英語에는막히지않는 나지마는「바벨·바벨」(佛地區의都市)의佛人과 하노바(英地區都市)의 英人사이의 對話는要領을 잡지못하였다(官廳이름의)첫글자가 하모 많어서 무슨영문인지 모르기때문이다 이전 에스페란토以上이다 가령例를들면CDG의命令이라느니 OMGUS의G반사람을 만나보라느니 DPPW에가서 찾어보라느니自己는 PRS에서온軍政官吏라느니사뭇판재장이다-(靜岡-우타또 軍政過政當時의CCI니AMG니AMIK 라는것을생각하면 재미있다)

要는 첫글자(이니시알)와數字의 世界에익숙해야하다 美地區의편편에서 나는美軍한사람을만났다 그는愛人에게이런 편지를보냈다 312-3161이것을譯하면「당신은언제나나의가장사랑하는사람 나의愛情은길어갈뿐」이렇게된다

◇占領軍專用車

프랑크푸르트는 美英共同地區의 首府인同時에 美地區의 首都이다 GI(美兵)專用의 電車가 하루몇번씩 中央停車場앞을지난다 美人의 住宅街로가는電車인데 우리가 거기다게되면 一旦 M·P의 身體檢査를 받는다

「라또베」가 세운 超瓦代的建物에 軍政廳이다 그一帶의 거리에는 美式댄스요 망 허트·떡 아이스크림 크키·회籌은 얼마든지있다 그밖에 理髮所 郵便局 텐스·圭籌이있다 即 밤낮할것없이 美國人의生活에 必要한것은뭐이든지 다있다

말할것도 없지마는 이住宅街에는 걸어가는 사람이라고는 하나도없다 거기는即美國이다 째-프나 캐디락을타면 잠깐동안에 戰災에 절티지않은 近似한진앞에이른다「아메리칸·엑스프레스」「아메리칸·에어·라인」等이다 여기서 暴를타면 뉴욕에나 埃及와 카이로에나 短時間에 갈수있게된다 이를 오피스에는 어디나 美國서오는 放送局그내오의 달콤직한재즈의 멜로마를 들을수있다

中央停車場-이것도 亦是美國風의 雰圍氣나-밖에는「뉴욕·베를린·트리분」紙의 업청나게큰 프랑카-드가 눈에뜨인다 占領軍專用待合室에서는 「코가·콜라」를 마실수있다 한병에五센트 新聞하고한값이다 票파는데서 몇딸라(弗)만 치르면 원헨 에고 巴里에고 瑞典의 스톡홀름 에고 鐵道車로 갈수있다

佛蘭西地區의「마인츠」에는 佛人의 住宅街라는것은 없다 그러치만 거기서도 佛蘭西의 雰圍氣는 무엇이붙수있다 憲兵이있다 憲兵의 文母가있다 女學校門앞에서 生徒가 나오는것을 기다리고 있는 젊은學生이있다 佛의書店의 店頭에 보이는「뀌마니떼」(共産黨機關紙)나「룡드」같은 新聞도 있다

英地區의 힘부르히나 하노-바에는 英國式 오-르밑의朝飯이었다 게다가「五時茶」도 勿論있다 그리고 議會制度의 尊重精神도 運入되어있다

×

本國에서 먼티떠어져 있지마는 聯合國의 男女兩性의官吏는 여기에푹마음놓고 자리를잡고 살고있다 될수있으면아이나 親舊를까지 本國에서불러드려서살고있다 一般佛人이나 英人美人이相像하는 베르린은爆擊으로廢墟한 都市일지모른다 首都의周邊은 比較的戰災를 입지않았다 特히全속에 散在한 部分은英地區에있는 그런느발르(前올림픽村이다) 佛地區의프라나우 特히英地區의 다아햄제렐뭄또等은 巴里의「뷔이이」나 會敎이나「뒤풍돈」近은 워싱톤의郊外와恰似하다 정말살기좋은 田園都市다 水浴은「와제」나그밖의베로린의湖水에서 「눌베기빠이리」같은趣味遊興 겨울스포츠는「아또베로그」에서 베르린만의生活만해도 그리나쁘지않다 蘇聯은表面으로 敗戰의傷處가아주 다蘇生하지않았다 英美의納稅者 特히美國의納稅者는이밑바닥빠진深淵에 몇백만弗의 돈을처넣고있다

◇時速二十五킬로의汽車

獨일사람이라는列車에타는것은 猛烈한스포츠다 마치 美멕시코」런비밀의 決勝戰을 구경할때의 난리를생각하면된다 무엇보담 배일힘이必要하다 유리窓도없고 待合室도없는 몰벗툼에서 待機하지않으면안된다 눈이나비나노다지로 마슬때까지 기다려야한다 汽車가 들어오는호시러운밭은 여기서絕對로適用되지않는다 汽車를向해 突擊하는것이다 그亂鬪의 狀況이란 生存競爭의激烈함바루그대로다 老幼나婦女를은탈때야탈수라고는 모저히없다 한꺼번에 새個비個의 가방이나 목삭로를 무슨에떤 이제를어올리지못하는자만은 이미 落伍者다(륙삭크는그들의 必携物이다)사크를 버린다는것은 큰犧牲이다 감자五킬로는 二十四時間 걸어서旅行해온功든것이고 또한모든外交의 재주를 다기우린結果이가여운이다 그러나때로는 눈물을터음고이것을버리지않으면 후매난區帶內에서 우쭈커니 어제를지모또는 다음車를기다려야한다:이런것이 每日같이驛構內에서볼수있는 몇백명의旅客의 運命인것이다 鐵道이모자라거나 客車바퀴이부치는까닭이다 무정도없는車에 올라타고나면 또하나의段階이 시작된다 첫째아무것도안보인다 밤이면 勿論完全히 캄캄밤이나電燈불은 奢侈品이다 낮에도車窓은 별로다듬없다 깨어진유리窓에 막치는대로 아무때나나무板대기로 代用해대고있다 그틈서티로 치워와비바람이 서슴잖고몰려든다

류크삭의 山떼미가 이뤄진다 손을놀릴수도없다 便所에 갈생각은 하는者는 애당초없다 石炭의 火力은없어도 사람의 動物的인 머위란 말할수없다 村에갔다온 都市사람들이 농금한개라도 꺼내면 食慾의視線이 그리로 모여진다 지금 獨逸에서는 농금은 땅말「禁斷의 果實」이다

現實은 이렇다

◇疲勞를모르는 流民들

戰線으로부터 家畜運搬貨車로 滿載되어모라오는 復員兵丁들은 形言할수없는 虛脫狀態라는 느낌뿐이다 해어진軍服 例外없이 여위고 지처빠진 얼굴에 자랄대로자란 수염、「함부르그」에 가지않고 왜「원헨」으로가는것인가 「하노바」로안가고 왜「마인츠」를目的地로하는가 그들自身도 잘모르는 친구가 많을것이다 큰소문으로 漠然하게 하노바(海港)로가면 먹고살수있오리라고。美國人이 프랑크풀도 復興工事를 시작했느니等 큰소문을믿고 그쪽으로 漠然하게 발길을돌린다 거기서 아무수가없으며 北으로 南으로 또定處없이흘러자다 무릇安定이란것과는 因緣없는 모든것이 浮動만하는 이나라에서는 아무것이고 이流民의무리는 한자리에 머무르게할수는 없다 流民이라면 青年이나、젊은女性은 가장 放浪癖이 많다 獨、墺、체코11地에서 美軍憲의손에 몇번이고 送還된 美國者가 도로 동쪽으로 갔다한다「다일치히」나「드레스덴」에서 온者들이라한다 英地區를지내고 그들의 꿈에그리던 美地區의 境界線에 이르는것이다 어떻게 車票를. 손에 넣는것일가? 그것은 不可能하진않다 偽造身分證明書로 달배配給을받고 그것을「야미」로팔려떼면 몇일은 산다 票까지살수있다 露적질은 안해도 살수있다

◇地獄과 極樂

석달동안旅行에 나는 三百以上의 停車場을보았는데 本來그대로 남어있는것이라고는 다만「다름슈타트」驛하나밖엔 없었다 진용도없고 유리窓도 없다 진흙탕을 걷지않으면안된다 停車場이 그곳의中心이 되고있다 밤낮없이 더러운는다 벽돌과 板子를 주서용아 만들어놓은 車票파는곳 앞에는 짐속에묻힌家族들이 列을 짓고있다 거지、웃음을파는女人、顔色나쁜靑年、한편에서는 장과 머리빛(髮)을 바꾸고 있다

地下道는 驛前호텔인同時에 無料宿泊所이기도하다 밤이면 數百이라는 아니나 女人이잠자리로 찾어든다 때로는 사나이도 깨어든다 大小便냄새가 코를찌르는가하면 옆에서 老人이 코를골고있다 왔다갔다 雜沓하기짝이없다

每日같이 이런風景만 보고있으면 아무리 不感性인사람도 神經衰弱氣味가된다 氣分轉換次 어떤날 國際列車를탔다 이것은 別名(北行急行)(노드·엑스프레스)다 巴里나「바-르」「코펜하겐」이나「스톡홀름」으로 連絡되는것이다 이列車의時間은 大槪는 正確하다 一、二、三等 게다가 寢臺車까지있다 스폭、暖房、座席다 옛날같이좋다 몇週日이고 獨逸式旅行을 하던끝에 이列車를티면 文明이라는 별다게이도한感을 가지않이 세삼스레생각한다 國際列車는占領軍專用列車와같이 氣分좋고 快與로웁다 다만 聯合國人이나 中立國人專用으로 되어있기때문에 獨逸人은 탈수없다 게다가 運賃은 마르크貨로지불다 이列車食堂의돈이 英과은또(弗)貨은 텐마악의「프라운」貨인데 美弗이나 英磅의. 軍票는 絶對로 쓰지못한다 旅客은 非軍人이다 젊은「스칸디나비아」사람들」겁고 이들이 출한 젊은이들이 파티나 瑞西로부터 돌아가는길이다 服裝도좋고 快活하게웃으며 이야기하다 어기는 마치 딴世上이다

◇市民은 어디서 살고있는가

마인츠같은 都市를 구경한사람은 아무라도 이렇게생각하리라「여기에도 五千이나萬名쯤人口는 남어있겠지」하고 그러나 現實로 눈앞에놓여있는것은 廢墟와 준관밖에없다 그러면서 實際人口는 七萬八千이나된다「쾰론」도 경우는마찬가지다 때로면에는現在三百五十萬이나 人口가있다 그러나 이大都市를 하루종일 돌아다녀보아도 二十個建物에 제대로 남지남아있는거다고는 한채있을까말까다 住宅문제는 다른都市다때면 十갑절百갑절 困難하다

사는것보 여기서形言키는 難堪히 힘든다 스무個남짓한갑자 亦是그程度의 뭉근炭이 것이 그들의食糧과 燃料의配給이다

물론 政治家나 官吏、實業家라든지 또는 재주있는치들은 먼곳이 아파트에살고있다 그들의生活도 그저普通이다그러나 몇사람안된다 그런中에도 사람들은 살어가고있다어떻게 살어가고있는지 모르지만 아이가 자꾸 생겨나온다 正式結婚으로 나는건지 또는 野合으로 나는건지 알수도없다 아이들이 걸게되면 다들 廢墟에서 뛰어나간다 그들에겐 라고남은 벌판은 그들의 소꿉장난新派劇場이고 兒童公園이다 即樂天地인것이다

◇未解決인채

聯合國으로서는 獨逸人口六千六百萬을 어떻게 먹이고진애를게하는가 하는至難한문제에 부닥치고있다 결국은 獨逸사람自身이 어떠케 結末을 지어라는 것이되고 만다 요당으로만해도 罹災家屋은二十二萬六千戶나된다 부재에한채比例다 戰前에는 百四十二의學校가 있었음에比하야 남은것은六十七個뿐이다 病院도 마찬가지다 그런데 이 보당크론으로는 爆擊으로 三分之一밖에부서지지않았다는 말하자면 醫이 좋은편이다

公共衛生에 대한 統計를보오때도 보는白髮가 無際限다 病者로 풀어져나온 病院에 收容된사람은까 大家數의 都市에서는 세사람에한사람꼴이다 結核과 梅毒이全

(混雜을 이루고있는 西部獨逸의列車 마치 解放後의 우리나라鐵道旅行의 混雜을 聯想케한다)

스타린은 將來를 어떻게보나?

(아메나수빌 [illegible])

◇아미「生活을 안 하는사람도있다

◇삼평과 때업

(요셉·스타린)

統一願望은?

兩金!兩金!!金九白凡과 金奎植博士를 우리三千萬民族은 三十年前부터 그뚜분을얼마나憧憬하였으며 얼마나 企待하였으며 또얼마나囑望하였는가 우리檀君의子孫 三千萬이一齊蜂起하야 槿域三千里江山을 震動케하던己未運動―三一運動當時로다 金奎植博士는 우리三千萬의 무거운 囑望을 질머지고 在上海大韓民國臨時政府外交代表로 第一次巴里平和會議에 參加하였다 金博은當時在天津某洋行에서 執務中이였다한다 여러先輩와 여러同志의勸告로 半萬年祖國의運命과 三千萬겨레의將來를爲하야 斷然巴里行을 決意하였다한다 其時某同志가 주는大洋二千元과 上海에서 張德秀君이주는 大洋千八百圓合計三千八百元의초초한旅費를 가지고巴里로向하였다 巴里外交舞臺에登壇한 우리의使徒 金奎植博士는 文字그대로 東奔西走發奮忘食그야말로 粉骨粹身的으로 縱橫하면서 日本의野望인 侵略主義에 犧牲된우리의 處地와三千萬의 억울한事情을 平和會議에 極力呼訴하였으나 其時日本은 五大强國의一로 極力金博의 主張을 積極反對한탓으로 金博의渾身努力은 結局水泡에도라가고 呑淚치아니치못하게되었다 巴里平和會議外交舞臺에섰던 金奎植博士는 비록 成功은못하였을망정 그의名聲은 우리權域三千里坊々谷々에 매우震動되였다 우리三千萬 男女老少는今番巴里行에 金奎植博士의 努力으로 韓國의 獨立을어김없이 奪取歸來하리라고 確信企待하었던바다 終了의熱望은 水泡歸로마렀다 그러나 이것은金博의努力이 不足함이아니고 其時國際情勢가 그리되지못한 關係로 봄이安當하다

金九白凡은 三一運動以後 上海에서 大韓民國臨時政府組織時에 內外治安을確保하는 무시々々한 警務總監자리에있었고 그다음 차차올라가 臨時政府主席에 앉게되야 鐵血主席으로 눈부신活躍을하였다 其後時勢가不利하야 臨時政府食口을 글고 上海서南京으로 南京서漢口로 漢口서重慶으로 轉々하면서 갖인苦楚와困境과 싸우면서도 小毫나初志를不屈하고 惡戰苦鬪한經路는 눈물아니고 들지못할것이다 其時風寒露宿은 몇번이며 刀山劍水는 얼마이었던가 至誠이면 金石을可透라 臥薪상膽數十

金博士의 政治路線 批判

年에「一九四五年八月十五日」解放의날은 畢竟 오고야말었다

아! 好事多魔라 아하 嗚呼痛哉!! 三八線은 가루막혀― 米蘇兩軍이 南北을 分占하게되었다 解放의曉光이 비치온우리權域에 이게 무슨靑天霹靂이냐?

우리三千萬 檀君子孫에게 크나큰怨恨과 크나큰失望과 落담을준 三八線이다 其中에서도 數十年亡命政府로서 一朝好運의배를타고 개선政府로서 入國하려던 大韓民國臨時政府 要人들의心思야말로 어떻다 忖度할까?

大韓民國臨時政府主席金九白凡과 副主席金奎植博士는 臨政食口數十名을끌고 重慶서배를타고上海로내려왔다 上海서 滯在하면서 在京城美軍政과 數朔동안 折衝交涉한結果 初志인 政府資格으로서 入國치못하고 一個々人資格으로서 入國하게되였다 그러나 우리는 當々한凱旋政府로서 擔土重來하리라고 誠心誠意로 歡迎하였다

三千萬老少男女의 歡呼聲裡에 入國한 大韓民國臨時政府主席 副主席以下 所謂臨政要人은 個人資格으로 入國한지라 米軍政에눌니워 아무施政施策이 없을것은勿論이다 그러나 우리는 政府閣員들과 小差나다름없이 待遇하야 臨政要人이라는 共同雅號을부치여 매우尊重히 敬愛하였다 主席과 副主席以下臨政要人은 毅然民族陣營의 上坐에서 所謂人民共和國을 打倒하고 信託統治을絕對反對하야 成功하였다 臨政要人에對한우리重望과 信賴는 더욱더욱崇高하였다。

아하!! 또다시 好事多魔인가? 多數國民이 絕對反對하는 平壤서開催하는所謂 南北協商에臨政要人이大多數參加하게되었다 이 行次에야말로 아무收獲이 全無할뿐아니라 多數國民의 信望도 落地되다시피되었다 俗談에「제도구며」도다 粉失한셰음이다 그다음 南韓에서는 五‧十選擧의 結果로 國會가成立되고 다시國會에서는 大統領副統領을選擧한後 國務總理를承認하야 檀紀四二八一年八月十五日에 當當하게 大韓民國政府가 樹立되야 널리 世界萬邦에宣布되었다 다시나아가 國際聯盟에서는絕對多數로 正式으로 大韓民國政府를承認하였다 友邦各國과 外交使節을正式으로交換中에있다 北韓에는 蘇軍이 撤退云하고 南韓에서도數朔內에米軍이 全部撤退云한다 南韓의民族陣營은 總團結하야 南北統一을目睫間에 두고 對以北工作을推進키爲하야 猛活動中이다 그런데金奎植博士는現政府에對하야 不反對 不參加라佈明한다 이것이 너머簡單하야 確實한內容을 알길이 없다 不反對 不參加면 現政府에對하야 協力、支持、育成까지 한다는意味인지 或은 不然함인지? 金九白凡은 不參加는勿論이고 現政府에對하야 或時는反對 或時는不反對 어찌보면金博의路線과 似而非한點도 不無한듯하다 如何間兩金氏는 우리나라 獨立奪取와鬪爭史에 兩大巨人이다 兩大巨物의向背가 三千萬에게주는影響이 莫重莫大하다 우리의 關心處가아닐수없다 筆者摸濫되히 五月三日午前은金博을 午後에白凡을拜訪하야 端的으로 打診한것이 以下와같다 金奎植博士 雅號는尤史(嚴親雅號 微史에 依함) 東萊出生으로人生七十古來稀의 稀壽라한다 家族으로夫人金文淑 長子振東은 서울商界에서 活躍하고 次子振世는서울工科大學에在學中이며 따님尤愛는 美國最高學府에在學中、團欒한家庭에서 餘生을보내는듯하다 趣味나嫺樂은 무엇이냐물으니 나의趣味나嫺樂도 없지아니하나 그러나 그것이 實現될까가 問題이라한다 蒙古滯在時에는 乘馬도 하여보았으나 只今은 그것은不能이다 第一나의所願은 塵世를 벗어나 山水明麗한곳에 草屋三間을 지여놓고 親友와더부러 바둑도두고 갈이古往今來의 世事도 이야기하고 或時는술도놓고 詩도짓으면서 閑散日月을 보냈으면하나 이것이 言則易나 實現難이라한다 筆者問曰 然則中國古代의 西園雅集이나 竹林七賢을 夢想하는가하니 答曰然하다한다 人生觀을물으니 答曰나는 悲觀論者이다 그러나 目的地까지갈까못갈까는 別問題하고 가는곳까지가볼까하며 成功不成功은 度外視하고 할때까지는하여볼까한다 往年巴里平和會議에갈때에도 實은 今番行에 곡大韓獨立奪取를 成功하겠다는것이아니고 日本侵略政策에 유린된 우리處地와 우리의억울한事情을 世界萬邦에呼訴하여보겠다 함이였다한다 우리보기에는 金博은어데까지나 理智的人物인것같다 원수의 三八線은 우리三千萬의 死活線 即우리三千萬이사느냐 죽느냐의問題 國內問題뿐만아니라 國際問題化하였다 只今美蘇兩軍이 撤退하고 南北統一이目睫間問題인데 金博士의 그에對한具體案은 무엇이냐 물었다 내가 UN韓國委員團에 말한과같이 南北

共産主義와

駐서울中國總領事 許紹昌

이글은 지난五月十五日 駐서울中國總領事許紹昌氏가 以北人晩餐會에서行한 演說을速記한것을 要約한것으로서 許氏의演說內容을 充分히紹介하지못한듯한 느낌이있는것은 許氏에對해서나 讀者諸賢에對해서나 遺憾으로여기는바입니다

◇韓中兩國은 運命共同體

나의 韓國에駐在한時日은 極히 얼음으로해서 韓國事情에 어두울뿐아니라 韓國語로 이演說을할수없는것은 유감으로생각합니다 여러분들이 中國에對하야만은關心을 갖고있는데對해서는 衷心으로 謝意를表하는同時에 오늘中國의處地와 韓國의 그것이 方似한事實에비추어서 當然한事理로認定치않을수없읍니다 現中國의事態는 極히重大한局面에處해있지만 그러나 中國問題의歸趨는 좀더두고보아야 알일입니다 中國問題가 單純치않은것과같이 今日 韓國이 直面하고있는問題도 極히 어려운바가있는듯이보입니다 本來 韓國과 中國은 兄弟間처럼 지내온사이며 더욱이 距今百年前만은 政治的으로나 經濟的으로나 文化的으로나 같은運命으로 抗拒해온것이事實입니다 그리고 數十年동안은 우리의仇敵인日本을打倒하기위하여 피의鬪爭을 같이싸워왔으며 드디어 우리의 共同敵日本을 거꾸러트리고야 말었읍니다

◇또共同敵을만나다

그러나 오늘 우리들은 또다시 共同敵을만나게되였읍니다 그러므로 두나라의立場은 彼此間에 恰似한것이있어 自國의 立場에미루어서 能히相對方의事情도 잘알수있게되였읍니다 今各其國에서 進展되고있는 事態의 歸趨와 結論이 어떻게될련지 우리것을보면 저便것도잘 알수있게되어있읍니다 그런故로 우리들은 우리가 걸을바路線과 取할바方法이 무엇인지를 模索하고 探究해서 이를 곡發見하도록 緊密히協力하지않으면 안될것입니다 지금 우리두民族이當面한問題를 正確히認識한다면 中國의問題가 한갓中國에만限한것이아니라 韓國自體의問題라는것을 쉽사리把握할수있읍니다

朱恩來、朱德、毛澤東、諸氏

現在 歐羅巴情勢는 且置하고라도 韓國 中國 佛印 「사이암」緬甸 馬來 및「인도네시아」等 東南亞細亞까지 펼치고있는 共産主義를 우리는 直視하고있지않습니까

◇共産主義防衛策은?

이 물치고膨脹中에있는 共産主義를 막는것은 非單 韓中兩民族의 問題일뿐아니라 全亞細亞諸民族의課題요 나아가서는 全世界가 반드시 解決지어야만할 課題에 틀림없읍니다

그렇면 이課題는如何히 解決해야될까요? 今共産主義의 防衛策은 무엇이겠읍니까?

이 앞서도 指摘한바와같이 共産主義는 全亞細亞에 걸처있는 問題인만큼 이의對策도 全亞細亞여러民族이 共同으로 樹立해서 이를共同遂行할때에만 비로소 共産勢力의進出은 阻止할수있읍니다 거듭 말슴드리거니와 共産黨의 움지김이라는것은 한나라한民族에限한것이아니고 國際共産黨이라는 國際的基礎우에 굳게團結되고 組織되어있으며 各國間의緊密한連絡協調下에서 巧妙히 工作되고있읍니다

西歐에서는 反共陣營에있어서 過去의消極的인 理論體系와 그實踐方法으로부터 이제는 積極的인理論體系와 그實踐方法으로 轉換한것은 周知의事實이거니와 우리는 이제는 過去의 消極的인理論體系와 그實踐方法은 一擲하고 새로히 積極的인理論體系와 그實踐方法을 講하지않으면 안될것이라고 나는믿습니다

아시다시피 西歐에서는 北大西洋同盟이라는것이 登場하지않었읍니까 이는 곧共産主義防衛를 위한 積極的政策에 틀림없읍니다

여기서 北大西洋同盟

兩金氏의 南北

의政治團體文化社會團體의 指導者網羅會合을 서울서 開催하고 그 자리에 兩政權에서는「옵서버」로參加하야그 자리에서 南北統一의具體的 方法을 講究함이 어떨까한다 거기서相當한 成果를얻으면 南北兩側이 正式會合하야 南北完全統一을 成就함이 良策이아닐까한다 그러나이것이 完全無缺의 方策이라고는 생각되지않는다 共產黨의常套手段에 大池에서 小魚한마리만 잡아도 그大池의고기를 다잡었다하며 떡함지에손가락하나만찌르고도 이 떡함지에있는떡은 다 내떡이다함이 그자들의常習的手段이오 政策인까닭이다 UN韓委에 韓人顧問團을 設置하라한것은 다름아니다 只今과같이今日은李某 明日은趙某 또再明日은金某 이와같이暫時暫時만나서 問議할때자 方策이없을것이니 차라리十人이나 十五人의 常設顧問團을두고 綜合的完全한意見을듣는것이 最善의成果를 얻오리라는意味이고 다른意圖는 全無하다한다 現政府에對하여서는 亦是不反對不參加라한다 筆者 李大統께서도 國務院을 차츰強化한다하며 또한民意도 強力化를要望하고있는이때 萬若그時期가되여 金博士에게 國務總理의자리나 또는外務部長官의 자리가오면 引受與否를물으니 金博士는 多少顏色을變하는품이 只今 大統領責任制下의 國務總理에는 口味가動하지않는것같다。그래서 다옴內閣責任制가되고 金博士가나와야 南北完全統一이되고 萬若아니나오면 三千里江土와 三千萬同胞가 滅亡至境이된다면어찌하겠는가하니 果然 그런때가오면 身命을던지여나온다한다 大略 이런等의問答을 數時間 주고받다가 五月三日 午前中에 三淸莊을 나와서 點心後 京橋莊으로向하였다

金九白凡先生의 兒名은 昌岩 初名은 龜를 九로 變하였다 한다 雅號白凡은 白丁이라는白 凡夫라는凡 合하야 白凡이다 海州西村 常漢의 第二子이며 七十四歲라한다 古語에 釋迦는 어머니 옆구리로 出生하였다하며 海東聖人 阮堂金正喜는 懷姙二十四朔만에 誕生하였다한다 우리白凡은 어머니 腹中에서 百六十八時間을 陣痛하면서 產母는 死境에 數十次나往來하다가 巨物白凡을나으셨다한다 慈母가、얼마나苦楚를當하였는지 나를그렇게도 괴롭게하던子息이니 칵-죽어 버렸으면 시원하겠다 하셨다한다 얼마나괴로웁에서 나온말인가 只今七十四歲의 高齡이나 其氣力은 三四十壯年을凌駕하고도 남음이있다 紅顏十九歲時에 日軍이 明成皇后를殺害한怨恨으로 武裝한 日本憲兵을 赤手空拳으로 打殺한것만보아도 力拔山氣蓋世의 項羽의兄님은 넉넉하다 白凡의 一生을通해 一貫하야 鐵血이오 鋼鐵같은 性格은 한번이나 變함이없었다

金九氏는 무엇을생각하나?

屈伏을 모르는 人間이오 革命家답게살자는 人物이다 監獄은나의 大學이라고 恒言한다

年前 信託統治를 反對하느냐 贊成하느냐 한창 物議가紛々할刹那에 白凡은 毅然히말하되 三千萬이 다 贊託을하여도, 나 혼자라도 身命을 버리고 反託한다구 宏壯한 氣焰을 높이여 民族陣營이 全部反託하야 結局 成功하고야 말었다

이런것이 白凡의 最大 長所이다 上海에서樹立한 大韓民國 臨時政府도 白凡이아니었더면 最後까지 持續하였을까가 問題의하나이다 白凡의 公私生活이 다 그리平坦하지못하였지만 그의宗敎生活도 매우多端하였다 맨처음에는 天道敎前身인 東學軍도되여보았고 鷄龍山 某寺와 平壤永明寺에서 僧侶生活도 多年하였고 또 하느님아버지도 불러보았다한다

日本憲兵打殺事件으로 獄中生活을 爲始하야 興士團前身 安島山이 組織한 秘密團體인 新民會 黃海道責任者가되여 所謂 寺內暗殺事件인百五人事件에 連座하야 多年獄中에 無限한 苦楚를 當하였다

白凡은 海內海外에서 우리 獨立運動鬪爭史上에 巨大한 足跡을남긴 偉大한存在이다 우리가尊敬하여마지않는 巨物임에는틀림이없다、白凡의 趣味와 娛樂이무엇이냐 물으니 나는그런 한가한 機會도 가지지못하였으니 그런것은別無하다 書道는 六十一歲時부터 배웠다 老來의趣味와娛樂으로 書道라고나 말할까한다

書道도氣力이오 心劃이다 白凡의 書道는 果然 一家를成하였다 할수있다 筆力이 매우健實하다 忠告로말씀드리자면 내종落款에 白凡金九에 捺印만 하였으면한다 또박또박 年月日을하고 於主席 무슨處라고 辭令書와 如히함은 좀 雅味가 없어뵈인다(妄言多謝々々)

人生觀을물으니 한참동안 無答이다 하도야속하야 金奎植博士는 悲觀論者라하면서 그래도到着하는데까지 가본다하는데 白凡은어찌생각하오하니 其時에야 나는積極的이오할뿐이다

南北統一의 具體的 方案을 무엇으로 합니까하니 또다시말이 中斷된다 金博士의말은 南北統一策과 現政府에對한 白凡의態度는 나와는좀다른다하니 果然그런가물으니 白凡曰아니ㅡ金博士의路線과 내路線은 別로 다를것없다할뿐이다 筆者가다시 今番嶺南巡講時에 南韓政府에 非協力派와 北韓政權에 非協力派가 合하면 南北統一이 된다구하였다는데 果然인가하니 그런말한일없다 내가말한것은 三派가合하여야된다고 하였다 即 南韓政府나 北韓政權과 또나와金博士와같은 所謂中間派 이三派가合하여야 南北統一이 된다고 말하였다 具體的方案은 말이無하니알길이없다

世上에서는 白凡은 政府에對하야 反對不參加云하니 果然 事實인가하니 아니나도 金奎植博士말과같이 不反對不參加이다 UN에서까지 正式承認한政府를 어찌反對할것인가한다 그러면 昨年國會에서 당신을 副統領으로 選擧하였더면 引受하였을가하니 引受할[illegible]없다한다 어찌[illegible]으로 選擧하였더면 [illegible] 그때에 보아야알것이 [illegible] 韓國이危急存亡之秋[illegible] 던지나온다하는데 白凡[illegible]? 나도그러하다 白凡丈[illegible]과는 兄弟間分義로 매우 [illegible]인데 大統領就任後 [illegible] 것은何故오하, 白凡曰 [illegible] 兄님하고 親近하던 [illegible]가 高貴한權門이되어서 [illegible] 다닐것이있을것이 [illegible] 高貴하게되었으면 [illegible] 하니 하지 [illegible] 올때에는 [illegible] 往訪하였으나 [illegible] 두곳다 [illegible] 兩氏는 權門이아 [illegible] 들은 다 外國人이고 또 [illegible] 人間金九 [illegible] 白凡은 한사람의 偉大한 政治家라기보다 [illegible] 革命家이라기보다 [illegible] 人間이다 하였다 그筆者는 [illegible] 말하였다 [illegible] 白凡은 籠球를 [illegible] 白凡은 [illegible] 動, 靜止, 步行, 立坐 [illegible] 食에 이르기까지 一々히 [illegible] 하겠으나 여기서는 紙 [illegible] 황한말을 避하려한다 [illegible]

그 防衛對策

같은것을 亞細亞에서도 [illegible] 어떻겠느냐고하는實見도 或있을지모르나 西歐와亞細亞사이의 差異가있는것을 우리는 잘認識하여야할것입니다

歐羅巴에있어서는 植民地國家라고는存在하지않으며 따라서여기에있어서는 帝國主義的侵略이라고는 存在하지않습니다 마는 亞細亞에있어서는 植民地民族이많다는 事實 이事實은 또 歐羅巴와亞細亞가 本質的으로 다른點입니다

그러므로 亞細亞의集團的防共體制로 歐羅巴의北大西洋條約과 다른相貌를갖추고 나타나지않을수없읍니다

그리고共產主義의 現攻勢는 軍事的 政治的및經濟的 各分野에걸처 有機的關聯下에밀려들고있으니 防共體制도 이에即應해서 軍事的 政治的및經濟的各分野에걸처서 有機的對策을講究하여야만할것입니다

나는 韓國에오기前에 몇해동안 東南亞細亞各國을 도라다니면서 인두한적이있읍니다 그때나는 南洋諸國의共產黨의活動을 詳細히調査해보았읍니다 南洋諸國의 共產黨들은 그나라 그民族의實情을 特히政治的 經濟的및社會的實情을細密히分析하여 이를 正確히 認識하는同時에 그때그때의情勢變遷을올게判斷하고 앞일을的確히豫見洞察해 그때그때의事態에適應해서 臨機應變的으로 재빨리工作하고있는것을보았읍니다 亞細亞諸民族이 弱少民族이라는 實情 즉 政治的으로 全然 獨立 하지못하고있거나 半 獨立國家들이며 經濟的 으로는 近代化한 工業을 갖지못하고 있을뿐아니라 間或 工業이 있으매도 이것이 土着 民族에 依해서 所有 經營 되지못하고 西歐國家에 의해 所有經營되고 있으며 土着人들은 單只 雇傭人으로서 僅僅 賃金을 받어서 生命이나 겨우 維持하고있다는 實情 이나마도 일을얻고 있는 것은 極히 少數라는 悲慘한 現實을 宣傳材料로, 巧妙하게 利用하야 西歐의統治國家에 對한 反抗心을 煽作하여 政治的反抗鬪爭과經濟的「사보타쥬」等을 일으키고있읍니다

이러한것은 分明히 한個의 民族解放運動에 틀림없읍니다 그러나여기서 우리가看過할수없는事實은 이民族解放運動을 指導하고있는것이 共產黨이라는 것입니다

今戰後에 南洋의여러民族의가슴속에서 끓어오르고있는民族解放의「불길」을 共產黨이巧妙히 把握하여 「民族解放運動即共產主義運動」으로 發展시키고있는것입니다 그런데 南洋諸國의民族主義者들은 共產主義者들의野望을 知悉하고있으면서도 共產黨의戰略戰術을 잘알고있으면서도 情勢에對한正確한判斷力의貧困과周到緻密한 計劃性의缺如로말미아마 이赤禍를 克服지못하고 있읍니다

그런故로 우리反共諸國에있어서 共[illegible]의侵略을 [illegible] 民族이 [illegible] 하고있는 [illegible]을 똑바로알아서 이에 符合하는 政策을 實施한다면 共產主義의 [illegible] 防止못할理는 없읍니다 그렇기때문에 [illegible]에있어서 經濟的發展民生問題의解決이 없고보면 共產主義의擡頭는막을수없을뿐아니라 己往 얻었든政治的獨立도 스스로 喪失되고말것입니다 「民生問題의解決」 이것은 가장重大한問題입니다

다음에 마땅히取해야 할것은 防共諸國間의團結입니다 [illegible] 共產主義의膨脹이 [illegible]

[illegible] 바입니다 (文責記者)

中共의三首領

自由經濟냐? 計劃經濟냐?

우리經濟는 어떻게 建設할까?

本社 ECA援助物資로陸續들어오고 우리經濟는 復興으로의 躍動에앞서 여러가지面에서 苦悶陣痛하고있는것같습니다 이苦悶은우리經濟建設에對한 原則이뚜렷이서있지못한데에서 緣由한것인듯싶습니다 우리大韓民國憲法에는 主要産業의國營이란것이規定되여있어 어느程度의 社會主義的要素를內包시키어 修正資本主義的經濟形態를 우리經濟建設의 原則으로삼고있는듯한데 果然 現在우리經濟가 處遇한客觀的現實은 이原則에 妥當性을 賦與하고있는지 없는지는 詳細한檢討를 要하는問題라고생각합니다 앞서말한바와같은 우리經濟의苦悶과陣痛그自體가 修正資本主義的原則의 非妥當性을 말하는것이아닐까? 以上과같이말하는識者들이 점점 늘어가고있는것같은이點부터 말씀을 시작해주셨으면

◇修正資本主義의歷史的意味

白氏 나는所謂「修正資本主義」라는것이 대관절 무엇이냐?하는것을 따져볼必要가 있다고생각해요特히修正資本主義의 歷史的意味를 잘吟味할必要가있다고봅니다 아시다시피 이른바資本主義經濟라는것은 私有財産과 이財産을느리기爲한 自由競爭(活動)을通해서 發展하지않었읍니까 그러나 이資本主義라는것도 二百餘年을經過하고보니 이제는늙어져서 病이들었는데 이病이 도모지낫지를않는단말씀이지요 이病이란무어냐하면 長期的慢性恐慌이란것인데 이病을곤치기爲해서는 私有財産과 이를느리기爲한自由競爭 시스템에 再檢討를加하지않을수없었고 어느程度로私有財産과自由競爭에다 制限을加하지않을수없었든것입니다 이런治療法을 美國에서는 所謂「뉴—·딜」(新體制)政策으로써 그리고英國에서는「産業國營化」政策으로써 이病을곤치려고하고있읍니다

赤氏 그런말은 美國이나 英國같이 資本主義가 高度로發展한 나라에서 이야기고

白氏 누가 그렇지 않대 내말을끝까지 들어봐 美國의「뉴—·딜」이라면 英國의産業國有化政策等은 資本主義의 修正政策으로볼수 있읍니다 그러나우리韓國의資本主義는 아직幼稚합니다 日政四十年間에있어서 우리經濟의發展이란것은 日人資本家들에依해서 發展되여온것인까닭에 韓人資本家란것은 殆無한 實情이아닙니까 이것이 韓國資本主義의幼稚性의一端이고 設令 韓國資本主義가 韓人資本家들에依해서 育成해온것이라고假定해도 우리經濟의現態로보아 우리經濟는 資本主義形態로發展할 洋洋한前途가있다고 봅니다 즉 韓國資本主義는 아직도젊었읍니다 그러므로 나는 우리經濟는 마땅히 私有財産制와 自由競爭을通해서 發展시키지 않으면 안될것이라고 믿습니다

赤氏 「레닌」은 이런말을했어요 즉森林을 評할때「나무만 하나式들어서 볼것이아니라 森林全體를 綜觀해서 評해야 되는거와마찬가지로 資本主義를評하는데있어서도 各國의資本主義를個別的으로만 볼것이아니라 世界의資本主義動向을 綜觀해서評하지않으면 안된다」고。白君의말처럼 韓國資本主義는 어립니다 一見 洋々한將來를갖고있는듯도합니다 그리고 資本主義方式으로써 우리經濟를 建設하는것이 우리經濟建設의 捷徑갈기도합니다 그러나 世界資本主義를 떠나 韓國資本主義를論할수없지않을까요 아까 白君도 認定했읍니다마는 世界의生産力의 折半을가지고있는美國이 그리고英國이 自國의資本主義를 修正하지않을수없었다는事實은 무엇을立證하는것입니까?이는分明히資本主義의終焉을 告하는것입니다

白氏 자네는「맑스」나「레닌」이나「스탈린」의 말이라면 無批判的으로 首肯할려고 덤비는버릇을 곤처야 되단말이야

◇韓國經濟의 實態分析

紅氏 이자 白君의이야기나 赤君의 말은 모다 主要한「포인트」를 沒却하고있는것같은데 우리經濟를 如何히 建設하느냐하는것 다시말하면 우리經濟建設의原則이 무엇이냐? 하는問題는

(사진은 韓美協定調印式光景 左로부터 金財務長官 李國務總理 무치오大使 하지中將)

우리經濟의 實態에對한 詳細한 分析에서 그解決을求해야 할것이라고 믿습니다 즉우리經濟의實態가 무엇인지를안다면 우리經濟의實態가 要求하는建設原則이 무엇인지도 스스로 알게될것입니다

本社 옳습니다 그러면 우리經濟의實態는 떠합니까?

紅氏 나自身 이에對해서 잘모릅니다 그러므로 自信을가지고 斷論할수는 없으나 概括的인 輪廓만이라도 더듬어본다면 아시다시피 韓國의鑛工業은 九八%가敵産이지요 그런데政府에서하는것을보면 敵産鑛山과工場은 國營하고 있읍니다 그리고 民營鑛山과工場도 政府에서 하나式買收하고있읍니다 즉 北韓의經濟建設原則은 社會主義이매 이線을 막달리고있나봅니다 그런데 南韓에서는 敵産鑛山이나工場은 所謂「管理人」으로하여금 經營케하고 國家는所有權만 가지고있읍니다 즉國有民營을하고 있지요 그런데 管理人이 利를남겨서 所有者인政府에 얼마式 利를주느냐하면 그렇지도않습니다 그저 利에다 所得稅를課해서 管理人으로부터 稅金을 若干뜯어오는 정도가 아닙니까 이나마도 良心的인 管理人의말이지 大部分의管理人들은 帳簿를속이어 脫稅가 例事이고 어떤管理人은 經營技術과 作業技術不足으로 赤字를내이고 甚至於는 機械施設을 뜯어팔아먹고 또어떤者는 政府保證貸付로 運轉資金을 또는建設資金을 가저다가 謀利奸商資金에쓰는等 管理人制 즉國有民營制의弊害는 적지않은것같습니다

◇國營이냐? 民營이냐?

赤氏 그렇길래 敵産工場과鑛山은 國有國營으로해서 北韓에서 하는거와 같은 蘇聯에서 하는것과같은 峻嚴한 經營規律과勞動規律로서 몰지않으면 우리經濟는 建設되지않는단말이어

白氏 아니지 敵産事業體는 모다拂下해서 民有民營으로해야만 建設이되는거야 자네지금 鐵道와담배의 國有國營의實情을 잘보란말이야 무엇이되가는것있어

赤氏 그것은 國營及勞動規律이 確立해있지 못하고 또그나마도 있는規律을 지키지못하니까 그런거야 北韓처럼 해보란말이어 대번에 잘될터이니까

白氏 萬一 北韓이 자네말대로 잘되고있다면 왜 北韓에서 二百五十萬의避難民이 越南해왔겠는가말이지?

赤氏 그들은 南韓이좋은줄만알고왔다가 이곳實情에 幻滅을느끼고있는거몰라

紅氏 앞서도말했지만 자네들은「포인트」를沒却하고있단말이야 우에서말한바와같이 管理人制의弊端이 歷然하니 國有國營이냐! 不然이면 民有民營이냐 或은民有國營이냐?하는問題를가지고 論爭하는것은좋으나 우리經濟의 實態를 土台로해서 論陣을펴야된단말이야 먼저 國有國營問題부터 따저보세 國有國營을하려면 아까 赤君도말했지만 北韓에서하는것과같은 經營規律을確立해서 그대로强行할必要가있는데 南韓의政治原則은 이를忌避하고있으며 主要産業의 國營이란것은 憲法에서도 明示된것이지만 무엇이 主要産業이냐?하는問題도 解決의基準이 尙今定해있지못하고있지않나말이지 設令이것이 定해졌다하드라도 지금과같이 經營規律이 서있지못하고보면 生産이 오를理萬無이고 赤字만 내구날거란말이지 그러면 工場과鑛山을 拂下해서 民有民營으로 시키면 어찌되겠는가? 첫째 拂下해준다고해도 살돈을가진者가없단말이지 期限을十年或은 廿年年賦로 代金을물면 좋지않은가고 말하는者도있으나 黑字를내야만代金의年賦償還도 可能대지는것인데 原價償却을할만한 積立金을 모아두면서 年賦로 代金償還을할수있도록 黑字를낼수있는工場이 몇이나될것이며 그런鑛山이 얼마나되겠느냐말이지 이것도 工場拂下價格을 막 누꺼리로 준다면몰라도 相當한값으로써 拂下하려할것같으면 아마 拂下맡을수있는사람은 別로없을겔세 그렇다고해서 막 누꺼리로 拂下한단것 같으면 國民輿論이 이를容納하지않을것 그러니까 國有國營도 難處하고 民有民營도 難處하지안해

本社 民有民營은 어떤까요?

紅氏 民有民營도 難處한데 民有國營이야 全혀問題가 될수없지요

◇土地代價로 敵産工場을사면?

白氏 紅君의말은 事業體의代金부는것이困難하니까拂下가될수없다고하는데 나는 敵産事業體拂下와土地改革을서로關聯시켜서 對策을講究하면 입사리解決될수있는것같애요 즉 土地를地主가政府에팔지않겠어요 그러면政府가 그土地값은 敵産工場에株式으로써 갚으면 그만이란말이기요 이렇게하면 地主는産業資本家가되고 小作農은 自作農이 될것아니겠어요

紅氏 그것도어려운일 왜냐하면 土地값總額과 拂下敵産工場鑛山等의拂下價格總額과 一致하다면 모르겠지만 그렇지못한경우에는 어떻게하느냐말이지

白氏 그것은어데까지나技術문제이고 原則문제는아니지 그런技術的困難때문에 原則을無視할것은 옳치못한것이야

赤氏 나는 白君의말에 反對하지않을수없는데 그理由는白君말대로資本主義는 發展시킨다고하세 그結果가어떻게되겠는가? 革命이 한번일어나고말것아닌가 그때不必要한 同族의流血沙汰를일으킬必要가 어디있느냐말이어.

白氏 資本主義가 發展하면 꼭 社會主義革命이오고야만다는것은 맑갱이들의公式的誤謬란것은 자네도 이제는 알아채리게 지금의英國기無血革命을 보단말이야

紅氏 아까 白君의말에依하면 敵産鑛山工場經營에 池主들이參加해서 資本主義方式으로 鑛工業을 發展시키자고하는데 이亦是우리經濟의實態를 모르고하는말같애 現在鑛工業이란것은 赤字투성이라는것을알어야.된단말이야 그리고鑛山이있다면 이것은 統制價格으로 製品을 팔지않고「야미」로파는것들뿐이거든 그러나 이런現狀은 오래안갈것이고 얼마안가서 統制經濟가 자리를잡고보면 웬만한工場은 다 採算이 맞지않을거란말이지 그러니까 이런工場에對해서는 財政負擔으로 補助金을주어서 經營을시켜야할거아니어 만사나라 이들池主中에서工場을맡는다하더래도 우선運轉資金한푼낼수있는사담이 몇名되겠는가말이지 그러므로 政府覺 運轉資金도 거의다 政府에서 대어주도록 마련해야만 터이니 運轉資金도 補助金도 다—政府가마련해주어야 經營이 可能하다면 애當初부터 國營으로해버리는편이 낫지않겠는가말이야

赤氏 同感

白氏 그러니까 統制經濟니 무어니떠들것이 아니라 自由經濟로 放任해야잔말이어。

紅氏 그것은안될말。왜안될말이냐하니 赤字財政과長期[illegible] 資金放出로因해서「인플레」의 高進은 不可避한일인데 統制를안하고 그냥 내버려둔다면 그야말로「인플레」는 破局的段階로 突入할리란말이지 그리되면 資本家는 살것같애 (一七頁에續)

張學良이 또다시 일어서서 世上에 나오리라는 謠言이 퍼진지도 이미 퍽 오래되었오나 마침내 事實로써 우리앞에 나타나지는 못했었다

그러나 인제는 蔣總統이 引退하였고 李宗仁代理總統이 繼任한然에 往年西安事變의 主人公이든 張學良과 楊虎城을

(釋放)

할것을 明白히 表示하였으니 이번에야말로 張學良이 또다시 이러서서 世上에 나오리라는것이 아마 또다시 謠言에 끝이지는 않을것이다 이 消息이 한번 臺灣에 傳해지자 臺灣各界의 人士들은 熱烈한 歡呼聲을 發하지않는 사람이 없을지경이었다

張學良은다시 일어서는가?

中國의 現實과 其의 人物

지금으로부터 二十年前 張學良이 滿洲에 있을때 그는 마치 延安에있든 毛澤東과마찬가지로 東北滿洲의 劉王 張作霖의 아드님인 ※머리 實際上에있어서 벌서부터 그는滿洲軍政의 大權을 掌握하고 있었든것이다 滿洲사람들은 張學良의 얘기를 꺼내면 마치 延安사람들이 毛澤東을 말하듯이 魅力과人氣를 느끼며 尊敬의念을 이르키지 아니치 못했다 勿論그들가운데는 張學良에對하야 제各其 一種의 懷疑를품는 사람도있었고 또 缺點이생각는 가지는사람도 있었겠만 어쨌든 滿洲사람들은 張學良에게 對하야 너나할것없이

(一種)

의 敬愛하면서도 본서 위하는 態度를 가졌든 것만은 事實이었다.

그런데 中華民國十七年六月四日 張學良의 父親되는 張作霖이 日軍의 爆彈을 맞고 皇姑屯車站에 쓰러진뒤부터는 張學良이 滿洲의 帝王이되여보고자하는 꿈은 完全히 허무러지고 말았오니 이에 그는 마음의 큰 動搖를 이르키어 마침내 同年十二月二十九日에는 毅然히 紅黃藍白黑色의 龍旗를 찢어버리고 靑天白日旗의 國旗를 바꾸어 꽂고 當時의 蔣介石이 領導하든 바 中央政府를 擁護할것을 正式으로 宣布케하였다

그리고 中央政府에서 그에게 준 權利는 陸海空軍의 副總司令이라는 要職으로 그는 依然히 滿洲를 차지하고 앉아있든 것이다 이와같이 張學良의 마음이 中央政府로 도라서는 思想的轉變期에 있어서 張群과 吳鐵城두사람이 입에 침이마르도록 성화같이 그를 勸告하고 달래고 타일르고 하였으니 張學良이 中央政府로

(轉變)

한데 對하야는 두사람의 功績이 크다고 아니할수없다

其後 國民革命軍이 北伐을 完成한뒤에 張學良은 滿洲에 있어서 學校를 設立하고 鐵道를 놓고 工場을 이르키고 水利事業을 이르키고 港口를 開築하고 官吏政治를 改善하고 改進을 꾀하는等 各方面에 革新에 努力하며 建設事業에 全滿洲의 全般的인 力을 기우렸으니 이時期에 있어서 張學良은 確實히 轉換을 이르키어 비로소 皇太子만 꿈꾸든 사람이 머리를 바꾸어 有能有爲한 軍人이 되었다

이때에있어서 張學良은 이미 滿洲의 領袖가되었을 뿐만아니라 實로 全中國政治舞臺에 있어서 하나의 風頭見가되었든것이다 이로부터 張學良의 名聲은 全中國에 펼치게되었고 또 中國의 過去二十年間의 政局에도 確實히 커다란 影響을 주었든것이다

當時의

(中國)

은 바야흐로 百孔千瘡의 盛地에 群雄이 제멋대로 割據하고 있었오니 馮玉祥과 閻錫山은 華北에 雄居해있었고 李宗仁과 張發奎는 華南의 獨立을 꾀하고 있었으며 거기다가 汪精衛는 廣中一帶에자리잡고 앉어서 擴大會議를 召集하야 國民黨을 改造하야 蔣政權을 推翻할것을 企圖하고 있었든판인지라 다라서 張學良의 이때의 一擧手一投足은 政局에 重大한 힘이되였든것이다

實로 이時期에있어서야 張學良을 좋지근거려보랴고하지 않은 사람이 없었다 그리하야 馮、閻 두사람의 代表로 傅作義 그外에 張群과 吳鐵城이 먼저 瀋陽에 이르자 南方의 李、張두사람의 代表가 아직 天津에 到着되기도 前에 張學良은 벌서 中央政府를 擁護한다는 宣言을 發表해 버렸든것이다 萬一 그때에 張學良이 中央政府를 擁護하지 않었다하면 張學良이 그

(當時)

어면쪽으로 쓰러졌든지 그것은 莫論하고 如何間 中國의 過去二十年間의 歷史는 다시 고쳐써야했을 것이며 其後의 二十年間의 中國歷史도 또한 決코 이렇게 順調롭지는 못했을 것이니 이点이 바로 張學良의 機智이며 또한 張學良의 功績이기도하나

그러나 너무나 잠깐이었다 張學良은 英雄이 그렇듯이 江山을 사랑하지않고 美人을 사랑하는 所謂 못을 저질르고 말았다 「英雄이 美人關을 그대로 지나기 어렵다」는 말은 無限한 眞理를 갖추고있는말이었다 張學良이 滿洲에서 여러가지인에 全力을 傾注하고 있을때 日本關東軍은 때마침 滿洲에서 動할 機會를 엿보고 있었으니 日本軍이 눈코 뜰사히 모없이 재빠른 手段으로 九一八事變을 이르키었을때 南滿洲鐵道 門頭溝의 路線이 별안간 爆破에 맞어 切斷되었을때 그리고 日本軍이

(突然)

瀋陽과 北大營을 攻擊占領하였을때 即 民國二十年九月十八日 日本軍이 中國을 侵略하기 始作하였을때 우리 張學良서방님께서는 바로 天津六國飯店 大宴會室에서 當年의 映畵明星 「胡蝶」과 精神잃고 「왈쓰」를추고 있었다 그때 偶然히 北平에와 있든 廣西의 名人 馬君武先生은 詩한首를지어서 張學良을 諷刺한일이있었다 그詩란것은 이러하다

趙四風流朱五狂

翩翩胡蝶最當行

美人墓是英雄塚

那管東師入瀋陽

(사진은 內戰으로시달리는中國事態 上은 南京入城中의中共軍 左는 이를歡迎하는 市民들 右中은 戰場으로向하는 國府軍 下는中共軍을 邀擊하는 國府軍裝甲部隊)

그때 張學良은 警報를받고 怒氣가 沖天하였오나 要컨대 하로밤사이에 滿洲四省을 빼앗기고만 이러한 잘못을 저즐러 重大한 機會를 놓쳐버린 것은 容恕할수없는 點인데는 틀림없었다

當時의 張學良은 「趙四」란는아가씨와 戀愛의 最高潮에 達해있었다 「趙四」라는 아가씨는 本名이 「一荻」이고 當時의 津浦鐵路局長 「趙燧山」의딸로 張學良에게는 「第四」에 該當했기 때문에 一般사람들은 그를 「趙四」아가씨라고 불렀었다 「趙四」아가씨는 바야흐로 스물이 될락말락한 젊은나히 꽃과같이 아름답고 妖艶하야 北平、天津界의 明星이었다

張學良이 이아가씨를 알게된것은 完

(社交)

全히 張의 親密秘書에게 拉致당했음이니 하나는 英雄이요 하나는 美人 自然 한번 봄에 全心을 기우리게되고 서로서로 情熱을 퍼붓게되었을 것이나

이리하야 張學良은 「趙四」아가씨를 알게된뒤로부터 늘 瀋陽과 北平사이를 往來하면서 이아가씨와 密會를 繼續하고 있었다 張學良의 原夫人인 于鳳至女史가 이일을 알게되자 張學良과 얼마나 風波를 이르키고 싸웠는지 모르지만 張學良은 終始不屈 이때문에 自己의하고싶은짓은 고만둘다지는 않었다

張學良과 趙四 熱烈히 戀愛하고있을때 마침 北平에는 名聲높은 「朱五」라는 小姐가있었다(民國初年의 國務總理 朱啓鈐의 딸이다)이 小姐는 일즉부터 張學良을

(仰慕)

한 남어지 이리저리 사람을 느러놓아서 張과 서로 알게된後부터는 죽을동살동 미친듯이 張을쫓어다녔오나 張學良은 「趙四」아가씨와 한時를 떠나지못하고 서로 情이 깊어가고있든 차인지라 落花에는 뜻이있오나 流水는 無情하다는 格으로 아모리 좇어다녀도 張은마침내 그럴듯한 말로써 이小姐를 謝絶해버렸든것이다 이리하야 「朱五」小姐는 一平生가도 잊기어려운 怨恨을 품고 深閨를 홀로 지키며 살아가게 되였다

이때마침 映畵明星 「胡蝶」이 北平에 놀러왔다가 어느 社交場의 舞蹈會에서 張學良을 만나게되었다 張學良은 일즉부터 「胡蝶」에 對하야는 이름을 드러 잘알고있든터인지라 한번 만나보게되니 모리에 이제야 만나게된것이 晩時之感이 있을 程度였고 「胡蝶」亦是 張學良이 비록年少하나 예잔다게잔다거리낄것이 없고 모든

(權勢)

가 掌中에있으며 威風이 天地를 흔드는바 있음을 보게되자 즐겨하야 그와같이 놀고있었다

그러나 張學良이나 「胡蝶」이 어찌 알수있었으랴! 서로 춤한번을 잘못추는 까닭으로 全滿洲의 넓은 江山을 앗긴채로 고스란히 뺏기고 全國人民에게 痛斥을 받게될뿐만 아니라 後代의 歷史家들에게까지 唾罵를받게될줄이야! 「胡蝶」은 慌唐하야 어쩔줄을모르고 即時로 南京上海、天津、北京 各新聞에다 廣告를내고 그事實을 否認하기에 힘썼오나 數萬圓의 廣告費를 浪費하고도 얻는 效果란 이것과 相反된뿐이었다

그리고 張學良도 全國의 輿論과 叱責을 막어낼 道理가 없어 마침내 蔣介石의 命令을 받고 歐先各國을 遊覽觀察한다는 뜻으로 海外로나 도라다니며 이아픔을 답지못한 所聞을 避할길밖에없었다 張學良이 當初에 滿洲에 있어서 抵抗하지 않었다는것은 勿論 그自身의 一時的疏忽로 罪를 물려야 할 것이다 實際上에 있어서는 히그는 다른사람때

(確實)

문에 잘못을 저즐른것이니 이點에 그로서도 어쩔수없는 苦衷이있었을것이다 張學良은 民國二十四年에 列國을 遊覽하고 도라온뒤에 蔣介石과 만났었다 蔣介石은 그에게 匪를 쫓고 功勞를 圖謀해주자는 뜻으로 如前히 陸海空軍 副總司令이란 名義를 주어 西安으로가서 共產黨 討伐工作을 擔當케하였든것이다 그러나 누가 알았으랴! 그는 民國二十五年十二月十二日 마침내 楊虎城과 같이 蔣介石을 西安으로 꾀어내가지고 中外의 耳目을 놀래인 所謂 「雙十二事變」을 이르키고 여러가지 主張을 提出하여 蔣介石으로하여금 一切內亂을 中止하고 共產黨을 容納하여 聯合「抗日」의 길을 取할것을 要求하였든 것이다

多幸히 當時의 蔣介石은 思想的으로 堅定한 바이었고 人格的感化力을 갖추고 있었든터이라 급작이 張學良의 마음을 돌리키도록할 수 있었다 그리하야 그해 十二月二十五日 그는 마침내 蔣介

(蔣介)

石을 따러 飛行機를 타고 西安을 떠나 洛陽에 이르렀고 二十六日에는 南京으로 날러드렀오니 이消息이 한번 傳해지자 全中國의 人民은 다같이 雨當같은 歡聲을 보내였고 張學良은 도리히 「蔣統帥를 피어내가지고 叛變을 圖謀했다」는 罪名으로 軍法에 依하야 徒刑十年의 判決處分을 받게되었든것이다

抗戰八年以來張學良의 運命도 마치 中國의 抗戰과같이 여러차례 이리저리 끌려다니며 無數한 風霜을 겪었으니 民國二十六年一月 抗戰이 始作되기前에는 爲先 浙江省 溪口란곳에 幽禁당했다가 그後다시 安徽省 黃山이란곳으로 移送케되었고 抗戰後에는 江西로 避居하게되었었다 民國二十七年이 되자 그는 다시 沅陵이란곳에서 멀리 貴州로

(遷居)

하게되고 貴州로 간뒤에도 벌서 세차례나 끌려다녔오니 처음에는 修文이란곳으로 中華民國三十一年에는 息烽이란곳으로 옮겼고 三十二年에는 四川과 貴州境界線에 있는 桐梓란곳으로 옮겨서 桐梓에서 抗戰이 勝利할 때까지 그대로 머물러있었다

中華民國三十五年 十一月二日 또다시 飛行機한臺가 桐梓로부터 張學良을 태워가지고 臺灣으로 直行해버렸오니 飛行機가 草山이란곳의 어떤旅館에 다다러 그를 내려놓았을적에 이대야 비로소 그는 自身이 臺灣까지 와있는것을 알게되었다 草山에 머물러있는 동안 陳儀가 일즉이 한번 그를 찾어와서 만났고 이런일이 있은지 나로 그이튿날 그는 다시 草山에서 新竹이란곳에 있는 井上溫泉으로 옮겨져서 오늘날까지 이곳에 머물러있게된것이다

日本이 投降한後 얼마없어서 莫德惠先生이 일즉이 桐梓으로 張學良을 한번 찾어가본일이있었오니 昨年五月十二日 莫德惠先生이 井上에가서 張學良을 맞나본것은 그들사이의 第二次

(相逢)

이었다 張學良은 遼寧省 海城사람으로 今年 벌서 五十一歲 그는 四兄弟가운데 第一맏으로 둘째 同生 張學銘은 일즉이 東北(滿洲)保安司令長官部의 中將參議를 지냈고 셋째 同生張學曾은 現在美國軍事參謀團에서 일하고있으며 넷째 同生張學思는 現在中共方面의 遼東省主席을 맡어가지고 있다

張學良의 思想上의 轉變에 關하야는 이것을 三個의 階段에 난우어가지고 생각할수 있다

그第一 첫階段은 …個 호리멍텅한 皇太子의 꿈으로부터 가장 有能有爲한 張氏네 서방님으로 變한時期이니 이는 벌서 앞에서 말한바와 같다

그다음 第二階段으로는 그가 列國을 도라다니며 遊覽觀察하고 歸國한後 더욱이 西安에서 共產黨討伐工作에 從事하고있을때 忽然히

(內戰)

이란것이 얼마나 무서운것이라 함과 中國民族의 民族的危機가 얼마나 重大性을 가지고 있는지를 깊이 깨닫고 마침내 共產黨을 容納하야 日本에 反抗하자는 決心을 하고 所謂 「十二月十二日事變」을 이르키는 커다란 잘못을 저즐렀든 때를 들수있는것이니 이때 그는 벌서 一種의 軍國主義 思想者로부터 한個의 民族革命의 發動者로 變했었으며 이때야말로 張學良에게 있어서 思想的으로 가장重要한 第二의 轉換期라 아니할 수 없는것이다

第三階段으로는 그가 囹圄의 몸이되어 溪口로 잡히

(一七頁에 繼續)

日本山間僻地에「鎖國部落」
自轉王은 加藤完治
―注目되는 軍人의 集團歸農―

(사진은 加藤摩下 隊員들의、山林開發光景)

加藤完治라하면 滿洲事變以來 軍國日本에서는 모르는 사람이 없을만치 「農民의 아버지」라하면서 불리워진 有名한者였다 말하자면 한수염이 길게 가슴까지 느러저있는加藤은 그의「日本的農本主義」에 잘 어울리는 小天皇이였던것이다。그가 戰時中 指導한 秋城縣 內原訓練所의 所謂 日輪兵舍에서 加藤式 日本農本主義思想을받고 滿洲新國家의 礎石이 되라 하면서 滿洲開拓義勇軍으로서 輸送당한 青年들은 數萬、數十萬에 達하고있다。

이 滿蒙開拓義勇軍이란것은 두말할것도 없이 貧農家의 子弟들을 屯田兵으로서 使用하려는 意圖에서 考案된것이다。그러나 敗戰은 이 農民의指導者 加藤의 存在를 抹殺한것처럼 보였다 그의 軍國主義便乘과 協力이 그로하여금 追放의 悲感을 맛보게 하였던 것이다。그러면 그는敗戰後 永々 자최를 감춘채 悔悟의 生活을 보내고 있었느냐하면 그렇지않었다。그는 日本이 敗戰하자 軍國主義가 沒落해감을보고 自己에게 委任되여있었던 內原의 訓練所를 占領軍의 눈을 避하여가며 福島縣 白河山間僻地에 있는 舊 陸軍軍馬補充部로 옮겨갔다。그리하여 여기를 根據地로 그의 軍國的農本主義를 溫存시켜 再起의 날에 待備하려고 한것이다。거기는 兵舍의 設備도 좋고 조금도 不自由한點이 없고 보니 그는 內原農場의 設備를 옮길수 있는限 모다옮기고 그밖에 內原時代의 腹心部下 十數人을다리고 移舍를한것이다。

福島와 栃木과의 縣境、那須山脈의 北麓 疎林사이에 廣大한 舊 陸軍軍馬補充部의 射擊場이 있다、總建坪二千坪이 넘는 兵舍들을 아파ー트式으로 改造하였다。그러나 亦是 일을 始作하고보면 이곳에서도 開拓할 사람들이 必要하다。그래 그는 戰時中에 사괴여 두었던 自己의 信者들을 求하려고 全國各地에서 約七、八名을 募集하였다。

허지만 獨裁의 꿈에서 아직 깨여나지 못하고있는 加藤에게는 戰後流行의 組合같은것은 싫였던 모양인지 처음엔 軍隊式으로 報德開拓隊라고 名稱을 부치고 있었으나 占領軍當局의 警戒의 눈이 무서워 곧 報德開拓農業協同組合이라고 이름만은 民主的으로 改名하였다。그리고 또 追放의 몸이라 組合長이 될수 없으므로 表面에는 그의 腹心의 한사람인 釣卷一라는 者를 組合長으로 내세워 놓고 實權은 依然 加藤自身이 가지고 모든 일을 指導해나갔다。九十六名의 組合員中 八十一名이 獨身이라는것은 協同作業에는 便利하다。할수있고 또 六十이넘은 加藤이 先頭에서서 開拓의 陣頭指揮를한 功은 있어서 開墾은 벌서 五、六十町步 가령 進捗되여 農林省에서도 그들의 成績을 認定하고있다 이렇게하여 一般의 歸農者에게 있어서는 제일 頭痛꺼리인 勞力을 協同化할수있도록 獨身靑年을 集結시킨위에 敗戰直後 數億이란 內原의 物資中에서 農具는 勿論 衣類와 醫藥品等 얼마던지 隱匿해둔것이 있기때문에 開拓이 順調로히 進行됨은 當然한일이다。組合員의 靑年들이 一齊히 같은服裝을 하고있는것도 前의內原訓練所의 義勇軍이 입었던것을 그대로 使用하였기 때문이라고한다。何如間 떡도있고 農產加工의 設備로는 製米 製粉 그리고 搾油機에서 醸造設備에 이르기까지 무엇하나 不足한것이없다。

그가 內原에서 가저온것은 物件뿐이아니고 人間까지 추려서 데려왔다는것은 開拓專門家의 加藤다운 用意周到性이있다。그러므로 이 報德組合에는 農事從事者뿐만아니라 대장쟁이도있고 或은 理髮師까지 있어서 山間서 일부러 마을로 理髮하러나올 必要도없다。事實은 加藤이 第一 싫여하는것은 組合의 젊은때들이 마을로 나려가는것이라한다。거기엔 한창 좋은時節의 젊은靑年이 大部分이라 때로는 映畵求景도 하고싶은 者가있어 加藤은 굳은 信念으로써 靑年들이 一切의 모든 文化와 接觸하는것을 嚴禁하고있다。그의 말에 依하면 映畵라던가 演劇이던가 하는것은 健全한 日本精神을 腐蝕시키는 黴菌과 같은 것이라하며 萬若 어느한사람이 이에 傳染하면 直時모든 사람에게로 傳染되는 것이라한다。그런意味에서 報德農場에는 娛樂이라고 容認되여있는것은 씨름 하나뿐이다。

加藤의 統制方法은 오직 娛樂하나에만 限하여 있지않다。그의 指導精神에 反對되는것은 人間도 書籍도 심지어는 新聞같은 印刷物까지도 報德農場中에 들어가는것을 許容하지 않는다 젊은組合員들은 外界의 動向이나 思想에서 一切遮斷되여 있기때문에 加藤은 마음대로 그들을 敎導할수 있다는것이다。마치 共產主義者들이 純眞한 男女들을 宣傳으로써 主義의 捕虜로 만하도는것과 마찬가지로 加藤은 自己部下를 完全히 自己支配下에 집어넣고만다。

指導者 加藤의 本領이 가장 遺憾없이 發揮되는것은 夜間 組合에서 開催되는 農業學校의 講義時間인데 이때 加藤은 內原에서데리고온 敎員들과함께 敎壇에서서 옛날 그대로의「日本農本主義論」을 展開한다。그의 議論은 日本精神改造라는 偉大한役割을 遂行하는곳에있다는데 이제 그 內容을 大綱 紹介하여보면 다음과같다。

日本은 元來 天照大神의 神話에 敎示되여 있음과같이 農業을 根本으로하여 나라를 세워야만한다。그런데 明治以來 進步니 文化니하여 工業을中心으로해서 돈버리에만 精神을잃은 世上이되였기때문에 日本의 農業과 굳게 結付되여있던 尙武의 精神까지 喪失되여 不屈思想이 생기게되고 마침내는 이번 戰爭까지 敗하게 되였다 그러나 朝鮮이나 滿洲를 잃었다고 失望해서는 안된다。農本主義로서 日本을 再建하게되면 天皇을 바롯은 日本의 國體는 安定될 것이다。

이것이 그의 大略 講義의 內容이다。

그러나 이와같은 加藤의 時代錯誤의 議論과 鎖國主義에 참다못하여 組合員中에서도 每年 十人、二十人式 脫落者가 생긴다

그렇다고해서 意氣를 꺾일加藤도아니겠지만 實際로 보아서는 全國에 戰時中 그가 養成한 弟子들이 數없이 있다。지금은 高等農事講習所로 改編되여있는 內原에도 그의 勢力의뿌리가박혀있는것이다。內原에는 그의 私宅도 있고하야 그 自身도 親族과 內原과의 사이를 때때로 往來하고있다。組合員도 때때로 內原까지 나와서 連絡을 하는가하면 加藤의 私川으로 찾아오는수가있다。

이러한 僻陬과 農林省共他의 農業團體에는 依然勢力이 박혀있는 關係로 그런지는몰라도 資金도 潤澤하고 돈버리의 豫算을세워 今年에는 東京에도 出張所를 設置할 計劃을 세운다 或은 山中에 鐵道를 敷設하고 흙을파서 煉瓦를 製造하여 팔생각을한다거니 相當히 活潑한活動을 보이고있는것이다。

日本！敗戰日本은 다시 일어선다？ 解放前軍國日本의 農本主義本據地로 알려저 있든 內原訓練所에서 至今도 그들은 이렇게訓練받고있다！ 사진 上은 內原에서 軍國敎練을 받고있는 農村青年들！ 中은 作業場으로 行進하는隊員들 下 는綿花栽培에트럭터ー를 運轉하는 內原農場

이밖에도 敗戰後 日本에는 軍人들만의 集團歸農이 있는것은 注目할만한 일이 아닐수없다。敗戰은 數萬의 職業軍人을 一時에 失業者로 變動시키고 말았다。戰前에는 軍國謳歌의 頂點에서 殺人演習만하고있던 者들이 갑자기 失業을 當하고 보니 나무에서떠러진 원숭이 모양으로 한참동안을 갈팡질팡 하다가 結局 땅이나 파고살道理밖에 없다하여 集團的으로 歸農하게되는 軍人이 나타나게된것이다。勿論 그中에는 臥薪 嘗膽、再起의 봄을맞이할覺悟로 同志끼리 뭉여서 集團歸農한 무리들이 있는것은 더 말할必要도없다。그래 昨年一九四八年에는 GHQ美占領當局의 指令이라하여 「開拓組合中에는 日軍人을 四〇%以上 包含시키면 안된다。또 그들은 絕對로 組合의 役員이 될수는없다」라고 注意시켰기때문에 各所에 散在해있던 軍人歸農者들의 組合은 改組하게되여 이제 表面은 不問에부쳐다 하더라도 實際로는 巧妙한 隱蔽手段으로서 初志를 維持하려고 하는者가 많다는것이다。 (끝)

建青週報

定価5円

発行所 中野新井町四六〇
編集兼発行人 黄甲性

劃期的な拡大中執委開かる

＝三月十五・六両日 中総会議室で＝

去る一月の全国代表者会議に於て、今后の運動方針を決定し、委員長並びに各委員を選出し活発な運動を展開すべく準備態勢を整えた建青では、その後の国際国内の諸情勢と睨し合せて、中央組織を強化し、機関紙活動を活発し、更に一月の代表者会議に於ても課題として残された、新組織体の構成に対し討議すべく去る三月十五日、六日の両日にわたつて拡大執行委員会を東京の総本部に於て開催し、此の日在京委員全員即ち、許雲竜、徐鍾実、李禧元、金容太、黄甲性、高成浩、李州魯、南哲、姜大成の九名に、兵庫県本部より文東建、金慶能併せ十一名であつた。

議長、許雲竜、司会者、高成浩

討議経過

オ一日目の十五日は、国際国内の諸情勢に就いて質疑応答ありて終り、オ二日目は午后一時より本部で開催、案件の検討があつた。

一、中央組織強化の件

一月の代表者会議では委員長だけを選出し、他は単に委員とすることにしたが、運営の必要上建青の組織に準じ左の如く決定した。

顧問	文東建	宣伝教育部長	黄甲性
委員長	許雲竜	〃 委員	徐鍾実
副委員長	金漢道	〃 部員	姜大成
事務局長	高成浩	組織部長	南哲
事務委員	金容太	〃 委員	金慶能
〃	李白	〃	李玉童

二、就いて機関紙の発行に対して種々意見が交換され、資金カンパ、その方法、各委員の割当等財政問題で具体的決定をすること。

三、新組織問題、建青を中心とし、各種団体を統合して、新組織体を結成するという問題は、建青の発展と不可分の関係を有するものであるから、事務局を中心に小委員会を構成して成案を作成することにした。

四、財政問題、顧問、委員長並びに事務局全員によつて小委員会を構成し、具体的決定を見た。要旨は各盟員にその所得収入に比例して五乃至十名の会費と他に、各委員が一定の責任額をもつてカンパを推進することとした詳細は省略す。

此の度の拡大執行委員会は往年の建青に於ても類まれな位充実した委員会であり、四年越し病中の徐鍾実委員、或は遠く兵庫の文・金両委員の参席を見、二日間に亘る熱烈な討議を重ね斗うための建青の最后の仕上が出来たという点に大きな意義があつた。

尚機関紙は従来通り、黄甲性委員がその発行の責任者となり、四月一日の月曜日版からはタブロイド二頁、印刷に附すことになつたから諸同志の一層の愛顧を期待するものである。

主張 統一推進はわれら青年の義務である

往年全建青を挙げて論争された課題として単選単政の支持と反対、南北協商の支持と反対がある。この二つは、つきつめれば一つの課題の裏と表である。南朝鮮のみの単独選挙を実施し、単独で政府を樹立することに対しわれらは、三十八度線を固定化し、国土と民族を両断して、骨肉相食む悲惨事を招来するものであるとの理由をもつて、これに反対して来た。事実はまさに不幸にして、われらの見通しそのまゝの事態となり、錦繍江山三千里国土は、血と肉と鉄の戦がいと化してしまつた。今にして思えば在日朝鮮人だけでも、どうしてもつともつと全力を挙げて、今日の不幸を招く原因となつた単選単政を反対し、国際的与論を換起して、これをくいとめられなかつたかと思うと、後悔先に立たずではあるが、運悪千万といわざるを得ない。余りにも努力の足りなかつたことを、情なく思う。しかし起つた不幸を仕方のないものとして、なるまゝに傍観することは尚更出来ない。われらは戦争はとめねばならぬし、平和は回復しなければならぬし、荒された国土と山河は復旧しなければならぬし、あわれな戦災民は救護しなければならぬし、壊された家屋と工場と鉄道と発電所と と と無数のことを成しとげなければならぬ。オ一段階は平和回復だ、戦争的に解決困難であることは、全世界の共通した意見のようである。互に成算のない戦を続けることは、朝鮮人のみならず世界の不幸といわねばならぬ。それではどうするか、停戦運動を強力に推進するより他に道はない。即ち印度を中心とした英連邦諸国やお隣のアジア、アラブ諸国家が一生懸命にやつてくれているではないか、かんじんの朝鮮人が、而も青年層がこれを見ているという法はないだろう。われらのことであり、わが民族のことである。われらのことは、われらがよかれあしかれ解決すべく努力しなければならぬ。今まで他力本願でもつて国家を建設しようという甘い考え方のものも、乃公出でずんばというファッショ的な考え方のものも今こそ、眼をさまして民族の衰衰を正視しなければならぬ。神を信じていたものも、信じていなかつたものも共に共に手をとりあつて祖国の独立をナチの暴圧から護り抜いたフランス民衆の雄大な行為はそれ程昔の話ではない。諸外国がわれらのために、平和回復のために努力してくれているのに、御本人が何もしないという情けないことは民族の恥辱でなくて何であろう。過去の後悔を再び明日くりかえさないためにも今、全力を挙げて祖国の平和回復運動に挺身しようではないか。

世界戦争へ不安の増大は、権力機関の威圧に屈して、民衆が、民族が、人類が正しいと思うことを正しく表現出来ないからだ。絶対権力の前にぐうの音も出なくて不幸な事態を招いた点では日本も朝鮮もかわりがない。われらはこういう一切の独裁的のものと斗わねばならぬし、戦争へ、再軍備へと民衆をあふりたてる言論機関、通信機関とも斗わねばならぬ、それにもましてわれらの周囲に、民族の不幸をしりめに、否！それを商売道具に使つている売国奴達や、死の商人共を追放しなければならない。彼等に常に巧妙に权力機関や団体にしのび込んで自己の保身と利益を生み出す、前述したものが祖国朝鮮に対するわれらの切きかけであれば、後者は在日朝鮮人層に対するわれらの使命でなければならぬ。

プロフィル

次に正式決定を見た建青幹部陣営の簡単なプロフィルを試みよう。

顧問、文東建、彼は余りにも有名になつてしまつたので今更プロフィルを試みるのも可笑しい位である。青雲の志をいだき十二才にして単身玄海を渡り、苦学力行、神港商業に学び、実業に投じ、幾多の苦難を経て今日の大三栄産業を築く。戦前天道教青年部長として活躍、日大大阪専門部在学中学生事件で投獄せられること三年、解放後は建青神戸本部委員長、中総副委員長、朝鮮新聞社長として終始一貫戦う建青、統一独立のための建青の一大支柱であることは周知の通り関西学院大学経済学部卒、家には賢夫人に二男一女あり。咸鏡の産 三十五才

委員長、許雲竜。建青創立当初の準備委員長、中途にて言論界に勇飛、国際タイムスを起し、日刊十万部の同社社長として、言論界の星鏡たり、新聞独占の碁をなす新聞購読調整法の余波を受け、涙をのんでタイムスを毎日に譲り、新聞印刷株式会社を経営せしも時利あらずしてこれを去り、現在東亜経済研究所々長たり、彼の能弁と手腕力量は周知の如し、吉州の産、三十才

副委員長 金漢道 神戸建青結成と同時にこれに加盟、文化部長、副委員長、委員長の経厂を経て、今段斗う神戸建青を代表して中総副委員長に選ばる。文化運動は彼の最も得意とする部門にして、特に映画、演劇方面に造詣深し

事務局長 高成浩 国際タイムス編集局長を経て建青に参じ、朝鮮新聞社副社長、中総情報部長を兼ね觀求統一派の理論的中心人物として活躍、済州島の産

事務局委員 金容太 建青創立以来中総にて宣傳部長、組織部長、初代企画局長、副委員長を厂任、建青きつての雄弁家として、彼は余りにも有名過ぎる。李禧元同志と共に副委員長に選ばれしも受けず最初から出なおすとのこと、もつてその熱意を知るべし、湖南の産、三十四才。

宣傳教育部長 黄甲性 建青創立以来の同志、杉並支部委員長、中総財政部長を厂任 統一派の中堅として活躍、中央機関紙の責任者を兼ぬ。その誠意と熱は諸同志の畏敬の的たり、乗馬の名手、

宣伝教育局委員 徐鍾実

建青といえば徐鍾実、徐鍾実といえば建青を連想せざるを得ない位、純粋な建青の大リーダーである。最も積極的な活動分子であり乍ら、敵というものをもたないところに彼の人徳の程がわかる。彼の如き人間が三人もおれば、在日朝鮮人運動も、今とは少しくおもむきを異にしたであろうとは同志の一致した見解、萬年副委員長の愛称がある程長く副委員長をつとめた。病床にあること既に四年、「建青を通じた統一独立運動が俺の命だ、腰ておれということは俺に死ねということだよ」と彼は血をはき乍ら叫ぶ

南海の産、 三十才

同部員 姜大成 晋陽を経て延禧に学び中退後日本の全戦本部で長く農民運動を研究す、新人、日本の各界指導層に多くの知己をもつ

組織部長 南哲

許委員長のすいせんにかゝる新人、「昼青の下部よりこんな壁り上る、青年の熱意を傍観するのは、民族的罪悪だよ」と終戦后、一度も団体運動をしなかつた彼が、某会社の重要地位を一てきして建青に飛込む彼の手腕に期待するところ大、三十一才 培材暫専卒

同委員 金慶能

彼こそ斗う建青の標本のような男、神戸建青の結成と同時に終始建青の幹部として斗争、理論と実践の両面で建青という弁から育つた模範品種の一、音楽を愛しさらに愛妻家としても文東建同志と共に神戸建青の双璧 済州道産

同委員 李玉童

今はなき建同（新朝鮮建設同盟）の李玉童といえば、あゝあの男かといわれる位の熱血漢にして雄弁家建同以后は一切団体に関係せず、沈黙を守つていたが、祖国の現状、在日同胞の実態を坐視するにしのびず、勇躍再出陣す。好漢の奮斗に期待するところ大

（下記者）

民団の生長発展のために

民団大会が四月三日から開かれる。諸種の悪条件が山積している中で開かれる大会であろうから、尚更、よい成果を挙げてもらいたいものである。聞けば既に団長椅子の争奪戦が白熱化し、朴性鎮氏の言を借りれば、きくにたえぬ誹謗毒説を羅列した怪文書が、相手候補をやっつけるために、ばらまかれているそうである。又他の話によれば、莫大な経費を使って、活発な地方工作も行われているそうである。餓死線上を彷徨している同胞が日ましに増加している今日、それの救済策もなく、平常は経常費がなくて、仕事が出来ないとこぼす民団が、いざ大会だ、団長選挙運動だ、ということになると、どしどし運動費が出るところに此の団体の複雑微妙さがある。

それはともあれ、今度の大会で団長候補中最も有力者とみなされる白田 武こと白 武氏と、その最も有力な支持者である權逸氏を招き、青友会では、所謂つるしあげをしたそうである。その時期や方法に於ては、必ずしも凡てを是とするものではないが、少く共その気持に於ては、われらは青友会とわれらの間の見解や立場の相違を超越して、共鳴し得ることを率直に告白せざるを得ない。何故であろうか。

日帝華やかなりし頃は、皇国臣民になりすまして陛下の赤子として忠誠を誓い、日共全盛時には、その有力な党員として羽振りをきかし、党員に非ざるものは人に非ざるが如く赤旗に忠誠を誓い、無投票で朝連の書記長にのし上ると満身これ感動のみというような顔をして朝連旗と人民に忠誠を誓う。ところがその書記長としての背信行為が指摘されて朝連を追われた。そのうらみこもる朝連が解散になるや否や彼は、手のひらをかえすが如くわれこそはまさに、反共の斗士なりという顔付で、改めて、いまゝではみるもけがらわしいと考えていた太極旗の前で、流れる涙をふりはらいつゝ、絶対の忠誠を誓った。それと同時に、それ迄は、全く対立的立場にあったというより、全くの敵であった民団の団長運動をはじめたから、あきれたものである。ところが幸か不幸か団長には当選せず、副団長にしかなれなかった。しかし副団長では気に入らない。こんどは權逸の誘導で服部ビルの奥深くに鎮座ましまして大韓民国駐日代表部諮問委員会委員という、ものものしい肩書でメッキをすることまさに一年、こんどこそは!!というので、捲土重来団長の椅子をめがけて獅子奮迅の勢で飛び出そうというのが白田武こと往年の白武先生である。筆者は今更彼が誓った忠誠の数だけを限って何れに誓った忠誠が本当の忠誠であったかをききたい。少く共貴下は、少し古い日本語でいうと「上御一人」よりわれら下々人民に至るまで忠誠という趣旨をたれ給うた。これは神のみのなし得ることで人間業ではない。近来一民主義教の厚き帰依者になったそうであるから或は神か若しくは幽霊か、そのどっちかになったのかもしれない。神ならば行きて天上をしらしめ給え、幽霊ならば暁来らざる前に去り給え。貴下は涙線の発達極めて顕著にして、その効能たるやまさに驚歎すべきものありときく。例を挙ぐれば、素朴なる青年達を前にして、盃をかわしつつ、憂国の熱情を吐露し、談たまたま故呂運亨先生のことに及べば、本来の泣き上戸に加え、自己の言葉によって涙の流るること益々多く、素朴なる青年層亦その涙にもらいなきしてともに手をとり奮起を誓う。その効果たるや彼多涙症（？）に加え、睡眠術を行使するに非ずやと考え込む程なりと。

青年を真に感奮興起さすものは、泣き上戸ではなくして、民族のため、人類のために高くかゝげられた大理想と、それを追求するための節操とたゆまざる実践力である。呂運亨先生はまさにそのような方であったし、さればこそ彼は死しても尚われらのシンボルとして、永遠にわれら朝鮮青年の魂の中に生きるのである。貴下の如き無節操漢にしばしば利用されたのでは呂先生の英霊も浮ばれぬというもの。貴下が流す涙と、呂運亨先生の愛国心とは縁もゆかりもないことを断言しておきたい。流れ流れの浮名草、こし方行末考ふれば、涙も出ようが、愛国者つらして流してもらうと、やゝこしくていかん。こういう彼が言うことと行うことの間の余りにも甚しい差異や、彼の人間としての無節操振りが、われら解放民族の青年としての正義感と、民族の名による良心が彼白武氏とはげしく感情的に衝突して青友会の同志達の行為に共感するのであろう。

ついでだから權逸こと權赫周氏のことも一言ふれよう。彼が興生会指導課長であったとか、一心会の指導者であったとかいうことにはふれぬ。只、最近の一例を挙げ彼の反省をもとめるに止めよう。例の鄭恒範大使更迭の一件だ。この一件の筋書を創作した責任は彼自身としても一応明らかにする必要があろうが未だそのてんまつを表明した記録の出たことをきかぬ。勿論策謀家として優秀な頭脳をもった彼は、自己に不利な場合の、政治的責任を回避するため、正義感の極めて強い硬骨漢の金正柱君を代表者にたてることも、又鄭恒範が凡庸だという讒言をでっちあげる材料をそろえたり、一国の大使にあるまじき不正行為があったというので、鄭恒範が刑事問題として召喚されそうな事項を、根掘り、葉掘りさぐり出して、それを系統たてるには、弁護士を本業とした（？）だけあって朝飯前というところ、さらに代表部内より、当時在日同胞の事情にうとかった大使館一等書記官の朴宗根氏をして内応せしめ、更に朴氏の先輩である当時の法務庁長官權承烈氏に通じ、更に来日する韓国の諸名士に盛んに鄭恒範の無能と在日同胞に人望のないことを訴えて卑劣極まる猛烈な排斥運動を行ったのが功を奏し鄭恒範氏はお陰で本国召還の上、その政治生命は殺されてしまった。大韓郵船社長金龍周氏もたしかにその悪宣伝をきかされ、それに共鳴した一人と考えられるが筆者の記憶の誤りであれは幸いである。それはともあれ、その政治的手腕には誠に驚歎すべきものがある。ことはそれのみではない。金龍周公使が赴任するや代表部に前記の諮問委員会を創設せしめ、白武をはじめ全斗銖、元心昌、金熙明等の諸氏を率いてこれに君臨し、公使はあってなきが如く、自己に反対するもの、批判を加えるものは片端から「アカ」の名目を附してリストを作り、強制送還の促進を日政に献策し、読売毎日、東日等を動員して日本の再軍備熱をあふり、国字紙「世界新聞」の顧問として、直接間接これを支配し、在日財閥の総本山（謀利輩の巣窟ではないですぞ）といわれる経友会の相談役として財界を左右し、解放後の朝鮮人ではまさに空前絶後の地位を占めるようになったが、そもそも鄭恒範追放工作の動機が、彼等一派が真先に鄭恒範を取囲んで、いゝことをしようともくろんだのが、不幸にして神戸の書生郭に先んぜられ、剰さへ、親日分子として、うとまれたことに対する私えんに端を発するものであることは盲目でないものならば直ぐわかることである。若しそうでないとするなら、鄭恒範を召還さすことによって在日同胞に何の利があったのか。

二、代表部内に諮問委員会を設置することによって貴下並びに貴下が高く評価する前記諸賢のアゴの干上る心配はなくなったであろうが、その機関が在日同胞の生活上何をプラスしたというのか。むしろ諮問委員会なるものが代表部内の特審　なることによって、在日同胞の反感と憎悪心をあおるのが関の山ではなかったのか、その委員達の如何にも、成り上り者らしい思い上ったつらに、つばをはいてやりたいとつぶやく同胞の多いことに少しは気がついてもよい時分ではなかろうか。

戦災者救援用の綿布の一件や、あわれな戦死傷者用のアルコールのことや或は彼の実弟權赫徽が北海道で反米ビラをまいて、たいほされたので警視庁に日参し、それをもみけすため係員に百度千度頭を下げてたのみこむ醜態を演じ日警のものわらいの種になったこと等は敢てふれるまい。隠るるより顕るるはなしという言葉は、単なる聖書のかざり文句ではない。誰ものをいわないからというので余りにも眼に余る振舞はしない方が身のためだろう。

必要以上に長ったらしく、まわらぬ舌と使いなれぬペンにとっくんで、白武氏や權逸氏にものをもうすゆえんは、民団の興生会化に狂奔する彼等の企図に、われら青年層は全力を挙げて斗うことを宣言し、正義感と民族的良心は、平和とともに殺してはいけないからである。

民団が真に在日六十万同胞の権益擁護のためのものであり福利を増進するためのものであろうとすれば、それを実現しうる人的配置と組織機構を完整しなければならぬ。人的陣容としては、政商（謀利輩）や民族反逆者や二重国籍者はいうに及ばず政治狂信者達を幹部陣営より一掃しなければならぬ。団体の体内にひそんでその生長発展を阻害するこれらの寄生虫は、情容赦なくつまみ出さねばならぬ。また組織に於ては各業種別或は地域別に生活協同組合、商工業組合、文化人クラブをはじめ各種の組織を育成し、それを統合しなければならない。それと同時に政治色を排し、権力機関の御用団体化せず、あくまで在日民国人の自主的自治団体とならねばならぬ、民団発生の一つの必然性は、朝鮮人連盟が余りにも政治に偏重しているというので、朝連から政治色を排した朝鮮人団体を作らねばならぬ、というところにあったのではなかったのか、ミイラとりがミイラになって涼しい顔をしていたのでは、考えただけでも滑稽千万ではないか。このようにして在日同胞のため仕事をする団体であり、その生命、財産、地位等を含めた広い意味での生活権を護る団体になれば誰がこれに異議を唱えたり、これに反対したりするものがあろうか。それに反し、支配者共によって永年苦しめられた民族の離間策にまんまと乗って、一つの民族を二つの陣営に色別けするに寧日なき有様だったりファシヨ化への道を驀進している日本の検察機関や特審の御助機関であったりしたのでは、在日同胞の信頼をかちうることができないばかりでなく、厂史の長い眼からみれば、旧協和会興生会或は一心会と同様、ないにこしたことがなかったということになる。

平和と共に正義や民族的良心は死なしてはならないし、常にわれわれの手によって、それに光栄あらしめねばならぬ。代議員諸賢の正義感と民族的良心に信頼をかけ、その健斗を祈らんとするものである。

編集後記

三月十五、六日の拡大中央執行委員会開催準備のため、発行がおくれて申訳ない次才である。其の間のため、6号は欠号となりましたがあしからず御了承の程を願います。

建青週報も発刊以来さゝやかな「ガリ版」で発行してきましたが、全国の諸同志の、熱意ある御支援により次号からは「タブロイド二頁」の活版印刷に依る週報が発行されるようになりました。

牛の歩むが如き、のろさではあるが一歩々々力強く前進し発展して行く事は全国の諸同志と共にきん快にたえない次才であります。

われわれの週報として益々発展育成させるためには、盟員諸同志の惜しみなき御指導と御鞭達の程を願ってやみません。

尚紙代は一人残らず納付して下さい。ちりもつもれば山となるのたとえもある通り、ひとり、ひとりが納付することによって全盟員の週報たり得るものでありそれが基本的な財源でもありますから。

県代表者はすみやかにその地区の機関紙責任者を決定し住所氏名及び必要部数を至急お知らせ願います。

兵庫朝鮮人商工會報
發行所 神戸市兵庫區... 兵庫朝鮮人商工會
定價一部 金二十五錢

商工會の活躍を期待
商相、朴建永氏に語る
鮮日貿易の急務を力說

商工会々頭朴建永、同副会頭文東建、金英俊の三氏は去る九日、折柄九州方面へ西下途次の石井商工大臣と午田区トーア・ロード所東天閣において午後二時より約三十分間にわたり会見した、石井商工相は神戸出身であり、神戸には特に関心を持つて居り、兵庫県における朝鮮人商工会の誕生に対しその前途に期待し、鮮日提携の楔機たるべきことを希望したが、尚、文東建氏と対談し、次のごとき一問一答を試みた

文　鮮日貿易の将来の見透しについて伺いたい

商相　日本は戦前、戦時中を通じて食糧、特に米の輸入を朝鮮より仰いでいたのであるが、今後も食糧に関しては依存せざるを得ない状況にある。現在としては困難な事情だが、将来米、或いは海産物等の輸入に期待を掛けている、日本も来年度は石炭二千五百万トンの採掘計画を建てゝおり、地理的に見ても、きわめて緊密な関係で中鮮、朝鮮、日本の提携は是非共実現すべきことであると思つている、その意味においても今回の兵庫県における朝鮮人商工会の発会はまことに結構なことである。未だ自由貿易に就いては漸次許可される筈で、すでに個人価格の自由も許可されて実施されているから、続いて人の往来も許されるだろうし、連合軍の監督下から許可される事は当然の順序である、もつとも輸出入のバランスも問題だし、為替相場などの困難が控えているがこれはたゞ時間の問題であると思つている

文　現在日本に在留する朝鮮人同胞が現在の経済的混乱の中に立つており民生問題に困難を感じているが、この在留同胞の商工業者に対し援助方針を伺いたい

商相　今の処、政府としては具体的な方針は持つていないが私としては日本人と同様の扱いをして行きたいと思つて居り、特別な不自由を与えない積りでいる、何といつても商工業の発展が緊要であるが、商工会の存在に依り、その提携の母胎となつて頂きたい

文　われわれも商工会を作るのに賛成し大いに商工業の発展に努めたく思つており、また鮮日の提携に対しても最善を尽して協力し、お互いに共栄の実を挙げたいと思ひます

寫眞說明　石井商工大臣と會見する朴會頭、文副會頭、金英俊の三氏

待望の商工會
遂に結成さる

會頭　朴建永氏
副會頭　文東建氏　金英俊氏
常任理事 ……
監査 ……

宣言

在日同胞ノ企業家ハ相互援助ト一致團結ヲ以テ科學的技術ヲ研サンシ建設的産業經濟ヲ振興セシメ祖國ノ自主獨立ノ基礎トナロウ

右宣言ス

一九四七年四月六日

兵庫縣朝鮮人商工會

會頭就任に當りて
會頭　朴　建　永

兵庫縣朝鮮人商工會に寄す
『天命維革的』たれ
朝鮮國際タイムス社長　許　雲　龍

朝鮮問題を論議する米ソ兩巨頭

商工會への期待（一）
全　海　建

私は斯く思う
副會頭　文　東　建

ゴム製品の割當數量決る
商工省發表

兵庫縣朝鮮人商工會規約全文

京都藥品株式會社

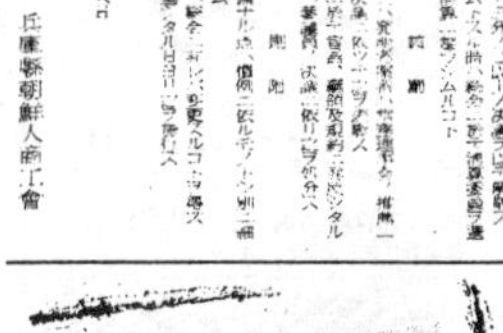

復興ハ私達ノ手デ
丸建木材工業株式会社

躍進スル神戸ゴム工業界ニ其ノ偉容ヲ誇ル
丸建ゴム工業株式會社

丸建自動車株式會社
修理技術ノ優秀ト迅速丁寧ナルサービスヲ誇ル！

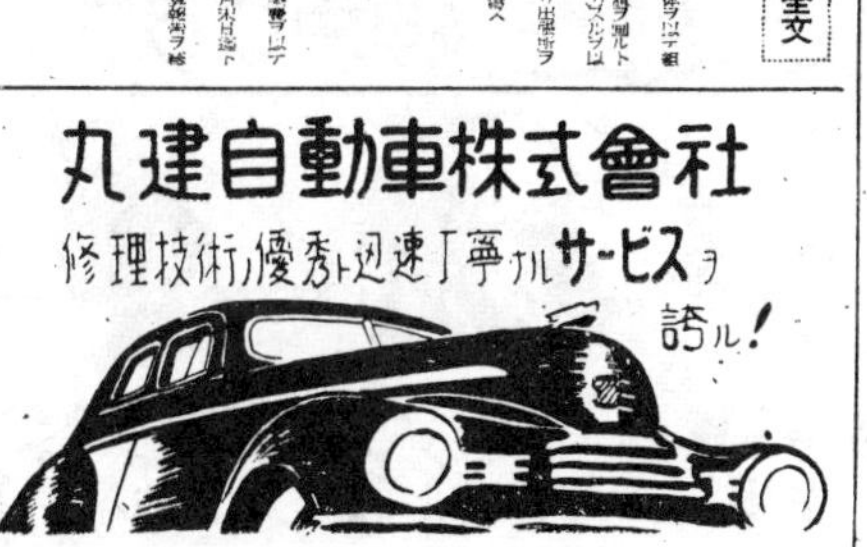

561

兵庫商工界に躍る人々

商工會參議員紹介（その一）

兵庫商工会の誕生と共に、いち早く馳けつけた人々。未來の、否、すでに財界人としての人格と識見を内藏し、神戸經濟界に覇を唱えんとし、祖國經濟の自主性確立に寄與せんとする人々。

本紙はこゝに商工会に參画し、參議員として活躍される人々の片影を二回にわたつて紹介し、これら人々の將來を祝福するものである。

（順序不同）

柳點烈　日惟産業株式会社社長、柳井興業株式会社々長

文開文　國際タイムス社三宮分局長、國際劇場協会々長

洪興福　新興ゴム工業所社長

金英俊　興亜商事株式会社社長、前商工会副会長

曺奎訓　振興ゴム工業所社長

金起洙　昌栄ゴム工業所社長

金海建　クリスマス装飾品　會社々長

文東建　商工会副会長、アメリカ友の会々長、國際タイムス社兵庫県総支局長

朴建永　日光ゴム工業株式会社々長

裵在潤　國際タイムス社西部分局長

梁南洙　旭ゴム工業所社長

愼洙敦　日光ゴム工業所社長

姜吉章　大進貿易公司社長

李永出　大阪ゴム工業株式会社々長、元町会副会長

藏相　新圓封鎖說を否定
日銀總裁、社會黨も同意見

新圓はどうなる

衆議員總選挙後、社会党の第一党獲得により經濟政策が全般的に變ると思われるのではないかとゆう予想から一部新円封鎖説が巷間に流布しており、換物運動など多少急起し経済界の混乱を招く懼れがあるが去る二十八日、藏相、日銀總裁、西尾社会党書記長の三氏がそれぞれ次のごとく新円再封鎖説を否定した

石橋藏相　新円封鎖は政策協定で片付けられるものでなく、經濟の實際から自ら決定されるもので、すでに議会を通じて社会党の西尾書記長に了解を得ている

一万田日銀總裁　安定通貨については絶對に手をつけるべきではないし、又、どの政党でもやれるものではないと断言できる。この点は國民も安心してよいと思う

社会党西尾書記長　社会党が政權の地位に立つた場合新円再封鎖を行うのではないかと誤解している向きもあるようだが、わが党の新円政策は新円預金に対する課税の方法については新円の登録制度なども考えているが課税方法については各党の政策協定によつて決めたい

通貨安定對策本部の見解
新圓封鎖の出來ないわけ

ゆう新円デマ說はどこから來たかその原因を探つて見る

△新円封鎖ということはない、人為の不可能を是正する手段として必要である

△昨年三月通貨の膨脹が加速度的に進行したとき政府は封鎖をやつたがその後の情勢がその頃の條件とよく似て來たから再封鎖をやらねば收拾がつくまい

といつた二つの考えにもとづいているようだが、通貨安定對策本部では新円封鎖の出來得ない理由を技術的な面からつぎのように説明している

新しい新円—つまり新々円を実施するとしたら実際どれだけの手数がかゝるかは昨年三月の旧交換で経験ずみである。最近の日銀券発行高は一千二百億という膨大な数字を示しているがこの一千億余のお札を全部百円券にして積み重ねると八万一千五十メートルになりまさに富士山の二千一倍に相當する。これだけの新々円や証紙の印刷は一月や半月で出來るものではない。もつとも前の時は六百十八億から百五十二億にまで減少したから大体四分の一用意すれば良いというわけだが、技術的には絶對不可能である

また昨年三月の封鎖によつて流通高が四分の一に減少したのに物価はほとんど下らなかつたこうゆう結果がわかつているならば何を好んで再封鎖をやる必要があるか、それよりも通貨にたいする信用保持の方が効果が大きい。現在流通している日本銀行券は不換紙幣であることは御承知の通りだが、この不換紙幣にたいし一年足らずの間に二度までも封鎖することになればインフレーシヨンはさらに進展して貨幣價値はさらに下落する

と新円封鎖の出來ない理由について強調、さらに

中小企業振興對策
石炭を中心に增産

中小商工業者の再建策は現在、緊急を要するところであるが、対策の根本條件は、石炭を中心とする増産であり、金融、資材配給、生産技術、経営技術の改善であり、業者の自主的組織体の結集にあるが、この観点より、日本政府は二十一年十二月、組合法を施行し自主的組織化を促進しつゝあるが、その他の一般対策については次に石炭策を決定されたが、次に石炭策を……

（一）現在の資材および資金の供給状況では中小企業全般にわたりその振興を期することがきわめて困難なので、さしあたり本要綱により、その振興を実施すべき中小企業は……

（二）今後の経済情勢にかんがみ中小企業の振興は高度の科学的……

（三）特に中小企業の技術部面……

（四）高能率の中小企業に対しては優先資材および設備の確保をはかるものとし、この点に関しては……

技術につき講習会の開催および実地指導をおこなわしめ、進んで模範工場の設置試作研究の援助の方策を講ずること。

（八）以上各項目の実施に必要な法制的および財源的措置をすみやかに講ずること。

特に急速振興を要する業種として選定しているものは金属部門で農機具、自転車、ミシン、時計、鋲、自動車、軽金属、ポンプ、ラジオ部品、乾電池、化学部門では合成樹脂加工、マッチ、石鹸、特殊硝子製品、陶磁器、皮革、ホーロー製品、漆器、繊維製品ではメリヤス製造、織物、毛織物、縫製、ソフ製品、ブラシ、文房具の三……

寫眞說明　商工会創立大會の盛況、一般參会者は三千余名を算えた

統制より協同へ
組合法の民主化について　解説

最近、事業協同組合法（昭和二十二年十二月……）……長の意志により牽引せられ戦争遂行に盲従して來たが、戦争終結後、組合法においては（一）組合員の自由意志……施行當時の数多き弊害までに際立けれ……現化にある、昨年十二月協同組合……處である（大阪商工……）

神戸市の自由物價指數

全國的物價高の中にあつて神戸における物價の昂騰は本年に入つてからも上昇の一途をたどつているが最近、各種物價の成熟化から稍下降を示しており、物價引下げ運動の開始と共に低下も予想されるが、次に四月十五日現在の神戸市内自由物價指數を參考までに列べて見る

神戸市内自由物價（四月十五日調）

生必物資品目	單位	最高 円	最低 円	平均 円
白米	一升	[illegible]	[illegible]	[illegible]
大麥	一升	[illegible]	[illegible]	[illegible]
小豆	一升	[illegible]	[illegible]	[illegible]
大豆	一升	[illegible]	[illegible]	[illegible]
小麥粉	百匁	[illegible]	[illegible]	[illegible]
食パン	一斤	[illegible]	[illegible]	[illegible]
甘藷	一貫	[illegible]	[illegible]	[illegible]
馬鈴薯	一貫	[illegible]	[illegible]	[illegible]
玉葱	一貫	[illegible]	[illegible]	[illegible]
醤油	一升	[illegible]	[illegible]	[illegible]
食用油	一升	[illegible]	[illegible]	[illegible]
鹽	一升	[illegible]	—	[illegible]
砂糖	百匁	[illegible]	……	[illegible]
胡麻油	一升	[illegible]	[illegible]	[illegible]
一級酒	一升	[illegible]	[illegible]	[illegible]
牛肉ロース	百匁	[illegible]	[illegible]	[illegible]
サツカリン	二五グラム	[illegible]	[illegible]	[illegible]
ズルチン	二五グラム	[illegible]	[illegible]	[illegible]
木炭	四貫俵	[illegible]	[illegible]	[illegible]
洗濯石鹸	一個	[illegible]	[illegible]	[illegible]
化粧石鹸	一個	[illegible]	[illegible]	[illegible]
ピース	一〇本	[illegible]	……	[illegible]
コロナ	一〇本	[illegible]	……	[illegible]
バター（罐印）	一ポンド	[illegible]	[illegible]	[illegible]
乾椎茸	百匁	[illegible]	……	[illegible]

祖國建設と宗教

京都藥品株式會社　社長　向普根

……我々の前に横たはる祖國の中にこそ此の何ものにも屈服しない強い固い信念に基いて民族の各人々々が何にも增にもかつちり個に合ふ事が先決……

組合をのぞく（1）

終戦直後國際都市神戸のまんなか三宮を中心として、華僑商店商人のあつまりから、開く間には、うたいな実力をもち、朝鮮自由商人連合会というふさわしい組織を……もつて自由市場を……

同胞に告ぐ

進駐軍物資は絶對に持たぬようにしましょう

最近、進駐軍物資所持の科により拘留せられたるものはすでに四百名の多きに上つて居ります。進駐軍物資はたとい購買せられたる場合に於いても理由の如何に係らず処罰を受けますから、お互いに注意して絶対所持せぬよう心掛けましよう。

木材の生産地價格
強調をたどる

旺盛な需要につれて木材價格は引続き強調をたどつており、最近の生産地價格を見ると埼玉、長野地方で檜、石六百円、杉六百円、松四百五十円見當で出荷は稍安く群馬、千葉はこれより幾分上位にある。この相場は何れも七、八寸以上の大物で、細物丸太は二三割方安い現在は二十一年度発註のものが多いので比較的移動も容易であるが、來月頃から割當切符のないものは移動が殆んど不可能となるので相場も一段と硬化するのではないかと豫想されている

兵庫商工年鑑發刊計畫について

このたび本会「会報」編集部に於いて「兵庫商工年鑑」発刊を企画し、汎く皆様の御協力を仰ぎ発刊を遂行せんとするものであります

就きましては企業者各位より細部にわたる企業、店舗内容を積極的に御通知賜わらんことを御願い申上げます

神戸市葺合区琴緒町五丁目二
「商工會報」編集部
電話（元町）二六一五番

原稿募集

一、經濟評論
一、研究發表
その他興論、隨筆等業界振興に寄與せんとする原稿を募集致します

神戸市葺合区琴緒町五丁目二
「商工會報」編集部

日刊　國際タイムス
東京都港區芝琴平町一番地

皮膚殺菌の最新藥
京藥ノ　セドレンパスター
（セドロール療法）
惡疫流行ノ暑期皮膚ヲ守リマショウ
製造元　京都藥品株式會社　京都、大阪、神戸
京都市上京區大宮下長者町下ル（西）1432

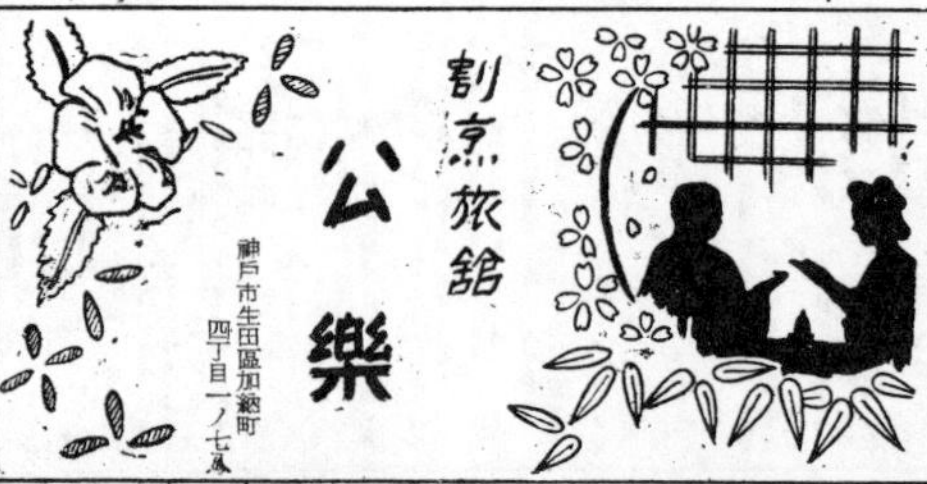

ゴム製品界ノ王座ヲ占メル
神戸市長田區御蔵通三丁目一
三榮ゴム工業株式会社
取締役社長　金　秉

營業種目　建築材料、ゴム製品、其の他
建興商事株式會社
神戸市長田區四番町七丁目五〇ノ一
電話　湊川　⑤　1498

한국신문 (전8권)

재일본대한민국거류민단중앙기관지 (영인본)

지은이: 편집부
발행인: 윤영수
발행처: 한국학자료원
서울시 구로구 개봉본동 170-30
전화: 02-3159-8050 팩스: 02-3159-8051
문의: 010-4799-9729
등록번호: 제312-1999-074호
ISBN: 979-11-6887-162-5

잘못된 책은 교환해 드립니다.

정가 920,000원